NomosKommentar

Prof. Dr. Ludwig Kroiß | Dr. Claus-Henrik Horn
Prof. Dr. Dennis Solomon [Hrsg.]

Nachfolgerecht

Erbrechtliche Spezialgesetze

Zivilrecht | Strafrecht | Verwaltungsrecht | Steuerrecht
Verfahrensrecht | Internationales Erbrecht

3. Auflage

RiLSG **Dr. Claus-Peter Bienert**, Potsdam | RAin **Dr. Isolde Bölting**, FA ArbR, Remscheid | RiOLG **Walter Gierl**, München | RAin **Christiane Graß**, FA AgrarR, Wirtschaftsmediatorin, Lehrbeauftragte an der Universität Göttingen, Bonn | RiAG **Dr. Stephanie Greil-Lidl**, Eggenfelden | Notar **Michael Gutfried**, M.Jur. (Oxford), Dingolfing | RAin **Sonja Hecker**, Dipl.-Rpfl., Hockenheim | RA **Dr. Jochen Heide**, FA VerwR, Düsseldorf | Wiss. Mitarb. **Dr. Thomas A. Heiß**, Universität Passau | RAin **Dr. Stephanie Herzog**, FA ErbR, Würselen | RA **Dr. Nikolas Hölscher**, FA ErbR, HuGesR, FamR, Stuttgart | RAin **Leonora Holling**, Düsseldorf | RA **Dr. Claus-Henrik Horn**, FA ErbR, Düsseldorf, Lehrbeauftragter an der Universität Münster | RA **Wolfram Hußmann**, Dipl.-Verwaltungswirt, Wesel | Dipl.-Rpfl. **Andrea Imre**, Ingolstadt | RiLG **Dr. Andreas Köhler**, Stuttgart, Lehrbeauftragter an der Hochschule für öffentliche Verwaltung und Finanzen Ludwigsburg | RiOLG **Holger Krätzschel**, München | PräsLG Prof. **Dr. Ludwig Kroiß**, Traunstein | RA **Jörg Lässig**, FA ArbR, Chemnitz | RAin **Dr. Sabine Mayer**, Mediatorin, FAin FamR, Neuötting | RA **Dr. Sebastian Naber**, Hamburg | RA **Christoph Peter**, LL.M., Würselen | RAin **Dr. Katja Plückelmann**, FA HuGesR, Düsseldorf | RiAG **Dr. Stefan Poller**, Laufen | RAin **Victoria Riedel**, Mediatorin, Düsseldorf | RA **Georg Schmidt**, FA SteuerR, FA ErbR, Düsseldorf | RA **Wolfgang Schwackenberg**, Notar a.D., FA FamR, Oldenburg | RA **Kai Roland Spirgath**, Heidelberg | RA **Jens-Dietrich Sprenger**, LL.M., FA VersR, Regensburg | RA **Dieter Trimborn v. Landenberg**, FA ErbR, Köln | RA **Martin Weber**, LL.M., Passau | Rechtspflegerat **Harald Wilsch**, Bezirksrevisor, München | RAin Prof. **Dr. Kerstin Wolf**, M.A., FOM Hochschule für Oekonomie und Management, München

Zitiervorschlag:
NK-NachfolgeR/Bearbeiter BGB § 1371 BGB Rn. ... – Kommentierungen
NK-NachfolgeR/Bearbeiter [Kapitelname] Rn. ... – geblockte Beiträge

Die Deutsche Nationalbibliothek verzeichnet diese Publikation in der Deutschen Nationalbibliografie; detaillierte bibliografische Daten sind im Internet über http://dnb.d-nb.de abrufbar.

ISBN 978-3-7560-0050-0

3. Auflage 2023
© Nomos Verlagsgesellschaft, Baden-Baden 2023. Gesamtverantwortung für Druck und Herstellung bei der Nomos Verlagsgesellschaft mbH & Co. KG. Alle Rechte, auch die des Nachdrucks von Auszügen, der fotomechanischen Wiedergabe und der Übersetzung, vorbehalten.

Vorwort zur 3. Auflage

Vier Jahre sind seit dem Erscheinen der letzten Auflage vergangen. Eine Fülle von neuen Entscheidungen zum Erbrecht, insbesondere solche des Europäischen Gerichtshofs und der Oberlandesgerichte, haben eine Überarbeitung der Kommentierung erforderlich gemacht.

Dabei wurde auch die Reform des Betreuungsrechts zum 1.1.2023, soweit sie sich auf das Erbrecht auswirkt, berücksichtigt. Neben materiell-rechtlichen Neuerungen, erfuhr auch das Verfahrensrecht, z. B. die Genehmigung von Rechtsgeschäften des Betreuers bzw. des Nachlasspflegers, grundlegende Änderungen, die teilweise auch auf das Familienrecht „ausstrahlen". Insgesamt wurden im Bereich der Vormundschaft, Betreuung und Pflegschaft 113 Paragraphen des BGB neu gefasst. Dazu kommen 13 Paragraphen im Kindschaftsrecht und 9 Paragraphen im Erbrecht. Auch das neu geschaffene Betreuungsorganisationsgesetz wurde in die Kommentierung aufgenommen.

Dr. Guido Holler (Steuerfolgen des Erbfalls) und *Heinz Rulands* (Rechtsanwaltsvergütungsgesetz) sind bei dieser Auflage aus dem Autorenteam ausgeschieden. Für ihre Mitwirkung über die ersten beiden Auflagen danken wir ihnen herzlich; ihre Beiträge werden von ihren bisherigen Co-Autoren *Georg Schmidt* bzw. *Dr. Isolde Bölting* fortgeführt.

Ausgeschieden ist auch *Roswitha Feldhofer* die bisher die Beiträge zu Insolvenz und Zwangsvollstreckung verantwortet hat. Diese Beiträge wurden aufgrund der aktuellen Reformen in beiden Gebieten von ihrem Berufskollegen *Harald Wilsch* neu konzipiert.

Dr. Nikolas Hölscher ist neu in das Autorenteam eingetreten mit einem neuen Kapitel zur insbesondere im Erbrecht bedeutsamen Erwachsenenadoption.

Ein besonderer Dank gilt wiederum dem Lektor des NOMOS-Verlages, Herrn Frank Michel, der es wieder geschafft hat, alle Beiträge „unter einen Hut zu bringen".

Traunstein, Düsseldorf und Passau im Mai 2023

Prof. Dr. Ludwig Kroiß   Dr. Claus-Henrik Horn   Prof. Dr. Dennis Solomon

Inhaltsverzeichnis

Vorwort zur 3. Auflage	5
Bearbeiterverzeichnis	9
Abkürzungsverzeichnis	11
Allgemeines Literaturverzeichnis	33

Teil 1
Zivilrecht

1.	AGB-Banken	41
2.	Anwaltshaftung	48
3.	Arbeitsrecht	75
4.	Berufsrecht	98
5.	Bestattung, Totenfürsorge und Sepulkralkultur	113
6.	Betreuungsrecht: Der Betreute als Erbe und Vermächtnisnehmer	167
6a.	Betreuungsorganisationsgesetz (BtOG)	185
7.	Beurkundungsgesetz (BeurkG)	188
8.	Bundesnotarordnung (BNotO)	220
9.	Digitaler Nachlass	262
10.	Familienrecht (BGB)	310
10a.	Die Erwachsenenadoption im Nachfolgerecht	404
11.	Handels- und Gesellschaftsrecht	417
12.	Heimgesetz (HeimG)	555
13.	Höfeordnung (HöfeO)	571
14.	Nachlassinsolvenz	645
15.	Konsulargesetz (KonsG)	715
16.	Lebenspartnerschaftsgesetz (LPartG)	740
17.	Mietrecht (BGB)	752
18.	Personenstandsgesetz (PStG)	774
19.	Rechtsanwaltsvergütungsgesetz (RVG)	836
20.	Verschollenheitsgesetz (VerschG)	913
21.	Versicherungsrecht	936
22.	Vollmachten: Konzeption, Gebrauch, Widerruf und Missbrauch	982

Teil 2
Verfahrensrecht

23. Gesetz über das Verfahren in Familiensachen und in den Angelegenheiten der freiwilligen Gerichtsbarkeit (FamFG) 1015
24. Grundbuchordnung (GBO) 1238
25. Gerichts- und Notarkostengesetz (GNotKG) 1415
26. Erbrechtliches Schiedsverfahren 1502
27. Zivilprozessordnung 1528
28. Zwangsvollstreckung (ZPO) 1575
29. Teilungsversteigerung 1636
30. Mediationsgesetz (MediationsG) 1678

Teil 3
Internationales Erbrecht

30a. Überblick: Internationales Erbrecht 1693
31. EuErbVO 1694
31a. Internationales Erbrechtsverfahrensgesetz (IntErbRVG) 1969

Teil 4
Strafrecht

32. Strafrecht (StGB und AO) 1993

Teil 5
Verwaltungsrecht

33. Verwaltungsrecht 2041
34. Waffenrecht 2050

Teil 6
Steuerrecht

35. Steuerfolgen des Erbfalls und Gestaltungsmöglichkeiten 2073

Teil 7
Sozialrecht

36. Sozialrecht (SGB I, SGB II, SGB XII) 2207

Stichwortverzeichnis 2399

Bearbeiterverzeichnis

Im Einzelnen haben bearbeitet:

Richter am Landessozialgericht *Dr. Claus-Peter Bienert*, Potsdam
(36. Sozialrecht, Einleitung, §§ 56-59 SGB I, §§ 11–12 SGB II; §§ 82, 90 SGB XII; § 35 SGB II; §§ 74, 102 SGB XII)

Rechtsanwältin *Dr. Isolde Bölting*, Fachanwältin für Arbeitsrecht, Remscheid
(19. Rechtsanwaltsvergütungsgesetz)

Richter am Oberlandesgericht *Walter Gierl*, München (28. Zwangsvollstreckung)

Rechtsanwältin *Christiane Graß*, Fachanwältin für Agrarrecht, Wirtschaftsmediatorin, Lehrbeauftragte an der Universität Göttingen, Bonn (13. Höfeordnung)

Richterin am Amtsgericht *Dr. Stephanie Greil-Lidl*, Eggenfelden
(17. Mietrecht, 30. Mediationsgesetz)

Notar *Michael Gutfried*, M.Jur. (Oxford), Dingolfing
(7. Beurkundungsgesetz, 8. Bundesnotarordnung)

Rechtsanwältin *Sonja Hecker*, Diplom-Rechtspflegerin, Hockenheim
(6. Betreuungsrecht: Der Betreute als Erbe und Vermächtnisnehmer)

Rechtsanwalt *Dr. Jochen Heide*, Fachanwalt für Verwaltungsrecht, Düsseldorf
(33. Verwaltungsrecht)

Wissenschaftlicher Mitarbeiter *Dr. Thomas A. Heiß*, Universität Passau
(5. Bestattung, Totenfürsorge, Sepulkralkultur gemeinsam mit *Weber*)

Rechtsanwältin *Dr. Stephanie Herzog*, Fachanwältin für Erbrecht, Würselen
(9. Digitaler Nachlass)

Rechtsanwalt *Dr. Nikolas Hölscher*, Fachanwalt für Erbrecht, für Handels- und Gesellschaftsrecht und für Familienrecht, Stuttgart (10a. Erwachsenenadoption)

Rechtsanwältin *Leonora Holling*, Düsseldorf (32. Strafrecht)

Rechtsanwalt *Dr. Claus-Henrik Horn*, Fachanwalt für Erbrecht, Düsseldorf und Lehrbeauftragter an der Universität Münster
(22. Vollmachten: Konzeption, Gebrauch, Widerruf und Missbrauch, 23. FamFG §§ 58-75, 80-85)

Rechtsanwalt *Wolfram Hußmann*, Diplom-Verwaltungswirt, Wesel
(36. Sozialrecht § 33 SGB II, §§ 93, 94 SGB XII)

Diplom-Rechtspflegerin *Andrea Imre*, Ingolstadt (24. Grundbuchordnung)

Richter am Landgericht *Dr. Andreas Köhler*, Stuttgart, Lehrbeauftragter an der Hochschule für öffentliche Verwaltung und Finanzen Ludwigsburg
(30a, 31, 31a – Internationales Erbrecht – EuErbVO, IntErbRVG)

Richter am Oberlandesgericht *Holger Krätzschel*, München (27. Zivilprozess)

Präsident des Landgerichts *Prof. Dr. Ludwig Kroiß*, Traunstein
(1. AGB-Banken, 6a. Betreuungsorganisationsgesetz, 10. Familienrecht §§ 1638-1640, 1643, 1677, 1680, 1681 gemeinsam mit *Mayer*, 12. Heimgesetz)

Rechtsanwalt *Jörg Lässig*, Fachanwalt für Arbeitsrecht, Chemnitz (34. Waffenrecht)

Rechtsanwältin *Dr. Sabine Mayer*, Mediatorin, Fachanwältin für Familienrecht, Neuötting
(10. Familienrecht §§ 1638-1640, 1643, 1677, 1680, 1681 gemeinsam mit *Kroiß*)

Rechtsanwalt *Dr. Sebastian Naber*, Hamburg (3. Arbeitsrecht)

Bearbeiterverzeichnis

Rechtsanwalt *Christoph Peter*, LL.M., Würselen
(15. Konsulargesetz, 18. Personenstandsgesetz)

Rechtsanwältin *Dr. Katja Plückelmann*, Fachanwältin für Handels- und Gesellschaftsrecht, Düsseldorf (11. Handels- und Gesellschaftsrecht)

Richter am Amtsgericht *Dr. Stefan Poller*, Laufen (23. FamFG §§ 342-373)

Rechtsanwältin *Victoria Riedel*, Mediatorin, Düsseldorf
(16. Lebenspartnerschaftsgesetz, 20. Verschollenheitsgesetz)

Rechtsanwalt *Georg Schmidt*, Fachanwalt für Steuerrecht und für Erbrecht, Düsseldorf
(35. Steuerfolgen des Erbfalls und Gestaltungsmöglichkeiten)

Rechtsanwalt *Wolfgang Schwackenberg*, Notar a.D., Fachanwalt für Familienrecht, Oldenburg
(10. Familienrecht §§ 1371, 1586-1586b, 1741-1772)

Rechtsanwalt *Kai Roland Spirgath*, Heidelberg (2. Anwaltshaftung)

Rechtsanwalt *Jens-Dietrich Sprenger* LL.M., Fachanwalt für Versicherungsrecht, Regensburg
(21. Versicherungsrecht)

Rechtsanwalt *Dieter Trimborn v. Landenberg*, Fachanwalt für Erbrecht, Köln
(26. Schiedsverfahren)

Rechtsanwalt *Martin Weber*, LL.M., Passau
(5. Bestattung, Totenfürsorge, Sepulkralkultur gemeinsam mit *Heiß*)

Rechtspflegerat *Harald Wilsch*, Bezirksrevisor, Amtsgericht München
(14. Nachlassinsolvenz, 25. Gerichts- und Notarkostengesetz, 29. Zwangsversteigerung)

Rechtsanwältin *Prof. Dr. Kerstin Wolf* M.A., FOM Hochschule für Oekonomie und Management, München (4. Berufsrecht)

Abkürzungsverzeichnis

1. RBerGAV	Erste Verordnung zur Ausführung des Rechtsberatungsgesetzes
2. RBerGAV	Zweite Verordnung zur Ausführung des Rechtsberatungsgesetzes
5. VermBG	Fünftes Gesetz zur Förderung der Vermögensbildung der Arbeitnehmer
7. StBÄndG	Gesetz zur Änderung von Vorschriften über die Tätigkeit der Steuerberater
aA	anderer Auffassung
aaO	am angegebenen Ort
abgedr.	abgedruckt
ABl.	Amtsblatt
abl.	ablehnend
ABlEG	Amtsblatt der Europäischen Gemeinschaften
Abs.	Absatz
Abschn.	Abschnitt
Abt.	Abteilung
abw.	abweichend
AcP	Archiv für die civilistische Praxis
aE	am Ende
AEntG	Gesetz über zwingende Arbeitsbedingungen bei grenzüberschreitenden Dienstleistungen (Arbeitnehmerentsendegesetz)
AErfG	Gesetz über Arbeitnehmererfindungen
AEVO	Arbeitserlaubnisverordnung
aF	alte Fassung
AfA	Absetzung bzw. Abschreibung für Abnutzung
AFG	Arbeitsförderungsgesetz
AfP	Archiv für Presserecht
AFRG	Arbeitsförderungsreformgesetz
AG	Die Aktiengesellschaft (Zeitschrift); Aktiengesellschaft; Amtsgericht; Arbeitgeber; Auftraggeber; Ausführungsgesetz
AGB	Allgemeine Geschäftsbedingungen
AGBGB	Ausführungsgesetz zum Bürgerlichen Gesetzbuch
AGFGG	Ausführungsgesetz zum Gesetz über die Angelegenheiten der Freiwilligen Gerichtsbarkeit
AGGVG	Gesetz zur Ausführung des Gerichtsverfassungsgesetzes
AGH	Anwaltsgerichtshof
AGPStG	Gesetz zur Ausführung des Personenstandsgesetzes
AgrarR	Agrarrecht (Zeitschrift)
AGS	Anwaltsgebühren Spezial (Zeitschrift)
AIG	Auslandsinvestitionsgesetz
AKostG	Auslandskostengesetz
AKostV	Auslandskostenverordnung
AktG	Aktiengesetz
allg.	allgemein
allgM	allgemeine Meinung
Alt.	Alternative
AlterstzG	Altersteilzeitgesetz
ALVB	Allgemeine Lebensversicherungs-Bedingungen
aM	anderer Meinung

Amtl. Anz.	Amtlicher Anzeiger
AN	Arbeitnehmer
ÄndG	Änderungsgesetz
AnfG	Anfechtungsgesetz
Angekl	Angeklagte(r)
Anh.	Anhang
Anm.	Anmerkung
AnwBl	Anwaltsblatt
AnwG	Anwaltsgericht
AnwGH	Anwaltsgerichtshof
AO	Abgabenordnung
AöR	Archiv des öffentlichen Rechts (Zeitschrift)
AO-StB	Der AO-Steuerberater
AP	Arbeitsrechtliche Praxis (Zeitschrift)
ArbG	Arbeitsgericht
ArbGG	Arbeitsgerichtsgesetz
AR-Blattei	Arbeitsrechts-Blattei
ArbNErfG	Gesetz über Arbeitnehmererfindungen
ArbPlSchG	Arbeitsplatzschutzgesetz
ArbSchG	Arbeitsschutzgesetz
ArbSichG	Arbeitssicherstellungsgesetz
ArbZG	Arbeitszeitgesetz
ArbZRG	Arbeitszeitrechtsgesetz
ArchBürgR	Archiv für Bürgerliches Recht
ArchÖffR	Archiv für Öffentliches Recht
ArchPR	Archiv für Presserecht
arg.	argumentum
ARGE	Arbeitsgemeinschaft
ARST	Arbeitsrecht in Stichworten
Art.	Artikel
AStG	Außensteuergesetz
AT	Allgemeiner Teil
AuA	Arbeit und Arbeitsrecht (Zeitschrift)
AUB	Allgemeine Unfallversicherungsbedingungen
AufenthG/EWG	Gesetz über Einreise und Aufenthalt von Staatsangehörigen der Mitgliedstaaten der Europäischen Wirtschaftsgemeinschaft
Aufl.	Auflage
AÜG	Arbeitnehmerüberlassungsgesetz
AuR	Arbeit und Recht (Zeitschrift)
ausdr.	ausdrücklich
AusfG HZÜ/HBÜ	Gesetz über die Ausführung des Haager Übereinkommens vom 15. November 1965 über die Zustellung gerichtlicher und außergerichtlicher Schriftstücke im Ausland in Zivil- oder Handelssachen
AuslG	Ausländergesetz
AuslInvestmG	Gesetz über den Vertrieb ausländischer Investmentanteile und über die Besteuerung der Erträge aus ausländischen Investmentanteilen
AuslInvStG	Gesetz über steuerliche Maßnahmen bei Auslandsinvestitionen der deutschen Wirtschaft
AußenStG	Gesetz über die Besteuerung bei Auslandsbeziehungen

AV	Ausführungsverordnung
AVAG	Gesetz zur Ausführung zwischenstaatlicher Anerkennungs- und Vollstreckungsverträge in Zivil- und Handelssachen
AVB	Allgemeine Versicherungsbedingungen, Allgemeine Versorgungsbedingungen
AVBl	Amts- und Verordnungsblatt
AW-Prax	Außenwirtschaftliche Praxis (Zeitschrift)
Az.	Aktenzeichen
AZV	Arbeitszeitverordnung
BA	Bundesagentur für Arbeit
BABl	Bundesarbeitsblatt
BadRpr	Badische Rechtspraxis
Bad-WürttAGBGB	Baden-Württembergisches Ausführungsgesetz zum Bürgerlichen Gesetzbuch
BaFin	Bundesanstalt für Finanzdienstleistungsaufsicht
BAföG	Bundesausbildungsförderungsgesetz
BAG	Bundesarbeitsgericht
BAGE	Entscheidungen des Bundesarbeitsgerichts
BAnz	Bundesanzeiger
BAT	Bundes-Angestelltentarifvertrag
BauGB	Baugesetzbuch
BauNVO	Verordnung über die bauliche Nutzung der Grundstücke
BauO	Bauordnung
BausparkassenG	Gesetz über Bausparkassen
BAV	Bundesaufsichtsamt für das Versicherungswesen; Betriebliche Altersversorgung
BAWe	Bundesaufsichtsamt für das Wertpapierwesen
BaWü	Baden-Württemberg
BayAGBGB	Bayerisches Ausführungsgesetz zum Bürgerlichen Gesetzbuch
BayAGGVG	Bayerisches Ausführungsgesetz zum Gerichtsverfassungsgesetz
BayJMBl	Justizministerialblatt für Bayern
BayObLG	Bayerisches Oberstes Landesgericht
BayObLGReport	Rechtsprechungsreport des BayObLG
BayObLGZ	Entscheidungen des Bayerischen Obersten Landesgerichts in Zivilsachen
BayRS	Bayerische Rechtssammlung
BayStaatsbank	Bayerische Staatsbank
BayVBl	Bayerische Verwaltungsblätter
BayVerfGH	Bayerischer Verfassungsgerichtshof
BayVGH	Bayerischer Verwaltungsgerichtshof
BayZ	Zeitschrift für Rechtspflege in Bayern
BB	Der Betriebs-Berater (Zeitschrift)
BBankG	Gesetz über die Deutsche Bundesbank
BBauG	Bundesbaugesetz
BBergG	Bundesberggesetz
BBesG	Bundesbesoldungsgesetz
BBG	Bundesbeamtengesetz
Bd.	Band
BDG	Bundesdisziplinargesetz
BDH	Bundesdisziplinarhof

BDI	Bundesverband der Deutschen Industrie
BDiG	Bundesdisziplinargericht
BDO	Bundesdisziplinarordnung
BDSG	Bundesdatenschutzgesetz
BDSG	Bundesdatenschutzgesetz
BeamtVG	Gesetz über die Versorgung der Beamten und Richter in Bund und Ländern
BEG	Bundesentschädigungsgesetz
Beil.	Beilage
Bekl	Beklagte(r)
BerHG	Beratungshilfegesetz
BerlVerfGH	Berliner Verfassungsgerichtshof
BErzGG	Bundeserziehungsgeldgesetz
Beschl.	Beschluss
bestr.	bestritten
BetrAVG	Gesetz zur Verbesserung der betrieblichen Altersversorgung
BetrVG	Betriebsverfassungsgesetz
BeurkG	Beurkundungsgesetz
BewG	Bewertungsgesetz
BewGr	Richtlinien für die Bewertung von Grundvermögen
BewRL	Richtlinie zum Bewertungsgesetz
BezG	Bezirksgericht
BfA	Bundesversicherungsanstalt für Angestellte
BFH	Bundesfinanzhof
BFH/NV	Sammlung amtlich nicht veröffentlichter Entscheidungen des Bundesfinanzhofes
BFHE	Entscheidungen des Bundesfinanzhofs
BG	Berufsgenossenschaft
BGB	Bürgerliches Gesetzbuch
BGB-InfoV	BGB-Informationspflichtenverordnung
BGBl I, II, III	Bundesgesetzblatt, mit oder ohne Ziffer, mit I = Teil I; mit II = Teil II; mit III = Teil III
BGE	Entscheidungen des Schweizerischen Bundesgerichts
BGebG	Bundesgebührengesetz
BGG	Behindertengleichstellungsgesetz
BGH	Bundesgerichtshof
BGH VGrS	Bundesgerichtshof, Vereinigter Großer Senat
BGHR	BGH-Rechtsprechung
BGHSt	Entscheidungen des Bundesgerichtshofes in Strafsachen
BGHZ	Entscheidungen des Bundesgerichtshofs in Zivilsachen
BKartA	Bundeskartellamt
BKGG	Bundeskindergeldgesetz
BKR	Zeitschrift für Bank- und Kapitalmarktrecht
Bl	Blatt
BlGBW	Blätter für Grundstücks-, Bau- und Wohnungsrecht
BMA	Bundesministerium für Arbeit und Soziales
BMF	Bundesministerium der Finanzen
BMI	Bundesministerium des Innern
BMJ	Bundesministerium der Justiz
BNotO	Bundesnotarordnung
BORA	Berufsordnung für Rechtsanwälte

BörsG	Börsengesetz
BOStB	Berufsordnung für Steuerberater
BPatG	Bundespatentgericht
BPersVG	Bundespersonalvertretungsgesetz
BPflV	Verordnung zur Regelung der Krankenhauspflegesätze
BR	Bundesrat
BRAGO	Bundesrechtsanwaltsgebührenordnung
BRAK	Bundesrechtsanwaltskammer
BRAK-Mitt	Bundesrechtsanwaltskammer-Mitteilungen
BRAO	Bundesrechtsanwaltsordnung
BR-Drucks	Bundesrats-Drucksache
BReg	Bundesregierung
BRKG	Gesetz über die Reisekostenvergütung für die Bundesbeamten, Richter im Bundesdienst und Soldaten
BRRG	Rahmengesetz zur Vereinheitlichung des Beamtenrechts
BSG	Bundessozialgericht
BSGE	Amtliche Sammlung der Entscheidungen des Bundessozialgerichts
BSHG	Bundessozialhilfegesetz
bspw.	beispielsweise
BStBl	Bundessteuerblatt
BT	Besonderer Teil; Bundestag
BtBG	Betreuungsbehördengesetz
BT-Drucks	Bundestags-Drucksache
BtG	Betreuungsgesetz
BtPrax	Betreuungsrechtliche Praxis
Buchholz	Sammel- und Nachschlagewerk der Rechtsprechung des Bundesverwaltungsgerichts, hrsg. v. K. Buchholz Loseblatt; 1957 ff.
Buchst.	Buchstabe
BUrlG	Bundesurlaubsgesetz
BV	Betriebsvereinbarung; Bestandsverzeichnis
BVerfG	Bundesverfassungsgericht
BVerfGE	Entscheidungen des Bundesverfassungsgerichts
BVerfGG	Gesetz über das Bundesverfassungsgericht
BVerwG	Bundesverwaltungsgericht
BVerwGE	Entscheidungen des Bundesverwaltungsgerichts
BVFG	Gesetz über die Angelegenheiten der Vertriebenen und Flüchtlinge (Bundesvertriebenengesetz)
BW	Baden-Württemberg
BWNotZ	Zeitschrift für das Notariat in Baden-Württemberg
bzgl.	bezüglich
BZRG	Bundeszentralregistergesetz
bzw	beziehungsweise
c.i.c.	culpa in contrahendo
CIEC	CIEC-Übereinkommen
ca.	circa
CC	code civil
dh	das heißt
DAngVers	Die Angestelltenversicherung (Zeitschrift)

DAV	Deutscher Anwaltverein
DAVorm	Der Amtsvormund (Zeitschrift)
DB	Der Betrieb (Zeitschrift)
DBA	Doppelbesteuerungsabkommen
DDR	Deutsche Demokratische Republik
DDR-ZGB	Zivilgesetzbuch der DDR
DepotG	Depotgesetz
dergl.	dergleichen
ders.	derselbe
DFG	Deutsche Freiwillige Gerichtsbarkeit
DGVZ	Deutsche Gerichtsvollzieherzeitung
DGWR	Deutsches Gemein- und Wirtschaftsrecht
dies.	dieselbe, dieselben
DIS	Deutsche Institution für Schiedsgerichtsbarkeit eV
Diss.	Dissertation
DiszH	Disziplinarhof
DJ	Deutsche Justiz (Zeitschrift)
DJT	Deutscher Juristentag
DJZ	Deutsche Juristen-Zeitung
DNotI	Deutsches Notarinstitut
DNotIR	Informationsdienst des Deutschen Notarinstituts-Report
DNotV	Zeitschrift des Deutschen Notarvereins, später: Deutsche Notar-Zeitschrift
DNotZ	Deutsche Notar-Zeitschrift
DöD	Der öffentliche Dienst (Zeitschrift)
DONot	Dienstordnung für Notare
DÖV	Die Öffentliche Verwaltung (Zeitschrift)
DR	Deutsches Recht
DRiG	Deutsches Richtergesetz
DRiZ	Deutsche Richterzeitung
DRpfl	Deutsche Rechtspflege
DRS	Deutscher Rechnungslegungsstandard
DRspr	Deutsche Rechtsprechung, Entscheidungssammlung und Aufsatzhinweise
Drucks	Drucksache
DRV	Deutsche Rentenversicherung
DRZ	Deutsche Rechtszeitschrift (ab 1946)
DStJG	Deutsche Steuerjuristische Gesellschaft
DStR	Deutsches Steuerrecht (Zeitschrift)
DStRE	DStR-Entscheidungsdienst
DStZ	Deutsche Steuer-Zeitung, Ausgabe A und B
DSWR	Datenverarbeitung, Steuer, Wirtschaft, Recht (Zeitschrift)
DtZ	Deutsch-deutsche Rechts-Zeitschrift
DuD	Datenschutz und Datensicherheit
DVBl	Deutsches Verwaltungsblatt (Zeitschrift)
DVEV	Deutsche Vereinigung für Erbrecht und Vermögensnachfolge eV
DVR	Deutsche Verkehrsteuer-Rundschau (Zeitschrift)
DWW	Deutsche Wohnungswirtschaft (Zeitschrift)
DZWir	Deutsche Zeitschrift für Wirtschaftsrecht

e.G.	eingetragene Genossenschaft
e.V.	eingetragener Verein
ebd.	ebenda
EFG	Entscheidungen der Finanzgerichte
EFZG	Entgeltfortzahlungsgesetz
EG	Europäische Gemeinschaft; Einführungsgesetz
EGAmtshilfeG	Gesetz zur Durchführung der EG-Richtlinie über die gegenseitige Amtshilfe im Bereich der direkten und indirekten Steuern
EGAO	Einführungsgesetz zur Abgabenordnung
EGBGB	Einführungsgesetz zum Bürgerlichen Gesetzbuch
EGFamGB	Einführungsgesetz zum Familiengesetzbuch der DDR
EGGVG	Einführungsgesetz zum Gerichtsverfassungsgesetz
EGH	Ehrengerichtshof der Rechtsanwaltskammer
EGHGB	Einführungsgesetz zum Handelsgesetzbuch
EGInsO	Einführungsgesetz zur Insolvenzordnung
EGMR	Europäischer Gerichtshof für Menschenrechte
EGScheckG	Einführungsgesetz zum Scheckgesetz
EGV	Vertrag zur Gründung der Europäischen Gemeinschaft
EGZPO	Einführungsgesetz zur Zivilprozessordnung
EGZVG	Einführungsgesetz zu dem Gesetz über die Zwangsversteigerung und die Zwangsverwaltung
EheG	Ehegesetz
Einf.	Einführung
eingetr.	eingetragen
EinigungsV	Einigungsstellenverordnung; Einigungsvertrag
Einl.	Einleitung
einschl.	einschließlich
EKG	Einheitliches Gesetz über den internationalen Kauf beweglicher Sachen
EKMR	Europäische Kommission für Menschenrechte
ElsLothZ	Juristische Zeitschrift für das Reichsland Elsaß-Lothringen
EMRK	Europäische Menschenrechtskonvention
EMRKG	Gesetz über die Konvention zum Schutz der Menschenrechte und Grundfreiheiten
EntgeltfortzahlungsG	Gesetz über die Zahlung des Arbeitsentgelts an Feiertagen und im Krankheitsfall
Entsch.	Entscheidung
Entschl.	Entschluss
entspr.	entsprechend
Entw.	Entwurf
EPA	Europäisches Patentamt
EPÜ	Europäisches Patentübereinkommen
ErbbauV	Verordnung über das Erbbaurecht
ErbbRVO	Erbbaurechtsverordnung
ErbBstg	Erbfolgebesteuerung
ErbGleichG	Erbrechtsgleichstellungsgesetz
Erbinfo	Erbfolge, Erbrecht, Erbfolgebesteuerung, Unternehmensnachfolge
ErbPrax	Praxishandbuch Erbrecht
ErbStDVO	Erbschaftsteuer-Durchführungsverordnung
ErbStG	Erbschaft- und Schenkungsteuergesetz

Erkl.	Erklärung
Erl.	Erlass; Erläuterung
ES	Entscheidungssammlung
EStB	Der Ertragsteuerberater (Zeitschrift)
EStDV	Einkommensteuer-Durchführungsverordnung
EStG	Einkommensteuergesetz
EStR	Einkommensteuer-Richtlinien
etc	et cetera
EU	Europäische Union
EuBVO	Verordnung (EG) über die Zusammenarbeit zwischen den Gerichten der Mitgliedstaaten auf dem Gebiet der Beweisaufnahme in Zivil- und Handelssachen
EuEheVO	Verordnung (EG) über die Zuständigkeit und die Anerkennung und Vollstreckung von Entscheidungen in Ehesachen und in Verfahren betreffend die elterliche Verantwortung für die gemeinsamen Kinder der Ehegatten
EuG	Europäisches Gericht erster Instanz
EuGH	Europäischer Gerichtshof
EuGRZ	Europäische Grundrechte-Zeitschrift
EuGVÜ	Europäisches Übereinkommen über die gerichtliche Zuständigkeit und die Vollstreckung gerichtlicher Entscheidungen in Zivil- und Handelssachen
EuGVVO	Verordnung (EG) über die gerichtliche Zuständigkeit und die Vollstreckung gerichtlicher Entscheidungen in Zivil- und Handelssachen
EuR	Europarecht
EUR	Euro
EuroEG	Euro-Einführungsgesetz
EuroSchVG	Gesetz zur Umstellung von Schuldverschreibungen auf Euro
EUV	Vertrag über die Europäische Union
EuZW	Europäische Zeitschrift für Wirtschaftsrecht
EV	Eidesstattliche Versicherung
evtl.	eventuell
EWG	Europäische Wirtschaftsgemeinschaft
EWGV	Vertrag zur Gründung der Europäischen Wirtschaftsgemeinschaft
EWiR	Entscheidungen zum Wirtschaftsrecht
EWIV	Europäische Wirtschaftliche Interessenvereinigung
EWS	Europäisches Wirtschafts- und Steuerrecht (Zeitschrift)
EzA	Entscheidungssammlung zum Arbeitsrecht
f., ff.	folgende, fortfolgende
FA	Finanzamt
Fa.	Firma
FamG	Familiengericht
FamNamRG	Gesetz zur Neuordnung des Familiennamensrechts
FamRÄndG	Familienrechtsänderungsgesetz
FamRB	Der Familienrechts-Berater (Zeitschrift)
FamRZ	Zeitschrift für das gesamte Familienrecht
FAO	Fachanwaltsordnung
FAZ	Frankfurter Allgemeine Zeitung

FernUSG	Gesetz zum Schutz der Teilnehmer am Fernunterricht
FeV	Fahrerlaubnis-Verordnung
FF	Forum Familienrecht (Zeitschrift)
FG	Finanzgericht; Freiwillige Gerichtsbarkeit
FGG	Gesetz betreffend die Angelegenheiten der freiwilligen Gerichtsbarkeit
FGO	Finanzgerichtsordnung
FGPrax	Praxis der Freiwilligen Gerichtsbarkeit (Zeitschrift)
Fn	Fußnote
FördergebietsG	Gesetz über Sonderabschreibungen und Abzugsbeträge im Fördergebiet
FPR	Familie, Partnerschaft, Recht (Zeitschrift)
FR	Finanz-Rundschau (Zeitschrift)
FreizügG/EU	Freizügigkeitsgesetz/EU
FS	Festschrift
FuR	Familie und Recht (Zeitschrift)
G.	Gericht, Gesetz, Gesellschaft
G 10	Gesetz zur Beschränkung des Brief-, Post- und Fernmeldegeheimnisses
GBA	Grundbuchamt
GBBerG	Grundbuchbereinigungsgesetz
GBl	Gesetzblatt
GBO	Grundbuchordnung
GbR	Gesellschaft bürgerlichen Rechts
GdB	Grad der Behinderung
geänd.	geändert
GebO	Gebührenordnung
GebrMG	Gebrauchsmustergesetz
gem.	gemäß
GenG	Genossenschaftsgesetz
GenRegV	Verordnung über das Genossenschaftsregister
GeschmMG	Geschmacksmustergesetz
GesO	Gesamtvollstreckungsordnung
GewArch	Gewerbearchiv (Zeitschrift)
GewO	Gewerbeordnung
GewStDV	Gewerbesteuer-Durchführungsverordnung
GewStG	Gewerbesteuergesetz
GewStR	Gewerbesteuer-Richtlinien
GFK	Abkommen über die Rechtsstellung der Flüchtlinge (Genfer Flüchtlingskonvention)
GG	Grundgesetz
ggf	gegebenenfalls
GKG	Gerichtskostengesetz
Gl.	Gläubiger(in)
GleichberG	Gesetz über die Gleichberechtigung von Mann und Frau auf dem Gebiet des bürgerlichen Rechts
GmbH	Gesellschaft mit beschränkter Haftung
GmbH i. Gr.	GmbH in Gründung
GmbHG	GmbH-Gesetz

GMBl	Gemeinsames Ministerialblatt der Bundesministerien des Innern, für Wohnungsbau, für gesamtdeutsche Fragen, für Angelegenheiten des Bundesrats
GmS-OGB	Gemeinsamer Senat der obersten Gerichtshöfe des Bundes
GNotKG	Gerichts- und Notarkostengesetz
GO	Gemeindeordnung
GoA	Geschäftsführung ohne Auftrag
GoB	Grundsätze ordnungsgemäßer Buchführung
GPÜ	Gemeinschaftspatentübereinkommen
grds.	grundsätzlich
GrdstVG	Grundstücksverkehrsgesetz
GrEStG	Grunderwerbsteuergesetz
GrStG	Grundsteuergesetz
GRSSt	Großer Senat in Strafsachen
GrStVG	Grundstücksverkehrsgesetz
Gruchot	Beiträge zur Erläuterung des Deutschen Rechts
GrundE	Grundeigentum (Zeitschrift)
GRUR	Gewerblicher Rechtsschutz und Urheberrecht (Zeitschrift)
GRURInt	GRUR Internationaler Teil (Zeitschrift)
GRZS	Großer Senat in Zivilsachen
GS	Großer Senat; Gedächtnisschrift
GSiG	Grundsicherungsgesetz
GV	Gebührenverzeichnis
GV NW	Gesetz- und Verordnungsblatt für das Land Nordrhein-Westfalen
GVBl	Gesetz- und Verordnungsblatt
GVG	Gerichtsverfassungsgesetz
GVGA	Geschäftsanweisung für Gerichtsvollzieher
GvKostG	Gerichtsvollzieherkostengesetz
GWB	Gesetz gegen Wettbewerbsbeschränkungen
HAG PStG	Hessisches Ausführungsgesetz zum Personenstandsgesetz
h.L.	herrschende Lehre
h.M.	herrschende Meinung
Halbbd.	Halbband
HansRGZ	Hanseatische Rechts- und Gerichtszeitschrift
HausratV	Hausratsverordnung
HBÜ	Haager Übereinkommen über die Beweisaufnahme im Ausland in Zivil- und Handelssachen
HeimsicherungsVO	Verordnung über die Pflichten der Träger von Altenheimen, Altenwohnheimen, und Pflegeheimen für Volljährige im Falle der Entgegennahme von Leistungen zum Zwecke der Unterbringung eines Bewohners oder Bewerbers
HessFGG	Hessisches Gesetz über die Freiwillige Gerichtsbarkeit
HessStGH	Hessischer Staatsgerichtshof
HEZ	Höchstrichterliche Entscheidungen. Slg v. Entscheidungen d. Oberlandesgerichte u. d. Obersten Gerichte in Zivilsachen
HGB	Handelsgesetzbuch
HintO	Hinterlegungsordnung
Hinw.	Hinweis(e)

HKÜ	Haager Übereinkommen über die zivilrechtlichen Aspekte internationaler Kindesentführung
HöfeO	Höfeordnung
HöfeVfO	Verfahrensordnung für Höfesachen
HpflG	Haftpflichtgesetz
HRefG	Handelsrechts-Reformgesetz
HReg	Handelsregister
HRR	Höchstrichterliche Rechtsprechung
Hrsg.	Herausgeber(in)
hrsg.	herausgegeben
HRV	Handelsregisterverfügung
Hs.	Halbsatz
HwO	Gesetz zur Ordnung des Handwerks
HypBG	Hypothekenbankgesetz
HZPÜ	Haager Übereinkommen vom 1.3.1954 über den Zivilprozess
HZÜ	Haager Übereinkommen vom 15.11.1965 über die Zustellung gerichtlicher und außergerichtlicher Schriftstücke im Ausland in Zivil- und Handelssachen
i. Vorb.	in Vorbereitung
iA	im Auftrag
idF	in der Fassung
idR	in der Regel
idS	in diesem Sinne
iE	im Ergebnis
ieS	im engeren Sinne
i.G.	in Gründung
iHv	in Höhe von
i.L.	in Liquidation
iRd	im Rahmen des/der
iSd	im Sinne des/der
iSv	im Sinne von
iÜ	im Übrigen
i.V.	in Vertretung
iVm	in Verbindung mit
i.W.	in Worten
iwS	im weiteren Sinne
ibid.	ibidem
IDW	Institut der Wirtschaftsprüfer in Deutschland
IGH	Internationaler Gerichtshof
IHK	Industrie- und Handelskammer
IHKG	Gesetz über die Industrie- und Handelskammern
INF	Die Information über Steuer und Wirtschaft (Zeitschrift)
inkl.	inklusive
insb.	insbesondere
insg.	insgesamt
InsO	Insolvenzordnung
InsVV	Insolvenzrechtliche Vergütungsverordnung
InVo	Insolvenz und Vollstreckung (Zeitschrift)
IPG	Internationale Politik und Gesellschaft
IPR	Internationales Privatrecht

IPRax	Praxis des Internationalen Privat- und Verfahrensrechts (Zeitschrift)
IPRG	Gesetz zur Neuregelung des Internationalen Privatrechts
IPRspr	Die deutsche Rechtsprechung auf dem Gebiet des internationalen Privatrechts
IStR	Internationales Steuerrecht
IWB	Internationale Wirtschafts-Briefe (Loseblatt)
JA	Juristische Arbeitsblätter (Zeitschrift)
JAO	Juristenausbildungsordnung
JBeitrO	Justizbeitreibungsordnung
JBl	Justizblatt
JFG	Jahrbuch für Entscheidungen in Angelegenheiten der freiwilligen Gerichtsbarkeit und des Grundbuchrechts
Jg.	Jahrgang
JherJb	Jherings Jahrbücher für die Dogmatik des bürgerlichen Rechts
JMBl	Justizministerialblatt
JMBlNW	Justizministerialblatt Nordrhein-Westfalen
JR	Juristische Rundschau (Zeitschrift)
JuMiG	Justizmitteilungsgesetz
Jura	Juristische Ausbildung (Zeitschrift)
JurBüro	Juristisches Büro (Zeitschrift)
JuS	Juristische Schulung (Zeitschrift)
Justiz	Die Justiz (Zeitschrift)
JVBl	Justizverwaltungsblatt
JVKostO	Verordnung über Kosten im Bereich der Justizverwaltung
JW	Juristische Wochenschrift (Zeitschrift)
JZ	Juristenzeitung (Zeitschrift)
K&R	Kommunikation und Recht (Zeitschrift)
KAGG	Gesetz über Kapitalanlagegesellschaften
Kap.	Kapitel
KapErhStG	Gesetz über steuerrechtliche Maßnahmen bei Erhöhung des Nennkapitals aus Gesellschaftsmitteln
KfH	Kammer für Handelssachen
KG	Kommanditgesellschaft; Kammergericht
KGaA	Kommanditgesellschaft auf Aktien
KGJ	Jahrbuch für Entscheidungen des Kammergerichts in Sachen der freiwilligen Gerichtsbarkeit in Kosten-, Stempel- und Strafsachen
KG-Rp/KGR	Rechtsprechungsreport des Kammergerichts Berlin
Kind-Prax	Kindschaftsrechtliche Praxis (Zeitschrift)
KindUG	Gesetz zur Vereinheitlichung des Unterhaltsrechts minderjähriger Kinder
KJ	Kritische Justiz (Zeitschrift)
KJHG	Gesetz zur Neuordnung des Kinder- und Jugendhilferechts
KKZ	Kommunal-Kassen-Zeitschrift
KO	Konkursordnung
KonsG/KonsularG	Konsulargesetz
KonTraG	Gesetz zur Kontrolle und Transparenz im Unternehmensbereich
KÖSDI	Kölner Steuerdialog (Zeitschrift)

KostenRÄndG	Gesetz zur Änderung und Ergänzung kostenrechtlicher Vorschriften
KostO	Kostenordnung
krit.	kritisch
KSchG	Kündigungsschutzgesetz
KStDV	Körperschaftsteuer-Durchführungsverordnung
KStG	Körperschaftsteuergesetz
KStR	Körperschaftsteuer-Richtlinien
KTS	Konkurs-, Treuhand- und Schiedsgerichtswesen (ab 50.1998 Zeitschrift für Insolvenzrecht /vorher Konkurs- und Treuhandwesen)
KUG/KunstUrhG	Gesetz betreffend das Urheberrecht an Werken der bildenden Künste und der Photographie
KV	Kostenverzeichnis
KWG	Kreditwesengesetz
LAG	Landesarbeitsgericht; Lastenausgleichsgesetz
LandPVerkG	Landpachtverkehrsgesetz
LCIA	London Court of International Arbitration
lfd.	laufend
LFGG	Landesgesetz über die freiwillige Gerichtsbarkeit
LFZG	Lohnfortzahlungsgesetz
LG	Landgericht
lit.	litera (Buchstabe)
Lit.	Literatur
LM	Nachschlagewerk des Bundesgerichtshofes, hrsg. v. Lindenmaier, Möhring ua
LPachtVG	Gesetz über die Anzeige und Beanstandung von Landpachtverträgen
LPartG	Lebenspartnerschaftsgesetz
LRiG	Landesrichtergesetz
LS	Leitsatz
LSG	Landessozialgericht
LStDV	Lohnsteuer-Durchführungsverordnung
LStR	Lohnsteuer-Richtlinien
LuftfzRG	Gesetz über Rechte an Luftfahrzeugen
LuftVG	Luftverkehrsgesetz
LuftVO	Luftverkehrs-Ordnung
LuganoÜ	Lugano-Übereinkommen über die gerichtliche Zuständigkeit und die Vollstreckung gerichtlicher Entscheidungen in Zivil- und Handelssachen
LVA	Landesversicherungsanstalt
LWG	Landwirtschaftsgericht
LwVfG	Gesetz über das gerichtliche Verfahren in Landwirtschaftssachen
LZ	Leipziger Zeitschrift
m.Anm.	mit Anmerkung
mE	meines Erachtens
mN	mit Nachweisen
mwH	mit weiteren Hinweisen
mwN	mit weiteren Nachweisen

mWv	mit Wirkung vom
MarkenG	Markengesetz
MdE	Minderung der Erwerbsfähigkeit
MDP	Mitteilungen der deutschen Patentanwälte (Zeitschrift)
MDR	Monatsschrift für Deutsches Recht (Zeitschrift)
MinBl	Ministerialblatt
mind.	mindestens
Mio.	Million
MitbestG	Mitbestimmungsgesetz
Mitt.	Mitteilungen
MittBayNot	Mitteilungen des Bayerischen Notarvereins, der Notarkasse und der Landesnotarkasse Bayern
MittRhNotK	Mitteilungen der Rheinischen Notarkammer
MiZi	Allgemeine Verfügung über Mitteilungen in Zivilsachen
MMR	MultiMedia und Recht (Zeitschrift)
MPU	Medizinisch-psychologische Untersuchung
MRVerbG	Gesetz zur Verbesserung des Mietrechts und zur Begrenzung des Mietanstiegs sowie zur Regelung von Ingenieur- und Architektenleistungen
MSchG	Mieterschutzgesetz
MwSt	Mehrwertsteuer
nF	neue Fassung
nrkr	nicht rechtskräftig
nv	nicht veröffentlicht
NachlG	Nachlassgericht
NachwG	Nachweisgesetz
NamÄndG	Gesetz über die Änderung von Familiennamen und Vornamen
NamensänderungsDV	Erste Verordnung zur Durchführung des Gesetzes über die Änderung von Familiennamen und Vornamen
NaStraG	Namensaktiengesetz
Nds. AVO PStG	Niedersächsische Verordnung zur Ausführung des Personenstandsgesetzes
NdsFGG	Niedersächsisches Gesetz über die freiwillige Gerichtsbarkeit
NdsRpfl	Niedersächsische Rechtspflege
NdsVBl	Niedersächsische Verwaltungsblätter (Zeitschrift)
NDV	Nachrichtendienst des Deutschen Vereins für öffentliche und private Fürsorge (Zeitschrift)
ne.	nichtehelich
NEhelG	Gesetz über die rechtliche Stellung der nichtehelichen Kinder
NJ	Neue Justiz (Zeitschrift)
NJW	Neue Juristische Wochenschrift
NJWE	NJW-Entscheidungsdienst
NJWE-FER	NJW-Entscheidungsdienst-Familien- und Erbrecht
NJWE-VHR	NJW-Entscheidungsdienst-Versicherungs- und Haftungsrecht
NJWE-WettbR	NJW-Entscheidungsdienst-Wettbewerbsrecht
NJW-RR	NJW-Rechtsprechungsreport
NMV	Neubaumietenverordnung
NotBZ	Zeitschrift für die notarielle Beratungs- und Beurkundungspraxis
Nr.	Nummer

NStE	Neue Entscheidungssammlung für Strafrecht
NStZ	Neue Zeitschrift für Strafrecht
NStZ-RR	Neue Zeitschrift für Strafrecht-Rechtsprechungsreport
NVersZ	Neue Zeitschrift für Versicherung und Recht
NW	Nordrhein-Westfalen
NWB	Neue Wirtschaftsbriefe (Zeitschrift)
NWVBl	Nordrhein-Westfälische Verwaltungsblätter
NZA	Neue Zeitschrift für Arbeitsrecht
NZA-RR	NZA-Rechtsprechungs-Report
NZG	Neue Zeitschrift für Gesellschaftsrecht
NZI	Neue Zeitschrift für Insolvenzrecht
NZM	Neue Zeitschrift für Miet- und Wohnungsrecht
NZS	Neue Zeitschrift für Sozialrecht
NZV	Neue Zeitschrift für Verkehrsrecht
o.a.	oben angegeben/angeführt
oÄ	oder Ähnliches
o.g.	oben genannt
OECD	Organization for Economic Cooperation and Development
OFD	Oberfinanzdirektion
OFH	Oberfinanzhof
OGHZ	Entscheidungen des Obersten Gerichtshofes für die Britische Zone in Zivilsachen
OHG	Offene Handelsgesellschaft
OLG	Oberlandesgericht
OLGE	Entscheidungssammlung der Oberlandesgerichte
OLG-NL	OLG-Rechtsprechung Neue Länder
OLGR	OLG-Report
OLGSt	Entscheidungen der Oberlandesgerichte zum Straf- und Strafverfahrensrecht
OLG-VertrÄndG	OLG Vertretungsänderungsgesetz
OLGZ	Entscheidungen der Oberlandesgerichte in Zivilsachen
OVG	Oberverwaltungsgericht
OWi	Ordnungswidrigkeit
OWiG	Ordnungswidrigkeitengesetz
p.a.	pro anno
PachtKrG	Pachtkreditgesetz
PAngG	Preisangaben- und Preisklauselgesetz
PAngV	Preisangabenverordnung
PartGG	Partnerschaftsgesellschaftsgesetz
PatAO	Patentanwaltsordnung
PatG	Patentgesetz
PersStDV	Landesverordnung zur Durchführung des Personenstandsgesetzes
PersV	Die Personalvertretung (Zeitschrift)
PfandbSchuldvG	Gesetz über die Pfandbriefe und verwandte Schuldverschreibungen öffentlich-rechtlicher Kreditanstalten
PflegeVG	Pflegeversicherungsgesetz
PflVG	Pflichtversicherungsgesetz
PKH	Prozesskostenhilfe
PKV	Prozesskostenvorschuss

PrAGBGB	Preußisches Ausführungsgesetz zum Bürgerlichen Gesetzbuch
PrFGG	Preußisches Gesetz betreffend die Angelegenheiten der Freiwilligen Gerichtsbarkeit
PrKV	Preisklauselverordnung
ProdHaftG	Produkthaftungsgesetz
Prot.	Protokoll
PRV	Partnerschaftsregisterverordnung
PStG	Personenstandsgesetz
PStGDV	Landesverordnung zur Durchführung des Personenstandsgesetzes
PStG-VwV	Allgemeine Verwaltungsvorschrift zum Personenstandsgesetz
PStV	Verordnung zur Ausführung des Personenstandsgesetztes (Personenstandsverordnung)
PStVO	Verordnung zur Durchführung des Personenstandsgesetzes
pVV	positive Vertragsverletzung
r+s	Recht und Schaden (Zeitschrift)
RA	Rechtsanwalt
RabelsZ	Zeitschrift für ausländisches und internationales Privatrecht, begr. v. Rabel
RAG	Reichsarbeitsgericht
RAin	Rechtsanwältin
RAuN	Rechtsanwalt und Notar
RAuNin	Rechtsanwältin und Notarin
RBerG	Rechtsberatungsgesetz
RdA	Recht der Arbeit (Zeitschrift)
RdErl	Runderlass
RdSchr	Rundschreiben
RDV	Recht der Datenverarbeitung (Zeitschrift)
Recht	Das Recht (Zeitschrift)
rechtskr.	rechtskräftig
Red.	Redaktion
Reg.	Regierung; Register
RegBl	Regierungsblatt
RegelbetrVO	Regelbetrags-Verordnung
RegelsatzVO	Verordnung zur Durchführung des § 22 des Bundessozialhilfegesetzes
RegEntw	Regierungsentwurf
RFH	Reichsfinanzhof
RG	Reichsgericht
RGBl	Reichsgesetzblatt
RGSt	Entscheidungen des RG in Strafsachen
RGZ	Entscheidungen des RG in Zivilsachen
RhPfAGBGB	Rheinland-Pfälzisches Ausführungsgesetz zum Bürgerlichen Gesetzbuch
RhPfGerichtsOrgG	Rheinland-Pfälzisches Gerichtsorganisationsgesetz
Ri	Richter
RiA	Das Recht im Amt (Zeitschrift)
RiAG	Richter(in) am Amtsgericht
RIW	Recht der internationalen Wirtschaft (Zeitschrift)

RJA	Entscheidungen in Angelegenheiten der freiwilligen Gerichtsbarkeit und des Grundbuchrechts
Rn	Randnummer
RNotZ	Rheinische Notar-Zeitschrift (ab 2001, vorher: MittRhNotK)
ROW	Recht in Ost und West (Zeitschrift)
RPflAnpG	Rechtspflegeanpassungsgesetz
Rpfleger	Der Deutsche Rechtspfleger (Zeitschrift)
RPflG	Rechtspflegergesetz
RpflJb	Rechtspfleger-Jahrbuch
RpflStud	Rechtspfleger-Studienhefte
RR	Rechtsprechungsreport
Rspr	Rechtsprechung
RsprEinhG	Gesetz zur Wahrung der Einheitlichkeit der Rechtsprechung der obersten Gerichtshöfe des Bundes
RStBl	Reichssteuerblatt
RÜ	Rechtsprechungsübersicht (Zeitschrift)
rückw.	rückwirkend
RuStAG	Reichs- und Staatsangehörigkeitsgesetz
RVA	Reichsversicherungsamt
RVG	Rechtsanwaltsvergütungsgesetz
RVG VV	Vergütungsverzeichnis zum RVG
RVO	Reichsversicherungsordnung
RWS	Kommunikationsforum Recht-Wirtschaft-Steuern
S.	Satz; Seite
s.	siehe
s.a.	siehe auch
SeeArbG	Seearbeitsgesetz
SeemG	Seemannsgesetz
s. o.	siehe oben
s. u.	siehe unten
SachBezV	Verordnung über den Wert der Sachbezüge in der Sozialversicherung
SächsArch	Sächsisches Archiv für Rechtspflege
SachenRBerG	Sachenrechtsbereinigungsgesetz
SAE	Sammlung Arbeitsrechtlicher Entscheidungen
SchiedsVfG	Schiedsverfahrens-Neuregelungsgesetz
SchiedsVZ	Zeitschrift für Schiedsverfahren
SchiffRegO	Schiffsregisterordnung
SchiffsRG	Gesetz über Rechte an eingetragenen Schiffen und Schiffsbauwerken
SchKG	Gesetz zur Vermeidung und Bewältigung von Schwangerschaftskonflikten (Schwangerschaftskonfliktgesetz)
SchlHA	Schleswig-Holsteinische Anzeigen (Zeitschrift)
SchlHOLG	Oberlandesgericht Schleswig-Holstein
SchlichtVerfVO	Verordnung über das Verfahren der Schlichtungsstellen für Überweisungen
SchuldRÄndG	Schuldrechtsänderungsgesetz
SchuldRAnpG	Schuldrechtsanpassungsgesetz
SchuldRModG	Gesetz zur Modernisierung des Schuldrechts

SeuffArch	Seufferts Archiv für Entscheidungen der obersten Gerichte in den deutschen Staaten
SG	Sozialgericht; Soldatengesetz
SGb	Die Sozialgerichtsbarkeit (Zeitschrift)
SGB AT	Sozialgesetzbuch – Allgemeiner Teil
SGB III	Sozialgesetzbuch Drittes Buch – Arbeitsförderung
SGB IV	Sozialgesetzbuch Viertes Buch – Sozialversicherung
SGB V	Sozialgesetzbuch Fünftes Buch – Gesetzliche Krankenversicherung
SGB VI	Sozialgesetzbuch Sechstes Buch – Gesetzliche Rentenversicherung
SGB VII	Sozialgesetzbuch Siebtes Buch – Gesetzliche Unfallversicherung
SGB VIII	Sozialgesetzbuch Achtes Buch – Kinder- und Jugendhilfe
SGB IX	Sozialgesetzbuch Neuntes Buch – Rehabilitation und Teilhabe behinderter Menschen
SGB X	Sozialgesetzbuch Zehntes Buch – Sozialverwaltungsverfahren und Sozialdatenschutz
SGB XI	Sozialgesetzbuch Elftes Buch – Soziale Pflegeversicherung
SGB XII	Sozialgesetzbuch Zwölftes Buch – Sozialhilfe
SGG	Sozialgerichtsgesetz
SGOBau	Schiedsgerichtsordnung für das Bauwesen
SigG	Signaturgesetz
Slg	Sammlung
SoergelRspr	Rechtsprechung zum BGB, EGBGB, CPO, KO, GBO und RFG
sog.	sogenannte/r/s
SozR	Sozialrecht. Rechtsprechung und Schrifttum, bearb. v. d. Richtern des Bundessozialgerichts (Loseblatt)
SozSich	Soziale Sicherheit (Zeitschrift)
SozVers	Die Sozialversicherung (Zeitschrift)
SP	Schaden-Praxis (Zeitschrift)
SprAuG	Sprecherausschussgesetz
st. Rspr	ständige Rechtsprechung
StAG	Staatsangehörigkeitsgesetz
StAnz	Staatsanzeiger
StAZ	Zeitschrift für Standesamtswesen, später: Das Standesamt
StB	Der Steuerberater (Zeitschrift)
StB	Steuerberater
StBp	Die steuerliche Betriebsprüfung (Zeitschrift)
StGB	Strafgesetzbuch
StGH	Staatsgerichtshof
StiftFördG	Gesetz zur weiteren steuerlichen Förderung von Stiftungen
StiftungsG	Stiftungsgesetz
StPO	Strafprozessordnung
str.	streitig
StraFo	Strafverteidiger Forum (Zeitschrift)
StrÄndG	Strafrechtsänderungsgesetz
StSenkG	Gesetz zur Senkung der Steuersätze und zur Reform der Unternehmensbesteuerung
StuB	Steuern und Bilanzen (Zeitschrift)
StuW	Steuer und Wirtschaft (Zeitschrift)
StV	Strafverteidiger (Zeitschrift)

StVj	Steuerliche Vierteljahresschrift
SÜ	Sicherheitsübereignung
SVG	Gesetz über die Versorgung für die ehemaligen Soldaten der Bundeswehr und ihre Hinterbliebenen
SZ	Süddeutsche Zeitung
ThürPStV	Thüringer Verordnung zur Ausführung des Personenstandsgesetzes (Thüringer Personenstandsverordnung)
tlw.	teilweise
TransplantationsG	Transplantationsgesetz
TSG	Gesetz über die Änderung der Vornamen und die Feststellung der Geschlechtszugehörigkeit in besonderen Fällen (Transsexuellengesetz)
TV	Tarifvertrag
TVG	Tarifvertragsgesetz
Tz.	Textzahl
TzBfG	Gesetz über Teilzeitarbeit und befristete Arbeitsverträge
TzWrG	Gesetz über die Veräußerung von Teilzeitnutzungsrechten an Wohngebäuden
ua	unter anderem
uÄ	und Ähnliches
uE	unseres Erachtens
uU	unter Umständen
uVm	und Vieles mehr
UÄndG	Unterhaltsänderungsgesetz
UBGG	Gesetz über Unternehmensbeteiligungsgesellschaften
UFITA	Archiv für Urheber-, Film-, Funk- und Theaterrecht
UhVorschG	Gesetz zur Sicherung des Unterhalts von Kindern alleinstehender Mütter und Väter durch Unterhaltsvorschüsse oder -ausfallleistungen
UKlaG	Unterlassungsklagegesetz
umstr.	umstritten
UmwBerG	Gesetz zur Bereinigung des Umwandlungsgesetzes
UmwG	Umwandlungsgesetz
UmwStErl	Umwandlungssteuererlass
UmwStG	Umwandlungssteuergesetz
Univ.	Universität
unstr.	unstreitig
UntVorschG	Unterhaltsvorschussgesetz
unveröff.	unveröffentlicht
UR	Umsatzsteuer-Rundschau (Zeitschrift)
UrhG	Urheberrechtsgesetz
urspr.	ursprünglich
Urt.	Urteil
UStDV	Umsatzsteuer-Durchführungsverordnung
UStG	Umsatzsteuergesetz
UStR	Umsatzsteuerrichtlinien
usw	und so weiter
UVR	Umsatz- und Verkehrsteuer-Recht (Zeitschrift)
UWG	Gesetz gegen den unlauteren Wettbewerb

UZwG	Gesetz über den unmittelbaren Zwang bei Ausübung öffentlicher Gewalt durch Vollzugsbeamte des Bundes
v.H.	vom Hundert
VAG	Versicherungsaufsichtsgesetz
VAHRG	Gesetz zur Regelung von Härten im Versorgungsausgleich
VBl BW	Verwaltungsblätter Baden-Württemberg
VerbrKrG	Verbraucherkreditgesetz
VereinsG	Gesetz zur Regelung des öffentlichen Vereinsrechts
Verf.	Verfassung; Verfasser
VerfGH	Verfassungsgerichtshof
VerfGHG	Gesetz über den Verfassungsgerichtshof
VerfO	Verfahrensordnung
VerglO	Vergleichsordnung
VermG	Vermögensgesetz
Veröff.	Veröffentlichung
VerschG	Verschollenheitsgesetz
VersG	Gesetz über Versammlungen und Aufzüge
VersPrax	VersicherungsPraxis (Zeitschrift)
VersR	Versicherungsrecht
Verz.	Verzeichnis
Vfg.	Verfügung
VG	Verwaltungsgericht; Verwertungsgesellschaft
VGH	Verwaltungsgerichtshof; Verfassungsgerichtshof
vgl	vergleiche
VglO	Vergleichsordnung
VGrS	Vereinigter Großer Senat
VgV	Vergabeverordnung
VHB	Allgemeine Hausratsversicherungsbedingungen
VIZ	Zeitschrift für Vermögens- und Investitionsrecht (bis 6.1996)
VIZ	Zeitschrift für Vermögens- und Immobilienrecht (ab 7.1996)
VO	Verordnung
VOBl	Verordnungsblatt
VOL	Verdingungsordnung für Leistungen, ausgenommen Bauleistungen
Vorbem.	Vorbemerkung
vorl.	vorläufig
VormG	Vormundschaftsgericht
VRS	Verkehrsrechts-Sammlung
VStG	Vermögensteuergesetz
VStR	Vermögensteuer-Richtlinien
VuR	Verbraucher und Recht (Zeitschrift)
VVaG	Versicherungsverein auf Gegenseitigkeit
VVG	Versicherungsvertragsgesetz
VW	Versicherungswirtschaft (Zeitschrift)
VwGO	Verwaltungsgerichtsordnung
VwKostG	Verwaltungskostengesetz
VwVfG	Verwaltungsverfahrensgesetz
VwVG	Verwaltungsvollstreckungsgesetz
VwZG	Verwaltungszustellungsgesetz
VwZVG	Verwaltungszustellungs- und Vollstreckungsgesetz

VZ	Veranlagungszeitraum
WahrnG	Gesetz über die Wahrnehmung von Urheberrechten und verwandten Schutzrechten
WarnRspr	1. Rechtsprechung des Reichsgerichts auf dem Gebiete des Zivilrechts, soweit sie nicht in der amtlichen Sammlung der Entscheidungen des RG abgedruckt ist, hrsg. von Warneyer (bis 33.1941); 2. Sammlung zivilrechtlicher Entscheidungen des Reichsgerichts (1.1942–2.1943)
WE	Wohnungseigentum
WechselG	Wechselgesetz
WEG	Wohnungseigentumsgesetz
WertErmVO	Wertermittlungsverordnung
WEZ	Zeitschrift für Wohnungseigentumsrecht
WG	Wechselgesetz
WiB	Wirtschaftsrechtliche Beratung (Zeitschrift)
WiR	Wirtschaftsrecht (Zeitschrift)
wistra	Zeitschrift für Wirtschaft, Steuer, Strafrecht
WM, WPM	Wertpapier-Mitteilungen
WP	Wirtschaftsprüfer
WpHG	Wertpapierhandelsgesetz
WPO	Wirtschaftsprüferordnung
WRP	Wettbewerb in Recht und Praxis (Zeitschrift)
WÜK	Wiener Übereinkommen über konsularische Beziehungen vom 24. April 1963
WRV	Weimarer Reichsverfassung
WuW	Wirtschaft und Wettbewerb (Zeitschrift)
WZG	Warenzeichengesetz
zB	zum Beispiel
zT	zum Teil
ZAP	Zeitschrift für die Anwaltspraxis
ZblFG	Zentralblatt für Freiwillige Gerichtsbarkeit und Notariat
ZErb	Zeitschrift für die Steuer- und Erbrechtspraxis
ZEV	Zeitschrift für Erbrecht und Vermögensnachfolge
ZfA	Zeitschrift für Arbeitsrecht
ZFE	Zeitschrift für Familien- und Erbrecht
ZfF	Zeitschrift für das Fürsorgewesen
ZfRV	Zeitschrift für Rechtsvergleichung
zfs	Zeitschrift für Schadensrecht
ZfSH/SGB	Zeitschrift für Sozialhilfe und Sozialgesetzbuch
ZfV	Zeitschrift für Versicherungswesen
ZGB	Zivilgesetzbuch (DDR)
ZGR	Zeitschrift für Unternehmens- und Gesellschaftsrecht
ZGS	Zeitschrift für das gesamte Schuldrecht
ZHR	Zeitschrift für das gesamte Handels- und Wirtschaftsrecht
Ziff.	Ziffer
ZIP	Zeitschrift für Wirtschaftsrecht und Insolvenzpraxis
zit.	zitiert
ZNotP	Zeitschrift für die Notarpraxis
ZPO	Zivilprozessordnung

Abkürzungsverzeichnis

ZRHO	Rechtshilfeordnung für Zivilsachen
ZRP	Zeitschrift für Rechtspolitik
ZTR	Zentrales Testamentsregister
ZUM	Zeitschrift für Urheber- und Medienrecht
zust.	zustimmend
ZVG	Zwangsversteigerungsgesetz
ZVglRWiss	Zeitschrift für vergleichende Rechtswissenschaft
ZWE	Zeitschrift für Wohnungseigentum
zzgl.	zuzüglich
ZZP	Zeitschrift für Zivilprozess
zzt.	zurzeit

Allgemeines Literaturverzeichnis

A. Kommentare

Bamberger/Roth, Beck'scher Online-Kommentar zum Bürgerlichen Gesetzbuch, zitiert: BeckOK BGB/Bearbeiter

Bassenge/Herbst/Roth, Gesetz über die Angelegenheiten der Freiwilligen Gerichtsbarkeit – Rechtspflegergesetz, 11. Auflage 2006

Baumbach/Hopt, Handelsgesetzbuch, 39. Auflage 2020, zitiert: Baumbach/Hopt/Bearbeiter

Baumbach/Lauterbach/Albers/Hartmann, ZPO, 77. Auflage 2019, zitiert: Baumbach/Lauterbach/Bearbeiter

Bienwald/Sonnenfeld/Harm, Betreuungsrecht, Kommentar, 6. Auflage 2016, zitiert: Bienwald/Sonnenfeld/Harm/Bearbeiter

Blümich, Kommentar zum Einkommensteuergesetz, Körperschaftsteuergesetz, Gewerbesteuergesetz (Loseblatt), 155. Auflage 2020, zitiert: Blümich/Bearbeiter

Boruttau, Grunderwerbsteuergesetz, 19. Auflage 2019, zitiert: Boruttau/Bearbeiter

Bumiller/Harders/Schwamb, Freiwillige Gerichtsbarkeit, 11. Auflage 2015, zitiert: Bumiller/Harders/Schwamb/Bearbeiter

Bunjes/Geist, Umsatzsteuergesetz, Kommentar, 21. Auflage 2022, zitiert: Bunjes/Geist/Bearbeiter

Burandt/Rojahn, Erbrecht, 4. Auflage 2022, zitiert: Burandt/Rojahn/Bearbeiter

Damrau/Tanck, Praxiskommentar Erbrecht, 4. Auflage 2020, zitiert: Damrau/Tanck/Bearbeiter

Dauner-Lieb/Grziwotz, Pflichtteilsrecht – Handkommentar, 3. Auflage 2022, zitiert: HK-PflichttteilsR/Bearbeiter

Dauner-Lieb/Heidel/Ring, BGB, 3. Auflage 2022, zitiert: NK-BGB/Bearbeiter

Dodegge/Roth, Systematischer Praxiskommentar Betreuungsrecht, 5. Auflage 2018

Ebenroth/Boujong/Joost/Strohn, Handelsgesetzbuch, 4. Auflage 2020, zitiert: Ebenroth/Boujong/Joost/Strohn/Bearbeiter

Erman, Bürgerliches Gesetzbuch, 16. Auflage 2020, zitiert: Erman/Bearbeiter

Fischer/Pahlke/Wachter, ErbStG, 7. Auflage 2020, zitiert: Fischer/Pahlke/Wachter ErbStG/Bearbeiter

Flick/Wassermeyer/Baumhoff/Schönfeld, Außensteuerrecht (Loseblatt), 100. Aufl. 2022, zitiert: Flick/Wassermeyer/Baumhoff/Schönfeld/Bearbeiter

Frieser, Fachanwaltskommentar Erbrecht, 4. Auflage 2013, zitiert: FAKomm ErbR/Bearbeiter

Gottwald, Pflichtteilsrecht, Kommentierung der §§ 2303–2338 BGB mit Checklisten, 2000

Gottwald/Mock, Zwangsvollstreckung, 7. Auflage 2015

Große-Wilde/Quart, Deutscher Erbrechtskommentar, 2. Auflage 2010

Grüneberg, Bürgerliches Gesetzbuch, 81. Auflage 2022, zitiert: Grüneberg/Bearbeiter

Gursky, Erbrecht, 7. Auflage 2018

Hahne/Munzig (Hrsg.) Beck'scher Online Kommentar FamFG, 21. Edition 2016, zitiert: BeckOK FamFG/Bearbeiter

Herrmann/Heuer/Raupach, Kommentar zum Einkommensteuergesetz und Körperschaftsteuergesetz einschließlich Nebengesetzen (Loseblatt), 312. Edition 2022

Hofmann, Grunderwerbsteuergesetz, Kommentar, 11. Auflage 2016

Hübschmann/Hepp/Spitaler, Abgabenordnung, Finanzgerichtsordnung (Loseblatt), 269. Edition 2022, zitiert: Hübschmann/Hepp/Spitaler/Bearbeiter

Jauernig, Bürgerliches Gesetzbuch, 17. Auflage 2018, zitiert: Jauernig/Bearbeiter

Johannsen/Henrich, Familienrecht, Kommentar, 7. Auflage 2020, zitiert: Johannsen/Henrich/Bearbeiter

juris PraxisKommentar BGB, Bd. 5: Erbrecht, 7. Auflage 2014, zitiert: jurisPK-BGB/Bearbeiter

Kapp/Ebeling, Kommentar zum Erbschaftsteuer- und Schenkungsteuergesetz, Loseblatt, Stand 91. EL 2022, zitiert: Kapp/Ebeling/Bearbeiter

Keidel, FamFG, 20. Auflage 2020, zitiert: Keidel/Bearbeiter

Korintenberg, GNotKG, 20. Auflage 2017, zitiert: Korintenberg/Bearbeiter

Korintenberg/Lappe/Bengel/Reimann, Kostenordnung, 22. Auflage 2022, zitiert: Korintenberg/Bearbeiter

Leonhard, Kommentar zum 5. Buch des BGB, 2. Auflage 1912

Littmann/Bitz/Pust, Einkommensteuerrecht, Loseblatt, 155. EL 2021, zitiert: Littmann/Bitz/Pust/Bearbeiter

Meikel, Grundbuchordnung, 12. Auflage 2020, zitiert: Meikel GBO/Bearbeiter

Meincke/Hannes/Holtz, Erbschaftsteuer- und Schenkungsteuergesetz, 18. Auflage 2021

Moench/Weinmann, Erbschaft- und Schenkungsteuer, Kommentar (Loseblatt), 93. Aktualisierung 2021

Münchener Kommentar zum Bürgerlichen Gesetzbuch, 9. Auflage 2021, zitiert: MüKoBGB/Bearbeiter

Münchener Kommentar zur Insolvenzordnung, 4. Aufl. 2021, zitiert: MüKoInsO/Bearbeiter

Münchener Kommentar zur Zivilprozessordnung, 6. Auflage 2020, zitiert: MüKoZPO/Bearbeiter

Musielak, Kommentar zur Zivilprozessordnung, 19. Auflage 2022, zitiert: Musielak/Bearbeiter

Planck, Kommentar zum BGB, Bd. V, 4. Auflage 1930

Prütting/Wegen/Weinreich, BGB-Kommentar, 17. Auflage 2022, zitiert: PWW/Bearbeiter

Reimann/Bengel/Dietz, Testament und Erbvertrag, 7. Auflage 2019, zitiert: Reimann/Bengel/Dietz Testament-HdB/Bearbeiter

RGRK, Das Bürgerliche Gesetzbuch, 5. Bd. Erbrecht, 12. Auflage 2010, zitiert: RGRK-BGB/Bearbeiter

Rödl/Preißer/Seltenreich, Erbschaft- und Schenkungsteuer, 3. Auflage 2018

Schmidt, Einkommensteuergesetz, Kommentar, 39. Auflage 2020

Schulze u.a., Handkommentar BGB, 11. Auflage 20121, zitiert: HK-BGB/Bearbeiter

Schumann, Erbvertragsrecht, Kommentar zu den §§ 1941, 2274–2302 mit Vertragsmustern für die Rechtspraxis, 2002

Schwab/Walter, Schiedsgerichtsbarkeit, 7. Auflage 2005

Soergel, Bürgerliches Gesetzbuch, 14. Auflage 2021, zitiert: Soergel/Bearbeiter

Staudinger, Bürgerliches Gesetzbuch – Buch 5: Erbrecht, 2022, zitiert: Staudinger/Bearbeiter

Stein/Jonas, Kommentar zur Zivilprozessordnung, 23. Auflage 2014 ff., zitiert: Stein/Jonas/Bearbeiter

Stöber, Zwangsversteigerungsgesetz, 23. Auflage 2022

Tipke/Kruse, Abgabenordnung, Finanzgerichtsordnung, Kommentar (Loseblatt), 169. EL 2022

Troll/Gebel/Gottschalk/Jülicher, Erbschaftsteuer- und Schenkungsteuer, Loseblatt, 64. EL Stand 2022

Viskorf/Schuck/Wälzholz, Erbschaft- und Schenkungsteuergesetz, Bewertungsgesetz, Kommentar, 6. Auflage 2020

Wieczorek/Schütze, Zivilprozessordnung und Nebengesetze, Kommentar anhand der Rechtsprechung, 5. Auflage 2019

Winkler, Beurkundungsgesetz, 20. Auflage 2022

Wöhrmann, Das Landwirtschaftserbrecht, 10. Auflage 2011

Zöller, Zivilprozessordnung, 33. Auflage 2020

B. Lehr- und Handbücher, Monographien

v. Bar, Internationales Privatrecht, 2. Bd. Besonderer Teil, 1991

v. Bar/Mankowski, Internationales Privatrecht, 2. Auflage 2019

Bauer, Der Erbunwürdigkeitsprozess, 2007

Bengel/Reimann, Handbuch der Testamentsvollstreckung, 7. Auflage 2020, zitiert: Bengel/Reimann TV-HdB/Bearbeiter

Bergmann/Ferid/Henrich, Internationales Ehe- und Kindschaftsrecht, Loseblatt, 6. Aufl. 2019

Bonefeld/Kroiß/Lange, Die Erbrechtsreform, 2009

Bonefeld/Kroiß/Tanck, Erbprozess, 5. Auflage 2017

Brambring/Jerschke, Beck'sches Notar-Handbuch, 7. Auflage 2019

Brox/Walker, Erbrecht, 29. Auflage 2021

Crezelius, Unternehmenserbrecht, 2. Auflage 2009

Damrau, Der Minderjährige im Erbrecht, 3. Auflage 2019

Dombert/Witt, Münchener Anwaltshandbuch Agrarrecht, 3. Auflage 2022, zitiert: MAH AgrarR/Bearbeiter

Ferid, Internationales Privatrecht, 3. Auflage 1986

Ferid/Firsching/Dörner/Hausmann, Internationales Erbrecht, Loseblatt, 108. Auflage Stand 2019, zitiert: Ferid/Firsching/Dörner/Hausmann IntErbR/Bearbeiter

Firsching/Graf, Nachlassrecht, 12. Auflage 2022, zitiert: Firsching/Graf NachlassR/Bearbeiter

Flick/Piltz, Der internationale Erbfall, 2. Auflage 2008

Frank/Helms, Erbrecht, 7. Auflage 2018, zitiert: Frank/Helms ErbR/Bearbeiter

Frieser, Anwaltliche Strategien im Erbschaftsstreit, 2. Auflage 2004

Frieser/Sarres/Stückmann/Tschichoflos, Handbuch Fachanwalt Erbrecht, 7. Auflage 2019, zitiert: FA-ErbR/Bearbeiter

Geimer, Internationales Zivilprozessrecht, 8. Auflage 2019, zitiert: Geimer IntZivilProzR/Bearbeiter

Gierl/Köhler/Kroiß/Wilsch, Internationales Erbrecht: EuErbVO – IntErbRVG – DurchfVO, 3. Auflage 2020, zitiert: Gierl/Köhler/Kroiß/Wilsch IntErbR/Bearbeiter

Groll, Praxis-Handbuch Erbrechtsberatung, 4. Auflage 2015

Grotherr, Handbuch der internationalen Steuerplanung, 4. Auflage 2017

Härtel, Handbuch des Fachanwalts Agrarrecht, 2012

Hausmann/Hohloch, Handbuch des Erbrechts, 2. Auflage 2010,
zitiert: Hausmann/Hohloch ErbR-HdB

v. Hoffmann/Thorn, Internationales Privatrecht, 9. Auflage 2007,
zitiert: v. Hoffmann/Thorn IPR/Karsten

Hörger/Stephan/Pohl, Unternehmens- und Vermögensnachfolge, 5. Auflage 2002

Jayme/Hausmann, Internationales Privat- und Verfahrensrecht, 21. Auflage 2022

Joachim, Die Haftung des Erben bei Nachlassverbindlichkeiten, 3. Auflage 2011

Jochum/Pohl, Nachlasspflegschaft, 5. Auflage 2014

Kemper, FamFG-FGG-ZP0, Kommentierte Synopse, 2009

Kerscher/Krug/Spanke, Das erbrechtliche Mandat, 6. Auflage 2018

Kick, Die Haftung des Erben eines Personenhandelsgesellschafters, 1997

Knöringer, Freiwillige Gerichtsbarkeit, 5. Auflage 2010, zitiert: Knöringer FGG/Bearbeiter

Kroiß/Seiler, Das neue FamFG, 2. Auflage 2009

Kropholler, Internationales Privatrecht, 6. Auflage 2006

Lange, K.W., Erbrecht, 3. Auflage 2022

Langenfeld, Testamentsgestaltung, 5. Auflage 2015

Langenfeld/Fröhler, Testamentsgestaltung, 5. Auflage 2015

Langenfeld/Milzer, Handbuch der Eheverträge und Scheidungsvereinbarungen, 8. Auflage 2019,
zitiert: Langenfeld/Milzer Eheverträge-HdB/Bearbeiter

Leipold, Erbrecht, 22. Auflage 2020

Limmer/Hertel/Frenz/Mayer, Würzburger Notarhandbuch, 5. Auflage 2018,
zitiert: WürzNotar-HdB/Bearbeiter

v. Lübtow, Erbrecht, 2 Bände, 1971

Mayer/Geck, Der Übergabevertrag, 3. Auflage 2013

Mayer/Bonefeld, Praxishandbuch Testamentsvollstreckung, 4. Auflage 2015

Michalski, BGB-Erbrecht, 5. Auflage 2009

Neininger, Steuerplanung auf den Todesfall, 2003

Nieder/Kössinger, Handbuch der Testamentsgestaltung, 6. Auflage 2020,
zitiert: Nieder/Kössinger Testamentsgestaltung-HdB/Bearbeiter

Olzen/Looschelders, Erbrecht, 6. Auflage 2020

Rott/Kornau/Zimmermann, Testamentsvollstreckung, 2. Auflage 2012

Rudolf/Bittler/Seiler-Schopp, Handbuch Testamentsauslegung und -anfechtung, 2. Auflage 2013,
zitiert: Rudolf/Bittler/Seiler-Schopp Testamentsauslegung- und -anfechtung-HdB/Bearbeiter

Schlüter/Röthel, Erbrecht, 17. Auflage 2015, zitiert: Schlüter/Röthel ErbR/Bearbeiter

Schotten, Das Internationale Privatrecht in der notariellen Praxis, 2. Auflage 2007

Schwarz, Testamentsvollstreckung, 2010

Stöber, Forderungspfändung, 16. Auflage 2013

Stöber, Zwangsvollstreckung in das unbewegliche Vermögen, 9. Auflage 2010

Süß, Erbrecht in Europa, 3. Auflage 2020, zitiert: Süß ErbR in Europa/Bearbeiter

Süß/Ring, Eherecht in Europa, 4. Auflage 2021, zitiert: Süß/Ring EheR in Europa/Bearbeiter

Tiedtke, ErbStG, 2009, zitiert: Tiedtke/Bearbeiter

Vogel/Lehner, Doppelbesteuerungsabkommen, 6. Auflage 2015, zitiert: Vogel/Lehner/Bearbeiter

Zimmermann, Erbschein – Erbscheinsverfahren – Europäisches Nachlasszeugnis, 3. Auflage 2015, zitiert: Zimmermann Erbschein

Zimmermann, Die Nachlasspflegschaft, 5. Auflage 2020

Teil 1
Zivilrecht

1. AGB-Banken

Ziffer 5 AGB-Banken   Verfügungsberechtigung nach dem Tod des Kunden[1]

Nach dem Tod des Kunden hat derjenige, der sich gegenüber der Bank auf die Rechtsnachfolge des Kunden beruft, der Bank seine erbrechtliche Berechtigung in geeigneter Weise nachzuweisen. Wird der Bank eine Ausfertigung oder eine beglaubigte Abschrift der letztwilligen Verfügung (Testament, Erbvertrag) nebst zugehöriger Eröffnungsniederschrift vorgelegt, darf die Bank denjenigen, der darin als Erbe oder Testamentsvollstrecker bezeichnet ist, als Berechtigten ansehen, ihn verfügen lassen und insbesondere mit befreiender Wirkung an ihn leisten. Dies gilt nicht, wenn der Bank bekannt ist, dass der dort Genannte (zum Beispiel nach Anfechtung oder wegen Nichtigkeit des Testaments) nicht verfügungsberechtigt ist, oder wenn ihr dies infolge Fahrlässigkeit nicht bekannt geworden ist.

AGB-Sparkassen
Nr. 5 Legitimationsurkunden

(1) Erbnachweis

Nach dem Tod des Kunden hat derjenige, der sich gegenüber der Sparkasse auf die Rechtsnachfolge des Kunden beruft, der Sparkasse seine erbrechtliche Berechtigung nachzuweisen.

(2) Leistungsbefugnis der Sparkasse

Werden der Sparkasse eine Ausfertigung oder eine beglaubigte Abschrift der letztwilligen Verfügung (Testament, Erbvertrag) sowie der Niederschrift über die zugehörige Eröffnungsverhandlung vorgelegt, darf die Sparkasse denjenigen, der darin als Erbe oder Testamentsvollstrecker bezeichnet ist, als Berechtigten ansehen, ihn verfügen lassen und insbesondere mit befreiender Wirkung an ihn leisten. Dies gilt nicht, wenn der Sparkasse die Unrichtigkeit oder Unwirksamkeit dieser Urkunden bekannt oder infolge Fahrlässigkeit nicht bekannt geworden ist.

(3) Sonstige ausländische Urkunden

Werden der Sparkasse ausländische Urkunden als Ausweis der Person oder zum Nachweis einer Berechtigung vorgelegt, so wird sie prüfen, ob die Urkunden zum Nachweis geeignet sind. Sie haftet jedoch für deren Eignung, Wirksamkeit und Vollständigkeit sowie für deren richtige Übersetzung und Auslegung nur bei Fahrlässigkeit oder wenn die Urkunde insgesamt gefälscht ist. Im vorstehenden Rahmen kann die Sparkasse die in den Urkunden als Berechtigte bezeichneten Personen als berechtigt ansehen, insbesondere sie verfügen lassen und mit befreiender Wirkung an sie leisten.

A. Allgemeines

1 Nach den Allgemeinen Geschäftsbedingungen der **Banken und Sparkassen** war früher grundsätzlich ein Erbschein notwendig, um über Konten des Erblassers zu verfügen.[1] Der Erbnachweis ist nunmehr mit einem **Erbschein oder** mit der Vorlage einer Ausfertigung bzw. einer beglaubigten Abschrift eines **Testaments** nebst gerichtlicher **Eröffnungsniederschrift** möglich. Letztlich kann der Erbe seine erbrechtliche Berechtigung in geeigneter Weise nachweisen.[2] Auch ist eine Legitimation mittels **Erbvertrags** möglich. Die Urkunden müssen aber mit einem nach-

---

1 Für die Banken Nr. 5 der AGB der privaten Banken, hrsg. vom Bankenverband (Stand: 1.6.2021). Für die Sparkassen Nr. 5 der AGB der Sparkassen, (Fassung v. 1.9.2021).

1 Es kann auch eine trans- oder postmortale Vollmacht ausreichen.
2 NK-BGB/Batereau/Schröer/Schwiederski Anhang zu BGB § 1922 Rn. 46; Zimmermann/Bredemeyer Nr. 5 AGB Banken Rn. 18.

lassgerichtlichen Eröffnungsvermerk, § 348 FamFG, verbunden sein.[3] Dieser wird häufig durch einen Stempel auf der Urkunde selbst aufgebracht. Bestehen Zweifel an der Echtheit oder Vollständigkeit der Urkunden, ist die Bank berechtigt, sich einen Erbschein vorlegen zu lassen.[4] Möglich ist auch ein Nachweis der Erbenstellung durch Vorlage ausländischer Urkunden, insbesondere auch eines Europäischen Nachlasszeugnisses. Diese sind auf Anfrage der Bank in deutscher Übersetzung vorzulegen.

B. Regelungsgehalt

2 Finden die AGB-Banken keine Anwendung, so hatte der BGH schon 2005 entschieden,[5] dass das Erbrecht nicht zwingend durch Vorlage eines Erbscheins, sondern auch in anderer Form, insbesondere durch Vorlage eines notariellen Testaments nachgewiesen werden kann. Die Rechtsprechung hat die dem Muster von Nr. 5 Abs. 1 AGB-Sparkassen aF nachgebildete Klausel einer Sparkasse

„Nach dem Tode des Kunden kann die Sparkasse zur Klärung der rechtsgeschäftlichen Berechtigung die Vorlegung eines Erbscheins, eines Testamentsvollstreckerzeugnisses oder ähnlicher gerichtlicher Zeugnisse verlangen; fremdsprachige Urkunden sind auf Verlangen der Sparkasse mit deutscher Übersetzung vorzulegen. Die Sparkasse kann auf die Vorlegung eines Erbscheins oder eines Testamentsvollstreckerzeugnisses verzichten, wenn ihr eine Ausfertigung oder eine beglaubigte Abschrift vom Testament oder Erbvertrag des Kunden sowie der Niederschrift über die zugehörige Eröffnungsverhandlung vorgelegt wird."

im Verkehr mit Verbrauchern nach § 307 Abs. 1, Abs. 2 Nr. 1 BGB für unwirksam erklärt.[6] Die Banken haben reagiert und verwenden nun die oben dargestellten AGB.

3 Der Nachweis der Erbenstellung wird üblicherweise durch **Erbschein** geführt. Nach § 2365 BGB wird die Richtigkeit der ausgewiesenen Erben einschließlich ihrer Beschränkungen vermutet. Der Erlass eines Erbscheins durch das Nachlassgericht beansprucht jedoch nach dem Erbfall eine gewisse Zeit und löst darüber hinaus auch noch Gebühren aus. Als **alternative Legitimationsmittel** kommen sowohl ein privatschriftliches als auch ein öffentliches Testament oder ein Erbvertrag samt Eröffnungsprotokoll in Betracht.

4 Grundsätzlich vermitteln der **Erbschein,** das **Testamentsvollstreckerzeugnis** und nun auch das **Europäische Nachlasszeugnis** den gesetzten Rechtsschein. Mit diesen Urkunden wird dem Schutz der Banken, nicht mehrfach in Anspruch genommen zu werden, Rechnung getragen. Dem steht das Kosten- und „Beschleunigungsinteresse" des Erben als mutmaßlichem Gläubiger der Bank gegenüber. Schon in einer früheren Entscheidung hat der BGH[7] darauf hingewiesen, dass der Erbe sein Erbrecht nicht zwingend durch einen Erbschein nachweisen muss, sondern auch in anderer Form erbringen kann.[8] Anerkannt wurde dies bei Vorlage eines eröffneten notariellen Testaments bzw. Erbvertrags.[9] Der BGH entwickelte diese Rechtsprechung weiter, indem er mit seiner Entscheidung vom 8.10.2013[10] die AGB der Sparkassen, die dem Institut bei der Forderung nach einem Erbschein freies Ermessen einräumten, für unwirksam erklärte. Begründet wurde dies mit einer „unangemessenen Benachteiligung des Kunden". Daraufhin haben die Banken und Sparkassen ihre AGB angepasst und lassen einen Erbnachweis „in geeigneter Weise" zu.

---

3 Horn/Kroiß NJW 2013, 516.
4 NK-BGB/Schröer/Schwiederski BGB § 1922 Rn. 53 (Anhang).
5 BGH ZEV 2005, 388 = NJW 2005, 2779 = WM 2005, 1432.
6 BGH ZEV 2014, 41 = NJW 2016, 2409 mAnm Kroiß; so auch LG Augsburg ErbR 2020, 133; Hopt/Hopt, 41. Aufl. 2022, AGB-Spark 5 Rn. 1.
7 NJW 2005, 2779 = ZEV 2005, 388.
8 Staudinger/Herzog Vorb. BGB §§ 2353–2370 Rn. 29.
9 NK-BGB/Batereau/Schröer/Schwiederski BGB § 1922 Anh. II.
10 BGHZ 198, 250 = NJW 2013, 3716 = ZEV 2014, 41.

Dabei ist zu beachten, dass nach der **neuen Rechtsprechung des BGH**[11] der Erbe sein Erbrecht auch durch Vorlage eines **eröffneten eigenhändigen Testaments** belegen kann, wenn dieses die Erbfolge mit der im Rechtsverkehr erforderlichen Eindeutigkeit nachweist.

Der Entscheidung BGH lag folgender Sachverhalt zugrunde:

Die Kl. nahmen die beklagte Sparkasse auf Erstattung von Gerichtskosten für die Erteilung eines Erbscheins in Anspruch. Die Erblasserin, die verstorbene Mutter der beiden Kläger, unterhielt bei der Beklagten mehrere Konten. Sie hatte gemeinsam mit ihrem verstorbenen Ehemann, dem Vater der Kläger, ein handschriftliches Testament errichtet. Darin heißt es auszugsweise:

„Die endunterzeichneten Ehegatten (…) setzen sich gegenseitig als Erben ein. (…)

Nach dem Ableben des letzten von uns geht das zu diesem Zeitpunkt vorhandene Vermögen auf unsere beiden aus unserer ehelichen Verbindung geborenen Kinder … über. Sollte bis zu diesem Zeitpunkt eines unserer Kinder durch Tod schon aus der Erbfolge ausgeschieden sein, werden diese Rechte an die Kinder unserer Kinder weitergegeben. Unsere Enkelkinder bzw. deren Kinder sind gemäß der gesetzlichen Erbfolge unsere Erben.

Fordert beim Tode des Erstverstorbenen eines unserer Kinder sein Pflichtteil, soll es auch beim Tode des Letztverstorbenen nur den Pflichtteil erhalten (…).“

Das Testament wurde nach dem Tod des Vaters der Kl. eröffnet und der Bekl. vorgelegt. Nach dem Tod der Mutter der Kl. wurde es von dem zuständigen Amtsgericht erneut eröffnet. Die Kl. zu 1 forderte die Beklagte unter Vorlage einer beglaubigten Abschrift des Testaments und des Eröffnungsprotokolls zur Freigabe der von ihrer Mutter bei der Bekl. unterhaltenen Konten auf. Dabei handelte sie auch im Namen und mit Vollmacht der Kl. zu 2. Die Bekl. lehnte dies mit der Begründung ab, dass in dem Testament nicht ein Erbe, sondern ein Vermächtnisnehmer genannt sei und sie deshalb die Vorlage eines Erbscheins verlangen müsse. (…) Daraufhin erwirkten die Kläger bei dem zuständigen Amtsgericht die Erteilung eines gemeinschaftlichen Erbscheins, wonach sie zu je 1/2-Anteil Erben nach ihrer Mutter sind. Dafür verauslagten sie Gerichtskosten iHv 1.770 EUR. Außer den bei der Bekl. geführten Konten gehörte zum Nachlass nur noch ein Guthaben bei einer anderen Bank, die jedoch die Vorlage eines Erbscheins nicht verlangte. Nach Einschaltung der Kundenbeschwerdestelle bei dem Rheinischen Sparkassen- und Giroverband gab die Bekl. die Konten zugunsten der Kl. frei. Eine Übernahme der Kosten der Erbscheinserteilung lehnte sie ab. Mit der Klage haben die Kl. von der Bekl. die Zahlung von je 885 EUR nebst Zinsen an sie als Mitgläubiger verlangt.

Der BGH bejahte den Anspruch der Kläger gegen die Beklagten aus § 280 Abs. 1 BGB auf Erstattung der Gerichtskosten für die Erteilung des Erbscheins.

„1. Die Kl. sind als testamentarische Erben ihrer Mutter gem. §§ 1922 I, 2032 BGB in die Kontoverträge mit der Bekl. eingetreten. Die Bekl. hat gegen die ihr obliegende vertragliche Leistungstreuepflicht verstoßen, indem sie die Freigabe der Konten von der Vorlage eines Erbscheins abhängig gemacht hat. Aus der Leistungstreuepflicht folgt die generelle Verpflichtung, den Vertragszweck und den Leistungserfolg weder zu gefährden noch zu beeinträchtigen … Dagegen hat die Beklagte verstoßen, indem sie zum Nachweis der Erbenstellung der Kl. zu Unrecht die Vorlage des handschriftlichen Testaments nebst Eröffnungsvermerk nicht hat ausreichen lassen und dadurch die mit der Erteilung des Erbscheins verbundenen Kosten unnötigerweise verursacht hat.

a) Die Kontoverträge mit der Erblasserin enthielten unstreitig keine Vereinbarung darüber, in welcher Art und Weise nach dem Tode des Vertragspartners dessen Rechtsnachfolge nachzuweisen ist. Auf eine entsprechende Regelung in ihren Allgemeinen Geschäftsbedingungen

---

[11] BGH ZEV 2014, 41= NJW 2016, 2409 mAnm Kroiß.

hat sich die Bekl. nicht berufen, so dass sich die Frage nach deren Wirksamkeit nicht stellt (s. dazu Senat, BGHZ 198, 250 = NJW 2013, 3716 Rn. 30 ff.). Auch einer der gesetzlich gesondert geregelten Fälle, in denen der Erbe die Rechtsnachfolge grundsätzlich durch einen Erbschein nachzuweisen hat (§ 35 I 1 GBO ...) liegt nicht vor.

b) Abgesehen von diesen Sonderregelungen ist der **Erbe nicht verpflichtet, sein Erbrecht durch einen Erbschein nachzuweisen**, sondern hat auch die Möglichkeit, diesen Nachweis in anderer Form zu erbringen. Dazu gehören neben dem öffentlichen Testament auch das eigenhändige Testament oder im Falle gesetzlicher Erbfolge Urkunden, aus denen sich diese ergibt.

Entgegen der Auffassung der Revision kann die Bank bei einem eigenhändigen Testament auch **nicht regelmäßig auf der Vorlage eines Erbscheins bestehen**. Zwar hat die Bank ein berechtigtes Interesse daran, in den Genuss der Rechtswirkungen der §§ 2366, 2367 BGB zu kommen und so der aus der Risikosphäre des Gläubigers stammenden Gefahr einer doppelten Inanspruchnahme zu entgehen. Daraus folgt aber nicht, dass sie einschränkungslos oder auch nur im Regelfall die Vorlegung eines Erbscheins verlangen kann (vgl. Senat, NJW 2005, 2779 = WM 2005, 1432 [1433] und BGHZ 198, 250 = NJW 2013, 3716 Rn. 40, jew. mwN).

Eine solche Sichtweise würde die Interessen des (wahren) Erben, der im Wege der Universalsukzession (§ 1922 BGB) in die Stellung des Erblassers als Vertragspartner der Bank eingerückt ist, über Gebühr vernachlässigen. Bei den Anforderungen an den Nachweis der Rechtsnachfolge ist auch den berechtigten Interessen des oder der Erben an einer möglichst raschen und kostengünstigen Abwicklung des Nachlasses Rechnung zu tragen. Ihnen ist regelmäßig nicht daran gelegen, in Fällen, in denen das Erbrecht unproblematisch anders als durch Vorlage eines Erbscheins nachgewiesen werden kann, das unnütze Kosten verursachende und zu einer Verzögerung der Nachlassregulierung führende Erbscheinsverfahren anstrengen zu müssen. Daran, auch in klaren Erbfolgefällen allein zur Erlangung des Gutglaubensschutzes der §§ 2366, 2367 BGB regelmäßig auf einem Erbschein bestehen zu können, hat die Bank kein schutzwürdiges Interesse (vgl. Senat, NJW 2005, 2779 = WM 2005, 1432 [1433] und BGHZ 198, 250 = NJW 2013, 3716 Rn. 41 mwN; Staudinger/Herzog, BGB, Neubearb. 2010, Einl. zu §§ 2353–2370 Rn. 23; Keim, ZEV 2014, 277 [280]; aA Grüneberg/Weidlich, 75. Aufl., BGB § 2353 Rn. 76; Günther, NJW 2013, 3681 [3682 f.]: „in der Regel Erbscheinsvorlage").

c) Soweit der Senat für ein eröffnetes öffentliches Testament angenommen hat, dass dies – entsprechend den Regelungen in § 35 I 2 GBO und § 41 I 2 Schiffsregisterordnung – in der Regel als ausreichender Nachweis für die Rechtsnachfolge anzusehen sein wird (vgl. Senat, NJW 2005, 2779 = WM 2005, 1432 [1433]), gilt eine solche widerlegbare Vermutung für ein eigenhändiges Testament nach §§ 2247, 2267 BGB allerdings nicht.

Nach § 2231 BGB sind ein notarielles Testament und ein privatschriftliches Testament zwar erbrechtlich gleichwertig. Im Hinblick auf ihre Nachweiskraft knüpft das Gesetz daran aber abgestufte Wirkungen. Soweit das Gesetz dies vorsieht, genügt nur eine beglaubigte Abschrift des öffentlichen Testaments nebst einer beglaubigten Abschrift des Eröffnungsprotokolls (§ 348 I 2 FamFG) zum Nachweis der Erbfolge oder der Verfügungsbefugnis eines Testamentsvollstreckers, so insbesondere nach § 35 I 2, II GBO zur Grundbuchberichtigung, nach § 12 I 4 HGB bei Handelsregisteranmeldungen, nach § 41 Schiffsregisterordnung bei Berichtigungen im Schiffsregister und nach § 86 I 1 des Gesetzes über Rechte an Luftfahrzeugen iVm § 41 Schiffsregisterordnung bei Berichtigungen im Register für Rechte an Luftfahrzeugen.

Dies rechtfertigt es, dem eröffneten öffentlichen Testament auch im Verhältnis zwischen Bank und Kontoinhaber eine widerlegbare Vermutung zum Nachweis der Erbfolge beizumessen. Das beruht darauf, dass das öffentliche Testament grundsätzlich nur durch einen Notar errichtet werden kann (§ 2231 Nr. 1 BGB, § 20 BNotO). Es hat den Vorzug rechtskundiger Beratung

(§§ 17, 30 BeurkG) und wird grundsätzlich in besondere amtliche Verwahrung genommen (§ 34 I 4 BeurkG). Es ist öffentliche Urkunde iSd § 415 ZPO und begründet vollen Beweis des beurkundeten Vorgangs und gegebenenfalls der darin bezeugten weiteren Tatsachen (§ 418 I ZPO).

Dem eigenhändigen Testament kann dagegen im Verhältnis zwischen Bank und Kontoinhaber eine solche Vermutungswirkung zum Nachweis der Erbfolge nicht beigelegt werden. Im Vergleich zum öffentlichen Testament sind beim eigenhändigen oder privatschriftlichen Testament (§§ 2231 Nr. 2, 2247, 2267 BGB) die Gefahren der Rechtsunkenntnis, unklarer Formulierungen, des Urkundenverlusts, seiner Unterdrückung oder Fälschung höher (vgl. AG Mannheim, ZIP 2007, 2119 [2120] = BeckRS 2008, 17745; Staudinger/Baumann, BGB, Neubearb. 2012, § 2231 Rn. 14; BeckOGK BGB/Grziwotz, Stand: 9.12.2015, § 2231 Rn. 18; MüKoBGB/Hagena, 6. Aufl., § 2231 Rn. 24; Grüneberg/Weidlich, BGB § 2231 Rn. 2).

*Aufgrund dessen ist es bei Vorlage einer beglaubigten Ablichtung eines eigenhändigen Testaments nebst einer beglaubigten Abschrift des Eröffnungsprotokolls (§ 2259 I BGB, § 348 I 2 FamFG) eine **Frage des Einzelfalls**, ob dieses die Erbfolge mit der im Rechtsverkehr erforderlichen Eindeutigkeit nachweist. Eine gesteigerte Auslegungspflicht der Bank besteht allerdings nicht. Andererseits berechtigen lediglich abstrakte Zweifel die Bank nicht dazu, einen Erbschein zu verlangen. Nur bei konkreten und begründeten Zweifeln an der Richtigkeit der durch das eigenhändige Testament belegten Erbfolge ist die Bank berechtigt, ergänzende Erklärungen des oder der Erbprätendenten einzuholen oder sich weitere Unterlagen, wie zum Beispiel das Familienstammbuch oder einen Erbschein vorlegen zu lassen (vgl. Bunte, AGB Banken, 4. Aufl., Rn. 103; Werkmüller, BKR 2005, 318 [319]).*

Die Beurteilung der Frage, ob die Bank trotz Vorlage eines eigenhändigen Testaments zum Nachweis der Erbfolge wegen begründeter Zweifel an dessen Richtigkeit die Einholung eines Erbscheins verlangen kann, obliegt in erster Linie dem Tatrichter. Seine Auslegung kann aber mit der Revision angegriffen werden, wenn sie gegen gesetzliche Auslegungsregeln, allgemeine Denkgesetze und Erfahrungssätze oder Verfahrensvorschriften verstößt.

…

*Dass und aus welchen Gründen die Bekl. nunmehr Anlass gehabt hätte, Zweifel an der Richtigkeit der durch das eigenhändige Testament belegten Erbfolge zu haben, hat sie nicht dargetan. Solche ergeben sich auch nicht – was die Revision meint – aus der sogenannten **Pflichtteilsstrafklausel**. Im Hinblick darauf, dass der jeweils andere Erbe davon profitiert hätte und daher dessen Berufung auf die Klausel zu erwarten gewesen wäre, handelt es sich um einen bloß abstrakten Zweifel. Ob die Bekl. die Freigabe der Konten noch von ergänzenden Erklärungen der Kl. zur Nichtgeltendmachung des Pflichtteils durch einen von ihnen oder zur Nichtexistenz weiterer Testamente oder Erbberechtigter hätte abhängig machen können, bedarf keiner Entscheidung. Ein solches Begehren hat die Bekl. nicht gestellt. Vielmehr hat sie die Freigabe der Konten in ihren Schreiben vom 29.10.2013, 4.12.2013 und 15.1.2014 ausdrücklich von der Vorlage eines Erbscheins oder einer gerichtlichen Bestätigung der Erbenstellung der Kl. abhängig gemacht.*

2. Entgegen der Auffassung der Revision handelte die Bekl. auch schuldhaft. Ein etwaiger Rechtsirrtum über die Verpflichtung eines Erben zur Vorlage eines Erbscheins wäre unerheblich, weil nicht unverschuldet. Dem beklagten Kreditinstitut musste bekannt sein, dass Erben ihr Erbrecht nach der oben zitierten Rechtsprechung des BGH nicht nur durch einen Erbschein, sondern auch auf andere Weise nachweisen können.

3. Die vertragswidrige Forderung der Bekl., einen Erbschein vorzulegen, ist für die Beantragung des Erbscheins durch die Kl. ursächlich geworden. Unstreitig ist der Erbschein ausschließlich aufgrund des Verlangens der Bekl. beantragt worden und war für die Abwicklung des Nachlasses im Übrigen nicht erforderlich."

1. AGB-Banken

7   Der BGH und die Literatur[12] unterscheiden demnach drei „Erbnachweisstufen": Den „stärksten" Nachweis entfaltet der Erbschein mit seinen in §§ 2366, 2367 BGB aufgelisteten Wirkungen für den Rechtsverkehr. Als nahezu gleichwertiger Nachweis werden ein notarielles Testament bzw. ein Erbvertrag, die eine Rechtsnachfolge von Todes wegen enthalten und nebst Eröffnungsniederschrift (§ 348 FamFG) vorgelegt werden, angesehen (§ 35 GBO). Den „schwächsten Nachweis" bildet das eröffnete privatschriftliche Testament. Um auch bei Vorlage von Testamenten die befreiende Wirkung zu erreichen, sehen die AGB der Banken vor, dass diese auch durch Leistung an den durch Testament legitimierten Erben eintreten kann. Damit korrespondiert aber die Haftung gegenüber dem wahren Erben bei fahrlässiger Prüfung der Legitimation.[13] Insoweit obliegt der Bank die Prüfung der Echtheit, Gültigkeit und Vollständigkeit der letztwilligen Verfügung. In der Praxis bietet sich eine Nachfrage an, ob ein Rechtsstreit oder ein Erbscheinsverfahren anhängig sind. Bezüglich der Echtheitsprüfung kann ein Schriftvergleich eventuell mit Bankunterlagen angezeigt sein. Schwierig mag die Frage zu beantworten sein, ob der Inhalt des Testaments eindeutig ist.[14] Bejaht werden kann dies etwa bei der Formulierung „zu meinem Alleinerben setze ich meinen Ehegatten (…) ein". Jedoch verneint der BGH zurecht eine gesteigerte Auslegungspflicht der Bank:

8   *„Vorliegend war das Testament insoweit eindeutig, als eine Schlusserbeinsetzung der Kinder gewollt war. Soweit sich die Bank darauf beruft, dass möglicherweise die Pflichtteilsklausel verwirkt wurde, handelt es sich dabei um einen bloßen abstrakten Zweifel. Dabei wäre es der Bank auch möglich gewesen, von den potenziellen Erben ergänzende Erklärungen zu verlangen, etwa eine eidesstattliche Versicherung, dass der Pflichtteilsanspruch nicht geltend gemacht worden ist. Überdies hätte bei Geltendmachung des Pflichtteils durch einen Beteiligten wohl kaum der andere Erbe eine übereinstimmende Erklärung zum Erbnachweis abgegeben, da er dann ja gegebenenfalls Alleinerbe geworden wäre. Doch selbst wenn man von einem unwirksamen Testament ausginge, wären die Kinder gesetzliche Erben geworden. Allein kann man diesem Argument noch entgegenhalten, dass vielleicht noch weitere (nichteheliche) Abkömmlinge vorhanden sind."*

9   Die eben aufgezeigte Legitimationsprüfung legt eine Fortbildung der Bankmitarbeiter auf dem Gebiet des Erbrechts nahe. Um Probleme mit der Erbenlegitimation gegenüber Banken grundsätzlich zu vermeiden, bieten sich auch eine trans- bzw. postmortale Vollmacht bzw. eine Haftungsfreistellungsvereinbarung an.[15]

10 Für Erbfälle seit dem 17.8.2015 kann das Erbrecht auch durch **Europäisches Nachlasszeugnis** nachgewiesen werden. Im Kapitel VI der EU-Erbrechtsverordnung (EuErbVO)[16] ist dies vorgesehen.[17] Damit soll die Nachlassabwicklung erleichtert werden. Das Zeugnis kann **neben einem nationalen Erbschein** erteilt werden, Art. 62 Abs. 2 EuErbVO. Es soll Angaben zum Gericht, zum Erblasser, zum Antragsteller, zu den Erben und deren Quoten, zu Vorbehalten bei der Erbschaftsannahme, zu Nachlassgegenständen, die einem bestimmten Erben oder Vermächtnisnehmer zustehen, und zur Stellung eines Testamentsvollstreckers bzw. eines sonstigen Verwalters enthalten. Es soll auch angegeben werden, zu welchen Handlungen der Testamentsvollstrecker berechtigt ist.

---

12 NK-BGB/Schröer/Schwiederski BGB § 1922 Rn. 47 ff.; Keim ZEV 2014, 277; Günther NJW 2013, 3681; Horn/Kroiß NJW 2013, 516, und Bredemeyer ZEV 2016, 65.
13 NK-BGB//Schröer/Schwiederski BGB § 1922 Rn. 52 Anh. II.
14 Staudinger/Herzog Vorb. BGB §§ 2353–2370 Rn. 30.
15 Bredemeyer ZEV 2016, 65 (68).
16 Verordnung (EU) Nr. 650/2012 des Europäischen Parlaments und des Rates vom 4.7.2012, ABl. EU 2012 L 201 vom 27.7.2012, 107; siehe dazu Simon/Buschmann NJW 2012, 2393; Dörner ZEV 2012, 505.
17 Näher dazu NK-NachfolgeR/Köhler EUErbVO Art. 62 ff.

Inhalt des Zeugnisses sind anwendbares Recht, Art und Weise der Berufung, Person des Erben, Erbquoten und Nachlassgegenstände, die einem bestimmten Erben oder Vermächtnisnehmer zustehen.

Dem Zeugnis kommen nahezu die gleichen **Gutglaubenswirkungen** wie einem deutschen Erbschein zu:

- **Vermutungswirkung**, Art. 69 Abs. 2 EuErbVO: Bis zum Beweis des Gegenteils wird vermutet, dass der im Zeugnis Ausgewiesene zur Rechtsnachfolge berechtigt bzw. mit den im Erbschein ausgewiesenen Befugnissen ausgestattet ist und keine anderen Verfügungsbeschränkungen als die im Zeugnis ausgewiesenen bestehen.
- **Gutglaubenswirkung**, Art. 69 Abs. 3 und 4 EuErbVO: Wird an dem im Zeugnis Ausgewiesenen gutgläubig eine Leistung bewirkt, so wird der Leistende befreit. Ebenso kann ein Dritter von dem Ausgewiesenen gutgläubig erwerben.
- **Legitimationswirkung**, Art. 69 Abs. 5 EuErbVO: Durch Vorlage des Zeugnisses erfolgt die Eintragung in ein öffentliches Register (zB im Grundbuch oder im Handelsregister).

Das Erbrechtszeugnis kann **berichtigt** oder **eingezogen** werden, Art. 71 EuErbVO. Jeder Mitgliedstaat muss ein entsprechendes Rechtsmittelverfahren einrichten, Art. 72 EuErbVO.

Die Regelung des Europäischen Erbrechtszeugnisses weist einige „Sicherheitslücken"[18] auf: So ist die Vorfragenanknüpfung nach wie vor ungeklärt. Auch gibt es weiterhin unterschiedliche Anknüpfung hinsichtlich der Form letztwilliger Verfügungen und auch den jeweiligen nationalen *ordre public*-Vorbehalt.

Insoweit kann das Erbrecht gegenüber einer Bank auch mittels Europäischen Nachlasszeugnisses nachgewiesen werden.

---

18 Dörner ZEV 2010, 227.

2. Anwaltshaftung

Literatur:
Borgmann/Jungk/Schwaiger, Anwaltshaftung, 6. Aufl. 2020 (zitiert: BJS Anwaltshaftung/Bearbeiter); *Fahrendorf/Mennemeyer*, Die Haftung des Rechtsanwalts, 10. Aufl. 2021 (zitiert Fahrendorf/Mennemeyer RA Haftung-HdB/Bearbeiter); *Grunsky*, Haftung des Rechtsberaters für Falschberatung des Erblassers?, ErbR 2014, 203; *Keim*, Haftungsfallen bei Pflichtteilsstrafklauseln – Pflicht des Rechtsanwalts zum taktischen Foul?, NJW 2007, 974; *Reinelt*, Das Ende des Sekundäranspruchs gegen den Anwalt, ZAP Kolumne 2005, 209; *G. Fischer/Vill/D. Fischer/Pape/Chab*, Handbuch der Anwaltshaftung, 5. Aufl. 2019 (zitiert FVFPC Anwaltshaftung-HdB/Bearbeiter).

A. Einleitung 1	2. Einzelne Fallgruppen 121
B. Die Rechtsnatur des Anwaltsvertrags 10	a) Reserveursache (hypothetische Kausalität) bei bereits angelegten Schäden 122
C. Die Anwaltspflichten 13	b) Rechtmäßiges Alternativverhalten 125
I. Allgemeines 13	E. Der Schaden 127
II. Information des Rechtsanwalts durch den Mandanten 18	F. Die Verjährung 136
III. Aufklärung des Sachverhalts durch den Rechtsanwalt 22	I. Altes Verjährungsrecht 136
1. Grundsätzliches 22	II. Neues Verjährungsrecht 139
2. Grenze der Pflicht zur Exploration 31	G. Die Beweislast 153
3. Exkurs: Kommunikation mit dem Mandanten 37	I. Grundsätzliches 153
IV. Pflicht zur Rechtsprüfung 44	II. Beweis negativer Tatsachen 155
V. Pflicht des Rechtsanwalts, den Mandanten zu beraten und zu belehren 54	III. Haftungsausfüllende Kausalität und Beweislast 159
1. Grundsätzliches 54	H. Beispiele anwaltlicher Fehler in Erbsachen ... 165
2. Hinweis auf wirtschaftliche Risiken ... 61	I. Anwaltsfehler vor dem Eintritt des Erbfalls 166
3. Keine sittenwidrige Beratung gefordert 66	II. Anwaltsfehler nach dem Eintritt des Erbfalls 169
4. Beratung nur im Rahmen der Beratungsbedürftigkeit 67	I. Möglichkeiten der Mandatsbeschränkung – Haftungsbeschränkung – Verjährungserleichterung 173
5. Keine besondere Intensität der Belehrung 68	I. Vereinbarung des Mandatsumfangs 174
6. Gegenstand der Belehrung im Einzelnen 70	II. Vereinbarung von Haftungsbeschränkungen 178
7. Belehrung über entstehende Kosten .. 80	1. Grobe Fahrlässigkeit 180
VI. Pflicht, den sichersten Weg zu gehen/vorzuschlagen 84	2. Einfache Fahrlässigkeit 182
D. Die Zurechenbarkeit anwaltlicher Pflichtverletzungen 105	3. Beschränkung der Haftung auf einzelne Sozien 184
I. Rechtswidrigkeit/Verschulden 108	III. Vereinbarung von Verjährungserleichterungen 185
II. Kausalität 114	
1. Grundsätzliches 114	

A. Einleitung

1 Die Haftung des Rechtsanwalts für Fehler, die er bei der Mandatsbearbeitung begehen kann, ist ein sehr weites und immer aktueller werdendes Feld. Denn immer mehr und immer schwieriger verständlichen Gesetzen stehen immer mehr Rechtsanwälte gegenüber, die sich aus vielfältigen Gründen nicht immer mit der notwendigen Sorgfalt in die sachlichen und rechtlichen Fragen des angetragenen Mandats einarbeiten können. Demgegenüber steigen Anspruchsdenken der Rechtsuchenden sowie die Möglichkeiten, sich beispielsweise in den elektronischen Medien schnell und kostengünstig über seine Rechte zu informieren.

2 Dabei sind die Anforderungen, die die Rechtsprechung an die Mandatsbearbeitung des Rechtsanwalts setzt, enorm hoch.

Neben den berufsrechtlichen Pflichten, die in diesem Werk in einem weiteren Abschnitt behandelt werden, hat die Rechtsprechung für den gesetzlich nicht als eigenen Vertragstyp geregelten Rechtsanwaltsvertrag einen umfassenden Pflichtenkanon entwickelt.

Zwar schreibt der ehemals stellvertretende Vorsitzende des für Anwaltshaftung zuständigen Senats des BGH, *Gerhard Vill*, im maßgeblich von Richtern des BGH bearbeiteten Standardwerk zur Anwaltshaftung[1] an entsprechender Stelle aus Anwaltssicht scheinbar konziliant:

„Die Behauptung, die Rechtsprechung erwarte vom Rechtsanwalt „eine im Wesentlichen lückenlose Gesetzeskenntnis", ist in dieser Allgemeinheit falsch. Eine entsprechende Forderung wäre irreal und – auch für Richter – unerfüllbar."

Das aber nur, um der Anwaltschaft sogleich anschließend überdeutlich und unmissverständlich vor Augen zu führen, was die Rechtsprechung in Ansehung des Einzelfalls von ihr verlangt:

„Die Rechtsprechung erwartet vielmehr (nur) eine mandatsbezogene Rechtskenntnis; ... Das bedeutet, dass der Rechtsberater sich Kenntnis derjenigen Rechtsgrundlagen, höchstrichterlichen Rechtsprechung und – eingeschränkt – derjenigen Literatur verschaffen muss, die Ziel und Gegenstand des Mandats betreffen und damit zur fehlerfreien Erledigung des Mandats erforderlich sind."[2]

Mit anderen Worten darf der Rechtsanwalt nur diejenigen Normen nicht kennen, die zur fehlerfreien Mandatsbearbeitung auch nicht notwendig sind – alles andere muss er wissen.

Dass *Vill* dann nur wenige Randnummern später[3] darauf hinweist, dass nicht jeder anwaltliche Pflichtenverstoß auch *schuldhaft* erfolgt, darf wohl – weil an jener Stelle dogmatisch nicht zu erwarten – als Signal verstanden werden, dass auch der BGH mit dem notwendigen Feingefühl an die Falllösung herangeht und in Einzelfällen auch einmal Milde walten lässt.

Dieser Abschnitt soll daher Rechtsanwälten und Richtern, aber auch dem interessierten Nutzer anwaltlicher Dienstleistungen einen knappen, dafür schnellen Überblick über Voraussetzung und Folgen der Anwaltshaftung geben.

Behandelt wird dabei nur die Haftung des Rechtsanwalts aus seiner eigentlichen Berufstätigkeit der Rechtsberatung und Rechtsbesorgung im Sinne von § 3 Abs. 1 BRAO.

B. Die Rechtsnatur des Anwaltsvertrags

Der Anwaltsvertrag ist ein entgeltlicher Geschäftsbesorgungsvertrag über höhere Dienste im Sinne von § 675 BGB. In aller Regel liegt der Geschäftsbesorgung ein Dienstvertrag, in Ausnahmefällen ein Werkvertrag zugrunde. Allerdings ist selbst bei der Beauftragung einer Vertragsgestaltung im Zweifel von einem Dienstvertrag auszugehen, bei dem das werkvertragliche Gewährleistungsrecht nicht anwendbar ist.[4]

Auf den Anwaltsvertrag sind daher die Grundsätze des Auftragsrechts anwendbar, so dass beispielsweise Auskunfts-, Rechenschafts- und Herausgabepflichten des Rechtsanwalts und Weisungsrechte des Auftraggebers aus den einschlägigen Normen des Auftragsrechts hergeleitet werden können.[5] So kann beispielsweise das Recht auf angemessenen Vorschuss aus § 669 BGB abgeleitet werden, wobei § 9 RVG insoweit die eindeutigere Anspruchsgrundlage ist.[6]

In der Praxis spielt die Einordnung der Rechtsnatur des Anwaltsvertrags in der Regel keine wesentliche Rolle mehr. Entscheidend ist, dass der Rechtsanwalt – auch wenn er mangels Einordnung des Vertragstypus als Werkvertrag keinen Erfolg seiner Tätigkeit schuldet – jedenfalls für

---

1 FVFPC Anwaltshaftung-HdB/Vill § 2 Rn. 57.
2 FVFPC Anwaltshaftung-HdB/Vill § 2 Rn. 58.
3 FVFPC Anwaltshaftung-HdB/Vill § 2 Rn. 66 f.
4 BJS Anwaltshaftung/Jungk § 11 Rn. 35.
5 BJS Anwaltshaftung/Jungk § 8 Rn. 3–10.
6 BJS Anwaltshaftung/Jungk § 8 Rn. 8.

Pflichtverletzungen, die einen Schaden bei seinem Auftraggeber auslösen, unter dem Gesichtspunkt der schuldhaften Vertragsverletzung gemäß § 280 BGB[7] haftet.

C. Die Anwaltspflichten

I. Allgemeines

13 Die Pflichten des Rechtsanwalts werden durch Inhalt und Umfang des erteilten Mandats bestimmt. Da der Mandatsinhalt selten schriftlich geregelt wird, ist das vor dem Hintergrund des Einzelfalles für den Rechtsanwalt erkennbare Interesse des Mandanten das maßgebliche Auslegungskriterium.[8] Da der Rechtssuchende aus fachlichen Gründen meist nicht überblicken kann, worauf es bei der rechtlichen Beurteilung seiner Fragen ankommen kann, ist die Regel die Erteilung eines unbeschränkten, weitreichenden Mandats.[9]

14 Schon das Reichsgericht hat daher einen Leitsatz zur Ermittlung des Mandatsumfangs aufgestellt, den der BGH übernommen und in ständiger Rechtsprechung weiterentwickelt hat:

„Nach fester Rechtsprechung ist der Rechtsanwalt, soweit sein Auftraggeber nicht unzweideutig zu erkennen gibt, dass er des Rates nur in einer bestimmten Richtung bedarf, zur allgemeinen umfassenden und möglichst erschöpfenden Belehrung des Auftraggebers verpflichtet. Es ist Sache des Anwalts, dem Mandanten diejenigen Schritte anzuraten, die zu dem erstrebten Ziel zu führen geeignet sind. Er hat Nachteile für den Auftraggeber zu verhindern, soweit solche voraussehbar und vermeidbar sind. Unkundige muss er über die Folgen ihrer Erklärungen belehren und vor Irrtümern bewahren. Der Anwalt muss dem Mandanten auch – anders als der Notar – über mögliche wirtschaftliche Gefahren des beabsichtigten Geschäfts belehren."[10]

15 Hieraus ergeben sich bei der praktischen Abwicklung eines Mandats zwangsläufig und folgerichtig die Arbeitsschritte, dass der Mandant den Rechtsanwalt zunächst über den maßgeblichen Sachverhalt zu informieren, und dass der Rechtsanwalt durch geeignete Rückfragen alle für die rechtliche Beurteilung des Falles erheblichen Umstände aufzuklären hat. An die Sachverhaltsermittlung schließt sich dessen rechtliche Prüfung und Bewertung sozusagen als „Herzstück" der juristischen Arbeit an. Schließlich hat der Rechtsanwalt dem Mandanten die gewonnenen rechtlichen Erkenntnisse mitzuteilen und ihm die sich daraus eröffnenden Vorgehensweisen darzulegen und Empfehlungen auszusprechen.

16 Das alles mag simpel und selbstverständlich klingen. Aber auf jeder Stufe der Mandatsbearbeitung können Fehler geschehen, die zu einem Rechtsverlust des Mandanten und in der Folge zu einer Haftung des Rechtsanwalts führen können.

17 Nachfolgend sollen daher die bei der Mandatsabwicklung typischerweise entstehenden Arbeitsabläufe und Anwaltspflichten im Einzelnen erörtert werden.

II. Information des Rechtsanwalts durch den Mandanten

18 Der Mandant ist in erster Linie natürlich im eigenen Interesse, rechtlich aber als Pflicht aus dem Anwaltsvertrag zur wahrheitsgemäßen und vollständigen Unterrichtung des Anwalts verpflichtet. Denn nur so kann die Grundlage vertrauensvoller Sachbearbeitung und richtiger Fallbehandlung geschaffen werden. Erhebliche oder wiederholte Falschinformationen durch den Mandanten belasten daher das Vertrauensverhältnis und können dazu führen, dass der Rechtsanwalt das Mandat kündigen kann, ohne Folgen hinsichtlich des Vergütungsanspruchs befürchten zu müssen.

---

7   FVFPC Anwaltshaftung-HdB/G. Fischer § 3 Rn. 3 ff.
8   BJS Anwaltshaftung/Jungk § 14 Rn. 79; BGH NJW 1996, 2649; NJW 1997, 2947; NJW 1998, 749 (750).
9   BJS Anwaltshaftung/Jungk § 14 Rn. 82.
10 BGH NJW 1992, 1159; NJW 1994, 1211; NJW 1995, 449.

Fehler bei der Informationserteilung durch den Mandanten haben in der Regel für den Mandanten schlimmere Konsequenzen als für den Rechtsanwalt, weil der Mandant bei fehlerhafter Information des Anwalts den Verlust seiner Rechte zu befürchten hat, während der Rechtsanwalt hierfür in der Regel nicht haftet.

So hat das LG Frankfurt mit Urteil vom 23.10.2013 eine gegen einen Rechtsanwalt gerichtete Klage, der im Ausgangsverfahren eine unschlüssige Klage für seinen Mandanten, den jetzigen Kläger, erhoben hatte, mit der Begründung abgewiesen, dass eine Falschinformation des Anwalts durch den Mandanten vorgelegen habe:

„Diese [ergänze: Unschlüssigkeit der Klage] beruht jedoch nicht auf einem Verschulden des Beklagten, sondern auf einer mangelhaften Information des Klägers gegenüber seinem Prozessbevollmächtigten, dem hiesigen Beklagten. Ein Prozessbevollmächtigter ist nur verpflichtet, dasjenige vorzutragen, was ihm durch seine Mandanten vorgetragen wird und auch all dasjenige zu verwerten, was für die Entscheidung erheblich ist."[11]

Das Landgericht Frankfurt hat hier natürlich übersehen, dass der Mandant zwar seinen Anwalt umfassend und vollständig zu informieren hat, dass aber der Rechtsanwalt keineswegs sehenden Auges eine unschlüssige Klage einreichen darf. Aufgrund seiner Pflicht zur sorgfältigen Rechtsprüfung muss dem Rechtsanwalt vielmehr auffallen, wenn ein Anspruch (noch) nicht schlüssig dargelegt ist; er hat dann, wenn der Anspruch nicht schlüssig gemacht werden kann, von dem Erheben der aussichtslosen Klage abzuraten.[12] Das OLG Frankfurt hat das Urteil des LG Frankfurt dann allerdings mit einer anderen Begründung gehalten.[13]

III. Aufklärung des Sachverhalts durch den Rechtsanwalt

1. Grundsätzliches. Das gerade erwähnte Beispiel des LG Frankfurt zeigt, wie wichtig es für den Erfolg einer Klage ist, ausführlich mit dem Mandanten zu kommunizieren und ihm die wesentlichen Informationen zum Sachverhalt durch die richtigen Rückfragen zu entlocken.

Sozusagen als Pendant zur Obliegenheit des Mandanten, den Rechtsanwalt über den Sachverhalt zu unterrichten, steht daher die Pflicht des Rechtsanwalts, den Sachverhalt durch geeignete Rückfragen und durch das Anfordern von Unterlagen und Belegen aufzuklären. So hat der BGH die Anforderung an die „Explorationspflicht" des Rechtsanwalts bereits mit Urteil vom 21.11.1960 enorm hoch angesetzt:

„Die Pflicht des Rechtsanwalts zur vollständigen Beratung setzt voraus, dass er zunächst durch Befragung seines Auftraggebers die Punkte klärt, auf die es für die rechtliche Beurteilung ankommen kann, und dabei auch die in der Sache liegenden Zweifel, die er als Rechtskundiger erkennen kann und muss, während sie auch einem geschäftsgewandten Unkundigen verborgen bleiben können, bedenkt und erörtert. Wo solche Zweifel bestehen können, darf der Rechtsanwalt sich nicht mit der rechtlichen Würdigung des ihm Vorgetragenen begnügen, sondern muss sich bemühen, durch Befragung des Rechtsuchenden ein möglichst vollständiges und objektives Bild der Sachlage zu gewinnen. Er muss dabei durch richtige Fragen an seinen Auftraggeber die tatsächlichen Grundlagen ans Licht bringen, dh die Informationen, die er für eine richtige und umfassende Beratung braucht, schaffen und ergänzen."[14]

Dem Rechtsanwalt wird also die sehr weitreichende Pflicht aufgebürdet, die Grundlagen für eine richtige und umfassende Beratung dadurch zu schaffen, dass er die richtigen Rückfragen an den Mandanten richtet und dabei eine möglichst objektive bis kritische Sichtweise einnimmt.

---

11 LG Frankfurt 23.10.2013 – 2- 17 O 153/11.
12 BGH NJW 2001, 3543 (3544).
13 OLG Frankfurt 6.6.2014 – 8 U 257/13.
14 BGH NJW 1961, 601 (602).

25 Hier ist für die Praxis zu empfehlen, mit dem Mandanten am besten persönliche und nicht nur telefonische Beratungsgespräche zu führen, bei denen er sämtliche Unterlagen, die er zu dem Vorgang besitzt, zu übergeben hat. Da der Mandant spätestens im Gerichtsprozess kritischen Rückfragen des Gerichts und der Gegenseite ausgesetzt sein wird, ist eine übermäßige Zurückhaltung mit kritischen Fragen oder eine falsch verstandene Schonung des Mandanten nicht angezeigt. Denn es dient niemandem, wenn der Prozess verloren geht, weil man gegenüber dem Mandanten nicht aufdringlich nachfragen wollte.

26 Der Rechtsanwalt wird auch Einsicht in öffentliche Akten, zB in die Akten eines Verwaltungsverfahrens oder eines Erbscheinserteilungsverfahrens zu nehmen haben, um seiner Aufklärungspflicht zu genügen.

27 Da dem Rechtsanwalt mit der Pflicht zur Aufklärung des Sachverhalts sehr viel abverlangt wird, muss natürlich immer im konkreten Einzelfall geprüft und entschieden werden, welche Rückfragen für den Rechtsanwalt in der konkreten Situation nahe gelegen wären.

28 Das LG Frankfurt hat aber wohl im oben erwähnten Fall zu geringe Anforderungen an die Explorationspflicht des Rechtsanwalts gesetzt, wenn es feststellt, dass ein Rechtsanwalt nur verpflichtet sei, dasjenige vorzutragen, was ihm von seinem Mandanten zugetragen wurde. Denn das LG Frankfurt verkennt dabei die durch den BGH statuierte Pflicht des Rechtsanwalts, den Sachverhalt durch geeignete Rückfragen aufzuklären.

29 Denkbar ist dabei auch, dass eine allzu unkritische Übernahme der Schilderungen des Mandanten zu einer Haftung des Anwalts wegen der entstehenden Rechtsverfolgungskosten führt; etwa wenn sich bei gebotenen Rückfragen oder bei der gebotenen Akteneinsichtnahme sehr schnell herausgestellt hätte, dass die geltend gemachten Ansprüche gar nicht existieren oder durchgreifende Einwendungen hiergegen bestehen.

30 Gerade für Rechtsschutzversicherungsgesellschaften, die – bei genauerem Hinsehen unbegründete – Deckungszusagen erteilen, dürften durch solche Pflichtverletzungen enorme Schäden entstehen, die in der Regel aber ungesühnt bleiben.

31 **2. Grenze der Pflicht zur Exploration.** Die Pflicht zur Aufklärung des Sachverhalts führt allerdings nicht so weit, dass der Rechtsanwalt den Angaben des Mandanten per se misstrauen und unabhängig Nachforschungen anstellen muss, ob der mitgeteilte Sachverhalt zutreffend und angebotene Beweismittel in jeder Hinsicht glaubwürdig sind. Es ist vielmehr gerade Ausfluss des Vertrauensverhältnisses zwischen Rechtsanwalt und Mandant, dass der Rechtsanwalt auf die Richtigkeit der ihm erteilten Informationen grundsätzlich vertrauen darf. So sieht es auch der BGH im Urteil vom 20.6.1960.[15]

32 So muss der Rechtsanwalt beispielsweise nicht nachfragen, ob sich der mitgeteilte maßgebliche Sachverhalt später geändert hat.[16]

33 *Vill* weist in diesem Zusammenhang auf die eigene Rechtsprechung hin,[17] wonach bei Vertretung eines beklagten Mandanten rechtshindernde Einwendungen gegen den Klageanspruch nur insoweit in Erwägung zu ziehen sind, als der mitgeteilte Sachverhalt dafür Anhaltspunkte bietet.[18]

34 Wie wichtig die Aufklärung des Sachverhalts durch den Rechtsanwalt im Gespräch mit dem Mandanten und insbesondere die Durchsicht der von diesem übergebenen Unterlagen ist, zeigt das nachfolgende Beispiel:

---

15 VersR 1960, 911; BJS Anwaltshaftung/Jungk § 18 Rn. 25; BGH NJW 1985,1154; NJW 1994, 2293; NJW-RR 1995,825; NJW 2000, 730 (731).

16 BGH WM 1980, 308.

17 FVFPC Anwaltshaftung-HdB/Vill § 2 Rn. 37.

18 BGH NJW 2006, 501 (503).

So konnte in einer von uns geführten Klage der Gegner im Prozess ein Vergleichsdokument vorlegen, in dem unser Mandant bereits Jahre zuvor wirksam auf Ansprüche gegen diesen Gegner verzichtet hatte. Der akademisch gebildete Mandant fiel angesichts dieses Vorhalts – genau wie wir – aus allen Wolken und erinnerte sich dann wieder an den früher abgeschlossenen Vergleich.

Das zeigt, dass der Rechtsanwalt auch bei Mandanten mit hoher Bildungsstufe erhebliche Überraschungen und Erinnerungslücken erleben kann.

3. Exkurs: Kommunikation mit dem Mandanten. Die Kommunikation des Rechtsanwalts mit dem Mandanten ist überhaupt ein Kapitel für sich und Schwächen der Anwaltschaft in diesem Bereich gehören nach unserer Einschätzung zu den häufigsten Gründen, weshalb Mandanten mit ihren Rechtsanwälten unzufrieden sind.

Es geht dabei nicht immer nur um die Ermittlung des Sachverhalts, sondern häufig schlicht darum, dass Rechtsanwälte den Mandanten nicht über den Fortgang des Mandats informieren, und dass sie für den Mandanten bei Rückfragen häufig nur schwer zu erreichen sind.

Wir erleben es immer wieder, dass Rechtsanwälte – obwohl sie in der Sache einwandfrei arbeiten – die Kündigung des Mandats und damit den Verlust ihrer Einnahmequelle riskieren, weil sie Sachstandsanfragen des Mandanten einfach ignorieren und für diesen nicht erreichbar sind.

Mangelndes Talent der Rechtsanwaltschaft zur Kommunikation kann dabei eigentlich nicht die Ursache für dieses Phänomen sein, das ein angesehener Heidelberger Rechtsanwalt einmal mit dem ebenso treffenden wie zynischen Spruch

„Mandanten sind wie kleine Hunde: Erst will sie jeder haben, und dann will niemand mehr mit ihnen Gassi gehen"

bezeichnet hat.

Grund für dieses Fehlverhalten dürfte sein, dass die Information des Mandanten in der Regel nicht gesondert vergütet wird, wertvolle Arbeitszeit verbraucht und – vor allen Dingen – den Fall in der Sache nicht voranbringt. Des Weiteren ist die Auffassungsgabe mancher Mandanten zuweilen sehr gering, so dass häufig immer wieder dieselben Fragen erörtert werden müssen.

Mit anderen Worten ist es häufig dem Druck der wirtschaftlichen Mandatsbearbeitung geschuldet, dass die Kommunikation mit dem Mandanten stiefmütterlich behandelt wird.

Eine Lösung dieser Problematik kann unseres Erachtens erreicht werden, wenn auch die Kommunikation mit dem Mandanten – etwa durch Vereinbarung einer Stundenvergütung – gesondert vergütet wird. Die Mandatsbearbeitung könnte also deutlich entspannter – und im Ergebnis auch qualitativ besser – erfolgen, wenn mit dem Mandanten insoweit eine Stundenvergütung vereinbart wird.

IV. Pflicht zur Rechtsprüfung

Bei der Pflicht, den mitgeteilten und durch Nachfragen und Aktenstudium herausgefilterten Sachverhalt umfassend und zutreffend rechtlich zu bewerten, handelt es sich um die eigentliche, zentrale und wesentliche, aber auch um die fehlerträchtigste Aufgabe des Rechtsanwalts bei Ausführung des Mandats.

An die Rechtsanwaltschaft werden im Hinblick auf die rechtliche Prüfung und Bewertung seit jeher höchste Anforderungen gestellt. Fehler des Rechtsanwalts bei der rechtlichen Beurteilung des zur Prüfung übernommenen Sachverhalts werden praktisch nie zu entschuldigen sein.

46 So hat der Rechtsanwalt alle, auch die neuesten Gesetze, die zur Entscheidung der aufgeworfenen Rechtsfragen maßgeblich sind, zu kennen.[19] Des Weiteren hat der Rechtsanwalt die Entscheidungen der Bundesgerichte, sobald sie veröffentlicht sind, zu kennen.[20]

47 Ein „realistischer Toleranzzeitraum" wird dem Rechtsanwalt dabei aber immerhin zugebilligt.[21]

48 Die geforderte Kenntnis der höchstrichterlichen Rechtsprechung ist dabei nicht auf die amtlichen Entscheidungssammlungen der Bundesgerichte beschränkt; vielmehr hat die Anwaltschaft aktuelle Entscheidungen auch in Fachzeitschriften, Kommentaren und Lehrbüchern zur Kenntnis zu nehmen.[22]

49 Soweit Rechtsfragen noch nicht höchstrichterlich entschieden sind, hat der Rechtsanwalt die Rechtsprechung insbesondere der Oberlandesgerichte zu beachten.[23]

50 Bei Beratungsmandaten spielt mittlerweile auch die Frage eine Rolle, ob der Rechtsanwalt künftige Gesetzesänderungen kennen und in seine Überlegungen einbeziehen muss. In einer Entscheidung aus dem Jahr 2004 hat der BGH von dem Rechtsanwalt, bzw. Steuerberater jedenfalls gefordert, sich aus allgemein zugänglichen Quellen über geplante gesetzgeberische Vorhaben zu informieren, wenn der Anwalt hierüber – beispielsweise aus der Tagespresse – Kenntnis erlangt.[24]

51 Es wird bei der Anforderung von Gesetzes- und Rechtsprechungskenntnis auch nicht zwischen Standard- und speziellen Fachgebieten unterschieden; auch wird nicht unterschieden, ob der Rechtsanwalt in einem bestimmten Fachgebiet besonders spezialisiert ist. Vielmehr werden die hohen Anforderungen an jeden Rechtsanwalt für jeden übernommenen Fall gestellt.[25]

52 In der Konsequenz bedeutet das für den Rechtsanwalt, dass er sich in Fälle aus Gebieten, die nicht geläufig sind, mit nicht unerheblichem Aufwand einzuarbeiten hat oder – wenn das wirtschaftlich nicht darstellbar ist – das Mandat besser ablehnen oder an einen ihm bekannten Spezialisten verweisen sollte.

53 Zusammengefasst handelt der Rechtsanwalt regelmäßig pflichtgemäß, wenn er seine rechtliche Bewertung, die immer das rechtliche und wirtschaftliche Interesse des Mandanten im Fokus haben muss, an der herrschenden Rechtsprechung und somit an den realistischerweise zu erwartenden Ergebnissen ausrichtet.

V. Pflicht des Rechtsanwalts, den Mandanten zu beraten und zu belehren

54 **1. Grundsätzliches.** Wir haben bereits oben die vom BGH aufgestellten Grundsätze zitiert, wonach der Rechtsanwalt den Mandanten in alle Richtungen umfassend und erschöpfend zu belehren und ihm diejenigen Schritte zu empfehlen hat, die zur Erreichung des angestrebten Ziels geeignet sind. Der Rechtsanwalt hat dabei Nachteile für seinen Mandanten zu vermeiden, soweit sie vorhersehbar sind; schließlich muss der Rechtsanwalt sogar auch über mögliche wirtschaftliche Gefahren des beabsichtigten Geschäfts belehren.[26]

55 In der Praxis sieht allerdings auch der BGH, dass diese enorm hohen Anforderungen immer an den Umständen des Einzelfalles festgemacht werden müssen.[27]

56 Im Grundsatz ändert dies aber nichts daran, dass der Rechtsanwalt auch heute noch alle wesentlichen rechtlichen Gesichtspunkte des Falles zu erkennen, zu berücksichtigen und dem Mandanten im Rahmen der Belehrung und Beratung auseinander zu setzen hat.

---

19 BGH NJW 1971, 1704.
20 BGH NJW-RR 1993, 212 – für den Steuerberater.
21 BGH NJW 2001, 675 (678).
22 BGH NJW-RR 1993, 212 – für den Steuerberater.
23 BGH NJW 1985, 495.
24 BGH NJW 2004, 3487.
25 BGH MDR 1958, 496.
26 BGH NJW 1992, 1159; 1994, 1211; 1995, 449.
27 BGH NJW 1984, 791 (792); 1988, 1079, 1080.

Dies eröffnet insbesondere für den kautelarjuristisch tätigen Rechtsanwalt ein enorm weites Haftpflichtpotential, da bei der Vertragsgestaltung ein viel weitergehender Raum für rechtliche Problematiken eröffnet wird als bei Prozessmandaten.[28] Ein vom BGH im Januar 2020 entschiedener Fall aus dem Bereich der familienrechtlichen Beratung und Gestaltung dürfte ohne Weiteres auf vergleichbare Konstellationen für den im Erbrecht gestaltenden Rechtsanwalt anwendbar sein: Obwohl die steuerliche Beratung und Gestaltung in dem vom BGH entschiedenen Fall nicht geschuldet war, es sich mithin um ein sogenanntes beschränktes Mandat handelte, hätte der Rechtsanwalt seine Mandantin – so der Bundesgerichtshof – darauf hinweisen müssen, dass sich aus der konkret beauftragten rechtlichen Gestaltung die Einschaltung eines Steuerberaters empfehle.[29] 57

Im Prinzip geht es aber immer darum, dem Mandanten die konkreten Chancen und Risiken der angestrebten Rechtsverfolgung so aufzuzeigen und ihn so verständlich und vollständig zu belehren, dass er eine eigenverantwortliche Entscheidung darüber treffen kann, welchen Weg er einschlagen möchte, um das angestrebte Ziel zu erreichen.[30] Die 58

„Hinweise und Belehrungen des rechtlichen Beraters haben sich an der jeweils aktuellen höchstrichterlichen Rechtsprechung auszurichten, dies sogar dann, wenn er selbst deren Ansicht nicht teilt (BGHZ 145, 256 = BGH NJW 2001, 146; BGH NJW-RR 1992, 1110; BGH NJW 1993, 2799)."[31]

Wir betrachten diese hohe Anforderung an die Anwaltstätigkeit sozusagen als Gegenstück bzw. Interessensausgleich dafür, dass der Rechtsanwalt einen Erfolg für seine Tätigkeit grundsätzlich nicht schuldet. Da also die Rechtsverfolgung auf das eigene Risiko des Mandanten erfolgt, sollte es Pflicht – aber auch Anspruch – eines jeden juristischen Beraters sein, dem Mandanten alle Parameter, von denen die Verwirklichung seiner Rechte abhängt, zumindest in Grundzügen bekannt zu geben. 59

Bei verständiger Betrachtungsweise ergeben sich aus der Anforderung, den Mandanten in die Lage versetzen zu müssen, eine eigenverantwortliche Entscheidung über die rechtliche Vorgehensweise treffen zu können, die Reichweite und die Grenzen der rechtlichen und der strategischen Beratung. 60

2. Hinweis auf wirtschaftliche Risiken. Soweit der BGH davon ausgeht, dass der Rechtsanwalt den Mandanten auch über wirtschaftliche Gefahren des beabsichtigten Geschäfts oder der beabsichtigten Interessenswahrnehmung zu belehren hat, führt das nicht so weit, dass der Rechtsanwalt eine eigenständige Pflicht zur wirtschaftlichen Beratung des Mandanten hat.[32] 61

Im konkreten Einzelfall muss der Rechtsanwalt jedoch auf mit der rechtlichen Vorgehensweise einhergehenden möglichen wirtschaftlichen Risiken hinweisen, damit „jede auch nur als möglich erkennbare Schädigung des Mandanten vermieden" wird.[33] 62

So kann ein warnender Hinweis des Rechtsanwalts angezeigt sein, wenn der Mandant ein Darlehen ausreichen will, für das die angebotene Sicherheit – für den Rechtsanwalt erkennbar – nicht werthaltig ist.[34] 63

Des Weiteren ein Hinweis des Rechtsanwalts an den Mandanten, dass gelieferte Ware, die der Mandant meint, nicht abnehmen zu müssen, für den Fall in Obhut genommen werden sollte, dass doch eine Abnahmepflicht besteht.[35] Es besteht dabei grundsätzlich auch die Pflicht des 64

---

28 Nachweise bei BJS Anwaltshaftung/Jungk § 20 Rn. 73/74.
29 BGH NJW 2020, 1139.
30 BGH NJW 1996, 2648 (2650).
31 BGH NJW-RR 2003, 1212 (1213).
32 So auch Fahrendorf/Mennemeyer RA HaftungHdB/Fahrendorf Kap. 2 Rn. 41 ff.
33 BGH 14.1.1975 – VersR 1975, 425.
34 RG 26.2.1932, RG JW 1932, 2854.
35 OLG Frankfurt VersR 1980, 288.

Rechtsanwalts, den Mandanten darauf hinzuweisen, dass diesen im Einzelfall eine Pflicht zur Schadensminderung treffen kann.[36]

65 Gerade im erbrechtlichen Mandat ergeben sich aus möglichen Gestaltungsvarianten nach dem Erbfall regelmäßig erhebliche wirtschaftliche Unterschiede, so dass der beste Weg für den Mandanten und damit die pflichtgemäße Beratung durch den Rechtsanwalt überhaupt erst durch eine wirtschaftliche Betrachtung der Folgen der verschiedenen Alternativen erkennbar wird (→ Rn. 165 ff.).

66 **3. Keine sittenwidrige Beratung gefordert.** Die Pflicht der allumfassenden, sich ausschließlich am Mandanteninteresse orientierenden Beratung findet – und das sollte eigentlich eine Selbstverständlichkeit sein – dort ihr Ende, wo die Beratung auf ein rechtsmissbräuchliches oder sittenwidriges Vorgehen gerichtet wäre.[37]

67 **4. Beratung nur im Rahmen der Beratungsbedürftigkeit.** Selbstverständlich ist auch, dass die Belehrungspflicht immer nur so weit geht, wie der Mandant auch belehrungsbedürftig ist. Eine fehlende Belehrungsbedürftigkeit kann sich daraus ergeben, dass der Mandant in dem entsprechenden Bereich gerichtserfahren oder geschäftsgewandt ist, oder dass er bereits von Dritter Seite über die wesentliche Problematik belehrt wurde. Der Rechtsanwalt ist dabei für die fehlende Belehrungsbedürftigkeit des Mandanten beweispflichtig.[38]

68 **5. Keine besondere Intensität der Belehrung.** Eine besondere Intensität der Beratung und Belehrung ist dabei regelmäßig nicht erforderlich;[39] ebenfalls nicht erforderlich ist mehr als eine ausdrückliche Belehrung des Mandanten auszusprechen.[40] Zu empfehlen ist meines Erachtens allerdings, den Hinweis auf eine nahende Verjährungsfrist gegebenenfalls wiederholt zu erteilen. Denn dies stellt nicht nur sicher, dass der Mandant den Hinweis auch wirklich verstanden und bei Fristablauf präsent hat, sondern bringt im Zweifel auch ein neues Mandat ein, das ohne die wiederholte Belehrung möglicherweise nicht erteilt worden wäre.

69 Die Rechtsprechung zur Frage der Intensität der Belehrung war auch nicht immer ganz einheitlich,[41] so dass im Interesse des Mandantenwohls und im Eigeninteresse sichergestellt werden sollte, dass die maßgeblichen Belehrungen auch verstanden wurden.

70 **6. Gegenstand der Belehrung im Einzelnen.** Eine vollständige Beratung und Belehrung des Mandanten erfordert nach der Rechtsprechung des BGH, dass diesem nicht nur das Ergebnis der rechtlichen Überprüfung mitgeteilt wird. Vielmehr sollen ihm sinngemäß auch die einzelnen Weichenstellungen mitgeteilt werden, an denen die richterliche Beurteilung des Falles zugunsten oder zulasten des Mandanten ausschlagen kann. Solche Weichenstellungen können einerseits die Einordnung des zu beurteilenden Sachverhalts unter bestimmte Rechtssätze, andererseits aber auch – vorgelagert – die Beweislast und Beweisführung zur Ermittlung des zu beurteilenden Sachverhalts betreffen.

71 Nur wenn der Mandant die Weichenstellungen, die über Erfolg und Misserfolg der Rechtsverfolgung entscheiden können, kennt, könne er sich ein eigenes Bild darüber machen, ob er die Risiken eingehen und die Rechtsverfolgung aufnehmen möchte. Formelhafte Angaben wie „geringe Chancen" oder „hohes Risiko" reichen in der Regel für die geforderte Belehrung nicht aus.[42]

72 Wir sehen diese detaillierte Belehrungspflicht kritisch. Denn sie führt dazu, den in der Regel juristisch ungebildeten Mandanten in rechtliche Fragestellungen einzuweisen, deren Beantwortung er nicht eigenständig beurteilen kann. Detaillierte Informationen zu rechtlichen Fragestel-

---

36 BGH NJW 1986, 182 (183).
37 Siehe weitere Nachweise bei BJS Anwaltshaftung/Jungk § 20 Rn. 78.
38 BGH NJW 2000, 1263.
39 BGH NJW 1987, 1322.
40 BGH NJW 1996, 2571.
41 Siehe weitere Nachweise bei BJS Anwaltshaftung/Jungk § 20 Rn. 85/86.
42 BGH NJW-RR 2000, 791 (792).

lungen haben für den Mandanten dabei meines Erachtens in aller Regel keinen eigenen Wert und dürften daher auch selten eine Entscheidungshilfe sein. Erfahrungsgemäß sind selbst akademisch vorgebildete Mandanten nicht in der Lage, die Detailprobleme eines Falles und beispielsweise spezielle Fragen zur Beweislast von einer Besprechung auf die nächste in Erinnerung zu behalten.

Wir meinen daher, dass es ausreichend sein sollte, dem Mandanten die Prozessrisiken in ihrem Kern und ihrer Gewichtung mitzuteilen, ohne ihn dabei „zum Juristen ausbilden" zu müssen. Möchte er die Zusammensetzung der Risiken und die einzelnen Faktoren, von denen die Risiko- bzw. Erfolgsverwirklichung abhängt, dann genauer wissen, kann er Rückfragen an den Rechtsanwalt stellen. Wir halten daher eine solchermaßen „gestufte Belehrung" im Grunde für ausreichend. 73

Aber auch in diesem Bereich wird sich die vertrauensvolle, partnerschaftliche Zusammenarbeit mit dem Mandanten darin äußern, dass der Rechtsanwalt im Mandanteninteresse ohnehin so viele Informationen erteilt, wie der Mandant aufzunehmen und in seine Überlegungen einzustellen in der Lage ist. 74

Letztlich wird sich auch immer die Frage stellen, ob ein „formelhaft" belehrter Mandant, wenn er später geltend macht, den Prozess bei ausreichender Belehrung nicht geführt zu haben, überhaupt einen kausalen Schaden durch die mangelhafte Belehrung erlitten hat. Denn immerhin hat er sich von der pauschalen Mitteilung eines „hohen Prozessrisikos" nicht von der Prozessführung abhalten lassen. Es ist dem Mandanten in dieser Situation zuzumuten, Rückfragen dahin gehend zu stellen, worin die geringen Erfolgsaussichten konkret liegen. 75

Hat die rechtliche Prüfung – wie häufig – eine unklare Rechtslage zur Folge, müssen dem Mandanten die zur Verfügung stehenden alternativen Vorgehensweisen dargelegt werden. Bei Anwaltshaftungsfällen betrifft dies häufig die Frage, ob nach einem wegen eines Anwaltsfehlers in erster Instanz verlorenem Prozess dieser noch durch die Instanzen zu führen ist, oder ob unmittelbar der Anwaltsregress geltend gemacht werden kann. In dieselbe Richtung geht die Frage, ob ein aufgrund Anwaltsfehler voraussichtlich verjährter Anspruch – wenn die Verjährung fraglich ist – zunächst noch gerichtlich geltend zu machen ist. Im Kaufrecht kann es dabei um die Frage gehen, ob noch Nacherfüllung gemäß § 439 BGB verlangt werden muss, oder ob der Mandant schon vom Kaufvertrag zurücktreten kann. 76

Zusammengefasst muss der Rechtsanwalt die materielle und prozessuale Rechtslage und damit die Chancen und Risiken der beabsichtigten Rechtsverfolgung so darstellen, dass der Mandant eine eigenverantwortliche Entscheidung für oder gegen die beabsichtigte Vorgehensweise treffen kann. 77

Erfolgt dies in ausreichender Weise handelt der Rechtsanwalt nicht pflichtwidrig, wenn er Prozesse mit ausgesprochen geringen Erfolgsaussichten für den Mandanten führt.[43] 78

Von dem Führen erkennbar aussichtsloser Prozesse muss der Rechtsanwalt allerdings abraten.[44] Das Führen solcher erkennbar aussichtsloser Prozesse – etwa das Einklagen erkennbar verjährter Forderungen – kann auch dann problematisch und zur Haftpflichtquelle für den Anwalt werden, wenn der Mandant dies ausdrücklich wünscht.[45] Gegebenenfalls ist es sinnvoll oder sogar geboten, das Mandat niederzulegen, wenn der Mandant einen aussichtslosen Prozess oder ein aussichtsloses Rechtsmittel gegen den anwaltlichen Rat führen möchte. 79

7. Belehrung über entstehende Kosten. Über den Umstand, dass die Anwaltstätigkeit vergütungspflichtig ist und dass bei Prozessführung Kostenerstattungsansprüche der Gegenseite entstehen können, hat der Rechtsanwalt grundsätzlich ebenso wenig ungefragt aufzuklären wie 80

---

43 BGH NJW 1986, 2043.
44 BGH NJW 2001, 3543.

45 Weitere Nachweise bei BJS Anwaltshaftung/Jungk § 20 Rn. 97 und § 22 Rn. 149 ff.

über deren voraussichtliche Höhe.[46] Es kann insoweit also als bekannt vorausgesetzt werden, dass bei rechtlicher Vertretung auch Kosten entstehen.

81 Wenn der Mandant die Höhe des Kostenrisikos erfragt, muss die Angabe allerdings im Wesentlichen zutreffend sein.[47]

82 Im Einzelfall kann sich allerdings aus den konkreten Umständen des Falles die Pflicht ergeben, auch ungefragt über die entstehenden Kosten zu belehren.[48]

83 Es soll an dieser Stelle noch auf die gesetzlichen Hinweispflichten des § 12a Abs. 1 S. 2 ArbGG und des § 49b Abs. 5 BRAO hingewiesen werden, die dem Rechtsanwalt eine gesetzliche Pflicht zur ungefragten Mitteilung bestimmter kostenrechtlicher Sachverhalte auferlegen.

VI. Pflicht, den sichersten Weg zu gehen/vorzuschlagen

84 Bereits das Reichsgericht[49] hat den Grundsatz aufgestellt, dass der Rechtsanwalt bei der Erfüllung seiner Pflichten stets den *sichereren* Weg vorzuschlagen und zu gehen habe. Dieser Grundsatz wurde vom BGH übernommen und in ständiger Rechtsprechung dahin gehend verschärft, dass der Rechtsanwalt nun stets den *sichersten* Weg zu empfehlen habe. So muss der Rechtsanwalt

„sein Verhalten so einrichten, dass er Schädigungen seines Auftraggebers, mag deren Möglichkeit auch nur von einem Rechtskundigen vorausgesehen werden können, vermeidet. Er hat, wenn mehrere Maßnahmen in Betracht kommen, diejenigen zu treffen, welche die sicherste und gefahrloseste ist, und, wenn mehrere Wege möglich sind, um den angestrebten Erfolg zu erreichen, den zu wählen, auf dem dieser am sichersten erreichbar ist. Gibt die rechtliche Beurteilung zu ernstlich begründeten Zweifeln Anlass, so muss er auch in Betracht ziehen, dass sich die zur Entscheidung berufene Stelle der seinem Auftraggeber ungünstigeren Beurteilung der Rechtslage anschließt. Im Prozess ist er verpflichtet, den Versuch zu unternehmen, das Gericht davon zu überzeugen, dass und warum seine Auffassung richtig ist."[50]

85 Dogmatisch gesehen handelt es sich bei dem Grundsatz des sichersten Wegs um eine Verschärfung des in § 276 Abs. 1 BGB allgemein beschriebenen Sorgfaltsmaßstabs.

86 In der Praxis hat der Grundsatz des sichersten Wegs bei Anwaltshaftungsfällen eine erhebliche Bedeutung. Denn er ist praktisch immer dann anwendbar, wenn eine Rechtsfrage zweifelhaft ist und eine Vorgehensweise als die sicherere gegenüber möglichen anderen Vorgehensweisen erscheint.

87 Rechtsanwälte sollten daher unbedingt die über den Grundsatz des sichersten Wegs bestehende Literatur in einem der Standardwerke zur Anwaltshaftung zur Kenntnis nehmen, um eine Vorstellung davon zu erhalten, welche Bereiche hiervon betroffen sein können und welche Anforderungen in diesem Zusammenhang an die Anwaltschaft gestellt werden.[51]

88 Verständlich wird der Grundsatz des sichersten Wegs bei dem einfachen Beispiel, dass unklar ist, wann der von dem Mandanten geltend gemachte Anspruch zu verjähren droht. Es liegt auf der Hand und dürfte für jedermann nachvollziehbar sein, dass es in diesem Fall dem Gebot des sichersten Wegs entspricht, dem Mandanten zu empfehlen, den Anspruch innerhalb der frühesten denkbaren Verjährungsfrist rechtshängig zu machen.[52]

---

46 BGH NJW 1998, 136; 1998, 3486.
47 BGH NJW 1998, 136; 1998, 3486.
48 BGH NJW 1998, 136; 1998, 3486; OLG München Urt. v. 5.6.2019 – 15 U 318/18.
49 RGZ 151, 259/264.
50 BGH NJW 1988, 1079 (1080).
51 ZB bei FVFPC Anwaltshaftung-HdB/Vill § 2 Rn. 114–128; BJS Anwaltshaftung/Jungk § 21; Fahrendorf/Mennemeyer RA Haftung-HdB/Fahrendorf Kap. 2 Rn. 195 -234.
52 BGH NJW 1993, 734; 1996, 48; 2001, 675 (678).

Die Anforderung an den Rechtsanwalt geht dabei aber weiter als lediglich darauf zu achten, 89
dass der Anspruch des Mandanten nicht verjährt. Das Gebot des sichersten Wegs setzt früher
an: Der Rechtsanwalt macht sich danach nicht erst dann haftbar, wenn er einen Anspruch seines Mandanten tatsächlich verjähren lässt. Er verhält sich vielmehr schon dann pflichtwidrig,
wenn der Verjährungseintritt aufgrund der von ihm zu verantwortenden zeitlichen Verzögerung
möglich erscheint, also von der Gegenseite mit nicht unerheblicher Argumentation eingewandt
werden kann. Denn es droht dann beispielsweise die Gefahr, dass der Mandant sich – ohne dass
seine Ansprüche tatsächlich verjährt sind – aufgrund dieser der Gegenseite unnötiger Weise
eröffneten Argumentationsmöglichkeit auf einen schlechten Kompromiss einlassen muss.

Das Gebot des sichersten Wegs soll also von seinem Regelungsgehalt her nicht erst den endgül- 90
tigen Rechtsverlust sanktionieren – diese Pflicht trifft den Rechtsanwalt schon aus allgemeinen
Erwägungen heraus – sondern es soll verhindern, dass der Mandant aufgrund der Nachlässigkeit des Rechtsanwalts in eine schlechtere prozessuale Lage oder schlechtere Verhandlungsposition gerät und nur deshalb einen Rechtsverlust hinnehmen muss.

Die Überlegungen des Gebots des sichersten Wegs im Zusammenhang mit der Frage der Verjäh- 91
rung sind daher auf sämtliche gesetzlichen und vertraglichen Fristen übertragbar.

Beispiel: Wir betreuen im Jahr 2013 einen Mandanten in einer erbrechtlichen Auseinander- 92
setzung gegen seinen Bruder. Der Mandant war zunächst von einem anderen Rechtsanwalt vertreten worden. Die gemeinsame Mutter hatte unseren Mandanten testamentarisch enterbt. Der
Bruder, der als Alleinerbe eingesetzt worden war, sollte unserem Mandanten laut letztwilliger
Verfügung der Mutter aber immerhin den Betrag von 50.000 EUR aus dem Nachlass innerhalb
einer Frist von drei Monaten zuwenden. Voraussetzung für diesen eigenständigen Zahlungsanspruch war, dass unser Mandant „*Zug um Zug mit Zahlung*" erklären sollte, dass die Zahlung
in dieser Höhe auf den Pflichtteilsanspruch anrechenbar ist. Der eigenständige Zahlungsanspruch erlosch laut letztwilliger Verfügung, wenn die Bestätigung nicht innerhalb der drei Monate erteilt worden wäre. Der rechtlich noch nicht vertretene Mandant forderte seinen Bruder
schriftlich zur Zahlung der 50.000 EUR mit folgender Erklärung auf: *Nach Zahlungseingang
werde ich diesen Betrag als erfüllten Teil des Pflichtteilsanspruchs bestätigen*. Da der zahlungspflichtige Bruder sich nicht rührte, konsultierte unser Mandant noch innerhalb der Drei-Monats-Frist unter Vorlage sämtlicher Schriftstücke zunächst einen anderen Rechtsanwalt. Dieser
forderte den Gegner nach Prüfung der Unterlagen nochmals zur Zahlung auf. Nach Ablauf der
Drei-Monats-Frist meldete sich der Schuldner und teilte mit, dass die erforderliche Zug-um-Zug-Erklärung nicht fristgerecht erteilt worden war, so dass der Zahlungsanspruch erloschen
sei; im Übrigen sei der Pflichtteil nur sehr gering. Der Anwalt holte die Zug-um-Zug-Erklärung
dann zwar noch förmlich nach. Da dies aber offenkundig außerhalb der Drei-Monats-Frist geschah, war das Vertrauensverhältnis gestört und der Mandant wechselte zu uns, weil er einen
Fall der Anwaltshaftung vermutete. Da die Frage im Streit stand, ob die Erklärung des Mandanten „*nach Zahlungseingang*" Anrechnung auf den Pflichtteil zu bestätigen ausreichend im
Sinne der geforderten Zug-um-Zug-Erklärung war, verklagten wir zunächst den Bruder auf
Zahlung aus der letztwilligen Verfügung und erklärten dem zuvor tätigen Rechtsanwalt den
Streit. Da das Landgericht München II unserer Auffassung folgte, wonach die Ankündigung
„*nach Zahlungseingang*" die Anrechnung auf den Pflichtteil zu bestätigen ausreichend im Sinne
der letztwillig geforderten Zug-um-Zug-Erklärung war,[53] kam die Anwaltshaftung nicht mehr
zum Tragen.

Hier lag aber jedenfalls ein Verstoß des zuvor beauftragten Rechtsanwalts gegen das Gebot
des sichersten Wegs vor. Denn er hätte erkennen müssen, dass der Mandant durch seine
missverständliche Formulierung faktisch verlangt hatte, dass der Bruder mit der Zahlung in

---

53 LG München II 15.5.2013 – 13 O 5672/12.

Vorleistung trete, während die letztwillige Verfügung nur eine Zug-um-Zug-Zahlungspflicht vorsah. Er hätte daher unter dem Gesichtspunkt des sichersten Wegs alles unternehmen müssen, dass Zweifel über die Vertragsgemäßheit der Erklärungen nicht auftreten. Dies hätte erfordert, dem Mandanten zu empfehlen, seine Zahlungsaufforderung noch innerhalb der laufenden Frist dahin gehend zu präzisieren, dass die Anrechnungserklärung „Zug-um-Zug" mit Zahlung abgegeben wird.

Der Verstoß des Anwalts gegen das Gebot des sichersten Wegs hatte hier zwar keine Konsequenz in Form einer Haftpflicht. Das Mandat und damit die potenzielle Vergütung aus dem Zahlungsprozess war aufgrund dieser Nachlässigkeit allerdings dennoch verloren.

93 Vom Grundsatz her kann daher gesagt werden, dass der Rechtsanwalt im Hinblick auf das Gebot des sichersten Wegs immer schon dann mit einem Bein in der Haftpflichtfalle steht, wenn das Gericht oder die Gegenseite aufgrund irgendeines vom Rechtsanwalt zu verantwortenden Unterlassens oder einer zeitlichen Verzögerung den Einwand der Verjährung, Verfristung oder Verspätung mit beachtlicher Argumentation – wenn auch nicht berechtigt – erheben kann.

94 Wird dann aufgrund dieser Rechtsunsicherheit ein Vergleich geschlossen, haftet der Rechtsanwalt für den erlittenen Nachteil.[54]

95 Das Gebot des sichersten Wegs bezieht sich aber auch darauf, die Anspruchsgrundlagen, auf die der Mandant sein rechtliches Begehr stützen kann, möglichst vollständig und erschöpfend darzustellen, um eine rechtlich fehlerhafte Behandlung durch das erkennende Gericht zu verhindern. Stehen zwei Anspruchsgrundlagen mit unterschiedlichen Voraussetzungen zur Verfügung, um denselben gewünschten rechtlichen Erfolg zu erreichen, so hat der Rechtsanwalt in Wahrnehmung des sichersten Wegs beide Anspruchsgrundlagen kumulativ in den Prozess einzuführen:

96 So hat in einem von uns vertretenen Fall das LG Magdeburg einen Rechtsanwalt mit Grundurteil vom 27.3.2014[55] zu Schadensersatz verurteilt, weil dieser für seinen Mandanten nur eine von zwei möglichen rechtlichen Argumenten in den Vorprozess eingeführt hatte und aus diesem Grund unterlegen war. Der Mandant, ein gewerblicher Autohändler, hatte einen gebrauchten Pkw erworben, bei dem der Verkäufer fahrlässig einen mangelhaft reparierten Vorschaden verschwiegen hatte; da es sich um einen Erwerb über eine Internetbörse handelte, fiel der Mangel erst nach Kauf und Übergabe auf. Der jetzt zu Schadensersatz verurteilte Rechtsanwalt erhob für den Mandanten eine Schadensersatzklage auf Zahlung des Differenzwerts. Das Vorgericht, das LG Köln, wies die Klage mit der Begründung ab, dass eine arglistige Täuschung nicht gegeben sei, so dass der Mandant zunächst Nacherfüllung gemäß § 439 BGB hätte verlangen müssen. Das für den Anwaltsregress zuständige LG Magdeburg hielt das Urteil des LG Köln im Vorprozess zwar für fehlerhaft, verurteile den Rechtsanwalt aber dennoch mit folgender Erwägung zu Schadensersatz:

„Allerdings kann dem Anwalt grundsätzlich nicht vorgeworfen werden, dass er nicht über die Notwendigkeit einer vorherigen Fristsetzung zur Schadensbehebung belehrt hat. In der Sache war nämlich eine Frist zur Nachbesserung entbehrlich, allerdings nicht etwa, weil eine arglistige Täuschung vorlag, sondern weil eine Nachbesserung rechtlich unmöglich im Sinne des § 275 BGB war. Die Existenz eines Unfallvorschadens ist ein von Anfang an nicht behebbarer Mangel (sog qualitative Unmöglichkeit), weil auch über eine Nachbesserung Unfallfreiheit nicht hergestellt werden kann (mwN) ...

Vorzuwerfen ist dem Anwalt jedoch, dass er den Mandanten nicht hierüber aufgeklärt und umfassend beraten, sondern sich auf arglistige Täuschung gestützt hat, ohne eine umfassende Prüfung der Sach- und Rechtslage vorzunehmen und den Mandanten hierüber zu informieren.

---

54 BGH NJW 1993, 2797; NJW 1998, 2048.
55 Az.: 10 O 587/13.

Das gilt im Übrigen selbst dann, wenn man der Argumentation des Beklagten folgt, dass die Fristsetzung wegen endgültiger und ernsthafter Verweigerung der Nachbesserung durch den Verkäufer entbehrlich war. Zwar war die Annahme einer arglistigen Täuschung ... nicht ganz fernliegend. Doch wäre es der sicherere Weg gewesen, sich von vorneherein (auch) auf die rechtliche Unmöglichkeit der Nachbesserung zu berufen."[56]

Es entspricht auch dem Gebot des sichersten Wegs, dem sterbenskranken Erblasser, der einen neuen Erben einsetzen will, zum Erstellen eines eigenhändigen Testaments zu raten.[57]

Bei der Abwehr von Ansprüchen darf der Rechtsanwalt nicht einfach darauf vertrauen, dass das Gericht die Klage des Gegners als unschlüssig erkennt. Er hat die Unschlüssigkeit aktiv zu rügen[58] und – weil er in Betracht ziehen muss, dass das Gericht der für seinen Mandanten ungünstigen Auffassung folgt (siehe Zitat oben) – sämtliche Einwendungen gegen den Anspruch vorsorglich geltend zu machen.

Der Rechtsanwalt darf sich nicht darauf verlassen, dass das Gericht eine Räumungsfrist gemäß § 721 Abs. 1 ZPO von Amts wegen einräumen wird; er muss einen solchen Antrag vielmehr selbst stellen und begründen.[59]

Besteht in einem Prozess gegen den Erben die Möglichkeit, dass der Nachlass zum Decken der Verbindlichkeiten nicht ausreicht, muss der Rechtsanwalt empfehlen, den Vorbehalt der beschränkten Erbenhaftung geltend zu machen.[60]

Bei einer Kündigungsschutzklage muss der Rechtsanwalt auch entgegen der ausdrücklichen Angabe des Mandanten in Betracht ziehen, dass neben der schriftlichen Kündigung eine weitere – mündliche – Kündigung ausgesprochen wurde, wenn sich aus den Unterlagen des Mandanten ein Hinweis auf eine solche weitere Kündigung ergibt. Die Klage muss sich dann auch gegen die eventuelle weitere Kündigung richten.[61] Wegen des heute geltenden Schriftformerfordernisses arbeitsrechtlicher Kündigungen des § 623 BGB kann diese Konstellation zwar nicht mehr auftreten; ähnliche Fälle sind allerdings denkbar.

Bei zweifelhafter Beweisbarkeit einer Forderung einer GmbH geht die Beratungspflicht des Rechtsanwalts im Hinblick auf das Gebot des sichersten Wegs sogar dahin, die Auswechslung des Geschäftsführers zu empfehlen, um ihn in die Position eines Zeugen zu bringen.[62] In dem dort entschiedenen Fall bestand die Einschränkung, dass der Rechtsanwalt davon überzeugt war, dass der Rechtsstreit nur gewonnen werden könne, wenn der Geschäftsführer als Zeuge vernommen werden kann. Er hatte daher die Abtretung des Anspruchs der GmbH trotz eines für möglich gehaltenen Abtretungsverbots auf eine andere Person empfohlen, damit der Geschäftsführer die Rolle eines Zeugen einnehmen konnte. Da sich die Abtretung als unwirksam erwies ging der BGH davon aus, dass der sicherere Weg die Abberufung des Geschäftsführers gewesen wäre.

Diese Entscheidung erscheint in der konkreten Situation, in der der Rechtsanwalt aufgrund der Beweisnot an eine (unwirksame) Abtretung der Forderung, nicht aber – als dem sichereren Weg – an die Auswechslung des GmbH-Geschäftsführers dachte, konsequent. Da aber die Frage der Beweisbarkeit nahezu in jedem Fall, in dem ein Anspruch aktiv verfolgt werden soll, eine zentrale Rolle für die Bewertung der Erfolgsaussichten spielt, könnte einem Rechtsanwalt mit guten Gründen bei jedem verlorenen Prozess der Vorwurf gemacht werden, weshalb der Anspruch nicht abgetreten wurde, um den Zedenten dann in die Rolle eines Zeugen zu bringen. Wir haben diese Argumentation jedenfalls in einem Regressprozess gegen eine Rechtsanwältin vor dem LG Konstanz vorgebracht. Das LG Konstanz kam auch – allerdings mit anderen

---

56 LG Magdeburg Grundurt. v. 27.3.2014 – 10 O 587/13.
57 BGH 17.12.1998 – IX ZR 270/97.
58 BGH NJW 1996, 2648 (2650).
59 OLG Hamm NJW-RR 1995, 526.
60 BGH NJW 1991, 2839.
61 BGH NJW 1999, 1391.
62 BGH NJW-RR 2003, 1212.

Erwägungen – zu einer teilweisen Schadensersatzpflicht der Rechtsanwältin;[63] der Fall liegt momentan beim OLG Karlsruhe.

104 Bei der außergerichtlichen Beratung und/oder Vertragsgestaltung zielt das Gebot des sichersten Wegs in der Regel auf die Vermeidung vorhersehbarer Risiken und Probleme ab. So hat der Rechtsanwalt bei der Gründung einer GmbH auf die Gefahren einer Unternehmensfortführung des § 25 Abs. 1 HGB hinzuweisen und gegebenenfalls zu empfehlen, besser auf den maßgeblichen Firmenzusatz zu verzichten.[64]

D. Die Zurechenbarkeit anwaltlicher Pflichtverletzungen

105 Die Pflichtverletzung eines Rechtsanwalts führt – wie grundsätzlich überall im vertraglichen Schadensersatzrecht – nur dann zu einem Schadensersatzanspruch des Mandanten, wenn durch sie ein zurechenbarer Schaden entstanden ist. Mit der Zurechenbarkeit ist regelmäßig die Rechtswidrigkeit, das Verschulden und die Kausalität der pflichtwidrigen Handlung für den eingetretenen Schaden gemeint.[65] G. *Fischer*[66] dagegen verwendet den Begriff der Zurechnung zum Abgrenzen der haftungsrechtlich relevanten, also durch wertende Umstände zu ermittelnden Kausalverläufe von den rein äquivalenten („logischen") Kausalverläufen.

106 Wir haben oben bereits einige Anwaltspflichten beispielhaft benannt. Da die konkreten Pflichten regelmäßig nicht ausdrücklich im Anwaltsvertrag festgelegt werden und wegen der Menge der denkbaren Wendungen auch gar nicht festgelegt werden können, müssen sie durch Auslegung bestimmt werden. Dabei richten sich die Pflichten des Rechtsanwalts nach dem erkennbaren Interesse des Mandanten und den Umständen des einzelnen Falles.[67]

107 Bevor Rechtswidrigkeit, Verschulden und Kausalität geprüft werden kann, muss daher die Pflichtverletzung anwaltlichen Handelns bejaht worden sein.[68]

I. Rechtswidrigkeit/Verschulden

108 Die Rechtswidrigkeit wird durch das pflichtwidrige Handeln indiziert.[69] Sie ist quasi ihr Spiegelbild,[70] so dass sich die Praxis mit ihrer Prüfung häufig nicht weiter aufhält.

109 Gleiches gilt für das für die Zurechnung erforderliche Verschulden, das bei festgestellter Pflicht- und Rechtswidrigkeit gemäß § 280 Abs. 1 S. 2 BGB vermutet wird.[71] Hier gilt der Maßstab des § 276 BGB, wonach Vorsatz und Fahrlässigkeit zu vertreten ist. Fahrlässig handelt gemäß § 276 Abs. 2 BGB dabei derjenige, der die im Verkehr erforderliche Sorgfalt außer Acht lässt.

110 Die richterliche Praxis unterscheidet häufig dogmatisch nicht einwandfrei – unseres Erachtens aber aus nachvollziehbaren Gründen der Praktikabilität – zwischen Pflichtverletzung, Rechtswidrigkeit und Verschulden.[72] Der Leser soll daher an dieser Stelle nicht allzu sehr mit dogmatischen Betrachtungen belastet werden.

111 Wichtig ist im Hinterkopf zu behalten, dass es auch im anwaltlichen Haftpflichtrecht Rechtfertigungs- und Entschuldigungsgründe geben kann[73] und – prozessual wichtig – dass das Verschulden bei festgestellter Pflicht- und Rechtswidrigkeit gemäß § 280 Abs. 1 S. 2 BGB vermutet wird.[74]

---

63 LG Konstanz 18.9.2012 – 3 O 6/12 D.
64 OLG Schleswig NJW-RR 2004, 417.
65 BJS Anwaltshaftung/Schwaiger/Jungk § 25 Rn. 28.
66 FVFPC Anwaltshaftung-HdB/G. Fischer § 5 Rn. 1 ff.
67 BGH NJW 1996, 2648; NJW 1997, 2946; NJW 1998, 749 (750).
68 BJS Anwaltshaftung/Schwaiger/Jungk § 25 Rn. 28 ff.
69 BJS Anwaltshaftung/Jungk § 26 Rn. 37.
70 BJS Anwaltshaftung/Jungk § 26 Rn. 40.
71 BJS Anwaltshaftung/Jungk § 26 Rn. 41; Fahrendorf/Mennemeyer RA Haftung-HdB Kap. 3 Rn. 7.
72 BJS Anwaltshaftung/Jungk § 26 Rn. 28; Fahrendorf/Mennemeyer RA Haftung-HdB Kap. 3 Rn. 6.
73 BJS Anwaltshaftung/Jungk § 26 Rn. 40 Rn. 49 ff.; Fahrendorf/Mennemeyer RA Haftung-HdB Kap. 3 Rn. 4–11.
74 BJS Anwaltshaftung/Jungk § 26 Rn. 41; Fahrendorf/Mennemeyer RA Haftung-HdB Kap. 3 Rn. 7.

Es kann daher in Einzelfällen – gerade bei der Vertretung der Interessen eines in die Haftung genommenen Rechtsanwalts – immer wieder sinnvoll sein, sich die dogmatischen Ansätze und die Einzelfallentscheidungen in Lehre und Rechtsprechung zu Rechtswidrigkeit und Verschulden, bzw. zu Rechtfertigungs- und Entschuldigungsgründen vor Augen zu halten. 112

In der Regel findet man in den Urteilen aber nur knappe Feststellungen – wenn überhaupt – wie in dem oben bereits erwähnten Fall des LG Magdeburg:[75] 113

„An Rechtswidrigkeit und Verschulden in Form von Fahrlässigkeit besteht kein Zweifel."

II. Kausalität

1. Grundsätzliches. Zwischen anwaltlicher Pflichtverletzung und erstattungsfähigem Schaden muss ein Kausalzusammenhang bestehen. Es wird dabei zwischen haftungsbegründender und haftungsausfüllender Kausalität unterschieden. Die haftungsbegründende Kausalität beschreibt den Ursachenzusammenhang zwischen Verhalten bzw. Unterlassen des Rechtsanwalts und der Verwirklichung des Tatbestands der haftungsbegründenden Norm. Verstößt der Rechtsanwalt in der Weise gegen vertraglich vereinbarte Pflichten, dass nachteilige Folgen für den Mandanten eintreten können, wird das als Haftungsgrund bezeichnet.[76] 114

Die haftungsausfüllende Kausalität beschreibt den Kausalzusammenhang zwischen der Vertragsverletzung und dem geltend gemachten Schaden.[77] Das Verschulden braucht sich dabei nicht auf die haftungsausfüllende Kausalität zu beziehen.[78] 115

Die Kausalität zwischen Pflichtverletzung und eingetretenem Schaden muss im Sinne einer „conditio sine qua non" gegeben sein. Da die Haftung der Rechtsanwälte aber uferlos wäre, führt nicht jede Ursächlichkeit im Sinne der Äquivalenztheorie zu einer Schadenszurechnung. 116

Einschränkungen bei der Zurechnung pflichtwidrigen Verhaltens werden in Lehre und Rechtsprechung durch Adäquanzüberlegungen und durch Überlegungen zum Schutzzweck der Norm – auch Normzwecklehre genannt – gemacht.[79] 117

Adäquat sollen dabei nur Bedingungen innerhalb einer Ursachenkette sein, die bei wertender Betrachtungsweise erheblich erscheinen,[80] bzw. die vom Standpunkt eines erfahrenen und sorgfältigen oder eines optimalen Beobachters aus vorhersehbar sind.[81] 118

Im Urteil des BGH vom 13.2.2003[82] werden die einschränkenden Überlegungen zum Schutzzweck der Norm im Hinblick auf die Haftung eines Steuerberaters wie folgt definiert: 119

„Grundsätzlich haftet derjenige, der für ein schädigendes Ereignis verantwortlich ist, dem Geschädigten für alle dadurch ausgelösten Schadensfolgen. Als Ausnahme von diesem Grundsatz ist auch für das Vertragsrecht und für den Bereich vorvertraglicher Schuldverhältnisse anerkannt, dass eine Pflichtverletzung nur zum Ersatz der Schäden führen kann, deren Vermeidung die verletzte Pflicht bezweckt."[83]

Zusammengefasst geht es letztlich darum, subjektive und wertende Kriterien als Korrektiv bei der Bestimmung der haftungsrechtlich relevanten Kausalität einfließen zu lassen. Häufig verwischen über diese Betrachtungen die Grenzen von Kausalität, Zurechnungszusammenhang und Schaden. Denn bei der gebotenen Einschränkung der rein äquivalenten Kausalität durch 120

---

75 LG Magdeburg 27.3.2014 – 10 O 587/13.
76 FVFPC Anwaltshaftung-HdB/G. Fischer § 5 Rn. 5; BJS Anwaltshaftung/Borgmann § 27 Rn. 61; BGH NJW 2004, 444.
77 FVFPC Anwaltshaftung-HdB/G. Fischer § 5 Rn. 6; BJS Anwaltshaftung/Borgmann § 27 Rn. 62; BGH NJW 1993, 3073 (3076).
78 BJS Anwaltshaftung/Borgmann § 27 Rn. 62.
79 Siehe Nachweise bei FVFPC Anwaltshaftung-HdB/G. Fischer § 5 Rn. 40 ff. und 67 ff.; BJS Anwaltshaftung/Borgmann § 27 Rn. 55 – 67.
80 FVFPC Anwaltshaftung-HdB/G. Fischer § 5 Rn. 40.
81 BJS Anwaltshaftung/Borgmann § 27 Rn. 64.
82 IX ZR 62/02, NJW-RR 2003, 1035.
83 BGH NJW-RR 2003, 1035.

wertende Betrachtungen wird die Kausalität häufig erst über den konkret geltend gemachten Schaden bejaht bzw. abgelehnt.

121 **2. Einzelne Fallgruppen.** Damit subjektive Wertungen nicht zu unkontrollierbaren Billigkeitsentscheidungen führen, haben Lehre und Rechtsprechung neben der Frage der Adäquanz und der Normzwecklehre bestimmte Fallgruppen zur Typisierung beachtlicher oder unbeachtlicher Kausalverläufe entwickelt.[84]

122 **a) Reserveursache (hypothetische Kausalität) bei bereits angelegten Schäden.** Eine Sonderfrage der Kausalität betrifft das Problem der sogenannten Reserveursache, häufig auch als hypothetische Kausalität bezeichnet. Hiermit wird der Einwand des Schädigers bezeichnet, dass der durch eine Pflichtverletzung bewirkte Schaden später ohnehin aufgrund eines anderen Ereignisses, die sogenannte Reserveursache, eingetreten wäre. Grundsätzlich ist die Reserveursache als unbeachtlich zu behandeln. Als Ausnahme hiervon sind in der Rechtsprechung die sogenannten Schadensanlagefälle anerkannt. Bei diesen entfällt wegen der Reserveursache die Kausalität des tatsächlich schädigenden Ereignisses für die Schadenszurechnung. Als Begründung wird angeführt, dass der beschädigte oder zerstörte Gegenstand im Zeitpunkt der sich tatsächlich ausgewirkt habenden Schädigung bereits mit einem angelegten Schaden behaftet und damit bereits weitgehend entwertet war.[85] Der in Anspruch genommene Schädiger hat allerdings den hypothetischen Kausalverlauf, also die ihn entlastende Reserveursache zu beweisen, wobei die reine Möglichkeit eines anderen Geschehensablaufs nicht ausreicht; das Gericht hat seine Überzeugung von der Reserveursache vielmehr unter dem Maßstab des § 287 ZPO zu bilden.

123 **Beispiel:** In einem vom Landgericht Saarbrücken am 24.2.2014[86] entschiedenen Fall, blieb das Gericht weit hinter dem von uns gegen den ehemaligen Rechtsanwalt eines Restaurantinhabers beantragten Schadensersatz zurück. Der Restaurantinhaber hatte wegen verschiedener Kleinigkeiten mit seinem Vermieter im Streit gelegen. Der Anwalt hatte bei der Beratung des Restaurantinhabers übersehen, dass die für den Mieter günstige langjährige Befristung des Mietvertrags im Sinne von § 550 BGB wegen mangelnder Schriftform unwirksam war, weil eine mündliche Nebenabrede zu dem Mietvertrag bestand. Der Streit eskalierte und der Vermieter kündigte außerordentlich und hilfsweise ordentlich. Die ordentliche Kündigung war aus den genannten Gründen wirksam, so dass der Inhaber das günstige Mietverhältnis mehrere Jahre vor eigentlichem Ablauf verlor; er konnte die Räumung nur vermeiden, indem er eine vierfach höhere Miete akzeptierte. Wir machten nun einerseits die Rechtsverfolgungskosten des bis zum BGH geführten Räumungsprozesses und andererseits die gezwungenermaßen akzeptierte Mietdifferenz bis zur fiktiven Restlaufzeit des Mietvertrags als Schaden geltend. Das LG Saarbrücken sprach die Rechtsverfolgungskosten als kausalen Schaden der unterbliebenen anwaltlichen Belehrung zu, weil es bei pflichtgemäßer Beratung zu einer Kündigung und damit zu einem Gerichtsprozess nicht gekommen wäre. Hinsichtlich der Mietdifferenz ging das Gericht aber davon aus, dass der Eigentümer auch bei Einlenken des Restaurantinhabers Nachverhandlungen mit diesem bis zur Grenze des wirtschaftlich Erträglichen geführt und durchgesetzt hätte. Der Eigentümer hatte insoweit als Zeuge zwar angegeben, die ordentliche Kündbarkeit nicht gekannt und den Mietvertrag ohne den Streit mit dem Mieter auch nicht auf rechtliche Fallstricke untersucht, sondern als gegeben hingenommen zu haben. Er habe aber wegen geplanter Investitionen ohnehin auf Nachverhandlungen mit dem Restaurantbetreiber dringen wollen. Das LG Saarbrücken ging daher davon aus, dass die geplanten Nachverhandlungen als Reserveursache im Sinne der Schadensanlagefälle zu berücksichtigen waren, so dass der Anwaltsfehler sich im Hinblick auf diesen Schaden nicht auswirke.

---

84 Weiterführend bei BJS Anwaltshaftung/Schwaiger § 28 Rn. 70 ff.

85 Beispiele bei FVFPC Anwaltshaftung-HdB/ G. Fischer § 5 Rn. 74 ff.

86 Az. 9 O 387/12.

Das Beispiel zeigt, dass Fälle der Reserveursache schnell eine Bedeutung erlangen können, so dass diese – soweit erkennbar – immer bei der Prognose der Erfolgsaussichten berücksichtigt werden sollten. Im Beispielsfall des LG Saarbrücken halten wir die – aufgrund der Aussage des Eigentümers, er hätte den Vertrag zwar als gegeben hingenommen, aber dennoch Nachverhandlungen im Hinblick auf geplante Investitionen angestrengt – getroffenen Feststellungen auch unter Berücksichtigung der erleichterten Beweisregeln des § 287 ZPO für realitätsfremd und haben Berufung gegen das Urteil eingelegt. Das OLG Saarbrücken hat unsere Bedenken gegen die Sichtweise des LG Saarbrücken im Wesentlichen geteilt, so dass wir am 2.3.2016 einen Vergleich vor dem OLG Saarbrücken geschlossen haben, in dem unsere Rechtsauffassung weitgehend berücksichtigt wurde. 124

b) **Rechtmäßiges Alternativverhalten.** Die Kausalität einer anwaltlichen Pflichtverletzung wird dann nicht zugerechnet, wenn der Schaden auch bei rechtmäßigem Verhalten des Rechtsanwalts eingetreten wäre.[87] 125

Beispiel: Wir vertraten einen Rechtsanwalt, der von der ehemaligen Mandantin auf Erstattung von Rechtsverfolgungskosten eines verlorenen Prozesses in Anspruch genommen worden war. Der Anwalt hatte im Vorprozess den falschen Gegner verklagt und die Klage musste wegen fehlender Passivlegitimation zurückgenommen werden. Im Regressprozess blieb der Einwand des verklagten Anwalts, der Vorprozess wäre auch verloren worden und die Rechtsverfolgungskosten entstanden, wenn die richtige Partei verklagt worden wäre, unbestritten. Dementsprechend wies das LG Heidelberg die Klage unter Hinweis auf das rechtmäßige Alternativverhalten ab.[88] 126

E. Der Schaden

Die Frage, ob durch einen Anwaltsfehler ein zurechenbarer Schaden entstanden ist, ist ein wichtiger und oft vernachlässigter Prüfungspunkt in Anwaltshaftungsklagen. Häufig konzentrieren sich Rechtsanwälte, die Anwaltsregressprozesse führen, nur auf die anwaltliche Pflichtverletzung – etwa auf das nicht selten vorkommende Versäumen einer Berufungs- oder Berufungsbegründungsfrist – und vernachlässigen dabei Ausführungen zur Schadenszurechnung. 127

Bei der Feststellung des haftungsrechtlich zurechenbaren Schadens ist in Anwendung der Differenzhypothese ein rechnerischer Vergleich anzustellen, wie die Vermögenslage des Mandanten gewesen wäre, wenn der Rechtsanwalt fehlerfrei gearbeitet hätte.[89] 128

Der Mandant ist dabei so zu stellen, wie er bei pflichtgemäßem Verhalten des Anwalts gestanden hätte.[90] Dabei ist ein Gesamtvermögensausgleich durchzuführen, bei dem auch die aus dem fehlerhaften anwaltlichen Vorgehen erwachsenen Vorteile zu berücksichtigen sind.[91] Bezugspunkt des Gesamtvermögensvergleichs ist in der Regel nur das Vermögen des Geschädigten und nicht dasjenige Dritter. In Ausnahmefällen, etwa bei der Beratung und Gestaltung einer umfangreichen Nachfolgeregelung, kann auch eine konsolidierte Schadensbetrachtung erforderlich sein, bei der das Vermögen Dritter zu berücksichtigen ist.[92] Ersatzansprüche gegen Dritte sollen bei der Schadensermittlung nicht zu berücksichtigen sein, sondern allenfalls eine Abtretung solcher Ansprüche auf den Schädiger entsprechend § 255 BGB erfolgen.[93] 129

Die mit der Differenzhypothese gefundenen Ergebnisse sind – ähnlich wie bei den Überlegungen zur Kausalität – einer normativen Kontrolle, also einer Wertung zu unterziehen. Dabei wird un- 130

---

87 BGH NJW 184, 1397; NJW 1986, 576 (579); NJW 2005, 1718; NJW 2006; 2767 ff.
88 LG Heidelberg 29.11.2007 – 2 S 23/07.
89 FVFPC Anwaltshaftung-HdB/G. Fischer § 5 Rn. 86 f.
90 BGH NJW 2000, 2669.
91 BGH NJW 2005, 3275.
92 BGH NJW 2021, 1163.
93 FVFPC Anwaltshaftung-HdB/G. Fischer § 5 Rn. 95 f. mwN.

tersucht, ob der eingetretene Schaden nach dem Schutzzweck der Haftung und nach Funktion und Ziel des Schadensersatzes zurechenbar ist.[94]

131 Ein Beispiel für diese normative, wertende Kontrolle ist die Frage der Schadensermittlung in dem Fall, dass ein Prozess wegen eines Anwaltsfehlers verloren oder gar nicht erst geführt wurde. Da der Geschädigte im Wege des Schadensersatzes nicht mehr erhalten soll, als ihm nach der materiellen Rechtslage zutreffender Weise zugestanden hätte,[95] ist in diesem Fall daher nicht danach zu forschen, wie das Ausgangsgericht den Fall tatsächlich entschieden hätte, sondern wie er aus Sicht des Anwaltsregressgerichts richtigerweise zu entscheiden gewesen wäre.[96] Dieser Grundsatz gilt selbst dann, wenn aus tatsächlichen Gründen bekannt ist, wie das Ausgangsgericht ohne den Anwaltsfehler entschieden hätte.[97]

132 Wird ein vermögensloser Schuldner durch Anwaltsfehler mit einer unbegründeten Verbindlichkeit belastet, stellt das einen ersatzfähigen Schaden selbst dann dar, wenn er die Schulden bei dem Dritten nicht begleichen könnte.[98]

133 Der Anspruchsteller muss allerdings – wenn dies eingewendet wird – beweisen, dass die aufgrund Anwaltsfehlers verlorene Forderung beim Gegner wirtschaftlich überhaupt durchsetzbar gewesen wäre.[99] Darlegungs- und Beweismaß sind für den Mandanten erleichtert im Sinne von § 287 ZPO.[100]

134 Ersatzfähig sind auch Schadensersatzansprüche Dritter, die infolge eines Anwaltsfehlers gegen den Mandanten begründet werden.[101]

135 Wegen weiterer Fragen zum erstattungsfähigen Schaden verweisen wir auf die Ausführungen in den Standardwerken von *G. Fischer*,[102] *Fahrendorf/Mennemeyer*[103] und *Borgmann/Jungk/Schwaiger*[104] und auf die sonstigen schuldrechtlichen Standardwerke.

F. Die Verjährung

I. Altes Verjährungsrecht

136 Schadensersatzansprüche wegen Anwaltshaftung verjährten bis 14.12.2004 gemäß § 51b BRAO in der bis 14.12.2004 geltenden Fassung kenntnisunabhängig und unterjährig in drei Jahren ab Anspruchsentstehung (sogenannte Primärverjährung). Da diese Privilegierung der Rechtsanwaltschaft gegenüber der damaligen Regelverjährung von 30 Jahren zu Recht kritisiert wurde, hatte die Rechtsprechung die Rechtsfigur der sogenannten Sekundärverjährung, auch Sekundärhaftung genannt, entwickelt. Die Sekundärverjährung konnte sich – bei Vorliegen weiterer Voraussetzungen – bis zu drei Jahre an die Primärverjährung anschließen. Die versteckt gelegene Verjährungsregelung war vielen Rechtsanwälten offensichtlich unbekannt und führte häufig zum „Regress des Regresses". Die Voraussetzungen der Sekundärverjährung waren darüber hinaus relativ kompliziert und noch weniger bekannt als die Existenz der kurzen Primärverjährung. Zu alledem endete die Sekundärverjährung wegen des Wortlauts von § 51b 2. Halbsatz BRAO in der bis 14.12.2004 geltenden Fassung *„spätestens jedoch in drei Jahren nach Beendigung des Auftrags"*, so dass Primär- und Sekundärverjährung bei bestimmten Fallkonstellationen nur wenige Wochen auseinanderfallen konnten. Ein klassischer Anwaltsfehler – mit häufig entsprechend harten Folgen – war in diesem Zusammenhang die irrige Auffassung, die Sekundärverjährung verlängere die Verjährung der Anwaltshaftung immer auf sechs Jahre.

---

94 BGH NJW 1987, 50.
95 BGH NJW 1994, 453.
96 BGH NJW 2005, 3071.
97 BGH NJW 2008, 1309.
98 BGH NJW 1986, 581.
99 BGH 24.10.2013 - IX ZR 164/11.
100 BGH NJW 1993, 734.
101 BGH NJW-RR 2008, 786.
102 Dort § 5 Rn. 85–149.
103 Fahrendorf/Mennemeyer RA Haftung-HdB Kap. 4 Rn. 152–259.
104 BJS Anwaltshaftung/ Schwaiger § 29.

Da Haftungsfälle mit Bezug zu altem Verjährungsrecht heute letztlich kaum noch, allenfalls in der gestuften Variante des „Regress des Anwaltsregresses" denkbar sind, soll an dieser Stelle nicht weiter auf die alte Rechtslage eingegangen werden.

Insbesondere ist auch das Rechtsinstitut der Sekundärverjährung mit Einführung des neuen Verjährungsrechts zum 15.12.2004 entfallen.[105] Soweit daher heute teilweise noch die Auffassung kursiert, der Rechtsanwalt müsse auf eigene Fehler hinweisen, ist das unzutreffend. Der Rechtsanwalt kann sich vielmehr zu eigenen Fehlern ausschweigen, ohne deswegen Sanktionen befürchten zu müssen.

II. Neues Verjährungsrecht

Seit 15.12.2004 verjähren Anwaltshaftungsansprüche in der Regelverjährung der §§ 195, 199 BGB in drei Jahren ab Anspruchsentstehung und Kenntnis des Anspruchsinhabers von den anspruchsbegründenden Umständen und der Person des Schuldners, wobei die grob fahrlässige Unkenntnis der Kenntnis gleichsteht; der Lauf der Verjährung beginnt mit dem Schluss des Jahres, in dem der Anspruch entstanden ist (§ 199 Abs. 1 BGB).

Liegt keine Kenntnis oder grob fahrlässige Unkenntnis vor, gilt die zehnjährige Höchstfrist des § 199 Abs. 3 Nr. 1 BGB. Zu beachten ist dabei, dass die zehn Jahre nach dem Gesetzeswortlaut von der Entstehung des Anspruchs zu laufen beginnen, die Verjährung bei dieser Konstellation also regelmäßig unterjährig eintritt.

Besonderheiten bei der Verjährung können sich ergeben, wenn der Rechtsanwaltsvertrag ausnahmsweise einmal werkvertragliche Komponenten aufweist.

Der Schadensersatzanspruch gegen den Rechtsanwalt entsteht dabei nicht schon mit der anwaltlichen Pflichtverletzung, sondern mit Eintritt eines hierdurch verursachten Schadens. Nach der von der Rechtsprechung entwickelten Risiko-Schaden-Formel[106] ist das der Fall, wenn sich die Vermögenslage des Geschädigten gegenüber früher objektiv verschlechtert hat. Es genügt dabei, wenn der Schaden dem Grunde nach erwachsen ist, auch wenn er in der Höhe noch nicht feststellbar ist. Es muss auch nicht feststehen, ob der Schaden endgültig bestehen bleiben wird, der Eintritt eines Teilschadens genügt für die Entstehung des gesamten Schadensersatzanspruchs schon, wenn bei verständiger Würdigung mit der Möglichkeit weiterer Schäden gerechnet werden muss („Grundsatz der Schadenseinheit)". Das reine Risiko eines Vermögensnachteils reicht aber nicht aus.[107]

Für die Praxis ist dabei wichtig zu wissen, dass die Risiko-Schaden-Formel regelmäßig zu einem recht frühen Schadenseintritt und einem entsprechend frühen Beginn des Verjährungslaufs führt. So entsteht ein Schaden bereits mit der ersten, durch einen Anwaltsfehler verursachten negativen Gerichtsentscheidung, auch wenn die Möglichkeit besteht, dass die Entscheidung in einer anderen Instanz noch aufgehoben wird.[108]

Fraglich war der Zeitpunkt des Schadenseintritts und damit des Verjährungsbeginns in den nach Einführung des Schuldrechtsmodernisierungsgesetzes häufig aufgetretenen Fällen, in denen Rechtsanwälte Ansprüche ihrer Mandanten „zum" 31.12.2004 haben verjähren lassen. LG Ellwangen und OLG Stuttgart vertraten dabei in einer von uns im Jahr 2008 gegen einen Rechtsanwalt erhobenen Klage die Auffassung, dass der Schaden bei Verjährenlassen eines Anspruchs zum Jahresende noch am 31. Dezember desselben Jahres eintrat. Diese Auffassung hätte in unserem Fall zur Folge gehabt, dass auch der Schadensersatzanspruch noch am 31. De-

---

[105] Reinelt, Das Ende des Sekundäranspruchs gegen den Anwalt ZAP Kolumne 2005, 209; Chab, letztmalig in der 4. Auflage von: FVFRC Anwaltshaftung-HdB/Chab § 7 Rn. 188.
[106] NJW 1992, 2828.
[107] BGH NJW-RR 2009, 991; weitere Nachweise bei FVFRC Anwaltshaftung-HdB/Chab § 7 Rn. 23.
[108] BGH NJW 2000, 1263 (1266); NJW 2000, 1267; NJW 2000, 2661.

zember desselben Jahres, also am 31.12.2004, entstanden wäre und die Verjährung bereits zum 1.1.2005 zu laufen begonnen hätte. Die in 2008 erhobene Klage wäre dann in verjährter Zeit erhoben worden. Der BGH hat diese unzutreffende Auffassung mit Urteil vom 15.12.2011[109] korrigiert und folgende Leitsatzentscheidung verkündet:

„Verletzt ein Rechtsanwalt seine Pflicht, eine mit Ablauf des 31. Dezember verjährende Forderung gerichtlich geltend zu machen, entsteht der Schaden des Mandanten mit Beginn des 1. Januar; die Verjährungsfrist des Schadensersatzanspruchs gegen den Rechtsanwalt beginnt mit dem Schluss dieses Jahres."[110]

145 Bei der geforderten Kenntnis der anspruchsbegründenden Umstände werden die zu § 852 aF BGB entwickelten Grundsätze herangezogen.[111]

146 Kenntnis ist gegeben, wenn der Geschädigte so viele Tatsachen im Hinblick auf die Pflichtverletzung, den Schadenseintritt und den Schädiger kennt, dass es ihm zugemutet werden kann, eine schlüssige Klage, wenn auch nur in Form einer Feststellungsklage zu erheben.[112]

147 Grundsätzlich ist dabei nicht erforderlich, dass der Geschädigte die ihm bekannten Tatsachen zutreffend rechtlich würdigt.[113]

148 Es besteht daher die Gefahr, dass der Verjährungslauf aufgrund der Tatsachenkenntnis des geschädigten Mandanten bereits begonnen hat, ohne dass ihm dies bewusst ist.

149 In Fällen der Falschberatung von Kapitalanlegern[114] und in Fällen der Arzthaftung[115] ist allerdings anerkannt, dass sich die Kenntnis des falsch beratenen Anlegers bzw. des fehlbehandelten Patienten auch auf die Umstände richten muss, die den Schluss auf ein schuldhaftes Fehlverhalten naheliegend erscheinen lassen, bzw. die die ärztliche Behandlung als eine Abweichung vom üblichen Standard erscheinen lassen.

150 Es dürfte daher zu weit führen anzunehmen, dass der Geschädigte schon unmittelbar nach der fehlerhaften Beratung durch einen Rechtsanwalt von den anspruchsbegründenden Umständen Kenntnis erlangt hat. Mit Recht wird daher gefordert, dass sich – für den Beginn des Verjährungslaufs – die Kenntnis jedenfalls auch auf solche Umstände zu richten hat, die den Geschädigten in die Lage versetzen, von einem Mangel der Beratung auszugehen.[116] Dieser Forderung ist der für das Recht der Anwaltshaftung zuständige IX. Zivilsenat des BGH in zwei Grundsatzurteilen vom 6.2.2014 – IX ZR 217/12 und IX ZR 245/12 – nachgekommen. Danach reicht die Kenntnis des Mandanten von der Rechtsanwendung an sich für den Verjährungsbeginn noch nicht aus. Vielmehr muss der Mandant auch Kenntnis davon haben, dass die Rechtsanwendung fehlerhaft gewesen ist, etwa weil der Rechtsanwalt von dem Rahmen des Üblichen abgewichen ist, oder weil er Maßnahmen nicht eingeleitet hat, die aus rechtlicher Sicht geboten waren. Hat das Gericht oder der Gegner auf eine Fristversäumung hingewiesen, liegt auch dann keine Kenntnis des Mandanten von der Pflichtwidrigkeit des Handelns seines Rechtsanwalts vor, wenn der Rechtsanwalt zur Fortsetzung des Rechtsstreits rät.[117] Anders liegt es, wenn der Mandant aus den ihm bekannten Umständen selbst den Schluss auf einen gegen den Rechtsanwalt gerichteten Schadensersatzanspruch gezogen hat, etwa weil er den Rechtsanwalt aufgefordert hat, seinen Haftpflichtversicherer einzuschalten, weil ihm ein Schaden entstanden sei.[118] Nach der Entscheidung des BGH fehlt es dann an dem uneingeschränkten Vertrauen des Mandanten

---

109 NJW 2012, 673.
110 BGH 15.12.2011 – IX ZR 85/10.
111 BGH NJW 2008, 506; NJW 2008, 2576 (2578); BGH 3.6.2008 – XI ZR 319/06; BGH 23.9.2008 – XI ZR 262/07.
112 BGH 3.6.2008 – XI ZR 319/06; BGH 23.9.2008 – XI ZR 262/07.
113 BGH 23.9.2008 – XI ZR 262/07; BGH 19.7.2010 – II ZR 57/09.
114 BGH NJW 2008, 2576.
115 BGH NJW 1988, 1516; NJW 1991, 2350; NJW 2001, 885.
116 Vgl. FVFPC Anwaltshaftung-HdB/Chab § 7 Rn. 42; Fahrendorf/Mennemeyer RA Haftung-HdB Kap.7 Rn. 85.
117 BGH NJW 2014, 993.
118 BGH NJW 2021, 1957.

in die fehlerfreie Bearbeitung durch seinen Rechtsanwalt, weshalb er im Hinblick auf den Beginn der Verjährungsfrist nicht mehr schutzwürdig ist.

Hinsichtlich des alternativen Erfordernisses grob fahrlässiger Unkenntnis ist auf die übliche Definition und Rechtsprechung des allgemeinen Schuldrechts zu verweisen. 151

Da das neue Verjährungsrecht Mandanten deutlich besser stellt, ist darauf hinzuweisen, dass die Verjährung gemäß § 202 BGB vertraglich zulasten des Mandanten erleichtert werden kann. 152

G. Die Beweislast

I. Grundsätzliches

Die Beweislastverteilung im Anwaltsregressprozess folgt grundsätzlich den überkommenen prozessualen Regeln, wonach der Anspruchssteller die für ihn günstigen Tatsachen zu beweisen hat. 153

Danach hat der Mandant Inhalt und Umfang des Auftrags zu beweisen.[119] Des Weiteren hat der Mandant sämtliche Umstände zu beweisen, die die Pflichtverletzung des Rechtsanwalts begründen.[120] 154

II. Beweis negativer Tatsachen

Selbst bei der Behauptung eines unterlassenen Hinweises muss der Mandant den Nachweis führen, dass der durch den Anwalt zu erteilende Hinweis unterblieben ist.[121] Da der Beweis solcher **negativer Tatsachen** in der Regel sehr schwierig ist, darf der in Anspruch genommene Rechtsanwalt sich nicht auf schlichtes Bestreiten der Darstellung seines ehemaligen Mandanten verlegen. Ihn trifft nach ständiger Rechtsprechung vielmehr die sogenannte **sekundäre Darlegungslast**, wonach er substantiiert darzulegen hat, welche Hinweise, Belehrungen und Ratschläge er seinem Mandanten erteilt hat und wie dieser darauf reagiert hat.[122] Erst wenn der Rechtsanwalt seiner sekundären Darlegungslast genügt hat, trifft den Mandanten wieder die volle Beweislast und er muss die Sachverhaltsdarstellung seines ehemaligen Anwalts widerlegen. 155

Diese Grundsätze der Darlegungs- und Beweislastverteilung – die gleichermaßen auch im Recht des Schadensersatzes aus fehlerhafter Anlageberatung Geltung haben – führen nach einer wenig beachteten, aber **weitreichenden Entscheidung** des BGH vom 16.10.1984 sogar dazu, dass der Mandant, der von seinem Rechtsanwalt nachweislich schriftlich fehlerhaft beraten wurde, beweisen muss, dass die fehlerhafte schriftliche Beratung nicht durch einen darauf folgenden mündlichen Hinweis des Anwalts berichtigt wurde, wenn dieser eine solche nachträgliche Aufklärung behauptet. Wir zitieren den Leitsatz des BGH Urteils: 156

Wer einen Rechtsanwalt auf Leistung von Schadensersatz in Anspruch nimmt, weil dieser seine Pflichten nicht gehörig erfüllt hat, trägt die Beweislast für die Pflichtverletzung. Daran ändert sich auch dann nichts, wenn der Anwalt eine zur Aufklärung des Mandaten über das Prozessrisiko nicht ausreichende schriftliche Stellungnahme verfasst und dem Mandanten ausgehändigt hatte, ohne in dem Schriftstück selbst sie als unvollständig zu bezeichnen oder sich eine spätere Ergänzung oder Einschränkung vorzubehalten und der Anwalt in unmittelbarem zeitlichem Zusammenhang mit der unvollständigen schriftlichen Stellungnahme ergänzende mündliche Erläuterungen abgegeben haben will.[123]

---

119 FVFPC Anwaltshaftung-HdB/G. Fischer § 2 Rn. 32; § 4 Rn. 14.
120 FVFPC Anwaltshaftung-HdB/G. Fischer § 4 Rn. 13; BJS Anwaltshaftung/Schwaiger § 42 Rn. 1.
121 FVFPC Anwaltshaftung-HdB/G. Fischer § 4 Rn. 18 ff.; BJS Anwaltshaftung/Schwaiger § 42 Rn. 14 ff.
122 Siehe Rechtsprechungsnachweise bei BJS Anwaltshaftung/Schwaiger § 42 Rn. 18.
123 BGH 16.10.1984 – VI ZR 304/82, NJW 1985, 264.

157 Wenn der Rechtsanwalt die Beweislast somit trotz nachweislich fehlerhafter oder lückenhafter Beratung durch die bloße Behauptung mündlicher Richtigstellung bzw. Ergänzung, die freilich an den Grundsätzen der sekundären Darlegungslast zu messen ist, wieder zu seinen Gunsten verschieben kann, zeigt das, welchen Vertrauensvorschuss die Rechtsprechung der Rechtsanwaltschaft auch heute noch entgegenbringt.

158 Um der sekundären Darlegungslast gegebenenfalls auch noch Jahre nach Beendigung des Mandatsverhältnisses genügen zu können, ist allerdings zu empfehlen, dass der Rechtsanwalt Beratungsinhalte insbesondere, wenn es sich um Warnhinweise oder Richtigstellungen/Ergänzungen handelt, in Aktennotizen dokumentiert.

III. Haftungsausfüllende Kausalität und Beweislast

159 Grundsätzlich hat der Anspruchssteller auch den Beweis zu führen, dass die Pflichtverletzung zu einem zurechenbaren Schaden geführt hat.

160 Bei der haftungsausfüllenden Kausalität genügt als **Beweiserleichterung** für den Mandanten das geringere Maß richterlicher Überzeugung des § 287 Abs. 1 ZPO.[124]

161 Da die Darlegung und der Beweis des Kausalverlaufs ohne Anwaltsfehler für den Mandanten in Fällen der Anwaltshaftung in der Regel besonders schwierig ist, hatte die Rechtsprechung den Bedarf erkannt, die Beweislast der Kausalität über die Beweiserleichterung des § 287 ZPO hinaus auf den Rechtsanwalt zu verlagern und den Grundsatz der **Vermutung des beratungsgerechten Verhaltens** eingeführt; mit dieser Vermutung war eine **Beweislastumkehr** verbunden, wonach der Rechtsanwalt zu beweisen hatte, dass der Mandant den richtigen Rat, wenn er erteilt worden wäre, sozusagen „in den Wind geschlagen" hätte.[125]

162 Nach einer Änderung der BGH-Rechtsprechung im Jahr 1993 führt die grundsätzlich auch heute noch bestehende Vermutung beratungsgerechten Verhaltens[126] nicht mehr zu einer Beweislastumkehr, sondern nur noch zu einem **Anscheinsbeweis** zugunsten des fehlberatenen Mandanten.[127]

163 Diese Verschlechterung der Beweissituation ist schon vor dem Hintergrund, dass der BGH den Grundsatz der Beweislastumkehr bei der Frage des beratungsgerechten Verhaltens eines falsch beratenen Kapitalanlegers erst kürzlich bestätigt und gestärkt hat,[128] zu kritisieren.

164 Auch die Gründe und Argumente, die gegen eine Beweislastumkehr und für den schwächeren Anscheinsbeweis ins Feld geführt werden,[129] überzeugen nicht. Denn sie berücksichtigen nicht, dass der Anwaltskunde, ebenso wie der Kunde eines Anlageberaters die hohe Fachkunde seines Beraters aus dem Grund – noch dazu kostenpflichtig – in Anspruch nimmt, um eine möglichst verbindliche Handlungsempfehlung zu erhalten. Auch die ins Feld geführte Begründung, die Verlagerung der Beweislast bei Rechtsberatungsverträgen verschiebe die Risikoverteilung unangemessen zulasten des Rechtsanwalts,[130] vermag nicht zu überzeugen; denn sie stellt auf die vielfältigen und nicht immer klar zu erkennenden Interessen des Mandanten ab; das sind aber Argumente, die bei der Frage der Bestimmung des Pflichtenkreises und der Pflichtverletzung Eingang zu finden haben, nicht aber bei Kausalitätserwägungen. Soweit des Weiteren unter Verweis auf die BGH-Rechtsprechung argumentiert wird, dass es keinen Anscheinsbeweis für individuelle Verhaltensweisen von Menschen in bestimmten Lebenslagen gibt, betrifft die insoweit bestehende Rechtsprechung[131] wohl eher innere Motivlagen wie Fragen einer vorsätzlichen

---

124 FVFPC Anwaltshaftung-HdB/G. Fischer § 5 Rn. 6, BJS Anwaltshaftung/Borgmann § 27 Rn. 62; BGH NJW 1993, 3073 (3076).
125 FVFPC Anwaltshaftung-HdB/G. Fischer § 5 Rn. 10.
126 BGH NJW-RR 2005, 784.
127 BGH NJW 1993, 3259.
128 BGH 8.5.2012 – XI ZR 262/10.
129 Siehe Ausführungen bei FVFPC Anwaltshaftung-HdB/G. Fischer § 5 Rn. 13 ff.
130 FVFPC Anwaltshaftung-HdB/G. Fischer § 5 Rn. 16.
131 NJW 2002, 1643.

Verhaltensweise. Vorzugswürdig ist daher die Auffassung, wonach der Zweck der Beratungspflicht leerlaufen würde, wenn der Anspruchsteller seinen Vertragsgegner zwar an sich aus schuldhafter Verletzung einer solchen Aufklärungspflicht in Anspruch nehmen könnte, aber regelmäßig daran scheitern würde, den Beweis zu erbringen, wie er auf den Hinweis, wenn er denn gegeben worden wäre, reagiert hätte.[132]

H. Beispiele anwaltlicher Fehler in Erbsachen

Im Folgenden sollen beispielhaft – die Liste denkbarer Anwaltsfehler ist insoweit unüberschaubar[133] – einige typische Anwaltsfehler im Zusammenhang mit erbrechtlicher Beratung und Gestaltung dargestellt werden. Eine erbrechtliche Übersicht gibt insoweit auch *Fahrendorf* in dem entsprechenden Abschnitt seines Lehrbuchs.[134]

165

I. Anwaltsfehler vor dem Eintritt des Erbfalls

- Testamentsprüfung/-errichtung als Vertrag mit Schutzwirkung zugunsten Dritter: Bereits 1965 hat der BGH entschieden, dass die in einem Testament entgegen dem Wunsch des Erblassers aufgrund Anwaltsfehlers nicht bedachte Person („**Wunscherbe**")[135] einen eigenen Schadensersatzanspruch gegen den Rechtsanwalt des Erblassers nach den Grundsätzen eines Vertrags mit Schutzwirkung zugunsten Dritter haben kann.[136] Dass die Grundsätze des Vertrags mit Schutzwirkung für Dritte auf den durch Anwaltsfehler nicht Bedachten oder – beispielsweise wegen unnötig hoher Steuerlast – in seinem Vermögen geschädigten Erben anwendbar sind, ist heute anerkannt.[137]

166

- Die Pflichtverletzung des Rechtsanwalts kann auch in der nicht rechtzeitigen Leistungserbringung liegen, wenn der Auftraggeber, der ein Testament errichten wollte, vor Tätigwerden des Rechtsanwalts verstirbt.[138] In dem dortigen Fall war dem Rechtsanwalt die generelle Eilbedürftigkeit des Testierwunschs bekannt, nicht aber, dass der Mandant bald versterben werde. Der Rechtsanwalt hatte die alsbaldige Errichtung des Testaments versprochen und war nach einer ersten Besprechung mit dem Mandanten noch mehrmals telefonisch erinnert worden, bevor der Mandant 20 Tage nach der ersten Besprechung verstarb. Es empfiehlt sich daher für den Rechtsanwalt, Aufträge zum Anfertigen von Testamentsentwürfen zügig zu bearbeiten.

167

- In dem vom BGH mit Urteil vom 13.6.1995[139] entschiedenen Fall hatte der Rechtsanwalt bei der Prüfung eines Testamentsentwurfs versäumt, gesellschaftsrechtliche Nachfolgeklauseln in vom Erblasser gehaltenen Anteilen an zwei Kommanditgesellschaften daraufhin zu untersuchen, ob diese die vom Erblasser gewünschte erbrechtliche Verteilung seines Vermögens auch zulassen. Konkret bestand in den Gesellschaftsverträgen ein – wertmäßig geringeres – Abfindungsrecht von Erben, die nicht Abkömmlinge des Erblassers waren. Eine fehlerfreie erbrechtliche Gestaltung hätte einen Vermögensschaden bei der neben dem Sohn erbrechtlich zur Hälfte begünstigten Ehefrau des Erblassers verhindert.

168

II. Anwaltsfehler nach dem Eintritt des Erbfalls

- Die mit dem verstorbenen Erblasser in gesetzlicher Gütergemeinschaft lebende Ehefrau erhielt testamentarisch lediglich ein Wohnrecht im Wege des Vermächtnisses eingeräumt, während der Sohn des Erblassers Alleinerbe wurde. Der Rechtsanwalt der Ehefrau rät zur

169

---

132 Vgl. BGH 8.5.2012 – XI ZR 262/10 Rn. 35 – zur Beweislastumkehr bei fehlerhafter Anlageberatung.
133 Grunsky ErbR 2014, 203.
134 Fahrendorf/Mennemeyer RA Haftung-HdB Kap. 9 Rn. 117–150.
135 S. a. MAH ErbR/Schneider § 2 Rn. 65.
136 BGH 6.7.1965 – VI ZR 47/64, NJW 1965, 1955.
137 BGH NJW 1995, 51; NJW 1995, 2551; weitere Nachweise bei Grunsky ErbR 2014, 203.
138 BGH 6.7.1965 – VI ZR 47/64, NJW 1965, 1955 ff.
139 BGH NJW 1995, 2551.

Ausschlagung des Erbes und zur klageweisen Geltendmachung von 1/4 des Nachlasswerts als Pflichtteil. Das Gericht weist die Parteien nach über dreijähriger Prozessdauer darauf hin, dass der Pflichtteil wegen § 1371 Abs. 2 BGB nur in Höhe von 1/8 besteht. Dem daraufhin auch auf den Zugewinnausgleichsanspruch gestützten Antrag hält der beklagte Sohn zurecht die Einrede der Verjährung entgegen.[140]

170 ■ Bei der Verfolgung eines Pflichtteilsanspruchs sollte der Rechtsanwalt seinen Mandanten darauf hinweisen, dass nach dem grundlegenden Urteil des Bundesfinanzhofs vom 19.7.2006[141] bereits die ernstliche Geltendmachung des Pflichtteilsanspruchs die Erbschaftsteuer hieraus anfallen lässt, § 9 Abs. 1 Nr. 1b in Verbindung mit § 3 Abs. 1 Nr. 1 ErbStG, und zwar unabhängig von der Realisierung des Pflichtteilsanspruchs. Fehlerfreie anwaltliche Beratung sollte daher die ernstliche Geltendmachung des Pflichtteilsanspruchs – zugunsten des zunächst geltend zu machenden Auskunftsanspruchs – möglichst hinauszögern, um steuerlichen Gestaltungsspielraum nicht fehlerhaft einzuschränken.[142]

171 ■ Wird der Erbe wegen einer Nachlassverbindlichkeit in Anspruch genommen, ist der Rechtsanwalt des Erben grundsätzlich verpflichtet, den Vorbehalt der beschränkten Erbenhaftung gemäß § 780 Abs. 1 ZPO in das Urteil aufnehmen zu lassen.[143] Denn nur, wenn der Vorbehalt in das Urteil aufgenommen ist, kann die Beschränkung der Erbenhaftung in der Zwangsvollstreckung wirksam geltend gemacht werden.

172 ■ Einen Anwaltsfehler stellt es nach einem Urteil des BGH vom 12.7.2006[144] auch dar, wenn der Anwalt den Schlusserben eines Berliner Testaments mit Verwirkungsklausel (Pflichtteilsklausel) nicht darauf hinweist, dass der Eintritt der auflösenden Bedingung grundsätzlich auch nach dem Tod des längstlebenden Ehegatten, nach Annahme der Schlusserbschaft und nach Verjährung des Pflichtteilsanspruchs nach dem Erstverstorbenen herbeigeführt werden kann. Diese Entscheidung hat allerdings in der Literatur beachtliche Kritik erfahren, weil die vom BGH für diese Situation konstituierte Beratungspflicht des Rechtsanwalts nach Auffassung der Kritiker auf die Beratung zu einer unzulässigen Rechtsausübung hinauslaufe.[145] Soweit ersichtlich hat der BGH seine Rechtsauffassung aber bisher nicht geändert, so dass die Entscheidung unbedingt durch den Rechtsanwalt zu beachten ist.

I. Möglichkeiten der Mandatsbeschränkung – Haftungsbeschränkung – Verjährungserleichterung

173 Die weiten, fast uferlosen Prüfungs- und Beratungspflichten des Rechtsanwalts führen zwangsläufig zu dem Bedürfnis der Anwaltschaft, die Haftung für Berufsversehen zu beschränken. Dem stehen die berechtigten Interessen der Rechtsuchenden nach richtiger und vollständiger rechtlicher Beratung und ausreichender Haftpflichtausstattung des Anwalts gegenüber.

I. Vereinbarung des Mandatsumfangs

174 Da die Möglichkeiten des Vereinbarens einer Haftungsbeschränkung durch § 52 BRAO erheblich eingeschränkt sind, kann ein wirksames Mittel der Haftungsvermeidung die genaue Bestimmung, bzw. die Einschränkung des **Mandats- und Prüfungsumfangs** sein. So sollte der Rechtsanwalt mit dem Mandanten individuell und unmissverständlich vereinbaren, wenn bestimmte sachliche Bereiche – in dem obigen Beispielsfall BGH NJW 1995, 2551 zB die Prüfung gesellschaftsvertraglicher Regelungen auf ihre erbrechtlichen Auswirkungen – oder bestimmte rechtliche Gesichtspunkte – etwa das Steuerrecht, das Markenrecht oder ausländisches Recht – von

---

140 BGH NJW 1983, 388.
141 NJW 2006, 3455.
142 Fahrendorf/Mennemeyer RA Haftung-HdB/ Kap. 9 Rn. 130; NJW-Spezial 2006, 542.
143 BGH NJW 1992, 2694 ff.
144 IV ZR 298/03, NJW 2006, 3064 ff.
145 Keim NJW 2007, 974 ff.; Fahrendorf/Mennemeyer RA Haftung-HdB Kap. 9 Rn. 126.

dem Mandats- und Prüfungsumfang nicht umfasst sein sollen. Es sollte in einem solchen Fall des Ausschlusses bestimmter Sachbereiche oder bestimmter Rechtsgebiete aus dem Prüfungsumfang nicht auf den Hinweis verzichtet werden, dass die anderweitige Prüfung und Beratung in dem von der Prüfung ausgeschlossenen Bereich sich unter Umständen empfehlen kann. Der Mandant kann dann jedenfalls die Notwendigkeit, sich solchen Rat eventuell anderweitig einzukaufen, erkennen.[146]

Der Ausschluss bestimmter Rechtsgebiete darf dabei nicht zu umfangreich ausgedehnt werden, weil der Mandant grundsätzlich eine erschöpfende und zutreffende rechtliche Aufarbeitung seines Falles erwarten kann, und der Ausschluss von Kardinalspflichten – insbesondere durch Allgemeine Geschäftsbedingungen – bekanntlich problematisch ist.

So hatte der Mandant in einem vom OLG Zweibrücken zu entscheidenden Fall den Rechtsanwalt mit der Bitte um Prüfung beauftragt, ob ein von ihm beabsichtigtes Geschäftsmodell „hundertprozentig legal" sei. In seiner gutachterlichen Stellungnahme kam der Rechtsanwalt zu dem Ergebnis, dass das Geschäftsmodell rechtmäßig sei, wobei er darauf hinwies, „patent-, markensowie wettbewerbsrechtliche Aspekte" des beabsichtigten Geschäftsmodells nicht geprüft zu haben.

Später stellte sich heraus, dass das Geschäftsmodell unter marken- und wettbewerbsrechtlichen Gesichtspunkten – aber auch unter den von dem Rechtsanwalt geprüften urheberrechtlichen Gesichtspunkten – rechtswidrig war. Das OLG Zweibrücken nahm eine Schadensersatzpflicht des verklagten Rechtsanwalts an und führte im Urteil vom 24.2.2011 aus:

„Vergeblich macht der Beklagte geltend, dass sich sein Auftrag zur Überprüfung des vom Kläger beabsichtigten Geschäftsmodells nur auf die urheberrechtliche Seite beschränkt habe. Abgesehen davon, dass auch die urheberrechtliche Begutachtung – wie ausgeführt – nicht zutreffend war, ließ dieser Hinweis die Haftung des Beklagten für sein Gutachten nicht entfallen. Die vertragliche Vereinbarung sah eine eingeschränkte Prüfungspflicht des Beklagten nicht vor ... Der Beklagte konnte sich deshalb von seiner umfassenden Prüfpflicht und der zu Beginn seines Gutachtens als „Ergebnis" bezeichneten Feststellung, dass der vom Kläger beabsichtigte Weiterverkauf der Software „rechtlich zulässig" sei, nicht dadurch frei zeichnen, dass er unter der Rubrik „Ausgangslage" ausführte, er habe einen Teil der in Betracht kommenden Rechtsfragen (vertragswidrig) nicht geprüft."[147]

II. Vereinbarung von Haftungsbeschränkungen

Um einen sachgerechten Ausgleich zwischen Anwalts- und Mandanteninteressen zu schaffen, wird die Möglichkeit der Haftungsbeschränkungen durch den seit 19.7.2013 geltenden § 52 BRAO geregelt. Diese Vorschrift entspricht dem bis 18.7.2013 geltenden nahezu wortgleichen § 51a BRAO aF, so dass Rechtsprechung und Kommentierung zu jener Vorschrift herangezogen werden kann.

§ 52 Abs. 1 BRAO unterscheidet dabei zwischen Individualvereinbarungen und vorformulierten Vertragsbedingungen, sowie zwischen einfacher und grober Fahrlässigkeit. Beschränkt werden können dabei nur vertragliche, nicht aber deliktische Haftungsansprüche.[148]

1. Grobe Fahrlässigkeit. So kann die Haftung des Rechtsanwalts für fahrlässig, also auch für **grob fahrlässig** verursachte Schäden gemäß § 52 Abs. 1 Nr. 1 BRAO durch **Individualvereinbarung** auf die Mindestversicherungssumme beschränkt werden.

---

146 Siehe auch Zusammenfassung der Thematik bei MAH ErbR/Schneider § 2 Rn. 67.
147 OLG Zweibrücken 24.2.2011 – 4 U 74/10.
148 Siehe auch Zusammenfassung der Thematik in MAH ErbR/Schneider § 2 Rn. 68 ff.

181 Problematisch ist dabei insbesondere die Frage, welche Voraussetzungen erfüllt sein müssen, damit eine Individualvereinbarung vorliegt.[149]

182 **2. Einfache Fahrlässigkeit.** Gemäß Ziffer 2 des § 52 Abs. 1 BRAO kann die Haftung mit **vorformulierten Vertragsbedingungen** nur für **einfache Fahrlässigkeit** und auch nur auf das Vierfache der Mindestversicherungssumme beschränkt werden, und das auch nur, soweit überhaupt Versicherungsschutz in vierfacher Höhe besteht.

183 Vor dem Hintergrund der strengen Rechtsprechung des BGH zur Anwaltshaftung stellt sich die Frage, ob nicht ohnehin in aller Regel – zum Beispiel bei Fristversäumnissen und übersehenen Rechtsvorschriften – von grober Fahrlässigkeit des Rechtsanwalts auszugehen ist. Vorformulierte Vertragsbedingungen könnten dann weitgehend leerlaufen und würden nicht die gewünschte Haftungsbeschränkung bringen.[150] Laut *Rinkler/Pape*[151] seien allerdings Entscheidungen zur Anwaltshaftung, die einfache und grobe Fahrlässigkeit voneinander abgrenzen, bisher gar nicht veröffentlicht.

184 **3. Beschränkung der Haftung auf einzelne Sozien.** Gemäß § 52 Abs. 2 BRAO kann in Sozietäten die persönliche Haftung der Sozien durch vorformulierte Vertragsbedingungen auf einzelne namentlich benannte und sachbearbeitende Mitglieder der Sozietät beschränkt werden. Dabei sind die formellen und inhaltlichen Anforderungen des § 52 Abs. 2 S. 3 BRAO zu beachten.

III. Vereinbarung von Verjährungserleichterungen

185 Eine weitere Möglichkeit, die Haftung für fehlerhafte Rechtsberatung in zeitlicher Hinsicht zu limitieren, kann in der Vereinbarung einer Verjährungserleichterung liegen. Das BGB sieht in § 202 die Möglichkeit von Verjährungserleichterungen grundsätzlich vor. Gegen die Zulässigkeit von Verjährungserleichterungen könnte allerdings sprechen, dass § 52 BRAO bisweilen als abschließende Regelung für die Zulässigkeit von Haftungserleichterungen verstanden und hieraus die Unzulässigkeit von Verjährungserleichterungen zulasten des Mandanten geschlossen wird.[152]

186 Die Rechtsprechung hat sich wohl noch nicht mit dieser Frage auseinandergesetzt, seit § 51a BRAO aF (heute § 52 BRAO) eingeführt wurde.

187 In den Standardwerken zur Anwaltshaftung wird davon ausgegangen, dass die Vereinbarung von Verjährungserleichterungen in moderaten Grenzen zulässig sein dürfte,[153] wobei auch hier zwischen Individualvereinbarungen und Vereinbarungen durch AGB sowie zwischen grober und einfacher Fahrlässigkeit differenziert wird.[154] *Chab* stellt zur Frage der Vereinbarung von Verjährungserleichterungen sehr ausführliche Überlegungen an[155] und hält insbesondere eine moderate Verkürzung der kenntnisunabhängigen Verjährung für zulässig.[156] Die Vereinbarung einer Verkürzung der kenntnisunabhängigen Verjährung könnte sich im erbrechtlichen Mandat daher insbesondere bei dem Abfassen von Erbverträgen und Testamenten als wirksames Mittel der mittelbaren Haftungsbeschränkung empfehlen.

---

149 Siehe Praxistipps in MAH ErbR/Schneider § 2 Rn. 68 und Ausführungen bei BJS Anwaltshaftung/Weinbeer/Jungk § 40 Rn. 53 ff.
150 So auch MAH ErbR/Schneider § 2 Rn. 68.
151 FVFPC Anwaltshaftung-HdB/Rinkler/Pape 1 Rn. 506.
152 Siehe Nachweis bei MAH ErbR/Schneider § 2 Rn. 66 aE.
153 BJS Anwaltshaftung/Borgmann § 47 Rn. 33 ff.
154 Ausführlich FVFPC Anwaltshaftung-HdB/Chab § 7 Rn. 112–161.
155 In FVFPC Anwaltshaftung-HdB/Chab § 7 Rn. 112–Rn. 161.
156 FVFPC Anwaltshaftung-HdB/Chab § 7 Rn. 135.

3. Arbeitsrecht

Literatur:

Aschmoneit, Außerordentliches Kündigungsrecht der Erben beim Todes des Arbeitgebers, FA 2013, 4; *Blomeyer/Rolfs/Otto*, Betriebsrentengesetz, 8. Aufl. 2022; *Dzida/Naber*, Arbeitsrechtliche Probleme beim Tod des Arbeitnehmers oder Arbeitgebers, ArbRB 2014, 80; *Junker*, Grundkurs Arbeitsrecht, 12. Aufl. 2013; *Lieb/Jacobs*, Arbeitsrecht, 10. Aufl. 2006; *Reiter*, Vererbung arbeitsvertraglicher Ansprüche, BB 2006, 42; *Ricken*, Urlaubsabgeltung bei Tod des Arbeitnehmers – Rechtskonstruktion und beitragsrechtliche Bewertung, NZA 2014, 1361; *Schönfeld*, Tod und Arbeitsverhältnis, 1994; *Stein*, Schadenersatz oder Vererbung des Urlaubsabgeltungsanspruchs beim Tod des Arbeitnehmers, RdA 2000, 16; *Windel*, Über die Modi der Nachfolge in das Vermögen einer natürlichen Person beim Todesfall, 1998.

		Rn.
A.	Einleitung	1
B.	Tod des Arbeitgebers	6
	I. Bestand und Beendigung des Arbeitsverhältnisses	7
	1. Keine automatische Beendigung des Arbeitsverhältnisses	7
	2. Kündigung	10
	a) Außerordentliche Kündigung	11
	b) Ordentliche Kündigung	14
	c) Besonderer Kündigungsschutz	17
	d) Verfahren	18
	e) Schriftform und Zugang	20
	3. Aufhebungsvertrag	23
	II. Offene Ansprüche	24
	1. Ansprüche des Arbeitgebers	25
	a) Allgemeines	25
	b) Schadenersatzansprüche	26
	c) Ausschlussfristen	30
	d) Gerichtliche Zuständigkeit	32
	2. Ansprüche der Arbeitnehmer	34
	a) Allgemeines	34
	b) Lohn-/Lohnersatzansprüche	37
	c) Schadenersatzansprüche/Freistellung	39
	d) Zeugnis	40
	e) Gerichtliche Zuständigkeit	41
	III. Weiterverkauf	42
C.	Tod des Arbeitnehmers	45
	I. Bestand des Arbeitsverhältnisses	46
	II. Offene Ansprüche aus dem Arbeitsverhältnis	49
	1. Ansprüche des Arbeitnehmers/Erblassers	49
	a) Lohn-/Lohnersatzansprüche	50
	b) Urlaub/Urlaubsabgeltung	58
	c) Aufwandsentschädigungen	62
	d) Abfindungen	63
	e) Arbeitszeitkonten	68
	f) Ausschlussfristen	71
	g) Sonderleistungen bei Tod von Angehörigen	73
	h) Gerichtliche Zuständigkeit	75
	2. Ansprüche des Arbeitgebers und von Dritten	77
	a) Rückgabeansprüche	77
	b) Schadenersatzansprüche	78
	c) Rückzahlungsansprüche	80
	d) Ausschlussfristen	81
	e) Gerichtliche Zuständigkeit	82
	3. Betriebliche Altersversorgung	84
	a) Allgemeines	84
	b) Voraussetzungen	88
	c) Höhe	97
	aa) Allgemeines	97
	bb) Auszehrungs- und Anrechnungsverbot	98
	cc) Anpassung gem. § 16 BetrAVG	103
	dd) Besonderer Schutz bei Insolvenz	105
	ee) Verjährung	107
D.	Besonderheiten bei Leiharbeit	108
	I. Erblasser als Entleiher	109
	II. Erblasser als Leiharbeitnehmer	112
E.	Testamentsgestaltung	113

A. Einleitung

Das Arbeitsrecht ist davon geprägt, dass der Anspruch auf und die Verpflichtung zur Arbeitsleistung höchstpersönlich ist. § 613 BGB enthält zwei Zweifelsregelungen: Zum einen ist die Arbeitsleistung im Zweifel in Person zu erbringen (§ 613 S. 1 BGB). Zum anderen ist auch der Anspruch auf die Arbeitsleistung im Zweifel nicht übertragbar (§ 613 S. 2 BGB). Diese Vorgaben prägen auch die Beratung an der Schnittstelle zwischen Arbeits- und Erbrecht maßgeblich.

Erbrechtliche Fragestellungen im Zusammenhang mit Arbeitsrecht ergeben sich für die Praxis insbesondere in zwei Konstellationen: Nach dem Tod des Arbeitgebers und nach dem Tod des Arbeitnehmers. Besonders relevant sind dabei einerseits die Folgen des Todesfalls für den **Bestand des Arbeitsverhältnisses** und andererseits das Schicksal hieraus resultierender, etwaiger noch **offener Ansprüche**. Für die erbrechtliche Beratung im Zusammenhang mit einem

Todesfall ist es von großer Relevanz, kurzfristige Handlungserfordernisse zu prüfen. Hierzu zählen insbesondere der ggf. notwendige Ausspruch von Kündigungen (beim Tod des Arbeitgebers) sowie die kurzfristige Geltendmachung von Ansprüchen, die nicht nur der allgemeinen Verjährung, sondern ggf. auch den im Arbeitsrecht stark verbreiteten einzelvertraglichen oder tariflichen Ausschlussfristen unterliegen.

3 Nach dem **Tod des Arbeitgebers** sollten insbesondere folgende Punkte geprüft werden:
- Bestehen Arbeitsverhältnisse, die der Erblasser persönlich (dh nicht über eine von ihm gehaltene Gesellschaft) vereinbart hat und die beendet werden müssen? (→ Rn. 7 ff.)
- Bestehen offene Ansprüche des Erblassers aus Arbeitsverhältnissen gegen Arbeitnehmer (zB auf Schadenersatz), die – wegen etwaig bestehender Ausschlussfristen (→ Rn. 30 f.) – ggf. kurzfristig geltend gemacht werden müssen? (→ Rn. 24 ff.)
- Bestehen offene Ansprüche von Arbeitnehmern des Erblassers gegen den Nachlass und sind diese ggf. so beträchtlich, dass sie Einfluss auf eine Entscheidung über eine etwaige Ausschlagung des Erbes haben können? (→ Rn. 34 ff.)
- Kommt ein Weiterverkauf des vom Erblasser geführten Betriebs in Betracht? (→ Rn. 42 ff.)

4 Nach dem **Tod des Arbeitnehmers** sollten insbesondere folgende Punkte geprüft werden:
- Bestehen offene Ansprüche des Erblassers aus Arbeitsverhältnissen (zB auf Vergütung), die – wegen etwaig bestehender Ausschlussfristen – ggf. kurzfristig geltend gemacht werden müssen? (→ Rn. 49 ff.)
- Ergeben sich aus Arbeitsverhältnissen des Erblassers Ansprüche gegen dessen Arbeitgeber, zB weil für den Fall des Todes Sonderleistungen (→ Rn. 73) und/oder im Wege einer betrieblichen Altersversorgung Leistungen an Hinterbliebene (→ Rn. 84 ff.) vorgesehen sind? Besteht ggf. laufender Beratungsbedarf, etwa im Zusammenhang mit der Anrechnung von anderweitig gewährten Versorgungsleistungen (→ Rn. 98 ff.) oder der Anpassung der Hinterbliebenenversorgung (→ Rn. 103)?
- Bestehen wegen des Todes des Erblassers Ansprüche gegen den (eigenen) Arbeitgeber, zB auf Sonderurlaub (→ Rn. 74)?
- Bestehen noch offene Ansprüche des Arbeitgebers oder von Dritten im Zusammenhang mit dem Arbeitsverhältnis (insbesondere auf Schadenersatz) und sind diese ggf. so beträchtlich, dass sie Einfluss auf eine Entscheidung über eine etwaige Ausschlagung des Erbes haben können? (→ Rn. 7 ff.)

5 Doch ist das Arbeitsrecht nicht allein für die erbrechtliche Beratung *nach* einem Todesfall relevant. Zwar kommt es in der Praxis ausgesprochen selten vor, dass arbeitsrechtliche Ansprüche oder Vermögenspositionen testamentarisch zugewiesen werden. Mittelbar haben arbeitsrechtliche Ansprüche aber bereits für die Testamentsgestaltung Bedeutung, denn diese dient der Verwirklichung wirtschaftlicher Zwecksetzungen: Somit sind für die Testamentsgestaltung beispielsweise auch Ansprüche der Hinterbliebenen im Todesfall relevant, wie etwa Leistungen an Hinterbliebene aus betrieblicher Altersversorgung (→ Rn. 84). Solche Überlegungen gewinnen umso mehr an Bedeutung, wie das aus dem Arbeitsverhältnis erzielte Einkommen die wesentliche Quelle für die Bestreitung des Lebensunterhalts des Erblassers und seiner Angehörigen ist. Erbrechtliche Zusammenhänge sind aber auch im Rahmen der arbeitsrechtlichen Beratung anzusprechen: Das prominenteste Beispiel hierfür sind Regelungen zur sofortigen Vererblichkeit von Abfindungen in arbeitsrechtlichen Aufhebungsverträgen (→ Rn. 65).

B. Tod des Arbeitgebers

6 Der Tod des Arbeitgebers ist arbeitsrechtlich beinahe ausschließlich in Fällen von Relevanz, in denen der Erblasser persönlich – also im Regelfall als Einzelunternehmer – Arbeitgeber war. Hat der Erblasser Arbeitnehmer nicht persönlich, sondern über eine (von ihm ggf. allein gehaltene) Gesellschaft beschäftigt, ergeben sich in der Regel keine unmittelbaren arbeitsrechtlichen

Folgen. Der Übergang der Gesellschaftsanteile bestimmt sich dann nach den allgemeinen erb- und gesellschaftsrechtlichen Bestimmungen.

I. Bestand und Beendigung des Arbeitsverhältnisses

1. Keine automatische Beendigung des Arbeitsverhältnisses. Grundsätzlich führt der Tod des Arbeitgebers nicht automatisch zur Beendigung des Arbeitsverhältnisses.[1] Der Anspruch des verstorbenen Arbeitgebers auf Arbeitsleistung kann grundsätzlich vererbt werden und geht im Wege der **Gesamtrechtsnachfolge** (§ 1922 BGB) vom Erblasser ohne inhaltliche Änderungen auf die Erben über.[2] Zwar ist der Anspruch auf Dienste gem. § 613 S. 2 BGB nicht übertragbar. Dies bedeutet indessen nicht, dass der Anspruch nicht vererbt werden kann.[3] Höchstpersönlich ist nur die Pflicht zur Leistung von Diensten, nicht das Recht, Dienste in Anspruch nehmen zu dürfen. Hierin ist kein Widerspruch zu umwandlungsrechtlichen Wertungen zu sehen, wonach die Abspaltung einzelner Arbeitsverhältnisse wegen § 613 S. 2 BGB der Zustimmung der betroffenen Arbeitnehmer bedürfen soll:[4] Die umwandlungsrechtliche Abspaltung geht unmittelbar auf einen rechtsgeschäftlichen Vorgang (also eine „Übertragung") zurück, auch wenn sich die hieraus abgeleitete partielle Gesamtrechtsnachfolge aus dem Umwandlungsgesetz (vgl. § 131 Abs. 1 Nr. 1 UmwG) ergibt. Der Tod des Arbeitgebers hat demgegenüber keine rechtsgeschäftliche, sondern mit § 1922 BGB eine gesetzliche Grundlage.

Mit dem Übergang des Arbeitsverhältnisses vom Erblasser auf die Erben im Wege der Gesamtrechtsnachfolge ist folglich auch kein **Betriebsübergang** gem. § 613a BGB verbunden (wohl aber bei etwaigem Weiterverkauf nach dem Todesfall, → Rn. 42 ff.). § 613a BGB ist auf den Übergang von Arbeitsverhältnissen im Wege der Gesamtrechtsnachfolge nicht anzuwenden, weil diese Vorschrift einen Übergang „durch Rechtsgeschäft" voraussetzt.[5] Die Gesamtrechtsnachfolge gem. § 1922 BGB führt indessen zu demselben Ergebnis wie der in § 613a Abs. 1 S. 1 BGB angeordnete automatische Übergang von Arbeitsverhältnissen; eine entsprechende Geltung der übrigen Regelungen des § 613a BGB – also zB der Regelungen zur Haftung oder zum Widerspruch gegen den Betriebsübergang – ist im Fall der Gesamtrechtsnachfolge nicht geboten.[6]

Zu einer automatischen Beendigung des Arbeitsverhältnisses wegen des Todes des Erblassers kann es ausnahmsweise kommen, wenn eine **Zweckbefristung** bzw. eine **auflösende Bedingung** vereinbart wurde und der Zweck des Arbeitsverhältnisses oder die auflösende Bedingung mit dem Tod des Arbeitgebers erfüllt ist (vgl. § 620 Abs. 2 BGB bzw. §§ 15 Abs. 2, 21 TzBfG). In diesem Fall endet das Arbeitsverhältnis mit dem Tod des Arbeitgebers, gem. § 15 Abs. 2 TzBfG (bei auflösender Bedingung iVm § 21 TzBfG) aber frühestens zwei Wochen nach Zugang der schriftlichen Unterrichtung des Arbeitnehmers über den Zeitpunkt der Zweckerreichung bzw. des Eintritts der auflösenden Bedingung. Ggf. ist eine schriftliche Unterrichtung so schnell wie möglich zu veranlassen, um eine unnötige Belastung des Nachlasses zu vermeiden. Liegt keine Befristung/auflösende Bedingung in Schriftform vor, gilt das Arbeitsverhältnis gem. § 16 TzBfG auf für unbestimmte Zeit geschlossen.[7] Nur in seltenen Fällen wird der „Tod des Arbeitgebers" ausdrücklich als Befristungsende bzw. als auflösende Bedingung vereinbart worden sein.[8] Zwar kann eine entsprechende Vereinbarung auch konkludent getroffen werden: Dies wird angenommen, wenn die Arbeitsleistung an die Person des Arbeitgebers geknüpft ist, wie zB bei einem

---

1 Staudinger/Richardi BGB § 613 Rn. 17; MüKo-BGB/Müller-Glöge BGB § 613 Rn. 22; Schmitt-Rolfes NZA-Beil. 2010, 81.
2 ErfK/Preis BGB § 613 Rn. 11.
3 Staudinger/Richardi BGB § 613 Rn. 17; HWK/Thüsing BGB § 613 Rn. 15.
4 WHS Umstrukturierung/Willemsen, 4. Aufl., Abschn. B Rn. 93; Däubler RdA 1995, 136 (142).
5 BAG NZA 2001, 1200 (1202); BAG NZA 2000, 371 (373).
6 Staudinger/Annuß BGB § 613a Rn. 111; MüKo-BGB/Müller-Glöge BGB § 613a Rn. 63.
7 Hierauf weist Staudinger/Richardi BGB § 613 Rn. 17 zu Recht hin; so auch Aschmoneit FA 2013, 5; Dzida/Naber ArbRB 2014, 80 (82).
8 Vgl. BAG BB 2004, 2303 zu einem solchen Fall.

Altenpfleger,[9] einem Privatsekretär[10] oder einem Privatchauffeur/-lehrer.[11] Praktisch dürfte es jedoch nur unter erheblichen Schwierigkeiten möglich sein, eine konkludente Zweckbefristung bzw. Vereinbarung einer auflösenden Bedingung nachzuweisen. Denn deren Wirksamkeit verlangt gem. § 14 Abs. 4 TzBfG die Schriftform (vgl. auch den Verweis in § 21 TzBfG für auflösende Bedingungen). Im Rahmen der erbrechtlichen Beratung nach einem Todesfall ist gleichwohl stets zu prüfen, ob Arbeitsverhältnisse bestehen, die vereinbarungsgemäß mit dem Tod des Arbeitgebers (automatisch) enden sollten.

10 **2. Kündigung.** Im Regelfall bedarf es nach dem Tod des Arbeitgebers der Kündigung der von ihm angestellten Arbeitnehmer, es sei denn, der von ihm geführte Betrieb soll fortgeführt werden.

11 a) **Außerordentliche Kündigung.** In Betracht kommt zunächst eine **außerordentliche Kündigung aus wichtigem Grund** (§ 626 BGB). Ob mit dem Tod des Arbeitgebers ein wichtiger Grund verbunden ist, ist anhand des Einzelfalls zu prüfen. Die Rechtsprechung prüft zunächst, ob ein „an sich" wichtiger Grund für eine fristlose Kündigung vorliegt.[12] Der Tod des Arbeitgebers dürfte – vorbehaltlich der konkreten Umstände – einen solchen „an sich" wichtigen Grund darstellen. Ein wichtiger Grund iSd § 626 Abs. 1 BGB setzt jedoch ferner voraus, dass eine selbstständige Prüfung des Einzelfalls ergibt, dass es den Erben nicht zumutbar ist, die Arbeitnehmer des Erblassers, unter Berücksichtigung der konkreten Umstände des Falls und unter Abwägung der Interessen beider auch nur bis zum Ablauf der für eine ordentliche Kündigung geltende Frist weiter zu beschäftigen. Dies dürfte nur ausnahmsweise der Fall sein, etwa wenn der verstorbene Arbeitgeber der Beschäftigung ein **ganz besonderes Gepräge** gegeben hat (zB bei einem Künstler, der mehrere Assistenten anstellt) oder wenn die Ausübung der Arbeitgeberfunktion gerade durch den Erblasser rechtliche Voraussetzung für die Beschäftigung war (zB im Betrieb eines Handwerksmeisters, in dem ansonsten ausschließlich Gesellen tätig sind).[13] Die wirtschaftliche Belastung des Nachlasses allein (wie zB durch eine vom Erblasser angestellte Putzkraft) rechtfertigt hingegen keine außerordentliche Kündigung, wie ein Vergleich zum Mietrecht zeigt.[14]

12 Wenn ein wichtiger Grund für eine außerordentliche Kündigung gegeben ist, berechtigt dies die Erben zum Ausspruch einer **fristlosen Kündigung.** Dies ergibt sich eindeutig aus dem Wortlaut von § 626 Abs. 1 BGB („ohne Einhaltung einer Kündigungsfrist"). Die Erben müssen keine „soziale Auslauffrist" entsprechend § 622 Abs. 1 BGB einhalten.[15] Für das Erfordernis einer solchen Auslauffrist besteht kein gesetzlicher Anknüpfungspunkt. Insbesondere ist – bei Vorliegen eines wichtigen Grundes wegen des Todesfalls – auch ein Vergleich mit der außerordentlichen Kündigung ordentlich unkündbarer Arbeitnehmer (sog. „Orlando-Kündigung")[16] nicht statthaft.

13 Eine außerordentliche Kündigung aus wichtigem Grund ist gem. § 626 Abs. 2 S. 1 BGB innerhalb von **zwei Wochen ab Kenntnis** auszusprechen. Diese Zwei-Wochen-Frist beginnt gem. § 626 Abs. 2 S. 2 BGB mit dem Zeitpunkt, in dem der Kündigungsberechtigte von den für die Kündigung maßgeblichen Tatsachen Kenntnis erlangt; regelmäßig ist dies die Kenntnis von dem Tod. Ggf. ist besonderer Kündigungsschutz zu berücksichtigen (→ Rn. 17 ff.).

14 b) **Ordentliche Kündigung.** Liegt kein Grund zur außerordentlichen Kündigung iSd § 626 Abs. 1 BGB vor oder ist die Zwei-Wochen-Frist gem. § 626 Abs. 2 BGB bereits verstrichen,

---

9 Aschmoneit FA 2013, 4 f.; siehe auch LAG Bln BB 1990, 1909: Zweckbefristung in der Form, dass das Arbeitsverhältnis mit Ablauf der ordentlichen Kündigungsfrist ab Kenntnis des Todes endet.
10 Siehe ErfK/Preis BGB § 613 Rn. 11; BeckOK BGB/Joussen BGB § 611 Rn. 15.
11 HWK/Thüsing BGB § 613 Rn. 15.
12 BAG NZA 2010, 1227 (1229); BAG NZA-RR 2010, 516 (517).
13 Dzida/Naber ArbRB 2014, 80 (83); vgl. BAG AP Nr. 20 zu § 626 BGB für den Sonderfall der fristlosen Kündigung einer Notarangestellten nach dem Tod eines rheinischen Nur-Notars.
14 Vgl. hierzu ausführlich Aschmoneit FA 2013, 4 (5 f.).
15 AA Aschmoneit FA 2013, 4 (6).
16 Siehe zB BAG NZA 2013, 730; BAG NZA-RR 2006, 416.

kommt der Ausspruch einer ordentlichen Kündigung in Betracht. Insofern sind die Vorschriften des **allgemeinen Kündigungsschutzes** zu beachten. Gem. § 1 Abs. 1 KSchG erfordert die ordentliche Kündigung eines Arbeitnehmers, dessen Arbeitsverhältnis mindestens sechs Monate besteht, eine soziale Rechtfertigung, dh entweder verhaltens-, personen- oder betriebsbedingte Gründe.[17] Legen die Erben den Betrieb des Erblassers still, liegen betriebsbedingte Gründe vor.[18] Wird nicht allen Arbeitnehmern des geerbten Betriebs gekündigt, ist eine Sozialauswahl gem. § 1 Abs. 3 KSchG vorzunehmen, dh unter den vergleichbaren Arbeitnehmern ist denjenigen zu kündigen, die sozial am wenigsten schutzbedürftig sind.[19]

Der allgemeine Kündigungsschutz gem. KSchG gilt gem. § 23 Abs. 1 S. 3 KSchG nicht in sog. **Kleinbetrieben**, in denen in der Regel zehn oder weniger Arbeitnehmer beschäftigt sind. Für Arbeitnehmer, deren Arbeitsverhältnis bis zum 31.12.2003 begonnen hat, gilt gem. § 23 Abs. 1 S. 2 KSchG eine Sonderregelung. In der Praxis dürften Betriebe, in denen der Erblasser vor seinem Tod selbst Arbeitnehmer beschäftigt hat (zB in Handwerksbetrieben oder bei Beschäftigung einer Pflege- oder Putzkraft), in vielen Fällen tendenziell klein und daher kündigungsrechtlich als Kleinbetrieb einzuordnen sein. Für **leitende Angestellte** gem. § 14 Abs. 2 KSchG gilt der allgemeine Kündigungsschutz gem. KSchG nur eingeschränkt. 15

Darüber hinaus und insbesondere auch in den Fällen, auf die das Kündigungsschutzgesetz nach alledem keine Anwendung findet, sind bei Ausspruch einer ordentlichen Kündigung gleichwohl die **allgemeinen zivilrechtlichen Vorgaben** einzuhalten.[20] So ist etwa eine Kündigung unwirksam, die gegen das Maßregelverbot gem. § 612a BGB oder gegen die guten Sitten (vgl. gem. § 138 BGB) verstößt. Für die Praxis sehr bedeutsam ist die – vom BVerfG geleitete[21] – Rechtsprechung des BAG zu § 242 BGB: Hiernach gilt auch außerhalb des Kündigungsschutzgesetzes ein „Mindestschutz" vor Kündigungen des Arbeitgebers. Auf dieser Grundlage stehen der Wirksamkeit einer Kündigung nicht nur unzulässige Diskriminierungen entgegen;[22] vielmehr will das BAG die Kündigungsfreiheit des Arbeitgebers auch dann einschränken, wenn ein gekündigter Arbeitnehmer „evident schutzwürdiger" ist als ein vergleichbarer weiterbeschäftigter Arbeitnehmer.[23] Eine solche „Sozialauswahl light" ist systematisch im Verhältnis zum Anwendungsbereich des KSchG (vgl. §§ 1, 23 KSchG) kritisch zu bewerten, im Rahmen der Beratung aber gleichwohl zu beachten. 16

c) Besonderer Kündigungsschutz. Sowohl vor Ausspruch einer außerordentlichen als auch einer ordentlichen Kündigung ist zu prüfen, ob besonderer Kündigungsschutz besteht.[24] Besonderer Kündigungsschutz tritt in verschiedenen Formen auf. Teilweise wird die (ordentliche oder außerordentliche) Kündigung unter den **Vorbehalt der behördlichen Zustimmung** (zB bei Schwerbehinderten gem. §§ 168 ff. SGB IX) gestellt, teilweise unterliegen Kündigungen einem **generellen Verbot** bzw. sind nur bei einer in seltenen Fällen erteilten Erlaubnis zulässig (bei Schwangeren gem. § 17 MuSchG oder bei Arbeitnehmern in Elternzeit gem. § 18 BEEG). Auszubildenden kann zwar während der Probezeit jederzeit gekündigt werden (§ 22 BBiG); im Anschluss an die Probezeit ist aber nur noch eine fristlose Kündigung aus wichtigem Grund erlaubt (§ 22 Abs. 2 Nr. 1 BBiG). 17

---

17 Vgl. zu den Voraussetzungen im Einzelnen: ErfK/Oetker KSchG § 1 Rn. 98 ff.; MüKoBGB/Hergenröder KSchG § 1 Rn. 123 ff.
18 Siehe zB LAG Bln LAGE Nr. 64 zu § 1 KSchG Betriebsbedingte Kündigung zur unternehmerischen Entscheidung eines Testamentsvollstreckers, Handwerksaufträge in Zukunft fremd zu vergeben.
19 Vgl. zu den Einzelheiten ErfK/Oetker KSchG § 1 Rn. 299 ff.; MüKoBGB/Hergenröder KSchG § 1 Rn. 332 ff.
20 Vgl. überblicksartig MüKoBGB/Hesse BGB Vorb. §§ 620–630 Rn. 183 ff.; Lettl NZA-RR 2004, 57.
21 BVerfG NZA 1998, 469.
22 Vgl. zB BAG NZA 1994, 1080; zwar gilt gem. § 2 Abs. 4 AGG eine Bereichsausnahme für Kündigungen; jedenfalls im Rahmen der Generalklauseln dürften aber nunmehr die Wertungen des AGG für eine entsprechende Würdigung prägend sein, so auch Willemsen/Schweibert NJW 2006, 2583 (2584), MüKoBGB/Hesse BGB Vorb. §§ 620–630 Rn. 196; HWK/Quecke KSchG Vorb. § 1 Rn. 16.
23 BAG NZA 2001, 833; BAG NZA 2003, 717; BAG NZA-RR 2008, 404.
24 Siehe die Übersichten zB bei Junker Grundkurs Arbeitsrecht § 6 Rn. 349.

3. Arbeitsrecht

18 d) **Verfahren.** Je nach den Umständen des Einzelfalls sind bestimmte Verfahrenserfordernisse einzuhalten. Ist ein Betriebsrat gebildet, erfordert die Kündigung die vorherige **Anhörung des Betriebsrats** gem. § 102 BetrVG. Sind in der Regel mehr als zwanzig Arbeitnehmer beschäftigt, ist zudem zu prüfen, ob die Voraussetzungen für eine **Betriebsänderung** gem. §§ 111 ff. BetrVG gegeben sind. In diesen Fällen sind zunächst Verhandlungen über einen Interessenausgleich/Sozialplan durchzuführen. Zu beachten ist ggf. auch eine mögliche Information des **Wirtschaftsausschusses** gem. § 106 BetrVG, wenn – was in den hier erörterten Situationen allerdings extrem selten sein dürfte – in der Regel mehr als 100 Arbeitnehmer ständig beschäftigt werden.

19 Bei Betrieben mit in der Regel mehr als 20 beschäftigten Arbeitnehmern sind ggf. zudem die besonderen Anforderungen der §§ 17 ff. KSchG an eine **Massenentlassung** zu beachten. Werden die Schwellenwerte gem. § 17 Abs. 1 KSchG erreicht, sind eine Konsultation des Betriebsrats (§ 17 Abs. 2 KSchG) und eine Anzeige an die Agentur für Arbeit (§ 17 Abs. 3 KSchG) erforderlich. Bei Ausbleiben oder Fehlern droht die Unwirksamkeit der Kündigung gem. § 134 BGB.[25] Diese Vorschriften können insbesondere dann relevant werden, wenn sich die Erben dazu entschließen, den Betrieb des Erblassers ganz oder teilweise stillzulegen. Nach Rechtsprechung des EuGH zu der Richtlinie RL 98/59/EG, welche den §§ 17 ff. KSchG zugrunde liegt, ist eine automatische Beendigung von Arbeitsverhältnissen qua Gesetz im Fall des Todes des Arbeitgebers zwar nicht zwingend als (beteiligungs- und anzeigepflichtige) Massenentlassung anzusehen.[26] Eine gesetzliche Regelung, nach welcher die Arbeitsverhältnisse bei Tod des Arbeitgebers automatisch enden, kennt das deutsche Recht indessen nicht. Vielmehr gehen die Arbeitsverhältnisse, die der Erblasser als Arbeitgeber eingegangen ist, grundsätzlich gem. § 1922 BGB auf die Erben über (→ Rn. 7 ff.). Entscheiden sich die Erben, eine Massenentlassung vorzunehmen, sind die Vorgaben gem. §§ 17 ff. KSchG daher einzuhalten, auch wenn der Tod des Erblassers den (alleinigen) Anlass für die Massenentlassung darstellt.

20 e) **Schriftform und Zugang.** Die (außerordentliche oder ordentliche) Kündigung setzt gem. § 623 BGB die Einhaltung der **Schriftform** voraus. Bei der fristlosen Kündigung eines Auszubildenden sind gem. § 22 Abs. 3 BBiG zudem die **Kündigungsgründe** anzugeben. Geschieht dies nicht, ist die Kündigung gem. § 125 S. 1 BGB nichtig.[27]

21 Soll eine außerordentliche Kündigung ausgesprochen werden, muss dies in der Erklärung zweifelsfrei zum Ausdruck kommen. Anderenfalls ist eine ordentliche Kündigung anzunehmen.[28]

22 Über den Zugang der Kündigung sollte ein gerichtsfester Nachweis angefertigt werden, vorzugsweise durch ein **Zustellungsprotokoll**. Bei der Kündigung von Arbeits- bzw. Ausbildungsverhältnissen mit **minderjährigen Auszubildenden** ist die Kündigung gegenüber den gesetzlichen Vertretern zu erklären.[29]

23 **3. Aufhebungsvertrag.** Schließlich können Arbeitsverhältnisse auch einvernehmlich durch den Abschluss eines Aufhebungsvertrages beendet werden. In einem Aufhebungsvertrag können sämtliche Bedingungen der Beendigung des Arbeitsverhältnisses, also insbesondere der Beendigungstermin und noch offene Ansprüche der Parteien gegeneinander, wie zB eine mögliche Abfindung, festgelegt werden. Auch der Abschluss eines Aufhebungsvertrages bedarf gem. § 623 BGB der Schriftform.

---

25 BAG NZA 2016, 490; BAG NZA 2013, 845 für den Fall, dass der Anzeige an die Agentur für Arbeit keine Stellungnahme des Betriebsrats beigefügt ist; vgl. auch ErfK/Kiel KSchG § 17 Rn. 35 ff.

26 EuGH NZA 2010, 151 zu einer entsprechenden Regelung in Spanien.

27 BAG AP Nr. 1 zu § 15 BBiG.

28 Vgl. LAG RhPf Urt. v. 21.5.2010 – 6 Sa 38/10 (nv) zu einer mehrdeutigen Kündigung der Erben eines verstorbenen Arztes.

29 BAG NZA 2012, 495.

II. Offene Ansprüche

Für die erbrechtliche Beratung nach dem Tod des Arbeitgebers sind sowohl Ansprüche des Erblassers gegen die Arbeitnehmer (→ Rn. 25 ff.) als auch Ansprüche der Arbeitnehmer gegen den Nachlass, die aus den vom Erblasser eingegangenen Arbeitsverhältnissen resultieren, zu beachten (→ Rn. 34 ff.).

1. Ansprüche des Arbeitgebers. a) Allgemeines. Der Anspruch des Erblassers gegen Arbeitnehmer auf **Arbeitsleistung** geht gem. § 1922 BGB auf die Erben über (wenn das Arbeitsverhältnis nicht ausnahmsweise automatisch mit dem Tod endet, → Rn. 9). Die Erben sind damit berechtigt, die Dienste der vom Erblasser beschäftigten Arbeitnehmer in Anspruch zu nehmen und ihnen arbeitsrechtliche Weisungen zu erteilen. Erteilen die **vorläufigen Erben** des Erblassers Anweisungen an die Arbeitnehmer, sind diese verbindlich. Es entfällt in der Regel eine Haftung des Arbeitnehmers im Verhältnis zum Nachlass, wenn dieser die Anweisungen der vorläufigen Erben befolgt.[30]

b) Schadenersatzansprüche. Darüber hinaus dürften in der Praxis in erster Linie etwaige Ansprüche gegen den Arbeitnehmer auf Schadenersatz wegen Pflichtverletzungen aus dem Arbeitsverhältnis in Betracht kommen. Insofern gelten jedoch einige Besonderheiten.

Zunächst ist eine **Arbeitnehmerhaftung für Personenschäden** unter den Voraussetzungen gem. § 105 SGB VII vollständig ausgeschlossen; dies gilt gem. § 106 Abs. 3 SGB VII auch bei gemeinsamen Betriebstätten wie zB Baustellen. Stattdessen bestehen Ansprüche gegenüber der gesetzlichen Unfallversicherung.

Für **Sach- und Vermögensschäden** besteht keine solche gesetzliche Privilegierung. Sofern diese Schäden vom Arbeitnehmer im Zusammenhang mit betrieblich veranlassten Tätigkeiten verursacht werden, finden indessen die von der Rechtsprechung in entsprechender Anwendung von § 254 BGB entwickelten **Grundsätze des innerbetrieblichen Schadensausgleichs** Anwendung. Diese Grundsätze sehen im wesentlichen folgenden Ausgleich vor:

- bei **leichtester Fahrlässigkeit** (culpa levissima) des Arbeitnehmers: keine Haftung.[31] Leichteste Fahrlässigkeit wird bei nur geringfügigem und leicht entschuldbarem Fehlverhalten angenommen, das jedem Arbeitnehmer unterlaufen kann.
- bei **mittlerer Fahrlässigkeit** des Arbeitnehmers: anteilige Haftung. Der Anteil der Haftung des Arbeitnehmers ist unter Berücksichtigung aller Umstände zu bestimmen.[32] Hierzu zählen zB die Höhe des Einkommens und die sozialen Verhältnisse des Arbeitnehmers sowie die Gefahrgeneigtheit der Tätigkeit und die Versicherbarkeit des Risikos.
- bei **grober Fahrlässigkeit oder Vorsatz** des Arbeitnehmers: in der Regel volle Haftung. Grobe Fahrlässigkeit liegt vor, wenn der Arbeitnehmer die im Verkehr erforderliche Sorgfalt in besonders schwerem Maße außer Acht gelassen und Verhaltensregeln missachtet hat, die im konkreten Fall jedem hätten einleuchten müssen.[33]

Eine **starre Haftungshöchstgrenze** hat das BAG bislang zwar abgelehnt.[34] In Einzelfällen hat das BAG aber eine Beschränkung der Haftung auf ein Jahresgehalt[35] bzw. ein halbes Jahresgehalt[36] angenommen; einige Landesarbeitsgerichte sind insofern tendenziell großzügiger.[37] **Arbeitnehmerähnliche Personen** und **freie Mitarbeiter** sind ebenfalls in die Haftungsprivilegierung

---

30 Vgl. LAG Bln MDR 1985, 169 für Anweisungen der vorläufigen Erben an einen Arbeitnehmer mit Bankvollmacht des Erblassers.
31 BAG NZA 1994, 1083.
32 BAG NZA 1995, 565.
33 BAG NZA 2011, 345; BAG NZA 2002, 612.
34 BAG NZA 2013, 640 für einen Fall grober Fahrlässigkeit.
35 BAG NZA 2011, 345 bei einem Monatsverdienst von lediglich 320 EUR.
36 BAG NZA 1998, 140.
37 Vgl. zB LAG München Urt. v. 27.7.2011 – 11 Sa 319/11 (nv).

einzubeziehen.[38] Ob sich **leitende Angestellte** auf die Haftungsprivilegierung berufen können, ist von der Rechtsprechung bislang noch nicht abschließend geklärt.[39]

30 c) **Ausschlussfristen.** Generell zu beachten ist, dass im Arbeitsrecht sog. **Ausschlussfristen** verbreitet sind. Ausschlussfristen sehen vor, dass Ansprüche der Parteien des Arbeitsverhältnisses gegeneinander innerhalb einer kurzen Frist außergerichtlich und/oder gerichtlich geltend zu machen sind und ansonsten verfallen. Ausschlussfristen sind nur zulässig, wenn sie für beide Parteien gelten; sog. **einseitige Ausschlussfristen** in Formulararbeitsverträgen sind unzulässig.[40] Für Ausschlussfristen in Arbeitsverträgen gilt nach der Rechtsprechung eine **Mindestlänge von drei Monaten**; dies gilt sowohl für die „erste Stufe" (außergerichtliche Geltendmachung),[41] als auch für die „zweite Stufe" (gerichtliche Geltendmachung)[42] einer zweistufigen Ausschlussfrist. Die Prüfung der Geltung von Ausschlussfristen für arbeitsrechtliche Ansprüche ist somit unerlässlicher Bestandteil der erbrechtlichen Beratung.

31 In Tarifverträgen sind kürzere Ausschlussfristen zulässig,[43] mit Ausnahme von Ansprüchen auf Mindestlohn nach dem AEntG, für die gem. § 9 S. 3 AEntG eine mindestens sechsmonatige Ausschlussfrist gilt. Eine unmittelbare oder analoge Anwendung von § 211 BGB kommt nicht in Betracht (→ Rn. 72).

32 d) **Gerichtliche Zuständigkeit.** Für Ansprüche gegen Arbeitnehmer aus dem Arbeitsverhältnis oder Ansprüche, die mit dem Arbeitsverhältnis in rechtlichem oder unmittelbar wirtschaftlichem Zusammenhang stehen, ist gem. § 2 Abs. 1 Nr. 3 a) bzw. 4a) ArbGG das Arbeitsgericht im Urteilsverfahren zuständig. Die Erben übernehmen mit dem Tod des Erblassers regelmäßig die Arbeitgeberstellung (→ Rn. 7 ff.) und sind somit „Arbeitgeber" iSd § 2 ArbGG.

33 Besteht kein Arbeitsverhältnis zwischen den Erben und dem Arbeitnehmer, ergibt sich die Zuständigkeit des Arbeitsgerichts aus § 3 ArbGG. Die Erben fallen als Rechtsnachfolger qua Gesetz unter § 3 ArbGG.[44]

34 2. **Ansprüche der Arbeitnehmer. a) Allgemeines.** Ansprüche von Arbeitnehmern, die schon im Zeitpunkt des Todes bestanden haben, zählen zum Vermögen des Erblassers (**Erblasserschulden**), welches gem. § 1922 BGB auf die Erben übergeht und das der Erbenhaftung gem. § 1967 BGB unterliegt. Die Erben haften auch für die jeweiligen Ansprüche aus Arbeitsverhältnissen, die erst nach dem Tod des Erblassers entstehen.[45] Bei Forderungen, die bis zum frühestmöglichen Kündigungstermin ab Kenntnis des Erbfalls entstehen, handelt es sich ebenfalls um Erblasserschulden.[46] Folglich haftet ausschließlich der Nachlass, da diese Forderungen nicht durch Verwaltungsmaßnahmen ausgelöst wurden. Die Erben können mithin ihr Eigenvermögen vor diesen Forderungen schützen.

35 Erfolgt keine Beendigung des Arbeitsverhältnisses zum frühestmöglichen Kündigungstermin, können **Nachlasserbenschulden** entstehen. Damit haften Nachlass und Eigenvermögen der Erben gleichermaßen. Setzt ein Erbe das Arbeitsverhältnis für seine Zwecke fort, werden hieraus resultierende Ansprüche von Arbeitnehmern ggf. zu **reinen Eigenverbindlichkeiten**.[47] Führt eine Erbengemeinschaft ein ererbtes Unternehmen fort, haften die Mitglieder der Erbengemeinschaft unbeschränkt und gesamtschuldnerisch für die Verbindlichkeiten aus der Fortführung des Unternehmens (§ 427 BGB).[48]

---

38 BeckOK BGB/Joussen BGB § 611 Rn. 374.
39 Dagegen wohl BGH NJW 2001, 3123 (3124) für leitende Angestellte, die zugleich Geschäftsführer sind; dafür BAG NJW 1977, 598.
40 BAG NZA 2006, 324 (326); BeckOK ArbR/Jacobs BGB § 309 Rn. 41.
41 BAG NZA 2006, 149 (152 f.).
42 BAG NZA 2005, 1111; dazu Jacobs/Naber RdA 2006, 181.
43 MHdB ArbR/Krause § 64 Rn. 31: Anderes gilt nur für extrem kurze Fristen.
44 ErfK/Koch ArbGG § 3 Rn. 2.
45 BAG NJW 1982, 2399.
46 BGH NJW 2013, 933 für ein Mietverhältnis; da es auch hierbei um ein Dauerschuldverhältnis handelt, lässt sich diese Bewertung auf Arbeitsverhältnisse übertragen.
47 MüKoBGB/Küpper BGB § 1967 Rn. 20.
48 LAG Hamm Urt. v. 19.6.2001 – 6 Sa 1858/98 (nv).

Generell kommen Ansprüche von Arbeitnehmern gegen Arbeitgeber aus verschiedenen **Rechtsquellen** in Betracht: Aus Gesetz, aus Tarifvertrag, aus (Konzern-, Gesamt- oder Einzel-)Betriebsvereinbarung und aus dem Arbeitsvertrag. Für die Beratung sind auch insofern arbeitsrechtliche Besonderheiten im Zusammenhang des Entstehens von Ansprüchen zu berücksichtigen: So sind etwa auch mögliche Ansprüche aus **betrieblicher Übung** zu prüfen. Hierbei handelt es sich um (in der Sache vertragliche) Ansprüche, die bei mehrmaliger vorbehaltloser Gewährung von Leistungen durch den Arbeitgeber entstehen können.[49] Zu beachten sind auch etwaige Ansprüche, die Arbeitnehmern im Wege einer sog. **Gesamtzusage** versprochen wurden.[50] Hierbei handelt es sich um eine ausdrückliche Erklärung des Arbeitgebers gegenüber der gesamten Belegschaft oder einem nach abstrakten Merkmalen bestimmbaren Teil davon, in der Zukunft zusätzliche Leistungen erbringen zu wollen. Oftmals werden beispielsweise Pensions- und Versorgungsordnungen (ausführlich → Rn. 84 ff.) im Wege einer Gesamtzusage eingeführt.

36

b) **Lohn-/Lohnersatzansprüche.** Von praktisch größter Bedeutung dürften Ansprüche von Arbeitnehmern auf **Lohnzahlung** bzw. Ansprüche auf Lohnersatzleistungen zB nach dem EFZG oder dem BUrlG sein. Diese Ansprüche sind ggf. gegenüber den Erben geltend zu machen. Etwaige Ausschlussfristen (→ Rn. 30 f.) sind zu berücksichtigen. Lohnansprüche entstehen auch noch nach dem Tod des Arbeitgebers (ggf. bis zur Beendigung des Arbeitsverhältnisses durch Ausspruch einer wirksamen Kündigung). Gem. § 615 S. 1 BGB ist das Annahmeverzugsrisiko grundsätzlich vom Arbeitgeber zu tragen.[51]

37

Zu beachten ist, dass für die Erben nicht nur eine Pflicht zur Lohnzahlung, sondern auch eine Pflicht zur Leistung von **Lohnnebenkosten,** wie insbesondere Steuern und Sozialversicherungsbeiträgen, besteht.[52]

38

c) **Schadenersatzansprüche/Freistellung.** In Betracht kommen auch **Schadenersatzansprüche** von Arbeitnehmern gegen den Arbeitgeber. Von Relevanz ist insofern, dass die Rechtsprechung zum innerbetrieblichen Schadensausgleich (→ Rn. 26 ff.) Arbeitnehmern in analoger Anwendung von § 242 BGB im Falle der betrieblich veranlassten Schädigung von Dritten einen **Freistellungsanspruch** gegen den Arbeitgeber zuerkennt.[53] Der Freistellungsanspruch wandelt sich in einen Anspruch auf Zahlung, wenn der Arbeitnehmer bereits gegenüber dem Dritten geleistet hat.[54] Je nach Schadensumfang können Freistellungsansprüche beträchtliche Ausmaße annehmen (zB bei Schäden im Zusammenhang mit Steuernachzahlungen oder Kartellverfahren). Liegen Anzeichen für einen Freistellungsanspruch vor, ist im Rahmen der erbrechtlichen Beratung ggf. auch eine Ausschlagung des Erbes bzw. eine Begrenzung der Haftung durch Nachlassverwaltung oder Nachlassinsolvenz zu thematisieren.

39

d) **Zeugnis.** Die Verpflichtung des Arbeitgebers zur Zeugniserteilung erlischt nicht mit dem Tod des Erblassers, sondern geht als Verbindlichkeit auf die Erben über. Die Erben sind verpflichtet, sich anhand aller erreichbaren Erkenntnisquellen – wie zB der Personalakten – eigenes Wissen über das Arbeitsverhältnis, dessen Dauer sowie das Leistungs- und Führungsverhalten des Arbeitnehmers zu verschaffen.[55]

40

e) **Gerichtliche Zuständigkeit.** Gerichtlich zuständig sind die Arbeitsgerichte im Urteilsverfahren (§ 2 ArbGG).

41

---

49 Vgl. hierzu ArbR-HdB/Koch § 110; MHdB ArbR/Richardi § 8.
50 ErfK/Preis BGB § 611 Rn. 218 f.
51 Vgl. für einen Erbfall LAG Nürnberg NZA-RR 2004, 400; Aschmoneit FA 2013, 4 (5), bemüht zusätzlich die in § 615 S. 3 BGB niedergelegte Betriebsrisikolehre.
52 Vgl. BayLSG 17.7.2007 – L 5 KR 10/07 (nv) zu einem Fall, in dem nach dem Tod des Arbeitgebers ein Beschäftigungsverhältnis fortgesetzt und in der Folge von den Erben Sozialversicherungsbeiträge nachgefordert worden sind.
53 BAG NZA 1989, 181; BAG NZA 1989, 54; dazu ErfK/Preis BGB § 619a Rn. 26.
54 BeckOK ArbR/Hesse BGB § 619a Rn. 40.
55 ArbG Münster BB 1990, 2266.

III. Weiterverkauf

42 Oftmals wird kein Interesse der Erben bestehen, den Betrieb des Erblassers fortzuführen. Soll der Betrieb nicht stillgelegt werden, ist in diesen Fällen an einen Weiterverkauf des vom Erblasser geführten Betriebs zu denken. Wurde der Betrieb vom Erblasser selbst (und nicht mittels einer von ihm gegründeten Gesellschaft) eingerichtet, kommt ein Weiterverkauf allein in der Form eines **Asset Deals**, also durch Veräußerung sämtlicher Betriebsmittel, in Betracht.

43 Mit einem solchen Asset Deal ist in aller Regel ein **Betriebsübergang** gem. § 613a BGB verbunden. Gem. § 613a Abs. 1 S. 1 BGB tritt der Erwerber des Betriebs in alle Rechten und Pflichten aus dem Arbeitsverhältnis ein; für Kollektivverträge gelten die § 613a Abs. 1 S. 2–4 BGB. Darüber hinaus finden die besonderen Haftungsregelungen gem. § 613a Abs. 2 BGB und das Verbot der Kündigung wegen des Betriebsübergangs gem. § 613a Abs. 4 BGB Anwendung. Ferner haben die Erben die von dem Übergang betroffenen Arbeitnehmer *vor* dem Übergang über den Zeitpunkt oder den geplanten Zeitpunkt des Übergangs, den Grund für den Übergang, die rechtlichen, wirtschaftlichen und sozialen Folgen des Übergangs für die Arbeitnehmer und die hinsichtlich der Arbeitnehmer in Aussicht genommenen Maßnahmen in Textform zu unterrichten (§ 613a Abs. 5 BGB).

44 Gem. § 613a Abs. 6 BGB können die Arbeitnehmer dem Betriebsübergang innerhalb eines Monats ab Zugang der Unterrichtung **schriftlich widersprechen**. Allerdings ist es eher unwahrscheinlich, dass sich Arbeitnehmer zu einem Widerspruch entscheiden, wenn die Erben den Betrieb des Erblassers nicht fortführen möchten. Der Widerspruch hat zur Folge, dass das Arbeitsverhältnis nicht auf den Erwerber übergeht, sondern bei den Erben verbleibt. Die Erben können dann ggf. eine Kündigung des Arbeitsverhältnisses aussprechen; das Verbot gem. § 613a Abs. 4 BGB gilt für eine solche Kündigung nicht.[56] Führen die Erben nicht wenigstens einen Teil des Betriebs des Erblassers fort, dürften die Voraussetzungen für eine betriebsbedingte Kündigung regelmäßig vorliegen.[57]

C. Tod des Arbeitnehmers

45 Auch beim Tod des Arbeitnehmers liegen die wichtigsten erbrechtlichen Beratungsfelder im Bestand und – was bedeutend wichtiger sein dürfte – in den auf die Erben übergegangenen Ansprüchen aus dem Arbeitsverhältnis.

I. Bestand des Arbeitsverhältnisses

46 Mit dem Tod des Arbeitnehmers endet das Arbeitsverhältnis mit dem Arbeitgeber automatisch. Dies ergibt sich aus dem **höchstpersönlichen Charakter** der Arbeitsleistung, der sich auch in der Zweifelsregelung in § 613 S. 1 BGB wiederfindet.[58] Daraus folgt, dass das Arbeitsverhältnis vom Arbeitgeber nicht gegenüber den Erben des Arbeitnehmers gekündigt werden muss. Die Erben sind ihrerseits nicht verpflichtet, dessen Arbeitspflicht nach dem Tod des Arbeitnehmers zu übernehmen[59] (aber zu offenen Zahlungsansprüchen → Rn. 77 ff.). Da es sich bei der Arbeitspflicht um eine **absolute Fixschuld** handelt,[60] gilt dies insbesondere auch für von dem Erblasser vor dem Tod noch nicht erbrachte Arbeitsleistung. Umgekehrt sind die Erben aber auch nicht berechtigt, die Fortsetzung des Arbeitsverhältnisses mit ihnen selbst zu verlangen.[61]

47 In bestimmten Konstellationen wird angenommen, dass ein Arbeitsverhältnis auch vorliegt, wenn die Arbeitsleistung nicht höchstpersönlich erbracht werden muss, zB bei Hausmeisterehe-

---

56 MüKoBGB/Müller-Glöge BGB § 613a Rn. 124.
57 Vgl. zB BAG NZA 1993, 795.
58 Staudinger/Richardi BGB § 613 Rn. 12; ErfK/Preis BGB § 613 Rn. 5.
59 ErfK/Preis BGB § 613 Rn. 5.
60 BAG NZA 2002, 683 (686); BAG NZA 200, 487, 488.
61 MüKoBGB/Müller-Glöge BGB § 613 Rn. 10; ErfK/Preis BGB § 613 Rn. 5.

paaren, bei denen auch die Ehefrau des Hausmeisters die Arbeitspflicht erfüllen kann.[62] Auch in diesen Fällen erscheint es folgerichtig, davon auszugehen, dass das Arbeitsverhältnis mit dem Tod des Arbeitnehmers automatisch endet. Von der Frage, ob die Arbeitsleistung entgegen der Zweifelsregelung in § 613 S. 1 BGB ausnahmsweise auch von jemandem anderen als dem unmittelbar zur Arbeit Verpflichteten erbracht werden kann, ist die Frage zu unterscheiden, ob das Dauerschuldverhältnis nach dem Willen der Parteien des Arbeitsverhältnisses auch bei Tod des Arbeitnehmers fortbestehen soll. Dies ist selbst in diesen Ausnahmekonstellationen üblicherweise nicht der Fall.

Wenn eine **Arbeitsplatzteilung** gem. § 13 TzBfG vereinbart ist, finden nach dem Tod eines an der Teilung beteiligten Arbeitnehmers die gesetzlichen Regelungen Anwendung. Demnach besteht gem. § 13 Abs. 1 S. 2 und S. 3 TzBfG grundsätzlich eine Pflicht der verbleibenden Arbeitnehmer zur Vertretung. Ist im Arbeitsvertrag eine Vertretung bei Krankheit und Urlaub vorgesehen, wird man davon ausgehen können, dass eine Pflicht zur Vertretung auch für einen Übergangszeitraum nach dem Tod eines der an der Arbeitsplatzteilung beteiligten Arbeitnehmers besteht. Eine Beendigungskündigung der übrigen Arbeitnehmer ist gem. § 13 Abs. 2 S. 1 TzBfG aus Anlass des Todes eines die Arbeitsplatzteilung praktizierenden Arbeitnehmers unwirksam. 48

II. Offene Ansprüche aus dem Arbeitsverhältnis

1. Ansprüche des Arbeitnehmers/Erblassers. Ansprüche des Erblassers aus dem Arbeitsverhältnis gehen grundsätzlich gem. § 1922 BGB auf die Erben über. Voraussetzung für den Übergang ist aber stets, dass die Ansprüche des verstorbenen Arbeitnehmers vererblich sind. 49

a) Lohn-/Lohnersatzansprüche. Für die Praxis von großer Bedeutung sind offene Ansprüche des Erblassers aus dem Arbeitsverhältnis auf **Lohn- bzw. Lohnersatzleistungen**. Diese Ansprüche dürften im Regelfall den beträchtlichsten Teil des Nachlasses im Zusammenhang mit dem Arbeitsverhältnis ausmachen (zum Anspruch auf Urlaubsabgeltung noch → Rn. 58 ff.). 50

Gegenüber dem Arbeitgeber geltend gemacht werden können somit Ansprüche auf **feste und variable Vergütung** bis zum Todesfall (zu Sonderleistungen wie zB einer Fortzahlung der Vergütung auch nach Todesfall → Rn. 73). Vergütungsansprüche sind als vermögensrechtliche Ansprüche grundsätzlich vererblich, soweit sie im Zeitpunkt des Todes bereits entstanden sind. Insbesondere handelt es sich bei Vergütungsansprüchen nicht um (unvererbliche) höchstpersönliche Ansprüche, und zwar auch dann nicht, wenn sie sich – wie insbesondere variable Vergütung – auf die persönliche Leistung oder Betriebstreue des Erblassers beziehen.[63] 51

Bei der variablen Vergütung stellt sich für die erbrechtliche Beratung oftmals die Herausforderung, wie mit dem Tod des Erblassers **vor Auszahlung der variablen Vergütung** umzugehen ist. Dies betrifft nicht nur Fälle, in denen der Erblasser während des Bemessungszeitraums stirbt, also während er die variable Vergütung noch erdient (zB beim Tod vor Ablauf des Geschäftsjahres, dessen Erfolg für die Bemessung seines Bonus maßgeblich ist).[64] Problematisch ist auch der Umgang mit bereits erdienter variabler Vergütung, die erst in den Folgejahren unter der Voraussetzung zur Auszahlung kommen soll, dass bestimmte Auszahlungshürden erreicht werden. Entsprechende Vergütungsregelungen mit mehrjährigen Bemessungszeiträumen erfahren zunehmend Verbreitung und sind etwa gem. § 87 Abs. 1 S. 2 und 3 AktG für Vorstände börsennotierter Aktiengesellschaften oder gem. Institutsvergütungsverordnung (InstitutsVergV) und Versicherungsvergütungsverordnung (VersVergV) für bestimmte Gruppen von Angestellten in der Finanz- und Versicherungsbranche vorgeschrieben. 52

---

62 Staudinger/Richardi BGB § 613 Rn. 7 unter Verweis auf eine Entscheidung des Reichsarbeitsgerichts.
63 LAG Hamm Urt. v. 16.12.1982 – 10 Sa 1051/82 (nv).
64 BAG NZA 2009, 783 zu einem solchem Sachverhalt: Tod des Arbeitnehmers im Dezember: kein Anspruch auf Jahresbonus.

53 Ausgangspunkt für die Behandlung variabler Vergütung im Todesfall ist, dass Erben gem. § 1922 BGB nicht nur vollständig entstandene Rechte und Ansprüche, sondern auch **schwebende Rechtslagen** übernehmen können, soweit es sich nicht um **höchstpersönliche Rechte** des Erblassers handelt.[65] Mithin ist es nicht grundsätzlich ausgeschlossen, dass bis zum Zeitpunkt des Todes nur teilweise erdiente variable Vergütung vererblich ist, auch wenn ein Anspruch noch nicht vollständig entstanden ist, etwa weil beim Tod des Arbeitnehmers das maßgebliche Geschäftsjahr noch nicht vollständig beendet ist oder das Erreichen einer Auszahlungshürde in den Folgejahren noch nicht feststeht. Allerdings ist zu beachten, dass das weitere Schicksal nur teilweise erdienter variabler Vergütung üblicherweise mit der (fortgesetzten) höchstpersönlichen Arbeitsleistung des/der Verstorbenen verbunden ist. Diese kann von den Erben nicht nachgeholt werden. Daher ist die Vererblichkeit im Regelfall eher restriktiv zu beurteilen; wird aber letztlich von der **Auslegung** der konkreten Vereinbarung abhängen.

54 In der Praxis sehr verbreitet sind sog. **Stichtagsklauseln**. Danach setzt die Zahlung von variabler Vergütung den Bestand des Arbeitsverhältnisses zu einem bestimmten Datum (Stichtag) voraus. Für die erbrechtliche Beratung sind Stichtagsklauseln von großer Bedeutung, weil sie die Frage aufwerfen, ob eine Zahlungspflicht besteht, obwohl das Arbeitsverhältnis wegen des Todes des Arbeitnehmers nicht bis zum Stichtag fortbestanden hat. Das BAG hat entschieden, dass die Zahlung von variabler Vergütung mit „Mischcharakter" – die mithin nicht allein der Betriebstreue, sondern auch der Vergütung für bereits geleistete Arbeit dient – nicht vom Bestand des Arbeitsverhältnisses am 31. Dezember des jeweiligen Jahres abhängig gemacht werden darf.[66] Anderes soll nur gelten, wenn die Arbeitsleistung „gerade in einem bestimmten Zeitraum vor dem Stichtag einen besonderen Wert hat", dies könne etwa bei Saisonbetrieben, branchen- oder betriebsbezogenen Besonderheiten oder bei Anknüpfung an zu bestimmten Zeitpunkten eintretende Unternehmenserfolge der Fall sein.[67] Stichtagsklauseln, die an den Bestand des Arbeitsverhältnisses außerhalb des Bemessungszeitraums – also zB an einen Stichtag erst nach Ende des für einen Jahresbonus maßgeblichen Geschäftsjahres – anknüpfen, sind stets unzulässig.[68]

55 Vorbehaltlich abweichender Abreden ist vor diesem Hintergrund von folgenden Grundsätzen auszugehen:

- Stichtagsklauseln sind demnach nur noch dann problemlos zulässig, soweit sie allein die **Betriebstreue** des Arbeitnehmers belohnen.
- Im Zeitpunkt des Todes bereits **vollständig erdiente variable Vergütung**, die lediglich noch nicht fällig geworden ist, ist stets vererblich. Dies betrifft etwa Fälle, in denen der Erblasser nach Abschluss des Geschäftsjahres, für das der Bonus gewährt wird, aber noch vor Fälligkeit des Bonus (zB Mitte des Folgejahres) verstirbt. Eine Stichtagsklausel, die an den Bestand des Arbeitsverhältnisses nach Ende des für die Bemessung maßgeblichen Zeitraums anknüpft, ist unzulässig.
- Bei im Zeitpunkt des Todes noch **nicht vollständig erdienter variabler Vergütung**, die jedenfalls auch leistungsabhängig ist, hängt die Vererblichkeit davon ab, ob die Stichtagsklausel branchen- oder betriebsbezogenen Besonderheiten dient oder – im Sinne der Rechtsprechung des BAG – an zu bestimmten Zeitpunkten eintretende Unternehmenserfolge anknüpft. Im Fall eines „klassischen" Jahresbonus[69] ist zweifelhaft, ob eine Stichtagsklausel weiterhin zulässig ist.[70] Dafür könnte die Verweisung des BAG auf die frühere Entscheidung

---

65 BGH BeckRS 1967, 31177712; vgl. auch NK-BGB/Kroiß BGB § 1922 Rn. 7 ff.; BeckOK BGB/Müller-Christmann BGB § 1922 Rn. 24 ff.
66 BAG ZIP 2014, 487.
67 BAG ZIP 2014, 487 Rn. 32; an dieser Stelle zitiert das BAG als Beispiel für letztgenannte Fallgruppe („Unternehmenserfolg") BAG NZA 2009, 783, in der es um den in der Praxis besonders häufigen Fall eines – jedenfalls auch – nach dem Geschäftsergebnis bemessenen Jahresbonus ging.
68 BAG ZIP 2014, 487 Rn. 29; BAG NJW 2012, 1532.
69 So zB der Sachverhalt von BAG NZA 2009, 783.
70 Dzida/Naber ArbRB 2014, 80 (81).

sprechen, in der eine Stichtagsklausel gerade in dieser Konstellation für zulässig gehalten wurde.[71] Anzeichen dafür, dass die Zahlung variabler Vergütung nicht den Fortbestand des Arbeitsverhältnisses bis zum Ablauf des Bemessungszeitraum voraussetzt (und dass eine Stichtagsklausel demzufolge unzulässig wäre), liegen etwa vor, wenn eine Teilleistung des Bonus auch bei vorzeitigem Ausscheiden durch Kündigung vereinbart ist, wenn eine abschließende Bewertung der Zielerreichung nicht notwendigerweise den fortdauernden Bestand des Arbeitsverhältnisses voraussetzt oder wenn eine vorherige Abschlagszahlung auf den Bonus vorgesehen war. Aber auch der Umstand, dass eine Sonderzahlung jeweils zum Ende des Kalenderjahres ausgezahlt wird, bedeutet nicht, dass damit ausschließlich die Betriebstreue belohnt werden soll. Der Vergütungscharakter ist eindeutig, wenn die Sonderzahlung an das Erreichen quantitativer oder qualitativer Ziele geknüpft ist. Die synallagmatische Verbindung zur Arbeitsleistung wird durch die Anknüpfung an das Betriebsergebnis nicht in Frage gestellt. Will der Arbeitgeber andere Ziele als die Vergütung der Arbeitsleistung verfolgen, muss dies vielmehr deutlich aus der arbeitsvertraglichen Abrede hervorgehen.[72] Ist eine unterjährige Stichtagsklausel nach den vorgenannten Grundsätzen unzulässig, besteht ein vererblicher **pro-rata-Anspruch** auf variable Vergütung bis zum Todeszeitpunkt.[73]

Bei **mehrjährig angelegten Vergütungssystemen** ist der Bonus grundsätzlich erst mit Erreichen aller Auszahlungsvoraussetzungen (welches oftmals mittelbar von der Leistung in den Folgejahren abhängt) vollständig erdient und vererblich. Daher verfällt mehrjährige variable Vergütung grundsätzlich, soweit sie von vor dem Todeszeitpunkt noch nicht erreichten Voraussetzungen abhängig ist. Auch insofern kommen Ausnahmen in Betracht: Wenn für den Fall des vorzeitigen Ausscheidens durch Kündigung oder der Nicht-Verlängerung eine (zumindest teilweise) Zahlung offener variabler Vergütung vorgesehen ist, wäre es unbillig, diese den Erben zu verwehren. Regelungen zum Schicksal von bereits teilweise erdienten Vergütungsbestandteilen, die die Erben des Arbeitnehmers begünstigen, sind ebenfalls zulässig und in mehrjährig angelegten Vergütungssystemen in der Praxis auch häufig zu finden. 56

Der Anspruch auf Insolvenzgeld geht gemäß § 165 Abs. 4 SGB III auf die Erben über. Wenn der Insolvenzfall erst nach dem Tod des Arbeitnehmers eintritt, so geht der Anspruch nach § 58 S. 1 SGB I auf die Erben über.[74] 57

b) Urlaub/Urlaubsabgeltung. Der Anspruch des Erblassers auf die **Gewährung von bezahltem Urlaub** ist ein höchstpersönlicher Anspruch, der mit dem Tod erlischt.[75] Dies gilt sowohl für den gesetzlichen Mindesturlaub nach dem BUrlG als auch für darüber hinaus gewährten vertraglichen (Zusatz-)Urlaub. Auch Ansprüche des verstorbenen Arbeitnehmers auf bezahlte Freistellung erlöschen. 58

Hinsichtlich des Anspruchs auf **Urlaubsabgeltung** ist zu differenzieren: Zunächst stellt sich die Frage, ob mit dem Tod ein Anspruch der Erben auf Urlaubsabgeltung entsteht, weil der Arbeitnehmer seinen Urlaub nicht mehr selbst in natura nehmen konnte. Das BAG hat einen solchen Anspruch bislang verneint, weil § 7 Abs. 4 BUrlG, aus dem ein Anspruch auf Urlaubsabgeltung folgt, voraussetzt, dass der Arbeitnehmer bei Beendigung des Arbeitsverhältnisses lebt.[76] Diese Rechtsprechung hat das LAG Hamm mit einer Vorlage an den EuGH in Zweifel gezogen.[77] Der EuGH hat daraufhin entschieden, dass aus Art. 7 der europäischen Arbeitszeitrichtlinie folgt, dass im Falle des Todes des Arbeitnehmers der Abgeltungsanspruch für nichtgenommenen Urlaub nicht untergeht, und zwar unabhängig davon, ob der Betroffene im Vorfeld einen entspre- 59

---

71 Nämlich auf die Entscheidung BAG NZA 2009, 783.
72 BAG NZA 2015, 992 Rn. 13–15, 24–25; zustimmend BAG NZA 2016, 1334 Rn. 22.
73 Vgl. die entsprechende Entscheidung des BAG zu Stichtagsklauseln BAG ZIP 2014, 487.
74 BeckOK SozR/Plössner SGB III § 165 Rn. 50a; Brand/Kühl SGB III § 165 Rn. 78.
75 BAG NZA 1990, 940; BAG NZA 2012, 326.
76 BAG NZA 2012, 326; BAG NZA 1990, 238.
77 LAG Hamm NZA-RR 2013, 288.

chenden Antrag gestellt hat.⁷⁸ Nach Auffassung des BAG hat der EuGH damit nicht über die Frage entschieden, ob der fortbestehende Abgeltungsanspruch auch dann Teil der Erbmasse wird, wenn das nationale Erbrecht dies ausschließt.⁷⁹ Das BAG sah sich an einer richtlinienkonformen Auslegung gehindert und hat dem EuGH die Frage vorgelegt, ob unmittelbar aus Art. 7 der Arbeitszeitrichtlinie ein Anspruch des Erben folgt.⁸⁰ Im Hinblick auf Sinn und Zweck der Richtlinie erschien es jedenfalls nicht zwingend, dass der Abgeltungsanspruch auf den Erben übergeht.⁸¹ Nach einer entsprechenden Entscheidung des EuGH⁸² hat das BAG entschieden, dass den Erben eines im laufenden Arbeitsverhältnis verstorbenen Arbeitnehmers in richtlinienkonformer Auslegung der §§ 1, 7 Abs. 4 BUrlG nach § 1922 Abs. 1 BGB iVm § 7 Abs. 4 BUrlG ein Anspruch auf Abgeltung des nicht genommenen gesetzlichen Erholungsurlaubs zusteht. Im bestehenden Arbeitsverhältnis sei die Vergütungskomponente des Anspruchs auf bezahlten Jahresurlaub fest mit dem Freistellungsanspruch verbunden; ende das Arbeitsverhältnis, erlösche allein der Freistellungsanspruch und die Vergütungskomponente werde durch § 7 Abs. 4 BUrlG als spezialgesetzliche Regelung des Leistungsstörungsrechts in der Gestalt des Abgeltungsanspruchs selbstständig aufrechterhalten.⁸³ Zu beachten ist, dass jedenfalls nach einer Entscheidung der verwaltungsrechtlichen Rechtsprechung der Abgeltungsanspruch, der auf die Erben übergeht, auf das Minimum von 20 Tagen (basierend auf einer 5-Tage-Woche) beschränkt ist.⁸⁴

60 Davon zu unterscheiden ist die Frage, ob ein im Zeitpunkt des Todes bereits entstandener Anspruch auf Urlaubsabgeltung vererblich ist. Auch dies hat die deutsche Rechtsprechung unter Verweis auf die sog. **Surrogatstheorie** bis vor kurzem verneint.⁸⁵ Nach dieser Theorie war der Anspruch auf Urlaubsabgeltung ebenso wie der Anspruch auf Urlaub höchstpersönlicher Natur und unterlag denselben Voraussetzungen. Weil der Anspruch auf Urlaub als höchstpersönlicher Anspruch unvererblich war (→ Rn. 58), sollte dies auch für den Urlaubsabgeltungsanspruch gelten.⁸⁶ Die Surrogatstheorie hat das BAG jedoch aufgegeben.⁸⁷ Daher ist es konsequent, dass das BAG nunmehr die Vererblichkeit eines bereits vor dem Tod des Arbeitnehmers entstandenen Anspruchs auf Urlaubsabgeltung annimmt.⁸⁸ Ein anderes Verständnis stünde im Übrigen auch im Widerspruch zur Auslegung von Art. 7 der europäischen Arbeitszeitrichtlinie, wie sie der EuGH vornimmt.⁸⁹

61 Stets zu prüfen ist, ob ausnahmsweise durch **Tarifvertrag** geregelt wird, dass im Falle des Todes an die Stelle des nicht genommenen Urlaubs ein Abgeltungsanspruch der Erben tritt.⁹⁰

62 **c) Aufwandsentschädigungen.** Vererblich sind Ansprüche des Erblassers auf Aufwandsentschädigung, also zB auf die Erstattung von Reisekosten, die vor dem Tod noch entstanden sind.

63 **d) Abfindungen.** Auch die Behandlung von Abfindungen im Zusammenhang mit dem Tod des Arbeitnehmers ist umstritten. Im Ausgangspunkt ist wiederum zu berücksichtigen, dass auf die Erben grundsätzlich nicht nur voll wirksam gewordene Rechte, sondern auch schwebende Rechtslagen übergehen (→ Rn. 53). Der Zeitpunkt des „Entstehens" des Abfindungsanspruchs ist für die Frage der Vererblichkeit mithin nicht alleinentscheidend.⁹¹ Zu beachten ist aber, dass

---

78 EuGH NZA 2014, 651, vgl. dazu Naber NJW 2014, 2416.
79 BAG NZA 2017, 207 Rn. 18.
80 BAG NZA 2017, 207; vgl. hierzu Jacobsohn BLJ 2018, 32.
81 So auch BAG NZA 2017, 207 Rn. 19; BAG NZA 2013, 678; Dzida/Naber ArbRB 2014, 80 (81); Schubert RdA 2014, 9 (16); Kamanabrou RdA 2017, 162 ff.
82 EuGH NZA 2018, 1467.
83 BAG NZA 2019, 829.
84 VG Gelsenkirchen BeckRS 2022, 13938.
85 LAG Köln LAGE Nr. 5 zu § 7 BUrlG Abgeltung; offengelassen zuletzt in BAG NZA 2012, 326.
86 Vgl. dazu zB Reiter BB 2006, 42 f. mwN.
87 BAG NZA 2012, 1097; BAG NZA 2013, 1098.
88 BAG NZA 2016, 37 Rn. 18; bereits zuvor: Eckstein SAE 2013, 65 (66); Dzida/Naber ArbRB 2014, 80 (82); Schubert RdA 2014, 9 (14 f.); siehe auch hierzu die zweite Vorlagefrage des LAG Hamm NZA-RR 2013, 288.
89 EuGH NZA 2014, 651.
90 BeckOK ArbR/Joussen BGB § 613 Rn. 12.
91 Unscharf daher ErfK/Preis BGB § 613 Rn. 7: Vererblichkeit nur, wenn Anspruchsvoraussetzungen erfüllt sind oder Staudinger/Richardi BGB § 613 Rn. 15: „nur entstanden und dadurch auch vererblich"; ähnlich MüKoBGB/Müller-Glöge BGB § 613 Rn. 12.

Abfindungen stets im Zusammenhang mit dem (höchstpersönlichen) Arbeitsverhältnis bzw. dessen Beendigung zugesagt werden. Dies unterscheidet Abfindungsansprüche von anderen vermögensrechtlichen Ansprüchen. Grundsätzlich richtet sich die Vererblichkeit einer – zB in einem Aufhebungsvertrag oder einem Sozialplan – zugesagten Abfindung nach der **Auslegung der jeweiligen Rechtsquelle**.[92] Hiervon hängt ab, ob eine Abfindung auch vererblich ist, wenn der Erblasser bereits vor Fälligkeit der Abfindung oder sogar vor Beendigung des Arbeitsverhältnisses verstirbt.

Nach der Rechtsprechung des BAG kommt es danach jedenfalls bei der Zahlung von Abfindungen, die im Sozialplan über eine Betriebsstilllegung festgesetzt sind, regelmäßig auf das **Bestehen des Arbeitsverhältnisses beim Tod des Arbeitnehmers** an.[93] Nur wenn das Arbeitsverhältnis im Zeitpunkt des Todes des Arbeitnehmers bereits beendet ist, ist der Anspruch auf Abfindung demnach vererblich. Dies erscheint konsequent, wenn die Abfindung als Entschädigung für den Verlust des Arbeitsplatzes gezahlt wird. Insofern weist die Zusage einer Abfindung eine höchstpersönliche Komponente auf, nämlich die Fortsetzung des Arbeitsverhältnisses bis zum Beendigungstermin, welche von den Erben nicht (mehr) erfüllt werden kann. Bestätigt wird diese Sichtweise auch durch einen Vergleich mit anderen Konstellationen: Endet ein Arbeitsverhältnis beispielsweise vor Fälligkeit einer als Entschädigung für den Verlust des Arbeitsplatzes zugesagten Abfindung durch außerordentliche fristlose Kündigung, ist ebenfalls keine Abfindung zu zahlen.[94]

64

Im Einzelnen gilt Folgendes:

65

- Stirbt der Arbeitnehmer erst **nach Fälligkeit der Abfindung**, handelt es sich bei der Abfindung um einen vermögensrechtlichen Anspruch, der nicht mehr höchstpersönlicher Natur ist und daher auf die Erben übergeht.
- Stirbt der Arbeitnehmer **nach Beendigung des Arbeitsverhältnisses, aber vor Auszahlung** der Abfindung, liegen im Zeitpunkt des Todes bereits sämtliche Anspruchsvoraussetzungen vor und der Abfindungsanspruch ist mithin ebenfalls vererblich.[95]
- Stirbt der Arbeitnehmer hingegen **nach Zusage einer Abfindung, aber bereits vor Beendigung des Arbeitsverhältnisses**, liegen im Regelfall noch nicht sämtliche Anspruchsvoraussetzungen vor. Diese können von den Erben wegen des höchstpersönlichen Charakters des Arbeitsverhältnisses auch nicht mehr herbeigeführt werden. Somit geht ein solcher unvollständiger Abfindungsanspruch auch nicht auf die Erben über.[96] Insbesondere in Aufhebungsverträgen ist es in der Praxis aus diesem Grund üblich, das sofortige Entstehen und die sofortige Vererblichkeit von Abfindungsansprüchen auch bei erst später eintretender Fälligkeit zu vereinbaren.[97] Hierauf ist bei der Beratung von Arbeitnehmern im Zusammenhang mit Aufhebungsverträgen bzw. bei der Sozialplangestaltung hinzuwirken.
- Anderes kann gelten, wenn eine als „Abfindung" deklarierte Zahlung in Wirklichkeit keine Entschädigung für den Verlust des Arbeitsplatzes darstellt, sondern eine **Abgeltung für offene Ansprüche** des Arbeitnehmers, etwa wenn mit einer „Abfindung" im Wesentlichen offene variable Vergütung abgegolten werden soll. In diesen Fällen kommt es für die Vererblichkeit darauf an, ob der (mit der Abfindung abgegoltene) Grundanspruch im Zeitpunkt des Todes bereits bestanden hat: Falls ja, geht er als vermögensrechtlicher Anspruch auf die Erben über.

---

92 BAG NZA 1998, 643; BAG NZA 2000, 1236; ErfK/Preis BGB § 613 Rn. 7; BeckOK ArbR/Joussen BGB § 613 Rn. 13; Reiter BB 2006, 42 (44).
93 BAG NZA 2006, 1238 für eine Sozialplanabfindung; dies gilt auch für Nachteilsausgleichsansprüche gem. § 113 BetrVG, vgl. Staudinger/Richardi BGB § 613 Rn. 15.
94 BAG NZA 1997, 813.
95 Reiter BB 2006, 42 (44).
96 BAG NZA 1998, 643; BAG NZA 2000, 1236.
97 Vgl. BKA Aufhebungsverträge B 190, C 33 ff., G 89a sowie der Formulierungsvorschlag auf Seite 661; Dzida/Naber ArbRB 2014, 80 (82).

3. Arbeitsrecht

66 Im Prinzip lassen sich die og Wertungen auch für Abfindungen in **arbeitsgerichtlichen Urteilen und Vergleichen** heranziehen. Ist ein Abfindungsanspruch rechtskräftig ausgeurteilt, ist er vererblich.[98] Sieht ein gerichtlicher Vergleich vor, dass bei Beendigung des Arbeitsverhältnisses eine Abfindung zu zahlen ist, ergibt sich insofern ein Unterschied zu der Konstellation, in der ein Abfindungsanspruch lediglich vertraglich zugesagt ist: Mit dem gerichtlichen Vergleich entsteht ein vollstreckbarer Titel auf Zahlung einer Abfindung. Ein in gerichtlichen Vergleichen vereinbarter Abfindungsanspruch ist daher in der Regel vererblich, und zwar auch dann, wenn darin die Fortsetzung des Arbeitsverhältnisses zu einem (im Zeitpunkt des Todes noch nicht eingetretenen) Termin vorgesehen ist. Das gilt jedenfalls dann, wenn – wie üblicherweise beim gerichtlichen Vergleich – die Abfindung in erster Linie eine Gegenleistung des Arbeitgebers für die Einwilligung des Mitarbeiters in die vorzeitige Beendigung des Arbeitsverhältnisses darstellt. Unvererblichkeit ist nur dann anzunehmen, wenn das Erleben des Beendigungszeitpunktes ausdrücklich Vertragsgegenstand geworden ist.[99] War vom Erblasser bereits eine **Abfindung gem. §§ 9, 10 KSchG** beantragt, können die Erben den Prozess fortsetzen und ggf. die vom Arbeitsgericht im Gegenzug für die Auflösung des Arbeitsverhältnisses zuerkannte Abfindung beanspruchen.[100] Der Antrag auf Auflösung des Arbeitsverhältnisses selbst ist indessen höchstpersönlicher Natur und kann nach dem Tod des Arbeitnehmers von dessen Erben nicht mehr gestellt werden.[101]

67 Ähnliches gilt im Falle einer **Kündigung gem. § 1a KSchG**. Wenn ein Arbeitnehmer nach Ablauf der Dreiwochenfrist, aber vor Beendigung des Arbeitsverhältnisses stirbt, ist die Abfindung noch nicht entstanden und daher auch noch nicht vererblich.[102] Abweichendes gilt nur, wenn das Angebot gem. § 1a KSchG – was in der Praxis selten der Fall sein dürfte – eine Abfindung in Aussicht stellt, die vererblich ist.

68 e) **Arbeitszeitkonten.** In der Praxis verbreitet sind Arbeitszeitkonten, um die Flexibilisierung der Arbeitszeit zu erleichtern. Beim Tod des Arbeitnehmers stellt sich die Frage, wie mit den (positiven oder negativen) **Guthaben** auf einem Arbeitszeitkonto umzugehen ist. Für das Schicksal damit verbundener Ansprüche empfiehlt sich zunächst, eine Prüfung der Rechtsgrundlagen des Arbeitszeitkontos, also des Arbeitsvertrages oder der entsprechenden Regelungen in Betriebsvereinbarungen oder Tarifverträgen, vorzunehmen.

69 Ist darin das Schicksal von Guthaben im Fall des Todes nicht geregelt, ist in der Regel davon auszugehen, dass die Erben eine Vergütung des **positiven Guthabens** des Erblassers beanspruchen können. Denn ein positives Guthaben ist – sowohl bei Kurz- als auch bei Langzeitkonten – nichts anderes als angesparte Vergütung, die noch nicht zur Auszahlung gekommen ist.[103]

70 Besteht ein **negatives Guthaben**, so ist zu differenzieren: Konnte der Arbeitnehmer seinen Arbeitsumfang selbst bestimmen, sind die Erben zur Rückzahlung verpflichtet. Denn ein entsprechendes „Minus" lässt sich – wie das BAG entschieden hat – nicht allein durch (höchstpersönlich vom Arbeitnehmer zu erbringende) Arbeitsleistung ausgleichen; vielmehr ist darin ein Gehaltsvorschuss zu sehen.[104] Konnte der Erblasser das Arbeitszeitkonto hingegen nur durch Arbeitsleistung ausgleichen oder hatte er keinen oder nur geringen Einfluss auf den Umfang seiner Arbeitszeit, bestehen keine Ansprüche gegen die Erben.

71 f) **Ausschlussfristen.** Bei der Geltendmachung von Ansprüchen gegen den Arbeitgeber sind ggf. anzuwendende Ausschlussfristen zu beachten (ausführlich → Rn. 30 f.).

---

[98] BAG NZA 1988, 466; ErfK/Preis BGB § 613 Rn. 7; BeckOK ArbR/Joussen BGB § 613 Rn. 13.
[99] BAG BB 2004, 894 (896).
[100] Staudinger/Richardi BGB § 613 Rn. 15; MüKo-BGB/Müller-Glöge BGB § 613 Rn. 12.
[101] HWK/Thüsing BGB § 613 Rn. 12; Dzida/Naber ArbRB 2014, 80 (82).
[102] BAG NZA 2007, 1043; ErfK/Preis BGB § 613 Rn. 7; Dzida/Naber ArbRB 2014, 80 (82).
[103] Reiter BB 2006, 42 (45 f.).
[104] BAG NZA 2002, 390.

§ 211 BGB ist auf Ausschlussfristen, die für die Geltendmachung von arbeitsrechtlichen Ansprüchen vorgesehen sind, nicht anwendbar. Eine unmittelbare Anwendung von § 211 BGB scheidet schon deswegen aus, weil die Vorschrift an die gesetzliche Verjährung, nicht aber an den Verfall aufgrund von Ausschlussfristen anknüpft.[105] Auch eine analoge Anwendung von § 211 BGB dahin gehend, dass der Lauf der Ausschlussfrist erst mit Annahme der Erbschaft beginnt, scheidet aus. Zwar hat der BGH eine analoge Anwendung von § 211 BGB auf § 89b Abs. 4 S 2 HGB im Falle eines Ausgleichsanspruch der Erben eines Handelsvertreters für möglich gehalten.[106] Gegen eine analoge Anwendung spricht aber nicht nur aus praktischer Sicht, dass die BGH-Rechtsprechung, nach welcher § 215 BGB auf Ausschlussfristen anzuwenden ist, auf den Widerstand des BAG hin aufgegeben worden ist.[107] Auch in der Sache spricht gegen eine analoge Anwendung von § 211 BGB die Einbuße an Rechtssicherheit, die hiermit verbunden wäre.[108]

72

g) Sonderleistungen bei Tod von Angehörigen. Schließlich ist zu prüfen, ob der Arbeitgeber für den Fall des Todes des Erblassers im Wege eines **Versprechens zugunsten Dritter** bestimmte Leistungen an Hinterbliebene zugesagt hat. Hier zählen insbesondere Leistungen auf betriebliche Altersversorgung in Form der Hinterbliebenenversorgung (ausführlich → Rn. 84 ff.). Insbesondere mit Führungskräften/Organmitgliedern ist oftmals vereinbart, dass einzelne Vergütungsbestandteile (oder ein Prozentsatz davon) für einen bestimmten Zeitraum – gängig sind bis zu sechs Monate – an die Hinterbliebenen weitergeleitet werden.[109] Mitunter werden solche Leistungen auch als **Sterbegeld** bezeichnet.[110]

73

Hiervon zu unterscheiden, bei der erbrechtlichen Beratung aber gleichermaßen zu berücksichtigen, sind Leistungen oder Vergünstigungen, die den Erben im Zusammenhang mit dem Tod von nahen Angehörigen zugesagt werden. Dies betrifft insbesondere Ansprüche auf **bezahlten Sonderurlaub**, mitunter aber auch **Zuschüsse zu Beerdigungskosten** oder ähnliche Leistungen.[111] Solche Ansprüche können sich aus betrieblicher Übung (→ Rn. 36) ergeben.

74

h) Gerichtliche Zuständigkeit. Für Ansprüche aus dem Arbeitsverhältnis oder Ansprüche, die mit dem Arbeitsverhältnis in rechtlichem oder unmittelbar wirtschaftlichem Zusammenhang stehen, ist gem. § 2 Abs. 1 Nr. 3 a) bzw. 4 a) ArbGG das Arbeitsgericht im Urteilsverfahren zuständig. Die Erben des Arbeitnehmers fallen als Rechtsnachfolger kraft Gesetzes unter § 3 ArbGG (→ Rn. 33).

75

Erwachsen den Hinterbliebenen aufgrund des Todes des Arbeitnehmers eigenständige Ansprüche aus dem früheren Arbeitsverhältnis des Erblassers, sind die Arbeitsgerichte im Urteilsverfahren gem. § 2 Abs. 1 Nr. 4 ArbGG zuständig. Dies gilt etwa für Ansprüche auf eine Hinterbliebenenrente aufgrund von tarifvertraglichen Bestimmungen.[112]

76

2. Ansprüche des Arbeitgebers und von Dritten. a) Rückgabeansprüche. Die Erben müssen dem Arbeitgeber bzw. Dritten sämtliche **Gegenstände und Unterlagen** zurückgeben, die dem Erblasser für die Dauer des Arbeitsverhältnisses überlassen worden sind. Dies betrifft insbesondere Arbeitsmittel wie zB Schlüssel, Zugangskarten, Büromaterial, aber auch Computer, Smartphones und Mobiltelefone. Eine Rückgabepflicht besteht insbesondere auch dann, wenn dem Erblasser auch die private Nutzung gestattet war, wie dies zB bei Dienstfahrzeugen oftmals der Fall ist.

77

---

105 Reiter BB 2006, 42 (46).
106 BGH NJW 1979, 651: Seinerzeit betrug die Frist zur Geltendmachung noch drei Monate, heute beträgt sie ein Jahr.
107 So der GmSOGB, AP Nr. 5 zu § 390 BGB gem. einer Verfügung seines Vorsitzenden; hierzu im Einzelnen Reiter BB 2006, 42 (46 f.).
108 Reiter BB 2006, 42 (47).

109 Vgl. zB § 15 des Mantel-TV Groß-und Außenhandel Niedersachsen: 2 Monate Lohnfortzahlung an Hinterbliebene.
110 BRO/Otto Abschnitt IV.B. Rn. 262.
111 Vgl. zu Sonderurlaub ErfK/Preis BGB § 616 Rn. 4; vgl. Zuschüsse zu Beerdigungskosten zB § 8 Ziff. 1 des Mantelergänzungstarifvertrags für gewerbliche Arbeitnehmer für das Wach- und Sicherheitsgewerbe in den Ländern Rheinland-Pfalz und Saarland.
112 BAG NJW 1983, 839.

78 **b) Schadenersatzansprüche.** Zu beachten sind auch Schadenersatzansprüche gegen den Erblasser. Als **vermögensrechtliche Ansprüche** richten sich diese gem. § 1967 BGB grundsätzlich gegen die Erben. Allerdings können sich auch die Erben auf die Grundsätze des innerbetrieblichen Schadensausgleichs berufen (ausführlich → Rn. 28 f.). Sofern Dritte im Zusammenhang mit dem Arbeitsverhältnis Schadenersatzansprüche geltend machen, kommt ein Freistellungsanspruch in Betracht, der gem. § 1922 BGB auf die Erben übergeht. Im Rahmen der erbrechtlichen Prüfung ist zu prüfen, ob etwaige Schadenersatzansprüche gegen den Erblasser so beträchtlich sind, dass eine Ausschlagung des Erbes zu erwägen ist (→ Rn. 26 ff.).

79 Liegen im Zeitpunkt des Todes noch nicht sämtliche Voraussetzungen des Schadenersatzanspruches vor – fehlt es zB noch an einem Schaden – schließt dies eine Haftung der Erben nicht grundsätzlich aus. Vielmehr gehen auch schwebende Rechtslagen auf die Erben über. Die Behandlung von Schadenersatzansprüchen aus dem Arbeitsverhältnis bestimmt sich nach den allgemeinen erbrechtlichen Grundsätzen.

80 **c) Rückzahlungsansprüche.** In Betracht kommen ferner Rückzahlungsansprüche gegen die Erben, zB wegen überbezahltem Lohn oder im Zusammenhang mit Vorschüssen, die dem Arbeitnehmer gewährt worden und die vor dem Tod nicht mehr zum Tragen gekommen sind.

81 **d) Ausschlussfristen.** Auch bei der Inanspruchnahme der Erben im Zusammenhang mit arbeitsrechtlichen Ansprüchen sind ggf. anzuwendende Ausschlussfristen zu beachten (ausführlich → Rn. 30 f.).

82 **e) Gerichtliche Zuständigkeit.** Als Rechtsnachfolger des Erblassers/Arbeitnehmers richtet sich die Zuständigkeit der Arbeitsgerichte für die Geltendmachung von Ansprüchen gegen die Erben gem. § 3 ArbGG; diese sind Erben kraft Gesetzes (→ Rn. 33). Dies gilt allerdings nur unter der Voraussetzung, dass eine Zuständigkeit gem. §§ 2 oder 2a ArbGG begründet gewesen ist.[113]

83 Eine Zuständigkeit der Arbeitsgerichte bei Ansprüchen gegen die Erben gem. § 2 Abs. 1 Nr. 4 ArbGG scheidet hingegen aus. Insbesondere sind mit „Hinterbliebenen" gem. § 2 Abs. 1 Nr. 4 ArbGG nicht die gesetzlichen Erben gemeint.[114]

84 **3. Betriebliche Altersversorgung. a) Allgemeines.** In der Praxis verbreitet sind Zusagen des Arbeitgebers auf eine betriebliche Altersversorgung. Hierbei handelt es sich um eine **freiwillige Sozialleistung** des Arbeitgebers, die insbesondere in größeren Unternehmen oder Konzernen häufig versprochen wird und mit welcher die gesetzliche bzw. die private Altersversorgung ergänzt wird. Leistungen der betrieblichen Altersversorgung haben sowohl Entgelt- als auch Versorgungscharakter.[115]

85 § 1 Abs. 1 S. 1 des Gesetzes zur Verbesserung der betrieblichen Altersversorgung (BetrAVG), das auch als „Betriebsrentengesetz" bezeichnet wird, enthält eine **Definition** der betrieblichen Altersversorgung. Demnach liegt betriebliche Altersversorgung vor, wenn ein Arbeitgeber einem Arbeitnehmer aus Anlass eines Arbeitsverhältnisses **Leistungen der Alters-, Invaliditäts- oder Hinterbliebenenversorgung** zusagt. Das Betriebsrentengesetz enthält verschiedene Bestimmungen über die Voraussetzungen und die Höhe der betrieblichen Altersversorgung. Hervorzuheben sind insofern die Regelungen über die Unverfallbarkeit (§ 1b BetrAVG), die ratierliche Kürzung bei vorzeitigem Ausscheiden (§ 2 BetrAVG), die Abfindung der Versorgungsleistung (§ 3 BetrAVG), das Auszehrungs- und Anrechnungsverbot (§ 5 BetrAVG) und die Anpassung von Versorgungsleistungen (§ 16 BetrAVG). Bei bestimmten Zusagen des Arbeitgebers – die für die erbrechtliche Beratung nicht von größerer Relevanz sind – ist es nicht eindeutig, ob die Voraussetzungen einer betrieblichen Altersversorgung gem. § 1 Abs. 1 S. 1 BetrAVG vorliegen und ob somit die weiteren Bestimmungen des BetrAVG auf die Zusage anzuwenden sind.[116]

---

113 BAG NJW 1983, 839.
114 BAG NJW 1983, 839.
115 BRO/Rolfs Einl. Rn. 25 ff.

116 Vgl. zu diesen Fällen zB WHSS Umstrukturierung/Schnitker Abschnitt J Rn. 6.

86 Die erbrechtliche Beratung hat sich insbesondere mit etwaigen **Versorgungsansprüchen von Hinterbliebenen** zu befassen. Oftmals ist eine Hinterbliebenenversorgung dergestalt vorgesehen, dass ein bestimmter Prozentsatz (zB 60 %) der dem Erblasser zugesagten betrieblichen Pension nach dessen Tod an die Hinterbliebenen weitergezahlt wird. Die Voraussetzungen und die Höhe der sich hieraus ergebenden Versorgung durch den Arbeitgeber des Erblassers sind dann zu prüfen und ggf. entsprechende Ansprüche geltend zu machen.

87 Zulässig sind in diesem Zusammenhang sogenannte **Wiederverheiratungsklauseln**, nach welcher ein Anspruch auf Hinterbliebenenversorgung bei Wiederverheiratung des/der Hinterbliebenen wegfällt.[117]

88 b) **Voraussetzungen.** Zunächst ist zu prüfen, ob Leistungen der betrieblichen Altersversorgung zugesagt sind und ob die Voraussetzungen der jeweiligen Zusage erfüllt sind. Entsprechende Leistungen können in sämtlichen im Arbeitsrecht gängigen **Rechtsquellen** vorgesehen werden (→ Rn. 36): In größeren Unternehmen/Konzernen sind Leistungen der betrieblichen Altersversorgung üblicherweise in vertraglichen Einheitsregelungen oder aber in (Konzern-, Gesamt- oder Einzel-)Betriebsvereinbarungen – oftmals bezeichnet als „Versorgungsordnung" oder „Pensionsordnung" – niedergelegt. Insbesondere bei Organmitgliedern und Führungskräften sind auch einzelvertragliche Zusagen auf betriebliche Altersversorgung üblich.

89 Es ist aber auch denkbar, dass sich Versorgungsansprüche aus sog. **betrieblicher Übung**[118] oder aus einer **Gesamtzusage** (jeweils allgemein → Rn. 36)[119] ergeben können. Wenngleich dies in der Praxis eher selten ist, kommen auch Ansprüche auf betriebliche Altersversorgung aus Tarifverträgen in Betracht.

90 Betriebliche Altersversorgung kann in fünf verschiedenen **Durchführungswegen** gewährt werden:
- Direktzusage
- Direktversicherung
- Pensionskasse
- Unterstützungskasse
- Pensionsfonds.

91 Allein bei einer Direktzusage besteht eine **unmittelbare Leistungsbeziehung** zwischen Arbeitgeber und Pensionär bzw. Hinterbliebenen. Alle weiteren Durchführungswege sehen Leistungen durch Dritte vor (die allerdings vom Arbeitgeber und/oder den Arbeitnehmern finanziert werden). Diese Durchführungswege werden aus diesem Grund auch als **mittelbare Durchführungswege** bezeichnet. Die Vorschriften des BetrAVG sehen jeweils unterschiedliche (Sonder-)Bestimmungen für verschiedene Durchführungswege vor, die im Rahmen der erbrechtlichen Beratung zu berücksichtigen sind.

92 Grundsätzlich besteht Anspruch auf eine Hinterbliebenenversorgung auch bei **Selbstmord** des Versorgungsberechtigten. Allerdings sehen Versorgungsordnungen zum Teil vor, dass bei Suizid kein Anspruch auf Hinterbliebenenversorgung besteht. Derartige Einschränkungen sind rechtlich sehr zweifelhaft.[120]

93 Von praktisch besonderer Bedeutung für die Beratung insbesondere im Zusammenhang mit Todesfällen ist die Beachtung von **Diskriminierungsverboten**. Sieht die Zusage auf betriebliche Altersversorgung eine unzulässige Diskriminierung vor, können Erben Ansprüche ggf. auch dann geltend machen, wenn sie vom Wortlaut des Anwendungsbereichs einer Versorgungszusage nicht erfasst sind. Die Regelung in § 2 Abs. 2 S. 2 AGG steht der Anwendung von Diskriminierungsverboten im Bereich der betrieblichen Altersversorgung nicht entgegen. Diese Einschrän-

---

117 BGH NJW-RR 2011, 801; BAG AP Nr. 16 zu § 1 BetrAVG Hinterbliebenenversorgung.
118 BRO/Rolfs Anh. BetrAVG § 1 Rn. 17 ff.
119 BRO/Rolfs BetrAVG Anh. § 1 Rn. 13 und 15 f.
120 Schaub ArbR-HdB/Vogelsang § 85 Rn. 215 mwN.

kung des Anwendungsbereichs des AGG steht mit der europäischen Diskriminierungsrichtlinie nicht im Einklang und ist somit als bloße Kollisionsregel auszulegen.[121]

94 Insofern sind insbesondere folgende Diskriminierungsverbote von Interesse und ein Verstoß ggf. im Einzelfall zu prüfen: Zunächst ist zu beachten, dass **Diskriminierungen wegen des Geschlechts** grundsätzlich unzulässig sind und gegen Art. 157 AEUV verstoßen. Hieraus folgt etwa, dass eine Differenzierung hinsichtlich der Anspruchsvoraussetzungen von Witwernrente einerseits und Witwenrente andererseits unzulässig ist.[122] Ebenfalls unzulässig sind unterschiedlich lange Wartezeiten für Männer und Frauen.[123]

95 Im Rahmen der Hinterbliebenenversorgung ist auch das Verbot der **Diskriminierung wegen der sexuellen Orientierung** von großer Bedeutung. Nach der Rechtsprechung des EuGH,[124] der die deutschen Gerichte mittlerweile folgen,[125] ist es unzulässig, wenn eine Versorgungszusage Leistungen lediglich für Ehepartner, nicht aber für eingetragene Lebenspartner nach dem LPartG vorsieht. Wenn die Zusage nur Leistungen an hinterbliebene Ehepartner vorsieht, können sich eingetragene Lebenspartner unter Verweis auf einen Verstoß gegen das Diskriminierungsverbot auf eine Hinterbliebenenversorgung gemäß der Versorgungszusage berufen. Bei gleichgeschlechtlichen Lebenspartnerschaften, die nicht registriert sind, gilt allerdings ebenso wie bei nicht-ehelichen Lebensgemeinschaften zwischen Heterosexuellen, dass im Regelfall keine Versorgung zu leisten ist.

96 Schließlich sind auch mögliche **Diskriminierungen wegen des Alters** zu prüfen. Sog. **Spätehenklauseln**, die Lebenspartner bei erst später Heirat von einer Hinterbliebenenversorgung ausschließen, waren bisher grundsätzlich erlaubt.[126] Gleiches galt für **Altersabstandsklauseln**.[127] Vor Inkrafttreten des AGG hat das BAG auch eine Kombination von Spätehen- und Altersabstandsklauseln für zulässig gehalten.[128] Allerdings werden in neuerer Rechtsprechung sowohl Spätehenklauseln als auch Altersabstandsklauseln kritisch gesehen und zum Teil für unwirksam erachtet.[129] Wirksam sollen aber solche Spätehenklauseln sein, die an das als Regelaltersgrenze für die Betriebsrente definierte Lebensalter des Arbeitnehmers anknüpfen.[130]

97 **c) Höhe. aa) Allgemeines.** Die Höhe des Anspruchs auf eine betriebliche Altersversorgung – und damit auch auf eine etwaige Hinterbliebenenversorgung – bestimmt sich nach den entsprechenden Regelungen der Versorgungszusage. Sofern das Arbeitsverhältnis des Erblassers, aus dem eine Hinterbliebenenversorgung abgeleitet wird, nicht bis zum Eintritt des Pensionsfalls bestanden hat, ist bei der Berechnung der Versorgungshöhe daran zu denken, dass eine **ratierliche Kürzung** gem. § 2 BetrAVG (auch bezeichnet als m/n-telung) vorzunehmen ist, wenn diese nicht ausnahmsweise ausgeschlossen worden ist.[131] Die Berechnung des Umfangs der ratierlichen Kürzung im Einzelnen ist sehr komplex.[132] Als Faustregel kann aber festgehalten werden, dass der Versorgungsanspruch im Verhältnis der tatsächlichen Dienstzeit zur bis zum Versorgungsfall (theoretisch) möglichen (aber praktisch nicht erfüllten) Dienstzeit zu kürzen ist.

---

121 BAG NZA 2009, 489; MüKoBGB/Thüsing AGG § 2 Rn. 28.
122 BAG NZA 2003, 380.
123 Vgl. WHSS Umstrukturierung/Schnitker Abschnitt J Rn. 66.
124 EuGH NZA 2008, 459.
125 BAG NZA 2009, 489; BAG NZA 2010, 216; so auch Hohenstatt/Naber ZIP 2012, 1989 (1991).
126 Vgl. LAG Hamm NZA-RR 2011, 37.
127 LAG Nds NZA-RR 2011, 600 für eine Differenz von bis zu 20 Jahren; LAG Köln BeckRS 2013, 71998 für die Differenz von bis zu 15 Jahren; EuGH NZA 2008, 1119: Altersabstandsklausel ist europarechtskonform.
128 BAG AP Nr. 25 zu § 1 BetrAVG § 1 Hinterbliebenenversorgung; dies soll auch nach Inkrafttreten des AGG gelten.
129 BAG NZA 2015, 1447 zur Unwirksamkeit einer Spätehenklausel bei 60 Altersjahren; LAG Köln BeckRS 2016, 118441 zur Unwirksamkeit einer Altersabstandsklausel von 15 Jahren; zum Ganzen Schrader/Teubert/Mika NZA 2022, 896.
130 LAG BW BeckRS 2017, 114202.
131 An einen solchen Ausschluss stellt die Rechtsprechung hohe Anforderungen; es bedarf insofern einer eindeutigen Regelung, vgl. zB BAG NZA 1986, 135; BAG NZA 1995, 788.
132 Vgl. zu Details BRO/Rolfs BetrAVG § 2 Rn. 20 ff.

bb) **Auszehrungs- und Anrechnungsverbot.** Ferner zu beachten ist das Auszehrungs- und Anrechnungsverbot gem. § 5 BetrAVG. Gem. § 5 Abs. 1 BetrAVG ist eine Absenkung der betrieblichen Versorgungsleistungen unterhalb des Betrages bei erstmaliger Zahlung wegen der Erhöhung anderer Versorgungsbezüge untersagt. Dies gilt sowohl für andere Bezüge aus der gesetzlichen Rentenversicherung als auch für betriebliche Versorgungsleistungen anderer Arbeitgeber oder aus privater Vorsorge.[133]

98

Für die Praxis von noch größerer Bedeutung ist das Anrechnungsverbot gem. § 5 Abs. 2 BetrAVG. Oftmals sehen Versorgungszusagen eine Anrechnung von **Ansprüchen/Leistungen aus Zusagen anderer Versorgungsschuldner** vor. Relevant wird dies, wenn der Erblasser während seiner Berufstätigkeit für mehrere Arbeitgeber tätig war und Ansprüche auf Versorgung gegen mehrere Arbeitgeber bestehen. Derartige Anrechnungsklauseln sind grundsätzlich zulässig; § 5 Abs. 2 BetrAVG untersagt indessen eine Anrechnung, wenn die Versorgung auf eigenen Beiträgen des Versorgungsempfängers beruht. Wie auch das Auszehrungsverbot gem. § 5 Abs. 1 BetrAVG gilt diese Einschränkung für sämtliche andere Versorgungsbezüge.[134]

99

Grundsätzlich umfasst der **Anwendungsbereich** von § 5 BetrAVG sämtliche Leistungen und Leistungsarten der betrieblichen Altersversorgung und mithin auch die Hinterbliebenenversorgung. Daher kann auch auf Hinterbliebenenversorgung grundsätzlich angerechnet werden, insbesondere gilt dies auch für von den Hinterbliebenen noch erzieltes eigenes Einkommen. Allerdings liegt ein Verstoß gegen Art. 3 Abs. 1 GG vor, wenn lediglich eigenes Arbeitseinkommen bei demselben Arbeitgeber anzurechnen ist, aber nicht Arbeitseinkommen, welches bei anderen Arbeitgebern erzielt wird.[135]

100

Auch die gesetzliche Unfall-Witwenrente kann auf betriebliche Versorgungsleistungen vollständig angerechnet werden, denn die Grundsätze der beschränkten Anrechenbarkeit von Verletztenrenten sind im Bereich der Hinterbliebenenversorgung nicht anwendbar.[136] Ferner sind die Renten aus der gesetzlichen Rentenversicherung, soweit sie auf Pflichtbeiträgen beruhen, in vollem Umfang anrechnungsfähig.

101

Zu prüfen ist stets, ob die Anrechnungsklausel hinreichend eindeutig formuliert ist.[137] Unklarheiten, im Hinblick auf welche Leistungen und in welchem Umfang eine Anrechnung erfolgt, gehen gem. § 305c Abs. 2 BGB zulasten des Versorgungsschuldners, dh in der Regel des Arbeitgebers.

102

cc) **Anpassung gem. § 16 BetrAVG.** Gemäß § 16 BetrAVG besteht eine **Anpassungsprüfungspflicht** des Versorgungsschuldners. Gem. § 16 Abs. 1 BetrAVG ist alle drei Jahre eine Anpassung der laufenden Versorgungsleistungen zu prüfen und hierüber nach billigem Ermessen zu entscheiden. Dabei sind insbesondere die Belange des Versorgungsempfängers und die wirtschaftliche Lage des Arbeitgebers zu berücksichtigen. Zu beachten ist die umfangreiche Rechtsprechung des BAG zur Berücksichtigung der Lage des gesamten Konzerns, zu dem der Versorgungsschuldner gehört (sog. Berechnungsdurchgriff).[138] Gemäß § 16 Abs. 2 BetrAVG gilt die Verpflichtung nach Abs. 1 als erfüllt, wenn die Anpassung entweder nicht geringer als der Inflationsanstieg (Nr. 1) oder die Entwicklung der Nettolöhne vergleichbarer Arbeitnehmergruppen des Unternehmens (Nr. 2) ausfällt.

103

§ 16 Abs. 3 BetrAVG sieht diverse **Ausnahmen** von der Anpassungspflicht vor. In der Praxis wird besonders häufig von der Ausnahme gemäß Nr. 1 Gebrauch gemacht, wonach bei Zusage einer jährlichen Anpassung von wenigstens 1 % keine Prüfungen bzw. weitergehende Anpassungen vorzunehmen sind.

104

---

133 BRO/Rolfs BetrAVG § 5 Rn. 32 ff.
134 BRO/Rolfs BetrAVG § 5 Rn. 60 ff.
135 BAG NZA-RR 2013, 96; offen ist, ob dies auch für Beamte gilt, anders nämlich zB noch BAG AP Nr. 178 zu § 242 Ruhegehalt Nr. 178.
136 BAG AP Nr. 21 zu § 5 BetrAVG.
137 BAG NZA 1990, 269.
138 Siehe etwa BAG NZA 2011, 1416; vgl. auch Vogt NZA 2013, 1250.

105 **dd) Besonderer Schutz bei Insolvenz.** Gemäß § 7 BetrAVG genießen gesetzlich unverfallbare Anwartschaften und laufende Leistungen im Fall der Insolvenz des Versorgungsschuldners besonderen Schutz. Anstelle des (insolventen) Versorgungsschuldners leistet der **Pensions-Sicherungs-Verein** Versicherungsverein auf Gegenseitigkeit (PSVaG) betriebliche Altersversorgung. Der Pensions-Sicherungs-Verein finanziert sich durch Pflichtbeiträge der Versorgungsschuldner. Diese Absicherung gilt indessen nur für unmittelbare Versorgungszusagen, bestimmte Direktversicherungszusagen sowie Zusagen in den Durchführungswegen Unterstützungskasse und Pensionsfonds. Im Insolvenzfall besteht ein Anspruch in Höhe der Leistung, die der Arbeitgeber aufgrund der Versorgungszusage zu erbringen hätte, wenn das Insolvenzverfahren nicht eröffnet worden wäre (vgl. § 7 Abs. 1 S. 1 BetrAVG). Gemäß § 7 Abs. 3 BetrAVG ist der Anspruch auf laufende Leistungen in Höhe des Dreifachen der Bezugsgröße gemäß § 18 SGB IV gedeckelt.

106 Kein Schutz durch Leistungen des Pension-Sicherungs-Vereins wird demgegenüber für Leistungen von **Pensionskassen** und den meisten **Direktversicherungen** gewährt, die im Gegenzug einer strengeren Versicherungsaufsicht unterworfen sind. In der Praxis verbreitet ist eine **Rückdeckung** von Versorgungszusagen, zB durch Versicherungen oder Treuhandkonstruktionen, die oftmals als sog. Contractual-Trust-Arrangements (CTA) gestaltet werden. Im Rahmen der Beratung ist im Insolvenzfall zu prüfen, ob ggf. Leistungen durch zur Sicherung eingesetzte Schuldner in Betracht kommen.

107 **ee) Verjährung.** Praktisch bedeutsam und oft übersehen ist die besondere Verjährungsregelung in § 18a BetrAVG. Danach verjährt der Anspruch auf Leistungen aus der betrieblichen Altersversorgung nach 30 Jahren. Ansprüche auf regelmäßig wiederkehrende Leistungen unterliegen der regelmäßigen Verjährungsfrist nach dem BGB.

D. Besonderheiten bei Leiharbeit

108 In Deutschland ist Leiharbeit, auch bezeichnet als Arbeitnehmerüberlassung, weit verbreitet. Die Anforderungen an Leiharbeit, insbesondere die Erlaubnispflichtigkeit des Verleihers, sind im Arbeitnehmerüberlassungsgesetz (AÜG) geregelt. Im Zusammenhang mit der erbrechtlichen Beratung gelten für Leiharbeit die oben dargestellten Grundsätze im Wesentlichen unverändert, wobei die nachfolgenden Besonderheiten zu berücksichtigen sind.

I. Erblasser als Entleiher

109 War der Erblasser als Arbeitgeber ein Entleiher, dh hat er von einem Verleiher Arbeitskräfte ausgeliehen, wird er selbst nicht Arbeitgeber der Leiharbeitnehmer. Im Regelfall erstrecken sich Ansprüche im Zusammenhang mit vom Erblasser genutzten Leiharbeitnehmern mithin auf die Ansprüche des Verleihers für die Bereitstellung von Leiharbeitnehmern, also insbesondere auf die vom Entleiher an den Verleiher als Gegenleistung zu entrichtende Vergütung.

110 Etwas anderes gilt dann, wenn der Verleiher nicht über die erforderliche **Überlassungserlaubnis** der Agentur für Arbeit verfügt, die Überlassung nicht offengelegt wird oder die Überlassungshöchstdauer von 18 Monaten überschritten wird. In diesen Fällen ist der Verleihvertrag gem. § 9 Abs. 1 Nr. 1-Nr. 1b AÜG unwirksam und es gilt gem. § 10 Abs. 1 S. 1 AÜG ein Arbeitsverhältnis zwischen Entleiher und Leiharbeitnehmer als zustande gekommen, außer wenn der Leiharbeitnehmer erklärt, am Arbeitsverhältnis mit dem Verleiher festhalten zu wollen. Tritt die Unwirksamkeit erst nach Aufnahme der Tätigkeit beim Entleiher ein, so gilt dies ab dem Eintritt der Unwirksamkeit. Hierin liegen mögliche Haftungsrisiken, die ggf. im Rahmen der erbrechtlichen Beratung zu prüfen sind.

111 Zu bedenken ist ferner, dass der Entleiher gem. § 28e Abs. 2 SGB IV wie ein **selbstschuldnerischer Bürge** für die auf die Leiharbeitnehmer entfallenden **Sozialversicherungsbeiträge** haftet.

Diese Haftung kommt dann zum Tragen, wenn der Verleiher seiner Beitragszahlungspflicht nicht nachkommt, also insbesondere, wenn dieser insolvent ist.

II. Erblasser als Leiharbeitnehmer

Spiegelbildlich gelten dieselben Grundsätze in dem Fall, dass der Erblasser als Leiharbeitnehmer beschäftigt war. Primär sind Ansprüche aus dem Arbeitsverhältnis gegen den Arbeitgeber – also den Verleiher – in Betracht zu ziehen. Hierzu zählen gem. § 8 AÜG ggf. auch Ansprüche auf **Equal-Pay-Lohn**, also denjenigen Lohn, den auch die Stammbelegschaft beim Entleiher bezieht, falls kein Tarifvertrag gilt. Nur wenn Anzeichen dafür bestehen, dass gem. § 10 AÜG ein Arbeitsverhältnis als mit dem Entleiher zustande gekommen gilt, sind entsprechende Ansprüche auch gegenüber diesem zu prüfen. 112

E. Testamentsgestaltung

Bei der Testamentsgestaltung sind arbeitsrechtliche Themen primär für die **wirtschaftliche Gestaltung** von Relevanz. Die Entscheidung über die Aufteilung des Vermögens im Todesfall orientiert sich in der Regel in erster Linie an den (im Zeitpunkt der Erstellung des Testaments angenommenen) wirtschaftlichen Rahmenbedingungen für die Erben nach dem Tod des Erblassers. Somit sind bei der Testamentsgestaltung auch folgende, arbeitsrechtlich geprägte Überlegungen einzubeziehen: 113

- Zählen zu dem Erbvermögen auch Betriebe und Arbeitsverhältnisse und welche offenen Verbindlichkeiten bestehen aus diesen Arbeitsverhältnissen voraussichtlich im Zeitpunkt des Todes?
- Erfordert der Unterhalt des Nachlasses uU die Beschäftigung von Personal, zB in den Bereichen Grundstücksverwaltung, Gartenpflege etc?
- Bestehen im Falle des Todes Ansprüche der Hinterbliebenen auf Leistungen des Arbeitgebers (zB Fortzahlung von Gehalt für einen gewissen Zeitraum, → Rn. 73)?
- Sind im Zusammenhang mit einem Arbeitsverhältnis Leistungen der betrieblichen Altersversorgung zugesagt, die auch Ansprüche auf Hinterbliebenenversorgung umfassen (→ Rn. 84 ff.) und, falls ja, welche Hinterbliebenen sind danach berechtigt, entsprechende Leistungen zu beziehen?

Arbeitsrechtliche Fragestellungen sind aber auch mittelbar zu berücksichtigen, um im Rahmen der erbrechtlichen Beratung sicherzustellen, dass die Testamentsgestaltung **negative Folgen** für die Begünstigten ausschließt. Zu denken ist etwa daran, dass bestimmte, insbesondere öffentliche oder kirchliche Arbeitgeber wegen eines (vermeintlichen?) Interessenkonflikts arbeitsrechtliche Konsequenzen an die Annahme einer Erbschaft knüpfen würden.[139] Sind im Testament **Auflagen** im Hinblick auf eine (Fort-)Beschäftigung von Arbeitnehmern enthalten,[140] sind diese präzise und eindeutig zu formulieren, so dass Streitigkeiten über die Reichweite einer solchen Auflage oder deren Drittwirkung möglichst vermieden werden. 114

Schließlich ist auch daran zu denken, dass unter bestimmten Umständen eine **Erwartungshaltung** entstehen kann, in einem Testament bedacht zu werden. Insbesondere bei langjährigen Hausangestellten und/oder Pflegekräften ist dies nicht selten. Werden die Hoffnungen auf eine Erbschaft enttäuscht, können sich die Erben ggf. Streitigkeiten ausgesetzt sehen, in denen nachträglich eine Vergütung der für den Erblasser geleisteten Tätigkeit anstelle der (nicht erhaltenen) Erbschaft verlangt wird.[141] Zur Begünstigung von langjährigen Hausangestellten bietet sich oftmals die Aussetzung von Vermächtnissen an. 115

---

139 Vgl. zB BAG NZA 2004, 1240 für Erbschaft einer Pflegekraft.
140 Siehe zB LAG RhPf BeckRS 2005, 40023.
141 Vgl. zu einem solchen Fall HessLAG Urt. v. 7.9.2010 – 12 Sa 1817/08 (nv).

4. Berufsrecht

Literatur:

Ahrens, Regelungsprinzipien des anwaltlichen Berufsrechts in der BORA – Ein Appell an die 5. Satzungsversammlung zur Modernisierung der BORA, AnwBl 2013, 2; *Chab,* Honoraranspruch und Haftung bei Interessenkonflikten, AnwBl 2018, 164; *Deckenbrock,* Tätigkeitsverbote des Anwalts: Rechtsfolgen beim Verstoß straf-, berufs-, prozess- und zivilrechtrechtliche Fragen bei Interessenkollision und Inkompatibilität, AnwBl 2010, 221; *Grunewald,* Die Vertretung mehrerer Miterben durch einen Rechtsanwalt bzw. eine Sozietät, ZEV 2006, 386; *Grunewald,* Das Problem der Vertretung widerstreitender Interessen und ihre Vermeidung, AnwBl 2005, 437; *Hamm,* Beck'sches Rechtsanwalts-Handbuch, 2022; *Henssler,* Rechtsunsicherheiten beim Verbot der Vertretung widerstreitender Interessen, BRAK-Mitt. 2018, 342; *Offermann-Burckart,* Anwaltliches Gesellschaftsrecht – Bürogemeinschaft, Kooperation, EWIV, Fünfter Teil einer Serie: Die richtige Organisationsform für die Kanzlei finden, AnwBl 2013, 858.

A. Einführung 1	E. Werbung 43
B. Unabhängigkeit des Rechtsanwalts 2	I. Werbung, § 43b BRAO 45
C. Verschwiegenheit 3	1. Berufsbezogenheit 46
D. Verbot der Vertretung widerstreitender Interessen und Parteiverrat 11	2. Sachlichkeit 47
I. Verbot der Vertretung widerstreitender Interessen, § 43a Abs. 4 BRAO 12	3. Verbot der Einzelfallbezogenheit 51
II. Vorbefassungsverbot, § 45 BRAO 20	4. Zusammenfassung 54
III. Parteiverrat, § 356 StGB 21	II. Besondere Berufspflichten im Zusammenhang mit der Werbung, §§ 6 ff. BORA 55
IV. Beispielskonstellationen und Meinungsstand 30	1. Werbung, § 6 BORA 56
1. Beratung oder Vertretung mehrerer Erben einer Erbengemeinschaft 31	2. Benennung von Teilbereichen der Berufstätigkeit, § 7 BORA 57
2. Beratung oder Vertretung mehrerer Pflichtteilsberechtigter 37	3. Kundgabe gemeinschaftlicher Berufsausübung und anderer beruflicher Zusammenarbeit, § 8 BORA 58
3. Beratung von Ehegatten bei letztwilligen Verfügungen 38	4. Kurzbezeichnungen, § 9 BORA 59
4. Beratung von Erblasser zu Lebzeiten und Erbe(n) nach Eintritt des Erbfalls . 40	5. Briefbögen, § 10 BORA 60
5. Möglichkeit der Beratung durch verschiedene Rechtsanwälte einer Berufsausübungsgemeinschaft oder Bürogemeinschaft 42	F. Fortbildungspflicht 62
	I. Fortbildungspflicht für Rechtsanwälte, §§ 43a Abs. 6, 43c Abs. 4 S. 2 BRAO 63
	II. Aus- und Fortbildungspflicht für Fachanwälte, § 15 Abs. 1 FAO 64
	G. Umgang mit Fremdgeld 66

A. Einführung

1 Rechtsanwälte müssen bei ihrer Berufsausübung die Vorschriften des anwaltlichen Berufsrechts beachten.[1] Die Bundesrechtsanwaltsordnung (BRAO) und die Berufsordnung der Rechtsanwälte (BORA) enthalten generelle Regelungen zur Gestaltung der Berufsausübung von Rechtsanwälten und auch Einschränkungen gerade im Bereich der Werbung sowie der Mandatsannahme bei bestehender Vorbefassung.[2] Insbesondere sind die Grundpflichten der Unabhängigkeit, Sachlichkeit, Verschwiegenheit und das Verbot der Vertretung widerstreitender Interessen ausdrücklich in § 43a BRAO normiert. Für beratende und vertretende Rechtsanwälte besteht regelmäßig das Risiko, bewusst oder unbewusst gegen berufsrechtliche Vorschriften zu verstoßen und sich so der Gefahr eines berufsaufsichtlichen Verfahrens auszusetzen.[3] Im Folgenden soll neben den allgemein einzuhaltenden Grundsätzen anwaltlicher Tätigkeit auf solche berufs-

---

1 Die Regelungen der BRAO und die BORA gelten für alle Kammermitglieder, also alle deutschen Rechtsanwälte, alle in Deutschland niedergelassenen ausländischen Rechtsanwälte aus dem Gebiet der Europäischen Union (§§ 1, 6 Abs. 1 EuRAG iVm §§ 43 ff. BRAO), die übrigen niedergelassenen ausländischen Rechtsanwälte (vgl. § 206 BRAO) sowie für die Inhaber einer Erlaubnis nach dem Rechtsberatungsgesetz (vgl. § 209 Abs. 1 BRAO).
2 Vgl. aktuelle Fassung der Berufsordnung auf der Website der Bundesrechtsanwaltskammer unter www.brak.de.
3 Vgl. zum berufsrechtlichen Verfahren Wolf Anwaltliche Werbung, 183 ff.

rechtlichen Vorschriften vertieft eingegangen werden, die im Bereich der Nachfolgeberatung und -vertretung berührt sein können. Hier besteht in erhöhtem Maß die Gefahr der verbotenen Vertretung widerstreitender Interessen bzw. des Parteiverrats, weil die Interessenkollisionen oft nicht unzweifelhaft ersichtlich sind. Ferner wird auf die Fragen anwaltlicher Werbung und den richtigen Umgang mit Fremdgeld eingegangen.

B. Unabhängigkeit des Rechtsanwalts

Gemäß § 43a Abs. 1 BRAO darf der Rechtsanwalt keine Bindungen eingehen, die seine **berufliche Unabhängigkeit** gefährden. Diese Unabhängigkeit bezieht sich dabei auf die Freiheit von staatlichen Weisungen, die wirtschaftliche und gesellschaftliche Unabhängigkeit und damit auch die **Unabhängigkeit vom eigenen Mandanten**.[4] Die Forderung nach einer umfassenden Unabhängigkeit ist in der Praxis allerdings kaum umsetzbar – so ist trotz der gewünschten rechtlichen Unabhängigkeit die Ausübung des Anwaltsberufs im Angestelltenverhältnis auch bei einem nicht-anwaltlichen Arbeitgeber genauso zulässig[5] wie die gemeinsame Berufsausübung in einer Gesellschaft.[6] Auch das Vorliegen tatsächlicher Abhängigkeiten aus moralischen, sozialen oder gesellschaftlichen Gründen oder die wirtschaftliche Abhängigkeit von einem Großmandanten kann kaum verhindert oder sanktioniert werden.[7] Der Rechtsanwalt sollte bereits im eigenen Interesse darauf achten, in keine wirtschaftliche oder persönliche Abhängigkeit zu Mandanten oder Kollegen zu geraten, um seine Tätigkeit frei gestalten zu können.

2

C. Verschwiegenheit

§ 43a Abs. 2 BRAO verpflichtet den Rechtsanwalt bezüglich aller ihm in Ausübung seines Berufs bekannt gewordenen Tatsachen zur Verschwiegenheit, sofern diese nicht offenkundig oder nicht geheimhaltungsbedürftig sind. Die strikte Verschwiegenheit ist „die Grundlage für das Vertrauensverhältnis zwischen Rechtsanwalt und Mandant."[8]

3

Schutzzwecke der Norm sind das **generelle Vertrauen der Rechtsgemeinschaft** in die Verschwiegenheit der Rechtsanwälte und das **Individualinteresse des Mandanten an der Geheimhaltung seiner Informationen**.[9] Die Verschwiegenheit umfasst die Pflicht und das Recht zum Schweigen, so dass als Reflex aus der Verschwiegenheitspflicht konsequent die Zeugnisverweigerungsrechte in den einzelnen Verfahrensordnungen[10] und die Strafbarkeit gemäß § 203 StGB beim Bruch der Verschwiegenheit resultieren.[11] Das Interesse der Rechtsgemeinschaft an der Wahrheitsfindung im Zivil- oder Strafverfahren muss hinter dem Interesse an der Geheimhaltung vertraulicher Tatsachen zurückstehen.[12]

4

Entgegen des Wortlauts „alles" bezieht sich die Verschwiegenheit nur auf **vertrauliche Informationen**, da Offenkundigkeit die Verschwiegenheit ausschließt.[13] Damit ist eine mit dem Begriff des „*Geheimnisses*" in § 203 StGB umschriebene Tatsache gemeint, „*die nur einem einzelnen oder einem beschränkten Kreis von Personen bekannt oder zugänglich (ist)..., an deren Geheimhaltung der Betroffene ein – von seinem Standpunkt aus – berechtigtes (schutzwürdiges) Interesse hat... und die nach seinem Willen geheimgehalten werden soll (.).*"[14] Die Verschwie-

5

---

4 Vgl. Weyland/Träger BRAO § 43a Rn. 4; Hartung/Scharmer/Peitscher BRAO § 43a Rn. 5 ff.; Henssler/Prütting/Henssler BRAO § 43a Rn. 2 ff.
5 Vgl. Henssler/Prütting/Henssler BRAO § 43a Rn. 12 ff.; zu den Voraussetzungen eines Arbeitsverhältnisses vgl. Weyland/Träger BRAO § 43a Rn. 9.
6 Vgl. Henssler/Prütting/Henssler BRAO § 43a Rn. 25 ff.
7 Vgl. Hartung/Scharmer/Gasteyer BRAO § 43a Rn. 33 ff.
8 BT-Drs. 12/4993, 27.
9 Vgl. Henssler/Prütting/Henssler BRAO § 43a Rn. 42.
10 Zum Zeugnisverweigerungsrecht vgl. Henssler/Prütting/Henssler BRAO § 43a Rn. 43; Weyland/Träger BRAO § 43a Rn. 30 ff.
11 Vgl. HK-GS/*Tag* StGB § 203 Rn. 13.
12 Vgl. Henssler/Prütting/Henssler BRAO § 43a Rn. 43.
13 Vgl. Henssler/Prütting/Henssler BRAO § 43a Rn. 45 f.
14 MüKoStGB/Cierniak/Niehaus StGB § 203 Rn. 13.

genheit erstreckt sich auf die in Ausübung des Berufs erfolgte Kenntniserlangung. Demnach wird nicht erfasst, was der Rechtsanwalt „*zufällig*"[15] erfährt. Informationen, die der Rechtsanwalt als Parteivertreter von der Gegenseite erhält, sind nicht umfasst, weil die Verschwiegenheitspflicht grundsätzlich nur gegenüber dem eigenen Mandanten besteht.[16]

6 Offenkundige und bedeutungslose Tatsachen sind von der Verschwiegenheit ausgenommen. **Offenkundig** sind Tatsachen, wenn „*verständige und erfahrene Menschen (...) sie entweder in der Regel kennen oder sich über sie aus allgemein zugänglichen und zuverlässigen Quellen unschwer unterrichten können.*"[17] Schwieriger gestaltet sich die Definition der **Bedeutungslosigkeit** einer Tatsache. Es dürfte aufgrund des Zwecks der Verschwiegenheit, die auch das Vertrauen des Mandanten stärken soll, darauf ankommen, ob der Mandant die Tatsache selbst für eine nicht geheimhaltungsbedürftige Bagatelltatsache hält.[18] Wann dies der Fall ist, muss im Einzelfall entschieden werden. Aus anwaltlicher Sorgfalt sollte der Rechtsanwalt über alle ihm anvertrauten Tatsachen Stillschweigen bewahren, ohne den Aspekt der Bedeutungslosigkeit – dessen Grenzen unklar sind – als Maßstab heranzuziehen.

7 Die ergänzende Regelung in der Berufsordnung, § 2 BORA, konkretisiert die Verschwiegenheitsverpflichtung des § 43a BRAO. Es wird klargestellt, dass der Rechtsanwalt zur Verschwiegenheit auch über die Beendigung des Mandats hinaus berechtigt und verpflichtet ist (Abs. 1 S. 2) und ein Verstoß in gesetzlichen und rechtlichen Ausnahmefällen nicht vorliegt (Abs. 3). Ferner wird konkretisiert, in welchen Fällen die Verschwiegenheitspflicht entfällt (Abs. 4). Ergänzend enthält die Vorschrift den Hinweis auf die Geltung des Datenschutzrechts (Abs. 5). Vor dem Hintergrund der zunehmenden Bedeutung des Datenschutzes regelt § 2 Abs. 2 BORA konkret, wie die elektronische Kommunikation mit den Mandanten zu gestalten ist:

Die Verschwiegenheitspflicht gebietet es dem Rechtsanwalt, die zum Schutze des Mandatsgeheimnisses erforderlichen organisatorischen und technischen Maßnahmen zu ergreifen, die risikoadäquat und für den Anwaltsberuf zumutbar sind. Technische Maßnahmen sind hierzu ausreichend, soweit sie im Falle der Anwendbarkeit des Datenschutzrechts dessen Anforderungen entsprechen. Sonstige technische Maßnahmen müssen ebenfalls dem Stand der Technik entsprechen. Abs. 4 lit. c) bleibt hiervon unberührt. Zwischen Rechtsanwalt und Mandant ist die Nutzung eines elektronischen oder sonstigen Kommunikationsweges, der mit Risiken für die Vertraulichkeit dieser Kommunikation verbunden ist, jedenfalls dann erlaubt, wenn der Mandant ihr zustimmt. Von einer Zustimmung ist auszugehen, wenn der Mandant diesen Kommunikationsweg vorschlägt oder beginnt und ihn, nachdem der Rechtsanwalt zumindest pauschal und ohne technische Details auf die Risiken hingewiesen hat, fortsetzt.

Der Rechtsanwalt sollte daher die ausdrückliche Zustimmung des Mandanten zur Nutzung der elektronischen Kommunikation einholen und auf die Einhaltung der jeweils geltenden Datenschutzregelungen achten.

8 **Rechtfertigungsgründe** für den Bruch der Verschwiegenheit können die Einwilligung des Betroffenen[19] oder gesetzlich normierte Rechte zur Offenbarung sein, zB §§ 67 ff. SGB X, §§ 202, 203 SGB VII, § 301 Abs. 1 SGB V, §§ 31, 31a AO.

9 Ferner darf der Rechtsanwalt seine Verschwiegenheit unter dem Gesichtspunkt des rechtfertigenden Notstands zur **Durchsetzung seiner Honoraransprüche** brechen, § 2 Abs. 3 b BORA. Die Befreiung von der Verschwiegenheit bei einer Honorarklage reicht so weit wie die anvertrauten Informationen für den schlüssigen Klagevortrag benötigt werden: der Rechtsanwalt sollte sich daher in seiner Klage knapp halten und den Sachverhalt insbesondere im Hinblick auf die Bewertungskriterien des § 14 RVG nur soweit schildern, wie es zwingend erforderlich

---

15 Gasteyer nennt zum inhaltsgleichen § 2 BORA das Beispiel der Kenntniserlangung als wartender Zuhörer einer Gerichtsverhandlung, vgl. Hartung/Scharmer/Gasteyer BORA § 2 Rn. 53.
16 Vgl. AnwG Rostock AnwBl 2007, 716 f.; Henssler/Deckenbrock DB 2012, 159 (165).
17 Vgl. Henssler/Prütting/Henssler BRAO § 43a Rn. 54.
18 Vgl. Henssler/Prütting/Henssler BRAO § 43a Rn. 56.
19 Vgl. MüKoStGB/Cierniak/Niehaus StGB § 203 Rn. 66 ff.

ist. Bei substantiiertem Bestreiten der Beklagtenpartei kann weiterer Sachvortrag erfolgen.[20] Der Rechtsanwalt sollte daher so viel wie nötig und so wenig wie möglich bezüglich der ihm anvertrauten Tatsachen preisgeben.

Schließlich darf der Rechtsanwalt zur Abwehr von Schadenersatzansprüchen des Mandanten aus dem Mandatsverhältnis die ihm in Ausübung seines Berufs bekannt gewordenen Tatsachen zur Rechtsverteidigung nutzen und auch an seinen Vermögenschadenshaftpflichtversicherer weitergeben.[21] Besonderheiten im Rahmen der Verschwiegenheitspflicht bestehen bei einer **Befreiung von der Sozietätserstreckung** im Rahmen des Verbots der Vertretung widerstreitender Interessen (→ Rn. 11 ff.). Rechtsanwälte in einer Berufsausübungsgemeinschaft dürfen widerstreitende Interessen im Hinblick auf die Verschwiegenheit auch bei Gestattung durch den/die Mandanten gemäß § 3 Abs. 4 BORA nur dann vertreten, wenn folgende Voraussetzungen gegeben sind: 10

„a) die inhaltliche Bearbeitung der widerstreitenden Mandate ausschließlich durch verschiedene Personen,
b) der Ausschluss des wechselseitigen Zugriffs auf Papierakten sowie auf elektronische Daten einschließlich des besonderen elektronischen Anwaltspostfachs und
c) das Verbot an die mandatsbearbeitenden Personen, wechselseitig über das Mandat zu kommunizieren.

Die Einhaltung dieser Vorkehrungen ist zum jeweiligen Mandat zu dokumentieren."

Diese Regelung konkretisiert die Verschwiegenheitspflicht dahin gehend, dass zwar die Vertretung widerstreitender Interessen unter besonderen Umständen zulässig sein kann, dies jedoch die Verschwiegenheitsverpflichtung unberührt lässt.

D. Verbot der Vertretung widerstreitender Interessen und Parteiverrat

Der Rechtsanwalt ist gemäß § 3 Abs. 1 BRAO und § 1 Abs. 3 BRAO der „berufene unabhängige Berater und Vertreter in allen Rechtsangelegenheiten." Als Interessenvertreter hat der Rechtsanwalt bei der Annahme und Bearbeitung von Mandaten das Verbot der Vertretung widerstreitender Interessen zu beachten und kann sich ggf. wegen Parteiverrats gemäß § 356 StGB strafbar machen. Im Folgenden werden neben den Grundlagen (→ Rn. 12 ff., → Rn. 20, → Rn. 21 ff.) Beispielsfälle und typische Konstellationen aus dem Bereich des Erbrechts erläutert (→ Rn. 30 ff.) 11

I. Verbot der Vertretung widerstreitender Interessen, § 43a Abs. 4 BRAO

§ 43a Abs. 4 BRAO in seiner aktuellen Fassung seit 1.8.2022 verbietet dem Rechtsanwalt nach wie vor die Vertretung widerstreitender Interessen. Die Regelung wurde allerdings verständlicher gefasst und insgesamt präzisiert, um der zunehmenden Bedeutung anwaltlicher Zusammenarbeit Rechnung zu tragen (→ Rn. 19). Im Bereich der Nachfolge kann diese Frage beispielsweise relevant werden, wenn der Rechtsanwalt mehrere Erben oder den Erblasser und seine zukünftigen Erben beraten möchte. Ein anderer Fall könnte vorliegen, wenn der Rechtsanwalt sowohl im Rahmen der Nachfolgeplanung als auch nach dem Tod des Erblassers im Rahmen der Erbauseinandersetzung tätig sein möchte. Trotz der fortschreitenden Liberalisierung des anwaltlichen Berufsrechts sollte der Rechtsanwalt vor der Annahme eines Mandats sorgfältig prüfen, ob aufgrund seiner aktuellen oder früheren Befassung mit dem Sachverhalt eine Interessenskollision vorliegen könnte. Insbesondere bei der Mandatierung durch mehrere Mandanten oder die Mitglieder einer Erbengemeinschaft muss der Rechtsanwalt genau untersuchen, ob eine Interessenkollision vorliegen könnte. 12

---

20 Vgl. zum Problem der Verschwiegenheit bei einer Honorarklage Schons AnwBl 2011, 281 ff., 282 f.

21 Vgl. Henssler/Prütting/Henssler BRAO § 43a Rn. 109.

13 Der Regelungsgehalt der Vorschrift ist schwierig zu bestimmen.[22] Ziel der Regelung ist die Gewährleistung der **Unabhängigkeit des Rechtsanwalts** und der **Erhalt des Vertrauensverhältnisses zum Mandanten**.[23]

14 Der Begriff des „Interesses" in § 43a Abs. 4 BRAO wird in der Rechtswissenschaft nicht näher thematisiert. Hierunter sind letztendlich die Ziele des (potenziellen) Mandanten zu verstehen, die er mit der Inanspruchnahme anwaltlicher Dienstleistungen verfolgt. Letztlich ist entscheidend, inwieweit eine berufliche Vorbefassung des Rechtsanwalts vorliegt.[24] „Widerstreitende" Interessen liegen vor, wenn es sich um ganz oder teilweise *gegensätzliche, widersprüchliche oder unvereinbare Interessen*[25] handelt, also die Gefahr besteht, dass die Verwirklichung des einen Interesses zulasten des anderen Interesses erfolgt. Wann ein Widerstreit genau vorliegt und ob dieser nach objektiven oder subjektiven Kriterien zu ermitteln ist, ist weitgehend ungeklärt.[26] Gerade im Bereich des Erbrechts spricht viel für eine subjektive Sichtweise bei der Bestimmung der Interessen der einzelnen Beteiligten, weil hier unabhängig von der objektiven Interessenlage im Hinblick auf die persönlichen Verhältnisse der Erben subjektive Interessen aufgrund der Beziehung zum Erblasser oder der Miterben vorliegen können, die sich nicht in objektiven Interessen niederschlagen.[27]

15 Soweit der Schutz des Mandantenvertrauens betroffen ist, kann der Mandant hierauf verzichten, hinsichtlich des Schutzes des Gemeinwohls ist die Vorschrift hingegen nicht dispositiv.[28] Regelmäßig liegen gegensätzliche Interessen vor, wenn der Rechtsanwalt in derselben Rechtssache einander widersprechende juristische und/oder tatsächliche Standpunkte vertritt.[29] Der Widerstreit muss sich in differierenden Rechtspositionen niederschlagen, ein bloßer Gegensatz wirtschaftlicher Interessen reicht nicht aus, da diese ausreichend über die Verschwiegenheitspflicht geschützt werden.[30] Der Rechtsanwalt „vertritt" diese Interessen nicht nur, wenn er eine Vertretung nach außen vornimmt, sondern schon dann, wenn er durch Rat oder Beistand dient.[31] „*Dieselbe Rechtssache*" setzt regelmäßig eine Identität des zugrunde liegenden Sachverhalts voraus.[32] Voraussetzung ist ein einheitlicher historischer Vorgang. Die Einheitlichkeit des Lebenssachverhalts wird insbesondere nicht durch einen längeren Zeitablauf oder einen Wechsel der beteiligten Personen aufgehoben.[33]

16 Besteht Sachverhaltsidentität, ist es einem Anwalt verboten, für zwei oder mehrere Parteien, deren Interessen gegenläufig sind, tätig zu werden.

17 Hinsichtlich der umstrittenen Frage der Geltung im Rahmen einer gemeinschaftlichen Berufsausübung ist zu trennen, ob es sich um eine Sozietät oder um Angehörige einer Bürogemeinschaft handelt, da sich das Verbot auf letztere nicht erstreckt.[34]

§ 3 BORA, konkretisiert in der Fassung seit 1.8.2022 die Regelung des § 43a Abs. 4 BRAO, untersagt dem Rechtsanwalt die Vertretung widerstreitender Interessen (Abs. 1) und verpflichtet ihn, unverzüglich nach Erkennen des Widerstreits den Mandanten zu informieren und alle Mandate in derselben Rechtssache zu beenden.

18 Beispielsweise ist einem Rechtsanwalt daher unter dem Gesichtspunkt der verbotenen Vertretung widerstreitender Interessen untersagt, im Rahmen einer Erbauseinandersetzung, in der

---

22 Vgl. Henssler/Deckenbrock NJW 2012, 3265.
23 Vgl. Henssler/Prütting/Henssler BRAO § 43a Rn. 161.
24 Vgl. Weyland/Träger BRAO § 43a Rn. 56.
25 Vgl. Weyland/Träger BRAO § 43a Rn. 64; Henssler/Prütting/Henssler BRAO § 43a Rn. 171 f.
26 Vgl. zum Streitstand in Rechtswissenschaft und Rechtsprechung Hartung/Scharmer/v. Falckenhausen BRAO § 43a Rn. 147 ff.; Henssler/Prütting/Henssler BRAO § 43a Rn. 172 ff.
27 Vgl. hierzu Offermann-Burckart ZVEV 2007, 151 (152 f.).
28 So auch Weyland/Träger BRAO § 43a Rn. 64.
29 Vgl. Grunewald AnwBl 2005, 437 (439).
30 Vgl. Henssler/Prütting/Henssler BRAO § 43a Rn. 170.
31 Vgl. Weyland/Träger BRAO § 43a Rn. 66.
32 Vgl. Weyland/Träger BRAO § 43a Rn. 61 ff.; Henssler/Prütting/Henssler BRAO § 43a Rn. 199 ff.
33 Vgl. Weyland/Träger BRAO § 43a Rn. 61.
34 Vgl. hierzu instruktiv Offermann-Burckart AnwBl 2022, 90.

ein Grundstück veräußert wird, als Vertreter eines Erben gleichzeitig treuhänderische Tätigkeit für beide Parteien des Kaufvertrags zu entfalten.[35] Eine Interessenkollision hat der BGH im Bereich des Nachfolgerechts in folgender Konstellation bejaht: Eine Alleinerbin machte eine Nachlassforderung gegen die Witwe ihres vorverstorbenen Bruders geltend. Dieser Witwe wurde die Anwältin beigeordnet, die zuvor deren (enterbte) Kinder bei der Durchsetzung ihrer Pflichtteilsansprüche gegen die Alleinerbin vertreten hatte. Der BGH bestätigte die gerichtliche Aufhebung der Beiordnung wegen Interessenkollision, weil für ihn maßgeblich war, dass sich der Nachlasswert (und damit der Pflichtteilsanspruch) erhöht, wenn die jetzige Klage gegen die Witwe Erfolg habe.[36]

Besonderes Augenmerk im Rahmen der anwaltlichen Zusammenarbeit verdient die Neuregelung des Verbots der Vertretung widerstreitender Interessen bei gemeinschaftlicher Berufsausübung. Gemäß § 43a Abs. 4 BRAO gilt das Tätigkeitsverbot bei der Vertretung widerstreitender Interessen auch für Rechtsanwälte, die ihren Beruf gemeinschaftlich mit dem Rechtsanwalt ausüben, der nicht tätig werden darf, auch noch **nach Beendigung** der gemeinschaftlichen Berufsausübung. Von diesem Tätigkeitsverbot kann durch Einwilligung des Mandanten abgewichen werden, „wenn die betroffenen Mandanten der Tätigkeit des Rechtsanwalts nach umfassender Information in Textform zugestimmt haben und geeignete Vorkehrungen die Einhaltung der Verschwiegenheit des Rechtsanwalts sicherstellen.", vgl. § 43a Abs. 4 S. 4 BRAO. Im Umkehrschluss ist daher davon auszugehen, dass bei gemeinsamer Tätigkeit im Rahmen einer Bürogemeinschaft kein Tätigkeitsverbot besteht. Dies wird auch von der Neufassung des § 3 Abs. 3 BORA bestätigt, der explizit darauf hinweist, dass bei Bürogemeinschaften im Sinne des § 59q BRAO keine gemeinschaftliche Berufsausübung im Sinne des § 43a Abs. 4 S. 2 BRAO vorliegt. 19

II. Vorbefassungsverbot, § 45 BRAO

§ 45 BRAO untersagt dem Rechtsanwalt ein Tätigwerden, wenn eine nicht-anwaltliche Vorbefassung vorliegt.[37] Der Rechtsanwalt darf in einer Angelegenheit nicht tätig werden, wenn er in derselben Rechtssache bereits in einer anderen Funktion tätig gewesen ist. „Dieselbe Rechtssache" setzt regelmäßig eine Identität des zugrunde liegenden Sachverhalts voraus.[38] Dieses Verbot der Vorbefassung ist im Bereich der Nachfolge insbesondere für die Anwaltsnotare relevant, die mit der Erstellung von Erbverträgen oder Testamenten beauftragt waren. 20

III. Parteiverrat, § 356 StGB

Das Verbot der Vertretung widerstreitender Interessen wird auch strafrechtlich sanktioniert. Der Rechtsanwalt darf gemäß § 356 StGB nicht mehreren Parteien pflichtwidrig dienen. Geschütztes Rechtsgut sind nach herrschender Meinung als überindividuelles Rechtsgut das **Vertrauen in die Zuverlässigkeit der Integrität der Anwaltschaft** und der Schutz des **Auftraggebers** vor drohenden Nachteilen.[39] Taugliche Täter sind professionelle Rechtsbeistände mit dem wichtigsten Unterfall des zugelassenen Rechtsanwalts, wenn sie in Ausübung ihres Berufs handeln.[40] 21

Die **Tathandlung** besteht darin, dass der Anwalt oder Rechtsbeistand in derselben ihm anvertrauten Rechtssache beiden Parteien durch Rat oder Beistand pflichtwidrig dient.[41] 22

Eine Rechtssache wird **anvertraut**, wenn der Mandant dem Rechtsanwalt den Sachverhalt zur Wahrnehmung seiner Interessen mitteilt und der Anwalt die Übernahme des Mandats nicht 23

---

35 AnwG Hamburg AnwBl 2009, 143 ff.
36 BGH AnwBl 2013, 293 f.
37 Zu den Rechtsfolgen eines Verstoßes vgl. Deckenbrock AnwBl 2010, 221 ff.
38 Vgl. Weyland/Träger BRAO § 43a Rn. 61 ff.; Henssler/Prütting/Henssler BRAO § 43a Rn. 199 ff.
39 Vgl. HK-GS/Sahan/Höft StGB § 356 Rn. 1.
40 Vgl. HK-GS/Sahan/Höft StGB § 356 Rn. 2.
41 Vgl. HK-GS/Sahan/Höft StGB § 356 Rn. 3.

unverzüglich ablehnt – es muss sich bei den Tatsachen weder um Geheimnisse noch Tatsachen handeln, die der Anwalt nicht auch auf andere Weise hätte erfahren können.[42] Bei einer **Mehrheit von Rechtsanwälten** ist danach zu unterscheiden, in welcher Form die Zusammenarbeit erfolgt. Bei einer **Bürogemeinschaft** erfolgt nur die Beauftragung des einzelnen Anwalts. Bei einer **Sozietät**, bei der nach außen die Mandatierung von mehreren Rechtsanwälten erfolgt, ist zu unterscheiden: bei der Beauftragung in Zivilsachen werden die Informationen in der Regel der gesamten Sozietät anvertraut, im Strafrecht hingegen nur dem einzelnen konkret beauftragten Rechtsanwalt.[43] Entscheidend ist hier der Wille des Mandanten, ob er einen bestimmten Rechtsanwalt oder die Sozietät mandatieren wollte.[44]

24 **Dieselbe Rechtssache** setzt wie das Verbot der Vertretung widerstreitender Interessen eine Sachverhaltsidentität voraus.[45]

25 Der Rechtsanwalt **dient** der Rechtssache, wenn er berufliche Dienstleistung erbringt, also den Mandanten berät oder vertritt.[46]

26 **Beide Parteien** bedeutet, dass der Rechtsanwalt nicht selbst Partei sein darf: die eigene Vertretung gegen einen ehemaligen Mandanten im eigenen Interesse ist zulässig.[47] Dies gilt allerdings nicht, wenn der Rechtsanwalt Gesellschafter oder Geschäftsführer einer Gesellschaft ist: in diesem Fall darf der Rechtsanwalt nicht als anwaltlicher rechtsgeschäftlicher Vertreter „seiner" Gesellschaft gegen einen ehemaligen Mandanten vorgehen.[48] Dies dürfte er lediglich bei Ansprüchen aus dem Mandatsverhältnis, wenn er als gesetzlicher Vertreter der Gesellschaft auftritt.

27 Die Pflichtwidrigkeit ist ein normatives Tatbestandsmerkmal und nicht nur ein Blankett, das durch das anwaltliche Berufsrecht ausgefüllt wird; maßgebliche Kriterien sind die Identität des Verfahrensstoffes und die Gegensätzlichkeit der Interessen.[49]

28 Hinsichtlich des subjektiven Tatbestandes reicht bedingter Vorsatz,[50] so dass der Rechtsanwalt besonders darauf achten sollte, ob widerstreitende Interessen vorliegen könnten.

29 Der Rechtsanwalt sollte daher vor der Mandatsannahme folgende Aspekte berücksichtigen:
- Wird der Rechtsanwalt **beruflich** tätig?
- Handelt es sich um **dieselbe Rechtssache**, liegt also ein zumindest teilweise identischer Lebenssachverhalt zu Grunde?
- Wird der Rechtsanwalt für **beide Parteien** tätig?
- Haben die beteiligten Parteien **widerstreitende Interessen**?
- Ist dem Rechtsanwalt oder der Sozietät die Rechtssache **anvertraut**?
- Ist die Tätigkeit für beide Parteien **pflichtwidrig**, liegt also ein Interessengegensatz vor?

IV. Beispielskonstellationen und Meinungsstand

30 Im Bereich des Erbrechts und der Nachfolgeberatung kommt dem Verbot der Vertretung widerstreitender Interessen große Bedeutung zu, so dass im Folgenden einige Beispielskonstellationen vorgestellt werden.

31 **1. Beratung oder Vertretung mehrerer Erben einer Erbengemeinschaft.** Das BayObLG[51] hat 1989 einen Rechtsanwalt wegen Parteiverrats verurteilt, der zunächst zwei Erbinnen einer dreiköpfigen Erbengemeinschaft gegen den dritten Erben vertreten hatte, um dessen Ausscheiden aus der Erbengemeinschaft zu erreichen. Eine der Mandantinnen hat sich anschließend

---

42 Vgl. HK-GS/Sahan/Höft StGB § 356 Rn. 3.
43 Vgl. BeckRA-HdB/Roxin § 55 Rn. 14.
44 Vgl. BeckRA-HdB/Roxin § 55 Rn. 14.
45 Vgl. HK-GS/Sahan/Höft StGB § 356 Rn. 5.
46 Vgl. HK-GS/Sahan/Höft StGB § 356 Rn. 8.
47 Vgl. BGH NStZ 2000, 369.
48 Vgl. BGH NStZ 2000, 369.
49 Vgl. HK-GS/Sahan/Höft StGB § 356 Rn. 9.
50 Vgl. HK-GS/Sahan/Höft StGB § 356 Rn. 10.
51 BayObLG NJW 1989, 2903.

entschlossen, die vollständige Auseinandersetzung der Erbengemeinschaft durchzuführen und einen eigenen Rechtsanwalt beauftragt, so dass der Rechtsanwalt nur noch eine Erbin – nunmehr im Rahmen der Erbauseinandersetzung – vertrat. Das BayObLG bejahte einen Verstoß mit der Begründung, dass für die Erfüllung dieser Tatbestandsvoraussetzung ausreichend sei, wenn ein Rechtsanwalt trotz Interessengegensatzes gleichzeitig oder zeitlich nacheinander für Parteien auf beiden Seiten tätig wird. Eine Verletzung der rechtlichen oder wirtschaftlichen Interessen einer Partei sei nicht erforderlich, da die Vorschrift das Vertrauen der Bevölkerung in die Zuverlässigkeit und Integrität der Anwalts- und Rechtsbeistandschaft schütze.

Das BVerfG[52] hat 2006 in einer ähnlichen Konstellation gleichfalls einen Verstoß gegen das Verbot der Vertretung widerstreitender Interessen bejaht: Ein Rechtsanwalt hatte im Rahmen einer Erbauseinandersetzung zwei Erben gegen die dritte Erbin vertreten. Nach Auszahlung der dritten Erbin kam es zur Auseinandersetzung zwischen den beiden Mandanten. Ein Sozius des Rechtsanwalts vertrat einen der Erben, obwohl der andere Erbe dieser Vertretung durch den Sozius widersprach. Das Bundesverfassungsgericht hat daher die Regelung des § 3 Abs. 2. S. 2 BORA gebilligt, die eine Ausnahme bei Berufsausübungsgesellschaften für den Fall des Einverständnisses der Mandanten normiert. 32

Grunewald kommt vor dem Hintergrund der Dispositivität des § 3 Abs. 2 S. 2 BORA zu dem Ergebnis, dass ein Rechtsanwalt die Auseinandersetzung einer Erbengemeinschaft durchführen kann, sofern er die Erben umfassend darüber informiert hat, dass er nicht ihre gegensätzlichen Standpunkte zur Geltung bringen wird, er keine gegensätzlichen rechtlichen oder tatsächlichen Standpunkte einnimmt und die Erben sich ausdrücklich mit der gemeinsamen Vertretung einverstanden erklärt haben.[53] 33

Gerade vor dem Hintergrund sich möglicherweise ändernder Interessenlagen weist *Offermann-Burckart* auf die Probleme bei der Vertretung mehrerer Miterben hin.[54] Sollte sich im Nachhinein bei den Mandanten herausstellen, dass eine Interessenkollision vorliegt, muss der Rechtsanwalt gemäß § 3 Abs. 4 BORA alle Mandate niederlegen, so dass sich hier die Frage stellt, inwieweit dies den Vergütungsanspruch berührt.[55] 34

Auch beim möglichen Vorliegen ausgleichspflichtiger Vorausempfänge gemäß § 2050 BGB bei einem oder mehreren Erben ist von einer Vertretung der Erbengemeinschaft abzuraten, weil diese von den potenziellen Mandanten unterschiedlich interpretiert werden dürften. 35

Bei der Vertretung von Miterben ist daher zu beachten: Dem Rechtsanwalt werden durch den Auftrag von mehreren Miterben die maßgeblichen tatsächlichen Verhältnisse anvertraut. Diese auf den Nachlass bezogenen Informationen erlangen auch Bedeutung, wenn einer der vertretenen Miterben das Mandatsverhältnis kündigt. Die scheinbar gleichgerichteten Interessenlagen der einzelnen Miterben können sich im Verlauf des Mandats ändern. Generell ist darauf hinzuweisen, dass die Interessen bei einer Auseinandersetzung zwischen mehreren Miterben ihrer Natur nach erst einmal gegenläufig sind, auch wenn es nicht zu Meinungsverschiedenheiten über die Art der Auseinandersetzung kommt, weil insoweit im Rahmen der Auseinandersetzung immer die Interessen des einen Erben zugunsten oder zulasten der Interessen des anderen Erben zum Tragen kommen. Eine Ausnahme des Interessenswiderstreits könnte nur dann vorliegen, wenn die Miterben schon vor Beratung eines Anwalts eine Übereinkunft über einen bestimmten Auseinandersetzungsplan getroffen haben und damit den Interessenwiderstreit völlig aufgehoben haben. Insgesamt spricht bei einer Abwägung der Vor- und Nachteile mehr dafür, nur die Vertretung eines Miterben zu übernehmen, um die Gefahr einer möglichen Interessenkollision von vornherein zu vermeiden.[56] 36

---

52 BVerfG NJW 2006, 2469.
53 Vgl. Grunewald ZEV 2006, 386 (388).
54 Vgl. Offermann-Burckart ZVEV 2007, 151 ff.

55 Vgl. hierzu Offermann-Burckart ZVEV 2007, 151 (156).
56 So auch Damrau/Tanck/Rißmann BGB § 2032 Rn. 35.

37 **2. Beratung oder Vertretung mehrerer Pflichtteilsberechtigter.** Eine Interessenkollision bei der Vertretung mehrerer Pflichtteilsberechtigter gegen einen oder mehrere Erben besteht grundsätzlich nicht.

Etwas anderes gilt allerdings dann, wenn einer der Pflichtteilsberechtigten zu Lebzeiten des Erblassers ausgleichspflichtige Zuwendungen erhalten hat. Dies können Zuwendungen gemäß § 2316 BGB sein, bei denen sich zwangsläufig Auswirkungen auf die übrigen Pflichtteile durch die Ausgleichung ergeben, so dass keine gleichgerichteten Interessen mehr vorliegen.[57] Gleiches gilt, wenn sich der Pflichtteilsberechtigte nach § 2315 BGB oder § 2327 BGB Vorausempfänge anrechnen lassen muss.[58]

38 **3. Beratung von Ehegatten bei letztwilligen Verfügungen.** Bei der Erstellung eines Ehegattentestaments wenden sich regelmäßig beide Ehegatten an den beratenden Rechtsanwalt, so dass auch hier zu prüfen ist, ob eine Interessenkollision bei der Beratung beider Ehegatten zu befürchten ist. Hier ist die Gefahr einer Interessenkollision durchaus naheliegend.

39 Zwar liegt grundsätzlich kein Interessengegensatz vor, wenn die Ehegatten gemeinsam eine Regelung treffen wollen, die für beide Ehegatten tragfähig ist. Eine Interessenkollision ist jedoch bereits dann denkbar, wenn die Ehegatten bereits eine letztwillige Verfügung errichtet haben und nur einer der Ehegatten eine Abänderung der Vereinbarung wünscht, da hier bereits die Beratung im Hinblick auf den Widerruf den einen Ehegatten zulasten des anderen Ehegatten begünstigt.[59] Auch hinsichtlich der Aufnahme einer Wiederverheiratungsklausel kann ein Interessengegensatz auftreten, wenn die Ehegatten hier unterschiedliche Auffassungen vertreten.[60] Gleiches gilt für die Erbeinsetzung der Abkömmlinge aus früheren Beziehungen, die regelmäßig nur im Interesse eines Ehegatten liegen dürfte.[61]

40 **4. Beratung von Erblasser zu Lebzeiten und Erbe(n) nach Eintritt des Erbfalls.** Nach dem Tod des Erblassers stellt sich die Frage, ob der Rechtsanwalt die Erben (auch zB den Ehegatten im Rahmen eines gemeinschaftlichen Testaments) beraten oder vertreten darf. Die Verpflichtung des Rechtsanwalts aus dem Mandatsverhältnis besteht gerade im Bereich des Erbrechts über den Tod des Mandanten hinaus, weil der Mandant berechtigterweise davon ausgehen kann, dass der Rechtsanwalt auch nach seinem Tod seinen Interessen dient.[62]

41 Die Beratung eines Alleinerben ist unproblematisch möglich, weil hier kein Interessengegensatz zu den Interessen des Erblassers denkbar erscheint. Etwas anderes gilt allerdings dann, wenn beispielsweise die Rechtsnachfolge streitig ist. Bei der Einsetzung eines Abkömmlings als Alleinerben und der nachträglichen Berufung auf Testierunfähigkeit durch einen anderen Abkömmling, ist eine Interessenkollision des Rechtsanwalts denkbar. Hier wären die genauen Hintergründe zu beleuchten, die den Erblasser zu der von ihm bevorzugten Alleinerbenstellung bewogen haben. Da dies nach dem Tod des Erblassers kaum möglich ist, sollte hier aufgrund der Gefahr des Bestehens einer Interessenkollision das Mandat des vermeintlichen Erben nicht angenommen werden.

42 **5. Möglichkeit der Beratung durch verschiedene Rechtsanwälte einer Berufsausübungsgemeinschaft oder Bürogemeinschaft.** Aufgrund der Neufassung der §§ 43a Abs. 4 – 6 BRAO, § 3 BORA gilt das Verbot der Vertretung widerstreitender Interessen nicht uneingeschränkt. Rechtsanwälte, die ihren Beruf im Rahmen einer Bürogemeinschaft ausüben, sind von § 3 BORA mangels gemeinschaftlicher Berufsausübung nicht erfasst. Rechtsanwälte in einer Berufsausübungsgemeinschaft können von den Mandanten von den Beschränkungen gemäß § 43a Abs. 4 BRAO entbunden werden, *„wenn die betroffenen Mandanten der Tätigkeit des Rechtsanwalts nach umfassender Information in Textform zugestimmt haben und geeignete Vorkeh-*

---

57 Vgl. PflichtteilsR-HdB/Lenz-Brendel § 13 Rn. 67.
58 Vgl. PflichtteilsR-HdB/Lenz-Brendel § 13 Rn. 68.
59 So auch FA-ErbR/Frieser Rn. 109 ff.
60 Vgl. FA-ErbR/Frieser Rn. 110.
61 Vgl. Frieser ZErb 2001, 158 (162).
62 Vgl. Offermann-Burckart AnwBl 2009, 729 (735).

rungen die Einhaltung der Verschwiegenheit des Rechtsanwalts sicherstellen. Hinsichtlich der geeigneten Vorkehrungen bedarf es keiner räumlichen Trennung der bearbeitenden Rechtsanwälte, es genügt eine Trennung der Sachbearbeiter, der sonstigen Mitarbeiter, des getrennten Zugriffs auf Papierakten und elektronische Akten.[63]

E. Werbung

Auch die Möglichkeiten der Werbung sind für Rechtsanwälte gesondert berufsrechtlich geregelt. Rechtsanwälten dürfen nach dem Wortlaut des § 43b BRAO werben, sofern sie über die berufliche Tätigkeit in Form und Inhalt sachlich unterrichten und ihre Werbung nicht auf die Erteilung eines Auftrags im Einzelfall gerichtet ist. Einzelne Werbemittel und -methoden werden in den §§ 6 ff. BORA näher beschrieben. Insgesamt ist seit den sogenannten „*Bastille-Beschlüssen*" des BVerfG, in denen erstmals die Zulässigkeit anwaltlicher Werbung bestätigt wurde[64] – ein anhaltender Trend zur Liberalisierung des Berufsrechts und insbesondere des Werberechts der freien Berufe zu verzeichnen. 43

Anwaltliche Werbung ist als Teil der Berufsausübungsfreiheit gemäß Art. 12 GG grundgesetzlich garantiert[65] und daher grundsätzlich gestattet.[66] Die Generalklausel des § 43b BRAO – ergänzt durch die §§ 6 ff. BORA[67] – regelt die Möglichkeiten der Beschränkung anwaltlicher Werbung.[68] 44

I. Werbung, § 43b BRAO

Die Werbung des Rechtsanwalts muss über die berufliche Tätigkeit in Form und Inhalt sachlich unterrichten und darf nicht auf die Erteilung eines Auftrags im Einzelfall gerichtet sein. Die Vorschrift ist in verfassungskonformer Auslegung so zu verstehen, dass die anwaltliche Werbung grundsätzlich erlaubt und nur in Einzelfällen verboten ist.[69] Die in § 43b BRAO genannten Grenzen der Rechtsanwaltswerbung – Berufsbezogenheit, Sachlichkeit und fehlende Einzelfallbezogenheit – sind im Gesetz selbst nicht näher definiert und müssen durch Auslegung ermittelt werden.[70] 45

1. Berufsbezogenheit. Berufsbezogene Werbung liegt immer schon dann vor, wenn der Rechtsanwalt die interessierte Öffentlichkeit auf seine berufliche Tätigkeit hinweist.[71] Auch das Sponsoring[72] fällt unter den Begriff der Werbung.[73] Dieses Merkmal wird sehr weit ausgelegt.[74] Die Rechtswissenschaft misst dem Kriterium der Berufsbezogenheit keine nennenswerte Bedeutung zur Beschränkung anwaltlicher Werbung bei.[75] Berufsbezogen ist Werbung jedenfalls dann, wenn das Verhalten des Anwalts *„für die Entscheidung potenzieller Mandanten, ob und ggf. welchen Anwalt sie beauftragen sollen, auf der Grundlage vernünftiger und sachbezogener Erwägungen eine Rolle spielen kann"*.[76] Hierbei reicht es aus, wenn dies bei einer Minderheit 46

---

63 Vgl. Hartung/Scharmer/v. Falckenhausen BORA § 3 Rn. 44 ff.
64 Vgl. BVerfG NJW 1988, 194 ff.
65 Mittlerweile ständige Rechtsprechung, vgl. statt aller BVerfG NJW 1992, 550; BVerfG NJW 1988, 194 ff.
66 Vgl. Wolf Anwaltliche Werbung, 38 ff.
67 Vgl. zum Verhältnis von §§ 6 ff. BORA zu § 43b BRAO Wolf Anwaltliche Werbung, 69.
68 Teilweise wird gefordert, das berufsspezifische Werberecht komplett aufzugeben, vgl. Henssler AnwBl 2013, 394 (396).
69 HM, vgl. statt aller BGH NJW 2001, 2087 (2088); Hartung/Scharmer/v. Lewinski BORA § 6 Rn. 20.
70 Einheitliche Abgrenzungsmerkmale wurden weder von Rechtsprechung noch Wissenschaft bisher aufgestellt. Meist werden Werbeaktivitäten lediglich unter Bezugnahme auf ähnliche andere, gerichtlich beurteilte Fälle beurteilt, vgl. statt aller BVerfG NJW 1992, 1614; BGH AnwBl 1994, 418 f.; Weyland/Träger BRAO § 43b Rn. 11 ff.; Henssler/Prütting/Prütting BRAO § 43b Rn. 14 ff.
71 Vgl. BGH AnwBl 2001, 567 (568).
72 Hierzu zählt zB die finanzielle Unterstützung von kulturellen Veranstaltungen etc, vgl. hierzu Ring Anwaltliches Werberecht Rn. 521.
73 Vgl. BVerfG NJW 2000, 3195 f.
74 So auch Steinbeck NJW 2003, 1481 (1483).
75 Vgl. Hartung/Scharmer/v. Lewinski BORA § 6 Rn. 34; Henssler/Prütting/Prütting BRAO § 43b Rn. 16 ff.
76 Vgl. BGH NJW 2001, 2087 (2088); zustimmend Henssler/Prütting/Prütting BRAO § 43b Rn. 17; Weyland/Träger BRAO § 43b Rn. 12.

der Rechtsuchenden der Fall ist.[77] Werbung mit fachlichen Qualifikationen oder besonderen fachbezogenen Kenntnissen ist daher ohne Weiteres berufsbezogen.[78] Auch fachfremde Informationen können zulässig sein, wenn der Rechtsanwalt damit auf seine Berufsausübung hinweist – zB sind Hinweise auf die Mitgliedschaft in (fachbezogenen) Vereinen oder Verbänden oder auf eigene sportliche Erfolge erlaubt.[79]

47 **2. Sachlichkeit.** Die Werbung muss darüber hinaus über die berufliche Tätigkeit in Form und Inhalt *„sachlich"* unterrichten.[80] Grundsätzlich ist jedes Werbemittel erlaubt.[81] Auch wenn Rechtsanwälte ihre Werbung anders als bisher gestalten, begründet dies allein nicht die Unzulässigkeit der Werbemaßnahme.[82] Werbung in Zeitungen und Zeitschriften, auf Werbetafeln, Banden in Sportstadien oder auf Messen, in Rundfunk und Fernsehen ist grundsätzlich erlaubt.[83]

48 Hauptanwendungsbereich der inhaltlichen Sachlichkeit dürfte das Verbot irreführender Werbung sein. Insbesondere die subjektive Einschätzung der eigenen Leistung des Rechtsanwalts ist verboten: Die Werbung mit reinen Werturteilen ist mangels überprüfbarer Tatsachengrundlage irreführend[84] und unsachlich. Wertende Hinweise des Rechtsanwalts auf Erfahrung, Kompetenz oder Seriosität sind nur zulässig, wenn diese durch Qualifikationen[85] belegt sind oder anderweitig auf ihren Wahrheitsgehalt überprüft werden können.[86] Uneingeschränkt zulässig sind allgemeine, formal und inhaltlich angemessen gestaltete Angaben, die keinen Irrtum erregen können.[87]

49 Die Werbung des Rechtsanwalts darf insgesamt nicht die Gefahr einer Irreführung des rechtsuchenden Publikums bergen.[88] Das bedeutet, dass der durchschnittlich informierte, situationsadäquat aufmerksame und verständige Verbraucher als Empfänger der Werbung nicht irregeführt wird.[89]

50 Zusammenfassend erfordert sachliche Werbung, dass der Rechtsanwalt nur mit Tatsachen und Werturteilen wirbt, die auf ihren Wahrheitsgehalt geprüft werden können. Außerdem darf das Erscheinungsbild der Werbung nicht derart im Vordergrund stehen, dass ihr Inhalt weit dahinter zurückbleibt;[90] die Werbung darf auch weder übertrieben noch belästigend sein.[91]

51 **3. Verbot der Einzelfallbezogenheit.** Letztlich darf die Werbung nicht auf die Erteilung eines Auftrags im Einzelfall gerichtet sein. Dieses Merkmal ist angesichts der grundsätzlichen Gestattung von Werbung weit auszulegen.[92] Das Verbot dient dem Schutz der Rechtsuchenden vor Überrumpelung, besonders wenn diese aufgrund ihrer konkreten Situation nicht in der Lage sind, sachangemessen zu entscheiden, ob eine Mandatierung gerade des werbenden Rechtsanwalts erfolgen soll.[93]

---

77 Vgl. Weyland/Träger BRAO § 43b Rn. 12; Henssler/Prütting/Prütting BRAO § 43b Rn. 18.
78 Hierzu zählen die Nennung von Fortbildungen, vgl. hierzu Wolf Anwaltliche Werbung, 120 ff., oder Fachanwaltstiteln, vgl. hierzu Ring Anwaltliches Werberecht Rn. 169 ff.
79 Vgl. zu den Hinweisen auf eigene sportliche Erfolge BVerfG NJW 2003, 2816 ff. und auf Vereine.
80 Vgl. Wolf Anwaltliche Werbung, 51 mwN.
81 Vgl. BVerfG NJW 1997, 3067 (3068); BGH AnwBl 1997, 562 (563).
82 Vgl. BVerfG NJW 2001, 3324; BVerfG AnwBl 1997, 494 (495).
83 Vgl. bereits BGH NJW 1999, 2444 ff.; LG München I, das die Zulässigkeit des Spots bejahte, vgl. Henssler Anm. zu LG München I EWiR 1998, 361 f.
84 Vgl. BGH NJW 2005, 1644 (1645); BGH NJW 2001, 2087 (2088); OLG Koblenz NJW-RR 1999, 1074 (1075); OLG Stuttgart NJW 2002, 1433 ff.; LG Berlin BB 2000, 1647 f.
85 ZB durch einen Fachanwaltstitel.
86 Vgl. BGH AnwBl 1996, 233 (234).
87 Vgl. BVerfG NJW 2000, 1635 (1636) zur Verwendung des Werbeslogans *Ihre Rechtsfragen sind unsere Aufgabe*.
88 Vgl. Ring Anwaltliches Werberecht Rn. 3, 9.
89 Vgl. BGH NJW 2001, 3193; BGH GRUR 2000, 619 (621).
90 Vgl. Ring Anwaltliches Werberecht Rn. 3.
91 Vgl. zur Frage unsachlichen Verhaltens allgemein § 43a Abs. 3 S. 2 BRAO.
92 Vgl. BGH BRAK-Mitt. 2001, 229 ff.; Kleine-Cosack BRAO § 43b Rn. 18.
93 Vgl. Hartung MDR 2003, 485 (489).

Angesichts der Rechtsprechung des BGH[94] kommt diesem Merkmal untergeordnete Bedeutung zu: Ein Rechtsanwalt verstößt demnach nicht zwingend gegen § 43b BRAO, wenn er einen potenziellen Mandanten in Kenntnis eines konkreten Beratungsbedarfs persönlich anschreibt und seine Dienste anbietet. Ein Verstoß liegt jedenfalls dann nicht vor, wenn der Adressat einerseits durch das Schreiben weder belästigt, genötigt oder überrumpelt wird und er sich andererseits in einer Lage befindet, in der er auf Rechtsrat angewiesen ist und ihm eine an seinem Bedarf ausgerichtete sachliche Werbung hilfreich sein kann.[95] Die Abgrenzung zwischen der erlaubten Werbung um Mandanten und der verbotenen Werbung um konkrete Mandate[96] ist daher hinfällig. Vielmehr treten Überschneidungen mit der Verpflichtung zur sachlichen Werbung auf, die ebenfalls eine aufdringliche, belästigende Ansprache (potenzieller) Mandanten verbietet. Der potenzielle Mandant soll sich für einen Rechtsanwalt seiner Wahl entscheiden können, ohne durch eine Werbung, die sich auf „*seinen Einzelfall*" bezieht, beeinflusst zu werden.[97]

52

Zulässig sind unzweifelhaft Rundschreiben[98] und Praxisbroschüren[99] mit Informationen über das Dienstleistungsangebot des Werbenden, die sowohl an Mandanten als auch an Nicht-Mandanten versendet werden können.[100] Gleiches gilt für alle Werbemaßnahmen, die auf eine Kontaktaufnahme durch die Adressaten zu den werbenden Rechtsanwälten zielen, wie zB bei der Teilnahme an einem Anwaltsuchservice[101] oder der Aufforderung von Mandanten an Kanzleien, sich um das Mandat zu bewerben (sog. Beauty-Contest).[102] Außerdem bestehen keine Bedenken bei Werbung hinsichtlich bestimmter Rechtsfragen, bei der die Allgemeinheit angesprochen wird.[103] Nach der neuesten Rechtsprechung ist auch die Ansprache von Adressaten mit potenziellem Beratungsbedarf zulässig, wenn die Mandatierungsentscheidung frei getroffen werden kann.

53

4. Zusammenfassung. Maßgebliches Kriterium für die Beurteilung der Zulässigkeit einer Werbemaßnahme ist daher deren Sachlichkeit. Anwaltliche Werbung muss in Inhalt und Form sachlich sein und darf daher keine reinen Meinungsäußerungen, sondern nur auf ihren Wahrheitsgehalt nachprüfbare Tatsachen enthalten, weder herabsetzend noch belästigend sein.

54

II. Besondere Berufspflichten im Zusammenhang mit der Werbung, §§ 6 ff. BORA

Die Generalklausel des § 43b BRAO wird durch die Vorschriften der §§ 6–10 BORA konkretisiert.[104]

55

1. Werbung, § 6 BORA. In § 6 BORA ist Folgendes geregelt:

56

- § 6 Abs. 1 BORA wiederholt § 43b BRAO und stellt darüber hinaus klar, dass der Rechtsanwalt über seine Dienstleistung und seine Person unterrichten darf.
- § 6 Abs. 2 S. 1 BORA verbietet die Angabe von irreführenden Erfolgs-[105] und Umsatzzahlen. Die Angabe zutreffender Umsatzzahlen ist nicht irreführend und daher erlaubt.[106]
- Gemäß § 6 Abs. 2 S. 2 BORA darf der Rechtsanwalt auf Mandanten oder Mandate nur mit ausdrücklicher Einwilligung des Mandanten hinweisen.[107]
- Einschlägig könnte gerade bei der Zusammenarbeit mit nicht-anwaltlichen Partnern die Regelung des § 6 Abs. 3 BORA sein: Die Vorschrift verbietet dem Rechtsanwalt, daran mitzu-

---

94 Vgl. BGH NJW 2014, 554 ff.
95 Vgl. BGH NJW 2014, 554 ff.
96 Vgl. hierzu OLG München NJW 2006, 517,518.
97 Vgl. Hartung/Scharmer/v. Lewinski BRAO § 43b Rn. 28.
98 Vgl. AnwG München AnwBl 1999, 171 ff.
99 Vgl. OLG München NJW 2000, 2824 ff.
100 Vgl. BGH NJW 2001, 2886 ff.
101 Vgl. BVerfG NJW 1992, 1613 ff.
102 Vgl. Hartung/Scharmer/v. Lewinski BRAO § 43b Rn. 36.
103 Vgl. Hartung/Scharmer/v. Lewinski BRAO § 43b Rn. 21.
104 Vgl. zum Verhältnis von BRAO und BORA Hartung/Scharmer/v. Lewinski BRAO § 43b Rn. 8.
105 Dies sind beispielsweise Anzahl oder Prozentsatz gewonnener Prozesse oder zufriedener und neu hinzugewonnener Mandanten, vgl. Henssler/Prütting/Prütting BRAO § 6 BORA Rn. 7.
106 Vgl. Hartung/Scharmer/v. Lewinski BORA § 6 Rn. 196.
107 Das Erfordernis der Zustimmung des Mandanten folgt bereits aus der Verschwiegenheitsverpflichtung des § 43a Abs. 2 BRAO.

wirken, dass Dritte für ihn Werbung betreiben, die ihm selbst verboten ist. Allerdings ist die tatsächliche Bedeutung dieses Verbots gering: Die erforderliche Mitwirkung setzt eine eigene aktive Beteiligung voraus, die sich nicht in der bloßen Duldung der Werbung erschöpft.[108] In diesem Fall handelt es sich aber bereits um eine eigene Werbung des Rechtsanwalts.

57 **2. Benennung von Teilbereichen der Berufstätigkeit, § 7 BORA.** § 7 BORA regelt die Möglichkeit der Herausstellung von Teilbereichen der anwaltlichen Tätigkeit:

- § 7 Abs. 1 BORA gestattet die Benennung von Teilbereichen der Berufstätigkeit, wenn der werbende Rechtsanwalt die entsprechenden Kenntnisse besitzt und nachweisen kann. Diese Regelung gilt nur für die personen- und damit anwaltsbezogene Werbung, nicht für die Benennung der Ausrichtung der Kanzlei als solcher.[109] Der Rechtsanwalt kann (Tätigkeits-)Schwerpunkte und Tätigkeitsgebiete angeben, sofern diese Angaben nicht irreführend sind.[110] Er darf Qualifikationen benennen, die er auch tatsächlich besitzt und ggf.[111] nachweisen kann. Als Experte oder Spezialist darf sich der Rechtsanwalt bezeichnen, wenn er auf ein bestimmtes Gebiet so fokussiert ist, dass er Erfahrungen nachweisen kann, die den Durchschnitt weit übersteigen[112] und auch über die Qualifikationen eines Fachanwalts noch hinausgehen.[113]
- § 7 Abs. 2 BORA verbietet Werbung, bei der eine Gefahr der Verwechslung mit Fachanwaltschaften oder sonstiger Irreführung besteht. Eine Werbung mit der Bezeichnung „Fachrechtsanwalt" oder „Sonderfachanwalt" ist daher nicht zulässig.[114]
- § 7 Abs. 3 BORA erweitert den Anwendungsbereich der beiden vorherigen Absätze auf Berufsausübungsgemeinschaften und Kooperationen, um Umgehungen zu vermeiden.[115]

58 **3. Kundgabe gemeinschaftlicher Berufsausübung und anderer beruflicher Zusammenarbeit, § 8 BORA.** § 8 BORA regelt die Möglichkeit, auf gemeinschaftliche Berufsausübung mit den Angehörigen der in § 59a BRAO genannten Berufe hinzuweisen. Erlaubt sind Hinweise auf die Zusammenarbeit in einer Sozietät, einem Anstellungsverhältnis und im Rahmen einer freien Mitarbeit. Eine Pflicht zur Kundgabe beruflicher Zusammenarbeit besteht nach § 8 BORA grundsätzlich nicht, kann sich allerdings aus §§ 9, 10 BORA ergeben.[116] Hinweise auf die Kooperation mit anderen – nicht zwingend sozietätsfähigen[117] – Personen sind zulässig, sofern nicht der Eindruck gemeinschaftlicher Berufsausübung entsteht. Hinsichtlich der Dauer oder Intensität sind keine besonderen Anforderungen zu beachten, so dass auch zeitweilige Kooperationen hiervon erfasst sind.[118] Der Hinweis auf eine Bürogemeinschaft ist zulässig.[119]

59 **4. Kurzbezeichnungen, § 9 BORA.** § 9 BORA bestimmt, dass eine Kurzbezeichnung einheitlich geführt werden muss. Unter Kurzbezeichnungen werden allgemein die einprägsamen Bezeichnungen von Anwaltsbüros verstanden, die das Gegenstück zur handelsrechtlichen Firma darstellen.[120] Diese können entweder aus den Namen der Rechtsanwälte, aus einer Kombination

---

108 Vgl. bereits die restriktive Auslegung des Begriffs der Duldung EGH Berlin AnwBl 1979, 492; Weyland/Träger BRAO § 6 BORA Rn. 39; Hartung/Scharmer/v. Lewinski BORA § 6 Rn. 209 ff.
109 Vgl. BGH NJW 2001, 1573 ff. für die Bezeichnung einer „Kanzlei für Arbeitsrecht und allgemeines Zivilrecht".
110 Vgl. hierzu Hartung/Scharmer/v. Lewinski BORA § 7 Rn. 14.
111 Die Kenntnisse müssen nicht vorab nachgewiesen werden, sondern nur im Falle eines berufs- oder wettbewerbsrechtlichen Verfahrens, vgl. Hartung/Scharmer/v. Lewinski BORA § 7 Rn. 41.
112 Hierzu wählt Hartung/Scharmer/v. Lewinski BORA § 7 Rn. 64 das Kriterium, dass der Anwalt zu den besten 10–15 % der Anwaltschaft gehören müsste, da 25 % der zugelassenen Rechtsanwälte Fachanwälte sind.
113 Vgl. BVerfG NJW 2004, 2656 ff.; OLG Stuttgart NJW 2008, 1326 ff.
114 Vgl. Hartung/Scharmer/v. Lewinski BORA § 7 Rn. 69.
115 Vgl. hierzu Hartung/Scharmer/v. Lewinski BORA § 7 Rn. 82.
116 Vgl. Hartung/Scharmer/v. Lewinski BORA § 8 Rn. 12.
117 Vgl. BGH Beschl. v. 25.7.2005 – AnwZ (B) 42/04, NJW 2005, 2692 f.
118 Vgl. Hartung/Scharmer/v. Lewinski BORA § 8 Rn. 23.
119 Vgl. Wolf Anwaltliche Werbung, 148 mwN.
120 Vgl. Hartung/Scharmer/v. Lewinski BORA § 9 Rn. 13 ff.

aus Personen- und Sachbezeichnung, aus einer reinen Sachbezeichnung oder aus einer Phantasiebezeichnung bestehen.[121] § 9 BORA betrifft nur solche Kurzbezeichnungen, die Einzelanwälte[122] oder Berufsausübungsgesellschaften betreffen, andere Kooperationsformen oder interprofessionelle Berufsausübungsgemeinschaften sind vom Anwendungsbereich nicht erfasst.[123]

5. Briefbögen, § 10 BORA. § 10 BORA regelt den Mindestinhalt kanzleibezogener Briefbögen. Der Rechtsanwalt muss gemäß § 10 Abs. 1 BORA seine Kanzleianschrift angegeben.[124] Sämtliche Gesellschafter müssen mit mindestens einem ausgeschriebenen Vornamen unter der von ihnen geführten Berufsbezeichnung benannt werden, § 10 Abs. 2 BORA. Dementsprechend müssen auch mindestens so viele Namen auf dem Briefbogen aufgeführt sein wie die Kurzbezeichnung enthält.[125] Bei der Zusammenarbeit mit den Angehörigen anderer Berufe ist deren Berufsbezeichnung anzugeben, § 10 Abs. 3 BORA. Außerdem muss gemäß § 10 Abs. 4 BORA ein Hinweis auf das erfolgte Ausscheiden noch genannter Berufsträger erfolgen. 60

Die Vorschrift dient dem Informationsinteresse der Rechtsuchenden an der Person ihres Vertragspartners und soll bereits anhand des Briefbogens die Kontrolle ermöglichen, ob widerstreitende Interessen vertreten werden.[126] Dementsprechend bestehen keine verfassungsrechtlichen Bedenken gegen diese Angabepflicht. Die Regelung gilt für alle Kanzleien unabhängig von der Kanzleigröße.[127] 61

F. Fortbildungspflicht

Schließlich besteht für Rechtsanwälte eine gesetzlich verankerte Fortbildungsregelung. 62

I. Fortbildungspflicht für Rechtsanwälte, §§ 43a Abs. 6, 43c Abs. 4 S. 2 BRAO

Die Fortbildungspflicht des § 43a Abs. 8 BRAO soll die Qualität der anwaltlichen Leistung und die Aktualität anwaltlichen Wissens gewährleisten.[128] Die Rechtsprechung verlangt insofern vom Rechtsanwalt, dass dieser – wenn er ein Mandat in einem bestimmten Gebiet übernimmt – Kenntnis der maßgeblichen Gesetze und der dazu veröffentlichten höchstrichterlichen Rechtsprechung hat und diese berücksichtigt; in Bezug auf im Wandel begriffene Rechtsgebiete werden diese Anforderungen teilweise noch höher geschraubt.[129] Konkrete Regelungen hat der Gesetzgeber – mit Ausnahme der Regelung des § 15 FAO für Fachanwälte – nicht getroffen. Es steht jedem Rechtsanwalt frei, wie er seine Fortbildung gestaltet.[130] Verstöße gegen die Fortbildungspflicht können mangels Kontrollmöglichkeiten und Justiziabilität nicht sanktioniert werden.[131] Relevanz entfaltet die Regelung daher allenfalls in einem Regressprozess, bei dem der Mandant die mangelnden Kenntnisse des Rechtsanwalts rügt.[132] 63

II. Aus- und Fortbildungspflicht für Fachanwälte, § 15 Abs. 1 FAO

Die Verleihung des Fachanwaltstitels für die in § 1 FAO genannte Fachanwaltschaft für Erbrecht setzt den Erwerb von theoretischen Kenntnissen und den Nachweis praktischer Erfahrungen voraus. Die praktischen Erfahrungen können gemäß § 5 Abs. 1 lit. m FAO durch die Bear- 64

---

121 Vgl. Hartung/Scharmer/v. Lewinski BORA § 9 Rn. 24 ff.
122 Vgl. Hartung/Scharmer/v. Lewinski BORA § 9 Rn. 11.
123 Vgl. Hartung/Scharmer/v. Lewinski BORA § 9 Rn. 11.
124 Eine voll ausgestattete Zweigstelle muss nicht als solche gekennzeichnet sein, sofern der Sitz der Zulassung der einzelnen Berufsträger und das Vorhandensein mehrerer Kanzleistandorte erkennbar sind, vgl. BGH BB 2012, 2893; OLG Jena EuZW 2011, 528.
125 Vgl. LG Arnsberg NJW-Spezial 2011, 511.
126 Vgl. Henssler/Prütting/Prütting BORA § 10 Rn. 2.
127 Vgl. BVerfG NJW 2002, 2163 f.
128 Vgl. Weyland/Träger BRAO § 43a Rn. 96; Hartung/Scharmer/Peitscher BRAO § 43a Rn. 335.
129 Vgl. Weyland/Träger BRAO § 43a Rn. 97 f.
130 Vgl. Hartung/Scharmer/Peitscher BRAO § 43a Rn. 336 ff.
131 Vgl. Weyland/Träger BRAO § 43a Rn. 98; Hartung/Scharmer/Peitscher BRAO § 43a Rn. 342.
132 Vgl. Weyland/Träger BRAO § 43a Rn. 98; Hartung/Scharmer/Peitscher BRAO § 43a Rn. 343.

beitung von 80 Fällen (mindestens 20 rechtsförmliche Verfahren, hiervon maximal 15 FGG-Verfahren) in bestimmten Teilbereichen (materielles Erbrecht unter Einschluss erbrechtlicher Bezüge zum Schuld-, Familien-, Gesellschafts-, Stiftungs- und Sozialrecht; Internationales Privatrecht im Erbrecht; vorweggenommene Erbfolge, Vertrags- und Testamentsgestaltung; Testamentsvollstreckung, Nachlassverwaltung, Nachlassinsolvenz und Nachlasspflegschaft; steuerrechtliche Bezüge zum Erbrecht; Besonderheiten der Verfahrens- und Prozessführung) nachgewiesen werden. Gerade der Nachweis der praktischen Erfahrungen ist oft schwierig, weil der häufig vorliegende Bezug des Erbrechts zu anderen Rechtsgebieten allein nicht ausreicht. Der notwendige Bezug setzt voraus, dass die erbrechtlichen Fragen für die Auseinandersetzung „eine Rolle spielen" und der Fall einen „Bearbeitungsschwerpunkt" im Erbrecht hat.[133] Die theoretische Ausbildung kann gemäß § 4 Abs. 1 FAO durch den erfolgreichen Abschluss eines fachanwaltsspezifischen Lehrgangs von mindestens 120 Zeitstunden Dauer belegt werden, hinzu kommt das Erfordernis der dreijährigen Zulassung gemäß § 3 FAO.

65 Für Fachanwälte ist in § 15 Abs. 1 FAO eine konkrete Regelung der Fortbildungspflicht geregelt. Fachanwälte müssen in ihrem Fachgebiet kalenderjährlich mindestens 15 Zeitstunden wissenschaftlich publizieren oder an anwaltlichen Fortbildungsveranstaltungen hörend oder dozierend teilnehmen. Die Weiterbildungspflicht rechtfertigt sich aus dem erhöhten Vertrauen, das Rechtsuchende einem Fachanwalt entgegenbringen und ist daher verfassungsgemäß.[134]

G. Umgang mit Fremdgeld

66 Gemäß § 43a Abs. 7 BRAO ist der Rechtsanwalt zum sorgfältigen Umgang mit fremden Vermögenswerten und zur unverzüglichen Weiterleitung von Fremdgeld an den Empfangsberechtigten bzw. zur Einzahlung auf ein Anderkonto (Einzel- oder Sammelanderkonto) verpflichtet. Beträge über 15.000 EUR dürfen auf einem Sammelanderkonto nicht länger als einen Monat verwaltet werden, § 4 Abs. 2 BORA. Eine Aufrechnung mit eigenen Gebührenforderungen ist nur möglich, wenn die Zahlungen nicht zweckgebunden für Dritte erfolgt sind.

67 Wenn der Rechtsanwalt bei einer Erbauseinandersetzung Fremdgelder vereinnahmt, muss er daher darauf achten, dass diese unverzüglich an den Berechtigten weitergeleitet werden.

---

133 Vgl. bereits BGH NJW 2008, 3001; BRAK-Mitt. 2008, 135.

134 Vgl. Hartung/Scharmer/Scharmer BORA § 15 FAO Rn. 18 ff.

5. Bestattung, Totenfürsorge und Sepulkralkultur

A. Einführung	1
B. Vom Totenbett zum Grab – Überblick über die wesentlichen Abläufe	3
I. Leichenschau und Obduktion	3
II. Anzeige des Todes	7
III. Leichenbesorgung, Überführung und Transport	8
IV. Bestattung	15
C. Die Rechte der Toten? – Der Leichnam als Bezugspunkt von Rechtsbeziehungen	16
I. Der rechtliche Status des menschlichen Körpers nach dem Tod	19
II. Einzelfragen	32
1. Leichen aus vergangenen Zivilisationen und ältere anatomische Präparate	32
2. Implantate und ähnliche in den Körper integrierte Gegenstände	35
3. Leichenteile, Organtransplantation	39
4. Anatomische Institute	44
D. Rechte und Pflichten im Bestattungsrecht	46
I. Bestattungspflicht	46
II. Das Recht der Totenfürsorge	52
1. Maßgeblichkeit des geäußerten oder gemutmaßten Willens	53
a) Bestimmung des Inhalts der Totenfürsorge	56
b) Bestimmung der Person des Fürsorgeberechtigten	62
2. Personelle Zuordnung der Totenfürsorge bei Fehlen einer Bestimmung durch den Verstorbenen	69
3. Mehrheit von Totenfürsorgeberechtigten	73
4. Unwillige Totenfürsorgeberechtigte	76
5. Das Problem der Umbettung und die Achtung der Totenruhe	77
6. Sonderproblem: „virtuelle Grabstätte" im Internet	85
III. Grabnutzungsrecht und Friedhofsrecht	86
1. Das Grabnutzungsrecht	86
2. Friedhof, Friedhofsrecht und Haftung für Grabmäler	90
3. Grabstätte und Ruhezeiten	97
a) Reihengrabstätte oder Wahlgrabstätte	98
b) Ruhezeiten	101
4. Grabgestaltung, Grabpflege	103
5. Rechtsverhältnisse bzgl. Grabstein und Grabschmuck	108
IV. Kostentragung	112
1. Die Haftung des Erben gem. § 1968 BGB, die Haftung des Trägers der Totenfürsorge und des Bestattungspflichtigen nach §§ 677 ff. BGB	112
a) Anspruchslage	112
b) Reichweite der Ersatzpflicht	123
aa) Bei § 1968 BGB	123
bb) Bei Geschäftsführung ohne Auftrag	125
2. Haftung aufgrund Unterhaltspflicht	127
3. Haftung Dritter im Rahmen von Schadensersatzansprüchen	132
4. Inanspruchnahme des Sozialhilfeträgers: § 74 SGB XII	133
a) Anspruchsinhaber und Anspruchsgegner	134
b) Unzumutbarkeit	136
c) Anspruchshöhe	137
5. Kostentragung bei Bestattung durch die öffentliche Hand	138
a) Anspruchsgegner	139
b) Ausnahme bei zerrütteten Familienverhältnissen?	140
c) Anspruchshöhe	144
E. Art und Weise der Bestattung, Grabpflege	145
I. Möglichkeiten der Beisetzung	145
1. Grenzen der Gestaltungsfreiheit: Bestattungs-/Beisetzungszwang und Friedhofszwang	145
a) Verfassungsmäßigkeit	148
b) Sonderproblem: Plastination	149
2. Hinweise zu den Bestattungsformen	152
II. Sicherstellung der Grabpflege	162
1. Erbrechtliche Gestaltungsmöglichkeiten	163
2. Dauergrabpflegevertrag	166
III. Grabpflegekosten	167
F. Bestattungsvertrag und Bestattungsvorsorgevertrag	168
I. Bestattungsvertrag	168
1. Kündigung	170
2. Bestattervergütung	171
3. Abnahme	172
4. „Übergehen" eines Bestattungsvertrags	173
5. Gestaltung, insbes. Aufnahme von Preisanpassungsklauseln	174
II. Bestattungsvorsorgevertrag	177

Literatur:

Assmann, Der Tod als Thema der Kulturtheorie, 2000; *Bonefeld/Wachter*, Der Fachanwalt für Erbrecht, 3. Aufl. 2013 (zitiert: Bonefeld/Wachter FA-ErbR/Bearbeiter) *Borowy*, Die Postmortale Organentnahme und ihre zivilrechtlichen Folgen, 2000; *Deinert/Bisping/Neuser*, Todesfall und Bestattungsrecht, 6. Aufl. 2021; *Faiß/Uhl*, Bestattungsrecht Baden-Württemberg, 2018; *Gaedke/Barthel*, Handbuch des Friedhofs- und Bestattungsrechts, 13. Aufl. 2022 (zitiert: Gaedke FriedhofsR/BestattungsR); *Gotzen*, Die Sozialbestattung, 3. Aufl. 2022; *Gröschner*, Menschenwürde und Sepulkralkultur in der grundgesetzlichen Ordnung, 1995; *Hohner*, Subjektlose Rechte, 1969; *Johnsen*, Die Leiche im Privatrecht, 1912; *Jurgeleit*, Betreuungsrecht, 4. Aufl. 2018 (zitiert: HK-BetreuungsR/Bearbeiter); *Klingsporn/Drescher/Thimet*, Friedhofs- und Bestattungsrecht in Bayern, 37. Aktualisierung 2022; *Kretschmer*, Der Grab- und Leichenfrevel als strafwürdige Missetat, 2002; *Krug/Rudolf/Kroiß/Bittler*, Anwaltsformulare Erbrecht, 6. Aufl. 2019 (zitiert: Krug/

*Rudolf/Kroiß/Bittler/*Bearbeiter AnwForm ErbR); *Kurze/Goertz,* Bestattungsrecht, 2. Aufl. 2016; *Lehmann,* Postmortaler Persönlichkeitsschutz, 1973; *Luther,* Postmortaler Schutz nichtvermögenswerter Persönlichkeitsrechte, 2009; *Rott/Kornau/Zimmermann,* Testamentsvollstreckung – Vermögensnachfolgegestaltung für Steuerberater und Vermögensverwalter, 2. Aufl. 2012; *Schrems,* Ist das geltende Friedhofs- und Bestattungsrecht noch zeitgemäß?, 2012; *Schünemann,* Die Rechte am menschlichen Körper, 1985; *Spickhoff,* Medizinrecht, 4. Aufl. 2022; *Spranger/Pasic/Kriebel,* Handbuch des Feuerbestattungsrechts, 2. Aufl. 2021; *Strätz,* Zivilrechtliche Aspekte der Rechtsstellung des Toten unter besonderer Berücksichtigung der Transplantation, 1971; *Trieglaff,* Der würdevolle Umgang mit dem menschlichen Leichnam, 2010; *von Barloewen,* Der Tod in den Weltkulturen und Weltreligionen, 2000; *Wichmann,* Die rechtlichen Verhältnisse des menschlichen Körpers und der Teile und Sachen, die ihm entnommen, in ihn verbracht oder sonst mit ihm verbunden sind, 1995; *Widmann,* Der Bestattungsvertrag, 6. Aufl. 2015; *Wienke/Rothschild/Janke,* Rechtsfragen der Obduktion und postmortalen Gewebespende, 2012; *Zimmermann,* Rechtsfragen bei einem Todesfall, 7. Aufl. 2015.

A. Einführung

1 Die Quellen des Bestattungsrechts und Leichenwesens sind ganz **überwiegend im Landesrecht** verortet,[1] obgleich einzelne Fragen unter Heranziehung bundes-, unions- und internationalrechtlicher Spezialvorgaben zu lösen sind.[2] Ergänzend wird bisweilen auf die im **Gesetz über die Feuerbestattung** von 1934 kodifizierten Rechtsgrundsätze Rückgriff genommen, wenn Lücken oder Widersprüche in landesrechtlichen Regelungen behoben werden müssen.[3] Des Weiteren sind einige der zentralen Institutionen des Rechtsgebietes – wie bspw. das Totenfürsorgerecht[4] – Schöpfungen des **Gewohnheitsrechts.** Praktisch bedeutsam sind auch die auf landesrechtlicher Ermächtigung basierenden **Satzungen,** die von den Trägern der Friedhöfe erlassen werden.[5]

2 Da Mandate mit Bezug zu bestattungsrechtlichen Problemen regelmäßig im Interimsbereich zwischen dem als Verwaltungsrecht zu qualifizierenden[6] Bestattungsrecht ieS, dem Erbrecht und dem Recht der Schuldverhältnisse angesiedelt sind, wäre eine bloß kommentierende Erläuterung des einschlägigen Spezialrechts nicht sinnvoll: Einerseits sind die Bestattungsgesetze der Länder in den meisten Fragen so eindeutig, dass sich eine Erläuterung erübrigt. Andererseits gebieten die komplexeren Probleme, mit denen sich der Praktiker zumeist konfrontiert sieht, eine Erörterung unter Wahrung der norm- und gebietsübergreifenden Bezüge; dies ist angesichts der höchst dezentralen Normierung im Stile eines Kommentars nicht durchführbar. Im Folgenden werden daher die zentralen *Sachfragen* vorgestellt, die sich im Zusammenhang mit der Behandlung von Leichen, der Bestattung und der Grabpflege ergeben.

B. Vom Totenbett zum Grab – Überblick über die wesentlichen Abläufe

I. Leichenschau und Obduktion

3 Menschliche Leichen und Totgeburten sind vor der Bestattung zwingend zu untersuchen (Leichenschau) – zur sicheren Feststellung des Todes sowie der Ermittlung von Zeitpunkt, Art und

---

1 Die Bestattungsgesetze der Länder samt etwaiger Nebenregelungen finden sich in der umfassenden Sammlung von Deinert/Bisping/Neuser sowie im Wesentlichen auch bei Gaedke FriedhofsR/BestattungsR, 386 ff.
2 Relevant sind von den Bundesgesetzen insbes. das Gräbergesetz (für die Gräber der Opfer von Krieg und Gewaltherrschaft), das Infektionsschutz-, das Bundesseuchen- und Transplantationsgesetz, ferner StPO, RiStBV und StGB. Den grenzüberschreitenden Transport eines Leichnams regeln insbes. das Internationale Abkommen über Leichenbeförderung und das Europäische Übereinkommen über die Leichenbeförderung.
3 Kurze/Goertz BestattungsR, 3. Das Gesetz enthält einige wichtige normative Grundentscheidungen des Gesetzgebers (insbes. zur Feuerbestattung – ihre Gleichstellung mit der Erdbestattung, den Umgang mit der Asche, die Maßgeblichkeit und den Nachweis des Willens des Verstorbenen), die mittlerweile auch in den landesgesetzlichen Regelungen weitgehend Umsetzung gefunden haben.
4 Blume AcP 112, 366 (388 ff.); Karczewski ZEV 2017, 129.
5 Häufig basieren diese Satzungen auf den Mustern, die der Deutsche Städtetag und der Deutsche Städte- und Gemeindebund herausgegeben hat.
6 Kurze/Goertz BestattungsR, 5 f.

Ursache des Versterbens.[7] Grundsätzlich hat diese Aufgabe ein approbierter Arzt zu versehen.[8] Die Leichenschau ist idR unverzüglich nach Auffindung des Körpers zu veranlassen; wem diese Pflicht obliegt, ergibt sich aus den Bestattungsgesetzen bzw. in Bayern aus der Durchführungsverordnung zum Bestattungsgesetz (BestV). Rechtlich nicht verbindliche Qualitätsstandards für die Durchführung der ärztlichen Leichenschau enthalten die Leitlinien der Deutschen Gesellschaft für Rechtsmedizin.[9]

Der Arzt stellt über seinen Befund eine **Bescheinigung** aus. Diese trägt in den verschiedenen Landesrechten die Bezeichnung „Totenschein", „Leichenschauschein" oder „Todesbescheinigung". Diese ist zu unterscheiden von der vorläufigen Todesbescheinigung; diese ist eine reine Untersuchungsdokumentation des behandelnden Notarztes, die bestattungsrechtlich nicht bedeutsam ist. Der Totenschein ist bspw. für die Ausstellung der Sterbeurkunde erforderlich. In Berlin setzt die Bestattung zusätzlich die Erteilung eines sog. Bestattungsscheines voraus.[10] Für Überführungen der Leiche in oder durch ein anderes Land ist ein sog. Leichenpass erforderlich. Dieser wird im Regelfall durch die Gemeinde ausgestellt, in deren Gebiet die Beförderung beginnt.[11]

4

Die für die Leichenschau anfallenden **Kosten** ergeben sich aus Nr. 100 der GOÄ. Derzeit betragen sie 110,51 EUR. Hinzu kommt regemäßig ein Wegegeld nach Art. 8 GOÄ. Die zusätzliche Berechnung einer Besuchsgebühr nach Nr. 50 von derzeit 42,90 EUR darf zulässigerweise nur berechnet werden, wenn der Arzt noch vor Todeseintritt bzw. bei ungewissem Todeseintritt angefordert wurde.[12] Wer Träger der Kosten ist, ist in den Landesgesetzen geregelt.[13]

5

Eine gerichtsmedizinische **Obduktion**, bei der die Leiche – anders als bei der regulären Leichenschau – geöffnet wird, ist nur in Ausnahmefällen zwingend geboten, namentlich gem. § 87 StPO in Fällen unklarer Todesursache.[14] Die außergerichtliche Leichenöffnung ist dann nicht oder nur eingeschränkt möglich. Die infolge der Untersuchung anfallenden Mehrkosten trägt der Staat selbst; nur die ohnehin anfallenden Transportkosten kann die öffentliche Hand ersetzt verlangen.[15]

6

In allen anderen Fällen kann eine Sektion **nur mit Einwilligung** erfolgen.[16] Fehlt eine lebzeitige Einwilligung des Verstorbenen, kommt es regelmäßig auf die Erklärung (bzw. den Widerspruch) bestimmter Angehöriger an: Nur ein Teil der Bestattungsgesetze regelt diese Fragen ausdrücklich,[17] zumeist wird auf den Kreis der Bestattungspflichtigen abgestellt. Im Übrigen ist die Entscheidung des Totenfürsorgeberechtigten maßgeblich.

6.1

---

[7] §§ 20 ff. BestattungsG Baden-Württemberg, Art. 2 BestattungsG Bayern iVm §§ 1 ff. Durchführungs-VO, § 6 BestattungsG Berlin, §§ 4 ff. Brandenburgisches BestattungsG, § 3 ff. LeichenwesenG Bremen, §§ 1 ff. Leichen-, Bestattungs- und Friedhofswesen G Hamburg, §§ 12 f. Friedhofs- und BestattungsG Hessen; § 3 ff. BestattungsG Niedersachsen (geändert mwZ 1.1.2019, dazu Horn NdsVBl 2019, 78 ff.), § 9 BestattungsG Nordrhein-Westfalen (geändert durch G v. 9.7.2014, dazu Gondry, Micke/Stollmann NWVBl 2015, 176 ff.), § 11 BestattungsG Rheinland-Pfalz, §§ 13 ff. BestattungsG Saarland, §§ 11 ff. Sächsisches BestattungsG, §§ 3 ff. BestattungsG Sachsen-Anhalt, § 3 ff. BestattungsG Schleswig-Holstein, §§ 4 ff. Thüringisches BestattungsG.

[8] Ausnahme bspw. in § 12 Abs. 3 BestattungsG Schleswig-Holstein.

[9] Krit. zur Qualität allgemein Bellmann/Schluff StRR 2013, 135 ff. Zu Problemen speziell bei pandemischen Situationen Gaede/Heidemann/Goebels/Püschel/Ondruschka MedR 2022, 892 ff. sowie Rixen WiVerw 2021, 8 ff.

[10] § 19 Abs. 1 BestattungsG. Näher hierzu und zu den unterschiedlichen Gestaltungen der nach der Leichenschau auszustellenden Bescheinigung Kurze/Goertz, 8.

[11] Vgl. bspw. § 9 Abs. 2 S. 1 Nr. 1 BestV Bayern.

[12] Kurze/Goertz, 9.

[13] Bspw. Art. 4 BestattungsG Bayern.

[14] Vgl. insg. zur Thematik Wienke/Rothschild/Janke Rechtsfragen der Obduktion und postmortalen Gewebespende; Klauck NStZ 2022, 81 ff.

[15] Kurze/Goertz, 9.

[16] OLG München NJW 1976, 1805 Rn. 10 ff.; vgl. auch Schrems, 249.

[17] §§ 8 ff. Brandenburgisches BestattungsG, § 11 ff. LeichenwesenG Bremen, § 5 BestattungsG Niedersachsen, § 10 BestattungsG Nordrhein-Westfalen, § 15 Sächsisches BestattungsG, § 9 BestattungsG Sachsen-Anhalt, § 9 BestattungsG Schleswig-Holstein, §§ 8 ff. Thüringisches BestattungsG.

II. Anzeige des Todes[18]

7 Abgesehen von den mit der Veranlassung der Leichenschau in Verbindung stehenden – landesgesetzlich geregelten – Anzeige- bzw. Meldepflichten und den Fällen einer Anzeigepflicht in besonderen Situationen (bspw. §§ 6 ff. IfSG, § 159 StPO – jeweils nur für bestimmte Behörden bzw. Berufsträger), obliegt es gem. § 28 PStG den in §§ 29 Abs. 1 S. 1, 30 Abs. 1 PStG genannten Personen/Einrichtungen (in der gesetzlichen Reihenfolge),[19] den Todesfall demjenigen **Standesamt** anzuzeigen, in dessen Zuständigkeitsbereich der Mensch gestorben ist. Der Todesfall wird sodann im Sterberegister aufgenommen. IdR gegen Vorlage von Leichenschau- bzw. Totenschein, Geburtsurkunde und etwaigen Personenstandsurkunden des Verstorbenen kann eine Sterbeurkunde (§§ 55 Abs. 1 Nr. 5, 60 PStG) verlangt werden. Sinnvoll ist es, bei dieser Gelegenheit gleich einige beglaubigte Abschriften anzufordern, um diese bei Banken, Lebensversicherungsgesellschaften, der gesetzlichen Rentenversicherung und der Krankenkasse des Verstorbenen vorlegen zu können. Aus dem jeweils geltenden **Ortsrecht** können sich weitere Meldepflichten – etwa gegenüber der Friedhofsverwaltung oder Städtischen Bestattungsanstalt – ergeben.[20]

III. Leichenbesorgung, Überführung und Transport

8 Die **Bereitung des Leichnams zur Bestattung** wird als Leichenbesorgung bezeichnet. Der Körper des Verstorbenen wird dabei von den Angehörigen oder einem Fachmann in einen würdigen Zustand gebracht, dh gereinigt, in das Leichenhemd gekleidet, aufgebahrt und eingesargt.[21] Geregelt ist insoweit lediglich – und auch dies nur sporadisch – die Tätigkeit des professionellen Leichenbesorgers.[22]

9 Grundsätzlich besteht eine **Pflicht zur Einsargung** der Leiche. Ausdrücklich normiert ist dies nur in manchen Landesgesetzen,[23] doch wird die Sargpflicht in Deutschland allgemein als selbstverständlich angesehen.[24] Die technischen Anforderungen an den Sarg sind dabei – zur Gewährleistung einer ungehinderten Verwesung bzw. vollständigen Verbrennung – zumeist detailliert geregelt; Einzelheiten ergeben sich auch aus den Friedhofssatzungen.[25]

10 Die Pflicht zur Einsargung – genauer: die Pflicht zur Beerdigung oder Inkremation der Leiche in einem Sarg – steht nicht in Übereinstimmung mit den Bestattungsriten **islamischer Traditionen** (al-Dafin). In den sunnitischen Ahadith ist lediglich von einem Einschlagen des Körpers in Leinentücher die Rede;[26] demgemäß wird traditionell der in Tücher gehüllte Leichnam in bestimmter Ausrichtung zur Qibla, auf seiner rechten Seite liegend und mit dem Haupt in

---

18 Eingehend Gaedke FriedhofsR/BestattungsR, 143 f.
19 Die Hausgenossen des Verstorbenen, derjenige, in dessen Wohnung sich der Tod ereignet hat, beim Todesfall Anwesende und solche Personen, die aus eigenem Wissen von dem Sterbefall unterrichtet sind; ferner Krankenhäuser, Heime und sonstige Einrichtungen.
Aus eigenem Wissen unterrichtet ist, wer die verstorbene Person selbst gesehen und eine zuverlässige Kenntnis vom Versterben erlangt hat, Rhein, PStG § 29 Rn. 4.
20 Vgl. bspw. § 1 der von der Stadt Nürnberg erlassenen Verordnung über das Leichenwesen oder § 2 Abs. 1 der von der Stadt Füssen erlassenen Verordnung über das Leichenwesen.
21 Kurze/Goertz, 10.
22 Wie bspw. in § 26 BestattungsG Baden-Württemberg, § 13 DurchführungsVO zum BestattungsG Berlin, § 21 BestattungsG Saarland; §§ 6 f. DurchführungsVO BestattungsG Bayern enthält insoweit relevante hygienische Schutzvorschriften.
23 § 10 BestattungsG Berlin, § 1 Abs. 1 BestattungsVO Hamburg, § 18 Abs. 1 Friedhofs- und BestattungsG Hessen; § 11 Abs. 1 BestattungsG Niedersachsen, § 16 Sächsisches BestattungsG, § 15 Abs. 1 BestattungsG Sachsen-Anhalt, § 15 Abs. 1 Nr. 1 BestattungsG Schleswig-Holstein, § 23 Abs. 1 S. 1 Thüringisches BestattungsG.
24 Gaedke FriedhofsR/BestattungsR, 149.
25 Vgl. § 9 der Leitfassung des Deutschen Städtetags für eine Friedhofssatzung.
26 Sahih Muslim 943 (Buch 11, Hadith 63 bzw. Buch 4, Hadith 2058).

Richtung Mekka der Erde übergeben.[27] Zahlreiche Bestattungsgesetze kommen dieser Sitte entgegen, indem sie Ausnahmen vom Sargzwang bei der Beerdigung gestatten.[28]

11 Die nach der Leichenschau grds. gebotene **Überführung** des Körpers in eine Leichenhalle setzt voraus, dass der Arzt die Bescheinigung ausgefertigt hat und die Leichenbesorgung abgeschlossen ist. Die landesrechtlichen Regelungen sehen für die Verbringung der Leiche in die Leichenhalle verhältnismäßig kurze Fristen vor.[29]

11.1 In einzelnen Bundesländern ist dabei in den Gemeindeordnungen die Möglichkeit der Anordnung eines Benutzungszwangs für **öffentliche Leichenhallen** vorgesehen. Wird von dieser Ermächtigung undifferenziert Gebrauch gemacht, ist dies im Lichte der Berufsausübungsfreiheit der Bestatter bedenklich. Nach der zu begrüßenden Ansicht des Hamburgischen OVG[30] sind entsprechende Bestimmungen einschränkend auszulegen: Ist der Schutz der öffentlichen Sicherheit und Ordnung, insbes. die Einhaltung der erforderlichen hygienischen Standards, gewährleistet, muss auch eine Aufbahrung der Leiche in einer privat betriebenen Leichenhalle möglich sein – privaten Bestattungsunternehmen ist unter diesen Voraussetzungen jedenfalls eine Ausnahmegenehmigung zu erteilen.

11.2 Die traditionsreiche und für den Abschied der Angehörigen uU sehr förderliche **Aufbahrung** des Leichnams **im Sterbehaus**, der Wohnung des Verstorbenen bzw. seiner Familie oder einer anderen privaten Räumlichkeit in der gesamten Zeit bis zur Bestattung kann im Wege eines Antrags auf Ausnahmegenehmigung begehrt werden,[31] sofern im Einzelfall keine Gründe der öffentlichen Sicherheit und Ordnung entgegenstehen.

---

27 Eine detaillierte Beschreibung findet sich m. W. erst im 14. Jahrhundert bei Ahmad ibn Naqib al-Misri [Reliance of the Traveler (edited and translated by Nuh Ha Mim Keller) (1994), 238 f.].

28 So bspw. § 18 Abs. 2 BestattungsG Berlin, § 4 Abs. 4 BestattungsG Bremen, § 1 Abs. 4 BestattungsVO Hamburg, § 11 Abs. 1 S. 2 BestattungsG Niedersachsen, § 34 Abs. 1 S. 2 BestattungsG Saarland, §§ 1 Abs. 1 S. 2, 26 Abs. 4 BestattungsG Schleswig-Holstein, § 23 Abs. 1 S. 2 BestattungsG Thüringen. Zur Lage in Nordrhein-Westfalen: Spranger, Friedhofskultur 2003, Heft 8, 6. Zu weiteren Ausnahmen und Zwischenformen: Gaedke FriedhofsR/BestattungsR, 189. Zum rechtlichen Rahmen für die Bestattung nach islamischen Vorschriften: Hertlein NVwZ 2001, 890 sowie Ruf BWGZ 2010, 276 ff.; krit. zum geltenden Bestellungsrecht mit Blick auf Art. 4 GG etwa Fournier/Urban KuR 2010, 246 ff. sowie einschränkend auch Zacharias DÖV 2012, 48 ff.; Für eine Lockerung des Sargzwanges etwa Stellhorn DVBl. 2015, 1360 ff.

29 § 27 BestattungsG Baden-Württemberg (36 h ab Todeseintritt), §§ 8, 19 DurchführungsVO zum BestattungsG Bayern (96 h ab Feststellung des Todes), § 9 BestattungsG Berlin (36 h), § 18 Brandenburgisches BestattungsG (24 h ab Todeseintritt), § 13 LeichenwesenG Bremen (36 h ab Todeseintritt), § 6 Leichen-, Bestattungs- und FriedhofswesenG Hamburg (36 h ab Todeseintritt), § 17 Friedhofs- und BestattungsG Hessen (36 h ab Todeseintritt); § 7 BestattungsG Niedersachsen (36 h ab Todeseintritt), § 11 Abs. 2 BestattungsG Nordrhein-Westfalen (36 h ab Todeseintritt), § 14 BestattungsG Rheinland-Pfalz (36 h ab Todeseintritt), § 22 BestattungsG Saarland (36 h ab Todeseintritt), § 16 Sächsisches BestattungsG (24 h ab Feststellung des Todes), § 10 BestattungsG Sachsen-Anhalt (36 h Todeseintritt), § 10 BestattungsG Schleswig-Holstein (36 h ab Todeseintritt), § 16 Thüringisches BestattungsG (48 h nach Todeseintritt).

30 OVG NordÖR 2007, 203 Rn. 23 f.; zustimmend auch Kurze/Goertz, 11. In eine ähnliche Richtung geht auch die Entscheidung des OVG Weimar NVwZ 1998, 871.

31 Kurze/Goertz, 11; Gaedke FriedhofsR/BestattungsR, 151. Diese Möglichkeit ist bspw. in § 27 Abs. 2 BestattungsG Baden-Württemberg, § 18 Abs. 1 S. 3 BestattungsG Brandenburg, § 11 Abs. 2 Bestattungsgesetz Nordrhein-Westfalen, § 6 Abs. 1 S. 3 BestattungsG Hamburg, § 11 Abs. 1 BestattungsG Sachsen-Anhalt vorgesehen; in § 16 Abs. 2 Thüringisches BestattungsG ist zumindest eine Aufbahrung aus religiösen/weltanschaulichen Gründen vorgesehen. Aus dem Fehlen einer expliziten Einräumung der Möglichkeit im Gesetz sollte mE nicht e contrario die Unzulässigkeit einer privaten Aufbahrung gefolgert werden. Angesichts dessen, dass im Bestattungsrecht neben den gesetzlichen Regelungen weiterhin die ungeschriebenen Grundsätze derjenigen Rechtsbräuche anerkannt werden, aus denen die Kodifikationen hervorgegangen sind (vgl. bspw. Gaedke FriedhofsR/BestattungsR, 148 für die Frage des Sargzwanges), fehlt für einen solchen Umkehrschluss bereits weitgehend das theoretische Fundament. Vielmehr sind die ihrem Wortlaut nach einschränkungslos geltenden Regelungen entsprechend ihrem Sinn restriktiv handzuhaben: Ist im Einzelfall nachgewiesen, dass die heimische Aufbahrung keinen hygienischen (usf.) Bedenken begegnet, ist von der Pflicht zur Verbringung in eine Leichenhalle abzusehen – diese Pflicht entbehrt in derartigen Fällen jedweden sachlichen Grundes und greift dabei schwerwiegend und irreversibel in die Handlungsfreiheit der Angehörigen (überdies im familiären Bereich) ein.

12 Während der Trauerfeier darf die Leiche hingegen **nicht im offenen Sarg** ausgestellt werden; möglich ist – sofern gesundheitlich unbedenklich – lediglich eine Öffnung des Sarges vor der Veranstaltung, damit die Anwesenden dem Verstorbenen die letzte Ehre erweisen und von ihm Abschied nehmen können.

13 Detaillierten Vorgaben unterliegt auch der **Transport der Leiche zur Bestattung:**

- Der Körper muss sich während der Verbringung **in einem Sarg** befinden. An dieser Anforderung halten selbst die Gesetze derjenigen Bundesländer fest, die den Sargzwang *bei der Beerdigung* explizit einschränken:[32] In öffentlichen Verkehrsräumen, insbes. im Bereich des Straßenverkehrs, soll die Konfrontation der Allgemeinheit mit einem Leichnam auf jeden Fall vermieden werden.[33] Weiterhin muss die Beförderung in würdiger und gesundheitlich unbedenklicher Weise durchgeführt werden.
- Der Transport muss grundsätzlich in einem ausschließlich für diesen Zweck verwendeten **Leichen- oder Bestattungswagen** erfolgen.[34]

Sonderprobleme ergeben sich bei der Beförderung ins Ausland[35] oder bei der Benutzung öffentlicher Verkehrsmittel.[36] In bestimmten Konstellationen ist ein sog. Leichenpass erforderlich, der kostenpflichtig durch die örtliche Gemeinde- oder Polizeibehörde ausgestellt wird;[37] in den übrigen Fällen – dh dem Grundsatz nach – ist der Transport einer Leiche weder innerhalb noch außerhalb des Sterbeortes von einer Erlaubnis abhängig, sofern nicht von den soeben dargestellten Mindestanforderungen abgewichen werden soll.

14 Hat eine übertragbare Krankheit den Tod verursacht, können seitens der Ordnungsbehörde Anordnungen betreffend den Umgang mit dem Leichnam – von der Besorgung bis zur Bestattung – getroffen werden.[38]

IV. Bestattung

15 Wieviel Zeit zwischen Todeseintritt bzw. Todesfeststellung und Bestattung verstrichen sein muss bzw. verstreichen darf, ist in allen Bestattungsgesetzen geregelt: Die reguläre **Mindestwartezeit** beträgt 48 Stunden nach Eintritt des Todes; davor kann nur mit einer Ausnahmegenehmigung

---

32 Bspw. in Berlin, wo in § 18 Abs. 2 des Bestattungsgesetzes eine Bestattung in Leintüchern ausdrücklich vorgesehen ist: Bis zum Grab muss der Körper des Verstorbenen auch hier in einem Sarg transportiert werden. Ausdrücklich vorgeschrieben ist der Transport im Sarg auch in: § 12 DurchführungsVO BestattungsG Bayern, § 10 BestattungsG Berlin, § 18 Abs. 2 Brandenburgisches BestattungsG, § 14 LeichenwesenG Bremen, § 7 Leichen-, Bestattungs- und FriedhofswesenG Hamburg, § 15 Friedhofs- und BestattungsG Hessen, § 7 Abs. 3 BestattungsG Niedersachsen, § 16 Abs. 1 BestattungsG Nordrhein-Westfalen („dicht verschlossenes Behältnis"), § 13 BestattungsG Rheinland-Pfalz, § 39 BestattungsG Saarland, § 16 Abs. 1 Sächsisches BestattungsG, § 11 Abs. 1 BestattungsG Sachsen-Anhalt, § 11 Abs. 1 BestattungsG Schleswig-Holstein, § 16 Abs. 3 Thüringisches BestattungsG. Offen: § 43 Abs. 1 BestattungsG Baden-Württemberg.
33 Kurze/Goertz, 12.
34 § 47 BestattungsG Baden-Württemberg, § 13 DurchführungsVO BestattungsG Bayern, § 12 BestattungsG Berlin, § 18 Abs. 2 Brandenburgisches BestattungsG, § 14 Abs. 2 LeichenwesenG Bremen, § 7 Abs. 1 Leichen-, Bestattungs- und FriedhofswesenG Hamburg, § 25 Friedhofs- und BestattungsG Hessen, § 7 Abs. 3 BestattungsG Niedersachsen, § 14 Abs. 2 BestattungsG Rheinland-Pfalz, § 41 BestattungsG Saarland, § 17 Sächsisches BestattungsG, § 11 Abs. 2 BestattungsG Sachsen-Anhalt, § 11 Abs. 2 BestattungsG Schleswig-Holstein. Offen: § 16 Abs. 1 BestattungsG Nordrhein-Westfalen, § 16 Thüringisches BestattungsgG.
35 Regelungen hierzu liefern das Internationale Abkommen über Leichenbeförderung v. 10.2.1937 (Berliner Abkommen) und das Europäische Übereinkommen über die Leichenbeförderung v. 26.10.1973 (Straßburger Abkommen).
36 Erläuterungen liefert Gaedke FriedhofsR/BestattungsR, 157 ff.
37 Gaedke FriedhofsR/BestattungsR, 156.
38 Vgl. exemplarisch für Ebola-Infektionen Parzeller/Wicker/Rabenau/Zehner/Kettner/Verhoff Rechtsmedizin 2015, 46 ff.

bestattet werden[39] – insbes. wenn die Leiche obduziert wurde, aus sonstigen Gründen ein Scheintod ausgeschlossen werden kann oder besondere gesundheitliche Gefahren drohen.[40] Die **Höchstfrist** unterscheidet sich von Land zu Land,[41] sie variiert von 7 bis 10 Tagen. Desungeachtet darf freilich nicht bestattet werden, ehe Leichenschau, Meldung und Registereintrag sowie – bei Verdacht einer unnatürlichen Todesursache bzw. unbekannter Person des Verstorbenen – Freigabe der Leiche durch die Strafverfolgungsbehörden erfolgt sind.[42]

C. Die Rechte der Toten? – Der Leichnam als Bezugspunkt von Rechtsbeziehungen

Die *Leiche* ist nach einer gängigen Definition

der „entseelte menschliche Körper bis zu dem Zeitpunkt, in dem der Zusammenhang zwischen den einzelnen Teilen durch den natürlichen Verwesungsprozess oder eine diesem gleichzustellende Vernichtungsart (zB Verbrennung) aufgehoben ist, sowie der zu wissenschaftlichen Zwecken zerlegte Körper, so lange die Absicht einer gemeinsamen Bestattung der einzelnen Teile in der herkömmlichen Weise" besteht.[43]

Die Überlegung, *was* ein Leichnam rechtlich *ist* – nach welchen Vorschriften er zu behandeln ist, welche Tatbestandsmerkmale er erfüllt –, rührt zwangsläufig an das in der Rechtsordnung manifeste Menschenbild sowie an die damit verknüpfte Vorstellung von Personalität und Körperlichkeit. Wird der Körper durch den Tod der Person zur Sache? Falls ja: Lässt sich an einer Leiche oder an Teilen derselben Eigentum erwerben? Hat der Verstorbene noch eine menschliche Würde? Besteht Anspruch auf einen bestimmten Umgang mit dem Leichnam? Falls ja: Wem sind diese Rechte zugeordnet, wo doch die Rechtsfähigkeit der natürlichen Person, dh ihre Eigenschaft als Subjekt, zumindest nach dem zivilrechtlichen Verständnis, mit dem Tod endet? – Diese Fragen sind in Grenzbereichen sowohl des Zivilrechts als auch der Grundrechtsdogmatik belegen. Ihre Komplexität zeigt sich bereits an der Herausforderung des richtigen Sprachgebrauches: Ist der Verstorbene selbst der Leichnam[44] oder ist der Leichnam, wie in der og Definition angeklungen, lediglich der – entseelte – Körper eines verstorbenen Menschen?

Die rechtlichen Implikationen dieser Fragen werden im Bestattungsrecht unmittelbar virulent und können nicht ausgeblendet werden: Wo es darum geht, die Verbindlichkeit von Anordnungen des Verstorbenen über den Umgang mit seiner Leiche zu etablieren oder auch wenn von Rechten am Leichnam, der Totenruhe bzw. dem Recht zur Totenfürsorge die Rede ist, werden in Literatur und Rechtsprechung regelmäßig Konzepte wie *fortwirkende Menschenwürde, Leichen- oder Totenwürde* und *postmortaler Persönlichkeitsschutz* zitiert.[45] Zum Teil finden sich

---

39 § 36 BestattungsG Baden-Württemberg, § 18 DurchführungsVO zum BestattungsG Bayern, § 21 BestattungsG Berlin, § 22 Brandenburgisches BestattungsG, § 17 LeichenwesenG Bremen, § 16 Friedhofs- und BestattungsG Hessen; § 9 BestattungsG Niedersachsen, § 13 BestattungsG Nordrhein-Westfalen, § 15 BestattungsG Rheinland-Pfalz, § 31 BestattungsG Saarland, § 19 Sächsisches BestattungsG, § 17 BestattungsG Sachsen-Anhalt, § 16 Abs. 1 BestattungsG Schleswig-Holstein.

40 Gaedke FriedhofsR/BestattungsR, 151.

41 In § 37 BestattungsG Baden-Württemberg, § 19 DurchführungsVO zum BestattungsG Bayern und § 16 Abs. 1 Friedhofs- und BestattungsG Hessen ist vorgesehen, dass die Leiche binnen 96 Stunden nach dem Tod bestattet oder zur Bestattung auf den Weg gebracht sein muss. § 19 Abs. 3 Brandenburgisches BestattungsG, § 17 Abs. 2 BestattungsG Sachsen-Anhalt, § 11 Abs. 2 BestattungsG Mecklenburg-Vorpommern und § 17 Abs. 3 Thüringisches BestattungsG bestimmen jeweils eine zehntägige Frist. 9 Tage dauert die Frist gem. § 16 Abs. 1 BestattungsG Schleswig-Holstein, 8 Tage dauert sie gem. § 9 Abs. 2 BestattungsG Niedersachsen, § 13 Abs. 3 BestattungsG Nordrhein-Westfalen und § 19 Abs. 1 Sächsisches BestattungsG, 7 Tage hingegen gem. § 15 Abs. 1 BestattungsG Rheinland-Pfalz, § 32 BestattungsG Saarland.

42 Gaedke FriedhofsR/BestattungsR, 161.

43 Gaedke FriedhofsR/BestattungsR, 111.

44 Dh: Wird der Mensch durch seinen Tod zur Leiche? Dies zu bejahen entspräche wohl einem reduktionistischen Naturalismus bzw. szientistischen Materialismus. Ob Macho, Tod und Trauer im kulturwissenschaftlichen Vergleich, in: Assmann, 91, 99, 101 gezielt Derartiges impliziert, ist unklar.

45 Auf die fortwirkende Würde berufen sich bspw. BeckOGK/Mössner BGB § 90 Rn. 25; Brost AfP 2015, 510 ff.

entsprechende Verweise auch in den Gesetzesmaterialien,[46] vor allem aber auch unmittelbar in den landesrechtlichen Vorschriften. Tatsächlich erscheint **das gesamte Bestattungsrecht** samt seiner Nebenbereiche als die positive Ausformung eines Schutzauftrags, dessen Objekt jedoch nur äußerst schwer fassbar ist.[47]

18 Eine überzeugende Argumentation lässt sich nur entwickeln, wenn man mit diesen Grundlagen – und ihren Schwächen – im Ansatz vertraut ist. Dies gilt umso mehr, als **veröffentlichte Judikate** zu bestattungsrechtlichen Sonderfragen eher rar sind.[48] Erforderlich und angezeigt ist für die Zwecke dieser Darstellung daher ein Mittelweg: Den praktisch relevanten Einzelheiten sei eine kurze Skizze der dogmatischen Grundlagen des ›Leichenrechts‹ vorangestellt.[49]

I. Der rechtliche Status des menschlichen Körpers nach dem Tod

19 Die **Herrschaftsrechte an Körpern** stellen die Jurisprudenz vor eine ganz erhebliche Herausforderung.

20 Am **lebenden Körper** kann es unmöglich Eigentum geben:[50] Der Körper ist *ein Aspekt* der Person selbst, als solcher nimmt er an der Subjektqualität der Person teil. Er ist nicht Sache und kann nicht Gegenstand externer Herrschaftsrechte sein. Während alle anderen körperlichen Gegenstände einen relativen Wert haben und daher austauschbar sind,[51] partizipiert der lebende Körper an der Selbstzweckhaftigkeit des Menschen. Der jeweilige Mensch ist an seinem eigenen Körper in einer fundamental anderen Weise berechtigt als an jedem ihm äußerlichen Objekt, das ihm rechtlich zugeordnet ist, daher auch der alte Rechtssatz: *dominus membrorum suorum nemo videtur*.[52] Die rechtliche Herrschaft der Person über ihren Körper, dh das Recht

---

46 Begründung des Gesetzentwurfs der Bayerischen Staatsregierung (Änderung Bestattungsgesetz) von 1994, Landtags-Drucksache 12/15850, 6. Hierzu und mwN Gröschner, 5 ff.

47 Verbreitet sind die Formeln, mit der Leiche sei „würdig umzugehen", bzw. so, dass die „Würde des Verstorbenen nicht verletzt" werde, bzw. die „Totenwürde" sei zu achten. Vgl. § 24 BestattungsG Baden-Württemberg („würdig umgehen"), Art. 5 BestattungsG Bayern („Würde des Verstorbenen"), § 2 BestattungsG Berlin („würdige Bestattung von verstorbenen Personen"), § 1 Abs. 1 Brandenburgisches BestattungsG („würdige Bestattung von verstorbenen Personen"), § 2 LeichenwesenG Bremen („die gebotene Ehrfurcht vor dem toten Menschen"), § 9 Friedhofs- und BestattungsG Hessen („die Würde des Verstorbenen und das sittliche Empfinden der Allgemeinheit"); § 1 BestattungsG Niedersachsen („die gebotene Ehrfurcht vor dem Tod und das sittliche, religiöse und weltanschauliche Empfinden der Allgemeinheit"), § 7 BestattungsG Nordrhein-Westfalen („die Ehrfurcht vor den Toten […] und die Totenwürde"), § 8 Abs. 1 BestattungsG Rheinland-Pfalz („Würde des Toten und das sittliche Empfinden der Allgemeinheit"), § 9 Abs. 1, Abs. 2 BestattungsG Saarland („würdig […] gestalten", „[d]ie gebotene Ehrfurcht vor dem toten Menschen", „[der] Grundsatz der Würde"), § 1 Abs. 2 Sächsisches BestattungsG („der Würde des Menschen, den allgemeinen sittlichen Vorstellungen und den anerkannten gesellschaftlichen Ordnungen" entsprechend), § 1 Abs. 1 BestattungsG Sachsen-Anhalt („[gebotene] Würde und […] Achtung vor den Verstorbenen"), § 1 BestattungsG Schleswig-Holstein („mit der gebotenen Würde und mit Achtung vor den Verstorbenen"), § 1 Abs. 1 und 3 Thüringisches BestattungsG („die Wahrung der Ehrfurcht vor den Toten, die Achtung der Totenwürde sowie der Schutz der Totenruhe und der Totenehrung"), „die Würde des Menschen, das religiöse Empfinden des Verstorbenen und das sittliche Empfinden der Allgemeinheit").

48 Überblick zu neueren Entwicklungen bei Spranger WiVerwR 2022, 14 ff.; 2021, 3 ff.; Sass ErbStB 2020, 331 ff.; Stelkens WiVerwR 2020, 1 ff. Zu Entwicklungen auf EU-Ebene Schwarzburg Die Menschenwürde im Recht der Europäischen Union, 305 ff.; zu einzelnen Ländern: Cieslik WiVerwR 2022, 30 ff. (Polen); Fraenkel-Haeberle WiVerwR 2019, 63 ff. (Italien); Zußner WuV 2020, 69 ff. (Österreich).

49 Ferner der Hinweis auf das reichhaltige Schrifttum, das hierzu entstanden ist – bspw.: Schünemann Die Rechte am menschlichen Körper, 1985 (mit zahlreichen Hinweisen zur älteren Literatur); Johnsen Die Leiche im Privatrecht, 1912; Hattenhauer JuS 1982, 405 ff.; Küchenhoff FS Willi Geiger, 1974, 45 ff.; B. Lehmann Postmortaler Persönlichkeitsschutz, 1973; Oertmann LZ 19 (1925), 511 ff.; E. May NJW 1958, 2101 ff.; Mittelstein GA Bd. 34, 172 ff.; R. Zimmermann NJW 1979, 569 ff.

50 AM ist Brunner NJW 1953, 1173 f.

51 Kant, Grundlegung zu einer Metaphysik der Sitten, Zweiter Abschnitt, BA 67; erhellend Gröschner, 37 f.

52 Ulpian Digesta, 9.2.13.

am eigenen Körper, ist vielmehr eine Form der Herrschaft der Subjekts *über sich selbst*[53] und folglich richtigerweise als eine **Ausprägung des Persönlichkeitsrechts** zu qualifizieren.[54]

Mit dem Tod endet die körperliche Existenz des Menschen,[55] somit auch sein Dasein als handlungsfähige Person. Folglich **erlischt das Subjekt in seiner Funktion als Rechtsträger**.[56] Dies gilt auch für das Grundrecht aus Art. 2 Abs. 1 GG. Abzulehnen ist der Ansatz *Kießlings*, dem Leichnam als *fiktiver* bzw. *mystischer Person* – ähnlich der juristischen Person – Rechtsfähigkeit zuzuerkennen.[57] Die freihändige Einführung einer dritten Kategorie von Personen ist nicht nur ein offener Bruch mit dem positiven Recht, sondern zugleich mit der darin manifesten, für die gesamte Rechtsordnung fundamentalen Idee der Person. Für eine Analogie zur juristischen Personalität fehlt es an einem dadurch zu behebenden Widerspruch (bzw. einer „Lücke") im System. Dass der Mensch nur während der Dauer seines physischen Lebens als Agent in Rechtsdingen aufzutreten vermag, ist ein zumindest in der gesamten Privatrechtsordnung ausgeformtes Prinzip.[58] Anders lässt sich nicht erklären, warum mit dem Tod die Universalsukzession durch den Erben eintritt.[59]

Welche juristischen Implikationen der Tod für den Körper des Verstorbenen hat, ist daher schwer zu beurteilen. Namhafte Vertreter der Wissenschaft – von *Gierke*[60] über *Wieacker*[61] hin zu *Leipold*,[62] *Larenz* und *M. Wolf*[63] – sehen die Leiche als einen **Rückstand der Persönlichkeit** an. Aus dem Fortbestand des Rechtsobjekts wird so die Kontinuität des Rechtes selbst gefolgert.[64] In Verteidigung der gegenläufigen hM[65] wurde darauf verwiesen, die materielle Substanz des toten Körpers sei nun einmal ein räumlich abgrenzbarer und beherrschbarer Gegenstand, mithin **Sache**.[66] Dieses Argument überzeugt allenfalls auf den ersten Blick; räumlich abgrenzbar und extern (zumindest durch *vis absoluta*) beherrschbar ist auch der Körper eines Lebenden, der aber gerade keine Sache sein soll. Am ehesten lässt sich die Sachqualität der Leiche auf den Gedanken stützen, nach dem Tod *könne* der Körper nicht mehr „Rechtssubjekt sein" (genauer: nicht mehr an der Subjektqualität der Person teilnehmen), weil die Person als Rechtssubjekt ja nicht mehr existiert – der Körper sei daher zwangsläufig Rechtsobjekt.[67] Die absehbaren unerwünschten Folgen dieses Entwurfes werden von seinen Proponenten dadurch vermieden, dass sie den toten Körper – während der Dauer der Totenehrung – nach nichtvermögensrechtlichen

---

53 Der Mensch „ist immer zugleich Leib [...] und hat diesen Leib als diesen Körper" (Plessner Gesammelte Schriften, 1982, Bd. 7, 238).
54 MüKoBGB/Stresemann BGB § 90 Rn. 26. Schwierigkeiten bereitet die Einordnung von Körperteilen/-bestandteilen, die vom Körper des lebenden Menschen getrennt wurden – entsteht durch die Trennung stets eine Sache, die ggf. wegen ihrer Herkunft besonders zu behandeln ist, oder wird das Sachenrecht vom fortdauernden Persönlichkeitsrecht überlagert?
55 Siehe v. Barloewen Der Tod in den Weltkulturen und Weltreligionen, 9 ff., 71: „Der Tod ist die Auflösung der organischen Einheit des Leibes des Lebewesens Mensch. Oder einfacher formuliert: Der Tod ist die Trennung von Leib und Seele. Er ist entsprechend einem metaphysisch-biologischen Verständnis die Auflösung der organischen Einheit des Lebens."
56 Statt aller BeckOGK/Behme BGB § 1 Rn. 31 f.
57 Kießling NJW 1969, 533 ff. Strätz/Wider, 12 f.; Schünemann, 235 hat den Einwand geäußert, eine Willensbildung und -äußerung sei nicht möglich. Dies trifft mE nicht zu. Eine gesetzliche Vertretung durch die nächsten Angehörigen (bspw. entsprechend der Hierarchie der Totenfürsorgebefugnis) wäre als Konstruktion nicht nur möglich, sondern naheliegend.
58 Die Rechtsordnung regelt die äußere Freiheitssphäre des Menschen. Das Prinzip, dass der Mensch als natürliches Subjekt im Bereich des Rechts nur der körperlich Lebende sein kann, sagt selbstverständlich nichts über die Frage aus, ob es ein anderes Leben als das körperliche ›gibt‹ – außer, dass dieses Andere nicht geeignet ist, Anknüpfungspunkt rechtlich-normativer Kategorien zu sein.
59 Spickhoff/Spickhoff BGB § 1 Rn. 16.
60 Deutsches Privatrecht, 1905, Bd. 2, 35 f.
61 Wieacker AcP 148 (1943), 57 (66).
62 MüKoBGB/Leipold BGB § 1922 Rn. 139.
63 Wolf/Neuner BGB AT § 20 Rn. 9.
64 Dieser Schluss ist kein zwingender. Vielmehr spricht alles dafür, den lebenden Körper als ein aliud zum toten Körper anzusehen: Die für den Körper des Lebenden wesentliche und charakteristische Eigenschaft, beseelt zu sein, dh Aspekt eines lebendigen Menschen zu sein, fehlt der Leiche. Der Leichnam hat vielmehr nur die äußere Gestalt eines im vollen Sinne menschlichen Körpers.
65 OLG Bamberg NJW 2008, 1543 (1547); OLG Nürnberg 2010, 2071; OLG Hamburg NJW 2012, 1601 (1603); LG Mainz MedR 1984, 199; Bieler JR 1976, 224 ff.; Gaedke FriedhofsR/BestattungsR, 118 mwN.
66 BeckOGK/Mössner BGB § 90 Rn. 24.
67 So argumentieren Staudinger/Jickeli/Stieper BGB § 90 Rn. 39.

Regeln behandelt wissen wollen:⁶⁸ Die Leiche wird nicht vererbt, sie ist *res extra commercium*, dh nicht verkehrsfähig, ein Eigentumserwerb ist grds. nicht möglich. Erst nach Ende der Totenehrung sollen die allgemeinen sachenrechtlichen Regeln anwendbar sein.

23 **Beide Ansichten** stimmen darin überein, dass die Leiche nicht den generell für Sachen geltenden Vorschriften unterliegen *soll*. Auch die Lehre vom Persönlichkeitsrückstand verfolgt nicht das Ziel, die Leiche als Subjekt zu behandeln: sie soll vielmehr als Persönlichkeitsrecht⁶⁹ (bzw. Substrat eines solchen) – dh durchaus als Objekt, nur eben nicht als Sache – eingestuft werden. Damit ist *in effectu* nichts wesentlich Anderes gesagt, als wenn Vertreter der hA auf die **Fortwirkung des Persönlichkeitsrechts am Körper** verweisen, um die Möglichkeit von Eigentum an der Leiche für einen gewissen Zeitraum auszuschließen.⁷⁰

24 Es ist daher nicht verkehrt und für die Zwecke der Praxis auch ausreichend, den gemeinsamen Nenner der gegenläufigen Modelle – die normative Aussage, dass eine Leiche jedenfalls nicht wie eine reguläre Sache zu behandeln ist – als Anknüpfungspunkt zu wählen. Was hieraus im Einzelnen folgt, hängt davon ab, **woraus die Sonderstellung der Leiche abgeleitet** wird. Nahe liegt hierbei der Rekurs auf das Modell, mit dem das **BVerfG** den **postmortalen Schutz des Persönlichkeitsrechts** begründet:⁷¹ Dieses Recht, das auf der menschlichen Würde und dem Recht auf freie Persönlichkeitsentfaltung basiert, existiere nach dem Tod zwar nicht *als solches* fort, denn Träger jedenfalls des Grundrechts aus Art. 2 Abs. 1 GG sei nur die lebende Person.⁷² Jedoch ende „die in Art. 1 Abs. 1 GG aller staatlichen Gewalt auferlegte Verpflichtung, dem einzelnen Schutz gegen Angriffe auf seine Menschenwürde zu gewähren, nicht mit dem Tode":⁷³ Auch eine postmortale Herabwürdigung des Menschen in dem allgemeinen Achtungsanspruch, der ihm kraft seines Personseins zukommt, sei, so das BVerfG, mit der Unverletzlichkeit der Menschenwürde unvereinbar. Dieses „postmortale Persönlichkeitsrecht" unterliegt nicht der Abwägung.⁷⁴ Auch in jüngerer Zeit geht das BVerfG ausdrücklich von einem *Achtungsanspruch des Toten* aus, „der ihm kraft seiner Menschenwürde zukommt und auch noch nach dem Tode Schutz genießt".⁷⁵ Als Grundlage des postmortalen Schutzes wird Art. 1 Abs. 1 GG benannt.⁷⁶

25 Dieser Ansatz stellt eine nicht unerhebliche Herausforderung dar: **Mit dem Tod verlieren die Grundrechte ihren Träger**⁷⁷ – und dennoch soll es möglich sein, den einzelnen Menschen nach seinem Tod in seinem allgemeinen Achtungsanspruch zu verletzen. Klar ist, dass es nicht um eine Würde *der Leiche*, sondern um die Würde *des Toten* geht. Aber: Wie kann ein Verstorbener weiterhin Träger des Achtungsanspruchs sein? Wie kann von einer zugunsten *des Einzelnen* bestehenden Pflicht des Staates zu Achtung und Schutz der Würde die Rede sein, wenn der Einzelne als Subjekt nicht mehr existiert?

26 Versuche, die Widersprüche dadurch zu beseitigen, dass der Würde selbst eine Nachwirkung beigemessen wird, sind zahlreich. So will etwa *Herdegen* einen einheitlichen postmortalen Schutz von Menschenwürde und allgemeinem Persönlichkeitsrecht auf die Fortdauer *der Per-*

---

68 Gaedke FriedhofsR/BestattungsR, 123 f.; Spranger NJW 2005, 1087 f., zust. OLG München NJW-RR 1994, 925.
69 MüKoBGB/Leipold BGB § 1922 Rn. 139. Diese Formulierung – Leipold verwendet sie explizit nur für die Asche eines Verstorbenen (dies dürfte aber keinen Unterschied machen) – ist nicht unproblematisch. Ein körperlicher Gegenstand kann nach dem gängigen Verständnis nicht ein Recht „sein". Dies scheint mir aber eher ein Problem der Wortwahl denn ein solches des eigentlichen Begriffes.
70 So bspw. Staudinger/Jickeli/Stieper BGB § 90 Rn. 41.
71 BVerfG NJW 1971, 1645 (Mephisto).
72 BVerfGE 30, 173 (194); BGH NJW 2006, 605 Rn. 13 mwN.
73 BVerfG NJW 1971, 1645.
74 BVerfG NJW 2001, 2957 (2959).
75 ZB in NJW 1994, 783 (784) (Anforderungen an gerichtlich angeordnete Leichenöffnung).
76 BVerfGE 30, 173 (194); BVerfG NJW 2001, 2957 und 594; BGH BGHZ 165, 203 Rn. 13; BGHZ 107, 384 (391); GRUR 1984, 907 (908); vgl. auch BGH NJW 2005, 1876 (1878).
77 Für Art. 2 Abs. 1 GG hat dies das BVerfG ausdrücklich entschieden; für die Würde kann nichts anderes gelten.

sönlichkeit in der Erinnerungsfähigkeit der Lebenden gründen.[78] Dies liefert zwar eine Begründung für den angestrebten Schutz, lässt die Frage der Konstruktion aber weitgehend unbeantwortet. Ein anderer Ansatz findet sich bspw. bei *Zippelius*, der auf die herrschende Sozialmoral verweist: Diese lege es nahe, „dass die Würde des einstigen Menschen in gewissen Hinsichten auch noch in seinem Leichnam zu achten sei".[79] Die „nicht interpretierte These" (Heuss) des Art. 1 Abs. 1 GG in ihrem Inhalt der jeweils geltenden Sozialmoral zu unterwerfen, begegnet allerdings angesichts der überzeitlichen Geltung der Würdegarantie erheblichen Bedenken.[80] *Hasso Hofmann* sieht die Würdegarantie demgegenüber als „wechselseitiges Versprechen der Teilhaber der verfassungsgebenden Gewalt des Volkes"; von einer *Würde der Toten* könne daher nur die Rede sein, „weil die Ehrung des Andenkens derjenigen, die einmal unter uns oder vor uns waren, zur eigenen, wechselseitig anzuerkennenden Identität und Selbstachtung gehört."[81] In diesem Entwurf ist die „Würde der Toten" wohl eher Art. 2 Abs. 1 GG zuzuordnen denn Art. 1 Abs. 1 GG.[82]

Dürig hingegen bediente sich einer existenzphilosophisch aufgeladenen Bildersprache: „Wer von Menschen gezeugt wurde und wer Mensch war, nimmt an der Würde ‚des Menschen' teil"[83] – der Einzelne sei aufgrund seiner menschlichen Zeugung existentiell in den irrationalen Strom des Menschengeschlechts geworfen[84] und partizipiere daher gleichsam an der Gattungswürde *des Menschen*. „Demnach" wirke die Würde des Menschen auch auf den Leichnam zurück.[85] Auch diese Begründung für eine von Art. 1 Abs. 1 GG geschützte Würde nach dem Tod ist alles andere als zwingend.[86]

27

Zumindest den Vorzug der Konsequenz und konstruktiven Klarheit hat das Verständnis der Menschenwürde, das *Gröschner* – spezifisch vor dem Hintergrund der Problematik des postmortalen Schutzes – vorgeschlagen hat. In enger Anknüpfung an *Pico della Mirandola* gründet er den allgemeinen Achtungsanspruch auf die nicht selbstgeschaffene Fähigkeit des Menschen, sein eigener *plastes et fictor*, sein eigener Bildner und Gestalter zu sein[87] – sowohl subjektiv als auch gerade intersubjektiv durch Partizipation an Kultur.[88] Ist aber die Potenzialität des Einzelnen, sein Entwurfs*vermögen* (im Gegensatz zu seiner Entwurfs*leistung*)[89] Grundlage der

28

---

78 Maunz/Dürig/Herzog/Scholz/Herdegen GG Art. 1 Abs. 1 Rn. 57.
79 Juristische Methodenlehre, 5. Aufl. 1990, § 3 II Rn. 53. Ähnlich Podlech AK GG, Drittbearbeitung 1989, Art. 1 Rn. 59.
80 Kritisch Gröschner/Kapust/Lembcke Wörterbuch der Würde, 20 ff.
81 H. Hofmann AöR 118 (1993), 353, 375 f.
82 Gröschner, 23.
83 Maunz/Dürig/Dürig, 1. Aufl., GG Art. 1 Rn. 23.
84 Maunz/Dürig/Dürig, 1. Aufl., GG Art. 1 Rn. 23.
85 Maunz/Dürig/Dürig, 1. Aufl., GG Art. 1 Rn. 26.
86 Gröschner, 17 ff., 25. Ob es angemessen ist, in der Dogmatik der Grundrechte nur präzise Begrifflichkeiten und Ableitungen gelten zu lassen, ist eine andere Frage. Die Grundrechtsgarantien sind, um die Terminologie Ronald Dworkins zu bemühen, nicht nur „Regeln", sondern untrennbar mit den überpositiven „Prinzipien" des Rechts verknüpft (Dworkin Bürgerrechte ernstgenommen, 1984, Kap. VII 1, 304; zum Begriff: Kapitel II 3 und 6, 60, 82 f.), so dass die Gesetzesauslegung nur unter Rückgriff auf nichtpositivistische – moralphilosophische – Angemessenheitsvorstellungen möglich ist (Braun Rechtsphilosophie im 20. Jahrhundert, 2001, § 21 I 2 b, 214).
87 Pico della Mirandola Oratio de hominis dignitate, § 5, 22.; Gröschner, 31.
88 Mit dieser Hervorhebung des Hingeordnetseins der menschlichen Freiheit auf die Gemeinschaft steht Gröschner freilich nicht nur, wie er selbst betont (41 f.), Sokrates und Aristoteles nahe, sondern auch dem, was man als metaphysische Anthropologie bezeichnen kann (Messner Naturrecht, 1950, 22 f.), und nicht zuletzt auch der katholischen Deutung der menschlichen Würde (Katechismus der Katholischen Kirche, 1992, Abs. 1702).
89 Gröschner, 34 unter Bezugnahme auf die aristotelischen Begriffe von dynamis (potentia) und energeia (actus).

Würde,[90] können keine Toten – und erst Recht nicht deren sterbliche Überreste – Träger von Würde sein.

28.1 Erstaunlich ist, dass *Gröschner* unmittelbar nachdem er selbst dieses Fazit zieht, konstatiert, das „postmortale Persönlichkeitsrecht" (aus Art. 2 Abs. 1 GG) sei im Gegensatz zur postmortalen Würde ein wohlbegründeter Rechtsbegriff. Auch hier stellt sich unverändert die Frage: Wer ist Inhaber dieses – höchstpersönlichen und unübertragbaren – Rechtes? Dass die Angehörigen als Sachwalter figurieren, ist unproblematisch. Doch darüber, dass das Recht keinen Träger hätte, hilft dies nicht hinweg.[91] Der BGH hat in einer Entscheidung von 1955 formuliert, das Persönlichkeitsrecht wirke „über den Tod des ursprünglichen Rechtsträgers fort. Das wird für das Urheberpersönlichkeitsrecht [...] einmütig anerkannt. Dies gilt in gleicher Weise auch für das allgemeine Persönlichkeitsrecht; denn die schutzwürdigen Werte der Persönlichkeit überdauern die Rechtsfähigkeit ihres Subjekts, die mit dessen Tode erlischt."[92] Dass hier von fortexistierenden „Werten" die Rede ist, ändert freilich nichts daran, dass in der Sache schlechterdings ein subjektloses Recht[93] postuliert wird. Dies ist eine überaus bedenkliche Konstruktion,[94] wenn sie zu anderen Zwecken herangezogen wird denn zur interimistischen Sicherung zeitweise eines Trägers entbehrender Rechtspositionen (im Interesse des zukünftigen Inhabers)[95] – oder gar als Selbstzweck auftritt. Nur wenn man dem Toten eine postmortale Teilrechtsfähigkeit im Hinblick auf das Grundrecht zugestehen wollte,[96] ließe sich die Konstruktion in sich stimmig –

---

90 Gröschner, 43, 45. Wie es sich freilich in diesem Entwurf mit der Würde von Menschen verhält, denen durch äußere Umstände (Geburtsfehler, Krankheit, Gefangenschaft, Folter etc) die Möglichkeit zur Selbstentfaltung endgültig genommen ist, ist nicht unproblematisch. Gröschner (S. 45) stellt insoweit schlicht die These auf, die für die Würde erforderliche „potentielle Fähigkeit" habe nun einmal jeder Mensch – und zwar „in einem ganz tatsächlichen Sinne". Zumindest Fälle schwerster und irreversibler zerebraler Schäden lassen sich hiermit mE nicht in Einklang bringen: Eine Fähigkeit besteht zwar – insoweit ist Gröschner (S. 66) Recht zu geben – auch dann, wenn sie faktisch niemals genutzt wird; sie besteht aber nicht schon deshalb bei jedem Menschen: Sie besteht dann nicht, wenn sie faktisch niemals genutzt werden kann. Dass dies aber kein Argument gegen die Würde des Betroffenen sein darf, versteht sich von selbst.
Die eigentliche Schwäche von Gröschners Argument ist mE, dass hier ein (zutreffendes) philosophisches Postulat über ›den Menschen‹, dh das ideale Wesen des Menschen als ein empirisch feststellbares Faktum ›potentielle Potentialität‹ ausgegeben wird. Als philosophische Erkenntnis steht die Unantastbarkeit und Universalität der Würde eben nicht voraussetzungs- und bedingungslos dar – sie leitet sich hiermit aus einem bestimmten Menschenbild ab, welches wiederum Derivat bestimmter Begriffe vom Sein und vom Seienden ist.
Es wäre daher wohl zu kurz gedacht, in der Verankerung der Würde in der geistigen Potenzialität des Subjekts die Überwindung der Rückbindung des Würdebegriffs an metaphysische Konzepte zu sehen, wie Gröschner sie als Ideal impliziert (Menschenwürde und Sepulkralkultur, 25 f.). Er selbst führt zutreffend aus, die grundgesetzliche Menschenwürdekonzeption beruhe „auf einer spezifischen Weltanschauung, auf deren Grundlage die weltanschauliche Neutralität einer Verfassungsordnung überhaupt erst möglich wird" (Menschenwürde und Sepulkralkultur, 29). Jedoch nehmen weder ihr Meta-Status noch ihre immanente Offenheit und Neutralität dieser Weltanschauung etwas von ihrer ideellen Rückbindung – auch dann nicht, wenn man ihr Würdepostulat als die „generelle, nicht auf eine spezielle Philosophie [...] festgelegte Angabe von genuin menschlichen Merkmalen" bezeichnet. Mit anderen Worten: Die Lehre von der Menschenwürde kann – wie die gesamte Menschenrechtstheorie – ihre Verwurzelung in der Naturrechtsphilosophie (vgl. Braun JZ 2013, 265 (268); Messner Naturrecht, 1950, 223 ff.) unmöglich unter Wahrung ihres eigenen Kerngehalts abstreifen. Für Pico della Mirandola selbst korrespondiert die Würde des Menschen als des schöpferisch befähigten plastes et fictor mit seiner göttlichen Berufung, aus eigenem und freien Entschluss zum Höheren, dh dem Göttlichen wiedergeboren zu werden (in superiora quae sunt divina ex [sui] animi sententia regenerari, Oratio § 5, 23. Übersetzung in Anlehnung an Buck (Hrsg.) Pico della Mirandola, Über die Würde des Menschen, Lateinisch-Deutsch, 1990, 7): Sie erscheint als auf ein präexistentes Absolutes hingeordnet; das bei Pico in Gestalt des optimus opifex – des Schöpfers, der den Menschen als freien erschaffen hat – unmittelbar in seiner Narration auftaucht.

91 Eine kritische Auseinandersetzung mit den verschiedenen Theorien zur Begründung des postmortalen Persönlichkeitsschutzes hat jüngst C. Luther vorgelegt (Postmortaler Schutz nichtvermögenswerter Persönlichkeitsrechte).

92 BGH GRUR 1955, 201 (204).

93 Hohner, 79, 227.

94 Kritisch auch Spickhoff/Spickhoff BGB § 1 Rn. 17 f.

95 Diesen Einwand bringt MüKoBGB/Spickhoff BGB § 1 Rn. 53 mwN; wider eine Heranziehung dieser Konstruktion für den postmortalen Persönlichkeitsschutz auch H.P. Westermann FamRZ 1969, 561 (565).

96 So ausdrücklich MüKoBGB/Spickhoff BGB § 1 Rn. 55. Ähnlich und noch weiter bereits der oben erwähnte Ansatz von Kießling NJW 1969, 533.

aber gewissermaßen im freien Raum und in offenem Widerspruch zu jedem gängigen Verständnis von Rechtssubjektivität – vollführen.

Möchte man hingegen an den vom BVerfG in der *Mephisto*-Entscheidung entwickelten Begrifflichkeiten und dem **Rekurs auf die Menschenwürde festhalten**, so ließe sich vielleicht sagen: nicht die subjektive Würde überdauert den Tod des Menschen, sondern nur ihr ›Schatten‹ – nicht das Recht, sondern *nur dessen Schutz*. Dieser Entwurf hat lediglich den Anschein des Paradoxen, denn der von Art. 1 Abs. 1 S. 2 GG gebotene Schutz der Würde ist nicht einfach mit der Wahrung des subjektiven Achtungsanspruchs des Einzelnen gleichzusetzen (dieser setzt selbstverständlich die Existenz des Rechtsträgers voraus). Der staatliche Schutzauftrag hat vielmehr auch eine **objektiv-rechtliche Dimension**[97] und erstreckt sich auf die Wahrung der **in den Institutionen der Gesellschaft** praktisch gewordenen – abstrakten – Idee der Würde ,des Menschen'. 29

Zu den kulturellen Institutionen, die die Idee der Menschenwürde materialisieren und anschaulich machen, zählt auch das **Totengedenken** und die damit korrespondierende **besondere Art des Umgangs mit der Leiche**. Das Prinzip, dass einem toten Körper allein deshalb eine im weiteren Sinne zeremonielle und symbolisch ehrende Behandlung widerfahren *muss*, weil es sich um den Leib eines verstorbenen Menschen handelt, ist unmittelbarer Ausdruck der – kollektiven – Achtung vor dem Menschsein. Der Leichnam ist zugleich materieller Anknüpfungspunkt und Projektionsfläche der Totenehrung durch die Angehörigen: Vergleichbar einem **Bild**, das seinen Sinn „darin hat, etwas abzubilden, was abwesend ist und also allein im Bild da sein kann",[98] verkörpert der Leichnam gewissermaßen die *Anwesenheit eines Abwesenden*[99] und wird entsprechend in Ehren gehalten. Zugleich erscheint die Leiche jedem Lebenden als Vorzeichen dessen, was er dereinst selbst sein wird[100] – demnach gebietet auch die Achtung der Würde der Lebenden, dass mit der Leiche entsprechend dem geäußerten oder konventionell gemutmaßten Willen des Verstorbenen verfahren wird,[101] muss doch ein jeder damit rechnen, dass die Nachwelt seine Überreste nicht anders behandeln wird. 30

Ein zu schützendes Recht *des Leichnams* oder auch nur *des Verstorbenen* gibt es nicht, sehr wohl aber den Schutzauftrag des Staates für *den Leichnam als ein Objekt*, das im Hinblick auf seine Bedeutung als Bezugspunkt für die gesellschaftliche Manifestation der Idee der Würde auf eine bestimmte Weise zu behandeln ist.[102] 30.1

Dies rechtfertigt es, den Leichnam für einige Zeit[103] **vom kommerziellen Rechtsverkehr auszunehmen** und den **Wunsch des Verstorbenen** hinsichtlich des Umgangs mit seiner Leiche grundsätzlich für verbindlich zu achten. Der Leichnam ist daher auch vom Erbvorgang ausgeschlossen; Aneignungsrechte kommen nicht in Betracht.[104] Eine stimmige Konstruktion hierfür hat *Kretschmer* vorgeschlagen: Der Leichnam steht seiner Ansicht nach nie im Eigentum eines anderen; vielmehr soll im Hinblick auf die Leiche stets eine (eigennützige) **Treuhandbeziehung** (*Trust*) bestehen, „durch die seitens der Allgemeinheit sicherzustellen ist, dass der Leichnam die 31

---

97 Dürig/Herzog/Scholz/Herdegen GG Art. 1 Abs. 1 Rn. 30.
98 Von Barloewen, 92, 94.
99 Macho, Tod und Trauer im kulturwissenschaftlichen Vergleich, in: Assmann, 91, 99.
100 Kretschmer Grab- und Leichenfrevel, 544 („Quod fuimus, estis, quod sumus, eritis."); Wienke/Rothschild/Kretschmer, 53, 67.
101 Wienke/Rothschild/Janke/Kretschmer, 53, 67 f.: „Denn wohl niemand möchte in seinem gegenwärtigen Vertrauen darin enttäuscht werden, dass er später gerade nicht zum beliebig-dinghaften Spielball verkommt."
102 Ob man dies nun dem institutionellen Würdeschutz oder, wie Gröschner, 50 ff., dem Kulturstaatsprinzip, das die objektiven Bedingungen der Würde schützt, zuzuordnen hat, muss an dieser Stelle dahingestellt bleiben.
103 Das Schutzbedürfnis schwindet jedoch „in dem Maße, in dem die Erinnerung an den Verstorbenen verblasst", BGH NJW 1990, 1986 (1988) (freilich nicht für die Frage nach dem Umgang mit dem Körper, sondern für die Darstellung des Werkschaffens des Toten).
104 Staudinger/Jickeli/Stieper, Neubearbeitung 2013, BGB § 90 Rn. 48; Enneccerus/Nipperdey BGB § 121 Abs. 2 S. 1.

ihm jeweils gebührende Behandlung erfährt".[105] Ob sich diese elegante Lösung in der Praxis durchsetzen wird, bleibt abzuwarten; zu wünschen wäre es jedenfalls: Den je nach Umständen verschiedenen Einschränkungen der Herrschaftsbefugnis lässt sich auf diesem Wege hinreichend und ohne logische Brüche Rechnung tragen; Abwehrrechte gegen unbefugte Dritte lassen sich zwanglos herleiten, ohne dass auf das Eigentum rekurriert werden muss.[106]

II. Einzelfragen

32 **1. Leichen aus vergangenen Zivilisationen und ältere anatomische Präparate.** Gleich, für welche Konstruktion man sich letztlich entscheidet, ist durch die obigen Erwägungen die Richtung für den Umgang mit **Mumien, Moorleichen** und **anatomischen Präparaten aus der entfernteren Vergangenheit** vorgegeben: Obgleich es sich um menschliche Körper handelt, sind sie als Relikte der Vergangenheit nicht mehr in derselben Weise Projektionsfläche für die Totenehrung durch die Lebenden. Eigentum an solchen Leichen nicht zu dulden, ist nicht angezeigt; auch ist der Handel mit ihnen nicht ausgeschlossen.[107]

33 Interessant wird indes die Frage, ob der Eigentümer mit der Leiche tatsächlich nach **freiem Belieben** verfahren, bspw. eine Mumie zur Herstellung von Farbpigment verwenden bzw. zur Belustigung der Allgemeinheit öffentlich zerstören[108] oder sie zu diesem Zweck – zivilrechtlich wirksam – einem Dritten veräußern kann. Dies dürfte zu verneinen sein.

34 Solange der tote Körper fortexistiert und sein menschlicher Ursprung erkennbar ist, kommt ihm – unabhängig von seinem Alter und dem Ablauf der typischen Zeit der Totenehrung – ein Mindestmaß an Schutzwürdigkeit zu: Durch seine ungebrochen fortbestehende Eigenschaft, überhaupt einmal Körper eines Menschen gewesen zu sein, *repräsentiert* er, unverändert durch den Zeitablauf, einen Menschen, so dass sich der oben beschriebene institutionelle Würdeschutz zumindest dem Grundsatz nach auch auf ihn erstreckt.[109]

Zur Behandlung von (modernen) **Plastinaten** → Rn. 149.

35 **2. Implantate und ähnliche in den Körper integrierte Gegenstände.** Virulent wird die Frage nach dem Recht an der Leiche auch dann, wenn es um **Gegenstände** geht, die zu Lebzeiten **fest und organisch mit dem Körper des Menschen verbunden** worden waren – insbes. Zahnimplantate, Herzschrittmacher und künstliche Gelenke. Während der Lebensdauer des Menschen sind zumindest solche künstlichen Körperteile, die als Ersatz für defekte Körperteile implantiert wurden (Substitutivimplantate), vom besonderen Persönlichkeitsrecht am Körper erfasst.[110] Bei nur unterstützend wirkenden Teilen (sog. Zusatzimplantaten wie bspw. dem Herzschrittmacher), werden zT Einschränkungen gefordert: Nur wenn sie auf Dauer im Körper zu verbleiben bestimmt sind, sollen sie ihre Sacheigenschaft verlieren.[111] Vorzugswürdig erscheint es, auf solche Beschränkungen zu verzichten – entscheidend für die Zugehörigkeit zum Schutzbereich des Rechts am Körper ist die organische Verbindung mit diesem, nicht etwaige subjektive Hintergründe hinsichtlich Verwendungsdauer und -modus.[112] Mit dem Eintritt des Todes ändert sich daher nichts: Die Gegenstände sind Teil des Leichnams und haben Anteil an dessen

---

[105] Wienke/Rothschild/Janke/Kretschmer, 53, 62; Kretschmer Grab- und Leichenfrevel, 375 ff.
[106] Wienke/Rothschild/Janke/Kretschmer, 53, 63.
[107] Trieglaff, 295 ff.
[108] Zumindest dem Schutz des § 168 StGB unterliegen derartige Leichen nach hA nicht, MüKoStGB/ Hörnle StGB § 168 Rn. 8 mwN.
[109] Vgl. auch von Selle/von Selle Kunst und Recht 2012, 169 ff. zum Würdeschutz menschlicher Exponate in Museen.
[110] Staudinger/Jickeli/Stieper BGB § 90 Rn. 35; Gottwald NJW 2012, 2231 ff.
[111] Schünemann, 128 ff.; Wichmann, 37 ff.; Borowy, § 15.
[112] MüKoBGB/Stresemann BGB § 90 Rn. 28 mwN; Biller-Bomhart/Ettl MedR 2022, 984 ff.; vgl. auch Faltus MedR 2021, 125 ff.

rechtlichem Schicksal;[113] sie sind nicht eigentumsfähig und herrenlos, solange die Leiche zur Bestattung vorgesehen ist.[114]

Besonderer Erwähnung würdig sind die Fälle, in denen von Angestellten öffentlicher Krematorien nach der Einäscherung der Leiche **Zahngold** aus den Ascheresten entnommen, einbehalten und veräußert wurde. Hierzu hat es drei vielbeachtete oberlandesgerichtliche Entscheidungen gegeben, in denen jeweils die Strafbarkeit wegen **Diebstahls** (§ 242 StGB), **Verwahrungsbruchs** (§ 133 StGB) und **Störung der Totenruhe** (§ 168 StGB) thematisiert wurden.[115]

Weitgehende Einigkeit besteht dahin, dass das Implantat, nachdem seine Verbindung zum Körper durch dessen Vernichtung aufgelöst wurde, eigentumsfähige, aber herrenlose Sache wird (ein Erwerb der Erben nach § 1922 BGB findet nicht statt).[116] Das führt dazu, dass eine Aneignung gem. § 958 Abs. 1 BGB möglich ist; das vorrangige Aneignungsrecht steht dabei den totensorgeberechtigten Angehörigen zu.[117] Wird dieses Aneignungsrecht nicht ausgeübt, bleibt das Gold herrenlos; Gewahrsamsinhaber sind die totenfürsorgeberechtigten Angehörigen sowie der Betreiber der Kremationsanstalt.[118] Regelmäßig kommt daher eine Strafbarkeit wegen nur versuchten Diebstahls in Betracht[119] – und auch dies nur, sofern der Täter in der Vorstellung handelt, das Gold stehe im Eigentum des Anstaltsbetreibers bzw. der Angehörigen.

Kontrovers diskutiert wurde bislang vor allem der Tatbestand des § 168 StGB hinsichtlich des Merkmals der „Asche eines verstorbenen Menschen": Das OLG Nürnberg[120] geht unter – wenig überzeugendem – Hinweis auf den allgemeinen Sprachgebrauch davon aus, dass Gegenstände, die die Verbrennung unverändert überstanden hätten, nicht selbst *Asche* seien, sondern sich lediglich in der Asche befänden. Vorzugswürdig ist die Ansicht der OLG Bamberg[121] und Hamburg,[122] der zufolge die *gesamten* Rückstände der Kremation Asche sind. Hierfür spricht vor allem die Funktion dieses Tatbestandsmerkmals, die sich aus dem Kontext des § 168 Abs. 1 StGB ergibt. Die Asche eines verstorbenen Menschen ist gleichwertiges Schutzgut neben dem Körper eines verstorbenen Menschen; der Schutzzweck ist erkennbar derselbe: Die Asche ist deshalb geschützt, weil sie vormals ein Körper war. Folglich muss all das Asche sein, was vorher zum Körper des Verstorbenen gehört hat – einschließlich der Implantate. Im Einklang hiermit geht nunmehr auch der BGH davon aus, dass Zahngold als Asche iSv § 168 Abs. 1 StGB zu qualifizieren, demgemäß eine Entnahme desselben als Störung der Totenruhe zu bewerten ist.[123]

Eine Strafbarkeit gem. § 133 StGB kommt in Frage, wenn sich das Zahngold in dienstlicher Verwahrung (durch den öffentlich-rechtlichen Träger der Verbrennungsanstalt) befand. Weitgehend ungeklärt ist bislang, ob der Täter den Tatbestand des Entziehens der dienstlichen Verwahrung bereits dann vollendet, wenn er das Gold an sich nimmt.[124]

3. Leichenteile, Organtransplantation. Die Frage, wann einem Toten[125] zur Transplantation Organe oder Gewebe entnommen werden dürfen, ist im Transplantationsgesetz (TPG) geregelt.

---

113 Grüneberg/Weidlich BGB § 1922 Rn. 37; OLG Nürnberg NJW 2010, 2071.
114 RGSt 64, 314 (Urt. v. 25.9.1930 – II 414/20); OLG Bamberg NJW 2008, 1543; OLG Hamburg NJW 2012, 1601 (1603); LG Kiel FamRZ 1986, 56.
115 OLG Bamberg NJW 2008, 1543; OLG Nürnberg NJW 2010, 2071; OLG Hamburg NJW 2012, 1601 mAnm Stoffers.
116 Fischer StGB § 242 Rn. 8; ebenso und mit zahlreichen Nachweisen OLG Hamburg NJW 2012, 1601 (1603); LAG Hmb Urt. v. 27.6.2013 – 5 Sa 110/12 Rn. 61, BeckRS 2013, 70585.
117 OLG Hamburg NJW 2012, 1601 (1604). Nach aA haben die Erben ein Aneignungsrecht, das unter dem Vorbehalt der Einwilligung der nächsten Angehörigen steht, Grüneberg/Ellenberger Vorb. BGB § 90 Rn. 11; Grüneberg/Weidlich BGB § 1922 Rn. 37.
118 Kurze/Goertz, 16 f.; Kudlich JA 2010, 226 (227); differenzierend Stoffers NJW 2012, 1607 (1608).
119 OLG Hamburg NJW 2012, 1601 (1604).
120 OLG Nürnberg NJW 2010, 2071 (2073).
121 OLG Bamberg NJW 2008, 1543 (1544).
122 OLG Hamburg NJW 2012, 1601 (1606).
123 BGH NJW 2015, 2901.
124 Stoffers NJW 2012, 1607.
125 Welche Kriterien für den Tod in diesem Sinne erforderlich sind, ist eine rechtspolitisch kontrovers diskutierte Frage. Das TPG stellt in § 3 II Nr. 3 darauf ab, dass es zum endgültigen, irreversiblen Ausfall der Gesamtfunktionen des Großhirns, des Kleinhirns und des Hirnstamms gekommen ist und dies medizinisch festgestellt wurde. Krit. Schmidt-Recla MedR 2004, 672.

Maßgeblich ist, sofern er erweislich ist, der Wille des Verstorbenen (§ 3 Abs. 1 Nr. 1 TPG). Unwirksam – da überraschend iSv § 305c Abs. 1 BGB – sind jedoch dahin gehende Erklärungen qua AGB in Klinikverträgen.[126]

40 Fehlt eine wirksame Bestimmung, so gilt Folgendes: Hat der Tote zu seinen Lebzeiten eine Person zur Wahrnehmung dieser Rechte bestimmt (§ 4 Abs. 3 TPG), kommt es auf deren Entscheidung an. Im Übrigen obliegt die Entscheidung dem nächsten Angehörigen (§ 4 Abs. 1, Abs. 2 TPG); bei mehreren gleichrangigen nächsten Angehörigen genügt die Zustimmung von einem von ihnen, sofern nicht einer der anderen widerspricht (§ 4 Abs. 2 Satz 2 TPG).[127]

41 **Hinweis:**

Die Organspende macht – sobald der Hirntod eingetreten ist – eine intensivmedizinische Behandlung erforderlich: Der Körper muss künstlich am Funktionieren gehalten werden, um die Organe in transplantierbarem Zustand zu erhalten. Probleme können sich daher ergeben, wenn neben der Einwilligung in die Organspende auch eine Patientenverfügung abgegeben wurde, in der sich der Patient gegen eine intensivmedizinische Behandlung ausspricht. Richtiger Ansicht nach[128] verbietet eine solche Patientenverfügung nur die intensivmedizinische *Lebenserhaltung*, nicht aber die zeitlich beschränkte Funktionserhaltung des bereits (hirn-)toten Körpers. Diese Abgrenzung ist jedoch bislang keineswegs allgemein anerkannt, so dass in derartigen Kollisionsfällen zu befürchten steht, dass im Zweifel von der Organentnahme abgesehen wird, um nicht wider die Patientenverfügung zu handeln. Idealerweise sollte eine entsprechende Klarstellungsklausel in die Verfügung aufgenommen werden.

42 Allgemein gilt: Durch die Trennung vom toten Körper werden dessen Einzelteile eigentumsfähig.[129] Der Handel mit Organen und Geweben, die dem toten Körper entnommen worden sind, ist untersagt (§ 18 TPG). Die Verwendung zur Entwicklung von Medizinprodukten ist in engen Grenzen zulässig.[130]

43 Ist die **Verwesung** einer Leiche bereits weitgehend **abgeschlossen**, so dass ein einheitlicher Leichnam nicht mehr besteht, sind etwaige noch vorhandene Fragmente nach verbreiteter Ansicht eigentums- und aneignungsfähig.[131] Diese Frage kann sich bspw. dann stellen, wenn bei der Neubelegung eines Grabes Knochenreste gefunden werden.

44 **4. Anatomische Institute.** Vom Recht, über den Verbleib und die Behandlung der eigenen sterblichen Überreste selbst entscheiden zu können, ist auch die Möglichkeit umfasst, den eigenen Leichnam der Wissenschaft zur Verfügung zu stellen.[132] Nach einer Ansicht ist *dieser* Wunsch jedoch für die Angehörigen nicht verbindlich, wenn er sich nicht mit ihrem Pietätsgefühl in Einklang bringen lässt, dh das vom Verstorbenen begünstigte anatomische Institut kann die Herausgabe des Körpers nicht zwangsweise durchsetzen. Dies scheint mit Blick auf das über den Tod hinauswirkende Selbstbestimmungsrecht der verstorbenen Person allerdings problematisch: Ein Grund dafür, warum gerade in dieser Konstellation den Vorstellungen der Angehörigen Vorrang vor der autonomen Entscheidung des Verstorbenen einzuräumen sein sollte, ist nicht ersichtlich.

45 Die Verbringung des Leichnams in die Anatomie darf freilich umgekehrt in keinem Fall dem ausdrücklich oder schlüssig geäußerten Willen des Verstorbenen widersprechen. Fehlt eine Äußerung, ist der mutmaßliche Wille maßgeblich. Zum Teil wird gefordert, dass die ausdrückliche Einwilligung/Körperspende nur in der Form letztwilliger Verfügungen erfolgen darf.[133] Dies fin-

---

126 Zimmermann Rechtsfragen, 9; Spickhoff/Starzer BGB § 305c Rn. 4. Etwas anderes dürfte für Sektionsklauseln gelten, vgl. OLG Koblenz NJW 1989, 2950.
127 Zum Ganzen: Zimmermann Rechtsfragen, 8 f.
128 Kurze/Goertz, 23. Vgl. auch Verrel GuP 2012, 121 ff.
129 Wienke/Rothschild/Janke/Lippert, 81 f.
130 Dazu Heil/Klümper MPR 2007, 141 ff.
131 Gaedke FriedhofsR/BestattungsR, 126.
132 Dazu umfassend Spranger/Böse/Jansen/Paeffgen/Verrel MedR 2022, 8 ff.
133 Reimann NJW 1973, 2240 – in Anlehnung an § 4 FeuerbestattungsG.

det so allerdings keinen Rückhalt in den geltenden gesetzlichen Regelungen. Gewiss ist allein aus Beweisgründen eine schriftliche Fixierung präferabel. Um dem Selbstbestimmungsrecht auch post mortem optimale Geltung zu verschaffen, sollte aber von einem wie auch immer gearteten Formzwang Abstand genommen werden. Hat der Verstorbene sich nicht geäußert und ist auch kein mutmaßlicher Wille ermittelbar, kommt es ausschließlich auf den Willen der Angehörigen an. Sind keine Angehörigen vorhanden (oder zu ermitteln) und ist kein gegenteiliger Wille des Toten bekannt, ist die Gemeinde berechtigt, den Leichnam für wissenschaftliche Zwecke zur Verfügung zu stellen. In einigen Bestattungsgesetzen wird diese Möglichkeit eingeschränkt.[134] Je weiter die konkrete Verwendung des Körpers sich vom „Kernbereich" naturwissenschaftlicher Zwecke, dh insbesondere dem Studium zu medizinischen (anatomischen/pathologischen) Zielen, entfernt, umso eher ist sie Bedenken ausgesetzt – vor allem, wenn der Tote lediglich allgemein bestimmt hat, mit einer wissenschaftlichen Verwertung seiner Überreste einverstanden zu sein. Insbesondere der Einsatz von Leichen bei sog. Crashtest-Experimenten ist aus Würdegesichtspunkten heraus problematisch und kann im Einzelfall auch den Straftatbestand der Störung der Totenruhe (§ 168 StGB) erfüllen.[135]

D. Rechte und Pflichten im Bestattungsrecht

I. Bestattungspflicht

Leichen müssen bestattet werden.[136] Ein nicht bestatteter Leichnam gefährdet die öffentliche Sicherheit.[137] Die öffentlich-rechtliche[138] Pflicht zur Bestattung ergibt sich aus dem jeweiligen Landesrecht – namentlich dem Recht des Sterbeortes. Sie dient vorrangig dem Schutz der Lebenden: vor Gesundheitsgefahren und vor der Verletzung des Pietätsempfindens durch unwürdigen Umgang mit einem Leichnam.[139] Es ist geboten, diese Pflicht **isoliert** zu bestimmen[140] – losgelöst sowohl von dem Recht, über die Einzelheiten der Bestattung und der Grabgestaltung zu disponieren (dies ist die Frage des privatrechtlichen **Totenfürsorgerechts**),[141] als auch von dem Recht, die Grabstätte zu verwalten und zu pflegen (dies betrifft das **Nutzungsrecht** gegenüber dem Friedhofsträger), als auch von der Pflicht, endgültig die **Kosten der Bestattung** zu tragen.[142] Die Bestattungspflicht wird gemeinhin als **Emanation des familienrechtlichen Verhältnisses** zum Verstorbenen angesehen; sie hat ihren Rechtsgrund nicht in der Erbschaft und kann daher auch nicht durch Erbausschlagung beseitigt werden.[143] Etwas anderes gilt nur, wenn die landesrechtliche Regelung ausdrücklich an die Erbenstellung anknüpft; dies ist bislang jedoch nur vereinzelt der Fall.[144] **Wer der Bestattungspflichtige ist**, ergibt sich aus den jeweiligen landesgesetzlichen Anordnungen.[145] Der folgende Überblick gibt die Personen in der Reihenfolge ihrer Berufung wieder. Vorrangige Bestattungspflichtige schließen nachrangige aus.

46

---

134 Durch ein Zustimmungserfordernis, zB in: § 15 BestattungsG Brandenburg; § 5 Abs. 3 Bestattungsgesetz Mecklenburg-Vorpommern.
135 Trieglaff, 285 ff.; vgl. auch Bernat Rechtsmedizin 2005, 352 ff. zum österreichischen Recht.
136 § 30 BestattungsG Baden-Württemberg, Art. 1 BestattungsG Bayern, § 15 BestattungsG Berlin, § 19 Brandenburgisches BestattungsG, § 17 LeichenwesenG Bremen, § 10 Leichen-, Bestattungs- und FriedhofswesenG Hamburg, § 9 Friedhofs- und BestattungsG Hessen; § 8 BestattungsG Niedersachsen, § 8 BestattungsG Nordrhein-Westfalen, § 8 II BestattungsG Rheinland-Pfalz, § 25 BestattungsG Saarland, § 18 Sächsisches BestattungsG, § 14 BestattungsG Sachsen-Anhalt, § 13 BestattungsG Schleswig-Holstein, § 17 Thüringisches BestattungsG.
137 VG Halle Urt. v. 20.11.2009 – 4 A 318/09 Rn. 23, BeckRS 2010, 47207; VG Dessau Urt. v. 26.4.2006 – 1 A 34/06 Rn. 13, zitiert nach juris.
138 Kurze/Goertz, 25 mwN.
139 Blume AcP 112, 366 (373); ähnliche Erwägungen finden sich bei Wienke/Rothschild/Janke/Kretschmer, 53, 67f.
140 BGH NJW 2012, 1651 (1652).
141 Zum Umfang BGH ZEV 2019, 487.
142 Diese Pflicht trifft gem. § 1968 BGB grds. den Erben; hat jedoch ein Dritter den Tod des zu Bestattenden deliktisch verursacht, trägt die Kosten gem. § 844 Abs. 1 BGB der Täter – dies kann nicht genügen, um gerade ihn als Bestattungspflichtigen anzusehen.
143 Grundlegend VG Saarlouis NVwZ 2011, 392; siehe auch Kurze ErbR 2016, 299; Stelkens/Seifert DVBl 2008, 1537 (1539); Kurze/Goertz, 27 mwN.
144 Bspw. § 9 Abs. 1 BestattungsG Rheinland-Pfalz.
145 Vgl. auch die Übersicht bei Kurze/Goertz, 209.

Gleichrangige tragen die Pflicht gemeinsam, sofern nichts anderes bestimmt ist.[146] Dem Erblasser ist unbenommen, einen Totenfürsorgeberechtigten zu bestimmen, dem die Bestattungspflicht zufällt.[147]

47

§§ 31, 21 Abs. 1 Nr. 1 BestattungsG **Baden-Württemberg:** ■ Ehegatte/Lebenspartner ■ (volljährige) Kinder ■ Eltern ■ Großeltern ■ (vollj.) Geschwister ■ Enkelkinder	§ 8 Abs. 3 BestattungsG **Niedersachsen:** ■ Ehegatte/Lebenspartner ■ Kinder ■ Enkelkinder ■ Eltern ■ Großeltern ■ Geschwister
Art. 15, 1 Abs. 1 BestattungsG **Bayern:** ■ Bestimmung durch die Gemeinde; anderenfalls, sofern geschäftsfähig ■ Ehegatte ■ Kinder ■ Eltern (bei Adoption Volljähriger vorrangig: der Annehmende) ■ Großeltern ■ Enkelkinder ■ Geschwister ■ Kinder der Geschwister ■ Verschwägerte (nach dem Grad der Schwägerschaft)	§ 8 Abs. 1 BestattungsG **Nordrhein-Westfalen:** ■ Ehegatte/Lebenspartner ■ (vollj.) Kinder ■ Eltern ■ (vollj.) Geschwister ■ Großeltern ■ (vollj.) Enkelkinder
§ 16 BestattungsG **Berlin:** ■ Ehegatte/Lebenspartner ■ (vollj.) Kinder ■ Eltern ■ (vollj.) Geschwister ■ (vollj.) Enkelkinder ■ Großeltern	§ 9 Abs. 1 BestattungsG **Rheinland-Pfalz:** ■ Erbe ■ Ehegatte ■ Kinder ■ Eltern ■ sonstige Sorgeberechtigte ■ Geschwister ■ Großeltern ■ Enkelkinder
§ 20 BestattungsG **Brandenburg:** ■ Ehegatte ■ Kinder ■ Eltern ■ Geschwister ■ Enkelkinder ■ Großeltern ■ Partner einer nichtehelichen Lebensgemeinschaft (sofern diese auf Dauer angelegt war) ■ die Ordnungsbehörde am Sterbeort (bei Unerreichbarkeit etc der o. G.)	§ 26 Abs. 1 BestattungsG **Saarland:** ■ Ehegatte/Lebenspartner ■ Kinder ■ Eltern ■ Partner einer (auf Dauer angelegten) nichtehelichen Lebensgemeinschaft ■ Geschwister ■ Großeltern ■ Enkelkinder

---

146 Bspw. in § 10 Abs. 1 S. 3 BestattungsG Sachsen.
147 OLG Koblenz ErbR 2021, 1057; OLG Naumburg ErbR 2016, 281.

§§ 17, 4 Abs. 1 S. 1 Nr. 1 LeichenwesenG Bremen: - Ehegatte/Lebenspartner - (vollj.) Kinder - Eltern - (vollj.) Geschwister - Partner einer eheähnlichen Lebensgemeinschaft	**§ 10 Abs. 1 Sächsisches BestattungsG:** sofern geschäftsfähig: - Ehegatte/Lebenspartner - Kinder - Eltern - Geschwister - Partner einer (auf Dauer angelegten) nichtehelichen Lebensgemeinschaft - sonstige Sorgeberechtigte - Großeltern - Enkelkinder - sonstige Verwandte (bis zum 3. Grad)
§ 10 Abs. 1 S. 2, 22 Abs. 4 Leichen-, Bestattungs- und FriedhofswesenG Hamburg: - Ehegatte/Lebenspartner - Kinder - Ehegatte/Lebenspartner der Kinder - Stiefkinder - Ehegatte/Lebenspartner der Stiefkinder - Enkel - Ehegatten/Lebenspartner der Enkel - Geschwister - Stiefgeschwister - Großeltern - Verschwägerte - Kinder der Geschwister - Geschwister der Eltern - deren Kinder - Verlobte (auch iSd Lebenspartnerschaftsgesetzes) - Lebensgefährten	**§§ 14 Abs. 2, 10 Abs. 2 S. 1 BestattungsG Sachsen-Anhalt:** - Ehegatte/Lebenspartner - (vollj.) Kinder - Eltern - Großeltern - (vollj.) Geschwister - (vollj.) Enkelkinder
§§ 13 Abs. 2, 16 Abs. 1 Friedhofs- und BestattungsG Hessen: - Ehegatte/Lebenspartner - Kinder - Eltern - Großeltern - Enkel/Geschwister - Adoptiveltern/-kinder	**§§ 13 Abs. 2, 2 Nr. 12 BestattungsG Schleswig-Holstein:** sofern nicht zu Lebzeiten eine andere Person/Einrichtung beauftragt wurde: - Ehegatte/Lebenspartner - (leibliche und adoptierte) Kinder - Eltern - Geschwister - Großeltern - Enkelkinder

§ 9 Abs. 2 BestattungsG **Mecklenburg-Vorpommern**:	§ 18 Abs. 1 BestattungsG **Thüringen**:
■ Ehegatte/Lebenspartner ■ Kinder ■ Eltern ■ Geschwister ■ Großeltern ■ Enkelkinder ■ Partner einer nichtehelichen Lebensgemeinschaft (sofern diese auf Dauer angelegt war)	■ Ehegatte/Lebenspartner ■ Kinder ■ Eltern ■ Geschwister ■ Enkelkinder ■ Großeltern ■ Partner einer nichtehelichen Lebensgemeinschaft (sofern diese auf Dauer angelegt war)

48 Ein **Aktivwerden staatlicher Stellen** kommt nur in Betracht, wenn auch der letztrangige Bestattungspflichtige nicht auffindbar ist – genauer: wenn ihn die Behörden unter Einsatz aller geeigneten, erforderlichen und angemessenen Mittel[148] nicht auffinden können. Insbes. sind vorab das Melderegister und die Karteien der zuständigen Sozialleistungsträger einzusehen, verfügbare Angehörige sind zu kontaktieren, notfalls auch Nachbarn und Arbeitskollegen; selbst aufgefundene (identifizierte) Leichen sollen nicht umgehend bestattet werden.[149] Ist der Bestattungspflichtige auffindbar, aber **nicht willens**, die Bestattung durchzuführen, und wird an seiner Statt auch kein Dritter tätig, übernimmt idR die Behörde die Abwicklung des Vorgangs: Einige Bestattungsgesetze sehen hierfür eine gesonderte Ermächtigung vor;[150] im Übrigen kann auf sicherheitsrechtliche Befugnisse zurückgegriffen werden.[151]

49 Insoweit gilt generell: Die Erfüllung der Bestattungspflicht ist **vertretbare Handlung** – die Behörde kann daher im Rahmen ihrer Befugnisse je nach Sachlage zu unmittelbarer Ausführung oder zur Anwendung von Verwaltungszwang im Wege der Ersatzvornahme übergehen.[152] Macht die Behörde hiervon Gebrauch, ändert dies nichts an der personellen Zuordnung der Bestattungspflicht.

50 Eine häufig auftauchende Frage ist die, ob nicht aufgrund **gestörter Familienverhältnisse** von der Reihenfolge der Bestattungspflichtigen abgewichen werden könne. Dies geht indes nicht an: Die objektiven Maßstäbe der einschlägigen Regelungen gelten absolut;[153] für schwer feststellbare, an subjektiven Kategorien orientierte Einschränkungen ist kein Raum – die schnelle und zweifelsfreie Feststellung des Bestattungspflichtigen liegt vor allem auch im öffentlichen Interesse.[154] Auch die Regelung des § 1933 BGB soll keine entsprechende Anwendung finden.[155] Selbst in Fällen von Unterhaltspflichtverletzungen, strafrechtlich relevanten Misshandlungen oder häuslicher Gewalt ist regelmäßig noch kein hinreichender Anlass für eine Ausnahme von der Bestattungspflicht gegeben.[156] Damit ist freilich nicht gesagt, dass nicht auf der Ebene der **Kosten** unter dem Gesichtspunkt der materialen Gerechtigkeit eine Berücksichtigung zerrütteter Familienbande stattfinden kann, → Rn. 140 ff.

51 Probleme bereitet bisweilen der Begriff der „auf Dauer angelegten" **nichtehelichen Lebensgemeinschaft**, der in einigen Regelungen vorkommt. In Anlehnung an den Begriff der eheähnli-

---

148 OVG Saarlouis NVwZ 2011, 392 Rn. 51 („alle ihr zu Gebote stehenden Möglichkeiten"); Kurze/Goertz, 30 mwN.
149 OVG NRW GewA 2008, 374 Rn. 33.
150 ZB § 16 III BestattungsG Berlin.
151 Vgl. für Bayern etwa Wallner KommunalPraxis BY 2013, 59 ff.
152 Ggf. im Sofortvollzug. Die Abgrenzung zwischen den verschiedenen Formen behördlichen Tätigwerdens ist zum Teil umstritten; die Regelungslage ist nicht bundesweit homogen.
153 Vgl. BGH Urt. v. 17.11.2011 – III ZR 53/11, BeckRS 2011, 28852, Rn. 14.
154 VG Karlsruhe Urt. v. 10.7.2001 – 11 K 2827/00, Rn. 17, zitiert nach juris; Kurze/Goertz, 29.
155 Vgl. BVerwG NVwZ-RR 2015, 283; VG Düsseldorf Urt. v. 8.11.2010 – 23 K 3449/09 Rn. 18 ff., zitiert nach juris; LG Leipzig FamRZ 2005, 1124.
156 OVG Lüneburg Beschl. v. 9.12.2012 – 8 LA 150/12; B. v. 7.9.2013 – 8 ME 86/13.

chen Gemeinschaft, welchen die Judikatur zu § 122 BSHG[157] entwickelt hatte, lässt sich dies dahin gehend konkretisieren, dass einerseits eine Haushalts- und Wirtschaftsgemeinschaft geschlossen worden sein muss, andererseits der Wille besteht, füreinander einzustehen und verantwortlich zu sein.[158] Dies wird bei mehr als einjährigem Zusammenleben vermutet; ebenso, wenn jeder der Partner das Vermögen des jeweils anderen zu verwalten befugt ist.[159]

II. Das Recht der Totenfürsorge

Der *zivilistische* Kernbegriff im Bereich des Bestattungsrechts ist das Totenfürsorgerecht, das seinen Sitz im Gewohnheitsrecht hat.[160] Zu seinem Inhalt zählen vor allem die **Befugnis, über den Leichnam,**[161] **seine Belegenheit und Behandlung, ferner die Art und die Einzelheiten seiner Bestattung,**[162] **insbes. den Ort seines Ruhens, zu bestimmen.**[163] Auch die Entscheidung über die Art der **Grabpflege,** das **Grabmal** und den **Grabschmuck** steht dem Totenfürsorgeberechtigten zu.[164] Seine Position umfasst ferner die (allerdings durch den Gesichtspunkt der Totenruhe stark eingeschränkte) Befugnis, über eine Um- bzw. Rückbettung zu entscheiden.[165] Dasselbe gilt für die Möglichkeit, in eine Leichenöffnung oder Gewebeentnahme einzuwilligen.[166] 52

Für den Inhaber dieses Rechts ist dieses ein **sonstiges Recht iSv § 823 Abs. 1 BGB**; seinen Schutz kann er auch im Wege eines Unterlassungs- bzw. Beseitigungsanspruchs **analog § 1004 BGB** geltend machen.[167] Funktionell tritt es an die Stelle des – ausgeschlossenen – Eigentums. 52.1

Solange der Mensch lebt, kann er selbst bestimmen, wie dereinst mit seinem Leichnam verfahren werden soll. Dieses Recht gründet im allgemeinen Persönlichkeitsrecht des Lebenden.[168] Erst nach dem Tod steht die Befugnis, derartige Entscheidungen zu treffen (sofern und soweit sie nicht bereits zu Lebzeiten getroffen wurden) dem Totenfürsorgeberechtigten zu.[169] 52.2

1. Maßgeblichkeit des geäußerten oder gemutmaßten Willens. Die Totenfürsorge ist gewissermaßen die privatrechtliche Absicherung dessen, was – unzulänglich (→ Rn. 24 ff.) – als die „Würde des Toten" oder das „postmortale Persönlichkeitsrecht" hinsichtlich des Leichnams bezeichnet wird, dh der Nachwirkungen der Rechtssubjektivität. Die Rspr. hat zur Begründung dieses Instituts auf das allgemeine Persönlichkeitsrecht und die Handlungsfreiheit (des Lebenden hinsichtlich der Vorsorge für die Zeit nach seinem Ableben bzw. der als seine Sachwalter handelnden Angehörigen) rekurriert.[170] 53

Demnach ist das erste Gesetz zur Bestimmung des Totenfürsorgerechts – nach personeller **Zuordnung** wie **Inhalt** – der **Wille des Verstorbenen**:[171] Hat er ihn geäußert, muss sein Wunsch 54

---

157 In Kraft bis 31.12.2004.
158 OVG Saarlouis Urt. v. 11.6.2010 – 1 A 8/10, Rn. 44 ff., zitiert nach juris.
159 OVG Saarlouis Urt. v. 11.6.2010 – 1 A 8/10, Rn. 44 ff.; zust. Kurze/Goertz, 28.
160 Blume AcP 112, 366 (388 ff.); Karczewski ZEV 2017, 129; Kurze ErbR 2016, 299 ff.
161 Und dies heißt: Den gesamten Leichnam, einschließlich abgetrennter Teile. Wurde bspw. Gewebe zu medizinischen Zwecken entnommen, hat der Fürsorgeberechtigte das Bestimmungsrecht, solange die Transplantation nicht abgeschlossen wurde. Bis dahin kommt freilich dem geäußerten Willen des Verstorbenen die entscheidende Bedeutung bei. Umfasst ist auch das Recht, über den Zugang zum Leichnam zu entscheiden (LG Bielefeld ErbR 2016, 532 – Aufbahrung im offenen oder geschlossenen Sarg; Beschränkung des Zugangs).
162 AG Osnabrück FamRZ 2016, 491.
163 RGZ 154, 269 (270) (Urt. v. 5.4.1937 – IV 18/37); Kurze/Goertz, 30.
164 AG Grevenbroich Urt. v. 15.12.1997 – 11 C 335/97, Rn. 14, zitiert nach juris; OLG Frankfurt NJW-RR 1989, 1159 (1160); MüKoBGB/Küpper BGB § 1968 Rn. 7 mwN.
165 LG Leipzig FamRZ 2005, 1124; LG Ulm Urt. v. 20.1.2012 – 2 O 356/11; zur Thematik grds. auch Wedekind DVBl. 2015, 1365 ff.
166 Und hierauf kommt es an, sofern keine Sondervorschrift den Eingriff erlaubt und auch eine Einwilligung des Verstorbenen nicht besteht. Der Totenfürsorgeberechtigte ist über Umfang und Tragweite der Obduktion im Vorfeld umfassend zu informieren; erfolgt dies nicht, ist die Zustimmung unwirksam (OLG Karlsruhe NJW 2001, 2808).
167 LG Krefeld ZErb 2017, 137; LG Bielefeld ErbR 2016, 532.
168 AG Brandenburg Urt. v. 5.7.2013 – 35 C 16/13 Rn. 39, zitiert nach juris; BGH NJW-RR 1992, 834 f.
169 AG Brandenburg Urt. v. 5.7.2013 – 35 C 16/13 Rn. 40, zitiert nach juris.
170 BVerwG NJW 1990, 2079; AG Brandenburg Urt. v. 5.7.2013 – 35 C 16/13 Rn. 43, zitiert nach juris; AG Osnabrück FamRZ 2016, 491.
171 BGH NJW 2012, 1651 (1652).

im Rahmen der Gesetze und der guten Sitten geachtet werden. Die entsprechende Anordnung ist einseitige, nicht empfangsbedürftige Erklärung. Auch **Geschäftsunfähige** können grds. verbindliche Bestimmungen treffen.[172] Einer besonderen **Form** – insbesondere testamentarischer Form – bedarf es insoweit nicht,[173] selbst konkludente Bestimmungen sind wirksam.[174] Bloßes Zusammenleben reicht jedoch nicht.[175]

55 Fehlt eine Äußerung, kommt eine (typisierende) Orientierung am mutmaßlichen Willen in Betracht,[176] sofern hierfür hinreichende Anhaltspunkte gegeben sind. Ist dies nicht der Fall, ist ein Verfahren nach allgemeinem Herkommen und den sittlichen Anschauungen des Verstorbenen bzw. seines Umfelds geboten. Einen Anspruch auf Übertragung des Rechts zur Totenfürsorge gibt es nicht:[177] Nur der Verstorbene kann dieses Recht übertragen (und in dieser Entscheidung ist er völlig frei). Ist es hierzu gekommen, wird der Begünstigte mit dem Eintritt des Todes automatisch Inhaber der Totenfürsorge. Anderenfalls erwirbt diese derjenige, der in der gewohnheitsrechtlichen Stufung den höchsten Rang hat. Nicht fürsorgeberechtigten Angehörigen bleibt allenfalls die Möglichkeit eines Vorgehens gegen vom Berechtigten vorgenommene Einzelmaßnahmen.

56 **a) Bestimmung des Inhalts der Totenfürsorge.** Möglich ist es einerseits, Anordnungen über den **Ort der letzten Ruhe**, die **Details der Bestattung**, die **Grabgestaltung** (einschließlich der Grabinschrift) und die **Grabpflege** zu treffen.[178] Diesen Vorgaben muss (innerhalb der Grenzen des von §§ 134, 138 BGB vorgegebenen Maßstabs), soweit irgend möglich, nachgekommen werden – sie schränken die Befugnisse des Totenfürsorgeberechtigten inhaltlich ein. Wird bspw. erst im Nachhinein bekannt, dass der Verstorbene einen bestimmten Bestattungsort gewünscht hat, kommt deshalb eine Umbettung grundsätzlich in Betracht.[179]

57 Der Totenfürsorgeberechtigte kann die ihm hierdurch vorgegebene Gestaltung (bzw. seine eigene Entscheidung in dem ihm vorgegebenen Rahmen) gegen die Angehörigen zivilgerichtlich durchsetzen: Entweder klagt er auf Feststellung seiner Berechtigung zur Vornahme der beabsichtigten Gestaltung, oder er macht im Wege der Leistungsklage einen Beseitigungs- bzw. Unterlassungsanspruch analog § 1004 BGB geltend (alternative Anspruchsgrundlage: § 823 Abs. 1 BGB [„sonstiges Recht"] iVm § 249 BGB).[180]

58 Weniger eindeutig ist die Situation, wenn die nicht totenfürsorgeberechtigten Angehörigen gegen den Inhaber des Totenfürsorgerechts vorgehen wollen, um den Willen des Verstorbenen durchzusetzen. Hier kommt es auf die konkreten Umstände an. Das Grundproblem besteht darin, dass die übrigen Angehörigen keinen globalen Anspruch gegen den Fürsorgeberechtigten auf Wahrung der durch den Verstorbenen vorgegebenen Grenzen der Fürsorgebefugnis haben – *sie* sind ja gerade nicht die treuhänderischen Sachwalter des Toten.[181]

---

172 Vgl. jedoch § 5 FeuerbestattungsG, hierzu: Bonefeld/Wachter FaErbR FaErbR/Schmalenbach, 91.
173 Zimmermann ZEV 1997, 440.
174 BGH NJW-RR 1992, 834.
175 BGH NJW-RR 1992, 834.
176 BGH NJW 2012, 1651 (1652). Sehr weit geht das VG München in seinem Urt. v. 30.10.2008 – M 12 K 08.3489 (Rn. 35), wenn es den – zwangsläufig allein aus den Umständen konstruierten – Willen eines zweijährigen Kindes als maßgeblich heranzieht. Im Ergebnis ist der Entscheidung jedoch zuzustimmen. Der Fall illustriert, dass die Grenzen zwischen gewillkürter und „gesetzlicher" Zuordnung des Fürsorgerechts bisweilen nicht streng gezogen werden.
177 OLG Naumburg NZFam 2016, 329 mAnm Heiß; dort auch zum Folgenden).

178 OVG NRW Urt. v. 29.4.2008 – 19 A 3665/06 Rn. 27, zitiert nach juris.
179 Wobei freilich auch dem Gesichtspunkt der Wahrung der Totenruhe hinreichend Rechnung zu tragen ist. Zu dieser Problematik: Zimmermann ZEV 1997, 440. → Rn. 77 ff. Für einen Vorrang der Bestimmung des Verstorbenen gegenüber der Totenruhe LG Lübeck Urt. v. 24.7.2014 – 14 S 194/13, BeckRS 2014, 15248; dort ging es zudem um die Frage, ob aus der herausgehobenen Bedeutung der Totenruhe hinsichtlich der eine Umbettung gebietenden Umstände eine Erhöhung des Beweismaßes (über § 286 ZPO hinaus) folgt. Das LG hat dies zu Recht abgelehnt.
180 AG Osnabrück FamRZ 2016, 491; AG München Urt. v. 11.6.2015 – 171 C 12772/15.
181 Vgl. dazu exemplarisch AG Wiesbaden NJW 2007, 2562.

Relativ einfach dürfte die Lösung sein, wenn der Totenfürsorgeberechtigte – in Überschreitung der inhaltlichen Vorgaben seines Rechts – Angehörigen ein bestimmtes Verhalten (bspw. das Ablegen von Blumen auf dem Grab) verbietet: Dann kann der Angehörige Feststellungsklage erheben, deren Gegenstand seine eigene Berechtigung zu dem verbotenen Tun ist. Notwendigenfalls kann dieser Antrag – je nach Verhalten des Totenfürsorgeberechtigten – mit einem Unterlassungsantrag verbunden werden.[182]

59

Probleme bestehen dann, wenn sich das missbräuchliche Verhalten des Fürsorgeberechtigten nicht unmittelbar gegen Angehörige richtet. Wird hier ein Leistungsantrag erhoben, stellt sich die Frage, aus welchem subjektiven Recht überhaupt geklagt werden könnte; bei einem Feststellungspetitum spielt sich dieselbe Problematik unter dem Vorzeichen des berechtigten Interesses ab: Den nicht totenfürsorgeberechtigten Angehörigen ist nach gängigem Verständnis keine durchsetzbare Kontrollbefugnis zugewiesen. Die Erfolgschancen für eine Klage stehen umso besser, je eher sich im Verhalten des Fürsorgeberechtigten eine Beeinträchtigung subjektiver Positionen *der Angehörigen* sehen lässt: Wird eine Grabinschrift angebracht, die das Verhältnis des Verstorbenen zu seinen Angehörigen verzerrend darstellt oder gar einzelne Angehörige herabwürdigt, ist an eine Verletzung des allgemeinen Persönlichkeitsrechts (in extremen Fällen sogar der strafrechtlich geschützten Ehre) zu denken, so dass § 823 Abs. 1 bzw. Abs. 2 BGB (und Abwehr gem. § 1004 BGB analog) in Betracht kommt. Die Rechtsprechung hält sich mit Aussagen darüber, ob es – jenseits dessen – ein subjektives Recht auf angemessenes Totengedenken gibt, tendenziell eher zurück.[183] In einer entsprechenden Klagebegründung sollte in jedem Fall dargetan werden, inwiefern die unrechtmäßige Handhabung der Totenfürsorge rechtlich geschützte Interessen der Angehörigen verkürzt, bspw. sie in ihrem Pietätsempfinden verletzt oder ihnen eine Totenehrung unmöglich macht. Dies ist allerdings lediglich dann relevant, wenn der Totenfürsorgeberechtigte nicht ohnehin nur den zu achtenden Willen des Verstorbenen verwirklicht hat. Argumentieren ließe sich dann bspw. wie folgt: Die Berechtigung zur Totenfürsorge hat ihren Grund in der Menschenwürde und dem Persönlichkeitsrecht des Verstorbenen. Diese werden jedoch postmortal nicht allein um ihrer selbst willen geschützt – als subjektive Rechte sind sie vielmehr mit dem Tod des Rechtsträgers untergegangen. Ihr Schutz – und dieser Zweck ist die einzige materiale Grundlage der Totenfürsorgeberechtigung – dient gerade dem Interesse *der Lebenden*, insbesondere der nächsten Angehörigen (→ Rn. 19 ff.), und bezweckt die Gewährleistung eines (nach Maßgabe des Willens des Verstorbenen) würdigen Totengedenkens. Macht der Träger des Fürsorgerechts in einer Weise von seinen Befugnissen bzw. faktischen Möglichkeiten Gebrauch, die dieser Zielsetzung entgegengesetzt ist, sind die nächsten Angehörigen unmittelbar in eigenem Recht verletzt (§ 1004 BGB analog bzw. § 823 Abs. 1 BGB iVm Art. 2 Abs. 1, 1 GG).

60

Weiterhin bedarf es in so gelagerten Fällen näherer Ausführungen, warum die Beeinträchtigung *rechtswidrig* ist.[184] Dies erfordert eine umfassende Interessenabwägung, in deren Rahmen es insbesondere darauf ankommt, ob sich der Gebrauch, den der Fürsorgeberechtigte von seinen Befugnissen gemacht hat, im Lichte des Zwecks seiner Rechtsstellung als legitim (oder eben nur als Missbrauch und Schikane) darstellt.

60.1

Dieselben Probleme werden virulent, wenn Angehörige bspw. im Nachgang der Bestattung gegen den Fürsorgeberechtigten auf Schmerzensgeld aus Persönlichkeitsrechtsverletzung klagen.[185]

60.2

---

182 Kurze/Goertz, 180.
183 Vgl. – im Kontext eines Amtshaftungsanspruchs gegen den Friedhofsträger – OLG Zweibrücken Urt. v. 15.5.1997 – 6 U 57/96; hier ging es jedoch um die Frage der Ruhezeit.
184 Dies wird nämlich bei Persönlichkeitsrechtsverletzungen nicht indiziert, vgl. MüKoBGB/Wagner BGB § 823 Rn. 364.

185 LG Bielefeld NJW-RR 2016, 1304: Entscheidung des Fürsorgeberechtigten gegen Aufbahrung des Toten im offenen Sarg (und damit gegen Ermöglichung des Zugangs von Angehörigen zur Erweisung der letzten Ehre).

61 Denkbar ist auch die Gestaltung, dass nicht nur ein Totenfürsorgeberechtigter bestimmt wird, sondern zugleich weiteren Angehörigen – am besten für genau bestimmte Fälle – ein Kontrollrecht (dh *in effectu* eine beschränkte Mitberechtigung) und damit ein Klagerecht eingeräumt wird.[186]

62 **b) Bestimmung der Person des Fürsorgeberechtigten.** Weiterhin ist es möglich, den **Inhaber der Totenfürsorge** zu bestimmen; in Betracht kommen insofern auch beliebige Dritte[187] außerhalb des Kreises der Angehörigen und unabhängig von der (gesetzlichen oder gewillkürten) Erbfolge,[188] auch juristische Personen.

63 **Hinweis:**

Die dem Verstorbenen nahestehenden Personen sind auf eine **klare und unmissverständliche Regelung** dringend angewiesen – die Lage der Dinge macht für sie schnelles Handeln erforderlich, zahllose Angelegenheiten, die überdies häufig mit schweren seelischen Belastungen einhergehen werden, müssen in kurzer Zeit erledigt werden. Eine schriftliche Bestimmung über die Totenfürsorge ist daher, schon aus Achtung vor den Hinterbliebenen, unbedingt zu empfehlen. Dies gilt umso mehr, wenn von der gewohnheitsrechtlich anerkannten Reihenfolge der nächsten Angehörigen abgewichen werden soll.

Das Schriftstück sollte den Betroffenen bereits zu Lebzeiten zumindest in Kopie ausgehändigt werden. Sinnvoll erscheint es auch, die entsprechende Verfügung beim zuständigen Pfarramt bzw. beim Bestattungsunternehmer zu deponieren.

Die Aufnahme der Bestimmungen in eine letztwillige Verfügung ist nicht ratsam, wenn nicht zumindest zusätzlich ein – anders als häufig das Testament – sofort nach dem Todesfall auffindbares und verfügbares Dokument erstellt wird.[189] Eine sinnvolle Gestaltungsmöglichkeit kann darin bestehen, den Totenfürsorgeberechtigten zugleich postmortal zu **bevollmächtigen** (bspw. in einer Vorsorgevollmacht) – dadurch wird es ihm ermöglicht, unmittelbar mit Rechtswirkung für die Erben Rechtsgeschäfte zu tätigen, so dass er nicht auf die Regressmöglichkeit des § 1968 BGB angewiesen ist.[190]

64 Regelmäßig findet sich in Testamenten die Bestimmung, **der Erbe habe die Bestattung zu übernehmen** (oÄ). Solche Wendungen sollten bei der Testamentsgestaltung tunlichst – zugunsten klarer Bestimmungen (insbes. einer ausdrücklichen Zuweisung des Totenfürsorgerechts) – vermieden werden: Die letztwillige Verfügung muss dann nämlich dahin gehend ausgelegt werden, ob der Erbe nur die Kosten zu tragen hat, oder ob er selbst totenfürsorgeberechtigt sein soll.[191]

65 Ein Problem dieser Art kann sich insbes. ergeben, wenn Vorgaben zur Bestattung im Testament qua **Auflage zulasten des Erben oder eines Vermächtnisnehmers** getroffen werden: Nach einer Ansicht sind solche Auflagen nur dann wirksam, wenn der Belastete die Bestattungspflicht trägt bzw. zumindest (als Totenfürsorgeberechtigter) bestattungsberechtigt ist.[192] Letzteres soll aber gerade nicht schon allein wegen der Auflage anzunehmen sein; insoweit bedarf es wiederum der Auslegung.[193] Führt diese zu dem Ergebnis, dass der Belastete nicht bestattungsbefugt ist, und ist er auch nicht der Bestattungspflichtige, kann der „Auflage" nur eine inhaltliche Aussage über die Art der Totenfürsorge entnommen werden, die dann den – anderweitig zu ermittelnden – Totenfürsorgeberechtigten bindet.

---

186 Widmann FamRZ 1992, 759 (760).
187 OLG Karlsruhe MDR 1990, 443; BGH NJW-RR 1992, 834; AG Osnabrück FamRZ 2016, 491.
188 AG Osnabrück ZErb 2015, 159 mAnm Schnorrenberg.
189 Kurze/Goertz, 32.
190 Kurze/Goertz, 154.
191 Kurze/Goertz, 31.
192 Fritz BWNotZ 1992, 139.
193 Bonefeld/Wachter FaErbR FaErbR/Schmalenbach, 92.

Grundsätzlich möglich ist es auch, dem Vertragspartner einer Bestattungsvorsorgevereinbarung – das ist regelmäßig der letztlich für die Beisetzung bestellte **Bestattungsunternehmer** – die Ausübung der Totenfürsorge zu übertragen.[194] Dabei sollte jedoch nicht übersehen werden, dass der Bestatter eigene wirtschaftliche Interessen hat, die uU mit den Vorstellungen des Verstorbenen kollidieren – ein Konflikt, der jedenfalls dann zum Tragen kommt, wenn eine Konstellation eintritt, die beim Abschluss des Vorsorgevertrags nicht bedacht wurde. Ist diese Gestaltung trotzdem gewünscht, sollte die Beschränkung des In-sich-Geschäfts (§ 181 BGB) aufgehoben werden.[195]

66

In einer vom Bestattungsunternehmer gestellten, **vorformulierten Klausel** dürfte eine derart weitreichende Verfügung nicht wirksam erfolgen können – sofern nicht ohnehin § 305c Abs. 1 BGB (Überraschungsklausel) einer Einbeziehung entgegensteht, ist angesichts der einseitigen Begünstigung des Bestatters eine unangemessene Benachteiligung iSd § 307 Abs. 1 S. 1 BGB anzunehmen.

66.1

Klärungsbedarf besteht auch dann, wenn der Verstorbene **keine ausdrückliche Bestimmung** getroffen hat, wer Träger der Totenfürsorge sein soll, er aber die in solchen Fällen typischerweise herangezogenen nahen Angehörigen (dazu, welche dies sind, sogleich) **enterbt** hat. Hieraus kann zumindest dann ein Argument für eine Entziehung der Totenfürsorgeberechtigung gewonnen werden, wenn der testamentarische Erbe (oder ein Vermächtnisnehmer) durch entsprechende Grabpflegeauflagen belastet werden soll.[196] Gewiss hat aber nicht jede Enterbung die Entziehung der Totenfürsorge zur Folge;[197] insofern hat die Auslegung vor dem konkreten lebensgeschichtlichen Hintergrund der jeweiligen Regelung zu erfolgen.[198]

67

In der Literatur wurde bisweilen vorgeschlagen, in der Bestellung eines **Testamentsvollstreckers** die schlüssige Übertragung auch des Totenfürsorgerechts zu sehen.[199] Ausgangspunkt muss dabei jedoch stets sein, dass die Totenfürsorge gerade nicht zu den vermögensrechtlichen Positionen und auch nicht zum Nachlass gehört.[200] Erforderlich ist somit zumindest das Hinzutreten weiterer Umstände, die zu der Deutung drängen, der Testamentsvollstrecker solle auch für die Angelegenheiten der Bestattung zuständig sein. Ist dies gewollt, empfiehlt sich eine ausdrückliche Regelung.[201] *Goertz*[202] weist darauf hin, dass bei einer derartigen Gestaltung die Gefahr bestehe, dass der Testamentsvollstrecker seine Entscheidungsmacht über Fragen der Totenfürsorge instrumentalisiere, um in Konflikten mit den Erben die Oberhand zu gewinnen.

68

2. Personelle Zuordnung der Totenfürsorge bei Fehlen einer Bestimmung durch den Verstorbenen. Ähnlich wie die Bestattungspflicht findet das Recht zur Totenfürsorge samt seiner personellen Zuordnung (sofern keine Übertragung stattgefunden hat) seine tragende Grundlage im Faktischen – nicht im Erbgang,[203] sondern im familiären Näheverhältnis:[204] Die Totenfürsorge geht denjenigen an und kommt daher grds. auch demjenigen zu,[205] der dem Verstorbenen **aufgrund seiner familiären Bindung** zu ihm – dh aus sittlicher Pflicht – Pietät und Pflege seines Andenkens schuldet.[206] In Anlehnung an § 2 Abs. 3 des Gesetzes über die Feuerbestattung hat sich in der Judikatur folgende Reihenfolge durchgesetzt:[207]

69

---

194 Widmann, 207.
195 Dafür, dass in dieser Konstellation regelmäßig konkludent eine Aufhebung der Beschränkung erfolge: Kurze/Goertz, 77.
196 Bonefeld/Wachter FaErbR FaErbR/Schmalenbach, 93.
197 Gaedke FriedhofsR/BestattungsR, 124.
198 Kurze/Goertz, 32.
199 Zimmermann Testamentsvollstreckung, 356.
200 Rott/Kornau/Zimmermann, 173.
201 Formulierungshilfe bei Rott/Kornau/Zimmermann, 400.
202 Kurze/Goertz, 35.
203 Ansätze mit dieser Tendenz finden sich jedoch noch in den Gesetzesmaterialien, Mugdan, Die gesammten Materialien zum Bürgerlichen Gesetzbuch für das Deutsche Reich, Bd. II, 1899, 483. Ähnlich noch Staudinger/Herzfelder BGB, 1. Aufl. § 1922 Anm. IV 2d (bis zur 9. Auflage).
204 RGZ 154, 269 (270 f.) (Urt. v. 5.4.1937 – IV 18/37).
205 Blume AcP 112, 366 (390).
206 RGZ 154, 269 (270 f.); BGH NJW-RR 1992, 834; BGH NJW 2012, 1648; Kurze/Goertz, S. 31.
207 Vgl. bspw. VG München Urt. v. 30.10.2008 – M 12 K 08.3489 Rn. 31, zitiert nach juris; BGH NJW-RR 1991, 982 (983).

1. Ehegatte (bzw. Lebenspartner)
2. Kinder (ab Volljährigkeit)
3. Eltern
4. Großeltern
5. Geschwister (ab Volljährigkeit)
6. Enkelkinder[208] (ab Volljährigkeit)

70 Was die Stellung des **Ehegatten** anbelangt, wird auch hier im Hinblick auf den Ausnahmecharakter der Vorschrift eine Analogie zu § 1933 BGB abgelehnt.[209]

71 Die Fürsorgeberechtigung der **Eltern** besteht unabhängig vom lebzeitigen **Sorgerecht**. Bezeichnend ist insoweit der Fall des VG München, in dem es um die Umbettung eines im Alter von zwei Jahren verstorbenen Kindes ging.[210] Die Eltern waren nicht miteinander verheiratet und lebten bis kurz nach der Bestattung des Kindes als Familie zusammen; die Mutter war jedoch allein sorgeberechtigt. Kurze Zeit nach der Bestattung trennten sich die Eltern. Die Mutter wollte nun die Urne des Kindes wegen eines Wohnsitzwechsels umbetten lassen. Das Gericht kam, ua unter Rückgriff auf den anhand der Umstände konstruierten Willen des Kindes, zu dem Ergebnis, dass das Totenfürsorgerecht den Eltern unverändert gemeinsam zustehe. Begrüßenswert ist hieran zumindest, dass das Totenfürsorgerecht von seiner materiellen Grundlage – tatsächlich gelebter familiärer Verbundenheit – her bestimmt wird.[211]

72 Kommt aus der og Rangfolge niemand in Frage, weil der Verstorbene **keine Angehörigen hinterlassen** hat, kommt eine Orientierung an der **Erbfolge** in Betracht. Einzelne Stimmen in der Literatur haben sich dafür eingesetzt, insoweit vordringlich auf die konkreten Umstände des Falles abzustellen, so dass uU nicht der Erbe, sondern statt seiner ein enger Freund des Erblassers totenfürsorgeberechtigt sein kann.[212]

73 **3. Mehrheit von Totenfürsorgeberechtigten.** Steht die Totenfürsorge mehreren Personen zu, stellt sich die Frage nach dem **Modus der Willensbildung**. Üblicherweise wird insoweit mit dem Hinweis auf die Menschenwürde-Grundlage und den entsprechenden hohen Rang des Fürsorgerechts – zumindest dem Grundsatz nach – das Erfordernis der Einstimmigkeit postuliert.[213] Der Zusammenhang von hochrangigem Rechtsgut und Notwendigkeit der Einstimmigkeit bei der Verfügung ist zumindest dann nicht tragfähig, wenn es nicht um Kernfragen der Totenfürsorge (insbes. Art der Bestattung, Ort des Grabes, Beisetzung/Begräbnisfeier), sondern um bloße *Zweckmäßigkeits*fragen[214] geht. In solchen Fällen sollen demnach auch Mehrheitsbeschlüsse zulässig sein.[215]

---

208 Alternativ: Kinder der Geschwister, Kurze/Goertz, 33.
209 LG Leipzig Urt. v. 1.12.2004 – 1 S 3851/04; Kurze/Goertz, 33 mwN.
210 Urt. v. 30.10.2008 – M 12 K 08.3489.
211 Zustimmend auch Kurze/Goertz, 34.
212 In diese Richtung bspw. Kurze/Goertz, 33 für den Fall, dass eine gemeinnützige Organisation den ohne Angehörigen verstorbenen Erblasser beerbt.
213 Kurze/Goertz, 41. Bader, Leichnam und Leichenasche – ihre Rechtsstellung, Schweizer Juristenzeitung, 20. Jahrgang (1923/24), 365, 369 verweist dagegen auf das gleichfalls Einstimmigkeit erfordernde Gesamthandseigentum der Erbengemeinschaft.
214 Josef Praktische Fragen des Totenrechts, GruchB Bd. 65 (1921), 304 f.
215 Gaedke FriedhofsR/BestattungsR, 121 f. Durch diese Grenzziehung kann es freilich in der Praxis zu nicht unerheblicher Rechtsunsicherheit kommen, denn: Welche sind die „Kernfragen" der Totenfürsorge? Diejenigen, die dem Toten besonders wichtig waren? Oder die, die allgemein für besonders bedeutsam angesehen werden? Zu bedenken ist, dass das Recht der Totenfürsorge – zumindest in der Zeit vor der Bestattung – regelmäßig kurzfristige Entscheidungen erfordert. Dass seine Wahrnehmung effektiv erfolgen kann, ist kein sekundäres Ziel, sondern zwingend erforderlich, damit eine Verwirklichung des Zwecks der Rechtsstellung möglich ist. Dies spricht dafür, entgegen der bisherigen Handhabung stets Mehrheitsbeschlüsse zuzulassen. Die Bedeutung des Totenfürsorgerechts und seine Begründung unter Rekurs auf höchstrangige Rechtsprinzipien sprechen – bei nüchterner Betrachtung – nicht hiergegen: Die Angelegenheiten der „Totenwürde" der Willkür einer Mehrheit anzuvertrauen, erscheint nicht weniger sachgerecht, als sie der Willkür eines Einzelnen anheimzustellen.

Ist der **Wille des Verstorbenen bekannt** und stellen sich trotzdem einzelne totenfürsorgeberechtigte Angehörige quer, muss jeder andere Fürsorgemitberechtigte gegen sie – gestützt auf § 1004 BGB analog bzw. § 823 Abs. 1 iVm § 249 BGB – Klage auf Zustimmung zu der dem Willen des Toten gemäßen Gestaltung erheben können (bzw. eine entsprechende Feststellungsklage). Regelmäßig wird sich der Konflikt in Anbetracht der Eilbedürftigkeit auf die Ebene des einstweiligen Rechtsschutzes verlagern. Problematisch sind demgegenüber Fälle, in denen der Wille des Verstorbenen nicht bekannt ist, die Fürsorgeberechtigten also echten Entscheidungsspielraum haben, und eine Einigung nicht erfolgreich zustande gebracht werden kann. Kommt ein solcher Fall vor das Zivilgericht, bleibt dem Spruchkörper zumeist kaum etwas anderes übrig, als sich für die im sozialen Umfeld des Toten und am Ort seiner Bestattung übliche Handhabe zu entscheiden.[216]

74

Kommt es in der Frage der **Bestattungsart** zu keiner Einigung, kann die **zuständige Behörde** im Interesse der Öffentlichkeit eine vorläufige Erdbestattung anordnen, vgl. § 2 Abs. 4 des Gesetzes über die Feuerbestattung.[217] Dies ändert aber nichts daran, dass die Zuständigkeit der Behörde insoweit stets **subsidiär** ist. Demnach ist es für den sich in der Minderheit befindlichen Mitberechtigten nicht der richtige Weg, sich vor dem Verwaltungsgericht klageweise an die Behörde zu wenden, um seinen Vorstellungen zur Durchführung zu verhelfen.[218] Er muss sich vielmehr stattdessen mit den anderen Fürsorgeberechtigten auseinandersetzen.

75

4. Unwillige Totenfürsorgeberechtigte. Denkbar ist auch, dass der – durch Verfügung oder nach der gewohnheitsrechtlich anerkannten Reihenfolge – zur Fürsorge Berufene nicht willens oder imstande ist, die ihm zustehenden Befugnisse auszuüben. Anders als bei der öffentlichrechtlichen Bestattungspflicht muss dem Berechtigten ein – auch formlos, ja selbst konkludent durch bloße Untätigkeit möglicher – Verzicht auf die Übernahme der Totenfürsorge als Option offenstehen.[219] In diesem Fall wird, sofern der Verstorbene keine Ersatzberufung angeordnet hat (was sich allerdings empfiehlt), der in der gewohnheitsrechtlichen Folge nächstrangige Angehörige der Totenfürsorgeberechtigte. Die Verzichtsoption erlischt jedoch dann, wenn der Berufene die Berechtigung tatsächlich ausübt oder der Berufung zugestimmt hat. Dass die Totenfürsorge, wie der BGH betont hat, zugleich einen privatrechtlichen Pflichtencharakter hat,[220] steht der Möglichkeit, auf die Stellung des Fürsorgeberechtigten *in toto* zu verzichten, nicht entgegen.[221]

76

5. Das Problem der Umbettung und die Achtung der Totenruhe. In einem Großteil der Streitigkeiten über das Totenfürsorgerecht geht es um die Umbettung des Toten. Strebt ein Totenfürsorgeberechtigter dieses Ziel an, muss er sich regelmäßig gegen die zuständige Ordnungsbehörde und ggf. auch gegen den Willen anderer Angehöriger durchsetzen.[222] Sobald die Leiche bzw. die Asche des Verstorbenen einmal bestattet wurde, ist der **Totenruhe** Rechnung zu tragen: Dass die sterblichen Überreste des Menschen an dem Ort verbleiben, an dem sie einmal beigesetzt wurden, wird als gewichtiges, nahezu selbstzweckhaftes Gut verstanden. Dies hat seinen Grund zum einen in der Annahme, die Wahrung dieser Ruhe entspreche dem **Willen des Verstorbenen**, zum anderen aber auch darin, dass eine Störung der Totenruhe potenziell als Verstoß gegen das allgemeine **Sittlichkeits- und Pietätsempfinden** aufgefasst wird.[223] Dies lässt absehen, dass hier weder der Wille des Verstorbenen noch der diesen gleichsam vertretende Wille des Totenfürsorgeberechtigten das absolute Gesetz sein kann – zumindest nicht ohne Weiteres.

77

---

216 Kurze/Goertz, 41.
217 Gaedke FriedhofsR/BestattungsR, 122.
218 OVG NRW Beschl. v. 1.6.2007 – 19 B 675/07 Rn. 6, zitiert nach juris.
219 Kurze/Goertz, 42.
220 BGH NJW 2012, 1651 (1652). Offen noch BGH NJW 2012, 1648 (1649).

221 Vgl. auch BGH NJW 2012, 1648 (1649) Rn. 12.
222 Kurze/Goertz, 37 ff.
223 Kurze/Goertz, 37; zu den betroffenen Gemeinwohlbelangen OVG NRW Urt. v. 29.4.2008 – 19 A 2896/07 Rn. 21; zur Bedeutung des Willens OVG NRW Urt. v. 12.12.2012 – 19 A 2207/11 Rn. 47, jeweils zitiert nach juris.

78 Ganz abgesehen von den (verfahrensmäßigen) Problemen, die sich ergeben können, wenn mehrere Personen die Fürsorge innehaben, ist hier stets eine **Abwägung** erforderlich, die im Zweifel zugunsten der Totenruhe ausgehen wird. Dies gilt dann erst recht, wenn die Umbettung auch die Ruhe weiterer (in derselben Grabstätte) beigesetzter Toter betrifft.[224] Nur schwerwiegende, besonders dringliche und schutzwürdige Belange sind geeignet, dem Interesse an einer Umsetzung solches Gewicht zu verleihen, dass der Schutz der Totenruhe zurückzutreten hat und ein Eingriff sittlich gerechtfertigt erscheint.[225] Zugleich ist ein Eingriff regelmäßig bereits dann unzulässig, wenn der Ehegatte oder sonstige nahe Verwandte nicht zustimmen.[226] Trotz der hohen Bedeutung des Schutzguts der Totenruhe gelten für das Beweismaß – hinsichtlich solcher Umstände, die eine Umbettung gebieten können – keine besonderen Anforderungen. Im ordentlichen Verfahren[227] genügt demnach der reguläre Vollbeweis iSd § 286 Abs. 1 S. 1 ZPO.[228]

79 Das **Interesse der Angehörigen**, die ihnen zustehende Totenfürsorge ungehindert ausüben zu können, wird regelmäßig nicht genügen, um eine Umbettung zu rechtfertigen.[229] Erschwerungen bei der Verrichtung der Grabpflege und dergleichen sind prinzipiell hinzunehmen. Nur wenn der Fürsorgeberechtigte seine Pflichten schlechterdings nicht mehr zumutbar versehen könnte (bspw. wegen Krankheit, wenn auch keine Unterstützung durch Dritte in Betracht kommt) und dies nicht lediglich auf einem freien Willensentschluss beruht (wie bspw. bei einem nicht durch besondere Umstände erzwungenen Wegzug), kann dies anders sein.[230] Dasselbe gilt, wenn der Ort der Bestattung nachweislich erheblichen Einfluss auf den Gesundheitszustand des Totenfürsorgeberechtigten hat.[231] Belange von nur Grabnutzungsberechtigten rechtfertigen grds. nicht die Umbettung.[232]

80 Der **abweichende Wille des Verstorbenen** ist ein gewichtiges Argument, das zumindest dem Grundsatz nach geeignet ist, die Beeinträchtigung der Totenruhe zu rechtfertigen.[233] Aber auch hier kommt es auf die konkreten Umstände an. Hat der treuhänderische Sachwalter des Verstorbenen – der Totenfürsorgeberechtigte – im Wissen um den anderslautenden Ortswunsch des Toten eine Bestattung durchgeführt bzw. einer solchen seine (von der Belastung der Situation unbeeinflusste und nicht nur vorläufige)[234] Zustimmung erteilt, kann er sich nicht einfach im Nachhinein unter Berufung auf den Willen des Verstorbenen umbesinnen. Dies gilt umso mehr, je länger der Betroffene sich mit diesem Gesinnungswandel Zeit gelassen hat.

81 Als Grund für Umbettungsansinnen **seitens des Friedhofsträgers**[235] kommen, solange die Ruhezeit noch nicht abgelaufen ist, nur höchstrangige und unaufschiebbare öffentliche Zwecke in Betracht. Etwas anderes mag gelten, wenn die Zustimmung des Totenfürsorgeberechtigten sowie der sonstigen nahen Angehörigen erteilt worden ist.[236]

---

224 VG Gelsenkirchen Urt. v. 4.11.2008 – 14 K 1641/08 Rn. 75, zitiert nach juris.
225 Kurze/Goertz, 39.
226 OVG NRW NVwZ 2000, 217.
227 Eine Konstellation, in der ein berechtigtes Interesse besteht, im Eilrechtsschutz eine Umbettung zu ermöglichen, erscheint kaum denkbar. Die umgekehrte Situation – Verhinderung einer Umbettung im Wege einstweiliger Verfügung – ist freilich typisch, vgl. OLG Naumburg NZFam 2016, 329 mAnm Heiß), wobei auch für die Glaubhaftmachung (§§ 936, 920 Abs. 2, 294 ZPO) der gegen eine Umbettung sprechenden Gründe die allgemeinen Grundsätze gelten: Der erforderliche Grad an Wahrscheinlichkeit ist nach hA unter Abwägung der drohenden Nachteile zu bestimmen (MüKoZPO/Drescher ZPO § 920 Rn. 17ff.); die Bedeutung der Totenruhe (insbes. die Irreversibilität ihrer einmal eingetretenen Störung) fällt in diesem Rahmen ins Gewicht.
228 LG Lübeck Urt. v. 24.7.2014 – 14 S 194/13, BeckRS 2014, 15248.
229 OVG NRW Urt. v. 29.4.2008 – 19 A 2896/07, Rn. 35 ff., zitiert nach juris; richtungweisend bereits RGZ 154, 269 (275) (Urt. v. 5.4.1937 – IV 18/37).
230 OVG NRW Urt. v. 29.4.2008 – 19 A 2896/07, Rn. 38, zitiert nach juris.
231 VG Düsseldorf Urt. v. 22.10.2012 – 23 K 4866/11 (Erforderlichkeit der Umbettung zur Linderung schwerer Depression).
232 LG Ulm NJW-Spezial 2012, 392.
233 OVG NRW Urt. v. 12.12.2012 – 19 A 2207/11 Rn. 47, zitiert nach juris; OLG Frankfurt NJW-RR 1993, 1482; in diese Richtung auch BayVGH Beschl. v. 8.5.2008 – 4 ZB 06.3294 Rn. 6, zitiert nach juris. Sehr weitgehend LG Lübeck Urt. v. 24.7.2014 – 14 S 194/13, BeckRS 2014, 15248.
234 OLG Karlsruhe Urt. v. 26.7.2001 – 9 U 198/00.
235 VGH Mannheim DÖV 1988, 474.
236 OVG NRW NWVBl 1992, 261.

Zu beachten ist ferner: **Je mehr Personen** der Exhumierung **beiwohnen**, umso schwerer wiegt der Eingriff in die Totenruhe.[237]

82

Im **Streit mit Angehörigen** um das Recht, eine Umbettung vornehmen zu lassen, ist auf Feststellung zu klagen, dass die Berechtigung zur Umbettung der Leiche besteht. Alternativ kann Leistungsklage auf Zustimmung erhoben werden – gestützt auf §§ 1004 (analog) bzw. 823 Abs. 1, 249 BGB.[238] **Verweigert der Friedhofsträger** die erforderliche Genehmigung, ist gegen ihn im Wege der Versagungsgegenklage (§ 42 Abs. 1 Var. 2 VwGO) vorzugehen.[239] Sind die Voraussetzungen für eine zulässige Umbettung erfüllt (ggf. enthält die einschlägige Friedhofsordnung insoweit konkretisierende Kriterien), besteht ein Anspruch auf Erteilung der Genehmigung. Möchte der Friedhofsträger eine Umbettung gegen den Willen des Totenfürsorgeberechtigten durchführen, kommt *de facto* regelmäßig nur eine Sicherungsanordnung gem. § 123 Abs. 1 S. 1 VwGO in Frage. Auch in den übrigen Konstellationen ist an die Möglichkeit einstweiligen Rechtsschutzes zu denken.[240]

83

Abschließend sei darauf hingewiesen, dass die Totenruhe auch dann sensibel berührt wird, wenn die Leiche **lediglich kurzfristig exhumiert** werden soll – bspw. zur Entnahme einer Gewebeprobe zur Feststellung der Vaterschaft. Auch insoweit muss der Totenfürsorgeberechtigte zustimmen. Das durch Art. 2 Abs. 1; 1 GG geschützte Interesse des Kindes, von seiner Abstammung Kenntnis zu erlangen, ist jedoch regelmäßig geeignet, die Beeinträchtigung der Totenruhe zu rechtfertigen.[241] Zur Begründung dieser Wertung lässt sich auf §§ 178 FamFG, 372a ZPO verweisen, die bei Lebenden eine entsprechende Duldungspflicht vorsehen: Wenn bereits zwangsweise Eingriffe in die körperliche Unversehrtheit lebender Menschen gerechtfertigt sind, erscheint es nicht fernliegend, auch Eingriffe in die Totenruhe (und das postmortale Persönlichkeitsrecht) zum selben Zweck für hinnehmbar zu erachten.[242] Dies schließt allerdings nicht aus, dass im Einzelfall einer Leichenblutentnahme Zumutbarkeitserwägungen entgegenstehen.

84

6. Sonderproblem: „virtuelle Grabstätte" im Internet. Die Frage nach den Grenzen der Totenfürsorge – und ihres Zusammenspiels mit anderen Rechtsgütern – wurde in einem Fall des LG Saarbrücken[243] relevant. Die Witwe des Verstorbenen suchte Rechtsschutz gegen die Veröffentlichung einer Gedenk-Website („virtuelle Grabstätte") für ihren Ehemann und die dort erfolgte Verbreitung von Kondolenzeintragungen. Die übergeordnete – höchst facettenreiche – Problematik, die hier betroffen ist, wird gewöhnlich mit dem Schlagwort „digitaler Nachlass" belegt.[244] Das Gericht befasste sich zunächst mit der Veröffentlichung der **virtuellen Todesanzeige** und prüfte einen möglichen Löschungsanspruch aus § 35 Abs. 2 Nr. 1 BDSG, der im Hinblick darauf abgelehnt wurde, dass sich die Speicherung und Veröffentlichung der virtuellen Todesanzeige als mit dem BDSG vereinbar erwies: Die enthaltenen Daten entstammten allgemein zugänglichen Quellen.[245] Aus demselben Grund wurde auch ein auf das postmortale Persönlichkeitsrecht des Verstorbenen gestützter Unterlassungs- bzw. Beseitigungsanspruch verneint. Weiterhin sah das Gericht auch nicht das Totenfürsorgerecht der Witwe als beeinträchtigt an: Diese Berechtigung erstrecke sich gerade nicht auf die Art und Weise, in der Dritte des Verstorbenen gedenken und ihre Trauer bekunden. Die Witwe hatte es daher zu dulden, dass ein Dritter eine Gedenk-Homepage verfügbar macht. Hinzunehmen hat sie grundsätzlich auch, dass Trauernde

85

---

[237] BayVGH Beschl. v. 8.5.2008 – 4 ZB 06.3294, BeckRS 2008, 27909, Rn. 6. Auch insoweit kommt dem Willen des Verstorbenen, so er sich denn ermitteln lässt, große Bedeutung zu.

[238] Bonefeld/Wachter FaErbR FaErbR/Schmalenbach, 101.

[239] VG Bayreuth Urt. v. 11.3.2014 – B 5 K 12.871, BeckRS 2014, 51504.

[240] Bonefeld/Wachter FaErbR/Schmalenbach, 101.

[241] BGH NJW 2014, 3786.

[242] Kurze/Goertz, 40 f.; OLG Dresden Beschl. v. 7.5.2002 – 10 WF 215/02 Rn. 2 f., zitiert nach juris.

[243] LG Saarbrücken NJW 2014, 1395 mAnm Deusch.

[244] Einen Überblick liefern die einsichtsreichen Beiträge von Martini JZ 2012, 1145, Herzog NJW 2013, 3745; Klas/Möhrke-Sobolewski NJW 2015, 3473; Biermann Zerb 2017, 2017. Siehe auch Rapp ZfPW 2022, 106 ff.

[245] Weiterführend zu den offengelassenen datenschutzrechtlichen Fragen: LG Saarbrücken NJW 2014, 1395 (1398) mAnm Deusch.-.

auf dieser Seite **Kondolenzbekundungen** hinterlassen. Nur im Falle ehrverletzender Eintragungen steht ihr analog § 1004 Abs. 1 S. 2 BGB ein auf Unterlassung der Verbreitung gerichteter Anspruch gegen den Website-Betreiber zu; konkret ging es um Einträge, die auf ein angebliches außereheliches Liebesverhältnis des Ehemannes schließen ließen. Bemerkenswert erscheint, dass das Gericht auf die Verletzung des Persönlichkeitsrechts der klagenden Witwe abstellte, nicht aber auf die Verletzung des postmortalen Persönlichkeitsrechts des Ehemanns.[246]

III. Grabnutzungsrecht und Friedhofsrecht

86   **1. Das Grabnutzungsrecht.** Einem gänzlich anderen Rechtsverhältnis als das Totenfürsorgerecht entstammt der Begriff des Grabnutzungsrechts. Erst wenn ein solches **öffentlich-rechtliches Sonderrecht** erworben wurde, kann der Leichnam (oder die Leichenasche) auf dem Friedhof beigesetzt werden. Diesem Recht, das der Sache nach ein **zeitlich beschränktes Nutzungsrecht** an der Grabparzelle beinhaltet, liegt ein (idR) öffentlich-rechtlicher Vertrag mit dem Friedhofsträger zugrunde. Der Erwerb des Rechts wird idR durch Ausstellung einer entsprechenden Urkunde oder Grabkarte bestätigt.[247]

86.1   Mit dem öffentlich-rechtlichen Bestattungs- und Friedhofszwang (→ Rn. 145 ff.) korrespondiert der Anspruch auf Bestattung auf einem Friedhof; werden an einem Ort mehrere Friedhöfe betrieben, richtet sich dieser Anspruch jedoch nicht die Bestattung auf *einem bestimmten* von diesen.[248] Anders ist dies in der Konstellation eines sog. Monopolfriedhofs, dessen Träger die einzige Einrichtung dieser Art vor Ort betreibt. Eine Bestattung auf einem privaten Friedhof – etwa einem Bestattungswald – ist grundsätzlich denkbar.[249]

87   Der Nutzungsberechtigte hat der Friedhofsverwaltung gegenüber die **Pflicht**, die Grabstätte nach Maßgabe der jeweiligen Friedhofsordnung **anzulegen** und **zu pflegen**;[250] grds. ist auch er der Schuldner der Kosten, die nach der Gebührenordnung des jeweiligen Friedhofsträgers anfallen.

88   Von besonderer Bedeutung ist, dass ein vom Verstorbenen noch zu Lebzeiten für sich selbst erworbenes Nutzungsrecht – aufgrund der engen zweckmäßigen Verknüpfung dieser Position mit der öffentlich-rechtlichen (und vom bürgerlich-rechtlichen Erbgang grds. unabhängigen) Bestattungspflicht – nicht einfach in den Nachlass fällt.[251] Weder ist der Erbe als solcher Inhaber des Nutzungsrechts, noch kann er sich den damit verbundenen Pflichten durch Ausschlagung entziehen.[252] Es gilt insoweit vielmehr ein **gesondertes Nachfolgeregime**: Wer dem Verstorbenen nachfolgt, ergibt sich **aus dem jeweiligen Bestattungsgesetz bzw. der einschlägigen Friedhofssatzung**.[253] Regelmäßig steht es dem Ersterwerber des Rechts offen, mit dem gewünschten Nachfolger einen schriftlichen **Übertragungsvertrag** zu schließen. Fehlt es hieran, vollzieht sich die Nachfolge nach einer Rangfolge (vgl. § 15 Abs. 7 Musterfriedhofssatzung des Deutschen Städte- und Gemeindebundes: *Ehegatte – ältestes Kind – ältestes Stiefkind – ältester Enkel – Eltern – ältestes vollbürtiges Geschwister – ältestes Stiefgeschwister – ältester [sonstiger] Erbe*; jeweils nur mit **Zustimmung** des Berufenen).[254]

89   Besondere Herausforderungen stellen sich, wenn der **Nutzungsberechtigte nicht auch der Inhaber der Totenfürsorge** ist: Der Fürsorgeberechtigte ist es, dem die Entscheidungen darüber obliegen, wie mit dem Leichnam verfahren, wie er bestattet, wie das Grab gestaltet wird usf.;

---

[246] Deusch Anm. zu LG Saarbrücken NJW 2014, 1395 (1398). Näher zur Parallele von postmortalem Persönlichkeitsschutz und postmortalem Datenschutz: Martini JZ 2012, 1145 (1148 ff.).
[247] Kurze/Goertz, 42.
[248] Kurze/Goertz, 102.
[249] Köster/Schulz DÖV 2008, 362.
[250] § 15 XI Erste Leitfassung des Deutschen Städtetags für eine Friedhofssatzung.
[251] Bonefeld/Wachter FaErbR/Schmalenbach, 186.
[252] VG Düsseldorf Urt. v. 29.3.2010 – 23 K 2976/09, BeckRS 2010, 48774, Rn. 22; Kurze/Goertz, 43 mwN.
[253] VG Magdeburg Urt. v. 18.10.2013 – 9 A 155/12, BeckRS 2013, 59409.
[254] OVG Schleswig ZEV 2016, 409.

ohne das Nutzungsrecht an der Grabstelle kann er diese Entscheidungen jedoch gegenüber dem Friedhofsträger nicht eigenmächtig durchsetzen. Gemeinhin wird die Position des Nutzungsberechtigten als der materiellen Berechtigung des Fürsorgeberechtigten **untergeordnet** angesehen: Der Träger der Fürsorge soll vom Nutzungsrechtsinhaber verlangen können, dass er sich seinem Willen beugt, dh die vom Fürsorgerecht gedeckten Maßnahmen vornimmt bzw. zumindest duldet.[255] Diese Auseinandersetzung muss notwendigenfalls zunächst im Innenverhältnis ausgefochten werden.

Fazit hierzu: Der Inhaber des Grabnutzungsrechts sollte niemand anders sein als der Totenfürsorgeberechtigte (bzw. eine Person aus dem Kreis der Totenfürsorgeberechtigten). 89.1

2. Friedhof, Friedhofsrecht und Haftung für Grabmäler. Die Befugnisse und Pflichten des Nutzungsberechtigten ergeben sich aus der Vereinbarung mit dem Friedhofsträger iVm der einschlägigen Friedhofsordnung. 90

Friedhöfe sind räumlich abgegrenzte, eingefriedete Grundstücke, die der Beisetzung von Verstorbenen gewidmet sind und auf denen die irdischen Reste von Menschen bestimmungsgemäß *friedlich* – dh ohne kurzfristige Ortsveränderungen – ruhen.[256] Sie dienen der angemessenen Bestattung der Toten sowie dem pietätvollen Gedenken der Lebenden; sie sind öffentliche Einrichtungen. 91

Friedhofsträger (dh Betreiber und eigenverantwortliche Verwalter des Friedhofs, nicht: Eigentümer des benutzten Grundstücks!) können grundsätzlich nur juristische Personen des öffentlichen Rechts oder Religionsgemeinschaften sein; der Betrieb von Bestattungsplätzen durch private Träger wird in manchen Bundesländern neuerdings ermöglicht[257] (wobei freilich den an Friedhöfe zu stellenden Anforderungen genügt werden muss). 91.1

Kommunale oder kirchliche Friedhofsträger können – nach Maßgabe der Bestattungsgesetze – **Satzungen** zur Ordnung ihrer Angelegenheiten erlassen. Sie sind dabei jedoch an höherrangiges Recht, insbesondere die Grundrechte, gebunden und dürfen in die Freiheiten der Nutzungsinteressenten/-berechtigten nur im Rahmen der angemessenen Verwirklichung des Friedhofszwecks eingreifen.[258] Diese Bindung tritt dann verschärft in Erscheinung, wenn der Träger den einzigen Friedhof am Ort betreibt. Ist dies nicht der Fall, kann bspw. ein kirchlicher Träger die Bestattung Andersgläubiger auf seinem Grund verbieten. 92

Im Hinblick darauf, dass der Träger den von ihm kontrollierten Bereich für den allgemeinen Verkehr öffnet, hat er die – nicht abdingbare – Pflicht, die Anlagen **in verkehrssicherem Zustand** zu erhalten.[259] Geschuldet werden die erforderlichen und mit angemessenem Aufwand durchzuführenden Sicherungsvorkehrungen gegen bei umsichtiger Betrachtung ex ante absehbare Gefahren. Die konkrete Reichweite der Verkehrssicherungspflichten ist ausgehend von der abstrakten Zweckbestimmung und der entsprechenden Nutzung des Friedhofs, im Einzelnen aber anhand der Umstände des jeweiligen Falles (Größe des Friedhofs, Jahreszeit und Witterung, Besucherandrang usf.) zu bestimmen.[260] 93

Relevant wird dies dann, wenn Benutzer des Friedhofs aufgrund des Zustandes der Wege (Glatteis, Hindernisse oÄ) oder sonstiger Gefahrquellen[261] verletzt und geschädigt werden. Ein 94

---

[255] Über die Gestaltung des Grabmals: OVG NRW Urt. v. 30.7.2009 – Rn. 26, zitiert nach juris; Kurze/Goertz, 44 mwN.
[256] OVG NRW KuR 2008, 277; vgl. auch Gaedke FriedhofsR/BestattungsR, 80.
[257] Bspw. in § 1 Abs. 4 BestattungsG Nordrhein-Westfalen; § 1 Nr. 4 BestattungsG Rheinland-Pfalz; § 6 BestattungsG Saarland; § 1 Abs. 1 Nr. 3 BestattungsG Sachsen; § 19 Abs. 4 BestattungsG Sachsen-Anhalt; § 20 Abs. 4 BestattungsG Schleswig-Holstein.
[258] Kurze/Goertz, 101.
[259] OLG Stuttgart Urt. v. 31.7.1991 – 1 U 22/91, Rn. 5; Gaedke FriedhofsR/BestattungsR, 84.
[260] Grenzen des erforderlichen Winterdienstes: OLG München Beschl. v. 22.9.2008 – 1 U 3329/08 Rn. 7, zitiert nach juris; zustimmend Kurze/Goertz, 103 f.
[261] Zimmermann ZEV 1997, 440 (446); Kurze/Goertz, 104.

Anspruch gegen den Friedhofsträger ergibt sich dann prinzipiell aus § 823 Abs. 1 (Verletzung der allgemeinen Verkehrssicherungspflicht) bzw. bei Einschaltung von Verrichtungsgehilfen § 831 BGB; bei hoheitlichen Trägern handelt es sich um einen Fall der Amtshaftung, § 839 BGB, Art. 34 GG, sofern ihnen die Verkehrssicherungspflicht auch durch öffentlich-rechtliche Norm auferlegt wurde.[262]

95 Eine Sondersituation ergibt sich für **Grabmäler**. Auch sie fallen in den Verantwortungsbereich des Friedhofsträgers – er muss sie daher mindestens einmal jährlich einer Rüttel- oder Druckprobe[263] unterziehen, bei der die Standfestigkeit überprüft wird. Der **Nutzungsberechtigte** hat für das Grabmal eine entsprechende **eigene** Verkehrssicherungspflicht. Erweist sich ein Grabmal bei der Kontrolle durch den Friedhofsträger als gefährdet, beschränkt sich die erforderliche Sicherung durch den Träger auf eine einstweilige Sicherung/Sperrung der Grabstätte, verbunden mit einer Aufforderung an den Nutzungsberechtigten, den gefährlichen Zustand zu beseitigen. Wird ein Dritter durch ein unzureichend sicheres Grabmal geschädigt, haftet der Friedhofsträger aus den og Vorschriften. Der Nutzungsberechtigte ist gem. § 823 Abs. 1 BGB ersatzpflichtig; da er auf fremdem Grund in Ausübung eines Rechts (namentlich seines Grabnutzungsrechts) ein mit dem Grundstück verbundenes Werk besitzt, haftet er zugleich nach § 837 (iVm § 836) BGB.[264]

96 **Hinweis:**
Steht die Möglichkeit im Raum, dass der unsichere Zustand auf einen Fehler bei der Errichtung/Herstellung des Grabmals zurückgeht, sollte dem Steinmetz für einen etwaigen Regressprozess der Streit verkündet werden.[265]

97 **3. Grabstätte und Ruhezeiten.** Bezugspunkt des Grabnutzungsrechts ist **die Grabstätte**, dh ein sich aus der Aufteilung des Friedhofs ergebender Teil der Erdoberfläche mitsamt der dazugehörigen Erdscholle.[266] Den Teil der Grabstätte, der zur Aufnahme der menschlichen Überreste bestimmt ist, bezeichnet man als **das Grab**. Die – unter Gesichtspunkten der Gefahrenabwehr (insbes. im Interesse von Gesundheit und Wohlbefinden der Friedhofsbesucher sowie der Reinheit von Boden- und Grundwasser) bestimmten – Anforderungen an die Dimensionierung und Gestaltung von Gräbern ergeben sich aus der jeweiligen Friedhofssatzung. Des Weiteren sind dort die vom Träger des Friedhofs vorgesehenen **Arten von Grabstätten** enumeriert.[267]

98 **a) Reihengrabstätte oder Wahlgrabstätte. Reihengrabstätten** (Einzelgrabstätten) sind auf die Bestattung *eines* Leichnams ausgerichtet; Ausnahmen werden ggf. bei gleichzeitig verstorbenen Familienangehörigen gemacht. Wird eine solche Grabstätte gewählt, wird die Parzelle von der Friedhofsverwaltung zugewiesen – in der Reihenfolge der zeitlichen und örtlichen Verfügbarkeit; eine Mitbestimmung des Nutzungsberechtigten (auf Lage und Größe der Grabstätte) ist nicht vorgesehen. Zumeist ist auch die Nutzungsdauer fix vorgegeben, ohne dass eine Verlängerungsoption besteht.

99 Entscheidet sich der Nutzungsberechtigte dagegen für eine **Wahlgrabstätte** (Sondergrabstätte), hat er weitergehende Möglichkeiten: Er kann sich aus den verfügbaren Parzellen eine ihm gefällige aussuchen und das Recht, das er erwirbt, geht über das normale Nutzungsrecht hinaus.[268] Die Nutzungsdauer ist von vornherein zwingend länger als bei Einzelgrabstätten, da Grabstätten dieser Art darauf angelegt sind, mehrere Verstorbene aufzunehmen. Bei Ablauf der Frist kann die Nutzung gegen Gebühr verlängert werden; der Akt der Verlängerung wird teilweise

---

262 Kurze/Goertz, 106; Zimmermann ZEV 1997, 440 (446).
263 Müller-Hannemann MDR 1975, 796 (798); OLG Hamm Urt. v. 24.11.1981 – 9 U 137/81, Rn. 12, zitiert nach juris.
264 BGH NJW 1971, 2308; NJW 1977, 1392. Seine Haftung tritt an die Stelle einer etwaigen § 936-Haftung des Grundstückseigenbesitzers (als solcher kommt der Träger in Betracht).
265 Kurze/Goertz, 106.
266 Bonefeld/Wachter FaErbR/Schmalenbach, 123.
267 Vgl. § 13 der Leitfassung des Deutschen Städtetages für eine Friedhofssatzung.
268 BVerwG DVBl 1960, 722.

als *Beweinkaufung* bezeichnet.²⁶⁹ Zu beachten ist jedoch, dass auch hier lediglich ein subjektiv-öffentliches Sonderrecht (auf Nutzung) erworben wird, nicht aber Eigentum oder eine anderweitige bürgerlich-rechtliche Position. Dies gilt selbst für alte Grabrechte.²⁷⁰ Die Rspr. billigt es den Friedhofsträgern zu, die Nutzungsrechte an Wahlgräbern im Nachhinein im Rahmen des Anstaltszwecks zu verkürzen.²⁷¹ Ob der Friedhofsträger überhaupt Wahlgrabstätten zur Verfügung stellt, obliegt prinzipiell seinem pflichtgemäßen Ermessen; er hat hierüber unter sachgerechter Abwägung aller Umstände zu befinden.²⁷² Dasselbe gilt für die Bedingungen, die er an ihre Vergabe und an die Verlängerung stellt.²⁷³ Soweit die Friedhofsordnung keinen Rechtsanspruch auf Vergabe/Verlängerung einräumt, besteht grds. nur ein Anspruch auf gleichmäßige Handhabung (Art. 3 GG).²⁷⁴

In allen Fällen gilt: Bevor der Friedhofsträger eine Abräumung und Neubelegung vornehmen darf, muss er dem Nutzungsberechtigten/den Angehörigen frühzeitig Mitteilung machen; erforderlich ist zusätzlich eine öffentliche Bekanntmachung und die Anbringung eines Hinweisschildes auf der Grabparzelle.²⁷⁵

b) Ruhezeiten. Als Ruhezeit bezeichnet man die Dauer, während derer eine erneute Belegung der Grabstätte nicht zugelassen ist. Ist sie abgelaufen, *kann* es (vorbehaltlich etwaiger Einschränkungen im Nutzungsvertrag) zu einer Neubelegung kommen, muss es aber nicht.

Alle Bestattungsgesetze enthalten Vorschriften zur Dauer der Ruhezeiten;²⁷⁶ die Vorgaben reichen von mindestens zehn Jahren bis mindestens zwanzig Jahren; für Urnen und Särge besteht in den meisten Fällen Gleichlauf. In Bayern, Nordrhein-Westfalen, Rheinland-Pfalz und Schleswig-Holstein ist die Bestimmung dem Friedhofsträger überlassen. Der Friedhofsträger hat bzgl. der Neubelegung nach Ablauf der Frist Ermessen. Im Hinblick auf die Glaubensfreiheit und die in einigen Religionen gestellten Anforderungen kann es geboten sein, im Einzelfall mit der Neubelegung zuzuwarten – bis zum vollständigen Abschluss der Verwesung (etwa 50 Jahre).

4. Grabgestaltung, Grabpflege. Das Nutzungsrecht umfasst auch Gestaltung und Pflege der Grabstätte.²⁷⁷ Inhalt und Grenzen ergeben sich auch insoweit aus den Vorgaben der Friedhofsordnung. Die Frage, wie weit diese reichen dürfen, ist unter Umständen nicht ohne Weiteres zu beantworten.²⁷⁸ Über Gestaltung und Erscheinungsbild der Grabstätte darf vornehmlich der Totenfürsorgeberechtigte bestimmen.²⁷⁹

Ausgangspunkt ist auch hier die enge Verknüpfung zwischen dem grundgesetzlich fundierten **allgemeinen Persönlichkeitsrecht** und dem Recht, über die Umstände der eigenen Bestattung und des Totengedenkens zu entscheiden. Jede Gestaltungsbestimmung stellt einen Eingriff in diese Freiheitssphäre dar und bedarf einer Rechtfertigung.

Stets zulässig muss es sein, den **Friedhofszweck** – dh Würde und Charakter des Friedhofs als eines Ortes ernsten und stillen gemeinsamen Totengedenkens – durch Gestaltungsbestimmungen abzusichern. Die postmortale Selbstverwirklichung des einzelnen ist nicht geschützt, soweit sie auf Kosten der Rechte (insbes. des Totengedenkens) anderer geht. Hieraus ergeben sich

---

269 Von mittelhochdeutsch winkouf. Vgl. auch (mit anderer Schreibweise) Bonefeld/Wachter FaErbR/Schmalenbach, 125.
270 Gaedke FriedhofsR/BestattungsR, 190 ff., insbes. über die Möglichkeit einer nachträglichen Begrenzung von Nutzungsrechten bei Erbbegräbnissen.
271 BVerwG Urt. v. 8.7.1960 – VII C 123.59 und Urt. v. 8.3.1974 – VII C 73.72, jeweils zitiert nach juris; kritisch bspw. Bachof Gedächtnisschrift Hans Peters 1967, 642 ff.
272 BayVGH BayVBl 1980, 689.
273 Bonefeld/Wachter FaErbR/Schmalenbach, 125. Als zulässig angesehen wird es, wenn Wahlgrabstätten nur aus Anlass eines Todesfalls vergeben werden bzw. (alternativ) ein bestimmtes Mindestalter verlangt wird. Erhöhte Anforderungen können bei besonderen örtlichen Verhältnissen oder einer beabsichtigten Schließung des Friedhofs gestellt werden, VGH Kassel ESVGH 28, 79.
274 Bonefeld/Wachter FaErbR/Schmalenbach, 125.
275 Vgl. § 14 der Leitfassung des Deutschen Städtetages für eine Friedhofssatzung.
276 Eine tabellarische Übersicht findet sich bei Kurze/Goertz, 207 f.
277 Ein Ausschluss der persönlichen Grabpflege ist unzulässig, Bonefeld/Wachter FaErbR/Schmalenbach, 127.
278 Gaedke FriedhofsR/BestattungsR, 198 ff.
279 BGH ZEV 2019, 487.

Grenzen für die Größe, die Aufmachung, die optische Gestaltung, die Beschriftung und sonstige Individualisierung von Grabmälern, Tafeln und sonstigem Grabschmuck.

106 Ein valides Schutzgut ist zudem das **allgemeine Pietätsgefühl** – maßgeblich ist insoweit die Sittlichkeitsauffassung der Mehrheit der Friedhofsbenutzer/-besucher, maW: der Maßstab der Ortsüblichkeit. Nicht möglich ist es umgekehrt, dasjenige zu verbieten, was allgemein als üblich angesehen wird und Teil der Bestattungskultur ist – bspw. das Aufstellen von Grabkreuzen und die Bepflanzung von Grabstätten.

106.1 Keine zulässige Zielsetzung ist die Durchsetzung einer **bestimmten ästhetischen Zielvorgabe** oder des subjektiven Geschmacks des Friedhofsträgers.[280] Allerdings muss es dem Friedhofsträger unbenommen bleiben, ein gewisses Maß an Einheitlichkeit zu verwirklichen. Das BVerwG hat insoweit eine pragmatische Vorgabe gemacht,[281] die mittlerweile in den meisten Friedhofsordnungen Niederschlag gefunden hat: Der Friedhofsträger darf durchaus das Ziel verfolgen, eine einheitliche Anlage zu erreichen, und entsprechende Bestimmungen treffen; in diesem Fall muss er jedoch an anderer Stelle ein Gräberfeld zur Verfügung stellen, auf dem die Grabgestaltung keinen derartigen besonderen Einschränkungen – sondern nur dem allgemeinen Verbot störend wirkender Gestaltungen – unterliegt (sog. **Zwei-Felder-System**).

107 Zu den Möglichkeiten, die Durchführung der Grabpflege abzusichern, → Rn. 162 ff.

108 **5. Rechtsverhältnisse bzgl. Grabstein und Grabschmuck.** Das **Grabdenkmal** wird idR bei einem Steinmetz in Auftrag gegeben, der für die Herstellung und Aufstellung (in Übereinstimmung mit den einschlägigen Gestaltungsvorgaben), sowie idR auch für die Erwirkung der Genehmigung zuständig ist. Das Denkmal ist Bauwerk und nach den allgemeinen Regeln der Baukunst zu errichten.[282] Auch nach seiner Aufstellung auf der Grabstätte bleibt es **selbstständige bewegliche Sache**, § 95 Abs. 1 BGB,[283] und Eigentum desjenigen, der den Grabstein erworben hat. Der Friedhofsträger ist unmittelbarer Besitzer und Inhaber des Gewahrsams; die Verfügungsbefugnisse des Nutzungsberechtigten sind – auch dann, wenn er der Eigentümer des Grabmals ist – durch die Zweckbestimmung im Rahmen des Nutzungsrechts eingeschränkt.

109 Für die **Pfändung** des Grabdenkmals im Rahmen der Zwangsvollstreckung kommt ein gesetzlicher Ausschluss nicht zum Tragen. Die Regelung des § 811 Abs. 1 Nr. 13 ZPO aF, auf deren Grundlage ein solcher teils vertreten wurde, ist mit Wirkung zum 1.1.2022 ersatzlos weggefallen.[284] Richtigerweise war bereits nach altem Recht eine unbeschränkte Pfändbarkeit gegeben, da ein Grabstein als solcher nicht der Bestattung, sondern dem Andenken der Angehörigen diente und damit nicht unter den Wortlaut des § 811 Abs. 1 Nr. 13 ZPO aF zu fassen war.[285]

110 Die **wechselnde Bepflanzung** des Grabes wird nur zu einem vorübergehenden Zweck mit dem Erdboden verbunden (§ 95 Abs. 1 BGB), § 946 BGB ist auch insoweit nicht anwendbar. Nur diejenigen Pflanzen, die die Grabstätte **dauerhaft** zieren sollen, werden wesentliche Bestandteile des Grundstücks und damit Eigentum des Grundstückseigentümers.

111 Auf dem Grab **zur Totenehrung niedergelegte Gegenstände** – Kerzen, Kränze, Blumensträuße, Andenken (bspw. Spielzeuge) usf. – verbleiben zunächst im Eigentum desjenigen, der sie dort belassen hat. Ein Anspruch auf Duldung der Niederlegung gegen den Willen des Grabrechtsinhabers besteht nicht.[286] Wenn die niedergelegten Gegenstände unansehnlich geworden sind, ist eine stillschweigende Dereliktion anzunehmen.[287]

---

280 Gaedke FriedhofsR/BestattungsR, 196.
281 BVerwG NJW 1964, 831.
282 BGH NJW 1971, 2308.
283 IE wohl auch AG München Urt. v. 29.3.2018 – 274 C 4910/17, BeckRS 2018, 55937; Bonefeld/Wachter FaErbR/Schmalenbach, 135.
284 Krit. etwa Herberger ZRP 2021, 246.
285 Vgl. dazu etwa BGH WM 2006, 911; ähnlich MüKoBGB/Gruber BGB § 811 Rn. 50 mwN auch zur Gegenansicht.
286 AG Bergen NJW-RR 2015, 648.
287 Bonefeld/Wachter FaErbR/Schmalenbach, 129.

IV. Kostentragung

1. Die Haftung des Erben gem. § 1968 BGB, die Haftung des Trägers der Totenfürsorge und des Bestattungspflichtigen nach §§ 677 ff. BGB. a) Anspruchslage. Haben **der Totenfürsorgeberechtigte** oder **der Bestattungspflichtige** die Beisetzung auf eigene Kosten durchführen lassen, können sie ihren Aufwand vom Erben (bzw. von den gesamtschuldnerisch haftenden Erben) ersetzt verlangen – gem. § 1968 BGB. Wurden die Kosten noch nicht verauslagt, richtet sich dieser schuldrechtliche Anspruch auf Befreiung, § 257 BGB. Den Erben trifft diese Schuld als solchen, dh es handelt sich bei der Forderung um eine Nachlassverbindlichkeit gem. § 1967 Abs. 2 BGB.[288]

Ob auch **Personen, die nicht totenfürsorgeberechtigt oder bestattungspflichtig sind** – bspw. der Freund des Verstorbenen, der sich auf eigene Kosten um die Bestattung gekümmert hat, oder gar die Bestattungsdienstleister selbst –, als originäre Gläubiger des Anspruchs aus § 1968 BGB in Betracht kommen, ist umstritten.[289] Die objektive Teleologie des § 1968 BGB spricht dagegen, die allgemeine schuldrechtliche Anspruchslage unter Rückgriff auf diese erbrechtliche Spezialnorm zu überformen: Die Vorschrift, bei der es sich systematisch um eine Ergänzung des § 1967 BGB handelt, ermöglicht lediglich einen Kostenrückgriff im Innenverhältnis.

Der Bestatter, der **auf (werk-)vertraglicher Grundlage Bestattungsleistungen erbracht** hat, hat sich an seinen Vertragspartner zu halten. Ist der Vertragspartner seinerseits gem. § 1968 BGB dem Erben gegenüber berechtigt, ist an eine Pfändung dieses Anspruchs zu denken. Selbstverständlich kann sich der Bestattungsunternehmer diesen Anspruch auch im Vorhinein abtreten lassen.

- Ist der Besteller der Bestattung der Erbe selbst, handelt es sich bei der Zahlungsverpflichtung gegenüber dem Bestatter um eine Eigenverbindlichkeit des Erben.
- Ist der Bestattungsvertrag nichtig oder wird er durch Anfechtung zu Fall gebracht, kann der Bestatter gleichfalls nicht auf § 1968 BGB rekurrieren: Wie jeder andere Kontrahierende trägt er das Risiko des Scheiterns der angestrebten rechtsgeschäftlichen Einigung;[290] die Rückabwicklung erfolgt nach den Regeln des bereicherungsrechtlichen Ausgleichs entlang der Leistungsbeziehungen.

Der Dritte, der freiwillig **aus eigener Initiative und im eigenen Namen**[291] **die Bestattung veranlasst und bezahlt (oder selbst vorgenommen) hat**, tritt demgegenüber als Geschäftsbesorger auf. Er ist nach Auftragsrecht (§ 670 BGB) ersatzberechtigt, sofern es eine Absprache mit dem Erben bzw. dem Totenfürsorgeberechtigten gegeben hat.

Ist dies nicht der Fall, kann er einen Anspruch **aus (echter, berechtigter) Geschäftsführung ohne Auftrag** (§§ 677, 683, 670 BGB) herleiten, und zwar gegen denjenigen, um *dessen Geschäft* es sich bei der übernommenen Verrichtung handelt.[292] Ob dies der Erbe, der Totenfürsorgeberechtigte oder der Bestattungspflichtige ist, hängt davon ab, auf welche Verrichtung man konkret abstellt: Die Veranlassung der Bestattung ist privatrechtlich die Angelegenheit des Totenfürsorgeberechtigten, öffentlich-rechtlich die des Bestattungspflichtigen; auch tragen diese im Zweifel – zunächst – die Kosten. Die endgültige Tragung der Kostenlast ist dagegen durch § 1968 BGB dem Erben zugewiesen. Richtigerweise darf dem § 1968 BGB nicht die Aussage entnommen werden, die Durchführung der Bestattung (einschließlich ihrer Bezahlung) gehöre in irgendeiner Weise unmittelbar zum Geschäftskreis des Erben als solchem;[293] es handelt sich um eine bloße

---

288 Zu notariellen Gestaltungsmöglichkeiten im Vorfeld etwa Mayer BWNotZ 2020, 233 ff.
289 Zu Recht dagegen etwa: Grüneberg/Weidlich BGB § 1968 Rn. 2; Gutzeit/Vrban NJW 2012, 1630.
290 Fritz BWNotZ 1992, 137 (142).
291 Tritt der Dritte dagegen als Vertreter auf, ohne hierzu berechtigt zu sein (falsus procurator), richtet sich die Rechtslage nach § 179 BGB.
292 BGH NJW 2012, 1648; BGH NJW 2012, 1651; BGH FamRZ 2016, 301.
293 Gutzeit/Vrban NJW 2012, 1630 (1631); Reetz FamFR 2010, 79 (80 f.) (zu AG Bremen Urt. v. 9.7.2009 – 5 C 21/09).

Regelung der Kostenverteilung. Der Vorgang der Bezahlung kann nicht sinnvoll als gesondertes „Geschäft" angesehen werden – wie künstlich eine solche Aufspaltung der Sache nach wäre, wird besonders deutlich, wenn der ohne Auftrag handelnde Dritte ein Bestattungsunternehmen ist, das die Beisetzung mit eigenen Sachmitteln durchführt.[294] Als Geschäftsherren in Betracht kommen daher nur der Totenfürsorgeberechtigte und der Bestattungspflichtige.

117 **Hinweis:**

Auf den Träger der Behörde, die im Notfall die Bestattung im Wege der Ersatzvornahme vornehmen darf, kann nicht abgestellt werden: Ihre Zuständigkeit ist nicht in dem Sinne originär, dass sie jemals an die Stelle derjenigen des Bestattungspflichtigen treten könnte, sie ist vielmehr subsidiär – der Dritte greift niemals in die Hoheitsbefugnisse der Behörde ein; seine Tätigkeit führt nur dazu, dass ein behördliches Einschreiten nicht mehr erforderlich ist.[295]

118 Der BGH (III. Senat) hat in einer Entscheidung aus 2012 auf die Erfüllung der öffentlich-rechtlichen Bestattungspflicht abgestellt[296] und einen Anspruch des Dritten gegen den Träger dieser Pflicht angenommen, dabei aber ausdrücklich offengelassen, ob auch die privatrechtliche Totenfürsorge ein Pflichtenelement enthält.[297] Kurz darauf hat der BGH (IV. Senat) – offenbar unabhängig von der Entscheidung des III. Senats – letztere Frage bejaht und sich für einen Anspruch gegen „den totenfürsorgeberechtigten und -verpflichteten Angehörigen" ausgesprochen.[298] Dabei wurde von dem – vom III. Senat befürworteten und stringent begründeten – Rekurs auf die (landes-)verwaltungsrechtlichen Normen zur Bestattungspflicht tendenziell Abstand genommen (allerdings ohne überzeugenden Grund).[299]

119 Virulent wird die Divergenz zwischen diesen beiden Entscheidungen dann nicht, wenn neben dem Bestattungspflichtigen nicht auch ein – von diesem personell verschiedener – Totenfürsorgeberechtigter vorhanden ist: Haben sich alle in Betracht kommenden Personen ihrer privatrechtlichen Verpflichtung durch eine wirksame Ablehnung der Totenfürsorge entzogen, muss sich der Dritte an den Bestattungspflichtigen halten.

120 Hat dagegen der hierzu Berufene der Übernahme der Totenfürsorge zugestimmt und ist zugleich eine andere Person nach Landesrecht bestattungspflichtig, ist vor dem Hintergrund der beiden genannten Entscheidungen nicht klar, wen der in eigener Initiative tätig gewordene Dritte auf Erstattung der Kosten zu verklagen hat. Trotz der unterschiedlichen Tendenzen sind die beiden Judikate nicht unvereinbar. Der III. Senat hat seine Argumentation für einen Rückgriff auf die Bestattungspflicht auf Fälle beschränkt, in denen sich „keine Person, die als Totenfürsorgeberechtigte in Betracht kommt, dazu bereitfindet, die Bestattung vorzunehmen".[300] Der Entscheidung des IV. Senats ist zuzugeben, dass die einmal übernommene Totenfürsorge gleichfalls eine – obgleich privatrechtliche – Bestattungspflicht begründet. In den problematischen Fällen ist die Durchführung der Bestattung daher Geschäft sowohl des Fürsorgeberechtigten als auch des Bestattungspflichtigen. Richtigerweise muss der Dritte dann gegen **beide** Personen einen Aufwendungsersatzanspruch haben: Sie haften ihm dabei **als Gesamtschuldner**. Die Voraussetzungen

---

294 So bspw. in BGH NJW 2012, 1648.
295 BGH NJW 2012, 1648 (1649 f.).
296 BGH NJW 2012, 1648 (1650); zustimmend Gutzeit/Vrban NJW 2012, 1630 (1631). Dass es sich um eine öffentlich-rechtliche Verpflichtung handelt, steht einer Anwendung der §§ 677 ff. BGB nicht entgegen (grundlegend BGHZ 16, 12 (15 f.) [Urt. v. 15.12.1954 – II ZR 277/53]), da die entsprechenden landesrechtlichen Normen keine erschöpfende Regelung enthalten und die Bestattung auch gerade nicht primär in der Zuständigkeit und im Ermessen der Behörde liegt. Die Zuständigkeit der Behörde ist vielmehr eine subsidiäre; wird von ihr Gebrauch gemacht, lässt dies die primäre Bestattungspflicht des berufenen Angehörigen unberührt. Dh: Der Dritte, der ohne entsprechende Verpflichtung bestattet, maßt sich nicht staatliche Aufgaben an. Vgl. hierzu auch Fehrenbacher LMK 2012, 328636 (Ziff. 2).
297 In BGH NVwZ 2016, 870 ist nunmehr die Rede vom „[Recht] der Totenfürsorge, das den nächsten Angehörigen nach gewohnheitsrechtlichen Grundsätzen zusteht und das Recht und gegebenenfalls die Pflicht umfasst, die Beerdigung vorzunehmen".
298 BGH NJW 2012, 1651.
299 Kritisch auch Gutzeit/Vrban NJW 2012, 1630 (1633) (im Ergebnis sprechen sie sich für die Linie des III. Senats aus).
300 BGH NJW 2012, 1648 (1649) Rn. 12.

des § 421 BGB sind erfüllt. Beide Personen müssen dem Dritten für dasselbe Leistungsinteresse einstehen. Ihre Haftung (jeweils aus §§ 677, 683, 670 BGB) ist auch als gleichstufig zu qualifizieren: Keiner von ihnen haftet nach außen, dh im Verhältnis zum Dritten, nur vorläufig bzw. subsidiär;[301] dass sich der Dritte nach freiem Belieben und ohne die Beschränkung des § 255 BGB an den einen oder anderen von ihnen halten kann, erscheint nur billig und angemessen.

Neben der Bestimmung des „richtigen" Geschäftsherrn, stellen sich im Rahmen der Geschäftsführung ohne Auftrag weitere Fragen: 121

- Der erforderliche **Fremdgeschäftsführungswille** ist bei dem – hier gegebenen – objektiv fremden Geschäft unproblematisch zu bejahen.[302]
- Denkbar ist jedoch, dass der Geschäftsherr mit der Bestattung durch den Dritten **nicht einverstanden** ist. Wie der BGH mit beifallswürdigen Gründen ausgeführt hat, ist dieser entgegenstehende Wille unbeachtlich: Im Hinblick auf das dringende öffentliche Interesse an der alsbaldigen (fristgerechten) Durchführung der Bestattung ist die Konstellation dem Anwendungsbereich des § 679 BGB zuzuordnen.[303] Dass notfalls die Behörde – gestützt auf ihre subsidiäre Zuständigkeit – eine Bestattung zu veranlassen imstande ist, ändert hieran nichts.
- Bei der Bestattung – einschließlich der dafür erforderlichen Vorbereitungsmaßnahmen – handelt es sich für den (zumindest *auch* totenfürsorgeberechtigten) Geschäftsherrn um ein Geschäft **bürgerlich-rechtlicher Natur**. Dies gilt uneingeschränkt auch dann, wenn ein Dritter (etwa ein Bestattungsunternehmer) von Staatsanwaltschaft oder Polizei zur Vornahme dieser Maßnahmen veranlasst worden ist oder die Behörden selbst gehandelt haben: Hätte der Geschäftsherr die Maßnahmen selbst vorgenommen, hätte dies, ungeachtet der dadurch erfolgenden Erfüllung öffentlich-rechtlicher Pflichten, seinem privatrechtlichen Recht zur Totenfürsorge entsprochen.[304] Auch ein in dieser Konstellation tätiger Verwaltungsträger handelt in privatrechtlicher Geschäftsführung ohne Auftrag.
- Auf den Fall, dass der Geschäftsherr lediglich öffentlich-rechtlich Bestattungspflichtiger, nicht aber privatrechtlich Totenfürsorgeberechtigter ist, erscheint diese Argumentation nicht übertragbar.[305] Sofern in diesem Fall nicht ein Privater,[306] sondern ein Verwaltungsträger die Bestattung veranlasst hat, handelt es sich grds. um eine **öffentlich-rechtliche** Geschäftsführung ohne Auftrag.[307]

---

301 Jeder von ihnen hat im Verhältnis zum Erben eine Regressmöglichkeit, § 1968 BGB. Dass im privatrechtlichen Innenverhältnis bzgl. der Einzelheiten der Fremdgeführte der Wille des Fürsorgeberechtigten maßgeblich ist, ändert nichts an der – öffentlich-rechtlichen – Position des Bestattungspflichtigen; ihm ist das Geschäft – nach außen – ebenso zugeordnet wie dem Träger der Totenfürsorge. Einzig hierauf kommt es an – sowohl für die Frage nach der Person des Geschäftsherrn als auch für die Frage der Gleichrangigkeit.
302 BGH NJW 2012, 1648 (1650) mwN.
303 Bereits der Gesetzgeber hatte bei der Schaffung dieser Norm gerade die von einem Dritten gegen den Willen der für die Bestattung zuständigen Person durchgeführte Beisetzung als typische Konstellation vor Augen (Mugdan Die gesamten Materialien zum Bürgerlichen Gesetzbuch für das Deutsche Reich, 1899, Bd. II, 483). Den Hintergrund hierfür bildet die römisch-rechtliche actio funeraria, mit der der Dritte auch dann gegen den für die Leichenbestattung Zuständigen auf Erstattung seiner Kosten klagen konnte, wenn dieser ihm die Bestattung ausdrücklich verboten hatte. Wie der BGH NJW 2012, 1648 (1650) Rn. 18 ausgehend hiervon zutreffend ausführt, stellt § 679 BGB eine Verallgemeinerung des hierin angelegten Rechtsgedankens dar.
304 BGH NVwZ 2016, 870, bespr. von Waldhoff in JuS 2016, 1050.
305 In BGH Urt. v. 17.11.2011 – III ZR 53/11, BeckRS 2011, 28852, wo der Geschäftsherr gerade nach dem Maßstab der öffentlich-rechtlichen Pflichtigkeit bestimmt wurde (und nicht fürsorgeberechtigt war), wird dies nicht problematisiert. Dort hatte allerdings ein privater Bestatter ohne behördliche Veranlassung gehandelt, so dass eine öffentlich-rechtliche GoA nicht in Betracht kam (vgl. MüKoBGB/Seiler Vorb. BGB § 677 Rn. 23).
306 Wie in BGH Urt. v. 17.11.2011 – III ZR 53/11, BeckRS 2011, 28852.
307 Vgl. MüKoBGB/Seiler Vorb. BGB § 677 Rn. 23. In BGH NVwZ 2016, 870 (871) weist der BGH jedoch darauf hin, die Annahme einer privatrechtlichen GoA der Verwaltung für den Bürger verbiete sich „nicht einmal dann ohne Weiteres, wenn die öffentliche Hand bei dem betreffenden Vorgang hauptsächlich zur Erfüllung öffentlich-rechtlicher Pflichten tätig geworden ist", vgl. auch BGH NVwZ 2004, 373; 2008, 349; NJW 1963, 1825; 1975, 207.

122 § 1968 BGB kommt auch **unter Miterben** zur Anwendung, wenn einer von ihnen die Bestattung vollständig selbst bezahlt hat: Dieser Erbe kann sich **an die Erbengemeinschaft** wenden und **anteilige** Erstattung des von ihm getragenen Aufwands verlangen.[308]

123 **b) Reichweite der Ersatzpflicht. aa) Bei § 1968 BGB.** § 1968 BGB spricht neuerdings nur noch von den „Kosten der Beerdigung des Erblassers". Vormals war an dieser Stelle von den Kosten einer *standesgemäßen* Beerdigung die Rede; der Gesetzgeber hat den Passus gestrichen, ohne dass dies inhaltliche Implikationen haben sollte: Die Bezeichnung hat sich geändert, der Begriff ist gleichgeblieben.[309] Prinzipiell kommt es dabei darauf an, welcher Aufwand erforderlich und angemessen ist, um eine Bestattung zu ermöglichen, die nach den im sozialen Umfeld des Verstorbenen vorherrschenden Anschauungen und Sitten als *würdig* und *angemessen* zu beurteilen ist.[310] Dabei sollen jedoch nicht nur die gesellschaftliche Stellung des Toten und das jeweils lokal Übliche maßgeblich sein, sondern – wiewohl nur sekundär – auch die Leistungsfähigkeit des Nachlasses wie des Erben.[311] Dass die Bestattungskosten nicht vom Nachlass gedeckt sind, ist jedoch nicht isoliert als Ausschlussgrund ausreichend.[312] Nicht entscheidend soll die Lebensstellung der hinterbliebenen Angehörigen sein;[313] dies dürfte freilich nur dann gelten, wenn diese nicht zugleich die Lebensstellung des Toten maßgeblich mitbeeinflusst hat. Dem Willen des Verstorbenen kommt dagegen stets eine große Bedeutung zu.[314]

124 Ein verlässlicher Katalog ersatzfähiger und nicht ersatzfähiger Kosten ist aufgrund der Vielzahl relevanter Maßstäbe nicht herstellbar. Eine Zusammenschau der einschlägigen Quellen[315] liefert folgendes Bild, das, vorbehaltlich einer Würdigung der Umstände des Einzelfalles, als Richtschnur dienen mag:

Absenkung des Grabes (spätere)	Nicht ersatzfähig: Betrifft nicht *die Beerdigung* des Erblassers.[316]
Anlegung (Erstanlegung) der Grabstätte	Ersatzfähig
Anwaltskosten im Zusammenhang mit der Inanspruchnahme kommerzieller Bestattungsleistungen (iwS)	Grds. nicht ersatzfähig:[317] Insoweit sind die konkreten Umstände des Einzelfalles – insbes. die Klarheit der Rechtslage und eine etwaige Schadensminderungspflicht des Betroffenen – entscheidend.[318]
Blumenschmuck	Ersatzfähig[319]
Danksagungen	Ersatzfähig

---

308 Bonefeld/Wachter FaErbR/Schmalenbach, 115.
309 BT-Drs. 12/3802, 79.
310 BGH NJW 1973, 2103; Saarl. OLG Urt. v. 15.7.2009 – 5 U 472/08, Rn. 21, zitiert nach juris.
311 OLG Düsseldorf MDR 1961, 940; OLG München NJW 1968, 252, und NJW 1974, 703; OLG Düsseldorf Urt. v. 23.6.1994 – 18 U 10/94.
312 OLG Düsseldorf NJW-RR 1995, 1161 (standesgemäße Beerdigung eines schuldenfreien Lkw-Fahrers).
313 OLG Düsseldorf NJW-RR 1995, 1161.
314 Bonefeld/Wachter FaErbR/Schmalenbach, 120.
315 Verwertet wurden hier die Auflistungen bei Kurze/Goertz, 47 ff.; Grüneberg/Weidlich BGB § 1968 Rn. 2; NK-BGB/Krug BGB § 1965 Rn. 5 f.
316 Schl.-Holst. ZErb 2010, 90 (92).
317 OLG Düsseldorf ZEV 1994, 372.
318 Bonefeld/Wachter FaErbR/Schmalenbach, 3. Aufl., 121 f.
319 AG Hamburg Urt. v. 9.1.2008 – 7c C 13/07.

Doppelgrab (Mehrkosten im Verhältnis zum Einzelgrab)	Nicht ersatzfähig: Hier ist eine eindeutige Beurteilung möglich: § 1968 BGB spricht ausschließlich von den Kosten der Beerdigung *des Erblassers*. Maßnahmen, mit denen anlässlich seines Todes für den Tod anderer Personen Vorsorge getroffen wird, sind davon nicht umfasst.[320]
Erstbepflanzung der Grabstätte	Ersatzfähig
Exhumierung	Ersatzfähig: Sofern hinreichende Gründe bestehen.
Geistlicher – Mitwirkung an der Leichenfeier und der Beisetzung	Ersatzfähig
Gottesdienst (bzw. Zeremonie in einer Glaubensgemeinschaft)	Ersatzfähig[321]
Grabdenkmal (Vergütung des Steinmetzes, Genehmigungsgebühren, Aufstellung)	Ersatzfähig: Maßgeblich sind hauptsächlich die örtlichen Gebräuche und etwaige familiäre Traditionen; dem Umfang des Nachlasses kann eine (untergeordnete) Bedeutung zukommen.[322] s. auch *Grabeinfassung und Grabvase*
Grabeinfassung und Grabvasen	Grds. ersatzfähig: Insoweit kommt es jedoch auf die örtlichen Gebräuche an.[323]
Grabkreuz	Ersatzfähig: Für Größe und Ausführung gelten die Ausführungen zum *Grabdenkmal* entsprechend.
Grabpflege	s. *Pflege und Unterhaltung*
Grabstätte (Erwerb des Nutzungsrechts)	Ersatzfähig
Grabstein	s. *Grabdenkmal*
Leichenbesorgung	s. *Vorbereitung der Beisetzung*
Leichenfeierlichkeit (bürgerlich und kirchlich)	Ersatzfähig: Für die Frage der Angemessenheit nach Umfang und Ausführung kommt es auf die Ortsüblichkeit, die Zahl der zu erwartenden Teilnehmer und die Gebräuche im Umfeld des Verstorbenen an.[324]
Leichenschau	Ersatzfähig
Musiker	s. *Leichenfeierlichkeit*

---

[320] OLG Düsseldorf MDR 1973, 671; BGHZ 61, 238; jeweils für einen deliktischen Anspruch. Vgl. weiter OLG Saarbrücken FamRZ 2010, 1192.
[321] OLG München NJW 1974, 703 (704).
[322] OLG Düsseldorf Urt. v. 23.6.1994 – 18 U 10/94.
[323] OLG Düsseldorf Urt. v. 23.6.1994 – 18 U 10/94.
[324] AG Grimma NJW-RR 1997, 1027.

Pflege und Unterhaltung der Grabstätte (nicht: Erstbepflanzung)	Nicht ersatzfähig: Dieser Posten gehört nicht zu den Kosten *der Beerdigung*.[325]
Redner (professioneller Grabredner)	Ersatzfähig
Reisekosten der Angehörigen	Grds. nicht ersatzfähig: Die Belastung des Erben gem. § 1968 BGB korreliert mit dem Anfall des Erblasservermögens.[326] Die Teilnahme der Angehörigen fällt nicht in den Pflichtenkreis des Totenfürsorgeberechtigten und wird demnach auch nicht von der Zahlungspflicht des Erben erfasst. Vielmehr gründet die sittliche Pflicht zur Teilnahme an der Beisetzung für jeden Angehörigen in der von ihm selbst ›geschuldeten‹ Ehrerbietung und dem Totengedenken.[327] Ausnahmen sind jedoch möglich, wenn die Angehörigen ansonsten mangels finanzieller Mittel keine Teilnahme möglich wäre. Insoweit bedarf es einer Abwägung, bei der auch der Umfang des Nachlasses zu berücksichtigen ist.[328]
Reisekosten des Bestattungspflichtigen	Ersatzfähig (str.): Handzuhaben wie *Verdienstausfall*.
Sarg (mit Ausstattung)	Ersatzfähig
Sargträger	Ersatzfähig
Sterbeurkunde	Ersatzfähig
Todesanzeige in Zeitungen per Kartenversand (ebenso sonstige Trauerdrucksachen)	Ersatzfähig:[329] In einer Publikation welcher Größenordnung und Verbreitung die Anzeige erscheinen darf, hängt wesentlich von der sozialen Stellung des Verstorbenen, seiner Einbindung in überlokal tätige Vereinigungen und seiner etwaigen Bedeutung für die Zeitgeschichte ab.
Totenhemd	Ersatzfähig
Transport der Leiche zur Bestattung	Ersatzfähig
Trauerbekleidung der Angehörigen	Grds. nicht ersatzfähig:[330] Die Ausführungen zu den Reisekosten gelten insoweit entsprechend.[331]
Trauermahl	Grds. ersatzfähig: Maßgeblich sind die örtlichen und sozialen Gepflogenheiten.

325 Trotz § 10 Abs. 5 Nr. 3 ErbStG, OLG Schleswig-Holstein ZErb 2010, 90 (92) (aA gerade im Hinblick auf die Bedeutung der steuerrechtlichen Vorschrift: Damrau ZEV 2004, 456; Müller DStZ 1999, 905 (908); eine Zugehörigkeit der Grabpflegekosten zu den Bestattungskosten nehmen ferner an: LG Heidelberg Urt. v. 31.5.2011 – 5 O 306/09, Rn. 61; AG Neuruppin Urt. v. 17.11.2006 – 42 C 324/05, Rn. 35; jeweils zitiert nach juris). Grundlegend RGZ 160, 255 (256); BGH NJW 1973, 2103.
326 Grüneberg/Weidlich BGB § 1968 Rn. 1.
327 BGHZ 32, 72 (73 f.).
328 Kurze/Goertz, 49.
329 Saarl. OLG Urt. v. 27.3.2002 – 1 U 796/01.
330 MüKoBGB/Küpper BGB § 1968 Rn. 4 mwN in Fn. 40.
331 Kurze/Goertz, 49.

Überführung	s. *Transport*
Umbettung	Ersatzfähig: Sofern hinreichende Gründe bestehen.[332]
Urne	Ersatzfähig
Verdienstausfall des Bestattungspflichtigen	Ersatzfähig (str.)[333]
Vorbereitung der Beisetzung (insbes. Leichenbesorgung)	Ersatzfähig

bb) Bei Geschäftsführung ohne Auftrag. Wird der Anspruch gem. §§ 677, 683, 670 BGB geltend gemacht, sind diejenigen Aufwendungen ersatzfähig, die der Geschäftsbesorger *für erforderlich halten durfte*. Insoweit kommt es auf die tatsächlichen Umstände des Einzelfalles an, maßgeblich ist jedoch – vorbehaltlich normativer Korrekturen – die subjektive Perspektive desjenigen, der das Geschäft übernimmt: Aufwendungen dürfen dann für notwendig gehalten werden, wenn sie nach dem verständigen Ermessen des Geschäftsführers zur Erreichung des Zwecks der Geschäftsübernahme geeignet, erforderlich und (im Verhältnis zur Bedeutung des Geschäfts für den Geschäftsherrn) angemessen erscheinen.[334] Dem Grundsatz nach sind dies die Kosten, die der Anspruchsgegner sodann vom Erben gem. § 1968 BGB ersetzt verlangen kann, mithin die Kosten einer **standesgemäßen Beisetzung**. Die (übliche) Vergütung des Bestatters ist hiervon auch dann erfasst, wenn der Anspruchsteller der Bestatter selbst ist, er das Geschäft also im Rahmen seines Gewerbes durchgeführt hat.[335] 125

Eine **Beschränkung** des iSv § 670 BGB Erforderlichen auf dasjenige, was nach § 74 SGB XII erstattet wird – eine würdige, den örtlichen Gebräuchen entsprechende, *einfache Bestattung* (nicht: die im Rahmen behördlicher Ersatzvornahme angezeigte „Einfachstbestattung")[336] –, ist dann angezeigt, wenn der Anspruchsgegner dagegen nicht oder nur eingeschränkt leistungsfähig ist, ein etwaiger Rückgriff beim Erben gleichfalls keinen Erfolg verspricht und der Geschäftsführer dies weiß oder wissen muss.[337] 126

2. Haftung aufgrund Unterhaltspflicht. Unterhaltspflichtige Verwandte des Verstorbenen (sowie der überlebende Ehegatte) haften grundsätzlich nicht aufgrund ihrer Unterhaltspflicht – diese erlischt vielmehr mit dem Tod des Berechtigten, vgl. § 1615 Abs. 1 BGB. Jedoch sieht das Gesetz in verschiedenen Fällen eine **subsidiäre Haftung** für Beerdigungskosten vor:[338] 127

---

332 OLG München NJW 1974, 703 (704).
333 Für eine Erstattungsmöglichkeit OLG Karlsruhe MDR 1970, 48; aA OLG München NJW 1974, 703.
334 Grüneberg/Retzlaff BGB § 670 Rn. 4; BGH NJW 2012, 2337.
335 Fehrenbacher LMK 2012, 328636 (Ziff. 2.); Prütting/Wegen/Weinreich/Fehrenbacher BGB, 8. Aufl., BGB § 683 Rn. 8 (Analogie zu § 1835 Abs. 3 BGB).
336 Fehrenbacher LMK 2012, 328636 (Ziff. 2.); Grube/Wahrendorf SGB XII § 74 Rn. 30 ff.
337 Fehrenbacher LMK 2012, 328636 (Ziff. 2.), jedoch ohne ausdrückliche Erwähnung der Rückgriffsmöglichkeit. ME ist sie richtigerweise hierfür als relevant anzusehen.
338 S. auch Kurze/Goertz, 50 f.

128 § 1615 Abs. 2 BGB:
- Haftung von Verwandten in gerader Linie

§§ 1360a Abs. 1, Abs. 3, 1615 Abs. 2 BGB:
- Haftung des überlebenden Ehegatten

§§ 1361 Abs. 1, Abs. 4 3, 1360a Abs. 3, 1615 Abs. 2 BGB:
- Haftung des überlebenden Ehegatten bei Getrenntleben im Todeszeitpunkt; ist die Ehe dagegen bereits geschieden gewesen, kommt dieser Anspruch nicht in Betracht[339] (und auch sonst kein unterhaltsrechtlicher Tatbestand)

§ 1615 m BGB:
- Haftung des nichtehelichen Vaters beim Tod der Mutter infolge der Schwangerschaft oder Entbindung

129 Diese Haftung kann jeweils **nur dann** geltend gemacht werden, wenn eine Kostenübernahme durch die Erben – bspw. wegen Ausschlagung, oder aber auch wegen fehlenden Vermögens – nicht zu erlangen ist,[340] § 1615 Abs. 2 BGB. Eines vorherigen Rechtsstreits mit dem Erben bedarf es nicht, sofern Dürftigkeit des Nachlasses und Zahlungsunfähigkeit des Erben feststehen.[341]

130 Anders als bei § 1968 BGB kann der in Anspruch Genommene hier mit dem Einwand kontern, seine Haftung sei **grob unbillig**, § 1611 Abs. 1 2 BGB. Dies kann jedoch nur in ganz extrem gelagerten Ausnahmefällen angenommen werden. Die bloße Zerrüttung des familiären Verhältnisses ist nicht ausreichend.[342] Soll dagegen das Kind für die Bestattung eines Elternteils aufkommen, dem zu Lebzeiten die Sorge gem. §§ 1666, 1666a BGB entzogen worden war, kommt grobe Unbilligkeit in Betracht.[343] Aber auch hier muss die Schwere der elterlichen Verfehlung sorgfältig gegen die hohe Bedeutung des in § 1615 Abs. 2 BGB zum Ausdruck kommenden Grundsatzes abgewogen werden.

131 Die **Höhe des Anspruchs** ist zwar nach unterhaltsrechtlichen Maßstäben (§§ 1610, 1611 BGB) zu bemessen – und dies heißt: nach den Lebensverhältnissen des Verstorbenen –, doch führt dies effektiv zu keiner Abweichung im Vergleich zum Rechtsfolgenregime des § 1968 BGB.[344]

132 **3. Haftung Dritter im Rahmen von Schadensersatzansprüchen.** In bestimmten Konstellationen sieht das Gesetz eine Kostentragung durch Dritte vor, die den Tod des zu Bestattenden verursacht haben: § 844 Abs. 1 BGB bestimmt dies für den deliktischen Schadensersatzanspruch wegen (vorsätzlicher oder fahrlässiger) Tötung eines Menschen. Die Reichweite der Ersatzpflicht entspricht auch hierfür derjenigen bei § 1968 BGB.[345]

133 **4. Inanspruchnahme des Sozialhilfeträgers: § 74 SGB XII.** Um eine würdige Bestattung zu gewährleisten,[346] sieht § 74 SGB XII vor, dass *die erforderlichen Kosten einer Bestattung* im Rahmen der Sozialhilfe übernommen werden, *soweit den hierzu Verpflichteten nicht zugemutet werden kann, die Kosten zu tragen*.[347]

134 **a) Anspruchsinhaber und Anspruchsgegner.** Dem Wortlaut der Vorschrift wird entnommen, dass anspruchsberechtigt der *zur Bestattung* Verpflichtete, dh der **öffentlich-rechtlich Bestattungspflichtige** sein soll; um Unbilligkeiten zu vermeiden, wird zudem der **Erbe** in den Kreis möglicher Anspruchsinhaber miteinbezogen.[348] Der Normtext legt die einschränkende Handha-

---

339 MüKoBGB/Born BGB § 1615 Rn. 11.
340 Bonefeld/Wachter FaErbR/Schmalenbach, 115; LG Dortmund NJW-RR 1996, 775.
341 MüKoBGB/Born BGB § 1615 Rn. 8.
342 OVG Lüneburg FamRZ 2004, 458.
343 OVG Lüneburg NordÖR 2007, 432.
344 Kurze/Goertz, 51.

345 BGH NJW 1973, 2103; Kurze/Goertz, 50; vgl. auch die detailreiche Übersicht bei Balke SVR 2009, 132.
346 LSG BW ZErb 2010, 153 (155).
347 Umfassend hierzu Gotzen, Die Sozialbestattung, passim. Schmitt/Spranger Sozialbestattung in der Praxis, 2000.
348 Kurze/Goertz, 60 mwN.

bung nicht nahe: „hierzu" kann sich ebenso gut auf die Kostentragung beziehen.[349] Das Ergebnis, dass derjenige den Ersatzanspruch hat, der sich **der Kostenlast nicht entziehen kann**, weil sie ihm durch Vorschriften des Erbrechts, Unterhaltsrechts oder durch das jeweilige Bestattungsrecht auferlegt wurden[350] und ein (weiterer) zivilrechtlicher Regress nicht in Betracht kommt,[351] kommt dem Sinn des § 74 SGB XII wohl am nächsten.

Welcher Sozialhilfeträger in Anspruch zu nehmen ist, ergibt sich aus § 98 Abs. 3 SGB XII. 135

b) Unzumutbarkeit. Was dem Anspruchsteller **zumutbar** ist, ist zuerst in wirtschaftlicher Hinsicht zu bestimmen. In einem ersten Prüfungsschritt steht daher die Frage der Bedürftigkeit des Antragstellers inmitten.[352] Dabei sind neben den persönlichen und wirtschaftlichen Verhältnissen des Antragstellers vor allem die Höhe des Nachlasses und etwaige Versicherungsleistungen zu berücksichtigen.[353] Wird die **Bedürftigkeit verneint**, ist die Unzumutbarkeit unter anderen als wirtschaftlichen Gesichtspunkten zu prüfen.[354] Maßgeblich sind insbesondere die Enge der Verwandtschaftsbeziehung[355] sowie etwaige ernstliche Störungen des familiären Verhältnisses.[356] Der Sozialhilfeträger übernimmt jedoch nur diejenigen Kosten, die nicht durch den Nachlass zzgl. etwaiger Versicherungsleistungen abgedeckt sind.[357] 136

c) Anspruchshöhe. Die Anspruchshöhe ist anders als bei § 1968 BGB zu bestimmen: In diesem Sinne *erforderlich* sind nur die Kosten eines **einfachen**, aber **ortsüblichen und angemessenen** Begräbnisses, das der Würde des Verstorbenen entspricht.[358] Erfasst sind:[359] 137

- Leichenschau, Leichenbesorgung, Totenschein
- Transport und notfalls Überführung nach Deutschland
- Verbringung der Leiche ins Ausland aus Gründen der Religion: grds. nicht erfasst, wenn eine brauchtumsgerechte Bestattung auch in Deutschland erfolgen kann[360]
- Ersterwerb eines Grabnutzungsrechts (idR nur Reihengrabstätte)
- Sarg/Urne in schlichter Ausführung
- Beisetzung von Sarg/Urne
- Erdbestattung: auch dann, wenn die Kosten über denjenigen einer Feuerbestattung liegen, sofern der Verstorbene selbst (nicht: lediglich der Bestattungspflichtige) eine Erdbestattung gewünscht hat[361]
- Orgelspiel und Grabgeläute bei der Trauerfeier
- einfaches Grabkreuz
- Grabstein (str.)
- einfache Erstbepflanzung der Grabstätte.

Die **Mitwirkung eines Geistlichen** bei der Trauerfeier ist laut einem älteren Urteil des BVerwG nicht vom Sozialhilfeträger zu übernehmen;[362] insoweit wird von den Religionsgemeinschaften erwartet, dass sie auf eigene Kosten tätig werden.

5. Kostentragung bei Bestattung durch die öffentliche Hand. Sind Bestattungspflichtige nicht zu ermitteln oder kommen sie ihrer Pflicht nicht zeitnah nach, kann und muss die Gemeinde die 138

---

349 Bonefeld/Wachter FaErbR/Schmalenbach, 116; eingehend zur gesamten Problematik: Widmann, 74 ff.
350 Die Übernahme aus dem Gefühl sittlicher Verpflichtung reicht demnach gerade nicht, BVerwG NJW 2003, 3146. Für den rechtlich nicht verpflichteten Heimträger: OVG Lüneburg NJW 2000, 3513.
351 Dies muss allerdings nachgewiesen werden, vgl. SchlHLSG ZFSH/SGB 2007, 28.
352 BSG NVwZ-RR 2010, 527.
353 Zu Einzelfragen Trésoret WiVerwR 2015, 3 ff.
354 BSG NVwZ-RR 2010, 527.
355 Kurze/Goertz, 59; Spranger SuP 2014, 126 ff.
356 OVG Saarlouis Urt. v. 27.12.2007 – 1 A 40/07, Rn. 83 ff., zitiert nach juris.
357 D. h.: Dem Erben ist es nie unzumutbar, den Nachlass für die Bezahlung der Bestattungskosten zu verwenden.
358 Zimmermann ZEV 1997, 440 (449).
359 Aufzählung in Anlehnung an Bonefeld/Wachter FaErbR/Schmalenbach, 117 f.; Gaedke FriedhofsR/BestattungsR, 128 f.
360 OVG NRW NJW 1991, 2232; OVG Hamburg NJW 1992, 3118.
361 Nach eA dagegen Feuerbestattung nicht, wenn sie teurer ist als eine Erdbestattung, Bonefeld/Wachter FaErbR/Schmalenbach, 118.
362 BVerwG DVBl 1960, 246.

Bestattung durchführen. Welche Ermächtigungsgrundlage hierfür in Betracht kommt, hängt von der landesrechtlichen Ausgestaltung ab (→ Rn. 48 f.): Einige Landesrechte enthalten hierfür eine ausdrückliche Spezialermächtigung; fehlt es daran, wird die Gemeinde als Ordnungsbehörde im Rahmen der Gefahrenabwehr tätig – in der Regel sind angesichts des Eilbedarfs die Voraussetzungen für eine unmittelbare Ausführung bzw. eine Ersatzvornahme im Wege des Sofortvollzugs erfüllt.[363] Entsprechend uneinheitlich ist die Normierung bzw. gerichtliche Handhabung des Kostenersatzanspruchs des Behördenträgers:[364] Einige Bestattungsgesetze enthalten eine gesonderte Kostenregelung, teilweise gibt auch die Ermächtigungsnorm bereits eine bestimmte Kostentragung vor („auf Kosten"),[365] anderweitig ist auf entsprechende Vorschriften des Sicherheits- und Ordnungsrechts zurückzugreifen, im Übrigen wird teils auf öffentlich-rechtliche Geschäftsführung ohne Auftrag, teils auf den allgemeinen Erstattungsanspruch abgestellt. Ungeachtet dieser variierenden Besonderheiten sind die Sachfragen, um die es immer wieder geht, weitgehend konstant:

139 **a) Anspruchsgegner.** Anspruchsgegner ist der nach Maßgabe des öffentlichen Rechts **Bestattungspflichtige**; darauf, ob er womöglich weiter Regress nehmen kann, kommt es nicht an. Wird die Maßnahme auf allgemeine sicherheitsrechtliche Ermächtigungen gestützt, ist er als der *Störer* anzusehen.[366] Sofern dies nicht ausdrücklich gesetzlich vorgesehen ist, kommt kein anderer als Kostenschuldner in Betracht (insbes. nicht ein anderer *potenziell* Bestattungspflichtiger).[367]

140 **b) Ausnahme bei zerrütteten Familienverhältnissen?** Immer wieder relevant wird auch die Frage nach einem Entfallen der Kostentragungspflicht aufgrund **gestörter Familienverhältnisse** zwischen dem Toten und dem Kostenschuldner.[368] Wird dies relevant, ist zunächst zu prüfen, ob nicht die heranzuziehende gesetzliche Normierung (Sonderregelung im Bestattungsrecht oder allgemeines Ordnungsrecht)[369] eine entsprechende **Härtefallregelung** vorsieht.[370] Problematisch sind die Fälle, in denen dies nicht der Fall ist:

141 Das OVG Münster ging davon aus, es gebe einen **allgemeinen Rechtsgrundsatz**, wonach Gesetzesanwendung nicht zu unbilligen Härten führen darf,[371] und demnach könne bei schwer zerrütteten Verhältnissen von einer Inanspruchnahme des Bestattungspflichtigen für die Kostentragung abgesehen werden. Tatsächlich dient das Verwaltungskostenrecht – gerade im Bereich der Kosten für Gefahrenabwehr – ganz wesentlich auch der Herstellung materiell gerechter Lösungen, so dass Raum für Zumutbarkeits-, Verhältnismäßigkeits- und Billigkeitserwägungen besteht. Ein solcher Rekurs auf das *ius aequum* sollte jedoch **nur dann** erfolgen, wenn das *ius strictum* in einem Fall insgesamt zu einem den Prinzipien der Gerechtigkeit widersprechenden Ergebnis führt – Billigkeit in diesem Kontext hat stets den Charakter eines **Korrektivs**. Was bei der pauschalen Lösung des OVG Münster wohl nicht hinreichend berücksichtigt wird, ist, dass mit der Kostenentscheidung der Behörde noch nicht das letzte Wort über die Angelegenheit gesprochen ist:[372] Ist die Kostentragung für den in Anspruch Genommenen aus familiengeschichtlichen o. ä. Gründen unzumutbar, kann er – bzw., nach erfolgtem Regress beim Erben, dieser selbst – im Rahmen des § 74 SGB XII Übernahme der Kosten durch den Sozialhilfeträger verlangen.[373] Die übliche Handhabung dieser Regelung lässt gerade den insoweit nötigen Raum

---

363 VG Düsseldorf Urt. v. 29.3.2010 – 23 K 2976/09, Rn. 27.
364 Eingehende Darstellung bei Stelkens/Seifert DVBl 2008, 1537 (1540); Überblick bei Kurze/Goertz, 52.
365 OVG Saarlouis Urt. v. 27.12.2007 – 1 A 40/07 Rn. 60, zitiert nach juris.
366 Kurze/Goertz, 53.
367 OVG NRW, B. v. 20.4.2010 – 19 A 1666/08.
368 Kurze/Goertz, 53 ff.; Müller HGZ 2013, 79 ff.
369 VG Gießen Urt. v. 5.4.2000 – 8 E 1777/98.
370 Vgl. etwa § 14 KostO Nordrhein-Westfalen.
371 OVG NRW Beschl. v. 2.2.1996 – 19 A 3802/95. Zur Interpretation solle auf die zu §§ 1611, 1579 BGB entwickelten Grundsätze zurückgegriffen werden können.
372 Ähnlich die Kritik von Kurze/Goertz, 56.
373 Dies gilt freilich nur, wenn nicht der Nachlass (zzgl. etwaiger Versicherungsleistungen) ausreicht, um das Begräbnis zu bezahlen.

für die Einbeziehung solcher Gesichtspunkte. Für die *pauschale* Überformung der landesrechtlichen Kostenregelung besteht daher nicht hinreichend Anlass.

Gerade im Hinblick auf die Möglichkeit sozialrechtlichen Ausgleichs **lehnte** es das OVG Hamburg **allgemein ab**, im Wege einschränkender Auslegung in das Gesetz eine dort nicht vorgesehene Härtefallregelung zu integrieren.[374] Zerrüttete Familienverhältnisse böten nicht hinreichend Anlass, um von der Inanspruchnahme des Bestattungspflichtigen zulasten der Allgemeinheit abzusehen. Dies ist mit dem zuvor Gesagten der Richtung nach zu befürworten. Allerdings erscheinen durchaus Fälle denkbar, in denen nicht nur die Zuweisung der endgültigen Kostentragung, sondern bereits die vorübergehende Belastung hiermit eine unzumutbare Härte und eine grobe Unbilligkeit darstellt – etwa, wenn sich der Verstorbene gegenüber dem Bestattungspflichtigen schwerster Verfehlungen schuldig gemacht hat. Das vom OVG Hamburg vorgebrachte Argument, der Bestattungspflichtige stehe dem Toten trotz allem näher als die Allgemeinheit, verliert dann seine Überzeugungskraft. Es sollte daher – trotz § 74 SGB XII – für derartige Situationen (besonders schwere Straftaten gegenüber dem Bestattungspflichtigen, je nach Umständen auch Sorgerechtsentziehung gem. § 1666 BGB) ein Korrektiv zur Herstellung von Einzelfallgerechtigkeit geben.

142

Ebendies wurde vom VG Halle vorgeschlagen: Es könne auch dann, wenn eine Kostenregelung vorhanden ist, die explizit keine Härtefallausnahme vorsieht, auf die **Billigkeitsvorschriften des allgemeinen Verwaltungskostenrechts** Rekurs genommen werden, sofern es sich um einen ganz **extremen Ausnahmefall** handelt.[375]

143

c) **Anspruchshöhe.** Maßstab für den Umfang der Ersatzpflicht ist hier weder die standesgemäße Beerdigung gem. § 1968 BGB, noch die einfache, aber angemessene Beisetzung, auf die es bei § 74 SGB XII ankommt. Ersatzfähig ist vielmehr nur der Aufwand für die sog. *Einfachstbestattung*,[376] dh der **notwendige Mindestaufwand** für ein **einfaches Begräbnis** ohne religiöse Feier und Grabschmuck.

144

Steht kein anderslautender Wille des Verstorbenen fest, muss sich die Behörde nach eA für die Feuerbestattung entscheiden, falls diese günstiger ist.[377] Nach vorzugswürdiger aA hat sie ein Auswahlermessen.[378] Dazu, den Körper einem anatomischen Institut zur Verfügung zu stellen (dieses trägt dann die Kosten der Bestattung), ist die Gemeinde jedenfalls dann nicht verpflichtet, wenn der Tote dies nicht ausdrücklich gewünscht hat.[379]

144.1

---

374 OVG Hamburg Urt. v. 26.5.2010 – 5 Bf 34/10, Rn. 27, zitiert nach juris.
375 VG Halle Urt. v. 20.11.2009 – 4 A 318/09.
376 Fehrenbacher LMK 2012, 328636 (Ziff. 2.); Grube/Wahrendorf SGB XII § 74 Rn. 30 ff.; Kurze ErbR 2014, 270 ff.
377 OVG NRW NWVBl 1998, 347. Kritisch – unter Hinweis auf das allgemeine Persönlichkeitsrecht des Verstorbenen – Kurze/Goertz, 58.
378 VGH Mannheim NVwZ 2002, 995.
379 Kurze/Goertz, 58. In einigen Bestattungsgesetzen ist diese Voraussetzung ausdrücklich aufgenommen, zB in § 5 III BestattungsG Mecklenburg-Vorpommern. Zur Annahme einer allgemeinen Pflicht: Stelkens/Cohrs NVwZ 2002, 917.

E. Art und Weise der Bestattung, Grabpflege

I. Möglichkeiten der Beisetzung

145 **1. Grenzen der Gestaltungsfreiheit: Bestattungs-/Beisetzungszwang und Friedhofszwang.** Dass menschliche[380] Leichen[381] bzw. deren Aschereste bestattet/beigesetzt werden **müssen**, und zwar auf einem besonders ausgewiesenen, der angemessenen Bestattung der Toten und dem pietätvollen Gedenken der Lebenden gewidmeten Grundstück, ist ein Gebot des öffentlichen Rechts und in allen Bestattungsgesetzen vorgesehen.

146 **Beisetzung/Bestattung** meint dabei die Verbringung an einen zum endgültigen Verbleib bestimmten Ruheort in **der Erde**; bei Ascheresten ist auch das **Ausbringen in der Natur** begrifflich hiervon umfasst. In einem weiteren Sinne lässt sich sagen: „Bestattung ist die mit religiösen oder weltanschaulichen Gebräuchen verbundene Übergabe des menschlichen Leichnams an die Elemente".[382]

147 Grundsätzlich hat die Bestattung **auf einem Friedhof** zu erfolgen, dh auf einem eingefriedeten Grundstück, das der Beisetzung von Verstorbenen dient und auf dem die Toten bestimmungsgemäß friedlich (dh ohne kurzfristige Ortsveränderungen) ruhen.[383] Zum Begriff des Friedhofs → Rn. 90 ff.). Ausgeschlossen – genauer: nicht erlaubt – ist demnach ein Verstreuen der Totenasche in der Landschaft oder einen Fluss,[384] ebenso ihre Aufbewahrung im Haushalt des Totenfürsorgeberechtigten. Auch die gelegentlich gewünschte Bestattung im eigenen Garten ist nach deutschem Recht – wohl auch zum Schutz der Verkehrsfähigkeit betroffener Grundstücke – nicht zulässig.[385] Für Bestattung außerhalb von öffentlichen Friedhöfen (etwa auf der privaten Friedhofsinsel eines Anwesens) kann nach einzelnen Bestattungsgesetzen jedoch eine Sondergenehmigung der Gesundheitsbehörde beantragt werden – so etwa nach § 14 Abs. 1 S. 2 BestG NRW, sofern der Bestattungsort gesundheits- und wasserhaushaltsrechtlich unbedenklich ist.[386] Unzulässig sind sog. Diamantbestattungen,[387] Weltraumbestattungen sowie kryonische Maßnahmen.[388] Erlaubt ist dagegen die Bestattung in privaten Bestattungswäldern.[389]

148 **a) Verfassungsmäßigkeit.** Diese Regelungslage ist verfassungsgemäß.[390] Der durch sie bewirkte Eingriff in die allgemeine Handlungsfreiheit ist durch hochrangige Allgemeinwohlbelange gerechtfertigt – insbes. durch den Schutz der Totenruhe, des pietätvollen Umgangs mit menschlichen Überresten, des geordneten sozialen Zusammenlebens, vor allem aber des sittlichen Gefühls der Bevölkerung.[391] Die sittliche Empfindung, auf welcher der Friedhofszwang insoweit gründet, ist die Scheu vor dem Tod[392] und der hieraus sich nährende Wunsch, die Konfrontation mit den Toten aus dem Alltag und den ihm zugewiesenen Orten zu verbannen. Diese Tabui-

---

380 Für **Tierkörper** gilt über § 3 Abs. 1 TierNebG die Vorschrift des § 5 TierKBG: Ein Begräbnis ist grds. nur auf behördlich zugelassenen Tierfriedhöfen gestattet. Vereinzelt wird – insbesondere in Nordrhein-Westfalen und Teilen Schleswig-Holsteins – die gemeinsame Bestattung von Mensch und Tier auf Gemeindefriedhöfen zur zulässig erachtet (vgl. dazu Stollmann/Beckers NWVBl 2016, 227 ff.). Die Frage, ob dies unter dem Gesichtspunkt der Menschenwürde, die nach Art. 1 Abs. 1 GG anderen Lebewesen gerade nicht zuerkannt wird, als angemessene Gestaltung anzusehen ist, ist hier nicht zu thematisieren.

381 Für die Beisetzung von **Fehl- und Totgeburten** sind in den Bestattungsgesetzen Sonderregelungen enthalten: Fehlgeburten können auf Wunsch eines Elternteils bestattet werden (anderenfalls müssen sie zusammen mit den in der Chirurgie anfallenden Gewebesresten hygienisch beseitigt werden). In der Geburt verstorbene Kinder und Totgeburten (§ 31 Abs. 1, II PStV) müssen bestattet werden (krit. Leeb/Weber StAZ 2013, 365 ff.; vgl. Weilert Rechtsmedizin 2017, 286 ff.).

382 Zu „neuen" Bestattungsformen Kurze ZErb 2012, 103 ff.; Spranger WiVerwR 2015, 19 ff.

383 OVG NRW KuR 2008, 277; vgl. auch Gaedke FriedhofsR/BestattungsR, 14.

384 Anders etwa auf Basis von § 4 Abs. 1a Friedhofs- und Bestattungswesen G Bremen; vgl. zur Zulässigkeit von Fluss- und Seebestattungen auch Spranger WiVerwR 2015, 19 ff.

385 Kurze/Goertz, 92; vgl. auch Kahler NVwZ 1983, 662.

386 Vgl. hierzu den Fall des AG Osnabrück ZErb 2015, 159 (m. Bspr. v. Schnorrenberg) – private Friedhofsinsel.

387 AG Wiesbaden NJW 2007, 2562.

388 Zu diesen „neuen" Bestattungsformen Kurze ZErb 2012, 103 ff.; Spranger WiVerwR 2015, 19 ff.

389 Köster/Schulz DÖV 2008, 362.

390 BVerfGE 50, 256 ff.; wN bei Kurze/Goertz, 87.

391 BVerwG NJW 1974, 2018.

392 Vgl. Kurze/Goertz, 89.

sierung des Todes steht mit vielfältigen kulturellen Institutionen und geistigen Strömungen, historischen Erfahrungen und religiösen wie weltanschaulichen Ideen in einem komplexen Wechselwirkungsverhältnis. Ihre Verbreitung hat sich – auch innerhalb gleichbleibender kultureller Zusammenhänge – in den letzten Jahrhunderten kaum je als statisch erwiesen. Es ist daher nicht auszuschließen, dass der Friedhofszwang in den kommenden Jahren seine verfassungsmäßige Legitimation einbüßt,[393] sofern nicht zumindest Raum für Ausnahmen geschaffen wird.[394] Auch nach der jetzigen Lage kann es geboten sein, im Einzelfall eine **Ausnahmegenehmigung** für eine Beerdigung auf einem Privatgrundstück zu erteilen – wenn gravierende Gründe der Glaubens- und Gewissensfreiheit (Art. 4 GG) dies zwingend erfordern[395] und überdies gewährleistet ist, dass den allgemeinen Anforderungen an eine hygienische, für die Allgemeinheit sichere und umweltverträgliche Bestattung Genüge getan wird.

b) Sonderproblem: Plastination. Der Vorgang der Plastination ist ein Konservierungsprozess, bei dem organischem Material im Vakuum das Gewebswasser entzogen und anschließend durch Kunststoff ersetzt wird. Das dabei entstehende Plastinat weist die Oberflächenstruktur des präparierten Gewebes auf und ist dauerhaft haltbar. Der Zweck dieses Prozesses besteht in der Herstellung ausstellungsfähiger anatomischer Präparate. Diese Prozedur entzieht den so präparierten menschlichen Körper dem Zerfall, nimmt ihm aber – auch dann, wenn der Körper anonymisiert wird – nicht seine Eigenschaft, Leiche zu sein;[396] Plastination ist auch keine Art der Bestattung.[397] Folglich unterliegt das Plastinat grundsätzlich dem öffentlich-rechtlichen Bestattungszwang. Dieses Prinzip dient unmittelbar auch dem Schutz der Allgemeinheit und ist daher im Kern nicht für das Subjekt disponibel – wiewohl die Anforderungen im Einzelfall so zu gestalten sind, dass in das sich in den Wünschen für den Umgang mit der eigenen Leiche ausdrückende allgemeine Persönlichkeitsrecht so wenig wie möglich eingegriffen wird. Daran, dass der Leichnam überhaupt zu bestatten ist, ändert dies jedoch nichts. 149

Durch die Präsentation des plastinierten Körpers auf einer **Wanderausstellung** („Körperwelten") ist diesem Erfordernis nicht Genüge getan.[398] Allerdings sehen die Bestattungsgesetze regelmäßig die Möglichkeit einer Ausnahme vor: Zu wissenschaftlichen Zwecken dürfen Leichen in entsprechende (wissenschaftliche) Einrichtungen verbracht werden. Das eigentliche Problem besteht dann in der Bestimmung der Voraussetzungen und Grenzen der *Wissenschaftlichkeit* in diesem Sinne,[399] ferner in der Festlegung des Zeitraums, während dessen diese Suspendierung des Bestattungszwanges wirkt. 150

Eine parallele Problematik stellt sich im Rahmen der Frage, ob die Darbietung der Präparate im Rahmen von Publikumsausstellungen gegen das in einzelnen Bestattungsgesetzen ausdrücklich vorgesehene **Verbot der öffentlichen Ausstellung von Leichen**[400] verstößt – bzgl. dieses Verbots ergeben sich Ausnahmen zugunsten anatomischer Institute.[401] Auch hier geht es im Ergebnis darum, welche (zeitlichen und örtlichen) Grenzen sich aus dem Zweck der Regelung ergeben.[402] 151

---

393 Vgl. OVerwG Rheinland-Pfalz NVwZ RR 2010, 284: Das Gericht scheint diese Möglichkeit zumindest in Betracht gezogen zu haben (obschon auch im Ergebnis verneint).
394 Konkrete Anregungen liefert Kurze/Goertz, 89 ff.
395 Bonefeld/Wachter FaErbR/Schmalenbach, 103.
396 BayVGH Beschl. v. 21.2.2003 – 4 CS 03.462; VGH Mannheim Urt. v. 29.11.2005 – 1 S 1161/04; OVG Bln-Bbg Beschl. v. 14.8.2009 – OVG 1 S 151.09; jeweils zitiert nach juris. Tag MedR 1998, 387; Bremer NVwZ 2001, 167.
397 So iE auch OVG Berlin-Brandenburg LVK 2016, 139; Vgl. aber VGH Mannheim Urt. v. 29.11.2005 – 1 S 1161/04, Rn. 7.

398 VG München Beschl. v. 18.2.2003 – M 10 S 03. 545. Dazu insg. v Proff Kulturelle Freiheitsrechte und Menschenwürde, passim.
399 BayVGH Beschl. v. 21.2.2003 – 4 CS 03.462 Rn. 23 und 32, zitiert nach juris.
400 Bspw. in § 13 BestattungsVO Baden-Württemberg.
401 Vgl. § 42 II 1 BestattungsG Baden-Württemberg (betrifft unmittelbar die Bestattungspflicht).
402 VGH Mannheim Urt. v. 29.11.2005 – 1 S 1161/04, Rn. 44 ff., zitiert nach juris; Bremer NVwZ 2001, 167; Thiele NVwZ 2000, 405.

5. Bestattung, Totenfürsorge und Sepulkralkultur

152 **2. Hinweise zu den Bestattungsformen.** Im Folgenden soll ein kurzer Überblick über die verschiedenen möglichen Arten der Beisetzung und die jeweils relevanten rechtlichen Besonderheiten gegeben werden:[403]

153 Bzgl. der **Erdbestattung**, die noch immer in der Mehrheit der Fälle gewählt wird, gelten die Ausführungen, die unter → Rn. 97 ff. gemacht wurden. In einigen Bundesländern besteht ausnahmslos Sargzwang;[404] manche Bundesländer lassen entweder grundsätzlich oder aber jedenfalls in religiös oder weltanschaulich gerechtfertigten Fällen eine Bestattung in einem Leichentuch zu, soweit keine öffentlichen Belange entgegenstehen.[405]

154 Eine immer wieder gewünschte, aber problematische Bestattungsform ist die Beisetzung in einer **Gruft**, dh die Verbringung des Sarges (bzw. der Urne) in eine oberirdische Grabkammer. Da es sich nicht um eine Form der Erdbestattung handelt, muss diese Beisetzungsart grundsätzlich gesondert gesetzlich vorgesehen werden.[406] In den meisten Bundesländern ist sie dies nicht; demgemäß fehlt es auf den meisten Friedhöfen auch an entsprechenden Möglichkeiten.

155 Die **Feuerbestattung**[407] ist der Erdbestattung gleichgestellt, doch darf sie nur durchgeführt werden, wenn der Tote selbst sie angeordnet hat oder der Totenfürsorgeberechtigte sie wünscht. Kommt es zu einer „Sozialbestattung", darf die – in der Regel kostengünstigere – Kremation nach zutreffender Ansicht nicht gegen den lebzeitig geäußerten Willen des Toten bzw. den Widerspruch des Totenfürsorgeberechtigten durchgeführt werden (→ Rn. 137).[408] In allen Bundesländern – seit dem 1.1.2023 auch in Bayern – ist eine zweite Leichenschau vor der Kremierung vorgesehen.[409]

156 Die meisten Bestattungsgesetze stellen die Voraussetzung auf, dass es vor der Einäscherung zu einer weiteren Leichenschau kommt. Wie für Sargbestattungen gibt es auf den Friedhöfen auch für die Beisetzung der Urne Reihen- und Wahlgräber. Ein Ausstreuen der Asche an speziell hierfür vorgesehenen Orten wird in einigen Bundesländern zugelassen.[410]

157 Die **anonyme Bestattung** auf einer – typischerweise von einer Treuhandgesellschaft oder einer Stiftung angebotenen – Gemeinschaftsgrabanlage (ohne Namensnennung) wird bisweilen aus Kostengründen gewählt. Steht diese Entscheidung im Raum, sollte darauf hingewiesen werden, dass bei einer Bestattung in diesem Rahmen auch die Option einer Beisetzung *mit Namensnennung* besteht.[411]

158 Die **Seebestattung**,[412] die bislang die einzige unumstrittene Ausnahme zum Friedhofszwang konstituiert, unterliegt ebenfalls genauen Vorgaben, die sich aus den jeweiligen Bestattungsgesetzen ergeben: Die Asche wird mit einem dafür vorgesehenen Seefahrzeug aufs Meer verbracht und in einer – aus wasserlöslichem Material hergestellten – Urne an genau bestimmter und dokumentierter Stelle versenkt; ein Verstreuen der Aschenreste ist – zumindest auf zum Staatsgebiet der Bundesrepublik Deutschland zählenden Wasserflächen – nicht zulässig.[413] Zum Teil bedarf es für diese Bestattungsform einer Spezialgenehmigung. Wollen die Trauernden der Beisetzung der Urne beiwohnen, müssen sie dies vorab anmelden und ggf. eine entsprechende Gebühr entrichten.

---

403 Vgl. grundlegend etwa Kurze ZErb 2012, 103 ff.; Spranger WiVerw 2015, 19 ff. Eingehende Darstellungen finden sich bei Kurze/Goertz, 107 ff.; Gaedke, 112 ff., 165 ff., 236 ff.; Zimmermann Rechtsfragen, 14 ff.
404 Überblick bei Stelkens WiVerw 2021, 1 ff.
405 Vgl. etwa § 30 Abs. 2 BestV Bayern. Dies ist nicht durch Verwaltungsakt zu verbescheiden, vgl. VG Karlsruhe NVwZ-RR 2020, 689.
406 So bspw. in § 27 Abs. 1 BestattungsG Saarland.
407 Dazu umfassend Spranger/Pasic/Kriebel Handbuch des Feuerbestattungsrechts, passim; vgl. weiter auch Gottwald NJW 2012, 2231 ff.
408 Zur Lage bei der Bestattung durch die öffentliche Hand → Rn. 144.
409 Vgl. nun auch § 17 BayBestV. Zur Beleihung des Facharztes und zur Gebührenerhebung instruktiv OVG Weimar Beschl. v. 16.5.2022 – 3 EO 264/21, BeckRS 2022, 35614.
410 Vgl. etwa § 4 Abs. 1a Friedhofs- und BestattungswesensG Bremen.
411 Kurze/Goertz, 112.
412 Dazu umfassend Schatz/Bartmann DÖV 2022, 148 ff.
413 Kurze/Goertz, 113.

Die sog. **Diamantbestattung**, bei der aus Teilen der Aschereste durch Druck ein künstlicher Diamant hergestellt wird, ist nach deutschem Recht nicht zugelassen; sie wird etwa in der Schweiz und den Niederlanden durchgeführt.[414]

159

Die sog. **Promession** ist eine neuartige – auf Ressourcenschonung angelegte – Bestattungsform, bei der der Körper zunächst gefriergetrocknet und granuliert wird; das Granulat wird dann in einem kompostierbaren Sarg beigesetzt. Bisweilen geben Bestattungsgesetze bereits der Behörde die Möglichkeit, diese Form zuzulassen.

160

Ein weiteres umweltschonendes Bestattungsverfahren ist die sog. **Resomation** (alkalische Hydrolyse), bei welcher der Körper der Einwirkung einer starken Lauge ausgesetzt und binnen weniger Stunden komplett zersetzt wird. Das Endprodukt ist eine bräunliche, zähe Flüssigkeit, die nach Angaben des Herstellers ökologisch bedenkenlos dem Wasserzyklus zugeführt werden kann; die nicht zersetzten Knochenbestandteile werden zermahlen und – wie Aschenreste – in einer Urne beigesetzt. Das Verfahren wird derzeit in Deutschland nicht angeboten; nach der aktuellen Lage der Bestattungsgesetze fehlt hierfür auch die Grundlage.

161

II. Sicherstellung der Grabpflege

Soll zu Lebzeiten Sicherheit dafür geschaffen werden, dass die Grabpflege dereinst nach den eigenen Vorstellungen erfolgen wird, sind eine **Grabpflegeanordnung**[415] bzw. der Abschluss eines **Dauergrabpflegevertrags** in Erwägung zu ziehen. Fehlt es an Vorkehrungen und nimmt sich niemand freiwillig der Aufgabe an, wird im Zweifel der Nutzungsberechtigte vom Friedhofsträger in Anspruch genommen werden; das, was der Nutzungsberechtigte in diesem Rechtsverhältnis schuldet, ist jedoch nur ein Mindestmaß – etwaige Wünsche des Verstorbenen haben insoweit keine Verbindlichkeit.

162

1. Erbrechtliche Gestaltungsmöglichkeiten. Obschon bisweilen vertreten wird, Grabpflegekosten seien Nachlassverbindlichkeiten,[416] gilt die Übernahme der Grabpflege gemeinhin als **lediglich sittliche Verpflichtung**. Die Herstellung einer rechtlich verbindlichen Regelung ist zum einen mit den Mitteln des Erbrechts in einer letztwilligen Verfügung möglich. Denkbar ist es, die gewünschte Gestaltung im Wege einer **Auflage** einem Erben bzw. einem Vermächtnisnehmer aufzuerlegen, §§ 2192 ff. BGB. Die Verbindlichkeit einer solchen Regelung hält sich faktisch in Grenzen: Der durch die Auflage Begünstigte (der Nutzungsberechtigte) ist nicht befugt, die Anordnung zwangsweise durchzusetzen. § 2194 BGB sieht vielmehr vor, dass der Vollziehungsberechtigte die Durchsetzung betreiben **kann**. Vollziehungsberechtigt in diesem Sinne sind: Der Erbe (bei Belastung eines Vermächtnisnehmers), ein Miterbe (bei Belastung eines anderen Miterben) und derjenige, dem der Wegfall des Beschwerten zustattenkommen würde. Keiner von diesen ist jedoch *verpflichtet*, die Auflage durchzusetzen.[417]

163

Zur Abwendung dieses Problems wird vorgeschlagen, die Auflage mit einer **bedingten Begünstigung im Vermächtniswege** zu verbinden (§ 2195 BGB): Der jeweilige Wegfallbegünstigte hat dann ein materielles Eigeninteresse an der Überwachung der Einhaltung.[418] Eine *Erbeinsetzung* an die Bedingung der Einhaltung der Auflage zu knüpfen, erscheint demgegenüber als unverhältnismäßig und löst zahlreiche Folgeprobleme aus.[419]

164

---

414 Zur Bestattungspflicht für Diamanten umfassend Spranger NJW 2017, 3622 ff.; zur Sacheigenschaft des Diamanten nach § 90 BGB umfassend BeckOGK/Mössner BGB § 90 Rn. 24 mwN.

415 Eine eingehende kautelarjuristische Aufarbeitung des Problems mit zahlreichen Formulierungsbeispielen findet sich bei Kurze/Goertz, 159 ff.

416 Roth NJW-Spezial 2011, 103; verhalten zustimmend und mwN Kurze/Goertz, 159 f.

417 Kurze/Goertz, 161.

418 Kurze/Goertz, 162.

419 UU führt sie zu Vor- und Nacherbschaft, Kurze/Goertz, 162.

165 Die größte Sicherheit gewährt demgegenüber die Anordnung (professioneller) **Testamentsvollstreckung**, durch die freilich der Nachlass für die gesamte Liegezeit mit Kosten belastet wird.[420] Denkbar ist es auch, die Pflicht zur Grabpflege durch **Reallast** abzusichern.[421]

166 **2. Dauergrabpflegevertrag.** Eine weitere Möglichkeit zur Absicherung der Pflege des eigenen Grabes besteht darin, bereits zu Lebzeiten mit einem Gärtner oder einem derartige Dienste anbietenden Bestattungsunternehmen einen Dauergrabpflegevertrag zu schließen. Die Sachlage entspricht in den wesentlichen Zügen derjenigen bei der Bestattungsvorsorge, von der sogleich die Rede sein wird; die Erwägungen zum Bestattungsvorsorgevertrag – insbes. zur Gestaltung der Vergütung – gelten insoweit entsprechend.

166.1 Wird für jemanden, der einen Dauergrabpflegevertrag abgeschlossen hat, ein Betreuer bestellt, kommt eine Kündigung dieses Vertrags durch den Betreuer – bspw. um eine Tilgung anderweitiger Schulden mit den freiwerdenden Mitteln zu ermöglichen – regelmäßig nicht in Betracht, da dies erkennbar dem Willen des Betreuten widerspricht.[422]

III. Grabpflegekosten

167 Die Kosten für die Pflege der Grabstätte gehören – mit Ausnahme der Kosten der Erstbepflanzung – nach verbreiteter Ansicht nicht zu den Bestattungskosten.[423] Ihre Übernahme entspricht einer sittlichen, nicht einer rechtlichen Pflicht. Zwar ist der Inhaber des Grabnutzungsrechts dem Friedhofsträger gegenüber regelmäßig zur Pflege der Grabstätte verpflichtet, doch ist rechtlich niemand gezwungen, das Nutzungsrecht auf sich zu nehmen.[424]

F. Bestattungsvertrag und Bestattungsvorsorgevertrag

I. Bestattungsvertrag

168 Der Vertrag, der mit dem Bestattungsunternehmer über die Durchführung der Beisetzung abgeschlossen wird, deckt bisweilen eine Vielzahl von Einzelleistungen ab – von der Beschaffung von Sarg und Totenhemd, über die Leichenbesorgung und die Aufbewahrung des Leichnams bis zur Beisetzung, die anfallenden Behördengänge, den Transport des Toten, die Organisation der Trauerfeier und der eigentlichen Bestattung, die Besorgung und Installation von Blumenschmuck, die Schaltung und Versendung von Todesanzeigen, bis hin zur Bestellung bzw. Herstellung des Grabmals.[425] Welche Leistungen umfasst sind und welche der Bestatter selbst anbietet oder aber nur vermittelt, ist von Fall zu Fall unterschiedlich. Ein ausschließlich Fremdleistungen vermittelnder Bestatter wird uU nur als **Geschäftsbesorger** tätig (und trägt infolgedessen die Pflichten aus § 675 Abs. 1 iVm §§ 663 ff. BGB). Werden beim Bestatter dagegen nur einzelne Gegenstände des Bestattungszubehörs erworben, handelt es sich regelmäßig um reine **Kaufgeschäfte**.

---

420 Kurze/Goertz, 164 ff., insbes. mit Hinweisen zur Kostenregelung. Ein Ausschluss der Kosten ist nicht sinnvoll, wenn professionelle Testamentsvollstreckung gewünscht wird.
421 Im Rahmen des sog. Altenteils; vgl. bspw. BayObLG Beschl. v. 8.10.1998 – 2Z BR 133/98.
422 OLG Köln ZEV 2003, 471.
423 Trotz § 10 Abs. 5 Nr. 3 ErbStG, OLG Schleswig-Holstein ZErb 2010, 90 (92). AA Damrau ZEV 2004, 456 (gerade im Hinblick auf die Bedeutung der steuerrechtlichen Vorschrift); LG Heidelberg Urt. v. 31.5.2011 – 5 O 306/09, Rn. 61; AG Neuruppin Urt. v. 17.11.2006 – 42 C 324/05, Rn. 35; jeweils zitiert nach juris). Zu denken ist an die Möglichkeit der Anordnung, dass die Grabpflegekosten dem Nachlass zu entnehmen seien; es droht dann Pflichtteilsminderung, Roth NJW-Spezial 2011, 103.
424 Kurze/Goertz, 63.
425 Dazu insg. Widmann, passim. Prägnant BeckOGK BGB/Grüner BGB § 1968 Rn. 61 ff.; Muster in BWGZ 2001, 287 ff.

In der typischen Konstellation wird dagegen ein **typengemischter Vertrag** anzunehmen sein, bei dem der **werkvertragliche Charakter**[426] die wesentliche Prägung vermittelt: Der Bestatter schuldet insgesamt einen Erfolg, eben *die Bestattung*; die einzelnen Bestandteile, die für sich genommen zT einen anderen als einen werkvertraglichen Charakter aufweisen mögen, ergeben nur in dieser Gesamtheit ein sinnvolles Ganzes.[427] Insoweit bedarf es aber stets einer genauen Betrachtung der Umstände des Einzelfalles; vorrangig maßgeblich ist der Parteiwille. Insbes. für Leistungsstörungen gilt: Betrifft die zu entscheidende Frage einen einzelnen Bestandteil der Gesamtleistung, ist je nachdem, welcher Bestandteil betroffen ist,[428] Werkrecht, (über § 675 BGB) Auftragsrecht oder aber Kaufrecht heranzuziehen. Geht es um den Vertrag *in toto* oder ist aus sonstigen Gründen eine eindeutige Zuordnung zu einem Vertragstyp nicht möglich, ist das Recht jenes Vertragstyps maßgeblich, der bei rechtlicher oder ökonomischer Betrachtung den **Schwerpunkt** des Gesamtvertrages bildet[429] – und dies ist hier im Normalfall dasjenige des Werkvertrags.

1. Kündigung. Soll der Vertrag insgesamt durch **Kündigung** zu Fall gebracht werden, sind § 643 BGB (Sonderfall: Unternehmerkündigung wegen unterlassener Mitwirkung des Bestellers) und § 649 BGB (jederzeitige Bestellerkündigung bis zur Vollendung des Werkes; dann Bestehenbleiben des Vergütungsanspruchs unter Anrechnung gesparter Aufwendungen) maßgeblich.[430] Das Kündigungsrecht des Bestellers ist – zumindest in AGB – nicht wirksam auszuschließen.[431]

2. Bestattervergütung. Ist eine **Vergütung** nicht – auch nicht konkludent bzw. durch Verweis auf eine offengelegte Preisliste – vereinbart, wird gem. § 632 Abs. 2 BGB die nach vereinbarter Leistung und den ortstypischen Verhältnissen übliche Vergütung geschuldet. Für Geschäftsbesorgungsleistungen gelten, vorbehaltlich abweichender Vereinbarungen über die Vergütung, die §§ 675, 670 BGB (Aufwendungsersatz). Zu Preisanpassungsklauseln → Rn. 174 ff.).

3. Abnahme. Was die werkvertraglichen Elemente anbelangt, stellt sich die Folgefrage nach der **Abnahmepflicht** des Bestellers, § 640 BGB. Die Abnahme ist die Entgegennahme des Werkes als im Wesentlichen vertragsgemäß; ihre Wirkungen sind weitreichend und betreffen verschiedene Fragen: ua die Fälligkeit der Vergütung (§ 641 Abs. 1 BGB), den Gefahrübergang (§ 644 BGB), die Beweislastumkehr betreffend die Vertragsmäßigkeit des Werks (§ 363 BGB), den Beginn der Verjährungsfrist für bestimmte Mängelansprüche (§ 634a Abs. 2 BGB) und den Verlust von Mängelrechten bei Kenntnis seitens des Bestellers (§ 640 Abs. 2 BGB). Teilweise wird vertreten, es sei angesichts der gravierenden Belastungen in der Situation für die Besteller typischerweise *nicht zumutbar*, über die Abgabe einer derart folgenreichen Erklärung zu befinden,[432] und dies entspreche daher nicht der Verkehrssitte. Folglich sei ein Fall des § 646 BGB – Maßgeblichkeit nicht der Abnahme, sondern der Vollendung (und Entfallen der Wirkung gem. § 640 Abs. 2 BGB) – gegeben. Allgemein gilt: Abnahmeunfähigkeit gem. § 646 BGB ist jedenfalls dann anzunehmen, wenn es sich um ein unkörperliches Werk handelt, das eine Nachprüfung nicht zulässt,[433] wenn durch die Vollendung des Werks ein nicht mehr sinnvoll reversibler Zustand geschaffen wird,[434] sowie dann, wenn die Prüfung des Werks dem Abnehmer nicht zugemutet werden kann.[435] Je nachdem, um welche Einzelleistung es geht, dürfte tatsächlich stets einer dieser Aspekte einschlägig sein – Organisationsleistungen sind regelmäßig nicht bei Entgegen-

---

426 Kurze/Goertz, 66 mwN; AG Brandenburg Urt. v. 22.6.2020 – 34 C 76/19, BeckRS 2020, 12948; AG Hamburg NJW-RR 2001, 1132; ähnlich auch AG Halle Urt. v. 1.6.2010 – 95 C 4190/09, BeckRS 2010, 144627. Widmann, 5: „Vertrag eigener typischer Art", jedoch „im Kern [...] Werkvertrag". Ähnlich MüKoBGB/Busche, 9. Aufl. 2023, BGB § 631 Rn. 179 mwN.
427 Zu diesem Kriterium: Grüneberg/Grüneberg Vorb. BGB § 311 Rn. 19; BeckOGK/Merkle BGB § 631 Rn. 323.
428 BGH NJW 2008, 1072.
429 BGH NJW 1951, 705; BGH NJW 2010, 150; wN bei Grüneberg/Grüneberg, 82. Aufl., Vorb. BGB § 311 Rn. 26.
430 AG Hamburg NJW-RR 2001, 1132.
431 AG NJW-RR 2001, 1132.
432 Widmann, 125.
433 RGZ 66, 16; 110, 408.
434 Erman/Schwenker BGB § 640 Rn. 9.
435 Erman/Schwenker BGB § 640 Rn. 8 mwN.

nahme überprüfbar, eine Überprüfung bspw. der Quisquilien der Gestaltung der Trauerfeier ist situationsbedingt nicht zu erwarten, die Beisetzung selbst erzeugt einen nicht mehr durch angemessene Mittel reversiblen Zustand, und so fort.

173 4. „Übergehen" eines Bestattungsvertrags. Kommt es zu der Situation, dass bspw. ein Angehöriger einen Bestattungsvertrag schließt, der Leichnam dann jedoch auf Betreiben eines – hierüber sich in Unkenntnis befindlichen – anderen Angehörigen beigesetzt wird, ist das Schicksal des ersten Bestattungsvertrags in entsprechender Anwendung des § 645 BGB zu beurteilen.[436]

174 5. Gestaltung, insbes. Aufnahme von Preisanpassungsklauseln. Soll ein Bestattungsvertrag **gestaltet** werden, ist **Punkt für Punkt klarzustellen**, welche Leistungen **als eigene** erbracht und welche **nur vermittelt** werden.[437] Diese Unterscheidung ist nicht nur für die Frage der Haftung für Pflichtverletzungen relevant – bei eigenen Leistungen des Bestatters ist ein von ihm herangezogener Dritter als Erfüllungsgehilfe gem. § 278 BGB zu qualifizieren. Hinzukommt: Soweit der Bestatter als Geschäftsbesorger agiert und dabei selbst an den Drittanbieter Zahlungen erbringt, richtet sich der Kostenersatz regelmäßig nach §§ 675, 662 BGB. Preisänderungen beim Drittanbieter muss der Kunde dann grds. hinnehmen (ggf. ist der Bestatter indes verpflichtet, auf wesentliche Änderungen im Vorhinein der Verauslagung hinzuweisen).[438] Bei der Vergütung von Eigenleistungen ist dies grds. anders: Es gilt der vorab vereinbarte Preis, anderenfalls – für werkrechtliche Leistungen – der Maßstab der Üblichkeit (§ 632 Abs. 2 BGB); Preissteigerungen fallen grds. in den Risikobereich des Bestattungsunternehmers. Dieses Risiko kann der Unternehmer im Wege einer entsprechenden Vereinbarung grds. auf den Besteller abwälzen. Für derartige **Preisanpassungsvorbehalte** gibt es jedoch gesetzliche Grenzen: Allgemein gilt insoweit § 315 Abs. 1, Abs. 3 BGB;[439] sollen sie qua formularmäßiger Klausel in den Vertrag einbezogen werden, ist die Regelung an § 307 BGB zu messen.[440] Insbes. ist erforderlich, dass von vornherein ein nachvollziehbarer Rahmen für die Änderungen gezogen und Bezugspunkte vorgegeben werden, der Bestattungsunternehmer sich also nicht einfach selbst die Befugnis einräumt, seinen Gewinn auf Kosten des Bestellers zu erhöhen.[441] Preisänderungen *zugunsten* des Bestellers müssen diesem zugutekommen.

175 Sehr sinnvoll ist es, im Vertrag von vornherein unmissverständlich offenzulegen, hinsichtlich welcher Positionen ggf. Preisschwankungen – in welcher Größenordnung und aufgrund welcher Faktoren – in Betracht kommen.

176 Für die Entscheidung über die Auswahl eines Bestattungsunternehmens stehen verschiedene Preisvergleichslisten und -tabellen zur Verfügung.[442]

II. Bestattungsvorsorgevertrag

177 Ein besonders wirksames Werkzeug zur Entlastung der Nachkommen und zur Sicherstellung der Wahrung der eigenen Vorstellungen und Wünsche stellt der unmittelbar mit einem Bestattungsunternehmen abgeschlossene Bestattungsvorsorgevertrag dar: Mit ihm regelt der Besteller *seine eigene* Bestattung. Auch der Betreuer, dessen Amt und Rechtsmacht mit dem Tod des Betreuten endet (vgl. § 1870 BGB; zum Notvertretungsrecht: § 1874 BGB),[443] kann unter Rückgriff auf diese Gestaltung zu Lebzeiten des Betreuten – diesen vertretend – in den Angelegenheiten der Beisetzung Einfluss nehmen. Die Rechte und Pflichten aus dem Bestattungsvorsorgever-

---

436 Kurze/Goertz, 79 f.
437 Einen Überblick über die in Betracht kommenden Positionen und ihre übliche Zuordnung liefert Kurze/Goertz, 68.
438 Kurze/Goertz, 67.
439 Vgl. BGH NJW 1984, 1177 (1179 f.).
440 Erman/Schwenker BGB § 632 Rn. 5 mwN. Nicht einschlägig ist dagegen idR § 309 Nr. 1 BGB (kurzfristige Preiserhöhungen).
441 BGH NJW 1985, 855.
442 Einen Überblick liefert Kurze/Goertz, 74.
443 Den Betreuer trifft allerdings nach teilweise vertretener Ansicht eine Bestattungspflicht, vgl. Deinert BtPrax 2016, 96 ff.; anders dagegen etwa VG Leipzig Urt. v. 17.7.2007 – 6 K 1204/05, BeckRS 2007, 25848. Differenzierend Roth NJW-Spezial 2020, 167; Stockert BtPrax 1996, 203 ff. und HK-BetreuungsR/Kieß BGB § 1893 Rn. 42 ff.

trag gehen mit dem Tod des Bestellers regulär kraft Universalsukzession auf den Erben über, § 1922 BGB.

Wird ein solcher Vertrag geschlossen, geht es dem Besteller regelmäßig darum, die Gegenstände abschließend und verbindlich zu regeln. Eine uneingeschränkte **Abbedingung des Kündigungsrechts** (§ 649 BGB) empfiehlt sich dennoch nicht. Nach einer verbreiteten Ansicht kann sich der Besteller des **eigenen** lebzeitigen Kündigungsrechts überhaupt nicht wirksam durch Vereinbarung begeben.[444] In der Tat besteht kein Grund, warum nicht einmal der Besteller selbst kündigen dürfen soll, wenn er sich anders überlegt hat: Er selbst hat ein fortdauerndes, unmittelbar aus seinem allgemeinen Persönlichkeitsrecht emanierendes Interesse daran, seine auf die Bestattung bezogenen Vorstellungen und Wünsche noch bis zu seinem Ableben ändern zu können; der Unternehmer hat dagegen kein herausgehobenes oder gar ähnlich gewichtiges Interesse daran, seinen Partner an dem Vertrag festzuhalten.[445] Auch ist kein Grund ersichtlich, warum der Besteller sich selbst irreversibel binden *wollen* sollte – es bleibt ihm unbenommen, von seiner Kündigungsbefugnis schlicht keinen Gebrauch zu machen und so faktisch zu disponieren. Die Vereinbarung, mit der der Besteller sein eigenes Kündigungsrecht aufgibt, enthält daher keine wirksame Disposition. Erst recht unwirksam muss eine solche Bestimmung in AGB sein. 178

Anders ist die Interessenlage (und demgemäß die rechtliche Beurteilung), wenn es um die **Beschränkung des Kündigungsrechts auf ein höchstpersönliches** geht: Es ist durchaus denkbar, dass mit dem Vertrag über die eigene Bestattung[446] das Ziel verfolgt wird, eine ganz bestimmte Gestaltung – gerade auch gegen einen anderen Willen der Erben (bzw. sonstigen Angehörigen) – abzusichern. In der Sache wird auf diesem Wege regelmäßig eine **inhaltliche Beschränkung des Totenfürsorgerechts** erreicht: In Richtung des Inhabers der Totenfürsorge ist mit einem so gestalteten Vertrag schlüssig nichts anderes erklärt, als dass gerade die bestellte Bestattung die verbindlich gewollte ist.[447] Gerade im Hinblick auf diese – auf den ersten Blick nicht erkennbare – Folge dürfte eine derartige Beschränkung des Kündigungsrechts **in Allgemeinen Geschäftsbedingungen** nicht möglich sein.[448] 179

Wurde der Bestattungsvorsorgevertrag – etwa weil er dem Totenfürsorgeberechtigten nicht rechtzeitig bekannt geworden war – „übergangen", dh wird der Leichnam dann tatsächlich anderweitig bestattet, gelten die obigen Ausführungen unter → Rn. 173 entsprechend (Rückgriff auf § 645 BGB). 180

Hinweis: 181

Es ist zu empfehlen, in einer etwaigen Bestattungsverfügung auf das Bestehen des Vorsorgevertrags hinzuweisen. Gleichzeitig sollte die Verfügung in Kopie dem Vertragspartner überlassen werden.

Soll über den Abschluss oder die Gestaltung eines Bestattungsvorsorgevertrags entschieden werden, bedarf die Frage, **wie die Vergütung bezahlt werden soll**, sorgfältiger Abwägung. Einerseits hat der Bestatter ein nachvollziehbares Interesse daran, zumindest einen Grundstock seiner Vergütung so früh wie möglich zu erhalten, um sich gegen eine mögliche Verarmung des Bestellers (oder die Zahlungsunwilligkeit der Erben) abzusichern. Gerade, wenn man die lange Dauer bedenkt, auf die Verträge dieser Art häufig angelegt sind, lässt sich nicht verkennen, dass auch der Besteller ein vergleichbares Interesse hat: zahlt er die Vergütung im Vorhinein, trägt er das Risiko der Insolvenz des Unternehmers.[449] Eine angemessene Lösung, die in der Regel weniger kostenintensiv ist als wechselseitige Bankbürgschaften, lässt sich durch den Abschluss eines 182

---

444 Kurze/Goertz, 76; Widmann, 179 f., 205 f. mwN.
445 Jedenfalls keines, das nicht durch den Ausgleich qua Anrechnung gem. § 649 S. 2 BGB hinreichend zu kompensieren wäre.
446 Zu den verschiedenen Bezeichnungen: Widmann, 203 f.

447 Zur Möglichkeit schlüssiger Äußerung dieses Willens: W. Zimmermann ZEV 1997, 440.
448 Kurze/Goertz, 76.
449 Kurze/Goertz, 81.

Bestattungsvorsorge-Treuhandvertrags erreichen: Die Treuhandgesellschaft[450] bewahrt den vom Besteller (als Treugeber) gezahlten Betrag als Guthaben. Eine Auszahlung erfolgt bei ungestörtem Ablauf an den Unternehmer des Bestattungsvorsorgevertrags, jedoch ist eine Kündigung mit anschließender Auszahlung an den Treugeber möglich (dieselbe Folge hat eine Insolvenz des Vertragsbestatters); bei Bestattung durch einen anderen als den Vertragsbestatter wird das Guthaben (unter bestimmten Voraussetzungen) an diesen ausgezahlt.[451] Monetäre Leistungen des Bestellers aufgrund von Bestattungsverträgen sind im Zeitpunkt der Vereinnahmung – und nicht erst der Leistungserbringung – durch den Bestatter der Umsatzsteuer zu unterwerfen (sog. **Mindest-Ist-Besteuerung**).[452]

183 Bestattungsvorsorgeverträge unterfallen den **sozialrechtlichen Schonvermögensprivilegien** beim Vermögenseinsatz etwa nach SGB XII dann, wenn diese eine angemessene Bestattung absichern.[453] Was angemessen ist, muss im individuellen Einzelfall unter Berücksichtigung der örtlichen Verhältnisse – insbesondere der regional divergierenden Gebühren und Preise – sowie der konkreten sozialen Lebensstellung des Bestellers bewertet werden; hier ist ein breiter Korridor denkbar, der von etwa 2.500 EUR bis 10.000 EUR reichen kann.[454]

---

450 Bspw. die Deutsche Bestattungsvorsorge Treuhand Aktiengesellschaft.
451 Ein Vertragsmuster findet sich bei Kurze/Goertz, 220 sowie bei Krug/Rudolf/Kroiß/Bittler/Hutter-Vortisch AnwForm ErbR § 26 Rn. 15 ff.
452 FG Berlin-Brandenburg EFG 2017, 350 mAnm Kessens. Zur umsatzsteuerlichen Dimension FG Hessen Urt. v. 4.11.2015 – 6 K 1450/12, BeckRS 2016, 94048.
453 Zum Ganzen Gotzen ZfF 2014, 223 ff., Janda WuV 2018, 36 ff. sowie Kurze ErbR 2016, 299 ff. Vgl. auch Martens SchlHA 2008, 392 ff.
454 Vgl. exemplarisch SG Münster ZEV 2018, 20794; SG Düsseldorf Urt. v. 23.3.2011 – S 17 SO 103/09, BeckRS 2011, 73594.

6. Betreuungsrecht: Der Betreute als Erbe und Vermächtnisnehmer

Literatur:

Damrau/Bittler, Widerruf eines gemeinschaftlichen Testaments gegenüber dem Betreuer, ZErb 2004, 77; *Damrau*, Erbenmehrheit und Familiengericht, ZEV 2006, 190; *Bauer/Klie/Lütgens/Schwedler*, Heidelberger Kommentar zum Betreuungs- und Unterbringungsrecht – HK-BUR; *Dodegge/Roth*, Systematischer Praxiskommentar Betreuungsrecht, 5. Aufl. 2018; *Kierig*, Wirksamkeit der Geldanlage für den Betreuten erst mit Rechtskraft?, NJW 2010, 1436; *Grunsky*, Kein Widerruf wechselbezüglicher letztwilliger Verfügungen bei Testierunfähigkeit des anderen Ehegatten, ErbR 2013, 98; *Zimmer*, Vorsorgevollmachten im Erbrecht, ZEV 2013, 307; *Keim*, Widerruf wechselbezüglicher Verfügungen eines gemeinschaftlichen Testaments auch gegenüber dem Bevollmächtigten des anderen Ehegatten?, ZEV 2010, 358; *Neuhausen*, Rechtsgeschäfte mit Betreuten, RNotZ 2003, 158; *DNotI-Report 2004*, 1, Vertretungsmacht des für die Vermögenssorge bestellten Betreuers für die Ausschlagung einer dem Betreuten angefallenen Erbschaft; BGB §§ 1896, 1902, 1942; *Zimmermann*, Betreuung und Erbrecht, 2. Aufl. 2017; *Münchener Kommentar zum BGB*, Band 10, Familienrecht, 8. Aufl. 2020; *Münchener Kommentar zum BGB*, Band 11, Erbrecht, 9. Aufl. 2022; *Grüneberg*, Bürgerliches Gesetzbuch, 81. Aufl. 2022; *Kaiser/Schnitzler/Schilling/Sanders*, BGB, Familienrecht; *Joecker*, Das neue Betreuungsrecht, Das neue Betreuungsrecht, 2021; BeckOK BGB, Hau/Poseck, 63. Edition, Stand: 01.08.2022; *Damrau/Tanck*, Praxiskommentar Erbrecht 4. Aufl. 2020; *Kroiß/Ann/Mayer*, NK-BGB, Band 5: Erbrecht 6. Aufl. 2022; *Kaiser/Schnitzler/Schilling/Sanders*, BGB | Familienrecht 4. Aufl. 2021; *BeckOK FamFG*, Hahne/Schlögel/Schlünder, 44. Edition, Stand: 01.10.2022 (zitiert: BeckOK FamFG/Bearbeiter).

A. Vorbemerkungen	1
B. Der Anfall der Erbschaft	4
I. Annahme der Erbschaft	5
II. Anfechtung der Ausschlagung	10
C. Die Verwaltung des ererbten Vermögens durch den Betreuer	13
I. Erstellung eines Vermögensverzeichnisses	13
II. Rechnungslegung	16
III. Schenkungen durch den Betreuer	17
IV. Verwendungsverbot/Trennungsgebot	18
V. Geldanlagen	20
VI. Genehmigungserfordernisse im Rahmen der Vermögensverwaltung	24
1. Überblick	24
2. Verfügungen über Rechte und Wertpapiere	25
a) Verfügungen über Forderungen und Rechte an Wertpapieren	25
aa) Forderungen, § 1849 Abs. 1 Ziff. 1 Alt. 1 BGB	25
bb) Verfügung über Rechte an Wertpapieren, § 1849 Abs. 1 Ziff. 1 Alt. 2 BGB	26
b) Verfügung über Wertpapiere des Betreuten, § 1849 Abs. 1 Ziff. 2 BGB	27
c) Verfügung über hinterlegte Wertgegenstände des Betreuten	28
3. Genehmigung für Rechtsgeschäfte über Grundstücke und Schiffe	29
a) Verfügungen über ein Grundstück oder über ein Recht an einem Grundstück, § 1850 Ziff. 1 BGB	29
b) Verfügungen über grundstücksbezogene Forderungen, § 1859 Ziff. 2 BGB	30
c) Verfügung über ein eingetragenes Schiff oder Schiffsbauwerk oder über eine Forderung hieran, § 1850 Ziff. 1 BGB	31
d) Unentgeltlicher Erwerb von Wohnungs- oder Teileigentum	32
e) Auf entgeltlichen Erwerb gerichtete Verpflichtungsgeschäfte, § 1850 Ziff. 5 BGB	33
4. Genehmigung für erbrechtliche Rechtsgeschäfte, § 1851 BGB	34
a) Ausschlagung, Verzicht auf Vermächtnis und Pflichtteilsanspruch	34
b) Verfügung über Erbschaft, künftigen Erbteil oder künftigen Pflichtteil	35
c) Verfügung über den Anteil des Betreuten an einer Erbschaft oder zu einer Vereinbarung, mit der der Betreute aus einer Erbengemeinschaft ausscheidet	36
d) Aus dem Erbrecht erwachsene Genehmigungserfordernisse	37
5. Genehmigung für handels- und gesellschaftsrechtliche Rechtsgeschäfte, § 1852 BGB	38
6. Genehmigung bei Verträgen über wiederkehrende Leistungen, § 1853 BGB	39
7. Genehmigung für sonstige Rechtsgeschäfte, § 1854 BGB	40
VII. Verfahren bei betreuungsgerichtlichen Genehmigungen	42
VIII. Besonderheiten bei Erbengemeinschaften	46
1. Verwaltungsmaßnahmen der Erbengemeinschaft	46
2. Vertretung im Außenverhältnis	50
3. Interessenskonflikte	52
IX. Besonderheiten bei Testamentsvollstreckung	53
1. Einwilligung des Erben zur Eingehung von Verbindlichkeiten, § 2206 Abs. 2 BGB	55
2. Vergütungsvereinbarungen zwischen Erben und Testamentsvollstrecker	57

3.	Vereinbarungen über die Beschränkung der Haftung oder Informationspflichten des Testamentsvollstreckers	58	
D.	Vermeidung des erbrechtlichen Erwerbs	59	
I.	Ausschlagung der Erbschaft	59	
1.	Voraussetzungen der Ausschlagung	59	
2.	Der Betreute ist geschäftsunfähig	60	
3.	Der Betreute ist geschäftsfähig	61	
4.	Genehmigung der Ausschlagung durch das Betreuungsgericht	62	
5.	Wirksamkeit der Ausschlagungserklärung	68	
6.	Mögliche Interessenskonflikte bei der Ausschlagung	71	
II.	Anfechtung der Annahme	73	
E.	Besonderheiten bei der Nachlassinsolvenz	79	
F.	Widerruf wechselbezüglicher Verfügungen in einem gemeinschaftlichen Testament gegenüber dem unter Betreuung stehenden Ehegatten	80	
I.	Widerruf durch den geschäftsunfähigen Ehegatten nicht möglich	80	
II.	Widerruf gegenüber dem Betreuer des geschäftsunfähigen Ehegatten	81	

A. Vorbemerkungen

1 Nach § 1814 Abs. 1 BGB wird für einen Volljährigen vom Gericht ein Betreuer bestellt, wenn er aufgrund einer Krankheit oder einer Behinderung nicht in der Lage ist, seine Angelegenheiten ganz oder teilweise zu besorgen. Dabei hat die Anordnung der Betreuung auf die Geschäftsfähigkeit des Betreuten keine Auswirkungen.[1] Ein testier- bzw. geschäftsfähiger Betreuter kann damit ohne Weiteres ein Testament errichten bzw. einen Erbvertrag schließen.

2 Der Betreuer kann den Betreuten in seinem **Aufgabenkreis** gerichtlich und außergerichtlich vertreten, § 1823 BGB. Der Aufgabenkreis des Betreuers besteht aus einem oder mehreren Aufgabenbereichen, § 1815 Abs. 1 S. 1 BGB. Ein Aufgabenbereich darf nur angeordnet werden, wenn und soweit dessen rechtliche Wahrnehmung durch einen Betreuer erforderlich ist, § 1815 Abs. 1 S. 2 BGB. In erbrechtlichen Angelegenheiten ist der Aufgabenbereich „Vermögenssorge" notwendig, eines speziellen Aufgabenkreises zB „Regelung erbrechtlicher Angelegenheiten" bedarf es nicht.[2] Allgemein werden erbrechtliche Angelegenheiten vom Aufgabenkreis der Vermögenssorge umfasst, so dass die Verwaltung eines angefallenen Nachlasses, die Befugnis einen Erbschein für den Betreuten zu beantragen oder die Erbauseinandersetzung zu betreiben keines besonderen Aufgabenkreises bedarf.[3] Die Entscheidung über die Ausschlagung einer dem Betreuten angefallenen Erbschaft stellt wegen der möglichen persönlichen Motive keine rein vermögensrechtliche Angelegenheit dar, so dass hier zu empfehlen ist, den Aufgabenkreis speziell auf „Ausschlagung der Erbschaft nach X" zu erweitern.[4]

3 Nach § 1821 BGB ist der Betreuer an die Wünsche des Betreuten gebunden, es sei denn, es liegt ein Ausnahmegrund nach § 1821 Abs. 3 BGB vor. Hiernach muss der Betreuer den Wünschen des Betreuten nicht entsprechen, soweit die Person des Betreuten oder dessen Vermögen hierdurch erheblich gefährdet würden und der Betreute die Gefährdung krankheitsbedingt nicht erkennen kann oder wenn die Entsprechung des Wunsches dem Betreuer nicht zuzumuten ist.

B. Der Anfall der Erbschaft

4 Im Wege der Generalsukzession des § 1922 BGB geht das Vermögen des Erblassers als Ganzes auf den Erben über. Erbfähig sind nach § 1923 BGB rechtsfähige Personen, unter den Voraussetzungen des § 1923 Abs. 2 BGB auch das noch nicht geborene Kind. Da die Erbfähigkeit lediglich an die allgemeine Rechtsfähigkeit anknüpft, hat die Anordnung der rechtlichen Betreuung oder die Geschäftsunfähigkeit des Betreuten keinen Einfluss auf die Erbfähigkeit. Der Betreute ist als rechtsfähige Person unabhängig von seiner Geschäftsfähigkeit erbfähig.

---

[1] Grüneberg/Götz, 82. Aufl., BGB § 1902 Rn. 5.
[2] Zimmermann Betreuung und Erbrecht Rn. 10, 202; HK-BUR/Bauer/Deinert,132. Lieferung 05.2021, BGB § 1902 Rn. 133.
[3] DNotI-Report 2004, 1.
[4] Zimmermann Betreuung und Erbrecht Rn. 202; MüKoBGB/Schneider BGB § 1896 Rn. 124.

I. Annahme der Erbschaft

Die Annahme kann durch Erklärung, durch schlüssiges Annahmeverhalten oder durch Ablauf der Ausschlagungsfrist erfolgen.[5] Sie ist eine nicht empfangsbedürftige Willenserklärung, die keiner bestimmten Form bedarf.[6] Die Erklärung soll jedoch erst dann **bindend** sein, wenn sie gegenüber einem Nachlassbeteiligten abgegeben wird.[7]

Die Annahme setzt Geschäftsfähigkeit voraus.[8] Ist der Betreute **geschäftsfähig**, kann er die Annahme trotz bestehender Betreuung selbst erklären oder die Erbschaft durch schlüssiges Verhalten annehmen.

Bei einem **geschäftsunfähigen** Betreuten kann die Erklärung nur vom Betreuer abgegeben werden; bei einer Annahme durch schlüssiges Verhalten ist auf das Verhalten des Betreuers abzustellen. Für die Erklärung genügt der Aufgabenkreis „Vermögensverwaltung" oder „Alle Angelegenheiten".[9] Eine betreuungsgerichtliche Genehmigung ist im Umkehrschluss aus § 1851 Nr. 1 BGB nicht erforderlich.

Wird die Erbschaft durch Fristablauf angenommen, ist ebenfalls zu unterscheiden, ob der Betreute geschäftsfähig oder geschäftsunfähig ist. Nach § 1944 Abs. 2 BGB beginnt die Frist erst, wenn der Erbe vom Anfall der Erbschaft und dem Grund seiner Berufung Kenntnis erlangt. Grundsätzlich kommt es nach § 166 Abs. 1 BGB auf die Kenntnis des gesetzlichen Vertreters, also des Betreuers mit entsprechendem Aufgabenkreis an. Ist der Betreute allerdings geschäftsfähig, genügt sowohl dessen Kenntnis, als auch die des Betreuers, so dass die früher ablaufende Frist entscheidet.[10] Nach anderer Ansicht kommt es alleine auf die Kenntnis des geschäftsfähigen Erben an, denn die Frist dient der Willensbildung über die Ausschlagung, die primär dem Erben zusteht.[11] Bei einem geschäftsunfähigen Betreuten beginnt die Frist mit Kenntnis seines Betreuers, sofern dieser mit einem ausreichenden Aufgabenkreis, bspw. „Vermögenssorge" bestellt wurde.[12] Ist für den Geschäftsunfähigen noch kein Betreuer bestellt, beginnt die Frist mit Kenntnis des neu bestellten Betreuers, § 1944 Abs. 1 S. 3 BGB iVm § 210 BGB.[13]

Die Annahme durch den Betreuer ist auch dann möglich, wenn der Betreuer selbst Miterbe ist. Ein Vertretungsverbot nach §§ 1908 i Abs. 1, 1795 BGB besteht nicht.[14]

II. Anfechtung der Ausschlagung

Wird die Erbschaft ausgeschlagen, so gilt der Anfall an den Ausschlagenden als nicht erfolgt, § 1953 Abs. 1 BGB. Die Folgen der Ausschlagung können durch Anfechtung der Ausschlagungserklärung beseitigt werden. Nach § 1957 Abs. 1 Alt. 2 BGB gilt die Anfechtung der Ausschlagung als Annahme der Erbschaft.

Nach § 1954 BGB kann die Ausschlagungserklärung wegen Irrtum, Täuschung oder Drohung (§§ 119, 123 BGB) angefochten werden. Ist der Betreute geschäftsunfähig, muss der Anfechtungsgrund in der Person des Betreuers vorliegen.[15]

Die Anfechtungserklärung ist innerhalb einer Frist von regelmäßig 6 Wochen, § 1954 BGB, in öffentlich beglaubigter Form oder zur Niederschrift des Nachlassgerichts abzugeben, §§ 1955, 1945 BGB. Die Anfechtung der Ausschlagung gilt nach § 1957 Abs. 1 Alt. 2 BGB als Annahme. Damit ist die Anfechtung der Ausschlagung nicht nach § 1851 Ziff. 1 BGB genehmigungsbedürftig.

---

5 MüKoBGB/Leipold BGB § 1943 Rn. 2.
6 MüKoBGB/Leipold BGB § 1943 Rn. 3.
7 MüKoBGB/Leipold BGB § 1943 Rn. 3.
8 Grüneberg/Weidlich BGB § 1943 Rn. 1.
9 Zimmermann Betreuung und Erbrecht Rn. 157.
10 Grüneberg/Weidlich BGB § 1944 Rn. 6.
11 BeckOK BGB/Siegmann/Höger BGB § 1944 Rn. 13.
12 Zimmermann Betreuung und Erbrecht Rn. 161.
13 Zimmermann Betreuung und Erbrecht Rn. 161.
14 Zimmermann Betreuung und Erbrecht Rn. 164.
15 Zimmermann Betreuung und Erbrecht Rn. 218.

C. Die Verwaltung des ererbten Vermögens durch den Betreuer

I. Erstellung eines Vermögensverzeichnisses

13 Ist dem Betreuer der Aufgabenkreis der Vermögensverwaltung übertragen, so hat er nach § 1835 BGB ein Verzeichnis über das Vermögen des Betreuten zu erstellen und beim Betreuungsgericht mit der Versicherung der Richtigkeit und Vollständigkeit einzureichen. Das Verzeichnis stellt eine Bestandsaufnahme des Vermögens des Betreuten bei Einrichtung der Betreuung dar. Werte sind nach neuer Rechtslage nicht mehr anzugeben.[16] Im Verzeichnis sind sämtliche Vermögenswerte des Betreuten aufzuführen, auch bspw. die Mitgliedschaft in einer Erbengemeinschaft. Hierbei sind nicht nur der Anteil des Betreuten an der Erbengemeinschaft, sondern auch die in der Erbengemeinschaft vorhandenen Sachen anzugeben, auch wenn der Betreute als Nacherbe eingesetzt ist.[17] Vermögen, welches in der Verwaltung eines Dritten liegt, bspw. eines Testamentsvollstreckers, ist nicht zu verzeichnen. Grundstücke sind mit ihren Grundbuchdaten und dem Einheitswert anzugeben.[18] Hausrat und persönliche Gegenstände können zusammenfassend angegeben werden, es sei denn, sie sind von größerem Wert.[19]

14 Fällt dem Betreuten im Laufe der Betreuung eine Erbschaft zu, so hat der Betreuer ein **Nachtragsverzeichnis** zu errichten und bei dem Betreuungsgericht einzureichen, § 1835 Abs. 1 S. 3 BGB.[20]

15 Nach § 1837 Abs. 1 BGB hat der Betreuer das Vermögen des Betreuten, das dieser von Todes wegen erwirbt, das ihm unentgeltlich durch Zuwendung auf den Todesfall oder unter Lebenden von einem Dritten zugewendet wird, nach den Anordnungen des Erblassers oder des Zuwendenden zu verwalten, soweit sich diese an den Betreuer richten und wenn die Anordnungen durch letztwillige Verfügung oder bei der Zuwendung getroffen worden sind (§ 1837 Abs. 1 BGB). Das Betreuungsgericht kann die Anordnungen des Erblassers oder des Zuwendenden aufheben, wenn ihre Befolgung das Vermögen des Betreuten erheblich gefährden würde. Solange der Zuwendende lebt, ist zu einer Abweichung von Anordnungen seine Zustimmung erforderlich und genügend, § 1837 Abs. 2 S. 2 BGB. Stimmt der Zuwendende der Abweichung von seiner Anordnung zu, kann der Betreuer ohne Aufhebung durch das Gericht von der Anordnung abweichen.[21] Ist er zur Abgabe einer Erklärung dauerhaft außerstande oder ist sein Aufenthalt dauerhaft unbekannt, so kann das Betreuungsgericht die Zustimmung bei Vorliegen einer Vermögensgefährdung ersetzen, § 1837 Abs. 2 BGB. Die Überwachungsfunktionen des FamG kann durch die Anordnung nicht grundsätzlich geschmälert werden.[22] Damit ist eine Befreiung von der Verpflichtung ein Vermögensverzeichnis zu erstellen durch den Erblasser nicht möglich.

II. Rechnungslegung

16 Der Betreuer ist nach § 1865 Abs. 1 und 2 BGB verpflichtet, einmal jährlich gegenüber dem Betreuungsgericht Rechnung über seine Verwaltungstätigkeit zu legen. Die dem Betreuungsgericht nach altem Recht gegebene Möglichkeit, den Rechnungslegungszeitraum auf bis zu drei Jahre festzulegen (§ 1840 Abs. 3 BGB aF) besteht nicht mehr. Von der Rechnungslegungspflicht ist lediglich das Vermögen erfasst, welches der Verwaltung oder Mitverwaltung (zB bei Erbengemeinschaften) des Betreuers unterliegt, nicht jedoch das Vermögen, das der Betreute selbst verwaltet oder das kraft Gesetzes von Dritten verwaltet wird, zB bei Testamentsvollstreckung.[23] Ausgangspunkt der Rechnungslegung bildet das zu Beginn der Betreuung erstellte Vermögensverzeichnis. Jede Veränderung ist zu notieren und anhand von Quittungen, Rechnungen und

---

16 Joecker Das neue Betreuungsrecht, 157.
17 Joecker Das neue Betreuungsrecht, 157.
18 Dodegge/Roth/Roth Kap. D Rn. 27.
19 Zimmermann Betreuung und Erbrecht Rn. 254.
20 Zimmermann Betreuung und Erbrecht Rn. 252.
21 Joecker Das neue Betreuungsrecht, 165.
22 MüKoBGB/Kroll-Ludwigs, 8. Aufl. 2020, BGB § 1803 Rn. 4.
23 Joecker Das neue Betreuungsrecht, 232.

Kontoauszügen zu belegen. Das Betreuungsgericht kann Einzelheiten zur Erstellung der Rechnungslegung bestimmen. Es kann in geeigneten Fällen auf die Vorlage von Belegen verzichten (§ 1865 Abs. 3 S. 2, 3 BGB). Verwaltet der Betreute im Rahmen des dem Betreuer übertragenen Aufgabenkreises einen Teil seines Vermögens selbst, so hat der Betreuer dies dem Betreuungsgericht mitzuteilen und die Richtigkeit dieser Mitteilung durch eine Erklärung des Betreuten oder, falls dies nicht möglich ist, durch eine Versicherung an Eides statt nachzuweisen (§ 1865 Abs. 3 S. 4, 5 BGB).

III. Schenkungen durch den Betreuer

Nach § 1908i Abs. 2 S. 1 BGB aF iVm § 1804 BGB aF unterlag der Betreuer einem allgemeinen Schenkungsverbot. Ausgenommen hiervon waren lediglich Anstandsschenkungen und Schenkungen, die einer sittlichen Pflicht entsprechen, sowie nach § 1908i Abs. 2 S. 1 BGB aF Gelegenheitsgeschenke, die dem Wunsch des Betreuten entsprechen und nach seinen Lebensverhältnissen üblich sind. Mit Wirkung zum 1.1.2023 unterliegen Schenkungen oder unentgeltliche Zuwendungen dem Genehmigungsvorbehalt, es sei denn, die Schenkung oder die unentgeltliche Zuwendung ist nach den Lebensverhältnissen des Betreuten angemessen oder als Gelegenheitsgeschenk üblich. Ohne Genehmigung des Betreuungsgerichts sind demnach Schenkungen möglich, die dem Wunsch oder dem mutmaßlichen Willen des Betreuten entsprechen und die nach seinen Lebensverhältnissen als Gelegenheitsgeschenk üblich oder angemessen sind.[24] Dies folgt aus § 1862 Abs. 2 BGB iVm § 1821 Abs. 2 bis 4 BGB.[25] Nach § 1821 Abs. 2 BGB hat der Betreuer die Angelegenheiten des Betreuten so zu besorgen, dass dieser im Rahmen seiner Möglichkeiten sein Leben nach seinen Wünschen gestalten kann. Der Betreuer hat die Wünsche seines Betreuten festzustellen und diesen bei deren Umsetzung rechtlich zu unterstützen, es sei denn, höherrangige Rechtsgüter des Betreuten würden hierdurch gefährdet oder seine gesamte Lebens- und Versorgungssituation würde wesentlich verschlechtert, was der Betreute krankheitsbedingt nicht erkennen kann. Der Wunsch des Betreuten muss dabei nicht aktuell sein. Dieser ist auch dann beachtlich, wenn er zu einem früheren Zeitpunkt geäußert wurde.[26] Liegt ein auf die konkrete Situation feststellbarer Wunsch des Betreuten nicht vor, so ist sein mutmaßlicher Wille zur Prüfung heranzuziehen, ob die Schenkung vorgenommen werden kann. Die Umsetzung der Wünsche des Betreuten unterliegen der Aufsicht durch das Betreuungsgericht nach § 1862 Abs. 2 BGB.

IV. Verwendungsverbot/Trennungsgebot

Der Betreuer hat das Vermögen des Betreuten getrennt von seinem eigenen Vermögen zu verwalten, § 1836 Abs. 1 S. 1 BGB. Dadurch soll der Schutz des Mündelvermögens vor Gläubigern des Vormunds gewährleistet werden, ebenso sollen unkontrollierbare Zugriffe des Betreuers auf das Vermögen des Betreuten unterbunden werden.[27] Der Betreuer hat für Dritte klar erkennbar jegliche Vermischung zu vermeiden und Vermögenswerte entweder bei dem Betreuten zu belassen oder in gesonderte Verwahrung, bspw. in ein Bankschließfach zu geben, auch wenn Betreuter und Betreuer in einem Haushalt leben.[28] Das Trennungsgebot gilt jedoch nicht für das bei Bestellung des Betreuers bestehende und das während der Betreuung hinzukommende gemeinschaftliche Vermögen des Betreuers und des Betreuten, es sei denn, das Betreuungsgericht ordnet etwas anderes an, § 1836 Abs. 1 S. 2 BGB. Damit wird das Weiterführen bspw. ehegemeinschaftlicher Konten oder Geldanlagen ermöglicht.

Der Betreuer darf das Vermögen des Betreuten nicht für sich verwenden, § 1836 Abs. 2 BGB. Nach alter Rechtslage fielen unter den Begriff „Verwendung" nicht nur der Gebrauch von Sa-

---

24 Joecker Das neue Betreuungsrecht, 200.
25 Joecker Das neue Betreuungsrecht, 200.
26 Joecker Das neue Betreuungsrecht, 201.

27 Kaiser/Schnitzler/Schilling/Sanders BGB, Familienrecht BGB § 1805 Rn. 1.
28 Joecker Das neue Betreuungsrecht, 162.

chen oder der Einsatz von Vermögen. Vielmehr lag eine nach § 1805 S. 1 BGB aF verbotene Verwendung von Mündelvermögen in jeder rechtlichen oder faktischen Überführung von Gegenständen des Mündelvermögens in das Vermögen des Vormunds oder Gegenvormunds.[29] Die ab dem 1.1.2023 geltende Regelung des § 1836 BGB differenziert sprachlich zwischen dem normierten Trennungsgebot und dem Verwendungsverbot. Damit wird der Begriff „Verwendung" auf seine herkömmliche Bedeutung, nämlich den Gebrauch von Sachen oder den Einsatz von Vermögen durch den Betreuer, zurückgeführt.[30] Dem strikten Verwendungsverbot unterliegen jedoch lediglich Berufsbetreuer, und zwar auch dann, wenn für die Verwendung eine Gegenleistung erbracht wird.[31] Ehrenamtlichen Betreuern eröffnet § 1836 Abs. 2 S. 1 die Verwendung des Vermögens des Betreuten, wenn eine Vereinbarung zwischen dem Betreuten und dem Betreuer hierüber getroffen wurde. Sofern ein ehrenamtlicher Betreuer gem. einer mit dem Betreuten getroffenen Vereinbarung Vermögen verwendet, hat er dies dem Betreuungsgericht anzuzeigen, § 1836 Abs. 2 S. 3 BGB. Die Vereinbarung muss nicht zwingend schriftlich geschlossen worden sein, eine konkludente Vereinbarung genügt.[32]

V. Geldanlagen

20 Das zum Vermögen des Betreuten gehörende Geld ist auf einem zur verzinslichen Anlage geeigneten Konto des Betreuten bei einem Kreditinstitut anzulegen (§ 1841 Abs. 2 BGB). Ausgenommen von der Anlagepflicht ist das Geld des Betreuten, das zur Deckung seiner laufenden Ausgaben benötigt wird, sog. Verfügungsgeld (§§ 1841 Abs. 1, 1839 Abs. 1 BGB). Diese vom Gesetz vorgesehene Regelanlage bedarf nicht mehr der Mitwirkung des Gerichts oder eines Gegenbetreuers,[33] sondern muss lediglich dem Gericht gem. § 1846 Abs. 1 Nr. 2, Abs. 2 Nr. 2 und 5 BGB angezeigt werden. Wählt der Betreuer eine andere Art der Anlegung, bedarf es zu deren Wirksamkeit der betreuungsgerichtlichen Genehmigung nach § 1848 BGB.[34]

Wertpapiere des Betreuten im Sinne des § 1 Abs. 1 und 2 Depotgesetzes hat der Betreuer bei einem Kreditinstitut in Einzel- oder Sammelverwahrung verwahren zu lassen, § 1843 Abs. 3 BGB. Sonstige Wertpapiere hat der Betreuer in einem Schließfach eines Kreditinstituts zu hinterlegen, § 1843 Abs. 2 BGB.

Der Betreuer hat dem Betreuungsgericht unverzüglich die Eröffnung eines Anlagekontos oder eines Depots oder die Hinterlegung von Wertpapieren anzuzeigen, § 1846 Abs. 1 Ziff. 2, 3 BGB.

21 Gem. § 1842 BGB muss das Kreditinstitut einer für die jeweilige Anlage ausreichenden Sicherungseinrichtung angehören. Das trifft regelmäßig auf die deutschen Geschäftsbanken und Genossenschaftsbanken, aber wohl auch auf die meisten Zweigstellen ausländischer Banken in der Bundesrepublik zu.[35]

22 Andere Geldanlagen als die in § 1841 Abs. 2 BGB vorgesehene Regelanlage durch den Betreuer bedürfen der betreuungsgerichtlichen Genehmigung. Nach dem Willen des historischen Gesetzgebers soll hierdurch insbesondere sichergestellt werden, dass in Fällen, in denen der Betreute etwa infolge einer Erbschaft Kapitalvermögen in ausländischen Werten besitzt, die weitere Anlegung von Geldern in diesen Werten ermöglicht wird, um sonst drohende Verluste durch Ausübung eines Bezugsrechts oder Nachzahlungen zu vermeiden.[36]

---

29 MüKo BGB/Kroll-Ludwigs, 8. Aufl. 2020, BGB § 1805 Rn. 3.
30 Joecker Das neue Betreuungsrecht, 162.
31 Joecker Das neue Betreuungsrecht, 164.
32 Joecker Das neue Betreuungsrecht, 164.
33 Die Möglichkeit der Bestellung eines Gegenbetreuers wurde durch das Reformgesetz gestrichen. Bestgehende Bestellungen eines Gegenbetreuers werden zum 1.1.2023 wirkungslos (Joecker Das neue Betreuungsrecht, 40).
34 Joecker Das neue Betreuungsrecht, 175.
35 MüKoBGB/Kroll-Ludwigs, 8. Aufl. 2020, BGB § 1807 Rn. 22.
36 Joecker Das neue Betreuungsrecht, 185.

Nach § 1845 BGB hat der Betreuer für Geldanlagen im Sinne von § 1841 Abs. 2 BGB oder Wertpapieranlagen iSd § 1843 Abs. 1 BGB mit dem Kreditinstitut bzw. mit dem Verwahrer zu vereinbaren, dass er über die Anlage nur mit Genehmigung des Betreuungsgerichts verfügen darf. Diese Verpflichtung bezieht sich nicht auf die Anlage von Verfügungsgeld. Die Verpflichtung erstreckt sich auch auf die bei Übernahme der Betreuung vorgefundenen Anlagen. Der Betreuer hat dem Gericht die Sperrvereinbarung anzuzeigen, § 1845 Abs. 3 S. 2 BGB.

23

Die Sperrvereinbarung enthält ein rechtsgeschäftliches Verfügungsverbot für das Kreditinstitut. Eine Verfügung des Betreuers über die Geldanlage ohne Genehmigung des Gerichts ist unwirksam, die Bank kann nicht mit befreiender Wirkung leisten.[37]

Die Pflicht zur Sperrvereinbarung gilt nicht für nach § 1859 Abs. 2 BGB befreite Betreuer, § 1859 Abs. 1 Ziff. 1 BGB. Befreite Betreuer sind Verwandte in gerader Linie, Geschwister, Ehegatten, der Betreuungsverein oder ein Vereinsbetreuer, die Betreuungsbehörde oder ein Behördenbetreuer. Andere Betreuer können auf Antrag hin von der Verpflichtung befreit werden, wenn der Wert des Vermögens ohne Berücksichtigung von Immobilien und Verbindlichkeiten 6.000 EUR nicht übersteigt, § 1860 Abs. 1 BGB.

VI. Genehmigungserfordernisse im Rahmen der Vermögensverwaltung

1. Überblick. Der Betreuer bedarf für zahlreiche Rechtsgeschäfte der Genehmigung des Betreuungsgerichts, nämlich:

24

- Genehmigung einer anderen Anlegung von Geld, § 1848 BGB (→ Rn. 23),
- Genehmigung bei Verfügung über Rechte und Wertpapiere, § 1849 BGB,
- Genehmigung für Rechtsgeschäfte über Grundstücke und Schiffe, § 1850 BGB,
- Genehmigung für erbrechtliche Rechtsgeschäfte, § 1851 BGB,
- Genehmigung für handels- und gesellschaftsrechtliche Rechtsgeschäfte, § 1852 BGB,
- Genehmigung bei Verträgen über wiederkehrende Leistungen, § 1853 BGB,
- Genehmigung für sonstige Rechtsgeschäfte, § 1854 BGB

2. Verfügungen über Rechte und Wertpapiere. a) Verfügungen über Forderungen und Rechte an Wertpapieren. aa) Forderungen, § 1849 Abs. 1 Ziff. 1 Alt. 1 BGB. Gem. § 1849 Abs. 1 Ziff. 1 Alt. 1 BGB hat der Betreuer die Genehmigung des Betreuungsgerichts zu einer Verfügung über ein Recht, kraft dessen der Betreute eine Geldleistung verlangen kann, einzuholen. Mit der Formulierung sind lediglich Forderungen des Betreuten erfasst. Ansprüche, die auf Sach-, Dienst-, oder sonstige Leistungen gerichtet sind, sind damit nicht erfasst.[38] Der Verfügungsbegriff umfasst insbesondere Veräußerung, Erlass, Verzicht, Abtretung, Belastung und Kündigung.[39] Gem. § 1849 Abs. 3 BGB gilt Abs. 1 für die Annahme der Leistung entsprechend.

25

In § 1849 Abs. 2 S. 1 Ziff. 1 BGB sind Ausnahmen vom Genehmigungserfordernis bei Verfügungen iSd § 1849 Abs. 1 Ziff. 1 BGB geregelt. Keiner Genehmigung bedarf es bspw., wenn der aus dem Recht folgende Zahlungsanspruch 3.000 EUR nicht übersteigt oder die Verfügung Guthaben auf einem Girokonto des Betreuten betrifft.

bb) Verfügung über Rechte an Wertpapieren, § 1849 Abs. 1 Ziff. 1 Alt. 2 BGB. § 1849 Abs. 1 Ziff. 1 Alt. 2 BGB regelt die Verfügung des Betreuers über Rechte, deren Geltendmachung zu einem Anspruch auf Leistung eines Wertpapieres führen. In erster Linie soll hiervon die Kündigung eines Depotvertrages durch den Betreuer erfasst sein, wenn dieser bei Übernahme der Betreuung ein unversperrtes Depot vorfindet und die Übertragung der Rechte aus dem Depotvertrag auf einen Dritten erfasst werden. Die Kündigung eines Depot- oder Verwahrvertrages stellt

26

---

37 Joecker Das neue Betreuungsrecht, 180.
38 Joecker Das neue Betreuungsrecht, 188.
39 Joecker Das neue Betreuungsrecht, 188.

dagegen keine Verfügung über das jeweilige Wertpapier selbst dar, so dass die Verfügungsbeschränkung nach S. 1 Ziff. 2 nicht greift.[40]

Die Genehmigung ist nicht erforderlich, wenn die Verfügung über das Wertpapier eine Nutzung des Vermögens des Betreuten oder eine Umschreibung des Wertpapiers auf den Namen des Betreuten darstellt, § 1849 Abs. 2 S. 1 Ziff. 2 BGB. Unter Nutzung fällt bspw. die Einlösung von Zins-, Renten- und Gewinnanteilscheinen.

27 **b) Verfügung über Wertpapiere des Betreuten, § 1849 Abs. 1 Ziff. 2 BGB.** Geschützt durch diese Norm sind insbesondere Wertpapiere, die bei Übernahme der Betreuung noch nicht in einem versperrten Depot verwahrt oder hinterlegt sind.

28 **c) Verfügung über hinterlegte Wertgegenstände des Betreuten.** Erfasst sind aufgrund gerichtlicher Anordnung gem. § 1844 BGB hinterlegte Wertgegenstände. Nach § 1844 BGB kann das Gericht anordnen, dass der Betreuer Wertgegenstände des Betreuten bei einer Hinterlegungsstelle oder einer anderen geeigneten Stelle hinterlegt, wenn dies zur Sicherung des Vermögens des Betreuten geboten ist.

29 **3. Genehmigung für Rechtsgeschäfte über Grundstücke und Schiffe. a) Verfügungen über ein Grundstück oder über ein Recht an einem Grundstück, § 1850 Ziff. 1 BGB.** Die Genehmigung nach § 1850 Abs. 1 BGB ist nur einzuholen, wenn diese nicht bereits über § 1833 Abs. 3 S. 1 Nr. 4 BGB (Genehmigung bei Aufgabe von Wohnraum des Betreuten) erfasst ist. Rechte an einem Grundstück sind Hypotheken, Grundschulden und Rentenschulden.

30 **b) Verfügungen über grundstücksbezogene Forderungen, § 1859 Ziff. 2 BGB.** Umfasst sind der Auflassungsanspruch, das obligatorische Vorkaufsrecht, soweit es übertragbar ist (§ 473), das Wiederkaufsrecht (§ 456), Ankaufs- und Optionsrechte, das Recht aus dem Meistgebot in der Zwangsversteigerung, nicht dagegen die Annahme der Auflassung zur Erfüllung des Übereignungsanspruchs des Betreuten.[41]

31 **c) Verfügung über ein eingetragenes Schiff oder Schiffsbauwerk oder über eine Forderung hieran, § 1850 Ziff. 1 BGB.** Die Vorschrift gilt nur für im Schiffsregister eingetragene Schiffe und Schiffsbauwerke; nicht registrierte werden als bewegliche Sachen behandelt (§§ 929a, 932a).[42]

32 **d) Unentgeltlicher Erwerb von Wohnungs- oder Teileigentum.** Grundsätzlich unterliegt der unentgeltliche Erwerb von Grundstücken keinem Genehmigungserfordernis. Allerdings wurde wegen der umfangreichen Haftungsfolgen des unentgeltlichen Erwerbs von Wohnungs- und Teileigentum gem. § 10 Abs. 3 WEG und der fehlenden Möglichkeit der Eigentumsaufgabe zum Schutz des Betreuten der Genehmigungsvorbehalt normiert.[43]

33 **e) Auf entgeltlichen Erwerb gerichtete Verpflichtungsgeschäfte, § 1850 Ziff. 5 BGB.** Der Betreuer bedarf der Genehmigung des Betreuungsgerichts zu einem Rechtsgeschäft, durch das der Betreute zum entgeltlichen Erwerb eines Grundstücks, eines eingetragenen Schiffes oder Schiffbauwerks oder eines Rechts an einem Grundstück verpflichtet wird sowie zur Verpflichtung zum entgeltlichen Erwerb einer Forderung auf Übertragung des Eigentums an einem Grundstück, an einem eingetragenen Schiff oder Schiffsbauwerk oder auf Übertragung eines Rechts an einem Grundstück. Die Vorschrift gilt auch für gemischte Schenkungen und für Geschäfte, die als Schenkungen unter Auflage bezeichnet werden, in Wahrheit aber entgeltlich sind, zB bei Übernahme persönlicher Verbindlichkeiten des „Schenkers" durch den Betreuten.[44]

34 **4. Genehmigung für erbrechtliche Rechtsgeschäfte, § 1851 BGB. a) Ausschlagung, Verzicht auf Vermächtnis und Pflichtteilsanspruch.** Die Genehmigung ist erforderlich, wenn der Betreuer

---

[40] Joecker Das neue Betreuungsrecht, 188.
[41] BeckOK BGB/Bettin, 63. Ed. 1.8.2022, BGB § 1821 Rn. 10.
[42] BeckOK BGB/Bettin, 63. Ed. 1.8.2022, BGB § 1821 Rn. 11.
[43] Joecker Das neue Betreuungsrecht, 193.
[44] BeckOK BGB/Bettin, 63. Ed. 1.8.2022, BGB § 1821 Rn. 13.

eine Erbschaft oder ein Vermächtnis ausschlagen, auf die Geltendmachung eines Vermächtnisses oder Pflichtteilsanspruchs verzichten oder einen Auseinandersetzungsvertrag schließen will, § 1851 Ziff. 1 BGB.

- Die **Ausschlagung** der Erbschaft (auch der **Nacherbschaft**) oder eines **Vermächtnisses** ist auch dann genehmigungsbedürftig, wenn sie mit dem Ziel der Geltendmachung des Pflichtteilsanspruchs erfolgt.[45]
- Die **Anfechtung der Annahme** der Erbschaft ist ebenfalls genehmigungsbedürftig, da diese der Ausschlagung gleichsteht.[46]

Die Anfechtung der Ausschlagungserklärung gilt nach § 1957 Abs. 1 Alt. 2 BGB als Annahme und ist damit nicht genehmigungspflichtig.

Miterfasst ist auch der Verzicht eines Teilvermächtnisses, wenn das Vermächtnis mehrere Gegenstände umfasst.[47] Genehmigungspflichtig ist nicht nur der einseitige Verzicht sondern auch der Erlassvertrag.[48]

b) Verfügung über Erbschaft, künftigen Erbteil oder künftigen Pflichtteil. Nach § 1851 Ziff. 2 BGB bedarf der Betreuer zu einem Rechtsgeschäft, durch das der Betreute zu einer Verfügung über eine ihm angefallene **Erbschaft** oder über seinen **künftigen gesetzlichen Erbteil** oder seinen **künftigen Pflichtteil** verpflichtet wird der Genehmigung des Betreuungsgerichts. Von der Genehmigungspflicht erfasst sind die entsprechenden **Verpflichtungsgeschäfte**.[49] Im Einzelnen sind dies:

- Der **Erbschaftskauf** (§§ 2371ff BGB).[50]
- Die Nießbrauchsbestellung am Erbteil.[51]
  Umstritten ist, ob die Übertragung der Nacherbenanwartschaft ebenfalls dem Genehmigungserfordernis unterfällt. Mit Blick auf den Schutzzweck der Norm wird eine teleologische Extension bejaht.[52]
- Der Verzicht auf die Zuweisung eines Anspruchs im Rahmen der Auseinandersetzung des Nachlasses.[53]

c) Verfügung über den Anteil des Betreuten an einer Erbschaft oder zu einer Vereinbarung, mit der der Betreute aus einer Erbengemeinschaft ausscheidet. Geregelt wurde hier die Genehmigungsbedürftigkeit des Erbteilungsvertrages. Darüber hinaus wurde die Genehmigungsbedürftigkeit eines Abschichtungsvertrages aufgenommen, welche zuvor von der Rechtsprechung über eine analoge Anwendung des § 1822 Nr. 2 BGB aF angenommen wurde.[54]

Stellt der Betreuer einen Antrag auf **Teilungsversteigerung**, ist hierfür gem. § 181 Abs. 2 S. 2 ZVG die betreuungsgerichtliche Genehmigung erforderlich.

Keiner Genehmigung bedarf die Veräußerung einzelner Nachlassgegenstände an Dritte, wenn damit keine Auseinandersetzung des Nachlasses verbunden ist.[55] Ferner kann die **Erbteilungsklage** ohne betreuungsgerichtliche Genehmigung erhoben werden.[56] Der Antrag beim Nachlassgericht auf Vermittlung bei der Auseinandersetzung ist ebenfalls nicht genehmigungspflichtig.[57]

---

45 OLG Köln FamRZ 2008, 1113.
46 MüKoBGB/Kroll-Ludwigs, 8. Aufl. 2020, BGB § 1822 Rn. 8.
47 Joecker Das neue Betreuungsrecht, 195.
48 MüKoBGB/Kroll-Ludwigs, 8. Aufl. 2020, BGB § 1822 Rn. 9.
49 Joecker Das neue Betreuungsrecht, 195.
50 MüKoBGB/Kroll-Ludwigs, 8. Aufl. 2020, BGB § 1822 Rn. 6.
51 MüKoBGB/Kroll-Ludwigs, 8. Aufl. 2020, BGB § 1822 Rn. 6.
52 MüKoBGB/Kroll-Ludwigs, 8. Aufl. 2020, BGB § 1822 Rn. 6.
53 MüKoBGB/Kroll-Ludwigs, 8. Aufl. 2020, BGB § 1822 Rn. 6.
54 Joecker Das neue Betreuungsrecht, 195.
55 MüKoBGB/Kroll-Ludwigs, 8. Aufl. 2020, BGB § 1822 Rn. 10.
56 MüKoBGB/Kroll-Ludwigs, 8. Aufl. 2020, BGB § 1822 Rn. 10.
57 Dodegge/Roth/Roth Kap. E Fn. 252.

37 **d) Aus dem Erbrecht erwachsene Genehmigungserfordernisse.** § 1851 Ziff. 4 bis Ziff. 9 BGB nehmen im Erbrecht angeordnete Genehmigungserfordernisse auf. In Einzelnen sind dies:
- zu einer Anfechtung eines Erbvertrages für den geschäftsunfähigen Betreuten als Erblasser gem. § 2282 Abs. 2 BGB;
- zum Abschluss eines Vertrages mit dem Erblasser über die Aufhebung eines Erbvertrages oder einer einzelnen vertragsmäßigen Verfügung gem. § 2290 BGB;
- zu einer Zustimmung zur testamentarischen Aufhebung einer in einem Erbvertrag mit dem Erblasser geregelten vertragsmäßigen Anordnung eines Vermächtnisses, einer Auflage sowie einer Rechtswahl gem. § 2291 BGB;
- zur Aufhebung eines zwischen Ehegatten oder Lebenspartnern geschlossenen Erbvertrages durch gemeinschaftliches Testament der Ehegatten oder Lebenspartner gem. § 2292 BGB;
- zur Rücknahme eines mit dem Erblasser geschlossenen Erbvertrages, der nur Verfügungen von Todes wegen enthält, aus der amtlichen oder notariellen Verwahrung gem. 2300 Abs. 2 BGB;
- zum Abschluss oder Aufhebung eines Erb- oder Pflichtteilsverzichtsvertrages gem. §§ 2346, 2351 sowie zum Abschluss eines Zuwendungsverzichtsvertrages gem. § 2352 BGB

Eine Befreiung des Betreuers von der Genehmigungspflicht durch den Erblasser mittels Anordnung ist nicht möglich.[58]

38 **5. Genehmigung für handels- und gesellschaftsrechtliche Rechtsgeschäfte, § 1852 BGB.** Die Genehmigung des Betreuungsgerichts ist einzuholen
- zu einer Verfügung und zur Eingehung der Verpflichtung zu einer solchen Verfügung, durch die der Betreute ein Erwerbsgeschäft oder einen Anteil an einer Personen- oder Kapitalgesellschaft, die ein Erwerbsgeschäft betreibt erwirbt oder veräußert,
- zu einem Gesellschaftsvertrag, der zum Betrieb eines Erwerbsgeschäfts eingegangen wird und
- zur Erteilung einer Prokura.

Die Genehmigungspflicht nach § 1852 Ziff. 1 BGB gilt auch für den unentgeltlichen Erwerb.[59]

39 **6. Genehmigung bei Verträgen über wiederkehrende Leistungen, § 1853 BGB.** Der Genehmigung unterliegen Miet- oder Pachtverträge oder andere Verträge, durch die der Betreute zur wiederkehrenden Leistung verpflichtet wird, wenn das Vertragsverhältnis länger als vier Jahre dauern soll, es sei denn, der Betreute kann das Vertragsverhältnis vorzeitig ohne eigene Nachteile kündigen, § 1853 S. 1 Ziff. 1, S. 2 BGB. Erfasst sind auch Verträge, die auf unbestimmte Zeit geschlossen werden, wenn eine Lösung vom Vertrag (zB durch Kündigung) mit Wirkung vor Ablauf von vier Jahren entweder überhaupt nicht möglich oder mit Einbußen verbunden ist. Ob ein unbefristeter Pflegeheimvertrag genehmigungsbedürftig ist, hängt folglich davon ab, in welcher Frist er vom Betreuten gekündigt werden kann und welche Rechtsnachteile nach der konkreten Vertragsgestaltung mit einer (vorzeitigen) Kündigung verbunden sind.[60]

Genehmigungsbedürftig sind nach § 1853 S. 1 Ziff. 2 BGB Pachtverträge über einen gewerblichen oder land- oder forstwirtschaftlichen Betrieb.

40 **7. Genehmigung für sonstige Rechtsgeschäfte, § 1854 BGB.** Hierunter fallen echtsgeschäfte- durch die der Betreute zu einer Verfügung über sein Vermögen im Ganzen verpflichtet wird,
- zur Aufnahme von Krediten mit Ausnahme der eingeräumten Überziehungsmöglichkeit auf einem Girokonto des Betreuten,
- zur Ausstellung von Schuldverschreibungen oder zur Eingehung einer Verbindlichkeit aus einem Wechsel oder einem anderen Papier, das durch Indossament übertragen wird,

---

58 Zimmermann Betreuung und Erbrecht Rn. 261.
59 Joecker Das neue Betreuungsrecht, 196.
60 MüKoBGB/Schneider, 8. Aufl. 2020, BGB § 1907 Rn. 20.

- zur Übernahme einer fremden Verbindlichkeit,
- zur Eingehung einer Bürgschaft,
- durch die die für eine Forderung des Betreuten bestehende Sicherheit aufgehoben oder gemindert oder die Verpflichtung dazu begründet wird,
- zu einer Schenkung oder unentgeltlichen Zuwendung, es sei denn, diese ist nach den Lebensverhältnissen des Betreuten angemessen oder als Gelegenheitsgeschenk üblich.[61]
- zu einem Vergleich oder einer auf ein Schiedsverfahren gerichteten Vereinbarung, es sei denn, dass der Gegenstand des Streites oder der Ungewissheit in Geld schätzbar ist und den Wert von 6.000 EUR nicht übersteigt oder der Vergleich einem schriftlichen oder protokollierten gerichtlichen Vergleichsvorschlag entspricht,

Die vorstehenden Genehmigungen sind nur dann einzuholen, wenn der Betreuer für den Betreuten gehandelt hat. Der geschäftsfähige Betreute unterliegt keinen Genehmigungspflichten, so dass dieser die Rechtsgeschäfte selbst wirksam vornehmen kann.

VII. Verfahren bei betreuungsgerichtlichen Genehmigungen

Nach § 1855 BGB kann die Genehmigung nur gegenüber dem Betreuer erklärt werden. Diesem obliegt es dann, von der Genehmigung Gebrauch zu machen. Eine Verpflichtung des Betreuers, das genehmigte Rechtsgeschäft abzuschließen besteht nicht.[62]

- Hat der Betreuer den **Vertrag ohne Genehmigung** geschlossen, so ist dieser bis zur Erteilung der Genehmigung schwebend unwirksam, § 1856 Abs. 1 S. 1 BGB. Die Genehmigung wird erst wirksam, wenn sie dem anderen Teil durch den Betreuer mitgeteilt wird, § 1856 Abs. 1 S. 2 BGB.
- Ein **einseitiges Rechtsgeschäft**, das der Betreuer ohne die erforderliche Genehmigung des Betreuungsgerichts vornimmt, ist nach § 1858 Abs. 1 BGB unwirksam.
- Nimmt ein Betreuer **mit Genehmigung** des Betreuungsgerichts ein einseitiges Rechtsgeschäft einem anderen gegenüber vor, ist das Rechtsgeschäft unwirksam, wenn der Betreuer die Genehmigung nicht vorlegt und der andere das Rechtsgeschäft aus diesem Grund unverzüglich zurückweist, § 1858 Abs. 2 BGB.
- **Amtsempfangsbedürftige** Willenserklärungen sind nach § 1858 Abs. 3 BGB bis zur nachträglichen Genehmigung des Betreuungsgerichts schwebend unwirksam. Während der Dauer des Genehmigungsverfahrens vor dem Betreuungsgericht ist der Fristablauf der gesetzlichen Frist, bspw. der Ausschlagungsfrist nach § 1944 Abs. 1 BGB, gehemmt, § 1858 Abs. 3 S. 3 BGB. Es genügt, wenn die Genehmigung vor Ablauf der Frist beantragt wurde.[63] Im Fall der amtsbedürftigen Willenserklärung genügt für die Wirksamkeit des Rechtsgeschäfts die Mitteilung der Entscheidung nach Eintritt der Rechtskraft durch das Betreuungsgericht an das Gericht oder die Behörde, § 1858 Abs. 3 S. 5 BGB.

Das Verfahren richtet sich nach § 299 FamFG, die örtliche Zuständigkeit nach § 272 FamFG. Sachlich zuständig sind nach § 23a Abs. 2 Nr. 1 GVG die Amtsgerichte in erster Instanz. Funktionell zuständig ist der Rechtspfleger, § 3 Nr. 2b RPflG. Der Betreute soll vor Erlass des Genehmigungsbeschlusses **persönlich angehört** werden, § 299 S. 2 FamFG.

Nach § 40 Abs. 2 FamFG wird ein Beschluss, der die Genehmigung eines Rechtsgeschäfts zum Inhalt hat, erst mit Rechtskraft wirksam. Der Genehmigungsbeschluss ist nach § 41 Abs. 1 FamFG den Beteiligten und nach § 41 Abs. 3 FamFG auch dem Betreuten bekannt zu geben. Die Beschwerdefrist beträgt nach § 63 Abs. 2 Ziff. 2 FamFG 2 Wochen. Sie beginnt **jeweils** mit der schriftlichen Bekanntgabe des Beschlusses an die Beteiligten, § 63 Abs. 3 S. 1 FamFG.

---

61 Siehe hierzu Rn. 17.
62 BeckOK BGB/Hau/Poseck, 63. Edition BGB § 1828 Rn. 6.
63 Joecker Das neue Betreuungsrecht, 204.

VIII. Besonderheiten bei Erbengemeinschaften

46 **1. Verwaltungsmaßnahmen der Erbengemeinschaft.** Der in der Hand einer Erbengemeinschaft liegende Nachlass kann von den Miterben nur gemeinschaftlich verwaltet werden, § 2038 BGB. Die Willensbildung der Erbengemeinschaft vollzieht sich hinsichtlich Maßnahmen der **ordnungsgemäßen Verwaltung** durch Mehrheitsbeschluss, §§ 2038 Abs. 2, 745 BGB. Die Stimmenmehrheit berechnet sich nach der Größe der Erbquoten, § 745 Abs. 1 S. 2 BGB. Der Betreuer vertritt den unter Betreuung stehenden Miterben nach § 1823 BGB auch bei der Stimmabgabe. Gibt jedoch der **geschäftsfähige** Betreute seine Stimme ab, so ist diese und nicht die des Betreuers maßgebend.[64] Hinsichtlich Maßnahmen der ordnungsgemäßen Verwaltung besteht unter den Miterben eine Mitwirkungspflicht nach § 2038 Abs. 1 S. 2 Hs. 1 BGB.

47 Die zur Erhaltung des Nachlasses notwendigen Maßnahmen kann jeder Miterbe im Rahmen einer Notgeschäftsführung ohne Mitwirkung der anderen Miterben treffen, § 2038 Abs. 1 S. 2 Hs. 2 BGB.

48 Umstritten ist, ob der Betreuer für Verwaltungsmaßnahmen die **betreuungsgerichtliche Genehmigung** einholen muss. Kommt es ohne Mitwirkung des betreuten Miterben zu einer Mehrheit, ist mit Blick auf die gesetzliche Vertretungsmacht der Mehrheit[65] eine betreuungsgerichtliche Genehmigung nicht erforderlich.[66] Aus Gründen des Schutzes des Betreuten soll nach aA eine Genehmigungsbedürftigkeit dann bestehen, wenn der unter Betreuung stehende Miterbe Mehrheitserbe ist.[67]

49 Außerordentliche Verwaltungsmaßnahmen können nur gemeinschaftlich, also einstimmig beschlossen werden, § 2038 Abs. 1 S. 1 BGB. Eine außerordentliche Verwaltung liegt vor, wenn die Maßnahme eine erhebliche wirtschaftliche Bedeutung für den Nachlass hat.[68]

50 **2. Vertretung im Außenverhältnis.** Im Außenverhältnis kann die Erbengemeinschaft nur gemeinschaftlich handeln, § 2040 Abs. 1 BGB. Auch hier vertritt der Betreuer den unter Betreuung stehenden Miterben. Wird im Zuge der Auseinandersetzung der Erbengemeinschaft ein sich im Nachlass befindliches Grundstück veräußert, benötigt der Betreuer hierfür die betreuungsgerichtliche Genehmigung nach § 1850 Nr. 1 BGB.

51 Die Kündigung einer sich im Nachlass befindlichen Wohnung ist eine Verfügung, so dass nach § 2040 Abs. 1 BGB nur alle Miterben gemeinschaftlich handeln können. Stellt die Kündigung jedoch eine Maßnahme der ordnungsgemäßen Verwaltung dar, können die Miterben mehrheitlich handeln.[69]

52 **3. Interessenskonflikte.** Sind Betreuer und Betreuter Mitglied derselben Erbengemeinschaft kann es zu Interessenskonflikten kommen. Es stellt sich die Frage, ob der Betreuer von der Vertretung des betreuten Miterben bei Abstimmungen innerhalb der Erbengemeinschaft gem. § 1824 BGB ausgeschlossen ist. Da es sich bei der Abstimmung weder um einen Vertragsschluss noch um ein Rechtsgeschäft handelt, greift der Vertretungsausschluss nach § 1795 BGB nicht ein.[70]

---

64 Zimmermann Betreuung und Erbrecht Rn. 316.
65 BGH NJW 2011, 61 Rn. 20.
66 Damrau ZEV 2006, 190, der auch dann die betreuungsgerichtliche Genehmigung für entbehrlich hält, wenn die Mehrheit durch Stimmabgabe des Betreuers erst gebildet wird.
67 Zimmermann Betreuung und Erbrecht Rn. 323.
68 Damrau/Tanck/Rißmann, 4. Aufl. 2020, BGB § 2038 Rn. 6.
69 BGH NJW 2010, 765; aA MüKoBGB/Gergen, 9. Aufl. 2022, BGB § 2040 Rn. 6 ff. u. BGB § 2038 Rn. 31.
70 Zimmermann Betreuung und Erbrecht Rn. 317.

IX. Besonderheiten bei Testamentsvollstreckung

Der Testamentsvollstrecker unterliegt nicht den betreuungsrechtlichen Genehmigungserfordernissen, so dass er bspw. ein Nachlassgrundstück ohne betreuungsgerichtliche Genehmigung veräußern kann.[71]

Allerdings können für den Betreuer in folgenden Fällen Genehmigungserfordernisse bestehen:

1. Einwilligung des Erben zur Eingehung von Verbindlichkeiten, § 2206 Abs. 2 BGB. Um Klarheit darüber zu bekommen, ob die beabsichtigte Maßnahme noch seiner Verfügungsmacht entspricht, kann der Testamentsvollstrecker die Einwilligung von den Erben nach § 2206 Abs. 2 BGB verlangen.[72] Der Erbe ist zur Erteilung der Einwilligung verpflichtet, wenn die Eingehung der Verbindlichkeit eine Maßnahme der ordnungsgemäßen Verwaltung darstellt.[73] Durch die Einwilligung des Erben ist der Testamentsvollstrecker insoweit von einer Haftung befreit.[74]

Erteilt der Betreuer die Einwilligung, kann diese der betreuungsgerichtlichen Genehmigung unterliegen, bspw. aus § 1853 S. 1 Nr. 2 BGB, wenn in die Verpachtung eines Nachlassgrundstücks eingewilligt werden soll.

2. Vergütungsvereinbarungen zwischen Erben und Testamentsvollstrecker. Hat der Erblasser keine testamentarischen Anordnungen zur Vergütung des Testamentsvollstreckers gemacht, wird der Testamentsvollstrecker eine Vergütungsvereinbarung mit den Erben treffen wollen. Die Vergütungsvereinbarung muss nach § 1822 Nr. 12 BGB vom Betreuungsgericht genehmigt werden.[75]

3. Vereinbarungen über die Beschränkung der Haftung oder Informationspflichten des Testamentsvollstreckers. Eine Vereinbarung der Beschränkung der Haftung des Testamentsvollstreckers oder ihm obliegender Informations- oder Abrechnungspflichten fiel nach der bis zum 1.1.2023 geltenden Rechtslage als Erlass einer Forderung unter das Schenkungsverbot der §§ 1908i Abs. 1, 1804 BGB aF mit der Folge der Unwirksamkeit des Erlassvertrages.[76] Nach neuer Rechtslage dürfte hierfür die Genehmigung des Betreuungsgerichts nach § 1854 Nr. 8 BGB einzuholen sein.

D. Vermeidung des erbrechtlichen Erwerbs

I. Ausschlagung der Erbschaft

1. Voraussetzungen der Ausschlagung. Nach § 1945 Abs. 1 BGB hat die Ausschlagung durch Erklärung gegenüber dem Nachlassgericht in öffentlich beglaubigter Form oder zur Niederschrift des Nachlassgerichts innerhalb der Frist des § 1944 BGB zu erfolgen. Die Ausschlagungserklärung ist eine einseitige, form- und fristgebundene amtsempfangsbedürftige Willenserklärung.[77] Sie setzt Geschäftsfähigkeit voraus.

2. Der Betreute ist geschäftsunfähig. Für **geschäftsunfähige** Betreute kann nur der Betreuer als gesetzlicher Vertreter (§ 1902 BGB) mit Genehmigung des Betreuungsgerichts ausschlagen.[78] Hierfür genügt es, wenn der Betreuer den **Aufgabenbereich** der Vermögenssorge innehat.[79]

3. Der Betreute ist geschäftsfähig. Ist der Betreute **geschäftsfähig**, kann sowohl er als auch der Betreuer ausschlagen.[80] Nimmt der Betreute die Erbschaft durch schlüssiges Verhalten an und

---

71 Zimmermann Betreuung und Erbrecht Rn. 428.
72 BeckOK BGB/Lange, 63. Ed. 1.8.2022, BGB § 2206 Rn. 12.
73 MüKoBGB/Zimmermann, 9. Aufl. 2022, BGB § 2206 Rn. 11.
74 MüKoBGB/Zimmermann, 9. Aufl. 2022, BGB § 2206 Rn. 10.
75 Zimmermann Betreuung und Erbrecht Rn. 460.
76 So zur alten Rechtslage Zimmermann Betreuung und Erbrecht Rn. 460.
77 BeckOK BGB/Siegmann/Höger, 63. Ed. 1.5.2022, BGB § 1945 Rn. 2.
78 BeckOK BGB/Siegmann/Höger, 63. Ed. 1.5.2022, BGB § 1945 Rn. 10.
79 Zimmermann Betreuung und Erbrecht Rn. 202.
80 Zimmermann Betreuung und Erbrecht Rn. 185.

schlägt der Betreuer später aus, ist in einem etwaigen Erbscheinverfahren zu klären, ob der Betreute im Zeitpunkt des Annahmeverhaltens geschäftsfähig war. Ist dies der Fall, konnte die Erbschaft nicht mehr vom Betreuer ausgeschlagen werden.[81]

62 **4. Genehmigung der Ausschlagung durch das Betreuungsgericht.** Die Ausschlagungserklärung des Betreuers bedarf der **betreuungsgerichtlichen Genehmigung**, § 1851 Nr. 1 BGB. Die Genehmigung ist grundsätzlich nach § 1855 BGB **gegenüber dem Betreuer** zu erklären. Bei amtsbedürftigen Willenserklärungen wie der Ausschlagungserklärung teilt das Betreuungsgericht dem Nachlassgericht nach Eintritt der Rechtskraft die Erteilung oder Versagung der Genehmigung nach § 1858 Abs. 3 BGB mit.

63 Die **betreuungsgerichtliche Genehmigung** ist zu erteilen, wenn die Ausschlagung dem Wohl des Betreuten entspricht.[82] Für die Entscheidung maßgeblich sind nach dem Sinn und Zweck der §§ 1821, 1822 BGB aF die nicht allein objektiv zu bestimmenden Interessen des Betreuten, wobei nicht alleine seine finanziellen Interessen zu berücksichtigen sind, sondern alle Belange bei der Entscheidung Berücksichtigung finden müssen.[83] Zum Wohl des Betreuten gehört es auch, ihm im Rahmen der ihm zur Verfügung stehenden Möglichkeiten ein Leben nach seinen Wünschen und Vorstellungen zu ermöglichen.[84] Dieser Aspekt dürfte nach Inkrafttreten der Betreuungsrechtsreform zum 1.1.2023 stärker in den Fokus treten. Das Selbstbestimmungsrecht des Betreuten wurde deutlich gestärkt, dem Betreuer wurde, wie § 1821 Abs. 1 BGB klarstellt, lediglich eine unterstützende Funktion zugewiesen. Nach § 1821 Abs. 2 S. 1 BGB hat der Betreuer die Angelegenheiten des Betreuten so zu besorgen, dass dieser im Rahmen seiner Möglichkeiten sein Leben nach seinen Wünschen gestalten kann. Die Beachtung der Wünsche des Betreuten unterliegen explizit der Aufsicht des Betreuungsgerichts, § 1862 Abs. 2 BGB. Damit muss auch einem geschäftsunfähigen Betreuten über seinen Betreuer die Möglichkeit eröffnet werden, von seiner negativen Testierfreiheit[85] Gebrauch zu machen und eine werthaltige Erbschaft auszuschlagen, selbst wenn er damit im Sozialhilfebezug bleibt.

64 Neben der Überschuldung des Nachlasses wird in Betreuungsfällen auch oft die taktische Ausschlagung zur Erlangung des Pflichtteilsanspruchs nach § 2306 BGB als Grund für die Ausschlagung in Frage kommen. Nach einer Entscheidung des OLG Köln, die im Rahmen der Genehmigung einer sog. taktischen Ausschlagung ergangen ist, soll die Genehmigung einer Erbschaftsausschlagung zu versagen sein, wenn auf diese Weise dem Betreuten als nicht befreiten Vorerben der Stamm des Vermögens erhalten bleibt und aus seinem Ertrag die in der letztwilligen Verfügung vorgesehenen Zuwendungen bestritten werden können. Zum Wohl des Betreuten gehöre es auch, ihm im Rahmen seiner Möglichkeiten ein Leben nach seinen Wünschen und Vorstellungen zu ermöglichen. Die Ausschlagung der Erbschaft habe für den Betreuten keinen sachlichen Vorteil. Insbesondere könne keine objektive finanzielle Besserstellung für den Betreuten darin gesehen werden, dass er über zwei Jahre seine Heimkosten aus dem Pflichtteil zu decken vermag. Denn für den Betreuten mache es keinen Unterschied, ob die Heimkosten aus dem Pflichtteil oder vom Sozialhilfeträger getragen werden.[86] Nach einer Entscheidung des LG Kassel vom 17.10.2013 soll allerdings **keine Verpflichtung** der staatlichen Organe bestehen, auf die **Aufrechterhaltung** der rechtlichen Konstruktion eines **Behindertentestaments** hinzuwirken, auch wenn das mit der testamentarischen Gestaltung verfolgte Ziel, dem Betroffenen Vermögen zuzuwenden ohne dem Sozialhilfeträger damit einen Zugriff zu ermöglichen, anerkannt ist. Trifft ein Betreuer für den Betroffenen die Entscheidung, anstelle einer von Testamentsvollstreckung geregelten Zuwendung von Teilen des ererbten Vermögens im Wege eines Vertrages den vollen Zugriff auf das gesamte ererbte Vermögen zu erhalten und dadurch andere Nachteile,

---

81 Zimmermann Betreuung und Erbrecht Rn. 185.
82 OLG Celle NJW-RR 2013, 582 zur Genehmigung der Erbschaftsausschlagung durch das Familiengericht.
83 OLG Köln FGPrax 2007, 266; OLG Hamm ZErb 2009, 302.
84 OLG Köln FGPrax 2007, 266; OLG Hamm ZErb 2009, 302.
85 Siehe hierzu BGH ZEV 2011, 258 und Rn. 70.
86 OLG Köln FGPrax 2007, 266.

wie bspw. einen **teilweisen Regress** des ererbten Vermögens durch die Staatskasse in Kauf nimmt, führt dies nicht zwingend dazu, dass die Genehmigung zu dem Rechtsgeschäft nicht hätte erteilt werden dürfen.[87]

Nach der Rechtsprechung zu der vor dem 1.1.2023 geltenden Rechtslage soll die Ausschlagung einer werthaltigen Erbschaft für einen sozialhilfebedürftigen Betreuten wegen Sittenwidrigkeit nicht genehmigt werden können, da die Ausschlagung nicht mit dem sozialhilferechtlichen Nachrangprinzip zu vereinbaren sei.[88] Durch die Ausschlagung entziehe der Betreute bereits angefallenes Vermögen dem Zugriff des Sozialhilfeträgers und treffe damit eine sittenwidrige Disposition zulasten der Allgemeinheit. Die Rechtsprechung des BGH zum Behindertentestament stehe nicht im Widerspruch, weil die Entscheidung über die Ausschlagung nicht Ausfluss der Testierfreiheit sei.[89] Hierzu hat der BGH in seiner Entscheidung vom 19.1.2011[90] ablehnend Stellung genommen. Die Wertungen der Senatsrechtsprechung zum Behindertentestament müssten auch bei erbrechtlich relevantem Handeln Behinderter selbst zum Tragen kommen. Die Entscheidung darüber, ob sie die Erbschaft erhalten wollen sei nicht nur durch die Privatautonomie gedeckt, sondern auch Ausfluss der (negativen) Testierfreiheit. Eine Pflicht, die Erbschaft anzunehmen bestehe nicht. Dem Betreffenden müsse wenigstens das Recht zur Ausschlagung zustehen, um sich gegen den erbrechtlichen Vonselbsterwerb wehren zu können.[91] Der BGH bestätigt damit im Ergebnis die Entscheidung des AG Aachen vom 4.11.2004,[92] wonach in der Ausschlagung die Ausübung eines höchstpersönlichen Rechts gesehen wird und kein Zwang zur Annahme einer Erbschaft besteht. In der Praxis zu beachten ist allerdings die Entscheidung des LSG Bayern vom 30.7.2015, wonach der Verzicht und die Ausschlagung als zivilrechtliches Gestaltungsmittel eines Hilfebedürftigen zulasten der Allgemeinheit nicht in jedem Fall hinzunehmen ist.[93] Hingegen wird die Genehmigungsfähigkeit der Ausschlagung durch das Familiengericht bejaht, wenn es die übereinstimmende Haltung der gesetzlichen Vertreterin und des 17 ½ jährigen Kindes selbst ist, wegen der Entfremdung zum Erblasser (der nach dem Vorbringen der Kindesmutter diese nach der Geburt der Tochter „verstoßen" hatte) eine Erbschaft von dieser Seite nicht mehr annehmen zu wollen und der zu erwartende Erwerb ohnehin innerhalb der sozialhilferechtlichen Schonbeträge liegt.[94]

War der Erblasser im Güterstand der Zugewinngemeinschaft verheiratet und schlägt der überlebende Ehegatte aus, kann er nach § 1371 Abs. 3 BGB neben dem konkreten Zugewinn seinen kleinen Pflichtteil verlangen.

Das Verfahren für die betreuungsgerichtliche Genehmigung richtet sich nach § 299 FamFG.

5. Wirksamkeit der Ausschlagungserklärung. Die Ausschlagung ist innerhalb der **Frist** des § 1944 BGB zu erklären. Das sind regelmäßig 6 Wochen ab Kenntnis vom Anfall der Erbschaft und des Berufungsgrundes, § 1944 Abs. 2 BGB. Ist der Betreute **geschäftsunfähig**, kommt es nach § 166 Abs. 1 BGB nur auf die Kenntnis des Betreuers an, ist der Betreute **geschäftsfähig**, ist der frühere Zeitpunkt (Kenntnis des Betreuten, Kenntnis des Betreuers) maßgebend.[95]

Als einseitige empfangsbedürftige Willenserklärung ist die Ausschlagungserklärung nach § 1858 Abs. 1 BGB nur in Verbindung mit der **betreuungsgerichtlichen Genehmigung** wirksam. Da die Genehmigung im Regelfall nicht innerhalb der Ausschlagungsfrist zu erreichen sein wird wurde nach hM angenommen, dass die Ausschlagungsfrist in Folge höherer Gewalt nach § 1944

---

[87] LG Kassel FamRZ 2014, 1056 (1058) zur Genehmigung eines Erbteilübertragungsvertrages.
[88] OLG Hamm ZErb 2009, 302; OLG Stuttgart NJW 2001, 3484.
[89] OLG Hamm ZErb 2009, 302; OLG Stuttgart NJW 2001, 3484.
[90] BGH BWNotZ 2011, 158.
[91] BGH BWNotZ 2011, 158, aA BayLSG FD-ErbR 2015, 372339 mAnm Litzenburger.
[92] FamRZ 2005, 1506.
[93] BayLSG FD-ErbR 2015, 372339 mAnm Litzenburger.
[94] OLG Köln NJOZ 2020, 101.
[95] Zimmermann Betreuung und Erbrecht Rn. 196; Damrau/Tanck/Masloff, 4. Aufl. 2020, BGB § 1944 Rn. 3.

Abs. 3 iVm § 206 BGB gehemmt ist.[96] Zur Fristwahrung sollte es genügen, wenn der Betreuer innerhalb der gesetzlichen Frist die betreuungsgerichtliche Genehmigung beantragt hatte.[97]

Der Gesetzgeber hat in der Betreuungsrechtsreform die Problematik mit der Einführung des § 1858 Abs. 3 BGB gelöst. Danach hängt die Wirksamkeit der Ausschlagungserklärung von der **nachträglichen** Genehmigung des Betreuungsgerichts ab, § 1858 Abs. 3 S. 1 BGB. Das Rechtsgeschäft (Ausschlagungserklärung) wird nach § 1858 Abs. 3 S. 2 BGB mit Rechtskraft der Genehmigung wirksam. Der Ablauf der gesetzlichen Frist (hier aus § 1944 BGB) wird während der Dauer des Genehmigungsverfahrens gehemmt, § 1958 Abs. 3 S. 3 BGB. Gem. § 1858 Abs. 3 S. 4 BGB teilt das Betreuungsgericht dem Nachlassgericht den rechtskräftigen Genehmigungsbeschluss mit.

Der Lauf der Frist wird aber auch weiterhin aufgrund höherer Gewalt bis zu einer Entscheidung des Betreuungsgerichts gehemmt sein, wenn der rechtsunkundige Betreuer innerhalb der Ausschlagungsfrist beim Betreuungsgericht anregt, einen anderen Betreuer für das Nachlassverfahren zu bestellen, weil er sich überfordert sieht.[98] Höhere Gewalt kann auch bei fehlerhafter Sachbehandlung amtlicher Stellen vorliegen.[99]

70 War der Erbe bei Kenntnis vom Erbfall und vom Berufungsgrund geschäftsfähig und ist bei Beendigung der Ausschlagungsfrist geschäftsunfähig geworden, so läuft die Ausschlagungsfrist nach § 1944 Abs. 1 S. 3 iVm § 210 BGB erst nach Bestellung eines gesetzlichen Vertreters ab.[100]

71 **6. Mögliche Interessenskonflikte bei der Ausschlagung.** Vertretungsausschlüsse des Betreuers sind in § 1824 BGB geregelt, welcher in sprachlicher Anpassung der Regelung des § 1795 BGB aF entspricht. Eine dem § 1796 BGB aF entsprechende Regelung wurde nicht in das Betreuungsrecht übernommen. Ein Entzug der Vertretungsmacht wie vor dem 1.1.2023 über die §§ 1908 i Abs. 1, 1796 Abs. 2 BGB ist damit nicht mehr möglich. Einer solchen Regelung bedarf es nicht, da dem Betreuer im Fall der Interessenskollision der betreffende Aufgabenbereich entzogen werden kann.[101] Interessenskollisionen kommen bspw. in folgenden Fällen in Betracht:[102]

a) Die Mutter ist verstorben. Nach ihrem Testament ist der unter Betreuung stehende Sohn Vorerbe, die Tochter ist Betreuerin und zugleich Nacherbin. Ersatzvorerben sind nicht eingesetzt, so dass der Erbteil des Vorerben bei Ausschlagung der Tochter nach § 1953 Abs. 2 BGB zufallen würde.

b) Die Betreuerin ist Vorerbin, der Betreute ist Nacherbe. Schlägt die Betreuerin für den Betreuten aus, wird sie Vollerbin, § 2142 Abs. 2 BGB.

72 Ist der Betreuer von der Vertretung aus rechtlichen Gründen ausgeschlossen, ist für den Betreuten ein **Ergänzungsbetreuer** nach § 1817 Abs. 5 BGB zu bestellen. Das Verfahren über die Bestellung des Ergänzungsbetreuers richtet sich nach § 293 Abs. 4, 1 bis 3 FamFG. Funktional zuständig ist der Rechtspfleger nach § 15 Abs. 1 Nr. 1 RpflG.

II. Anfechtung der Annahme

73 Liegen Anfechtungsgründe nach §§ 119, 123 BGB vor, kann die Annahme durch Erklärung gegenüber dem Nachlassgericht angefochten werden. Nach § 1956 BGB kann die Versäumung der Ausschlagungsfrist in gleicher Weise wie die Annahme angefochten werden. Die Anfechtung der Annahme gilt nach § 1957 Abs. 1 Hs. 1 BGB als Ausschlagung.

---

96 Damrau/Tanck/Masloff, 4. Aufl. 2020, BGB § 1944 Rn. 14; Damrau Der Minderjährige im Erbrecht Rn. 49; Zimmermann Betreuung und Erbrecht Rn. 197.
97 Zimmermann Betreuung und Erbrecht Rn. 198.
98 BayObLG FamRZ 1998, 642.
99 BayObLG NJW-RR 1993, 780.
100 Damrau/Tanck/Masloff, 4. Aufl. 2020, BGB § 1944 Rn. 15.
101 Joecker Das neue Betreuungsrecht, 139.
102 Beispiele nach Zimmermann Betreuung und Erbrecht Rn. 203 ff.

Die Anfechtungserklärung ist entweder in öffentlich beglaubigter Form oder zur Niederschrift des Nachlassgerichtes abzugeben, §§ 1955, 1945 Abs. 1 BGB. Die Anfechtung hat innerhalb der Frist des § 1954 BGB zu erfolgen.

Ob ein Anfechtungsgrund vorliegt, bestimmt sich nach der Person des Annehmenden; wurde der Erbe bei der Annahme gesetzlich vertreten, so müssen nach § 166 Abs. 1 BGB die Anfechtungsgründe in der Person des Vertreters vorliegen.[103]

Die Frist beginnt ab dem Zeitpunkt, in welchem der Anfechtungsberechtigte bzw. dessen gesetzlicher Vertreter Kenntnis vom Anfechtungsgrund erlangt, § 1954 Abs. 2 BGB. Ist der Betreute **geschäftsunfähig**, kommt es alleine auf die Kenntnis des Betreuers an. Ist der Betreute **geschäftsfähig**, ist maßgebend, wer früher Kenntnis vom Anfechtungsgrund erlangt hat.[104]

Ficht der Betreuer für den Betreuten die Annahme der Erbschaft an, benötigt er hierzu die **betreuungsgerichtliche Genehmigung** nach § 1851 Nr. 1 BGB, da die Anfechtung der Erbschaftsannahme nach § 1957 Abs. 1 BGB als Ausschlagung gilt.[105]

Das Verfahren richtet sich nach § 299 FamFG. Umstritten ist, ob das Genehmigungsverfahren einen Antrag des Betreuers voraussetzt oder ein reines Amtsverfahren ist, so dass der Genehmigungsantrag des Betreuers lediglich eine Anregung darstellt.[106] Der Antrag auf Erteilung der Genehmigung muss innerhalb der Anfechtungsfrist beim Betreuungsgericht eingehen.

E. Besonderheiten bei der Nachlassinsolvenz

Gem. § 1980 Abs. 1 BGB hat der Erbe, wenn er von der Zahlungsunfähigkeit oder Überschuldung des Nachlasses Kenntnis erlangt hat, **unverzüglich** die Eröffnung des Nachlassinsolvenzverfahrens zu beantragen. Nach § 166 Abs. 1 BGB kommt es auf die Kenntnis des Betreuers an,[107] sofern diesem die Aufgabenkreise „Vermögenssorge", oder „erbrechtliche Angelegenheiten" übertragen wurden. Wird die Antragspflicht verletzt, ist der Erbe gegenüber den Gläubigern zum Schadensersatz verpflichtet, § 1980 Abs. 1 S. 2 BGB. Der Schaden besteht in der Differenz zwischen dem, was der Gläubiger erhalten hat, und dem, was er erhalten hätte, wenn der Antrag rechtzeitig gestellt worden wäre.[108] Der Betreuer haftet dem in Anspruch genommenen Betreuten wiederum nach § 1826 BGB.

F. Widerruf wechselbezüglicher Verfügungen in einem gemeinschaftlichen Testament gegenüber dem unter Betreuung stehenden Ehegatten

I. Widerruf durch den geschäftsunfähigen Ehegatten nicht möglich

Probleme können entstehen, wenn ein wirksam errichtetes Ehegattentestament nach Eintritt der Geschäfts- bzw. Testierunfähigkeit eines Ehegatten widerrufen werden soll. Der **testierunfähige** Ehegatte kann seine im gemeinschaftlichen Testament getroffenen wechselbezüglichen oder einseitigen letztwilligen Verfügungen nicht widerrufen. Die Widerrufserklärung ist eine Verfügung von Todes wegen und kann vom Erblasser nur persönlich abgegeben werden, eine Vertretung ist ausgeschlossen.[109]

---

103 Zimmermann Betreuung und Erbrecht Rn. 218.; NK-BGB/Ivo, 6. Aufl. 2022, BGB § 1954 Rn. 17.
104 Zimmermann Betreuung und Erbrecht Rn. 172.
105 BeckOK BGB/Bettin, 63. Ed. 1.8.2022, BGB § 1822 Rn. 6; MüKoBGB/Kroll-Ludwigs, 8. Aufl. 2020, BGB § 1822 Rn. 8.
106 Siehe hierzu BeckOK FamFG/Günter, 44. Ed. 1.10.2022, FamFG § 299 Rn. 5.
107 Zimmermann Betreuung und Erbrecht Rn. 231.
108 BeckOK BGB/Lohmann, 63. Ed. 1.5.2022, BGB § 1980 Rn. 6.
109 MüKoBGB/Musielak, 9. Aufl. 2022, BGB § 2271 Rn. 6; Damrau/Tanck/Klessinger, 4. Aufl. 2020, BGB § 2271 Rn. 7.

II. Widerruf gegenüber dem Betreuer des geschäftsunfähigen Ehegatten

81 Der Widerruf einer wechselbezüglichen Verfügung des Testierfähigen gegenüber dem Betreuer des geschäftsunfähigen Ehegatten soll indes möglich sein, wenn diesem der Aufgabenbereich „Vermögenssorge" übertragen wurde.[110]

82 Der Widerruf ist eine empfangsbedürftige Willenserklärung. Sie wird erst mit Zugang beim anderen Ehegatten wirksam und hat in notariell beurkundeter Form zu erfolgen §§ 2271 Abs. 1 S. 1, 2296 Abs. 2 BGB. Ist der Adressat der Widerrufserklärung geschäftsunfähig, ist die Ausfertigung nach § 131 BGB seinem gesetzlichen Vertreter zuzustellen.[111] Der Zugang an den Betreuer als gesetzlicher Vertreter des Betreuten nach § 1823 BGB ist wirksam, sofern ihm der entsprechende Aufgabenkreis übertragen wurde.[112] Ausreichend ist der Aufgabenkreis der „Vermögenssorge".[113] Ist der Widerrufende selbst Betreuer für seinen Ehepartner, so ist er durch § 1824 Abs. 2, § 181 BGB an der Entgegennahme gehindert, so dass ein Ergänzungsbetreuer gem. § 1817 Abs. 4 zu bestellen ist.[114] Die Entgegennahme des Widerrufs weist keinen höchstpersönlichen Charakter auf, so dass diese durch den gesetzlichen Vertreter erfolgen kann.[115] Der Verneinung eines höchstpersönlichen Charakters der Entgegennahme der Widerrufserklärung steht auch nicht entgegen, dass mit dem Widerruf die wechselbezüglich getroffenen Verfügungen des Erklärungsempfängers gegenstandslos werden. *„Denn die Folgewirkungen der Entgegennahme des Widerrufs treten kraft Gesetzes ein und sind lediglich Ausfluss der damals durch den nunmehr Geschäftsunfähigen selbst wirksam getroffenen letztwilligen Verfügung."*[116] Würde man eine Entgegennahme durch den gesetzlichen Vertreter versagen, so würde dies zu einer über die Bestimmung des § 2271 Abs. 2 S. 1 BGB hinausgehende weitere Beschränkung der Widerrufsmöglichkeit auf die Fälle der Geschäftsunfähigkeit des anderen Teils führen.[117] Das Unvermögen des zwischenzeitlich geschäftsunfähigen Ehegatten, anderweitig zu testieren, lasse nicht den Schluss zu, dass ein Widerruf nach Eintritt der Geschäftsunfähigkeit nicht mehr möglich sein soll. Denn auch dies sei lediglich eine Folgewirkung der eigenen bewusst getroffenen Bindungsentscheidung bei Errichtung des gemeinschaftlichen Testaments.[118]

83 Nach aA kann der Widerruf gegenüber einem geschäftsunfähigen Ehegatten nicht mehr wirksam erfolgen, da dieser nicht mehr in der Lage ist, neu zu testieren.[119] Damit wäre der eigentliche Sinn und Zweck des § 2271 Abs. 2 S. 1 BGB, welcher den anderen Ehegatten in die Lage versetzen soll, auf die durch den Widerruf bedingte Unwirksamkeit auch seiner eigenen letztwilligen Verfügungen und der veränderten Sachlage zu reagieren[120] nicht mehr zu erreichen. Der Ausschluss der Widerrufsmöglichkeit gegenüber einem testierunfähigen Ehegatten wird auf eine analoge Anwendung des § 2271 Abs. 2 BGB gestützt.[121] Die Notwendigkeit, den Widerruf auch bei Testierunfähigkeit des Widerrufsgegners auszuschließen sei im Gesetzgebungsverfahren nicht gesehen worden, so dass aufgrund der sich aus der Wechselbezüglichkeit ergebenden besonderen Interessenlage über den Wortlaut hinaus eine analoge Anwendung geboten sei.[122] Mittlerweile wird der Zugang der Widerrufserklärung auch beim rechtsgeschäftlich bestellten Vertreter als wirksam angesehen.[123]

---

110 OLG Nürnberg NJW 2013, 2909; OLG Hamm 5.11.2013 – BeckRS 2014, 00943; Keim ErbR 2014, 118; Damrau/Tanck/Klessinger, 4. Aufl. 2020, BGB § 2271 Rn. 11.
111 BeckOK BGB/Litzenburger, 63. Ed. 1.8.2022, BGB § 2271 Rn. 17.
112 BeckOK BGB/Litzenburger, 63. Ed. 1.8.2022, BGB § 2271 Rn. 17.
113 Zimmermann Betreuung und Erbrecht Rn. 134.
114 BeckOK BGB/Litzenburger, 63. Ed. 1.8.2022, BGB § 2271 Rn. 17.
115 OLG Hamm BeckRS 2014, 00943.
116 OLG Hamm BeckRS 2014, 00943.
117 OLG Hamm aaO.
118 OLG Hamm aaO.
119 Damrau/Bittler ZErb 2004, 77; Damrau/Tanck/Klessinger, 4. Aufl. 2020, BGB § 2271 Rn. 7.
120 So BGH NJW 1953, 938; NJW 1968, 496.
121 Grunsky ErbR 2013, 98 f.; Grunsky ErbR 2014, 120.
122 Grunsky ErbR 2013, 98 (100f); ablehnend Keim ErbR 2014, 118 f.
123 BGH NJW 2021, 1434; BeckRS 2021, 3387.

6a. Betreuungsorganisationsgesetz (BtOG)

vom 4. Mai 2021 (BGBl. I S. 882, 917),
zuletzt geändert durch Artikel 7 des Gesetzes vom 24. Juni 2022 (BGBl. I S. 959)

– Auszug –

§ 27 BtOG   Widerruf, Rücknahme und Löschung der Registrierung

(1) Die Stammbehörde widerruft die Registrierung unbeschadet der landesrechtlichen Vorschriften, die § 49 des Verwaltungsverfahrensgesetzes entsprechen, wenn

1. begründete Tatsachen die Annahme rechtfertigen, dass der berufliche Betreuer die persönliche Eignung oder Zuverlässigkeit nicht mehr besitzt; dies ist in der Regel der Fall, wenn einer der in § 23 Absatz 2 genannten Gründe nachträglich eintritt, der berufliche Betreuer gegen das Verbot nach § 30 oder beharrlich gegen die Pflichten nach § 25 verstößt,
2. der berufliche Betreuer keine Berufshaftpflichtversicherung nach § 23 Absatz 1 Nummer 3 mehr unterhält,
3. begründete Tatsachen die Annahme rechtfertigen, dass der berufliche Betreuer die Betreuungen dauerhaft unqualifiziert führt; dies ist in der Regel der Fall, wenn der berufliche Betreuer mehrfach wegen fehlender Eignung aus dem Betreuerverhältnis entlassen worden ist, oder
4. der als Mitarbeiter eines nach § 14 anerkannten Betreuungsvereins registrierte berufliche Betreuer den vollständigen Nachweis seiner Sachkunde nicht bis zum Ablauf eines Jahres ab Registrierung oder bis zum Ablauf der verlängerten Frist erbringt (§ 23 Absatz 4 Satz 2 und 3).

(2) Hat der berufliche Betreuer im Registrierungsantrag in wesentlichen Punkten vorsätzlich unrichtige Angaben gemacht oder für die Registrierung relevante Umstände pflichtwidrig verschwiegen und beruht die Registrierung auf diesen Angaben, hat die Stammbehörde die Registrierung unbeschadet der landesrechtlichen Vorschriften, die § 48 des Verwaltungsverfahrensgesetzes entsprechen, zurückzunehmen.

(3) Auf Antrag des beruflichen Betreuers oder nach seinem Tod hat die Stammbehörde seine Registrierung zu löschen.

(4) ¹Der Widerruf, die Rücknahme oder die Löschung der Registrierung gelten bundesweit. ²Den Widerruf, die Rücknahme oder die Löschung der Registrierung hat die Stammbehörde sämtlichen Betreuungsgerichten, bei welchen der berufliche Betreuer Betreuungen führt, sowie den jeweils für den Gerichtsbezirk zuständigen Betreuungsbehörden mitzuteilen.

A. Allgemeines

§ 27 BtOG verpflichtet die zuständige Behörde, Registrierungen zu widerrufen, wenn während der beruflichen Betreuertätigkeit einer der genannten Widerrufsgründe festgestellt wird. Die Vorschrift tritt neben die allgemeinen Regelungen über den Widerruf eines rechtmäßigen Verwaltungsaktes nach den § 49 VwVfG entsprechenden landesrechtlichen Vorschriften. Die Widerrufsgründe sind zwingend. Die Betreuten müssen darauf vertrauen können, dass berufliche Betreuer nicht nur die notwendige Sachkunde haben, sondern auch persönlich und von ihrer Organisation her zuverlässig sind und ihre Tätigkeit auf rechtmäßige Weise ausüben.[1] Die Be- 1

---

[1] BT-Drs. 19/24445, 497.

hörde ist aber gehalten, wegen des durch den Widerruf erfolgenden Eingriffs in die Berufsfreiheit von beruflichen Betreuern die Widerrufsgründe in jedem Einzelfall besonders sorgfältig zu prüfen. Nach den Umständen des Einzelfalls muss die Annahme gerechtfertigt sein, dass der Schutz der Betreuten durch eine Fortsetzung der Betreuungsführung gefährdet wäre.[2] Die Stammbehörde prüft von Amts wegen, ob ein Widerruf der Registrierung in Betracht kommt. Der berufliche Betreuer erhält nach Gewährung rechtlichen Gehörs die Gelegenheit, das beanstandete Verhalten dauerhaft abzustellen und so den Grund für einen Widerruf zu beseitigen.

B. Regelungsgehalt

2 Ein Widerrufsgrund ist die nachträglich eintretende mangelnde persönliche Eignung oder Zuverlässigkeit des beruflichen Betreuers. Hinsichtlich der Regelfälle persönlicher Unzuverlässigkeit wird auf § 23 Abs. 2 BtOG verwiesen. Auch die erhebliche Verletzung der Mitteilungs- und Nachweispflicht nach § 25 BtOG indiziert die fehlende Zuverlässigkeit der registrierten Person und kann zum Widerruf der Registrierung führen. Dies wird nur in Ausnahmefällen gerechtfertigt sein, wenn etwa die registrierte Person ständig ihren Sitz verlagert, ohne dies anzuzeigen. Erforderlich für den Widerruf ist auch hier ein beharrlicher Verstoß, der erheblich ist und Nachteile für die Betreuten hat. Darüber hinaus kommt ein Widerruf auch bei einem Verstoß gegen das Verbot nach § 30 BtOG in Betracht.

§ 30 BtOG Leistungen an berufliche Betreuer

(1) [1]Einem beruflichen Betreuer ist es untersagt, von dem von ihm Betreuten Geld oder geldwerte Leistungen anzunehmen. [2]Dies gilt auch für Zuwendungen im Rahmen einer Verfügung von Todes wegen. [3]Die gesetzliche Betreuervergütung bleibt hiervon unberührt.

(2) Absatz 1 Satz 1 und 2 gilt nicht, wenn

1. andere als die mit der Betreuervergütung abgegoltenen Leistungen vergütet werden, insbesondere durch die Zahlung von Aufwendungsersatz nach § 1877 Absatz 3 des Bürgerlichen Gesetzbuchs, oder
2. geringwertige Aufmerksamkeiten versprochen oder gewährt werden.

(3) [1]Das Betreuungsgericht kann auf Antrag des Betreuers im Einzelfall Ausnahmen von dem Verbot des Absatzes 1 Satz 1 und 2 zulassen, soweit der Schutz des Betreuten dem nicht entgegensteht. [2]Entscheidungen nach Satz 1 sind der für den beruflichen Betreuer zuständigen Stammbehörde mitzuteilen.

A. Allgemeines

1 Anders als bei ehrenamtlichen Betreuern ist der Kontakt zwischen dem beruflichen Betreuer und dem Betreuten ausschließlich aufgrund seiner beruflichen Tätigkeit durch eine gerichtliche Bestellung entstanden. Daher stellt das Verbot, Begünstigungen anzunehmen, eine Berufspflicht dar.[1] § 30 BtOG will verhindern, dass die Hilf- oder Arglosigkeit von betreuungsbedürftigen Menschen durch ihre Betreuer in finanzieller Hinsicht ausgenutzt wird. Zudem soll verhindert werden, dass über die Gewährung von finanziellen Zusatzleistungen oder Zusatzversprechen eine unterschiedliche Behandlung von Betreuten eintritt und vermögende Betreute mehr Zuwendung erhalten als vermögenslose. Dabei soll auch die Testierfreiheit des Betreuten durch die Vermeidung von unangemessener Einflussnahme gesichert werden. Betreute sollen davor bewahrt werden, dass ihr Recht auf freie Verfügung von Todes wegen durch offenen oder ver-

---

2 BT-Drs. 19/24445, 497.
1 BT-Drs. 19/24445, 497.

steckten Druck faktisch eingeschränkt wird. Auch bei sogenannten „stillen" Testierungen darf der begünstigte Betreuer die Zuwendung nicht annehmen.

B. Regelungsgehalt

I. Sachlicher Anwendungsbereich

Die Norm erfasst sowohl lebzeitige Schenkungen als auch Zuwendungen durch Verfügungen von Todes wegen. § 30 BtOG enthält kein gesetzliches Verbot von Verfügungen von Todes wegen zugunsten eines beruflichen Betreuers. Insoweit besteht ein Unterschied zu den heimrechtlichen Zuwendungsverboten. Die Wirksamkeit einer testamentarischen Zuwendung an den Betreuer kann somit nicht an § 30 BtOG scheitern.[2]

II. Persönlicher Anwendungsbereich

Das Zuwendungsverbot gilt nur für Berufsbetreuer, § 19 BtOG.

III. Zeitlicher Anwendungsbereich

Das Annahmeverbot gilt für alle nach dem 1.1.2023 eintretenden Sterbefälle.

IV. Ausnahmen vom Zuwendungsverbot

§ 30 Abs. 2 Nr. 1 BtOG nimmt hiervon solche Leistungen aus, die nicht mit der gesetzlichen Betreuervergütung abgegolten sind. Ein Beispiel hierfür ist die Zahlung von Aufwendungsersatz für solche Dienste des Betreuers, die zu seinem Gewerbe oder Beruf gehören, § 1877 Abs. 3 BGB. § 30 Abs. 2 Nr. 2 BtOG nimmt zudem geringwertige Aufmerksamkeiten von diesem Verbot aus. Diese werden in der Regel aus Höflichkeit oder Anstand erbracht, ohne dass hieran besondere Erwartungen geknüpft werden. Es soll einem Betreuer nicht verboten sein, gelegentlich etwa eine Schachtel Pralinen oder Blumen von seinem Betreuten entgegenzunehmen, zumal es Betreuten manchmal ein Bedürfnis sein kann, sich mit solchen kleinen Aufmerksamkeiten erkenntlich zu zeigen.[3]

V. Befreiung vom Zuwendungsverbot durch das Betreuungsgericht

Das Betreuungsgericht hat die Möglichkeit, im Einzelfall nachzuprüfen, ob eine Ausnahme von § 30 Abs. 1 S. 1 und 2 BtOG zugelassen werden kann, etwa bei besonderen Konstellationen oder bei der Zuwendung besonderer einzelner Gegenstände. Zudem kann eine Genehmigung im Einzelfall nur dann erfolgen, wenn die Leistung noch nicht versprochen oder gewährt worden ist, allerdings muss die Ausnahme vor dem Versprechen oder Gewähren der Leistungen zugelassen werden. Denn nach dem Tod des Betreuten ist kaum noch festzustellen, ob dieser seine Leistung freiwillig und ohne Druck erbracht hat.[4] Nur eine vorherige Überprüfung der Absichten des Betreuten durch das Betreuungsgericht erlaubt die Feststellung, dass die Leistung nach dem Schutzzweck des Gesetzes unbedenklich.

---

2 Leipold ZEV 2021, 485.
3 BT-Drs. 19/24445, 497.
4 BT-Drs. 19/24445, 497.

7. Beurkundungsgesetz (BeurkG)

Vom 28.8.1969 (BGBl. I S. 1513)
(FNA 303-13)
zuletzt geändert durch Art. 3 G zur Ergänzung der Regelungen zur Umsetzung der DigitalisierungsRL und zur Änd. weiterer Vorschriften vom 15. Juli 2022 (BGBl. I S. 1146)
– Auszug –

Literatur:
Armbrüster/Preuß/Renner, BeurkG/DONot, Kommentar, 8. Aufl. 2019; *Blasche*, Notarielle Beurkundung, öffentliche Beglaubigung und Schriftform, Jura 2008, 890; *Bremkamp/Kindler/Winnen*, BeckOK Beurkundungsgesetz, 6. Edition (1.11.2021); *Eylmann/Vaasen*, Beurkundungsgesetz, Bundesnotarordnung, 4. Aufl. 2016; *Fackelmann*, Notarkosten nach dem neuen GNotKG, 2013; *Frenz*, Verfahrensrechtliche Besonderheiten bei der Beurkundung von Testamenten mit behinderten Personen, ZAP Fach 12, 87; *Frenz/Miermeister*, *Bundesnotarordnung, 5. Auflage 2020*; *Grziwotz/Heinemann*, Beurkundungsgesetz, 4. Aufl. 2022; *Keim*, Das notarielle Beurkundungsverfahren, 1990; *Lerch*, Beurkundungsgesetz, 5. Aufl. 2016; *Säcker/Rixecker/Oetker/Limperg (Hrsg.)*, Münchner Kommentar zum Bürgerlichen Gesetzbuch Band 11, 9. Aufl. 2022; *Winkler*, Beurkundungsgesetz, 20. Aufl. 2022; *Zimmermann*, Erbrechtliche Nebengesetze, 2. Aufl. 2016.

Vorbemerkungen zu §§ 27–35 BeurkG

A. Systematische Übersicht ... 1	I. Allgemeines ... 6
B. Beurkundungsverfahren ... 2	II. Einzelfälle ... 7
I. Vorteile des Beurkundungsverfahrens ... 2	D. Sonderfälle: minderjährige und behinderte Erblasser ... 13
II. Ablauf und Kosten des Beurkundungsverfahrens ... 4	I. Minderjährige Erblasser ... 13
C. Anwendungsbereich der §§ 27–35 BeurkG ... 6	II. Behinderte Erblasser ... 14

A. Systematische Übersicht

1 Die §§ 27–35 BeurkG enthalten Sondervorschriften, die für die Beurkundung von Verfügungen von Todes wegen gelten. Die allgemeinen Bestimmungen des Beurkundungsgesetzes gelten ergänzend, soweit in den §§ 27–35 BeurkG keine abweichende Regelung getroffen ist. Im Einzelnen sind folgende spezielle Regelungen für Verfügungen von Todes wegen in den §§ 27–35 BeurkG enthalten und bei den jeweiligen Paragrafen im Detail kommentiert:

- Mitwirkungsverbote bei der Beurkundung für den Notar, Zeugen oder Dolmetscher (§ 27 BeurkG),
- Feststellung über die Geschäfts- und Testierfähigkeit des Erblassers in der Niederschrift (§ 28 BeurkG),
- Mitwirkung von Zeugen bei der Beurkundung (§ 29 BeurkG),
- Errichtung einer Verfügung von Todes wegen durch Übergabe einer Schrift (§ 30 BeurkG),
- Errichtung einer Verfügung von Todes wegen durch Sprachunkundige (§ 32 BeurkG),
- Besonderheiten bei der Beurkundung eines Erbvertrags (§ 33 BeurkG),
- Verschließung und Verwahrung einer Verfügung von Todes wegen (§ 34 BeurkG),
- Registrierung erbfolgerelevanter Urkunden im Zentralen Testamentsregister der Bundesnotarkammer und Ablieferung an das Nachlassgericht im Todesfall (§ 34a BeurkG),
- Heilung einer vergessenen Notarunterschrift durch Unterschrift auf dem Testamentsumschlag (§ 35 BeurkG).

Praktische Hinweise zum Ablauf des Beurkundungsverfahrens, dessen Kosten und dessen Vorteile werden nachfolgend unter B) gegeben. Daran schließen sich Darstellungen zum Anwendungsbereich der §§ 27–35 BeurkG (C) und zu den Besonderheiten bei der Beteiligung minderjähriger oder behinderter Erblasser an (D).

B. Beurkundungsverfahren

I. Vorteile des Beurkundungsverfahrens

Nicht jede Verfügung von Todes wegen muss zwingend beurkundet werden. Lediglich für Erbverträge (§ 2276 BGB) und Schenkungsversprechen von Todes wegen (§ 2301 BGB) ist die notarielle Beurkundung zwingend. Bei (gemeinschaftlichen) Testamenten kennt das Gesetz neben dem öffentlichen Testament auch das eigenhändige Testament, für das eigene Formvorschriften existieren (§§ 2231 Nr. 2, 2247, 2267 BGB). Bei der Errichtung eines Testaments besteht daher auch in der anwaltlichen Beratung kein Zwang, eine notarielle Beurkundung für den Mandanten zu beauftragen.

Dennoch bietet die notarielle Beurkundung Vorteile:

- Bei von einem Notar beurkundeten Verfügungen spricht eine Vermutung dafür, dass der objektive Erklärungsinhalt und der Wille des Erblassers übereinstimmen, da der Notar gem. § 17 Abs. 1 BeurkG verpflichtet ist, den wahren Willen des Erblassers zu erforschen und Irrtümer und Zweifel bei der Niederschrift tunlichst zu vermeiden.[1] Notariell beurkundete Verfügungen bieten daher **weniger Raum für Auslegungsstreitigkeiten** nach Tod des Erblassers.[2]
- Der Notar ist gemäß § 28 BeurkG verpflichtet, die **Geschäftsfähigkeit** des Erblassers vor Beurkundung festzustellen. Auch wenn der Notar hierbei nur seine eigenen Wahrnehmungen beurkundet und kein voller Beweis über die Geschäftsfähigkeit erbracht wird, so zeitigt die Feststellung des Notars doch eine Vermutungswirkung in einem späteren Gerichtsverfahren.
- Notariell beurkundete Verfügungen von Todes wegen **erleichtern die Nachlassabwicklung**. Beruht die Erbfolge auf einem notariellen Testament, so genügt die Vorlage des Testaments nebst Eröffnungsprotokoll zur Eintragung der Rechtsnachfolge im Grundbuch, ohne dass es der Beantragung eines Erbscheins bedarf (§ 35 Abs. 1 S. 2 GBO). Auch Banken dürfen zumindest bei Vorlage einer notariellen Verfügung von Todes wegen nicht auf einen Erbschein zum Nachweis der Rechtsnachfolge bestehen.[3]
- Notariell beurkundete Verfügungen von Todes wegen sind obligatorisch **im Zentralen Testamentsregister** der Bundesnotarkammer zu registrieren, so dass das Nachlassgericht im Regelfall bereits am Tag der Beurkundung des Sterbefalls von der Existenz der letztwilligen Verfügung von Todes wegen benachrichtigt wird.[4] Verlust oder Unterschlagung einer letztwilligen Verfügung sind somit nahezu ausgeschlossen.
- Der Erblasser muss die Verfügung nicht handschriftlich verfassen, was insbesondere bei umfangreichen Verfügungen oder bei Erblassern mit körperlichen Behinderungen Erleichterungen bietet.

II. Ablauf und Kosten des Beurkundungsverfahrens

Das notarielle **Beurkundungsverfahren** wird durch ein Beurkundungsersuchen eingeleitet. Zur Übernahme der Beurkundungstätigkeit ist der Notar gem. § 15 Abs. 1 BNotO verpflichtet, sofern die angesuchte Beurkundungstätigkeit nicht seinen Amtspflichten widerspricht.[5] Das Beurkundungsersuchen kann auch durch einen Rechtsanwalt im Namen der Mandanten gestellt werden. Mit dem Beurkundungsantrag entsteht – ähnlich wie im gerichtlichen Verfahren – bereits die Beurkundungsgebühr, die in der Praxis aber meist erst nach Beendigung des Verfahrens fällig gestellt wird.[6] Von der Beurkundungsgebühr **inkludiert ist auch die Beratung durch den**

---

1 BayObLG ZEV 1996, 191; OLG München NJW-RR 2011, 12; OLG Hamm FamRZ 2002, 201.
2 Hierzu: Horn/Kroiß NJW 2012, 666.
3 BGH WM 2013, 2166.
4 Näheres siehe Kommentierung zu den §§ 78 ff. BNotO.
5 Hierzu ausführlich: Winkler MittBayNot 1998, 141.
6 Bei vorzeitiger Beendigung des Verfahrens können sich die Gebühren ermäßigen; näher hierzu Fackelmann Notarkosten, 35.

Notar und die Fertigung des Entwurfs der Urkunde. Aus Anwaltssicht besteht also zumindest aus Kostengründen keine Erforderlichkeit, den Entwurf selbst zu fertigen. Soll der Entwurf nicht vom Notar gefertigt werden, so empfiehlt es sich, den Entwurf zumindest vorab zuzuleiten und abzustimmen, damit es im Beurkundungstermin nicht vor dem Mandanten zu unterschiedlichen Auffassungen bezüglich der „richtigen" Gestaltung kommt. Zu den wichtigsten Amtspflichten des Notars gehört es nämlich, den Willen der Beteiligten zu erforschen und deren Erklärungen klar und zweideutig in der Niederschrift wiederzugeben (§ 17 Abs. 1 BeurkG), wovon er auch bei Vorlage eines von einem Rechtsanwalt vorgefertigten Entwurfs nicht befreit ist.[7]

5 Für die **Beurkundung eines Einzeltestaments** fällt eine 1,0 Gebühr gemäß Nr. KV 21200 GNotKG an, für die Beurkundung eines **gemeinschaftlichen Testaments** oder eines **Erbvertrags** eine 2,0-Gebühr gem. Nr. 21100 KV GNotKG. Die **Aufhebung** eines Erbvertrags oder eines gemeinschaftlichen Testaments löst eine 1,0 Gebühr aus (Nr. 21102 KV GNotKG), der **Widerruf** eines Einzeltestaments oder der einseitig erklärte **Rücktritt** von einem Erbvertrag eine 0,5-Gebühr (Nr. 21201 KV GNotKG). Für den Widerruf eines Erbvertrags durch **Rücknahme** aus der notariellen Verwahrung (§ 2300 Abs. 2 iVm § 2256 BGB) fällt lediglich eine 0,3 Gebühr an (Nr. 23100 KV GNotKG). Die Rücknahme einer Verfügung von Todes wegen aus der besonderen amtlichen Verwahrung beim Nachlassgericht ist mangels Kostentatbestands gebührenfrei. Der zugrunde zulegende Geschäftswert bestimmt sich im Regelfall nach dem Wert des Vermögens des oder der Erblasser. Vom Aktivvermögen werden Verbindlichkeiten grundsätzlich abgezogen, wobei die Hälfte des Wertes des jeweiligen Aktivvermögens nicht unterschritten werden darf (§ 102 GNotKG).[8]

C. Anwendungsbereich der §§ 27–35 BeurkG
I. Allgemeines

6 §§ 27–35 BeurkG sind **Sonderbestimmungen** bei der Beurkundung von letztwilligen Verfügungen, die zusätzlich und vorrangig vor den allgemeinen Vorschriften des Beurkundungsgesetzes gelten. Soweit die §§ 27–35 BeurkG jedoch keine verdrängende Regelung enthalten, gelten die allgemeinen Vorschriften der §§ 1–26 BeurkG fort. Das Beurkundungsgesetz enthält keine eigene Definition des Begriffs „Verfügung von Todes wegen", so dass es zur Bestimmung allein auf das allgemeine materielle Recht ankommt. Erfasst sind öffentliche (gemeinschaftliche) Testamente und Erbverträge. Ebenfalls gelten die §§ 27–35 BeurkG für den Widerruf eines Testaments durch letztwillige Verfügung (§§ 2254, 2258 Abs. 1 BGB).

II. Einzelfälle

7 Unter den Begriff des **öffentlichen Testaments** fallen vor allem notarielle Testamente. Diese können entweder durch Beurkundung der Erklärungen des Erblassers oder durch Übergabe einer offenen oder verschlossenen Schrift durch den Erblasser an den Notar errichtet werden (§ 2232 BGB). Auf sämtliche Errichtungsformen finden die §§ 27–35 BeurkG Anwendung.[9]

8 Öffentlich beurkundete Testamente sind jedoch nicht nur notarielle Testamente. Auch **Konsularbeamte** sind gem. §§ 10 Abs. 1 Nr. 1, 11 Abs. 1 KonsularG zur Beurkundung von öffentlichen Testamenten oder Erbverträgen befugt. Zwar sollen diese nur beurkunden, wenn der Erblasser Deutscher iSv Art. 116 Abs. 1 GG ist (§ 27 KonsularG). Ein Verstoß gegen diese Amts-

---

7 Armbrüster/Preuß/Renner/Armbrüster BeurkG § 17 Rn. 54; Reithmann/Albrecht BeurkG § 17 Rn. 9.
8 Detailliertere Informationen zur Bestimmung des Geschäftswertes bei: Diehn/Sikora/Tiedtke Das neue Notarkostenrecht, 169 ff.; Fackelmann Notarkosten, 229 ff.
9 Zimmermann/Diehn ErbR Nebengesetze BeurkG § 27 Rn. 2.

pflicht führt aber nicht zur Unwirksamkeit der Urkunde. Bei Vornahme der Beurkundung gelten auch für Konsularbeamte die §§ 27–35 BeurkG.

Bei **Nottestamenten** vor dem Bürgermeister (§ 2249 BGB) gelten die §§ 27, 28, 30, 32, 34 und 35 BeurkG entsprechend. Der Bürgermeister tritt an die Stelle des Notars. Bei einem Nottestament vor drei Zeugen gelten die §§ 27 und 28 BeurkG entsprechend. Weiterhin werden einzelne Vorschriften des allgemeinen Beurkundungsverfahrens für anwendbar erklärt.

Auch auf ein **Schenkungsversprechen auf den Todesfall** im Sinne des § 2301 BGB sind §§ 27–35 BeurkG anwendbar.[10] Ein solches liegt jedoch nur vor, wenn die Schenkung unter der Bedingung des Überlebens des Bedachten steht.[11] Bei einer unbedingten Leistungsverpflichtung des Versprechenden, die lediglich auf den Todesfall befristet ist, gelten allein die allgemeinen Vorschriften des Beurkundungsverfahrens.

Für die **Aufhebung erbvertraglicher Verfügungen** durch Aufhebungsvertrag gelten die §§ 27–35 BeurkG ebenfalls, da § 2290 Abs. 4 BGB für den Aufhebungsvertrag die Form des Erbvertrags vorschreibt.[12] Hingegen unterliegen der **Rücktritt** von einem Erbvertrag (§ 2293, 2296 BGB), der einseitige Widerruf wechselbezüglicher Verfügungen in einem gemeinschaftlichen Testament (§§ 2271 Abs. 1 S. 1, 2296 BGB) oder die Anfechtung einer letztwilligen Verfügung nur den allgemeinen Beurkundungsvorschriften.[13] Selbiges gilt für sonstige erbrechtliche Vorgänge, die keine letztwilligen Verfügungen sind, wie Erb- oder Pflichtteilsverzichtsverträge.[14] Anwendbar ist jedoch stets § 34a BeurkG, der die Registrierung erbfolgerelevanter Urkunden im Zentralen Testamentsregister vorschreibt und deren Ablieferung im Todesfall regelt.

Ausgenommen von den Vorschriften der §§ 27–35 BeurkG sind selbstverständlich diejenigen Verfügungen, die nicht beurkundet werden, also das **eigenhändige** (gemeinschaftliche) **Testament** gem. §§ 2231 Nr. 2, 2247, 2267 BGB.

D. Sonderfälle: minderjährige und behinderte Erblasser

I. Minderjährige Erblasser

Minderjährige können erst mit Vollendung des 16. Lebensjahres testieren (§ 2229 Abs. 1 BGB). Es bedarf dazu nicht der Zustimmung des gesetzlichen Vertreters (§ 2229 Abs. 2 BGB) oder gar des Familiengerichts. Die Errichtung des Testaments ist jedoch nur durch Beurkundung seiner Erklärungen durch den Notar oder durch Übergabe einer offenen Schrift an den Notar möglich (§ 2233 Abs. 1 BGB). Die Errichtung eines eigenhändigen Testaments oder eines öffentlichen Testaments durch Übergabe einer verschlossenen Schrift an den Notar ist nicht möglich.

II. Behinderte Erblasser

Für Erblasser mit einer **Hör- oder Sprachbehinderung** gelten die §§ 22, 23 BeurkG. Gemäß § 22 BeurkG soll bei einem Beteiligten, der nach seinen Angaben oder nach der Überzeugung des Notars nicht hinreichend zu hören oder zu sprechen vermag, zu der Beurkundung ein Zeuge oder ein zweiter Notar zugezogen werden, es sei denn, dass alle Beteiligten darauf verzichten. Auf Verlangen eines hör- oder sprachbehinderten Beteiligten soll der Notar einen Gebärdensprachdolmetscher hinzuziehen. Diese Tatsachen sollen in der Niederschrift festgestellt werden. Da bei hörbehinderten Erblassern ein Verlesen der Urkunde nicht sinnvoll ist, ist die Urkunde

---

10 MüKoBGB/Musielak BGB § 2276 Rn. 10; Armbrüster/Preuß/Renner/Seger BeurkG Vorb. §§ 27–35 Rn. 3.
11 BGHZ 8, 31; NJW 59, 2254; BGHZ 85, 1553; Palandt/Weidlich BGB § 2301 Rn. 3 f.
12 Armbrüster/Preuß/Renner/Seger BeurkG Vorb. §§ 27–35, Rn. 2; Grziwotz/Heinemann BeurkG § 27 Rn. 3; Winkler BeurkG Vorb. §§ 27 ff. Rn. 3.
13 Armbrüster/Preuß/Renner/Seger BeurkG Vorb. §§ 27–35 Rn. 2; Grziwotz/Heinemann BeurkG § 27 Rn. 4; Zimmermann/Diehn ErbR Nebengesetze BeurkG § 27 Rn. 2.
14 BeckOK BeurkG/Seebach BeurkG § 27 Rn. 10; Winkler BeurkG Vor §§ 27 ff. Rn. 3.

stattdessen dem hörbehinderten **zur Durchsicht vorzulegen**, was in der Niederschrift festgestellt werden soll (§ 23 BeurkG). Sofern nur einer der an der Urkunde Beteiligten hörbehindert ist, verbleibt es aber insoweit bei der Verlesungspflicht des Notars. Sofern der hör- oder sprachbehinderte nach seinen Angaben oder zur Überzeugung des Notars sich auch nicht **schriftlich zu verständigen** vermag, so soll dies der Notar in der Niederschrift feststellen. Wenn ein solcher Vermerk in der Niederschrift erfolgt, so muss der Notar zur Beurkundung eine Person zuziehen, die sich mit dem Beteiligten zu verständigen vermag und mit deren Zuziehung der Beteiligte nach der Überzeugung des Notars einverstanden ist. Auch dies soll in der Niederschrift festgestellt werden. (§ 24 Abs. 1 BeurkG). Eine zur Verständigung zugezogene Person darf nicht in der Verfügung von Todes wegen bedacht werden, ansonsten ist die Verfügung insoweit unwirksam (§ 24 Abs. 2 BeurkG). Im Übrigen führen Verstöße gegen die vorgenannten Vorschriften nur dann zur Unwirksamkeit der Beurkundung, wenn es sich um „Muss"-Vorschriften handelt. „Soll"-Vorschriften begründen lediglich eine Amtspflichtverletzung des Notars, führen jedoch nicht zur Unwirksamkeit der Beurkundung.[15]

15 Für Erblasser mit einer **Sehbehinderung** gilt lediglich § 22 BeurkG. Zu der Beurkundung soll ein Zeuge oder ein zweiter Notar zugezogen werden, es sei denn, dass alle Beteiligten darauf verzichten. Kann ein sehbehinderter Erblasser die Blindenschrift nicht lesen, so kann er ein Testament nur durch Erklärung gegenüber dem Notar errichten, nicht jedoch durch Übergabe einer offenen oder verschlossenen Schrift.[16] Letzteres gilt ebenso für Erblasser die des **Lesens unkundig** sind.

16 Vermag der Erblasser **seinen Namen nicht zu schreiben**, so gilt § 25 BeurkG. Beim Vorlesen der Urkunde und der Genehmigung deren Inhalts muss ein Zeuge oder zweiter Notar hinzugezogen werden. Diese Tatsache soll in der Niederschrift festgestellt werden. Die Niederschrift muss zwingend von dem Zeugen oder dem zweiten Notar unterschrieben werden. Ist bereits aus anderen Gründen, etwa wegen einer Seh- oder Hörbehinderung des Erblassers ein Zeuge nach § 22 BeurkG hinzugezogen werden, so bedarf es nicht der Hinzuziehung eines zusätzlichen Schreibzeugens.

§ 27 BeurkG   Begünstigte Personen

Die §§ 7, 16 Abs. 3 Satz 2, § 24 Abs. 2, § 26 Abs. 1 Nr. 2 gelten entsprechend für Personen, die in einer Verfügung von Todes wegen bedacht oder zum Testamentsvollstrecker ernannt werden.

A. Allgemeines	1	II. Begünstigung	7
B. Regelungsgehalt	3	III. Rechtsfolgen	11
I. Gesetzliche Mitwirkungsverbote	3	C. Weitere praktische Hinweise	15

A. Allgemeines

1 § 27 dient der verfahrensrechtlichen Absicherung des Zwecks des Beurkundungsverfahrens, den Willen des Erblassers zu erforschen und zur Geltung zu bringen. **Fremdinteressen** sollen deshalb keine Rolle spielen.[1] Daher sollen keine Personen an der Errichtung der Verfügung von Todes wegen beteiligt sein, die durch diese einen rechtlichen Vorteil erlangen.

2 § 27 gilt nur für die Beurkundung **letztwilliger Verfügungen** (zur Definition → Vor §§ 27–35 Rn. 6 ff.). Er gilt nicht für sonstige erbrechtliche Rechtsgeschäfte, insbesondere nicht für die Be-

---

15 Armbrüster/Preuß/Renner/Seger BeurkG § 22 Rn. 12, § 23 Rn. 6 und § 24 Rn. 12; Grziwotz/Heinemann BeurkG § 22 Rn. 43 ff.; § 23 Rn. 14 ff.; § 24 Rn. 29 ff.
16 Armbrüster/Preuß/Renner/Seger BeurkG Vorb. §§ 27–35 Rn. 11.

1 BeckOK BeurkG/Seebach BeurkG § 27 Rn. 1; Eylmann/Vaasen/Baumann BeurkG § 27 Rn. 1; Zimmermann/Diehn ErbR Nebengesetze BeurkG § 27 Rn. 1.

urkundung eines **Erb- oder Pflichtteilsverzichts**. Bei letzteren gilt allein § 7 BeurkG, wobei ein unzulässiger rechtlicher Vorteil nicht schon darin liegt, dass der Notar oder seine Angehörigen zum Kreis der erb- oder pflichtteilsberechtigten Personen gehören.[2] § 27 gilt jedoch auch bei einem **Nottestament** vor dem Bürgermeister (§ 2249 BGB) oder vor drei Zeugen (§ 2250 BGB), ebenso wie bei der konsularischen Beurkundung.

B. Regelungsgehalt

I. Gesetzliche Mitwirkungsverbote

Gemäß den **allgemeinen Bestimmungen** des Beurkundungsverfahrens ist eine Niederschrift insoweit formunwirksam, als diese darauf gerichtet ist, dem Notar (§ 7 Nr. 1), seinem Ehegatten oder früheren Ehegatte (§ 7 Nr. 2), seinem Lebenspartner oder früheren Lebenspartner (§ 7 Nr. 2a) oder einer Person, die mit ihm in gerader Linie verwandt oder verschwägert oder in der Seitenlinie bis zum dritten Grade verwandt oder bis zum zweiten Grade verschwägert ist oder war (§ 7 Nr. 4) einen rechtlichen Vorteil zu verschaffen.

Gleiches gilt für

- Notarvertreter (§§ 39 Abs. 4, 41 Abs. 2 BeurkG)
- Notariatsverwalter (§ 57 Abs. 1 BNotO)
- Notare im Landesdienst (§ 64 S. 1 BeurkG)
- Konsularbeamte (§ 10 Abs. 3 BeurkG)
- Bürgermeister (§ 2249 Abs. 1 S. 1 BGB)
- Zeugen bei einem Drei-Zeugen-Testament (§ 2250 Abs. 3 S. 2 Hs. 1 BGB).

Identische Regelungen bestehen für an der Urkundenerrichtung beteiligte **Dolmetscher** (§ 16 Abs. 3 S. 2), sowie **Verständigungspersonen** bei hör- oder sprachbehinderten Beteiligten, mit denen eine schriftliche Verständigung nicht möglich ist (§ 24 Abs. 2).

§ 27 ordnet die **entsprechende Anwendbarkeit** der §§ 7, 16 Abs. 3 S. 2 und § 24 Abs. 2 an, wenn die dort genannten Personen in einer letztwilligen Verfügung bedacht werden oder zum Testamentsvollstrecker ernannt werden. Ob es der Anordnung der entsprechenden Anwendbarkeit überhaupt bedurft hätte oder ob nicht jeder in einer Verfügung bedachte ohnehin einen rechtlichen Vorteil im Sinne der allgemeinen Vorschriften erlangt,[3] mag dahinstehen. Jedenfalls hat § 27 insoweit einen sinnvollen Anwendungsbereich, als auch die **Ernennung zum Testamentsvollstrecker** der Erlangung eines rechtlichen Vorteils gleichgestellt wird.

§ 27 erklärt außerdem § 26 Abs. 1 Nr. 2 für entsprechend anwendbar und stellt damit klar, dass kein **Zeuge oder zweiter Notar beigezogen** werden darf, der in einer Verfügung von Todes wegen bedacht wird oder zum Testamentsvollstrecker ernannt wird. Auch wenn auf die weiteren in § 26 genannten Ausschließungsgründe für Zeugen oder einen zweiten Notar in § 27 nicht verwiesen wird, so finden diese dennoch Anwendung. Die explizite Nennung des § 26 Abs. 1 Nr. 2 erweitert lediglich dessen Anwendungsbereich, indem das Bedenken in einer letztwilligen Verfügung oder die Ernennung zum Testamentsvollstrecker dem rechtlichen Vorteil gleichgestellt werden. Hinsichtlich der weiteren Ausschlussgründe des § 26 bestehen erst gar keine Zweifel an deren Anwendbarkeit. Als Zeuge oder zweiter Notar darf daher ebenfalls nicht mitwirken, wer selbst beteiligt ist oder durch einen Beteiligten vertreten wird (§ 26 Abs. 1 Nr. 1), mit dem Notar verheiratet ist oder mit diesem eine Lebenspartnerschaft führt (§ 26 Abs. 1 Nr. 3 und 4), sowie mit dem Notar in gerader Linie verwandt ist (§ 26 Abs. 1 Nr. 4). Für Zeugen gelten ferner Mitwirkungsverbote, wenn diese zu dem Notar in einem ständigen Dienstverhältnis stehen (§ 26 Abs. 2 Nr. 1), minderjährig (§ 26 Abs. 2 Nr. 2), geisteskrank oder geistesschwach

---

[2] OLG Düsseldorf ZEV 2014, 102.
[3] Nach OLG Frankfurt aM OLGZ 1971, 308 (311) soll eine Zuwendung durch letztwillige Verfügung noch keinen rechtlichen Vorteil verschaffen (zweifelhaft).

sind (§ 26 Abs. 2 Nr. 3), nicht hinreichend zu hören, zu sprechen oder zu sehen vermögen (§ 26 Abs. 2 Nr. 4), nicht schreiben können (§ 26 Abs. 2 Nr. 5) oder der deutschen Sprache nicht hinreichend mächtig sind, sofern die Urkunde in deutscher Sprache errichtet wird (§ 26 Abs. 2 Nr. 6).

II. Begünstigung

7 Das Mitwirkungsverbot besteht zum einen für „bedachte" Personen. „**Bedacht**" ist ein unbestimmter und daher auslegungsbedürftiger Rechtsbegriff.[4] Vom Begriff erfasst sind jedenfalls Erben, einschließlich Vor- Nach- und Schluss- und Ersatzerben, sowie Vermächtnisnehmer – auch Vor- Nach- und Ersatzvermächtnisnehmer. Strittig ist die Anwendbarkeit auf Personen, die durch eine Auflage begünstigt werden.[5] Die Befürworter der Anwendbarkeit argumentieren mit dem Sinn und Zweck der Norm, den Anschein der Parteilichkeit zu vermeiden, sowie mit Abgrenzungsschwierigkeiten zwischen Vermächtnisnehmern und Auflagenbegünstigten. Dem ist jedoch entgegenzuhalten, dass der lediglich durch eine Auflage Begünstigte keine eigene Rechtsposition erhält und angesichts der Rechtsfolge der Norm, welche die Unwirksamkeit der Verfügung anordnet, eine restriktive Auslegung angezeigt ist.

8 Nicht bedacht im Sinne des § 27 sind Personen, die durch letztwillige Verfügung zum **Vormund, Gegenvormund oder Pfleger** ernannt werden. Dies folgt bereits aus einem argumentum e contrario zu der ausdrücklichen Nennung des Amtes des Testamentsvollstreckers, welche überflüssig wäre, wenn die Zuwendung von Ämtern bereits generell von § 27 erfasst wäre.[6]

9 Nicht als „bedacht" anzusehen sind **Gesellschafter einer juristischen Person oder deren organschaftliche Vertreter**. Der Kreis der vom Mitwirkungsverbot betroffenen Personen ist enumerativ aufgezählt, eine wirtschaftliche Betrachtungsweise nicht möglich. Allerdings ist die Mitwirkung des Notars an der Beurkundung einer Zuwendung zugunsten einer Gesellschaft, an welcher er mit mehr als 5 Prozent der Stimmrechte oder einem anteiligen Betrag des Haftkapitals von mehr als 2.500 EUR beteiligt ist, gem. § 3 Abs. 1 Nr. 9 BeurkG berufsrechtlich unzulässig, wenngleich nicht unwirksam.

10 Die Ernennung zum **Testamentsvollstrecker** ist generell tatbestandsmäßig. Unzulässig ist auch, dem beurkundenden Notar ein Bestimmungsrecht hinsichtlich der zum Testamentsvollstrecker zu benennenden Person einzuräumen, da dies einen rechtlichen Vorteil im Sinne des § 7 Nr. 1 BeurkG begründet.[7] Wirksam ist hingegen die Benennung des Sozius zum Testamentsvollstrecker,[8] wenngleich dies gem. § 3 Abs. 1 S. 1 Nr. 4 BeurkG berufsrechtlich unzulässig ist.[9] Ist das Bestimmungsrecht auf einen Dritten übertragen, so darf dieser auch den beurkundenden Notar oder eine sonstige vom Mitwirkungsverbot des § 27 BeurkG betroffene Person ernennen.[10] Wirksam ist es auch, lediglich Wünsche für die Auswahl des Testamentsvollstreckers zu beurkunden, soweit diese nicht das Auswahlrecht des Bestimmungsberechtigten so einengen, dass lediglich eine in § 27 genannte Personen ernannt werden kann.[11] Ebenfalls zulässig ist es, den beurkundenden Notar in einem eigenhändigen Nachtrag zum Testamentsvollstrecker zu benennen (ausführlich → Rn. 15).

---

4 Zimmermann/Diehn ErbR Nebengesetze BeurkG § 27 Rn. 3.
5 **Dafür** Armbrüster/Preuß/Renner/Seger BeurkG § 27 Rn. 4; BeckOK BeurkG/Seebach BeurkG § 27 Rn. 38–38.4; Eylmann/Vaasen/Baumann BeurkG § 27 Rn. 6; Zimmermann/Diehn ErbR Nebengesetze BeurkG § 27 Rn. 1; **dagegen** Lerch BeurkG Rn. 3; MüKoBGB/Sticherling BeurkG § 27 Rn. 23; Winkler BeurkG § 27 Rn. 7.
6 MüKoBGB/Sticherling BeurkG § 27 Rn. 23; Zimmermann/Diehn ErbR Nebengesetze BeurkG § 27 Rn. 2.
7 OLG Stuttgart ZEV 2012, 486; Zimmermann/Diehn ErbR Nebengesetze BeurkG § 27 Rn. 4; **aA** Armbrüster/Preuß/Renner/Seger BeurkG § 27 Rn. 6.
8 BGHZ 134, 230.
9 Eylmann/Vaasen/Baumann BeurkG § 27 Rn. 5; MüKoBGB/Sticherling BeurkG § 27 Rn. 29; Winkler BeurkG § 27 BeurkG Rn. 9; Zimmermann/Diehn ErbR Nebengesetze BeurkG § 27 Rn. 4.
10 Armbrüster/Preuß/Renner/Seger BeurkG § 27 Rn. 6; Zimmermann/Diehn ErbR Nebengesetze BeurkG § 27 Rn. 4.
11 OLG Stuttgart OLGZ 1990, 14.

III. Rechtsfolgen

Ein Verstoß gegen § 27 iVm §§ 7, 16 Abs. 3 S. 2 oder 24 Abs. 2 führt jeweils zur Unwirksamkeit der betroffenen Einzelverfügung. Die Rechtsfolge tritt unabhängig von der **Kenntnis des Notars** über den Inhalt der Verfügung ein, also auch dann, wenn das Testament durch Übergabe einer **verschlossenen Schrift** errichtet wurde.[12] War das im verschlossenen Umschlag an den Notar überreichte Schriftstück eigenhändig ge- und unterschrieben, so kommt eine **Umdeutung** gem. § 140 BGB in ein eigenhändiges Testament in Betracht, da § 27 BeurkG lediglich zur Formnichtigkeit – nicht jedoch zur materiellen Nichtigkeit führt.

Wegen § 2085 BGB hat die Nichtigkeit der Einzelverfügung im Regelfall nicht die Unwirksamkeit der gesamten Verfügung von Todes wegen zur Folge. Bei einem zweiseitigen Erbvertrag führt jedoch die **Teilnichtigkeit** der betroffenen Verfügung wegen § 2298 BGB zur Gesamtnichtigkeit des Erbvertrags, sofern es sich um eine vertragsmäßige Verfügung handelt. Bei einer unwirksamen Ernennung zum Testamentsvollstrecker handelt es sich niemals um eine vertragsmäßige Verfügung (§ 2278 Abs. 2 BGB). In diesem Fall bleibt die Anordnung der Testamentsvollstreckung wirksam und nur die Benennung der konkreten Person unterliegt dem Verdikt der Unwirksamkeit.

Sofern der Verstoß lediglich die **Mitwirkung eines Zeugen** oder zweiten Notars im Beurkundungsverfahren betrifft, ist die Verfügung wirksam, da § 26 Abs. 1 Nr. 2 lediglich eine Amtspflicht des Notars begründet (Soll-Vorschrift), jedoch die Wirksamkeit der Beurkundung unberührt lässt.[13]

Anderes gilt jedoch bei Hinzuziehung eines **ausgeschlossenen Zeugen bei einem Drei-Zeugen-Testament** im Sinne des § 2250 BGB. Hierbei treten die Zeugen an die Stelle des Notars. Wird einer dieser Zeugen oder eine mit ihm im Sinne des § 7 BeurkG verwandte oder verschwägerte Person in dem Testament bedacht, so ist die betreffende Einzelverfügung unwirksam.[14] Sofern mehr als drei Zeugen mitgewirkt haben, bleibt die Verfügung jedoch wirksam, wenn lediglich einer oder mehrere der überzähligen Zeugen von der Mitwirkung ausgeschlossen waren.[15]

C. Weitere praktische Hinweise

Soll der Beurkundungsnotar oder eine sonstige am Beurkundungsverfahren beteiligte Person zum Testamentsvollstrecker ernannt werden, so hat sich in der Praxis folgende Gestaltung bewährt: Im notariellen Testament wird lediglich die Testamentsvollstreckung angeordnet und die Benennung der Person des Testamentsvollstreckers einem eigenhändigen Testament vorbehalten. In Letzterem wird sodann der Beurkundungsnotar bzw. der als Zeuge oder Dolmetscher Beteiligte zum Testamentsvollstrecker ernannt. Das eigenhändige Testament kann sodann als Anlage zum beurkundeten Testament genommen werden. Eine solche Gestaltung ist zulässig,[16] wenngleich der Notar nicht aktiv auf seine Bestellung zum Testamentsvollstrecker hinwirken darf.[17]

---

12 Armbrüster/Preuß/Renner/Seger BeurkG § 27 Rn. 7; Grziwotz/Heinemann BeurkG § 26 Rn. 28; MüKoBGB/Hagena BeurkG § 27 Rn. 21; Zimmermann/Diehn ErbR Nebengesetze BeurkG § 27 Rn. 5.

13 BT-Drs. V/3282, 34; OLG Hamm OLGZ 1992, 29 (31 ff.); Grziwotz/Heinemann BeurkG § 26 Rn. 20; Winkler BeurkG § 26 Rn. 14.

14 BayObLG NJW-RR 1996, 9.

15 BGH NJW 1991, 3210, entgegen OLG Frankfurt aM NJW 1981, 2421.

16 BGH NJW 2022, 1450; OLG Düsseldorf RNotZ 2021, 371; OLG Bremen ZEV 2016, 273; Winkler BeurkG § 27 Rn. 9.

17 Armbrüster/Preuß/Renner/Seger BeurkG § 27 Rn. 6.

§ 28 BeurkG Feststellungen über die Geschäftsfähigkeit

Der Notar soll seine Wahrnehmungen über die erforderliche Geschäftsfähigkeit des Erblassers in der Niederschrift vermerken.

Literatur:
Cording/Foerster, Psychopathologische Kurztests durch den Notar – ein im Grundsatz verfehlter Vorschlag, DNotZ 2006, 329; *Grziwotz*, Notarielle Feststellungen zur Geschäftsfähigkeit von betagten Erblassern, DNotZ 2020, 389; *Kanzleiter*, Feststellungen über die Geschäftsfähigkeit inner- oder außerhalb der Niederschrift – Bemerkungen zum Beschluss des BayObLG v. 2.7.1992 – 3Z BR 58/92, DNotZ 1993, 434; *Kruse*, Zur Feststellung der Testierfähigkeit durch den Notar, NotBZ 2001, 405; *Laimer*, Die Feststellung der Geschäfts- beziehungsweise Testier(un)fähigkeit: Frankreich, Italien, Österreich, Deutschland, RabelsZ 77, 555; *Lichtenwimmer*, Die Feststellung der Geschäfts- und Testierfähigkeit durch den Notar, MittBayNot 2002, 240; *Müller*, Erwiderung zum Beitrag von Stoppe/Lichtenwimmer, Die Feststellung der Geschäfts- und Testierfähigkeit beim alten Menschen durch den Notar – ein interdisziplinärer Vorschlag, DNotZ 2006, 325; *Renner*, Prüfung der Geschäftsfähigkeit de lege lata und de lege ferenda, notar 2017, 218; *Stoppe/Lichtenwimmer*, Die Feststellung der Geschäfts- und Testierfähigkeit beim alten Menschen durch den Notar – ein interdisziplinärer Vorschlag, DNotZ 2005, 806; *Zimmermann*, Juristische und psychiatrische Aspekte der Geschäfts- und Testierfähigkeit, BWNotZ 2000, 97.

A. Allgemeines	1	III. Feststellung in der Niederschrift	12
B. Regelungsgehalt	5	IV. Rechtsfolgen	17
I. Geschäfts- und Testierfähigkeit	5	C. Weitere praktische Hinweise	21
II. Prüfung der Geschäfts- und Testierfähigkeit	7		

A. Allgemeines

1 § 28 ergänzt die bereits in § 11 für das allgemeine Beurkundungsverfahren vorgesehene Prüfung der Geschäftsfähigkeit durch den Notar, geht aber darüber hinaus. Während § 11 lediglich bei Zweifeln des Notars an der der erforderlichen Geschäftsfähigkeit eines Beteiligten oder bei schwerer Krankheit des Beteiligten eine Feststellung in der Niederschrift verlangt, soll der Notar gem. § 28 bei einer Verfügung von Todes wegen stets seine Wahrnehmungen über die erforderliche Geschäftsfähigkeit des Erblassers in der Niederschrift vermerken. Zweck ist die **Beweissicherung** für den Fall späterer Erbstreitigkeiten nach Ableben des Erblassers.[1] In der Praxis spielt dies eine erhebliche Rolle, da Testamente oftmals erst in hohem Alter errichtet werden, wenn an der Geschäfts- und Testierfähigkeit bereits Zweifel bestehen.

2 § 28 gilt nur für die Beurkundung **letztwilliger Verfügungen** (zum Begriff → Vor §§ 27–35 Rn. 6 ff.). Er findet auch Anwendung auf die Beurkundung eines **Nottestamentes** durch den Bürgermeister (§ 2249 Abs. 1 S. 4 BGB) oder durch drei Zeugen (§ 2250 Abs. 3 S. 2 Hs. 2) – auch auf hoher See –, sowie auf konsularische Beurkundungen (§ 10 Abs. 3 KonsG).

3 § 28 gilt nicht für Urkundsbeteiligte, die keine letztwilligen Verfügungen treffen, zB den schlichten **Vertragsschließenden bei einem Erbvertrag**. Hier verbleibt es allein bei § 11: Feststellungen zur Geschäftsfähigkeit hat der Notar nur zu treffen, wenn der Beteiligte schwer krank ist oder der Notar Zweifel an der erforderlichen Geschäftsfähigkeit hat.

4 Bei Beteiligung eines Erblassers mit **ausländischer Staatsangehörigkeit** richtet sich dessen Geschäftsfähigkeit nach dem Recht des Staates, dem er angehört (Art. 7 EGBGB); die Testierfähigkeit unterliegt hingegen gemäß Art. 26 Abs. 1 lit. a EuErbVO dem Errichtungsstatut.[2] Da als Errichtungsstatut nunmehr im Regelfall das Recht des gewöhnlichen Aufenthalts bei Errichtung der letztwilligen Verfügung zum Tragen kommt, dürfte sich auch die Testierfähigkeit bei einer

---

1 Armbrüster/Preuß/Renner/Seger BeurkG § 28 Rn. 1; Eylmann/Vassen/Baumann BeurkG § 28 Rn. 1; MüKoBGB/Sticherling BeurkG § 28 Rn. 1; Winkler BeurkG § 28 Rn. 1; Zimmermann/Diehn ErbR Nebengesetze BeurkG § 28 Rn. 1.
2 Näher dazu Hausmann/Odersky IPR Rn. 202 ff.

Beurkundung in Deutschland zumeist nach deutschem Recht richten. Kommt ausländisches Recht für die Bestimmung der Geschäftsfähigkeit oder Testierfähigkeit zur Anwendung, soll der Notar auf den Einfluss ausländischen Rechts hinweisen und darauf, dass er die Geschäfts- oder Testierfähigkeit nach ausländischem Recht nicht beurteilen kann und zur Belehrung über den Inhalt ausländischer Rechtsordnungen nicht verpflichtet ist (§ 17 Abs. 3 BeurkG).

B. Regelungsgehalt

I. Geschäfts- und Testierfähigkeit

§ 28 spricht von Geschäfts- und nicht Testierfähigkeit, da letztere nur für die Errichtung von Testamenten gilt, § 28 aber auch Errichtung von Erbverträgen umfasst.[3] Die **Testierfähigkeit** ist ein **Unterfall der Geschäftsfähigkeit** und beschreibt die Fähigkeit, ein Testament rechtswirksam zu errichten, zu ändern und aufzuheben.[4] Sie unterliegt teilweise anderen Bestimmungen als die Geschäftsfähigkeit. So kann ein Minderjähriger bereits ein Testament errichten, wenn er das 16. Lebensjahr vollendet hat (§ 2247 Abs. 4 Fall 1 BGB), jedoch nur durch Erklärung gegenüber dem Notar oder Übergabe einer offenen Schrift an selbigen, nicht als eigenhändiges Testament. Die Errichtung eines Erbvertrags ist für den Minderjährigen grundsätzlich nicht möglich (§ 2275 BGB).[5] Wer uneingeschränkt geschäftsfähig ist, ist stets testierfähig, nicht jeder der testierfähig ist, ist jedoch auch voll geschäftsfähig. Geschäfts- und testierunfähig ist, wer wegen krankhafter Störung der Geistestätigkeit, wegen Geistesschwäche oder wegen Bewusstseinsstörung nicht in der Lage ist, die Bedeutung einer von ihm abgegebenen Willenserklärung einzusehen und nach dieser Einsicht zu handeln (§ 2229 Abs. 4 BGB).

Die Testierfähigkeit ist abzugrenzen von der **Testierfreiheit**. Letztere kann durch vorhergehende wechselbezügliche oder vertragsgemäße Verfügungen beeinträchtigt sein. Über diese möglichen Einschränkungen hat der Notar lediglich im Rahmen des § 17 BeurkG zu belehren, ohne die Testierfreiheit in der Niederschrift positiv oder negativ feststellen zu müssen.

II. Prüfung der Geschäfts- und Testierfähigkeit

Die Geschäfts- bzw. Testierfähigkeit ist bei Errichtung einer öffentlichen letztwilligen Verfügung von Amts wegen zu prüfen. Wie die Prüfung erfolgen soll, regelt das Gesetz nicht. Grundsätzlich kann der Notar von der **Geschäfts- und Testierfähigkeit als Regelfall** ausgehen, ohne dass er besondere Ermittlungen hierzu anzustellen hat.[6]

Eine weitergehende **Prüfungspflicht** trifft den Notar zum einen, wenn der Erblasser **schwer krank** ist (§ 11 Abs. 2), ohne dass das Gesetz zwischen physischen und psychischen Krankheiten differenziert. Dieser Prüfungspflicht kann der Notar nicht dadurch entgehen, dass er bereits hinreichende Ermittlungen dazu unterlässt, ob eine solche schwere Krankheit vorliegt.[7] Ist für den Notar eine schwere Krankheit nicht erkennbar, so ist er zu weiteren Ermittlungen nur verpflichtet, wenn sich aus dem Erscheinungsbild des Erblassers konkrete Anhaltspunkte dafür ergeben, dass es an der erforderlichen Geschäfts- oder Testierfähigkeit mangeln könnte.[8]

Steht ein Erblasser unter **Betreuung**, so ist dies nicht gleichbedeutend mit Geschäfts- und Testierunfähigkeit. Der Notar hat jedoch in diesem Fall verstärkt Anlass, die Geschäfts- und

---

3 Armbrüster/Preuß/Renner/Seger BeurkG § 28 Rn. 2.
4 BeckOK BeurkG/Seebach BeurkG § 28 Rn. 9 f.
5 Trotz des höchstpersönlichen Charakters der Errichtung einer letztwilligen Verfügung, ist in diesem Sonderfall die Genehmigung durch den gesetzlichen Vertreter möglich (§ 2275 Abs. 2 S. 2 BGB).
6 OLG Celle MittBayNot 2008, 492; Armbrüster/Preuß/Renner/Piegsa BeurkG § 11 Rn. 13; Winkler BeurkG § 11 Rn. 3.
7 OLG Celle MittBayNot 2008, 492.
8 HM, vgl. nur Armbrüster/Preuß/Renner/Piegsa BeurkG § 11 Rn. 13; Eylmann/Vassen/Limmer BeurkG § 11 Rn. 4; Winkler BeurkG § 11 Rn. 8; Zimmermann/Diehn ErbR Nebengesetze BeurkG § 28 Rn. 6.

Testierfähigkeit zu prüfen und – mit Einverständnis der Beteiligten – die Betreuungsakten zuzuziehen.

10 Der **Umfang der Ermittlungen** steht im pflichtgemäßen Ermessen des Notars. In der Literatur wurden vereinzelt Vorschläge unterbreitet, den Notar bei Zweifeln an der Geschäftsfähigkeit Screening-Tests durchführen zu lassen, die es angeblich auf einfache und zuverlässige Art erlauben sollten, zwischen positiven und negativen Fällen der Geschäftsfähigkeit bzw. Testierfähigkeit zu unterscheiden.[9] Dieser Vorschlag ist sowohl aus medizinischer als auch aus juristischer Perspektive zu Recht auf Kritik und Zurückweisung gestoßen.[10] Die Begutachtung der Geschäfts- und Testier(un)fähigkeit gehört zu den schwierigsten Aufgaben der forensischen Psychiatrie,[11] für die ein Notar nicht die erforderliche Sachkenntnis besitzt. Daher ist auch die Prüfung der Geschäfts- und Testierfähigkeit durch den Notar nicht die eines Sachverständigen, sondern lediglich die Wahrnehmung eines Zeugen.[12] Bestehen konkrete Anhaltspunkte für eine Beeinträchtigung der Geschäfts- und Testierfähigkeit, so hat der Notar erforderlichenfalls einen **Sachverständigen** zur Begutachtung hinzuzuziehen, nicht jedoch selbst medizinische und psychologische Tests durchzuführen. Die Begutachtung sollte durch einen **Facharzt** durchgeführt werden, da Atteste von Allgemeinmedizinern diesbezüglich von eingeschränkter Aussagekraft sein dürften.[13] An die Beurteilung durch Ärzte und sonstige sachkundige Personen ist der Notar jedoch nicht gebunden, sondern kann und muss sich wie ein Richter ein eigenes Urteil zur Geschäftsfähigkeit bilden.[14]

11 **Ohne anderweitige konkrete Anhaltspunkte** genügt zur Feststellung der Geschäfts- und Testierfähigkeit meist ein längeres **Gespräch** zwischen Notar und Erblasser. Dies ist auch bei schwerer Krankheit des Erblassers ausreichend, wenn diese offensichtlich keine Auswirkungen auf den Geisteszustand hat, wie etwa bei rein körperlichen Gebrechen.

III. Feststellung in der Niederschrift

12 Der Notar soll seine Wahrnehmungen zur Geschäfts- und Testierfähigkeit **in der Niederschrift** vermerken. Ein Vermerk außerhalb der Niederschrift in den Nebenakten ist grundsätzlich nicht zulässig.[15] Dabei genügt es im Normalfall, wenn der Notar feststellt, an der erforderlichen Geschäfts- und Testierfähigkeit bestünden keine Zweifel. Angegeben werden sollte auch, **worauf sich die Überzeugung des Notars stützt**, wobei ohne besondere Anhaltspunkte für eine Geschäfts- oder Testierunfähigkeit eine längere Unterhaltung ausreichend ist.[16]

13 Ist der Erblasser **schwer krank**, verlangt § 11 Abs. 2, dass der Notar in der Niederschrift die Krankheit angeben und vermerken soll, welche Feststellungen er über die Geschäftsfähigkeit getroffen hat. Dabei soll er auch die von ihm vorgenommenen Ermittlungen (Befragung, einfache Merktests, Hinzuziehung von Fachgutachtern etc) darstellen.

14 Eingeholte **fachärztliche Gutachten** können der Niederschrift entweder als (nicht zu verlesende) Anlage beigefügt werden oder zu den Nebenakten genommen werden.[17]

---

9 Stoppe/Lichtenwimmer DNotZ 2005, 806.
10 Cording/Foerster DNotZ 2006, 329; Müller DNotZ 2006, 325.
11 Cording/Foerster DNotZ 2006, 329 (330).
12 Armbrüster/Preuß/Renner/Piegsa BeurkG § 11 Rn. 15; Grziwotz/Heinemann BeurkG§ 28 Rn. 9 ff.; Müller DNotZ 2006, 325 (326); Zimmermann BWNotZ 2000, 97.
13 So auch OLG Frankfurt NJW-RR 2006, 450; Armbrüster/Preuß/Renner/Piegsa BeurkG § 11 Rn. 16; aA (Hausarzt ausreichend) Grziwotz/Heinemann BeurkG § 11 Rn. 19; Winkler BeurkG § 28 Rn. 12.
14 Armbrüster/Preuß/Renner/Piegsa BeurkG § 11 Rn. 16; Eylmann/Vassen/Limmer BeurkG § 11 Rn. 4; Grziwotz/Heinemann BeurkG § 11 Rn. 12.
15 BayObLGZ 1992, 220; kritisch hierzu Kanzleiter DNotZ 1993, 434; aA (Feststellung im Tatsachenprotokoll außerhalb der Urkunde möglich): Armbrüster/Preuß/Renner/Piegsa BeurkG § 11 Rn. 29.
16 Armbrüster/Preuß/Renner/Seger BeurkG § 28 Rn. 8.
17 Ausführlich Armbrüster/Preuß/Renner/Piegsa BeurkG § 11 Rn. 26.

Hat der Notar **Zweifel an der Geschäfts- und Testierfähigkeit**, so soll er dies ebenfalls in der Urkunde vermerken. In der Praxis wird die Geschäfts- und Testierfähigkeit bisweilen zu großzügig bejaht, um die für den Mandanten kostenpflichtig errichtete Urkunde nicht in ihrer Wirksamkeit zu beeinträchtigen. Beurkundungsrechtlich ist dies unzulässig. Bestehen anhand konkreter Umstände Hinweise auf eine Geschäfts- oder Testierunfähigkeit, so hat der Notar seine Beobachtungen wahrheitsgemäß zu vermerken und darf sich nicht auf die pauschale Feststellung beschränken, er habe keine Zweifel an der erforderlichen Geschäftsfähigkeit.[18]

Ablehnen soll der Notar die Beurkundung nur, wenn er von der Geschäfts- oder Testierunfähigkeit des Erblassers überzeugt ist (§ 11 Abs. 1 S. 1). Von dieser Befugnis sollte in der Praxis bei letztwilligen Verfügungen aus Haftungsgründen nur in sehr sicheren Fällen Gebrauch gemacht werden; bei fortbestehenden Unsicherheiten empfiehlt es sich, lediglich Zweifel an der Geschäftsfähigkeit in der Niederschrift zu dokumentieren.

IV. Rechtsfolgen

Stellt der Notar entgegen § 28 die Geschäfts- und Testierfähigkeit nicht in der Niederschrift fest, so handelt es sich um eine **Amtspflichtverletzung**, welche die Wirksamkeit der Niederschrift unberührt lässt. Es fehlt dann freilich an der Indizwirkung der notariellen Feststellung. Kommt es infolgedessen zu einem Rechtsstreit über das Vorliegen der Geschäftsfähigkeit bei Errichtung der letztwilligen Verfügung, kann der Notar ggf. für die entstehenden Kosten in Haftung genommen werden.

Stellt der Notar die Geschäfts- und Testierfähigkeit fest, obwohl er bei pflichtgemäßer Überprüfung Zweifel hieran hätte haben müssen, begeht er ebenfalls eine Amtspflichtverletzung, die disziplinarrechtlich geahndet werden kann.[19] Darüber hinaus können sich aus **Haftungsansprüche** der gewillkürten Erben gegen den Notar ergeben, wenn diese sich im Vertrauen auf die Gültigkeit des Testaments auf prozesskostenträchtige Streitigkeiten eingelassen haben.[20]

Aus der Feststellung des Notars in der Niederschrift ergeben sich **Indizwirkungen im gerichtlichen Verfahren**. Hat der Notar die Geschäfts- und Testierfähigkeit positiv festgestellt, so bedarf es in einem streitigen Nachlassverfahren oder einem Verfahren auf Erteilung eines Erbscheins im Regelfall des substantiierten Vortrags für eine mögliche Geschäfts- und Testierunfähigkeit, um diesen Beweis des ersten Anscheins zu entkräften.[21] Da der Notar lediglich seine Wahrnehmungen beurkundet, wird durch das notarielle Protokoll jedoch nicht voller Beweis für die Geschäfts- und Testierfähigkeit im Sinne des § 415 ZPO erbracht. Die Feststellungen des Notars entfalten auch keinerlei Bindungswirkung für ein späteres gerichtliches Verfahren.[22]

Hat der Notar hingegen in der Niederschrift **Zweifel** am Vorliegen der geschäfts- und testierfähigkeit dokumentiert, so ist das Nachlassgericht im Erbscheinsverfahren regelmäßig verpflichtet, diesbezüglich **weitere Ermittlungen** anzustellen.[23]

C. Weitere praktische Hinweise

Soll der Notar in einem **gerichtlichen Verfahren** als **Zeuge** zur Geschäftsfähigkeit des Erblassers aussagen, so ist dies nur möglich, wenn er von seiner **Verschwiegenheitspflicht** nach § 18 BNotO entbunden wird. Die Pflicht zur Verschwiegenheit besteht auch nach dem Tod des Erblassers fort und erstreckt sich nach herrschender Meinung entgegen vereinzelt gebliebener

---

18 OLG Celle MittBayNot 2008, 492 mAnm Winkler.
19 OLG Celle MittBayNot 2008, 492.
20 OLG Oldenburg DNotZ 1974, 19.
21 OLG Düsseldorf NJW-RR 2014, 262; BayObLGZ 2004, 237; OLG Hamm ZEV 1997, 75.
22 OLG Düsseldorf FGPrax 2018, 252; OLG München MittBayNot 2015, 221.
23 OLG Düsseldorf NJW-RR 2013, 782.

Rechtsprechung auch auf Feststellungen zur Geschäfts- und Testierfähigkeit.[24] Die Entbindung von der Verschwiegenheitspflicht erfolgt nach dem Tod des Geheimnisgeschützten gem. § 18 Abs. 2 Hs. 2 BNotO durch die Aufsichtsbehörde des Notars, mithin durch den Landgerichtspräsidenten. Eine Befreiung lediglich durch die Erben ist nicht hinreichend. Ebenso wenig kann eine Befreiung von der Verschwiegenheitsverpflichtung auf eine mutmaßliche Einwilligung des Erblassers gestützt werden.[25] Allerdings haben sowohl die (gesetzlichen) Erben des Geheimnisgeschützten als auch die in der streitigen Verfügung bedachten Erben oder Vermächtnisnehmer ein Antragsrecht zugunsten der Entbindung des Notars von seiner Verschwiegenheitspflicht durch den Landgerichtspräsidenten,[26] gegen dessen Entscheidung wiederum die Beschwerde statthaft ist. Ebenfalls antragsberechtigt sind die Nachlassgerichte oder der Tatrichter in einem streitigen Verfahren.[27] Waren an der streitigen Urkunde auch andere Personen als der Erblasser beteiligt, zB bei einem Erbvertrag oder einem gemeinschaftlichen Testament, so ist fraglich, ob auch diese die Befreiung von der Verschwiegenheitspflicht erteilen müssen. Dies ist dann zu verneinen, wenn schutzwürdige Belange sonstiger am Urkundsverfahren Beteiligter von der Befreiung von der Verschwiegenheitspflicht nicht betroffen sind,[28] was bei Feststellungen zur Geschäfts- und Testierfähigkeit des verstorbenen Erblassers nicht der Fall ist. Maßstab für die Entscheidung über die Befreiung von der Verschwiegenheitsverpflichtung ist allein, ob das Interesse des Erblassers an der Geheimhaltung entfallen ist.[29] Im Hinblick auf ein mutmaßliches Interesse des Erblassers an der Gültigkeit seiner letztwilligen Verfügung dürfte eine Zeugenvernehmung des beurkundenden Notars zur Ausräumung etwaiger Zweifel an der Geschäftsfähigkeit dem mutmaßlichen Willen des Erblassers entsprechen, so dass die Befreiung im Regelfall zu erteilen ist.

§ 29 BeurkG   Zeugen, zweiter Notar

[1]Auf Verlangen der Beteiligten soll der Notar bei der Beurkundung bis zu zwei Zeugen oder einen zweiten Notar zuziehen und dies in der Niederschrift vermerken. [2]Die Niederschrift soll auch von diesen Personen unterschrieben werden.

A. Allgemeines	1	II. Rechtsfolgen	10
B. Regelungsgehalt	6	C. Weitere praktische Hinweise	13
I. Zuziehung von Zeugen auf Verlangen	6		

A. Allgemeines

1 Die Zuziehung von Zeugen oder eines zweiten Notars soll der Niederschrift einen **zusätzlichen Beweiswert** hinsichtlich des ordnungsgemäßen Ablaufs des Beurkundungsvorgangs und der Geschäftsfähigkeit des Erblassers zum Zeitpunkt der Beurkundung verschaffen.[1] Wegen des bereits sehr hohen Beweiswertes des Beurkundungsverfahrens wird von den Beteiligten in der Praxis nur selten von dieser Möglichkeit Gebrauch gemacht.[2]

2 § 29 BeurkG gilt nur für **Verfügungen von Todes wegen** Anwendung (zum Begriff → Vor §§ 27–35 Rn. 6 ff.). Er gilt sowohl für notarielle wie auch für konsularische Beurkundungen (§§ 10 Abs. 3, 11 Abs. 1 KonsG).

---

24 Eylmann/Vaasen BNotO § 18 Rn. 41; Schippel/Bracker/Kanzleiter BNotO § 18 Rn. 52; **aA** OLG Frankfurt DNotZ 1998, 216.
25 OLG Frankfurt a. M. FGPrax 2021, 133.
26 BGH DNotZ 2003, 780; OLG Köln DNotZ 78, 314.
27 OLG Schleswig-Holstein FamRZ 2012, 903; OLG München ZEV 2009, 239.
28 In diese Richtung auch Schippel/Bracker/Kanzleiter BNotO § 18 Rn. 51.
29 BGH BWNotZ 2022, 17.
1 Armbrüster/Preuß/Renner/Seger BeurkG § 29 Rn. 1; Eylmann/Vassen/Baumann BeurkG § 29 Rn. 2; MüKoBGB/Sticherling BeurkG § 29 Rn. 1; Zimmermann/Diehn BeurkG § 29 Rn. 1.
2 Lerch BeurkG § 29 Rn. 1; Zimmermann/Diehn BeurkG § 29 Rn. 1.

Keine Anwendung findet § 29 auf **Nottestamente** vor dem Bürgermeister oder vor drei Zeugen.[3] Die §§ 2249 Abs. 1 S. 2, S. 5, 2250 Abs. 3 S. 2 und 2251 BGB sehen eigene Vorschriften zur Zeugenbeteiligung vor. Im Gegensatz zur Zeugenbeteiligung bei Nottestamenten, hat die Zuziehung von Zeugen nach § 29 BeurkG keinen Einfluss auf die Wirksamkeit der Beurkundung.

Abzugrenzen ist die Zuziehung von zwei Zeugen nach § 29 BeurkG auch zu den Testierzeugen bei Errichtung eines **Testamentes nach anglo-amerikanischem Recht**. Zwar bedarf es hierbei ebenfalls der Zuziehung von (meist zwei) Zeugen, diese müssen jedoch keine Kenntnis vom Inhalt des Testamentes haben, sondern lediglich bei Unterzeichnung durch den Erblasser anwesend sein.[4] Sie müssen also nicht wie die Zeugen nach § 29 BeurkG dem gesamten Beurkundungsvorgang beiwohnen.

Ist bereits nach den **allgemeinen Vorschriften** des Beurkundungsverfahrens ein Zeuge beigezogen worden, etwa wegen einer Seh-, Hör- oder Sprachbehinderung des Erblassers (§ 22 Abs. 1 S. 1 BeurkG), so ermöglicht § 29 BeurkG lediglich die Hinzuziehung eines weiteren Zeugen.[5] Ist gem. § 22 Abs. 1 S. 1 BeurkG bereits ein zweiter Notar hinzugezogen worden, so verbleibt für die Hinzuziehung eines weiteren Notars oder zweier Zeugen nach § 29 BeurkG kein Raum.

B. Regelungsgehalt
I. Zuziehung von Zeugen auf Verlangen

Der Notar hat auf **Verlangen** der Beteiligten bis zu zwei Zeugen oder einen zweiten Notar zur Beurkundung herbeizuziehen. Das Verlangen muss von sämtlichen Beteiligten gestellt sein, nicht nur vom Erblasser. Bei einem Erbvertrag muss also auch der schlichte Vertragschließende die Beiziehung verlangen.

Die Beteiligten haben ein **Wahlrecht** ob sie einen oder zwei Zeugen oder einen zweiten Notar herbeiziehen wollen. Der Notar ist an dieses Verlangen gebunden. Die Herbeiziehung sowohl eines zweiten Notars als auch eines Zeugen ist nicht möglich.

Nach herrschender Meinung liegt die **Auswahl** der Personen, die als Zeugen fungieren, im Ermessen des Notars.[6] Dem ist nur dann zuzustimmen, wenn man bei einem Vorschlag der Beteiligten zur Person der Zeugen eine Ermessenreduzierung des Notars auf Null annimmt, sofern dem Vorschlag keine gesetzlichen oder faktischen Hindernisse entgegenstehen.[7] Für die Zeugen gelten die allgemeinen **Mitwirkungsverbote** der §§ 16 Abs. 3, 22 Abs. 1 S. 2, 24 Abs. 1 S. 2 und 26 und 27 BeurkG. Insbesondere Dolmetscher, Gebärdendolmetscher, Verständigungspersonen, Personen, die zum Notar in einem ständigen Dienstverhältnis stehen oder Personen die in der Verfügung bedacht oder zum Testamentsvollstrecker ernannt werden, können daher nicht Zeuge sein.

Zuziehung bedeutet ein **bewusstes und gewolltes Teilnehmen** am Beurkundungsverfahren.[8] Eine rein zufällige Teilnahme anlässlich der Begleitung des Erblassers genügt nicht. Dem Zeugen muss bewusst sein, dass er an der Verlesung, Genehmigung und Unterschriftsleistung als Zeuge beiwohnt und mithin für die Richtigkeit des Verfahrens mitverantwortlich ist. Wird der Zeuge oder zweite Notar erst nach dem (auch teilweise) Verlesen der Urkunde zugezogen, so muss der

---

[3] Armbrüster/Preuß/Renner/Seger BeurkG § 29 Rn. 3; Eylmann/Vassen/Baumann BeurkG § 29 Rn. 2; MüKoBGB/Stricherling BeurkG § 29 Rn. 2; Zimmermann/Diehn BeurkG § 29 Rn. 2.
[4] Würzburger Notarhandbuch/Hertel, 2812 Rn. 406.
[5] So auch Armbrüster/Preuß/Renner/Seger BeurkG § 29 Rn. 1; MüKoBGB/Stricherling BeurkG § 29 Rn. 6.
[6] Armbrüster/Preuß/Renner/Seger BeurkG § 29 Rn. 6; Lerch BeurkG § 29 Rn. 2; MüKoBGB/Stricherling BeurkG § 29 Rn. 11.
[7] Ähnlich wohl Grziwotz/Heinemann BeurkG § 29 Rn. 12.
[8] BayObLGZ 1984, 141.

Notar die Niederschrift in Gegenwart des Zeugen oder zweiten Notars nochmals vorlesen und von den Beteiligten genehmigen und unterschreiben lassen.[9]

II. Rechtsfolgen

10 Gemäß S. 1 sollen in der Niederschrift das Verlangen der Beteiligten und die Zuziehung der Zeugen oder eines zweiten Notars **vermerkt** werden. Die Personalien der zugezogenen Personen müssen in der Niederschrift entsprechend § 10 BeurkG so angegeben werden, dass sie zweifelsfrei identifiziert werden können. Dazu sind im Regelfall neben Vor- und Zunamen insbesondere das Geburtsdatum und die Anschrift sowohl notwendig als auch hinreichend. Entsprechend § 10 Abs. 2 BeurkG sollte auch angegeben werden, ob der Notar die zugezogenen Personen kennt oder wie er sich Gewissheit über ihre Person verschafft hat.

11 Wird ein Verlangen vom beurkundenden Notar **abgelehnt**, so sollte das ebenfalls in der Niederschrift vermerkt und begründet werden.[10] **Nicht erforderlich**, wenngleich üblich und empfehlenswert,[11] ist es, in der Niederschrift zu vermerken, dass kein entsprechendes Verlangen von den Beteiligten gestellt wurde.

12 Wurden Zeugen oder ein zweiter Notar hinzugezogen, so sollen auch diese die Niederschrift **unterschreiben** (S. 2). Wirksamkeitsvoraussetzung für die Beurkundung ist dies jedoch nicht.[12] Wurde der Zeuge oder zweite Notar auch als Schreibzeuge gem. § 25 BeurkG hinzugezogen, so muss die Niederschrift von der zugezogenen Person unterschrieben werden (§ 25 S. 3 BeurkG); anderenfalls ist sie unwirksam.

C. Weitere praktische Hinweise

13 Für die Hinzuziehung eines **zweiten Notars** entsteht für diesen eine **zusätzliche Gebühr** in Höhe der Hälfte der für den beurkundenden Notar bestimmten Gebühr (KV-Nr. 25205 GNotKG). Dennoch hat die Hinzuziehung eines zweiten Notars für die Beteiligten den Vorteil, dass dieser anders als die Zeugen gem. § 18 BNotO zur Verschwiegenheit verpflichtet ist.[13]

§ 30 BeurkG Übergabe einer Schrift

¹Wird eine Verfügung von Todes wegen durch Übergabe einer Schrift errichtet, so muß die Niederschrift auch die Feststellung enthalten, daß die Schrift übergeben worden ist. ²Die Schrift soll derart gekennzeichnet werden, daß eine Verwechslung ausgeschlossen ist. ³In der Niederschrift soll vermerkt werden, ob die Schrift offen oder verschlossen übergeben worden ist. ⁴Von dem Inhalt einer offen übergebenen Schrift soll der Notar Kenntnis nehmen, sofern er der Sprache, in der die Schrift verfaßt ist, hinreichend kundig ist; § 17 ist anzuwenden. ⁵Die Schrift soll der Niederschrift beigefügt werden; einer Verlesung der Schrift bedarf es nicht.

A. Allgemeines 1	2. Kenntnisnahme und Belehrung (S. 4) .. 5
B. Regelungsgehalt 3	3. Keine Verlesung (S. 5 Hs. 2) 8
I. Feststellung der Übergabe (S. 1 und 3) 3	II. Rechtsfolgen 9
1. Kennzeichnung und Beifügung der Schrift (S. 2 und 5 Hs. 1) 4	C. Weitere praktische Hinweise 11

---

9 BayObLGZ 1984, 141 (145); MüKoBGB/Sticherling BeurkG § 29 Rn. 13.
10 Grziwotz/Heinemann BeurkG § 29 Rn. 17; MüKoBGB/Sticherling BeurkG § 29 Rn. 15.
11 Grziwotz/Heinemann BeurkG § 29 Rn. 17; MüKoBGB/Sticherling BeurkG § 29 Rn. 15; Winkler BeurkG § 29 Rn. 10; teilweise aA (nicht empfehlenswert) Lerch BeurkG § 29 Rn. 3; Zimmermann/Diehn ErbR Nebengesetze BeurkG § 29 Rn. 11.
12 Armbrüster/Preuß/Renner/Seger BeurkG § 29 Rn. 8; Eylmann/Vassen/Baumann BeurkG § 29 Rn. 6; MüKoBGB/Sticherling BeurkG § 29 Rn. 16; Zimmermann/Diehn BeurkG § 29 Rn. 13.
13 Zimmermann/Diehn BeurkG § 29 Rn. 9.

A. Allgemeines

Eine öffentliche Verfügung von Todes wegen kann nicht nur durch Erklärung gegenüber dem Notar errichtet werden, sondern gemäß § 2232 BGB, § 2276 BGB Abs. 1 S. 2 Hs. 1 BGB auch durch **Übergabe einer offenen oder verschlossenen Schrift** an den Notar. § 30 regelt das in diesem Fall anzuwendende Beurkundungsverfahren.

§ 30 ist nur anwendbar auf **Verfügungen von Todes wegen** (zum Begriff → Vor §§ 27–35 Rn. 6 ff.), bei einem Erbvertrag auch auf die Erklärung des Annahmewillens durch den nicht testierenden Vertragschließenden (§ 33 BeurkG). § 30 gilt für notarielle und für konsularische Beurkundungen (§§ 10 Abs. 3, 11 Abs. 1 KonsG), sowie **Nottestamente vor dem Bürgermeister** (§ 2249 Abs. 1 S. 4 Hs. 1). **Keine Anwendung** findet § 30 auf das Nottestament vor drei Zeugen oder auf hoher See, da § 2250 Abs. 3 S. 2 Hs. 2 nicht auf § 30 BeurkG verweist.

B. Regelungsgehalt

I. Feststellung der Übergabe (S. 1 und 3)

Die Testamentserrichtung gemäß § 2232 BGB erfordert zum einen die Überreichung einer Schrift durch den Erblasser und zum anderen die Erklärung, dass es sich bei der Schrift um den letzten Willen handele. **Beides muss in der Niederschrift vermerkt werden**, ansonsten ist die Form nicht gewahrt und das Testament nichtig. Dies gilt auch dann, wenn die Übergabe und Erklärung tatsächlich erfolgt sind.[1] Die Notwendigkeit der Feststellung, die Schrift sei übergeben worden, ist in Satz 1 bestimmt. Die Erklärung des Erblassers, dass es sich um seinen letzten Willen handele, ist bereits nach den allgemeinen Verfahrensvorschriften (§ 9 Abs. 1 Nr. 2 BeurkG) zu protokollieren. Ein bestimmter Wortlaut für die Feststellung ist nicht vorgeschrieben. Vorgeschlagen wird folgende Formulierung:[2] „Der Erblasser übergab dem Notar die offene/verschlossene Schrift, die dieser Niederschrift beigefügt ist, mit der mündlichen Erklärung, dass sie seinen letzten Willen enthalte." Die Tatsache, ob die Schrift offen oder verschlossen übergeben wurde, soll gem. S. 3 ebenfalls in der Niederschrift festgehalten werden. Ein Verstoß hiergegen macht die Verfügung jedoch nicht unwirksam, da die Testamentserrichtung (außer bei Minderjährigen, § 2233 Abs. 1 BGB) in beiden Formen zulässig ist und sich lediglich die Belehrungspflichten des Notars unterscheiden (S. 4).

1. Kennzeichnung und Beifügung der Schrift (S. 2 und 5 Hs. 1). Die übergebene Schrift soll derart gekennzeichnet werden, dass eine Verwechslung ausgeschlossen ist. Es empfiehlt sich, auf der übergebenen Schrift einen entsprechenden **Vermerk** anzubringen („zu UVZ ... übergebene Schrift") und diese fest mit der Niederschrift zu verbinden, beispielsweise durch Schnur und Prägesiegel, auch wenn dieses Verfahren nicht vorgeschrieben ist.[3] Sofern die Verfügung gem. § 34 BeurkG in die besondere amtliche Verwahrung beim Amtsgericht zu bringen ist, wird die Niederschrift samt beigefügter übergebener Schrift in einen Umschlag genommen und nochmals mit dem Prägesiegel verschlossen.

2. Kenntnisnahme und Belehrung (S. 4). Wird die Schrift **offen** übergeben, so hat der Notar von ihr Kenntnis zu nehmen und die Beteiligten entsprechend § 17 BeurkG zu belehren, insbesondere deren Willen zu erforschen und zu überprüfen, ob die Verfügung diesen zutreffend umsetzt. Die Belehrungspflichten unterscheiden sich nicht von der Testamentserrichtung durch Erklärung gegenüber dem Notar.[4] Die Beteiligten können bei Übergabe einer offenen Schrift nicht auf die Belehrung verzichten.[5]

---

1 Grziwotz/Heinemann BeurkG § 30 Rn. 24; MüKo-BGB/Sticherling BeurkG § 30 Rn. 5; Zimmermann/Diehn BeurkG § 30 Rn. 5.
2 Kersten/Bühling/Wegmann § 105 Rn. 20 M.
3 Armbrüster/Preuß/Renner/Seger BeurkG § 30 Rn. 16; Winkler BeurkG § 30 Rn. 18; Zimmermann/Diehn BeurkG § 30 Rn. 8.
4 BGH DNotZ 1974, 296 (297).
5 Zimmermann/Diehn BeurkG § 30 Rn. 9; **aA** (Verzicht möglich) Armbrüster/Preuß/Renner/Seger BeurkG § 30 Rn. 10.

6 Ist die Schrift in einer **fremden Sprache** errichtet, so soll der Notar nur Kenntnis nehmen, wenn er der Sprache hinreichend kundig ist. Ist er dies, so muss er die Beteiligten auch gem. S. 4 Hs. 2, § 17 BeurkG belehren. Hier kommt dem Notar jedoch ein weiter Einschätzungsspielraum zu, er ist insbesondere nicht dazu verpflichtet, ein fremdsprachiges Schriftstück zur Kenntnis zu nehmen und darüber zu belehren, auch wenn objektiv seine Fremdsprachenkenntnisse hierzu ausreichen würden. Hält der Notar seine Kenntnisse der fremden Sprache nicht für hinreichend und übernimmt er daher auch keine Belehrungspflichten, so soll er die Beteiligten hierauf hinweisen und dies in der Niederschrift vermerken.[6]

7 Wird die Schrift **verschlossen** übergeben, so ist eine Kenntnisnahme des Notars ausgeschlossen und ist er auch nicht verpflichtet, die Beteiligten hinsichtlich der übergebenen Schrift zu belehren. Die allgemeine Belehrungs- und Betreuungspflicht des Notars bleibt unberührt;[7] regelmäßig werden den Notar jedoch nur Hinweispflichten treffen, wenn er aufgrund konkreter Umstände – zB Äußerungen der Beteiligten – Zweifel an der Rechtmäßigkeit und Zulässigkeit des Inhalts haben muss.

8 **3. Keine Verlesung (S. 5 Hs. 2).** Die übergebene Schrift muss vom Notar nicht vorgelesen werden, auch dann nicht, wenn die Übergabe offen erfolgte (S. 5 Hs. 2). Etwas anderes gilt bezüglich der **Niederschrift** selbst. Da diese die Erklärung des Erblassers enthält, den letzten Willen zu übergeben, muss sie gem. den §§ 8 ff. BeurkG regulär beurkundet, insbesondere gem. § 13 BeurkG vorgelesen, genehmigt und unterschrieben werden.[8]

II. Rechtsfolgen

9 Wird die Niederschrift über die Übergabe der Schrift nicht verlesen, führt dies zur **Unwirksamkeit** der Beurkundung. Gleiches gilt bei fehlender Feststellung der Testiererklärung des Erblassers und der Übergabe der Schrift in der Niederschrift. Allerdings kann ein nicht der Form des § 2232 BGB entsprechendes Testament in ein eigenhändiges Testament gem. § 140 BGB **umgedeutet** werden, wenn die Formvorschriften der §§ 2247, 2267 BGB gewahrt sind, dh die übergebene Schrift eigenhändig ge- und unterschrieben ist.

10 Die weiteren Bestimmungen des § 30 BeurkG, insbesondere zur Kennzeichnung der übergebenen Schrift und deren Verbindung mit der Niederschrift, der Vermerk, ob die Schrift offen oder verschlossen übergeben wurde, sowie die Kenntnisnahme des Notars vom Inhalt einer offenen Schrift sind **Soll-Bestimmungen**; ein Verstoß hiergegen führt nicht zur Unwirksamkeit der Verfügung.[9]

C. Weitere praktische Hinweise

11 Die Testamentserrichtung durch Übergabe einer Schrift ist in der Praxis eher selten. Diese Form kann jedoch dann sinnvoll sein, wenn das Testament in einer **anderen Sprache** errichtet werden soll oder in **Blindenschrift**, da weder § 2232 BGB noch § 30 BeurkG die Übergabe einer in Deutsch und mit lateinischen Schriftzeichen verfassten Schrift verlangen.[10] Weiterhin wurde im Zuge der Corona-Pandemie verstärkt auf die Testamentserrichtung durch Übergabe einer Schrift zurückgegriffen, um die Kontaktzeiten zu vulnerablen oder infizierten Personen möglichst zu verkürzen.

---

6 Armbrüster/Preuß/Renner/Seger BeurkG § 30 Rn. 14.
7 Grziwotz/Heinemann BeurkG § 30 Rn. 17.
8 Grziwotz/Heinemann BeurkG § 30 Rn. 15; Zimmermann/Diehn ErbR Nebengesetze BeurkG § 30 Rn. 11.
9 Grziwotz/Heinemann BeurkG § 30 Rn. 25; Winkler BeurkG § 30 Rn. 19; Zimmermann/Diehn ErbR Nebengesetze BeurkG § 30 Rn. 11.
10 Armbrüster/Preuß/Renner/Seger BeurkG § 30 Rn. 2; MüKoBGB/Sticherling BGB § 2232 Rn. 19; Winkler BeurkG § 30 Rn. 5.

§ 31 BeurkG (aufgehoben)
§ 32 BeurkG Sprachunkundige

¹Ist ein Erblasser, der dem Notar seinen letzten Willen mündlich erklärt, der Sprache, in der die Niederschrift aufgenommen wird, nicht hinreichend kundig und ist dies in der Niederschrift festgestellt, so muß eine schriftliche Übersetzung angefertigt werden, die der Niederschrift beigefügt werden soll. ²Der Erblasser kann hierauf verzichten; der Verzicht muß in der Niederschrift festgestellt werden.

A. Allgemeines 1	II. Übersetzung der Niederschrift 6
B. Regelungsgehalt 4	III. Rechtsfolgen 9
I. Mangelnde Kenntnisse der Sprache der Niederschrift 4	C. Weitere praktische Hinweise 13

A. Allgemeines

§ 32 ist Spezialvorschrift zu § 16 BeurkG, welcher aber ergänzend anwendbar bleibt. Er ist anwendbar auf **Verfügungen von Todes wegen** (zum Begriff → Vor §§ 27–35 Rn. 6 ff.), die notariell oder konsularisch beurkundet werden (§§ 10 Abs. 3, 11 Abs. 1 KonsG), sowie **Nottestamente vor dem Bürgermeister,** die jedoch nur auf Deutsch errichtet werden dürfen, da § 2249 Abs. 1 S. 4 Hs. 1 lediglich auf § 5 Abs. 1 BeurkG verweist. **Keine Anwendung** findet § 30 auf das **Nottestament vor drei Zeugen** oder auf hoher See, allerdings dürfen solche Testamente auch in einer anderen Sprache als deutsch beurkundet werden, wenn die Zeugen dieser Sprache hinreichend mächtig sind (§ 2250 Abs. 3 S. 3 BGB). 1

Anwendbar ist § 32 nur auf letztwillige Verfügungen, die durch **Erklärung** des Erblassers gegenüber dem Notar errichtet werden. Bei Errichtung eines Testaments durch **Übergabe einer Schrift** verbleibt es allein bei den Anforderungen des § 16 BeurkG. Auch wenn § 32 von einer „mündlichen" Erklärung des Erblassers spricht, fällt darunter auch eine Erklärung durch **Gebärdensprache** oder andere non-verbale Kommunikationsmittel.[1] 2

Ist der Notar der Sprache des Erblassers hinreichend mächtig, so kann die Niederschrift auch in einer **anderen Sprache** als deutsch errichtet werden (§ 5 Abs. 2 BeurkG). 3

B. Regelungsgehalt
I. Mangelnde Kenntnisse der Sprache der Niederschrift

Nach dem Wortlaut der Norm darf der **Erblasser** zum einen der Sprache der Niederschrift nicht hinreichend kundig sein und muss dies zum anderen in der Niederschrift festgestellt sein. Dennoch lässt es die hM ausreichen, wenn ungenügende Sprachkenntnis im Protokoll festgestellt werden. Für die Notwendigkeit einer schriftlichen Übersetzung soll es allein auf den **Vermerk** ankommen, auch wenn der Erblasser die Sprache der Niederschrift einwandfrei beherrscht.[2] Dies hätte zur Konsequenz, dass bei fehlender schriftlicher Übersetzung und fehlendem Vermerk über einen Verzicht auf die Übersetzung die Urkunde auch dann unwirksam wäre, wenn der Erblasser der Beurkundungssprache hinreichend kundig ist.[3] Richtigerweise müssen beide im Gesetz genannten Tatbestandsvoraussetzungen erfüllt sein. Dem Vermerk kommt lediglich 4

---

[1] BeckOK/Litzenburger BeurkG § 32 Rn. 1; MüKoBGB/Sticherling BeurkG § 32 Rn. 4; Soergel/Mayer BeurkG § 32 Rn. 3; aA Erman/M. Schmidt BeurkG § 32 Rn. 2.
[2] Armbrüster/Preuß/Renner/Seger BeurkG § 32 Rn. 5; Grziwotz/Heinemann BeurkG § 32 Rn. 18; MüKoBGB/Sticherling BeurkG § 32 Rn. 10; Zimmermann/Diehn BeurkG § 32 Rn. 11.
[3] So ausdrücklich die hM vgl. Armbrüster/Preuß/Renner/Seger BeurkG § 32 Rn. 5; Grziwotz/Heinemann BeurkG § 32 Rn. 18; MüKoBGB/Sticherling BeurkG § 32 Rn. 10; Zimmermann/Diehn BeurkG § 32 Rn. 11.

eine Beweiswirkung zu, die jedoch entkräftet werden kann, wenn die Sprachkunde des Erblassers zum Zeitpunkt der Testamentserrichtung und damit die Unrichtigkeit des Protokolls anderweitig nachgewiesen werden kann (§ 415 Abs. 2 ZPO).

5 Für die Beurteilung hinreichender Sprachkenntnisse kommt es allein auf die **passiven Sprachkenntnisse** des Erblassers an, da nur diese durch eine schriftliche Übersetzung der Niederschrift kompensiert werden. Nicht hinreichende aktive Sprachkenntnisse sind für § 32 unbeachtlich,[4] können den Notar im Rahmen seiner Betreuungspflicht jedoch dazu veranlassen, einen Dolmetscher zur Übersetzung von Fragen des Erblassers beizuziehen, sofern er eine vom Erblasser hinreichend gesprochene Sprache nicht selbst beherrscht. Erklärt der Erblasser, der Sprache der Niederschrift nicht hinreichend kundig zu sein, ist dies für den Notar entsprechend § 16 Abs. 1 Alt. 1 BeurkG bindend, selbst wenn er dessen Sprachkenntnisse für hinreichend hält.[5]

II. Übersetzung der Niederschrift

6 Eine **schriftliche Übersetzung** der Urkunde muss bei Feststellung fehlender Sprachkunde in der Niederschrift angefertigt werden, es sei denn der Erblasser verzichtet hierauf. Der Verzicht – der auch konkludent erfolgen kann[6] – muss in der Niederschrift vermerkt werden. Es ist ratsam, den Verzicht explizit in die Niederschrift aufzunehmen („Der Erblasser verzichtete trotz Hinweis des Notars auf die damit verbundenen Gefahren ausdrücklich auf die Fertigung einer schriftlichen Übersetzung."). Formulierungen wie „eine schriftliche Übersetzung wurde nicht verlangt" sollten aus Haftungsgründen vermieden werden, da es bei § 32 anders als bei § 16 BeurkG nicht auf ein Verlangen des Erblassers ankommt. Urkundsbeteiligte, die keine Verfügungen von Todes wegen treffen, müssen nicht verzichten, da für diese eine schriftliche Übersetzung gem. § 16 Abs. 2 S. 2 BeurkG nur auf Verlangen angefertigt werden soll.

7 Wird eine schriftliche Übersetzung gefertigt, so soll sie zu Beweiszwecken **mit der Niederschrift verbunden** werden.

8 Die Pflicht zur **mündlichen Übersetzung** der Niederschrift gem. § 16 Abs. 2 S. 1 BeurkG bleibt unberührt und muss auch dann erfolgen, wenn auf Anfertigung einer schriftlichen Übersetzung verzichtet wird. Sofern eine schriftliche Übersetzung vorliegt kann diese verlesen werden.[7] Sind außer dem Erblasser noch weitere Personen an der Urkunde beteiligt, die der Sprache der Niederschrift mächtig sind, so muss die Niederschrift sowohl vorgelesen, als auch übersetzt werden.

III. Rechtsfolgen

9 War der Erblasser der Sprache der Niederschrift nicht hinreichend kundig, wurde dies jedoch in der Niederschrift nicht festgestellt, so ist die **Verfügung wirksam**[8] und allenfalls der Anfechtung zugänglich.

10 Wurde die fehlende Sprachkunde in der Niederschrift festgestellt und ist nicht vermerkt, dass der Erblasser auf eine schriftliche Übersetzung verzichtet hat, so ist die Urkunde **unwirksam**. Hatte der Erblasser entgegen dem Vermerk in der Urkunde tatsächlich die erforderlichen Sprachkenntnisse, so ist die Urkunde entgegen der in der Literatur vorherrschenden Meinung[9]

---

4 BayObLG NJW-RR 2000, 1175 (1176); Grziwotz/Heinemann BeurkG § 32 Rn. 9; Eylmann/Vassen/Baumann BeurkG § 32 Rn. 4; aA Armbrüster/Preuß/Renner/Seger BeurkG § 32 Rn. 6.
5 Armbrüster/Preuß/Renner/Seger BeurkG § 32 Rn. 6; MüKoBGB/Sticherling BeurkG § 32 Rn. 7.
6 Armbrüster/Preuß/Renner/Seger BeurkG § 32 Rn. 10.
7 Armbrüster/Preuß/Renner/Seger BeurkG § 32 Rn. 8; MüKoBGB/Sticherling BeurkG § 32 Rn. 15.
8 Grziwotz/Heinemann BeurkG § 32 Rn. 21; MüKoBGB/Sticherling BeurkG § 32 Rn. 22; Winkler BeurkG § 32 Rn. 18.
9 Armbrüster/Preuß/Renner/Seger BeurkG § 32 Rn. 5; Grziwotz/Heinemann BeurkG § 32 Rn. 18; MüKoBGB/Sticherling BeurkG § 32 Rn. 10; Zimmermann/Diehn BeurkG § 32 Rn. 11.

wirksam, wenngleich denjenigen die Beweislast trifft, der sich auf die Wirksamkeit der Urkunde beruft (§ 415 Abs. 2 ZPO).

Unwirksam ist die Urkunde auch, wenn sie nicht gem. § 16 Abs. 2 S. 1 BeurkG **mündlich übersetzt** wurde. Wurde eine schriftliche Übersetzung gefertigt, diese jedoch der Niederschrift nicht beigefügt, so hat dies nicht die Unwirksamkeit der Urkunde zur Folge, da es sich bei hierbei lediglich um eine Soll-Vorschrift handelt. 11

Ist die Verfügung des Erblassers nach dem zuvor gesagten unwirksam, so hat dies bei einem mehrseitigen **Erbvertrag** im Regelfall die Gesamtnichtigkeit des Vertrags zur Folge, sofern kein anderer Wille der Vertragschließenden anzunehmen ist (§ 2298 BGB). 12

C. Weitere praktische Hinweise

Übersetzt der Notar die Niederschrift selbst mündlich oder schriftlich, so erhält er dafür gem. Nr. 26001 KV GNotKG eine **Zusatzgebühr** in Höhe von 30 % der für das Beurkundungsverfahren bestimmten Gebühren. Diese kann je nach Geschäftswert des Testaments deutlich unter oder deutlich über den Gebühren für einen professionellen Dolmetscher liegen. Soll das Testament in einer Sprache errichtet werden, derer der Notar nicht kundig ist, so kann die Errichtung auch durch Übergabe einer offenen oder verschlossenen Schrift gem. § 30 BeurkG erfolgen. 13

§ 33 BeurkG   Besonderheiten beim Erbvertrag

Bei einem Erbvertrag gelten die §§ 30 und 32 entsprechend auch für die Erklärung des anderen Vertragschließenden.

A. Allgemeines

Gem. § 33 gelten die §§ 30 und 32 bei einem Erbvertrag auch für die Erklärungen des anderen Vertragschließenden, also für denjenigen, der selbst keine Verfügungen von Todes wegen trifft. § 33 ergänzt somit § 2276 Abs. 1 S. 2 Hs. 2 BGB in verfahrensrechtlicher Hinsicht. Testieren beide Vertragsparteien eines Erbvertrags, so gelten die §§ 27–35 ohnehin unmittelbar. § 33 gilt auch bei Beurkundung durch den Konsularbeamten (§§ 11 Abs. 1, 10 Abs. 3 KonsG). 1

B. Regelungsgehalt

§ 33 erklärt explizit nur die §§ 30 und 32 für anwendbar, was jedoch nicht im Gegenschluss die Nichtanwendbarkeit der §§ 27, 28 und 29 BeurkG bedeutet. §§ 27 und 29 BeurkG gelten vielmehr unmittelbar. § 28 BeurkG ist hingegen unanwendbar. 2

§ 27 BeurkG gilt unmittelbar, weil er nicht auf die Person des Erblassers, sondern auf das Beurkundungsverfahren abstellt.[1] Der Vertragschließende selbst kann bereits als Urkundsbeteiligter nach den allgemeinen Bestimmungen des Beurkundungsgesetzes nicht auch als Notar, Zeuge oder Dolmetscher fungieren (§§ 6 Abs. 1 Nr. 1, 16 Abs. 3 S. 2, 26 Abs. 1 Nr. 1 Alt. 1 BeurkG).[2] Die Frage nach der Anwendbarkeit des § 27 nur bei Beurkundung einer **Annahmeerklärung** stellt sich nicht, da § 2276 Abs. 1 S. 1 BGB eine Aufspaltung in Antrag und Annahme bei Beurkundung eines Erbvertrags nicht zulässt. 3

---

[1] Armbrüster/Preuß/Renner/Seger § 33 BeurkG Rn. 4; Grziwotz/Heinemann, § 33 BeurkG Rn. 11.
[2] Die Begründung von Zimmermann/Diehn, § 33 BeurkG Rn. 3, der Vertragschließende dürfe nicht mitwirken, weil bereits die Annahmeerklärung zur Begünstigung führe, dürfte dagegen nicht zutreffen, da Vertragschließender und Begünstigter nicht identisch sein müssen.

4 § 28 BeurkG ist für den nicht testierenden Vertragschließenden nicht anwendbar.³ Für diesen hat der Notar nach § 11 BeurkG die Geschäftsfähigkeit zu prüfen, aber lediglich **Zweifel an der Geschäftsfähigkeit** in der Niederschrift zu vermerken, nicht hingegen die positive Feststellung. Lediglich bei Krankheit des Vertragschließenden sollen nach § 11 Abs. 2 BeurkG in jedem Fall Feststellungen zur Geschäftsfähigkeit in der Niederschrift vermerkt werden.

5 § 29 BeurkG findet unmittelbar Anwendung, da ein Verlangen der Beteiligten und nicht lediglich des Erblassers von der Norm gefordert wird.

6 § 30 BeurkG wird ausdrücklich für anwendbar erklärt. Ein Erbvertrag kann auch dann durch **Übergabe einer Schrift** errichtet werden, wenn lediglich einer der Beteiligten letztwillig verfügt. Denkbar ist sogar die Erklärung des Willens des Erblassers zu notariellem Protokoll und die Erklärung des Annahmewillens durch Übergabe einer offenen oder verschlossenen Schrift, sofern dies in einer Urkunde geschieht und damit das Erfordernis gleichzeitiger Anwesenheit der Beteiligten (§ 2276 Abs. 1 S. 1 BGB) gewahrt bleibt.⁴

7 Auch § 32 BeurkG wird für anwendbar erklärt. Ist der Vertragschließende der Sprache der Niederschrift nicht hinreichend mächtig, so muss eine **schriftliche Übersetzung** angefertigt werden, es sei denn der Vertragschließende verzichtet hierauf, was wiederum im Protokoll vermerkt werden muss. Der Erblasser muss keinen Verzicht auf die schriftliche Übersetzung erklären, sofern er nicht ebenfalls der Sprache der Niederschrift nicht hinreichend kundig ist.⁵ Selbstverständlich verbleibt es auch bei Verzicht auf eine schriftliche Übersetzung bei der mündlichen Übersetzungspflicht nach § 16 Abs. 2 S. 1 BeurkG.

C. Weitere praktische Hinweise

8 Ein Verstoß gegen die entsprechend anwendbaren Vorschriften der §§ 30 und 32 BGB führt zwar zur **Unwirksamkeit** des Erbvertrags. Berührt der Verstoß jedoch nur die Erklärung des nicht testierenden Vertragschließenden, so kommt eine **Umdeutung des Erbvertrags** gem. § 140 BGB in ein notarielles Einzeltestament in Betracht, wenn ein entsprechender Wille des Erblassers anzunehmen ist.⁶

§ 34 BeurkG Verschließung, Verwahrung

(1) ¹Die Niederschrift über die Errichtung eines Testaments soll der Notar in einen Umschlag nehmen und diesen mit dem Prägesiegel verschließen. ²In den Umschlag sollen auch die nach den §§ 30 und 32 beigefügten Schriften genommen werden. ³Auf dem Umschlag soll der Notar den Erblasser seiner Person nach näher bezeichnen und angeben, wann das Testament errichtet worden ist; diese Aufschrift soll der Notar unterschreiben. ⁴Der Notar soll veranlassen, daß das Testament unverzüglich in besondere amtliche Verwahrung gebracht wird.

(2) Beim Abschluß eines Erbvertrages gilt Absatz 1 entsprechend, sofern nicht die Vertragschließenden die besondere amtliche Verwahrung ausschließen; dies ist im Zweifel anzunehmen, wenn der Erbvertrag mit einem anderen Vertrag in derselben Urkunde verbunden wird.

(3) Haben die Beteiligten bei einem Erbvertrag die besondere amtliche Verwahrung ausgeschlossen, so bleibt die Urkunde in der Verwahrung des Notars.

(4) Die Urschrift einer Verfügung von Todes wegen darf nicht nach § 56 in die elektronische Form übertragen werden.

---

3 Armbrüster/Preuß/Renner/Seger BeurkG § 33 Rn. 4; MüKoBGB/Sticherling BeurkG § 33 Rn. 8.

4 Armbrüster/Preuß/Renner/Seger BeurkG § 33 Rn. 6; Zimmermann/Diehn BeurkG § 33 Rn. 7.

5 MüKoBGB/Sticherling BeurkG § 33 Rn. 17; Winkler BeurkG § 33 Rn. 9.

6 Zur Umdeutung eines Erbvertrags in ein Einzeltestament vgl. BayObLG NJW-RR 1996, 7.

A.	Allgemeines	1	
B.	Regelungsgehalt	2	
	I. Behandlung eines notariellen Testaments (Abs. 1)	2	
	1. Verschluss des Testaments (Abs. 1 S. 1 und 2)	2	
	2. Beschriftung des Umschlags (Abs. 1 S. 3)	3	
	3. Ablieferung in die besondere amtliche Verwahrung (Abs. 1 S. 4)	7	
	4. Ergänzende dienstrechtliche Vorschriften	12	
	II. Behandlung von Erbverträgen (Abs. 2 und 3)	13	
	1. Verwahrung	13	
	2. Rücknahme aus der gerichtlichen oder notariellen Verwahrung	18	
	3. Ergänzende dienstrechtliche Vorschriften	19	
	4. Ausschluss der Verwahrung einer elektronischen Urschrift (Abs. 4)	21	
C.	Weitere praktische Hinweise	23	

A. Allgemeines

§ 34 regelt die Behandlung notariell **beurkundeter Verfügungen von Todes wegen** (zum Begriff → Vor BeurkG §§ 27–35 Rn. 6 ff.). Er gilt auch für konsularische Verfügungen von Todes wegen (§§ 10 Abs. 3, 11 Abs. 1, Abs. 2 KonsG) und **Nottestamente** vor dem Bürgermeister (§ 2249 Abs. 1 S. 4 BGB), nicht jedoch für Nottestamente vor drei Zeugen und auf hoher See. § 34 bezweckt zum einen, den **Beweiswert** der Urkunde auch nach Abschluss des Beurkundungsverfahrens zu erhalten und diese insbesondere vor Verlust und Beschädigung zu schützen als auch der **Geheimhaltung** des Inhalts der Verfügung.[1] Ergänzt wird § 34 BeurkG durch die dienstrechtlichen Vorschriften der §§ 9, 18 Abs. 4 und 20 DNotO. 1

B. Regelungsgehalt

I. Behandlung eines notariellen Testaments (Abs. 1)

1. Verschluss des Testaments (Abs. 1 S. 1 und 2). Ein Testament soll der Notar in einen **Umschlag** nehmen und mit dem Prägesiegel (§ 2 S. 2 Fall 1 BNotO) verschließen. Ein Verschluss mit einem Lack- oder Wachssiegel ist nicht vorgeschrieben, vielmehr reicht ein Oblatensiegel aus.[2] Das Siegel muss so auf dem Umschlag angebracht werden, dass ein nachträgliches Öffnen ohne Beschädigung des Siegels ausgeschlossen ist. Daher eignen sich gewöhnliche, handelsübliche Briefumschläge nicht, weil diese mehrere geklebte Seiten aufweisen.[3] Im Fachhandel sind spezielle Testamentsumschläge erhältlich, die nur eine Faltung aufweisen und somit sicher verschlossen werden können. Normiert ist lediglich die Größe des Umschlags, der DIN C5 betragen muss (Anlage 1 der Verwaltungsvorschrift über die Benachrichtigung in Nachlasssachen). Hessen hat darüber hinaus die Masse des Umschlages (150 g/m²) und die Farbe (natron) normiert.[4] In den Umschlag ist nicht nur die Urkunde selbst zu nehmen, sondern auch eine gem. § 30 BeurkG übergebene offene oder verschlossene Schrift, sowie eine nach § 32 BeurkG angefertigte schriftliche Übersetzung derselben. 2

2. Beschriftung des Umschlags (Abs. 1 S. 3). Auf dem Umschlag soll der Notar den **Erblasser** seiner Person nach näher bezeichnen und angeben, wann das Testament errichtet worden ist sowie diese Aufschrift unterschreiben. Die Unterschrift auf dem Umschlag kann auch durch einen Vertreter oder Verwalter erfolgen, allerdings kommt in diesem Fall keine Heilung einer vergessenen Unterschrift der Urkundsperson unter der Niederschrift gem. § 35 BeurkG in Betracht. Die genauen für die Beschriftung des Umschlags erforderlichen Angaben ergeben sich aus Abschnitt I.1.1 der länderübergreifend abgestimmten Verwaltungsanweisung zur Benachrichtigung in Nachlasssachen. Anzugeben sind: 3

---

[1] Grziwotz/Heinemann BeurkG § 34 Rn. 1; Zimmermann/Diehn BeurkG § 34 Rn. 1.
[2] LG Berlin DNotZ 1984, 640.
[3] Zimmermann/Diehn BeurkG § 34 Rn. 14.
[4] Abschnitt I Nr. 1.1.4 des Runderlasses d. MdJIE v. 7.5.2012, JMBl. Hessen, 211.

- Geburtsnamen, Vornamen und Familiennamen der Erblasser,
- Geburtstag und Geburtsort der Erblasser
- Die Art der Verfügung von Todes wegen, das Datum der Urkunde und die Urkundenrollennummer sowie den Namen der Notarin oder Notars nebst Amtssitz
- das verwahrende Nachlassgericht und die ZTR-Verwahrnummer.

4 Die Beschriftung des Umschlags erfolgt in der Praxis am einfachsten durch einen **Aufdruck** des durch das **Zentrale Testamentsregister** hierfür nach Registrierung automatisch zur Verfügung gestellten Dokuments (zum Zentralen Testamentsregister vgl. §§ 78 ff. BNotO), das sämtliche erforderlichen Angaben enthält. Das vom Zentralen Testamentsregister bereitgestellte Dokument kann direkt auf den Umschlag gedruckt werden. Ist dies wegen der Dicke des Umschlags und des verwendeten Druckers ausnahmsweise nicht möglich, genügt der Ausdruck auf herkömmlichem Papier, wenn dieses anschließend sicher mit dem Testamentsumschlag durch Tackern oder Kleben dauerhaft verbunden wird. Alternativ kann auch ein Anlage 1 der Verwaltungsanweisung über die Benachrichtigung in Nachlasssachen entsprechender vorbedruckter Testamentsumschlag verwendet werden.

5 Sofern an einer Verfügung von Todes wegen **mehr als zwei Personen** als Erblasserinnen oder Erblasser beteiligt sind, ist für die dritte und jede weitere Person ein besonderer Umschlag zu verwenden, der mindestens an drei Stellen des unteren Randes durch Heftung oder in anderer Weise dauerhaft mit dem anderen Umschlag verbunden werden muss. Die Verfügung von Todes wegen ist in den obersten Umschlag zu legen; nur dieser ist zu versiegeln. Anstelle der weiteren Umschläge können auch die von der Registerbehörde zur Verfügung gestellten weiteren Aufdrucke für Testamentsumschläge verwendet werden.[5] Für Personen, die lediglich als **schlichte Vertragsschließende** an der Beurkundung beteiligt waren, jedoch nicht selbst verfügt haben, erfolgt keine Beschriftung auf dem Umschlag.

6 Ein **Verstoß** gegen die Beschriftungsvorschriften berechtigt den Rechtspfleger zumindest dann nicht, die Annahme der Verfügung zur besonderen amtlichen Verwahrung zu verweigern, wenn ihm die eindeutige Identifikation des Umschlags und die Kennzeichnung selbst möglich sind.[6]

7 **3. Ablieferung in die besondere amtliche Verwahrung (Abs. 1 S. 4).** Testamente sind zwingend in die **besondere amtliche Verwahrung** beim Amtsgericht zu verbringen. Das „Soll" in Satz 4 ist nicht etwa dahin gehend zu verstehen, dass die Erblasser ein Wahlrecht hätten und die besondere amtliche Verwahrung ausschließen könnten. Vielmehr handelt es sich um eine **unbedingte Amtspflicht** des Notars, deren Verletzung disziplinarrechtlich geahndet werden kann.[7] Eine Ausnahme von der Ablieferungspflicht besteht, wenn der Erblasser das Testament zu widerrufen wünscht. In diesem Fall ist es zulässig, das Testament nicht in besondere amtliche Verwahrung zu bringen, sondern es durch den Erblasser mit Widerrufswirkung gemäß § 2255 BGB vernichten zu lassen. Die Zulässigkeit dieses Vorgehens ergibt sich aus § 33 Abs. 5 NotAktVV. In diesem Fall ist ein Vermerk über die Aushändigung zur Vernichtung in der Urkundensammlung des Notars zu verwahren.

8 Auch **Widerrufstestamente** sind Testamente und müssen daher in die besondere amtliche Verwahrung verbracht werden. Etwas anderes gilt jedoch für den **Widerruf wechselbezüglicher Verfügungen** in einem gemeinschaftlichen Testament gem. § 2271 Abs. 1 S. 1 BGB durch nur einen der Testierenden; da es sich hierbei nicht um eine letztwillige Verfügung handelt, muss diese zwingend vom Notar verwahrt werden.[8]

---

5 Abschnitt I.1.4 der Verwaltungsanweisung zur Benachrichtigung in Nachlasssachen.
6 Armbrüster/Preuß/Renner/Seger BeurkG § 34 Rn. 6; Zimmermann/Diehn BeurkG § 34 Rn. 20.
7 BGH DNotZ 1990, 436.
8 Armbrüster/Preuß/Renner/Seger BeurkG § 34 Rn. 13; MüKoBGB/Hagena BeurkG § 34 Rn. 3.

Die **Ablieferung** in die besondere amtliche Verwahrung ist **unverzüglich,** dh ohne schuldhaftes Zögern zu veranlassen. Ein Zeitraum von 5–14 Tagen wird als nicht zu beanstanden gewertet.[9] Hat der Notar die Frist versäumt, so kann die Ablieferung jederzeit nachgeholt werden.[10] Vor Durchführung der Ablieferung muss das Testament gem. § 34a BeurkG im Zentralen Testamentsregister registriert werden. Die Ablieferung muss nicht persönlich erfolgen, sondern kann auch per Post geschehen.

Zuständig für die Verwahrung ist im Regelfall das Amtsgericht, in dessen Bezirk der Amtssitz des beurkundenden Notars (§ 344 Abs. 1 Nr. 1 FamFG) oder die Gemeinde des Bürgermeisters liegt, der im Fall des § 2249 BGB das Testament errichtet hat (§ 344 Abs. 1 Nr. 2 FamFG). Konsularische Testamente werden im Regelfall beim Amtsgericht Schöneberg in Berlin verwahrt (§ 11 Abs. 2 S. 1 KonsG). Diese Zuständigkeiten sind jedoch nicht zwingend; die Erblasser können jederzeit die Verwahrung bei einem anderen inländischen Nachlassgericht verlangen – nicht jedoch die Verwahrung im Ausland. Wird die Verwahrung bei einem anderen Nachlassgericht verlangt, so muss der Notar das Testament direkt dorthin übersenden und darf es nicht an das Amtsgericht seines Bezirkes schicken, mit der Bitte, das Testament an ein anderes Gericht weiterzuleiten.[11]

Ein **Verstoß** gegen die Ablieferungspflicht ist lediglich eine Amtspflichtverletzung des Notars. Auf die Wirksamkeit des Testaments hat dies keinen Einfluss. Dies gilt selbst dann, wenn der Notar das Testament dem Erblasser zur privaten Verwahrung aushändigt, da die Rückgabe eines Testaments aus der notariellen Verwahrung im Gegensatz zur Rücknahme aus der gerichtlichen Verwahrung keine Widerrufswirkung im Sinne des § 2256 Abs. 1 BGB hat.[12]

4. Ergänzende dienstrechtliche Vorschriften. Hat der Notar eine letztwillige Verfügung dem Amtsgericht zur besonderen amtlichen Verwahrung abgeliefert, so kann er auf Wunsch der Beteiligten für seine (papiergebundene) Urkundensammlung eine beglaubigte Abschrift fertigen und diese verwahren (§ 31 Abs. 1 Nr. 1 lit. a NotAktVV). Daneben muss zwingend eine Registrierungsbestätigung des Zentralen Testamentsregister in der Urkundensammlung des Notars verwahrt werden (§ 31 Abs. 1 Nr. 1 lit. b. NotAktVV).

II. Behandlung von Erbverträgen (Abs. 2 und 3)

1. Verwahrung. Abs. 1 ist auf Erbverträge grundsätzlich entsprechend anzuwenden, allerdings mit einer Ausnahme: Im Gegensatz zum Testament können die Beteiligten beim Erbvertrag die besondere **amtliche Verwahrung ausschließen** und die Urkunde in der Verwahrung des Notars belassen. Die gerichtliche Verwahrung bleibt jedoch der Regelfall. Für deren Ausschluss ist ein entsprechendes Verlangen sämtlicher Vertragschließender erforderlich.[13] Bei einer Verwahrung beim Notar fällt im Gegensatz zur gerichtlichen Verwahrung keine Verwahrungsgebühr an.

Im Zweifel ist ein Ausschluss der besonderen amtlichen Verwahrung anzunehmen, wenn der **Erbvertrag mit einem anderen Vertrag** in der Urkunde verbunden ist. Typischerweise ist dies ein Ehe- und Erbvertrag, der wegen der unter Geltung der Kostenordnung bestehenden gebührenrechtlichen Privilegierung (§ 46 Abs. 3 KostO) oftmals in Kombination abgeschlossen wurde.[14] Aber auch eine Kombination aus einem Erbvertrag und einem Erbverzicht oder sonstigen Verträgen kommt in Betracht. Auch bei kombinierten Verträgen bleibt die Ablieferung an das Amtsgericht jedoch zulässig. Der Antrag eines der Beteiligten ist hierfür hinreichend.[15]

---

9 Grziwotz/Heinemann BeurkG § 34 Rn. 16.
10 Zimmermann/Diehn BeurkG § 34 Rn. 23.
11 OLG Brandenburg ZEV 2008, 288.
12 BGH NJW 1959, 2113.
13 Armbrüster/Preuß/Renner/Seger BeurkG § 34 Rn. 15.
14 Das GNotKG kennt diese Privilegierung nicht mehr, vgl. § 111 Nr. 1 und 2 GNotKG.
15 OLG Hamm DNotZ 1974, 460; Armbrüster/Preuß/Renner/Seger BeurkG § 34 Rn. 16; Winkler BeurkG § 34 Rn. 16.

15 An einen Ausschluss der besonderen amtlichen Verwahrung sind die Beteiligten **nicht gebunden**. Sie können auch **nachträglich** die Ablieferung an das Amtsgericht jederzeit verlangen. Allerdings kann der durch alle Beteiligte erklärte Ausschluss der besonderen amtlichen Verwahrung nur durch alle Beteiligten wieder aufgehoben werden. Auch die bereits erfolgte besondere amtliche Verwahrung kann nachträglich aufgehoben werden. In diesem Fall hat das Gericht entweder den Erbvertrag an den Notar zurückzugeben oder offen bei den Gerichtsakten weiter zu verwahren.[16] Eine nachträgliche Änderung des Verwahrortes ist im **Zentralen Testamentsregister als Umzug einer Urkunde** zu registrieren.

16 Verbleibt der Erbvertrag in **notarieller Verwahrung**, so hat der Notar das Original nach Eintritt des (ersten) Erbfalles gem. § 34a Abs. 3 S. 1 BeurkG an das Nachlassgericht abzuliefern, in dessen (offener) Verwahrung er anschließend verbleibt. Scheidet der Notar vor Eintritt des Erbfalls aus dem Amt, so werden seine Urkunden entweder von einem nachfolgenden Notar oder vom Amtsgericht, in dessen Bezirk der Notar seinen Amtssitz hat, weiterverwahrt (§ 51 Abs. 1 BNotO). Für die Berliner Notare ist das Amtsgericht Schöneberg in Berlin zentral für die Aktenverwahrung nach § 51 Abs. 1 BNotO zuständig. Die Ablieferungspflicht nach § 34a Abs. 3 S. 1 BeurkG trifft dann den Amtsnachfolger.

17 Ein **Vertrag, durch den ein Erbvertrag aufgehoben** wird (§ 2290 BGB) ist kein Erbvertrag, auch wenn § 2290 Abs. 4 für dessen Errichtung die für den Erbvertrag vorgeschriebene Form verlangt. Der Aufhebungsvertrag ist daher zwingend in der notariellen Verwahrung zu belassen und kann nicht an das Amtsgericht abgeliefert werden.

18 **2. Rücknahme aus der gerichtlichen oder notariellen Verwahrung.** Ein Erbvertrag, der ausschließlich Verfügungen von Todes wegen enthält, kann sowohl aus der gerichtlichen als auch aus der notariellen Verwahrung von den Beteiligten **zurückgenommen** werden; mit Rücknahme gilt er als widerrufen (§ 2300 Abs. 2 BGB). Das Rücknahmerecht bezieht sich auch auf Ausfertigungen, beglaubigte und einfache Abschriften.[17] Auch ein bereits anderweitig widerrufener Erbvertrag kann aus der besonderen amtlichen oder notariellen Verwahrung zurückgegeben werden. Enthält der Erbvertrag auch sonstige Vereinbarungen – etwa bei einem kombinierten Ehe- und Erbvertrag – so ist eine Rücknahme aus der (amtlichen) Verwahrung hingegen nicht möglich. Die Rücknahme ist gem. § 34a Abs. 2 BeurkG im Zentralen Testamentsregister zu registrieren.

19 **3. Ergänzende dienstrechtliche Vorschriften.** Erbverträge, die in **notarieller Verwahrung** verbleiben, sind gem. § 32 NotAktVV in einer gesonderten Erbvertragssammlung zu verwahren.

20 Wird der Erbvertrag später **in besondere amtliche Verwahrung gebracht** oder nach dem Erbfall an das Amtsgericht abgeliefert, so ist dies im Zentralen Testamentsregister zu registrieren. Die Registrierung ist in der Urkundensammlung des Notars zu verwahren (§ 31 Abs. 1 Nr. 1 lit. b. NotAktVV).

21 **4. Ausschluss der Verwahrung einer elektronischen Urschrift (Abs. 4).** Eine letztwillige Verfügung darf gem. Abs. 4 nicht in die elektronische Form gem. § 56 BeurkG überführt werden. Hintergrund ist, dass die elektronische Fassung einer notariellen Urkunde das papiergebundene Original gleichwertig ersetzt. Von einer letztwilligen Verfügung soll es jedoch kein zweites Original geben, vielmehr bleibt allein die papiergebundene Urkunde maßgeblich. Möglich ist es jedoch, eine elektronische beglaubigte Abschrift der letztwilligen Verfügung zu verwahren, sofern der Notar auch eine papiergebundene beglaubigte Abschrift der Verfügung von Todes wegen auf Wunsch der Beteiligten in seiner Urkundensammlung gem. § 31 Abs. 1 Nr. 1 lit. a No-

---

16 OLG Hamm MittRhNotK 1989, 146; OLG Hamm FamRZ 1974, 391; **aA** (einfache Aktenverwahrung bei Gericht unzulässig) Zimmermann/Diehn ErbR Nebengesetze BeurkG § 34 Rn. 28.

17 Staudinger/Kanzleiter BGB § 2300 Rn. 7.

tAktVV verwahrt. Daneben ist auch die Verwahrung einer elektronischen Fassung einer papiergebundenen beglaubigten Abschrift der letztwilligen Verfügung zulässig.

Der Ausschluss einer Verwahrung einer elektronischen Urschrift der Urkunde betrifft nur Verfügungen von Todes wegen. Für die Definition des Begriffs gelten die allgemeinen Bestimmungen (siehe BeurkG Vorb. §§ 27.35 → Rn. 7 ff.). 22

C. Weitere praktische Hinweise

Bei Errichtung eines notariellen Testaments ist zu bedenken, dass dieses zwingend in gerichtliche Verwahrung genommen werden muss. Diese sogenannte **besondere amtliche Verwahrung** ist grundsätzlich vorteilhaft, ist das Testament doch durch die Verwahrung in einem Safe des Amtsgerichts besonders gegen Verlust und Beschädigung geschützt. Wird die gerichtliche Verwahrung dennoch nicht gewünscht, so muss auf einen Erbvertrag oder ein eigenhändiges Testament ausgewichen werden. Beim Erbvertrag besteht ein Wahlrecht zwischen notarieller und gerichtlicher Verwahrung. Während die gerichtliche Verwahrung unabhängig vom Wert des Vermögens des Erblassers eine **Festgebühr** in Höhe von 75 EUR auslöst (Nr. 12100 KV GNotKG), ist die Verwahrung beim Notar kostenlos. 23

§ 34a BeurkG Mitteilungs- und Ablieferungspflichten

(1) ¹Der Notar übermittelt nach Errichtung einer erbfolgerelevanten Urkunde im Sinne von § 78d Absatz 2 Satz 1 der Bundesnotarordnung die Verwahrangaben im Sinne von § 78d Absatz 2 Satz 2 der Bundesnotarordnung unverzüglich elektronisch an die das Zentrale Testamentsregister führende Registerbehörde. ²Die Mitteilungspflicht nach Satz 1 besteht auch bei jeder Beurkundung von Änderungen erbfolgerelevanter Urkunden.

(2) Wird ein in die notarielle Verwahrung genommener Erbvertrag gemäß § 2300 Absatz 2, § 2256 Absatz 1 des Bürgerlichen Gesetzbuchs zurückgegeben, teilt der Notar dies der Registerbehörde mit.

(3) ¹Befindet sich ein Erbvertrag in der Verwahrung des Notars, liefert der Notar ihn nach Eintritt des Erbfalls an das Nachlassgericht ab, in dessen Verwahrung er danach verbleibt. ²Enthält eine sonstige Urkunde Erklärungen, nach deren Inhalt die Erbfolge geändert werden kann, so teilt der Notar diese Erklärungen dem Nachlassgericht nach dem Eintritt des Erbfalls in beglaubigter Abschrift mit.

A. Allgemeines	1	II. Registrierung der Rückgabe eines Erbvertrags (Abs. 2)	16
B. Regelungsgehalt	5	III. Ablieferung im Todesfall (Abs. 3)	19
I. Mitteilungspflichten (Abs. 1)	5	C. Weitere praktische Hinweise	25
1. Registrierung	5		
2. Zeitpunkt der Registrierung	12		

A. Allgemeines

§ 34a begründet eine **Amtspflicht** des Notars, sämtliche vor ihm errichtete Urkunden, welche die Erbfolge beeinflussen können, im Zentralen Testamentsregister der Bundesnotarkammer (ausführlich s. §§ 78 ff. BNotO) zu registrieren. Dadurch soll eine ordnungsgemäße Funktion des **Benachrichtigungswesens in Nachlasssachen** sichergestellt werden, da im Sterbefall das zuständige Nachlassgericht sowie die die Urkunde verwahrende Stelle gem. § 78c BNotO von Amts wegen über den Sterbefall und die Existenz einer erbfolgerelevanten Urkunde informiert werden. Die Registrierung dient primär dem **öffentlichen Interesse an einer geordneten Nachlassabwicklung** und nur untergeordnet dem privaten Interesse des Erblassers an der Umsetzung 1 seines letzten Willens.[1] § 34a BeurkG wurde mit Wirkung zum 1.1.2012 durch das Gesetz zur Modernisierung des Benachrichtigungswesens in Nachlasssachen[2] neu gefasst. Vor dem 1.1.2012 musste der Notar lediglich bei von ihm selbst verwahrten erbfolgerelevanten Urkunden eine Verwahrungsnachricht an das Geburtsstandesamt des Erblassers oder (bei Geburt im Ausland) an das Amtsgericht Schöneberg in Berlin versenden. Ergänzt wird § 34a BeurkG durch § 20 DONot. Die Meldepflichten der Gerichte zum Zentralen Testamentsregister sind in § 347 FamFG geregelt.

2 § 34a BeurkG gilt auch für **konsularische Urkunden** (§§ 10 Abs. 3, 11 Abs. 1 BeurkG). Er gilt nicht für **Nottestamente vor dem Bürgermeister** oder vor drei Zeugen. Diese sind gem. § 347 FamFG von dem Amtsgericht im Zentralen Testamentsregister zu registrieren, bei welchem sie in amtliche Verwahrung gegeben worden sind.

3 Im Gegensatz zu den sonstigen Vorschriften der §§ 27–35 BeurkG gilt § 34a BeurkG nicht ausschließlich für die Beurkundung von Verfügungen von Todes wegen. Die systematische Stellung ist irreführend. § 34a BeurkG knüpft vielmehr an den Begriff der **erbfolgerelevanten Urkunde** an, worunter nicht nur letztwillige Verfügungen fallen, sondern sämtliche Urkunden, welche die gesetzliche Erbfolge potenziell beeinflussen können, wie Erbverzichte, Eheverträge, Rücktritts- oder Anfechtungserklärungen (BNotO → § 78d Rn. 12 ff.).

4 Abs. 3 regelt die **Ablieferung** einer erbfolgerelevanten Urkunde im Sterbefall an das Nachlassgericht und bezweckt damit, die konzentrierte Abwicklung des Nachlasses beim Nachlassgericht zu erleichtern.

B. Regelungsgehalt
I. Mitteilungspflichten (Abs. 1)

5 **1. Registrierung.** Der Notar hat nach Errichtung einer erbfolgerelevanten Urkunde (zum Begriff → BNotO § 78b Rn. 12 ff.) die in § 1 ZTRV näher definierten **Verwahrangaben** an das Zentrale Testamentsregister zu übermitteln. Es handelt sich um Daten zur Person des Erblassers, zur Verwahrstelle, zu Art und Datum der Errichtung der Urkunde und zum beurkundenden Notar und seiner Urkundenrollen-Nummer. Die Meldung erfolgt ausschließlich elektronisch. Lediglich bei technischen Störungen oder konsularischen Beurkundungen und gerichtlichen Vergleichen kann die Registerbehörde die Papiermeldung zulassen (§ 9 Abs. 3 Nr. 1 und 3 ZTRV).

6 Bei der Registrierung handelt es sich um eine **unbedingte Amtspflicht** des Notars. Der Erblasser kann auf die Registrierung nicht verzichten,[3] da § 34a BeurkG dem öffentlichen Interesse an einer geordneten Nachlassabwicklung dient. Die Registrierung muss mit besonderer Sorgfalt vorgenommen werden, da nur bei hoher Datenqualität das ordnungsgemäße Funktionieren des Benachrichtigungswesens sichergestellt ist. Daher soll sich der Notar grundsätzlich vom Erblasser eine Personenstandsurkunde vorlegen lassen, da die Daten auf dem Personalausweis oder Reisepass von ungenügender Qualität sind.

7 **Jede erbfolgerelevante Urkunde** muss registriert werden. Ob der Notar die Urkunde verwahrt oder in die besondere amtliche Verwahrung gibt, ist im Gegensatz zur früheren Rechtslage irrelevant. Änderungsurkunden sind zusätzlich zur Basisurkunde zu registrieren (Abs. 2 S. 1). Bei Beurkundung eines Testaments und eines anschließenden Nachtrags zum Testament bedarf es daher zweier Registrierungsvorgänge. Davon zu unterscheiden ist eine Urkunde, die mehrere

---

[1] AA Zimmermann/Diehn ErbR Nebengesetze BeurkG § 34a Rn. 1, der sowohl ein öffentliches als auch privates Interesse annimmt.
[2] BGBl. I 2225.
[3] Armbrüster/Preuß/Renner/Seger BeurkG § 34a Rn. 3; MüKoBGB/Sticherling BeurkG § 34a Rn. 24; Zimmermann/Diehn BeurkG § 34a Rn. 2.

erbfolgerelevante Inhalte enthält, zB ein Ehe- und Erbvertrag. Hier bedarf es nur einer Registrierung.

Bei der Registrierung hat der Notar neben den Daten zur Person des Erblassers und zur Verwahrstelle auch Angaben zur **Art der Urkunde** zu machen. Hier unterscheidet die elektronische Erfassungsmaske lediglich typisiert zwischen notariellem Testament, gemeinschaftlichem notariellem Testament, Erbvertrag und sonstiger Urkunde. Unter den Begriff der sonstigen Urkunde fallen erbfolgerelevante Vorgänge, die keine Verfügungen von Todes wegen sind, zB Eheverträge, Erbverzichte oder Anfechtungserklärungen. Auch der Rücktritt von einem Erbvertrag oder die Aufhebung eines Erbvertrags nach § 2290 BGB sind sonstige Urkunden.[4] Bei einer Kombination aus einer Verfügung von Todes wegen und einer sonstigen Urkunde hat die Verfügung von Todes wegen Vorrang. Ein Ehe- und Erbvertrag ist daher als Erbvertrag zu registrieren, gleiches gilt für eine Kombination aus Erbvertrag und Erbverzicht. 8

Sind an einer Urkunde **mehrere Erblasser** beteiligt, so muss für jeden der Beteiligten eine eigene Registrierung erfolgen (§ 2 Abs. 1 S. 2 ZTRV). Für Beteiligte, die keine erbfolgerelevante Erklärung abgeben, erfolgt keine Registrierung. Ein Erbverzicht ist daher nur für den Erblasser, nicht für den Verzichtenden zu registrieren, bei einem einseitigen Erbvertrag bedarf es ebenfalls keiner Registrierung für den nicht verfügenden Vertragschließenden. 9

Wird eine Urkunde in **Antrag und Annahme** aufgespalten, was vor allem beim Erbverzicht vorkommt, bei dem es kein Erfordernis gleichzeitiger Anwesenheit gibt, so trifft die Registrierungspflicht den Notar, der die Erklärung des Erblassers beurkundet hat. 10

Für die Registrierung entsteht eine **Gebühr** von 12,50 EUR je Erblasser, wenn der Notar die Gebühr für die Registerbehörde entgegennimmt und an diese weiterleitet. Wird die Gebühr unmittelbar beim Erblasser erhoben, so erhöht sie sich auf 15,50 EUR (§ 1 Abs. 2 ZTR-GebS; Näheres s. § 78e BNotO). Einen **Ausdruck der Bestätigung der Registerbehörde** über jede Registrierung zu einer erbfolgerelevanten Urkunde hat der Notar gem. § 31 Abs. 1 Nr. 1 lit. b NotAktVV in der **Urkundensammlung** aufzubewahren. 11

2. Zeitpunkt der Registrierung. Die Registrierung muss **unverzüglich**, das heißt ohne schuldhaftes Zögern erfolgen, um die Urkunde so bald wie möglich dem Benachrichtigungswesen in Nachlasssachen zuzuführen. Nach mehr als einer Woche wird man nicht mehr von Unverzüglichkeit sprechen können.[5] Fehlen für die Registrierung erforderliche Daten, bspw. das Geburtsstandesamt und/oder die Geburtenregisternummer des Erblassers, so soll dennoch sofort registriert werden. Diese Daten können noch nachträglich ergänzt werden. 12

Auch bei **verspäteter Registrierung** ist der Schaden jedoch meist gering, da Neuregistrierungen im Zentralen Testamentsregister für einen Zeitraum von sechs Monaten rückwirkend auf eingegangene Sterbefallmitteilungen überprüft werden. Nach Ablauf dieser Frist ist eine ordnungsgemäße Benachrichtigung jedoch nicht mehr gewährleistet. 13

Die Registrierung muss in jedem Fall erfolgen, bevor die Urkunde in die **besondere amtliche Verwahrung** abgeliefert wird. Eine ohne Registrierung eingesendete Verfügung von Todes wegen soll das Amtsgericht zurückweisen. 14

Unbeachtlich ist der Zeitpunkt der **Wirksamkeit der Urkunde**. Wird etwa ein Erbverzicht beurkundet, der unter dem Vorbehalt der Genehmigung durch den Verzichtenden steht, so muss die Registrierung unmittelbar nach Beurkundung erfolgen und nicht erst nach Eingang der Genehmigung, da diese auch unmittelbar gegenüber dem Erblasser erklärt werden kann. Auch bei Beurkundung des Widerrufs einer wechselbezüglichen Verfügung in einem gemeinschaftlichen Testament oder des Rücktritts von einem Erbvertrag erfolgt die Registrierung 15

---

4 Zimmermann/Diehn BeurkG § 34a Rn. 3.
5 Armbrüster/Preuß/Renner/Seger BeurkG § 34a
 Rn. 4; Zimmermann/Diehn BeurkG § 34a Rn. 5.

nach Beurkundung, auch wenn die Zustellung der Urkunde noch aussteht. Es ist Aufgabe des Nachlassgerichts, die Wirksamkeit der Urkunde zu überprüfen.[6]

II. Registrierung der Rückgabe eines Erbvertrags (Abs. 2)

16 Erbverträge können gem. § 2300 Abs. 2, § 2256 Abs. 1 des Bürgerlichen Gesetzbuchs **zurückgegeben** werden. Händigt der Notar auf Verlangen der Vertragschließenden diesen den Erbvertrag aus, muss eine Mitteilung an das Zentrale Testamentsregister erfolgen. Das Gesetz verlangt hierfür keine Unverzüglichkeit, wenngleich eine baldige Registrierung ratsam ist. In der elektronischen Erfassungsmaske steht hierfür ein eigener Punkt „Rückgabe aus notarieller Verwahrung" zur Verfügung.

17 Vergisst der Notar die Registrierung, so führt dies dazu, dass er im Todesfall durch das Zentrale Testamentsregister zur Ablieferung des Erbvertrags an das Nachlassgericht aufgefordert wird. Ist dies wegen vorheriger **Rücknahme des Erbvertrags** nicht möglich, so muss die Meldung zum Zentralen Testamentsregister spätestens zu diesem Zeitpunkt erfolgen. Gleiches gilt für Erbverträge, die vor dem 1.1.2012 aus der amtlichen Verwahrung zurückgegeben wurden. Zu diesem Zeitpunkt bestand für Rückgaben keine Meldepflicht, so dass in der Folge die bei den Geburtsstandesämtern oder dem Amtsgericht Schöneberg in Berlin für den Erbvertrag hinterlegten Verwahrungsnachrichten nicht aussortiert wurden. Werden diese nunmehr im Zuge der Testamentsverzeichnisüberführung (→ BNotO § 78d Rn. 21 ff.) in das Zentrale Testamentsregister übernommen, erfolgt im Todesfall eine Ablieferungsaufforderung an den Notar, woraufhin dieser die erfolgte Rücknahme nachträglich melden muss.

18 Für die Registrierung von Rückgaben erhebt die Registerbehörde **keine Gebühren**.

III. Ablieferung im Todesfall (Abs. 3)

19 Ein **Erbvertrag**, der nicht in die besondere amtliche Verwahrung beim Amtsgericht verbracht wurde, sondern durch den Notar verwahrt wird, muss gem. Abs. 3 S. 1 im Todesfall im Original an das Nachlassgericht **abgeliefert** werden, in dessen Verwahrung er danach verbleibt. **Sonstige Urkunden** mit erbfolgerelevanten Inhalten, zB Eheverträge oder Erbverzichte, verbleiben hingegen im Original beim Notar; lediglich eine beglaubigte Abschrift ist an das Nachlassgericht zu übersenden. Enthält nur ein Teil einer Urkunde erbfolgerelevante Erklärungen, so soll im Hinblick auf die notarielle Verschwiegenheitspflicht nach Möglichkeit eine auszugsweise beglaubigte Abschrift übersandt werden.[7] Ein Erbvertrag ist jedoch immer im Original abzuliefern, auch wenn er mit anderen Verträgen in einer Urkunde verbunden ist.

20 Das **örtlich zuständige Nachlassgericht** bestimmt sich nach s. § 343 FamFG. Die Ablieferungsaufforderung erhält der Notar – sofern der Erbvertrag bereits im Zentralen Testamentsregister registriert ist – von Amts wegen von der Registerbehörde gem. § 78e BNotO übermittelt. Die Registerbehörde ermittelt anhand der vorliegenden Sterbefalldaten das zuständige Nachlassgericht, so dass den Notar insoweit keine eigene Ermittlungspflicht trifft.

21 Bei einem Nachlassgericht im Sinne von Abs. 3 handelt es sich um ein inländisches Nachlassgericht. Eine **Ablieferungspflicht an ausländische Stellen** kennt Abs. 3 grundsätzlich nicht. Eine Ausnahme hiervon kann diskutiert werden, wenn es im Inland an einem zuständigen Nachlassgericht fehlt. Letzteres setzt voraus, dass der Erblasser zur Zeit des Erbfalls im Inland weder Wohnsitz noch Aufenthalt hatte (§ 343 Abs. 1 FamFG), noch deutscher Staatsbürger war (§ 343 Abs. 2 FamFG), noch Nachlassgegenstände im Inland vorhanden sind (§ 343 Abs. 3

---

6 So auch Zimmermann/Diehn ErbR Nebengesetze BeurkG § 34a Rn. 5; **aA** (Registrierung erst nach Wirksamkeit): Armbrüster/Preuß/Renner/Seger BeurkG § 34a Rn. 4; Bamberger/Roth/Litzenburger BeurkG § 34a Rn. 3.

7 Bamberger/Roth/Litzenburger BeurkG § 34a Rn. 7; MüKoBGB/Sticherling BeurkG § 34a Rn. 27.

FamFG). In diesen Fällen sollte eine Ablieferung ins Ausland analog § 45 Abs. 2 BeurkG möglich sein.[8]

Der Erbvertrag wird vom Nachlassgericht nach Abwicklung des Nachlassverfahrens offen in den **Nachlassakten** verwahrt. Bei einem mehrseitigen Erbvertrag, der auch Verfügungen für den zweiten Todesfall enthält, kann der überlebende Erblasser auch die **besondere amtliche Verwahrung** verlangen. Bei Versterben des zweiten Erblassers übersendet das Zentrale Testamentsregister die Ablieferungsaufforderung sogleich an die aktuelle Verwahrstelle.

Eine Registrierung der Ablieferung im Zentralen Testamentsregister durch den Notar hat nicht zu erfolgen; vielmehr obliegt es dem Nachlassgericht, den Eingang der abzuliefernden Urkunde im Zentralen Testamentsregister zu bestätigen und eine etwaige anschließende Wiederverwahrung für den überlebenden Erblasser gem. § 347 Abs. 1 S. 2 bzw. Abs. 2 FamFG zu registrieren.

Kann eine erbfolgerelevante Urkunde wegen Unauffindbarkeit nicht abgeliefert werden, so muss auch dies im Zentralen Testamentsregister registriert werden, damit das Nachlassgericht entsprechend benachrichtigt werden kann.

C. Weitere praktische Hinweise

Kommt der Notar seiner Amtspflicht zur unverzüglichen Registrierung nicht nach, so kann dies primär **disziplinarrechtlich** geahndet werden. Eine **Haftung** gegenüber den in der Verfügung bedachten für den Fall, dass wegen der fehlenden Registrierung die Urkunde erst verspätet im Nachlassverfahren berücksichtigt werden kann und bis dahin den Bedachten bereits nicht behebbare Vermögenseinbußen entstanden sind (zB wegen der Verschleuderung des Erbes durch den Scheinerben oder des Untergangs eines Vermächtnisgegenstandes), kommt entgegen einer im Schrifttum vertretenen Meinung[9] nicht in Betracht. Da die Registrierungspflicht primär dem öffentlichen Interesse an der ordnungsgemäßen Nachlassabwicklung dient, fehlt es für einen Anspruch der Geschädigten aus § 839 Abs. 1 S. 1 BGB an der **Drittbezogenheit** der Amtspflicht.[10] Liefert der Notar fälschlicherweise eine Urkunde ab, die keine erbfolgerelevanten Verfügungen enthält, zB einen Pflichtteilsverzicht oder einen Übergabevertrag, so kann dies einen Verstoß gegen seine Verschwiegenheitsverpflichtung begründen.[11]

Ist eine erbfolgerelevante Urkunde **nicht auffindbar**, so lässt sich anhand einer Einsicht in das Zentrale Testamentsregister meist feststellen, wo sich diese zuletzt befunden hat, da nicht nur die Errichtung registriert wird, sondern auch die spätere Ablieferung und der Eingang der Urkunde bei der jeweiligen Verwahrstelle.

§ 35 BeurkG   Niederschrift ohne Unterschrift des Notars

Hat der Notar die Niederschrift über die Errichtung einer Verfügung von Todes wegen nicht unterschrieben, so ist die Beurkundung aus diesem Grunde nicht unwirksam, wenn er die Aufschrift auf dem verschlossenen Umschlag unterschrieben hat.

Literatur:
Lischka, Die Nachholung einer vergessenen Unterschrift unter einer notariellen Urkunde, NotBZ 1999, 8.

---

8 Für die Ablieferung gerichtlich verwahrter Verfügungen auch Keidel/Zimmermann FamFG § 348 Rn. 75.

9 Grziwotz/Heinemann BeurkG § 34a Rn. 18; MüKoBGB/Sticherling BeurkG § 34a Rn. 33.
10 Vgl. Grüneberg/Sprau BGB § 839 Rn. 43 ff.
11 BeckOK BeurkG/Seebach BeurkG § 34a Rn. 100.2.

A. Allgemeines

1 Die allein auf einer vergessenen Unterschrift des Notars beruhende Nichtigkeit einer letztwilligen Verfügung soll durch § 35 BeurkG vermieden werden. Rechtspolitischer Grund für diese **Heilungsmöglichkeit** ist der Umstand, dass wegen der in § 34 Abs. 1 S. 1 BeurkG angeordneten Verschließungspflicht eine Nachholung der Unterschrift auf der letztwilligen Verfügung selbst nicht möglich ist.[1]

2 Anwendung findet § 35 auf alle von einem Notar **beurkundeten Testamente und Erbverträge**, sowie auf das **Nottestament vor dem Bürgermeister** (§§ 2249 Abs. 1 S. 4 BGB) und auf von einem **Konsularbeamten** beurkundete Testamente und Erbverträge (§ 11 Abs. 1, 10 Abs. 3 KonsG). Auf Nottestamente vor **drei Zeugen**, auch auf See, ist § 35 mangels Verweisung nicht anwendbar. Erst recht keine Anwendung findet § 35 BeurkG auf eigenhändige Testamente ohne Unterschrift des Erblassers, die in besondere amtliche Verwahrung beim Amtsgericht gebracht werden. Die Unterschrift des Urkundsbeamten der Geschäftsstelle auf dem Testamentsumschlag (§ 27 Abs. 3 S. 1 AktO) kann niemals die Unterschrift des Erblassers ersetzen.[2]

B. Regelungsgehalt

3 Eine notarielle Urkunde bedarf zu ihrer Wirksamkeit gem. § 13 Abs. 3 S. 1 BeurkG der **Unterschrift** des Notars. Diese kann zwar grundsätzlich nachgeholt werden. Nach überwiegender Auffassung in der Literatur soll bei einer Verfügung von Todes wegen das Nachholen der notariellen Unterschrift nach dem Tod des Erblassers jedoch ausgeschlossen sein, da es nicht dem Notar überlassen sein darf, posthum über die Wirksamkeit oder Unwirksamkeit der Verfügung zu entscheiden.[3] Eine vergessene Unterschrift unter der Niederschrift wird jedoch durch Unterschrift auf dem Umschlag geheilt.

4 Da die Unterschrift auf dem Umschlag die Unterschrift unter der Niederschrift ersetzt, folgt daraus, dass insoweit dieselben Anforderungen bestehen. Insbesondere muss die Person auf dem Umschlag unterschreiben, die den Vorgang beurkundet hat. Eine **Unterschrift des Vertreters, Verwalters oder Amtsnachfolgers** auf dem Umschlag einer Niederschrift, die vom Notar aufgenommen wurde, ist ebenso wenig hinreichend wie die Unterschrift des Notars auf dem Umschlag, wenn die Niederschrift von einem Vertreter oder Verwalter errichtet wurde.[4]

5 Für die Ersetzung der vergessenen Unterschrift ist es erforderlich, dass Umschlag und Niederschrift in einer erkennbaren Beziehung zueinanderstehen. Daher muss auf dem Umschlag gem. § 34 Abs. 1 S. 3 BeurkG zumindest die **Person des Erblassers näher bezeichnet** sein.[5] Unerheblich ist, ob die weiteren Spezifikationen der Bekanntmachung in Nachlasssachen eingehalten sind, insbesondere muss der Umschlag nicht dem amtlichen Muster entsprechen oder mit einem Aufdruck des Zentralen Testamentsregisters versehen sein. Die Niederschrift muss tatsächlich im Umschlag verschlossen sein. Die Unterschrift auf dem Umschlag kann im gewöhnlichen Geschäftsgang jedoch auch vor Verschließung der Niederschrift erfolgen.[6]

6 § 35 setzt lediglich den Verschluss der Verfügung in einen Umschlag voraus. Nicht erforderlich ist, dass die Verfügung in die **besondere amtliche Verwahrung** beim Amtsgericht gegeben wird. Auch ein Erbvertrag, der in notarieller Verwahrung verbleibt und dort verschlossen verwahrt

---

1 Armbrüster/Preuß/Renner/Seger BeurkG § 35 Rn. 3; MüKoBGB/Sticherling BeurkG § 35 Rn. 1; kritisch hierzu: Hagena RPfleger 1969, 417.
2 MüKoBGB/Sticherling BeurkG § 35 Rn. 2.
3 Armbrüster/Preuß/Renner/Piegsa BeurkG § 13 Rn. 76; Bamberger/Roth/Litzenburger BeurkG § 13 Rn. 23; Winkler BeurkG § 13 Rn. 91; ausführlich: Lischka NotBZ 1999, 8 (11).
4 Eylmann/Vaasen/Baumann BeurkG § 35 Rn. 5; Zimmermann/Diehn ErB Nebengesetze BeurkG § 35 Rn. 7; aA Grziwotz/Heinemann BeurkG § 35 Rn. 13.
5 Wie hier: MüKoBGB/Sticherling BeurkG § 35 Rn. 12; aA (Unterschrift allein reicht): Zimmermann/Diehn BeurkG § 35 Rn. 5.
6 MüKoBGB/Sticherling BeurkG § 35 Rn. 9.

wird, kann durch eine Unterschrift auf dem Umschlag geheilt werden.[7] Seit dem Inkrafttreten der NotAktVV, die generell von einer offenen Verwahrung von Erbverträgen in der Erbvertragssammlung des Notars ausgeht, sollte sich dieses Problem künftig nicht mehr stellen.

Sofern die vorgenannten Voraussetzungen eingehalten sind, ersetzt die Unterschrift des Notars auf dem Umschlag dessen vergessene Unterschrift unter der Niederschrift, so dass die Verfügung von Todes wegen nicht aus diesem Grund unwirksam ist. 7

C. Weitere praktische Hinweise

Ist die letztwillige Verfügung mit einem **weiteren Rechtsgeschäft** in einer Urkunde verbunden, zB bei einem Ehe- und Erbvertrag, so bezieht sich die Heilungswirkung auf den gesamten Beurkundungsvorgang und nicht lediglich auf die Verfügung von Todes wegen. Dies ergibt sich bereits aus dem Zweck der Norm, die Nachholung der Unterschrift auch dort zu ermöglichen, wo eine verschlossene Verwahrung erfolgt.[8] Eine **vergessene Unterschrift auf dem Umschlag** ist für die Wirksamkeit der Verfügung unbeachtlich, sofern der Notar die Niederschrift unterschrieben hat. In keinem Fall geheilt wird durch § 35 BeurkG eine **vergessene Unterschrift des Erblassers** oder eines sonstigen Beteiligten. 8

---

[7] Armbrüster/Preuß/Renner/Seger BeurkG § 35 Rn. 8; Winkler BeurkG § 35 Rn. 5 f.; Zimmermann/Diehn BeurkG § 35 Rn. 3; **aA** MüKoBGB/Sticherling BeurkG § 35 Rn. 7.

[8] Wie hier Armbrüster/Preuß/Renner/Seger BeurkG § 35 Rn. 9; Grziwotz/Heinemann BeurkG § 35 Rn. 11; Winkler BeurkG § 35 Rn. 6; Zimmermann/Diehn ErbR Nebengesetze BeurkG § 35 Rn. 8; **aA** (mit der Folge der Teilnichtigkeit nach § 139 BGB) Bamberger/Roth/Litzenburger BeurkG § 35 Rn. 3; MüKoBGB/Sticherling BeurkG § 35 Rn. 19.

8. Bundesnotarordnung (BNotO)

In der Fassung der Bekanntmachung vom 24. Februar 1961 (BGBl. I S. 97)
(BGBl. III/FNA 303-1)
zuletzt geändert durch Art. 3 G zur Stärkung der Aufsicht bei Rechtsdienstleistungen und zur Änd. weiterer Vorschriften vom 10.3.2023 (BGBl. I Nr. 64)
– Auszug –

§ 20 BNotO   Beurkundungen und Beglaubigungen

(1) ¹Die Notare sind zuständig, Beurkundungen jeder Art vorzunehmen sowie Unterschriften, qualifizierte elektronische Signaturen, Handzeichen und Abschriften zu beglaubigen. ²Zu ihren Aufgaben gehören insbesondere auch die Beurkundung von Versammlungsbeschlüssen, die Vornahme von Verlosungen und Auslosungen, die Aufnahme von Vermögensverzeichnissen, Nachlassverzeichnissen und Nachlassinventaren, die Vermittlung von Nachlass- und Gesamtgutsauseinandersetzungen einschließlich der Erteilung von Zeugnissen nach den §§ 36 und 37 der Grundbuchordnung, die Anlegung und Abnahme von Siegeln, die Aufnahme von Protesten, die Zustellung von Erklärungen sowie die Beurkundung amtlich von ihnen wahrgenommener Tatsachen.

(...)

(5) Inwieweit die Notare zur Anlegung und Abnahme von Siegeln im Rahmen eines Nachlasssicherungsverfahrens zuständig sind, bestimmt sich nach den landesrechtlichen Vorschriften.

Literatur:

Arndt/Lerch/Sandkühler, Bundesnotarordnung, 8. Aufl. 2016; *Damm*, Glanz und Elend des notariellen Nachlassverzeichnisses, notar 2016, 219; *Diehn*, Bundesnotarordnung, 3. Aufl. 2022; *Frenz/Miermeister*, Bundesnotarordnung, 5. Aufl. 2020; *Heidenreich*, Keine Ermittlungspflicht des Notars bei Erstellung eines notariellen Nachlassverzeichnisses, ZErb 2001, 71; *Ihrig*, Vermittlung der Auseinandersetzung des Nachlasses durch den Notar, MittBayNot 2012, 353; 740; *Pötting*, Die Erbauseinandersetzung in der notariellen Vertragsgestaltung – Teil 1, MittBayNot 2007, 273; *dies.* Teil 2, MittBayNot 2007, 376; *Preuß*, Das Gesetz zur Übertragung von Aufgaben im Bereich der freiwilligen Gerichtsbarkeit auf Notare, DNotZ 2013; *Schippel/Görk*, Bundesnotarordnung, 10. Aufl. 2021; *Weidlich*, Die neuere Rechtsprechung zum notariellen Nachlassverzeichnis: eine kritische Bestandsaufnahme, ZEV 2017, 241; *Zimmermann*, Erbrechtliche Nebengesetze, 2. Aufl. 2016.

A. Allgemeines 1	III. Aufnahme von Nachlassverzeichnissen und Nachlassinventaren 9
B. Regelungsgehalt 2	IV. Anlegen und Abnehmen von Siegeln im Nachlassverfahren 11
I. Zuständigkeit der Notare für Beurkundungen und Beglaubigungen 2	C. Weitere praktische Hinweise 13
II. Vermittlung von Nachlass- und Gesamtgutsauseinandersetzungen 7	

A. Allgemeines

1   § 20 BNotO wurde zuletzt mit Wirkung zum 1.8.2021 geändert. Die dadurch eingeführte Möglichkeit der Beglaubigung qualifizierter elektronischer Signaturen beschränkt sich jedoch zunächst auf gesellschaftsrechtliche Vorgänge und spielt für das Erbrecht keine Rolle. Bereits mit Gesetz zur Übertragung von Aufgaben im Bereich der freiwilligen Gerichtsbarkeit auf Notare wurde die bundesweit einheitliche Zuständigkeit der Notare für die Aufnahme von Vermögensverzeichnissen vorgesehen. Mit Ausnahme der nicht sehr praxisrelevanten Aufgabe des Anlegens und Abnehmens von Siegeln besteht nunmehr eine bundeseinheitliche Kompetenz der Notare.

B. Regelungsgehalt

I. Zuständigkeit der Notare für Beurkundungen und Beglaubigungen

Gem. § 20 Abs. 1 S. 1 sind Notare zuständig, Beurkundungen aller Art vorzunehmen, sowie Unterschriften, Handzeichen und Abschriften zu beglaubigen. Diese Zuständigkeit ist nicht ausschließlich; Beurkundungs- und Beglaubigungskompetenzen können auch anderen Amtsträgern zustehen. Die wichtigste Beurkundungskompetenz außerhalb des Notarstands ist die der Konsularbeamten, deren Niederschriften inländischen notariellen Urkunden gem. § 10 Abs. 2 KonsG gleichstehen. Testamente und Erbverträge sollen Konsularbeamte jedoch nur beurkunden, wenn die Erblasser Deutsche sind (§ 11 Abs. 1 S. 1 KonsG).

Die **Beurkundung von Willenserklärungen** erfolgt im Beurkundungsverfahren nach §§ 6–35 BeurkG. Dabei wird die Niederschrift den Beteiligten vorgelesen, werden die Beteiligten über den Inhalt und die Reichweite ihrer Erklärungen belehrt, wird der Inhalt der Niederschrift von den Beteiligten genehmigt und von diesen und dem Notar unterschrieben. Die notarielle Niederschrift erbringt vollen Beweis des beurkundeten Vorgangs (§ 415 ZPO).

Im Bereich des Erbrechts sind insbesondere folgende Beurkundungen relevant:

- Erbverträge: Ein **Erbvertrag** kann gem. § 2276 Abs. 1 S. 1 BGB nur zu notarieller Niederschrift bei gleichzeitiger Anwesenheit beider Vertragsteile geschlossen werden. Gleiches gilt für **Schenkungen auf den Todesfall** (§ 2301 BGB).
- Erbverzicht: Ein **Erbverzichtsvertrag** muss gem. § 2348 BGB notariell beurkundet werden. Gleiches gilt für einen **Pflichtteilsverzicht** oder **Zuwendungsverzicht**.
- Testamente: Ein **ordentliches Testament** kann gem. § 2231 BGB entweder zur Niederschrift eines Notars oder durch eigenhändig verfasste Erklärung des Erblassers errichtet werden.
- **Veräußerung eines Erbteils**: Diese bedarf gem. § 2033 Abs. 1 S. 2 BGB der notariellen Beurkundung. Der schuldrechtliche **Kaufvertrag** über einen Erbteil muss ebenfalls beurkundet werden (§ 2371 BGB).
- Auch der **Widerruf wechselbezüglicher Verfügungen** in einem gemeinschaftlichen Testament, sowie der **Rücktritt von einem Erbvertrag** bedürfen der notariellen Beurkundung (§§ 2271 Abs. 1 S. 1, 2296 Abs. 2 S. 2 BGB).
- Die **eidesstattliche Versicherung** zum Nachweis der Richtigkeit der in einem **Erbscheinsantrag** gemachten Angaben kann vor einem Notar geleistet werden (§ 2356 Abs. 2 S. 1 BGB). In der Regel wird dann der gesamte Erbscheinsantrag beurkundet. Gleiches gilt für die eidesstattliche Versicherung zur Erlangung eines **Europäischen Nachlasszeugnisses**.
- Nach wohl überwiegender Meinung *nicht* zuständig ist der Notar hingegen für die Abnahme einer eidesstattlichen Versicherung über die **Richtigkeit eines Nachlassverzeichnisses**. Diese hat der Erbe vor dem Amtsgericht abzugeben.[1]
- Eine **Erbauseinandersetzung** ist dann beurkundungspflichtig, wenn Immobilien oder Geschäftsanteile an einer GmbH zum Nachlass gehören. Gleiches gilt für die **Erfüllung von Vermächtnissen**.

Bei der **öffentlichen Beglaubigung einer Unterschrift** stellt der Notar lediglich die Identität des Unterzeichners fest. Der zugehörige Text kann, muss aber nicht durch den Notar entworfen werden. Entwirft der Notar den Text, so treffen ihn dieselben Belehrungspflichten gem. § 17 BeurkG wie bei der Beurkundung.[2]

Im Bereich des Erbrechts ist die öffentliche Beglaubigung insbesondere für die Erklärung der **Ausschlagung einer Erbschaft** relevant (§ 1945 Abs. 1 Alt. 2 BGB).

---

[1] LG Oldenburg ZErb 2009, 1; MüKoBGB/Lange BGB § 2314 Rn. 28.
[2] BGH MittBayNot 2005, 168.

II. Vermittlung von Nachlass- und Gesamtgutsauseinandersetzungen

7 Für Teilungssachen iS von § 342 Abs. 2 Nr. 1 FamFG besteht nunmehr eine Alleinzuständigkeit der Notare. Die vorherige Zuständigkeit der Amtsgerichte ist aufgehoben (Übergangsregelung: § 493 FamFG). Teilungssachen iS von § 342 Abs. 2 Nr. 2 FamFG verbleiben dagegen in der Zuständigkeit des Gerichts; funktional ist hier nach § 3 Nr. 2c RpflG der Rechtspfleger zuständig.

8 Am Verfahren selbst, das in den §§ 363–373 FamFG geregelt ist, hat die Zuständigkeitsverlagerung bis auf die §§ 36 und 37 GBO wenig geändert.[3] Hat ein Notar die Auseinandersetzung des Nachlasses vermittelt, so ist er nunmehr gemäß § 36 Abs. 2a GBO auch befugt, ein **Auseinandersetzungszeugnis** zu erstellen, das als Nachweis zur Rechtsnachfolge bei Eintragung der auseinandergesetzten Erbengemeinschaft im Grundbuch dienen kann. Die Vorteile der Neuregelung dürften insoweit gering sein. Denn anders als bei einem gerichtlichen Auseinandersetzungszeugnis ersetzt das notarielle Zeugnis nicht das Vorliegen eines Erbscheins, sondern setzt dessen Erteilung voraus. Es kann also nicht zum Nachweis der Gesamtrechtsnachfolge, sondern nur zum Nachweis der Auseinandersetzung dienen. Dieser Beweis wurde aber auch bisher bereits durch die notarielle Beurkundung der Auseinandersetzung erbracht.

III. Aufnahme von Nachlassverzeichnissen und Nachlassinventaren

9 Der Notar ist zur Errichtung von Nachlassverzeichnissen zum einen auf Antrag des materiell Auskunftsberechtigten verpflichtet. Eine Verzeichniserstellung durch den Notar ist angeordnet, wo der Verdacht bestehen kann, dass der Auskunftspflichtige seine Pflicht nicht zuverlässig genug erfüllt. Wichtigste Anspruchsgrundlagen sind die Rechte des Nacherben (§ 2121 Abs. 3 BGB), des Pflichtteilsberechtigten (§ 2314 Abs. 1 S. 3 BGB), und des Erben gegenüber dem Testamentsvollstrecker (§ 2215 Abs. 4 BGB). Der Notar wird in diesem Fall nicht nur als Urkundsperson tätig, welche die Auskunft durch den Verpflichteten protokolliert, sondern muss selbst das Verzeichnis erstellen und Verantwortung für dessen Richtigkeit übernehmen.[4] Das Verfahren zur Erstellung des Nachlassverzeichnisses ist nicht gesetzlich geregelt, so dass dem Notar hier ein erheblicher Verfahrensspielraum zukommt. In der Regel wird man aber vom Notar verlangen müssen, eigene Ermittlungstätigkeiten anzustellen, insbesondere bei örtlichen Grundbuchämtern und Bankfilialen am letzten Wohnsitz des Verstorbenen nach Vermögenswerten nachzufragen und ggf. auch verdächtige Kontenbewegungen innerhalb des Pflichtteilsergänzungszeitraums zu überprüfen.[5]

10 Ferner besteht eine Zuständigkeit des Notars zur Aufnahme eines amtlichen Inventars auf Antrag des Erben an das Nachlassgericht gem. § 2003 Abs. 1 S. 1. Hierbei handelt es sich um eine gerichtskommissarische Tätigkeit des Notars für das Nachlassgericht. Die früher in Art. 148 EGBGB vorgesehene Möglichkeit, durch Landesgesetz diese Zuständigkeit auf die Nachlassgerichte zu übertragen, ist mit dem Gesetz zur Übertragung von Aufgaben im Bereich der freiwilligen Gerichtsbarkeit auf Notare entfallen. Durch den Antrag des Erben auf amtliche Erstellung des Inventars ist die Inventarfrist gewahrt (§ 2003 Abs. 1 S. 3 BGB), die Auswahl des Notars steht im Ermessen des Nachlassgerichts.

Zu unterscheiden ist die Beauftragung des Notars zur Erstellung eines amtlichen Inventars in den Fällen des § 2003 BGB von der Pflicht des Erben zur Zuziehung eines Notars bei Erstellung eines Inventars im Falle des § 2002 BGB. In letzterem Fall hat der Notar lediglich beratende Funktion, die Verantwortung für Richtigkeit und Vollständigkeit des Inventars verbleibt jedoch allein beim Erben. Die Zuziehung eines Notars allein durch den Erben – ohne Antrag beim

---

[3] Ausführlich: Ihrig MittbayNot 2012, 353.
[4] Ausführlich Damm notar 2016, 219; Weidlich ZEV 2017, 241 ff.
[5] OLG Koblenz ZEV 2014, 308; dies bestätigend BVerfG ZEV 2016, 578.

Nachlassgericht – hat auch keine fristwahrende Wirkung. § 2003 Abs. 1 S. 3 BGB gilt nur für das amtliche Inventar.

IV. Anlegen und Abnehmen von Siegeln im Nachlassverfahren

Das Anlegen und Abnehmen von Siegeln im Nachlassverfahren ist ebenfalls eine Hilfstätigkeit für das Nachlassgericht im Nachlassverfahren. Das Nachlassgericht hat gem. § 1960 Abs. 1 BGB bei Vorliegen eines Sicherungsbedürfnisses Maßnahmen zur Sicherung des Nachlasses zu ergreifen und kann dabei insbesondere gem. § 1960 Abs. 2 BGB die Anlegung von Siegeln anordnen. Inwieweit Notare vom Nachlassgericht dazu beauftragt werden dürfen, richtet sich nach den auf Grundlage von Art. 147 EGBGB erlassenen landesgesetzlichen Vorschriften. 11

Von der Möglichkeit, eine Zuständigkeit der Notare für Siegelungen zur Nachlasssicherung zu bergründen, haben Gebrauch gemacht:[6] 12

- Bayern (Art. 36 Abs. 2 BayAGGVG)
- Berlin (Art. 87 PrFGG)
- Hessen (Art. 85 HessFGG)
- Niedersachsen (Art. 13 NdsFGG)
- Nordrhein-Westfalen (§ 91 JustG)
- Rheinland-Pfalz (§ 8 Abs. 2 und 3 RhPfAGGVG)
- Schleswig-Holstein (Art. 87 PrFGG).

C. Weitere praktische Hinweise

§ 20 BNotO enthält Aufgabenzuweisungen an den Notar unter anderem in Nachlasssachen, die in der Praxis weithin unbekannt, nichtsdestotrotz aber auch in der anwaltlichen Gestaltungspraxis von Interesse sind. Eingeschaltet werden kann der Notar beispielsweise bei der amtlichen **Aufnahme eines Nachlassverzeichnisses oder Inventars.** Die Aufnahme des Nachlassverzeichnisses geht über eine reine Beurkundungstätigkeit weit hinaus, da der Notar sich nicht darauf beschränken darf, den Angaben des Auskunftsverpflichteten Glauben zu schenken, sondern selbst Verantwortung für die sachliche Richtigkeit des Nachlassverzeichnisses übernehmen muss.[7] Die Einschaltung des Notars kann sich insbesondere dann empfehlen, wenn ohne Einschaltung einer Amtsperson nicht mit einer vollständigen und wahrheitsgemäßen Auskunft durch den Verpflichteten zu rechnen ist. Die Kosten für die Aufnahme eines Verzeichnisses sind in Teil 2, Hauptabschnitt 3, Abschnitt 5 des Kostenverzeichnisses zum GNotKG geregelt. Im Regelfall entsteht gem. Nr. 23500 KV GNotKG eine 2,0 Gebühr; Geschäftswert ist der Wert des verzeichneten Vermögens (§ 115 GNotKG). 13

Hat der mit der Erstellung eines **Nachlassverzeichnisses** betraute Notar zuvor den Erblasser in derselben Angelegenheit notariell betreut und zB dessen Testament oder eine vorweggenommene Erbfolge zu Lebzeiten beurkundet, so schließt dies die Mitwirkung des Notars an der Erstellung des Nachlassverzeichnisses nicht aus. Der Notar ist zur Übernahme der Tätigkeit vielmehr grundsätzlich verpflichtet.[8] Anders liegt der Sachverhalt bei einem Anwaltsnotar, welcher den Erblasser zuvor in anwaltlicher Funktion in derselben Angelegenheit beraten hat. Als dieselbe Angelegenheit kann dabei insbesondere eine anwaltliche Beratung über die Vermeidung von Pflichtteilsansprüchen gelten. Wegen des Vorbefassungsverbots des § 3 Abs. 1 Nr. 7 BeurkG muss ein Anwaltsnotar eine daran anschließende notarielle Tätigkeit grundsätzlich ablehnen,[9] 14

---

6 Ausführlicher Überblick bei Staudinger/Mayer EGBGB Art. 147 Rn. 31ff.
7 BGHZ 33, 373; OLG Bamberg ZEV 2016, 580; OLG Celle DNotZ 2003, 62; OLG Karlsruhe NJW-Spezial 2007, 302; OLG Saarbrücken ZEV 2010, 416; aA (keine Ermittlungspflicht) Heidenreich ZErb 2011, 71.
8 OLG Karlsruhe ZEV 2007, 329; Schippel/Bracker/Reithmann BNotO § 20 Rn. 71.
9 Ausführlich zum Begriff „derselben Angelegenheit": Winkler BeurkG § 3 Rn. 114.

so dass er auch nicht an der Aufnahme eines Nachlassverzeichnisses mitwirken darf. Die Erstellung eines **amtlichen Nachlassinventars** durch den Notar ist insbesondere wegen der Wahrung der Inventarfrist gemäß § 2003 Abs. 1 S. 3 BGB zu empfehlen. Dazu muss jedoch unbedingt ein Antrag beim Nachlassgericht auf Erstellung des Nachlassinventars durch einen vom Nachlassgericht ersuchten Notar gestellt werden – die Beiziehung eines Notars allein durch den Erben reicht für die Fristwahrung nicht aus.

15 Eine weitere in der Praxis noch selten genutzte Zuständigkeit des Notars ist die **Vermittlung einer Nachlassauseinandersetzung** unter den Erben. Vorteil des Auseinandersetzungsverfahrens gegenüber der schlichten notariellen Beurkundung ist zum einen die Förmlichkeit des Verfahrens: Der Notar hat sämtliche Beteiligte von Amts wegen zu ermitteln und zu laden; bei Nichterscheinen einzelner Beteiligter zum Termin kann deren Zustimmung fingiert werden (§ 366 Abs. 3 und 4 FamFG). Die Auseinandersetzung erfolgt auf Grundlage eines vom Notar als Amtsperson entwickelten Auseinandersetzungsplanes. Der Notar ist also nicht darauf beschränkt, den Willen der Beteiligten zu erforschen und dann zu beurkunden, sondern kann selbst aktiv Vorschläge unterbreiten, was zu höherer Akzeptanz bei den Erben führen kann. Das Verfahren eignet sich insbesondere für streitige Erbengemeinschaften, die einer Mediation durch eine neutrale Person noch zugänglich sind. Bestand bis zum 1.9.2013 eine sachliche Zuständigkeit der Notare zu Auseinandersetzungsverfahren nur nach Landesrecht, während primär die Nachlassgerichte zuständig waren, so besteht nunmehr eine sachliche Zuständigkeit der Notare im gesamten Bundesgebiet. Die örtliche Zuständigkeit richtet sich nach § 344 Abs. 4a FamFG. Für erfolgreich abgeschlossene Verfahren entsteht gem. Nr. 23900 KV GNotKG eine 6,0 Gebühr aus dem Wert des Nachlasses, bei fehlender Bestätigung der Auseinandersetzung reduziert sich die Gebühr auf 3,0 (Nr. 23903 KV GNotKG).

§ 78a BNotO   Zentrales Vorsorgeregister; Verordnungsermächtigung

(1) ¹Die Bundesnotarkammer führt als Registerbehörde ein automatisiertes elektronisches Register über Vorsorgevollmachten, Betreuungsverfügungen, Patientenverfügungen und Widersprüche gegen eine Vertretung durch den Ehegatten nach § 1358 des Bürgerlichen Gesetzbuchs. ²Das Bundesministerium der Justiz und für Verbraucherschutz führt die Rechtsaufsicht über die Registerbehörde.

(2) In das Zentrale Vorsorgeregister dürfen Angaben aufgenommen werden über

1. Vollmachtgeber,
2. Bevollmächtigte,
3. die Vollmacht und deren Inhalt,
4. Vorschläge zur Auswahl des Betreuers,
5. Wünsche zur Wahrnehmung der Betreuung,
6. den Vorschlagenden,
7. den einer Vertretung durch den Ehegatten nach § 1358 des Bürgerlichen Gesetzbuchs Widersprechenden und
8. den Ersteller einer Patientenverfügung.

(3) Das Bundesministerium der Justiz und für Verbraucherschutz hat durch Rechtsverordnung mit Zustimmung des Bundesrates die näheren Bestimmungen zu treffen über

1. die Einrichtung und Führung des Registers,
2. die Auskunft aus dem Register,
3. die Anmeldung, Änderung und Löschung von Registereintragungen,
4. die Einzelheiten der Datenübermittlung und -speicherung und
5. die Einzelheiten der Datensicherheit.

Literatur:

Görk, Das Zentrale Vorsorgeregister der Bundesnotarkammer – ein zentraler Baustein bei der Durchsetzung des Selbstbestimmungsrechts, FPR 2007, 82.

A. Allgemeines	1	III. Wirkung der Registrierung	8
B. Regelungsgehalt	2	IV. Verordnungsermächtigung (Abs. 3)	9
I. Registerinhalt	2	C. Weitere praktische Hinweise	10
II. Eintragungsantrag	7		

A. Allgemeines

§ 78a BNotO regelt, welche Daten in das **Zentrale Vorsorgeregister** der Bundesnotarkammer aufgenommen werden dürfen. Mit Wirkung zum 1.1.2023 wurden Umfang und Funktion des Zentralen Vorsorgeregisters erweitert. Zuvor orientierte sich die Auswahl der Daten lediglich an den Aufgaben des Betreuungsgerichts. Funktional sollen Betreuerbestellungen, die wegen vorhandener Vorsorgevollmachten nicht erforderlich sind, vermieden werden. Die im Zentralen Vorsorgeregister hinterlegten Daten dienten daher in erster Linie dem Zweck, dem Betreuungsgericht mitzuteilen, ob eine Vorsorgevollmacht existiert, wie umfassend diese ist, wo sie gefunden werden kann, wer der Bevollmächtigte ist und wie dieser gegebenenfalls kontaktiert werden kann. Der Funktionsumfang wurde nunmehr um eine Information der Ärzteschaft über die Existenz einer Patientenverfügung sowie einen Ausschluss der Notvertretungsmacht des Ehepartners gem. § 1358 BGB ergänzt. Der genaue Umfang der Daten ist in der auf der Grundlage von § 78a Abs. 3 erlassenen Vorsorgeregisterverordnung geregelt.[1] 1

B. Regelungsgehalt

I. Registerinhalt

Registriert werden können zum einen **Vorsorgevollmachten**. Darunter ist jede Vollmacht zu verstehen, welche die Anordnung einer Betreuung entbehrlich machen kann, also auch eine nicht ausschließlich für den Vorsorgefall erteilte Generalvollmacht.[2] Unerheblich ist, ob die Vollmacht notariell beurkundet oder privatschriftlich verfasst wurde. 2

Registriert werden können **typisierte Angaben zum Vollmachtsinhalt**, um dem Betreuungsgericht die Entscheidung zu erleichtern, inwieweit eine Betreuerbestellung erforderlich ist. So kann beispielsweise angegeben werden, ob die Vollmacht Vermögensangelegenheiten und/oder persönliche Angelegenheiten umfasst und ob Maßnahmen nach den §§ 1829, 1831 und 1832 BGB ebenfalls vom Vollmachtsumfang gedeckt sind. Gleichfalls kann dadurch behandelnden Ärzten ein Hinweis gegeben werden, ob der Vollmachtsumfang ein Notvertretungsrecht des Ehegatten ausschließt. 3

Registriert werden können auch **Daten zum Bevollmächtigten**, einschließlich dessen Kontaktdaten. Deren Angabe ist sinnvoll, um dem Betreuungsgericht sowie behandelnden Ärzten im Ernstfall die Kontaktaufnahme zu erleichtern. Da es sich dabei um die Speicherung personenbezogener Daten handelt, empfiehlt es sich, den Bevollmächtigten vorab um sein Einverständnis zur Registrierung zu bitten. Liegt die Einwilligung des Bevollmächtigten bei Registrierung noch nicht vor, so kann dennoch eine Speicherung der Daten erfolgen. Das Zentrale Vorsorgeregister benachrichtigt den Bevollmächtigten in diesem Fall von Amts wegen über die gespeicherten Daten und gibt diesem Gelegenheit, der Speicherung zu widersprechen. Ist der Bevollmächtigte mit der Speicherung seiner personenbezogenen Daten nicht einverstanden, so kann eine Registrierung der Vollmacht dennoch erfolgen, allerdings ohne Angaben zur Person des Bevollmäch- 4

---

1 Abgedruckt im Anhang.
2 Frenz/Miermeister/Litzenburger BNotO § 78a Rn. 5.

tigten. Gleiches gilt, wenn eine Information des Bevollmächtigten über die Vollmachtserteilung zum Zeitpunkt der Registrierung noch nicht gewünscht wird.

5 Die **Vollmachtsurkunden** selbst werden beim Zentralen Vorsorgeregister nicht hinterlegt. Dies wäre auch von zweifelhaftem Nutzen, da im Rechtsverkehr die Vorlage des Originals oder einer Ausfertigung wegen des damit verbundenen Rechtsscheinstatbestands (§ 172 Abs. 2 BGB) praktisch erforderlich ist.

6 Außer Vorsorgevollmachten können auch **Betreuungsverfügungen und Patientenverfügungen** im Zentralen Vorsorgeregister registriert werden. Letztere wurden mit Wirkung zum 1.1.2023 auch dann explizit zur Registrierung zugelassen, wenn sie nicht mit einer Betreuungsverfügung oder Vorsorgevollmacht verbunden sind. Auch der Widerruf einer Vorsorgevollmacht kann registriert werden. Dies ist wegen der damit verbundenen Information der Betreuungsgerichte dringend zu empfehlen, auch wenn materiellrechtlich die Registrierung für die Wirksamkeit des Widerrufs weder hinreichend noch notwendig ist.[3]

6.1 Mit der Neuschaffung eines **Notvertretungsrechts des Ehegatten in Gesundheitsangelegenheiten** gem. § 1358 BGB wurde auch die Möglichkeit der Registrierung eines Widerspruchs gegen dieses geschaffen. Diese isolierte Registrierung ist vor allem dann erforderlich, wenn keine positive Zuweisung eines Vertretungsrechts an eine andere Person durch Vorsorgevollmacht erfolgt ist. Ist eine Vorsorgevollmacht mit dem in § 1358 Abs. 1 BGB bestimmten Umfang für eine andere Person als den Ehegatten erteilt und registriert, so ist eine isolierte Registrierung des Widerspruchs gegen das Notvertretungsrecht nicht erforderlich, da dieses bereits gemäß § 1358 Abs. 3 Nr. 2 lit. b. BGB ausgeschlossen ist.

II. Eintragungsantrag

7 Eintragungen in das Register erfolgen nur auf **Antrag** (§ 2 Abs. 1 S. 1 VRegV). Der Antrag kann sowohl persönlich durch den Vollmachtgeber bzw. den einem Vertretungsrecht des Ehegatten Widersprechenden, als auch durch den Notar, einen Rechtsanwalt oder eine Betreuungsbehörde im Namen des Vollmachtgebers gestellt werden.[4] Notare, Rechtsanwälte, Betreuungsvereine, Betreuungsbehörden und sonstige Personen oder Einrichtungen, zu deren beruflicher, satzungsgemäßer oder gesetzlicher Tätigkeit es gehört, Vorsorgeurkunden im Zentralen Vorsorgeregister der Bundesnotarkammer zu registrieren, können sich als **institutionelle Nutzer** registrieren lassen, was zu **ermäßigten Registrierungsgebühren** führt. Die Registrierung sollte aus Gründen der Schnelligkeit, Sicherheit und Kostenersparnis online über die von der Bundesnotarkammer hierfür bereitgestellte Schnittstelle erfolgen. Daneben sieht § 2 Abs. 1 S. 1 VRegV auch die Möglichkeit eines schriftlichen Eintragungsantrags vor. Entsprechende Papierformulare werden von der Bundesnotarkammer auf der Webseite www.vorsorgeregister.de zur Verfügung gestellt.

III. Wirkung der Registrierung

8 Die Registrierung im Zentralen Vorsorgeregister der Bundesnotarkammer ist freiwillig. Sie ist für die **Wirksamkeit der Vollmachtserteilung unbeachtlich**. Weder setzt die Wirksamkeit der Vollmacht eine Registrierung voraus, noch ersetzt die Registrierung eine wirksame Vollmachtserteilung. Die Registrierung ist auch keine öffentliche Bekanntmachung der Vollmacht im Sinne des § 171 BGB oder schafft etwaige Rechtsscheinstatbestände im Sinne einer Anscheins- oder Duldungsvollmacht.[5] Sie dient allein der Erstinformation der Betreuungsgerichte und behandelnden Ärzte. Das Betreuungsgericht darf sich nicht allein auf die Richtigkeit der Registrierung verlassen, sondern muss die Vollmachtsurkunde in Augenschein nehmen und auf dieser Grundlage über die Erforderlichkeit einer Betreuerbestellung entscheiden. Gleiches gilt für Ärzte im

---

[3] Diehn/Diehn § 78a BNotO Rn. 27.
[4] Dazu: Görk FPR 2007, 82.
[5] Zutreffend Zimmermann/Diehn Erbrechtliche Nebengesetze BNotO § 78a Rn. 4.

Hinblick auf den Inhalt einer Patientenverfügung. Eine Registrierung des **Widerspruchs gegen das Notvertretungsrecht** des Ehegatten führt nicht ohne Weiteres zu einer positiven Kenntnis des behandelnden Arztes von der Ablehnung des Vertretungsrechts im Sinne des § 1358 Abs. 3 Nr. 2 lit. a BGB. Erst wenn der Arzt die Informationen aus dem Vorsorgeregister tatsächlich abgerufen hat, ist ein Notvertretungsrecht des Ehegatten ausgeschlossen.

IV. Verordnungsermächtigung (Abs. 3)

Abs. 3 ermächtigt das Bundesministerium der Justiz und für Verbraucherschutz mit Zustimmung des Bundesrates nähere Bestimmungen über das Zentrale Vorsorgeregister zu treffen. Die entsprechende Verordnung ist dieser Kommentierung als Anhang beigefügt.

C. Weitere praktische Hinweise

Trotz Freiwilligkeit der Registrierung waren zum 31.12.2021 bereits rund 5,4.Millionen Vorsorgeurkunden registriert. Eine Abfrage des Zentralen Vorsorgeregisters vor Anordnung einer Betreuerbestellung soll im Rahmen der **Amtsermittlungspflicht** nach § 26 FamFG erfolgen. Dies unterscheidet das Zentrale Vorsorgeregister von anderen, nicht gesetzlich geregelten Registern kommerzieller Anbieter, die zwar mit Abfragemöglichkeiten durch Gerichte und Krankenhäuser um Kunden werben, aber faktisch weder von Gerichten noch Krankenhäusern genutzt werden.

Weiterführende Informationen zum Thema Vorsorgevollmachten und deren Registrierung werden von der Bundesnotarkammer unter www.vorsorgeregister.de zur Verfügung gestellt. Die Bundesnotarkammer bietet für interessierte Bürger und institutionelle Nutzer auch eine kostenlose Hotline an, die unter 0800–3550500 erreicht werden kann.

Anhang zu § 78a: Vorsorgeregister-Verordnung

Vorsorgeregister-Verordnung (VRegV)

Vom 21. Februar 2005 (BGBl. I S. 318)
zuletzt geändert durch Art. 6 des Gesetzes zur Reform des Vormundschafts- und Betreuungsrechts
vom 4. Mai 2021 (BGBl. I S. 882)

§ 1 Inhalt des Zentralen Vorsorgeregisters

(1) Die Bundesnotarkammer stellt die Eintragung folgender personenbezogener Daten im Zentralen Vorsorgeregister sicher:
1. Daten zur Person des Vollmachtgebers:
    a) Familienname,
    b) Geburtsname,
    c) Vornamen,
    d) Geschlecht,
    e) Geburtsdatum,
    f) Geburtsort,
    g) Anschrift (Straße, Hausnummer, Postleitzahl, Ort),
    h) E-Mail Adresse,
2. Daten zur Person des Bevollmächtigten:
    a) Familienname,
    b) Geburtsname,
    c) Vornamen,
    d) Geburtsdatum,
    e) Anschrift (Straße, Hausnummer, Postleitzahl, Ort),
    f) Rufnummer,
    g) E-Mail Adresse,
3. Datum der Errichtung der Vollmachtsurkunde,

4. Aufbewahrungsort der Vollmachtsurkunde,
5. Angaben, ob Vollmacht erteilt wurde zur Erledigung von
   a) Vermögensangelegenheiten,
   b) Angelegenheiten der Gesundheitssorge und ob ausdrücklich Maßnahmen nach § 1829 Absatz 1 Satz 1 und § 1832 Absatz 1 und 4 des Bürgerlichen Gesetzbuchs umfasst sind,
   c) Angelegenheiten der Aufenthaltsbestimmung und ob ausdrücklich Maßnahmen nach § 1831 Absatz 1 und 4 des Bürgerlichen Gesetzbuchs umfasst sind,
   d) sonstigen persönlichen Angelegenheiten,
6. besondere Anordnungen oder Wünsche
   a) über das Verhältnis mehrerer Bevollmächtigter zueinander,
   b) für den Fall, dass das Betreuungsgericht einen Betreuer bestellt,
   c) hinsichtlich Art und Umfang medizinischer Versorgung,
7. Widersprüche gegen eine Vertretung durch den Ehegatten nach § 1358 des Bürgerlichen Gesetzbuchs mit den Daten zur Person des Widersprechenden entsprechend Nummer 1.

(2) Ist die Vollmacht in öffentlich beglaubigter oder notariell beurkundeter Form errichtet worden, dürfen darüber hinaus die Urkundenrollennummer, das Urkundsdatum sowie die Bezeichnung des Notars und die Anschrift seiner Geschäftsstelle aufgenommen werden.
(3) Die Eintragung erfolgt unter Angabe ihres Datums.

§ 2 Eintragungsantrag

(1) ¹Die Eintragung erfolgt auf schriftlichen Antrag des Vollmachtgebers oder des einer Vertretung durch den Ehegatten Widersprechenden. ²Der Antrag hat mindestens die Angaben nach § 1 Abs. 1 Nr. 1 Buchstabe a, c bis g zu enthalten. ³Sollen auch Angaben über den Bevollmächtigten eingetragen werden, muss der Antrag zudem mindestens die Angaben nach § 1 Abs. 1 Nr. 2 Buchstabe a, c und e enthalten. ⁴Die Angaben nach § 1 Abs. 3 werden unabhängig von dem Antrag eingetragen.
(2) ¹Der Antrag kann auch im Wege der Datenfernübertragung gestellt werden, soweit die Bundesnotarkammer diese Möglichkeit eröffnet hat. ²Die Bundesnotarkammer hat dem jeweiligen Stand der Technik entsprechende Maßnahmen zur Sicherstellung von Datenschutz und Datensicherheit nach den Artikeln 24, 25 und 32 der Verordnung (EU) 2016/679 des Europäischen Parlaments und des Rates vom 27. April 2016 zum Schutz natürlicher Personen bei der Verarbeitung personenbezogener Daten, zum freien Datenverkehr und zur Aufhebung der Richtlinie 95/46/EG (Datenschutz-Grundverordnung) (ABl. L 119 vom 4.5.2016, S. 1; L 314 vom 22.11.2016, S. 72; L 127 vom 23.5.2018, S. 2) zu treffen, die insbesondere die Vertraulichkeit und Unversehrtheit der Daten gewährleisten; im Falle der Nutzung allgemein zugänglicher Netze sind dem jeweiligen Stand der Technik entsprechende Verschlüsselungsverfahren anzuwenden.
(3) ¹In Zweifelsfällen hat die Bundesnotarkammer sich von der Identität des Antragstellers zu überzeugen. ²Im Übrigen prüft sie die Richtigkeit der mit dem Antrag übermittelten Angaben nicht.

§ 3 Vorschuss, Antragsrücknahme bei Nichtzahlung

(1) ¹Die Bundesnotarkammer kann die Zahlung eines zur Deckung der Gebühren hinreichenden Vorschusses verlangen. ²Sie kann die Vornahme der Eintragung von der Zahlung oder Sicherstellung des Vorschusses abhängig machen.
(2) ¹Wird ein verlangter Vorschuss innerhalb angemessener Frist nicht gezahlt, gilt der Antrag als zurückgenommen. ²Die Frist sowie die Rechtsfolge der Fristversäumnis sind mit dem Verlangen des Vorschusses mitzuteilen. ³Die Frist darf 30 Tage nicht unterschreiten.

§ 4 Benachrichtigung des Bevollmächtigten

Nach Eingang des Eintragungsantrags hat die Bundesnotarkammer einen Bevollmächtigten, der nicht schriftlich in die Speicherung der Daten zu seiner Person eingewilligt hat, schriftlich über die nach § 1 Abs. 1 Nr. 1 Buchstabe a, c, g und Nr. 2 bis 6 gespeicherten Daten zu unterrichten. Artikel 14 der Verordnung (EU) 2016/679 bleibt unberührt.

§ 5 Änderung, Ergänzung und Löschung von Eintragungen

(1) Änderungen, Ergänzungen und Löschungen von Eintragungen erfolgen auf schriftlichen Antrag des Vollmachtgebers oder des einer Vertretung durch den Ehegatten Widersprechenden. § 2 Abs. 2, 3 und § 3 gelten entsprechend.
(2) Bei der Eintragung von Änderungen und Ergänzungen ist sicherzustellen, dass die bisherige Eintragung auf Anforderung erkennbar bleibt.
(3) Daten nach § 1 Abs. 1 Nr. 2 sind auch auf schriftlichen Antrag des Bevollmächtigten zu löschen. § 2 Abs. 2 und 3 gilt entsprechend.
(4) Eintragungen sind 110 Jahre nach der Geburt des Vollmachtgebers oder des einer Vertretung durch den Ehegatten Widersprechenden zu löschen.

§ 6 Auskunft an die Betreuungsgerichte, Landgerichte als Beschwerdegerichte und Ärzte

(1) Die Auskunft aus dem Register erfolgt im Wege eines automatisierten Verfahrens auf Abruf, sofern die Bundesnotarkammer zuvor
1. für Ersuchen eines Betreuungsgerichts oder eines Landgerichts als Beschwerdegericht mit der jeweiligen Landesjustizverwaltung und
2. für Ersuchen eines Arztes mit der jeweils zuständigen Landesärztekammer

schriftlich Festlegungen zu den technischen und organisatorischen Maßnahmen zur Gewährleistung des Datenschutzes und der Datensicherheit nach den Artikeln 24, 25 und 32 der Verordnung (EU) 2016/679 getroffen hat. Die Auskunft aus dem Register erfolgt im Wege eines automatisierten Abrufverfahrens, sofern die Bundesnotarkammer zuvor mit der jeweiligen Landesjustizverwaltung schriftlich Festlegungen zu den technischen und organisatorischen Maßnahmen zur Gewährleistung des Datenschutzes und der Datensicherheit nach den Artikeln 24, 25 und 32 der Verordnung (EU) 2016/679 ergriffen hat. § 2 Abs. 2 Satz 2 gilt entsprechend.
(2) ¹Die Auskunft aus dem Register erfolgt auch auf schriftliches oder elektronisches Ersuchen des Betreuungsgerichts und des Landgerichts als Beschwerdegericht. ²Bei besonderer Dringlichkeit, insbesondere wenn die Bestellung eines vorläufigen Betreuers im Rahmen einer einstweiligen Anordnung in Betracht kommt, kann das Ersuchen auch fernmündlich gestellt werden. ³In jedem Fall haben das Betreuungsgericht und das Landgericht als Beschwerdegericht das Geschäftszeichen ihres Betreuungsverfahrens anzugeben.
(3) ¹In den Fällen des Absatzes 2 erteilt die Bundesnotarkammer die Auskunft aus dem Register schriftlich oder elektronisch. ²Hierbei sind die erforderlichen Maßnahmen zu treffen, um die Authentizität des Ersuchens zu prüfen und die Vertraulichkeit der Auskunft zu gewährleisten.

§ 7 Protokollierung der Auskunftserteilungen

(1) ¹Die Zulässigkeit der Auskunftsersuchen prüft die Bundesnotarkammer nur, wenn sie dazu nach den Umständen des Einzelfalls Anlass hat. ²Für die Kontrolle der Zulässigkeit der Ersuchen und für die Sicherstellung der ordnungsgemäßen Datenverarbeitung protokolliert die Bundesnotarkammer alle nach § 6 erteilten Auskünfte elektronisch. ³Zu protokollieren sind
1. die von der ersuchenden Stelle eingegebenen Daten,
2. das ersuchende Gericht und dessen Geschäftszeichen oder der ersuchende Arzt,
3. der Zeitpunkt des Ersuchens sowie
4. die übermittelten Daten.

(2) ¹Die Protokolle dürfen nur für Zwecke der Datenschutzkontrolle, der Datensicherung, der Sicherstellung eines ordnungsgemäßen Registerbetriebs und der Überprüfung durch die jeweils zuständige Landesärztekammer, ob die Voraussetzungen des § 78b Absatz 1 Satz 2 der Bundesnotarordnung eingehalten sind, verwendet werden. ²Zur Überprüfung, ob die Voraussetzungen des § 78b Absatz 1 Satz 2 der Bundesnotarordnung eingehalten sind, kann die jeweils zuständige Landesärztekammer auf der Grundlage der Protokolle Auskunft darüber verlangen, welche Auskünfte an einen Arzt erteilt worden sind. ³Ferner kann der Vollmachtgeber oder der einer Vertretung durch den Ehegatten Widersprechende auf der Grundlage der Protokolle Auskunft darüber verlangen, welche Auskünfte aus dem Register erteilt worden sind. ⁴Satz 3 gilt entsprechend für den Bevollmächtigten, sofern Daten zu seiner Person gespeichert sind.

§ 8 Aufbewahrung von Dokumenten

¹Die ein einzelnes Eintragungs- oder Auskunftsverfahren betreffenden Dokumente hat die Bundesnotarkammer fünf Jahre aufzubewahren. ²Die Aufbewahrungsfrist beginnt mit dem Schluss des Kalenderjahres, in dem die letzte Verfügung zur Sache ergangen ist oder die Angelegenheit ihre Erledigung gefunden hat. ³Nach Ablauf der Aufbewahrungsfrist sind die Dokumente zu vernichten.

§ 9 Betreuungsverfügungen, Patientenverfügungen

¹Im Zentralen Vorsorgeregister können auch Betreuungsverfügungen und Patientenverfügungen unabhängig von der Eintragung einer Vollmacht registriert werden. ²Die §§ 1 bis 8 gelten entsprechend.

§ 78b BNotO Auskunft und Gebühren

(1) ¹Die Registerbehörde erteilt Gerichten und Ärzten auf Ersuchen Auskunft aus dem Zentralen Vorsorgeregister. ²Ärzte dürfen nur um Auskunft ersuchen, soweit diese für die Entscheidung über eine dringende medizinische Behandlung erforderlich ist. ³Die Befugnis der Gerichte, Notare und Notarkammern zur Einsicht in Registrierungen, die von ihnen verwahrte oder registrierte Urkunden betreffen, bleibt unberührt.

(2) ¹Das Zentrale Vorsorgeregister wird durch Gebühren finanziert. ²Die Registerbehörde kann Gebühren für die Aufnahme von Erklärungen in das Register erheben. ³Zur Zahlung der Gebühren sind der Antragsteller und derjenige verpflichtet, der für die Gebührenschuld eines anderen kraft Gesetzes haftet. ⁴Mehrere Gebührenschuldner haften als Gesamtschuldner. ⁵Gerichte und Notare können die Gebühren für die Registerbehörde entgegennehmen.

(3) ¹Die Gebühren sind so zu bemessen, dass der mit der Einrichtung, der Inbetriebnahme, der dauerhaften Führung und der Nutzung des Zentralen Vorsorgeregisters durchschnittlich verbundene Verwaltungsaufwand einschließlich der Personal- und Sachkosten gedeckt wird. ²Dabei ist auch der für die Aufnahme von Erklärungen in das Register gewählte Kommunikationsweg zu berücksichtigen.

(4) ¹Die Registerbehörde bestimmt die Gebühren nach Absatz 2 Satz 2 und die Art ihrer Erhebung durch eine Gebührensatzung. ²Die Satzung bedarf der Genehmigung durch das Bundesministerium der Justiz und für Verbraucherschutz. ³Die Höhe der Gebühren ist regelmäßig zu überprüfen.

Literatur:
Görk, Das Zentrale Vorsorgeregister der Bundesnotarkammer – ein zentraler Baustein bei der Durchsetzung des Selbstbestimmungsrechts, FPR 2007, 82.

A. Allgemeines	1	II. Gebühren (Abs. 2)	5
B. Regelungsgehalt	2	III. Gebührenhöhe (Abs. 3)	8
I. Auskunft aus dem Zentralen Vorsorgeregister	2	IV. Gebührensatzung (Abs. 4)	11
		C. Weitere praktische Hinweise	13

A. Allgemeines

1 § 78b BNotO regelt die Auskunftserteilung aus dem Zentralen Vorsorgeregister sowie dessen Finanzierung.

B. Regelungsgehalt

I. Auskunft aus dem Zentralen Vorsorgeregister

2 Die Register der Bundesnotarkammer sind **nicht-öffentliche Register**. Auskunft wird nur erteilt, soweit eine gesetzliche Grundlage für die Auskunft vorhanden ist. Auskunft aus dem **Zentralen Vorsorgeregister** erhalten zum einen **Gerichte**. § 6 VRegV schränkt dies weiter auf Betreuungsgerichte und Landgerichte als Beschwerdegerichte in Betreuungsverfahren ein. Die Zulässigkeit dieser Einschränkung wird teilweise mit Verweis auf die Höherrangigkeit des Gesetzesrechts in Zweifel gezogen.[1] Richtigerweise konkretisiert die VRegV insoweit nur den in Abs. 1 S. 2 enthaltenen Erforderlichkeitsgrundsatz (→ Rn. 8). Eine Auskunftserteilung ist in der Regel nur zur Aufgabenerfüllung der Betreuungsgerichte erforderlich, damit diese die Notwendigkeit einer Betreuerbestellung beurteilen können.

2.1 Mit Wirkung zum 1.1.2023 wurde das Auskunftsrecht auf Ärzte erweitert. Diese können sich somit vergewissern, ob eine Patientenverfügung vorliegt, wer der legitimierte Ansprechpartner eines Patienten ist und ob ein Notvertretungsrecht des Ehegatten nach § 1358 BGB ausgeschlossen ist. Auskunftsberechtigt sind grundsätzlich alle approbierten Ärzte, also nicht nur intensivmedizinisch tätige. Jedoch darf ein Auskunftsersuchen lediglich erfolgen, soweit dieses für die Entscheidung über eine dringende medizinische Behandlung erforderlich ist. Diese Voraussetzung ist von der Bundesnotarkammer aber nicht zu prüfen. Ein Verstoß hiergegen kann ggf. aufsichtsrechtlich gegenüber dem betreffenden Arzt verfolgt werden.

---

1 Arndt/Lechner/Sandkühler BNotO § 78d Rn. 3.

Unberührt bleibt das Recht der **Betroffenen**, die über sie gespeicherten personenbezogenen Daten einzusehen. Vollmachtgeber und Bevollmächtigte und Erblasser erhalten insoweit Auskunft auf Grundlage von Art. 15 EU-DS-GVO.

Die Auskunft erfolgt grundsätzlich **elektronisch**. Dies setzt voraus, dass die Bundesnotarkammer gemäß § 6 Abs. 1 VRegV zuvor mit der zuständigen Landesjustizverwaltung bzw. Landesärztekammer schriftlich Festlegungen zu den technischen und organisatorischen Maßnahmen zur Gewährleistung des Datenschutzes und der Datensicherheit nach den Artikeln 24, 25 und 32 der Verordnung (EU) 2016/679 getroffen hat. Gegenüber Gerichten – nicht jedoch gegenüber Ärzten – können Auskünfte gem. § 6 Abs. 2 S. 1 Fall 1 VRegV auch schriftlich oder gem. § 6 Abs. 2 S. 2 VRegV fernmündlich erfolgen. In der Praxis spielen diese Formen der Auskunft eine untergeordnete Rolle, da die Betreuungsgerichte über Zugangsdaten für eine elektronische Abfrage des Registers verfügen.

II. Gebühren (Abs. 2)

Abs. 2 enthält eine Ermächtigung der Bundesnotarkammer zur Gebührenerhebung und legt zugleich fest, dass lediglich für die Aufnahme von Erklärungen, nicht jedoch für die Auskunftserteilung eine Gebühr erhoben werden darf.

Die Registerbehörde ist zu einer gleichmäßigen Gebührenerhebung verpflichtet. Ein **Absehen von der Gebührenerhebung** ist nur möglich, wenn dies durch die besonderen Umstände des Einzelfalls geboten erscheint, insbesondere wenn die volle Gebührenerhebung für den Gebührenschuldner eine unzumutbare Härte darstellen würde oder wenn der mit der Erhebung der Gebühr verbundene Verwaltungsaufwand außer Verhältnis zu der Höhe der zu erhebenden Gebühr stünde.

Die Bestimmung des Gebührenschuldners erfolgt nach Abs. 2. Für die Aufnahme von Anträgen in das Zentrale Vorsorgeregister ist Gebührenschuldner der **Antragsteller**. Dies ist immer der Vollmachtgeber, da nur auf dessen Antrag hin eine Eintragung vorgenommen werden darf (§ 2 Abs. 1 S. 1 VRegV). Stellt ein Notar, Rechtsanwalt, eine Betreuungsbehörde oder ein sonstiger institutioneller Nutzer des Vorsorgeregisters den Eintragungsantrag, so handelt er als **Vertreter** des Vollmachtgebers und wird daher nicht zum Gebührenschuldner.[2] Ebenfalls Gebührenschuldner sind Personen, die kraft Gesetzes für die Gebührenschuld haften, beispielsweise Erben des Vollmachtgebers. Notare und Gerichte können die vom Vollmachtgeber bzw. Erblasser geschuldeten Gebühren für die Registerbehörde entgegenzunehmen und an diese weiterzuleiten. In der Praxis machen nur Notare von dieser Möglichkeit Gebrauch. Die Abwicklung der Entgegennahme der Gebühr und anschließenden Weiterleitung muss wegen des unmittelbaren zeitlichen Zusammenhangs nicht über ein Anderkonto erfolgen. Für den unwahrscheinlichen Fall der Insolvenz des Notars vor Weiterleitung an die Registerbehörde hat diese im Zuge einer Ermessensreduzierung auf Null die Gebühr gegenüber dem Schuldner gem. § 6 VReg-GebS niederzuschlagen.

III. Gebührenhöhe (Abs. 3)

Abs. 3 legt fest, welche Tatsachen der Bemessung der Gebühr zu Grunde gelegt werden dürfen. Die Gebührenfinanzierung ist darauf ausgelegt, nicht nur die Inbetriebnahme des Registers und die laufenden Kosten zu decken, sondern muss auch dessen dauerhafte Fortführung sichern. Dies bedeutet, dass auch eine angemessene Rücklagenbildung erfolgen muss. Andernfalls wäre bei einem Rückgang der Registrierungen, beispielsweise wegen eines Sättigungseffekts bei der

---

2 Ebenso Diehn/Diehn BNotO § 78b Rn. 23; Frenz/Miermeister/Hüren BNotO § 78b Rn. 16.

Versorgung der Bevölkerung mit Vorsorgevollmachten, die Fortführung der Beauskunftung nicht sichergestellt.

9 Für die Aufnahme von Erklärungen in das Zentrale Vorsorgeregister ist der gewählte **Kommunikationsweg** bei der Gebührenhöhe zu berücksichtigen. Dies trägt dem Umstand Rechnung, dass Registrierungen über elektronische Schnittstellen unmittelbar in das Register übernommen werden können, ohne dass es eines manuellen Kontroll- und Eingabeprozesses bedarf. Die Gebührensatzung des Zentralen Vorsorgeregisters sieht deswegen für elektronisch übermittelte Registrierungen eine Ermäßigung der Gebühr vor.

10 Die **konkreten Gebühren** sind in der Gebührensatzung der Bundesnotarkammer festgelegt.

IV. Gebührensatzung (Abs. 4)

11 Die Bundesnotarkammer ist gem. Abs. 4 S. 1 befugt, eine **Gebührensatzung** zu erlassen. Unproblematisch ist, dass die Satzung nicht nur gegenüber Mitgliedern der Bundesnotarkammer wirkt, sondern gegenüber allen Registernutzern.[3] Die Grundlagen der Gebührenerhebung sind in § 78b so präzise festgelegt, dass dem Parlamentsvorbehalt hinreichend Rechnung getragen ist. Durch das Genehmigungserfordernis durch das Bundesministerium der Justiz (Abs. 4 S. 2) wird die Mitwirkung staatlich legitimierter Organe am Rechtsetzungsakt nochmals verstärkt. Zuständig für den Erlass der Satzung ist die Vertreterversammlung der Bundesnotarkammer (§ 83 Abs. 1 BNotO).

12 Die Satzung unterliegt nicht nur einem **Genehmigungserfordernis** durch das Bundesministerium der Justiz. Im Zuge der **Rechtsaufsicht** über den Registerbetrieb kann auch eine nachträglich rechtswidrig werdende Satzung beanstandet werden. Allerdings sind die Grenzen hier eng zu ziehen. Die Rechtsaufsicht berechtigt nicht dazu, das der Bundesnotarkammer gesetzlich eingeräumte Ermessen zur Bestimmung der Gebührenhöhe durch eigenes Ermessen zu ersetzen. Die angemessene Gebührenhöhe ist vielmehr durch die Registerbehörde selbst zu bestimmen, da nur diese die erforderliche Sachnähe aufweist, um die anfallenden Kosten beurteilen zu können. Erst bei Überschreitung des Ermessensspielraums ist eine Beanstandung denkbar. Im Wege der Rechtsaufsicht kann auch eine Überprüfung der Gebühr nach S. 3 angemahnt werden, sofern die Registerbehörde ihrer Überprüfungspflicht nicht nachkommt. Als angemessener Zeitraum für die Überprüfung dürfte ein Turnus von fünf Jahren anzusehen sein.[4]

C. Weitere praktische Hinweise

13 Rechtsanwälten, die öfter bei der Errichtung von Vorsorgevollmachten beraten und diese im Zentralen Vorsorgeregister registrieren, ist auch im Interesse der Mandanten zu raten, sich als **institutionelle Nutzer** beim Zentralen Vorsorgeregister der Bundesnotarkammer registrieren zu lassen, Anträge ausschließlich elektronisch zu stellen und die vom Mandanten zu entrichtende Gebühr entgegenzunehmen und an das Register weiterzuleiten. Dadurch können die **Registrierungsgebühren deutlich reduziert** werden.

---

[3] Petersen NVwZ 2013, 841.
[4] Zimmermann/Diehn Erbrechtliche Nebengesetze BNotO § 78e Rn. 12.

Anhang zu § 78b: Vorsorgeregister-Gebührensatzung

Satzung über die Gebühren in Angelegenheiten des Zentralen Vorsorgeregisters (Vorsorgeregister-Gebührensatzung – ZVR-GebS)

Vom 2. Februar 2005 (DNotZ S. 81)
zuletzt geändert durch Dritte Änderungssatzung vom 18. Oktober 2022 (DNotZ S. 881)

§ 1 Gebührenverzeichnis

¹Die Bundesnotarkammer erhebt als Registerbehörde Gebühren für die Aufnahme von Erklärungen in das Zentrale Vorsorgeregister nach dem Gebührenverzeichnis der Anlage zu dieser Satzung. ²Auslagen werden daneben nicht erhoben.

§ 2 Gebührenschuldner

(1) Zur Zahlung der Gebühren ist verpflichtet:
1. der Antragsteller;
2. derjenige, der für die Gebührenschuld eines anderen kraft Gesetzes haftet.

(2) Mehrere Gebührenschuldner haften als Gesamtschuldner.

§ 3 Fälligkeit

Die Gebühren werden mit der Beendigung der beantragten Amtshandlung fällig.

§ 4 Institutionelle Nutzer

(1) Wird der Antrag auf Aufnahme einer Erklärung in das Zentrale Vorsorgeregister von einem Notar oder einer bei der Registerbehörde registrierten Person oder Einrichtung (institutioneller Nutzer) für den Vollmachtgeber übermittelt oder in dessen Namen gestellt, werden nach Maßgabe des Gebührenverzeichnisses (Anlage zu § 1 Satz 1) ermäßigte Gebühren erhoben.
(2) ¹Registrieren lassen können sich Personen oder Einrichtungen, zu deren beruflicher, satzungsgemäßer oder gesetzlicher Tätigkeit es gehört, entsprechende Anträge für den Vollmachtgeber zu übermitteln oder in dessen Namen zu stellen. ²Insbesondere können sich Rechtsanwälte, Betreuungsvereine und Betreuungsbehörden registrieren lassen.
(3) ¹Die Registrierung erfolgt auf Antrag der Person oder Einrichtung durch die Registerbehörde. ²In dem Antrag hat die Person oder Einrichtung ihre Identität und die Erfüllung der Voraussetzungen des Absatzes 2 hinreichend nachzuweisen. ³Darüber hinaus hat die Person oder Einrichtung zu erklären, dass sie die Abwicklung des Verfahrens für die Vollmachtgeber, für die sie Anträge übermittelt oder in deren Namen sie Anträge stellt, übernimmt, insbesondere dass sie die Gebührenzahlung auf deren Rechnung besorgt.
(4) Die Registerbehörde kann die Registrierung aufheben, wenn
1. die Voraussetzungen des Absatzes 2 nicht mehr vorliegen,
2. die registrierte Person oder Einrichtung die Abwicklung des Verfahrens für die Vollmachtgeber nicht mehr übernimmt; dies gilt nicht, wenn lediglich die Gebührenzahlung für die Vollmachtgeber nicht besorgt wird; oder
3. die registrierte Person oder Einrichtung länger als sechs Monate keinen Antrag für einen Vollmachtgeber übermittelt oder in dessen Namen gestellt hat.

§ 5 Unrichtige Sachbehandlung

Gebühren, die bei richtiger Behandlung nicht entstanden wären, werden nicht erhoben.

§ 6 Ermäßigung, Absehen von Gebührenerhebung

Die Registerbehörde kann Gebühren ermäßigen oder von der Erhebung von Gebühren absehen, wenn dies durch die besonderen Umstände des Einzelfalls geboten erscheint, insbesondere wenn die volle Gebührenerhebung für den Gebührenschuldner eine unzumutbare Härte darstellen würde oder wenn der mit der Erhebung der Gebühr verbundene Verwaltungsaufwand außer Verhältnis zu der Höhe der zu erhebenden Gebühr stünde.

§ 7 Betreuungsverfügungen, Patientenverfügungen, Widersprüche gegen eine Vertretung durch den Ehegatten nach § 1358 des Bürgerlichen Gesetzbuchs

Die Vorschriften dieser Satzung gelten für Betreuungsverfügungen, Patientenverfügungen sowie Widersprüche gegen eine Vertretung durch den Ehegatten nach § 1358 des Bürgerlichen Gesetzbuchs entsprechend.

§ 8 Übergangsregelung

[1]Gebühren gemäß dieser Satzung in der vor dem 1. Januar 2023 geltenden Fassung werden erhoben, wenn der die Gebühr auslösende Tatbestand vor Ablauf des 31. Dezember 2022 verwirklicht wurde. [2]Ist für eine Änderung oder Ergänzung eine Gebühr zu erheben, ist der Zeitpunkt der Beantragung der Änderung oder Ergänzung maßgeblich.

§ 9 Inkrafttreten

Diese Satzung tritt am 1. März 2005 in Kraft.

Anlage

(zu § 1 Satz 1)

Gebührenverzeichnis

Vorbemerkungen:

(1) Die Erhöhungs- und Ermäßigungstatbestände sind nebeneinander anwendbar, soweit nicht ein anderes bestimmt ist.

(2) Beantragt ein Bevollmächtigter oder ein vorgeschlagener Betreuer (Vertrauensperson) die Änderung oder Löschung des ihn betreffenden Eintrags, so werden für die Änderung oder Löschung des Eintrags von der Vertrauensperson keine Gebühren erhoben.

(3) Für die Berichtigung personenbezogener Daten werden keine Gebühren erhoben.

Nr.	Gebührentatbestand	Gebührenbetrag
	1. Übermittlung des Antrags durch den Vollmachtgeber	
10	Eintragung einer Vorsorgevollmacht in das Zentrale Vorsorgeregister oder Änderung eines Eintrags aufgrund Übermittlung durch den Vollmachtgeber:	26,00 EUR
11	Der Antrag wird elektronisch über eine der hierfür vorgehaltenen technischen Schnittstellen automatisiert übertragen:	
	Die Gebühr 10 ermäßigt sich um	3,00 EUR
	2. Übermittlung oder Stellung des Antrags durch einen institutionellen Nutzer (§ 4)	
20	Eintragung einer Vorsorgevollmacht in das Zentrale Vorsorgeregister oder Änderung eines Eintrags aufgrund Übermittlung oder Antragstellung durch einen institutionellen Nutzer:	23,50 EUR
	Erklärt der institutionelle Nutzer, der den Antrag auf Eintragung oder Änderung übermittelt oder stellt, dass die Gebühren unmittelbar bei dem Vollmachtgeber erhoben werden sollen, so fällt an Stelle der Gebühr 20 die Gebühr 10 an; der Gebührentatbestand der Nummer 21 einschließlich der Anmerkung zu Nummer 21 finden entsprechende Anwendung.	
21	Der Antrag wird elektronisch über eine der hierfür vorgehaltenen technischen Schnittstellen automatisiert übertragen:	
	Die Gebühr 20 ermäßigt sich um	5,00 EUR
	Die Gebühr 20 entfällt, wenn der Antrag elektronisch über eine der hierfür vorgehaltenen technischen Schnittstellen automatisiert übertragen wird und nur die Änderung eines bestehenden Eintrags einer Vorsorgevollmacht betrifft.	
	3. Gemeinsame Erhöhungs- und Ermäßigungstatbestände	
	Vorbemerkung:	
	Die Eintragung oder Änderung betrifft mehr als eine Vertrauensperson oder die Ergänzung einer Vertrauensperson:	
31	Die Gebühr 10 und die Gebühr 20 erhöhen sich für jede Vertrauensperson um	4,00 EUR

Nr.	Gebührentatbestand	Gebührenbetrag
32	Wird der Antrag elektronisch über eine der hierfür vorgehaltenen technischen Schnittstellen automatisiert übertragen, erhöhen sich die Gebühr 10 und die Gebühr 20 in Abweichung von Gebühr 31 für jede Vertrauensperson um	3,50 EUR
33	Die Eintragung umfasst keine Vertrauensperson:	
	Die Gebühr 10 und die Gebühr 20 ermäßigen sich um	3,50 EUR
35	Die Gebühr wird durch Lastschrifteinzug gezahlt:	
	Die Gebühr 10 und die Gebühr 20 ermäßigen sich um	2,50 EUR

Anlage

(nichtamtlich)

Gebührenkonstellationen

Melder	Übermittlung des Antrags	Zahlweise	Adressat der Gebührenerhebung	Gebührenhöhe
institutioneller Nutzer	elektronische Übermittlung	Lastschrift	institutioneller Nutzer	16,00 €
institutioneller Nutzer	elektronische Übermittlung	Überweisung	institutioneller Nutzer	18,50 €
institutioneller Nutzer	elektronische Übermittlung	Lastschrift	Vorsorgeverfügender	18,50 €
institutioneller Nutzer	elektronische Übermittlung	Überweisung	Vorsorgeverfügender	21,00 €
institutioneller Nutzer	manuelle Übermittlung	Lastschrift	institutioneller Nutzer	21,00 €
institutioneller Nutzer	manuelle Übermittlung	Überweisung	institutioneller Nutzer	23,50 €
institutioneller Nutzer	manuelle Übermittlung	Lastschrift	Vorsorgeverfügender	23,50 €
institutioneller Nutzer	manuelle Übermittlung	Überweisung	Vorsorgeverfügender	26,00 €
Privatmelder	elektronische Übermittlung	Lastschrift	nicht relevant	20,50 €
Privatmelder	elektronische Übermittlung	Überweisung	nicht relevant	23,00 €
Privatmelder	manuelle Übermittlung	Lastschrift	nicht relevant	23,50 €
Privatmelder	manuelle Übermittlung	Überweisung	nicht relevant	26,00 €
zusätzliche Vertrauensperson	elektronische Übermittlung	nicht relevant	nicht relevant	3,50 €
zusätzliche Vertrauensperson	manuelle Übermittlung	nicht relevant	nicht relevant	4,00 €
ohne Vertrauensperson	nicht relevant	nicht relevant	nicht relevant	-3,50 €

§ 78c BNotO Zentrales Testamentsregister; Verordnungsermächtigung

(1) ¹Die Bundesnotarkammer führt als Registerbehörde ein automatisiertes elektronisches Register über die Verwahrung erbfolgerelevanter Urkunden und sonstige Daten nach § 78d. ²Die Erhebung und Verwendung der Daten ist auf das für die Erfüllung der gesetzlichen Aufgaben der Registerbehörde, der Nachlassgerichte und der Verwahrstellen Erforderliche zu beschränken. ³Das Bundesministerium der Justiz und für Verbraucherschutz führt die Rechtsaufsicht über die Registerbehörde.

(2) Das Bundesministerium der Justiz und für Verbraucherschutz hat durch Rechtsverordnung mit Zustimmung des Bundesrates die näheren Bestimmungen zu treffen über

1. die Einrichtung und Führung des Registers,
2. die Auskunft aus dem Register,
3. die Anmeldung, Änderung und Löschung von Registereintragungen,
4. die Einzelheiten der Datenübermittlung und -speicherung und
5. die Einzelheiten der Datensicherheit.

(3) ¹In der Rechtsverordnung können darüber hinaus Bestimmungen zum Inhalt der Sterbefallmitteilungen nach § 78e Satz 1 getroffen werden. ²Ferner können in der Rechtsverordnung Ausnahmen zugelassen werden von

1. § 78e Satz 3, soweit dies die Sterbefallmitteilung an das Nachlassgericht betrifft;
2. der elektronischen Benachrichtigung nach § 78e Satz 4;
3. der Verpflichtung zur elektronischen Übermittlung nach § 34a Absatz 1 und 2 des Beurkundungsgesetzes und § 347 des Gesetzes über das Verfahren in Familiensachen und in den Angelegenheiten der freiwilligen Gerichtsbarkeit.

Literatur:
Diehn, Das Zentrale Testamentsregister in der notariellen Praxis, DNotZ 2011, 676; *ders*. Testamentsverzeichnisüberführung und Benachrichtigungswesen in Nachlasssachen mit dem Zentralen Testamentsregister der Bundesnotarkammer, StAZ 2001, 70; *ders*. Das Zentrale Testamentsregister, NJW 2011, 481; *Görk*, Zentrales Vorsorgeregister und Zentrales Testamentsregister – die Bundesnotarkammer als Registerbehörde, DNotZ 2011, Sonderheft zu Heft 3; *Gottwald*, Das Zentrale Testamentsregister, ZAP Fach 12, 233; *Herzog*, Das zentrale Testamentsregister, ErbR 2012, 294; *Seebach*, Aktuelle Entwicklungen der Zentralen Register, DNotZ-Sonderheft 2016, 172; *ders*., Die europäische Testamentsregisterverknüpfung – eine neue Informationsmöglichkeit für Notare in Nachlasssachen mit grenzüberschreitendem Bezug, ZNotP 2015, 412.

A. Das Zentrale Testamentsregister	1	II. Ausführungsverordnungen (Abs. 2 S. 2)	8
I. Entstehungsgeschichte	1	III. Grundsatz der Datensparsamkeit (Abs. 1 S. 2)	9
II. Funktionsweise	3	IV. Sterbefallmitteilungen (Abs. 3)	10
B. Regelungsgehalt	4	V. Ausnahmeregelungen (Abs. 3 S. 2)	11
I. Die Bundesnotarkammer als Registerbehörde (Abs. 2 S. 1)	4	VI. Rechtsaufsicht (Abs. 1 S. 3)	13
1. Effiziente Verwahrdatenpflege	6	C. Hinweise für den Praktiker	14
2. Materielle Sachnähe	7		

A. Das Zentrale Testamentsregister

I. Entstehungsgeschichte

1 Das **Zentrale Testamentsregister** wurde zum 1.1.2012 auf Initiative Baden-Württembergs eingeführt. Ziel war es, ein schnelles und effizientes **Benachrichtigungswesen in Nachlasssachen** zu installieren, um das Auffinden erbfolgerelevanter Urkunden im Todesfall sicherzustellen. Registriert werden können sämtliche vor einem Notar errichtete erbfolgerelevante Urkunden (Näheres s. § 78d BNotO). Auch eigenhändige Testamente können registriert werden, jedoch nur, wenn sie in **besondere amtliche Verwahrung** beim Nachlassgericht gebracht wurden.

Durch die Einführung des Zentralen Testamentsregisters wurde das bis dahin bestehende papiergebundene Benachrichtigungssystem abgelöst, das auf einer länderübergreifend abgestimmten Verwaltungsanweisung beruhte. Vor dem 1.1.2012 hatte jede amtliche Verwahrstelle (Gericht oder Notar), die eine erbfolgerelevante Urkunde verwahrte, eine Verwahrungsnachricht in Form einer **gelben Karteikarte** auszufüllen und an das Geburtsstandesamt des Erblassers zu übersenden. War die Geburt des Erblassers nicht im Inland beurkundet, wurde das Amtsgericht Schöneberg in Berlin informiert. Dieses Benachrichtigungswesen hatte zahlreiche Defizite: Benachrichtigungen gingen auf dem Postweg verloren oder wurden an falsche Standesämter versandt. Im Todesfall war die auf der Karte angegebene Verwahrstelle oft nicht mehr aktuell, so dass Mitteilungen über das Vorhandensein erbfolgerelevanter Urkunden nicht oder nur nach zeitintensiver Recherche zugestellt werden konnten. Wegen dieser Defizite entschloss sich der Gesetzgeber zur Schaffung eines elektronischen Registers, das wegen der besonderen Sachnähe der Notare bei der Beurkundung von Verfügungen von Todes wegen, sowie aufgrund der besonderen technischen Expertise bei der Bundesnotarkammer angesiedelt wurde.[1] Die früher verwendeten Papierbenachrichtigungen (gelbe Karteikarten) sind mittlerweile vollständig als strukturierte Daten in das Zentrale Testamentsregister übertragen. Die Überführung erfolgt auf Grundlage des Testamentsverzeichnisüberführungsgesetzes bis Ende 2016. Nunmehr sind im Zentralen Testamentsregister somit Informationen über sämtliche in Deutschland amtlich verwahrte erbfolgerelevante Urkunden zentral gespeichert.

2

II. Funktionsweise

Das Zentrale Testamentsregister wird **automatisiert elektronisch** geführt. Jeder in Deutschland aktive Notar und jedes Amtsgericht in seiner funktionalen Zuständigkeit als Nachlassgericht ist an das Zentrale Testamentsregister angeschlossen. Die Verbindung erfolgt nicht über das Internet, sondern nur über besonders gesicherte geschlossene Netzwerke, zB das Notarnetz oder das DOI-Verbindungsnetz. Wird eine erbfolgerelevante Urkunde vor einem Notar errichtet, so hat dieser gem. § 34a BeurkG unverzüglich nach Beurkundung die in § 78b BNotO iVm § 1 ZTRV spezifizierten Verwahrangaben an das Zentrale Testamentsregister zu übermitteln. Eigenhändige Testamente, die in besondere amtliche Verwahrung beim Nachlassgericht gegeben werden, werden gem. § 347 FamFG durch das Gericht registriert. Angaben zum Inhalt der Urkunde werden nicht gespeichert. Durch die Registrierung wird sichergestellt, dass erbfolgerelevante Urkunden im Todesfall auch aufgefunden werden. Jeder von einem deutschen Standesamt beurkundete Sterbefall wird gem. §§ 58 Abs. 4 Nr. 5, 59 Abs. 4 Nr. 5, 60 Abs. 1 Nr. 9, Abs. 2 Nr. 5 PStV der Bundesnotarkammer als der das Zentrale Testamentsregister führenden Behörde mitgeteilt. Die Mitteilung erfolgt in den meisten Fällen elektronisch mittels strukturierter Daten im Format X-Personenstand, die im OSCI-Protokollstandard übertragen werden. Die Sterbefalldaten werden mittels eines ausdifferenzierten Suchalgorithmus mit den im Register hinterlegten Verwahrangaben abgeglichen und je nach Übereinstimmungsgrad entweder automatisiert oder manuell zugeordnet bzw. verworfen. In den allermeisten Fällen kann noch am Tag des Eingangs der Sterbefallmitteilung sowohl das zuständige Nachlassgericht als auch die aktuelle Verwahrstelle über das Vorhandensein erbfolgerelevanter Urkunden informiert werden.

3

B. Regelungsgehalt

I. Die Bundesnotarkammer als Registerbehörde (Abs. 2 S. 1)

Die Bundesnotarkammer führt gemäß § 78c Abs. 1 BNotO das Zentrale Testamentsregister als Pflichtaufgabe. Sie ist somit im Wege der **mittelbaren Bundesverwaltung** (§ 87 Abs. 3 GG) mit

4

---

[1] BR-Drs. 247/10, 21 ff.

der Wahrnehmung staatlicher Aufgaben betraut, wird insoweit also nicht im Rahmen der funktionalen Selbstverwaltung tätig.[2]

5 Die Übertragung staatlicher Aufgaben auf die Bundesnotarkammer als bundesunmittelbare Körperschaft des öffentlichen Rechts hat sich insbesondere aus zwei Gründen angeboten:[3]

6 **1. Effiziente Verwahrdatenpflege.** Zweck des Zentralen Testamentsregisters ist es, im Todesfall schnell und präzise die jeweils aktuelle Verwahrstelle einer erbfolgerelevanten Urkunde zu benachrichtigen. Verwahrstellen sind neben den Amtsgerichten ca. 8.300 Notare mit hoher Fluktuation (Amtssitzwechsel, Erlöschen des Amtes etc). Die Bundesnotarkammer führt ein **elektronisches Notarverzeichnis**,[4] in dem nicht nur sämtliche bundesweit aktive Notare eingetragen sind, sondern auch historische Notare einschließlich der deren Akten verwahrende Stellen im Sinne des § 51 BNotO gepflegt werden. Diese elektronische Datenbank ist mit dem Zentralen Testamentsregister verknüpft, so dass auch dann ohne zeitliche Verzögerung die aktuelle Verwahrstelle benachrichtigt werden kann, wenn die Urkunde ursprünglich bei einem nun nicht mehr aktiven Notar verwahrt wurde. Außer dem Notarverzeichnis hat die Bundesnotarkammer auch ein **Verzeichnis sämtlicher in Deutschland bestehender aktiver und historischer Standesämter** aufgebaut.

7 **2. Materielle Sachnähe.** Die Bundesnotarkammer hat aufgrund der Beurkundungszuständigkeiten der Notare im Erbrecht eine besondere materielle Sachnähe zum Gegenstand des Zentralen Testamentsregisters. Weil ca. 90 Prozent aller verwahrten erbfolgerelevanten Urkunden notariell beurkundet sind,[5] ist der Benachrichtigungsweg zu einem von der Bundesnotarkammer geführten Register besonders kurz und daher effizient.

II. Ausführungsverordnungen (Abs. 2 S. 2)

8 § 78c Abs. 2 enthält die Ermächtigungsgrundlage für das Bundesministerium der Justiz, nähere Bestimmungen zum Registerbetrieb im Wege der Rechtsverordnung zu erlassen. Die Verordnung zur Errichtung und Führung des Zentralen Testamentsregisters wurde mit Wirkung zum 1.1.2012 erlassen (BGBl. I 2011 S. 1386). Der Verordnungstext ist im Anhang zu dieser Kommentierung abgedruckt.

III. Grundsatz der Datensparsamkeit (Abs. 1 S. 2)

9 Abs. 1 S. 2 konkretisiert den datenschutzrechtlichen **Grundsatz der Datensparsamkeit**. Dem Grundsatz der Datensparsamkeit wird zum einen dadurch Rechnung getragen, dass gemäß § 1 ZTRV ausschließlich Daten, die zum Auffinden der Urkunde erforderlich sind, im Register **gespeichert** werden, **nicht jedoch Daten zum Inhalt der Urkunden**. Die Verwendung der Daten ist dadurch eingeschränkt, dass Auskünfte von Amts wegen gem. § 78e S. 3 Nr. 1 und 2 BNotO nur nach dem Tod des Erblassers und nur an das zuständige Nachlassgericht sowie die Verwahrstelle der Urkunde erteilt werden. Auskünfte auf Antrag werden gem. § 78f Abs. 1 BNotO nur Gerichten und Notaren erteilt, also Stellen die typischerweise mit der Abwicklung erbrechtlicher Angelegenheiten befasst sind und einer staatlichen Aufsicht unterliegen. Auskünfte zu Lebzeiten des Erblassers sind gem. § 78f Abs. 1 S. 3 BNotO nur mit dessen Einwilligung möglich.

---

[2] BeckOK BNotO/Hushahn BNotO § 78c Rn. 17.
[3] Vgl. die Gesetzesbegründung BR-Drs. 247/10, 21.
[4] Abrufbar unter www.notar.de.
[5] Jahresbericht 2021 der Bundesnotarkammer für das Zentrale Testamentsregister, abrufbar unter: http://www.testamentsregister.de (zuletzt abgerufen am: 11.8.2022).

IV. Sterbefallmitteilungen (Abs. 3)

Abs. 3 stellt klar, dass die Rechtsverordnung zum Zentralen Testamentsregister auch den **Inhalt der Sterbefallmitteilungen** regeln kann, was in § 6 ZTRV erfolgt ist. Die Verordnung unterscheidet dabei im Sinne der Datensparsamkeit zwischen Daten, die zur Erfüllung der Aufgaben sowohl des Nachlassgerichts als auch der Verwahrstelle erforderlich sind und Daten, die allein das zuständige Nachlassgericht benötigt. Erstere sind in § 6 Abs. 1 ZTRV geregelt und betreffen Daten zur Person des Erblassers, die zum Auffinden erbfolgerelevanter Urkunden erforderlich sind. Letztere sind in § 6 Abs. 2 ZTRV geregelt und betreffen Angaben zu Verwandten des Erblassers und zum Nachlassvermögen. Diese Daten werden allein dem Nachlassgericht und nicht der Verwahrstelle mitgeteilt.

V. Ausnahmeregelungen (Abs. 3 S. 2)

Die Testamentsregisterverordnung kann Ausnahmen vorsehen, um Besonderheiten Rechnung zu tragen. Die in der Praxis bedeutsamste Ausnahme ist in Nr. 1 iVm § 7 Abs. 3 ZTRV geregelt: Sterbefallmitteilungen werden grundsätzlich nur dann an Nachlassgerichte übermittelt, wenn im Zentralen Testamentsregister auch Verwahrangaben registriert sind. Sind keine Verwahrangaben registriert, so erfolgt eine **Benachrichtigung des zuständigen Nachlassgerichts nur auf Antrag** der Justizverwaltung (§ 7 Abs. 3 S. 3 ZTRV). Damit wird berücksichtigt, dass in einigen Bundesländern eine Amtspflicht zur Erbenermittlung besteht und Informationen zum Sterbefall auch dann benötigt werden, wenn keine Verfügung von Todes wegen eröffnet werden muss.

Die weiteren Ausnahmen betreffen die **Pflicht zur elektronischen Kommunikation**. Gemäß § 9 Abs. 3 ZTRV kann die Kommunikation nach Maßgabe der von der Registerbehörde getroffenen Festlegungen auch schriftlich erfolgen. Anwendungsfälle sind hier insbesondere die Meldung erbfolgerelevanter gerichtlicher Vergleiche oder konsularischer Urkunden. Diese treten mengenmäßig so selten und unregelmäßig auf, dass ein zwingender technischer Anschluss an das Zentrale Testamentsregister unverhältnismäßig wäre. Auch bei technischen Störungen kann die Registerbehörde Ausnahmen von der Pflicht zur elektronischen Kommunikation zulassen. Versäumt der Nutzer, die technischen Voraussetzungen für die Nutzung bei sich zu schaffen, handelt es sich nicht um eine technische Störung.[6]

VI. Rechtsaufsicht (Abs. 1 S. 3)

Soweit die Bundesnotarkammer als Registerbehörde tätig wird, unterliegt sie gem. § 78 Abs. 2 S. 6 BNotO der **Rechtsaufsicht des Bundesministeriums der Justiz**. Diese Regelung hat gegenüber § 77 Abs. 2 BNotO, der die allgemeine Staatsaufsicht des Bundesministeriums der Justiz über die Bundesnotarkammer anordnet, nur klarstellende Bedeutung. Es sollte dem möglichen Missverständnis entgegengewirkt werden, dass außerhalb des Bereichs der funktionalen Selbstverwaltung eine Fachaufsicht bestehen könnte.[7]

C. Hinweise für den Praktiker

Bei einem Mandat zur **Rechtsberatung bei der Errichtung eines Testaments** sollte mit dem Mandanten abgeklärt werden, ob eine Registrierung der Urkunde im Zentralen Testamentsregister der Bundesnotarkammer gewollt ist, um das Auffinden der Urkunde im Todesfall sicherzustellen. Wünscht der Mandant dies, so kann sich die **notarielle Beurkundung** der Verfügung von Todes wegen empfehlen, in jedem Fall muss das Testament jedoch gem. § 2248 BGB in die **besondere amtliche Verwahrung beim Nachlassgericht** gebracht werden, welches dann gem. § 347

---

6 Zimmermann/Diehn Erbrechtliche Nebengesetze BNotO § 78 Rn. 8.

7 Vgl. amtl. Begründung BT-Drs. 17/2583, 16; Schippel/Bracker/Görk BNotO § 78 Rn. 35 f.

FamFG das Testament im Zentralen Testamentsregister registriert. Eigenhändige Testamente in privater oder anwaltlicher Verwahrung sind nicht registerfähig. Umgekehrt muss jede Verfügung von Todes wegen, die in besondere amtliche Verwahrung gebracht wird, zwingend im Zentralen Testamentsregister registriert werden. Der Mandant kann hierauf nicht verzichten. Die Kosten der Registrierung betragen derzeit pro Erblasser 15,50 EUR bei eigenhändigen Testamenten, 12,50 EUR bei notariellen Urkunden, wenn der Notar – wie in der Praxis üblich – die Gebühr für den Mandanten an die Registerbehörde weiterleitet.

15 Das Zentrale Testamentsregister kann auch dazu genutzt werden, um festzustellen, ob der Mandant bereits vorab **eine Verfügung von Todes wegen** errichtet hat. Damit können Haftungsgefahren verringert werden, die sich daraus ergeben, dass die Testierfreiheit des Erblassers durch eine bindende frühere letztwillige Verfügung, zB ein gemeinschaftliches Testament oder einen Erbvertrag, eingeschränkt ist. Es empfiehlt sich, die Auskunft über einen Notar einholen zu lassen, da dieser über einen gesicherten Zugang zum Register verfügt und daher eine elektronische Abfrage in Echtzeit vornehmen kann. Der Rechtsanwalt kann das Register nicht elektronisch abfragen, Auskünfte per E-Mail werden aus Datenschutzgründen nicht erteilt.

Anhang zu § 78c: Testamentsregister-Verordnung

Verordnung zur Einrichtung und Führung des Zentralen Testamentsregisters (Testamentsregister-Verordnung – ZTRV)

zuletzt geändert durch Artikel 6 des Gesetzes vom 25. Juni 2021 (BGBl. I S. 2154)

Eingangsformel

Aufgrund des § 78 Absatz 2 Satz 2 bis 5 in Verbindung mit § 78 Absatz 2 Satz 1 Nummer 2 der Bundesnotarordnung, der durch Artikel 1 Nummer 1 Buchstabe a des Gesetzes vom 22.12.2010 (BGBl. I S. 2255) eingefügt worden ist, verordnet das Bundesministerium der Justiz:

§ 1   Inhalt des Registers

¹Die Registerbehörde nimmt folgende Verwahrangaben in das Zentrale Testamentsregister auf:
1. Daten des Erblassers
    a) Familienname, Geburtsname, Vornamen und Geschlecht,
    b) Tag und Ort der Geburt,
    c) Geburtsstandesamt und Geburtenregisternummer, wenn die Geburt im Inland beurkundet wurde,
    d) Staat der Geburt, wenn der Erblasser im Ausland geboren wurde,
2. Bezeichnung und Anschrift der Verwahrstelle,
3. Verwahrnummer, Verwahrbuchnummer oder Aktenzeichen des Verfahrens der Verwahrstelle,
4. Art und Datum der Errichtung der erbfolgerelevanten Urkunde und
5. Name, Amtssitz und Urkundenrollen-Nummer des Notars bei notariellen Urkunden.

²Die Registerbehörde kann zusätzliche Angaben aufnehmen, die für das Auffinden der erbfolgerelevanten Urkunde erforderlich sind.

§ 2   Meldung zum Register

(1) ¹Notare und Gerichte (Melder) übermitteln nach § 34a Absatz 1 und 2 des Beurkundungsgesetzes, nach § 347 des Gesetzes über das Verfahren in Familiensachen und in den Angelegenheiten der freiwilligen Gerichtsbarkeit und nach § 78d Absatz 4 der Bundesnotarordnung die Verwahrangaben an die Registerbehörde. ²Betrifft eine erbfolgerelevante Urkunde mehrere Erblasser, sind die Verwahrangaben für jeden Erblasser zu übermitteln.
(2) ¹Jede Übermittlung muss alle Verwahrangaben nach § 1 Satz 1 enthalten, mit Ausnahme der Geburtenregisternummer, die nachträglich übermittelt werden kann. ²Im Fall der besonderen amtlichen Verwahrung der Urkunde übermittelt das Gericht eine Verwahrbuchnummer nur, wenn die Urkunde unter der Verwahrnummer nach § 3 Absatz 1 Satz 1 bei dem Verwahrgericht nicht aufgefunden werden kann.
(3) Der Melder übermittelt die erforderlichen Daten, wie sie ihm vom Erblasser mitgeteilt wurden.

§ 3 Registrierungsverfahren

(1) ¹Die Registerbehörde fasst die übermittelten Verwahrangaben für jeden Erblasser unter einer Registernummer zu einem Datensatz (Verwahrdatensatz) zusammen und ordnet jeder erbfolgerelevanten Urkunde, die in die besondere amtliche Verwahrung zu nehmen ist, eine Verwahrnummer zu. ²Die Verwahrnummern werden bezogen auf jedes Verwahrgericht vergeben. ³Die Registerbehörde speichert diesen Verwahrdatensatz in einem elektronischen System (Registrierung).
(2) ¹Die Registerbehörde bestätigt dem Melder jede erfolgreiche Registrierung und übermittelt diesem für den Erblasser die Angaben des Verwahrdatensatzes. ²Im Fall der besonderen amtlichen Verwahrung teilt die Registerbehörde zusätzlich die nach Absatz 1 Satz 1 vergebene Verwahrnummer mit. ³Konnte die Registrierung nicht durchgeführt werden, teilt die Registerbehörde dies dem Melder unter Angabe der Gründe mit.
(3) ¹Ist eine notarielle erbfolgerelevante Urkunde in besondere amtliche Verwahrung zu nehmen, teilt der Notar dem Verwahrgericht die Verwahrnummer mit, die ihm von der Registerbehörde mitgeteilt wurde. ²Das Verwahrgericht bestätigt der Registerbehörde die Inverwahrnahme der erbfolgerelevanten Urkunde und übermittelt ihr eine Verwahrbuchnummer, wenn die Urkunde unter der Verwahrnummer nach § 3 Absatz 1 Satz 1 bei dem Verwahrgericht nicht aufgefunden werden kann.

§ 4 Verfahren bei Änderungen der Verwahrstelle oder Rücknahme aus der amtlichen Verwahrung

(1) ¹Die erneute besondere amtliche Verwahrung oder die Änderung der Verwahrstelle einer erbfolgerelevanten Urkunde auf Wunsch des Erblassers ist der Registerbehörde zu melden. ²Die Registerbehörde ergänzt die Angaben im Verwahrdatensatz und ordnet der erbfolgerelevanten Urkunde eine neue Verwahrnummer zu. ³§ 3 Absatz 2 und 3 gilt in diesen Fällen entsprechend.
(2) ¹Die Rücknahme einer erbfolgerelevanten Urkunde aus der notariellen oder der besonderen amtlichen Verwahrung ist der Registerbehörde unter Angabe des Datums der Rückgabe zu melden. ²Die Registerbehörde vermerkt die Rücknahme in den betroffenen Verwahrdatensätzen. § 3 Absatz 2 gilt entsprechend.

§ 5 Löschung, Berichtigung und Ergänzung

¹Ein Verwahrdatensatz wird von der Registerbehörde

1. gelöscht, wenn die Registerfähigkeit der Urkunde irrtümlich angenommen wurde oder die Registrierung bereits erfolgt ist,
2. berichtigt, wenn die registrierten Verwahrangaben fehlerhaft sind,
3. ergänzt, wenn die registrierten Verwahrangaben unvollständig sind.

²Ein Notar kann die Löschung eines Verwahrdatensatzes einer in die besondere amtliche Verwahrung zu verbringenden erbfolgerelevanten Urkunde oder die Berichtigung der Angabe des Verwahrgerichts nur herbeiführen, solange deren Eingang nicht nach § 3 Absatz 3 Satz 2 bestätigt ist. § 3 Absatz 2 gilt entsprechend.

§ 6 Inhalt der Sterbefallmitteilungen

(1) Die Sterbefallmitteilung nach § 78e Satz 1 der Bundesnotarordnung enthält folgende Daten:
1. Registrierungsdaten des übermittelnden Standesamts,
2. Familienname, Geburtsname, Vornamen und Geschlecht des Verstorbenen,
3. Tag und Ort der Geburt des Verstorbenen,
4. Geburtsstandesamt und Geburtenregisternummer, wenn die Geburt im Inland beurkundet wurde,
5. Staat der Geburt, wenn der Verstorbene im Ausland geboren worden ist,
6. Todestag oder Todeszeitraum,
7. Sterbeort, bei Sterbefall im Ausland mit Angabe des Staates,
8. Staatsangehörigkeit des Verstorbenen,
9. Angaben darüber, dass der Verstorbene für tot erklärt worden ist oder seine Todeszeit gerichtlich festgestellt worden ist,
10. letzter Wohnsitz des Verstorbenen,
11. Beurkundungsdatum des Sterbefalls.

(2) ¹Die Sterbefallmitteilung nach § 78e Satz 1 der Bundesnotarordnung enthält außerdem sonstige Angaben, die zur Erfüllung gesetzlicher Aufgaben des Nachlassgerichts erforderlich sind. Sonstige Angaben können insbesondere sein:
1. Familienstand des Verstorbenen,
2. Familienname, Geburtsname und Vornamen des Ehegatten oder Lebenspartners des Verstorbenen,
3. Tag, Ort und Registrierungsdaten der Geburt des Ehegatten oder Lebenspartners des Verstorbenen und im Falle des Vorversterbens des Ehegatten oder Lebenspartners zusätzlich Tag, Ort und Registrierungsdaten von dessen Tod,
4. Familienname, Vornamen und Anschrift von Kindern des Erblassers,
5. Familienname, Vornamen und Anschrift von nahen Angehörigen und anderen möglichen Auskunftgebern,
6. Angaben über vorhandenes Nachlassvermögen,

7. etwaige Anhaltspunkte für die Erforderlichkeit von Maßnahmen zur Nachlasssicherung.

²Sonstige Angaben nach den Sätzen 1 und 2, die der Registerbehörde elektronisch übermittelt werden, löscht diese unverzüglich, nachdem das Verfahren nach § 7 abgeschlossen ist.
(3) Die Daten nach den Absätzen 1 und 2 werden der Registerbehörde von dem zuständigen Standesamt nur mitgeteilt, soweit sie diesem bekannt sind.

§ 7 Benachrichtigungen im Sterbefall

(1) ¹Erhält die Registerbehörde von dem zuständigen Standesamt eine Sterbefallmitteilung zu einer Person, für die im Zentralen Testamentsregister Verwahrangaben registriert sind, teilt sie der Verwahrstelle unter Übermittlung der Daten nach § 6 Absatz 1 unverzüglich mit, welche erbfolgerelevante Urkunde betroffen ist und welches Nachlassgericht nach Absatz 3 Satz 1 benachrichtigt wird. ²Liegen Verwahrangaben verschiedener Stellen vor, so ist jede dieser Stellen entsprechend zu benachrichtigen. ³Verwahrdatensätze, zu denen eine Rücknahme nach § 4 Absatz 2 registriert wurde, bleiben unberücksichtigt.
(2) ¹Ist oder wird bekannt, dass die Zuständigkeit für die Verwahrung einer erbfolgerelevanten Urkunde von den Verwahrangaben im Zentralen Testamentsregister abweicht, etwa weil das Gericht aufgelöst oder der Notar aus dem Amt geschieden ist, sendet die Registerbehörde die Benachrichtigung nach Absatz 1 an die nun zuständige Stelle. ²Hilfsweise ist das Amtsgericht zu benachrichtigen, in dessen Bezirk die aufgehobene Verwahrstelle lag.
(3) ¹Sind im Zentralen Testamentsregister Verwahrangaben registriert, teilt die Registerbehörde dem nach § 343 des Gesetzes über das Verfahren in Familiensachen und in den Angelegenheiten der freiwilligen Gerichtsbarkeit zuständigen Nachlassgericht mit, welche Verwahrangaben im Zentralen Testamentsregister enthalten sind und welche Verwahrstelle zu benachrichtigen ist, und übersendet diesem die Sterbefallmitteilung. ²Lässt sich das zuständige Nachlassgericht mithilfe der Sterbefallmitteilung (§ 6) nicht eindeutig bestimmen, wird vermutet, dass das zu benachrichtigende Nachlassgericht dasjenige ist, das für den letzten inländischen Wohnsitz des Erblassers örtlich zuständig ist. ³Wenn die Sterbefallmitteilung keinen inländischen Wohnsitz nennt, wird als zu benachrichtigendes Nachlassgericht das Amtsgericht Schöneberg in Berlin vermutet. ⁴Ist im Zentralen Testamentsregister neben einer Verwahrangabe eine Mitteilung nach § 78d Absatz 1 Satz 2 Nummer 2 der Bundesnotarordnung gespeichert, teilt die Registerbehörde auch diese Daten mit. ⁵Sind im Zentralen Testamentsregister Verwahrangaben nicht registriert, übersendet die Registerbehörde die Sterbefallmitteilung oder vorhandene Mitteilungen nach § 78d Absatz 1 Satz 2 Nummer 2 der Bundesnotarordnung nur auf Antrag. ⁶Die Landesjustizverwaltungen können gegenüber der Registerbehörde erklären, dass eine Benachrichtigung und Übermittlung nach Satz 5 in jedem Sterbefall erfolgen soll.
(4) ¹Das Nachlassgericht bestätigt der Registerbehörde den Eingang einer erbfolgerelevanten Urkunde unter Angabe des Datums des Eingangs der Urkunde und des Aktenzeichens des Nachlassverfahrens. ²Die Registerbehörde ergänzt den Ort der Verwahrung der erbfolgerelevanten Urkunde in den betroffenen Verwahrdatensätzen.

§ 8 Registerauskünfte

(1) ¹Die Registerbehörde erteilt Auskunft aus dem Zentralen Testamentsregister nach § 78f Absatz 1 der Bundesnotarordnung, wenn die ersuchende Stelle
1. ihr Geschäftszeichen und zur Person des Erblassers mindestens seinen Geburtsnamen, sein Geburtsdatum und seinen Geburtsort angibt und
2. erklärt, dass die in § 78f Absatz 1 der Bundesnotarordnung genannten Voraussetzungen vorliegen.

²Das Vorliegen der Voraussetzungen des § 78f Absatz 1 Satz 2 und 3 der Bundesnotarordnung prüft die Registerbehörde nur, wenn sie dazu nach den Umständen des Einzelfalls Anlass hat.
(1a) ¹Die Registerbehörde erteilt nach § 78f Absatz 1a der Bundesnotarordnung Auskunft aus dem Zentralen Testamentsregister, wenn die ersuchende Stelle
1. ihr Geschäftszeichen und zur Person des Erblassers mindestens seinen Geburtsnamen, sein Geburtsdatum und seinen Geburtsort angibt,
2. das Sterbedatum und den Sterbeort des Erblassers angibt oder die Einwilligung des Erblassers nach § 78f Absatz 1 Satz 3 der Bundesnotarordnung vorlegt und
3. erklärt, dass die in § 78f Absatz 1a der Bundesnotarordnung genannten Voraussetzungen vorliegen.

²Absatz 1 Satz 2 gilt entsprechend.
(2) ¹Für die Kontrolle der Zulässigkeit der Ersuchen und für die Sicherstellung der ordnungsgemäßen Datenverarbeitung protokolliert die Registerbehörde bei allen nach Absatz 1 erteilten Auskünften elektronisch die ersuchende Stelle, deren Angaben nach Absatz 1 Satz 1, den Zeitpunkt des Ersuchens, die betroffenen Registereinträge sowie die übermittelten Daten. ²Die ein Auskunftsverfahren nach Absatz 1a betreffenden Dokumente hat die Registerbehörde in Papierform aufzubewahren oder elektronisch zu speichern.
(3) ¹Die Protokolldaten und die nach Absatz 2 Satz 2 aufbewahrten Dokumente dürfen nur für die Sicherstellung eines ordnungsgemäßen Registerbetriebs, einschließlich der Datenschutzkontrolle und der Datensicherheit, verwendet werden. ²Sie sind gegen zweckfremde Verwendung besonders zu schützen. ³Fünf Jahre nach Ablauf des Kalenderjahres der Auskunftserteilung oder der anderweitigen Erledigung der Angelegenheit sind die Protokolldaten und

die nach Absatz 2 Satz 2 elektronisch gespeicherten Dokumente zu löschen sowie die nach Absatz 2 Satz 2 in Papierform aufbewahrten Dokumente zu vernichten.
(4) Die Befugnis der Gerichte, Notare und Notarkammern zur Einsicht in Registrierungen, die von ihnen verwahrte erbfolgerelevante Urkunden betreffen (§ 78f Absatz 2 der Bundesnotarordnung), und das Recht des Erblassers auf Auskunft nach den datenschutzrechtlichen Vorschriften bleiben unberührt.

§ 9 Elektronische Kommunikation

(1) Meldungen, Bestätigungen, Benachrichtigungen, Registerabfragen und -auskünfte erfolgen grundsätzlich elektronisch.
(2) ¹Die Registerbehörde stellt zur elektronischen Kommunikation mit Notaren, Gerichten und Standesämtern geeignete bundeseinheitliche Schnittstellen zur Verfügung. ²Die elektronische Übermittlung der Daten erfolgt durch geeignete bundeseinheitliche Transportprotokolle sowie in einheitlich strukturierten Datensätzen.
(3) Abweichend von Absatz 1 kann die Kommunikation auch schriftlich nach Maßgabe der von der Registerbehörde getroffenen Festlegungen erfolgen, insbesondere

1. im Zusammenhang mit nach § 78d Absatz 4 der Bundesnotarordnung zu registrierenden Vergleichen und mit von Konsularbeamten aufgenommenen erbfolgerelevanten Urkunden,
2. bei Benachrichtigungen nach § 7, außer nach § 7 Absatz 3 für den Fall, dass keine Verwahrangaben registriert sind,
3. bei Auskünften an Stellen nach § 78f Absatz 1a der Bundesnotarordnung oder
4. bei technischen Störungen.

(4) § 63 Absatz 1 und 3 der Personenstandsverordnung bleibt unberührt.

§ 10 Elektronische Aufbewahrung und Löschung

(1) Die Registerbehörde bewahrt die Verwahrangaben betreffenden Dokumente und Sterbefallmitteilungen nur in elektronischer Form auf.
(2) ¹Daten zu Sterbefallmitteilungen, die nicht nach § 6 Absatz 2 Satz 3 gelöscht werden, sind sechs Monate nach Eingang bei der Registerbehörde zu löschen, wenn keine die Sterbefallmitteilung betreffenden Verwahrangaben im Zentralen Testamentsregister registriert sind. ²In allen übrigen Fällen gilt für die Löschung von Sterbefallmitteilungen und der Daten, die Verwahrangaben gemäß § 1 betreffen, § 78d Absatz 1 Satz 3 der Bundesnotarordnung entsprechend. ³§ 8 Absatz 3 Satz 3 bleibt unberührt.

§ 11 Nacherfassungen

Wird festgestellt, dass eine verwahrte erbfolgerelevante Urkunde nicht im Zentralen Testamentsregister registriert ist, obwohl dies nach dem Testamentsverzeichnis-Überführungsgesetz vorgesehen war, ist die entsprechende Meldung von der Verwahrstelle nachzuholen.

§ 12 Datenschutz und Datensicherheit

(1) ¹Das Register ist nur durch solche informationstechnische Netze zugänglich, die durch eine staatliche Stelle oder im Auftrag einer staatlichen Stelle oder einer juristischen Person des öffentlichen Rechts betrieben werden und mit dem Zentralen Testamentsregister gesichert verbunden sind. ²Die Registerbehörde soll durch Verfügung, die im Verkündungsblatt der Bundesnotarkammer bekannt zu machen ist, weitere Zugangswege nur zulassen, sofern diese den datenschutzrechtlichen Anforderungen entsprechen.
(2) Die Registerbehörde erstellt ein Sicherheitskonzept, in welchem die einzelnen technischen und organisatorischen Maßnahmen festgelegt werden, die den Datenschutz und die Datensicherheit sowie die Umsetzung der Vorgaben dieser Verordnung gewährleisten.

§ 13 Inkrafttreten

Diese Verordnung tritt am 1.1.2012 in Kraft.

Schlussformel

Der Bundesrat hat zugestimmt.

§ 78d BNotO   Inhalt des Zentralen Testamentsregisters

(1) ¹In das Zentrale Testamentsregister werden Verwahrangaben zu erbfolgerelevanten Urkunden aufgenommen, die

1. von Notaren nach § 34a Absatz 1 oder 2 des Beurkundungsgesetzes zu übermitteln sind oder

2. von Gerichten nach Absatz 4 Satz 1 sowie nach § 347 des Gesetzes über das Verfahren in Familiensachen und in den Angelegenheiten der freiwilligen Gerichtsbarkeit zu übermitteln sind.

²Weiterer Inhalt des Zentralen Testamentsregisters sind

1. Verwahrangaben, die nach § 1 des Testamentsverzeichnis-Überführungsgesetzes überführt worden sind, und
2. Mitteilungen, die nach § 9 des Testamentsverzeichnis-Überführungsgesetzes überführt worden sind.

³Die gespeicherten Daten sind mit Ablauf des 30. auf die Sterbefallmitteilung folgenden Kalenderjahres zu löschen.

(2) ¹Erbfolgerelevante Urkunden sind Testamente, Erbverträge und alle Urkunden mit Erklärungen, welche die Erbfolge beeinflussen können, insbesondere Aufhebungsverträge, Rücktritts- und Anfechtungserklärungen, Erb- und Zuwendungsverzichtsverträge, Ehe- und Lebenspartnerschaftsverträge und Rechtswahlen. ²Verwahrangaben sind Angaben, die zum Auffinden erbfolgerelevanter Urkunden erforderlich sind.

(3) Registerfähig sind nur erbfolgerelevante Urkunden, die

1. öffentlich beurkundet worden sind oder
2. in amtliche Verwahrung genommen worden sind.

(4) ¹Handelt es sich bei einem gerichtlichen Vergleich um eine erbfolgerelevante Urkunde im Sinne von Absatz 2 Satz 1, übermittelt das Gericht unverzüglich die Verwahrangaben an die das Zentrale Testamentsregister führende Registerbehörde nach Maßgabe der nach § 78c Absatz 2 und 3 erlassenen Rechtsverordnung. ²Der Erblasser teilt dem Gericht die zur Registrierung erforderlichen Daten mit.

A. Allgemeines 1	4. Mitteilungen gem. § 9 des Testamentsverzeichnis-Überführungsgesetzes (Abs. 1 S. 2 Nr. 2) 22
B. Regelungsgehalt 2	
I. Meldepflichten 2	
II. Inhalt des Zentralen Testamentsregisters (Abs. 1 und 2) 5	5. Löschungsfrist (Abs. 1 S. 2) 23
1. Verwahrangaben (Abs. 1 S. 1 Nr. 1, Abs. 2 S. 2) 5	III. Weitere Anforderungen an die Registerfähigkeit (Abs. 3) 24
2. Erbfolgerelevante Urkunden (Abs. 1 S. 1 Nr. 1, Abs. 2 S. 1) 12	IV. Gerichtliche Vergleiche (Abs. 4) 26
3. Mitteilungen gem. § 1 des Testamentsverzeichnis-Überführungsgesetzes (Abs. 1 S. 2 Nr. 1) 21	C. Weitere praktische Hinweise 27

A. Allgemeines

1 § 78d konkretisiert § 78c Abs. 1 BNotO, der bestimmt, dass die Bundesnotarkammer ein automatisiertes elektronisches Register über die Verwahrung erbfolgerelevanter Urkunden führt. Welche Daten in das **Zentrale Testamentsregister** übertragen werden, wird in § 78d BNotO dem Grunde nach festgelegt und in der auf Grundlage von § 78c Abs. 2 BNotO erlassenen Testamentsregisterverordnung (ZTRV) näher spezifiziert. Die Meldepflichten zum Register sind für Notare in § 34a BeurkG festgelegt, für Gerichte in § 347 FamFG und betreffen sämtliche erbfolgerelevante Urkunden, die sich in amtlicher Verwahrung befinden.

B. Regelungsgehalt

I. Meldepflichten

Jeder deutsche Notar, der eine **erbfolgerelevante Urkunde** (zum Begriff → Rn. 12 ff.) beurkundet hat, muss gemäß § 34a BeurkG unverzüglich nach Beurkundung die Verwahrangaben an das Zentrale Testamentsregister übermitteln. Bei mehrseitigen Urkunden muss für jeden Erblasser eine Registrierung erfolgen (§ 2 Abs. 1 S. 2 ZTRV). Unverzüglich bedeutet entsprechend der Legaldefinition in § 121 Abs. 1 S. 1 BGB *ohne schuldhaftes Zögern*. Die Registrierung darf daher nicht aufgrund Organisationsverschuldens des Notars länger als bei sorgfältiger Abwicklung der Geschäftsvorfälle üblich unterbleiben. In der Literatur wird teilweise eine Maximaldauer von einer Woche für vertretbar gehalten.[1]

Die **gerichtliche Meldepflicht** ist in § 347 FamFG geregelt und betrifft eigenhändige Testamente und Nottestamente, die in die besondere amtliche Verwahrung genommen wurden, also Urkunden, die ohne notarielle Mitwirkung errichtet wurden. Ebenfalls durch die Gerichte registriert werden gem. § 347 Abs. 1 S. 2 FamFG Testamente, die erst nach dem Tod des Erblassers in die amtliche Verwahrung gelangen, wenn sie nach dem Tod des Erstversterbenden eröffnet wurden und nicht ausschließlich Anordnungen enthalten, die sich auf den Tod des Erstversterbenden beziehen. Dies betrifft insbesondere gemeinschaftliche Testamente, die erst nach dem Tod eines Ehegatten gem. § 2259 BGB an das Nachlassgericht abgeliefert wurden und Verfügungen auch für den zweiten Todesfall (beispielsweise eine Schlusserbeneinsetzung) beinhalten.

Die Meldepflichten zum Zentralen Testamentsregister betreffen ausschließlich **Vorgänge seit dem 1.1.2012**. Maßgeblich ist nicht das Datum der Urkunde, sondern der Zeitpunkt der Übermittlung der Verwahrangaben.[2] Frühere Meldungen auf Grundlage der Verwaltungsanweisung zur Benachrichtigung in Nachlasssachen sind nunmehr vollständig im Rahmen der **Testamentsverzeichnisüberführung** nachträglich in das Zentrale Testamentsregister mit aufgenommen worden.

II. Inhalt des Zentralen Testamentsregisters (Abs. 1 und 2)

1. Verwahrangaben (Abs. 1 S. 1 Nr. 1, Abs. 2 S. 2). In das Zentrale Testamentsregister werden lediglich **Verwahrangaben** zu erbfolgerelevanten Urkunden aufgenommen. Verwahrangaben sind solche, die zum Auffinden der Urkunde im Todesfall erforderlich sind. Gem. § 1 ZTRV sind dies die Daten des Erblassers (Familienname, Geburtsname, Vornamen und Geschlecht, Tag und Ort der Geburt, Geburtsstandesamt und Geburtenregisternummer, wenn die Geburt im Inland beurkundet wurde, Staat der Geburt, wenn der Erblasser im Ausland geboren wurde), die Bezeichnung und Anschrift der Verwahrstelle, die Verwahr(buch)nummer oder das Aktenzeichen des Verfahrens der Verwahrstelle, Art und Datum der Errichtung der erbfolgerelevanten Urkunde und bei notariellen Urkunden zusätzlich Name, Amtssitz und Urkundenrollennummer des Notars. **Nicht gespeichert werden Angaben zum Inhalt der notariellen Urkunde.**

Der **Umfang der Verwahrangaben** ist an den Aufgaben des Zentralen Testamentsregisters orientiert. Dieses erhält im Todesfall die Sterbefallmitteilung des Sterbestandesamts und muss die übermittelten Daten mit den gespeicherten Registrierungsdaten abgleichen. Wird eine Übereinstimmung festgestellt, so informiert das Zentrale Testamentsregister sowohl das zuständige Nachlassgericht als auch die Verwahrstelle. Letztere muss wiederum anhand der mitgeteilten Daten in der Lage sein, die Urkunde zu identifizieren und an das Nachlassgericht zu übermitteln.

---

1 Arndt/Lech/Sandkühler BNotO § 78b BNotO Rn. 20.

2 Ausführlich zur Abgrenzung der Meldepflichten Diehn StAZ 2011, 70.

7   Damit dieser Prozess auch bei über 18 Millionen Registrierungen zuverlässig abläuft, muss bei der Eingabe der Verwahrdaten auf hohe Genauigkeit geachtet werden. Dazu sollte sich der registrierende Notar oder das registrierende Gericht unbedingt eine **Geburtsurkunde** des Erblassers vorlegen lassen, da die Daten auf Personalausweisen oft von ungenügender Qualität sind. Den Erblasser trifft eine Mitwirkungspflicht, um dem Notar oder dem Gericht die Erfüllung seiner Amtspflichten zu ermöglichen. Diese haben den Erblasser zwar zur Vorlage einer Geburtsurkunde anzuhalten und ihm zur Kontrolle der eingegebenen Daten eine Eintragungsbestätigung vorzulegen, letztendlich verbleibt es jedoch im Verantwortungsbereich des Erblassers der registrierenden Stelle die erforderlichen Daten zur Verfügung zu stellen.[3]

8   Die **Namen des Erblassers** sind so wie zum Zeitpunkt der Registrierung gültig anzugeben. Frühere Familiennamen, zB wegen Vorverehelichung, werden nicht benötigt. Auch spätere Änderungen des Familiennamens in Folge von Heirat, Scheidung etc müssen nicht im Zentralen Testamentsregister berichtigt werden, da der Familienname bei der Zuordnung einer Registrierung zu einem Sterbefall nicht verwendet wird. Ordens- oder Künstlernamen werden im Zentralen Testamentsregister nicht registriert. Vornamen können in beliebiger Reihenfolge eingegeben werden, ein Rufname ist nicht zu kennzeichnen. Hat sich der Geburtsname aufgrund einer Adoption geändert, so ist nur der aktuelle Geburtsname anzugeben. Ändert sich der Geburtsname erst nach der Registrierung im Zentralen Testamentsregister, kann und sollte eine Berichtigung der Registrierung erfolgen.

9   **Tag und Ort der Geburt** sind verpflichtend anzugeben, sofern diese bekannt sind. Bei ausländischen Geburtsorten ist die in Deutschland übliche Bezeichnung zu verwenden, wenn diese von der im Geburtsstaat gebräuchlichen Bezeichnung abweicht. Im Zweifelsfall können auch beide Bezeichnungen angegeben werden. In jedem Fall muss die Bezeichnung in lateinischen Schriftzeichen erfolgen, ggf. muss nach den Normen der Internationalen Normenorganisation eine Transliteration vorgenommen werden. Bei Geburten in Ausland wird zusätzlich auch der Geburtsstaat registriert.

10 **Geburtsstandesamt und Geburtenregisternummer** sind nur dann verpflichtend anzugeben, wenn die Geburt im Inland beurkundet wurde. Unter Inland ist nur das heutige Inland zu verstehen, nicht also die ehemaligen Reichsgebiete. Dies schließt nicht aus, auch in diesen Fällen Geburtsstandesamt und Geburtenregisternummer zu übermitteln, um die Zuordnung der Registrierung im Todesfall zu erleichtern; die Angabe ist jedoch dann nicht verpflichtend. Um eine im Inland beurkundete Geburt handelt es sich jedoch auch dann, wenn eine Nachbeurkundung vor dem Standesamt I in Berlin erfolgte.

11 Besondere Bedeutung kommt bei der Identifizierung des Erblassers der **Geburtenregisternummer** zu, da diese vom zugehörigen Geburtsstandesamt in der Regel nur ein einziges Mal vergeben wurde und somit eine eindeutige Identifizierung ermöglicht. Ist die Geburtenregisternummer bei Registrierung der Urkunde (noch) nicht bekannt, da der Erblasser noch keine Geburtsurkunde vorgelegt hat, so sollte dennoch eine sofortige Registrierung erfolgen, um die Urkunde in den Informationskreislauf in Nachlasssachen miteinzubeziehen und der Pflicht zur unverzüglichen Registrierung Rechnung zu tragen. Die Eintragung der Geburtenregisternummer kann in diesem Fall nachträglich erfolgen. Das Zentrale Testamentsregister stellt bei Registrierungen ohne Geburtenregisternummer dem Notar ein Anschreiben an das Geburtsstandesamt zur Verfügung, mit welchem der Notar im Auftrag des Erblassers und auf dessen Kosten eine Geburtsurkunde anfordern kann. Zu dieser Anforderung ist der Notar jedoch nicht verpflichtet.

12 **2. Erbfolgerelevante Urkunden (Abs. 1 S. 1 Nr. 1, Abs. 2 S. 1).** Der in § 78b Abs. 1 Nr. 1 verwendete Begriff der **erbfolgerelevanten Urkunde** wird in Abs. 2 S. 1 definiert und umfasst zum

---

3   BR-Drs. 349/11, 11.

einen **Testamente und Erbverträge**. Diese sind immer registerpflichtig, unabhängig davon, ob die darin enthaltenen Verfügungen die Erbfolge ändern oder nicht. Auch ein Testament, in welchem lediglich ein Vermächtnis, eine Auflage oder die Anordnung einer Testamentsvollstreckung oder eine Vormundbenennung angeordnet wird, muss im Zentralen Testamentsregister registriert werden. Jede **Änderung** einer Verfügung von Todes wegen muss erneut registriert werden.

Andere Urkunden sind hingegen nur registerpflichtig, wenn sie Erklärungen beinhalten, welche die **Erbfolge beeinflussen** können. Maßgebliches Kriterium ist die abstrakte Geeignetheit der Erklärung, eine Verschiebung der Erbquoten herbeizuführen. Das Gesetz nennt beispielhaft Aufhebungsverträge, Rücktritts- und Anfechtungserklärungen, Erb- und Zuwendungsverzichtserklärungen, Ehe- und Lebenspartnerschaftsverträge und Rechtswahlen. Diese Aufzählung ist nicht abschließend, umfasst jedoch die wichtigsten Anwendungsfälle.

Aufhebungsverträge, Rücktritts- und Anfechtungserklärungen sind deshalb registerpflichtig, weil die Wirksamkeit letztwilliger Verfügungen damit beseitigt wird. Anfechtungserklärungen werden jedoch nur registriert, wenn sie vom Erblasser selbst erklärt werden, nicht dagegen bei einer Anfechtung nach dem Tod durch Dritte. Bei mehrseitigen Verfügungen von Todes wegen, zB einem gemeinschaftlichen Testament oder einem Erbvertrag, sollte die Registrierung der Anfechtungserklärung sowohl für den Erblasser als auch für den anderen Teil erfolgen, da die Wirksamkeit beider Verfügungen betroffen ist. Gleiches gilt für Rücktrittserklärungen. Da in diesem Fall jedoch auch zwei Registrierungsgebühren anfallen, empfiehlt sich vor Beurkundung eine Klärung der Kostenübernahme durch den Zurücktretenden auch für den anderen Erblasser.[4]

Erb- und Zuwendungsverzichtserklärungen sind registerpflichtig, weil dadurch entweder die gesetzlichen Erbquoten verschoben werden können oder eine testamentarische Verfügung gegenstandslos wird. **Nicht registerpflichtig** ist dagegen der **Pflichtteilsverzicht**, der die gesetzlichen Erbquoten unberührt lässt.[5]

Ehe- und Lebenspartnerschaftsverträge müssen nur registriert werden, wenn sie potenziell zu einer Verschiebung der Erbquoten führen können. Dies ist bei Vereinbarung von Gütertrennung wegen des Wegfalls des pauschalen erbrechtlichen Zugewinnausgleichs im Wege der Erbquotenerhöhung (§ 1371 Abs. 1 BGB) der Fall. Ob tatsächlich eine Verschiebung der Erbquoten eintritt oder die Erbquote im konkreten Fall trotz Gütertrennung gleichbleibt (etwa bei nur einem Abkömmling neben dem überlebenden Ehegatten), ist irrelevant. Modifikationen der Zugewinngemeinschaft, die sich auf den Scheidungsfall beschränken, unterliegen dagegen keiner Registrierungspflicht.

Rechtswahlen sind registerpflichtig, wenn sie das Güterrechtsstatut oder das Erbrechtsstatut betreffen. Dies gilt auch für die **gegenständlich beschränkte Rechtswahl** anlässlich des Erwerbs einer Immobilie.[6]

Die **Benennung eines Vormundes** erfolgt gem. § 1777 Abs. 3 BGB durch letztwillige Verfügung; diese muss im Zentralen Testamentsregister registriert werden. Nicht registerpflichtig sind dagegen Erklärungen, die lediglich **Verwandtschaftsbeziehungen** neu regeln. Dazu zählen etwa Vaterschaftsanerkennungen oder Adoptionsanträge. Diese Erklärungen sind in ihren Auswirkungen nicht anders zu beurteilen als eine Heirat oder die Geburt eines leiblichen Kindes. Über Verwandtschaftsbeziehungen gibt – vom Sonderfall der nichtehelichen Kinder abgesehen – das Zentrale Testamentsregister keine Auskunft; dies ist Aufgabe der Standesämter.

---

4   Zimmermann/Diehn BNotO § 78b Rn. 10 rät zu einer Aufnahme der Kostenregelung in die Urkunde.

5   Für eine optionale Registrierung: BeckOK BeurkG/Seebach § 34a Rn. 19.2; Zimmermann/Diehn BNotO § 78b Rn. 9.

6   DNotI-Report 2014, 98 ff.

19 **Rechtsgeschäfte unter Lebenden** sind nicht registerpflichtig. Dies betrifft insbesondere Vermögensübertragungen im Wege der vorweggenommenen Erbfolge. Hierdurch wird nur die Zusammensetzung des Nachlasses geändert, nicht jedoch die gesetzliche Erbfolge. Gleiches gilt für gesellschaftsrechtliche Nachfolgeklauseln, sofern es sich dabei nicht ausnahmsweise um eine Schenkung auf den Todesfall handelt.

20 **Postmortale Rechtsgeschäfte** – beispielsweise Erbausschlagungen und Erbanteilsübertragungen – sind ebenfalls nicht im Zentralen Testamentsregister zu registrieren. Dies ergibt sich aus dem Zweck des Testamentsregisters, erbfolgerelevante Urkunden bei Tod des Erblassers aufzufinden. Registrierungen, die dem Tod erst nachfolgen, können diesen Zweck nicht erfüllen.[7]

21 **3. Mitteilungen gem. § 1 des Testamentsverzeichnis-Überführungsgesetzes (Abs. 1 S. 2 Nr. 1).** Da die in § 347 FamFG und § 34a BeurkG statuierten Meldepflichten für Gerichte und Notare erst seit dem 1.1.2012 gelten (→ Rn. 4), musste eine Regelung gefunden werden, um die vor diesem Zeitpunkt ergangenen Meldungen an die Standesämter über erbfolgerelevante Urkunden (sog. **gelbe Karteikarten**) in das elektronische Benachrichtigungswesen in Nachlasssachen zu integrieren. Zu diesem Zweck haben die Standesämter und das Amtsgericht Schöneberg in Berlin gem. dem mittlerweile außer Kraft getretenen § 1 TVÜG die dort noch vorhandenen Verwahrungsnachrichten in das Zentrale Testamentsregister überführt. Die Überführung erfolgte unter der Verfahrensherrschaft der Bundesnotarkammer als Registerbehörde. Mittlerweile sind sämtliche in der Bundesrepublik Deutschland in amtlicher Verwahrung befindlichen erbfolgerelevanten Urkunden registriert.

22 **4. Mitteilungen gem. § 9 des Testamentsverzeichnis-Überführungsgesetzes (Abs. 1 S. 2 Nr. 2).** Ebenfalls in das Zentrale Testamentsregister aufgenommen wurden Daten nach § 9 TVÜG. Dabei handelt es sich um die bis zum 1.1.2009 auf Grundlage einer allgemeinen Verwaltungsvorschrift des Bundes („Dienstanweisung für die Standesbeamten und ihre Aufsichtsbehörden") erstellten Mitteilungen über die Geburt eines nichtehelichen Kindes oder über die Annahme eines Kindes durch eine Einzelperson, die sogenannten „**Weißen Karteikarten**". Während eheliche Kinder bis Ende 2008 in das anlässlich der Eheschließung angelegte Familienbuch der Eltern eingetragen wurden, legten die Standesämter für nichtehelich geborene oder von einer Einzelperson angenommene Kinder weiße Karteikarten an, die mit dem Geburtenregistereintrag des jeweiligen Elternteils verknüpft und in das Testamentsverzeichnis des Geburtsstandesamts des Elternteils aufgenommen wurden.[8] Bis 2009 informierte das Geburtsstandesamt nach dem Tod des Elternteils von Amts wegen das Nachlassgericht über die Existenz des Kindes, um dessen erbrechtliche Stellung verfahrensrechtlich abzusichern. Mit Wegfall der Dienstanweisung im Zuge der Reform des Personenstandsgesetzes war das Schicksal dieser Daten unklar. Um das schutzwürdige Vertrauen der betroffenen Kinder auf die verfahrensrechtliche Absicherung ihres Erbrechts nicht zu enttäuschen,[9] entschloss sich der Gesetzgeber diese Daten ebenfalls in das Zentrale Testamentsregister zu überführen, obwohl sie lediglich die gesetzliche und nicht die gewillkürte Erbfolge betreffen. Die Überführung war **Aufgabe der Länder**, die jedoch die Bundesnotarkammer auf Grundlage von § 9 Abs. 1 S. 3 TVÜG mit der Durchführung dieser Aufgabe im Wege der **Organleihe**[10] betraut haben. Auskunftsberechtigt hinsichtlich dieser Daten sind allein die Gerichte, nicht jedoch Notare (§ 78f Abs. 1 S. 1 BNotO) oder sonstige Personen. Auch diese Daten sind mittlerweile vollständig überführt.

23 **5. Löschungsfrist (Abs. 1 S. 2).** Die im Zentralen Testamentsregister gespeicherten Daten müssen 30 Jahre nach Eingang der die jeweilige Person betreffenden Sterbefallmitteilung **gelöscht** werden. Damit soll dem Nachlassgericht die Gelegenheit gegeben werden, auch bei späteren

---

7 So auch Arndt/Lech/Sandkühler BNotO § 78b BNotO, Rn. 11; Zimmermann/Diehn Erbrechtliche Nebengesetze BNotO § 78b Rn. 13.

8 Ausführliche Darstellung der Hintergründe im ursprünglichen Gesetzesantrag der Länder Baden-Württemberg, Hessen, BR-Drs. 108/12.

9 BR-Drs. 108/12, 1.

10 Zu den verfassungsrechtlichen Grundlagen der Organleihe: BVerfGE 63, 1 ff.

Erbscheinsverfahren noch auf die Daten des Zentralen Testamentsregisters zugreifen zu können.[11] Geht keine Sterbefallmitteilung ein, etwa weil die betroffene Person im Ausland verstorben ist und auch keine Nachbeurkundung des Sterbefalls in Deutschland erfolgte, so sieht das Gesetz keine Löschungsfrist vor. Allerdings muss die Verwahrstelle bei letztwilligen Verfügungen, die sich seit mehr 30 Jahren in amtlicher Verwahrung befinden, gem. § 351 FamFG von Amts wegen ermitteln, ob der Erblasser noch lebt und bei Ungewissheit über das Fortleben die Verfügung eröffnen.

III. Weitere Anforderungen an die Registerfähigkeit (Abs. 3)

Nur öffentlich beurkundete oder **in amtliche Verwahrung** genommene erbfolgerelevante Urkunden können registriert werden. Unter Nr. 1 (öffentlich beurkundet) fallen deutsche notarielle und konsularische Urkunden. Ausländische Notare können keine Registrierung vornehmen, da diese die erbfolgerelevanten Urkunden nicht amtlich im Inland verwahren. Erfolgt die Verwahrung einer von einem ausländischen Notar beurkundeten erbfolgerelevanten Urkunde bei einem inländischen Amtsgericht, so hat dieses die Registrierung vorzunehmen, Bei öffentlich beurkundeten erbfolgerelevanten Urkunden, die keine Verfügungen von Todes wegen sind (zB Eheverträge, Erbverzichte), besteht Registerfähigkeit nur, wenn diese auch amtlich verwahrt werden. Dies ist bei (deutschen) notariellen Urkunden immer der Fall, bei konsularischen Urkunden gem. § 10 Abs. 3 Nr. 4 S. 1 und 2 KonsG nur, wenn ein Beteiligter die amtliche Verwahrung beim Amtsgericht Schöneberg in Berlin verlangt. Bei Aushändigung an die Beteiligten kann keine Registrierung erfolgen; Absatz 3 Nr. 1 muss daher teleologisch reduziert werden.[12]

24

Eigenhändige Testamente sind nur registerfähig, wenn sie in die (besondere) amtliche Verwahrung beim Amtsgericht verbracht werden. Bei privater Verwahrung, zB zu Hause, beim Rechtsanwalt oder in einem Bankschließfach, kann keine Registrierung erfolgen. Hier verbleibt es bei der bürgerlich-rechtlichen Ablieferungspflicht nach § 2259 BGB.

25

IV. Gerichtliche Vergleiche (Abs. 4)

Abs. 4 statuiert eine eigenständige Meldepflicht für Gerichte, die einen **Vergleich** mit erbfolgerelevanten Erklärungen protokollieren. Anwendungsbeispiele sind etwa die Aufhebung eines Erbvertrags oder ein Erbverzicht. Wegen der Seltenheit der Meldungen erfolgt die Registrierung nicht elektronisch, sondern gem. § 9 Abs. 3 Hs. 2 Nr. 1 ZTRV im Papiermeldeverfahren. Da die nach § 1 ZTRV erforderlichen Erblasserdaten in einem streitigen Verfahren meist nicht vorliegen, trifft den Erblasser diesbezüglich eine Beibringungspflicht.[13]

26

C. Weitere praktische Hinweise

Unter www.testamentsregister.de stellt die Bundesnotarkammer aktuelle Informationen zum Zentralen Testamentsregister zur Verfügung. Ist in einem Beratungsfall unklar, ob der Mandant in der Vergangenheit bereits letztwillige Verfügungen getroffen hat, so kann über einen Notar ein **Registerauszug** aus dem Zentralen Testamentsregister eingeholt werden, der sämtliche bereits errichteten und registrierten erbfolgerelevanten Urkunden des Mandanten enthält.

27

---

11 Kritisch gegenüber dieser kurzen Frist Schippel/Bracker/Görk BNotO § 78b Rn. 7; dem folgend Arndt/Lech/Sandkühler BNotO § 78b Rn. 30.

12 Zimmermann/Diehn Erbrechtliche Nebengesetze BNotO § 78b Rn. 31.

13 Zimmermann/Diehn Erbrechtliche Nebengesetze BNotO § 78b Rn. 34.

§ 78e BNotO Sterbefallmitteilung

¹Das zuständige Standesamt hat der Registerbehörde den Tod, die Todeserklärung oder die gerichtliche Feststellung der Todeszeit einer Person mitzuteilen (Sterbefallmitteilung). ²Die Registerbehörde prüft daraufhin, ob im Zentralen Testamentsregister Angaben nach § 78d Absatz 1 Satz 1 und 2 vorliegen. ³Sie benachrichtigt, soweit es zur Erfüllung der Aufgaben des Nachlassgerichts und der verwahrenden Stellen erforderlich ist, unverzüglich

1. das zuständige Nachlassgericht über den Sterbefall und etwaige Angaben nach § 78d Absatz 1 Satz 1 und 2 und
2. die verwahrenden Stellen über den Sterbefall und etwaige Verwahrangaben nach § 78d Absatz 1 Satz 1 und 2 Nummer 1.

⁴Die Benachrichtigung erfolgt elektronisch.

A. Allgemeines 1	III. Benachrichtigung des Nachlassgerichts 5
B. Regelungsgehalt 2	IV. Benachrichtigung der Verwahrstelle 6
I. Sterbefallmitteilungen der Standesämter (S. 1) 2	V. Benachrichtigung soweit erforderlich 7
II. Sterbefallbearbeitung (S. 2) 4	C. Weitere praktische Hinweise 10

A. Allgemeines

1 § 78e BNotO statuiert zum einen eine **Meldepflicht** der Standesämter an die Bundesnotarkammer bezüglich Todesfällen, Todeserklärungen und gerichtlichen Feststellungen der Todeszeit. Zum anderen regelt § 78e BNotO die Benachrichtigung der Nachlassgerichte und Verwahrstellen durch die Bundesnotarkammer von Amts wegen über im Zentralen Testamentsregister vorhandene Daten.

B. Regelungsgehalt

I. Sterbefallmitteilungen der Standesämter (S. 1)

2 § 78e S. 1 enthält die für den Informationsaustausch zwischen Standesämtern und Bundesnotarkammer erforderliche Rechtsgrundlage. Zuständiges Standesamt für die Übermittlung der Sterbefallmitteilung ist gem. § 60 Abs. 1 Nr. 9 PStV in erster Linie das **Standesamt, das den Sterbefall beurkundet** hat. Für die Mitteilung bei **Todeserklärungen** oder **gerichtlicher Feststellung der Todeszeit** ist gem. § 60 Abs. 2 Nr. 5 PStV das Standesamt I in Berlin zuständig. Wurde der **Sterbefall nicht im Inland** beurkundet, so trifft die Mitteilungspflicht auch das Standesamt, das eine Folgebeurkundung über den Tod, die Todeserklärung oder die gerichtliche Feststellung der Todeszeit im Eheregister oder Lebenspartnerschaftsregister einträgt (§ 58 Abs. 4 Nr. 5 bzw. § 59 Abs. 4 Nr. 5 PStV). Erfolgt keine Beurkundung des Todesfalls durch ein inländisches Standesamt, etwa bei Tod eines ausländischen Staatsangehörigen im Ausland, so erhält das Zentrale Testamentsregister keine Mitteilung. Das Nachlassgericht muss im in diesem Fall eine manuelle Abfrage des Zentralen Testamentsregisters vorzunehmen, da eine amtswegige Benachrichtigung über erbfolgerelevante Urkunden insoweit nicht erfolgt.

3 Die Benachrichtigung durch die Standesämter erfolgt seit dem 1.1.2014 ausschließlich **elektronisch**. Der Inhalt der Sterbefallmitteilungen ist in § 6 ZTRV näher definiert.

II. Sterbefallbearbeitung (S. 2)

4 Die Bundesnotarkammer prüft von Amts wegen, ob für die von den Standesämtern übermittelten Sterbefalldaten entsprechende Registrierungen im Zentralen Testamentsregister vorhanden sind. Aus § 78c Abs. 1 S. 1 BNotO, der von einem automatisierten elektronischen Register spricht, ergibt sich, dass diese Prüfung nicht durch manuelle Sichtung durchgeführt werden

muss, sondern ein automatisierter Abgleich der Daten ausreicht.[1] In der Praxis erfolgt zunächst ein automatisierter Abgleich auf Grundlage eines ausdifferenzierten Algorithmus, der verschiedene Kriterien wie Geburtsname, Vornamen, Geburtsdatum, Geburtsort, Geburtsstandesamt und Geburtenregisternummer berücksichtigt und anhand des Grades der Übereinstimmung einen Scoring-Wert ermittelt. Eindeutige Fälle werden sodann automatisiert zugeordnet oder verworfen, Zweifelsfälle werden manuell gesichtet. Im Falle der Zuordnung einer Registrierung zu einer Sterbefallbenachrichtigung übersendet das Zentrale Testamentsregister automatisch eine **Sterbefallbenachrichtigung** an das Nachlassgericht und die verwahrenden Stellen. Das Nachlassgericht kann jedoch stets auch eine **manuelle Registerabfrage** vornehmen, um nach (weiteren) vorhandenen erbfolgerelevanten Urkunden zu suchen. Dies bietet sich insbesondere dann an, wenn sich **Personenstandsdaten des Erblassers geändert** haben, beispielsweise wegen Adoption oder einer Geschlechtsumwandlung. Eine Haftung der Bundesnotarkammer für nicht ermittelte Registrierungen ist im Regelfall ausgeschlossen, da die Qualität der Auskunft durch die Registerbehörde sowohl von der Korrektheit der Registrierungsdaten als auch der Sterbefalldaten abhängt, worauf die Bundesnotarkammer keinen Einfluss hat.

III. Benachrichtigung des Nachlassgerichts

S. 3 differenziert zwischen **Benachrichtigungen des Nachlassgerichts** und der die Urkunde verwahrenden Stelle. Das Nachlassgericht erhält Nachricht sowohl über den Sterbefall, als auch über Verwahrangaben und Angaben zu nichtehelich geborenen oder von einer Einzelperson angenommen Kindern. Die zum Sterbefall zu übermittelnden Daten sind in § 6 Abs. 1 und 2 ZTRV spezifiziert und umfassen nicht nur Daten zur verstorbenen Person, sondern auch Angaben zu Ehegatten, Lebenspartnern, Kindern, sonstigen nahen Angehörigen oder möglichen Auskunftgebern, sowie Angaben über vorhandenes Nachlassvermögen und etwaige Anhaltspunkte für die Erforderlichkeit von Maßnahmen zur Nachlasssicherung. Die dem Nachlassgericht zu übermittelnden Verwahrangaben umfassen sämtliche gem. § 78d Abs. 1 S. 1 BNotO iVm § 1 ZTRV gespeicherten Daten, also insbesondere Angaben zur Person des registrierten Erblassers, Art und Datum der erbfolgerelevanten Urkunde, Angaben zur Person des beurkundenden Notars, Bezeichnung und Anschrift der Verwahrstelle, sowie Verwahr(buch)nummern und Aktenzeichen. **Angaben zu nichtehelich geborenen oder von einer Einzelperson angenommene Kinder** beschränken sich auf die Personendaten des Erblassers und des betroffenen Kindes.

IV. Benachrichtigung der Verwahrstelle

Die **Verwahrstelle** erhält nur Nachricht über den Sterbefall und die registrierten Verwahrangaben. Angaben zu nichtehelich geborenen oder von einer Einzelperson angenommenen Kindern sind für die Verwahrstelle nicht relevant, weshalb das Gesetz insoweit keine Benachrichtigung vorsieht. Benachrichtigt wird stets die aktuelle Verwahrstelle. Hat sich der ursprüngliche Aufbewahrungsort einer Urkunde geändert, zB weil Gerichte zusammengelegt wurden oder einem Amtsgericht oder einem Notar die Aktenverwahrung eines aus dem Amt geschiedenen Notars gem. § 51 BNotO übertragen wurde, so ermittelt die Bundesnotarkammer die aktuelle Verwahrstelle und übersendet dieser die Sterbefallbenachrichtigung. Dies erfolgt in der Regel ohne zeitliche Verzögerung, weil die Bundesnotarkammer entsprechende Stammdatenverzeichnisse führt, in welchen der Übergang einer Aktenverwahrung unmittelbar zeitlich nachfolgend eingetragen wird.

---

[1] Frenz/Miermeister/Litzenburger BNotO § 78e Rn. 4.

V. Benachrichtigung soweit erforderlich

7 Die Benachrichtigung erfolgt nur insoweit, wie sie zur Aufgabenerfüllung des Nachlassgerichts und der verwahrenden Stellen erforderlich ist. Konkretisiert ist der **Erforderlichkeitsgrundsatz** in § 7 Abs. 3 ZTRV. Wenn Verwahrangaben zu erbfolgerelevanten Urkunden im Zentralen Testamentsregister registriert sind, übersendet die Registerbehörde stets eine Benachrichtigung an Nachlassgericht und Verwahrstelle. Sind hingegen keine Verwahrangaben registriert, so erfolgt eine Übermittlung der Sterbefallangaben nur auf Antrag im Einzelfall. Die jeweilige Landesjustizverwaltung kann jedoch erklären, dass eine Übermittlung in jedem Sterbefall erfolgen soll (§ 7 Abs. 3 S. 4 ZTRV).[2] Damit wird insbesondere den Bedürfnissen der Bundesländer Rechnung getragen, die von Amts wegen die Erben des Verstorbenen ermitteln müssen und auf Auskünfte auch dann angewiesen sind, wenn keine Verfügungen von Todes wegen eröffnet werden müssen.[3] Allerdings sieht das Gesetz in § 7 Abs. 3 S. 4 keine ZTRV keine Beschränkung des Antragsrechts auf diese Bundesländer vor. Erklärt eine Landesjustizverwaltung, dass Sterbefallmitteilungen in jedem Sterbefall übersandt werden sollen, so ist die Registerbehörde von der ihr grundsätzlich obliegenden Verantwortung für die Zulässigkeit der Datenübermittlung insoweit entbunden. Die Erforderlichkeit der Datenübermittlung zu beurteilen, liegt nach der gesetzgeberischen Konzeption im Verantwortungsbereich der Landesjustizverwaltung.

8 Eine ähnliche Regelung gilt für **Mitteilungen über nichteheliche oder von einer Einzelperson angenommene Kinder**: Diese werden immer dann an das Nachlassgericht übermittelt, wenn auch Verwahrangaben zu Urkunden registriert sind. Fehlt es an Angaben zu erbfolgerelevanten Urkunden, so werden auch Mitteilungen zu nichtehelich geborenen oder von einer Einzelperson angenommenen Kindern nur auf Antrag im Einzelfall übermittelt oder wenn die Landesjustizverwaltung eine Benachrichtigung in jedem Sterbefall wünscht (§ 7 Abs. 3 S. 4 ZTRV).

9 Sämtliche Benachrichtigungen durch das Zentrale Testamentsregister erfolgen ausschließlich elektronisch.

C. Weitere praktische Hinweise

10 Durch die automatisierte Benachrichtigung im Todesfall ist im Regelfall sichergestellt, dass amtlich verwahrte erbfolgerelevante Urkunden im Todesfall auch aufgefunden werden. Im Interesse des Mandanten sollte daher ein eigenhändig errichtetes Testament stets in besondere amtliche Verwahrung gebracht werden, um diesen Vorteil zu nutzen. Notariell beurkundete letztwillige Verfügungen werden ohnehin registriert.

11 Ist das Mandat auf die Abwicklung des Nachlasses gerichtet, so kann über das Nachlassgericht in Erfahrung gebracht werden, ob letztwillige Verfügungen des Verstorbenen vorhanden sind. Im Regelfall wird das Nachlassgericht automatisch durch die Registerbehörde über vorhandene Urkunden informiert. Vorsicht ist jedoch geboten, wenn sich der Sterbefall im Ausland ereignet hat. Hier ist nicht in jedem Fall sichergestellt, dass die Registerbehörde von dem Todesfall Kenntnis erlangt hat, so dass eine manuelle Abfrage des Zentralen Testamentsregisters über einen Notar vorgenommen werden sollte.

12 Die Benachrichtigung der Nachlassgerichte schützt auch die **Erbrechte nichtehelich geborener Kinder**, die bisweilen wenig Kontakt zu einem leiblichen Elternteil haben und deswegen von dessen Tod oft verspätet erfahren. Die automatische Benachrichtigung der Nachlassgerichte soll die Erteilung unrichtiger Erbscheine vermeiden helfen. Dies gilt jedoch nur für diejenigen Kinder, die zwischen 1970 und 2008 nichtehelich geboren oder von einer Einzelperson als Kind angenommen wurden. Kinder älteren Geburtsdatums können sich nicht im Zentralen Testa-

---

2 Eine frühere Fassung des § 7 Abs. 3 sah im Gegensatz zur jetzigen Opt-In Lösung noch eine Opt-Out Möglichkeit vor.

3 BT-Drs. 17/12212, 12.

mentsregister nachregistrieren lassen. Ist ein Mandat auf Beratung eines nichtehelichen Kindes gerichtet, das vor dem genannten Zeitraum geboren ist, so empfiehlt sich gegebenenfalls eine Anfrage an das Geburtsstandesamt, ob der Elternteil noch lebt und ein Antrag auf Eintragung eines Hinweises auf die Geburt des nichtehelichen Kindes beim Geburtseintrag des Elternteils.

§ 78f BNotO   Auskunft aus dem Zentralen Testamentsregister

(1) ¹Die Registerbehörde erteilt auf Ersuchen
1. Gerichten Auskunft aus dem Zentralen Testamentsregister sowie
2. Notaren Auskunft über Verwahrangaben aus dem Zentralen Testamentsregister.

²Die Auskunft wird nur erteilt, soweit sie im Rahmen der Aufgabenerfüllung der Gerichte und Notare erforderlich ist. ³Auskünfte können zu Lebzeiten des Erblassers nur mit dessen Einwilligung eingeholt werden.

(1a) ¹Auf Ersuchen erteilt die Registerbehörde in Angelegenheiten, die die Rechtsnachfolge von Todes wegen betreffen, innerhalb des Anwendungsbereichs der Verordnung (EU) Nr. 650/2012 des Europäischen Parlaments und des Rates vom 4. Juli 2012 über die Zuständigkeit, das anzuwendende Recht, die Anerkennung und Vollstreckung von Entscheidungen und die Annahme und Vollstreckung öffentlicher Urkunden in Erbsachen sowie zur Einführung eines Europäischen Nachlasszeugnisses (ABl. L 201 vom 27.7.2012, S. 107; L 344 vom 14.12.2012, S. 3; L 41 vom 12.2.2013, S. 16; L 60 vom 2.3.2013, S. 140; L 363 vom 18.12.2014, S. 186) auch
1. ausländischen Gerichten im Sinne des Artikels 3 Absatz 2 der Verordnung (EU) Nr. 650/2012 und ausländischen Behörden, die für die Ausstellung des Europäischen Nachlasszeugnisses zuständig sind, Auskunft aus dem Zentralen Testamentsregister sowie
2. Notaren, die in einem anderen Mitgliedstaat der Europäischen Union mit Ausnahme Dänemarks und Irlands niedergelassen sind, Auskunft über Verwahrangaben aus dem Zentralen Testamentsregister.

²Absatz 1 Satz 2 und 3 gilt entsprechend.

(2) Die Befugnis der Gerichte, Notare und Notarkammern zur Einsicht in Registrierungen, die von ihnen verwahrte oder registrierte Urkunden betreffen, bleibt unberührt.

(3) ¹Die Registerbehörde kann Gerichte bei der Ermittlung besonders amtlich verwahrter Urkunden unterstützen, für die mangels Verwahrungsnachricht keine Eintragung im Zentralen Testamentsregister vorliegt. ²Die Verwahrangaben der nach Satz 1 ermittelten Verfügungen von Todes wegen sind nach § 347 des Gesetzes über das Verfahren in Familiensachen und in den Angelegenheiten der freiwilligen Gerichtsbarkeit an das Zentrale Testamentsregister zu melden.

A. Allgemeines 1	IV. Einschränkungen des Auskunftsrechts
B. Regelungsgehalt 3	(Abs. 1 S. 2 und 3) 6
I. Auskunft aus dem Zentralen Testamentsregister 3	V. Protokollierung der Auskunftserteilung ... 9
	VI. Einsichtsrecht in Registrierungen (Abs. 2) 10
II. Auskunft an ausländische Stellen 4	VII. Nacherfassung (Abs. 3) 11
III. Auskunft über im Ausland verwahrte Urkunden 5	C. Weitere praktische Hinweise 12

A. Allgemeines

Die Register der Bundesnotarkammer sind **nicht-öffentliche Register**.[1] Auskunft wird nur erteilt, soweit eine gesetzliche Grundlage für die Auskunft vorhanden ist. Auskunftsberechtigt sind lediglich Gerichte und Notare. Unberührt bleibt das Recht der **Betroffenen**, die über sie ge- 1

---

[1] Zimmermann/Diehn BNotO § 78d Rn. 1.

speicherten personenbezogenen Daten einzusehen. Erblasser erhalten insoweit Auskunft nach Art. 15 EU-DS-GVO. Nach dem Tod des datenschutzrechtlich Betroffenen wird eine Auskunft nach Art. 15 EU-DS-GVO an die Erben unter Vorlage eines Erbnachweises erteilt.

2 § 78f erfasst nur **Registerauskünfte**, die im Einzelfall **auf Ersuchen** von Gerichten und Notaren erteilt werden. Die Auskunft aus dem Zentralen Testamentsregisters von Amts wegen an das Nachlassgericht und die Verwahrstellen im Wege der Sterbefallbenachrichtigung ist in § 78e S. 3 geregelt.

B. Regelungsgehalt

I. Auskunft aus dem Zentralen Testamentsregister

3 Auskunft aus dem Zentralen Testamentsregister können sowohl Gerichte als auch Notare erhalten. Gem. Abs. 1 S. 1 Nr. 2 ist das Auskunftsrecht der Notare jedoch auf Verwahrangaben beschränkt. **Verwahrangaben** sind gem. § 78b Abs. 2 S. 2 solche Angaben, die zum Auffinden erbfolgerelevanter Urkunden erforderlich sind. Nicht umfasst vom Auskunftsrecht der Notare sind Mitteilungen über die nichteheliche Geburt eines Kindes oder die Adoption eines Kindes durch eine Einzelperson (sog. **Weiße Karteikarten**), die in § 78b Abs. 1 S. 1 Nr. 2 geregelt sind. Insoweit sind nur Gerichte einsichtsberechtigt, da nur diese die Angaben zur Aufgabenerfüllung benötigen, insbesondere zur Erteilung eines materiell richtigen Erbscheins oder zur Bestimmung der Beteiligten in Nachlassverfahren. Die Auskunft erfolgt elektronisch. Sowohl Nachlassgerichte als auch Notare können das Zentrale Testamentsregister in Echtzeit abfragen.

II. Auskunft an ausländische Stellen

4 § 78f BNotO bezog sich zunächst nur auf inländische Gerichte und Notare. Mit dem Gesetz zur Modernisierung des notariellen Berufsrechts hat der Gesetzgeber das Auskunftsrecht auf Notare und Gerichte der Mitgliedsstatten der EU-ErbrechtsVO erweitert. Dies ist zu begrüßen, da in grenzüberschreitenden Fällen ein besonders hohes Risiko besteht, dass erbfolgerelevante Urkunden nicht aufgefunden werden. Ausländische Gerichte erhalten Auskunft sowohl zu Verwahrangaben als auch zu Daten gem. § 9 TVÜG (nichteheliche Kinder). Das Auskunftsrecht ausländischer Notare ist hingegen auf Verwahrangaben beschränkt, soweit der Notar keine einem inländischen Gericht vergleichbare Aufgaben übernimmt. Der Auskunftsanspruch besteht nicht abstrakt, sondern nur wenn die Auskunftserteilung gerade der Erfüllung einer Aufgabe im Zusammenhang mit einer konkreten Rechtsnachfolge von Todes wegen dient; nicht zwingend erforderlich ist jedoch ein Zusammenhang mit der Erteilung eines Europäischen Nachlasszeugnisses.[2] Aus datenschutzrechtlichen Gründen haben ausländische Stellen jedoch kein unmittelbares Zugriffsrecht auf das Zentrale Testamentsregister. Ausländische Nachlassgerichte und Notare müssen sich vielmehr gem. § 9 Abs. 3 Nr. 3 ZTRV schriftlich an die Bundesnotarkammer wenden.

III. Auskunft über im Ausland verwahrte Urkunden

5 Insbesondere bei grenzüberschreitenden Erbfällen kann eine Suche nach im Ausland errichteten Verfügungen von Todes wegen erforderlich sein. Aus diesem Grund bemüht sich die European Network of Registers of Wills Association (ENRWA), um eine freiwillige elektronische Verknüpfung der bestehenden nationalen Testamentsregister in Europa.[3] Die ENRWA stellt eine technische Plattform zur Verfügung, über welche sich die nationalen Testamentsregister austauschen können. Über dieses Instrument können auch deutsche Registernutzer, also Nachlassgerichte und Notare, Anfragen an ausländische Testamentsregister stellen. In der Weboberfläche

---

2 So die Gesetzesbegründung BR-Drs. 20/21, 191 f.
3 Näher dazu Seebach notar 2015, 373 (379 ff.).

des Zentralen Testamentsregisters steht ein Abfrageformular zur Verfügung, welches von der Bundesnotarkammer als Registerbehörde über die Plattform der ENRWA an ein ausländisches Testamentsregister weitergereicht wird. Das ausländische Register prüft die Anfrage und leitet die Auskunft über das deutsche Zentrale Testamentsregister an die anfragende Stelle zurück. An der Verknüpfung nehmen derzeit fünfzehn Testamentsregister teil, darunter das französische, belgische, niederländische und polnische.

IV. Einschränkungen des Auskunftsrechts (Abs. 1 S. 2 und 3)

Die Auskunftserteilung erfolgt nur, soweit dies zur Aufgabenerfüllung des Anfragenden **erforderlich** ist. Die Verantwortung für die Zulässigkeit der Datenübermittlung trägt gem. § 15 Abs. 2 S. 2 BDSG die anfragende öffentliche Stelle.[4] Die Registerbehörde hat lediglich zu prüfen, ob die Anfrage in den Aufgabenbereich der öffentlichen Stelle fällt. Für Auskünfte aus dem Zentralen Testamentsregister sind die Prüfpflichten der Registerbehörde in § 8 ZTRV spezifiziert. Danach erteilt die Registerbehörde Auskunft aus dem Zentralen Testamentsregister, wenn die ersuchende Stelle 6

1. ihr Geschäftszeichen und zur Person des Erblassers mindestens seinen Geburtsnamen, sein Geburtsdatum und seinen Geburtsort angibt und
2. erklärt, dass die in Absatz 1 genannten Voraussetzungen vorliegen.

Das Vorliegen der Voraussetzungen des Abs. 1 S. 2 und 3 prüft die Registerbehörde nur, wenn sie dazu nach den Umständen des Einzelfalls Anlass hat.

Zu Lebzeiten des Erblassers setzt eine **Auskunftserteilung aus dem Zentralen Testamentsregister** die **Einwilligung des Erblassers** voraus. Zweckmäßig sind Registerauskünfte zu Lebzeiten insbesondere, um vor Errichtung einer letztwilligen Verfügung festzustellen, ob bereits frühere, ggf. bindende Verfügungen vorliegen. Das Vorliegen der Einwilligung des Erblassers hat der Notar oder das Gericht bei Abfrage des Registers zu versichern. Eine Amtspflicht des Notars, vor Errichtung einer Verfügung von Todes wegen das Zentrale Testamentsregister abzufragen, besteht jedoch nicht.[5] 7

Ausländische Notare oder Gerichte haben gem. § 8 Abs. 1 a ZTRV zur Erlangung einer Auskunft zusätzlich die Einwilligung des Erblassers vorzulegen oder dessen Sterbeort und Sterbedatum mitzuteilen.

Unklar ist, ob das Einwilligungserfordernis des Erblassers auch bei **Auskunftsersuchen der Staatsanwaltschaft** gem. § 161 Abs. 1 S. 1 StPO gilt. Anders als beispielsweise bei Sozialdaten (§ 35 Abs. 3 SGB I) ist das Auskunftsverweigerungsrecht in strafrechtlichen Ermittlungsverfahren zwar nicht ausdrücklich geregelt. Allerdings umfasst das Einwilligungserfordernis explizit auch die Auskunft an Gerichte und somit a fortiori auch die Staatsanwaltschaft. Angesichts der besonderen Sensibilität der Daten über die Tatsache der Errichtung eines Testaments, spricht viel dafür, strenge Anforderungen an die Zulässigkeit einer Auskunft im Ermittlungsverfahren zu stellen und eine Auskunft nur zuzulassen, wenn das Strafverfolgungsinteresse das Persönlichkeitsrecht des Betroffenen deutlich überwiegt.[6] 8

V. Protokollierung der Auskunftserteilung

Die Erteilung von Auskünften aus dem Zentralen Testamentsregister wird **protokolliert**. Dies ermöglicht den Dienstaufsichtsstellen und Datenschutzbeauftragten zum einen die Prüfung auf 9

---

4 So auch die Gesetzesbegründung, BT-Drs. 15/2253, 19; Schippel/Bracker/Görk BNotO § 78d Rn. 4.

5 Zimmermann/Diehn BNotO, § 78d Rn. 5 nimmt eine Hinweispflicht des Notars auf die Recherchemöglichkeit an.

6 Nach LG Freiburg BWNotZ 1998, 143 soll aber sogar die Beschlagnahme eines in besonderer amtlicher Verwahrung befindlichen Testaments zulässig sein (zweifelhaft); zu Recht strenger LG Koblenz NJW 2010, 2227.

Gutfried

VI. Einsichtsrecht in Registrierungen (Abs. 2)

10 Abs. 2 stellt klar, dass es sich bei der **Einsicht** von Notaren in Registrierungen, die von Ihnen selbst registrierte oder verwahrte Urkunden betrifft, um keine Auskunft gem. Abs. 1 handelt. Notare können Registrierungen von Urkunden, die vor Ihnen errichtet wurden oder die von ihnen verwahrt werden, jederzeit einsehen. Gleiches gilt für Gerichte. In der ursprünglichen Version des § 78d Abs. 2 BNotO war nur von einem Einsichtsrecht in Registrierungen, die verwahrte Urkunden betreffen, die Rede. Dabei handelte es sich um ein Redaktionsversehen, das durch das Gesetz über die Stärkung der erb- und verfahrensrechtlichen Stellung nichtehelicher Kinder beseitigt wurde.[7] Damit ist klargestellt, dass der Notar auch Einsicht in die Registrierung solcher Urkunden erhält, die er zwar gem. § 34a BeurkG gemeldet, aber anschließend in die besondere amtliche Verwahrung abgeliefert hat. Einsichten nach Abs. 2 werden nicht protokolliert.

VII. Nacherfassung (Abs. 3)

11 Abs. 3 trägt dem Umstand Rechnung, dass das Benachrichtigungssystem in Nachlasssachen vor Inbetriebnahme des Zentralen Testamentsregisters nur defizitär funktionierte und fehlende Verwahrungsnachrichten für erbfolgerelevante Urkunden nicht ausgeschlossen sind. Nach Abschluss der Testamentsverzeichnisüberführung kann das Gericht durch Abgleich der bei ihm vorhandenen Akten mit den Registrierungen im Zentralen Testamentsregister feststellen, ob Verfügungen von Todes wegen nicht registriert sind. Bei Kenntnis vom Fehlen einer solchen Registrierung ist diese entsprechend § 347 Abs. 1 S. 1 FamFG nachzuholen. Eine Amtspflicht zur Erforschung fehlender Registrierungen besteht jedoch nicht.[8] Für vor dem 1.1.2012 errichtete Urkunden erhebt die Bundesnotarkammer keine Registrierungsgebühren.

C. Weitere praktische Hinweise

12 Möchte der Mandant seine im **Zentralen Testamentsregister** gespeicherten Daten einsehen, so empfiehlt es sich die **Auskunftserteilung über einen Notar** einzuholen, der für den Betroffenen unmittelbar das Zentrale Testamentsregister elektronisch einsehen kann. Wird das Auskunftsverlangen hingegen unmittelbar bei der Bundesnotarkammer gestellt, so kann diese aus Sicherheitsgründen die Auskunftserteilung von einem Antrag mit öffentlich beglaubigter Unterschrift abhängig machen.[9] Auskunftsberechtigt ist zu dessen Lebzeiten nur der Erblasser.

13 Nach dem Todesfall kann das Zentrale Testamentsregister genutzt werden, um Auskunft über vorhandene erbfolgerelevante Urkunden zu erhalten. Bis zu 15 weitere europäische Testamentsregister können über das nationale deutsche Register nach der Existenz letztwilliger Verfügungen abgefragt werden.

§ 78g BNotO Gebühren des Zentralen Testamentsregisters

(1) ¹Das Zentrale Testamentsregister wird durch Gebühren finanziert. ²Die Registerbehörde kann Gebühren erheben für

---

7 BT-Drs. 17/12212, 12.
8 So auch Zimmermann/Diehn BNotO § 78d Rn. 15.
9 Zimmermann/Diehn BNotO § 78d Rn. 2.

1. die Aufnahme von Erklärungen in das Testamentsregister und
2. die Erteilung von Auskünften aus dem Testamentsregister nach § 78f Absatz 1 Satz 1 Nummer 2 und Absatz 1a Satz 1.

(2) ¹Zur Zahlung der Gebühren sind verpflichtet:
1. im Fall des Absatzes 1 Satz 2 Nummer 1 der Erblasser,
2. im Fall des Absatzes 1 Satz 2 Nummer 2 der Veranlasser des Auskunftsverfahrens.

²Mehrere Gebührenschuldner haften als Gesamtschuldner. ³Gerichte und Notare können die Gebühren für die Registerbehörde entgegennehmen.

(3) ¹Die Gebühren sind so zu bemessen, dass der mit der Einrichtung sowie der dauerhaften Führung und Nutzung des Zentralen Testamentsregisters durchschnittlich verbundene Verwaltungsaufwand einschließlich Personal- und Sachkosten gedeckt wird. ²Die durch die Aufnahme von Mitteilungen nach § 78d Absatz 1 Satz 2 Nummer 2 entstehenden Kosten bleiben außer Betracht.

(4) ¹Die Registerbehörde bestimmt die Gebühren nach Absatz 1 Satz 2 und die Art ihrer Erhebung durch eine Gebührensatzung. ²Die Satzung bedarf der Genehmigung durch das Bundesministerium der Justiz und für Verbraucherschutz. ³Die Höhe der Gebühren ist regelmäßig zu überprüfen.

Literatur:
Petersen, Das Satzungsrecht von Körperschaften gegenüber Externen, NVwZ 2013, 841.

A. Allgemeines	1	II. Gebührenschuldner (Abs. 2)	6
B. Regelungsgehalt	3	III. Gebührenhöhe (Abs. 3)	8
I. Gebührentatbestände (Abs. 1 S. 2)	3	IV. Gebührensatzung (Abs. 4)	11

A. Allgemeines

Der Betrieb des Zentralen Testamentsregisters ist eine **hoheitliche Tätigkeit**, die entsprechend durch Gebühren finanziert wird. Die Vollstreckung der Gebühren erfolgt nach dem VwVG (Bund). 1

§ 78g trägt dem aus dem Demokratieprinzip fließenden Wesentlichkeitsgrundsatz[1] Rechnung und legt fest, dass und wofür Gebühren erhoben werden dürfen und welche Tatsachen bei der Bemessung der Gebühren berücksichtigt werden können. Die nähere Ausgestaltung der Gebühren erfolgt durch Satzung der Bundesnotarkammer.[2] 2

B. Regelungsgehalt

I. Gebührentatbestände (Abs. 1 S. 2)

Abs. 1 S. 2 enthält eine enumerative **Aufzählung der Gebührentatbestände**. Eine Verpflichtung der Bundesnotarkammer, für alle genannten Tatbestände eine Gebühr zu erheben, besteht jedoch nicht, da Abs. 1 S. 2 der Registerbehörde ein Ermessen einräumt („kann"). Umgekehrt wäre die Erhebung einer Gebühr für andere als die in Abs. 1 genannten Leistungen unzulässig, soweit diese Leistung mit der Eintragung, der Auskunft oder sonstiger im Gesetz ausdrücklich bestimmter Tätigkeiten der Registerbehörde unmittelbar zusammenhängt. 3

Derzeit erhebt die Bundesnotarkammer lediglich Gebühren für die Aufnahme von Erklärungen in das Zentrale Testamentsregister. Von der in Abs. 1 S. 2 Nr. 3 vorgesehenen Möglichkeit, auch 4

---

[1] Zum parlamentarischen Wesentlichkeitsvorbehalt speziell bei Gebührensatzungen vgl. BVerfGE 111, 191.

[2] Ausführlich zur Zulässigkeit der Gebührenerhebung durch Satzung auch gegenüber Externen: Petersen NVwZ 2013, 841.

für die Auskünfte aus dem Zentralen Testamentsregister an Notare Gebühren zu erheben, wurde bislang kein Gebrauch gemacht.

5   Die Registerbehörde ist zu einer gleichmäßigen Gebührenerhebung verpflichtet. Ein **Absehen von der Gebührenerhebung** ist nur gem. § 5 Abs. 2 ZTR-GebS bzw. § 6 VReg-GebS nur möglich, wenn dies durch die besonderen Umstände des Einzelfalls geboten erscheint, insbesondere wenn die volle Gebührenerhebung für den Gebührenschuldner eine unzumutbare Härte darstellen würde oder wenn der mit der Erhebung der Gebühr verbundene Verwaltungsaufwand außer Verhältnis zu der Höhe der zu erhebenden Gebühr stünde. Eine besondere Härte kann sich auch aus den wirtschaftlichen Verhältnissen des Kostenschuldners ergeben.

II. Gebührenschuldner (Abs. 2)

6   Für die Aufnahme von Erklärungen in das Zentrale Testamentsregister ist der **Erblasser** Gebührenschuldner, für den die Aufnahme der Erklärung erfolgt. Da die Registrierung im Zentralen Testamentsregister obligatorisch ist, kommt es nicht darauf an, ob der Erblasser mit der Registrierung einverstanden war oder diese gar beantragt hat. Erklärt beispielsweise ein Erblasser den einseitigen Rücktritt von einem wechselseitigen Erbvertrag, so ist die Rücktrittserklärung auch für den anderen Teil gebührenpflichtig zu registrieren, obwohl dieser die registerpflichtige Urkunde nicht veranlasst hat. In der Praxis empfiehlt es sich jedoch zu klären, ob der Zurücktretende mit der Übernahme der Registrierungskosten auch für den anderen Teil einverstanden ist.

7   Abs. 2 S. 3 ermächtigt Notare und Gerichte die vom Erblasser geschuldeten Gebühren für die Registerbehörde entgegenzunehmen und an diese weiterzuleiten. In der Praxis machen nur Notare von dieser Möglichkeit Gebrauch. Die Weiterleitung der Gebühr durch den Notar ändert nichts an der Person des Gebührenschuldners. Stellt der Notar die Registrierungsauslagen dem Erblasser oder Vollmachtgeber in Rechnung, so handelt es sich **umsatzsteuerlich um einen durchlaufenden Posten** im Sinne des § 10 Abs. 1 S. 6 UStG, so dass keine Umsatzsteuer auf die verauslagte Registrierungsgebühr zu erheben ist. Die Abwicklung der Entgegennahme der Gebühr und anschließenden Weiterleitung muss wegen des unmittelbaren zeitlichen Zusammenhangs nicht über ein Anderkonto erfolgen. Für den unwahrscheinlichen Fall der Insolvenz des Notars vor Weiterleitung an die Registerbehörde hat diese im Zuge einer Ermessensreduzierung auf Null die Gebühr gegenüber dem Schuldner gem. § 5 Abs. 2 ZTR-GebS niederzuschlagen.

III. Gebührenhöhe (Abs. 3)

8   Abs. 3 legt fest, welche Tatsachen der Bemessung der Gebühr zu Grunde gelegt werden dürfen. Die Gebührenfinanzierung ist darauf ausgelegt, nicht nur die Inbetriebnahme der Register und die laufenden Kosten zu decken, sondern muss auch deren dauerhafte Fortführung sichern. Dies bedeutet, dass auch eine angemessene Rücklagenbildung erfolgen muss. Andernfalls wäre bei einem Rückgang der Registrierungen die Fortführung der Beauskunftung nicht sichergestellt.

9   Für die Bemessung der Gebühr für die **Aufnahme von Erklärungen in das Zentrale Testamentsregister** spielt der gewählte Kommunikationsweg keine Rolle, da abgesehen von Ausnahmen in Einzelfällen die Registrierung durchweg elektronisch erfolgt. Kosten für die Beauskunftung der Mitteilungen über nichtehelich geborene oder von einer Einzelperson angenommene Kinder (weiße Karteikarten) dürfen nicht bei der Gebührenbemessung berücksichtigt werden. Dies beruht darauf, dass die Überführung und Beauskunftung dieser Daten originäre Aufgabe der Länder ist, welche diese Kosten auch dann zu tragen haben, wenn sie ihre Aufgaben durch die Bundesnotarkammer im Wege der Organleihe durchführen lassen.

Die **Registrierungsgebühr im Zentralen Testamentsregister** beträgt grundsätzlich 12,50 EUR pro Erblasser (§ 1 Abs. 2 S. 1 ZTR-GebS). Wenn die Gebühr nicht – wie in der Praxis meist üblich – vom registrierenden Notar an das Register weitergeleitet wird, sondern von der Registerbehörde beim Kostenschuldner selbst erhoben wird, steigt die Gebühr auf 15,50 EUR (§ 1 Abs. 2 S. 2 ZTR-GebS). **Berichtigungen** der Registrierungen sind gebührenfrei, ebenso **Folgeregistrierungen**, wie etwa bei Wiederverwahrung eines gemeinschaftlichen Testaments für den überlebenden Ehegatten.

10

IV. Gebührensatzung (Abs. 4)

Die Bundesnotarkammer ist gem. Abs. 4 S. 1 befugt, eine **Gebührensatzung** zu erlassen. Unproblematisch ist, dass die Satzung nicht nur gegenüber Mitgliedern der Bundesnotarkammer wirkt, sondern gegenüber allen Registernutzern. Die Grundlagen der Gebührenerhebung sind gesetzlich so präzise festgelegt, dass dem Parlamentsvorbehalt hinreichend Rechnung getragen ist. Durch das Genehmigungserfordernis durch das Bundesministerium der Justiz (Abs. 4 S. 2) wird die Mitwirkung staatlich legitimierter Organe am Rechtsetzungsakt nochmals verstärkt. Zuständig für den Erlass der Satzung ist die Vertreterversammlung der Bundesnotarkammer (§ 83 Abs. 1 BNotO).

11

Die Satzung unterliegt nicht nur einem **Genehmigungserfordernis** durch das Bundesministerium der Justiz. Im Zuge der **Rechtsaufsicht** über den Registerbetrieb kann auch eine nachträglich rechtswidrig werdende Satzung beanstandet werden. Allerdings sind die Grenzen hier eng zu ziehen. Die Rechtsaufsicht berechtigt nicht dazu, das der Bundesnotarkammer gesetzlich eingeräumte Ermessen zur Bestimmung der Gebührenhöhe durch eigenes Ermessen zu ersetzen. Die angemessene Gebührenhöhe ist vielmehr durch die Registerbehörde selbst zu bestimmen, da nur diese die erforderliche Sachnähe aufweist, um die anfallenden Kosten beurteilen zu können. Erst bei Überschreitung des Ermessensspielraums ist eine Beanstandung denkbar. Im Wege der Rechtsaufsicht kann auch eine Überprüfung der Gebühr nach S. 3 angemahnt werden, sofern die Registerbehörde ihrer Überprüfungspflicht nicht nachkommt. Als angemessener Zeitraum für die Überprüfung dürfte ein Turnus von fünf Jahren anzusehen sein.

12

Anhang: Testamentsregister-Gebührensatzung

Testamentsregister-Gebührensatzung (ZTR-GebS)

vom 24. November 2011 (DNotZ 2011, 882),
zuletzt geändert durch die Zweite Satzung zur Änderung der Testamentsregister-Gebührensatzung
vom 1. Oktober 2021 (DNotZ 2021, 920)

§ 1 Gebühren

(1) Die Bundesnotarkammer erhebt als Registerbehörde Gebühren für die Aufnahme von Verwahrangaben in das Zentrale Testamentsregister nach § 34a Absatz 1 Satz 1 und Satz 2 BeurkG, § 347 Absatz 1 Satz 1 FamFG und § 78d Absatz 4 Satz 1 BNotO.

(2) [1]Je Registrierung (§ 3 Absatz 1 Satz 3 ZTRV) beträgt die Gebühr 12,50 €. [2]Wird die Gebühr unmittelbar durch die Registerbehörde vom Kostenschuldner erhoben, beträgt sie 15,50 € je Registrierung. [3]Keine Gebühr wird erhoben, wenn ein Verwahrdatensatz innerhalb von sieben Tagen nach der Registrierung gemäß § 5 Satz 1 Nr. 1 ZTRV gelöscht wird.

(3) Zahlt der Kostenschuldner die Gebühr nach Absatz 2 Satz 2 nicht innerhalb von zwei Monaten nach der Registrierung, erhöht die Registerbehörde die Gebühr um 5 €, wenn sie trotz Androhung der Erhöhung nicht innerhalb von zehn Tagen vollständig bezahlt wird.

§ 2 Kostenschuldner, Fälligkeit und Vorschuss

(1) [1]Kostenschuldner ist der jeweilige Erblasser (§ 78g Absatz 2 Satz 1 Nr. 1 BNotO). [2]Der Melder übermittelt mit jeder Registrierung eine ladungsfähige Anschrift des Kostenschuldners an die Registerbehörde, soweit diese nicht darauf verzichtet.

(2) Die Gebühr ist mit der Registrierung der Verwahrangaben für den jeweiligen Erblasser nach § 3 Absatz 1 Satz 3 ZTRV sofort fällig.
(3) Wird die Gebühr durch den Melder entgegengenommen (§ 78g Absatz 2 Satz 3 BNotO), kann er vom Kostenschuldner die Zahlung eines die Eintragungsgebühr deckenden Vorschusses verlangen.

§ 3 Art der Gebührenerhebung durch Notare

(1) [1]Gebühren für die Registrierung von Verwahrangaben, die durch notarielle Melder übermittelt werden, nimmt der jeweilige Notar für die Registerbehörde entgegen (§ 78g Absatz 2 Satz 3 BNotO). [2]Die Registerbehörde zieht die nach Satz 1 entgegenzunehmenden Gebühren vom notariellen Melder auf der Grundlage einer Sammelabrechnung frühestens am zehnten Tag des Folgemonats ein. [3]Der Notar erteilt der Registerbehörde eine entsprechende Einzugsermächtigung für ein inländisches Bankkonto. [4]Die Registerbehörde kann einen Melder von dem Entgegennahme- und Abrechnungsverfahren nach diesem Absatz ganz oder teilweise freistellen und die Gebühren unmittelbar vom Kostenschuldner erheben.
(2) [1]Kann der Notar eine von der Registerbehörde abgerechnete und eingezogene Gebühr nicht erlangen, obwohl er deren Zahlung vom Kostenschuldner verlangt und mindestens einmal angemahnt hat, wird ihm diese auf Antrag zurückerstattet. [2]Die Gebühr wird sodann nach § 1 Absatz 2 Satz 2 neu festgesetzt und unmittelbar durch die Registerbehörde vom Kostenschuldner erhoben.

§ 4 Art der Gebührenerhebung bei Gerichten und Konsulaten

(1) Einzelheiten des Entgegennahme- und Abrechnungsverfahrens bei gerichtlichen und konsularischen Meldern werden in Verwaltungsvereinbarungen mit der Registerbehörde getroffen.
(2) [1]Nimmt ein Konsulat oder ein Gericht für die Registerbehörde Gebühren entgegen, ohne dass eine entsprechende Vereinbarung nach Absatz 1 besteht, gilt § 3 entsprechend. [2]Die Entgegennahme ist der Registerbehörde zuvor anzuzeigen.

§ 5 Unrichtige Sachbehandlung, Ermäßigung und Absehen von der Gebührenerhebung

(1) Eine Gebühr, die bei richtiger Behandlung der Sache nicht entstanden wäre, wird nicht erhoben.
(2) Die Registerbehörde kann Gebühren ermäßigen oder von der Erhebung von Gebühren absehen, wenn ihr dies durch besondere Umstände des Einzelfalls geboten erscheint, insbesondere wenn und soweit die Gebührenerhebung eine unzumutbare Härte für den Kostenschuldner darstellen würde oder wenn der mit der Erhebung der Gebühr verbundene Verwaltungsaufwand außer Verhältnis zur Höhe der zu erhebenden Gebühr stünde.

§ 6 Inkrafttreten

Diese Satzung tritt am 1.1.2012 in Kraft.
Die Satzung wurde durch das Bundesministerium der Justiz genehmigt.

§ 78o BNotO Beschwerde

(1) Gegen Entscheidungen der Registerbehörde nach den §§ 78a bis 78g und der Urkundenarchivbehörde nach § 78j, auch soweit diese auf Grund einer Rechtsverordnung oder Satzung nach den genannten Vorschriften erfolgen, findet ohne Rücksicht auf den Wert des Beschwerdegegenstandes die Beschwerde nach den Vorschriften des Gesetzes über das Verfahren in Familiensachen und in den Angelegenheiten der freiwilligen Gerichtsbarkeit statt, soweit sich nicht aus den folgenden Absätzen etwas anderes ergibt.

(2) [1]Die Beschwerde ist bei der Behörde einzulegen, die die Entscheidung getroffen hat. [2]Diese kann der Beschwerde abhelfen. [3]Beschwerden, denen sie nicht abhilft, legt sie dem Landgericht am Sitz der Bundesnotarkammer vor.

(3) Die Rechtsbeschwerde ist nicht zulässig.

A. Allgemeines

1   § 78o ist Spezialnorm zu § 111 BNotO. Während § 111 BNotO in sonstigen Streitigkeiten nach der BNotO oder einer aufgrund der BNotO erlassenen Rechtsverordnung oder Satzung das Oberlandesgericht für sachlich zuständig erklärt (das wäre für die Bundesnotarkammer das Kammergericht Berlin), ist für Beschwerden gegen Entscheidungen der Registerbehörde nach den §§ 78a bis 78g BNotO das Landgericht das zuständige Beschwerdegericht.

B. Regelungsgehalt

I. Beschwerdegegenstand

Beschwerdefähig sind nur Entscheidungen, die den Beschwerdeführer in seinen Rechten beeinträchtigen (§ 59 Abs. 1 FamFG). Als beschwerdefähige Entscheidungen kommen insbesondere in Betracht:

- die Nichtaufnahme einer Erklärung in das Zentrale Vorsorgeregister
- die Nichtaufnahme einer Erklärung in das Zentrale Testamentsregister
- die Nichterteilung einer Auskunft aus dem Zentralen Testamentsregister
- die Erteilung einer Auskunft, wenn diese gegen den Willen des Betroffenen erfolgt ist; nach Erledigung der Hauptsache ist die Beschwerde jedoch nur unter den weiteren Voraussetzungen des § 62 FamFG zulässig
- die Erhebung einer Gebühr nach § 78g BNotO

II. Verfahren

Die Beschwerde richtet sich grundsätzlich nach den Vorschriften des FamFG (§§ 58 ff. FamFG). Die Beschwerde ist innerhalb **einer Frist von einem Monat nach schriftlicher Bekanntgabe** der angegriffenen Entscheidung einzulegen (§ 63 FamFG) und soll begründet werden (§ 65 Abs. 1 FamFG). Die Beschwerde ist bei der Bundesnotarkammer einzulegen, damit diese eine Abhilfeentscheidung treffen kann.[1] Hilft die Bundesnotarkammer nicht ab, so hat sie die Beschwerde dem sachlich und örtlich zuständigen Landgericht Berlin vorzulegen. In dem Verfahren besteht kein Anwaltszwang (§ 64 Abs. 2 FamFG).

§ 61 Abs. 1 FamFG sieht als Zulässigkeitsvoraussetzung bei Beschwerden in vermögensrechtlichen Angelegenheiten einen **Mindestwert des Beschwerdegegenstands** von 600 EUR vor. Dies würde bedeuten, dass gegen Gebührenfestsetzungen der Bundesnotarkammer nach § 78e BNotO praktisch nie das Rechtsmittel der Beschwerde gegeben wäre. Dies ist im Hinblick auf die in Art. 19 Abs. 4 GG statuierte Rechtsweggarantie nicht hinnehmbar. § 78o Abs. 1 BNotO statuiert daher nunmehr explizit, dass die Beschwerde ohne Rücksicht auf den Wert des Beschwerdeverfahrens stattfindet.[2] § 78o BNotO ist somit verdrängende Spezialnorm zu § 61 Abs. 1 FamFG.

Die Rechtsbeschwerde gemäß §§ 70 ff. FamFG ist gemäß Abs. 3 nicht zulässig. Das Landgericht Berlin entscheidet letztinstanzlich.

---

[1] BT-Drs.17/2583, 22.
[2] So auch bereits die in der Voraufl. vertretene Auffassung zu § 78f BNotO; abweichende Meinungen, zB Diehn/Diehn BNotO § 78f Rn. 7, sind durch die Gesetzesänderung überholt.

9. Digitaler Nachlass

Literatur:
Adam, Daten als Rechtsobjekte, NJW 2020, 2063; *Alexander*, Digitaler Nachlass als Rechtsproblem? – Überlegungen aus persönlichkeitsrechtlicher, datenschutzrechtlicher und vertragsrechtlicher Sicht, K&R 2016, 301; *Alexander*, notar 2017, 355; *Amend-Traut/Hergenröder*, Kryptowährungen im Erbrecht, ZEV 2019, 113; *Apel*, Übergang eines Facebook-Nutzungsvertrags beim Tod des Kontoinhabers, ZD 2018, 477; *Außner*, Erfüllung des Anspruchs auf Zugang zu geerbten Plattformkonten – zugleich eine Auseinandersetzung mit dem US-amerikanischen RUFADA-Act, ErbR 2020, 598; *Außner*, Gekaufte Binärdateien klassischer urheberrechtlicher Werke im digitalen Nachlass – Überlegungen zur Vererbbarkeit von Musik-, Film-, und Textdateien, ErbR 2021, 280; *Außner*, Pflichtteilsrecht in Bezug auf gekaufte Musik-, Film-, und Textdateien, ErbR 2021, 370; *Außner*, Zugang zu Telekommunikationsinhalten für Betreuer nach Inkrafttreten von § 4 TTDSG, ErbR 2022, 362; *Aumann/Aumann*, Zwischen Persönlichkeitsrecht, Erbrecht und Telekommunikationsgeheimnis: Verfassungsrechtliche Probleme des digitalen Nachlasses – zugleich Anm. zu BGH, v. 12.7.2018, Az. III ZR 183/17, JA 2019, 575; *Badstuber*, Bitcoin und andere Kryptowährungen in der Zwangsvollstreckung, DGVZ 2019, 246; *Barth*, Der digitale Nachlass, Tagung der Forschungsstelle für Notarrecht am 19.11.2014, MittBayNot 2015, 208; *Biermann*, Der digitale Nachlass – Vorrang des Erbrechts!, ErbR 2018, 1; *Bock*, Juristische Implikationen des digitalen Nachlasses, AcP 217, 2017, 370; *Biermann*, Der digitale Nachlass und der postmortale Schutz personenbezogener Daten, 2021; *Bleich*, Ableben 2.0 – Wie mit den Internet-Hinterlassenschaften Verstorbener umzugehen ist, c't 2/2013, 62; *Bräutigam*, Das Nutzungsverhältnis bei sozialen Netzwerken – Zivilrechtlicher Austausch von IT-Leistungen gegen personenbezogene Daten, MMR 2012, 635; *Bräutigam/Herzog/Mayen/Redeker/Zuck*, Gemeinsame Stellungnahme der Ausschüsse Erbrecht, Informationsrecht und Verfassungsrecht des Deutschen Anwaltvereins zum digitalen Nachlass, DAV Stellungnahme Nr. 34/2013; *Bräutigam/Klindt*, Industrie 4.0, das Internet der Dinger und das Recht, NJW 2015, 1137; *Brechmann*, Wem gehört das Facebook-Konto? – Digitaler Nachlass und das IPR, Rescriptum 2017, 91; *Brehm*, Ausgewählte Fragen zum Umgang mit dem digitalen Nachlass, JEV 2016, 159; *Brinkert/Stolze/Heidrich*, Der Tod und das soziale Netzwerk – Digitaler Nachlass in Theorie und Praxis, ZD 2013, 153; *Brisch/Müller-ter Jung*, Digitaler Nachlass – Das Schicksal von E-Mail und De-Mail-Accounts sowie Mediencenter-Inhalten, CR 2013, 446; *Budzikiewicz*, Digitaler Nachlass, AcP 2018, 559; *Bülow*, Der digitale Nachlass in der Vorsorge- und Erbrechtspraxis, MittBayNot 2019, 131; *Buschbaum/Rosak*, Der Zugriff des Arbeitgebers auf den E-Mail-Account des Arbeitnehmers, Der Betrieb 2014, 2530; *DAV*, Gemeinsame Stellungnahme der Ausschüsse Erbrecht, Informationsrecht und Verfassungsrecht des Deutschen Anwaltvereins zum digitalen Nachlass, Stellungnahme Nr. 34/2013; *Deusch*, Digitales Sterben – das Erbe im Weg 2.0, in Taeger, Tagungsband DSRI Herbstakademie 2013, S. 429; *Deusch*, Digitales Sterben: Das Erbe im Web 2.0, ZEV 2014, 2; *Deusch*, Der digitale Nachlass vor dem BGH und die Praxisfolgen, ZEV 2018, 687; *Dopatka*, Digitaler Nachlass – Der Umgang mit elektronischen Daten nach dem Tod, NJW 2010, 14; *Förster/Fast*, Vererbbarkeit von Daten und digitalen Rechten, ZAP 2020, 1011; *Friehe*, Löschen und Sperren in sozialen Netzwerken, NJW 2020, 1697; *Gloser*, Urheberrechte im Nachlass, DNotZ 2013, 497; *Gloser*, Digitale Vorsorge in der notariellen Praxis, DNotZ 2015, 4; *Gloser*, Digitale Erblasser und digitale Vorsorgefälle – Herausforderungen der Online-Welt in der notariellen Praxis, Teil 1, MittBayNotZ 2016, 12 und Teil 2, MittBayNotZ 2016, 101; *Gössl*, Der „digitale Nachlass" im Rechtsvergleich, ZfPW 2021, 105; *Gola/Klug*, Die Entwicklung des Datenschutzrechts im zweiten Halbjahr 2015, NJW 2016, 691; *Gomille*, Information als Nachlassgegenstand – Zugleich Besprechung von BGH, Urteil vom 12.7.2018 – III ZR 183/17, ZUM 2018, 660; *Goratsch*, BGH: Übergang eines Nutzungsvertrags bei einem sozialen Netzwerk (hier Facebook) bei Tod des Kontoinhabers, NZFam 2018, 800; *Haase*, Rechtsfragen des digitalen Nachlasses, in Taeger, Tagungsband DSRI Herbstakademie 2013, S. 379; *Harbinja*, Digital Inheritance in United Kingdom, EuCML 2017, 253; *Heintz/Ludyga*, Endlich Rechtsklarheit beim digitalen Nachlass? Das „Facebook-Urteil" des BGH, jM 2018, 398; *Herzog*, Der digitale Nachlass – ein bisher kaum gesehenes und häufig missverstandenes Problem, NJW 2013, 3745; *Herzog*, Der digitale Nachlass ist in der Rechtswirklichkeit angekommen, ErbR 2016, 173; *Herzog*, Der digitale Nachlass – zweite Runde! ErbR 2017, 453; *Herzog*, Der digitale Nachlass und das Erbrecht, AnwBl. 2018, 472; *Herzog/Pruns*, Der digitale Nachlass – in der Vorsorge- und Erbrechtspraxis, 2018; *Hess*, Das Einsichtsrecht der Erben und Angehörigen in Krankenunterlagen des Erblassers, ZEV 2006, 479; *Heydn*, EuGH: Handel mit gebrauchter Software – UsedSoft, MMR 2012, 586; *Hoeren*, Der Tod und das Internet – Rechtliche Fragen zur Verwendung von E-Mail- und www-Accounts nach dem Tode des Inhabers, NJW 2005, 2113; *Hohenstein*, Die Vererblichkeit des digitalen Nachlasses – Spannungsfeld zwischen postmortalem Persönlichkeitsrecht und dem Recht der Erben, K&R, 2018, 5; *Kalscheuer/Jacobsen*, Das digitale Hausrecht von Hoheitsträgern – Unter welchen Voraussetzungen darf der Staat Twitter-Nutzer blockieren?, NJW 2018, 2358; *Kampf*, Der digitale Schuldner und sein Nachlass, ZVI 2020, 39; *Kaulartz/Matzke*, Die

Tokenisierung des Rechts, NJW 2018, 3278; *Klas/Möhrke-Sobolewski*, Digitaler Nachlass – Erbenschutz trotz Datenschutz, NJW 2015, 3473; *Knoke*, BGH: Facebook – Erbrecht vor Fernmeldegeheimnis und TKG, ZD-Aktuell 2018, 06269; *Knoop*, Digitaler Nachlass – Vererbbarkeit von Konten (minderjähriger) Nutzer in sozialen Netzwerken, NZFam 2016, 966; *Kölbl*, Zum Anspruch des Erben auf Zugang zum vollständigen Benutzerkonto des Erblassers und den darin enthaltenen Kommunikationsinhalten gegenüber einem Sozialen Netzwerk, JusIT 2017, 172; *Kutscher*, Der digitale Nachlass, Dissertation, Schriften zum Deutschen und Internationalen Persönlichkeits- und Immaterialgüterrecht Band 040, 2015; *Künzle*, Digitaler Nachlass nach schweizerischem Recht, Tagungsband 7. Deutscher Testamentsvollstreckertag, 2013, S. 111; *Künzle*, Digitaler Nachlass nach schweizerischem Recht, successio 2015, 39; *Lange/Holtwiesche*, Digitaler Nachlass – eine Herausforderung für Wissenschaft und Praxis, Teil 1, ZErb 2016, 125, und Teil 2, ZErb 2016, 157; *Lange/Holtwiesche*, Das digitale Erbe – eine rechtstatsächliche Bestandsaufnahme, ErbR 2016, 487; *Leeb*, Bekannt verstorben – Rechtsfragen des Umgangs mit Social Media Verstorbener, K&R 2014, 693; *Leipold*, in Münchener Kommentar zum Bürgerlichen Gesetzbuch, 7. Aufl. 2017, § 1922 Rn. 23 ff.; *Lieder/Berneith*, Entscheidungsbespr. zu LG Berlin Urt. v. 17.12.2015 – 20 O 172/15, FamRZ 2016, 743; *Lieder/Berneith*, Digitaler Nachlass – Sollte der Gesetzgeber tätig werden?, ZRP 2020, 87; *Ludyga*, Der digitale Nachlass – zivilrechtliche Aspekte, jM 2016, 442; *Ludyga*, „Digitales Update" für das Erbrecht im BGB?, ZEV 2018, 1; *Ludyga*, Der tatsächliche Zugang eines Erben zu dem „Facebook-Konto" des Erblassers, jM 2021, 320; *Martini*, Der digitale Nachlass und die Herausforderungen postmortalen Persönlichkeitsschutzes im Internet, JZ 2012, 1145; *Martini/Kienle*, Facebook, die Lebenden und die Toten, JZ 2019, 235; *Mayen*, Das Fernmeldegeheimnis und der digitale Nachlass, AnwBl. 2018, 466; *Medler*, Sterben 2.0: Erben und Vererben von Kryptowährungen, ZEV 2020, 262; *Meier/Kotovskaia*, Das Machtpotenzial der Kryptowährungen von BigTechs, BKR 2021, 348; *Muer*, Die Vererblichkeit von Vermögenswerten in der digitalen Welt, 2021; *Muer*, Das elektronische Testament, ErbR 2022, 277; *Naczinsky*, Die digitale Vorsorge des Erblassers, ZEV 2020, 665; *Naczinsky*, Möglichkeiten der Nachlassbeteiligten im Hinblick auf den digitalen Nachlass, ZEV 2021, 227; *Naczinsky*, Der digitale Nachlass im internationalen Privatrecht, ZEV 2021, 677; *Ostertun*, Ideen zum Erbrecht Nr. 200 und Nr. 201, April 2019, Digitaler Nachlass und seine Gestaltungspraxis Teile 1 und 2; *Pockrandt*, Digitaler Nachlass: Die Übergangsfähigkeit und -weise digitaler Daten unter Berücksichtigung der Rechte Dritter, 2020; *Preuß*, Digitaler Nachlass – Vererbbarkeit eines Kontos bei einem sozialen Netzwerk, NJW 2018, 3146; *Pruns*, Keine Angst vor dem digitalen Nachlass – Erbrechtliche Grundlagen – Alte Probleme in einem neuen Gewand, NWB 2013, 3161; *Pruns*, Was ist der „digitale Nachlass" und wie geht man mit ihm um (Teil 6): Alles klar beim Post und Briefgeheimnis?, AnwZert ErbR 08/2014 Anm. 2; *Pruns*, Keine Angst vorm digitalen Nachlass! – Erbrecht vs. Fernmeldegeheimnis?, NWB 2014, 2175; *Pruns*, Der aktuelle Stand im Streit um den digitalen Nachlass nach dem Facebook-Urteil des LG Berlin (Teil 4), AnwZert ErbR 16/2016 Anm. 2; *Pruns*, Der aktuelle Stand im Streit um den digitalen Nachlass nach dem Facebook-Urteil des LG Berlin, Teil 1, AnwZert ErbR 2/2016, und Teil 2, AnwZert ErbR 4/2016; *Pruns*, Digitaler Nachlass – Irrungen und Wirrungen um § 88 Abs. 3 TKG, ZErb 2017, 217; *Pruns*, BGH: Vererblichkeit des Vertrags zu einem Konto eines sozialen Netzwerks, ZErb 2018, 269; *Pruns*, Hinein in die digitale Zukunft!, ErbR 2021, 993; *Pruns*, Digitaler Nachlass: Anspruch der Erben auf „Zugang zu dem vollständigen Benutzerkonto" der Erblasserin bei dem sozialen Netzwerk Facebook, ErbR 2021, 24; *Pruns*, Digitaler Nachlass und digitale Vorsorge: Die neue Regelung des § 4 TTDSG, AnwZert ErbR 1/2022; *Raude*, Der digitale Nachlass in der notariellen Praxis, RNotZ 2017, 17; *Resta*, Personal Data and Digital Assets after Death: a Comparative Law Perspektive on the BGH Facebook Ruling, EuCML 2018, 201; *Röhl*, Digitaler Nachlass, Notar 2017, 254; *Rott/Rott*, Wem gehört die E-Mail? Rechts- und Praxisprobleme beim digitalen Nachlass, NWB-EV 2013, 160; *Salomon*, Digitaler Nachlass – Möglichkeiten der notariellen Vorsorge, NotBZ 2016, 324; *Schlund/Pongratz*, Distributed-Ledger-Technologie und Kryptowährungen – eine rechtliche Betrachtung, DStR 2018, 598; *Scholz*: EuGH-Vorlage zur Zulässigkeit des Vertriebs „gebrauchter" Softwarelizenzen, GRUR 2011, 418; *Scholz*, Zulässigkeit und Grenzen der Verwendung digitaler Technologien beim Testieren, ErbR 2019, 617; *Schuster*, Der Arbeitgeber und das Telekommunikation-Telemedien-Datenschutz-Gesetz – Ein Arbeitgeber unterfällt auch bei Gestattung der privaten Nutzung von Telefon und E-Mail durch die Arbeitnehmer nicht den Pflichten nach dem TKG, CR 2014, 21–27; *Schweizer/Brucker-Kley*, Der digitale Nachlass: Sterben und Erben im Internetzeitalter, TREX 2014, 36; *Seidler*, Digitaler Nachlass – Das postmortale Schicksal elektronischer Kommunikation, 2016; *Seidler*, Der digitale Nachlass – ein Zwischenstand, NZFam 2020, 141; *Schmidt*; Transfer of Property on Death and Dreditor Protection: The Meaning and Roleg of „Universal Succession", Max Planck Institute for Comparative an International Private Law, Research Paper Series No. 18/3; *Singer*, Je digitaler die Gesellschaft, desto digitaler ihr Nachlass – Gleichstellung von digitalem mit analogem Nachlass durch den BGH positiv zu bewerten, NWB, 2017, 3421; *Solmecke/Köbrich/Schmitt*, Der digitale Nachlass – haben Erben einen Auskunftsanspruch?, *Sorge*, Digitaler Nachlass als Knäuel von Rechtsverhältnissen – Justizministerkonferenz sieht kaum Handlungsbedarf für den Gesetzgeber, MMR 2018, 372; *Specht*, in: Röhricht/Graf von Westphalen/Haas, Kommentar zum Handelsgesetzbuch, Kommentierung der Plattformnutzungsverträge Rn. 89 ff., 2018; MMR 2015, 291; *Speyer*, Der digitale Nachlass und die Herausforderung postmortalen Persönlichkeitsschutzes im Internet, JZ 2012, 1145; *Stadler/Franz*, Keine Klarnamenpflicht bei Facebook, NJW 2022, 1282; *Staudenmayer*, Auf dem Weg zum digitalen Privatrecht – Verträge über digitale Inhalte, NJW 2019, 2497; *Steiner/Holzer*, Praktische Empfehlungen zum digitalen Nachlass, ZEV 2015, 262; *Telle*, Zugangsanspruch der Erben zum Facebook-Account und das Fernmeldegeheimnis, K&R 2017, 510; *Thiesen*, Daten in der Erbmasse: Der digitale Nachlass zwischen Erbgang und Rechtsdurchsetzung, Europäische Hochschulschriften Recht, Band 5954, 2017; *Thunen*, Digitaler Nachlass – Vererbbarkeit von Benutzerkonten in sozialen Netzwerken, FUSI 2016, 146; *Tjong Tijn Tai*, Data ownership and consumer protection, EuCML 2018, 136; *Uhrenbacher*, Digitales Testament und digitaler Nachlass, Dissertation, Europäische Hochschulschriften Recht, Band 5908, 2016; *Uhrenbacher*, Rechtsprobleme des digitalen Nachlasses im Hinblick auf Pflichtteilsansprüche und Testamentsvollsteckung, ZEV 2018, 248; *Van Erp*, Ownership of digital assets?, EuCML 2016, 73; *von Oertzen/Blasweiler*, Wirksamkeit ausländischer digitaler Testamente in Deutschland, ErbR 2020, 696; *von Oertzen/Grosse*, Kryptowährungsguthaben im Erbrecht und Erbschaftssteuerrecht, DStR 2020, 1651; *Walter*, Bitcoin, Libra und sonstige Kryptowährungen aus zivilrechtlicher Sicht, NJW 2019, 3609; *Willems*, Erben 2.0 – zur Beschränkbarkeit der Rechtsnachfolge in das „digitale Vermögen", ZfPW 2016, 494; *Willkomm*, Digitaler Nachlass – Nach dem BGH kommen die AGB, DRiZ 2020, 12; *Wüsthof*, Germany's Supreme Court Rules in Favour of „Digital Inheritance", EuMCL 2018, 205.

A. Allgemeines	1
I. Der digitale Nachlass	1
II. Neue Aufgaben bei der Nachlassabwicklung	3
III. Der digitale Nachlass in der juristischen Diskussion	9
IV. Rechtliche Fragestellungen	12
B. Regelungsgehalt	13
I. Die Rechtsnachfolge in Bezug auf den digitalen Nachlass aus zivilrechtlicher Sicht	13
1. Zunächst begründete Ansicht: Aufteilen des digitalen Nachlasses nach vermögenswerten und höchstpersönlichen Inhalten	13
2. Neuere und höchstrichterlich sowie vom Gesetzgeber bestätigte Ansicht: Der digitale Nachlass unterfällt der Gesamtrechtsnachfolge	21
a) Vererblichkeit der dinglichen Rechtsstellung an lokalen Datenträgern	23
b) Vererblichkeit von nicht lokal gespeicherten Daten, Accounts und E-Mails	25
aa) Übergang von Providerverträgen und sonstigen Online-Vertragsbeziehungen	26
bb) Übergang der Hauptleistungspflichten	28
cc) Übergang von Nebenansprüchen	30
dd) Kündigung	32
c) Sonstige digitale Hinterlassenschaften	34
aa) DENIC	34
bb) Soziale Netzwerke	35
cc) Bewertungen	37
dd) Lizenzverträge und Nutzungsrechte; Downloads, etc	38
d) Kryptowährungen	42
3. Übergang der Rechtspositionen unabhängig von ihrem Inhalt	43
a) Die erbrechtlichen Regelungen sprechen höchstpersönliche Inhalte den Erben zu	44
b) Entgegenstehender Wille des Erblassers	49
4. Rechte der Angehörigen	54
II. Unmöglichkeit der Zugangsgewährung wegen Verstoßes gegen das Persönlichkeitsrecht, das Datenschutzrecht und das Fernmeldegeheimnis	58
1. Kein Entgegenstehen des postmortalen Persönlichkeitsrechts des Erblassers	61
2. Recht auf informationelle Selbstbestimmung und Datenschutzrecht (Art. 2 Abs. 1, Art. 1 GG, DS-GVO und E-Privacy-RL)	69
3. Fernmeldegeheimnis (Art. 10 Abs. 1 GG, §§ 3, 4 TTDSG)	73
4. Provider mit Sitz im Ausland	86
III. Strafrechtliche Aspekte	87
C. Weitere praktische Hinweise	92
I. Der digitale Nachlass in der Nachlassabwicklung	92
1. Testamentsvollstrecker etc	92
2. Verzeichnisse	93
3. Pflichtteilsrecht	94
4. Auseinandersetzung einer Miterbengemeinschaft	95
II. Legitimation	96
1. Legitimation als Rechtsnachfolger	96
2. Nachweis der Nachlasszugehörigkeit	97
III. Gestaltungsmöglichkeiten	100
1. Möglichkeiten der Gestaltung	100
2. Vorsorgevollmacht	102
3. Regelung mit dem Provider	105
4. Letztwillige Verfügungen	106
5. Listen über die Internetaktivität	111
6. Umgang mit Passwörtern und sonstigen Zugangsdaten	112
IV. Auslandsberührung	113
1. Anwendbares Recht	113
2. Gerichtsstand	116
V. Die AGB der Provider auf dem Prüfstand	121

VI. Die gerichtliche Geltendmachung der Rechte der Erben 131	2. Die Vollstreckung aus einem obsiegenden Urteil 133
1. Die richtige Antragstellung im Erkenntnisverfahren 131	

A. Allgemeines

I. Der digitale Nachlass

Wenn ein Mensch im 21. Jahrhundert stirbt, so hinterlässt er regelmäßig neben den klassischen Vermögenswerten und Rechtspositionen[1] **digitale Inhalte**. Für diese Nachlassgegenstände hat sich der Begriff des „**digitalen Nachlasses**" herausgebildet. Gemeint ist die Gesamtheit des digitalen Vermögens des Erblassers, sprich die „Gesamtheit der Rechtsverhältnisse des Erblassers betreffend informationstechnische Systeme, einschließlich der gesamten elektronischen Datenbestände des Erblassers".[2] Letztlich handelt es sich um keine Definition, sondern um eine Umschreibung dessen, was man zB unter diesem bloßen **Sammelbegriff** verstehen mag.[3] Dieser ist als zusammenfassendes Schlagwort für Probleme bei der Nachlassabwicklung entstanden, die sich daraus ergeben, dass unsere Welt mehr und mehr „digital" wird. Letztlich hat sich gezeigt, dass es allerdings gar nicht nur um Probleme mit dem digitalen Vermögen einer Person im Todesfall geht, sondern auch um dessen Behandlung noch zu Lebzeiten, etwa bei Eintritt von Geschäftsunfähigkeit etc (zu „digitalen Vorsorgevollmachten" → Rn. 120). Daher wäre es wohl besser statt von „digitalem Nachlass" vom „**digitalen Vermögen**" zu sprechen.[4] Aber auch das wäre noch zu eng; denn es geht eben nicht nur um die vermögenswerten digitalen Positionen, sondern auch um die nichtvermögenswerten bis hin zu höchstpersönlichen. Es geht um den gesamten digitalen Lebensbereich einer Person. Der Begriff des „digitalen Nachlasses" hat sich aber als Schlag- und Stichwort (nicht zuletzt auch in Suchmaschinen) eingebürgert.[5] Versteht man ihn im hier erläuterten Sinne, so ist dies unschädlich. Eine klare Definition zu geben, wäre nicht nur schwierig, sondern auch überflüssig.[6] Es gibt ja auch keine Definition für den nicht digitalen Bereich. In letzterem Zusammenhang wird allerdings zu Abgrenzungszwecken, gern von „offline-Welt" oder „analoger Welt" gesprochen, um diese beiden für die hier zu führende Diskussion gegenüberzustellen. Letztlich verbietet es sich aber schon aufgrund der Universalsukzession i. R.v. § 1922 BGB wirklich zwischen digitalem und nicht digitalem Nachlass zu unterscheiden,[7] suggeriert dies doch eine Art Nachlassspaltung, die sich aus dem Gesetz nicht entnehmen lässt.[8] Richtig verstanden ist der Begriff digitaler Nachlass also ein **Sammelbegriff**[9] für

- Hardware (PC, Server, Festplatten, Laptop, Handy, Smartphone, Telefonanlagen, Drucker etc),

1

---

1 S. hierzu NK-BGB/Kroiß BGB § 1922 Rn. 7 ff.
2 Deusch ZEV 2014, 2; Klas/Möhrke-Sobolewski NJW 2015, 3473; Herzog NJW 2013, 3745; Steiner/Holzer ZEV 2015, 262; Wohl zu eng noch die Definition in der Stellungnahme des DAV (Nr. 34/2013) Bräutigam, 93 und auch Pruns NWB 2013, 3161, der hier noch nur auf die Konten und Daten im Internet abstellte und damit die Hardware außenvorließ. Kritisch daher zur Recht Salomon NotBZ 2016, 324 (325) und Steiner/Holzer ZEV 2015, 262.
3 BeckOGK/Preuß BGB § 1922 Rn. 384; Muer, 2021, 355.
4 So auch Ludyga ZEV 2018, 1; Gloser Mitt-BayNot 2016, 12; Willems ZfPW 2016, 494.
5 So auch Ludyga ZEV 2018, 1; Lange/Holtwiesche ZErb 2016, 125.
6 Herzog/Pruns § 1 Rn. 14 ff.
7 Lange/Holtwiesche ZErb 2016, 125; BeckOGK/Preuß BGB § 1922 Rn. 384. Aufgrund der Universalsukzession und des Von-Selbst-Erwerbs in Kombination mit § 1978 BGB nimmt der Erbe nach deutschem Recht die Stellung eines Nachlassverwalters (wie etwa eines personal representative nach Englischem Recht) wahr, s. Schmidt Research Paper Series No. 18/3.
8 Ähnlich Muer, 355.
9 Herzog NJW 2013, 3745; wohl zu eng noch die Definition von Bräutigam DAV Stellungnahme Nr. 34/2013, 93; s. auch Taeger/Deusch Tagungsband DSRI 2013, 429, 430 f.; Pruns NWB 2013, 3161; ähnlich Burandt/Rojahn/Bräutigam Anh. zu BGB § 1922 Rn. 3.

- Software[10] (Windows, Office, Rechtsanwaltsprogramme, Virenprogramme, Apps, Widgets, um nur einige zu nennen),
- gespeicherte Daten (private wie geschäftliche; auf heimischen Datenträgern wie PC, Server, Festplatte, CD, Smartphone oder Ähnlichem, im www oder auf Clouds),
- E-Books (wie bspw. bei Kindle), E-Musik (wie bspw. bei itunes) oder E-Videos als Download oder Stream,
- Zugänge zum world wide web (1&1, telecom etc) und zu Suchmaschinen (Google, Bing, Yahoo etc),
- virtuelle Konten (wie bspw. PayPal),[11] Kryptowährungen (wie bspw. Bitcoin)[12] und Internetdepots,
- Vertragsbeziehungen zu Internetanbietern (eBay, Amazon, Zalando, etc),
- E-Mail-Accounts (neben entgeltlichen Diensten gibt es auch freemail-Accounts wie freemail.de, web.de, google.mail, yahoo.mail, hotmail etc),
- Twitter- und WhatsApp-Accounts, Blogs,
- Mitgliedschaften bei sozialen Netzwerken (Facebook, Instagram, Tumblr, XING, LinkedIn etc),
- Benutzer- und Firmenprofile im Netz,
- und alle sonstigen gegenwärtig oder künftig sich noch ergebenden digitalen Gebilde.

2 Rechtlich betrachtet handelt es sich hier **nicht** um einen **einheitlichen Vermögensgegenstand** „digitaler Nachlass", der als solcher einer Rechtsnachfolge von Todes wegen unterworfen ist, sondern um eine **Vielzahl** von **Rechtspositionen**:[13]

- Vertragsbeziehungen zB zu Host-, Access oder E-Mail-Account-Providern, Anbietern sozialer Netzwerke oder anderer Angebote im Internet,
- das Eigentum an Hardware,
- Rechte an Websites und Domains,
- Urheberrechte,
- die Nutzungs- bzw. Verbreitungsrechte an Software oder E-Books oder Ähnlichem,
- Rechte an Online-Adressbüchern, hinterlegten Bildern, Clouds, Forenbeiträgen, Blogs, YouTube-Videos und E-Mails,
- vertragliche Rechte und Pflichten aus über den Online(versand)handel begründeten Vertragsbeziehungen sowie
- Zugriffsrechte auf ausschließlich online verwahrte Dokumente (zB Telefonrechnungen, die dem Kunden nur noch auf einer abrufbaren Internetseite zur Verfügung gestellt werden).[14]

II. Neue Aufgaben bei der Nachlassabwicklung

3 Der digitale Nachlass schafft neue Aufgaben bei der Nachlassabwicklung und eröffnet neue Betätigungsfelder für Juristen[15] (Stichwort: „digitaler Testamentsvollstrecker", → Rn. 100 ff.).

4 Fand man früher die für Nachlassabwicklung relevanten Daten vor allem in Aktenordnern, dem Schreibtisch und Schließfächern, wird man heute vor allem auch den PC bzw. Laptop (digitale Akten, E-Mails ...), das Smartphone sowie sonstige Speichermedien wie Clouds des Erblassers zu erforschen haben. Die auf dem PC gespeicherten Daten ersetzen zu einem Großteil den alten Aktenordner, iTunes die Plattensammlung, Audible und Kindle die Bücherei,

---

10 Zur rechtlichen Einordnung Kutscher, 22.
11 Zur rechtlichen Einordnung Kutscher, 61.
12 Diese sind als privates Geld anerkannt, http://www.welt.de/print/die_welt/finanzen/article119111153/Bitcoins-als-Geld-anerkannt.html (abgerufen am 1.3.2018/15.8.2022); s. hierzu auch Frankfurter Allgemeine Woche 17/2016, 72: „Kann man Bitcoins vertrauen?".
13 Zu den unterschiedlichen Vertragstypen und ihrer rechtlichen Einordnung Kutscher, 21 ff.
14 Dopatka NJW-aktuell 49/2010, 14 (15); Martini JZ 2012, 1145 (1146); Brisch/Müller-ter Jung CR 2013, 446 (448).
15 Herzog NJW 2013, 3745.

Inhalte in Clouds und auf Smartphones die früheren Fotoalben und Blogs haben den Stellenwert von Tagebuchaufzeichnungen. Spiele wie World of Warcraft und Fotobörsen im Internet können gewichtige Vermögenswerte darstellen. Mit Kryptowährungen wie Bitcoin gibt es neue inzwischen normal gehandelte „digitale" Währungen,[16] die Blockchain-basiert sind, woraus sich weitere Anwendungsmöglichkeiten ergeben werden. E-Mails haben eine Schlüsselfunktion wie bisher Briefe.

Das bedeutet, dass heute neben analogen auch sämtliche digitalen Inhalte **gesichtet** und ggf. **gesichert** werden müssen, um Nachlassverbindlichkeiten, Wertgegenstände sowie sonstige Aktiva und Passiva aufzuspüren und Vertragsbeziehungen abzuwickeln.[17] Der Nachlassabwickler wird dabei als eine Art **digitaler Entrümpler** tätig.[18] Dabei wird er sich in der Regel dritter Dienstleister bedienen müssen, ähnlich wie bisher Entrümpler für bspw. die Wohnung des Erblassers engagiert wurden.[19]

Passwortgesicherte Daten müssen notfalls durch **Hacken** zugänglich gemacht werden. Dies ist – aus zivilrechtlicher Sicht – keineswegs rechtswidrig, sondern notwendig. Schließlich tritt der Erbe oder der für ihn agierende Nachlassabwickler in die Position des Erblassers ein (→ Rn. 21 ff.) und auch dem Erblasser wäre es zu Lebzeiten nicht verwehrt gewesen, seine eigenen Daten zu hacken, wenn er das Passwort unwiederbringlich vergessen hätte.

Während man heute wie selbstverständlich Zeitungsabonnements kündigt, wird man sich künftig daran gewöhnen müssen auch **Online-Abonnements** wie Online-Partnerbörsen (zB Elite-Partners) und Musik-, Video- und (Hör)buchbörsen mit Abo-Charakter (zB Audible) zu kündigen. Auch Websites können monatlich anfallende Kosten verursachen.

Es können **Vertragsbeziehungen abzuwickeln** sein. So können etwa Angebote aus der Zeit vor dem Tod des Erblassers bei eBay, Zalando, otto.de oder sonst noch nach §§ 130 Abs. 2, 153 BGB oder über die Industrie 4.0 und Smart Products[20] vom Erben wahrgenommen werden (müssen). PayPal oder ähnliche Konten können Guthaben oder Schulden beinhalten. Es können noch Abmahnkosten für illegal herunter geladene Musik oder Filme bestehen. Onlinetagebücher, Blogs und Facebook-Einträge überleben den Nutzer ähnlich wie auch bisher ein Fotoalbum ihn überlebt hat, nur dass die Daten mehr und zT öffentlich zugänglich geworden sind. Auf Gedenkseiten können kompromittierende Dinge eingetragen werden. Es muss geklärt werden, was mit diesen geschieht und wer darüber zu entscheiden hat. Dabei fällt es bei digitalen Inhalten oft schwer, zu klären, **welche digitalen Vermögenswerte** überhaupt in den **Nachlass** fallen, so insbesondere bei kostenlosen E-Mail-Anbietern, die keinen Identitätsnachweis verlangen, oder wenn der Erblasser sich unter einem Pseudonym angemeldet hat.[21] Insoweit steht der Rechtsnachfolger nicht nur vor dem Problem, sich als solcher zu legitimieren, sondern es fällt auch schwer nachzuweisen, dass der Bestand dem Verstorbenen gehörte[22] (→ Rn. 97 ff.).

---

16 Diese sind als privates Geld anerkannt, http://www.welt.de/print/die_welt/finanzen/article119111153/Bitcoins-als-Geld-anerkannt.html (abgerufen am 15.8.2022).

17 Klas/Möhrke-Sobolewski NJW 2015, 3473 (3476).

18 S. zu den rechtstatsächlichen Problemen auch Lange/Holtwiesche ErbR 2016, 487.

19 ZB www.semno.de, die nach Spiegel Online v. 26.7.2015 für eine Hardware-Analyse 249 EUR und für die Löschung eines Accounts 39 EUR berechnen.

20 Zur rechtlichen Einordnung s. Bräutigam/Klindt NJW 2015, 1137.

21 Brisch/Müller-ter Jung CR 2013, 446 (448); Brinkert/Stolze/Heidrich ZD 2013, 153 (156).

22 Herzog NJW 2013, 3745 (3746).

III. Der digitale Nachlass in der juristischen Diskussion

9 Die Lebenswirklichkeit hatte die juristische Diskussion lange Zeit überholt.[23] Während digitale Lebensinhalte seit der Onlinestellung von Facebook 2004 und der Einführung des iPhones 2007 zunehmend omnipräsent geworden sind,[24] wird das Thema „digitaler Nachlass" erst seit 2012 intensiv juristisch aufgearbeitet. In Vorsorgevollmachten oder letztwilligen Verfügungen findet sich die digitale Vermögensseite zwar vermehrt; deren Aufnahme gehört aber auch heute noch keineswegs zum Standardrüstzeug eines juristischen Beraters. **Rechtsprechung** zum Thema suchte man – zumindest im Inland und von Einzelfällen zu entlegeneren Themen abgesehen[25] – bis 2016 vergeblich. Nachdem sich aber zunächst die (Online-)Presse, Psychologen und Theologen, Datenschutzbeauftragte, das Internet[26] und Computerfachleute[27] des Themas angenommen hatten, haben sich seit 2012[28] Juristen und unter ihnen vor allem auch Erbrechtler zuletzt intensiv des Themas angenommen.[29]

Mit den „Facebook-Urteilen" liegen inzwischen zwei rechtskräftige **höchstrichterliche Entscheidung** zu den wichtigsten Rechtsfragen des digitalen Nachlasses vor:

- Die Entscheidung des BGH vom 12.7.2018 – III ZR 183/17[30] (Vorinstanzen: LG Berlin Urt. v. 17.12.2015 – 20 O 172/15[31] und KG Urt. v. 31.5.2017 – 21 U 9/16[32]) zur Vererblichkeit des digitalen Nachlasses und
- BGH Beschl. v. 27.8.2020 – III ZB 30/20[33] (Vorinstanzen: LG Berlin Beschl. v. 13.2.2019 – 20 O 172/15[34] und KG Beschl. v. 9.12.2019 – 21 W 11/19[35]) zur Erfüllung und Vollstreckung,

deren Rechtsausführungen die Unterinstanzen gefolgt sind.[36]

---

23 Martini JZ 2012, 1145 spricht von einer „terra incognita", nachdem lange Zeit einzig ein Aufsatz von Hoeren in der NJW 2005, 2113 bei einer Recherche zum Thema zu finden war und es bei Palandt/Weidlich bis zur 71. Aufl. 2012, § 1922 Rn. 34 repräsentativ für die bis 2013 gesamte Kommentarliteratur etwa hieß: „Im Bereich von Internet uE-Mail besteht bislang kaum Klarh."

24 Klas/Möhke-Sobolewski NJW 2015, 3473.

25 Das LG Saarbrücken hat vor einigen Jahren eine Entscheidung zum Rechtsschutz gegen virtuelle Todesanzeigen und Kondolenzbekundungen erlassen NJW 2014, 1395 mit zutreffender Anm. von Deusch; aber auch das OLG Karlsruhe, war in ErbR 2017, 427 mAnm Pruns bereits Problemen des digitalen Nachlasses konfrontiert. In den USA ist die Diskussion unter dem Stichwort „digital asset" bereits weiter gediehen, vgl. MAH ErbR/Scherer § 50 Rn. 51, 52 Fn. 158.

26 Laut diversen Einträgen sollen Passwörter beim Notar, Nachlassgericht oder in der letztwilligen Verfügung hinterlegt werden, s. etwa ein Hinweis der Bundesregierung vom 24.4.2015 unter http://www.bundesregierung.de/Content/DE/Artikel/2015/04/2015-04-24-digitaler-nachlass.html; diesem Rat sollte auf keinen Fall gefolgt werden, s. ErbR 2015, 309 und noch → Rn. 84 f.).

27 www.securesafe.com; www.digitaler-nachlass.com; www.digital-danach.de. ZT existieren die Anbieter allerdings (aktiv) nicht mehr. Kritisch auch Martini JZ 2012, 1145 (1154).

28 Anstoßfunktion hatte ua der Vortrag von Bräutigam, „Digitaler Nachlass – Der Tod im Internet und das digitale Erbe" im März 2012 auf dem 7. Deutschen Erbrechtstag; oder auch: Deutscher Anwaltstag 7.6.2013: „Der digitale Tod – eine Aufgabe für den Gesetzgeber".

29 S. die Vielfalt im Literaturverzeichnis.

30 ErbR 2018, 566 mAnm Biermann = ZEV 2018, 582 mAnm Ludyga = DNotZ 2018, 846 mAnm Gloser = ZD 2018, 477 mAnm Apel = MMR 2018, 740 mAnm Hoeren = ZNotP 2018 mAnm Stückemann = ZD 2018, 477 mAnm Simon; s. hierzu auch Goratsch NZFam 2018, 800 und Pruns ZErb 2018, 269; Gomille ZUM 2018, 660; Knoke ZD-Aktuell 2018, 06269; Resta EuCML 2018, 201; Martini/Kienle JZ 2019, 235.

31 ErbR 2016, 223 mAnm Wüsthof.

32 DNotZ 2018, 286 mAnm Gloser = RNotZ 2017, 457 mAnm Raude = ZD 2017, 386 mAnm Klages = ZEV 2017, 386 mAnm Biermann = ErbR 2017, 496 mAnm Wüsthof = K&R 2017, 505 mAnm Telle; s. auch BrechmannELF November 2017.

33 NJW 2021, 160 mAnm Biallaß = ZEV 2020, 714 mAnm Heintz = MMR 2020, 688 mAnm Methmann = ErbR 2021, 40; s. auch Pruns ErbR 2021, 24.

34 ErbR 2019, 310.

35 ErbR 2020, 341 mAnm Biermann = MMR 2020, 183 mAnm Hoeren.

36 LG Münster ErbR 2019, 455 mAnm Pruns, das den Erben Anspruch auf Zugang zu einem iCloud Benutzerkonto des Erblassers zusprach, und LG Heidelberg ErbR 2022, 351.

Und auch die **Legislative** hat das Thema auf die Tagesordnung genommen:[37] So las man im Koalitionsvertrag zwischen CDU, CSU und SPD vom 7.2.2018 (Zeile 6204 f.): „Wir werden die Vererbbarkeit des digitalen Eigentums (zB Nutzer-Accounts, Datenbestände) rechtssicher gesetzlich regeln."[38] Auch wenn sich im Koalitionsvertrag von 2021 kein solcher Passus mehr findet, hat der Gesetzgeber doch im am 1.12.2021 in Kraft getretenen „Gesetz zur Regelung des Datenschutzes und des Schutzes der Privatsphäre in der Telekommunikation und bei Telemedien" klar Stellung bezogen,[39] wenn es hier in § **4 TTDSG** nF (s. noch unten → Rn. 60) heißt: *„Das Fernmeldegeheimnis steht der Wahrnehmung von Rechten gegenüber dem Anbieter des Telekommunikationsdienstes nicht entgegen, wenn diese Rechte statt durch den betroffenen Endnutzer durch seinen Erben oder eine andere berechtigte Person, die zur Wahrnehmung der Rechte des Endnutzers befugt ist, wahrgenommen werden."*[40] Die dahinterstehende Ratio[41] will sicher stellen, dass der „Endnutzer und Personen, die an seine Stelle treten", durch das Fernmeldegeheimnis nicht „in der Wahrnehmung ihrer Rechte beeinträchtigt" werden. Als Personen, die an die Stelle des Erblassers treten können, werden genannt Erben, Testamentsvollstrecker, Nachlasspfleger, Nachlassverwalter, Nachlassinsolvenzverwalter und Betreuer. Und so regelt auch der zum 1.1.2023 in Kraft tretende § **1815 Abs. 2 Nr. 5 BGB** nF, dass die Betreuung auch „die Entscheidung über die Telekommunikation des Betreuten einschließlich seiner elektronischen Kommunikation" erfasst. Damit dürfte – zumindest, was das deutsche Recht betrifft – die Rechtlage tatsächlich klar geregelt sein.

Das ist zu begrüßen. Denn die Rechtsnachfolger des Verstorbenen haben nicht nur ein **berechtigtes Interesse**,[42] sondern die **Pflicht**, an dessen Daten heranzukommen, trifft sie doch die Pflicht zur ordnungsgemäßen Nachlassverwaltung und -abwicklung.[43] So müssen etwa das Impressum einer Homepage angepasst,[44] Online-Vertragsbeziehungen abgewickelt und ausschließlich online verwahrte Dokumente gesichtet werden. Denkt man an die Pflicht des Erben, die Nachlassverbindlichkeiten nicht nur zu erfüllen, sondern auch aufzudecken, sowie die Tatsache, dass mehr und mehr Berufsgruppen ihre Daten digital verwalten (genannt sei hier etwa das beA oder das beN) so erhält die Diskussion noch einmal eine andere Dimension.

Gleichwohl wurde und wird (zT auch weiterhin) **in Frage gestellt**, ob die Erben, die eine faktische Zugriffsmöglichkeit auf den digitalen Nachlass haben – etwa weil der Erblasser ihnen entsprechende Informationen und Zugangsdaten hinterlassen hat – hiervon in rechtmäßiger Weise Gebrauch machen dürfen und für den Fall, dass ihnen keine Zugangsdaten zur Verfügung stehen, ob die Provider ihnen Auskunft und Zugang gewähren dürfen.[45]

IV. Rechtliche Fragestellungen

In Bezug auf den digitalen Nachlass gilt es im Falle des Todes des Users rechtlich zu beleuchten, was mit den digitalen Inhalten geschieht:[46]

- Es ist zu klären, ob die Rechte und Rechtspositionen erlöschen oder ob sie auf Erben (→ Rn. 13 ff., 21 ff.) und/oder nächste Angehörige übergehen (→ Rn. 44 ff., 54 ff.) und wie sich die Rechtsnachfolger legitimieren können (→ Rn. 96 ff.).

---

37 S. etwa die Initiative der Konferenz der Justizministerinnen und Justizminister zum „Digitalen Neustart", die auch den digitalen Nachlass umfasst, https://www.digitaler-neustart.de/justiz/de/wicket/bookmarkable/de.init.ecm.dft_bill.layout.ProductResultInformationPage?runtimeId=47786 (abgerufen am 16.8.2022); Vorschlag der FDP-Fraktion im Dt. Bundestag (BT-Drs. 19/14044 und BT-Drs. 19/3954); Bundesregierung (BT-Drs. 19/4207); hib Nr. 1027 v. 23.9.2019; BT-Drs. 19/13275; s. auch Lieder/Berneith ZRP 2020, 87.
38 ErbR 2018, 202.
39 Pruns AnwZert ErbR 1/2022 Anm. 2.
40 S. hierzu Pruns AnwZert ErbR 1/2022; Pruns ErbR 2021, 993.
41 BT-Drs. 19/27441, 34 f.
42 Vgl. auch MAH ErbR/Scherer § 50 Rn. 1.
43 So auch Deusch ZEV 2014, 2 (8).
44 Deusch ZEV 2014, 2 (7).
45 S. etwa Hoeren NJW 2005, 2113 (2114); Martini JZ 2012, 1145 (1146).
46 Herzog NJW 2013, 3745 (3746).

- Die (sehr unterschiedlichen) Handhabungen durch Provider und ähnliche Vertragspartner ist einer Wirksamkeits- und Inhaltskontrolle zu unterziehen (→ Rn. 121 ff.).
- Schließlich ist zu eruieren, welchen Einfluss der Erblasser durch seine Nachfolgeplanung nehmen kann (→ Rn. 100 ff.).
- Dabei müssen datenschutz- und telekommunikationsrechtliche Aspekte ebenso berücksichtigt werden (→ Rn. 58 ff.) wie die Fragen, welches Recht anwendbar ist, welche Gerichte zuständig sind, wie Klageanträge zu formulieren sind und eine Vollstreckung möglich ist (→ Rn. 132 f.).

B. Regelungsgehalt

I. Die Rechtsnachfolge in Bezug auf den digitalen Nachlass aus zivilrechtlicher Sicht

13 **1. Zunächst begründete Ansicht: Aufteilen des digitalen Nachlasses nach vermögenswerten und höchstpersönlichen Inhalten.** In Bezug auf die Frage nach der Rechtsnachfolge in Bezug auf den digitalen Nachlass haben der Wortlaut des § 1922 BGB sowie die falsch verstandene Rechtsprechung zum postmortalen Persönlichkeitsrecht in der Vergangenheit für **Verwirrung** gesorgt:

14 Gemäß dem Wortlaut des § 1922 BGB geht das *„Vermögen"* einer Person mit ihrem Tode auf deren Erben über. Daraus schlussfolgerte *Hoeren* als erster, dass nur **vermögenswerte Positionen** vererblich sind und damit auf die Erben übergingen; **höchstpersönliche** hingegen unterfielen **nicht** der Gesamtrechtsnachfolge, sondern gingen auf die nächsten Angehörigen über.[47] Hierfür spräche auch das Geheimhaltungsinteresse des Erblassers im Hinblick auf digitale Liebesbriefe, Tagebuchaufzeichnungen oder private Videosammlungen.[48]

15 Die der von *Hoeren* begründeten Meinung folgende Literatur[49] wandte diese Prämisse sodann auf den digitalen Nachlass wie folgt an:

16 Zunächst werden nichtvermögenswerte Positionen **aussortiert**. Hierzu soll zB der E-Mail-Account als solcher gehören. Da letztlich jeder einen solchen einrichten kann, stelle dieser keine Vermögenswerte und damit **keine vererbliche Position** dar.[50]

17 Sodann müsse zwischen **lokal gespeicherten Daten** und solchen, die sich **bei einem Provider** befänden (wie noch nicht abgerufene E-Mails oder Mails auf einem IMAP-Server oder solchen aus einem Online-Chat) differenziert werden:[51] Lokal gespeicherte Daten des Erblassers gingen mit dem Eigentum am Speichermedium auf die Erben über.[52] E-Mails oder sonstige Daten,

---

47 Hoeren NJW 2005, 2113 (2114); s. auch Burandt/Rojahn/Bräutigam Anh. zu BGB § 1922 Rn. 2.
48 Hoeren folgend: Brinkert/Stolze/Heidrich ZD 2013, 153; Bräutigam MMR 2012, 635; Martini JZ 2012, 1145.
49 Vor allem Martini JZ 2012, 1145; Brinkert/Stolze/Heidrich ZD 2013, 153; Taeger/Haase Tagungsband DSRI 2013, 379.
50 So noch Bräutigam auf dem 7. Deutschen Erbrechtstag in Berlin am 14.3.2012 unter Berufung auf eine BGH-Rechtsprechung zum Girokonto vom 18.1.2000, s. BGH NJW 2000, 1258; Burandt/Rojahn/Bräutigam Anh. zu BGB § 1922 Rn. 5; dem folgend Leeb K&R 2014, 693 (695) mit der Folgerung, die Accounts gingen auf die nächsten Angehörigen über; bei Facebook würde das bedeuten, dass das Konto nicht durch die Erben fortgeführt werden kann, sondern sie dürften und müssten sämtliche Daten und Kontakte auf ein neues Konto transferieren. Welchen Mehrwert das haben soll, bleibt ebenso offen wie die Frage, was genau die nächsten Angehörigen mit dem ausgehöhlten Konto tun sollen. Ferner: Wie sollten die Erben Kontakte des Erblassers erreichen? Erst wenn die Erben zu diesen Kontakt aufnähmen, hätten sie die neuen Kontaktdaten – ein einseitiges Spiel, das die Interessen der „Freunde" (um beim Terminus von Facebook zu bleiben) daran, die Rechtsnachfolger zu erreichen, gänzlich außen vor lässt (und das stets unter dem in sein Gegenteil verkehrten Deckmantel des „Datenschutzes" im weitesten Sinne). Dass schon die Prämisse so nicht stimmt, zeigt die Einführung des Jedermannkonto zum 19.6.2016.
51 Hoeren NJW 2005, 2113 (2114).
52 Hoeren NJW 2005, 2113 (2114); Martini JZ 2010, 1145 (1147); Brisch/Müller-ter Jung CR 2013, 446.

die sich noch auf einem externen Server befinden, sollen mit dem Serververtrag auf die Erben übergehen.[53]

Im Falle der nichtverkörperten oder lokal gespeicherten Daten sollen die Erben aber rechtmäßigen Zugriff bzw. Anspruch auf Zugang nur zu rein oder zumindest weit **überwiegend geschäftlichen**, der Vermögenssphäre des Erblassers zuzusortierenden Daten haben.[54] **Höchstpersönliche Daten** sollen hingegen in diesem Fall von der Gesamtrechtsnachfolge ausgeschlossen sein, wozu von Liebesbriefen angefangen bis hin zu einfachen Gruß-E-Mails sämtliche Daten mit privaten Inhalten gehören sollen.[55] Hierfür sprächen das postmortale Persönlichkeitsrecht des Erblassers sowie Datenschutzerwägungen.[56] Dabei wird der Diensteanbieter zum datenschutzrechtlichen Geheimhaltungsträger im Binnenverhältnis zwischen Erbe und Erblasser ähnlich einem Arzt, wobei die Pflicht zur Geheimhaltung als vertragliche Hauptpflicht aus dem Verhältnis zwischen Erblasser und Diensteanbieter aus § 13 Abs. 4 Nr. 3 TMG idb 30.11.2021 (s. jetzt § 19 Abs. 1 TTDSG) geltenden Fassung hergeleitet wurde.[57] Wenngleich es dem letztgenannten Gedanken nicht folgt,[58] so ging auch das **Kammergericht** davon aus, dass der Gesetzgeber es nur im Falle der Verkörperung wegen des damit einhergehenden Vermögensbezugs hinnimmt, dass höchstpersönliche Inhalte auf die Erben übergehen.[59]

18

Ob diese höchstpersönlichen Inhalte dann auf die (nächsten) **Angehörigen** übergehen[60] oder diese zumindest einen Löschungsanspruch als Wahrnehmungsberechtigte des Erblassers aus dem gewohnheitsrechtlich anerkannten Recht auf Totenfürsorge[61] haben, wird nicht einheitlich beantwortet. Offen bleibt auch die Frage, wer diese „nächsten Angehörigen" eigentlich sein sollen. ZT wird auf § 22 S. 4 KUrhG zurückgegriffen.[62]

19

Aber auch zu geschäftlichen oder vermögenswerten Daten soll den Erben aus Gründen des Schutzes des allgemeinen Persönlichkeitsrechts des Erblassers dann der Zugang verwehrt sein, wenn diese nicht klar von privaten Inhalten zu treffen sind.[63] Diese müssten zunächst von den privaten Inhalten **getrennt werden** und könnten erst hiernach an die Erben „ausgekehrt" werden. Diese Sortierarbeit müsse **treuhänderisch** durch einen neutralen Dritten erfolgen.[64] Dabei könne es sich um einen **digitalen Testamentsvollstrecker**,[65] das Nachlassgericht oder im Fall von E-Mails um den **Diensteanbieter** handeln,[66] der damit zum Vertrauten des Erblassers ähnlich dem behandelnden Arzt wird. Dass damit Account-Daten einen stärkeren Schutz erfahren

20

---

53 Hoeren NJW 2005, 2113 (2114); Martini JZ 2010, 1145 (1147); Brinkert/Stolze/Heidrich ZD 2013, 153 (154); Brisch/Müller-ter Jung CR 2013, 446 (447).
54 Hoeren NJW 2005, 2113 (2114); Martini JZ 2012, 1145 (1152); eingeschränkt auch Brisch/Müller-ter Jung CR 2013, 446 allerdings nicht für bereits abgespeicherte Daten.
55 Hoeren NJW 2005, 2113 (2114).
56 Hoeren NJW 2005, 2113 (2114); Martini JZ 2012, 1145 (1148); Brinkert/Stolze/Heidrich ZD 2013, 153 (154).
57 Martini JZ 2012, 1145 (1149 f.).
58 KG ErbR 2017, 496 = ZErb 2017, 225 = ZEV 2017, 386.
59 KG ErbR 2017, 496 = ZErb 2017, 225 = ZEV 2017, 386; dass dies so nicht richtig ist, wird noch zu zeigen sein, → Rn. 38 ff.; auch der BGH hat der Ansicht des Kammergerichts inzwischen eine Absage erteilt BGH ErbR 2018, 566 mAnm Biermann = ZEV 2018, 582 mAnm Ludyga = DNotZ 2018, 846 mAnm Gloser = ZD 2018, 477 mAnm Apel = MMR 2018, 740 mAnm Hoeren ErbR 2018, 566 mAnm Biermann = ZEV 2018, 582 mAnm Ludyga = DNotZ 2018, 846 mAnm Gloser = ZD 2018, 477 mAnm Apel = MMR 2018, 740 mAnm Hoeren.
60 Hoeren NJW 2005, 2113 (2114); Brinkert/Stolze/Heidrich ZD 2013, 153 (154 f.); Martini JZ 2012, 1145 (1147 ff.), 1150; aA Brisch/Müller-ter Jung CR 2013, 446 (447, 454).
61 Brinkert/Stolze/Heidrich ZD 2013, 153 (155); Martini JZ 2012, 1145 (1153 f.).
62 Gloser MittBayNot 2016, 12 (15).
63 Zu dieser „Infektionstheorie" s. etwa Rott/Rott NWB-EV 2013, 160 (164); Bräutigam auf dem 7. Deutschen Erbrechtstag in Berlin am 14.3.2012; kritisch zu Recht Pruns NWB 2013, 3161 (3166).
64 Ablehnend BGH ErbR 2018, 566 mAnm Biermann = ZEV 2018, 582 mAnm Ludyga = DNotZ 2018, 846 mAnm Gloser = ZD 2018, 477 mAnm Apel = MMR 2018, 740 mAnm Hoeren.
65 ZB Steiner Die Welt v. 23.11.2012: „Im Netz stirbt man nicht"; Martini JZ 2012, 1145 (1152).
66 Martini JZ 2012, 1145 (1152), selbst auf die Gefahr hin, dass diese das einpreisen; aA Brisch/Müller-ter Jung CR 2013, 446 (448) und Burandt/Rojahn/Bräutigam Anh. zu BGB § 1922 Rn. 8 f.

als Tagebücher in Buchform, wird ausdrücklich hingenommen.[67] Richtig ist sicherlich, dass der Zugang zu einem Tagebuch schon räumlich begrenzt ist, während es ein Leichtes ist, digitale Inhalte der ganzen Welt zugänglich zu machen.[68] Dies ist aber kein spezielles Problem des digitalen Nachlasses, sondern eine Frage des inzwischen sog. digitalen Persönlichkeitsrechtes.[69] Dem Erben, also derjenigen Person, die gerade postmortal die Daten des Verstorbenen schützen kann, den Zugang zu verwehren, hieße die Dinge verkehren und das Kinde mit dem Bade ausschütten. Was es braucht, ist keine generelle oder auch nur partielle Geheimhaltung vor den Erben, sondern es muss schon lebzeitig einen verantwortungsvollen Umgang mit den neuen Medien erlernt und für den Fall der Geschäftsunfähigkeit und des Todesfalls auch insoweit Vorsorge getroffen werden.

21 **2. Neuere und höchstrichterlich sowie vom Gesetzgeber bestätigte Ansicht: Der digitale Nachlass unterfällt der Gesamtrechtsnachfolge.** Die gerade dargestellte Ansicht ist mit der inzwischen ganz hL[70] und dem BGH[71] abzulehnen, auch wenn das Kammergericht erneut mit den dortigen Überlegungen geliebäugelt hatte.[72] Untersucht man die Frage, wer aus zivilrechtlicher Sicht Rechtsnachfolger des Verstorbenen in Bezug auf den digitalen Nachlass wird, so wird man feststellen, dass sich diese nur nach **allgemeinen Regeln** richten kann:[73] Gemäß § 1922 BGB gilt für den digitalen wie den sonstigen Nachlass – der „Offline-Welt"[74] – der Grundsatz der Universalsukzession.[75] *Wüsthof* fasst zusammen: Einen „beschränkten digitalen Nachlass" gibt es nicht.[76] Und auch *Lange/Holtwiesche* stellen klar: Es ist „nicht zulässig, zwischen dem „digitalen" und dem „sonstigen" Nachlass rechtlich zu unterscheiden. Erbrechtlich besteht stets nur ein einziger Nachlass, der sich aus verschiedenen Aktiva und Passiva zusammensetzt".[77] Allein durch diese Sichtweise wird ein **Gleichlauf der Online- mit der Offline-Welt** hergestellt, der nicht nur angesichts der Abgrenzungsprobleme – reale und digitale Welt vermischen sich nicht erst seit der Corona-Pandemie zusehends – unabdingbar ist.[78] Eine unterschiedliche Betrachtungsweise entbehrt jeglicher Rechtfertigung und widerspricht dem Grundsatz der Gesamtrechtsnachfolge.[79]

22 Dabei darf der Begriff des Vermögens nicht mit „geschäftlich" gleichgesetzt und zu „privat" und somit „höchstpersönlich" in Gegensatz gebracht werden.[80] Denn der Begriff des „Vermögens" in § 1922 BGB ist ein **weiter**, über den allgemeinen hinausgehender erbrechtlicher Vermö-

---

67 Martini JZ 2012, 1145 (1151), 1152; aA Brisch/Müller-ter Jung CR 2013, 446. Dass dies eine Verkehrung der Dinge ist, zeigen Lange/Holtwiesche ZErb 2016, 157 (160) auf: „Wer seine Person zu Lebzeiten bewusst telemedial veröffentlicht, der wird sich im Moment des Todes wohl kaum gegen eine Kenntnisnahme seiner persönlichkeitsbezogenen Daten durch seine Erben oder sonstige Dritte wehren wollen."
68 Klas/Möhke-Sobolewski NJW 2015, 3473.
69 S. hierzu die Initiative des Justizministeriums NRW: www.digitaler-neustart.de (abgerufen am 16.8.2022).
70 Herzog DAV Stellungnahme Nr. 34/2013 S. 30 ff.; Herzog NJW 2013, 3745; Herzog AnwBl 2018, 472; Pruns NWB 2013, 3161; Lange/Holtwiesche ZErb 2016, 125 ff. und 157 ff.; Klas/Möhke-Sobolewski NJW 2015, 3473 (3474); Solmecke/Köbrich/Schmitt MMR 2015, 291; Steiner/Holzer ZEV 2015, 262 (263); Gloser DNotZ 2015, 4 (6); Biermann, Anwaltshandbuch Erbrecht, § 50 Rn. 24; Burandt/Rojahn/Bräutigam Anh. zu BGB § 1922 Rn. 2; Grüneberg/Weidlich, 2022, BGB § 1922 Rn. 34; Kutscher, 2015; Seidler, 2016; Biermann, 2021; Muer, 2021; Singer, nwb Nr. 34 / 2018, 1; Preuß NJW 2018, 3146; Förster/Fast ZAP 2020, 1011.
71 BGH ErbR 2018, 566 mAnm Biermann = ZEV 2018, 582 mAnm Ludyga = DNotZ 2018, 846 mAnm Gloser = ZD 2018, 477 mAnm Apel = MMR 2018, 740 mAnm Hoeren.
72 KG ErbR 2017, 496 = ZErb 2017, 225 = ZEV 2017, 386.
73 So auch Hoeren NJW 2005, 2113 mit dann falschen Schlussfolgerungen.
74 Zu diesem Ansatz Herzog DAV Stellungnahme Nr. 34/2013, 30 ff.
75 Herzog DAV Stellungnahme Nr. 34/2013, 30 ff., jetzt auch BGH ErbR 2018, 566 mAnm Biermann = ZEV 2018, 582 mAnm Ludyga = DNotZ 2018, 846 mAnm Gloser = ZD 2018, 477 mAnm Apel = MMR 2018, 740 mAnm Hoeren Rn. 41.
76 ErbR 2016, 223.
77 Lange/Holtwiesche ZErb 2016, 125.
78 Solmecke/Köbrich/Schmitt MMR 2015, 291; so auch BGH ErbR 2018, 566 mAnm Biermann = ZEV 2018, 582 mAnm Ludyga = DNotZ 2018, 846 mAnm Gloser = ZD 2018, 477 mAnm Apel = MMR 2018, 740 mAnm Hoeren.
79 So auch das LG Berlin ErbR 2016, 223 = ZErb 2016, 109 = ZEV 2016, 189 und BGH mAnm Biermann = ZEV 2018, 582 mAnm Ludyga = DNotZ 2018, 846 mAnm Gloser = ZD 2018, 477 mAnm Apel = MMR 2018, 740 mAnm Hoeren.
80 Herzog NJW 2013, 3745 (3747).

gensbegriff,[81] nach dem das „vererbbare Vermögen" in einem möglichst umfassenden Sinn,[82] dh das die gesamte Rechts- und Pflichtenstellung (klarstellend und § 1922 BGB ergänzend insoweit: § 1967 BGB) des Erblassers „als Ganzes" auf die Erben übergeht.[83] Dieser Übergang bezieht sich nicht auf eine Sache als solche, sondern auf die rechtliche Position an ihr.[84]

a) Vererblichkeit der dinglichen Rechtsstellung an lokalen Datenträgern. Eine solche vererbbare rechtliche Position stellen zunächst das Eigentum oder eine sonstige **dingliche Rechtspositionen** dar.[85] Dies gilt zwar nicht ohne jede Ausnahme. Solange aber keine gesetzliche oder sonst anerkannte Ausnahme vorliegt wie dies etwa in §§ 1061; 1090 Abs. 3; 1098 Abs. 1, 514 BGB normiert ist, ist zunächst von der Vererblichkeit der dinglichen Rechtsposition als Grundsatz auszugehen.

War der Erblasser **Eigentümer** eines PC, eines Smartphones, einer Festplatte oder eines sonstigen lokalen Speichermediums, so geht das Eigentum an eben diesem gemäß § 1922 BGB auf die Erben über[86] und zwar mitsamt den dort gespeicherten Dateien und Inhalten.[87] Es würde auch niemand auf die Idee kommen, ein Buch sei ohne die darin befindliche Schrift oder ohne die dadurch einsehbaren Inhalte vererblich. Mit dem Eigentum an einem Speichermedium gehen auch die hierauf gespeicherten **Dateien (Zeichenebene)** und die Einsichtsmöglichkeit in die dadurch verkörperten **Inhalte (Bedeutungsebene)**[88] auf die Erben über.[89] Denn ein Speichermedium welcher Art auch immer erfährt durch das Speichern von Dateien keine substantielle Veränderung, die an den Eigentumsverhältnissen etwas ändert.[90] War der Erblasser also Eigentümer des Speichermediums, bleibt er das auch nach der Speicherung. Über das Eigentum am Speichermedium wird ihm auch die Inhaberschaft an den Dateien vermittelt; diese sind nichts anderes als eine physikalische Veränderung des Speichermediums, das weiterhin in seinem Eigentum steht. Damit steht ihm auch das Recht zu, die durch die Dateien verkörperten Inhalte einzusehen.[91] Diese Rechte gehen über § 1922 BGB auf die Erben über. Das Eigentum am Speichermedium fungiert als „**Trägermedium**" für die Dateien samt Inhalten. Ob dritte Personen, wegen der durch die Dateien oder die Schrift vermittelten Inhalte, Rechte gegen den Erblasser oder seine Erben haben, ist eine davon zu unterscheidende Frage, die nichts an der Vererblichkeit als solcher ändert, sondern im inter-partes-Verhältnis zu klären ist.[92]

b) Vererblichkeit von nicht lokal gespeicherten Daten, Accounts und E-Mails. Vererblich iSd § 1922 BGB sind aber nicht nur dingliche Positionen, sondern **sämtliche Rechte und Rechtsbe-**

---

81 Staudinger/Kunz BGB, Neubearb. 2017, BGB § 1922 Rn. 64 ff., 69a; s. hierzu im Zusammenhang mit dem digitalen Nachlass ausführlich Seidler, 26 ff.
82 Frieser/Löhnig/Scholz FAKomm ErbR, 4. Aufl. 2013, BGB § 1922 Rn. 8; Staudinger/Kunz BGB § 1922 Rn. 112.
83 Lange/Kuchinke ErbR, 5. Aufl. 2001, 92; so auch Hoeren NJW 2005, 2113.
84 Staudinger/Kunz BGB § 1922 Rn. 383; eingehend im Zusammenhang mit dem digitalen Nachlass Herzog/Pruns § 2 Rn. 27 ff., § 4 Rn. 5 ff.
85 KG ErbR 2017, 496 = ZErb 2017, 225 = ZEV 2017, 386; NK-BGB/Kroiß, 3. Aufl. 2010, BGB § 1922 Rn. 8; Klas/Möhke-Sobolewski NJW 2015, 3473 (3474).
86 LG Berlin ErbR 2016, 223 = ZErb 2016, 109 = ZEV 2016, 189; Hoeren NJW 2005, 2113 (2114); Martini JZ 2012, 1145 (1147); Kutscher, 22; Herzog/Pruns § 2 Rn. 27.
87 Herzog/Pruns § 2 Rn. 28; in Bezug auf solche Inhalte, die auf Eigentum des Erblassers gespeichert sind, wohl allgM, s. etwa Hoeren NJW 2005, 2113 f.; Martini JZ 2012, 1145 (1147); Bräutigam auf dem 7. Deutschen Erbrechtstag vom 16./17.3.2012 in Berlin; auch auf einem Datenträger gespeicherte Standard-Software, vgl. Kutscher, 23; BGH NJW 2007, 2394. Dies betrifft auch schon abgerufene und auf dem PC gespeicherte Mails, Kutscher, 37.
88 Zu dieser Unterscheidung etwa Zech GRUR 2015, 1151; Alexander K&K 2016, 301, 302; MAH ErbR/Biermann § 50 Rn. 10; Herzog/Pruns § 1 Rn. 27.
89 Eingehend hierzu Herzog/Pruns § 1 Rn. 24 ff.; s. auch BGH NJW 2016, 317.
90 Eingehend hierzu Herzog/Pruns § 1 Rn. 24 ff.; s. auch BGH NJW 2016, 317.
91 Herzog/Pruns § 2 Rn. 28 ff.
92 Eingehend hierzu Herzog/Pruns § 3 und § 4 Rn. 15 ff.

ziehungen,[93] mithin auch schuldrechtliche Ansprüche,[94] Vertragsverhältnisse[95] und Dauerschuldverhältnisse[96] des Erblassers. Zwar gibt es auch hier gesetzlich geregelte Ausnahmen (s. etwa §§ 473 S. 1; 1586 Abs. 1, 1615 Abs. 1; 613 S. 1, 673 S. 1, 675 BGB oder §§ 563 ff. BGB)[97] und über diese gesetzlich geregelten Fälle hinaus ist anerkannt, dass schuldrechtliche Positionen dann ausnahmsweise nicht vererblich sind, wenn ihr Inhalt so stark auf die Person des Erblassers zugeschnitten ist, dass sie bei einem Gläubiger- oder Schuldnerwechsel in ihrem Wesen verändert würden.[98] Im Grundsatz gilt aber, dass diese schuldrechtlichen Positionen vererblich sind.

26 **aa) Übergang von Providerverträgen und sonstigen Online-Vertragsbeziehungen.** Folglich geht auch ein Provider-Vertrag des Erblassers oder ähnliche **schuldrechtliche Beziehungen** im Rahmen von **Online-Beziehungen**[99] und Clouds[100] nach § 1922 BGB auf die Erben über.[101] Ein weiterer sachenrechtlicher Bezug bzw. eine Materialisierung der Kommunikationsinhalte ist für die Vererbbarkeit von Ansprüchen aus Verträgen nicht erforderlich.[102] Denn bei einem Vertrag zur Nutzung sozialer Netzwerke handelt es sich um einen schuldrechtlichen Vertrag mit miet-, werk- und dienstvertraglichen Elementen.[103] Dieser Vertrag geht auf die Erben über; denn hier kann nichts anderes gelten als bei einem Girovertrag des Erblassers mit seiner Bank.[104] Dort aber ist anerkannt, dass der dem Giroverhältnis zugrunde liegende Geschäftsbesorgungsvertrag nach § 675c BGB auf die Erben übergeht.[105] Auch wenn vom Nutzer keine Geldleistung als Gegenleistung geschuldet wird, steht dies der schuldrechtlichen Natur und der Vererblichkeit nicht entgegen.[106] Mit dem Vertrag gehen aber auch das Zugriffsrecht auf die Dateien (Zeichenebene) und die dadurch verkörperten Inhalte[107] auf die Erben über.[108] Anstelle des Eigentums fungieren hier die schuldrechtlichen Ansprüche und Positionen als „Trägermedium" für die Vererb-

---

93 Vgl. BeckOK BGB/Müller-Christmann, Edition 23, BGB § 1922 Rn. 24 ff.; Herzog/Pruns § 4 Rn. 5 ff.
94 NK-BGB/Kroiß BGB § 1922 Rn. 9; MüKoBGB/Leipold, 9. Aufl. 2022, BGB § 1922 Rn. 25; so auch Hoeren NJW 2005, 2113 (2116).
95 BGH ErbR 2018, 566 mAnm Biermann = ZEV 2018, 582 mAnm Ludyga = DNotZ 2018, 846 mAnm Gloser = ZD 2018, 477 mAnm Apel = MMR 2018, 740 mAnm Hoeren.
96 FAKomm ErbR/Scholz/Löhnig BGB § 1922 Rn. 16 ff.
97 Zum Ansatz diese de lege ferenda zum Vorbild für eine Sonderregelung auch im Bereichen des digitalen Nachlasses zu machen s. DAV Stellungnahme Nr. 34/2013, 6 ff.
98 So anschaulich zusammengefasst von FAKomm ErbR/Scholz/Löhnig BGB § 1922 Rn. 20 aE und MüKoBGB/Leipold BGB § 1922 Rn. 26; OLG Hamm ZEV 2006, 322.
99 Zur Vertragsart vgl. Redeker IT-Recht, 5. Aufl. 2012, Rn. 1089 ff.; Brinkert/Stolze/Heidrich ZD 2013, 153 (154).
100 Bleich c't 2013, 62.
101 Herzog DAV Stellungnahme Nr. 34/2013, 30 ff., 52 ff.; Herzog/Pruns § 4 Rn. 5 ff.; ebenso BGH ErbR 2018, 566 mAnm Biermann = ZEV 2018, 582 mAnm Ludyga = DNotZ 2018, 846 mAnm Gloser = ZD 2018, 477 mAnm Apel = MMR 2018, 740 mAnm Hoeren; das erkennen auch Hoeren NJW 2005, 2113 (2116) und das KG ErbR 2017, 496 = ZErb 2017, 225 = ZEV 2017, 386; für die erbrechtliche Sicht zustimmend Martini JZ 2012, 1145 (1147).
102 BGH ErbR 2018, 566 mAnm Biermann = ZEV 2018, 582 mAnm Ludyga = DNotZ 2018, 846 mAnm Gloser = ZD 2018, 477 mAnm Apel = MMR 2018, 740 mAnm Hoeren sowie die erste Instanz LG Berlin ErbR 2016, 223 = ZErb 2016, 109 = ZEV 2016, 189.
103 KG ErbR 2017, 496 = ZErb 2017, 225 = ZEV 2017, 386; LG Berlin ErbR 2016, 223 = ZErb 2016, 109 = ZEV 2016, 189; Bräutigam MMR 2012, 635 (649); der BGH ErbR 2018, 566 mAnm Biermann = ZEV 2018, 582 mAnm Ludyga = DNotZ 2018, 846 mAnm Gloser = ZD 2018, 477 mAnm Apel = MMR 2018, 740 mAnm Hoeren geht zu Recht davon aus, dass es auf die Qualifikation des Vertrages nicht ankommt.
104 Dies aber geht nach BGHZ 180, 191 = NJW-RR 2009, 979 auf die Erben über; s. auch Herzog DAV Stellungnahme Nr. 34/2013, 36; Herzog NJW 2013, 3745 (3747); zustimmend Pruns NWB 2013, 3161 (3165). Auch BGH ErbR 2018, 566 mAnm Biermann = ZEV 2018, 582 mAnm Ludyga = DNotZ 2018, 846 mAnm Gloser = ZD 2018, 477 mAnm Apel = MMR 2018, 740 mAnm Hoeren Rn. 36 zieht die Parallele zum Girovertrag.
105 BGH NJW 1996, 190; NJW 2000, 1258 (1259).
106 LG Berlin ErbR 2016, 223 = ZErb 2016, 109 = ZEV 2016, 189.
107 Zu dieser Unterscheidung etwa Zech GRUR 2015, 1151; Alexander K&K 2016, 301, 302; MAH ErbR/Biermann § 50 Rn. 8; Herzog/Pruns § 1 Rn. 27.
108 So jetzt auch BGH ErbR 2018, 566 mAnm Biermann = ZEV 2018, 582 mAnm Ludyga = DNotZ 2018, 846 mAnm Gloser = ZD 2018, 477 mAnm Apel = MMR 2018, 740 mAnm Hoeren Rn. 18, 22.

lichkeit der Dateien und Inhalte;¹⁰⁹ denn das eine (Eigentum) wie das andere (Vertragsbeziehung) ist eine vererbliche Rechtsposition.¹¹⁰

Führt einer der Erben den Account als eigenen **weiter**, so wird eine neue eigene persönliche Rechtsbeziehung des Anbieters zu dem Erben entstehen.¹¹¹ Dies ist bei einem Girovertrag nicht anders, wenn ein Vor- oder Miterbe das Konto als eigenes weiterführt.¹¹² Das ändert aber nichts daran, dass auch die Rechtsbeziehungen zu Providern ua zunächst mit dem Erbfall auf die Erben übergehen.¹¹³

27

bb) Übergang der Hauptleistungspflichten. Den Erben gegenüber haben die Provider damit nach dem Erbfall die gleichen Pflichten wie zuvor gegenüber dem Erblasser.¹¹⁴ So wie die Bank die Pflicht hat, nach dem Erbfall das Konto des Erblassers (zumindest für die Nachlassabwicklung) fortzuführen,¹¹⁵ so hat ein Provider für den Erben einen **Mail-Account weiterzuführen** etc. Denn die Leistungspflichten ändern sich nicht; sie sind konto- und nicht personenbezogen und bestehen daher nach dem Tod unverändert gegenüber den Erben als neuen Vertragspartnern fort.¹¹⁶ Der „Anspruch auf Abrufbarkeit"¹¹⁷ der Daten und Mails, der dem Erblasser gegen seinen Provider zusteht, geht auf die Erben über. Vorhandene Zugangsdaten dürfen die Erben als neue Inhaber des Accounts als „digitalen Schlüssel" wie einen Haustürschlüssel zu einer realen Immobilie nutzen.¹¹⁸

28

Daher hat der Erbe nunmehr auch einen Anspruch darauf, dass ihm vom Provider Mails oder sonstige **Daten zur Verfügung gestellt** werden.¹¹⁹ Der entsprechende Anspruch ist, so er beim Erblasser schon entstanden war, genauso vererblich wie der Anspruch auf Herausgabe eines beförderten Briefes gegen die Post aus § 421 Abs. 1 S. 1 HGB¹²⁰ oder der Anspruch gegen die Bank auf Herausgabe eines Haben-Saldos aus unregelmäßiger Verwahrung, §§ 700, 488 BGB.¹²¹ So der Anspruch beim Erblasser noch nicht entstanden war, folgt der Anspruch des Erben wie selbstverständlich daraus, dass er mit dem Tod des Erblassers über § 1922 BGB Vertragspartner der Provider ua geworden ist.

29

cc) Übergang von Nebenansprüchen. Der Übergang von Vertragsbeziehungen im Wege der Universalsukzession erfasst ganz generell auch sämtliche Neben- und Hilfsansprüche¹²² wie Gestaltungsrechte (zB Kündigung)¹²³ und Auskunftsansprüche.¹²⁴

30

---

109 Herzog/Pruns § 4 Rn. 4; dem folgend BGH ErbR 2018, 566 mAnm Biermann = ZEV 2018, 582 mAnm Ludyga = DNotZ 2018, 846 mAnm Gloser = ZD 2018, 477 mAnm Apel = MMR 2018, 740 mAnm Hoeren; die voranschreitende Endlokalisierung und Zersplitterung der Speicherung, auf die Bock AcP 217, 2017, 370 (380), zu Recht hinweist, führt also letztlich zu keinem anderen Ergebnis.
110 So jetzt auch BGH ErbR 2018, 566 mAnm Biermann = ZEV 2018, 582 mAnm Ludyga = DNotZ 2018, 846 mAnm Gloser = ZD 2018, 477 mAnm Apel = MMR 2018, 740 mAnm Hoeren Rn. 18, 22.
111 MAH ErbR/Biermann § 50 Rn. 14; Herzog DAV Stellungnahme Nr. 34/2013, 51; dies mag insbesondere auch für Soziale Netzwerke gelten, Herzog/Pruns § 4 Rn. 37 f., 41 ff. Dies war nicht Gegenstand der Entscheidung BGH ErbR 2018, 566 mAnm Biermann = ZEV 2018, 582 mAnm Ludyga = DNotZ 2018, 846 mAnm Gloser = ZD 2018, 477 mAnm Apel = MMR 2018, 740 mAnm Hoeren, da der Antrag der Klage nur auf Einsicht gerichtet war, s. u.
112 BGH NJW 1996, 190; NJW 2000, 1258.
113 Pruns NWB 2013, 3161 (3164 f.).
114 So jetzt auch BGH ErbR 2018, 566 mAnm Biermann = ZEV 2018, 582 mAnm Ludyga = DNotZ 2018, 846 mAnm Gloser = ZD 2018, 477 mAnm Apel = MMR 2018, 740 mAnm Hoeren Rn. 22; für die erbrechtliche Betrachtung zustimmend auch Martini JZ 2012, 1143 (1147).
115 Grüneberg/Weidlich BGB § 1922 Rn. 30.
116 BGH ErbR 2018, 566 mAnm Biermann = ZEV 2018, 582 mAnm Ludyga = DNotZ 2018, 846 mAnm Gloser = ZD 2018, 477 mAnm Apel = MMR 2018, 740 mAnm Hoeren.
117 So plastisch Pruns NWB 2014, 2175 unter B. II. 1.
118 Herzog NJW 2013, 3745 (3750); LG Berlin ErbR 2016, 223 = ZErb 2016, 199 = ZEV 2016, 189.
119 Hoeren NJW 2005, 2113 (2114).
120 Herzog DAV Stellungnahme Nr. 34/2013, 52 und jetzt auch BGH ErbR 2018, 566 mAnm Biermann = ZEV 2018, 582 mAnm Ludyga = DNotZ 2018, 846 mAnm Gloser = ZD 2018, 477 mAnm Apel = MMR 2018, 740 mAnm Hoeren Rn. 41.
121 BGH NJW 1996, 190.
122 BGHZ 107, 104 = NJW 1989, 1601.
123 NK-BGB/Kroiß BGB § 1922 Rn. 10, 13.
124 BGHZ 107, 104 = NJW 1989, 1601.

31 Mit dem Providervertrag gehen daher – wie sonst auch zB beim Girovertrag aus §§ 675c, 666 BGB – Nebenansprüche auf **Auskunft** in Bezug auf **Passwörter** oder sonstige Zugangs- und Vertragsdaten auf die Erben über.[125] Daher hat der Erbe gegen die Provider einen Anspruch auf Herausgabe von Passwörtern oder **Zurücksetzung** derselben unter Herausgabe eines neuen Passwortes.[126] Dabei kann sich der Provider – ähnlich wie eine Bank[127] – nicht darauf berufen, dass dem Erblasser das Passwort und die Zugangsdaten bekannt waren.

Hinweis:

Auskunftsansprüche von Erben und Vorsorgebevollmächtigten in Bezug auf digitale Inhalte werden vereinzelt auch aus § 34 BDSG (inzwischen: Art. 15 DS-GVO) hergeleitet,[128] zT eingeschränkt auf Auskünfte, die zur Geltendmachung von vermögensrechtlichen Belangen notwendig sind.[129] Der Vorteil gegenüber vertraglichen Auskunftsansprüchen könnte sein, dass flächendeckende, verdachtsunabhängige Auskünfte zu erlangen wären.[130] Das **KG** g davon aus, dass ein Anspruch aus § 34 BDSG (inzwischen: Art. 15 DS-GVO) nicht in Betracht kommt, weil das Recht auf informationelle Selbstbestimmung nicht vererblich ist.[131]

32 dd) **Kündigung.** Auch das Recht zur Kündigung geht – wie bei Bankverhältnissen auch[132] – mit dem Provider- oder sonstigen Vertrag mit über. Kündigt der Erbe den Vertrag, so hat er iRd Abwicklung der Vertragsbeziehung einen Anspruch auf **Herausgabe der Daten**; der Provider hingegen muss diese löschen; eigenmächtig vernichten, ohne sie herausgegeben zu haben, darf er sie nicht.[133]

33 Der Erbe kann Verträge kündigen und die Löschung von Profilen in sozialen Netzwerken und die Herausgabe der Daten verlangen.[134] Da die Vertragsverhältnisse mit den Erben fortgeführt werden, dürfen die Diensteanbieter die Daten **nicht** von sich aus **löschen**. Dies gilt auch im Falle einer wirksamen Kündigung durch Provider oder Erben; in diesem Fall müssen die Daten herausgegeben werden.[135] Denn selbst wenn das Vertragsverhältnis ausnahmsweise – und sei es auch aufgrund eines wirksam vereinbarten Sonderkündigungsrechts – mit oder nach dem Erbfall beendet werden wird, so wandelt sich die Rechtsbeziehung in ein Rückgewährschuldverhältnis mit den Erben um.[136]

34 c) **Sonstige digitale Hinterlassenschaften. aa) DENIC.** Nach den genannten Grundsätzen tritt der Erbe auch in das Schuldverhältnis des Erblassers mit der **DENIC** e. G. ein;[137] insoweit sind ebenso die Inhaberschaft und das Nutzungsrecht an einer **Domain** vererblich.[138] Gegenüber der DENIC bestehen Auskunftsansprüche.[139]

35 bb) **Soziale Netzwerke.** Nichts anderes gilt in Bezug auf die Vertragsverhältnisse des Erblassers mit Anbietern **sozialer Netzwerke** wie Facebook oder Twitter.[140] Daher sind die Erben als Inha-

---

125 Klas/Möhrke-Sobolewski NJW 2015, 3473 (3475).
126 Klas/Möhrke-Sobolewski NJW 2015, 3473 (3475).
127 BGHZ 107, 104 = NJW 1989, 1601.
128 Solmecke/Köbrich/Schmitt MMR 2015, 291 (293); dem folgend Heinemann/Heinemann DuD 2013, 242 (244); LG Berlin ErbR 2016, 223 = ZErb 2016, 109 = ZEV 2016, 189. Skeptisch Deusch ZEV 2014, 2016, 194 (195). Ablehnend Klas/Möhrke-Sobolewski NJW 2015, 3473 (3475).
129 BInBDI Jahresbericht 2014, 130; aA zu Recht Klas/Möhrke-Sobolewski NJW 2015, 3473 (3475).
130 Klas/Möhrke-Sobolewski NJW 2015, 3473 (3478).
131 KG ErbR 2017, 496 = ZErb 2017, 225 = ZEV 2017, 386.
132 BGHZ 107, 104 = NJW 1989, 1601.
133 Redeker DAV Stellungnahme Nr. 34/2013, 64.
134 So auch Dopatka NJW-aktuell 49/2010, 14.
135 Redeker DAV Stellungnahme Nr. 34/2013, 64.
136 Herzog/Pruns § 4 Rn. 35 f.
137 Vgl. Herzog NJW 2013, 3745 (3750); Hoeren NJW 2005, 2113 (2116); Dopatka NJW-aktuell 49/2010, 14, 15; Grüneberg/Weidlich BGB § 1922 Rn. 34.
138 Herzog NJW 2013, 3745 (3750); Hoeren NJW 2005, 2113 (2116); Taeger/Haase Tagungsband DSRI 2013, 379, 385. Der Vertrag mit der DENIC kann gemäß § 7 Abs. 1 der DENIC-Domain-Bedingungen ohne Einhaltung einer Kündigungsfrist jederzeit gekündigt werden, http://www.denic.de/domainbedingungen (abgerufen am 16.8.2022).
139 Klas/Möhrke-Sobolewski NJW 2015, 3473 (3475).
140 Herzog NJW 2013, 3745 (3750); So auch Dopatka NJW-aktuell 49/2010, 14; aA Martini JZ 2012, 1145 (1153 f.).

ber der Seite nach §§ 28, 30, 64 UrhG auch berechtigt, die Rechte des verstorbenen Urhebers wahrzunehmen und etwa **Internetseiten** des Erblassers oder **YouTube-Videos** zu verändern.[141] Sie sind es damit auch, die darüber bestimmen, was mit den Inhalten von Internetseiten des Erblassers oder mit von ihm selbst eingestellten **Fotos** oder **Videos** geschieht.[142]

In Bezug auf Vertragsverhältnisse mit sozialen Netzwerken, ist dies vor dem Hintergrund ihrer besonderen **Personenbezogenheit** in Frage gestellt worden. In der Tat ist bei Facebook und ähnlichen Anbietern das Nutzungsprofil stark auf die Person des Users zugeschnitten. Daher könnte die Mitgliedschaft in sozialen Netzwerken einer personenbezogenen Mitgliedschaft etwa in einem Verein vergleichbar sein,[143] so dass der Rechtsgedanke der **§§ 399, 38 BGB** heranzuziehen sein könnte.[144] Das Landgericht Berlin und nun auch der BGH hat dies in Bezug auf Facebook verneint, da zwar eine Klarnamenpflicht gilt, die Einhaltung letztlich aber nicht überprüft wird.[145] Selbst wenn das Profil eines anderen nicht übernommen werden könnte,[146] würde das nichts daran ändern, dass zumindest das mit dem Tod begründete Rückgewährschuldverhältnis auf die Erben übergeht und diese damit Auskunftsrechte und Rechte auf Zugang zu den Inhalten hätten.[147] Sie könnten also Inhalte herausverlangen und entscheiden, dass und welche Inhalte beim Provider gelöscht werden sollen. Folglich ist den Erben zumindest zu diesem Zweck Zugang zu dem Benutzer-Account zu gewähren.[148] Die hM geht aber davon aus, dass auch Vertragsverhältnisse in Bezug auf soziale Netzwerke generell nach § 1922 BGB auf die Erben übergehen.[149] Auch das Kammergericht stellte in diesem Zusammenhang klar, dass sich die Leistung Facebooks (und damit auch anderer Anbieter) darin erschöpfe, den Nutzern eine Kommunikationsplattform zur Verfügung zu stellen und deren Kommunikationsinhalte zu vermitteln, weshalb eine Änderung in der Person des Vertragspartners die von der Beklagten zu erbringenden Leistungen in ihrem Charakter nicht ändere; denn die Personifizierung des Accounts diene nur der „Ordnung der Verhältnisse", nicht aber einem besonderen Interesse der Beklagten, nur an bestimmte Personen Leistungen erbringen zu müssen.[150] Und der BGH stellt klar, dass die Leistungspflichten von Facebook rein konto- und nicht nutzerbezogen sind.[151] Die Pflicht von Facebook beschränke sich darauf, eine Kommunikationsplattform zur Verfügung zu stellen und auf

36

---

141 Herzog NJW 2013, 3745 (3750); Hoeren NJW 2005, 2113 (2116); Martini JZ 2012, 1145 (1147); BeckOGK/Preuß BGB § 1922 Rn. 390; Knoop NZFam 2016, 966 (969).
142 Dopatka NJW-aktuell 49/2010, 14, 15. Einschränkend Gloser MittBayNot 2016, 12 (18) mit Blick auf § 22 S. 3 und 4 KunstUrhG.
143 Klas/Möhrke-Sobolewski NJW 2015, 3473 (3474); aA Litzenburger FD-ErbR 2016, 375286: es fehle der gemeinschaftliche Zweck und das typische personenbezogene Aufnahmeverfahren.
144 So anschaulich zusammengefasst von FAKomm ErbR/Scholz/Löhnig BGB § 1922 Rn. 20 aE und MüKoBGB/Leipold BGB § 1922 Rn. 28; Staudinger/Kunz BGB § 1922 Rn. 73; OLG Hamm ZEV 2006, 322.
145 LG Berlin ErbR 2016, 223 = ZErb 2016, 109 = ZEV 2016, 189; BGH 2018, 566 mAnm Biermann = ZEV 2018, 582 mAnm Ludyga = DNotZ 2018, 846 mAnm Gloser = ZD 2018, 477 mAnm Apel = MMR 2018, 740 mAnm Hoeren Rn. 25, 33, nach BGH würde auch eine regelmäßige Prüfung der Identität der Nutzer keine die Vererblichkeit ausschließende Höchstpersönlichkeit begründen, Rn. 37, 38, da ein Wechsel der Person des Kontoberechtigten nicht unzumutbar sei. Zur Klarnamenpflicht bei Facebook s. auch BGH NJW 2022, 1314: AGB, die entgegen § 13 Abs. 6 S. 1 TMG eine Klarnamenpflicht vorsehen und eine Nutzung des Dienstes unter einem Pseudonym untersagen, ist im Zweifel eine unangemessene Benachteiligung; s. auch Stadler/Franz NJW 2022, 1282.
146 So Klas/Möhrke-Sobolewski NJW 2015, 3473 (3474).
147 BGH ErbR 2018, 566 mAnm Biermann = ZEV 2018, 582 mAnm Ludyga = DNotZ 2018, 846 mAnm Gloser = ZD 2018, 477 mAnm Apel = MMR 2018, 740 mAnm Hoeren Rn. 25, 33; LG Berlin ErbR 2016, 223 = ZErb 2016, 109 = ZEV 2016, 189.
148 So ausdrücklich LG Berlin ErbR 2016, 223 = ZErb 2016, 109 = ZEV 2016, 189; aA offenbar Klas/Möhrke-Sobolewski NJW 2015, 3473 (3474); Auskunftsansprüche wollen sie aber wohl gewähren.
149 BGH ErbR 2018, 566 mAnm Biermann = ZEV 2018, 582 mAnm Ludyga = DNotZ 2018, 846 mAnm Gloser = ZD 2018, 477 mAnm Apel = MMR 2018, 740 mAnm Hoeren; Herzog/Pruns § 4 Rn. 41 f.; Willems ZfPW 2016, 494 (506); Raude RNotZ 2017, 17.
150 KG ErbR 2017, 496 = ZErb 2017, 225 = ZEV 2017, 386 (von der Nutzung von Facebook sollen laut deren Nutzungsbedingungen, hier Ziff. 4, nur Kinder unter 13 Jahren und verurteilte Sexualstraftäter ausgeschlossen sein).
151 BGH ErbR 2018, 566 mAnm Biermann = ZEV 2018, 582 mAnm Ludyga = DNotZ 2018, 846 mAnm Gloser = ZD 2018, 477 mAnm Apel = MMR 2018, 740 mAnm Hoeren Rn. 41.

Auftrag der Nutzer hin, Inhalte zu veröffentlichen bzw. Nachrichten an ein anderes Benutzerkonto zu übermitteln. Es sei eine rein technische, nicht personenbezogene Leistung. Schon deshalb sei die Vererblichkeit weder vertraglich noch nach dem Rechtsgedanken der §§ 38, 399 BGB ausgeschlossen.[152]

37 **cc) Bewertungen.** Sofern ein Unternehmen vererbt wird, geht auch der in ihm verkörperte Good Will mit über. Dies kann auf die **Bewertungen** eines **eBay-Händlers** übertragen werden.[153]

38 **dd) Lizenzverträge und Nutzungsrechte; Downloads, etc.** Auch die Lizenzverträge und sonstigen Nutzungsrechte des Erben an Programmen oder Ähnlichem gehen nach § 1922 BGB über,[154] wenn sie nicht (wirksam) auf die Lebenszeit des Erblassers beschränkt waren, was grds. nach § 31 Abs. 1 S. 2 UrhG möglich ist.[155]

39 Letzteres spielt insbesondere eine Rolle in Bezug auf Nutzungsrechte bei E-Books, Musik- und Video-Downloads,[156] Apps und Widgets. Einige Nutzungsbedingungen enthalten entsprechende Regelungen. So heißt es beim Apple Cloud-Dienst iCloud: „Sie stimmen zu, dass Ihr Konto nicht übertragbar ist und dass alle Rechte an Ihrer Apple ID oder Ihren Inhalten innerhalb Ihres Kontos mit Ihrem Tod enden." In anderen Nutzungsbedingungen finden sich allein dahin gehend, dass man lediglich eine Lizenz oder ein Nutzungsrecht erwirbt, die bzw. das nicht veräußert oder weitergegeben werden darf, während der Fall des Todes nicht geregelt ist.[157] Wären derartige Einschränkungen wirksam vereinbart, so könnte ein derart befristetes Recht letztwillig weitergegeben werden.[158]

40 Die Regelungen stellen aber Allgemeine Geschäftsbedingungen dar, deren Wirksamkeit sich an **§§ 305 ff. BGB** messen lassen muss. Als solche müssten sie zunächst wirksam in den Vertrag einbezogen sein, was gemäß § 305 **Abs. 2 BGB** dann nicht der Fall ist, wenn die Regelung allein im Hilfebereich oder in den FAQs zu finden ist.[159] Erweckt das Angebot den Eindruck, es handele sich um einen Kauf, so stellen anderslautende Regelungen eine überraschende Klausel dar,[160] die an § 305c BGB scheitert; denn niemand rechnet – nicht zuletzt auch aufgrund der preislichen Gestaltung – mit einem „Erwerb zweiter Klasse".[161] Wirksam einbezogene Klauseln, mit denen der Nutzer rechnen muss, sind schließlich noch an § 307 **BGB** zu messen.[162]

41 Die Frage nach einer unangemessenen Benachteiligung durch die Beschränkung des Erwerbs steht in engem Zusammenhang mit dem urheberrechtlichen **Erschöpfungsgrundsatz**.[163] Durch den Verkauf einer CD, einer DVD oder eines Buches ist das Verbreitungsrecht an diesem Werkexemplar verbraucht (§§ 17 Abs. 2, 69c Nr. 3 S. 2 UrhG)[164] und es darf gebraucht vom Erwerber weiterveräußert werden. Ob diese Grundsätze auch für Werke, die durch für digitale Downloads erworben werden, gilt, ist umstritten. Der EuGH hat dies bisher nur für Computer-

---

152 BGH ErbR 2018, 566 mAnm Biermann = ZEV 2018, 582 mAnm Ludyga = DNotZ 2018, 846 mAnm Gloser = ZD 2018, 477 mAnm Apel = MMR 2018, 740 mAnm Hoeren Rn. 25 ff., ob dies überhaupt durch AGB möglich ist, bleibt offen.
153 Herzog NJW 2013, 3745 (3750). Zustimmend, soweit es um Unternehmen geht: Bericht der Arbeitsgruppe „Digitaler Neustart" vom 15.5.2017, 362.
154 Klas/Möhrke-Sobolewski NJW 2015, 3473 (3475); Hoeren NJW 2005, 2113 (2114).
155 Herzog/Pruns § 5 Rn. 21 f.; s. hierzu auch Außner ErbR 2021, 280.
156 Steiner/Holzer ZEV 2015, 262 (264).
157 Steiner/Holzer ZEV 2015, 262 (265).
158 Gloser MittBayNot 2016, 101.
159 BGH ErbR 2018, 566 mAnm Biermann = ZEV 2018, 582 mAnm Ludyga = DNotZ 2018, 846 mAnm Gloser = ZD 2018, 477 mAnm Apel = MMR 2018, 740 mAnm Hoeren; Willems ZfPW 2016, 494 (505); Herzog/Pruns § 5 Rn. 19 f.; Kutscher, 122.
160 Gloser MittBayNot 2016, 12.
161 Bericht der Arbeitsgruppe „Digitaler Neustart" vom 15.5.2017, 393.
162 BGH ErbR 2018, 566 mAnm Biermann = ZEV 2018, 582 mAnm Ludyga = DNotZ 2018, 846 mAnm Gloser = ZD 2018, 477 mAnm Apel = MMR 2018, 740 mAnm Hoeren; Herzog/Pruns § 5 Rn. 26 ff.; skeptisch Lange/Holtwiesche ZErb 2016, 125 (128).
163 S. auch EuGH NJW 2020, 827 = GRUR 2020, 179 mAnm Ohly; BGH GRUR 2010, 822; LG Berlin ZUM-RD 2014, 504 mAnm Flechsig; BGH GRUR 2011, 418 mAnm Scholz.
164 Steiner/Holzer ZEV 2015, 262 (265).

programme, die via Internet-Download erstveräußert wurden, bejaht.[165] Während die bisherige Rechtsprechung begrenzende AGB für rechtens erachtet,[166] überträgt die wohl hL die Rechtsprechung des EuGH zu Recht auch auf andere Werkarten,[167] denn letztlich ändert sich nur das Trägermedium, worauf es aber nicht ankommt.[168] Jedenfalls aber müssen per Download erworbene Rechte vererblich sein. Denn die Gefahr eines ausufernden Handelns, die für den Fall der Veräußerung gesehen wird, besteht bei einer Vererbung nicht.[169] Insoweit ist, wie auch § 29 UrhG zeigt, eine Vererbung nicht deckungsgleich mit einer Veräußerung.

d) **Kryptowährungen.** Zum digitalen Nachlass gehören auch **Kryptowährungen**.[170] Diese sind längst keine Randphänomene des „Darknet" mehr, sondern von gängigen Banken in ihrem Portfolio angebotene und gehandelte Geldanlagen mit einem Marktkapitalvolumen von um die 1 Mrd. USD.[171] Der Markt sieht sie als Zahlungsmittel, gar von einer neuen „Weltwährung" ist die Rede.[172] Gleichwohl sind sie mangels Körperlichkeit weder Bargeld noch Buchgeld, da es an einer Forderung gegen einen Schuldner als Rechtssubjekt fehlt.[173] Eine Währung im Rechtssinne können „Kryptowährungen" schon wegen des Art. 3 Abs. 1 lit. c EUV, Art. 128 Abs. 1 S. 3 AEUV und Art. 10 Abs. 2 Euro-Einführungs-VO entnehmbaren Verbots von Parallelwährungen und mangels staatlicher Anerkennung nicht sein.[174]

42

(Krypto)Token sind **blockchainbasiert**. Die in ihnen verkörperten Werte sind nicht in Urkunden – wie das etwa bei Wertpapieren der Fall ist – sondern in Token verkörpert. Dahinter verbirgt sich ein Eintrag in einer Datenbank, der ausschließlich, einzigartig und nicht vervielfaltigbar ist.[175] Technisch betrachtet ist ein Token eine digitale Münze; zivilrechtlich hingegen ist es ein unkörperlicher sonstiger Gegenstand iSd § 90 BGB,[176] der keinen eigentlichen Wert aus sich heraus hat. Einen Wert erhält ein Token dadurch,

- dass nur der Inhaber des Private Key iSe Ausschließlichkeitsprinzips Inhaltsänderungen an dem Token vornehmen kann,
- dass es stets nur eine bestimmte Menge bestimmter Token, wie etwa eines Bitcoins oÄ gibt,
- durch das Prinzip von Angebot und Nachfrage, sowie dadurch
- dass sich jemand bereit erklärt, für einen solchen Token eine Gegenleistung zu erbringen,[177]

was dann doch wieder an Geld erinnert.

Die Transaktion entsteht dadurch, dass die Berechtigung hieran über den Datenbankeintrag geändert wird.[178] Wie dies rechtlich einzuordnen ist, ist bislang nicht abschließend geklärt. Eine abtretbare Forderung stellt ein Token, also auch ein Kryptocoin, mangels Schuldner, gegen den

---

165 EuGH NJW 2012, 2565.
166 OLG Hamm ZUM 2014, 715; OLG Stuttgart MMR 2012, 834; LG Bielefeld CR 2013, 812 für E-Books und Hörbücher; LG Berlin GRUR-RR 2009, 329 für Musik Downloads.
167 Dreier/Schulze UrhG § 69c Rn. 24; Kloth GRUR-Prax 2013, 239.
168 Herzog/Pruns § 5 Rn. 27; Gloser MittBayNot 2016, 12 (14).
169 Bericht der Arbeitsgruppe „Digitaler Neustart" vom 15.5.2017, 387; Steiner/Holzer ZEV 2015, 262 (265).
170 Amend-Traut/Hergenröder ZEV 2019, 113 (116).
171 Von Oertzen/Biermann/Lindermann ErbR 2022, 762.
172 Meier/Kotovskaia BKR 2021, 348.
173 Schlund/Pongratz DStR 2018, 598.
174 Von Oertzen/Grosse DStR 2020, 1651; Meier/Kotovskaia BKR 2021, 348 (350).
175 Zur Tokenisierung des Rechts s. etwa Kaulartz/Mathke NJW 2018, 3278.
176 Von Oertzen/Grosse DStR 2020, 1651; Schlund/Pongratz DStR 2018, 598 (600).Spindler/Bille WM 2014, 1357 (1360).
177 Zur Tokenisierung des Rechts s. etwa Kaulartz/Mathke NJW 2018, 3278.
178 Zur Tokenisierung des Rechts s. etwa Kaulartz/Mathke NJW 2018, 3278.

sich eine Forderung richtet, nicht dar.[179] Bildete ein Token aber ein Recht ab, so können diese nach §§ 398, 413 BGB abgetreten werden; das zugrunde liegende Kausalgeschäft wäre dann ein Rechtskauf iSd § 453 BGB oder ein Tausch iSd § 480 BGB.[180]

Allerdings kann man auf seine Token faktisch nur dann zugreifen, wenn man im Besitz des sog. **„Private Key"** ist, einem privaten verschlüsselten Code.[181] Dieser kann schlicht auf einem Blatt Papier ausgedruckt oder notiert sein oder er ist in einem sog. „Wallet", letztlich einer Zugangs-App gespeichert. Manche erachten daher nicht den Kryptocoin als solchen als Gegenstand des Rechtsübergangs bei einer Kryptowährung und anderen blockchainbasierten Werten, sondern den Private-Key oder das Wallet. ZT wird versucht, den Token in Richtung eines Wertpapieres im zivilrechtlichen Sinne zu rücken. Es dürfte aber kaum „das Recht am Papier (dem Private Key) dem Recht aus dem Papier (dem Token) folgen", so dass ein Abstellen auf § 952 BGB zu Recht Bedenken begegnet.[182] Eher dürfte es umgekehrt sein: „Das Recht aus dem Papier (Token) folgt dem Recht am Papier (Private Key)". Angeknüpft würde mithin an die Inhaberschaft am Private Key, um die im Token verbrieften Werte zu übertragen.[183] In diesem Fall würde der (auf einem Blatt, einem Stick oÄ) verkörperte Private Key nach §§ 929 ff. BGB übereignet[184] bzw. die Forderung auf Zugang zu der App, dem Wallet nach § 398 BGB abgetreten. Auch im Erbrecht stellen sich solcherlei Fragen vor allem bei Erfüllung von Vermächtnisansprüchen in Bezug auf Kryptowährungen, wobei man hier mangels Individualität kaum von einem Stückvermächtnis, sondern eher von einem Geldsummen-/Wertvermächtnis ausgehen wird.[185]

Aber auch wenn die Vererblichkeit von Kryptocoins unbestritten sein dürfe,[186] da es hier offensichtlich um ein nicht höchstpersönliches und vermögenswertes Gut geht, stellt sich die Frage nach dem Gegenstand der Universalsukzession. Nach § 1922 BGB übergehen tun Rechtspositionen, mithin auch sonstige Rechte iSd § 90 BGB. Doch auch hier stellt sich die Frage, ob auf diesem Wege zunächst der Token als solcher oder zunächst der Private Key übergeht. Anders gesprochen: Was ist der Gegenstand, der im Wege der Universalsukzession übergeht? Geht der auf einem dem Erblasser gehörenden Gegenstand gespeicherte Private Key über, so wird das Eigentum am Speichermedium als sonstiger Gegenstand nach § 90 BGB vererbt.[187] Geht dies verloren, so rückt der Coin in die Nähe von Bargeld, das bei Verlust der Münze oder des Scheins, durch den der Wert verkörpert wird, ebenso unwiederbringlich verloren ist wie ein Kryptocoin bei Verlust des Private Key. Ist letzterer in einem Wallet gespeichert, so ist der Anspruch auf Zugang hierzu gegen den Anbieter der App gerichtet und dieser Anspruch auf Zugang wird vererbt;[188] das Ganze rückt näher an Buchgeld heran.

Die rechtliche Einordnung hat auch Konsequenzen in Bezug auf die richtige Art der Pfändung: Geht es darum, den in einem Gegenstand verkörperten Private Key zu pfänden, liegt eine Sach-

---

[179] Zur einkommensteuerlichen Behandlung von Gewinnen aus dem An- und Verkauf von Kryptowährungen s. BMF vom 10.5.2022 BMF https://datenbank.nwb.de/Dokument/939203/, Einzelfragen zur ertragsteuerrechtlichen Behandlung von virtuellen Währungen und von sonstigen Token, BStBl I 2022, 668; FG Berlin-Brandenburg DStRE 2019, 1329; FG Nürnberg DStR 2020, 1243; FG Baden-Württemberg MMR 2022, 242 (rechtskräftig, Rev. BFH IX R 27/21 wurde zurückgenommen); FG Köln Urt. v. 25.11.2021 – 14 K 1178/20, BeckRS 2021, 46851 (Rev. anhängig, BFH – IX R 3/22); zur steuerlichen Behandlung s. auch Schlund/Pogratz DStR 2018, 598; Amend-Traut/Hergenröder ZEV 2019, 113 (120); Medler ZEV 2020, 262 (267); von Oertzen/Grosse DStR 2020, 1651; von Oertzen/Biermann/Lindermann ErbR 2022, 870.

[180] Zur Tokenisierung des Rechts s. etwa Kaulartz/Mathke NJW 2018, 3278.

[181] Von Oertzen/Biermann/Lindermann ErbR 2022, 762; von Oertzen/Grosse DStR 2020, 1651 (1652).

[182] Zur Tokenisierung des Rechts s. etwa Kaulartz/Mathke NJW 2018, 3278.

[183] Zur Tokenisierung des Rechts s. etwa Kaulartz/Mathke NJW 2018, 3278.

[184] Von Oertzen/Biermann/Lindermann ErbR 2022, 762; Walter NJW 2019, 3609.

[185] Amend-Traut/Hergenröder ZEV 2019, 113 (119).

[186] Von Oertzen/Grosse DStR 2020, 1651; Amend-Traut/Hergenröder ZEV 2019, 113 (117); Medler ZEV 2020, 262.

[187] Von Oertzen/Biermann/Lindermann ErbR 2022, 762; von Oertzen/Grosse DStR 2020, 1651 (1652); Medler ZEV 2020, 262; Walter NJW 2019, 3609.

[188] Von Oertzen/Grosse DStR 2020, 1651 (1652); Medler ZEV 2020, 262; Amend-Traut/Hergenröder ZEV 2019, 113 (118).

pfändung nach § 808 ZPO nahe;[189] geht es um das im Token verkörperte Recht, so wird man an eine Forderungspfändung nach §§ 857, 828ff. ZPO denken.[190] (Zu Kryptowährungen im Pflichtteilsrecht, siehe noch unten → Rn. 94).

3. Übergang der Rechtspositionen unabhängig von ihrem Inhalt. All diese Rechtspositionen erben die Erben so, wie sie sie vorfinden, dh mit sämtlichen Inhalten, folglich auch mit sämtlichen hierauf gespeicherten Dateien und Inhalten (→ Rn. 24) und zwar unabhängig davon, ob diese Daten als vermögensrechtlich oder höchstpersönlich zu qualifizieren sind.[191]

a) Die erbrechtlichen Regelungen sprechen höchstpersönliche Inhalte den Erben zu. Denn im Erbrecht wird nicht in Bezug auf den Inhalt differenziert.[192] Das muss schon deshalb auch für den digitalen Nachlass gelten, weil dieser nach allgemeinen Regeln vererbt wird.[193] Dass das Erbrecht nicht nach Inhalten differenziert, zeigt ein Blick auf verschiedene gesetzliche Regelungen:

- Nach § 28 Abs. 1 UrhG, § 15 Abs. 1 PatG, § 22 Abs. 1 GebrMG, § 29 GeschmMG, § 27 Abs. 1 MarkenG sind **Immaterialgüterrechte** trotz ihres Persönlichkeitsbezugs vererblich.[194]
- Nach **§ 2373 S. 2 BGB** sind Familienpapiere und -bilder beim Erbschaftskauf im Zweifel als nicht mitverkauft anzusehen. Hierzu gehören alle „Urkunden rechtlicher Art, Personenstandsatteste, Korrespondenzen, Briefschaften, Tagebücher, Familiennotizen usw" unabhängig davon, ob diese Gegenstände wertlos sind oder einen erheblichen Vermögenswert besitzen.[195] Diese Ausnahmeregel ist nur deshalb erforderlich, weil das Gesetz wie selbstverständlich davon ausgeht, dass solche im engsten Sinne höchstpersönlichen Dinge zum Nachlass gehören und damit der Universalsukzession unterfallen.[196]
- Derselbe Gedanke kommt in **§ 2047 Abs. 2 BGB** zum Ausdruck,[197] wonach Schriftstücke, die sich auf persönliche Verhältnisse des Erblassers beziehen, gemeinschaftlich bleiben. Auch diese Regelung macht nur dann Sinn, wenn diese Urkunden mit höchstpersönlichem Inhalt zum Nachlass gehören und damit den Erben zustehen.[198]

Wenn das Eigentum oder sonstige Rechte an Sachen also unabhängig davon vererbt werden, ob der Erblasser diese Sachen in einem höchstpersönlichen oder in einem vermögensrechtlichen Kontext benutzt hat,[199] bildhaft gesprochen also nicht nur das Eigentum am Geschäftsanzug, sondern auch am Pyjama vererbt wird,[200] so gilt dies ebenso für Daten auf einem Speichermedium. Wenn in der realen Welt das Eigentum an Aktfotografien und Tagebüchern auf die Erben übergeht,[201] so kann für digitale Bildgalerien oder **digitale Tagebücher**[202] nichts anderes gelten. Damit darf der Erbe die E-Mails des Erblassers ebenso lesen wie auf dem

---

189 Rückert MMR 2016, 295 (297f.); so auch Saive/Esmer NJW 2022, 3038 für die Verpfändung und Vollstreckung bei elektronischen Wertpapieren.
190 Badstuber DGVZ 2019, 246.
191 Herzog NJW 2013, 3745 (3748); Herzog DAV Stellungnahme Nr. 34/2013, 48 f.
192 Herzog NJW 2013, 3745 (3748 ff.); Herzog DAV Stellungnahme Nr. 34/2013, 33; zustimmend Pruns NWB 2013, 3161 (3166 f.); so jetzt auch BGH ErbR 2018, 566 mAnm Biermann = ZEV 2018, 582 mAnm Ludyga = DNotZ 2018, 846 mAnm Gloser = ZD 2018, 477 mAnm Apel = MMR 2018, 740 mAnm Hoeren Rn. 46 ff., der dies auch für unmöglich hält, weil die Grenzen unscharf sind, Rn. 51.
193 So jetzt auch BGH ErbR 2018, 566 mAnm Biermann = ZEV 2018, 582 mAnm Ludyga = DNotZ 2018, 846 mAnm Gloser = ZD 2018, 477 mAnm Apel = MMR 2018, 740 mAnm Hoeren.
194 Vgl. BeckOK BGB/Preuß BGB § 1922 Rn. 285; zu Urheberrechten im Nachlass s. Gloser DNotZ 2013, 497; zum Urheberrecht der digitalen Wissensgesellschaft, s. Grote, Forschung 365 (Das Wissenschaftsmagazin der Universität zu Köln) 01/2014, 47 ff.
195 Prot. II 114.
196 MüKoBGB/Musielak BGB § 2373 Rn. 5; so auch BGH ErbR 2018, 566 mAnm Biermann = ZEV 2018, 582 mAnm Ludyga = DNotZ 2018, 846 mAnm Gloser = ZD 2018, 477 mAnm Apel = MMR 2018, 740 mAnm Hoeren und auch schon LG Berlin ErbR 2016, 223 = ZErb 2016, 109 = ZEV 2016, 189.
197 Hierauf weist Pruns NWB 2013, 3161 (3166) zutreffend hin.
198 So auch LG Berlin ErbR 2016, 223 = ZErb 2016, 109 = ZEV 2016, 189.
199 Herzog DAV Stellungnahme Nr. 34/2013, 33.
200 Herzog DAV Stellungnahme Nr. 34/2013, 49; zustimmend Pruns NWB 2013, 3161 (3166).
201 Für Tagebücher BVerfGE 80, 367 = NJW 1990, 563; BGHZ 15, 249 = GRUR 1955, 201 (203).
202 AA Martini JZ 2012, 1145 (1152).

Dachboden aufgefundene Briefe. Die Provider o. a. dürfen die Herausgabe der Daten an die Erben also nicht mit dem Argument verweigern, diese enthielten oder könnten zumindest auch höchstpersönliche Inhalte enthalten. Auch hier hilft ein Vergleich mit der Offline-Welt:[203] Auch ein Vermieter muss den Erben Zugang zur Erblasserwohnung verschaffen, ohne die Wohnung zuvor nach höchstpersönlichen und vermögensrechtlichen Gegenständen zu durchsuchen.[204] Auch ein Fotoentwickler muss den Erben die vom Erblasser zur Entwicklung gegebenen Bilder herausgeben, ohne zuvor nach Inhalten auszusortieren.[205]

46 Anders sah das noch das **Kammergericht**:[206] Die „§ 2047 Abs. 2 bzw. § 2373 S. 2 BGB [enthalten] keine Regelung über die Vererbbarkeit nicht vermögensrechtlicher, dh höchstpersönlicher, Rechtspositionen [...]. Denn beide Vorschriften setzen einen stattgefundenen Erbgang aufgrund der dinglichen Verkörperung der höchstpersönlichen Inhalte voraus und regeln nur ihren Verbleib bei den Erben im Falle einer Erbteilung bzw. eines Erbteilverkaufs. Eine eigenständige Vererblichkeit solcher höchstpersönlicher Inhalte regeln diese Vorschriften dagegen nicht. Auf der anderen Seite nimmt es das Gesetz aber offensichtlich hin, dass über die Verkörperung und den damit einhergehenden Vermögensbezug auch höchstpersönliche Inhalte dem Erben zukommen, auch wenn diese nach der Konzeption des § 1922 BGB und der Annahme eines postmortalen Persönlichkeitsrechts eigentlich nicht den Erben, sondern allenfalls den Angehörigen als Hüter dieses postmortalen Persönlichkeitsrechts treuhänderisch zugestanden hätten." Damit war schon aufgrund der Entscheidung des KG klar, dass jedenfalls ausgedruckte oder auf einem Speichermedium des Erblassers abgespeicherte Daten trotz ihres möglichen persönlichen Inhaltes vererblich sind. Der BGH hat nunmehr klargestellt, dass es nicht gerechtfertigt ist, in Bezug auf die Vererblichkeit zwischen lokal beim Erblasser gespeicherten und auf einer Cloud gespeicherten Dateien zu differenzieren, sondern in beiden Fällen der Erbgang stattfindet.[207]

47 Diese Überlegungen des KG waren in der Tat **unhaltbar**, schon deshalb, weil die ihnen zugrunde liegenden Prämissen falsch sind.[208] Richtig ist nur, dass die §§ 2373 S. 2, 2047 Abs. 2 BGB die Vererblichkeit höchstpersönlicher Inhalte nicht regeln. Die genannten gesetzlichen Regelungen setzen aber die Gesamtrechtsnachfolge an Rechtspositionen an höchstpersönlichen Inhalten so sehr als selbstverständlich voraus,[209] dass eine explizite Regelung unerheblich schien. Der Gesetzgeber hat sich ausweislich der Motive bewusst gegen eine Differenzierung zwischen vermögenswerten und nichtvermögenswerten Rechtspositionen entschieden und den Erben ein berechtigtes Interesse auch an ideellen Inhalten zugebilligt.[210] Dies wurde keineswegs allein in dem Falle hingenommen, in dem sich die höchstpersönlichen Inhalte verkörpert hatten und damit über das Eigentum an dem verkörperten Gegenstand einen Vermögensbezug erhielten, sondern es handelt sich um einen allgemeinen Gedanken, bei dem es gerade nicht auf das Speichermedium ankommen sollte.[211]

---

203 Auch der BGH ErbR 2018, 566 mAnm Biermann = ZEV 2018, 582 mAnm Ludyga = DNotZ 2018, 846 mAnm Gloser = ZD 2018, 477 mAnm Apel = MMR 2018, 740 mAnm Hoeren Rn. 41 stellt darauf ab, dass beim digitalen Nachlass nichts anderes gilt als bei analogen Kommunikationswegen.
204 Plastisches Beispiel nach Brisch/Müller-ter Jung CR 2013, 446 (448).
205 Herzog/Pruns § 4 Rn. 25.
206 KG ErbR 2017, 496 = ZErb 2017, 225 = ZEV 2017, 386; zu Recht kritisch Alexander notar 2017, 354 (356).
207 BGH ErbR 2018, 566 mAnm Biermann = ZEV 2018, 582 mAnm Ludyga = DNotZ 2018, 846 mAnm Gloser = ZD 2018, 477 mAnm Apel = MMR 2018, 740 mAnm Hoeren Rn. 46 ff.
208 Eingehend Herzog ZErb 2017, 205; Herzog/Pruns § 2 Rn. 42 ff.
209 So jetzt auch BGH ErbR 2018, 566 mAnm Biermann = ZEV 2018, 582 mAnm Ludyga = DNotZ 2018, 846 mAnm Gloser = ZD 2018, 477 mAnm Apel = MMR 2018, 740 mAnm Hoeren Rn. 47 ff.; dem hiesigen Ansatz folgend Ludyga ZEV 2018, 1 (4).
210 Mugdan V, 371, 507; Mugdan II, 196 f.; so auch BGH ErbR 2018, 566 mAnm Biermann = ZEV 2018, 582 mAnm Ludyga = DNotZ 2018, 846 mAnm Gloser = ZD 2018, 477 mAnm Apel = MMR 2018, 740 mAnm Hoeren Rn. 46 ff.
211 Mugdan V, 371; hierzu eingehend auch Herzog ZErb 2017, 205; Herzog/Pruns § 4 Rn. 9 f.; dem folgend BGH ErbR 2018, 566 mAnm Biermann = ZEV 2018, 582 mAnm Ludyga = DNotZ 2018, 846 mAnm Gloser = ZD 2018, 477 mAnm Apel = MMR 2018, 740 mAnm Hoeren Rn. 46 ff.

Das Ergebnis hat das **LG Berlin** als Vorinstanz der KG-Entscheidung wie folgt zusammengefasst: „Das Prinzip der Gesamtrechtsnachfolge gemäß § 1922 BGB gilt auch für die höchstpersönlichen Daten im digitalen Nachlass des Erblassers."[212] Und der **BGH** bestätigt: „Eine Differenzierung der Vererblichkeit des Kontozugangs nach dem Inhalt des Benutzerkontos ist abzulehnen."[213] 48

b) Entgegenstehender Wille des Erblassers. Etwas anderes würde nur dann gelten, wenn für die Offline-Welt anerkannte Ausnahmen sich hierauf übertragen ließen. Insoweit ist anerkannt, dass der **wirkliche** oder **mutmaßliche Wille** des **Erblassers** der **Vererblichkeit** eines Rechts- oder Rechtsverhältnisses **entgegenstehen** kann. Dass der wirkliche Wille des Erblassers der Vererblichkeit entgegenstehen kann, ist in Bezug auf den digitalen Nachlass insoweit interessant und wichtig, als es zeigt, dass der Erblasser diese Dinge durch ausdrücklichen Willensentschluss ändern kann, sie für ihn also dispositiv sind (insoweit → Rn. 100 ff. zu Gestaltungsmöglichkeiten). Wenn ein solcher ausdrücklicher Wille aber nicht geäußert wurde, müsste ein mutmaßlicher entgegenstehender Wille des Erblassers wohl begründet sein; denn insoweit gilt es, eine Ausnahme vom Grundsatz der Vererblichkeit zu begründen, wofür derjenige, der sich hierauf beruft, die Darlegungs- und Beweislast trägt.[214] 49

Solche Ausnahmen sind bspw. anerkannt für die **Schweigepflicht** des **Arztes**, welche nach dem Tod des Patienten grds. auch gegenüber dessen Erben (oder Angehörigen) fortbesteht. Dies begründet sich in einem besonderen Vertrauenscharakter, der dem Behandlungsvertrag zwischen Arzt und Patient innewohnt.[215] Dies kann so nicht auf das Verhältnis zwischen User und **Provider** übertragen werden; denn zwischen ihnen besteht **kaum ein vergleichbares** besonderes Vertrauensverhältnis.[216] Zwar sind auch die Provider zur Verschwiegenheit verpflichtet. Es fehlt aber eine strafrechtliche Sanktion wie in § 203 StGB und auch ein Zeugnisverweigerungsrecht steht den Providern nicht zu.[217] Der User setzt den Provider auch nicht als Treuhänder der Verschwiegenheit gegenüber seinen Erben ein,[218] sondern die Verschwiegenheitspflicht der Provider will vor allem verhindern, dass die Diensteanbieter die Daten kommerzialisieren[219] und für eigene Zwecke missbrauchen oder der Öffentlichkeit zugänglich machen.[220] Das Verhältnis von User und Diensteanbieter ist eher dem Verhältnis des Bankkunden zu seiner Bank vergleichbar.[221] So wie Banken sich gegenüber den Erben nicht auf ihre allgemeinen Verschwiegenheitspflichten berufen können,[222] können auch Diensteanbieter gegenüber den Erbe die Auskunft oder Herausgabe von Daten nicht unter Berufung auf ihre Verschwiegenheit verweigern; denn die Erben sind nicht Dritte, sondern in das Vertragsverhältnis des Erblassers eingetreten.[223] 50

---

212 LG Berlin ErbR 2016, 223 = ZErb 2016, 109 = ZEV 2016, 189. Auch MAH ErbR/Biermann § 50 Rn. 7 geht zu Recht davon aus, dass sich der digitale Nachlass in das derzeit geltende Erbrecht einfügen lässt.
213 BGH ErbR 2018, 566 mAnm Biermann = ZEV 2018, 582 mAnm Ludyga = DNotZ 2018, 846 mAnm Gloser = ZD 2018, 477 mAnm Apel = MMR 2018, 740 mAnm Hoeren Rn. 47.
214 Für Bankverhältnisse s. etwa BGHZ 107, 104 = NJW 1989, 1601. Oder wenn der spätere Erblasser in einer Generalvollmacht bestimmt hat, dass der von ihm Beauftragte nur ihm höchstpersönlich Rechenschaft schuldet, vgl. BGH NJW-RR 1990, 131; kritisch Kuchinke JZ 1990, 653.
215 Herzog NJW 2013, 3745 (3748).
216 KG ErbR 2017, 496 = ZErb 2017, 225 = ZEV 2017, 386; Herzog NJW 2013, 3745 (3748); Burandt/Rojahn/Bräutigam Anh. zu BGB § 1922 Rn. 9; auch BGH ErbR 2018, 566 mAnm Biermann = ZEV 2018, 582 mAnm Ludyga = DNotZ 2018, 846 mAnm Gloser = ZD 2018, 477 mAnm Apel = MMR 2018, 740 mAnm Hoeren geht eher von einer Vergleichbarkeit mit einem Girovertragsverhältnis aus; aA Martini JZ 2012, 1145 (1149).
217 LG Berlin ErbR 2016, 223 mAnm Wüsthof = ZErb 2016, 109 = ZEV 2016, 189 mAnm Deusch.
218 So aber Martini JZ 2012, 1145,1151 f.
219 Diese Gefahr sieht auch Martini JZ 2012, 1145 (1146).
220 Jaron Lanier (Begründer des Begriffes „virtual reality"), Wem gehört die Zukunft, 2014: „Du bist nicht der Kunde der Internetkonzerne; du bist ihr Produkt." S. auch Herzog ErbR 2017, 453.
221 Dem folgend wohl auch KG ErbR 2017, 496 = ZErb 2017, 225 = ZEV 2017, 386 mAnm Deusch mit Verweis auf Bräutigam in DAV-Stellungnahme 34/2013, 55.
222 S. etwa BGH NJW 1983, 1258.
223 Klas/Möhrke-Sobolewski NJW 2015, 3473 (3477); Brisch/Müller-ter Jung CR 2013, 446 (448); insoweit mag der Begriff des Dritten iSd Erbrechts grds. anders zu bestimmen sein als im TTDSG; für die hiesigen Zusammenhänge aber nicht, wie § 4 TTDSG klarstellt.

51 Hinzukommt, dass selbst in Bezug auf die Schweigepflicht von Ärzten Ausnahmen anerkannt sind: So man von einem **mutmaßlichen Willen** ausgehen kann, dass der Erblasser eine Herausgabe von Informationen an die Erben gewollt hätte, so hat der Arzt die Auskunft zu erteilen. Dies wird bspw. angenommen, wenn es um Behandlungsfehler[224] oder Fragen zur Testier(un)fähigkeit geht,[225] sprich immer dann, wenn die Informationen benötigt werden, um nach dem Tod des Erblassers Fragen zu klären, deren Beantwortung im Interesse des Erblassers liegt. Hiervon kann bei Inhalten des **digitalen Nachlasses regelmäßig** ausgegangen werden: Dass geschäftliche oder vermögensrechtliche Inhalte zur ordnungsgemäßen Abwicklung des Nachlasses nötig sind, dürfte unbestritten sein.[226] Aber auch private Inhalte können zur Klärung erbrechtlich relevanter Fragen wie etwa der Testamentsauslegung für die Erben unabdingbar sein.[227] Ähnlich wie bei Fragen zur Testierfähigkeit wird man davon ausgehen können, dass dem Erblasser im Zweifel daran gelegen war, dass nach seinem Tode sämtliche relevanten Unterlagen zur Frage seines Testierwillens aufgefunden und ausgewertet werden können.[228]

52 Auch kann der oft geäußerten Prämisse, dass dem Erblasser daran gelegen sein mag, **Liebesbriefe** einer Geliebten vor seinen Erben zu verheimlichen,[229] so nicht gefolgt werden, schon gar nicht, wenn gleichzeitig geäußert wird, zuständig seien die nächsten Angehörigen. Dies würde nämlich dazu führen, dass die Witwe eben diese Liebesbriefe erhalten würde.

53 Kaum dürfte auch dem Vorschlag zu folgen sein, die **Diensteanbieter** zum **Treuhänder** der Erblasser zu machen und diese zu verpflichten, Mails und andere Daten nach privaten und geschäftlichen Inhalten zu sortieren.[230] Ganz abgesehen von den immensen Kosten, die dadurch entstehen würden,[231] und der Frage, wie dies gegenüber den Providern durchzusetzen und faktisch zu handhaben sein soll,[232] wäre diese Tätigkeit den Providern nach §§ 3 ff. TTDSG gar **nicht erlaubt**.[233] Es würde wohl auch niemand auf die Idee kommen, die Post zu verpflichten, die Briefe vor Aushändigung an die Erben nach privat und geschäftlich auszusortieren.[234] Die Nachlassgerichte können eine Sortierung zwischen geschäftlichen und privaten digitalen Inhalten weder leisten noch ist es ihre Aufgabe. Wer einen Testamentsvollstrecker zu diesem Zwecke einsetzen und entsprechendes Vermögen hierfür einsetzen mag, dem bleibt dies unbenommen (näher → Rn. 100 ff. zu Gestaltungsmöglichkeiten).

54 **4. Rechte der Angehörigen.** Die Angehörigen haben **keinen Anspruch auf die Daten oder den Zugang** zu ihnen.[235] Hierfür fehlt die Rechtsgrundlage; ein Rechtsübergang auf die nächsten Angehörigen wie auf die Erben ist im Gesetz nicht vorgesehen, wie auch der **BGH** klargestellt hat.[236] Auch in Bezug auf Rechtspositionen, die nicht der Universalsukzession unterfallen – so

---

224 BGH NJW 1983, 2627; Bender Das postmortale Einsichtsrecht in Krankenunterlagen 1998, 159 ff., 455 ff.; Staudinger/Kunz, 2017, BGB § 1922 Rn. 543 mit Verw. auf Staudinger/Marotzke, 2008, BGB § 1922 Rn. 298.
225 BGH NJW 1994, 2893; OLG Frankfurt aM FamRZ 1997, 1306; OLG Düsseldorf OLG-Report 2001, 120; BayObLGR 1995, 2; BayObLG FamRZ 1991, 1461; Bartsch NJW 2001, 861; sehr kritisch zum Teil die Literatur, s. Staudinger/Kunz BGB § 1922 Rn. 544 ff. mit weiteren Nachw. zur Gegenmeinung.
226 So auch BGH ErbR 2018, 566 mAnm Biermann = ZEV 2018, 582 mAnm Ludyga = DNotZ 2018, 846 mAnm Gloser = ZD 2018, 477 mAnm Apel = MMR 2018, 740 mAnm Hoeren.
227 Brinkert/Stolze/Heidrich ZD 2013, 153 (154); Steiner/Holzer ZEV 2015, 262 (263).
228 Zum Einsichtsrecht der Erben und Angehörigen in Krankenunterlagen des Erblassers, s. auch Hess ZEV 2006, 479.
229 Bräutigam, auf dem 7. Deutschen Erbrechtstag in Berlin am 14.3.2012.
230 So aber Martini JZ 2012, 1145 (1152).
231 Martini JZ 2012, 1145 (1152) hält dies für hinnehmbar.
232 BGH ErbR 2018, 566 mAnm Biermann = ZEV 2018, 582 mAnm Ludyga = DNotZ 2018, 846 mAnm Gloser = ZD 2018, 477 mAnm Apel = MMR 2018, 740 mAnm Hoeren Rn. 51.
233 BGH ErbR 2018, 566 mAnm Biermann = ZEV 2018, 582 mAnm Ludyga = DNotZ 2018, 846 mAnm Gloser = ZD 2018, 477 mAnm Apel = MMR 2018, 740 mAnm Hoeren Rn. 51; Burandt/Rojahn/Bräutigam Anh. zu BGB § 1922 Rn. 11.
234 Herzog DAV Stellungnahme Nr. 34/2013, 53; ähnlich Brisch/Müller-ter Jung CR 2013, 446 (451) und Ludyga ZEV 2018, 1 (6).
235 Burandt/Rojahn/Bräutigam Anh. zu BGB § 1922 Rn. 11.
236 BGH ErbR 2018, 566 mAnm Biermann = ZEV 2018, 582 mAnm Ludyga = DNotZ 2018, 846 mAnm Gloser = ZD 2018, 477 mAnm Apel = MMR 2018, 740 mAnm Hoeren Rn. 54.

fällt der Körper des Erblassers nicht in den Nachlass, sondern ist dem Rechtsverkehr entzogen[237] – gibt es keinen Rechtsgrundsatz, dass die unvererblichen Rechte auf die nächsten Angehörigen übergehen. Unvererbliche Positionen gehen vielmehr unter und erlöschen,[238] wobei klarzustellen ist, dass es sich um eine Ausnahme handelt; während die Vererblichkeit eines Rechts im Sinne der Rechtssicherheit und des Kontinuitätsgedankens des Erbrechts den Grundsatz darstellt.[239] Die Annahme, dass höchstpersönliche digitale Inhalte auf die nächsten Angehörigen übergingen (→ Rn. 43 ff.), entbehrt also jeglicher Grundlage.

Ein vom Erblasser ausgewählter Treuhänder ist aber dazu berufen, postmortal die Rechte des Erblassers **treuhänderisch** als **Wahrnehmungsberechtigter**[240] auszuüben und dessen (**mutmaßlichen**) **Willen**, an den er gebunden ist,[241] durchzusetzen, wenn dies erforderlich ist, um lebzeitige Rechte des Erblassers postmortal zu schützen. Hat der Erblasser zu Lebzeiten keinen solchen Treuhänder benannt, so mag in der Erbeinsetzung konkludent eine solche Benennung liegen;[242] subsidiär sind die nächsten Angehörigen berufen.[243] Die nächsten Angehörigen können allenfalls Abwehransprüche gegen Erben, Diensteanbieter oder Dritte zustehen.[244] Gehen die Erben oder Dritte zB bei Einträgen auf „**Netzfriedhöfen**" oder ähnlichen **Gedenkseiten** mit dem Andenken an den Verstorbenen in einer die Menschenwürde verletzenden Art und Weise um, so können die nächsten Angehörigen insoweit **Unterlassungsansprüche**[245] – nicht aber Schadensersatzansprüche[246] – geltend machen. Wie stets, wenn die nächsten Angehörigen des Erblassers nach dessen Tod als Treuhänder für ihn tätig sind, sind sie an seinen zu Lebzeiten geäußerten oder mutmaßlichen Willen gebunden. Nur mit dieser Einschränkung üben die nächsten Angehörigen zB auch das Recht der Totenfürsorge aus.[247] Abwehransprüche der nächsten Angehörigen gegen die Erben oder Diensteanbieter können daher dann bestehen, wenn diese bestimmte Informationen nicht löschen lassen, obwohl der Erblasser dies angeordnet hat. Ein Geheimhaltungsanspruch gegenüber den Erben lässt sich aber aus dem postmortalen Persönlichkeitsrecht nicht herleiten.[248]

Wenn Angehörige oder Freunde umgekehrt ein **virtuelles Kondolenzbuch** einrichten, können die Erben dies nicht verhindern, solange sie dadurch nicht in ein bisher bestehendes Vertragsverhältnis eingreifen, das auf die Erben übergegangen ist und solange hierdurch nicht die Menschenwürde verletzt wird.[249]

Selbst das **KG** hatte bestätigt, dass die nächsten Angehörigen als Treuhänder postmortalen Persönlichkeitsrechts des Erblassers durch die Vererblichkeit des digitalen Nachlasses nicht

---

237 Kurze/Goertz BestattungsR, 2012, 15; Grüneberg/Weidlich BGB § 1922 Rn. 37; NK-BGB/Kroiß BGB § 1922 Rn. 14.
238 Staudinger/Marotzke, 2008, BGB § 1922 Rn. 115; Muer, 357 f.
239 Staudinger/Marotzke, 2008, BGB § 1922 Rn. 115.
240 So plastisch Schwab FS Bengel/Reimann, 345.
241 Kritisch Schwab FS Bengel/Reimann, 345, 353.
242 Herzog DAV Stellungnahme 34/2013, 40; in diese Richtung auch KG ErbR 2017, 496 = ZErb 2017, 225 = ZEV 2017, 386 mAnm Deusch; „Zudem scheint ein Konflikt zwischen dem Erben, dem eigentlich nur die vermögensrechtlich bedeutsamen Inhalte zustehen, und den nahen Angehörigen, die treuhänderisch die höchstpersönlichen Inhalte zu verwalten haben, auch in den meisten Fällen fernliegend. Oftmals – und so auch hier – sind die Erben und die nächsten Angehörigen personenidentisch. Beide Positionen fallen nur dann auseinander, wenn die nächsten Angehörigen ihre Erbschaft ausgeschlagen haben oder der Erblasser testamentarisch eine abweichende Erbfolge bestimmt hat. Hat der Erblasser aber einen Erben bestimmt, ist in der Regel davon auszugehen, dass zur Person des eingesetzten Erben ein gewisses Vertrauen etc gegeben ist, so dass der Erblasser vermutlich am ehesten den Erben den Zugriff auf die höchstpersönlichen Inhalte verschaffen will, anstatt seinen nächsten Angehörigen, die er bewusst von der Erbfolge ausgeschlossen hat."
243 Hierzu eingehend Schwab FS Bengel/Reimann, 2012, 345.
244 Burandt/Rojahn/Bräutigam Anh. zu BGB § 1922 Rn. 11; Gloser MittBayNot 2016, 12 (18).
245 Schwab FS Bengel/Reimann, 345, 352 f.
246 BGHZ 143, 214 (224) = NJW 2000, 2195; BGHZ 165, 203 = NJW 2006, 605; BGHZ 169, 193 = NJW 2007, 684; MüKoBGB/Leipold BGB § 1922 Rn. 171.
247 Grüneberg/Weidlich Einl. BGB § 1922 Rn. 9 ff.; Staudinger/Kunz BGB § 1922 Rn. 295.; Kurze/Goertz BestattungsR, 31; Grüneberg/Weidlich Einl. BGB § 1922 Rn. 9 ff.; Staudinger/Kunz BGB § 1922 Rn. 295.
248 Specht Rn. 92.
249 So jetzt auch LG Saarbrücken NJW 2014, 1395 mAnm Deusch.

gehindert sind, entsprechende Abwehrrechte geltend zu machen, wenn sie feststellen, dass die Erben mit den ihnen zugänglich gemachten höchstpersönlichen Dateninhalten in einer Weise umgehen, die das postmortale Persönlichkeitsrecht des Erblassers verletzt.[250]

II. Unmöglichkeit der Zugangsgewährung wegen Verstoßes gegen das Persönlichkeitsrecht, das Datenschutzrecht und das Fernmeldegeheimnis

58 Die erbrechtliche Analyse zeigt eindeutig, dass der digitale Nachlass nach allgemeinen Grundsätzen auf die Erben übergeht und damit nach **§ 1922 BGB** vererblich ist. Dem folgt der **BGH**[251] und die **ganz überwiegende Ansicht in der Literatur**.[252] Und auch das Kammergericht hat schon in der Berufungsinstanz zum Facebook-Fall bestätigt, dass der Vertrag zwischen Erblasser und Provider grds. nach § 1922 BGB auf die Erben übergeht,

- sich auch aus dem Wesen des Vertrages analog § 399 BGB keine Unvererblichkeit ergebe,
- zwischen Erblasser und Provider kein besonderes Vertrauensverhältnis gleich dem zu einem Arzt bestehe.

Von einigen wird aber seit jeher vorgebracht, die Provider seien aus Datenschutzgesichtspunkten im weitest verstandenen Sinne nicht nur gehindert, vielmehr sei es ihnen gar strafbewehrt (§ 206 StGB, → Rn. 87 ff.) verboten, die Daten an die Erben herauszugeben.[253] Dies gelte allen voran iRv E-Mail-Verkehr, weil dann nicht nur die Rechte des Erblassers, sondern auch die der Absender betroffen seien.[254] Es stellt sich damit die Frage, ob der grundsätzlich gegebenen Vererblichkeit nach den §§ 1922 ff. BGB **Grenzen durch das allgemeine Persönlichkeitsrecht, das Datenschutzrecht oder das Fernmeldegeheimnis** gesetzt sind.[255] In diesem Fall würde einer Zugangsgewährung zu digitalen Daten oder Plattformen an die Erben durch die Provider der **Unmöglichkeitseinwand des § 275 BGB** entgegen gehalten werden können und – im Falle der Strafbewährtheit – wohl auch müssen.

59 So hatte auch das **Kammergericht** erneut die (vor allem von der früheren Literatur vertretene) Frage aufgeworfen, ob sich § 1922 BGB auch auf **Vererblichkeit höchstpersönlicher Inhalte** beziehe (s. hierzu schon oben → Rn 47). Es hielt zwar die von mir in der DAV-Stellungnahme Nr. 34/2013 (S. 52 ff.) geäußerte Auffassung für „zunächst überzeugend", gibt aber „Andererseits […] folgendes zu bedenken: Die herrschende Meinung in der Literatur geht offenbar – zumindest unausgesprochen – davon aus, dass dem nächsten Angehörigen als Wahrnehmungsberechtigten des postmortalen Persönlichkeitsrechts des Erblassers die höchstpersönlichen Daten grundsätzlich dem Inhalt nach zugänglich gemacht werden müssen. Für die Wahrnehmung der Interessen des postmortalen Persönlichkeitsrechts, dh für die Geltendmachung entsprechender Abwehrrechte ist aber die vorhergehende Kenntnis des Inhalts der höchstpersönlichen digitalen Inhalte nicht erforderlich; es reicht dafür letztlich aus, dass die Angehörigen als Wahrnehmungsberechtigte Kenntnis von einem gegen das postmortale Persönlichkeitsrecht verstoßenden Umgang mit solchen Daten erlangen. Wenn aber selbst die Wahrnehmungsberechtigten des postmortalen Persönlichkeitsrechts eigentlich keinen Zugang zum Inhalt haben sollen, ist fraglich, ob man dem Erben einen solchen Zugang verschaffen muss bzw. darf. Wegen der praktischen Unmöglichkeit der Trennung der Inhalte würden dann Dateninhalte dem Erben zugänglich, die nach dem Ableben des Erblassers eigentlich niemandem zustünden. Dies spricht dann aber gegen eine Vererblichkeit des Accountinhalts insgesamt."

---

250 KG ErbR 2017, 496 = ZErb 2017, 225 = ZEV 2017, 386.
251 BGH ErbR 2018, 566 mAnm Biermann = ZEV 2018, 582 mAnm Ludyga = DNotZ 2018, 846 mAnm Gloser = ZD 2018, 477 mAnm Apel = MMR 2018, 740 mAnm Hoeren.
252 Grüneberg/Weidlich BGB § 1922 Rn. 34; MüKo-BGB/Leipold BGB § 1922 Rn. 32; Gloser MittBayNot 2016, 12 (17).
253 Eingehend Kutscher, 130 ff.; Martini/Kienle JZ 2019, 235.
254 S. Mayen DAV Stellungnahme Nr. 34/2013, 69, 75; Taeger/Deusch Tagungsband DSRI 2013, 429, 437; Brisch/Müller-ter Jung CR 2013, 446 (449).
255 Burandt/Rojahn/Bräutigam Anh. zu BGB § 1922 Rn. 11; Hohenstein K&R 2018, 5; Aumann/Aumann JA 2019, 575.

Das Kammergericht ließ letztlich die Frage **offen,** ob ein Facebook-Account trotz höchstpersönlicher Inhalte vererblich ist, da seine Durchsetzbarkeit **jedenfalls an** einer Unmöglichkeit nach § 275 BGB **scheitere,**[256] da die Heraugabe der Daten an Erben als Dritte gegen § 88 TKG aF,[257] sprich nunmehr § **3 Abs. 3 TTDSG** verstoße. Denn eine Zugangsgewährung verletze jedenfalls die durch das Telekommunikationsgeheimnis des § 88 Abs. 3 TKG aF, jetzt § 3 TTDSG geschützten Rechte der Kommunikationspartner der Erblasser,

Dieser Ansicht hat der **BGH** eine klare Absage erteilt und festgestellt, dass weder das Persönlichkeitsrecht des Erblassers oder der Kommunikationspartnernoch das Datenschutz- oder Fernmelderecht einer Vererblichkeit entgegensteht.[258] Denn Zugang zum Konto erhält bestimmungsgemäß derjenige, der sich mit den zutreffenden Zugangsdaten anmeldet. Das Risiko, dass das Benutzerkonto unter falschem Namen geführt wird, trage schon zu Lebzeiten der Kommunikationspartner; dies gelte erst recht für den Zugriff durch die Erben.[259]

60

Dieser Analyse hat sich der **Gesetzgeber** mit § **4 TTDSG** klar angeschlossen (s. schon → Rn. 9); im Einzelnen:

1. Kein Entgegenstehen des postmortalen Persönlichkeitsrechts des Erblassers. Das allgemeine Persönlichkeitsrecht des Erblassers kann einer Herausgabe von Daten und einer Auskunftserteilung durch Diensteanbieter an die Erben eines Users nicht entgegenstehen.[260] Zwar ist ein von natürlichen Personen unterhaltenes elektronisches Postfach Teil der Privatsphäre.[261]

61

In Bezug auf Fragen des digitalen Nachlasses kann es aber nur um das **postmortale Persönlichkeitsrecht** des Erblassers gehen; denn nur als solches besteht das allgemeine Persönlichkeitsrecht des Erblassers nach dessen Tod fort.[262] Dabei ist das postmortale Persönlichkeitsrecht nicht deckungsgleich mit dem lebzeitigen allgemeinen Persönlichkeitsrecht des Erblassers. Schon aus der Natur der Sache ergibt sich, dass vom postmortalen Persönlichkeitsrecht ein Recht auf freie Entfaltung der Persönlichkeit nicht mehr erhalten sein kann,[263] weil eine freie Entfaltung der Person nach dem Tode nicht mehr denkbar ist. Das postmortale Persönlichkeitsrecht des Erblassers umfasst daher nur noch zweierlei:

62

Zum einen beinhaltet es einen verselbstständigten **vermögensrechtlichen Teil** des allgemeinen Persönlichkeitsrechts.[264] Dieser aber geht nach dem Tod nach § 1922 BGB auf die Erben über.[265] Damit jedoch können die Diensteanbieter insoweit die Herausgabe von Daten an die Erben nicht mit einem entgegenstehenden Persönlichkeitsrecht des Erblassers begründen; denn

63

---

256 Bock AcP 207, 2017, 370 (405) stellt auf § 134 BGB ab.
257 Mayen AnwBl 2018, 466.
258 BGH ErbR 2018, 566 mAnm Biermann = ZEV 2018, 582 mAnm Ludyga = DNotZ 2018, 846 mAnm Gloser = ZD 2018, 477 mAnm Apel = MMR 2018, 740 mAnm Hoeren Rn. 39 ff.
259 BGH ErbR 2018, 566 mAnm Biermann = ZEV 2018, 582 mAnm Ludyga = DNotZ 2018, 846 mAnm Gloser = ZD 2018, 477 mAnm Apel = MMR 2018, 740 mAnm Hoeren Rn. 41 f.
260 Herzog/Pruns § 4 Rn. 43 ff.; Klas/Möhrke-Sobolewski NJW 2015, 3473 (3477); Zuck DAV Stellungnahme Nr. 34/2013, 87 und jetzt auch BGH ErbR 2018, 566 mAnm Biermann = ZEV 2018, 582 mAnm Ludyga = DNotZ 2018, 846 mAnm Gloser = ZD 2018, 477 mAnm Apel = MMR 2018, 740 mAnm Hoeren Rn. 52 f.; aA Martini JZ 2012, 1145 (1150), der davon ausgeht, dass es zum postmortalen Persönlichkeitsrecht dazu gehört, dass der Einzelne auch nach seinem Tod gegen die Ausforschung seiner Persönlichkeit durch unbefugte Dritte geschützt bleibt, wozu auch die Erben oder die nächsten Angehörigen gehören können.
261 BGH NJW 2016, 870; BVerfG NJW 2020, 300.
262 BGHZ 107, 384 = NJW 1990, 1986 – Emil Nolde; BGHZ 143, 218 = NJW 2000, 2195 – Marlene Dietrich; BGH NJW-RR 1994, 925 – Schreckliches Mädchen; OLG Köln NJW 1999, 1969 – Konrad Adenauer; ungenau zB Raude RNotZ 2017, 17 (20).
263 BVerfGE 30, 173 = NJW 1971, 1645; BVerfGE 104, 42 = NJW 2001, 2957 (2959); BVerfG NJW 2006, 3409; BVerfG NJW 2008, 1657.
264 Schwab FS Bengel/Reimann, 345, 347, der dies auf Art. 14 GG zurückführt.
265 BGHZ 143, 214 (225 f.) = NJW 2000, 2195; BGHZ 169, 193 = NJW 2007, 684. Was die Reichweite der ererbten Nutzungsbefugnis angeht, orientiert sich diese wiederum am (mutmaßlichen) Willen des Erblassers BGHZ 169, 193 = NJW 2007, 684; BGHZ 165, 203 = NJW 2006, 605; BGHZ 143, 214 = NJW 2000, 2195; BVerfG NJW 2006, 3409; MüKoBGB/Leipold BGB § 1922 Rn. 178.

diese sind insoweit Rechtsnachfolger des Erblassers geworden und damit in dessen Rechtsposition eingetreten.

64 Zum anderen überdauert das Persönlichkeitsrecht den Erblasser insoweit, als der Verstorbene auch nach seinem Tod **gegen Herabwürdigungen und Verfälschungen** jedweder Art **geschützt** ist; denn der sittliche, personale und soziale Geltungswert, den eine Person durch ihre Lebensleistung erworben hat, ist durch den allgemeinen Achtungsanspruch geschützt, der dem Menschen kraft seines Personseins zusteht.[266]

65 Zwar ist dieser letztgenannte, ideelle Teil des allgemeinen Persönlichkeitsrechts nicht Gegenstand der Vererbung,[267] da der Erbe (oder auch die nächsten Angehörigen) nicht die Würde oder das Menschsein des Erblassers erbt. Es geht vielmehr um das lebzeitige Recht des Verstorbenen, das aber auch nach seinem Tode geschützt werden muss, da der Erblasser sonst zu Lebzeiten in seiner Ausübung gehemmt wäre.[268] Da der Verstorbene diese **Abwehransprüche** aber naturgemäß nach seinem Tode nicht mehr selbst geltend machen kann, werden sie von den Wahrnehmungsberechtigten ausgeübt.[269] Das sind diejenigen, die der Verstorbene (auch formlos) dazu ermächtigt hat, sprich die Erben[270] bzw. subsidiär seine nächsten **Angehörigen**,[271] sicher aber nicht die Diensteanbieter. Für die wahrnehmungsberechtigten Angehörigen handelt es sich aber nicht um ein eigenes Recht, sondern sie üben es subjektlos treuhänderisch für den Verstorbenen aus.[272] Ist die Menschenwürde des Verstorbenen durch ein postmortales Verhalten nicht nur berührt, sondern verletzt,[273] so können die nächsten Angehörigen dem mit Abwehransprüchen gerichtet auf Unterlassung begegnen, wenn das Verhalten dem (mutmaßlichen) Willen des Verstorbenen zuwiderläuft.[274] Nicht aber können Schadensersatzansprüche geltend gemacht werden, weder aus eigenem Recht, weil ihnen kein entsprechendes Recht zusteht, noch aus dem Recht des Verstorbenen, weil dieser keinen durch Geldzahlung auszugleichenden Schaden mehr erleiden kann.[275] Eine Verletzung des postmortalen Persönlichkeitsrechts wird man kaum annehmen können, wenn private digitale Inhalte herausgegeben oder der Zugriff hierauf ermöglicht wird. Das postmortale Persönlichkeitsrecht schützt allein das Aufrechterhalten des Abbilds des Erblassers. Postmortale Persönlichkeitsrechte stehen damit der Geltendmachung von Ansprüchen durch die Erben nicht entgegen.[276]

66 Das **LG Berlin**[277] hat diese Frage in seinem Urteil vom 17.12.2015 noch nicht generell beantwortet. Sie konnte hier nach Ansicht des Gerichts offenbleiben, weil es sich bei dem Sachverhalt um eine Sonderkonstellation handelte: Die Erblasserin war minderjährig und die Erben waren ihre sorgeberechtigten Eltern. Für diesen Fall aber stehe das postmortale Persönlichkeitsrecht der Erblasserin einer Zugangsgewährung jedenfalls nicht entgegen, da die Erziehungsberechtigten auch lebzeitig Sachwalter des Persönlichkeitsrechtes ihrer Kinder seien, solange die Kinder noch nicht hinreichend einsichtsfähig sind.

---

266 BVerfGE 104, 42 = NJW 2001, 2957 (2959); BVerfG NJW 2006, 3409 Rn. 25; BVerfG NVwZ 2008, 549; BGH NJW 2009, 751.
267 Kritisch zu dieser Differenzierung Fischer ZEV 2006, 605.
268 Martini JZ 2012, 1145 (1149), 1150, 1151; Mayen/Zuck DAV Stellungnahme Nr. 34/2013, 90.
269 Bender VersR 2001, 815; Staudinger/Kunz BGB § 1922 Rn. 150 und wohl auch BGHZ 50, 133 = NJW 1968, 1773; und MüKoBGB/Leipold BGB § 1922 Rn. 170.
270 Herzog DAV Stellungnahme 34/2013, 40.
271 MüKoBGB/Leipold BGB § 1922 Rn. 170.
272 Bender VersR 2001, 815; Staudinger/Kunz BGB § 1922 Rn. 150 und wohl auch BGHZ 50, 133; aA MüKoBGB/Leipold BGB § 1922 Rn. 170, der von eigenen Ansprüchen der Ermächtigten bzw. nächsten Angehörigen ausgeht.
273 Schwab FS Bengel/Reimann, 2012, 345, 346.
274 Schwab FS Bengel/Reimann, 2012, 345, 352 f.
275 BGHZ 143, 214 (224); BGHZ 165, 203; BGHZ 169, 193; MüKoBGB/Leipold BGB § 1922 Rn. 159.
276 BGH ErbR 2018, 566 mAnm Biermann = ZEV 2018, 582 mAnm Ludyga = DNotZ 2018, 846 mAnm Gloser = ZD 2018, 477 mAnm Apel = MMR 2018, 740 mAnm Hoeren; Klas/Möhrke-Sobolewski NJW 2015, 3473 (3476).
277 LG Berlin ErbR 2016, 223 = ZErb 2016, 109 = ZEV 2016, 189.

Das **KG**²⁷⁸ hielt es zwar „möglicherweise [für] nicht gerechtfertigt, wegen der Gefahr der Verletzung des postmortalen Persönlichkeitsrechts das Erbrecht ganz zurücktreten zu lassen", folgt aber der Argumentation der Vorinstanz insoweit nicht. Die elterliche Sorge können schon deshalb nicht herangezogen werden, weil diese mit dem Tod des Kindes ende. 67

Der **BGH** hat daraufhin klargestellt, dass das postmortale Persönlichkeitsrecht von Erblassern der Vererbbarkeit digitaler höchstpersönlicher Inhalte generell nicht entgegen steht.²⁷⁹ 68

2. Recht auf informationelle Selbstbestimmung und Datenschutzrecht (Art. 2 Abs. 1, Art. 1 GG, DS-GVO und E-Privacy-RL). Das Recht auf informationelle Selbstbestimmung beinhaltet das Recht, selbst über die Präsentation der eigenen Person, über Preisgabe und Verwendung persönlicher Daten zu bestimmen.²⁸⁰ Dabei ist klarzustellen, dass es sich nicht um ein umfassendes, dem Eigentum vergleichbares Herrschaftsrecht über die eigenen Daten handelt und auch die Privatheit der Daten oder ihre Sensibilität sind nicht entscheidend.²⁸¹ Die Problematik, dass es **kein „Eigentum"** an Daten gibt, war ua Gegenstand des 71. Deutschen Juristentages im September 2016 in Essen und ist derzeit in der Diskussion.²⁸² Derzeit kann der Schutz von Daten eher als eine Art „Flickenteppich" bezeichnet werden²⁸³ mit folgender Konsequenz: Geht eine Rechtsposition in Bezug auf ein Speichermedium (sei es das Eigentum daran, seien es schuldrechtliche Ansprüche auf Herausgabe von gespeicherten Daten), so gehen mit ihr auch das Recht an den Dateien und auf Zugriff auf die Inhalte auf die Erben über (→ Rn. 23 ff.). Macht ein Dritter hieran Rechte geltend, so muss er dies gegenüber den Erben tun und konkret die Verletzung einer eigenen Rechtsposition darlegen und beweisen.²⁸⁴ Das mag in Bezug auf echte Dritte (Kommunikationspartner des Verstorbenen oder Dritte, die auf Bildnissen abgebildet sind) der Fall sein können, nicht aber in Bezug auf ein Datenschutzrecht des Erblassers selbst. Die nächsten Angehörigen erben keine Rechtspositionen des Erblassers. Vererbbare Rechtspositionen gehen auf die Erben über, so dass sie selbst berechtigt sind. Nicht vererbbare Rechtspositionen des Erblassers gehen unter. 69

In Bezug auf das Datenschutzrecht ist zunächst zu prüfen, ob es überhaupt einschlägig ist.²⁸⁵ Nach wohl weiterhin hM **erlischt** das Datenschutzrecht **mit dem Tod**, da personenbezogene Daten nur auf natürliche Personen bezogen sein können und der Schutzzweck auf die freie Entfaltung der Persönlichkeit ausgerichtet ist, was nach dem Tode nicht mehr in Frage kommt²⁸⁶ Nach **LG Berlin**²⁸⁷ und **BGH**²⁸⁸ kann eine Herausgabe der Daten an die Erben schon deshalb keinen Verstoß gegen das Datenschutzrecht des Erblassers darstellen. 70

---

278 KG ErbR 2017, 496 = ZErb 2017, 225 = ZEV 2017, 386.
279 BGH ErbR 2018, 566 mAnm Biermann = ZEV 2018, 582 mAnm Ludyga = DNotZ 2018, 846 mAnm Gloser = ZD 2018, 477 mAnm Apel = MMR 2018, 740 mAnm Hoeren Rn. 52.
280 BVerfGE 65, 1.
281 Die EU hat am 27.4.2016 die Datenschutz-Grundverordnung (DS-GVO, VO (EU) 2016/679) verabschiedet, die zum 25.5.2018 die Datenschutz-Richtlinie 95/46/EG (DSRL) ablösen wird und das Bundesdatenschutzgesetz in weiten Teilen ersetzen wird, s. hierzu Schantz NJW 2016, 1841. S. auch Adam NJW 2020, 2063.
282 Gutachten A zum 71. Deutschen Juristentag von Faust: Digitale Wirtschaft – Analoges Recht: Braucht das BGB ein Update?; Kurzfassung in Beilage 2/2016 zu Heft 24/2016 der NJW; s. auch die 87. Konferenz der Justizministerinnen und Justizminister am 1./2.6.2016 sowie die Stellungnahme des DAV 75/2016 zur Frage, ob es ein „Eigentum" an Daten und Informationen geben sollte, das unabhängig ist vom Eigentum am Datenträger.
Auch die EU-Kommission befasst sich mit einem Legislativvorschlag zu „Unjustified data location restrictions".
283 Bericht der Arbeitsgruppe „Digitaler Nachlass" vom 15.5.2017, 98.
284 Herzog/Pruns § 4 Rn. 13 ff.
285 Vgl. hierzu bejahend LG Berlin ErbR 2016, 223 = ZErb 2016, 109 = ZEV 2016, 189; der BGH hat dies in ErbR 2018, 566 mAnm Biermann = ZEV 2018, 582 mAnm Ludyga = DNotZ 2018, 846 mAnm Gloser = ZD 2018, 477 mAnm Apel = MMR 2018, 740 mAnm Hoeren (offen gelassen).
286 Taeger/Haase Tagungsband DSRI 2013, 379, 387; Ludyga ZEV 2018, 1 (4). Ausnahmeregelungen sahen § 4 Abs. 1 S. 2 BlnDSG aF und § 37 Abs. 1 BbgBestG aF vor; Klas/Möhrke-Sobolewski NJW 2015, 3473 (3476).
287 LG Berlin ErbR 2016, 223 = ZErb 2016, 109 = ZEV 2016, 189.
288 BGH ErbR 2018, 566 mAnm Biermann = ZEV 2018, 582 mAnm Ludyga = DNotZ 2018, 846 mAnm Gloser = ZD 2018, 477 mAnm Apel = MMR 2018, 740 mAnm Hoeren Rn. 67.

71 Einige Stimmen sprachen sich aber für einen **postmortalen Datenschutz** nach dem Gebot des vorsorgenden und nachsorgenden Grundrechtsschutzes aus, da sonst eine einschränkende Vorwirkung auf die freie Kommunikation zu Lebzeiten bestehe.[289] Die DS-GVO hat sich dagegen entschieden, vgl. **Erwägungsgrund 27 S. 1 der DS-GVO**.

Selbst wenn man von der Eröffnungsklausel in Erwägungsgrund 27 S. 2 DS-GVO Gebrauch machen und Vorschriften für die Verarbeitung der personenbezogenen Daten Verstorbener vorsehen wollte, so stünde der Schutz personenbezogener Daten des Erblassers der Herausgabe von Daten an die Erben oder einer Zugangsgewährung der Erben nicht entgegen. Dies gilt auch, soweit es um das Datenschutzrecht der Kommunikationspartner des Erblassers geht.[290] Denn **Erben** sind **nicht Dritte**, vor denen die Daten des Erblassers und seiner Kommunikationspartner zu schützen sind.[291]

Schon das BDSG idF bis 30.11.2021 war nicht tangiert, wenn die Erben Daten des Erblassers für rein interne Zwecke lasen, ohne die Kontakte weiterzuführen; dies ergab sich aus **§ 27 Abs. 1 S. 2 BDSG aF**.[292] Daher schränkte schon das BDSG aF das Erbrecht in Bezug auf den digitalen Nachlass nicht ein.[293]

Für alle Verträge, die seit dem 25.5.2018 noch bestehen, ist gemäß Art. 99 Abs. 2 die **DS-GVO** anzuwenden.[294] Ob deren Anwendungsbereich in Bezug auf den digitalen Nachlass eröffnet ist, hat der **BGH** offen gelassen.[295] Jedenfalls sei die Datenverarbeitung nach **Art. 6 Abs. 1 lit. b) Var. 1 DSVG** rechtmäßig, da sie für die Erfüllung eines Vertrages, dessen Vertragspartei die betroffene Partei ist, erforderlich ist; denn Vertragspartner sei nach dem Erbfall der Erbe.[296] Außerdem sei die Datenverarbeitung zur Wahrung der berechtigten Interessen der Erben erforderlich gemäß **Art. 6 Abs. 1 lit. f) DS-GVO**. Zu den berechtigten Interessen gehörten neben rechtlichen auch tatsächliche, wirtschaftliche oder ideelle Interessen.[297] So mag es für den Erben, um die Geltendmachung von vermögenswerten Ansprüchen oder die Abwehr oder Erfüllung von Verbindlichkeiten gehen oder schlicht darum, die Todesumstände des Erblassers aufzuklären. Die Erben müssen nicht im Einzelfall nachweisen, dass und welches berechtigte Interesse sie an den Daten haben.[298] Denn die Erben haben regelmäßig keine Kenntnis von den Inhalten des digitalen Nachlasses, weshalb eine nähere Darlegung nicht möglich ist; allein die Tatsache, dass sich aus den Benutzerkonten regelmäßig weitergehende Informationen für die Nachlassabwick-

---

289 Taeger/Culmsee Tagungsband DSRI 2013, 413; Martini JZ 2012, 1145 (1150).
290 BGH ErbR 2018, 566 mAnm Biermann = ZEV 2018, 582 mAnm Ludyga = DNotZ 2018, 846 mAnm Gloser = ZD 2018, 477 mAnm Apel = MMR 2018, 740 mAnm Hoeren Rn. 68 ff.
291 Lange/Holtwiesche ZErb 2016, 157 (162); LG Berlin ErbR 2016, 223 = ZErb 2016, 109 = ZEV 2016, 189; BGH ErbR 2018, 566 mAnm Biermann = ZEV 2018, 582 mAnm Ludyga = DNotZ 2018, 846 mAnm Gloser = ZD 2018, 477 mAnm Apel = MMR 2018, 740 mAnm Hoeren.
292 Gloser MittBayNot 2016, 12 (18); Klas/Möhrke-Sobolewski NJW 2015, 3473 (3476); Hoeren NJW 2005, 2113 (2115); Brisch/Müller-ter Jung CR 2013, 446 (450).
293 Klas/Möhrke-Sobolewski NJW 2015, 3473 (3476). Im Ergebnis auch Lange/Holtwiesche ZErb 2016, 157, die aber § 27 Abs. 1 S. 2 BDSG als nicht einschlägig erachten, das BDSG aber schon nach dem Gesetzeszweck als nicht einschlägig erachten.
294 BGH ErbR 2018, 566 mAnm Biermann = ZEV 2018, 582 mAnm Ludyga = DNotZ 2018, 846 mAnm Gloser = ZD 2018, 477 mAnm Apel = MMR 2018, 740 mAnm Hoeren Rn. 66.
295 BGH ErbR 2018, 566 mAnm Biermann = ZEV 2018, 582 mAnm Ludyga = DNotZ 2018, 846 mAnm Gloser = ZD 2018, 477 mAnm Apel = MMR 2018, 740 mAnm Hoeren Rn. 70.
296 BGH ErbR 2018, 566 mAnm Biermann = ZEV 2018, 582 mAnm Ludyga = DNotZ 2018, 846 mAnm Gloser = ZD 2018, 477 mAnm Apel = MMR 2018, 740 mAnm Hoeren Rn. 71 ff.
297 BGH ErbR 2018, 566 mAnm Biermann = ZEV 2018, 582 mAnm Ludyga = DNotZ 2018, 846 mAnm Gloser = ZD 2018, 477 mAnm Apel = MMR 2018, 740 mAnm Hoeren Rn. 76.
298 BGH ErbR 2018, 566 mAnm Biermann = ZEV 2018, 582 mAnm Ludyga = DNotZ 2018, 846 mAnm Gloser = ZD 2018, 477 mAnm Apel = MMR 2018, 740 mAnm Hoeren Rn. 79; aA Willems ZfWP 2016, 494, 507 und von Kuntz jM 2016, 190 (191) vertreten; alles andere sei eine „rein vom Ergebnis her orientierte Betrachtung". Ein solches berechtigtes Interesse soll nach Willems ZfPW 2016, 5494 (512) bei vermögenswerten Interessen bezüglich der Ermittlung des Umfangs der Erbschaft oder bei persönlichen Interessen wie etwa in Betracht kommendem Suizid bestehen, sonst aber ggf. nicht. Auch das KG ErbR 2017, 496 = ZErb 2017, 225 = ZEV 2017, 386 stellt auf den Einzelfall des jeweiligen Kommunikationsdienstes ab.

lung ergeben können, genügt.²⁹⁹ Die Rechte der Kommunikationspartner stehen dem nicht entgegen,³⁰⁰ da eine Vererbbarkeit den „vernünftigen Erwartungen der betroffenen Personen" (**Erwägungsgrund 47 S. 1 DS-GVO**) entspricht.³⁰¹ Dies gilt nach BGH aaO für voll- und minderjährige Erblasser gleichermaßen. Schließlich geht es um einen eng begrenzten Kreis der Datenverarbeitung, nämlich allein um die Zugänglichmachung der Daten an die Erben.³⁰²

Während das Datenschutzrecht des TMG idF bis 30.11.2021 nur gegenüber reinen **Content-Anbietern** (soziale Netzwerke, Onlinespiele) zum Tragen kam und im Übrigen das TKG idF bis 30.11.2021 griff,³⁰³ führt das seit 1.12.2021 in Kraft getretene **TTDSG** die datenschutzrechtlichen Regelungen des früheren TMG und des früheren TKG zusammen³⁰⁴ und setzt damit sowohl die DS-GVO als auch Art. 5 Abs. 3 ePrivacy-RL (der seit 2009 gilt)³⁰⁵ sowie die Richtlinie 2018/1972/EU über den europäischen Kodex für die elektronische Kommunikation um.³⁰⁶ Maßgeblich zu messen sind daher die hier auftretenden Fragen am TTDSG und am Fernemeldegeheimnis: 72

3. Fernmeldegeheimnis (Art. 10 Abs. 1 GG, §§ 3, 4 TTDSG). Das in Art. 10 Abs. 1 GG verankerte Fernmeldegeheimnis gilt grds. nur gegenüber dem Staat als Abwehr- und Schutzrecht. Seit der FRAPORT-Entscheidung des BVerfG³⁰⁷ ist eine **mittelbare Grundrechtsbindung**, die auch für privatwirtschaftliche Internet-Diensteanbieter gilt, aber anerkannt,³⁰⁸ soweit Dienstleistungen im Bereich der Telekommunikation betroffen sind.³⁰⁹ 73

---

299 BGH ErbR 2018, 566 mAnm Biermann = ZEV 2018, 582 mAnm Ludyga = DNotZ 2018, 846 mAnm Gloser = ZD 2018, 477 mAnm Apel = MMR 2018, 740 mAnm Hoeren Rn. 79.
300 BGH ErbR 2018, 566 mAnm Biermann = ZEV 2018, 582 mAnm Ludyga = DNotZ 2018, 846 mAnm Gloser = ZD 2018, 477 mAnm Apel = MMR 2018, 740 mAnm Hoeren Rn. 83 ff.
301 BGH ErbR 2018, 566 mAnm Biermann = ZEV 2018, 582 mAnm Ludyga = DNotZ 2018, 846 mAnm Gloser = ZD 2018, 477 mAnm Apel = MMR 2018, 740 mAnm Hoeren Rn. 87. Dies hielt der BGH für so offenkundig, dass er eine Vorlag an den EuGH nach Art. 267 AEUV für entbehrlich hielt.
302 BGH ErbR 2018, 566 mAnm Biermann = ZEV 2018, 582 mAnm Ludyga = DNotZ 2018, 846 mAnm Gloser = ZD 2018, 477 mAnm Apel = MMR 2018, 740 mAnm Hoeren Rn. 92.
303 Martini JZ 2012, 1145 (1148); Das KG ErbR 2017, 496 = ZErb 2017, 225 = ZEV 2017, 386 hatte bereits 2017 klargestellt: „Der Anwendung der Vorschriften des TKG [aF] auf die Beklagte steht nicht entgegen, dass die Beklagte auch als Diensteanbieter von Telemedien gemäß § 2 Nr. 1 TMG anzusehen ist, weil sie ihren Nutzern einen Server zur Speicherung von Inhalten zur Verfügung stellt (vgl. Deusch, aaO). Der Begriff der „Telemedien" umfasst alle Informations- und Kommunikationsdienste, die nicht Telekommunikation im engeren Sinne oder Rundfunk sind, praktisch also jeden Online-Auftritt (Nomos-BR/Müller-Broich TMG/Jan D. Müller-Broich TMG § 1 Rn. 6–8, beck-online). Denn nach § 1 Abs. 3 TMG bleibt das TKG durch das TMG unberührt; in § 7 Abs. 2 S. 3 TMG [aF = § 7 Abs. 3 S. 2 TMG nF] wird zudem ausdrücklich klargestellt, dass Telemediendiensteanbieter das Fernmeldegeheimnis nach § 88 TKG [aF = § 3 TTDSG nF] zu wahren haben. dd) Über die genannte Regelung in § 7 Abs. 2 S. 3 TMG [aF = § 7 Abs. 3 S. 2 TMG nF] gelangt man im Übrigen zur Anwendung der Regelung über das Fernmeldegeheimnis in §§ 88 TKG [aF = § 3 Abs. 3 TTDSG nF] auch dann, wenn man der unter aa) und bb) erfolgten Einordnung der Beklagten als Telekommunikationsanbieter nicht folgen wollte. Dem steht auch nicht der kollisionsrechtliche Anwendungsbereich des TMG entgegen. Grundsätzlich gilt für die Anwendung des TMG zwar das Herkunftslandprinzip des § 3 Abs. 2 TMG, allerdings liegen hier die Ausnahmetatbestände des § 3 Abs. 3 Nr. 1 bis 3 TMG vor, wonach die durch einen Diensteanbieter angebotenen Telemedien den Einschränkungen des innerstaatlichen Rechts unterliegen (Nomos-BR/Müller-Broich TMG/Jan D. Müller-Broich TMG § 3 Rn. 9–29, beck-online." Vgl. auch Lange/Holtwiesche ZErb 2016, 157 (158), die aber zu Recht darauf hinweisen, dass der Erbe über § 1922 BGB zum Nutzer iSd TMG wird und es somit gar nicht um die Weitergabe an Dritte gehen kann.
304 § 7 Abs. 3 S. 2 TMG nF stellt klar, dass die Vorgaben von § 3 TTDSG auch von Content-Anbietern zu wahren sind.
305 Hierzu BGH Urt. v. 28.5.2020 – I ZR 7/16. Inwieweit sich durch die ePrivacy-VO etwas ändern wird, bleibt abzuwarten, Deusch ZEV 2018, 687.
306 https://eur-lex.europa.eu/legal-content/DE/TXT/PDF/?uri=CELEX:32018L1972, zuletzt abgerufen am 17.2.2023.
307 BVerfGE 128, 226; Mayen DAV Stellungnahme 34/2013, 69 ff.
308 Burandt/Rojahn/Bräutigam Anh. zu BGB § 1922 Rn. 25 f.; Mayen DAV Stellungnahme 34/2013, 49; Ähnlich Hoeren NJW 2005, 2113 (2115), allerdings über § 3 TTDSG.
309 S. auch BVerfG NJW 2020, 314.

74 Der Anwendungsbereich des TTDSG ist gemäß § 1 TTDSG immer dann eröffnet, wenn vom Anbieter die Übermittlung von fremden Informationen, zB die Übermittlung von E-Mails übernommen wird.

Zumindest das VG Köln hat am 11.11.2015[310] entschieden, dass E-Mail-Provider einen Telekommunikationsdienst iSd § 6 TKG aF bereitstellen, da es ausreiche, wenn sie die Mails über das freie Internet übermitteln, da sie gleichwohl für die Vermittlung verantwortlich sind im Sinne einer Zurechenbarkeit, die der EuGH[311] verlange. Auch wenn der EuGH mit Urteil vom 13.6.2019 – X-193/18[312] entschieden hat, dass Gmail keinen elektronischen Kommunikationsdienst iSd RL 2002/21/EG darstellt, ist die Entscheidung weiterhin interessant. Denn das VG Köln hat entschieden, dass die Beurteilung nicht davon abhängig sei, ob – wie oft – der Dienst für die Nutzer kostenlos (sprich **ohne entgeltliche Gegenleistung**) ist, weil sich die Dienste mittelbar durch Werbung finanzieren und damit gewerblich tätig sind.[313] Dem hat sich die Rechtsprechung – gegen kritische Stimmen in der Literatur, die OTT-Dienste von der Anwendbarkeit des TKG (jetzt TTDSG) ausschließen wollen[314] – angeschlossen.[315] Dabei endet der zeitliche Anwendungsbereich des Fernmeldegeheimnisses nicht zwingend mit dem Abrufen der Mails durch den Erblasser. Der Schutzbereich endet zwar, wenn die Mail bereits an Erblasser übermittelt wurden und nur noch bei diesem gespeichert werden.[316] Der Schutzbereich ist aber zum einen eröffnet, solange die Mail noch gar nicht übermittelt wurde, aber auch dann, wenn die Mails nach Kenntnisnahme durch den Nutzer (auch) beim Provider gespeichert bleiben wie bei IMAP oder Facebook; auch dieser **ruhende Verkehr** ist vom Anwendungsbereich erfasst,[317] denn der Kommunikationsteilnehmer hat keine technische Möglichkeit, die Weitergabe der E-Mails durch den Provider zu verhindern.[318] Diese Grundsätze gelten nach hM für Art. 10 Abs. 1 GG wie für § 3 TTDSG.[319]

75 Da der Schutzbereich, der die Vertraulichkeit der unkörperlichen Übermittlung von Informationen an individuelle Empfänger mithilfe des **Telekommunikationsverkehrs** umfasst, auch die Weitergabe der auf dem Mailserver eines Providers gespeicherten E-Mails erfasst, könnte das Aushändigen von E-Mails oder Zugangsdaten an die Erben gegen das Fernmeldegeheimnis verstoßen. Folgt man dem, so scheitert der aus Sicht des Erbrechts gegebene Anspruch gegen die Provider auf Abrufbarkeit, Herausgabe von Daten und Auskunft am Fernmeldegeheimnis.[320]

76 Die würde allerdings durch eine **Einwilligung** der **Betroffenen** verhindert. Problematisch hieran ist, dass „betroffen" in diesem Sinnes nicht nur der Erblasser, sondern auch sein Kommunikationspartner, der **Absender** ist.[321] Wenn man also in der Weitergabe von Zugangsdaten, einer Vorsorgevollmacht oder einer letztwilligen Verfügung und ggf. sogar nach dem Gedanken eines mutmaßlichen Willens in der gesetzlichen Erbfolge eine Einwilligung des Erblassers darein, den

---

310 Az. 21 K 450/15.
311 EuGH ABl. EU 2014 C 194, 3–4.
312 NJW 2019, 2597.
313 Mit den seit 1.1.2022 eingeführten §§ 327a bis 327u, 516a, 548a, 578b, 650 Abs. 2 bis 4 BGB hat nunmehr auch der Gesetzgeber anerkannt, dass auch die Bereitstellung von personenbezogenen Daten eine gewisse „Bezahlung" darstellt, s. hierzu Pruns ErbR 2021, 993; Staudenmayer NJW 2019, 2497.
314 Wüsthof ErbR 2017, 508 (509).
315 KG ErbR 2017, 496 = ZErb 2017, 225 = ZEV 2017, 386; kritisch Wüsthof ErbR 2017, 508.
316 Martini JZ 2012, 1145 (1151). Brisch/Müller-ter Jung CR 2013, 446 (450).
317 BGH ErbR 2018, 566 mAnm Biermann = ZEV 2018, 582 mAnm Ludyga = DNotZ 2018, 846 mAnm Gloser = ZD 2018, 477 mAnm Apel = MMR 2018, 740 mAnm Hoeren; KG ErbR 2017, 496 = ZErb 2017, 225 = ZEV 2017, 386; BVerfGE 124, 43; Mayen DAV Stellungnahme 34/2013, 69 ff.; Martini JZ 2012, 1145 (1151); Brisch/Müller-ter Jung CR 2013, 446 (450); Burandt/Rojahn/Bräutigam Anh. zu BGB § 1922 Rn. 16; aA Hoeren NJW 2005, 2113 (2115).
318 KG ErbR 2017, 496 = ZErb 2017, 225 = ZEV 2017, 386.
319 KG ErbR 2017, 496 = ZErb 2017, 225 = ZEV 2017, 386; Mayen DAV Stellungnahme 34/2013, 73.
320 So auch Deusch ZEV 2014, 2 (8).
321 Burandt/Rojahn/Bräutigam Anh. zu BGB § 1922 Rn. 17.

Erben oder Bevollmächtigten Einblick und Zugang zu gewähren sehen würde,[322] so würde das nicht über das fehlende Erfordernis einer Einwilligung des Absenders hinweghelfen[323] (und letztlich die bisher allgemeine Meinung, dass der Erblasser den Erben durch lebzeitige Anordnung, → Rn. 100 ff., Zugang zu seinen Daten verschaffen kann, ad absurdum führen).

Hier kann (erneut) Anlehnung an die Offline-Welt genommen werden: Hier hat der Vermieter Zugang zur Wohnung des Erblassers zu gewähren, ohne dass Art. 13 GG tangiert wäre. Die Post hat Briefe an die Erben zuzustellen und diesen Zugang zu einem Postfach des Erblassers zu verschaffen, ohne dass das Postgeheimnis von Erblasser oder Absender hierdurch verletzt würde.[324] Mit welcher Berechtigung sollte in Bezug auf digitale Post oder sonstige digitale Inhalte etwas anderen gelten?

Einen solchen Grund sehen einige in § 39 Abs. 3 S. 4 PostG, der die Postdienstleister ausdrücklich ermächtigt, in seinen AGB Vereinbarungen zur Auslieferung von Postsendungen an Ersatzempfänger zu treffen,[325] während es im TKG [aF, jetzt TTDSG] keine solche Regelung gab.[326] Diese Argumentation ging schon unter Geltung des TKG fehl;[327] denn eine entsprechende Regelung existierte im TKG schlicht deshalb nicht, weil es zu keiner realen Zustellung einer Sache kommt.[328] Die Erben werden in den einschlägigen AGB auch nicht als Ersatzempfänger genannt. Das hat den einfachen Grund, dass sie mit Eintritt des Erbfalls nicht Ersatzempfänger, sondern über § 1922 BGB Empfänger geworden sind. Dies stellt § 4 TTDSG nunmehr klar.

Selbst wenn Art. 10 GG bzw. § 3 TTDSG betroffen wären, so muss berücksichtigt werden, dass auch das Erbrecht durch Art. 14 GG geschützt ist. Insoweit nimmt die hM an, dass sich das Erbrecht gegenüber dem Datenschutz- und Telekommunikationsrecht des Erblassers und des Kommunikationspartners im Wege **praktischer Konkordanz** durchsetzen muss.[329] Das **KG** hatte gegen eine solche Lösung allerdings folgende Einwände vorgebracht: „Abgesehen von der Frage, ob die vorgenommene Abwägung der Interessen der an der Kommunikation beteiligten Parteien insoweit zutreffend ist, da insoweit eine Abwägung der Interessen der lediglich mit persönlichen und nicht geschäftsmäßigen Nachrichten an der Kommunikation Beteiligten gänzlich fehlt, ist für den Senat nicht ersichtlich, auf welche Weise die Figur der sogenannten praktischen Konkordanz den qualifizierten Gesetzesvorbehalt des „kleinen Zitiergebots" des § 88 Abs. 3 S. 3 aF, jetzt § 3 Abs. 3 TTDSG aushebeln können sollte. [...] Die praktische Konkordanz kann insoweit erst bei einem entsprechenden Gesetzesvorgang oder bei einer verfassungsrechtlichen Überprüfung dieses Gesetzes Anwendung finden; sie bietet aber keine Rechtfertigung für einen Eingriff ohne entsprechendes Gesetz."[330]

Dabei lässt das Gericht außer Acht, dass die Grundsätze der praktischen Konkordanz auch bei **Auslegung** von einfachgesetzlichen Regelungen herangezogen werden können.[331] Auf diesem

---

322 So Solmecke/Köbrich/Schmitt MMR 2015, 291 (292), die davon ausgehen, dass im Regelfall davon auszugehen ist, dass ein Zugriff der Erben iRd Regelung des Nachlasses von der Einwilligung des Erblassers gedeckt ist, solange es keine konkreten Anhaltspunkte für das Gegenteil gibt.
323 Brisch/Müller-ter Jung CR 2013, 446 (450); Burandt/Rojahn/Bräutigam Anh. zu BGB § 1922 Rn. 17.
324 Brisch/Müller-ter Jung CR 2013, 446 (451); Pruns NWB 2014, 2175 unter C. I.; LG Berlin ErbR 2016, 223 = ZErb 2016, 109 = ZEV 2016, 189.
325 Taeger/Deusch Tagungsband DSRI 2013, 429, 438.
326 Dieser Argumentation hat sich das KG ErbR 2017, 496 = ZErb 2017, 225 = ZEV 2017, 386 angeschlossen.
327 Hierauf geht der BGH in ErbR 2018, 566 mAnm Biermann = ZEV 2018, 582 mAnm Ludyga = DNotZ 2018, 846 mAnm Gloser = ZD 2018, 477 mAnm Apel = MMR 2018, 740 mAnm Hoeren gar nicht ein.
328 Eingehend Herzog ZErb 2017, 205; Herzog/Pruns § 4 Rn. 63 ff.
329 Klas/Möhrke-Sobolewski NJW 2015, 3473 (3477); Brisch/Müller-ter Jung CR 2013, 446 (450); Mayen DAV Stellungnahme Nr. 34/2013, 69, 75 mit ausführlicher Begründung; dem folgend Taeger/Deusch Tagungsband DSRI 2013, 429, 437; Herzog NJW 2013, 3745 (3751); Solmecke/Köbrich/Schmitt MMR 2015, 291 (292); und jetzt auch BGH ErbR 2018, 566 mAnm Biermann = ZEV 2018, 582 mAnm Ludyga = DNotZ 2018, 846 mAnm Gloser = ZD 2018, 477 mAnm Apel = MMR 2018, 740 mAnm Hoeren; aA Martini JZ 2012, 1145 (1150).
330 KG ErbR 2017, 496 = ZErb 2017, 225 = ZEV 2017, 386.
331 Ludyga ZEV 2018, 1 (6).

Wege ist es möglich und verfassungsrechtlich geboten, die Erben nicht vom **Begriff des „Dritten"** oder des „anderen" erfasst anzusehen.[332] Außerdem hat der Gesetzgeber mit §§ 2047 Abs. 2, 2373 S. 2 BGB eine Entscheidung hin zum Erbrecht getroffen.[333]

81 Denn wenn die Erben den Anspruch auf Abrufbarkeit gegen die Provider zivilrechtlich erben, so werden sie, wenn sie diese Abrufbarkeit auch gegenüber dem Erben gewährleisten, gerade in dem „für die Erbringung der Telekommunikationsdienste ... erforderlichen Maß" iSd § 3 Abs. 3 S. 1 TTDSG tätig und verschaffen niemandem darüber hinaus Kenntnis vom Inhalt oder den näheren Umständen der Telekommunikation.[334] Dies bestätigte auch der **BGH**.[335]

82 Dem steht auch nicht entgegen, dass sich in §§ 6 ff. TTDSG keine Erlaubnis zur Verschaffung der Zugangsdaten an die Erben befindet.[336] Denn dort findet sich auch keine Erlaubnis zur Zugangsverschaffung an den Erblasser als eigentlichem ursprünglichem Adressaten der Nachricht. Diese Erlaubnis ergibt sich vielmehr denknotwendig aus der Hauptpflicht des Providers. Der Anspruch auf Erfüllung gerade dieser Hauptpflicht aber geht auf die Erben über.[337] Der Provider des Erblassers verstößt damit nicht gegen § 3 Abs. 3 S. 1 TTDSG, wenn er den Erben Zugang zu Mails, Daten und Auskunft verschafft.[338]

83 Aber auch der Provider des Kommunikationspartners verstößt nicht gegen § 3 Abs. 3 S. 1 TTDSG.[339] Er hat gegenüber dem Kommunikationspartner die Verpflichtung übernommen, dessen abgesendete Mail dem Provider des Empfängers zukommen zu lassen. Zur Überprüfung, ob der Inhaber inzwischen verstorben und beerbt worden ist, ist er ebenso wenig verpflichtet wie dazu zu prüfen, wer sich hinter der Mailadresse verbirgt.

84 Darüber hinaus liegt auf Absenderseite eine zumindest **konkludente Einwilligung** in die Zugangsverschaffung der Daten an die Erben vor, so dass auch nicht dem Vertragsverhältnis etwa immanente Gründe des Persönlichkeitsschutzes der Kommunikationspartner der Erblasserin einer Gesamtrechtsnachfolge durch die Erben entgegenstehen; denn insoweit besteht kein schutzwürdiges Vertrauen, dass über den Tod hinaus die Inhalte nicht den Erben offenbart werden.[340] Jedem ist zumindest über eine Art sachgedankliches Mitbewusstsein klar, dass jeder Kommunikationspartner sterblich und der Zeitpunkt seines Todes unbekannt ist, sowie, dass im Zeitpunkt des Todes die Erben an die Stelle des Erblassers treten.[341] Der Auftrag zur Übermittlung einer Nachricht, reicht über den Tod hinaus; der Absender hat wie bei einem

---

332 Brisch/Müller-ter Jung CR 2013, 446 (451); Pruns NWB 2014, 2175 unter A. III., Solmecke/Köbrich/Schmitt MMR 2015, 291 (292); Steiner/Holzer ZEV 2015, 262 (264); dem folgend LG Berlin ErbR 2016, 223 = ZErb 2016, 109 = ZEV 2016, 189 und jetzt auch BGH ErbR 2018, 566 mAnm Biermann = ZEV 2018, 582 mAnm Ludyga = DNotZ 2018, 846 mAnm Gloser = ZD 2018, 477 mAnm Apel = MMR 2018, 740 mAnm Hoeren Rn. 54ff.; aA Bock AcP 217, 2017, 406.
333 So auch BGH ErbR 2018, 566 mAnm Biermann = ZEV 2018, 582 mAnm Ludyga = DNotZ 2018, 846 mAnm Gloser = ZD 2018, 477 mAnm Apel = MMR 2018, 740 mAnm Hoeren Rn. 63.
334 Specht, Rn. 94; Alexander notar 2017, 354 (357), 358; Herzog ZErb 2017, 205; Herzog/Pruns § 4 Rn. 57ff.; Pruns NWB 2014, 2175 unter B. II. 1; Steiner/Holzer ZEV 2015, 262 (264); Lange/Holtwiesche ZErb 2016, 157 (159).
335 BGH ErbR 2018, 566 mAnm Biermann = ZEV 2018, 582 mAnm Ludyga = DNotZ 2018, 846 mAnm Gloser = ZD 2018, 477 mAnm Apel = MMR 2018, 740 mAnm Hoeren Rn. 54ff.
336 So aber Mayen DAV-Stellungnahme Nr. 34/2013, 81 mwN.
337 So richtig Pruns NWB 2014, 2175 unter B. II. 2.
338 So auch Klas/Möhrke-Sobolewski NJW 2015, 3473 (3477).
339 So auch BGH ErbR 2018, 566 mAnm Biermann = ZEV 2018, 582 mAnm Ludyga = DNotZ 2018, 846 mAnm Gloser = ZD 2018, 477 mAnm Apel = MMR 2018, 740 mAnm Hoeren Rn. 54ff.
340 BGH ErbR 2018, 566 mAnm Biermann = ZEV 2018, 582 mAnm Ludyga = DNotZ 2018, 846 mAnm Gloser = ZD 2018, 477 mAnm Apel = MMR 2018, 740 mAnm Hoeren Rn. 39ff.; Specht, Rn. 95.
341 So jetzt auch BGH ErbR 2018, 566 mAnm Biermann = ZEV 2018, 582 mAnm Ludyga = DNotZ 2018, 846 mAnm Gloser = ZD 2018, 477 mAnm Apel = MMR 2018, 740 mAnm Hoeren Rn. 41 und auch Steiner/Holzer ZEV 2015, 262 (264) mit dem zutreffenden Hinweis darauf, dass geschäftliche Absender die Weiterleitung an die Erben im Hinblick auf die Erfüllung der Nachlassverbindlichkeiten gar erwarten werden; ebenso Klas/Möhrke-Sobolewski NJW 2015, 3473 (3474); aA, gerade wegen der strittigen juristischen Diskussion Mayen DAV Stellungnahme Nr. 34/2013, 77.

Brief oder sonstigen analogen Kommunikationsmitteln kein Recht, den Auftrag zu stoppen.[342] Er hat sich außerdem der Verfügungsbefugnis über die Dateien begeben, sobald er sie an den Empfänger abgesandt hat.[343] Ferner wird der mutmaßliche Wille des Absenders im Interesse einer ordnungsgemäßen zügigen Abwicklung bestehender oder angebahnter Vertragsbeziehungen und vor dem Hintergrund des privaten Interesses, vom Tod des Empfängers Kenntnis zu erlangen, dahin gehen, dass die Erben die Mails in Empfang nehmen.[344] Das Interesse im vielleicht doch eher seltenen Einzelfall einzelne Liebesbriefe vor den Erben geheim zu halten, muss demgegenüber vor allem auch angesichts der Tatsache, dass die Verfügungsmacht des Absender unstreitig erlischt, sobald die Nachricht dem Empfänger zugegangen ist,[345] der Erblasser also solche höchstpersönlichen Schreiben jederzeit seinen späteren Erben hätte zeigen können, zurückstehen.[346]

Bis diese Fragen mit der Facebook-Entscheidung des BGH[347] höchstrichterlich geklärt waren, bestand erhebliche **Rechtsunsicherheit** in der praktischen Rechtsanwendung.[348] Daher wurde zT eine **gesetzliche Klarstellung** gefordert,[349] die manche durch die Entscheidung des BGH vom 12.7.2018 als hinfällig angesehen haben.[350] Der Gesetzgeber hat gleichwohl anlässlich der Überführung des TKG in das TTDSG in **§ 4 TTDSG** eine Klarstellung dahin gehend aufgenommen, dass das Fernmeldegeheimnis der Wahrnehmung von Rechten gegenüber dem Anbieter des Telekommunikationsdienstes nicht entgegensteht, wenn diese Rechte statt durch den betroffenen Endnutzer durch seinen Erben oder eine andere berechtigte Person, die zur Wahrnehmung der Rechte des Endnutzers befugt ist, wahrgenommen werden. Damit hat der Gesetzgeber klar die Entscheidung getroffen, dass das TTDSG und damit das Fernmeldegeheimnis der Wahrnehmung von Rechten des Users gegenüber dem Anbieter durch Erben, Testamentsvollstrecker, Nachlasspfleger, Nachlassverwalter, Nachlassinsolvenzverwalter oder (spätestens über § **1815 Abs. 2 Nr. 5 BGB** nF) Betreuer und damit wohl auch Vorsorgebevollmächtigte, zumindest dann, wenn dies ausdrücklich in der Vorsorgevollmacht so verfügt ist, nicht entgegen

85

---

342 BGH ErbR 2018, 566 mAnm Biermann = ZEV 2018, 582 mAnm Ludyga = DNotZ 2018, 846 mAnm Gloser = ZD 2018, 477 mAnm Apel = MMR 2018, 740 mAnm Hoeren Rn. 43.
343 Herzog/Pruns § 4 Rn. 84; so jetzt auch BGH ErbR 2018, 566 mAnm Biermann = ZEV 2018, 582 mAnm Ludyga = DNotZ 2018, 846 mAnm Gloser = ZD 2018, 477 mAnm Apel = MMR 2018, 740 mAnm Hoeren Rn. 41.
344 So ebenfalls zutreffend Pruns NWB 2014, 2175 unter E. III. und jetzt auch BGH ErbR 2018, 566 mAnm Biermann = ZEV 2018, 582 mAnm Ludyga = DNotZ 2018, 846 mAnm Gloser = ZD 2018, 477 mAnm Apel = MMR 2018, 740 mAnm Hoeren Rn. 90.
345 S. etwa MüKoBGB/Rixecker Allg. Persönlichkeitsrecht Rn. 101 mwN; Schönke/Schröder StGB § 202 Rn. 8; MüKoStGB/Graf StGB § 202 Rn. 17.
346 Alexander notar 2017, 354 (358); Herzog/Pruns § 4 Rn. 72 ff.
347 BGH ErbR 2018, 566 mAnm Biermann = ZEV 2018, 582 mAnm Ludyga = DNotZ 2018, 846 mAnm Gloser = ZD 2018, 477 mAnm Apel = MMR 2018, 740 mAnm Hoeren Rn. 39 ff.; Specht, Rn. 95.
348 So auch Kutscher, 167.
349 Für unabdingbar erforderlich hielten dies Ludyga jM2017, 414, 415; Mayen DAV Stellungnahme Nr. 34/2013, 69, 75, 77; Mayen AnwBl 2018, 466; Taeger/Deusch Tagungsband DSRI 2013, 429, 437; auch anlässlich eines gemeinsamen Symposiums des DAV und des djt am 25.1.2018 im Plenarsaal des Kammergerichts zum Digitalen Nachlass zeigte sich Klarstellungsbedarf, s. https://anwaltsblatt.anwaltverein.de/de/anwaeltinnen-anwaelte/anwaltspraxis/laesst-sich-die-digitale-welt-mit-den-bestehenden-rechtsnormen-noch-in-den-griff-bekommen, abgerufen am 1.3.2018, s. auch ErbR 2018, 142; aus Gründen der Rechtssicherheit förderlich erachten es Brisch/Müller-ter Jung CR 2013, 446 (449); Steiner/Holzer ZEV 2015, 262 (264); Lange/Holtwische ZErb 2016, 125 (127); Leeb K&R 2014, 693 (698); Leeb K&R 2016, 140; Erp EuCML 2016, 73. Das BMJ hielt eine gesetzliche Regelung zunächst für nicht erforderlich FAZ 12.6.2013, 19; s. auch Sorge MMR 2018, 372; ebenso Heintz/Ludyga jM 2018, 298; Rath AnwBl 2013, 534 (536) sowie Taeger/Deusch Tagungsband DSRI 2013, 429, 438; s. zu den Initiativen der Legislative nunmehr Rn. 9.
350 So auch BT-Drs. 19/4207.

steht³⁵¹ (s. schon oben → Rn. 9). Eine **andere Ansicht** dürfte damit hierzu **nicht mehr vertretbar sein**.³⁵²

86 **4. Provider mit Sitz im Ausland.** Dies gilt zumindest für die Rechtslage in Deutschland. Vor allem **Provider mit Sitz im Ausland** berufen sich auch gegenüber Usern in Deutschland in der Praxis nach wie vor auf § 275 BGB, da die Herausgabe von Daten und/oder Zugangsgewährung an Erben etc gegen ausländische Rechtsnormen wie zB 18 u. s.c. § 2701 section (a), SCA (Federal Stored Communications Act) US-amerikanisches Recht verstoße.

Auch die in den USA 2015 eingeführte **RUFADAA** (Revised Uniform Fiduciary Access to Digital Assets Act, 2015),³⁵³ die in fast allen Bundesstaaten der USA zu Erbfall, Betreuung, Vollmachten und Trusts eingeführt wurde, mag hier eine Rolle spielen. Hiernach sollen Erben die Möglichkeit erhalten, geerbte Vermögenswerte (digital assets) und elektronische Kommunikation (content of electronic communications) zu nutzen wie analoge Gegenstände. Voraussetzung ist aber eine Erklärung des Erblassers mittels eines Online-Tools, wobei differenziert wird:

- In Bezug auf digital assets erfolgt eine Offenlegung, wenn kein ausdrückliches Verbot des Erblassers besteht.
- Bei content of electronic communications bedarf es umgekehrt einer ausdrücklichen Anordnung des Erblassers zur Offenlegung; sonst muss nur ein catalogue of electronic communications zur Verfügung gestellt werden.

In allen Fällen besteht aber ein freies Ermessen der Provider, ob vollständiger oder eingeschränkter Zugang gewährt wird sowie zu der Art und Weise der Zugangsgewährung.

III. Strafrechtliche Aspekte

87 Hieran knüpft die Frage an, inwiefern die von manchen Providern geäußerte Sorge, sie könnten einen strafrechtlich relevanten Tatbestand verwirklichen, wenn sie Daten an die Erben herausgeben, berechtigt ist. In Betracht kommt eine Strafbarkeit nach §§ 202, 202a, 203, 206 StGB:

88 Eine Strafbarkeit nach **§ 202 StGB** kommt mangels Verstoßes gegen das Briefgeheimnis nicht in Betracht, da digitale Daten dem Briefgeheimnis nicht unterfallen.³⁵⁴ Da anders als iRv § 184 StGB auch ein Verweis auf § 11 Abs. 3 StGB fehlt, können sonstige Schriftstücke und Daten wie Mails einem Brief auch nicht gleichgestellt werden.³⁵⁵

89 Auch liegt kein Ausspähen von Daten nach **§ 202a StGB** vor, da der Erbe, der auf die Daten des Erblassers zugreift, nach obigem Befund kein Unbefugter ist.³⁵⁶ Außerdem unterfallen unverschlüsselte, nicht Passwort geschützte Daten nicht dem Schutzbereich der Norm.³⁵⁷

90 Da die Diensteanbieter auch keine strafrechtlichen Geheimhaltungsträger sind, können sie sich durch die Herausgabe von Daten auch nicht nach **§ 203 StGB** strafbar machen.³⁵⁸

---

351 Außner ErbR 2022, 362 (366).
352 Der Gesetzgeber hat sich zu Recht dagegen entschieden, dem in JZ 2019, 235 (241) geäußerten Wunsch Martinis und Kienles, den digitalen Nachlass aus seiner angeblichen Rolle als „postmortales Freiwild" zu befreien. Ein solches ist er auch gar nicht und zwar nicht trotz der Zugangsmöglichkeit der Erben, sondern gerade wegen dieser Möglichkeit. Hätten diese keinen Zugang, würde der digitale Nachlass Freiwild für die Anbieter und Provider. Die Erben sind die einzigen und legitimen Rechtsnachfolger des ehemaligen Inhabers der Daten, Accounts und Inhalte, die dem einen Riegel vorzuschieben in der Lage sind.
353 S hierzu etwa Willems ZfPW 2016, 494 und 509; Außner ErbR 2020, 598.
354 Gloser DNotZ 2015, 4 (12).
355 Hoeren NJW 2005, 2113 (2115).
356 So auch Hoeren NJW 2005, 2113 (2115) für Erben wohl aber nur in Bezug auf geschäftliche Daten, im Übrigen für Angehörige.
357 Hoeren NJW 2005, 2113 (2115); Martini JZ 2012, 1145 (1153); er hält aber die Verwirklichung eines Bußgeldtatbestandes nach § 16 Abs. 2 Nr. 3 TMG oder § 43 Abs. 2 Nr. 3 BDSG iVm § 12 Abs. 3 TMG für nicht ausgeschlossen.
358 Klas/Möhrke-Sobolewski NJW 2015, 3473 (3477); Martini JZ 2012, 1145 (1150).

In Betracht kommt allerdings eine Strafbarkeit nach § 206 StGB, wenn man einen Verstoß gegen das Fernmeldegeheimnis annimmt (str., → Rn. 73).³⁵⁹ Dass dies abzulehnen ist, zeigt erneut das folgende Beispiel: Auch das „Hacken" eines Smartphones oder PCs darf keine strafrechtlichen Sanktionen nach sich ziehen. Hierzu erneut ein Vergleich mit der Offline-Welt: Niemand käme auf die Idee, den Erben, der das Sparschwein des Erblassers zerschmettert, um an das dort befindliche Barguthaben zur Ermittlung des Nachlassbestandes iRv § 2314 BGB zu gelangen, wegen Sachbeschädigung anzuzeigen. Nachdem der BGH nunmehr einen Verstoß gegen das TKG aF abgelehnt hat,³⁶⁰ was nach Einführung von § 4 TTDSG erst recht gelten muss, ist eine strafrechtliche Sanktion aufgrund einer Herausgabe der Daten an die Erben nicht mehr zu fürchten. Verstöße gegen die §§ 19 bis 25 TTDSG stellen gemäß § 28 TTDSG eine Ordnungswidrigkeit dar.

C. Weitere praktische Hinweise

I. Der digitale Nachlass in der Nachlassabwicklung

1. Testamentsvollstrecker etc. Hat der Erblasser Testamentsvollstreckung angeordnet, den digitalen Nachlass aber nicht durch letztwillige Verfügung explizit oder konkludent aus der Testamentsvollstreckung herausgenommen, so hat der Testamentsvollstrecker nach §§ 2204 f. BGB auch den digitalen Nachlass abzuwickeln und zu verwalten. Er allein ist verfügungsbefugt. Eine andere Ansicht³⁶¹ dürfte nach Einführung von § 4 TTDSG nicht mehr nur nicht mehr vertretbar, sondern auch haftungsträchtig sein. Denn die Gesetzesbegründung³⁶² geht gerade davon aus, dass vor allem Personen, die an die Stelle des Erblassers treten können – neben Erben also vor allem auch Testamentsvollstrecker, Nachlasspfleger, Nachlassverwalter, Nachlassinsolvenzverwalter sowie Betreuer (s. auch § 1815 BGB nF) – durch das TTDSG nicht gehindert sind, Zugriff auf den digitalen Nachlass zu nehmen.

Wer nicht möchte, dass der Testamentsvollstrecker bei angeordneter Testamentsvollstreckung mit dem digitalen Nachlass befasst ist, kann und muss diesen nach § 2208 BGB von der Testamentsvollstreckung ausnehmen; auch umgekehrt kann der Testamentsvollstrecker gerade oder nur zur Erfüllung von Auflagen oder Vermächtnissen in Bezug auf den digitalen Nachlass eingesetzt werden (s. hierzu → Rn. 109).

2. Verzeichnisse. Ist der digitale Nachlass Nachlassbestandteil, so sind seine Bestandteile auch in Nachlassverzeichnissen nach zB §§ 2121 (Vor- und Nacherbschaft), 2215 (Testamentsvollstreckung), 2314³⁶³ (Pflichtteil) BGB aufzunehmen.

3. Pflichtteilsrecht. Auch in die Berechnung von Pflichtteilsansprüchen sind vermögenswerte Teile des digitalen Nachlasses nach § 2311 BGB einzubeziehen,³⁶⁴ wobei sich der Wert – analog Wertpapieren – nach dem Kurswert am Stichtag des Todes bemisst.³⁶⁵ Dies geschieht nach allgemeinen Grundsätzen. Insbesondere ist der digitale Nachlass keineswegs per se und als solcher ein ungewisses oder unsicheres Recht iSd § 2313 BGB. Bestimmte Gegenstände aus dem digitalen Nachlass können es wohl nach allgemeinen Grundsätzen sein, etwa, wenn der private Key einer vom Erblasser gehaltenen Kryptowährung nicht auffindbar ist (s. schon oben → Rn. 42).³⁶⁶

---

359 Hoeren NJW 2005, 2113 (2115) hält einen Verstoß gegen das Fernmeldegeheimnis für nicht gegeben; Mayen JZ 2012 hält einen Verstoß ebenso wie Leeb K&R 2014, 693 (698 f.)ür gegeben.
360 BGH ErbR 2018, 566 mAnm Biermann = ZEV 2018, 582 mAnm Ludyga = DNotZ 2018, 846 mAnm Gloser = ZD 2018, 477 mAnm Apel = MMR 2018, 740 mAnm Hoeren.
361 Die etwa Uhrenbacher ZEV 2018, 248 (250) vertritt und die Aufgaben des Testamentsvollstreckers als erledigt ansieht, wenn dieser aller Aufgaben unter Verbleib des digitalen Nachlasses erledigt hat.
362 BT-Drs. 19/27441, 34 f.
363 LG Heidelberg ErbR 2022, 351, das den Auskunftsanspruch als nicht erfüllt ansah, ua weil Angaben zum digitalen Nachlass fehlten; ebenso Uhrenbacher ZEV 2018, 248.
364 Einschränkend Uhrenbacher ZEV 2018, 248 (249), die eine endgültige Bezifferung nur dann für möglich hält, wenn und soweit der digitale Nachlass an die Erben herausgegeben wird.
365 Amend-Traut/Hergenröder ZEV 2019, 113 (118).
366 Amend-Traut/Hergenröder ZEV 2019, 113 (119).

Probleme können sich dann ergeben, wenn Werthaltigkeit und Verkehrsfähigkeit in dem Sinne auseinanderfallen, dass sich zwar werthaltige Positionen im Nachlass befinden, diese aber nicht in Geld umgewandelt werden können.[367] Dies mag etwa bei Film-, Musik- oder Textdateien (E-Books, E-Music, E-Videos oder anderen Nutzungsrechten) der Fall sein.[368]

95 **4. Auseinandersetzung einer Miterbengemeinschaft.** Die letztgenannte Problematik stellt sich letztlich auch bei der Auseinandersetzung einer Miterbengemeinschaft.[369] Diese ist auf Auseinandersetzung ausgerichtet (§ 2042 BGB) und ein jeder Miterbe kann jederzeit die Auseinandersetzung verlangen. Voraussetzung ist, dass **Teilungsreife** eingetreten ist. Dies setzt nach § 752 BGB voraus, dass die Nachlassbestandteile sich ohne Verminderung des Wertes in gleichartige, den Anteilen der Teilhaber entsprechende Teile zerlegen lassen. Ist dies nicht der Fall, so müssen sie nach § 753 BGB versilbert werden. Dies wird aber mangels Verkehrsfähigkeit bei E-Books, E-Videos und E-Music oft nicht möglich sein. Die Übertragung auf einen Miterben sollte aber wegen § 29 UrhG gelingen ebenso die Erfüllung eines Vermächtnisses (§§ 29, 34 UrhG).

II. Legitimation

96 **1. Legitimation als Rechtsnachfolger.** Um gegenüber den Diensteanbietern, Zugang zu Daten und Informationen geltend machen zu können, werden sich die Erben legitimieren müssen. Hierzu werden die Diensteanbieter in der Regel die Vorlage eines **Erbscheins** oder eines **Europäischen Nachlasszeugnisses** (**ENZ**) verlangen können.[370] Im Falle einer **öffentlichen Verfügung von Todes wegen** wird aber – analog der Rechtsprechung zur Legitimation gegenüber Banken[371] – auch deren Vorlage in Kombination mit dem **Eröffnungsprotokoll** genügen.[372] Im Einzelfall mag auch die Vorlage anderer Nachweise über die Erbenstellung, wie ein eindeutiges privatschriftliches Testament, genügen.[373] Nicht hinreichend zum Nachweis der Erbenstellung sind aber Sterbeurkunde oder Traueranzeige.[374]

97 **2. Nachweis der Nachlasszugehörigkeit.** Erbschein, ENZ oder öffentliches Testament mit Eröffnungsprotokoll können aber nur Nachweisen, dass der Anspruchsteller Rechtsnachfolger des Erblassers ist, nicht aber, dass die Daten oder das Vertragsverhältnis dem Erblasser zustanden. Hierbei handelt es sich nicht um eine erbrechtliche Fragestellung, sondern es geht um eine Vermögenszuordnung wie sie auch in der Offline-Welt bekannt ist. Hier allerdings können Vermutungen wie § 1006 BGB oder eine Eintragung in Registern wie dem Grundbuch oder dem Handelsregister weiterhelfen. Beim digitalen Nachlass existieren aber keine Register und auch ein Anknüpfen an den Besitz ist nur möglich, wenn die **Daten** auf einem **Medium** gespeichert sind, das sich im **Besitz des Erblassers** befunden hat.[375] Dann geht dieser Besitz nach § **857 BGB** auf den Erben über, woran sich wiederum die Vermutung des § 1006 BGB knüpfen kann und im Zweifel wird der Erbe dann nicht nur Besitzer, sondern auch Eigentümer des Speichermediums und damit auch dessen Inhalten sprich Daten sein.

98 Bei nicht auf heimischen Datenträgern gespeicherten digitalen Nachlassinhalten mag wie sonst auch ein Blick in die Vertragsunterlagen helfen: Ist dort der Erblasser als **Vertragspartner** genannt oder wenigstens irgendwie namentlich als Nutzer registriert, so dürfte die Zugehörigkeit zum Nachlass feststehen.

---

367 Außner ErbR 2021, 370 schlägt hier iRd Pflichtteilsberechnung einen gewissen Wertabschlag vor.
368 Außner ErbR 2021, 280.
369 Außner ErbR 2021, 280.
370 Hoeren NJW 2005, 2113 (2115); Brisch/Müller-ter Jung CR 2013, 446 (449), auf 450 ff. auch zu den Besonderheiten bei De-Mail. Zum Nachweis der Berechtigung im IPR Naczinsky ZEV 2021, 677 (679).
371 BGH ErbR 2014, 24.
372 So auch Redeker DAV Stellungnahme Nr. 34/2013, 62; Dopatka NJW-aktuell 49/2010, 14; Hoeren NJW 2005, 2113 (2115).
373 BGH ErbR 2016, 376 = ZErb 2016, 201 = ZEV 2016, 320; Herzog/Pruns § 6 Rn. 4.
374 Das übersieht Seidler, 149.
375 Lange/Holtwiesche ErbR 2016, 487 (492); Lange/Holtwiesche ZErb 2016, 125 (127, 130).

Beim digitalen Nachlass gibt es aber die Besonderheit, dass gerade unentgeltliche Produkte wie bspw. Freemail-Accounts oft gar keine Identifizierung des Users verlangen. Hat der Erblasser gleichwohl seinen Namen innerhalb der Vertragsbeziehung benutzt, so sollte dies als Nachweis ausreichen. Hat er aber ein Pseudonym verwendet, so ist der Nachweis schwer bis unmöglich.[376] Hier ist dem Erblasser anzuraten, bereits zu Lebzeiten Vorkehrungen zu treffen und etwa schriftliche Erklärungen zu hinterlassen, welche digitalen Inhalte zu seinem Vermögen gehören.[377] So er dies unterlassen hat – und das dürfte derzeit (noch?) den faktischen Regelfall darstellen – mag ein sonstiger Nachweis genügen, wie etwa die Vorlage von Mails, die unter einem bestimmten Freemail-Account auf dem Rechner oder als Ausdruck im Nachlass vorgefunden werden und so dem Erblasser zusortiert werden können. Notfalls muss die Nachlasszugehörigkeit im Wege der freien Beweiswürdigung im Rahmen einer **Feststellungsklage** vor Gericht geklärt werden[378] (zum Gerichtsstand → Rn. 116).

III. Gestaltungsmöglichkeiten

1. Möglichkeiten der Gestaltung. Nach den bisherigen Äußerungen hierzu in der juristischen Literatur ist es **unstreitig möglich**, dass der Erblasser zu seinen Lebzeiten Regelungen trifft und Anweisungen für den Umgang mit seinem digitalen Nachlass gibt.[379] **Streitig** war aber stets das **Regel-Ausnahmeverhältnis**, was also gilt, wenn eine entsprechende Regelung fehlt: Die zunächst vertretene, hier unter → Rn. 13 ff. dargestellte Ansicht geht davon aus, dass die Daten von den Diensteanbietern nur dann herausgegeben werden dürfen, wenn der Erblasser dies erlaubt hat.[380] Die hier vertretene und unter → Rn. 21 ff. dargestellte und vom BGH[381] bestätigte Ansicht geht davon aus, dass die Diensteanbieter nur dann nicht herausgeben dürfen, wenn der Erblasser die Geheimhaltung oder Löschung verfügt hat.[382] Solange die hier aufgeworfenen Fragen weder höchstrichterlich noch vom Gesetzgeber geklärt sind, ist dringend anzuraten, dass der digitale Nachlass Einzug in die **Gestaltungspraxis** findet; denn nur dadurch kann zumindest ein Mindestmaß an Rechtssicherheit erreicht werden.[383] Ohne vorsorgende Regelung mag der Zugriff mitunter kompliziert, langwierig und teuer sein oder schlicht aufgegeben werden, wobei niemand weiß, ob dies nicht als Bumerang zurückkommt. Würde sich die Ansicht des KG allerdings durchsetzen, nach der ein Verstoß gegen § 3 TTDSG auch mit Blick auf die Rechte der Absender gegeben sei, so würde auch eine vorsorgende Regelung nicht zum Erfolg verhelfen (→ Rn. 76).

Hierzu sind Regelungen in Vorsorgevollmachten und letztwilligen Verfügungen erforderlich. Auch die telekommunikationsrechtliche und datenschutzrechtliche Problematik dürfte durch eine explizite Regelung zumindest abgemildert werden. Anzuraten ist den Mandanten mit Hinblick auf die dargestellten Streitigkeiten zum Thema, geschäftliche Inhalte von privaten strikt zu trennen.[384]

---

376 Herzog NJW 2013, 3747; Brisch/Müller-ter Jung CR 2013, 446 (449).
377 So jetzt auch Raude RNotZ 2017, 17 (24); Steiner/Holzer ZEV 2015, 262 (265); unter www.test.de/internetkonten-pdf (abgerufen am 1.3.2018/22.8.2022) findet man einen Vordruck der Stiftung Warentest, dies mag als Hilfe dienen, ob man hier allerdings auch die Passwörter eintragen soll, wird – wiederum aus Sicherheitsgründen – unterschiedlich gesehen.
378 Ähnlich auch Gloser MittBayNot 2016, 12 (15), der darauf verweist, dass man durch Zugang zum E-Mail-Konto rglm. herausfindet, welche anderen Onlinekonten vorhanden sind.
379 Gloser MittBayNot 2016, 101 (102); Hoeren NJW 2005, 2113; Dopatka NJW-aktuell 49/2010, 14, 15; Martini JZ 2012, 1145 (1149), 1154; Taeger/Deusch Tagungsband DSRI 2013, 429, 442.
380 Martini JZ 2012, 1145 (1152).
381 BGH ErbR 2018, 566 mAnm Biermann = ZEV 2018, 582 mAnm Ludyga = DNotZ 2018, 846 mAnm Gloser = ZD 2018, 477 mAnm Apel = MMR 2018, 740 mAnm Hoeren.
382 Herzog NJW 2013, 3747; Herzog DAV Stellungnahme Nr. 34/2013, 57; so auch Klas/Möhrke-Sobolewski NJW 2015, 3473 (3476).
383 Raude RNotZ 2017, 17; Herzog ErbR 2016, 173; Steiner/Holzer ZEV 2015, 262 (265); Kutscher, 149 ff.
384 So auch Steiner/Holzer ZEV 2015, 262 (266).

102 **2. Vorsorgevollmacht.** Eine Vorsorgevollmacht ist wie stets auch für die digitalen Vermögensinhalte wichtig, um unmittelbar nach dem Erbfall oder für den Fall, dass der Erblasser lebzeitig nicht mehr handlungsfähig ist, ein digitales Handeln möglich zu machen.[385] Liegt keine Vorsorgevollmacht vor, stellt sich die Frage, ob zumindest ein Betreuer Zugriff auf digitale Inhalte hat.[386] Dies wird spätestens nach Einführung von § 4 TTDSG und § 1815 Abs. 2 Nr. 5 BGB mit einem klaren „Ja!" zu beantworten sein, wenn die Betreuung diesen Aufgabenbereich aufgrund ausdrücklicher Anordnung erfasst. Nach der gesetzlichen Ratio[387] muss auch klar sein, dass Vorsorgebevollmächtigten, die die digitalen Bereiche der Vollmachtgeber verwalten und darüber verfügen wollen, nicht das TTDSG entgegengehalten werden kann.[388]

103 Eine Vorsorgevollmacht, die digitale Inhalte erfasst, kann nach allgemeinen Regeln **formfrei** errichtet werden. Eine entsprechende Bevollmächtigung und Legitimation mag schon in der Herausgabe des Passwortes zu sehen sein. Aus Gründen der **Beweisbarkeit** sollte die Regelung aber stets zumindest **schriftlich** – der besseren Akzeptanz halber und weil dann stets Ausfertigungen eingeholt werden (manche Anbieter mögen auf Vorlage des Originals bestehen)[389] ggf. sogar notariell beglaubigt oder beurkundet[390] – erfolgen. Sie kann einzeln oder im Rahmen einer umfassenden Vorsorgevollmacht erteilt werden. Klargestellt sei, dass eine General- und Vorsorgevollmacht hinreichend ist, um auch digitale Inhalte zu regeln,[391] eine klarstellende ausdrückliche Regelung dürfte aber die Akzeptanz durch die Provider erhöhen. Sie könnte in Kurzform etwa lauten:[392]

▶ Diese Generalvollmacht ermächtigt insbesondere auch zur Entgegennahme, zum Öffnen, zur Einsicht- und inhaltlichen Kenntnisnahme von analogen und digitalen, Sprach- oder schriftlichen Nachrichten (Post, E-Mail, Chats, Anrufbeantworten, Voicemail-Systemen etc) sowie zur Einsicht- und inhaltlichen Kenntnisnahme aller sonstigen Kommunikationen, Daten, Dateien und Inhalten – ob analog oder digital, ob lokal oder in Clouds gespeichert. Hierzu ermächtige ich meine Vorsorgebevollmächtigten, Zugangsdaten zu meinen Accounts und Zugang zu meinen Daten, Dateien und Inhalten bei den Providern anzufordern. Ich ermächtige sie, vorhandene oder angeforderte Zugangsdaten zu nutzen und über sämtliche Daten, Dateien und Inhalte meiner Person auf lokalen Datenträgern, in Clouds oder sonst im World Wide Web zu bestimmen, ua auch darüber, ob Daten, Dateien oder Inhalte geändert oder gelöscht werden sollen oder dürfen. Sie treffen alle Entscheidungen über Telemedien und Fernmeldeverkehr und über die dem zugrunde liegenden Verträge. Sie sind ermächtigt, alle hiermit zusammenhängenden Willenserklärungen (zB Vertragsabschlüsse, Kündigungen) und sonstiger Handlungen vorzunehmen. Hierzu erfolgt eine weitest mögliche Befreiung von Datenschutzbestimmungen, vom Fernmelde- bzw. Telekommunikations- und Postgeheimnis gegenüber den hier Bevollmächtigten ... ◀

104 Die Vorsorgevollmacht mag im Innenverhältnis (und in gesondertem Dokument, schon um nicht sämtliche Inhalte über auch Accounts dem Rechtsverkehr gegenüber offenzulegen)[393] flankiert werden mit konkreten Anweisungen zum Umgang mit dem digitalen Vermögen.[394]

105 **3. Regelung mit dem Provider.** Der Erblasser kann auch gegenüber dem **Provider** erklären, dass dieser seine Daten nach seinem Tod löschen oder nur bestimmten Personen zugänglich machen soll. Dies ist für den Provider bindend.[395] In der Regel wird es hier keine Möglichkeit

---

385 So ruft Podzun in GWR 2016, 37 den „twitternden Anwalt" dazu auf, Vorsorgevollmachten für den digitalen Nachlass zu erstellen; auch nach Lange/Holtwiesche ErbR 2016, 487 (491) „erscheint derzeit die Vollmachtlösung die noch am besten geeignete zu sein"; s. auch Außner ErbR 2022, 362 (366) Fn. 49, wonach der Zugang zur elektronischen Kommunikation in jeder Vorsorgevollmacht geregelt sein sollte.
386 Gloser MittBayNot 2016, 12.
387 So auch BT-Drs. 19/4207.
388 Außner ErbR 2022, 362 (366).
389 Gloser DNotZ 2015, 4 (8).
390 Steiner/Holzer ZEV 2015, 262 (265).
391 Gloser MittBayNot 2016, 101 (102); Raude RNotZ 2017, 17 (24).
392 Ein Vorschlag für eine längere Variante findet sich bei Herzog/Pruns § 10 Rn. 21.
393 Keinesfalls dürfen die Passwörter in die Vollmachtsurkunden aufgenommen werden, Raude RNotZ 2017, 17 (25).
394 Steiner/Holzer ZEV 2015, 262 (265) mit Formulierungsvorschlag.
395 Gloser MittBayNot 2016, 12 (14); Brisch/Müller-ter Jung CR 2013, 446 (447).

geben, privatautonome Erklärungen durch „Klick" abzugeben. *Litzenburger*[396] spricht sich dafür aus, dass die Provider künftig bei Eröffnung eines Accounts per Klick eine Entscheidung verlangen, ob und wer und unter welchen Voraussetzungen im Todesfall berechtigt sein soll, über die Account-Daten zu verfügen. Dies wäre eine Erweiterung dessen, was zB Google iRd Kontoinaktivitätsmanagers bereits praktiziert. An der mangelnden Einhaltung der Form, die für Verfügungen von Todes wegen vorgeschrieben ist, dürfte ein solches Vorgehen nicht scheitern, da es sich um eine postmortale Vollmacht oder einen Vertrag zugunsten Dritter auf den Todesfall handeln dürfte. Mit Blick auf die praktische Handhabbarkeit ist dem Rechtsanwender derzeit anzuraten, die bestehenden Angebote der Provider zur Regelung insbesondere bei Nichtaktivität zu nutzen.

4. Letztwillige Verfügungen. Da digitale Inhalte von § 1922 BGB erfasst sind, können sie auch Gegenstand letztwilliger Verfügungen sein.[397] 106

Dabei muss der Erblasser die **allgemeinen** Testamentsformen beachten. In Deutschland kann eine Verfügung von Todes wegen – lässt man Nottestamente einmal außen vor – insbesondere handschriftlich ge- und unterschrieben, § 2247 BGB, oder beim Notar errichtet werden. Eine eigenhändige Erklärung liegt aber bei digitalen Testamenten nicht vor.[398] „Tablet-Testamente" werden nach hM mangels Eigenhändigkeit und wegen des erhöhten Fälschungsrisikos als unzulässig angesehen.[399] Auch ein Dreizeugentestament kann nach deutschem Recht nach hM mit Verweis auf § 29 BeurkG nicht videotelefonisch bekundet werden.[400] Soweit ausländische Rechtsordnungen digitale Testamentsformen bereits zur Verfügung stellen, kann das über § 1 HTestÜ gültig sein.[401] 107

Insofern sind die zT verwendeten Begriffe wie „digitales Testament" oder „digitaler Testamentsvollstrecker" irreführend; sie beziehen sich nicht auf die Form der Verfügung, sondern auf den Inhalt der Regelung.[402] Digitale Inhalte müssen aber nicht explizit im Testament aufgeführt werden, da sie der Gesamtrechtsnachfolge unterliegen. Mit Blick auf eine bessere Akzeptanz durch die Provider könnten sich aber im Einzelfall **klarstellende Worte** eignen:[403]

▶ Mir ist bewusst, dass meine Erben in alle meine digitalen Rechtsbeziehungen, insbesondere mit E-Mail-Anbietern und Anbietern sozialer Netzwerke, eintreten und damit auch Anspruch auf alle meine lokalen und im Internet gespeicherten geschäftlichen wie privaten Daten haben. Dies entspricht meinem Willen und ich weise die Anbieter schon jetzt an, meinen Erben Zugang zu meinen digitalen Inhalten zu verschaffen; ich befreie sie hierzu vorsorglich weitestgehend vom Datenschutz und Fernmeldegeheimnis.[404] ◀

An über eine Klarstellung hinausgehende letztwillige Handlungsanweisungen des Erblassers zum Umgang mit seinen digitalen Inhalten sind die Provider gebunden.[405] Der Erblasser kann etwa seinen digitalen Nachlass oder bestimmte digitale Inhalte einer bestimmten Person **vermachen**. 108

---

396 Litzenburger FD-ErbR 2016, 375286.
397 Zustimmend Litzenburger FD-ErbR 2016, 375286.
398 Muer ErbR 2022, 277; Scholz ErbR 2019, 617.
399 Sanders/Göldner ErbR 2020, 335; Hergenröder ZEV 2018, 7; Scholz AcP 219, 2019, 100; Scholz ErbR 2020, 617; Staudinger/Baumann BGB § 2047 Rn. 33–35; BeckOGK/Grziwotz BGB § 2047 Rn. 22; Soergel/Klingseis BGB § 2047 Rn. 18; Reimann/Bengel/Dietz/Voit BGB § 2047 Rn. 14; Röthel Gutachten A zum 68. DJT, 2010, 65; Lange ErbR Kap. 4 Rn. 19.
400 MüKoBGB/Sticherling BGB § 2247 Rn. 20 ff.
401 Zur Wirksamkeit ausländischer digitaler Testamente in Deutschland, s. von Oertzen/Blasweiler ErbR 2020, 696; LG München I ZEV 1999, 489; Hohloch JuS 2000, 191; zum Testament in China auch Zhang ZChinR 2013, 75.
402 So zu Recht auch Gloser MittBayNot 2016, 101 (108) und Lange/Holtwiesche ErbR 2016, 487.
403 So auch Gloser MittBayNot 2016, 101 (102); dies hält auch Litzenburger FD-ErbR 2016, 375286 für hilfreich, obwohl er die Vererblichkeit der Rechte im Hinblick auf die Nutzungsbedingungen für nicht gegeben hält.
404 In Anlehnung an Steiner/Holzer ZEV 2015, 262 (266).
405 LG Berlin ErbR 2016, 223 = ZErb 2016, 109 = ZEV 2016, 189; Brisch/Müller´ter Jung CR 2013, 446 (448).

▶ ... Ich vermache meinen digitalen Nachlass, bestehend aus ..., ... (Name des Vermächtnisnehmers). Er erhält zugleich die Ermächtigung (Regelung analog der Vorsorgevollmacht). Meine Erben beschwere ich mit der Auflage, dem Vermächtnisnehmer diesen digitalen Nachlass herauszugeben, ohne ihn eingesehen zu haben. Zu diesem Zwecke sind ihm auch alle Daten und Vertragsunterlagen auszuhändigen sowie sämtliche Handlungen vorzunehmen, die erforderlich sind, damit der Vermächtnisnehmer an meinen digitalen Nachlass herankommt. ◀

109 Dies schließt aber die Einsichtnahme durch die Erben nicht aus, da es sich bei einem Vermächtnis nur um einen schuldrechtlichen Anspruch handelt. Ist eine Geheimhaltung gegenüber den Erben gewollt, so kann mit einer Auflage gegenüber den Erben, bestimmte Inhalte nicht einzusehen, oder mit **Testamentsvollstreckung** in Bezug auf den digitalen Nachlass oder Teile davon gearbeitet werden.[406] Zwar wird vertreten, dass die Erben trotz Testamentsvollstreckung zB gegenüber Banken Auskunft verlangen können.[407] Ähnliches könnte in Bezug auf Auskunftsansprüche gegenüber den Providern gelten. Zumindest dann, wenn man dies testamentarisch ausdrücklich ausschließt, dürften keine Ansprüche gegen die Provider bestehen. Als Auflagen kommen generell in Betracht:[408]

▶ Auf meinem privaten Blog soll es keinen Hinweis auf meinen Tod geben. Nach dem Erbfall soll die Kommentarfunktion gesperrt werden. Drei Monate nach meinem Tod sollen der Blog und sämtliche Inhalte gelöscht werden.

Mein Facebook-Profil soll in den Gedenkzustand versetzt und auf keinen Fall gelöscht werden.

Meinen Freunden ... und ... vermache ich Kopien sämtlicher digitalen Fotos in meinem Instagram-Account. Nach Erfüllung des Vermächtnisses ist mein Instagram-Account zu löschen. Es steht meinen Erben frei, die Fotos vorab auch für sich selbst lokal zu speichern.

... ◀

Ist eine Geheimhaltung gegenüber den Erben (ggf. auch zugunsten eines Vermächtnisnehmers) gewollt oder sollen bestimmte Auflagen abgesichert werden, so bietet es sich an, Testamentsvollstreckung in Bezug auf den digitalen Nachlass oder Teile davon anzuordnen mit konkreten Verwaltungsanordnungen gemäß § 2216 BGB:[409]

▶ ... Ich ordne Testamentsvollstreckung an. Der Testamentsvollstrecker hat den beschränkten Aufgabenbereich, meinen digitalen Nachlass, bestehend aus ... in Besitz zu nehmen, offene Vertragsbeziehungen abzuwickeln, folgende Daten zu löschen: ... Zu diesem Zweck erhält zugleich die Ermächtigung (Regelung analog der Vorsorgevollmacht). Sodann hat er die restlichen Daten und die notwendigen Vertragsunterlagen meinen Erben auszuhändigen. ◀

110 Ist generell Testamentsvollstreckung angeordnet, so hat der Testamentsvollstrecker den digitalen Nachlass nach den dargestellten Grundsätzen abzuwickeln. Einen PC oder sonstiges Speichermedium des Erblassers, darf er – auch mit Zustimmung der Erben – wegen seiner Pflicht auch die Nachlassverbindlichkeiten zu erfüllen, nicht einfach entsorgen.

111 **5. Listen über die Internetaktivität.** Damit die Erben überhaupt einen Überblick haben, wo der Erblasser digitale Aktivität gepflegt hat, wäre es sicher sinnvoll umfassende Verzeichnisse anzulegen.[410] Es stellt sich aber die Frage nach der Praxistauglichkeit, erfordert dies doch große Disziplin.

112 **6. Umgang mit Passwörtern und sonstigen Zugangsdaten.** Will man der Nachwelt langwierige Streitigkeiten mit den Providern ersparen, so empfiehlt es sich, Passwörter zu hinterlassen.[411]

---

406 Raude RNotZ 2017, 17 (27).
407 Bonefeld ZErb 2007, 142.
408 Nach Steiner/Holzer ZEV 2015, 262 (266).
409 NK-NachfolgeR/Herzog Kap. 9; Steiner/Holzer ZEV 2015, 262 (266); Schleifenbaum ErbR 2015, 230 236. „Verwaltung digitaler Daten". Die Anweisungen müssen hinreichend konkret sein; denn mangels Definition (s. o.) bietet mE der Aufgabenbereich „Verwaltung digitaler Daten" (so Raude RNotZ 2017, 17 (26)) zu viele Abgrenzungsprobleme.
410 Steiner/Holzer ZEV 2015, 262 (265).
411 Siehe auch Naczinsky ZEV 2020, 665.

Dies kann zum einen über eine privatschriftliche Liste geschehen.[412] Auch Verschlüsselungsprogramme werden empfohlen.[413] Auf USB-Stick oder einer DVD gespeicherte Zugangsdaten[414] sind – letztlich ebenso wie ausgedruckte oder handschriftlich geführte Listen – vor Lagerungsschäden[415] und einem Zugriff durch unbefugte Dritte zu schützen.[416] Die Speicherung auf dem eigenen Rechner birgt mit Blick auf Spähprogramme erhebliche Risiken. Ein Vorschlag besteht auch darin, das Speichermedium mit den Zugangsdaten durch ein Masterpasswort zu schützen und dieses beim Notar zu „hinterlegen" mit entsprechender Hinterlegungsanweisung nach § 51 Abs. 1 Nr. 2 iVm Abs. 2 BeurkG.[417] Hier sollte klargestellt werden, wer (Erbe und/oder Testamentsvollstrecker) die Zugangsdaten im konkreten Fall (Erbfall oder auch Vorsorgebevollmächtigter/Betreuer) unter welchen Voraussetzungen (Testament, Erbschein, etc) ausgehändigt erhalten soll.[418] Wichtig ist es, daran zu denken, die Liste stets zu aktualisieren, wenn die Passwörter – wie üblicherweise empfohlen – regelmäßig geändert werden.[419] Keinesfalls gehören Passwörter und Zugangsdaten in Testamente und Vorsorgevollmachten.[420]

IV. Auslandsberührung

1. Anwendbares Recht. Online-Vertragsbeziehungen werden über das www nicht selten und allzu leicht mit Unternehmen begründet, die ihren Sitz nicht in Deutschland haben. So verweist Google in seinem Impressum darauf, eine nach irischem Recht gegründete und registrierte Gesellschaft zu sein.[421] Dann stellt sich vorab die Frage nach dem anwendbaren Recht;[422] denn die hiesigen Ausführungen gelten nur im Falle der Anwendbarkeit deutschen Rechts.[423]

113

Die Frage, welches materielle Recht zur Anwendung kommt, wird durch das IPR beantwortet. Vorfragen sind hier bekanntlich gesondert anzuknüpfen. Daher ist die Frage, nach welchem Recht sich die Abwicklung des „digitalen Nachlasses" richtet, nicht einheitlich zu beantworten.[424]

114

- Das Erbstatut wird aus deutscher Sicht seit 17.8.2015 nach europäischer Sicht nach der **EuErbVO** bestimmt.[425] Steht die Erbfolge und die Frage, was der Erbfolge unterfällt, nach dem so bestimmten Erbstatut fest, so stellen sich weitere Fragen:
- Fragen in Bezug auf Schuldverhältnisse mit Providern sind aus europäischer Sicht nach der **Rom I-VO** zu beurteilen (Art. 3, 4 bzw. Art. 6 bei Verbrauchern).[426] Über Art. 6 Abs. 1 Rom-I-VO ist deutsches Recht bei Verbraucherverträgen anwendbar,[427] wenn der Verbraucher seinen gewöhnlichen Aufenthalt in Deutschland hat, wenn der Unternehmer seine Tätigkeit dort ausübt, insbesondere der Vertrag über eine im Verbraucherstaat abrufbare Web-

---

412 www.test.de/internetkonten-pdf (abgerufen am 1.3.2018/22.8.2022); skeptisch Raude RNotZ 2017, 17 (27), da diese nicht hinreichend vor dem Zugriff Unbefugter gesichert seien.
413 Gloser DNotZ 2015, 4 (13); Bleich, c't 2/2013, 62, 64. S. zum Bsp.: www.keepass.info.
414 Steiner/Holzer ZEV 2015, 262 (266).
415 Gloser DNotZ 2015, 4 (14) mit Verweis darauf, dass PC Magazin empfiehlt, DVDs bereits nach spätestens fünf Jahren umzukopieren, um Datenverlust auszuschließen, https://www.pc-magazin.de/ratgeber/cds-dvds-retten-alt-gebrannt-sichern-back up-tipps-3201870.html (abgerufen am 22.8.2022) und bei Flash-Speichern (zB USB-Sticks) bereits nach spätestens drei bis fünf Jahren, (abgerufen am 1.3.2018).
416 Gloser MittBayNot 2016, 101 (104).
417 Eingehend Gloser DNotZ 2015, 4 (11); Raude RNotZ 2017, 17 (25).
418 Gloser DNotZ 2015, 4 (16), 18; Gloser MittBayNot 2016, 101 (106).
419 Steiner/Holzer ZEV 2015, 262 (266).
420 Herzog ErbR 2015, 309.
421 https://www.google.de/contact/impressum.html (abgerufen am 5.11.2022); s. hierzu auch Pruns AnwZertOnline (Erbrecht) 04/2016 Anm. 1.
422 Siehe hierzu eingehend Naczinsky ZEV 2021, 677.
423 Zum digitalen Nachlass im Rechtsvergleich s. Gössl ZfPW 2021, 105.
424 Eingehend Kutscher, 74 ff. Zur Behandlung des digitalen Nachlasses nach Schweizer Recht, s. Künzle successio 2015, 39; zur Behandlung des digitalen Nachlasses nach österreichischem Recht, s. Brehm JEV 2016, 159 sowie Kölbl jusIT 2017, 73; zur Behandlung des digitalen Nachlasses nach Englischem Recht, s. Schmidt Resarch Paper Series, Nr. 18/3.
425 Es hängt damit nicht an Art. 6 Rom-I-VO, wer als Erbe in die Position des Erblassers eintritt, wie man bei der Lektüre von Naczinsky ZEV 2021, 677 vermuten könnte.
426 Brinkert/Stolze/Heidrich ZD 2013, 153 (156); Pruns AnwZertOnline (Erbrecht) 04/2016 Anm. 1.
427 Naczinsky ZEV 2021, 677.

site des Unternehmens abgeschlossen wurde und die Erbin sowie die verstorbene Nutzerin ihren gewöhnlichen Aufenthalt in Deutschland hatten.[428] Offen bleibt die Frage, auf wen abzustellen ist: Erblasser oder Erbe. Ferner bereiten die Fälle Schwierigkeiten, in denen nicht ein Verbraucher, sondern ein Unternehmer User ist.[429] Die Regelung des Art. 6 Rom I-VO gilt allerdings nur vorbehaltlich einer Rechtswahl nach Art. 3 Rom I-VO.[430] In welchem Umfang eine Rechtswahl in AGB möglich ist, ist unklar.[431]

115 ■ Handelt der Vorsorgebevollmächtigte für den Account-Inhaber, so hängt die Frage der Wirksamkeit der Vollmacht vom **Vollmachtsstatut** ab, wobei **Art. 8 EGBGB** und **Art. 15 Abs. 1 ESÜ** zu beachten sind, bzw., was den Nachweis der Bevollmächtigung angeht **Art. 11 EGBGB**.[432]

■ So es um Abwehransprüche wegen Verletzung des Persönlichkeitsrechts geht, greift die Rom I-VO nicht. Auch von der Rom II-VO ist gemäß Art. 1 Abs. 2 lit. g) eine Verletzung der Privatsphäre oder der Persönlichkeit nicht erfasst. Das anzuwendende Recht richtet sich damit nach **Art. 40 EGBGB**.

■ Für Immaterialgüterrechte muss wohl auf **Art. 8 Rom II-VO** zurückgegriffen werden.

■ Für § 3 TTDSG ist wohl weder erbrechtlich noch schuldvertraglich, sondern datenschutzrechtlich zu qualifizieren. Insoweit stellt sich die Frage nach der maßgeblichen Kollisionsnorm. Hier kommt der Rechtsgedanke des § 1 Abs. 4 S. 2 Nr. 2, 3 BDSG nF in Betracht.[433]

116 **2. Gerichtsstand.** Fraglich ist darüber hinaus, vor welchen Gerichten entsprechende Streitigkeiten ausgetragen werden können und müssen. Dies hat wegen des Grundsatzes, dass ein jedes Gericht die Prüfung des einschlägigen Sachrechts in seinem eigenen IPR zumindest beginnt, mittelbar auch Auswirkungen auf das anzuwendende Sachrecht.

117 Auch der Gerichtsstand dürfte sich aus den genannten Erwägungen nicht nach der EuErbVO richten, da es nicht um die Bestimmung der Rechtsnachfolge von Todes wegen geht, sondern um ererbte Ansprüche; hierauf ist die **EuGVVO** (s. Art. 1 Abs. 2 lit. f.) anzuwenden.[434] Bei Verbrauchern kann im Einzelfall ein Gerichtsstand nach Art. 17 lit. c, Abs. 2, 18 Abs. 1 Fall 2 EuGVVO.[435]

118 Das **LG Berlin** hat sich gegenüber einer Klage einer Verbraucherin gegen Facebook mit Sitz in Irland aufgrund von Art. 16 Abs. 1 Alt. 2 EuGVVO aF (inzwischen Art. 18 EuGVVO nF) für international und örtlich zuständig erklärt.[436] Dies deshalb, weil der Vertrag mit der Erblasserin, einer Verbraucherin, über die Website von Facebook geschlossen wurde, die im Wohnsitzstaat der Erblasserin zugänglich ist. Die EuGVVO erklärte das Gericht gemäß deren Art. 15 Abs. 1 lit. c, Abs. 2 EuGVVO aF (inzwischen Art. 17 EuGVVO nF) für anwendbar, da Facebook zumindest eine Niederlassung in einem EU-Mitgliedstaat hat und hierüber am Vertragsschluss beteiligt ist. Auch das **KG**[437] hat in der Berufungsinstanz an der internationalen Zuständigkeit nicht gezweifelt. Es hielt den Hinweis des Landgerichts auf Art. 16 Abs. 1 Alt. 2 EuGVVO aF (inzwischen Art. 18 EuGVVO nF) iVm Art. 15 Abs. 1 lit. c und Abs. 2 EuGVVO aF (inzwischen Art. 17 EuGVVO nF) für zutreffend; sicherte das Ergebnis aber mit Art. 24 EuGVVO aF (inzwischen Art. 26 EuGVVO) ab, da sich die Parteien rügelos eingelassen hätten.

---

428 BGH ErbR 2018, 566 mAnm Biermann = ZEV 2018, 582 mAnm Ludyga = DNotZ 2018, 846 mAnm Gloser = ZD 2018, 477 mAnm Apel = MMR 2018, 740 mAnm Hoeren Rn. 20; zuvor schon LG Berlin ErbR 2016, 223 = ZErb 2016, 109 = ZEV 2016, 189.
429 Das KG kam im Facebook-Fall zur Anwendbarkeit deutschen Rechts über § 3 Abs. 3 Nr. 1 bis 3 TMG, KG ErbR 2017, 496 = ZErb 2017, 225 = ZEV 2017, 386.
430 Brinkert/Stolze/Heidrich ZD 2013, 153 (156); Pruns AnwZertOnline (Erbrecht) 04/2016 Anm. 1.
431 Pruns AnwZertOnline(Erbrecht) 02/2016 Anm. 1.
432 Naczinsky ZEV 2021, 677.
433 Brechmann Rescriptium 2017, 91.
434 Pruns AnwZertOnline(Erbrecht) 02/2016 Anm. 1.
435 BGH ErbR 2018, 566 mAnm Biermann = ZEV 2018, 582 mAnm Ludyga = DNotZ 2018, 846 mAnm Gloser = ZD 2018, 477 mAnm Apel = MMR 2018, 740 mAnm Hoeren Rn. 20; Pruns AnwZertOnline(Erbrecht) 02/2016 Anm. 1.
436 LG Berlin ErbR 2016, 223 = ZErb 2016, 109 = ZEV 2016, 189.
437 KG ErbR 2017, 496 = ZErb 2017, 225 = ZEV 2017, 386.

Der BGH hat dies bestätigt und darüber hinaus auf Art. 17 Abs. 1 c), Abs. 2 iVm Art. 18 Abs. 1 Var. 2 EuGVVO verwiesen.[438]

Allerdings ist – zumindest bei einem Nichtverbraucher – eine Gerichtsstandsvereinbarung wohl auch in AGB möglich. Darauf geht das LG Berlin in seinem Urteil vom 17.12.2015 nicht ein, wohl deshalb, weil Facebook in 15.1. seiner Nutzungsbedingungen geregelt hat: „Diese Erklärung unterliegt deutschem Recht", was wohl so zu verstehen ist, dass sich Facebook sowohl dem Gerichtsstand der EuGVVO als auch deutschem Sachrecht unterworfen hat.[439]

Es kann daher nur angeraten werden, bei der Auswahl der Vertragspartner auch den Aspekt des Sitzes des Unternehmens (in Deutschland) als Kriterium mit einzubeziehen.[440] *Gloser* bezweifelt allerdings möglicherweise nicht zu Unrecht, ob die Nutzer diesem Rat folgen werden.[441]

V. Die AGB der Provider auf dem Prüfstand

Nicht stets aber immer öfter finden sich in den Nutzungsbedingungen der Diensteanbieter Regelungen für den Fall des Ablebens eines Users.[442] ZT sind diese auch nicht auf den Tod des Nutzers beschränkt, sondern beziehen sich auf alle Fälle der **Inaktivität** des Kontos, wohl um den **Todesnachweis** zu ersparen.

Die Regelungen sind oft **vage** und in ihrer inhaltlichen Ausgestaltung sehr **unterschiedlich**.[443] Rein exemplarisch mögen hier einige Regelungen herangezogen werden.

Grundsätzlich gilt für die Nutzungsbedingungen Vertragsfreiheit. Es wird sich aber regelmäßig um **AGB** handeln. Im Falle der Anwendbarkeit deutschen Rechts müssen sich diese daher an den **§§ 307 ff. BGB** messen lassen müssen.[444] Diese sind bei Vertragsbeziehungen eines Verbrauchers mit internationalen Internetanbietern, die auf den deutschen Markt ausgerichtet sind, einschlägig.[445] Insofern müssen die Regelungen zunächst einmal wirksam gemäß **§ 305 Abs. 2 BGB** einbezogen werden. Dies ist dann nicht der Fall, wenn sich die Regelungen nicht aus den Nutzungsbedingungen, sondern allein aus der Hilfe-Funktion ergeben.[446]

In einer Regelung, die den Account auch im Falle des Todes für **nicht übertragbar** hält, wie sie derzeit bei Yahoo zu finden ist, wird man wohl einen Leitbildverstoß erkennen können; sie ist nach § 307 BGB unwirksam.[447] Ist eine Position grds. vererblich, so können die Diensteanbieter

---

438 BGH ErbR 2018, 566 mAnm Biermann = ZEV 2018, 582 mAnm Ludyga = DNotZ 2018, 846 mAnm Gloser = ZD 2018, 477 mAnm Apel = MMR 2018, 740 mAnm Hoeren Rn. 16.
439 Pruns AnwZertOnline(Erbrecht) 02/2016 Anm. 1, der aber auch darauf hinweist, dass die Klausel nicht eindeutig formuliert ist.
440 Rott/Rott NWB-EV Sonderausgabe, 10/2013, 1 (8); Steiner/Holzer ZEV 2015, 262 (266).
441 Gloser MittBayNot 2016, 12 (19).
442 Seidler NZFam 2020, 141.
443 Gute Zusammenstellungen hierzu finden sich etwa bei Brinkert/Stolze/Heidrich ZD 2013, 153 (156); Martini JZ 2012, 1145 (1146); Taeger/Deusch Tagungsband DSRI 2013, 429, 431 ff.; Brisch/Müller-ter Jung CR 2013, 446 (447 f.) S. auch Herzog/Pruns § 5 Rn. 1 ff.
444 So auch BGH ErbR 2018, 566 mAnm Biermann = ZEV 2018, 582 mAnm Ludyga = DNotZ 2018, 846 mAnm Gloser = ZD 2018, 477 mAnm Apel = MMR 2018, 740 mAnm Hoeren und zuvor schon Dopatka NJW-aktuell 49/2010, 14.
445 BGH ErbR 2018, 566 mAnm Biermann = ZEV 2018, 582 mAnm Ludyga = DNotZ 2018, 846 mAnm Gloser = ZD 2018, 477 mAnm Apel =

MMR 2018, 740 mAnm Hoeren; LG Berlin ErbR 2016, 223 = ZErb 2016, 109 = ZEV 2016, 189.
446 Willems ZfPW 2016, 494 (500), 505; BGH ErbR 2018, 566 mAnm Biermann = ZEV 2018, 582 mAnm Ludyga = DNotZ 2018, 846 mAnm Gloser = ZD 2018, 477 mAnm Apel = MMR 2018, 740 mAnm Hoeren.
447 AA Litzenburger FD-ErbR 2016, 375286, der es für denkbar hält, dass die AGB sämtlicher Provider dahin gehend umgestellt werden, dass die Vererblichkeit generell ausgeschlossen wird, der zu Unrecht annimmt, das LG Berlin habe Nutzungsbedingungen, die eine Vererblichkeit ausschließen, gebilligt. Regelungen wie in Nr. 4 Ziff. 8 und 9 der Nutzungsbedingungen von Facebook, nach denen es dem Nutzer untersagt ist, das Passwort an Dritte weiterzugeben oder mit anderen zu teilen oder den Account zu übertragen, beziehen sich nur auf das Verhalten zu Lebzeiten der Nutzer (so zu Recht KG ErbR 2017, 496 = ZErb 2017, 225 = ZEV 2017, 386, das aber nicht darauf eingeht, inwieweit das wirksam ist und damit ggf. Vorsorgevollmachten zum digitalen Nachlass entgegen stehen).

sie in ihren AGB nicht zu **unvererblichen** Rechten **machen**.[448] Dies geschieht häufig bei einem online nutzbaren Content von Musikdateien. Hier wird das Nutzungsrecht oft nur einer individuellen Person auf Zeit, nämlich zu ihren Lebzeiten eingeräumt.[449]

125 AGB, die es vorsehen, dass der Erbe, der sich durch einen **Erbschein** als Berechtigter ausweist und sodann schriftlich Zugang zum Account beantragt, ein neues Passwort erhält und dann entscheiden kann, ob er das Konto weiterführt oder löscht,[450] dürften grds. zulässig sein. Hier wäre allein zu überlegen, ob – analog zur Rechtsprechung bei Banken[451] – statt des Erbscheins auch ein öffentliches Testament mit Eröffnungsprotokoll genügt.[452]

126 Zur Löschung aber auch die Vorlage einer **Sterbeurkunde**[453] oder einer **Traueranzeige**[454] genügen zu lassen, dürfte nicht kulant, sondern rechtswidrig sein,[455] weil kein Erbnachweis vorgelegt wird[456] und damit nicht sichergestellt ist, dass die Erben über den Verbleib des Kontos entscheiden.

127 Es muss aber möglich sein, dass der Account zumindest zunächst unverändert auf den Erben übergeht; ein bloßes **Löschen** oder Installieren eines **Gedenkstatus** ist ohne Zustimmung der Erben nicht rechtens, sondern verstößt gegen § 307 Abs. 1 Abs. 2 Nr. 1 BGB.[457] Denn dies würde den Grundsatz der Universalsukzession beschränken und, weil es regelmäßig nicht oder nur in Ausnahmen rückgängig zu machen ist, zu einem Untergehen des zum Nachlass gehörenden Accounts; letztwillige Anordnungen des Erblassers wären nicht durchsetzbar.[458] Anders das **KG**: Es hält die Regelungen über den Gedenkzustand für eine Leistungsbeschreibung iSd § 307 Abs. 3 BGB, in der Facebook seine Dienste als grds. personenbezogen und auf Lebzeiten beschränkt beschreibt. Da die Regelung lediglich den angebotenen Inhalt der Leistung bestimme, sei die Regelung über den Gedenkzustand einer Inhaltskontrolle entzogen.[459] Dabei lässt das KG außen vor, dass die Regelung über den Gedenkzustand nur über die Hilfefunktion ersichtlich ist und damit gar nicht nach § 305 Abs. 2 BGB wirksam in den Vertrag einbezogen ist. Richtig statuiert das KG, dass die Regelung über den Gedenkzustand nichts zur Vererblichkeit als solcher sagt.[460] Der BGH hat der Ansicht des KG nunmehr eine Absage erteilt: Er hat klargestellt, dass „Regelungen" wie der Gedenkzustand bei Facebook, die sich nur im Hilfebereich befinden, schon gar nicht wirksam in den Vertrag einbezogen und damit nach § 305 Abs. 2 BGB nicht gültig sind.[461] Außerdem scheitere eine Regelung wie die zum Gedenkzustand bei Facebook auch bei wirksamer Einbeziehung an § 307 Abs. 1, Abs. 2 Nr. 1 BGB, soweit sie

---

448 In diese Richtung auch BGH ErbR 2018, 566 mAnm Biermann = ZEV 2018, 582 mAnm Ludyga = DNotZ 2018, 846 mAnm Gloser = ZD 2018, 477 mAnm Apel = MMR 2018, 740 mAnm Hoeren. Die FDP-Fraktion im Dt. Bundestag hatte in BT-Drs. 19/14044 und BT-Drs. 19/3954 ein neues Klauselverbot ohne Wertungsmöglichkeit vorgeschlagen, das in § 309 BGB verankert werden sollte; s. auch Willkomm DRiZ 2020, 12. Zu einer Umsetzung ist es nicht (bisher) gekommen.
449 Burandt/Rojahn/Bräutigam Anh. zu BGB § 1922 Rn. 3 aE hält das für zulässig.
450 Solche Regelungen finden sich vor allem bei deutschen Anbietern wie telekom, gmx, web.de oder in den VZ-Netzwerken, die zum 31.3.2022 abgeschaltet worden sind.
451 BGH ErbR 2014, 24.
452 So jetzt auch Raude RNotZ 2017, 17 (23).
453 So zT auch die Telekom, gmx.de, web.de.
454 So bei Facebook.
455 Herzog NJW 2013, 3735 (37); Brisch/Müller-Jung CR 2013, 446 (448); Gloser MittBayNot 2016, 12 (19); s. auch Kutscher, 31 ff.; 121 ff.; aA Dopatka NJW-aktuell 49/2010, 14; Hoeren NJW 2005, 2113 (2116) hält dies unzutreffend für eine rechtliche Grauzone.
456 Das übersieht Seidler, 149.
457 So auch Alexander notar 2017, 354 (357); LG Berlin ErbR 2016, 223 mAnm Wüsthof = ZErb 2016, 109 = ZEV 2016, 189 mAnm Deusch und Gloser MittBayNot 2016, 101; BGH ErbR 2018, 566 mAnm Biermann = ZEV 2018, 582 mAnm Ludyga = DNotZ 2018, 846 mAnm Gloser = ZD 2018, 477 mAnm Apel = MMR 2018, 740 mAnm Hoeren; Willems ZfWPW 2016, 494, 506.
458 LG Berlin ErbR 2016, 223 = ZErb 2016, 109 = ZEV 2016, 189. Skeptisch zu dieser Argumentation Lange/Holtwiesche ZErb 2016, 125 (130): Zumindest eine pauschale Unwirksamkeit solcher AGB könne mit Verweis auf § 1922 BGB nicht angenommen werden. Dagegen wiederum Pruns AnwZertOnline (Erbrecht) 16/2016 Anm. 4.
459 KG ErbR 2017, 496 = ZErb 2017, 225 = ZEV 2017, 386.
460 KG ErbR 2017, 496 = ZErb 2017, 225 = ZEV 2017, 386.
461 BGH ErbR 2018, 566 mAnm Biermann = ZEV 2018, 582 mAnm Ludyga = DNotZ 2018, 846 mAnm Gloser = ZD 2018, 477 mAnm Apel = MMR 2018, 740 mAnm Hoeren Rn. 27.

nachträglich die Leistungspflichten der Beklagten ändern. Es handele sich gerade nicht um nach § 307 Abs. 3 Satz 1 BGB der Inhaltskontrolle entzogene Leistungsbestimmungen, da es nicht um eine Abrede über den unmittelbaren Leistungsgegenstand gehe, sondern Leistungspflichten des Verwenders einschränken und verändern.[462] Der Gedenkzustand stelle eine unangemessene Benachteiligung dar, da sie die Vererbung, wenn auch nicht verhindern, so doch aushöhlen, was iSd § 307 Abs. 2 Nr. 1 BGB dem wesentlichen Grundgedanken von § 1922 BGB widerspreche.[463] Dieser aber sichere mit der eindeutigen Zuordnung des Vermögens die Rechtssicherheit der Beteiligten. Außerdem sei eine Erreichung des Vertragszwecks nicht mehr möglich, was die Klausel auch nach § 307 Abs. 2 Nr. 2 BGB unwirksam mache.[464] Generell oder zumindest, wenn in der Person des Erben ein wichtiger Grund liegt, so mag es den Diensteanbietern gestattet sein, das Vertragsverhältnis zu kündigen. Auch die Erben dürfen nach allgemeinen Regeln kündigen, wobei ein **Sonderkündigungsrecht** wohl beiden Vertragsparteien zugestanden werden müsste. In jedem Fall dürfen die Daten infolge der Beendigung des Vertragsverhältnisses nicht einfach **gelöscht** werden oder gar nur nach außen gelöscht werden und beim Anbieter verbleiben. Sie sind – ähnlich wie beim Mietverhältnis – an die Erben **herauszugeben** und sodann beim Diensteanbieter zu löschen.[465]

Keinesfalls ist es zulässig, den gesamten Vorgang der Rechtsnachfolge in das **Ermessen** des Anbieters zu legen[466] oder auch von der Vorlage eines Gerichtsbeschlusses abhängig zu machen.[467]

Ein Deaktivieren nach einer gewissen – nicht zu kurz bemessenen – **Inaktivitätszeit**[468] wird man aber wohl als zulässig ansehen müssen, um der Vielzahl an digitalen Müll-Accounts überhaupt noch Herr zu werden. Dies gilt erst recht, wenn der Erblasser dies zu Lebzeiten so eingerichtet hat.[469]

AGB-Klauseln, die es untersagen, die Zugangsdaten an Dritte weiterzugeben oder diesen Zugang zum Account zu gewähren, stehen der Vererblichkeit jedenfalls nicht entgegen, da sie die Sicherheit des Kontos gewährleisten und nicht die Vererbbarkeit, sondern nur lebzeitiges Verhalten regeln wollen;[470] außerdem sind die Erben keine Dritten in diesem Sinne.[471] Da auch ein Betreuer mit entsprechendem Aufgabenkreis nicht Dritter ist (§ 1815 BGB nF), dürfte dies auch auf Vorsorgevollmachten zu übertragen sein.[472]

Gleichwohl suchen viele Provider weiterhin, den Zugang der Erben zum digitalen Nachlass zu erschweren oder einzuschränken. So heißt es unter https://de-de.facebook.com/legal/terms/ auch 4 Jahre nach dem ersten Facebook-Urteil des BGH weiterhin: „Du darfst keines der dir im Rahmen dieser Nutzungsbedingungen zustehenden Rechte bzw. keine der dir obliegenden

---

462 BGH ErbR 2018, 566 mAnm Biermann = ZEV 2018, 582 mAnm Ludyga = DNotZ 2018, 846 mAnm Gloser = ZD 2018, 477 mAnm Apel = MMR 2018, 740 mAnm Hoeren Rn. 29.
463 BGH ErbR 2018, 566 mAnm Biermann = ZEV 2018, 582 mAnm Ludyga = DNotZ 2018, 846 mAnm Gloser = ZD 2018, 477 mAnm Apel = MMR 2018, 740 mAnm Hoeren Rn. 30.
464 BGH ErbR 2018, 566 mAnm Biermann = ZEV 2018, 582 mAnm Ludyga = DNotZ 2018, 846 mAnm Gloser = ZD 2018, 477 mAnm Apel = MMR 2018, 740 mAnm Hoeren Rn. 31; auf sich beruhen könne, ob die Regelung zum Gedenkzustand auch an § 308 Nr. 4 BGB scheitert BGH aaO, Rn. 32.
465 Redeker DAV Stellungnahme Nr. 34/2013 S. 64; ähnlich verfährt Microsoft Hotmail, indem sie eine Daten DVD an die Erben senden. Problematisch hieran ist freilich, dass neue Mails die Erben nicht erreichen können. Das wäre aber auch bei einer lebzeitigen Kündigung der Fall und wird den Absendern zur Kenntnis gelangen. Daher dürfte dies hinzunehmen sein.
466 So aber bei Google, wenn der Inaktivitätsmanager nicht installiert wurde.
467 Raude RNotZ 2017, 17 (23); Herzog/Pruns § 6 Rn. 11.
468 So zB bei Yahoo und Xing.
469 Wie etwa beim Kontoinaktivitätsmanager von Google.
470 BGH ErbR 2018, 566 mAnm Biermann = ZEV 2018, 582 mAnm Ludyga = DNotZ 2018, 846 mAnm Gloser = ZD 2018, 477 mAnm Apel = MMR 2018, 740 mAnm Hoeren; KG ErbR 2017, 496 = ZErb 2017, 225 = ZEV 2017, 386.
471 BGH ErbR 2018, 566 mAnm Biermann = ZEV 2018, 582 mAnm Ludyga = DNotZ 2018, 846 mAnm Gloser = ZD 2018, 477 mAnm Apel = MMR 2018, 740 mAnm Hoeren; LG Berlin ErbR 2016, 223 = ZErb 2016, 109 = ZEV 2016, 189; zweifelnd Lange/Holtwiesche ZErb 2016, 125 (127).
472 Raude RNotZ 2017, 17 (26).

Pflichten ohne unsere Einwilligung an andere übertragen. Du kannst eine Person benennen (der sogenannte Nachlasskontakt), die dein Konto verwaltet, wenn es in den Gedenkzustand versetzt wird. Nur dein Nachlasskontakt oder eine Person, die du in einem gültigen Testament oder ähnlichen Dokument, das deine eindeutige Zustimmung zur Offenlegung deiner Inhalte im Todesfall oder bei Unfähigkeit ausdrückt, genannt hast, kann die Offenlegung deines Kontos beantragen, nachdem es in den Gedenkzustand versetzt worden ist."

Hier empfiehlt es sich, den Vorsorgebevollmächtigten oder Erben auch als Nachlasskontakt zu benennen.[473]

VI. Die gerichtliche Geltendmachung der Rechte der Erben

131 **1. Die richtige Antragstellung im Erkenntnisverfahren.** Nach dem Urteil des **LG Berlin** ist die Frage nach der **richtigen Antragstellung** im Prozess aufgekommen. Im zu entscheidenden Fall war beantragt worden, *„der Erbengemeinschaft ... Zugang zu dem vollständigen Benutzerkonto und den darin vorgehaltenen Kommunikationsinhalten der verstorbenen ... zu gewähren"*. Das LG Berlin hat diesem Antrag, ohne ihn näher zu problematisieren, entsprochen.[474] Erst in der Berufungsinstanz vor dem KG kam die Frage auf, ob hierunter Zugang im Sinne eines bloßen Einsichtsrechts oder Zugang iSv Weiterbetreiben des Accounts zu verstehen sei.[475]

Der **BGH** hat in der Revisionsinstanz entschieden, dass der Antrag dahin gehend zu verstehen sei, dass der Antrag auf ein bloßes Bereitstellen der vorhandenen Kontoinhalte zum Abruf durch die Erben gerichtet ist und nicht dahin zielt, das Konto weiterzuführen.[476] Es bleibt offen, ob eine aktive Weiternutzung des Erblasserkontos durch die Erben möglich ist.[477]

132 Der Antrag wird von allen drei Instanzen als **hinreichend bestimmt** erachtet.[478] Es ist nicht erforderlich, die Schritte aufzuführen, die nötig sind, um das erstrebte Ziel zu erreichen.

Gleichwohl ist der Praxis schon aus Gründen anwaltlicher Vorsicht anzuraten, mit Haupt- und Hilfsanträgen zu arbeiten. Diese könnten lauten:

▶ „Die Beklagte wird verurteilt, den Miterben nach der am (...) verstorbenen Erblasserin (...) namentlich (...) vollständigen Zugang zu dem Benutzerkonto (...) bei (...) zu verschaffen und zu gewähren, so dass die Miterben das Benutzerkonto wie zuvor die Erblasserin nutzen können, also insbesondere alle Funktionen des Benutzerkontos nutzen und auf alle dort gespeicherten Inhalte zugreifen und über diese verfügen können. ◀

Hilfsweise:

▶ Die Beklagte wird verurteilt, den Miterben nach der am (...) verstorbenen Erblasserin (...) namentlich (...) Zugang zu dem Benutzerkonto (...) bei (...) zu verschaffen, so dass diese auf alle dort gespeicherten Inhalte wie die Erblasserin zugreifen und über diese verfügen können. ◀

---

473 Förster/Fast ZAP 2020, 1011.
474 Kritisch Deusch ZEV 2016, 189; weiterdenkend Pruns AnwZertOnline (Erbrecht) 04/2016 Anm. 2.
475 Das KG ErbR 2017, 496 = ZErb 2017, 225 = ZEV 2017, 386, versteht hierunter ein bloßes Einsichtsrecht.
476 BGH ErbR 2018, 566 mAnm Biermann = ZEV 2018, 582 mAnm Ludyga = DNotZ 2018, 846 mAnm Gloser = ZD 2018, 477 mAnm Apel = MMR 2018, 740 mAnm Hoeren Rn. 36, 38.
477 BGH ErbR 2018, 566 mAnm Biermann = ZEV 2018, 582 mAnm Ludyga = DNotZ 2018, 846 mAnm Gloser = ZD 2018, 477 mAnm Apel = MMR 2018, 740 mAnm Hoeren Rn. 36; Naczinsky ZEV 2021, 227. Die FDP-Fraktion im Dt. Bundestag hatte in BT-Drs. 19/14044 und BT-Drs. 19/3954 vorgeschlagen, klarzustellen, dass ein Ausschluss der Vererblichkeit digitaler Inhalte in AGB unwirksam ist; ein Ausschluss der aktiven Weiternutzung sollte aber möglich sein. Zu einer Umsetzung ist es (bisher) nicht gekommen.
478 LG Berlin ErbR 2016, 223 = ZEV 2016, 109 = ZEV 2016, 189; KG ErbR 2017, 496 = ZErb 2017, 225 = ZEV 2017, 386; so auch schon Pruns AnwZertOnline (Erbrecht) 04/2016 Anm. 2 mit konkreten Formulierungsbeispielen, wie solche bestimmteren Anträge aussehen könnten.

Wiederum hilfsweise:

▶ Die Beklagte wird verurteilt, den Miterben nach der am (...) verstorbenen Erblasserin (...) namentlich (...) Zugang zu dem Benutzerkonto (...) bei (...) im Sinne eines passiven Leserechtes zu gewähren." ◀

2. Die Vollstreckung aus einem obsiegenden Urteil. Die Zugangsgewährung ist unvertretbare Handlung, die nach § 888 ZPO zu vollstrecken ist.[479] Das hat der **BGH** in seiner **zweiten Facebook-Entscheidung** klargestellt.[480] In seiner ersten Entscheidung hatte der BGH Facebook zur Zugangsgewährung verurteilt. Facebook hatte dies dadurch zu erfüllen gesucht, dass den Erben ein 14.000 Seiten langes PDF zur Verfügung gestellt wurde. Das sah der BGH nicht als erfüllungstauglich an und ausgeführt, die Auslegung eines Vollstreckungstitels habe maßgeblich auch anhand der Entscheidungsgründe des Urteils im Erkenntnisverfahren zu erfolgen. Aus der so zu wählenden erbrechtrechtlichen Herleitung des Anspruchs auf Zugangsgewährung ergebe sich, dass der Zugang zu dem vollständigen Benutzerkonto die Möglichkeit des Gläubigers mitumfasst, vom Benutzerkonto und dessen Inhalt auf dieselbe Art und Weise Kenntnis nehmen zu können, wie dies der Erblasser konnte; der Gläubiger muss sich – mit Ausnahme einer aktiven Nutzung – so „bewegen" können wie zuvor der Erblasser. „Zugang" heiße „hineingehen" und nicht nur Inhalte übermitteln.

Einen Unterschied in der Nutzung von Erblasser und Erben gibt es nach Ansicht des BGH – mit Ausnahme der aktiven Nutzung – nicht. Soweit Facebook vorträgt, man könne nur aktive Nutzung freischalten oder nur die Inhalte herausgeben, trägt das nicht. Ob es technisch möglich ist, einen „read-only Zugang" einzurichten sei unerheblich. Jedenfalls könne der Gedenkzustand rückgängig gemacht werden. Dass die Erben damit das Konto unter dem Namen des Erblassers aktiv nutzen könnten, sei vollstreckungsrechtlich unerheblich und dem könne mit einer Unterlassungsklage begegnet werden. Erben könnten das Benutzerkonto aber umbenennen und damit kenntlich machen, dass sich hinter dem Konto nicht mehr die Erblasserin verbirgt.

---

479 Pruns AnwZertOnline (Erbrecht) 04/2016 Anm. 2. Die Vollstreckung im Ausland dürfte allerdings nicht selten Probleme bereiten.
480 BGH NJW 2021, 160 mAnm Biallaß = 2020, 714 mAnm Heintz = MMR 2020, 688 mAnm Methmann = ErbR 2021, 40 mAnm Pruns = FamRZ 2020, 1756 mAnm Lieder = RÜ2 2021, 100 mAnm Dötsch; hierzu auch: Zuhal Ayar GRUR-Prax 2020, 496; Seidler NZFam 2020, 983; Elzer FD-ZVR 2020, 432500; Walker LMK 2020, 434336; Ludyga jM 2021, 320.

10. Familienrecht (BGB)

Bürgerliches Gesetzbuch (BGB)

In der Fassung der Bekanntmachung vom 2. Januar 2002

(BGBl. I S. 42, ber. S. 2909 und 2003 I S. 738)

FNA 400-2
zuletzt geändert durch Art. 1 G zur Ermöglichung hybrider und virtueller Mitgliederversammlungen im Vereinsrecht vom 14.3.2023 (BGBl. I Nr. 72)
– Auszug –

§ 1371 BGB   Zugewinnausgleich im Todesfall

(1) Wird der Güterstand durch den Tod eines Ehegatten beendet, so wird der Ausgleich des Zugewinns dadurch verwirklicht, dass sich der gesetzliche Erbteil des überlebenden Ehegatten um ein Viertel der Erbschaft erhöht; hierbei ist unerheblich, ob die Ehegatten im einzelnen Falle einen Zugewinn erzielt haben.

(2) Wird der überlebende Ehegatte nicht Erbe und steht ihm auch kein Vermächtnis zu, so kann er Ausgleich des Zugewinns nach den Vorschriften der §§ 1373 bis 1383, 1390 verlangen; der Pflichtteil des überlebenden Ehegatten oder eines anderen Pflichtteilsberechtigten bestimmt sich in diesem Falle nach dem nicht erhöhten gesetzlichen Erbteil des Ehegatten.

(3) Schlägt der überlebende Ehegatte die Erbschaft aus, so kann er neben dem Ausgleich des Zugewinns den Pflichtteil auch dann verlangen, wenn dieser ihm nach den erbrechtlichen Bestimmungen nicht zustünde; dies gilt nicht, wenn er durch Vertrag mit seinem Ehegatten auf sein gesetzliches Erbrecht oder sein Pflichtteilsrecht verzichtet hat.

(4) Sind erbberechtigte Abkömmlinge des verstorbenen Ehegatten, welche nicht aus der durch den Tod dieses Ehegatten aufgelösten Ehe stammen, vorhanden, so ist der überlebende Ehegatte verpflichtet, diesen Abkömmlingen, wenn und soweit sie dessen bedürfen, die Mittel zu einer angemessenen Ausbildung aus dem nach Absatz 1 zusätzlich gewährten Viertel zu gewähren.

A. Allgemeines 1	4. Ehescheidung/Eheaufhebung 29
I. Praxisfragen 6	II. Güterrechtliche Lösung nach
II. Grundsätze 7	§ 1371 Abs. 2, 3 BGB 30
1. Definitionen 8	1. Grundsätze 30
a) Gesetzlicher Güterstand 8	2. Berechnung 35
b) Wahlgüterstände 10	3. Ausschluss von der Erfolge 38
c) Zugewinn im Todesfall 12	III. Ausschlagung 39
d) „Kleiner" und „großer" Pflichtteil 13	IV. Erbverzicht 42
e) Vermächtnis 14	V. Pflichtteilsansprüche 43
2. Anwendbarkeit der Norm 15	VI. Ausbildungskosten der Stiefabkömmlinge . 46
a) Persönliche Anwendbarkeit 15	1. Berechtigte 47
aa) Ehegatten 15	2. Verpflichteter 48
bb) Lebenspartnerschaft 16	3. Ausbildungsbedürftigkeit des
b) Internationaler Anwendungsbereich 17	Abkömmlings 49
aa) Güterrechtsstatut 18	4. Umfang der Zahlungsverpflichtung ... 50
bb) Erbstatut 20	5. Mehrere Stiefabkömmlinge 51
B. Regelungsgehalt 21	6. Relevanz und Disponibilität 52
I. Erbrechtliche Lösung nach	C. Weitere praktische Hinweise 53
§ 1371 Abs. 1 BGB 24	I. Verfahren und Kosten 53
1. Voraussetzungen 24	1. Gericht 53
2. Wirkung 25	2. Gebühren 56
3. Berechnung 26	a) Anwaltsgebühren 56
	b) Notariatsgebühren 59

aa) Ehevertrag 59	VI. Stundungsabrede 72
bb) Testament 60	VII. Steuerrechtliche Bewertung 73
cc) Vermächtnis 61	1. Freibetragsregelung 73
dd) Erbvertrag mit Verzichtsvereinbarung 63	2. Berücksichtigung von Steuererstattungsansprüchen und Steuerschulden im Zugewinn 74
II. Verjährung 64	3. Praxishinweis 75
III. Allgemeine Gestaltungshinweise 65	a) Modifizierte Zugewinngemeinschaft 75
1. Vermächtnisanordnung 65	
2. Ausschlagung 67	b) Güterstandsschaukel 76
a) Allgemeines 67	c) Steuerverschonung gemäß § 5 Abs. 2 ErbStG 77
b) Taktische Ausschlagung 68	
3. Relevanz güterrechtlicher Vereinbarungen 69	VIII. Gestaltung in Fällen internationaler Beteiligung 80
IV. Wiederverheiratungsklauseln 70	
V. Beweislast 71	

A. Allgemeines

Die Vorschrift dient als **Bindeglied von Ehegüterrecht und Ehegattenerbrecht**. Mit dieser Verflechtung von Güterrecht und Erbrecht nimmt das deutsche Recht eine Sonderstellung unter den europäischen Erbrechten ein.[1] Die Regelung zielt darauf ab, eine bestimmte „Sonderordnung" des Vermögens der Eheleute während und aufgrund der Ehe abzuwickeln. Durch die Erhöhung der gesetzlichen Ehegattenerbquote nach § 1371 Abs. 1 BGB um 1/4 wird einerseits das Erbrecht „verstärkt", andererseits soll hierdurch ein Ausgleich für einen während der Ehezeit erworbenen Zugewinn geschaffen werden, unabhängig davon, ob ein solcher wirklich erzielt wurde. Dieser Formel Kompromiss überzeugt nicht. Verknüpft werden erbrechtliche mit güterrechtlichen Anliegen; dies aber sind Anliegen, die unterschiedliche Zielsetzungen verfolgen. Das gesetzliche Erbrecht soll dem Wesen der ehelichen Lebensgemeinschaft entsprechen und die wirtschaftliche Existenz des überlebenden Ehegatten absichern. Der Zugewinnausgleichsanspruch hingegen dient nicht der Absicherung einer wirtschaftlichen Existenz, sondern ist Ausfluss einer Teilhabegerechtigkeit nach Beendigung des Güterstandes. Beiträge, die die Ehegatten unterschiedlich während des Zusammenlebens erwirtschaftet haben, sollen am Ende des Güterstandes ausgeglichen werden. Eine Verknüpfung beider Gesichtspunkte wird den unterschiedlichen gesetzlichen Zielsetzungen nicht gerecht. 1

Bei der Anwendung der Norm ist zu berücksichtigen, dass sie von einem **güterrechtlichen Anliegen** geprägt ist.[2] Der Ausgleich des Zugewinns soll pauschal durch eine Erhöhung der Erbquote ausgeglichen werden (§ 1371 Abs. 1 BGB). Nur dann, wenn diese Lösung deshalb versagt, weil der Ehegatte nicht Erbe oder Vermächtnisnehmer wird, soll ihm der Weg zur Geltendmachung eines konkreten Zugewinns offenstehen (§ 1371 Abs. 2 BGB). Sowohl der Erblasser als auch der überlebende Ehegatte können von diesem gesetzgeberischen Vorschlag abweichen. Der Erblasser kann den überlebenden Ehegatten als Erben ausschließen und ihn nicht auch mit einem Vermächtnis bedenken. Dem überlebenden Ehegatten bleibt in diesem Fall die Möglichkeit, den konkreten Zugewinnausgleich sowie den Pflichtteil geltend zu machen. Der überlebende Ehegatte könnte ein ihm zugedachtes Vermächtnis oder die Stellung als gesetzlicher Erbe ausschlagen und hierdurch wiederum den gleichen Weg öffnen, nämlich den zur Geltendmachung eines konkreten Zugewinnausgleichs sowie eines **Pflichtteils** (§ 1371 Abs. 3 BGB). Hierbei kann das Pflichtteilsrecht jedoch nur anknüpfen an die nicht erhöhte Erbquote des § 1931 BGB (kleiner Pflichtteil). Der überlebende Ehegatte hat somit ein Wahlrecht zwischen einem pauschalen Zugewinn durch Akzeptanz der erhöhten Erbquote oder der Geltendmachung des konkreten Zu- 2

---

[1] Vgl. *Röthel* Gutachten Teil A zum 68. DJT, 2010, Bd. IA 52 ff.
[2] Vgl. BGH FamRZ 2015, 1180; Zwischenzeitlich für die Anwendung der europäischen Erbrechtsverordnung: EuGH 1.3.2018 – Rs. C-558/16 (Mahnkopf). Der EuGH knüpft für die Anwendung der europäischen Erbrechtsverordnung erbrechtlich und nicht güterrechtlich an. Dies ist für die Beantragung eines europäischen Nachlasszeugnisses von Bedeutung.

gewinnausgleichs. Die Zugewinnausgleichverbindlichkeit ist eine reine Nachlassverbindlichkeit und reduziert damit die Nachlassmasse und die Höhe des Pflichtteilsanspruchs.

3 Verbleibt es bei dem pauschalen Ausgleich des Zugewinns durch Erhöhung der Erbquote, so bleibt diese um die **Ausbildungskosten von Stiefabkömmlingen** belastet, die nach dem Erblasser erbberechtigt sind (§ 1371 Abs. 4 BGB).

4 **Normzweck der „erbrechtlichen Lösung"** ist die Vermeidung von Streitigkeiten zwischen nahen Angehörigen. Das Bestehen und der Umfang etwaiger tatsächlicher güterrechtlicher Ansprüche bedarf nicht der Prüfung. Hiermit werden Streitigkeiten zwischen dem überlebenden Ehegatten und weiteren Erben vermieden. Dies kann zulasten einer gerechten Einzelfalllösung gehen. Ist während der Ehe tatsächlich ein Zugewinn nicht entstanden, würden konkrete güterrechtliche Ansprüche den Nachlass und damit den Umfang des Erbrechts anderer Abkömmlinge nicht belasten. Durch die pauschale erbrechtliche Lösung des § 1371 Abs. 1 BGB wird aber gleichwohl die Erbquote übriger Abkömmlinge reduziert.

5 Ist – andererseits – ein hoher Zugewinn entstanden, so reicht die erbrechtliche Lösung nicht, um gerechte Ergebnisse zu erzielen. In diesem Fall steht dem Ausgleichsberechtigten die Möglichkeit der konkreten Geltendmachung des Zugewinns offen, die allerdings voraussetzt, dass er sich durch Ausschlagung von allen erbrechtlichen Folgen trennt.

I. Praxisfragen

6 Für die Praxis stellen sich folgende Fragen:
- Kann/soll durch die erbrechtliche Gestaltung, beispielsweise durch die Einräumung eines **Vermächtnisses**, der güterrechtliche Ausgleich für die Zeit nach dem Tode eines Ehegatten beeinflusst werden? (→ Rn. 65)
- Welche Auswirkungen hat die Ausübung eines **Wahlrechts** des überlebenden Ehegatten zwischen einem pauschalen und einem konkreten Zugewinnausgleich? (→ Rn. 21 ff.)
- Unter welchen Voraussetzungen erscheint es angezeigt, dem überlebenden Ehegatten die **Ausschlagung** der Erbschaft anzuraten, um damit den Weg für einen konkreten güterrechtlichen Ausgleich offen zu machen? (→ Rn. 68)
- Findet § 1371 Abs. 1 BGB bei **unterschiedlicher Nationalität** der Ehegatten bzw. Lebenspartner Anwendung? (→ Rn. 18 ff.)
- Welche Auswirkungen haben **ehevertragliche Vereinbarungen** zwischen den Ehepartnern auf den Zugewinnausgleich und die Erbquote? (→ Rn. 69 f.)
- Wann und in welcher Höhe ist der überlebende Ehegatte verpflichtet, Stiefabkömmlingen **Ausbildungsunterhalt** gemäß § 1371 Abs. 4 BGB zu zahlen, und kann er sich durch Gestaltung einer solchen Pflicht entledigen? (→ Rn. 46 ff.)

II. Grundsätze

7 § 1371 Abs. 1 BGB bietet für den Ausgleich des Zugewinns eine pauschale erbrechtliche Lösung. Einer solchen Lösung bedarf es nicht, wenn Ausgleichsansprüche nach den gesetzlichen güterrechtlichen Bestimmungen nicht bestehen. Wurde eine Gütertrennung vereinbart (§ 1414 BGB), bleibt ein etwaiger Zugewinn ohne Ausgleich. Wurde der Güterstand der Gütergemeinschaft vereinbart (§ 1415 BGB), findet § 1371 Abs. 1 BGB ebenso wenig Anwendung, wie dann, wenn die Ehegatten den Güterstand der deutsch-französischen Wahlzugewinngemeinschaft (§ 1519 BGB) vereinbaren.[3] In all diesen Fällen bleibt es bei der Erbquote des § 1931 Abs. 1 BGB, die hingegen im Falle der vereinbarten Gütertrennung durch die Regelung des § 1931 Abs. 4 BGB ersetzt wird.

---

3 Grüneberg/*Siede* BGB § 1519 Rn. 1.

1. Definitionen. a) Gesetzlicher Güterstand. Die **Zugewinngemeinschaft** (§ 1363 BGB) ist seit dem 1.7.1958 in den alten Bundesländern und seit dem 3.10.1990 in den neuen Bundesländern der gesetzliche Güterstand. Er tritt ein, wenn anderweitige Vereinbarungen nicht getroffen wurden.[4]

Im **Güterstand der Zugewinngemeinschaft** gilt der Grundsatz der Vermögenstrennung. Jeder Ehegatte behält sein Vermögen in eigener Verwaltung und wird nicht dinglich am Vermögen des anderen beteiligt (§ 1363 BGB). Bereits bestehende Ehen wurden zum 1.7.1958 bzw. 3.10.1990 von Gesetzes wegen in den gesetzlichen Güterstand der Zugewinngemeinschaft übergeleitet (s. Art. 234 § 4 Abs. 1 EGBGB und Art. 8 Abs. 1 Ziff. 3 GleichberG), so dass diese Tage als maßgebliche Stichtage zur Ermittlung des Anfangsvermögens gelten, sofern keine gegenteiligen Erklärungen abgegeben wurden. Zuvor galt in den alten Bundesländern vom 1.1.1900 bis 31.3.1953 die Nutzverwaltung des Ehemannes. Vom 1.4.1953 bis 30.6.1958 galt die nicht kodifizierte Gütertrennung, wobei diese auch über den 1.7.1958 gelten konnte, wenn Eheleute dies gegenüber einem Amtsgericht erklärt haben. Eines notariellen Ehevertrages bedurfte es dazu nicht. Bei Unsicherheit, ob eine solche Erklärung abgegeben wurde, kann beim Amtsgericht des damaligen Wohnsitzes oder beim jeweiligen Geburtsstandesamt (bei ausländischem Geburtsort das Amtsgericht Schöneberg in Berlin) eine diesbezügliche Anfrage erfolgen. In den neuen Bundesländern galt vor dem 3.10.1990 vom 1.1.1900 bis zum 30.9.1949 die Nutzverwaltung des Ehemannes, vom 1.10.1949 bis zum 31.3.1966 die Gütertrennung und vom 1.04.1966 bis zum 2.10.1990 die Eigentums- und Vermögensgemeinschaft nach FGB-DDR, wobei bis zum 2.10.1992 jeder Ehegatte einseitig notariell gegenüber dem Kreisgericht erklären konnte, dass diese Gemeinschaft weiterhin gelten soll (Art. 234 § 4 Abs. 2 EGBGB). Hierzu kann ebenfalls beim Amtsgericht am Wohnort eine Anfrage getätigt werden.[5]

b) Wahlgüterstände. Neben dem gesetzlichen **Güterstand der Zugewinngemeinschaft** kann als weiterer Vertragstyp des BGB die **Gütertrennung** gewählt werden. Die Gütertrennung tritt ein, wenn Ehegatten den gesetzlichen Güterstand ausschließen oder ihn aufheben. Gütertrennung tritt auch ein, wenn eine zuvor vereinbarte **Gütergemeinschaft** aufgehoben wird sowie dann, wenn der Zugewinnausgleich ausgeschlossen wird. Der Ausschluss des Zugewinns führt aber nur dann zum Eintritt der Gütertrennung, wenn er für jeden Fall ausgeschlossen wird. Ein Zugewinnausgleich findet sowohl dann statt, wenn die Ehe geschieden wird, als auch dann, wenn es zur Aufhebung der Ehe kommt (§ 1318 Abs. 3 BGB), die Voraussetzungen eines vorzeitigen Zugewinnausgleichs vorliegen (§ 1385 ff. BGB) oder der Güterstand durch Tod eines Ehegatten beendet wird (§ 1371 BGB). Wird der Zugewinn nur für einen der vorgenannten Fälle ausgeschlossen, so führt dies nicht zum Eintritt der Gütertrennung. Es bedarf vielmehr des Ausschlusses des Zugewinns in jedem Fall. Den gesetzlichen Güterstand modifizierende Vereinbarungen führen daher nicht zu einem Güterstandswechsel. Ferner ist am 1.5.2013 der Güterstand der Wahl-Zugewinngemeinschaft nach dem Abkommen zwischen der Bundesrepublik Deutschland und der Französischen Republik in Kraft getreten.[6] Er steht allen Ehegatten und Lebenspartnern zur Verfügung, deren Güterstand dem Sachrecht eines Vertragsstaats unterliegt (Art. 1 WZGA).

Der Güterstand der Gütergemeinschaft (§ 1415 ff. BGB) als auch der der **Wahl-Zugewinngemeinschaft** (§ 1519 BGB) bedarf der begründenden ehevertraglichen Vereinbarung (§§ 1415, 1519 BGB).

c) Zugewinn im Todesfall. Ein während der Ehe erzielter Zugewinn wird bei Beendigung des gesetzlichen Güterstandes durch Tod des Ehegatten nach § 1371 BGB ausgeglichen. Für den Todeszeitpunkt ist auf den Hirntod abzustellen dh den endgültigen und irreversiblen Ausfall der

---

4 Grüneberg/*Siede* BGB § 1363 Rn. 1.
5 Grandel/Stockmann SWK-FamR/*Schwarz*, 2012, 383 Rn. 2.
6 BGBl. 2012 II 178 f.

Gesamtfunktion des Gehirns bei noch aufrechterhaltener Kreislauffunktion im übrigen Körper.[7] Der Zugewinn ist gemäß § 1373 BGB der Betrag, um den das Endvermögen eines Ehegatten das Anfangsvermögen übersteigt.

13 **d) „Kleiner" und „großer" Pflichtteil.** Der „große" Pflichtteil besteht in der Hälfte des Wertes des gesamten Erbteils. Das güterrechtliche Viertel wird mit einbezogen. Der „kleine" Pflichtteil richtet sich nach § 2303 Abs. 1 und Abs. 2 BGB und besteht in der Hälfte des gesetzlichen (nicht erhöhten) Erbteils nach § 1931 BGB. Neben dem „kleinen" Pflichtteil hat der Ehegatte ggf. noch einen Zugewinnausgleichsanspruch, der sich nach den Vorschriften der §§ 1373 bis 1383, 1390 BGB konkret bemisst (§ 1371 Abs. 2 BGB).

14 **e) Vermächtnis.** Will der Erblasser für den Fall seines Todes einem anderen einen Vermögensvorteil zuwenden, ihn jedoch nicht zum Erben einsetzen, so kann er dies durch Einräumung eines Vermächtnisses erreichen (§ 1939 BGB).[8] Setzt der Erblasser den Ehegatten auf den großen Pflichtteil, liegt regelmäßig eine Vermächtnisanordnung vor.[9]

15 **2. Anwendbarkeit der Norm. a) Persönliche Anwendbarkeit. aa) Ehegatten.** Direkt anwendbar ist die Norm auf Ehegatten. Der wirksame Abschluss der Ehe ist Voraussetzung (§ 1303 ff. BGB). Bei Eheschließungen im Ausland ist sowohl das Formstatut des Art. 11 Abs. 1 EGBGB als auch der Grundsatz des Art. 13 EGBGB zu beachten. Ab dem 1.10.2017 gilt: Die Ehe wird von zwei Personen verschiedenen oder gleichen Geschlechts auf Lebenszeit geschlossen (§ 1353 Abs. 1 S. 1 BGB).[10]

16 **bb) Lebenspartnerschaft.** Gem. § 6 Abs. 2 LPartG gelten die §§ 1371 bis 1390 BGB für Lebenspartner im Sinne des LPartG entsprechend. Dies gilt sowohl für die Verbindung von Erb- und Güterrecht (§ 6 Abs. 1 LPartG) als auch für die Möglichkeit, vom gesetzlichen Güterstand abweichend Vereinbarungen zu treffen (§ 7 LPartG). Verpartnerte Paare können ab dem 1.10.2017 beim Standesamt erklären, dass sie künftig in einer gleichgeschlechtlichen Ehe leben möchten (§ 20a LPartG).[11] Eine Pflicht dazu gibt es nicht. Für eine fortbestehende Lebenspartnerschaft gilt weiterhin das LPartG. Neue Lebenspartnerschaften können ab dem 1.10.2017 nicht mehr geschlossen werden.[12]

17 **b) Internationaler Anwendungsbereich.** Die Anwendung von § 1371 BGB wirft im **internationalen Kontext** besondere Schwierigkeiten auf, nachdem sich der EuGH jedenfalls für § 1371 Abs. 1 BGB – für die Praxis verbindlich – zugunsten einer **erbrechtlichen Qualifikation** ausgesprochen hat (vgl. hierzu im Einzelnen die Kommentierung Nr. 31 → Art. 23 EuErbVO Rn. 18 ff.).[13] Dies führt im Rahmen von § 1371 BGB zu einer gespaltenen Qualifikation: Während § 1371 **Abs. 1, Abs. 2 Hs. 2, Abs. 3** sowie **Abs. 4** im Anwendungsbereich der EuErbVO nunmehr allesamt erbrechtlich zu qualifizieren sind, bleibt es bei § 1371 **Abs. 2 Hs. 1** bei einer güterrechtlichen Qualifikation.[14] Folglich sind die einzelnen Regelungen nur dann anzuwenden, wenn deutsches Sachrecht als Erbstatut bzw. Güterrechtsstatut berufen sind.

---

7 Grüneberg/*Ellenberger* BGB § 1 Rn. 3; *Schreiber* JZ 1983, 593 (594); MüKoBGB/*Koch* § 1371 Rn. 13.
8 Zu den Einzelheiten vgl. §§ 2147 ff. BGB.
9 Grüneberg/*Siede* BGB § 1371 Rn. 2.
10 Art. 1 Nr. 2 Gesetz zur Einführung des Rechts auf Eheschließung für Personen gleichen Geschlechts vom 20.7.2017.
11 Gesetz zur Einführung des Rechts auf Eheschließung für Personen gleichen Geschlechts vom 20.7.2017 (BGBl. 2017 I 2787).
12 Art. 3 Abs. 3 des Gesetzes zur Einführung des Rechts auf Eheschließung für Personen gleichen Geschlechts vom 20.7.2017.
13 EuGH v. 1.3.2018 – C-558/16 (Mahnkopf) = ZEV 2018, 205 m.Anm. *Bandel*.
14 Vgl. etwa MüKoBGB/*Dutta* Art. 1 EuErbVO Rn. 27; Dutta/Weber/*Schmidt* Art. 1 EuErbVO Rn. 54 ff.

aa) **Güterrechtsstatut.** Das Güterrechtsstatut bestimmt sich nunmehr grundsätzlich nach der **EuGüVO**[15] (für Fragen des ehelichen Güterstands) bzw. der **EuPartVO**[16] (für Fragen güterrechtlicher Wirkungen eingetragener Partnerschaften). 18

Zu beachten ist indes, dass die Kollisionsnormen der EuGüVO bzw. EuPartVO („Kapitel III") gem. Art. 69 Abs. 3 EuGüVO bzw. EuPartVO **intertemporal nur anwendbar** sind, wenn die Ehegatten am 29.1.2019 oder danach die Ehe eingegangen sind oder – bei vorheriger Eingehung – eine Rechtswahl des auf ihren Güterstand anzuwendenden Rechts getroffen haben (näher Nr. 31 → Art. 1 EuErbVO Rn. 10a) 19

bb) **Erbstatut.** Das Erbstatut ist – vorbehaltlich vorrangiger Staatverträge – nach den Regelungen der EuErbVO zu bestimmen. Vgl. hierzu im Einzelnen die Kommentierung → Nr. 30a, 31. 20

B. Regelungsgehalt

Geregelt werden die Folgen des gesetzlichen Güterstandes durch den Tod eines Ehegatten. Bei der Zugewinngemeinschaft ist zwischen der sog. **erbrechtlichen und der güterrechtlichen Lösung** zu unterscheiden. Lebten die Ehegatten im gesetzlichen Güterstand, so wird dem überlebenden Ehepartner ein **Wahlrecht** zwischen einer **güterrechtlichen- und erbrechtlichen** Lösung eingeräumt. 21

Nach § **1371 Abs. 1 BGB** gilt die **erbrechtliche Lösung.** Der Ausgleich des Zugewinns erfolgt **pauschal** durch Erhöhung des Erbteils des überlebenden Ehegatten um 1/4. Die Erhöhung erfolgt unabhängig davon, ob und in welcher Höhe ein Zugewinn entstanden ist. Sie ist ggf. durch eine Ausbildungshilfe an erbberechtigte Abkömmlinge des Verstorbenen, die nicht der Ehe mit dem Überlebenden entstammen, belastet (→ Rn. 46 ff.). 22

Für die Fälle des § 1371 **Abs. 2 und 3** BGB gilt hinsichtlich des Zugewinnausgleichs die **güterrechtliche Lösung.** Es erfolgt ein Ausgleich des Zugewinns wie unter Lebenden, wobei der Stichtag für die Berechnung des Endvermögens der Todeszeitpunkt ist. Der Überlebende erhält einen Ausgleich des tatsächlich entstandenen Zugewinns sowie darüber hinaus den **kleinen Pflichtteil.** Voraussetzung ist, dass der überlebende Ehegatte weder Erbe noch Vermächtnisnehmer geworden ist. Nach der **Sonderregelung des Abs. 3** kann der Ehegatte diese Folge durch Ausschlagung einer Erbschaft oder Vermächtnisanordnung selbst herbeiführen, ohne dass er sein Pflichtteilsrecht verliert. 23

I. Erbrechtliche Lösung nach § 1371 Abs. 1 BGB

1. Voraussetzungen. Die für die **erbrechtliche Lösung** angeordnete Erhöhung des Erbteils um 1/4 setzt voraus, dass der überlebende Ehegatte kraft Gesetzes zur Erbschaft berufen ist. Beschränkt sich die testamentarische Anordnung darauf, den Ehegatten als gesetzlichen Erben einzusetzen (§§ 2066, 2067 BGB) bzw. ihn auf den gesetzlichen Erbteil einzusetzen oder beschränkt der Erblasser das Erbrecht dadurch, dass er den Ehegatten zum Vor- oder Nacherben einsetzt, verbleibt es bei dem gesetzlichen Erbrecht im Sinne des § 1371 Abs. 1 BGB.[17] Entscheidend ist somit immer, ob der Ehegatte ein Erbrecht im Umfang des gesetzlichen Erbrechts erhält. Wird dem Ehegatten lediglich ein Vermächtnis ausgesetzt, so liegen die Voraussetzungen 24

---

15 Verordnung (EU) 2016/1103 des Rates vom 24.6.2016 zur Durchführung einer Verstärkten Zusammenarbeit im Bereich der Zuständigkeit, des anzuwendenden Rechts und der Anerkennung und Vollstreckung von Entscheidungen in Fragen des ehelichen Güterstands. Instruktiv *Weber,* DNotZ 2016, 659; vgl. auch Gebauer/Wiedmann/*Köhler* EuGüVO (Kapitel 43).

16 Verordnung (EU) 2016/1104 des Rates vom 24.6.2016 zur Durchführung der Verstärkten Zusammenarbeit im Bereich der Zuständigkeit, des anzuwendenden Rechts und der Anerkennung und Vollstreckung von Entscheidungen in Fragen güterrechtlicher Wirkungen eingetragener Partnerschaften. Instruktiv *Weber* DNotZ 2016, 659; vgl. auch Gebauer/Wiedmann/*Köhler* EuPartVO (Kapitel 43).

17 BGH NJW 1964, 2404; Grüneberg/*Siede* BGB § 1371 Rn. 2.

der Erbrechtserhöhung nicht vor.[18] Wird der Ehegatte durch Testament von der Erbfolge ausgeschlossen oder liegen die gesetzlichen Ausschlussgründe des § 1933 BGB vor, so ist die Erbrechtslösung ausgeschlossen.[19]

25 **2. Wirkung.** Unabhängig davon, ob und in welcher Höhe ein Zugewinnausgleich tatsächlich entstanden ist, erhält der überlebende Ehegatte (§ 1931 BGB) einen Ausgleich des Zugewinns dadurch, dass sein gesetzlicher Erbteil pauschal um 1/4 erhöht wird. Darüber hinaus bleibt dem überlebenden Ehegatten der Anspruch auf den Voraus (§ 1932 BGB) erhalten. Die Erhöhung gilt in jedem Fall, selbst dann, wenn der überlebende Ehegatte der nach den familienrechtlichen Normen zugewinnausgleichspflichtige Ehegatte wäre. Die Erhöhung des gesetzlichen Erbteils um 1/4 stellt eine pauschale Abgeltung des Zugewinns dar und orientiert sich nicht am tatsächlichen Zugewinn. Unerheblich sind die weiteren Lebensumstände, in denen die Ehegatten gelebt haben. Weder kommt es auf den Vermögenserwerb, noch auf die Vermögensverhältnisse, noch die Dauer der Ehe an.[20] Die Regelung findet entsprechend Anwendung bei Lebenspartnern im Sinnes des Lebenspartnerschaftsgesetzes (§ 10 LPartG). Dabei bleibt der Erbteil ein einheitlicher Erbteil. Folglich werden die Anteile anderer gesetzlicher Miterben als auch etwaige Pflichtteilsansprüche nach § 2303 BGB gemindert.

26 **3. Berechnung.** Die Erbquote des überlebenden Ehegatten wird um 1/4 erhöht. Neben Abkömmlingen des Verstorbenen erbt der überlebende Ehegatte somit gemäß § 1931 Abs. 1 BGB iVm § 1371 Abs. 1 BGB die Hälfte, unabhängig davon wie viele Abkömmlinge (§ 1924 BGB) vorhanden sind. Neben Verwandten der zweiten und neben den Großeltern als Erben der dritten Ordnung erhöht sich die Quote auf ¾ 3/4, neben Erben weiterer Ordnungen erhält der Ehegatte den gesamten Nachlass (Vgl. zur Berechnung des gesetzlichen Erbteils im Übrigen § 1931 BGB).

27 Überleben neben dem Ehegatten lediglich alle Großeltern des Verstorbenen sowie deren Abkömmlinge, so erhält der überlebende Ehegatte zunächst die Hälfte der Erbschaft. Diese Erbquote würde sich um 1/4 Zugewinn erhöhen. Ist ein Großelternteil vorverstorben, so wächst dieser Anteil dem Ehegatten zu. Seine gesetzliche Erbquote erhöht sich dann, wenn man nicht zuvor die Erhöhung des § 1371 Abs. 1 BGB rechnerisch vornimmt, um 1/8. Dies würde bei einem Vorversterben von zwei Großeltern zu einer Erbquote von 3/4 führen und dazu, dass nach weiterer Erhöhung um 1/4 gemäß § 1371 Abs. 1 BGB die beiden noch lebenden Großeltern keine Erbquote mehr erhalten. Da durch die Erhöhung der Erbquote die übrigen Verwandten nicht völlig von der Erbfolge ausgeschlossen werden sollen, wird empfohlen, von dem erhöhten Erbteil auszugehen und danach erst die Quote des Erbteils zu bilden, der dem Ehegatten beim Vorversterben eines Großelternteils zuwächst. Hiernach erhält der überlebende Ehegatte zunächst 1/2 als gesetzliche Erbquote. Diese Erbquote wird um 1/4 gemäß § 1371 Abs. 1 BGB erhöht, so dass auf die vier Großeltern je 1/16 Erbquote verbleibt. Beim Vorversterben eines Großelternteils wachsen dem Ehegatten jeweils 1/16 an. Überlebt nur noch ein Großelternteil, so verbliebe bei ihm eine Erbquote von 1/16.[21]

28 Die Berechnungsgröße wird durch den gesamten im Zeitpunkt des Todes vorhandenen Nachlass gebildet. Hat der verstorbene Ehegatte dem Überlebenden zuvor Zuwendungen gemacht, die nicht ausgleichspflichtig sind, bleibt die hierdurch bewirkte Vermögensminderung erhalten.[22] Der Pflichtteilsanspruch der Pflichtteilsberechtigten errechnet sich nach dem um die Ausgleichsforderung gekürzten Nachlass (vgl. § 2311 BGB).

---

18 Zu den Erbfällen „Vertriebene" vgl. *Hohloch* FamRZ 2010, 2016; Spätaussiedler: OLG Hamm RNotZ 2010, 206.
19 MüKoBGB/*Koch* § 1371 Rn. 13; Grüneberg/*Siede* BGB § 1371 Rn. 2.
20 Bonefeld/Wachter FA ErbR/*Roth* § 5 Rn. 29.
21 So auch: MüKoBGB/*Leipold* § 1931 Rn. 28.
22 *Henke/Keßler* NZFam 2014, 307 ff.; *Wellenhofer* NZFam 2014, 314 ff.

4. Ehescheidung/Eheaufhebung. Hat der Erblasser bei Vorliegen der Voraussetzungen der 29 Scheidung der Ehe (s. §§ 1564 ff. BGB) den Scheidungsantrag gestellt bzw. dem Antrag des Gegners zugestimmt, ist gemäß § 1933 Abs. 1 BGB das Ehegattenerbrecht ausgeschlossen. Die Antragstellung entfaltet eine erbrechtliche Wirkung erst mit Rechtshängigkeit durch Zustellung des Schriftsatzes (§ 124 FamFG iVm §§ 253, 261 Abs. 1 ZPO).[23] Dies gilt ebenso für den Antrag auf Aufhebung der Ehe (§§ 1313 ff. BGB). Der überlebende Ehegatte ist dann nicht erb- und pflichtteilsberechtigt, wenn der verstorbene Ehegatte zum Todeszeitpunkt und unter der Voraussetzung, dass ein Aufhebungsgrund besteht, einen Antrag auf Eheaufhebung gestellt hatte (§ 1933 S. 2 BGB). Bei vor dem Tod erfolgter Zustellung entfallen sämtliche erbrechtlichen Ansprüche. Der Zugewinn kann nur noch güterrechtlich (§ 1371 Abs. 2, 3 BGB) gefordert werden.[24] Zeitpunkt der Berechnung ist dann der Zeitpunkt der Rechtshängigkeit des Scheidungsantrages (§ 1384 BGB) bzw. des Aufhebungsantrages (§ 1384 BGB analog). Für eingetragene Lebenspartner gilt dies nach § 10 Abs. 3 LPartG entsprechend. Dabei muss der Scheidungsantrag keine hinreichenden Erklärungen im Sinne von § 133 Abs. 1 Nr. 2 FamFG enthalten, da dies dem Grundgedanken des § 1933 BGB zuwiderliefe, der auf den hypothetischen Willen eines Erblassers abstellt, der nach Scheitern der Ehe den Ehegatten von seinem Vermögen ausschließen will.[25] Soll die Rechtshängigkeit des Scheidungsantrages umgehend bewirkt werden, kann dies durch Einreichung des Antrages beim unzuständigen Verwaltungsgericht geschehen[26] (str.), da im Verwaltungsgerichtsprozess bereits die Einreichung des Antrags zum Eintritt der Rechtshängigkeit führt (§§ 81 Abs. 1, 90 Abs. 1 VwGO). Die Rechtshängigkeit wirkt fort, wenn das Verwaltungsgericht die Sache wegen Unzuständigkeit an das Familiengericht verweist.[27]

II. Güterrechtliche Lösung nach § 1371 Abs. 2, 3 BGB

1. Grundsätze. Ist der überlebende Ehegatte/Lebenspartner weder Erbe noch Vermächtnisnehmer 30 geworden, so hat er einen Anspruch auf Ausgleich des „tatsächlichen" Zugewinns.

Ist der überlebende **Ehegatte Testamentserbe** geworden, so kommt es nicht zu einer Erhöhung 31 des gesetzlichen Erbteils gemäß § 1371 Abs. 1 BGB. Vielmehr verbleibt es bei der durch Testament angeordneten Lösung. Auch steht in diesem Fall dem überlebenden Ehegatten kein konkreter güterrechtlicher Ausgleichsanspruch zu, weil die Voraussetzungen des § 1371 Abs. 2 BGB nicht erfüllt sind. Ihm verbleibt lediglich die Möglichkeit der Ausschlagung.

Wurde zugunsten des überlebenden Ehegatten lediglich ein **Vermächtnis** ausgesetzt, so bedarf es 32 ebenfalls der Ausschlagung dieses Vermächtnisses, um den Weg zu einem Zugewinnausgleich zu eröffnen. Ein pauschaler Zugewinnausgleich scheitert an dem Fehlen der Voraussetzung des § 1371 Abs. 1 BGB. Ein konkreter Zugewinnausgleich scheitert daran, dass die Voraussetzungen des § 1371 Abs. 2 BGB deshalb nicht erfüllt sind, weil ein Vermächtnis ausgesetzt wurde. Strittig ist, ob dies auch dann gilt, wenn das Vermächtnis so gering ist, dass es lediglich einen Erinnerungswert hat.[28] Vorzugswürdig ist unabhängig von der Höhe des Vermächtnisses die Voraussetzung des § 1371 Abs. 2 BGB nicht als erfüllt anzusehen, wenn ein Vermächtnis ausgesetzt wurde. Dies entspricht dem Wortlaut des Gesetzes und benachteiligt den überlebenden Ehegatten deshalb nicht, weil er durch Ausschlagung den Weg zur Geltendmachung des konkreten Zugewinnausgleichs eröffnen kann, ihm diese Ausschlagung aber umso wenig schwerfallen wird, umso geringer das ausgesetzte Vermächtnis ist.

---

23 BGHZ 111, 329; OLG Köln NJW 2013, 2831.
24 MüKoBGB/*Koch* § 1371 Rn. 13.
25 OLG Stuttgart FGPrax 2011, 306 = FamRZ 2012, 480; MüKoBGB/*Leipold* § 1933 Rn. 11; aA Grüneberg/*Weidlich* BGB § 1933 Rn. 7.
26 *Kogel* FamRZ 2000, 872; *Finger* FuR 1998, 398; aA *Hagelstein* FamRZ 2000, 340.
27 OLG München VersR 1975, 1157.
28 Vgl. hierzu Grüneberg/*Siede* BGB § 1371 Rn. 2; AG Tecklenburg FamRZ 1997, 1013; MüKoBGB/ *Koch* § 1371 Rn. 25; BGH NJW 1964, 2404 ff.; Frieser/*Lindner* ErbR, 3. Aufl., BGB § 1371 Rn. 5.

33 Der nach der güterrechtlichen Lösung an sich dem Überlebenden zustehende Zugewinnausgleich entsteht nicht, wenn beide Partner **gleichzeitig versterben**.[29] Für die Vererblichkeit des Zugewinnausgleichsanspruchs nach § 1378 Abs. 3 S. 1 BGB muss der Anspruch vorher entstanden sein. Anderenfalls werden die gleichzeitig versterbenden Ehegatten/Lebenspartner getrennt beerbt, ohne dass ein Zugewinnausgleich vorgenommen wird.

34 Im Falle von **Erbunwürdigkeit** nach §§ 2339 ff. BGB kommt es eventuell zu einem Ausschluss des Zugewinnausgleichs nach § 1381 BGB. Soweit der Ausgleich des Zugewinns nach den Umständen des Falles grob unbillig wäre (1381 Abs. 1 BGB), kann diese Einrede erhoben werden.

35 **2. Berechnung.** Liegen die Voraussetzungen des § 1371 Abs. 2 BGB vor, so kann der überlebende Ehegatte den Zugewinnausgleich verlangen, der nach den §§ 1373 bis 1383, 1390 BGB zu berechnen ist. Die Zugewinnausgleichsverpflichtung ist Nachlassverbindlichkeit im Sinne des § 1967 Abs. 2 BGB. Sie hat Vorrang vor Pflichtteilsansprüchen und kürzt damit den „Pflichtteilsnachlass". Einfluss auf die Höhe des konkreten Zugewinnausgleichs haben modifizierende güterrechtliche Vereinbarungen in einem Ehevertrag.

36 Da der überlebende Ehegatte/ Lebenspartner von der gesetzlichen Erbfolge durch Testament ausgeschlossen wurde, kann er neben dem konkreten Zugewinnausgleich seinen Pflichtteil verlangen (§ 2303 Abs. 2 BGB).[30] Die **Höhe des Pflichtteilsanspruchs** bestimmt sich nach dem vorhandenen Nachlass. Dieser richtet sich in diesem Fall allein nach der verbleibenden gesetzlichen Erbquote des § 1931 Abs. 1 BGB (sogenannter „kleiner Pflichtteil"). Erbt der überlebende Ehegatte neben Verwandten der 1. Ordnung, so beträgt sein gesetzlicher Erbteil 1/4 und sein „kleiner Pflichtteil" 1/8. Dieser Pflichtteil bezieht sich auf den nach Abzug des Zugewinnausgleichs verbleibenden Nachlass (§ 1371 Abs. 2, 3 BGB) und ist ein reiner Geldanspruch. Bei einem Ausgleich des Zugewinns nach §§ 1373 ff. BGB ist zu beachten, dass sich der fiktive Erbteil und damit der Pflichtteil des überlebenden Ehegatten nicht um ein Viertel erhöht. Ansonsten würde der Zugewinn zweimal ausgeglichen, § 1371 Abs. 2 BGB am Ende.[31] Der überlebende Ehegatte hat kein Wahlrecht zwischen dem „kleinen" und dem „großen" Pflichtteil. Er kann demnach nicht bei einem hohen Zugewinn des Erblassers den Zugewinnausgleich unter Beschränkung auf den kleinen Pflichtteil wählen und andererseits bei einem geringen Zugewinn durch Verzicht auf den Zugewinnausgleich den großen Pflichtteil erlangen.[32]

37 Kommt es zu einem Erbrechtsausschluss deshalb, weil eine Erbunwürdigkeit vorliegt, so führt dies nicht zum Ausschluss des Zugewinnausgleichsanspruchs. Es bietet jedoch Veranlassung, eine Leistungsverweigerung wegen grober Unbilligkeit gemäß § 1381 BGB zu prüfen.[33]

38 **3. Ausschluss von der Erfolge.** Der Ausschluss von der Erbfolge kann durch Verfügung von Todes wegen erfolgen. Ferner ist der Ehegatte dann von der gesetzlichen Erbfolge ausgeschlossen, wenn ein Ehescheidungs- oder Eheaufhebungsverfahren anhängig ist und die Voraussetzungen des § 1933 BGB vorliegen. Die Voraussetzungen des § 1371 Abs. 2 BGB sind auch erfüllt nach Entzug des Pflichtteils, Feststellung der Erbunwürdigkeit oder Erbverzicht. Ein notarieller Ehevertrag, der einen Anspruch auf Zugewinnausgleich ausschließt, kann bei einseitiger Benachteiligung nichtig sein.[34] Unter Vermächtnissen sind nur die durch Verfügung von Todes wegen zugewandten zu verstehen, nicht die gesetzlichen Vermächtnisse etwa der §§ 1969, 1932 BGB.

---

29 BGHZ 72, 85 (89 ff.); BGH ZEV 1995, 262.
30 BGH NJW 2004, 2404.
31 *Löhning* BGB § 1371 Rn. 8.
32 BGHZ 42, 182 (187); BGH NJW 1982, 2497.
33 FAKomm FamR/*Weinreich* BGB § 1371 Rn. 39; Frieser/*Lindner* ErbR, 3. Aufl., BGB § 1371 Rn. 8.
34 Vgl. OLG Oldenburg BeckRS 2017, 113239.

III. Ausschlagung

Ist der überlebende Ehegatte Testamentserbe geworden oder wurde ihm ein Vermächtnis ausgesetzt, so kann er einen konkreten Zugewinnausgleich nur geltend machen, wenn er die Erbschaft bzw. das Vermächtnis ausschlägt. (§ 1371 Abs. 3 BGB) 39

Abweichend von der gesetzlichen Folge der Ausschlagung erhält der ausschlagende Ehegatte in diesem Fall das Recht, neben dem **konkreten Zugewinnausgleich** auch noch den „kleinen" **Pflichtteil** zu fordern. Für die Ausschlagung gelten die allgemeinen Regelungen (§ 1942 ff. BGB). Die Ausschlagung muss gemäß § 1944 Abs. 1, 2 BGB innerhalb von sechs Wochen ab Kenntniserlangung vom Erbfall und der Berufung zum Erben erklärt werden. Auf den Lauf der Frist finden die für die Verjährung geltenden Vorschriften der §§ 206, 210 BGB entsprechende Anwendung. Die Frist erweitert sich auf sechs Monate, wenn der Erblasser seinen letzten Wohnsitz nur im Ausland hatte oder wenn sich der Erbe bei dem Beginn der Frist im Ausland aufhält (§ 1944 Abs. 3 BGB). Die Ausschlagungserklärung ist öffentlich beglaubigt beim Nachlassgericht einzureichen. 40

Für die **Ausschlagung des Vermächtnisses** gilt § 2180 BGB. Die Ausschlagung kann nicht mehr erfolgen, wenn das Vermächtnis bereits angenommen wurde. Die Erklärung erfolgt gemäß § 2180 Abs. 2 S. 1 BGB gegenüber dem Beschwerten. Sie kann erst nach dem Erbfall erfolgen und ist bedingungslos und ohne Zeitbestimmung zu erklären (§ 2180 Abs. 2 S. 2 BGB). 41

IV. Erbverzicht

Der überlebende Ehegatte/ Lebenspartner kann gemäß § 2346 BGB durch Vertrag mit dem anderen auf sein gesetzliches Erbrecht einschließlich Pflichtteil oder nur auf diesen verzichten.[35] Wird auf die Erbschaft durch Vereinbarung **verzichtet** (§ 2346 Abs. 1 BGB), sind die Voraussetzungen des Ausnahmetatbestandes (§ 1371 Abs. 3 BGB) in diesem Fall nicht erfüllt. Dies gilt auch, wenn der Ehegatte die Verzichtserklärung auf den Pflichtteil beschränkt hat (§ 2346 Abs. 2 BGB). Die Wirkungen treten auch dann ein, wenn der Zweck der Vereinbarung lediglich darin bestand, dem Erblasser volle Verfügungsfreiheit zu gewähren. Setzt der Erblasser durch letztwillige Verfügung den Ehegatten zum Erben ein und schlägt dieser sodann die Erbschaft aus, so steht ihm kein Pflichtteilsanspruch zu, da er auf diesen zuvor verzichtet hatte (§ 1371 Abs. 3 2. Hs. BGB).[36] 42

V. Pflichtteilsansprüche

Wird der **überlebende Ehegatte als Testamentserbe** eingesetzt, kommt es nicht zu einer pauschalen Zugewinnausgleichslösung durch Erhöhung des Erbteils. Die Erhöhung des gesetzlichen Erbteils bleibt aber für die Pflichtteilsberechnung von Bedeutung. Die Pflichtteilsansprüche des überlebenden Ehegatten sind unter Zugrundelegung der erhöhten Erbquote zu ermitteln (§§ 2305, 2307 Abs. 1 S. 2 BGB). Dies gilt auch für Pflichtteilsergänzungsansprüche. Die anderen pflichtteilsberechtigten Personen müssen sich mit geringeren Pflichtteilsquoten begnügen. 43

Wird zugunsten des **überlebenden Ehegatten ein Vermächtnis** ausgesetzt, erfolgt im Übrigen aber eine Erbeinsetzung anderer, wird also der überlebende Ehegatte nur Vermächtnisnehmer und nicht Erbe, so bleibt er Pflichtteilsberechtigter des „großen Pflichtteilsanspruchs" also eines Pflichtteilsanspruchs, der unter Berücksichtigung der erhöhten Erbquote zu berechnen ist. 44

Wird der **überlebende Ehegatte weder Erbe noch Vermächtnisnehmer**, so steht ihm das Recht der Geltendmachung eines konkreten Zugewinnausgleichsanspruchs zu. Daneben erhält er den sogenannten „kleinen Pflichtteil", also den nach der nicht erhöhten Ehegattenerbquote berechneten Pflichtteil. Dies gilt unabhängig davon, ob er von seinem Recht, einen Zugewinnausgleich 45

---

35 Grüneberg/*Weidlich* BGB § 2346 Rn. 16.
36 Grüneberg/*Siede* BGB § 1371 Rn. 20.

geltend zu machen, Gebrauch macht oder nicht. Es gilt auch unabhängig davon, ob ein Zugewinnausgleich begründet ist oder nicht. Dem überlebenden Ehegatten steht kein Wahlrecht zwischen dem kleinen und großen Pflichtteil dergestalt zu, dass er auf die Geltendmachung des Zugewinnausgleichs verzichtet und damit den Weg zum großen Pflichtteil eröffnet. Eine solche Möglichkeit gibt es nicht.[37] Ist der überlebende Ehegatte mit einem Vermächtnis bedacht, – sei es noch so gering – steht ihm neben dem Anspruch auf Erfüllung des Vermächtnisses der „große Pflichtteilsanspruch" zu. Daneben kann er keinen Zugewinnausgleichsanspruch geltend machen. Schlägt er das Vermächtnis aus, so verbleibt ihm die Möglichkeit der Geltendmachung des Zugewinnausgleichs und daneben der Anspruch auf den „kleinen Pflichtteil".

VI. Ausbildungskosten der Stiefabkömmlinge

46 Die nach § 1371 Abs. 1 BGB zusätzliche Erbquote von 1/4 kann mit **Ausbildungskosten von Stiefabkömmlingen** belastet sein (§ 1371 Abs. 4 BGB). Zu berücksichtigen sind diese Kosten nur beim erbrechtlichen Zugewinnausgleich.

47 **1. Berechtigte.** Berechtigte sind nach dem verstorbenen Ehegatten erbberechtigte Abkömmlinge, also auch Kinder aus früheren Ehen, angenommene Personen sowie den ehelichen Kindern gleichgestellte nichteheliche Kinder. Ferner sind Berechtigte auch Abkömmlinge der Stiefabkömmlinge.[38] Die **Abkömmlinge müssen gesetzlich Erbberechtigte** sein. Sie dürfen die Erbschaft weder ausschlagen, noch einen Erbverzicht erklärt haben, noch für erbunwürdig erklärt worden sein.[39] Hat der verstorbene Elternteil den Abkömmling auf mehr oder weniger als seinen gesetzlichen Erbteil eingesetzt bzw. wurde dem Abkömmling ein Vermächtnis zuteil, entfällt der Ausbildungsanspruch. Wurden die einseitigen Abkömmlinge des verstorbenen Elternteils vom überlebenden Ehegatten adoptiert (§ 1754 Abs. 1 BGB), sind diese nicht mehr als einseitige Abkömmlinge des verstorbenen Ehegatten anzusehen und es ist ebenfalls kein Ausbildungsanspruch gegeben.[40] Ferner darf der Abkömmling für einen Ausbildungsanspruch nicht von der bis 31.3.1998 existierenden Möglichkeit Gebrauch gemacht haben, sich nach dem bis dahin gültigen § 1934 d BGB abfinden zu lassen.[41]

48 **2. Verpflichteter.** Verpflichteter des Anspruchs auf Erfüllung von Ausbildungskosten ist der **gesetzliche Ehegattenerbe**. Wird der Ehegatte testamentarisch eingesetzt, so entfällt eine Verpflichtung zur Zahlung der Ausbildungskosten.[42]

49 **3. Ausbildungsbedürftigkeit des Abkömmlings.** Voraussetzung ist das Bestehen einer Ausbildungsbedürftigkeit. Die Unterhaltsverpflichtung bezieht sich daher auf **eine angemessene** Ausbildung und besteht nur so lange fort, wie die Ausbildung zielstrebig verfolgt wird.[43] Der Anspruch ist in Geld zu gewähren.[44] Das Maß des Anspruchs richtet sich nach den §§ 1602, 1610 BGB (str.).[45] Der Anspruch umfasst die Ausbildungskosten sowie die allgemeinen Lebenserhaltungskosten.[46] Unter Ausbildungskosten sind sowohl die Kosten einer Berufsausbildung, als auch einer Schulausbildung (§ 1610 BGB) zu subsumieren. Hierunter kann in Ausnahmefällen auch die Zweitausbildung fallen.[47] Eigene Einkünfte sind auf den Anspruch anzurechnen und mindern die Bedürftigkeit. Auch das selbst Ererbte ist zur Abdeckung der Bedürftigkeit einzusetzen, so dass sich die Verpflichtung nur auf eine restliche Bedürftigkeit bezieht. Ist der Stiefabkömmling auch anderen Personen gegenüber unterhaltsberechtigt, so beispielsweise dem vom Erblasser geschiedenen Ehegatten, so haftet der überlebende Ehegatte nur haftanteilig (§ 1606

---

[37] Vgl. BGH NJW 64, 2404; FamRZ 82, 571 (Einheitstheorie).
[38] Grüneberg/*Siede* BGB § 1371 Rn. 7; MüKoBGB/*Koch* § 1371 Rn. 58.
[39] Grüneberg/*Siede* BGB § 1371 Rn. 7.
[40] MüKoBGB/*Koch* § 1371 Rn. 57.
[41] *Schausten* FPR 2008, 350.
[42] MüKoBGB/*Koch* § 1371 Rn. 58.
[43] *Mayer* FPR 2004, 83 (86).
[44] MüKoBGB/*Koch* § 1371 Rn. 75.
[45] Grüneberg/*Siede* BGB § 1371 Rn. 9; aA *Mayer* FPR 2004, 83 ff.
[46] Grüneberg/*Siede* BGB § 1371 Rn. 9; MüKoBGB/*Koch* § 1371 Rn. 70.
[47] *Schausten* FPR 2008, 351.

Abs. 3 S. 1 BGB). Seine Haftung „leitet sich" aus der anteiligen Haftung des Erblassers ab. Zu prüfen ist also, wie der Unterhaltsbedarf des Abkömmlings abzudecken wäre, würde der Erblasser noch leben. Der entsprechend auf den Erblasser entfallende Haftungsanteil ist vom Ehegatten im Rahmen des § 1371 Abs. 4 BGB zu übernehmen.

4. Umfang der Zahlungsverpflichtung. Die Zahlungsverpflichtung ist rechnerisch beschränkt auf die nach § 1371 Abs. 1 BGB zusätzlich gewährte 1/4 Erbquote. Für die rechnerische Höhe kommt es nach §§ 2311 ff. BGB analog auf den Wert des Nachlasses im Zeitpunkt des Erbfalls an.[48] Die Höhe des Anspruchs richtet sich nach dem Unterhaltsbedarf eines in der Ausbildung befindlichen Kindes.[49] Empfohlen werden kann, bei der Höhe des Unterhaltsbedarfs auszugehen von dem eines in der Ausbildung befindlichen volljährigen Kindes, welches nicht im Haushalt eines Elternteils wohnt.[50] Dieser pauschale Bedarf (Stand 2018: 735 EUR) ist um das Kindergeld zu mindern, das gemäß § 1612 b BGB bedarfsdeckend anzurechnen ist. Nicht gerechtfertigt ist es, den Umfang der Unterhaltsverpflichtung auf die reinen Ausbildungskosten zu beschränken.[51] Lebt das Kind noch in der Wohnung eines anderen barunterhaltspflichtigen Verwandten, ändert dies an der Höhe des Bedarfes nichts, sondern führt lediglich zur haftanteiligen Aufteilung der Verpflichtung.[52]

5. Mehrere Stiefabkömmlinge. Sind mehrere bedürftige Stiefabkömmlinge vorhanden, so ist der Ausbildungsanspruch aller Stiefabkömmlinge zu bedienen. Probleme können sich dann ergeben, wenn das zusätzliche Viertel, das die Haftung des Erben begrenzt, nicht ausreicht, alle tatsächlichen oder zukünftigen Ausbildungsunterhaltsansprüche zu erfüllen. In diesen Fällen sind die vorhandenen Mittel **proportional**, somit haftanteilig, zu den bestehenden Ausbildungsbedürfnissen zu verteilen.[53] Nur so wird dem gesetzgeberischen Anliegen gerecht, Ausbildungskosten der Abkömmlinge sicher zu stellen. Die Gegenmeinung will bei Vorhandensein mehrerer unterhaltsberechtigter Abkömmlinge das zusätzliche Viertel nach dem Verhältnis aufteilen, welches sich ohne die Erhöhung der Erbquote gem. § 1371 Abs. 1 BGB ergeben würde.[54] Die Gegenmeinung hat den Vorteil, dass eine sichere und einfache Aufteilung der Haftungsmasse erfolgen kann. Dies ist bei der hier vertretenen Auffassung schwerlich möglich, weil die Ermittlung des Bedarfs bzw. mutmaßlichen Bedarfs mit erheblichen Unsicherheiten belastet ist. Diesen Unsicherheiten kann in diesem Fall nur dadurch Rechnung getragen werden, dass vom mutmaßlichen zukünftigen Ausbildungsgang des Geschwisterkindes ausgegangen und dieser prognostiziert wird. Mag auch als Normzweck des § 1371 Abs. 4 BGB die Kompensation dafür verstanden werden, dass der Stiefabkömmling – anders als gemeinschaftliche Abkömmlinge – weder einen Unterhaltsanspruch gegenüber lebenden Ehegatten noch die Chance auf ein höheres Erbe nach dem überlebenden Ehegatten hat,[55] so verbleibt die gesetzgeberische Entscheidung, dass die Kompensation begrenzt dadurch gesehen wird, dass die Ausbildungskosten, der Ausbildungsbedarf des Stiefabkömmlings aus dem Zusatzviertel abgedeckt werden kann. Eine weitere vermögensmäßige Beteiligung, die die Ausbildungskosten übersteigt, gewährt das Gesetz nicht. Auf eine Leistungsfähigkeit des erbenden Ehegatten kommt es nicht an. Die Haftung wird begrenzt durch den zusätzlichen Viertel Erbquotenanteil.

6. Relevanz und Disponibilität. Sind (mehrere) ausbildungsbedürftige Stiefabkömmlinge vorhanden, so kann der bestehende Ausbildungsanspruch zu einem **Verbrauch der gesamten Erbquotenerhöhung** führen. Mögen die Fälle der Unterhaltsbedürftigkeit von Stiefkindern auch nicht sehr häufig vorkommen, so ist die Relevanz in jedem Einzelfall erheblich. Ein Ausschluss des Ausbildungsanspruchs durch Ehevertrag ist rechtlich unwirksam.[56] Dies folgt daraus, dass

---

48 Im Übrigen vgl. *Schausten* FPR 2008, 349 ff.
49 *Grüneberg/Siede* BGB § 1371 Rn. 10.
50 *Schausten* FPR 2008, 349 ff.
51 AA *Boehmer* FamRZ 1961, 41 (47); *Johannsen* FamRZ 1961, 163 (164).
52 AA: *Schausten* FPR 2008, 349 ff.
53 MüKoBGB/*Koch* § 1371 Rn. 73.
54 *Grüneberg/Siede* BGB § 1371 Rn. 10; MüKoBGB/ *Koch* § 1371 Rn. 74; *Schausten* FPR 2008, 351.
55 *Mayer* FPR 2004, 83 (84).
56 Vgl. MüKoBGB/*Koch* § 1371 Rn. 86; *Boehmer* FamRZ 1961, 47 ff.

§ 1371 Abs. 4 BGB nicht nur die güterrechtlichen Verhältnisse der Ehegatten betrifft. Wird im Ehevertrag hingegen der Zugewinnausgleich für den Fall der Beendigung des Güterstandes durch den Tod ausgeschlossen, so bleiben die Ehegatten weiterhin im gesetzlichen Güterstand, im Falle des Todes aber tritt die Erbrechtsverstärkung des § 1371 Abs. 1 BGB durch Erhöhung der Erbquote um 1/4 nicht ein, weil ein Zugewinnausgleich ausgeschlossen ist. Tritt die Verstärkung des § 1371 Abs. 1 BGB nicht ein, so ist keine Masse für einen Ausbildungsanspruch des Stiefkindes gem. § 1371 Abs. 4 BGB vorhanden. Mittelbar kann hierdurch der Ausbildungsunterhaltsanspruch des Stiefkindes ausgeschlossen werden. Der Ausbildungsanspruch kann ferner in einer letztwilligen Verfügung verringert oder ganz ausgeschlossen werden.[57] Vor dem Todesfall kann durch eine Erbverzichtsvereinbarung der Ausbildungsanspruch nicht ausgeschlossen werden, da er nicht allein Teil des gesetzlichen Erbrechts des Abkömmlings ist.[58] Nach dem Erbfall kann durch Vereinbarung zwischen dem Berechtigten und dem Verpflichteten auf einen bereits entstandenen Anspruch verzichtet werden. § 1614 BGB steht nicht entgegen, da der Abkömmling auch hätte ausschlagen können und auch durch die Ausschlagung den Ausbildungsunterhaltsanspruch verloren hätte.[59]

C. Weitere praktische Hinweise

I. Verfahren und Kosten

53 **1. Gericht.** Für den Zugewinnausgleich ist nach §§ 261 ff. FamFG das **Familiengericht** zuständig. Macht der überlebende Ehegatte/Lebenspartner den kleinen Pflichtteil sowie den Zugewinnausgleichsanspruch geltend, sind **unterschiedliche Zuständigkeiten** zu beachten. Für den Zugewinnausgleich ist nach §§ 261 ff. FamFG das Familiengericht zuständig, für den Pflichtteilsanspruch gilt der besondere Gerichtsstand der Erbschaft nach § 27 Abs. 1 ZPO (kein ausschließlicher Gerichtsstand) oder der allgemeine Gerichtsstand nach §§ 12, 13 ZPO.

54 Deutsche Familiengerichte sind nach § 343 FamFG **international** zuständig, wenn der Erblasser Deutscher war und er entweder seinen Wohnsitz bzw. Aufenthalt zum Zeitpunkt des Erbfalls im Inland hatte oder Nachlassgegenstände im Inland belegen sind.[60]

55 Bei der **Geltendmachung eines Ausbildungsanspruchs** des Stiefabkömmlings gilt der allgemeine Gerichtsstand nach §§ 12, 13 ZPO bzw. der erweiterte Gerichtsstand nach § 28 ZPO, da es sich um eine Nachlassverbindlichkeit handelt. Über den Wert des zusätzlichen Viertels kann der Stiefabkömmling gemäß den §§ 2017, 2018, 2057 BGB Informationen einholen.

56 **2. Gebühren. a) Anwaltsgebühren.** Wird der Anwalt mit der außergerichtlichen Beratung des Mandanten beauftragt, so bedarf es – mangels eigener gebührenrechtlicher Tatbestände – einer **Vergütungsvereinbarung**. Wird eine Vergütungsvereinbarung nicht getroffen, richtet sich die Vergütung gemäß § 34 RVG nach § 612 Abs. 2 BGB. Geschuldet wird eine angemessene Vergütung, die nach billigem Ermessen festzulegen ist und die Ortsüblichkeit berücksichtigen muss. Bei dieser Bemessung ist die Bedeutung der geschuldeten Arbeiten für den Auftraggeber, die Schwierigkeiten, die Dauer der verlangten Tätigkeit mit zu berücksichtigen. Die Erstberatung für einen Verbraucher ist hierbei auf einen Betrag von 190 EUR die Beratung des Verbrauchers außerhalb der Erstberatung auf einen Betrag von 250 EUR begrenzt.[61]

57 Wird der Anwalt **außergerichtlich** tätig, so bestimmt sich die Geschäftsgebühr nach Nr. 2300 VV RVG. Vorgesehen ist ein Gebührenrahmen von 0,5 bis 2,5. Wird außergerichtlich eine Einigung erzielt, so kann darüber hinaus eine Einigungsgebühr nach Nr. 1000 VV RVG entstehen. Der Wert des Gegenstandes bestimmt sich nach dem jeweiligen dem konkreten Mandat zu ent-

---

57 MüKoBGB/*Koch* Rn. 85; Grüneberg/*Siede* BGB § 1371 Rn. 11.
58 MüKoBGB/*Koch* § 1371 Rn. 87.
59 Vgl. MüKoBGB/*Koch* § 1371 Rn. 87.

60 Vgl. EGBGB Art. 25.
61 *Hähn* Gebührenabrechnung erbrechtlicher Mandate, 2. Aufl., 26 f. Rn. 18 (IPR).

nehmenden Interesse. Möchte der Mandant die Erbschaft ausschlagen, um den Weg zu einem konkreten Zugewinnausgleich zu öffnen, so steht nicht das Haftungsinteresse im Vordergrund, sondern das Interesse daran, den konkreten Zugewinnausgleich geltend zu machen. Die Höhe des konkreten Zugewinnausgleichs ist dann der Gegenstandswert. Soll darüber hinaus der Pflichtteilsanspruch geltend gemacht werden, so bestimmt die Höhe des Anspruchs, ggf. nach Schätzung, den Gegenstandswert. Geht es um die Auseinandersetzung einer Erbengemeinschaft, so ist das wirtschaftliche Interesse des Mandanten als Miterben entscheidend, wobei bei Streit über die Zugehörigkeit bestimmter Gegenstände deren voller Wert abzüglich des Anteils der übrigen Miterben zu berücksichtigen ist.

Für die **gerichtliche Tätigkeit** fallen Gebühren nach der Nr. 3100 ff. VV RVG an. In der ersten Instanz beträgt die Verfahrensgebühr 1,3, die Terminsgebühr 1,2 (Nr. 3100, 3104 VV RVG); in der zweiten Instanz 1,6 bzw. 1,2 (Nr. 3200, 3202 VV RVG). Der **Wert** richtet sich nach dem vom Gericht festgesetzten Wert (§ 32 RVG). 58

b) Notariatsgebühren. aa) Ehevertrag. Der Geschäftswert bei Eheverträgen richtet sich nach dem modifizierten Reinvermögen. Verbindlichkeiten werden nach § 100 Abs. 1 S. 3 GNotKG nur noch bis zur Hälfte des Aktivvermögens abgezogen. Beträgt das Aktivvermögen eines Ehegatten 200.000 EUR und seine Verbindlichkeiten 150.000 EUR, so ist das Aktivvermögen nur um 100.000 EUR zu mindern. Es verbleibt daher mindestens bei der Hälfte des Aktivvermögens jedes Ehegatten. Die Gebühr für das Beurkundungsverfahren ergibt sich aus Nr. 21200 des Kostenverzeichnisses. 59

bb) Testament. Der Geschäftswert bei Erbeinsetzungen ist der Wert des Vermögens des Erblassers nach Abzug der bestehenden Verbindlichkeiten. Auch hier ist der Schuldenabzug begrenzt auf die Hälfte des Aktivvermögens (§ 102 Abs. 1 S. 2 GNotKG). 60

cc) Vermächtnis. Erfasst die Verfügung von Todes wegen bestimmte Gegenstände, so sind die Verbindlichkeiten abzuziehen (§ 102 Abs. 3 Halbsatz 2, Abs. 2 S. 2 GNotKG). Dies gilt allerdings nur dann, wenn der Vermächtnisnehmer diese Verbindlichkeiten zu übernehmen hat. Vermacht demnach der Erblasser ein Vermächtnis über ein Wohnhaus und Grundstück zu einem Wert von 300.000 EUR und übernimmt der Vermächtnisnehmer eine noch valutierende Darlehensschuld von 100.000 EUR, so ist der Geschäftswert mit 200.000 EUR anzusetzen. 61

Die **Beurkundungsgebühr** bestimmt sich nach Nr. 21100 des Kostenverzeichnisses. 62

dd) Erbvertrag mit Verzichtsvereinbarung. Wird durch Erbvertrag ein Erbe bestimmt und gleichzeitig eine Pflichtteilsverzichtsvereinbarung getroffen, so sind die Geschäftswerte der erbrechtlichen Verfügungen mit den Pflichtteilsverzichtsverträgen zu addieren (§ 35 Abs. 1 GNotKG). Für die Ausschlagung ergibt sich der Geschäftswert aus § 103 GNotKG und die Beglaubigungsgebühr aus Nr. 24102. 63

II. Verjährung

Bei Kenntnis vom Erbfall und der sonst den Anspruch begründenden Umstände gilt für **Zugewinnausgleichsansprüche** nach Abs. 1 und Abs. 2 die Regelverjährung von 3 Jahren gemäß §§ 195, 199 BGB. Die Regelverjährung gilt für erbrechtliche sowie familienrechtliche Ansprüche.[62] Die Verjährungsfrist beginnt mit Ende des Entstehungsjahres. Ohne Rücksicht auf die Kenntnis beträgt die Verjährungshöchstfrist nach § 199 Abs. 3a BGB 30 Jahre (anders die Höchstfrist für Zugewinnausgleichsansprüche bei einer Scheidung in Höhe von 10 Jahren). Die 30jährige Verjährungsfrist gilt für alle Ansprüche, die auf einem Erbfall beruhen oder für deren Geltendmachung eine Verfügung von Todes wegen bekannt sein muss (§ 199 Abs. 3a BGB). 64

---

62 Grüneberg/*Ellenberger* BGB § 197 Rn. 4.

III. Allgemeine Gestaltungshinweise

65 **1. Vermächtnisanordnung.** Der überlebende Ehegatte kann dann einen konkreten Zugewinnausgleich geltend machen, wenn er weder Erbe noch Vermächtnisnehmer ist. Soll die Geltendmachung eines konkreten Zugewinnausgleichs seitens des Erblassers zugunsten anderer Erben vermieden werden, so würde die **Einräumung eines Vermächtnisses**[63] zugunsten des überlebenden Ehegatten ausreichend sein, um ihm den Weg zur Geltendmachung eines konkreten Zugewinnausgleichs zu versperren. Zwar könnte der überlebende Ehegatte das Vermächtnis ausschlagen und dann den konkreten Zugewinnausgleich geltend machen, dies mag aber im Einzelfall für ihn durchaus problematisch sein. Wird zu seinen Gunsten beispielsweise ein Wohnrechtsvermächtnis ausgesetzt und ist ihm die Zugewinnausgleichssituation nicht sehr deutlich, so wird er möglicherweise das Vermächtnis nicht ausschließen, um jedenfalls in dem Hausobjekt wohnen bleiben zu können. Er wird ergänzend den Pflichtteilsanspruch geltend machen, aber davon Abstand nehmen, durch Ausschlagung der Erbschaft auf den „kleinen Pflichtteil" reduziert zu werden und das Vermächtnis zu verlieren.

66 Hat der überlebende Ehegatte von dem Verstorbenen während bestehender Ehe bereits einen Zugewinnausgleich erhalten oder nahezu erhalten, so ändert dies grundsätzlich nichts an der erbrechtlichen Regelung des § 1371 Abs. 1 BGB. Obgleich bereits ein Zugewinnausgleich wirtschaftlich vorgenommen wurde, erhält der überlebende Ehegatte eine Erbrechtsverstärkung um einen 1/4 Erbanteil.[64] Pflichtteilsberechtigte Personen können in diesem Fall über § 2325 BGB geschützt werden, da die Zuwendung eines Ehegatten an den anderen vor Beendigung des Güterstandes als Schenkung zu werten ist. Soll hingegen dieser Effekt nicht eintreten, so kann dies nur durch Vereinbarung der Gütertrennung oder dadurch ausgeschlossen werden, dass der Anfall des erhöhten Erbanteils durch Ausschluss von der Erbfolge oder Beschränkung auf den Pflichtteil ausgeschlossen wird.

67 **2. Ausschlagung. a) Allgemeines.** Der Rat, das Vermächtnis oder die Erbschaft auszuschlagen und sich über diesen Weg die Möglichkeit zu verschaffen, einen konkreten Zugewinnausgleich zu verlangen, hat zum einen die für die **Ausschlagung** geltenden Fristen zu berücksichtigen, zum anderen ist aber auch die mit der Ausschlagung verbundene Rechtsfolge zu beachten. Es kann kein Einfluss mehr genommen werden auf Entscheidungen einer Erbengemeinschaft oder des Erben selbst. Durch die Ausschlagung reduziert sich das Recht des ausschlagenden Ehegatten auf die Geltendmachung schuldrechtlicher Ansprüche. Er ist nicht mehr Mitglied einer Gesamthandsgemeinschaft und ist daher nicht mit verfügungsberechtigt. Er kann auch Verfügungen der nunmehrigen Erben nicht verhindern. Dafür erlangt er das Recht, den konkreten Zugewinnausgleich geltend zu machen. Hiervon sollte er immer dann Gebrauch machen, wenn erkennbar ist, dass das gesamte im Zeitpunkt des Todes vorhandene Vermögen während der Ehe erworben wurde und damit in vollem Umfange dem Zugewinnausgleich unterliegt. In diesem Fall führt der Zugewinnausgleich zu einer 50 %igen Beteiligung am Vermögen, während die Erbquote deutlich geringer sein mag.

68 **b) Taktische Ausschlagung.** Die erbrechtliche Lösung des Zugewinnausgleichs nach Abs. 1 BGB ist dann für den überlebenden Ehegatten von Nachteil, wenn der Nachlass einen hohen Zugewinn umfasst. Zu prüfen ist, ob der überlebende Ehegatte durch eine Ausschlagung der Erbschaft besser gestellt wird, da er so neben dem güterrechtlichen (konkret berechneten) Zugewinnausgleich noch den kleinen Pflichtteil (§ 1371 Abs. 2, 3 BGB) erhält. Der Pflichtteilsanspruch richtet sich nach dem Nettonachlasswert zur Zeit des Erbfalls (§ 2311 Abs. 1 BGB), wobei sich dieser durch Nachlassverbindlichkeiten minimiert. Schenkungen der letzten 10 Jahre sind hinzuzurechnen (vgl. §§ 2325, 2330 BGB). An sich ist dieser Pflichtteilsanspruch bei einer Ausschlagung nach den erbrechtlichen Bestimmungen nicht gegeben, aber die Regelung des

---

63 Zur praktischen Umsetzung vgl. ZErb 2013, 313 ff.
64 Grüneberg/*Siede* BGB § 1371 Rn. 5.

§ 1371 Abs. 3 BGB konstituiert diesbezüglich einen Ausnahmetatbestand. Im Gegensatz zu dem vollständig enterbten Ehegatten/Lebenspartner hat er also ein Wahlrecht.

Beispiel: A und B waren zum Zeitpunkt der Eheschließung vermögenslos. In der Ehe werden zwei Kinder geboren. Zum Zeitpunkt des Todes des A hat dieser 200.000 EUR Vermögen. B hat keinen Zugewinn erzielt. Nach der gesetzlichen Erbfolge erbt B nun die Hälfte des Nachlasses iHv 100.000 EUR, die zwei Kinder jeweils 50.000 EUR. Wenn B die Erbschaft ausschlägt und den tatsächlich erwirtschafteten Zugewinn nebst kleinem Pflichtteil (1/8) aus dem Nachlasswert verlangt, erhält sie die Hälfte des Zugewinns iHv 100.000 EUR zuzüglich 1/8 aus dem restlichen Nachlass, also 12.500 EUR. Bei dieser Vorgehensweise besteht zudem keine Unterhaltspflicht des Überlebenden gegenüber Stiefkindern.

3. Relevanz güterrechtlicher Vereinbarungen. Zu prüfen ist, ob zwischen den Eheleuten ein 69 Ehevertrag abgeschlossen ist, der **güterrechtliche Vereinbarungen** enthält. Haben die Eheleute die Gütertrennung vereinbart und schlägt der überlebende Erbe die Erbschaft aus, so verbleibt ihm nur dann die Möglichkeit, einen konkreten Zugewinnausgleich durchzuführen sowie den kleinen Pflichtteilsanspruch geltend zu machen, wenn die ehevertragliche Vereinbarung der Gütertrennung unwirksam ist. Bleibt sie wirksam, so würde der ausschlagende Ehegatte weder konkrete güterrechtliche Ansprüche haben noch Pflichtteilsansprüche. Denn in diesem Fall gilt die allgemeine Wirkung der Ausschlagung. Der Ausschlagende hat keinerlei erbrechtliche Ansprüche und auch keine Pflichtteilsansprüche. Es stellt sich in diesen Fällen die Frage der **Wirksamkeit des Ehevertrages**. Isolierte güterrechtliche Vereinbarungen finden gesetzliche Grenzen lediglich im § 1409 BGB sowie bei Vereinbarungen, die dem Wesen des Güterrechts völlig konträr laufen.[65] Im Übrigen sind sie im Rahmen der richterlichen Wirksamkeits- und Ausübungskontrolle[66] zu überprüfen. Isoliert werden sie kaum Wirksamkeitsbedenken begegnen. Sie können aber im Rahmen einer Gesamtwürdigung dann unwirksam werden, wenn andere Teile des Ehevertrages, beispielsweise unterhaltsrechtliche Regelungen oder Regelungen über den Versorgungsausgleich zur Teilunwirksamkeit der Vereinbarung führen und im Rahmen der Gesamtwürdigung des Vertrages auch die güterrechtlichen Regelungen der Unwirksamkeit unterfallen.[67]

IV. Wiederverheiratungsklauseln

Die Ehegatten können ihre gegenseitige Erbeinsetzung mit einer sog. Wiederverheiratungsklau- 70 sel verbinden. In dem Fall muss der Überlebende bei einer erneuten Heirat den Nachlass des Erstverstorbenen an die für diesen Fall als dessen Erben eingesetzten Abkömmlinge ganz oder teilweise herausgeben.[68] Dies gilt entsprechend bei Begründung einer Lebenspartnerschaft nach dem Lebenspartnerschaftsgesetzes.[69] Wiederverheiratungsklauseln erscheinen aus verfassungsrechtlichen Gründen jedoch problematisch.[70] Dies ist insbesondere dann der Fall, wenn damit der Längerlebende all die Vermögenspositionen verliert, die ihm eigentlich aufgrund seines Pflichtteilsrechts, aber auch Zugewinnausgleich, am Nachlass des Erstversterbenden zustehen. Denn bei einer Ausschlagung kann er den Pflichtteil und Zugewinnausgleich verlangen, auch wenn er erneut heiratet. Da in der Regel die Erbschaft bereits angenommen wurde, besteht sodann die Möglichkeit der Ausschlagung nicht mehr. In der Literatur werden Bedenken gegen eine uneingeschränkte Gültigkeit dieser Gestaltungen erhoben.[71]

---

65 Vgl. Grüneberg/*Siede* BGB § 1408 Rn. 10.
66 Grüneberg/*Siede* BGB § 1408 Rn. 16.
67 Vgl. OLG Oldenburg BeckRS 2017, 113239.
68 BGHZ 96, 198; OLG Hamm FamRZ 1995, 250.
69 Grüneberg/*Weidlich* BGB § 2269 Rn. 16.
70 Vgl. zum nachfolgenden auch *Scheuren-Brandes* ZEV 2005, 185.
71 So etwa Grüneberg/*Weidlich* BGB § 2269 Rn. 17.

V. Beweislast

71 Für den gesetzlichen Güterstand besteht eine Vermutung. Für eine gegenteilige Behauptung trägt derjenige die Beweislast, der sich darauf beruft.

VI. Stundungsabrede

72 Unter den Voraussetzungen des § 1382 BGB kann eine **Stundungseinrede** erhoben werden. Dies ist ratsam in Fällen zunächst bestehender Zahlungsschwierigkeit bei in Aussicht stehender Liquidität (zB das Abwarten eines Hausverkaufs).

VII. Steuerrechtliche Bewertung

73 **1. Freibetragsregelung.** Der Güterstand der Zugewinngemeinschaft erfährt erbschaftsteuerlich eine **Sonderbehandlung** im Vergleich zu den Güterständen der Gütertrennung und der Gütergemeinschaft. Erbt der überlebende Ehegatte/ Lebenspartner nach der erbrechtlichen Lösung, Abs. 1, wird nach § 5 Abs. 1 ErbStG der Zugewinnausgleich ermittelt, der dem überlebenden Ehegatten/ Lebenspartner zustehen würde, wenn der Zugewinn nach § 1371 Abs. 2 BGB ermittelt würde, sog. **fiktive Ausgleichsforderung**. Diesen der Ausgleichsforderung entsprechenden Betrag nimmt § 5 ErbStG von der Erbschaftsbesteuerung aus. Er stellt somit eine **Freibetragsregelung** dar. Diese Vergünstigung gilt seit dem 1.1.2009 auch für die eingetragene Lebenspartnerschaft. So wird für erbschaftsteuerliche Zwecke eine Berechnung der Ausgleichsforderung notwendig, sofern der Erwerb des überlebenden Ehegatten/ Lebenspartners einschließlich etwaiger Vorschenkungen (§ 14 ErbStG) die persönlichen Freibeträge nach §§ 16, 17 ErbStG voraussichtlich überschreiten wird (zB 500.000 EUR bei Ehegatten oder Lebenspartner, § 16 Abs. 1 Nr. 1 ErbStG). Die Berechnung erfolgt nach den Bestimmungen der §§ 1371–1383 und 1390 BGB. Gemäß § 5 Abs. 2 und 3 ErbStG bleiben hiervon abweichende Vereinbarungen ebenso wie die Vermutung des § 1377 Abs. 3 BGB unberücksichtigt. In der Praxis kann sich bei über lange Zeiträume bestandenen Ehen das Problem der zeitintensiven Ermittlung ergeben, bis hin, dass gegebenenfalls sogar eine Schätzung vorgenommen werden muss.[72] Lebzeitige Zuwendungen vermindern gemäß § 1380 BGB den Zugewinn und führen so letztlich zu einer Kürzung des steuerfreien Zugewinnausgleichsbetrages.

74 **2. Berücksichtigung von Steuererstattungsansprüchen und Steuerschulden im Zugewinn.** Steuererstattungsansprüche sowie Steuerschulden müssen zum Stichtag des Zugewinnausgleichs im aktiven Endvermögen berücksichtigt werden. Somit ist eine Steuererklärung zu fertigen. Etwaige Nachforderungen oder Steuerschulden, auch gerade welche die noch bestehen (zur Entstehung: § 36 Abs. 1 EStG), müssen ausgeglichen werden. Das ist bei der Berechnung des Zugewinns zu berücksichtigen. Bei gemeinsamer Veranlagung hat ein Innenausgleich (§ 426 BGB) stattzufinden, der im jeweiligen Endvermögen zu berücksichtigen ist.

75 **3. Praxishinweis. a) Modifizierte Zugewinngemeinschaft.** Aufgrund dieser steuerrechtlichen Privilegierung ist grundsätzlich zu raten, anstatt einer Gütertrennung die Zugewinngemeinschaft zu wählen. Den unterschiedlichen Interessen der Ehegatten kann dadurch Rechnung getragen werden, dass der Zugewinnausgleich in einem Ehevertrag den individuellen Bedürfnissen angepasst wird, sog. **modifizierter Zugewinnausgleich**. Der für die Ehegatten/Lebenspartner erbrechtliche vorteilhafte Güterstand der Zugewinngemeinschaft kann ehevertraglich auch nur für den Fall der Beendigung der Ehe durch den Tod eines Ehegatten/Lebenspartners vereinbart werden, so dass im Fall der Scheidung kein Zugewinn auszugleichen ist. Selbst wenn es zB aufgrund vertraglichen Ausschlusses auch für den Todesfall nicht zu einem Zugewinnausgleich kommt, steht dem überlebenden Ehegatten dann ein Freibetrag des fiktiven Zugewinns nach

---

[72] MAH ErbR/*von Sothen* § 35, 1221.

§ 1371 Abs. 2 BGB zu. Dieser wird auf seinen Erbteil angerechnet. Dieser Vorteil besteht indes nicht bei einer vereinbarten Gütertrennung der Ehegatten.

b) Güterstandsschaukel. Die Ehegatten bzw. Lebenspartner können den gesetzlichen Güterstand durch Vereinbarung beenden und den bisher entstandenen Zugewinn schenkungsteuerfrei ausgleichen, um dann erneut den gesetzlichen Güterstand zu begründen,[73] sog. **Güterstandsschaukel**. Die Motivation für ein solches Modell kann aufgrund einer sehr unterschiedlichen Vermögensverteilung zwischen beiden Ehepartnern/ Lebenspartnern bestehen, welche bei der Vererbung des Vermögens an ihre Kinder sicherstellen wollen, dass diese den ihnen zustehenden Steuerfreibetrag im Erbfall optimal ausnutzen können. Eine Schenkung würde automatisch Schenkungsteuer nach § 1 ErbStG auslösen.[74] Der BGH[75] hat aber strenge Voraussetzungen bezüglich eines solchen Gestaltungsmodells aufgestellt. Bedingung sind eheliche Zwecke. In der notariellen Urkunde sollten die Gründe bzgl. eines Güterstandswechsels aufgenommen werden. Die Höhe des Anspruchs muss gegenüber der Finanzverwaltung nachgewiesen werden.[76]

c) Steuerverschonung gemäß § 5 Abs. 2 ErbStG. Der Steuerfreibetrag kann nicht weiter reichen als der zivilrechtlich als Zugewinn beanspruchte Betrag. § 5 Abs. 2 ErbStG verweist allerdings nicht auf die einschränkenden Regelungen der erbrechtlichen Lösung in § 5 Abs. 1 S. 2–5 ErbStG. Die Gestaltungsfreiheit güterrechtlicher Vereinbarungen wird steuerrechtlich jedoch nicht unbegrenzt anerkannt. Es lassen sich im Wesentlichen zwei Fallgruppen unterscheiden:

- Die Leistung einer überhöhten güterrechtlichen Ausgleichforderung.
- Der Verzicht auf einen entstandenen Zugewinnausgleichsanspruch.

Wird eine überhöhte Ausgleichforderung vereinbart, entfällt die steuerliche Verschonung.[77]

Wann hingegen eine überhöhte Ausgleichsforderung vorliegt, ist stark umstritten.[78] Wird auf Zugewinnausgleichsansprüche verzichtet, so ist zu unterscheiden: Wird vor Beendigung des Güterstandes auf eine künftige Ausgleichforderung auf Entgelt verzichtet, so rechtfertigt dies nicht die Annahme einer freigebigen Zuwendung.[79] Der Verzicht auf eine einerseits entstandene Ausgleichsforderung stellt zumindest grundsätzlich dann eine freigebige Zuwendung dar, wenn ein Wille zur Unentgeltlichkeit gegeben ist.[80]

Das Urteil des Finanzgerichts Hessen veranschaulicht deutlich zwischen der steuerlich anzuerkennenden Modifizierung eines noch nicht entstandenen Zugewinns – also vor Beendigung des Güterstandes – und einem Verzicht auf einen Teilbetrag nach Beendigung und Entstehen der Ausgleichsforderung. Verzichtet ein Ehegatte auf die Auszahlung des Differenzbetrages zwischen dem aus der güterrechtlichen Vereinbarung ergebenen Ausgleichsbetrag und dem tatsächlich gezahlten niedrigen Betrag, stellt dies eine nicht steuerverschonte Schenkung dar.

VIII. Gestaltung in Fällen internationaler Beteiligung

Zu beachten ist, dass **§ 1371 Abs. 1 BGB** nach der Rspr. des EuGH nunmehr **erbrechtlich** zu qualifizieren ist (vgl. hierzu im Einzelnen die Kommentierung Nr. 31 → Art. 23 EuErbVO Rn. 18 ff.).[81] Folglich ist § 1371 Abs. 1 BGB nur dann anwendbar, wenn deutsches Sachrecht das Erbstatut bildet. Ist dies nicht der Fall, stellt sich allenfalls die Frage nach der Durchführung eines konkreten Zugewinnausgleichs gem. § 1371 Abs. 2 Hs. 1 BGB (vgl. hierzu Nr. 31 → Art. 23 EuErbVO Rn. 20).

---

73 BFH ZEV 2005, 490.
74 Einzelheiten s. *Möller* Die Gütergemeinschaft im Wandel der Gesellschaft, 170 ff.; *Möller* Familienrecht in der erbrechtlichen Beratung, 83 ff.
75 BGHZ 116, 178 (182).
76 Vgl. *Wegmann* ZEV 1996, 201 ff.
77 BFH BStBl 2005 II 843, BeckRS 2005, 24002301.
78 Vgl. ua Viskorf/Knobel/Schuck/Wälzholz/Richter ErbStG § 5 Rn. 47.
79 *Meincke* ErbStG § 5 Rn. 42.
80 Vgl. hierzu FG Hessen EFG 2017, 871.
81 EuGH v. 1.3.2018 – C-558/16 (Mahnkopf) = ZEV 2018, 205 mAnm. *Bandel*.

§ 1586b BGB Kein Erlöschen bei Tod des Verpflichteten

(1) ¹Mit dem Tode des Verpflichteten geht die Unterhaltspflicht auf den Erben als Nachlassverbindlichkeit über. ²Die Beschränkungen nach § 1581 fallen weg. ³Der Erbe haftet jedoch nicht über einen Betrag hinaus, der dem Pflichtteil entspricht, welcher dem Berechtigten zustände, wenn die Ehe nicht geschieden worden wäre.

(2) Für die Berechnung des Pflichtteils bleiben Besonderheiten auf Grund des Güterstands, in dem die geschiedenen Ehegatten gelebt haben, außer Betracht.

A. Allgemeines	1
B. Regelungsgehalt	2
I. Unterhaltsrechtsverhältnisse	2
II. Voraussetzungen	4
1. Gesetzliche und vertragliche Unterhaltsansprüche	5
a) Gesetzliche Unterhaltsansprüche	5
b) Vertragliche Unterhaltsansprüche	6
2. Gläubiger des Anspruchs	7
3. Schuldner des Anspruchs	8
4. Bedarf und Bedürftigkeit	9
5. Wegfall der Leistungsbeschränkungen	12
6. Haftungsbeschränkung	13
7. Berechnung der Haftungsgrenze des § 1586b Abs. 1 S. 2 BGB	14
a) Pflichtteilsquote	15
b) Pflichtteilsnachlass	16
8. Relevanz von Erb- oder Pflichtteilsverzichtsvereinbarungen	17
9. Verwirkungseinwände der Erben	18
C. Weitere praktische Hinweise	19
I. Verfahren	19
1. Gericht	19
2. Untitulierter Anspruch	20
a) Gläubiger des Unterhaltsanspruchs	20
b) Schuldner des Anspruchs	21
3. Anhängiges Verfahren	22
4. Titulierter Unterhaltsanspruch	23
a) Unterhaltsgläubiger	23
b) Unterhaltsschuldner	24
II. Beweislast	27
III. Verjährung	28
IV. Testamentsvollstreckung	29
V. Begrenztes Realsplitting (§ 10 Abs. 1 Nr. 1 EStG)	30
VI. Vertragsgestaltung, Praxistipps	31
1. Ehevertrag und Scheidungsfolgenvereinbarung	31
2. Erb- oder Pflichtteilsverzichtsvereinbarungen	33
3. Vermeidung der Nachlasserhöhung	34
VII. Haftungsgrenze	35

A. Allgemeines

1 Unterhaltsansprüche von Verwandten erlöschen mit dem Tod des Unterhaltsverpflichteten.[1] Dies gilt auch für Unterhaltsansprüche von noch miteinander verheirateten Ehegatten (Familien- und Trennungsunterhaltsansprüche).[2] Unterhaltsansprüche geschiedener Ehegatten bestehen im Rahmen des § 1586b BGB für den Fall des Todes des Unterhaltsverpflichteten fort. Dies gilt auch für Betreuungsunterhaltsansprüche gemäß § 1615l Abs. 2 BGB.[3] § 1586b BGB zielt auf eine Absicherung des nicht mehr erbberechtigten Unterhaltsberechtigten. Es soll ein Ausgleich für den Verlust erbrechtlicher Ansprüche geschaffen werden.[4] Es ist deshalb folgerichtig, den Kreis der anspruchsberechtigten Personen zu erweitern, wenn zwar die Ehe noch Bestand hat, erbrechtliche Ansprüche gemäß § 1933 BGB jedoch bereits entfallen sind. § 1933 S. 3 BGB verweist deshalb auf das nacheheliche Ehegattenunterhaltsrecht gemäß den §§ 1569 bis 1586 b BGB. Der Unterhaltsanspruch geht als Nachlassverbindlichkeit auf die Erben über.[5] Er besteht – soweit es nicht um Unterhaltsansprüche nach § 1615l Abs. 2 BGB geht – nicht uneingeschränkt. Er ist begrenzt durch den Umfang des Nachlasses. Er ist ferner begrenzt durch einen hypothetisch zu berechnenden Pflichtteilsanspruch.[6] Die Anbindung an das Pflichtteilsrecht basiert auf der Vermutung, dass der Unterhaltsverpflichtete bei gescheiterter (noch nicht geschiedener) Ehe den Ehegatten durch Verfügung von Todes wegen von der Erbfolge ausgeschlossen hätte mit der Folge, dass lediglich noch Pflichtteilsansprüche bestanden haben könnten.[7] Bei

---

[1] Vgl. § 1615 BGB.
[2] Vgl. §§ 1360a, 1360, 1361 Abs. 3 S. 4, 1615 BGB.
[3] Vgl. § 1615l Abs. 3 S. 4 BGB.
[4] *Schindler* FPR 2006, 121 ff.
[5] Vgl. § 1922 BGB.
[6] § 1536 Abs. 1 S. 3 BGB.
[7] Vgl. BT-Drs. 7/615, 151.

hohen Nachlässen kann dies dazu führen, dass der Unterhaltsanspruch des Berechtigten noch über einen langen Zeitraum nach dem Tode des Unterhaltsverpflichteten fortbesteht und den Nachlass belastet. Unterhaltsansprüche gemäß § 1615l BGB erlöschen nicht mit dem Tode des Verpflichteten und bestehen uneingeschränkt als Nachlassverbindlichkeit fort (§ 1615l Abs. 3 S. 4 BGB).

B. Regelungsgehalt

I. Unterhaltsrechtsverhältnisse

Unterhaltsrechtsverhältnisse vor dem 1.1.2008. In § 36 EGZPO sind die Voraussetzungen geregelt, unter denen das aktuelle Unterhaltsrecht auf Unterhaltsrechtsverhältnisse anzuwenden ist, die vor dem 1.1.2008 entstanden sind. 2

Die **Haftungsbeschränkung des § 1586b S. 3 BGB** gilt nicht für vor dem Inkrafttreten des 1. EheRG am **1.7.1977** geschiedene Ehen. Es gelten die nachehelichen Unterhaltsansprüche gemäß § 12 Nr. 3 Abs. 2 des 1. EheRG weiter nach dem bis dahin geltenden Recht des EheG, § 70 Abs. 1 EheG.[8] Dies gilt entsprechend für in diesem Zeitraum geschlossene Unterhaltsvereinbarungen. Eine an die Erben übergegangene Nachlassverbindlichkeit ist weiter zu erfüllen.[9] 3

II. Voraussetzungen

Es muss entweder ein nachehelicher Ehegattenunterhaltsanspruch (§ 1570 ff. BGB) bestehen oder aber es müssen die Voraussetzungen des § 1933 BGB erfüllt sein und ein Unterhaltsanspruch bei analoger Anwendung der §§ 1570 ff. BGB bestehen. Darüber hinaus muss der Unterhaltsverpflichtete verstorben sein. 4

1. Gesetzliche und vertragliche Unterhaltsansprüche. a) Gesetzliche Unterhaltsansprüche. Die Norm erfasst die nachehelichen Unterhaltsansprüche (§§ 1570 ff. BGB) und schließt die Unterhaltsansprüche von Lebenspartnern nach Beendigung der Lebenspartnerschaft (§ 16 LPartG) ein. Bei Vorliegen der Voraussetzung des § 1933 BGB wird für den an sich nur bestehenden Trennungsunterhaltsanspruch auf die Regelungen des nachehelichen Unterhaltsrechts verwiesen. Diese sind entsprechend anzuwenden. Sie gehen ebenfalls als Nachlassverbindlichkeit auf die Erben über. 5

b) Vertragliche Unterhaltsansprüche. Unterhaltsansprüche können durch vertragliche Vereinbarung abweichend geregelt werden. Abweichende Regelungen können auch für den Umfang der Verpflichtung gemäß § 1586b BGB wesentlich sein.[10] In welchem Maße eine Unterhaltsverpflichtung von einer vertraglichen Regelung erfasst wird, hängt von dem auszulegenden Inhalt der Vereinbarung ab. Soll durch die Vereinbarung der gesetzliche Unterhaltsanspruch lediglich ausgestaltet werden, handelt es sich mithin um eine „**unselbstständige Unterhaltsvereinbarung**", wird es weitestgehend bei der gesetzlichen Bestimmung des § 1586b BGB verbleiben. Ist der nacheheliche Unterhaltsanspruch jedoch im Rahmen einer „**selbstständigen Unterhaltsvereinbarung**" abweichend von den gesetzlichen Bestimmungen allein durch den Vertrag ausgestaltet, ist dies bei formwirksamer Gestaltung von den Erben zu akzeptieren. Im Zweifel wird man nicht von einer selbstständigen Unterhaltsvereinbarung, sondern nur von einer die gesetzlichen Unterhaltsansprüche ausgestaltenden unselbstständigen Vereinbarung ausgehen.[11] 6

2. Gläubiger des Anspruchs. Gläubiger des Anspruchs ist der von dem Erblasser geschiedene Ehegatte bzw. der Partner einer Lebensgemeinschaft im Sinne des LPartG hinsichtlich des nachpartnerschaftlichen Unterhaltes (§ 16 LPartG). Gläubiger des Anspruchs ist auch der getrennt 7

---

8 Vgl. OLG Bamberg FamRZ 1998, 832; *Bergschneider* FamRZ 2003, 1049 (1057).
9 OLG Bamberg FamRZ 2012, 1397.
10 Grüneberg/*v. Pückler* BGB § 1586b Rn. 9.
11 Vgl. BGH FamRZ 2004, 1546 ff.; OLG Bamberg MDR 1999, 1139 = FamRZ 1999, 1278.

lebende Ehegatte, wenn die Voraussetzungen des § 1933 S. 3 BGB erfüllt sind. Ebenso ist Gläubiger der Ehegatte, der zum Zeitpunkt des Erbfalls einen begründeten Antrag auf Eheaufhebung gestellt hat. Hierbei findet die Vorschrift nur zugunsten des Ehegatten Anwendung, dem die Gründe der Aufhebung und damit die Aufhebbarkeit nicht bekannt waren. Im Fall des § 1314 Abs. 2 Nr. 3 BGB ist dies der Ehegatte, der von dem anderen getäuscht wurde.[12] Kannten hingegen beide Ehegatten die Aufhebungsgründe (§ 1318 Abs. 2 Nr. 2 BGB), können beide Geschiedenenunterhalt voneinander verlangen.[13]

8   **3. Schuldner des Anspruchs.** Mit dem Erbfall wandelt sich der Unterhaltsanspruch in eine Nachlassverbindlichkeit, dh der Erbe/die Erben des Unterhaltsverpflichteten wird/werden nunmehr Unterhaltsschuldner.[14]

9   **4. Bedarf und Bedürftigkeit.** Die Bedürftigkeit des Unterhaltsberechtigten (§ 1577 BGB) ist nach der Höhe des **Unterhaltsbedarfs** (§ 1578 BGB) zu prüfen. Der Unterhaltsbedarf bestimmt sich nach den **ehelichen Lebensverhältnissen.** Diese sind grundsätzlich nach den Umständen festzulegen, die im Zeitpunkt der **Rechtskraft der Ehescheidung** bestanden.[15] Konkurriert bereits zum Zeitpunkt der Rechtskraft der Ehescheidung ein Unterhaltsanspruch aus § 1570 BGB mit einem insofern gleichrangigen Anspruch aus § 1615 l Abs. 2 S. 2 BGB, so ist der zum Zeitpunkt des Todeseintritts des Unterhaltspflichtigen bestehende Bedarf dem Unterhaltsberechtigten fiktiv fortzuschreiben.[16]

10 **Einkommensveränderungen** nach diesem Zeitpunkt sind dann beachtlich, wenn sie nicht auf einer unerwarteten, vom Normalverlauf erheblich abweichenden Entwicklung beruhen. Demnach kann es für die Bemessung des Unterhaltsbedarfs auch auf die tatsächlichen Verhältnisse des Erblassers vor dem Tode ankommen. Es kann gerechtfertigt sein, den Unterhaltsmaßstab auf der Grundlage aktualisierter Einkommens- und Vermögensverhältnisse des Erblassers („Wandelbarkeit der ehelichen Lebensverhältnisse") anzupassen.[17]

11 Zu prüfen ist sodann, inwieweit der Bedarf durch eigene Einkünfte/eigenes Vermögen des Unterhaltsberechtigten abgedeckt werden kann, mithin die „Bedürftigkeit" des Unterhaltsberechtigten. Diese Prüfung ist auf den Zeitpunkt des Todes des Erblassers vorzunehmen. Zu berücksichtigen sind alle Einkünfte und Vermögenswerte, die zu diesem Zeitpunkt vorhanden waren. Zu prüfen ist, ob bestehenden Erwerbsobliegenheiten genüge getan wurde/wird. Ggf. sind die Grundsätze fiktiver Einkommensermittlungen anzuwenden.

12 **5. Wegfall der Leistungsbeschränkungen.** Mit der Umwandlung des Anspruchs in eine Nachlassverbindlichkeit fallen zwangsläufig alle Leistungsbeschränkungen gemäß § 1581 BGB weg. Dies deshalb, weil bei der Erfüllung der Nachlassverbindlichkeit das Gesamtnachlassvermögen zur Verteilung steht.[18] Auf die Leistungsfähigkeit der Erben selbst kommt es gemäß § 1586b Abs. 1 S. 2 BGB nicht an.[19]

13 **6. Haftungsbeschränkung.** Der Erbe kann seine Haftung nach den §§ 1975 ff. BGB (insbesondere §§ 1990, 1992, 2095 BGB, bei fortgesetzter Gütergemeinschaft § 1489 BGB) beschränken. Mehrere Erben haften gemäß § 2058 BGB als Gesamtschuldner im Innenverhältnis entsprechend ihrer Anteile. Die Haftung des Erben ist gemäß § 1586b BGB weiter beschränkt auf die Höhe des Pflichtteilsanspruchs, der bestanden hätte, wenn zum Zeitpunkt des Erbfalls der unterhaltsberechtigte geschiedene Ehegatte noch pflichtteilsberechtigt gewesen wäre (sogenannter fiktiver Pflichtteil).[20]

---

12 Mögliche Ausnahme: § 1318 Abs. 2 Nr. 2 BGB.
13 *Schlüter* FamR 2012, 28 Rn. 32.
14 Grüneberg/*v. Pückler* BGB § 1586b Rn. 2.
15 BVerfG FamRZ 2011, 437 ff.; *Dose* FF 2012, 227 ff.
16 BGH NJW 2019, 2392.
17 Grüneberg/*v. Pückler* BGB § 1578 Rn. 13.
18 Grüneberg/*v. Pückler* BGB § 1586b Rn. 5.
19 Der selbst pflichtteilsberechtigte Erbe kann sich auch nicht auf § 2328 BGB berufen.
20 BGH BGHZ 146, 114 = FamRZ 2001, 282.

7. Berechnung der Haftungsgrenze des § 1586b Abs. 1 S. 2 BGB. Die Haftung ist begrenzt auf 14
den Wert des fiktiven Pflichtteilsanspruchs des unterhaltsberechtigten geschiedenen Ehegatten.[21]

a) Pflichtteilsquote. Die Pflichtteilsquote wird güterstandsunabhängig bestimmt. Bei der Berechnung der Pflichtteilsquote bleibt die Erhöhung der gesetzlichen Erbquote gemäß § 1371 15
Abs. 1 BGB unberücksichtigt. Angeknüpft wird also allein an die Erbquote des § 1931 Abs. 1 BGB. Lebten die Ehegatten (Unterhaltsberechtigter und Erblasser) im gesetzlichen Güterstand und hatten sie gemeinsame Kinder, so beträgt die Erbquote gemäß § 1931 Abs. 1 BGB 1/4. Sie wird für die Berechnung der Haftungsbeschränkungen nicht um den rein güterrechtlich geprägten Anteil des § 1371 Abs. 1 BGB erhöht.[22] Die zu berücksichtigende Pflichtteilsquote beträgt somit 1/8. Neben Verwandten der zweiten Ordnung oder neben Großeltern beträgt die gesetzliche Erbquote 1/2 und der Pflichtteilsanspruch somit 1/4. Hierbei ist für die Berechnung der fiktiven Pflichtteilsquote der Fortbestand der Ehe bis zum Tode zu fingieren. Diese Fiktion lässt einen neuen Ehegatten des Erblassers unberücksichtigt, nicht hingegen andere Pflichtteilsberechtigte im Sinne des § 2303 BGB. Kinder aus einer weiteren Ehe oder Kinder, für die die rechtliche Vaterschaft im Übrigen besteht, sind bei der Festlegung der Quote mit zu berücksichtigen, auch wenn sie erst nach der Scheidung der Ehe des Unterhaltsberechtigten mit dem Erblasser geboren wurden.[23]

b) Pflichtteilsnachlass. Für die **Berechnung der Pflichtteilsansprüche** ist der Pflichtteilsnachlass 16
zu bilden. Dieser besteht aus dem Nachlass im Sinne des § 2311 BGB. Es sind somit alle aktiven und passiven Werte zum Todeszeitpunkt zu ermitteln. Der Nachlass ist für die Berechnung der Haftungsbeschränkung um die **Pflichtteilsergänzungsansprüche** nach den §§ 2325 ff. BGB zu erhöhen.[24] Diese Pflichtteilsergänzungsansprüche wirken sich unmittelbar auf die Berechnung des Pflichtteils aus.[25] Nicht einzubeziehen sind **Ansprüche gegen den Beschenkten** nach § 2329 BGB, da sich § 1586b BGB nur gegen den Erben und nicht auch gegen den Beschenkten richtet.[26]

8. Relevanz von Erb- oder Pflichtteilsverzichtsvereinbarungen. Hat der unterhaltsberechtigte 17
Ehegatte vor der Scheidung auf sein gesetzliches Erbrecht oder – beschränkt – auf etwaige Pflichtteilsansprüche verzichtet, so ist umstritten, ob durch diese Vereinbarung die Haftungsbeschränkung des § 1586b Abs. 1 S. 2 BGB beeinflusst wird. Vertreten wird, dass der freiwillige Verzicht auf Pflichtteilsansprüche die Haftungsbegrenzung auf „0 EUR" festgelegt, mit der Folge, dass eine auf die Erben übergehende Unterhaltsverpflichtung auf 0 EUR reduziert ist und damit wirtschaftlich nicht besteht.[27] Dagegen wird vertreten, dass die Beschränkung der Unterhaltsverpflichtung nur „fiktiv" durch das Pflichtteilsrecht erfolgt. Ein innerer Zusammenhang zwischen der Haftungsbeschränkung nehme daher eher „willkürlich" auf das Pflichtteilsrecht Bezug.[28] Richtig ist, dass ein innerer Zusammenhang zwischen unterhaltsrechtlicher und pflichtteilsrechtlicher Absicherung besteht. Dies zeigt sich deutlich in der Regelung des § 1933 S. 3 BGB. Der getrennt lebende Ehegatte verliert seinen Unterhaltsanspruch beim Tod des Unterhaltsverpflichteten (§§ 1361 Abs. 4 S. 4, 1360 a Abs. 3, 1615 BGB). Bis zum Vorliegen der Voraussetzung des § 1933 BGB erhält er jedoch einen Pflichtteilsanspruch. Für den geschiedenen Ehegatten besteht kein Pflichtteilsrecht. Er hat allerdings die nachehelichen Unterhaltsansprüche, die im Zeitpunkt des Todes des Unterhaltsverpflichteten nicht erlöschen, sondern bis

---

21 BGH FamRZ 2007, 1800; Grüneberg/v. Pückler BGB § 1586b Rn. 6.
22 *Bergschneider* FamRZ 2003, 1049 (1057).
23 Grüneberg/v. Pückler BGB § 1586b Rn. 7.
24 Vgl. BGHZ 146, 114 (119); BGHZ 153, 372; NJW 2007, 3207; NJW 2001, 828; OLG Koblenz NJW 2003, 439.
25 Eine „Entwertung" könnte sich allenfalls aufgrund der Nachlassbeschränkungsmöglichkeiten der §§ 1990, 2328 BGB ergeben.
26 Grüneberg/v. Pückler BGB § 1586b Rn. 7; vgl. auch BGH FamRZ 2007, 1800 ff.
27 Grüneberg/v. Pückler BGB § 1586b Rn. 8; MüKo-BGB/*Maurer* § 1586b Rn. 12; *Diekmann* FamRZ 1999, 1029 f.
28 *Bergschneider* FamRZ 2003, 1049 (1057); *Schmitz* 1999, 1569; *Pentz* FamRZ 1998, 1344.

zur Höhe eines fiktiven Pflichtteilsanspruchs weiter bestehen. Liegen die Voraussetzungen des § 1933 BGB vor, steht dem Ehegatten kein Pflichtteilsanspruch mehr zu. Andererseits würde er nacheheliche Unterhaltsansprüche noch nicht haben. Deshalb werden in diesem Fall die nachehelichen Unterhaltsvorschriften analog angewandt. Dieser innere Zusammenhang könnte die zunächst benannte Rechtsauffassung stärken. Hingegen: Die Rechtsfolgen einer Vereinbarung werden durch den Inhalt der Vereinbarung festlegt, der ggf. durch Auslegung zu ermitteln ist (§§ 133, 157 BGB). Zu dem Ergebnis, dass ein vereinbarter Pflichtteilsverzicht gleichzeitig die Haftungsbegrenzung nachehelicher Unterhaltsansprüche auf 0 EUR bewirkt, kann eine Auslegung nur dann kommen, wenn hierfür eine ausdrückliche Erklärung der Vertragsparteien oder ausreichende Anhaltspunkte bestehen, die eine solche Auslegung rechtfertigen. Es ist deshalb richtig, eine solche „Fernwirkung" von Pflichtteilsverzichtsvereinbarungen nur für den Fall anzunehmen, dass dies als Ergebnis einer Vertragsauslegung festgehalten werden kann. Wenn kein Anhaltspunkt für eine solche Vertragsauslegung besteht, kann hingegen aus der reinen Pflichtteilsverzichtsvereinbarung nur ein pflichtteilsrechtlicher Schluss, aber nicht der Rückschluss der Haftungsbegrenzung im Sinne des § 1586b Abs. 1 S. 2 BGB geschlossen werden.

18 **9. Verwirkungseinwände der Erben.** Dem/den Erben steht es frei, sich auf Verwirkungstatbestände zu berufen, auch wenn dies bisher vom Erblasser nicht gemacht wurde.[29] Hat – hingegen – der unterhaltsverpflichtete Erblasser Unterhaltszahlungen geleistet in Kenntnis davon, dass Verwirkungstatbestände vorliegen, so muss der Erbe des Unterhaltsverpflichteten dies gegen sich gelten lassen. Er kann sich in diesem Fall nicht auf die Verwirkung des Unterhaltsanspruchs aus demselben Grund berufen, wohl aber auf eine Verwirkung aus anderen Verwirkungstatbeständen.[30] Anders kann dies dann sein, wenn der unterhaltsverpflichtete Erblasser aus rein „taktischen Gründen" sich zu seinen Lebzeiten nicht auf einen Verwirkungstatbestand berufen hat. Zahlte der Erblasser den Unterhalt weiter, um rentenrechtliche Vorteile zu erzielen, so kann der Unterhaltsberechtigte aus der Weiterzahlung keinen Vertrauensschutz dafür herleiten, dass der Erblasser auch künftig auf Dauer auf die Geltendmachung eines Verwirkungseinwandes verzichten würde.[31]

C. Weitere praktische Hinweise
I. Verfahren

19 **1. Gericht.** Streitigkeiten bzgl. der Unterhaltsverpflichtung der Erben sind Familiensachen iSv § 111 Nr. 8 FamFG. Somit ist das Familiengericht gemäß § 23a Abs. 1 Nr. 1 GVG iVm § 23 Abs. 1 GVG ausschließlich zuständig.

20 **2. Untitulierter Anspruch. a) Gläubiger des Unterhaltsanspruchs.** Der Unterhaltsgläubiger ist darlegungs- und beweispflichtig für die Voraussetzungen eines bestehenden Unterhaltsanspruchs. Er muss deshalb zu den Anspruchsvoraussetzungen als auch zum Maß des Unterhaltes vortragen. Das Maß des Unterhalts richtet sich nach den ehelichen Lebensverhältnissen (§ 1578 Abs. 1 BGB). Dieses bemisst sich nach den Einkommensverhältnissen des Unterhaltsverpflichteten als auch des Unterhaltsberechtigten. Unter Berücksichtigung der „Wandelbarkeit" der ehelichen Lebensverhältnisse kommt es somit auf die Kenntnisse über die Höhe des Einkommens des unterhaltsverpflichteten Erblasers im Zeitpunkt des Todes an. Die Kenntnis hierüber wird nicht durch § 1586b Abs. 1 S. 2 BGB entbehrlich. Hierdurch nämlich wird nur die Leistungsfähigkeit des Schuldners angesprochen, nicht aber die Höhe des vom Gläubiger darzulegenden Unterhaltsbedarfs.[32]

---

29 BGH FamRZ 2004, 614; Grüneberg/v. Pückler BGB § 1586b Rn. 8.
30 BGH FamRZ 2003, 521.
31 BGH FamRZ 2003, 521 f.
32 BGH NJW 2003, 1796 ff.

Hat der Unterhaltsgläubiger keine Kenntnis von der Höhe der Einkünfte, so muss er sich diese durch Geltendmachung eines Auskunftsanspruchs verschaffen (§ 1580 BGB). Ist eine Auskunft erteilt, muss der Gläubiger seine Ansprüche zeitnah beziffern, um sich nicht dem Einwand der Verwirkung auszusetzen.[33] 20.1

Nicht zur Darlegungslast des Gläubigers gehören der Umfang des Nachlasses und damit ein Vortrag zu der Haftungsbeschränkung im Sinne des § 1586b Abs. 1 S. 3 BGB. Ohne Kenntnis aber geht der Gläubiger das Risiko ein, dass der Erbe sich auf die Haftungsbeschränkung erfolgreich beruft und damit der Zahlungsantrag ganz oder teilweise unbegründet sein kann. Es ist deshalb sinnvoll, sich vor Geltendmachung der Unterhaltsansprüche auch über den Bestand des Nachlasses und damit den Umfang der Haftungsbegrenzung zu informieren. 20.2

Sollen Unterhaltsansprüche für die Vergangenheit geltend gemacht werden, müssen die Voraussetzungen des § 1613 Abs. 1 BGB dargelegt sein. Eine Stufenmahnung reicht zur Verzugsbegründung aus.[34] 20.3

b) Schuldner des Anspruchs. Der Erbe eines Schuldners kann sich auf **Verwirkungseinwände** gemäß § 1579 BGB berufen.[35] Er kann sich ferner auf die Voraussetzung für eine Herabsetzung bzw. Befristung etwaiger Unterhaltsansprüche gemäß § 1578b BGB berufen, was allerdings voraussetzt, dass dieser Einwand nicht bereits durch vorherige Verfahren präkludiert ist.[36] Schließlich kann sich der Erbe auf die **Haftungsbegrenzung** gemäß § 1586b Abs. 1 S. 3 BGB ebenso berufen wie die **Einrede der Dürftigkeit** des Nachlasses erheben. 21

3. Anhängiges Verfahren. Stirbt der Antragsgegner vor Einreichung der Antragsschrift auf Ehescheidung, so ist der Scheidungsantrag als unzulässig abzuweisen.[37] Stirbt der Antragsteller vor Zustellung der Antragsschrift, wird die Scheidungssache nicht rechtshängig. Wird die Antragsschrift gleichwohl zugestellt, so ist die Hauptsache erledigt. Stirbt ein Ehegatte nach Rechtshängigkeit des Scheidungsantrages, führt der Tod zur Erledigung der Hauptsache kraft Gesetzes, § 131 FamFG. Der Unterhaltsanspruch gegen die Erben muss dann in einem neuen Verfahren geltend gemacht werden. Bei isolierten Unterhaltsverfahren kann das Verfahren, wenn der Verstorbene durch einen Bevollmächtigten vertreten ist, nach Maßgabe des § 113 Abs. 1 FamFG in Verbindung mit den §§ 246, 239 ZPO weitergeführt werden. 22

Setzt der Unterhaltsgläubiger das Verfahren nach dem Tode des Unterhaltsschuldners gegen die Erben fort (§ 1933 S. 3 BGB) so richtet sich die Festsetzung des Gegenstandswertes nicht nach dem gegen den Unterhaltsgläubiger, sondern nach dem gegen die Erben gerichteten Antrag.[38]

4. Titulierter Unterhaltsanspruch. a) Unterhaltsgläubiger. Es bedarf keiner erneuten prozessualen Geltendmachung des Anspruchs gegen die Erben. Der vorhandene Titel ist nach Maßgabe des § 95 Abs. 1 FamFG in Verbindung mit § 727 ZPO auf die Erben umzuschreiben.[39] 23

b) Unterhaltsschuldner. Verneinen die Erben ein Fortbestehen der Unterhaltsverpflichtung, so kann von ihnen ein Abänderungsverfahren gemäß den §§ 238, 239 FamFG geführt werden. 24

Sind die Erben – bei fortbestehender Unterhaltsberechtigung – der Auffassung, dass die Haftungsgrenze des § 1586b Abs. 1 S. 3 BGB erreicht ist, so müssen sie gemäß den §§ 95 Abs. 1 FamFG, 767 ZPO im Wege der Vollstreckungsgegenklage vorgehen. 25

Erkennen die Erben die Unzulänglichkeit des Nachlasses, müssen sie die **Dürftigkeitseinrede** erheben.[40] 26

---

33 OLG Celle FF 2007, 152.
34 Grüneberg/*v. Pückler* BGB § 1613 Rn. 4.
35 BGH FamRZ 2004, 614; Grüneberg/*v. Pückler* BGB § 1586b Rn. 8.
36 *Bergschneider* FamRZ 2003, 1049 ff.
37 OLG Brandenburg FamRZ 1996, 683.
38 OLG Zweibrücken NJOZ 2021, 681.
39 BGH FamRZ 2004, 1546 f.
40 Vgl. BGH NJW 2004, 2896; § 780 ZPO, §§ 1990 ff. BGB.

II. Beweislast

27 Der Unterhaltsberechtigte ist beweispflichtig für das Vorliegen der Anspruchsvoraussetzungen, der Erbe für die Voraussetzungen der Haftungsbegrenzung im Sinne des § 1586b Abs. 1 S. 3 BGB als auch für die Unzulänglichkeit des Nachlasses.

III. Verjährung

28 Die Verjährung richtet sich nach den allgemeinen Bestimmungen der §§ 197 Abs. 2, 195 BGB.[41]

IV. Testamentsvollstreckung

29 Ist eine Testamentsvollstreckung angeordnet, kann der Anspruch sowohl gegen den Testamentsvollstrecker als auch den Erben geltend gemacht werden.[42]

V. Begrenztes Realsplitting (§ 10 Abs. 1 Nr. 1 EStG)

30 Unterhaltszahlungen der Erben stellen für sie **keine Sonderausgaben** im Sinne des § 10 Abs. 1 Nr. 1 EStG dar, weil die Steuerbarkeit des Unterhaltsanspruchs an die persönlichen Eigenschaften des Unterhaltspflichtigen geknüpft ist.[43] Erfüllen die Erben eine fortbestehende Unterhaltsverpflichtung aus dem Nachlass, so liegen diese persönlichen Voraussetzungen nicht vor.

VI. Vertragsgestaltung, Praxistipps

31 **1. Ehevertrag und Scheidungsfolgenvereinbarung.** Es sollte klargestellt werden, ob und inwieweit auch Unterhaltsansprüche für die Zeit nach dem Tod des Unterhaltsverpflichteten durch die Vereinbarung geregelt werden sollen. Soll ein **wechselseitiger Verzicht auf Unterhaltsansprüche** vereinbart werden, so ist es demnach zu empfehlen, diese Verzichtsvereinbarung ausdrücklich auf Unterhaltsansprüche gemäß § 1586b BGB zu erweitern.

32 Wird ein **Abfindungsbetrag** vereinbart und ist dieser Betrag noch nicht ausgeglichen, so liegt gleichwohl ein abgeschlossener Sachverhalt vor mit der Folge, dass die Verpflichtung als Nachlassverbindlichkeit uneingeschränkt auf die Erben übergeht und nur durch die Unzulänglichkeit des Nachlasses beschränkt werden kann.[44]

33 **2. Erb- oder Pflichtteilsverzichtsvereinbarungen.** Da einem **Erb- oder Pflichtteilsverzichtsvertrag** die Bedeutung beigemessen werden kann, dass hierdurch die Haftungsgrenze des § 1586b BGB „mit vereinbart" ist, ist eine klarstellende Formulierung notwendig.

- Soll dem Pflichtteilsverzicht **keine unterhaltsrechtliche, haftungsbegrenzende Bedeutung** zukommen, so ist dies in der Vereinbarung ausdrücklich aufzunehmen. Ausreichend erscheint der Hinweis, dass durch die Pflichtteilsverzichtsvereinbarung keine Vereinbarung zu unterhaltsrechtlichen Haftungsbegrenzungen im Sinne des § 1586b Abs. 1 S. 3 BGB vorgenommen wird.

- Soll die Pflichtteilsvereinbarung eine **Haftungsbegrenzung** bewirken, so ist es zu empfehlen, dies durch eine konkrete auf den Verzicht von Unterhaltsansprüchen nach § 1586b BGB hinweisende Vereinbarung deutlich zu machen.

34 **3. Vermeidung der Nachlasserhöhung.** Ist der Unterhaltspflichtige erneut verheiratet und sein Partner aus dieser Ehe vermögend, so kann sich bei einem Vorversterben des Partners die Haftungssumme der Erben des Unterhaltspflichtigen nach § 1586b BGB erhöhen. Entspricht dies

---

41 Grüneberg/*Ellenberger* BGB § 195 Rn. 6; BGB § 197 Rn. 1; *Bergschneider* FamRZ 2003, 1049 (1051).
42 S. § 2213 BGB.
43 BFH BB 1998, 468.
44 Wendl/Bömelburg § 4 Rn. 125; *Diekmann* FamRZ 1999, 1029.

nicht dem Willen der Ehegatten, so kann Vorsorge getroffen werden, etwa durch die Anordnung einer **Vor- und Nacherbfolge** (§ 2139 BGB).

VII. Haftungsgrenze

Die fortbestehende Unterhaltsverpflichtung ist eine Nachlassverbindlichkeit im Sinne des § 1967 BGB. Bei der **Bemessung** der Höhe der Nachlassverbindlichkeit ist wie folgt vorzugehen: Es ist ein Kapitalwert einer fortbestehenden Unterhaltsverpflichtung auf den Zeitpunkt des Erbfalls zu ermitteln (§ 2311 Abs. 1 BGB). Dieser ist – da er nicht genau berechnet werden kann – durch Schätzung zu ermitteln (§ 2311 Abs. 2 BGB). 35

Die **Schätzungsfaktoren**: Zu ermitteln ist die Höhe der laufenden Unterhaltsverpflichtung. Die Höhe berechnet sich auf der Grundlage des Bedarfs sowie der noch bestehenden Bedürftigkeit des Unterhaltsgläubigers. Steht der monatliche Unterhaltsanspruch fest, so ist weiter zu prüfen, ob er durch Verwirkungstatbestände erloschen ist. Es bedarf daher der Prüfung der Voraussetzung des § 1579 BGB. Liegen Verwirkungsvoraussetzungen nicht vor, so ist das zeitliche Ende einer Unterhaltsverpflichtung zu bemessen: Die Unterhaltsverpflichtung endet mit dem Tod des Unterhaltsberechtigten. Eine so zu kapitalisierende Unterhaltsverpflichtung ist auf der Grundlage der Lebenserwartung des Unterhaltsberechtigten zu ermitteln.[45] Eine Unterhaltsverpflichtung endet aber auch dann, wenn die Voraussetzungen der **Befristung gemäß § 1578b Abs. 2 BGB** vorliegen. Die Befristungsvoraussetzungen sind bestimmt durch das Weiterbestehen ehebedingter Nachteile bzw. durch die Grundsätze der nachehelichen Solidarität, wie sie durch die Rechtsprechung zu § 1578b Abs. 2 BGB festgelegt sind. Zu beachten ist hierbei, dass bei Vorliegen von Unterhaltstiteln Befristungseinwände präkludiert sein könnten etwa dann, wenn sie in einem vorherigen Verfahren hätten geltend gemacht werden können, aber nicht geltend gemacht wurden. Liegen weder Verwirkungsgründe noch Befristungsvoraussetzungen vor und übersteigt der Kapitalwert des fortbestehenden Unterhaltsanspruchs bis zum Ende der Lebenserwartung des Unterhaltsberechtigten die Haftungsgrenze, so wird die Höhe der Verbindlichkeit durch die Höhe des fiktiven Pflichtteilsanspruchs angenommen werden können. 36

§ 1638 BGB Beschränkung der Vermögenssorge

(1) Die Vermögenssorge erstreckt sich nicht auf das Vermögen, welches das Kind von Todes wegen, durch unentgeltliche Zuwendung auf den Todesfall oder unter Lebenden erwirbt, wenn der Erblasser durch letztwillige Verfügung, der Zuwendende bei der Zuwendung bestimmt hat, dass die Eltern das Vermögen nicht verwalten sollen.

(2) Was das Kind auf Grund eines zu einem solchen Vermögen gehörenden Rechts oder als Ersatz für die Zerstörung, Beschädigung oder Entziehung eines zu dem Vermögen gehörenden Gegenstands oder durch ein Rechtsgeschäft erwirbt, das sich auf das Vermögen bezieht, können die Eltern gleichfalls nicht verwalten.

(3) ¹Ist durch letztwillige Verfügung oder bei der Zuwendung bestimmt, dass ein Elternteil das Vermögen nicht verwalten soll, so verwaltet es der andere Elternteil. ²Insoweit vertritt dieser das Kind.

A. Allgemeines 1	b) Unentgeltliche Zuwendungen auf den Todesfall und unter Lebenden 4
B. Regelungsgehalt 2	
I. Voraussetzungen des Verwaltungsausschlusses 2	2. Bestimmung des Verwaltungsausschlusses 5
1. Vermögenserwerb 2	
a) Erwerb von Todes wegen 3	

---

[45] So *Ritter* Familienrecht in der erbrechtlichen Beratung, 162.

II. Rechtsfolgen 10	III. Surrogationsprinzip (Abs. 2) 16
1. Ausschluss der Eltern von der Vermögenssorge 10	C. Praktische Hinweise 17
2. Ausschluss nur eines Elternteils (Abs. 3) 15	

A. Allgemeines

1 § 1638 durchbricht den Grundsatz des § 1626 Abs. 1 S. 2, wonach das gesamte Vermögen des Kindes ohne Rücksicht auf seine Herkunft der Vermögensverwaltung der Eltern unterliegt. Demnach kann die elterliche Vermögenssorge für Vermögenswerte, welche das Kind von Todes wegen oder durch unentgeltliche Zuwendung unter Lebenden erwirbt, ausgeschlossen werden, und zwar durch die Bestimmung, dass die Eltern das Vermögen nicht verwalten sollen.[1]

B. Regelungsgehalt

I. Voraussetzungen des Verwaltungsausschlusses

2 **1. Vermögenserwerb.** Voraussetzung ist, dass das Kind entweder von Todes wegen, durch unentgeltliche Zuwendung auf den Todesfall oder durch unentgeltliche Zuwendung unter Lebenden Vermögen erhalten hat.

3 **a) Erwerb von Todes wegen.** Vermögen von Todes wegen erwirbt das Kind durch testamentarische, erbvertragliche oder gesetzliche Erbfolge. Gleiches gilt für den Erwerb über den Pflichtteilsanspruch[2] oder durch Vermächtnis.

4 **b) Unentgeltliche Zuwendungen auf den Todesfall und unter Lebenden.** Nunmehr werden auch unentgeltliche Zuwendungen auf den Todesfall, die im Rahmen von Verträgen zugunsten Dritter erfolgen, vom Anwendungsbereich der Vorschrift erfasst.[3]

Ein unentgeltlicher Erwerb liegt vor, wenn die Zuwendung unabhängig von einer Gegenleistung erfolgt und kein Rechtsanspruch auf die Zuwendung besteht.[4]

5 **2. Bestimmung des Verwaltungsausschlusses.** Voraussetzung für den Ausschluss der elterlichen Vermögenssorge ist, dass der Zuwendende bestimmt hat, dass die Eltern das zugewendete Vermögen nicht verwalten sollen. Die Gründe für einen Ausschluss sind unerheblich, die Anordnung steht im Belieben des Zuwendenden.

6 Während im Fall des Erwerbs durch Zuwendung unter Lebenden keine besondere Form vorgeschrieben ist (einfache Willenserklärung oder konkludentes Verhalten bei der Zuwendung ist ausreichend), muss im Fall des Erwerbs von Todes wegen die Bestimmung durch letztwillige Verfügung iSv § 1937 getroffen werden, und zwar durch Testament oder im Rahmen eines Erbvertrages. Nicht zwingend ist es, dass der Ausschluss in derselben Verfügung bestimmt wird, welche die Zuwendung anordnet.[5]

7 Der Ausschluss muss nicht zwingend ausdrücklich erfolgen. Es reicht aus, wenn der Wille des Zuwendenden zum Ausdruck kommt, die Eltern oder einen Elternteil von der Verwaltung auszuschließen.[6] Die Verwaltungsanordnung bedarf zwar keiner besonderen Form, sie muss aber stets bei der Zuwendung erfolgen; eine vorher oder später erklärte Ausübung des Verwaltungsrechts ist wirkungslos.[7] Ausreichend ist die Bitte um Pflegerbestellung oder Anordnung der

---

1 Staake NJW 2021, 3687.
2 OLG Hamm FamRZ 69, 662; BeckOK BGB/Veit Rn. 1 f.; MüKoBGB/Huber BGB 1638 Rn. 3; Staudinger/Heilmann BGB, 2020, 1638 Rn. 7.
3 Müller/Engels ErbR 2022, 666 (667).
4 S. hierzu Grüneberg/Weidenkaff BGB § 516 Rn. 8. ff.
5 MüKoBGB/Huber BGB § 1638 Rn. 7.
6 BayObLG FamRZ 1989, 1342 (1343); 1964, 522.
7 OLG Frankfurt aM BeckRS 2015, 07245; Staudinger/Engler BGB § 1638 Rn. 14; in MüKoBGB/Huber BGB § 1638 Rn. 7; in Grüneberg/Götz BGB § 1638 Rn. 4.

Verwaltung durch einen anderen Miterben.⁸ Ebenso kann die Enterbung der Eltern des Minderjährigen die Anordnung des Ausschlusses der elterlichen Vermögenssorge darstellen. Dies kann selbst dann gelten, wenn die Enkel kraft gesetzlicher Erbfolge aufgrund der Enterbung des Kindes des Erblassers erben, dh die Enkel nicht vom Erblasser testamentarisch eingesetzt wurden.⁹ Der Rücknahme eines Erbvertrags aus der amtlichen Verwahrung steht nicht entgegen, dass die darin enthaltene Zuwendung an einen Minderjährigen mit der Bestimmung verknüpft ist, dass die elterliche Vermögenssorge in Ansehung des Zuwendungsgegenstands nur von dem Kindesvater soll ausgeübt werden können.¹⁰

Die Anordnung der Testamentsvollstreckung für sich alleine genügt allerdings nicht, um zwingend den Verwaltungsausschluss der Eltern anzunehmen. Maßgebend sind die Umstände des Einzelfalles.¹¹ Dies gilt gleichermaßen für Dauertestamentsvollstreckung iSd § 2209 S. 1 Hs. 2.¹² Nicht ausreichend für eine Anordnung nach § 1638 Abs. 1 ist es, wenn der Erblasser die Eltern bzw. einen Elternteil enterbt und von der „Nutznießung" des dem Kind zugewendeten Vermögens ausgeschlossen hat.¹³ Hierin liegt lediglich eine Verwaltungsbeschränkung nach § 1639.¹⁴

Der Ausschluss nach § 1638 Abs. 1 kann unter einer Zeitbestimmung oder Bedingung getroffen werden, zB für den Fall der Wiederverheiratung eines Elternteils.¹⁵

II. Rechtsfolgen

1. Ausschluss der Eltern von der Vermögenssorge. Die Eltern sind für das Vermögen, das dem Minderjährigen unter den Voraussetzungen des § 1638 Abs. 1 zugewendet wird, vollständig ausgeschlossen, dh sie sind nicht sorge- und vertretungsberechtigt.¹⁶ Die Eltern haben den Vermögenserwerb unverzüglich dem Familiengericht anzuzeigen, § 1809 Abs. 2 (früher § 1909 Abs. 2 aF). Es wird ein Pfleger bestellt (§ 1809 Abs. 1 S. 2 und S. 2), der diejenigen Angelegenheiten wahrnimmt, an deren Besorgung die Eltern verhindert sind. Grundsätzlich hat der Zuwendende ein Benennungsrecht, § 1811 Abs. 2 (früher § 1917 Abs. 1 aF), welches jedoch unter bestimmten Voraussetzungen übergangen werden kann, § 1811 Abs. 2 S. 2 iVm § 1783 (früher § 1917 Abs. 1 Hs. 2 aF iVm § 1778 aF).

Der Pfleger unterliegt den Beschränkungen nach § 1813 (früher § 1915 aF), angeordnete Befreiungen nach § 1801 (früher § 1852 bis 1854 aF) können durch das Familiengericht außer Kraft gesetzt werden nach § 1811 Abs. 3 (früher § 1917 Abs. 2 aF).

Die Ausschlusswirkung des § 1638 wirkt von Anfang an, nicht erst ab Pflegerbestellung.¹⁷ Die Ergänzungspflegschaft endet mit der Volljährigkeit des Kindes, abweichende Bestimmungen sind unwirksam.¹⁸ Die Eltern haben trotz Ausschluss von der Verwaltungsbefugnis das Recht, im Namen des Kindes gegen die Auswahl des Pflegers Beschwerde einzulegen.¹⁹ Allerdings können sie dies nicht im eigenen Namen tun.²⁰

Sofern den Eltern die Verwaltungsbefugnis über das zugewendete Vermögen entzogen wurde, hat dies auch einen Ausschluss der Verwendungsbefugnis nach § 1649 Abs. 2 zur Folge.²¹ Die ausgeschlossenen Eltern können nicht Auskunft über den Bestand des zugewendeten Vermö-

---

8 Grüneberg/Götz BGB § 1638 Rn. 4.
9 BayObLG FamRZ 1964, 522.
10 OLG Hamm NJW 2015, 1187.
11 BayObLG FamRZ 2004, 1304; BayObLG FamRZ 1989, 1342 (1343 ff.); LG Dortmund NJW 1995, 2264 ff.
12 LG Dortmund NJW 1959, 2264 ff.
13 LG Dortmund NJW 1959, 2264.
14 BayObLG RPflG 1982, 180 = BayObLG Z 1982, 86; LG Dortmund NJW 1959, 2264.
15 KG FamRZ 1962, 432; BeckOK BGB/Veit § 1638 Rn. 4; Erman/Döll BGB § 1638 Rn. 8; MüKoBGB/Huber BGB § 1638 Rn. 10; NK-BGB/Rakete-Dombek/Berning BGB § 1638 Rn. 5; Staudinger/Heilmann BGB BGB § 1638 Rn. 27.
16 BGH NJW 1989, 984; Frenz DNotZ 1995, 909 (911).
17 OLG Frankfurt aM FamRZ 1997, 1115 (1116).
18 OLG Hamm FamRZ 2010, 1997.
19 BayObLG FamRZ 1997, 1289 (1290).
20 BayObLG FamRZ 1977, 751.
21 MüKoBGB/Huber BGB § 1638 Rn. 17.

gens verlangen[22] noch die Entlassung des Testamentsvollstreckers oder Erteilung eines Erbscheins beantragen.[23] Der durch Verfügung von Todes wegen angeordnete Ausschluss der elterlichen Vermögensverwaltung für vom Kind ererbtes Vermögen umfasst auch die Befugnis zur Ausschlagung der Erbschaft.[24] Die in einem solchen Fall von einem ausgeschlossenen Elternteil im Namen des Kindes erklärte Ausschlagung ist mangels Vertretungsmacht unwirksam. Die Besorgnis des Erblassers, wonach dem Kindesvermögen von den sorgeberechtigten Eltern Schaden drohen könnte, lässt sich nicht auf den Fall einer Erbenstellung aufgrund testamentarischer Anordnung begrenzen, sondern betrifft genauso Vermögenswerte, die auf der Grundlage des Pflichtteilsanspruchs aus dem Nachlass dem Kind zufließen.[25]

14 Nehmen Eltern Verwaltungshandlungen vor, obwohl sie von der Vermögenssorge ausgeschlossen sind, gelten die §§ 177 ff. im Außenverhältnis, im Innenverhältnis gelten §§ 677 ff.

15 **2. Ausschluss nur eines Elternteils (Abs. 3).** Sofern der Zuwendende bzw. Erblasser bestimmt, dass nur ein Elternteil von der Verwaltung des zugewendeten Vermögens ausgeschlossen sein soll, verwaltet der andere Elternteil das betreffende Vermögen allein und vertritt das Kind allein. Dies gilt auch, wenn die Eltern über das weitere Vermögen des Kindes die gemeinsame elterliche Sorge ausüben.[26]

III. Surrogationsprinzip (Abs. 2)

16 Betroffen vom Ausschluss der Verwaltung sind auch Ersatzstücke des zugewendeten Vermögens.[27] Die Anwendung des Abs. 2. kann vom Zuwendenden ausgeschlossen werden.

C. Praktische Hinweise

17 Trotz einer Anordnung nach § 1638 steht den Eltern als Inhaber der elterlichen Sorge die Entscheidung über die Annahme oder Ausschlagung der Zuwendung zu und nicht dem Pfleger.[28]

18 Sofern die Erbschaft nicht ausgeschlagen wird, ist den durch § 1638 in ihrer Vermögenssorge beeinträchtigten Eltern das Recht zuzugestehen, mit der Beschwerde geltend zu machen, dass die Voraussetzungen für den Ausschluss von der Verwaltung nicht vorliegen.[29] Gemäß § 1638 Abs. 1 ist die Vermögenssorge hinsichtlich des vom Kind geerbten Vermögens von Rechts wegen und nicht erst aufgrund der Bestellung des Ergänzungspflegers ausgeschlossen.[30]

§ 1639 BGB Anordnungen des Erblassers oder Zuwendenden

(1) Was das Kind von Todes wegen, durch unentgeltliche Zuwendung auf den Todesfall oder unter Lebenden erwirbt, haben die Eltern nach den Anordnungen zu verwalten, die durch letztwillige Verfügung oder bei der Zuwendung getroffen worden sind.

(2) § 1837 Absatz 2 gilt entsprechend.

A. Allgemeines

1 § 1639 durchbricht den Grundsatz, dass die elterliche Vermögenssorge grundsätzlich das gesamte Kindesvermögen umfasst. Anders als bei § 1638 (das zugewendete Vermögen wird der elterlichen Vermögenssorge gänzlich entzogen) ist das übertragene Vermögen zwar der Verwal-

---

22 LG Bonn FamRZ 1995, 1433.
23 OLG Frankfurt aM FamRZ 1997, 1115.
24 BGH NJW 2016, 3032 = ErbR 2016, 630 = ZEV 2017, 33.
25 OLG München BeckRS 2016, 13643.
26 OLG Karlsruhe FamRZ 2004, 968.
27 S. hierzu Grüneberg/Siede BGB § 1418 Rn. 5.
28 MüKoBGB/Huber BGB § 1638 Rn. 15; OLG Karlsruhe FamRZ 1965, 573 f.; aA nun aber BGH NJW 2016, 3036 mAnm Löhnig.
29 MüKoBGB/Huber BGB § 1638 Rn. 16.
30 OLG Brandenburg ZEV 2019, 151.

tung der Eltern unterstellt. Diese sind jedoch eingeschränkt, da diese zur Beachtung bestimmter Anordnungen verpflichtet werden können. Der Zweck der Norm besteht darin, demjenigen, der durch unentgeltliche Zuwendungen das Vermögen des Kindes vermehrt, einen **Vertrauensvorschuss** in der Frage entgegenzubringen, auf welche Weise dieses Vermögen verwaltet werden soll.[1] Während es somit bei der Vorschrift des § 1638 BGB um das „Ob" der Verwaltung durch die Eltern geht, gibt § 1639 BGB dem Erblasser die Möglichkeit, auf das „Wie" der Vermögensverwaltung einzuwirken.[2]

B. Regelungsgehalt

I. Vermögenserwerb

→ § 1638 Rn. 1 ff. Der durch Verfügung von Todes wegen angeordnete Ausschluss der elterlichen Vermögensverwaltung für vom Kind ererbtes Vermögen umfasst auch die Befugnis zur Ausschlagung der Erbschaft.[3]

II. Anordnung

Der Erblasser bzw. Zuwendende muss durch letztwillige Verfügung bzw. bei der Zuwendung eine Anordnung getroffen haben. Erkennbar muss sein, dass eine verbindliche Anordnung über die Verwaltung des zugewendeten Vermögens getroffen wurde. Insofern reicht ein unverbindlicher Wunsch nicht aus, auch ist zu differenzieren von einer Bedingung oder Auflage.[4] Insbesondere kommt als Anordnung nach § 1638 der Ausschluss der Verwendungsbefugnis nach § 1649 Abs. 2 in Betracht.[5]

III. Rechtsfolgen

Durch die Anordnung wird die Vertretungsmacht der Eltern nicht beschränkt, die Bestellung eines Pflegers ist folglich nicht erforderlich,[6] da die Eltern an der Ausübung an der Vermögenssorge nicht iSd § 1809 verhindert sind. Obwohl die Anordnung des Erblassers für die Eltern grundsätzlich bindend ist (außer es liegen die Voraussetzungen nach Abs. 2 vor), beschränkt die Anordnung des Erblassers bzw. Zuwendenden nicht die Vertretungsmacht der Eltern gegenüber Dritten.[7] Somit sind Rechtshandlungen, welche von einer Anordnung abweichen, dennoch wirksam, können jedoch gegenüber dem Kind Schadensersatzansprüche begründen. Im Übrigen beziehen sich Anordnungen anlog § 1638 Abs. 2 auch auf Ersatzstücke.[8]

IV. Abweichungen (Abs. 2)

Die Eltern können von einer Anordnung nach Abs. 1 ausschließlich in denen in Abs. 2 genannten Fällen abweichen. Bei unentgeltlichen Zuwendungen unter Lebenden können die Eltern zu Lebzeiten eines Zuwendenden abweichen, wenn dieser zustimmt, § 1837 Abs. 2 S. 2 (früher § 1803 Abs. 3 S. 1 aF). Eine Ersetzung der Zustimmung durch das Familiengericht in Sonderfällen ist möglich, § 1837 Abs. 2 S. 3 (früher § 1803 Abs. 3 S. 2 aF). Nach dem Tod des Zuwendenden bzw. auch auf im Rahmen der letztwilligen Verfügung getroffenen Anordnung des Erblassers ist eine Abweichung nur mit Genehmigung des Familiengerichts statthaft, sofern das Befolgen der Anordnung das Interesse des Kindes gefährden würde. Nicht ausreichend für eine Genehmigung ist es, dass dem Kind ein Gewinn entgeht.[9]

---

1 BeckOGK/Kerscher BGB § 1639 Rn. 3.
2 Ott NZFam 2016, 930; Ott NJW 2014, 3473.
3 BGH NJW 2016, 3032 = ZEV 2017, 33.
4 Grüneberg/Götz BGB § 1639 Rn. 1.
5 Frenz DNotZ 95, 908.
6 BayObLG RPflG 82, 180.
7 MüKoBGB/Huber BGB § 1639 Rn. 5.
8 Grüneberg/Götz BGB § 1639 Rn. 1.
9 Grüneberg/Götz BGB § 1639 Rn. 2.

C. Praktische Hinweise

6 Sofern Eltern gegen eine Anordnung nach Abs. 1 verstoßen, kann das Familiengericht Maßnahmen nach § 1667 treffen. Voraussetzung ist, dass eine Gefährdung des Kindesvermögens vorliegt.[10] Entsprechend dem Rechtsgedanken des § 1666 Abs. 2 3. Alt. kann ein Indiz für eine Vermögensgefährdung darin gesehen werden, dass Eltern gegen eine Anordnung nach Abs. 1 verstoßen.[11]

§ 1640 BGB Vermögensverzeichnis

(1) ¹Die Eltern haben das ihrer Verwaltung unterliegende Vermögen, welches das Kind von Todes wegen erwirbt, zu verzeichnen, das Verzeichnis mit der Versicherung der Richtigkeit und Vollständigkeit zu versehen und dem Familiengericht einzureichen. ²Gleiches gilt für Vermögen, welches das Kind sonst anlässlich eines Sterbefalls erwirbt, sowie für Abfindungen, die anstelle von Unterhalt gewährt werden, und unentgeltliche Zuwendungen. ³Bei Haushaltsgegenständen genügt die Angabe des Gesamtwerts.

(2) Absatz 1 gilt nicht,
1. wenn der Wert eines Vermögenserwerbs 15 000 Euro nicht übersteigt oder
2. soweit der Erblasser durch letztwillige Verfügung oder der Zuwendende bei der Zuwendung eine abweichende Anordnung getroffen hat.

(3) Reichen die Eltern entgegen Absatz 1, 2 ein Verzeichnis nicht ein oder ist das eingereichte Verzeichnis ungenügend, so kann das Familiengericht anordnen, dass das Verzeichnis durch eine zuständige Behörde oder einen zuständigen Beamten oder Notar aufgenommen wird.

A. Allgemeines	1		II. Ausnahme von der Inventarisierungspflicht (Abs. 2)	9
B. Regelungsgehalt	2		1. Wertgrenze (Nr. 1)	10
I. Voraussetzungen der Verzeichnispflicht	2		2. Befreiung der Eltern durch den Zuwendenden (Nr. 2)	11
1. Erwerb von Todes wegen (Abs. 1. S. 1)	4		III. Inhalt der Inventarisierungspflicht	13
2. Erwerb anlässlich eines Sterbefalles (Abs. 1 S. 2 Alt. 1)	5		IV. Erzwingung durch das Familiengericht	17
3. Abfindungen, die anstelle von Unterhalt gewährt werden (Abs. 1 S. 2 Alt. 2)	6		C. Praktische Hinweise	21
4. Unentgeltliche Zuwendung (Abs. 1 S. 2 Alt. 3)	8			

A. Allgemeines

1 Die Inventarisierungspflicht soll dem wirksamen Schutz der Vermögensinteressen des Kindes beitragen. Festgestellt werden soll auch die durch den Erwerb des Kindes neu eingetretene Vermögenslage. Insofern sichert die Aufzeichnung die Vermögenstrennung und die Erfüllung der Rechenschafts- und Herausgabepflichten nach § 1698.

B. Regelungsgehalt

I. Voraussetzungen der Verzeichnispflicht

2 Voraussetzung für die Inventarisierungspflicht der Eltern ist, dass das erworbene Vermögen des Kindes der Verwaltung der Eltern unterliegt. Insofern besteht die Pflicht nicht für Elternteile, deren Vermögenssorge ruht, denen die Vermögenssorge nicht zusteht (zB §§ 1671 ff., §§ 1666 ff.) oder aber die von der Vermögensverwaltung ausgeschlossen sind (zB § 1638) oder

---

10 Grüneberg/Götz BGB § 1639 Rn. 2; Burandt/Rojahn/Hähn BGB § 1639 Rn. 5.
11 MüKoBGB/Huber BGB § 1639 Rn. 8.

bei Testamentsvollstreckung durch einen Dritten (§ 2205). Nur wenn der betreffende Elternteil selbst Testamentsvollstrecker ist, muss ein Vermögensverzeichnis nach § 1640 erstellt werden.

Ein Vermögensverzeichnis nach § 1640 muss ausschließlich dann erstellt werden, wenn das Kind unter den in Abs. 1 bestimmten Erwerbsgründen Vermögen erwirbt. In diesem Fall ist nicht das gesamte Kindesvermögen aufzuzeichnen, sondern nur das vom Kind neu erworbene Vermögen unter den in Abs. 1 genannten Umständen. Die Vermögensgegenstände sind so detailliert zu kennzeichnen, dass ihre Identität einwandfrei feststeht.[1] Bei Forderungen müssen zB außer dem Grund, dem Betrag und dem Rechtsgrund auch die Urkunden, durch welche diese Vermögensrechte nachgewiesen werden, angeben werden, zB Sparbücher, Versicherungspolicen jeweils mit Konto- bzw. Vertragsnummer. Bei Haushaltsgegenständen genügt demgegenüber die Angabe des Gesamtwerts.[2]

1. Erwerb von Todes wegen (Abs. 1. S. 1). Erfasst sind die Fälle der gesetzlichen Erbfolge (§§ 1924 ff.) der testamentarischen (§ 1937) oder durch Erbvertrag bestimmten Erbfolge (§ 1941). Betroffen ist ebenfalls der Erwerb als Vermächtnisnehmer (§ 1939) oder Pflichtteilsberechtigter (§ 2303).[3]

2. Erwerb anlässlich eines Sterbefalles (Abs. 1 S. 2 Alt. 1). Hierunter können Leistungen in Erfüllung einer einem Dritten gemachten Auflage (§ 1940) fallen,[4] Leistungen aus einer Lebensversicherung, Renten- und Schadensersatzansprüchen (§ 844 Abs. 2 BGB, § 10 Abs. 2 StVG).

3. Abfindungen, die anstelle von Unterhalt gewährt werden (Abs. 1 S. 2 Alt. 2). In Betracht kommen Abfindungen aus Vereinbarungen nach § 1585 c oder für Unterhaltsrückstände.

Genau zu differenzieren ist zwischen § 843 Abs. 3 und § 844 Abs. 2 BGB. Soweit die Abfindung von Unterhaltsansprüchen nach § 844 Abs. 2 betroffen ist, stellt dies einen „sonstigen Erwerb anlässlich eines Todesfalles" dar.[5] Sofern die Abfindung einen Ersatzanspruch des Kindes aufgrund Minderung seiner Erwerbstätigkeit betrifft (§ 843 Abs. 1), fällt diese nicht unter die Verzeichnispflicht, da es sich in diesem Fall nicht um Unterhalt sondern um einen besonders gestalteten Schadensersatzanspruch handelt.[6]

4. Unentgeltliche Zuwendung (Abs. 1 S. 2 Alt. 3). Zum Begriff der „unentgeltlichen Zuwendung" → § 1638 Rn. 4.

II. Ausnahme von der Inventarisierungspflicht (Abs. 2)

Von der Inventarisierungspflicht gibt es zwei Ausnahmen:

1. Wertgrenze (Nr. 1). Die Pflicht der Eltern zur Erstellung eines Vermögensverzeichnisses besteht nicht, wenn der Wert des Vermögenserwerbs 15.000 EUR nicht übersteigt. Ausschlaggebend ist der einzelne Erwerb nach § 1638. Insofern wird nicht berücksichtigt, ob das Kind ansonsten Vermögen hat bzw. ob das Kind bereits früher Vermögen nach Abs. 1 erhalten hat. Sofern jedoch dem Kind aus demselben tatsächlichen Anlass Vermögen aufgrund verschiedener Erwerbstatbestände iSd Abs. 1 zufällt (zB als Erbe und Begünstigter einer Lebensversicherung aufgrund ein- und desselben Todesfalles), handelt es sich um einen Vermögensanfall.[7] Die Beträge, die auf die einzelnen Erwerbsgründe entfallen, sind insofern zu addieren.[8] Maßgeblich für die Wertberechnung ist der Verkehrswert des erworbenen Vermögens abzüglich der Verbindlichkeiten.

---

1 OLG Koblenz MittBayNot 2015, 54.
2 OLG Koblenz MittBayNot 2015, 54.
3 MüKoBGB/Huber BGB § 1640 Rn. 4.
4 Grüneberg/Götz BGB § 1640 Rn. 3.
5 MüKoBGB/Huber BGB § 1640 Rn. 6.
6 Vgl. zu dieser Problematik Staudinger/Engler BGB 1640 Rn. 9.
7 MüKoBGB/Huber BGB § 1640 Rn. 9.
8 Soergel/Strätz BGB 1640 Rn. 5; Staudinger/Engler BGB 1640 Rn. 14.

11 **2. Befreiung der Eltern durch den Zuwendenden (Nr. 2).** Von der Inventarpflicht der Eltern können diese vom Zuwendenden bzw. Erblasser befreit werden.[9] Zur Form der Anordnung → § 1638 Rn. 5 ff.

12 Trotz Befreiung nach Abs. 2 kann das Familiengericht die Verpflichtung zur Erstellung eines Vermögensverzeichnisses nach § 1667 Abs. 1 anordnen, sofern die Voraussetzungen vorliegen.[10]

III. Inhalt der Inventarisierungspflicht

13 Die Pflicht entsteht kraft Gesetzes zum Zeitpunkt des Vermögensanfalls ohne besondere Aufforderung durch das Familiengericht.[11] Das Vermögensverzeichnis bedarf keiner besonderen Form, so dass Schriftform oder Erklärung zur Niederschrift des Familiengerichts ausreicht. Überdies müssen die Eltern das Verzeichnis mit der Versicherung der Richtigkeit und Vollständigkeit versehen und dem Familiengericht einreichen. Belege müssen nicht vorgelegt werden.[12]

14 Das Verzeichnis muss nur das gem. Abs. 1 erworbene Kindesvermögen wiedergeben (nicht das gesamte Kindesvermögen). Es sind sämtliche Gegenstände so detailliert aufzuführen, dass sie einwandfrei identifiziert werden können.

15 Für Haushaltsgegenstände gilt eine Besonderheit. Gem. Abs. 1 S. 3 genügt die Angabe des Gesamtwertes, so dass eine Einzelaufstellung entbehrlich ist. Zum Begriff der Haushaltsgegenstände wird verwiesen auf die zu § 1369 entwickelten Grundsätze.[13] Sofern es sich jedoch um wertvolle Einzelgegenstände des Haushalts handelt (zB Antiquitäten, Kunstwerke, Musikinstrumente, Kfz),[14] sind diese nicht als Haushaltsgegenstände einzuordnen. Diese müssen einzeln verzeichnet werden.[15]

16 Unabhängig von Abs. 1 S. 3 ist der Wert der verzeichneten Gegenstände anzugeben. Ausreichend ist es, wenn die Eltern den selbst geschätzten Wert der einzelnen Gegenstände angeben. Nicht zumutbar ist es den Eltern, Sachverständigengutachten einzuholen.[16] Nicht angegeben werden müssen mit den Aktiva des erworbenen Vermögens verbundene Passiva, allerdings ist ihre Aufnahme ratsam.[17]

IV. Erzwingung durch das Familiengericht

17 Zuständig ist nach §§ 111 Nr. 2, 151 Nr. 1 FamFG das Familiengericht, funktionell der Rechtspfleger, §§ 3 Nr. 2a, 14 RPflG. Voraussetzung für das Tätigwerden des Familiengerichts ist es, dass es vom Vermögenserwerb iSd § 1640 Abs. 1 Kenntnis erlangt. In der Regel geschieht dies durch Anzeigen und Mitteilungen zB durch das Nachlassgericht oder Standesamt (§§ 356, 168a, 22a FamFG).

18 Sofern Eltern der Inventarisierungspflicht nicht nachkommen oder nur ungenügend, muss das Familiengericht ihnen eine Frist zur Erstellung bzw. Ergänzung des Verzeichnisses setzen.[18] Nach erfolglosem Fristablauf kann das Familiengericht ggf. mit denen in § 35 FamFG vorgesehenen Zwangsmitteln vorgehen.[19] Hierbei ist der Verhältnismäßigkeitsgrundsatz zu beachten.[20] Sofern Eltern der Inventarisierungspflicht nicht oder nur unzureichend nachkommen, kann das Familiengericht gem. Abs. 3 anordnen, dass das Verzeichnis durch eine zuständige Behörde oder einen zuständigen Beamten oder Notar aufgenommen wird. Auch hier ist der Verhältnismäßigkeitsgrundsatz zu beachten, insofern muss das Familiengericht die Maßnahme nach

---

9 Horn ZEV 2013, 297.
10 S. hierzu Grüneberg/Götz BGB § 1667 Rn. 3.
11 Grüneberg/Götz BGB § 1640 Rn. 7.
12 Grüneberg/Götz BGB § 1640 Rn. 7.
13 MüKoBGB/Huber BGB § 1640 Rn. 13.
14 MüKoBGB/Huber BGB § 1640 Rn. 14.
15 Vgl. Sörgel/Strätz BGB 1640 Rn. 6.
16 MüKoBGB/Huber BGB § 1640 Rn. 14.
17 Grüneberg/Götz BGB § 1640 Rn. 4.
18 Grüneberg/Götz BGB § 1640 Rn. 8.
19 OLG Brandenburg NJOZ 2020, 193; Grüneberg/Götz BGB § 1640 Rn. 8.
20 BayObLG FamRZ 1994, 1191 (1192); OLG Hamm FamRZ 1969, 660 f.

Abs. 3 vorher androhen und den Eltern die Möglichkeit geben, ihrer Verpflichtung nach Abs. 1 nachzukommen.[21]

Nicht erforderlich wird es jedoch sein, dass das Familiengericht vorher auch zu den Zwangsmitteln nach § 35 FamFG greift.[22]

Zuständig für die Aufnahme des Inventars sind nach § 20 Abs. 1 BNotO Notare bzw. die zuständigen Landesbehörden, § 66 Abs. 1 Nr. 2 BeurkG, § 486 Abs. 2 FamFG. Die Kosten des Verfahrens richten sich nach §§ 80 ff. FamFG, die Kosten der Inventarisierung trägt das Kind.[23]

C. Praktische Hinweise

Im äußersten Fall kann das Familiengericht bei Vermögensgefährdung die Vermögenssorge nach §§ 1666, 1667 entziehen und einen Ergänzungspfleger bestellen.[24] In diesem Fall besteht eine Herausgabe- und Rechenschaftspflicht der Eltern nach § 1698. Nach § 1666 Abs. 2 besteht ein Indiz für die Vermögensgefährdung, wenn Eltern ihrer Inventarisierungspflicht aus § 1640 BGB nicht nachkommen. Der Verfahrenswert für die Verpflichtung der Eltern zur Einreichung eines Verzeichnisses über das von ihrem Kind unentgeltlich erworbene Vermögen ist mit einem Bruchteil des übertragenen Vermögens unter Außerachtlassung der auf dem übertragenen Vermögensgegenstand lastenden Verbindlichkeiten zu bemessen.[25]

§ 1643 BGB   Genehmigungspflichtige Rechtsgeschäfte

(1) Die Eltern bedürfen der Genehmigung des Familiengerichts in den Fällen, in denen ein Betreuer nach den §§ 1850 bis 1854 der Genehmigung des Betreuungsgerichts bedarf, soweit sich nicht aus den Absätzen 2 bis 5 etwas anderes ergibt.

(2) Nicht genehmigungsbedürftig gemäß § 1850 sind Verfügungen über Grundpfandrechte sowie Verpflichtungen zu einer solchen Verfügung.

(3) ¹Tritt der Anfall einer Erbschaft oder eines Vermächtnisses an das Kind erst infolge der Ausschlagung eines Elternteils ein, der das Kind allein oder gemeinsam mit dem anderen Elternteil vertritt, ist die Genehmigung abweichend von § 1851 Nummer 1 nur dann erforderlich, wenn der Elternteil neben dem Kind berufen war. ²Ein Auseinandersetzungsvertrag und eine Vereinbarung, mit der das Kind aus einer Erbengemeinschaft ausscheidet, bedarf keiner Genehmigung.

(4) ¹Die Eltern bedürfen abweichend von § 1853 Satz 1 Nummer 1 der Genehmigung zum Abschluss eines Miet- oder Pachtvertrags oder eines anderen Vertrags, durch den das Kind zu wiederkehrenden Leistungen verpflichtet wird, wenn das Vertragsverhältnis länger als ein Jahr nach dem Eintritt der Volljährigkeit des Kindes fortdauern soll. ²Eine Genehmigung ist nicht erforderlich, wenn

1. es sich um einen Ausbildungs-, Dienst- oder Arbeitsvertrag handelt,
2. der Vertrag geringe wirtschaftliche Bedeutung für das Kind hat oder
3. das Vertragsverhältnis von dem Kind nach Eintritt der Volljährigkeit spätestens zum Ablauf des 19. Lebensjahres ohne eigene Nachteile gekündigt werden kann.

³§ 1853 Satz 1 Nummer 2 ist nicht anzuwenden.

(5) § 1854 Nummer 6 bis 8 ist nicht anzuwenden.

---

21 Soergel/Strätz BGB 1640 Rn. 9.
22 MüKoBGB/Huber BGB § 1640 Rn. 23.
23 MüKoBGB/Huber BGB § 1640 Rn. 24.
24 Roth NJW-Spezial 2019, 615.
25 OLG Zweibrücken FamRZ 2016, 657.

10. Familienrecht (BGB)

A. Allgemeines ... 1	2. Ausnahmen nach Abs. 5 ... 10.1
B. Regelungsgehalt ... 5	3. Ausnahmen aus dem Normzweck ... 11
I. Genehmigungserfordernis gem. Abs. 3 S. 1 ... 5	IV. Genehmigung durch das Familiengericht Abs. 4 ... 14
II. Genehmigungserfordernis nach Abs. 4 ... 7.1	C. Praktische Hinweise ... 17
III. Ausnahmen von der Genehmigungspflicht ... 8	
1. Ausnahme nach Abs. 3.1 ... 9	

A. Allgemeines

1 Grundsätzlich beinhaltet die elterliche Sorge die gesamte Vertretungsmacht für das Kind. § 1643 macht hiervon eine Ausnahme zum Schutz der Vermögensinteressen des Kindes. Insofern bedürfen Eltern der Genehmigung des Familiengerichts für bestimmte Rechtsgeschäfte, welche die Vermögensverhältnisse des Kindes erheblich beeinträchtigen können. § 1643 definiert die genehmigungsbedürftigen Geschäfte. Zum Teil findet eine Anlehnung an die Genehmigungserfordernisse aus dem Vormundschaftsrecht statt (Abs. 1), in Abs. 2 werden die genehmigungsbedürftigen Geschäfte eigenständig definiert, wobei die in Abs. 1 ebenfalls ausgeklammerten erbrechtlichen Geschäfte iSv § 1851 Nr. 1 (bisher 1822 Nr. 2 aF) in § 1643 Abs. 3 eine besondere Regelung erfahren haben.

2 Im Ergebnis sind die Eltern freier gestellt als ein Vormund und Pfleger, da Abs. 1 lediglich einen Teil der für diese geltenden Genehmigungserfordernisse auf die Eltern überträgt.

3 Weitere, über § 1643 hinaus gehende Genehmigungserfordernisse sind zB in §§ 1639 Abs. 3, 1644, 1645.

4 § 1643 ist zwingendes Recht. So können die sorgeberechtigten Eltern einerseits nicht durch Anordnung, beispielsweise nach § 1640 Abs. 2 Nr. 2 oder § 1639 von dem Genehmigungserfordernis befreit werden. Andererseits kann die Genehmigungspflicht nicht auf nach Abs. 1 genehmigungsfreie Rechtsgeschäfte ausgedehnt werden.[1] Absatz 1 verweist auf die Genehmigungspflichten für Rechtsgeschäfte über Grundstücke und Schiffe (§ 1850 BGB), erbrechtliche Rechtsgeschäfte (§ 1851 BGB), handels- und gesellschaftsrechtliche Rechtsgeschäfte (§ 1852 BGB), Verträge über wiederkehrende Leistungen (§ 1853 BGB) und sonstige Rechtsgeschäfte (§ 1854 BGB). Mit diesem Verweis finden insbesondere die Genehmigungspflichten des § 1851 Nr. 5 und 6 BGB abweichend von der bisherigen Rechtslage (§ 2290 Abs. 3 auch in Verbindung mit § 2291 Abs. 2 S. 2 Hs. 2 BGB) nunmehr auch wieder im Kindschaftsrecht Anwendung.[2] Wie bisher bleiben Verfügungen über Forderungen und Wertpapiere (bisher § 1812 BGB, jetzt § 1849 BGB) genehmigungsfrei, was sich aus der fehlenden Verweisung auf § 1849 BGB ergibt.

Absatz 2 regelt, dass Verfügungen über Grundpfandrechte und entsprechende Verpflichtungsgeschäfte vom Anwendungsbereich des § 1850 BGB ausgenommen sind. Dies ergab sich für alle Grundpfandrechte bislang aus § 1821 Abs. 2 BGB und der fehlenden Verweisung des Kindschaftsrechts auf § 1812 BGB.

B. Regelungsgehalt

I. Genehmigungserfordernis gem. Abs. 3 S. 1

5 Absatz 3 regelt Ausnahmen im Eltern-Kind-Verhältnis für erbrechtliche Geschäfte (§ 1851). Satz 1 entspricht dem bisherigen § 1643 Abs. 2 S. 2. Da § 1643 Abs. 2 S. 1 (Genehmigungsbedürftigkeit der Ausschlagung einer Erbschaft bzw. eines Vermächtnisses sowie eines Pflichtteilsverzichts) nunmehr in der Verweisung des § 1643 Abs. 1 auf § 1851 Nr. 1 BGB enthalten ist, sieht Abs. 2 S. 2 jetzt eine Rückausnahme vor – nach wie vor ist ein Auseinandersetzungsver-

---

[1] Grüneberg/Götz BGB § 1643 Rn. 1.
[2] BT-Drs. 19/24445, 185.

trag und eine Vereinbarung, mit der das Kind aus einer Erbengemeinschaft ausscheidet, ein sogenannter Abschichtungsvertrag, nicht genehmigungsbedürftig.[3]

Der Genehmigung des Familiengerichts bedürfen die Ausschlagung einer Erbschaft (§§ 1942 ff.), die Ausschlagung eines Vermächtnisses (§§ 2176 ff.) und der Verzicht auf den Erbteil (§§ 2346 ff.). Aufgrund § 1922 Abs. 2 gilt dies auch für die Ausschlagung eines Erbteils.[4] Gleiches gilt für die Anfechtung der Annahme einer Ausschlagung der Erbschaft oder eines Vermächtnisses.[5] Grundsätzlich gilt das Verbot des Selbstkontrahierens gemäß den §§ 1629 Abs. 1 S. 3, Abs. 3 S. 1, 1789 Abs. 2, (bisher § 1795 Abs. 2 aF), 181 BGB nicht für ein Insichgeschäft eines Elternteils, das dem Kind lediglich einen rechtlichen Vorteil bringt.[6] Der unentgeltliche Erwerb eines Erbteils durch einen Minderjährigen ist wegen der Erbenhaftung aber nie lediglich rechtlich vorteilhaft, auch dann nicht, wenn er bereits Miterbe ist. In diesen Fällen kann auch die familiengerichtliche Genehmigung nach den §§ 1643 Abs. 1, 1799 Abs. 1, 1854 Nr. 4, 5 (bislang 1822 Nr. 10 BGB aF) erforderlich sein.[7] Tritt der Anfall der Erbschaft an ein minderjähriges Kind infolge der Erbausschlagung eines zu diesem Zeitpunkt nicht sorgeberechtigten und damit nicht vertretungsberechtigten Elternteils ein, bedarf die Erbausschlagung für das Kind durch den allein sorgeberechtigten Elternteil auch dann der familiengerichtlichen Genehmigung, wenn der nicht sorgeberechtigte Elternteil nachträglich (zB durch Heirat mit der Kindesmutter) sorgeberechtigt und damit vertretungsberechtigt wird.[8] § 1643 Abs. 3 BGB greift nur dann ein, wenn der ausschlagende Elternteil bereits im Zeitpunkt der Erbausschlagung für sich zur Vertretung des Kindes berechtigt war.

Der Genehmigungspflicht nach Abs. 2 unterliegt allerdings nicht die Annahme einer Erbschaft (§ 1943) oder eines Vermächtnisses.[9]

Die Genehmigungspflicht nach Abs. 3 betrifft auch die Nacherbschaft.[10]

II. Genehmigungserfordernis nach Abs. 4

Absatz 4 regelt, wann Verträge über wiederkehrende Leistungen im Eltern-Kind-Verhältnis genehmigungsbedürftig sind. Dies war bisher über die Verweisung in § 1643 Abs. 1 auf § 1822 Nummer 5 geregelt. Der Regelungsgehalt des § 1822 Nummer 5 wird dazu teilweise in § 1643 Abs. 4 übernommen und modifiziert.

Damit wird klargestellt, dass der Eintritt des Minderjährigen in einen Miet- oder Pachtvertrag kraft Gesetzes (§ 566 BGB) nicht der Genehmigung bedarf.[11] Erfasst wird aber auch nicht nur der erstmalige Abschluss eines solchen Vertrages, sondern ebenso eine Änderung eines Vertrages, vor allem eine Verlängerung der Vertragslaufzeit. In Satz 2 wird enumerativ aufgelistet, wann ein von Satz 1 erfasster Vertrag nicht genehmigungsbedürftig ist. Nicht genehmigungsbedürftig sind wie bisher Ausbildungs-, Dienst- oder Arbeitsverträge, § 1643 Abs. 4 S. 2 Nr. 1. Bisher ergab sich dies daraus, dass § 1643 Abs. 1 nicht auf § 1822 Nr. 6 und 7 verwies. Für Verträge, die lediglich geringe wirtschaftliche Bedeutung für das Kind haben, gilt eine Ausnahme. Hierunter fallen insbesondere alterstypische Geschäfte des täglichen Lebens, deren Gegenwert dem Minderjährigen bereits zugekommen ist bzw. regelmäßig zukommt und bei denen die wirtschaftliche Belastung überschaubar ist. Die in § 1643 Abs. 4 S. 2 Nr. 3 verankerte dritte Ausnahme orientiert sich an der gefestigten Auslegung des Anwendungsbereichs des § 1822 Nr. 5 durch die Rechtsprechung, wonach Verträge ausnahmsweise auch dann nicht genehmigungsbedürftig sind, wenn eine Lösung von dem Vertrag ohne wirtschaftliche Nachteile bis zum Ablauf

---

3 BT-Drs. 19/24445, 186.
4 MüKoBGB/Huber BGB § 1643 Rn. 13.
5 MüKoBGB/Huber BGB § 1643 Rn. 13.
6 OLG Frankfurt aM FamRZ 2015, 1902.
7 OLG Frankfurt aM FamRZ 2015, 1902.
8 OLG Naumburg FamRZ 2015, 943.
9 MüKoBGB/Huber BGB § 1643 Rn. 13 mwN.
10 MüKoBGB/Huber BGB § 1643 Rn. 15.
11 BGH NJW 1983, 1780.

eines Jahres nach Erreichen der Volljährigkeit möglich ist.[12] Zu berücksichtigen ist auch, ob das Kind im Falle der Kündigung zusätzliche Pflichten zu erfüllen hat oder ob die Kündigung aus anderen Gründen unwirtschaftlich ist, etwa, weil die bisherigen Zahlungen verfallen oder mit dem Bearbeitungsaufwand verrechnet werden. Unter die Nummern 2 und 3 fallen vor allem Mobilfunkverträge, Verträge über Streaming-Dienstleistungen, Fitnessstudioverträge, Vereinsmitgliedschaften und ÖPNV-Abonnements. Satz 3 regelt, dass Pachtverträge über gewerbliche oder land- und forstwirtschaftliche Betriebe wie bisher (§ 1822 Nr. 4) von der generellen familiengerichtlichen Genehmigungspflicht ausgenommen sind. Diese Pachtverträge werden daher nur unter den Voraussetzungen des Satzes 1 erfasst, wenn sie länger als ein Jahr nach Eintritt der Volljährigkeit fortdauern sollen.

III. Ausnahmen von der Genehmigungspflicht

8 Ausnahmen von der Genehmigungspflicht ergeben sich nicht ausschließlich aus § 1643 Abs. 3 S. 1, sondern auch aus dem Normzweck der Vorschrift.

9 **1. Ausnahme nach Abs. 3.1.** Die Eltern brauchen dann keine familiengerichtliche Genehmigung zur Ausschlagung, wenn die Erbschaft (bzw. Nacherbschaft) angefallen ist, weil ein Elternteil (der zumindest mitsorgeberechtigt ist) die Erbschaft ausgeschlagen hat. Es ist davon auszugehen, dass ein Elternteil in dieser Situation bereits im eigenen Interesse die Vor- und Nachteile der Annahme bzw. Ausschlagung der Erbschaft sorgfältig geprüft hat. Sofern sich dieser Elternteil dazu entschließt, die Erbschaft auszuschlagen, kann man im Regelfall davon ausgehen, dass die Erbschaft insgesamt nachteilig ist. Insofern ist nicht zu befürchten, dass dem Kind ein Nachteil droht, so dass der Elternteil die Erbschaft anschließend ohne familiengerichtliche Genehmigung auch für das Kind ausschlagen kann. Abs. 3 S. 1 wird also der Tatsache gerecht, dass in diesen Fällen typischerweise keine Interessenkollision zwischen dem Kind und dem Elternteil auftritt.[13]

10 Eine Ausnahme von der Genehmigungsfreiheit gilt jedoch dann, wenn der ausschlagende Elternteil neben dem Kind als Erbe berufen war. In diesem Fall muss die Ausschlagung vom Familiengericht nach Abs. 3 S. 1 genehmigt werden.

10.1 **2. Ausnahmen nach Abs. 5.** In Absatz 5 sind weitere Ausnahmen von der Verweisung des § 1643 Abs. 1 geregelt. Wie bisher bleiben gerichtliche Vergleiche oder Schiedsvereinbarungen (§ 1854 Nr. 6, bisher 1822 Nr. 12) sowie die Aufhebung einer Sicherheit (§ 1854 Nr. 7, bisher 1822 Nr. 13) genehmigungsfrei. Für Schenkungen verbleibt es im Kindschaftsrecht bei dem Verbot des § 1641.

11 **3. Ausnahmen aus dem Normzweck.** Weitere Ausnahmen von der Genehmigungsfreiheit ergeben sich aus dem Normzweck des Abs. 2. Dem liegt die Annahme zugrunde, dass zwischen dem Elternteil und dem Kind keine Interessenkollision auftritt und die Ausschlagung folglich deshalb erfolgt, um eine nachteilige Erbschaft von den Kindern bzw. sich selbst abzuwenden.

12 So ist eine Genehmigung durch das Familiengericht erforderlich, wenn der Elternteil die Erbschaft für sich, für mehrere Kinder hingegen nur vereinzelt, also nicht für alle Kinder ausschlägt. Denn in diesem Fall handelt der Elternteil nicht, um Nachteile von den Kindern fernzuhalten, sondern um die Erbschaft in eine bestimmte Richtung zu lenken.[14]

13 Gleiches gilt, wenn ein Elternteil als testamentarischer Alleinerbe für sich und das Kind als testamentarischen Ersatzerben ausschlägt, um dann die Erbschaft als gesetzlicher Erbe für sich

---

[12] BGH NJW 1958, 1339; Erman/Schulte-Bohnert, 15. Aufl. 2017, BGB § 1822 Rn. 24; MüKoBGB/Kroll-Ludwigs BGB § 1822 Rn. 43, jeweils mwN.

[13] MüKoBGB/Huber BGB § 1643 Rn. 17; Eue ZEV 2018, 624.

[14] OLG Frankfurt aM NJW 1955, 466; OLG Z 70/81 = FamRZ 1969, 658; Grüneberg/Götz BGB § 1643 Rn. 2.

anzunehmen.[15] Der Erwerb eines Grundstücks durch einen Testamentsvollstrecker, der den Nachlass für einen minderjährigen Alleinerben verwaltet, bedarf nicht der familiengerichtlichen Genehmigung.[16]

IV. Genehmigung durch das Familiengericht Abs. 4

Zuständig für die nach § 1643 erforderliche Genehmigung ist nach § 23 b Abs. 1 S. 2 Nr. 2 GVG, §§ 111 Nr. 2, 151 Nr. 1 FamFG das Familiengericht. Funktionell zuständig ist nach § 3 Nr. 2 a RpflG der Rechtspfleger, die örtliche Zuständigkeit richtet sich nach § 152 FamFG.

Für die Genehmigung ordnet § 1644 Abs. 2 die Geltung der §§ 1855 bis 1856 Abs. 2 sowie der 1857 und 1858 an (früher §§ 1825, 1828 bis 1831aF) an, iÜ gelten die gleichen Grundsätze wie für die Genehmigung nach §§ 1821 ff. Maßstab für die Genehmigung eines Rechtsgeschäfts durch das Familiengericht ist das Kindeswohl. Ausschlaggebend sind nicht nur wirtschaftliche sondern auch immaterielle Interessen des Kindes. Legt es der Altersunterschied zwischen Erblasser und dem zu dessen gesetzlichen Erben berufenen minderjährigen Kind nahe, dass das Kind seine Erbenstellung infolge der Ausschlagung vorrangig berufener Erben erlangt haben könnte, so darf das Familiengericht die Genehmigung für die vom gesetzlichen Vertreter für das Kind wegen mutmaßlicher Überschuldung des Nachlasses abgegebene Ausschlagungserklärung nicht ohne Heranziehung der Nachlassakten und ohne weitere Ermittlungen zu den Gründen erfolgter Erbausschlagungen versagen.[17] Schlägt nämlich ein nahes Familienmitglied der Verstorbenen die Erbschaft wegen befürchteter Überschuldung aus, bestehen allein schon deswegen indizielle Anhaltspunkte für die naheliegende Annahme, dass dann auch die Erbausschlagung seitens der gesetzlichen Vertreterin dem Kindeswohl dient.[18]

Die Genehmigung des Familiengerichts wird mit Rechtskraft wirksam, § 40 Abs. 2 FamFG. Statthaftes Rechtsmittel ist die Beschwerde, § 58 ff., wobei eine verkürzte Beschwerdefrist nach § 63 Abs. 2 Alt. 2 FamFG von zwei Wochen gilt. Sofern die Genehmigung versagt wird, steht das Beschwerderecht sowohl dem Kind als auch den Eltern im eigenen Namen zu, § 59 Abs. 1 FamFG. Ein Rechtsmittel gegen die Erteilung der familiengerichtlichen Genehmigung zur Erbausschlagung ist grundsätzlich mangels Beschwer unzulässig.[19] Die Erteilung der familiengerichtlichen Genehmigung zur Erbausschlagung hat nicht zur Folge, dass die Erbschaft damit ausgeschlagen ist. Vielmehr muss der Sorgerechtsinhaber von der Genehmigung gegenüber dem Nachlassgericht Gebrauch machen.[20] Hierzu hat er nach Erhalt der familiengerichtlichen Genehmigung in eigener Kompetenz zu prüfen, ob eine Ausschlagung der Erbschaft (immer noch) dem Kindeswohl entspricht.

C. Praktische Hinweise

Die Wirksamkeit einseitiger Rechtsgeschäfte hängt von der vorherigen Genehmigung ab, § 1644 Abs. 3 iVm § 1858 (bislang § 1831 aF). Dies gilt auch für amtsempfangsbedürftige Erklärungen, § 1631 S. 1. Ausreichend ist es bei der Erbschaftsausschlagung, wenn die Genehmigung dem Nachlassgericht innerhalb der Ausschlagungsfrist nach § 1944 nachgewiesen wird. Bisher galt: Sofern die Genehmigung nicht rechtzeitig erteilt wird, allerdings innerhalb der Ausschlagungsfrist beantragt wurde, stellt diese Verzögerung für den gesetzlichen Vertreter eine Verhinderung infolge höherer Gewalt dar, § 1944 Abs. 2 S. 2, 3, § 203 Abs. 2.[21] Insofern wurde der Ablauf der Ausschlagungsfrist gehemmt, bis die familiengerichtliche Genehmigung erteilt

---

15 LG Osnabrück NotBZ 07, 419.
16 OLG Karlsruhe ZEV 2015, 703.
17 OLG Zweibrücken FamRZ 2017, 296.
18 OLG Saarbrücken NJW-RR 2015, 1099; OLG Schleswig FamRZ 2013, 2000.
19 OLG Koblenz ZEV 2014, 249.
20 OLG Koblenz ZEV 2014, 249.
21 MüKoBGB/Huber BGB § 1643 Rn. 41.

wird. Ab 1.1.2023 gilt § 1858 Abs. 3 S. 3. Danach wird der Ablauf der Ausschlagungsfrist während der Dauer des Genehmigungsverfahrens gehemmt.

18 Sofern das Kind volljährig wird, tritt seine Genehmigung an die Stelle der Genehmigung des Familiengerichts, § 1800 Abs. 2 S. 2 (bislang § 1829 Abs. 3 aF).

§ 1677 BGB Beendigung der Sorge durch Todeserklärung

Die elterliche Sorge eines Elternteils endet, wenn er für tot erklärt oder seine Todeszeit nach den Vorschriften des Verschollenheitsgesetzes festgestellt wird, mit dem Zeitpunkt, der als Zeitpunkt des Todes gilt.

A. Allgemeines

1 Die elterliche Sorge wird beendet durch Todeserklärung oder Feststellung des Todeszeitpunkts. (§§ 1 ff., 23, 39, 44 VerschG).[1] Nach §§ 9, 23 VerschG begründet die Todeserklärung die Vermutung, dass ein Verschollener zu dem im gerichtlichen Beschluss festgestellten Zeitpunkt gestorben ist. Die Beschlüsse werden mit Rechtskraft nach §§ 29, 49 VerschG wirksam. Das Amtsgericht unterrichtet das Familiengericht gem. § 22 a Abs. 1 FamFG,[2] wenn ein Elternteil betroffen ist. §§ 1677, 1678 bestimmen, dass ein Elternteil, dessen elterliche Sorge ruht, nicht berechtigt ist, die elterliche Sorge auszuüben.[3] Nach Art. 9 EGBGB ist deutsches Verschollenheitsrecht anwendbar, wenn der betroffene Elternteil zum Zeitpunkt der letzten Nachricht die deutsche Staatsangehörigkeit hatte oder ein Deutscher ein berechtigtes Interesse an der Todeserklärung oder Feststellung des Todeszeitpunks hat.[4]

B. Regelungsgehalt

2 Nach § 1677 endet die elterliche Sorge mit dem festgestellten Todeszeitpunkt.

3 Sofern die elterliche Sorge einem Elternteil allein zustand, kommt eine Übertragung auf den anderen Elternteil nach § 1680 Abs. 2 in Betracht. Sofern dies nicht möglich ist, weil die elterliche Sorge des anderen Elternteils ruht, §§ 1673 bis 1675, oder diese entzogen wurde, §§ 1666 ff., ist für das Kind ein Vormund zu bestellen, § 1773 Abs. 1. Können nur einzelne Bestandteile der elterlichen Sorge nicht übertragen werden, kommt die Anordnung einer Pflegschaft nach § 1809 in Betracht.

4 Stand die elterliche Sorge den Eltern gemeinsam zu, steht diese bei Todeserklärung oder Feststellung der Todeszeit künftig dem Überlebenden zu.

5 Lebt der für tot erklärte Elternteil noch, so hat ihm nach § 1681 das Familiengericht auf Antrag die elterliche Sorge in dem Umfang zu übertragen, in dem sie ihm vor dem nach § 1677 maßgebenden Zeitpunkt zustand, wenn dies dem Wohl des Kindes nicht widerspricht. Dies wird anzunehmen sein, wenn zwischen dem tot geltenden Elternteil und dem Kind eine Entfremdung eingetreten ist und das Kind zwischenzeitlich möglicherweise andere Bezugspersonen hat.

§ 1680 BGB Tod eines Elternteils oder Entziehung des Sorgerechts

(1) Stand die elterliche Sorge den Eltern gemeinsam zu und ist ein Elternteil gestorben, so steht die elterliche Sorge dem überlebenden Elternteil zu.

---

1 Mertens-Meinecke FF 2018, 438.
2 Staudinger/Coester BGB § 1677 Rn. 4.
3 OLG Karlsruhe FamRZ 2017, 41.
4 BeckOGK/Theile BGB § 1677 Rn. 12.

(2) Ist ein Elternteil, dem die elterliche Sorge gemäß § 1626a Absatz 3 oder § 1671 allein zustand, gestorben, so hat das Familiengericht die elterliche Sorge dem überlebenden Elternteil zu übertragen, wenn dies dem Wohl des Kindes nicht widerspricht.

(3) Die Absätze 1 und 2 gelten entsprechend, soweit einem Elternteil die elterliche Sorge entzogen wird.

A. Allgemeines

§ 1680, der mit § 1681 inhaltlich verbunden ist, regelt die Auswirkung auf das Sorgerecht, wenn ein Elternteil verstirbt oder die elterliche Sorge entzogen wird. Sind beide Eltern tot oder ruht die elterliche Sorge des überlebenden Elternteils, erhält das Kind einen Vormund, § 1773.

B. Regelungsgehalt

I. Bisherige gemeinsame elterliche Sorge, Abs. 1

Sofern einer von gemeinsam sorgeberechtigten Eltern verstirbt, steht dem Überlebenden die elterliche Sorge allein zu.[1] Diese Wirkung tritt kraft Gesetzes ein, einer gerichtlichen Feststellung bedarf es nicht. Insofern enthält Abs. 1 keinen Prüfungsmaßstab (anders Abs. 2). Sofern der überlebende Elternteil ungeeignet ist, die elterliche Sorge auszuüben, können Maßnahmen nach § 1666 durch das Familiengericht getroffen werden. Sofern das Kind längere Zeit mit dem Elternteil, der verstorben ist, und dessen Partner bzw. einem Stiefelternteil zusammengelebt hat, kommt eine Verbleibensanordnung nach § 1682 in Betracht.

II. Alleinige elterliche Sorge des Verstorbenen, Abs. 2

Die Vorschrift unterscheidet nicht mehr nach dem Grund der Alleinsorge eines Elternteils. Insofern werden die Fälle der Alleinsorge der unverheirateten Mutter nach § 1626 a Abs. 3 und derjenigen nach § 1671 Abs. 1 u. 2 gleichbehandelt. Die Übertragung des Sorgerechts auf den überlebenden Elternteil durch das Familiengericht erfolgt dann, wenn dies dem Wohl des Kindes nicht widerspricht. Die Übertragung der elterlichen Sorge auf den anderen Elternteil ist der Regelfall.[2] Dem Kindeswohl widerspricht es grundsätzlich nicht, wenn mit der Sorgerechtsübertragung ein Umgebungswechsel verbunden ist. Etwas anderes kann gelten, wenn nicht davon auszugehen ist, dass der überlebende Elternteil die Belange des Kindes gerade in der häufig dramatischen Situation des Todes eines Elternteils ernsthaft wahrnehmen wird. Spricht sich ein fünfzehnjähriges Kind nachhaltig, klar und konsistent aus nachvollziehbaren Gründen gegen eine Übertragung der elterlichen Sorge auf den überlebenden Elternteil aus, liegen entgegenstehende Interessen des Kindes im Sinne des § 1680 Abs. 2 BGB vor.[3] Dem Kindeswillen kommt ab Vollendung des 14. Lebensjahres erhebliches Gewicht zu.[4] Wird der allein sorgeberechtigten Kindesmutter das Sorgerecht entzogen, kann eine Übertragung der elterlichen Sorge auf den Kindesvater nicht nur dann ausscheiden, wenn sie kindeswohlgefährdend wäre, sondern schon dann, wenn ihr weniger gewichtige Nachteile für das Kind entgegenstehen, die im konkreten Fall die Übertragung als dem Wohl des Kindes widersprechend erscheinen lassen.[5]

Sofern die Alleinsorge dem Kindeswohl widerspricht, ist nach § 1773 ein Vormund zu bestellen. Hierfür in Frage kommen auch ein Stiefelternteil, der Lebensgefährte des Verstorbenen oder ein älteres Geschwisterkind.[6] Überdies schafft § 1682 Beziehungskontinuität in Stiefkinderfällen, wenn ein Aufenthaltswechsel eine Gefährdung für das Kind und seine weitere Entwicklung zur Folge hat.

---

1 BeckOK BGB/Veit BGB § 1680 Rn. 2.
2 BayObLG FamRZ 2000, 973/2.
3 OLG Frankfurt NJW-Spezial 2022, 230.
4 Hausleiter/Schramm NJW-Spezial 2022, 230.
5 OLG Bremen NJW-RR 2021, 69.
6 OLG Schleswig FamRZ 93, 832; FamRZ 2000, 972.

III. Entzug der elterlichen Sorge eines Elternteils, Abs. 3

5 Sofern einem Elternteil nach §§ 1666, 1666 a die elterliche Sorge ganz oder zT entzogen wird, gelten die für den Tod eines Elternteils in Abs. 1 und Abs. 2 entwickelten Grundsätze entsprechend. Bei gemeinsamer elterlicher Sorge tritt der andere Elternteil automatisch ein. Bei Alleinsorge eines Elternteils ist eine negative Kindeswohlprüfung nach Abs. 2 vorgesehen.

C. Praktische Hinweise

6 Für den Fall des Todes können sorgeberechtigte Eltern Vorsorge treffen. Diese können nach § 1782 BGB (bislang § 1777 Abs. 1 aF) einen Vormund benennen, und zwar nach § 1782 Abs. 1 (bislang § 1777 Abs. 3 aF) durch letztwillige Verfügung. Voraussetzung ist, dass ihnen zur Zeit des Todes die Sorge für die Person und das Vermögen des Kindes zusteht. Der von den Eltern vorgeschriebene Vormund hat insofern ein Vorrecht, das auch das Familiengericht bindet. Ohne seine Zustimmung darf er nur unter den Voraussetzungen nach § 1778 übergangen werden. Haben die Eltern widersprüchliche letztwillige Verfügungen zur Benennung oder zum Ausschluss von Vormündern getroffen, so gilt die Verfügung durch den zuletzt verstorbenen Elternteil, § 1782 Abs. 2.

7 Sofern die Eltern keinen Vormund bestimmt haben, hat das Familiengericht nach § 1778 (bislang § 1779 aF) den Vormund nach Anhörung des Jugendamtes auszuwählen. Die Auswahl erfolgt nach § 1778 Abs. 2.

§ 1681 BGB Todeserklärung eines Elternteils

(1) § 1680 Abs. 1 und 2 gilt entsprechend, wenn die elterliche Sorge eines Elternteils endet, weil er für tot erklärt oder seine Todeszeit nach den Vorschriften des Verschollenheitsgesetzes festgestellt worden ist.

(2) Lebt dieser Elternteil noch, so hat ihm das Familiengericht auf Antrag die elterliche Sorge in dem Umfang zu übertragen, in dem sie ihm vor dem nach § 1677 maßgebenden Zeitpunkt zustand, wenn dies dem Wohl des Kindes nicht widerspricht.

A. Allgemeines

1 Während § 1680 die Rechtsfolgen des Todes eines Elternteils regelt, behandelt § 1681 die Todeserklärung eines Elternteils und die Folgen für seine Sorgerechtsbefugnisse.[1] Die Vorschrift ergänzt § 1677 und stellt die Fälle der Todeserklärung bzw. der Todeszeitfeststellung nach dem VerschG dem Tod hinsichtlich der Folgen für das Sorgerecht des anderen Elternteils gleich.[2]

B. Regelungsgehalt

I. Rechtsfolgen der Todeserklärung und Todeszeitfeststellung

2 Sofern den Eltern die elterliche Sorge gemeinsam zustand, übt diese jetzt der überlebende Elternteil aus.[3]

3 Sofern die elterliche Sorge dem für tot erklärten Elternteil zustand, gilt § 1680 Abs. 2. Insofern wird im Fall der Alleinsorge das Sorgerecht auf den nicht sorgeberechtigten Elternteil übertragen. Voraussetzung ist, dass dies dem Kindeswohl nicht widerspricht (negative Kindeswohlprü-

---

1 Staudinger/Coester BGB § 1681 Rn. 1.
2 BeckOK BGB/Veit § 1681 Rn. 1.
3 BeckOGK/Theile BGB § 1681 Rn. 3; NK-BGB/Friederici/Reinhardt BGB § 1681 Rn. 2.

fung). Differenziert wird nicht zwischen den Fällen der Alleinsorge nach §§ 1671 und 1626 a Abs. 3.

II. Rechtsfolgen einer unrichtigen Todeserklärung, § 1681 Abs. 2

Sofern der für tot erklärte Elternteil noch lebt, ist ein Rückfall der elterlichen Sorge auf den fälschlicherweise für tot erklärten Elternteil möglich. Die Wiedererlangung der sorgerechtlichen Stellung im alten Umfang hängt davon ab, dass das Familiengericht, welche auf Antrag tätig wird, den Rückfall des Sorgerechts als dem Wohl des Kindes nicht widersprechend ansieht. Der Elternteil rückt dann wieder in seine Sorgerechtsbefugnisse ein, die er vor dem nach § 1677 maßgebenden Zeitpunkt hatte. Für Anordnungen des FamG nach Abs. 2 sind die auch sonst üblichen Zuständigkeits- und Verfahrensregeln maßgeblich.[4] Funktionell zuständig ist der Richter, § 14 Abs. 1 Nr. 3 RPflG. 4

§ 1741 BGB Zulässigkeit der Annahme

(1) ¹Die Annahme als Kind ist zulässig, wenn sie dem Wohl des Kindes dient und zu erwarten ist, dass zwischen dem Annehmenden und dem Kind ein Eltern-Kind-Verhältnis entsteht. ²Wer an einer gesetzes- oder sittenwidrigen Vermittlung oder Verbringung eines Kindes zum Zwecke der Annahme mitgewirkt oder einen Dritten hiermit beauftragt oder hierfür belohnt hat, soll ein Kind nur dann annehmen, wenn dies zum Wohl des Kindes erforderlich ist.

(2) ¹Wer nicht verheiratet ist, kann ein Kind nur allein annehmen. ²Ein Ehepaar kann ein Kind nur gemeinschaftlich annehmen. ³Ein Ehegatte kann ein Kind seines Ehegatten allein annehmen. ⁴Er kann ein Kind auch dann allein annehmen, wenn der andere Ehegatte das Kind nicht annehmen kann, weil er geschäftsunfähig ist oder das 21. Lebensjahr noch nicht vollendet hat.

A. Allgemeines 1	C. Weitere praktische Hinweise 27
B. Regelungsgehalt 6	I. Zuständiges Gericht 27
I. Voraussetzungen der Annahme/Adoption . 6	II. Verfahren 29
1. Wohl des Kindes 6	1. Gerichtskosten 30
2. Eltern-Kind-Verhältnis 7	2. Anwaltskosten 32
a) Mindestalter 8	3. Notarkosten nach GNotKG 34
b) Altersabstand 9	III. Adoption und Pflichtteilsrecht 37
3. Besonderer Fall des § 1741 Abs. 1 S. 2 BGB 11	IV. Ausschluss des Erb- und/oder Pflichtteilsrechts des Angenommenen 38
II. Adoptionsberechtigte Personen 13	V. Verfügung von Todes wegen für erbrechtliche Gleichstellung adoptierter Kinder nach ausländischem Recht 40
1. Einzelperson 14	
2. Ehegatten 15	
3. Adoption eines Kindes durch einen Ehegatten 16	VI. Auskunftsersuchen bei Adoptionen vor dem 1.1.1977 41
4. Eingetragene Lebenspartner 18	VII. Steuern 42
5. Adoption des Kindes durch einen Lebenspartner 19	1. Kosten einer Adoption als Sonderausgaben 42
6. Adoption des eigenen Kindes 22	2. Erbschaftsteuerliche Folgen der Adoption 43
III. Rechtsfolgen 24	VIII. Sozialrecht 44
IV. Verwandtschaftliche und erbrechtliche Wirkungen 25	

A. Allgemeines

Der Begriff „**Annahme als Kind**" ist gleichbedeutend mit den Begriffen Adoption bzw. Annahme an Kindes statt und beschreibt die rechtliche Begründung eines Eltern-Kind-Verhältnisses zwischen dem Annehmenden und dem Kind ohne Rücksicht auf die biologische Abstammung. 1

---

4 MüKoBGB/Hennemann BGB § 1681 Rn. 7.

Nach § 1741 Abs. 1 BGB muss die Annahme dem Wohl des Kindes dienen und zu einer neuen Eltern-Kind-Beziehung führen.

2 Grundvoraussetzung für eine Annahme nach den §§ 1741 ff. BGB ist zum einen die Minderjährigkeit des Kindes, zum anderen die Kindeswohldienlichkeit der Annahme. Wird der Anzunehmende im Verlauf des Adoptionsverfahrens volljährig, so scheidet die Minderjährigenadoption aus. Es gelten dann allein die §§ 1767 ff. BGB (Volljährigenadoption).[1]

3 Zum Schutz des Kindes wurde durch die Kindschaftsrechtsreform des Jahres 1998 einschränkend bestimmt, dass eine Annahme nur unter engen Voraussetzungen erlaubt ist, wenn die Annahmewilligen an einer gesetzes- oder sittenwidrigen Vermittlung oder Verbringung des Kindes zum Zwecke der Annahme mitgewirkt haben oder mitwirken (§ 1741 Abs. 1 S. 2 BGB).

Auch muss grundsätzlich die Identität des Annehmenden, die Identität des Kindes und die Identität der leiblichen Eltern feststehen.[2] Dies gebieten nicht nur die weitreichenden personenstandsrechtlichen Folgen der Adoption und das Interesse der Allgemeinheit, der Annehmenden sowie des anzunehmenden Kindes an der Kenntnis seiner Herkunft, sondern auch das Recht und das Interesse der leiblichen Eltern an ihrem Kind, wenn durch die Annahme ihre Rechtsbeziehungen zu dem Kind aufgehoben werden.[3] Das Familiengericht muss daher die für die Klärung der Identität erforderlichen Ermittlungen von Amts wegen (§ 26 FamFG) durchführen.

4 Das Gesetz bestimmt den Kreis der Adoptionsberechtigten. Der Grundsatz der **Alleinadoption** (§ 1741 Abs. 2 S. 1 BGB) hatte zur Folge, dass nicht miteinander verheiratete Personen ein Kind nicht gemeinschaftlich annehmen durften.[4] Ehegatten dürfen hingegen ein Kind grundsätzlich nur gemeinschaftlich annehmen.[5]

5 Ein solches Recht stand auch den Partnern einer eingetragenen Lebenspartnerschaft nicht zu. Das BVerfG hat am 19.2.2013 entschieden, dass das Verbot einer **Sukzessivadoption durch Lebenspartner**, dh das Verbot der Annahme eines bereits adoptierten Kindes durch den Lebenspartner des zunächst Annehmenden gegen den Gleichheitsgrundsatz verstößt.[6] Der Auflage an den Gesetzgeber, bis zum 30.6.2014 eine verfassungsgemäße Regelung herzustellen, hat der Bundestag am 22.5.2014 entsprochen und in § 9 Abs. 7 S. 2 LPartG den Verweis auf § 1742 BGB aufgenommen. Nach wie vor ist die Gleichstellung nicht vollkommen vollzogen. Nur die sukzessive Adoption, nicht die gemeinsame Adoption nach dem Leitbild des § 1741 Abs. 2 S. 2 BGB wurde legalisiert. Durch die Entscheidung des Bundesverfassungsgerichts vom 26.3.2019[7] wurde der Ausschluss der Stiefkindadoption allein in nichtehelichen Familien als Verstoß gegen den allgemeinen Gleichbehandlungsgrundsatz angesehen. Gegen die Stiefkindadoption vorgebrachte allgemeine Bedenken rechtfertigt es nicht, sie nur in nichtehelichen Familien auszuschließen.

§ 1766a BGB ermöglicht nunmehr auch unverheirateten Paaren in einer stabilen Lebensgemeinschaft die gemeinsame Stiefkindadoption. Eine gemeinsame Fremdadoption bleibt ihnen hingegen verschlossen. Insofern bleibt es bei der Alleinadoption gem. § 1741 Abs. 2 S. 1.[8]

B. Regelungsgehalt

I. Voraussetzungen der Annahme/Adoption

6 **1. Wohl des Kindes.** Die Annahme muss dem Wohl des Kindes dienen, dh zu einer Verbesserung der Rechtsstellung des Kindes oder seiner persönlichen Verhältnisse führen. Im Vergleich zu dessen gegenwärtigen Lebensbedingungen muss eine merklich bessere Entwicklung seiner

---

1 KG FamRZ 2004, 1315.
2 BGH FamRZ 2021, 1897 Rn. 12 = FF 2022, 63.
3 BGH FamRZ 2021, 1897 Rn. 12 = FF 2022, 63.
4 LG Bad Kreuznach StAZ 1985, 167.
5 AG Lübeck FamRZ 2012, 1402.
6 BVerfG NJW 2013, 847 ff.
7 BVerfG FamRZ 2019, 1061 ff.
8 Krit.: *Helms* FamRZ 2020, 645 ff.

Persönlichkeit zu erwarten sein.[9] Dabei handelt es sich um einen unbestimmten Rechtsbegriff. Ob die Adoption dem Kindeswohl dient, kann nur mithilfe einer Prognose ermittelt werden, in welche alle bereits erkennbaren Umstände mit einzubeziehen sind.[10] Zu der Kindeswohlprüfung zählt auch das Adoptionsbedürfnis.[11] Als dem Kindeswohl dienend kann eine Annahme dann bewertet werden, wenn der Annehmende durch die Annahme in einen funktionierenden Familienverband eingegliedert wird. Andererseits kann eine Herauslösung des Annehmenden aus seinem bisherigen Familienverband dem Kindeswohl so sehr widersprechen, dass die Annahme unterbleiben muss.[12] Als Bestandteil des Kindeswohls ist bei jeder Adoptionsentscheidung auch das Kontinuitätsbedürfnis des Kindes sowie der Erhalt des sozialen und kulturellen Umfeldes mit zu berücksichtigen.[13] Entscheidend ist darüber hinaus die persönliche Eignung der Annehmenden, ua deren Alter, körperliche Leistungsfähigkeit, Charakter, Wohn- und Vermögensverhältnisse, berufliche und gesellschaftliche Stellung, Erziehungsfähigkeit und Willigkeit, damit gewährleistet ist, dass dem anzunehmenden Kind ein stabiles familiäres Familienumfeld geschaffen wird.[14]

2. Eltern-Kind-Verhältnis. Weitere Voraussetzung für die Annahme ist die Erwartung, dass zwischen dem Annehmenden und dem Kind ein Eltern-Kind-Verhältnis entstehen wird (Abs. 1 aE) oder ein solches bereits besteht. Es muss objektiv und subjektiv die Prognose möglich sein, dass zwischen dem Annehmenden und dem Kind eine Eltern-Kind-Beziehung entstehen wird. Ein nur geäußerter Wunsch der Elternschaft reicht nicht aus.[15] Eine Prognose soll grundsätzlich erst dann gestellt werden, wenn der Annehmende das Kind über einen angemessenen Zeitraum in Pflege hatte (§ 1744 BGB). Dies schließt die Adoption in besonderen Fällen nicht aus (→ BGB § 1744 Rn. 2 ff.). 7

Die Prognose muss zu dem Ergebnis führen, dass die Annahme sich günstiger auf die Entwicklung und Förderung des Kindes auswirkt als die „soziale Elternschaft". Im Rahmen der Kindeswohlprüfung bedarf es der Abwägung der rechtlichen und sozialen Situation des Kindes mit und ohne Adoption.[16]

a) Mindestalter. Mindestens ein annehmender Elternteil muss zum Zeitpunkt der Entscheidung über die Annahme das 25. Lebensjahr vollendet haben. Der andere Elternteil muss mindestens 21 Jahre alt sein (→ BGB § 1743 Rn. 2). 8

b) Altersabstand. Der Altersunterschied zwischen dem anzunehmenden Kind und den Annehmenden soll möglichst der natürlichen Generationenfolge entsprechen. Dies erfordert einen **Altersabstand**. Das Gesetz hat dieses Erfordernis nicht ausdrücklich aufgenommen. Zwar ist das Mindestalter festgelegt (§ 1743 BGB), im Gegensatz zu anderen ausländischen Zivilrechtsordnungen bestimmt das BGB aber weder einen **Höchst- noch einen Mindestaltersabstand**. Trotz fehlender gesetzlicher Regelung wird ein nicht ausreichender Altersabstand als Indiz gegen das Bestehen eines Eltern-Kind-Verhältnisses im Rahmen einer Gesamtwürdigung aller Umstände gewertet. Der mangelnde Altersabstand stellt somit keinen Ausschlussgrund, sondern nur ein Indiz für ein nicht ausreichendes Eltern-Kind-Verhältnis dar. Ein Altersabstand von nur 13 Jahren und 7 Monaten wurde im Einzelfall bei einer Stiefkindadoption als ausreichend angesehen.[17] 9

Die Höchstgrenze des Altersabstandes wird mit 40 Jahren empfohlen.[18] Bei dem Altersabstand ist die höhere Lebenserwartung und die Tendenz zu einer späteren Familiengründung mit 10

---

9 BayObLG FamRZ 1997, 839; Grüneberg/*Götz* BGB § 1741 Rn. 3; Staudinger/*Frank* BGB § 1741 Rn. 16.
10 BeckOK BGB/*Pöcker* § 1741 Rn. 13 f.
11 OLG Düsseldorf FamRZ 2011, 1522 (1523).
12 LG Lüneburg BeckRS 2011, 11616.
13 OLG Celle QRS 2011, 14646.
14 MüKoBGB/*Maurer* § 1741 Rn. 89; Grüneberg/ *Götz* BGB § 1741 Rn. 3.
15 Grüneberg/*Götz* BGB § 1741 Rn. 4.
16 OLG Karlsruhe FamRZ 2022, 293.
17 OLG Hamm FamRZ 2013, 526; RNotZ 2014, 236.
18 Bundesministerium für Familie, Senioren, Frauen und Jugend v. 17.9.2013 unter www.bmfsfj.de/BMFSFJ/freiwilliges-engagement,did=152740.html.

zu berücksichtigen. Dies hat dazu geführt, dass nach den Empfehlungen der Bundesarbeitsgemeinschaft Adoption der Höchstaltersabstand von 35 Jahren (Stand 2003) auf 40 Jahre[19] erhöht wurde und im Koalitionsvertrag der Großen Koalition vom 27.11.2013 allgemein als Zielsetzung ebenfalls die Anpassung an die vorgenannten veränderten sozialen Verhältnisse vorgesehen ist.[20] Sichergestellt muss sein, dass die Annehmenden noch in der Lage sind, das Kind im Rahmen ihrer elterlichen Sorge zu versorgen und zu pflegen.[21]

11 **3. Besonderer Fall des § 1741 Abs. 1 S. 2 BGB.** § 1741 Abs. 1 S. 2 BGB sieht eine erschwerte Voraussetzung für die Zulässigkeit der Annahme vor. Haben sich die Annehmenden an einer **gesetzes- oder sittenwidrigen Vermittlung** oder Verbringung eines Kindes zum Zwecke der Annahme beteiligt oder einen Dritten hiermit beauftragt oder hierfür belohnt, soll das Kind nur dann angenommen werden können, wenn dies zum Wohl des Kindes erforderlich ist.

Nicht erfasst werden die Adoptionen, die einer reproduktionsmedizinischen Maßnahme folgen, also beispielsweise im Falle einer Eizellspende oder Leihmutterschaft.

In seiner Entscheidung vom 20.3.2019[22] verweist der BGH im Falle einer Leihmutterschaft aus der Ukraine auf ein Adoptionsverfahren.[23]

12 Verhindert werden soll der Kindeshandel. Entgegengewirkt werden soll auch vergleichbaren Praktiken.[24] Andererseits soll der Schutz des Kindes auch in einem solchen Fall im Vordergrund stehen. Die Annahme ist trotz sittenwidrigen Verhaltens dann auszusprechen, wenn sie erforderlich ist, um dem Kindeswohl zu dienen. Als erforderlich wird sie anzusehen sein, wenn sich bereits eine familiäre Verbundenheit entwickelt hat.[25]

II. Adoptionsberechtigte Personen

13 § 1741 Abs. 2 BGB regelt die allgemeinen persönlichen Voraussetzungen der annehmenden Person(en).

14 **1. Einzelperson.** Eine unverheiratete Person kann ein Kind nur allein annehmen (§ 1741 Abs. 2 S. 1 BGB). Hierbei ist es unerheblich, ob die Einzelperson in einer eheähnlichen Lebensgemeinschaft oder tatsächlich allein lebt. Die Frage, ob diese Lebensform für das anzunehmende Kind die ideale Familienkonstellation erreicht, ist bei der Kindeswohlprüfung mit zu berücksichtigen. Eine „Alleinadoption" kann in Ausnahmefällen dem Wohl des Kindes am besten entsprechen, etwa weil zu dem Annehmenden bereits eine enge Bindung durch Zusammenleben besteht[26] oder weil eine gemeinsame Annahme während der Adoptionspflege durch Tod oder Scheidung eines der Annahmewilligen scheitert.[27]

15 **2. Ehegatten.** Die Annehmenden müssen miteinander verheiratet sein.

Eine Mindestehezeit, etwa von drei Jahren vor der Adoption eines Kindes, lässt sich weder dem Gesetz noch einer Empfehlung der Bundesarbeitsgemeinschaft der Landesjugendämter noch pauschal im Hinblick auf die in Ansehung des Kindeswohls erforderliche Stabilität der Familie entnehmen.[28] Die Auffassung des OLG Nürnberg in seiner Entscheidung vom 5.11.2018[29] ist nicht überzeugend. Das OLG Nürnberg verweist auf das französische Recht sowie auf das Schweizer Recht. Beide Rechtsordnungen verlangen eine Mindestehezeit von einmal zwei Jahren und zum anderen fünf Jahren. Aus diesen Erfahrungswerten schlussfolgert das OLG Nürn-

---

19 Bundesarbeitsgemeinschaft Landesjugendämter unter www.bagljae.de/medienservice/index.php.
20 Koalitionsvertrag „Deutschlands Zukunft gestalten" v. 27.11.2013, 70.
21 Vgl. insofern zu Einzelfällen: Grüneberg/*Götz* BGB § 1741 Rn. 5.
22 BGH NJW 2019, 1605.
23 Vgl. auch OLG Frankfurt FamRZ 2019, 899; OLG München FamRZ 2018, 1008 ff.
24 BT-Drs. 13/8511, 75.
25 LG Düsseldorf Beck RS 2012, 19794.
26 Staudinger/*Frank* BGB § 1741 Rn. 36.
27 LG Köln FamRZ 1985, 108.
28 AG Frankenthal NJOZ 2021, 206.
29 OLG Nürnberg FamRZ 2019, 714 ff.

berg eine Mindestdauer der Ehe von zwei Jahren.[30] Diese Auffassung ist angesichts des Wortlautes des § 1766a BGB nicht gerechtfertigt.

Zwar ist es für ein Kind von zentraler Bedeutung, dass es sich innerhalb intakter und dauerhafter Familienbeziehungen entwickeln kann. Ob es sich hierbei hingegen um eine nichteheliche Lebensgemeinschaft oder eine eheliche Lebensgemeinschaft oder eine eingetragene Lebenspartnerschaft handelt, erscheint einerlei. Entscheidend ist die Stabilität der Beziehung zwischen den annehmenden Elternteilen.

Ehegatten können ein Kind nur gemeinschaftlich annehmen (§ 1741 Abs. 2 S. 2 BGB). Das Kind soll von Anbeginn zu beiden Elternteilen eine enge und tragfähige Beziehung entwickeln können. Eine Adoption in gestufter Abfolge, eine Sukzessivadoption, ist unzulässig, wenn sie während der Ehezeit erfolgt. Anders ist dies zu beurteilen, wenn ein Ehegatte vor Eheschließung ein Kind adoptiert hatte und der andere es nach der Eheschließung adoptiert.[31] Hierbei reicht die bloße Zustimmung des Ehepartners nicht. Seine aktive Mitwirkung an der Annahme muss deutlich werden. Eine Trennung der Ehegatten ist hingegen unschädlich.[32] Ein Verstoß gegen § 1741 Abs. 2 BGB führt nicht zur Nichtigkeit der Annahme.[33]

3. Adoption eines Kindes durch einen Ehegatten. Nach § 1741 Abs. 2 S. 3 BGB kann ein Ehegatte ein Kind seines Partners allein annehmen, sog. **Stiefkindadoption**. Dabei ist unerheblich, ob das Kind vorehelich geboren ist oder aus einer anderen Ehe stammt. Der andere Ehegatte muss dafür gemäß § 1749 Abs. 1 BGB seine Einwilligung erteilen. Gemäß § 1754 BGB erlangt das Kind so die rechtliche Stellung eines gemeinschaftlichen Kindes der Ehegatten. Auch die Adoption des angenommenen, dh bereits adoptierten Kindes des Partners, sog. **Sukzessivadoption**, ist Ehegatten nach § 1742 BGB möglich.

Eine alleinige Annahme ist für ein fremdes Kind zulässig, wenn in der Person des anderen Ehegatten **Adoptionshindernisse** gem. § 1741 Abs. 2 S. 4 BGB vorliegen. Die Folgen bestimmen sich nach § 1754 Abs. 2 BGB.

4. Eingetragene Lebenspartner. Die gemeinschaftliche Adoption eines Kindes ist für eingetragene Lebenspartner ausgeschlossen. § 1741 Abs. 2 S. 1 BGB bezieht nur Ehegatten ein, § 9 Abs. 6 LPartG erwähnt nur die Alleinadoption. Die unterschiedliche Regelung der Adoptionsmöglichkeiten von Ehegatten und Lebenspartnern im Sinne des LPartG ist verfassungsrechtlich am allgemeinen Gleichbehandlungsgebot des Art. 3 Abs. 1 GG zu messen. Eine verfassungsrechtliche Entscheidung hierzu liegt noch nicht vor. Eine Richtervorlage zum gemeinschaftlichen Adoptionsrecht eingetragener Lebenspartner hat das BVerfG bisher inhaltlich nicht entschieden.[34] Nun können eingetragene Lebenspartner seit dem 1.11.2017 die Ehe eingehen (§ 1353 BGB nF); Näheres → BGB § 1371 Rn. 15 f. Als Ehepaar können sie künftig ein Kind gemeinsam adoptieren (§ 1741 Abs. 2 S. 2 BGB). Dazu bedarf es aber einer Stiefkindadoption (Näheres → BGB § 1741 Rn. 19).

5. Adoption des Kindes durch einen Lebenspartner. Nach § 9 Abs. 7 LPartG ist die Adoption des leiblichen Kindes des Partners, sog. **Stiefkindadoption**, auch eingetragenen Lebenspartnern möglich. Der andere Lebenspartner muss dafür gemäß § 9 Abs. 6 LPartG seine Einwilligung erteilen. Auch wenn seit dem 1.11.2017 homosexuelle Paare die Ehe eingehen können, ist das Abstammungsrecht unverändert. Die „Ehe für alle" hat bislang keine Veränderung des § 1592 Nr. 1 BGB gebracht, wonach Vater eines Kindes der Mann ist, der zum Zeitpunkt der Geburt mit der Mutter des Kindes verheiratet ist. Damit wird trotz der Ehe die Frau, die mit der Mut-

---

30 OLG Nürnberg FamRZ 2019, 714 ff. unter Verweis auf MüKoBGB/*Maurer* § 1741 Rn. 103.
31 Vgl. § 1742 BGB.
32 OLG Hamm NJW-RR 1999, 1377 = FamRZ 2000, 257.
33 OLG Düsseldorf FamRZ 2008, 1282.
34 Eine entsprechende vom AG Berlin-Schöneberg am 11.3.2013 eingereichte Vorlage hat das BVerfG wegen fehlender Begründungsanforderungen am 23.1.2014 als unzulässig verworfen.

ter des Kindes verheiratet ist, nicht automatisch (zweite) Mutter des Kindes. Für die Herstellung eines Mutter-Mutter-Kind Rechtsverhältnisses muss bisher immer noch eine Stiefkindadoption durchgeführt werden.

20 Die Adoption des durch den Lebenspartner angenommenen Kindes, die sog. **Sukzessivadoption**, war nach bislang geltendem Recht deshalb nicht zulässig, weil § 9 Abs. 6, 7 LPartG nicht auf § 1742 BGB verweist.

21 In seiner Entscheidung vom 19.2.2013 hat das BVerfG diese Regelung als nicht verfassungskonform angesehen und den Gesetzgeber aufgefordert, bis zum 30.6.2014 eine verfassungskonforme Lösung herzustellen. Am 22.5.2014 hat der Bundestag das Gesetz zur Umsetzung der Entscheidung des BVerfG zur Sukzessivadoption durch Lebenspartner beschlossen. Der Bundesrat hat am 13.6.2014 diesem Gesetz zugestimmt. Geändert wurde insbesondere § 9 Abs. 7 S. 2 LPartG. Die Angabe „§ 1743 BGB" wurde durch die Angabe „§§ 1742, 1743 BGB" ersetzt.[35]

22 **6. Adoption des eigenen Kindes.** Ein ehelicher Elternteil kann sein eigenes rechtliches Kind nicht annehmen. Die Annahme des eigenen Enkelkindes als Kind ist statthaft.[36] Zulässig ist auch die Adoption des Kindes einer Leihmutter.[37]

23 Verbindliche Anordnungen etwa in Form von Altersgrenzen bestehen nicht. Das Alter des Kindes bestimmt allein über die Art der Annahme. Eine Readoption des Kindes durch seine leiblichen Eltern ist in bestimmten Fällen zulässig.[38]

III. Rechtsfolgen

24 Der Beschluss über die Annahme als Kind ist gemäß § 197 Abs. 3 FamFG unanfechtbar.

IV. Verwandtschaftliche und erbrechtliche Wirkungen

25 Sie verwandtschaftsrechtlichen und erbrechtlichen Wirkungen der Adoption sind geregelt in den §§ 1754–1756 BGB. Die Wirkungen auf das Namensrecht folgen aus § 1757 BGB.[39]

26 Da sich Adoptionsrecht im Verlauf der Jahre wesentlich verändert hat, können bei Altadoptionen abweichende Rechtsfolgen eingetreten sein.[40]

C. Weitere praktische Hinweise

I. Zuständiges Gericht

27 Adoptionssachen sind nach § 111 Nr. 4 FamFG Familiensachen. Die sachliche Zuständigkeit ergibt sich aus § 23 a Nr. 1 GVG. Örtlich zuständig ist gem. § 187 Abs. 1 FamFG das Gericht, in dessen Bezirk der Annehmende oder einer der Annehmenden seinen gewöhnlichen Aufenthalt hat. Es handelt sich um eine ausschließliche Zuständigkeit.

28 Die internationale Zuständigkeit bestimmt sich nach § 101 FamFG. Sie ist keine ausschließliche Zuständigkeit (§ 106 FamFG).

II. Verfahren

29 Die Annahme selbst erfolgt auf Antrag des Annehmenden durch Beschluss des Familiengerichts (§ 1752 BGB). Die erneute Adoption ist bis zur Aufhebung der Erstadoption bzw. solange der

---

35 Darüber hinaus wurden geändert Art. 22 EGBGB; § 3 Abs. 1 S. 1 Nr. 3 des Adoptionswirkungsgesetzes; § 88 Abs. 1 Nr. 1 Buchst. c FamFG; vgl. BT-Drs. 18/1488.
36 Dazu weiter Grüneberg/*Götz* BGB § 1741 Rn. 12.
37 AG Gütersloh FamRZ 1986, 718.
38 OLG Köln JAmt 2014, 462; AG Starnberg FamRZ 1995, 1229; zum Problem der Readoption vgl. Liermann FamRZ 1993, 1263 (1265).
39 Auf die Kommentierungen zu diesen Vorschriften wird verwiesen.
40 Vgl. die Ausführungen in der Einführung zum Übergangsrecht.

bzw. die Erstannehmenden leben nach § 1742 BGB ausgeschlossen, wobei Ausnahmemöglichkeiten bestehen (→ BGB § 1742 Rn. 3). Verfahren auf **Anerkennung, Wirkungsfeststellung und Umwandlung von ausländischen Adoptionen** (§§ 2, 3 AdWirkG) sind als Verfahren „sui generis" und nicht als Adoptionssachen anzusehen (str.).[41] Die für Adoptionssachen kostenrechtlich relevanten Vorschriften sollen auf diese Verfahren dennoch entsprechend anwendbar sein.[42]

1. Gerichtskosten. Für die Annahme eines minderjährigen Kindes werden keine Gebühren erhoben.[43] Von Gebühren befreit ist auch das Ersetzungsverfahren, Namensänderungen[44] nach § 1757 BGB und Verfahren nach den §§ 2, 3 AdWirkG.[45] Die inländische Adoptionsvermittlung ist als Aufgabe der Jugendhilfe gebührenfrei (§ 189 S. 3 FamFG), aber es entstehen Kosten zB für Notare, Beglaubigungen und Führungszeugnisse, bei einer ausländischen Auslandsvermittlung in der Regel Übersetzungskosten. Es können gerichtliche Auslagen für ein Sachverständigengutachten oder einen Verfahrensbeistand anfallen.[46] Darüber hinaus können je nach Herkunftsland und Verfahrensbesonderheiten weitere Kosten anfallen. Auskünfte geben die zentralen Adoptionsstellen der Landesjugendämter, sowie Adoptionsvermittlungsstellen in freier Trägerschaft.[47]

Unter den gesetzlichen Voraussetzungen der §§ 76 ff. FamFG, 114 ff. ZPO wird Verfahrenskostenhilfe für das gerichtliche Verfahren bewilligt. Dies gilt nicht für Notarkosten, wobei in diesen Fällen § 17 Abs. 2 BNotO zu beachten ist.

2. Anwaltskosten. Es besteht gemäß § 114 FamFG kein Anwaltszwang in Adoptionsverfahren. Die Beiordnung eines Rechtsanwalts ist in den Fällen des § 78 Abs. 2 FamFG möglich[48] und aufgrund der Rechtswirkungen wohl in der Regel geboten.[49] Im gerichtlichen Adoptionsverfahren erhält der Rechtsanwalt regelmäßig eine 1,3 Verfahrensgebühr (Nr. 3100 VV RVG) und bei Teilnahme an einem Erörterungstermin eine 1,2 Terminsgebühr (Nr. 3104 Abs. 1 Nr. 1 VV RVG).[50]

Das FamGKG enthält für Adoptionssachen keine gesonderte Wertbestimmung. Der Wert ist entsprechend § 42 Abs. 2 FamGKG nach dem Umfang, der Bedeutung der Sache sowie den Vermögens- und Einkommensverhältnissen der Beteiligten nach billigem Ermessen festzusetzen.[51] Das Vermögen ist hierbei in der Regel mit 25 % einzustellen.[52] Ergeben sich keine hinreichenden Anhaltspunkte für eine Wertfestsetzung, ist auf den Regelverfahrenswert abzustellen. Dieser beträgt für die Zeit bis einschließlich Juli 2013 3.000 EUR und für die Zeit ab August 2013 5.000 EUR (§ 42 Abs. 3 FamGKG).

3. Notarkosten nach GNotKG. Der Geschäftswert beträgt in Angelegenheiten (Antrag) des Annehmenden bei Minderjährigenadoptionen nach § 101 GNotKG[53] 5.000 EUR, bei Volljährigenadoptionen wird er nach § 36 Abs. 2 GNotKG nach billigem Ermessen bestimmt.

Das Ermessen ist nach dem Umfang und der Bedeutung der Sache sowie den Vermögens- und Einkommensverhältnissen zu bestimmen, wobei ein Höchstwert von 1 Mio. EUR nicht überschritten werden darf.[54] Ferner ist der Umfang der notariellen Tätigkeit zu berücksichtigen.[55]

---

41 OLG Hamm FamRZ 2012, 1230; OLG Köln FamRZ 2012, 1234; *Keuter* FuR 2013, 567 aA: OLG Düsseldorf FamRZ 2012, 1233; *Maurer* FamRZ 2013, 90; OLG Brandenburg FamRZ 2015, 869.
42 *Keuter* FuR 2013, 567.
43 Vorbemerkung 1.3.2 Kostenverzeichnis FamGKG; OLG Düsseldorf BeckRS 2010, 17941 = FamRZ 2010, 1937.
44 *Keidel/Engelhardt* FamFG § 186 Rn. 17.
45 FA-FamR/*Schwarzer*, 8. Aufl. 2011, Kap. 3 Rn. 463.
46 S. ua LG Bochum ZKJ 2012, 150 ff.
47 Bundesministerium für Familie, Senioren, Frauen und Jugend v. 6.8.2012 unter http://www.bmfsfj.de/BMFSFJ/root,did=187732.html.
48 BGH FamRZ 2010, 1427.
49 *Hoffmann* FamRZ 2010, 1394.
50 Zu weiteren Einzelheiten der Anwaltsgebühren im gerichtlichen Adoptionsverfahren s. *Keuter* FuR 2013, 570 f.
51 OLG Celle AGS 2013, 420.
52 OLG Bamberg FamRZ 2012, 737.
53 BGBl. 2013 I 2586. Das GNotKG ist zum 1.8.2013 in Kraft getreten. Es sind die Übergangsbestimmungen der §§ 134 Abs. 2, 136 Abs. 2 Nr. 4 GNotKG zu beachten.
54 Vgl. *Keuter* FuR 2013, 569.
55 *Keuter* FuR 2013, 569.

Bei Fehlen genügender Anhaltspunkte für eine abweichende Wertbestimmung beträgt der neue Regelverfahrenswert 5.000 EUR (§ 36 Abs. 3 GNotKG).

36 Es fällt eine 1,0 Gebühr nach Nr. 21200 des Kostenverzeichnisses an. Einwilligungserklärungen sind derselbe Gegenstand nach § 109 Abs. 1 GNotKG. Bei einer isolierten Beurkundung einer Einwilligung gilt nach Nr. 21201 eine 0,5 Gebühr aus halbem Wert nach § 98 Abs. 1 GNotKG. Bei der Annahme mehrerer Kinder gilt § 35 Abs. 1 GNotKG.[56]

III. Adoption und Pflichtteilsrecht

37 Bei der Festlegung der Erb- bzw. Pflichtteilsquote ist zu prüfen, ob neben leiblichen Kindern Pflichtteilsberechtigte vorhanden sind. Dies ist mithilfe der Geburtsurkunde, des Adoptionsantrages und des Adoptionsvertrags oder -beschlusses zu klären. Die Erweiterung des Kreises von Pflichtteilsberechtigen minimiert die Pflichtteilsquote aller Pflichtteilsberechtigten.

IV. Ausschluss des Erb- und/oder Pflichtteilsrechts des Angenommenen

38 Für den Annehmenden verbleibt die Möglichkeit der Enterbung des Kindes (§ 1938 BGB). Einseitig kann er hingegen das Pflichtteilsrecht des angenommenen Kindes nicht entziehen. Hierzu bedarf es des Vorliegens von Pflichtteilsentziehungsgründen (§ 2333 BGB) oder aber eines Erb- oder Pflichtteilsverzichtsvertrages. Die Voraussetzung der §§ 2347 ff. BGB sowie die Wirkung des § 2349 BGB sind hierbei zu beachten. Die Möglichkeit, in dem Annahmevertrag das Erbrecht des Kindes auszuschließen,[57] besteht heute nicht mehr. Wurde sie zu früherer Zeit wirksam genutzt, gilt sie weiterhin.[58]

39 Eine Erbverzichtsvereinbarung kann mit einem angenommenen Kind schon vor der Annahme geschlossen werden.[59]

V. Verfügung von Todes wegen für erbrechtliche Gleichstellung adoptierter Kinder nach ausländischem Recht

40 Gemäß Art. 22 Abs. 3 S. 1 und 2 EGBGB kann der Erblasser in den Fällen einer Minderjährigenadoption durch Verfügung von Todes wegen anordnen, dass das angenommene Kind mit einem nach deutschem Recht Angenommenen gleichsteht. Dies hat in den Fällen Bedeutung, in denen nach den Rechtsvorschriften des Heimatlandes des Kindes nur eine Adoption mit sogenannter „schwacher Adoptionswirkung" erfolgen kann.

VI. Auskunftsersuchen bei Adoptionen vor dem 1.1.1977

41 Bei Adoptionen vor dem 1.1.1977 sollte eine Auskunft bzgl. der Erbberechtigung beim Geburtsstandesamt eingeholt werden. Dies gilt auch für Enkelkinder, die, wenn das Adoptionskind schon verstorben ist, nach § 1924 Abs. 3 BGB als potenzielle Erben nachrücken.

VII. Steuern

42 **1. Kosten einer Adoption als Sonderausgaben.** Der 6. Senat des BFH hat dem Großen Senat die Rechtsfrage zur Entscheidung vorgelegt, ob Kosten einer Adoption (Vermittlungsgebühr im Ausland, Fahrten und Literatur) steuerlich als außergewöhnliche Belastung im Sinne des § 33 a EStG akzeptiert werden können, wie dies in den Fällen einer heterologen Insemination bereits anerkannt ist.[60] Der BFH hält an seiner langjährig vertretenen Auffassung fest, dass die durch

---

56 Vgl. dazu und weiterer Einzelheiten *Keuter* FuR 2013, 569.
57 Vgl. § 1767 Abs. 1 BGB aF.
58 Vgl. Art. 12 § 1 Abs. 5 Adoptionsgesetz.
59 *Dittmann* Rpfleger 1978, 278.
60 BFH NJW 2013, 2992.

eine Adoption entstehenden Aufwendungen grds. nicht als außergewöhnliche Belastungen absetzbar sind.[61]

2. Erbschaftsteuerliche Folgen der Adoption. Gemäß § 15 Abs. 1 Nr. 2 ErbStG sind adoptierte Kinder den Steuerklassen I, II Nr. 1 bis 3 zuzuordnen, wenn das Annahmeverhältnis im Zeitpunkt des Erbfalls noch besteht.[62] Dies gilt auch in den Fällen, in denen die Verwandtschaft durch Adoption erloschen ist (Vgl. § 15 Abs. 1 a ErbStG). 43

VIII. Sozialrecht

Das angenommene Kind fällt wie leibliche Kinder unter den sozialrechtlichen Begriff des „Kindes" in § 56 Abs. 1 SGB I und erfüllt die Voraussetzungen für Sozialleistungen (zu den Ausnahmen → BGB § 1754 Rn. 8). 44

§ 1742 BGB Annahme nur als gemeinschaftliches Kind

Ein angenommenes Kind kann, solange das Annahmeverhältnis besteht, bei Lebzeiten eines Annehmenden nur von dessen Ehegatten angenommen werden.

A. Allgemeines

Die Vorschrift dient dem Kindeswohl und verbietet grundsätzlich eine weitere Adoption minderjähriger Kinder, solange das erste Adoptionsverhältnis besteht (Verbot von Kettenadoptionen).[1] Das Kind soll in seiner Familie verbleiben können. Verhindert werden soll, dass widersprechende Elternrechte entstehen oder bestehen. Bei einer Einzeladoption von Ehegatten würde jedoch ein solches widersprechendes Elternrecht entstehen können. Verhindert werden soll ferner, das Rechte und Pflichten im Erbrecht und Unterhaltsrecht kollidieren. Es soll verhindert werden, dass, dass das Kind von Familie zu Familie weitergereicht wird. Die strengen Bestimmungen über die nur ausnahmsweise zulässige Aufhebung von Annahmeverhältnissen sollen nicht umgangen werden können, dadurch dass die weitere Adoption die erste ablöst.[2] Das Verbot der Mehrfachadoption gilt nicht mehr für die Volljährigenadoption (§ 1768 Abs. 1 S. 2 BGB).[3] 1

B. Regelungsgehalt

I. Verbot der mehrfachen Adoption

Leibliche Eltern eines Kindes können dieses zur Adoption freigeben. Adoptiveltern ist eine solche Freigabe verwehrt. Sie können das angenommene Kind nicht zu einer weiteren Annahme freigeben. Hierbei bezieht sich das Verbot der weiteren Adoption nur auf das angenommene Kind und nicht auf dessen Abkömmlinge.[4] 2

II. Ausnahmen

Einem Ehegatten ist es nicht verwehrt, das Kind seines Ehegatten zu adoptieren, sog. **Stiefkindadoption**, wenn dieses vor der Eheschließung von dem Ehegatten adoptiert worden war. Das Kind wird dann gemeinschaftliches Kind der Ehegatten (§ 1754 Abs. 1 2. Alt. BGB). 3

Für unverheiratete Paare gilt § 1766a BGB.

---

61 BFH FamRZ 2015, 775; FamRZ 2016, 950.
62 BFH BFHE 228, 191 = NJW-RR 2010, 881.
1 Vgl. BVerfGE 133, 59 (88) Rn. 76 f.; NJW 2013, 847 (852).
2 OLG Hamm NJW 2010, 2065.
3 Seit dem Kindschaftsrechtsreformgesetz vom 16.12.1997.
4 OLG Schleswig NJW 61, 2163.

4 Stellt sich die **Nichtigkeit einer Adoption** heraus oder wird die **Adoption aufgehoben**[5] (§ 1759 ff. BGB), steht einer erneuten Adoption nichts im Wege. Während die Scheidung der Adoptiveltern ein Eltern-Kind-Verhältnis nicht beendet, findet dieses Verhältnis faktisch ein Ende mit dem Tod der Adoptiveltern. Der durch die Adoption erlangte rechtliche Status bleibt erhalten. Dies hat zur Folge, dass eine erneute Adoption möglich ist, auch eine „Readoption" durch die leiblichen Eltern.[6] In diesen Ausnahmefällen stellt sich die Frage, welche Einwilligungen erforderlich sind. Für den Fall der Adoption durch den Ehegatten (erste Ausnahme) ist eine Einwilligung der leiblichen Eltern nicht erforderlich, weil das Verwandtschaftsverhältnis bereits aufgrund der Erstadoption entfallen war (§ 1755 BGB). Bei Nichtigkeit oder Aufhebung der Adoption (zweiter Ausnahmefall) ist hingegen die Einwilligung der leiblichen Eltern erforderlich. Dies deshalb, weil der neue rechtliche Status des Kindes nicht wirksam entstanden war.

III. Rechtsfolge

5 Ein Verstoß gegen § 1742 BGB macht den Annahmebeschluss nicht nichtig.[7]

§ 1745 BGB Verbot der Annahme

¹Die Annahme darf nicht ausgesprochen werden, wenn ihr überwiegende Interessen der Kinder des Annehmenden oder des Anzunehmenden entgegenstehen oder wenn zu befürchten ist, dass Interessen des Anzunehmenden durch Kinder des Annehmenden gefährdet werden. ²Vermögensrechtliche Interessen sollen nicht ausschlaggebend sein.

A. Allgemeines

1 Gewährleistet werden soll, dass bei einer Entscheidung über die Adoption auch die Interessen sowohl der Kinder des Annehmenden als auch der Kinder des Anzunehmenden selbst berücksichtigt werden. Deren Zustimmung ist formell nicht notwendig. Gleichwohl sollen deren Interessen mit Berücksichtigung finden. Zu berücksichtigen sind neben allen leiblichen Kindern auch alle Adoptivkinder, nicht aber einbenannte Kinder (§ 1618 BGB).

B. Regelungsgehalt

I. Abwägung entgegenstehender Interessen

2 Eine Annahme darf in folgenden drei Fällen nicht ausgesprochen werden:
- wenn die Interessen der (weiteren) Kinder des Annehmenden gegen die Annahme sprechen.
- wenn die Interessen der Kinder des Anzunehmenden gegen die Annahme sprechen.
- wenn die Interessen des Anzunehmenden durch die Interessen der Kinder des Annehmenden gefährdet werden.

In allen vorgenannten Fällen bedarf es zunächst der Feststellung widerstreitender Interessen und sodann einer Abwägung im Rahmen der Kindeswohlprüfung (§ 1741 Abs. 1 S. 1 BGB).[1]

3 **Finanzielle Interessen** sind dabei untergeordnet zu betrachten (§ 1745 S. 2 BGB), da durch eine Adoption grundsätzlich die Erb- und Pflichtteilsquote der Kinder des Annehmenden verringert werden und sich auch die Unterhaltslasten mit jedem Kind erhöhen. Die Adoption darf jedoch

---

[5] Zur Aufhebbarkeit einer Minderjährigenadoption nach Eintritt der Volljährigkeit BGH FamRZ 2014, 930.
[6] OLG Köln JAmt 2014, 462; LG Oldenburg FamRZ 1965, 395.
[7] Grüneberg/*Götz* BGB § 1742 Rn. 1; LG Braunschweig FamRZ 1988, 106; aA Erman/*Holzhauer*, 11. Aufl. 2004, BGB § 1759 Rn. 3.
[1] Grüneberg/*Götz* BGB § 1745 Rn. 2; BayObLG FamRZ 2000, 767.

nicht zur Vernachlässigung vorhandener Kinder wegen Überforderung der Eltern führen. Zwar ist die Schmälerung des Einkommens auch von den Kindern regelmäßig hinzunehmen. Nur wenn die durch die Adoption bedingte finanzielle Belastung das sonstige Wohl der Kinder beeinträchtigt, zB der Anzunehmende kann seine Familie nicht mehr ausreichend unterhalten oder es ist erkennbar, dass es dem Annehmenden auf die Vermeidung von Unterhaltszahlungen ankommt, sind finanzielle Interessen entsprechend zu berücksichtigen.[2] In Fällen, in denen durch eine Stiefkindadoption die Unterhaltsansprüche leiblicher Kinder des Annehmenden gefährdet werden, ist das Interesse des Anzunehmenden etwas weniger hoch zu werten, da das Kind aufgrund der Familiensituation schon fest in seiner Familie verwurzelt ist.[3]

II. Rechtsfolgen

Ein Verstoß gegen § 1745 BGB macht die Adoption nicht nichtig und nicht aufhebbar. Das angenommene Kind ist mit Annahmebeschluss den leiblichen Kindern, insbesondere bei unterhalts- und erbrechtlichen Ansprüchen, gleichgestellt.[4] In dem Fall, dass ein Kind durch eine Samenspende entstanden ist und der Spender anonym bleiben möchte, besteht ein Verbot nach § 1745 BGB nicht.[5]

C. Weitere praktische Hinweise

I. Anhörungsverfahren

Mit Blick auf die betroffenen persönlichen Interessen ist eine persönliche Anhörung der Kinder des Annehmenden und des Anzunehmenden im Einzelfall erforderlich sein (§ 193 FamFG).

II. Pflegegeld

Ferner ist zu beachten, dass durch die Adoption **Pflegegeldzahlungen** entfallen können.

§ 1747 BGB Einwilligung der Eltern des Kindes

(1) ¹Zur Annahme eines Kindes ist die Einwilligung der Eltern erforderlich. ²Sofern kein anderer Mann nach § 1592 als Vater anzusehen ist, gilt im Sinne des Satzes 1 und des § 1748 Abs. 4 als Vater, wer die Voraussetzung des § 1600d Abs. 2 Satz 1 glaubhaft macht.

(2) ¹Die Einwilligung kann erst erteilt werden, wenn das Kind acht Wochen alt ist. ²Sie ist auch dann wirksam, wenn der Einwilligende die schon feststehenden Annehmenden nicht kennt.

(3) Steht nicht miteinander verheirateten Eltern die elterliche Sorge nicht gemeinsam zu, so
1. kann die Einwilligung des Vaters bereits vor der Geburt erteilt werden;
2. kann der Vater durch öffentlich beurkundete Erklärung darauf verzichten, die Übertragung der Sorge nach § 1626a Absatz 2 und § 1671 Absatz 2 zu beantragen; § 1750 gilt sinngemäß mit Ausnahme von Absatz 1 Satz 2 und Absatz 4 Satz 1;
3. darf, wenn der Vater die Übertragung der Sorge nach § 1626a Absatz 2 oder § 1671 Absatz 2 beantragt hat, eine Annahme erst ausgesprochen werden, nachdem über den Antrag des Vaters entschieden worden ist.

(4) ¹Die Einwilligung eines Elternteils ist nicht erforderlich, wenn er zur Abgabe einer Erklärung dauernd außerstande oder sein Aufenthalt dauernd unbekannt ist. ²Der Aufenthalt der Mutter eines gemäß § 25 Absatz 1 des Schwangerschaftskonfliktgesetzes vertraulich geborenen

---

2 Vgl. Erman/Teklote BGB § 1745 Rn. 3; Staudinger/*Frank* BGB § 1745 Rn. 15 ff.; OLG Nürnberg FamRZ 2019, 714.
3 JurisPK-BGB/*Heiderhoff* § 1745 Rn. 4.
4 BGH FamRZ 1984, 378 f.
5 OLG Bamberg NJW-RR 2017, 840.

Kindes gilt als dauernd unbekannt, bis sie gegenüber dem Familiengericht die für den Geburtseintrag ihres Kindes erforderlichen Angaben macht.

A. Allgemeines	1	b) Zeitpunkt der Einwilligungserklärung des nichtehelichen Vaters	7
B. Regelungsgehalt	3	c) Einwilligungserklärung	8
I. Elterliche Einwilligung	3	III. Wegfall des Einwilligungserfordernisses	10
II. Einwilligungserklärung	5	IV. Beratungspflicht des Jugendamtes	12
1. Form	5	V. Internationales Privatrecht	13
2. Zeitpunkt	6	VI. Rechtsfolge	14
a) Zeitpunkt der Einwilligungserklärung der miteinander verheirateten Eltern und der Kindesmutter	6	C. Weitere praktische Hinweise	15

A. Allgemeines

1 Die Annahme eines Kindes führt zum Erlöschen des Verwandtschaftsverhältnisses des Kindes und seiner Abkömmlinge zu den bisherigen Verwandten (§ 1755 BGB). Sie greift damit in das natürliche Eltern-Kind-Verhältnis ein. Da das natürliche Verwandtschaftsverhältnis von Art. 6 GG verfassungsrechtlich verbürgt ist,[1] bedarf die Annahme der elterlichen Einwilligung.

2 Zugleich wahrt § 1747 BGB die Rechte leiblicher Väter und berücksichtigt deshalb besondere Lebensverhältnisse von Kindern unverheirateter Eltern. Des Weiteren trägt das Gesetz auch dem zum 1.5.2014 in Kraft getretenen Gesetz zum Ausbau der Hilfen für Schwangere und zur Regelung der vertraulichen Geburt dadurch Rechnung, dass bei einer vertraulichen Geburt der Aufenthalt der Eltern nicht bekannt ist. Vater im Sinne von § 1747 Abs. 1 S. 2 BGB kann auch ein Samenspender sein.

B. Regelungsgehalt

I. Elterliche Einwilligung

3 Erforderlich ist die **Einwilligung der „Eltern im Rechtssinne"**, also der Eltern, zu denen das Kind in einem rechtlichen Kindschaftsverhältnis steht (§§ 1591, 1592 BGB). Der Familienstand ist hierbei ebenso unerheblich wie das Sorgerecht im Einzelfall.[2] Die Einwilligung ist demnach auch dann notwendig, wenn einem Elternteil die elterliche Sorge gemäß § 1666 BGB entzogen wurde oder wenn die elterliche Sorge dem anderen Elternteil übertragen worden war. Sind die Eltern unverheiratet und liegt keine Sorgeerklärung gemäß § 1626a BGB vor, bedarf es gleichwohl der Einwilligung beider Eltern.[3]

Besteht keine rechtliche Vaterschaft gem. § 1502 BGB, so ist die Einwilligung des Mannes erforderlich, der als Vater vermutet wird, wenn dieser glaubhaft macht, dass er der Mutter innerhalb der Empfängniszeit beigewohnt hat.[4] Ein Abstammungsverfahren muss nicht anhängig sein. Ausreichend ist die Glaubhaftmachung der Beiwohnung.

Auf die Wahrscheinlichkeit der Vaterschaft kommt es nicht an. Der biologische Vater ist von der Verfahrenseinleitung zu benachrichtigen.

Einwilligungsberechtigt ist grundsätzlich auch der **Samenspender**.[5]

Dies gilt hingegen nicht, wenn es sich um eine anonyme Samenspende handelt, denn in diesem Fall kommt eine Vaterschaftsfeststellung gem. § 1600d Abs. 4 BGB nicht in Betracht. Der anonyme Samenspender hat auf sein grundrechtlich geschütztes Interesse, die Rechtsstellung als Vater des Kindes anzunehmen, von vornherein verzichtet.[6]

---

1 BVerfG NJW 1995, 2155.
2 BVerfGE 24, 119 (136).
3 Vgl. für den Fall der Samenspende BGH FamRZ 2013, 1209.
4 BGH FamRZ 2015, 828.
5 BGH FamRZ 2015, 828.
6 OLG Bamberg NJW-RR 2019, 840; OLG Nürnberg FamRZ 2020, 613.

Bei einer **Sukzessivadoption** bedarf es der Zustimmung des Adoptivelternteils und nicht der der natürlichen Eltern. Bei einer Wiederholungsadoption nach § 1742 BGB bedarf es hingegen der Einwilligung der leiblichen Eltern.

II. Einwilligungserklärung

1. Form. § 1750 BGB regelt die Form, den Widerruf, die Anfechtung und die etwaige Unwirksamkeit der Einwilligungserklärung wegen Zeitablaufs.

2. Zeitpunkt. a) Zeitpunkt der Einwilligungserklärung der miteinander verheirateten Eltern und der Kindesmutter. Die Einwilligung kann erst erteilt werden, wenn das **Kind acht Wochen alt** ist (§ 1747 Abs. 2 S. 1 BGB). Hierdurch soll insbesondere die unverheiratete Mutter vor einer unüberlegten Einwilligung geschützt werden. Wird die Einwilligungserklärung vor Ablauf dieser „zeitlichen Sperre" erteilt, so stellt dies einen Aufhebungsgrund dar (§ 1760 Abs. 2 e BGB).

b) Zeitpunkt der Einwilligungserklärung des nichtehelichen Vaters. Sind die Eltern des Kindes **nicht miteinander verheiratet**, steht ihnen jedoch kraft Sorgeerklärung (§ 1626a Abs. 1 Nr. 1 BGB) oder durch Übertragung des Familiengerichtes (§ 1626a Abs. 1 Nr. 3 BGB) die gemeinsame elterliche Sorge zu, so gilt die Frist des § 1747 Abs. 3 BGB. Steht nicht miteinander verheirateten Eltern hingegen die elterliche Sorge nicht gemeinsam zu, so kann die Einwilligung des Vaters bereits vor der Geburt des Kindes erteilt werden (§ 1747 Abs. 2 Nr. 1 BGB). Hat der nicht mit der Mutter verheiratete Vater die Übertragung der elterlichen Sorge gemäß § 1626 a Abs. 2 bzw. § 1671 Abs. 2 BGB beantragt, so kann eine Annahme erst ausgesprochen werden, nachdem über den Antrag des Vaters entschieden worden ist (§ 1747 Abs. 3 Nr. 3 BGB).

c) Einwilligungserklärung. Die Einwilligung muss sich grundsätzlich auf die Annahme durch bestimmte Adoptionsbewerber beziehen. § 1747 Abs. 2 S. 2 BGB lässt sie auch dann wirksam sein, wenn der Einwilligende schon feststehende Adoptionsbewerber nicht kennt. Eine **Inkognitoadoption** wird hiermit anders als eine **Blankoadoption** als zulässig angesehen. Bei einer Inkognitoadoption stehen die Adoptionsbewerber fest, sind hingegen den leiblichen Eltern nicht, sondern nur informierten Dritten bekannt oder für diese bestimmbar.[7] Dem gegenüber liegt eine unzulässige Blankoadoption vor, wenn im Zeitpunkt der Einwilligungserklärung die Adoptionsbewerber nicht feststehen, das Kind quasi „freigegeben" wird.

Die Einwilligung ist auch dann wirksam, wenn sie sich alternativ auf mehrere bestimmt bezeichnete Adoptionsbewerber bezieht und die Frage, wer das Kind adoptieren will, noch offen ist.[8]

III. Wegfall des Einwilligungserfordernisses

Ist der Elternteil, dessen Einwilligung erforderlich ist, dauernd außerstande eine Einwilligungserklärung abzugeben oder ist ein Aufenthalt dauernd unbekannt, so entfällt die Erforderlichkeit der Einwilligungserklärung (§ 1747 Abs. 4 BGB). Eine dauerhafte Unfähigkeit zur Abgabe der Einwilligungserklärung liegt zB bei einer Geschäftsunfähigkeit vor.[9] Ein unbekannter Aufenthalt der Eltern liegt zB dann vor, wenn es sich um ein Findelkind handelt. Offenbart die leibliche Mutter den möglichen Vater dem Gericht nicht, so bleibt gleichwohl die Einwilligung erforderlich.

Ersetzt werden kann sie gem. § 1747 Abs. 4 S. 1 BGB analog nur dann, wenn im Rahmen einer Güterabwägung das Interesse der Mutter an der Verheimlichung des Vaters dessen Interesse an

---

[7] Vgl. zu Inkognitoadoption: *Frank* FamRZ 2007, 1693; im Übrigen OLG Karlsruhe DAV 96, 390.
[8] Vgl. Grüneberg/*Götz* BGB § 1747 Rn. 5; OLG Hamm FamRZ 1991, 1230.
[9] BayObLG FamRZ 1999, 1688.

einer Beteiligung eines Adoptionsverfahrens überwiegt, weil anderenfalls eine Verletzung ihres Rechts auf Leben oder körperlicher Unversehrtheit zu erwarten ist.[10]

11 Mit dem „Gesetz zum Ausbau der Hilfe für Schwangere und zur Regelung der vertraulichen Geburt" vom 28.8.2013[11] wurde der Abs. 4 S. 2 ergänzt. Der dauernd unbekannte Aufenthalt wird fingiert, wenn eine vertrauliche Geburt im Sinne des § 25 Abs. 1 S. 2 **des Schwangeren- und Familienhilfegesetzes** vorliegt. Diese Regelung gilt seit dem 1.5.2014 (§ 1747 Abs. 4 S. 2 BGB). Die Einwilligung der Mutter entfällt indes nur, wenn sie notwendige Angaben gemäß § 26 Abs. 2 S. 2 des Schwangeren- und Familienhilfegesetzes gemacht hat. Die Angabe des Vaters gehört hierzu nicht, so dass seine Einwilligung nicht erforderlich ist, weil seine Identität nicht bekannt ist (§ 26 Abs. 2 des Schwangeren- und Familienhilfegesetzes). Vaterschaftsermittlungen würden dem Gesetzeszweck zuwiderlaufen. Meldet sich hingegen der Vater, so gilt er als mutmaßlicher Vater im Sinne des § 1747 Abs. 1 S. 2 BGB. Macht er die Beiwohnung innerhalb der Empfängniszeit glaubhaft (§ 1600d Abs. 2 S. 1 BGB), so bedarf es auch seiner Einwilligung.

IV. Beratungspflicht des Jugendamtes

12 Das Jugendamt hat nach § 51 Abs. 3 SGB VIII den Kindesvater, den mutmaßlichen Vater iSd § 1747 Abs. 1 S. 2 BGB oder Personen, die die Voraussetzungen für eine Anfechtung der Vaterschaft gemäß § 1600 Abs. 1 Nr. 2 BGB erfüllen, über die Rechte nach § 1747 Abs. 1 und Abs. 3 BGB zu beraten.[12]

V. Internationales Privatrecht

13 Das Erfordernis der Einwilligung oder deren Ersetzung richtet sich nach den Art. 22, 23 EGBGB.

VI. Rechtsfolge

14 Bei Fehlen der erforderlichen Einwilligung bleibt die Adoption wirksam, kann aber gemäß § 1760 Abs. 1 BGB aufgehoben werden (zB bei einer späteren Vaterschaftsfeststellung). Kommt das Gericht zum Ergebnis, dass die Einwilligung eines Elternteils nicht erforderlich ist, muss es dies nach § 197 Abs. 1 S. 2 FamFG im Beschluss angeben.

C. Weitere praktische Hinweise

15 Will der nicht mit der Mutter verheiratete Vater eine Adoption schnell ermöglichen, so muss er die Voraussetzungen dafür schaffen, dass er seine Einwilligung zur Adoption bereits vor der Geburt des Kindes erteilen kann. Der Vater kann sowohl auf den Antrag auf Übertragung der gemeinsamen elterlichen Sorge gemäß § 1626 a Abs. 2 BGB oder der Übertragung der alleinigen elterlichen Sorge gemäß § 1671 Abs. 2 BGB unwiderruflich verzichten (§ 1750 Abs. 2 BGB). Eine solche Verzichtserklärung bedarf der Beurkundung durch das Jugendamt und des Zugangs beim Familiengericht (§ 1750 Abs. 1 S. 3 BGB).

§ 1748 BGB Ersetzung der Einwilligung eines Elternteils

(1) ¹Das Familiengericht hat auf Antrag des Kindes die Einwilligung eines Elternteils zu ersetzen, wenn dieser seine Pflichten gegenüber dem Kind anhaltend gröblich verletzt hat oder durch sein Verhalten gezeigt hat, dass ihm das Kind gleichgültig ist, und wenn das Unterbleiben

---

10 OLG Dresden NJOZ 2021, 649; Staudinger/*Veit* BGB § 1847 Rn. 777.

11 BGBl. 2013 I 3458.

12 Grüneberg/*Götz* BGB § 1747 Rn. 6.

der Annahme dem Kind zu unverhältnismäßigem Nachteil gereichen würde. ²Die Einwilligung kann auch ersetzt werden, wenn die Pflichtverletzung zwar nicht anhaltend, aber besonders schwer ist und das Kind voraussichtlich dauernd nicht mehr der Obhut des Elternteils anvertraut werden kann.

(2) ¹Wegen Gleichgültigkeit, die nicht zugleich eine anhaltende gröbliche Pflichtverletzung ist, darf die Einwilligung nicht ersetzt werden, bevor der Elternteil vom Jugendamt über die Möglichkeit ihrer Ersetzung belehrt und nach Maßgabe des § 51 Abs. 2 des Achten Buches Sozialgesetzbuch beraten worden ist und seit der Belehrung wenigstens drei Monate verstrichen sind; in der Belehrung ist auf die Frist hinzuweisen. ²Der Belehrung bedarf es nicht, wenn der Elternteil seinen Aufenthaltsort ohne Hinterlassung seiner neuen Anschrift gewechselt hat und der Aufenthaltsort vom Jugendamt während eines Zeitraums von drei Monaten trotz angemessener Nachforschungen nicht ermittelt werden konnte; in diesem Falle beginnt die Frist mit der ersten auf die Belehrung und Beratung oder auf die Ermittlung des Aufenthaltsorts gerichteten Handlung des Jugendamts. ³Die Fristen laufen frühestens fünf Monate nach der Geburt des Kindes ab.

(3) Die Einwilligung eines Elternteils kann ferner ersetzt werden, wenn er wegen einer besonders schweren psychischen Krankheit oder einer besonders schweren geistigen oder seelischen Behinderung zur Pflege und Erziehung des Kindes dauernd unfähig ist und wenn das Kind bei Unterbleiben der Annahme nicht in einer Familie aufwachsen könnte und dadurch in seiner Entwicklung schwer gefährdet wäre.

(4) In den Fällen des § 1626a Absatz 3 hat das Familiengericht die Einwilligung des Vaters zu ersetzen, wenn das Unterbleiben der Annahme dem Kind zu unverhältnismäßigem Nachteil gereichen würde.

A. Allgemeines

Die Regelung des § 1748 BGB knüpft an die des § 1747 BGB an. Eröffnet wird die Möglichkeit, im Interesse des Kindes die notwendige, aber nicht erteilte Einwilligung familiengerichtlich zu ersetzen.[1] § 1748 BGB stellt eine weitere Ausnahmeregelung zu dem Einwilligungserfordernis nach § 1747 BGB dar und billigt die Ersetzung der Einwilligung der leiblichen Eltern in die Adoption, wenn dies zum Schutz des Kindes erforderlich ist. Die Norm kann auch angewendet werden, wenn das Adoptionsstatut ausländisches Recht ist und die Ersetzung überhaupt nicht vorgesehen ist.[2]

B. Regelungsgehalt

Eine **Ersetzung der Einwilligung** kann in fünf Fällen[3] erfolgen:

- Bei anhaltender gröblicher Pflichtverletzung gegenüber dem Kind (§ 1748 Abs. 1 S. 1 1. Alt. BGB).
- Bei besonders schweren einmaligen Pflichtverletzungen (§ 1748 Abs. 1 S. 2 BGB).
- In Fällen der Gleichgültigkeit gegenüber dem Kind (§ 1748 Abs. 1 S. 1 2. Alt. BGB).
- Bei dauernder Unfähigkeit zur Pflege und Erziehung des Kindes wegen schwerer psychischer Erkrankung (§ 1748 Abs. 3 BGB).
- Bei unverheirateten Vätern, die die elterliche Sorge nicht innehaben, wenn ansonsten ein unverhältnismäßiger Nachteil für das Kind entsteht (§ 1748 Abs. 4 BGB).[4]

---

1 Zur verfassungsrechtlichen Abwägung BayObLG FamRZ 2005, 541.
2 BayObLG FuR 2002, 454.
3 Zu den einzelnen Fallkonstellationen und Entscheidungen wird verwiesen auf Grüneberg/*Götz* BGB § 1747 Rn. 2–12.
4 ZB OLG Hamm FamRZ 2015, 868.

3 Bei unverheirateten Vätern ist die Ersetzung der Einwilligung des Vaters nicht abhängig von einem Fehlverhalten des Vaters. Entscheidend ist nur, dass das Unterbleiben der Annahme für das Kind zu unverhältnismäßigen Nachteilen gereicht. Verhindert werden soll, dass ein Vater die Adoption vereitelt, wenn er zu keinem Zeitpunkt die Verantwortung für das Kind getragen hat und künftig hierzu auch nicht bereit ist. Erforderlich ist aber, dass der Vater selbst durch sein Verhalten das Scheitern der Vater-Kind-Beziehung zu verantworten hat.[5]

C. Verfahren

4 Das Verfahren der Ersetzung erfolgt auf **Antrag des Kindes** (§ 1748 Abs. 1 S. 1 BGB);[6] → § 1746 Rn. 2 ff. BGB. Der Antrag muss nicht begründet werden, da das Gericht die Voraussetzungen von Amts wegen prüft (§ 26 FamFG).[7] Die Anhörung der Eltern und des Kindes sind erforderlich (§ 192 FamFG).[8] Erst wenn der Ersetzungsbeschluss rechtskräftig ist, kann eine Entscheidung über die Annahme des Kindes nach § 198 Abs. 1 S. 1 FamFG ergehen.

Mangels besonderer Wertvorschriften für Adoptionssachen im Allgemeinen und der Ersetzung der Einwilligung zur Adoption im Besonderen bemisst sich der Verfahrenswert gem. den §§ 40, 42 Abs. 2 FamGKG unter Berücksichtigung aller Umstände des Einzelfalls nach billigem Ermessen. Da bei Verfahren nach § 1748 BGB eine Nähe zu den Kindschaftssachen gem. § 45 FamGKG vorhanden ist, entspricht es der Billigkeit, den vom Gesetzgeber als Regelwert für Kindschaftssachen vorgesehenen Verfahrenswert von 4.000 EUR auch als Ausgangspunkt für die Billigkeitsabwägung im Rahmen der Verfahrenswertfestsetzung zu wählen.[9]

§ 1753 BGB Annahme nach dem Tode

(1) Der Ausspruch der Annahme kann nicht nach dem Tode des Kindes erfolgen.

(2) Nach dem Tode des Annehmenden ist der Ausspruch nur zulässig, wenn der Annehmende den Antrag beim Familiengericht eingereicht oder bei oder nach der notariellen Beurkundung des Antrags den Notar damit betraut hat, den Antrag einzureichen.

(3) Wird die Annahme nach dem Tode des Annehmenden ausgesprochen, so hat sie die gleiche Wirkung, wie wenn sie vor dem Tode erfolgt wäre.

A. Allgemeines

1 § 1753 BGB regelt die Folgen des Todes vor Wirksamwerden des Annahmebeschlusses. Unterschieden wird zwischen dem Tod des anzunehmenden Kindes und dem Tod des Annehmenden.

B. Regelungsgehalt
I. Annahme nach dem Tod des Kindes

2 Verstirbt das Kind bevor das Familiengericht die Annahme beschließt, kann keine Annahme mehr erfolgen (§ 1753 Abs. 1 BGB). Wird der Beschluss trotzdem ausgesprochen, besitzt er keine Wirkung.[1] Es ist auf den Zeitpunkt der Zustellung abzustellen.[2] Wirksamkeit erlangt der positive Adoptionsbeschluss mit der Zustellung an den Annehmenden, im Falle seines Todes mit Zustellung an den Anzunehmenden (§ 197 Abs. 2 FamFG). Ist der Anzunehmende minderjäh-

---

5 OLG Hamburg NZFam 2022, 547 ff.
6 OLG Hamm FamRZ 1976, 462; OLG Zweibrücken FamRZ 2001, 1730.
7 BayObLG FamRZ 1982, 1129.
8 Vgl. §§ 1746, 1747 BGB.
9 OLG Hamburg NJW-RR 2020, 261 (noch zum alten § 45 Abs. 1 FamGKG: 3.000 EUR).
1 BayObLG NJW-RR 1996, 1093; MüKoBGB/*Maurer* BGB § 1753 Rn. 6.
2 Grüneberg/*Götz* BGB § 1753 Rn. 1.

rig, muss für die Wirksamkeit an dessen gesetzlichen Vertreter zugestellt werden (§ 170 Abs. 1 ZPO).³

II. Annahme nach dem Tod des Annehmenden

Verstirbt der Annehmende nach wirksamer Antragstellung (§§ 1752 Abs. 2, 1753 Abs. 2 BGB), aber vor dem Wirksamwerden des Adoptionsbeschlusses, so kann gleichwohl das Annahmeverfahren fortgesetzt werden.

Dies gilt auch für den Fall, dass der Annehmende den Annahmeantrag zwar nicht bereits beim Familiengericht eingereicht hat, aber der Annahmeantrag beurkundet wurde und der Notar beauftragt worden war – ohne Billigung – den Antrag einzureichen.

§ 9a AdVermiG verpflichtet den Ehegatten, der ein Kind seines Ehegatten allein annehmen möchte sowie den Ehegatten, vor Abgabe der notwendigen Erklärungen und Anträge sich nach § 9 Abs. 1 AdVermiG beraten zu lassen. § 196a FamFG bestimmt, dass das Gericht den Antrag auf Annahme des Kindes zurückweist, wenn die gem. § 9a des Adoptionsvermittlungsgesetzes erforderlichen Bescheinigungen über eine Beratung nicht vorliegen.

Durch diese Beratungspflicht ist das erst zum 1.4.2021 in Kraft getretene Gesetz zur Adoptionshilfe problematisch im Hinblick auf § 1753 Abs. 2 BGB. Vertreten wird die Auffassung, dass hiermit die „Adoption auf dem Sterbebett" praktisch unmöglich werde.⁴

Auch bei einer gemeinschaftlichen Kindesannahme durch die Ehegatten kann das Annahmeverfahren fortgesetzt werden, wenn ein Ehegatte während des Annahmeverfahrens verstirbt.⁵ Nimmt der überlebende Ehegatte den Antrag jedoch vor Wirksamwerden des Adoptionsbeschlusses zurück, ist eine Adoption nicht mehr möglich.⁶ Sind bei einer gemeinschaftlichen Adoption beide Annehmenden vor Erlass des Adoptionsbeschlusses verstorben, wird das Adoptionsverfahren gleichwohl fortgesetzt.⁷ Der Antrag kann von den Erben nicht mehr zurückgenommen werden.⁸ Voraussetzung für den Annahmebeschluss ist in diesen Fällen die fortbestehende positive Wirkung der Adoption auf das Kindeswohl (§ 1741 BGB). Hierbei muss – verständlicherweise – eine Prognose für das Entstehen eines Eltern-Kind-Verhältnisses entfallen. Ferner darf das Kind seine Einwilligung nicht widerrufen (§ 1746 Abs. 2 BGB).

III. Rechtsfolgen des Annahmebeschlusses nach dem Tod des Annehmenden

Nach § 1753 Abs. 3 BGB hat eine nach dem Tode des oder der Annehmenden vom Gericht ausgesprochene Adoption die gleiche Wirkung als wenn sie vor dem Tod des oder der Annehmenden ausgesprochen worden wäre.⁹ Somit erhält der minderjährige Angenommene rückwirkend die erbrechtliche Stellung eines Abkömmlings nach § 1924 BGB. Ihm stehen ein gesetzliches Erbrecht und entsprechende Pflichtteilsansprüche[10] sowie Waisenrente (§ 67 Abs. 5 SGB VII) zu (Ausnahme Altadoptionen, dazu und weiter BGB Vorb. §§ 1741 ff. Rn. 10 ff.), gegebenenfalls auch ein Anfechtungsrecht (§§ 1924 Abs. 1, 2079, 2303 BGB).[11]

§ 1754 BGB Wirkung der Annahme

(1) **Nimmt ein Ehepaar ein Kind an oder nimmt ein Ehegatte ein Kind des anderen Ehegatten an, so erlangt das Kind die rechtliche Stellung eines gemeinschaftlichen Kindes der Ehegatten.**

---

3 *Krause* FamRB 2009, 221 ff.
4 *Keuter* NZFam 2021, 49 ff.
5 Staudinger/*Frank* BGB § 1753 Rn. 7.
6 Staudinger/*Frank* BGB § 1753 Rn. 7.
7 OLG Hamm StAZ 1967, 99.
8 BayObLG NJW-RR 1996, 1092 f.
9 Zu den Wirkungen s. §§ 1754, 1755, 1924 ff. BGB.
10 Grüneberg/*Weidlich* BGB § 1924 Rn. 10; Zur erbschaftsteuerlichen Rückwirkung vgl. FG München MittBayNot 2007, 250.
11 Grüneberg/*Götz* BGB § 1753 Rn. 2.

(2) In den anderen Fällen erlangt das Kind die rechtliche Stellung eines Kindes des Annehmenden.

(3) Die elterliche Sorge steht in den Fällen des Absatzes 1 den Ehegatten gemeinsam, in den Fällen des Absatzes 2 dem Annehmenden zu.

A. Allgemeines	1	2. Erbrechtliche Wirkungen	9
B. Regelungsgehalt	5	3. Aufenthaltsrechtliche Wirkungen	10
I. Rechtliche Stellung des Kindes und des Annehmenden zum Kind	5	C. Weitere praktische Hinweise	11
II. Weitere Wirkungen	8		
1. Familienrechtliche Wirkungen	8		

A. Allgemeines

1 Die Vorschrift regelt das Verhältnis des angenommenen Kindes zu seiner neuen Familie. Sie verwirklicht den Grundsatz der **Volladoption**.

2 Unterschieden wird zwischen der Adoption durch ein Ehepaar (gemeinschaftliche Adoption), der Annahme des Kindes durch einen Ehegatten (Stiefkindadoption) und der Annahme des Kindes durch eine einzelne Person (Einzeladoption). Abhängig von der Konstellation der Adoption wird die rechtliche Stellung des Kindes geregelt. Hinsichtlich der rechtlichen Situation des Kindes bei der Annahme durch einen Lebenspartner im Sinne des LPartG wird auf § 9 Abs. 7 S. 2 LPartG verwiesen.

3 Dem Grundsatz der Volladoption folgend wird das adoptierte Kind leiblichen Kindern der Annehmenden gleichgestellt. Die rechtlichen Beziehungen zu den leiblichen Verwandten erlöschen (§ 1755 BGB). **Ausnahmen** bestimmt § 1755 Abs. 2 BGB. Im Falle einer Verwandten-, Verschwägerten- bzw. Stiefkindadoption sind besondere Rechtswirkungen zu beachten (§ 1756 BGB).

4 Hiervon abweichend ist die Wirkung der **Volljährigenadoption** (§ 1770 BGB) zu beurteilen.[1] Wird die Volljährigenadoption nicht mit den Wirkungen der Minderjährigenannahme (§ 1772 BGB) erklärt, verliert das angenommene volljährige Kind nicht seine rechtlichen Bande zu den leiblichen Verwandten.

B. Regelungsgehalt

I. Rechtliche Stellung des Kindes und des Annehmenden zum Kind

5 Wird das **Kind von einem Ehepaar angenommen** oder wird das Kind des einen Ehegatten von dem anderen angenommen (sog. Stiefkindadoption), erhält es die rechtliche Stellung eines gemeinschaftlichen Kindes (§ 1754 Abs. 1 BGB). Die elterliche Sorge nach § 1626 BGB steht den Ehegatten gemeinsam zu (§ 1754 Abs. 3, 1 Hs. BGB). Voraussetzung ist, dass die Ehe zum Zeitpunkt der Annahme besteht.[2] Eine spätere Scheidung der Ehegatten ist unschädlich. Nimmt ein Lebenspartner ein Kind seines Lebenspartners allein an, gilt dies entsprechend (§ 9 Abs. 7 S. 2 LPartG).

6 Wird das **Kind von einem Annehmenden adoptiert**, erlangt das Kind die rechtliche Stellung eines Kindes des Anzunehmenden (§ 1754 Abs. 2 BGB). Dem Anzunehmenden steht dann die elterliche Sorge allein zu (§ 1754 Abs. 3, 2 Hs. BGB).

---

1 Die Wirkung der Volljährigenadoption gilt entsprechend, wenn die Annahme nach altem Recht erfolgte und der Annehmende bei Inkrafttreten des neuen Adoptionsrechts bereits volljährig war. Für Altadoptionen vor dem 1.1.1977 in der BRD bzw. bis zum 3.10.1990 in der DDR und Auslandsadoptionen sind ggf. andere verwandtschaftliche und erbrechtliche Rechtsfolgen zu beachten (s. Übergangsregelung aus Art. 12 § 1 Abs. 1 AdoptG).

2 KG NJW 1968, 1631; Grüneberg/*Götz* BGB § 1754 Rn. 1; aA OLG Celle NJW 1971, 708.

Mit der Volladoption wird das Verwandtschafts- bzw. Schwägerschaftsverhältnis des anzunehmenden Kindes mit den Annehmenden und mit deren Verwandten (Abs. 1) bzw. nur mit dem Annehmenden und dessen Verwandten (Abs. 2) begründet. Annehmende(r) und Angenommener werden mit Wirksamwerden des Adoptionsbeschlusses (vgl. § 1752 BGB) ab sofort mit Wirkung für die Zukunft in gerader Linie im ersten Grad verwandt.[3] Mit der Adoption wird das Kind den leiblichen Kindern grundsätzlich gleichgestellt. Einem zulässigen Antrag des potenziellen biologischen Vaters auf Feststellung seiner Vaterschaft steht eine zuvor erfolgte Adoption des Kindes nicht entgegen.[4] Die gerichtliche Feststellung der Vaterschaft einerseits und die Adoption andererseits weisen unterschiedliche rechtliche Bezugspunkte auf. Das Feststellungsinteresse des potenziellen biologischen Vaters erfolgt auch bei einer Adoption aus seinem Recht auf Kenntnis der Abstammungsverhältnisse sowie aus seinem möglichen Elternrecht (Art. 2 Abs. 1 iVm Art. 1 Abs. 1 GG sowie Art. 6 Abs. 2 GG). Vor allem wegen der Rechtsfolgen einer eventuellen Aufhebung der Annahme gem. § 1764 Abs. 3 BGB hat das Kind ein rechtliches Interesse.[5]

II. Weitere Wirkungen

1. Familienrechtliche Wirkungen. Das durch die Adoption begründete Verwandtschaftsverhältnis führt zu einer gegenseitigen Unterhaltspflicht (§§ 1601 ff. BGB). Vorschriften, die an den Kindesbegriff anknüpfen, wie die zur Sonderrechtsnachfolge (§ 56 Abs. 1, 2 SGB I), zum Unterhaltsvorschuss (§ 1 Abs. 1 UVG), zum Kindergeld (§§ 65 EStG, 1 Abs. 1 BKGG) und zur Familienversicherung (§ 10 Abs. 1 SGB V) gelten auch für angenommene Kinder. Rechtliche Unterschiede und Ausnahmen bestehen, wenn Rechtsvorschriften an die leibliche Abstammung anknüpfen (zB § 13 Mutterschutzgesetz, § 1308 BGB, § 173 StGB). Während § 173 StGB Bezug nimmt auf leibliche Verwandte und damit adoptierte Kinder nicht in den Schutzbereich der Norm kommen, stellt § 174 Abs. 1 Nr. 3 StGB auf Personen unter 18 Jahren ab, die leiblicher oder **rechtlicher** Abkömmling sind. Rechtliche Abkömmlinge sind adoptierte Kinder, die nach § 1754 BGB die rechtliche Stellung eines Kindes des Annehmenden erlangen oder Kinder, die nach § 1592 Nr. 1–3 BGB rechtlich einem Mann zugeordnet worden sind, ohne von diesem abzustammen. Bei anerkannter Vaterschaft ist der Anerkennende rechtlicher Vater des Minderjährigen. Der Minderjährige ist daher durch § 174 Abs. 1 Nr. 3 StGB geschützt.[6] Ausnahmen können sich aus vertraglichen Regelungen ergeben, wenn die Auslegung zu dem Ergebnis führt, dass nur leibliche und nicht adoptierte Kinder Leistungsempfänger sein sollen.[7] Inwieweit solche evtl. diskriminierenden Regelungen dann einer richterlichen Inhaltskontrolle nach dem Maßstab des § 138 Abs. 1 BGB standhalten, ist Frage des Einzelfalles. Wird die Ehe der Annehmenden geschieden, so ändert dies nicht den Status des gemeinsamen Kindes. Wird das leibliche Kind eines Ehegatten nach dem Tode durch den anderen Ehegatten angenommen, erlangt es allein die rechtliche Stellung des Kindes des Annehmenden. Aufgrund der durch die Annahme begründeten Verwandtschaft besteht ein **Eheverbot** gem. § 1308 Abs. 1 S. 1 BGB. Unter den Voraussetzungen des § 1308 Abs. 2 BGB kann hiervon Befreiung erteilt werden. Im Übrigen besteht die Rechtsfolge der von einem Annehmenden verbotswidrig geschlossenen Ehe nicht in der Nichtigkeit oder Aufhebbarkeit der Ehe. Die Ehe hebt vielmehr das Annahmeverhältnis auf (§ 1766 BGB).

2. Erbrechtliche Wirkungen. Das anzunehmende Kind wird durch die Volladoption Erbe erster Ordnung nach den bzw. dem Annehmenden und erlangt auch gegenüber den Verwandten der

---

3 OLG Stuttgart BeckRS 2012, 4120.
4 OLG Celle NZFam 2022, 901.
5 Vgl. auch VGH Kassel NJW 2010, 251; OLG Bamberg FamRZ 2017, 1236.
6 BGH NStZ-RR 2022, 145.
7 VGH Kassel NJW 2010, 251 in dem Fall, dass laut Satzungsbestimmung Zusatzzeiten in der anwaltlichen Altersrente nur bei Geburt und nicht bei Adoption eines Kindes gewährt werden.

weiteren Ordnungen ein volles Erbrecht.[8] Die Wirkungen des § 1754 BGB erstrecken sich auf bereits geborene sowie künftige Abkömmlinge des Angenommenen. Das Kind wird gesetzlicher Erbe seiner neuen Eltern bzw. deren Verwandten bzw. seines neuen Elternteils und dessen Verwandten nach den allgemeinen Grundsätzen, einschließlich eventueller Pflichtteilsansprüche und wird selbst nach den allgemeinen Regeln von ihnen beerbt (§§ 1924 ff., 2303 BGB).[9] Dies gilt auch für die gesetzliche Hoferbfolge.[10]

10 **3. Aufenthaltsrechtliche Wirkungen.** Wird ein minderjähriges ausländisches Kind von deutschen Eheleuten angenommen, so erwirbt es die Staatsangehörigkeit des Annehmenden.[11]

Wird hingegen ein volljähriges Kind angenommen, führt dies auch dann nicht zum gesetzlichen Erwerb der deutschen Staatsangehörigkeit, wenn die anschließende Annahme gem. § 1772 BGB mit den starken Wirkungen einer Minderjährigenadoption ausgesprochen wird.[12] Bei der Annahme des minderjährigen Kindes reicht die deutsche Staatsbürgerschaft eines Elternteils aus, um dem angenommenen Kind die deutsche Staatsangehörigkeit zu vermitteln.[13]

C. Weitere praktische Hinweise

11 Eine bestehende Vormundschaft erlischt durch die Annahme als Kind (§ 1882 BGB; § 197 Abs. 2 FamFG).

12 **Hinweis:**

Die Auswirkungen einer Adoption auf rechtsgeschäftliche Erklärungen mit erbrechtlichem Bezug lassen sich durch Auslegung der Erklärungen ermitteln.[14] Bei nicht einschränkenden Erklärungen sind Begriffe wie „meine Kinder" oder „meine Abkömmlinge" im Zweifel dahin gehend auszulegen, dass auch das angenommene Kind hierzu zählt.[15]

§ 1755 BGB Erlöschen von Verwandtschaftsverhältnissen

(1) ¹Mit der Annahme erlöschen das Verwandtschaftsverhältnis des Kindes und seiner Abkömmlinge zu den bisherigen Verwandten und die sich aus ihm ergebenden Rechte und Pflichten. ²Ansprüche des Kindes, die bis zur Annahme entstanden sind, insbesondere auf Renten, Waisengeld und andere entsprechende wiederkehrende Leistungen, werden durch die Annahme nicht berührt; dies gilt nicht für Unterhaltsansprüche.

(2) Nimmt ein Ehegatte das Kind seines Ehegatten an, so tritt das Erlöschen nur im Verhältnis zu dem anderen Elternteil und dessen Verwandten ein.

A. Allgemeines 1	II. Ausnahmen: Bestehenbleibende Rechte 5
B. Regelungsgehalt 2	C. Weitere praktische Hinweise 7
I. Erlöschen der Rechtsverhältnisse 2	I. Erbrechtspositionen 7
1. Volladoption 2	II. Steuerrechtliche Besonderheit 10
2. Stiefkindadoption 4	III. Weitere Ausnahmen 12

---

8 Auf das alte Recht und die Übergangsregelungen mit hiervon abweichenden erbrechtlichen Wirkungen im AdoptG (Art. 12 § 2 AdoptG) wird nochmals hingewiesen.
9 Grüneberg/*Götz* BGB § 1754 Rn. 3.
10 Grüneberg/*Weidlich* BGB § 1924 Rn. 10; BGB § 1922 Rn. 12a.
11 § 6 StAG.
12 BGH FamRZ 2021, 1897 ff. mit Hinweis auf BVerwG in NJW 1999, 1347.
13 OVG Hamburg BeckRS 2006, 27631; VGH München NJW 1989, 3107.
14 OLG Stuttgart ZEV 2010, 94; MüKoBGB/*Maurer* § 1755 Rn. 21.
15 LG München FamRZ 2000, 569 ff.; OLG Köln FamRZ 2004, 832 ff.; DNotI-Report 2012, 1 f.; EGMR NJW 2005, 875 ff.; Zur Nachfolge eines als Kind angenommenen volljährigen Enkels bei einer auf Kinder beschränkten qualifizierten Nachfolgeklausel in einer Personenhandelsgesellschaft s. OLG Stuttgart BeckRS 2012, 23633.

A. Allgemeines

§ 1755 BGB regelt das Rechtsverhältnis des anzunehmenden Kindes zu den bisherigen Verwandten. Es konkretisiert das Erlöschen aller rechtlichen Beziehungen einerseits sowie das Bestehenbleiben von bereits entstandenen Ansprüchen andererseits. § 1755 Abs. 2 BGB widmet sich der besonderen Situation der Stiefkindadoption. Das Erlöschen des Verwandtschaftsverhältnisses tritt in diesem Fall nur hinsichtlich der Verwandten des anderen, außerhalb der Ehe stehenden Elternteils ein.[1]

1

B. Regelungsgehalt

I. Erlöschen der Rechtsverhältnisse

1. Volladoption. Infolge der Adoption erlöschen die Verwandtschaftsverhältnisse des Kindes und seiner Abkömmlinge zu den bisherigen Verwandten, dh sämtliche rechtliche Verbindungen des Kindes zu den Eltern, Großeltern, Geschwistern usw (§ 1755 Abs. 1 BGB). Zugleich wird das Kind vollständig in die neue Familie der bzw. des Annehmenden integriert (§ 1754 BGB iVm § 9 Abs. 7 LPartG). Zu der „neuen Familie" bzw. zu dem Annehmenden entstehen verwandtschaftsrechtliche Rechtsbeziehungen. Dies gilt auch, wenn das Kind von einem der Annehmenden adoptiert wird und die Verwandtschaft zu zwei leiblichen Elternteilen erlischt. Es erlöschen gegenüber den bisherigen Verwandten sämtliche Rechte und Pflichten für die Zukunft, wie Erbansprüche, Pflichtteilsansprüche und Unterhaltsansprüche.[2] Die elterliche Sorge ruht schon mit der Einwilligung in die Annahme (§ 1751 Abs. 1 S. 1 BGB).

2

Das neue Verwandtschaftsverhältnis wirkt auch für die Kinder des angenommenen Kindes. Hat das Kind schon eigene Abkömmlinge, bleiben sie im Verhältnis zu ihm leibliche Kinder und untereinander Geschwister, wobei ihr Verwandtschaftsverhältnis (mit Ausnahme des Falls nach § 1756 BGB) zu den bisherigen Verwandten erlischt.[3] War das Kind schon vorher mit den Annehmenden verwandt, gilt § 1756 Abs. 1 BGB.

3

2. Stiefkindadoption. Sofern ein Ehegatte das Kind des anderen Ehegatten annimmt (Stiefkindadoption), erlischt das Verwandtschaftsverhältnis nur im Verhältnis zu dem anderen Elternteil und dessen Verwandten (§ 1755 Abs. 2 BGB).[4] Im Verhältnis zu demjenigen Elternteil, der mit dem Annehmenden verheiratet ist, erhält das Kind die Stellung eines gemeinschaftlichen Kindes (§ 1754 Abs. 1 BGB). Die Stieffamilie soll in ihrem Zusammenhalt geschützt werden.[5] Geschiedene und damit getrennt lebende Eheleute bedürfen dieses Schutzes nicht, so dass § 1755 Abs. 2 BGB iVm § 1772 Abs. 1 S. 1 BGB keine Anwendung findet, wenn der Annehmende die Annahme des Kindes seines geschiedenen Ehegatten begehrt.[6]

4

II. Ausnahmen: Bestehenbleibende Rechte

Leistungsansprüche sozialer Art wie **Renten, Waisengeld** und andere **wiederkehrende Leistungen**, die bis zur Annahme bereits entstanden sind, bleiben dem Kind auch nach der Annahme für die Zukunft erhalten (§ 1755 Abs. 1 S. 2 BGB).[7] zum Wohl des Kindes soll ausgeschlossen werden, dass eine Annahme aus finanziellen Gründen – zum Erhalt der wiederkehrenden Leis-

5

---

1 Erfolgte eine Adoption vor dem 1.1.1977 bzw. in der früheren DDR oder als Auslandsadoption, so ist das jeweils maßgebende Recht im Zeitpunkt der Annahmeentscheidung zu beachten (→ BGB Vor §§ 1741 ff. Rn. 10 ff.). Vor dem 1.7.1998 galt nach § 1755 Abs. 2 BGB aF das Erlöschen des Verwandtschaftsverhältnisses mit dem anderen, außerhalb der Ehe stehenden Elternteil, wenn ein nichteheliches Kind eines verheirateten Ehegatten von dessen Ehegatten angenommen wurde. Mit dem Kindschaftsrechtsreformgesetz gilt ab dem 1.7.1998 § 1755 Abs. 2 BGB. Die Wirkung erstreckt sich auf alle Stiefkinder (s. *Frank* FamRZ 1998, 393 ff.).
2 OLG Köln FamRZ 2013, 1150 f.; Grüneberg/*Götz* BGB § 1755 Rn. 3.
3 Grüneberg/*Götz* BGB § 1755 Rn. 1.
4 BT-Drs. 7/3061, 43.
5 LG Düsseldorf FamRZ 2001, 648.
6 BGH FamRZ 2014, 546.
7 Grüneberg/*Götz* BGB § 1755 Rn. 4.

tungen – unterlassen wird.[8] Eine durch Erbfall vor der Annahme entstandene Erbenstellung bleibt dem angenommenen Kind ebenso wie Pflichtteils- oder Vermächtnisansprüche erhalten.[9] Ansprüche auf rückständigen Unterhalt, die bis zum Zeitpunkt der Adoption bereits entstanden sind, bleiben ebenfalls bestehen.[10] Geleistete Zahlungen können nicht zurückgefordert werden. Dies gilt auch für gezahlte Unterhaltsabfindungen.[11] Ansprüche auf zukünftigen Unterhalt erlöschen jedoch (§ 1755 Abs. 1 S. 2 aE BGB). Das Bestehenbleiben von Renten nach § 844 Abs. 2 BGB richtet sich nach dem Schadensersatzrecht.[12]

6 Umstritten ist, ob **Umgangsrechte** gegebenenfalls entfallen.[13]

Das Umgangsrecht des leiblichen Vaters aus § 1686a BGB besteht nach einer Adoption fort, und zwar auch dann, wenn der leibliche Vater in die Adoption eingewilligt hat.[14] Die Adoption schließt hiernach für sich genommen das Umgangsrecht nach § 1686a Abs. 1 Nr. 1 BGB nicht aus. Gegenteiliges kann sich nur dann ergeben, wenn der Einwilligungserklärung gleichzeitig der Inhalt entnommen werden kann, dass hierdurch ein Verzicht auf das Umgangsrecht erklärt werden sollte.[15]

C. Weitere praktische Hinweise

I. Erbrechtspositionen

7 Verstirbt der bisherige Verwandte und schuldet er dem angenommenen Kind noch **Unterhalt für die Vergangenheit**, so stellt diese Verbindlichkeit eine Nachlassverbindlichkeit dar. Verstirbt das angenommene Kind, so ist der Anspruch auf rückständigen Unterhalt vererbbar.

8 Stirbt der bisher Unterhaltsverpflichtete vor der Annahme des Kindes, so erlöschen von diesem Zeitpunkt an zukünftige Unterhaltsansprüche gemäß § 1615 BGB.

9 Bei der **Beurteilung testamentarischer Anordnungen** ist der Inhalt des Testamentes und dessen Wirkung, insbesondere die Berufung des angenommenen Kindes zum Erben durch Auslegung zu ermitteln. Dies gilt ebenso für die Bindungswirkung vertraglicher Klauseln.[16]

II. Steuerrechtliche Besonderheit

10 Erlöschen durch die Annahme die verwandtschaftlichen Beziehungen des angenommenen Kindes zu den bisherigen Verwandten, so vollzieht das Erbschaftsteuerrecht dieses Erlöschen nicht. Die §§ 15 Abs. 1 sowie Abs. 1 a ErbStG haben zur Folge, dass bei der Adoption Minderjähriger die Steuerklassen I und II Nr. 1 bis 3 sowohl bei Erwerben im bisherigen Verwandtschaftskreis als auch bei Erwerben in dem durch die Annahme als Kind neu begründeten Verwandtschaftskreis Anwendung finden.[17]

11 Das angenommene Kind wird „doppelt begünstigt". Erbschaftsteuerlich wird dies damit begründet, dass das durch die Annahme als Kind erloschene Verhältnis zu den leiblichen Verwandten dem kraft Gesetzes entstandenen Verwandtschaftsverhältnis zu den Annehmenden und dessen Verwandten für die Zuordnung des Erwerbes zu einer Steuerklasse gleichzustellen ist. Das Verwandtschaftsverhältnis eines Adoptivkindes zum Erblasser darf dann nicht vor dem Erbfall durch Aufhebung der Annahme erloschen sein.[18]

---

8 BT-Drs. 7/5087, 16.
9 Grüneberg/Götz BGB § 1755 Rn. 4.
10 BGH NJW 1981, 2289 mwN; KG FamRZ 1984, 1131.
11 Grüneberg/Götz BGB § 1755 Rn. 4.
12 BGH FamRZ 1970, 587; vgl. auch Grüneberg/Götz BGB § 1755 Rn. 4.
13 Vgl. *Keuter* NZFam 21, 816; BGH FamRZ 2021, 1365 ff.
14 BGH FamRZ 2021, 1365 Rn. 25.
15 So auch BGH FamRZ 2021, 1365 Rn. 29 ff.
16 OLG FamRZ 2004, 832 ff.
17 BFH NJW-RR 2010, 881 ff.
18 BFH NJW-RR 2010, 881 ff.; NJW 2010, 3536.

III. Weitere Ausnahmen

Das Eheverbot zwischen den leiblichen Verwandten und dem Angenommenen bleibt bestehen (§ 1307 S. 2 BGB). Ferner bleiben Rechtsfolgen, die unmittelbar an die leibliche Abstammung anknüpfen (zB § 173 StGB, § 383 Abs. 1 Nr. 3 ZPO) unverändert.

12

§ 1756 BGB   Bestehenbleiben von Verwandtschaftsverhältnissen

(1) Sind die Annehmenden mit dem Kind im zweiten oder dritten Grad verwandt oder verschwägert, so erlöschen nur das Verwandtschaftsverhältnis des Kindes und seiner Abkömmlinge zu den Eltern des Kindes und die sich aus ihm ergebenden Rechte und Pflichten.

(2) Nimmt ein Ehegatte das Kind seines Ehegatten an, so erlischt das Verwandtschaftsverhältnis nicht im Verhältnis zu den Verwandten des anderen Elternteils, wenn dieser die elterliche Sorge hatte und verstorben ist.

A. Allgemeines 1	II. Stiefkindadoption (§ 1756 Abs. 2 BGB) ... 14
B. Regelungsgehalt 3	1. Verwandtschaftsrechtliche Wirkungen der Stiefkindadoption 14
I. Adoption unter Verwandten bzw. Verschwägerten (§ 1756 Abs. 1 BGB) 3	2. Erbrechtliche Folgen der Stiefkindadoption 17
1. Verwandtschaftsrechtliche Wirkungen der Verwandtenadoption 3	C. Weitere praktische Hinweise 18
2. Erbrechtliche Folgen der Verwandtenadoption 6	

A. Allgemeines

§ 1756 BGB regelt:

1

Die Verwandtschaftsadoption, also die Annahme eines Kindes durch Personen, mit denen das Kind im zweiten oder dritten Grad verwandt oder verschwägert ist.

Hierbei richtet sich das Verwandtschaftsverhältnis und der Grad der Verwandtschaft nach § 1589 BGB, der Grad der Schwägerschaft nach § 1590 BGB.

Ausgeschlossen werden soll, dass ein Kind zwei Elternpaare hat. Keine Rechtfertigung gibt es dafür, auch die übrigen verwandtschaftlichen Beziehungen auszuschließen.

Nimmt ein Ehegatte das Kind seines Ehegatten an, so muss ebenfalls verhindert werden, dass das Kind mehr als zwei Elternteile hat. Ist hingegen die vorhergehende Ehe des Ehegatten, dessen Kind angenommen wird, durch Tod aufgelöst worden, so verbleibt lediglich noch das Verwandtschaftsverhältnis zu den übrigen Verwandten und damit zum Familienstamm des verstorbenen Elternteils. Es gibt keinen Grund dafür, auch diese sozialen Bindungen zu beenden, wenn sie noch bestanden. Die Eltern des Verstorbenen sollen durch die Adoption neben dem Sohn nicht auch noch den Enkel verlieren. Allerdings muss noch eine intakte soziale Beziehung zu der weiteren Familie des Verstorbenen bestanden haben.[1] Diese pauschale Annahme ist dann gerechtfertigt, wenn das Sorgerecht dem verstorbenen Elternteil noch im Zeitpunkt seines Todes zugestanden hat.[2]

2

---

1   BT-Drs. 13/4899, 115.
2   Lipp/Wagenitz Das neue Kindschaftsrecht, 1999, BGB § 1756 Rn. 3.

B. Regelungsgehalt

I. Adoption unter Verwandten bzw. Verschwägerten (§ 1756 Abs. 1 BGB)

1. Verwandtschaftsrechtliche Wirkungen der Verwandtenadoption. Bei einer Adoption des Kindes von Annehmenden, welche mit dem Kind im zweiten oder dritten Grad verwandt oder verschwägert sind, zB Großeltern, Geschwister, Onkel oder Tante sowie deren Ehegatten, erlischt das Verwandtschaftsverhältnis (§ 1589 BGB) nur zu den leiblichen Eltern.[3] Durch die Verwandtenadoption kann das Kind auf andere Art mit den leiblichen Eltern verwandt sein. Es kann auch zu Verdoppelungen einer Verwandtschaftsbeziehung kommen, da § 1754 BGB unberührt bleibt.[4] Trotz des adoptionsbedingten Statusverlusts des leiblichen Elternteils, bleibt dessen Eigenschaft als Abkömmling sonstiger Verwandter bestehen. Bei einer Adoption des Kindes zB durch ein älteres Geschwisterkind, werden die leiblichen Eltern nunmehr Adoptivgroßeltern.[5] Bei einer Adoption durch die Großeltern können die leiblichen Eltern des Kindes über die Großeltern dessen Adoptivgeschwister werden.

Bei einer gemeinschaftlichen Annahme als Kind durch Onkel oder Tante und dessen Ehegatten bleibt das Verwandtschaftsverhältnis zu seinen beiden leiblichen Großeltern bestehen.[6] Die Eltern des bis dahin mit dem Kind nicht verwandten annehmenden Ehegatten des Onkels oder der Tante werden über § 1754 BGB zu einem weiteren Großelternpaar für das Kind. Dabei bleibt das verwandtschaftliche Verhältnis des Adoptivkindes zu seinen leiblichen Geschwistern bestehen.[7] Dies gilt auch bei halbbürtigen Geschwistern und auch im Verhältnis zu Kindern des leiblichen Elternteils, die mit dem annehmenden Kind kein Verwandtschaftsverhältnis verbindet.[8]

Wird das Kind durch eine mit ihm verschwägerte Person zweiten oder dritten Grades und dessen Ehegatte angenommen, so ist umstritten, ob die Wirkung des § 1756 BGB darin besteht, die Verwandten des Ehegatten des Verschwägerten einzubeziehen. Wird das Kind erst durch den Verschwägerten und dann im Wege der Stiefkindadoption durch dessen Ehegatten angenommen (Sukzessivadoption), erlöschen die Beziehungen des Kindes zur leiblichen Familie gemäß § 1755 BGB. Die ursprüngliche Verwandtschaft kann weder durch § 1755 Abs. 1 BGB noch durch § 1755 Abs. 2 BGB erhalten bleiben. Wenn dies die Rechtsfolge einer Sukzessivadoption ist, so könnte sich nur dann im Rahmen des § 1756 BGB etwas anderes ergeben, wenn das Gesetz ausdrücklich eine andere Rechtsfolge anordnen wollte. Da dies nicht erkennbar ist, spricht viel für eine einschränkende Auslegung des § 1756 BGB.[9]

2. Erbrechtliche Folgen der Verwandtenadoption. Da die weitere Verwandt- bzw. Schwägerschaft erhalten bleibt, verbleibt es insofern auch bei der gesetzlichen Erbfolge (§§ 1924–1936 BGB). Eine besondere Situation ergibt sich als Rechtsfolge des § 1756 BGB.[10]

Wird das Kind von seinen Großeltern angenommen, so erlischt das Verwandtschaftsverhältnis zu den leiblichen Eltern. Das angenommene Kind wird gemeinschaftliches Kind der Großeltern und damit Erbe erster Ordnung (§§ 1754, 1924 BGB). Es erbt von den Großeltern und wird auch von ihnen beerbt.

Bei Annahme durch die Großeltern wird das Kind gesetzlicher Erbe nach seinen leiblichen Großelternpaaren und zudem nach den durch die Annahme hinzugekommenen Großelternpaaren (§ 1927 BGB).[11] Wird das Kind durch seine Großeltern angenommen, scheiden seine leiblichen Eltern bzw. deren Nachkommen nicht als Abkömmlinge der annehmenden Großeltern

---

3 Grüneberg/*Götz* BGB § 1756 Rn. 1.
4 Zum Streitstand Staudinger/*Frank* BGB § 1756 Rn. 17 f.
5 MüKoBGB/*Maurer* § 1756 Rn. 17.
6 Vgl. Staudinger/*Frank* BGB § 1756 Rn. 14.
7 Die Rechtsfolge richtet sich nach § 1925 Abs. 4 BGB.
8 BeckOK BGB/*Pöcker* § 1756 Rn. 2.3.
9 So auch: Staudinger/*Frank* BGB § 1756 Rn. 12 f.; aA RGRK-BGB/*Dickescheid* § 1756 Rn. 4.
10 Zu den iE str. Rechtsfolgen s. MüKoBGB/*Maurer* § 1756 Rn. 6, 11 ff.
11 Vgl. auch Grüneberg/*Weidlich* BGB § 1924 Rn. 12.

aus.¹² Das angenommene Kind wird dann in der zweiten Ordnung von den Adoptiveltern und deren Abkömmlingen beerbt (§ 1925 BGB).

Da die Eltern als gesetzliche Erben zweiter Ordnung entfallen sind, muss folgerichtig auch das Eintrittsrecht der Geschwister (§ 1925 Abs. 3 BGB) des angenommenen Kindes entfallen. Dies wird durch § 1925 Abs. 4 BGB klargestellt. § 1925 Abs. 4 BGB regelt, dass das angenommene Kind und die Abkömmlinge der leiblichen Eltern sowie die Abkömmlinge des anderen Elternteils des Kindes im Verhältnis zueinander nicht Erben der zweiten Ordnung sind.

Die leiblichen Abkömmlinge der Adoptiveltern könnten gemäß § 1925 Abs. 3 BGB eintreten für den Fall, dass im Zeitpunkt des Todes des angenommenen Kindes die Adoptiveltern nicht mehr leben. Da zwischen diesen Abkömmlingen und dem angenommenen Kind kein Verwandtschaftsverhältnis besteht, entfällt das Eintrittsrecht, was ebenfalls Folge der Klarstellung des § 1925 Abs. 4 BGB ist.¹³

Ergänzend: Wird das Kind von seinem Onkel/seiner Tante adoptiert, so wird es nach dem Tode der Adoptiveltern Erbe erster Ordnung. Die Adoptiveltern werden nach dem Tode des angenommenen Kindes Erben zweiter Ordnung.¹⁴

Wird das Kind von einem Onkel/einer Tante angenommen und haben die leiblichen Eltern keine weiteren leiblichen Abkömmlinge, so beerbt das angenommene Kind beim Tod der leiblichen Eltern diese dann, wenn die vorrangig erbberechtigten Großeltern vorverstorben sind. Dieses Ergebnis wird durch § 1756 BGB nicht verhindert.¹⁵

Es kann auch zu einer Verdopplung der Erbberechtigung des angenommenen Kindes kommen (str.).¹⁶ Sind der Onkel bzw. die Tante als Annehmender bereits vorverstorben und geht es um die Beerbung der Großeltern durch das angenommene Kind, so erbt das Kind sowohl als Enkelkind über den verstorbenen Adoptivelternteil als auch als leibliches Enkelkind, so dass es über zwei Stämme zum Erben erster Ordnung wird. Haben die zu beerbenden Großeltern noch ein weiteres Kind, erbt das angenommene Kind zu diesem im Verhältnis 2/3 zu 1/3.¹⁷

II. Stiefkindadoption (§ 1756 Abs. 2 BGB)

1. Verwandtschaftsrechtliche Wirkungen der Stiefkindadoption. Heiratet nach dem Tode eines leiblichen Elternteils der überlebende Elternteil einen Dritten und nimmt dieser das gemeinsame Kind des verstorbenen Elternteils und des neuen Ehegatten an, bleibt das Verwandtschaftsverhältnis des angenommenen Kindes zu den Verwandten des verstorbenen Ehegatten bestehen, wenn dieser wenigstens die gemeinsame Sorge bezüglich des angenommenen Kindes innehatte. Eine bestehende gemeinsame elterliche Sorge im Zeitpunkt des Todes begründet die Annahme, dass das Kind zu seiner Familie eine intakte soziale Beziehung unterhält. Diese soll durch eine Stiefkindadoption nicht gestört werden.¹⁸ Dies gilt auch im Fall einer sog. starken Stiefkindadoption eines Volljährigen (§ 1772 Abs. 1 BGB, § 1756 Abs. 2 BGB). Eine direkte Anwendung scheidet deshalb aus, weil der angenommene Volljährige ohnehin nicht unter elterlicher Sorge steht. Voraussetzung also müsste sein, dass der Elternteil verstarb, bevor der Anzunehmende volljährig geworden ist. Nur in diesem Falle bestünde die Möglichkeit, dass die elterliche Sorge des verstorbenen Elternteils im Zeitpunkt seines Todes noch bestanden hat.¹⁹ Eine analoge Anwendung des § 1756 Abs. 2 BGB berücksichtigt einerseits, dass nach dem Grundgedanken dieser Regel bis zum letztmöglichen Zeitpunkt der elterliche Sorge, also bis zur Volljährigkeit des

---

12 Soergel/*Stein* BGB § 1925 Rn. 10 f.
13 Vgl. *Krüger* ErbR 2013, 40.
14 Grüneberg/*Weidlich* BGB § 1925 Rn. 5.
15 *Dieckmann* FamRZ 1979, 389 ff.
16 Zum Streitstand Staudinger/*Frank* BGB § 1756 Rn. 17.
17 BeckOK BGB/*Pöcker* § 1756 Rn. 5.1; Staudinger/*Frank* BGB § 1756 Rn. 16; gegen eine Doppelberechtigung Gernhuber/Coester-Waltjen § 68 X Fn. 234.
18 BT-Drs. 13/4899, 115; krit.: Staudinger/*Helms* BGB § 1756 Rn. 26.
19 BGH FamRZ 2010, 273.

Kindes, ein Mitsorgerecht bestand und vermeidet andererseits, dass das intakte Verwandtschaftsverhältnis zu den übrigen Familienmitgliedern deshalb zerschnitten wird, weil der Elternteil erst nach Eintritt der Volljährigkeit verstarb.[20]

Nimmt der überlebende Ehegatte das Kind seines verstorbenen Ehepartners an, so ist ebenfalls eine entsprechende Anwendung des § 1756 Abs. 2 BGB geboten.

Die Regelung des § 1756 Abs. 1 BGB erfasst diesen Sachverhalt nicht, da der Stiefelternteil mit dem Kind seines Ehepartners im ersten Grad verschwägert ist. Die entsprechende Anwendung des § 1756 Abs. 2 BGB ist hingegen deshalb geboten, weil dem Kind durch die Adoption kein Nachteil entstehen soll. Es entspricht seinem Wohl, seine Verwandtschaft zu den Verwandten seines verstorbenen leiblichen Elternteils aufrecht zu erhalten.[21] Die Regelung des § 1756 Abs. 2 BGB ist somit auch auf nichteheliche Kinder anzuwenden.[22] Durch die Stiefkindadoption erhält das Kind folglich eine weitere Verwandtschaft in aufsteigender Linie.

Beispiel: Heiratet die Ehefrau F, nachdem ihr Ehemann M verstorben ist, erneut und adoptiert der neue Ehemann E die zwei Kinder aus erster Ehe von F und M, bleibt das Verwandtschaftsverhältnis zwischen den zwei Kindern und den Verwandten des M bestehen. Zusätzlich wird zwischen den zwei Kindern und E sowie dessen Verwandten ein neues Verwandtschaftsverhältnis begründet. Das gesetzliche Erbrecht folgt diesen Verwandtschaftsverhältnissen.

15 Die Verwandtschaft des Kindes zu den Großeltern des verstorbenen Elternteils, welcher die elterliche Sorge innehatte, bleibt bestehen. Es besteht damit die Möglichkeit, dass das Kind durch die Adoption ein drittes Großelternpaar hinzubekommt. Die Intention dieser Regelung besteht darin, dass Großeltern nach dem Verlust ihres Kindes nicht noch ihr Enkelkind verlieren sollen.[23] Hat der neue Ehegatte des überlebenden Elternteils des Kindes das Kind angenommen und verstirbt sodann der zunächst überlebende Elternteil, gilt § 1756 Abs. 2 BGB entsprechend. Findet nach einer Verwandten- bzw. Verschwägertenadoption eine weitere Stiefkindadoption statt, so ist eine gesonderte Statusfolge zu beachten.[24]

16 Entgegen dem Wortlaut gilt die Vorschrift auch bei Einzeladoptionen.[25] Sie gilt ferner, wenn das Kind nach dem Tod der Adoptiveltern bzw. des Elternteils erneut angenommen wird.[26] Eine Adoption durch einen leiblichen Elternteil nach einer vorangegangenen Adoption ist grds. möglich und damit eine Wiederherstellung der rechtlichen Verwandtschaft durch die Zweitadoption.[27]

17 **2. Erbrechtliche Folgen der Stiefkindadoption.** § 1925 Abs. 4 BGB soll nur auf Geschwister, deren Verwandtschaft einzig über den verstorbenen Elternteil vermittelt wurde, Anwendung finden (str.),[28] so dass das Eintrittsrecht der Geschwister des Angenommenen nur nach dem verstorbenen Elternteil ausgeschlossen sein soll.[29] Fällt der überlebende wiederverheiratete Elternteil indes weg, sollen die Geschwister an dessen Stelle treten.[30] Beruht das Geschwisterverhältnis auf der gemeinsamen Abstammung vom leiblichen und rechtlichen Elternteil, stehen die Geschwister zueinander als Erben zweiter Ordnung iSv § 1925 BGB.

Der Fall eines denkbaren „Doppelerwerbs" ist umstritten.[31]

---

20 BGH FamRZ 2010, 273.
21 LG Koblenz RPfleger 2001, 34.
22 NK-BGB/*Finger* § 1756 Rn. 3.
23 BT-Drs. 7/5087, 17.
24 Einzelheiten dazu s. Staudinger/*Frank* BGB § 1756 Rn. 31 ff.
25 Erman/*Teklote* BGB § 1756 Rn. 2.
26 Grüneberg/*Götz* BGB § 1756 Rn. 1.
27 BGH FamRZ 2014, 546.
28 Zum Streitstand Staudinger/*Frank* BGB § 1756 Rn. 29 f.
29 Grüneberg/*Weidlich* BGB § 1925 Rn. 5; Staudinger/*Frank* BGB § 1756 Rn. 29 f.
30 Vgl. Soergel/*Stein* BGB § 1925 Rn. 11.
31 OLG Frankfurt ZEV 2022, 212 mAnm *Lieder*.

C. Weitere praktische Hinweise

Unterhaltspflichten und -ansprüche können durch die Adoption entstehen bzw. fortbestehen, soweit mit der Annahme entsprechende verwandtschaftliche Rechtsbeziehungen nach § 1756 BGB neu begründet werden bzw. existent bleiben. **Umgangsrechte** können mit der Adoption erhalten bleiben bzw. neu begründet werden (§ 1685 Abs. 1 BGB).

Hinweis:

Aufgrund der sich bei der Verwandtenadoption ergebenden Besonderheiten ist es ratsam, eine erbvertragliche Regelung zu treffen (§§ 2274–2203 BGB), um die Rechtsnachfolge von vornherein klar und individuell, ggf. von der gesetzlichen Erbfolge abweichend zu gestalten. Sofern sich durch die Adoption die Verwandtschaft vergrößert hat, zB durch das Hinzutreten weiterer Großeltern, sollte ggf. auch eine Vereinbarung zum Umgangsrecht angestrebt werden.

§ 1759 BGB Aufhebung des Annahmeverhältnisses

Das Annahmeverhältnis kann nur in den Fällen der §§ 1760, 1763 aufgehoben werden.

A. Allgemeines

Grundsätzlich sind ausgesprochene Annahmen nicht anfechtbar. Abänderungen und Wiederaufnahme sind nicht möglich (§ 197 Abs. 3 FamFG). Eine einmal ausgesprochene Adoption mit ihren statusrechtlichen Wirkungen soll Bestand haben.

Ein Annahmebeschluss kann deshalb nur dann nichtig sein, wenn ein besonders schwerer Fall vorliegt. Das Gesetz regelt die Nichtigkeit eines Beschlusses nicht. Sie ist nur dann anzunehmen, wenn der Entscheidung jegliche rechtliche Grundlage fehlt oder wenn sie eine der Rechtsordnung ihrer Art nach unbekannte Rechtsfolge ausspricht.[1] Mängel, die nicht zur Nichtigkeit führen, können hingegen eine Aufhebung gem. den §§ 1760, 1763 BGB rechtfertigen.

Mängel, die zur Aufhebung führen, können nicht eine Nichtigkeit begründen. Eine Geschäftsunfähigkeit des die Annahme Erklärenden kann nicht zur Nichtigkeit führen, da sie ausdrücklich in § 1760 Abs. 2 a BGB als Aufhebungsgrund normiert ist.[2]

B. Regelungsgehalt

Eine Aufhebung der Annahme – und damit die Beendigung des Eltern-Kind-Verhältnisses[3] – kann nur erfolgen, wenn die Voraussetzungen des § 1760 oder die des § 1763 BGB erfüllt sind.

Die Wirkung der Aufhebung bestimmt § 1764 BGB. Die Aufhebung wirkt hiernach nur für die Zukunft. Mit der Aufhebung erlöschen das durch die Annahme begründete Verwandtschaftsverhältnis des Kindes und seiner Abkömmlinge zu den bisherigen Verwandten, gleichzeitig lebt das Verwandtschaftsverhältnis des Kindes und seiner Abkömmlinge zu den leiblichen Verwandten wieder auf. Beides geschieht mit den rechtlichen Konsequenzen der §§ 1601 ff. 1626 ff. 1924 ff. BGB.

C. Weitere praktische Hinweise

I. Verfahren

Das Aufhebungsverfahren ist eine Adoptionssache gem. § 186 Nr. 3 FamFG.

---

1 OLG Oldenburg FamRZ 2019, 908 ff.
2 Vgl. OLG Oldenburg FamRZ 2019, 908 ff.
3 MüKoBGB/*Maurer* § 1764 Rn. 14.

4 Die Verfahrensbestimmungen richten sich nach den §§ 187 ff. FamFG.

5 Aufgehoben wird das Adoptionsverhältnis kraft Gesetzes, wenn der Annehmende das Adoptivkind oder dessen Abkömmlinge heiratet (§ 1766 BGB).

Im Übrigen erfolgt die Aufhebung auf Antrag, wenn grundlegende Voraussetzungen für die Annahme gefehlt haben (§ 1760 BGB). Ist die Aufhebung aus schwerwiegenden Gründen des Kindeswohls erforderlich, so bedarf es keines Antrages (§ 1763 BGB).

Zur Antragsberechtigung, Form und Frist wird im Übrigen auf § 1762 BGB verwiesen.

6 Der Richter entscheidet durch Beschluss, der erst mit der Rechtskraft wirksam wird. Gegen eine Aufhebungsentscheidung ist die Beschwerde statthaft (§ 58 Abs. 1 FamFG). Beschwerdeberechtigt ist auch ein leiblicher Elternteil nach § 59 Abs. 1 FamFG.

Wird der Aufhebungsantrag zurückgewiesen, so ist in den Fällen des § 1760 BGB der Antragsteller beschwerdeberechtigt (§ 59 Abs. 2 FamFG), in den Fällen des § 1763 BGB nur der Angenommene.

Aufgrund des höchstpersönlichen Rechts zur Antragstellung (vgl. § 1762 Abs. 1 S. 3 BGB) steht dem Erben (bzw. Nachlasspfleger) gegen die Zurückweisung des vom Annehmenden gestellten Antrages kein Rechtsmittel zu.[4]

II. Nichtigkeitsfeststellungsantrag

7 Kommt ausnahmsweise eine Nichtigkeit in Betracht, so bedarf es eines Nichtigkeitsfeststellungsantrages.[5]

§ 1760 BGB   Aufhebung wegen fehlender Erklärungen

(1) Das Annahmeverhältnis kann auf Antrag vom Familiengericht aufgehoben werden, wenn es ohne Antrag des Annehmenden, ohne die Einwilligung des Kindes oder ohne die erforderliche Einwilligung eines Elternteils begründet worden ist.

(2) Der Antrag oder eine Einwilligung ist nur dann unwirksam, wenn der Erklärende a) zur Zeit der Erklärung sich im Zustand der Bewusstlosigkeit oder vorübergehenden Störung der Geistestätigkeit befand, wenn der Antragsteller geschäftsunfähig war oder das geschäftsunfähige oder noch nicht 14 Jahre alte Kind die Einwilligung selbst erteilt hat, b) nicht gewusst hat, dass es sich um eine Annahme als Kind handelt, oder wenn er dies zwar gewusst hat, aber einen Annahmeantrag nicht hat stellen oder eine Einwilligung zur Annahme nicht hat abgeben wollen oder wenn sich der Annehmende in der Person des anzunehmenden Kindes oder wenn sich das anzunehmende Kind in der Person des Annehmenden geirrt hat, c) durch arglistige Täuschung über wesentliche Umstände zur Erklärung bestimmt worden ist, d) widerrechtlich durch Drohung zur Erklärung bestimmt worden ist, e) die Einwilligung vor Ablauf der in § 1747 Abs. 2 Satz 1 bestimmten Frist erteilt hat.

(3) ¹Die Aufhebung ist ausgeschlossen, wenn der Erklärende nach Wegfall der Geschäftsunfähigkeit, der Bewusstlosigkeit, der Störung der Geistestätigkeit, der durch die Drohung bestimmten Zwangslage, nach der Entdeckung des Irrtums oder nach Ablauf der in § 1747 Abs. 2 Satz 1 bestimmten Frist den Antrag oder die Einwilligung nachgeholt oder sonst zu erkennen gegeben hat, dass das Annahmeverhältnis aufrechterhalten werden soll. ²Die Vorschriften des § 1746 Abs. 1 Satz 2, 3 und des § 1750 Abs. 3 Satz 1, 2 sind entsprechend anzuwenden.

---

4   OLG München FamRZ 2008, 299.
5   OLG Oldenburg FamRZ 2019, 908 ff.

(4) Die Aufhebung wegen arglistiger Täuschung über wesentliche Umstände ist ferner ausgeschlossen, wenn über Vermögensverhältnisse des Annehmenden oder des Kindes getäuscht worden ist oder wenn die Täuschung ohne Wissen eines Antrags- oder Einwilligungsberechtigten von jemand verübt worden ist, der weder antrags- noch einwilligungsberechtigt noch zur Vermittlung der Annahme befugt war.

(5) ¹Ist beim Ausspruch der Annahme zu Unrecht angenommen worden, dass ein Elternteil zur Abgabe der Erklärung dauernd außerstande oder sein Aufenthalt dauernd unbekannt sei, so ist die Aufhebung ausgeschlossen, wenn der Elternteil die Einwilligung nachgeholt oder sonst zu erkennen gegeben hat, dass das Annahmeverhältnis aufrechterhalten werden soll. ²Die Vorschrift des § 1750 Abs. 3 Satz 1, 2 ist entsprechend anzuwenden.

A. Allgemeines 1	2. Heilung einer fehlenden, zu Unrecht als nicht erforderlich angesehenen Einwilligung (§§ 1760 Abs. 5, 1747 Abs. 4 BGB) 15
B. Regelungsgehalt 3	
I. Aufhebungsgründe 3	
1. Aufhebungsgründe gemäß § 1760 Abs. 1 BGB 3	
2. Unwirksamkeit des Antrags und der Einwilligung (§ 1760 Abs. 2 BGB) 8	3. Aufhebungshindernisse (§ 1761 Abs. 1, 2 BGB) 16
II. Wegfall der Aufhebungsgründe 14	C. Weitere praktische Hinweise 17
1. Verlust der Aufhebungsgründe durch „Heilung" (§ 1760 Abs. 3 BGB) 14	I. Verfahren 17
	II. Adoptionen in der DDR 18

A. Allgemeines

§ 1760 BGB wägt ab zwischen dem Vertrauen aller Beteiligten in den Fortbestand eines durch Annahmedekret begründeten Eltern-Kind-Verhältnisses einerseits und dem Interesse derjenigen, die an dem Adoptionsverfahren nicht oder fehlerhaft beteiligt wurden. 1

Hierbei soll das durch den Annahmebeschluss begründete Eltern-Kind-Verhältnis grundsätzlich fortbestehen und der Annahmebeschluss nur in den eng begrenzten Fällen des § 1760 Abs. 1 BGB – fehlender Antrag bzw. fehlende Einwilligung des Kindes/Elternteils – oder des § 1760 Abs. 2 BGB – Unwirksamkeit des Antrags oder der Einwilligung – aufgehoben werden. Zugunsten des Fortbestands des Annahmeverhältnisses wird ferner die Aufhebung ausgeschlossen, wenn vorhandene Mängel später „geheilt" werden. 2

B. Regelungsgehalt

I. Aufhebungsgründe

1. Aufhebungsgründe gemäß § 1760 Abs. 1 BGB. Materiellrechtlich kann ein Annahmeverhältnis aufgehoben werden, wenn es an einem Antrag des Annehmenden, der Einwilligung des Kindes (§ 1746 BGB) oder einer erforderlichen Einwilligung eines oder beider Elternteile (§§ 1747, 1748 BGB) fehlt. 3

Ist ein Annahmeantrag ursprünglich gestellt, nach Erlass jedoch vor Zustellung des Adoptionsbeschlusses zurückgenommen, so führt dies nicht zur Nichtigkeit des Beschlusses, sondern zu dessen Aufhebbarkeit (§ 1760 Abs. 1 BGB).¹ Die erforderliche Einwilligungserklärung des Kindes bzw. Elternteils fehlt, wenn sie nicht bzw. nicht wirksam abgegeben wurde oder später unwirksam geworden ist (§ 1750 BGB). 4

Die Aufhebungsgründe sind restriktiv beschrieben. Fehlt es an anderen gesetzlichen Erfordernissen für die Annahme als in § 1760 Abs. 1 BGB beschrieben, beispielsweise an der Einwilligung des Ehegatten (§ 1749 BGB), der fehlenden Zustimmung des gesetzlichen Vertreters zur 5

---

1 Zur Rücknahme eines Antrags s. OLG Düsseldorf FamRZ 1997, 117.

Einwilligung durch das Kind (§ 1746 Abs. 1 S. 3 BGB), so wird hierdurch ein Aufhebungsgrund nicht begründet.[2]

6 Nimmt das Gericht irrig an, dass es einer Einwilligung eines Elternteils nicht bedarf, weil es annimmt, dass der Elternteil zur Abgabe einer Erklärung dauernd außerstande oder sein Aufenthalt dauernd unbekannt ist (§ 1760 Abs. 5 BGB), so fehlt es grundsätzlich an der wirksamen Einwilligungserklärung.

7 Maßgeblicher Zeitpunkt der Beurteilung, ob die erforderliche Einwilligung bzw. der Antrag vorlagen, ist der Zeitpunkt der Annahmeentscheidung.[3]

8 **2. Unwirksamkeit des Antrags und der Einwilligung (§ 1760 Abs. 2 BGB).** Liegen die Voraussetzungen des § 1760 Abs. 2 a bis e BGB vor, so ist der Antrag unmittelbar unwirksam:

9 ■ Die Voraussetzungen des § **1760 Abs. 2 a BGB** (Bewusstlosigkeit oder vorübergehende Störung der Geistestätigkeit bzw. Geschäftsunfähigkeit) folgen den Voraussetzungen der §§ 105 Abs. 2, 104 BGB. Ist der Minderjährige 14 Jahre alt, so kann er die Einwilligung erklären, bedarf hierzu aber der Zustimmung des gesetzlichen Vertreters (§ 1746 Abs. 1 S. 3, Hs. 2 BGB).

10 ■ § **1760 Abs. 2 b BGB** schränkt die Möglichkeit, einen Aufhebungsantrag auf einen Irrtum zu stützen dahin gehend ein, dass es sich um einen Irrtum über fundamentale Bestandteile der Adoption handeln muss. Irrtümer über persönliche Eigenschaften eines Kindes bleiben unbeachtlich.[4] Ein Irrtum ist nur dann beachtlich, wenn er sich auf die Annahme selbst oder darauf bezieht, dass ein Annahmeantrag gar nicht hätte gestellt werden bzw. eine Einwilligung nicht hätte abgegeben werden sollen.

11 ■ § **1760 Abs. 2 c BGB** schränkt die Möglichkeit, sich auf eine arglistige Täuschung zu berufen, darauf ein, dass sich die Täuschung auf wesentliche Umstände beziehen muss. Unwesentlich sind Täuschungen über die Vermögensverhältnisse des Anzunehmenden. Wesentlich können – abhängig vom Einzelfall – Täuschungen über erbliche Belastungen des Kindes sein. Täuschungen über das soziale Umfeld, in dem das Kind aufgewachsen ist, reichen nicht als wesentlich für das Adoptionsverfahren aus.[5]

12 ■ § **1760 Abs. 2 d BGB** ergänzt die Aufhebungsgründe auf die Fälle der widerrechtlichen Drohung zur Bestimmung der Erklärung.

13 ■ § **1760 Abs. 2 e BGB** erfasst schließlich als Aufhebungsgrund den Fall der Erteilung der Einwilligung vor Ablauf der in § 1747 Abs. 2 S. 1 BGB bestimmten Frist.

II. Wegfall der Aufhebungsgründe

14 **1. Verlust der Aufhebungsgründe durch „Heilung" (§ 1760 Abs. 3 BGB).** Die Aufhebung ist ausgeschlossen, wenn der Erklärende nach Wegfall des Hindernisses (Geschäftsunfähigkeit, Bewusstlosigkeit, Störung der geistigen Tätigkeit usw) den Antrag bestätigt oder die Einwilligung nachholt. Ausreichend ist es auch, wenn er nach Wegfall des Hindernisses sonst zu erkennen gegeben hat, dass das Annahmeverhältnis aufrechterhalten bleiben soll. Der „Aufrechterhaltungswille" ist formlos zu erklären[6] und kann schlüssig durch jedes Verhalten dokumentiert werden.

15 **2. Heilung einer fehlenden, zu Unrecht als nicht erforderlich angesehenen Einwilligung (§§ 1760 Abs. 5, 1747 Abs. 4 BGB).** Wurde bei der Annahme auf die Erteilung der Zustimmung der Eltern verzichtet, weil die Voraussetzungen des § 1747 Abs. 4 BGB fehlerhaft ange-

---

2 Vgl. dazu OLG Nürnberg FPR 2002, 457 f.
3 Vgl. dazu BeckOK BGB/*Pöcker* § 1760 Rn. 2.
4 Grüneberg/*Götz* BGB § 1760 Rn. 3; OLG Brandenburg FamRZ 2019, 372 ff.
5 AA Staudinger/*Helms* BGB § 1760 Rn. 19.
6 MüKoBGB/*Maurer* § 1760 Rn. 23.

nommen wurden, so führt dies nicht zur Nichtigkeit des Annahmebeschlusses. Das Annahmeverhältnis kann aber gemäß § 1760 Abs. 1 BGB wegen Fehlens einer tatsächlich notwendigen Einwilligung aufgehoben werden. Die Aufhebung ist ausgeschlossen, wenn der Elternteil die Einwilligung nachgeholt oder sonst zu erkennen gegeben hat, dass das Annahmeverhältnis aufrechterhalten werden soll (§ 1760 Abs. 5 BGB).

3. Aufhebungshindernisse (§ 1761 Abs. 1, 2 BGB). Die Aufhebung des Annahmeverhältnisses ist ferner in den Fällen des § 1761 Abs. 1 und 2 BGB ausgeschlossen. 16

C. Weitere praktische Hinweise

I. Verfahren

Die Aufhebung erfolgt nur auf Antrag eines Antragsberechtigten (§ 1762 BGB). Der Beschluss, durch den das Gericht das Annahmeverhältnis aufhebt, wird mit Rechtskraft wirksam (§ 198 Abs. 2 1. Hs. FamFG). Eine Abänderung oder Wiederaufnahme ist ausgeschlossen (§ 198 Abs. 2 2. Hs. FamFG). 17

II. Adoptionen in der DDR

Für Adoptionen nach dem Recht der früheren DDR ist Art. 234 § 13 EGBGB zu beachten. Gemäß Art. 234 § 13 Abs. 6 EGBGB kann ein Antrag auf Aufhebung aufgrund des Zeitablaufs (3 Jahre nach Beitritt) nicht mehr gestellt werden. 18

§ 1761 BGB Aufhebungshindernisse

(1) Das Annahmeverhältnis kann nicht aufgehoben werden, weil eine erforderliche Einwilligung nicht eingeholt worden oder nach § 1760 Abs. 2 unwirksam ist, wenn die Voraussetzungen für die Ersetzung der Einwilligung beim Ausspruch der Annahme vorgelegen haben oder wenn sie zum Zeitpunkt der Entscheidung über den Aufhebungsantrag vorliegen; dabei ist es unschädlich, wenn eine Belehrung oder Beratung nach § 1748 Abs. 2 nicht erfolgt ist.

(2) Das Annahmeverhältnis darf nicht aufgehoben werden, wenn dadurch das Wohl des Kindes erheblich gefährdet würde, es sei denn, dass überwiegende Interessen des Annehmenden die Aufhebung erfordern.

A. Allgemeines

§ 1761 BGB ergänzt den Gedanken des § 1760 BGB und damit den Vorrang des Vertrauensschutzes an dem Fortbestand des Annahmebeschlusses. Fehlt eine erforderliche Einwilligung, hätte diese aber ersetzt werden können (§ 1748 BGB), begründet die fehlende Einwilligung keinen Aufhebungsbeschluss. Das Annahmeverhältnis soll ferner dann nicht aufgehoben werden, wenn durch die Aufhebung das Kindeswohl erheblich gefährdet würde. Eine Ausnahme wird nur dann zugelassen, wenn überwiegende Interessen des Annehmenden die Aufhebung fordern. 1

B. Regelungsgehalt

I. Ersetzbarkeit der Einwilligung (§ 1761 Abs. 1 BGB)

Fehlt eine erforderliche Einwilligung, so ist eine Aufhebung nach § 1760 BGB dann nicht begründet, wenn die tatsächlich fehlende Einwilligung hätte ersetzt werden können oder noch ersetzt werden kann. Im Einzelnen gilt: 2

- Die Einwilligung muss erforderlich gewesen sein, so dass § 1761 BGB auf Fälle der §§ 1746 Abs. 3, 1748 Abs. 1, 3, 4 BGB beschränkt ist.

- Die Einwilligung wurde nicht erteilt und war nach § 1760 Abs. 2 BGB unwirksam.
- Die Voraussetzungen der Ersetzung lagen im Zeitpunkt der Annahmeentscheidung vor.
- Die Voraussetzungen der Ersetzung lagen im Zeitpunkt der Annahmeentscheidung nicht, wohl aber im Zeitpunkt des Antrags auf Aufhebung vor.

Der Zeitpunkt der Beurteilung über die Aufrechterhaltung des Annahmeverhältnisses bei ersetzbarer Einwilligung ist sowohl der Zeitpunkt der Annahme (§ 1750 BGB) als auch der Zeitpunkt der Entscheidung über den Annahmeantrag (§ 1760 BGB). Erfolgt eine Ablehnung des Antrags, so wird die Einwilligung inzidenter ersetzt. Eine Ersetzung ist auch dann möglich, wenn keine Belehrung oder Beratung gem. § 1748 Abs. 2 BGB erfolgte.

II. Ausschluss der Aufhebbarkeit bei Gefährdung des Kindeswohls (§ 1761 Abs. 2 BGB)

3 Eine Aufhebung kommt dann nicht in Betracht, wenn durch die Aufhebung des Annahmebeschlusses das Wohl des angenommenen Kindes erheblich gefährdet würde. Dies kann ua dann angenommen werden, wenn das Kind in den neuen Familienverband vollständig integriert war und sich von dem alten Familienverband entfremdet hat. Hierbei muss das Maß der Entfremdung so gravierend sein, dass ein Wechsel des Kindes vom neuen in den alten Familienverband zu seelischen Schädigungen des Kindes führen kann.[1]

4 Trotz Kindeswohlgefährdung sind überwiegende Interessen des Annehmenden, die dem Fortbestand des Annahmebeschlusses entgegenstehen, zu beachten. Erforderlich ist eine Interessenabwägung. Die Interessen des Annehmenden gegen den Fortbestand müssen denen des Kindes am Fortbestand deutlich überwiegen müssen. Das Gesetz stellt nur auf die Interessen des Annehmenden, nicht auf die Interessen des leiblichen Elternteils ab. Vertreten wird, dass entgegen dieses einschränkenden Wortlautes auch die Interessen der leiblichen Eltern mit in die Interessenabwägung einbezogen werden können.[2]

§ 1762 BGB Antragsberechtigung; Antragsfrist, Form

(1) ¹Antragsberechtigt ist nur derjenige, ohne dessen Antrag oder Einwilligung das Kind angenommen worden ist. ²Für ein Kind, das geschäftsunfähig oder noch nicht 14 Jahre alt ist, und für den Annehmenden, der geschäftsunfähig ist, können die gesetzlichen Vertreter den Antrag stellen. ³Im Übrigen kann der Antrag nicht durch einen Vertreter gestellt werden. ⁴Ist der Antragsberechtigte in der Geschäftsfähigkeit beschränkt, so ist die Zustimmung des gesetzlichen Vertreters nicht erforderlich.

(2) ¹Der Antrag kann nur innerhalb eines Jahres gestellt werden, wenn seit der Annahme noch keine drei Jahre verstrichen sind. ²Die Frist beginnt

a) in den Fällen des § 1760 Abs. 2 Buchstabe a mit dem Zeitpunkt, in dem der Erklärende zumindest die beschränkte Geschäftsfähigkeit erlangt hat oder in dem dem gesetzlichen Vertreter des geschäftsunfähigen Annehmenden oder des noch nicht 14 Jahre alten oder geschäftsunfähigen Kindes die Erklärung bekannt wird;

b) in den Fällen des § 1760 Abs. 2 Buchstabe b, c mit dem Zeitpunkt, in dem der Erklärende den Irrtum oder die Täuschung entdeckt;

c) in dem Falle des § 1760 Abs. 2 Buchstabe d mit dem Zeitpunkt, in dem die Zwangslage aufhört;

---

[1] Dazu und weitere Einzelheiten: Grüneberg/*Götz* BGB § 1761 Rn. 3.

[2] Vgl. MüKoBGB/*Maurer* § 1761 Rn. 14; aA Grüneberg/*Götz* BGB § 1761 Rn. 3.

d) in dem Falle des § 1760 Abs. 2 Buchstabe e nach Ablauf der in § 1747 Abs. 2 Satz 1 bestimmten Frist;
e) in den Fällen des § 1760 Abs. 5 mit dem Zeitpunkt, in dem dem Elternteil bekannt wird, dass die Annahme ohne seine Einwilligung erfolgt ist.

³Die für die Verjährung geltenden Vorschriften der §§ 206, 210 sind entsprechend anzuwenden.

(3) Der Antrag bedarf der notariellen Beurkundung.

A. Allgemeines	1	C. Weitere praktische Hinweise	7
B. Regelungsgehalt	2	I. Verfahrenshinweise	7
I. Antragsberechtigung und Antragsfähigkeit	2	II. Recht der früheren DDR	11
II. Antragsfrist und Antragsform	3		

A. Allgemeines

§ 1762 BGB regelt die für eine Aufhebung nach § 1760 BGB einzuhaltenden Formalien: Antragsberechtigung, Antragsfähigkeit, Antragsfristen und Antragsform. Für die Aufhebung einer Volljährigenadoption gilt § 1771 BGB. 1

B. Regelungsgehalt

I. Antragsberechtigung und Antragsfähigkeit

Der für die Aufhebung erforderliche Antrag kann nur von demjenigen gestellt werden, dessen Antrag oder Erklärung fehlt (§ 1762 Abs. 1 S. 1, S. 3 BGB). Es handelt sich um ein höchstpersönliches Antragsrecht. Das Antragsrecht ist nicht vererblich.[1] Antragsberechtigt ist je nach Fallgestaltung: 2

- der Annehmende wegen eines fehlenden wirksamen Antrags (§ 1752 Abs. 1 BGB),
- das Kind wegen fehlender eigener Erklärung bzw. fehlender Erklärung des gesetzlichen Vertreters (§ 1746 Abs. 1 BGB),
- ein Elternteil/die Eltern (§ 1747 Abs. 1, 4 BGB).

Nicht antragsberechtigt ist:

- der Ehegatte des Annehmenden bzw. des Anzunehmenden[2] (§ 1749 BGB)
- die Kinder des Angenommenen.[3]
- Der Antrag muss höchstpersönlich gestellt werden. Eine Vertretung ist nicht zulässig.

Ist ein Kind geschäftsunfähig oder noch nicht 14 Jahre alt, so kann der Antrag durch den gesetzlichen Vertreter gestellt werden (§ 1762 Abs. 1 S. 2 BGB). Bei beschränkter Geschäftsfähigkeit des Antragsberechtigten ist die Zustimmung des gesetzlichen Vertreters nicht erforderlich (§ 1762 Abs. 1 S. 4 BGB). Auf das Antragsrecht kann verzichtet werden.[4]

II. Antragsfrist und Antragsform

Der Antrag muss innerhalb der **Ausschlussfrist von 3 Jahren** nach ausgesprochener Adoption (§ 197 Abs. 1 FamFG) gestellt werden. Bei dieser Frist handelt es sich um eine absolute Frist. Sie dient der Sicherheit der Integration des Kindes in den neuen Familienverband. Innerhalb des Zeitraums der absoluten Frist läuft die relative Frist des § 1762 Abs. 2 S. 1 BGB. Sie beträgt 1 Jahr. Der Fristbeginn regelt sich nach den verschiedenen Aufhebungsgründen des § 1762 Abs. 2 a-e BGB. 3

---

1 BayObLG FamRZ 1986, 719 f.
2 MüKoBGB/*Maurer* § 1762 Rn. 2.
3 NJW-RR 1986, 872, *Bosch* FamRZ 1986, 872.
4 Grüneberg/*Götz* BGB § 1762 Rn. 1.

4 Für beide Fristen gelten die verjährungsrechtlichen Hemmungsbestimmungen der §§ 206, 210 BGB (§ 1762 Abs. 2 S. 3 BGB).

5 Der Antrag ist in notariell beurkundeter Form zu stellen (§ 1762 Abs. 3 BGB).

6 Sind die Fristen verstrichen, kommt lediglich eine Aufhebung von Amts wegen gemäß § 1763 BGB in Betracht.

C. Weitere praktische Hinweise
I. Verfahrenshinweise

7 Der **Antrag** ist höchstpersönlich zu stellen (Vertretungsmöglichkeit: vgl. § 1762 Abs. 1 S. 2 BGB). Die Höchstpersönlichkeit bezieht sich hierbei auf die Erklärung, die vor dem Notar abzugeben ist, nicht auf die Einreichung der Erklärung beim Gericht.

8 Die **örtliche Zuständigkeit** richtet sich nach § 187 FamFG. Zuständig ist das Familiengericht, in dessen Bezirk der Annehmende oder einer der Annehmenden seinen gewöhnlichen Aufenthalt hat (§ 187 Abs. 1 FamFG).[5] Wohnen annehmende Ehegatten an verschiedenen Orten und haben dort ihren gewöhnlichen Aufenthalt, so ergibt sich eine doppelte Zuständigkeit. Vorrang hat das Gericht, das mit der Angelegenheit zuerst befasst worden ist.[6]

9 Hat der Annehmende den **Antrag auf Aufhebung durch einen Notar** beurkunden lassen, diesen mit der Einreichung des Antrages beauftragt und verstirbt der Antragsteller vor Einreichung des Antrages durch den Notar beim Gericht, kann sich die Zuständigkeit nicht mehr nach § 187 Abs. 1 FamFG richten. § 43b Abs. 2 S. 1 FGG aF stellte rückwirkend für die Begründung der Zuständigkeit auf den Zeitpunkt ab, zu dem der Annehmende den Notar mit der Einreichung des Antrages beauftragt hatte. Eine entsprechende Bestimmung fehlt, so dass nunmehr die Zuständigkeit aus § 187 Abs. 2 FamFG zu bestimmen ist und sich nach dem gewöhnlichen Aufenthalt des Kindes richtet.

10 **Statthaftes Rechtsmittel** sowohl für die Aufhebung als auch gegen deren Ablehnung ist die Beschwerde (§ 58 Abs. 1 FamFG). Da durch die Aufhebung die Verwandtschaft zu den leiblichen Eltern wieder auflebt, sind auch diese beschwerdeberechtigt.[7]

II. Recht der früheren DDR

11 Aufhebungsfristen für Adoptionen **in der früheren DDR** (Art. 234 § 13 Abs. 6 EGBGB) sind aufgrund des Zeitablaufs nicht mehr gegeben.

§ 1764 BGB Wirkung der Aufhebung

(1) ¹Die Aufhebung wirkt nur für die Zukunft. ²Hebt das Familiengericht das Annahmeverhältnis nach dem Tode des Annehmenden auf dessen Antrag oder nach dem Tode des Kindes auf dessen Antrag auf, so hat dies die gleiche Wirkung, wie wenn das Annahmeverhältnis vor dem Tode aufgehoben worden wäre.

(2) Mit der Aufhebung der Annahme als Kind erlöschen das durch die Annahme begründete Verwandtschaftsverhältnis des Kindes und seiner Abkömmlinge zu den bisherigen Verwandten und die sich aus ihm ergebenden Rechte und Pflichten.

---

5 Zur Inkognitoadoption s. OLG Hamm DNotZ 1987, 308; BayObLG FamRZ 1978, 65.
6 KG FamRZ 1995, 440.

7 Dazu und weitere Einzelheiten: Grüneberg/*Götz* BGB § 1762 Rn. 1.

(3) Gleichzeitig leben das Verwandtschaftsverhältnis des Kindes und seiner Abkömmlinge zu den leiblichen Verwandten des Kindes und die sich aus ihm ergebenden Rechte und Pflichten, mit Ausnahme der elterlichen Sorge, wieder auf.

(4) Das Familiengericht hat den leiblichen Eltern die elterliche Sorge zurückzuübertragen, wenn und soweit dies dem Wohl des Kindes nicht widerspricht; andernfalls bestellt es einen Vormund oder Pfleger.

(5) Besteht das Annahmeverhältnis zu einem Ehepaar und erfolgt die Aufhebung nur im Verhältnis zu einem Ehegatten, so treten die Wirkungen des Absatzes 2 nur zwischen dem Kind und seinen Abkömmlingen und diesem Ehegatten und dessen Verwandten ein; die Wirkungen des Absatzes 3 treten nicht ein.

A. Allgemeines 1	III. Wiederaufleben der früheren Verwandtschaft 9
B. Regelungsgehalt 2	IV. Übertragung der elterlichen Sorge 11
I. Zeitliche Wirkung 2	C. Weitere praktische Hinweise 12
II. Erlöschen des durch die Annahme begründeten Verwandtschaftsverhältnisses 4	

A. Allgemeines

§ 1764 BGB regelt zum einen die zeitliche Wirkung des Aufhebungsbeschlusses, zum anderen Fragen der elterlichen Sorge, die durch die Rückübertragung auf die leiblichen Eltern entstehen können. **1**

B. Regelungsgehalt

I. Zeitliche Wirkung

Die Aufhebung der Annahme erfolgt mit **Wirkung nur für die Zukunft** (§ 1764 Abs. 1 S. 1 BGB), dh ab dem Wirksamwerden des Ausführungsbeschlusses (§ 198 Abs. 2 Hs. 1 FamFG). **2**

Eine **Rückwirkung** kommt ausnahmsweise nur dann in Betracht, wenn der Annehmende oder das angenommene Kind den Aufhebungsantrag gestellt haben und der Antragsteller vor dem Erlass des Aufhebungsbeschlusses verstirbt (§ 1764 Abs. 1 S. 2 BGB). In diesem Fall gilt der später erlassene Aufhebungsbeschluss rückwirkend für die Zeit vor dem Tode des Antragstellers. Hat also der später verstorbene Annehmende den Aufhebungsantrag gestellt, entfällt rückwirkend ein gesetzliches Erbrecht des angenommenen Kindes.[1] Stirbt während des Verfahrens der Antragsgegner oder ein leiblicher Elternteil, der die Aufhebung beantragt hat, so bleibt es bei der Zukunftswirkung. Eine Rückwirkung ist ausgeschlossen. **3**

Ebenso ist eine Rückwirkung ausgeschlossen, wenn bei Antrag des Annehmenden das Kind stirbt. Auch ist eine Rückwirkung ausgeschlossen, wenn nach dem Aufhebungsantrag eines leiblichen Elternteils ein Beteiligter stirbt. Es bleibt in all diesen Fällen allein bei der Zukunftswirkung.

II. Erlöschen des durch die Annahme begründeten Verwandtschaftsverhältnisses

Durch den Aufhebungsbeschluss werden alle **verwandtschaftlichen Beziehungen** des angenommenen Kindes zur annehmenden Familie und seinen Verwandten für die Zukunft beseitigt (vgl. § 1755 Abs. 1 BGB). Beendet wird die **elterliche Sorge**. Es erlöschen die **Unterhaltsverpflichtungen**, soweit sie im Zeitpunkt des Aufhebungsbeschlusses nicht bereits entstanden waren. Unterhaltsverpflichtungen für die Zukunft erlöschen somit, etwaige rückständige Unterhaltsverpflichtungen (§ 1613 BGB) bestehen fort. **4**

---

1 Grüneberg/*Götz* BGB § 1764 Rn. 1.

5 Ein **Erbanfall**, der vor der Aufhebungsentscheidung eingetreten war, bleibt wirksam. Eine durch die Adoption erworbene Staatsangehörigkeit besteht mangels Verlusttatbestandes (§ 17 StAG) weiter.[2] Es besteht kein Ehehindernis mehr (§ 1308 Abs. 1 S. 2 BGB).

6 Wurde das Kind als bezugsberechtigte Person einer **Lebensversicherung** eingesetzt und trat der Versicherungsfall vor dem Wirksamwerden des Aufhebungsbeschlusses noch nicht ein, so kann entweder das Bezugsrecht widerrufen werden oder aber – im Falle einer unwiderruflichen Bezugsrechtbestimmung – die Bestimmung angefochten werden (§§ 2078 Abs. 2, 119 Abs. 2 BGB).

7 Liegt nur ein **Teilaufhebungsbeschluss** im Sinne des § 1763 Abs. 2 BGB vor, so erlöschen die Verwandtschaftsverhältnisse nur im Verhältnis des Kindes zu diesem Elternteil und seinen Verwandten. Das Kind wird in diesem Fall so gestellt, als wenn es von der anderen Person als Einzelperson angenommen worden wäre.

8 § 1764 Abs. 5 BGB ist bei einer Stiefkindadoption nicht anwendbar.[3] Liegt eine **Stiefkindadoption** vor, so liegt keine Teilaufhebung vor, sondern die Aufhebung einer von zwei ausgesprochenen Adoptionsentscheidungen.

III. Wiederaufleben der früheren Verwandtschaft

9 Die Verwandtschaftsverhältnisse, die vor der Adoption bestanden, werden wiederhergestellt (§ 1764 Abs. 3 BGB). Das **Kind und die leiblichen Verwandten** sind wieder gegenseitig erbberechtigt und zum Unterhalt verpflichtet (§ 1924 BGB).

10 Es leben nur die durch Abstammung begründeten leiblichen Verwandtschaftsverhältnisse wieder auf. War das angenommene Kind bereits zuvor adoptiert worden, dieses Adoptionsverhältnis aber aufgehoben worden, so führt die Aufhebung eines erneuten Adoptionsbeschlusses nicht dazu, dass die verwandtschaftlichen Beziehungen zu dem vorherigen Annehmenden und seinen Verwandten wiederaufleben. Sie leben nur zu den Verwandten auf, deren Verwandtschaftsverhältnis durch Abstammung begründet war.[4]

IV. Übertragung der elterlichen Sorge

11 Das Recht und die Pflicht der elterlichen Sorge der leiblichen Eltern lebt nicht ohne Weiteres wieder auf. Sorgerechtliche Folgen bedürfen einer Überprüfung im Einzelfall (§ 1764 Abs. 4 BGB). Das Familiengericht entscheidet aufgrund der aktuellen Situation von Amts wegen (§ 26 FamFG). Hierbei kommt auch eine Rückübertragung der elterlichen Sorge auf die leiblichen Eltern oder einen leiblichen Elternteil in Betracht. Ebenso ist die Anordnung einer Vormundschaft (§§ 1773 Abs. 1, 1774 S. 1 BGB) möglich.[5]

C. Weitere praktische Hinweise

12 Sind die Erbteile einer **Erbengemeinschaft** noch unbestimmt, weil die Entscheidung über den Antrag auf Annahme als Kind oder die Aufhebung des Annahmeverhältnisses noch aussteht, so ist die Auseinandersetzung der Erbengemeinschaft bis zur Behebung der Unbestimmtheit ausgeschlossen (§ 2043 BGB). Mit dem Aufhebungsbeschluss endet die Unbestimmbarkeit und damit der Aufschub der Auseinandersetzung gemäß § 2043 Abs. 2 BGB.

13 Wurden während des bestehenden Annahmeverhältnisses **unentgeltliche Leistungen** an das angenommene Kind erbracht, die zur Grundlage das Fortbestehen des Annahmeverhältnisses hat-

---

[2] *Dethloff* FamilienR, 30. Aufl. 2012, § 15 Rn. 67.
[3] MüKoBGB/*Maurer* § 1764 Rn. 23.
[4] Grüneberg/*Götz* BGB § 1764 Rn. 3.
[5] Vgl. § 1751 BGB, § 190 FamFG.

ten, so kann ggf. in dem Wegfall des Annahmeverhältnisses durch Aufhebungsbeschluss ein Wegfall der Geschäftsgrundlage gemäß § 313 BGB liegen.

Erbschaftsteuerlich verbleibt es bei der Steuerklasse, wenn der Erbfall vor Erlass des Aufhebungsbeschlusses eingetreten ist. Tritt der Erbfall nach dem Aufhebungsbeschluss ein, gilt dies nicht.[6]

14

§ 1766a Annahme von Kindern des nichtehelichen Partners

(1) Für zwei Personen, die in einer verfestigten Lebensgemeinschaft in einem gemeinsamen Haushalt leben, gelten die Vorschriften dieses Untertitels über die Annahme eines Kindes des anderen Ehegatten entsprechend.

(2) ¹Eine verfestigte Lebensgemeinschaft im Sinne des Absatzes 1 liegt in der Regel vor, wenn die Personen
1. seit mindestens vier Jahren oder
2. als Eltern eines gemeinschaftlichen Kindes mit diesem

eheähnlich zusammenleben. ²Sie liegt in der Regel nicht vor, wenn ein Partner mit einem Dritten verheiratet ist.

(3) ¹Ist der Annehmende mit einem Dritten verheiratet, so kann er das Kind seines Partners nur allein annehmen. ²Die Einwilligung des Dritten in die Annahme ist erforderlich. ³§ 1749 Absatz 1 Satz 2 und 3 und Absatz 2 gilt entsprechend.

A. Allgemeines 1	3. Negatives Ausschlusskriterium: Keine bestehende Ehe 6
B. Regelungsinhalt 2	4. Rechtsfolgen 7
I. Regelungsumfang 2	III. Verfahren 8
II. Voraussetzungen 3	IV. Internationales Privatrecht 10
1. Stabilität der nichtehelichen Lebensgemeinschaft 3	
2. Zusammenleben mit einem gemeinsamen Kind 5	

A. Allgemeines

§ 1766a BGB gestattet es auch unverheirateten Paaren, gemeinsam ein Kind zu adoptieren.[1]

1

Eingefügt wurde § 1766a BGB. Ermöglicht wird die Stiefkindadoption. Nicht ermöglicht wird eine gemeinsame Fremdadoption. Diese bleibt – anders als bei Ehepartnern – nichtehelichen Lebenspartnern verschlossen.[2]

B. Regelungsinhalt

I. Regelungsumfang

§ 1766a BGB erfasst die Stiefkindadoption von zwei zusammenlebenden Partnern. Das Geschlecht der zusammenlebenden Partner ist unerheblich.

2

Adoptiert werden kann das Kind eines Partners.

Unerheblich ist, ob das Kind minderjährig oder volljährig ist. § 1767 Abs. 2 BGB bezieht auch die Regelung des § 1766a BGB in den Regelungsbereich ein.

---

6 BFH NJW RR 2010, 881 f. = FamRZ 2010, 1079; Troll/Gebel/Jülicher/Gottschalk ErbStG § 15 Rn. 53.

1 BGBl. 2020 I 541; Gesetz zur Umsetzung der Entscheidung des BVerfG vom 26.3.2019 (BVerfG in FamRZ 2019, 1061).
2 Krit.: *Helms* FamRZ 2020, 645, *Keuter* NZFam 2020, 49 (52).

II. Voraussetzungen

1. Stabilität der nichtehelichen Lebensgemeinschaft. Eine Stiefkindadoption soll nur solchen nichtehelichen Lebensgemeinschaften ermöglicht werden, die – ähnlich wie eine Ehe – auf Dauer angelegt sind.[3] Voraussetzung für die Statthaftigkeit einer Adoption ist

- das Bestehen einer verfestigten Lebensgemeinschaft,
- das Zusammenleben in einem gemeinsamen Haushalt.

Obgleich der Begriff der verfestigten Lebensgemeinschaft dem Unterhaltsverwirkungsrecht, hier § 1579 Nr. 2 BGB, entnommen ist, ist er hier inhaltlich anders auszulegen.[4]

Der entscheidende Gesichtspunkt für die Annahme einer verfestigten Lebensgemeinschaft iSd § 1766a Abs. 2 BGB ist die Feststellung der Stabilität der Beziehung. Neben der Feststellung einer bereits bestehenden Lebensgemeinschaft über einen längeren Zeitraum ist auch die Erwartung zu prüfen, ob diese Lebensgemeinschaft auf Dauer Bestand haben wird. Inhaltlich muss die Lebensgemeinschaft so ausgestaltet sein, dass sie auch die gemeinsame Bewältigung von Krisen und anderen Belastungen erträgt.[5]

Anders als § 1579 Nr. 2 BGB erfordert § 1766a BGB ausdrücklich ein „Zusammenleben". Leben die nichtehelichen Lebenspartner beispielsweise aus beruflichen Gründen in mehreren Haushalten, so ist die Intensität des tatsächlichen Zusammenlebens im Einzelfall zu prüfen.[6]

2. Zusammenleben mit einem gemeinsamen Kind. Das zweite Regelbeispiel für die Statthaftigkeit der Adoption von Kindern nichtehelicher Partner ist das Zusammenleben der Partner als Eltern eines gemeinschaftlichen Kindes. Das Gesetz vermutet, dass durch die Betreuung eines gemeinsamen Kindes die Bereitschaft der nichtehelichen Partner zur Übernahme von Verantwortung hinreichend bewiesen ist. Leben die Eltern erst seit der Geburt des Kindes zusammen, so erscheint eine solche Schlussfolgerung nicht gerechtfertigt. Ergänzend ist demnach zu fordern, dass auch im zweiten Regelbeispiel ein Zusammenleben über einen gewissen Zeitraum vorliegen muss.[7]

3. Negatives Ausschlusskriterium: Keine bestehende Ehe. § 1766a Abs. 2 S. 2 BGB schließt die Stabilitätsvermutung in der Regel dann aus, wenn ein Partner mit einem Dritten verheiratet ist. Das Bestehen einer anderweitigen Ehe sagt hingegen wenig über die Stabilität der neuen Beziehung aus.[8]

Ein selbstständiger Ausschlussgrund ist nicht normiert. Vielmehr wird die Stabilitätsvermutung nur in der Regel ausgeschlossen, wenn ein Partner mit einem Dritten verheiratet ist. Diese Formulierung ermöglicht Ausnahmen, zB die Berücksichtigung der Ehegattenschutzklausel des § 1568 BGB.[9]

4. Rechtsfolgen. Liegt eine verfestigte Lebensgemeinschaft vor, so kann ein Partner das Kind des anderen mit der Wirkung des § 1754 Abs. 1 BGB adoptieren. Dies gilt unabhängig davon, ob es sich um ein leibliches oder ein bereits adoptiertes Kind handelt.

Verwiesen wird im Übrigen auf die Bestimmungen der §§ 1741 Abs. 2 S. 3, 1742, 1743 S. 1, 1749, 1751 Abs. 2 und Abs. 4 S. 2, 1754 Abs. 1 Alt. 2 und 3, 1755 Abs. 2 iVm Abs. 1 S. 1, 1756 Abs. 2 und 1757 Abs. 2 S. 1 BGB.

Die Stiefkindadoption setzt demnach gem. § 1741 Abs. 1 BGB grundsätzlich voraus, dass sie dem Wohl des Kindes dient und das Entstehen eines Eltern-Kind-Verhältnisses zu erwarten ist.

---

[3] Vgl. BR-Drs. 577/19, 9.
[4] Vgl. *Grziwotz* ZRP 20, 6.
[5] *Teklote* NZFam 2020, 409.
[6] *Keuter* NZFam 2020, 49 ff.
[7] *Kintzel* FF 20, 135.
[8] Vgl. *Steinbach/Helms* FamRZ 2020, 476; *Grziwotz* ZRP 2020, 6.
[9] OLG Naumburg FamRZ 21, 1903.

III. Verfahren

Das Familiengericht muss von Amts wegen prüfen, ob eine verfestigte Lebensgemeinschaft besteht (§ 26 FamFG). Die Stellungnahme des Jugendamtes ist einzuholen. Daneben kommt eine weitere amtswegige Beweisaufnahme in Betracht. In Zweifelsfällen mag es erforderlich sein, dass das Familiengericht ein psychologisches Sachverständigengutachten zur Stabilitätsprognose in Betracht zieht.[10]

Gem. § 188 Abs. 1 Nr. 1 FamFG ist der nichteheliche Partner zu beteiligen. Bestand im Zeitpunkt der Geburt bereits eine verfestigte Lebensgemeinschaft, so entfällt die zwingende Beratung vor einer Stiefkindadoption gem. § 9a Abs. 5 AdVermeG.

IV. Internationales Privatrecht

Zugleich mit der Einführung des § 1766a BGB wurde auch das internationale Privatrecht in Art. 22 EGBGB geändert. Eine notwendige Reaktion auf die Entscheidung des Bundesverfassungsgerichts vom 26.3.2019 zur Stiefkindadoption[11] trat zum 31.3.2020 in Kraft.

§ 1767 BGB   Zulässigkeit der Annahme, anzuwendende Vorschriften

(1) Ein Volljähriger kann als Kind angenommen werden, wenn die Annahme sittlich gerechtfertigt ist; dies ist insbesondere anzunehmen, wenn zwischen dem Annehmenden und dem Anzunehmenden ein Eltern-Kind-Verhältnis bereits entstanden ist.

(2) ¹Für die Annahme Volljähriger gelten die Vorschriften über die Annahme Minderjähriger sinngemäß, soweit sich aus den folgenden Vorschriften nichts anderes ergibt. ²Zur Annahme eines Verheirateten oder einer Person, die eine Lebenspartnerschaft führt, ist die Einwilligung seines Ehegatten oder ihres Lebenspartners erforderlich. ³Die Änderung des Geburtsnamens erstreckt sich auf den Ehe- oder Lebenspartnerschaftsnamen des Angenommenen nur dann, wenn sich auch der Ehegatte oder Lebenspartner der Namensänderung vor dem Ausspruch der Annahme durch Erklärung gegenüber dem Familiengericht anschließt; die Erklärung muss öffentlich beglaubigt werden.

A. Allgemeines 1	II. Beteiligte Personen und Einwilligungserfordernissen 14
B. Regelungsgehalt 4	III. Annahmebeschluss und Rechtsfolgen 15
I. Zulässigkeit der Adoption 4	1. Annahmebeschluss 15
1. Wohl des Kindes 4	2. Rechtsfolgen 16
2. Sittliche Rechtfertigung der Annahme . 5	C. Weitere praktische Hinweise 17
a) Bereits bestehendes Eltern-Kind-Verhältnis 6	I. Verfahren 17
b) Ein Eltern-Kind-Verhältnis besteht noch nicht 8	II. Kosten 19
aa) Erwartung einer Eltern-Kind-Beziehung 8	1. Gerichtskostenvorschuss 19
bb) Sittliche Rechtfertigung 9	2. Verfahrenswert 20
c) Motive für die Annahmeentscheidung 10	3. Anwaltsgebühren 21
d) Mindestalter und Altersabstand ... 12	4. Notarkosten 22
3. Mehrfachadoption 13	III. Erbschaftsteuerliche Folgen der Adoption . 24
	IV. Erb- und Pflichtteilsrechte 25
	V. Internationale Adoptionen 26

A. Allgemeines

Neben der Minderjährigenadoption ist auch die **Adoption Volljähriger** rechtlich zulässig. Für die Volljährigenadoption gelten grundsätzlich die Vorschriften der Minderjährigenadoption

---

10 *Teklote* NZFam 2020, 409.
11 BVerfG FamRZ 2019, 1061.

(§§ 1741–1766 BGB) mit Ausnahme der §§ 1742, 1744, 1745, 1746 Abs. 1, 2, 1747 BGB. Es gelten darüber hinaus mit den §§ 1767 bis 1772 BGB Sondervorschriften. Durch die Volljährigenadoption soll mit dem adoptierten Kind eine Ergänzung des Familienbandes erfolgen, zumindest im Sinne einer „Begegnungsgemeinschaft".[1]

2 Hinsichtlich der Intensität der Familienbande unterscheidet das Gesetz zwischen der Volljährigenadoption mit sogenannter **„schwacher Wirkung"** (§ 1770 BGB) und der mit **„starker Wirkung"** (§ 1772 BGB). Beide Formen der Adoption sind nur dann zulässig, wenn die Annahme „sittlich gerechtfertigt" ist. Da auch die Volljährigenadoption das Kindeswohl in den Vordergrund stellt, wird eine sittliche Rechtfertigung insbesondere dann bejaht, wenn ein Eltern-Kind-Verhältnis bereits entstanden ist.[2] Mögen auch andere Aspekte für die Adoptionsentscheidung der Beteiligten maßgeblich sein, wie beispielsweise steuerrechtliche Erwägungen[3] oder aufenthaltserlaubnisrechtliche Erwägungen bei der Adoption eines ausländischen Staatsangehörigen,[4] so muss das Hauptmotiv in der Eltern-Kind-Beziehung liegen. Die Wirkungen der Annahme erstrecken sich nicht auf die Verwandten des Annehmenden (§ 1770 BGB). Eine Ausnahme gilt bei einer „starken" Adoption gemäß § 1772 BGB. In diesen Fällen hat die Volljährigenadoption die gleichen Wirkungen wie die Adoption eines minderjährigen Kindes (§ 1741 ff. BGB).

3 Wird ein Kind während des Adoptionsverfahrens volljährig, so erfolgt die Adoption ausnahmslos nach den Grundsätzen der Volljährigenadoption.[5] Es besteht mit § 1772 Abs. 1 S. 1 lit. d BGB die Möglichkeit, einen Antrag auf Volljährigenadoption mit den Wirkungen einer Minderjährigenannahme zu stellen.[6]

B. Regelungsgehalt

I. Zulässigkeit der Adoption

4 **1. Wohl des Kindes.** Auch die Volljährigenadoption muss dem Wohl des anzunehmenden Kindes dienen (§ 1776 Abs. 2 BGB iVm § 1741 Abs. 1 S. 1 BGB; vgl. zum Kindeswohl → BGB § 1741 Rn. 3.. Der geschäftsfähige Anzunehmende trifft diese Entscheidung selbst.[7] Bei geschäftsunfähigen und betreuungsbedürftigen Personen ist das Kindeswohl entsprechend sorgfältig zu prüfen.[8]

5 **2. Sittliche Rechtfertigung der Annahme.** Weitere Voraussetzung für die Zulässigkeit der Adoption eines volljährigen Kindes ist, dass sie sittlich gerechtfertigt ist (§ 1767 Abs. 1 Hs. 1 BGB). Die sittliche Rechtfertigung ist gegeben, wenn ein Eltern-Kind-Verhältnis bereits besteht, aber auch dann, wenn die innere Verbundenheit zu dem angenommenen Kind so stark ist, dass die Entstehung eines Eltern-Kind-Verhältnisses erwartet werden kann.[9]

6 **a) Bereits bestehendes Eltern-Kind-Verhältnis.** In § 1767 Abs. 1 Hs. 2 wird die sittliche Rechtfertigung einer angestrebten Volljährigenadoption beim Bestehen eines Eltern-Kind-Verhältnisses unwiderlegbar vermutet.[10] Die Eltern haben sich nach der gesetzlichen Wertung mit der tatsächlichen Herstellung eines Eltern-Kind-Verhältnisses die rechtliche Verfestigung ihrer Beziehung durch die Adoption „verdient".[11] Einer weitergehenden Prüfung bedarf es in diesem Fall nicht. Insbesondere bedarf es nicht der Prüfung, welcher konkrete Einzelzweck mit der Adoption verfolgt werden soll. Inhaltlich orientiert sich die Prüfung an der Frage, ob bereits ein El-

---

1 BVerfG FamRZ 1996, 154 ff.
2 Vgl. Grüneberg/Götz BGB § 1767 Rn. 3.
3 Freibeträge nach dem Erbschaftsteuergesetz.
4 Vgl. BVerfG NJW 1989, 855; FamRZ 1996, 154 ff.
5 OLG Karlsruhe FamRZ 2000, 768; LG Düsseldorf FamRZ 2010, 1261.
6 Vgl. dazu KG FamRZ 2004, 1315.
7 BayObLG FamRZ 1980, 1158 f.; BayObLG FamRZ 2002, 1651/2.
8 Grüneberg/Götz BGB § 1767 Rn. 1.
9 Grüneberg/Götz BGB § 1767 Rn. 4 f.; Bsp.: Onkel und Nichte s. OLG Nürnberg NJW-RR 2015, 1414; Hausangestellte s. OLG Braunschweig ZEV 2017, 343.
10 BGH NZFam 2021, 964.
11 BGH NZFam 2021, 964 Rn. 30: Staudinger/Helms BGB § 1767 Rn. 32.

tern-Kind-Verhältnis besteht, an dem natürlichen gelebten Verhältnis. Das tatsächliche bestehende soziale Familienband muss seinem ganzen Inhalt nach dem durch die natürliche Abstammung geschaffenen Familienband ähneln.[12] Aus dem Grundsatz, dass das durch eine Adoption geschaffene „künstliche" Kindschaftsverhältnis dem natürlichen Kindschaftsverhältnis möglichst nahegebildet sein soll, lässt sich zunächst herleiten, dass ein Altersabstand zwischen dem Annehmenden und dem Anzunehmenden bestehen muss, der einer natürlichen Generationenfolge zwischen Eltern und leiblichen Kindern entspricht.[13] Dies gilt sowohl hinsichtlich eines mindestens erforderlichen Altersunterschiedes[14] als auch bezüglich eines höchstens zulässigen Altersabstandes.[15] Abgelehnt wurde hiernach eine Adoption bei Altersunterschieden von 14 bzw. 12 Jahren als auch bei Altersunterschieden von 61 bzw. 60 Jahren. Ein tatsächliches Zusammenleben von Eltern und erwachsenen Kindern ist bei der Volljährigenadoption nicht mehr Wesensmerkmal eines Eltern-Kind-Verhältnisses. Erforderlich ist eine dauernde seelisch-geistige Verbundenheit, wie sie zwischen leiblichen Eltern und Kindern auch nach deren Volljährigkeit bestehen bleibt.[16]

Ein reines Freundschaftsverhältnis oder gelegentliche Kontakte reichen hierbei nicht aus. Bei der Volljährigenadoption muss aber – im Gegensatz zur Minderjährigenadoption – durchaus nicht das Interesse am Beistand für das angenommene Kind im Vordergrund stehen, sondern es kann auch das Bedürfnis des Annehmenden selbst auf Fürsorge durch das angenommene Kind im Vordergrund stehen.[17] Für die Beurteilung des Gerichtes sind die tatsächlichen Beziehungs- und Kommunikationsstrukturen zwischen den Beteiligten maßgebend.[18] So kann eine durch eine Vorsorgevollmacht ausgedrückte Vertrauenshaltung zwischen den Annehmenden und dem Angenommen nicht allein als ausreichend angesehen werden, um das Bestehen eines Eltern-Kind-Verhältnisses zu bejahen.[19] Wenn eine ungestörte, intakte Beziehung des Anzunehmenden zu seinen leiblichen Eltern besteht, verbietet sich die rechtliche Begründung eines Eltern-Kind-Verhältnisses im Wege der Volljährigenadoption.[20]

b) Ein Eltern-Kind-Verhältnis besteht noch nicht. aa) Erwartung einer Eltern-Kind-Beziehung. Besteht ein Eltern-Kind-Verhältnis zwischen den Adoptionsbeteiligten noch nicht, kommt eine Annahme nur dann in Betracht, wenn bei objektiver Betrachtung der bestehenden Bindungen und ihrer Entwicklungsmöglichkeiten die zukünftige Entstehung eines Eltern-Kind-Verhältnisses zu erwarten ist und darüber hinaus die Annahme mit Blick auf die mit der Adoption verfolgten Zwecke sittlich gerechtfertigt erscheint.[21]

Es bedarf daher der Prüfung zweier Voraussetzungen:

Es bedarf zunächst der Prüfung, ob eine so starke innere Verbundenheit vorhanden ist, dass eine dem Eltern-Kind-Verhältnis ähnliche Beziehung zu erwarten ist. Durch den Verweis in § 1767 Abs. 2 S. 1 BGB ist klargestellt, dass die Voraussetzungen des § 1741 Abs. 1 S. BGB zu beachten sind. Hiernach ist die Annahme als Kind insbesondere dann zulässig, wenn zu erwarten ist, dass zwischen dem Annehmenden und dem Kind ein Eltern-Kind-Verhältnis entsteht. Auch die Adoption eines Volljährigen muss daher zwingend mit der angebahnten Herstellung eines Eltern-Kind-Verhältnisses zwischen dem Annehmenden und dem Anzunehmenden verbunden sein.[22] Es reicht aus, dass bei objektiver Betrachtung der bereits bestehenden Bindungen eine innere Verbindung festgestellt werden kann, die so stark ist, dass die Ausbildung eines Eltern-Kind-Verhältnisses erwartet werden kann.[23]

---

12 So bereits BGH NJW 1957, 673 ff.
13 BGH NZFam 21, 964; BT-Drs. 7/3061, 52.
14 Vgl. KG FamRZ 2014, 225.
15 OLG Bremen FamRZ 2017, 722; Zerb 2017, 18 ff.
16 BGH NZFam 21, 964 Rn. 32.
17 Vgl. BayObLG FamRZ 2002, 1651.
18 BGH NJW 1961, 1461 ff.
19 KG AG Berlin Tempelhof-Kreuzberg FuR 2013, 404; Zu den Anforderungen an das Eltern-Kind-Verhältnis bei einer Volljährigenadoption vgl. OLG Nürnberg NJW-RR 2012, 5.
20 OLG Stuttgart FamRZ 2015, 592.
21 BGH NJW 1961, 1461 Rn. 35.
22 BGH FamRZ 2020, 1481 Rn. 52.
23 OLG Zweibrücken DNotZ 2006, 129 ff.

Eine noch bestehende intakte Beziehung zu den leiblichen Eltern schließt die Annahme nicht grundsätzlich aus, da die Volljährigenadoption ein Nebeneinander von leiblichen und rechtlichen Familien ausdrücklich zulässt.[24]

9 **bb) Sittliche Rechtfertigung.** Neben der zu erwartenden inneren Verbundenheit muss die Annahme des Kindes mit Blick auf den damit verfolgten Zweck sittlich gerechtfertigt sein.[25] Diese Feststellung verlangt einen Blick auf die Motive der Beteiligten einerseits sowie auf die Gründe für die Erwartung einer sittlich gerechtfertigten Eltern-Kind-Beziehung andererseits.

10 **c) Motive für die Annahmeentscheidung.** Hauptmotiv für die Annahmeentscheidung muss der Familienbezug sein, d.h. das Anliegen ein Eltern-Kind-Verhältnis zu begründen oder fortzuführen. Daneben dürfen wirtschaftliche Motive bestehen.[26] Dies gilt zB für steuerrechtliche Erwägungen. Werden mit der Adoptionsentscheidung jedoch „ausschließlich" wirtschaftliche Vorteile bezweckt, so ist die Annahme ausgeschlossen.[27] Ob ein rein wirtschaftlicher Zweck vorliegt, er aber hinter dem familienbezogenen Motiv zurücksteht, muss anhand objektiver Umstände sowie der Erklärung der Beteiligten vom Gericht ermittelt werden.[28] Zu prüfen ist, ob die Adoption auch dann erfolgt, wenn oben genannte Nebenzwecke nicht erfüllt werden können.[29] Bei bestehenbleibenden begründeten Zweifeln ist die Adoption abzulehnen.

11 Neben den rein steuerrechtlichen Erwägungen, die seit der Reform des Erbschaftsteuerrechtes zum 1.1.2009 stark im Vordergrund gestanden haben mögen, sind auch Erwägungen billigenswert, die etwa die Fortführung eines Betriebes durch das angenommene Kind vorsehen. Der Wunsch, dass das adoptierte Kind das Lebenswerk des Adoptierenden fortsetzt, soll sogar ein besonders billigenswertes Motiv im Rahmen der Prüfung der sittlichen Rechtfertigung sein.[30]

12 **d) Mindestalter und Altersabstand.** Gesetzlich geregelt ist das Mindestalter in § 1743 BGB, der auch bei der Adoption von Volljährigen gilt. Der Mindest- bzw. Höchstaltersabstand soll der gewöhnlichen Generationenfolge entsprechen. Es kann dennoch zu Entscheidungen kommen, in denen die Erwachsenenadoption auch in Fällen ausgesprochen wird, in denen der Altersunterschied der Beteiligten deutlich von dem Altersunterschied zwischen den Generationen abweicht. Dann müssen jedoch gewichtige Umstände für das Bestehen eines Eltern-Kind-Verhältnisses sprechen,[31] zB wenn es sich bei dem Anzunehmenden um das volljährige Stiefkind des Annehmenden handelt, und es bereits seit vielen Jahren im selben Haushalt lebt.[32]

13 **3. Mehrfachadoption.** Anders als bei der Minderjährigenadoption ist bei der Volljährigenadoption auch die Adoption eines Kindes zulässig, das bereits zuvor adoptiert worden war. § 1742 BGB ist bei der Volljährigenadoption nicht anwendbar (vgl. § 1768 Abs. 1 S. 2 BGB). Dies gilt auch bei der Volljährigenadoption mit starker Adoptionswirkung nach § 1772 BGB. Eine Rückadoption des volljährigen Kindes durch seine leiblichen Eltern oder einen Elternteil ist demnach möglich.[33]

II. Beteiligte Personen und Einwilligungserfordernissen

14 Es gilt § 1741 Abs. 2 BGB. Auch bei der Volljährigenadoption kann ein Ehepaar ein Kind nur gemeinschaftlich annehmen. Zur Annahme eines verheirateten Kindes bedarf es der Einwilligung des Ehegatten; zur Annahme eines eingetragenen Lebenspartners bedarf es der Einwilligung des anderen Lebenspartners (§ 1767 Abs. 2 S. 2 BGB).

---

24 BGH in NZFam 2021, 964 Rn. 33; OLG Köln FamRZ 22, 1630.
25 BGH FamRZ 21, 1897; OLG Hamburg FamRZ 20, 930.
26 Vgl. BayObLG NJW 1985, 2094f.
27 BayObLG NJWE-FER 2001, 12ff.
28 *Becker* ZEV 2009, 27.
29 BGH FamRZ 21, 1897.
30 BayObLG NJW 1985, 2094.
31 RG RGZ 147, 220 (226); LG Mannheim FamRZ 1979, 80 (Ls.); LG Frankenthal FamRZ 1998, 505.
32 LG Frankenthal FamRZ 1998, 505; AG Berlin Tempelhof-Kreuzberg FuR 2013, 404ff.
33 BeckOK BGB/*Pöcker* § 1768 Rn. 2, 2.1.

III. Annahmebeschluss und Rechtsfolgen

1. Annahmebeschluss. Der Beschluss über die Annahme als Kind ist unanfechtbar (§ 197 Abs. 3 FamFG). Verstößt der Beschluss gegen die Voraussetzungen des § 1767 BGB, so stellt dies keinen Nichtigkeitsgrund dar (vgl. § 1759 BGB). Eine Aufhebung des Beschlusses kann nur nach § 1771 BGB bei Vorliegen eines wichtigen Grundes (§ 1771 S. 1 BGB) oder in sinngemäßer Anwendung der Vorschrift des § 1760 Abs. 1–5 BGB erfolgen (§ 1771 S. 2 BGB), wobei letztere Möglichkeit die einzige für die Aufhebung einer Volljährigenadoption mit „starker Wirkung" darstellt.[34] Selbst wenn die Parteien übereinstimmend eine einfache Volljährigenadoption nach § 1770 BGB beantragen und das Gericht irrtümlich eine Volladoption für Volljährige nach § 1772 Abs. 1 c BGB ausspricht, führt dies nicht zur Nichtigkeit des Adoptionsbeschlusses.[35]

15

2. Rechtsfolgen. Die Erwachsenenadoption ist mit der sogenannten „schwachen" Wirkung ausgestaltet. Die Wirkungen der Annahme eines Volljährigen erstrecken sich demnach nicht auf die Verwandten des Annehmenden (§ 1770 BGB). Rechte und Pflichten, die aus dem Verwandtschaftsverhältnis des Angenommenen und seiner Abkömmlinge zu ihren Verwandten bestehen, werden durch die Annahme nicht berührt.[36]

16

C. Weitere praktische Hinweise

I. Verfahren

Adoptionssachen sind Familiensachen (§ 111 Nr. 4 FamFG). Das Verfahren der Volljährigenadoption entspricht weitestgehend dem der Minderjährigenadoption (§ 1768 BGB). Im Rahmen der Amtsermittlungspflicht (§ 26 FamFG) prüft das Gericht, ob die Voraussetzungen für die Volljährigenadoption gegeben sind. Bestehen begründete Zweifel, darf das Gericht die Annahme nicht aussprechen. Entsprechende Zweifel gehen somit zulasten des Antragstellers.

17

Der Annahmebeschluss ist unanfechtbar (§ 197 Abs. 3 FamFG). Wird der Annahmeantrag abgelehnt, so steht den Antragstellern das Rechtsmittel der Beschwerde zu (§ 58 FamFG).

18

II. Kosten

1. Gerichtskostenvorschuss. Im Gegensatz zur Minderjährigenadoption besteht die Verpflichtung zur Zahlung eines Gerichtskostenvorschusses (§ 14 Abs. 3 FamGKG). Es muss ein Gerichtskostenvorschuss in Höhe der allgemeinen Verfahrensgebühr gezahlt werden (Anlage zu § 3 Abs. 2 KV FamGKG Nr. 1320: 2,0).[37]

19

2. Verfahrenswert. Der Verfahrenswert richtet sich nach § 42 Abs. 2 FamGKG. Der Höchstwert beträgt 500.000 EUR. Im Übrigen ist der Wert unter Berücksichtigung aller Umstände des Einzelfalls, insbesondere des Umfangs und der Bedeutung der Sache und der Vermögens- und Einkommensverhältnisse der Beteiligten nach billigem Ermessen zu bestimmen. Ergeben sich keine ausreichenden Anhaltspunkte für die Bestimmung eines Verfahrenswertes, so darf auf § 42 Abs. 3 FamGKG zurückgegriffen werden.[38] Der Verfahrenswert beträgt 5.000 EUR. Dies gilt auch für die Volljährigenadoption mit starker Wirkung gemäß § 1772 BGB.[39]

20

3. Anwaltsgebühren. Die gesetzlichen Gebühren ergeben sich aus den Nr. 2300, 3100 ff. VV RVG abhängig vom Verfahrenswert (§ 23 RVG). Eine Verfahrensgebühr entsteht regelmäßig in Höhe von 1,3 Gebühren.[40] Abweichende Vergütungsvereinbarungen können getroffen werden.

21

---

34 *Brandt* RNotZ 2013, 459 ff.
35 LG Bremen FamRZ 2011, 1413.
36 Zu den verwandtschafts- bzw. erbrechtlichen Wirkungen s. § 1770 BGB.
37 Zu allgemeinen Gerichtsgebühren und weiteren Kosten s. *Keuter* FuR 2013, 567 ff.
38 OLG Celle FamRZ 2013, 330.
39 OLG Düsseldorf NJW-RR 2010, 1661 f.
40 *Schneider* JurBüro 2010, 396 f.; Zu weiteren Einzelheiten *Keuter* FuR 2013, 567 ff.

22 **4. Notarkosten.** Die Kosten des Notars richten sich nach dem Gerichts- und Notarkostengesetz (GNotKG). Bei der Volljährigenadoption ist der Geschäftswert nach billigem Ermessen festzulegen, wobei eine Höchstgrenze von 1 Mio. EUR besteht (§ 36 Abs. 2 GNotKG).[41]

23 Es fällt eine 1,0 Gebühr für Beurkundungen an (Nr. 21200 KV GNotKG). Einwilligungserklärungen gehören zum selben Gegenstand nach § 109 Abs. 1 GNotKG. Bei einer isolierten Beurkundung gilt nach Nr. 21201 eine 0,5 Gebühr nach dem halben Wert nach § 98 Abs. 1 GNotKG. Die gerichtliche Wertbestimmung kann sich an der bereits für die Notargebühren erfolgten Festsetzung des Geschäftswertes orientieren.[42]

III. Erbschaftsteuerliche Folgen der Adoption

24 Rechtsfolge der Volljährigenadoption ist die Einordnung in die Steuerklasse I sowohl beim Tode des angenommenen Kindes als auch beim Tode des Annehmenden. Der Freibetrag beträgt 400.000 EUR, der Steuertarif liegt bei 7 % bis zu 30 %. Im Gegensatz hierzu gilt für Personen der Steuerklasse II sowie III lediglich ein Freibetrag von 20.000 EUR bei einem Steuereingangstarif von 30 % und einem Steuerendtarif von 50 %.[43]

IV. Erb- und Pflichtteilsrechte

25 Das wechselseitige Erbrecht des angenommenen Kindes zu den leiblichen Eltern erlischt nicht. Das angenommene Kind wird jedoch auch erbberechtigt nach den ihn annehmenden Adoptiveltern. Im Gegenzug bleiben die leiblichen und werden die Adoptiveltern gemeinsam gesetzliche Erben des Adoptierten.

V. Internationale Adoptionen

26 Das für die Annahme als Kind maßgebliche Recht unterliegt dem von Art. 22 EGBGB bestimmten Recht. Für die konkrete Anknüpfung ist nach Art. 22 EGBGB in der seit dem 31.3.2020 geltenden Fassung nunmehr entscheidend, ob die Annahme als Kind **im Inland oder im Ausland** erfolgt; in ersterem Falle ist deutsches Recht maßgeblich (Art. 22 Abs. 1 S. 1 EGBGB), in letzterem Falle unterliegt das Adoptionsstatut dem Recht des Staates, in dem der Anzunehmende zum Zeitpunkt der Annahme seinen gewöhnlichen Aufenthalt hat (Art. 22 Abs. 1 S. 2 EGBGB; Gesamtverweisung iSv Art. 4 Abs. 1 S. 1 EGBGB).

27 Auf die Frage nach dem anwendbaren Recht kommt es indes bei einer Auslandsadoption nur im Falle einer **Vertragsadoption** an. Denn erfolgt die Adoption – wie regelmäßig – durch Entscheidung eines ausländischen Gerichts (sog. **Dekretadoption**), ist ausschließlich die Frage nach deren Anerkennung zu beantworten; diese richtet sich vorrangig nach dem *Haager Übereinkommen über den Schutz von Kindern und die Zusammenarbeit auf dem Gebiet der internationalen Adoption v. 29.5.1993* (HAdoptÜ).[44]

Hinsichtlich Abgrenzungsproblemen zum Erbstatut vgl. Nr. 31 → Art. 23 EuErbVO Rn. 21.

---

[41] *Diehn/Sikora/Tiedtke* Das neue Notarkostenrecht Rn. 643; für Anträge vor dem 1.8.2013 an den Notar gelten die Übergangsbestimmungen der §§ 134 Abs. 2 Nr. 4 GNotKG.

[42] OLG Celle FamRZ 2013, 330; Zu weiteren Einzelheiten *Keuter* FuR 2013, 567 ff.

[43] Halaczinsky/Riedel Das neue Erbschaftsteuerrecht, 2009, 22 f.; vgl. auch www.bundesfinanzministerium.de/Content/DE/Standardartikel/Themen/Steuern/Steuerarten/Erbschaft_und_Schenkungsteuer/neueregelung-erbschaftsteuer-2009.html.

[44] Abgedruckt bei *Jayme/Hausmann*, Nr. 223.

§ 1768 BGB Antrag

(1) ¹Die Annahme eines Volljährigen wird auf Antrag des Annehmenden und des Anzunehmenden vom Familiengericht ausgesprochen. ²§§ 1742, 1744, 1745, 1746 Abs. 1, 2, § 1747 sind nicht anzuwenden.

(2) Für einen Anzunehmenden, der geschäftsunfähig ist, kann der Antrag nur von seinem gesetzlichen Vertreter gestellt werden.

A. Allgemeines

§ 1768 BGB regelt Verfahrensgrundsätze. Verwiesen wird auf die Bestimmungen der Minderjährigenadoption. Hiervon abweichend ist für die Volljährigenadoption die Einwilligung des anzunehmenden Kindes nicht ausreichend. Es bedarf vielmehr des Antrags des Annehmenden einerseits sowie des Anzunehmenden andererseits. 1

B. Regelungsgehalt

I. Anträge

1. Anträge der Annehmenden und des Anzunehmenden. Die Adoption erfolgt nur auf Antrag des Annehmenden und des Anzunehmenden (§§ 1752 Abs. 2, 1768 Abs. 1 S. 1 BGB). Die Anträge können in einer gemeinsamen Erklärung abgegeben werden. Erst nach Eingang beider Anträge wird das Verfahren eingeleitet.[1] 2

2. Geschäftsunfähigkeit der Antragsteller

- **Geschäftsunfähigkeit des Anzunehmenden:** Ist der Anzunehmende geschäftsunfähig, so kann der Antrag nur von einem gesetzlichen Vertreter gestellt werden. Gem. § 1823 BGB ist dies der bestellte Betreuer. 3
- **Geschäftsfähigkeit und Tod des Annehmenden:** Der Annehmende muss im Zeitpunkt der Antragstellung immer geschäftsfähig sein. 4
- Ob die Geschäftsfähigkeit auch noch im Zeitpunkt der Entscheidung über den Adoptionsantrag bestehen muss, ist in der Rechtsprechung umstritten.[2]

3. Form der Anträge. Die Anträge sind in notariell beurkundeter Form an das zuständige Familiengericht zu stellen (§ 1752 Abs. 2 S. 2 BGB). Bei Zweifeln an der Geschäftsfähigkeit hat der Notar diese in der Niederschrift zu vermerken (§ 11 Abs. 1 S. 2 Beurkundungsgesetz). 5

II. Zulässigkeit der Mehrfach- bzw. Rückadoption und Zweitadoption mit den Wirkungen der Annahme eines Minderjährigen

Anders als bei der Minderjährigenadoption gilt bei der Volljährigenadoption **kein Verbot der Mehrfachadoption, auch als Rückadoption** durch die leiblichen Eltern.[3] Auch die **Zweitadoption** mit den Wirkungen der Minderjährigenadoption ist zulässig.[4] Bei der Mehrfachadoption bedarf es keiner Einwilligung von leiblichen bzw. bisherigen Eltern (§ 1747 BGB). Ferner bedarf es keiner Probezeit vor der Adoption (§ 1744 BGB). Nicht ausgesprochen werden darf die Annahme in den Fällen des § 1769 BGB. 6

---

1 *Krüger* ErbR 2013, 41.
2 OLG München FamRZ 2010, 2087 bejaht dies, OLG München FamRZ 2015, 1509 ff. verneint dies.
3 Vgl. *Liermann* FamRZ 1993, 1263 ff.
4 Vgl. BeckOK BGB/*Pöcker* § 1768 Rn. 2; Grüneberg/*Götz* BGB § 1767 Rn. 1.

C. Weitere praktische Hinweise

I. Verfahren

7 **1. Örtliche Zuständigkeit.** Örtlich zuständig ist das Familiengericht, in dessen Bezirk der Annehmende oder einer der Annehmenden seinen gewöhnlichen Aufenthalt hat (§ 187 Abs. 1 FamFG).

8 **2. Rechtsmittel.** Bei Antragsablehnung ist die Beschwerde statthaft (§ 58 Abs. 1 FamFG).

II. Eintritt der Volljährigkeit während des Verfahrens

9 Ist ein Antrag auf Adoption eines Minderjährigen gestellt und wird der Anzunehmende während des Adoptionsverfahrens volljährig, muss das Verfahren auf die Adoption Volljähriger umgestellt werden. Es besteht hierbei die Möglichkeit, die Annahme des Volljährigen mit Wirkung der Minderjährigenadoption zu beantragen (§ 1772 Abs. 1 S. 1 d BGB). Wird der zwischenzeitlich Volljährig gewordene versehentlich noch nach den Bestimmungen des § 1741 Abs. 2 BGB adoptiert, so bleibt der Annahmebeschluss wirksam.[5]

§ 1769 BGB Verbot der Annahme

Die Annahme eines Volljährigen darf nicht ausgesprochen werden, wenn ihr überwiegende Interessen der Kinder des Annehmenden oder des Anzunehmenden entgegenstehen.

A. Allgemeines

1 Die Prüfung der sittlichen Rechtfertigung einer Annahme des Volljährigen gemäß § 1767 Abs. 1 BGB beschränkt sich auf das Verhältnis des Annehmenden zum anzunehmenden Kind und lässt die Interessen der Abkömmlinge des Annehmenden einerseits sowie des Angenommenen andererseits unberührt. Entsprechend § 1745 S. 1 BGB soll aber die Annahme unterbleiben, wenn ihr überwiegende Interessen der Kinder des Annehmenden oder des Anzunehmenden entgegenstehen.

B. Regelungsgehalt

2 Die Annahme eines Volljährigen soll unterbleiben, wenn die Interessen bereits vorhandener Kinder des oder der Annehmenden einerseits bzw. des Anzunehmenden andererseits überwiegen. Ob dies der Fall ist, ist aufgrund einer Interessenabwägung und damit verbunden einer Gegenüberstellung der Belange zu ermitteln.[1] Anders als bei § 1745 Abs. 2 BGB sind auch die **Vermögensinteressen, insbesondere erbrechtliche Interessen leiblicher Kinder** zu beachten, auch soweit sie durch Pflichtteilsansprüche des Angenommenen betroffen werden.[2] Eher geringer zu bewerten sind erbrechtliche Interessen dann, wenn das Kind des anderen Ehegatten angenommen werden soll, was bereits als minderjähriges Kind in die Familie des Annehmenden aufgenommen worden war.[3] Hierbei zielt § 1769 BGB nicht darauf, etwa bereits vorhandenen Kindern des Annehmenden ihren wirtschaftlichen status quo zu garantieren.[4]

3 Unbeachtlich ist es auch, ob zwischen dem anzunehmenden Kind und den übrigen Abkömmlingen des Annehmenden ein Geschwisterverhältnis entstehen kann.[5] Wurden leiblichen Abkömm-

---

5 Vgl. LG Bremen FamRZ 2011, 1413.
1 BayObLG DNotZ 1984, 577.
2 Vgl. dazu OLG München FamRZ 2011, 1411; AG Deggendorf FamRZ 1984, 1265; OLG München FGPrax 2005, 261 (262).

3 AG Bremen NJW-RR 2010, 369; Grüneberg/*Götz* BGB § 1769 Rn. 1.
4 OLG Schleswig FamRZ 2020, 615 ff.; vorher bereits: OLG München FamRZ 2011, 1411.
5 Grüneberg/*Götz* BGB § 1769 Rn. 1.

lingen des Annehmenden schon größere Vermögenswerte von den Eltern überlassen, so muss dies bei der Bewertung der verbleibenden finanziellen Interessen berücksichtigt werden.[6] Der Abwägung mit den Interessen der leiblichen Kinder bedarf es immer nur dann, wenn zuvor eine sittliche Rechtfertigung für die Adoption bejaht wurde.[7]

C. Weitere praktische Hinweise

I. Verfahren

Im Verfahren sind die leiblichen Kinder anzuhören.[8] Auch bei unterbliebener Anhörung ist die Annahme wirksam. Es besteht die Möglichkeit der Gehörsrüge nach § 44 FamFG. Es kommt ferner wegen der Verletzung des rechtlichen Gehörs eine Verfassungsbeschwerde in Betracht.[9]   4

II. Gestaltung

Lässt die Beurteilung des Sachverhaltes erkennen, dass überwiegende Interessen anderer Abkömmlinge gefährdet sein könnten, bedarf es der Prüfung, ob durch Gestaltung des Sachverhaltes die Gefährdung vermieden werden kann.   5

Ist das eheliche Kind des Annehmenden geistig behindert und zu erwarten, dass es nicht in der Lage sein wird, sich selbst zu versorgen und zu unterhalten, steht § 1769 BGB der Annahme des volljährigen Stiefkindes nicht entgegen, wenn der Anzunehmende mit dem Annehmenden einen notariellen Erb- und Pflichtteilsverzichtsvertrag geschlossen hat und durch diesen Erb- und Pflichtteilsverzichtsvertrag des Anzunehmenden den vorrangigen Vermögensinteressen des ehelichen behinderten Kindes in ausreichender Weise Rechnung getragen wurde.[10]   6

Ist eine Betriebsfortführung durch ein leibliches Kind geplant, so kann diese durch das entstandene weitere Pflichtteilsrecht des Angenommenen gefährdet werden. Auch hier besteht die Möglichkeit, durch einen Erb- und Pflichtteilsverzichtsvertrag die einer Annahme entgegenstehenden Interessen des leiblichen Kindes zu beseitigen.[11]   7

§ 1771 BGB   Aufhebung des Annahmeverhältnisses

¹Das Familiengericht kann das Annahmeverhältnis, das zu einem Volljährigen begründet worden ist, auf Antrag des Annehmenden und des Angenommenen aufheben, wenn ein wichtiger Grund vorliegt. ²Im Übrigen kann das Annahmeverhältnis nur in sinngemäßer Anwendung der Vorschrift des § 1760 Abs. 1 bis 5 aufgehoben werden. ³An die Stelle der Einwilligung des Kindes tritt der Antrag des Anzunehmenden.

A. Allgemeines 1	IV. Rechtsfolgen 9
B. Regelungsgehalt 2	C. Weitere praktische Hinweise 11
I. Aufhebung aus wichtigem Grund 2	I. Verfahren 11
II. Aufhebung wegen unwirksamer Erklärung im Sinne des § 1760 Abs. 1–5 BGB 5	II. Gestaltungshinweis 12
III. Formale Voraussetzungen: Antrag auf Aufhebung 6	

---

6 AG Backnang FamRZ 2000, 770 f.
7 OLG Karlsruhe NZFam 22, 661 mAnm *Eckebrecht*.
8 BGH FamRZ 2021, 1897 zur Ausnahme von der Anhörung.
9 BVerfG NJW 1995, 316 f.
10 LG Fulda FamRZ 2005, 1277 f.
11 *Grziwotz* FamRZ 2005, 2038 (2040 f.).

A. Allgemeines

1 § 1771 BGB stellt eine Sonderregelung zu § 1763 BGB für die Aufhebung einer Volljährigenadoption dar. Voraussetzung ist das Vorliegen eines wichtigen Grundes sowie der Antrag des Annehmenden als auch des Angenommenen. Aufgehoben werden kann das Annahmeverhältnis auch, wenn unwirksame Erklärungen vorliegen (Verweis auf § 1760 Abs. 1 – 5 BGB). Eine Volljährigenadoption mit „starker Adoptionswirkung" (§ 1772 BGB) kann nur dann aufgehoben werden, wenn ein anfänglicher Mangel vorliegt.[1]

B. Regelungsgehalt

I. Aufhebung aus wichtigem Grund

2 Das Familiengericht kann das Annahmeverhältnis aufheben, wenn ein wichtiger Grund vorliegt. Dies ist der Fall, wenn die Fortsetzung einer weiteren Eltern-Kind-Beziehung unzumutbar ist.[2] Dass sich die familiären Beziehungen zwischen dem Annehmenden und dem Angenommenen nicht nach den Vorstellungen beider entwickeln, insbesondere das Adoptivkind sich nicht mehr um die Adoptiveltern kümmert, stellt keinen wichtigen Grund dar.[3] Hieraus folgt auch, dass allein der Umstand, dass der Angenommene und die Annehmenden übereinstimmend die Aufhebung beantragen, ein wichtiger Grund nicht indiziert werden kann.[4] Ein wichtiger Grund liegt demnach nur dann vor, wenn ein nachprüfbarer bedeutsamer Grund den Fortbestand des Annahmeverhältnisses für einen Beteiligten unzumutbar macht.[5] So kann das Leiden des Angenommenen einen wichtigen Grund im Sinne des § 1771 S. 1 BGB darstellen,[6] ebenso bei Verbrechen gegen die Adoptionsverwandten oder anderen schweren Verstößen gegen die Familienbindung.[7] Ein wichtiger Grund kann auch darin bestehen, dass mit der Annahme als Kind ein sittenwidriger Zweck verfolgt wurde.[8]

3 Ein wichtiger Grund liegt auch dann vor, wenn zwischen dem Annehmenden und dem Angenommenen zu keinem Zeitpunkt ein Eltern-Kind-Verhältnis bestand, sondern von Anfang an eine gleichgeschlechtliche Beziehung.[9]

4 Das Fehlen von Annahmevoraussetzungen im Zeitpunkt des Wirksamwerdens der Annahmeentscheidung stellt hingegen keinen wichtigen Grund dar.

II. Aufhebung wegen unwirksamer Erklärung im Sinne des § 1760 Abs. 1–5 BGB

5 Ferner kann das Familiengericht das zu einem Volljährigen begründete Annahmeverhältnis aufheben, wenn ein **Verfahrens- oder Willensmangel** nach § 1771 S. 2 BGB bzw. § 1772 Abs. 2 BGB iVm § 1760 Abs. 1–5 BGB vorliegt. Dies ist für die Volljährigenadoption mit „starker Adoptionswirkung" (§ 1772 BGB) die einzige Möglichkeit der Aufhebung.[10] § 1771 BGB ist nicht auf Volljährige anwendbar, die als Minderjährige angenommen wurden, zum Zeitpunkt des Antrags auf Aufhebung aber volljährig sind.[11] Dies schließt den Fall ein, dass die Volljährigkeit während des laufenden Aufhebungsverfahrens eingetreten ist.[12]

---

1 Grüneberg/*Götz* BGB § 1772 Rn. 4.
2 OLG Stuttgart FamRZ 2010, 1999; OLG Stuttgart NJW-RR 2010, 1231.
3 OLG Brandenburg NZFam 2019, 557 mAnm *Grziwotz*.
4 OLG Brandenburg FamRZ 2019, 1628.
5 OLG Brandenburg FamRZ 2019, 1628.
6 OLG Köln FamRZ 2012, 1816.
7 Grüneberg/*Götz* BGB § 1771 Rn. 2.
8 AG Wiesbaden FamRZ 2006, 574; vgl. aber dazu Grüneberg/*Götz* BGB § 1771 Rn. 2.
9 Vgl. AG Wiesbaden FamRZ 2006, 574.
10 BGH FamRZ 2014, 930; Grüneberg/*Götz* BGB § 1772 Rn. 4.
11 OLG Hamm NJW 1981, 2762; BayObLG FamRZ 1990, 204; BGH FamRZ 2014, 930.
12 OLG Zweibrücken FamRZ 1997, 577 f.

III. Formale Voraussetzungen: Antrag auf Aufhebung

Sowohl **der Annehmende als auch der Angenommene** müssen persönlich den Antrag auf Aufhebung **wegen wichtigen Grundes** stellen (§ 1771 S. 1 BGB).[13] Die Anträge können einzeln oder gemeinsam gestellt werden. Die Antragsberechtigung und -fähigkeit ist in §§ 1762 Abs. 1, Abs. 3 BGB; 1767 Abs. 2 BGB geregelt.[14] Die leiblichen Eltern des Angenommenen haben kein Antragsrecht.[15] Nicht vererblich ist das Recht, die Aufhebung der Volljährigenadoption zu beantragen, was aus der Höchstpersönlichkeit der Antragspflicht folgt (§ 1762 Abs. 1 S. 3 BGB).[16] Stirbt der Antragsteller, wird ein bereits eingeleitetes Aufhebungsverfahren dann fortgesetzt, wenn vor dem Tode eines Beteiligten ein übereinstimmender Antrag des Angenommenen und der Annehmenden vorliegt. War dies nicht der Fall und hat der Annehmende vor seinem Ableben keinen formwirksamen Aufhebungsantrag gestellt, so kann der fehlende Antrag nicht durch einen Erben nachgeholt werden.[17] Wird der Aufhebungsantrag abgelehnt, so hat der Erbe kein Beschwerderecht.[18]

Eine **Antragsfrist** für die Aufhebung **aus wichtigem Grund** besteht nicht. § 1762 Abs. 2 BGB kann nicht herangezogen werden.[19]

Soll die **Aufhebung der Adoption wegen bestehender Willensmängel beantragt** werden, so ist der Antrag als **einseitiger Antrag zulässig** (§ 1768 Abs. 1 BGB).[20] Antragsberechtigt ist der am Verfahren Beteiligte, dessen Antrag fehlt bzw. unwirksam ist (§ 1762 Abs. 1 bzw. Abs. 2 BGB).[21] Der Antrag, der auf einen Erklärungsmangel gestützt wird, kann nur innerhalb der **nach § 1762 Abs. 2 BGB bestimmten Frist** gestellt werden.[22]

IV. Rechtsfolgen

Für die **Wirkungen** gelten §§ 1764 bis 1765 BGB sinngemäß. Durch die Aufhebung werden die Rechtsbeziehungen zwischen dem Annehmenden und dem Angenommenen sowie dessen Abkömmlingen für die Zukunft aufgehoben.

Von einer **Nichtigkeit** einer Volljährigenadoption wird kaum ausgegangen werden können. Selbst bei einem Verstoß gegen den Anspruch auf rechtliches Gehör hat das Bundesverfassungsgericht eine Adoption nicht für nichtig erklärt, sondern nur die Rechtskraft für eine nachträgliche Anhörungsmöglichkeit aufgehoben.[23]

C. Weitere praktische Hinweise

I. Verfahren

Das Verfahren entspricht dem aus § 1759 BGB. Das Gericht muss das tatsächliche Vorliegen des wichtigen Grundes nach § 192 Abs. 1 FamFG, § 26 FamFG prüfen.[24] Das Jugendamt wirkt nicht mit. Gegen die Ablehnung der Aufhebung können der Annehmende und der Angenommene nach den §§ 58 Abs. 1, 59 Abs. 2 FamFG **Beschwerde** einlegen.

---

13 BayObLG FamRZ 2008, 299 (str.); BGH NJW 1988, 1139; OLG Brandenburg FamRZ 2019, 1628.
14 BT-Drs. 7/3061, 55 Nr. 6.
15 BayObLG FGPrax 2000, 204.
16 Vgl. auch OLG Oldenburg FamRZ 2019, 903.
17 OLG Brandenburg FamRZ 2019, 1628 ff.
18 Stuttgart FamRZ 2010, 1999.
19 OLG Schleswig NJW-RR 1995, 583 f.
20 Stuttgart FamRZ 2010, 1999; Grüneberg/*Götz* BGB § 1771 Rn. 1; MüKoBGB/*Maurer* § 1771 Rn. 11.
21 BeckOK BGB/*Pöcker* § 1771 Rn. 5 mit weiteren Einzelheiten.
22 OLG München FamRZ 2008, 299.
23 BVerfG NJW 1994, 1053 ff.
24 Soergel/*Liermann* BGB § 1771 Rn. 10.

II. Gestaltungshinweis

12 Scheidet die Aufhebung des Annahmebeschlusses mangels Begründbarkeit aus, soll der Annehmende bzw. der Angenommene gleichwohl von der Erbfolge ausgeschlossen werden, besteht nur noch die Möglichkeit, dies durch **Enterbung** (§ 1938 BGB), **Widerruf von Schenkungen** (§§ 530 ff. BGB) sowie die **Entziehung des Pflichtteils** (§ 2333 BGB) zu erreichen.[25]

§ 1772 BGB   Annahme mit den Wirkungen der Minderjährigenannahme

(1) ¹Das Familiengericht kann beim Ausspruch der Annahme eines Volljährigen auf Antrag des Annehmenden und des Anzunehmenden bestimmen, dass sich die Wirkungen der Annahme nach den Vorschriften über die Annahme eines Minderjährigen oder eines verwandten Minderjährigen richten (§§ 1754 bis 1756), wenn a) ein minderjähriger Bruder oder eine minderjährige Schwester des Anzunehmenden von dem Annehmenden als Kind angenommen worden ist oder gleichzeitig angenommen wird oder b) der Anzunehmende bereits als Minderjähriger in die Familie des Annehmenden aufgenommen worden ist oder c) der Annehmende das Kind seines Ehegatten annimmt oder d) der Anzunehmende in dem Zeitpunkt, in dem der Antrag auf Annahme bei dem Familiengericht eingereicht wird, noch nicht volljährig ist.

²Eine solche Bestimmung darf nicht getroffen werden, wenn ihr überwiegende Interessen der Eltern des Anzunehmenden entgegenstehen.

(2) ¹Das Annahmeverhältnis kann in den Fällen des Absatzes 1 nur in sinngemäßer Anwendung der Vorschrift des § 1760 Abs. 1 bis 5 aufgehoben werden. ²An die Stelle der Einwilligung des Kindes tritt der Antrag des Anzunehmenden.

A. Allgemeines 1	2. Ausschluss bei überwiegenden Interessen der Eltern des Anzunehmenden 7
B. Regelungsgehalt 2	3. Antrag, Annahmebeschluss 9
I. Voraussetzungen des § 1772 Abs. 1 S. 1 BGB 2	II. Rechtsfolgen 10
1. Materielle Voraussetzungen des § 1772 Abs. 1 S. 1 a–d BGB 2	1. Verwandtschaftsrechtliche Wirkungen . 10
	2. Erbrechtliche Wirkungen 14
a) Annahme eines minderjährigen Bruders/einer minderjährigen Schwester des Anzunehmenden ... 3	III. Aufhebung 15
	C. Weitere praktische Hinweise 16
	I. Verfahren 16
b) Annahme des bereits als minderjährigen Angenommenen 4	1. Adoptionsverfahren 16
	2. Aufhebungsverfahren 17
c) Annahme des Kindes eines Ehegatten 5	II. Hinweispflicht des Notars 18
d) Annahme des bei Antragstellung noch nicht Volljährigen 6	

A. Allgemeines

1 § 1772 BGB eröffnet die Möglichkeit, die Adoption eines Volljährigen mit den Wirkungen der Annahme nach den Vorschriften über die Annahme eines Minderjährigen auszusprechen. Hierdurch sollen bereits bestehende starke Familienbindungen auch rechtlich verfestigt werden können. Zudem sollen Zufälligkeiten im Ablauf des Adoptionsverfahrens kompensiert werden, wie zB wenn der Anzunehmende nach Antragstellung, jedoch vor wirksamer Adoptionsentscheidung volljährig geworden ist (§ 1772 Abs. 1 S. 1 d BGB).

---

25 Vgl. BayObLG FamRZ 1978, 736.

B. Regelungsgehalt

I. Voraussetzungen des § 1772 Abs. 1 S. 1 BGB

1. Materielle Voraussetzungen des § 1772 Abs. 1 S. 1 a–d BGB. In insgesamt vier Fällen lässt die Volljährigenadoption eine Volladoption, also eine Adoption mit den Wirkungen einer Minderjährigenadoption, zu:

a) **Annahme eines minderjährigen Bruders/einer minderjährigen Schwester des Anzunehmenden.** Gem. § 1772 Abs. 1 a BGB dann, wenn ein minderjährige/r Bruder/Schwester des Anzunehmenden von dem Annehmenden als Kind angenommen worden ist oder gleichzeitig angenommen wird.

b) **Annahme des bereits als minderjährigen Angenommenen.** Gem. § 1772 Abs. 1 b BGB, wenn der Anzunehmende bereits als Minderjähriger in die Familie des Annehmenden aufgenommen worden ist. Erforderlich ist ein tatsächliches Leben in der Familie. Eine bloße bestehende Absicht ist nicht ausreichend.[1]

c) **Annahme des Kindes eines Ehegatten.** Gem. § 1772 Abs. 1 c BGB, wenn ein Stiefelternteil das Kind seines Ehegatten annimmt.[2]

d) **Annahme des bei Antragstellung noch nicht Volljährigen.** Gem. § 1772 Abs. 1 d BGB, wenn der Anzunehmende in dem Zeitpunkt, in dem der Antrag auf Annahme bei dem Familiengericht eingereicht wird, noch nicht volljährig ist.

Vermieden werden soll, dass durch die Verfahrensdauer ein Nachteil für den Antragstellenden entsteht.[3]

2. Ausschluss bei überwiegenden Interessen der Eltern des Anzunehmenden. Eine Annahme darf trotz Vorliegens der Voraussetzungen nicht ausgesprochen werden, wenn **überwiegende Interessen der Eltern** des Anzunehmenden entgegenstehen (§ 1772 Abs. 1 S. 2 BGB). Es genügen unterhalts- und erbrechtliche Interessen.[4] Allerdings darf die „starke" Adoption mit den Wirkungen einer Minderjährigenadoption nicht allein deshalb unterbleiben, weil eine potenzielle, gegenwärtig in keiner Weise konkretisierte Gefahr einer Bedürftigkeit eines Elternteils besteht.[5] Allerdings reicht der Wegfall eines möglichen Elternunterhaltsanspruchs durch das Erlöschen des Verwandtschaftsverhältnisses nicht allein aus.[6] Es ist vielmehr eine umfassende Abwägung aller Interessen der von der Adoption betroffenen Personen erforderlich. Das mögliche Interesse eines leiblichen Elternteils an der Aufrechterhaltung des Verwandtschaftsverhältnisses muss berücksichtigt und gegen die Gründe der angestrebten Volladoption abgewogen werden.[7] Hiermit treten etwaige unterhaltsrechtliche Interessen der Herkunftseltern nicht nur bei Vorliegen von Unterhaltsverwirkungstatbeständen zurück, sondern Unterhaltspflichtverletzungen sind zusammen mit anderen Umständen im Rahmen einer Gesamtabwägung zu überprüfen und berücksichtigen.[8]

Gefordert wird allgemein, dass bei Abwägung der Interessen der am Adoptionsverfahren Beteiligten ein Erfordernis der **sittlichen Rechtfertigung der Adoption** vorhanden sein muss. Die Prüfung der sittlichen Rechtfertigung erstreckt sich dabei auch auf die Folgen der Volladoption.

---

1 OLG München FamRZ 2010, 2088.
2 OLG Brandenburg BeckRS 2021, 19056; vgl. zum Fortbestehen des Verwandtschaftsverhältnisses zur Familie eines vorverstorbenen Elternteils, wenn der Vorverstorbene bei Eintritt der Volljährigkeit des Kindes die elterliche Sorge hatte (§ 1756 Abs. 2 BGB); BGH FamRZ 2010, 274.
3 Dies gilt auch, wenn der Antrag bei einem öffentlich unzuständigen Gericht gestellt wurde (LG Düsseldorf FamRZ 2010, 1261).
4 OLG München FamRZ 2009, 1337 = DNotZ 2010, 147; OLG Celle FamRZ 2013, 431.
5 OLG Brandenburg NZFam 2019, 368 mAnm *Löhnig*.
6 OLG Frankfurt NZFam 2019, 743.
7 OLG Celle FamRZ 2013, 431; FamRZ 2014, 579.
8 OLG Frankfurt NZFam 2019, 743 mAnm *Löhnig*.

So können wechselseitige Unterhaltspflichten zwischen dem Anzunehmenden und einem leiblichen Elternteil dem Ausspruch einer Volladoption entgegenstehen.[9]

9 **3. Antrag, Annahmebeschluss.** Sowohl **der Annehmende als auch der Anzunehmende** müssen den Antrag hinsichtlich der besonderen Wirkungen stellen. Das Formerfordernis der notariellen Beurkundung ist einzuhalten (§§ 1767 Abs. 2, 1762 Abs. 3 BGB).[10] Die leiblichen Eltern sind an einem Verfahren nach § 1772 BGB gem. § 188 Abs. 1 Nr. 1b FamFG zu beteiligen. Das Familiengericht muss bei der Entscheidung über die Volljährigenannahme mit den Wirkungen der Annahme eines Minderjährigen dies **ausdrücklich bestimmen** (§ 197 Abs. 1 FamFG). Fehlt eine ausdrückliche Anordnung des Gerichts, so bestimmt sich die Wirkung der Adoption nur nach den Wirkungen einer „schwachen Adoption" (§ 1770 BGB). Mit Wirksamkeit des Adoptionsdekrets und der Unanfechtbarkeit dieses Beschlusses[11] kann die Wirkung der Annahme dann nicht mehr in eine Volljährigenannahme mit „starker Wirkung" abgewandelt werden.[12] andererseits führt auch nicht die Adoption eines Volljährigen, welche irrtümlich mit den Wirkungen der Annahme eines Minderjährigen ausgesprochen wurde, nicht zur Nichtigkeit des Beschlusses.[13] Spricht jedoch das Amtsgericht die Adoption eines Volljährigen aus und lehnt dabei zugleich ab, dies mit den beantragten Wirkungen der Annahme Minderjähriger zu tun, ist die Ablehnung trotz Unanfechtbarkeit des Beschlusses mit der Beschwerde anfechtbar.[14]

II. Rechtsfolgen

10 **1. Verwandtschaftsrechtliche Wirkungen.** Die Wirkungen der Adoption richten sich nach den für die **Minderjährigenadoption** geltenden Grundsätzen (§§ 1754 bis 1756 BGB).[15]

11 Durch die Adoption wird der Anzunehmende in den Familienverband des oder der Annehmenden eingefügt.[16] Es erlischt das Verwandtschaftsverhältnis bzw. Schwägerschaftsverhältnis zu den leiblichen Verwandten. Ausnahmen, zB der Erhalt der rechtlichen Verwandtschaft zur leiblichen Mutter, sind nicht möglich.[17]

12 Eine **Ausnahme** davon sieht § 1755 Abs. 2 BGB vor, der gemäß § 1772 Abs. 1 BGB ebenfalls bei der Volljährigenadoption anwendbar ist. Hiernach erlischt das Verwandtschaftsverhältnis nur im Verhältnis zu dem anderen Elternteil und dessen Verwandten, wenn das Kind eines Ehegatten vom anderen Ehegatten angenommen wird. Bei dieser Sonderregelung der Wirkungen einer **Stiefkindadoption** soll nur das Verwandtschaftsverhältnis zu dem anderen außerhalb der Ehe stehenden Elternteil und dessen Verwandten erlöschen. Das Familienband zu dem mit dem Annehmenden verheirateten Elternteil bleibt so bestehen.[18] § 1755 Abs. 2 BGB iVm § 1772 Abs. 1 S. 1 BGB ist nicht anwendbar, wenn der Annehmende die Annahme des Kindes seines geschiedenen Ehegatten begehrt.[19] Ferner wird das Verwandtschaftsverhältnis in den Fällen der **Verwandten- bzw. Verschwägertenadoption** nicht vollständig aufgelöst (§ 1756 BGB).

13 Aufgrund der erloschenen sowie der neu entstandenen Verwandtschaftsverhältnisse bestehen familienrechtliche Ansprüche wie zB **gegenseitige Unterhaltsansprüche** zwischen dem Angenommenen und dem bzw. den Annehmenden.[20]

14 **2. Erbrechtliche Wirkungen.** Der als minderjährig angenommene Volljährige ist erbrechtlich ebenfalls **nach den Wirkungen der Volladoption** zu behandeln. Er verliert mit Erlöschen seiner

---

9 OLG Celle FamRZ 2013, 431; FamRZ 2014, 579.
10 KG FamRZ 1996, 240; zur Adoption eines Volljährigen in der notariellen Praxis s. *Brandt* RNotZ 2013, 459 ff.
11 Zur Verfassungsmäßigkeit von § 197 Abs. 3 FamFG s. BVerfG NJW 2022, 3210 = FamRZ 2022, 1627 mAnm *Keuter* = NZFam 2022, 1091.
12 OLG Frankfurt FamRZ 2009, 356 ff. = StAZ 2009, 40.
13 BayObLG NJW-RR 1996, 1093 = FamRZ 1997, 112.
14 OLG München FamRZ 2010, 237 = FamRZ 2010, 288.
15 Hierzu siehe die dortigen Kommentierungen.
16 Vgl. Grüneberg/*Götz* BGB § 1754 Rn. 1.
17 BGH NJW 2014, 934 f.
18 BT-Drs. 7/3061, 43.
19 BGH NJW 2014, 934 ff.
20 Vgl. Grüneberg/*Götz* BGB § 1754 Rn. 3.

bisherigen Verwandtschaftsverhältnisse diesen gegenüber sein gesetzliches Erb- und Pflichtteilsrecht (§ 1755 BGB) und erhält mit neuer Verwandtschaft des oder der Annehmenden ein gesetzliches Erb- und Pflichtteilsrecht (§ 1754 BGB) dieser gegenüber. Dies gilt nicht, wenn ein Fall der Stiefkindadoption (§ 1755 Abs. 2 BGB), bzw. eine Verwandten- bzw. Verschwägertenadoption (§ 1756 BGB) gegeben ist.[21]

III. Aufhebung

Die Aufhebung richtet sich nach § 1772 Abs. 2 S. 1 BGB bezüglich der Aufhebungsgründe nach den Vorschriften der Minderjährigenadoption (vgl. § 1760 Abs. 1–5 BGB). Eine Aufhebung ist somit nur in Fällen unwirksamer Erklärungen bei Antragsstellung möglich.[22] An die Stelle der Einwilligung des Kindes in Fällen der Aufhebung einer Annahme Minderjähriger tritt nach § 1772 Abs. 2 S. 2 BGB der Antrag des Kindes.

C. Weitere praktische Hinweise

I. Verfahren

1. Adoptionsverfahren. Der Antrag muss explizit als Antrag auf Volljährigenadoption mit den Wirkungen einer Minderjährigenadoption gestellt werden. Er muss mit dieser Rechtsfolge auch vom Gericht ausgesprochen sein.[23] Fehlt eine ausdrückliche Anordnung der Volljährigenadoption mit der Wirkung nach § 1772 BGB, richten sich die erbrechtlichen Folgen nach denen der Volljährigenadoption nach § 1767 BGB.

2. Aufhebungsverfahren. Eine Aufhebung kann im Gegensatz zu § 1771 S. 1 BGB nur aus Verfahrensmängeln erfolgen. Ein Antrag des Anzunehmenden ist gemäß § 1768 Abs. 1 S. 1 BGB erforderlich. Auch bei einer irrig beantragten Volladoption nach § 1772 Abs. 1 BGB anstatt einer einfachen Adoption führt dies nicht zur Nichtigkeit des Beschlusses.[24]

II. Hinweispflicht des Notars

Ein den Adoptionsvertrag beurkundender Notar muss im Rahmen einer Volljährigenadoption bei Vorliegen eines der Fälle aus § 1772 Abs. 1 S. 1 BGB auf die Möglichkeit der Volladoption und Wirkungen der Minderjährigenadoption hinweisen.

---

21 Bezüglich der Einzelheiten dieser Annahmewirkungen wird auf den Inhalt der Kommentierungen (§§ 1754–1756 BGB) verwiesen.
22 Grüneberg/*Götz* BGB § 1772 Rn. 4; aA *Bosch* FamRZ 1978, 656 ff. sieht Vorliegen eines wichtigen Grundes als Aufhebungsgrund an.
23 Grüneberg/*Götz* BGB § 1772 Rn. 3.
24 Grüneberg/*Götz* BGB § 1759 Rn. 1.

10a. Die Erwachsenenadoption im Nachfolgerecht

A. Einleitung	1	d) Ausnahme: Verwandtenadoption	27
B. Anwendbare Vorschriften	4	III. Erwachsenenadoption und Unterhalt	28
C. Arten der Erwachsenenadoption und ihre Wirkungen	5	1. Erwachsenenadoption mit schwacher Wirkung und Unterhalt	29
I. Erwachsenenadoptionen mit schwacher Wirkung (§ 1767 BGB)	6	2. Erwachsenenadoption mit starker Wirkung und Unterhalt	31
II. Erwachsenenadoptionen mit starker Wirkung (§ 1772 BGB)	7	IV. Erwachsenenadoption und Steuerersparnis	32
1. Erlöschen der Verwandtschaft zur leiblichen Familie	8	V. Erwachsenenadoption und Pflichtteilsminimierung	34
2. Ausnahmen vom Erlöschen der Verwandtschaft	11	VI. Erwachsenenadoption und Auslösung von Nachfolgeklauseln	36
D. Rechtsfolgen und Nebeneffekte der Erwachsenenadoption	13	VII. Erwachsenenadoption und Auslösung testamentarischer Eigenschaften	38
I. Erwachsenenadoption und Namensführung	14	VIII. Erwachsenenadoption und Durchbrechung von Bindungswirkungen	39
II. Erwachsenenadoption und Erbrecht	18	IX. Erwachsenenadoption zur Gleichstellung in der Patchworkfamilie	40
1. Erbrecht bei Erwachsenenadoptionen mit schwacher Wirkung	18	E. Voraussetzungen der Erwachsenenadoption	41
a) Erbrecht bei Versterben des Angenommenen	18	I. Kindeswohl	42
b) Erbrecht bei Versterben von Adoptiveltern	22	II. Eltern-Kind-Verhältnis	43
c) Erbrecht bei Versterben von leiblichen Eltern	23	III. Sittliche Rechtfertigung	47
2. Erbrecht bei Erwachsenenadoptionen mit starker Wirkung	24	IV. Kein Adoptionsverbot	48
a) Grundsatz: Erlöschen der Erbrechte	24	V. Notariell beurkundeter Adoptionsantrag	49
b) Ausnahme: Stiefkindadoption	25	F. Gerichtliches Adoptionsverfahren	50
c) Ausnahme: Die Adoption eines Kindes des anderen Ehegatten	26	I. Zuständiges Gericht	51
		II. Beteiligte des Adoptionsverfahrens	52
		III. Anhörungen	54
		IV. Amtsermittlung	57
		V. Adoptionsbeschluss	58
		VI. Rechtsbehelfe	61
		G. Schlussbetrachtung	62

A. Einleitung

1 Eine Erwachsenenadoption liegt vor, wenn der Anzunehmende zum Zeitpunkt des Annahmebeschlusses volljährig ist. Die Adoption von Erwachsenen wird zugelassen, weil sie in Deutschland bereits im gemeinen Recht und in ähnlichen Instituten der Landesrechte stets anerkannt war und weiterhin verbreitet ist.[1] Zugleich wird durch die Erwachsenenadoption dem menschlichen Bedürfnis Rechnung getragen, eine Familie durch Willensakt fortzusetzen und sich in sie einzuordnen.[2]

2 Bundesweite **statistische Erhebungen** zum Anteil von Erwachsenenadoptionen an allen Adoptionen liegen nicht vor.[3] Das statistische Bundesamt geht heute von 4000 erwachsen adoptierten Personen jährlich aus.[4] In ländlichen Bezirken ist sie erheblich weiter verbreitet als in Großstädten.[5] Ihr Anteil an allen Adoptionen wurde aufgrund wissenschaftlicher Untersuchungen zu Beginn der siebziger Jahre auf etwa 20 % geschätzt.[6] In der jüngeren Vergangenheit wurde der

---

1 MüKoBGB/Maurer BGB § 1767 Rn. 1.
2 Knur DNotZ 1959, 293 (296).
3 Krämer/Voigt ZEV 2020, 468; Zimmermann NZ-Fam 2015, 1134.
4 Referentenentwurf des Bundesministeriums der Justiz vom 11.4.2023 – Entwurf eines Gesetzes zur Änderung des Ehenamens- und Geburtsnamensrechts, S. 25.
5 MüKoBGB/Maurer, 7. Aufl., BGB Vorb. § 1741 ff. Rn. 13.
6 Frank Grenzen der Adoption, 193 mwN; im RegE (BT-Drs. 7/3061, 23) wurde ihre Gesamtzahl pro Jahr auf 1500 geschätzt. Bei damals ca. zehntausend Minderjährigenadoptionen pro Jahr wäre mithin davon auszugehen, dass Erwachsenenadoptionen in etwa 13 % aller Adoptionen ausmachten.

Anteil der Erwachsenenadoptionen am Anteil aller Adoptionen sogar mit 45–50 % angegeben.[7] Auffallend ist, dass 50–65 % der Volljährigenadoptionen durch Verwandte oder Stiefeltern erfolgen.[8]

Bei der Frage nach der Zulässigkeit einer Erwachsenenadoption stellt der Gesetzgeber darauf ab, dass mit der Adoption **familienbezogene Zwecke** verfolgt werden, welche sich auch in den Adoptionsvoraussetzungen – Eltern-Kind-Verhältnis, sittliche Rechtfertigung, Nichtvorliegen eines Adoptionsverbots – widerspiegeln.[9]

B. Anwendbare Vorschriften

Die Erwachsenenadoption ist in den §§ 1767–1772 BGB nur spärlich geregelt. Wenn sich aus diesen Vorschriften nichts anderes ergibt, gelten jedoch über § 1767 Abs. 2 BGB die Vorschriften für die Annahme Minderjähriger (§§ 1741–1766 BGB) für die Erwachsenenadoption sinngemäß.

C. Arten der Erwachsenenadoption und ihre Wirkungen

Der Gesetzgeber unterscheidet im Recht der Erwachsenenadoption zwei Arten der Adoption.

I. Erwachsenenadoptionen mit schwacher Wirkung (§ 1767 BGB)

Der Regelfall der Erwachsenenadoption ist die sog. **Adoption mit schwacher Wirkung**, welche sich von der Minderjährigenadoption in weiten Teilen unterscheidet. Durch eine solche Erwachsenenadoption wird der Angenommene Kind des Annehmenden, die Kinder des Angenommenen werden Enkel des Annehmenden (§§ 1767 Abs. 2 iVm § 1754 Abs. 1 und 2 BGB). Zwischen dem Angenommenen und den Verwandten des Annehmenden entsteht hingegen kein Verwandtschaftsverhältnis (§ 1770 Abs. 1 BGB). Zugleich bleibt die Verwandtschaft zu den leiblichen Eltern des Angenommenen durch die Adoption unberührt (§ 1770 Abs. 2 BGB). Aus eben diesen begrenzten Adoptionswirkungen folgt die Bezeichnung als sog. schwach wirkende Adoption.

II. Erwachsenenadoptionen mit starker Wirkung (§ 1772 BGB)

Auf Antrag des Annehmenden und des Anzunehmenden kann ausnahmsweise auch eine Erwachsenenadoption mit sog. **starken Wirkungen** durchgeführt werden (§ 1772 BGB).

1. Erlöschen der Verwandtschaft zur leiblichen Familie. Bei dem Adoptionstyp der stark wirkenden Erwachsenenadoption wird der Anzunehmende – wie bei einer Minderjährigenadoption – im Regelfall vollständig aus seiner leiblichen Familie herausgelöst und vollständig in die Verwandtschaft des Annehmenden integriert (§§ 1772 Abs. 1 iVm 1754–1756 BGB). Dies gilt sogar im Fall einer Rückadoption durch einen leiblichen Elternteil, wodurch das Verwandtschaftsverhältnis zum anderen leiblichen Elternteil erlischt.[10]

Eine stark wirkende Erwachsenenadoption kann auf Antrag des Annehmenden und des Anzunehmenden ausgesprochen werden, wenn

---

7 Vgl. Frank StAZ 2008, 66, der diese Zahl aus einer bundesweiten Umfrage bei Standesämtern ableitet. Eine Zunahme erscheint durch Herabsetzung des Eintritts der Volljährigkeit im Jahre 1975 und vor allem durch die zunehmende Verbreitung von Familien mit Stiefelternverhältnissen auch naheliegend.

8 Vgl. MüKoBGB/Maurer BGB § 1767 Rn. 3.
9 Vgl. MüKoBGB/Maurer BGB § 1767 Rn. 1.
10 Vgl. BGH NJW 2010, 678; Münch/Müller-Engels Familienrecht in der Notar- und Gestaltungspraxis § 14 Rn. 16a.

- ein minderjähriger Bruder oder eine minderjährige Schwester des Anzunehmenden von dem Annehmenden als Kind angenommen worden ist oder gleichzeitig angenommen wird (§ 1772 Abs. 1 lit. a BGB) oder
- der Anzunehmende bereits als Minderjähriger in die Familie des Annehmenden aufgenommen worden ist (§ 1772 Abs. 1 lit. b BGB) oder
- der Annehmende das Kind seines Ehegatten annimmt (§ 1772 Abs. 1 lit. c BGB) oder
- der Anzunehmende in dem Zeitpunkt, in dem der Antrag auf Annahme bei dem Familiengericht eingereicht wird, noch nicht volljährig ist (§ 1772 Abs. 1 lit. d BGB).

10 Eine solche Bestimmung darf jedoch nicht getroffen werden, wenn ihr **überwiegende Interessen** der Eltern des Anzunehmenden entgegenstehen (§ 1772 Abs. 1 S. 2 BGB). Hierunter fallen insbesondere unterhaltsrechtliche Interessen der leiblichen Eltern.

11 **2. Ausnahmen vom Erlöschen der Verwandtschaft.** Im Falle einer **Stiefkindadoption mit starken Wirkungen** erlischt das Verwandtschaftsverhältnis nur im Verhältnis zu dem anderen Elternteil und dessen Verwandten (§§ 1772 Abs. 1 iVm 1755 Abs. 2 BGB).

12 Ein weiterer wichtiger Ausnahmefall zum Erlöschen der Verwandtschaft folgt für Stiefkindadoptionen aus §§ 1772 Abs. 1 iVm 1756 Abs. 2 BGB. Nimmt ein Ehegatte das Kind seines Ehegatten an, so erlischt das Verwandtschaftsverhältnis nicht im Verhältnis zu den Verwandten des anderen Elternteils, wenn dieser die elterliche Sorge hatte und verstorben ist. Bei Erwachsenenadoptionen kommt es insoweit darauf an, ob der verstorbene Elternteil bei Eintritt der Volljährigkeit des Kindes und falls er vorher verstorben ist zu diesem Zeitpunkt die elterliche Sorge hatte.[11] § 1756 Abs. 2 BGB wird nach Auffassung des LG Koblenz[12] mit Zustimmung der Literatur[13] analog für den Fall angewandt, dass der überlebende Ehegatte das Kind seines verstorbenen Ehegatten annimmt. Müller-Engels weist zutreffend darauf hin, dass die vorstehende Rechtsprechung auch auf stark wirkende Erwachsenenadoptionen nach § 1772 BGB anzuwenden ist.[14]

D. Rechtsfolgen und Nebeneffekte der Erwachsenenadoption

13 Die verschiedenen Rechtsfolgen einer Erwachsenenadoption machen diese zugleich zu einem interessanten Instrument in der Nachfolgegestaltung. Vor diesem Hintergrund wird nachfolgend der Blick auf die verschiedenen Rechtsfolgen der Erwachsenenadoption gerichtet.

I. Erwachsenenadoption und Namensführung

14 Namensrechtlich wirkt eine Erwachsenenadoption wie folgt: Der Anzunehmende erwirbt als Geburtsnamen (§ 1355 Abs. 6 BGB) den Familiennamen des Annehmenden (§ 1757 Abs. 1 iVm § 1767 Abs. 2 BGB). Dadurch ändert sich regelmäßig auch der aktuell geführte Nachname des Anzunehmenden.[15]

15 Ausnahmsweise tritt diese Wirkung nicht ein, wenn der Anzunehmende bereits **verheiratet** ist, sein Geburtsname zum Ehenamen bestimmt wurde und sich der Ehegatte bei der Adoption einer Namensänderung nicht anschließt (§ 1757 Abs. 2 S. 3 iVm § 1767 Abs. 2 BGB). Auch für den geschiedenen oder verwitweten Anzunehmenden, der den Geburtsnamen seines früheren Ehegatten als Familiennamen führt, gelten entsprechende Ausnahmen, weil sich – wie dargelegt – durch die Adoption nur der Geburtsname des Anzunehmenden ändert.

---

11 Vgl. BGH NJW 2010, 678; Münch/Müller-Engels Familienrecht in der Notar- und Gestaltungspraxis § 14 Rn. 18.
12 LG Koblenz RPfleger 2001, 34.
13 MüKoBGB/Maurer BGB § 1756 Rn. 15; BeckOK BGB/Pöcker BGB § 1756 Rn. 9; BeckOGK/Löhnig BGB § 1756 Rn. 32, jeweils mwN.
14 Münch/Müller-Engels Familienrecht in der Notar- und Gestaltungspraxis § 14 Rn. 19.
15 Zu den Einzelheiten der Namensführung vgl. etwa Münch/Müller-Engels Familienrecht in der Notar- und Gestaltungspraxis § 14 Rn. 22.

Mit Ausnahme des verheirateten, geschiedenen oder verwitweten Anzunehmenden verbleibt diesem noch die Möglichkeit, seinem neuen Familiennamen seinen bisherigen Familiennamen anzufügen oder voranzustellen (§ 1757 Abs. 3 S. 1 Nr. 2 iVm § 1767 Abs. 2 BGB). In diesem Fall führt der Anzunehmende nach Adoption einen **echten Doppelnamen**. Eine entsprechende Namensänderung muss bis zum Ausspruch der Annahme beantragt werden und setzt voraus, dass sie aus **schwerwiegenden Gründen** zum Wohl des Anzunehmenden erforderlich ist. Schwerwiegende Gründe können persönliche, wirtschaftliche und gesellschaftliche[16] sowie wissenschaftliche[17] Interessen sein. Ein entsprechender Namensänderungswunsch wird bei der Erwachsenenadoption gerichtlich regelmäßig akzeptiert.[18]

Hinweis:
Der BGH hat eine Entscheidung des Bundesverfassungsgerichts zu der Frage eingeholt, ob es mit dem von Art. 2 Abs. 1 iVm Art. 1 Abs. 1 GG gewährleisteten Schutz des allgemeinen Persönlichkeitsrechts unvereinbar ist, dass nach §§ 1767 Abs. 1 S. 1, 1757 BGB bei einer schwach wirkenden Volljährigenadoption für einen Angenommenen, der bis zur Annahme als Kind seinen Geburtsnamen als Familiennamen, nicht aber als Ehenamen geführt hat, auch bei Vorliegen besonderer Umstände nicht die Möglichkeit besteht, diesen Geburtsnamen als alleinigen Familiennamen fortzuführen.[19] Der BGH erwähnt in seiner Entscheidung beispielhaft ein vergleichsweise höheres Lebensalter des Angenommenen, der seinen Geburtsnamen schon mehrere Jahrzehnte auch im Erwachsenenalter als seinen Familiennamen geführt hat oder wenn der Angenommene seinerseits Kinder hat, die seinen Geburtsnamen als ihren Familiennamen tragen.[20] Bis zum Vorliegen einer Entscheidung des BVerfG sollte jedoch ab sofort gegen den Annahmebeschluss **Beschwerde** eingelegt werden, wenn ein Interesse des Angenommenen an der Fortführung seines Namens besteht und besondere Gründe für die Namenskontinuität benannt werden können.[21]

Der Gesetzgeber plant eine Änderung des Namensrechts, welche nach Mitteilung des Bundesministeriums der Justiz vom 14.4.2023 möglichst zum 1.1.2025 in Kraft treten soll. Die Reform des Namensrechts soll für Adoptionen den Zwang zur Namensänderung aufheben. Ausweislich des Referentenentwurfs des Bundesministeriums der Justiz soll in § 1767 Abs. 3 S. 1 Nr. 1 BGB eine Regelung eingeführt werden, welche es volljährigen angenommenen Personen ermöglichen soll, ihren bisherigen Namen beizubehalten, wenn sie dies wünschen.[22]

Die namensrechtlichen Folgen spielen für die Anzunehmenden in der Praxis eine bedeutende Rolle und sollten von dem befassten Berater gleich zu Beginn eines möglichen Adoptionsprozesses dargestellt werden.

II. Erwachsenenadoption und Erbrecht

1. Erbrecht bei Erwachsenenadoptionen mit schwacher Wirkung. a) Erbrecht bei Versterben des Angenommenen. Stirbt der Angenommene, wird er in der **ersten Ordnung** von seinen Abkömmlingen beerbt (§ 1924 Abs. 1 BGB).

Verstirbt der Angenommene kinderlos, wird er in der **zweiten Ordnung** von seinen Adoptiveltern und seinen leiblichen Eltern beerbt (§ 1925 Abs. 1 BGB).[23] Eine Aussage über das Verhältnis beider Erbberechtigungen zueinander kann dem Gesetz jedoch nicht entnommen werden;

---

16 LG Regensburg BeckRS 2009, 1479; AG Solingen FamRZ 1988, 105.
17 LG Hannover StAZ 1979, 323; AG Erlangen StAZ 1979, 323.
18 Vgl. ebenso Müller-Engels/Sieghörtner/Emmerling de Oliveira/Müller-Engels Adoptionsrecht in der Praxis Rn. 371.
19 BGH NZFam 2020, 712 mAnm Löhnig.
20 BGH NZFam 2020, 712 (718) Rn. 55.
21 Löhnig NZFam 2020, 718 (719).
22 Referentenentwurf des Bundesministeriums der Justiz vom 11.4.2023 – Entwurf eines Gesetzes zur Änderung des Ehenamens- und Geburtsnamensrechts, S. 47.
23 OLG Zweibrücken FGPrax 1996, 189.

§ 1925 Abs. 1 BGB geht nur von einem Elternpaar aus. Entgegen Warnungen des Schrifttums[24] hat der Gesetzgeber eine Ergänzung des § 1925 BGB im Zuge der Reform des Adoptionsrechts nicht für erforderlich gehalten. Die im Regierungsentwurf[25] gegebene Erklärung, wenn der Angenommene sterbe und sowohl von seinen leiblichen als auch von seinen Adoptiveltern überlebt werde, erbten diese als Erben der zweiten Ordnung nebeneinander, beantwortet die Frage über das Verhältnis der elterlichen Erbberechtigungen nicht abschließend, wenn die Annahme durch eine Einzelperson erfolgte. Für diesen Fall haben sich in der Literatur zu der Frage des Verhältnisses der elterlichen Erbberechtigungen verschiedene Ansichten entwickelt. Vertreten wird unter Berufung auf den Wortlaut und das Gesetzgebungsverfahren eine Erbquote von 1/3 des Adoptivelternteils und von jeweils 1/3 bei den leiblichen Eltern.[26] Nach anderer Ansicht soll durch analoge Anwendung von § 1926 Abs. 3 S. 2 BGB eine Erbquote von 1/2 auf den Adoptivelternteil und von jeweils 1/4 auf die leiblichen Eltern entfallen.[27]

20 Ist ein leiblicher Elternteil vorverstorben, treten dessen Abkömmlinge an seine Stelle.[28] Sind die leiblichen Eltern ohne Abkömmlinge verstorben, kommen allein die Adoptiveltern zum Zug.[29]

21 Ist ein Adoptivelternteil vorverstorben, ist der andere Adoptivelternteil zur Erbfolge berufen.[30] Abkömmlinge der Adoptiveltern scheiden in diesem Fall als Erben aus, da sich die Wirkungen der Annahme nicht auf die Verwandten des Annehmenden erstrecken (§ 1770 Abs. 1 BGB). Der Grundsatz der Repräsentation (vgl. § 1925 Abs. 3 Satz 1 BGB und § 1926 Abs. 3 Satz 1 BGB) kann aufgrund der schwachen Adoptionswirkung nicht greifen. Sind alle Adoptivelternteile vorverstorben werden allein die leiblichen Eltern bzw. deren Abkömmlinge gesetzliche Erben der zweiten Ordnung.[31]

22 **b) Erbrecht bei Versterben von Adoptiveltern.** Stirbt ein Adoptivelternteil vor dem Angenommenen, wird er von diesem als gesetzlicher Erbe erster Ordnung beerbt (§ 1924 Abs. 1 BGB); nicht aber nach den Verwandten des Annehmenden (§ 1770 Abs. 1 BGB). Der Angenommene hat ein Pflichtteilsrecht nach dem Annehmenden (§ 2303 Abs. 1 BGB). Der volljährig Angenommene ist mithin sowohl nach seinen leiblichen als auch nach den Adoptiveltern erb- und pflichtteilsberechtigt.

23 **c) Erbrecht bei Versterben von leiblichen Eltern.** Stirbt ein leiblicher Elternteil vor dem Angenommenen, wird er von diesem als gesetzlicher Erbe der ersten Ordnung beerbt (§ 1924 Abs. 1 BGB); die Rechte und Pflichten aus dem ursprünglichen Verwandtschaftsverhältnis bleiben durch die Adoption unberührt (§ 1770 Abs. 2 BGB). Dem Angenommenen steht ein Pflichtteilsrecht in Höhe der Hälfte des gesetzlichen Erbteils zu (§ 2303 Abs. 1 BGB).

Hinweis:
Weil das Verwandtschaftsverhältnis zu den leiblichen Eltern nicht erlischt, kann im Erbeserbfall mittelbar Vermögen zwischen Adoptiv- und leiblichen Eltern über den Angenommen auf die andere Elternseite übergehen, worauf der befasste Berater hinzuweisen hat.[32] Die Situation

---

24 Vgl. insbes. Engler Neues Adoptionsrecht, 97; MüKoBGB/Lüderitz, 3. Aufl., BGB 1770 Rn. 6.
25 BT-Drs. 7/3061, 54.
26 AdoptionsR-HdB/Schiemann Rn. 197 ff.; Staudinger/Werner BGB, 2017, BGB § 1925 Rn. 9; Soergel/Fischinger BGB § 1925 Rn. 11.
27 MüKoBGB/Leipold Rn. 9; NK-BGB/Kroiß Rn. 6; RGRK BGB/Dickescheid BGB § 1770 Rn. 6.
28 OLG Zweibrücken FGPrax 1996, 189; BeckOK BGB/Müller-Christmann BGB § 1925 Rn. 9.
29 MüKoBGB/Leipold BGB § 1925 Rn. 9; BeckOK BGB/Müller-Christmann BGB § 1925 Rn. 9.
30 BeckOGK/Tegelkamp BGB § 1925 Rn. 32; MüKoBGB/Leipold BGB § 1925 Rn. 9; Dittmann Rpfleger 1978, 277 (282 f.).
31 BeckOK BGB/Müller-Christmann BGB § 1925 Rn. 9.
32 So zum alten Adoptionsrecht BGHZ 58, 343 = NJW 1972, 1422: *„Ein Notar, der einen Kindesannahmevertrag beurkundet, ist, falls nicht das Erbrecht des Kindes ausgeschlossen wird, zur Belehrung darüber verpflichtet, dass die Kindesannahme das gesetzliche Erbrecht der Verwandten des Kindes nicht berührt; er muss dabei auch die Möglichkeit erörtern, wie der Annehmende durch eine letztwillige Verfügung den Heimfall seines Vermögens an seine Familie sicherstellen kann."*

gleicht insoweit derjenigen beim sog. Geschiedenentestament. Durch Vor- und Nacherbenlösungen oder Herausgabevermächtnislösungen[33] kann testamentarisch vorgebeugt werden.

2. Erbrecht bei Erwachsenenadoptionen mit starker Wirkung. a) Grundsatz: Erlöschen der Erbrechte. Wird ein Volljähriger mit den Wirkungen einer Minderjährigenadoption adoptiert, erlöschen dessen Verwandtschaftsverhältnis und das seiner Abkömmlinge zu den bisherigen Verwandten (§§ 1772 Abs. 1 iVm 1755 Abs. 1 S. 1 BGB) und damit auch die erbrechtlichen Beziehungen. Gesetzliche Erbrechte bestehen mithin nur noch innerhalb der Adoptivfamilie.

b) Ausnahme: Stiefkindadoption. Ein wichtiger Ausnahmefall zum Erlöschen der Verwandtschaft gilt für Fälle der stark wirkenden Stiefkindadoption. Diese beseitigt das Verwandtschaftsverhältnis nur im Verhältnis zu dem anderen Elternteil und dessen Verwandten (§§ 1772 Abs. 1 iVm 1755 Abs. 2 BGB), nicht aber zu dem Elternteil, welcher mit dem Annehmenden verheiratet ist. Insoweit bleiben die gesetzlichen Erbrechte unberührt.

c) Ausnahme: Die Adoption eines Kindes des anderen Ehegatten. Ein weiterer wichtiger Ausnahmefall zum Erlöschen der Verwandtschaft folgt für Stiefkindadoptionen aus §§ 1772 Abs. 1 iVm 1756 Abs. 2 BGB. Nimmt ein Ehegatte das Kind seines Ehegatten an, so erlischt das Verwandtschaftsverhältnis nicht im Verhältnis zu den Verwandten des anderen Elternteils, wenn dieser die elterliche Sorge hatte und verstorben ist. Bei Erwachsenenadoptionen kommt es insoweit darauf an, ob der verstorbene Elternteil bei Eintritt der Volljährigkeit des Kindes und falls er vorher verstorben ist zu diesem Zeitpunkt die elterliche Sorge hatte.[34] In den Fällen des § 1756 sind das angenommene Kind und die Abkömmlinge der leiblichen Eltern oder des anderen Elternteils des Kindes im Verhältnis zueinander nicht Erben der zweiten Ordnung (§ 1925 Abs. 4 BGB).[35] Allerdings wird § 1925 Abs. 4 BGB dahin gehend teleologisch reduziert, dass nur die Beziehung der Halbgeschwister zu dem Adoptierten von § 1925 Abs. 4 BGB geregelt wird.[36] Auf Vollgeschwister des Erblassers findet sie keine Anwendung.[37]

d) Ausnahme: Verwandtenadoption. Ausnahmen vom Wegfall gesetzlicher Erbrechte finden sich auch bei der Verwandtenadoption mit starken Wirkungen (§§ 1772 Abs. 1 iVm § 1756 Abs. 1 BGB). § 1756 Abs. 1 BGB normiert für den Fall, dass die Annehmenden mit dem als Minderjährigen adoptierten Kind im zweiten oder dritten Grad verwandt oder verschwägert sind, nur das Verwandtschaftsverhältnis des Kindes und seiner Abkömmlinge zu den Eltern des Kindes und die sich aus ihm ergebenden Rechte und Pflichten erlöschen.[38] § 1925 Abs. 4 BGB stellt hierzu klar, dass der Angenommene und die Abkömmlinge der leiblichen Eltern oder des anderen Elternteils des Kindes im Verhältnis zueinander nicht Erben der zweiten Ordnung sind.[39] Allerdings wird § 1925 Abs. 4 BGB dahin gehend teleologisch reduziert, dass die Vorschrift nur einer Beerbung des Erblassers im zweiten Grad durch Abkömmlinge seiner leiblichen Eltern entgegensteht, die auf der leiblichen Verwandtschaft des Adoptierten mit seinen Eltern beruhen, nicht aber der aufgrund der Adoption entstanden Verwandtschaft.[40]

III. Erwachsenenadoption und Unterhalt

Durch eine Erwachsenenadoption werden der Annehmende und der Angenommene in gerader Linie verwandt (§§ 1770 Abs. 1 S. 1, 1754 Abs. 1 und 2 BGB). Dadurch werden sie verpflichtet, einander Unterhalt zu gewähren (§§ 1601 ff. BGB).

---

33 Vgl. Hölscher ZEV 2009, 213.
34 Vgl. BGH NJW 2010, 678; Münch/Müller-Engels Familienrecht in der Notar- und Gestaltungspraxis § 14 Rn. 18.
35 Ausführlich: BeckOGK/Tegelkamp BGB § 1925 Rn. 25; MüKoBGB/Leipold BGB § 1925 Rn. 12.
36 BeckOGK/Tegelkamp BGB § 1925 Rn. 36.
37 BeckOK BGB/Müller-Christmann BGB § 1925 Rn. 11; MüKoBGB/Leipold BGB § 1926 Rn. 14; Grüneberg/Weidlich BGB § 1925 Rn. 5.
38 BeckOGK/Tegelkamp BGB § 1925 Rn. 38 ff.
39 Ausführlich: BeckOGK/Tegelkamp BGB § 1925 Rn. 38 ff.
40 MüKoBGB/Leipold BGB § 1925 Rn. 14; BeckOK BGB/Müller-Christmann BGB § 1925 Rn. 10; BeckOGK/Tegelkamp BGB § 1925 Rn. 38 ff.

29 **1. Erwachsenenadoption mit schwacher Wirkung und Unterhalt.** Wird mit schwachen Adoptionswirkungen adoptiert, bleibt das Verwandtschaftsverhältnis des Angenommenen zu seinen leiblichen Eltern durch die Adoption unberührt (§ 1770 Abs. 2 BGB). Damit bleiben auch die wechselseitigen Unterhaltspflichten unangetastet.

30 § 1770 Abs. 3 BGB regelt das Verhältnis der Unterhaltspflichten des Annehmenden gegenüber dem Angenommenen und dessen Abkömmlingen und räumt der Unterhaltspflicht des Annehmenden den Vorrang vor der Unterhaltspflicht der leiblichen Verwandten des Angenommenen ein. Ohne diese Sonderregelung würde über § 1606 Abs. 3 S. 1 BGB eine gleichrangige Haftung der Elternteile bestehen.[41] Entgegen dem Wortlaut erfasst § 1770 Abs. 3 BGB nicht einen allgemeinen unterhaltsrechtlichen Vorrang des Annehmenden; denn es ist nicht bezweckt, den Annehmenden entgegen § 1606 Abs. 1 BGB vor den Abkömmlingen des Angenommenen oder seinem Ehegatten und entgegen § 1608 Abs. 1 S. 1 BGB vor dem Ehegatten des Angenommenen haften zu lassen.[42] Der Annehmende haftet mithin nicht vor den Abkömmlingen oder Ehegatten des Angenommenen.[43]

31 **2. Erwachsenenadoption mit starker Wirkung und Unterhalt.** Wird mit starken Adoptionswirkungen adoptiert, wird der Angenommene vollständig aus seiner leiblichen Familie herausgelöst und in die Verwandtschaft des Annehmenden integriert (§§ 1772, 1767 Abs. 2 iVm § 1755 BGB). Durch diese Kappung der Verwandtschaft zu den bisherigen Verwandten des Angenommenen erlischt mithin auch der Verwandtenunterhalt nach §§ 1601 ff. BGB.

Hinweis:

Weil unterhaltsrechtliche Interessen des betroffenen Elternteils durch eine stark wirkende Adoption tangiert sein können, kann insoweit ein Adoptionsverbot (§ 1772 Abs. 1 S. 2 BGB) vorliegen. Eine abstrakte Gefahr der Unterhaltsbedürftigkeit des betroffenen Elternteils ist ausreichend.[44] Bei der Prüfung nach § 1772 Abs. 1 S. 2 BGB bedarf es einer umfassenden Abwägung der Interessen des Annehmenden, des Anzunehmenden und der leiblichen Eltern, wobei letztere für ein Adoptionsverbot **überwiegen** müssen.[45] Häufig werden entsprechende Adoptionen in Stiefkindkonstellationen beantragt, in denen der Kontakt zu einem leiblichen Elternteil abgerissen ist. Wendet dieser ein Adoptionsverbot aus unterhaltsrechtlichen Gründen ein, ist stets zu überprüfen, ob die Voraussetzungen für einen Unterhaltsausschluss aufgrund Verwirkung vorliegen.[46] Denn in einer entsprechenden Konstellation kann – mangels Unterhaltsanspruchs – kein Adoptionsverbot bestehen.

IV. Erwachsenenadoption und Steuerersparnis

32 Durch eine Erwachsenenadoption kann ein Erblasser einem der Steuerklasse II oder III angehörigen Erbprätendenten der Wechsel in die Steuerklasse I (§ 15 Abs. 1 Nr. 2 ErbStG) ermöglichen und damit dessen Erbschaftsteuerlast erheblich senken. Der Freibetrag wächst auf 400.000 EUR an (§ 16 Abs. 1 Nr. 2 ErbStG); der Eingangssteuertarif für den einen Freibetrag übersteigenden Erwerb beträgt 7 % (§ 19 Abs. 1 ErbStG). Die adoptionsrechtlich bedeutsame Frage ist, ob und wann steuerliche Motive einer Erwachsenenadoption entgegenstehen.[47] Nicht unbedingt richtig, aber weit verbreitet ist die Feststellung, steuerliche Motive dürften nur **Nebenzweck der Adoption** sein.[48]

---

[41] MüKoBGB/Maurer BGB § 1770 Rn. 25.
[42] BeckOGK/Löhnig BGB § 1770 Rn. 53; MüKoBGB/Maurer BGB § 1770 Rn. 25; Krämer/Voigt ZEV 2020, 468 (472).
[43] Krämer/Voigt ZEV 2020, 468 (472).
[44] OLG Brandenburg NZFaM 2019, 507; OLG Celle BeckRS 2013, 13230; OLG München NJOZ 2009, 1867 (2870); aA MüKoBGB/Maurer BGB § 1772 Rn. 28.
[45] OLG Brandenburg NZFam 2019, 507.
[46] Verwirkungsfrage offengelassen durch OLG Brandenburg NZFam 2019. 507 m. zutreffender Anm. v. Eckebrecht.
[47] Zur steuerlich motivierten Volljährigenadoption ausführlich: Hölscher ZErb 2012, 253.
[48] Hölscher, aaO.

Ist ein Eltern-Kind-Verhältnis bereits entstanden, indiziert dieses ein familienbezogenes Motiv als Hauptzweck; eine sittliche Rechtfertigung wird dann unwiderleglich gesetzlich vermutet (§ 1767 Abs. 1 Hs. 2 BGB).[49] Eine gesonderte Motivforschung der Hintergründe der Adoption nach Haupt- und Nebenzweck erübrigt sich.

V. Erwachsenenadoption und Pflichtteilsminimierung

Durch eine Erwachsenenadoption können Pflichtteilsansprüche bereits vorhandener Angehöriger erheblich minimiert werden.[50] Der Angenommene wird Kind des Annehmenden (§§ 1767 Abs. 2 S. 1, 1754 Abs. 2 BGB). Wenn der Annehmende vor dem Angenommenen stirbt, wird er von diesem gemäß § 1924 Abs. 1 BGB als gesetzlicher Erbe erster Ordnung beerbt. Ein Elternpflichtteil wird dadurch vollständig ausgeschlossen. Der Pflichtteilsanspruch von bereits vorhandenen Abkömmlingen verringert sich.

Hinweis:

Adoptionen erwachsener Stiefkinder zur Pflichtteilsminimierung spielen bei der Nachfolgeberatung in der Patchworkfamilie eine wichtige Rolle, weil hier regelmäßig Eltern-Kind-Verhältnisse zu den Stiefeltern entstanden sind.

Die adoptionsrechtlich bedeutsame Frage ist, ob und wann eine solche Minimierung von Pflichtteilsansprüchen zu einem **Adoptionsverbot nach § 1769 BGB** führt. Ein solches Adoptionsverbot setzt voraus, dass der Erwachsenenadoption **überwiegende Interessen** der bereits vorhandenen Kinder des Annehmenden oder Anzunehmenden entgegenstehen. Haben der Annehmende und der Anzunehmende bereits zu Zeiten der Minderjährigkeit in einem Haushalt gelebt, sind die Hürden zur Begründung eines Adoptionsverbots hoch. Letztendlich sind die widerstreitenden Interessen im Einzelfall zu ermitteln.

VI. Erwachsenenadoption und Auslösung von Nachfolgeklauseln

Durch eine Erwachsenenadoption können gesellschaftsvertragliche Nachfolgeklauseln verwirklicht und Vinkulierungsklauseln umgangen werden. So sehen zahlreiche Gesellschaftsverträge vor, dass Gesellschaftsanteile nur an Abkömmlinge von Todes wegen und zu Lebzeiten übergehen können. Die adoptionsrechtlich bedeutsame Frage ist, ob unter Abkömmlingen iSd Gesellschaftsvertrags auch adoptierte Abkömmlinge zu verstehen sind. Fehlt es an einer klaren sprachlichen Differenzierung, bleibt durch Auslegung zu ermitteln, ob mit „**Abkömmlingen**" auch Adoptivkinder gemeint sein sollen.[51]

Kommt es auf die Motive der Beteiligten an – also wenn nur ein zu erwartendes Eltern-Kind-Verhältnis vorliegt –, soll ein familienbezogenes Motiv auch der Wunsch des Annehmenden sein, einen Erben zur Fortführung seines Lebenswerks (Hof, Betrieb, Praxis) zu haben.[52]

VII. Erwachsenenadoption und Auslösung testamentarischer Eigenschaften

Durch eine Erwachsenenadoption kann ggf. eine testamentarische Eigenschaft eines „**Abkömmlings**" geschaffen werden. Die adoptionsrechtlich bedeutsame Frage gleicht derjenigen bei den vorbeschriebenen Nachfolgeklauseln und ist im Wege der Auslegung zu beantworten.

---

49 MüKoBGB/Maurer BGB § 1767 Rn. 36 mwN.
50 Vgl. dazu Frank Grenzen der Adoption, 197; Frank StAZ 2008, 68.
51 OLG Stuttgart BeckRS 2012, 23633.
52 Vgl. OLG Schleswig ErbR 2021, 72 (74) mwN.

VIII. Erwachsenenadoption und Durchbrechung von Bindungswirkungen

39 Durch eine Erwachsenenadoption kann ein Anfechtungsgrund geschaffen werden. Gemäß §§ 2079 S. 1, 2281 BGB[53] kann eine letztwillige Verfügung, ein Erbvertrag oder ein gemeinschaftliches Testament durch den Erblasser angefochten werden, wenn dieser einen zur Zeit des Erbfalls vorhandenen Pflichtteilsberechtigten übergangen hat, der erst nach Errichtung der Verfügung pflichtteilsberechtigt geworden ist. Durch Adoption kann sich der Erblasser einen solchen Pflichtteilsberechtigten willentlich schaffen und den Anfechtungsgrund des § 2079 BGB selbst herbeiführen. Damit können lästig gewordene Bindungen an wechselbezügliche Verfügungen gemeinschaftlicher Testamente oder an Erbverträge durchbrochen und verlorengegangene Verfügungsfreiheiten zurückerlangt werden. Die adoptionsrechtliche Frage ist, wo die Grenze der Zulässigkeit verläuft. Sie wird durch Treu und Glauben und die guten Sitten gezogen, wobei heute Einigkeit darüber besteht, dass die Berufung auf das Anfechtungsrecht keinen Verstoß gegen Treu und Glauben oder die guten Sitten darstellt, es sei denn, die Adoption hatte den ausschließlichen Zweck, die Bindung an eine Verfügung von Todes wegen zu beseitigen.[54]

IX. Erwachsenenadoption zur Gleichstellung in der Patchworkfamilie

40 Durch eine Erwachsenenadoption von Stiefkindern kann eine Gleichstellung mit leiblichen Kindern erreicht werden. Auf diesem Weg können die besonderen erbrechtlichen Schwierigkeiten bei der Gestaltung von Patchworkfamilientestamenten ausgeräumt werden.

E. Voraussetzungen der Erwachsenenadoption

41 Für Erwachsenenadoptionen gelten über § 1767 Abs. 2 BGB die Vorschriften über die Adoption Minderjähriger entsprechend, soweit sich nicht aus den Sondervorschriften der §§ 1767–1772 BGB etwas anderes ergibt.

I. Kindeswohl

42 Eine Erwachsenenadoption muss – wie die Adoption eines Minderjährigen – dem Wohl des Anzunehmenden dienen (§ 1767 Abs. 2 S. 1 iVm § 1741 Abs. 1 S. 1 BGB). Es ist jedoch anerkannt, dass der geschäftsfähige Anzunehmende durch den Adoptionsantrag selbst die Entscheidung darüber trifft, ob die Adoption seinem Wohl dient.[55] Damit bereitet diese Adoptionsvoraussetzung in der Praxis keine Probleme.

II. Eltern-Kind-Verhältnis

43 Das **zentrale Kriterium** für eine erfolgreiche Erwachsenenadoption ist ein bereits entstandenes Eltern-Kind-Verhältnis (§ 1767 Abs. 1 Hs. 2 BGB) oder ein in der Entstehung zu erwartendes Eltern-Kind-Verhältnis (§ 1767 Abs. 2 S. 1 iVm § 1741 Abs. 1 S. 1 BGB).

44 Ein solches Eltern-Kind-Verhältnis setzt nach ständiger Rechtsprechung eine auf Dauer angelegte Bereitschaft zu gegenseitigem **Beistand** voraus, **wie ihn sich leibliche Eltern und ihre Kinder** typischerweise leisten.[56] Maßgeblich soll eine dauernde innere seelisch-geistige Verbundenheit sein, wie sie zwischen Eltern und Kind auch nach dessen Volljährigkeit geprägt bleibt,[57] sowie

---

[53] Gemäß § 2281 BGB kann ein Erbvertrag auch von dem Erblasser selbst nach § 2079 BGB angefochten werden; § 2281 BGB gilt für gemeinschaftliche Testamente entsprechend vgl. RGZ 87, 95; BGH NJW 1962, 1913.

[54] Vgl. BGH NJW 1970, 279 (281); KG OLGE 26, 312 (313).

[55] Vgl. BayObLG FamRZ 2002, 1651 (1652); OLG Köln FamRZ 1990, 800.

[56] Vgl. OLG Zweibrücken FamRZ 2006, 573 (574); OLG Köln NJW-RR 2004, 155; BayObLG FamRZ 2002, 1651.

[57] Vgl. OLG Karlsruhe OLGR 2006, 142 (143); OLG Zweibrücken FamRZ 1989, 537 (538).

ein soziales Familienband, das seinem ganzen Inhalt nach dem durch die natürliche Abstammung geschaffenen ähnelt.[58]

Die Praxis behilft sich zur Beurteilung dieses Kriteriums verschiedener **Indizien**: Der Altersunterschied zwischen dem Annehmenden und dem Anzunehmenden soll demjenigen zwischen leiblichen Eltern und deren Kindern gleichen.[59] Persönlicher Umgang und gegenseitige Mitteilung von wichtigen Familienereignissen sollen ebenso für ein Eltern-Kind-Verhältnis sprechen wie die gegenseitige Unterstützung bei Krankheit und wirtschaftlicher Not.[60] Hingegen sollen Verständigungsschwierigkeiten, Angehörigkeit zu verschiedenen Kulturkreisen oder gesellschaftlichen Schichten sowie das Vorhandensein einer eigenen intakten Familie einem echten Eltern-Kind-Verhältnis tendenziell entgegenstehen.

Gerade das **Vorhandensein einer eigenen intakten Familie** war in der jüngeren Vergangenheit immer wieder Gegenstand gerichtlicher Entscheidungen.[61] Während ein Teil der Rechtsprechung und Literatur den Standpunkt einnimmt, das Vorhandensein einer eigenen intakten Familie stehe der Entstehung eines Eltern-Kind-Verhältnisses zu Dritten grundsätzlich entgegen,[62] vertritt das andere Lager die gegenteilige Auffassung.[63] In der Sache überzeugt es, die Entscheidung auf Grundlage sämtlicher Umstände des Einzelfalls zu treffen und anzuerkennen, dass Eltern-Kind-Verhältnisse auch bei intakter Beziehung zwischen leiblichen Eltern und ihren Kindern entstehen können. Dies entspricht im Übrigen auch den Überlegungen des Gesetzgebers, welcher bei der normalen Erwachsenenadoption gerade vom Fortbestand der Eltern-Kind-Beziehung zu den leiblichen Eltern ausgeht (§ 1770 Abs. 2 BGB).

III. Sittliche Rechtfertigung

Neben dem Vorliegen eines bestehenden oder zu erwartendem Eltern-Kind-Verhältnisses muss die Erwachsenenadoption sittlich gerechtfertigt sein (§ 1767 Abs. 1 Hs. 2 BGB). Die Bedeutung der vorstehend dargelegten Unterscheidung der Eltern-Kind-Verhältnisse erschöpft sich dabei in Folgendem: Ist bereits ein Eltern-Kind-Verhältnis entstanden, wird die sittliche Rechtfertigung **gesetzlich unwiderlegbar** indiziert (§ 1767 Abs. 1 Hs. 2 BGB). Daraus folgt, dass der mit der Adoption verfolgte Einzelzweck in diesem Fall überhaupt nicht mehr wesentlich sein kann. Die Adoptionsbeteiligten haben sich mit der tatsächlichen Herstellung eines Eltern-Kind-Verhältnisses die rechtliche Verfestigung ihrer Beziehung verdient, ohne dass es noch einer weitergehenden Prüfung bedarf, welcher konkrete Einzelzweck mit der Adoption verfolgt wird.[64] Dennoch findet sich in Rechtsprechung und Schrifttum immer wieder die undifferenzierte Floskel, dass das familienbezogene Motiv das Hauptmotiv der Adoption sein muss. Dogmatisch richtig ist dies – wie bereits zur Steueradoption dargestellt – freilich nur in den Fällen, in denen ein Eltern-Kind-Verhältnis noch nicht entstanden ist.[65] Denn wenn die sittliche Rechtfertigung nicht gesetzlich indiziert ist, ist anhand der Motivsituation die sittliche Rechtfertigung zu beurteilen,[66] Maßgebliches Beurteilungskriterium bleiben in diesem Fall die Gründe, aus denen die Beteiligten die Adoption begründen wollen, welche durch die Gerichte „eingehend zu erforschen"

---

58 Vgl. OLG München FGPrax 2009, 168; BayObLG NJW 1985, 2094.
59 Vgl. MüKoBGB/Maurer BGB § 1767 Rn. 41, 42 jeweils mwN aus der Rechtsprechung.
60 Vgl. MüKoBGB/Maurer BGB § 1767 Rn. 30, 33.
61 Vgl. Grziwotz NJW 2023, 663 (665).
62 OLG Bremen NZFam 2017, 38; OLG Stuttgart FamRZ 2015, 592; zustimmend: AdoptionsR-HdB/Braun Rn. 770; auf einen möglichen Loyalitätskonflikt zwischen leiblichen und Adoptiveltern stellen ab: OLG Nürnberg MDR 2014, 1151; OLG Zweibrücken NJWE-FER 1999, 295.
63 OLG Hamburg DNotZ 2019, 106; OLG München DNotZ 2017, 703; OLG Zweibrücken FGPrax 2006, 21; LG Landshut MittBayNot 1999, 483; Münch/Müller-Engels Familienrecht in der Notar- und Gestaltungspraxis § 14 Rn. 112.
64 BGH NZFam 2021, 964 (967); OLG Hamburg BeckRS 2020, 44121; OLG Stuttgart NJW 2019, 1385; OLG München FamRZ 2019, 516 (517); dazu bereits ausführlich Hölscher ZErb 2012, 253.
65 So nun ausdrücklich: BGH NZFam 2021, 964 (969) Rn. 36 ff.; dazu bereits ausführlich Hölscher ZErb 2012, 253.
66 Kritisch: AdoptionsR-Hd/Braun Rn. 753, der darauf verweist, es sei unklar, ab wann ein Motiv Hauptmotiv und wann Nebenmotiv sei.

sind.[67] Der BGH betont zudem, dass in der Situation des zu erwartenden Eltern-Kind-Verhältnisses der Begriff der sittlichen Rechtfertigung restriktiv auszulegen ist und begründet dies mit den eingeschränkten Aufhebungsmöglichkeiten.[68]

IV. Kein Adoptionsverbot

48 Schließlich dürfen der Adoption nicht **überwiegende Interessen** der Kinder des Annehmenden oder des Anzunehmenden entgegenstehen (§ 1769 BGB). Hauptanwendungsfall der Vorschrift in der Praxis ist die Schmälerung von Pflichtteilsansprüchen gegenüber dem Annehmenden, wobei sie den Kindern des Annehmenden nicht der Erhalt eines vermögensrechtlichen Status quo garantiert.[69] Die Beeinträchtigung erbrechtlicher Interessen kann die Adoption bereits deshalb nicht per se ausschließen, weil ansonsten die Kinderlosigkeit der Annehmenden faktisch zur Adoptionsvoraussetzung erhoben würde.[70] Der anzustellende Abwägungsprozess zwischen den Interessen der Antragsteller und den Interessen der Kinder des Annehmenden wird zugunsten der Antragsteller ausfallen, wenn besondere Gründe für die Adoption vorliegen. Ein solch **besonderer Grund** kann ein bereits entstandenes Eltern-Kind-Verhältnis sein,[71] insbesondere wenn der Anzunehmende bereits **als Minderjähriger in die Familie des Annehmenden aufgenommen worden** war.[72] Die Rechtsprechung hat insoweit auch den Abschluss eines Erbverzichts gewürdigt, welcher eine Reduktion von Pflichtteilsansprüchen bereits vorhandener Abkömmlinge ausschließen kann.[73] Der erbrechtliche Praktiker weiß, dass entsprechende Verträge nach ausgesprochener Adoption wieder aufgehoben werden können (§ 2351 BGB),[74] weswegen ein entsprechender Vertrag bei der Abwägungsentscheidung nur bedingt gewürdigt werden sollte.

V. Notariell beurkundeter Adoptionsantrag

49 Eine Erwachsenenadoption setzt zuletzt einen **notariell beurkundeten Antrag** des Annehmenden und des Anzunehmenden voraus (§ 1768 Abs. 1 S. 1 BGB), welcher eine Darstellung der Personenstandsverhältnisse enthalten, sich zur Begründetheit des Adoptionswunsches anhand der vorstehenden Kriterien äußern und vom gesetzlichen Regelfall abweichende Namensgestaltungsmöglichkeiten ansprechen soll.[75] Eine Adoption von Ehegatten kann nur gemeinschaftlich durch beide erfolgen.[76] Der Adoptionsantrag ist eine höchstpersönliche Erklärung; die persönliche Anwesenheit des Antragenden im Beurkundungstermin soll auch einer Beurteilung der Geschäftsfähigkeit dienen.[77]

Hinweis:

Der beurkundende Notar sollte stets damit beauftragt werden, den **Antrag bei Gericht einzureichen**. Sollte der Annehmende vor der Antragseinreichung bei Gericht versterben, kann der Ausspruch der Annahme in diesem Fall auch noch nach dessen Tod erfolgen (§ 1753 Abs. 2 iVm § 1767 Abs. 2 BGB).

---

67 BGH NZFam 2021, 964 (969) Rn. 40.
68 BGH, aaO.
69 OLG Schleswig ErbR 2021, 72 (75).
70 OLG Schleswig, aaO.
71 Staudinger/Helms BGB § 1769 Rn. 7.
72 Vgl. BayObLGZ FamRZ 1999, 1667 (1669); AG Deggendorf FamRZ 1984, 1265 (1267); in der Sache überzeugt das, weil der Gesetzgeber dieser Konstellation besondere Bedeutung beigemessen und hier auch eine stark wirkende Adoption nach § 1772 BGB zulässt.
73 Vgl. LG Fulda FamRZ 2005, 1277 (1278).
74 Zutreffender Hinweis von Müller/Sieghörtner/Emmerling de Oliveira/Müller-Engels Adoptionsrecht in der Praxis Rn. 116 Fn. 143.
75 Müller-Engels/Sieghörtner/Emmerling de Oliveira/Müller-Engels Adoptionsrecht in der Praxis Rn. 82 Fn. 143.
76 Vgl. die hM jüngst wieder bei BGH FamRZ 2021, 1892 mwN.
77 BeckOK/Pöcker BGB § 1768 Rn. 1; MüKoBGB/Maurer BGB § 1768 Rn. 4; Krämer/Voigt ZEV 2020, 468 (469).

F. Gerichtliches Adoptionsverfahren

Das gerichtliche Adoptionsverfahren ist in §§ 186 ff. FamFG geregelt. 50

I. Zuständiges Gericht

Der Adoptionsantrag ist durch den Notar oder die Beteiligten beim zuständigen Familiengericht einzureichen. Die **internationale** Zuständigkeit folgt aus § 101 FamFG. **Sachlich** zuständig ist das Amtsgericht – Familiengericht – (§ 23 a Nr. 1 GVG, § 111 Nr. 4 FamFG). **Funktionell** zuständig ist der Richter (§ 14 Abs. 1 Nr. 14 RPflG). **Örtlich** ausschließlich zuständig ist das Gericht, in dessen Bezirk der Annehmende oder einer der Annehmenden seinen gewöhnlichen Aufenthalt hat (§ 187 Abs. 1 FamFG). 51

II. Beteiligte des Adoptionsverfahrens

Wer am Verfahren zu beteiligen ist, folgt aus § 188 FamFG. Bei **schwach wirkenden** Erwachsenenadoptionen sind der **Annehmende und der Anzunehmende** Beteiligte des Verfahrens (§ 188 Abs. 1 Nr. 1 lit. a BGB). Ist der Anzunehmende verheiratet, ist regelmäßig auch sein **Ehegatte** Beteiligter des Verfahrens (§ 188 Abs. 1 Nr. 1 lit. c FamFG). 52

Bei Erwachsenenadoptionen mit **starken Wirkungen** (§ 1772 BGB) sind die **leiblichen Eltern** Beteiligte (§ 188 Abs. 1 Nr. 1 lit. b FamFG); bei der einfachen schwach wirkenden Adoption hingegen nicht. 53

Hinweis:

Die Frage der **Beteiligung am Verfahren** ist auch für die Frage der **Akteneinsicht** von Bedeutung (§ 13 Abs. 2 FamFG).[78] Denn nicht am Verfahren beteiligte Dritte können sich nicht auf berechtigte Interessen an der Einsicht berufen. § 13 Abs. 2 S. 2 FamFG bestimmt, dass die Akteneinsicht **zu versagen ist**, wenn ein Fall des § 1758 BGB (sog. Auskunftssperre) vorliegt. Jedenfalls wenn man mit der hM § 1758 BGB auch auf Erwachsenenadoptionen anwendet,[79] haben lediglich anzuhörende Personen keinen Anspruch auf Akteneinsicht.

III. Anhörungen

Der **Annehmende** und der **Anzunehmende** sind persönlich anzuhören (§ 192 Abs. 1 FamFG); hiervon gelten auch bei der Erwachsenenadoption keine Ausnahmen.[80] 54

Die **übrigen Beteiligten** nach § 188 FamFG sollen durch das Gericht angehört werden (§ 192 Abs. 2 FamFG). Auch wenn die **leiblichen Eltern** bei der einfachen Erwachsenenadoption nicht Beteiligte des Verfahrens sind, sind diese regelmäßig im Wege der Amtsermittlung anzuhören, weil sie Angaben zur sittlichen Rechtfertigung machen können.[81] Dies ist auch unabhängig davon geboten, weil die materiellen Rechte der leiblichen Eltern durch die Adoption beeinträchtigt sein können.[82] 55

Die **Abkömmlinge** des Annehmenden und des Anzunehmenden sind ebenfalls anzuhören (§ 193 FamFG). Das Familiengericht kann nach § 193 S. 2 BGB iVm § 192 Abs. 3 BGB von der Anhörung minderjähriger Kinder absehen, sofern dem Kindeswohl schwerwiegende Nachteile drohen oder wenn wegen des geringen Alters von einer Anhörung eine Aufklärung nicht zu erwarten ist.[83] Wann ein solches geringes Alter vorliegt, wird uneinheitlich beurteilt; die Spanne liegt 56

---

78 Vgl. OLG Düsseldorf FamRZ 2014, 1480.
79 So: OLG Frankfurt NZFam 2020, 394 Ls. 2; OLG Koblenz FamRZ 2020, 270 Rn. 10; OLG Hamm FamRZ 2012, 51; MüKoBGB/Maurer BGB § 1758 Rn. 6; aA Staudinger/Helms BGB § 1758 Rn. 1; unklar BT-Drs. 7/5087, 2.
80 Vgl. Zimmermann NZFam 2016, 12 (15).
81 Vgl. Müller-Engels MittBayNot 2011, 16 (21); Brandt RNotZ 2013, 459 (479).
82 Vgl. Ziebisch FRP 2009, 493, 494.
83 BeckOK/Weber FamFG § 193 Rn. 3.

zwischen drei und fünf Jahren.[84] Einer Anhörung minderjähriger Kinder bedarf es auch dann nicht, wenn das Gericht die Annahme mangels sittlicher Rechtfertigung ablehnt.[85] Das Absehen von einer persönlichen Anhörung ist in der Entscheidung zu begründen.[86]

IV. Amtsermittlung

57 Sämtliche formellem und materiellen Adoptionsvoraussetzungen sind durch das Gericht von Amts wegen zu ermitteln (§ 26 FamFG).

V. Adoptionsbeschluss

58 Die Adoption wird durch das Familiengericht durch Beschluss ausgesprochen (§ 1752 iVm § 1767 Abs. 2 BGB, § 197 FamFG). Im Hinblick auf die unterschiedlichen Adoptionswirkungen ist **im Beschluss anzugeben, auf welche Vorschriften** sich die Annahme gründet (§ 197 Abs. 1 S. 1 FamFG). Die Angabe kann im Tenor oder in den Gründen erfolgen.[87]

59 Der der Adoption **stattgebende Beschluss** wird mit **Zustellung** an den Annehmenden **wirksam**. Liegen die Voraussetzungen für einen Ausspruch der Annahme nach dem Tod des Annehmenden vor (§ 1753 BGB), so ist die Zustellung an den Anzunehmenden maßgeblich (§ 197 FamFG). Der die Adoption ablehnende Beschluss wird wirksam mit seiner Bekanntgabe an den Antragsteller (§ 40 Abs. 1 FamFG) und muss nicht zugestellt werden. Weiteren Beteiligten ist der Beschluss ebenfalls bekannt zu geben (§§ 15 Abs. 2 S. 1, 41 S. 1 FamFG).

60 Dem Standesamt ist der Beschluss durch Übersendung einer beglaubigten Abschrift mitzuteilen (§ 56 PStV), damit die **Personenstandsregister entsprechend berichtigt** werden können (§ 27 Abs. 3 Nr. 1 PStG).

VI. Rechtsbehelfe

61 Der einer Adoption **stattgebende Beschluss** ist **unanfechtbar** (§ 197 Abs. 3 FamFG). Gegen einen **ablehnenden Beschluss** kann **Beschwerde** zum Oberlandesgericht eingelegt werden (§§ 58 Abs. 1, 59 Abs. 2 FamFG; § 119 Abs. 1 Nr. 1 lit. a).

G. Schlussbetrachtung

62 Erwachsenenadoptionen haben beachtenswerte erb- und erbschaftsteuerliche Wirkungen. Der Erbrechtler sollte die Erwachsenenadoption als Gestaltungsinstrument der Nachfolgeplanung kennen und in seine Beratung einbeziehen. Unbedingte Voraussetzung dabei bleibt jedoch, dass die familienrechtlichen Voraussetzungen der Erwachsenenadoption vorliegen.

---

84 BeckOK/Weber FamFG § 192 Rn. 11 mwN.
85 BGH NZFam 2021, 964 mAnm Löhnig; BeckOK/Weber FamFG § 193 Rn. 3.
86 OLG Brandenburg FamRZ 2002, 624; OLG Köln NJWE-FER 2001, 301.
87 BT-Drs. 7/3061, 79.

11. Handels- und Gesellschaftsrecht

Einführung

A. Allgemeines 1	V. Stille Gesellschaft 33
B. Einzelkaufmännisches Unternehmen 5	1. Rechtsnatur 33
C. Personengesellschaften 9	2. Rechtsfolgen des Todes eines Gesellschafters 38
I. Gesellschaft bürgerlichen Rechts 11	D. Kapitalgesellschaften 42
1. Rechtsnatur Gesellschafterhaftung 11	I. Gesellschaft mit beschränkter Haftung 44
2. Rechtsfolgen des Todes eines Gesellschafters 13	1. Rechtsnatur und Gesellschafterhaftung 44
II. Offene Handelsgesellschaft 17	2. Rechtsfolgen des Todes eines Gesellschafters 45
1. Rechtsnatur und Gesellschafterhaftung 17	II. Aktiengesellschaft 51
2. Rechtsfolgen des Todes eines Gesellschafters 19	1. Rechtsnatur und Gesellschafterhaftung 51
III. Kommanditgesellschaft 23	2. Rechtsfolgen des Todes eines Gesellschafters 52
1. Rechtsnatur und Gesellschafterhaftung 23	III. Kommanditgesellschaft auf Aktien 55
2. Rechtsfolgen des Todes eines Gesellschafters 26	1. Rechtsnatur und Gesellschafterhaftung 55
IV. Partnerschaftsgesellschaft 29	2. Rechtsfolgen des Todes eines Gesellschafters 56
1. Rechtsnatur und Gesellschafterhaftung 29	
2. Rechtsfolgen des Todes eines Gesellschafters 31	

A. Allgemeines

Mit dem Tod eines Menschen geht dessen Vermögen im Rahmen der erbrechtlichen Gesamtrechtsnachfolge auf den oder die Erben über. Neben dem Übergang von Eigentum, schuldrechtlichen Ansprüchen und Rechten umfasst die Rechtsnachfolge auch Anteile an Personen- oder Kapitalgesellschaften.[1] Anteile an Kapitalgesellschaften sind mangels abweichender Regelung im Gesellschaftsvertrag frei vererblich. Die Rechtsnachfolge bei Personengesellschaften ist demgegenüber angesichts des unterschiedlichen Charakters der einzelnen Rechtsformen uneinheitlich geregelt. In Betracht kommen sowohl die Auflösung der Gesellschaft durch den Tod eines Gesellschafters (GbR) als auch das Ausscheiden des verstorbenen Gesellschafters unter Abfindung (OHG) als auch der Rechtsübergang auf den Erben (KG).

Daher ist bei der Nachfolge von Todes wegen primär darauf zu achten, an einer Gesellschaft welcher Rechtsform Anteile des Erblassers bestehen. Da die meisten gesetzlichen Regelungen zu den Rechtsfolgen des Todes eines Gesellschafters dispositiv sind, ist darüber hinaus der Gesellschaftsvertrag auf Besonderheiten zu prüfen. Viele Gesellschaftsverträge enthalten Nachfolgeklauseln, die die Erbfolge ermöglichen oder beschränken. Auch Übernahme- oder Eintrittsrechte auf den Fall des Todes eines Gesellschafters sind denkbar.

Daneben ist zu beachten, dass mehrere Erben die Rechtsnachfolge in unterschiedlicher Weise antreten: Kraft Erbrechts geht der Nachlass auf mehrere Erben grds. zur gesamten Hand über. Auch bei den Kapitalgesellschaften, bei denen sich die Mitgliedschaft in den Geschäftsanteilen oder Aktien verkörpert, ist die Erbengemeinschaft Rechtsnachfolger. Nach ständiger Rechtsprechung kann eine Erbengemeinschaft hingegen nicht Gesellschafter einer Personengesellschaft sein.[2] Vielmehr gehen Personengesellschaftsanteile auf die einzelnen Miterben entsprechend ihrer Erbquote anteilig über, so dass jeder Miterbe selbst Gesellschafter wird (näher → BGB § 727 Rn. 13).

---

1 Sudhoff/v. Randenborgh Personengesellschaften § 16 Rn. 1.

2 RGZ 16, 40; BGHZ 98, 48; vgl. auch Sudhoff/v. Randenborgh Personengesellschaften § 16 Rn. 33.

4 Die Gesellschaften verschiedener Rechtsformen sehen auch eine unterschiedliche Haftung ihrer Gesellschafter vor. Während bei Personengesellschaften – mit Ausnahme der Kommanditistenhaftung – der Grundsatz der unbeschränkten Haftung für Verbindlichkeiten der Gesellschaft gilt, ist die Haftung von Gesellschaftern einer Kapitalgesellschaft grds. auf ihre Einlage beschränkt. Für den Erben ist die Gesellschafterhaftung insoweit wichtig, als er kraft erbrechtlicher Gesamtrechtsnachfolge nach § 1967 BGB für Verbindlichkeiten des Erblassers haftet. Mit Eintritt als Gesellschafter tritt neben die erbrechtliche Haftung (mit der Möglichkeit der Haftungsbeschränkung nach §§ 1975 ff. BGB) idR die eigene Gesellschafterhaftung (ohne entsprechende Haftungsbeschränkungsmöglichkeiten).

B. Einzelkaufmännisches Unternehmen

5 Im Falle des Erwerbs eines einzelkaufmännischen Unternehmens von Todes wegen stellt sich die Frage, ob – und ggf. in welcher Rechtsform – das Unternehmen durch den oder die Erben oder durch einen Dritten weiterbetrieben oder ob der Betrieb eingestellt und das Vermögen in Geld umgesetzt werden soll.

6 Kann das Unternehmen an einen Dritten **verkauft** werden, so ist möglichst auf eine Freistellung der Erben von der Haftung für Verbindlichkeiten des Unternehmens zu achten.[3]

7 Wird das Handelsgeschäft vom Erben **fortgeführt**, so haftet er nach Maßgabe der §§ 27 Abs. 1 iVm 25 HGB persönlich für die früheren Geschäftsverbindlichkeiten, wenn die Fortführung im Wesentlichen unter der bisherigen Firma erfolgt. Erbrechtliche Haftungsbeschränkungen sind dann nicht möglich (→ HGB §§ 25, 27 Rn. 18). Diese unbeschränkte Haftung kann nur ausgeschlossen werden, wenn die Fortführung des Geschäfts unter deutlich anderer Firma erfolgt oder der Erbe gem. §§ 27 Abs. 1 iVm 25 Abs. 2 HGB einen Haftungsausschluss in das Handelsregister eintragen lässt.

8 Alternativ kann der Erbe eine Haftung vermeiden, indem er gem. § 27 Abs. 2 S. 1 HGB das Unternehmen innerhalb von drei Monaten nach Kenntnis vom Erbschaftsanfall **einstellt**. Soll das Unternehmen nicht, auch nicht durch einen Dritten, weiterbetrieben werden, so sind die Vermögensgegenstände zu verwerten und anschließend der Erlös unter den Erben zu verteilen. Ist der verstorbene Einzelunternehmer eingetragener Kaufmann, so ist die Liquidation zum Handelsregister anzumelden.[4]

C. Personengesellschaften

9 Unter dem Begriff der Gesellschaft versteht man jeden rechtsgeschäftlichen Zusammenschluss von zwei oder mehr Personen zur Förderung des vereinbarten gemeinsamen Zwecks.[5] Für die Personengesellschaften ist dieser Begriff insoweit enger zu fassen, als es zusätzlich auf die einzelnen Gesellschafter als vertraglich verbundene und in der Regel auch gesamthänderisch beteiligte Mitglieder ankommt, die nicht beliebig auswechselbar sind. Sowohl der Ein- und Austritt als auch die Übertragung der Mitgliedschaft führen zu einer Änderung des Gesellschaftsvertrags.[6]

10 Als Personenverband sind Personengesellschaften trotz der ihnen (mit Ausnahme der Innen-GbR) durch die Rechtsprechung und ab dem 1.1.2024 auch gesetzlich in § 705 Abs. 2 BGB nF zuerkannten Rechts- und Parteifähigkeit Gesamthandsgesellschaften.[7] Entsprechend ihrer Rechtsnatur setzt die Personengesellschaft stets das Vorhandensein mindestens zweier Gesell-

---

[3] BeckMandatsHdB Unternehmensnachfolge Unternehmensnachfolge/Lübke § 6 Rn. 53.
[4] BeckMandatsHdB Unternehmensnachfolge/Lübke § 6 Rn. 55.
[5] MüKoBGB/Schäfer BGB Vorb. BGB § 705 Rn. 1.
[6] MüKoBGB/Schäfer BGB Vorb. BGB § 705 Rn. 2; vgl. auch MAH PersonengesellschaftsR/Mutter/Müller § 1 Rn. 20.
[7] MüKoBGB/Schäfer BGB Vorb. BGB § 705 Rn. 12.

schafter voraus. Art und Umfang der Beteiligung eines Gesellschafters an einer Personengesellschaft sowie seine Beitragspflichten ergeben sich in erster Linie aus dem Gesellschaftsvertrag.[8]

I. Gesellschaft bürgerlichen Rechts

1. Rechtsnatur Gesellschafterhaftung. Grundform der Personengesellschaft ist die GbR. Die personalistische Struktur kommt dadurch zum Ausdruck, dass die Gesellschafter mangels abweichender Vereinbarung gem. § 706 BGB[9] die gleichen Beiträge zu leiten haben, gem. § 722 Abs. 1 BGB[10] mit gleichen Anteilen an Gewinn und Verlust beteiligt sind und ebenso gem. §§ 734, 735 BGB[11] an einem Liquidationsergebnis.

Den Gesellschaftsgläubigern haftet die Gesellschaft. Die Gesellschafter **haften** jedoch akzessorisch.[12] Auch nach seinem Ausscheiden haftet ein Gesellschafter für alle während seiner Gesellschaftszugehörigkeit begründeten Verbindlichkeiten fort, allerdings aufgrund der Verweisungsnorm in § 736 Abs. 2 BGB[13] zeitlich begrenzt.

2. Rechtsfolgen des Todes eines Gesellschafters. Angesichts ihrer personalistischen Struktur bestimmt das Gesetz in § 727 Abs. 1 BGB, dass die GbR im Falle des Todes eines ihrer Gesellschaft **aufgelöst** wird.[14] Damit besteht die Gesellschaft zunächst gem. § 730 Abs. 2 BGB[15] als Auflösungsgesellschaft fort und die Gesellschafter haben die Auseinandersetzung zu betreiben. Diese erfolgt gem. § 731 BGB[16] durch Rückgabe von Gegenständen, die zur Nutzung überlassen worden waren (§ 732 BGB), Berichtigung der Gesellschaftsschulden und Erstattung der Einlagen der Gesellschafter (§ 733 BGB) sowie die anschließende Verteilung des Überschusses (§ 734 BGB) oder im Fall eines Verlustes Ausgleich dessen (§ 735 BGB).

Der Erbe hat gem. § 727 Abs. 2 BGB[17] eine Anzeigepflicht sowie uU eine Pflicht zur Fortführung der Geschäfte. Er tritt in der Abwicklungsgesellschaft an die Stelle des verstorbenen Gesellschafters mit all dessen Vermögens- und Verwaltungsrechten (→ § 727 Rn. 5 f.). Vor dem Erbfall entstandene Gesellschaftsverbindlichkeiten, für die der Erblasser persönlich haftete, sind für den Erben Nachlassverbindlichkeiten. Bei den nach dem Erbfall aus rechtsverbindlichem Handeln für die Abwicklungsgesellschaft begründeten Verbindlichkeiten handelt es sich um Nachlasserbenschulden aus Rechtsgeschäften für den Nachlass im Rahmen einer ordnungsgemäßen Verwaltung.

Der Gesellschaftsvertrag kann abweichend von § 727 Abs. 1 BGB die **Vererblichkeit** von Gesellschaftsanteilen durch geeignete Nachfolgeklauseln (dazu → § 727 Rn. 9 ff.) vorsehen. In diesem Fall tritt der Erbe anstelle des Erblassers mit dessen Tod automatisch als Gesellschafter in die Gesellschaft ein. Durch qualifizierte Nachfolgeklauseln kann die Erbfolge eingeschränkt werden. Mit seinem Eintritt als Gesellschafter haftet der Erbe für Altschulden der Gesellschaft nach erbrechtlichen Grundsätzen. Ein Teil der Literatur erkennt dem Erben daher einen Austrittsrecht analog § 139 HGB zu (→ § 727 Rn. 12).[18]

Schließlich kann aufgrund einer Fortsetzungsklausel im Gesellschaftsvertrag die **Fortführung der Gesellschaft unter den übrigen Gesellschaftern unter Ausscheiden** des verstorbenen Gesell-

---

8 Sudhoff/v. Randenborgh Personengesellschaften § 5 Rn. 1 ff.
9 Ab 1.1.2024: § 709 Abs. 2 BGB nF.
10 Ab 1.1.2024 – teilweise abweichend – § 709 Abs. 3 BGB nF.
11 Ab 1.1.2024: § 736 Abs. 6 BGB nF.
12 Vgl. ausführlich MüKoBGB/Schäfer BGB § 714 Rn. 33 ff.
13 Ab 1.1.2024 in § 728b BGB nF geregelt.
14 Mit Inkrafttreten des MoPeG zum 1.1.2024 wird dieses Konzept geändert. Gemäß §§ 723 Abs. 1, 730 Abs. 1 BGB nF führt der Tod eines Gesellschafters zu seinem Ausscheiden, sofern der Gesellschaftsvertrag nicht die Auflösung vorsieht.
15 Ab 1.1.2024: § 735 BGB nF.
16 Ab 1.1.2024: § 736d BGB nF.
17 Ab 1.1.2024: § 730 BGB nF.
18 Mit Inkrafttreten des MoPeG am 1.1.2024 erhält bei der im Handelsregister eintragungsfähigen GbR der in die Gesellschafterstellung eintretende Erbe durch § 724 BGB nF das Recht, binnen drei Monaten die Einräumung der Stellung eines Kommanditisten zu verlangen. Nehmen die übrigen Gesellschafter den Antrag nicht an, kann der Erbe seine Mitgliedschaft kündigen.

schafters angeordnet werden (§ 736 BGB).[19] In diesem Fall erfolgt eine Auseinandersetzung gem. § 738 BGB,[20] auf Basis derer die Erben entweder einen auf Geld gerichteten Auseinandersetzungsanspruch haben oder gem. § 739 BGB für einen etwaigen zulasten des Erblassers errechneten Fehlbetrag aufkommen müssen. An zum Zeitpunkt des Ausscheidens schwebenden Geschäften nehmen sie nach Maßgabe von § 740 BGB teil. Gleichzeitig geht auf sie die gesetzliche Nachhaftung des Erblassers gem. § 736 Abs. 2 BGB iVm § 160 HGB über.

II. Offene Handelsgesellschaft

17 **1. Rechtsnatur und Gesellschafterhaftung.** Die OHG ist eine Gesellschaft, deren Zweck auf den Betrieb eines Handelsgewerbes unter gemeinschaftlicher Firma gerichtet ist. Sie ist ebenso wie die Personengesellschaft Gesamthandsgemeinschaft und gem. § 124 HGB[21] selbstständiger Träger von Rechten und Pflichten.[22]

18 Gleichwohl haften für die Verbindlichkeiten der OHG außer ihr selbst gem. § 128 HGB[23] auch die Gesellschafter als Gesamtschuldner persönlich. Die Haftung dauert während des Bestehens der Gesellschaft unverändert fort. Nach Auflösung der Gesellschaft verjährt sie für alle Gesellschafter gem. § 159 HGB,[24] nach Ausscheiden eines Gesellschafters für diesen gem. § 160 HGB.[25]

19 **2. Rechtsfolgen des Todes eines Gesellschafters.** Gem. gesetzlicher Regelung in § 131 Abs. 3 S. 1 Nr. 1 HGB[26] scheidet ein Gesellschafter durch seinen Tod aus der Gesellschaft aus. Die Gesellschaft wird unter den übrigen Gesellschaftern unter Anwachsung des Gesellschaftsanteils des verstorbenen Gesellschafters fortgeführt und der Erbe erhält gleichzeitig einen Abfindungsanspruch gem. § 738 Abs. 1 S. 2 BGB.[27] Die Auseinandersetzung mit dem Erben erfolgt nach den Regelungen in §§ 738 bis 740 BGB.

20 Das Ausscheiden des Gesellschafters beseitigt aber seine Haftung nicht.[28] Da der Erbe kraft Gesamtrechtsnachfolge in die Rechtsposition des Erblassers eintritt, übernimmt er damit auch die Haftung des ausgeschiedenen Gesellschafters – allerdings mit den Haftungsbeschränkungsmöglichkeiten aus §§ 1975 ff. BGB. Der Erbe des ausgeschiedenen Gesellschafters haftet für Altverbindlichkeiten gem. § 160 HGB weiter, für Neuverbindlichkeiten haftet er hingegen nicht (zur Abgrenzung → HGB § 160 Rn. 4 ff.).[29] Allerdings kann der Erbe im Innenverhältnis von den übrigen Gesellschaftern nach § 105 Abs. 3 HGB iVm § 738 Abs. 1 S. 2 BGB[30] Befreiung von den Altverbindlichkeiten verlangen.[31]

21 Der Gesellschaftsvertrag kann hiervon abweichende Regelungen treffen, zB für den Fall des Todes eines Gesellschafters die **Auflösung der Gesellschaft** vorsehen. In diesem Fall tritt der Erbe an Stelle des verstorbenen Gesellschafters in die Liquidationsgesellschaft ein, die nach den Regeln über die GbR aufgelöst wird. Die Gesellschaft wird durch eine Pflicht des Erben zur unverzüglichen Anzeige und bei Gefahr im Verzug durch die einstweilige Fortdauer des Rechts und der Pflicht zur Geschäftsführung seitens des Erben über die Verweisungsnorm des § 105 Abs. 3 HGB gem. § 727 Abs. 2 BGB geschützt (→ BGB § 727 Rn. 31 ff.).

22 Der Gesellschaftsvertrag kann alternativ eine Nachfolge- oder Eintrittsklausel enthalten, kraft derer der oder die Erben des verstorbenen Gesellschafters oder ein Dritter in dessen Rechtsposition einrückt (→ HGB § 131 Rn. 24 ff.). In diesem Fall kann der Erbe gem. § 139 HGB[32] die

---

19 Dies ist ab dem 1.1.2024 der gesetzliche Regelfall § 723 BGB nF.
20 Ab 1.1.2024: § 728 BGB nF.
21 Ab 1.1.2024; § 705 Abs. 2 HGB nF.
22 MAH PersGesR/Mutter/Müller § 1 Rn. 56 und 58.
23 Ab 1.1.2024: § 106 HGB nF.
24 Ab 1.1.2024; § 136 HGB nF.
25 Ab 1.1.2024; § 137 HGB nF.
26 Ab 1.1.2024; § 130 Abs. 1 HGB nF.
27 Ab 1.1.2024; § 135 HGB nF.
28 Hopt/Roth HGB § 128 Rn. 3.
29 MüKoHGB/K. Schmidt HGB § 128 Rn. 41.
30 Ab 1.1.2024: § 105 Abs. 3 HGB nF iVm § 728 Abs. 1 BGB nF.
31 Vgl. im Einzelnen MüKoHGB/K. Schmidt HGB § 128 Rn. 60.
32 Ab 1.1.2024; § 131 HGB nF.

Umwandlung seiner Gesellschafterstellung in die eines Kommanditisten zu verlangen und hat, falls die Mitgesellschafter nicht zustimmen, ein Austrittsrecht.

III. Kommanditgesellschaft

1. Rechtsnatur und Gesellschafterhaftung. Die KG ist gegenüber der OHG dadurch modifiziert, dass in der Gesellschaft ein persönlich haftender Gesellschafter (Komplementär) vorhanden ist und die Haftung mindestens eines weiteren Gesellschafters (Kommanditist) gegenüber den Gesellschaftsgläubigern auf den Betrag einer bestimmten Vermögenseinlage beschränkt ist. Deshalb ist auf die KG grundsätzlich das **Recht der OHG** anwendbar (im Einzelnen → HGB § 177 Rn. 41). Die Vorschriften der §§ 161 bis 177 a HGB regeln demgegenüber die Besonderheiten der KG und damit insbesondere die Rechtsstellung der Kommanditisten. 23

Die **Rechtsstellung des Komplementärs** ist vergleichbar der eines OHG-Gesellschafters. Er ist geschäftsführungs- und vertretungsbefugt und haftet gem. § 128 HGB[33] persönlich für die Gesellschaftsverbindlichkeiten. 24

Die **Kommanditisten** sind gem. § 164 HGB von der Geschäftsführung und gem. § 170 HGB von der Vertretung der Gesellschaft ausgeschlossen. Unter der Voraussetzung, dass er im Handelsregister als Kommanditist eingetragen ist, haftet der Kommanditist gem. § 171 HGB nur mit seiner im Handelsregister eingetragenen (Haft-)Einlage. Tritt ein Gesellschafter einer KG als Kommanditist bei, bevor er als solcher im Handelsregister eingetragen wird, so haftet er hingegen gem. §§ 173, 176 HGB persönlich und unbeschränkt für die vor seiner Eintragung begründeten Verbindlichkeiten der Gesellschaft. 25

2. Rechtsfolgen des Todes eines Gesellschafters. Für den Fall des **Todes eines Komplementärs** gelten die Vorschriften zur OHG: Der Tod eines persönlich haftenden Gesellschafters führt gem. §§ 161 Abs. 2 iVm 131 Abs. 3 Nr. 1 HGB zu dessen Ausscheiden, sofern im Gesellschaftsvertrag nichts Abweichendes bestimmt ist. Enthält der Gesellschaftsvertrag eine Nachfolgeklausel, so können die Erben nach § 139 HGB[34] einen Wechsel ihrer Gesellschafterstellung in die eines Kommanditisten verlangen. 26

Der **Tod eines Kommanditisten** hat keinerlei Einfluss auf den Fortbestand der KG. Mangels abweichender vertraglicher Bestimmungen wird die KG mit den Erben fortgesetzt. Kraft Gesetzes tritt der Erbe mit allen Rechten in Pflichten in die Stellung des Erblassers als Kommanditist ein (dazu → § 177 Rn. 46 ff.). Er haftet damit zum einen erbrechtlich gem. § 1967 BGB iVm §§ 171, 172 HGB in Höhe der Hafteinlage des Erblassers und zum anderen aufgrund seiner Kommanditistenstellung gem. § 173 HGB iVm §§ 171, 172 HGB (→ HGB § 173 Rn. 42). 27

Alternativ kann der Gesellschaftsvertrag für den Fall des Todes eines Kommanditisten abweichende Regelungen treffen, zB Ausschließungs- oder Kündigungsklauseln enthalten (→ HGB § 177 Rn. 17) oder die Auflösung der Gesellschaft bestimmen (→ HGB § 177 Rn. 18). Auch sind qualifizierte Nachfolgeklauseln denkbar, die den Personenkreis möglicher Erben einschränken (→ HGB § 177 Rn. 19). 28

IV. Partnerschaftsgesellschaft

1. Rechtsnatur und Gesellschafterhaftung. Die PartG ist gem. § 1 Abs. 1 S. 1 PartGG eine Personengesellschaft, in der sich Angehörige freier Berufe zur Ausübung ihrer Berufe zusammenschließen. Das PartGG bestimmt die grundsätzliche Anwendbarkeit des Rechts der OHG und enthält lediglich spezifische Regelungen unter Berücksichtigung des Charakters der Partnerschaftsgesellschaft. 29

---

33 Ab 1.1.2024: § 126 HGB nF.
34 Ab 1.1.2024: § 131 HGB nF.

30 Für Verbindlichkeiten der Partnerschaftsgesellschaft haften die Partner gem. § 8 Abs. 1 PartGG nach Maßgabe der §§ 129, 130 HGB gesamtschuldnerisch mit ihrem persönlichen Vermögen. Für berufliche Fehler ist die Haftung hingegen gem. § 8 Abs. 2 HGB auf diejenigen Partner beschränkt, die mit der Bearbeitung des Auftrags befasst waren.

31 **2. Rechtsfolgen des Todes eines Gesellschafters.** Der Tod eines Partners führt gem. § 9 Abs. 1 PartGG iVm § 131 Abs. 3 S. 1 Nr. 1 HGB wie der Tod eines OHG-Gesellschafters zu seinem Ausscheiden mit den entsprechenden Rechtsfolgen.

32 Der Gesellschaftsvertrag kann davon abweichend eine Nachfolgeklausel enthalten. Allerdings ist die Vererblichkeit der Partnerschaftsanteile durch § 9 Abs. 4 HGB dahin gehend eingeschränkt, dass die Vererblichkeit sich nur auf solche Personen als Erben beziehen darf, die ihrerseits Partner iSv § 1 Abs. 2 und § 2 PartGG sein können (→ PartGG § 9 Rn. 43). Auch ist das Wahlrecht des Erben aus § 139 HGB dahin gehend beschränkt, dass nicht die Wandlung der Gesellschafterstellung in die eines Kommanditisten verlangt werden kann, sondern nur ein Austrittsrecht besteht (ausführlich → PartGG § 9 Rn. 8 f.).

V. Stille Gesellschaft

33 **1. Rechtsnatur.** Die stille Gesellschaft wird in § 230 HGB als Beteiligung als stiller Gesellschafter am Handelsgewerbe eines anderen mit einer Vermögenseinlage beschrieben. Der Begriff der stillen Gesellschaft und damit die Anwendbarkeit der §§ 230 ff. HGB erfasst darüber hinaus stille Beteiligungen an anderen Unternehmen als einem Handelsgewerbe, bspw. an einem landwirtschaftlichen Betrieb oder freien Beruf. Auch erfasst sind gesellschaftsmäßige Beteiligungen am Ertrag eines Handelsgewerbes oder eines anderen Unternehmens auf anderer Grundlage als einer Vermögenseinlage (str).[35]

34 Die stille Gesellschaft ist eine **echte Gesellschaft iSv § 705 BGB**.[36] Von partiarischen Verträgen, insbes. partiarischen Darlehen (dh Darlehen mit Gewinnbeteiligung) unterscheidet sich die stille Gesellschaft durch die Verfolgung eines gemeinsamen Zwecks anstelle der Wahrnehmung ausschließlich eigener Interessen (zB Kreditaufnahme und -gewährung).[37] Die Verfolgung eines gemeinsamen Zwecks ist gleichsam Voraussetzung für eine stille Gesellschaft.[38]

35 Der stille Gesellschafter ist am Handelsgewerbe des Inhabers im Regelfall mit einer in dessen Vermögen befindlichen Einlage beteiligt und nimmt dafür am Gewinn – nicht notwendigerweise auch am Verlust – teil. Die stille Gesellschaft hat damit kein vom Privatvermögen der Gesellschafter abgesondertes, gesamthänderisch gebundenes Gesellschaftsvermögen,[39] was für die Auflösung und Auseinandersetzung von Bedeutung ist. Mangels abweichender Vereinbarung ist der stille Gesellschafter an den Anlagewerten und ihren Wertsteigerungen, an den Rücklagen, an einem etwaigen Geschäfts- oder Firmenwert und damit an der Entwicklung des Unternehmens, das rechtlich allein dem Inhaber zugeordnet ist, nicht beteiligt.[40] Er hat ausschließlich einen **schuldrechtlichen Anspruch** auf den vertraglich vereinbarten anteiligen Gewinn.[41]

36 Unter Berücksichtigung dieser Charakteristika ist die stille Gesellschaft eine BGB-Innengesellschaft.[42] Soweit nicht die Besonderheiten des stillen Gesellschaftsverhältnisses entgegenstehen und/oder in §§ 230 ff. HGB spezielle Regelungen getroffen sind, sind **§§ 706 bis 740 BGB** auf stille Gesellschaften subsidiär anwendbar.[43]

---

35 Hopt/Roth HGB § 230 Rn. 1; Esch NJW 1964, 902; Schneider FS Möhring, 1965, 115.
36 Hopt/Roth HGB § 230 Rn. 2; MüKoHGB/ K. Schmidt HGB § 230 Rn. 4; Blaurock Stille Gesellschaft-HdB Rn. 4.3.
37 Hopt/Roth HGB § 230 Rn. 4.
38 BGZ ZIP 2013, 21; MüKoHGB/K. Schmidt HGB § 230 Rn. 4; Hopt/Roth HGB § 230 Rn. 2; vgl. auch § 705 BGB.
39 Blaurock Stille Gesellschaft-HdB Rn. 4.3.
40 Blaurock Blaurock Stille Gesellschaft-HdB Rn. 4.3.
41 Blaurock Blaurock Stille Gesellschaft-HdB Rn. 4.3; vgl. auch Hopt/Roth HGB § 230 Rn. 2.
42 Hopt/Roth HGB § 230 Rn. 2; MüKoHGB/ K. Schmidt HGB § 230 Rn. 6.
43 MüKoHGB/K. Schmidt HGB § 230 Rn. 6.

Bei der typischen stillen Gesellschaft nimmt der stille Gesellschafter im Zweifel gem. §§ 231, 232 HGB und dem Gesellschaftsvertrag an Gewinn und Verlust des Handelsgeschäftes teil.[44] Daneben gibt es **atypische Formen der stillen Gesellschaft**, die weitgehend Vertragsfreiheit genießt. Bei der Hauptform der atypischen stillen Gesellschaft wird im Verhältnis der Parteien das gesamte Geschäftsvermögen, auch das vor der Einlage des stillen Gesellschafters vorhanden gewesene, schuldrechtlich (ohne dingliche Wirkung) als gemeinsames Vermögen behandelt, so dass der stille Gesellschafter bei der Auseinandersetzung nach Auflösung der Gesellschaft so zu stellen ist, als wäre er am ganzen Geschäftsvermögen gesamthänderisch beteiligt gewesen.[45]

2. Rechtsfolgen des Todes eines Gesellschafters. Mit dem **Tod des Geschäftsinhabers** endet die stille Gesellschaft gem. § 727 Abs. 1 BGB (→ HGB § 234 Rn. 4). Die Erben trifft eine Anzeige- und Fortführungspflicht nach Maßgabe von § 727 Abs. 2 BGB. Vor allem aber haben die Erben gem. § 235 Abs. 2 HGB die schwebenden Geschäfte abzuwickeln, soweit der stille Gesellschafter daran trotz Auflösung beteiligt bleibt (→ HGB § 235 Rn. 12 ff.).

Durch den **Tod des stillen Gesellschafters** wird die typische stille Gesellschaft gem. § 234 Abs. 2 HGB nicht aufgelöst. Vielmehr tritt der Erbe kraft Erbrechts automatisch an die Stelle des stillen Gesellschafters. Abweichende Regelungen können bei der atypischen stillen Gesellschaft gelten (näher → HGB § 234 Rn. 2).

Der **Gesellschaftsvertrag** kann Abweichendes vorsehen. Hierzu gehört für den Fall des Todes des Geschäftsinhabers zB die Fortsetzung der stillen Gesellschaft mit den Erben (→ HGB § 234 Rn. 8) oder den Übergang des Gesellschaftsvermögens auf den stillen Gesellschafter (→ HGB § 234 Rn. 13) Für den Fall des Todes des stillen Gesellschafters kann der Gesellschaftsvertrag bspw. die Auflösung der stillen Gesellschaft vorsehen oder es der Entscheidung des Erben oder des Geschäftsinhabers überlassen, ob die Gesellschaft fortgesetzt werden soll (→ HGB § 234 Rn. 18). Der Gesellschaftsvertrag kann auch durch qualifizierte Nachfolgeklausel die Erbfolge beschränken (→ HGB § 234 Rn. 19)

Die stille Gesellschaft wird im Falle ihrer Auflösung nicht liquidiert, sondern gem. § 235 HGB nach Maßgabe der §§ 732, 733 BGB **auseinandergesetzt**. § 730 BGB ist nicht anwendbar.

D. Kapitalgesellschaften

Kapitalgesellschaften sind gegenüber ihren Mitgliedern (Gesellschaftern/Aktionären) verselbstständigte juristische Personen. Als juristische Personen nehmen sie am Rechtsverkehr teil und werden hierbei durch ihre Organe vertreten.

Wesensmerkmal der Kapitalgesellschaft ist die Existenz eines satzungsmäßig festgelegten Nominalkapitals (bei der GmbH „Stammkapital" und bei der AG „Grundkapital"). Dieses ist Bezugspunkt der Regeln der Kapitalaufbringung und Kapitalerhaltung und übernimmt damit eine wichtige Funktion als „Aufgriffsschwelle" für Haftungstatbestände. Das Nennkapital ist bei der Aktiengesellschaft in Aktien, bei der GmbH in Stammeinlagen bzw. Geschäftsanteile zerlegt.[46] In diesen verkörpert sich die Beteiligung der Gesellschafter bzw. Aktionäre.

I. Gesellschaft mit beschränkter Haftung

1. Rechtsnatur und Gesellschafterhaftung. Die GmbH ist gem. § 13 Abs. 1 GmbHG eine selbstständige juristische Person, die nach außen durch ihre Geschäftsführer handelt. Den Gläubigern der GmbH haftet gem. § 13 Abs. 2 GmbHG nur das Gesellschaftsvermögen. Die Gesellschafter

---

[44] Hopt/Roth HGB § 230 Rn. 3.
[45] RGZ 126, 390; 166, 160; BGHZ 7, 178 (379); 8, 160; Hopt/Roth HGB § 230 Rn. 3.
[46] MAH AktR/Schüppen § 2 Rn. 3.

sind über Stammeinlagen beteiligt und haften auch nur mit ihrer Stammeinlage. Eine persönliche Haftung ist grundsätzlich ausgeschlossen.[47]

45 **2. Rechtsfolgen des Todes eines Gesellschafters.** Für die GmbH gilt gemäß § 15 Abs. 1 GmbHG der Grundsatz der **freien Vererblichkeit** von Geschäftsanteilen. Die Vererbung erfolgt nach den allgemeinen erbrechtlichen Regeln. Der Gesellschaftsvertrag kann jedoch an den Erbfall gewissen Folgen knüpfen (→ § 15 Rn. 27 f.).

46 Mit dem Tod des Gesellschafters gehen dessen Geschäftsanteile kraft Gesamtrechtsnachfolge auf den Erben über. Allerdings gilt der Erbe im Verhältnis zur Gesellschaft erst dann als Gesellschafter, wenn er in die **Gesellschafterliste** und diese in das Handelsregister aufgenommen wurde (→ GmbHG § 16 Rn. 3 ff.). In der Praxis hat sich der Erbe daher gegenüber der Gesellschaft gemäß § 16 Abs. 1 GmbHG als Gesellschafter zu legitimieren und auf Korrektur der Gesellschafterliste und Einreichung dieser zum Handelsregister zu drängen. Die Gesellschafterliste ist gem. § 16 Abs. 3 GmbHG unter bestimmten Voraussetzungen auch maßgeblich für den gutgläubigen Erwerb von Geschäftsanteilen vom Nichtberechtigten, bspw. einem Scheinerben (→ § 16 Rn. 26 ff.).

47 Die mit dem Geschäftsanteil kraft Gesamtrechtsnachfolge auf den Erben übergehenden **mitgliedschaftlichen Verpflichtungen** sind Nachlassverbindlichkeiten (→ GmbHG § 15 Rn. 14) mit den entsprechenden grundsätzlichen Möglichkeiten der Haftungsbeschränkung (dazu und zu den Ausnahmen → § 15 Rn. 15). Auch nach Eintragung des Erben in die Gesellschafterliste verbleibt es zwar bei einer Haftung aufgrund der erbrechtlichen Gesamtrechtsnachfolge. Allerdings gilt § 16 Abs. 2 GmbHG daneben, so dass im Hinblick auf rückständige Einlageverpflichtungen iSv § 16 Abs. 2 GmbHG eine Berufung auf die beschränkte Erbenhaftung nicht mehr möglich ist (→ § 16 Rn. 16 ff.).

48 Die Regelungen des GmbH-Gesetzes gehen davon aus, dass ein Geschäftsanteil jeweils einer einzigen natürlichen oder juristischen Person zusteht. Sind im Erbfall **mehrere Erben** vorhanden, geht der Geschäftsanteil des Erblassers jedoch auf die Erbengemeinschaft zur gesamten Hand über (→ GmbHG § 15 Rn. 12). § 18 GmbHG gestattet für diesen Fall nur die gemeinschaftliche und dadurch einheitliche Ausübung der Gesellschafterrechte, alternativ die Ausübung durch einen gemeinschaftlichen Vertreter (→ GmbHG § 18 Rn. 10 ff.). Umgekehrt kann die Gesellschaft gem. § 18 Abs. 3 GmbHG Rechtshandlungen gegenüber einem Mitberechtigten mit Wirkung gegen Alle vornehmen. Für die Haftung der Miterben hinsichtlich der Gesellschafterpflichten ordnet § 18 Abs. 2 GmbHG Gesamtschuld an.

49 Der Gesellschaftsvertrag kann die Vererblichkeit von Geschäftsanteilen zwar nicht generell ausschließen, aber durch **Nachfolgeklauseln** den endgültigen Verbleib des auf den Erben übergegangenen Geschäftsanteils regeln mit der Folge, dass der Erbe nicht oder nur unter bestimmten Voraussetzungen Gesellschafter bleiben kann (→ § 15 Rn. 27 f.). So kann der Gesellschaftsvertrag gem. § 34 GmbHG ua für den Fall des Todes eines Gesellschafters die **Zwangseinziehung** dessen Geschäftsanteils vorsehen (→ GmbHG § 34 Rn. 8). Der Erbe hat in diesem Fall einen gesetzlichen Anspruch gegen die Gesellschaft auf Abfindung zum vollen Anteilswert, für den die beschlussfassenden Gesellschafter solidarisch haften (→ GmbHG § 34 Rn. 20 ff.). Der Gesellschaftsvertrag kann jedoch insbes. für den Fall der Einziehung im Todesfall Abfindungsbeschränkungen bis hin zum vollständigen Ausschluss der Abfindung enthalten (zu den Grenzen → § 34 Rn. 29 ff.).

50 Die **Veräußerung von Geschäftsanteilen** und ihre Abtretung sind gem. § 15 Abs. 3 und 4 GmbHG formgebunden. Dies wird in Erbfällen insbesondere im Rahmen der Nachlassteilung und der Erfüllung von Vermächtnissen relevant (→ § 15 Rn. 31 ff.). Auch können insbes. im Zuge der Erfüllung von Vermächtnissen Vinkulierungsklauseln iSv § 15 Abs. 5 GmbH, die die

---

47 MAH GmbHR/Büsching § 1 Rn. 40.

rechtsgeschäftliche Verfügung über Geschäftsanteile von bestimmten Zustimmungen abhängig machen, Hindernisse bereiten (dazu → § 15 Rn. 54 f.).

II. Aktiengesellschaft

1. Rechtsnatur und Gesellschafterhaftung. Wie die GmbH ist auch die AG gem. § 1 Abs. 1 AktG eine Gesellschaft mit eigener Rechtspersönlichkeit. Sie handelt nach außen durch ihren Vorstand, gegenüber Vorstandsmitgliedern durch ihren Aufsichtsrat. Den Gläubigern der GmbH haftet gem. § 1 Abs. 1 GmbHG nur das Gesellschaftsvermögen. Die Aktionäre sind über Aktien beteiligt und haften auch nur mit ihrer Einlage. Eine persönliche Haftung ist grundsätzlich ausgeschlossen. 51

2. Rechtsfolgen des Todes eines Gesellschafters. Mit dem Erbfall gehen die Aktien gemäß kraft Gesamtrechtsnachfolge auf den Erben über. Dieser tritt damit automatisch in die Rechtsstellung des Erblassers als Aktionär ein. Für Aktien, die auf den Inhaber lauten, gilt dies ohne Weiteres. Für Aktien, die auf den Namen lauten, gilt hingegen im Verhältnis zur Gesellschaft gem. § 67 Abs. 2 AktG nur derjenige als Aktionär, der als solcher in das nach § 67 Abs. 1 AktG geführte **Aktienbuch** eingetragen ist (→ AktG § 67 Rn. 8 f.). Die Möglichkeit des Erben zur erbrechtlichen Haftungsbeschränkung gilt nur bis zu seiner Eintragung als Aktionär in das Aktienregister. 52

Geht eine Aktie auf eine **Erbengemeinschaft** über, so können die Miterben gem. § 69 Abs. 1 AktG die Rechte aus der Aktie nur durch einen gemeinschaftlichen Vertreter ausüben (zur Vertreterbestellung → AktG § 69 Rn. 5). Willenserklärungen der Gesellschaft brauchen demgegenüber gem. § 69 Abs. 3 AktG, sofern kein gemeinsamer Vertreter bestellt ist, gegenüber jedem der Mitberechtigten mit Wirkung für alle abgegeben werden. 53

Insbesondere bei der Übertragung von Aktien im Rahmen einer Nachlassteilung oder einer Erfüllung von Vermächtnissen können sogenannte **Vinkulierungsklauseln** relevant werden, die Verfügung über Aktien von einer Zustimmung – meist der der Gesellschaft – abhängig machen (dazu → § 68 Rn. 6). Eine Realteilung von Aktien ist gem. § 8 Abs. 5 AktG unzulässig (auch → AktG § 169 Rn. 1). 54

III. Kommanditgesellschaft auf Aktien

1. Rechtsnatur und Gesellschafterhaftung. Die KGaA nimmt in ihrer Struktur eine Mittelstellung zwischen der Kommanditgesellschaft und der Aktiengesellschaft ein: Mindestens ein Gesellschafter haftet dem Gesellschaftsgläubigen unbeschränkt (wie der Komplementär einer KG) und die übrigen Gesellschafter sind an dem in Aktien zerlegten Grundkapital ohne persönliche Haftung beteiligt (wie Aktionäre). Das Rechtsverhältnis der persönlich haftenden Gesellschafter untereinander und gegenüber der Gesamtheit der Kommanditaktionäre sowie gegenüber Dritten bestimmt sich daher gem. § 278 Abs. 2 AktG nach den Vorschriften des HGB über die KG. Im Übrigen gelten gem. § 278 Abs. 3 AktG die aktienrechtlichen Bestimmungen der §§ 1 bis 277 AktG sinngemäß, soweit sich nicht aus den §§ 278 bis 290 AktG anderes ergibt. 55

2. Rechtsfolgen des Todes eines Gesellschafters. Mangels abweichender Satzungsregelung scheidet daher der Komplementär mit seinem Tod aus der Gesellschaft aus (näher → AktG § 278 Rn. 3). Im Fall des Todes eines Kommanditaktionärs gehen dessen Aktien gemäß aktiengesetzlicher Regelung kraft erbrechtlicher Gesamtrechtsnachfolge auf seinen Erben über (→ AktG § 278 Rn. 4). 56

Bürgerliches Gesetzbuch (BGB)

In der Fassung der Bekanntmachung vom 2. Januar 2002
(BGBl. I S. 42, ber. S. 2909 und BGBl. 2003 I S. 738)
(FNA 400-2)
zuletzt geändert durch Art. 1 G zur Ermöglichung hybrider und virtueller
Mitgliederversammlungen im Vereinsrecht vom 14. März 2023 (BGBl. I Nr. 72)
– Auszug –

§ 727 BGB   Auflösung durch Tod eines Gesellschafters

(1) Die Gesellschaft wird durch den Tod eines der Gesellschafter aufgelöst, sofern nicht aus dem Gesellschaftsvertrag sich ein anderes ergibt.

(2) ¹Im Falle der Auflösung hat der Erbe des verstorbenen Gesellschafters den übrigen Gesellschaftern den Tod unverzüglich anzuzeigen und, wenn mit dem Aufschub Gefahr verbunden ist, die seinem Erblasser durch den Gesellschaftsvertrag übertragenen Geschäfte fortzuführen, bis die übrigen Gesellschafter in Gemeinschaft mit ihm anderweit Fürsorge treffen können. ²Die übrigen Gesellschafter sind in gleicher Weise zur einstweiligen Fortführung der ihnen übertragenen Geschäfte verpflichtet. ³Die Gesellschaft gilt insoweit als fortbestehend.

A. Allgemeines 1	5. Eintrittsklauseln 20
B. Regelungsgehalt 3	6. Sonderfälle 23
I. Tod als Auflösungsgrund 3	a) Scheinerbe 23
1. Gesetzliche Regelung 3	b) Vor- und Nacherbschaft 27
2. Stellung des Erben 5	III. Stellung des Erben in der Abwicklungsgesellschaft (Abs. 2) 31
II. Abweichende Vereinbarungen 9	1. Anzeigepflicht 31
1. Einfache Nachfolgeklauseln 10	2. Notgeschäftsführung 34
2. Qualifizierte Nachfolgeklauseln .. 15	3. Verpflichteter Personenkreis ... 38
3. Fortsetzungsklauseln 18	C. Weitere praktische Hinweise 41
4. Rechtsgeschäftliche Nachfolgeklauseln 19	D. Ausblick MoPeG 44

A. Allgemeines

1   Die GbR ist der rechtsgeschäftliche Zusammenschluss zweier oder mehrerer Personen, die idR gesamthänderisch am Vermögen der Gesellschaft beteiligt sind und einem gemeinsamen Zweck fördern. Die GbR wird typischerweise durch die als Gesellschafter beteiligten Personen geprägt.[1] Ein- und Austritt einzelner Gesellschafter führen damit ebenso wie die Übertragung der Mitgliedschaft zu einer Änderung des Gesellschaftsvertrages.[2] § 727 BGB trägt dieser personalistischen Struktur Rechnung und bestimmt in Abs. 1 – anders als bei den Handelsgesellschaften – den Tod eines Gesellschafters als Auflösungsgrund.[3] Da die Gesellschaft mit der Auflösung noch nicht beendet ist, sondern zunächst abgewickelt werden muss, trifft Abs. 2 Regelungen zur Fortführung der Geschäfte während einer Übergangszeit. § 727 Abs. 2 BGB geht insoweit den Bestimmungen in § 730 Abs. 2 BGB (sowie auch in § 146 Abs. 1 HGB) über die Geschäftsführung in der Abwicklungsgesellschaft (zeitlich) vor.[4]

---

[1] MüKoBGB/Schäfer BGB Vorb. § 705 Rn. 1 f.; MAH PersGesR/Mutter/Müller § 1 Rn. 20.
[2] MüKoBGB/Schäfer BGB Vorb. § 705 Rn. 2.
[3] Mit Inkrafttreten des MoPeG am 1.1.2024 wird dieses Konzept geändert. Gesetzlicher Regelfall wird dann gemäß § 723 Abs. 1 BGB nF das Ausscheiden des Gesellschafters mit dem Tod sein, wohingegen im Gesellschaftsvertrag auch die Auflösung der Gesellschaft als Rechtsfolge bestimmt sein kann (§ 730 BGB nF).
[4] Vgl. MüKoBGB/Schäfer BGB § 727 Rn. 9.

§ 727 BGB gilt sowohl für die Außen-GbR als auch für die Innen-GbR. Abs. 2 gilt außerdem über § 105 Abs. 3 HGB und § 161 Abs. 2 HGB auch für die OHG und die KG.[5] Die Regelungen sind dispositiv.[6]

B. Regelungsgehalt

I. Tod als Auflösungsgrund

1. Gesetzliche Regelung. Sofern der Gesellschaftsvertrag nichts Abweichendes bestimmt, wird die GbR gem. § 727 Abs. 1 BGB durch den Tod eines der Gesellschafter aufgelöst. Die Auflösung führt dazu, dass die Gesellschaft zu einer **Abwicklungsgesellschaft** wird, die nach §§ 730 ff. BGB auseinanderzusetzen ist.[7] Abweichend davon können die Gesellschafter die Fortsetzung der Gesellschaft beschließen.[8]

Dem Tod eines Gesellschafters stehen die **Todeserklärung** oder die Feststellung des Todes und dessen Zeitpunkt durch gerichtliche Entscheidung (§§ 9, 39 VerschG) gleich.[9] Die bloße Verschollenheit löst die Gesellschaft demgegenüber nicht auf.[10]

2. Stellung des Erben. Mit dem Tod eines Gesellschafters tritt sein Erbe in der Abwicklungsgesellschaft an die Stelle des verstorbenen Gesellschafters.[11] Damit gehen alle Vermögens- und Verwaltungsrechte auf den Erben über.[12]

Vor dem Erbfall entstandene Gesellschaftsverbindlichkeiten sind für den Erben als eintretenden Gesellschafter der Abwicklungsgesellschaft gewöhnliche Nachlassverbindlichkeiten.[13] Bei den nach dem Erbfall aus rechtsverbindlichem Handeln für die Abwicklungsgesellschaft begründeten Verbindlichkeiten handelt es sich um Nachlasserbenschulden, die aus Rechtsgeschäften für den Nachlass im Rahmen einer ordnungsgemäßen Verwaltung herrühren. Damit haben sie einen Bezug zum Nachlass, der für die Gesellschaftsgläubiger im Regelfall unverkennbar ist, so dass die Erben ihre Haftung auf den Nachlass beschränken können.[14] Werden die Erben als Notgeschäftsführer selbst tätig, greift § 164 Abs. 2 BGB.[15]

Sind mehrere Erben vorhanden, so stehen die Rechte an der Abwicklungsgesellschaft der **Erbengemeinschaft** und damit sämtlichen Erben gemeinschaftlich zu. Der Gesellschaftsanteil ist Teil des gesamthänderisch gebundenen Nachlasses.[16] Die Erben können daher gegenüber den Mitgesellschaftern ihre Rechte nur einheitlich durch Zusammenwirken wahrnehmen. Für die **interne Willensbildung** gilt gem. §§ 2038 Abs. 2, 745 Abs. 1 BGB das Mehrheitsprinzip, soweit es sich um Maßnahmen der ordnungsgemäßen Verwaltung des Gesellschaftsanteils handelt.[17] Im Übrigen gilt der Grundsatz der Einstimmigkeit aus § 2038 Abs. 1 S. 1 BGB.[18] Insbes. ein Fortsetzungsbeschluss bedarf der Zustimmung sämtlicher Miterben, da anstelle der Erbengemeinschaft mit der Fortsetzung der Gesellschaft die Erben persönlich Mitglieder der als werbend fortgesetzten Gesellschaft werden.[19]

---

5 MüKoBGB/Schäfer BGB § 727 Rn. 3.
6 Grüneberg/Sprau BGB § 727 Rn. 2; MüKoBGB/Schäfer BGB § 727 Rn. 4.
7 MüKoBGB/Schäfer BGB § 727 Rn. 6; MAH PersGesR/Mutter/Müller § 20 Rn. 5.
8 MüKoBGB/Schäfer BGB § 727 Rn. 6.
9 MüKoBGB/Schäfer BGB § 727 Rn. 7.
10 MüKoBGB/Schäfer BGB § 727 Rn. 7; Grüneberg/Sprau BGB § 727 Rn. 1.
11 BGH NJW 1982, 170; OLG München NJW-RR 2010, 1667; MAH PersGesR/Mutter/Müller § 20 Rn. 5.
12 BGH NJW 1995, 3314 (3315); BGH NZG 2011, 697; MüKoBGB/Schäfer BGB § 727 Rn. 13.
13 BGH NJW 1995, 3314 (3315); MüKoBGB/Schäfer BGB § 727 Rn. 21; Erman/Westermann BGB § 727 Rn. 5.
14 MüKoBGB/Schäfer BGB § 727 Rn. 21; ausführlich und kritisch Dauner-Lieb Unternehmen in Sondervermögen, 1998, 120 ff., 142 f.
15 MüKoBGB/Schäfer BGB § 727 Rn. 21.
16 BGHZ 98, 48 (58); BGH NJW 1995, 3314 (3315); MüKoBGB/Schäfer BGB § 727 Rn. 14; aA Liebisch ZHR 116 (1953), 179.
17 MüKoBGB/Schäfer BGB § 727 Rn. 20; Soergel/Hadding/Kießling BGB § 727 Rn. 5; Bamberger/Roth/Schöne BGB § 727 Rn. 9.
18 Erman/Westermann BGB § 727 Rn. 4; MüKoBGB/Schäfer BGB § 727 Rn. 20.
19 BGHZ 1, 324 (328); BGH NJW 1982, 170 (171); Erman/Westermann BGB § 727 Rn. 4.

8 Hat der Erblasser **Testamentsvollstreckung** angeordnet, so umfassen die Verwaltungsbefugnisse des Testamentsvollstreckers den vererbten Anteil an der Abwicklungsgesellschaft.[20] Strittig ist, ob gleiches für den **Nachlassverwalter** gilt.[21]

II. Abweichende Vereinbarungen

9 § 727 Abs. 1 BGB ist nicht zwingend; abweichende Vereinbarungen sind gem. Hs. 2 zulässig. Insbes. können im Gesellschaftsvertrag Nachfolge- oder Fortsetzungsklauseln vorgesehen werden.

10 **1. Einfache Nachfolgeklauseln.** Nachfolgeklauseln bedingen die Vereinbarung der Vererblichkeit der Gesellschaftsanteile.[22] Bei der einfachen Nachfolgeklausel (ergänzend auch → § 131 Rn. 25 ff.) ist der Gesellschaftsanteil generell und unabhängig von der Person des oder der jeweiligen Erben vererblich. Der Erbe wird dann mit dem Tod des Erblassers durch **Singularzession** Gesellschafter.[23]

11 Die Rechtsstellung des Erben entspricht regelmäßig derjenigen des Erblassers. Ausgenommen ist allerdings der Übergang höchstpersönlicher Rechte.[24] Beschränkungen der Rechte des Erblassers gelten auch für den Erben. Sonderrechte des Erblassers gehen nur dann nicht auf den Erben über, wenn sie dem Erblasser aufgrund persönlicher Fähigkeiten zustanden.[25] Der Gesellschaftsvertrag kann aber vorsehen, dass die Rechtsstellung des Gesellschafter-Erben von derjenigen des Erblassers abweicht.[26]

12 Mit seinem Eintritt als Gesellschafter haftet der Erbe für Altschulden der Gesellschaft nach erbrechtlichen Grundsätzen.[27] Ein Teil der Literatur erkennt dem Erben daher ein **Austrittsrecht** analog § 139 HGB zu.[28]

13 Bei **mehreren Erben** geht der Gesellschaftsanteil mit dem Tod des Gesellschafters unmittelbar auf die Erben als **Einzelnachfolger** über.[29] Abweichend von § 1922 BGB wird damit jeder Miterbe einzeln entsprechend seiner Miterbenquote Gesellschafter, weil die Erbengemeinschaft als solche nicht Mitglied einer (werbenden) GbR sein kann.[30]

14 Statt der gesetzlichen Erbfolge kann der Erblasser bei einfachen Nachfolgeklauseln nahezu unbeschränkt durch **Erbeinsetzung** seinen jeweiligen Nachfolger bestimmen.[31] Ist vorgesehen, dass nur einzelne Erben oder ein vom verstorbenen Gesellschafter bestimmter Erbe Gesellschafter wird, haben die übrigen Erben gegen diesen einen Abfindungsanspruch.[32] Der Abfindungsanspruch richtet sich im Rahmen der Erbauseinandersetzung grundsätzlich nach dem vollen Anteilswert.[33]

15 **2. Qualifizierte Nachfolgeklauseln.** Die qualifizierte Nachfolgeklausel (ergänzend → § 131 Rn. 31 ff.) führt ebenfalls zur Vererblichkeit von Gesellschaftsanteilen, **beschränkt aber die**

---

20 BGHZ 98, 48 (58); BGH NJW 1981, 749 (750).
21 Dagegen BayObLG BB 1988, 791 (793); BayObLG WM 1991, 131 (133); Soergel/Stein BGB § 1985 Rn. 6; aA MüKoBGB/Schäfer BGB § 727 Rn. 23; Marotzke EWiR 1991, 155 f.
22 BGHZ 68, 225 (229).
23 Grüneberg/Sprau BGB § 727 Rn. 3.
24 MüKoBGB/Schäfer BGB § 727 Rn. 33; Bamberger/Roth/Schöne BGB § 727 Rn. 15; aA Schlicht NJW 1954, 984 (985): nur vermögensrechtliche Seite der Mitgliedschaft geht nach Erbrecht über.
25 BGH DB 1958, 1417 (1417 f.); Grüneberg/Sprau BGB § 727 Rn. 3.
26 Bamberger/Roth/Schöne BGB § 727 Rn. 15.
27 Grüneberg/Sprau BGB § 727 Rn. 3; Hoppe ZEV 2004, 226.
28 MüKoBGB/Schäfer BGB § 727 Rn. 47 ff.; Bamberger/Roth/Schöne BGB § 727 Rn. 13. Mit Inkrafttreten des MoPeG am 1.1.2024 erhält bei der im Handelsregister eintragungsfähigen GbR der in die Gesellschafterstellung eintretende Erbe durch § 724 BGB nF das Recht, binnen drei Monaten ab Kenntniserlangung vom Erbfall die Einräumung der Stellung eines Kommanditisten zu verlangen. Nehmen die übrigen Gesellschafter den Antrag nicht an, kann der Erbe seine Mitgliedschaft kündigen.
29 BGH NJW 1999, 571 (572); vgl. auch Bamberger/Roth/Schöne BGB § 727 Rn. 16.
30 BGHZ 22, 186 (192 f.); Grüneberg/Sprau BGB § 727 Rn. 3.
31 MüKoBGB/Schäfer BGB § 727 Rn. 30.
32 BGHZ 68, 225 (238).
33 MüKoBGB/Schäfer BGB § 727 Rn. 46.

Möglichkeit der Anteilsvererbung auf einen im Gesellschaftsvertrag näher bestimmten – namentlich genannten oder abstrakt umschriebenen – Personenkreis (zB Ehegatten, Kinder).[34] Der Gesellschaftsanteil geht bei der qualifizierten Nachfolgeklausel nur dann wirksam auf den gesetzlichen oder testamentarisch bestimmten Erben über, wenn dieser dem im Gesellschaftsvertrag bestimmten Personenkreis auch angehört.[35] Die Anordnung eines bloßen Vermächtnisses zugunsten der als Nachfolger vorgesehenen Person reicht wegen der rein schuldrechtlichen Natur des Vermächtnisses nicht aus.[36]

Der nicht in die Gesellschaft eintretende (Mit-)Erbe hat keinen Abfindungsanspruch gegen die Gesellschaft. Ihm steht aber ein **erbrechtlicher Ausgleichsanspruch** gegenüber dem Nachfolger-Erben entsprechend seiner Erbquote zu.[37] Die Erbquoten verhindern damit nicht, dass ein Erbe einen über seine Erbquote hinausgehenden Gesellschaftsanteil erwirbt. Eine derartige Ausgleichspflicht des Nachfolger-Erben kann der Erblasser im Wege des Vorausvermächtnisses (§ 2150 BGB) durch letztwillige Verfügung ausschließen.[38] Möglich ist auch die Regelung einer Unterbeteiligung der weichenden Erben an dem Gesellschaftsanteil des Nachfolger-Erben, wodurch eine Innengemeinschaft zwischen den Erben entsteht und direkte Rechtsbeziehungen der weichenden Erben mit der Gesellschaft verhindert werden.[39]

Ist als Erbe eine Person eingesetzt, die laut Gesellschaftsvertrag **nicht zum Kreis der Nachfolgeberechtigten** gehört, geht die Nachfolgeklausel ins Leere. Die Gesellschaft wird in diesem Fall zunächst unter den überlebenden Gesellschaftern fortgeführt. Im Einzelfall ist zu prüfen, ob die Nachfolgeklausel in eine Eintrittsklausel zugunsten der als Nachfolger vorgesehenen Personen umgedeutet werden kann.[40]

3. Fortsetzungsklauseln. Sogenannte Fortsetzungsklauseln führen zum **Ausscheiden eines Gesellschafters** mit dem Tode und zur Fortsetzung der Gesellschaft unter den übrigen Gesellschaftern gem. § 736 Abs. 1 BGB.[41] Die Erben haben in diesem Fall einen **Abfindungsanspruch** gem. §§ 738 bis 740 BGB.[42] Dieser ist Bestandteil des Nachlasses.[43] Fortsetzungsklauseln gleichen damit die GbR dem bei der oHG gemäß § 131 Abs. 3 Nr. 1 HGB geltenden gesetzlichen Regelfall an. Wird die Abfindung zugunsten der Erben in der Fortsetzungsklausel ausgeschlossen, handelt es sich hierbei um eine Verfügung unter Lebenden, die sich im Todesfall automatisch vollzieht und die nicht nach § 2301 BGB formbedürftig ist.[44]

4. Rechtsgeschäftliche Nachfolgeklauseln. Zulässig sind schließlich sog. rechtsgeschäftliche Nachfolgeklauseln (ergänzend → HGB § 131 Rn. 42 ff.), die eine **Rechtsnachfolge** auf den Todesfall eines Gesellschafters in den Anteil **außerhalb des Nachlasses** ermöglichen. In diesen Fällen muss der Nachfolger nicht Erbe sein. Die Mitgliedschaft wird vielmehr durch Vertrag zwischen Gesellschaftern und Nachfolger aufschiebend bedingt auf den Tod des Gesellschafters übertragen.[45] Erforderlich ist hierfür ein (Beitritts-)Vertrag zwischen den Gesellschaftern und dem Nachfolger; ist der Nachfolger Mitgesellschafter, ist allein seine Beteiligung bei der Abfassung einer gesellschaftsvertraglichen Nachfolgeklausel ausreichend.[46]

---

34 MüKoBGB/Schäfer BGB § 727 Rn. 30.
35 BGHZ 68, 225 (229, 258); MüKoBGB/Schäfer BGB § 727 Rn. 43.
36 MüKoBGB/Schäfer BGB § 727 Rn. 43.
37 BGHZ 22, 186 (196 f.); MüKoBGB/Schäfer BGB § 727 Rn. 46; Michalski DB 1980, Beilage 5 S 1, 20 f.
38 BGHZ 68, 225 (234); 22 (186, 195 ff.); MüKoBGB/Schäfer BGB § 727 Rn. 46; Bamberger/Roth/Schöne BGB § 727 Rn. 18.
39 Bamberger/Roth/Schöne BGB § 727 Rn. 18.
40 MüKoBGB/Schäfer BGB § 727 Rn. 43.
41 Mit Inkrafttreten des MoPeG am 1.1.2024 wird dies gemäß § 723 BGB nF der gesetzliche Regelfall werden.
42 Grüneberg/Sprau BGB § 727 Rn. 2.
43 Bamberger/Roth/Schöne BGB § 727 Rn. 12; vgl. dazu auch BGHZ 22, 186 (194).
44 Bamberger/Roth/Schöne BGB § 727 Rn. 12; K. Schmidt GesR § 45 V 2 c; Michalski DB 1980, Beilage 5, 1, 5; Brox Erbrecht Rn. 781, allerdings mit der Einschränkung, dass der Abfindungsanspruch für den Fall des Todes eines jeden Gesellschafters ausgeschlossen ist.
45 Grüneberg/Sprau BGB § 727 Rn. 4; vgl. näher Becker ACP 201, 629 (633).
46 BGHZ 68, 225 (234); Bamberger/Roth/Schöne BGB § 727 Rn. 20.

19.1 § 2301 BGB ist nach hM nicht anwendbar, weil es sich bei der aufschiebend bedingten Übertragung um eine schon **zu Lebzeiten des Erblassers vollzogene Zuwendung** handelt.[47] Da die Gesellschafterstellung nicht in den Nachlass fällt, entsteht kein Abfindungsanspruch des Erben gegenüber der Gesellschaft. Möglich sind aber Ausgleichsansprüche der Erben und Pflichtteilsberechtigten nach § 2325 BGB im Hinblick auf den ihnen durch die Verfügung auf den Todesfall entgehenden Abfindungsanspruch gegen die Erben.[48]

20 **5. Eintrittsklauseln.** Außerhalb der Erbfolge sind auch Eintrittsklauseln (ergänzend → HGB § 131 Rn. 38 ff.) zulässig. Diese geben den in der Eintrittsklausel benannten Personen ein Recht auf Beitritt zur fortbestehenden Gesellschaft unter den in der Klausel genannten Voraussetzungen.[49] Die **Bestimmung des durch die Eintrittsklausel begünstigten Dritten** kann, soweit sie nicht im Gesellschaftsvertrag erfolgt, ebenso wie bei der Nachfolgeklausel durch letztwillige Verfügung erfolgen, im Gegensatz zur Nachfolgeklausel allerdings auch im Vermächtniswege.[50] Denkbar ist sogar, die Bestimmung des Begünstigten einer vertraglich hierzu ermächtigten Person zu übertragen.[51]

21 Die Eintrittsklausel ist ein **berechtigender Vertrag zugunsten Dritter** (§ 328 Abs. 1 BGB), der mit dem Todesfall ein eigenes Recht des Begünstigten auf Beitritt zur Gesellschaft begründet.[52] Das Eintrittsrecht ist in angemessener Frist auszuüben.[53]

22 Enthält der Gesellschaftsvertrag keine besonderen Regelungen zum **Abfindungsanspruch der Erben**, so entsteht bei der Eintrittsklausel mit dem Tod des bisherigen Gesellschafters ein Abfindungsanspruch gem. §§ 736 Abs. 1, 738 Abs. 1 S. 2 BGB.[54] Dies gilt auch bei Ausübung des Eintrittsrechts durch den Begünstigten. Will er die Vermögensposition des verstorbenen Gesellschafters erlangen, hat er eine dem Abfindungsbetrag entsprechende Einlage zu leisten.[55]

23 **6. Sonderfälle. a) Scheinerbe.** Bei Vorhandensein einer **Nachfolgeklausel** geht der Gesellschaftsanteil mit dem Tod eines Gesellschafters auf dessen Erben automatisch über. Daher wird der wahre Erbe auch dann Gesellschafter, wenn zunächst ein Dritter als vermeintlicher Erbe auftritt und die Gesellschafterrechte in Anspruch nimmt. Die Grundsätze der fehlerhaften Gesellschaft greifen nur, soweit es in der Folgezeit zu gesellschaftsvertraglichen Vereinbarungen zwischen dem vermeintlichen Erben und den Mitgesellschaftern über den Gesellschaftsanteil kommt.[56]

24 Legt der vermeintliche Erbe einen Erbschein vor, so können sich die Mitgesellschafter dem wahren Erben gegenüber auf den **öffentlichen Glauben des Erbscheins** (§ 2367 BGB) berufen und muss der wahre Erbe den Anteil in dem Zustand übernehmen, in dem er sich bei Aufdeckung des Irrtums befindet.[57] Im Übrigen ist er auf die Ansprüche nach §§ 2018 ff. BGB verwiesen, uU – im Falle zwischenzeitlichen Ausscheidens des vermeintlichen Erben – also auch auf einen Abfindungsanspruch.[58] Der vermeintliche Erbe kann seinerseits von den Mitgesellschaftern entsprechend § 738 Abs. 1 BGB[59] Befreiung von den Verbindlichkeiten verlangen, die für ihn kraft Rechtsscheins während seiner Stellung als Scheingesellschafter entstanden sind.[60]

---

47 MüKoBGB/Schäfer BGB § 727 Rn. 52; Michalski DB 1980, Beilage 5,1, 11.
48 MüKoBGB/Schäfer BGB § 727 Rn. 53; Bamberger/Roth/Schöne BGB § 727 Rn. 20; Soergel/Hadding/Kießling BGB § 272 Rn. 38.
49 Soergel/Hadding/Kießling BGB § 727 Rn. 15 f.; MüKoBGB/Schäfer BGB § 727 Rn. 54.
50 BGH NJW-RR 1987, 989; vgl. auch MüKoBGB/Schäfer BGB § 727 Rn. 55.
51 MüKoBGB/Schäfer BGB § 727 Rn. 55.
52 MüKoBGB/Schäfer BGB § 727 Rn. 58.
53 RGZ 170, 98 (108).
54 MüKoBGB/Schäfer BGB § 727 Rn. 59.
55 MüKoBGB/Schäfer BGB § 727 Rn. 59; aA Flume Die Personengesellschaft I/1 § 18 II 3, 393.
56 MüKoBGB/Schäfer BGB § 727 Rn. 64; Soergel/Hadding/Kießling BGB § 727 Rn. 45; für eingeschränkte Anwendung der Lehre von der fehlerhaften Gesellschaft: Konzen ZHR 145 (1981), 29, 63 ff.
57 R. Fischer FS Heymanns Verlag, 1965, 271, 277; MüKoBGB/Schäfer BGB § 727 Rn. 65; einschränkend Konzen ZHR 145 (1981), 29, 63 ff.
58 MüKoBGB/Schäfer BGB § 727 Rn. 65.
59 Ab dem 1.1.2024: § 728 BGB nF.
60 R. Fischer FS Heymanns Verlag, 1965, 271, 283; MüKoBGB/Schäfer BGB § 727 Rn. 65.

Lag **kein Erbschein** vor, stehen dem wahren Erben entsprechend den gesetzlichen Regeln die mit dem Erbfall erlangten Anteilsrechte unter Berücksichtigung zwischenzeitlicher Gewinne oder Verluste in vollem Umfang zu.[61] Entnahmen des vermeintlichen Erben oder sonstige von diesem herbeigeführte Verschlechterungen der mit dem Anteil verbundenen Rechtsstellung haben dem wahren Erben gegenüber keine Wirkung; die Gesellschaft muss insoweit beim Scheinerben Regress nehmen (arg e § 2367 BGB).[62] Ist der vermeintliche Erbe zwischenzeitlich durch – fehlerhafte – Vereinbarung mit den Gesellschaftern ausgeschieden, so entfällt damit zwar die Gesellschafterstellung des wahren Erben. Dieser kann jedoch nach Aufdeckung des Irrtums seine Wiederaufnahme verlangen.[63]

Macht im Falle einer **Eintrittsklausel** der vermeintliche Erbe oder Vermächtnisnehmer von seinem gesellschaftsvertraglichen Eintrittsrecht Gebrauch, so greifen die Grundsätze über die fehlerhafte Gesellschaft: Der vermeintliche Erbe wird durch Aufnahmevertrag Gesellschafter und kann nur ex nunc wieder ausgeschlossen werden.[64] Dies gilt unabhängig davon, ob ein Erbschein vorlag oder nicht.[65]

b) **Vor- und Nacherbschaft.** Die Anordnung einer Nacherbschaft steht der Nachfolge des Vorerben kraft Nachfolgeklausel oder der Ausübung eines gesellschaftsvertraglichen Eintrittsrechts unter den darin bestimmten Voraussetzungen nicht entgegen. Während der Dauer der Vorerbschaft übt der Vorerbe grundsätzlich **uneingeschränkt** die mit dem Anteil verbundenen Rechte aus.[66] Die **Kontrollrechte des Nacherben** aus §§ 2121, 2122 und 2127 BGB richten sich nicht gegen die Gesellschaft, sondern nur gegen den Vorerben.[67] Die **Nutzungen aus dem Anteil** stehen dem Vorerben im Verhältnis zum Nacherben insoweit zu, als es sich um die auf den Zeitraum der Vorerbschaft entfallenen entnahmefähigen Gewinne handelt.[68] Auch **Änderungen des Gesellschaftsvertrags** unter Mitwirkung des Vorerben muss der Nacherbe hinnehmen. Ausgenommen sind Änderungen, die sich einseitig zum Nachteil des Vor- oder Nacherben auswirken, ohne im Gesellschaftsinteresse geboten zu sein. Diese werden als de facto unentgeltliche Verfügungen dem Nacherben gegenüber nach § 2113 Abs. 2 BGB unwirksam.[69]

Mit **Eintritt des Nacherbfalls** wird der Nacherbe Rechtsnachfolger des Erblassers (nicht des Vorerben).[70] Enthält der Gesellschaftsvertrag eine Nachfolgeklausel, so stellt der Nacherbfall einen neuen Erbfall dar. Der Nacherbe tritt, sofern er zu den von der Nachfolgeklausel erfassten Personen gehört, ipso iure mit Eintritt des Nacherbfalls als Gesellschafter anstelle des Vorerben ein, ohne dass es einer Herausgabe des Anteils iSv § 2130 BGB bedarf.[71]

Ist im Falle einer **Zwei-Personen-Gesellschaft** der Vorerbe gleichzeitig der verbleibende Gesellschafter, so wird die Gesellschaft unter Anwachsung beim Vorerben mit dem Tode des anderen Gesellschafters beendet. Mit Anfall der Nacherbschaft lebt sie allerdings entsprechend §§ 2139, 2143 uU wieder auf, sofern hierdurch wieder mehr als ein Gesellschafter vorhanden sind.[72]

Wurde der Vorerbe aufgrund einer **Eintrittsklausel** Gesellschafter, so erfolgt kein unmittelbarer Anteilsübergang auf den Nacherben. Durch Auslegung der Eintrittsklausel ist zu klären, ob der Vorerbe mit dem Nacherbfall automatisch ausscheidet oder von den übrigen Gesellschaftern ausgeschlossen werden kann.[73]

---

61 MüKoBGB/Schäfer BGB § 727 Rn. 66; Konzen ZHR 145 (1981), 29 (65 f.).
62 MüKoBGB/Schäfer BGB § 727 Rn. 66.
63 MüKoBGB/Schäfer BGB § 727 Rn. 66; Konzen ZHR 145 (1981), 29 (67).
64 MüKoBGB/Schäfer BGB § 727 Rn. 67 f.; R. Fischer FS Heymanns Verlag, 1965, 271, 279; Konzen ZHR 145 (1981), 29 (49 ff.).
65 MüKoBGB/Schäfer BGB § 727 Rn. 68; Konzen ZHR 145 (1981), 29 (54 ff.).
66 MüKoBGB/Schäfer BGB § 727 Rn. 69.
67 MüKoBGB/Schäfer BGB § 727 Rn. 69; Ulmer JuS 1986, 856 (857).
68 MüKoBGB/Schäfer BGB § 727 Rn. 71; Baur/Grunzky ZHR 133 (1970), 209 (211 ff.).
69 BGHZ 78, 177 (183 f.); BGH NJW 1981, 1560; Lutter ZGR 1982, 108 ff.
70 BGHZ 57, 186 (188).
71 MüKoBGB/Schäfer BGB § 727 Rn. 72; Hefermehl FS Westermann, 1974, 223, 228.
72 Stimpel FS Rowedder, 1994, 477, 481 f.
73 Näher MüKoBGB/Schäfer BGB § 727 Rn. 73.

III. Stellung des Erben in der Abwicklungsgesellschaft (Abs. 2)

31 **1. Anzeigepflicht.** Im gesetzlichen Regelfall der Auflösung der Gesellschaft gem. § 727 Abs. 1 BGB[74] hat der Erbe gem. § 727 Abs. 2 BGB[75] die Pflicht, den übrigen Gesellschaftern den Tod des Erblassers unverzüglich iSv § 121 Abs. 1 S. 1 BGB anzuzeigen. Die Anzeige ist an sämtliche übrigen Gesellschafter zu richten, nicht etwa nur an geschäftsführende. Mit Absendung in üblicher Form haben die Erben ihre Pflicht erfüllt.[76]

32 Die Anzeigepflicht soll **entfallen**, wenn den anderen Gesellschaftern der Tod anderweit bekannt wird, zB durch Todesanzeigen in der Zeitung.[77] Dies wird man jedoch nur im Falle tatsächlicher Kenntnisnahme annehmen dürfen.

33 Im Falle einer **Fortsetzungsklausel** entfällt die Anzeigepflicht, da sie mitgliedschaftlicher Art ist.[78]

34 **2. Notgeschäftsführung.** Der Erbe ist außerdem gem. § 727 Abs. 2 S. 1 BGB[79] zur Notgeschäftsführung verpflichtet, wenn (i) dem verstorbenen Gesellschafter eine bestimmte Art der Geschäftsführung allein oder mit anderen Gesellschaftern übertragen worden war und (ii) mit dem Aufschub der Geschäftsführung Gefahr für das Gesellschaftsvermögen verbunden ist. Im Rahmen der notwendigen Maßnahmen hat der Erbe auch Vertretungsmacht.

35 Die Pflicht zur Notgeschäftsführung ist auf den Zeitraum beschränkt, der für die Umstellung der Gesellschaft auf die Abwicklung unter Berücksichtigung der in § 730 Abs. 2 BGB angeordneten Gesamtgeschäftsführung erforderlich ist.[80] Bei Untätigkeit der Mitgesellschafter verlängert sich die Pflicht der Erben zur Notgeschäftsführung nicht.[81]

36 Im Rahmen der Notgeschäftsführung gilt auch für den Erben der **Haftungsmaßstab** des § 708 BGB.[82] Da der Gesellschaftsanteil zum Nachlass gehört, sind Schadensersatzpflichten gegenüber Mitgesellschaftern wegen Verletzung der Anzeige- oder Notgeschäftsführungspflicht Nachlassverbindlichkeiten. Der Erbe kann insoweit seine Haftung gem. §§ 1975 ff., 2059 BGB auf den Nachlass beschränken.[83]

37 Die Pflicht zur Notgeschäftsführung gilt im Falle einer **Fortsetzungsklausel** nicht. Vielmehr gilt die den Mitgesellschaftern übertragene Geschäftsführungsbefugnis im Grundsatz unverändert fort. Bei Wegfall des einzigen geschäftsführenden Gesellschafters gilt Gesamtgeschäftsführung der verbleibenden Gesellschafter.[84]

38 **3. Verpflichteter Personenkreis.** Die Anzeigepflicht und die Pflicht zur Notgeschäftsführung beginnen mit dem Anfall der Erbschaft (§ 1942 BGB). Die **Ausschlagung der Erbschaft** lässt die Verpflichtung rückwirkend entfallen (§ 1953 BGB). Zwischenzeitliche Notgeschäftsführungsmaßnahmen bleiben sowohl den Mitgesellschaftern als auch Dritten gegenüber indes wirksam.[85]

39 Mehrere Erben haben die erforderlichen Handlungen grundsätzlich gemeinschaftlich iSv § 2038 Abs. 1 BGB vorzunehmen. Das Erfüllen der Anzeigepflicht durch einen Erben führt allerdings zum Erlöschen der Pflicht der Miterben.[86] Gem. § 2038 Abs. 1 S. 2 BGB kann jeder Miterbe

---

74 Mit Inkrafttreten des MoPeG am 1.1.2024 ist gesetzlicher Regelfall das Ausscheiden des Gesellschafters mit seinem Tod. Die Auflösung der Gesellschaft erfolgt nur, wenn der Gesellschaftsvertrag dies vorsieht (§ 730 Abs. 1 BGB nF).
75 Ab 1.1.2024: § 730 Abs. 1 BGB nF.
76 MüKoBGB/Schäfer BGB § 727 Rn. 15.
77 Bamberger/Roth/Schöne BGB § 727 Rn. 8.
78 MüKoBGB/Schäfer BGB § 727 Rn. 26; Soergel/Hadding/Kießling BGB § 727 Rn. 8.
79 Ab 1.1.2024: § 730 Abs. 1 BGB nF.
80 Bamberger/Roth/Schöne BGB § 727 Rn. 9.
81 MüKoBGB/Schäfer BGB § 727 Rn. 16.
82 MüKoBGB/Schäfer BGB § 727 Rn. 19. Das Haftungsprivileg der Sorgfalt in eigenen Angelegenheiten entfällt mit Inkrafttreten des MoPeG, so dass ab dem 1.1.2024 der allgemeine zivilrechtliche Haftungsmaßstab des § 276 BGB gilt, der im Einzelfall „interessengerecht" ausgelegt werden soll (Begr. RegE zum MoPeG, S. 160).
83 MüKoBGB/Schäfer BGB § 727 Rn. 19.
84 MüKoBGB/Schäfer BGB § 727 Rn. 25; Soergel/Hadding/Kießling BGB § 727 Rn. 12.
85 MüKoBGB/Schäfer BGB § 727 Rn. 17.
86 MüKoBGB/Schäfer BGB § 727 Rn. 18.

Handlungen, die zur Erhaltung des Nachlasses – einschl. der hierzu gehörenden Gesellschaftsbeteiligung – notwendig sind, auch ohne Mitwirkung der Anderen vornehmen; allerdings steht ihm keine Alleinvertretungsbefugnis in der Gesellschaft zu.[87]

Diese Regelung in § 727 Abs. 2 BGB gilt entsprechend für Testamentsvollstrecker und Nachlassverwalter. 40

C. Weitere praktische Hinweise

Bei der Eintrittsklausel hat der Eintrittsberechtigte eine dem Abfindungsbetrag entsprechende Einlage zu erbringen. Anstelle einer Geldeinlage kann er den Abfindungsanspruch einbringen, wenn ihm dieser – ggf. im Rahmen der Erbauseinandersetzung – von dem oder den Erben zuvor abgetreten wird. Um dies zu ermöglichen, kann der Erblasser durch letztwillige Verfügung ein entsprechendes Vermächtnis oder eine Teilungsanordnung zugunsten des Eintrittsberechtigten anordnen.[88] 41

Ist eine GbR im Grundbuch als Eigentümerin eines Grundstücks eingetragen, so ist nach dem Tod eines Gesellschafters gemäß § 82 S. 3 GBO das Grundbuch zu berichtigen, da hierin gemäß § 47 Abs. 2 S. 1 GBO auch die Gesellschafter eingetragen werden. Es ist streitig, ob die Berichtigung aufgrund Bewilligung (§§ 19, 29 GBO) allein des ausscheidenden Gesellschafters erfolgt[89] oder die Zustimmung aller Gesellschafter erforderlich ist.[90] Der Beitritt eines Gesellschafters wird aufgrund der Bewilligung der Altgesellschafter mit Zustimmung des eintretenden Gesellschafters eingetragen.[91] Nach dem Tod eines Gesellschafters ist – sofern nicht personenidentisch – nach zutreffender Auffassung nicht dessen Erbe, sondern der Rechtsnachfolger in den Gesellschaftsanteil berechtigt, die Grundbuchberichtigung zu bewilligen.[92] Da die Abgabe einer Bewilligung auch durch einen Vertreter des Berechtigten zulässig ist, befähigt eine transmortale Vollmacht grundsätzlich zum Handeln für die Erben des verstorbenen Gesellschafters, solange sie nicht von den Erben wirksam widerrufen wird.[93] 42

Um für die Übergangszeit nach dem Erbfall, bis die Erben oder Vermächtnisnehmer ihre Gesellschafterrechte ausüben, die Gesellschaft handlungsfähig zu halten, kann eine unternehmensbezogene Vorsorgevollmacht an einen Mitgesellschafter sinnvoll sein.[94] 43

D. Ausblick MoPeG

Mit Inkrafttreten des MoPeG am 1.1.2024 ändert sich die gesetzliche Systematik grundlegend. Gesetzliche Rechtsfolge des Todes eines Gesellschafters ist künftig gemäß § 726 Abs. 1 BGB sein Ausscheiden; die Erben erhalten eine Abfindung. Abweichend hiervon kann der Gesellschaftsvertrag als Rechtsfolge die Auflösung der Gesellschaft – den bisherigen gesetzlichen Regelfall – vorsehen. Die vorstehenden Ausführungen zur Anzeigepflicht, Mitwirkung des Erben an der Geschäftsführung und Liquidation gelten dann mit geringfügigen Abweichungen entsprechend. Die Zulässigkeit von Nachfolgeklauseln wird gesetzlich nicht geregelt, aber – wie sich am Beispiel des § 724 BGB nF ergibt – vorausgesetzt. Analog dem geltenden Recht der OHG wird dem Erben künftig die das Recht zugebilligt, die Einräumung einer Kommanditistenstellung zu verlangen, sofern die Gesellschaft entsprechend § 107 HGB nF in das Handelsregister eintragungsfähig ist. Lehnen die Mitgesellschafter dies ab, hat der Erbe ein außerordentli- 44

---

87 MüKoBGB/Schäfer BGB § 727 Rn. 18.
88 MüKoBGB/Schäfer BGB § 727 Rn. 59; Ulmer ZGR 1972, 220.
89 OLG München NJW-RR 2013, 589; OLG Jena NJW-RR 2011, 1236.
90 OLG Frankfurt/Main NotBZ 2011, 402; OLG Hamm FGPrax 2011, 226; vgl. ergänzend MAH PersGesR/Friel § 13 Rn. 27.
91 MAH PersGesR/Friel § 13 Rn. 27.
92 OLG München NJW-Spezial 2017, 495; aA KG NZG 2016, 555.
93 OLG München notar 2015, 330 ff. mAnm Röhl.
94 Beispiel bei Röhl notar 2015, 330 (332) mAnm zu OLG München.

ches Kündigungsrecht, welches er innerhalb von drei Monaten nach Kenntnis vom Erbfall ausüben muss. Er kann seine Haftung in diesem Fall wie Nachlassverpflichtungen beschränken.

45 Künftig wird es unter den Voraussetzungen des § 107 HGB nF auch möglich sein, eine GbR im Handelsregister einzutragen. Ordnet der Gesellschaftsvertrag für den Fall des Todes eines Gesellschafters die Auflösung der Gesellschaft an, kann diese auch ohne Mitwirkung der Erben zum Handelsregister angemeldet werden, sofern der Mitwirkung besondere Hindernisse entgegenstehen. Der Referentenentwurf zum MoPeG bezieht sich hier exemplarisch auf Fälle, in denen die Erben noch nicht feststehen oder nicht erreichbar sind und räumt dem Registergericht insoweit ein pflichtgemäßes Ermessen ein.[95]

§ 730 BGB Auseinandersetzung; Geschäftsführung

(1) Nach der Auflösung der Gesellschaft findet in Ansehung des Gesellschaftsvermögens die Auseinandersetzung unter den Gesellschaftern statt, sofern nicht über das Vermögen der Gesellschaft das Insolvenzverfahren eröffnet ist.

(2) ¹Für die Beendigung der schwebenden Geschäfte, für die dazu erforderliche Eingehung neuer Geschäfte sowie für die Erhaltung und Verwaltung des Gesellschaftsvermögens gilt die Gesellschaft als fortbestehend, soweit der Zweck der Auseinandersetzung es erfordert. ²Die einem Gesellschafter nach dem Gesellschaftsvertrag zustehende Befugnis zur Geschäftsführung erlischt jedoch, wenn nicht aus dem Vertrag sich ein anderes ergibt, mit der Auflösung der Gesellschaft; die Geschäftsführung steht von der Auflösung an allen Gesellschaftern gemeinschaftlich zu.

A. Allgemeines 1	2. Veräußerung des Gesellschaftsvermögens im Ganzen 21
B. Regelungsgehalt 4	3. Einbringung des Gesellschaftsvermögens in eine Handelsgesellschaft 22
I. Inhalt der Auseinandersetzung 4	
II. Durchführung der Auseinandersetzung 10	
III. Auseinandersetzungsguthaben 14	C. Weitergehende praktische Hinweise 23
IV. Beendigung der Auseinandersetzung ... 17	
V. Abweichende Vereinbarungen der Auseinandersetzung 18	
1. Übernahme des Vermögens durch einen Gesellschafter 19	

A. Allgemeines

1 Wird die Gesellschaft aufgelöst, wie etwa gem. § 727 Abs. 1 BGB im Fall des Todes eines Gesellschafters, so ist stets die Auseinandersetzung in Form einer Liquidation des Gesellschaftsvermögens gem. § 730 Abs. 1 BGB[1] erforderlich, wenn Gesellschaftsvermögen vorhanden ist.[2] Ist kein Gesellschaftsvermögen vorhanden, besteht ein unmittelbarer Anspruch auf Abrechnung und Auszahlung des Abfindungsguthabens.[3]

2 Die Gesellschaft ändert im Moment der Auflösung den Charakter von einer werbenden Gesellschaft in eine Abwicklungsgesellschaft. Dieserhalb gilt sie gem. § 730 Abs. 2 S. 1 BGB als fortbestehend, soweit der Zweck der Auseinandersetzung es erfordert. Der Fortbestand der Gesellschaft gilt auch gegenüber Dritten und auch beim Eintritt von Erben.[4]

---

[95] Begr. RefE zu § 707 Abs. 4 BGB nF, 147.
[1] Ab 1.1.2024: §§ 735 Abs. 1, 736d, 737 (für die nicht-rechtsfähige Gesellschaft iVm § 740b) BGB nF.
[2] RG JW 1937, 2970 (2971); BGH ZIP 1993, 1307; Bamberger/Roth/Schöne BGB § 730 Rn. 3; Soergel/Hadding/Kießling BGB Vorb. § 730 Rn. 3.
[3] Grüneberg/Sprau BGB § 730 Rn. 1.
[4] OLG Naumburg NZG 2002, 813; OLG Brandenburg NZG 2008, 506.

Jeder Gesellschafter hat Anspruch auf Vornahme der Auseinandersetzung entsprechend den vertraglichen Vereinbarungen, mangels solcher gem. der gesetzlichen Regelung der §§ 731 bis 735 BGB.[5] Der Anspruch besteht gegen alle übrigen Gesellschafter. Er ist nicht übertragbar.[6]

B. Regelungsgehalt

I. Inhalt der Auseinandersetzung

Die Auseinandersetzung der Gesellschaft erfolgt in erster Linie nach den gesellschaftsvertraglichen Vereinbarungen der Gesellschafter. Sind solche nicht getroffen, richtet sich die Auseinandersetzung nach §§ 731 bis 735 BGB[7] (vgl. dort). Im Rahmen der Auseinandersetzung werden die Ansprüche der Gesellschaft gegen ihre Gesellschafter sowie die Ansprüche der Gesellschafter gegen die Gesellschaft und/oder andere Gesellschafter in einem einheitlichen Verfahren festgestellt und abgewickelt.

Einzelne Ansprüche sind grds. nicht mehr isoliert durchsetzbar, es sein denn dies ist mit dem auf Abwicklung gerichteten Gesellschaftszweck vereinbar (Durchsetzungssperre).[8] Die Durchsetzungssperre soll der Gefahr von Hin- und Herzahlungen während der Auseinandersetzung entgegenwirken.[9] Sie erfasst grds. alle Ansprüche, die in die Auseinandersetzung einzubeziehen sind.[10] Solche Ansprüche sind nur noch als unselbstständige Rechnungsposten in die Auseinandersetzungsbilanz einzustellen, anhand derer das Auseinandersetzungsguthaben festgestellt wird.[11]

Die Durchsetzungssperre gilt auch im Rahmen der Ermittlung des Abfindungsanspruches bei der Innengesellschaft.[12] Gleichermaßen gilt sie bei Ausscheiden eines Gesellschafters.[13]

Von der Durchsetzungssperre erfasst sind grds. alle Ansprüche aus dem Gesellschaftsverhältnis, insbes. Ansprüche eines Gesellschafters auf Gewinn- oder Vorabzahlungen,[14] auf Aufwendungsersatz gegen die Gesellschaft (auch soweit sie sich gegen Mitgesellschafter richten),[15] auf Gesamtschuldnerausgleich nach § 426 Abs. 1 BGB und auf übergegangene Ansprüche des Gläubigers der Gesellschaft,[16] auf Schadensersatz des Gesellschafters aus dem Gesellschaftsverhältnis auch unmittelbar gegen einen anderen Gesellschafter.[17] Ausgenommen sind Ansprüche, die nicht auf dem gesellschaftlichen Verhältnis beruhen,[18] beispielsweise aus einem mit der Gesellschaft abgeschlossenen Drittgeschäft oder aus einem sonstigen Drittverhältnis,[19] oder Ansprüche wegen Leistungen, die ein Gesellschafter erst nach seinem Ausscheiden erbringt.[20]

Ausnahmsweise kann ein Gesellschafter einen Einzelanspruch isoliert geltend machen, wenn aus vertraglichen oder gesetzlichen Gründen eine Verrechnung ausgeschlossen ist oder wenn feststeht, dass der Gesellschafter das auf diese Weise Erlangte nicht zurückerstatten muss.[21] Dies gilt bei entsprechender Vereinbarung[22] oder wenn nach Sinn und Zweck der gesellschaftsvertraglichen Regelungen der Anspruch auch im Falle der Auflösung der Gesellschaft seine Selbstständigkeit behalten soll.[23] Gleiches gilt für Ansprüche aus vorsätzlicher unerlaubter

---

5 Grüneberg/Sprau BGB § 730 Rn. 2; Bamberger/Roth/Schöne BGB § 730 Rn. 3, Rn. 11.
6 Grüneberg/Sprau BGB § 730 Rn. 2.
7 Ab dem 1.1.2024: §§ 735 ff. BGB nF.
8 BGH DStR 2002, 228; Grüneberg/Sprau BGB § 730 Rn. 6; näher Freund MDR 2011, 577 ff. Die Durchsetzungssperre soll nach dem Verständnis des Gesetzgebers grundsätzlich auch nach Inkrafttreten des MoPeG am 1.1.2024 gelten, vgl. Begr. RegE zu § 736d Abs. 4 BGB nF, 218 f.
9 BGH NJW 1995, 188.
10 OLG Köln NZG 2000, 644; vgl. auch BGH NJW 2005, 2618 (2620).
11 BGHZ 37, 299 (304); BGH NJW 1998, 376; Bamberger/Roth/Schöne BGB § 730 Rn. 20.
12 BGH WM 1976, 798; OLG Celle NZG 1999, 650.
13 BGH WM 1978, 89 (90); 1981, 487; NJW 1999, 3557.
14 OLG Hamm NZG 2002, 419.
15 BGH NJW 1976, 789.
16 BGHZ 103, 72.
17 BGH NZG 2003, 215.
18 BGH NJW-RR 2008, 287.
19 BGH NJW-RR 2006, 1268.
20 BGH NJW-RR 2000, 1295 (1296).
21 BGH NJW-RR 1988, 1249.
22 BGH NJW-RR 2003, 1392 (1393); KG NZG 2001, 556.
23 BGH NJW 1998, 376; OLG Hamburg BB 1972, 417: Herausgabe von Geschäftsunterlagen.

Handlung.[24] Eine Rückerstattung ist ausgeschlossen, wenn schon vor Beendigung der Auseinandersetzung feststeht, dass der Gesellschafter ein überschießendes Abfindungsguthaben hat.[25]

9 Von der Durchsetzungssperre erfasst sind grds. auch alle Ansprüche der Gesellschaft gegen die Gesellschafter aus dem Gesellschaftsverhältnis. Die Sperre entfällt aber, soweit die Leistung für die Auseinandersetzung oder – bei Ausscheiden eines Gesellschafters – für die Fortführung der Gesellschaft benötigt wird.[26] Damit erfolgt idR keine Einforderung von (rückständigen) Beiträgen[27] oder unzulässigen Entnahmen.[28] Die Beweislast dafür, dass der geforderte Betrag nicht benötigt wird, trägt der Gesellschafter. Allerdings hat die Gesellschaft, soweit es ihr möglich ist, die insoweit bedeutsamen Verhältnisse der Gesellschaft darzulegen.[29]

II. Durchführung der Auseinandersetzung

10 Im Rahmen der Auseinandersetzung sind die zum Zeitpunkt der Auflösung noch schwebenden Geschäfte zu beenden. Hierzu sowie zur Erhaltung und Verwaltung des Gesellschaftsvermögens, soweit der Zweck der Auseinandersetzung es erfordert, können auch neue Geschäfte eingegangen werden.

11 Zuständig dafür sind gem. § 730 Abs. 2 S. 2 BGB[30] alle Gesellschafter. Auch wenn die Geschäftsführung zuvor durch den Gesellschaftsvertrag anders geregelt war, steht den Gesellschaftern die Geschäftsführung und Vertretung von der Auflösung der Gesellschaft an gemeinschaftlich zu.[31]

12 Der Gesellschaftsvertrag kann eine andere Regelung vorsehen. Beispielsweise kann vorgesehen werden, dass die bisherigen geschäftsführungsbefugten Gesellschafter auch im Rahmen der Auseinandersetzung (allein) geschäftsführungsbefugt bleiben. Auch kann die Geschäftsführung und Vertretung durch Gesellschafterbeschluss auf einzelne Gesellschafter übertragen werden.[32] Es wird sogar die Übertragung auf einen Dritten durch Beschluss aller Gesellschafter für zulässig erachtet.[33]

13 Ist die Gesellschaft aufgrund Todes eines Gesellschafters aufgelöst, so steht den Erben anstelle des verstorbenen Gesellschafters die Geschäftsführungs- und Vertretungsbefugnis zu.[34] Diese Befugnis kann auch zu den Aufgaben des Testamentsvollstreckers gehören.[35]

III. Auseinandersetzungsguthaben

14 Mit der Auflösung der Gesellschaft entsteht ein Auszahlungsanspruch auf ein etwaiges Auseinandersetzungsguthaben.[36] Der Auszahlungsanspruch setzt voraus, dass eine Gesellschaft bestanden hat.[37] Er entsteht in der Person des jeweiligen Gesellschafters.[38]

---

24 OLG Hamm NZG 2003, 677.
25 BGH NJW-RR 1993, 1187.
26 Grüneberg/Sprau BGB § 730 Rn. 8.
27 BGH NJW 1960, 433.
28 BGH NJW 1999, 2438 (2439).
29 BGH WM 1978, 898.
30 Ab 1.1.2024: § 736 Abs. 1 BGB nF.
31 BGH WM 1963, 248 (249); Bamberger/Roth/Schöne BGB § 730 Rn. 23.
32 Bamberger/Roth/Schöne BGB § 730 Rn. 23.
33 Bamberger/Roth/Schöne BGB § 730 Rn. 23; Erman/Westermann BGB § 730 Rn. 10; MüKoBGB/Schäfer BGB § 730 Rn. 41 und 47. Mit Inkrafttreten des MoPeG am 1.1.2024 wird die Möglichkeit zur Bestellung eines externen Liquidators durch Gesellschaftsvertrag oder einfachen Gesellschafterbeschluss in § 736 Abs. 4 gesetzlich normiert.
34 BGH NJW 1981, 749 (750); Bamberger/Roth/Schöne BGB § 730 Rn. 24; Erman/Westermann BGB § 730 Rn. 7; teilweise aA MüKoBGB/Schäfer BGB § 730 Rn. 41: Vertretung mehrerer eintretender Erben durch einen gemeinsamen Vertreter. Mit Inkrafttreten des MoPeG am 1.1.2024 wird Letzteres in § 736 Abs. 3 BGB nF ausdrücklich geregelt.
35 Grüneberg/Sprau BGB § 730 Rn. 3. Das MoPeG regelt für den Fall der Insolvenz die Vertretung durch den Insolvenzverwalter, lässt die Frage der Vertretung durch den Testamentsvollstrecker aber offen.
36 BGHZ 88, 205 (207) (zur GmbH); BGH NJW 1989, 453.
37 BGH NJW 2001, 224 (225).
38 BGH NJW 1997, 3370.

Der Abfindungsanspruch richtet sich grds. gegen die Gesellschaft. Bei der Zwei-Personen-Gesellschaft kann er jedoch unmittelbar beim ausgleichpflichtigen Gesellschafter eingeklagt werden.[39] Gleiches gilt, wenn – selbst bei noch bestehenden Gesellschaftsverbindlichkeiten – kein Gesellschaftsvermögen mehr vorhanden ist.[40]

Fällig und einklagbar wird der Auszahlungsanspruch grds. erst mit Feststellung der Auseinandersetzungsbilanz hinsichtlich des abschließenden Saldos.[41] Vor diesem Zeitpunkt kann er nur geltend gemacht werden, wenn durch die Klage das Ergebnis der Auseinandersetzung in zulässiger Weise vorweggenommen und dadurch ein weiteres Auseinandersetzungsverfahren vermieden wird. Als Beispiel ist der Fall zu nennen, in dem kein zu liquidierendes Gesellschaftsvermögen mehr vorhanden ist,[42] wenn sich das Guthaben jedes Gesellschafters ohne besonderes Abrechnungsverfahren ermitteln lässt,[43] oder wenn keine Gesellschaftsverbindlichkeit mehr vorhanden ist und es nur noch um die Verteilung des letzten Vermögensgegenstandes der Gesellschaft[44] oder den Ausgleich für Aufwendungen[45] geht, wenn die Gesellschafter über eine bestimmte Art der Auseinandersetzung einig sind, wenn sich ein Gesellschafter den wesentlichen Teil der immateriellen Güter des Gesellschaftsunternehmens ohne Gegenleistung zunutze macht.[46] Etwaige streitige Punkte werden dann im Klagewege entschieden.[47]

IV. Beendigung der Auseinandersetzung

Die Auseinandersetzung ist erst nach Abschluss des Verfahrens gem. §§ 731 bis 735 BGB[48] (oder entsprechender gesellschaftsvertraglicher Regelungen) beendet. Stellt sich im Nachhinein heraus, dass noch Gesellschaftsvermögen vorhanden ist, so steht dieses den Gesellschaftern zur gesamten Hand zu. Sofern erforderlich, wird eine Auseinandersetzung nachgeholt.[49]

V. Abweichende Vereinbarungen der Auseinandersetzung

§§ 730 ff. BGB sind dispositiv, so dass die Gesellschafter einzelne Abwicklungsschritte abweichend von der gesetzlichen Regel vorsehen oder auch anstelle der Abwicklung eine grundlegend andere Art der Auseinandersetzung wählen können.[50] Als andere Arten der Auseinandersetzung haben sich in der Praxis folgende Gestaltungen herausgebildet:

1. Übernahme des Vermögens durch einen Gesellschafter. Die Gesellschafter können im Gesellschaftsvertrag ein Recht eines Gesellschafters zur Übernahme des Gesellschaftsvermögens vereinbaren.[51] Enthält der Gesellschaftsvertrag keine Übernahmeregelung, kann eine solche auch noch nach der Auflösung durch einstimmigen Gesellschafterbeschluss getroffen werden.

Die Ausübung des Übernahmerechts erfolgt durch Gestaltungserklärung seitens des berechtigten Gesellschafters.[52] Die Übernahme vollzieht sich durch Gesamtrechtsnachfolge.[53] Mit dem Vollzug der Übernahme reduziert sich der Mitgliederbestand auf den berechtigten Gesellschafter und es tritt eine automatische Vollbeendigung der Gesellschaft ein, die eine Abwicklung

---

39 BGH NJW 1999, 1180 (1181).
40 BGH NJW-RR 2006, 468.
41 BGH NJW 1995, 188 (189); NJW-RR 2007, 245.
42 BGH NJW-RR 2006, 468; 2007, 245.
43 BGH WM 1965, 793 (794).
44 BGH NJW 1999, 3557; DStR 2005, 1235.
45 BGH NJW-RR 1990, 736 (737).
46 BGH NJW-RR 1995, 1182.
47 BGH NJW-RR 2007, 245.
48 Ab 1.1.2024: §§ 735 ff. BGB nF.
49 RGZ 114, 131 (135); BGH WM 1967, 682 (683); Bamberger/Roth/Schöne BGB § 730 Rn. 22; MüKoBGB/Schäfer BGB § 730 Rn. 39; Grüneberg/Sprau BGB § 730 Rn. 9; Erman/Westermann BGB § 730 Rn. 14 geht vom Fortbestehen der Abwicklungsgesellschaft aus.
50 Bamberger/Roth/Schöne BGB § 730 Rn. 36. So mit Inkrafttreten des MoPeG am 1.1.2024 explizit § 735 Abs. 2 BGB nF.
51 BGHZ 32, 307 (314); BGH NJW 1966, 827; NJW-RR 1993, 1443; Bamberger/Roth/Schöne BGB § 730 Rn. 38; Erman/Westermann BGB § 730 Rn. 17; MüKoBGB/Schäfer BGB § 730 Rn. 66.
52 Bamberger/Roth/Schöne BGB § 730 Rn. 40; Erman/Westermann BGB § 730 Rn. 18; MüKoBGB/Schäfer BGB § 730 Rn. 77.
53 BGHZ 32, 307 (314); BGH NJW 1966, 827; Bamberger/Roth/Schöne BGB § 730 Rn. 41; Erman/Westermann BGB § 730 Rn. 18; MüKoBGB/Schäfer BGB § 730 Rn. 81; Rimmelspacher AcP 173 (1973), 1, 18 ff.).

nach den §§ 730 ff. BGB entbehrlich macht.[54] Dem ausgeschiedenen Gesellschafter(-Erben) steht ein Abfindungsanspruch gemäß § 738 Abs. 1 S. 2 BGB gegen den Übernehmer zu. Außerdem kann er Befreiung von den Gesellschaftsschulden gemäß § 738 Abs. 1 S. 2 BGB und Teilnahme an dem Ergebnis der schwebenden Geschäfte gemäß § 740 BGB verlangen.[55]

21 **2. Veräußerung des Gesellschaftsvermögens im Ganzen.** Die Veräußerung des Gesellschaftsvermögens im Ganzen an einen Dritten wird zumeist erst anlässlich der Auflösung der Gesellschaft beschlossen. Der Beschluss bedarf grds. der Zustimmung sämtlicher Gesellschafter.[56]

22 **3. Einbringung des Gesellschaftsvermögens in eine Handelsgesellschaft.** Statt der Abwicklung können die Gesellschafter ihre Mitgliedschaftsrechte an der GbR auf eine bestehende Kapitalgesellschaft übertragen.[57] Dies kann im Wege der Sacheinlage gegen Kapitalerhöhung der übernehmenden Gesellschafter oder durch Veräußerung der Anteile geschehen.[58] Mit dem Vollzug der Einbringung (und der damit verbundenen Vereinigung aller Gesellschaftsanteile in einer Hand) ist die GbR vollbeendet.[59]

C. Weitergehende praktische Hinweise

23 Die Vornahme der Auseinandersetzung und die Mitwirkung hieran ist die Pflicht jedes hierzu berufenen Gesellschafters.[60] Bei Weigerung kann Klage auf Auseinandersetzung gegen die widerstrebenden Gesellschafter erhoben werden. Der Klageantrag ist auf Vornahme bestimmter Auseinandersetzungshandlungen oder auf Mitwirkung dabei gerichtet, bspw. auf Erstellung der Auseinandersetzungsbilanz.[61] Die Vollstreckung erfolgt nach § 894 ZPO.[62]

24 Auch das Registergericht kann aus wichtigem Grund analog § 146 Abs. 2 HGB[63] besondere Liquidatoren bestellen.[64]

§ 731 BGB Verfahren bei Auseinandersetzung

¹Die Auseinandersetzung erfolgt in Ermangelung einer anderen Vereinbarung in Gemäßheit der §§ 732 bis 735. ²Im Übrigen gelten für die Teilung die Vorschriften über die Gemeinschaft.

§ 732 BGB Rückgabe von Gegenständen

¹Gegenstände, die ein Gesellschafter der Gesellschaft zur Benutzung überlassen hat, sind ihm zurückzugeben. ²Für einen durch Zufall in Abgang gekommenen oder verschlechterten Gegenstand kann er nicht Ersatz verlangen.

§ 733 BGB Berichtigung der Gesellschaftsschulden; Erstattung der Einlagen

(1) ¹Aus dem Gesellschaftsvermögen sind zunächst die gemeinschaftlichen Schulden mit Einschluss derjenigen zu berichtigen, welche den Gläubigern gegenüber unter den Gesellschaftern geteilt sind oder für welche einem Gesellschafter die übrigen Gesellschafter als Schuldner haf-

---

54 Bamberger/Roth/Schöne BGB § 730 Rn. 42.
55 Bamberger/Roth/Schöne BGB § 730 Rn. 42.
56 Bamberger/Roth/Schöne BGB § 730 Rn. 43.
57 BGHZ 71, 296 (299 f.); Erman/Westermann BGB § 730 Rn. 16; MüKoBGB/Schäfer BGB § 730 Rn. 90.
58 Bamberger/Roth/Schöne BGB § 730 Rn. 44; Erman/Westermann BGB § 730 Rn. 16.
59 Bamberger/Roth/Schöne BGB § 730 Rn. 44; Erman/Westermann BGB § 730 Rn. 16.
60 Grüneberg/Sprau BGB § 730 Rn. 4.
61 OLG Hamm BB 1983, 1304; OLG Koblenz NJW-RR 2002, 827.
62 Grüneberg/Sprau BGB § 730 Rn. 4.
63 Ab 1.1.2024 auch unmittelbar für die im Handelsregister eingetragene GbR geregelt in § 736a BGB nF.
64 BGH NJW 2011, 3087.

ten. ²Ist eine Schuld noch nicht fällig oder ist sie streitig, so ist das zur Berichtigung Erforderliche zurückzubehalten.

(2) ¹Aus dem nach der Berichtigung der Schulden übrig bleibenden Gesellschaftsvermögen sind die Einlagen zurückzuerstatten. ²Für Einlagen, die nicht in Geld bestanden haben, ist der Wert zu ersetzen, den sie zur Zeit der Einbringung gehabt haben. ³Für Einlagen, die in der Leistung von Diensten oder in der Überlassung der Benutzung eines Gegenstands bestanden haben, kann nicht Ersatz verlangt werden.

(3) Zur Berichtigung der Schulden und zur Rückerstattung der Einlagen ist das Gesellschaftsvermögen, soweit erforderlich, in Geld umzusetzen.

§ 734 BGB Verteilung des Überschusses

Verbleibt nach der Berichtigung der gemeinschaftlichen Schulden und der Rückerstattung der Einlagen ein Überschuss, so gebührt er den Gesellschaftern nach dem Verhältnis ihrer Anteile am Gewinn.

§ 735 BGB Nachschusspflicht bei Verlust

¹Reicht das Gesellschaftsvermögen zur Berichtigung der gemeinschaftlichen Schulden und zur Rückerstattung der Einlagen nicht aus, so haben die Gesellschafter für den Fehlbetrag nach dem Verhältnis aufzukommen, nach welchem sie den Verlust zu tragen haben. ²Kann von einem Gesellschafter der auf ihn entfallende Beitrag nicht erlangt werden, so haben die übrigen Gesellschafter den Ausfall nach dem gleichen Verhältnis zu tragen.

A. Allgemeines 1	2. Rückerstattung der Einlagen 14
B. Regelungsgehalt 2	3. Umsetzung in Geld 20
I. Rückgabe von Gegenständen (§ 732 BGB) 3	III. Verteilung des Überschusses oder Nachschusspflicht (§§ 734 und 735 BGB) 22
1. Rückgabe 3	1. Überschussverteilung 23
2. Wertersatz 5	2. Nachschusspflicht 28
3. Haftung 6	C. Weitergehende praktische Hinweise 34
II. Berichtigung der Gesellschaftsschulden, Erstattung der Einlagen (§ 733 BGB) 7	
1. Berichtigung gemeinschaftlicher Schulden 8	

A. Allgemeines

Wird die GbR – etwa im **gesetzlichen Regelfall** durch Tod eines der Gesellschafter gem. § 727 BGB – aufgelöst, so ordnet § 730 Abs. 1 BGB[1] in Ansehung an das Gesellschaftsvermögen die anschließende Auseinandersetzung unter den Gesellschaftern an, sofern nicht über das Vermögen der Gesellschaft das Insolvenzverfahren eröffnet ist. Wie die Auseinandersetzung zu erfolgen hat, richtet sich in erster Linie nach den Vereinbarungen der Gesellschafter über die Auseinandersetzung. Solche Vereinbarungen können im Gesellschaftsvertrag, aber auch durch Beschluss[2] oder auch erst nach Auflösung getroffen werden.[3] Dabei kann sowohl insges. von einer Auseinandersetzung abgesehen werden als auch können von den gesetzlichen Regelungen abweichende Formen der Auseinandersetzung vereinbart werden.[4] Soweit **keine Vereinbarungen** 1

---

1 Ab 1.1.2024: § 735 Abs. 1 BGB nF.
2 BGH WM 1960, 1121.
3 Grüneberg/Sprau BGB § 731 Rn. 1.
4 Grüneberg/Sprau BGB § 731 Rn. 1. Ab dem 1.1.2024 ausdrücklich als dispositiv geregelt in § 735 Abs. 2 BGB nF.

getroffen sind, gelten gem. § 731 BGB[5] die Regelungen der §§ 732 bis 735 BGB[6] subsidiär[7] und iÜ für die Teilung die Vorschriften über die Gemeinschaft. Die gesetzlichen Regelungen geben sowohl das Verfahren als auch die Reihenfolge an, nämlich Rückgabe gem. § 732 BGB, Berichtigung der Gesellschaftsschulden, Erstattung der Einlagen gem. § 733 BGB, Verteilung des Überschusses gem. § 734 BGB oder Nachschusspflicht bei Verlust gem. § 735 BGB.[8] Weiter subsidiär gelten §§ 752 bis 754 und §§ 756 bis 758 BGB über die Gemeinschaft. § 755 BGB gilt nicht, da der vorrangig anwendbare § 733 BGB insoweit Regelungen für die GbR trifft.[9] Ebenso wenig anwendbar ist das in § 756 BGB enthaltene Befriedigungsvorrecht der Gesellschafter wegen gegenseitiger Forderungen, anstelle dessen in der GbR eine Schlussabrechnung unter Saldierung aller auf dem Gesellschaftsverhältnis beruhenden Ansprüche erfolgt.[10]

B. Regelungsgehalt

2 Bestehen keine Vereinbarungen über die Auseinandersetzung, so geben die §§ 732 bis 735 BGB[11] Verfahren und Reihenfolge der Auseinandersetzung vor.

I. Rückgabe von Gegenständen (§ 732 BGB)

3 **1. Rückgabe.** Erster Schritt der Auseinandersetzung ist die Rückgabe von Gegenständen, die ein Gesellschafter der Gesellschaft zur Benutzung überlassen hat. Der Rückgabeanspruch nach § 732 S. 1 BGB[12] bezieht sich ausschließlich auf Gegenstände, die der Gesellschaft **im Rahmen der Beitragspflicht** gem. § 706 BGB zum Gebrauch überlassen wurden.[13] Hat ein Gesellschafter der Gesellschaft eine Sache **aufgrund eines Drittgeschäftes** überlassen (zB durch Miet- oder Pachtvertrag), so greift § 732 S. 1 BGB nicht. Allenfalls kann die Auflösung, insbes. sofern der Abschluss des Drittgeschäftes Teil der gesellschaftsvertraglich vereinbarten Beitragsleistung war, einen wichtigen Kündigungsgrund für das Drittgeschäft bilden.[14]

4 Die Rückgabe kann idR **sofort und außerhalb der Auseinandersetzung** verlangt werden.[15] Einschränkungen ergeben sich, wenn die Gesellschaft den Gegenstand im Rahmen des geänderten, auf Abwicklung gerichteten Zwecks noch benötigt.[16] Die Beweislast dafür, dass der Gegenstand noch für Zwecke der Abwicklung benötigt wird, liegt nach hM bei der Gesellschaft.[17] Abgesehen davon steht der Gesellschaft auch an den nicht für Abwicklungszwecke benötigten Gegenständen ein **Zurückbehaltungsrecht** gem. § 273 BGB zu, wenn mit hoher Wahrscheinlichkeit ein Ausgleichsanspruch gegen den betroffenen Gesellschafter besteht, zu dessen Berechnung noch eine Abschichtungsbilanz nötig ist.[18]

---

5 Ab 1.1.2024: § 735 Abs. 3 BGB nF.
6 Ab 1.1. 2024: §§ 736 ff. BGB nF.
7 OLG Hamm NJW-RR 2006, 928 (929).
8 Grüneberg/Sprau BGB § 731 Rn. 1. Mit Inkrafttreten des MoPeG ab 1.1.2024 ist die Reihenfolge in § 736d BGB nF bestimmt: (i) Befriedigung der Gesellschaftsverbindlichkeiten, (ii) Rückerstattung geleisteter Beiträge, (iii) Verteilung des Überschusses oder Verlustes.
9 MüKoBGB/Schäfer BGB § 731 Rn. 4; Grüneberg/Sprau BGB § 731 Rn. 1.
10 MüKoBGB/Schäfer BGB § 731 Rn. 4.
11 Ab 1.1.2024: § 736d BGB nF.
12 Der Rückgabeanspruch ist im GeseRn. in der Fassung des MoPeG ab 1.1.2024 nicht mehr explizit geregelt, versteht sich nach der Gesetzesbegründung jedoch von selbst nach der zugrundeliegenden Vereinbarung (Begr. RegE zu § 736d BGB, S. 217).
13 MüKoBGB/Schäfer BGB § 732 Rn. 1; Grüneberg/Sprau BGB § 732 Rn. 1.
14 MüKoBGB/Schäfer BGB § 732 Rn. 2.
15 BGH NJW 1981, 2802; Grüneberg/Sprau BGB § 732 Rn. 1; Soergel/Hadding/Kießling BGB § 732 Rn. 2.
16 RG JW 1938, 457; 1937, 3155, 3156; MüKoBGB/Schäfer BGB § 732 Rn. 3; Soergel/Hadding/Kießling BGB § 732 Rn. 2.
17 OLG Düsseldorf NZG 1999, 990; Bamberger/Roth/Schöne BGB § 732 Rn. 2; MüKoBGB/Schäfer BGB § 732 Rn. 3; Soergel/Hadding/Kießling BGB § 732 Rn. 2; aA BGH NJW 1980, 1522 (1523) (zur Publikums-KG).
18 BGH NJW 1998, 1551 (1552); zum Rückgabeanspruch des ausgeschiedenen Gesellschafters: BGH NJW 1981, 2802; vgl. auch MüKoBGB/Schäfer BGB § 732 Rn. 4; Grüneberg/Sprau BGB § 732 Rn. 1; Soergel/Hadding/Kießling BGB § 732 Rn. 2 und 4.

2. Wertersatz. § 732 S. 1 BGB betrifft nur Gegenstände, die der Gesellschaft zur Nutzung überlassen sind. Für Gegenstände, die zu Eigentum eingebracht wurden, sieht § 733 S. 2 BGB[19] WertersaRn. im Zeitpunkt der Einbringung vor. Für **dem Werte nach (quoad sortem) eingebrachte Sachen** wird hingegen nach hM § 732 S. 1 BGB analog angewandt mit der Maßgabe, dass der Gesellschafter zwar die Sache zurückerhält, der Wert im Rückgabezeitpunkt jedoch als Negativposten vom Kapitalkonto des Gesellschafters abgezogen wird.[20]

3. Haftung. Die **Gefahr des zufälligen Untergangs** oder der zufälligen Verschlechterung des zur Nutzung überlassenen Gegenstands trägt gem. § 732 S. 2 BGB der nutzungsüberlassende Gesellschafter. Er kann insoweit keinen Ersatz verlangen. Im Falle eines Verschuldens der geschäftsführenden Gesellschafter haften diese und die GbR gem. § 280 BGB auf Schadensersatz, allerdings privilegiert gem. §§ 708, 278 BGB. Ein Verschulden von Angestellten hat die Gesellschaft sich gem. § 278 BGB zurechnen zu lassen.[21]

II. Berichtigung der Gesellschaftsschulden, Erstattung der Einlagen (§ 733 BGB)

Nach Rückgabe von Gegenständen ist nächster Schritt der Auseinandersetzung die Berichtigung der gemeinschaftlichen Schulden gem. § 733 Abs. 1 BGB und die nachfolgende Rückerstattung der Einlagen oder ihres Wertes gem. § 733 Abs. 2 BGB, ggf. unter Liquidierung des Gesellschaftsvermögens gem. § 733 Abs. 3 BGB.[22] § 733 BGB ist insgesamt **dispositiv**. Es ist bspw. zulässig, ein Übernahmerecht eines Gesellschafters, die einheitliche Veräußerung des Gesellschaftsvermögens und auch die Verteilung des Gesellschaftsvermögens ohne vorherige Schuldentilgung zu vereinbaren.[23] Die Regelung wirkt nur im Innenverhältnis und ist kein Schutzgesetz. zugunsten der Gesellschaftsgläubiger iSv § 823 Abs. 2 BGB.[24] Die Gläubiger sind durch die persönliche und auch nachgängige Haftung der Gesellschafter geschützt.

1. Berichtigung gemeinschaftlicher Schulden. Aus dem Gesellschaftsvermögen werden zunächst die **gemeinschaftlichen Schulden** berichtigt, einschließlich derjenigen, welche den Gläubigern gegenüber unter den Gesellschaftern geteilt sind oder für welche einem Gesellschafter die übrigen Gesellschafter als Schuldner haften. Erfasst sind alle Gesellschaftsschulden, aber auch andere Schulden, die ihren Grund in der Tätigkeit der Gesellschaft haben und nach den Willen der Gesellschafter von der Gesamthand getragen werden sollen. Hierzu zählen auch Verbindlichkeiten, die ein Gesellschafter im eigenen Namen, aber auf Rechnung der Gesellschaft eingegangen ist.[25]

Auch **Schulden gegenüber Gesellschaftern** sind gemeinschaftliche Schulden. Für ihre Behandlung ist danach zu differenzieren, ob es sich um Schulden aus Drittverhältnissen oder um sog. Sozialverbindlichkeiten handelt.[26]

Schulden aus Drittverhältnissen sind solche, die aus einem vom Gesellschaftsverhältnis verschiedenen Rechtsverhältnis zwischen Gesellschaft und Gesellschafter resultieren, das ebenso gut zwischen der Gesellschaft und einem Dritten bestehen könnte und nicht aufgrund gesellschaftsvertraglicher Verpflichtung des Gesellschafters abgeschlossen wurde.[27] Solche Schulden

---

19 Ab 1.1.2024: § 736d Abs. 5 BGB nF.
20 FG Schleswig-Holstein BB 1988, 1217 (1221); Erman/Westermann BGB § 732 Rn. 1; MüKoBGB/Schäfer BGB § 732 Rn. 8 f.
21 Grüneberg/Sprau BGB § 732 Rn. 2.
22 Mit Inkrafttreten des MoPeG am 1.1.2024 wird die Berichtigung der Gesellschaftsverbindlichkeiten gemäß § 736d Abs. 4 BGB nF der erste Liquidationsschritt vor der Rückzahlung der Einlagen. Erst danach wird das verbleibende Vermögen gemäß § 736d Abs. 6 BGB nF unter den Gesellschaftern verteilt.
23 MüKoBGB/Schäfer BGB § 733 Rn. 5 (mit weiteren Beispielen).
24 KG JR 1951, 22 (23); Grüneberg/Sprau BGB § 733 Rn. 1.
25 BGH NJW 1999, 2438 (2439); MüKoBGB/Schäfer BGB § 733 Rn. 6; Grüneberg/Sprau BGB § 733 Rn. 2.
26 Der Gesetzgeber lässt der Rechtsprechung auch nach Inkrafttreten des MoPeG am 1.1.2024 in dieser Hinsicht ausdrücklich Auslegungsspielraum, vgl. Begr. RegE zu § 736d Abs. 4 BGB nF, 218.
27 Grüneberg/Sprau BGB § 705 Rn. 28 mit Beispielen.

sind aus dem auseinanderzusetzenden Vermögen zu berichtigen und grds. nicht in die Auseinandersetzungsrechnung einzubeziehen. Der Gesellschaftergläubiger hat Anspruch auf die volle Forderung ohne Abzug eines seiner Verlustbeteiligung entsprechenden Anteils.[28]

11 Bei **Sozialverbindlichkeiten** handelt es sich um Verbindlichkeiten der Gesamtheit gegenüber einzelnen Gesellschaftern, die ihren Rechtsgrund im Gesellschaftsverhältnis haben, wie insbes. Gewinnanspruch, Anspruch auf Geschäftsführervergütung und Aufwendungsersatz.[29] Auch hinsichtlich solcher Sozialverpflichtungen hat jeder Gesellschafter Anspruch auf Berichtigung aus dem Gesellschaftsvermögen ohne Abzug der seinem Anteil entsprechenden Verlustbeteiligung. Allerdings erfolgt die Berichtigung im Rahmen der Gesamtauseinandersetzung in der Schlussabrechnung. Eine selbstständige Durchsetzung dieser Ansprüche gegen die Gesellschaft und die Mitgesellschafter ist grds. ausgeschlossen (sog. Durchsetzungssperre).[30] Eine Ausnahme gilt für solche Ansprüche, bei denen schon vor der Schlussabrechnung feststeht, dass der Gesellschafter jedenfalls in dieser Höhe per Saldo eine Zahlung beanspruchen kann.[31]

12 **Einzelansprüche von Gesellschaftern gegen Mitgesellschafter** gehören auch dann nicht zu den gemeinschaftlichen Schulden, wenn sie ihren Rechtsgrund im Gesellschaftsvertrag haben.[32] Gem. §§ 731 S. 2, 756 BGB kann der anspruchsberechtigte Gesellschafter aber Berichtigung aus dem Auseinandersetzungsguthaben des Anderen verlangen, zu dem hier ausnahmsweise auch die Sozialansprüche und die Ansprüche auf Rückerstattung der Einlage gehören. Der Gesellschafter hat außerdem ein Absonderungsrecht gem. § 84 Abs. 1 S. 2 InsO.[33]

13 Ist eine Schuld noch **nicht fällig** oder ist sie **streitig**, so ist das zu ihrer Berichtigung Erforderliche gem. § 733 Abs. 1 S. 2 BGB[34] zurückzubehalten. Hintergrund der Regelung ist, dass Verbindlichkeiten durch die Auflösung nicht vorzeitig fällig werden. Mangels abweichender Vereinbarung sind die notwendigen Beträge gem. § 372 BGB zu hinterlegen. Während der Dauer der Hinterlegung besteht die Gesellschaft fort.[35]

14 **2. Rückerstattung der Einlagen.** Aus dem Gesellschaftsvermögen, das nach Berichtigung der Schulden übrigbleibt, sind alsdann gem. § 733 Abs. 2 BGB[36] die Einlagen zurückzuerstatten.

15 **Geldeinlagen** sind in Geld zurückzuerstatten. Die Rückerstattung kann allerdings grds. erst nach Berichtigung der Gesellschaftsschulden gem. Abs. 1 erfolgen, wenn nicht eine Verlustbeteiligung ausgeschlossen ist und der Gesellschafter die Rückzahlung seiner Einlage unabhängig von einem Verlust beanspruchen kann.[37]

16 Für **andere Einlagen** als Geldeinlagen ist gem. § 733 Abs. 2 S. 2 BGB[38] Wertersatz. in Geld zu leisten. Weder besteht ein Anspruch auf Rückerstattung in Natur noch eine Rücknahmepflicht in Natur.[39] Maßgeblich ist der objektive Wert – ggf. unter Berücksichtigung von Mengen – zum Zeitpunkt der Einbringung. Haben die Gesellschafter sich bei der Einbringung auf bestimmte Einbringungswerte geeinigt und die Kapitalkonten der Gesellschafter entsprechend festgesetzt, so sind im Zweifel diese Werte auch für den Wertersatz. maßgeblich.[40] Die „Einbringung zum Buchwert" genügt für die Annahme einer entsprechenden vertraglichen Vereinbarung idR

---

28 Grüneberg/Sprau BGB § 733 Rn. 3.
29 MüKoBGB/Schäfer BGB § 705 Rn. 197; Grüneberg/Sprau BGB § 705 Rn. 30, jeweils mit weiteren Beispielen.
30 MüKoBGB/Schäfer BGB § 733 Rn. 8; Grüneberg/Sprau BGB § 733 Rn. 4; Soergel/Hadding/Kießling BGB § 733 Rn. 7.
31 Erman/Westermann BGB § 733 Rn. 2; MüKoBGB/Schäfer BGB § 733 Rn. 7; Soergel/Hadding/Kießling BGB § 733 Rn. 7.
32 Erman/Westermann BGB § 733 Rn. 2; MüKoBGB/Schäfer BGB § 733 Rn. 8; Soergel/Hadding/Kießling BGB § 733 Rn. 9.
33 Grüneberg/Sprau BGB § 733 Rn. 6.
34 Ab 1.1.2024: § 736d Abs. 4 BGB nF.
35 MüKoBGB/Schäfer BGB § 733 Rn. 9; Grüneberg/Sprau BGB § 733 Rn. 5.
36 Ab 1.1.2024: § 736d Abs. 5 BGB nF.
37 BGH WM 1967, 346.
38 Ab 1.1.2024: § 736d Abs. 5 BGB nF.
39 Grüneberg/Sprau BGB § 733 Rn. 9.
40 MüKoBGB/Schäfer BGB § 733 Rn. 14.

nicht.⁴¹ Spätere Wertänderungen (Erhöhungen oder Verminderungen) treffen nicht den Einbringenden, sondern die Gesellschaft.⁴²

Für **Dienste eines Gesellschafters**, die als Einlage geleistet wurden, kann kraft gesetzlicher Anordnung in § 733 Abs. 2 S. 3 BGB⁴³ kein Ersatz verlangt werden. Ausnahmen gelten nur dann, wenn die Dienstleistungen sich als bleibender Wert im Gesellschaftsvermögen niedergeschlagen haben.⁴⁴ Insbes. Werkleistungen als Einlage fallen nicht unter S. 3. Ihr Wert ist als Sacheinlage erstattungsfähig.⁴⁵ 17

Für **zur Benutzung überlassene Gegenstände** erfolgt gem. § 733 Abs. 2 S. 3 BGB⁴⁶ kein Nutzungsersatz. Insoweit ist § 732 BGB abschließend.⁴⁷ 18

Abweichende Vereinbarungen, insbes. durch Gesellschaftsvertrag sind zulässig. Insbes. kann auch Wertersatz. für Dienstleistungen sowie Nutzungsentschädigung vereinbart werden.⁴⁸ 19

3. Umsetzung in Geld. § 733 Abs. 3 BGB geht vom **Grundsatz. der Realteilung** der Gesellschaft im Falle der Liquidation aus, wie sie in § 731 S. 2 iVm § 752 BGB vorgesehen ist.⁴⁹ Die Umsetzung des Gesellschaftsvermögens in Geld wird aber insoweit angeordnet, wie es für die Schuldentilgung (Abs. 1) und Einlagenrückerstattung (Abs. 2) erforderlich ist. Die Umsetzung in Geld ist erforderlich, soweit nicht genügend flüssige Mittel vorhanden sind.⁵⁰ 20

Die **Umsetzung** erfolgt mangels abweichender Vereinbarung gem. § 731 S. 2 iVm §§ 753, 754 BGB.⁵¹ Damit gelten über § 753 BGB die Grundsätze des Pfandverkaufs nach §§ 1235 ff. BGB für die Veräußerung beweglicher Sachen und sonstiger Vermögensgegenstände.⁵² Forderungen der Gesellschaft sind gem. § 754 BGB in erster Linie einzuziehen. Soweit sie ihren Rechtsgrund im Gesellschaftsverhältnis haben, sind sie im Rahmen des Auseinandersetzungsverfahrens geltend zu machen. Soweit sie aus einem Drittverhältnis stammen, können sie auch während der Auseinandersetzung eingeklagt werden.⁵³ 21

III. Verteilung des Überschusses oder Nachschusspflicht (§§ 734 und 735 BGB)

Das weitere Prozedere hängt davon ab, ob nach Berichtigung der Gesellschaftsschulden und Erstattung der Einlagen ein Überschuss verbleibt oder das Gesellschaftsvermögen nicht zur Berichtigung der Schulden und zur Rückerstattung der Einlagen ausreicht. Im ersten Fall erfolgt eine Verteilung des Überschusses gem. § 734 BGB,⁵⁴ im zweiten Fall besteht eine Nachschusspflicht der Gesellschafter gem. § 735 BGB.⁵⁵ 22

1. Überschussverteilung. Verbleibt nach Berichtigung der gemeinschaftlichen Schulden und Rückerstattung der Einlagen gem. § 733 BGB ein Überschuss, so steht er den Gesellschaftern gemäß § 734 BGB mangels abweichender vertraglicher Vereinbarung nach dem Verhältnis ihrer Anteile am Gewinn zu. 23

---

41 BGH WM 1967, 682 (683); aA offenbar BGH WM 1972, 213; vgl. auch Erman/Westermann BGB § 733 Rn. 5; MüKoBGB/Schäfer BGB § 733 Rn. 15; Grüneberg/Sprau BGB § 733 Rn. 9.
42 MüKoBGB/Schäfer BGB § 733 Rn. 16.
43 Ab 1.1.2024: § 736d Abs. 5 BGB nF.
44 BGH NJW 1986, 51.
45 BGH NJW 1980, 1744 (1745) (Architektenplanung); Soergel/Hadding/Kießling BGB § 733 Rn. 12, 14 (Dienstverträge); aA Erman/Westermann BGB § 733 Rn. 5.
46 Ab 1.1.2024: § 736d Abs. 5 BGB nF.
47 MüKoBGB/Schäfer BGB § 733 Rn. 19.
48 BGH WM 1962, 1086; Grüneberg/Sprau BGB § 733 Rn. 10; vgl. ergänzend die Beispiele bei MüKoBGB/Schäfer BGB § 733 Rn. 20.
49 MüKoBGB/Schäfer BGB § 733 Rn. 22. Dieses Konzept wird mit Inkrafttreten des MoPeG am 1.1.2024 aufgegeben; § 736d BGB nF ordnet die grundsätzliche Versilberung des Gesellschaftsvermögens an.
50 Grüneberg/Sprau BGB § 733 Rn. 11.
51 Erman/Westermann BGB § 733 Rn. 7; MüKoBGB/Schäfer BGB § 733 Rn. 23; Grüneberg/Sprau BGB § 733 Rn. 11; differenzierend BGH NJW 1992, 830 (832).
52 Differenzierend MüKoBGB/Schäfer BGB § 733 Rn. 23.
53 Grüneberg/Sprau BGB § 733 Rn. 11.
54 Ab 1.1.2024: § 736d Abs. 6 BGB nF.
55 Ab 1.1.2024: §§ 736d Abs. 6, 737 BGB nF.

24 Der Anspruch auf Auseinandersetzungsguthaben wird grds. erst mit Feststellung der Schlussabrechnung **fällig**, soweit nicht Einzelbeträge ausnahmsweise schon vorab feststehen und deshalb durchgesetzt werden können.[56] Die Verteilung des Überschusses setzt daher idR die Aufstellung einer **Schlussabrechnung** (Auseinandersetzungsbilanz) voraus. Eine solche ist entbehrlich, wenn kein zu liquidierendes Gesellschaftsvermögen mehr vorhanden ist und nur noch Verbindlichkeiten bestehen.[57] Mit ihrer Feststellung liegen die für die Verteilung eines Überschusses oder die Einforderung von Nachschüssen verbindlichen Zahlen vor.[58]

25 Ein **Überschuss** ist gegeben, wenn das Aktivvermögen der Gesellschaft unter Aufdeckung stiller Reserven die Gesellschaftsschulden und die Einlagen übersteigt.[59] Nicht in Geld umgesetzte Gegenstände des Gesellschaftsvermögens sind mit ihrem Veräußerungswert (unter Auflösung stiller Reserven) in Ansatz. zu bringen.[60]

26 Die **Verteilung des Überschusses** erfolgt gem. § 731 S. 2 BGB iVm §§ 752 bis 754 BGB idR durch Realteilung und Übertragung der geteilten Gegenstände an die einzelnen Gesellschafter. Bei Grundstücken ist Auflassung erforderlich.[61] Soweit Gegenstände nach ihrer Art zur Teilung ohne Wertminderung nicht geeignet sind, erfolgt zunächst die Verwertung im Wege des Pfandverkaufes gem. § 753 BGB. Die Gesellschafter können sich auf eine abweichende Verteilung einigen.[62]

27 Die Verteilung des Überschusses richtet sich grds. nach den für den laufenden Gewinn geltenden vertraglichen **Gewinnverteilungsregeln**, soweit keine Sonderregelungen für den Abwicklungsfall getroffen sind.[63] Sofern der Gesellschaftsvertrag daher nicht das Verhältnis der Kapitalanteile oder einen anderen Maßstab als maßgeblich bestimmt, erfolgt die Gewinnverteilung in der GbR gem. § 722 Abs. 1 BGB nach Köpfen.[64] Abweichende Vereinbarungen sind zulässig, insbes. kann auch der Ausschluss eines Gesellschafters von Gewinn oder Verlust innerhalb der allgemeinen Grenzen vorgesehen werden.[65]

28 **2. Nachschusspflicht.** Reicht das Gesellschaftsvermögen nicht zur Berichtigung der gemeinschaftlichen Schulden und Rückerstattung der Einlagen aus, so haben die Gesellschafter für den Fehlbetrag gem. § 735 S. 1 BGB[66] aufzukommen. Die Nachschusspflicht setzt also einen **Fehlbetrag in der Schlussabrechnung** voraus.[67]

29 § 735 BGB gilt ausschl. im Innenverhältnis der Gesellschafter und ist daher **dispositiv**. Abweichende Vereinbarungen haben jedoch auf die Haftung der Gesellschafter gegenüber den Gläubigern im Außenverhältnis keine Auswirkungen.[68] Insbes. können Gesellschaftsgläubiger aus Ansprüchen gem. § 735 BGB keine unmittelbaren Rechte ableiten, Nachschussansprüche wohl aber im Wege der Zwangsvollstreckung nach §§ 829, 835 ZPO pfänden und überweisen lassen.[69]

30 Der Fehlbetrag ist gem. den Regelungen für den Überschuss zu ermitteln (dazu → Rn. 25).[70] Die Nachschusspflicht setzt voraus, dass die Gesellschafter am Verlust beteiligt sind.[71] Soweit die Gesellschafter am Verlust beteiligt sind, haben sie diesen entsprechend dem allgemeinen

---

56 Näher MüKoBGB/Schäfer BGB §§ 734 Rn. 10 und 730 Rn. 54.
57 BGH ZIP 1993, 1307.
58 MüKoBGB/Schäfer BGB § 734 Rn. 1.
59 MüKoBGB/Schäfer BGB § 734 Rn. 3; Grüneberg/Sprau BGB § 734 Rn. 1.
60 BGH WM 1972, 213.
61 MüKoBGB/Schäfer BGB § 734 Rn. 7; Grüneberg/Sprau BGB § 734 Rn. 2. Mit Inkrafttreten des MoPeG am 1.1.2024 steht nicht mehr die Realteilung im Vordergrund, sondern die Umsetzung des vorhandenen Gesellschaftsvermögens in Geld (§ 736d Abs. 2 BGB nF).
62 MüKoBGB/Schäfer BGB § 734 Rn. 7.
63 RGZ 114, 131 (135); MüKoBGB/Schäfer BGB § 734 Rn. 6; Soergel/Hadding/Kießling BGB § 734 Rn. 5.
64 MüKoBGB/Schäfer BGB § 734 Rn. 6.
65 MüKoBGB/Schäfer BGB § 734 Rn. 12; Grüneberg/Sprau BGB § 734 Rn. 2.
66 Ab 1.1.2024: § 737 BGB nF.
67 MüKoBGB/Schäfer BGB § 735 Rn. 1.
68 BGH Beck-RS 2013, 1865 Rn. 30.
69 MüKoBGB/Schäfer BGB § 735 Rn. 2; Grüneberg/Sprau BGB § 735 Rn. 1.
70 MüKoBGB/Schäfer BGB § 735 Rn. 3; Grüneberg/Sprau BGB § 735 Rn. 2.
71 MüKoBGB/Schäfer BGB § 735 Rn. 4.

oder für den Liquidationsfall besonders vereinbarten **Verlustverteilungsschlüssel** zu tragen. Im Zweifel gilt § 722 Abs. 1 BGB und damit eine Verteilung nach Köpfen.[72]

Der Anspruch auf Nachschuss ist ein **Sozialanspruch der Gesellschaft**.[73] Als solcher unterliegt er der Durchsetzungssperre und hängt von der Feststellung der Schlussabrechnung ab.[74]

31

Nachzuzahlen haben primär die Gesellschafter, die ihrerseits einen Ausgleich zu leisten haben. Gesellschafter, denen noch ein Guthaben zusteht, wird die Fehlbetragsquote hiervon abgezogen.[75] Der Anspruch auf Nachschuss kann insoweit in die **Auseinandersetzungsbilanz** eingestellt werden und ist von den zur Auseinandersetzung befugten Personen geltend zu machen.[76] Ist das Gesamthandsvermögen bereits abgewickelt und dienen die Nachschüsse lediglich zum Ausgleich unter den Gesellschaftern, lässt die hM abweichend hiervon einen unmittelbaren, im Klagewege durchsetzbaren Ausgleich zwischen den Gesellschaftern zu und verzichtet bei Überschaubarkeit der Verhältnisse auch auf die Erstellung einer besonderen Schlussabrechnung.[77]

32

Kann von einem Gesellschafter der auf ihn entfallende Verlustanteil nicht erlangt werden, so trifft die übrigen Gesellschafter eine subsidiäre **Ausfallhaftung** gem. § 735 S. 2 BGB.[78] Erfasst sind sowohl Fälle der Zahlungsunfähigkeit des Gesellschafters als auch Fälle fehlender Durchsetzbarkeit der Forderung.[79] Die Haftung im Innenverhältnis der übrigen Gesellschafter erfolgt quotal entsprechend dem Verhältnis ihrer Haftung nach dem allgemeinen Verlustverteilungsschlüssel.[80] Die subsidiäre Ausfallhaftung greift über den von einem Gesellschafter nicht zu erlangenden anteiligen Fehlbetrag hinaus auch für alle sonstigen gegen ihn gerichteten und uneinbringlichen Sozialansprüche.[81] Die Ausfallhaftung wird im Rahmen der Auseinandersetzungsbilanz berücksichtigt.[82]

33

C. Weitergehende praktische Hinweise

Ist die Verteilung des Restvermögens (§ 734 BGB) unter den Gesellschaftern streitig, so kann der Liquidator den streitigen Betrag nach Maßgabe von § 372 BGB **hinterlegen**.[83]

34

Die Nachschussansprüche aus §§ 735 BGB **verjähren** nach zutreffender Auffassung gem. §§ 195, 199 BGB (str).[84]

35

§ 736 BGB Ausscheiden eines Gesellschafters, Nachhaftung

(1) Ist im Gesellschaftsvertrag bestimmt, dass, wenn ein Gesellschafter kündigt oder stirbt oder wenn das Insolvenzverfahren über sein Vermögen eröffnet wird, die Gesellschaft unter den übrigen Gesellschaftern fortbestehen soll, so scheidet bei dem Eintritt eines solchen Ereignisses der Gesellschafter, in dessen Person es eintritt, aus der Gesellschaft aus.

(2) Die für Personenhandelsgesellschaften geltenden Regelungen über die Begrenzung der Nachhaftung gelten sinngemäß.

---

72 MüKoBGB/Schäfer BGB § 735 Rn. 4; Grüneberg/Sprau BGB § 735 Rn. 2.
73 BGH ZIP 2012, 515 (520) Rn. 33 ff.; Bamberger/Roth/Schöne BGB § 735 Rn. 5; MüKoBGB/Schäfer BGB § 735 Rn. 5.
74 BGH ZIP 2012, 515 (517 f.); MüKoBGB/Schäfer BGB § 735 Rn. 5.
75 BGH WM 1975, 268 (269).
76 BGH Beck-RS 2013, 1865 Rn. 36 und 39; Grüneberg/Sprau BGB § 735 Rn. 2.
77 OLG Köln NZG 1999, 152; MüKoBGB/Schäfer BGB § 735 Rn. 6; anders für die Publikums-GbR: KG NZG 2010, 1102.
78 Ab 1.1.2024; § 373 BGB nF.
79 BGH Beck-RS 2013, 1865 Rn. 37; Grüneberg/Sprau BGB § 735 Rn. 2.
80 Grüneberg/Sprau BGB § 735 Rn. 2.
81 BGH WM 1975, 268 (269).
82 BGH NJW 2012, 1439.
83 MüKoBGB/Schäfer BGB § 734 Rn. 11; vgl. auch BayObLG WM 1979, 655.
84 BGH NJW-RR 2010, 1401 (1402) (zu § 739 BGB); Grüneberg/Sprau BGB § 735 Rn. 2; aA OLG Koblenz NZG 2009, 1426; K. Schmidt DB 2010, 2093 (2094 ff.): Analoge Anwendung von § 159 f. HGB. Mit Inkrafttreten des MoPeG am 1.1.2024 wird mit § 739 HGB nF eine spezielle fünfjährige gesetzliche Verjährung eingeführt.

A.	Allgemeines	1	
B.	Regelungsgehalt	2	
	I. Ausscheiden eines Gesellschafters	2	
	1. Voraussetzungen und Rechtsfolge	2	
	2. Besonderheiten der zweigliedrigen Gesellschaft	4	

3. Abweichende Regelungen	6	
II. Nachhaftung des ausgeschiedenen Gesellschafters	9	
C. Weitergehende praktische Hinweise	12	

A. Allgemeines

1 Die GbR wird im gesetzlichen Normalfall des § 727 BGB durch den Tod eines Gesellschafters aufgelöst. Der Gesellschaftsvertrag kann aber gem. § 736 Abs. 1 BGB vorsehen, dass die Gesellschaft im Falle des Todes eines Gesellschafters unter den übrigen Gesellschaftern fortgeführt wird.[1] § 736 Abs. 2 BGB[2] bestimmt eine zeitliche Begrenzung der Haftung des ausgeschiedenen Gesellschafters als Rechtsfolge. Weitere Rechtsfolgen des Ausscheidens bestimmen sich mangels abweichender Vereinbarung nach §§ 738 bis 740 BGB.[3]

B. Regelungsgehalt

I. Ausscheiden eines Gesellschafters

2 **1. Voraussetzungen und Rechtsfolge.** Voraussetzung für einen Fortbestand einer GbR im Falle des Todes eines Gesellschafters ist gem. § 736 Abs. 1 BGB eine entsprechende **Fortsetzungsklausel** im Gesellschaftsvertrag. In einer solchen liegt die antizipierte Zustimmung der Gesellschafter zur Fortsetzung der Gesellschaft.[4]

3 Ist eine Fortsetzung vertraglich vereinbart, so scheidet mangels abweichender Vertragsgestaltung der betroffene Gesellschafter bei Eintritt des Ausscheidensgrundes automatisch und mit sofortiger Wirkung aus der zwischen den übrigen Gesellschaftern fortbestehenden Gesellschaft aus.[5] Der Gesellschafter, im Todesfall also dessen Erben, verlieren mit dem Ausscheiden die Gesellschafterstellung einschl. der mit ihr verbundenen gesamthänderischen Berechtigung. Diese wächst den Mitgesellschaftern zu. Der ausgeschiedene Gesellschafter bzw. dessen Erben haben demgegenüber im gesetzlichen Regelfall einen Anspruch auf Abfindung gem. § 738 BGB.[6]

4 **2. Besonderheiten der zweigliedrigen Gesellschaft.** Scheidet ein Gesellschafter einer **zweigliedrigen Gesellschaft** aus, so führt dies automatisch zur Beendigung der GbR, da diese wegen ihrer vertraglichen Fundierung stets das Vorhandensein von mindestens zwei Gesellschaftern verlangt.[7] Diese Rechtsfolge kann weder durch eine Fortsetzungsklausel noch durch ein Eintrittsrecht verhindert werden. Zum Eintritt und damit zur Aufnahme eines neuen Gesellschafters muss vielmehr eine neue GbR gegründet werden.[8] Rechtsfolge der Beendigung ist die Liquidation.[9]

5 Die Gesellschafter können aber bereits im Gesellschaftsvertrag (durch sog. **Übernahmeklausel**) oder im Rahmen der Liquidation vereinbaren, dass in diesem Fall der verbleibende Gesellschafter das Gesellschaftsvermögen als Gesamtrechtsnachfolger übernimmt. Die Übernahmevereinbarung kann den automatischen Übergang bei Eintritt eines bestimmten Ereignisses vorsehen, so zB bei Tod des vorletzten Gesellschafters.[10] Alternativ kann ein Übernahmerecht vereinbart

---

1 Dies wird mit Inkrafttreten des MoPeG am 1.1.2024 der gesetzliche Regelfall werden (§ 723 BGB nF).
2 Ab 1.1.2024: § 728b BGB nF.
3 Ab 1.1.2024: §§ 712, 728a BGB nF.
4 BGH NJW 2010, 65 Rn. 16.
5 MüKoBGB/Schäfer BGB § 736 Rn. 8.
6 MüKoBGB/Schäfer BGB § 736 Rn. 2. Ab 1.1.2024 ist der Anspruch auf Abfindung in § 728 BGB nF geregelt.
7 BGHZ 65, 79 (82 f.); Grüneberg/Sprau BGB § 705 Rn. 1.
8 Grüneberg/Sprau BGB § 736 Rn. 9; vgl. auch BGHZ 32, 307 (314 f.).
9 Durch das MoPeG wird ab dem 1.1.2024 als Rechtsfolge des Ausscheidens des vorletzten Gesellschafters das Erlöschen der Gesellschaft ohne Liquidation und die Anwachsung des Gesellschaftsvermögens beim verbleibenden Gesellschafter gesetzlich in § 712 BGB nF normiert.
10 BGH NJW-RR 2002, 538.

werden, das durch rechtsgestaltende Willenserklärung des verbleibenden Gesellschafter gegenüber dem Ausscheidenden bzw. dessen Erben auszuüben ist.[11] Nur ausnahmsweise kommt auch eine konkludente Übernahmeerklärung in Betracht.[12] Als Rechtsfolge einer Übernahmeklausel oder der Ausübung eines Übernahmerechtes scheidet der betroffene Gesellschafter unter Vollbeendigung (ohne Abwicklung) aus der Gesellschaft aus und das Gesellschaftsvermögen wächst dem verbleibenden, übernehmenden Gesellschafter zu Alleineigentum kraft Gesamtrechtsnachfolge an.[13]

3. Abweichende Regelungen. Anstelle einer einfachen Fortsetzungsklausel, wie sie in § 736 Abs. 1 BGB angesprochen ist, kann der Gesellschaftsvertrag auch eine **Nachfolgeklausel**, eine Übernahmeklausel oder ein Eintrittsrecht vorsehen. Bei der einfachen Nachfolgeklausel wird der Gesellschaftsanteil vererblich gestellt (auch → § 727 Rn. 10 ff.).[14] Mit dem Tod eines Gesellschafters rücken der oder die Erben automatisch in die Gesellschafterstellung ein. Der Gesellschafter kann kraft letztwilliger Verfügung bestimmen, wer Erbe und insoweit Gesellschafter wird. Während bei der einfachen Nachfolgeklausel der Anteil unabhängig von der Person des jeweiligen Erben vererblich gestellt wird, also jeder Erbe Gesellschafter wird, beschränkt die qualifizierte Nachfolgeklausel die Möglichkeit der Anteilsvererbung auf einen bestimmten, im Gesellschaftsvertrag namentlich genannten oder durch abstrakte Merkmale umschriebenen Personenkreis (auch → § 727 Rn. 15 ff.).[15]

Eine Fortsetzungsklausel kann auch mit einem **Eintrittsrecht** kombiniert werden. Dabei erhalten die im Gesellschaftsvertrag bestimmten Personen iS eines Vertrages zugunsten Dritter (§ 328 BGB) ein Eintrittsrecht zB auf den Tod eines Gesellschafters (ausführlich → BGB → § 727 Rn. 20 ff.).[16]

Enthält der Gesellschaftsvertrag keine Fortsetzungs- oder andere Klausel, die den Fortbestand der Gesellschaft sichert, so können sich die Gesellschafter auch im Zusammenhang mit dem auflösenden Ereignis, insbes. während des Abwicklungsstadiums, auf eine Fortsetzung einigen. Der betroffene Gesellschafter – im Todesfall also dessen Erben – müssen hieran allerdings mitwirken.[17] Als Zwischenlösung kann der Gesellschaftsvertrag anstelle der automatisch wirkenden Fortsetzungsklausel vorsehen, dass bei Eintritt eines der in § 736 Abs. 1 BGB genannten Gründe oder eines sonstigen Ereignisses die übrigen Gesellschafter berechtigt sind, die Gesellschaft unter Ausschluss des betroffenen Gesellschafters fortzusetzen.[18] Aus Gründen der Treupflicht kann sich im Einzelfall eine Zustimmungspflicht der Mitgesellschafter ergeben.[19]

II. Nachhaftung des ausgeschiedenen Gesellschafters

Als eigenständiges Rechtssubjekt mit (Teil)Rechtsfähigkeit haftet zunächst das Gesellschaftsvermögen für die aus der gesellschaftlichen Tätigkeit entstehenden Verpflichtungen. Daneben haften aufgrund der Rechtsnatur der Personengesellschaft in Anlehnung an die **akzessorische Gesellschafterhaftung** gem. § 128 HGB[20] auch die einzelnen Gesellschafter mit ihrem Privatvermögen.[21] Für die akzessorische Haftung gegenüber Dritten gelten damit die für die oHG geltenden Grundsätze (§§ 128 bis 130 HGB) entsprechend.[22] Gesellschaftsgläubiger können also für eine von der GbR geschuldete Leistung jeden Gesellschafter persönlich mit seinem gesamten Vermö-

---

11 MüKoBGB/Schäfer BGB § 736 Rn. 18 und § 730 Rn. 78; Grüneberg/Sprau BGB § 736 Rn. 4.
12 OLG Schleswig NZG 1998, 808.
13 BGHZ 32, 307 (314 ff.); BGH NJW 1966, 827; Erman/Westermann BGB § 730 Rn. 18; Grüneberg/Sprau BGB § 736 Rn. 4; zur dogmatischen Einordnung vgl. MüKoBGB/Schäfer BGB § 730 Rn. 81.
14 BGHZ 68, 225 (229).
15 Vgl. näher MüKoBGB/Schäfer BGB § 727 Rn. 30.
16 MüKoBGB/Schäfer BGB § 736 Rn. 19.
17 BGH NJW 2010, 65 Rn. 16; Grüneberg/Sprau BGB § 736 Rn. 2 ff.
18 MüKoBGB/Schäfer BGB § 736 Rn. 17; vgl. dazu auch BGH WM 1968, 697 (698).
19 MüKoBGB/Schäfer BGB § 736 Rn. 17.
20 Ab dem 1.1.2024: § 126 HGB.
21 BGHZ 146, 341; BGH NJW 2011, 2040 Rn. 23; vgl. auch Grüneberg/Sprau BGB § 714 Rn. 11.
22 Mit Inkrafttreten des MoPeG wird es inhaltsgleiche Haftungsvorschriften auch unmittelbar für die GbR in §§ 721 – 721b BGB nF geben.

gen, unbeschränkt, unmittelbar, primär und auf die gesamte Leistung (nicht nur auf den Gesellschafter im Innenverhältnis entfallenden Anteil) in Anspruch nehmen.[23] Für den Innenausgleich gelten §§ 422 ff., insbes. § 425 BGB.[24]

10 Für die Frage, inwieweit ein Gesellschafter für Verbindlichkeiten der Gesellschaft auch nach seinem Ausscheiden haftet, verweist § 736 Abs. 2 BGB auf die für Personenhandelsgesellschaften geltenden Regelungen über die **Begrenzung der Nachhaftung** und damit insbes. auf § 160 HGB.[25] Das Gesetz geht damit davon aus, dass die Haftung eines Gesellschafters, soweit er für Gesellschaftsverbindlichkeiten im Außenverhältnis persönlich haftet, nach seinem Ausscheiden grds. fortbesteht. Voraussetzung für eine Nachhaftung ist, dass für den entsprechenden Anspruch im Zeitpunkt des Ausscheidens der Rechtsgrund bereits gelegt war;[26] auf die Fälligkeit des Anspruchs kommt es nicht an (näher → § 160 Rn. 4 ff.).[27] Um den Ausgeschiedenen gegen eine zeitlich unbegrenzte Inanspruchnahme zu schützen, begrenzt § 736 Abs. 2 BGB iVm § 160 Abs. 1 S. 1 HGB[28] die Nachhaftung grds. auf einen Zeitraum von fünf Jahren. Dies wirkt sich insbes. bei Dauerschuldverhältnissen erleichternd aus.[29]

11 Eine **vorzeitige Enthaftung** des Ausgeschiedenen durch Vertrag mit dem jeweiligen Gläubiger ist zulässig,[30] ebenso ein Verzicht des Gläubigers.[31] Auch können sich der ausscheidende Gesellschafter oder seine Erben unabhängig von der Nachhaftungsfrist auf ihnen günstigere andere Verjährungs- oder Ausschlussregelungen berufen, insbes. auch Verjährung des Anspruchs gegen die GbR einwenden.[32]

C. Weitergehende praktische Hinweise

12 § 736 Abs. 2 BGB erfasst ausschließlich das **Ausscheiden eines Gesellschafters** gem. Abs. 1 oder durch Übertragung des Gesellschaftsanteils sowie auch den Fall der Übernahme bei der zweigliedrigen GbR.[33] Der Fall der **Auflösung der GbR** ist indes nicht erfasst. Für diesen Fall gilt nach hM § 159 HGB analog.[34]

§ 738 BGB Auseinandersetzung beim Ausscheiden

(1) ¹Scheidet ein Gesellschafter aus der Gesellschaft aus, so wächst sein Anteil am Gesellschaftsvermögen den übrigen Gesellschaftern zu. ²Diese sind verpflichtet, dem Ausscheidenden die Gegenstände, die er der Gesellschaft zur Benutzung überlassen hat, nach Maßgabe des § 732 zurückzugeben, ihn von den gemeinschaftlichen Schulden zu befreien und ihm dasjenige zu zahlen, was er bei der Auseinandersetzung erhalten würde, wenn die Gesellschaft zur Zeit seines Ausscheidens aufgelöst worden wäre. ³Sind gemeinschaftliche Schulden noch nicht fällig, so können die übrigen Gesellschafter dem Ausscheidenden, statt ihn zu befreien, Sicherheit leisten.

(2) Der Wert des Gesellschaftsvermögens ist, soweit erforderlich, im Wege der Schätzung zu ermitteln.

---

23 BGH NJW 2011, 2045 Rn. 14; Grüneberg/Sprau BGB § 714 Rn. 12.
24 Grüneberg/Sprau BGB § 714 Rn. 16.
25 Dieses Nachhaftungskonzept wird mit Inkrafttreten des MoPeG am 1.1.2024 im Wesentlichen für die GbR in § 728b BGB nF übernommen.
26 Vgl. § 160 Abs. 1 S. 1 HGB; Lüneborg ZIP 2012, 2229.
27 Grüneberg/Sprau BGB § 736 Rn. 10.
28 Ab dem 1.1.2024: § 728b Abs. 1 BGB nF.
29 Vgl. auch zur Aufgabe der früheren Rspr. zur Haftungsbegrenzung bei Dauerschuldverhältnissen BGH NJW 2002, 2170; 2000, 208; Grüneberg/Sprau BGB § 736 Rn. 11.
30 MüKoBGB/Schäfer BGB § 736 Rn. 25; Siems/Maaß WM 2000, 2328 (2332).
31 Vgl. BGH NJW 2000, 208.
32 Grüneberg/Sprau BGB § 736 Rn. 11; Hofmeister NZG 2002, 851 (853).
33 Erman/Westermann BGB § 736 Rn. 8; Grüneberg/Sprau BGB § 736 Rn. 12; Siems/Maaß WM 2000, 2328.
34 MüKoBGB/Schäfer BGB § 736 Rn. 28; Soergel/Hadding/Kießling BGB § 736 Rn. 20 und BGB § 730 Rn. 21 ff.; vgl. zu § 159 HGB aF: BGHZ 117, 168 (179); BGH DStR 1994, 32 mAnm Goette; aA Erman/Westermann BGB § 736 Rn. 9.

§ 739 BGB Haftung für Fehlbetrag

Reicht der Wert des Gesellschaftsvermögens zur Deckung der gemeinschaftlichen Schulden und der Einlagen nicht aus, so hat der Ausscheidende den übrigen Gesellschaftern für den Fehlbetrag nach dem Verhältnis seines Anteils am Verlust aufzukommen.

§ 740 BGB Beteiligung am Ergebnis schwebender Geschäfte

(1) ¹Der Ausgeschiedene nimmt an dem Gewinn und dem Verlust teil, welcher sich aus den zur Zeit seines Ausscheidens schwebenden Geschäften ergibt. ²Die übrigen Gesellschafter sind berechtigt, diese Geschäfte so zu beendigen, wie es ihnen am vorteilhaftesten erscheint.

(2) Der Ausgeschiedene kann am Schluss jedes Geschäftsjahrs Rechenschaft über die inzwischen beendigten Geschäfte, Auszahlung des ihm gebührenden Betrags und Auskunft über den Stand der noch schwebenden Geschäfte verlangen.

A. Allgemeines 1	b) Typische Vertragsklauseln 18
B. Regelungsgehalt 2	V. Haftung für Fehlbetrag 21
I. Anwachsung 3	VI. Beteiligung am Ergebnis schwebender
II. Rückgabe von Gegenständen 5	Geschäfte 28
III. Befreiung von Gesellschaftsschulden 6	1. Schwebende Geschäfte 30
IV. Abfindungsanspruch 9	2. Auskunft und Rechnungslegung. 32
1. Berechnung des Abfindungsanspruchs 10	C. Weitergehende praktische Hinweise 35
2. Abweichende Vereinbarungen 14	I. Pflichtteilsanspruch bei Abfindungsklau-
a) Allgemeine Grenzen abweichender	seln 35
Vereinbarungen 15	II. Weitergehende Haftung der Erben 36

A. Allgemeines

Scheidet ein Gesellschafter aus einer GbR aus, so bestimmen sich die Rechtsfolgen nach §§ 738 bis 740 BGB.[1] Für den Fall des Todes eines Gesellschafters greifen die Regelungen nur, soweit der Gesellschaftsvertrag abweichend vom gesetzlichen Normalfall die Fortsetzung der Gesellschaft unter Ausscheiden des verstorbenen Gesellschafters anordnet. Der Anwendungsbereich der §§ 738 bis 740 BGB umfasst auch die Übernahme des Gesellschaftsvermögens durch den letzten Gesellschafter bei Ausscheiden aus einer zweigliedrigen Gesellschaft.[2]

B. Regelungsgehalt

Das Ausscheiden eines Gesellschafters ist in §§ 738 bis 740 BGB als partielle Auseinandersetzung geregelt. Die Stellung des ausgeschiedenen Gesellschafters oder seiner Erben ist derjenigen bei der Liquidation soweit wie möglich angenähert mit der Maßgabe, dass dem ausgeschiedenen Gesellschafter aus dem Fortbestand der Gesellschaft grds. keine vermögensmäßigen Nachteile erwachsen sollen.[3]

I. Anwachsung

Mit dem Ausscheiden eines Gesellschafters endet seine Gesellschafterstellung mit allen Gesellschafterrechten und -pflichten einschl. Mitsprache- und Geschäftsführungsrechten sowie Kontrollrechten.[4] Aufgrund der bestehenden Gesamthandsberechtigung des ausscheidenden Gesell-

---

1 Ab dem 1.1.2024: §§ 712 Abs. 1, 728, 728a (iVm § 740c) BGB nF.
2 BGHZ 32, 307 (315) (zu § 738 BGB); BGH NJW 1999, 2438 (zu § 739 BGB); NJW 1993, 1194 (zu § 740 BGB). Mit Inkrafttreten des MoPeG am 1.1.2024 wird das Ausscheiden des vorletzten Gesellschafters explizit in § 712a BGB geregelt.
3 MüKoBGB/Schäfer BGB § 738 Rn. 1.
4 MüKoBGB/Schäfer BGB § 738 Rn. 6.

schafters am Gesellschaftsvermögen ordnet daher § 738 Abs. 1 S. 1 BGB[5] die Anwachsung an.[6] Im Rahmen der Anwachsung fällt die gesamthänderische „Mitberechtigung" des ausscheidenden Gesellschafters am Gesellschaftsvermögen den übrigen Gesellschaftern an. Im Falle der zweigliedrigen Gesellschaft geht das Gesellschaftsvermögen unter Vollbeendigung der Gesellschaft auf den verbleibenden Gesellschafter über.[7] Die Anwachsung erfolgt **automatisch**; Einzelübertragungen sind weder erforderlich noch möglich.[8]

4 Der Ausscheidende ist im Gegenzug auf **schuldrechtliche Ansprüche** gegen die GbR beschränkt, für die – soweit keine Haftungsbeschränkung vereinbart ist[9] – auch die übrigen Gesellschafter mit ihren Privatvermögen einzustehen haben.[10] Strittig ist, ob sie ggf. nur anteilig subsidiär haften.[11] Die Auseinandersetzung zwischen dem ausscheidenden Gesellschafter und den übrigen Gesellschaftern ist anders als bei der Liquidation nicht auf eine Aufteilung des Gesellschaftsvermögens gerichtet, sondern auf **Abrechnung und Abfindung**. In die Abrechnung werden alle Forderungen aus dem Gesellschaftsverhältnis als unselbstständige Rechnungsposten eingestellt. Einzelforderungen können grds. nicht isoliert geltend gemacht werden (Durchsetzungssperre).[12]

II. Rückgabe von Gegenständen

5 In einem ersten Schritt hat der ausgeschiedene Gesellschafter (oder sein Erbe) gem. § 738 Abs. 1 S. 2 BGB[13] einen Anspruch auf Rückgabe aller Gegenstände, die er der Gesellschaft zur Benutzung überlassen hat. § 738 Abs. 1 S. 2 BGB verweist insoweit auf § 732 BGB (→ BGB §§ 731–735 Rn. 3 ff.). Der Rückgabeanspruch wird unabhängig vom Abfindungsanspruch im Zeitpunkt des Ausscheidens fällig. Darauf, ob die Gesellschaft die Gegenstände auch nach dem Ausscheiden noch benötigt, kommt es abweichend vom Fall der Auflösung idR nicht an.[14] Nur in Ausnahmefällen kann sich aufgrund nachvertraglicher gesellschaftlicher Treupflicht eine Pflicht zur vorübergehenden Belassung gegen angemessenes Benutzungsentgelt ergeben.[15] Der Gesellschaft steht bei absehbarem Fehlbetragsanspruch aus § 739 BGB ein **Zurückbehaltungsrecht** zu.[16]

III. Befreiung von Gesellschaftsschulden

6 Gem. § 738 Abs. 1 S. 2 BGB[17] sind die übrigen Gesellschafter des Weiteren verpflichtet, den ausgeschiedenen Gesellschafter oder seine Erben von den gemeinschaftlichen Schulden zu befreien. Grund dieser Regelung ist, dass der ausgeschiedene Gesellschafter zeitlich begrenzt (§ 736 Abs. 2 BGB iVm § 160 HGB) weiterhin als Gesamtschuldner haftet. Entsprechend ist Voraussetzung für den Befreiungsanspruch das Bestehen von **Gesellschaftsschulden**, für die der Ausgeschiedene oder seine Erben persönlich haften.[18] Verbindlichkeiten aus dem Gesellschaftsverhältnis sind hingegen nicht erfasst, sondern fließen in die Berechnung des Abfindungsanspruches ein.[19]

---

5 Ab 1.1.2024: § 712 Abs. 1 BGB nF.
6 MüKoBGB/Schäfer BGB § 738 Rn. 8.
7 BGH NJW 1966, 827 (828); 1993, 1194; 2008, 2992; WM 2002, 293 (295). Zum MoPeG vgl. Fn. 2.
8 BGHZ 32, 307 (315); 50, 309.
9 OLG Oldenburg NZG 2000, 542.
10 BGH NJW 2011, 2355 Rn. 11 f.; Grüneberg/Sprau BGB § 738 Rn. 2.
11 Vgl. zum Meinungsstreit Altmeppen NJW 2013, 1025 (1026) mwN.
12 BGH NJW 2011, 2355; Grüneberg/Sprau BGB § 738 Rn. 2; vgl. auch BGB § 730 Rn. 5 ff. zu den Ausnahmen von der Durchsetzungssperre.
13 Diese Vorschrift entfällt ab dem 1.1.2024 ersatzlos, weil sich der Rückgabeanspruch nach der zugrundeliegenden Vereinbarung von selbst versteht, vgl. Begr. RegE zu § 728 Abs. 1 BGB nF, S. 203.
14 MüKoBGB/Schäfer BGB § 738 Rn. 78.
15 Erman/Westermann BGB § 738 Rn. 9; Bamberger/Roth/Schöne § 738 Rn. 7; MüKoBGB/Schäfer BGB § 738 Rn. 78.
16 BGH WM 1981, 1126.
17 Ab 1.1.2024: § 728 Abs. 1 BGB nF.
18 BGH ZIP 2010, 515 (516) (Freistellung nur von Ansprüchen, für die der Gesellschafter nach § 128 HGB haftet); MüKoBGB/Schäfer BGB § 738 Rn. 79; Grüneberg/Sprau BGB § 738 Rn. 3b.
19 Grüneberg/Sprau BGB § 738 Rn. 3b.

Die Befreiung erfolgt nach Wahl der Gesellschaft durch **Tilgung** der Gesamthandsverbindlichkeit oder durch **Schuldentlassung** des ausgeschiedenen Gesellschafters oder seiner Erben aus der Mithaftung.[20] Sind gemeinschaftliche Schulden noch nicht fällig, so können die übrigen Gesellschafter dem Ausscheidenden statt Befreiung gem. § 738 Abs. 1 S. 3 BGB[21] auch **Sicherheit** leisten. Entgegen dem Wortlaut steht eine entsprechende Ersetzungsbefugnis der Gesellschaft als Schuldnerin der Befreiung zu.[22] Sie erstreckt sich auch auf Verbindlichkeiten aus schwebenden Geschäften.[23]

Wird der Ausgeschiedene vor Schuldbefreiung von einem Gesellschaftsgläubiger in Anspruch genommen, so kann er von der Gesellschaft und von den übrigen Gesellschaftern vollen **Ausgleich** verlangen.[24] Hatte der Ausgeschiedene zugunsten der Gesellschaft Sicherheiten gestellt, kann er analog § 738 Abs. 1 S. 2 BGB **Ablösung bzw. Befreiung** verlangen.[25]

IV. Abfindungsanspruch

Gem. § 738 Abs. 1 S. 2 BGB[26] hat der ausscheidende Gesellschafter schließlich Anspruch auf Abfindung in Geld. Ein solcher Anspruch besteht nicht bei Anteilsübergang auf einen Nachfolger, sei es rechtsgeschäftlich oder von Todes wegen.[27] Entgegen dem Gesetzeswortlaut richtet sich der Abfindungsanspruch in erster Linie gegen die Gesellschaft. Die verbleibenden Gesellschafter haften gesamtschuldnerisch.[28]

1. Berechnung des Abfindungsanspruchs. Der Abfindungsanspruch richtet sich grds. nach dem **vollen Anteilswert**, der durch Erstellung einer **Auseinandersetzungsbilanz** (auch Abschichtungsbilanz) zu ermitteln ist.[29] Er bestimmt sich nach dem fiktiven Auseinandersetzungsguthaben des ausscheidenden Gesellschafters zum Ausscheidenszeitpunkt. In ihm gehen die Ansprüche auf Einlagenrückerstattung (§ 733 BGB) und Überschusszahlung (§ 734 BGB) auf. Es gelten die Grundsätze der Durchsetzungssperre (→ BGB § 730 Rn. 5 ff.), so dass auch alle sonstigen auf dem Gesellschaftsverhältnis beruhenden, den Gesellschaftern zustehenden Ansprüche nach Auflösung der Gesellschaft als unselbstständige Rechnungsposten in die Schlussabrechnung eingehen.[30]

Zur Ermittlung des Auseinandersetzungsguthabens erfolgt eine **Unternehmensbewertung**, im Rahmen welcher der Wert des Gesellschaftsvermögens gem. § 738 Abs. 2 BGB,[31] soweit erforderlich, im Wege der Schätzung ermittelt wird. Im Allgemeinen ist ein Sachverständigengutachten erforderlich.[32] Maßgeblich ist heute mangels abweichender Vereinbarung das Ertragswertverfahren.[33] Bewertungsstichtag ist der Zeitpunkt des Ausscheidens, soweit sich nicht aus dem Gesellschaftsvertrag Abweichendes ergibt.[34] Künftige Erfolgschancen sind nur zu berücksichtigen, soweit die Voraussetzungen ihrer Nutzung bereits im Ansatz vorliegen.[35] Die Berechnung erfolgt nach der Methode der individuellen Anteilsbewertung, nach welcher zunächst der Wert des Gesellschaftsunternehmens als Ganzes ermittelt und alsdann nach dem allgemeinen Ge-

---

20 RGZ 132, 29 (31); BGH NJW 1999, 2438 (2440); Grüneberg/Sprau BGB § 738 Rn. 3b.
21 Ab 1.1.2024: § 728 Abs. 1 S. 2 BGB nF.
22 MüKoBGB/Schäfer BGB § 738 Rn. 82; Bamberger/Roth/Schöne BGB § 738 Rn. 12.
23 MüKoBGB/Schäfer BGB § 738 Rn. 82.
24 BGH WM 1978, 114 (115) (unter Hinweis auf § 670 BGB); MüKoBGB/Schäfer BGB § 738 Rn. 80.
25 BGH NJW 1974, 899; Grüneberg/Sprau BGB § 738 Rn. 3b.
26 Ab 1.1.2024: § 728 Abs. 1 S. 1 BGB nF.
27 MüKoBGB/Schäfer BGB § 738 Rn. 14.
28 BGH NJW 2011, 2355 Rn. 9; OLG Brandenburg BB 2010, 2642; Freund ZIP 2009, 941 (946); MüKoBGB/Schäfer BGB § 738 Rn. 17.
29 BGH ZIP 2013, 1533 Rn. 17; Grüneberg/Sprau BGB § 738 Rn. 4.
30 BGH WM 1978, 89 (90); 1979, 937, 938; 1992, 306, 307 f.; BGH NJW 2011, 2355; OLG Hamm WM 2004, 129 (132); MüKoBGB/Schäfer BGB § 738 Rn. 18.
31 Ab 1.1.2024: § 728 Abs. 2 BGB nF.
32 BGH NJW 1985, 192.
33 BGHZ 116, 359 (370 f.); BGH NJW 1982, 2441; 1985, 192, 193; 1993, 2101, 2103; Freund ZIP 2009, 941 (946). Das am 1.1.2024 in Kraft tretende MoPeG lässt die Frage der Bewertungsmethode bewusst offen, vgl. Begr. RegE zu § 728 BGB nF, S. 204.
34 BGH DStR 2004, 97; BGH WM 2012, 1623: Zugang der Kündigung.
35 BGHZ 140, 35.

winnverteilungsschlüssel auf die Gesellschafter verteilt wird.[36] Maßgeblich sind die wirklichen Werte des lebenden Unternehmens einschl. des inneren Geschäftswertes (stille Reserven und Goodwill),[37] im Allgemein also der Wert, der sich bei einem Verkauf des lebensfähigen Unternehmens als Einheit ergeben würde.[38]

12 Zur Berechnung des Abfindungsanspruchs kann der ausgeschiedene Gesellschafter oder sein Erbe von den übrigen Gesellschaftern die **Aufstellung einer Abfindungsbilanz** auf den Stichtag des Ausscheidens verlangen, soweit sich diese nicht aufgrund abweichender Abfindungsvereinbarungen (zB Buchwertklausel) erübrigt.[39] Die Pflicht zur Bilanzaufstellung obliegt der Gesellschaft, im Innenverhältnis den Geschäftsführern.[40] Eine besondere Feststellung der Abfindungsbilanz ist entbehrlich und auch nicht Voraussetzung für Entstehung und Fälligkeit des Abfindungsanspruchs.[41] Bei der Erstellung der Abrechnungsbilanz ist der ausgeschiedene Gesellschafter mitwirkungsberechtigt. Im Streitfall hat er im Einzelnen anzugeben, welche Ansätze er für unrichtig hält.[42] **Kontroll- und Informationsrechte** aus § 716 BGB[43] bestehen nicht mehr; der Ausgeschiedene hat stattdessen die Ansprüche aus §§ 810, 242 BGB.[44]

13 Der Anspruch des Ausgeschiedenen auf Aufstellung der Abfindungsbilanz kann im Wege der Leistungsklage durchgesetzt werden. Die Klage richtet sich auf Vornahme einer vertretbaren Handlung durch den Schuldner. Das Urteil wird nach § 887 ZPO vollstreckt.[45] Kann die Bilanz nicht zuverlässig anhand der Geschäftsbücher durch einen Sachverständigen erstellt werden, greift hingegen § 888 ZPO.[46] Klage auf Bilanzaufstellung oder gerichtliche Feststellung streitiger Posten kann auch im Wege der Stufenklage mit der Klage gem. § 254 ZPO auf Zahlung verbunden werden.[47] Einer Klage auf Zustimmung zur Bilanzfeststellung fehlt idR das Feststellungsinteresse. Festgestellt werden kann lediglich die Richtigkeit einzelner Bilanzposten.[48] Der Anspruch auf Erstellung der Abfindungsbilanz kann mit dem noch zu beziffernden Zahlungsanspruch in einer Stufenklage verbunden werden.[49]

14 **2. Abweichende Vereinbarungen.** § 738 BGB ist dispositiv.[50] Abweichende Regeln zielen häufig auf eine Vereinfachung der Abrechnung und den Schutz der Gesellschaft vor zu hohem Kapitalabfluss.[51] Geregelt werden können insbes. die Art und Weise der Abfindung einschl. einer Teilung der Sachwerte,[52] die Höhe der Abfindung,[53] der Zeitpunkt der Abfindung[54] sowie der Ausschluss des Rückgabe- und/oder Befreiungsanspruchs.[55]

15 **a) Allgemeine Grenzen abweichender Vereinbarungen.** Bei der Vereinbarung von § 738 BGB abweichender Regelungen sind die **allgemeinen zivilrechtlichen Zulässigkeitsschranken** zu beachten. Insbes. zu den Wirksamkeitsschranken vertraglicher Abfindungsvereinbarungen gibt es umfängliche Rechtsprechung. Dabei wird nach dem Zweck der jeweiligen Gesellschaft differenziert: Bei Gesellschaften mit ideeller Zielsetzung sind ein Ausschluss und eine Beschränkung des Abfindungsanspruches grds. uneingeschränkt zulässig.[56] Bei wirtschaftlich tätigen Gesellschaf-

---

36 BGH WM 1979, 432.
37 Grüneberg/Sprau BGB § 738 Rn. 5.
38 BGHZ 17, 136; BGH NJW 1974, 312.
39 BGH WM 1980, 1362 (1363); vgl. auch BGH NJW 2016, 3597 Rn. 14; MüKoBGB/Schäfer BGB § 738 Rn. 26.
40 BGH WM 1979, 1330; Soergel/Hadding/Kießling BGB § 738 Rn. 26.
41 MüKoBGB/Schäfer BGB § 738 Rn. 28.
42 BGH DB 1965, 1438; Grüneberg/Sprau BGB § 738 Rn. 5.
43 Ab 1.1.2024: § 717 BGB nF.
44 OLG Düsseldorf NZG 1999, 876; vgl. auch BGH NJW 2000, 2276.
45 MüKoBGB/Schäfer BGB § 738 Rn. 30.
46 MüKoBGB/Schäfer BGB § 738 Rn. 30; vgl. auch MüKoZPO/Gruber ZPO § 887 Rn. 45 und ZPO § 888 Rn. 3.
47 OLG Karlsruhe BB 1977, 1475; Stötter BB 1977, 1219; MüKoBGB/Schäfer BGB § 738 Rn. 30.
48 MüKoBGB/Schäfer BGB § 738 Rn. 31.
49 BGH NJW 2016, 3597 Rn. 14.
50 Grüneberg/Sprau BGB § 738 Rn. 7.
51 Grüneberg/Sprau BGB § 738 Rn. 7; ausf. MüKoBGB/Schäfer BGB § 738 Rn. 39.
52 BGH NJW 1995, 1551: ausscheidender Gesellschafter nimmt seine Mandanten/Patienten mit.
53 BGH WM 1980, 1362: Abfindung zum Buchwert nach der letzten Jahresbilanz.
54 ZB Stundung für einen bestimmten Zeitraum oder Zahlung in Jahresraten, vgl. auch Ziegler DB 2000, 2107.
55 Grüneberg/Sprau BGB § 738 Rn. 7.
56 BGHZ 135, 387.

ten unterliegen vertragliche Vereinbarungen den Grenzen der Sittenwidrigkeit gem. § 138 BGB, so dass willkürliche, zum Interesse am Fortbestand der Gesellschaft außer Verhältnis stehende Beschränkungen unzulässig sind.[57] Außerdem darf die Klausel das gesetzlich garantierte Kündigungsrecht gem. § 723 Abs. 3 BGB nicht faktisch in unvertretbarer Weise einschränken.[58]

Zu unterscheiden ist, ob eine Klausel von Anfang an unzulässig ist oder sich erst später ein zur Sittenwidrigkeit führendes Missverhältnis zwischen vertragliche Abfindung und Warenwert der Anteile ergibt. Ist eine Klausel unzulässig und damit **von Anfang an unwirksam**, hat der ausscheidende Gesellschafter gem. gesetzlicher Regelung Anspruch auf Abfindung zum vollen Wert.[59] 16

Eine **zunächst wirksam vereinbarte Abfindungsklausel** wird hingegen nicht dadurch unwirksam, dass sie sich wegen späterer Änderung der Verhältnisse als übermäßige Beeinträchtigung des Ausscheidens darstellt.[60] Stattdessen wird die Abfindung im Wege **ergänzender Vertragsauslegung** nach Treu und Glauben unter angemessener Abwägung der Interessen der Gesellschaft und des ausscheidenden Gesellschafters unter Berücksichtigung aller Umstände des konkreten Einzelfalls bestimmt.[61] Im Rahmen der Interessenabwägung sind ua zu berücksichtigen das Missverhältnis, die Zumutbarkeit, die Dauer der Mitgliedschaft, der Anteil am Aufbau und Erfolg des Unternehmens, der Anlass des Ausscheidens.[62] IdR wird sich hieraus ein Abfindungsbetrag ergeben, der zwischen Buch- und Verkehrswert liegt.[63] Erst wenn die ergänzende Vertragsauslegung gem. §§ 157, 242 BGB zu keinem Ergebnis führt, kommt eine Anwendung der Grundsätze über die Störung der Geschäftsgrundlage nach § 313 BGB in Betracht.[64] 17

b) Typische Vertragsklauseln. Ein gänzlicher **Ausschluss der Abfindung** ist idR unzulässig, wenn er nicht anderweitig kompensiert wird.[65] Ausnahmen gelten für Gesellschaften mit ideellem Zweck.[66] Nach hM ist ein **Abfindungsausschluss auch für den Todesfall** eines Gesellschafters grds. zulässig.[67] Es handelt sich insoweit um vorweg genommene, auf den Todesfall bezogene unentgeltliche gesellschaftsvertragliche Verfügungen über den Anteilswert,[68] jedenfalls soweit es sich um einseitige Abfindungsausschlüsse zulasten bestimmter Gesellschafter handelt. Die Auslegung einer Ausschlussklausel als Verfügung auf den Todesfall kommt nur in Betracht, wenn sich der Abfindungsausschluss speziell auf den Todesfall bezieht und sich auf diesen Fall des Ausscheidens beschränkt.[69] Trotz Unentgeltlichkeit greift die Formvorschrift des § 2301 Abs. 1 BGB wg. lebzeitigen Vollzugs nicht ein.[70] 18

Die Wirksamkeit von **Buchwertklauseln** richtet sich danach, ob bereits zum Zeitpunkt ihres Zustandekommens eine Diskrepanz zwischen gesetzlicher und vertraglicher Abfindung besteht oder mit dem späteren Anstieg der stillen Reserven und/oder des Firmenwerts zu rechnen ist.[71] Im Fall einer solchen Diskrepanz werden Buchwertklauseln regelmäßig dahin ausgelegt, dass sie den Abfindungsanspruch auf die Rückzahlung noch nicht verbrauchter Einlagen, einbehaltener Gewinne sowie sonstiger anteiliger Rücklagen und Rückstellungen mit Eigenkapitalcharakter 19

---

57 BGHZ 116, 359. Hiervon geht der Gesetzgeber auch nach Inkrafttreten des MoPeG am 1.1.2024 aus, vgl. Begr. RegE zu § 728 Abs. 1 BGB nF, S. 204.
58 BGH NJW 1989, 3272; NJW-RR 2006, 1270; kritisch Volmer DB 1998, 2507.
59 BGHZ 116, 359 (370); Grüneberg/Sprau BGB § 738 Rn. 7.
60 BGH NJW 1994, 2536; Grüneberg/Sprau BGB § 738 Rn. 8.
61 BGH NJW 1993, 2101 (2102); BGHZ 123, 281 (285 f.); OLG München NZG 2004, 1055; Dauner-Lieb ZHR 158 (1994), 271 (283 ff.); kritisch MüKoBGB/Schäfer BGB § 738 Rn. 54.
62 Grüneberg/Sprau BGB § 738 Rn. 8.
63 Grüneberg/Sprau BGB § 738 Rn. 8.
64 BGHZ 123, 281 (287); 126, 226, 241; OLG Bremen NJW 2013, 2527 (2529); MüKoBGB/Schäfer BGB § 738 Rn. 56.
65 MüKoBGB/Schäfer BGB § 738 Rn. 45; Grüneberg/Sprau BGB § 738 Rn. 7.
66 BGHZ 135, 387 (390 f.); Erman/Westermann BGB § 738 Rn. 13.
67 KG JR 1959, 101; vgl. auch BGHZ 22, 186 (194); MüKoBGB/Schäfer BGB § 738 Rn. 62; Hölscher ZEV 2010, 609 (610 ff.).
68 KG JR 1959, 103; MüKoBGB/Schäfer BGB § 738 Rn. 62; Soergel/Hadding/Kießling BGB § 738 Rn. 53.
69 MüKoBGB/Schäfer BGB § 738 Rn. 62.
70 KG JR 1959, 101 (102); MüKoBGB/Schäfer BGB § 738 Rn. 62.
71 MüKoBGB/Schäfer BGB § 738 Rn. 46.

nach Maßgabe der letzten, auf den Stichtag der Abfindung fortzuschreibenden Handelsbilanz beschränken.[72] In rechtlicher Hinsicht sind Buchwertklauseln idR nicht sittenwidrig, da zumindest im Zeitpunkt ihrer Vereinbarung eine sittenwidrige Knebelung oder Übervorteilung unter Ausnutzung der Unerfahrenheit des betroffenen Gesellschafters angesichts des zumeist geringen Unterschieds zwischen Verkehrswert und Buchwert der Beteiligung nur selten gegeben ist.[73] Eine später abweichende Entwicklung kann allerdings den Einwand des Rechtsmissbrauchs oder der gestörten Geschäftsgrundlage begründen.[74]

20 **Auszahlungsvereinbarungen** beziehen sich auf die Fälligkeit des Abfindungsanspruchs, seine Verzinsung, eine ratierliche Auszahlung und/oder die Stellung von Sicherheiten für die weitere Belassung von Teilen der Einlage und der übrigen Abfindungsbeträge in der Gesellschaft.[75] Unbedenklich sind idR Auszahlungsfristen bis zu fünf Jahren, verbunden mit einer angemessenen Verzinsung des gestundeten Betrages. Auszahlungsfristen von mehr als zehn Jahren überschreiten das zulässige Maß.[76]

V. Haftung für Fehlbetrag

21 Die Fehlbetragshaftung aus § 739 BGB[77] bei Ausscheiden eines Gesellschafters aus der fortbestehenden Gesellschaft entspricht der in § 735 BGB[78] für die Auseinandersetzung der aufgelösten Gesellschaft vorgesehenen Nachschusspflicht der Gesellschafter (→ BGB §§ 731–735 Rn. 28 ff.).

22 Mit dem Ausscheiden eines Gesellschafters ist eine Ausscheidensbilanz aufzustellen, die eine Schlussabrechnung zwischen dem ausscheidenden Gesellschafter einerseits und der Gesellschaft sowie den verbleibenden Gesellschaftern andererseits beinhaltet. Ergibt sich hieraus, dass der Wert des Gesellschaftsvermögens zur Deckung der gemeinschaftlichen Schulden und der Einlagen nicht ausreicht, so haftet der Ausscheidende für seinen Anteil am Fehlbetrag.

23 § 739 BGB spricht von einer Haftung gegenüber „den übrigen Gesellschaftern". **Anspruchsberechtigt** ist allerdings die GbR.[79] § 739 BGB gilt entsprechend im Fall der „Übernahme" des Gesellschaftsvermögens wegen Ausscheidens des vorletzten Gesellschafters.[80] Der Zahlungsanspruch steht in einem solchen Fall dem Übernehmer als Gesamtrechtsnachfolger der Gesellschaft zu.[81]

24 Ausgleichsverpflichteter sind der ausgeschiedene Gesellschafter oder – im Fall seines Todes – seine Erben. Die Verpflichtung besteht auch dann, wenn der ausgeschiedene Gesellschafter seine Einlage geleistet hat.[82] Steht die **Einlage oder ein Teilbetrag hiervon noch offen**, so fließt diese(r) als unselbstständiger Rechnungsposten in die Schlussabrechnung rein und muss der Gesellschafter nur noch den Ausgleich leisten, soweit die Gesellschaft in der Zeit seiner Mitgliedschaft im Ergebnis Verluste erlitten hat und diese anteilig auf ihn entfallen.[83]

---

72 BGH NJW 1979, 101 (104); MüKoBGB/Schäfer BGB § 738 Rn. 64.
73 MüKoBGB/Schäfer BGB § 738 Rn. 65.
74 MüKoBGB/Schäfer BGB § 738 Rn. 65.
75 MüKoBGB/Schäfer BGB § 738 Rn. 66; Knöchlein DnotZ 1960, Rn. 466 ff.
76 Zusammenfassend MüKoBGB/Schäfer BGB § 738 Rn. 66 mwN; vgl. auch BGH NJW 1989, 2685 (2686) (unzulässig: 15-jährige Ratenzahlungsvereinbarung mit Verzinsungspflicht); OLG Dresden NZG 2000, 1042 (1043) (unzulässig: drei nach 5, 8 und 10 Jahren zahlbare Abfindungsraten bei 8 %iger Verzinsung); OLG München NZG 2004, 1055 (zulässig: 5 Jahresraten); OLG Hamm NZG 2003, 440 (441) (unzulässig: Auszahlung über fünfeinhalb Jahre bei gleichzeitiger erheblicher Kürzung der Abfindung).
77 Ab 1.1.2024: § 728a BGB nF.
78 Ab 1.1.2024: § 737 BGB nF.
79 Grüneberg/Sprau BGB § 739 Rn. 1.
80 OLG Hamm NZG 2005, 175.
81 BGH NJW 2011, 2292 Rn. 20; MüKoBGB/Schäfer BGB § 739 Rn. 2.
82 BGH WM 1965, 974 (975); Grüneberg/Sprau BGB § 739 Rn. 1.
83 Grüneberg/Sprau BGB § 739 Rn. 1.

Der Fehlbetrag wird rein rechnerisch festgestellt und ist von der Gesellschaft durch eine auf den Tag des Ausscheidens bezogene Auseinandersetzungsbilanz nachzuweisen.[84] Etwaige Haftungsbeschränkungen des Ausscheidenden gegenüber Dritten bleiben dabei unberücksichtigt.[85]

Der Ausscheidende hat wegen Rückgabeansprüchen aus § 738 Abs. 1 BGB ein **Zurückbehaltungsrecht**. Gleiches gilt, solange seine Ansprüche auf Schuldbefreiung und Sicherheitsleistung nach § 738 Abs. 1 S. 2 und 3 BGB nicht erfüllt sind.[86] Zu erwartende Gewinnansprüche aus § 740 BGB können einem Zahlungsverlangen der Gesellschaft hingegen nicht entgegengesetzt werden.[87]

Der Zahlungsanspruch der Gesellschaft aus § 739 BGB wird mangels abweichender Vereinbarung gem. § 271 Abs. 1 BGB mit dem Ausscheiden **fällig**, nicht erst mit Feststellung der Abschichtungsbilanz.[88] Er verjährt nach hM gem. §§ 195, 199 BGB (str).[89]

VI. Beteiligung am Ergebnis schwebender Geschäfte

Gem. § 740 BGB[90] nimmt der ausgeschiedene Gesellschafter oder sein Erbe an dem Gewinn und dem Verlust teil, der sich aus zum Ausscheidenszeitpunkt schwebenden Geschäften ergibt. Ein partieller Fortbestand der Mitgliedschaft über den Ausscheidensstichtag hinaus ist damit nicht verbunden.[91] Deshalb sind die übrigen Gesellschafter gem. § 740 Abs. 1 S. 2 BGB auch berechtigt, die Geschäfte – ohne Mitsprache des ausgeschiedenen Gesellschafters – so zu beendigen, wie es ihnen am vorteilhaftesten erscheint.

Die Vorschrift des § 740 BGB geht auf eine Zeit zurück, in der das Abfindungsguthaben nach der Substanzwertmethode berechnet wurde. Bei **Ertragswertberechnung**, die heute der Regelfall ist, ist § 740 BGB im Regelfall gegenstandslos und findet kraft **theologischer Reduktion** auch dann keine Anwendung, wenn er nicht ausdrücklich oder konkludent abbedungen ist.[92]

1. Schwebende Geschäfte. Schwebende Geschäfte sind unternehmensbezogene Rechtsgeschäfte, an die im Zeitpunkt des Ausscheidens des Gesellschafters die Gesellschaft schon gebunden war, die aber beide Vertragsteile bis dahin noch nicht voll erfüllt haben.[93] **Dauerschuldverhältnisse** fallen allerdings nicht unter den Begriff des schwebenden Geschäftes.[94] Nach zutreffender Ansicht sind sie aber für denjenigen abgrenzbaren Zeitabschnitt zu bejahen, der am Stichtag des Ausscheidens bereits begonnen hat.[95] Außerdem können sie ggf. bei der Höhe der Abfindung zu berücksichtigen sein.[96]

Die Beendigung der schwebenden Geschäfte ist ausschließlich Sache der übrigen, die Gesellschaft fortsetzenden Gesellschafter. Der ausgeschiedene Gesellschafter und seine Erben haben **kein Mitspracherecht**.[97] Bei der Beendigung haben die fortsetzenden Gesellschafter allerdings nicht nur die Belange der Gesellschaft, sondern im Rahmen der nachvertraglichen Treupflicht

---

84 Grüneberg/Sprau BGB § 739 Rn. 1.
85 BGH ZIP 2009, 1008 (1009); KG NZG 2009, 1222.
86 BGH NJW 1974, 899; MüKoBGB/Schäfer BGB § 739 Rn. 4.
87 BGH WM 1969, 494; MüKoBGB/Schäfer BGB § 739 Rn. 4.
88 Grüneberg/Sprau BGB § 739 Rn. 1, § 738 Rn. 6.
89 BGH NJW-RR 2010, 1401; BGH NJW 2011, 2292; Grüneberg/Sprau BGB § 739 Rn. 1.
90 Diese Regelung entfällt mit Inkrafttreten des MoPeG am 1.1.2024. Während die bislang im Gesetz angelegte Substanzwertmethode zur Berechnung des Abfindungsguthabens schwebende Geschäfte nicht berücksichtigt, ist das Gesetz künftig methodenoffen mit der Folge, dass schwebende Geschäfte in die Ermittlung der Abfindung einfließen können.
91 Erman/Westermann BGB § 740 Rn. 4; MüKoBGB/Schäfer BGB § 739 Rn. 2; aA Wiedemann GesR II § 5 I 3e, 415 f.
92 OLG Hamm NZG 2005, 175 f.; MüKoBGB/Schäfer BGB § 740 Rn. 3; Schulze-Osterloh ZGR 1986, 545 (559 f.).
93 BGH NJW 1993, 1194; BGH NJW-RR 1986, 454 (455); Grüneberg/Sprau BGB § 740 Rn. 1.
94 BGH NJW-RR 1986, 454, 455; 1986, 1160 f.; Erman/Westermann BGB § 740 Rn. 2; Grüneberg/Sprau BGB § 740 Rn. 1.
95 MüKoBGB/Schäfer BGB § 740 Rn. 5.
96 BGH NJW-RR 1986, 454: vertragliche Abbauberechtigung.
97 MüKoBGB/Schäfer BGB § 740 Rn. 6.

auch diejenigen des Ausgeschiedenen zu beachten. Sie haften für Verschulden gem. § 708 BGB.[98]

32 **2. Auskunft und Rechnungslegung.** Der ausgeschiedene Gesellschafter oder sein Erbe kann am Schluss jedes Geschäftsjahres gem. § 740 Abs. 2 BGB Rechenschaft über die inzwischen beendigten Geschäfte, Auszahlung des ihm zustehenden Gewinnanteils und Auskunft über den Stand der noch schwebenden Geschäfte verlangen. Die **Art und Weise** von Rechnungslegung und Auskunft bestimmt sich nach §§ 259, 260 BGB.[99]

33 Maßgeblich für den Rechenschaftslegungs- und Zahlungsanspruch ist der jeweilige Zahlungseingang bei der Gesellschaft.[100] Der Auszahlungsanspruch ist **fällig**, sobald das Ergebnis des Geschäfts objektiv feststeht. Auf die gemeinsame Berechnung und Feststellung kommt es nicht an.[101]

34 § 740 BGB ist in vollem Umfang **dispositiv**.[102]

C. Weitergehende praktische Hinweise
I. Pflichtteilsanspruch bei Abfindungsklauseln

35 Im Falle abfindungsbeschränkender oder abfindungsausschließender Klauseln im Gesellschaftsvertrag kann der Erbe nicht den vollen Unternehmenswert für den Gesellschaftsanteil des Erblassers verlangen, sondern erhält lediglich eine Abfindung in gesellschaftsvertraglich bestimmter Höhe. Nach hM ist die Berechnung des Pflichtteils an die so bestimmte Abfindungsberechnung gebunden, dh der Pflichtteilsberechtigte erhält seinen Anteil nach Maßgabe der gemäß Gesellschaftsvertrag an den Erben zu zahlenden Abfindung. Im Falle eines Abfindungsausschlusses partizipiert daher auch der Pflichtteilsberechtigte nicht am Unternehmenswert.[103] Das OLG Köln will demgegenüber jedenfalls dann den wahren Unternehmenswert für die Berechnung des Pflichtteils heranziehen, wenn nach dem Erbfall aufgrund gesellschaftsvertraglicher Verpflichtung der Erbe den Anteil an die Mitgesellschafter zu einem im Gesellschaftsvertrag festgelegten Preis verkauft (so zB bei Ankaufsrechten oder Einziehungsklauseln).[104] Die Rechtsprechung des BGH zur Bewertung von Nachlassgegenständen anhand des im zeitlichen Zusammenhang mit dem Erbfall tatsächlich erzielten Verkaufserlöses sei in solchen Fällen nicht anzuwenden, da der Erblasser nicht berechtigt sein könne, über die Höhe des Pflichtteils durch gesellschaftsvertragliche Vereinbarungen zu disponieren. Dieses Argument ist fragwürdig, da der Wert der Beteiligung auch für den Erben zum Zeitpunkt des Erbfalls bereits mit einem etwaigen Minderwert aufgrund Abfindungsbeschränkung belastet ist und der Pflichtteilsberechtigte daher bessergestellt würde als der Erbe. Jedenfalls für Fälle des automatischen Ausscheidens mit dem Todesfall kann die Rechtsprechung des OLG Köln nicht greifen, da dem Erben hier bereits zum Zeitpunkt des Erbfalls nur die gesellschaftsvertragliche Abfindung zufällt, nicht aber ein Gesellschaftsanteil, der später zu geringerem Preis abzugeben ist.

II. Weitergehende Haftung der Erben

36 Neben einer Haftung für den anteiligen Fehlbetrag gemäß § 739 BGB haften der ausgeschiedene Gesellschafter oder seine Erben auch für sonstige zum Zeitpunkt des Ausscheidens noch offene Ansprüche aus dem Gesellschaftsverhältnis, soweit diese nicht im Rahmen der Abfin-

---

98 Erman/Westermann BGB § 740 Rn. 4; MüKoBGB/Schäfer BGB § 740 Rn. 6; Grüneberg/Sprau BGB § 740 Rn. 1.
99 BGH NJW 1959, 1963 (1964); BGH WM 1961, 173; OLG Hamm NZG 2005, 175.
100 BGH WM 1969, 494 (496); Soergel/Hadding/Kießling BGB § 740 Rn. 8.
101 BGH WM 1980, 212 (213).
102 MüKoBGB/Schäfer BGB § 740 Rn. 8.
103 Ausführlich Horn ZErb 2008, 411 (413); MAH Erbrecht/Horn § 29 Rn. 353; Staudinger/Olshausen BGB § 2325 Rn. 31 ff.; Hölscher ErbR 2016, 422 (423 ff.).
104 OLG Köln Urt. v. 10.1.2014 – 4 U 56/13 (zur GmbH).

dungsbilanz mit Gegenansprüchen des Ausgeschiedenen saldiert werden. Dies gilt bspw. für Sozialansprüche auf Schadensersatz oder wg. unberechtigter Entnahmen[105] sowie auch für rückständige, zur Verlustdeckung benötigte Einlageforderungen.[106]

Handelsgesetzbuch (HGB)

Vom 10. Mai 1897 (RGBl. S. 219)
(BGBl. III/FNA 4100-1)
zuletzt geändert durch Art. 13 Abs. 4 G zur Stärkung der Aufsicht bei Rechtsdienstleistungen und zur Änd. weiterer Vorschriften vom 10. März 2023 (BGBl. I Nr. 64)
– Auszug –

§ 25 HGB   [Haftung des Erwerbers bei Firmenfortführung]

(1) ¹Wer ein unter Lebenden erworbenes Handelsgeschäft unter der bisherigen Firma mit oder ohne Beifügung eines das Nachfolgeverhältnis andeutenden Zusatzes fortführt, haftet für alle im Betriebe des Geschäfts begründeten Verbindlichkeiten des früheren Inhabers. ²Die in dem Betriebe begründeten Forderungen gelten den Schuldnern gegenüber als auf den Erwerber übergegangen, falls der bisherige Inhaber oder seine Erben in die Fortführung der Firma gewilligt haben.

(2) Eine abweichende Vereinbarung ist einem Dritten gegenüber nur wirksam, wenn sie in das Handelsregister eingetragen und bekanntgemacht oder von dem Erwerber oder dem Veräußerer dem Dritten mitgeteilt worden ist.

(3) Wird die Firma nicht fortgeführt, so haftet der Erwerber eines Handelsgeschäfts für die früheren Geschäftsverbindlichkeiten nur, wenn ein besonderer Verpflichtungsgrund vorliegt, insbesondere wenn die Übernahme der Verbindlichkeiten in handelsüblicher Weise von dem Erwerber bekanntgemacht worden ist.

§ 27 HGB   [Haftung des Erben bei Geschäftsfortführung]

(1) Wird ein zu einem Nachlasse gehörendes Handelsgeschäft von dem Erben fortgeführt, so finden auf die Haftung des Erben für die früheren Geschäftsverbindlichkeiten die Vorschriften des § 25 entsprechende Anwendung.

(2) ¹Die unbeschränkte Haftung nach § 25 Abs. 1 tritt nicht ein, wenn die Fortführung des Geschäfts vor dem Ablaufe von drei Monaten nach dem Zeitpunkt, in welchem der Erbe von dem Anfalle der Erbschaft Kenntnis erlangt hat, eingestellt wird. ²Auf den Lauf der Frist finden die für die Verjährung geltenden Vorschriften des § 210 des Bürgerlichen Gesetzbuchs entsprechende Anwendung. ³Ist bei dem Ablaufe der drei Monate das Recht zur Ausschlagung der Erbschaft noch nicht verloren, so endigt die Frist nicht vor dem Ablaufe der Ausschlagungsfrist.

A. Allgemeines	1	II. Geschäfts- und Firmenfortführung	10
B. Regelungsgehalt	4	1. Geschäftsfortführung	10
I. Erwerb eines Handelsgeschäftes von Todes wegen	4	2. Firmenfortführung	16
		III. Haftungsfolgen	18
1. Handelsgeschäft	4	IV. Haftungsausschluss	21
2. Erwerb von Todes wegen	6	1. Einstellung des Geschäfts	21

---

105 BGH WM 1974, 834: Auch für den Fall, dass ein Abfindungsanspruch der Erben beim Tod eines Gesellschafters ausgeschlossen ist und diese auch nicht zur Nachfolge berechtigt sind.
106 MüKoBGB/Schäfer BGB § 739 Rn. 5.

2. Änderung der Firma 24
3. Fristberechnung 25
V. Haftung aus besonderem Verpflichtungsgrund 28
C. Weitere praktische Hinweise 29

A. Allgemeines

1 § 25 HGB ordnet die Haftung des Erwerbers eines Handelsgeschäfts gegenüber Dritten für Geschäftsverbindlichkeiten bei Fortführung des Handelsgeschäfts unter der alten Firma an. Gleichzeitig wird die Möglichkeit eines Haftungsausschlusses durch entsprechende Vereinbarung mit dem Veräußerer und Eintragung im Handelsregister bestimmt. Wird die Firma nicht fortgeführt, so ergibt sich eine Haftung für frühere Geschäftsverbindlichkeiten nur bei besonderem Verpflichtungsgrund.

2 Für den Erben eines Handelsgeschäfts ist § 25 HGB nicht unmittelbar anwendbar, da dieser den Erwerb eines Handelsgeschäfts „unter Lebenden" voraussetzt. Über den Verweis in § 27 Abs. 1 HGB gilt die Regelung jedoch entsprechend im Falle der Fortführung eines zu einem Nachlass gehörenden Handelsgeschäfts durch den Erben.

3 Ohne die Haftungsanordnung in § 27 HGB könnte der Erbe ein kaufmännisches Unternehmen unbefristet weiterführen und sich zu einem späteren Zeitpunkt auf die erbrechtliche Haftungsbeschränkung berufen. § 27 Abs. 2 HGB begrenzt den Schwebezustand einer Unternehmensfortführung insoweit zeitlich.[1]

B. Regelungsgehalt

I. Erwerb eines Handelsgeschäftes von Todes wegen

4 **1. Handelsgeschäft.** Die Haftungsregelung in §§ 25 und 27 HGB betrifft Handelsgeschäfte. Gemeint sind nach ganz hM **kaufmännische Handelsgeschäfte**. Der Erblasser muss also Kaufmann im Sinne der §§ 1 ff. und 5 HGB gewesen sein. Auf eine entsprechende Eintragung im Handelsregister kommt es nicht an.[2]

5 **Gesellschaftsrechtliche Beteiligungen** an Personen- oder Kapitalgesellschaften sind nicht erfasst. Analog § 27 HGB verbleibt den Gläubigern allerdings der Zugriff auf das Gesamthandsvermögen, wenn ein Kommanditist den Gesellschaftsanteil des einzigen Komplementärs erbt und nach Anwachsung (→ BGB § 131 Rn. 4) das Unternehmen als Einzelkaufmann weiterführt.[3]

6 **2. Erwerb von Todes wegen.** Für eine Anwendung von § 27 HGB muss das Handelsgeschäft **von Todes wegen** erworben worden sein. Der Erwerber muss also Erbe sein, anderenfalls greift § 25 HGB direkt.[4]

7 Die Rechtsfolgen der §§ 27 Abs. 1, 25 Abs. 1 HGB treten nur ein, wenn die Erbenstellung endgültig gegeben ist. Im Falle einer erbrechtlich fristgemäßen **Ausschlagung** entfällt die handelsrechtliche Haftung.[5] Erbe ist in diesem Fall, wer nach Ausschlagung Erbe wird, und zwar unabhängig vom Erstberufenen mit eigenem Fristlauf nach § 27 Abs. 2 HGB.[6] Die **vorübergehende Fortführung des Handelsgeschäfts** durch den Erben berührt sein Recht zur Ausschlagung nicht, selbst wenn sie länger als drei Monate dauert.[7] Mit der Ausschlagung entfällt die Haftung für die Nachlassverbindlichkeiten. Erhalten bleibt die Haftung des Ausschlagenden für die Ver-

---

[1] MüKoHGB/Thiessen HGB § 27 Rn. 5.
[2] RGZ 113, 306 (308); BGHZ 18, 248 (250); 22, 240; BGH NJW 1982, 577; 1992, 112; OLG Frankfurt/M OLGZ 1973, 20 (22); Hopt/Merkt HGB § 25 Rn. 2; aA K. Schmidt ZHR 145 (1981), 21 f.: analoge Anwendung für alle Unternehmensträger.
[3] BGHZ 113, 132; BGH ZIP 2004, 1047 (1048); MüKoHGB/Thiessen HGB § 27 Rn. 11.
[4] Hopt/Merkt HGB § 27 Rn. 2.
[5] MüKoHGB/Thiessen HGB § 27 Rn. 12; Heymann/Förster HGB § 27 Rn. 10.
[6] Hopt/Merkt HGB § 27 Rn. 2.
[7] Arg.e. § 27 HGB Abs. 2 S. 3 HGB; GK-HGB/Burgard HGB § 27 Rn. 25.

bindlichkeiten, die er bis zur Ausschlagung durch Geschäftsfortführung im eigenen Namen begründet hat, sofern insoweit keine Haftungsbeschränkung rechtsgeschäftlich vereinbart wurde. Für den nächstberufenden Erben sind die vom Ausschlagenden begründeten Verbindlichkeiten frühere Geschäftsverbindlichkeiten, für die er gemäß § 27 HGB einzustehen hat.[8]

Auf den **vermeintlichen Erben** ist § 27 HGB jedenfalls analog anwendbar.[9] Für den wahren Erben sind die vom vermeintlichen Erben begründeten Verbindlichkeiten „frühere Geschäftsverbindlichkeiten" im Sinne von § 27 HGB.[10]

Für **Vor- und Nacherben** gilt § 27 HGB jeweils unabhängig voneinander. Für den Nacherben sind die vom Vorerben begründeten Verbindlichkeiten „frühere Geschäftsverbindlichkeiten"[11]

II. Geschäfts- und Firmenfortführung

1. Geschäftsfortführung. Als Fortführung des Handelsgeschäftes versteht sich die **Fortsetzung der geschäftlichen Tradition** des Erblassers.[12] Die Fortführung des Handelsgeschäfts im wesentlichen Bestand oder Kern genügt.[13] Der Erbe wird das Unternehmen zwangsläufig zunächst fortführen müssen und sich dann zwischen den Alternativen der weiteren endgültigen Fortführung und der Einstellung entscheiden müssen.[14]

Nicht erforderlich ist nach hM die persönliche Fortführung. Die **Fortführung durch gesetzliche oder rechtsgeschäftlich bestellte Vertreter** steht dieser gleich.[15] Nicht zurechenbar ist demgegenüber die Fortführung durch den **Insolvenzverwalter, Nachlassverwalter oder Nachlasspfleger**.[16]

Im Fall der **Testamentsvollstreckung** ist zwischen der Fortführung des Unternehmens durch den Testamentsvollstrecker namens und in Vollmacht des Erben (Vollmachtlösung) und der Fortführung des Unternehmens im eigenen Namen, aber treuhänderisch für den Erben (Treuhandlösung) zu unterscheiden. Bei der Vollmachtlösung steht die Fortführung durch den Testamentsvollstrecker derjenigen durch den Erben selbst gleich und führt zur Anwendbarkeit von § 27 HGB.[17] Umstritten ist allerdings, ob der Erbe die hierfür erforderliche unwiderrufliche und verdrängende Vollmacht wirklich erteilen kann.[18] Keine Fortführung durch den Testamentsvollstrecker liegt hingegen bei der Treuhand- oder echten Testamentsvollstreckerlösung vor.[19]

Ist das ererbte Handelsgeschäft Gegenstand eines **Vermächtnisses**, so führt der Erbe das Geschäft bis zur Erfüllung des Vermächtnisses notwendigerweise selbst fort und begründet damit die Haftung gemäß § 27 Abs. 1 HGB. In der Übertragung auf den Vermächtnisnehmer wird nach zutreffender Auffassung die Einstellung im Sinne von § 27 Abs. 2 HGB gesehen.[20] Auf die Übertragung des ererbten Unternehmens vom Erben auf den Vermächtnisnehmer ist § 25 Abs. 1 HGB unmittelbar anwendbar.[21]

---

8 BGHZ 32, 60 (66); MüKoHGB/Thiessen HGB § 27 Rn. 12.
9 Hopt/Merkt HGB § 27 Rn. 2; MüKoHGB/Thiessen HGB § 27 Rn. 14; K. Schmidt ZHR 157 (1993), 600, 618 f.
10 MüKoHGB/Thiessen HGB § 27 Rn. 14.
11 BGHZ 32, 60 (66); Hopt/Merkt HGB § 27 Rn. 2; MüKoHGB/Thiessen HGB § 27 Rn. 13.
12 MüKoHGB/Thiessen HGB § 27 Rn. 15; Ebenroth/Boujoung/Reuschle HGB § 27 Rn. 10; GK-HGB/Burgard HGB § 27 Rn. 31.
13 Hopt/Merkt HGB § 25 Rn. 6 mit vielzähligen Rechtsprechungsnachweisen.
14 Näher MüKoHGB/Thiessen HGB § 27 Rn. 15; K. Schmidt ZHR 157 (1993), 600 (609 ff.).
15 RGZ 132, 138 (144); BGHZ 30, 391 (395); 35, 13, 19; Hopt/Merkt HGB § 27 Rn. 3; MüKoHGB/Thiessen HGB § 27 Rn. 16.
16 BGHZ 35, 13 (17) (Insolvenzverwalter); RGZ 132, 138 (144) (Nachlassverwalter); MüKoHGB/Thiessen HGB § 27 Rn. 17; Heymann/Förster HGB § 27 Rn. 14; GK-HGB/Burgard HGB § 27 Rn. 35.
17 BGHZ 12, 100 (103); Hopt/Merkt HGB § 27 Rn. 3; Heymann/Förster HGB § 1 Rn. 74 und § 27 Rn. 14.
18 Dazu BGHZ 12, 100 (103); BayObLGZ 1969, 138 (141).
19 RGZ 132, 138 (144); Hopt/Merkt HGB § 27 Rn. 3; aA K. Schmidt HandelsR § 8 IV 2c) aa); § 5 I 1d) bb).
20 MüKoHGB/Thiessen HGB § 27 Rn. 22.
21 Ebenroth/Boujoung/Reuschle HGB § 27 Rn. 9; Heymann/Förster HGB § 27 Rn. 9; MüKoHGB/Thiessen HGB § 27 Rn. 22; GK-HGB/Burgard HGB § 27 Rn. 29.

14 Im Falle der Fortführung durch gesetzliche Vertreter **minderjähriger Erben** ist § 1629a Abs. 1 BGB zu beachten. Der Erbe wird damit bis zur Volljährigkeit wie ein Einzelkaufmann mit beschränkter Haftung behandelt. Die Haftungsbeschränkung entfällt ähnlich wie bei § 27 Abs. 2 HGB, wenn der Erbe nicht innerhalb von drei Monaten nach Eintritt der Volljährigkeit das Geschäft als solches – nicht lediglich dessen Fortführung – einstellt, da anderenfalls die Vermutung des § 1629a Abs. 4 S. 1 Hs. 2 BGB greift.[22]

15 Sind mehrere Erben vorhanden, so fällt das Handelsgeschäft in das Gesamthandsvermögen der **Erbengemeinschaft**.[23] Scheiden einzelne Miterben vor einem Fortführungsakt der Gemeinschaft aus dieser aus, so haften sie nicht nach § 27 HGB.[24] Wird lediglich ein Miterbe bei Fortführung des Geschäftes tätig, so haften die anderen Miterben nur, wenn sie der Fortführung ausdrücklich oder konkludent zugestimmt haben, insbesondere den Miterben zur Fortführung des Geschäfts im Rahmen der gemeinschaftlichen Verwaltung des Nachlasses im Sinne von § 2038 BGB bevollmächtigen.[25] Gerade die Möglichkeit der konkludenten Äußerung des Fortführungswillens gebietet äußerste Zurückhaltung mit Handlungen, die entsprechend gedeutet werden könnten.[26]

15.1 Fällt ein Handelsgeschäft einer **Erbengemeinschaft** zu, an der ein **minderjähriger Erbe** beteiligt ist, so können Eltern ihre Kinder nicht ohne vormundschaftliche Genehmigung kraft elterlicher Vertretungsmacht bei der Fortführung finanziell unbegrenzt verpflichten, indem sie Verbindlichkeiten eingehen, die über die Haftung mit dem ererbten Vermögen hinausgehen.[27] Grundsätzlich können Miterben ohne gesellschaftlichen Zusammenschluss und ohne zeitliche Beschränkung ein ererbtes Handelsgeschäft betreiben.[28] Für den Fall der Beteiligung eines Minderjährigen lehnt der BGH eine analoge Anwendung von § 1822 Nr. 3 BGB ab.[29] Die daraus drohenden Haftungsrisiken sind durch § 1629a BGB geschützt.[30]

16 **2. Firmenfortführung.** Die unbeschränkte Haftung gemäß §§ 25 Abs. 1, 27 Abs. 1 HGB setzt voraus, dass der Erbe das Handelsgeschäft des Erblassers unter dessen Firma fortführt. Maßgeblich ist, ob zwischen der alten und der neu gewählten Firma **nach der Verkehrsanschauung** Firmenidentität zu bejahen ist.[31] Dies hängt davon ab, ob der prägende Teil der alten Firma in der neuen beibehalten wird.[32] Ob ein Nachfolgezusatz in die Firma aufgenommen wird, ist gemäß § 25 Abs. 1 S. 1 HGB ohne Relevanz. Das Merkmal der Firmenfortführung entfällt nur, wenn sich die neue Firma von der alten deutlich und wesentlich unterscheidet.[33]

17 Keine Fortführung liegt jedenfalls vor, wenn das Firmenschild während einer Übergangsperiode nach Erwerb belassen wird oder der alte Briefkopf nur einmalig benutzt wird.[34] Nach zutreffender, aber streitiger Auffassung kann der Erbe bis zum Ablauf der Drei-Monats-Frist des § 27 Abs. 2 HGB warten und muss nicht unverzüglich eine neue Firma wählen.[35]

---

22 MüKoHGB/Thiessen HGB § 27 Rn. 23; MüKo-BGB/Huber BGB § 1629a Rn. 76 f.
23 MüKoHGB/Thiessen HGB § 27 Rn. 59; v. Morgen ErbStB 2014, 311.
24 Hopt/Merkt HGB § 27 Rn. 3.
25 BGHZ 30, 391 (395); 32, 60, 67; 35, 13, 19; vgl. auch Hueck ZHR 108 (1941), 1 (23 ff.).
26 v. Morgen ErbStB 2014, 311.
27 BVerfG BB 1986, 1248.
28 BGHZ 17, 299 (302).
29 BGH NJW 1985, 136 (137 f.).
30 Grüneberg/Götz BGB § 1822 Rn. 10.
31 Hopt/Merkt HGB § 27 Rn. 3.
32 BGH NJW 1992, 911; 2006, 1000, 1001; BGH WM 2004, 1178; 2008, 2273, 2274; OLG Düsseldorf NZG 2005, 176; Hopt/Merkt HGB § 25 Rn. 7.
33 MüKoHGB/Thiessen HGB § 27 Rn. 27; Heymann/Förster HGB § 27 Rn. 16.
34 OLG Hamm NJW-RR 1997, 734; Hopt/Merkt HGB § 25 Rn. 8.
35 MüKoHGB/Thiessen HGB § 27 Rn. 28; Oetker/Vossler HGB § 27 Rn. 16; GK-HGB/Burgard HGB § 27 Rn. 38; Hueck ZHR 108 (1941), 1, 16 ff.; vgl. auch RGZ 56, 196 (199); Heymann/Förster HGB § 27 Rn. 17; wohl auch Hopt/Merkt HGB § 27 Rn. 5.

III. Haftungsfolgen

Bei Geschäfts- und Firmenfortführung haftet der Erbe gemäß § 27 Abs. 1 S. 1 HGB wie der Erwerber eines Handelsgeschäftes unter Lebenden gemäß § 25 Abs. 1 HGB.[36] Die Haftung erstreckt sich auf **alle im Geschäftsbetrieb des Erblassers begründeten Geschäftsverbindlichkeiten**, unabhängig vom Rechtsgrund. Die Haftung erstreckt sich auch auf noch nicht fällige, bedingte oder betagte Ansprüche.[37]

Der Erbe haftet mit seinem **ganzen Vermögen**, nicht etwa nur mit dem erworbenen Handelsgeschäft.[38] **Erbrechtliche Beschränkungsmöglichkeiten** bestehen nicht.[39] Verbindlichkeiten, die den Erben iSv § 1967 Abs. 2 BGB treffen, gehören hingegen nicht zwingend zum Kreis der früheren Geschäftsverbindlichkeiten.[40] Die vom Erben in Fortführung des zum Nachlass gehörenden Handelsgeschäfts begründeten Verbindlichkeiten sind Nachlasserbenschulden.[41] Aus solchen Verbindlichkeiten wird der Erbe zunächst selbst verpflichtet.[42] Darüber hinaus kann nach hM auch der Nachlass in Anspruch genommen werden.[43]

Die Rechtsfolgen des § 27 Abs. 1 HGB treffen **Vor- und Nacherben** unabhängig voneinander. Der Vorerbe haftet für die von ihm begründeten Geschäftsverbindlichkeiten. Der seinerseits fortführende Nacherbe haftet für die eigenen ebenso für die vom Vorerben begründeten Geschäftsverbindlichkeiten, ungeachtet dessen, ob ihre Eingehung im Rahmen ordnungsgemäßer Nachlassverwaltung lag.[44] Der Nacherbe haftet hingegen nicht, wenn das Handelsgeschäft zur Zeit des Nacherbfalls nicht mehr zum Nachlass gehört.[45] **Miterben** trifft die Haftung aus §§ 25, 27 HGB nach § 2058 BGB gesamtschuldnerisch. Die Haftungsbeschränkungsmöglichkeiten der §§ 2059, 2060 BGB gelten nicht.[46]

IV. Haftungsausschluss

1. Einstellung des Geschäfts. § 27 Abs. 2 HGB eröffnet dem Erben eine dreimonatige Bedenkzeit, innerhalb welcher er die Haftung durch **Einstellung des Geschäftes** ausschließen kann. Bei Einstellung der Fortführung des Geschäfts innerhalb dieser Frist haftet der Erbe nicht nach § 27 Abs. 1 iVm § 25 Abs. 1 HGB. Die **erbrechtliche Haftung** im Sinne von § 1967 BGB wird hierdurch nicht tangiert und kann nur auf dem dafür vorgesehenen erbrechtlichen Weg (§§ 1975 ff. BGB) auf den Nachlass beschränkt werden.[47]

Strittig ist, ob bei **Miterben** ein Beschluss nach § 2038 Abs. 2 BGB für die Einstellung (oder auch die Fortführung) des Handelsgeschäftes nötig ist und ob ein Mehrheitsbeschluss genügt oder Einstimmigkeit erforderlich ist.[48] Nach wohl hM bedarf die Einstellung eines Mehrheitsbeschlusses, dem sich der einzelne Miterbe nur durch rechtzeitiges Ausscheiden in Sinne von § 2042 BGB entziehen kann.[49]

Vor- und Nacherbe können das Handelsgeschäft jeweils unabhängig voneinander mit der Wirkung nach § 27 Abs. 2 HGB einstellen.[50]

---

36 Hopt/Merkt HGB § 27 Rn. 4 und HGB § 25 Rn. 11.
37 BGHZ 157, 361 (369); Hopt/Merkt HGB § 25 Rn. 11.
38 BGH BB 1955, 652 (zu § 25 HGB); allgemein vgl. Hopt/Merkt HGB § 25 Rn. 10.
39 Hopt/Merkt HGB § 27 Rn. 4.
40 MüKoHGB/Thiessen HGB § 27 Rn. 32; Heymann/Förster HGB § 27 Rn. 23 ff.
41 MüKoHGB/Thiessen HGB § 27 Rn. 33.
42 RGZ 146, 343 (345).
43 RGZ 90, 91 (95); 146, 343 (345); BGHZ 32, 60 (64); MüKoBGB/Küpper BGB § 1967 Rn. 16 und 23; Ebenroth/Boujoung/Reuschle HGB § 27 Rn. 21.
44 BGHZ 32, 60 (66 f.); Hopt/Merkt HGB § 27 Rn. 4.
45 BGHZ 32, 60 (62).
46 Hopt/Merkt HGB § 27 Rn. 4.
47 Hopt/Merkt HGB § 27 Rn. 5; MüKoHGB/Thiessen HGB § 27 Rn. 44.
48 Vgl. die ausführliche Darstellung bei MüKoHGB/Thiessen HGB § 27 Rn. 61 ff.
49 Hopt/Merkt HGB § 27 Rn. 5; wohl auch MüKoHGB/Thiessen HGB § 27 Rn. 62.
50 Hopt/Merkt HGB § 27 Rn. 5.

24 **2. Änderung der Firma.** Strittig ist, ob der Erbe die unbeschränkte handelsrechtliche Haftung dadurch ausschließen kann, dass er innerhalb der Frist des § 27 Abs. 2 HGB die Firma deutlich ändert.[51] Aufgrund des umfassenden Verweises in § 27 Abs. 1 HGB auf § 25 HGB kann der Erbe aber seine unbeschränkte Haftung entsprechend § 25 Abs. 2 HGB dadurch abwenden, dass er eine einseitige Haftungsausschlusserklärung ins Handelsregister eintragen und bekannt machen lässt bzw. den Geschäftsgläubigern mitteilt.[52] Die Erklärung können der Vorerbe und der Nacherbe jeweils mit Wirkung nur für sich selbst und jeder Miterbe allein abgeben.[53]

25 **3. Fristberechnung.** Die dreimonatige Bedenkfrist beginnt mit dem Zeitpunkt, in dem der Erbe vom Anfall der Erbschaft **Kenntnis** erlangt hat. Bei **mehreren Erben** ist nach wohl hM die Frist für alle Miterben einheitlich zu bestimmen, und zwar nach der Person desjenigen, für den die Frist am längsten läuft.[54] Für **nicht voll geschäftsfähige Erben** ohne gesetzlichen Vertreter beginnt die Bedenkzeit erst mit Eintritt der vollen Geschäftsfähigkeit oder Bestellung eines Vertreters, wie sich aus dem Verweis in § 27 Abs. 2 S. 2 HGB auf § 210 Abs. 1 S. 2 BGB ergibt.[55] Die Ablaufhemmung erfasst nicht nur eine für den voll geschäftsfähigen Erben, sondern auch eine gegen ihn laufende Verjährung.[56]

26 Da die Bedenkzeit nach § 27 Abs. 1 S. 1 HGB unter Umständen kürzer als die Frist zur **Erbschaftsausschlagung** nach § 1944 BGB ist, endet sie kraft ausdrücklicher Anordnung in Satz 3 nicht, solange die Erbschaft noch nicht angenommen und die Ausschlagung noch möglich ist.

27 Wegen späterer Beweisschwierigkeiten sollten sich Gläubiger im Zusammenhang mit laufenden Verjährungen nicht auf § 27 Abs. 2 S. 2 HGB iVm § 210 Abs. 1 S. BGB verlassen, sondern Prozesspflegschaft im Sinne von § 57 ZPO beantragen.[57]

V. Haftung aus besonderem Verpflichtungsgrund

28 Auch § 25 Abs. 3 HGB gilt über den Verweis in § 27 Abs. 1 HGB. Damit haftet der Erbe unbeschränkt und ohne weitere Bedenkzeit nach § 27 Abs. 2 HGB nicht nur erbrechtlich, sondern auch handelsrechtlich, soweit ein besonderer Verpflichtungsgrund der Beschränkung der Erbenhaftung entgegensteht. Als Beispiel zu nennen ist die Bekanntmachung der Übernahme der Verbindlichkeit in handelsüblicher Weise.[58]

C. Weitere praktische Hinweise

29 Wollen Miterben das Handelsgeschäft fortführen, so kann dies durch die (sogenannte unternehmenstragende) Erbengemeinschaft als solche erfolgen.[59] Als Betreiber eines Handelsgewerbes unter einer Firma erlangt der Unternehmensträger, also die Erbengemeinschaft, Kaufmannseigenschaft. Die einzelnen Erben müssen hingegen nicht Kaufleute sein.[60] Die Erbengemeinschaft betreibt als neuer, gemäß § 31 HGB eintragungspflichtiger Inhaber das bisherige Handelsgeschäft weiter.[61] Auch wenn nicht alle Miterben das Handelsgeschäft fortführen, haben sie die

---

51 So die noch hM, vgl. Hopt/Merkt HGB § 27 Rn. 5; Ebenroth/Boujoung/Reuschle HGB § 27 Rn. 13; Heymann/Förster HGB § 27 Rn. 16; Oetker/Vossler HGB § 27 Rn. 14; GK-HGB/Burgard HGB § 27 Rn. 57 f.; aA K. Schmidt ZHR 157 (1993), 600 (611 ff.); Röhricht/v. Westphalen/Haas/Ries HGB § 27 Rn. 18.
52 KG JFG 22, 70; GK-HGB/Burgard HGB § 27 Rn. 49 ff.; Hopt/Merkt HGB § 27 Rn. 8; aA K. Schmidt HandelsR § 8 IV 3a.
53 Hopt/Merkt HGB § 27 Rn. 8.
54 MüKoHGB/Thiessen HGB § 27 Rn. 66; Röhricht/v. Westphalen/Haas/Ries HGB § 27 Rn. 39; Hopt/Merkt HGB § 27 Rn. 5.
55 Hopt/Merkt HGB § 27 Rn. 6.
56 Hopt/Merkt HGB § 27 Rn. 6.
57 Vgl. BGH NJW 1979, 1983; Hopt/Merkt HGB § 27 Rn. 6.
58 Hopt/Merkt HGB § 27 Rn. 9.
59 Hüffer ZGR 1986, 603 ff.; K. Schmidt NJW 1985, 2785 ff.; Hopt/Merkt HGB § 27 Rn. 3; kritisch MüKoHGB/Thiessen HGB § 27 Rn. 67 ff.
60 MüKoHGB/Thiessen HGB § 27 Rn. 70; KG JFG 5, 209, 211.
61 MüKoHGB/Thiessen HGB § 27 Rn. 69; Hüffer ZGR 1986, 603 (623 ff.).

Anmeldung gemeinsam vorzunehmen.⁶² Es empfiehlt sich ein kennzeichnender Zusatz („in Erbengemeinschaft") im Handelsregister zur Vermeidung einer Täuschung des Rechtsverkehrs.⁶³

Alternativ ist eine Umwandlung in eine OHG oder KG möglich⁶⁴ und oft im Interesse größerer Flexibilität auch sinnvoll. Dies geschieht durch Abschluss eines Gesellschaftsvertrages. Zu beachten ist aber, dass die Umwandlung eine (Teil-)Auseinandersetzung des Nachlasses beinhaltet, auf welche §§ 2042 ff. iVm § 749 Abs. 2 und 3 und §§ 750 ff. BGB anwendbar sind.⁶⁵ Auch die längere Fortführung des Geschäfts durch die Erbengemeinschaft bedeutet allerdings nicht ohne Weiteres den Abschluss eines Gesellschaftsvertrags.⁶⁶

Der nicht fortführungswillige Miterbe kann nicht isoliert aus dem Handelsgeschäft ausscheiden. Vielmehr muss er, um eine Haftung aus § 27 HGB zu vermeiden, aus der Erbengemeinschaft als solcher ausscheiden. Dies ist in der Regel nur durch Auseinandersetzung gemäß §§ 2042 ff. BGB möglich.⁶⁷ Sofern es dem Miterben nur um die Beendigung der unternehmerischen Tätigkeit geht, bietet sich eine (gegenständliche) Auseinandersetzung bezüglich des Handelsgeschäftes an.⁶⁸

Neue Gläubiger, deren Forderungen durch die Unternehmensteilung der Erbengemeinschaft begründet wurden, sind Nachlassgläubiger. Trotz persönlicher Haftung der Erben können sie daher an der Nachlassinsolvenz teilnehmen. Umstritten ist, ob die Miterben ihre Haftung auch insoweit auf den Nachlass beschränken können oder aber zwingend persönlich haften. Ein Teil der Literatur nimmt bei erbrechtlicher Betrachtungsweise wegen §§ 2038, 2040 BGB tendenziell eine beschränkbare Haftung an,⁶⁹ während der handelsrechtliche Ansatz von einer Haftung analog § 128 HGB ausgeht.⁷⁰

§ 131 HGB [Auflösungsgründe]

(1) Die offene Handelsgesellschaft wird aufgelöst:
1. durch den Ablauf der Zeit, für welche sie eingegangen ist;
2. durch Beschluß der Gesellschafter;
3. durch die Eröffnung des Insolvenzverfahrens über das Vermögen der Gesellschaft;
4. durch gerichtliche Entscheidung.

(2) ¹Eine offene Handelsgesellschaft, bei der kein persönlich haftender Gesellschafter eine natürliche Person ist, wird ferner aufgelöst:
1. mit der Rechtskraft des Beschlusses, durch den die Eröffnung des Insolvenzverfahrens mangels Masse abgelehnt worden ist;
2. durch die Löschung wegen Vermögenslosigkeit nach § 394 des Gesetzes über das Verfahren in Familiensachen und in den Angelegenheiten der freiwilligen Gerichtsbarkeit.

²Dies gilt nicht, wenn zu den persönlich haftenden Gesellschaftern eine andere offene Handelsgesellschaft oder Kommanditgesellschaft gehört, bei der ein persönlich haftender Gesellschafter eine natürliche Person ist.

---

62 v. Morgen ErbStB 2014, 311 f.
63 MüKoHGB/Thiessen HGB § 27 Rn. 69.
64 Hopt/Merkt HGB § 1 Rn. 37 und § 27 Rn. 3.
65 v. Morgen ErbStB 2014, 311 (312).
66 BGHZ 17, 303 (302); 92, 259, 264 f.; Hopt/Merkt HGB § 1 Rn. 38.
67 MüKoHGB/Thiessen HGB § 27 Rn. 65.
68 MüKoHGB/Thiessen HGB § 27 Rn. 65; K. Schmidt NJW 1985, 2785 (2786); vgl. zur Teilauseinandersetzung allg. MüKoBGB/Ann BGB § 2042 Rn. 14 ff.
69 Hüffer ZGR 1986, 603 (634 ff.); M. Wolf AcP 181 (1981), 480 (502 ff.).
70 MüKoHGB/Thiessen HGB § 27 Rn. 76; K. Schmidt NJW 1985, 2785 (2790 ff.).

(3) ¹Folgende Gründe führen mangels abweichender vertraglicher Bestimmung zum Ausscheiden eines Gesellschafters:
1. Tod des Gesellschafters,
2. Eröffnung des Insolvenzverfahrens über das Vermögen des Gesellschafters,
3. Kündigung des Gesellschafters,
4. Kündigung durch den Privatgläubiger des Gesellschafters,
5. Eintritt von weiteren im Gesellschaftsvertrag vorgesehenen Fällen,
6. Beschluß der Gesellschafter.

²Der Gesellschafter scheidet mit dem Eintritt des ihn betreffenden Ereignisses aus, im Falle der Kündigung aber nicht vor Ablauf der Kündigungsfrist.

A. Allgemeines	1
B. Regelungsgehalt	2
I. Ausgewählte Ausscheidensgründe	2
1. Ausscheiden eines Gesellschafters durch Tod	2
2. Besonderheiten der Zwei-Personen-Gesellschaft	4
3. Nachlassinsolvenzverfahren als Ausscheidensgrund	7
II. Rechtsfolgen des Ausscheidens eines Gesellschafters	10
1. Anwachsung	11
2. Rückgabe von Gegenständen	12
3. Befreiung von Gesellschaftsschulden ..	13
4. Abfindungsanspruch	14
5. Haftung für Fehlbetrag	19
6. Teilnahme am Ergebnis schwebender Geschäfte	20
7. Kontrollrechte	21
III. Abweichende Regelungen	22
1. Auflösungsklausel	22
2. Nachfolge- und Eintrittsklauseln	24
a) Einfache Nachfolgeklausel	25
b) Qualifizierte Nachfolgeklauseln ...	31
c) Eintrittsklauseln	38
d) Rechtsgeschäftliche Nachfolgeklauseln	42
C. Weitere praktische Hinweise	45

A. Allgemeines

1 Für die offene Handelsgesellschaft gilt das Prinzip der Unternehmenskontinuität: Bei Ausscheiden eines Gesellschafters wird die Gesellschaft in der Regel nicht aufgelöst, sondern fortgeführt.[1] Gleichwohl gibt es gravierende Ereignisse, die zur Auflösung der Gesellschaft führen. § 131 HGB[2] regelt, aus welchen Gründen die OHG aufgelöst wird und welche Gründe im Regelfall nur zum Ausscheiden eines Gesellschafters führen. Zu letztgenannten gehören der Tod eines Gesellschafters und die Eröffnung des Insolvenzverfahrens über sein Vermögen.

B. Regelungsgehalt

I. Ausgewählte Ausscheidensgründe

2 **1. Ausscheiden eines Gesellschafters durch Tod.** Wird im Gesellschaftsvertrag nichts Abweichendes bestimmt, scheidet ein Gesellschafter gem. § 131 Abs. 3 Satz 1 Nr. 1 HGB[3] mit seinem Tode aus der Gesellschaft aus. Die Erben des verstorbenen Gesellschafters treten nicht ein. Dem Tod eines Gesellschafters steht die **Todeserklärung** gleich.[4]

3 Diese Regelung gilt über § 161 Abs. 1 HGB gleichermaßen für den **persönlich haftenden Gesellschafter einer Kommanditgesellschaft**.[5] Der Tod eines Kommanditisten ist besonders in § 177 HBG geregelt, der § 131 Abs. 3 Nr. 1 HGB insoweit verdrängt.[6]

4 **2. Besonderheiten der Zwei-Personen-Gesellschaft.** Besonderheiten gelten bei der Zwei-Personen-Gesellschaft. Stirbt einer der beiden Gesellschafter und würde er durch seinen Tod lediglich gemäß § 131 Abs. 3 Satz 1 Nr. 1 HGB ausscheiden, so müsste die Gesellschaft mit dem einzigen

---

1 Hopt/Roth HGB § 131 Rn. 1.
2 Ab 1.1.2024: §§ 130, 138 HGB nF.
3 Ab 1.1.2024: § 130 Abs. 1 Nr. 1 HGB nF.
4 Hopt/Roth HGB § 131 Rn. 18.
5 MüKoHGB/K. Schmidt/Fleischer HGB § 131 Rn. 56.
6 MüKoHGB/K. Schmidt/Fleischer HGB § 131 Rn. 56.

verbleibenden Gesellschafter fortgeführt werden. Da eine Gesellschaft aber bereits begrifflich aus mindestens zwei Gesellschaftern besteht,[7] folgt aus allgemeinem Personengesellschaftsrecht, dass die oHG mit Wegfall des vorletzten Gesellschafters aufgelöst und ohne Liquidation vollbeendet ist.[8] Das Gesellschaftsvermögen geht in diesem Fall auf den verbliebenen Gesellschafter im Wege der **Gesamtrechtsnachfolge** über.[9] Es handelt sich hingegen nicht um eine Anwachsung nach § 738 Abs. 1 Satz 1 BGB, was Konsequenzen für die Haftung hat.[10]

Die Zwei-Personen-Gesellschaft ist mit dem Tod des vorletzten Gesellschafters automatisch vollbeendet, ohne dass eine Liquidation erfolgen müsste. Alleininhaber des Gesellschaftsvermögens mit dem Unternehmen sowie mit allen Rechten und Pflichten wird der verbleibende „Gesellschafter". Das Vermögen der Gesellschaft fällt mit allen Aktiva und Passiva bei ihm kraft Gesetzes an.[11] Der ausscheidende Gesellschafter, im Todesfall dessen Erben, haben statt des Anspruchs auf anteiligen Liquidationserlös nach Abwicklung einen **Abfindungsanspruch**.[12]

Diese Rechtsfolge kann durch eine **Nachfolgeklausel** im Gesellschaftsvertrag ausgeschlossen werden, nach welcher mit dem Tod eines Gesellschafters dessen Erbe in die Gesellschafterstellung einrücken würde (näher → Rn. 25 ff.). Ungeachtet einer Nachfolgeklausel erlischt die Gesellschaft aber in jedem Fall, wenn der verbleibende Gesellschafter den verstorbenen Gesellschafter allein beerbt, falls nicht aufgrund Vereinbarung beider Gesellschafter mit einem Dritter dieser an die Stelle des Verstorbenen tritt.[13] Wird der einzige Mitgesellschafter des Erblassers Vorerbe, erlischt die Gesellschaft demgegenüber nach hM nicht[14] oder lebt jedenfalls mit Eintritt des Nacherbfalls wieder auf.

3. Nachlassinsolvenzverfahren als Ausscheidensgrund. Weiterer Grund für das Ausscheiden eines Gesellschafters aus der OHG ist mangels abweichender vertraglicher Bestimmung gem. § 131 Abs. 3 S. 1 Nr. 2 HGB[15] die Eröffnung des Insolvenzverfahrens über sein Vermögen. Ist der Anteil eines verstorbenen Gesellschafters, beispielsweise aufgrund einer Nachfolgeklausel, auf seine Erben übergegangen, so wird nach hM der in § 131 Abs. 3 S. 1 Nr. 2 HGB als Ausscheidensgrund vorgesehenen Insolvenzverfahrenseröffnung die Eröffnung des Nachlassinsolvenzverfahrens gleichgestellt.[16] Die abweichende Entscheidung des BGH vom 30.4.1984[17] bezieht sich noch auf § 131 Nr. 5 HGB aF und ist nicht ohne Weiteres auf die aktuelle gesetzliche Regelung übertragbar.[18]

Eine Nachlassinsolvenz führt gem. § 131 Abs. 3 S. 1 Nr. 2 HGB damit grds. zum Ausscheiden. UU ist dem Erben aber ein Recht zum Bleiben zuzusprechen, wenn er den Anteil durch Zahlung aus seinem Privatvermögen aus der Nachlassinsolvenz auslöst.[19] Bei der zweigliedrigen Gesellschaft führt die Nachlassinsolvenz damit zur Vollbeendigung unter Gesamtrechtsnachfolge des verbleibenden Gesellschafters.[20]

---

7 BGHZ 65, 79 (83); Hopt/Roth HGB § 105 Rn. 18.
8 Hopt/Roth HGB § 131 Rn. 7 und 35; GK-HGB/Schäfer GHB § 131 Rn. 76; vgl. zur KG BGH GWR 2017, 58. Mit Inkrafttreten des MoPeG am 1.1.2024 wird dieser Grundsatz in § 712a BGB nF gesetzlich verankert.
9 BGH ZIP 2004, 1048; Hopt/Roth HGB § 131 Rn. 35; MüKoHGB/K. Schmidt/Fleischer HGB § 131 Rn. 107; aA Flume Personengesellschaft § 17 VIII., 373 ff.
10 Hopt/Roth HGB § 131 Rn. 35.
11 BGHZ 113, 132 (133) (zur KG); BGH BB 1979, 397; MüKoHGB/K. Schmidt/Fleischer HGB § 131 Rn. 107.
12 Hopt/Roth HGB § 131 Rn. 35.
13 BGHZ 65, 82; 113, 133; BGH WM 1957, 513; Hopt/Roth HGB § 131 Rn. 19 und 35.
14 Baur/Grunsky ZHR 133 (1969), 209; Hopt/Roth HGB § 131 Rn. 19; vgl. auch BGHZ 98, 57.
15 Ab 1.1.2024: § 130 Abs. 1 Nr. 2 HGB nF.
16 K. Schmidt FS Uhlenbruck, 2000, 655 ff.; Hopt/Roth HGB § 131 Rn. 22; MüKoHGB/K. Schmidt/Fleischer HGB § 131 Rn. 74; MüKoInsO/Siegmann InsO Anh. zu § 315 Rn. 23; aA Ebenroth/Boujong/Lorz HGB § 131 Rn. 47 und § 139 Rn. 93.
17 BGHZ 91, 132 ff.
18 Ausführlich MüKoHGB/K. Schmidt/Fleischer HGB § 131 Rn. 74.
19 Hopt/Roth HGB § 139 Rn. 12 und HGB § 131 Rn. 22; aA zu § 131 Nr. 5 HGB aF: BGHZ 91, 132 (138).
20 → Rn. 4.

9 Geht man mit der früher hM[21] davon aus, dass § 131 Abs. 3 S. 1 Nr. 2 HGB im Fall der Nachlassinsolvenz gem. §§ 315 ff. InsO weder direkt noch analog greift, so scheidet der Gesellschafter-Erbe nicht mit der Eröffnung des Nachlassinsolvenzverfahrens aus der Gesellschaft aus. Der Nachlassinsolvenzverwalter hat nach dieser Auffassung allerdings ein Kündigungsrecht analog § 135 HGB.[22][23]

II. Rechtsfolgen des Ausscheidens eines Gesellschafters

10 Nach der gesetzlichen Regelung scheidet ein Gesellschafter mit seinem Tod mangels abweichender vertraglicher Vereinbarungen aus der Gesellschaft aus. Im Innenverhältnis zwischen der Gesellschaft und den Erben des Ausgeschiedenen kommt es über die Verweisungsvorschrift des § 105 Abs. 3 HGB zur Auseinandersetzung nach den Regeln der §§ 738 bis 740 BGB (vgl. dort).[24]

11 **1. Anwachsung.** Zwingend anwendbar ist § 738 Abs. 1 Satz 1 BGB,[25] ausweislich dessen den verbliebenen Gesellschaftern der Anteil des ausscheidenden Gesellschafters am Gesellschaftsvermögen automatisch anwächst.[26] Im Übrigen sind abweichende Vereinbarungen zulässig und in der Praxis sogar die Regel.[27]

12 **2. Rückgabe von Gegenständen.** Nach den gesetzlichen – aber abdingbaren – Regelungen sind Gegenstände, die der ausgeschiedene Gesellschafter zur Benutzung überlassen hat, ihm bzw. seinen Erben zurückzugeben, ohne Ersatz für Verluste durch Zufall (§ 738 Abs. 1 S. 2, 732 BGB).[28] Umgekehrt sind die Erben des verstorbenen Gesellschafters gem. §§ 667, 713 BGB verpflichtet, Gegenstände, die dem ausgeschiedenen Gesellschafter aufgrund des Gesellschafterverhältnisses von der Gesellschaft oder Mitgesellschaftern zu Eigentum oder zur Benutzung überlassen sind, zurückzugeben.

13 **3. Befreiung von Gesellschaftsschulden.** Da das Ausscheiden eines Gesellschafters seine Haftung aus § 128 HGB[29] nicht beseitigt,[30] hat der Ausgeschiedene einen Anspruch gegen die Gesellschaft aus § 738 Abs. 1 S. 2 BGB,[31] ihn von den gemeinschaftlichen Schulden zu befreien. Dies gilt gleichermaßen für den Erben eines verstorbenen Gesellschafters.

14 **4. Abfindungsanspruch.** Wichtigste Rechtsfolge aus Sicht der Erben des ausgeschiedenen Gesellschafters ist der gesetzliche Abfindungsanspruch aus § 738 Abs. 1 S. 2 BGB.[32] Hiernach erhält der Ausgeschiedene für seinen Anteil am Gesellschaftsvermögen das, was er bei Auflösung der Gesellschaft und Auseinandersetzung erhalten würde. Der Abfindungsanspruch entsteht mit Ausscheiden des Gesellschafters, also mit seinem Tod, und richtet sich gegen die Gesellschaft sowie die Gesellschafter. Er wird fällig, sobald er objektiv berechenbar ist.[33]

---

21 BGHZ 91, 132 (138) (zu § 131 Nr. 5 HGB aF); Ebenroth/Boujong/Lorz HGB § 139 Rn. 94; aA MüKoHGB/K. Schmidt/Fleischer HGB § 139 Rn. 58.
22 Ab 1.1.2024: § 133 HGB nF.
23 BGHZ 91, 132 (137) (zu § 131 Nr. 5 aF); Ebenroth/Boujong/Lorz HGB § 139 Rn. 94 f.
24 Hopt/Roth, § 131 HBG Rn. 37; MüKoHGB/K. Schmidt/Fleischer HGB § 131 Rn. 104 ff. Mit Inkrafttreten des MoPeG am 1.1.2024 werden die Ansprüche des ausscheidenden OHG-Gesellschafters in § 135 HGB nF geregelt; der ausscheidende Gesellschafter hat hiernach ebenfalls einen Anspruch auf Freistellung von Verbindlichkeiten und Zahlung einer angemessenen Abfindung.
25 Ab 1.1.2024: § 712 BGB nF.
26 Hopt/Roth HGB § 131 Rn. 39; MüKoHGB/K. Schmidt/Fleischer HGB § 131 Rn. 106.
27 Hopt/Roth HGB § 131 Rn. 38.
28 Diese gesetzliche Vorschrift wird mit Inkrafttreten des MoPeG am 1.1.2024 ersatzlos gestrichen, vgl. BGB §§ 738 – 740 Fn. 13.
29 Ab 1.1.2024: § 126 HGB nF.
30 Vgl. Hopt/Roth HGB § 128 Rn. 28; MüKoHGB/K. Schmidt/Fleischer HGB § 131 Rn. 110.
31 Ab 1.1.2024: § 135 Abs. 1 HGB nF.
32 Ab 1.1.2024: § 135 Abs. 1 S. 1, Abs. 2 u. 3 HGB nF – inhaltlich teilweise abweichend (Wert des Anteils).
33 BGH ZIP 2010, 1638; vgl. auch MüKoHGB/K. Schmidt/Fleischer HGB § 131 Rn. 131; aA MHdB GesR Bd.1/Piehler/Schulte § 75 Rn. 46; vgl. zu den abweichenden Ansichten Ebenroth/Boujong/Lorz HGB § 131 Rn. 67.

Mangels abweichender vertraglicher Bestimmungen richtet sich die Abfindung nach dem **wahren Wert des Gesellschaftsvermögens** am Tag des Ausscheidens.[34] Die Bewertung des Gesellschaftsvermögens erfolgt in der Regel in einer besonderen Auseinandersetzungs-, Abfindungs- oder Abschichtungsbilanz.[35] Einzelansprüche zwischen Gesellschaft und Erben des ausgeschiedenen Gesellschafters werden als unselbstständige Rechnungsposten in eine Auseinandersetzungsrechnung eingestellt. Sie können in der Regel nicht mehr gesondert geltend gemacht werden (**Durchsetzungssperre**).[36]

Die **Aufstellung der Abschichtungsbilanz** ist das Recht aller Gesellschafter. Sie obliegt aber in der Regel den verbliebenen (geschäftsführenden) Gesellschaftern.[37] Die Erben des ausgeschiedenen Gesellschafters haben einen klagbaren Anspruch auf Aufstellung der Abfindungsbilanz und ihrer Vorlegung, der sich gegen die Gesellschafter richtet.[38]

Die Abfindung ist grundsätzlich sofort **fällig**.[39] Eine Ratenzahlung ist mit Zustimmung (der Erben) des Ausgeschiedenen zulässig. Wird die Gesellschaft durch sofortige Zahlung in ihrem Bestand gefährdet, kann sich aus nachwirkender Treuepflicht eine Zustimmungspflicht ergeben.[40] Der Abfindungsanspruch ist **abtretbar**.[41]

Abweichende Vereinbarungen über die Auseinandersetzung durch den Gesellschaftsvertrag sind zulässig. In der Regel werden die gesetzlichen Abfindungsregelungen modifiziert. Ziel ist in der Regel, die gesetzliche Abfindung, beispielsweise durch Buchwertklauseln, zu beschränken, die Zahlung der Abfindung zur Liquiditätsschonung durch die Möglichkeit der Ratenzahlung zu strecken oder die Abfindung ganz auszuschließen.[42] Insoweit kann der Gesellschaftsvertrag zulässigerweise die Abfindung für den nicht eintretenden Erben des verstorbenen Gesellschafters völlig ausschließen.[43] Dieser **Abfindungsausschluss** hindert die Rückforderung unzulässiger Entnahmen – auch von den Erben – nicht.[44] Er wirkt damit an der Gesellschaft in Liquidation mit.[45] Damit haftet er auch für Gesellschaftsschulden.[46] Diese Haftung ist nach § 1975 BGB beschränkbar.[47]

5. Haftung für Fehlbetrag. Ergibt die Abfindungsbilanz einen **Negativsaldo** zulasten des verstorbenen Gesellschafters, haben die Erben für den Fehlbetrag gem. § 105 Abs. 3 HGB iVm § 739 BGB[48] aufzukommen. Der Verlustausgleichsanspruch verjährt nach § 195 BGB.[49]

6. Teilnahme am Ergebnis schwebender Geschäfte. Im Innenverhältnis nehmen die Erben des ausgeschiedenen Gesellschafters am Gewinn und Verlust der schwebenden Geschäfte gem. § 740 Abs. 1 Satz 1 BGB[50] teil. An jedem Geschäftsjahresende kann der Erbe des ausgeschiedenen Gesellschafters Rechenschaft, Auszahlung des ihm gebührenden Betrages und Auskunft über den Stand der noch schwebenden Geschäfte verlangen (§ 740 Abs. 2 BGB).

7. Kontrollrechte. Der ausgeschiedene Gesellschafter und damit sein Erbe hat nach hM jedoch nicht mehr das Informationsrecht aus § 118 BGB.[51] Er hat allerdings bezüglich der Zeit vor dem Ausscheiden die Einsichts- und Auskunftsrechte aus § 810 und § 242 BGB.[52] Ist die Gesell-

---

34 Zur Bewertung → BGB §§ 738–740 Rn. 10 ff.
35 BGH NJW-RR 1986, 454; Hopt/Roth HGB § 131 Rn. 50.
36 BGH WM 1971, 131; BGH NJW 2005, 2618 (2619); Hopt/Roth HGB § 131 Rn. 44.
37 BGH NJW 2009, 433.
38 Vgl. allgemein Hopt/Roth HGB § 131 Rn. 51; MüKoHGB/K. Schmidt/Fleischer HGB § 131 Rn. 138; vgl. BGH NJW-RR 1994, 1185 (1186).
39 Hopt/Roth HGB § 131 Rn. 54.
40 Hopt/Roth HGB § 131 Rn. 54.
41 Hopt/Roth HGB § 131 Rn. 54.
42 Hopt/Roth HGB § 131 Rn. 59 ff.
43 Hopt/Roth HGB § 131 Rn. 62; MüKoHGB/ K. Schmidt/Fleischer HGB § 131 Rn. 175.
44 BGH BB 1974, 996.
45 Hopt/Roth HGB § 131 Rn. 75.
46 BGHZ 113, 134.
47 Hopt/Roth HGB § 131 Rn. 75.
48 Ab 1.1.2024; § 136 HGB nF.
49 BGH ZIP 2011, 1362 (zur GbR); vgl. Hopt/Roth HGB § 131 Rn. 55; aA K. Schmidt DB 2010, 2094 ff.: Anwendbarkeit von §§ 159, 160 HGB.
50 Mit Inkrafttreten des MoPeG am 1.1.2024 entfällt diese Regelung ersatzlos. Die schwebenden Geschäfte können im Rahmen der Bewertung berücksichtigt werden. Vgl. BGB §§ 738–740 Fn. 90.
51 Hopt/Roth HGB § 131 Rn. 47.
52 BGH WM 1989, 878; Hopt/Roth HGB § 131 Rn. 52; MüKoHGB/K. Schmidt/Fleischer HGB § 131 Rn. 132.

schaft durch das Ausscheiden des vorletzten Gesellschafters erloschen, so haftet der verbleibende „Gesellschafter" für die Abfindung und ist daher auch anstelle der erloschenen Gesellschaft auskunftspflichtig.[53]

III. Abweichende Regelungen

1. Auflösungsklausel. Durch gesellschaftsvertragliche Regelung kann abweichend von § 131 Abs. 3 HGB vorgesehen werden, dass im Fall des Todes eines Gesellschafters die Gesellschaft **aufgelöst** ist. In diesem Fall tritt der Erbe – mehrere Erben als **Erbengemeinschaft** im Sinne von §§ 2032 ff. BGB[54] – in die Liquidationsgesellschaft ein. Ein etwa bestellter **Testamentsvollstrecker** verwaltet den Anteil.[55] Der **Scheinerbe** wird hingegen nicht über § 1922 BGB Gesellschafter, und zwar auch nicht nach den Grundsätzen der fehlerhaften Gesellschaft (→ BGB § 727 Rn. 23).[56]

Wird die Gesellschaft bei Tod des Gesellschafters aufgelöst, so wird die Gesellschaft durch die Pflicht des Erben zur unverzüglichen Anzeige und bei Gefahr in Verzug durch die einstweilige Fortdauer des Rechts und der Pflicht zur Geschäftsführung seitens des Erben bzw. Miterben und der übrigen Gesellschafter gem. §§ 105 Abs. 3 HGB iVm § 727 Abs. 2 BGB[57] geschützt (→ BGB § 727 Rn. 31 ff.).[58] Diese Regelungen gelten entsprechend für Testamentsvollstrecker und Nachlassverwalter.[59] Im Rahmen der notwendigen Maßnahmen hat der Erbe auch Vertretungsmacht. Die Pflicht des Erben stellt eine Nachlassverbindlichkeit im Sinne von § 1967 BGB dar, für welche die gesetzlichen Beschränkungsmöglichkeiten der §§ 1975 ff. BGB gelten.[60]

2. Nachfolge- und Eintrittsklauseln. Der Gesellschaftsvertrag kann auch eine Nachfolge- oder Eintrittsklausel enthalten, kraft derer der oder die Erben des verstorbenen Gesellschafters oder ein Dritter in dessen Rechtsposition einrückt.[61]

a) Einfache Nachfolgeklausel. Durch eine einfache Nachfolgeklausel (ergänzend → BGB § 727 Rn. 10 ff.) wird lediglich geregelt, dass der Gesellschaftsanteil vererblich ist.[62] Sie stellt damit keine rechtsgeschäftliche Verfügung über den Gesellschaftsanteil zugunsten des oder der späteren Erben dar. Die Nachfolge bestimmt sich vielmehr nach Erbrecht.[63] Die Mitgliedschaft ist demgemäß Bestandteil des Nachlasses.[64]

Die Nachfolgeklausel kann für den Tod jedes Gesellschafters, aber auch für den Tod bestimmter Gesellschafter gelten. Auf den Tod eines Gesellschafters ohne Kapitalanteil ist eine Nachfolgeklausel im Zweifel nicht anwendbar.[65]

Ist nur **ein Erbe** vorhanden, so fällt der Anteil diesem Erben als Bestandteil des Nachlasses ungeteilt zu.[66] Die Fortsetzung der Gesellschaft mit dem Erben des Gesellschafters setzt die **Annahme der Erbschaft** durch diesen voraus.[67]

Sind **mehrere Erben** vorhanden, so fällt der Gesellschaftsanteil bei den Miterben nicht ungeteilt in Erbengemeinschaft iSv §§ 2032 ff. BGB an, sondern bei jedem Erben separat nach Maßgabe

---

53 MüKoHGB/K. Schmidt/Fleischer HGB § 131 Rn. 132.
54 RGZ 106, 65; BGH NJW 82, 170.
55 BGHZ 98, 58.
56 Hopt/Roth HGB § 131 Rn. 76; aA Konzen ZHR 145 (1981), 61.
57 Ab 1.1.2024: § 730 BGB nF.
58 Hopt/Roth HGB § 131 Rn. 77.
59 Hopt/Roth HGB § 131 Rn. 77.
60 Hopt/Roth HGB § 131 Rn. 77.
61 Hopt/Roth HGB § 131 Rn. 83; zu den Gestaltungsmöglichkeiten → Rn. 38 ff.
62 BGHZ 68, 225 (229); Hopt/Roth HGB § 139 Rn. 10.
63 BGHZ 22, 186 (191); 68, 225, 229; Hopt/Roth HGB § 139 Rn. 10; MüKoHGB/K. Schmidt/Fleischer HGB § 139 Rn. 13.
64 BGHZ 98, 48 (51); MüKoHGB/K. Schmidt/Fleischer HGB § 139 Rn. 13.
65 OLG Hamm NJW-RR 1999, 760; MüKoHGB/K. Schmidt/Fleischer HGB § 139 Rn. 12.
66 BGHZ 98, 48 (51); MüKoHGB/K. Schmidt/Fleischer HGB § 139 Rn. 15.
67 Hopt/Roth HGB § 139 Rn. 12.

seiner Erbquote.[68] Denn die Erbengemeinschaft als solche kann nicht Mitglied einer OHG sein.[69] Die Sonderzuordnung des vererbten Anteils wirkt insoweit wie eine automatische Teilauseinandersetzung der Erbengemeinschaft.[70] Um die hierdurch bedingte Aufspaltung der Mitgliedschaftsrechte und eine daraus resultierende Zersplitterung der Gesellschaft bei der Willensbildung zu vermeiden, kann in den Gesellschaftsvertrag eine sog. Vertreterklausel aufgenommen werden.[71]

Minderjährige Erben werden ohne Genehmigung des Familiengerichtes Gesellschafter,[72] allerdings mit der Haftungsbeschränkung nach § 1629a BGB.[73] Die Gesellschafterrechte des Minderjährigen werden durch den gesetzlichen Vertreter, uU durch einen Pfleger, ausgeübt. Als Pfleger kann auch ein Testamentsvollstrecker bestellt werden.[74]

29

Pflichtteilsansprüche von Nichterben gegen den oder die eintretenden Erben gem. § 2311 Abs. 1 S. 1 BGB bestimmen sich nach dem wahren Wert des Gesellschaftsanteils. Dies gilt auch im Falle gesellschaftsvertraglicher Beschränkung der Abfindung für den Fall des Ausscheidens von Gesellschaftern.[75]

30

b) Qualifizierte Nachfolgeklauseln. Nachfolgeklauseln können auch die Vererblichkeit der Mitgliedschaft vorsehen, aber nur bestimmte Personen als Erben zulassen (qualifizierte Nachfolgeklauseln – dazu ergänzend → BGB § 727 Rn. 15 ff.).[76] So kann die Berufung von Erben zur Nachfolge in die Gesellschaft ua **von Bedingungen abhängig** gemacht werden, bspw. von Familienzugehörigkeit, Alter, Geschlecht, Ausbildung.[77] Auch kann eine Nachfolgeklausel bereits einen **bestimmten Nachfolger** benennen.[78]

31

Voraussetzung für die Nachfolge ist allerdings wie bei der einfachen Nachfolgeklausel die **Erbenstellung des gesellschaftsvertraglich zugelassenen Nachfolgers**.[79] Ist ein bestimmter Nachfolger benannt und wird dieser aufgrund einer letztwilligen Verfügung nicht Erbe, kann er auch nicht auf Basis der erbrechtlichen Nachfolgeklausel im Gesellschaftsvertrag Gesellschafter werden.[80] Werden sämtliche in der Nachfolgeklausel benannten Personen nicht Erben, so scheitert eine Nachfolge, kommt aber einer ergänzenden Auslegung der Nachfolgeklausel gemäß § 140 BGB in Betracht: Wird der als Nachfolger Qualifizierte nicht Erbe, sollte die gesellschaftsvertragliche Klausel aber beabsichtigen, ihn auf jeden Fall in Gesellschaft eintreten zu lassen, so kann die Klausel als Eintrittsklausel aufrecht erhalten bleiben.[81] Im Zweifel liegt jedoch stets eine Nachfolge- und keine Eintrittsklausel vor.[82]

32

Widersprechen sich gesellschaftsvertragliche Nachfolgeklausel und Testament (durch Bestimmung unterschiedlicher Nachfolger), so hat die Nachfolgeklausel Vorrang, wenn der im Gesellschaftsvertrag als Nachfolger berufene jedenfalls Miterbe wird.[83] Ist der gesellschaftsvertraglich bestimmte Nachfolger nur als Vermächtnisnehmer bedacht, so kommt uU eine Umdeutung der Nachfolgeklausel in eine Eintrittsklausel in Betracht. In diesem Fall müssen die Erben die

33

---

68 BGHZ 22, 186 (193); 68, 225, 237; BayObLG BB 1983, 1751; OLG Frankfurt/Main OLGZ 1983, 189; MüKoHGB/K. Schmidt/Fleischer HGB § 139 Rn. 14; Hopt/Roth HGB § 139 Rn. 14. Mit Inkrafttreten des MoPeG am 1.1.2024 wird dies gesetzlich in § 711 Abs. 2 BGB nF klargestellt.
69 BGHZ 22, 186 (192); 58, 316 ff. Rn. 7.
70 Deckert NZG 1998, 45 ff.
71 BGHZ 46, 291 ff.; MüKoHGB/K. Schmidt/Fleischer HGB § 139 Rn. 14.
72 BGHZ 55, 269; BGH BB 1972, 1475.
73 Hopt/Roth HGB § 139 Rn. 12.
74 KG JW 1935, 3558; Hopt/Roth HGB § 139 Rn. 12.
75 Hopt/Roth HGB § 139 Rn. 13; Zimmermann BB 1969, 965; Heinrich/Brunk DB 1973, 1003.
76 Vgl. etwa BGHZ 68, 225; BGH NJW 1983, 2377; MüKoHGB/K. Schmidt/Fleischer HGB § 139 Rn. 17.
77 Hopt/Roth HGB § 139 Rn. 11; weitere Beispiele bei MüKoHGB/K. Schmidt/Fleischer HGB § 139 Rn. 17.
78 Vgl. Hopt/Roth HGB § 139 Rn. 10.
79 MüKoHGB/K. Schmidt/Fleischer HGB § 139 Rn. 19.
80 BGHZ 68, 225; BayObLG DB 1980, 2028.
81 OLG Frankfurt aM DB 1988, 104.
82 BGHZ 68, 225; BayObLG DB 1980, 2028.
83 MüKoHGB/K. Schmidt/Fleischer HGB § 139 Rn. 24.

in den Nachlass fallende Abfindung für die gesellschaftsvertraglich zugelassene Aufnahme des Vermächtnisnehmers in die Gesellschaft verwenden.[84]

34 Ist der gesellschaftsvertraglich als Nachfolger Qualifizierte **Alleinerbe**, so fällt ihm der Gesellschaftsanteil als Bestandteil des Nachlasses ungeteilt zu.[85] Sind **mehrere Erben** vorhanden und gem. Gesellschaftsvertrag als Nachfolger qualifiziert, so fällt die Mitgliedschaft diesen kraft Sonderzuordnung entsprechend ihrer Erbquote direkt zu.[86] Ist nur ein einziger mehrerer Miterben als Nachfolger qualifiziert, so fällt ihm der Gesellschaftsanteil ungeteilt zu.[87] Sind mehrere, aber nicht alle Miterben als Nachfolger qualifiziert, fällt der gesamte Gesellschaftsanteil den begünstigten Erben direkt im Wege der Sondererbfolge zu mit der Maßgabe, dass die designierten Erben kraft Sonderzuordnung entsprechend dem Verhältnis ihrer Erbquoten zueinander Gesellschafter werden.[88] Der Gesellschaftsanteil gehört trotz dieser Sondererbfolge insofern zum Nachlass, als der Teil der vom Erblasser hinterlassenen Vermögens ist; er ist aber aus dem gesamthänderisch gebundenen übrigen Nachlass ausgegliedert.[89]

35 Der Gesellschaftsvertrag kann auch vorsehen, dass nur ein einziger Miterbe (im Wege der Sonderrechtsnachfolge) mit dem seinem Erbteil entsprechenden Teil des Gesellschaftsanteils Nachfolger des verstorbenen Gesellschafters wird, während die Miterben abzufinden sind.[90] Sind mehrere Miterben auf diese Weise ausgeschlossen, haben sie für die Summe ihrer Anteile den Abfindungsanspruch zur gesamten Hand entsprechend § 2032 BGB.[91] Der Gesellschaftsvertrag kann auch vorsehen, dass nur ein einziger Erbe den gesamten Gesellschaftsanteil des Verstorbenen erhält, während die Miterben auch keine Abfindung bekommen.[92] Auch in diesem Fall vollzieht sich die Nachfolge durch unmittelbaren Übergang des gesamten Gesellschaftsanteils auf den einen Nachfolger.[93]

36 In allen Fällen, in denen nur einzelne Miterben nachfolgen und die übrigen auch **keinen Abfindungsanspruch** haben, ist der Zuvielempfang des oder der allein nachfolgenden Erben gegenüber den Miterben gem. den Erbquoten erbrechtlich **auszugleichen**.[94] Fehlt eine testamentarische Regelung hierzu, so ist der tatsächliche Wert des Gesellschaftsanteils im Innenverhältnis in Ansatz zu bringen. Hieraus kann sich uU sogar die Pflicht des Anteilserben ergeben, die Differenz zwischen dem Anteilswert und dem geringeren Wert der ihm zustehenden Erbquote in den Nachlass zu zahlen.[95]

37 Die letztwillige Verfügung des Erblassers kann **abweichende Regelungen** vorsehen. Bspw. kann durch Vorausvermächtnis iSv § 2150 BGB angeordnet werden, dass der Gesellschaftsanteil dem durch die Klausel qualifizierten Erben ohne Anrechnung vorab gebührt.[96] Alternativ zu einer Ausgleichungspflicht kann durch Testament (auch durch Vermächtnis) angeordnet werden, dass die weichenden Miterben durch Einräumung einer Unterbeteiligung im Innenverhältnis am vererbten Anteil beteiligt bleiben sollen.[97]

38 c) **Eintrittsklauseln.** Eintrittsklauseln wirken nicht erbrechtlich, sondern rein gesellschaftsrechtlich. Sie geben dem Begünstigten ein Recht auf Eintritt in die Gesellschaft zu den in der Ver-

---

84 MüKoHGB/K. Schmidt/Fleischer HGB § 139 Rn. 24.
85 MüKoHGB/K. Schmidt/Fleischer HGB § 139 Rn. 19.
86 MüKoHGB/K. Schmidt/Fleischer HGB § 139 Rn. 20.
87 BGHZ 68, 225; MüKoHGB/K. Schmidt/Fleischer HGB § 139 Rn. 19; Ulmer ZGR 1972, 205 ff.
88 BGH NJW 1999, 572; MüKoHGB/K. Schmidt/Fleischer HGB § 139 Rn. 20; OLG München MDR 1981, 587.
89 BGHZ 108, 192; Hopt/Roth HGB § 139 Rn. 14.
90 Hopt/Roth HGB § 139 Rn. 16.
91 RGZ 170, 106; 171, 350; BGHZ 22, 194.
92 Hopt/Roth HGB § 139 Rn. 17.
93 BGHZ 68, 237; Hopt/Roth HGB § 139 Rn. 17.
94 RGZ 170, 107; BGHZ 22, 197; 68, 238.
95 BGHZ 22, 186 (196 f.); BFH NJW 1982, 407 (408); zur dogmatischen Einordnung vgl. MüKoHGB/K. Schmidt/Fleischer HGB § 139 Rn. 22.
96 MüKoHGB/K. Schmidt/Fleischer HGB § 139 Rn. 22; Oetker/Kamanabrou, HGB § 139 Rn. 24.
97 Oetker/Kamanabrou, HGB § 139 Rn. 23.

tragsklausel genannten Bedingungen.[98] Damit stellen sie einen begünstigenden Vertrag zugunsten Dritter iSv §§ 328, 331 BGB auf den Todesfall dar.[99]

Da die Eintrittsklausel rein schuldrechtlich wirkt, treten mit dem Todesfall die Rechtsfolgen aus § 131 Abs. 3 Nr. 1 HGB, § 738 BGB[100] ein: Der Gesellschaftsanteil des durch Tod ausgeschiedenen Gesellschafters wächst den Miterben an und die Erben haben einen Abfindungsanspruch.[101] Der Begünstigte hat ein Eintrittsrecht, aber keine Eintrittspflicht.[102] Das Eintrittsrecht wird durch Erklärung des Berechtigten nach dem Erbfall ausgeübt, wodurch ein **Aufnahmevertrag** zustande kommt.[103] Ist der Berechtigte nicht volljährig, so ist § 1822 Nr. 3 BGB zu beachten.[104]

Da die Gesellschaft mit dem Abfindungsanspruch belastet ist, müsste der eintretende Gesellschafter – als Kehrseite zum Abfindungsanspruch der Erben – wirtschaftlich betrachtet eine Einlage erbringen.[105] Damit dem Berechtigten der Anteil auch wirtschaftlich zukommt, kann der Gesellschaftsvertrag einen Ausschluss des Abfindungsanspruchs der Erben und eine Befreiung des Berechtigten von der Einlagepflicht vorsehen, verbunden mit einer Verpflichtung der Mitgesellschafter zur Übertragung der mit dem Gesellschaftsanteil des Erblassers ursprünglich verbundenen Rechte an den Mitberechtigten (Treuhandlösung).[106] Möglich ist auch eine erbrechtliche Lösung, bei welcher der Erblasser die Erben durch Vermächtnis oder Teilungsanordnung veranlasst, dem Berechtigten den Abfindungsanspruch abzutreten. Dieser wird dann als Einlageleistung erbracht.[107]

Wurde ein Miterbe durch eine Eintrittsklausel begünstigt, ohne dass den anderen eine Abfindung zufällt, können sich **Ausgleichsansprüche** unter den Erben aus § 2050 ff. BGB ergeben, im Verhältnis zu Pflichtteilsberechtigten aus §§ 2316, 2325 BGB.[108]

d) **Rechtsgeschäftliche Nachfolgeklauseln.** Durch rechtsgeschäftliche Nachfolgeklauseln (ergänzend → BGB § 727 Rn. 19) wird entsprechend den erbrechtlichen Nachfolgeklauseln die Nachfolge des Begünstigten auf den Zeitpunkt des Todesfalles erreicht. Im Unterschied zu den erbrechtlichen Nachfolgeklauseln erfolgt dies jedoch durch Rechtsgeschäft unter Lebenden.[109] Bei Mitwirkung des Begünstigten sind sie dahin gehend zu verstehen, dass der Gesellschafter seinen Gesellschaftsanteil unter Lebenden an den Begünstigten überträgt, allerdings unter der aufschiebenden Bedingung seines Todes oder einer entsprechenden Befristung.[110] Bedenken hiergegen werden im Hinblick auf § 2301 BGB geäußert.[111]

Rechtsgeschäftliche Nachfolgeklauseln ohne Mitwirkung des Begünstigten beinhalten eine Verfügung zugunsten eines Dritten und sind zugleich ein Vertrag zulasten des Dritten, der als Gesellschafter zwingend nach §§ 128, 130 HGB haftet. Solche Klauseln sind daher unzulässig und unwirksam.[112] UU können sie jedoch in eine erbrechtliche Nachfolgeklausel oder in eine Eintrittsklausel gem. § 140 BGB umgedeutet werden.[113]

---

98 MüKoHGB/K. Schmidt/Fleischer HGB § 139 Rn. 27; Sudhoff/Froning Unternehmensnachfolge HGB § 44 Rn. 57.
99 Hopt/Roth HGB § 139 Rn. 51; MüKoHGB/K. Schmidt/Fleischer HGB § 139 Rn. 29.
100 Ab 1.1.2024: §§ 130 Abs. 1, 135 HGB nF.
101 MüKoHGB/K. Schmidt/Fleischer HGB § 139 Rn. 30; Ebenroth/Boujong/Lorz HGB § 139 Rn. 37.
102 BGHZ 68, 233; Hopt/Roth HGB § 139 Rn. 52.
103 BGH NJW 1978, 226; Hopt/Roth HGB § 139 Rn. 53; nach MüKoHGB/K. Schmidt/Fleischer HGB § 139 Rn. 31 erfolgt der Beitritt idR aufgrund besonderen Beitrittsvertrages und nur ausnahmsweise durch einseitige Willenserklärung.
104 Ebenroth/Boujong/Lorz HGB § 139 Rn. 38; MüKoHGB/K. Schmidt/Fleischer HGB § 139 Rn. 31.
105 Vgl. dazu aber BGH NJW 1978, 264 f.; Oetker/Kamanabrou HGB § 139 Rn. 38.
106 Ulmer ZGR 1972, 219; Hopt/Roth HGB § 139 Rn. 54; vgl. auch BGH NJW 1978, 265.
107 Ulmer ZGR 1972, 220; Hopt/Roth HGB § 139 Rn. 55; wohl auch BGH NJW-RR 1987, 989.
108 Streitig, so MüKoHGB/K. Schmidt/Fleischer HGB § 139 Rn. 33; Tiedau NJW 1980, 2450; Heymann/Freitag HGB § 139 Rn. 100; Marotzke ACP 184 (1984), 571 ff.
109 Hopt/Roth HGB § 139 Rn. 56.
110 BGHZ 68, 234; BGH NJW 1970, 1639.
111 So Hopt/Roth HGB § 139 Rn. 57.
112 BGHZ 68, 231 f.; BGH NJW 1978, 265; Hopt/Roth HGB § 139 Rn. 58.
113 BGHZ 68, 233; BGH NJW 1978, 265; Hopt/Roth HGB § 139 Rn. 58.

44 Im Falle wirksamer Nachfolgeklauseln sind **Ausgleichsansprüche** der Erben, denen der Abfindungsanspruch entgeht, nach §§ 2050 ff. BGB möglich. Bei Pflichtteilsberechtigten greifen §§ 2301, 2316, 2325 BGB.[114]

C. Weitere praktische Hinweise

45 Der Gesellschaftsvertrag kann den völligen Ausschluss der Abfindung zum Nachteil eines oder aller Gesellschaftererben vorsehen, wenn die Gesellschaft nach dem Tod eines Gesellschafters von den übrigen Gesellschaftern ohne die Erben fortgesetzt wird. Hierin liegt ein lebzeitiges Verfügungsgeschäft und keine letztwillige Verfügung.[115] Gemäß § 2301 Abs. 2 BGB brauchen deshalb auch nicht die Vorschriften über eine Verfügung von Todes wegen eingehalten zu werden.[116] Gleichwohl liegt keine Schenkung vor, sondern – wenn die Klausel für den Tod jedes Gesellschafters gilt und damit allen Mitgesellschaftern zugutekommt – eine entgeltliche Zuwendung.[117]

46 Nach hM erfolgt die Berechnung des Pflichtteils idR unter Berücksichtigung gesellschaftsvertraglicher Abfindungsbeschränkungen, dh der Pflichtteilsberechtigte erhält seinen Anteil nach Maßgabe der gemäß Gesellschaftsvertrag an den Erben zu zahlenden Abfindung.[118] Das OLG Köln will demgegenüber jedenfalls dann den wahren Unternehmenswert für die Berechnung des Pflichtteils heranziehen, wenn nach dem Erbfall aufgrund gesellschaftsvertraglicher Verpflichtung der Erbe den Anteil an die Mitgesellschafter zu einem im Gesellschaftsvertrag festgelegten Preis verkauft (so zB bei Ankaufsrechten oder Einziehungsklauseln).[119]

47 Ungeklärt ist, ob einer Benachteiligung von Vertragserben oder von Ehegatten beim gemeinschaftlichen Testament durch Anwendung von § 2287 BGB entgegengewirkt werden kann. In Betracht kommt etwa die analoge Anwendung auf nachträglich in Benachteiligungsabsicht eingeführte Klauseln.[120] Führt der Abfindungsausschluss zu einer Benachteiligung von Nachlassgläubigern, greifen die Anfechtungsvorschriften in §§ 129 ff. InsO, §§ 3 ff. AnfG.[121] Pflichtteilsberechtigte können den Schutz aus § 2325 BGB geltend machen.[122]

§ 139 HGB [Fortsetzung mit den Erben]

(1) Ist im Gesellschaftsvertrage bestimmt, daß im Falle des Todes eines Gesellschafters die Gesellschaft mit dessen Erben fortgesetzt werden soll, so kann jeder Erbe sein Verbleiben in der Gesellschaft davon abhängig machen, daß ihm unter Belassung des bisherigen Gewinnanteils die Stellung eines Kommanditisten eingeräumt und der auf ihn fallende Teil der Einlage des Erblassers als seine Kommanditeinlage anerkannt wird.

(2) Nehmen die übrigen Gesellschafter einen dahingehenden Antrag des Erben nicht an, so ist dieser befugt, ohne Einhaltung einer Kündigungsfrist sein Ausscheiden aus der Gesellschaft zu erklären.

(3) ¹Die bezeichneten Rechte können von dem Erben nur innerhalb einer Frist von drei Monaten nach dem Zeitpunkt, in welchem er von dem Anfalle der Erbschaft Kenntnis erlangt hat, geltend gemacht werden. ²Auf den Lauf der Frist finden die für die Verjährung geltenden Vor-

---

114 Hopt/Roth HGB § 139 Rn. 57.
115 MüKoHGB/K. Schmidt/Fleischer HGB § 131 Rn. 176.
116 BGHZ 22, 187 (194).
117 Hopt/Roth BGB § 131 Rn. 62; zweifelnd MüKoHGB/K. Schmidt/Fleischer HGB § 131 Rn. 176.
118 Ausführlich Horn ZErb 2008, 411 (413); MAH ErbR/Horn § 29 Rn. 353; Staudinger/Olshausen BGB § 2325 Rn. 31 ff.
119 OLG Köln Urt. v. 10.1.2014 – 4 U 56/13 (zur GmbH); → BGB §§ 738–740 Rn. 35.
120 MüKoHGB/K. Schmidt/Fleischer HGB § 131 Rn. 177.
121 MüKoHGB/K. Schmidt/Fleischer HGB § 131 Rn. 177.
122 Ebenroth/Boujong/Lorz HGB § 131 Rn. 125; MüKoHGB/K. Schmidt/Fleischer HGB § 131 Rn. 177; weitergehend noch Finger DB 1974, 29 ff.

schriften des § 210 des Bürgerlichen Gesetzbuchs entsprechende Anwendung. ³Ist bei dem Ablaufe der drei Monate das Recht zur Ausschlagung der Erbschaft noch nicht verloren, so endigt die Frist nicht vor dem Ablaufe der Ausschlagungsfrist.

(4) Scheidet innerhalb der Frist des Absatzes 3 der Erbe aus der Gesellschaft aus oder wird innerhalb der Frist die Gesellschaft aufgelöst oder dem Erben die Stellung eines Kommanditisten eingeräumt, so haftet er für die bis dahin entstandenen Gesellschaftsschulden nur nach Maßgabe der die Haftung des Erben für die Nachlaßverbindlichkeiten betreffenden Vorschriften des bürgerlichen Rechtes.

(5) Der Gesellschaftsvertrag kann die Anwendung der Vorschriften der Absätze 1 bis 4 nicht ausschließen; es kann jedoch für den Fall, daß der Erbe sein Verbleiben in der Gesellschaft von der Einräumung der Stellung eines Kommanditisten abhängig macht, sein Gewinnanteil anders als der des Erblassers bestimmt werden.

A. Allgemeines 1	B. Regelungsgehalt 22
I. Fortsetzung der Gesellschaft aufgrund Nachfolgeklausel 1	I. Wahlrecht des Erben 22
II. Vor- und Nacherbfolge 3	1. Anwendungsfälle 24
1. Vorerbfall 5	2. Ausübung des Wahlrechts 29
2. Nacherbfall 8	3. Umwandlung der Gesellschafterstellung 32
III. Scheinerben 9	II. Ausscheiden des Erben 34
IV. Testamentsvollstreckung und Nachlassverwaltung 12	III. Ausübungsfrist 36
1. Testamentsvollstreckung 12	IV. Haftungsbeschränkung des Erben .. 41
a) Auseinandersetzungs-Testamentsvollstreckung 13	1. Ausscheiden durch Erbfall 42
b) Verwaltungs-Testamentsvollstreckung 14	2. Verbleiben als persönlich haftender Gesellschafter 44
2. Nachlassverwaltung 21	3. Erbenhaftung als Kommanditist ... 45
	V. Abweichende Vereinbarungen 47
	C. Weitere praktische Hinweise 50

A. Allgemeines

I. Fortsetzung der Gesellschaft aufgrund Nachfolgeklausel

Im gesetzlichen Regelfall führt der Tod eines OHG-Gesellschafters gem. § 131 Abs. 3 S. 1 Nr. 1 HGB zu seinem Ausscheiden aus der Gesellschaft. Entsprechendes gilt für den Tod eines persönlich haftenden Gesellschafters einer KG.[1] Statt des Ausscheidens kann der Gesellschaftsvertrag aber die Fortsetzung der Gesellschaft mit den Erben vorsehen. § 139 Abs. 1 HGB bezieht sich auf Nachfolgeklauseln. Erfasst sind sowohl **einfache Nachfolgeklauseln** (→ § 131 Rn. 25), aufgrund welcher die Gesellschaft mit sämtlichen Erben fortgesetzt wird, als auch **qualifizierte Nachfolgeklauseln** (→ § 131 Rn. 31), welche die Fortsetzung der Gesellschaft nur mit einem oder mehreren bestimmten Erben vorsehen. Gemeinsam ist den Nachfolgeklauseln, dass sie den Gesellschaftsanteil verblich stellen.[2]

§ 139 HGB bezieht sich demgegenüber nicht auf sog. **Eintrittsklauseln** (→ § 131 Rn. 38).[3] Bei diesen erfolgt der Eintritt der Erben nicht ohne Weiteres mit dem Erbfall, sondern hat der Erbe oder ein Dritter lediglich das Recht, seine Aufnahme in die Gesellschaft verlangen zu können.[4]

II. Vor- und Nacherbfolge

§ 139 HGB gilt sowohl für die Vor- als auch für die Nacherben iSv §§ 2100 ff. BGB.[5] Der Vorerbe und später der Nacherbe werden beim Vorhandensein einer Nachfolgeklausel statt des

---

1 §§ 161 Abs. 2, 167 HGB.
2 Hopt/Roth HGB § 139 Rn. 2.
3 RGZ 170, 98 (108); Hopt/Roth HGB § 139 Rn. 6.
4 Vgl. etwa Hopt/Roth HGB § 139 Rn. 3.
5 Hopt/Roth HGB § 139 Rn. 19.

Erblassers unmittelbar Gesellschafter.[6] Eine besondere Zulassung der Vor- und Nacherfolge im Gesellschaftsvertrag ist nicht erforderlich.[7]

4 Im Falle **qualifizierter Nachfolgeklauseln** müssen sowohl der Vorerbe als auch der Nacherbe deren Voraussetzungen erfüllen.[8] Erfüllt nur der Vorerbe die Voraussetzungen der Nachfolgeklausel, so scheidet der Nacherbe aus und wird abgefunden. Der Abfindungsanspruch ist Gegenstand der Nacherbschaft.[9] Ausnahmsweise besteht aber eine Zustimmungspflicht der Mitgesellschafter zur Zulassung des Nacherben.[10]

5 **1. Vorerbfall.** Mit dem Vorerbfall wird der Vorerbe voller Gesellschafter mit allen hieraus folgenden Rechten und Pflichten.[11] Übt der Vorerbe die **Rechte aus § 139 HGB** aus, so hat dies auch Wirkung für den Nacherben. Dieser kann nicht verlangen, (wieder) persönlich haftender Gesellschafter zu werden.[12]

6 Der Vorerbe unterliegt allerdings den **Verfügungsbeschränkungen** der §§ 2113 ff. BGB.[13] So kann der Vorerbe insbes. nur gegen Entgelt über den Anteil verfügen.[14] Als unentgeltliche Verfügungen des Vorerben sieht die Praxis nicht nur die Anteilsschenkung an, sondern jedes den Anteil veräußernde oder den Anteilswert schmälernde Rechtsgeschäft, das nicht zu einer der Erbschaft zugutekommenden gleichwertigen Gegenleistung führt, wenn dieser Umstand für den verfügenden Vorerben erkennbar war.[15] Beispiel aus der Rechtsprechung ist die Anteilsveräußerung gegen eine auf den Vorerben beschränkte und eigennützig verwendbare Leibrente.[16] Auch das Ausscheiden des Vorerbens wegen einer Abfindungsklausel kann bei nicht vollwertiger Abfindung als teilweise unentgeltliche Verfügung unwirksam sein.[17] Gesellschaftsvertragsänderungen, die für alle Gesellschafter gleichmäßig gelten, oder einseitige Änderungen zulasten des Vorerben als Konzession für zusätzlichen Einsatz der Mitgesellschafter für das Unternehmen sind nicht unentgeltlich.[18] Während anfallende Gewinnanteile dem Vorerben als Nutzung iSv § 2111 Abs. 1 S. 1 BGB gebühren,[19] sind Zustimmungen des Vorerben zur Änderung des Gewinnverteilungsschlüssels mit Auswirkung auf die Verteilung der stillen Reserven bei Auflösung problematisch.[20]

7 Die Gesellschaft ist demgegenüber in der **Verfügung über das Gesellschaftsvermögen** frei.[21]

8 **2. Nacherbfall.** Mit dem Nacherbfall geht die Erbschaft gem. §§ 2110 f. BGB auf den Nacherben über. Dazu gehört nicht, was dem Vorerben als Nutzung iSv § 2111 Abs. 1 BGB gebührt. Gewinne, die auf den Zeitraum zwischen Vor- und Nacherbfall entfallen, verbleiben daher beim Vorerben (oder seinem Nachlass), soweit er sie entnehmen konnte.[22] Der Nacherbe hat ein eigenes Wahlrecht aus § 139 HGB, soweit nicht schon der Vorerbe den Austritt erklärt oder seinen Anteil in eine Kommanditbeteiligung gewandelt hat.[23]

---

6 BGHZ 69, 47 (50).
7 BGHZ 69, 47 (49 f.); MüKoHGB/K. Schmidt/Fleischer HGB § 139 Rn. 34.
8 BGH NJW-RR 1987, 989.
9 BGHZ 78, 177 Rn. 15.
10 BGHZ 109, 214 (219).
11 MüKoHGB/K. Schmidt/Fleischer § 139 Rn. 35; Hefermehl FS Westermann, 1974, 230 f.; Hopt/Roth HGB § 139 Rn. 20.
12 BGHZ 69, 47 (52); Hopt/Roth HGB § 139 Rn. 19 f.
13 Hopt/Roth HGB § 139 Rn. 20; MüKoHGB/K. Schmidt/Fleischer HGB § 139 Rn. 36; Hefermehl FS Westermann, 1974, 226 ff.; Michalski DB 1987 Beilage 16, 15 ff.
14 BGHZ 69, 47; Hopt/Roth HGB § 139 Rn. 20; MüKoHGB/K. Schmidt/Fleischer HGB § 139 Rn. 36.
15 MüKoHGB/K. Schmidt/Fleischer HGB § 139 Rn. 36.
16 BGH NJW 1984, 362 (366); BGHZ 69, 47 (51).
17 BGH NJW 1984, 362 (364).
18 BGHZ 78, 177 ff.
19 BGHZ 78, 177 (188).
20 Vgl. BGH NJW 1981, 1560 (1561).
21 BGHZ 69, 47 (50); MüKoHGB/K. Schmidt/Fleischer HGB § 139 Rn. 36; Ebenroth/Boujong/Lorz HGB § 139 Rn. 59; aA wohl LG Bremen NJW 1954, 477.
22 BGHZ 78, 177 (188); 109, 214 (219 f.); BGH NJW 1981, 1560 (1561); MüKoHGB/K. Schmidt/Fleischer HGB § 139 Rn. 38.
23 MüKoHGB/K. Schmidt/Fleischer HGB § 139 Rn. 38.

III. Scheinerben

Scheinerben können nicht nach § 1922 BGB aufgrund einer **Nachfolgeklausel** Mitglied der Gesellschaft werden. In diesem Fall gelten auch nicht die Grundsätze über die fehlerhafte Gesellschaft.[24] Es gelten insoweit die allgemeinen Verkehrsschutzregeln aus § 15 HGB und §§ 2365 ff. BGB.[25]

Der wahre Erbe hat gegenüber dem vermeintlichen Erben einen **Erbschaftsanspruch** aus §§ 2018 ff. BGB.[26] Wurde der vermeintliche Erbe aufgrund von § 738 BGB abgefunden, so befreit dies die Gesellschaft aufgrund des in § 2367 BGB normierten öffentlichen Glaubens von ihrer Leistungspflicht, wenn ein Erbschein vorlag. Der Erbe muss den Anteil in diesem Fall in dem Zustand übernehmen, in dem er sich befindet; dies gilt im Falle eines Ausscheidens des Scheinerben aus der Gesellschaft auch für einen Abfindungsanspruch.[27] Allerdings hat der wahre Erbe in diesem Fall einen **Bereicherungsanspruch** gegen den Scheinerben.[28] Lag kein Erbschein vor, stehen dem wahren Erben die Anteile einschließlich seit dem Erbfall eingetretener Gewinne und Verluste zu.[29] Entnahmen, die der Scheinerbe getätigt hat, haben gegenüber dem wahren Erben keine Wirkung. Vielmehr muss die Gesellschaft sie vom Scheinerben zurückfordern (vgl. § 2367 BGB).[30]

Tritt ein Scheinerbe hingegen auf Basis einer **Eintrittsklausel** rechtsgrundlos der Gesellschaft bei, so wird er Gesellschafter. Der Beitritt kann ex nunc durch Austritt oder Rückabtretung rückabgewickelt werden.[31]

IV. Testamentsvollstreckung und Nachlassverwaltung

1. Testamentsvollstreckung. Im Hinblick auf die Zulässigkeit einer Testamentsvollstreckung ist zwischen der Auseinandersetzungs-Testamentsvollstreckung und der Verwaltungs-Testamentsvollstreckung zu unterscheiden.[32] Das Erfordernis differenzierter Betrachtung ergibt sich aus der unbeschränkten Haftung des OHG-Gesellschafters nach §§ 128, 130 HGB auf der einen Seite und der nach §§ 2206 Abs. 2, 2208 BGB beschränkten Rechtsmacht des nicht persönlich haftenden Testamentsvollstreckers auf der anderen Seite.

a) Auseinandersetzungs-Testamentsvollstreckung. Der Anspruch auf Auseinandersetzungsguthaben bei Ausscheiden des Gesellschafters oder Auflösung der Gesellschaft und sonstige aus der Beteiligung abzuleitende übertragbare Vermögensrechte unterliegen der Testamentsvollstreckung, und zwar auch ohne Zustimmung der Gesellschafter.[33] Auch die Anordnung einer Testamentsvollstreckung zur Ausführung letztwilliger Verfügungen und zur Abwicklung unter den Miterben begegnet nach zutreffender Auffassung keinen durchgreifenden Bedenken.[34] Die Auseinandersetzungs-Testamentsvollstreckung kommt insbes. in Betracht, wenn die Gesellschaft durch Tod aufgelöst ist und der vererbte Anteil ungeteilt auf die Erbengemeinschaft übergeht.[35]

b) Verwaltungs-Testamentsvollstreckung. Ob die Verwaltungs-Testamentsvollstreckung zulässig ist, ist streitig. Die bislang hM hielt sie für unzulässig, da die unbeschränkte Haftung des OHG-Gesellschafters nach §§ 128, 130 HGB mit der nach §§ 2206 Abs. 2, 2208 BGB be-

---

24 MüKoHGB/K. Schmidt/Fleischer HGB § 139 Rn. 40, GK-HGB/Schäfer HGB § 139 Rn. 41; aA Konzen ZHR 145 (1981), 29 (61 ff.).
25 MüKoHGB/K. Schmidt/Fleischer HGB § 139 Rn. 40.
26 GK-HGB/Schäfer HGB § 139 Rn. 42; MüKoHGB/ K. Schmidt/Fleischer HGB § 139 Rn. 40.
27 GK-HGB/Schäfer HGB § 139 Rn. 42.
28 MüKoHGB/K. Schmidt/Fleischer HGB § 139 Rn. 41; GK-HGB/Schäfer HGB § 139 Rn. 42.
29 GK-HGB/Schäfer HGB § 139 Rn. 43; iE auch Konzen ZHR 145 (1981), 29 (65 f.).
30 GK-HGB/Schäfer HGB § 139 Rn. 43.
31 MüKoHGB/K. Schmidt/Fleischer HGB § 139 Rn. 42; Konzen ZHR 148 (1981), 29 (46 ff.).
32 Ausführlich zu den Unterschieden Kämper RNotZ 2016, 625 (628 f.).
33 BGHZ 91, 132 (136); 108, 187 (192); Hopt/Roth HGB § 139 Rn. 21; Kämper RNotZ 2016, 625 (628 f.).
34 MüKoHGB/K. Schmidt/Fleischer HGB § 139 Rn. 44.
35 OLG Hamm NJW-RR 2002, 729 (730).

schränkten Rechtsmacht des nicht persönlich haftenden Testamentsvollstreckers unvereinbar sei.[36] Eine im Vordringen befindliche Auffassung hält die Verwaltungs-Testamentsvollstreckung auch am Anteil eines OHG-Gesellschafters (oder Komplementärs) für zulässig.[37] Voraussetzung ist die Zulassung der Verwaltungstestamentsvollstreckung im Gesellschaftsvertrag oder die Zustimmung aller Mitgesellschafter.[38] Grundsätzlich zulässig ist aber ungeachtet dieses Meinungsstreits jedenfalls eine Testamentsvollstreckung, die sich auf eine beaufsichtigende Funktion beschränkt.[39] Zulässig sind außerdem **Ersatzlösungen**.

15 Denkbar ist zum einen eine **Überlassung der Rechtsausübung** durch den Erben an den Testamentsvollstrecker aufgrund **Vollmacht**.[40] Hierzu ist allerdings die Zustimmung der Mitgesellschafter im Gesellschaftsvertrag oder durch Gesellschafterbeschluss erforderlich, ohne welche die Überlassung der Rechtsausübung schwebend unwirksam ist.[41] Der Gesellschaftsvertrag kann die Mitgesellschafter auch zur Zustimmung verpflichten.[42] Lässt der Gesellschaftsvertrag dem Erblasser Gesellschafter zur Nachfolgebestimmung ganz freie Hand, so kommt eine Auslegung des Gesellschaftsvertrages iS einer entsprechenden Zustimmung in Betracht.[43] In der letztwilligen Anordnung einer den Anteil erfassenden Testamentsvollstreckungs-Verwaltung liegt im Zweifel die Auflage an den Erben, dem Testamentsvollstrecker die Rechtsausübung zu überlassen oder den Anteil treuhänderisch zu übertragen.[44]

16 Mit Zustimmung der Mitgesellschafter kann außerdem der Erbe dem Testamentsvollstecker den Gesellschaftsanteil als **Treuhänder** übertragen.[45]

17 Die **Testamentsvollstreckung für Kommanditanteile** ist nach heute hM möglich.[46] Allerdings ist die Zustimmung der Mitgesellschafter nötig.[47] Die Ausübung der Gesellschafterrechte obliegt dem Testamentsvollstrecker, auch betreffend Vertragsänderungen. Dem steht das Abspaltungsverbot nicht entgegen.[48] Allerdings bedarf der Testamentsvollstrecker der Zustimmung des Gesellschafter-Erben, wenn dessen persönliche Haftung begründet oder in den Kernbereich seiner Mitgliedschaftsrechte eingegriffen wird.[49]

18 Soweit eine Testamentsvollstreckung zulässig ist, werden **Mitverwaltungsrechte des Erben** grds. insgesamt vom Testamentsvollstrecker ausgeübt. Eine Stimmrechtsabspaltung findet auch bei der Dauertestamentsvollstreckung (für Kommanditanteile) nicht statt.[50] Der Testamentsvollstrecker unterliegt den allgemeinen Regeln von Stimmrechtsverboten (Rechtsgedanke aus § 47 Abs. 4 GmbHG, § 136 Abs. 1 AktG, § 43 Abs. 6 GenG). Greift ein Stimmverbot für den Testamentsvollstrecker, so ist der Erbe an seiner Stelle auf einer ordnungsgemäß einberufenen Gesellschafterversammlung stimmberechtigt.[51] Nur vom Erben auszuüben und von der Testamentsvollstreckung unberührt sind Rechte des Erben nach § 139 Abs. 1 und 2 HGB, die Auflösung einer (durch den Erbfall nicht aufgelösten) Gesellschaft, die Fortsetzung einer aufgelösten Gesellschaft, die Mitwirkung an einer Einlagenerhöhung und sonstigen den Kernbereich betreffen-

---

36 RGZ 170, 392 (394); BGHZ 108, 187 (195) (II. ZS); OLG Düsseldorf ZEV 2008, 142 ff.; Kämper RNotZ 2016, 625 (629 ff.); vgl. auch Hopt/Roth HGB § 139 Rn. 21; Heymann/Freitag HGB § 139 Rn. 29; aA BGHZ 98, 48 (52 f.) (IV. ZS); BGH (IV. ZS) NJW 1996, 1284 ff.
37 MüKoHGB/K. Schmidt/Fleischer HGB § 139 Rn. 46; Oetker/Kamanabrou HGB § 139 Rn. 53; Weidlich Die Testamentsvollstreckung im Recht der Personengesellschaften, 1993, 121 ff.
38 MüKoHGB/K. Schmidt/Fleischer HGB § 139 Rn. 47; Oetker/Kamanabrou HGB § 139 Rn. 53.
39 BGH NJW 1986, 2431 (2433); Kämper RNotZ 2016, 625 (631 f.).
40 Ausführlich Kämper RNotZ 2016, 625 (641 f.); vgl. auch Hopt/Roth HGB § 139 Rn. 22.
41 BGHZ 24, 106 (114).
42 Hopt/Roth HGB § 139 Rn. 22.
43 BGZ 68, 225, 241.
44 RGZ 172, 199 (205); Hopt/Roth HGB § 139 Rn. 22; ausführlich Kämper RNotZ 2016, 625 (640 f.); abweichend BGH BB 1969, 773; vgl. aber BGHZ 24, 106 (112) (für Einzelgeschäft).
45 BGHZ 24, 106 (112); BGH NJW 1981, 749 (750); Hopt/Roth HGB § 139 Rn. 23.
46 BGHZ 98, 48 (55); 108, 187 (195); BHG ZIP 2012, 623; Hopt/Roth HGB § 139 Rn. 24; MüKo-HGB/K. Schmidt/Fleischer HGB § 139 Rn. 44.
47 Hopt/Roth HGB § 139 Rn. 26; aA K. Schmidt FS Maier-Reimer, 2010, 629.
48 Hopt/Roth HGB § 139 Rn. 27.
49 OLG Hamm NJW-RR 2002, 729.
50 BGHZ 108, 187 (199); Hopt/Roth HGB § 139 Rn. 29.
51 BGH NZG 2014, 945 Rn. 23 zur GmbH & Co. KG.

de Maßnahmen wie Änderung der Gewinnbeteiligung oder Beschneidung des Auseinandersetzungsguthabens.[52] Ebenso wenig ist das Informationsrecht des Erben aus § 118 HGB durch die Testamentsvollstreckung beschränkt.[53]

Der Testamentsvollstrecker kann den Anteil freigeben und ist nach § 2217 Abs. 1 BGB hierzu uU verpflichtet. Die **Freigabe** ist auch dann wirksam, wenn sie den Anordnungen des Erblassers zuwiderläuft.[54] Fehlen die Voraussetzungen der Freigabe, so kann der Testamentsvollstrecker nach § 812 BGB Wiederherstellung seines Verwaltungsrechts fordern, ggf. auch durch Rückübertragung auf ihn als Treuhänder.[55]

Verfügungen des Testamentsvollstreckers über den Anteil – auch die Anteilsveräußerung – sind unbeschadet etwaiger Schadensersatzpflichten gegenüber dem Erben grds. gem. § 2205 S. 2 BGB möglich, soweit nicht der Erblasserwille entgegensteht (vgl. § 2208 Abs. 1 S. 1 BGB).[56] Die Rechte des Testamentsvollstreckers sind gemäß § 2206 BGB auf den Nachlass begrenzt und erfassen nicht das Privatvermögen des Gesellschafters.

2. Nachlassverwaltung. Die Nachlassverwaltung gem. §§ 1975 ff. BGB am OHG-Anteil ist nach wohl hM zulässig.[57] Allerdings kann der Nachlassverwalter nicht die Rechte des Erben aus §§ 139, 133, 140 HGB geltend machen.[58] Nach hM kann er aber das Gesellschaftsverhältnis analog § 135 HGB kündigen.[59]

B. Regelungsgehalt
I. Wahlrecht des Erben

Der Erbe, der kraft Nachfolgeklausel Gesellschafter einer OHG – oder über § 161 Abs. 2 HGB persönlich haftender Gesellschafter einer KG – geworden ist, kann sein Verbleiben in der Gesellschaft gem. § 139 Abs. 1 HGB davon abhängig machen, dass ihm die Stellung eines Kommanditisten eingeräumt wird. Dabei sind ihm die bisherigen Gewinnanteile zu belassen und der auf ihn entfallene Teil der Einlage als seine Kommanditeinlage anzuerkennen.

Das **Recht zur Ausschlagung** der Erbschaft nach §§ 1944 ff. BGB bleibt von diesem Recht unberührt.[60] Im Zweifel wird in der Rechtsausübung nach § 139 Abs. 1 HGB jedoch die Annahme der Erbschaft gem. § 1943 BGB zu sehen sein.[61]

1. Anwendungsfälle. Das Wahlrecht steht dem Gesellschafter-Erben zu. War ein Erbe bereits vor dem Erbfall **unbeschränkt haftender Gesellschafter** der betreffenden Gesellschaft, so ist § 139 HGB unanwendbar und hat der Erbe wegen der Einheitlichkeit des Gesellschaftsanteils das Wahlrecht nicht.[62] Ist der Erbe bereits Kommanditist, kann er das Wahlrecht aus demselben Grund nur einheitlich ausüben.[63]

Sind **mehrere Erben** vorhanden, so kann jeder das Wahlrecht einzeln (und auch unterschiedlich) ausüben.[64] Auch die Entscheidung der Mitgesellschafter kann gegenüber jedem Miterben in den Grenzen der gesellschaftlichen Treupflicht unterschiedlich ausfallen.[65]

---

52 Hopt/Roth HGB § 139 Rn. 30.
53 RGZ 170, 392 (395).
54 Hopt/Roth HGB § 139 Rn. 31.
55 BGHZ 24, 106 (109).
56 Grüneberg/Weidlich BGB § 2205 Rn. 11.
57 BGHZ 47, 293 (295 f.); Hopt/Roth HGB § 139 Rn. 32; MüKoHGB/K. Schmidt/Fleischer HGB § 139 Rn. 57; aA BayObLG BB 1988, 791 (792).
58 BGHZ 47, 293 (297); MüKoHGB/K. Schmidt § 139 Rn. 57; Hopt/Roth HGB § 139 Rn. 32.
59 OLG Hamm OLGZ 1993, 147 (148); Baumbach/Hopt/Roth HGB § 139 Rn. 32; MüKoHGB/K. Schmidt/Fleischer HGB § 139 Rn. 57.
60 MüKoHGB/K. Schmidt/Fleischer HGB § 139 Rn. 60; GK-HGB/Schäfer HGB § 139 Rn. 78.
61 MüKoHGB/K. Schmidt/Fleischer HGB § 139 Rn. 60.
62 KG JW 1936, 2933; Hopt/Roth HGB § 139 Rn. 8; MüKoHGB/K. Schmidt/Fleischer HGB § 139 Rn. 66.
63 Hopt/Roth HGB § 139 Rn. 37.
64 BGH NJW 1971, 1268 f.; Hopt/Roth HGB § 139 Rn. 37; MüKoHGB/K. Schmidt/Fleischer HGB § 139 Rn. 69.
65 KG DR 1942, 731 (732); MüKoHGB/K. Schmidt/Fleischer HGB § 139 Rn. 68.

26 Auch wenn der **vorläufige Erbe** nach § 1959 Abs. 2 BGB wirksam über Nachlassgegenstände verfügen kann, macht die Fristberechnung nach § 139 Abs. 3 HGB Vorsorgemaßnahmen für den endgültigen Erben entbehrlich.[66]

27 Wahlberechtigt sind auch der **Vorerbe** und – sofern nicht schon der Vorerbe Kommanditist geworden oder ausgeschieden ist – der Nacherbe.[67]

28 Beim Erbfall in einer **aufgelösten Gesellschaft** besteht das Wahlrecht nach hM nicht.[68] Auch auf den Erben eines **Gesellschafters ohne Kapitalanteil** ist § 139 HGB nach hM nicht unmittelbar anwendbar.[69] Allerdings werden Abs. 2 bis 4 analog angewendet, so dass der Erbe durch fristgemäßen Austritt seine Haftung beschränken kann.[70]

29 **2. Ausübung des Wahlrechts.** Das Wahlrecht wird durch **formloses Verlangen** des Gesellschafter-Erben an die übrigen Gesellschafter – nicht an die Gesellschaft – ausgeübt.[71] Die **Umwandlung** der Beteiligung erfolgt **durch Vertrag** des oder der Erben mit allen Mitgesellschaftern.[72] Der Antrag auf Wandlung bedarf daher der Annahme durch alle Mitgesellschafter, sofern nicht der Gesellschaftsvertrag einen Mehrheitsbeschluss zulässt.[73] Der Antrag ist bindend.

30 Der **minderjährige Erbe** braucht zu der sein Risiko beschränkenden Vereinbarung nicht die Genehmigung des Familiengerichts.[74] War ein Erbe bereits Gesellschafter, kann er bei der Umwandlung einen anderen gem. § 181 BGB nicht vertreten.[75]

31 Über § 147 BGB hinaus wird man idR den Mitgesellschaftern eine **angemessene Überlegungsfrist einräumen** müssen.[76] Mit Ablauf der Frist des Abs. 3 erledigt sich der Antrag. Der Erbe kann damit zwar die Ausübungsfrist ausschöpfen, allerdings verschlechtern sich de facto seine Chancen auf Umwandlung, da er den Mitgesellschaftern die Möglichkeit rechtzeitiger Antwort einräumen muss.[77] Die Mitgesellschafter haben sich grds. auf den Antrag zu erklären. Das Ausscheidensrecht des Abs. 2 verlangt allerdings keine Ablehnung des Antrags, sondern lässt eine Nicht-Annahme genügen.[78] Der Vertrag muss innerhalb der Frist des Abs. 3 positiv zustande kommen, damit die Haftungsbeschränkung gem. Abs. 4 greift.[79]

32 **3. Umwandlung der Gesellschafterstellung.** Kommt ein Vertrag zustande, so wird die Gesellschaft zur KG und wird der Erbe mit Vertragsschluss Kommanditist. Anstelle der Rechte und Pflichten eines persönlich haftenden Gesellschafters treten für ihn die eines Kommanditisten. Die **übrigen Bestimmungen des Gesellschaftsvertrages** bleiben unverändert.[80] Soweit der Gesellschaftsvertrag nicht in den Grenzen des Abs. 5 Abweichendes bestimmt, hat der Kommanditist **denselben Gewinn- und Verlustanteil** wie der Erblasser.[81]

33 Die Einlage des Erblassers wird zur Kommanditeinlage des Kommanditisten. Gemeint ist **der Kapitalanteil** des Erblassers zum Zeitpunkt seines Todes.[82] Bei mehreren Erben wird der Kapitalanteil auf diese entsprechend ihren Erbquoten verteilt.[83] Bei festen Kapitalanteilen ist der An-

---

66 MüKoHGB/K. Schmidt/Fleischer HGB § 139 Rn. 60.
67 Hopt/Roth HGB § 139 Rn. 37.
68 BGH NJW 1982, 45; Hopt/Roth HGB § 139 Rn. 8; Ebenroth/Boujong/Lorz HGB § 139 Rn. 99; Oetker/Kamanabrou HGB § 139 Rn. 63, 65; aA MüKoHGB/K. Schmidt/Fleischer HGB § 139 Rn. 62.
69 OLG Hamm DB 1999, 272 (273); Heymann/Freitag HGB § 139 Rn. 52.
70 MüKoHGB/K. Schmidt/Fleischer HGB § 139 Rn. 64; Ebenroth/Boujong/Lorz HGB § 139 Rn. 100; weitergehend Hopt/Roth HGB § 139 Rn. 7.
71 BayObLG ZIP 2003, 1443 (1444); Hopt/Roth HGB § 139 Rn. 37; MüKoHGB/K. Schmidt/Fleischer HGB § 139 Rn. 71.
72 Hopt/Roth HGB § 139 Rn. 39; MüKoHGB/K. Schmidt/Fleischer § 139 Rn. 70.
73 Hopt/Roth HGB § 139 Rn. 39.
74 Hopt/Roth HGB § 139 Rn. 39.
75 BGHZ 55, 267 (270).
76 MüKoHGB/K. Schmidt/Fleischer HGB § 139 Rn. 71; Röhricht/v. Westphalen/v. Gerkan/Haas, HGB § 139 Rn. 40.
77 MüKoHGB/K. Schmidt/Fleischer HGB § 139 Rn. 71.
78 MüKoHGB/K. Schmidt/Fleischer HGB § 139 Rn. 71.
79 Hopt/Roth HGB § 139 Rn. 39.
80 Hopt/Roth HGB § 139 Rn. 40 f.
81 BGH WM 1967, 317 (318); Hopt/Roth HGB § 139 Rn. 41.
82 Hopt/Roth HGB § 139 Rn. 41.
83 Hopt/Roth HGB § 139 Rn. 41.

teil an zusätzlichen Guthaben oder einem Debet des Erblassers zu- bzw. abzurechen. Geschuldete Einlagen und Nachschüsse sowie unzulässige Entnahmen sind hinzuzurechnen.[84] Sinkt hierdurch der sich für den Kommanditisten ergebende Kapitalanteil auf null oder wird negativ, so steht dies der Ausübung des Wahlrechts nach § 139 Abs. 1 HGB nicht entgegen.[85] In diesem Fall bleibt die Pflichteinlage negativ und beträgt die Hafteinlage einen Euro.[86]

II. Ausscheiden des Erben

Kommt der Vertrag nach § 139 Abs. 1 HGB nicht zustande, so kann der Erbe ohne Einhaltung einer Kündigungsfrist gem. § 139 Abs. 2 HGB aus der Gesellschaft ausscheiden. Das Austrittsrecht besteht nur, wenn der Antrag gem. Abs. 1 fristgerecht und ohne erschwerende Bedingungen gestellt war.[87] Es bedarf keiner ausdrücklichen Ablehnung; vielmehr genügt, dass der Antrag nicht von allen Mitgesellschaftern angenommen worden ist.[88] Auch das Ausscheiden muss **innerhalb der Frist des Abs. 3** erklärt werden. Eine Erklärung zusammen mit dem Antrag nach Abs. 1 für den Fall der Ablehnung ist zulässig.[89] 34

Die Austrittserklärung ist eine **einseitige empfangsbedürftige Willenserklärung**. Diese muss allen Mitgesellschaftern fristgemäß zugehen.[90] Der Gesellschaftsvertrag kann eine Erklärung gegenüber der Gesellschaft (vertreten durch einen vertretungsberechtigten Gesellschafter) für ausreichend erklären.[91] **Minderjährige Gesellschafter** üben das Recht durch ihren gesetzlichen Vertreter aus. Eine familien- oder vormundschaftsgerichtliche Genehmigung ist nicht erforderlich.[92] 35

III. Ausübungsfrist

Für die Ausübung der Rechte aus § 139 Abs. 1 und 2 HGB, also sowohl für das Wahlrecht als auch für das Austrittsrecht, bestimmt § 139 Abs. 3 HGB eine Drei-Monats-Frist. Nach Ablauf dieser Frist ist eine Einigung über die Umwandlung der Stellung des Erben in die eines Kommanditisten oder über sein Ausscheiden mit allen Gesellschaftern möglich. Das Haftungsprivileg des § 139 Abs. 4 HGB ist aber aufgebraucht.[93] 36

Die Frist beginnt mit **Kenntniserlangen** vom Anfall der Erbschaft. Für den **Nacherben** beginnt die Frist mit Kenntnis vom Nacherbfall.[94] Unkenntnis des Berufungsgrundes (§ 1944 BGB), des Gesellschaftsverhältnisses und der Nachfolgeklausel im Gesellschaftsvertrag hindern den **Fristbeginn** und den Ablauf der Frist daher nicht.[95] 37

Für **nicht voll geschäftsfähige Erben** ohne gesetzlichen Vertreter verweist § 139 Abs. 3 S. 2 HGB auf die Ablaufhemmungsvorschrift des § 210 (Abs. 1) BGB. Die Frist beginnt in diesem Fall erst mit Eintritt der vollen Geschäftsfähigkeit oder Bestellung eines Vertreters.[96] Eine gesetzliche 38

---

84 GK-HGB/Schäfer HGB § 139 Rn. 102 ff.; Hopt/Roth HGB § 139 Rn. 41; Ebenroth/Boujong/Lorz HGB § 139 Rn. 107; Oetker/Kamanabrou HGB § 139 Rn. 79; Sudhoff NJW 1958, 404; zT abweichend MüKoHGB/K. Schmidt/Fleischer HGB § 139 Rn. 72 ff.
85 BGHZ 101, 123 (125); BGH NJW 1971, 1268 (1269) (str).
86 Hopt/Roth HGB § 139 Rn. 42; GK-HGB/Schäfer HGB § 139 Rn. 111; Ebenroth/Boujong/Lorz HGB § 139 Rn. 109; Oetker/Kamanabrou HGB § 139 Rn. 81; Sudhoff NJW 1958, 404; aA MüKoHGB/K. Schmidt/Fleischer HGB § 139 Rn. 81: Hafteinlage stets in Höhe des Betrags der bedungenen Einlage.
87 Hopt/Roth HGB § 139 Rn. 43.
88 MüKoHGB/K. Schmidt/Fleischer HGB § 139 Rn. 87.
89 Hopt/Roth HGB § 139 Rn. 43; MüKoHGB/K. Schmidt/Fleischer HGB § 139 Rn. 89.
90 MüKoHGB/K. Schmidt/Fleischer HGB § 139 Rn. 89; Röhricht/v. Westphalen/v. Gerkan/Haas HGB § 139 Rn. 42; Heymann/Freitag, HGB § 139 Rn. 70.
91 MüKoHGB/K. Schmidt/Fleischer HGB § 139 Rn. 89.
92 MüKoHGB/K. Schmidt/Fleischer HGB § 139 Rn. 89; Ebenroth/Boujong/Lorz HGB § 139 Rn. 110.
93 MüKoHGB/K. Schmidt/Fleischer HGB § 139 Rn. 90.
94 MüKoHGB/K. Schmidt/Fleischer HGB § 139 Rn. 91; GK-HGB/Schäfer HGB § 139 Rn. 90.
95 MüKoHGB/K. Schmidt/Fleischer HGB § 139 Rn. 91.
96 Baumbach/Hopt/Roth HGB § 139 Rn. 38; MüKoHGB/K. Schmidt/Fleischer HGB § 139 Rn. 91.

Vertretung fehlt auch dann, wenn ein gesetzlicher Vertreter zwar vorhanden, aber verhindert ist, so bspw. durch § 181 BGB.[97]

39 Da der Fristbeginn für die Erbausschlagung nach § 1944 BGB abweichend beginnen kann, bestimmt § 139 Abs. 3 S. 3 HGB, dass die Frist zur Ausübung der Rechte aus Abs. 1 und 2 nicht vor **Ablauf der Ausschlagungsfrist** endet.

40 Zur **Fristwahrung** ist die rechtzeitige Vertragsänderung in die Kommanditistenstellung oder das Ausscheiden erforderlich. Dazu müssen alle Erklärungen rechtzeitig zugegangen sein. Eine Handelsregistereintragung ist für die Fristwahrung nicht erforderlich.[98]

IV. Haftungsbeschränkung des Erben

41 Scheidet der Erbe fristgemäß (Abs. 3) aus der Gesellschaft aus, wird die Gesellschaft aufgelöst oder dem Erben die Stellung eines Kommanditisten eingeräumt, so haftet er gem. § 139 Abs. 4 HGB für die bis dahin entstandenen Gesellschaftsschulden nur nach Maßgabe des Erbrechts. Insbes. gelten die erbrechtlichen Beschränkungsmöglichkeiten der §§ 1967 ff. BGB. Diese Regelung betrifft die Haftung gegenüber Gesellschaftsgläubigern, nicht aber die Haftung gegenüber der Gesellschaft für Einlageschulden.[99] Damit ergeben sich folgende Fallgestaltungen:

42 **1. Ausscheiden durch Erbfall.** Scheidet der Erbe mit dem Erbfall gem. § 131 Abs. 3 Nr. 1 HGB aus, so haftet er lediglich gem. §§ 1967 ff. BGB als Erbe des persönlich haftenden Gesellschafters für Altverbindlichkeiten (→ HGB § 160 Rn. 4). Eine gesellschaftsrechtliche Eigenhaftung besteht nicht.[100] Im Fall einer Eintrittsklausel entsteht mit Ausübung eine gesellschaftsrechtliche Eigenhaftung des Erben nach § 128 HGB.[101]

43 Wird die Gesellschaft mit dem Erbfall aufgrund gesellschaftsvertraglicher Bestimmung oder innerhalb der Frist des § 139 Abs. 3 HGB aufgelöst, so wird der Erbe bzw. die Erbengemeinschaft Mitglied der **aufgelösten Gesellschaft**. In diesem Fall gilt das Wahlrecht aus § 139 HGB nicht. Der Erbe haftet gleichwohl nur nach Maßgabe der Haftung für Nachlassverbindlichkeiten (§§ 1967, 1975 BGB). Die Haftung gilt allerdings sowohl für Alt- als auch für Neuverbindlichkeiten der aufgelösten Gesellschaft aus der Zeit nach dem Erbfall.[102]

44 **2. Verbleiben als persönlich haftender Gesellschafter.** War der Erbe bereits vor dem Erbfall persönlich haftender Gesellschafter oder hat er das Wahlrecht nach § 139 Abs. 3 HGB verloren, so haftet er nach Ablauf der Schwebezeit endgültig und uneingeschränkt mit seinem Privatvermögen für Alt- und Neuschulden gem. §§ 130, 124, 128 HGB.[103] Diese Haftung tritt neben die erbrechtliche Haftung für Nachlassverbindlichkeiten gem. §§ 1967 ff. BGB,[104] so dass die dortigen Beschränkungsmöglichkeiten gegenstandslos werden.

45 **3. Erbenhaftung als Kommanditist.** Wird der Erbe innerhalb der Frist des § 139 Abs. 3 HGB Kommanditist, so haftet er in seiner Eigenschaft als Erbe für die **Altschulden bis zum Erbfall und für die Neuschulden bis zur Beteiligungsumwandlung** nur erbrechtlich mit der Möglichkeit der erbrechtlichen Haftungsbeschränkung.[105] Daneben tritt die beschränkte Kommanditistenhaftung nach § 173 HGB.[106] Die ursprüngliche gesellschaftsrechtliche Haftung nach §§ 130, 124, 128 HGB erlischt gem. § 139 Abs. 4 HGB.

---

97 BGHZ 55, 267 (271 f.); Oetker/Kamanabrou § 139 Rn. 73.
98 MüKoHGB/K. Schmidt/Fleischer HGB § 139 Rn. 92.
99 MüKoHGB/K. Schmidt/Fleischer HGB § 139 Rn. 99.
100 MüKoHGB/K. Schmidt/Fleischer HGB § 139 Rn. 100.
101 MüKoHGB/K. Schmidt/Fleischer HGB § 139 Rn. 100.
102 BGHZ 113, 132 (134); BGH NJW 1982, 45 (46); Hopt/Roth HGB § 139 Rn. 49; MüKoHGB/K. Schmidt/Fleischer HGB § 139 Rn. 101.
103 BGH NJW 1982, 45 (46); Hopt/Roth HGB § 139 Rn. 46.
104 MüKoHGB/K. Schmidt/Fleischer HGB § 139 Rn. 102.
105 BGHZ 55, 267 (273).
106 Hopt/Roth HGB § 139 Rn. 47; MüKoHGB/K. Schmidt/Fleischer HGB § 139 Rn. 112 und 114; Heymann/Freitag, HGB § 139 Rn. 90; aA Glaser DB 1956, 933 (934).

Für **Neuschulden ab Beteiligungsumwandlung** haftet der Erbe nach §§ 171 ff. HGB.[107] Str ist die Anwendbarkeit von § 176 Abs. 2 HGB, nach welcher die beschränkte Kommanditistenhaftung erst mit Eintragung des Kommanditisten in das Handelsregister greift. Die hM verneint eine Anwendung und bejaht damit – zumindest unter der Voraussetzung einer fristgerechten Umwandlung der Gesellschafterstellung in die eines Kommanditisten und unverzüglichen Handelsregisteranmeldung – eine Haftungsbeschränkung auch für den Zwischenzeitraum, sofern nicht die KG als solche oder der Eintritt des Erblassers im Zeitpunkt des Erbfalls noch nicht eingetragen war.[108] Ungeachtet dessen ist der Wechsel in die Stellung eines Kommanditisten im Handelsregister eintragungspflichtig und der Erbe zur Mitwirkung verpflichtet.[109]

V. Abweichende Vereinbarungen

§ 139 Abs. 1 bis 4 HGB ist gem. Abs. 5 zwingend. Das Wahlrecht und das Recht zum Ausscheiden aus der Gesellschaft darf weder ausgeschlossen noch erschwert werden.[110] Der Gesellschaftsvertrag kann lediglich vorsehen, dass im Falle der Umwandlung der Gesellschafterstellung des Erben in die eines Kommanditisten sein Gewinnanteil anders als der des Erblassers bestimmt wird.

Auch Regelungen, die die Haftungsbeschränkung des Erben erleichtern, sind zulässig. Insbes. kann der Gesellschaftsvertrag einen **automatischen Wechsel** in die Stellung eines Kommanditisten vorsehen[111] oder die Zustimmung der Mitgesellschafter antizipieren.[112] Eine Verlängerung der Wahlfrist wirkt nur im Innenverhältnis, nicht aber mit Haftungswirkung iSv § 139 Abs. 4 HGB gegenüber den Gläubigern.[113]

§ 139 Abs. 5 HGB gilt nur für die Gesellschafter. Er schließt nicht aus, dass der Erblasser den Erben durch **letztwillige Verfügung** zugunsten seiner Mitgesellschafter belastet, zB durch die Auflage, nicht Kommanditist zu werden. Wirksamkeit und Folge letztwilliger Verfügungen bestimmen sich allein nach Erbrecht.[114]

C. Weitere praktische Hinweise

In der höchstens dreimonatigen Schwebezeit (vgl. § 139 Abs. 3 HGB) ist der Erbe zwar persönlich haftender Gesellschafter.[115] Er haftet damit in seiner Eigenschaft als Erbe für die Altschulden der Gesellschaft (§§ 124, 128 HGB) als Nachlassverbindlichkeiten persönlich gem. § 1967 BGB, aber mit der Möglichkeit der Haftungsbeschränkung gem. § 1975 BGB.[116] Während der Schwebezeit besteht keine Eintragungspflicht in das Handelsregister.[117]

Stimmen die Gesellschafter einer Dauertestamentsvollstreckung nicht zu und sind daher Ersatzlösungen zu suchen (→ Rn. 14 ff.), so erfordern diese regelmäßig eine Mitwirkung des Erben. Diese sollte mit erbrechtlichen Mitteln abgesichert werden. Zu denken ist etwa an die Anordnung einer Auflage, dass der Erbe dem Testamentsvollstrecker die Beteiligung treuhänderisch überträgt oder ihm eine Vollmacht erteilt, selbst nicht tätig wird und die Vollmacht nicht widerruft. Diese Auflage kann mit einem aufschiebend bedingten Vermächtnis zugunsten eines Ersatz-Nachfolgers für den Fall des Verstoßes kombiniert werden.[118]

---

107 Hopt/Roth HGB § 139 Rn. 47.
108 BGHZ 108, 187 (197); MüKoHGB/K. Schmidt/Grüneberg HGB § 176 Rn. 22 ff.; GK-HGB/Thiessen HGB § 176 Rn. 117 ff.; aA Ulmer ZHR 146, 555 (567).
109 Hopt/Roth HGB § 139 Rn. 47.
110 Hopt/Roth HGB § 139 Rn. 61.
111 BGHZ 66, 98 ff.; 101, 123 (125).
112 Hopt/Roth HGB § 139 Rn. 63.
113 Hopt/Roth HGB § 139 Rn. 63.
114 Hopt/Roth HGB § 139 Rn. 64; MüKoHGB/K. Schmidt/Fleischer HGB § 139 Rn. 95; Ebenroth/Boujong/Lorz HGB § 139 Rn. 135.
115 BGHZ 55, 267 (273); Hopt/Roth HGB § 139 Rn. 45.
116 Hopt/Roth HGB § 139 Rn. 45.
117 BGHZ 55, 267 (273); Hopt/Roth HGB § 139 Rn. 45; MüKoHGB/K. Schmidt/Grüneberg HGB § 176 Rn. 24.
118 Kämper RNotZ 2016, 625 (642).

§ 160 HGB [Haftung des ausscheidenden Gesellschafters; Fristen; Haftung als Kommanditist]

(1) ¹Scheidet ein Gesellschafter aus der Gesellschaft aus, so haftet er für ihre bis dahin begründeten Verbindlichkeiten, wenn sie vor Ablauf von fünf Jahren nach dem Ausscheiden fällig und daraus Ansprüche gegen ihn in einer in § 197 Abs. 1 Nr. 3 bis 5 des Bürgerlichen Gesetzbuchs bezeichneten Art festgestellt sind oder eine gerichtliche oder behördliche Vollstreckungshandlung vorgenommen oder beantragt wird; bei öffentlich-rechtlichen Verbindlichkeiten genügt der Erlass eines Verwaltungsakts. ²Die Frist beginnt mit dem Ende des Tages, an dem das Ausscheiden in das Handelsregister des für den Sitz der Gesellschaft zuständigen Gerichts eingetragen wird. ³Die für die Verjährung geltenden §§ 204, 206, 210, 211 und 212 Abs. 2 und 3 des Bürgerlichen Gesetzbuches sind entsprechend anzuwenden.

(2) Einer Feststellung in einer in § 197 Abs. 1 Nr. 3 bis 5 des Bürgerlichen Gesetzbuchs bezeichneten Art bedarf es nicht, soweit der Gesellschafter den Anspruch schriftlich anerkannt hat.

(3) ¹Wird ein Gesellschafter Kommanditist, so sind für die Begrenzung seiner Haftung für die im Zeitpunkt der Eintragung der Änderung in das Handelsregister begründeten Verbindlichkeiten die Absätze 1 und 2 entsprechend anzuwenden. ²Dies gilt auch, wenn er in der Gesellschaft oder einem ihr als Gesellschafter angehörenden Unternehmen geschäftsführend tätig wird. ³Seine Haftung als Kommanditist bleibt unberührt.

A. Allgemeines 1	2. Fälligkeit als Voraussetzung 7
B. Regelungsgehalt 3	3. Geltendmachung oder Anerkenntnis .. 9
I. Persönlicher Anwendungsbereich 3	III. Fristberechnung 12
II. Erfasste Verbindlichkeiten 4	IV. Wechsel des OHG-Gesellschafters in die
1. Altverbindlichkeiten 4	Kommanditistenstellung 15

A. Allgemeines

1 Ausgeschiedene Gesellschafter sowie persönlich haftende Gesellschafter, die in die Stellung eines Kommanditisten zurücktreten, haften für die vor ihrem Ausscheiden bzw. der Umwandlung ihrer Gesellschafterstellung in die eines Kommanditisten begründeten Verbindlichkeiten grds. gem. § 128 HGB[1] unbeschränkt.[2] Die Fälligkeit ist für die Qualifizierung als Alt- oder Neuverbindlichkeit zunächst unerheblich. Da die Begrenzung der Haftung auf Altverbindlichkeiten also keinen Schutz gegen eine Endloshaftung gewährleistet, bestimmt § 160 HGB[3] die zeitlichen Grenzen der Nachhaftung.[4]

2 § 160 HGB gilt über §§ 172 Abs. 4, 161 Abs. 2 HGB auch bei Ausscheiden des Kommanditisten unter Einlagenrückgewähr.[5] Er gilt hingegen nicht bei Ausscheiden aller Gesellschafter bei Auflösung der Gesellschaft, da dem Gläubiger nicht die Gesellschaft als Schuldner verbleibt.[6]

B. Regelungsgehalt
I. Persönlicher Anwendungsbereich

3 § 160 HGB erfasst zunächst einmal den ausgeschiedenen OHG-Gesellschafter. Aufgrund verschiedener Verweisungsvorschriften ist er jedoch auf **Gesellschafter anderer Rechtsformen** (entsprechend) anwendbar: Über § 161 Abs. 2 HGB gilt die Nachhaftungsbeschränkung für den Komplementär einer Kommanditgesellschaft, über § 278 Abs. 2 AktG außerdem für den Kom-

---

1 Ab 1.1.2024: § 126 HGB nF.
2 GK-HGB/Habersack HGB § 160 Rn. 1; MüKoHGB/K. Schmidt/Drescher HGB § 128 Rn. 41 und 45.
3 Ab 1.1.2024: § 137 HGB nF.
4 MüKoHGB/K. Schmidt/Drescher HGB § 160 Rn. 1.
5 Hopt/Roth HGB § 160 Rn. 1.
6 Hopt/Roth HGB § 160 Rn. 1.

plementär einer KGaA.[7] Auch auf die beschränkte Kommanditistenhaftung sind über § 161 Abs. 2 HGB die Regeln des § 160 Abs. 1 und 2 HGB anzuwenden.[8] Für den Gesellschafter einer GbR enthält § 136 Abs. 2 BGB eine ausdrückliche Verweisung auf § 160 HGB. Für die Partner einer PartG greift die Regelung über § 10 Abs. 2 PartGG.

II. Erfasste Verbindlichkeiten

1. Altverbindlichkeiten. Um Altverbindlichkeiten der Gesellschaft handelt es sich, wenn die Verbindlichkeit vor dem Ausscheiden des Gesellschafters **begründet worden** ist. Neuverbindlichkeiten liegen demgegenüber vor, wenn die Verbindlichkeit nach dem Ausscheiden begründet worden ist.[9] Rechtsgeschäftliche Verbindlichkeiten sind vor dem Ausscheiden des Gesellschafters begründet, wenn der Vertrag vor dem Ausscheiden abgeschlossen wurde und sich daraus ohne Hinzutreten weiterer Abreden zwischen Gläubiger und Gesellschaft die Verpflichtung der Gesellschaft ergeben hat.[10]

Nichts anderes gilt für **Dauerschuldverhältnisse**. Bei Dauerschuldverhältnissen sind Verbindlichkeiten „bis dahin" iSv Abs. 1 S. 1 begründet, wenn das Rechtsverhältnis selbst – nicht unbedingt auch der haftungsbegründende Tatbestand – vor dem Ausscheiden des Gesellschafters verwirklicht wurde.[11] Damit ist jede aus einem vor dem Ausscheiden des Gesellschafters abgeschlossenen Dauerschuldvertrag resultierende Einzelverbindlichkeit eine Altverbindlichkeit, für die der ausgeschiedene Gesellschafter oder sein Erbe haftet.[12]

§ 160 HGB beschränkt sich dabei nicht nur auf Ansprüche aus Dauerschuldverhältnissen.[13] § 160 Abs. 1 HGB betrifft Ansprüche aus der **persönlichen Gesellschafterhaftung** gem. §§ 128, 130, 171 f., 173, 176 HGB[14] für Gesellschaftsverbindlichkeiten. Anderweitig begründete Haftungen, zB solche aus Schuldbeitritt oder Bürgschaft, sind nach hM nicht erfasst.[15] Unerheblich ist, auf welchem Rechtsgrund die Altverbindlichkeiten basieren. Auch deliktische Ansprüche sind erfasst.[16]

2. Fälligkeit als Voraussetzung. Der ausgeschiedene Gesellschafter haftet für solche Verbindlichkeiten nur, wenn sie vor Ablauf von fünf Jahren nach seinem Ausscheiden fällig sind. Der Gläubiger muss also berechtigt sein, vor Ablauf der Fünf-Jahres-Frist Leistung an sich zu verlangen.[17] Hierbei handelt es sich eine **Ausschlussfrist** (Einwendung), keine Verjährungsfrist.[18] Die Fünf-Jahres-Frist ist insoweit absolut und kann trotz § 160 Abs. 1 S. 3 HGB nicht durch Maßnahmen der Hemmung verlängert werden.[19] Mit § 160 Abs. 1 S. 1 HGB ist jegliche Haftung für Gesellschaftsverbindlichkeiten ausgeschlossen, die nicht vor Ablauf der Fünfjahresfrist fällig werden.[20]

---

7 MüKoHGB/K. Schmidt/Drescher HGB § 160 Rn. 20.
8 MüKoHGB/K. Schmidt/Drescher HGB § 160 Rn. 21; Ebenroth/Boujong/Hillmann HGB § 160 Rn. 5.
9 GK-HGB/Habersack HGB § 160 Rn. 10; MüKoHGB/K. Schmidt/Drescher HGB § 128 Rn. 48; vgl. auch § 160 Abs. S. 1 HGB.
10 RGZ 86, 60 (61); 125, 417 (418); BGHZ 36, 224 (225); 48, 203 (204 f.); 70, 132 (135); BGH NJW 1983, 2256; MüKoHGB/K. Schmidt/Drescher HGB § 128 Rn. 51.
11 Hopt/Roth HGB § 160 Rn. 2; GK-HGB/Habersack HGB § 160 Rn. 10.
12 BGHZ 70, 132 (135); 142, 324; 154, 370 (376); BGH NJW 1978, 391; 1983, 2283; 2006, 765; BAG ZIP 2004, 1905 (1906); OLG Hamm NZG 2008. 101; MüKoHGB/K. Schmidt/Drescher HGB § 128 Rn. 51.
13 BGH NJW 2002, 2170 (2172) („auch Dauerschuldverhältnisse").
14 Ab 1.1.2024: §§ 126, 127, 171 f., 176 HGB nF.
15 Hopt/Roth HGB § 160 Rn. 2; MüKoHGB/ K. Schmidt/Drescher HGB § 160 Rn. 23.
16 Hopt/Roth HGB § 160 Rn. 2; MüKoHGB/ K. Schmidt/Drescher HGB § 160 Rn. 24.
17 MüKoHGB/K. Schmidt/Drescher HGB § 160 Rn. 30; vgl. § 271 BGB.
18 Hopt/Roth HGB § 160 Rn. 3.
19 MüKoHGB/K. Schmidt/Drescher HGB § 160 Rn. 27 und 30; Maier-Reimer DB 2002, 1819.
20 MüKoHGB/K. Schmidt/Drescher HGB § 160 Rn. 30; Ebenroth/Boujong/Hillmann HGB § 160 Rn. 11.

8   Die **Einrede der Verjährung** nach § 129 Abs. 1 HGB[21] bleibt dem haftenden Gesellschafter auch innerhalb der Fünf-Jahres-Frist unbenommen.[22] § 160 Abs. 1 S. 1 HGB begründet umgekehrt nicht die Einrede der Verjährung. Vielmehr verjähren rechtskräftig festgestellte Ansprüche, für die eine Nachhaftung besteht, weil sie innerhalb der Fünf-Jahres-Frist fällig geworden sind, gem. § 197 Abs. 1 Nr. 3 BGB in 30 Jahren.[23]

9   **3. Geltendmachung oder Anerkenntnis.** § 160 Abs. 1 HGB verlangt für die Nachhaftung des Weiteren, dass die Verbindlichkeiten vor Ablauf der Fünf-Jahres-Frist gem. § 197 Abs. 1 Nr. 3 bis 5 BGB festgestellt sind oder eine gerichtliche oder behördliche Vollstreckungshandlung vorgenommen oder beantragt wird. Bei öffentlich-rechtlichen Verbindlichkeiten genügt zur Geltendmachung gem. § 160 Abs. 1 S. 1 letzter Hs. HGB der Erlass eines Verwaltungsaktes. Die Anwendbarkeit besonderer öffentlich-rechtlicher Vorschriften, zB wonach für Fristwahrung nicht Absendung, sondern Zugang des Verwaltungsaktes maßgeblich ist, wird hierdurch nicht ausgeschlossen.[24]

10 Eine Feststellung des Anspruchs, die Vornahme von Vollstreckungshandlungen oder der Erlass eines Verwaltungsaktes sind gem. § 160 Abs. 2 HGB entbehrlich, wenn der betroffene Gesellschafter den Anspruch **schriftlich anerkennt** hat. Ein mündliches oder tatsächliches Anerkenntnis, zB durch Abschlags- oder Zinszahlung, genügt nicht.[25] Das Anerkenntnis muss vielmehr schriftlich iSv § 126 BGB abgegeben sein.[26] Elektronische Form iSv § 126a BGB ist wegen § 126 Abs. 3 BGB genügend.[27] Ein Schuldanerkenntnis nach § 780 BGB ist umgekehrt ebenfalls nicht erforderlich.[28]

11 Das Anerkenntnis genügt auch dann, wenn es schon vor dem Ausscheiden des Gesellschafters abgegeben worden ist. Es muss spätestens bis zum Ablauf der Fünf-Jahres-Frist erfolgen.[29] Ein späteres Anerkenntnis kann im Wege der Auslegung uU als konstitutives (§ 781 BGB) oder deklaratorisches Schuldverhältnis anzusehen sein, welches den Enthaftungseinwand unabhängig von § 160 Abs. 2 HGB ausschließt.[30]

III. Fristberechnung

12 Die Fünf-Jahres-Frist **beginnt** mit dem Ende des Tages der Eintragung des Ausscheidens.[31] Maßgeblich ist **Eintragung ins Handelsregister** des für den Sitz der Gesellschaft zuständigen Gerichts. Dies gilt abweichend von § 15 Abs. 4 HGB auch für Schulden aus einer Zweigniederlassung.[32] Nach hM beginnt die Frist bereits vorher, wenn der Gläubiger Kenntnis vom Ausscheiden des Gesellschafters hat.[33] Auch ohne Eintragung beginnt die Frist mit positiver Kenntnis.[34]

13 Maßnahmen der Rechtsverfolgung iSv § 160 Abs. 1 S. 1 HGB **hemmen** den Fristablauf. Insoweit ordnet § 160 Abs. 1 S. 3 HGB die entsprechende Anwendung der für die Verjährung geltenden §§ 204, 206, 210, 211 und 212 Abs. 2 und 3 BGB an.[35] Die genannten Paragrafen gel-

---

21 Ab 1.1.2024; § 128 Abs. 2 HGB nF.
22 Hopt/Roth HGB § 160 Rn. 3.
23 Hopt/Roth HGB § 160 Rn. 3.
24 Hopt/Roth HGB § 160 Rn. 4.
25 Hopt/Roth HGB § 160 Rn. 6; GK-HGB/Habersack HGB § 160 Rn. 32; MüKoHGB/K. Schmidt/Drescher HGB § 160 Rn. 40.
26 MüKoHGB/K. Schmidt/Drescher HGB § 160 Rn. 36.
27 MüKoHGB/K. Schmidt/Drescher HGB § 160 Rn. 36.
28 Hopt/Roth HGB § 160 Rn. 6.
29 MüKoHGB/K. Schmidt/Drescher HGB § 160 Rn. 38; GK-HGB/Habersack HGB § 160 Rn. 31.
30 MüKoHGB/K. Schmidt/Drescher HGB § 160 Rn. 38.
31 Hopt/Roth HGB § 160 Rn. 5; MüKoHGB/K. Schmidt/Drescher HGB § 160 Rn. 25. In der Neufassung des MoPeG ab 1.1.2024 beginnt die Frist mit der Eintragung des Ausscheidens des Gesellschafters im Handelsregister; sachlich ändert sich hierdurch wegen § 188 Abs. 2 BGB nichts.
32 Hopt/Roth HGB § 160 Rn. 5.
33 Hopt/Roth HGB § 160 Rn. 5; MüKoHGB/K. Schmidt/Drescher HGB § 160 Rn. 26 unter Hinweis auf BGHZ 174, 7; Altmeppen NJW 2000, 2529 ff. Mit Inkrafttreten des MoPeG am 1.1.2024 wird die Kenntnis des Gläubigers als alternativer Fristbeginn in § 137 Abs. 1 HGB nF gesetzlich normiert.
34 BGH NJW 2007, 3784; OLG Frankfurt/Main NZG 2009, 659; Hopt/Roth HGB § 160 Rn. 5.
35 Hopt/Roth HGB § 160 Rn. 3.

ten also (nur) für den Lauf der Enthaftungsfrist, nicht aber für das Erfordernis einer Fälligkeit der Verbindlichkeit innerhalb von fünf Jahren.[36]

Die Frist **endet** gem. § 188 Abs. 2 BGB nach fünf Jahren mit Ablauf des Tages, der im Datum dem Tag des Fristbeginns vorangeht.[37]

IV. Wechsel des OHG-Gesellschafters in die Kommanditistenstellung

Wechselt ein OHG-Gesellschafter in die Rechtstellung des Kommanditisten, so ändert sich seine Haftung von einer unbeschränkten in eine beschränkte Kommanditistenhaftung. § 160 Abs. 3 HGB[38] beschränkt auch für diesen Fall die Nachhaftung des betroffenen Gesellschafters gem. den Abs. 1 und 2. Art. 36 Abs. 3 S. 3 EGHGB stellt in diesem Zusammenhang klar, dass die Haftung als Kommanditist unberührt bleibt.

§ 160 Abs. 3 HGB ist unmittelbar auf den Fall anzuwenden, dass eine OHG unter Zurücktreten von Gesellschaftern in die Kommanditistenstellung in eine Kommanditgesellschaft gewandelt wird. Macht ein Erbe von seinem **Recht aus § 139 Abs. 1 HGB**[39] Gebrauch, greift § 160 Abs. 3 HGB hingegen nicht, da § 139 Abs. 4 HGB insoweit eine Sonderregelung trifft. Der Erbe haftet hiernach aus eigener Gesellschafterstellung für Alt- und Neuverbindlichkeiten gesellschaftsrechtlich beschränkt als Kommanditist. Daneben haftet er gesellschaftsrechtlich unbeschränkt, allerdings mit den erbrechtlichen Haftungsbeschränkungsmöglichkeiten als Erbe für die vom Erblasser hinterlassenen Haftungsverbindlichkeiten aus dessen unbeschränkter Haftung.[40] Für die Verbindlichkeiten wiederum gelten § 160 Abs. 1 und 2 HGB.

§ 173 HGB [Haftung bei Eintritt als Kommanditist]

(1) Wer in eine bestehende Handelsgesellschaft als Kommanditist eintritt, haftet nach Maßgabe der §§ 171 und 172 für die vor seinem Eintritte begründeten Verbindlichkeiten der Gesellschaft, ohne Unterschied, ob die Firma eine Änderung erleidet oder nicht.

(2) Eine entgegenstehende Vereinbarung ist Dritten gegenüber unwirksam.

A. Allgemeines

Der Kommanditist einer KG haftet gem. § 171 HGB gegenüber den Gläubigern der Gesellschaft – anders als der Komplementär und OHG-Gesellschafter – nicht unbeschränkt, sondern nur bis zur Höhe seiner Einlage. Die Haftung ist ausgeschlossen, soweit die Einlage geleistet ist. Maßgeblich ist gem. § 172 HGB die in das Handelsregister eingetragene Hafteinlage. Tritt ein Gesellschafter in eine bestehende Handelsgesellschaft als Kommanditist ein, haftet er gem. § 173 HGB nach Maßgabe der §§ 171 und 172 HGB für die vor seinem Eintritt begründeten Verbindlichkeiten der Gesellschaft.

B. Regelungsgehalt

Nach hM ist § 173 HGB bei **Vererbung des Kommanditanteils** im Normalfall des § 177 HGB anwendbar.[1] Es wird damit zwischen der erbrechtlichen Haftung des Erben aus § 1967 BGB iVm §§ 171, 172 HGB und der Kommanditistenhaftung des Erben nach § 173 HGB unterschie-

---

36 So klarstellend MüKoHGB/K. Schmidt/Drescher HGB § 160 Rn. 27.
37 MüKoHGB/K. Schmidt/Drescher HGB § 160 Rn. 26.
38 Ab 1.1.2024; § 137 Abs. 3 HGB nF.
39 Ab 1.1.2024: § 131 Abs. 1 HGB nF.

40 MüKoHGB/K. Schmidt/Drescher HGB § 160 Rn. 51.
1 MüKoHGB/K. Schmidt/Grüneberg HGB § 173 Rn. 41; Hopt HGB § 173 Rn. 15; Liebisch ZHR 116 (1953), 128 (161).

den.[2] Die Gegenmeinung, welche dem Erben des Kommanditanteils eine dem Erben eines OHG-Anteils entsprechende Möglichkeit der erbrechtlichen Haftungsbeschränkung für Altschulden gem. § 139 Abs. 4 HGB einräumen möchte, ist abzulehnen. Nicht nur gibt es keinen Grund, einen neu eintretenden Dritten schlechter zu stellen als ein Erben.[3] Sondern auch will § 139 Abs. 4 HGB[4] den Erben, der nicht als persönlich haftender Gesellschafter in der Gesellschaft verbleiben möchte, vor einer unüberschaubaren Haftung schützen. Bei der KG ist die Haftung des Erben in seiner Eigenschaft als Kommanditist jedoch von vornherein beschränkt.

3 Erwirbt der Nachfolger den Kommanditanteil hingegen nicht gem. § 177 HGB von Todes wegen, sondern **kraft Eintrittsklausel unter Lebenden** (→ § 131 Rn. 38), gilt § 173 nach hA ebenfalls.[5]

C. Weitere praktische Hinweise

4 Um eine Rechtsscheinhaftung (§ 15 HGB) auszuschließen, empfiehlt sich sowohl im Falle der Vererbung im Normalfall des § 177 HGB als auch im Falle einer Eintrittsklausel die Eintragung eines Nachfolgevermerks (zB „als Erbe") im Handelsregister.[6]

§ 177 HGB   [Tod eines Kommanditisten]

Beim Tod eines Kommanditisten wird die Gesellschaft mangels abweichender vertraglicher Bestimmung mit den Erben fortgesetzt.

A. Allgemeines	1	2. Erbrechtliche Gestaltungen	11
B. Regelungsgehalt	3	3. Gesellschaftsvertragliche Gestaltungen	16
I. Tod eines persönlich haftenden Gesellschafters	3	C. Weitergehende praktische Hinweise	20
II. Tod eines Kommanditisten	6		
1. Gesetzliche Nachfolge	6		

A. Allgemeines

1 Die KG ist eine Personengesellschaft, deren Zweck wie der einer OHG auf den Betrieb eines Handelsgewerbes unter gemeinschaftlicher Firma gerichtet ist. Modifiziert ist sie gegenüber der OHG dadurch, dass in der Gesellschaft ein persönlich haftender Gesellschafter (Komplementär) vorhanden ist und die Haftung mindestens eines weiteren Gesellschafters (Kommanditist) gegenüber den Gesellschaftsgläubigern auf den Betrag einer bestimmten Vermögenseinlage beschränkt ist. Dieses Prinzip gilt auch bei der Kapitalgesellschaft & Co. KG (meist in der Form der GmbH & Co. KG), bei welcher allerdings persönlich haftender Gesellschafter eine juristische Person in der Rechtsform der GmbH oder AG ist. Deshalb ist auf die KG grundsätzlich das Recht der OHG anwendbar. §§ 105 bis 160 HGB werden jedoch bei der KG durch §§ 161 bis 177a HGB[1] ergänzt, welche Sonderregeln enthalten, die den Besonderheiten der KG gegenüber der oHG Rechnung tragen. Grob gesprochen enthalten:

- §§ 161, 162 HGB Sonderregeln zu §§ 105 bis 108 HGB,
- §§ 163 bis 169 HGB Sonderregeln zu §§ 109 bis 122 HGB,
- §§ 170 bis 176 HGB Sonderregeln zu §§ 123 bis 103a HGB,
- § 177 HGB Sonderregeln zu §§ 131 bis 144 HGB.

---

2 Hopt HGB § 173 Rn. 15.
3 So Hopt HGB § 173 Rn. 15.
4 Ab 1.1.2024: § 131 Abs. 4 HGB nF.
5 Hopt HGB § 173 Rn. 16; aA Heymann/Borges HGB § 173 Rn. 15.
6 Hopt HGB § 173 Rn. 15 aE und 16.
1 Ab 1.1.2024: §§ 160 bis 179 HGB nF.

§ 177a HGB betrifft die Besonderheiten der KG, in welcher keine natürliche Person persönlich haftender Gesellschafter ist.

Im Falle des Todes eines KG-Gesellschafters (Komplementär oder Kommanditist) gelten damit zunächst einmal die **OHG-Regeln zur Auflösung der Gesellschaft und zum Ausscheiden von Gesellschaftern**. Insbesondere zu nennen ist § 131 Abs. 3 S 1 Nr. 1 HGB,[2] wonach mangels abweichender gesellschaftsvertraglicher Bestimmungen der Tod eines Gesellschafters zu dessen Ausscheiden aus der Gesellschaft führt. Diese Regelung wird für die OHG modifiziert durch § 139 HGB,[3] wonach in den Fällen, in denen der Gesellschaftsvertrag für den Fall des Todes eines Gesellschafters die Fortsetzung der Gesellschaft mit dessen Erben bestimmt, jeder Erbe eine Umwandlung seiner Gesellschafterstellung in die eines Kommanditisten verlangen kann. Speziell für die KG stellt § 177 HGB klar, dass die Gesellschaft beim Tod eines Kommanditisten mangels abweichender vertraglicher Bestimmung mit den Erben fortgesetzt wird.

B. Regelungsgehalt

I. Tod eines persönlich haftenden Gesellschafters

Für den Fall des Todes eines Komplementärs treffen die Sonderregeln der §§ 161 ff. HGB zur KG keine ausdrücklichen Regelungen. Damit gelten die Vorschriften zur OHG: Der Tod eines persönlich haftenden Gesellschafters führt gem. § 161 Abs. 2 iVm § 131 Abs. 3 Nr. 1 HGB[4] zu dessen **Ausscheiden**, sofern im Gesellschaftsvertrag nichts Abweichendes bestimmt ist.[5] Enthält der Gesellschaftsvertrag eine **Nachfolgeklausel**, so können die Erben einen Wechsel ihrer Gesellschafterstellung in die eines Kommanditisten nach § 139 HGB[6] verlangen.[7]

In beiden Fällen ergibt sich das Problem, dass eine KG dadurch geprägt ist, dass mindestens ein Gesellschafter persönlich haftet. Verstirbt daher der **einzige Komplementär** und scheidet er hierdurch gem. § 161 Abs. 2 iVm § 131 Abs. 3 Nr. 1 HGB aus oder verlangen sämtliche Erben gem. §§ 161 Abs. 2, 139 HGB die Umwandlung ihrer Gesellschafterstellung in die eines Kommanditisten, so hat die KG zum maßgeblichen Zeitpunkt keinen persönlich haftenden Gesellschafter mehr. Sie kann damit nicht fortbestehen, sondern ist **aufgelöst**.[8] Es gelten die Liquidationsvorschriften der §§ 145 ff. HGB.[9]

Denkbar ist allerdings, dass sich ein neuer persönlich haftender Gesellschafter findet. Mit dessen Eintritt kann die KG iL aufgrund eines Fortsetzungsbeschlusses als werbende Gesellschaft fortgeführt werden.[10] Unter Umständen können die Kommanditisten aufgrund ihrer gesellschaftlichen Treuepflicht gehalten sein, einen **neuen Komplementär** zu suchen. Denkbar ist in diesem Zusammenhang insbes. die Gründung einer GmbH als künftiger persönlich haftender Gesellschafter.[11]

II. Tod eines Kommanditisten

1. Gesetzliche Nachfolge. Der Tod eines Kommanditisten hat keinerlei Einfluss auf den Fortbestand der KG als werbend tätige Gesellschaft. Weder scheidet der Kommanditist mit seinem Tod aus der Gesellschaft aus, noch ist der Tod eines Kommanditisten ein Auflösungsgrund.[12] Mangels abweichender vertraglicher Bestimmungen wird die KG im Falle des Todes eines Kom-

---

2 Ab 1.1.2024: § 130 Abs. 1 HGB nF.
3 Ab 1.1.2024: § 131 HGB nF.
4 Ab 1.1.2024: §§ 161 Abs. 2 iVm 130 Abs. 1 HGB nF.
5 Hopt/Roth HGB § 177 Rn. 1; Oetker HGB § 177 Rn. 1; MHdB GesR/Klein/Lindemeier, Bd. 2, GesR § 40 Rn. 6.
6 Ab 1.1.2024: § 131 HGB nF.
7 Hopt/Roth HGB § 177 Rn. 1.
8 Hopt/Roth HGB § 131 Rn. 18.
9 Ab 1.1.2024: §§ 143 ff. HGB nF.
10 Hopt/Roth HGB § 177 Rn. 1 und HGB § 131 Rn. 31.
11 Hopt/Roth HGB § 177 Rn. 1.
12 Hopt/Roth HGB § 177 Rn. 2.

manditisten mit seinen Erben **fortgesetzt**. Auch ohne Nachfolgeklausel fällt der Gesellschaftsanteil des Kommanditisten damit an seine Erben.[13]

7 Kraft Gesetzes tritt der Erbe mit allen Rechten in Pflichten in die Stellung des Erblassers als Kommanditist ein. §§ 171, 172 HGB gelten für ihn damit unmittelbar wie für den Erblasser. Nach überwiegender Auffassung ist auch § 173 HGB bei Vererbung des Kommanditanteils im Normalfall des § 177 HGB anwendbar.[14]

8 Sind **mehrere Erben** vorhanden, so treten sie anders als bei der Kapitalgesellschaft nicht als Erbengemeinschaft in die Stellung des Kommanditisten ein, sondern einzeln im Wege der **Sondererbfolge**.[15] Es handelt sich hierbei um eine Einzelnachfolge außerhalb der Erbengemeinschaft nach §§ 2032 ff. BGB, da die Erbengemeinschaft nicht Mitglied einer Kommanditgesellschaft sein kann. Damit werden die einzelnen Erben mit einem ihrer Erbquote entsprechenden Teil des Gesellschaftsanteils Gesellschafter.[16]

9 Nach heute wohl herrschender Meinung gehört der Gesellschaftsanteil trotz dieser Sondererbfolge insoweit zum Nachlass, als er Teil des vom Erblasser hinterlassenen Vermögens ist.[17] Allerdings ist er aus dem gesamthänderisch gebundenen übrigen Nachlass ausgegliedert.[18] Ausgenommen sind die aus der Beteiligung folgenden übertragbaren Vermögensrechte wie beispielsweise der Anspruch auf das Auseinandersetzungsguthaben.[19]

10 Ist der Erbe bereits anderweitig Gesellschafter, so greift der Grundsatz der **Einheitlichkeit des Gesellschaftsanteils**. In der Folge ist danach zu differenzieren, ob der Erbe zum Zeitpunkt des Erbfalles bereits persönlich haftender Gesellschafter oder Kommanditist ist. Ist er persönlich haftender Gesellschafter, so erhöht der ererbte Kommanditanteil seinen Kapitalanteil; die Stellung als Komplementär und damit die unbeschränkte Haftung bleibt unberührt.[20] Ist der Erbe zum Zeitpunkt des Erbfalles bereits Kommanditist, so erhöht sich sein Kommanditanteil.[21] Ausnahmen werden nach einem Teil der Literatur im Falle der Vorerbschaft oder der Testamentsvollstreckung anerkannt.[22]

11 **2. Erbrechtliche Gestaltungen.** Mangels abweichender gesellschaftsvertraglicher Bestimmungen sind Kommanditanteile **frei vererblich**. Damit kann auch testamentarisch ein Erbe bestimmt werden, an den der Gesellschaftsanteil im Todesfall fällt.[23]

12 Zulässig ist auch die Anordnung einer **Vor- und Nacherbfolge**. Die Kommanditistenstellung des Vorerben gehört als Surrogat zum Nachlass.[24] Ist der Vorerbe Mitgesellschafter, so kann die der Vorerbschaft unterliegende Kommanditbeteiligung selbstständig bleiben. Der Vorerbe hat in diesem Fall die sich aus § 2113 Abs. 2 BGB ergebenden Beschränkungen zu beachten, hat iÜ bis zum Eintritt des Nacherbfalls die vollen Gesellschafterrechte.[25]

13 Auch kann ein Kommanditist durch **Vermächtnis** über seinen Gesellschaftsanteil verfügen. Dies gilt selbst dann, wenn der Gesellschaftsvertrag eine Nachfolgeklausel enthält, nach welcher die

---

13 BGHZ 68, 225 (230); Hopt/Roth HGB § 177 Rn. 3.
14 MüKoHGB/K. Schmidt/Grüneberg HGB § 173 Rn. 42; Hopt/Roth HGB § 173 Rn. 4; aA Liebisch ZHR 116 (1954), 161.
15 BGHZ 22, 186 (191 ff.) (zur Personengesellschaft allg.); BGHZ 58, 316 (317); 108, 187 (192); OLG Düsseldorf Beschl. v. 9.6.2017 – I-3 Wx 90/16 Rn. 32; OLG Koblenz FamRZ 2016, 1704 (1705); BayObLG WM 1983, 1092; OLG Hamburg ZIP 1984, 1226 (1227); Hopt/Roth HGB § 177 Rn. 3; MüKoHGB/K. Schmidt/Grüneberg HGB § 177 Rn. 16.
16 BGHZ 22, 186 (192); 68, 237; 91, 135; 98, 51; 108, 192; Hopt/Roth HGB § 139 Rn. 14.
17 IdS MüKoHGB/K. Schmidt/Grüneberg HGB § 139 Rn. 13; Hopt/Roth HGB § 139 Rn. 14; Flume NJW 1988, 161.
18 BGHZ 108, 192.
19 Hopt/Roth HGB § 139 Rn. 14.
20 LG Heidelberg ZIP 1984, 1227; MüKoHGB/K. Schmidt/Grüneberg HGB § 177 Rn. 20.
21 MüKoHGB/K. Schmidt/Grüneberg HGB § 177 Rn. 19.
22 Koller/Kindler HGB § 177 Rn. 6 f.; MüKoHGB/K. Schmidt/Grüneberg HGB § 177 Rn. 19.
23 Hopt/Roth HGB § 177 Rn. 3.
24 BGHZ 109, 214; Hopt/Roth HGB § 177 Rn. 3 iVm § 139 Rn. 19 f.
25 MüKoHGB/K. Schmidt/Grüneberg HGB § 177 Rn. 14.

Gesellschaft beim Tod eines Kommanditisten nicht aufgelöst wird (was ohnehin gesetzlicher Regelfall ist), sondern an seine Stelle die Erben treten.[26] Im Fall des Vermächtnisses wird zunächst der Erbe Kommanditist. Der Vermächtnisnehmer hat gegen ihn einen schuldrechtlichen Anspruch auf Übertragung des Gesellschaftsanteils.[27] Lässt der Gesellschafsvertrag dies nicht zu, so hat der Erbe dem Vermächtnisnehmer jedenfalls die übertragbaren Rechte aus dem Gesellschaftsanteil (beispielsweise auf Gewinn und Auseinandersetzungsguthaben) zu verschaffen.[28] Entsprechendes gilt für Vorausvermächtnisse zugunsten eines Miterben (§ 2150 BGB) und für eine Auseinandersetzungsanordnung (§ 2048 BGB).[29]

Nach heute wohl hM kann für einen Kommanditanteil – anders als für den Anteil an einer OHG – **Testamentsvollstreckung** angeordnet werden.[30] Allerdings ist nach hM dazu, dass der Kommanditanteil der Testamentsvollstreckung unterfällt, die Zustimmung der Mitgesellschafter erforderlich.[31] Diese Zustimmung kann schon im Gesellschaftsvertrag enthalten sein.[32] Eine gesellschaftsvertragliche Zustimmung soll konkludent auch schon in der freien Übertragbarkeit der Anteile liegen,[33] nicht aber in einer einfachen Nachfolgeklausel. Die Auffassung, wonach eine Testamentsvollstreckung generell ausscheidet, wenn der Erbe schon vor dem Erbfall Gesellschafter war, da eine Aufspaltung des einheitlichen Gesellschaftsanteils in einen „normalen" und einen der Testamentsvollstreckung unterfallenden Gesellschaftsanteil nicht möglich ist,[34] dürfte inzwischen überholt sein.[35] Vorsorglich können Ersatzlösungen wie Vermächtnis, postmortale unwiderrufliche Vollmacht oder Treuhand angeordnet werden.[36] Im Falle der zulässigen Testamentsvollstreckung obliegt die Ausübung der Gesellschafterrechte (Verwaltungs- und Vermögensrechte) dem Testamentsvollstrecker. Die Erben sind grundsätzlich gem. §§ 2205 S. 1, 2211 BGB von der Ausübung der Gesellschafterbefugnisse ausgeschlossen.[37] Dem steht das Abspaltungsverbot nicht entgegen.[38] Allerdings bedarf der Testamentsvollstrecker der Zustimmung des Gesellschafter-Erben, wenn dessen persönliche Haftung begründet oder in den Kernbereich seiner Mitgliedschaftsrechte eingegriffen werden soll.[39] Der Testamentsvollstrecker kann das Stimmrecht nicht ausüben, wenn ihn ein gesellschaftsrechtliches Stimmverbot (Rechtsgedanke aus § 47 Abs. 4 AktG, § 136 Abs. 1 AktG, § 43 Abs. 6 GenG) trifft. In einem solchen Fall der persönlichen Betroffenheit des Testamentsvollstreckers ist der Erbe anstelle des Testamentsvollstreckers auf einer ordnungsgemäß einberufenen Gesellschafterversammlung stimmberechtigt.[40]

Eine **Nachlassverwaltung** am Kommanditanteil ist in gleicher Weise wie eine Testamentsvollstreckung möglich.[41]

3. Gesellschaftsvertragliche Gestaltungen. § 177 HGB ist dispositiv. Der automatische Übergang des Kommanditanteils auf den oder die Erben erfolgt lediglich „mangels abweichender vertraglicher Bestimmung". Insbes. kann damit durch den Gesellschaftstrag unerwünschten Nachfolgen entgegengewirkt werden.

17 Denkbar sind zunächst sog. **Ausschließungs- oder Kündigungsklauseln**. In diesen wird geregelt, dass die Gesellschaft im Falle des Todes eines Kommanditisten nur unter den verbleibenden Gesellschaftern fortgesetzt wird. Im Falle einer Ausschließungsklausel würde der betroffene Erbe als Gesellschafter durch Gesellschafterbeschluss ausgeschlossen. Eine Kündigungsklausel gibt demgegenüber den verbleibenden Gesellschaftern oder den Erben im Todesfall ein Recht zur außerordentlichen (Ausschließungs- oder Austritts-)Kündigung.[42]

18 Zulässig sind auch **Auflösungsklauseln**, kraft deren die Gesellschaft im Todesfall aufgelöst wird. Die aufgelöste Gesellschaft kann nach den allgemeinen Regelungen von den Gesellschaftern durch Fortsetzungsbeschluss fortgeführt werden.[43]

19 Häufig findet man in Gesellschaftsverträgen **qualifizierte Nachfolgeklauseln** (→ § 131 Rn. 31). Durch eine solche gesellschaftsvertragliche Gestaltung werden nicht alle Miterben zur Nachfolge in den Kommanditanteil zugelassen, sondern lediglich Erben, die gem. näherer Bestimmung in der gesellschaftsvertraglichen Regelung qualifiziert sind. Der Kommanditanteil fällt in diesem Falle dem Rechtsnachfolger kraft Erbrechts zu und ist Nachlassbestandteil. Aufgrund der Sonderzuordnung fällt er allerdings dem Nachfolger allein außerhalb einer etwa bestehenden Erbengemeinschaft zu.[44]

C. Weitergehende praktische Hinweise

20 Der Übergang des Kommanditanteils ist als „Ausscheiden" des Erblassers (§ 143 HGB) und „Eintritt" der einzelnen Erben – nicht der Erbengemeinschaft – (§ 107 HGB) zur **Eintragung im Handelsregister** anzumelden. Dies gilt auch dann, wenn mehrere Wechsel hintereinander erfolgen. Gleichermaßen bedarf es bei der Zuwendung eines Vermächtnisses zunächst der Eintragung der Erben.[45]

21 Im Falle der Testamentsvollstreckung ist die Anmeldung des Gesellschafterwechsels durch Vererbung des Kommanditanteils Sache des Testamentsvollstreckers nach § 2205 BGB, sofern es sich um eine Dauer- bzw. Verwaltungsvollstreckung handelt.[46] Handelt es sich um eine bloße Nachlassabwicklung, gilt dies nicht.[47] Der Erbe hat neben dem Testamentsvollstrecker kein Recht zur Anmeldung, ist aber anzuhören.[48] Der Testamentsvollstrecker kann den Gesellschaftsanteil freigeben und ist hierzu nach § 2217 Abs. 1 BGB uU verpflichtet.[49]

§ 234 HGB [Kündigung der Gesellschaft; Tod des stillen Gesellschafters]

(1) ¹Auf die Kündigung der Gesellschaft durch einen der Gesellschafter oder durch einen Gläubiger des stillen Gesellschafters finden die Vorschriften der §§ 132, 134 und 135 entsprechende Anwendung. ²Die Vorschriften des § 723 des Bürgerlichen Gesetzbuchs über das Recht, die Gesellschaft aus wichtigen Gründen ohne Einhaltung einer Frist zu kündigen, bleiben unberührt.

(2) Durch den Tod des stillen Gesellschafters wird die Gesellschaft nicht aufgelöst.

---

[42] Vgl. eingehend MüKoHGB/K. Schmidt/Grüneberg HGB § 177 Rn. 6.
[43] Ausführlich MüKoHGB/K. Schmidt/Grüneberg HGB § 177 Rn. 8.
[44] Eingehend MüKoHGB/K. Schmidt/Grüneberg HGB § 177 Rn. 9.
[45] OLG Düsseldorf Beschl. v. 9.6.2017 – I-3 Wx 90/16 Rn. 33.
[46] BGHZ 108, 187 (190); KG NJW-RR 1996, 227; KG BB 1991, 1283 (1285); OLG Düsseldorf Beschl. v. 9.6.2017 – I-3 Wx 90/16.
[47] OLG Hamm NZG 2011, 437.
[48] MüKoHGB/Langheim HGB § 108 Rn. 10; Hopt/Roth HGB § 139 Rn. 28; MüKoHGB/K. Schmidt/Grüneberg HGB § 177 Rn. 35; offen BGHZ 108, 190.
[49] Hopt/Roth HGB § 139 Rn. 31.

A. Allgemeines	1	b) Testamentsvollstreckung	12
B. Regelungsgehalt	4	c) Übergang auf den stillen Gesellschafter	13
I. Tod des Geschäftsinhabers	4	II. Tod des stillen Gesellschafters	14
1. Rechtsfolge des Todes	4	1. Erbrechtliche Nachfolge	14
2. Auflösung und Abwicklung	7	2. Abweichende Vereinbarungen	18
3. Fortsetzung der stillen Gesellschaft	8	C. Weitere praktische Hinweise	22
a) Fortsetzung mit den Erben	8		

A. Allgemeines

Die stille Gesellschaft ist gem. § 230 HGB die Beteiligung als stiller Gesellschafter am Handelsgewerbe eines anderen mit einer Vermögenseinlage. Die stille Gesellschaft ist eine echte Gesellschaft iSv § 705 BGB.[1] Soweit nicht die Besonderheiten des stillen Gesellschaftsverhältnisses entgegenstehen und/oder in §§ 230 ff. HGB spezielle Regelungen getroffen sind, sind §§ 706 bis 740 BGB[2] auf stille Gesellschaften subsidiär anwendbar.[3]

Der stille Gesellschafter ist am Handelsgewerbe des Inhabers im Regelfall mit einer in dessen Vermögen befindlichen Einlage beteiligt. Die stille Gesellschaft hat damit kein vom Privatvermögen der Gesellschafter abgesondertes, gesamthänderisch gebundenes Gesellschaftsvermögen.[4] Bei der typischen stillen Gesellschaft nimmt der stille Gesellschafter im Zweifel gem. §§ 231, 232 HGB und dem Gesellschaftsvertrag an Gewinn und Verlust des Handelsgeschäftes teil.[5] Bei der Hauptform der atypischen stillen Gesellschaft wird im Verhältnis der Parteien das gesamte Geschäftsvermögen, auch das von der Einlage des stillen vorhandenen Gewesene, schuldrechtlich (ohne dingliche Wirkung) als gemeinsames Vermögen behandelt, so dass der stille Gesellschafter bei der Auseinandersetzung nach Auflösung der Gesellschaft so zu stellen ist, als wäre er am ganzen Geschäftsvermögen gesamthänderisch beteiligt gewesen.[6]

Aus dem Wesen der stillen Gesellschaft ergeben sich unterschiedliche Rechtsfolgen für den Tod des Geschäftsinhabers einerseits und den Tod des stillen Gesellschafters andererseits. Gem. ausdr. gesetzlicher Anordnung in § 234 Abs. 2 HGB löst der Tod des stillen Gesellschafters die Gesellschaft nicht auf. Der Tod des Geschäftsinhabers ist hingegen in Anwendung von § 727 Abs. 1 BGB Auflösungsgrund.[7] Die Todeserklärung steht dem Tod gleich.[8]

B. Regelungsgehalt

I. Tod des Geschäftsinhabers

1. Rechtsfolge des Todes. Mit dem Tod des Geschäftsinhabers endet gem. § 727 Abs. 1 BGB die stille Gesellschaft.[9] Die **Auflösung** tritt auch dann ein, wenn die Erben des Inhabers das Handelsgeschäft fortführen.[10] Das gesetzliche Leitbild geht insoweit davon aus, dass Geschäftsinhaber ein **Einzelunternehmen** ist, da hier das Handelsgewerbe von der Person des persönlich haftenden Gesellschafters abhängt.

Ist hingegen eine **Gesellschaft** Vertragspartner des stillen Gesellschafters, so greift § 727 Abs. 1 BGB nicht. Dies gilt grundsätzlich auch bei der Ein-Personen-Gesellschaft.[11] Unmittelbar ein-

---

1 Hopt/Roth HGB § 230 Rn. 2; MüKoHGB/K. Schmidt HGB § 230 Rn. 4; Blaurock Stille Gesellschaft-HdB Rn. 4.3.
2 Ab 1.1.2024: bis § 740c BGB nF.
3 MüKoHGB/K. Schmidt HGB § 230 Rn. 6.
4 Blaurock Stille Gesellschaft-HdB Rn. 4.3.
5 Hopt/Roth HGB § 230 Rn. 3.
6 RGZ 126, 386 (390); 166, 160; BGHZ 7, 378 (379); 8, 160; Hopt/Roth HGB § 230 Rn. 3.
7 Hopt/Roth HGB § 234 Rn. 4; MüKoHGB/K. Schmidt HGB § 234 Rn. 7; Blaurock Stille Gesellschaft-HdB Rn. 14.42.
8 Für den Tod des Geschäftsinhabers: MüKoHGB/K. Schmidt HGB § 234 Rn. 7; Blaurock Stille Gesellschaft-HdB Rn. 14.42.
9 Die stille Gesellschaft wird mit Inkrafttreten des MoPeG ab dem 1.1.2024 wohl als nicht-rechtsfähige Gesellschaft iSv § 740 BGB nF zu qualifizieren sein, so dass die normale Rechtsfolge des § 723 Abs. 1 Nr. 1 BGB nF (Ausscheiden eines Gesellschafters mit seinem Tod) nicht eintritt, sondern die stille Gesellschaft gemäß § 740a Abs. 1 Nr. 3 BGB nF mit dem Tod des Inhabers aufgelöst ist.
10 Blaurock Stille Gesellschaft-HdB Rn. 14.42.
11 MüKoHGB/K. Schmidt HGB § 234 Rn. 7.

leuchtend ist dies für Mehr-Personen-(Handels-)Gesellschaften, bei denen die Gesellschaft und damit der Geschäftsinhaber nach dem Tod eines Gesellschafters fortgeführt wird. Ebenso einleuchtend ist dies für Kapitalgesellschaften, auch Ein-Personen-Kapitalgesellschaften, die ebenfalls unabhängig vom Tod ihrer Gesellschafter Bestand haben.

6   Führt der Tod eines Gesellschafters des Geschäftsinhabers zur **Auflösung der Gesellschaft** (zB Tod des einzigen Komplementärs in einer KG), so liegt hierin kein Auflösungsgrund für die stille Gesellschaft, idR aber für den stillen Gesellschafter ein außerordentlicher Kündigungsgrund. Im Einzelfall kann eine ausdrückliche Kündigung nach § 242 BGB entbehrlich sein, wenn die Auflösung der Handelsgesellschaft unumkehrbar und eine Vollabwicklung eingeleitet ist.[12]

7   **2. Auflösung und Abwicklung.** Im Falle der Auflösung der stillen Gesellschaft durch Tod des Gesellschafters haben die Erben gem. § 727 Abs. 2 BGB[13] dem stillen Gesellschafter den Tod **unverzüglich anzuzeigen**.[14] Die Erben sind außerdem nach zutreffender Auffassung verpflichtet, die Geschäfte nach Maßgabe von § 727 Abs. 2 BGB fortzuführen.[15] Auf jeden Fall sind die Erben aber verpflichtet, gem. § 235 Abs. 2 HGB die **schwebenden Geschäfte abzuwickeln**, soweit der stille Gesellschafter daran trotz Auflösung beteiligt bleibt.[16] Die gleiche Pflicht obliegt dem stillen Gesellschafter, wenn er nach dem Gesellschaftsvertrag zur Geschäftsführung berechtigt war, bis zum Eintritt der Erben.[17]

8   **3. Fortsetzung der stillen Gesellschaft. a) Fortsetzung mit den Erben.** Abweichende Regelungen, insbes. Fortsetzungsklauseln, nach welchen die stille Gesellschaft bei Tod des Geschäftsinhabers fortgesetzt wird, sind zulässig.[18] So kann der Gesellschaftsvertrag die Fortsetzung der stillen Gesellschaft mit dem oder den Erben vorsehen oder auch die Fortsetzung von einer Entscheidung des oder der Erben oder des stillen Gesellschafters abhängig machen.[19]

9   Soll die stille Gesellschaft mit den Erben fortgesetzt werden, so bestimmt sich nach erbrechtlichen Vorschriften, wer als Erbe eintritt. Ist nur ein Erbe vorhanden, tritt er an die Stelle des Inhabers. Sind mehrere Erben vorhanden, treten sie im Zeitpunkt des Erbfalls dem stillen Gesellschafter als **Erbengemeinschaft** gegenüber.[20] Einzelne Miterben sind nicht berechtigt, ihren Verbleib analog § 139 HGB[21] davon abhängig zu machen, dass ihnen die Rechtsstellung eines Kommanditisten eingeräumt wird.[22]

10 Problematisch ist die **Erbauseinandersetzung**. Soll das Handelsgeschäft nur einem von mehreren Miterben zugewiesen werden oder soll das Unternehmen in eine von den Erben gegründete Gesellschaft eingebracht werden, ist dies nur mit Zustimmung des stillen Gesellschafters möglich.[23] Je nach Situation muss der stille Gesellschafter das Gesellschaftsverhältnis mit einer Handelsgesellschaft fortführen. Die **Umwandlung aus der Erbengemeinschaft auf eine alle Miterben umfassende OHG** bedarf keiner Zustimmung des stillen Gesellschafters.[24] Die Zustimmung ist hingegen erforderlich, wenn sich einige Erben von der OHG ausschließen oder sich nur als Kommanditisten beteiligen wollen oder wenn das Unternehmen in eine **Kapitalgesellschaft umgewandelt** werden soll.[25]

---

12 BGHZ 84, 379 (380); MüKoHGB/K. Schmidt HGB § 234 Rn. 24; vgl. auch Blaurock Stille Gesellschaft-HdB Rn. 14.58.
13 Ab 1.1.2024: §§ 740a Abs. 3, 730 Abs. 1 BGB nF.
14 MüKoHGB/K. Schmidt HGB § 234 Rn. 8; Blaurock Stille Gesellschaft-HdB Rn. 14.42.
15 Heymann/Horn HGB § 234 Rn. 19; Blaurock Stille Gesellschaft-HdB Rn. 14.42; aA MHdB GesR/Polzer, Bd. 2, § 91 Rn. 23; MüKoHGB/K. Schmidt HGB § 234 Rn. 8.
16 MüKoHGB/K. Schmidt HGB § 234 Rn. 8; Blaurock Stille Gesellschaft-HdB Rn. 14.42.
17 Blaurock Stille Gesellschaft-HdB Rn. 14.42.
18 MüKoHGB/K. Schmidt HGB § 234 Rn. 9; Blaurock Stille Gesellschaft-HdB Rn. 14.43; MHdB GesR/Polzer, Bd. 2, § 91 Rn. 27.
19 Näher MüKoHGB/K. Schmidt HGB § 234 Rn. 9.
20 Blaurock Stille Gesellschaft-HdB Rn. 14.44.
21 Ab 1.1.2024: § 131 HGB nF.
22 Blaurock Stille Gesellschaft-HdB Rn. 14.44.
23 MüKoHGB/K. Schmidt HGB § 234 Rn. 10; Blaurock Stille Gesellschaft-HdB Rn. 14.45; MHdB GesR/Polzer, Bd. 2, § 91 Rn. 28; aA wohl Oetker/Wedemann HGB § 234 Rn. 30.
24 MüKoHGB/K. Schmidt HGB § 234 Rn. 10; Oetker/Wedemann HGB § 234 Rn. 30; Blaurock Stille Gesellschaft-HdB Rn. 14.46.
25 GK-HGB/Harbarth HGB § 234 Rn. 49; Blaurock Stille Gesellschaft-HdB Rn. 14.46.

Wenn sich nicht aus der gesellschaftsrechtlichen Treupflicht in ergänzender Auslegung der gesellschaftsvertraglichen Fortsetzungsklausel die Verpflichtung des stillen Gesellschafters ergibt, die Unternehmensübertragung auf einen geeigneten Miterben oder eine unter allen Miterben gebildete Handelsgesellschaft unter Fortbestand des stillen Gesellschaftsverhältnisses hinzunehmen,[26] kann die Übertragung des Handelsgeschäftes auf einen Miterben ohne Zustimmung des stillen Gesellschafters eine Verletzung des Gesellschaftsvertrages darstellen.[27] Diese berechtigt den stillen Gesellschafter zur Klage auf Erfüllung oder auf Schadensersatz wegen Nichterfüllung.[28]

b) Testamentsvollstreckung. Ein vom verstorbenen Geschäftsinhaber eingesetzter **Testamentsvollstrecker** kann weder das Handelsgeschäft in eine Kapitalgesellschaft noch die an dem Handelsgeschäft entstandenen Mitgliedschaftsrechte der Erben in stille Beteiligungen umwandeln. Hierzu sind nur die Erben selbst befugt.[29]

c) Übergang auf den stillen Gesellschafter. Der Gesellschaftsvertrag kann auch vorsehen, dass mit dem Tod des Inhabers des Handelsgewerbes dieses auf den stillen Gesellschafter übergehen soll. Eine solche Regelung gibt dem stillen Gesellschafter einen **schuldrechtlichen Anspruch** gegen die Erben.[30] Die im Zeitpunkt der Übertragung bestehende stille Gesellschaft erlischt in diesem Fall durch **Konfusion** und die Erben des Inhabers scheiden aus. Sie erhalten ein Auseinandersetzungsguthaben nach allgemeinen Regelungen (→ BGB §§ 738–740 Rn. 9).[31]

II. Tod des stillen Gesellschafters

1. Erbrechtliche Nachfolge. Durch den Tod des stillen Gesellschafters wird die stille Gesellschaft gemäß § 234 Abs. 2 HGB entgegen den allgemeinen Regelungen des § 727 BGB[32] nicht aufgelöst. Die Rechte und Pflichten aus dem stillen Gesellschaftsverhältnis gehören zum Nachlass.[33] Der Erbe tritt im Zeitpunkt des Erbfalls kraft Erbrechts automatisch an die Stelle des stillen Gesellschafters.

Mehrere Erben treten dem Geschäftsinhaber nicht einzeln mit einer ihrer Erbquote entsprechenden Einlage, sondern als Erbengemeinschaft (dh als *ein* stiller Gesellschafter) gegenüber. Die Erbengemeinschaft muss die Rechte und Pflichten aus der stillen Gesellschaft gemeinsam ausüben.[34] Dies gilt auch für die atypische stille Gesellschaft.[35] Für die interne Willensbildung gilt § 2038 BGB. Wird die **Erbengemeinschaft auseinandergesetzt**, so hat dies auf die stille Gesellschaft keinen Einfluss. Eine Aufspaltung der stillen Beteiligung in mehrere Teile im Zuge der Auseinandersetzung ist nur mit Zustimmung des Geschäftsinhabers oder aufgrund entsprechender Regelungen im stillen Gesellschaftsvertrag zulässig.[36]

Abweichende Regelungen können bei der **atypischen stillen Gesellschaft** gelten. Insbes. wenn dem stillen Gesellschafter Geschäftsführungs- und Mitverantwortungsrechte eingeräumt worden sind, ist dem Geschäftsinhaber nicht ohne Weiteres zumutbar, auch den von ihm nicht beeinflussbaren Erben eine entsprechende Rechtsstellung einzuräumen. Nach hM wird dem Inhaber in solchen Fällen ein **Kündigungsrecht aus wichtigem Grund** eingeräumt.[37]

---

26 Vgl. MüKoHGB/K. Schmidt HGB § 234 Rn. 10; MHdB GesR/Polzer, Bd. 2, § 91 Rn. 28.
27 MüKoHGB/K. Schmidt HGB § 234 Rn. 10; genereller Blaurock Stille Gesellschaft-HdB Rn. 14.45.
28 Blaurock Stille Gesellschaft-HdB Rn. 14.45.
29 Blaurock Stille Gesellschaft-HdB Rn. 14.47.
30 GK-HGB/Harbarth, § 234 Rn. 70; Blaurock Stille Gesellschaft-HdB Rn. 14.48.
31 Blaurock Stille Gesellschaft-HdB Rn. 14.48.
32 Ab 1.1.2024: § 740a Abs. 1 Nr. 3 HGB nF.
33 MüKoHGB/K. Schmidt HGB § 234 Rn. 56; MHdB GesR/Polzer, Bd. 2, § 91 Rn. 25.
34 Blaurock Stille Gesellschaft-HdB Rn. 14.52.
35 Blaurock Stille Gesellschaft-HdB Rn. 14.53.
36 RGZ 126, 386 (392); Blaurock Stille Gesellschaft-HdB Rn. 14.54.
37 MüKoHGB/K. Schmidt HGB § 234 Rn. 58; Blaurock Stille Gesellschaft-HdB Rn. 14.50; MHdB GesR /Polzer, Bd. 2, § 91 Rn. 24; weitergehend Rasner Die atypische stille Gesellschaft, 139: Stillschweigender Ausschluss von § 234 Abs. 2 HGB mit der Folge der Auflösung der Gesellschaft durch Tod des Stillen.

17 Eine **Testamentsvollstreckung** ist sowohl bei der typischen als auch bei der atypischen stillen Beteiligung zulässig.[38] Die Testamentsvollstreckung bedarf jedoch der Zustimmung des Geschäftsinhabers.[39]

18 **2. Abweichende Vereinbarungen.** § 234 Abs. 2 HGB ist **dispositiv**.[40] Der Gesellschaftsvertrag kann für den Fall des Todes des stillen Gesellschafters also abweichend von der gesetzlichen Regel die **Auflösung der stillen Gesellschaft** vorsehen oder es der Entscheidung des Erben oder des Geschäftsinhabers überlassen, ob die Gesellschaft fortgesetzt werden soll.[41] Besteht der Beitrag des stillen Gesellschafters in höchst persönlichen Dienstleistungen, so indiziert dies nicht ohne Weiteres eine Auflösung der stillen Gesellschaft mit dem Tod. Vielmehr ist beiden Parteien ein außerordentliches Kündigungsrecht zuzubilligen, wenn der Fortfall der Dienstleistungen die Geschäftsgrundlage des stillen Gesellschaftsverhältnisses in Frage stellt.[42]

19 Der Gesellschaftsvertrag kann auch die **Erbfolge beschränken**, indem vereinbart wird, dass nur einzelne Erben oder nur bestimmte Erben (zB enge Familienangehörige) Rechtsnachfolger werden können.[43] Bei entsprechender Anordnung wird bei mehreren Erben nur derjenige Rechtsnachfolger, der durch Gesellschaftsvertrag zugelassen ist (str).[44] Hat der Stille testamentarisch seinen Nachfolger bestimmt, so wird es sich in der Regel um ein Vorausvermächtnis oder eine Teilungsanordnung handeln, die ein Forderungsrecht des Begünstigten gegen den Erben oder die Erbengemeinschaft begründet, nicht aber gegen dem Geschäftsinhaber.[45]

20 Der Gesellschaftsvertrag kann auch einzelnen Erben oder einem Nichterben ein **Eintrittsrecht** einräumen. Hierbei handelt es sich um einen Vertrag zugunsten Dritter.[46]

21 Endet die stille Gesellschaft abweichend von § 234 Abs. 2 HGB mit dem Tod des stillen Gesellschafters aufgrund entsprechender gesellschaftsvertraglicher Vereinbarung, so haben die Erben des stillen Gesellschafters gegen den Geschäftsinhaber einen Anspruch auf Auseinandersetzungsguthaben gem. § 235 HGB.

C. Weitere praktische Hinweise

22 Will eine Erbengemeinschaft nach dem Tod des Inhabers eines Handelsgesellschaftes diese **auf einen neuen Unternehmensträger übertragen**, führt die Unternehmensübertragung nach hM nicht automatisch auch das stille Gesellschaftsverhältnis auf den neuen Unternehmensträger über.[47] In der Praxis sollte daher eine Übernahme auch des stillen Gesellschaftsvertrages ausdrücklich vereinbart werden. Hatte der stille Gesellschafter der Unternehmensübertragung nicht zugestimmt oder brauchte er sie nicht zu dulden, so ist er zur außerordentlichen Kündigung und gegenüber den Miterben zum Schadensersatz berechtigt.[48]

23 Die stille Gesellschaft kann ein geeignetes Gestaltungsmittel für die Unternehmensnachfolge sein, wenn bspw. unternehmerisch nicht engagierte Familienmitglieder gleichwohl an den Unternehmensergebnissen dauerhaft beteiligt werden sollen.[49]

---

38 MüKoHGB/K. Schmidt HGB § 234 Rn. 57; Blaurock Stille Gesellschaft-HdB Rn. 14.57; MHdB GesR/Polzer, Bd. 2, § 91 Rn. 32.
39 BGH NJW 1989, 3152 (3153); Blaurock Stille Gesellschaft-HdB Rn. 14.57.
40 MüKoHGB/K. Schmidt HGB § 234 Rn. 58; Blaurock Stille Gesellschaft-HdB Rn. 14.49; MHdB GesR/Polzer, Bd. 2, § 91 Rn. 30.
41 MüKoHGB/K. Schmidt HGB § 234 Rn. 58.
42 MüKoHGB/K. Schmidt HGB § 234 Rn. 58; MHdB GesR/Polzer, Bd. 2, § 91 Rn. 30.
43 BGH WM 1962, 1084; Blaurock Stille Gesellschaft-HdB Rn. 14.55.
44 Siebert StB-Jahrbuch 1955/56, S. 299, 316 ff.; aA Blaurock Stille Gesellschaft-HdB Rn. 14.55: Vermögenseinlage des Stillen muss den benannten Miterben im Weg der Auseinandersetzung zugewiesen werden.
45 Blaurock Stille Gesellschaft-HdB Rn. 14.55; Siebert StB-Jahrbuch 1955/56, 299, 316.
46 Blaurock Stille Gesellschaft-HdB Rn. 14.56; Siebert StB-Jahrbuch 1955/56, 299, 316.
47 Baumbach/Hopt/Roth HGB § 234 Rn. 7; Oetker/Wedemann HGB § 234 Rn. 34.
48 MüKoHGB/K. Schmidt HGB § 234 Rn. 10.
49 Näher Hübner ErbR 2014, 257 ff., dort auch zur Unterbeteiligung in der Nachfolgeplanung.

§ 235 HGB [Auseinandersetzung]

(1) Nach der Auflösung der Gesellschaft hat sich der Inhaber des Handelsgeschäfts mit dem stillen Gesellschafter auseinanderzusetzen und dessen Guthaben in Geld zu berichtigen.

(2) ¹Die zur Zeit der Auflösung schwebenden Geschäfte werden von dem Inhaber des Handelsgeschäfts abgewickelt. ²Der stille Gesellschafter nimmt teil an dem Gewinn und Verluste, der sich aus diesen Geschäften ergibt.

(3) Er kann am Schlusse jedes Geschäftsjahrs Rechenschaft über die inzwischen beendigten Geschäfte, Auszahlung des ihm gebührenden Betrags und Auskunft über den Stand der noch schwebenden Geschäfte verlangen.

A. Allgemeines 1	b) Atypische stille Gesellschaft 7
B. Regelungsgehalt 2	3. Auseinandersetzungsanspruch und
I. Auseinandersetzung 2	Ausgleichspflicht 8
1. Rückgabe von Gegenständen 3	4. Kontrollrechte 11
2. Berechnung des Auseinandersetzungs-	II. Schwebende Geschäfte 12
guthabens 4	C. Weitere praktische Hinweise 16
a) Typische stille Gesellschaft 6	

A. Allgemeines

§ 235 HGB regelt die **Auseinandersetzung der typischen stillen Gesellschaft**, die aufgrund des 1 besonderen Charakters dieser Gesellschaftsform von der Auseinandersetzung der (Außen-)GbR sowie von oHG und KG abweicht. Relevant wird die Regelung, wenn die Gesellschaft bei Tod des Geschäftsinhabers gem. dem gesetzlichen Normalfall oder im Falle des Todes des stillen Gesellschafters aufgrund einer von § 234 Abs. 2 HGB abweichenden Regelung im Gesellschaftsvertrag aufgelöst wird. Abweichend von der Auseinandersetzung der (Außen-)GbR, der oHG und der KG findet keine Auseinandersetzung in Ansehung des Gesellschaftsvermögens iSv § 730 Abs. 1 BGB[1] statt, also keine Liquidation.[2] Vielmehr erfolgt eine rein schuldrechtliche Auseinandersetzung. Eine Ausnahme gilt auch nicht für die mehrgliedrige stille Gesellschaft.[3]

B. Regelungsgehalt
I. Auseinandersetzung

Als Innengesellschaft ist die stille Gesellschaft mit ihrer Auflösung nach hM **vollbeendet**. Eine 2 Liquidation mit der Folge eines Fortbestandes als Abwicklungsgesellschaft findet nicht statt.[4] Gem. § 235 Abs. 1 HGB hat sich der Inhaber des Handelsgeschäfts (oder sein Erbe) mit dem stillen Gesellschafter auseinanderzusetzen und dessen Guthaben in Geld zu berichtigen.

1. Rückgabe von Gegenständen. Wirtschaftsgüter, die vom stillen Gesellschafter zum Gebrauch 3 überlassen wurden, sind mit der Auflösung der Gesellschaft gem. § 732 BGB an den stillen Gesellschafter zurückzugeben, wenn sie nicht vom Inhaber zur Abwicklung der schwebenden Geschäfte benötigt werden.[5]

2. Berechnung des Auseinandersetzungsguthabens. Zum Zweck der Auseinandersetzung ist das 4 Guthaben des stillen Gesellschafters zu ermitteln. Dies erfolgt idR durch eine vom Geschäftsin-

---

1 Ab 1.1.2024: § 735 HGB nF.
2 MüKoHGB/K. Schmidt HGB § 235 Rn. 2; Hopt/Roth HGB § 235 Rn. 1; Blaurock Stille Gesellschaft-HdB/Kauffeld Rn. 11.1.
3 BGH ZIP 2016, 523 Rn. 11; aA Hopt/Roth HGB § 235 Rn. 1.
4 BGH ZIP 2016, 523 Rn. 9; BGH DStR 1991, 622 (623); BGH NJW 1982, 99 (100); GK-HGB/Harb- arth HGB § 234 Rn. 1; aA dogmatisch Blaurock Stille Gesellschaft-HdB/Kauffeld Rn. 15.3, der aber eine (analoge) Anwendung der §§ 738 bis 740 BGB verneint.
5 Blaurock Stille Gesellschaft-HdB/Kauffeld Rn. 15.5; nach MüKoHGB/K. Schmidt HGB § 235 Rn. 12 gilt § 738 BGB analog.

Plückelmann

haber aufzustellende **Auseinandersetzungsbilanz**, die Gewinnermittlungs- und nicht Vermögensbilanz ist.[6] **Stichtag** der Auseinandersetzung ist der Tag der Auflösung und nicht der Schluss eines Geschäftsjahres, sofern nicht die Beteiligten eine abweichende Vereinbarung getroffen haben.[7]

5 Die Höhe der Beteiligung des stillen Gesellschafters bei Auflösung der Gesellschaft hängt von den vertraglichen Vereinbarungen mit dem Inhaber ab. Denkbar sind insbes. gesellschaftsvertragliche Regelungen über die Behandlung der Beteiligungskonten, die Einrichtung besonderer Darlehenskonten, die Zuschreibung von Gewinnen oder Abschreibung von Verlusten usw[8]

6 a) **Typische stille Gesellschaft.** Bei der **typischen stillen Gesellschaft** ist der stille Gesellschafter nicht am Geschäftswert des Handelsgeschäftes und an den stillen Reserven beteiligt.[9] Das Auseinandersetzungsguthaben des typischen stillen Gesellschafters besteht daher regelmäßig aus dem **Buchwert seiner Vermögenseinlage**, wie sie sich am Auflösungstag aufgrund der Buchführung und auf dem Einlagekonto ergibt, **vermehrt – oder bei Verlustbeteiligung vermindert – um das Ergebnis des letzten Geschäftsjahres** bis zum Tag der Auflösung. Das dem stillen Gesellschafter zustehende Ergebnis wird nach den gleichen Grundsätzen ermittelt, die für die Ermittlung des laufenden Jahresergebnisses gelten.[10] Berücksichtigt werden nur tatsächlich geleistete Einlagen, die dem stillen Gesellschafter auf dem Einlagekonto gutgeschrieben worden sind.[11] Als Einlage geleistete Dienste des stillen Gesellschafters oder Gebrauchsüberlassungen sind nur zu vergüten, soweit sie bewertet und als Einlage gebucht wurden. Im Zweifel ist dies gem. § 733 Abs. 2 S. 3 BGB[12] nicht der Fall.[13]

7 b) **Atypische stille Gesellschaft.** Ist der stille Gesellschafter abweichend vom gesetzlichen Regelfall bei einer **atypischen stillen Gesellschaft** auch schuldrechtlich am Geschäftsvermögen beteiligt, so ist der Geschäftsinhaber mangels abweichender Regelung im Gesellschaftsvertrag verpflichtet, außerdem den **Wert des schuldrechtlichen Anteils** des atypischen stillen Gesellschafters am Geschäftsvermögen auszugleichen. Hierzu ist eine Vermögensbilanz auf den Zeitpunkt der Auflösung zu erstellen, in welche die wirklichen Werte und nicht die Buchwerte der zum Betriebsvermögen gehörenden Vermögensgegenstände einzustellen sind.[14] Der stille Gesellschafter hält darüber hinaus einen Anteil an den offenen Rücklagen und am Geschäftswert.[15]

8 **3. Auseinandersetzungsanspruch und Ausgleichspflicht.** Das Auseinandersetzungsguthaben des stillen Gesellschafters ist stets **auf Geld** gerichtet.[16] Es ist idR erst nach Gesamtabrechnung fällig, soweit nicht schon vorher ein Zahlungsanspruch sicher erscheint.[17] In die Gesamtabrechnung sind alle wechselseitigen Ansprüche als unselbständige Rechnungsposten einzustellen, für deren isolierte Geltendmachung grds. eine Durchsetzungssperre gilt.[18] Auch bei der atypischen stillen Gesellschaft wird der Anspruch des stillen Gesellschafters auf Auszahlung des Auseinandersetzungsguthabens bzw. der Verlustausgleichsanspruch des Geschäftsinhabers regelmäßig erst nach der Auseinandersetzung gemäß § 235 Abs. 1 HGB in Form der Durchführung

---

6 BGH WM 1995, 1277; OLG München HRR 39, 1299; Hopt/Roth HGB § 235 Rn. 1.
7 MüKoHGB/K. Schmidt HGB § 235 Rn. 17; vgl. auch Blaurock Stille Gesellschaft-HdB/Kauffeld Rn. 15.18.
8 Vgl. weitergehend Blaurock Stille Gesellschaft-HdB/Kauffeld Rn. 15.8.
9 BGHZ 127, 176 (181).
10 Blaurock Stille Gesellschaft-HdB/Kauffeld Rn. 15.22.
11 Blaurock Stille Gesellschaft-HdB/Kauffeld Rn. 15.23.
12 Ab 1.1.2024: § 736d Abs. 5 BGB nF.
13 Hopt/Roth HGB § 235 Rn. 1; Blaurock Stille Gesellschaft-HdB/Kauffeld Rn. 15.23.
14 BGH NJW-RR 1995, 1061; Blaurock Stille Gesellschaft-HdB/Kauffeld Rn. 15.30.
15 MüKoHGB/K. Schmidt HGB § 235 Rn. 58; Blaurock Stille Gesellschaft-HdB/Kauffeld Rn. 15.30; Heymann/Wackerbarth HGB § 235 Rn. 22.
16 Hopt/Roth HGB § 235 Rn. 2.
17 BGH NJW 2015, 1956 Rn. 18; BGH DB 1977, 87 (89); BGH DNotZ 1993, 619 (620 f.); Hopt/Roth HGB § 235 Rn. 2; Blaurock Stille Gesellschaft-HdB/Kauffeld Rn. 15.42.
18 BGH NJW 2015, 1956 Rn. 18.

einer Gesamtabrechnung fällig.[19] Der Gesellschaftsvertrag kann nähere Bestimmungen über die Auszahlung des Guthabens enthalten, bspw. Zahlungsfristen oder Ratenzahlungen.[20]

Ergibt sich aus der Auseinandersetzungsbilanz ein **Passivsaldo zulasten des stillen Gesellschafters**, so ist dieser bei der typischen stillen Gesellschaft (ohne Verlustbeteiligung) idR gegenstandslos.[21] Eine **Ausgleichspflicht** besteht ausnahmsweise, soweit der Passivsaldo auf Einlagenrückständen, unzulässigen Entnahmen, Darlehen an den stillen Gesellschafter, rechtsgrundlosen Zahlungen oder sonstigen Einzelforderungen des Geschäftsinhabers beruht, die in die Bilanz eingegangen sind.[22]

Der (künftige) Auseinandersetzungsanspruch ist gem. § 717 S. 2 BGB[23] **abtretbar**.[24] Die Abtretung wirkt auch für den Erben des stillen Gesellschafters.[25] Er wird allerdings hinfällig, wenn der stille Gesellschafter seine Beteiligung vor Entstehen des Anspruchs auf einen Dritten überträgt, da die Forderung in der Person des Zedenten dann nicht mehr entstehen kann. Anderes gilt im Fall der Gesamtrechtsnachfolge, bei der die Vorausabtretung bestehen bleibt, da der Gesamtrechtsnachfolger in die Position seines Vorgängers einrückt.[26]

4. Kontrollrechte. Der stille Gesellschafter kann zur Prüfung der Richtigkeit seiner Auseinandersetzungsansprüche Bucheinsicht nach § 810 BGB verlangen.[27] Die Kontrollrechte aus § 233 HGB stehen dem stillen Gesellschafter demgegenüber nach hM nur während der bestehenden Gesellschaft zu.[28] Der Gesellschaftsvertrag kann das Weiterbestehen der Kontrollrechte des Stillen auch nach der Auflösung der stillen Gesellschaft vorsehen.[29]

II. Schwebende Geschäfte

Geschäfte, die zum Zeitpunkt der Auflösung schweben, sind gem. § 235 Abs. 2 S. 1 BGB vom Inhaber des Handelsgeschäfts **abzuwickeln**. Unter den Begriff der schwebenden Geschäfte, fallen alle Geschäfte, zu deren Ausführung der Inhaber im Zeitpunkt der Auflösung bereits verpflichtet war, die aber in diesem Zeitpunkt noch nicht vollständig abgewickelt sind.[30] Der stille Gesellschafter wirkt an der Abwicklung der schwebenden Geschäfte selbst dann nicht mit, wenn er während der Dauer der Gesellschaft zur Geschäftsführung berechtigt war.[31]

Die Abwicklung der schwebenden Geschäfte ist **außerhalb der Auseinandersetzung** zu erfüllen.[32] Über schwebende Geschäfte ist demnach außerhalb der Auseinandersetzungsbilanz auf den Auflösungstag abzurechnen.[33]

Der stille Gesellschafter nimmt an **Gewinn und Verlust**, die sich aus diesen Geschäften ergeben, teil, wenn im Gesellschaftsvertrag nichts anderes geregelt ist. In welchem **Umfang** der stille Gesellschafter an Gewinn und Verlust der schwebenden Geschäfte teilnimmt, bestimmt sich nach den vertraglichen Regelungen. Seine Beteiligung an den Ergebnissen der schwebenden Geschäfte kann auch vollständig ausgeschlossen werden.[34]

Gem. § 235 Abs. 3 HGB kann der stille Gesellschafter an jedem Geschäftsjahresende **Rechenschaft** über die inzwischen beendigten Geschäfte, Auszahlung des ihm gebührenden Betrages

---

19 BGH ZIP 2017, 517 Rn. 16.
20 Blaurock Stille Gesellschaft-HdB/Kauffeld Rn. 15.43.
21 Hopt/Roth HGB § 235 Rn. 2.
22 MüKoHGB/K. Schmidt HGB § 235 Rn. 32.
23 Ab 1.1.2024: § 711a BGB nF.
24 Hopt/Roth HGB § 235 Rn. 3; Blaurock Stille Gesellschaft-HdB/Kauffeld Rn. 15.40.
25 Hopt/Roth HGB § 235 Rn. 3.
26 BGH NJW 1997, 3370; MüKoHGB/K. Schmidt HGB § 235 Rn. 29.
27 BGH WM 1968, 1245; BGH DB 1977, 1248 (zur GmbH); aA Blaurock Stille Gesellschaft-HdB/Kauffeld Rn. 15.50.
28 GK-HGB/Harbarth HGB § 234 Rn. 33; MüKo-HGB/K. Schmidt HGB § 235 Rn. 49; aA Blaurock Stille Gesellschaft-HdB/Kauffeld Rn. 15.50.
29 Blaurock Stille Gesellschaft-HdB/Kauffeld Rn. 15.52.
30 BGH WM 1985, 1166; Blaurock Stille Gesellschaft-HdB/Kauffeld Rn. 15.66.
31 MüKoHGB/K. Schmidt HGB § 235 Rn. 42; Blaurock Stille Gesellschaft-HdB/Kauffeld Rn. 15.67.
32 Blaurock Stille Gesellschaft-HdB/Kauffeld Rn. 15.67.
33 BGH BB 1960, 15; BGH DB 1976, 2106 (2107).
34 Stille Gesellschaft-HdB/Kauffeld Rn. 15.69.

und Auskunft über den Stand der noch schwebenden Geschäfte verlangen. Geschäftsjahr ist jeweils derjenige Zeitraum, für den der Inhaber nach Auflösung der Gesellschaft seinen Jahresabschluss erstellt.[35] Dieser Zeitraum braucht nicht mit dem Geschäftsjahr der aufgelösten stillen Gesellschaft übereinzustimmen, es sei denn dies ist vereinbart.[36]

C. Weitere praktische Hinweise

16 Kommt der Inhaber seiner Pflicht zur Berechnung des Auseinandersetzungsguthabens nicht nach, kann der stille Gesellschafter auf Rechnungslegung[37] oder im Wege der Stufenklage gem. § 254 ZPO auf Rechnungslegung und zunächst unbezifferte Zahlung klagen.[38] Bestreitet der stille Gesellschafter die Richtigkeit des vom Inhaber zur Auseinandersetzung aufgestellten Abschlusses, so kann er die Richtigstellung einzelner Unrichtigkeiten verlangen.[39]

Gesetz über Partnerschaftsgesellschaften Angehöriger Freier Berufe (Partnerschaftsgesellschaftsgesetz – PartGG)

Vom 25. Juli 1994 (BGBl. I S. 1744)
(FNA 4127-1)
zuletzt geändert durch Art. 68 PersonengesellschaftsrechtsmodernisierungsG (MoPeG) vom 10. August 2021 (BGBl. I S. 3436)
– Auszug –

§ 9 PartGG   Ausscheiden eines Partners, Auflösung der Partnerschaft

(1) Auf das Ausscheiden eines Partners und die Auflösung der Partnerschaft sind, soweit im folgenden nichts anderes bestimmt ist, die §§ 131 bis 144 des Handelsgesetzbuchs entsprechend anzuwenden.

(2) *[aufgehoben]*

(3) Verliert ein Partner eine erforderliche Zulassung zu dem Freien Beruf, den er in der Partnerschaft ausübt, so scheidet er mit deren Verlust aus der Partnerschaft aus.

(4) ¹Die Beteiligung an einer Partnerschaft ist nicht vererblich. ²Der Partnerschaftsvertrag kann jedoch bestimmen, daß sie an Dritte vererblich ist, die Partner im Sinne des § 1 Abs. 1 und 2 sein können. ³§ 139 des Handelsgesetzbuchs ist nur insoweit anzuwenden, als der Erbe der Beteiligung befugt ist, seinen Austritt aus der Partnerschaft zu erklären.

A. Allgemeines	1	2. Nachfolgeklauseln	3
B. Regelungsgehalt	2	II. Wahlrecht des Erben	4
I. Rechtsfolge des Todes eines Partners	2	C. Weitere praktische Hinweise	8
1. Ausscheiden als gesetzliche Folge	2		

A. Allgemeines

1 Die PartG ist eine Personengesellschaft, die speziell auf die Bedürfnisse der Angehörigen freier Berufe zugeschnitten ist. Es handelt sich gem. § 1 Abs. 1 S. 1 PartGG um eine Gesellschaft, in der sich Angehörige freier Berufe zur Ausübung ihrer Berufe zusammenschließen. Das PartGG

---

35 BGHZ 50, 316 (324); BGH DB 1969, 39; 1976, 2106 (2107); BGH BB 1976, 11.
36 Blaurock Stille Gesellschaft-HdB/Kauffeld Rn. 15.72.
37 RG JW 1926, 1812.
38 Hopt/Roth HGB § 235 Rn. 3.
39 BGH BB 1960, 15; Hopt/Roth HGB § 235 Rn. 3.

bestimmt spezifische Regelungen unter Berücksichtigung des Charakters der Partnerschaftsgesellschaft. Ergänzend bestimmt das PartGG die Anwendbarkeit des Rechts der oHG, und zwar

- für das Rechtsverhältnis der Partner untereinander der §§ 110 bis 116 Abs. 2, §§ 117 bis 119 HGB[1] (§ 6 Abs. 3 S. 2 PartGG),
- für die rechtliche Selbstständigkeit des § 124 HGB (§ 7 Abs. 2 PartGG),
- für die Vertretung der Partnerschaft der § 125 Abs. 1 und 2, §§ 126 und 127 HGB[2] (§ 7 Abs. 3 PartGG),
- für die Haftung der Partner der §§ 129 und 130 HGB[3] (§ 8 Abs. 1 PartGG – unter Anordnung besonderer Haftungsfolgen für die Berufsausübung in § 8 Abs. 2 bis 4 PartGG),
- für das Ausscheiden eines Partners und die Auflösung der Partnerschaft der §§ 131 bis 144 HGB[4] (§ 9 Abs. 1 PartGG – unter Bestimmung des Verlustes der Zulassung zum freien Beruf als weiterem Ausscheidensgrund und Beschränkung der Vererblichkeit in § 9 Abs. 3 und 4 PartGG),
- für die Liquidation und Nachhaftung der §§ 145 bis 158 HGB bzw. §§ 159, 160 HGB[5] (§ 10 Abs. 1 bzw. Abs. 2 PartGG).

B. Regelungsgehalt

I. Rechtsfolge des Todes eines Partners

1. Ausscheiden als gesetzliche Folge. Über den Verweis auf das Recht der oHG in § 9 Abs. 1 PartGG gilt der Tod eines Gesellschafters als **Ausscheidensgrund** (§ 131 Abs. 3 S. 1 Nr. 1 HGB[6] – näher → HGB § 131 Rn. 2 ff.). Verbleibt es bei der gesetzlichen Regelung, wonach der Partner mit seinem Tod aus der PartG ausscheidet, so **wächst sein Partnerschaftsanteil den übrigen Gesellschaftern gem. § 738 Abs. 1 BGB[7] ohne besonderen Übertragungsakt zu.**[8] Die Erben sind demgegenüber auf einen **Abfindungsanspruch** beschränkt.[9]

2. Nachfolgeklauseln. Der für die OHG geltende Grundsatz, dass der Tod eines Gesellschafters zu seinem Ausscheiden führt, ist dispositiv.[10] Zulässig sind daher bei der OHG insbes. Nachfolgeklauseln, die zur Vererblichkeit des Gesellschaftsanteils führen (→ HGB § 131 Rn. 24 ff.). Da der Zweck der Partnerschaft auf die gemeinschaftliche Ausübung freier Berufe gerichtet ist, wird die **Vererblichkeit der Partnerschaftsanteile** allerdings durch § 9 Abs. 4 PartGG **eingeschränkt**: Die Beteiligung an einer Partnerschaft ist grundsätzlich nicht vererblich. Allerdings kann der Partnerschaftsvertrag durch eine entsprechende Nachfolgeklausel die Vererblichkeit insoweit herstellen, als sie sich nur auf solche Personen als Erben beziehen darf, die ihrerseits Partner iSv § 1 Abs. 2 und § 2 PartGG sein können. Der Wortlaut von § 9 Abs. 4 S. 2 PartGG ist einschränkend dahin gehend zu verstehen, dass es nicht auf das Ausüben irgendeines freien Berufes iSv § 1 Abs. 1 und 2 PartGG ankommt, sondern auf die **berufliche Qualifikation des Erben** für den Beitritt zur konkreten Partnerschaft. Die Erben müssen also eine berufliche Qualifikation für zumindest einen der vom **Gegenstand der Partnerschaft** umfassten freien Berufe besitzen und der Partnerschaftsvertrag eine entsprechende Einschränkung enthalten.[11] Unter dieser Voraussetzung sind sowohl einfache Nachfolgeklauseln (→ HGB § 131 Rn. 25 ff.) als auch qualifizierte Nachfolgeklauseln (→ HGB § 131 Rn. ff.) zulässig.[12] Auch Eintrittsklauseln

---

1 Ab 1.1.2024: § 116 Abs. 1, 2 S. 1 und Abs. 3 bis 6, §§ 117, 118 und 119 HGB nF.
2 Ab 1.1.2024: § 124 Abs. 1 und 2 sowie § 124 Abs. 4, 5 und 6 HGB nF.
3 Ab 1.1.2024: §§ 721a, 721b BGB nF.
4 Ab 1.1.2024: §§ 130 bis 142 HGB nF.
5 Ab 1.1.2024: §§ 143 bis 148 HGB nF bzw. §§ 137, 151 HGB nF.
6 Ab 1.1.2024: § 130 Abs. 1 Nr. 1 HGB nF.
7 Ab 1.1.2024: § 712 BGB nF.
8 Meilicke/v.Westphalen/Hoffmann PartGG § 9 Rn. 38 unter Hinweis auf RGZ 136, 97 (99).
9 Meilicke/v.Westphalen/Hoffmann PartGG § 9 Rn. 38; Römermann PartGG § 9 Rn. 38.
10 Arg.e. § 139 HGB.
11 MüKoBGB/C. Schäfer BGB § 9 PartGG Rn. 27; Meilicke/v.Westphalen/Hoffmann PartGG § 9 Rn. 44; Römermann PartGG § 9 Rn. 28.
12 Meilicke/v.Westphalen/Hoffmann PartGG § 9 Rn. 42; Römermann PartGG § 9 Rn. 30 ff.

sind möglich, bei denen allerdings die Beteiligung des verstorbenen Partners zunächst den übrigen Gesellschaftern anwächst und die Erben lediglich einen Abfindungsanspruch erhalten (→ HGB § 131 Rn. 38 ff.).[13]

II. Wahlrecht des Erben

4 Angesichts der persönlichen und unbeschränkten Haftung, die ein Erbe mit dem Eintritt in eine bestehende OHG übernimmt, gewährt § 139 Abs. 1 HGB[14] im ein Wahlrecht: Er kann innerhalb einer Überlegensfrist von drei Monaten sein Verbleiben in der Gesellschaft davon abhängig machen, dass ihm unter Belassung des bisherigen Gewinnanteils die Stellung eines Kommanditisten eingeräumt und der auf ihn fallende Teil der Einlage des Erblassers als seine Kommanditeinlage anerkannt wird; anderenfalls hat er ein sofortiges Ausscheidensrecht aus § 139 Abs. 2 HGB.[15]

5 Dieses Wahlrecht wird durch § 9 Abs. 4 S. 3 PartGG dahin gehend **eingeschränkt**, dass der gem. S. 2 qualifizierte Erbe nur zwischen seinem **Verbleiben in der PartG** und seinem **Austritt** wählen darf, nicht aber von den übrigen Gesellschaftern die Umwandlung seiner Beteiligung in eine Kommanditbeteiligung – und damit gleichzeitig die Umwandlung der PartG in eine Kommanditgesellschaft – verlangen kann.

6 Die **Austrittserklärung** führt entsprechend § 139 Abs. 2 HGB zum Ausscheiden des Erben aus der PartG. Gem. § 139 Abs. 4 HGB[16] haftet der Erbe in diesem Fall trotz vorübergehender Mitgliedschaft in der PartG abweichend von § 8 Abs. 1 PartGG iVm § 130 HGB nur als Erbe und kann sich auf die **beschränkte Erbenhaftung** berufen.

7 Entscheidet der Erbe sich hingegen für das **Verbleiben in der PartG** oder versäumt er die Dreimonatsfrist des § 139 Abs. 3 HGB, so haftet er in vollem Umfang nach Maßgabe von § 8 PartGG und ist zur Beitragsleistung im Rahmen des von ihm ausgeübten freien Berufes verpflichtet.[17]

C. Weitere praktische Hinweise

8 Hat der verstorbene Partner **mehrere Erben**, die die von einer Nachfolgeklausel geforderte berufliche Qualifikation erfüllen, so werden diese jeweils einzeln mit einem ihrem Erbteil entsprechenden Anteil Rechtsnachfolger des verstorbenen Partners.[18] Erfüllt von mehreren Erben nur einer die Voraussetzungen der **beruflichen Qualifikation**, so erhält er den gesamten Partnerschaftsanteil, während die Miterben weder einen Anteil noch einen Abfindungsanspruch erhalten. Allerdings besteht ein **Wertausgleichsanspruch im Rahmen der Erbauseinandersetzung**.[19]

9 Gleiches gilt im Falle einer **qualifizierten Nachfolgeklausel**, die dazu führt, dass nur einer von mehreren partnerschaftsfähigen Erben den gesamten Anteil erhält.[20]

10 Jeder partnerschaftsfähige Miterbe hat das **Austrittsrecht** des § 9 Abs. 4 S. 2 PartGG iVm § 139 Abs. 2 HGB gesondert.

---

13 Meilicke/v.Westphalen/Hoffmann PartGG § 9 Rn. 42; Römermann PartGG § 9 Rn. 33.
14 Ab 1.1.2024: § 131 Abs. 1 HGB nF.
15 Ab 1.1.2024: § 131 Abs. 2 HGB nF.
16 Ab. 1.1.2024: § 131 Abs. 4 HGB nF.
17 MüKoBGB/C.Schäfer PartGG § 9 Rn. 31.
18 Meilicke/v.Westphalen/Hoffmann PartGG § 9 Rn. 42; vgl. dazu auch § 131 Rn. 28.
19 Meilicke/v.Westphalen/Hoffmann PartGG § 9 Rn. 42 unter Hinweis auf BGHZ 22, 186 (197).
20 Meilicke/v.Westphalen/Hoffmann PartGG § 9 Rn. 42 unter Hinweis auf BGHZ 68, 225 (237 f.).

Gesetz betreffend die Gesellschaften mit beschränkter Haftung (GmbHG)

In der Fassung der Bekanntmachung vom 20. Mai 1898 (RGBl. S. 846)
(BGBl. III/FNA 4123-1)
zuletzt geändert durch Art. 5, 6 G zur Ergänzung der Regelungen zur Umsetzung der DigitalisierungsRL und zur Änd. weiterer Vorschriften vom 15. Juli 2022 (BGBl. I S. 1146)
– Auszug –

§ 15 GmbHG Übertragung von Geschäftsanteilen

(1) Die Geschäftsanteile sind veräußerlich und vererblich.

(2) Erwirbt ein Gesellschafter zu seinem ursprünglichen Geschäftsanteil weitere Geschäftsanteile, so behalten dieselben ihre Selbständigkeit.

(3) Zur Abtretung von Geschäftsanteilen durch Gesellschafter bedarf es eines in notarieller Form geschlossenen Vertrages.

(4) [1]Der notariellen Form bedarf auch eine Vereinbarung, durch welche die Verpflichtung eines Gesellschafters zur Abtretung eines Geschäftsanteils begründet wird. [2]Eine ohne diese Form getroffene Vereinbarung wird jedoch durch den nach Maßgabe des vorigen Absatzes geschlossenen Abtretungsvertrag gültig.

(5) Durch den Gesellschaftsvertrag kann die Abtretung der Geschäftsanteile an weitere Voraussetzungen geknüpft, insbesondere von der Genehmigung der Gesellschaft abhängig gemacht werden.

A. Allgemeines 1	a) Begriff der Abtretung 31
B. Regelungsgehalt 2	b) Beurkundung 36
I. Veräußerlichkeit und Vererblichkeit von Geschäftsanteilen 2	c) Vollmacht 39
1. Freie Veräußerlichkeit 4	d) Formverstoß 41
2. Freie Vererblichkeit 8	2. Verpflichtungsgeschäfte 42
a) Erbrechtliche Gesamtrechtsnachfolge 10	a) Begriff der Vereinbarung 42
b) Letztwillige Verfügungen 17	b) Beurkundung und Vollmacht 46
aa) Vermächtnisse 17	c) Formverstoß 48
bb) Vor- und Nacherbschaft 18	IV. Gesellschaftsvertragliche Erschwerungen der Veräußerung 49
cc) Testamentsvollstreckung 23	1. Erschwernisse der Abtretung (unter Lebenden) 49
c) Gesellschaftsvertragliche Abweichungen 27	a) Allgemeines 49
II. Selbstständigkeit von Geschäftsanteilen ... 29	b) Erfüllung von Vermächtnissen 54
III. Formerfordernisse 30	c) Auseinandersetzung von Miterben 56
1. Abtretung von Geschäftsanteilen ... 31	2. Erschwernisse der Erbfolge 59

A. Allgemeines

§ 15 GmbHG trifft Regelungen zur Übertragung von GmbH-Geschäftsanteilen. Es gilt der in Abs. 1 normierte Grundsatz der freien Übertragbarkeit, der jedoch durch Abs. 3 und 4 an die Form der notariellen Beurkundung gebunden wird. Gesellschaftsvertragliche Erschwerungen der Übertragung werden gem. Abs. 5 zugelassen. Abs. 2 bestimmt die Selbstständigkeit der einzelnen Geschäftsanteile und stellte diese auch für den Fall nachträglicher Vereinigung mehrerer Geschäftsanteile in einer Hand klar.

B. Regelungsgehalt

I. Veräußerlichkeit und Vererblichkeit von Geschäftsanteilen

2 Anders als das Personengesellschaftsrecht gewährt das Recht der GmbH aus Gründen des Gläubigerschutzes kein gesetzliches Kündigungsrecht der Gesellschafter zum Zweck der Realisierung des Anteilswertes. Aufgrund des allgemeinen korporationsrechtlichen Prinzips der Lösbarkeit der Mitgliedschaft bestimmt daher § 15 Abs. 1 GmbHG den Grundsatz der freien Übertragbarkeit und Vererblichkeit von Geschäftsanteilen.[1]

3 Besonderheiten gelten für die sog. **Freiberufler-GmbH**, bei der gem. spezialgesetzlicher Regelungen nur Angehörige bestimmte Berufsgruppen Gesellschafter sein dürfen. Zu nennen sind etwa Rechtsanwaltsgesellschaften (§ 59e Abs. 1 BRAO), Steuerberatungsgesellschaften (§ 50a Abs. 1 Nr. 1, 3 StBerG), Wirtschaftsprüfergesellschaften (§ 28 Abs. 4 S 1 Nr. 1 WPO) oder Ärztegesellschaften (§ 95 Abs. 1 SGB V) in der Rechtsform der GmbH. Die Geschäftsanteile solcher Gesellschaften sind zwar ebenfalls nach § 15 GmbHG übertragbar.[2] Aus der Beschränkung des Gesellschafterkreises auf bestimmte Berufe folgt allerdings, dass die **Abtretung von Geschäftsanteilen** gem. § 134 BGB unwirksam ist, wenn der Erwerber nicht der gesetzlich zugelassenen Berufsgruppe angehört.[3] Hinsichtlich der **Vererblichkeit** der Geschäftsanteile gibt es hingegen keine Ausnahmen vom Grundsatz des § 15 Abs. 1 GmbHG. Gem. diesem Prinzip geht der Geschäftsanteil eines verstorbenen Gesellschafters auf den oder die Erben über, auch wenn sie nicht der zugelassenen Berufsgruppe angehören.[4] Allerdings kann die Zulassung oder Anerkennung der Freiberufler-GmbH gem. den einschlägigen spezialgesetzlichen Regelungen (zB § 59h Abs. 3 BRAO, § 55 Abs. 2 StBerG, 34 Abs. 1 Nr. 2 WPO) widerrufen werden, wenn die berufsfremden Gesellschafter nicht innerhalb einer von der zuständigen Stelle zu bestimmenden angemessenen Frist aus der Gesellschaft ausscheiden.

4 **1. Freie Veräußerlichkeit.** GmbH-Geschäftsanteile sind gem. § 15 Abs. 1 GmbHG grundsätzlich frei veräußerlich. Allerdings kann der Gesellschaftsvertrag gem. § 15 Abs. 5 GmbHG die Abtretung erschweren (→ Rn. 49 ff.). Werden Geschäftsanteile an mehrere Erwerber gemeinsam übertragen, so entsteht – je nach Vereinbarung – eine Bruchteils- oder Gesamthandsgemeinschaft, für die § 18 GmbHG gilt.[5] Bedingte und auch befristete Veräußerungen sind ebenfalls möglich.[6]

5 Der **Begriff der Veräußerung** erfasst grundsätzlich jedes auf die Übertragung eines Geschäftsanteils gerichtete Rechtsgeschäft, unerheblich davon, ob es ein-, zwei- oder mehrseitig ausgestaltet ist.[7] Neben dem Anteilsverkauf kommen insoweit beispielsweise Tausch, Schenkung und Einbringung in ein anderes Unternehmen in Betracht.[8] Der Veräußerung gleichgestellt sind die Einsetzung eines Treuhänders, die Sicherungsabtretung, die Unterbeteiligung, die Bestellung eines Pfandrechts oder eines Nießbrauchs.[9]

6 Keine Veräußerung liegt hingegen im gesetzlichen Übergang von Geschäftsanteilen im Wege der Gesamtrechtsnachfolge.[10] Die **erbrechtliche Gesamtrechtsnachfolge** wird aber von § 15 Abs. 1 Alt. 2 GmbH gesondert geregelt.

---

1 MüKoGmbHG/Reichert/Weller GmbHG § 15 Rn. 4.
2 RegBegr. BR-Drs. 2002/97, 16.
3 MüKoGmbHG/Reichert/Weller GmbHG § 15 Rn. 8; Henssler NJW 1999, 241 (243); aA Altmeppen GmbHG § 1 Rn. 24: nachfolgender Ausschluss aus wichtigem Grund möglich.
4 RegBegr. BR-Drs. 2002/97, 15.
5 Noack/Servatius/Haas/Servatius GmbHG § 15 Rn. 2.
6 Noack/Servatius/Haas/Servatius GmbHG § 15 Rn. 2.
7 MüKoGmbHG/Reichert/Weller GmbHG § 15 Rn. 11.
8 MüKoGmbHG/Reichert/Weller GmbHG § 15 Rn. 12.
9 MüKoGmbHG/Reichert/Weller GmbHG § 15 Rn. 13.
10 MüKoGmbHG/Reichert/Weller GmbHG § 15 Rn. 14.

Eine **familien- oder betreuungsgerichtliche Genehmigung** ist für den Erwerb oder die Veräuße- 7
rung eines bestehenden Geschäftsanteils durch einen nicht beschränkt Geschäftsfähigen oder
Betreuten idR nicht erforderlich. § 1822 Nr. 3 Hs. 2 BGB ist nicht anwendbar.[11] Eine Genehmigungspflicht ergibt sich nur ausnahmsweise bei entgeltlichem Erwerb oder Veräußerung aus
§§ 1643 Abs. 1, 1822 Nr. 3 Hs. 1, 1908i Abs. 1 BGB, wenn Größe des Anteils, Art und Ausgestaltung der Gesellschaft und Stellung des Gesellschafters wirtschaftlich dem Erwerb oder der
Veräußerung eines Erwerbsgeschäftes gleichkommt.[12] Die Genehmigungspflicht kommt des
Weiteren im Falle der konkreten Möglichkeit der Inanspruchnahme für Verbindlichkeiten von
Mitgesellschaftern nach §§ 24 oder 31 Abs. 3 GmbHG in Betracht.[13]

2. Freie Vererblichkeit. Neben der freien Veräußerbarkeit ordnet § 15 Abs. 1 GmbHG in der 8
zweiten Alternative ausdrücklich auch die Vererblichkeit von Geschäftsanteilen an. Sie kann im
Grundsatz weder durch Gesellschaftsvertrag noch durch Gesellschafterbeschluss ausgeschlossen
oder beschränkt werden.[14]

Die Vererbung erfolgt nach den allgemeinen erbrechtlichen Regeln.[15] Der Gesellschaftsvertrag 9
kann jedoch an den Erbfall gewisse Folgen knüpfen (→ Rn. 28).[16] Damit fällt der Geschäftsanteil zunächst einmal stets in den Nachlass.[17] Denkbar ist allerdings eine auf den Todesfall bedingte Übertragung gem. § 2301 BGB.[18]

a) Erbrechtliche Gesamtrechtsnachfolge. Mit dem Tod des Gesellschafters gehen dessen Ge- 10
schäftsanteile gem. § 1922 BGB im Wege der Gesamtrechtsnachfolge auf den testamentarisch
eingesetzten oder gesetzlichen Erben über.[19] Für den dinglichen Rechtsübergang ist weder eine
Mitwirkung der Gesellschaft oder der Mitgesellschafter noch im Fall des Eintritts eines Minderjährigen eine familien- oder vormundschaftsgerichtliche Genehmigung erforderlich.[20] Auch bedarf es für den dinglichen Rechtsübergang nicht einer Eintragung in die Gesellschafterliste gem.
§ 16 Abs. 1 GmbHG.

Allerdings gilt der Erbe im Verhältnis zur Gesellschaft erst dann als Gesellschafter, wenn er in 11
die Gesellschafterliste und diese in das Handelsregister aufgenommen wurde (→ GmbHG § 16
Rn. 46). In der Praxis wird sich der Erbe gegenüber der Gesellschaft gemäß § 16 Abs. 1
GmbHG durch Vorlage eines Erbscheins als Gesellschafter zu legitimieren haben.[21]

Der **Alleinerbe** wird alleiniger Inhaber des Geschäftsanteils. **Miterben** werden nach § 2032 12
Abs. 1 BGB Mitinhaber des Geschäftsanteils zur gesamten Hand.[22] Eine Sonderrechtsnachfolge
Einzelner in den Erbteil ist ausgeschlossen.[23] Miterben verwalten den Geschäftsanteil damit ge-
meinschaftlich, allerdings entsprechend der Sonderregelung in § 18 GmbHG.

Mit dem Geschäftsanteil geht die Mitgliedschaft auf den Erben mit demjenigen Inhalt über, wie 13
sie beim Erblasser zum Todeszeitpunkt bestand. Damit gehen alle **mitgliedschaftlichen Rechte**

---

11 BGHZ 107, 23 (28 ff.); Noack/Servatius/Haas/
Servatius GmbHG § 15 Rn. 3; MüKoBGB/Kroll-
Ludwigs BGB § 1822 Rn. 17.
12 KG JW 1926, 599 (600); OLG Hamm DB 1984,
1822 f.; Noack/Servatius/Haas/Servatius GmbHG
§ 15 Rn. 4.
13 BGHZ 107, 23 (26 ff.); Scholz/Seibt GmbHG § 15
Rn. 244.
14 MHLS/Ebbing GmbHG § 15 Rn. 6; MüKo-
GmbHG/Reichert/Weller GmbHG § 15 Rn. 441;
Habersack/Casper/Löbbe/Löbbe GmbHG § 15
Rn. 6 und 11.
15 Noack/Servatius/Haas/Servatius GmbHG § 15
Rn. 9; MüKoGmbHG/Reichert/Weller GmbHG
§ 15 Rn. 437.
16 Noack/Servatius/Haas/Servatius GmbHG § 15
Rn. 9.
17 MüKoGmbHG/Reichert/Weller GmbHG § 15
Rn. 441.
18 Noack/Servatius/Haas/Servatius GmbHG § 15
Rn. 9.
19 MüKoGmbHG/Reichert/Weller GmbHG § 15
Rn. 445; Habersack/Casper/Löbbe/Löbbe GmbHG
§ 15 Rn. 6.
20 BT-Drs. 16/6140 S 38; Reimann DNotZ 1999, 179
(194).
21 MHLS/Ebbing GmbHG § 15 Rn. 10; Lutter/
Hommelhoff/Bayer GmbHG § 15 Rn. 13.
22 Noack/Servatius/Haas/Servatius GmbHG § 15
Rn. 11; MüKoGmbHG/Reichert/Weller GmbHG
§ 15 Rn. 446.
23 MHLS/Ebbing GmbHG § 15 Rn. 12.

und Pflichten auf den Erben über einschließlich Sonderrechten und Nebenleistungsverpflichtungen, soweit sie nicht höchstpersönlich sind.[24]

14 Die mit dem Geschäftsanteil kraft Gesamtrechtsnachfolge auf den Erben übergehenden **mitgliedschaftlichen Verpflichtungen sind Nachlassverbindlichkeiten,** für die die Erben nach §§ 1867, 2058 BGB haften.[25] Wird die Erbschaft ausgeschlagen, so gilt der Anfall an den Ausschlagenden gem. § 1953 Abs. 1 BGB als nicht erfolgt und damit der ausschlagende Erbe als niemals Gesellschafter gewesen. Damit haftet er auch nicht nach §§ 16 Abs. 2, 22 GmbHG.[26]

15 Nach hM kann der Erbe seine Haftung durch erbrechtliche Maßnahmen beispielsweise der Nachlassverwaltung oder Nachlassinsolvenz gem. §§ 1975 ff. BGB auf den Nachlass beschränken und bis zur Nachlassteilung die Einrede der beschränkten Erbenhaftung nach § 2059 Abs. 1 BGB erheben.[27] Die **erbrechtliche Haftungsbeschränkung** aus §§ 1975 ff. BGB gilt allerdings nur für die vor dem Erbfall begründeten Verbindlichkeiten. Unerheblich ist, ob die Fälligkeit vor oder nach dem Erbfall eintritt.[28] Wird der Grund für die Verbindlichkeit hingegen nach Anfall der Erbschaft durch den Erben selbst gesetzt, so kann er gegenüber der daraus folgenden persönlichen Haftung keine erbrechtliche Haftungsbeschränkung vornehmen. Zu nennen sind etwa die Übernahme von Stammeinlagen im Wege der Kapitalerhöhung und der Empfang von Leistungen entgegen § 30 Abs. 1 GmbHG.[29]

16 Wird die Erbschaft **ausgeschlagen,** so gilt der Anfall der Erbschaft gemäß § 1953 Abs. 1 BGB als nicht erfolgt. Der vorläufige Erbe ist in diesem Fall nie Gesellschafter geworden. Er haftet dann nicht, auch nicht nach §§ 16 Abs. 2, 22 GmbHG. Dies gilt auch dann, wenn der Erbe vor Ausschlagung vorübergehend in die Gesellschafterliste iSv § 16 GmbHG eingetragen wurde.[30] Für die Geschäftsführung vor Ausschlagung gilt § 1959 BGB.[31]

17 **b) Letztwillige Verfügungen. aa) Vermächtnisse.** Wird ein Geschäftsanteil durch **Vermächtnis** einem Dritten zugewendet, so geht er zunächst kraft Gesamtrechtsnachfolge auf den Erben über, der nach § 2174 BGB zur Abtretung verpflichtet ist.[32] Das Vermächtnis ist kein schuldrechtlicher Vertrag und unterliegt daher nicht der Formvorschrift des § 15 Abs. 4 GmbHG, die Abtretung des Anteils aber der des § 15 Abs. 3 GmbHG.[33] Zur Geltung von Vinkulierungsklauseln → Rn. 54. Solange der **Vermächtnisanspruch nicht erfüllt** ist, ist der Erbe als Gesellschafter in die Gesellschafterliste aufzunehmen und hat er den Geschäftsanteil zu verwalten. Einfluss auf das Stimmrecht steht dem Vermächtnisnehmer solange nicht zu. Er kann allenfalls verlangen, dass der Geschäftsanteil in einer Weise verwaltet wird, die nicht nachteilig ist, insbes. nicht den Geschäftsanteil schädigt.[34]

18 **bb) Vor- und Nacherbschaft. Vor- und Nacherbschaft** ist möglich. Probleme ergeben sich, wenn aufgrund einer besonderen Nachfolgeregelung im Gesellschaftsvertrag zwar der Nacherbe, nicht aber der Vorerbe nachfolgeberechtigt ist. Da auch der Vorerbe (bis zum Eintritt der Nacherbfolge) Erbe ist, sind auf ihn grds. die allgemein den Erben betreffenden Bestimmun-

---

24 Noack/Servatius/Haas/Servatius GmbHG § 15 Rn. 10; MüKoGmbHG/Reichert/Weller GmbHG § 15 Rn. 446.
25 MüKoGmbHG/Reichert/Weller GmbHG § 15 Rn. 448; Habersack/Casper/Löbbe/Löbbe GmbHG § 15 Rn. 21.
26 MHLS/Ebbing GmbHG § 15 Rn. 11; MüKoGmbHG/Reichert/Weller GmbHG § 15 Rn. 449; Habersack/Casper/Löbbe/Löbbe GmbHG § 15 Rn. 7.
27 Noack/Servatius/Haas/Servatius GmbHG § 15 Rn. 10; Lutter/Hommelhoff/Bayer GmbHG § 15 Rn. 12; MüKoGmbHG/Reichert/Weller GmbHG § 15 Rn. 450; aA Wiedemann, Die Übertragung und Vererbung von Mitgliedschaftsrechten bei Handelsgesellschaften, 1965, S 229 ff.
28 MüKoGmbHG/Reichert/Weller GmbHG § 15 Rn. 451.
29 MHLS/Ebbing GmbHG § 15 Rn. 20; MüKoGmbHG/Reichert/Weller GmbHG § 15 Rn. 452; Habersack/Casper/Löbbe/Löbbe GmbHG § 15 Rn. 22.
30 MHLS/Ebbing GmbHG § 15 Rn. 11.
31 MHLS/Ebbing GmbHG § 15 Rn. 11.
32 Noack/Servatius/Haas/Servatius GmbHG § 15 Rn. 15; Habersack/Casper/Löbbe/Löbbe GmbHG § 15 Rn. 23.
33 Noack/Servatius/Haas/Servatius GmbHG § 15 Rn. 15; MHLS/Ebbing GmbHG § 15 Rn. 37.
34 Offenlassend OLG Stuttgart ZIP 2014, 873 Rn. 15 f.

gen des Gesellschaftsvertrages anzuwenden. Da der Vorerbe wirtschaftlich betrachtet einem Nießbraucher gleicht, wird von der Literatur im Einzelfall eine (ergänzende) Auslegung dahin gehend erwogen, dass eine entsprechende allgemein den Erben betreffende Regelung des Gesellschaftsvertrags nicht für den Vorerben gelten soll.[35]

Für die Dauer der Vorerbschaft gebühren dem Vorerben die Gewinnanteile (§ 29 GmbHG) sowie Vergütungen für von ihm erbrachte Nebenleistungen oder besondere Tätigkeiten als **Nutzungen**. Der Gewinnauszahlungsanspruch setzt einen Ergebnisverwendungsbeschluss der Gesellschafterversammlung voraus,[36] so dass anspruchsberechtigt gesellschaftsrechtlich derjenige ist, der zum Zeitpunkt des Ergebnisverwendungsbeschlusses als Gesellschafter in die zum Handelsregister aufgenommene Gesellschafterliste eingetragen ist (vgl. § 16 Abs. 1 GmbHG). Gleichwohl gebühren dem Vorerben die Gewinnanteile schuldrechtlich gem. §§ 2111 Abs. 1 S. 1, 101 Nr. 2 BGB unabhängig vom Zeitpunkt der Ergebnisverwendungsbeschlüsse für die Dauer seiner Mitgliedschaft, dh für die Zeit der Vorerbschaft. Der Vorerbe hat insoweit einen Erstattungsanspruch gegen den Nacherben.[37]

Dagegen gehören **Surrogate** nach § 2111 Abs. 1 BGB zur Erbschaft, vor allem Liquidationsquote, Einziehungsentgelt sowie neue Geschäftsanteile bei Kapitalerhöhungen aus Gesellschaftsmitteln.[38] Surrogate sind das Auseinandersetzungsguthaben im Falle einer Auflösung der Gesellschaft, ein Einziehungs- oder Abtretungsentgelt, ein Überschuss iSv § 27 Abs. 2 S. 3 GmbHG, zurückgezahlte Nachschüsse iSv § 30 Abs. 2 GmbHG und Einlagen iSv § 58 Abs. 2 S. 2 GmbHG. Gleiches gilt bei neuen Geschäftsanteilen, die aufgrund von Bezugsrechten oder mit Mitteln der Erbschaft aus anderen Kapitalerhöhungen gewährt werden.[39] Wendet der Vorerbe im zuletzt genannten Fall eigene Mittel auf, so hat er einen Erstattungsanspruch gegen den Nacherben gem. §§ 2124, 2125 BGB.[40] Unentgeltliche Verfügungen des Vorerben über den Geschäftsanteil sind nach Maßgabe des § 2113 Abs. 2 BGB unwirksam. Eine solche kann in der Zustimmung zur entschädigungslosen Aufhebung von Sonderrechten oder Einziehung liegen, nicht dagegen generell bei nachteiligen rechtsändernden Beschlüssen.[41]

Der Vorerbe unterliegt auch bzgl. eines zum Nachlass gehörenden Geschäftsanteils den **erbrechtlichen Beschränkungen**.[42] Der Vorerbe kann nach §§ 2113 ff. BGB grds. frei über den Anteil verfügen. **Unentgeltliche Verfügungen** sind allerdings gem. § 2113 Abs. 2 BGB im Falle des Eintritts der Nacherbfolge ohne Genehmigung seitens des Nacherben absolut unwirksam, soweit durch sie die Rechte des Nacherben beeinträchtigt werden.[43] Keine unentgeltlichen Verfügungen sind die Preisgabe des Anteils iSv § 27 GmbHG, die Erfüllung von vorher begründeten statutarischen Abtretungspflichten, Kaduzierung und Zwangseinziehung bei Stimmrechtsausschluss sowie Austritt aus wichtigem Grund.[44] Unentgeltliche Verfügungen sind ua die Übertragung und Belastung ohne vollwertiges Entgelt, Kündigung, Austritt sowie Zustimmung zur Einziehung ohne zureichenden Grund oder ohne angemessene Abfindung.[45]

---

35 MHLS/Ebbing GmbHG § 15 Rn. 42; enger Scholz/Seibt GmbHG § 15 Rn. 40 (Rechtsmissbräuchlichkeit der Anwendung der gesellschaftsvertraglichen Regelung im Vorerbfall bei Vorliegen besonderer Umstände); ebenso Habersack/Casper/Löbbe/Löbbe GmbHG § 15 Rn. 25.
36 Noack/Servatius/Haas/Kersting GmbHG § 29 Rn. 49.
37 MHLS/Ebbing GmbHG § 15 Rn. 44.
38 Noack/Servatius/Haas/Servatius GmbHG § 15 Rn. 16; MHLS/Ebbing GmbHG § 15 Rn. 45.
39 Noack/Servatius/Haas/Servatius GmbHG § 15 Rn. 16; MHLS/Ebbing GmbHG § 15 Rn. 45; MüKoGmbHG/Reichert/Weller GmbHG § 15 Rn. 486.
40 MHLS/Ebbing GmbHG § 15 Rn. 45 unter Hinweis auf BGHZ 58, 316 ff. (Nießbrauch an Kommanditanteil).
41 Noack/Servatius/Haas/Servatius GmbHG § 15 Rn. 16.
42 Noack/Servatius/Haas/Servatius GmbHG § 15 Rn. 16.
43 BGHZ 52, 269 (270); MHLS/Ebbing GmbHG § 15 Rn. 46.
44 Lutter/Hommelhoff/Bayer GmbHG § 15 Rn. 21; MHLS/Ebbing GmbHG § 15 Rn. 46; Habersack/Casper/Löbbe/Löbbe GmbHG § 15 Rn. 28.
45 MüKoGmbHG/Reichert/Weller GmbHG § 15 Rn. 479; MHLS/Ebbing GmbHG § 15 Rn. 46.

22 Greifen Beschlüsse, an denen der Vorerbe im Rahmen der **Ausübung seiner Verwaltungsrechte** aus den ererbten Anteilen mitwirkt, nicht in die Mitgliedschaft ein, so liegt begrifflich keine Verfügung iSv § 2113 BGB vor. Dies gilt bspw. für die Bestellung von Organen und die Feststellung von Jahresabschlüssen.[46] Bei den Ergebnisverwendungsbeschlüssen hat der Vorerbe neben den eigenen auch die Interessen des Unternehmens und des Nacherben zu berücksichtigen.[47] Greifen Beschlüsse, die die zustimmende Mitwirkung des Vorerben erfordern, oder greift die Ausübung eines sonstigen Mitgliedschaftsrechts hingegen in die Mitgliedschaft ein, so handelt es sich bei der Zustimmung bzw. der Rechtsausübung durch den Vorerben um Verfügungen iSv § 2113 BGB.[48] Unentgeltlich sind diese, wenn sie den Betroffenen einseitig benachteiligen, zB durch Aufgabe von Sonderrechten, Zustimmung zur Einziehung des Geschäftsanteils ohne vollwertiges Entgelt, Schmälerung des Gewinnanteils des Vorerben. Maßstab für die Benachteiligung ist die ordnungsgemäße Verwaltung des Anteils iSv § 2130 BGB, in deren Rahmen auch das Gesellschaftsinteresse zu berücksichtigen ist.[49] Nicht unentgeltlich sind Verfügungen idR, wenn sie die Mitgliedschaftsrechte aller Gesellschafter gleichmäßig treffen.[50]

23 **cc) Testamentsvollstreckung.** Der **Testamentsvollstreckung** unterliegen grds. auch im Nachlass befindliche Geschäftsanteile.[51] Der Testamentsvollstrecker ist mangels abweichender Anordnungen des Erblassers berechtigt und verpflichtet, unter Ausschluss des Erben alle Rechte des Erben aus der Beteiligung geltend zu machen.[52] Anderes gilt nur, soweit diese Rechte höchstpersönlich sind, wie zB ein an die Person des Erben und nicht bloß an den Geschäftsanteil gebundenes Recht zur Geschäftsführung.[53] Der Testamentsvollstrecker ist in diesem Rahmen insbesondere zur Ausübung des Stimmrechts berechtigt, auch bei Satzungsänderungen.[54] Er unterliegt dabei denselben Stimmverboten, insbes. aus § 47 Abs. 4 GmbHG, wie ein Gesellschafter.[55]

24 Es gelten allerdings die **erbrechtlichen Beschränkungen**.[56] So kann der Testamentsvollstrecker neue Pflichten nur dann ohne Zustimmung des Erben begründen, wenn dessen Haftung auf den Nachlass beschränkt ist.[57] Einer Kapitalerhöhung aus Gesellschaftsmitteln kann der Testamentsvollstrecker damit zustimmen. Erfolgt die Kapitalerhöhung hingegen gegen Einlagen, so kann er ohne Einwilligung des Erben nur zustimmen, wenn eine sofortige Einlagenleistung der Übernehmer gewährleistet ist.[58] Neue Stammanteile gegen Einlagen übernehmen darf der Testamentsvollstrecker nur, wenn die Einlage aus Nachlassmitteln aufgebracht werden kann und sofort fällig ist.[59]

25 Die Rechtsstellung des Testamentsvollstreckers kann durch **letztwillige Anordnung des Erblassers** modifiziert,[60] allerdings nicht auf ein nicht isoliert übertragbares Mitgliedschaftsrecht, insbes. nicht auf das Stimmrecht, beschränkt werden, da dies dem gesellschaftsrechtlichen Abspaltungsverbot zuwiderliefe.[61]

---

46 MHLS/Ebbing GmbHG § 15 Rn. 47.
47 Näher MHLS/Ebbing GmbHG § 15 Rn. 44.
48 MHLS/Ebbing GmbHG § 15 Rn. 47; Lutter ZGR 1982, 108 (119 f.).
49 BGHZ 78, 177 (183).
50 Noack/Servatius/Haas/Servatius GmbHG § 15 Rn. 16; MHLS/Ebbing GmbHG § 15 Rn. 47.
51 BGH NZG 2014, 945 Rn. 14; Noack/Servatius/Haas/Servatius GmbHG § 15 Rn. 17; Wicke ZGR 2015, 161 (164).
52 BGH NJW 1959, 1820; BayObLG GmbHR 1991, 572 (575); Noack/Servatius/Haas/Servatius GmbHG § 15 Rn. 17; MHLS/Ebbing GmbHG § 15 Rn. 50; Wicke ZGR 2015, 161 (164).
53 Michalski/Ebbing GmbHG § 15 Rn. 50.
54 BayObLG NJW 1976, 1692; Noack/Servatius/Haas/Servatius GmbHG § 15 Rn. 17; MHLS/Ebbing GmbHG § 15 Rn. 50.
55 BGH NZG 2015, 161 (168 f.).
56 BGH NZG 2014, 945 Rn. 22; Noack/Servatius/Haas/Servatius GmbHG § 15 Rn. 17; Wicke ZGR 2015, 161 (176 ff.).
57 MHLS/Ebbing GmbHG § 15 Rn. 50; Scholz/Seibt GmbHG § 15 Rn. 252.
58 MHLS/Ebbing GmbHG § 15 Rn. 50; Wicke ZGR 2015, 161 (177).
59 MHLS/Ebbing GmbHG § 15 Rn. 50.
60 OLG Hamm BB 1956, 511.
61 MHLS/Ebbing GmbHG § 15 Rn. 52; zum Abspaltungsverbot allg. vgl. MHLS/Ebbing GmbHG § 14 Rn. 70 ff.

Die **Satzung** kann iÜ die Ausübung von Verwaltungsrechten durch Außenstehende wie Testamentsvollstrecker ausschließen (str).[62] Sie kann insbes. die Ausübung von Verwaltungsrechten, nicht aber von Vermögensrechten, durch einen Testamentsvollstrecker generell oder durch bestimmte (etwa nicht durch Satzung ausdrücklich zugelassene) Personen als Testamentsvollstrecker ausschließen oder beschränken.[63] In solchen Fällen stehen die Verwaltungsrechte dem Erben zu und ist nach dem Erblasserwillen zu entscheiden, ob zumindest vermögensrechtliche Ansprüche der Testamentsvollstreckung unterliegen.[64] Satzungsregelungen, die die Vertretung bei der Wahrnehmung von Mitgliedschaftsrechten betreffen, gelten im Zweifel auch für den Testamentsvollstrecker.[65]

c) **Gesellschaftsvertragliche Abweichungen.** Durch den Gesellschaftsvertrag kann Vererblichkeit des Geschäftsanteils **nicht generell ausgeschlossen** werden.[66] Ebenso wenig kann kraft gesellschaftsvertraglicher Regelung der unmittelbare Übergang des Geschäftsanteils auf einen Dritten außerhalb der Erbfolge festgesetzt oder bestimmte Personen vom Erwerb von Todes wegen ausgeschlossen oder die „automatische" Einziehung des Gesellschaftsanteils bestimmt werden.[67] Im Einzelfall ist die Auslegung einer entsprechenden Regelung als schuldrechtliche Nachfolgeregelung möglich.[68]

Allerdings kann der Gesellschaftsvertrag durch **Nachfolgeklausel** den endgültigen Verbleib des auf den Erben übergegangenen Geschäftsanteils regeln mit der Folge, dass der Erbe nicht oder nur unter bestimmten Voraussetzungen Gesellschafter bleiben kann.[69] Der Gesellschaftsvertrag kann bspw. anordnen, dass der Geschäftsanteil vom Erben an eine bestimmte Person, die Gesellschaft selbst, einen der übrigen Gesellschafter oder eine von der GmbH oder den übrigen Gesellschaftern auszuwählende Person abzutreten ist (Abtretungsklausel).[70] Die Abtretung erfolgt grds. gegen Entgelt, das wie die Abfindung durch den Gesellschaftsvertrag geregelt werden kann.[71]

II. Selbstständigkeit von Geschäftsanteilen

Auch wenn sich mehrere Geschäftsanteile durch Veräußerung oder Erbgang in einer Hand vereinigen, bleibt jeder Geschäftsanteil gem. § 15 Abs. 2 GmbHG selbstständig. Die Zusammenlegung von Geschäftsanteilen erfolgt durch Gesellschafterbeschluss nach § 46 Nr. 4 GmbHG mit Zustimmung des betroffenen Gesellschafters.[72]

III. Formerfordernisse

Das Gesetz knüpft sowohl dingliche als auch schuldrechtliche Verfügungen über Geschäftsanteile an die notarielle Beurkundung. Gem. § 15 Abs. 3 GmbHG bedarf die Abtretung von Geschäftsanteilen an einer GmbH der notariellen Beurkundung. Der notariellen Beurkundung bedarf gem. § 15 Abs. 4 GmbHG auch eine Vereinbarung, durch welche die Verpflichtung eines Gesellschafters zur Abtretung eines Geschäftsanteils begründet wird.

---

62 Noack/Servatius/Haas/Servatius GmbHG § 15 Rn. 17; Lutter/Hommelhoff/Bayer GmbHG § 15 Rn. 22; aA Wiedemann Die Übertragung und Vererbung von Mitgliedschaftsrechten bei Handelsgesellschaften, 1965, 338.
63 OLG Frankfurt/M EWiR 2009, 83; MHLS/Ebbing GmbHG § 15 Rn. 53.
64 Noack/Servatius/Haas/Servatius GmbHG § 15 Rn. 17; MHLS/Ebbing GmbHG § 15 Rn. 53.
65 MHLS/Ebbing GmbHG § 15 Rn. 53.
66 Noack/Servatius/Haas/Servatius GmbHG § 15 Rn. 12; Habersack/Casper/Löbbe/Löbbe GmbHG § 15 Rn. 11.
67 Noack/Servatius/Haas/Servatius GmbHG § 15 Rn. 12; Habersack/Casper/Löbbe/Löbbe GmbHG § 15 Rn. 11.
68 Noack/Servatius/Haas/Servatius GmbHG § 15 Rn. 12.
69 Noack/Servatius/Haas/Servatius GmbHG § 15 Rn. 13.
70 Noack/Servatius/Haas/Servatius GmbHG § 15 Rn. 13.
71 Noack/Servatius/Haas/Servatius GmbHG § 15 Rn. 13.
72 Noack/Servatius/HaasNoack GmbHG § 46 Rn. 32a.

31 **1. Abtretung von Geschäftsanteilen. a) Begriff der Abtretung.** Abtretung des Geschäftsanteils ist jede **Übertragung unter Lebenden**,[73] ungeachtet des rechtlichen Grundes. Formbedürftig ist deshalb nicht nur die Erfüllung einer vertraglich eingegangenen, sondern auch einer kraft Gesetzes oder letztwilliger Verfügung bestehenden Abtretungspflicht.[74] Im Hinblick auf den Zweck der Regelung erstreckt sich das Beurkundungserfordernis des § 15 Abs. 3 GmbHG über den Wortlaut hinaus grds. auch auf die Abtretung des Anspruchs auf Übertragung des Geschäftsanteils.[75]

32 Damit unterliegen Abtretungen in **Erfüllung eines Vermächtnisses** der Form des § 15 Abs. 3 GmbHG.[76] Gleiches gilt für die Umwandlung einer Erbengemeinschaft in eine OHG.[77]

33 Auch die **Auseinandersetzung der Erbengemeinschaft** im Wege der Realteilung oder im Wege der Übertragung auf einen der Miterben, einen anderen Gesellschafter oder einen Dritten unterliegt den gesetzlichen Formvorschriften des § 15 GmbHG. Soweit der Gesellschaftsvertrag nichts anderes bestimmt, können Teile eines Geschäftsanteils nur nach vorherigem Gesellschafterbeschluss über die Teilung des Geschäftsanteils nach § 46 Nr. 4 GmbHG[78] oder mit Zustimmung der Gesellschafter[79] abgetreten werden. Anderes gilt nur dann, wenn der Gesellschaftsvertrag jedem Gesellschafter erlaubt, die von ihm gehaltenen Geschäftsanteile selbst zu teilen.

34 Die **Verfügung über den Erbteil** gem. § 2033 BGB ist hingegen kein Rechtsgeschäft iSv § 15 Abs. 3 oder 4 GmbHG.[80]

35 Keine formbedürftige Abtretung liegt demgegenüber bei **Übergang des Anteils kraft Gesetzes**, Übertragung kraft Hoheitsaktes sowie bei Anwachsung vor. § 15 Abs. 3 GmbHG gilt daher ua nicht für die Fälle der Gesamtrechtsnachfolge, insbes. die Erbfolge.[81] Die gesetzliche Regelung gilt ebenfalls nicht für die Abtretung einzelner aus dem Gesellschaftsanteil fließender Vermögensrechte, wie zB Anspruch auf Gewinnanteil, Auseinandersetzungsguthaben. Ebenso wenig greift er bei der Einräumung einer Unterbeteiligung.[82]

36 **b) Beurkundung.** Die Abtretung von Geschäftsanteilen bedarf gem. § 15 Abs. 3 GmbHG notarieller Beurkundung iSv §§ 8 ff. BeurkG. Beurkundet werden muss der Abtretungsvertrag (§§ 413, 398 BGB).[83] Die getrennte Beurkundung von Angebot und Annahme nach § 128 BGB genügt.[84]

37 Der Abtretungsgegenstand muss hinreichend konkret bezeichnet sein. Besitzt der Abtretende mehrere Geschäftsanteile, so muss sich – etwa durch Nennung der laufenden Nummer des Geschäftsanteils gem. Gesellschafterliste – ergeben, welcher Geschäftsanteil übertragen wird.[85]

38 Für die **Beurkundung im Ausland** gelten nach hM grds. beide Alternativen von Art. 11 Abs. 1 EGBGB gleichberechtigt.[86] Für das Wirkungsstatut (Art. 11 Abs. 1 Alt. 1 EGBGB) muss die ausländische Beurkundung daher mit der durch einen deutschen Notar vergleichbar sein. Daneben genügt nach Art. 11 Abs. 1 Alt. 2 EGBGB grds. die Einhaltung der Ortsform (Ortsstatut), so-

---

73 Noack/Servatius/Haas/Servatius GmbHG § 15 Rn. 24 spricht insoweit von „Veräußerung unter Lebenden".
74 Noack/Servatius/Haas/Servatius GmbHG § 15 Rn. 24.
75 BGHZ 75, 352 (354); Noack/Servatius/Haas/Servatius GmbHG § 15 Rn. 26; Lutter/Hommelhoff/Bayer § 15 Rn. 38.
76 Noack/Servatius/Haas/Servatius GmbHG § 15 Rn. 25; MHLS/Ebbing GmbHG § 15 Rn. 37 und 118.
77 Noack/Servatius/Haas/Servatius GmbHG § 15 Rn. 25.
78 Noack/Servatius/Haas/Servatius GmbHG § 15 Rn. 11.
79 Vgl. dazu BGH NZG 2014, 184 (187).
80 BGHZ 92, 386 (393); Scholz/Seibt GmbHG § 15 Rn. 92 f.; Habersack/Casper/Löbbe/Löbbe GmbHG § 15 Rn. 38.
81 Noack/Servatius/Haas/Servatius GmbHG § 15 Rn. 27.
82 Noack/Servatius/Haas/Servatius GmbHG § 15 Rn. 27.
83 BGHZ 21, 242 (247).
84 Noack/Servatius/Haas/Servatius GmbHG § 15 Rn. 22.
85 Noack/Servatius/Haas/Servatius GmbHG § 15 Rn. 22.
86 Noack/Servatius/Haas/Servatius GmbHG § 15 Rn. 22b; aA König/Goette/Bormann NZG 2009, 881 (882 ff.): § 15 Abs. 3 GmbHG ist materiellrechtliche Wirksamkeitsvoraussetzung und nicht Formvorschrift.

weit das Ortsrecht ein entsprechendes Rechtsgeschäft kennt (str).[87] Allerdings wird von einzelnen Instanzgerichten die Auslandsbeurkundung der Abtretung wegen der für den ausländischen Notar nicht bestehenden Pflicht zur Einreichung der Gesellschafterliste nach § 40 Abs. 2 GmbHG für gänzlich unzulässig gehalten.[88] Nach hM ist hingegen unter Beachtung des Wirkungsstatuts eine Abtretung bei Beurkundung durch einen gleichwertigen ausländischen Notar zulässig.[89] Die Pflicht zur Einreichung der Gesellschafterliste trifft dann den Geschäftsführer, falls der ausländische Notar nicht selbst einreicht und sich ggf. zur Einhaltung der elektronischen Form eines deutschen Notars als Boten bedient.[90] Daneben sollte auch Einhaltung der Ortsform genügen, selbst wenn diese, wie nunmehr in der Schweiz, schriftliche Abtretung zulässt (str).[91]

c) Vollmacht. Eine Vollmacht zur Abtretung ist gem. § 167 Abs. 2 BGB formlos wirksam. Das gilt auch bei Befreiung von § 181 BGB.[92] Auch eine unwiderrufliche Vollmacht kann formlos erteilt werden.[93] Blankovollmachten sind hingegen selbst bei notarieller Form unwirksam, da sie iE die freie Übertragbarkeit bewirken könnten.[94]

39

Formfrei ist auch eine nachträgliche Genehmigung nach §§ 182 Abs. 2, 185 Abs. 2 BGB sowie eine Verpflichtung hierzu.[95]

40

d) Formverstoß. Bei Verstoß gegen die Formvorschrift des § 15 Abs. 3 GmbHG ist die Abtretung gem. § 125 BGB **nichtig**, selbst wenn das Verpflichtungsgeschäft wirksam ist.[96] Die Berufung auf die Nichtigkeit verstößt wegen des im öffentlichen Interesse liegenden Schutzzwecks des Formerfordernisses im Regelfall nicht gegen § 242 BGB.[97] Eine Heilung wie bei § 15 Abs. 4 GmbHG ist nicht möglich. Vielmehr muss das formnichtige Geschäft nach § 141 BGB formgerecht mit Wirkung ex nunc nachgeholt werden.[98] Auch **andere Nichtigkeitsgründe** sind möglich, etwa bei Unbestimmtheit des Abtretungsgegenstands (→ Rn. 37).[99] Zum gutgläubigen Erwerb vom Unberechtigten → GmbH § 16 Rn. 23 ff.

41

2. Verpflichtungsgeschäfte. a) Begriff der Vereinbarung. Eine Vereinbarung, mit der sich ein Gesellschafter zur Übertragung seines Geschäftsanteils verpflichtet, bedarf gem. § 15 Abs. 4 S. 1 GmbHG der notariellen Beurkundung. Der Wortlaut erfasst nur **Verträge**, nicht aber einseitige Rechtsgeschäfte. Damit sind testamentarische Anordnungen (zB Vermächtnisse iSv § 2174 BGB, Teilungsanordnungen iSv 2048 BGB) und Teilungspläne des Testamentsvollstreckers iSv § 2204 BGB nicht erfasst.[100]

42

---

87 RGZ 160, 225 (229 f.); BayObLG DB 1977, 2320; OLG Frankfurt/M DB 1981, 1456; OLG Frankfurt NZG 2005, 820; Noack/Servatius/Haas/Servatius GmbHG § 15 Rn. 22b; Scholz/Seibt GmbHG § 15 Rn. 82 f.
88 LG Frankfurt/M NZG 2009, 1353 entgegen ganz hM.
89 BGH NJW 2014, 2026 (2027 f.); OLG Düsseldorf NJW 2011, 1370; Noack/Servatius/Haas/Servatius GmbHG § 15 Rn. 22b; MHLS/Ebbing GmbHG § 15 Rn. 97; MüKoGmbHG/Reichert/Weller GmbHG § 15 Rn. 144; Scholz/Seibt GmbHG § 15 Rn. 87c und 87d.
90 Zur Zulässigkeit der Einreichung durch einen Schweizer Notar BGH NJW 2014, 2026 ff.; OLG Düsseldorf NJW 2011, 1370 (1372); vgl. im Übrigen Noack/Servatius/Haas/Servatius GmbHG § 15 Rn. 22b; Altmeppen GmbHG § 15 Rn. 93; Mankowski NZG 2010, 201 (204).
91 Noack/Servatius/Haas/Servatius GmbHG § 15 Rn. 22b; MüKoGmbHG/Reichert/Weller GmbHG § 15 Rn. 155 f.; Roth/Altmeppen GmbHG § 15 Rn. 91; Mankowski NZG 2010, 201 (206 f.); vgl. auch RGZ 160, 225 (229).

92 BGHZ 13, 49 (51 ff.); 19; 69, 72; Noack/Servatius/Haas/Servatius GmbHG § 15 Rn. 23.
93 RGZ 135, 70 (71); Noack/Servatius/Haas/Servatius GmbHG § 15 Rn. 23.
94 BGHZ 13, 49 (53); 19, 69, 72; Noack/Servatius/Haas/Servatius GmbHG § 15 Rn. 23.
95 BGH NJW 1996, 3338; Noack/Servatius/Haas/Servatius GmbHG § 15 Rn. 23.
96 Noack/Servatius/Haas/Servatius GmbHG § 15 Rn. 29.
97 Noack/Servatius/Haas/Servatius GmbHG § 15 Rn. 29; offengelassen von OLG Düsseldorf GmbHR 1997, 742 (743).
98 Noack/Servatius/Haas/Servatius GmbHG § 15 Rn. 29; Habersack/Casper/Löbbe/Löbbe GmbHG § 15 Rn. 138.
99 Noack/Servatius/Haas/Servatius GmbHG § 15 Rn. 29.
100 Noack/Servatius/Haas/Servatius GmbHG § 15 Rn. 31; Habersack/Casper/Löbbe/Löbbe GmbHG § 15 Rn. 45 ff.; Roth/Altmeppen GmbHG § 15 Rn. 80.

43 Die **Rechtsnatur des Vertrages** ist hingegen unerheblich, so dass neben Kauf auch bspw. Schenkungen, Vergleiche und sonstige Vereinbarungen erfasst sind.[101] Voraussetzung ist nach hM nur, dass der Vertragsinhalt unmittelbar auf die Verpflichtung zur Abtretung gerichtet ist. Es genügt nicht, dass eine solche Pflicht nur mittelbar oder als gesetzliche Rechtsfolge begründet wird.[102] Formbedürftig ist eine Vereinbarung auch, wenn sie bedingt, wahlweise oder nur auf Verlangen zu erfüllen ist.[103] Nach hM ist umgekehrt auch eine Erwerbspflicht formbedürftig.[104]

44 Das Beurkundungserfordernis bezieht sich nicht nur auf die **Hauptpflicht** zur Abtretung von Geschäftsanteilen, sondern grds. auch auf **Nebenabreden**, die nach dem Willen der Parteien Bestandteil der Vereinbarung über die Verpflichtung zur Abtretung sein sollen („mit ihr stehen und fallen").[105] Spätere **Änderungsvereinbarungen** und Zusätze sind formbedürftig, wenn sie nicht lediglich klarstellende Funktion haben.[106] Nach erfolgter formgültiger Abtretung bedürfen Vereinbarungen, welche das Verpflichtungsgeschäft bestätigen oder ändern, nur der notariellen Form, wenn sie eine neue Verpflichtung zur (Rück- oder Weiter-)Abtretung begründen.[107]

45 Bei **Verfügungen von Miterben** ist zwischen der Verfügung über den Anteil am Nachlass und der Verfügung über den dem Nachlass zugehörigen Geschäftsanteil zu unterscheiden: Jeder Miterbe kann gemäß § 2033 Abs. 1 BGB über seinen Anteil am Nachlass verfügen. Gem. § 2033 Abs. 2 BGB kann jedoch kein Miterbe allein über den Geschäftsanteil verfügen, solange dieser Gegenstand des ungeteilten Nachlasses ist.[108] Ein Vertrag, mit dem sich ein Miterbe zur Übertragung seines Anteils am Nachlass verpflichtet, bedarf nur insoweit besonderer Form, wie dies in besonderen Vorschriften (zB § 518 Abs. 1 S. 1 BGB) vorgesehen ist. Auch Heilungsmöglichkeiten bestimmen sich nach den jeweiligen besonderen Formvorschriften (zB § 518 Abs. 1 S. 2 BGB). § 15 Abs. 4 BGB findet keine Anwendung.[109] Das dingliche Verfügungsgeschäft bedarf allerdings gemäß § 2033 Abs. 1 S. 2 BGB notarieller Beurkundung.

46 **b) Beurkundung und Vollmacht.** Für **Beurkundungen im Ausland** gilt – für das Verpflichtungsgeschäft – Art. 11 Rom-I VO,[110] der alternativ zu den Formerfordernissen des Vertragsstatuts die Formerfordernisse des Ortsstatuts gelten lässt. Die der deutschen gleichwertige Beurkundung durch einen ausländischen Notar ist zulässig (dazu → Rn. 38).

47 Zur Bevollmächtigung → Rn. 39.

48 **c) Formverstoß.** Ein Verstoß gegen die notarielle Form macht das Verpflichtungsgeschäft gem. § 125 BGB formnichtig.[111] Der Mangel der Form wird gem. S. 2 durch die formgerechte Übertragung des Geschäftsanteils geheilt. Ungeschriebene Voraussetzung ist, dass sich die Abtretung auf die nichtige Verpflichtung bezieht und die Willensübereinstimmungen im Zeitpunkt der Abtretung fortbestehen.[112]

---

101 OLG München DB 1993, 2477; OLG Dresden NZG 1999, 170; MHLS/Ebbing GmbHG § 15 Rn. 63; MüKoGmbHG/Reichert/Weller GmbHG § 15 Rn. 92.
102 RGZ 50, 42 (45); 82, 350, 354; 124, 371, 376; BGHZ 19, 69 (70); Noack/Servatius/Haas/Servatius GmbHG § 15 Rn. 32; Lutter/Hommelhoff/Bayer GmbHG § 15 Rn. 56.
103 RG LZ 13, 141; OLG Karlsruhe GmbHR 1991, 19; Noack/Servatius/Haas/Servatius GmbHG § 15 Rn. 33.
104 RGZ 57, 61; 82, 353; 149, 397; OLG München BB 1995, 427; 1996, 1296; Noack/Servatius/Haas/Servatius GmbHG § 15 Rn. 33.
105 BGH NJW 1969, 2049; 1983, 1843 (1844); 2002, 142 (143); Noack/Servatius/Haas/Servatius GmbHG § 15 Rn. 30; Habersack/Casper/Löbbe/Löbbe GmbHG § 15 Rn. 80; aA MüKoGmbHG/Reichert/Weller GmbHG § 15 Rn. 114ff.
106 OLG München NJW 1967, 1328; OLG Hamm GmbHR 1979, 59; Noack/Servatius/Haas/Servatius GmbHG § 15 Rn. 30.
107 Noack/Servatius/Haas/Servatius GmbHG § 15 Rn. 30; MHLS/Ebbing GmbHG § 15 Rn. 92.
108 MHLS/Ebbing GmbHG § 15 Rn. 14.
109 MHLS/Ebbing GmbHG § 15 Rn. 15; Habersack/Casper/Löbbe/Löbbe GmbHG § 15 Rn. 38.
110 Noack/Servatius/Haas/Servatius GmbHG § 15 Rn. 35a; Roth/Altmeppen GmbHG § 15 Rn. 90.
111 Noack/Servatius/Haas/Servatius GmbHG § 15 Rn. 36.
112 BGH NZG 2001, 940 (941); BGHZ 127, 129 (131 f.); BGH NJW 2002, 142; OLG München BB 1996, 1296; Noack/Servatius/Haas/Servatius GmbHG § 15 Rn. 36; MHdBGesR III/Jasper § 24 Rn. 95.

IV. Gesellschaftsvertragliche Erschwerungen der Veräußerung

1. Erschwernisse der Abtretung (unter Lebenden). a) Allgemeines. Der Gesellschaftsvertrag kann gem. § 15 Abs. 5 GmbHG die Abtretung von Geschäftsanteilen an weitere Voraussetzungen knüpfen, insbesondere von der Genehmigung der Gesellschaft abhängig machen (Vinkulierung). Die Zustimmung der Gesellschaft wird durch den Geschäftsführer erteilt.[113] Daneben kommt insbesondere in Betracht, dass die Abtretung von der Zustimmung der Gesellschafterversammlung, eines etwa eingerichteten Beirats oder Aufsichtsrats oder jedes einzelnen Gesellschafters abhängig gemacht wird.[114] Strittig ist, ob die Zustimmung auch von der Zustimmung eines Dritten abhängig gemacht werden kann.[115] Die Abtretung kann aber auch von bestimmten Eigenschaften des Erwerbers abhängig gemacht werden (zB Familienzugehörigkeit, Mitgesellschaftereigenschaft).[116]

49

Der Begriff der Genehmigung meint **Zustimmung iSv §§ 182 ff. BGB**.[117] Diese kann vor, bei oder nach der Abtretung erteilt werden. Dies gilt selbst dann, wenn der Gesellschaftsvertrag die vorherige Zustimmung verlangt.[118] Die Erteilung kann gem. § 182 Abs. 1 BGB gegenüber dem Veräußerer oder dem Erwerber erfolgen. Sie bedarf mangels entsprechender Gesellschaftsvertragsbestimmung keiner besonderen Form.[119]

50

Ob die Genehmigung erteilt oder versagt wird, liegt mangels spezieller Regelung im Gesellschaftsvertrag im Ermessen des Zustimmungsberechtigten.[120] Nach hM hat bei Ausübung dieses Ermessens eine Abwägung der Gesellschaftsinteressen an der Versagung auf der einen mit den Gesellschafterinteressen an der Erteilung auf der anderen Seite als Ausdruck der Treuepflicht zu erfolgen (sog. gebundenes Ermessen).[121] Allerdings sind im Rahmen der Interessenabwägung nur mitgliedschaftliche Interessen des Gesellschafters zu berücksichtigen und liegt in der gesellschaftsvertraglichen Regelung grds. ein Vorrang des Vinkulierungsinteresses ohne Begrenzung auf bestimmte Versagungsgründe vor dem mitgliedschaftlichen Veräußerungsinteresse des Gesellschafters.[122] Soweit nicht ausnahmsweise aufgrund Gleichbehandlungspflicht oder Ermessensreduzierung auf Null[123] etwas anderes gilt, besteht damit grds. kein Anspruch auf Erteilung der Zustimmung. Bei willkürlicher Versagung ist nach hM nur diese unwirksam.[124] Missbraucht nur ein Gesellschafter sein Stimmrecht, ist zu prüfen, ob die rechtsmissbräuchliche Stimme unbeachtlich ist.[125] Ein positiver Anspruch auf Erteilung besteht nur ausnahmsweise, wenn der Gesellschaftsvertrag ihn durch konkrete Regelung der Voraussetzungen für die Erteilung oder Versagung einräumt oder wenn der Gleichbehandlungsgrundsatz oder ausnahmsweise die gesellschaftliche Treuepflicht die Erteilung gebieten.[126]

51

---

113 BGHZ 14, 25 (31); MHLS/Ebbing GmbHG § 15 Rn. 143.
114 BGH WM 1976, 204; OLG Schleswig ZIP 2003, 1703 (1705 f.); Noack/Servatius/Haas/Servatius GmbHG § 15 Rn. 38.
115 Bejahend Noack/Servatius/Haas/Servatius GmbHG § 15 Rn. 38; MHLS/Ebbing GmbHG § 15 Rn. 152; MüKoGmbH/Reichert/Weller GmbHG § 15 Rn. 431 f.; aA Habersack/Casper/Löbbe/Löbbe GmbHG § 15 Rn. 251 f.; Scholz/Seibt GmbHG § 15 Rn. 122.
116 Habersack/Casper/Löbbe/Löbbe GmbHG § 15 Rn. 276 mit weiteren Beispielen.
117 RGZ 160, 225 (232); BGHZ 13, 179 (184); Noack/Servatius/Haas/Servatius GmbHG § 15 Rn. 41.
118 BGH NJW 1965, 1377; OLG Celle GmbHR 1999, 131; Noack/Servatius/Haas/Servatius GmbHG § 15 Rn. 41; MHLS/Ebbing GmbHG § 15 Rn. 140.
119 Noack/Servatius/Haas/Servatius GmbHG § 15 Rn. 45.
120 RGZ 88, 319 (325); Habersack/Casper/Löbbe/Löbbe GmbHG § 15 Rn. 253 ff.
121 Lutter/Hommelhoff/Bayer GmbHG § 15 Rn. 82; MüKoGmbHG/Reichert/Weller GmbHG § 15 Rn. 414 f.; Habersack/Casper/Löbbe/Löbbe GmbHG § 15 Rn. 254 f.; aA MHLS/Ebbing GmbHG § 15 Rn. 155; MHdBGesR III/Jasper § 24 Rn. 199: Ermessen ist nur durch Zweck der Vinkulierung, Gleichbehandlungspflicht und Rechtsmissbrauchsverbot beschränkt ist (sog. freies Ermessen).
122 MüKoGmbHG/Reichert/Weller GmbHG § 15 Rn. 415; wohl auch Noack/Servatius/Haas/Servatius GmbHG § 15 Rn. 46.
123 Dazu MüKoGmbHG/Reichert/Weller GmbHG § 15 Rn. 417.
124 Noack/Servatius/Haas/Servatius GmbHG § 15 Rn. 46.
125 BGH NZG 2006, 627 Rn. 7; Noack/Servatius/Haas/Servatius GmbHG § 15 Rn. 46.
126 OLG Koblenz DB 1989, 672; KG NZG 2001, 508; OLG Hamm NJW-RR 2001, 109 (111); Noack/Servatius/Haas/Servatius GmbHG § 15 Rn. 46.

52 In der Regel sind weiteren Voraussetzungen im Gesellschaftsvertrag für die Verfügung über Geschäftsanteile **Wirksamkeitsvoraussetzung** für die Abtretung.[127] Bis zur Erteilung oder Verweigerung der Genehmigung ist Abtretung daher schwebend unwirksam.[128] Ist die Zustimmung erteilt, so ist sie unwiderruflich, allerdings unter den gesetzlichen Voraussetzungen anfechtbar.[129] Während eine Verweigerung vor Abtretung die spätere Erteilung nicht hindert,[130] macht die Verweigerung nach Abtretung diese endgültig unwirksam.

53 Eine Umgehung der Vinkulierung durch schuldrechtliche Übertragung von Verwaltungsrechten auf Dritte oder eine Zwischenholding, die Einräumung einer Unterbeteiligung oder Treuhandgestaltungen ist nur in Grenzen möglich.

54 **b) Erfüllung von Vermächtnissen.** Ob sich Vinkulierungsklauseln iSv § 15 Abs. 5 GmbHG auch auf den Vollzug von Vermächtnissen beziehen, ist wie bei der Auseinandersetzung von Erbengemeinschaften Auslegungsfrage. Bezieht sich die Vinkulierungsklausel allgemein auf „Veräußerungen" oder „Verfügungen", so gilt sie jedenfalls für die Erfüllung eines Vermächtnisses gegenüber einem Nicht-Erben.[131] Der in § 15 Abs. 1 GmbHG normierte Grundsatz der freien Vererblichkeit von Geschäftsanteilen kann demgegenüber nach zutreffender Auffassung im Rahmen der Erfüllung von Vermächtnissen gegenüber Miterben eine teleologische Reduktion rechtfertigen.[132]

55 Ist eine Zustimmung der Gesellschaft oder ihrer Organe für die Erfüllung des Vermächtnisses erforderlich, so hat der Erbe alle ihm möglichen und zumutbaren Maßnahmen zu ergreifen, um diese Zustimmung herbeizuführen.[133] Ist die Übertragung nicht möglich, so kann uU das Vermächtnis des Geschäftsanteils in ein Vermächtnis der vermögensrechtlichen Bezüge, dh der Gewinn- und Liquidationsanteile, umgedeutet werden.[134] Anderenfalls liegt ein Fall der nachträglichen Unmöglichkeit iSv § 275 Abs. 1 BGB vor – und damit kein Fall des § 2171 BGB.[135] Eine Verpflichtung des Erben zur Zahlung von Wertersatz wird in der Regel nicht anzunehmen sein.[136] Keine Unmöglichkeit liegt vor, wenn die Verweigerung der Zustimmung nicht endgültig und generell gilt, bspw. wenn der Anspruch aus Vermächtnis abtretbar ist (§ 399 BGB) und alsbald an jemanden abgetreten wird, dessen Erwerb nach der Satzung keiner Genehmigung bedarf oder zu dessen Erwerb die Zustimmung erteilt wird.[137]

55.1 Wird ein Geschäftsanteil zum Zwecke der Auseinandersetzung einer Erbengemeinschaft geteilt oder auf eine Person allein übertragen, findet stets eine Abtretung des Geschäftsanteils von der Erbengemeinschaft bzw. dem Erben an den Begünstigten statt. Nach hM erfassen gesellschaftsvertragliche Regelungen iSv § 15 Abs. 5 GmbHG, die „Veräußerungen" generell erschweren, auch Abtretungen im Rahmen von Erbauseinandersetzungen.[138] Nach aA ist, sofern der Gesellschaftsvertrag die Nachfolgeberechtigung der Erben des Gesellschafters nicht ausdrücklich einschränkt, im Zweifel eine teleologische Reduktion dahin vorzunehmen, dass sich die Einschrän-

---

127 OLG Schleswig GmbHR 1999, 35; Noack/Servatius/Haas/Servatius GmbHG § 15 Rn. 37.
128 BGHZ 13, 179 (186); Noack/Servatius/Haas/Servatius GmbHG § 15 Rn. 47a; MHLS/Ebbing GmbHG § 15 Rn. 156.
129 Noack/Servatius/Haas/Servatius GmbHG § 15 Rn. 47; MHLS/Ebbing GmbHG § 15 Rn. 156 f.
130 BGHZ 48, 163 (166).
131 Noack/Servatius/Haas/Servatius GmbHG § 15 Rn. 15; 18; MHLS/Ebbing GmbHG § 15 Rn. 38; aA Petzold GmbHR 1977, 25 (27).
132 In diesem Sinne wohl MHLS/Ebbing GmbHG § 15 Rn. 38.
133 MHLS/Ebbing GmbHG § 15 Rn. 39.
134 Noack/Servatius/Haas/Servatius GmbHG § 15 Rn. 15; MHLS/Ebbing GmbHG § 15 Rn. 40; Habersack/Casper/Löbbe/Löbbe GmbHG § 15 Rn. 24.
135 MHLS/Ebbing GmbHG § 15 Rn. 40; Habersack/Casper/Löbbe/Löbbe GmbHG § 15 Rn. 24; aA Hachenburg/Zutt GmbHG § 15 Rn. 112.
136 MHLS/Ebbing GmbHG § 15 Rn. 40; Scholz/Seibt GmbHG § 15 Rn. 37; aA Hachenburg/Zutt GmbHG § 15 Rn. 112.
137 BGHZ 32, 40 (41 f.); Noack/Servatius/Haas/Servatius GmbHG § 15 Rn. 15; MHLS/Ebbing GmbHG § 15 Rn. 41.
138 BGH WM 1977, 192; OLG Düsseldorf ZIP 1987, 227 (230); Noack/Servatius/Haas/Servatius GmbHG § 15 Rn. 11; Haegele GmbHR 1972, 219 (222).

kung von „Veräußerungen" nicht auch auf Abtretungen im Rahmen von Erbauseinandersetzungen bezieht.[139]

c) **Auseinandersetzung von Miterben.** Werden Geschäftsanteile zum Zweck der Auseinandersetzung einer Miterbengemeinschaft auf einzelne Miterben übertragen, so findet ebenfalls eine Abtretung des Geschäftsanteils von der Erbengemeinschaft an den Begünstigten statt. Ob Vinkulierungsklauseln im Rahmen solcher Erbauseinandersetzungen Anwendung finden, ist Auslegungsfrage. Nach hM soll eine Klausel, die sich generell auf „Veräußerungen" oder „Verfügungen" erstreckt, auch Abtretungen im Rahmen von Erbauseinandersetzungen erfassen.[140] Richtiger scheint, unter dem Aspekt der in § 15 Abs. 1 GmbHG normierten freien Vererblichkeit von Geschäftsanteilen eine teleologische Reduktion vorzunehmen, sofern sich nicht aus dem Gesellschaftsvertrag die Beschränkung der Nachfolgeberechtigung der Erben ergibt.[141]

Nach hM gelten statuarische Abtretungsbeschränkungen für den Geschäftsanteil nicht in Fällen der Übertragung des Anteils am Nachlass.[142] Ausnahmen sind allerdings in Missbrauchsfällen zu erwägen, beispielsweise wenn die Miterben zunächst den Nachlass bis auf den Geschäftsanteil auseinandersetzen und dann ihre Anteile am Nachlass auf einen Dritten übertragen. Formal betrachtet ist § 15 Abs. 5 GmbHG hierauf nicht anwendbar, gleichwohl darf eine solch missbräuchliche Umgehung der Vinkulierung über den Weg des § 2033 BGB nicht zugelassen werden.[143]

Ist im Rahmen der Auseinandersetzung von Miterben eine Teilung des Geschäftsanteils aus gesellschaftsrechtlichen Gründen oder wegen zu erwartender Wertminderung iSv §§ 2042 Abs. 2, 752 BGB ausgeschlossen, so findet auf eine in diesem Fall gem. §§ 2042 Abs. 2, 753 BGB erforderliche Versteigerung § 15 Abs. 5 GmbHG Anwendung.[144]

2. Erschwernisse der Erbfolge. Die grundsätzliche Vererblichkeit von Geschäftsanteilen kann durch den Gesellschaftsvertrag nicht ausgeschlossen werden.[145] Dementsprechend kann durch den Gesellschaftsvertrag nach hM auch nicht die „**automatische**" **Einziehung** im Falle des Todes eines Gesellschafters bestimmt werden.[146]

Gleichwohl sind gesellschaftsvertragliche Regelungen zulässig, die den endgültigen Verbleib der auf die Erben übergegangenen Geschäftsanteile regeln. Denn die Erben übernehmen die Mitgliedschaft nur in ihrer konkreten gesellschaftsvertraglichen Ausgestaltung mit allen entsprechenden Rechten und Pflichten.[147]

---

139 OLG Düsseldorf (6. ZS) GmbHR 1990, 504 (507); MHLS/Ebbing GmbHG § 15 Rn. 18; Altmeppen GmbHG § 15 Rn. 33; Scholz/Seibt GmbHG § 15 Rn. 36.
140 BGH WM 1977, 192; OLG Düsseldorf (7. ZS) ZIP 1987, 227 (230); Noack/Servatius/Haas/Servatius GmbHG § 15 Rn. 11; Petzoldt GmbHR 1977, 25 (26).
141 So OLG Düsseldorf (6. ZS) GmbHR 1990, 504 (507); MHLS/Ebbing GmbHG § 15 Rn. 18; Altmeppen GmbHG § 15 Rn. 33; Scholz/Seibt, § 15 Rn. 36.
142 BGHZ 92, 386 (393); Noack/Servatius/Haas/Servatius GmbHG § 15 Rn. 11; MHLS/Ebbing GmbHG § 15 Rn. 16; Vogel GmbHR 1971, 132 (134 f.); aA Däubler Die Vererbung des Geschäftsanteils bei der GmbH, 1965, 22 f.; Priester GmbHR 1981, 206 (207).
143 MHLS/Ebbing GmbHG § 15 Rn. 16.
144 MHLS/Ebbing GmbHG § 15 Rn. 17; Habersack/Casper/Löbbe/Löbbe GmbHG § 15 Rn. 39.
145 Noack/Servatius/Haas/Servatius GmbHG § 15 Rn. 12; Altmeppen GmbHG § 15 Rn. 28.
146 Noack/Servatius/Haas/Servatius GmbHG § 15 Rn. 12; MHLS/Ebbing GmbHG § 15 Rn. 7; Habersack/Casper/Löbbe/Löbbe GmbHG § 15 Rn. 12; offengelassen in BGH GmbHR 1977, 81.
147 Noack/Servatius/Haas/Servatius GmbHG § 15 Rn. 13.

§ 16 GmbHG Rechtsstellung bei Wechsel der Gesellschafter oder Veränderung des Umfangs ihrer Beteiligung; Erwerb vom Nichtberechtigten

(1) ¹Im Verhältnis zur Gesellschaft gilt im Fall einer Veränderung in den Personen der Gesellschafter oder des Umfangs ihrer Beteiligung als Inhaber eines Geschäftsanteils nur, wer als solcher in der im Handelsregister aufgenommenen Gesellschafterliste (§ 40) eingetragen ist. ²Eine vom Erwerber in Bezug auf das Gesellschaftsverhältnis vorgenommene Rechtshandlung gilt als von Anfang an wirksam, wenn die Liste unverzüglich nach Vornahme der Rechtshandlung in das Handelsregister aufgenommen wird.

(2) Für Einlageverpflichtungen, die in dem Zeitpunkt rückständig sind, ab dem der Erwerber gemäß Absatz 1 Satz 1 im Verhältnis zur Gesellschaft als Inhaber des Geschäftsanteils gilt, haftet der Erwerber neben dem Veräußerer.

(3) ¹Der Erwerber kann einen Geschäftsanteil oder ein Recht daran durch Rechtsgeschäft wirksam vom Nichtberechtigten erwerben, wenn der Veräußerer als Inhaber des Geschäftsanteils in der im Handelsregister aufgenommenen Gesellschafterliste eingetragen ist. ²Dies gilt nicht, wenn die Liste zum Zeitpunkt des Erwerbs hinsichtlich des Geschäftsanteils weniger als drei Jahre unrichtig und die Unrichtigkeit dem Berechtigten nicht zuzurechnen ist. ³Ein gutgläubiger Erwerb ist ferner nicht möglich, wenn dem Erwerber die mangelnde Berechtigung bekannt oder infolge grober Fahrlässigkeit unbekannt ist oder der Liste ein Widerspruch zugeordnet ist. ⁴Die Zuordnung eines Widerspruchs erfolgt aufgrund einer einstweiligen Verfügung oder aufgrund einer Bewilligung desjenigen, gegen dessen Berechtigung sich der Widerspruch richtet. ⁵Eine Gefährdung des Rechts des Widersprechenden muss nicht glaubhaft gemacht werden.

A. Allgemeines 1	2. Haftung im Erbfall 19
B. Regelungsgehalt 3	III. Gutgläubiger Erwerb 23
I. Gesellschafterliste als Rechtsscheinträger .. 3	1. Allgemeine Regelung 23
1. Legitimationsvoraussetzung 3	2. Besonderheiten im Erbfall 26
2. Rechtslage vor Aufnahme der Gesellschafterliste 8	C. Praktische Hinweise 30
3. Rechtslage nach Aufnahme der Gesellschafterliste 11	I. Berichtigung der Gesellschafterlisten 30
4. Rückwirkung 14	II. Gutgläubiger Erwerb aufgrund Erbscheins 33
II. Haftung 16	III. Ladung zu Gesellschafterversammlungen .. 35
1. Allgemeine Regelung 16	

A. Allgemeines

1 Damit der bei den Handelsregisterdaten ausgewiesene Gründungsstand der Gesellschafter jeweils aktualisiert wird und damit transparent bleibt, haben die Geschäftsführer – im Falle der Mitwirkung eines Notars dieser – gem. § 40 Abs. 1 bzw. 2 GmbHG unverzüglich nach Wirksamwerden jeder Veränderung in den Personen der Gesellschafter oder des Umfangs ihrer Beteiligung eine von ihnen unterschriebene Liste der Gesellschafter zum Handelsregister einzureichen. Aus dieser müssen sich Name, Vorname, Geburtsdatum und Wohnort der Gesellschafter sowie die Nennbeträge und die laufenden Nummern der von ihnen übernommenen Geschäftsanteile ergeben. Die Gesellschafterliste legitimiert gegenüber der Gesellschaft (§ 16 Abs. 1 GmbHG), verpflichtet bei rückständigen Einlageleistungen (§ 16 Abs. 2 GmbHG) und bildet – eingeschränkt – die Grundlage für einen gutgläubigen Erwerb (§ 16 Abs. 3 GmbH).[1]

2 Die Aufnahme in die Gesellschafterliste ist allerdings keine Wirksamkeitsvoraussetzung für Verfügungen über Geschäftsanteile, sondern dient allein der Legitimation.[2] Speziell im Erbfall rich-

---

[1] Noack/Servatius/Haas/Servatius GmbHG § 40 Rn. 1.

[2] Noack/Servatius/Haas/Servatius GmbHG § 16 Rn. 2.

tet sich der Übergang der Gesellschafterstellung durch Gesamtrechtsnachfolge daher unabhängig von § 16 GmbHG nach den hierfür bestehenden erbrechtlichen Regelungen.[3] Der oder die Erben werden daher mit Eintritt des Erbfalls kraft Gesamtrechtsnachfolge dinglich Berechtigte an den zum Nachlass gehörenden Geschäftsanteilen. Im Verhältnis zur Gesellschaft gelten sie gleichwohl gem. § 16 Abs. 1 GmbHG erst dann als Inhaber der zum Nachlass gehörenden Geschäftsanteile, wenn sie in der im Handelsregister aufgenommenen Gesellschafterliste eingetragen sind.[4]

B. Regelungsgehalt

I. Gesellschafterliste als Rechtsscheinträger

1. Legitimationsvoraussetzung. § 16 Abs. 1 GmbHG knüpft die Gesellschafterbehandlung an die Eintragung als Gesellschafter in der im Handelsregister aufgenommenen Gesellschafterliste iSv § 40 GmbHG. Die Gesellschafterliste entfaltet die Rechtsscheinwirkung gem. § 16 GmbHG erst mit Aufnahme im Handelsregister. Für die Erstellung und Einreichung der Gesellschafterliste gilt § 40 GmbHG. Hiernach sind zur Erstellung und Einreichung grundsätzlich die Geschäftsführer und bei Mitwirkung von inländischen Notaren an Veränderungen in der Person des Gesellschafters diese zuständig. Geschäftsführer und Notar handeln aufgrund gesetzlicher Verpflichtung und sind Weisungen der Gesellschafter nicht unterworfen. Gesellschafter, die von einer Änderung betroffen sind, müssen ggf. auf Einreichung einer korrigierten Liste klagen.[5] 3

Die Geschäftsführer handeln gem. § 40 Abs. 1 S. 2 GmbHG allerdings (nur) auf **Mitteilung und Nachweis**. Für die Mitteilung und den Nachweis ist eine besondere Form nicht vorgesehen. Erforderlich ist, dass die Gesellschaft vom Rechtsübergang überzeugend unterrichtet wird, so dass sie sichere Kenntnis hat.[6] Der Gesellschaftsvertrag kann auf den Nachweis nicht verzichten, jedoch eine besondere Form vorschreiben.[7] 4

§ 16 Abs. 1 GmbHG bezieht sich ebenso wie § 40 Abs. 1 GmbHG auf Veränderungen in der Person der Gesellschafter oder des Umfangs ihrer Beteiligung. Erfasst sind damit nicht nur Veräußerungen, sondern jede Änderung der dinglichen Gesellschafterstellung, unabhängig davon, auf welcher materiellrechtlichen Grundlage sie erfolgt.[8] § 16 Abs. 1 GmbHG findet damit auch Anwendung auf den Erwerb durch Gesamtrechtsnachfolge, insbes. aufgrund Erbfalls gem. § 1922 BGB.[9] 5

Auch das Legitimationserfordernis gilt nicht nur für Veränderungen auf rechtsgeschäftlicher Grundlage, sondern ebenso für solche kraft Gesetzes, etwa aufgrund **Erbgangs**.[10] Voraussetzung für die Einreichung einer neuen Gesellschafterliste ist – auch im Erbfall – daher eine Mitteilung und ein Nachweis des Anteilsübergangs. Der erforderliche Nachweis kann durch Erbschein oder notarielle Verfügung von Todes wegen mit Eröffnungsniederschrift erbracht werden.[11] Da der Nachweis nur zur Überzeugung der Geschäftsführung nach deren pflichtgemäßen Ermessen zu erbringen ist, genügen auch ein privatschriftliches Testament oder ein ausländisches Erbzeugnis, das ähnliche Wirkung wie ein deutscher Erbschein hat, wenn keine vernünftigen Zweifel an der Echtheit und Gültigkeit bestehen.[12] Im Falle des **Vermächtnisses oder der** 6

---

3 MüKoGmbHG/Heidinger § 16 Rn. 4.
4 Noack/Servatius/Haas/Servatius GmbHG § 16 Rn. 9; Scholz/Seibt GmbHG § 16 Rn. 41; aA Altmeppen GmbHG § 16 Rn. 22.
5 Noack/Servatius/Haas/Servatius GmbHG § 16 Rn. 18b und § 40 Rn. 29 f.
6 Noack/Servatius/Haas/Servatius GmbHG § 16 Rn. 18; vgl. zum alten Recht BGH NJW 2009, 229 Rn. 9.
7 Noack/Servatius/Haas/Servatius GmbHG § 40 Rn. 26; MüKoGmbHG/Heidinger GmbHG § 16 Rn. 118; Hasselmann NZG 2009, 486 (488); aA BeckOK-GmbHG/Heilmeier, § 40 Rn. 137.
8 MüKoGmbHG/Heidinger GmbHG § 16 Rn. 90.
9 OLG Naumburg ZIP 2016, 2217 (2219) (Tz 37); MüKoGmbHG/Heidinger GmbHG § 16 Rn. 99.
10 Scholz/Seibt GmbHG § 16 Rn. 41; vgl. auch Noack/Servatius/Haas/Servatius GmbHG § 40 Rn. 19.
11 Noack/Servatius/Haas/Servatius GmbHG § 40 Rn. 26.
12 Noack/Servatius/Haas/Servatius GmbHG § 40 Rn. 26; BeckOK-GmbHG/Heilmeier, § 40 Rn. 138.

Erbauseinandersetzung wird in aller Regel durch das Erfordernis notarieller Beurkundung der Anteilsübertragung gem. § 15 Abs. 3 GmbH ein Notar mitwirken, so dass er eine geänderte Gesellschafterliste zum Handelsregister einreichen wird.

7 Im Falle einer Erbengemeinschaft sind die Miterben gesamthänderisch gebundene Gesellschafter.[13] Daher werden sämtliche Miterben als Gesellschafter in der Gesellschafterliste aufgeführt.[14] Obwohl sich die Stimmrechte innerhalb der Erbengemeinschaft gem. § 2038 Abs. 2 S. 1 iVm § 745 Abs. 1 S. 2 BGB nach der Größe der Erbteile bemessen, können die Erbquoten nicht in die Gesellschafterliste aufgenommen werden.[15] Ob auch eine Testamentsvollstreckung in die Gesellschafterliste aufgenommen werden kann, ist ungeklärt. Bei der Kommanditgesellschaft billigt die Rechtsprechung die Eintragung eines Vermerks über die Testamentsvollstreckung mit dem Argument, es bestehe ein schutzwürdiges Bedürfnis des Rechtsverkehrs.[16] Der BGH lehnt die Aufnahme eines Testamentsvollstreckervermerks für die GmbH jedoch ab, da ein solcher in § 40 GmbHG nicht vorgesehen ist und „Kürangaben" die Registerklarheit beeinträchtigen.[17]

8 **2. Rechtslage vor Aufnahme der Gesellschafterliste.** Ungeachtet der etwaigen Kenntnis der Gesellschaft von einem rechtsgeschäftlichen oder gesetzlichen Übergang der Geschäftsanteile auf einen neuen Gesellschafter gilt der durch die alte, in das Handelsregister aufgenommene Gesellschafterliste legitimierte Gesellschafter als Gesellschafter und muss von der Gesellschaft so behandelt werden.[18] Der dingliche Eigentümer muss damit bis zur Aufnahme der aktualisierten Gesellschafterliste in das Handelsregister alle Rechtshandlungen gegen sich gelten lassen, die der kraft alter Gesellschafterliste legitimierte „Gesellschafter" gegenüber der Gesellschaft oder umgekehrt vornimmt. Dieser ist zur Gesellschafterversammlung einzuladen, hat das Teilnahme- und Stimmrecht und an ihn sind auch Dividenden auszuzahlen. §§ 407, 413 BGB finden keine Anwendung.[19]

9 Besonderheiten ergeben sich **im Erbfall** daraus, dass es hier keinen bisherigen Gesellschafter mehr gibt, auf den Rechte und Pflichten vor Einreichung der neuen Gesellschafterliste iSv § 16 Abs. 1 GmbHG bezogen werden könnten. Auf der anderen Seite rückt der Erbe **kraft Gesamtrechtsnachfolge** nach §§ 1922, 1967 BGB mit Tod des Erblassers in vollem Umfang in dessen Rechtsstellung ein. Nach ganz hM wird hiervon aber nicht die Eintragung in der Gesellschafterliste erfasst, selbst wenn dies bei Erbstreitigkeiten zu länger dauernder Verhinderung an der Ausübung von Gesellschafterrechten führen kann. Auch der Erbe erlangt die relative Gesellschafterstellung damit erst, wenn er in der im Handelsregister aufgenommenen Gesellschafterliste eingetragen ist.[20] Damit kann der Erbe vor seiner Eintragung in die Gesellschafterliste seine Gesellschafterrechte, insbes. das Stimmrecht nicht ausüben.[21]

10 Eine Ausnahme gilt für **Ansprüche auf Dividendenzahlung**, da diese nicht mehr an den eingetragenen Erblasser geleistet werden können, sondern allenfalls in den Nachlass fallen.[22] Gewinnansprüche, die vor Aufnahme der neuen Gesellschafterliste in das Handelsregister fällig

---

13 Vgl. MüKoGmbHG/Heidinger GmbHG § 16 Rn. 95.
14 Schürnbrand NZG 2016, 241 (242).
15 Schürnbrand NZG 2016, 241 (242).
16 BGH NZG 2012, 385 Rn. 15.
17 BGH NJW 2015, 1303 Rn. 8 ff.; vgl. Noack/Servatius/Haas/Servatius GmbHG § 40 Rn. 7; Bayer GmbHR 2012, 1 (6).
18 Ausführlich Wiersch ZGR 2015, 591 (596 ff.); so auch Noack/Servatius/Haas/Servatius GmbHG § 16 Rn. 9; MüKoGmbHG/Heidinger GmbHG § 16 Rn. 9 und 152; zur alten Rechtslage BGH NJW 1990, 1915 (1916); einschränkend zum Fall des Rechtsmissbrauchs MüKoGmbHG/Heidinger GmbHG § 16 Rn. 153.
19 MüKoGmbHG/Heidinger GmbHG § 16 Rn. 152 ff.
20 OLG Naumburg ZIP 2016, 2217 (2219) (Tz 37); Noack/Servatius/Haas/Servatius GmbHG § 16 Rn. 20; MHLS/Ebbing GmbHG § 16 Rn. 96; MüKoGmbHG/Heidinger GmbHG § 16 Rn. 200, 164; Scholz/Seibt GmbHG § 16 Rn. 41; aA Kroiß/Everts/Poller GmbH-RegR § 1 Rn. 153; zu § 67 AktG: OLG Jena AG 2004, 270.
21 MüKoGmbHG/Heidinger GmbHG § 16 Rn. 146, vgl. auch Rn. 162; aA Altmeppen GmbHG § 16 Rn. 22.
22 MüKoGmbHG/Heidinger GmbHG § 16 Rn. 164.

geworden sind, fallen den Erben als Teil des Nachlasses zu. Zu ihrer Geltendmachung ist jedoch die Aufnahme in die Gesellschafterliste zur Legitimation erforderlich.[23]

3. Rechtslage nach Aufnahme der Gesellschafterliste. Mit erfolgter Aufnahme der Erben in die Gesellschafterliste tritt der Erbe als Gesellschafter auch gegenüber der Gesellschaft an die Stelle des Erblassers. Sämtliche Mitgliedschaftsrechte und -pflichten gehen von diesem Zeitpunkt an auf ihn über.[24] Entfällt die Erbenstellung nachträglich, beispielsweise durch Eintritt eines **Nacherbfalles iSv §§ 2106, 2139 BGB, Ausschlagung** gem. § 1945 BGB oder **Anfechtung**, bleibt die Legitimation des vorläufigen, in der Liste eingetragenen Erben als Gesellschafter bis zur Aufnahme einer geänderten Gesellschafterliste im Handelsregister unberührt.[25] Eine etwaige erbrechtliche Rückwirkung, zB gem. § 1945 BGB, wirkt nur im Verhältnis zum wahren Erben.[26]

Keine Ausnahmen von den zuvor dargestellten Grundsätzen gelten, wenn ein **Scheinerbe** in die Gesellschafterliste eingetragen und entsprechend legitimiert ist. Maßnahmen des in der Gesellschafterliste aufgenommenen Scheinerben gegenüber der Gesellschaft ebenso wie Maßnahmen der Gesellschaft gegenüber dem Scheinerben bleiben damit wirksam. Auch Zahlungen an den Scheinerben wirken gegenüber dem wahren Erben.[27] Im Verhältnis zwischen Scheinerbe und Erbe gelten §§ 2018 ff. BGB.[28]

Strittig ist, ob die im Handelsregister aufgenommene Gesellschafterliste auch dann Rechtsscheinwirkung entfaltet, wenn der Geschäftsführer aufgrund der Mitteilung eines dazu Unbefugten einträgt.[29]

4. Rückwirkung. Die Legitimationswirkung des § 16 Abs. 1 S. 1 GmbHG wird im Falle der **unverzüglichen Aufnahme des Erwerbers eines Geschäftsanteils in die Gesellschafterliste** nach § 16 Abs. 1 S. 2 GmbHG durchbrochen. Hiernach gelten vom Erwerber in Bezug auf das Gesellschaftsverhältnis vorgenommene Rechtshandlungen als von Anfang an wirksam, wenn die neue Gesellschafterliste, die ihn als Gesellschafter ausweist, unverzüglich nach Vornahme der Rechtshandlung in das Handelsregister aufgenommen wird. Entsprechende Rechtshandlungen sind im Hinblick auf die fehlende Verlautbarung der Gesellschafterliste zunächst schwebend unwirksam, werden aber – soweit keine sonstigen Hindernisse entgegenstehen – endgültig wirksam, wenn die Gesellschafterliste unverzüglich nach Vornahme in das Handelsregister aufgenommen wird. Anderenfalls bleiben sie endgültig unwirksam.[30] Unverzüglich bedeutet ohne schuldhaftes Zögern gem. § 121 Abs. 1 S. 1 BGB.[31] Zunehmend wird angenommen, dass Verzögerungen, die aus der Sphäre des Handelsregisters stammen, unschädlich sind.[32]

Auch wenn der Gesetzgeber die Regelung vorrangig auf Fälle des Erwerbs eines Geschäftsanteils durch sofort wirksame Abtretung bezieht, ergibt sich eine Anwendung auf jede Art des Erwerbs einer Gesellschafterstellung einschließlich Erbfall.[33]

---

23 Noack/Servatius/Haas/Servatius GmbHG § 16 Rn. 19.
24 Noack/Servatius/Haas/Servatius GmbHG § 16 Rn. 19.
25 Noack/Servatius/Haas/Servatius GmbHG § 16 Rn. 19; Lutter/Hommelhoff/Bayer GmbHG § 16 Rn. 46; MüKoGmbHG/Heidinger GmbHG § 16 Rn. 201; teilweise abweichend für den Fall der Ausschlagung Altmeppen GmbHG § 16 Rn. 25.
26 MüKoGmbHG/Heidinger GmbHG § 16 Rn. 201; Lutter/Hommelhoff/Bayer GmbHG § 16 Rn. 46.
27 Noack/Servatius/Haas/Servatius GmbHG § 16 Rn. 19; Lutter/Hommelhoff/Bayer GmbHG § 16 Rn. 47; MüKoGmbHG/Heidinger GmbHG § 16 Rn. 241.
28 Lutter/Hommelhoff/Bayer GmbHG § 16 Rn. 47.
29 Bejahend Hasselmann NZG 2009, 486 (488); verneinend wohl hM, vgl. MüKoGmbHG/Heidinger GmbHG § 16 Rn. 71; Lutter/Hommelhoff/Bayer GmbHG § 16 Rn. 20.
30 Reg.Beg. BT Drs. 16/6140, 38.
31 MHLS/Terlau GmbHG § 40 Rn. 20; MüKoGmbHG/Heidinger GmbHG § 16 Rn. 182.
32 Noack/Servatius/Haas/Servatius GmbHG § 16 Rn. 21b; Scholz/Seibt GmbHG § 16 Rn. 47; aA etwa MHLS/Ebbing GmbHG § 16 Rn. 130.
33 MüKoGmbHG/Heidinger GmbHG § 16 Rn. 180; Hasselmann NZG 2009, 409 (411).

II. Haftung

1. Allgemeine Regelung. Für **Einlageforderungen**, die nach seiner Eintragung in die Gesellschafterliste und deren Aufnahme in das Handelsregister fällig werden, haftet der Erwerber aufgrund seiner Gesellschafterstellung. Im Falle des Teilerwerbs eines Geschäftsanteils haftet der Erwerber anteilig.[34] Demgegenüber scheidet der Veräußerer mit Aufnahme der entsprechenden Gesellschafterliste in das Handelsregister gegenüber der Gesellschaft aus dem Gesellschaftsverhältnis und aus hieraus resultierenden künftigen Verbindlichkeiten aus. Dies gilt auch für noch nicht fällige Einlageverpflichtungen.[35]

Für Leistungen, die vor Aufnahme der neuen Gesellschafterliste in das Handelsregister fällig geworden sind, haftet der Veräußerer demgegenüber weiter. Hierzu gehören insbes. rückständige Einlagepflichten, aber auch Haftungsverbindlichkeiten aus §§ 24 und 31 Abs. 3 GmbHG, Nachschusspflichten und Nebenleistungspflichten.[36] Gleichermaßen bleibt er aus Differenzhaftung nach § 9 GmbHG[37] sowie aus Vorbelastungshaftung bei Gründung oder Mantelverwendung[38] verpflichtet.

§ 16 Abs. 2 GmbHG erstreckt die Haftung auf den Erwerber. Dieser haftet ab Aufnahme der neuen Gesellschafterliste, die ihn als Gesellschafter ausweist, in das Handelsregister neben dem Erwerber für Einlageverpflichtungen, die in diesem Zeitpunkt rückständig sind. Auch wenn das Gesetz nur von „Einlageverpflichtungen" spricht, sind sonstige rückständige Leistungen auf den Geschäftsanteil (insbes. Differenzhaftung, Vorbelastungshaftung, Nachschüsse, Nebenleistungen und Ausfallhaftung, auch aus § 31 Abs. 3 GmbHG) umfasst.[39]

2. Haftung im Erbfall. Die Haftung für offene Einlagen trifft **vor Aufnahme des Erben in die Gesellschafterliste** diesen als Rechtsnachfolger des bisherigen Gesellschafters kraft Erbrechts. Der Erbe hat damit die Möglichkeit, die Erbenhaftung gem. §§ 1975 ff. BGB zu beschränken.[40]

Auch nach Eintragung des Erben in die Gesellschafterliste und Aufnahme der Liste in das Handelsregister verbleibt es für den Erben bei einer Haftung aufgrund der erbrechtlichen Gesamtrechtsnachfolge. Insoweit kann er sich zwar gem. §§ 1975 ff. BGB auf seine **erbrechtliche Haftungsbeschränkung** berufen. Allerdings gilt § 16 Abs. 2 GmbHG daneben. Im Hinblick auf rückständige Einlageverpflichtungen iSv § 16 Abs. 2 GmbHG ist eine Berufung auf die beschränkte Erbenhaftung daher nur bis zur Eintragung des Erben in die Gesellschafterliste und Aufnahme dieser Liste in das Handelsregister möglich. Ab diesem Zeitpunkt bildet § 16 Abs. 2 GmbHG einen **selbstständigen Verpflichtungsgrund**, aus dem der Erbe unbeschränkt haftet.[41]

Entsprechend befreit auch eine **Anfechtung** nach §§ 1942, 1953 BGB den Erben nur vor, nicht aber nach Aufnahme der geänderten Gesellschafterliste in das Handelsregister von einer Haftung nach § 16 Abs. 2 GmbHG. Denn die in § 1953 Abs. 1 BGB bestimmte Rückwirkung gilt nur in Bezug auf den richtigen Erben, nicht dagegen in Bezug auf die Gesellschaft.[42]

Wird ein Scheinerwerber, zB ein **Scheinerbe**, in die Gesellschafterliste eingetragen und diese in das Handelsregister aufgenommen, so gilt er gegenüber der Gesellschaft als Gesellschafter. Ungeachtet dessen ist die Anwendung von § 16 Abs. 2 GmbHG insoweit problematisch und um-

---

34 Lutter/Hommelhoff/Bayer GmbHG § 16 Rn. 36; MüKoGmbHG/Heidinger GmbHG § 16 Rn. 207.
35 BGH GmbHR 2006, 306 (308).
36 Noack/Servatius/Haas/Servatius GmbHG § 16 Rn. 22; MHLS/Ebbing GmbHG § 16 Rn. 137; Altmeppen GmbHG § 16 Rn. 31.
37 BGHZ 68, 191 Rn. 39 (zu § 9 AktG analog).
38 BGH NJW 2012, 1875 Rn. 7; Baumbach/Hueck/Fastrich GmbHG § 16 Rn. 22; Lutter/Hommelhoff/Bayer GmbHG § 16 Rn. 55.
39 Noack/Servatius/Haas/Servatius GmbHG § 16 Rn. 23; MHLS/Ebbing GmbHG § 16 Rn. 136; MüKoGmbHG/Heidinger GmbHG § 16 Rn. 208, jeweils unter Hinweis auf BR Drs. 354/07, 86 f., wonach die entsprechende inhaltliche Regelung von § 16 Abs. 3 aF übernommen werden sollte.
40 Noack/Servatius/Haas/Servatius GmbHG § 16 Rn. 19; Scholz/Seibt GmbHG § 16 Rn. 41.
41 Noack/Servatius/Haas/Servatius GmbHG § 16 Rn. 19; MüKoGmbHG/Heidinger GmbHG § 16 Rn. 227; Scholz/Seibt GmbHG § 16 Rn. 41; aA Altmeppen GmbHG § 16 Rn. 24.
42 Noack/Servatius/Haas/Servatius GmbHG § 16 Rn. 19; Lutter/Hommelhoff/Bayer GmbHG § 16 Rn. 46; Scholz/Seibt GmbHG § 16 Rn. 42.

stritten. Nach wohl überwiegender Auffassung haftet auch der Scheinerwerber ab Aufnahme der Gesellschaft in das Handelsregister für zu diesem Zeitpunkt rückständige Einlageverpflichtungen, auch wenn er nur vorübergehend eingetragen ist.[43] Nach einer in der Literatur vertretenen Auffassung wird dies zT in Zweifel gezogen mit dem Argument, dass Sinn und Zweck der gesetzlichen Regelung damit Genüge getan sei, indem sie Rechtsgrund für tatsächlich erbrachte Einlageleistungen bildet, während iÜ der Altgesellschafter (bzw. dessen Erbe) weiter haftet.[44] Insoweit wird zT darauf abgestellt, ob der Scheingesellschafter seine Eintragung in der Gesellschafterliste (nicht) mitveranlasst hat.[45] Unstreitig ist allerdings, dass mit Korrektur der falschen Eintragung des Scheinerwerbers durch Aufnahme einer neuen, korrigierten Liste in das Handelsregister sich die Vermutungswirkung von § 16 Abs. 2 GmbHG erschöpft und die vorübergehende Eintragung des Scheinerwerbers für die Zukunft keine Wirkung mehr entfaltet.[46] Der Scheinerwerber haftet damit nicht für rückständige Einlageverpflichtungen, die erst nach der Berichtigung fällig werden.

III. Gutgläubiger Erwerb

1. Allgemeine Regelung. Die Gesellschafterliste bildet auch die Grundlage für einen gutgläubigen Erwerb von Geschäftsanteilen vom Nichtberechtigten. Gem. § 16 Abs. 3 GmbHG kann ein Geschäftsanteil oder ein Recht daran durch Rechtsgeschäft wirksam vom Nichtberechtigten erworben werden, wenn der Veräußerer als Inhaber des Geschäftsanteils in der im Handelsregister aufgenommenen Gesellschafterliste eingetragen ist. Voraussetzung ist allerdings, dass die Liste zum Zeitpunkt des Erwerbs hinsichtlich des Geschäftsanteils mindestens drei Jahre unrichtig ist und die Unrichtigkeit dem Berechtigten nicht zuzurechnen ist. Ein gutgläubiger Erwerb ist außerdem ausgeschlossen, wenn dem Erwerber die mangelnde Berechtigung bekannt oder infolge grober Fahrlässigkeit unbekannt ist. 23

Geschützt wird durch diese Möglichkeit der gute Glaube an die Berechtigung des in der Gesellschafterliste eingetragenen Inhabers und nach wohl hM auch an die Anteilsgröße. Nicht geschützt sind demgegenüber der gute Glaube an die Existenz und Lastenfreiheit des Geschäftsanteils oder an das Bestehen oder Nichtbestehen von beschränkten dinglichen Rechten.[47] Ebenso wenig geschützt ist der gute Glaube an das Nichtbestehen einer Testamentsvollstreckung.[48] 24

Verhindert werden kann der dingliche Rechtsübergang im Rahmen eines Gutglaubenserwerbes durch den Berechtigten durch Zuordnung eines Widerspruches zur Gesellschafterliste. Dieser Widerspruch hindert Verfügungen des Berechtigten zwar nicht.[49] Er beseitigt aber den guten Glauben an die Verfügungsberechtigung des Listengesellschafters. Der Widerspruch wird entweder mit Zustimmung desjenigen, gegen dessen formale Stellung er sich richtet, eingetragen. Damit das Registergericht prüfen kann, ob die Bewilligung tatsächlich vom Listengesellschafter stammt, wird weitestgehend öffentlich beglaubigte Form der Bewilligungserklärung gefordert.[50] Oder der Berechtigte kann eine einstweilige Verfügung gegen den Listengesellschafter bewirken. In diesem Falle muss er entsprechend den zivilprozessualen Grundsätzen die wahre Rechtsstellung glaubhaft machen. Eine konkrete Gefährdung iS eines Verfügungsgrundes ist kraft aus- 25

---

43 MüKoGmbHG/Heidinger GmbHG § 16 Rn. 248 ff.; MHLS/Ebbing GmbHG § 16 Rn. 153; mit ausführlicher Begründung Wiersch ZGR 2015, 591 (602 ff.), der sich allerdings gegen eine Forthaftung des Scheingesellschafters nach Korrektur der Gesellschafterliste ausspricht (607 ff.).
44 Scholz/Seibt GmbHG § 16 Rn. 29; Lutter/Hommelhoff/Bayer GmbHG § 16 Rn. 61; Altmeppen GmbHG § 16 Rn. 38 ff.
45 MüKoGmbHG/Heidinger GmbHG § 16 Rn. 297.
46 MüKoGmbHG/Heidinger GmbHG § 16 Rn. 254; Lutter/Hommelhoff/Bayer GmbHG § 16 Rn. 62.

47 Noack/Servatius/Haas/Servatius GmbHG § 16 Rn. 27; Altmeppen GmbHG § 16 Rn. 69; vgl. auch OLG München NGZ 2011, 473 (474).
48 Noack/Servatius/Haas/Servatius GmbHG § 16 Rn. 27. Die abweichende Auffassung von Zinger/Urich-Erber NZG 2011, 286 (287), die von einer Pflicht zum Vermerk einer Testamentsvollstreckung ausgehen, dürfte durch die Entscheidung des BGH NJW 2015, 1303 ff. überholt sein.
49 Noack/Servatius/Haas/Servatius GmbHG § 16 Rn. 41.
50 Noack/Servatius/Haas/Servatius GmbHG § 16 Rn. 41; Scholz/Seibt GmbHG § 16 Rn. 95.

drücklicher Anordnung in § 16 Abs. 3 S. 5 GmbHG nicht gefordert. Es genügt vielmehr die abstrakte, durch die Unrichtigkeit der Gesellschafterliste begründete Gefahr des gutgläubigen Erwerbs.[51] Im Falle unberechtigten Widerspruchs kann der Berechtigte gegen den Widersprechenden auf Rücknahme des Widerspruchs klagen.[52]

26 **2. Besonderheiten im Erbfall.** Der Gutglaubenserwerb setzt schon dogmatisch einen **schuldrechtlichen Erwerbsvorgang** voraus. Ein gutgläubiger Erwerb kraft Gesamtrechtsnachfolge kommt nicht in Betracht, da durch § 16 Abs. 3 GmbHG der gute Glaube an die Richtigkeit der Gesellschafterliste geschützt ist, der im Falle der Gesamtrechtsnachfolge gerade nicht zum Tragen kommt. War daher der Erblasser fälschlicherweise in die letzte zum Handelsregister aufgenommene Gesellschafterliste als Gesellschafter eingetragen, so fällt der Geschäftsanteil gleichwohl nicht in den Nachlass und geht daher auch nicht mit dinglicher Wirkung auf den oder die Erben über.

27 In Erbsituationen kommt § 16 Abs. 3 GmbHG in erster Linie Relevanz zu bei **Eintragung von Scheinerben in die Gesellschafterliste** oder im Falle nachträglicher Rechtsänderung, beispielsweise aufgrund Eintritts eines **Nacherbfalles**. Wird dann die Liste nicht rechtzeitig korrigiert, so ist gutgläubiger Erwerb vom Nicht(mehr)berechtigten unter den weiteren Voraussetzungen des § 16 Abs. 3 S. 2 und 3 GmbHG möglich.

28 Gutgläubiger Erwerb setzt gemäß § 16 Abs. 3 S. 2 GmbHG grundsätzlich voraus, dass die Gesellschafterliste seit drei Jahren unrichtig ist. Schon vorher ist gutgläubiger Erwerb aber möglich, wenn die Unrichtigkeit dem wahren Berechtigten zuzurechnen ist. **Zurechenbar** ist die Unrichtigkeit dem wahren Rechtsinhaber, der sich nach Erwerb seines Geschäftsanteils nicht darum kümmert, dass er in die Gesellschafterliste eingetragen wird. Dies gilt insbesondere für den Erben, der es verabsäumt, für die Entfernung des in der Gesellschafterliste eingetragenen Scheinerben Sorge zu tragen.[53] Einschränkend wird eine Zurechenbarkeit in der Literatur allerdings verneint, wenn der wahre Erbe von seiner Erbenstellung noch keine Kenntnis hat.[54]

29 Im Falle der **Testamentsvollstreckung** kann der Geschäftsanteil nicht gutgläubig von dem in der Gesellschafterliste eingetragenen Gesellschafter (dh Erben) erworben werden, da der gute Glaube an die Verfügungsbefugnis nicht geschützt ist.[55]

C. Praktische Hinweise

I. Berichtigung der Gesellschafterlisten

30 Sowohl die Geschäftsführer als auch die mitwirkenden Notare sind zur unverzüglichen Einreichung einer neuen Gesellschafterliste zum Handelsregister verpflichtet, sobald sich nach § 15 Abs. 1 GmbHG relevante Änderungen ergeben.[56] Dem neuen Gesellschafter steht ein **klagbarer Anspruch auf Einreichung** der Gesellschafterliste zum Handelsregister zu. Diesen Anspruch kann er auch im Wege des einstweiligen Rechtsschutzes geltend machen.[57] Im Falle unbekannter Erben ist auch die Eintragung eines Nachlasspflegers gem. § 1960 BGB zulässig.[58] Dies gilt auch, solange streitig ist, wer Erbe geworden ist.

---

51 Vgl. Noack/Servatius/Haas/Servatius GmbHG § 16 Rn. 41.
52 RegBegr. BR-Drs. 354/07, 89; vgl. auch Hasselmann NZG 2010, 207 (209) zur einstweiligen Verfügung.
53 RegBegr. BR-Drs. 16/6140, S. 39; kritisch Noack DB 2007, 1395 (1399).
54 MüKoGmbHG/Heidinger GmbHG § 16 Rn. 297.
55 Noack/Servatius/Haas/Servatius GmbHG § 40 Rn. 7.

56 OLG München NZG 2015, 1272 Rn. 29; MüKoGmbHG/Heidinger GmbHG § 40 Rn. 146 und 175.
57 Begr. RegE BT-Drs. 16/6140, 38; vgl. ergänzend MüKoGmbHG/Heidinger GmbHG § 16 Rn. 45 und § 40 Rn. 147; offenlassend OLG München NZG 2015, 1272 Rn. 30.
58 Noack/Servatius/Haas/Servatius GmbHG § 16 Rn. 19 und § 40 Rn. 9; Mayer, MittBayNot 2014, 114 (124).

Praktische Schwierigkeiten ergeben sich dort, wo der alleinige Gesellschafter-Geschäftsführer verstirbt. Mangels Ausweises in der zuletzt im Handelsregister aufgenommenen Gesellschafterliste kann der Erbe in diesem Fall das Stimmrecht nicht ausüben, um einen neuen Geschäftsführer zu bestellen, der die durch den Erbfall geänderte Gesellschafterliste gem. § 40 Abs. 1 GmbHG zum Handelsregister einreicht. In diesen Fällen kommt die gerichtliche Bestellung eines Notgeschäftsführers gem. § 29 BGB in Betracht.[59] Den Antrag an das Registergericht auf Bestellung des Notgeschäftsführers kann der Erbe stellen.[60] Das Registergericht wird die Befugnis des Geschäftsführers auf die Einreichung einer korrigierten Gesellschafterliste beschränken. 30.1

Stellt sich **nachträglich die Unrichtigkeit der Gesellschafterliste** heraus, sind die Geschäftsführer grundsätzlich nicht von sich aus befugt, eine neue Liste einzureichen.[61] Auch besteht nach einer aufgrund einer Veränderung erfolgten Einreichung einer neuen Gesellschafterliste kein klagbarer Anspruch des wahren Gesellschafters auf nochmalige Änderung (Korrektur).[62] Eine Ausnahme gilt nur dann, wenn es an den Voraussetzungen für die Aufstellung und Einreichung der neuen Liste fehlte, etwa die erforderliche Mitteilung des Erwerbers oder des Gesamtrechtsnachfolgers nicht vorlag.[63] Ansonsten bleibt dem wahren Erben nur die Zuordnung eines Widerspruchs (→ Rn. 25). 31

Da gem. § 16 Abs. 2 GmbHG nach hM auch ein **Scheinerwerber (zB Scheinerbe)** für rückständige Einlageverpflichtungen haftet, sobald eine Gesellschafterliste in das Handelsregister aufgenommen wird, die ihn als Gesellschafter ausweist, hat er zu seinem Schutz einen Anspruch gegen den Geschäftsführer, unverzüglich eine berichtigte Gesellschafterliste zum Handelsregister einzureichen.[64] 32

II. Gutgläubiger Erwerb aufgrund Erbscheins

In Fällen, in denen der **Erblasser fehlerhaft als Gesellschafter** in der in das Handelsregister aufgenommenen Gesellschafterliste ausgewiesen ist und der Erbe vor seiner Eintragung den betreffenden Geschäftsanteil mit Erbschein gem. § 2366 BGB veräußert, kommt ein doppelter guter Glaube zum Tragen: Der gute Glaube an die Richtigkeit der Gesellschafterliste und der gute Glaube an die Richtigkeit des Erbscheins. Es spricht viel dafür, in diesen Fällen einen gutgläubigen Erwerb entsprechend beiden Vorschriften zuzulassen.[65] 33

Neben der GmbH-rechtlichen Möglichkeit des gutgläubigen Erwerbs und unabhängig hiervon können auch **vom Scheinerben auf der Grundlage des öffentlichen Glaubens des Erbscheins** gem. § 2366 BGB wirksam Geschäftsanteile erworben werden.[66] Voraussetzung hierfür ist, dass der Erblasser vor dem Erbfall tatsächlich Inhaber der Anteile war.[67] 34

III. Ladung zu Gesellschafterversammlungen

Solange die Erben eines Gesellschafters noch nicht in der zuletzt im Handelsregister aufgenommenen Gesellschafterliste eingetragen sind, können sie Rechte aus den ererbten Geschäftsanteilen nicht ausüben. Sollen in diesem Zeitraum Gesellschafterversammlungen stattfinden, so hat die Ladung daher grundsätzlich gegenüber dem eingetragenen Erblasser zu erfolgen, damit ein 35

---

59 OLG Köln Beschl. v. 27.6.2019 – 18 WX 11/19, BeckRS 2019, 24204.
60 Mayer MittBayNot 2014, 114 (124); Link, RNotZ 2009, 193 (213).
61 Mayer DNotZ 2008, 403 (412).
62 OLG München NZG 2015, 1272 Rn. 42.
63 Reg.Begr. BR-Drs. 354/07, 102.
64 MüKo-GmbH/Heidinger, § 16 Rn. 258; vgl. zu den Ansprüchen der Scheingesellschafters gegen den wahren Gesellschafter auf Mitwirkung Altmeppen GmbHG § 16 Rn. 51.
65 MüKoGmbHG/Heidinger GmbHG § 16 Rn. 296.
66 Noack/Servatius/Haas/Servatius GmbHG § 16 Rn. 26; MüKoGmbHG/Heidinger GmbHG § 16 Rn. 296.
67 Vgl. zum Umfang des Gutglaubensschutzes Grüneberg/Weidlich BGB § 2366 Rn. 4.

Einberufungsmangel ausscheidet.[68] Diese Schwierigkeiten können vermieden werden, indem der Gesellschafter rechtsgeschäftliche Vorsorge durch Erteilung einer Vollmacht von Todes wegen oder über den Todesfall hinaus erteilt.[69] Kann die Ladung zu einer Gesellschafterversammlung satzungsgemäß nur durch den verstorbenen Geschäftsführer erfolgen und sind die Gesellschafter nicht zu einer Vollversammlung unter Verzicht auf Einhaltung aller Formalia bereit, so kommt die Bestellung eines Notgeschäftsführers gem. § 29 BGB in Betracht, um eine Gesellschafterversammlung einzuberufen, die einen neuen Geschäftsführer bestellt.

§ 18 GmbHG   Mitberechtigung am Geschäftsanteil

(1) Steht ein Geschäftsanteil mehreren Mitberechtigten ungeteilt zu, so können sie die Rechte aus demselben nur gemeinschaftlich ausüben.

(2) Für die auf den Geschäftsanteil zu bewirkenden Leistungen haften sie der Gesellschaft solidarisch.

(3) [1]Rechtshandlungen, welche die Gesellschaft gegenüber dem Inhaber des Anteils vorzunehmen hat, sind, sofern nicht ein gemeinsamer Vertreter der Mitberechtigten vorhanden ist, wirksam, wenn sie auch nur gegenüber einem Mitberechtigten vorgenommen werden. [2]Gegenüber mehreren Erben eines Gesellschafters findet diese Bestimmung nur in bezug auf Rechtshandlungen Anwendung, welche nach Ablauf eines Monats seit dem Anfall der Erbschaft vorgenommen werden.

A. Allgemeines 1	4. Testamentsvollstreckung und Nachlassverwaltung 13
B. Regelungsgehalt 5	II. Haftung der Mitberechtigten, Abs. 2 14
I. Gemeinschaftliche Rechtsausübung, Abs. 1 6	1. Umfang der Haftung 14
1. Umfang der gemeinschaftlichen Rechtsausübung 7	2. Solidarische Haftung und erbrechtliche Haftungsbeschränkungen 16
2. Willensbildung und Ausübung von Gesellschafterrechten 8	III. Rechtshandlungen der Gesellschaft, Abs. 3 18
	1. Wirkung gegenüber Mitberechtigten .. 18
3. Bestellung eines gemeinsamen Vertreters 10	2. Sonderregelung für Erben 20
	C. Praktische Hinweise 24

A. Allgemeines

1 Die Regelungen des GmbH-Gesetzes gehen davon aus, dass ein Geschäftsanteil jeweils einer einzigen natürlichen oder juristischen Person zusteht. § 18 GmbHG dient dem Schutz der Gesellschaft, falls ein Geschäftsanteil ungeteilt mehreren Mitberechtigten zusteht. Die Regelung soll vor Nachteilen und Rechtsunsicherheiten bewahren, die sich aus der Mitberechtigung mehrerer Rechtssubjekte an einem Geschäftsanteil ergeben können.[1] Typische Problemkreise ergeben sich in solchen Konstellationen aus der Frage, wer auf Seiten der Mitberechtigten zur Ausübung der Gesellschafterrechte befugt oder zur Entgegennahme von Willenserklärungen der Gesellschaft berechtigt ist. Auch regelt die gesetzliche Vorschrift, wer von den Mitberechtigten für die aus der Mitgliedschaft entspringenden Verpflichtungen einzustehen hat.[2]

2 **Mitberechtigung** iSv § 18 GmbH sind die Bruchteilsgemeinschaft (§§ 741 ff. BGB) und die Gesamthandsgemeinschaft, soweit bei dieser nicht bereits personengesellschaftsrechtlich einheitliche Rechtsausübung, gesamtschuldnerische Haftung der Mitglieder und Passivvertretung gesi-

---

68 Vgl. allg. OLG Naumburg MittBayNot 2017, 287 ff.; OLG Zweibrücken RNotZ 2012, 292 f.
69 Vgl. OLG Naumburg MittBayNot 2017, 287 (289).

1 MüKoGmbHG/Reichert/Weller GmbHG § 18 Rn. 1; Noack/Servatius/Haas/Servatius GmbHG § 18 Rn. 1.
2 MHLS/Ebbing GmbHG § 18 Rn. 1.

chert sind. Dazu gehört insbes. auch die **Erbengemeinschaft** (§§ 2038 ff. BGB).³ Gemäß § 2038 GmbHG steht den Erben die Verwaltung des Nachlasses gemeinschaftlich zu. Fällt daher ein GmbH-Geschäftsanteil in das gemeinschaftliche Erbe, so obliegt die Verwaltung und damit auch die Ausübung der Gesellschafterrechte den Miterben gemeinschaftlich.⁴ § 18 GmbHG regelt allerdings ausschließlich das Rechtsverhältnis zwischen der Gesellschaft und den Mitberechtigten, soweit die Beziehungen der Rechtsgemeinschaft zur Gesellschaft betroffen sind. Nicht geregelt wird das Innenverhältnis zwischen den verschiedenen Mitberechtigten.⁵ Insbes. bei der Erbengemeinschaft sind daher für das Innenverhältnis der Miterben sowie auch für die Entstehung und Beendigung der Mitberechtigung die erbrechtlichen Regeln des BGB einschlägig.

Die Mitberechtigung der eine Erbengemeinschaft bildenden Erben am Geschäftsanteil kann kraft Gesetzes oder auf rechtsgeschäftlichem Weg begründet werden. Kraft Gesetzes entsteht sie, wenn ein Gesellschafter stirbt und mehrere Erben hinterlässt (§ 15 Abs. 1 Alt. 2 GmbHG iVm § 2032 Abs. 1 BGB). Auf rechtsgeschäftlichem Weg kann eine Erbengemeinschaft einen Geschäftsanteil erwerben, indem sie sich als solche an der Gründung einer GmbH beteiligt oder im Rahmen einer Kapitalerhöhung eine auf das erhöhte Kapital zu leistende Stammeinlage übernimmt.⁶ 3

Die Verfügung des einzelnen Miterben über seinen Anteil an dem zum Nachlass gehörenden GmbH-Geschäftsanteil ist gem. §§ 2033 Abs. 2, 2040 Abs. 1 BGB ausgeschlossen. Die Miterben können über den Geschäftsanteil nur gemeinschaftlich verfügen.⁷ Die rechtsgeschäftliche Übertragbarkeit eines Erbteils unterfällt auch dann, wenn ein Geschäftsanteil zum Nachlass gehört, den §§ 2033, 2371, 2385 BGB.⁸ Solange die Erbengemeinschaft in Bezug auf den Geschäftsanteil besteht, liegt auch eine Mitberechtigung iSv § 18 GmbHG vor, die erst nach abgeschlossener Auseinandersetzung der Erbengemeinschaft endet. Dies bedeutet, dass die **Auseinandersetzung gem. §§ 2042 ff. BGB** erfolgt sein muss. Dies geschieht durch Übertragung des gesamten Geschäftsanteils an einen der Mitberechtigten oder an einen Dritten. Alternativ können auch gem. § 46 Nr. 4 GmbHG reale Teile eines Geschäftsanteils gebildet und anschließend auf die einzelnen Miterben aufgeteilt und übertragen werden, § 2042 Abs. 2 BGB iVm § 752 BGB.⁹ 4

B. Regelungsgehalt

Die Normzwecke des § 18 GmbHG werden dadurch erreicht, dass Abs. 1 gegenüber der Gesellschaft nur die gemeinschaftliche und dadurch einheitliche Ausübung der Gesellschafterrechte gestattet. Umgekehrt kann die Gesellschaft hingegen gem. Abs. 3 Rechtshandlungen gegenüber einem Mitberechtigten mit Wirkung gegen alle vornehmen. Abs. 2 ordnet hinsichtlich der Gesellschafterpflichten Gesamtschuld an, um die Gesellschaft nicht auf eine anteilsweise Geltendmachung zu verweisen. 5

I. Gemeinschaftliche Rechtsausübung, Abs. 1

Falls kein gemeinsamer Vertreter bestellt ist, können sämtliche Mitgliedschaftsrechte aus dem Geschäftsanteil nur gemeinschaftlich ausgeübt werden. Jeder Mitberechtigte iSv § 18 GmbHG ist zwar für sich genommen Gesellschafter und hat damit beispielsweise ein eigenes Teilnahme- 6

---

3 OLG Stuttgart ZIP 2015, 873 Rn. 6; Noack/Servatius/Haas/Servatius GmbHG § 18 Rn. 2; MüKo-GmbHG/Reichert/Weller GmbHG § 18 Rn. 3.
4 OLG Stuttgart ZIP 2015, 873 Rn. 7; OLG Nürnberg ZIP 2014, 2081 Rn. 58.; OLG Jena NJW-RR 2012, 999 ff.
5 BGHZ 49, 183 (191) = NJW 1968, 743.
6 MüKoGmbHG/Reichert/Weller GmbHG § 18 Rn. 32; MHLS/Ebbing GmbHG § 18 Rn. 24.
7 Scholz/Seibt GmbHG § 18 Rn. 8.
8 MüKoGmbHG/Reichert/Weller GmbHG § 18 Rn. 33.
9 MüKoGmbHG/Reichert/Weller GmbHG § 18 Rn. 46 ff.

recht an Gesellschafterversammlungen.[10] Damit sind die Mitberechtigten auch in der Gesellschafterliste gem. § 40 GmbHG aufzuführen.[11] Zur Vermeidung von Unklarheiten gestattet das Gesetz aber gegenüber der Gesellschaft nur die **gemeinschaftliche Ausübung der Gesellschafterrechte**. Hierdurch wird die faktische Teilung von Geschäftsanteilen unter Umgehung der Voraussetzung des § 46 Nr. 4 GmbHG verhindert.[12]

7   **1. Umfang der gemeinschaftlichen Rechtsausübung.** Das Erfordernis der gemeinschaftlichen Rechtsausübung bezieht sich auf **sämtliche Mitgliedschaftsrechte**. Hierzu gehören die Mitverwaltungsrechte, also insbes. das Stimmrechte (§ 47 GmbHG), das Auskunfts- und Einsichtsrecht (§ 51a GmbHG), das Einberufungsrecht (§ 50 GmbHG) und das Teilnahmerecht an Gesellschafterversammlungen sowie das Recht zur Anfechtung von Gesellschafterbeschlüssen.[13] Darüber hinaus bezieht sich § 18 GmbHG auch auf die Geltendmachung von Vermögensrechten, insbes. von Gewinnanteils- und Liquidationsansprüchen.[14] Auch Sonderrechte, die durch die Satzung gewährt werden (zB Entsenderechte in einen Aufsichtsrat) sind erfasst, sofern sie nicht höchstpersönlich sind.[15]

8   **2. Willensbildung und Ausübung von Gesellschafterrechten.** Die Willensbildung und gemeinschaftliche Rechtsausübung der Mitberechtigten erfolgt nach den für die jeweilige Rechtsgemeinschaft geltenden Vorschriften. Im Falle einer ungeteilten Erbengemeinschaft richtet sich die Verwaltung des Geschäftsanteils damit nach §§ 2038 ff. BGB.[16] Gem. §§ 2038 Abs. 1 S 1, 2040 Abs. 1 BGB verwalten und verfügen die Erben über den Geschäftsanteil grundsätzlich gemeinschaftlich. Die Willensbildung erfolgt gem. § 2038 Abs. 2 iVm § 745 BGB durch Mehrheitsbeschluss. Gem. § 2038 Abs. 1 S 2 Hs. 2 BGB kann darüber hinaus jeder einzelne Miterbe notwendige Verwaltungsmaßnahmen ergreifen.[17] Kann unter den Mitberechtigten keine Einigung iS einer mehrheitlichen Willensbildung erzielt werden, so kann das gemeinschaftliche Recht aus dem Geschäftsanteil nicht ausgeübt werden.[18]

8.1 Fehler bei der internen Willensbildung der Erbengemeinschaft wirken sich aus Gründen des Verkehrsschutzes nicht auf die Verwaltungsmaßnahmen in der GmbH aus.[19] Im Falle eines Stimmverbots eines Miterben iSv § 47 Abs. 4 GmbHG ist der Betroffene auch bei der Willensbildung in der Erbengemeinschaft aufgrund des rechtsformübergreifenden Verbots des Richtens in eigener Sache (§ 34 BGB, § 136 Abs. 1 AktG, § 47 Abs. 4 GmbHG, § 43 Abs. 4 GenG) vom Stimmrecht ausgeschlossen.[20]

9   Sofern einer der Mitberechtigten eine Willenserklärung im Namen aller Berechtigten abgibt, ohne hierzu gem. § 2038 Abs. 1 S 2 Hs. 2 BGB ausnahmsweise befugt oder von den übrigen Mitberechtigten bevollmächtigt worden zu sein, so ist die Erklärung grundsätzlich unwirksam.[21] Sie kann allerdings von den übrigen Mitberechtigten gem. §§ 174, 177, 180 BGB mit Rückwirkung (§ 184 BGB) genehmigt werden.[22]

---

10 Vgl. grundlegend BGHZ 78, 311 ff. = NJW 1981, 682; differenzierend Scholz/Seibt GmbHG § 18 Rn. 12.
11 MüKoGmbHG/Reichert/Weller GmbHG § 18 Rn. 45.
12 MüKoGmbHG/Reichert/Weller GmbHG § 18 Rn. 50.
13 OLG Jena NZG 2012, 782 (783); MüKoGmbHG/Reichert/Weller § 18 Rn. 66.
14 Noack/Servatius/Haas/Servatius GmbHG § 18 Rn. 4; zum Anfechtungsrecht auch OLG Nürnberg ZIP 2014, 2081 Rn. 63.
15 GK-GmbHG/Löbbe GmbHG § 18 Rn. 21.
16 OLG Stuttgart ZIP 2015, 873 Rn. 7; OLG Nürnberg ZIP 2014, 2081 Rn. 58 f. und 62; MüKoGmbHG/Reichert/Weller GmbHG § 18 Rn. 63;
    vgl. auch die Problemübersicht bei MüKoBGB/ Gergen BGB § 2038 Rn. 5 ff.
17 OLG Karlsruhe GmbHR 1995, 824 (826); vgl. auch Lutter/Hommelhoff/Bayer GmbHG § 18 Rn. 5.
18 Lutter/Hommelhoff/Bayer GmbHG § 18 Rn. 6; GK-GmbHG/Löbbe GmbHG § 18 Rn. 23 f.
19 BGHZ 56, 47 (56); OLG Jena GmbHR 2013, 149 (150); kritisch Schürnbrand NZG 2016, 241 (243).
20 Schürnbrand NZG 2016, 241 (246).
21 GK-GmbHG/Löbbe GmbHG § 18 Rn. 24; MüKoGmbHG/Reichert/Weller GmbHG § 18 Rn. 56.
22 Lutter/Hommelhoff/Bayer GmbHG § 18 Rn. 6; Scholz/Seibt GmbHG § 18 Rn. 22.

3. Bestellung eines gemeinsamen Vertreters. Alternativ zur gemeinschaftlichen Rechtsausübung 10
können die Mitberechtigten einen gemeinsamen Vertreter bestellen.[23] Dieser nimmt die einheitliche Rechtsausübung für alle Mitberechtigten vor. Beauftragt werden kann sowohl ein Mitberechtigter als auch ein anderer Gesellschafter oder jeder geschäftsfähige Dritte.[24] Die Bestellung bedarf keiner besonderen Form. Einzige Ausnahme ist die Bestellung eines **gemeinsamen Vertreters zur Stimmrechtsausübung**, da § 47 Abs. 3 GmbHG hierfür Textform verlangt.[25] Die Bestellung richtet sich wiederum nach dem für die jeweilige Rechtsgemeinschaft geltenden Bestimmungen. Bei der ungeteilten Erbengemeinschaft wird der Vertreter daher idR gem. §§ 2038 Abs. 2 S 1, 745 BGB **durch Mehrheitsbeschluss** gewählt.[26] Für die Ausübung von Gesellschafterrechten durch den gemeinsamen Vertreter gelten dann die allgemeinen Vertretungsregelungen des BGB, insbes. § 174 BGB.

Die Bestellung eines gemeinsamen Vertreters **durch letztwillige Verfügung** ist nur zulässig, 11
soweit es nach erbrechtlichen Vorschriften möglich ist, den Willen der Miterben zu binden. Sofern in einer solchen Bestimmung nicht die Anordnung einer Testamentsvollstreckung oder eine Auflage zu sehen ist, handelt es sich um eine Vollmacht über den Tod hinaus, die von den Erben jederzeit widerrufen werden kann.[27]

Die Gesellschaft kann ihrerseits die Bestellung eines gemeinsamen Vertreters nur verlangen, 12
wenn der Gesellschaftsvertrag eine entsprechende Regelung enthält.[28] Die Durchsetzung einer entsprechenden Pflicht wird idR dadurch sichergestellt, dass bis zur Bestellung eines gemeinsamen Vertreters das **Ruhen des Stimmrechts** aus dem Geschäftsanteil vorgesehen wird.[29]

4. Testamentsvollstreckung und Nachlassverwaltung. Soweit ein Testamentsvollstrecker oder 13
Nachlassverwalter bestellt ist, übt dieser die Rechte aus dem zum Nachlass gehörenden Geschäftsanteil wie ein gemeinsamer Vertreter iSv § 18 GmbHG aus.[30] Ein solcher Testamentsvollstrecker oder Nachlassverwalter schließt die Erben von der eigenen Verwaltung aus. Auch können sie in solchen Fällen keinen eigenen gemeinsamen Vertreter bestellen und ist ein dennoch bestellter Vertreter von der Vertretung ebenfalls ausgeschlossen.[31]

II. Haftung der Mitberechtigten, Abs. 2

1. Umfang der Haftung. Für die auf den Geschäftsanteil zu bewirkenden Leistungen haften 14
mehrere Mitberechtigte gem. § 18 Abs. 2 GmbHG solidarisch. Diese Regelung betrifft die Frage des Haftungsumfangs jedes Mitglieds einer Rechtsgemeinschaft bezüglich der Leistungen aus dem Geschäftsanteil im Verhältnis zur GmbH. Nicht geregelt werden damit die Haftungsaufteilung im Innenverhältnis der Mitberechtigten sowie die allgemeine Außenhaftung der Rechtsgemeinschaft im Rechtsverkehr.[32] Diese bestimmen sich nach den auf die Rechtsgemeinschaft anwendbaren Vorschriften.

§ 18 Abs. 2 GmbHG erfasst **sämtliche auf den Geschäftsanteil zu bewirkenden Leistungen**. Dies 15
sind rückständige Einlagen, Ansprüche aus Differenzhaftung nach § 9 GmbHG sowie Ansprüche aus Verlustdeckungs- und Vorbelastungshaftung nach § 11 Abs. 2 GmbHG.[33] Neben diesen im engeren Sinne auf den Geschäftsanteil zu bewirkenden Leistungen sind aber auch alle **sonstigen Verbindlichkeiten** umfasst, die auf der Gesellschafterstellung beruhen. Zu nennen sind bei-

---

23 BGHZ 49, 183 (191).
24 MüKoGmbHG/Reichert/Weller GmbHG § 18 Rn. 67.
25 Noack/Servatius/Haas/Servatius GmbHG § 18 Rn. 5.
26 BGHZ 49, 183 (191 f.); OLG Nürnberg ZIP 2014, 2081 Rn. 58 f.
27 GK-GmbHG/Löbbe GmbHG § 18 Rn. 25.
28 MüKoGmbHG/Reichert/Weller GmbHG § 18 Rn. 69 f.; MHLS/Ebbing GmbHG § 18 Rn. 58.
29 MüKoGmbHG/Reichert/Weller GmbHG § 18 Rn. 69; vgl. auch LG Berlin BB 1985, 1752.
30 Noack/Servatius/Haas/Servatius GmbHG § 18 Rn. 5; GK-GmbHG/Löbbe GmbHG § 18 Rn. 25.
31 Noack/Servatius/Haas/Servatius GmbHG § 18 Rn. 5; Scholz/Seibt GmbHG § 18 Rn. 17.
32 MüKoGmbHG/Reichert/Weller GmbHG § 18 Rn. 86.
33 Noack/Servatius/Haas/Servatius GmbHG § 18 Rn. 7; Scholz/Seibt GmbHG § 18 Rn. 31.

spielsweise Nachschüsse gem. §§ 26 ff. GmbHG und, Verpflichtungen wegen des Ausfalls anderer Gesellschafter gem. §§ 24, 31 GmbHG. **Nebenleistungspflichten** iSv § 3 Abs. 2 GmbHG unterfallen der gesamtschuldnerischen Haftung, sofern sie nicht höchstpersönlicher Natur sind, wie zB die Pflicht zur Geschäftsführung oder eine rein schuldrechtliche Verpflichtung des ehemaligen Alleininhabers des Geschäftsanteils.[34]

16 **2. Solidarische Haftung und erbrechtliche Haftungsbeschränkungen.** Soweit Leistungen iSv § 18 Abs. 2 GmbHG betroffen sind, haften die Mitberechtigten an einem Geschäftsanteil solidarisch, dh gesamtschuldnerisch iSv §§ 421 ff. BGB. Dies gilt auch bei der Bruchteilsgemeinschaft.[35] Bei der Erbengemeinschaft ergibt sich die gesamtschuldnerische Haftung der einzelnen Miterben für Nachlassverbindlichkeiten bereits aus der allgemeinen Regel des § 2058 BGB.

17 Die Möglichkeit, die gesamtschuldnerische Haftung bis zur Nachlassteilung gem. § 2059 Abs. 1 BGB **auf den Nachlass zu beschränken**, wird nach herrschender Meinung von § 18 GmbHG nicht durchbrochen.[36] Die für die Zeit nach der Nachlassteilung geltende Bruchteilshaftung gem. §§ 2060, 2061 BGB wird demgegenüber durch § 18 Abs. 2 GmbHG verdrängt.[37] Damit haftet nach Teilung des Nachlasses in Form entweder einer Realteilung des Geschäftsanteils oder einer Übertragung auf einen der Miterben der Erwerber des jeweiligen Geschäftsanteils zwar für die erst nach der Übertragung fällig werdenden Leistungen allein. Für rückständige Leistungen haften neben dem Erwerber demgegenüber gem. §§ 16 Abs. 2, 18 Abs. 2 GmbHG auch die Miterben als Gesamtschuldner.[38]

III. Rechtshandlungen der Gesellschaft, Abs. 3

18 **1. Wirkung gegenüber Mitberechtigten.** Durch die Regelung in § 18 Abs. 3 GmbHG wird der Gesellschaft der Rechtsverkehr mit den Mitberechtigten an einem Geschäftsanteil erleichtert. Der Begriff der Rechtshandlungen erfasst grundsätzlich **alle einseitigen Rechtsgeschäfte und rechtsgeschäftsähnlichen Handlungen** der Gesellschaft, die im Hinblick auf den Geschäftsanteil erfolgen und damit sämtliche Mitberechtigten betreffen.[39] Zu nennen sind insbesondere die Einforderung von Leistungen auf die Stammeinlage, die Kaduzierung von Geschäftsanteilen gem. § 21 GmbHG sowie Mitteilungen über erfolgte Einziehungen gem. § 34 GmbHG, Einladungen zu Gesellschafterversammlungen, Mahnungen und Kündigungen.[40] Nicht erfasst sind demgegenüber der **Abschluss von zweiseitigen Rechtsgeschäften** (Verträgen), für die ausschließlich Abs. 1 gilt, sowie Zahlungen an die Inhaber von Geschäftsanteilen.[41]

19 Hält ein Mitberechtigter noch einen weiteren Geschäftsanteil, erstreckt sich die Wirkung des § 18 Abs. 3 GmbHG nicht auf diesen. Umgekehrt wirkt die Vornahme einer Rechtshandlung gegenüber einem Mitberechtigten, der einen weiteren Geschäftsanteil besitzt, nur dann auch für die anderen, wenn sie ihm erkennbar auch in seiner Eigenschaft als Mitberechtigter zugegangen ist.[42]

---

34 MHLS/Ebbing GmbHG § 18 Rn. 62; MüKo-GmbHG/Reichert/Weller GmbHG § 18 Rn. 98.
35 Noack/Servatius/Haas/Servatius GmbHG § 18 Rn. 8.
36 Noack/Servatius/Haas/Servatius GmbHG § 18 Rn. 8; MüKoGmbHG/Reichert/Weller GmbHG § 18 Rn. 89; Altmeppen GmbHG § 18 Rn. 15; Scholz/Seibt GmbHG § 18 Rn. 27.
37 Noack/Servatius/Haas/Servatius GmbHG § 18 Rn. 8; GK-GmbHG/Löbbe GmbHG § 18 Rn. 30; Lutter/Hommelhoff/Bayer GmbHG § 18 Rn. 7.
38 MüKoGmbHG/Reichert/Weller GmbHG § 18 Rn. 94; GK-GmbHG/Löbbe GmbHG § 18 Rn. 30.
39 Noack/Servatius/Haas/Servatius GmbHG § 18 Rn. 9; MüKoGmbHG/Reichert/Weller GmbHG § 18 Rn. 105.
40 GK-GmbHG/Löbbe GmbHG § 18 Rn. 32; Scholz/Seibt GmbHG § 18 Rn. 34; MüKoGmbHG/Reichert/Weller GmbHG § 18 Rn. 105.
41 Str., vgl. MHLS/Ebbing GmbHG § 18 Rn. 76; Noack/Servatius/Haas/Servatius GmbHG § 18 Rn. 9; Lutter/Hommelhoff/Bayer GmbHG § 18 Rn. 8; aA im Hinblick auf zweiseitige Rechtsgeschäfte MüKoGmbHG/Reichert/Weller GmbHG § 18 Rn. 111; GK-GmbHG/Löbbe GmbHG § 18 Rn. 37.
42 BGHZ 49, 183 (189); Noack/Servatius/Haas/Servatius GmbHG § 18 Rn. 11; enger MHLS/Ebbing GmbHG § 18 Rn. 74.

2. Sonderregelung für Erben. Eine Besonderheit und gleichzeitig eine Ausnahme von dieser Privilegierung der Gesellschafter besteht gem. § 18 Abs. 3 S. 2 GmbHG bei der Erbengemeinschaft. Innerhalb des ersten Monats seit dem Anfall der Erbschaft entfalten Rechtshandlungen der Gesellschaft gegenüber der Erbengemeinschaft als Gesellschafterin nur dann Wirkung, wenn sie allen Erben gegenüber vorgenommen werden.[43]

20

Die Monatsfrist läuft damit nicht synchron mit der Erbausschlagungsfrist des § 1944 BGB und auch nicht mit der Einredefrist des § 2014 BGB. Eine **spätere Ausschlagung** durch einen zunächst berufenen Erben führt gleichwohl nicht dazu, dass die Monatsfrist des § 18 Abs. 3 S. 2 GmbHG erneut läuft.[44] Nimmt die Gesellschaft bereits vor der Annahme der Erbschaft ein Rechtsgeschäft gegenüber den Erben vor, bleibt dessen Wirksamkeit gem. § 1959 Abs. 3 BGB von einer danach erklärten Ausschlagung unberührt. Allerdings kommt der Erbe nicht vor Annahme in Verzug.[45]

21

Im Falle der **Einsetzung von Nacherben** gem. § 2100 ff. BGB gilt die Frist des § 18 Abs. 3 S. 1 BGB zunächst für die Vorerben. Der Eintritt der Nacherbfolge gilt gem. § 2106 BGB als erneuter Erbfall iSd § 18 Abs. 3 S. 2 BGB.[46]

22

Ist ein **gemeinsamer Vertreter** vorhanden und der Gesellschaft bekannt, so ist eine Einzelvornahme iSv § 18 Abs. 3 S. 1 GmbHG gegenüber einzelnen Mitberechtigten nach zutreffender Auffassung nicht möglich. Die Gesellschaft kann in diesem Falle Rechtshandlungen gegenüber dem gemeinsamen Vertreter oder gegenüber sämtlichen Mitberechtigten vornehmen, soweit der gemeinsame Vertreter nicht aus anderen Gründen passiv ausschließlich legitimiert ist.[47] Entsprechend können auch im Falle des Vorhandenseins eines gemeinsamen Vertreters einer Erbengemeinschaft Rechtshandlungen ausschließlich gegenüber dem gemeinsamen Vertreter oder sämtlichen Mitberechtigten wirksam vorgenommen werden.[48]

23

C. Praktische Hinweise

Im Zuge der späteren **Teilung des Nachlasses** ist zu berücksichtigen, dass die erbrechtliche Bruchteilshaftung nach §§ 2060, 2061 BGB durch § 18 Abs. 2 GmbHG verdrängt wird (→ Rn. 17). Sofern daher auf den Geschäftsanteil zu bewirkende Leistungen offen sind oder sein könnten, ist dies bei der Erbauseinandersetzung entsprechend zu berücksichtigen, entweder wertmäßig oder durch eine Haftungsvereinbarung zwischen den Erben im Innenverhältnis. Umgekehrt haften für rückständige Leistungen neben dem erwerbenden Erben gem. §§ 16 Abs. 2, 18 Abs. 2 GmbHG auch nach Teilung des Nachlasses die Miterben als Gesamtschuldner. Auch dies ist im Zuge der Teilung durch geeignete Regelungen zu berücksichtigen.

24

§ 34 GmbHG Einziehung von Geschäftsanteilen

(1) Die Einziehung (Amortisation) von Geschäftsanteilen darf nur erfolgen, soweit sie im Gesellschaftsvertrag zugelassen ist.

---

43 MüKoGmbHG/Reichert/Weller GmbHG § 18 Rn. 116.
44 Noack/Servatius/Haas/Servatius GmbHG § 18 Rn. 11; MHLS/Ebbing GmbHG § 18 Rn. 81; Altmeppen GmbHG § 18 Rn. 21.
45 MüKoGmbHG/Reichert/Weller GmbHG § 18 Rn. 117; Scholz/Seibt GmbHG § 18 Rn. 36.
46 MüKoGmbHG/Reichert/Weller GmbHG § 18 Rn. 118; GK-GmbHG/Löbbe GmbHG § 18 Rn. 39.
47 Noack/Servatius/Haas/Servatius GmbHG § 18 Rn. 10; Scholz/Seibt GmbHG § 18 Rn. 35; MüKoGmbHG/Reichert/Weller GmbHG § 18 Rn. 112 ff.
48 MüKoGmbHG/Reichert/Weller GmbHG § 18 Rn. 119.

(2) Ohne die Zustimmung des Anteilsberechtigten findet die Einziehung nur statt, wenn die Voraussetzungen derselben vor dem Zeitpunkt, in welchem der Berechtigte den Geschäftsanteil erworben hat, im Gesellschaftsvertrag festgesetzt waren.

(3) Die Bestimmung in § 30 Abs. 1 bleibt unberührt.

A. Allgemeines 1	IV. Wirkung der Einziehung 19
B. Regelungsgehalt 2	V. Abfindung 20
I. Voraussetzungen der Einziehung 2	1. Berechnung 20
1. Freiwillige Einziehung 3	2. Fälligkeit 23
2. Zwangseinziehung 6	3. Kapitalerhaltung 26
II. Prinzip der Aufbringung und Erhaltung des Stammkapitals 10	4. Gesellschaftsvertragliche Abfindungsbeschränkungen 29
III. Verfahren der Einziehung 13	a) Schranken von Abfindungsbeschränkungen 30
1. Gesellschafterbeschluss 13	b) Typische Fallgestaltungen 37
2. Mitteilung 17	C. Weitergehende praktische Hinweise 42
3. Übereinstimmung von Stammkapital und Nennbeträgen der Geschäftsanteile 18	

A. Allgemeines

1 § 34 GmbHG lässt unter bestimmten Voraussetzungen die Einziehung von Geschäftsanteilen zu. Das Gesetz regelt dabei weder die genauen Einziehungsvoraussetzungen, noch die Wirkung umfassend.[1] Als Voraussetzung bestimmt § 34 Abs. 1 GmbHG lediglich, dass die Einziehung im Gesellschaftsvertrag zugelassen sein muss. Auch ohne Satzungsregelung ist die Einziehung ausnahmsweise im Fall des Gesellschafterausschlusses zulässig.[2] Bei der Einziehung sind darüber hinaus gemäß § 34 Abs. 3 GmbHG die gesellschaftsrechtlichen Prinzipien der Aufbringung und Erhaltung des Stammkapitals einzuhalten, was zu Beschränkungen der Einziehbarkeit im Einzelfall führt.

B. Regelungsgehalt

I. Voraussetzungen der Einziehung

2 Voraussetzung für eine Einziehung ist gemäß § 34 Abs. 1 GmbHG im Regelfall, dass die Einziehung im Gesellschaftsvertrag zugelassen ist. Zur näheren Ausgestaltung einer entsprechenden Satzungsregelung schweigt das Gesetz. In der Praxis wird zwischen der freiwilligen Einziehung und der Zwangseinziehung unterschieden.

3 **1. Freiwillige Einziehung.** Von freiwilliger Einziehung spricht man, wenn die Einziehung mit Zustimmung des betroffenen Anteilsinhabers erfolgt. Auch die freiwillige Einziehung muss ihre **Grundlage im Gesellschaftsvertrag** haben, also durch eine gesellschaftsvertragliche Regelung zugelassen sein.[3] Es genügt eine allgemeine Bestimmung, dass die Einziehung zulässig ist. Eine reine Zwangseinziehungsregelung ist in der Regel nicht genügend.[4]

4 Die freiwillige Einziehung kann durch eine **spätere Änderung des Gesellschaftsvertrages** zugelassen werden. Anders als bei der nachträglichen Zulassung der Zwangseinziehung (→ Rn. 7) genügt entgegen der wohl hM, die die Zustimmung aller Gesellschafter nach § 53 Abs. 3

---

1 Noack/Servatius/Haas/Kersting GmbHG § 34 Rn. 1.
2 Noack/Servatius/Haas/Kersting GmbHG § 34 Anh. GmbHG Rn. 2 ff.
3 Noack/Servatius/Haas/Kersting GmbHG § 34 Rn. 3 f.; Scholz/Westermann GmbHG § 34 Rn. 7; GK-GmbHG/Ulmer/Habersack GmbHG § 34 Rn. 14.
4 Noack/Servatius/Haas/Kersting GmbHG § 34 Rn. 4; GK-GmbHG/Ulmer/Habersack GmbHG § 34 Rn. 15.

GmbHG verlangt,[5] nach zutreffender Auffassung die satzungsändernde Mehrheit des § 53 Abs. 2 GmbHG.[6]

Daneben bedarf es für die freiwillige Einziehung der **Zustimmung des betroffenen Anteilsinhabers**. Diese ist formlos möglich.[7] Die Zustimmung wird gegenüber der Gesellschaft erklärt, ist aber auch gegenüber der Gesellschafterversammlung wirksam möglich.[8] Die Zustimmung kann sowohl im Vorhinein als auch bei oder nach Beschlussfassung erteilt werden.[9] Nach dem Einziehungsbeschluss ist ein Widerruf gemäß § 183 BGB nicht mehr möglich.[10] Bei **Mitberechtigung** am einzuziehenden Geschäftsanteil im Sinne von § 18 GmbHG ist die Zustimmung aller mitberechtigten Gesellschafter erforderlich.[11]

2. Zwangseinziehung. Auf Basis einer geeigneten gesellschaftsvertraglichen Grundlage ist auch die Zwangseinziehung zulässig. Voraussetzung hierfür ist gemäß § 34 Abs. 2 GmbHG, dass die Voraussetzungen vor dem Zeitpunkt, in welchem der betroffene Gesellschafter den Geschäftsanteil erworben hat, im Gesellschaftsvertrag festgesetzt waren. Gemeint ist eine **hinreichend bestimmte Regelung** der Einziehungsvoraussetzungen.[12] Insbesondere bei einer Einziehung ohne Abfindung zum wahren Wert müssen die Voraussetzungen und Rechtsfolgen so deutlich aus dem Gesellschaftsvertrag erkennbar sein, dass die Gesellschafter sich darauf einstellen können.[13]

Eine **nachträgliche Einführung der Zwangseinziehung** durch Gesellschaftsvertragsänderung ist für bereits bestehende Geschäftsanteile nur mit Zustimmung aller betroffenen Gesellschafter möglich.[14] § 34 Abs. 2 GmbHG steht der Erstreckung auf bisherige Gesellschafter nicht entgegen, da der Schutzzweck der Regelung nicht berührt ist, wenn sie sich freiwillig einer Zwangseinziehung unterwerfen.[15] Die Zustimmung aller Gesellschafter ist ebenso erforderlich, wenn die gesellschaftsvertraglichen Anforderungen an die Zwangseinziehung erleichtert werden, ebenso bei nachträglicher Herabsetzung der Abfindung.[16] Die Zustimmung aller Inhaber der betroffenen Geschäftsanteile ist auch erforderlich, wenn die Zwangseinziehung ausschließlich für alle späteren Anteilserwerber möglich sein soll.[17] Soll die Zwangseinziehung demgegenüber nur für im Zuge einer Kapitalerhöhung neu zu schaffende neue Geschäftsanteile erlaubt werden, genügt die satzungsändernde Mehrheit des § 53 Abs. 2 GmbHG.[18]

Die Zwangseinziehung setzt voraus, dass ein im Gesellschaftsvertrag bestimmter **sachlicher Grund** vorliegt.[19] Der sachliche Grund muss nicht das Gewicht eines wichtigen Grundes haben,

---

5 BGHZ 9, 160; BayObLG DB 1978, 2164; Lutter/Homlhoff/Lutter/Kleindiek GmbHG § 34 Rn. 30; MHLS/Sosnitza GmbHG § 34 Rn. 11.
6 Noack/Servatius/Haas/Kersting GmbHG § 34 Rn. 5; MüKoGmbHG/Strohn GmbHG § 34 Rn. 15 unter Hinweis auf BGHZ 116, 359 (362); Altmeppen GmbHG § 34 Rn. 8.
7 Noack/Servatius/Haas/Kersting GmbHG § 34 Rn. 6.
8 RG JW 1934, 977; Noack/Servatius/Haas/Kersting GmbHG § 34 Rn. 6; GK-GmbHG/Ulmer/Habersack GmbHG § 34 Rn. 21; Scholz/Westermann GmbHG § 34 Rn. 12.
9 Noack/Servatius/Haas/Kersting GmbHG § 34 Rn. 6.
10 Noack/Servatius/Haas/Kersting GmbHG § 34 Rn. 6.
11 Noack/Servatius/Haas/Kersting GmbHG § 34 Rn. 6.
12 OLG München DB 1994, 320 (321); Noack/Servatius/Haas/Kersting GmbHG § 34 Rn. 7.
13 BGH NJW 1977, 2316 ff.; Noack/Servatius/Haas/Kersting GmbHG § 34 Rn. 7; Altmeppen GmbHG § 34 Rn. 34.
14 BGHZ 9, 160; 116, 359 (363); BGH WM 1976, 206; BGH NJW 1977, 2316; BayObLG DB 1978, 2164; OLG Stuttgart GmbHR 2019, 67 (73); Noack/Servatius/Haas/Kersting GmbHG § 34 Rn. 9; Lutter/Hommelhoff/Lutter/Kleindiek GmbHG § 34 Rn. 43; Altmeppen GmbHG § 34 Rn. 9.
15 BGH NJW 1977, 2316.
16 BGHZ 116, 359 (363) und 372; Noack/Servatius/Haas/Kersting GmbHG § 34 Rn. 8.
17 OLG Hamm OLGE 32, 137; Altmeppen GmbHG § 34 Rn. 9.
18 Noack/Servatius/Haas/Kersting GmbHG § 34 Rn. 8; MHLS/Sosnitza GmbHG § 34 Rn. 32; MüKoGmbHG/Strohn GmbHG § 34 Rn. 15; aA Lutter/Hommelhoff/Lutter/Kleindiek GmbHG § 34 Rn. 43.
19 Noack/Servatius/Haas/Kersting GmbHG § 34 Rn. 9.

darf aber auch nicht zu einer Zwangseinziehung nach freiem Belieben der Mehrheit führen.[20] Als gesellschaftsvertraglich regelbarer Einziehungsgrund sind wichtige Gründe in der Person des betroffenen Gesellschafters[21] sowie auch sonstige sachliche Gründe und Sonderfälle anerkannt.[22] Hierzu gehört insbesondere auch der Tod eines Gesellschafters unter der Prämisse, dass die Einziehung nur innerhalb einer angemessenen Frist erfolgen kann.[23]

9 Im Falle einer **Mitberechtigung** an einem Geschäftsanteil im Sinne von § 18 GmbHG ist es – sofern der Gesellschaftsvertrag hierzu schweigt – Auslegungsfrage, ob die Einziehungsvoraussetzungen in der Person aller Mitberechtigten oder nur eines von ihnen vorliegen müssen.[24]

II. Prinzip der Aufbringung und Erhaltung des Stammkapitals

10 § 34 Abs. 3 GmbHG verweist ausdrücklich auf die Beschränkungen, die sich aus § 30 Abs. 1 GmbHG ergeben. Hiernach darf das zur Erhaltung des Stammkapitals erforderliche Vermögen der Gesellschaft nicht an die Gesellschafter ausgezahlt werden. Dies gilt nicht bei Leistungen, die bei Bestehen eines Beherrschungs- oder Gewinnabführungsvertrages im Sinne von § 291 AktG erfolgen oder die durch einen vollwertigen Gegenleistungs- oder Rückgewähranspruch gegen den Gesellschafter gedeckt sind. Eine weitere Ausnahme gilt für die Rückgewähr eines Gesellschafterdarlehens und Leistungen auf Forderungen aus Rechtshandlungen, die einem Gesellschafterdarlehen wirtschaftlich entsprechen.

11 Aus den Prinzipien der Aufbringung und Erhaltung des Stammkapitals folgt nach allgM, dass die Einziehung von Geschäftsanteilen nur nach **Volleinzahlung der Einlage** erfolgen darf.[25] Dies gilt auch dann, wenn die Gesellschaft in entsprechender Höhe über Mittel verfügt, die nicht der Kapitalbindung nach § 30 Abs. 1 GmbHG unterliegen.[26] Unzulässig ist auch eine Verrechnung der offenen Einlage mit der Abfindungsforderung des von der Einziehung betroffenen Gesellschafters.[27] Nur soweit eine Aufrechnung mit einer Einlageforderung ausnahmsweise zugelassen ist,[28] kann mit einer Einlageforderung aufgerechnet und damit die Volleinzahlung herbeigeführt werden.[29] In der Regel können die Voraussetzungen der Einziehung bei nicht voll eingezahlter Einlage nur durch Herabsetzung des Stammkapitals geschaffen werden.[30] Möglich ist die Zwangseinziehung außerdem, wenn aufgrund gesellschaftsvertraglicher Bestimmung die Zwangsabtretung an einen Mitgesellschafter vorgesehen ist.[31]

12 Die Abfindung für die Einziehung (→ Rn. 20 ff.) darf nicht aus iSv § 30 Abs. 1 GmbHG gebundenen Mitteln geleistet werden. Nach hM steht die Einziehung daher unter der gesetzlichen Bedingung, dass das Stammkapital durch die Abfindung nicht beeinträchtigt wird.[32]

---

20 BGHZ 112, 103 (107 ff.); BGH GmbHR 1989, 462 (463); Noack/Servatius/Haas/Kersting GmbHG § 34 Rn. 9a; MüKoGmbHG/Strohn GmbHG § 34 Rn. 45; aA Altmeppen GmbHG § 34 Rn. 43 f.
21 BGH NJW 1977, 2316.
22 Vgl. mit Beispielen Noack/Servatius/Haas/Kersting GmbHG § 34 Rn. 10; MüKoGmbHG/Strohn GmbHG § 34 Rn. 139 ff.
23 BGHZ 105, 213 (218 ff.); Noack/Servatius/Haas/Kersting GmbHG § 34 GmbH Rn. 10.
24 Noack/Servatius/Haas/Kersting GmbHG § 34 Rn. 9; Scholz/Westermann GmbHG § 34 Rn. 37.
25 BGHZ 9, 168; Noack/Servatius/Haas/Kersting GmbHG § 34 Rn. 11.
26 Noack/Servatius/Haas/Kersting GmbHG § 34 Rn. 11; GK-GmbHG/Ulmer/Habersack GmbHG § 34 Rn. 19; Scholz/Westermann GmbHG § 34 Rn. 52.
27 Noack/Servatius/Haas/Kersting GmbHG § 34 Rn. 11; abweichend Scholz/Westermann GmbHG § 34 Rn. 52.
28 Dazu ausführlich Noack/Servatius/Haas/Servatius GmbHG § 19 Rn. 33 ff.
29 MüKoGmbHG/Strohn GmbHG § 34 Rn. 30.
30 RGZ 93, 329; Noack/Servatius/Haas/Kersting GmbHG § 34 Rn. 11.
31 Noack/Servatius/Haas/Kersting GmbHG § 34 Rn. 11; MüKoGmbHG/Strohn GmbHG § 34 Rn. 30.
32 Noack/Servatius/Haas/Kersting GmbHG § 34 Rn. 12 und 40a.

III. Verfahren der Einziehung

1. Gesellschafterbeschluss. Die Einziehung erfolgt grundsätzlich durch Gesellschafterbeschluss nach § 46 Nr. 4 GmbHG. Mangels abweichender Bestimmung im Gesellschaftsvertrag genügt die **einfache Mehrheit** des § 47 Abs. 1 GmbHG.[33] Der Gesellschaftsvertrag kann nach überwiegender Meinung auch ein anderes Organ zur Entscheidung über die Einziehung ermächtigen, bspw. die Geschäftsführer, einen Aufsichtsrat oder einen Beirat,[34] aber auch einzelne Gesellschafter,[35] nicht jedoch einen Dritten.[36]

Der betroffene Gesellschafter hat grds. ein **Stimmrecht**, sofern die Satzung dieses nicht ausschließt.[37] Das Stimmrecht ist ausgeschlossen, wenn eine Zwangseinziehung aus wichtigem oder sonst in der Person des betroffenen Gesellschafters liegenden Gründen erfolgt.[38] Auch im Falle des Stimmrechtsausschlusses hat der nicht stimmberechtigte Gesellschafter aber ein Recht zur Teilnahme an der Gesellschafterversammlung und zur Stellungnahme zu den gegen ihn erhobenen Vorwürfen. Wird im dies nicht eingeräumt, ist der Einziehungsbeschluss anfechtbar.[39]

Der **Beschlussinhalt** muss lediglich deutlich machen, dass der Geschäftsanteil eingezogen wird. Die gleichzeitige Festsetzung einer Abfindung ist nur erforderlich, wenn der Gesellschaftsvertrag dies vorschreibt.[40]

Für **Mängel des Einziehungsbeschlusses** gelten die allgemeinen Regeln.[41] Als Beispiele einer Nichtigkeit sind zu nennen die Einziehung ohne ausreichende Satzungsgrundlage,[42] die Einziehung eines nicht voll eingezahlten Geschäftsanteils[43] oder das Feststehen bereits zum Zeitpunkt der Beschlussfassung, dass die Abfindung nicht aus freiem Vermögen gezahlt werden kann.[44] Liegen die vom Gesellschaftsvertrag geforderten Voraussetzungen nicht vor oder wird der Grundsatz der Gleichbehandlung verletzt, so ist der Beschluss anfechtbar.[45] Auch das Fehlen eines schlüssig dargelegten satzungsgemäßen Einziehungsgrundes macht den Beschluss anfechtbar.[46]

2. Mitteilung. Der Gesellschafterbeschluss ist dem betroffenen Gesellschafter formfrei mitzuteilen.[47] Die Mitteilung erfolgt idR durch den Geschäftsführer. Alternativ kann die Gesellschafterversammlung einen Gesellschafter hierzu ermächtigen.[48] Nimmt der betroffene Gesellschafter an der Beschlussfassung teil, ist nach hM eine besondere Mitteilung überflüssig (str),[49] jedenfalls wird die Mitteilung in diesem Fall aber konkludent in der Mitteilung des Beschlusser-

---

33 Noack/Servatius/Haas/Kersting GmbHG § 34 Rn. 14; GK-GmbHG/Ulmer/Habersack GmbHG § 34 Rn. 49; Niemeier GmbHR 1983, 168.
34 LG Heilbronn GmbHR 1994, 322; Altmeppen GmbHG § 34 Rn. 69; Scholz/Westermann GmbHG § 34 Rn. 42: einschränkend MüKoGmbHG/Strohn GmbHG § 34 Rn. 24: nur mit Gesellschaftern besetztes Organ.
35 Noack/Servatius/Haas/Kersting GmbHG § 34 Rn. 14; MüKoGmbHG/Strohn GmbHG § 34 Rn. 25; MHLS/Sosnitza GmbHG § 34 Rn. 106.
36 Lutter/Hommelhoff/Lutter/Kleindiek GmbHG § 34 Rn. 33; MüKoGmbHG/Strohn GmbHG § 34 Rn. 26; aA MHLS/Sosnitza GmbHG § 34 Rn. 106.
37 Noack/Servatius/Haas/Kersting GmbHG § 34 Rn. 14; MüKoGmbHG/Strohn GmbHG § 34 Rn. 19; Altmeppen GmbHG § 34 Rn. 71.
38 BGH NJW RR 1990, 530 (531); BGH DB 1977, 343; OLG Celle GmbHR 1998, 140; Noack/Servatius/Haas/Kersting GmbHG § 34 Rn. 14.
39 BGH DStR 1997, 1257; OLG München NZG 1998, 383 (384).
40 BGH ZIP 1995, 835; Noack/Servatius/Haas/Noac GmbHG § 34 Rn. 14.
41 Ausf. Noack/Servatius/Haas/Kersting GmbHG Anh. § 47 mwN.
42 BGH GmbHR 1999, 1194.
43 MüKoGmbHG/Strohn GmbHG § 34 Rn. 91.
44 BGH NZG 2012, 259 Rn. 7; OLG Dresden ZIP 2016, 720 Rn. 19; Noack/Servatius/Haas/Kersting GmbHG § 34 Rn. 15.
45 Noack/Servatius/Haas/Kersting GmbHG § 34 Rn. 15; Scholz/Westermann GmbHG § 34 Rn. 44.
46 OLG München GmbHR 1992, 808.
47 Noack/Servatius/Haas/Kersting GmbHG § 34 Rn. 16.
48 Noack/Servatius/Haas/Kersting GmbHG § 34 Rn. 16; MüKoGmbHG/Strohn GmbHG § 34 Rn. 37; aA Lutter/Hommelhoff/Lutter/Kleindiek GmbHG § 34 Rn. 36 nur Geschäftsführer zuständig.
49 RG JW 1934, 977; OLG Dresden ZIP 2016, 720 Rn. 24; Noack/Servatius/Haas/Kersting GmbHG § 34 Rn. 16; Lutter/Hommelhoff/Lutter/Kleindiek GmbHG § 34 Rn. 36; Altmeppen GmbHG § 34 Rn. 79; aA KG FGPrax 2006, 29 (30).

gebnisses liegen.[50] Eine Mitteilung der Einziehung ohne wirksamen Beschluss führt die Einziehungsfolgen nicht herbei.[51]

18 **3. Übereinstimmung von Stammkapital und Nennbeträgen der Geschäftsanteile.** Bei der Einziehung ist zu beachten, dass gem. § 5 Abs. 3 S. 2 GmbHG die Summe der Nennbeträge aller Geschäftsanteile mit dem Stammkapital übereinstimmen muss. Dies kann durch entsprechende Kapitalherabsetzung um den Nennbetrag des eingezogenen Geschäftsanteils, durch Aufstockung des Nennbetrages der übrigen (bestehenden) Geschäftsanteile oder durch Neubildung eines entsprechenden Anteils sichergestellt werden.[52] Eine entsprechende Regelung ist jedoch nach hM nicht Wirksamkeitsvoraussetzung für die Einziehung und damit für den Einziehungsbeschluss.[53] Die weiteren Folgen einer fehlenden Regelung im Beschluss sind noch ungeklärt. Denkbar ist ein Vermerk des eingezogenen Geschäftsanteils in der Gesellschafterliste oder eine Verfügung des Registergerichts, dass die Divergenz zu beseitigen ist; einem automatischen Erwerb des eingezogenen Geschäftsanteils durch die Gesellschaft und einer automatischen Aufstockung der anderen Geschäftsanteile hat der BGH eine Absage erteilt.[54]

IV. Wirkung der Einziehung

19 Mit dem Wirksamwerden der Einziehung geht der betroffene Geschäftsanteil unter.[55] Der betroffene Gesellschafter verliert die Mitgliedschaft mit allen Rechten und Pflichten entgegen früher hM sofort und nicht erst, wenn er die ihm zustehende Abfindung vollständig erhalten hat.[56] Bis zur Einziehung fällig gewordene Rechte und Pflichten bleiben bestehen, so zB auf Nebenleistungen, Nachschüsse, Haftung aus § 24 GmbHG oder Gewinnansprüche.[57] Der Anspruch auf den Gewinnanteil für ein abgelaufenes Geschäftsjahr geht hingegen unter, wenn die Einziehung vor der Beschlussfassung der Gesellschafterversammlung über die Gewinnfeststellung und Ergebnisverwendung erfolgt.[58]

V. Abfindung

20 **1. Berechnung.** Auch wenn das Gesetz als Gegenleistung für die Abfindung keinen Abfindungsanspruch bestimmt, ist ein solcher als allgemeiner Rechtsgrundsatz in Analogie zu § 738 Abs. 1 S. 2 BGB allgemein anerkannt.[59] Mangels abweichender gesellschaftsvertraglicher Bestimmungen hat der von der Einziehung betroffene Gesellschafter gegen die Gesellschaft einen Anspruch auf **den vollen wirtschaftlichen Wert** der eingezogenen Geschäftsanteile. Maßgeblich ist der Verkehrswert.[60] Dieser entspricht dem bei einer Veräußerung des Geschäftsanteils an einen Dritten erzielbaren Preis. Gibt es keine zeitnahen und objektiv vergleichbaren Anteilsverkäufe entspricht der Verkehrswert idR dem Betrag, der bei Veräußerung des Unternehmens als Ganzes

---

50 MüKoGmbHG/Strohn GmbHG § 34 Rn. 38.
51 RG JW 1934, 977; Noack/Servatius/Haas/Kersting GmbHG § 34 Rn. 16.
52 Vgl. dazu Gehrlein Konzern 2007, 771 (774).
53 Grundlegend nun BGH NJW 2015, 1385 Rn. 17 ff.; vgl. auch OLG Saarbrücken NZG 2012, 180 (181); LG Dortmund ZIP 2012, 1247; Noack/Servatius/Haas/Kersting GmbHG § 34 Rn. 17a; MüKoGmbHG/Strohn GmbHG § 34 Rn. 65 und 234 ff.; aA noch LG Neubrandenburg GmbHR 2011, 823; LG Essen NZG 2010, 867; Römermann DB 2010, 209; kritisch MHLS/Sosnitza GmbHG § 34 Rn. 126.
54 BGH NJW 2015, 1385 Rn. 26 und 29.
55 Noack/Servatius/Haas/Kersting GmbHG § 34 Rn. 19.
56 BGH NZG 2012, 259 Rn. 12 ff., 21; OLG Dresden ZIP 2016, 720 Rn. 20 ff.; anders noch BGHZ 9, 157; BGH DStR 1997, 1336.
57 Noack/Servatius/Haas/Kersting GmbHG § 34 Rn. 19; GK-GmbHG/Ulmer/Habersack GmbHG § 34 Rn. 57.
58 BGHZ 139, 299 (302); MüKoGmbH/Strohn GmbHG § 34 Rn. 62; Gehrlein DB 1998, 2355.
59 Noack/Servatius/Haas/Kersting GmbHG § 34 Rn. 22; Scholz/Westermann GmbHG § 34 Rn. 25; GK-GmbH/Ulmer/Habersack GmbHG § 34 Rn. 72 ff.
60 BGHZ 116, 359 (365) und 370 f.; BGH NJW 2001, 2638 (2639); Noack/Servatius/Haas/Kersting GmbHG § 34 Rn. 22; Lutter/Hommelhoff/Lutter/Kleindiek GmbHG § 34 Rn., 68 und 161 ff.

und Liquidation der Gesellschaft auf den Geschäftsanteil entsprechend der Liquidationsquote entfallen würde.[61]

Der **Unternehmenswert** ist in diesem Fall nach betriebswirtschaftlichen Grundsätzen zu ermitteln, ohne dass aber eine bestimmte Methode vorgeschrieben wäre.[62] IdR wird die Berechnung auf Grundlage des Ertragswerts vorzunehmen sein.[63] Daneben kann der Substanzwert des nicht betriebsnotwendigen Vermögens zu berücksichtigen sein.[64] Die Substanzwertkomponente ist uU auch dann zu beachten, wenn die Ertragskraft der Gesellschaft weniger in der Unternehmensorganisation als mehr in dem persönlichen Einsatz der Gesellschafter begründet ist.[65] IdR ist für die Berechnung des Unternehmenswertes ein Sachverständigengutachten erforderlich.[66] Schiedsgutachterklauseln im Gesellschaftsvertrag sind zulässig.[67] 21

Der von der Einziehung betroffene Gesellschafter hat für einen Zeitraum von längstens bis zu einem Jahr nach seinem Ausscheiden Anspruch auf **Einsicht in die Geschäftsbücher** und Bilanzen des für die Berechnung der Abfindung relevanten Zeitraums, um die Angemessenheit der Abfindung überprüfen zu können.[68] Während das umfassende Auskunfts- und Einsichtsrecht aus § 51 GmbHG nur während der Dauer der Gesellschafterstellung gilt, muss er diese Rechte nach Einziehung aus §§ 810, 242 BGB herleiten.[69] 22

2. Fälligkeit. Das Abfindungsguthaben ist gem. § 271 Abs. 1 BGB in voller Höhe mit Wirksamwerden der Einziehung fällig.[70] 23

Durch den Gesellschaftsvertrag können die **Auszahlungsmodalitäten** abweichend geregelt werden, insbesondere durch zeitliche Streckung, zum Beispiel durch Auszahlung in mehreren gleichen Jahres- oder Halbjahresraten bei marktüblicher Verzinsung.[71] Allerdings darf kein übermäßig langer Auszahlungszeitraum bestimmt werden. In der Regel ist ein Auszahlungszeitraum bis zu 5 Jahren nicht zu beanstanden.[72] Bei ansonsten gesellschafterfreundlicher Abfindungsklausel (einschließlich Verzinsung) kommt im Einzelfall auch ein längerer Zeitraum in Betracht.[73] 24

Eine **Verzinsung** des ausstehenden Abfindungsguthabens sieht das Gesetz nicht vor. Eine fehlende Regelung zur Verzinsung im Gesellschaftsvertrag kann eine Abfindungsbeschränkung aber bei Zusammentreffen mit weiteren abfindungsbeschränkenden Regelungen unzumutbar machen.[74] 25

---

61 BGHZ 116, 359 (370 f.); BGH NJW 2001, 2638 (2639); kritisch Siegle ZGR 1999, 669 f.
62 BGHZ 116, 359 (371); BGH NJW 1993, 2101 (2103) (zur OHG); Noack/Servatius/Haas/Kersting GmbHG § 34 Rn. 23; MüKoGmbHG/Strohn GmbHG § 34 Rn. 222.
63 BGHZ 116, 359 (371); 138, 371 (383); OLG Düsseldorf WM 1984, 732 (zur AG); OLG Düsseldorf DB 1988, 1109 (zur AG); MüKoGmbHG/Strohn GmbHG § 34 Rn. 222; MHdB GesR III/Kort § 28 Rn. 18; vgl. auch IDW-Standard: Grundsätze durch Durchführung von Unternehmensbewertung (IDWS 1).
64 BGH NJW 1993, 2101 (2103) (zur OHG); BGH NJW-RR 2005, 153 (154); Noack/Servatius/Haas/Kersting GmbHG § 34 Rn. 23.
65 BGH NJW 1991, 1547 (1548) (zur Arztpraxis); ähnlich BGH BB 1987, 710; BGH NJW-RR 2005, 153 (154); Noack/Servatius/Haas/Kersting GmbHG § 34 Rn. 23.
66 BGHZ 116, 359 (371); BGH NJW 1985, 192 (193) (zur KG).
67 Noack/Servatius/Haas/Kersting GmbHG § 34 Rn. 23.
68 BGH DB 1977, 1248; MüKoGmbHG/Strohn GmbHG § 34 Rn. 229; MHdB GesR III/Kort § 28 Rn. 19.
69 OLG Hamm GmbH-Stpr 2008, 384 f.
70 OLG Düsseldorf Beck-RS 2007, 09356; Noack/Servatius/Haas/Kersting GmbHG § 34 Rn. 24; MüKoGmbHG/Strohn GmbHG § 34 Rn. 230; Scholz/Priester/Tebben, GmbHG § 53 Rn. 110.
71 Noack/Servatius/Haas/Kersting GmbHG § 34 Rn. 38.
72 Noack/Servatius/Haas/Kersting GmbHG § 34 Rn. 38; MüKoGmbHG/Strohn GmbHG § 34 Rn. 229.
73 BayObLG DB 1983, 99 ff.: 6 Jahre bei Abfindung zum vollen Anteilswert; BGH NJW 1989, 2685 (2686): 15 Jahre sittenwidrig, Zulässigkeit einer 10-Jahres-Frist offengelassen; OLG Dresden NZG 2000, 1042; gestaffelte Auszahlung nach 5, 8 und 10 Jahren sittenwidrig; vgl. ergänzend Noack/Servatius/Haas/Kersting GmbHG § 34 Rn. 38; GK-GmbHG/Ulmer/Habersack GmbHG § 34 Rn. 88 und 92.
74 BayObLG DB 1983, 99; Noack/Servatius/Haas/Kersting GmbHG § 34 Rn. 38; aA GK-GmbHG/Ulmer/Habersack GmbHG § 34 Rn. 79.

26 **3. Kapitalerhaltung.** Die Abfindung darf gemäß § 34 Abs. 3 GmbHG nicht aus nach § 30 Abs. 1 GmbHG gebundenen Mitteln geleistet werden (auch → Rn. 10). Das Entgelt für den eingezogenen Anteil darf daher von der Gesellschaft nur aus einem Überschuss des reinen Gesellschaftsvermögens über das Stammkapital gewährt werden, etwa aus geeigneten Rücklagen. Anderes gilt nur bei entsprechender Kapitalherabsetzung.[75] **Maßgeblicher Zeitpunkt** für das Vorhandensein freier Mittel ist der Zeitpunkt der Auszahlung, nicht derjenige der Entstehung des Abfindungsanspruchs.[76] In Falle einer Zahlung unter Verstoß gegen § 30 Abs. 1 GmbHG trifft den empfangenen Gesellschafter eine **Rückzahlungspflicht** aus § 31 GmbHG.[77]

27 Steht bereits bei Beschlussfassung über die Einziehung fest, dass die geschuldete Abfindung nach der Vermögenslage der Gesellschaft nur unter Verletzung der Kapitalerhaltungsvorschriften gezahlt werden könnte, so ist der Beschluss entsprechend § 241 Nr. 3 AktG wegen Verstoßes gegen den Grundsatz der Kapitalerhaltung nichtig.[78] Die subsidiäre Haftung der verbleibenden Gesellschafter (→ Rn. 19) greift also nur dann, wenn die Gesellschaft aus anderen Gründen die Abfindung nicht zahlen kann oder sich der Verstoß gegen § 30 GmbHG erst später herausstellt.[79]

28 Ist bei Beschlussfassung hingegen noch nicht absehbar, ob die Abfindung aus ungebundenem Vermögen geleistet werden kann, so tangiert dies die sofortige Wirksamkeit des Einziehungsbeschlusses entgegen früher hM[80] nicht.[81] Der von der Einziehung betroffene Gesellschafter verliert demnach seine Gesellschafterstellung durch die Einziehung mit sofortiger Wirkung.[82] Zur Sicherung seiner Abfindungsansprüche haften die Gesellschafter, die den Einziehungsbeschluss gefasst haben, anteilig, sofern sie nicht dafür sorgen, dass die Abfindung aus ungebundenem Vermögen der Gesellschaft geleistet werden kann oder statt dessen die Gesellschaft auflösen.[83] Nach der Rechtsprechung des BGH soll der Einziehungsbeschluss jedoch weiterhin nichtig sein, wenn bereits im Zeitpunkt der Beschussfassung feststeht, dass die sofort fällige Abfindung nicht aus freien Mitteln gezahlt werden kann.[84]

29 **4. Gesellschaftsvertragliche Abfindungsbeschränkungen.** Abfindungsbeschränkungen durch den Gesellschaftsvertrag sind **grds. zulässig**.[85] Bspw. können Art und Höhe der Abfindung, Berechnungsverfahren und Zahlungsmodalitäten abweichend geregelt werden.[86] Die nachträgliche Einführung einer Abfindungsbeschränkung durch Gesellschaftsvertragsänderung bedarf als Er-

---

75 BGHZ 9, 169; 65, 29.
76 BGHZ 9, 169; Lutter/Hommelhoff/Kleindiek GmbHG § 34 Rn. 12, 16; MHLS/Sosnitza GmbHG § 34 Rn. 17; aA GK-GmbHG/Ulmer/ Habersack GmbHG § 34 Rn. 20 und 74: Fälligkeit maßgebend; Altmeppen GmbHG § 34 Rn. 18.
77 Noack/Servatius/Haas/Kersting GmbHG § 34 Rn. 39.
78 BGH NZG 2016, 742 Rn. 13; 2012, 259 Rn. 7; 2009, 221; BGH NJW 2011, 2294 Rn. 13; BGHZ 9, 157 (173 ff.); 114, 365, 369 ff.; BGH DStR 2001, 1898; 2006, 1900, 1901; Ulmer FS Rittner, 1991, 735; 742 ff.; MHdB GesR III/Kort § 28 Rn. 39; aA: OLG Celle GmbHR 1998, 141: bloße Anfechtbarkeit; ebenso Altmeppen GmbHG § 34 Rn. 25 und 31.
79 Vgl. BGH NZG 2012, 259 Rn. 7 f.
80 Einziehungsbeschluss steht unter der aufschiebenden gesetzlichen Bedingung, dass die Zahlung der Abfindung ohne Beeinträchtigung des Stammkapitals erfolgt. Vgl. RGZ 142, 286 (290 ff.); BGH DStR 1997, 1336; OLG Düsseldorf NZG 2007, 278; OLG Frankfurt aM NJW-RR 1997, 612; KG GmbHR 2005, 1612; OLG Schleswig NZG 2000, 703; OLG Zweibrücken GmbHR 1997, 939.
81 BGH NZG 2016, 472 ff.; BGH NZG 2012, 259 Rn. 13, 20 ff.; KG NZG 2006, 437; OLG Frankfurt aM NJW-Spezial 2011, 687; Altmeppen GmbHG § 34 Rn. 31; Goette FS Lutter, 2000, 399, 408 ff.; MüKoGmbHG/Strohn GmbHG § 34 Rn. 78; Noack/Servatius/Haas/Kersting GmbHG § 34 Rn. 43.
82 KG NZG 2006, 437; OLG Frankfurt aM NJW Spezial 2011, 687.
83 BGH NZG 2012, 259 Rn. 13, 20 ff.; zur dogmatischen Einordnung der Ausfallhaftung der Gesellschafter vgl. Noack/Servatius/Haas/Kersting GmbHG § 34 Rn. 43 ff.
84 BGH NZG 2016, 742 Rn. 13; 2012, 259 Rn. 7 unter Bestätigung von BGH NJW 2011, 2294 Rn. 15 und BGH NZG 2009, 221 Rn. 7.
85 BGHZ 65, 22 (27); 116, 359, 368; BayObLG DB 1983, 99; Noack/Servatius/Haas/Kersting GmbHG § 34 Rn. 25; Lutter/Hommelhoff/Lutter/Kleindiek GmbHG § 34 Rn. 164.
86 Noack/Servatius/Haas/Kersting GmbHG § 34 Rn. 25.

weiterung der Voraussetzung der Zwangseinziehung im gleichen Umfang der Zustimmung (→ Rn. 7).[87]

a) Schranken von Abfindungsbeschränkungen. Allerdings unterliegen Abfindungsbeschränkungen inhaltlichen Schranken. Diese ergeben sich bei der freiwilligen Einziehung unter dem Gesichtspunkt des Schutzes der Gesellschaftergläubiger. Bei der Zwangseinziehung ergeben sie sich außerdem unter dem Gesichtspunkt des Schutzes des betroffenen Gesellschafters.[88] Nach hM beurteilt sich die Frage der Nichtigkeit entsprechender Satzungsbestimmungen nach dem Gesichtspunkt der Sittenwidrigkeit (§ 138 BGB).[89]

In der Praxis werden abfindungsbeschränkende Regelungen des Gesellschaftsvertrages in erster Linie diskutiert, wenn sich hieraus ein **grobes Missverhältnis** zwischen dem gesellschaftsvertraglich vereinbarten Abfindungsbetrag und dem tatsächlichen Anteilswert ergibt. Ein grobes Missverhältnis liegt vor, wenn die gesetzlich vorgesehene volle Abfindung vollkommen unangemessen verkürzt wird.[90] Dabei hat die Rechtsprechung keine prozentualen Grenzen vorgegeben, sondern hält stets eine Einzelfallabwägung zwischen den Vermögensinteressen des betroffenen Gesellschafters und dem Bestandsinteresse der Gesellschaft und der verbleibenden Gesellschafter für erforderlich.[91] Aspekte, die in die Interessensabwägung einfließen, sind nach insoweit sehr uneinheitlicher Rechtsprechung ua, ob die Abfindungsbeschränkung allgemein für alle Fälle der Abfindung gelten soll oder nur für bestimmte Sachverhalte (zB Zwangseinziehung und Ausschluss im Gegensatz zu Austritt oder Kündigung), die Auszahlungsmodalitäten, eine etwaige Gemeinnützigkeit der Gesellschaft[92] und in Sonderfällen eine etwaige Verknüpfung von Geschäftsführer- oder Mitarbeiterstellung und Gesellschafterstellung.[93]

Bei der Bewertung der in Frage stehenden gesellschaftsvertraglichen Regelung ist zwischen einem anfänglichen Missverhältnis und einem nachträglichen Missverhältnis zu unterscheiden. Liegt ein grobes Missverhältnis bereits zum Zeitpunkt der Beschlussfassung über eine gesellschaftsvertragliche Abfindungsregelung (also Gründung oder Gesellschaftsvertragsänderung) vor, so handelt es sich um ein **anfängliches Missverhältnis**, das die Gesellschaftsvertragsregelung gem. § 138 BGB nichtig macht.[94]

Ist das Missverhältnis hingegen erst aufgrund der zwischenzeitlichen wirtschaftlichen Entwicklung der Gesellschaft oder des Gesellschaftsvermögens entstanden (**nachträgliches Missverhältnis**), so bleibt die ursprüngliche Abfindungsklausel grds. wirksam.[95] Im Wege ergänzender Vertragsauslegung unter dem Gesichtspunkt von Treu und Glauben und unter Abwägung der beiderseitigen Interessen der Gesellschaft und des ausscheidenden Gesellschafters hat Letztgenannter gleichwohl einen Anspruch auf Abfindung in angemessener Höhe.[96] Die angemessene Abfindung liegt regelmäßig höher als das gerade noch zumutbare Mindestmaß und niedriger als der volle Anteilswert. Sie ist im Rahmen eines beiden Seiten zumutbaren Interessensaus-

---

87 Dazu BGHZ 116, 359 (363); Noack/Servatius/Haas/Kersting GmbHG § 34 Rn. 25.
88 Noack/Servatius/Haas/Kersting GmbHG § 34 Rn. 26.
89 BGHZ 116, 359 (368); 144, 365 (367 f.); 164, 107 (113); aA: Großkomm/Ulmer/Habersack GmbHG § 34 Rn. 91 ff.: analoge Anwendung der §§ 241 ff. AktG; für alternative Anwendung: MHLS/Sosnitza GmbHG § 34 Rn. 59 ff.; MüKoGmbHG/Strohn GmbHG § 34 Rn. 240.
90 BGHZ 116, 359 (368) und 376; vgl. auch BGHZ 126, 226 (240 f.); MüKoGmbHG/Strohn GmbHG § 34 Rn. 240; vgl. auch Lutter/Hommelhoff/Lutter/Kleindiek GmbHG § 34 Rn. 166 ff.; weitergehend OLG München DB 1987, 2392: Abfindung muss im Wesentlichen dem vollen Anteilswert entsprechen.
91 BGHZ 116, 359 (371) und 376; OLG Oldenburg GmbHR 1997, 503; vgl. auch MüKoGmbHG/Strohn GmbHG § 34 Rn. 234.
92 OLG Hamm DB 1997, 1612.
93 BGH NJW 2010, 3718 Rn. 11; BGHZ 164, 98; 164, 107; Noack/Servatius/Haas/Kersting GmbHG § 34 Rn. 27.
94 BGHZ 116, 359 (368).
95 BGHZ 123, 281 (283 ff.); 126, 226 (242 f.); MüKoGmbHG/Strohn GmbHG § 34 Rn. 254; Dauner-Lieb ZHR 158 (1994), 271 (276 ff.).
96 BGHZ 116, 359 (371); 123, 281 (289); 144, 365 (369); BGH NJW 1993, 2101; BGH NZG 2011, 1420 Rn. 13; MüKoGmbHG/Strohn GmbHG § 34 Rn. 254 f.

gleichs unter Berücksichtigung des Zwecks der Abfindungsklausel, des Einziehungsgrundes sowie der Entwicklung der Vermögens- und Ertragslage der Gesellschaft zu bestimmen.[97]

34 Abfindungsbeschränkungen müssen darüber hinaus das **Gleichbehandlungsgebot** im Verhältnis der Gesellschafter untereinander berücksichtigen.[98] Außerdem dürfen sie nicht ausschließlich die Gläubiger des betroffenen Gesellschafters treffen.[99]

35 **Sittenwidrige anfängliche Abfindungsbeschränkungen** in der Ursprungssatzung sind nach hM grds. nichtig.[100] Nachträglich eingeführte Abfindungsbeschränkungen, die durch ihren Inhalt gegen die guten Sitten verstoßen, sind analog § 241 Nr. 4 AktG nichtig.[101] Eine Heilung analog § 242 Abs. 2 AktG ist möglich.[102]

36 Die Nichtigkeit einer Abfindungsbeschränkung berührt die Wirksamkeit einer in der Satzung enthaltenen Einziehungsklausel ungeachtet § 139 BGB nicht. Vielmehr führt die Einziehung zu einem Abfindungsanspruch in gesetzlicher Höhe und damit nach dem vollen Wert.[103]

37 b) **Typische Fallgestaltungen.** Der **vollständige Ausschluss der Abfindung** ist bei der Zwangseinziehung nur ausnahmsweise zulässig, soweit er durch besondere sachliche Gründe gerechtfertigt ist.[104] Beispiele sind Gesellschaften mit ideellem Zweck[105] sowie der vollständige Abfindungsausschluss für den Fall der Einziehung bei Tod eines Gesellschafters.[106] Auch ist die unentgeltliche Anteilseinziehung von familienfremden Erben bei Familienunternehmen zulässig.[107] Im Abfindungsausschluss kann allerdings eine unentgeltliche Zuwendung auf den Todesfall (§ 2301 BGB) liegen,[108] die jedoch durch die Pflicht zur Beurkundung des Gesellschaftsvertrages die erforderliche Form erfüllt und im Übrigen meist vollzogen ist.[109]

38 **Buchwertklauseln**, bei denen die Abfindung nach den im Jahresabschluss ausgewiesenen Buchwerten des Gesellschaftsvermögens unter Berücksichtigung offener Rücklagen und Gewinnvortrag, aber unter Außerachtlassung stiller Reserven sowie von Geschäfts- und Firmenwert bestimmen, sind grds. zulässig.[110] Das Risiko späterer Unanwendbarkeit ist allerdings sehr hoch, da ein weiteres Zurückbleiben der Buchwerte hinter dem wirklichen Unternehmenswert bei erfolgreichen Gesellschaften vorgezeichnet ist.[111]

39 Bei **Nennwertklauseln** ist das Risiko späterer Unanwendbarkeit noch höher, aber auch verstärkt das Risiko anfänglicher Nichtigkeit gegeben.[112]

40 **Substanzwertklauseln**, die auf den Marktwert der im Gesellschaftsvermögen stehenden einzelnen Wirtschaftsgüter abzgl. der Schulden abstellen und den ausscheidenden Gesellschafter vom anteiligen Geschäfts- oder Firmenwert ausschließen, werden ebenfalls für grds. zulässig

---

97 BGHZ 116, 359 (371); 123, 281, 289; Noack/Servatius/Haas/Kersting GmbHG § 34 Rn. 28; Altmeppen GmbHG § 34 Rn. 61.
98 BGHZ 116, 359 (373); Lutter/Hommelhoff/Lutter/Kleindiek GmbHG § 34 Rn. 180.
99 BGHZ 144, 365 (366 f.); MüKoGmbHG/Strohn GmbHG § 34 Rn. 247.
100 BGHZ 116, 368; Noack/Servatius/Haas/Kersting GmbHG § 34 Rn. 31.
101 BGHZ 116, 374; Noack/Servatius/Haas/Kersting GmbHG § 34 Rn. 31.
102 BGHZ 116, 368.
103 BGH NJW 1976, 2316 (2317); 1983, 2880 (2881); Noack/Servatius/Haas/Kersting GmbHG § 34 Rn. 33; MüKoGmbHG/Strohn GmbHG § 34 Rn. 254.
104 Noack/Servatius/Haas/Kersting GmbHG § 34 Rn. 34a; MüKoGmbHG/Strohn GmbHG § 34 Rn. 258 ff.; GK-GmbHG/Ulmer/Habersack GmbHG § 34 Rn. 100 ff.
105 BGHZ 135, 387.
106 MüKoGmbHG/Strohn GmbHG § 34 Rn. 241; GK-GmbHG/Ulmer/Habersack GmbHG § 34 Rn. 101; Hölscher ErbR 2016, 478 (479).
107 BGH DB 1977, 342 (343).
108 AA Hölscher ErbR 2016, 478 (480).
109 Noack/Servatius/Haas/Servatius GmbHG § 15 Rn. 14.
110 OLG Frankfurt/M NJW 1978, 328; OLG Hamburg DB 1982, 2344; OLG München DB 1993, 2325; kritisch OLG München BB 1987, 2392.
111 Noack/Servatius/Haas/Kersting GmbHG § 34 Rn. 35 unter Hinweis auf BGHZ 123, 281 und BGH NJW 1993, 2101 (2102): Müller ZIP 1995, 1561.
112 Noack/Servatius/Haas/Kersting GmbHG § 34 Rn. 35a unter Verweis auf BGHZ 116, 359 (367 ff.) und 365 f. sowie OLG Hamm DB 1997, 1612.

erachtet.¹¹³ Auch hier kann sich wie bei der Buchwertklausel jedoch leicht ein (nachträgliches) Missverhältnis ergeben.¹¹⁴

Denkbar ist schließlich eine **Ertragswertklausel**, die die gesetzliche Anteilsbewertung modifiziert, etwa durch Vorgabe eines Kapitalisierungszinsfußes oder einer offenen prozentualen Verkürzung der Abfindung.¹¹⁵

C. Weitergehende praktische Hinweise

Beschränkt der Gesellschaftsvertrag für den Fall der Einziehung nach dem Tod eines Gesellschafters die Abfindung für die eingezogenen Geschäftsanteile oder schließt eine solche gänzlich aus, so kann der Erbe nicht den vollen Unternehmenswert für den Geschäftsanteil des Erblassers verlangen. Nach hM ist die Berechnung des Pflichtteils an die so bestimmte Abfindung gebunden, dh der Pflichtteilsberechtigte erhält seinen Anteil nach Maßgabe der gemäß Gesellschaftsvertrag an den Erben zu zahlenden Abfindung. Im Falle eines generellen Abfindungsausschlusses für den Todesfall partizipiert daher auch der Pflichtteilsberechtigte nicht am Unternehmenswert.¹¹⁶ Das OLG Köln will demgegenüber jedenfalls dann den wahren Unternehmenswert für die Berechnung des Pflichtteils heranziehen, wenn nach dem Erbfall aufgrund gesellschaftsvertraglicher Verpflichtung der Erbe den Anteil an die Mitgesellschafter zu einem im Gesellschaftsvertrag festgelegten Preis verkauft (so zB bei Ankaufsrechten oder Einziehungsklauseln).¹¹⁷ Die Rechtsprechung des BGH zur Bewertung von Nachlassgegenständen anhand des im zeitlichen Zusammenhang mit dem Erbfall tatsächlich erzielten Verkaufserlöses sei in solchen Fällen nicht anzuwenden. Diese Entscheidung scheint angesichts einer der Zwangseinziehung vergleichbaren Interessenlage bei einer Zwangsabtretung wirtschaftlich nicht gerechtfertigt.¹¹⁸

Aktiengesetz (AktG)

Vom 6. September 1965 (BGBl. I S. 1089)
(FNA 4121-1)
zuletzt geändert durch Art. 3 Abs. 3 G zur Umsetzung der Bestimmungen der UmwandlungsRL über die Mitbestimmung der Arbeitnehmer bei grenzüberschreitenden Umwandlungen, Verschmelzungen und Spaltungen vom 4. Januar 2023 (BGBl. I Nr. 10)
– Auszug –

§ 67 AktG Eintragung im Aktienregister

(1) ¹Namensaktien sind unabhängig von einer Verbriefung unter Angabe des Namens, Geburtsdatums und einer Postanschrift sowie einer elektronischen Adresse des Aktionärs sowie der Stückzahl oder der Aktiennummer und bei Nennbetragsaktien des Betrags in das Aktienregister der Gesellschaft einzutragen. ²Der Aktionär ist verpflichtet, der Gesellschaft die Angaben nach Satz 1 mitzuteilen. ³Die Satzung kann Näheres dazu bestimmen, unter welchen Voraussetzungen Eintragungen im eigenen Namen für Aktien, die einem anderen gehören, zulässig sind. ⁴Aktien, die zu einem inländischen, EU- oder ausländischen Investmentvermögen nach dem Kapi-

---

113 BGHZ 65, 22 (26 f.); OLG München BB 1987, 2392.
114 Noack/Servatius/Haas/Kersting GmbHG § 34 Rn. 36 unter Hinweis auf BGHZ 65, 22 (29).
115 Ulmer FS Quak, 1991, 490 ff.
116 Ausführlich Horn ZErb 2008, 411 (413); MAH ErbR Horn § 29 Rn. 415, dort auch zu abweichender Betrachtung bei Abfindungsverzicht einzelner Gesellschafter; Hölscher ErbR 2016, 478 (480 f.); vgl. zur Abfindungsbeschränkung in der Personengesellschaft auch Staudinger/Olshausen BGB § 2325 Rn. 31 ff.
117 OLG Köln Urt. v. 10.1.2014 – 4 U 56/13 zur GmbH; → BGB §§ 738–740 Rn. 35.
118 So i. E. auch Hölscher ErbR 2016, 478 (482 f.).

talanlagegesetzbuch gehören, dessen Anteile oder Aktien nicht ausschließlich von professionellen und semiprofessionellen Anlegern gehalten werden, gelten als Aktien des inländischen, EU- oder ausländischen Investmentvermögens, auch wenn sie im Miteigentum der Anleger stehen; verfügt das Investmentvermögen über keine eigene Rechtspersönlichkeit, gelten sie als Aktien der Verwaltungsgesellschaft des Investmentvermögens.

(2) ¹Im Verhältnis zur Gesellschaft bestehen Rechte und Pflichten aus Aktien nur für und gegen den im Aktienregister Eingetragenen. ²Jedoch bestehen Stimmrechte aus Eintragungen nicht, die eine nach Absatz 1 Satz 3 bestimmte satzungsmäßige Höchstgrenze überschreiten oder hinsichtlich derer eine satzungsmäßige Pflicht zur Offenlegung, dass die Aktien einem anderen gehören, nicht erfüllt wird. ³Ferner bestehen Stimmrechte aus Aktien nicht, solange ein Auskunftsverlangen gemäß Absatz 4 Satz 2 nach Fristablauf und Androhung des Stimmrechtsverlustes nicht erfüllt ist.

(3) ¹Löschung und Neueintragung im Aktienregister erfolgen auf Mitteilung und Nachweis. ²Die Gesellschaft kann eine Eintragung auch auf Mitteilung nach § 67d Absatz 4 vornehmen.

(4) ¹Die bei Übertragung oder Verwahrung von Namensaktien mitwirkenden Intermediäre sind verpflichtet, der Gesellschaft die für die Führung des Aktienregisters erforderlichen Angaben gegen Erstattung der notwendigen Kosten zu übermitteln. ²Der Eingetragene hat der Gesellschaft auf ihr Verlangen unverzüglich mitzuteilen, inwieweit ihm die Aktien, für die er im Aktienregister eingetragen ist, auch gehören; soweit dies nicht der Fall ist, hat er die in Absatz 1 Satz 1 genannten Angaben zu demjenigen zu übermitteln, für den er die Aktien hält. ³Dies gilt entsprechend für denjenigen, dessen Daten nach Satz 2 oder diesem Satz übermittelt werden. ⁴Absatz 1 Satz 4 gilt entsprechend; für die Kostentragung gilt Satz 1. ⁵Wird der Inhaber von Namensaktien nicht in das Aktienregister eingetragen, so ist der depotführende Intermediär auf Verlangen der Gesellschaft verpflichtet, sich gegen Erstattung der notwendigen Kosten durch die Gesellschaft an dessen Stelle gesondert in das Aktienregister eintragen zu lassen. ⁶Wird ein Intermediär im Rahmen eines Übertragungsvorgangs von Namensaktien nur vorübergehend gesondert in das Aktienregister eingetragen, so löst diese Eintragung keine Pflichten infolge des Absatzes 2 aus und führt nicht zur Anwendung von satzungsmäßigen Beschränkungen nach Absatz 1 Satz 3. ⁷§ 67d bleibt unberührt.

(5) ¹Ist jemand nach Ansicht der Gesellschaft zu Unrecht als Aktionär in das Aktienregister eingetragen worden, so kann die Gesellschaft die Eintragung nur löschen, wenn sie vorher die Beteiligten von der beabsichtigten Löschung benachrichtigt und ihnen eine angemessene Frist zur Geltendmachung eines Widerspruchs gesetzt hat. ²Widerspricht ein Beteiligter innerhalb der Frist, so hat die Löschung zu unterbleiben.

(6) ¹Der Aktionär kann von der Gesellschaft Auskunft über die zu seiner Person in das Aktienregister eingetragenen Daten verlangen. ²Bei nichtbörsennotierten Gesellschaften kann die Satzung Weiteres bestimmen. ³Die Gesellschaft darf die Registerdaten sowie die nach Absatz 4 Satz 2 und 3 mitgeteilten Daten für ihre Aufgaben im Verhältnis zu den Aktionären verwenden. ⁴Zur Werbung für das Unternehmen darf sie die Daten nur verwenden, soweit der Aktionär nicht widerspricht. ⁵Die Aktionäre sind in angemessener Weise über ihr Widerspruchsrecht zu informieren.

(7) Diese Vorschriften gelten sinngemäß für Zwischenscheine.

A. Allgemeines 1	2. Besonderheiten bei der Erbfolge 8
B. Regelungsgehalt 2	III. Umschreibungen im Aktienregister 13
I. Aktienregister 2	IV. Pflichten der Intermediäre 15
1. Allgemeine Regelungen 2	V. Löschung falscher Eintragungen 16
2. Besonderheiten bei der Erbfolge 3	VI. Umgang mit Daten 18
II. Wirkungen der Eintragung 5	VII. Zwischenscheine 20
1. Allgemeine Regelungen 5	C. Weitere praktische Hinweise 21

A. Allgemeines

Aktien können gem. § 10 Abs. 1 AktG auf den Inhaber oder auf den Namen lauten. Die Wahl der Aktienform erfolgt gem. § 23 Abs. 3 Nr. 5 AktG durch die Satzung. Sind die Aktien als Namensaktien ausgegeben, so werden ihre Inhaber in ein von der Gesellschaft geführtes Aktienregister eingetragen. Dies gilt unabhängig davon, ob die Namensaktien verbrieft oder unverbrieft sind. § 67 AktG betrifft das Aktienregister und bezweckt Rechtsklarheit für die Gesellschaft über Personen, die ihr gegenüber berechtigt und verpflichtet sind.[1]

B. Regelungsgehalt

I. Aktienregister

1. Allgemeine Regelungen. In das Aktienregister werden gem. § 67 Abs. 1 AktG die Namensaktien sowie Name, Geburtsdatum, Postanschrift und elektronische Adresse ihres Inhabers eingetragen. Der Inhaber von Namensaktien ist gem. § 67 Abs. 1 S. 2 AktG verpflichtet, nach S. 1 einzutragende Angaben der Gesellschaft mitzuteilen und erforderliche Nachweise zu erbringen. Die Satzung kann gem. S. 3 nähere Regelungen für die Eintragung fremden Aktienbesitzes treffen.

2. Besonderheiten bei der Erbfolge. Mit dem Erbfall gehen die Aktien gemäß § 1922 BGB kraft Gesamtrechtsnachfolge auf den Erben über. Dieser ist damit in das Aktienregister einzutragen. Steht die Namensaktie einer **Erbengemeinschaft** im Sinne von §§ 2032 ff. BGB zu, so werden alle Mitberechtigten eingetragen, allerdings ohne Angabe von Grund und Ausmaß ihrer Mitberechtigung.[2] Zulässig ist auch die Eintragung eines **gemeinschaftlichen Vertreters** im Sinne von § 69 Abs. 1 AktG.[3]

Umstritten ist, ob über die gesetzlichen Pflichtangaben hinaus weitere Informationen über den Inhaber der Namensaktien in das Aktienregister eingetragen werden dürfen. Nach wohl noch hM ist die Eintragung der rechtlichen Qualität des Aktionärs als Erbe oder Vorerbe unzulässig.[4] Demgegenüber wird von der wohl hM die Eintragung eines **Testamentsvollstreckers** als zulässig erachtet.[5]

II. Wirkungen der Eintragung

1. Allgemeine Regelungen. § 67 Abs. 2 AktG bestimmt, dass im Verhältnis zur Gesellschaft Rechte und Pflichten aus Aktien nur für und gegen den im Aktienregister Eingetragenen bestehen. Für die materielle Rechtslage des Aktieneigentums ist diese Regelung nach allgM ohne jede Bedeutung.[6] Die Eintragung im Aktienregister ist damit weder Voraussetzung für die Wirksamkeit des Rechtsübergangs, noch können Übertragungsmängel durch die Eintragung geheilt werden.[7]

§ 67 Abs. 2 AktG hat aber Auswirkungen auf das Rechtsverhältnis zwischen der Gesellschaft und dem als Aktionär Eingetragenen. So entfaltet die gesetzliche Regelung Legitimationswirkung auch zugunsten des fälschlich als Aktionär Eingetragenen.[8] Weitergehend noch führt die Eintragung in das Aktienregister zur unwiderlegbaren Legitimationsvermutung im Verhältnis

---

1 Koch AktG § 67 Rn. 1.
2 MüKoAktG/Bayer AktG § 67 Rn. 26.
3 MüKoAktG/Bayer AktG § 67 Rn. 26; Bayer/Sarakinins NZG 2018, 561 (566).
4 Koch AktG § 67 Rn. 22; KK-AktG/Lutter/Drygala AktG § 67 Rn. 31; vgl. ergänzend zum Meinungsstand MüKoAktG/Bayer AktG § 67 Rn. 30 ff.
5 Koch AktG § 67 Rn. 23; MüKoAktG/Bayer AktG § 67 Rn. 37; Bayer/Sarakinins NZG 2018, 561 (566); aA für die Eintragung des Testamentsvollstreckers in die Gesellschafterliste einer GmbH BGH GmbHR 2015, 1303 ff.
6 Koch AktG § 67 Rn. 25; MüKoAktG/Bayer AktG § 67 Rn. 46; KK-AktG/Lutter/Drygala AktG § 67 Rn. 42.
7 RGZ 79, 162 (163); 86, 154 (157); 86, 160 (161); 123, 279 (282); Koch AktG § 67 Rn. 25.
8 RGZ 79, 162 (164); 86, 154 (157); 86, 160 (161); OLG Jena AG 2004, 268 (269).

zur Gesellschaft.[9] Das Rechtsverhältnis zwischen dem fälschlich als Aktionär Eingetragenen und dem wirklichen Aktionär bestimmt sich demgegenüber nach den allgemeinen Regeln des bürgerlichen Rechts.[10]

7 Die Eintragungswirkungen betreffen sowohl die Rechte als auch die Pflichten als Aktionär. Nur der Eingetragene ist damit befugt, mitgliedschaftliche Rechte auszuüben.[11] Zu nennen sind beispielsweise das Recht zur Teilnahme an der Hauptversammlung (einschließlich Rede- und Fragerecht), das Stimmrecht und der Dividendenanspruch.[12] Umgekehrt muss der Eingetragene auch die mitgliedschaftlichen Pflichten erfüllen, insbesondere vom Vorstand eingeforderte Einlagen leisten.[13] Der nicht eingetragene (wahre) Berechtigte kann hingegen nicht auf Erfüllung von Gesellschafterpflichten in Anspruch genommen werden.[14]

8 **2. Besonderheiten bei der Erbfolge.** Beim Tod des Aktionärs rückt der Erbe gem. §§ 1922, 1967 BGB in die Rechtsstellung des Erblassers ein. Nach hM wird hiervon auch die **Eintragung im Aktienregister** erfasst. Damit gehen auf den Erben des als Aktionär im Aktienregister Eingetragenen auch ohne eigene Eintragung alle mitgliedschaftlichen Rechte und Pflichten über.[15]

9 Angesichts des eindeutigen Wortlautes von § 67 Abs. 2 AktG ist dies nicht überzeugend. Richtig scheint vielmehr eine Kompromisslösung, nach welcher der Erbe zwar mit dem Erbfall materiellrechtlich Inhaber der von ererbten Aktien wird, ihm die Ausübung der mitgliedschaftlichen Rechte aber erst nach seiner Eintragung als Aktionär im Aktienregister möglich ist.[16]

10 Insbesondere das Recht zur Teilnahme an der Hauptversammlung sowie das Stimmrecht kann nach der hier vertretenen Auffassung damit vom Erben erst nach seiner Eintragung im Aktienregister ausgeübt werden. Ansprüche auf Auszahlung von Dividenden und Liquidationserlös stehen dem Erben als Erbe des noch im Aktienregister als Aktionär eingetragenen Erblassers zu und verfallen damit nicht.[17]

11 Ein **nachträglicher Wegfall der Erbenstellung** berührt die Rechtsstellung des im Aktienregister Eingetragenen nicht. Solange er als Aktionär im Aktienregister eingetragen ist, bestehen Rechte und Pflichten aus den Aktien gegenüber der Gesellschaft gem. § 67 Abs. 2 AktG nur in seiner Person. Nur der Eingetragene kann also die Mitgliedschaftsrechte ausüben und muss die Mitgliedschaftspflichten erfüllen. Auch im Falle der **Ausschlagung der Erbschaft** gem. § 1945 BGB bleiben damit die während einer etwaigen vorangegangenen Eintragung begründeten Verbindlichkeiten weiterbestehen. Auch wird der Erbe nicht aus einer zwischenzeitlich etwa begründeten Haftung aus § 65 Abs. 1 AktG entlassen.[18] Entsprechendes gilt für den im Aktienregister eingetragenen **Vorerben** nach Eintritt des Nacherbfalles gem. §§ 2106, 2139 BGB.[19]

12 Die Möglichkeit des Erben zur **Haftungsbeschränkung gem. §§ 1975 ff. BGB** gilt nur bis zu seiner Eintragung als Aktionär in das Aktienregister. Mit der Eintragung löst sich die Einlageschuld nach wohl hM von ihrer erbrechtlichen Grundlage und der Erbe rückt vollumfänglich in die Rechts- und Pflichtenstellung des Aktionärs ein.[20] Die ganz hM lässt jedoch den Einwand

---

9 OLG Hamburg AG 2003, 694; OLG Jena AG 2004, 268 (269); OLG Zweibrücken AG 1997, 140; Wiersch ZGR 2015, 591 ff.; Koch AktG § 67 Rn. 27.
10 MüKoAktG/Bayer AktG § 67 Rn. 50.
11 Wiersch ZGR 2015, 591 (597 f.).
12 Koch AktG § 67 Rn. 29 mwN; MüKoAktG/Bayer AktG § 67 Rn. 52.
13 Koch AktG § 67 Rn. 31; MüKoAktG/Bayer AktG § 67 Rn. 53.
14 Wiersch ZGR 2015, 591 (601 ff.).
15 OLG Jena AG 2004, 268 (270 f.); OLG Brandenburg NZG 2002, 476 (478); KK-AktG/Lutter/Drygala § 67 Rn. 71; aA Bayer/Sarakinis NZG 2018, 561 (563); Wiersch NZG 2015, 1336 (1338 ff.).
16 So auch beck-online GK-AktG/Cahn AktG § 67 Rn. 55; MüKoAktG/Bayer AktG § 67 Rn. 79 ff.
17 Insoweit teilweise abweichend MüKoAktG/Bayer AktG § 67 Rn. 78.
18 MüKoAktG/Bayer AktG § 67 Rn. 83.
19 MüKoAktG/Bayer AktG § 67 Rn. 83; KK-AktG/Lutter/Drygala AktG § 67 Rn. 55.
20 Koch AktG § 67 Rn. 32; KK-AktG/Lutter/Drygala AktG § 67 Rn. 55; aA MüKoAktG/Bayer AktG § 67 Rn. 79.

zu, der Eingetragene habe seine Eintragung nicht zurechenbar veranlasst, beispielsweise wegen Minderjährigkeit, Geschäftsunfähigkeit oder Fälschung.[21]

III. Umschreibungen im Aktienregister

Geht eine Namensaktie auf einen anderen über, so erfolgen gem. § 67 Abs. 3 AktG Löschung und Neueintragung im Aktienregister auf Mitteilung und Nachweis. Der Vorstand wird damit in aller Regel nicht von sich aus tätig, sondern nur auf **Mitteilung**.[22] Auf die Mitteilung sind die Vorschriften über Willenserklärungen (zumindest analog) anzuwenden.[23] Die Mitteilung bedarf keiner besonderen Form.[24] Eine Mitteilung durch einen Intermediär iSv § 67 Abs. 4 AktG genügt.

Der gesetzlich geforderte **Nachweis** des Rechtsübergangs kann durch alle vorhandenen Beweismittel geführt werden.[25] Im Erbfall wird der Nachweis in der Regel durch Erbschein zu führen sein.[26] Die Testamentsvollstreckung kann durch öffentliche Urkunden nachgewiesen werden.[27]

IV. Pflichten der Intermediäre

§ 67 Abs. 4 AktG begründet die Verpflichtung der Intermediäre (zB Kreditinstitute, Wertpapiersammelbanken), die an der Übertragung oder Verwahrung von Namensaktien mitwirken, der Gesellschaft die für die Führung des Aktienregisters erforderlichen Angaben gegen Erstattung der notwendigen Kosten zu übermitteln. Die Vorschrift gibt weitergehend der Gesellschaft besondere Auskunftsrechte gegenüber dem Eingetragenen. Deren Nichterfüllung führt zu einem Stimmrechtsverlust.

V. Löschung falscher Eintragungen

Ist jemand nach Ansicht der Gesellschaft zu Unrecht in das Aktienregister eingetragen worden, so kann die Gesellschaft die Eintragung gem. § 67 Abs. 5 AktG löschen. Voraussetzung hierfür ist, dass sie die Beteiligten zuvor von der Löschung benachrichtigt und ihnen eine angemessene Frist zur Geltendmachung eines Widerspruchs setzt. **Beteiligt** sind jedenfalls der als Aktionär Eingetragene und sein unmittelbarer Vormann.[28] Im Falle der beabsichtigten Löschung einer Testamentsvollstreckung dürfte auch der Testamentsvollstrecker Beteiligter sein, da er von der Löschung unmittelbar betroffen ist.[29]

Widerspricht ein Beteiligter innerhalb der gesetzten Frist, so hat die Löschung zu unterbleiben. Der **Widerspruch** ist ebenso wie die Benachrichtigung eine empfangsbedürftige Willenserklärung, die formlos übermittelt werden kann.[30] Der Widerspruch ist auch dann beachtlich, wenn die zu löschende Eintragung offensichtlich zu Unrecht erfolgt ist.[31] Die Berichtigung des Aktienregisters wird in diesem Fall durch Klage auf Rücknahme des Widerspruches weiterverfolgt.[32]

VI. Umgang mit Daten

Gem. § 67 Abs. 6 AktG kann der Aktionär von der Gesellschaft Auskunft über die zu seiner Person in das Aktienregister eingetragenen Daten verlangen. Bei nicht börsennotierten Gesell-

---

21 Koch AktG § 67 Rn. 33; MüKoAktG/Bayer AktG § 67 Rn. 96; KK-AktG/Lutter/Drygala AktG § 67 Rn. 59.
22 Koch AktG § 67 Rn. 44.
23 Vgl. zum dogmatischen Rechtsstreit MüKoAktG/Bayer AktG § 67 Rn. 95.
24 MüKoAktG/Bayer AktG § 67 Rn. 100.
25 KK-AktG/Lutter/Drygala AktG § 67 Rn. 100.
26 Koch AktG § 67 Rn. 48.
27 MüKoAktG/Bayer AktG § 67 Rn. 38.
28 Koch AktG § 67 Rn. 66.
29 MüKoAktG/Bayer AktG § 67 Rn. 139.
30 MüKoAktG/Bayer AktG § 67 Rn. 143.
31 MüKoAktG/Bayer AktG § 67 Rn. 143.
32 Koch AktG § 67 Rn. 67; MüKoAktG/Bayer AktG § 67 Rn. 144; aA KK-AktG/Lutter/Drygala AktG § 67 Rn. 139: Klageantrag auf Zustimmung zur Löschung.

schaften kann die Satzung Weiteres bestimmen. Das Auskunftsrecht ist grundsätzlich auf die Person des im Aktienregister Eingetragenen beschränkt.[33] Auch nicht in das Aktienregister eingetragene Dritte können in begrenzten Ausnahmefällen ein berechtigtes Interesse iSv § 810 BGB an einer Auskunft haben. Hierzu zählen der materiell berechtigte Aktionär im Falle der Eintragung eines Legitimationsaktionärs ebenso wie der eingetragene Testamentsvollstrecker.[34] Ob der Erbe kraft Gesamtrechtsnachfolge einen Auskunftsanspruch hat oder in seiner Eigenschaft als Erbe ein berechtigtes Interesse iSv § 810 BGB, dürfte in der Praxis eine eher dogmatische Rechtsfrage sein.

19 § 67 Abs. 6 AktG enthält des Weiteren Datenschutzbestimmungen, die die Gesellschaft in der Verwendung der Daten beschränkt.

VII. Zwischenscheine

20 Das Aktiengesetz bestimmt die entsprechende Anwendung von § 67 Abs. 1 bis 6 AktG auf Zwischenscheine.

C. Weitere praktische Hinweise

21 Im Falle zu Unrecht erfolgter Eintragungen in das Aktienregister (bspw. eines vermeintlichen Erben) ist die Gesellschaft verpflichtet, das Löschungsverfahren gem. § 67 Abs. 5 AktG einzuleiten. Bleibt sie untätig, so haben alle von der zu Unrecht erfolgten Eintragung Betroffenen nach hM einen **klagbaren Anspruch** gegen die Gesellschaft auf Einleitung des Löschungsverfahrens.[35] Der Klageantrag ist darauf zu richten, dass die Gesellschaft die Beteiligten benachrichtigt und unter Fristsetzung auffordert, Widerspruch geltend zu machen. Wird Widerspruch erhoben, so ist die Gesellschaft berechtigt, aber nicht verpflichtet, auf Rücknahme des Widerspruchs zu klagen. Sie darf alternativ den Interessenten darauf verweisen, von seiner eigenen Klagebefugnis Gebrauch zu machen.[36] Der materiell Berechtigte würde in diesem Fall seinerseits auf Rücknahme des Widerspruchs klagen. Nur ausnahmsweise kann unmittelbar auf Löschung geklagt werden, wenn die Zustimmung aller Beteiligten vorliegt.[37]

§ 68 AktG   Übertragung von Namensaktien. Vinkulierung

(1) ¹Namensaktien können auch durch Indossament übertragen werden. ²Für die Form des Indossaments, den Rechtsausweis des Inhabers und seine Verpflichtung zur Herausgabe gelten sinngemäß Artikel 12, 13 und 16 des Wechselgesetzes.

(2) ¹Die Satzung kann die Übertragung an die Zustimmung der Gesellschaft binden. ²Die Zustimmung erteilt der Vorstand. ³Die Satzung kann jedoch bestimmen, daß der Aufsichtsrat oder die Hauptversammlung über die Erteilung der Zustimmung beschließt. ⁴Die Satzung kann die Gründe bestimmen, aus denen die Zustimmung verweigert werden darf.

(3) Bei Übertragung durch Indossament ist die Gesellschaft verpflichtet, die Ordnungsmäßigkeit der Reihe der Indossamente, nicht aber die Unterschriften zu prüfen.

(4) Diese Vorschriften gelten sinngemäß für Zwischenscheine.

---

33 MüKoAktG/Bayer AktG § 67 Rn. 161.
34 MüKoAktG/Bayer AktG § 67 Rn. 161.
35 OLG Jena AG 2004, 268 (270); Koch AktG § 67 Rn. 69; MüKoAktG/Bayer AktG § 67 Rn. 146.
36 Koch AktG § 67 Rn. 69.
37 MüKoAktG/Bayer AktG § 67 Rn. 147.

A. Allgemeines

Aktien können gem. § 10 Abs. 1 AktG als Inhaber- oder Namensaktien ausgegeben werden. Für die **Übertragung von Inhaberaktien** enthält das Aktiengesetz keinerlei Regelungen. Die Übertragung unverbriefter Aktien erfolgt daher durch Übertragung der Mitgliedschaft nach §§ 398, 413 BGB.[1] Verbriefte Inhaberaktien sind Inhaberpapiere, die analog §§ 793 ff. BGB zu behandeln und gem. §§ 929 ff. BGB zu übertragen sind.[2] Daneben ist die Übertragung der Mitgliedschaft nach §§ 398, 413 BGB möglich.[3] Strittig ist in letztgenanntem Fall, ob die Übergabe der Urkunde Voraussetzung für den Übertragungsvorgang oder entbehrlich ist.[4] Namensaktien sind demgegenüber geborene Order-Papiere, für deren Übertragung § 68 AktG eine spezielle Regelung enthält.

B. Regelungsgehalt

I. Allgemeine Regelung

§ 68 Abs. 1 AktG lässt die Übertragung von Namensaktien durch Indossament zu, schreibt sie aber nicht zwingend vor.[5] Dem Aktionär steht es daher frei, auch das verbriefte Recht selbst gem. §§ 398, 413 BGB zu übertragen.[6] Strittig ist lediglich, ob im Fall verbriefter Aktien die Übergabe der Urkunde zum Übertragungstatbestand gehört[7] oder ob auch das entbehrlich ist.[8]

Für Namensaktien erlaubt § 68 Abs. 2 AktG die sogenannte **Vinkulierung**, bei welcher die Übertragbarkeit an die Zustimmung der Gesellschaft gebunden wird. Die Zustimmung erteilt in der Regel der Vorstand, sofern nicht die Satzung bestimmt, dass Aufsichtsrat oder Hauptversammlung über die Erteilung der Zustimmung beschließen. Die Satzung kann außerdem Gründe bestimmen, aus denen die Zustimmung verweigert werden darf.

Durch eine Vinkulierung wird das Recht des Aktionärs zur Übertragung seiner Namensaktien mit dinglicher Wirkung beschränkt.[9]

II. Besonderheiten bei der Erbfolge

§ 68 AktG bezieht sich ausschließlich auf die rechtsgeschäftliche Übertragung von Namensaktien. Dies gilt auch für die Vinkulierungsmöglichkeit. Alle Fälle der Gesamtrechtsnachfolge sind demgegenüber nicht erfasst, so dass auch der Erbfall nicht unter § 68 AktG fällt, sondern nach § 1922 BGB erfolgt.[10] Der **gesetzlich oder testamentarisch bestimmte Erbe** wird damit Gesamtrechtsnachfolger des Erblassers auch in Bezug auf dessen Aktieninhaberschaft. Im Verhältnis zur Gesellschaft ist allerdings § 67 Abs. 2 AktG zu beachten (→ AktG § 67 Rn. 8 ff.).

Problematisch kann eine Vinkulierung hingegen im Falle des **Vermächtnisses** werden. Denn hier muss der Erbe das Vermächtnis durch rechtsgeschäftliche Übertragung der Aktie erfüllen. Diese wiederum ist im Falle einer Vinkulierung an die Zustimmung der Gesellschaft geknüpft.[11]

C. Weitere praktische Hinweise

Die **testamentarische Einsetzung** eines Erben ist unproblematisch möglich und wird auch durch etwaige Vinkulierungsklauseln in der Satzung nicht gehindert. Sollen im Erbfall die Aktien auf

---

1 MHdB GesR IV/Sailer-Coceani/Kraft § 14 Rn. 2.
2 OLG Frankfurt DB 1986, 2277; Koch AktG § 68 Rn. 2.
3 MHdB GesR IV/Sailer-Coceani/Kraft § 14 Rn. 5.
4 Vgl. Koch AktG § 68 Rn. 3. Für Inhaberschuldverschreibung hat der BGH das Erfordernis einer Übergabe der Urkunde mittlerweile aufgegeben BGH NZG 2013, 903 Rn. 17 ff.
5 BGHZ 160, 253 (257).
6 BGHZ 160, 253 (256 ff.).
7 BGH NJW 1958, 302 (303).
8 So hL, vgl. die Nachweise bei Koch AktG § 68 Rn. 3.
9 MüKoAktG/Bayer AktG § 68 Rn. 38.
10 Koch AktG § 68 Rn. 11; KK-AktG/Lutter/Drygala AktG § 68 Rn. 6, 107; vgl. auch MHdB GesR IV/Sailer-Coceani/Kraft § 14 Rn. 19.
11 MHdB GesR IV/Sailer-Coceani/Kraft § 14 Rn. 19.

einen **Vermächtnisnehmer** übertragen werden, so werden hingegen etwaige Vinkulierungsklauseln in der Satzung relevant.

8 Verweigert die Gesellschaft berechtigterweise die Zustimmung zur Übertragung, so kann, soweit dies nicht als unzulässige Umgehung zu werten ist, der Mangel der fehlenden Übertragbarkeit auf den Vermächtnisnehmer durch eine Treuhandabrede zwischen dem Erben als Treuhänder und dem Vermächtnisnehmer als Treugeber begegnet werden.[12] Der Aktionär kann des Weiteren dem nicht akzeptierten Vermächtnisnehmer eine Stimmrechtsvollmacht erteilen.[13] Ebenfalls denkbar ist die Einbringung der Aktien durch den Erben in eine Personen- oder Kapitalgesellschaft, die zwar grundsätzlich der Vinkulierung unterliegt, der in der Regel aber keine Zustimmungshindernisse entgegenstehen.[14] Die Anteile an dieser Personen- oder Kapitalgesellschaft würden in einem zweiten Schritt auf den Vermächtnisnehmer übertragen, wodurch sich die Rechtsinhaberschaft an den Aktien nicht ändern würde.[15]

§ 69 AktG Rechtsgemeinschaft an einer Aktie

(1) Steht eine Aktie mehreren Berechtigten zu, so können sie die Rechte aus der Aktie nur durch einen gemeinschaftlichen Vertreter ausüben.

(2) Für die Leistungen auf die Aktie haften sie als Gesamtschuldner.

(3) ¹Hat die Gesellschaft eine Willenserklärung dem Aktionär gegenüber abzugeben, so genügt, wenn die Berechtigten der Gesellschaft keinen gemeinschaftlichen Vertreter benannt haben, die Abgabe der Erklärung gegenüber einem Berechtigten. ²Bei mehreren Erben eines Aktionärs gilt dies nur für Willenserklärungen, die nach Ablauf eines Monats seit dem Anfall der Erbschaft abgegeben werden.

A. Allgemeines	1	II. Gesamtschuldnerische Haftung	8
B. Regelungsgehalt	3	III. Willenserklärungen der Gesellschaft	10
I. Gemeinschaftlicher Vertreter	3	C. Weitere praktische Hinweise	13

A. Allgemeines

1 Eine **Realteilung von Aktien** ist gem. § 8 Abs. 5 AktG unzulässig. Der Aktionär kann deshalb eine Aktie nicht in mehrere jeweils für sich bestehende Mitgliedsrechte aufspalten. Auch ist eine Nachlassteilung nicht durch Teilung einzelner Aktien möglich.

2 Zulässig ist hingegen eine **Rechtsgemeinschaft an der ungeteilten Mitgliedschaft**, so beispielsweise die Erbengemeinschaft gem. § 2032 BGB.[1] § 69 AktG bezweckt den Schutz der Gesellschaft vor Nachteilen, die sich aus der Existenz mehrerer Berechtigter ergeben können. Die Regelung gilt gleichermaßen für Inhaber- wie für Namensaktien.[2]

---

12 MHdB GesR IV/Sailer-Coceani/Kraft § 14 Rn. 35 sieht hierin uU eine unzulässige Umgehung der Vinkulierung.
13 Vgl. näher zur Treuhandabrede und ihren Grenzen MüKoAktG/Bayer AktG § 68 Rn. 117ff.; kritisch MHdB GesR IV/Sailer-Coceani/Kraft § 14 Rn. 35.
14 Die steuerlichen Auswirkungen sind im Einzelfall zu prüfen.
15 Vgl. hierzu näher MüKoAktG/Bayer § 68 Rn. 122ff.
1 Koch AktG § 8 Rn. 26; MüKoAktG/Bayer AktG § 69 Rn. 5; vgl. auch BayObLG AG 1968, 330 (331).
2 Koch AktG § 69 Rn. 1; Spindler/Stilz/Cahn AktG § 69 Rn. 4.

B. Regelungsgehalt

I. Gemeinschaftlicher Vertreter

Steht eine Aktie mehreren Berechtigten zu, so können sie die Rechte aus der Aktie gem. § 69 Abs. 1 AktG nur durch einen gemeinschaftlichen Vertreter ausüben. Das Erfordernis einer Vertreterbestellung besteht nur bei Bruchteilsgemeinschaften und der Gesamtheitsgemeinschaft.[3] Auch die **Erbengemeinschaft** muss damit einen gemeinschaftlichen Vertreter bestellen, und zwar unabhängig davon, ob man ihr Rechtsfähigkeit zubilligt oder nicht.[4]

Hat eine Personenmehrheit hingegen bereits kraft Gesetzes einen gemeinschaftlichen Vertreter, so ist für eine zusätzliche Vertreterbestellung nach § 69 Abs. 1 AktG kein Raum. Dies gilt beispielsweise für den **Testamentsvollstrecker für eine Erbengemeinschaft**.[5] Im Übrigen ist § 69 AktG in diesen Konstellationen indes anwendbar.[6]

Gemeinschaftlicher Vertreter kann jede natürliche oder juristische Person sein.[7] Die Bestellung erfolgt durch **Bevollmächtigung** seitens der an der Aktie Berechtigten gem. §§ 167 ff. BGB.[8] Die Berechtigten können auch mehrere Personen bevollmächtigen.[9] Strittig ist, ob diese unter Berücksichtigung des Zwecks aus § 69 Abs. 1 AktG gesamtvertretungsbefugt sein müssen (nach hM) oder ob der Rechtsgedanke des § 134 Abs. 3 S. 3 AktG Anwendung findet.[10]

Die **Art und Weise der Vollmachtserteilung** richtet sich nach dem Innenrecht der als Aktionär berechtigten Rechtsgemeinschaft. Im Falle der Erbengemeinschaft erfolgt die Bevollmächtigung daher gemäß § 2038 Abs. 2 S. 1 iVm § 745 Abs. 1 S. 1 BGB durch Mehrheitsbeschluss.[11]

Der gemeinschaftliche Vertreter übt für die Mitinhaber sämtliche **Mitgliedsrechte** aus der Aktie aus, insbesondere das Teilnahmerecht an der Hauptversammlung, das Rede- und Antragsrecht, das Stimmrecht und die Anfechtungsbefugnis aus § 245 AktG. Auch Dividendenansprüche und Bezugsrechte werden von ihm ausgeübt.[12] Ob er im Fall von Namensaktien als „Kürangabe" in das Aktienregister gemäß § 67 AktG eingetragen werden kann und in diesem Fall die Folgen des § 67 Abs. 2 AktG eintreten, ist strittig.[13]

II. Gesamtschuldnerische Haftung

Für Leistungen auf die Aktie haften mehrere Berechtigte gem. § 69 Abs. 2 AktG als Gesamtschuldner gem. §§ 421 ff. BGB. Dies gilt insbesondere für rückständige Einlageverpflichtungen auf die Aktie, aber auch für Ansprüche der Gesellschaft aus §§ 55, 62, 63 AktG.[14] Demgegenüber schafft die gesetzliche Regelung nach allgM **keinen selbstständigen Schuldgrund**, sondern setzt voraus, dass aufgrund einer anderen gesetzlichen Regelung eine Leistungspflicht „auf die Aktie" besteht.[15]

Die **Beschränkung der Erbenhaftung** gem. §§ 1975 ff., 2059 ff. BGB kann zwar grundsätzlich geltend gemacht werden, da § 69 Abs. 2 AktG keinen selbstständigen Schuldgrund schafft. Das Haftungsprivileg gilt nach wohl hM jedoch nicht für Namensaktien, wenn und sobald die Miterben als Aktionäre im Aktienregister eingetragen sind, weil sich mit der Eintragung die Ak-

---

3 Koch AktG § 69 Rn. 2 f.; MüKoAktG/Bayer AktG § 69 Rn. 5; str. für die GbR.
4 Koch AktG § 69 Rn. 3; vgl. auch Spindler/Stilz/Cahn AktG § 69 Rn. 6.
5 MüKoAktG/Bayer AktG § 69 Rn. 10; KK-AktG/Lutter/Drygala AktG § 69 Rn. 10.
6 MüKoAktG/Bayer AktG § 69 Rn. 10; KK-AktG/Lutter/Drygala AktG § 69 Rn. 10.
7 MüKoAktG/Bayer AktG § 69 Rn. 15.
8 Koch AktG § 69 Rn. 4; MüKoAktG/Bayer AktG § 69 Rn. 20.
9 Koch AktG § 69 Rn. 4; MüKoAktG/Bayer AktG § 69 Rn. 17; Spinder/Stilz/Cahn AktG § 69 Rn. 14.
10 Vgl. dazu Koch AktG § 69 Rn. 4; Spindler/Stilz/Cahn AktG § 69 Rn. 14.
11 MüKoAktG/Bayer AktG § 69 Rn. 20; Spindler/Stilz/Cahn AktG § 69 Rn. 15.
12 Koch AktG § 69 Rn. 5.
13 Vgl. zum Meinungsstand Blasche AG 2015, 342 ff.
14 Koch AktG § 69 Rn. 7; MüKoAktG/Bayer AktG § 69 Rn. 30.
15 MüKoAktG/Bayer AktG § 69 Rn. 30; KK-AktG/Lutter/Drygala AktG § 69 Rn. 32; Spindler/Stilz/Cahn AktG § 69 Rn. 21.

tionärspflichten (zB die Einlagenschuld) von ihrer erbrechtlichen Grundlage löst.[16] Das **Haftungsprivileg des Vorerben** aus § 2145 BGB kann, sofern man es nach Eintragung im Aktienregister überhaupt anerkennt, erst mit Eintragung des Nacherben als Aktionär im Aktienregister geltend gemacht werden.[17]

III. Willenserklärungen der Gesellschaft

10 Hat die Gesellschaft eine Willenserklärung gegenüber Aktionären abzugeben, so enthält § 69 Abs. 3 AktG Erleichterungen für die Abgabe von Willenserklärungen gegenüber Mitberechtigten. Es genügt in diesem Fall die Abgabe der Willenserklärung gegenüber einem der Berechtigten. Ist ein **gemeinschaftlicher Vertreter** benannt, so ist die Willenserklärung hingegen diesem gegenüber abzugeben. Gleiches gilt im Falle gesetzlicher Vertretung einer Rechtsgemeinschaft, beispielsweise durch einen **Testamentsvollstrecker**.[18]

11 Für den Fall der Erbengemeinschaft bestimmt § 69 Abs. 3 S. 2 AktG gegenüber diesem Grundsatz eine **Schonfrist** von einem Monat seit dem Anfall der Erbschaft. Bis zum Ablauf dieser Monatsfrist müssen alle Erklärungen der Gesellschaft gegenüber allen Miterben abgegeben werden, sofern nicht die Erbengemeinschaft bereits vorher einen gemeinschaftlichen Vertreter benannt hat[19] oder ein Testamentsvollstrecker bestellt ist.

12 Der **Nacherbfall** stellt, wie sich aus § 2106 BGB ergibt, einen neuen Erbfall dar, der die Frist des § 69 Abs. 3 S. 2 AktG erneut in Gang setzt. Dies gilt selbst dann, wenn nur ein einzelnes Mitglied der Erbengemeinschaft durch den Nacherbfall ausgewechselt wird.[20]

C. Weitere praktische Hinweise

13 Die zu seiner Bestellung erforderliche Bevollmächtigung des gemeinschaftlichen Vertreters ist gem. den Regelungen des bürgerlichen Rechts (§ 167 Abs. 2 BGB) grundsätzlich nicht an eine bestimmte Form gebunden. Allerdings kann der Bevollmächtigte das Stimmrecht aus den Aktien gem. § 134 Abs. 3 S. 3 AktG nur ausüben, wenn die Vollmacht in **Textform** (§ 126b BGB) erteilt ist.[21] Die Satzung kann Abweichendes bestimmen. Insoweit empfiehlt sich die Bestellung des gemeinschaftlichen Vertreters durch Bevollmächtigung in Textform oder in einer anderen durch die Satzung bestimmten Form.

14 **Inhaltliche oder sachliche Beschränkungen** der Vollmacht sind grundsätzlich unzulässig.[22] Die Vollmacht kann zeitlich begrenzt werden und ist jederzeit frei widerruflich.[23]

§ 278 AktG Wesen der Kommanditgesellschaft auf Aktien

(1) Die Kommanditgesellschaft auf Aktien ist eine Gesellschaft mit eigener Rechtspersönlichkeit, bei der mindestens ein Gesellschafter den Gesellschaftsgläubigern unbeschränkt haftet (persönlich haftender Gesellschafter) und die übrigen an dem in Aktien zerlegten Grundkapital beteiligt sind, ohne persönlich für die Verbindlichkeiten der Gesellschaft zu haften (Kommanditaktionäre).

---

16 Koch AktG § 69 Rn. 7; KK-AktG/Lutter/Drygala AktG § 69 Rn. 37; Spindler/Stilz/Cahn AktG § 69 Rn. 23; aA MüKoAktG/Bayer AktG § 69 Rn. 32.
17 MüKoAktG/Bayer AktG § 69 Rn. 33; Spindler/Stilz/Cahn AktG § 69 Rn. 23.
18 MüKoAktG/Bayer AktG § 69 Rn. 37.
19 MüKoAktG/Bayer AktG § 69 Rn. 38; KK-AktG/Lutter/Drygala AktG § 69 Rn. 39.
20 MüKoAktG/Bayer AktG § 69 Rn. 39.
21 Blasche AG 2015, 342 (344).
22 Koch AktG § 69 Rn. 4; MüKoAktG/Bayer AktG § 69 Rn. 21; eingeschränkt KK-AktG/Lutter/Drygala AktG § 69 Rn. 24: nur Beschränkungen im Innenverhältnis; aA: Spindler/Stilz/Cahn AktG § 69 Rn. 17.
23 MüKoAktG/Bayer AktG § 69 Rn. 20.

(2) Das Rechtsverhältnis der persönlich haftenden Gesellschafter untereinander und gegenüber der Gesamtheit der Kommanditaktionäre sowie gegenüber Dritten, namentlich die Befugnis der persönlich haftenden Gesellschafter zur Geschäftsführung und zur Vertretung der Gesellschaft, bestimmt sich nach den Vorschriften des Handelsgesetzbuchs über die Kommanditgesellschaft.

(3) Im übrigen gelten für die Kommanditgesellschaft auf Aktien, soweit sich aus den folgenden Vorschriften oder aus dem Fehlen eines Vorstands nichts anderes ergibt, die Vorschriften des Ersten Buchs über die Aktiengesellschaft sinngemäß.

Die KGaA ist eine Kapitalgesellschaft, die in ihrer Struktur eine Mittelstellung zwischen der Kommanditgesellschaft und Aktiengesellschaft innehat: Mindestens ein Gesellschafter haftet den Gesellschaftsgläubigern unbeschränkt und die übrigen Gesellschafter sind an dem in Aktien zerlegten Grundkapital ohne persönliche Haftung beteiligt. Das **Rechtsverhältnis der persönlich haftenden Gesellschafter** untereinander und gegenüber der Gesamtheit der Kommanditaktionäre sowie gegenüber Dritten bestimmt sich gem. § 278 Abs. 2 AktG nach den Vorschriften des HGB über die KG. Im Übrigen gelten gem. § 278 Abs. 3 AktG die Vorschriften des ersten Buches über die AG (§§ 1 bis 277 AktG) sinngemäß, soweit sich nicht aus den §§ 278 bis 290 AktG anderes ergibt.

I. Rechtsstellung des persönlich haftenden Gesellschafters

Der persönlich haftende Gesellschafter der KGaA hat daher eine dem **persönlich haftenden Gesellschafter einer KG vergleichbare Rechtsposition**. Es gelten § 278 Abs. 2 AktG iVm §§ 161 bis 177a HGB sowie über § 161 Abs. 2 HGB das Recht der oHG (§§ 105 bis 160 HGB).

Soweit die Satzung keine abweichenden Regelungen trifft, ergibt sich damit bei **Tod des Komplementärs** sein Ausscheiden aus § 278 Abs. 2 AktG iVm §§ 161 Abs. 2, 131 Abs. 3 S. 1 Nr. 1 HGB.[1] Die Gesellschaft hat sich dann mit den Erben nach den handelsrechtlichen Vorschriften (§§ 161 Abs. 2, 105 HGB, §§ 738 ff. BGB[2]) auseinanderzusetzen. Mit dem **Ausscheiden des einzigen** oder des einzigen geschäftsführungsbefugten und vertretungsberechtigten – bei der börsennotierten KGaA: des einzigen geschäftsfähigen – persönlich haftenden Gesellschafters wird die Gesellschaft grundsätzlich aufgelöst.[3] Die Auflösung kann dadurch vermieden werden, dass eine Überbrückung durch Fremdorganschaft erfolgt und innerhalb von drei Monaten ein neuer Komplementär aufgenommen wird.[4] Die Überbrückung durch Fremdorganschaft erfolgt, indem analog § 85 AktG und § 29 BGB durch das Registergericht ein Dritter auf Zeit als Geschäftsführer bestellt wird.[5] Alternativ kann die Gesellschaft durch Beschluss der Hauptversammlung (Gesamtheit der Kommanditaktionäre) in eine AG umgewandelt werden.[6] Legt die Satzung demgegenüber fest, dass die Gesellschaft mit den Erben fortgesetzt wird, so gilt § 139 Abs. 1 bis 4 HGB[7] sinngemäß. Der Erbe hat damit die Wahl, ob er persönlich haftender Gesellschafter wird oder seine Rechtsstellung in die eines Kommanditaktionärs (nicht: Kommanditisten) umgewandelt wird.[8] Im letztgenannten Fall wird die Einlage des Erblassers in die auf das Grundkapital zu leistende Einlage eines Kommanditaktionärs umgewandelt. Dies erfolgt durch Erhöhung des Grundkapitals unter Ausschluss des Bezugsrechts.[9] Verstirbt der einzige persönlich haftende Gesellschafter, so kann der letzte Erbe erst dann Kommanditaktionär werden, wenn zuvor oder gleichzeitig ein neuer Komplementär aufgenommen wird; ansonsten kann die Hauptversammlung dem Antrag des Erben nur in der Weise zustimmen, dass sie die Umwand-

---

1 MüKoAktG/Perlitt AktG § 289 Rn. 46 f., 189; zu den Einzelheiten → HGB § 131 Rn. 2 ff. Ab 1.1.2024: § 278 Abs. 2 AktG iVm §§ 161 Abs. 2, 130 Abs. 1 HGB nF.
2 Ab 1.1.2024: § 135 HGB nF.
3 Koch AktG § 289 Rn. 9; MüKoAktG/Perlitt AktG § 289 Rn. 143.
4 Koch AktG § 289 Rn. 9, § 278 Rn. 19a; MüKoAktG/Perlitt AktG § 289 Rn. 143.
5 MüKoAktG/Perlitt AktG § 289 Rn. 154 ff.
6 MüKoAktG/Perlitt AktG § 289 Rn. 157 und § 278 Rn. 258.
7 Ab 1.1.2024: § 131 HGB nF.
8 MüKoAktG/Perlitt AktG § 289 Rn. 48 f.
9 KK-AktG/Mertens/Cahn AktG § 289 Rn. 38.

lung in eine AG beschließt.[10] Kommt die Gesellschaft einem Verlangen auf Einräumung einer Stellung als Kommanditaktionär nicht nach, kann der Erbe ohne Einhaltung einer Kündigungsfrist aus der Gesellschaft ausscheiden. War der verstorbene persönlich haftende Gesellschafter am Vermögen der KGaA nicht beteiligt, so hat er zumindest die Wahl, Komplementär zu werden oder aus der Gesellschaft auszuscheiden.[11] Nach zutreffender, aber umstrittener Auffassung ist ihm schon wegen der damit einhergehenden Verwässerung der übrigen Kommanditaktionäre hingegen nicht zuzubilligen, eine Einlage auf das Grundkapital zu leisten und damit Kommanditaktionär zu werden.[12]

II. Rechtsstellung der Kommanditaktionäre

4 Die Rechtstellung der Kommanditaktionäre bestimmt sich gem. § 278 Abs. 3 AktG nach den Vorschriften des ersten Buches des AktG, soweit sich nicht aus den Sondervorschriften über die KGaA etwas anderes ergibt. Für den Fall des **Todes eines Aktionärs** gelten keine abweichenden Regelungen.

5 Ist ein Gesellschafter gleichzeitig Komplementär und Kommanditaktionär, was bei der KGaA möglich ist, unterliegen die Beteiligungen den jeweils einschlägigen Regelungen, haben also meist unterschiedliche Schicksale.[13]

Anhang AktG: Transparenzpflichten

A. Allgemeines 1	2. Entstehen der Mitteilungspflicht 9
B. Bedeutende Stimmrechte an börsennotierten Gesellschaften 2	3. Mitteilung 15
	II. Rechtsfolgen von Verstößen 16
I. Mitteilungspflichten 3	C. Elektronisches Transparenzregister 18
1. Stimmrechte und Stimmrechtszurechnung 3	I. Informationspflichten 19
	1. Anwendungsbereich 19
a) Stimmrechte aus Aktien 3	2. Informationsverpflichtete 21
b) Stimmrechtszurechnung 6	3. Notwendige Angaben 26
c) Instrumente 8	II. Rechtsfolgen von Verstößen 28

A. Allgemeines

1 Mit dem Tod eines Menschen gehen dessen gesellschaftsrechtliche Beteiligungen in der Regel auf die Erben über und sind ggf. weiter auf Vermächtnisnehmer zu übertragen. Erben bzw. Vermächtnisnehmer werden damit neue Gesellschafter und haben die entsprechenden Rechte und Pflichten. Dazu gehören nicht nur die sich aus dem Gesellschafts-/Geschäftsanteil oder der Aktie unmittelbar ergebenden Pflichten, sondern auch aus anderen Gesetzen folgende Pflichten zur Herstellung einer Beteiligungstransparenz.

B. Bedeutende Stimmrechte an börsennotierten Gesellschaften

2 Für die börsennotierte Aktiengesellschaft enthalten §§ 33 ff. WpHG umfängliche Mitteilungspflichten. Das sehr komplexe Thema kann hier nur für einige Standardkonstellationen im Erbfall gestreift werden. Es empfiehlt sich, im Erbfall die Transparenzregelungen eingehend zu prüfen und ggf. eine Abstimmung mit der Bundesanstalt für Finanzdienstleistungsaufsicht (BaFin) vorzunehmen.

---

10 KK-AktG/Mertens/Cahn AktG § 289 Rn. 43.
11 MüKoAktG/Perlitt AktG § 289 Rn. 51; GK-AktG/ Assmann/Sethe AktG § 289 Rn. 123.
12 Im Ergebnis zutreffend KK-AktG/Mertens/Cahn AktG § 289 Rn. 41; aA etwa MüKoAktG/Perlitt AktG § 289 Rn. 51.
13 KK-AktG/Mertens/Cahn AktG § 289 Rn. 35.

I. Mitteilungspflichten

1. Stimmrechte und Stimmrechtszurechnung. a) Stimmrechte aus Aktien. Gemäß § 33 Abs. 1 WpHG hat derjenige, der durch Erwerb, Veräußerung oder auf sonstige Weise 3, 5, 10, 15, 20, 25, 30, 50 oder 75 % der Stimmrechte aus ihm gehörenden Aktien an einem Emittenten, für den die Bundesrepublik Deutschland der Herkunftsstaat ist, erreicht, überschreitet oder unterschreitet (Meldepflichtiger), dies unverzüglich dem Emittenten und gleichzeitig der Bundesanstalt für Finanzdienstleistungsaufsicht (BaFin), spätestens innerhalb von vier Handelstagen unter Beachtung von § 34 Abs. 1 und 2 WpHG mitzuteilen.

Die Mitteilungspflichten beziehen sich auf Stimmrechte an Emittenten, für die die Bundesrepublik Deutschland gemäß § 2 Abs. 13 WpHG der Herkunftsstaat ist und deren Aktien an einem organisierten Markt iSv § 2 Abs. 11 WpHG zugelassen sind. Die gesetzlichen Vorgaben sind auf mehrere europäische Transparenzrichtlinien zurückzuführen und gelten damit inhaltlich gleich oder zumindest ähnlich in allen anderen EU-Mitgliedstaaten. Auch im nicht-europäischen Ausland ist mit vergleichbaren Transparenzvorgaben zu rechnen. Dem Erben von Aktien an ausländischen börsennotierten Gesellschaften ist zu empfehlen, sich sachkundigen Rat einzuholen.

Meldepflichtig ist, wer Inhaber der Aktien ist, welche die Stimmrechte verkörpern. Der Stimmrechtsanteil des Meldepflichtigen entspricht dem Quotienten aus der Zahl der dem Meldepflichtigen gehörenden und/oder zuzurechnenden Stimmrechte und der Gesamtzahl der beim Emittenten bestehenden Stimmrechte.[1]

b) Stimmrechtszurechnung. § 34 Abs. 1 WpHG enthält umfängliche Zurechnungstatbestände. So werden dem Meldepflichtigen ua Stimmrechte zugerechnet und können zu einer Mitteilungspflicht führen,

1. die einem Tochterunternehmen des Meldepflichtigen gehören,
   Zu denken ist an Meldepflichten also auch, wenn gesellschaftsrechtliche Beteiligungen an Unternehmen vererbt werden, die ihrerseits relevante Stimmrechtsanteile an einer börsennotierten Aktiengesellschaft halten.
2. die einem Dritten gehören und von ihm für Rechnung des Meldepflichtigen gehalten werden,
   Wichtigster Anwendungsfall ist die Vollrechtstreuhand, bei der ein Dritter als Treuhänder das Eigentum an den Aktien im Außenverhältnis hält und im Innenverhältnis verpflichtet ist, das Stimmrecht im Interesse des Treugebers (Erblasser/Erbe) auszuüben.[2]
3. die der Meldepflichtige einem Dritten als Sicherheit übertragen hat, es sei denn, der Dritte ist zur Ausübung der Stimmrechte aus diesen Aktien befugt und bekundet die Absicht, die Stimmrechte unabhängig von den Weisungen des Meldepflichtigen auszuüben,
   Diese Zurechnung bezieht sich ausschließlich auf die Sicherungsübereignung und differenziert danach, ob der Sicherungsnehmer zur Ausübung der Stimmrechte aus den Aktien befugt ist und die Absicht bekundet, die Stimmrechte weisungsunabhängig auszuüben.[3]
4. an denen zugunsten des Meldepflichtigen ein Nießbrauch bestellt ist,
5. die der Meldepflichtige durch eine Willenserklärung erwerben kann,
   Erfasst werden nur dingliche Erwerbsmöglichkeiten, aufgrund derer zum Eigentumserwerb durch den Meldepflichtigen nur noch dessen Willenserklärung notwendig ist, keine rein schuldrechtlichen Erwerbsoptionen.[4]

---

[1] BaFin Emittentenleitfaden Modul B (Stand: Oktober 2018) I.2.3.2.
[2] BaFin Emittentenleitfaden Modul B (Stand Oktober 2018) I.2.5.2.1; Fuchs/Zimmermann WpHG § 22 Rn. 50; Szesny/Kuthe/Plückelmann Kapitalmarkt Compliance Kap. 5 Rn. 32.
[3] Szesny/Kuthe/Plückelmann Kapitalmarkt Compliance Kap. 5 Rn. 39 f.
[4] BaFin Emittentenleitfaden Modul B (Stand Oktober 2018) I.2.5.5 mit Beispiel.

6. die dem Meldepflichtigen anvertraut sind oder aus denen er die Stimmrechte als Bevollmächtigter ausüben kann, sofern er die Stimmrechte aus diesen Aktien nach eigenem Ermessen ausüben kann, wenn keine besonderen Weisungen des Aktionärs vorliegen, „Anvertrautsein" erfasst beispielsweise die vertragliche oder gesetzliche Vermögensverwaltung. Einschlägig ist dieser Zurechnungstatbestand damit auch für das elterliche Sorgerecht bei minderjährigen Erben[5] sowie die Testamentsvollstreckung.[6]
7. aus denen der Meldepflichtige die Stimmrechte ausüben kann aufgrund einer Vereinbarung, die eine zeitweilige Übertragung der Stimmrechte ohne die damit verbundenen Aktien gegen Gegenleistung vorsieht,
8. die bei dem Meldepflichtigen als Sicherheit verwahrt werden, sofern der Meldepflichtige die Stimmrechte hält und die Absicht bekundet, diese Stimmrechte auszuüben.

7 Dem Meldepflichtigen werden außerdem gemäß § 34 Abs. 2 WpHG Stimmrechte eines Dritten aus Aktien in voller Höhe zugerechnet, mit dem der Meldepflichtige oder sein Tochterunternehmen sein Verhalten in Bezug auf diesen Emittenten aufgrund einer Vereinbarung oder in sonstiger Weise abstimmt (sogenanntes Acting in Concert). Sofern dem Meldepflichtigen Stimmrechte aus direkt gehaltenen Aktien zustehen und ihm weitere Stimmrechte über § 34 WpHG zugerechnet werden, ist für eine mitteilungspflichtige Schwellenberührung die Summe der Stimmrechte maßgeblich.[7]

8 **c) Instrumente.** Mitteilungspflichten bestehen gemäß § 38 WpHG außerdem für den Erwerb von sogenannten Instrumenten, die ihrem unmittelbaren oder mittelbaren Inhaber entweder das unbedingte oder nur von seinem Ermessen abhängige Recht auf Erwerb mit Stimmrechten verbundener und bereits ausgegebener Aktien eines Emittenten, für den die Bundesrepublik Deutschland der Herkunftsstaat ist, verleihen oder sich auf mit Stimmrechten verbundene und bereits ausgegebene Aktien beziehen und die vergleichbare wirtschaftliche Wirkungen haben, unabhängig davon, ob sie einen Anspruch auf physische Lieferung einräumen oder nicht. Die neutrale Bezeichnung „Instrument" ist weit auszulegen. § 38 Abs. 2 WpHG enthält eine nicht abschließende Liste möglicher Instrumente: übertragbare Wertpapiere, Optionen, Terminkontrakte, Swaps, Zinsausgleichsvereinbarungen und Differenzgeschäfte. Solche Instrumente werden gemäß § 39 WpHG mit den Stimmrechten aus Aktien zusammengerechnet.

9 **2. Entstehen der Mitteilungspflicht.** Die Mitteilungspflicht entsteht bei jeder Berührung der in § 33 Abs. 1 WpHG genannten Stimmrechtsschwellen (Erreichen, Überschreiten, Unterschreiten). Anteilsveränderungen, die sich zwischen zwei aufeinanderfolgenden Schwellen abspielen, lösen keine Mitteilungspflicht aus. Auch ein kurzfristiges Über- und Unterschreiten von Meldeschwellen ist grundsätzlich mitteilungspflichtig,[8] beispielsweise wenn ein Erbe unverzüglich in Erfüllung eines Vermächtnisses die ererbten Aktien auf den Vermächtnisnehmer überträgt.

10 Die Gesamtrechtsnachfolge im Erbfall ist als Erwerb von Stimmrechten „auf sonstige Weise" von § 33 Abs. 1 WpHG erfasst.[9] Im Erbfall gehen die Aktien des Erblassers kraft Gesamtrechtsnachfolge im Zeitpunkt des Todes auf den oder die Erben über. Dieser Zeitpunkt ist damit auch maßgeblich für die Stimmrechtsveränderungen beim Erben. Der Erblasser selbst ist nicht mehr Rechtssubjekt, so dass die Erben für ihn auch keine Mitteilung über Stimmrechtsunterschreitungen vornehmen.[10] Allerdings unterliegt der Erbe einer Beteiligung, die einen Stimmrechtsanteil von mindestens 3 % verkörpert, der Mitteilungspflicht, und zwar unabhängig davon, ob

---

5 Vgl. zur Erfassung des elterlichen Sorgerechts allgemein BaFin Emittentenleitfaden Modul B I.2.5.6.1; VG Frankfurt aM BeckRS 2010, 52576.
6 Schwark/Zimmer/v. Hein WpHG § 34 Rn. 19; Mutter AG 2006, 644; Burgard BB 1995, 2069 (2076).
7 BaFin Emittentenleitfaden Modul B (Stand: Oktober 2018) I.2.3.1.
8 BaFin Emittentenleitfaden Modul (Stand: Oktober 2018) B I.2.3.5; Assmann/Schneider/Mülbert/Schneider WpHG § 33 Rn. 66 ff.; Fuchs/Zimmermann WpHG § 21 Rn. 37.
9 BaFin Emittentenleitfaden Modul B (Stand: Oktober 2018) I.2.3.4.
10 Szesny/Kuthe/Plückelmann Kapitalmarkt Compliance Kap. 5 Rn. 90.

das Aktieneigentum der Testamentsvollstreckung unterliegt, (gem. Teilungsanordnung) unter den Erben aufgeteilt oder später auf einen Vermächtnisnehmer zu übertragen ist.[11] Die Mitteilungspflicht wird auch nicht dadurch aufgeschoben, dass die Frist zur Ausschlagung der Erbschaft des § 1944 BGB noch nicht abgelaufen ist.[12]

Wird die Erbschaft nachträglich ausgeschlagen, so gilt zivilrechtlich der Anfall der Erbschaft beim Ausschlagenden gem. § 1953 Abs. 1 BGB als nicht erfolgt. Dies macht, insbesondere wenn unter Beteiligung des Ausschlagenden bereits zuvor eine Stimmrechtsmitteilung abgegeben wurde, eine neuerliche (klarstellende) Stimmrechtsmitteilung erforderlich.[13]

Gehören die Aktien zum Gesamthandsvermögen einer Erbengemeinschaft, so sind die einzelnen Erben unter Hinweis auf die bestehende Erbengemeinschaft mitteilungspflichtig.[14] Die Mitteilung muss lauten, dass die Erbengemeinschaft X, bestehend aus den Miterben A, B und C, ihren Stimmrechtsanteil melden.[15] Um das von der BaFin bereitgestellte Formular zur Stimmrechtsmitteilung auch für eine gemeinsame Mitteilung mehrerer Meldepflichtiger zu benutzen (zB Erbengemeinschaft mit identischen Stimmrechtsanteilen), können die Felder unter 3 und unter 7a erweitert werden. Jedem einzelnen Gesamthänder ist der Stimmrechtsanteil in vollem Umfang zuzurechnen.[16]

Ist ein Testamentsvollstrecker bestellt, so hat dieser nach herrschender Auffassung für die Erfüllung der Meldepflichten zu sorgen.[17]

Besonders wichtig im Erbfall ist daher zu prüfen, in wessen Person und zu welchem Zeitpunkt eine wesentliche Stimmanteilsveränderung eintritt. Insbesondere ist zu prüfen, ob eine Erbengemeinschaft besteht, Vermächtnisse oder Auflagen vorhanden sind, Teilungsanordnungen getroffen sind, Testamentsvollstreckung angeordnet ist oder ob die Erbschaft durch eine zum Erben berufene Person nachträglich ausgeschlagen wird.[18] Da die zivilrechtliche Zuordnung des Eigentums nach den erbrechtlichen Vorschriften maßgeblich ist, kann es im Zusammenhang mit einer Erbschaft zu einer Häufung von Stimmrechtsmitteilungen kommen, insbesondere wenn im Rahmen der Erbauseinandersetzung oder Erfüllung von Vermächtnissen und Auflagen verschiedene Stimmrechtsmitteilungen vorzunehmen sind.[19]

3. Mitteilung. Bei Berühren der Meldeschwellen des § 33 Abs. 1, § 38 oder § 39 WpHG hat der Meldepflichtige gegenüber dem Emittenten und gleichzeitig gegenüber der BaFin eine entsprechende Mitteilung zu machen. Hierfür ist zwingend ein Formblatt zu nutzen, welches auf der Internetseite der BaFin (www.bafin.de) abrufbar ist.

II. Rechtsfolgen von Verstößen

Die Sanktionen bei einem Verstoß gegen die Mitteilungspflichten sind gravierend: Verletzt der Meldepflichtige seine Mitteilungspflichten nach § 33 Abs. 1 WpHG, so bestehen die Rechte aus Aktien, die ihm gehören oder aus denen ihm Stimmrechte nach § 34 WpHG zugerechnet werden, bis zur Nachholung der Mitteilung gemäß § 44 Abs. 1 S. 1 WpHG nicht. Dazu gehören sämtliche Mitwirkungs-, Mitverwaltungs- und Vermögensrechte, insbesondere das Recht zur Teilnahme an der Hauptversammlung und Stimmrechtsausübung sowie der Anspruch auf Betei-

---

11 Fuchs/Zimmermann WpHG § 21 Rn. 45.
12 Fuchs/Zimmermann WpHG § 21 Rn. 45.
13 Fuchs/Zimmermann WpHG § 21 Rn. 45.
14 Schwark/Zimmer/v. Hein WpHG § 33 Rn. 12; Assmann/Schneider/Mülbert/Schneider WpHG § 33 Rn. 13; Nottmeier/Schäfer AG 1997, 90.
15 So Assmann//Schneider/Mülbert/Schneider WpHG § 33 Rn. 13.
16 Assmann/Schneider/Mülbert/Schneider WpHG § 33 Rn. 14; Fuchs/Zimmermann WpHG § 21 Rn. 34.
17 Assmann/Schneider/Mülbert/Schneider WpHG § 33 Rn. 15; KK-WpHG/Hirte WpHG § 21 Rn. 136; aA Fuchs/Zimmermann WpHG § 21 Rn. 15.
18 Fuchs/Zimmermann WpHG § 21 Rn. 45; Szesny/Kuthe/Plückelmann Kapitalmarkt Compliance Kap. 5 Rn. 91.
19 Näher Fuchs/Zimmermann WpHG § 21 Rn. 45.

ligung am Bilanzgewinn (Dividendenrecht).[20] Im Falle unterbliebener Mitteilungen nach § 38 Abs. 1 oder § 39 Abs. 1 WpHG tritt der Rechtsverlust bei etwaigen Aktien ein, die der Meldepflichtige am betroffenen Emittenten hält.

17 Zudem stellt der Verstoß gegen die Mitteilungspflichten eine Ordnungswidrigkeit dar, die gemäß § 120 Abs. 2 Nr. 2 lit. d (Verstoß gegen § 33) bzw. e (Verstoß gegen §§ 38, 39) WpHG mit Geldbuße bis zu 2 Mio. EUR, gegenüber juristischen Personen sogar mit Geldbuße bis zu 10 Mio. EUR geahndet wird.

C. Elektronisches Transparenzregister

18 Mit Umsetzung der Vierten EU-Geldwäscherichtlinie wurde ein elektronisches Transparenzregister eingeführt. Dieses enthält Angaben über alle natürlichen Personen, die als „wirtschaftlich Berechtigte" hinter Kapital- und Personengesellschaften, Stiftungen, Trust oder Trust-ähnlichen Gebilden stehen und diese kontrollieren. Damit wird eine Ausweitung der Unternehmenspublizität erreicht. Das Transparenzregister ist gemäß § 23 GwG grundsätzlich öffentlich zugänglich; der Zugang wird nur in begründeten Fällen gemäß § 23 Abs. 2 GwG eingeschränkt.

I. Informationspflichten

19 **1. Anwendungsbereich.** Gesetzliche Grundlage für das Transparenzregister sind §§ 18 ff. GwG. § 20 Abs. 1 GwG verpflichtet juristische Personen des Privatrechts und eingetragene Personengesellschaften, die in § 19 Abs. 1 aufgeführten Angaben zu ihren wirtschaftlich Berechtigten einzuholen, aufzubewahren, auf aktuellem Stand zu halten und der registerführenden Stelle unverzüglich zur Eintragung in das Transparenzregister mitzuteilen.

20 Vereinigungen nach § 20 Abs. 1 S. 1 GwG sind AG,[21] SE, KGaA, GmbH, eingetragener Verein, eingetragene Genossenschaft und rechtsfähige Stiftung als juristische Personen sowie OHG, KG und PartGG als eingetragene Personengesellschaften.[22] Für die GbR gilt das Transparenzregister nicht,[23] dies dürfte sich allerdings mit Inkrafttreten des MoPeG im Falle eingetragener GbR ändern.[24]

21 **2. Informationsverpflichtete.** Primär verpflichtet sind die in § 20 Abs. 1 GwG genannten Vereinigungen selbst. Sie müssen die in § 19 Abs. 1 aufgeführten Angaben zu ihren wirtschaftlich Berechtigten einholen, aufbewahren, auf aktuellem Stand halten und der registerführenden Stelle unverzüglich zur Eintragung in das Transparenzregister mitteilen.

22 Damit die Vereinigungen iSv § 20 Abs. 1 GwG ihren Pflichten nachkommen können, haben gem. § 20 Abs. 3 GwG aber auch die Anteilseigner, die wirtschaftlich Berechtigte sind oder von dem wirtschaftlich Berechtigten unmittelbar kontrolliert werden, den Vereinigungen die notwendigen Angaben und jede Änderung dieser Angaben unverzüglich mitzuteilen. Kontrolliert ein Mitglied eines Vereins oder einer Genossenschaft mehr als 25 % der Stimmrechte, so trifft die Mitteilungspflicht gemäß § 20 Abs. 3 S. 3 GwG dieses Mitglied.

23 Wer wirtschaftlich Berechtigter ist, bestimmt sich gem. § 19 Abs. 2 GwG in entsprechender Anwendung von § 3 Abs. 1 und 2 GwG für Vereinigungen iSv § 20 Abs. 1 S. 1 GwG mit Ausnahme von rechtsfähigen Stiftungen sowie von § 3 Abs. 1 und 3 GwG für rechtsfähige Stiftungen, Trust und Trust-ähnliche Gebilde. Wirtschaftlich Berechtigter gem. § 3 Abs. 1 GwG ist/sind die-

---

20 Fuchs/Zimmermann WpHG § 28 Rn. 33 ff.; Szesny/Kuthe/Plückelmann Kapitalmarkt Compliance Kap. 5 Rn. 240 f.
21 Entgegen ursprünglicher Gesetzeslage heute auch die börsennotierte AG; die Meldefiktion wurde zwischenzeitlich aufgehoben und das Transparenzregister gilt als Vollregister.
22 BeckOK GwG/Frey/Pelz § 20 Rn. 9; Assmann/Hütten AG 2017, 449 (452).
23 BeckOK GwG/Frey/Pelz § 20 Rn. 10 unter Hinweis auf die Gesetzesbegründung.
24 Vgl. den Wortlaut von § 20 Abs. 1 GwG: „eingetragene Personengesellschaften"; so auch Zentes/Glaab/Walter/Becker GwG § 20 Rn. 29.

jenige(n) natürliche(n) Person(en), in deren Eigentum oder unter deren Kontrolle die Vereinigung letztlich steht. Hierzu enthalten die Abs. 2 bis 4 von § 3 GwG Regelbeispiele. Bei juristischen Personen zählt zu den wirtschaftlich Berechtigten gem. § 3 Abs. 2 GwG jede natürliche Person, die unmittelbar oder mittelbar

1. mehr als 25 % der Kapitalanteile hält,
2. mehr als 25 % der Stimmrechte kontrolliert oder
3. auf vergleichbare Weise Kontrolle ausübt.

Eine „auf vergleichbare Weise" ausgeübte Kontrolle setzt voraus, dass diese durch gesellschaftsrechtlichen Einfluss vermittelt wird. Dies ist etwa der Fall, wenn der Einfluss auf vertraglichen Absprachen von Anteilsinhabern beruht oder durch Abstimmung unter denselben erfolgt.[25] Kontrolle liegt gem. der Legaldefinition insbesondere vor, wenn die natürliche Person unmittelbar oder mittelbar einen beherrschenden Einfluss auf die Vereinigung ausüben kann. Maßgeblich sind die Grundsätze des Konzernrechts in § 17 AktG.[26] Unter Umständen genügen auch bereits ein Widerspruchs- oder Vetorecht gegen Entscheidungen der Mitglieder-, Haupt- oder Gesellschafterversammlung, insbesondere wenn eine natürliche Person über diese Rechte die Vereinigung faktisch kontrolliert oder deren Transaktionen letztlich veranlasst.[27] Auch Stimmrechtspools können hier relevant werden.[28] Maßgeblich sind hierbei die Umstände des Einzelfalls.

Bei einer Überschreitung der vorgegebenen Schwellenwerte von 25 % wird für die Zwecke des Geldwäschegesetzes eine Kontrolle unwiderlegbar vermutet.[29] Damit ist eine natürliche Person, die an einer Vereinigung eine unmittelbare Kapitalbeteiligung von mehr als 25 % hält, zwingend wirtschaftlich Berechtigter. Die Schwellenwerte des § 3 Abs. 2 S. 1 GwG gelten jedoch nur auf der Ebene der mitteilungspflichtigen Vereinigung, also in Bezug auf die Kapitalbeteiligung bzw. Stimmrechte an der Vereinigung selbst.[30] Ist die natürliche Person nicht unmittelbar an der meldepflichtigen Vereinigung beteiligt, sondern nur mittelbar über ein oder mehrere zwischengeschaltete Vehikel, so hängt ihre Einordnung als wirtschaftlich Berechtigte davon ab, ob sie an der Spitze der Beteiligungskette die zwischengeschalteten Vehikel iSv § 3 Abs. 2 S. 2 bis 4 GwG beherrscht.[31]

3. Notwendige Angaben. Zu den Angaben, die zum wirtschaftlich Berechtigten zu machen sind, gehören gem. § 19 Abs. 1:

1. Vor- und Nachname,
2. Geburtsdatum,
3. Wohnort und
4. Art und Umfang des wirtschaftlichen Interesses.

Letztgenannter Punkt wird in § 19 Abs. 3 GwG konkretisiert, der damit gleichzeitig vorgibt, welche Möglichkeiten der Kontrolle denkbar sind. Genannt werden die Beteiligung an der Vereinigung selbst, insbesondere die Höhe der Kapitalanteile oder der Stimmrechte. Alternativ ist anzugeben, auf welche sonstige Weise Kontrolle ausgeübt wird. Insbesondere kommen Absprachen zwischen einem Dritten und einem Anteilseigner oder zwischen mehreren Anteilseignern untereinander (zB Stimmbindungsverträge, Poolvereinbarungen)[32] in Betracht. Ob ein abgestimmtes Verhalten iS eines Acting in Concert gem. § 34 Abs. 2 WpHG zu einer wechselseitigen

---

25 Assmann/Hütten AG 2017, 449 (455).
26 RegE BT-Drs. 18/11555, 108; Assmann/Hütten AG 2017, 449 (455); deutlich weitergehend Zentes/Glaab/Kaetzler GwG § 3 Rn. 62.
27 BVA FAQ (Transparenzregister) Teil 1, B.II.3; vgl. Zentes/Glaab/Kaetzler GwG § 3 Rn. 75.
28 BVA FAQ (Transparenzregister) Teil 1, B.II.2.
29 Herzog/Figura GwG § 3 Rn. 8; Assmann/Hütten AG 2017, 449 (455), kritisch Fisch NZG 2017, 408 (409).
30 Herzog/Figura GwG § 3 Rn. 9 f.; Assmann/Hütten AG 2017, 449 (455).
31 Assmann/Hütten AG 2017, 449 (455) (dort mit Beispielen); vgl. auch das Berechnungsbeispiel bei BeckOGK/Reuter GwG § 19 Rn. 20 und 20.1.
32 BeckOGK/Reuter GwG § 19 Rn. 21; Assmann/Hütten AG 2017, 449 (456).

Zurechnung führt, ist nicht klar, liegt aber nahe.[33] Des Weiteren kann eine Kontrollmöglichkeit auch aufgrund der einem Dritten eingeräumten Befugnis zur Ernennung von gesetzlichen Vertretern oder anderen Organmitgliedern entstehen. Zu nennen ist schließlich die Funktion des gesetzlichen Vertreters, geschäftsführenden Gesellschafters oder Partners.

II. Rechtsfolgen von Verstößen

28 Verstöße gegen die Mitteilungs- und Angabepflichten sind nicht nur für die Vereinigung selbst bußgeldbewehrt. Auch der Verstoß eines wirtschaftlich Berechtigten gegen seine Mitteilungspflicht aus § 20 Abs. 3 gegenüber dem Unternehmen stellt gem. § 56 Abs. 1 Nr. 58 GwG eine Ordnungswidrigkeit dar, die gem. § 56 Abs. 1 S. 2 GwG in vorsätzlichen Fällen mit einer Geldbuße bis zu 150.000 EUR, im Übrigen mit einer Geldbuße bis zu 100.000 EUR geahndet werden kann. Bei schwerwiegenden, wiederholten oder systematischen Verstößen gem. § 56 Abs. 3 GwG gegenüber natürlichen Personen sogar mit einer Geldbuße bis zu 1 Mio. EUR oder dem Zweifachen des aus dem Verstoß gezogenen wirtschaftlichen Vorteils geahndet werden kann.

---

33 Assmann/Hütten AG 2017, 499 (456) unter Hinweis auf die Regierungsbegründung (RegE BT-Drucks 18/11555, 128.

12. Heimgesetz (HeimG)

In der Fassung der Bekanntmachung vom 5. November 2001 (BGBl. I S. 2970)
(FNA 2170-5)
zuletzt geändert durch Art. 3 Satz 2 G zur Neuregelung der zivilrechtl. Vorschriften des HeimG
nach der Föderalismusreform vom 29. Juli 2009 (BGBl. I S. 2319)
– Auszug –

§ 14 HeimG   Leistungen an Träger und Beschäftigte

(1) Dem Träger ist es untersagt, sich von oder zugunsten von Bewohnerinnen und Bewohnern oder den Bewerberinnen und Bewerbern um einen Heimplatz Geld- oder geldwerte Leistungen über das nach § 5 vereinbarte Entgelt hinaus versprechen oder gewähren zu lassen.

(2) Dies gilt nicht, wenn
1. andere als die in § 5 aufgeführten Leistungen des Trägers abgegolten werden,
2. geringwertige Aufmerksamkeiten versprochen oder gewährt werden,
3. Leistungen im Hinblick auf die Überlassung eines Heimplatzes zum Bau, zum Erwerb, zur Instandsetzung, zur Ausstattung oder zum Betrieb des Heims versprochen oder gewährt werden,

(3) ¹Leistungen im Sinne des Absatzes 2 Nr. 3 sind zurückzugewähren, soweit sie nicht mit dem Entgelt verrechnet worden sind. ²Sie sind vom Zeitpunkt ihrer Gewährung an mit mindestens 4 vom Hundert für das Jahr zu verzinsen, soweit der Vorteil der Kapitalnutzung bei der Bemessung des Entgelts nicht berücksichtigt worden ist. ³Die Verzinsung oder der Vorteil der Kapitalnutzung bei der Bemessung des Entgelts sind der Bewohnerin oder dem Bewohner gegenüber durch jährliche Abrechnungen nachzuweisen. ⁴Die Sätze 1 bis 3 gelten auch für Leistungen, die von oder zugunsten von Bewerberinnen und Bewerbern erbracht worden sind.

(4) *[aufgehoben]*

(5) ¹Der Leitung, den Beschäftigten oder sonstigen Mitarbeiterinnen oder Mitarbeitern des Heims ist es untersagt, sich von oder zugunsten von Bewohnerinnen und Bewohnern neben der vom Träger erbrachten Vergütung Geld- oder geldwerte Leistungen für die Erfüllung der Pflichten aus dem Heimvertrag versprechen oder gewähren zu lassen. ²Dies gilt nicht, soweit es sich um geringwertige Aufmerksamkeiten handelt.

(6) Die zuständige Behörde kann in Einzelfällen Ausnahmen von den Verboten der Absätze 1 und 5 zulassen, soweit der Schutz der Bewohnerinnen und Bewohner die Aufrechterhaltung der Verbote nicht erfordert und die Leistungen noch nicht versprochen oder gewährt worden sind.

Literatur:
Burmeister/Dinter, Die Heimgesetzgebung der Bundesländer – Ein Rechtsvergleich, NVwZ 2009, 628; *Brox,* Die Einschränkung der Testierfreiheit durch § 14 des Heimgesetzes und das Verfassungsrecht, in: FS Benda [1995], 17; *Crößmann/Goberg/Iffland/Mangels,* Taschenkommentar zum Heimgesetz, 5. Aufl. 2002; *Dahlem/Giese/Igl/Klie,* Heimrecht des Bundes und der Länder, Kommentar, Stand: Mai 2013; *Damrau/Zimmermann,* Betreuungsrecht, 4. Aufl. 2010; *Dietz,* § 14 HeimG – Gut gemeinter Schutz für Heimbewohner und -bewerber, Fallstrick für den Testamentsgestalter, MittBayNot 2007, 453; *Drasdo,* Der Heimvertrag nach der Föderalismusreform, NVwZ 2008, 639; *Everts,* Heimgesetz und Testamentsvollstreckung, ZEV 2006, 544; *Gitter/Schmitt,* Heimrecht, Kommentar, Stand Januar 2013; *Karl,* Auswirkungen der Länderregelungen zum Heimrecht in der erbrechtlichen Praxis, ZEV 2009, 544; *Keim,* Die Testierverbote nach dem Heimgesetz der Länder, notar 2017, 119; *Krug,* Sicherung der Familienerbfolge durch gesetzliche Zuwendungsverbote, FPR 2006, 154; *Kunz/Butz/Wiedemann,* HeimG, 10. Aufl. 2004; *Leipold,* Testierverbote am Beispiel des § 14 HeimG und seiner landesrechtlichen Nachfolger, Hereditare 3 (2013), 1; *Ludyga,* Letztwillige Verfügungen von alten und pflegebedürftigen Menschen zugunsten eines ambulanten Pflege-

dienstes, NZS 2013, 201; *Müller, G.*, Zur Wirksamkeit lebzeitiger und letztwilliger Zuwendungen des Betreuten an seinen Betreuer, ZEV 1998, 219; *Müller,G.*, Zur Anwendung des § 14 HeimG auf Verfügungen von Todes wegen, insbesondere im Rahmen des sog Behindertentestaments, in: DNotI (Hrsg.), FS 10 Jahre Deutsches Notarinstitut, 2003, S. 153 ff.; *Münzel*, Heimbewohner und Testierfreiheit, NJW 1997, 112; *Niemann*, Testierverbot in Pflegefällen, ZEV 1998, 419; *Petto*, Berufserben? Beschränkungen des erbrechtlichen Erwerbs in Heim- und Dienstverhältnissen, Diss. Universität Würzburg, 1998; *Röthel*, Testierfreiheit und Testiermacht, AcP 210, 32; *Rossak*, Letztwillige Verfügungen von Heimbewohnern zugunsten des Heimträgers oder von Heimmitarbeitern, ZEV 1996, 41; *Stein*, Schutz der Testierfreiheit von Pflegeempfängern, Diss. Universität Potsdam, 1997; *Suyter*, Neue Probleme bei der Testamentsgestaltung im Hinblick auf § 14 HeimG, ZEV 2003, 104; *Tersteegen*, Letztwillige Zuwendungen an den Heimträger bei Heimunterbringung eines Angehörigen, ZErb 2007, 414; *Ziegert*, Verstoß gegen die Testierverbote des § 14 HeimG durch Zuwendungen an heimfremde Dritte, ZErb 2003, 166; *Zimmermann/G. Möller*, Erbrechtliche Nebengesetze.

A. Allgemeines	1	II. Kenntnis von der letztwilligen Verfügung	6
B. Regelungsgehalt	2	III. Ausnahmegenehmigung	7
I. Adressatenkreis	2	IV. Zeitlicher Anwendungsbereich	8
1. Heim	3	V. Hinweispflicht des Notars	9
2. Betreiber	4	C. Anhang: Heimgesetze der Länder	10
3. Analoge Anwendung?	5		

A. Allgemeines

1 Die Gesetzgebungskompetenz für das öffentlich-rechtliche Heimwesen ist mit der Föderalismusreform seit 1.9.2006 ausschließlich auf die Länder übergegangen.[1] Nach § 125a GG gilt das Bundesheimgesetz in den Bundesländern fort, die noch nicht von der Gesetzgebungskompetenz Gebrauch gemacht haben.[2] Eine Übersicht über die landesrechtlichen Regelungen findet sich unter → Rn. 10. Für die zivilrechtlichen Vorschriften des HeimG besteht eine konkurrierende Gesetzgebungskompetenz des Bundes.[3] Alle Bundesländer haben eigene Heimgesetze erlassen. Sie enthalten ähnliche Regelungen wie § 14 HeimG, wobei Abweichungen zu beachten sind.[4] Gemäß § 14 Abs. 1 HeimG[5] ist es dem **Träger eines Heims** untersagt, sich von oder zugunsten von Heimbewohnern Geld oder geldwerte Leistungen über das nach § 4 HeimG vereinbarte Entgelt versprechen oder gewähren zu lassen, wobei § 14 Abs. 2 HeimG verschiedene Ausnahmen zulässt. Gemäß § 14 Abs. 5 HeimG ist es darüber hinaus dem **Leiter**, den **Beschäftigten** oder **sonstigen Mitarbeitern** des Heims untersagt, sich von oder zugunsten von Heimbewohnern neben der vom Träger erbrachten Vergütung Geld oder geldwerte Leistungen für die Erfüllung der Pflichten aus dem Heimvertrag versprechen oder gewähren zu lassen, soweit es sich nicht um geringwertige Aufmerksamkeiten handelt. Die Verbote des § 14 HeimG finden auch auf testamentarische Zuwendungen Anwendung.[6] Die Regelung bezweckt die Gleichbehandlung der Heimbewohner, deren Schutz vor finanzieller und wirtschaftlicher Ausnutzung und die Sicherung der Testierfreiheit.[7] Bei § 14 HeimG handelt es sich somit um ein dem Schutz der Heimbewohner dienendes Verbotsgesetz.[8] Das Bundesverfassungsgericht hat die in § 14 HeimG enthaltene Einschränkung der Testierfreiheit des Heimbewohners als verfassungskonform unter anderem mit der Erwägung gebilligt, eine Unverhältnismäßigkeit der Regelung zur Erreichung der mit ihr verfolgten Zwecke liege nicht vor, weil testamentarische Verfügungen, die dem Betroffenen nicht mitgeteilt und im Stillen angeordnet werden, stets zulässig seien; bei fehlender Kenntnis des Begünstigten sei das Testament stets wirksam.[9] Das Testierverbot dient legitimen Gemeinwohlzielen. § 14 HeimG verfolgt im Wesentlichen drei Zwecke. Erstens soll

---

1 Karl ZEV 2009, 544.
2 Zimmermann/G. Möller HeimG § 14 Rn. 1.
3 BT-Drs. 16/4847; Zimmermann/G. Möller HeimG § 14 Rn. 2.
4 MüKoBGB/Leipold Vor BGB § 2064 Rn. 31.
5 Zur Verfassungsmäßigkeit dieser Vorschrift vgl. BVerfG NJW 1998, 2964.
6 BGH NJW 1996, 145.
7 OLG Frankfurt NJW 2001, 1504.
8 BGHZ 110, 235 (240) = NJW 1990, 1603; BGH ZEV 2012, 39.
9 BVerfG NJW 1998, 2964.

verhindert werden, dass die Hilf- oder Arglosigkeit alter und pflegebedürftiger Menschen in finanzieller Hinsicht ausgenützt wird. Sie sollen vor der nochmaligen oder überhöhten Abgeltung von Pflegeleistungen bewahrt werden.[10] Zweitens soll der Heimfriede geschützt werden. Es soll verhindert werden, dass durch die Gewährung von finanziellen Zusatzleistungen oder Zusatzversprechen eine unterschiedliche (privilegierende oder benachteiligende) Behandlung der Bewohner eines Altenheims eintritt.[11] Drittens dient § 14 HeimG dazu, die Testierfreiheit der Heimbewohner zu sichern.[12] Die Vorschrift soll alte Menschen davor bewahren, dass ihr Recht auf freie Verfügung von Todes wegen durch offenen oder versteckten Druck faktisch gefährdet wird. Es mutet in der Tat etwas makaber an, wenn das BVerwG einen weiteren Schutzzweck darin sieht, den Heimbewohner davor schützen zu müssen, dass der testamentarisch bedachte Heimträger oder Heimbedienstete vielleicht ansonsten am vorzeitigen Tod des Heimbewohners interessiert sein könnte.[13]

B. Regelungsgehalt

I. Adressatenkreis

Das Verbot des § 14 Abs. 1 HeimG richtet sich gegen den **Träger des Heims**, dh diejenige natürliche oder juristische Person, die das Heim betreibt.[14] Betreiber ist derjenige, in dessen Namen und auf dessen Rechnung (vgl. § 4 HeimG) die Einrichtung im Sinne des § 1 Abs. 1 HeimG betrieben wird und den somit auch die Verantwortung für Unterhalt und Betrieb der Einrichtung trifft.[15] Zum Adressatenkreis gehören aber auch die „sonstigen Mitarbeiter" des Heimes, § 14 Abs. 5 HeimG. Darunter fallen sämtliche in einem Heim beschäftigte Personen, unabhängig davon, ob sie hauptberuflich, nebenberuflich oder ehrenamtlich tätig sind. Es muss sich auch nicht notwendig um Pflegekräfte handeln.[16]

1. Heim. Heim ist eine Einrichtung, die zum Zweck der nicht nur vorübergehenden Aufnahme und Unterbringung von alten Menschen sowie pflegebedürftigen oder behinderten Volljährigen gegen Entgelt betrieben wird und in ihrem Bestand von Wechsel und Zahl ihrer Bewohner unabhängig ist,[17] wobei die Unterbringung neben der Überlassung der Unterkunft auch die Gewährung von Verpflegung und Betreuung umfassen muss, § 1 Abs. 1 S. 1 HeimG. Wer familienfremde ältere Personen auf unbestimmte Zeit in sein Haus aufnimmt und diesen gegen Entgelt nicht nur Unterkunft, sondern auch Leistungen nach Art eines Heimes (Verpflegung, Betreuung bei Pflegebedürftigkeit) gewährt, betreibt jedenfalls dann ein Heim im Sinn des § 1 Abs. 1 HeimG, wenn er die Absicht hat, immer wieder solche Personen aufzunehmen und damit eine von den konkret betreuten Personen unabhängige Einrichtung zu unterhalten.[18] Die konkrete Zahl der Bewohner ist in diesem Zusammenhang ohne Bedeutung. Es muss sich um eine Einrichtung handeln, deren Betrieb personenneutral sein muss.[19] In einigen Landesgesetzen sind Einrichtungen der **Kurzzeitpflege** ausdrücklich ausgenommen, zB gemäß § 2 Abs. 4 WTPG-BaWü wie auch gemäß Art. 2 Abs. 1 S. 2 PfleWoqG Bayern.[20] Hingegen gilt das Testierverbot in NRW gemäß § 2 Abs. 2 Nr. 5 WTG-NRW auch ausdrücklich für Gasteinrichtungen.

2. Betreiber. Betreiber ist derjenige, in dessen Namen und auf dessen Rechnung (§ 4 HeimG) die Einrichtung iSd § 1 Abs. 1 HeimG betrieben wird[21] und den somit auch die Verantwortung für Unterhalt und Betrieb der Einrichtung trifft.[22] Eine Umgehung der Verbotsvorschrift des

---

10 BT-Drs. 7/180, 12, 15.
11 BT-Drs. 7/180,12; BT-Drs. 11/5120, 17f.
12 Vgl. BT-Drs. 11/5120, 17.
13 Keim notar 2017, 119; BVerwG NJW 1990, 2268.
14 § 2 HeimsicherungsVO v. 24.4.1978, BGBl.1978 I 555.
15 BayObLG ZEV 2003, 462.
16 Karl Der Betreute als Erblasser unter besonderer Berücksichtigung von § 14 HeimG, 133.

17 OLG Saarbrücken OLGR 1998, 92; Zimmermann/ G. Möller HeimG § 14 Rn. 6.
18 BayObLG NJW-RR 1999, 1454.
19 Zimmermann/G. Möller HeimG § 14 Rn. 7.
20 Keim notar 2017, 119 (122).
21 BayObLG NJW 2000, 1875; Petersen DNotZ 2000, 739; Rossak ZEV 1996, 41 (42).
22 BayObLG JuS 2000, 815 = NJW 2000, 1875 = Rpfleger 2000, 274.

§ 14 HeimG liegt vor, wenn durch die gewählte rechtliche Gestaltung der Tatbestand des Verbotsgesetzes selbst nicht erfüllt ist, dennoch der von ihm verbotene Erfolg herbeigeführt wird.[23] Das kann der Fall sein, wenn die verbotene Zuwendung nicht an den Verbotsadressaten selbst, sondern an eine ihr **nahestehende oder sonst verbundene Person** geht und dadurch eine mittelbare bzw. indirekte Begünstigung des Verbotsadressaten erfolgt.[24] Da die analoge Anwendung von § 14 Abs. 1, Abs. 5 HeimG auf Umgehungstatbestände die allgemeine Handlungsfreiheit und Privatautonomie der Beteiligten (Art. 2 Abs. 1 GG) und den Grundsatz der Testierfreiheit (Art. 14 Abs. 1 S. 1 GG) berührt, sind ihr – insbesondere bei letztwilligen Verfügungen – enge Grenzen gesetzt.[25] In Fällen mittelbarer Zuwendung kommt die analoge Anwendung von § 14 Abs. 1, Abs. 5 HeimG nur in Betracht, wenn diese – wenn auch über den Umweg über einen Dritten – sich als Zuwendung des Erblassers an einen vom Verbot erfassten Adressaten darstellt.[26] Die Testierfreiheit des Erblassers wird durch diese ausdehnende Auslegung des § 14 Abs. 5 HeimG nicht unzumutbar beeinträchtigt, denn die Beteiligten hätten die Möglichkeit gehabt, für sich um eine Ausnahmegenehmigung nach § 14 Abs. 6 HeimG nachzusuchen.[27] Der Notar verletzt seine Amtspflicht, wenn er es bei der Beurkundung eines notariellen Testaments eines im Heim befindlichen Erblassers zugunsten des Heimträgers unterlässt, sowohl gegenüber dem Erblasser als auch gegenüber dem Heimträger als Begünstigten auf die Bedenken gegen die Wirksamkeit des Testaments im Hinblick auf § 14 HeimG hinzuweisen und über die Möglichkeit einer Ausnahmegenehmigung zu belehren.[28]

5 **3. Analoge Anwendung? Keine Anwendung** finden die Beschränkungen des HeimG bei Betreuung in der Familie, da insoweit kein „Heim" vorliegt.[29] Entsprechendes gilt für die Pflege in der eigenen Wohnung, wenn der Erblasser Angestellte eines Pflegedienstes in einer letztwilligen Verfügung zu Erben berufen hat.[30] Auf das Verhältnis zwischen **Betreuer** und Betreutem ist § 14 HeimG nicht analog anwendbar.[31] Hierzu enthält § 30 BtOG ab 1.1.2023 ein Zuwendungsverbot.[32] Diesbezüglich darf auf die Kommentierung zum Betreuungsorganisationsgesetz verwiesen werden. § 14 HeimG bezieht sich nach seinem Wortlaut, Sinn und Zweck nur auf das Verhältnis zwischen Heimbewohner und Heimträger bzw. Heimpersonal. Auch wenn in manchen Fällen zwischen dem Betreuer und dem Betreuten aufgrund der Stellung des Betreuers als gesetzlicher Vertreter im Rahmen des ihm übertragenen Aufgabenkreises, § 1902 BGB, ähnliche Abhängigkeiten wie im Verhältnis von Heimbewohner und Heim entstehen können, kann nicht von einer generellen Rechtsähnlichkeit der Sachverhalte ausgegangen werden, die Voraussetzung für eine Analogie wäre.[33] Der Gesetzgeber hat bei der Reform der Vormundschaft und Pflegschaft für Volljährige durch das Betreuungsgesetz bewusst davon abgesehen, aus der Erbberechtigung generell zu folgern, dass sie einen Ausschlussgrund für die Bestellung zum Betreuer darstellt.[34] Vielmehr wollte er die Entscheidung darüber, ob eine Interessenkollision vorliegt, wenn der künftige gesetzliche oder eingesetzte Erbe zum Betreuer bestellt wird, der Prüfung und Entscheidung des Vormundschaftsgerichts im Einzelfall überlassen.[35] Dagegen hat er in § 1897 Abs. 3 BGB ausdrücklich alle Personen, die zu einer Anstalt, einem Heim oder einer sonstigen Einrichtung, in welcher der Volljährige untergebracht ist oder wohnt, in einem Abhängigkeitsverhältnis oder in einer anderen engen Beziehung steht, von der Bestellung zum Betreuer ausgeschlossen. Schließlich gilt das HeimG auch nicht für Heime, die sich außerhalb

---

23 BayObLG NJW 2000, 1959.
24 OLG Düsseldorf FamRZ 1998, 192 (193); Burandt/Rojahn/G. Müller HeimG § 14 Rn. 11.
25 BayObLGZ 1991, 251 (255).
26 BayObLG NJW 2000, 1959.
27 OLG Frankfurt NJW 2001, 1504.
28 OLG München ZEV 1996, 145; Burandt/Rojahn/G. Müller HeimG § 14 Rn. 25.
29 BayObLG NJW-RR 1998, 729; Suyter ZEV 2003, 104.
30 OLG Düsseldorf NJW 2001, 2338; LG Bonn NJW 1999, 2977.
31 BayObLG NJW 1998, 2369.
32 Gesetz zur Reform des Vormundschafts- und Betreuungsrechts vom 4.5.2021, BGBl. 2021 I 882.
33 Vgl. BGHZ 105, 140 (143).
34 BT-Drs. 11/4528, 128; Grüneberg/Götz § 1897 Rn. 8.
35 Vgl. dazu BayObLG Rpfleger 1994, 110; Grüneberg/Götz § 1897 Rn. 8; Bienwald, 2. Aufl., BGB § 1897 Rn. 48; Damrau/Zimmermann BGB § 1897 Rn. 18.

Deutschlands befinden.[36] Zuwendungsverbote gelten für Zuwendungen des Vollmachtgebers an seinen **Vorsorgebevollmächtigten**.[37] Auch auf **ambulante Pflegedienste** findet das Verbot nach § 14 HeimG keine Anwendung, da es sowohl an einer Vergleichbarkeit der Lebenssituation von stationär gepflegten und in häuslicher Umgebung ambulant gepflegten Menschen als auch an der erforderlichen planwidrigen Regelungslücke fehlt.[38] Keine Anwendung findet das Zuwendungsverbot auch bei ambulanten Pflegediensten, die ihre Leistungen in der Anlage des betreuten Wohnens erbringen.[39] Jedoch erstrecken einige Landesgesetze nunmehr die Zuwendungsverbote ausdrücklich auch auf ambulante Pflegedienste.[40]

II. Kenntnis von der letztwilligen Verfügung

Das „Gewährenlassen" setzt voraus, dass der Begünstigte **Kenntnis** von der letztwilligen Verfügung hat.[41] Eine verfassungskonforme Auslegung des § 14 HeimG verbietet es den Angehörigen eines (zukünftigen) behinderten Heimbewohners nicht, den Heimträger in einem „stillen Testament" als Erbe einzusetzen, wenn dieser zu Lebzeiten des Erblassers keine Kenntnis von seiner Erbeinsetzung hatte.[42] Der Heimträger hat keine Kenntnis von der letztwilligen Verfügung des Erblassers, wenn lediglich der Landesverband, dem er angehört, durch den Erblasser von seiner Einsetzung als Alleinerbe unterrichtet wurde.[43] Eine Zurechnung des auf Seiten des Landesverbandes vorhandenen Wissens zulasten des Heimträgers kommt nicht in Betracht, weil hierfür keine rechtliche Grundlage ersichtlich ist. Das Testament des Angehörigen eines Heimbewohners, mit dem der Heimträger zum Nacherben eingesetzt wird und von dem dieser erst nach dem Tode des Erblassers erfährt, ist nicht nach § 14 Abs. 1 HeimG iVm § 134 BGB unwirksam.[44] Allerdings ist zu berücksichtigen, dass der Heimträger, zu dessen Gunsten eine Nacherbschaft nach dem Heimbewohner angeordnet ist, aufgrund der Testamentseröffnung auch beim sogenannten „stillen" Testament des Erblassers notwendigerweise vor dem Nacherbfall Kenntnis von seiner Einsetzung erhält und er zu Lebzeiten des als Vorerbe eingesetzten Heimbewohners auch nur ein Anwartschaftsrecht erlangt.[45]

6

III. Ausnahmegenehmigung

Nach Abs. 6 kann die zuständige Behörde[46] in Einzelfällen Ausnahmen von den Verboten der Abs. 1 und 5 zulassen, soweit der Schutz der Bewohnerinnen und Bewohner die Aufrechterhaltung der Verbote nicht erfordert und die Leistungen noch nicht versprochen oder gewährt worden sind. Die Heimgesetze von Brandenburg, Berlin, Nordrhein-Westfalen und Rheinland-Pfalz kennen keine bzw. nur eingeschränkte Genehmigungsmöglichkeiten für Ausnahmen. Sie könnten nach Rechtsprechung des BVerfG zu § 14 HeimG wegen unzumutbarer Einschränkung der Testierfreiheit verfassungswidrig sein.[47] Liegen die Genehmigungsvoraussetzungen vor, besteht ein Anspruch auf die Genehmigung.[48]

7

IV. Zeitlicher Anwendungsbereich

Das Heimgesetz vom 7.8.1974 trat gem. § 25 HeimG am 1.1.1975 in Kraft. Eine Rückwirkung wurde ihm nach den Übergangsvorschriften in § 23 HeimG nicht beigemessen, auch nicht be-

8

---

36 OLG Oldenburg FamRZ 1999, 1313.
37 BayObLG DNotZ 2003, 439; Keim notar 2017, 119 (126).
38 Ludyga NZS 2013, 201.
39 Ludyga ZEV 2014, 177 (183).
40 Keim notar 2017, 122: Hamburg (§ 5a HmWBG) sowie Hessen (§ 7 Abs. 1 2 HGBP-Hessen).
41 BayObLG NJW-RR 2001, 295.
42 OLG Stuttgart ZEV 2014, 30.
43 OLG Stuttgart aaO.
44 BGH NJW 2012, 155; zustimmend Tersteegen RNotZ 2012, 376; G. Müller MittBayNot 2012, 298; Wellenhofer JuS 2012, 255.
45 Vgl. MüKoBGB/Grunsky BGB § 2100 Rn. 34 mwN.
46 §§ 15, 23 Abs. 1 HeimG.
47 Ludyga ZEV 2014, 177 (179); Keim notar 2017, 119.
48 BVerfG NJW 1998, 2964; Zimmermann/G. Möller HeimG § 14 Rn. 31.

züglich seines § 14 HeimG. Bei der Beurteilung der Frage, ob ein Verstoß gegen §§ 14 HeimG, 134 BGB vorliegt, kommt es auf den Zeitpunkt der Testamentserrichtung an und nicht auf den Eintritt des Erbfalls.[49]

V. Hinweispflicht des Notars

9 Ein Notar, der auf seine Bedenken gegen die Wirksamkeit einer letztwilligen Verfügung gem. § 14 HeimG nicht hinweist, verletzt seine Amtspflichten.[50]

C. Anhang: Heimgesetze der Länder[51]

10 Die Bundesländer halten soweit ersichtlich grundsätzlich am Verbot von Zuwendungen an Träger, Leitung, Mitarbeiter und sonstige Beschäftige im Sinne des § 14 HeimG fest.[52]

Baden-Württemberg

Gesetz für unterstützende Wohnformen, Teilhabe und Pflege (Wohn-, Teilhabe- und Pflegegesetz – WTPG)

vom 20. Mai 2014 (GBl. S. 241)

§ 16 Leistungen an Träger und Beschäftigte

(1) Dem Träger einer stationären Einrichtung und dem Anbieter einer ambulant betreuten Wohngemeinschaft ist es untersagt, sich von oder zugunsten von Bewohnern oder Bewerbern um einen Platz in stationären Einrichtungen oder ambulant betreuten Wohngemeinschaften Geldleistungen oder geldwerte Leistungen über das vereinbarte oder zu vereinbarende Entgelt hinaus versprechen oder gewähren zu lassen.

(2) Dies gilt nicht, wenn

1. andere als mit der Bewohnerin oder dem Bewohner vertraglich vereinbarten Leistungen des Trägers oder Anbieters abgegolten werden,
2. geringwertige Aufmerksamkeiten versprochen oder gewährt werden,
3. Geldleistungen oder geldwerte Leistungen im Hinblick auf die Überlassung eines Platzes in der stationären Einrichtung zum Bau, zum Erwerb, zur Instandsetzung, zur Ausstattung oder zum Betrieb der stationären Einrichtung versprochen oder gewährt werden,
4. Sicherheiten für die Erfüllung der Verpflichtungen aus dem Vertrag geleistet werden und diese Sicherheiten das Doppelte des auf einen Monat entfallenden Entgelts nicht übersteigen. Auf Verlangen der Bewohnerin oder des Bewohners können diese Sicherheiten auch eine Garantie oder ein sonstiges Zahlungsversprechen eines im Geltungsbereich dieses Gesetzes zum Geschäftsbetrieb befugten Kreditinstituts oder Kreditversicherers oder einer öffentlich-rechtlichen Körperschaft geleistet werden. Dies gilt nur für Verträge, auf die das Wohn- und Betreuungsvertragsgesetz keine Anwendung findet.

(3) ¹Leistungen im Sinne des Absatzes 2 Nummer 3 sind zurückzugewähren, soweit sie nicht mit dem Entgelt verrechnet worden sind. ²Sie sind vom Zeitpunkt ihrer Gewährung an mit mindestens dem für Spareinlagen mit dreimonatiger Kündigungsfrist marktüblichen Zinssatz zu verzinsen, soweit der Vorteil der Kapitalnutzung bei der Bemessung des Entgelts nicht berücksichtigt worden ist. ³Die Verzinsung oder der Vorteil der Kapitalnutzung bei der Bemessung des Entgelts sind der Bewohnerin oder dem Bewohner gegenüber durch jährliche Abrechnungen nachzuweisen. ⁴Die Sätze 1 bis 3 gelten auch für Leistungen, die von oder zugunsten von Bewerbern erbracht worden sind.

(4) ¹Der Leitung, den Beschäftigten der stationären Einrichtung und den Beschäftigten des Anbieters einer ambulant betreuten Wohngemeinschaft ist es untersagt, sich von oder zugunsten von Bewohnern neben der vom Träger erbrachten Vergütung Geldleistungen oder geldwerte Leistungen für die Erfüllung der Pflichten aus dem Vertrag versprechen oder gewähren zu lassen. ²Dies gilt nicht, soweit es sich um geringwertige Aufmerksamkeiten handelt.

(5) Die zuständige Behörde kann in Einzelfällen Ausnahmen von den Verboten der Absätze 1 und 4 zulassen, soweit der Schutz der Bewohner die Aufrechterhaltung der Verbote nicht erfordert und die Leistungen noch nicht versprochen oder gewährt worden sind.

---

49 OLG Stuttgart FamRZ 2011, 408; Bartels ZEV 2014, 79.
50 Schaal BWNotZ 2008, 114; Zimmermann/ G. Möller HeimG § 14 Rn. 36.
51 Ludyga ZEV 2014, 177.
52 Karl ZEV 2009, 544.

Bayern

Gesetz zur Regelung der Pflege-, Betreuungs- und Wohnqualität im Alter und bei Behinderung (Pflege- und Wohnqualitätsgesetz – PfleWoqG)

vom 8. Juli 2008 (GVBl S. 346)
zuletzt geändert durch durch Art. 32a Abs. 14 des Gesetzes vom 10. Mai 2022 (GVBl. S. 182)

Art. 8 Leistungen an Träger und Beschäftigte

(1) Dem Träger ist es untersagt, sich von oder zugunsten von Bewohnerinnen und Bewohnern oder Bewerberinnen und Bewerbern um einen Platz in der stationären Einrichtung Geld oder geldwerte Leistungen über das vereinbarte Entgelt hinaus versprechen oder gewähren zu lassen.

(2) Dies gilt nicht, wenn

1. andere als die vertraglich aufgeführten Leistungen des Trägers abgegolten werden,
2. geringwertige Aufmerksamkeiten versprochen oder gewährt werden,
3. Leistungen im Hinblick auf die Überlassung eines Platzes in der stationären Einrichtung zum Bau, zum Erwerb, zur Instandsetzung, zur Ausstattung oder zum Betrieb der stationären Einrichtung versprochen oder gewährt werden.

(3) ¹ Leistungen im Sinn des Abs. 2 Nr. 3 sind zurückzugewähren, soweit sie nicht mit dem Entgelt verrechnet worden sind. ² Sie sind vom Zeitpunkt ihrer Gewährung an zu einem Zinssatz, der dem für Spareinlagen mit dreimonatiger Kündigungsfrist marktüblichen Zinssatz entspricht, zu verzinsen, soweit der Vorteil der Kapitalnutzung bei der Bemessung des Entgelts nicht berücksichtigt worden ist. ³ Die Verzinsung oder der Vorteil der Kapitalnutzung bei der Bemessung des Entgelts ist der Bewohnerin oder dem Bewohner gegenüber durch jährliche Abrechnungen nachzuweisen. ⁴ Sätze 1 bis 3 gelten auch für Leistungen, die von oder zugunsten von Bewerberinnen und Bewerbern erbracht worden sind.

(4) ¹ Der Leitung, den Beschäftigten oder sonstigen Mitarbeiterinnen oder Mitarbeitern der stationären Einrichtung ist es untersagt, sich von oder zugunsten von Bewohnerinnen und Bewohnern neben der vom Träger erbrachten Vergütung Geld oder geldwerte Leistungen für die Erfüllung der Pflichten aus den zwischen dem Träger und den Bewohnerinnen oder Bewohnern geschlossenen Verträgen versprechen oder gewähren zu lassen. ² Dies gilt nicht, soweit es sich um geringwertige Aufmerksamkeiten handelt.

(5) Die zuständige Behörde kann in Einzelfällen Ausnahmen von den Verboten der Abs. 1 und 4 zulassen, soweit der Schutz der Bewohnerinnen und Bewohner die Aufrechterhaltung der Verbote nicht erfordert und die Leistungen noch nicht versprochen oder gewährt worden sind.

Hinweis:

Im bayerischen Landesgesetz wurde der Begriff „Heim" durch „stationäre Einrichtung" ersetzt. Art. 8 Abs. 5 PflegWoqG erstreckt das Verbot nach Art. 8 Abs. 1 PflegWoqG auf die Leitung, die Beschäftigten oder sonstigen Mitarbeiterinnen und Mitarbeiter der stationären Einrichtung.[53]

Berlin

Gesetz über Selbstbestimmung und Teilhabe in betreuten gemeinschaftlichen Wohnformen (Wohnteilhabegesetz – WTG)

vom 4. Mai 2021 (GVBl. S. 285)
zuletzt geändert durch Art. 2 G zur Neufassung des Gesetzes über Selbstbestimmung und Teilhabe in betreuten gemeinschaftlichen Wohnformen vom 4.5.2021 (GVBl. S. 417)

§ 12 Geld- oder geldwerte Leistungen an Leistungserbringer und eingesetzte Personen

(1) ¹Dem Leistungsanbieter ist es untersagt, sich von oder zugunsten von Bewohnerinnen und Bewohnern sowie Nutzerinnen und Nutzern oder von Bewerberinnen und Bewerbern um den Abschluss eines Pflege- und Betreuungsvertrages Geld- oder geldwerte Leistungen versprechen oder gewähren zu lassen, die über das vertraglich vereinbarte Entgelt hinausgehen. ²Dies gilt nicht, wenn

1. andere als die vertraglich vereinbarten Leistungen des Leistungserbringers entgolten werden,
2. geringwertige Aufmerksamkeiten versprochen oder gewährt werden oder

---

[53] Ludyga ZEV 2014, 177 (179).

3. es sich bei der Geld- oder geldwerten Leistung um eine nach bürgerlich-rechtlichen Vorschriften wirksam vereinbarte Sicherheitsleistung zur Erfüllung der Verpflichtungen aus dem zwischen der Bewohnerin oder dem Bewohner oder zwischen der Nutzerin oder dem Nutzer und dem Leistungserbringer geschlossenen Vertrag handelt.

(2) ¹Die Leitung eines Leistungsanbieters und die zur Leistungserbringung eingesetzten sonstigen Personen dürfen sich nicht von oder zugunsten von Bewohnerinnen und Bewohnern sowie Nutzerinnen und Nutzern oder Interessenten Geld- oder geldwerte Leistungen für die Erfüllung der vertraglichen Pflichten versprechen oder gewähren lassen. ²Dies gilt nicht, soweit es sich um geringwertige Aufmerksamkeiten handelt.

(3) Die Aufsichtsbehörde kann auf schriftlichen oder elektronischen Antrag eines Leistungsanbieters in begründeten Einzelfällen Ausnahmen von den Verboten des Absatzes 1 Satz 1 und des Absatzes 2 Satz 1 zulassen, soweit der Schutz der Bewohnerinnen und Bewohner sowie der Nutzerinnen und Nutzer die Aufrechterhaltung der Verbote nicht erfordert und die Geld- oder geldwerten Leistungen noch nicht versprochen oder gewährt worden sind.

Brandenburg

Gesetz über das Wohnen mit Pflege und Betreuung des Landes Brandenburg (Brandenburgisches Pflege- und Betreuungswohngesetz – BbgPBWoG)

vom 8. Juli 2009 (GVBl. I S. 298)

§ 14 Zusätzliche Leistungen an Leistungsanbieter und Beschäftigte

(1) ¹Dem Leistungsanbieter einer Einrichtung ist es untersagt, sich von oder zugunsten von Bewohnerinnen und Bewohnern oder den Bewerberinnen und Bewerbern um einen Platz in der Einrichtung Geld oder geldwerte Leistungen versprechen oder gewähren zu lassen, die über das unter Einhaltung der zivilrechtlichen Bestimmungen vertraglich vereinbarte Entgelt hinausgehen. ²Dies gilt nicht, wenn

1. andere als die unter Einhaltung der zivilrechtlichen Bestimmungen vertraglich vereinbarten Leistungen abgegolten werden,
2. geringwertige Aufmerksamkeiten versprochen oder gewährt werden,
3. es sich bei der zusätzlichen Leistung um eine wirksam vereinbarte Sicherheitsleistung zur Erfüllung der Verpflichtungen aus dem Vertrag handelt,
4. die Zustimmung der zuständigen Behörde vorliegt, dass der Schutz der Bewohnerinnen und Bewohner eine Aufrechterhaltung des Verbotes nach Satz 1 nicht erfordert, und die zusätzliche Leistung noch nicht gewährt worden ist oder
5. es sich bei der zusätzlichen Leistung um eine Spende handelt, die für den Betrieb der Einrichtung gesetzlich zugelassen ist; eine Bevorteilung der Spendenden oder eine Benachteiligung übriger Bewohnerinnen und Bewohner oder Bewerberinnen und Bewerber um einen Einrichtungsplatz darf hierdurch nicht erfolgen.

(2) ¹Der Leitung, den Beschäftigten und den sonstigen Mitarbeiterinnen und Mitarbeitern ist es untersagt, sich von oder zugunsten von Bewohnerinnen und Bewohnern neben der vom Leistungsanbieter erbrachten Vergütung Geld oder geldwerte Leistungen für die Erfüllung der Pflichten aus dem Vertrag versprechen oder gewähren zu lassen. ²Absatz 1 Satz 2 Nummer 2 gilt entsprechend.

Bremen

Bremisches Wohn- und Betreuungsgesetz

vom 13. Dezember 2022 (Brem.GBl. S. 972)

§ 24 Zusätzliche Leistungen an den Leistungsanbieter und dessen Beschäftigte in Wohn- und Unterstützungsangeboten

(1) Dem Leistungsanbieter von Wohn- und Unterstützungsangeboten nach §§ 5, 8 Absatz 3 und § 9 ist es untersagt, sich von oder zugunsten von Nutzerinnen und Nutzern seines Wohn- oder Unterstützungsangebotes oder den Interessentinnen und Interessenten Geld oder geldwerte Leistungen über das hinaus versprechen oder gewähren zu lassen, was über das vertraglich vereinbarte Entgelt hinausgehen.

(2) Dies gilt nicht, wenn
1. andere als die vertraglich vereinbarten Leistungen des Leistungsanbieters entgolten werden,
2. geringwertige Aufmerksamkeiten versprochen oder gewährt werden,
3. Geldleistungen oder geldwerte Leistungen im Hinblick auf die Überlassung von Wohnraum zum Bau, zum Erwerb, zur Instandsetzung, zur Ausstattung oder für den Betrieb des verantwortlichen Leistungsanbieters verspro-

chen oder gewährt werden und die zweckentsprechende Verwendung gesichert ist.(3) ¹Der Leistungsanbieter hat Geldleistungen nach Absatz 2 Nummer 3 bis zu ihrer bestimmungsgemäßen Verwendung von seinem Vermögen getrennt für jede Nutzerin oder jeden Nutzer oder für jede Interessentin oder jeden Interessenten einzeln durch die Einrichtung eines Sonderkontos bei einem Kreditinstitut zu verwalten. ²Sie sind vom Zeitpunkt ihrer Gewährung an mit dem für Spareinlagen mit dreimonatiger Kündigungsfrist marktüblichen Zinssatz zu verzinsen, soweit der Vorteil der Kapitalnutzung bei der Bemessung des Entgelts nicht berücksichtigt worden ist. ³Der Leistungsanbieter hat die Verzinsung oder den Vorteil der Kapitalnutzung bei der Bemessung des Entgelts den Nutzerinnen, Nutzern, Interessentinnen oder Interessenten gegenüber durch jährliche Abrechnungen nachzuweisen. ⁴Er muss die Geldleistungen oder die geldwerten Leistungen innerhalb von sechs Monaten nach Beendigung des Vertrages zurückgewähren, soweit sie nicht mit dem Entgelt verrechnet worden sind. ⁵Er hat den Anspruch auf Rückzahlung zu sichern. ⁶Die Sätze 1 bis 5 gelten auch für Geldleistungen oder geldwerte Leistungen, die von oder zugunsten von Bewerberinnen und Bewerbern erbracht worden sind.

(4) ¹Der Leitung, den Beschäftigten oder sonstigen Mitarbeiterinnen oder Mitarbeitern eines Wohn- und Unterstützungsangebotes Wohnform ist es untersagt, sich von oder zugunsten von Nutzerinnen und Nutzern neben der vom Leistungsanbieter erbrachten Vergütung Geld- oder geldwerte Leistungen für die Erfüllung der vertraglichen Pflichten versprechen oder gewähren zu lassen. ²Dies gilt nicht, soweit es sich um geringwertige Aufmerksamkeiten handelt.

(5) Die zuständige Behörde kann auf Antrag eines Leistungsanbieters in begründeten Einzelfällen Ausnahmen von den Verboten des Absatzes 1 und des Absatzes 4 Satz 1 zulassen, soweit der Schutz der Nutzerinnen und Nutzer die Aufrechterhaltung der Verbote nicht erfordert und die Geldleistungen oder die geldwerten Leistungen noch nicht versprochen oder gewährt worden sind.

(6) ¹Näheres zur Umsetzung der Absätze 1 bis 5 kann durch eine von der Senatorin für Soziales, Jugend, Frauen, Integration und Sport zu erlassenden Rechtsverordnung bestimmt werden. ²Die Rechtsverordnung regelt auch, unter welchen Bedingungen sich ein verantwortlicher Leistungsanbieter von oder zugunsten von Nutzerinnen und Nutzern seines Wohn- und Unterstützungsangebotes oder den Interessentinnen und Interessenten Geld oder geldwerte Leistungen über das hinaus versprechen oder gewähren lassen darf, was nach den Vorschriften des Wohn- und Betreuungsvertragsgesetzes vereinbart ist.

Hamburg

Hamburgisches Gesetz zur Förderung der Wohn- und Betreuungsqualität älterer, behinderter und auf Betreuung angewiesener Menschen (Hamburgisches Wohn- und Betreuungsqualitätsgesetz – HmbWBG)

vom 15. Dezember 2009 (HmbGVBl. S. 494)
zuletzt geändert durch ÄndG vom 4.10.2018 (HmbGVBl. S. 336)

§ 5a Verbot der Annahme von Leistungen

(1) Betreibern von Wohnassistenzgemeinschaften, Wohneinrichtungen, Gasteinrichtungen und Ambulanten Diensten ist es untersagt, sich von oder zugunsten von Nutzerinnen und Nutzern oder Bewerberinnen und Bewerbern um einen Platz in einer Wohnassistenzgemeinschaft, Wohneinrichtung oder Gasteinrichtung Geld- oder geldwerte Leistungen über das vertraglich vereinbarte Entgelt hinaus versprechen oder gewähren zu lassen.

(2) Dies gilt nicht, wenn

1. andere als die vertraglich vorgesehenen Leistungen des Betreibers abgegolten werden,
2. geringwertige Aufmerksamkeiten versprochen oder gewährt werden,
3. Geldleistungen oder geldwerte Leistungen im Hinblick auf die Überlassung eines Platzes in einer Wohneinrichtung oder Gasteinrichtung zum Bau, zum Erwerb, zur Instandsetzung, zur Ausstattung oder zum Betrieb der Wohneinrichtung oder Gasteinrichtung versprochen oder gewährt werden,
4. Geldleistungen gewährt werden, die zur Deckung eines Eigenanteils des Betreibers einer Wohneinrichtung oder Gasteinrichtung dienen, die dieser nach gesetzlichen Vorschriften aufzubringen hat.

(3) ¹Geldleistungen und geldwerten Leistungen im Sinne von Absatz 2 Nummer 3 sind der zuständigen Behörde unverzüglich mitzuteilen. ²Sie sind getrennt vom Vermögen des Betreibers mit Sonderkonten für jede einzelne Nutzerin und jeden einzelnen Nutzer zu verwalten und vom Zeitpunkt ihrer Gewährung an mit dem für Spareinlagen mit dreimonatiger Kündigungsfrist marktüblichen Zinssatz, mindestens mit vier vom Hundert für das Jahr zu verzinsen, soweit der Vorteil der Kapitalnutzung bei der Bemessung des Entgelts nicht berücksichtigt worden ist. ³Die Verzinsung oder der Vorteil der Kapitalnutzung bei der Bemessung des Entgelts sind der Nutzerin oder dem Nutzer durch jährliche Abrechnungen nachzuweisen. ⁴Der Anspruch auf Rückzahlung ist zu sichern. ⁵Die Geldleistungen und geldwerten Leistungen sind innerhalb von sechs Monaten nach Beendigung des Vertrags zurückzugewähren, soweit sie nicht mit dem Entgelt verrechnet worden sind. ⁶Die Sätze 1 bis 5 gelten auch für

Geldleistungen und geldwerte Leistungen, die von oder zugunsten von Bewerberinnen und Bewerbern für einen Platz erbracht worden sind.
(4) ¹Leitungskräften, Beschäftigten oder sonstigen Mitarbeiterinnen oder Mitarbeitern von Wohnassistenzgemeinschaften, Wohneinrichtungen, Gasteinrichtungen oder Ambulanten Diensten ist es untersagt, sich von oder zugunsten von Nutzerinnen und Nutzern neben der vom Betreiber erbrachten Vergütung Geld- oder geldwerte Leistungen versprechen oder gewähren zu lassen. ²Dies gilt nicht, soweit es sich um geringwertige Aufmerksamkeiten handelt.
(5) Die zuständige Behörde kann in Einzelfällen Ausnahmen von den Verboten der Absätze 1 und 4 zulassen, soweit der Schutz der Nutzerinnen und Nutzer die Aufrechterhaltung der Verbote nicht erfordert und die Leistungen noch nicht versprochen oder gewährt worden sind.

Hessen

Hessisches Gesetz über Betreuungs- und Pflegeleistungen (HGBP)

vom 7. März 2012 (GVBl. S. 34)
zuletzt geändert durch Art. 3 G zur Stärkung der Gesundheitsverwaltung vom 9.12.2022 (GVBl. S. 764)

§ 6   Leistungen an die Betreiberin oder den Betreiber und Beschäftigte

(1) Der Betreiberin oder dem Betreiber einer Einrichtung nach § 2 Abs. 1 Satz 1 Nr. 1 ist es untersagt, sich von oder zugunsten von Bewerberinnen und Bewerbern um einen Betreuungs- oder Pflegeplatz oder für die Erbringung von Betreuungs- und Pflegeleistungen Geld- oder geldwerte Leistungen über das in dem Mustervertrag nach § 11 Abs. 1 Satz 2 Nr. 8 vorgesehene Entgelt hinaus versprechen oder gewähren zu lassen. Satz 1 gilt entsprechend für bestehende Vertragsverhältnisse mit der Maßgabe, dass das Verbot auch für ambulante Betreuungs- und Pflegedienste und für die Betreuung und Pflege durch vermittelte Pflegekräfte gilt.
(2) Der Leitung und den Beschäftigten oder sonstigen Mitarbeiterinnen oder Mitarbeitern einer Einrichtung nach § 2 Abs. 1 Satz 1 Nr. 1 oder eines Dienstes nach § 2 Abs. 1 Satz 1 Nr. 2 sowie Personen, die zu diesen in einem Angehörigenverhältnis nach § 20 Abs. 5 des Hessischen Verwaltungsverfahrensgesetzes stehen, ist es untersagt, sich von oder zugunsten von Betreuungs- und Pflegebedürftigen neben der von der Betreiberin oder von dem Betreiber erbrachten Vergütung Geld- oder geldwerte Leistungen für die Erfüllung der Pflichten aus dem Vertrag mit der Betreiberin oder dem Betreiber versprechen oder gewähren zu lassen.
(3) Die Verbote nach Abs. 1 und 2 gelten nicht, wenn
1. geringwertige Aufmerksamkeiten versprochen oder gewährt werden,
2. Leistungen im Hinblick auf die Überlassung eines Einrichtungsplatzes zum Bau, zum Erwerb, zur Instandsetzung, zur Ausstattung oder zum Betrieb der Einrichtung als Darlehen versprochen oder gewährt werden oder
3. eine Spende an ein Hospiz oder an einen ambulanten Hospizdienst versprochen oder gewährt wird.

(4) Die Behörde kann in Einzelfällen Ausnahmen von den Verboten der Abs. 1 und 2 zulassen, soweit der Schutz der Bewohnerinnen und Bewohner die Aufrechterhaltung der Verbote nicht erfordert und die Leistungen noch nicht versprochen oder gewährt worden sind.
(5) Durch Rechtsverordnung können für die Fälle des Abs. 3 Nr. 2
1. nähere Bestimmungen über die Pflichten der Betreiberin oder des Betreibers getroffen werden, insbesondere darüber
   a) ausreichende Sicherheiten für die Erfüllung der Rückzahlungsansprüche zu erbringen,
   b) die Leistung angemessen zu verzinsen,
   c) die erhaltenen Vermögenswerte getrennt zu verwalten und
   d) dem Leistenden vor Abschluss des Vertrages die für die Beurteilung des Vertrages erforderlichen Angaben, insbesondere über die Sicherung der Rückzahlungsansprüche, in schriftlicher Form auszuhändigen sowie
2. die Befugnis der Betreiberinnen und Betreiber zur Entgegennahme und Verwendung der Leistungen beschränkt sowie Art, Umfang und Zeitpunkt der Rückzahlungspflicht näher geregelt werden,
3. die Betreiberinnen und Betreiber verpflichtet werden, die Einhaltung der ihnen aufgrund der Rechtsverordnungen nach Nr. 1 und 2 obliegenden Verpflichtungen auf ihre Kosten regelmäßig sowie aus besonderem Anlass prüfen zu lassen und den Prüfbericht der Behörde vorzulegen, soweit es zu einer wirksamen Überwachung erforderlich ist; hierbei können die Einzelheiten der Prüfung geregelt werden, insbesondere
   a) deren Anlass, Zeitpunkt und Häufigkeit,
   b) die Auswahl, Bestellung und Abberufung der Prüferinnen und Prüfer, deren Rechte, Pflichten und Verantwortlichkeit,
   c) der Inhalt des Prüfberichts,
   d) die Pflichten der Betreiberin oder des Betreibers gegenüber den Prüferinnen und Prüfern sowie
   e) das Verfahren bei Meinungsverschiedenheiten zwischen der Prüferin oder dem Prüfer und der Betreiberin oder dem Betreiber.

Mecklenburg-Vorpommern

Gesetz zur Förderung der Qualität in Einrichtungen für Pflegebedürftige und Menschen mit Behinderung sowie zur Stärkung ihrer Selbstbestimmung und Teilhabe (Einrichtungenqualitätsgesetz – EQG M-V)

vom 17. Mai 2010 (GVOBl. M-V S. 241)
Zuletzt geändert durch Art. 4 Bundesteilhabegesetz-UmsetzungsG M-V vom 16.12.2019 (GVOBl. M-V S. 796)

§ 6 Leistungen an Träger und Beschäftigte

(1) Dem Träger, der Leitung und den Beschäftigten sowie allen weiteren in der Einrichtung oder Räumlichkeit tätigen Personen ist es untersagt, sich von oder zugunsten von Bewohnern oder Bewerbern um einen Platz in der Einrichtung oder Räumlichkeit nach § 2 Absatz 1 oder 2 Geld- oder geldwerte Leistungen über das vereinbarte Entgelt hinaus versprechen oder gewähren zu lassen.
(2) ¹Dies gilt nicht, wenn
1. andere als die vertraglich vereinbarten Leistungen des Trägers abgegolten werden,
2. geringwertige Aufmerksamkeiten bis zu einem Betrag in Höhe von insgesamt 100 Euro jährlich versprochen oder gewährt werden,
3. Leistungen im Hinblick auf die Überlassung eines Platzes in der Einrichtung zum Bau, zum Erwerb, zur Instandsetzung, zur Ausstattung oder zum Betrieb der Einrichtung oder Räumlichkeit versprochen oder gewährt werden,
4. es sich um Geld- oder Sachspenden an den Träger handelt, die jährlich einen Betrag von 600 Euro nicht überschreiten, oder
5. Sicherheiten für die Erfüllung der Verpflichtungen aus den Verträgen zwischen dem Bewohner und dem jeweiligen Träger geleistet werden.

²Für Hospize im Sinne des § 39a des Fünften Buches Sozialgesetzbuch gilt Satz 1 Nummer 4 ohne Begrenzung auf einen Höchstbetrag.
(3) ¹Lässt sich der Träger einer Einrichtung oder Räumlichkeit Leistungen im Sinne des Absatzes 2 Nummer 3 versprechen oder nimmt er solche Leistungen entgegen, hat er dies der zuständigen Behörde unverzüglich anzuzeigen. ²Diese Leistungen sind zurückzugewähren, soweit sie nicht mit dem Entgelt verrechnet werden. ³Sie sind vom Zeitpunkt ihrer Gewährung an zu einem Zinssatz, der dem für Spareinlagen mit dreimonatiger Kündigungsfrist marktüblichen Zinssatz entspricht, zu verzinsen, soweit der Vorteil der Kapitalnutzung bei der Bemessung des Entgelts nicht berücksichtigt worden ist. ⁴Die Verzinsung oder die Berücksichtigung des Vorteils der Kapitalnutzung bei der Bemessung des Entgelts ist dem Bewohner durch jährliche Abrechnungen nachzuweisen. ⁵Die Sätze 1 bis 4 gelten auch für Leistungen, die von oder zu Gunsten von Bewerbern erbracht worden sind.
(4) ¹Wird gemäß Absatz 2 Nummer 5 als Sicherheit eine Geldsumme bereitgestellt, so hat der Träger die Geldsumme von seinem Vermögen getrennt für jeden Bewohner einzeln bei einem Geldinstitut zu dem für Spareinlagen mit dreimonatiger Kündigungsfrist marktüblichen Zinssatz anzulegen. ²Die Zinsen stehen, auch soweit ein höherer Zinssatz erzielt wird, dem Bewohner zu und erhöhen die Sicherheit. ³Absatz 2 Nummer 5 gilt nicht für Versicherte der Pflegeversicherung und für Personen, denen Hilfe in Räumlichkeiten nach dem Neunten oder Zwölften Buch Sozialgesetzbuch gewährt wird.
(5) Die zuständige Behörde kann in Einzelfällen Ausnahmen von den Verboten der Absätze 1 und 3 zulassen, soweit der Schutz der Bewohner die Aufrechterhaltung der Verbote nicht erfordert und die Leistungen noch nicht versprochen oder gewährt worden sind.

Niedersachsen

Niedersächsisches Gesetz über unterstützende Wohnformen

zuletzt geändert durch Art. 3 G zur Anpassung niedersächsischer Gesetze an das G zur Reform des Vormundschafts- und Betreuungsrechts vom 22.9.2022 (Nds. GVBl. S. 593)

§ 2 Geltungsbereich

(1) ¹Dieses Gesetz gilt für Heime (Absatz 2) in Niedersachsen. ²Auf die unterstützenden Wohnformen nach Absatz 3 (ambulant betreute Wohngemeinschaften) und Absatz 4 (Formen des betreuten Wohnens) sind die Vorschriften über Heime anzuwenden, soweit nichts anderes bestimmt ist. ³Dieses Gesetz ersetzt das Heimgesetz in der Fassung vom 5. November 2001 (BGBl. I S. 2970), zuletzt geändert durch Artikel 3 Satz 2 des Gesetzes vom 29. Juli 2009 (BGBl. I S. 2319), mit Ausnahme der §§ 14, 21 Abs. 1 Nr. 3 und Abs. 2 Nr. 3 des Heimgesetzes.

(2) Heime sind Einrichtungen für Volljährige, die in ihrem Bestand unabhängig von Wechsel und Zahl der Bewohnerinnen und Bewohner dem Zweck dienen, gegen Entgelt
1. ältere Menschen, pflegebedürftige Menschen oder Menschen mit Behinderungen aufzunehmen,
2. ihnen Wohnraum zu überlassen und
3. für sie Pflege- oder Betreuungsleistungen zur Verfügung zu stellen oder vorzuhalten.

(3) [1]Ambulant betreute Wohngemeinschaften im Sinne des Absatzes 1 Satz 2 sind vorbehaltlich des Absatzes 5 Satz 1 solche Wohngemeinschaften, in denen volljährigen Personen Wohnraum überlassen wird zum Zweck des Lebens in einer Haushaltsgemeinschaft, in der sie von Dienstleistern aufgrund einer mit dem Mietverhältnis verbundenen vertraglichen Verpflichtung entgeltliche ambulante Pflege- oder Betreuungsleistungen in Anspruch nehmen. [2]Auf die Wohngemeinschaften nach Satz 1 sind neben den Vorschriften über Heime anstelle des § 4 Abs. 1 bis 5 und des § 17 Abs. 2 die § 4 Abs. 6 und § 17 Abs. 3 sowie ergänzend § 20 anzuwenden.

(4) [1]Formen des betreuten Wohnens im Sinne des Absatzes 1 Satz 2 sind vorbehaltlich des Absatzes 5 Satz 2 solche Wohnformen, in denen volljährigen Personen Wohnraum überlassen wird und in denen sie von Dienstleistern aufgrund einer mit dem Mietverhältnis verbundenen vertraglichen Verpflichtung Leistungen in Anspruch nehmen, die über allgemeine Unterstützungsleistungen wie Notrufdienste, Informations- und Beratungsleistungen oder die Vermittlung von Leistungen der hauswirtschaftlichen Versorgung, Pflege- oder Betreuungsleistungen hinausgehen. [2]Auf die Formen des betreuten Wohnens nach Satz 1 sind neben den Vorschriften über Heime anstelle des § 4 Abs. 1 bis 5 und des § 17 Abs. 2 die § 4 Abs. 6 und § 17 Abs. 3 anzuwenden.

(5) [1]Abweichend von Absatz 3 nicht als Heime gelten ambulant betreute Wohngemeinschaften von nicht mehr als zwölf Personen, in denen die Bewohnerinnen und Bewohner spätestens ein Jahr nach der Gründung der Wohngemeinschaft die Dienstleister für die in Absatz 3 genannten Leistungen und die Art und Umfang der Leistungen frei wählen können. [2]Abweichend von Absatz 4 nicht als Heime gelten Formen des betreuten Wohnens, in denen die Bewohnerinnen und Bewohner spätestens ein Jahr nach dem Einzug der Bewohnerin oder des Bewohners die Dienstleister für die im Sinne des Absatzes 4 über allgemeine Unterstützungsleistungen hinausgehenden Leistungen frei wählen können. [3]Die Möglichkeit, frei zu wählen, besteht in den Fällen der Sätze 1 und 2 auch, wenn die Bewohnerin oder der Bewohner insoweit durch eine für sie oder ihn handelnde Person vertreten wird. [4]Sozialhilferechtliche Einschränkungen der Wahlfreiheit bleiben außer Betracht.

(6) Die Anzeige- und Mitteilungspflichten nach § 7 Abs. 6 und 7, die Beratungspflichten des § 3 Nrn. 2 und 3 sowie § 18 Abs. 1 Nr. 3 betreffen auch unterstützende Wohnformen, die gemäß Absatz 5 nicht als Heime gelten.

(7) [1]Dieses Gesetz gilt auch für Einrichtungen der Tagespflege. [2]§ 4 dieses Gesetzes sowie § 14 Abs. 2 Nr. 3 und Abs. 3 des Heimgesetzes und die Verordnung über die Pflichten der Träger von Altenheimen, Altenwohnheimen und Pflegeheimen für Volljährige im Falle der Entgegennahme von Leistungen zum Zwecke der Unterbringung eines Bewohners oder Bewerbers vom 24. April 1978 (BGBl. I S. 553), geändert durch Artikel 18 des Gesetzes vom 27. Dezember 2003 (BGBl. I S. 3022), (Heimsicherungsverordnung) finden keine Anwendung. [3]Nimmt die Einrichtung in der Regel mindestens sechs Menschen auf, so findet § 4 Abs. 4 Anwendung. [4]Die Sätze 2 und 3 gelten entsprechend, wenn Heime oder Teile von Heimen ausschließlich einer bis zu drei Monate dauernden Aufnahme volljähriger Menschen (Kurzzeitheime) dienen.

(8) Dieses Gesetz gilt nicht für Krankenhäuser, für Internate der Berufsbildungs- und Berufsförderungswerke, für Hospize, für Einrichtungen der Nachtpflege und nicht für Einrichtungen, die stationäre Leistungen zur medizinischen Vorsorge oder Rehabilitation erbringen.

Nordrhein-Westfalen

Wohn- und Teilhabegesetz (WTG)

vom 2. Oktober 2014 (GV. NRW. S. 625, 632)
zuletzt geändert durch Art. 1 G zur Änd. des Wohn- und TeilhabeG sowie des SGB IX-AusführungsG NRW
vom 13.4.2022 (GV. NRW. S. 714)

§ 7 Leistungen an Leistungsanbieterinnen und Leistungsanbieter und deren Beschäftigte

(1) Leistungsanbieterinnen und Leistungsanbietern und deren Beschäftigten ist es untersagt, sich von oder zugunsten von gegenwärtigen oder zukünftigen Nutzerinnen und Nutzern Geld- oder geldwerte Leistungen über das vertraglich vereinbarte Entgelt hinaus versprechen oder gewähren zu lassen, soweit es sich dabei nicht nur um geringwertige Aufmerksamkeiten handelt.

(2) Das Verbot gilt nicht für Leistungen, die im Zusammenhang mit der Überlassung eines Platzes in einem Wohn- und Betreuungsangebot von der Nutzerin oder dem Nutzer der Leistungsanbieterin oder dem Leistungsanbieter darlehensweise gewährt werden oder die im Zusammenhang mit dem Erwerb oder Besitz von Genossenschaftsanteilen oder mit dem Wohnangebot stehen und deren Rückzahlung angemessen abgesichert ist.

(3) [1]Spenden an gemeinnützige Leistungsanbieterinnen und Leistungsanbieter fallen nicht unter die Regelung des Absatzes 1. [2]Dies gilt auch für Spenden im zeitlichen Zusammenhang mit der Aufnahme in ein Wohn- und Betreuungsangebot. [3]Es ist sicherzustellen, dass den Spenderinnen oder Spendern oder ihren Angehörigen weder

bei der Aufnahme in ein Angebot noch während der Nutzung eines Angebotes eine günstigere oder weniger günstige Behandlung zukommt als jeder anderen Person in einer vergleichbaren Situation. [4]Spenden umfassen sowohl Verfügungen zu Lebzeiten als auch Verfügungen von Todes wegen. [5]Die Leistungsanbieterin oder der Leistungsanbieter hat das Verfahren zur Spendenannahme der zuständigen Behörde vorher anzuzeigen und die Einnahme sowie ihre Verwendung zu dokumentieren.

(4) Die zuständige Behörde kann weitere Ausnahmen zulassen, wenn die Leistung noch nicht gewährt wurde und das Verbot zur Sicherung des Schutzes der Nutzerinnen und Nutzer nicht erforderlich ist..

Rheinland-Pfalz

Landesgesetz über Wohnformen und Teilhabe (LWTG)

vom 22. Dezember 2009 (GVBl. S. 399)
zuletzt geändert durch Art. 17 LandesG zur Änd. datenschutzrechtlicher Bestimmungen und anderer Vorschriften vom 19.12.2018 (GVBl. S. 448)

§ 11 Verbot der Annahme von Leistungen

(1) Dem Träger, der Leitung und der Vermieterin oder dem Vermieter einer Einrichtung im Sinne des § 4 oder des § 5 sowie den dort tätig werdenden Dienstleisterinnen und Dienstleistern und Beschäftigten ist es untersagt, sich von oder zugunsten von Bewohnerinnen und Bewohnern oder Bewerberinnen und Bewerbern für einen Platz in der Einrichtung Geldleistungen oder geldwerte Leistungen über das vertraglich vereinbarte Entgelt oder die vom Träger an die Leitung oder die Beschäftigten oder von den Dienstleisterinnen und Dienstleistern an ihre Beschäftigten erbrachte Vergütung hinaus versprechen oder gewähren zu lassen.

(2) Absatz 1 gilt nicht, wenn

1. andere als die vertraglich vorgesehenen Leistungen des Trägers, der Vermieterin oder des Vermieters oder der Dienstleisterin oder des Dienstleisters abgegolten werden,
2. geringwertige Aufmerksamkeiten versprochen oder gewährt werden oder
3. Geldleistungen oder geldwerte Leistungen im Hinblick auf die Überlassung von Wohnraum zum Bau, zum Erwerb, zur Instandsetzung, zur Ausstattung oder für den Betrieb der Einrichtung versprochen oder gewährt werden.

(3) [1]Geldleistungen und geldwerte Leistungen im Sinne des Absatzes 2 Nr. 3 sind der zuständigen Behörde unverzüglich anzuzeigen. [2]Sie sind getrennt vom Vermögen des Trägers, der Vermieterin oder des Vermieters oder der Dienstleisterin oder des Dienstleisters mit Sonderkonto für jede einzelne Bewohnerin und jeden einzelnen Bewohner zu verwalten und vom Zeitpunkt ihrer Gewährung an mit dem für Spareinlagen mit dreimonatiger Kündigungsfrist marktüblichen Zinssatz, mindestens mit 4 v. H. für das Jahr zu verzinsen, soweit der Vorteil der Kapitalnutzung bei der Bemessung des Entgelts nicht berücksichtigt worden ist. [3]Die Verzinsung oder der Vorteil der Kapitalnutzung bei der Bemessung des Entgelts sind der Bewohnerin oder dem Bewohner durch jährliche Abrechnung nachzuweisen. [4]Der Anspruch auf Rückzahlung ist zu sichern. [5]Die Geldleistungen und geldwerten Leistungen sind innerhalb von sechs Monaten nach Beendigung des Vertrags zurückzugewähren, soweit sie nicht mit dem Entgelt verrechnet worden sind. [6]Die Sätze 1 bis 5 gelten auch für Geldleistungen und geldwerte Leistungen, die von oder zugunsten von Bewerberinnen und Bewerbern für einen Platz erbracht worden sind.

(4) Die zuständige Behörde kann in Einzelfällen Ausnahmen von dem Verbot des Absatzes 1 zulassen, soweit der Schutz der Bewohnerinnen und Bewohner oder der Bewerberinnen und Bewerber für einen Platz die Aufrechterhaltung des Verbots nicht erfordert und die Leistungen noch nicht versprochen oder gewährt worden sind.

Saarland

Saarländisches Gesetz zur Sicherung der Wohn-, Betreuungs- und Pflegequalität volljähriger Menschen mit Pflege- und Unterstützungsbedarf und volljähriger Menschen mit Behinderung (Saarländisches Wohn-, Betreuungs- und Pflegequalitätsgesetz)

vom 6. Mai 2009 (Amtsbl. S. 906)
zuletzt geändert durch Art. 104 Saarländisches DigitalisierungsG vom 8.12.2021 (Amtsbl. I S. 2629)

§ 8 Leistungen an Träger und Beschäftige

(1) Dem Träger ist es untersagt, sich von oder zugunsten von Bewohnerinnen und Bewohnern von Einrichtungen nach § 1a oder § 1b, Bewerberinnen oder Bewerbern um einen Platz in diesen Einrichtungen, Empfängerinnen und Empfängern ambulanter Pflegedienstleistungen und Personen, die sich für die Inanspruchnahme ambulanter Pfle-

gedienstleistungen interessieren, Geld- oder geldwerte Leistungen über das vertraglich vereinbarte Entgelt hinaus versprechen oder gewähren zu lassen.
(2) Dies gilt nicht, wenn
1. andere als die vertraglich vereinbarten Leistungen des Trägers abgegolten werden,
2. geringwertige Aufmerksamkeiten versprochen oder gewährt werden,
3. Leistungen im Hinblick auf die Überlassung eines Platzes in einer Einrichtung nach § 1a Absatz 1 zum Bau, zum Erwerb, zur Instandsetzung, zur Ausstattung oder zum Betrieb dieser Einrichtung versprochen oder gewährt werden oder
4. Geldleistungen gewährt werden, die zur Deckung eines Eigenanteils des Trägers dienen, die dieser aufgrund von Vergütungs- oder Pflegesatzvereinbarungen nach gesetzlichen Vorschriften aufzubringen hat.

(3) ¹Leistungen im Sinne des Absatzes 2 Nummer 3 sind im Hinblick auf eventuelle Ansprüche auf Rückzahlung in geeigneter Form dinglich zu sichern und innerhalb von sechs Monaten nach Beendigung des Vertragsverhältnisses, spätestens jedoch nach Wiederbelegung des frei gewordenen Platzes der Einrichtung, zurückzugewähren, soweit sie nicht mit dem Entgelt verrechnet worden sind. ²Sie sind vom Zeitpunkt ihrer Gewährung an mit mindestens vier Prozent für das Jahr zu verzinsen, soweit der Vorteil der Kapitalnutzung bei der Bemessung des Entgelts nicht berücksichtigt worden ist. ³Die Verzinsung oder der Vorteil der Kapitalnutzung bei der Bemessung des Entgelts sind der Bewohnerin oder dem Bewohner gegenüber durch jährliche Abrechnungen nachzuweisen und die Zinsen jährlich auszuzahlen. ⁴Die Sätze 1 bis 3 gelten auch für Leistungen, die von oder zugunsten von Bewerberinnen und Bewerbern erbracht werden.
(4) ¹Der Leitung, den Beschäftigten oder sonstigen Mitarbeiterinnen oder Mitarbeitern der Wohn- und Betreuungsform ist es untersagt, sich von oder zugunsten von Bewohnerinnen und Bewohnern von Einrichtungen nach § 1a oder § 1b und Empfängerinnen und Empfängern ambulanter Pflegedienstleistungen neben der vom Träger erbrachten Vergütung Geld- oder geldwerte Leistungen für die Erfüllung der Pflichten aus dem Vertrag über Wohnraum mit Pflege- oder Betreuungsleistungen versprechen oder gewähren zu lassen. ²Dies gilt nicht, soweit es sich um geringwertige Aufmerksamkeiten handelt.
(5) Die zuständige Behörde kann in Einzelfällen Ausnahmen von den Verboten der Absätze 1 und 4 zulassen, soweit der Schutz der Bewohnerinnen und Bewohner von Einrichtungen nach § 1a oder § 1b und der Empfängerinnen und Empfänger ambulanter Pflegedienstleistungen die Aufrechterhaltung der Verbote nicht erfordert und die Leistungen noch nicht versprochen oder gewährt worden sind.

Sachsen

Gesetz zur Regelung der Betreuungs- und Wohnqualität im Alter, bei Behinderung und Pflegebedürftigkeit im Freistaat Sachsen (SächsBeWoG)

vom 12. Juli 2012 (GVBl. 2012, 397)
zuletzt geändert durch Art. 1 ÄndG vom 6.6.2019 (SächsGVBl. S. 466)

§ 7 Leistungen an Träger und Beschäftigte

(1) Dem Träger ist es untersagt, sich von oder zugunsten von Bewohnern oder Bewerbern um einen Platz in der stationären Einrichtung Geld oder geldwerte Leistungen über das vereinbarte Entgelt hinaus versprechen oder gewähren zu lassen.
(2) Dies gilt nicht, wenn
1. andere als die vertraglich aufgeführten Leistungen des Trägers gemäß Pflegesatzvereinbarung abgegolten werden,
2. geringwertige Aufmerksamkeiten versprochen oder gewährt werden,
3. Leistungen im Hinblick auf die Überlassung eines Platzes in der stationären Einrichtung zum Bau, zum Erwerb, zur Instandsetzung, zur Ausstattung oder zum Betrieb der stationären Einrichtung versprochen oder gewährt werden.

(3) Leistungen im Sinne des Absatzes 2 Nr. 3 sind zurückzugewähren, soweit sie nicht mit dem Entgelt verrechnet worden sind. Sie sind vom Zeitpunkt ihrer Gewährung an zu einem Zinssatz, der dem für Spareinlagen mit dreimonatiger Kündigungsfrist marktüblichen Zinssatz entspricht, zu verzinsen, soweit der Vorteil der Kapitalnutzung bei der Bemessung des Entgeltes nicht berücksichtigt worden ist. Die Verzinsung oder der Vorteil der Kapitalnutzung bei der Bemessung des Entgeltes ist dem Bewohner gegenüber durch jährliche Abrechnungen nachzuweisen. Dies gilt auch für Leistungen, die von oder zugunsten von Bewerbern erbracht worden sind.
(4) Der Leitung, den Beschäftigten oder sonstigen Mitarbeitern der stationären Einrichtung ist es untersagt, sich von oder zugunsten von Bewohnern neben der vom Träger erbrachten Vergütung Geld oder geldwerte Leistungen für die Erfüllung der Pflichten aus den zwischen dem Träger und den Bewohnern geschlossenen Verträgen versprechen oder gewähren zu lassen. Dies gilt nicht, soweit es sich um geringwertige Aufmerksamkeiten handelt.

(5) Die zuständige Behörde kann in Einzelfällen Ausnahmen von den Verboten der Absätze 1 und 4 zulassen, soweit der Schutz der Bewohner die Aufrechterhaltung der Verbote nicht erfordert und die Leistungen noch nicht versprochen oder gewährt worden sind.

Sachsen-Anhalt

Gesetz über Wohnformen und Teilhabe des Landes Sachsen-Anhalt (Wohn- und Teilhabegesetz – WTG LSA)

vom 17. Februar 2011 (GVBl. LSA S. 136)

§ 15 Verbot der Leistungsannahme

(1) Dem Träger ist es untersagt, sich von oder zugunsten von Bewohnerinnen und Bewohnern oder Bewerberinnen und Bewerbern um einen Platz in der stationären Einrichtung Geld oder geldwerte Leistungen über das vereinbarte Entgelt hinaus versprechen oder gewähren zu lassen.

(2) Dies gilt nicht, wenn

1. andere als die mit der Bewohnerin oder dem Bewohner vertraglich vereinbarten Leistungen des Trägers abgegolten werden,
2. geringwertige Aufmerksamkeiten versprochen oder gewährt werden,
3. Leistungen im Hinblick auf die Überlassung eines Platzes in der stationären Einrichtung zum Bau, zum Erwerb, zur Instandsetzung, zur Ausstattung oder zum Betrieb der stationären Einrichtung versprochen oder gewährt werden.

(3) Leistungen im Sinne des Absatzes 2 Nr. 3 sind zurückzugewähren, soweit sie nicht mit dem Entgelt verrechnet worden sind. Sie sind vom Zeitpunkt ihrer Gewährung an mit mindestens dem für Spareinlagen mit dreimonatiger Kündigungsfrist marktüblichen Zinssatz zu verzinsen, soweit der Vorteil der Kapitalnutzung bei der Bemessung des Entgelts nicht berücksichtigt worden ist. Die Verzinsung oder der Vorteil der Kapitalnutzung bei der Bemessung des Entgelts ist der Bewohnerin oder dem Bewohner gegenüber durch jährliche Abrechnungen nachzuweisen. Die Sätze 1 bis 3 gelten auch für Leistungen, die von oder zugunsten von Bewerberinnen oder Bewerbern erbracht worden sind.

(4) Der Leitung, den Beschäftigten oder sonstigen Mitarbeiterinnen oder Mitarbeitern der stationären Einrichtung ist es untersagt, sich von oder zugunsten von Bewohnerinnen und Bewohnern neben der vom Träger erbrachten Vergütung Geld- oder geldwerte Leistungen für die Erfüllung der Pflichten aus den zwischen dem Träger und der Bewohnerin oder dem Bewohner geschlossenen Verträgen versprechen oder gewähren zu lassen. Dies gilt nicht, soweit es sich um geringwertige Aufmerksamkeiten handelt.

(5) Die zuständige Behörde kann im Einzelfall Ausnahmen von den Verboten der Absätze 1 und 4 zulassen, soweit der Schutz der Bewohnerinnen und Bewohner die Aufrechterhaltung der Verbote nicht erfordert und die Leistungen noch nicht versprochen oder gewährt worden sind. Die Bewohnerin oder der Bewohner soll im Genehmigungsverfahren persönlich angehört werden.

Schleswig-Holstein

Gesetz zur Stärkung von Selbstbestimmung und Schutz von Menschen mit Pflegebedarf oder Behinderung (Selbstbestimmungsstärkungsgesetz – SbStG)

vom 17. Juli 2009 (GVOBl. Schl.-H. S. 402)
zuletzt geändert durch Art. 1 ÄndG vom 29.3.2022 (GVOBl. Schl.-H. S. 506))

§ 28 Leistungen an Träger und Beschäftigte

(1) Der Träger oder Anbieter darf sich von oder zugunsten von Bewohnerinnen und Bewohnern oder Bewerberinnen oder Bewerbern um einen Platz in der stationären Einrichtung oder gleichgestellten Wohnform Geld oder geldwerte Leistungen über das vereinbarte oder zu vereinbarende Entgelt hinaus nicht versprechen oder gewähren lassen.

(2) Das Verbot nach Absatz 1 gilt nicht, wenn

1. andere als in den Verträgen aufgeführte Leistungen des Trägers oder Anbieters entgolten werden,
2. eine Spende an ein stationäres Hospiz versprochen oder gewährt wird,
3. geringwertige Aufmerksamkeiten versprochen oder gewährt werden,
4. Leistungen im Hinblick auf die Überlassung eines Platzes in der Einrichtung zum Bau, zum Erwerb, zur Instandsetzung, zur Ausstattung oder zum Betrieb der Einrichtung versprochen oder gewährt werden.

(3) ¹Leistungen im Sinne des Absatzes 2 Nr. 4 sind zurück zu erstatten, soweit sie nicht mit dem Entgelt verrechnet worden sind. ²Sie sind vom Zeitpunkt ihrer Gewährung an mit mindestens vier vom Hundert für das Jahr zu verzinsen, soweit der Vorteil der Kapitalnutzung bei der Bemessung des Entgelts nicht berücksichtigt worden ist. ³Die Verzinsung oder der Vorteil der Kapitalnutzung bei der Bemessung des Entgelts sind der Bewohnerin oder dem Bewohner durch jährliche Abrechnungen nachzuweisen. ⁴Die Sätze 1 bis 3 gelten auch für Leistungen, die von oder zugunsten von Bewerberinnen oder Bewerbern erbracht worden sind.
(4) ¹Die Leitung oder entsprechend verantwortliche Person, die Beschäftigten oder die sonstigen Mitarbeiterinnen und Mitarbeiter dürfen sich von oder zugunsten von Bewohnerinnen und Bewohnern neben der vom Träger oder Anbieter erbrachten Vergütung Geld oder geldwerte Leistungen für die vertraglich geschuldeten Leistungen nicht versprechen oder gewähren lassen. ²Dies gilt nicht, soweit es sich um geringwertige Aufmerksamkeiten handelt.
(5) Die zuständige Behörde kann Ausnahmen von den Verboten nach den Absätzen 1 und 4 zulassen, soweit der Schutz der Bewohnerinnen und Bewohner die Aufrechterhaltung der Verbote nicht erfordert und die Leistungen noch nicht versprochen oder gewährt worden sind.

Thüringen

Thüringer Gesetz über betreute Wohnformen und Teilhabe (ThürWTG)

vom 10.6.2014 (GVBl. S. 161)
zuletzt geändert durch Art. 32 G zur Anpassung des Allgemeinen Datenschutzrechts an die Verordnung (EU) 2016/679 und zur Umsetzung der Richtlinie (EU) 2016/680 vom 6.6.2018 (GVBl. S. 229, 268)

§ 12 Verbot der Annahme von Leistungen

(1) Dem Träger ist es untersagt, sich von oder zugunsten von Bewohnern oder Bewerbern um einen Platz in der stationären Einrichtung Geld oder geldwerte Leistungen über das vertraglich vereinbarte Entgelt hinaus versprechen oder gewähren zu lassen.
(2) Dies gilt nicht, wenn
1. andere als die mit dem Bewohner vertraglich vereinbarten Leistungen des Trägers abgegolten werden,
2. geringwertige Aufmerksamkeiten versprochen oder gewährt werden,
3. Leistungen im Hinblick auf die Überlassung eines Platzes in der stationären Einrichtung, zum Bau, zum Erwerb, zur Instandsetzung, zur Ausstattung oder zum Betrieb der stationären Einrichtung versprochen oder gewährt werden.

(3) Dem Leiter, den Beschäftigten oder sonstigen Mitarbeitern der stationären Einrichtung ist es untersagt, sich von oder zugunsten von Bewohnern neben der vom Träger erbrachten Vergütung Geld- oder geldwerte Leistungen für die Erfüllung der Pflichten aus den zwischen dem Träger und dem Bewohner geschlossenen Verträgen versprechen oder gewähren zu lassen. Dies gilt nicht, soweit es sich um geringwertige Aufmerksamkeiten handelt.
(4) Als geringwertig im Sinne des Absatzes 2 Nr. 2 sowie des Absatzes 3 Satz 2 gilt in der Regel ein Betrag in Höhe von bis zu 100 Euro pro Bewohner und Jahr.
(5) Leistungen im Sinne des Absatzes 2 Nr. 3 sind zurückzugewähren, soweit sie nicht mit dem Entgelt verrechnet worden sind. Sie sind vom Zeitpunkt ihrer Gewährung an zu einem Zinssatz, der dem für Spareinlagen mit dreimonatiger Kündigungsfrist marktüblichen Zinssatz entspricht, zu verzinsen, soweit der Vorteil der Kapitalnutzung bei der Bemessung des Entgeltes nicht berücksichtigt worden ist. Die Verzinsung oder der Vorteil der Kapitalnutzung bei der Bemessung des Entgeltes ist dem Bewohner gegenüber durch jährliche Abrechnungen nachzuweisen. Dies gilt auch für Leistungen, die von oder zugunsten von Bewerbern erbracht worden sind.
(6) Die zuständige Behörde kann im Einzelfall Ausnahmen von den Verboten der Absätze 1 und 3 zulassen, soweit der Schutz der Bewohner die Aufrechterhaltung der Verbote nicht erfordert und die Leistungen noch nicht versprochen oder gewährt worden sind.

13. Höfeordnung (HöfeO)

In der Fassung der Bekanntmachung vom 26.7.1976[1] (BGBl. I S. 1933)
(FNA 7811-6)
zuletzt geändert durch Art. 24 Gesetz zur Bereinigung des Rechts der Lebenspartner
vom 20.11.2015 (BGBl. I S. 2010)

Literatur:
Dingerdissen, in: Frieser, Fachanwaltskommentar Erbrecht, 4. Aufl. 2013, Kap. Landgut- und Höfeerbrecht mit Zuweisungsverfahren nach §§ 13 ff GrdstVG; *Düsing/Sieverdingbeck*, in Düsing/Martinez, Agrarrecht, 2. Aufl. 2022; *Faßbender/Hötzel/von Jeinsen/Pikalo*, Höfeordnung, Höfeverfahrensordnung und Überleitungsvorschriften, 3. Aufl. 1994; *Lüdtke-Handjery/v. Jeinsen*, Höfeordnung, 11. Aufl. 2015; *Steffen/Ernst*, Höfeordnung mit Höfeverfahrensordnung, 4. Aufl. 2014; *Sticherling*, in: Praxiskommentar Erbrechtliche Nebengesetze; Höfeordnung; *Wöhrmann/Graß*, Das Landwirtschaftserbrecht, Kommentar zur Höfeordnung, zum BGB-Landguterbrecht und zum GrdstVG-Zuweisungsverfahren, 11. Aufl. 2019; *Zimmermann*, Praxiskommentar Erbrechtliche Nebengesetze, 2. Aufl. 2016.

Einführung

A. Überblick

Die Höfeordnung ist Bestandteil des Landwirtschaftserbrechts. Dieses verfolgt das Ziel, landwirtschaftliche Betriebseinheiten beim Übergang auf die nachfolgende Generation zu erhalten. Instrumente zur Erreichung dieses Ziels sind die Anerbenrechte, die eine Zersplitterung des landwirtschaftlichen Vermögens bei der Auseinandersetzung einer Erbengemeinschaft verhindern sollen, und die privilegierte Bewertung des landwirtschaftlichen Betriebes im Verhältnis zu Miterben und Pflichtteilsberechtigten, um den Betrieb vor nicht finanzierbaren Abfindungszahlungen zu schützen. 1

Das Landwirtschaftserbrecht ist von einer Rechtszersplitterung geprägt. Als Anerbenrechte existieren die Nordwestdeutsche Höfeordnung, die Rheinland-Pfälzische Höfeordnung, die Hessische Landgüterordnung, das Badische Gesetz, die geschlossenen Hofgüter betreffend, das Bremische Höfegesetz sowie die am 21.6.2019 in Kraft getretene Brandenburgische Höfeordnung. In den übrigen Bundesländern gibt es keine Anerbenrechte. Die weitaus größte Bedeutung unter den Anerbenrechten hat die Nordwestdeutsche Höfeordnung. 2

Weitere Bestandteile des Landwirtschaftserbrechts sind das Landguterbrecht des BGB (§§ 2049, 2312 BGB) sowie das Zuweisungsverfahren nach dem Grundstückverkehrsgesetz (§§ 13 ff. GrdstVG). Das Zuweisungsverfahren hat nur einen schmalen Anwendungsbereich. Es kommt neben weiteren Voraussetzungen nur zur Anwendung, wenn der landwirtschaftliche Betrieb einer durch gesetzliche Erbfolge entstandenen Erbengemeinschaft gehört. 3

Der zentrale Gedanke der Höfeordnung (HöfeO) besteht darin, dass der landwirtschaftliche Betrieb nur einem einzelnen Erben, dem Hoferben, zufallen kann (§ 4 HöfeO), der grds. wirtschaftsfähig sein muss (§ 6 Abs. 6 HöfeO). Dies gilt sowohl bei gesetzlicher als auch bei gewillkürter Erbfolge. Auch die Hofübergabe im Wege vorweggenommener Erbfolge ist nur an einen einzigen, wirtschaftsfähigen Hofnachfolger möglich (§ 17 Abs. 1 HöfeO). 4

Die Miterben, die nicht Hoferbe werden, erhalten eine Abfindung, die sich nicht am Verkehrswert des landwirtschaftlichen Betriebs, sondern vielmehr an dem Hofeswert orientiert, der aus dem Einheitswert abgeleitet wird (§ 12 Abs. 2 HöfeO). Der Hofeswert liegt regelmäßig deutlich unter dem Verkehrswert. Als Ausgleich für die geringe Abfindung erhalten die weichenden Er- 5

---

[1] Neubekanntmachung der HöfeO v. 24.4.1947, ABl. der Militärregierung – Deutschland (Britisches Kontrollgebiet Nr. 18, 505) in der ab 1.7.1976 geltenden Fassung.

ben Nachabfindung, wenn der Hoferbe innerhalb eines Zeitraums von 20 Jahren nach dem Hoferbfall den Hof oder wesentliches Hofeszubehör veräußert oder landwirtschaftsfremde Erträge erwirtschaftet (§ 13 HöfeO). Bei der Hofübergabe an einen hoferbenberechtigten Abkömmling fingiert § 17 Abs. 2 HöfeO zugunsten der anderen Abkömmlinge den Erbfall, so dass höferechtliche Abfindungsansprüche entstehen und die Nachabfindungsfrist zu laufen beginnt.

6   Die Hofeigenschaft entsteht kraft Gesetzes, wenn eine landwirtschaftliche Besitzung in einem der Höfeordnungsländer über die erforderliche Eigentumsform und einen Wirtschaftswert von mindestens 10.000 EUR verfügt. Bei einem Wirtschaftswert von weniger als 10.000 EUR, jedoch mindestens 5.000 EUR, bedarf es zur Erlangung der Hofeigenschaft zusätzlich der Hofeinführungserklärung des Eigentümers und der Eintragung des Hofvermerks im Grundbuch (§ 1 Abs. 1 S. 3 HöfeO).

7   Das Höferecht ist fakultativ. Der Eigentümer kann sich jederzeit den Bindungen der Höfeordnung entziehen und sich dem allgemeinen Erbrecht unterwerfen, indem er die sog. negative Hoferklärung abgibt und der Hofvermerk gelöscht wird (§ 1 Abs. 4 S. 2 HöfeO). Die Wiedereinführung der Hofeigenschaft ist möglich (§ 1 Abs. 4 S. 2 HöfeO).

8   Über Anträge und Streitigkeiten, die sich bei der Anwendung höferechtlicher Regelungen sowie aus Vereinbarungen zu höferechtlichen Regelungen ergeben, entscheidet nach § 18 Abs. 1 HöfeO das Landwirtschaftsgericht, das auch für die Erteilung des Hoffolgezeugnisses, des auf das hoffreie Vermögen beschränkten Erbscheins sowie des Europäischen Nachlasszeugnisses zuständig ist. Verfahrensrechtlich werden die Regelungen der Höfeordnung durch die Verfahrensordnung für Höfesachen (HöfeVfO) ergänzt.

B. Typische Mandatssituation

9   **Fall:** Der Erblasser hinterlässt die Ehefrau, einen Sohn und eine Tochter. Der Sohn hat den landwirtschaftlichen Betrieb seit 15 Jahren gepachtet. Der Betrieb befindet sich in Nordrhein-Westfalen. Die Tochter fragt nach ihren Ansprüchen. Mit einer Übernahme des landwirtschaftlichen Betriebes durch den Bruder im Rahmen der Erbauseinandersetzung ist sie einverstanden, wenn der Betrieb zum Verkehrswert angesetzt wird.

10 Bei der Bearbeitung eines Erbfalls, bei dem ein landwirtschaftlicher Betrieb zum Nachlass gehören könnte, ist, sofern sich die Hofstelle in Hamburg, Niedersachsen, Nordrhein-Westfalen oder Schleswig-Holstein befindet, auf einer ersten Prüfungsstufe stets die Anwendbarkeit der Höfeordnung zu klären. Das ist nicht nur bei einem klassischen Ackerbau- oder Viehbetrieb der Fall, auch eine Gärtnerei, ein Weinbaubetrieb oder ein Fischereibetrieb kann ein Hof im Sinne der HöfeO sein (→ § 1 Rn. 10).

11 Unverzichtbar ist die Prüfung, ob für den Grundbesitz der sogenannte Hofvermerk im Grundbuch eingetragen ist. Falls ja, kann im Grundsatz von der Anwendbarkeit der HöfeO ausgegangen werden, sofern nicht Anhaltspunkte bestehen, dass der Hof „außerhalb des Grundbuchs" die Hofeigenschaft verloren hat, etwa dadurch, dass die Wirtschaftsgebäude verfallen und die Flächen an unterschiedliche Pächter verpachtet sind (→ § 1 Rn. 45). Ist für den landwirtschaftlichen Grundbesitz kein Hofvermerk eingetragen, bedeutet dies nicht, dass die HöfeO keine Anwendung findet. Die Anwendbarkeit der HöfeO scheidet allerdings aus, wenn ein früher eingetragener Hofvermerk zwischenzeitlich gelöscht wurde. Dann ist zu prüfen, ob das Landguterbrecht (§§ 2049, 2312 BGB) greift. Eine landwirtschaftliche Besitzung, für die kein Hofvermerk eingetragen ist und für die auch nie ein Hofvermerk eingetragen war, unterfällt gleichwohl der HöfeO, wenn sie einen Wirtschaftswert von mindestens 10.000 EUR hat.

12 Ist die Hofeigenschaft gegeben, kommt es zu einer Nachlassspaltung. Der Hof vererbt sich nach den Regeln der HöfeO und fällt an einen einzigen Erben, den Hoferben, während sich lediglich hinsichtlich des hoffreien Vermögens eine Erbengemeinschaft bildet (→ § 14 Rn. 1). Bei dem

hoffreien Vermögen, beispielsweise Bankguthaben, Wertpapieren und Mietswohnungen, kommt allgemeines Erbrecht zur Anwendung.

Auf der zweiten Prüfungsstufe ist der Hoferbe festzustellen. Liegt eine Hoferbenbestimmung in einer letztwilligen Verfügung nicht vor, greift die gesetzliche Hoferbfolge. Dazu bestimmt § 5 Ziff. 1 HöfeO, dass die Kinder des Erblassers und deren Abkömmlinge der ersten Hoferbenordnung angehören. Dabei ist in erster Linie der Miterbe als Hoferbe berufen, dem der Erblasser die Bewirtschaftung des Hofes im Zeitpunkt des Erbfalls auf Dauer übertragen hatte (§ 6 Abs. 1 S. 1 Ziff. 1 HöfeO). Bestehen im Beispielsfall auch an der Eignung des Sohnes zur Betriebsführung keine Bedenken, ist als wesentliches Zwischenergebnis festzustellen, dass der Sohn Hoferbe geworden ist und eine dingliche Beteiligung der Schwester und der Mutter an dem Hofvermögen nicht vorliegt, der Hof also nicht der Erbengemeinschaft, sondern ausschließlich dem Sohn gehört.

Als Ausgleich für die Sondererbfolge des Sohnes in den Hof ist auf der dritten Prüfungsstufe die an die Stelle der Miterbenbeteiligung tretende Hofabfindung der weichenden Erben zu klären. Diese richtet sich gem. § 12 Abs. 2 HöfeO nach dem Hofeswert, dem Eineinhalbfachen des zuletzt festgestellten Einheitswerts. Auf diesen Betrag wird die gesetzliche Erbquote angewendet. Das gilt auch, wenn der Erblasser in einer letztwilligen Verfügung einen Hoferben bestimmt und nicht gleichzeitig angeordnet hatte, dass weichende Erben lediglich den Pflichtteil erhalten. Liegt hingegen eine Pflichtteilsanordnung vor, berechnet sich der Pflichtteil in Bezug auf den Hof ebenfalls nach dem Hofeswert. Bei dem hoffreien Vermögen richtet sich der Pflichtteil nach den allgemeinen erbrechtlichen Regelungen und wird anhand des Verkehrswerts des hoffreien Vermögens berechnet.

Der Hofeswert ist sehr niedrig, was regelmäßig zur Enttäuschung der weichenden Erben führt. Es ist jedoch zu prüfen, ob Zuschläge für besondere Umstände des Einzelfalls in Betracht kommen, die im Hofeswert nicht hinreichend abgebildet sind. Das ist etwa der Fall, wenn landwirtschaftlicher Grundbesitz bereits die Qualität von Bauland erreicht hat oder wenn der Hofeigentümer auf dem Betrieb landwirtschaftsfremde Einnahmen erzielte, beispielsweise aus Anlagen zur Gewinnung erneuerbarer Energien (Windkraftanlagen, Photovoltaikanlagen). Über Details landwirtschaftsfremder Aktivitäten des Erblassers hat der Hoferbe Auskunft zu erteilen.

Der Tochter ist schließlich der Hinweis zu geben, dass der Hoferbe als Ausgleich für die Übernahme des landwirtschaftlichen Betriebes zu Vorzugskonditionen den weichenden Erben Nachabfindung zu zahlen hat, wenn er innerhalb von 20 Jahren nach dem Erbfall den Betrieb oder einzelne Grundstücke veräußert oder einer landwirtschaftsfremden Verwendung zuführt (→ § 13 Rn. 8 ff.).

Was den Erbschein bezüglich des hoffreien Vermögens betrifft, bedarf es des Hinweises, dass dieser nicht bei dem Nachlassgericht, sondern bei dem Landwirtschaftsgericht zu beantragen ist, wenn ein Hof zum Nachlass gehört.

§ 1 HöfeO   Begriff des Hofes

(1) ¹Hof im Sinne dieses Gesetzes ist eine im Gebiet der Länder Hamburg, Niedersachsen, Nordrhein-Westfalen und Schleswig-Holstein belegene land- oder forstwirtschaftliche Besitzung mit einer zu ihrer Bewirtschaftung geeigneten Hofstelle, die im Alleineigentum einer natürlichen Person oder im gemeinschaftlichen Eigentum von Ehegatten (Ehegattenhof) steht oder zum Gesamtgut einer fortgesetzten Gütergemeinschaft gehört, sofern sie einen Wirtschaftswert von mindestens 10 000 Euro hat. ²Wirtschaftswert ist der nach den steuerlichen Bewertungsvorschriften festgestellte Wirtschaftswert im Sinne des § 46 des Bewertungsgesetzes in der Fassung der Bekanntmachung vom 26. September 1974 (Bundesgesetzbl. I S. 2369), geändert durch Artikel 15 des Zuständigkeitslockerungsgesetzes vom 10. März 1975 (Bundesgesetzbl. I S. 685).

Graß

³Eine Besitzung, die einen Wirtschaftswert von weniger als 10 000 Euro, mindestens jedoch von 5 000 Euro hat, wird Hof, wenn der Eigentümer erklärt, daß sie Hof sein soll, und wenn der Hofvermerk im Grundbuch eingetragen wird.

(2) Gehört die Besitzung Ehegatten, ohne nach Absatz 1 Ehegattenhof zu sein, so wird sie Ehegattenhof, wenn beide Ehegatten erklären, daß sie Ehegattenhof sein soll, und wenn diese Eigenschaft im Grundbuch eingetragen wird.

(3) ¹Eine Besitzung verliert die Eigenschaft als Hof, wenn keine der in Absatz 1 aufgezählten Eigentumsformen mehr besteht oder eine der übrigen Voraussetzungen auf Dauer wegfällt. ²Der Verlust der Hofeigenschaft tritt jedoch erst mit der Löschung des Hofvermerks im Grundbuch ein, wenn lediglich der Wirtschaftswert unter 5 000 Euro sinkt oder keine zur Bewirtschaftung geeignete Hofstelle mehr besteht.

(4) ¹Eine Besitzung verliert die Eigenschaft als Hof auch, wenn der Eigentümer erklärt, daß sie kein Hof mehr sein soll, und wenn der Hofvermerk im Grundbuch gelöscht wird. ²Die Besitzung wird, wenn sie die Voraussetzungen des Absatzes 1 erfüllt, wieder Hof, wenn der Eigentümer erklärt, daß sie Hof sein soll, und wenn der Hofvermerk im Grundbuch eingetragen wird.

(5) ¹Ein Ehegattenhof verliert diese Eigenschaft mit der Rechtskraft der Scheidung, der Aufhebung oder Nichtigerklärung der Ehe. ²Bei bestehender Ehe verliert er die Eigenschaft als Ehegattenhof, wenn beide Ehegatten erklären, daß die Besitzung kein Ehegattenhof mehr sein soll, und wenn der die Eigenschaft als Ehegattenhof ausweisende Vermerk im Grundbuch gelöscht wird.

(6) ¹Erklärungen nach den vorstehenden Absätzen können, wenn der Eigentümer nicht testierfähig ist, von dem gesetzlichen Vertreter abgegeben werden. ²Dieser bedarf hierzu der Genehmigung des Gerichts. ³Das Gericht soll den Eigentümer vor der Entscheidung über die Genehmigung hören. ⁴Zuständig ist in Kindschaftssachen nach § 151 Nr. 4 oder Nr. 5 des Gesetzes über das Verfahren in Familiensachen und in den Angelegenheiten der freiwilligen Gerichtsbarkeit das Familiengericht, in allen anderen Fällen das Betreuungsgericht.

(7) Wird ein Hofvermerk auf Grund einer Erklärung des Eigentümers oder von Ehegatten eingetragen oder gelöscht, so tritt die dadurch bewirkte Rechtsfolge rückwirkend mit dem Eingang der Erklärung beim Landwirtschaftsgericht ein.

A. Allgemeines 1	d) Fortgesetzte Gütergemeinschaft ... 26
I. Historie 1	5. Anforderungen an den Hofeigentümer 27
II. Zielsetzung der HöfeO 5	6. Betriebliche Mischformen 28
III. Das fakultative Höferecht 7	II. Beginn der Hofeigenschaft 33
B. Regelungsgehalt 10	III. Hoferklärung 34
I. Hof im Sinne der HöfeO 10	IV. Verlust der Hofeigenschaft 36
1. Landwirtschaftliche Besitzung in einem der Höfeordnungsländer 10	1. Negative Hoferklärung 36
2. Hofstelle 14	2. Wegfall der Hofeigenschaft kraft Gesetzes 42
3. Wirtschaftswert 15	3. Wegfall der Hofeigenschaft außerhalb des Grundbuchs 45
4. Eigentumsformen 20	
a) Alleineigentum 21	4. Wegfall der Hofeigenschaft beim Ehegattenhof 51
b) Vorerbschaftseigentum 23	
c) Ehegattenhof 24	C. Weitere praktische Hinweise 52

A. Allgemeines

I. Historie

1 Mit der Abschaffung des Reichserbhofgesetzes durch das Kontrollratsgesetz Nr. 45 vom 24.2.1947 traten die früheren Anerbenrechte wieder in Kraft. In der britischen Zone, die sich auf Hamburg, Niedersachsen, Nordrhein-Westfalen und Schleswig-Holstein erstreckte, machte

der Zonenbefehlshaber von der in Artikel XI Abs. 1 S. 1 des Kontrollratsgesetzes Nr. 45 eingeräumten Möglichkeit zur Schaffung gesetzlicher Bestimmungen über land- und forstwirtschaftliche Grundstücke Gebrauch, indem er als Anlage B zur Verordnung der Brit. Militärregierung Nr. 84 die Höfeordnung erließ. Zusammen mit dem Kontrollratsgesetz Nr. 45 trat sie am 24.4.1947 in Kraft.

Die HöfeO war eine Neuschöpfung, an deren Ausarbeitung auch deutsche Stellen beteiligt waren. So konnte auf einen von dem Oberlandesgerichtspräsidenten in Celle veranlassten Entwurf des Gesetzes über die Vererbung der Anerbenhöfe zurückgegriffen werden, der sich wiederum an dem Hannoverschen Höfegesetz orientierte. Auch von nationalsozialistischem Gedankengut befreite Vorschriften des Reichserbhofgesetzes fanden Eingang in die HöfeO.[1] In der Bundesrepublik gilt die HöfeO als partikulares Bundesrecht in den vier Höfeordnungsländern bis heute weiter.

Eine erste größere Änderung brachte das Erste Gesetz zur Änderung der HöfeO vom 24.8.1964, welche insbesondere den für verfassungswidrig erklärten Mannesvorrang in der gesetzlichen Hoferbfolge beseitigte. Eine grundlegende Neugestaltung erfolgte durch das Zweite Gesetz zur Änderung der HöfeO vom 29.3.1976, das am 1.7.1976 in Kraft getreten ist. Wesentliche Elemente der Höferechtsnovelle von 1976 waren die Einführung des fakultativen Höferechts, die Neuausrichtung der Bemessungsgrundlage der Hofabfindung (§ 12 Abs. 2 S. 2) und die Erweiterung der Nachabfindungsregelungen (§ 13). Durch das „Gesetz zur Bereinigung des Rechts der Lebenspartner" ist die Höfeordnung um den am 26.11.2015 in Kraft getretenen § 19 ergänzt worden. Danach finden die für Ehegatten geltenden Vorschriften der HöfeO entsprechende Anwendung auf Lebenspartner. Zugleich wird der Lebenspartnerhof legaldefiniert. Soweit in den nachfolgenden Erläuterungen von Ehegatten und Ehegattenhof die Rede ist, gelten die Ausführungen sinngemäß für Lebenspartner und den Lebenspartnerhof.

Für die Lösung einiger praktischer Fälle kommt auch heute noch die HöfeO 1947 zur Anwendung, insbesondere wenn bei einem Ehegattenhof einer der Ehegatten vor dem 1.7.1976 und der andere Ehegatte nach diesem Stichtag verstorben ist.[2]

II. Zielsetzung der HöfeO

Ebenso wie die übrigen Anerbenrechte und das BGB-Landguterbrecht verfolgt die HöfeO das Ziel, landwirtschaftliche Betriebseinheiten beim Übergang an die nachfolgende Generation zu erhalten. Instrumente zur Erreichung dieses Ziels sind die geschlossene Hofübergabe (§ 4) sowie die privilegierte Bewertung des landwirtschaftlichen Betriebes mit dem deutlich unter dem Verkehrswert liegenden Hofeswert (§ 12 Abs. 1 S. 1) bei der Berechnung der Abfindung der weichenden Erben und der Pflichtteilsberechtigten.

Die Privilegierung des Hoferben durch die Sondernachfolge und die sehr niedrige Abfindungsregelung der HöfeO, die bei einem Bruchteil des Verkehrswerts des landwirtschaftlichen Betriebes liegen kann, ist vor dem Gleichheitssatz des Art. 3 Abs. 1 S. 1 GG nicht unproblematisch. Bereits 1963 stellte das Bundesverfassungsgericht fest, dass die höferechtliche Sondernachfolge nicht etwa privatwirtschaftlichen Interessen des Hoferben dient, sondern vielmehr dem öffentlichen Interesse an der Erhaltung leistungsfähiger Höfe in bäuerlichen Familien, um die Volksernährung sicherzustellen.[3] Die Sondernachfolge soll deshalb der Zerschlagung bäuerlicher Betriebe, der Zersplitterung des Bodens und der bei der Abfindung der weichenden Erben drohenden Gefahr der Überschuldung entgegenwirken.[4] Das Bundesverfassungsgericht sieht die Un-

---

[1] Wöhrmann Das Landwirtschaftsrecht der britischen Zone, 1951, Teil A IV. 2.; Wöhrmann RdL 1950, 101 ff.
[2] Zuletzt BGH AUR 2013, 177 = RdL 2013, 135 = NJW-RR 2013, 713 = BeckRS 2013, 02148.
[3] BVerfGE 15, 337 = RdL 1963, 94 = NJW 1963, 947.
[4] BVerfGE 15, 337 = RdL 1963, 94 = NJW 1963, 947.

gleichbehandlung der Miterben auch durch Besonderheiten gerechtfertigt, die landwirtschaftliche Betriebe und auch die Wirtschaftsauffassung der Landwirte gegenüber den Verhältnissen in der gewerblichen Wirtschaft aufweisen.[5] Es verweist darauf, dass in der Landwirtschaft, im Gegensatz zur gewerblichen Wirtschaft, Grund und Boden nicht nur Standort, sondern auch maßgebender Produktionsfaktor ist. Weiterer Legitimationsgrund sind die mit der Errichtung und dem Aufbau neuer Betriebe einhergehenden Schwierigkeiten, so dass ein erhöhtes Interesse an der Erhaltung der bestehenden Betriebe gegeben ist. Die teilweise extrem niedrige Abfindung der weichenden Erben sowie der Pflichtteilsberechtigten macht indessen stets einen Abgleich erforderlich, ob der enge verfassungsrechtliche Rahmen, der dem landwirtschaftlichen Sondererbrecht gewährt ist, noch eingehalten ist. Die Forderung nach einer Abschaffung des landwirtschaftlichen Sondererbrechts[6] ist gewiss überzogen.[7] Sie verkennt, dass das vielschichtige Interesse der Öffentlichkeit an der Erhaltung leistungsstarker landwirtschaftlicher Betriebe nach wie vor gegeben ist, sofern nicht einer verindustrialisierten Landwirtschaft der Vorzug gegeben werden soll.

III. Das fakultative Höferecht

7 Im Anwendungsbereich der HöfeO vom 24.4.1947 waren alle landwirtschaftlichen Betriebe mit einem Einheitswert von mindestens 10.000 DM zwingend Hof im Sinne der HöfeO und damit dem allgemeinen Erbrecht entzogen. Nur bei Betrieben mit einem Einheitswert von weniger als 10.000 DM hatte der Eigentümer die Möglichkeit, die Hofeigenschaft gem. § 1 Abs. 3 HöfeO aF zu begründen oder wieder zu beseitigen. Mit der Novelle von 1976 führte der Gesetzgeber vor allem aus verfassungsrechtlichen Erwägungen das fakultative Höferecht ein.

8 Der Eigentümer hat jetzt nach § 1 Abs. 4 S. 1 die Möglichkeit, die landwirtschaftliche Besitzung durch Abgabe der sogenannten negativen Hoferklärung und die nachfolgende Löschung des Hofvermerks im Grundbuch dem Höferecht zu entziehen. Die Wiedereinführung der Hofeigenschaft ist ihm nach § 1 Abs. 4 S. 2 ausdrücklich gestattet. Die Befugnis geht so weit, dass der Eigentümer eine von vornherein zeitlich beschränkte Aufgabe der Hofeigenschaft erklären darf, um Schwierigkeiten zu vermeiden, die sich bei der Übertragung des Hofes im Wege vorweggenommener Erbfolge aus der Anwendung der höferechtlichen Vorschriften ergeben können.[8]

9 Zur Begründung der Hofeigenschaft bedarf es nach hM nicht zwingend einer Willensäußerung des Eigentümers, da die landwirtschaftliche Besitzung, die einen Wirtschaftswert von mindestens 10.000 EUR hat und die übrigen konstitutiven Hofmerkmale erfüllt, zwingend Hof im Sinne der HöfeO ist, selbst dann, wenn kein Hofvermerk im Grundbuch eingetragen ist.[9] Die fehlende Eintragung des Hofvermerks gibt daher nicht die Sicherheit, dass der landwirtschaftliche Betrieb kein Hof im Sinne der HöfeO ist. Diese Situation kann sich etwa ergeben, wenn dem Landwirtschaftsgericht aufgrund von Versäumnissen des Finanzamtes das Erreichen eines Wirtschaftswerts von 10.000 EUR nicht bekannt geworden ist.

---

5 BVerfGE 91, 346 = AgrarR 1995, 52 = NJW 1995, 2977.
6 So Röthel Gutachten A zum 68. Deutschen Juristentag NJW-Beilage 2010, 77 und Beschlussfassung Abteilung Zivilrecht Nr. 26 zum 68. DJT.
7 Graß AUR 2011, 147.
8 BGH NJW-RR 2009, 517.
9 Faßbender/Faßbender HöfeO § 1 Rn. 78; Lüdtke-Handjery/v. Jeinsen HöfeO § 1 Rn. 28; FAKomm ErbR/Dingerdissen Landgut- und Höfeerbrecht HöfeO Rn. 108; Steffen/Ernst HöfeO § 1 Rn. 16; eine Willensäußerung des Eigentümers fordernd Wöhrmann/Graß HöfeO § 1 Rn. 88.

B. Regelungsgehalt

I. Hof im Sinne der HöfeO

1. Landwirtschaftliche Besitzung in einem der Höfeordnungsländer. Nur eine land- oder forstwirtschaftliche Besitzung kann Hof iSd HöfeO sein. Es gilt der Landwirtschaftsbegriff des § 1 Abs. 2 GrdstVG.[10] Landwirtschaft ist danach die Bodenbewirtschaftung und die mit der Bodennutzung verbundene Tierhaltung, um pflanzliche oder tierische Erzeugnisse zu gewinnen, insbesondere der Ackerbau, die Wiesen- und Weidewirtschaft, der Erwerbsgartenbau, der Erwerbsobstbau, der Weinbau sowie die Fischerei in Binnengewässern.

Tierhaltung ist dann als Landwirtschaft anzusehen, wenn die Futtergrundlage überwiegend aus der Bodennutzung des eigenen Betriebes gewonnen wird.[11] Reine Mastbetriebe können daher ebenso wenig die Hofeigenschaft erlangen wie Pferdezucht- oder Pensionspferdebetriebe, sofern nicht das Futter überwiegend auf eigenen oder angepachteten Flächen erzeugt wird.[12] Die Nutzung von Flächen zur Gewinnung von Windenergie ist keine landwirtschaftliche Tätigkeit, da die Fläche nur als Standort, nicht aber als Produktionsfaktor genutzt wird.[13] Gleiches gilt für Photovoltaikanlagen auf Dächern von Wirtschaftsgebäuden oder landwirtschaftlichen Flächen. Hingegen stellt der Anbau von Energiepflanzen als nachwachsende Rohstoffe zur Erzeugung von Biogas oder Herstellung von Biodiesel Landwirtschaft dar, da bei dieser Art der Energieerzeugung die Fläche zur Rohstoffproduktion genutzt wird.[14]

Eine landwirtschaftliche Besitzung liegt vor, wenn und solange über den Bestand einzelner landwirtschaftlicher Grundstücke hinaus eine wirtschaftliche Betriebseinheit vorhanden ist oder jedenfalls ohne Weiteres wiederhergestellt werden kann.[15] Die Hofeigenschaft richtet sich nach objektiven Kriterien und ist unabhängig von persönlichen Eigenschaften des Eigentümers oder des Hoferben zu beurteilen.[16]

Die land- oder forstwirtschaftliche Besitzung muss im Gebiet der vier Höfeordnungsländer liegen. Maßgebend ist die Belegenheit der Hofstelle, konkret der Wirtschaftsgebäude.[17] Die Belegenheit von Grundbesitz in einem anderen Bundesland, der von der Hofstelle aus bewirtschaftet wird (Ausmärkergrundstücke), steht der Hofeigenschaft nicht entgegen.[18] Auch diese Flächen sind hofzugehörig. Für die Flächen kann auch außerhalb der HöfeO-Länder ein Hofvermerk eingetragen werden.[19]

2. Hofstelle. Unter der geeigneten Hofstelle versteht die Rechtsprechung eine mit Wohn- und Wirtschaftsgebäuden bebaute Fläche, welche eine ordnungsgemäße Bewirtschaftung der zum Hof gehörenden Ländereien ermöglicht und den Mittelpunkt der Wirtschaft bildet.[20] Die Hofstelle ist nicht nur konstitutives Merkmal der Hofeigenschaft, ihre Lage bestimmt nach § 10 LwVG auch die örtliche Zuständigkeit des Landwirtschaftsgerichts.

---

10 BGH RdL 2009, 217 (218); Faßbender/Faßbender HöfeO § 1 Rn. 3; Lüdtke-Handjery/v. Jeinsen HöfeO § 1 Rn. 9; Wöhrmann/Graß HöfeO § 1 Rn. 11.
11 OLG Köln RdL 1964, 270; Faßbender/Faßbender HöfeO § 1 Rn. 10; Lüdtke-Handjery/v. Jeinsen HöfeO § 1 Rn. 13; Wöhrmann/Graß HöfeO § 1 Rn. 12; Düsing/Martinez/Düsing/Sieverdingbeck Agrarrecht HöfeO § 1 Rn. 10; FAKomm ErbR/Dingerdissen Landgut- und Höferecht Rn. 15.
12 OLG Hamm AUR 2003, 354; Wöhrmann/Graß HöfeO § 1 Rn. 12; Faßbender/Faßbender HöfeO § 1 Rn. 3; OLG Köln BeckRS 2015, 07001.
13 BGH RdL 2009, 217 (218); Düsing/Martinez/Düsing/Sieverdingbeck Agrarrecht HöfeO § 1 Rn. 9.
14 BGH RdL 2009, 217 (218).
15 BGH AgrarR 2000, 227; OLG Oldenburg FamRZ 2010, 1274; OLG Köln BeckRS 2012, 24048; OLG Köln AUR 2013, 259.
16 OLG Oldenburg BeckRS 2020, 1576.
17 OLG Hamm AUR 2010, 138; Wöhrmann/Graß HöfeO § 1 Rn. 49; v. Proff RNotZ 2013, 27.
18 Einzelheiten zu Ausmärkergrundstücken bei v. Proff RNotZ 2013, 27.
19 Thüringer Oberlandesgericht AUR 2013, 384; aA OLG Naumburg RdL 2022, 141.
20 BGH BGHZ 8, 109 = RdL 1953, 16 = NJW 1953, 342; OLG Celle RdL 1967, 179 (180); OLG Hamm AgrarR 1988, 196 (198); OLG Köln AUR 2013, 259.

15 **3. Wirtschaftswert.** Voraussetzung der Hofeigenschaft ist ferner ein Wirtschaftswert von mindestens 10.000 EUR (§ 1 Abs. 1 S. 1). Maßgebend ist der nach den steuerlichen Bewertungsvorschriften festgestellte Wirtschaftswert iSd § 46 BewG (§ 1 Abs. 1 S. 2). Dieser Wert bildet zusammen mit dem Wohnungswert (§ 47 BewG) den Einheitswert (§ 48 BewG). Auch wenn § 1 Abs. 1 S. 3 von dem „festgestellten Wirtschaftswert" spricht, knüpft § 1 Abs. 1 S. 3 nicht an einen förmlichen Steuerbescheid an. Eine Auskunft des Finanzamts zur Höhe des Wirtschaftswerts soll genügen.[21] Der Wirtschaftswert bezieht sich ausschließlich auf das Eigentumsland. Der Wirtschaftswert zugepachteter Flächen ist nicht zu berücksichtigen.[22]

16 Ein landwirtschaftlicher Betrieb mit einem Wirtschaftswert von weniger als 10.000 EUR, jedoch von mindestens 5.000 EUR (Kann- oder Antrags-Hof), kann nach § 1 Abs. 1 S. 3 nur durch Abgabe der Hofeinführungserklärung und Eintragung des Hofvermerks im Grundbuch die Hofeigenschaft erlangen.

17 Sinkt bei einem eingetragenen Hof der Wirtschaftswert unter den Betrag von 5.000 EUR, tritt der Verlust der Hofeigenschaft nicht kraft Gesetzes, sondern erst mit der Löschung des Hofvermerks im Grundbuch ein (§ 1 Abs. 3 S. 2). Ist bei einem tatsächlich unter 5.000 EUR liegenden Wirtschaftswert infolge eines unrichtigen Einheitswertbescheids die Hofeintragung erfolgt, liegt tatsächlich kein Hof vor und vermag der Hofvermerk die Vermutung der Hofeigenschaft gem. § 5 HöfeVfO nicht zu begründen.[23]

18 Finanzämter haben dem Landwirtschaftsgericht nach § 17 S. 2 LwVG über den Einheitswert oder den Wirtschaftswert land- oder forstwirtschaftlicher Grundstücke Auskunft zu erteilen. Parallel dazu besteht nach § 3a HöfeVfO die Verpflichtung des Finanzamtes, dem Landwirtschaftsgericht jährlich Mitteilung zu machen, wenn sich der Wirtschaftswert von mindestens 5.000 EUR auf weniger als 5.000 EUR verringert oder wenn er sich von weniger als 10.000 EUR auf mindestens 10.000 EUR erhöht hat oder wenn der Wirtschaftswert erstmals ermittelt worden ist und mindestens 10.000 EUR beträgt.

19 Maßstab der Höfefähigkeit ist nur der Wirtschaftswert, nicht die Rentabilität des Betriebes.[24] Solange ein aktiv bewirtschafteter oder wieder aktivierbarer Betrieb vorliegt, kann auch ein verlustbringender Betrieb, der über den erforderlichen Wirtschaftswert verfügt, die Hofeigenschaft haben.[25]

20 **4. Eigentumsformen.** Das Erfordernis, dass die land- oder forstwirtschaftliche Besitzung mitsamt der Hofstelle im Alleineigentum einer natürlichen Person oder im gemeinschaftlichen Eigentum von Ehegatten steht oder zum Gesamtgut einer fortgesetzten Gütergemeinschaft gehört, erklärt sich damit, dass im Erbfall die geschlossene Hoferbfolge stattfinden soll.

21 a) **Alleineigentum.** Die HöfeO stellt maßgeblich auf das Alleineigentum einer natürlichen Person an der landwirtschaftlichen Besitzung mitsamt der Hofstelle ab. Ein landwirtschaftlicher Betrieb, der im Eigentum einer Personengesellschaft oder einer juristischen Person steht, kann, von gesamthänderischem Eigentum von Ehegatten und Lebenspartnern abgesehen, niemals Hof iSd HöfeO sein. Möglich ist allerdings die Verpachtung eines im Alleineigentum einer natürlichen Person stehenden Hofes an eine Personen- oder Kapitalgesellschaft. Unschädlich ist auch die Zupachtung von Flächen, die in den Wirtschaftsplan aufgenommen werden und zusammen mit den Eigentumsflächen die landwirtschaftliche Besitzung ausmachen.

---

21 BGH RdL 2011, 219 (220); OLG Hamm BeckRS 2012, 19496; nach OLG Celle AUR 2016, 99 kann das Landwirtschaftsgericht einen als unrichtig erkannten finanzamtlich ermittelten Wirtschaftswert durch eigene Feststellungen ersetzen, was zutreffend erscheint.
22 OLG Oldenburg AgrarR 1979, 79 (80).
23 OLG Hamm BeckRS 2012, 19496.
24 OLG Köln AUR 2013, 259; OLG Hamm AUR 2016, 378.
25 OLG Hamm BeckRS 2011, 23039; OLG Köln AUR 2013, 259.

Das Miteigentum des Hofeigentümers an einzelnen zur landwirtschaftlichen Besitzung gehörenden Grundstücken steht der Hofeigenschaft nicht entgegen, wenn diese Anteile im Verhältnis zu dem sonstigen, den Hof bildenden Grundbesitz von untergeordneter Bedeutung sind (§ 2 Buchst. b). Alleineigentum an der Hofstelle ist allerdings unverzichtbar. Die Aufteilung der Hofstelle in Wohnungseigentum führt nach hM zum Verlust der Hofeigenschaft.[26]

b) **Vorerbschaftseigentum.** Vorerbschaftseigentum ist als Grundlage für einen Hof ausreichend.[27] Die Hofeigenschaft ist selbst dann gegeben, wenn der Miteigentümer einer landwirtschaftlichen Besitzung das restliche Miteigentum nur als Vorerbe erbt.[28] Die landwirtschaftliche Besitzung vererbt sich auch dann nach den Regeln der Höfeordnung, wenn die Hofeigenschaft vor dem Eintritt des Nacherbfalls weggefallen ist.[29]

c) **Ehegattenhof.** Der Ehegattenhof ist in zwei Konstellationen denkbar: Das ist zunächst das gemeinschaftliche Eigentum der Ehegatten an dem gesamten Grundbesitz, und zwar gleich, ob als Gesamthandseigentum oder als Miteigentum nach Bruchteilen.[30] Gleiche Anteile der Ehegatten sind nicht erforderlich.[31] Ehegattenhof ist aber auch eine landwirtschaftliche Besitzung, bei der einzelne Grundstücke im Alleineigentum eines Ehegatten und die übrigen Grundstücke im gemeinschaftlichen Eigentum der Ehegatten stehen, soweit die Ehegatten die Hofeinführungserklärung abgegeben haben und die Eintragung im Grundbuch erfolgt (§ 1 Abs. 2) ist. Gleiches gilt, wenn ein Ehegatte Alleineigentümer eines Teils der Besitzung und der andere Ehegatte Alleineigentümer des anderen Teils der Besitzung ist und die Ehegatten die Hoferklärung abgeben.[32]

Durch den am 26.11.2015 in Kraft getretenen § 19 finden die für Ehegatten geltenden Vorschriften auch auf Lebenspartner Anwendung. Zugleich ist der Lebenspartnerhof legaldefiniert.

d) **Fortgesetzte Gütergemeinschaft.** Die fortgesetzte Gütergemeinschaft ist die dritte, zwischenzeitlich weitgehend bedeutungslose Form des Hofeigentums.

5. **Anforderungen an den Hofeigentümer.** Jede natürliche Person kann Eigentümer eines Hofes iSd HöfeO sein. Das gilt auch für Minderjährige oder beschränkt Geschäftsfähige. Der Hofeigentümer muss nicht wirtschaftsfähig iSv § 6 Abs. 7 sein. Die Wirtschaftsfähigkeit ist nur für die Erbfolge und die Hofübergabe (§ 17) von Bedeutung.

6. **Betriebliche Mischformen.** Landwirtschaftliche Betriebe sind oft mit einem nichtlandwirtschaftlichen Betrieb verknüpft. Je nach Intensität der Verbindung zwischen dem landwirtschaftlichen Betrieb und dem nichtlandwirtschaftlichen Betrieb wird unterschieden zwischen einem gemischten Betrieb, einem Nebenbetrieb und einem Doppelbetrieb. Die Größe und die Verbindung der Betriebe entscheiden darüber, inwieweit sich die Hoferbfolge nach der HöfeO und nach allgemeinem Erbrecht richtet.

Bei einem gemischten Betrieb sind der landwirtschaftliche und der nichtlandwirtschaftliche Betriebsteil so eng miteinander verbunden, dass es ohne erhebliche Nachteile für mindestens einen der Betriebe nicht möglich wäre, die beiden Betriebsteile voneinander zu trennen.[33]

---

26 OLG Oldenburg RdL 1993, 322 = AgrarR 1993, 326; OLG Köln RdL 2007, 192.
27 BGH BGHZ 21, 234; 35, 124.
28 BGH RdL 1991, 267.
29 BGH NJW-RR 2013, 713; OLG Braunschweig BeckRS 2019, 13496.
30 Wöhrmann/Graß HöfeO § 1 Rn. 67–71; Düsing/Martinez/Düsing/Sieverdingbeck Agrarrecht HöfeO § 1 Rn. 20.
31 Wöhrmann/Graß HöfeO § 1 Rn. 71 und die hM; aA Faßbender/Faßbender HöfeO § 1 Rn. 158, der gleiche Anteile der Ehegatten fordert.
32 Steffen/Ernst HöfeO § 1 Rn. 26; Düsing/Martinez/Düsing/Sieverdingbeck Agrarrecht HöfeO § 1 Rn. 20.
33 Wöhrmann/Graß HöfeO § 1 Rn. 24; Lüdtke-Handjery/v. Jeinsen HöfeO § 1 Rn. 93; Düsing/Martinez/Düsing/Sieverdingbeck Agrarrecht HöfeO § 1 Rn. 14; Köhne, Landwirtschaftliche Taxationslehre, 845; FA-AgrarR/Graß Kap. 37 Rn. 76; OLG Hamm AgrarR 1979, 19.

30 Überwiegt der landwirtschaftliche Betriebsteil, richtet sich die Erbfolge für beide Betriebsteile nach der HöfeO.[34] Überwiegt der gewerbliche Betriebsteil, vererbt sich dieser nach allgemeinem Erbrecht. Für den landwirtschaftlichen Betriebsteil greift die Erbfolge nach der HöfeO, wenn der Wirtschaftswert des landwirtschaftlichen Betriebsteils mindestens 10.000 EUR beträgt. Gleiches gilt, wenn sich der Wirtschaftswert zwischen 5.000 EUR und 10.000 EUR beträgt und der Hofvermerk eingetragen ist.

31 Landwirtschaftliche Nebenbetriebe sind solche gewerbliche Einrichtungen, die dem landwirtschaftlichen Hauptbetrieb dienen.[35] Landwirtschaftliche Nebenbetriebe sind etwa eine Käserei, eine Brennerei, eine Hofmetzgerei, eine Milchtankstelle oder ein Hofladen. Landwirtschaftliche Nebenbetriebe teilen das Schicksal des landwirtschaftlichen Hauptbetriebes. Sie vererben sich nach der HöfeO.[36]

32 Ist hingegen der landwirtschaftliche Betrieb mit einem gewerblichen Betrieb nur lose verbunden, so dass die beiden Betriebe selbstständig oder mühelos zu verselbstständigen sind, liegt ein Doppelbetrieb vor.[37] Bei einem Doppelbetrieb vererbt sich der landwirtschaftliche Betrieb nach Höferecht, der gewerbliche Betrieb nach allgemeinem Erbrecht.[38]

II. Beginn der Hofeigenschaft

33 Bei landwirtschaftlichen Besitzungen mit einem Wirtschaftswert von mindestens 10.000 EUR beginnt die Hofeigenschaft kraft Gesetzes in dem Zeitpunkt, in welchem alle Tatbestandsvoraussetzungen des Hofes vorliegen. Entsteht die Hofeigenschaft erst durch Eintragung des Hofvermerks, tritt die dadurch bewirkte Rechtsfolge rückwirkend mit dem Eingang der öffentlich zu beglaubigenden Erklärung (§ 4 HöfeVfO) beim Landwirtschaftsgericht ein, § 1 Abs. 7. Das ist der Fall bei einem Hof mit einem Wirtschaftswert zwischen 5.000 EUR und 10.000 EUR, bei einem Ehegattenhof iSv § 1 Abs. 2 sowie bei der Wiedereinführung der Hofeigenschaft, wenn zuvor die Hofeigenschaft durch eine negative Hoferklärung des Eigentümers beendet wurde (§ 1 Abs. 4 S. 2).

III. Hoferklärung

34 Mit der Hoferklärung entscheidet der Eigentümer, ob er die landwirtschaftliche Besitzung dem Erbrechtsstatut der HöfeO unterwirft. Die Erklärung ist eine reine Verfahrenshandlung. Etwaige entgegenstehende erbrechtliche Bindungen prüft das Landwirtschaftsgericht nicht.[39] Die Hoferklärung bedarf nach § 4 Abs. 2 HöfeVfO der öffentlichen Beglaubigung. Kommt es trotz fehlender öffentlicher Beglaubigung zur Eintragung des Hofvermerks, entsteht die Hofeigenschaft gleichwohl, da § 4 Abs. 2 HöfeVfO, eine dem § 29 GBO nachgebildete Vorschrift, nur dem Nachweis der Identität des Erklärenden im förmlichen Verfahren dient.[40]

35 Die Abgabe einer wirksamen Hoferklärung setzt nach § 1 Abs. 6 S. 1 lediglich Testierfähigkeit (§ 2229 Abs. 1 BGB) voraus. Bei fehlender Testierfähigkeit iSv § 2229 Abs. 4 BGB kann die

---

34 Wöhrmann/Graß HöfeO § 1 Rn. 27; Lüdtke-Handjery/v. Jeinsen HöfeO § 1 Rn. 93; Düsing/Martinez/Düsing/Sieverdingbeck Agrarrecht HöfeO § 1 Rn. 14; OLG Hamm AgrarR 1979,19.

35 Wöhrmann/Graß HöfeO § 1 Rn. 28; Lüdtke-Handjery/v. Jeinsen HöfeO § 1 Rn. 91 Düsing/Martinez/Düsing/Sieverdingbeck Agrarrecht HöfeO § 1 Rn. 13; Köhne Landwirtschaftliche Taxationslehre 845; FA-AgrarR/Graß Kap. 37 Rn. 76.

36 Wöhrmann/Graß HöfeO § 1 Rn. 31; Lüdtke-Handjery/v. Jeinsen HöfeO § 1 Rn. 91; Düsing/Martinez/Düsing/Sieverdingbeck Agrarrecht HöfeO § 1 Rn. 13.

37 Wöhrmann/Graß HöfeO § 1 Rn. 21; Lüdtke-Handjery/v. Jeinsen HöfeO § 1 Rn. 95; Düsing/Martinez/Düsing/Sieverdingbeck Agrarrecht HöfeO § 1 Rn. 15; Köhne Landwirtschaftliche Taxationslehre 846; FA-AgrarR/Graß Agrarrecht Kap. 37 Rn. 76; OLG Hamm AgrarR 1979, 19.

38 Wöhrmann/Graß HöfeO § 1 Rn. 21; Lüdtke-Handjery/v. Jeinsen HöfeO § 1 Rn. 95 Düsing/Martinez/Düsing/Sieverdingbeck Agrarrecht HöfeO § 1 Rn. 15; OLG Hamm AgrarR 1979, 19.

39 BGH BGHZ 73, 324 = AgrarR 1979, 194.

40 OLG Hamm BeckRS 2012, 16054 für den umgekehrten Fall der Löschung der Hofeigenschaft bei fehlender öffentlicher Beglaubigung der negativen Hoferklärung.

Hoferklärung durch den gesetzlichen Vertreter abgegeben werden. Eine rechtsgeschäftliche Vertretung bei der Abgabe der Hoferklärung ist ausgeschlossen.[41]

IV. Verlust der Hofeigenschaft

1. Negative Hoferklärung. Ein Hof, der alle gesetzlichen Voraussetzungen der Hofeigenschaft erfüllt, kann durch Abgabe der negativen Hoferklärung des Eigentümers dem Höferecht entzogen und dem allgemeinem Erbrechtsstatut unterstellt werden, § 1 Abs. 4 S. 1. Mit der Löschung eines eingetragenen Hofvermerks oder bei unterbliebener Eintragung der Hofeigenschaft durch Eintragung der Erklärung, dass der Hof kein Hof iSd HöfeO mehr ist, geht die Hofeigenschaft rückwirkend mit dem Eingang der Erklärung beim Landwirtschaftsgericht verloren, § 1 Abs. 7. Soll eine kraft Gesetzes entstandene Hofeigenschaft durch negative Hoferklärung enden, genügt die Eintragung des Wegfalls der Hofeigenschaft. Eine vorherige Eintragung des Hofvermerks zum Zwecke der Löschung desselben ist nicht erforderlich. Bei einem Ehegattenhof kann die negative Hoferklärung nur gemeinschaftlich erfolgen.

Zulässig ist auch die Abgabe der vorsorglichen negativen Hoferklärung, welche die Entstehung der Hofeigenschaft kraft Gesetzes verhindert.[42]

Die Abgabe der negativen Hoferklärung führt auch dann zum Verlust der Hofeigenschaft, wenn der Eigentümer einen Erbvertrag über den Hof geschlossen hatte, da die negative Hoferklärung keine spätere Verfügung von Todes wegen iSv § 2289 Abs. 1 S. 2 BGB ist.[43] Gleiches gilt, wenn der Eigentümer zuvor den Hoferben bindend bestimmt hatte.[44]

Stirbt der Hofeigentümer, nachdem seine negative Hoferklärung beim Landwirtschaftsgericht eingegangen ist, kann jeder Erbe für sich allein – auch gegen den Willen des Hofprätendenten – das Löschungsverfahren weiter betreiben.[45]

Hingegen kann der Vorerbe den Hof nur dann durch die negative Hoferklärung dem Höferecht entziehen, wenn sich alle in Betracht kommenden Nacherben der Hofaufgabeerklärung anschließen.[46] Der Zustimmung der in Betracht kommenden Nacherben bedarf es nicht, wenn die landwirtschaftliche Besitzung erst nach dem Erbfall die Hofeigenschaft erlangt hat.[47] Die negative Hoferklärung kann sich nur auf die gesamte landwirtschaftliche Besitzung, nicht aber auf einzelne Grundstücke beziehen.

Die negative Hoferklärung bedarf gem. § 4 Abs. 2 HöfeVfO öffentlicher Beglaubigung. Löscht das Grundbuchamt trotz fehlender öffentlicher Beglaubigung den Vermerk, geht die Hofeigenschaft gleichwohl verloren.[48]

2. Wegfall der Hofeigenschaft kraft Gesetzes. Die landwirtschaftliche Besitzung verliert die Hofeigenschaft mit dem Wegfall einer der obligatorischen Eigentumsformen, etwa bei der Veräußerung an eine juristische Person, eine Personengesellschaft oder an Miteigentümer, sofern nicht Ehegatten die einzigen Gesamthänder oder Miteigentümer sind. Ist der Hof verwaist (§ 10), kann er ebenfalls die Hofeigenschaft verlieren.[49] Gleiches gilt, wenn der Hof seinen Charakter als landwirtschaftliche Besitzung auf Dauer verloren hat,[50] etwa durch die Umwandlung der gesamten landwirtschaftlichen Besitzung in einen Gewerbebetrieb,[51] den Umbau der

---

41 OLG Celle AgrarR 1980, 242; Wöhrmann/Graß HöfeO § 1 Rn. 97; Steffen/Ernst HöfeO § 1 Rn. 68.
42 Steffen/Ernst HöfeO § 1 Rn. 52; Wöhrmann/Graß HöfeO § 1 Rn. 104, 116; Düsing/Martinez/Sieverdingbeck Agrarrecht HöfeO § 1 Rn. 49, OLG Köln RNotZ 2009, 323.
43 BGH NJW 1976, 1635 = RdL 1976, 321.
44 BGHZ 101, 57 = NJW 1988, 710 = AgrarR 1987, 350.
45 BGH RdL 1995, 134 = AgrarR 1995, 344 = NJW-RR 1995, 705.
46 BGH RdL 2004, 193 = AUR 2005, 89.
47 OLG Hamm BeckRS 2012, 23891; Rechtsbeschwerde verworfen durch BGH BeckRS 2012, 23854.
48 OLG Hamm BeckRS 2012, 16054.
49 Faßbender/Faßbender HöfeO § 1 Rn. 116; Steffen/Ernst HöfeO § 1 Rn. 31.
50 BGH RdL 1965, 236.
51 Wöhrmann/Graß HöfeO § 1 Rn. 122.

Hofstelle in ein Mietobjekt oder die Nutzung zu industriellen Zwecken.[52] Die Entwicklung muss auf Dauer angelegt sein.[53]

43 Der Wegfall der Hofstelle, zB durch Veräußerung, Zerstörung oder Ungeeignetheit, führt für sich genommen noch nicht zum Verlust der Hofeigenschaft. Zusätzlich bedarf es nach § 1 Abs. 3 S. 2 der Löschung des Hofvermerks. Gleiches gilt, wenn der Wirtschaftswert unter 5.000 EUR sinkt. Die Löschung des Hofvermerks erfolgt aufgrund negativer Hoferklärung des Eigentümers oder im Amtslöschungsverfahren nach § 3 Abs. 1 Nr. 1 HöfeVfO.

44 Solange der Hofvermerk eingetragen ist, streitet die widerlegbare Vermutung des § 5 HöfeVfO für den Bestand der Hofeigenschaft.

45 **3. Wegfall der Hofeigenschaft außerhalb des Grundbuchs.** Auch ohne die Löschung des Hofvermerks im Grundbuch tritt der Verlust der Hofeigenschaft ein, wenn tatsächlich eine landwirtschaftliche Besitzung als Hof iSd HöfeO nicht mehr vorhanden ist (§ 1 Abs. 3 S. 1 iVm Abs. 1).[54] Der Wegfall der Hofeigenschaft außerhalb des Grundbuchs gehört zu den stets aktuellen und schwierig zu beantwortenden Fragen des Höferechts. Sie entscheidet darüber, ob sich die Erbfolge nach allgemeinem Erbrecht oder nach Höferecht richtet. Erschwerend kommt hinzu, dass der mögliche Wegfall der Hofeigenschaft außerhalb des Grundbuchs meistens für weit zurückliegende Zeitpunkte geklärt werden muss.

46 Da die Rechtsprechung der Oberlandesgerichte zu den Kriterien des Wegfalls der Hofeigenschaft außerhalb des Grundbuchs teilweise voneinander abweicht, ist es empfehlenswert, sich an der Rechtsprechung des für den Streitfall zuständigen Landwirtschaftssenats zu orientieren wobei allerdings der Beschluss des BGH vom 29.11.2013[55] zu einer Vereinheitlichung der Rechtsprechung führen dürfte. Die Vielzahl der Entscheidungen spiegelt die praktische Relevanz wieder.[56]

47 Dem Gedanken des Wegfalls der Hofeigenschaft außerhalb des Grundbuchs liegt die Erwägung zu Grunde, dass eine „landwirtschaftliche Besitzung" nicht nur den Besitz einzelner landwirtschaftlicher Grundstücke voraussetzt, sondern zusätzlich eine bestehende oder jedenfalls ohne Weiteres wiederherstellbare wirtschaftliche Betriebseinheit erfordert. Das sind nicht lediglich die Wohn- und Wirtschaftsgebäude, die landwirtschaftlichen Maschinen und Einrichtungen sowie das landwirtschaftliche Zubehör. Hinzu kommen muss eine Zusammenfassung all dessen in einer Organisationseinheit oder zumindest die Möglichkeit, die Betriebsmerkmale wieder zu einer Organisationseinheit zusammenzuführen.[57] Dies erfordert eine Gesamtwürdigung aller in Betracht kommender Tatsachen wie die Eignung der Hofstelle, den Zustand der Wirtschaftsgebäude, die ggf. über Jahre hinweg andauernde Aufgabe der Bewirtschaftung, das gänzliche Fehlen von lebendem und Feldinventar sowie die parzellierte Verpachtung von Hofland.[58] Eine den Verlust der Hofeigenschaft auslösende tatsächliche Betriebsaufgabe liegt allerdings nicht schon dann vor, wenn der Eigentümer die zum Hof gehörenden Ländereien aus Altersgründen langfristig verpachtet.[59] Auch die steuerliche Privatisierung einzelner Hofgrundstücke führt nicht zum Verlust der Hofeigenschaft.

---

52 Wöhrmann/Graß HöfeO § 1 Rn. 122, 143, 144.
53 BGH RdL 1965, 236.
54 BGH BGHZ 84, 78 = NJW 1982, 2665; RdL 1995, 179; RdL 2000, 227; RdL 2000, 299; grundlegend BGH 29.11.2013 – BLw 4/21, AUR 2014, 102, dazu Wolter RdL 2014, 2015 und Graß AUR 2014, 149.
55 BGH 29.11.2013 – BLw 4/12.
56 OLG Celle: AgrarR 1972, 123; AgrarR 1980, 286; RdL 1999, 328; RdL 2000, 45; RdL 2000, 119; Rdl 2000, 193; RdL 2003, 46; RdL 2005, 179; RdL 2009, 298; AUR 2016, 99, BeckRS 2016, 12593; OLG Hamm: AgrarR 1988, 196; AgrarR 1999, 311; AUR 2003, 354; AUR 2003, 356; RdL 2004, 27; AUR 2006, 243; AUR 2006, 391; BeckRS 2020, 43745; NJOZ 2022, 264; OLG Köln 5.11.2012 – 23 WLw 7/12, BeckRS 2012, 24048; 17.1.2013, 23 WLw 10/12; 23.2.2017, BeckRS 2017, 11499; OLG Oldenburg AgrarR 1994, 309; RdL 1999, 71; AgrarR 1999, 309; AUR 2006, 143; AUR 2010, 81.
57 OLG Köln 5.11.2012 – 23 WLw 7/12, BeckRS 2012, 24048; OLG Köln AUR 2013, 259.
58 BGH RdL 1995, 179; BGH RdL 2013; 135.
59 BGH RdL 2013, 135; OLG Celle AUR 2016, 99.

Ein Hof liegt nur dann noch vor, wenn eine Wiedervereinigung der Hofstelle mit den landwirtschaftlichen Besitzungen und damit die Wiederbewirtschaftung des Hofes tatsächlich möglich und beabsichtigt ist. Ein solches Wiederanspannen verlangt, dass aus betriebswirtschaftlicher Sicht eine weitere Betriebsführung sinnvoll erscheint und der erforderliche Kapitaleinsatz aus den Erträgen des Hofes aufgebracht werden kann, ohne dessen Existenz in Frage zu stellen.[60] Andererseits lässt sich feststellen, dass die geschlossene Verpachtung der Ländereien nicht zum Wegfall der Hofeigenschaft führt. Diese auf allein objektive Kriterien abstellende Rechtsprechung der Oberlandesgerichte hat durch den Beschluss des BGH vom 29.11.2013 eine Einschränkung erhalten.[61] Die objektiven Kriterien sind ggf. Indizien für den für die Beurteilung des Wegfalls der Hofeigenschaft maßgeblichen Willen des Erblassers, dass von der Hofstelle aus nie wieder Landwirtschaft betrieben werden kann oder soll.

Die Hofeigenschaft setzt nicht zwingend voraus, dass der Betrieb nach dem Tod des Erblassers rentabel bewirtschaftet werden kann. Solange ein aktiver oder wieder aktivierbarer Betrieb vorliegt, ist die Rentabilität keine Voraussetzung der Hofeigenschaft.[62]

Subjektiv und als ein maßgebliches Beurteilungskriterium erfordert der Wegfall der Hofeigenschaft den geäußerten oder aus Indizien gewonnenen Willen des Hofeigentümers, dass von seiner Hofstelle aus nie wieder Landwirtschaft betrieben werden solle oder könne.[63] Der Wunsch des Hofeigentümers, die Betriebseinheit zu erhalten, ist allerdings unbeachtlich, wenn sämtliche objektiven Kriterien gegen die tatsächliche Durchführbarkeit dieser Absicht sprechen.[64] Ein endgültiger Aufgabewille des Hofeigentümers kann indessen nicht allein aus der Abschaffung des toten und lebenden Inventars, der langfristigen Verpachtung der Ackerflächen und der fehlenden Übertragung des Hofes auf einen Nachfolger gewonnen werden.[65] So kann die Abschaffung des lebenden und toten Inventars die wirtschaftlich sinnvolle Folge der Aufgabe der Eigenbewirtschaftung und zeitweisen anderweitigen Verpachtung sein.[66] Lässt sich aus der Gesamtbetrachtung aller Indizien der Wegfall oder die fehlende Wiederherstellbarkeit der wirtschaftlichen Betriebseinheit nicht feststellen, ist nach § 5 HöfeVfO weiterhin von der Hofeigenschaft auszugehen.

4. Wegfall der Hofeigenschaft beim Ehegattenhof. Mit Rechtskraft der Scheidung oder der Aufhebung einer Ehe verliert ein Ehegattenhof nach § 1 Abs. 5 S. 1 die Ehegattenhofeigenschaft. Weiterer Beendigungsgrund der Hofeigenschaft eines Ehegattenhofes ist die gemeinsame Abgabe der negativen Hoferklärung durch die Ehegatten, wenn sodann der Hofvermerk gelöscht wird, § 1 Abs. 5 S. 2.

C. Weitere praktische Hinweise

Die Klärung, ob ein Hof vorliegt oder vorgelegen hat, erfolgt im höferechtlichen Feststellungsverfahren gem. § 11 Abs. 1 Buchst. a) HöfeVfO. Antragsberechtigt ist jeder, der an der Entscheidung ein rechtliches Interesse glaubhaft machen kann. Das Landwirtschaftsgericht soll nach § 1 Abs. 2 HöfeVfO alle Personen benachrichtigen, die von der Entscheidung betroffen werden können. Die rechtskräftige Entscheidung wirkt dann auch gegenüber diesem Personenkreis; eine Abänderung der rechtskräftigen Entscheidung ist nur unter den Voraussetzungen des § 12 HöfeVfO möglich. Wird im Hoffeststellungsverfahren die Hofeigenschaft im Zeitpunkt

---

60 BGH RdL 1995, 79; OLG Oldenburg AUR 2012, 101; OLG Köln 5.11.2012 – 23 WLw 7/12.
61 BGH AUR 2014, 102 (106) mAnm Graß AUR 2014, 149.
62 OLG Hamm BeckRS 2011, 23039; OLG Köln AUR 2013, 259; OLG Hamm AUR 2016, 378.
63 BGH AUR 2014, 102 (107); RdL 1995, 179; Wöhrmann/Graß HöfeO § 1 Rn. 141 mwN.
64 BGH AUR 2014, 102; 107; OLG Celle RdL 2005, 179; OLG Oldenburg BeckRS 2009, 86613 = FamRZ 2010, 1274.
65 BGH AUR 2014, 102 (107); OLG Celle RdL 2005, 179.
66 BGH AUR 2014, 102 (107); OLG Celle RdL 2005, 179.

des Erbfalls verneint, so ist gegen diese Entscheidung nur der potenzielle Hoferbe beschwerdeberechtigt.[67]

§ 2 HöfeO Bestandteile

Zum Hof gehören:

a) alle Grundstücke des Hofeigentümers, die regelmäßig von der Hofstelle aus bewirtschaftet werden; eine zeitweilige Verpachtung oder ähnliche vorübergehende Benutzung durch andere schließt die Zugehörigkeit zum Hof nicht aus, ebensowenig die vorläufige Besitzeinweisung eines anderen in einem Flurbereinigungsverfahren oder einem ähnlichen Verfahren;
b) Mitgliedschaftsrechte, Nutzungsrechte und ähnliche Rechte, die dem Hof dienen, gleichviel ob sie mit dem Eigentum am Hof verbunden sind oder dem Eigentümer persönlich zustehen, ferner dem Hof dienende Miteigentumsanteile an einem Grundstück, falls diese Anteile im Verhältnis zu dem sonstigen, den Hof bildenden Grundbesitz von untergeordneter Bedeutung sind.

A.	Allgemeines	1	II. Weitere Bestandteile	8
B.	Die einzelnen Bestandteile	3	III. Miteigentumsanteile	11
	I. Grundstücke	3	C. Weitere praktische Hinweise	13

A. Allgemeines

1 Zusammen mit der Regelung über das Zubehör in § 3 definiert § 2, welche Wirtschaftsgüter untrennbar mit dem Hof verbunden, dem allgemeinem Erbrecht entzogen und der Sondererbfolge des Höferechts unterworfen sind. Die zwingende Zugehörigkeit zum Hof korrespondiert mit dem Grundsatz der geschlossenen Hoferbfolge. Deshalb ist es dem Hofeigentümer verwehrt, einzelne Bestandteile oder einzelne Gegenstände des Hofzubehörs dem allgemeinen Erbrecht zu unterwerfen. Er hat nur die Möglichkeit, Hofbestandteile einem anderen als dem Hoferben durch Vermächtnis zuzuwenden.[1]

2 Aufgrund der strengen Regelungen der §§ 2, 3 hat der Hofeigentümer nach hM nicht die Möglichkeit, einzelne Bestandteile oder Zubehörteile aus dem Hofverbund herauszutrennen, solange er Eigentümer ist. Eine „partielle Hofaufhebung" sieht die HöfeO nicht vor.[2] Es gilt das „Alles-oder-Nichts"-Prinzip.

B. Die einzelnen Bestandteile

I. Grundstücke

3 Die in Buchst. a) angesprochenen Grundstücke müssen im Alleineigentum des Hofeigentümers stehen. Beim Ehegattenhof bedarf es des gemeinschaftlichen Eigentums der Eheleute. Das Alleineigentum des anderen Ehegatten genügt, wenn die Ehegattenhofeigenschaft gem. § 1 Abs. 2 durch Eintragung des Hofvermerks entstanden ist.

4 Erforderlich ist die regelmäßige Bewirtschaftung von der Hofstelle aus. Die räumliche Entfernung ist nachrangig. Ein hinzu erworbenes, aber noch verpachtetes Grundstück wird sofort Hofbestandteil, wenn nach Beendigung der Verpachtung die aktive Bewirtschaftung vorgesehen ist.[3] Ansonsten kann von einer regelmäßigen Bewirtschaftung ausgegangen werden, wenn das Grundstück in den Wirtschaftsplan des Betriebes aufgenommen und die Bewirtschaftung

---

67 OLG Hamm NJOZ 2022, 264.
1 Faßbender/Faßbender HöfeO § 2 Rn. 6.
2 Faßbender/Faßbender HöfeO § 2 Rn. 6.

3 OLG Schleswig RdL 1960, 268; OLG Celle RdL 1970, 177.

auch tatsächlich erfolgt ist.[4] Entscheidend ist die Willensrichtung des Hofeigentümers. Der Hofzugehörigkeit steht nicht entgegen, wenn das Grundstück in einem anderen Bundesland als einem der Höfeordnungsländer liegt (Ausmärkergrundstück) oder wenn es ungeachtet der landwirtschaftlichen Nutzung Baulandqualität hat.[5]

Grundstück iSd Höferechts und speziell des § 2 Buchst. a) ist ein Grundstück im grundbuchrechtlichen Sinne, das im Bestandsverzeichnis eines Grundbuchblatts unter einer eigenen Nummer oder nach § 3 Abs. 5 GBO gebucht ist.[6] Daher liegt nur *ein* Grundstück iSd § 2 Buchst. a) vor, wenn unter *einer* laufenden Nummer im Bestandsverzeichnis mehrere Parzellen im katasterrechtlichen Sinne, also mit mehreren Flurstücknummern (Parzellen), zusammengefasst sind.[7] Die Zubuchung zum Hofesgrundbuch ist keine Voraussetzung der Hofeszugehörigkeit. 5

Bei gemischt genutzten Grundstücken, die teilweise landwirtschaftlich und teilweise nichtlandwirtschaftlich genutzt werden, entsprach es bis zum Beschluss des BGH vom 26.6.2014[8] der überwiegenden Auffassung, dass die Hofeigenschaft eines Grundstücks im Rechtssinne auch dann nur einheitlich beurteilt werden kann, wenn das Grundstück aus mehreren Flurstücken besteht, von denen einzelne landwirtschaftlich und andere landwirtschaftsfremd genutzt werden. Das gemischt genutzte Grundstück sollte hofzugehörig sein, wenn die landwirtschaftliche Nutzung überwiegt.[9] Nach welchen Kriterien sich das Überwiegen der landwirtschaftlichen oder landwirtschaftsfremden Nutzung richtet, war umstritten. Teilweise wurde auf die wirtschaftliche Bedeutung der beiden Nutzungsarten abgestellt,[10] was zu einer Gewichtung nach Ertrag und Umsatz führen sollte.[11] Teilweise wurde eine Gesamtbetrachtung sämtlicher Umstände unter besonderer Berücksichtigung des Flächenverhältnisses der unterschiedlich genutzten Grundstücksteile durchgeführt.[12] Folge war, dass sich die Nachfolge in das betreffende gemischt genutzte Grundstück bei Überwiegen der landwirtschaftlichen Nutzung insgesamt nach Höferecht richtete und die weichenden Erben lediglich Ausgleich durch eine nach § 12 Abs. 2 HöfeO erhöhte Abfindung beanspruchen konnten. Unter Hinweis auf Sinn und Zweck der HöfeO sieht der BGH im Beschluss vom 26.6.2014 kein Bedürfnis, das höferechtliche Sondererbrecht auf Gegenstände oder Grundstücksteile auszuweiten, die mit dem Hof nicht untrennbar verbunden sind. Dementsprechend kann ein Grundstück im Rechtssinne teilweise hofzugehörig und teilweise hoffrei sein, wobei der BGH offengelassen hat, ob es sich um katastermäßig abgegrenzte Teile eines Grundstücks handeln muss. Die Unterscheidung zwischen einem hofzugehörigen und nicht hofzugehörigen Grundstücksteil eines gemischt genutzten Grundstücks ist für die Rechtsnachfolge zunächst unerheblich. Abhängig davon, ob der landwirtschaftliche oder der landwirtschaftsfremd genutzte Grundstücksteil überwiegt, vererbt sich das Grundstück einheitlich nach Höferecht oder aber nach den Regelungen des allgemeinen Erbrechts. Jedoch können die Erben des hoffreien Vermögens von dem Hoferben die Abmarkung und Übereignung des nicht zum Hof gehörenden Grundstücksteils verlangen.[13] Dem hat sich das Schrifttum angeschlossen.[14] 6

Erfolgt die landwirtschaftsfremde Nutzung indessen auf dem Grundstück im grundbuchrechtlichen Sinne, auf dem sich auch die Hofstelle befindet, gehört das Grundstück stets zum Hof.[15] 7

---

4 Faßbender/Faßbender HöfeO § 2 Rn. 26; OLG Hamm BeckRS 2021, 24582.
5 OLG Hamm BeckRS 2012, 07990; Wöhrmann/Graß HöfeO § 2 Rn. 25; Faßbender/Faßbender HöfeO § 2 Rn. 24.
6 OLG Köln RdL 1983, 76; OLG Celle AUR 2010, 361; Wöhrmann/Graß HöfeO § 2 Rn. 12.
7 OLG Celle AUR 2010, 361; Faßbender/Faßbender HöfeO § 2 Rn. 37, 39.
8 BGH 26.6.2014 – V ZB 1/12, BeckRS 2014, 15887; RdL 2014, 308.
9 BGH RdL 1962, 179; OLG Köln 2.8.2007 – 23 WLw 5/07; Wöhrmann/Graß HöfeO § 2 Rn. 12; Faßbender/Faßbender HöfeO § 2 Rn. 55.
10 BGH RdL 1962, 179.
11 OLG Köln 2.8.2007 – 23 WLw 5/07.
12 OLG Celle AUR 2010, 361.
13 BGH RdL 2014, 308.
14 Lüdtke-Handjery/v. Jeinsen HöfeO § 2 Rn. 8; Düsing/Martinez/Düsing/Sieverdingbeck Agrarrecht HöfeO § 2 Rn. 7; Wöhrmann/Graß HöfeO § 2 Rn. 13.
15 OLG Köln RdL 1983, 76; OLG Köln 2.8.2007 – 23 WLw 5/07; OLG Hamm BeckRS 2012, 07990.

Daher ist ein auf der Hofparzelle errichtetes Mietshaus Hofvermögen, während ein sonstiges Hofgrundstück durch die Bebauung mit einem Mietshaus und die Verdrängung der landwirtschaftlichen Nutzung die Hofeigenschaft verliert. Bauland verliert erst dann die Hofzugehörigkeit, wenn die landwirtschaftliche Nutzung endgültig aufgegeben wird.

II. Weitere Bestandteile

8 Die Aufzählung in § 2 Buchst. b) ist weitestgehend selbsterklärend. Die Mitgliedschaftsrechte umfassen insbesondere die Beteiligung an einer Molkerei, Bezugs- oder Kreditgenossenschaften oder ähnlichen Verwertungsgesellschaften.

9 Anteile an einer Zuckerfabrik, in der Erzeugnisse des Hofes verarbeitet oder verwertet werden, gehören jedenfalls dann zum Hof, wenn die Anteile mit einer Lieferpflicht nebst Lieferrecht und Vergütungsanspruch verbunden sind.[16] Fehlt es an einer Anbau-, Liefer- oder Abnahmepflicht, gehört die Beteiligung nicht zum Hofvermögen.[17] Lieferrechte werden als ein dem Hof dienendes ähnliches Recht des § 2 Buchst. b) angesehen.

10 Anteile an Gesellschaften zur Gewinnung erneuerbarer Energien, etwa Biogasanlagen, sind dann hofzugehörig iSv § 2 Buchst. b), wenn Lieferpflichten des Hofeigentümers oder Abnahmepflichten des Anlagenbetreibers bestehen.[18]

III. Miteigentumsanteile

11 Miteigentumsanteile an Grundstücken sind nur dann hofzugehörig, wenn sie im Verhältnis zum sonstigen, den Hof bildenden Grundbesitz von untergeordneter Bedeutung sind. Dies stellt eine Ausnahme zu dem Grundsatz dar, dass die landwirtschaftliche Besitzung im Alleineigentum einer natürlichen Person stehen muss. Gleiches gilt für Bruchteils- und Gesamthandseigentum. Gehört zum Hofvermögen ein Anteil an einer GbR, zu deren Vermögen Grundbesitz gehört, kann auf dem Grundbuchblatt von Grundstücken der GbR kein Hofzugehörigkeitsvermerk eingetragen werden.[19]

12 Besitzt allerdings der Ehegatte des Hofeigentümers Miteigentum an den betreffenden Grundstücken und liegt kein Ehegattenhof vor, kann der Miteigentumsanteil des Hofeigentümers nicht hofzugehörig sein, da § 1 Abs. 2 eine den Anwendungsbereich des § 2 beschränkende Sondervorschrift ist.[20]

C. Weitere praktische Hinweise

13 Ob ein Gegenstand Bestandteil oder Zubehör des Hofes ist, entscheidet im Streitfall das Landwirtschaftsgericht im Feststellungsverfahren nach § 11 Abs. 1 Buchst. c) HöfeVfO.

§ 3 HöfeO Hofeszubehör

¹Zum Hof gehört auch das Hofeszubehör. ²Es umfaßt insbesondere das auf dem Hof für die Bewirtschaftung vorhandene Vieh, Wirtschafts- und Hausgerät, den vorhandenen Dünger und die für die Bewirtschaftung bis zur nächsten Ernte dienenden Vorräte an landwirtschaftlichen Erzeugnissen und Betriebsmittel.

---

16 BGHZ 45, 196 = RdL 1966, 129 = NJW 1966, 1409.
17 AG Jülich AgrarR 1979, 208 = RdL 1978, 301.
18 Graß AUR 2012, 365 (368); Zimmermann ErbR Nebengesetze HöfeO §§ 2, 3 Rn. 4.
19 BGH FGPrax 2021, 145; BeckRS 2021, 19326.
20 Wöhrmann/Graß HöfeO § 2 Rn. 59.

A. Allgemeines	1	II. Einzelne Gegenstände des Hofeszubehörs	3
B. Regelungsgehalt	2	C. Weitere praktische Hinweise	11
I. Lex specialis zu §§ 97, 98 BGB	2		

A. Allgemeines

In Ergänzung zu § 2 erstreckt § 3 das Hofvermögen auf das Hofeszubehör. Die Regelung unterstreicht den Grundsatz, dass der gesamte Hof als wirtschaftlich-organisatorische Einheit den Nachfolgeregelungen der HöfeO unterstellt ist. § 3 konkretisiert den Umfang des Hofeszubehörs. 1

B. Regelungsgehalt

I. Lex specialis zu §§ 97, 98 BGB

Als Lex specialis zu den §§ 97, 98 BGB erweiterte § 3 den auf Sachen ausgerichteten Zubehörbegriff des BGB über den Begriff der „Betriebsmittel" auch auf Rechte wie betriebliche Forderungen und Bankguthaben.[1] Voraussetzung der Eigenschaft als Hofeszubehör ist das Eigentum bzw. bei Rechten die Inhaberschaft des Hofeigentümers. Die Vorschrift erfasst auch Anwartschaftsrechte.[2] 2

II. Einzelne Gegenstände des Hofeszubehörs

Die Aufzählung in § 3 S. 2 ist selbsterklärend. Das Vieh umfasst das gesamte Nutzvieh, somit das „lebende Inventar".[3] Handelsvieh eines Hofeigentümers, der gewerblichen Viehhandel betreibt, gehört ebenso wenig zum Hofeszubehör wie Luxus- und Hobbytiere.[4] 3

Unter „Wirtschaftsgerät" versteht man das „tote Inventar".[5] Der Sachinbegriff Wirtschaftsgerät umfasst die Betriebsausstattung des landwirtschaftlichen Unternehmens, über Ackergerät, Maschinen, Fahrzeuge bis hin zur Büroausstattung. Wirtschaftsgüter eines landwirtschaftlichen Nebenbetriebes, der ebenfalls an der Hoferbfolge teilnimmt, gehören gleichermaßen zum Hofeszubehör. Ausgenommen sind solche Sachen, die ausschließlich privaten Zwecken des Hofeigentümers dienen. 4

Der Begriff des „Hausgerät" erstreckt sich letztlich auf die gesamte Wohnungseinrichtung, soweit sie sich im Eigentum des Hofeigentümers befindet. Bekleidung, Luxusgüter und Traditionsgut gehören nicht dazu. 5

Dünger gehört ohne mengenmäßige Begrenzung zum Hofeszubehör. Die mengenmäßige Begrenzung der Vorräte auf das bis zur nächsten Ernte erforderliche Maß erscheint unpraktikabel und nicht zeitgemäß. Überbestände gehen ebenfalls als Hofeszubehör auf den Hoferben über. Als Wertausgleich für weichende Erben kommen Zuschläge nach § 12 Abs. 2 S. 2 in Betracht.[6] 6

Betriebsmittel sind in erster Linie Mittel, die notwendig sind, um den Landwirtschaftsbetrieb wirtschaftlich fortzuführen.[7] Dazu gehören auch Bargeld und Bankguthaben,[8] allerdings nur in dem Umfang, der für die Zahlung der anfallenden Kosten bis zur nächsten Ernte benötigt wird.[9] Betriebsmittel sind auch Forderungen und Erlöse aus der Verwertung landwirtschaftlicher Erzeugnisse, nicht aber Einnahmen aus der Verpachtung landwirtschaftlicher Flächen oder 7

---

[1] Faßbender/v. Jeinsen HöfeO § 3 Rn. 3, 15; Wöhrmann/Graß HöfeO § 3 Rn. 22.
[2] Faßbender/v. Jeinsen HöfeO § 3 Rn. 4; Wöhrmann/Graß HöfeO § 3 Rn. 7.
[3] Faßbender/v. Jeinsen HöfeO § 3 Rn. 7; Wöhrmann/Graß HöfeO § 3 Rn. 11, 12.
[4] Wöhrmann/Graß HöfeO § 3 Rn. 13.
[5] Wöhrmann/Graß HöfeO § 3 Rn. 14; Faßbender/v. Jeinsen HöfeO § 3 Rn. 11.
[6] Wöhrmann/Graß HöfeO § 3 Rn. 19.
[7] OLG Hamm AUR 2009, 353.
[8] Wöhrmann/Graß HöfeO § 3 Rn. 22; Faßbender/v. Jeinsen HöfeO § 3 Rn. 15; FA-AgrarR/Wolter Kap. 38 Rn. 71; OLG Hamm AUR 2009, 353.
[9] OLG Hamm AUR 2009, 353 = BeckRS 2009, 22133.

der Milchquote.¹⁰ Bei der Auslegung des § 3 ist zu berücksichtigen, dass der Hoferbe mithilfe der Betriebsmittel einen betriebsfähigen und keinen wegen unzulänglicher Betriebsmittel leistungsunfähigen Hof erhalten soll.¹¹

8   Betriebsmittel sind damit auch die bis zur nächsten Ernte für die Betriebsfortführung erforderlichen Gegenstände, soweit diese nicht schon in anderen gesetzlich definierten Zubehörteilen erfasst sind.¹² Hofeszubehör sind ausschließlich die betrieblichen Konten des Hofes, nicht aber Sparkonten, Festgeldkonten oder Wertpapierdepots.¹³

9   Da der Hof in der vorhandenen Größe und im tatsächlichen Zuschnitt mit der zur Weiterbewirtschaftung bis zur nächsten Ernte notwendigen Kapitalausstattung erbrechtlich privilegiert ist, muss zur Meidung missbräuchlicher Kapitalverschiebungen von privaten auf betriebliche Konten im Rahmen einer Ganzheitsbetrachtung ermittelt werden, welche Liquidität der Betrieb im Rahmen der jährlichen Erfolgsplanung bis zum Abschluss der nächsten Ernte für ein ausgeglichenes Betriebsergebnisses benötigt.¹⁴ Nur dieser Betrag ist durch die HöfeO privilegiert. Übersteigt das Guthaben auf dem betrieblichen Konto diesen Betrag, steht das Guthaben als hofzugehörige Forderung gleichwohl dem Hoferserben zu. Eine Mitberechtigung der weichenden Erben an der Forderung ist nicht gegeben. Ihnen stehen insoweit bereicherungsrechtliche Ansprüche gegen den Hoferben zu.

10 Das Surrogationsprinzip gilt im Höferecht nicht.¹⁵ Der Erlös aus dem Verkauf von Hofgrundstücken oder Gegenständen des Inventars ist nicht schon deshalb Hofvermögen, weil die veräußerten Wirtschaftsgüter zu diesem Vermögen gehört haben. Der Erlös wird auch dann nicht Hofeszubehör, wenn der Landwirt diesen Erlös für Investitionsmaßnahmen eingeplant und auf einem Konto angelegt hat.¹⁶

C. Weitere praktische Hinweise

11 Hoferbe und weichende Erben können im Feststellungsverfahren gem. § 11 Abs. 1c HöfeVfO klären lassen, ob bestimmte Gegenstände oder Guthaben auf Konten des Erblassers Hofeszubehör iSv § 3 sind. Herrscht Unklarheit darüber, ob bestimmte Gegenstände oder Guthaben auf Konten des Erblassers Hofzubehör iSv § 3 sind, können Hoferbe und weichende Erben zur Beantwortung dieser Frage das Feststellungsverfahren gem. § 11 Abs. 1c HöfeVfO einleiten.

§ 4 HöfeO Erbfolge in einen Hof

¹Der Hof fällt als Teil der Erbschaft kraft Gesetzes nur einem der Erben (dem Hoferben) zu. ²An seine Stelle tritt im Verhältnis der Miterben untereinander der Hofeswert.

A. Allgemeines

1   Die Regelung, die vielfach als Kernstück der Höfeordnung bezeichnet wird,¹ ordnet die geschlossene Vererbung der landwirtschaftlichen Besitzung an. Es kommt damit zu einer Nachlassspaltung, indem der Hof dem Hoferben und das hoffreie Vermögen den gesetzlichen oder

---

10 OLG Hamm AUR 2009, 353.
11 OLG Hamm AUR 2009, 353.
12 Faßbender/v. Jeinsen HöfeO § 3 Rn. 15; Wöhrmann/Graß HöfeO § 3 Rn. 20.
13 OLG Hamm AUR 2009, 354.
14 OLG Hamm AUR 2009, 353.
15 Faßbender/v. Jeinsen HöfeO § 3 Rn. 19; Wöhrmann/Graß HöfeO § 3 Rn. 21, 23; BGH BGHZ 59, 220 = AgrarR 1973, 81; OLG Hamm AUR 2009, 353.
16 BGH BGHZ 59, 220 = AgrarR 1973, 81; OLG Hamm AUR 2009, 353.

1   Wöhrmann/Graß HöfeO § 4 Rn. 1, 10; Faßbender/v. Jeinsen HöfeO § 1 Rn. 2; Steffen/Ernst HöfeO § 4 Rn. 1.

den gewillkürten Erben zufällt.[2] Anstelle der Gesamtrechtsnachfolge in den Hof erhalten die Miterben nach § 4 S. 2 Wertausgleich durch eine Teilhabe am Hofeswert, die in § 12 näher geregelt wird. Der Ausgleich besteht in einem Zahlungsanspruch gegen den Hoferben. Eine dingliche Beteiligung findet nicht statt.

B. Regelungsgehalt

Aus § 4 folgen verschiedene Grundprinzipien, die zum Teil an anderer Stelle der HöfeO näher präzisiert werden:

Hoferbe kann, von Ehegatten und Lebenspartnern abgesehen, nur eine einzelne wirtschaftsfähige (§ 6 Abs. 6) natürliche Person werden, nicht aber eine Personenmehrheit, Gemeinschaft, Personengesellschaft oder juristische Person.

Der Hofeigentümer hat nach hM nicht die Möglichkeit, einzelne Bestandteile oder Zubehörteile iSd §§ 2, 3 der Hoferbfolge zu entziehen und dem allgemeinem Erbrecht zu unterwerfen (geschlossene Hoferbfolge). Die Anordnung von Vermächtnissen in Bezug auf Bestandteile oder Zubehör des Hofes ist möglich, solange sie nicht in einem Umfang erfolgt, der den Fortbestand des Hofes oder seine ordnungsgemäße Bewirtschaftung gefährden würde.

Bei gesetzlicher Hoferbfolge ist der Hoferbe stets Vollerbe. Das gilt im Gegensatz zur HöfeO aF auch bei einem Ehegattenhof. Der Hofeigentümer kann allerdings die Vor- und Nacherbfolge anordnen.

Auch der Anspruch auf Übereignung eines landwirtschaftlichen Betriebes, der in der Person des Anspruchsberechtigten die Voraussetzungen des § 1 erfüllt, vererbt sich nach Höferecht.[3]

Diese aus § 4 abgeleiteten Grundsätze gelten auch für die Übergabe des Hofes im Wege der vorweggenommenen Hoferbfolge durch Übergabevertrag (§ 17). Der Grundsatz der geschlossenen Hoferbfolge erfährt eine gewisse Einschränkung dahin, dass der Hofeigentümer Bestandteile und Zubehör des Hofes zurückbehalten kann, solange das, was übergeben wird, noch als geschlossene und selbstständig lebensfähige Betriebseinheit (sog. „Kernhof") angesehen werden kann.[4]

§ 5 HöfeO   Gesetzliche Hoferbenordnung

Wenn der Erblasser keine andere Bestimmung trifft, sind als Hoferben kraft Gesetzes in folgender Ordnung berufen:
1. die Kinder des Erblassers und deren Abkömmlinge,
2. der Ehegatte des Erblassers,
3. die Eltern des Erblassers, wenn der Hof von ihnen oder aus ihren Familien stammt oder mit ihren Mitteln erworben worden ist,
4. die Geschwister des Erblassers und deren Abkömmlinge.

A. Allgemeines

Die gesetzliche Hoferbfolge ergibt sich aus dem Zusammenspiel von § 5 und § 6. Während § 5 die insgesamt vier Hoferbenordnungen festlegt, bestimmt § 6 die Reihenfolge der Prätendenten innerhalb einer Hoferbenordnung. Die Regelungen der §§ 5, 6 finden nur dann Anwendung,

---

2 BGH ErbR 2022, 40 Rn. 17; Wöhrmann/Graß HöfeO § 4 Rn. 7 ff. mwN; Steffen/Ernst HöfeO § 4 Rn. 1; Düsing/Martinez/Düsing/Sieverdingbeck HöfeO § 4 Rn. 4; BGH BeckRS 2021, 17148 Rn. 17.

3 Faßbender/v. Jeinsen HöfeO § 4 Rn. 9; Wöhrmann/Graß HöfeO § 4 Rn. 13; Lüdtke-Handjery/v. Jeinsen HöfeO § 4 Rn. 23.

4 BGH RdL 1953, 10.

wenn der Hofeigentümer durch Verfügung von Todes wegen keine oder keine wirksame Hoferbenbestimmung getroffen hat.

B. Regelungsgehalt

2 Die vier Hoferbenordnungen stimmen in ihren Grundzügen, nicht aber in den Details mit den Erbenordnungen des BGB überein. Während die erste Hoferbenordnung (Kinder des Erblassers und deren Abkömmlinge) mit der ersten Ordnung des allgemeinen Erbrechts in § 1924 Abs. 1 BGB übereinstimmt, weist § 5 S. 1 Nr. 2 dem Ehegatten des Erblassers die zweite Hoferbenordnung zu. Die Eltern des Erblassers sind nach § 5 S. 1 Nr. 3 unter der weiteren Voraussetzung, dass der Hof von ihnen oder aus ihren Familien stammt oder mit ihren Mitteln erworben worden ist, in die dritte Hoferbenordnung eingereiht. Geschwister des Erblassers und deren Abkömmlinge gehören zur vierten Hoferbenordnung, während sie im allgemeinen Erbrecht nach § 1925 Abs. 1 BGB der zweiten Ordnung angehören.

3 Die Einreihung der Hofprätendenten in die vier Hoferbenordnungen ist weitestgehend unproblematisch. So gehören zu den Erben erster Ordnung auch die nichtehelichen Kinder sowie Adoptivkinder.

4 Für die Zugehörigkeit des Ehegatten zur zweiten Hoferbenordnung ist lediglich die rechtsgültige Ehe im Zeitpunkt des Erbfalls erforderlich.[1] Die Ausschlussgründe des § 1933 BGB (Antrag auf Scheidung oder Aufhebung der Ehe) schlagen über § 6 Abs. 2 Nr. 2 auf die Hoferbfolge durch. Über § 19 gehört auch der Lebenspartner des Erblassers der zweiten Hoferbenordnung an, sofern der Erblasser nach dem 25.11.2015 verstorben ist.

5 Das Erbrecht der Eltern in der dritten Hoferbenordnung steht unter dem Vorbehalt, dass der Hof von ihnen oder aus ihren Familien stammt. In Zweifelsfällen ist darauf abzustellen, ob die Hofstelle als Mittelpunkt der Hofeswirtschaft von den Eltern oder einem Elternteil herrührt.[2] Der Hof stammt auch dann von den Eltern, wenn der Eigentümer die Struktur des Betriebes verändert oder Ländereien hinzuerworben hat.[3] Dem ist gleichgestellt die Situation, dass der Erblasser den Hof mit elterlichen Geldmitteln ganz oder im Wesentlichen erworben hat.[4] Dabei spielt es keine Rolle, ob der Erblasser das Geld zum Erwerb des Hofes von einem Elternteil geschenkt oder geerbt hat.

6 Zur vierten Hoferbenordnung gehören sowohl vollbürtige wie auch halbbürtige Geschwister des Erblassers und deren Abkömmlinge.

7 Für das Verhältnis der vier Hoferbenordnungen gilt § 1930 BGB. Danach verdrängt ein Angehöriger einer vorhergehenden Ordnung den Angehörigen der folgenden Ordnung. Generell gilt, dass die allgemeinen erbrechtlichen Vorschriften des BGB auch für die Bestimmung des Hoferben heranzuziehen sind. Sie gelten grundsätzlich auch für das landwirtschaftliche Erbrecht. Die Regelungen der HöfeO enthalten lediglich Einschränkungen des allgemeinen Erbrechts oder Abweichungen davon, die erforderlich sind, um den Zweck des Sondererbrechts der Landwirtschaft zu erreichen, nämlich die ihm unterliegenden Höfe beim Erbübergang leistungsfähig zu erhalten. Fehlen besondere Bestimmungen für das landwirtschaftliche Erbrecht, müssen die Vorschriften des allgemeinen Erbrechts angewendet werden.[5]

8 Der Gesetzwortlaut der HöfeO lässt offen, ob bei der Geschwistererbfolge in der vierten Hoferbenordnung das Stammesprinzip oder das Gradualsystem gilt. Da die vierte Hoferbenordnung der zweiten Erbenordnung des § 1925 BGB entspricht, für die das Stammesprinzip gilt, folgt

---

1 Lüdtke-Handjery/v. Jeinsen HöfeO § 5 Rn. 42.
2 Faßbender/v. Jeinsen HöfeO § 5 Rn. 19.
3 Faßbender/v. Jeinsen HöfeO § 5 Rn. 19.
4 Faßbender/v. Jeinsen HöfeO § 5 Rn. 20.
5 BGH AUR 2007, 137 mwN = RdL 2007, 98.

daraus zugleich die Geltung des Stammesprinzips unter Verdrängung des Gradualsystems in der vierten Hoferbenordnung.[6]

§ 6 HöfeO Einzelheiten zur Hoferbenordnung

(1) ¹In der ersten Hoferbenordnung ist als Hoferbe berufen:
1. in erster Linie der Miterbe, dem vom Erblasser die Bewirtschaftung des Hofes im Zeitpunkt des Erbfalles auf Dauer übertragen ist, es sei denn, daß sich der Erblasser dabei ihm gegenüber die Bestimmung des Hoferben ausdrücklich vorbehalten hat;
2. in zweiter Linie der Miterbe, hinsichtlich dessen der Erblasser durch die Ausbildung oder durch Art und Umfang der Beschäftigung auf dem Hof hat erkennen lassen, daß er den Hof übernehmen soll;
3. in dritter Linie der älteste der Miterben oder, wenn in der Gegend Jüngstenrecht Brauch ist, der jüngste von ihnen.

²Liegen die Voraussetzungen der Nummer 2 bei mehreren Miterben vor, ohne daß erkennbar ist, wer von ihnen den Hof übernehmen sollte, so ist unter diesen Miterben der älteste oder, wenn Jüngstenrecht Brauch ist, der jüngste als Hoferbe berufen.

(2) In der zweiten Hoferbenordnung scheidet der Ehegatte als Hoferbe aus,
1. wenn Verwandte der dritten und vierten Hoferbenordnung leben und ihr Ausschluß von der Hoferbfolge, insbesondere wegen der von ihnen für den Hof erbrachten Leistungen, grob unbillig wäre; oder
2. wenn sein Erbrecht nach § 1933 des Bürgerlichen Gesetzbuchs ausgeschlossen ist.

(3) In der dritten Hoferbenordnung ist nur derjenige Elternteil hoferbenberechtigt, von dem oder aus dessen Familie der Hof stammt oder mit dessen Mitteln der Hof erworben worden ist.

(4) ¹Stammt der Hof von beiden Eltern oder aus beiden Familien oder ist er mit den Mitteln beider Eltern erworben und ist wenigstens einer der Eltern wirtschaftsfähig, so fällt der Hof den Eltern gemeinschaftlich als Ehegattenhof an. ²Lebt einer von ihnen nicht mehr, so fällt er dem anderen an. ³Ist die Ehe der Eltern vor dem Erbfall auf andere Weise als durch den Tod eines von ihnen aufgelöst worden, so scheiden sie als Hoferben aus.

(5) ¹In der vierten Hoferbenordnung gilt Absatz 1 entsprechend. ²Im Falle des Absatzes 1 Satz 1 Nr. 3 gehen die Geschwister vor, die mit dem Erblasser den Elternteil gemeinsam haben, von dem oder aus dessen Familie der Hof stammt.

(6) ¹Wer nicht wirtschaftsfähig ist, scheidet als Hoferbe aus, auch wenn er hierzu nach Absatz 1 Satz 1 Nr. 1 oder 2 berufen ist. ²Dies gilt jedoch nicht, wenn allein mangelnde Altersreife der Grund der Wirtschaftsunfähigkeit ist oder wenn es sich um die Vererbung an den überlebenden Ehegatten handelt. ³Scheidet der zunächst berufene Hoferbe aus, so fällt der Hof demjenigen an, der berufen wäre, wenn der Ausscheidende zur Zeit des Erbfalls nicht gelebt hätte.

(7) Wirtschaftsfähig ist, wer nach seinen körperlichen und geistigen Fähigkeiten, nach seinen Kenntnissen und seiner Persönlichkeit in der Lage ist, den von ihm zu übernehmenden Hof selbständig ordnungsmäßig zu bewirtschaften.

A. Allgemeines 1	3. Kein Auswahlkriterium der besseren Eignung 18
B. Regelungsgehalt 5	II. Hoferbenbestimmung in der zweiten Hoferbenordnung (Abs. 2) 19
I. Die Hoferbenbestimmung in der ersten Hoferbenordnung (Abs. 1) 5	III. Hoferbenbestimmung in der dritten Hoferbenordnung (Abs. 3, 4) 24
1. Formlose Hoferbenbestimmung 5	
2. Ältesten- und Jüngstenrecht 17	

---

[6] BGH AUR 2007, 137 = RdL 2007, 98.

IV. Hoferbenbestimmung in der vierten Hoferbenordnung (Abs. 5)	28	1. Hintergrund und Zweck der Wirtschaftsfähigkeit	30
V. Wirtschaftsfähigkeit	30	2. Einzelheiten	33

A. Allgemeines

1 In Ergänzung zu § 5 legt § 6 die Reihenfolge innerhalb der vier Hoferbenordnungen fest. Ferner bestimmt § 6 Abs. 6, dass der Hoferbe wirtschaftsfähig sein muss. Darunter wird die in Abs. 7 näher beschriebene Fähigkeit verstanden, den zu übernehmenden Hof selbstständig ordnungsgemäß zu bewirtschaften. Das Fehlen der Wirtschaftsfähigkeit ist ohne Bedeutung, wenn sie allein auf mangelnde Altersreife des Hoferben zurückzuführen ist oder wenn es um die Vererbung an den überlebenden Ehegatten geht.

2 Richtet sich die Hoferbenbestimmung in der ersten Hoferbenordnung nach Abs. 1 S. 1 Nr. 1 (dauerhafte Übertragung der Bewirtschaftung) oder nach Abs. 1 S. 1 Nr. 2 Alternative 2 (Art und Umfang der Beschäftigung auf dem Hof), ist eine entgegenstehende Hoferbenbestimmung, die durch eine letztwillige Verfügung angeordnet wird, nach § 7 Abs. 2 unwirksam (formlosbindende Hoferbenbestimmung). Dieser verbindlichen Hoferbenbestimmung durch faktisches Handeln, welche letztlich dem Vertrauensschutz des Hofprätendenten dient, kann sich der Erblasser lebzeitig nur durch Abgabe der negativen Hoferklärung oder aber durch Beendigung des Bewirtschaftungs-, Ausbildungs- oder Beschäftigungsverhältnisses entziehen.

3 Die Nachfolgeregelungen in § 6 Abs. 1 S. 1 Nr. 1 und 2 gelten auch für die Hoferbenbestimmung in der vierten Hoferbenordnung. In dieser Hoferbenordnung tritt jedoch keine Einschränkung der letztwilligen Verfügungsmöglichkeit des Erblassers durch § 7 Abs. 2 ein, da die Angehörigen der vierten Hoferbenordnung keine hoferbberechtigten Abkömmlinge sind, auf die § 7 Abs. 2 S. 1 abstellt.

4 Bei der Hoferbenbestimmung nach § 6 Abs. 1 Nr. 2 Alternative 1 (Bestimmung des Hoferben durch Ausbildung) sowie in der vierten Hoferbenordnung iVm § 6 Abs. 1 S. 1 Nr. 1 und 2 handelt es sich um die sogenannte „formlos-nicht-bindende Hoferbenbestimmung".

B. Regelungsgehalt

I. Die Hoferbenbestimmung in der ersten Hoferbenordnung (Abs. 1)

5 **1. Formlose Hoferbenbestimmung.** Für die Festlegung des Hoferben aus der ersten Hoferbenordnung stellt § 6 Abs. 1 Nr. 1 auf zwei Voraussetzungen ab: Der Hoferbe muss zum einen Miterbe sein und ihm muss der Erblasser zum anderen die Bewirtschaftung des Hofes bis zum Zeitpunkt des Erbfalls dauerhaft und ohne den ausdrücklichen Vorbehalt der Hoferbenbestimmung übertragen haben.

6 Der Miterbenstatus in Nr. 1 sowie in Nr. 2 knüpft daran an, dass der Hoferbe auch nach dem allgemeinen Erbrecht des BGB als Erbe berufen ist.[1] Das schließt beispielsweise eine formlosbindende Hoferbenbestimmung zugunsten eines Enkels durch Übertragung der Bewirtschaftung aus, solange sein Vater noch lebt und nicht durch Ausschlagung, Erbverzicht oder Erbunwürdigkeit als Hoferbe ausgeschieden ist.[2] Dem ist gleichgestellt der Fall, dass der vorrangig berufene Miterbe wegen fehlender Wirtschaftsfähigkeit im Zeitpunkt des Erbfalls als Hoferbe nicht zum Zuge kommen kann.[3] Ist also der noch lebende Sohn wirtschaftsunfähig, kann der Enkel durch Übertragung der Bewirtschaftung Hoferbe werden. Ist der Sohn wirtschaftsfähig und

---

[1] OLG Köln AUR 2013, 259; Steffen/Ernst HöfeO § 6 Rn. 7; Faßbender/v. Jeinsen HöfeO § 6 Anm. 5; Lüdtke-Handjery/v. Jeinsen HöfeO § 6 Rn. 1; weitergehend Wöhrmann/Graß HöfeO § 6 Rn. 12.

[2] Steffen/Ernst HöfeO § 6 Rn. 8; Lüdtke-Handjery/v. Jeinsen HöfeO § 6 Rn. 5.

[3] OLG Köln AgrarR 1985, 114 = RdL 1985, 45; Steffen/Ernst HöfeO § 6 Rn. 8.

konkurriert mit dem Enkel, dem die Bewirtschaftung übertragen ist, ein anderer wirtschaftsfähiger Abkömmling des Erblassers, kann sich der Enkel die Hoferbfolge sichern, indem sein Vater die Hoferbschaft ausschlägt und damit den Generationensprung ermöglicht.

Die Übertragung der Bewirtschaftung im Zeitpunkt des Erbfalls setzt kein konkretes oder wirksames Vertragsverhältnis voraus. In der Praxis wird indessen die Bewirtschaftung regelmäßig im Rahmen eines langfristigen Pachtvertrages erfolgt sein. Die alleinige Bewirtschaftung durch den Hofprätendenten ist nicht zwingend erforderlich.[4] Die weitere Mithilfe des Hofeigentümers bei der Bewirtschaftung steht der Hoferbschaft nicht entgegen.[5] Es reicht aus, wenn der Prätendent die auf dem Betrieb anfallenden wesentlichen Entscheidungen selbst trifft. Die Bewirtschaftung muss allerdings dem Erbprätendenten selbst übertragen worden sein. Es genügt nicht, wenn der Erblasser dem Ehegatten des Abkömmlings die Bewirtschaftung anvertraut hat. Da die Überlassung der Bewirtschaftung eine rechtsgeschäftsähnliche Handlung ist, genügt es, wenn der Erblasser im Zeitpunkt der Übertragung, die er selbst vorgenommen haben muss, testierfähig war.[6] Die Bewirtschaftung muss tatsächlich aufgenommen sein und im Zeitpunkt des Erbfalls noch fortbestehen. Hatte der Abkömmling die Bewirtschaftung im Zeitpunkt des Todes des Hofeigentümers bereits aufgegeben, schließt das die Nachfolge iS der formlos bindenden Hoferbenbestimmung auch dann aus, wenn er an der Verpachtung des Hofes an einem Dritten mitwirkte.[7]

7

Für die „Übertragung auf Dauer" gibt es keinen starren Mindestzeitraum. Sie ist gegeben, wenn Erblasser und Bewirtschafter davon ausgehen, dass die Bewirtschaftung bis zum Ableben des Hofeigentümers fortgeführt werden soll.[8] Von einer dauerhaften Überlassung kann auch ausgegangen werden, wenn die vereinbarten Überlassungsdauer absolut betrachtet erheblich ist, wenn die Beteiligten von der Verlängerung eines befristeten Überlassungsverhältnisses ausgingen oder wenn der Pachtvertrag die Voraussetzungen der „Abgabe" nach § 21 ALG erfüllt und damit die Altershilfe ermöglicht.[9]

8

Die Übertragung der Bewirtschaftung führt nicht zur Hoferbfolge, wenn sich der Erblasser „ausdrücklich" – und damit erkennbar für den Erbprätendenten – die Bestimmung des Hoferben, nicht zwingend eines anderen Hoferben als den Erbprätendenten, vorbehalten hat. Den Vorbehalt muss der Erblasser bereits bei der Bewirtschaftungsübertragung oder jedenfalls im engen zeitlichen Zusammenhang machen. Später nachholen kann er den Vorbehalt nicht.[10] Das würde dem mit der formlos-bindenden Hoferbenbestimmung verbundenen Vertrauensschutz widersprechen.

9

Kann der Hoferbe nicht aufgrund einer dauerhaften Übertragung der Bewirtschaftung iSv § 6 Abs. 1 S. 1 Nr. 1 bestimmt werden, ist nach § 6 S. 1 Nr. 2 in zweiter Linie darauf abzustellen, ob der Erblasser durch die Ausbildung eines Abkömmlings oder durch Art und Umfang der Beschäftigung eines Abkömmlings auf dem Hof hat erkennen lassen, dass dieser den Betrieb übernehmen soll. Allein eine landwirtschaftsbezogene Ausbildung oder die Beschäftigung auf dem Hof besagt noch nicht, dass der betreffende Prätendent Hoferbe wird. Hinzutreten muss der aus den Umständen abzuleitende tatsächliche oder mutmaßliche Wille des Erblassers für eine Hofnachfolge des betreffenden Abkömmlings. Daraus folgt, dass eine landwirtschaftsbezogene Ausbildung oder die Beschäftigung auf dem Hof nicht zur Nachfolge gem.

10

---

4 Wöhrmann/Graß HöfeO § 6 Rn. 16; OLG Hamm RdL 2015, 342.
5 OLG Celle BeckRS 2010, 10175, Rechtsbeschwerde verworfen durch BGH BeckRS 2010, 10100.
6 Wöhrmann/Graß HöfeO § 6 Rn. 17.
7 OLG Oldenburg BeckRS 2008, 19407 = FamRZ 2009, 645.
8 BGH NJW 1980, 2582 = AgrarR 1980, 337 = RdL 1980, 299, OLG Köln AUR 2013, 259; Düsing/Martinez/Düsing/Sieverdingbeck HöfeO § 6 Rn. 18.
9 Wöhrmann/Graß HöfeO § 6 Rn. 19.
10 Wöhrmann/Graß HöfeO § 6 Rn. 20.

§ 6 Abs. 1 S. 1 Nr. 2 führt, wenn der Erblasser gegenüber dem betreffenden Abkömmling erklärt, dass dieser nicht Hoferbe werden soll.[11]

11 § 6 Abs. 1 S. 1 Nr. 2 ist keine Vertrauensschutzregelung zugunsten des landwirtschaftsbezogen ausgebildeten Abkömmlings. Der Vorbehalt, dass dieser nicht Hoferbe werden soll, kann daher auch am Ende der Ausbildung erklärt werden. Demgegenüber schützt § 7 Abs. 2 S. 2 den durch Beschäftigung auf dem Hof hoferbberechtigten Abkömmling vor einer abweichenden Hoferbenbestimmung des Erblassers. Da die formlos-bindenden Hoferbenbestimmung nicht einmal durch eine letztwillige Verfügung beseitigt werden kann, vermag auch eine einfache Erklärung des Erblassers gegenüber dem auf dem Hof beschäftigten Prätendenten die Nachfolge nicht zu verhindern.[12] Unbenommen ist dem Hofeigentümer die Möglichkeit, eine formlos-bindende Hoferbenbestimmung durch Abgabe der negativen Hoferklärung zu beseitigen.

12 Der Abkömmling, der durch die landwirtschaftsbezogene Ausbildung gem. § 6 Abs. 1 S. 1 Nr. 2 zur Nachfolge berufen ist, genießt nicht den Schutz des § 7 Abs. 2. Der Hofeigentümer ist frei, während oder nach der Ausbildung jederzeit eine andere Hoferbenbestimmung zu treffen.

13 Die Hoferbenbestimmung in Form der landwirtschaftsbezogenen Ausbildung setzt nicht voraus, dass die Ausbildung im Zeitpunkt des Erbfalls abgeschlossen ist.[13] In dieser Situation steht die evtl. noch nicht erreichte Wirtschaftsfähigkeit des Abs. 6 der Hoferbfolge nicht entgegen.[14] Das erscheint gerechtfertigt, schließt doch auch die auf mangelnder Alterreife beruhende Wirtschaftsunfähigkeit die Hoferbfolge nicht aus (§ 6 Abs. 6 S. 2).

14 Bei der Hoferbenbestimmung durch Beschäftigung auf dem Hof muss die Tätigkeit eine gewisse zeitliche Dauer aufweisen und mit einem Mindestmaß an Verantwortung und unternehmerischer Entscheidungsbefugnis verbunden sein. Die Übernahme der Hofarbeit während der Urlaubsabwesenheit, längerer Erkrankung oder eines Kuraufenthalts genügt ebenso wenig wie die Erledigung untergeordneter Arbeiten. Die qualifizierte Beschäftigung des Ehegatten des Abkömmlings auf dem Hof vermag eine formlos bindende Hoferbenbestimmung zugunsten des Abkömmlings nicht zu begründen. Die Mitarbeit des Schwiegerkindes kann allerdings neben der des Abkömmlings mit zu bewerten sein, wenn sie im Rahmen einer Arbeitsteilung erfolgt.[15]

15 Erfüllen mehrere Hofprätendenten die Voraussetzungen des § 6 Abs. 1 S. 1 Nr. 2, ohne dass der Erblasser zu erkennen gab, wer die Hofnachfolge antreten soll, bestimmt sich die Hofnachfolge gem. § 6 Abs. 1 S. 2 nach dem Ältesten- und Jüngstenrecht. Abkömmlinge, die das Anforderungsprofil des § 6 Abs. 1 S. 1 Nr. 2 nicht erfüllen, bleiben unberücksichtigt. Das gilt auch für diejenigen Abkömmlinge, die die Kriterien des § 6 Abs. 1 S. 1 Nr. 2 erfüllen, aber nicht wirtschaftsfähig iSv Abs. 6, 7 sind.

16 Unberührt bleibt das Stammesprinzip. Ist ein nach Nr. 1 berufener Abkömmling verstorben, ist der Hoferbe aus dessen wirtschaftsfähigen Abkömmlingen zu bestimmen, auch wenn sich weitere Abkömmlinge des Erblassers auf den Berufungsgrund der Nr. 2 berufen können. Können sich mehrere Abkömmlinge auf den Berufungsgrund der Nr. 2 berufen, von denen einzelne nicht wirtschaftsfähig und damit von der Hoferbfolge ausgeschlossen sind, konkurrieren deren wirtschaftsfähige Abkömmlinge mit den anderen Abkömmlingen des Erblassers. Lässt sich die Hoferbfolge nicht über § 6 Abs. 1 S. 1 Nr. 1 und Nr. 2 klären, ist die Hofnachfolge gem. § 6 Abs. 1 S. 2 nach Ältesten- bzw. Jüngstenrecht zu bestimmen. Dabei ist nicht auf das Alter sämtlicher lebender Erbprätendenten abzustellen, sondern darauf, welcher Abkömmling ersten Grades nach Ältesten- oder Jüngstenerbrecht berufen ist.[16]

---

11 Wöhrmann/Graß HöfeO § 6 Rn. 30; Steffen/Ernst § 6 Rn. 22; Lüdtke-Handjery/v. Jeinsen HöfeO § 6 Rn. 47; Faßbender/v. Jeinsen HöfeO § 6 Rn. 22.
12 Wöhrmann/Graß HöfeO § 6 Rn. 30.
13 Wöhrmann/Graß HöfeO § 6 Rn. 29; Faßbender/v. Jeisen HöfeO § 6 Rn. 22; Lüdtke-Handjery/v. Jeinsen HöfeO § 6 Rn. 47.
14 Wöhrmann/Graß HöfeO § 6 Rn. 29.
15 OLG Celle RdL 1984, 48 = AgrarR 1984, 222; OLG Oldenburg RdL 2003, 215; OLG Braunschweig RdL 2003, 216.
16 Steffen/Ernst HöfeO § 6 Rn. 28 mwN.

2. Ältesten- und Jüngstenrecht.
Kann der Hoferbe weder nach § 6 Abs. 1 S. 1 Nr. 1 noch nach Nr. 2 bestimmt werden oder erfüllen mehrere wirtschaftsfähige Abkömmlinge die Kriterien der Nr. 2, entscheidet das Lebensalter über die Hoferbfolge. Der älteste Miterbe ist in der Regel bevorzugt, sofern nicht in der Gegend Jüngstenrecht Brauch ist. Ob Jüngstenrecht Brauch ist, ergibt sich aus der gemeinschaftlichen Bekanntmachung vom 18.9.1940 sowie jüngeren Verordnungen.[17] Der Gedanke der Bevorzugung des ältesten Miterben verstößt nicht gegen das Grundgesetz.[18]

3. Kein Auswahlkriterium der besseren Eignung.
Sind in derselben Hoferbenordnung mehrere Hofanwärter vorhanden, die alle wirtschaftsfähig sind, wird der gesetzlich berufene Prätendent auch dann Hoferbe, wenn in derselben Hoferbenordnung ein anderer Hofanwärter die bessere Eignung haben sollte.[19] Ein Auswahlkriterium der besseren Eignung bei mehreren wirtschaftsfähigen Prätendenten kennt die HöfeO nicht. Allerdings sind in einer solchen Situation höhere Anforderungen an die Wirtschaftsfähigkeit zu stellen, so dass über diesen Umweg die bessere Eignung doch wieder eine Rolle spielt.

II. Hoferbenbestimmung in der zweiten Hoferbenordnung (Abs. 2)

Kommen Abkömmlinge der ersten Hoferbenordnung nicht zum Zuge, erbt in zweiter Hoferbenordnung der überlebende Ehegatte. Im Gegensatz zur HöfeO aF wird der überlebende Ehegatte, der nach dem klaren Wortlaut des § 6 Abs. 6 S. 2 nicht wirtschaftsfähig sein muss, stets Vollerbe, nicht wie in § 6 Abs. 2 aF nur Hofvorerbe. Das kann dazu führen, dass ein Hof, der sich über Generationen hinweg in der Familie des Erblassers befand, jetzt in einen fremden Familienverbund abwandert, etwa dann, wenn die überlebende Ehefrau ohne Hinterlassung gemeinschaftlicher Abkömmlinge verstirbt.

§ 6 Abs. 2 Nr. 1 schafft ein Korrektiv für den Fall, dass Verwandte der dritten oder vierten Hoferbenordnung noch leben und ihr Ausschluss von der Hoferbfolge mit Blick auf von ihnen für den Hof erbrachte Leistungen grob unbillig wäre. Dabei meint „grobe Unbilligkeit", dass der nach dem Gesetz grundsätzlich vorgesehene Vorrang der Ehegatten gegenüber den Erben der dritten und vierten Ordnung dem Gerechtigkeitsempfinden in unerträglicher Weise widerspricht und dabei einen Grad von Unbilligkeit erreicht, der hinter den Anforderungen der Gerechtigkeit deutlich zurückbleibt.[20] Abzustellen ist auf einen objektiven Maßstab, nicht lediglich auf die subjektive Sicht der Beteiligten oder Kreise der Landwirtschaft.[21] Als besondere Leistungen, die im Rahmen der Billigkeitsabwägung zu berücksichtigen sind, kommen Arbeitsleistungen, Geld- und Sachleistungen sowie die Gewährung von Krediten und Bürgschaften in Betracht.[22] Nach überwiegender Auffassung muss nicht derjenige die besonderen Leistungen erbracht haben, dem der Ausschluss des Ehegattenerbrechts zugute kommt. Es genügt, wenn die Leistungen von Angehörigen der dritten und vierten Hoferbenordnung erbracht wurden.[23]

Erhebliche Leistungen für den Hof reichen für sich genommen zum Ausschluss des Ehegattenerbrechts regelmäßig nicht aus. Auch Umstände aus der Sphäre des Ehegatten sind zur Ermittlung der groben Unbilligkeit heranzuziehen. So kann insbesondere eine kurze Ehedauer von nicht mehr als drei Jahren iVm beachtlichen Leistungen von Angehörigen des Erblassers der dritten und vierten Hoferbenordnung die zum Ausschluss des Ehegattenerbrechts führende grobe Unbilligkeit begründen. Eine Ehedauer von mehr als drei Jahren ist grundsätzlich nicht mehr

---

17 Abgedruckt bei Wöhrmann/Graß HöfeO Anhang zu § 6; Lüdtke-Handjery/v. Jeinsen HöfeO Anhang 3, II. Erbbräuche; Steffen/Ernst HöfeO Abschnitt IV; Faßbender HöfeO Anhang II. Erbbräuche.
18 BVerfG AgrarR 1980, 162.
19 OLG Celle BeckRS 2008, 20877 = ZEV 2009, 146 Ls.
20 OLG Hamm BeckRS 2010, 09692; Wöhrmann/Graß HöfeO § 6 Rn. 47, 50.
21 OLG Hamm BeckRS 2010, 09692.
22 Faßbender/v. Jeinsen HöfeO § 6 Rn. 28.
23 Wöhrmann/Graß HöfeO § 6 Rn. 47; Faßbender/v. Jeinsen HöfeO § 6 Rn. 28; zurückhaltend OLG Hamm BeckRS 2010, 09692; Rechtsbeschwerde verworfen durch BGH BeckRS 2010, 09659.

von kurzer Dauer, so dass dann ein Ausschluss des Ehegattenerbrechts kaum noch in Betracht kommt.[24] Persönliche Spannungen zwischen den Ehegatten sind bei der Billigkeitsabwägung ebenso wenig zu berücksichtigen wie Konflikte zwischen den Verwandten des Erblassers und dem Ehegatten.[25] Generell sind an den Ausschluss des Ehegattenerbrechts aufgrund von Billigkeitsüberlegungen des Abs. 2 Nr. 1 strenge Anforderungen zu stellen.[26]

22 Anders als bei dem Ausschlussgrund des Abs. 2 Nr. 2, dem Ausschluss des Erbrechts gem. § 1933 BGB, bewirkt Abs. 2 Nr. 1, dass der Ehegatte lediglich nicht Hoferbe wird. Ihm bleiben sämtliche erbrechtliche Ansprüche des BGB sowie die höferechtlichen Abfindungsansprüche nach § 12.[27]

23 Lagen im Zeitpunkt des Ablebens des Hofeigentümers die Voraussetzungen des § 1933 BGB vor, führt dies zur Erbschaft des im Verhältnis zum Erblasser nächstberufenen Hoferben.[28] Wegen der Voraussetzungen des § 1933 BGB wird auf die einschlägige Kommentierung verwiesen.[29]

III. Hoferbenbestimmung in der dritten Hoferbenordnung (Abs. 3, 4)

24 Abs. 3 und 4 regeln das Hoferbrecht der Eltern. Hoferbberechtigt ist der Elternteil, von dem der Hof ausschließlich stammt. Der betreffende Elternteil muss wirtschaftsfähig sein. § 6 Abs. 6 sieht lediglich für den überlebenden Ehegatten eine Ausnahme vor, nicht aber für den erbenden Elternteil.

25 Das Erbrecht des Elternteils setzt voraus, dass der betreffende Elternteil oder ein Familienangehöriger des die Erbfolge beanspruchenden Elternteils Voreigentümer des Hofes war. Umstritten ist die Rechtslage, wenn der Hof zeitweise im Eigentum des einen und zeitweise im Eigentum des anderen Elternteils stand, etwa wenn der Vater den Hof an die Mutter vererbt und diese wiederum den Hof im Wege vorweggenommener Erbfolge durch Übergabevertrag an den späteren Erblasser übertragen hatte. Überwiegend wird auf den Eigentumswechsel abgestellt, der zum Erwerb des Erblassers geführt hatte.[30] Hatte indessen der Elternteil, der Voreigentümer war, den Hof mit Geldmitteln des anderen Ehegatten gekauft, stammt der Hof von beiden Elternteilen mit der Folge, dass er nicht auf den Voreigentümer, sondern nach Abs. 4 den Eltern gemeinschaftlich als Ehegattenhof anfällt.[31]

26 Liegt eine der in Abs. 4 S. 1 beschriebenen Mischformen vor, fällt der Hof als Ehegattenhof an die Eltern zurück, sofern wenigstens ein Elternteil wirtschaftsfähig ist. Sind beide Elternteile nicht wirtschaftsfähig, sind die Eltern von der Erbfolge ausgeschlossen. Lebt nur noch ein Elternteil und ist dieser wirtschaftsfähig, fällt ihm der Hof nach Abs. 4 S. 2 als Alleineigentümer an. Fehlt dem alleinlebenden Elternteil die Wirtschaftsfähigkeit, kommt eine Hofnachfolge nur nach der vierten Hoferbenordnung in Betracht. Gelingt die Hoferbfolge auch nicht über die vierte Hoferbenordnung, vererbt sich der Hof als verwaister Hof gem. § 10 nach allgemeinen erbrechtlichen Bestimmungen an die Eltern.

27 Stammt der Hof von beiden Elternteilen, deren Ehe im Zeitpunkt des Erbfalls geschieden oder aufgelöst ist, schließt § 6 Abs. 4 S. 3 beide Elternteile von der Hoferbfolge aus. Hintergrund dieser hart erscheinenden Regelung ist die Wahrung des Grundsatzes, dass ein Hof nur Alleineigentum einer natürlichen Person oder gemeinschaftliches Eigentum von Ehegatten sein kann.

---

24 Vgl. OLG Hamm BeckRS 2010, 09692.
25 Wöhrmann/Graß HöfeO § 6 Rn. 49.
26 Faßbender/v. Jeinsen HöfeO § 6 Rn. 30.
27 Steffen/Ernst HöfeO § 6 Rn. 50.
28 Faßbender/v. Jeinsen HöfeO § 6 Rn. 31.
29 Etwa NK-BGB/Kroiß BGB § 1933.

30 Wöhrmann/Graß HöfeO § 6 Rn. 76; Steffen/Ernst HöfeO § 6 Rn. 53 mit Überblick über den Streitstand; abwägend Lüdtke-Handjery/v. Jeinsen HöfeO § 5 Rn. 47.
31 Steffen/Ernst HöfeO § 6 Rn. 54; Faßbender/v. Jeinsen HöfeO § 6 Rn. 35; Wöhrmann/Graß HöfeO § 6 Rn. 69; Lüdtke-Handjery/v. Jeinsen HöfeO § 6 Rn. 78.

IV. Hoferbenbestimmung in der vierten Hoferbenordnung (Abs. 5)

Erst wenn keine Hoferben der ersten bis dritten Hoferbenordnung vorhanden sind, kommen in vierter Hoferbenordnung die Geschwister und Abkömmlinge der Geschwister zum Zuge. Die Auswahl unter den Geschwistern, Neffen und Nichten richtet sich gem. Abs. 5 S. 1 nach den gleichen Regeln, die für die erste Hoferbenordnung gelten. Auch innerhalb der vierten Hoferbenordnung gilt das Stammesprinzip, nicht das Gradualsystem.[32] Halbbürtige Geschwister sind vollbürtigen Geschwistern mittlerweile gleichgestellt. Bedeutung hat die Differenzierung zwischen vollbürtigen und halbbürtigen Geschwistern nur noch dann, wenn sich die Hoferbfolge innerhalb der vierten Hoferbenordnung nach Abs. 1 S. 1 Nr. 3 (Ältesten- bzw. Jüngstenrecht) richtet.

Abs. 5 S. 2 sieht in dieser Konstellation den Nachrang der Halbgeschwister vor, die mit dem Erblasser nicht den Elternteil gemeinsam haben, von dem oder dessen Familie der Hof herrührt.[33]

V. Wirtschaftsfähigkeit

1. Hintergrund und Zweck der Wirtschaftsfähigkeit. Sollte das Erfordernis der Wirtschaftsfähigkeit des Hoferben bei Einführung der Höfeordnung im Jahr 1947 noch die ordnungsgemäße Bewirtschaftung des Grundbesitzes zur Sicherung der allgemeinen Ernährungslage der Bevölkerung dienen, hat sich spätestens nach der Novelle von 1976 ein Bedeutungswandel dahin gehend entwickelt, dass über das Erfordernis der Wirtschaftsfähigkeit die höferechtliche Zielsetzung nicht verfehlt wird. Hoferbe kann nach Abs. 7 nur werden, wer in der Lage ist, den von ihm zu übernehmenden Hof selbstständig und ordnungsgemäß zu bewirtschaften.

Das Erfordernis der Wirtschaftsfähigkeit gilt nicht nur bei der gesetzlichen und der gewillkürten Hoferbfolge, sondern auch, wie § 7 Abs. 1 zeigt, für die Hofübergabe im Wege der vorweggenommenen Erbfolge.[34] Allerdings kann bei der Hofübergabe das Erfordernis der Wirtschaftsfähigkeit des Übernehmers umgangen werden, indem der Hofeigentümer aufgrund des fakultativen Höferechts die Hofeigenschaft beendet, die landwirtschaftliche Besitzung an den nicht wirtschaftsfähigen Nachfolger überträgt und dieser erneut die Hofeigenschaft begründet.[35]

Einzig der überlebende Ehegatte braucht nach Abs. 6 S. 2 nicht wirtschaftsfähig zu sein. Bei einem Kind kann die Wirtschaftsunfähigkeit nicht lediglich aus mangelnder Altersreife hergeleitet werden. Ist der zunächst berufene Hoferbe nicht wirtschaftsfähig, fingiert Abs. 6 S. 3, als hätte er den Zeitpunkt des Erbfalls nicht erlebt.

2. Einzelheiten. Nach der Legaldefinition in § 6 Abs. 7 muss der Hoferbe nach seinen körperlichen und geistigen Fähigkeiten, nach seinen Kenntnissen und seiner Persönlichkeit in der Lage sein, den von ihm zu übernehmenden Hof selbstständig ordnungsgemäß zu bewirtschaften. Das sind die landwirtschaftlich-technischen sowie die organisatorisch-kalkulatorischen Fähigkeiten. Der Hoferbe muss in der Lage sein, Einnahmen zu erwirtschaften, laufende Verbindlichkeiten zu begleichen, Wirtschaftspläne zu erstellen und Investitionsentscheidungen zu treffen.[36] Eine ständige Präsenz an der Hofstelle ist nicht erforderlich; es genügt, wenn der fachkundige Hofprätendent den Betrieb mithilfe von Lohnunternehmen führen kann.[37]

---

32 BGH RdL 2007, 98; OLG Hamm 9.3.2012 – I-10 W 126/11.
33 Fallbeispiele bei Steffen/Ernst HöfeO § 6 Rn. 61.
34 Allgemeine Meinung BGH RdL 1963, 270; Wöhrmann/Graß HöfeO § 6 Rn. 89; Faßbender/Faßbender HöfeO § 17 Rn. 63; Lüdtke-Handjery/v. Jeinsen HöfeO § 6 Rn. 90; FA-AgrarR/Wolter Kap. 38 Rn. 117.
35 BGH RdL 2009, 74 = NJW-RR 2009, 517.
36 BGH RdL 1951, 216; BGH RdL 1952, 270; BGH RdL 1962, 237; OLG Hamm Beck RS 2012, 06429; OLG Hamm BeckRS 2012, 06430; OLG Oldenburg RdL 2011, 191; OLG Köln 20.12.2011 – 23 WLw 3/11; OLG Köln AUR 2013, 259; OLG Hamm RdL 2014, 126; OLG Hamm RdL 2015, 342; OLG Hamm BeckRS 2016, 16059; Auswertung der aktuellen obergerichtlichen Rechtsprechung bei Wolter RdL 2012, 1130.
37 OLG Celle BeckRS 2016, 12593.

34 Einen einheitlichen Gradmesser für die Wirtschaftsfähigkeit gibt es nicht. Das Vorliegen der Wirtschaftsfähigkeit ist nach Abs. 7 immer in Bezug auf den zu übernehmenden Hof zu prüfen.[38] Insoweit ist die Wirtschaftsfähigkeit aufgrund ihrer Individualität relativ.

35 Wirtschaftsfähig kann auch ein Nebenerwerbslandwirt sein.[39] Eine landwirtschaftliche Ausbildung muss er nicht zwingend absolviert haben. Durchschnittliche Kenntnisse, die für eine Betriebsführung erforderlich sind, genügen. Von Wirtschaftsfähigkeit ist regelmäßig auszugehen, wenn der Hofprätendent den Wissensstand und die praktischen Fertigkeiten eines Landwirts hat.[40] Er muss allerdings den aktuellen, heutigen Anforderungen einer selbstständigen landwirtschaftlichen Betriebsführung entsprechen.[41] Er muss in der Lage sein, im Zeitpunkt des Erbfalls die Eigenbewirtschaftung des Hofes ohne die Inanspruchnahme wesentlicher Hilfe von Dritten zu übernehmen.[42]

36 Sind in derselben Hoferbenordnung mehrere Prätendenten vorhanden, die alle über die Wirtschaftsfähigkeit verfügen, wird der gesetzlich berufene Hofanwärter auch dann Hoferbe, wenn ein anderer Prätendent derselben Hoferbenordnung die „bessere Eignung" für die Bewirtschaftung des Hofes haben sollte.[43] Ein Auswahlkriterium der bessern Eignung unter mehreren wirtschaftsfähigen Hofanwärtern gibt es nicht.[44] Allerdings sind besonders hohe und strenge Anforderungen an die Wirtschaftsfähigkeit zu stellen, wenn in derselben Hoferbenordnung mehrere Angehörige um die Erbfolge streiten.[45] Letztlich führt dieser Maßstab doch wieder zum Ausschluss der weniger geeigneten Hofanwärter.

37 Wirtschaftsfähigkeit muss im Zeitpunkt des Erbfalls, bei einem Nacherben im Zeitpunkt der Nacherbfolge vorliegen.[46] Nicht abzustellen ist auf den Zeitpunkt der letzten mündlichen Verhandlung,[47] was auch zu einem unerwünschten Wettlauf in den Instanzen und zu einem langen Schwebezustand führen würde. Ist keiner der Nacherbenanwärter wirtschaftsfähig, wird der Vorerbe zum Vollerben.

38 Bei Kindern und Jugendlichen darf die Einschränkung in Abs. 6 S. 2 nicht zu der Annahme verleiten, dass ungeachtet fehlender Altersreife die Wirtschaftsfähigkeit stets gegeben ist. Es bedarf vielmehr der positiven Prognose, dass mit einer gewissen Wahrscheinlichkeit eine spätere Bewirtschaftung des Hofes durch das Kind erwartet werden kann.[48] Das schließt die Wirtschaftsfähigkeit eines dreijährigen Kindes ebenso aus wie die einer Schülerin, die sich „derzeit" nicht vorstellen kann, später einmal den elterlichen Betrieb zu übernehmen.[49] Ein entscheidendes Kriterium zur Beurteilung der Wirtschaftsfähigkeit eines Kindes ist die Frage, ob der beruflichen Werdegang der Eltern erwarten lässt, dass bei dem Kind eine landwirtschaftliche Ausbildung angenommen werden kann.[50]

39 Ein hohes Alter des Erbanwärters schließt die Wirtschaftsfähigkeit ebenfalls nicht per se aus, verlangt aber einen strengen Beurteilungsmaßstab.[51]

---

38 OLG Köln AUR 2013, 259; OLG Hamm 12.11.2010 – I-10 W 38/13; OLG Schleswig BeckRS 2022, 16647.
39 OLG Hamm 10.2.2012 – 10 W 106/11.
40 OLG Oldenburg BeckRS 2021, 47477; sehr lesenswert OLG Schleswig BeckRS 2022, 16647 Rn. 42 ff.
41 OLG Oldenburg RdL 2011, 191; OLG Hamm BeckRS 2012, 06429; OLG Hamm BeckRS 2012, 06430; OLG Hamm RdL 2014, 126.
42 OLG Hamm BeckRS 2021, 24576.
43 OLG Celle BeckRS 2008, 20877.
44 OLG Celle RdL 2009, 298.
45 BGH MDR 1961, 1816; OLG Hamm 9.3.2012 – I 10 W 126/11; Steffen/Ernst HöfeO § 6 Rn. 74; Wöhrmann/Graß HöfeO § 6 Rn. 111.
46 Steffen/Ernst HöfeO § 6 Rn. 85; Faßbender/v. Jeinsen HöfeO § 6 Rn. 51; Wöhrmann/Graß HöfeO § 6 Rn. 107.
47 OLG Hamm 17.6.2011 – 10 W 41/11.
48 OLG Oldenburg RdL 2010, 131; OLG Celle RdL 2011, 76; Wöhrmann/Graß HöfeO § 6 Rn. 125; Steffen/Ernst HöfeO § 6 Rn. 66.
49 OLG Oldenburg RdL 2010, 131; OLG Celle RdL 2011, 76.
50 OLG Oldenburg BeckRS 2020, 52702 = ErbR 2021, 77; OLG Oldenburg BeckRS 2021, 47477; OLG Hamm BeckRS 2020, 43745; AG Mettmann BeckRS 2020, 49184.
51 OLG Hamm BeckRS 2010, 16342; OLG Hamm BeckRS 2012, 03700.

Der betagte Hofnachfolger muss zumindest in der Lage sein, für die zu verrichtenden Arbeiten einen Betriebsleiter zu bestimmen. Er darf nicht bloß als Nutznießer einen drittbestimmten Hofbetrieb mittragen. Die hohen Anforderungen an die Wirtschaftsfähigkeit des betagten Nachfolgers rühren daher, dass er in der Lage sein muss, den Hof jederzeit in Eigenbewirtschaftung zu nehmen.[52] 40

Ein Mangel an Persönlichkeit, welcher die Wirtschaftsfähigkeit nach Abs. 7 ausschließt, kann nur angenommen werden, wenn konkrete Anhaltspunkte vorliegen, dass der Erbanwärter den Betrieb herunterwirtschaften wird.[53] An diesen Ausschlussgrund sind hohe Anforderungen zu stellen. So schließen erhebliche Vorstrafen, Kreditunfähigkeit oder Verschwendungssucht die Wirtschaftsfähigkeit aus, während eine 20 Jahre zurückliegende Vorstrafe, eine kurzfristige Aufnahme in eine Landesklinik oder gelegentliche Zahlungsstockungen der Wirtschaftsfähigkeit nicht entgegenstehen.[54] 41

§ 7 HöfeO   Bestimmung des Hoferben durch den Eigentümer

(1) ¹Der Eigentümer kann den Hoferben durch Verfügung von Todes wegen frei bestimmen oder ihm den Hof im Wege der vorweggenommenen Erbfolge (Übergabevertrag) übergeben. ²Zum Hoferben kann nicht bestimmt werden, wer wegen Wirtschaftsunfähigkeit nach § 6 Abs. 6 Satz 1 und 2 als Hoferbe ausscheidet; die Wirtschaftsunfähigkeit eines Abkömmlings steht jedoch seiner Bestimmung zum Hoferben nicht entgegen, wenn sämtliche Abkömmlinge wegen Wirtschaftsunfähigkeit ausscheiden und ein wirtschaftsfähiger Ehegatte nicht vorhanden ist.

(2) ¹Hat der Eigentümer die Bewirtschaftung des Hofes unter den Voraussetzungen des § 6 Abs. 1 Satz 1 Nr. 1 einem hoferbenberechtigten Abkömmling übertragen, so ist, solange dieser den Hof bewirtschaftet, eine vom Eigentümer nach Übertragung der Bewirtschaftung vorgenommene Bestimmung eines anderen zum Hoferben insoweit unwirksam, als durch sie der Hoferbenberechtigte von der Hoferbfolge ausgeschlossen würde. ²Das gleiche gilt, wenn der Eigentümer durch Art und Umfang der Beschäftigung (§ 6 Abs. 1 Satz 1 Nr. 2) eines hoferbenberechtigten Abkömmlings auf dem Hof hat erkennen lassen, daß er den Hof übernehmen soll. ³Das Recht des Eigentümers, über sein der Hoferbfolge unterliegendes Vermögen durch Rechtsgeschäft unter Lebenden zu verfügen, wird durch Satz 1 und 2 nicht beschränkt.

A.	Allgemeines	1	
B.	Regelungsgehalt	2	
	I. Hoferbenbestimmung	2	
	II. Einschränkung des Bestimmungsrechts	10	
	1. Durch bürgerlich-rechtliche Bestimmungen	10	
	2. Durch höferechtliche Bestimmungen ..	11	
	3. Durch formlos vereinbarte Hofnachfolge	15	
	4. Lebzeitige Verfügungsmöglichkeiten ...	16	

A. Allgemeines

§ 7 bestätigt klarstellend das Bestimmungsrecht des Hofeigentümers, den Betrieb durch letztwillige Verfügung oder lebzeitig durch Übergabevertrag an den Hoferben zu übertragen. Der Hoferbe muss, von Ausnahmen abgesehen, wirtschaftsfähig (§ 6 Abs. 7) sein. Wesentliche Einschränkungen erfährt die Verfügungsbefugnis durch Abs. 2, indem Verfügungen, die gegen eine formlos-bindende Hoferbenbestimmung verstoßen, unwirksam sind. Schlägt die gewillkürte und die gesetzliche Vererbung des Hofes nach höferechtlichen Vorschriften fehl, vererbt er sich nach § 10 nach den Vorschriften des allgemeinen Rechts. 1

---

52 OLG Hamm BeckRS 2010, 16342.
53 OLG Köln AUR 2013, 259; Wöhrmann/Graß HöfeO § 6 Rn. 118; Lüdtke-Handjery/v. Jeinsen HöfeO § 6 Rn. 102.
54 OLG Köln AUR 2013, 259.

B. Regelungsgehalt

I. Hoferbenbestimmung

2 Die Hoferbenbestimmung erfolgt überwiegend durch Testament oder durch Erbvertrag. Sie kann auch erfolgen durch die formlose Hoferbenbestimmung des § 6 Abs. 1 S. 1 Nr. 1, 2. Im Ausnahmefall kommen die von der Rechtsprechung aus § 242 BGB entwickelten Regelungen über die formlos vereinbarte Hofnachfolge zur Anwendung.[1] Die bürgerlich-rechtlichen Bestimmungen über die Testierfähigkeit bleiben unberührt und sind stets zu beachten.

3 Bei einer letztwilligen Verfügung muss die Person des Hoferben eindeutig bestimmt oder zumindest bestimmbar sein.[2] Häufig ergeben sich Auslegungsprobleme, etwa dann, wenn der Hofeigentümer eine einzelne Person ganz allgemein zu seinem Erben bestimmt, ohne gleichzeitig klarzustellen, ob dieser lediglich Erbe des hoffreien Vermögens oder zugleich Hoferbe sein soll. Bei einer fehlgeschlagenen Hoferbenbestimmung greift die gesetzliche Hoferbfolge.

4 Hoferbe ist auch, wer den Hof im Wege vorweggenommener Erbfolge durch Übergabevertrag erhält, § 7 Abs. 1 S. 1. Die Hoferbenbestimmung durch Abschluss eines Hofübergabevertrages unterliegt deshalb den gleichen Anforderungen und Beschränkungen wie bei einer letztwilligen Verfügung.

5 Der Personenkreis möglicher Hoferben ist eingeschränkt auf eine einzelne natürliche Person. Zulässig ist auch die Bestimmung eines Ehepaares zum Hoferben, bei dem dann ein Ehegattenhof entsteht.[3] Eine anders lautende letztwillige Verfügung, etwa zugunsten einer juristischen Person oder einer Personenmehrheit, ist nichtig und führt zur gesetzlichen Hoferbfolge.[4]

6 Der Hoferbe muss wirtschaftsfähig sein. Das fakultative Hofrecht ermöglicht dem Hofeigentümer, das Erfordernis der Wirtschaftsfähigkeit des Hoferben bei lebzeitiger Hofübergabe zu umgehen, indem er vor Abschluss des Übergabevertrages die negative Hoferklärung abgibt und den Hofnachfolger zur Wiederbegründung der Hofeigenschaft verpflichtet. Aufgrund der Bezugnahme auf § 6 Abs. 6 S. 2 in § 7 Abs. 1 S. 2 folgt für die gewillkürte Hoferbfolge, dass der Erblasser ein Kind zum Hoferben berufen kann, bei dem sich die fehlende Wirtschaftsfähigkeit allein aus der mangelnden Altersreife ergibt. Der Ehegatte muss nicht wirtschaftsfähig sein.

7 Der Hofeigentümer kann für den Hof auch die Vor- und Nacherbfolge anordnen. Dabei muss der Hofvorerbe im Zeitpunkt des Erbfalls, der Hofnacherbe im Zeitpunkt des Nacherbfalls wirtschaftsfähig sein. Verliert die Besitzung vor dem Eintritt des Nacherbfalls kraft Gesetzes die Hofeigenschaft, wird diese bis zum Eintritt des Nacherbfalls als fortbestehend fingiert. Die durch den Vorerbfall begründete Nacherbenanwartschaft besteht fort.[5]

8 Anerkannt ist die Befugnis des Hofeigentümers, die Bestimmung des Hoferben in gewissen Grenzen auf einen Dritten zu delegieren. Grund ist, dass der Erblasser im Zeitpunkt der Errichtung der letztwilligen Verfügung oft nicht übersehen kann, wer sich am besten zur Hofnachfolge eignet. Abgesehen von der Hoferbenbestimmung durch den Ehegatten (§ 14 Abs. 3) setzt die Bestimmung des Hoferben durch einen Dritten voraus, dass der Hofeigentümer einen eng begrenzten Personenkreis bezeichnet, aus dem der Auswahlberechtigte den Hoferben auswählen muss. Auch muss er in seiner letztwilligen Verfügung konkrete Hinweise geben, nach welchen Kriterien die Auswahl zu erfolgen hat. Dabei wird dem Auswahlberechtigten ein Beurteilungsermessen eingeräumt.[6] Zur Ersatzerbenbestimmung ist der Eigentümer ebenfalls befugt.

---

[1] Wöhrmann/Graß HöfeO § 7 Rn. 3, 37.
[2] Wöhrmann/Graß HöfeO § 7 Rn. 9 ff.; Faßbender/v. Jeinsen HöfeO § 7 Rn. 9; Lüdtke-Handjery/v. Jeinsen HöfeO § 7 Rn. 8; Zimmermann ErbR Nebengesetze HöfeO § 7 Rn. 1.
[3] BGH RdL 1960, 183.
[4] Wöhrmann/Graß HöfeO § 7 Rn. 28.
[5] BGH RdL 2013, 135 mit Darstellung des Meinungsstreits.
[6] Wöhrmann/Graß HöfeO § 7 Rn. 16 ff. Faßbender/v. Jeinsen HöfeO § 7 Rn. 10; Zimmermann ErbR Nebengesetze HöfeO § 7 Rn. 7; Lüdtke-Handjery/v. Jeinsen HöfeO § 7 Rn. 28.

Die Hoferbenbestimmung geht ins Leere, wenn die landwirtschaftliche Besitzung im Zeitpunkt des Erbfalls die Hofeigenschaft verloren hatte. Dann ist im Wege der Auslegung zu ermitteln, ob die Hoferbeneinsetzung in eine Vermächtnisanordnung bezüglich des „Resthofes" umgedeutet werden kann. Ein Erbvertrag über einen Hof kann beim Wegfall der Hofeigenschaft zur quotalen BGB-Erbfolge führen.[7]

II. Einschränkung des Bestimmungsrechts

1. Durch bürgerlich-rechtliche Bestimmungen. Der nach § 2289 Abs. 1 S. 2 BGB durch Erbvertrag oder nach § 2271 BGB durch gemeinschaftliches Testament gebundene Hofeigentümer kann keine gegenläufige Hoferbenbestimmung mehr vornehmen. Da auch die Hofübergabe zur Hoferbschaft führt, ist dem nach §§ 2289, 2271 BGB gebundenen Hofeigentümer die Übertragung des Hofes im Wege vorweggenommener Erbfolge an einen Dritten verwehrt.[8] Die Beschränkung gilt nicht, wenn der in der bindenden Verfügung oder im Erbvertrag vorgesehene Hoferbe nicht wirtschaftsfähig ist und auch im Zeitpunkt des Erbfalls bei vorausschauender Beurteilung nicht wirtschaftsfähig sein wird.[9] Hingegen unterliegt der Hofeigentümer nur den allgemeinen bürgerlich rechtlichen Beschränkungen der §§ 2289, 2271 BGB, wenn er den Hof durch Abgabe der negativen Hoferklärung der höferechtlichen Nachfolge entzieht, so dass ihm die lebzeitige Übertragung an einen Dritten möglich ist, ggf. mit der Sanktion des § 2287 BGB.

2. Durch höferechtliche Bestimmungen. § 7 Abs. 2 S. 1 schützt denjenigen, der durch Übertragung der Bewirtschaftung gem. § 6 Abs. 1 S. 1 Nr. 1 zum Hoferben bestimmt ist. Eine nach Übertragung der Bewirtschaftung vorgenommene gegenläufige Hoferbenbestimmung ist insoweit unwirksam. Gegenüber einer Hoferbenbestimmung, die der Eigentümer vor der Übertragung der Bewirtschaftung vorgenommen hat, ist der Bewirtschafter allerdings nicht geschützt. § 7 Abs. 2 schützt den Status des nach § 6 Abs. 1 S. 1 Nr. 1 berufenen Abkömmlings als Hofvollerbe. Das hindert den Eigentümer, ihn nach der Übertragung der Bewirtschaftung lediglich zum Hofvorerben einzusetzen.[10]

Den gleichen Schutz gibt § 7 Abs. 2 S. 2 dem Abkömmling, der gem. § 6 Abs. 1 S. 1 Nr. 2 durch Beschäftigung auf dem Hof den Status des Hoferben erlangt hat. Nicht geschützt ist hingegen der Abkömmling, der gem. § 6 Abs. 1 S. 1 Nr. 2 1. Alt. durch Ausbildung formlos zum Hoferben bestimmt ist.

Absoluten Schutz vor beeinträchtigenden Verfügungen verleiht § 7 Abs. 2 indessen nicht. Der Hofeigentümer kann sich der Bindung durch § 7 Abs. 2 durch Abgabe der negativen Hoferklärung entziehen.[11] In Ausnahmefällen kommen Schadenersatzansprüche des enttäuschten Nachfolgers gegen die Erben in Betracht, die bis zu einem Anspruch auf Übereignung des geerbten landwirtschaftlichen Betriebes reichen können.[12] In der vierten Hoferbenordnung findet der Schutzmechanismus des § 7 Abs. 2 keine Anwendung.

Ebenso wie bei Abgabe der negativen Hoferklärung versagt der Schutz des § 7 Abs. 2, wenn der Hofeigentümer ungeachtet der Überlassung der Bewirtschaftung an einen Abkömmling die Ehegattenhofeigenschaft begründet oder mit dem Ehegatten Gütergemeinschaft vereinbart, so dass sich die Hoferbfolge zwingend nach § 8 richtet. Dem enttäuschten Hofprätendenten werden indessen Schadenersatzansprüche zugebilligt.[13]

3. Durch formlos vereinbarte Hofnachfolge. Das vor Einführung des § 7 Abs. 2 durch Richterrecht geschaffene Institut der formlos vereinbarten Hofnachfolge soll ungeachtet der Kodifizie-

---

[7] OLG Hamm BeckRS 2012, 10181 = FamRZ 2012, 1905.
[8] BGH AgrarR 1987, 222 = RdL 1987, 217; Wöhrmann/Graß HöfeO § 7 Rn. 21; Lüdtke-Handjery/v. Jeinsen HöfeO § 7 Rn. 39.
[9] Wöhrmann/Graß HöfeO § 7 Rn. 21.
[10] BGH AgrarR 1994, 229.
[11] BGH AgrarR 1979, 194 = RdL 1979, 131 = NJW 1979, 1453; AgrarR 1987, 222 = RdL 1987, 217 = NJW 1988, 710.
[12] Wöhrmann/Graß HöfeO § 7 Rn. 60.
[13] Wöhrmann/Graß HöfeO § 7 Rn. 61.

rung in § 7 Abs. 2 noch insoweit Geltung besitzen, als dass der geschützte Abkömmling, dem die Bewirtschaftung übertragen war, in Ausnahmefällen noch zu Lebzeiten des Hofeigentümers die Übertragung des Hofes beanspruchen kann.[14] Ähnlich lässt sich ein Übereignungsanspruch gegen die Erben begründen, wenn der Hofeigentümer mit der Gesinnung des § 826 BGB heimlich die Hofeigenschaft beseitigt hat.

16   **4. Lebzeitige Verfügungsmöglichkeiten.** § 7 Abs. 2 S. 3 stellt in Einklang mit § 2286 BGB klar, dass dem Hofeigentümer lebzeitige Verfügungen über das Hofvermögen gestattet sind. Diese Befugnis erfasst die Veräußerung einzelner Hofgrundstücke oder des gesamten Hofes. Da der Hofübergabevertrag zugleich die Bestimmung des Hoferben enthält, ist der Hofübergabevertrag keine Verfügung iSv § 7 Abs. 2 S. 3. Er ist unwirksam, wenn der Hofeigentümer zuvor eine bindende Verfügung errichtet hatte.

§ 8 HöfeO   Der Hoferbe beim Ehegattenhof

(1) Bei einem Ehegattenhof fällt der Anteil des Erblassers dem überlebenden Ehegatten als Hoferben zu.

(2) ¹Die Ehegatten können einen Dritten als Hoferben nur gemeinsam bestimmen und eine von ihnen getroffene Bestimmung nur gemeinsam wiederaufheben. ²Haben die Ehegatten eine solche Bestimmung nicht getroffen oder wiederaufgehoben, so kann der überlebende Ehegatte den Hoferben allein bestimmen.

(3) ¹Gehört der Hof zum Gesamtgut einer Gütergemeinschaft, so kann der überlebende Ehegatte die Gütergemeinschaft bezüglich des Hofes nach den Vorschriften des allgemeinen Rechts mit den Abkömmlingen fortsetzen. ²Wird die fortgesetzte Gütergemeinschaft anders als durch den Tod des überlebenden Ehegatten beendet, so wachsen ihm die Anteile der Abkömmlinge an. ³Im übrigen steht die Beendigung der fortgesetzten Gütergemeinschaft dem Erbfall gleich. ⁴Die Fortsetzung der Gütergemeinschaft läßt eine nach Absatz 2 getroffene Bestimmung sowie das Recht, eine solche Bestimmung zu treffen, unberührt.

A. Allgemeines

1   Aus § 8 ergibt sich, dass bei einem Ehegattenhof der Anteil des Erblassers zwingend dem überlebenden Ehegatten zufällt. Eine davon abweichende letztwillige Verfügung ist den Ehegatten nicht möglich. Die Ehegatten können allerdings nach Abs. 2 gemeinschaftlich den Hoferben des überlebenden Ehegatten bestimmen. § 8 Abs. 3 enthält Regelungen für die Gütergemeinschaft. Über § 19 finden die Bestimmungen auch auf Lebenspartner bzw. den Lebenspartnerhof entsprechende Anwendung.

B. Regelungsgehalt
I. Erbfolge

2   Bei einem Ehegattenhof erbt der überlebende Ehegatte zwingend den Anteil des erstversterbenden Ehegatten. Die Formulierung „Anteil" bezieht sich nicht ausschließlich auf Miteigentumsanteile des Erstversterbenden. Bei disparitätischem Eigentum der Eheleute erbt der überlebende Ehegatte auch das Hofvermögen, das im Alleineigentum des Erstversterbenden stand.

3   Der überlebende Ehegatte erlangt stets Volleigentum. Die Ehegatten können weder einzeln noch gemeinschaftlich verfügen, dass der überlebende Ehegatte lediglich Vorerbe des Anteils des Erst-

---

14 Vgl. Wöhrmann/Graß HöfeO § 7 Rn. 3, 37 ff.; Düsing/Martinez/Düsing/Sieverdingbeck HöfeO § 7 Rn. 15 ff.

versterbenden wird.[1] Die in § 8 Abs. 1 aF vorgesehene Möglichkeit, dass der überlebende Ehegatte insgesamt Hofvorerbe wird, was zu der viel kritisierten „Beerbung bei lebendigem Leibe" führen konnte, ist mit der zweiten höferechtlichen Novelle bewusst abgeschafft werden.[2]

Unbenommen ist das Recht des überlebenden Ehegatten zur Ausschlagung des ihm angefallenen Anteils des Erstversterbenden. In diesem Fall sowie bei Erbunwürdigkeit oder Erbverzicht des überlebenden Ehegatten endet bei gemeinschaftlichem Eigentum (§ 1 Abs. 1 S. 1) die Hofeigenschaft. Die Miteigentumsanteile des Erstversterbenden vererben sich nach allgemeinem Recht. War der Erblasser eines durch Eintragung entstandenen Ehegattenhofes (§ 1 Abs. 2) Alleineigentümer der landwirtschaftlichen Besitzung, greift gesetzliche oder gewillkürte Hoffolge ein, sofern der überlebende Ehegatte infolge Ausschlagung, Erbverzicht oder Erbunwürdigkeit kein Hoferbe wird.[3]

Durch eine gemeinsame Verfügung können die Ehegatten den Hoferben des Letztversterbenden festlegen, § 8 Abs. 2 S. 1. Die gemeinsame Verfügung entfaltet Bindungswirkung. Sie kann nur gemeinsam aufgehoben werden. Ob die gemeinsame Bestimmung des Hoferben auch durch zwei sich inhaltlich deckende einzelne Verfügungen getroffen werden kann, ist streitig. Eine letztwillige Verfügung eines einzelnen Ehegatten über seinen Anteil am Hof ist ausgeschlossen.

Haben die Ehegatten keine gemeinsame Hoferbenbestimmung getroffen oder eine solche wieder aufgehoben, kann der überlebende Ehegatte den Hoferben nach § 8 Abs. 2 S. 2 allein bestimmen. Eine solche Verfügung ist auch wirksam, wenn der Letztversterbende die Verfügung noch zu Lebzeiten des erstversterbenden Ehegatten getroffen hat.[4] Die Hoferbenbestimmung des überlebenden Ehegatten ist nach § 7 Abs. 2 unwirksam, wenn die Ehegatten eine formlos-bindende Hoferbenbestimmung vorgenommen hatten.[5] Entsprechendes gilt bei einer anderweitigen Bindung des überlebenden Ehegatten.

Der überlebende Ehegatte braucht für den Antritt der Hoferbfolge gem. § 6 Abs. 6 S. 2 nicht wirtschaftsfähig zu sein.

Noch ungeklärt ist die Hofnachfolge bei gleichzeitigem Ableben von Ehegatten, die keine Hoferbenbestimmung getroffen haben. Zutreffend dürfte sein, dass vorzugsweise der Abkömmling zur Hofnachfolge berufen ist, von dessen Elternteil bzw. Familie der Hof stammt.[6] Ist eine Hoferbenbestimmung nicht möglich, kommt allgemeines Erbrecht zur Anwendung.

II. Fortgesetzte Gütergemeinschaft

Aus Abs. 3 ergibt sich, dass bei einer ehevertraglich vereinbarten fortgesetzten Gütergemeinschaft, zu deren Gesamtgut ein Ehegattenhof gehört, auch hinsichtlich des Hofes die Fortführung mit den Abkömmlingen stattfindet. Der überlebende Ehegatte hat das unentziehbare Recht, die Fortsetzung binnen einer Frist von 6 Wochen abzulehnen. Die Erklärung ist gegenüber dem Landwirtschaftsgericht abzugeben. Der überlebende Ehegatte wird dann gem. § 8 Abs. 1 Alleineigentümer des Hofes.

Endet die fortgesetzte Gütergemeinschaft anders als durch Tod des überlebenden Ehegatten (Aufhebung, Wiederverheiratung, Aufhebungsurteil), wachsen dem überlebenden Ehegatten nach Abs. 3 S. 2 die Anteile der Abkömmlinge an mit der Folge, dass er Hoferbe wird.

Nach Abs. 3 S. 4 können die Ehegatten den Hoferben nach dem letztversterbenden Ehegatten gemeinsam bestimmen. Existiert keine gemeinsame Bestimmung, kann der überlebende Ehegatte den Hoferben festlegen.

---

1   BGH AgrarR 1986, 291 = RdL 1986, 213 = NJW 1986, 2434.
2   OLG Hamm AgrarR 1982, 326.
3   Steffen/Ernst HöfeO § 8 Rn. 3.
4   Faßbender/Pikalo HöfeO § 8 Rn. 59.
5   Faßbender/Pikalo HöfeO § 8 Rn. 59; Steffen/Ernst HöfeO § 8 Rn. 13.
6   Faßbender/Pikalo HöfeO § 8 Rn. 69; Wöhrmann/Graß HöfeO § 5 Rn. 25.

§ 9 HöfeO Vererbung mehrerer Höfe

(1) ¹Hinterläßt der Erblasser mehrere Höfe, so können die als Hoferben berufenen Abkömmlinge in der Reihenfolge ihrer Berufung je einen Hof wählen; dabei kann jedoch nicht ein Hof gewählt werden, für den ein anderer Abkömmling, der noch nicht gewählt hat, nach § 6 Abs. 1 Satz 1 Nr. 1 oder Nr. 2 vorrangig als Hoferbe berufen ist. ²Sind mehr Höfe vorhanden als berechtigte Abkömmlinge, so wird die Wahl nach denselben Grundsätzen wiederholt. ³Hinterläßt der Eigentümer keine Abkömmlinge, so können die als Hoferben in derselben Ordnung Berufenen in der gleichen Weise wählen. ⁴Diese Vorschriften gelten auch dann, wenn ein Hoferbe nach § 6 Abs. 1 Satz 1 Nr. 1 oder Nr. 2 hinsichtlich mehrerer Höfe als berufen anzusehen wäre.

(2) ¹Die Wahl ist gegenüber dem Gericht in öffentlich beglaubigter Form oder zu seiner Niederschrift zu erklären; die Niederschrift wird nach den Vorschriften des Beurkundungsgesetzes errichtet. ²Das Gericht kann dem Wahlberechtigten auf Antrag eines nachstehenden Wahlberechtigten eine angemessene Frist zur Erklärung über die Wahl bestimmen. ³Nach fruchtlosem Ablauf der Frist tritt der Wahlberechtigte hinter die übrigen Wahlberechtigten zurück.

(3) Jeder Hoferbenberechtigte erwirbt das Eigentum an dem ihm zufallenden Hof rückwirkend vom Tode des Erblassers an.

A. Allgemeines

1 § 9 ordnet ein Wahlverfahren für Abkömmlinge und Hoferben in derselben Ordnung an für den Fall, dass ein Erblasser mehrere Höfe hinterlässt. Die Vorschrift ist erforderlich geworden, da die übrigen Bestimmungen der HöfeO davon ausgehen, dass der Erblasser nur einen einzigen Hof besitzt. Die praktische Bedeutung der Vorschrift ist gering, da ein Eigentümer mehrerer Höfe üblicherweise für die Vermögensnachfolge Vorsorge trifft.

B. Regelungsgehalt

2 § 9 kommt nur zum Zuge, wenn der Erblasser mehrere landwirtschaftliche Besitzungen hat, die alle die Hofeigenschaft im Sinne von § 1 Abs. 1 erfüllen. So muss jeder der Höfe über eine Hofstelle verfügen. Auf Ehegattenhöfe findet § 9 keine Anwendung, da das gesetzliche Erbrecht des Ehegatten gem. § 8 Abs. 1 Vorrang hat.

3 § 9 greift nur bei gesetzlicher Erbfolge. Höfe, für die der Erblasser eine Hoferbenbestimmung getroffen hat, sei es durch letztwillige Verfügung, sei es durch formlose Hoferbenbestimmung, bleiben bei dem Wahlverfahren des § 9 im Grundsatz außer Betracht. Eine Ausnahme gilt, wenn sich ein hoferbenberechtigter Abkömmling bei mehreren Höfen auf die formlos-bindende Hoferbenbestimmung iSv § 6 Abs. 1 S. 1 Nr. 1 oder Nr. 2 berufen kann. Insoweit folgt aus § 9 Abs. 4 S. 4, dass ein hoferbenberechtigter Abkömmling grundsätzlich nur einen Hof erhalten soll.

4 An dem Auswahlverfahren zur Zuordnung mehrerer Höfe nehmen, soweit vorhanden, ausschließlich hoferbenberechtigte Abkömmlinge der ersten Hoferbenordnung teil. Sind solche nicht vorhanden, greift das Wahlverfahren für die Erbprätendenten der vierten Hoferbenordnung. Vorrang haben, soweit vorhanden, die Hoferben der zweiten und dritten Hoferbenordnung, wobei innerhalb einer dieser Hoferbenordnungen keine ein Auswahlverfahren erforderlich machende Konkurrenz bestehen kann.

5 Bei Ausübung des Wahlrechts hat der zuerst Wählende das Privileg, sich unter den mehreren Höfen einen beliebigen Hof aussuchen zu können. Außer Betracht bleiben solche Höfe, bei denen der Erblasser die Nachfolge nach § 6 Abs. 1 S. 1 Nr. 1 oder Nr. 2 formlos-bindend geregelt hat. Die Reihenfolge bei der Ausübung des Wahlrechts richtet sich nach dem Ältestenrecht, ersatzweise nach dem Jüngstenrecht, wenn dieses Brauch ist (§ 6 Abs. 1 Nr. 3). Ist ein nach § 6

Abs. 1 S. 1 Nr. 1 oder Nr. 2 berufener Hoferbe mit der Wahl an der Reihe, muss er sich nicht zwingend für den Hof entscheiden, der ihm zur Bewirtschaftung überlassen oder ihm durch Überlassung der Bewirtschaftung oder durch Beschäftigung bzw. Ausbildung iSv § 6 Abs. 1 S. 1 zugedacht war. Er kann sich für diesen, aber auch für einen anderen Hof entscheiden. Das Procedere für die Wahl ergibt sich aus Abs. 2.

§ 9 Abs. 3 fingiert rückwirkend den Eigentumserwerb auf den Zeitpunkt des Ablebens des Erblassers. 6

C. Weitere praktische Hinweise

Das Ergebnis der Wahl muss der Betroffene dem Landwirtschaftsgericht in öffentlich beglaubigter Form oder zur Niederschrift erklären. 7

§ 10 HöfeO   Vererbung nach allgemeinem Recht

Der Hof vererbt sich nach den Vorschriften des allgemeinen Rechts, wenn nach den Vorschriften dieses Gesetzes kein Hoferbe vorhanden oder wirksam bestimmt ist.

A. Allgemeines

Die Regelung betrifft den *„verwaisten Hof"*. Gemeint ist der Fall, dass eine Hoferbfolge nach Maßgabe der HöfeO nicht möglich ist. Dann greifen auch bezüglich des Hofs die allgemeinen erbrechtlichen Bestimmungen unter Einschluss der §§ 2049, 2312 ff. BGB. 1

B. Regelungsgehalt

Der Rückgriff auf die Erbreglungen des BGB erfolgt immer dann, wenn weder ein gesetzlicher Hoferbe iSd HöfeO vorhanden noch nach Maßgabe der HöfeO wirksam bestimmt ist. Ersteres ist der Fall, wenn es keine Erbprätendenten aus einer der vier Hoferbenordnungen gibt, alle in Betracht kommenden Hoferben wirtschaftsunfähig sind, sie das (Hof-)Erbe ausgeschlagen oder darauf verzichtet haben oder wenn sie erbunwürdig sind. An einer wirksamen Hoferbenbestimmung mangelt es insbesondere dann, wenn der Hofeigentümer keinen Hoferben bestimmt hat, wenn dem gewillkürten Hoferben die in der Regel erforderliche Wirtschaftsfähigkeit fehlt oder wenn er vorverstorben ist. Weitere Unwirksamkeitsgründe sind die Einsetzung einer juristischen Person oder einer Personenmehrheit zum Hoferben.[1] 2

Rechtsfolge ist die Vererbung des Hofes nach den Regelungen des bürgerlichen Rechts. Dies führt nicht zwangsläufig zum Verlust der Hofeigenschaft. Ist alleiniger gesetzlicher Erbe ein entfernter Verwandter außerhalb der vierten Hoferbenordnung, setzt sich in seiner Person die Hofeigenschaft fort, auch dann, wenn er nicht wirtschaftsfähig ist. Fällt hingegen die landwirtschaftliche Besitzung nach Maßgabe der allgemeinen Erbregelungen des bürgerlichen Rechts an eine Personenmehrheit oder infolge einer letztwilligen Verfügung an eine juristische Person, endet mit dem Erbfall zwangsläufig auch die Hofeigenschaft, da eine hoffähige Eigentumsform nicht mehr gegeben ist. 3

Eine unwirksame Hoferbenbestimmung kann auch dann vorliegen, wenn sich die Unwirksamkeit aus einem Verstoß gegen § 7 Abs. 2 HöfeO ergibt. 4

---

[1] Fallgruppen bei Steffen/Ernst HöfeO § 10 Rn. 7.

§ 11 HöfeO Ausschlagung

¹Der Hoferbe kann den Anfall des Hofes durch Erklärung gegenüber dem Gericht ausschlagen, ohne die Erbschaft in das übrige Vermögen auszuschlagen. ²Auf diese Ausschlagung finden die Vorschriften des Bürgerlichen Gesetzbuchs[1] über die Ausschlagung der Erbschaft entsprechende Anwendung.

A. Allgemeines

1 § 11, eine der wenigen Vorschriften, die mit der Ursprungsfassung der HöfeO des Jahres 1947 übereinstimmt, ermöglicht die isolierte Ausschlagung des Hofanfalls bei Beibehaltung der Erbfolge in das hoffreie Vermögen.

B. Regelungsgehalt

2 Die Vorschrift ist nur relevant, wenn ein und dieselbe Person sowohl Hoferbe als auch Erbe des hoffreien Vermögens wird. § 11 ermöglicht es, die Hoferbfolge unter gleichzeitiger Beibehaltung der Erbfolge in das hoffreie Vermögen isoliert auszuschlagen. Die isolierte Ausschlagung des Hofes kann aus taktischen Gründen sinnvoll sein, etwa wenn der gesetzliche oder gewillkürte Hoferbe die unmittelbare Hoferbfolge durch einen (wirtschaftsfähigen) Abkömmling herbeiführen will.

3 Die isolierte Ausschlagung der Hoferbfolge ist gegenüber dem Landwirtschaftsgericht zu erklären, nicht gegenüber dem Nachlassgericht.[2] Hingegen ist die Gesamtausschlagung sowohl des Anfall des Hofes als auch des hoffreien Vermögens gegenüber dem Nachlassgericht zu erklären.[3] Es greift die 6-wöchige Ausschlagungsfrist des § 1944 Abs. 1 BGB. Fristbeginn ist die sichere Kenntniserlangung von dem Hoferbfall.

4 Möglich ist nicht nur die Ausschlagung, sondern auch der Verzicht auf das Hoferbrecht noch zu Lebzeiten des Hofeigentümers in einem Erbverzichtsvertrag, der in der Form des § 2348 BGB zu schließen ist. Selbst der Verzicht unter einer Bedingung soll möglich sein.[4]

5 Streitig ist, ob ein Erbe des Hof- sowie des hoffreien Vermögens die Möglichkeit hat, unter Aufrechterhaltung der Hoferbfolge die Erbfolge in das hoffreie Vermögen auszuschlagen. Die wohl herrschende Meinung verneint.[5] Akzeptiert man, dass es zu einer Nachlassspaltung kommt, wenn der Erblasser einen Hof im Sinne der Höfeordnung hinterlässt, erscheint es ungeachtet des Wortlauts von § 11 weder zwingend noch geboten, dass der (Hof-)Erbe, der (lediglich) den Hof behalten möchte, nicht zur Ausschlagung des hoffreien Vermögens befugt sein sollte.[6] Ob die isolierte Ausschlagung des hoffreien Vermögens mit Blick auf die Haftung des Hoferben für die gesamten Nachlassverbindlichkeiten gem. § 15 Abs. 1 sinnvoll ist, ist freilich eine andere Frage.

---

1 §§ 1942 ff. BGB.
2 Wöhrmann/Graß HöfeO § 11 Rn. 2; Lüdtke-Handjery/v. Jeinsen HöfeO § 11 Rn. 3, 8; Faßbender/Hötzel HöfeO § 11 Rn. 4; Steffen/Ernst HöfeO § 11 Rn. 5, allgemeine Meinung.
3 Faßbender/Hötzel HöfeO § 11 Rn. 4; Lüdtke-Handjery/v. Jeinsen HöfeO § 11 Rn. 19; Steffen/Ernst HöfeO § 11 Rn. 5.
4 Wöhrmann/Graß HöfeO § 11 Rn. 11.
5 Lüdtke-Handjery/v. Jeinsen HöfeO § 11 Rn. 20; Faßbender/Hötzel HöfeO § 11 Rn. 3.
6 So auch Wöhrmann/Graß HöfeO § 11 Rn. 1; Düsing/Martinez/Düsing/Sieverdingbeck HöfeO § 11 Rn. 7.

§ 12 HöfeO   Abfindung der Miterben nach dem Erbfall

(1) Den Miterben, die nicht Hoferben geworden sind, steht vorbehaltlich anderweitiger Regelung durch Übergabevertrag oder Verfügung von Todes wegen an Stelle eines Anteils am Hof ein Anspruch gegen den Hoferben auf Zahlung einer Abfindung in Geld zu.

(2) ¹Der Anspruch bemißt sich nach dem Hofeswert im Zeitpunkt des Erbfalls. ²Als Hofeswert gilt das Eineinhalbfache des zuletzt festgesetzten Einheitswertes im Sinne des § 48 des Bewertungsgesetzes in der Fassung der Bekanntmachung vom 26. September 1974 (Bundesgesetzbl. I S. 2369), geändert durch Artikel 15 des Zuständigkeitslockerungsgesetzes vom 10. März 1975 (Bundesgesetzbl. I S. 685). ³Kommen besondere Umstände des Einzelfalls, die für den Wert des Hofes von erheblicher Bedeutung sind, in dem Hofeswert nicht oder ungenügend zum Ausdruck, so können auf Verlangen Zuschläge oder Abschläge nach billigem Ermessen gemacht werden.

(3) ¹Von dem Hofeswert werden die Nachlaßverbindlichkeiten abgezogen, die im Verhältnis der Erben zueinander den Hof treffen und die der Hoferbe allein zu tragen hat. ²Der danach verbleibende Betrag, jedoch mindestens ein Drittel des Hofeswertes (Absatz 2 Satz 2), gebührt den Erben des Erblassers einschließlich des Hoferben, falls er zu ihnen gehört, zu dem Teil, der ihrem Anteil am Nachlaß nach dem allgemeinen Recht entspricht.

(4) Auf die Abfindung nach Absatz 1 muß sich der Miterbe dasjenige anrechnen lassen, was er oder sein vor dem Erbfall weggefallener Eltern- oder Großelternteil vom Erblasser als Abfindung aus dem Hof erhalten hat.

(5) ¹Das Gericht kann die Zahlung der einem Miterben zustehenden Abfindung, auch wenn diese durch Verfügung von Todes wegen oder vertraglich festgesetzt ist, auf Antrag stunden, soweit der Hoferbe bei sofortiger Zahlung den Hof nicht ordnungsmäßig bewirtschaften könnte und dem einzelnen Miterben bei gerechter Abwägung der Lage der Beteiligten eine Stundung zugemutet werden kann. ²Das Gericht entscheidet nach billigem Ermessen, ob und in welcher Höhe eine gestundete Forderung zu verzinsen und ob, in welcher Art und in welchem Umfang für sie Sicherheit zu leisten ist. ³Es kann die rechtskräftige Entscheidung über die Stundung, Verzinsung und Sicherheitsleistung auf Antrag aufheben oder ändern, wenn sich die Verhältnisse nach dem Erlaß der Entscheidung wesentlich geändert haben.

(6) ¹Ist der Miterbe minderjährig, so gilt die Abfindung bis zum Eintritt der Volljährigkeit als gestundet. ²Der Hoferbe hat dem Miterben jedoch die Kosten des angemessenen Lebensbedarfs und einer angemessenen Berufsausbildung zu zahlen und ihm zur Erlangung einer selbständigen Lebensstellung oder bei Eingehung einer Ehe eine angemessene Ausstattung zu gewähren. ³Leistungen nach Satz 2 sind bis zur Höhe der Abfindung einschließlich Zinsen und in Anrechnung darauf zu erbringen.

(7) Auf einen nach Absatz 6 Satz 1 als gestundet geltenden Anspruch sind die Vorschriften des Absatzes 5 Satz 2 und 3 sinngemäß anzuwenden; Absatz 6 Satz 2 ist zu berücksichtigen.

(8) Ist ein Dritter dem Miterben zum Unterhalt verpflichtet, so beschränkt sich die Verpflichtung des Hoferben nach Absatz 6 Satz 2 auf die Zahlung der Kosten, die durch den dem Miterben gewährten Unterhalt nicht gedeckt sind.

(9) Hat der Hoferbe durch eine Zuwendung, die er nach § 2050 des Bürgerlichen Gesetzbuchs zur Ausgleichung zu bringen hat, mehr als die Hälfte des nach Abzug der Nachlaßverbindlichkeiten verbleibenden Wertes (Absatz 3 Satz 1) erhalten, so ist er entgegen der Vorschrift des § 2056 des Bürgerlichen Gesetzbuchs zur Herausgabe des Mehrbetrages verpflichtet.

(10) Die Vorschriften der Absätze 2 bis 5 gelten sinngemäß für die Ansprüche von Pflichtteilsberechtigten, Vermächtnisnehmern sowie des überlebenden Ehegatten, der den Ausgleich des Zugewinns (§ 1371 Abs. 2 und 3 des Bürgerlichen Gesetzbuchs) verlangt.

A. Allgemeines	1	V. Zahlungsmodalitäten (Abs. 5)	29
B. Regelungsgehalt	6	VI. Minderjährige Anspruchsberechtigte	32
I. Anspruchsvoraussetzungen	6	VII. Ausgleichspflicht des Hoferben gem.	
II. Anspruchsberechtigte	10	§ 12 Abs. 9	33
III. Bemessungsgrundlage des Abfindungsan-		VIII. Ansprüche der Pflichtteilsberechtigten, Ver-	
spruchs	16	mächtnisnehmer sowie des überlebenden	
1. Hofeswert	17	Ehegatten beim Zugewinnausgleich gem.	
2. Zu- und Abschläge	20	§ 12 Abs. 10	35
3. Abzugsbeträge, Mindestbemessungs-		C. Weitere praktische Hinweise	39
grundlage Drittelhofeswert	23	I. Prozessuale Geltendmachung	39
4. Beteiligung am Hofeswert	25	II. Verjährung	41
IV. Anrechnungsbeträge/Vorempfänge	26		

A. Allgemeines

1 Als Ausgleich dafür, dass der Hof nur einem einzelnen Erben zufällt, gewährt § 12 den weichenden Erben einen Abfindungsanspruch gegen den Hoferben. Der Abfindungsanspruch tritt an die Stelle des „Anteils am Hof". Damit steht den weichenden Erben ein Erbrecht zu. Die frühere Auffassung des BGH, bei der Abfindung der weichenden Erben handle es sich um ein gesetzliches Vermächtnis,[1] ist spätestens durch die zweite Höferechtsnovelle überholt.[2]

2 Um leistungsfähige landwirtschaftliche Betriebe im Erbgang vor nicht finanzierbaren Abfindungsansprüchen weichender Erben zu schützen, richtet sich die Abfindung der weichenden Erben nach § 12 Abs. 2 S. 1 nach dem Hofeswert. Als Hofeswert gilt nach § 12 Abs. 2 S. 2 das Eineinhalbfache des zuletzt festgesetzten Einheitswertes, eine Maßgröße, die deutlich unter dem Verkehrswert des landwirtschaftlichen Betriebes liegt. Bei Wegfall der höferechtlichen Zielsetzung, namentlich bei der Veräußerung des Hofes, bei der Veräußerung von einzelnen oder mehreren Grundstücken oder der Erzielung landwirtschafsfremder Einnahmen gewährt § 13 als Korrektiv zur niedrigen Hofabfindung und als Ausgleich für die Privilegierung des Hoferben den sogenannten Nachabfindungsanspruch. Insoweit muss § 12 stets im Zusammenspiel mit den Regelungen in § 13 gesehen werden. Die Konsequenzen, die sich daraus ergeben, dass ab dem 01.01.2025 keine Einheitswerte mehr festgestellt werden, sind noch nicht geklärt.

3 Der Abfindungsanspruch des § 12 entsteht nicht nur beim Hoferbfall, sondern nach § 17 Abs. 2 iVm § 12 auch bei der Übergabe des Hofes im Wege vorweggenommener Hoferbfolge an einen hoferbenberechtigten Abkömmling.

4 Der Hofeswert als Bemessungsgrundlage der Hofabfindung kann um Zuschläge und Abschläge korrigiert werden. In Abzug gebracht werden die Nachlassverbindlichkeiten (§ 12 Abs. 3 S. 1). Durch diesen Abzug darf der Drittelhofeswert, also der halbe Einheitswert, nicht unterschritten werden. Der Drittelhofeswert bzw. der halbe Einheitswert bildet die Mindestbemessungsgrundlage der Hofabfindung.

5 Die höferechtliche Bemessungsgrundlage, die sich zwischen dem Drittelhofeswert und dem um Zuschläge erhöhten Hofeswert bewegt, gilt nach § 12 Abs. 10 auch für die Ansprüche von Pflichtteilsberechtigten, Vermächtnisnehmern sowie des überlebenden Ehegatten bei der Berechnung des Zugewinnausgleichs.

B. Regelungsgehalt

I. Anspruchsvoraussetzungen

6 Abfindungsansprüche nach § 12 kommen bei Eintritt des Hoferbfalls oder bei der Übergabe des Hofes im Wege vorweggenommener Hoferbfolge an einen hoferbenberechtigten Abkömmling (§ 17 Abs. 2) in Betracht. In diesem Fall entsteht der Abfindungsanspruch mit der Eintragung

---

1 BGH NJW 1958, 2114 = RdL 1958, 217.
2 Überzeugend: Lüdtke-Handjery/v. Jeinsen HöfeO
 § 12 Rn. 7; Wöhrmann/Graß HöfeO § 12 Rn. 5.

des Hofübernehmers als Eigentümer im Grundbuch.³ Übergibt der Hofeigentümer den Hof im Wege vorweggenommener Erbfolge an einen Dritten, der kein hoferbenberechtigter Abkömmling ist, entfällt die Fiktion des § 17 Abs. 2, so dass in dieser Situation keine Abfindungsansprüche entstehen. Übergibt also der Hofeigentümer den Hof lebzeitig an den Ehegatten, erhalten die Abkömmlinge keine Abfindungsansprüche.

Abfindungsansprüche nach § 12 können nach § 8 Abs. 3 S. 3 auch bei der Beendigung der fortgesetzten Gütergemeinschaft entstehen, da deren Beendigung dem Erbfall gleichgestellt ist. 7

Die Entstehung des Abfindungsanspruchs setzt das Fehlen einer „anderweitigen Regelung" im Übergabevertrag oder in einer letztwilligen Verfügung voraus. Abfindungsansprüche nach § 12 können daher nur entstehen, wenn der Hofeigentümer im Übergabevertrag bzw. in einer letztwilligen Verfügung keine Regelung über die Abfindung der weichenden Erben getroffen hat. Die Bestimmung eines Hoferben stellt keine abweichende Regelung iSv § 12 Abs. 1 dar. Die weichenden Erben erhalten in diesem Fall die volle Abfindung nach § 12. 8

Durch die Anordnung von Abfindungen oder Vermächtnissen kann der Hofeigentümer das Pflichtteilsrecht des Ehegatten und der Abkömmlinge nicht beeinträchtigen.⁴ Dies folgt letztlich aus § 12 Abs. 10 HöfeO, so dass die Pflichtteilsberechtigten mindestens die halbe Erbquote der höferechtlichen Bemessungsgrundlage fordern können. 9

II. Anspruchsberechtigte

Wenn § 12 bei den Anspruchsberechtigten auf die Miterben abstellt, die nicht Hoferben geworden sind, sind damit diejenigen gemeint, denen der Hof unter Ausblendung der Regelungen der Höfeordnung durch gesetzliche oder gewillkürte Erbfolge zugefallen wäre, die also Miteigentümer des Hofes geworden wären.⁵ Somit entfallen Abfindungsansprüche gesetzlicher Erben einer höheren Erbordnung, erbunwürdiger Miterben und solcher Erben, die auf ihr gesetzliches (Hof-) Erbrecht verzichtet haben. 10

Auch wenn § 12 Abs. 1 von „Miterben" spricht, greift die Regelung auch dann, wenn der Erblasser einen Alleinerben bestimmt hatte, der etwa mangels Wirtschaftsfähigkeit nicht Hoferbe geworden ist.⁶ Mit dem Begriff des Miterben ist die Gesamtheit der Personen gemeint, die entweder zur Hoferbfolge berufen, oder, soweit sie nicht Hoferbe werden, auf Abfindungsansprüche beschränkt sind.⁷ 11

Bei der Anordnung der Vor- und Nacherbfolge steht dem Nacherben, der an sich zum Kreis der Miterben gehört, kein Abfindungsanspruch zu.⁸ Dem Nacherben, der ein überwiegendes Interesse an einer alsbaldigen Abfindungszahlung hat, steht es frei, die Nacherbschaft auszuschlagen (§ 11), um den Abfindungsanspruch des § 12 zu aktivieren. 12

---

3 BGHZ 1, 343 = NJW 1951, 561 = RdL 1951, 191; BGHZ 8, 213 = NJW 1953, 343 = RdL 1953, 80; Steffen/Ernst HöfeO § 12 Rn. 8, § 17 Rn. 26; Faßbender/Faßbender HöfeO § 17 Rn. 175.
4 BGHZ 25, 287 = RdL 1957, 295 = NJW 1957, 1799.
5 BGHZ 25, 287; BGHZ 28, 194 = NJW 1958, 2114 = RdL 1958, 217; BGHZ 37, 122 = NJW 1962, 1615 = RdL 1962, 182; OLG Köln AgrarR 2002, 333 = BeckRS 2002, 5924; OLG Köln BeckRS 2013, 5774; Wöhrmann/Graß HöfeO § 12 Rn. 13; Lüdtke-Handjery/v. Jeinsen HöfeO § 12 Rn. 9; Steffen/Ernst HöfeO § 12 Rn. 3; Düsing/Martinez/Düsing/Sieverdingbeck HöfeO § 12 Rn. 3; aA und zu Unrecht lediglich auf die gesetzliche Erbfolge abstellend Faßbender/Hötzel HöfeO § 12 Rn. 3.
6 Vgl. OLG Köln AUR 2013, 259; OLG Köln AgrarR 2002, 333; Wöhrmann/Graß HöfeO § 6 Rn. 12 aE; Faßbender/v. Jeinsen HöfeO § 6 Rn. 5.
7 OLG Köln AgrarR 2002, 333; AUR 2013, 259; aA OLG Hamm BeckRS 2021, 58092.
8 OLG Oldenburg AgrarR 1974, 102 = NJW-RR 1994, 272; Düsing/Martinez/Düsing/Sieverdingbeck HöfeO § 12 Rn. 6 (str.).

13 Da es sich bei der Vor- und Nacherbschaft um einen einzigen Erbfall handelt, fällt die Abfindung nur beim Vorerbfall an. Die weichenden Erben können also beim Eintritt des Nacherbfalls nicht nochmals Hofabfindung beanspruchen.[9]

14 Legt der Hofeigentümer durch Abschluss eines Hofübergabevertrages oder in einer letztwilligen Verfügung den Hoferben fest, beeinträchtigt dies die Miterbenstellung der weichenden Erben und deren Anspruchsberechtigung nach § 12 Abs. 1 nicht. Der Hofeigentümer wiederholt insoweit lediglich die gesetzliche Regelung in § 4. Eine Enterbung der Miterben und damit eine Verweisung auf den Pflichtteil ist mit der Bestimmung eines Hoferben regelmäßig nicht verbunden.[10] Erst wenn der Erblasser wörtlich oder sinngemäß bestimmt, dass ein Miterbe nur den Pflichtteil erhalten soll, ist die Verweisung auf den hälftigen Abfindungsanspruch iSv § 12 Abs. 10 hinreichend dokumentiert.[11]

15 Anspruchsberechtigt ist ebenso wie der überlebende Ehegatte auch der überlebende Lebenspartner iSd LPartG.

III. Bemessungsgrundlage des Abfindungsanspruchs

16 Bemessungsgrundlage des Abfindungsanspruchs ist nach § 12 Abs. 2 S. 1 der Hofeswert, korrigiert um Zu- oder Abschläge nach § 12 Abs. 2 S. 3 und abzüglich der den Hof treffenden und von dem Hoferben allein zu tragenden Nachlassverbindlichkeiten (§ 12 Abs. 3). Mindestbemessungsgrundlage ist nach § 12 Abs. 3 S. 2 ein Drittel des Hofeswertes bzw. der halbe Einheitswert.

17 **1. Hofeswert.** Als Hofeswert gilt das Eineinhalbfache des zuletzt festgesetzten Einheitswertes iSv § 48 Bewertungsgesetz (BewG), der sich aus dem Wirtschaftswert und dem Wohnungswert zusammensetzt. Die Krux der Anknüpfung an den Einheitswert besteht darin, dass die Einheitswerte letztmals auf dem 1.1.1964 feststellt worden sind. Die in § 21 BewG vorgesehene Neufestsetzung der Einheitswerte im Abstand von jeweils 6 Jahren ist nicht mehr erfolgt.

18 Schon die Einheitswerte zum 1.1.1964 lagen regelmäßig unterhalb der Verkehrswerte. Diese Schere ist in den letzten fünf Jahrzehnten immer weiter auseinander gegangen, so dass der Hofeswert als das Eineinhalbfache des Einheitswertes mit den tatsächlichen Wertverhältnissen nichts mehr zu tun hat. Allgemeinen Schätzungen zufolge sollen die Einheitswerte bei einem Zehntel der Verkehrswerte liegen. Es ist offensichtlich, dass die Hofabfindung nicht einmal ansatzweise der erbquotalen Beteiligung am Verkehrswert des Hofes entspricht. Klar ist aber auch, dass ein landwirtschaftlicher Betrieb in der Regel nicht überleben kann, wenn weichenden Erben ein der Erb- oder Pflichtteilsquote entsprechender Anteil am Verkehrswert des Hofes ausbezahlt werden müsste.

19 Der BGH hat das Dilemma des Auseinanderdriftens von Einheitswert bzw. Hofeswert und Verkehrswert erkannt.[12] Er stellt darauf ab, dass der Gesetzgeber der zweiten Höferechtsnovelle im Jahr 1976 die Anknüpfung an die Einheitswerte auf den 1.1.1964 als gerecht angesehen hat. Da entgegen der Erwartung des Gesetzgebers tatsächlich keine Anpassung der Einheitswerte im Abstand von 6 Jahren erfolgte, hält der BGH eine Anpassung des Hofeswertes im Verhältnis des Ertragswerts des Betriebes im Abfindungszeitpunkt zum Ertragswert des Jahres 1976 für angemessen, wobei die Anpassung als Zuschlag iSv § 12 Abs. 2 S. 3 geschehen soll. Der Hofes-

---

9 Wöhrmann/Graß HöfeO § 12 Rn. 126; Düsing/Martinez/Düsing/Sieverdingbeck HöfeO § 12 Rn. 6.
10 BGHZ 28, 194 = NJW 1958, 2114 = RdL 1958, 317; BGH BGHZ 38, 110 = RdL 1963, 15 = NJW 1963, 860; BGH RdL 1971, 270; OLG Celle RdL 1959, 72; OLG Celle RdL 1960, 295; OLG Celle RdL 1964, 184; OLG Hamm BeckRS 2008, 7002, bestätigt durch BGH BeckRS 2007, 606; Steffen/Ernst HöfeO § 12 Rn. 6; Wöhrmann/Graß HöfeO § 12 Rn. 143; Düsing/Martinez/Düsing/Sieverdingbeck HöfeO § 12 Rn. 10; FA-AgrarR/Wolter Kap. 38 Rn. 38.
11 BGHZ 38, 110 = NJW 1963, 860 = RdL 1963, 15.
12 BGH AgrarR 2001, 52 = RdL 2001, 100.

wert soll sich nach der Formel Hofeswert 1976 multipliziert mit dem aktuellen Ertragswert des Betriebes und dividiert durch den Ertragswert des Betriebes im Jahr 1976 berechnen.[13] Die vom BGH skizzierte Anpassungsregelung ist jedoch für die Praxis unbrauchbar. Die Anwendung setzt voraus, dass letztlich zwei Sachverständigengutachten gefertigt werden, und zwar zum Ertragswert des Betriebes im Bewertungszeitpunkt und ein weiteres zum Ertragswert im Jahr 1976. Abgesehen von den Kosten und der Unkalkulierbarkeit gutachterlicher Wertermittlung dürfte die Wertermittlung oft daran scheitern, dass die Gewinnermittlung oder die Steuererklärung des Jahres 1976, das mehr als vier Jahrzehnte zurückliegt, nicht mehr vorhanden ist und allenfalls mit größter Mühe und großer Ungenauigkeit rekonstruiert werden kann. Weitere praktische Probleme stellen sich, wenn der zu bewertende Betrieb im Jahr 1976 noch gar nicht oder in einer ganz anderen Struktur existierte. Eine Anpassung des Hofeswertes im Sinne der BGH-Entscheidung vom 17.11.2000 findet in der Praxis schlicht und ergreifend nicht statt. Rechtsprechung, welche die Anpassungsvorstellungen des BGH aufgreift, ist in veröffentlichter Form nicht vorhanden. Damit ergibt sich der unbefriedigende Zustand, dass auch weiterhin der aus dem Einheitswert zum 1.1.1964 abgeleitete Hofeswert die Bemessungsgrundlage der Hofabfindung bildet.

2. Zu- und Abschläge. Nur auf Verlangen des weichenden Erben oder des Pflichtteilsberechtigten, nicht von Amts wegen, ist der Hofeswert um Zu- oder Abschläge zu korrigieren, wenn nicht nur geringfügige wertbestimmende Faktoren im Hofeswert nicht oder nur unzureichend zum Ausdruck kommen. Da auf den Einzelfall abzustellen ist, sollen Inflation oder Subventionen einen Zuschlag nicht rechtfertigen.[14] Ob künftig daran festzuhalten ist, erscheint zweifelhaft, zumal der BGH der unterbliebenen Einheitswertfortschreibung durch eine analoge Anwendung von § 12 Abs. 2 S. 2 Rechnung tragen will.[15] Besondere Umstände, die sich nicht oder nur ungenügend im Hofeswert niederschlagen, sind insbesondere die Bauland- oder Bauerwartungslandeigenschaft von Hofgrundstücken. Bei Bauland ist der Hofeswert um den Verkehrswert des Grundstücks im Zeitpunkt des Erbfalls zu erhöhen.[16] Für Bauerwartungsland ist ein Zuschlag in Höhe eines Drittels des Verkehrswertes zu machen.[17] Ein Zuschlag für Bauerwartungsland setzt allerdings voraus, dass eine künftige Nutzungsänderung konkret erkennbar ist. Einen Zuschlag rechtfertigt auch die Errichtung von Mietwohnungen auf einem Hofgrundstück, sofern dieses die Hofeigenschaft nicht verliert. Sie sollen mit dem Ertragswert angesetzt werden.[18] Kein Zuschlag erfolgt hingegen für eine Gaststätte oder eine sonstige gewerbliche Einrichtung, die sich zwar auf der Hofstelle befindet, aber keine hoffremden Einnahmen mehr erwarten lässt.[19] Ebenfalls gibt es keinen Zuschlag für baureif erschlossenes Wohnbauland, das mit einer Scheune bebaut ist und nachhaltig landwirtschaftlich genutzt wird.[20] Hingegen rechtfertigen Windkraftanlagen und Photovoltaikanlagen einen Zuschlag nach § 12 Abs. 2 Abs. 3.[21] Als Höhe des Zuschlags kommen die abgezinsten und gesichert erscheinenden Zukunftserträge der Energiegewinnungsanlage in Betracht.[22]

Ändern sich die tatsächlichen Verhältnisse zwischen der letzten Einheitswertfeststellung und dem Erbfall (Erwerb oder Veräußerung von Grundbesitz, Zerstörung von Gebäuden etc), ist die Anpassung zum insoweit überholten Einheitswertbescheid durch Zu- oder Abschläge vorzunehmen.[23]

---

13 Wenzel AgrarR 2002, 373; Wöhrmann/Graß HöfeO § 12 Rn. 23; Steffen/Ernst HöfeO § 12 Rn. 16.
14 Lüdtke-Handjery/v. Jeinsen HöfeO § 12 Rn. 21; Faßbender/Hötzel HöfeO § 12 Rn. 18.
15 BGH AgrarR 2001, 52 = RdL 2001, 100.
16 BGH RdL 1996, 215; Steffen/Ernst HöfeO § 12 Rn. 25.
17 OLG Schleswig AgrarR 1998, 415; Steffen/Ernst HöfeO § 12 Rn. 25.
18 AG Steinfurt RdL 2013, 252.
19 OLG Hamm BeckRS 2012, 07990.
20 OLG Hamm BeckRS 2012, 07990; Nichtzulassungsbeschwerde zurückgewiesen BGH BeckRS 2012, 07961.
21 Dingerdissen ErbR 2009, 330 (336); Graß AUR 2012, 365 (366).
22 Graß AUR 2012, 365 (366); Düsing/Martinez/Düsing/Sieverdingbeck HöfeO § 12 Rn. 22, 25; MAH AgrarR/*von Garmissen* § 11 Rn. 50.
23 Wöhrmann/Graß HöfeO § 12 Rn. 31.

22 Ab welcher Größenordnung Umstände von so erheblicher Bedeutung sind, dass sie einen Zu- oder Abschlag rechtfertigen, ist umstritten. Die Grenze dürfte bei einer Abweichung ab 20 % des Einheitswerts liegen.[24]

23 **3. Abzugsbeträge, Mindestbemessungsgrundlage Drittelhofeswert.** Wenn § 12 Abs. 3 S. 1 davon spricht, dass von dem Hofeswert die von dem Hoferben allein zu tragenden Nachlassverbindlichkeiten abgezogen werden, bedarf es zunächst der begrifflichen Klarstellung: Mit dem Hofeswert iSv § 12 Abs. 3 S. 1 ist der um Zu- oder Abschläge korrigierte Hofeswert gemeint. Nicht unterschritten werden darf nach § 12 Abs. 3 S. 2 der Drittelhofeswert. Aus dem Verweis auf § 12 Abs. 2 S. 2 in § 12 Abs. 3 S. 2 folgt, dass mit dem Begriff des Drittels des Hofeswertes das Drittel des eineinhalbfachen Einheitswertes gemeint ist, also der halbe Einheitswert. Bei § 12 Abs. 3 S. 1 ist also der Hofeswert unter Einschluss der Zu- oder Abschläge zu verstehen, während Hofeswert in § 12 Abs. 3 S. 2 den reinen Einheitswert meint, mithin Zu- und Abschläge unberücksichtigt lässt.

24 Was sich hinter dem Begriff der Nachlassverbindlichkeiten verbirgt, die im Verhältnis der Erben zueinander den Hof treffen und die der Hoferbe allein zu tragen hat, ergibt sich aus § 15 Abs. 1 und § 15 Abs. 3. Damit können die sonstigen Lasten wie Altenteile, Nießbrauch, Deichlasten, Grundsteuern etc in Abzug gebracht werden. Auf Hypotheken, Grund- und Rentenschulden trifft dies insoweit nicht zu, wie diese aus dem hoffreien Vermögen beglichen werden können. Vermächtnisse und Pflichtteilsansprüche können nicht als Nachlassverbindlichkeiten vom Hofeswert abgezogen werden. Abzugsfähig sind wiederum Altenteil und lebenslängliche Nutzungsrechte, und zwar mit ihrem kapitalisierten Wert. Bei der Berechnung von Pflichtteilsansprüchen (§ 12 Abs. 10) ist zu beachten, dass ein durch Übergabevertrag oder durch Verfügung von Todes wegen begründetes Altenteil nicht als Nachlassverbindlichkeit in Abzug gebracht werden darf.[25] Grund ist die anderenfalls bestehende Manipulierbarkeit der Pflichtteilsansprüche.

25 **4. Beteiligung am Hofeswert.** Am Hofeswert sind die gewillkürten oder gesetzlichen Erben des hoffreien Vermögens nach Maßgabe ihrer Erbquote beteiligt, sofern sie nicht auf den Pflichtteil gesetzt sind. Der Hoferbe wird mitgezählt, wenn er ebenfalls zu den gesetzlichen oder gewillkürten Erben des hoffreien Vermögens gehört.

IV. Anrechnungsbeträge/Vorempfänge

26 § 12 Abs. 4 ordnet die Anrechnung von Vorempfängen an, die der Abfindungsberechtigte oder sein vor dem Erbfall weggefallener Eltern- oder Großelternteil von dem Erblasser aus dem Hof erhalten hat. Die Herkunft „aus dem Hof" ist wirtschaftlich zu sehen. Dazu gehören Hofgrundstücke ebenso wie Inventarteile oder der Erlös aus der Veräußerung dieser Gegenstände. Gleiches gilt für Ersparnisse aus den Erträgen des Hofes oder Darlehensmittel, die durch Grundpfandrechte, die auf Hofgrundstücken lasten, gesichert sind.

27 Ebenso ausgleichspflichtig gegenüber höferechtlichen Abfindungsansprüchen sind Ausstattungen iSd §§ 2050 ff. BGB.[26] Indessen ist die Ausstattung nicht mit dem Nominalbetrag, sondern zum Ausgleich des Kaufkraftschwunds indexiert bis zum Zeitpunkt der Hofübergabe oder des Erbfalls anzurechnen.[27]

28 Bei der Durchführung der Anrechnung bzw. Ausgleichung ist zu beachten, dass die Ausgleichs- bzw. Anrechnungsbeträge dem ggf. um Zu- oder Abschläge korrigierten Hofeswert hinzuzurechnen sind. Dabei ist der Ausgleichs- bzw. Anrechnungsbetrag auf den Anteil des Abfindungs-

---

24 Übersicht zum Streitstand bei Steffen/Ernst HöfeO § 12 Rn. 29.
25 BGH AgrarR 1986, 319 = RdL 1986, 293; OLG Celle BeckRS 2014, 09010.
26 BGH BGHZ 4, 341 = RdL 1952, 100; AgrarR 1986, 319 = RdL 1986, 253.
27 BGH NJW 1975, 1831; Wöhrmann/Graß HöfeO § 12 Rn. 84; Steffen/Ernst HöfeO § 12 Rn. 52.

berechtigten an der Summe aus Hofeswert und Anrechnungs- bzw. Ausgleichsbetrag anzurechnen.[28]

V. Zahlungsmodalitäten (Abs. 5)

Unter der Voraussetzung, dass die Abfindungszahlung die ordnungsgemäße Bewirtschaftung des Hofes gefährden könnte, kann das Landwirtschaftsgericht den Abfindungsanspruch gem. § 12 Abs. 5 S. 1 stunden. Es handelt sich um eine Ermessensentscheidung, bei der das Landwirtschaftsgericht die Zahlungsmodalitäten, die Verzinsung und ggf. die Sicherheitsleistung zugunsten der Anspruchsberechtigten festlegt. Unter den Voraussetzungen des Abs. 5 S. 1 kann der Hoferbe auch dann Stundung beanspruchen, wenn der Abfindungsanspruch in einer letztwilligen Verfügung, einem Erbvertrag oder in einem Übergabevertrag (§ 17 Abs. 2) festgelegt ist und dort keine Zahlungserleichterungen für den Hoferben vorgesehen sind.

Eine Stundung soll verweigert werden, wenn der Hoferbe den Hof nicht mehr ordnungsgemäß bewirtschaftet.

Bei einer wesentlichen Änderung der Verhältnisse kann das Landwirtschaftsgericht auf Antrag eines Beteiligten die Entscheidung über Stundung, Verzinsung und Sicherheitsleistung gem. Abs. 5 S. 3 ändern oder aufheben.

VI. Minderjährige Anspruchsberechtigte

Bei Minderjährigen gilt die Abfindung bis zum Eintritt der Volljährigkeit kraft Gesetzes als gestundet, § 12 Abs. 6. Zum Ausgleich für die teilweise langjährige Stundung muss der Hoferbe nach § 12 Abs. 6 S. 2 die Kosten des angemessenen Lebensbedarfs und einer angemessenen Berufsausbildung des Minderjährigen tragen.

VII. Ausgleichspflicht des Hoferben gem. § 12 Abs. 9

Nach der allgemeinen Regelung in § 2056 BGB braucht ein Miterbe keine Herauszahlung zu leisten, wenn er durch die Zuwendung mehr erhalten hat, als ihm bei der Auseinandersetzung zukommen würde. Von diesem Grundsatz macht § 12 Abs. 9 eine Ausnahme zugunsten der weichenden Erben, da der Hoferbe, der bereits durch das Abfindungssystem des § 12 Abs. 1 bis 3 privilegiert ist, nicht noch weiter bevorzugt werden soll.

Als herauszugebenden Ausgleichsbetrag definiert § 12 Abs. 9 die Differenz zwischen der Zuwendung und der Hälfte des nach Abzug der Nachlassverbindlichkeiten verbleibenden Hofeswertes. Beispiel: Bei einem Einheitswert von 50.000 EUR, vom Hoferben zu tragenden Nachlassverbindlichkeiten von 60.000 EUR und einem Vorempfang von 20.000 EUR beträgt der Hofeswert 75.000 EUR, so dass nach Abzug der Nachlassverbindlichkeiten (60.000 EUR) noch 15.000 EUR bleiben. Die Differenz zwischen der Hälfte (7.500 EUR) und dem Vorempfang (20.000 EUR) beträgt 12.500 EUR und ist vom Hoferben zur Ausgleichung herauszugeben.

VIII. Ansprüche der Pflichtteilsberechtigten, Vermächtnisnehmer sowie des überlebenden Ehegatten beim Zugewinnausgleich gem. § 12 Abs. 10

Auf Abkömmlinge, die der Hofeigentümer auf den Pflichtteil gesetzt hat, finden die Modalitäten der Abfindungsberechnung gem. Abs. 2 bis 5 entsprechende Anwendung. Dem pflichtteilsberechtigten Abkömmling gebührt die Hälfte seiner gesetzlichen Erbquote (§ 2303 Abs. 1 S. 2 BGB) am Hofeswert, mindestens die Hälfte der gesetzlichen Erbquote vom Drittelhofeswert

---

28 Wöhrmann/Graß HöfeO § 12 Rn. 85; Lüdtke-Handjery/v. Jeinsen HöfeO § 12 Rn. 37, 39; Steffen/Ernst HöfeO § 12 Rn. 50.

(§ 12 Abs. 3 S. 2). Da die Bestimmung eines Hoferben der gesetzlichen Regelung in § 4 S. 1 entspricht, ist darin eine Pflichtteilsanordnung für die übrigen Miterben nicht zu sehen.[29]

36 Soweit § 12 Abs. 10 Vermächtnisnehmer anspricht, ist die Konstellation gemeint, dass der Erblasser ein (quotales) Geldvermächtnis am Gesamtnachlass einschließlich des Hofes ausgesetzt hat.[30] Anzusetzen ist in diesem Fall der Wert des Hofes mit dem um die Hofesschulden reduzierten Hofeswert, mindestens der Drittelhofeswert.

37 Unter Verdrängung von § 1376 Abs. 4 BGB bestimmt § 12 Abs. 10, dass bei der Berechnung des konkreten Zugewinns des zugewinnausgleichsberechtigten Ehegatten, der sich für den „kleinen Pflichtteil" entscheidet, der landwirtschaftliche Betrieb mit dem Hofeswert angesetzt wird.[31] Untergrenze ist jeweils der Drittelhofeswert.

38 Auf den überlebenden Lebenspartner der eingetragenen Lebenspartnerschaft findet § 12 Abs. 10 über § 19 entsprechende Anwendung.[32]

C. Weitere praktische Hinweise
I. Prozessuale Geltendmachung

39 Für alle Streitigkeiten, die die Hofabfindung einschließlich der Pflichtteilsansprüche der weichenden Erben sowie den Zugewinn des überlebenden Ehegatten (§ 12 Abs. 10) betreffen, ist nach § 18 Abs. 1 HöfeO, § 1 Nr. 5 LwVG die ausschließliche Zuständigkeit des Landwirtschaftsgerichts gegeben.

40 Den Anspruchsberechtigten stehen als Hilfsansprüche zur Geltendmachung der Ansprüche aus § 12 Auskunftsansprüche zu. Diese erstrecken sich auf alle Umstände und Tatsachen, die zur Beurteilung der Anspruchsentstehung dem Grunde und der Höhe nach erforderlich sind. Das bedeutet aber auch, dass die weichenden Erben und die Pflichtteilsberechtigten keine Verkehrswertermittlung in Bezug auf den Hof oder die Hofstelle oder den Grundbesitz des Hofes beanspruchen können, da insoweit der von dem Verkehrswert abgekoppelte Hofeswert maßgeblich ist. Umgekehrt haben die weichenden Erben auf Verlangen des Hoferben über ausgleichspflichtige Vorempfänge sowie die Anrechnungsbeträge des Abs. 4 Auskunft zu erteilen.

II. Verjährung

41 Abfindungsansprüche nach § 12 unterliegen der dreijährigen Regelverjährung des § 195 BGB, deren Lauf mit dem Schluss des Jahres beginnt, in dem der weichende Erbe bzw. der Pflichtteilsberechtigte von dem Erbfall oder der Hofübergabe Kenntnis erlangt hat oder hätte erlangen müssen. Soweit die Ansprüche ursprünglich der 30-jährigen Verjährungsfrist des § 197 Abs. 1 Nr. 2 BGB aF unterlagen, bewirkte die Übergangsregelung in Art. 229 § 23 Abs. 1 EGBGB eine Kappung der Verjährungsfrist mit Wirkung auf dem 31.12.2012, soweit die subjektiven Voraussetzungen des Verjährungsbeginns vorlagen.[33]

---

29 BGH BGHZ 28, 194 = RdL 1958, 317 = NJW 1958, 2114; BGH BGHZ 38, 110 = RdL 1963, 15 = NJW 1963, 860.
30 Vgl. OLG Oldenburg AgrarR 1997, 321; Steffen/Ernst HöfeO § 12 Rn. 86 f.; Lüdtke-Handjery/v. Jeinsen HöfeO § 12 Rn. 55; Wöhrmann/Graß HöfeO § 12 Rn. 66.
31 Faßbender/Hötzel HöfeO § 12 Rn. 71; Wöhrmann/Graß HöfeO § 12 Rn. 52 ff.; Lüdtke-Handjery/v. Jeinsen HöfeO § 12 Rn. 58.
32 Steffen/Ernst HöfeO § 12 Rn. 82; Wöhrmann/Graß HöfeO § 12 Rn. 63.
33 Zur Übergangsregelung Graß ZEV 2012, 129.

§ 13 HöfeO Ergänzung der Abfindung wegen Wegfalls des höferechtlichen Zwecks

(1) ¹Veräußert der Hoferbe innerhalb von zwanzig Jahren nach dem Erbfall den Hof, so können die nach § 12 Berechtigten unter Anrechnung einer bereits empfangenen Abfindung die Herausgabe des erzielten Erlöses zu dem Teil verlangen, der ihrem nach dem allgemeinen Recht bemessenen Anteil am Nachlaß oder an dessen Wert entspricht. ²Dies gilt auch, wenn zum Hof gehörende Grundstücke einzeln oder nacheinander veräußert werden und die dadurch erzielten Erlöse insgesamt ein Zehntel des Hofeswertes (§ 12 Abs. 2) übersteigen, es sei denn, daß die Veräußerung zur Erhaltung des Hofes erforderlich war. ³Eine Übergabe des Hofes im Wege der vorweggenommenen Erbfolge gilt nicht als Veräußerung im Sinne des Satzes 1. ⁴Wird der Hof in eine Gesellschaft eingebracht, so gilt der Verkehrswert des Hofes im Zeitpunkt der Einbringung als Veräußerungserlös.

(2) ¹Hat der nach Absatz 1 Verpflichtete innerhalb von zwei Jahren vor oder nach der Entstehung der Verpflichtung einen land- oder forstwirtschaftlichen Ersatzbetrieb oder im Falle des Absatzes 1 Satz 2 Ersatzgrundstücke erworben, so kann er die hierfür gemachten Aufwendungen bis zur Höhe der für einen gleichwertigen Ersatzerwerb angemessenen Aufwendungen von dem Veräußerungserlös absetzen; als gleichwertig ist dabei eine Besitzung anzusehen, die als Ersatzbetrieb oder als um die Ersatzgrundstücke vervollständigter Restbesitz dem Hofeswert (§ 12 Abs. 2) des ganz oder teilweise veräußerten Hofes entspricht. ²Dies gilt auch, wenn der Ersatzbetrieb oder ein Ersatzgrundstück im Gebiet der Länder Baden-Württemberg, Bayern, Berlin, Bremen, Hessen, Rheinland-Pfalz oder des Saarlandes belegen ist.

(3) ¹Macht der Verpflichtete glaubhaft, daß er sich um einen Ersatzerwerb bemüht, so kann das Gericht den Anspruch bis zum Ablauf der in Absatz 2 Satz 1 bestimmten Frist stunden; § 12 Abs. 5 Satz 2 und 3 gilt entsprechend. ²Hat der Verpflichtete einen notariellen Vertrag über den Erwerb eines Ersatzbetriebes oder im Falle des Absatzes 1 Satz 2 über den Erwerb von Ersatzgrundstücken abgeschlossen, so ist die Frist nach Absatz 2 Satz 1 auch gewahrt, wenn der Antrag auf Eintragung des Eigentumsübergangs oder einer den Anspruch auf Übereignung sichernden Vormerkung bis zum Ablauf der Frist beim Grundbuchamt eingegangen ist.

(4) Absatz 1 Satz 1 gilt entsprechend, wenn der Hoferbe innerhalb von zwanzig Jahren nach dem Erbfall

a) wesentliche Teile des Hofeszubehörs veräußert oder verwertet, es sei denn, daß dies im Rahmen einer ordnungsmäßigen Bewirtschaftung liegt, oder
b) den Hof oder Teile davon auf andere Weise als land- oder forstwirtschaftlich nutzt

und dadurch erhebliche Gewinne erzielt.

(5) ¹Von dem Erlös sind die durch die Veräußerung oder Verwertung entstehenden öffentlichen Abgaben, die vom Hoferben zu tragen sind, abzusetzen. ²Erlösminderungen, die auf einer vom Hoferben aufgenommenen dinglichen Belastung des Hofes beruhen, sind dem erzielten Erlös hinzuzurechnen, es sei denn, daß die Aufnahme der Belastung im Rahmen einer ordnungsmäßigen Bewirtschaftung lag. ³Ein Erlös, den zu erzielen der Hoferbe wider Treu und Glauben unterlassen hat, wird hinzugerechnet. ⁴Von dem Erlös ist der Teil abzusetzen, der bei wirtschaftlicher Betrachtungsweise auf eigenen Leistungen des Hoferben beruht oder dessen Herausgabe aus anderen Gründen nicht der Billigkeit entsprechen würde. ⁵Von dem Erlös ist abzusetzen ein Viertel des Erlöses, wenn die Veräußerung oder Verwertung später als zehn Jahre, die Hälfte des Erlöses, wenn sie später als fünfzehn Jahre nach dem Erbfall erfolgt.

(6) ¹Veräußert oder verwertet der Hoferbe innerhalb von zwanzig Jahren nach dem Erbfall einen Ersatzbetrieb, Ersatzgrundstücke oder Hofeszubehör, so sind die Vorschriften der Absätze 1 bis 5 sinngemäß anzuwenden. ²Dies gilt auch, wenn der Ersatzbetrieb oder ein Ersatzgrundstück die Voraussetzungen des Absatzes 2 Satz 2 erfüllt.

(7) Veräußert oder verwertet ein Dritter, auf den der Hof im Wege der Erbfolge übergegangen oder dem er im Wege der vorweggenommenen Erbfolge übereignet worden ist, innerhalb von zwanzig Jahren nach dem Erbfall (Absatz 1 Satz 1) den Hof, Teile des Hofes oder Hofeszubehör, so sind die Vorschriften der Absätze 1 bis 6 sinngemäß anzuwenden.

(8) Der Veräußerung stehen die Zwangsversteigerung und die Enteignung gleich.

(9) ¹Die Ansprüche sind vererblich und übertragbar. ²Sie verjähren mit Ablauf des dritten Jahres nach dem Zeitpunkt, in dem der Berechtigte von dem Eintritt der Voraussetzungen des Anspruchs Kenntnis erlangt, spätestens in dreißig Jahren vom Erbfall an. ³Sie entstehen auch, wenn die Besitzung im Grundbuch nicht als Hof eingetragen ist oder wenn der für sie eingetragene Hofvermerk gelöscht worden ist, sofern sie Hof ist oder war.

(10) Der Verpflichtete hat den Berechtigten über eine Veräußerung oder Verwertung unverzüglich Mitteilung zu machen sowie über alle für die Berechnung des Anspruchs erheblichen Umstände auf Verlangen Auskunft zu erteilen.

A. Allgemeines 1	4. Veräußerung und Verwertung von Surrogaten 21
B. Regelungsgehalt 2	5. Mehrfache Hoffolge 22
I. Anspruchsberechtigte und Anspruchsverpflichtete 2	6. Wegfall der Hofeigenschaft 23
II. Nachabfindungstatbestände 8	III. Bemessungsgrundlage der Nachabfindung 24
1. Veräußerung und Einbringung des Hofes, Grundstücksveräußerungen 8	1. Bei Veräußerungsgeschäften 24
a) Allgemeines 8	a) Erlös 24
b) Nachabfindungszeitraum 10	b) Abzugsbeträge 26
c) Ersatzbetrieb, Ersatzgrundstücke .. 11	2. Besonderheiten bei landwirtschaftsfremden Nutzungen 32
d) Umgehungsgeschäfte 16	C. Weitere praktische Hinweise 34
2. Veräußerung oder Verwertung von wesentlichem Hofeszubehör 17	I. Verjährung 34
	II. Benachrichtigungspflicht des Hoferben 35
3. Nichtlandwirtschaftliche Nutzung 18	III. Prozessuale Durchsetzung 36

A. Allgemeines

1 Als Ausgleich für die niedrige Hofabfindung, die sich aus § 12 ergibt, gewährt § 13 den Miterben bei Wegfall des höferechtlichen Zwecks einen zusätzlichen Abfindungsbetrag, den sogenannten Nachabfindungsanspruch. Nachabfindungsansprüche, teilweise in Anlehnung an die gesetzliche Überschrift auch als Ergänzungsabfindung bezeichnet, können bei der Veräußerung des Hofes, von Hofgrundstücken, von Hofeszubehör und der Erzielung landwirtschaftsfremder Nutzungen innerhalb eines 20-jährigen Zeitraums nach der Hofübergabe oder dem Hoferbfall entstehen. Die weichenden Erben, aber auch die Pflichtteilsberechtigten, werden an dem der Nachabfindung unterliegenden Erlös beteiligt, auf den sie sich allerdings ua die bereits empfangene Abfindung gem. § 12 anrechnen lassen müssen. Realisiert der Hoferbe den nachabfindungspflichtigen Tatbestand später als zehn Jahre nach der Hofübergabe oder dem Hoferbfall, wird der Erlös nach der Degressionsregelung in § 13 Abs. 5 S. 5 um ein Viertel gekürzt, nach 15 Jahren um die Hälfte. Die Vorschrift liefert nach wie vor erhebliche Auslegungsprobleme, insbesondere bei landwirtschaftsfremden Nutzungen iSv § 13 Abs. 4 Buchst. b).

B. Regelungsgehalt

I. Anspruchsberechtigte und Anspruchsverpflichtete

2 Nachabfindungsansprüche können nach der Verweisung in § 13 Abs. 1 S. 1 all diejenigen geltend machen, denen Abfindungsansprüche nach § 12 zustehen. Das sind die weichenden Miterben (§ 12 Abs. 1) einschließlich des überlebenden Lebenspartners einer eingetragenen Lebenspartnerschaft, die Pflichtteilsberechtigten (§ 12 Abs. 10), der den „kleinen Pflichtteil" beanspru-

chende Ehegatte, der durch letztwillige Verfügung von der Erbschaft ausgeschlossene Lebenspartner sowie die Vermächtnisnehmer iSv § 12 Abs. 10.

Nach einer Hofübergabe im Wege vorweggenommener Erbfolge iSv § 17 Abs. 2 können ebenfalls Nachabfindungsansprüche bzw. entsprechende Pflichtteilsansprüche der weiteren Abkömmlinge des Hofübergebers entstehen.

Da auch der Nachabfindungsanspruch ein erbrechtlicher Anspruch ist, erstreckt sich ein Erbverzicht auch auf Abfindungsansprüche nach § 12 sowie Nachabfindungsansprüche nach § 13.[1]

Wegen der Klarstellung in § 13 Abs. 9 S. 1, dass Nachabfindungsansprüche vererblich und übertragbar sind, ist im geltenden Recht unstreitig, dass Erben des Abfindungsberechtigten Ergänzungsabfindung beanspruchen können, und zwar gleich, ob der Abfindungsberechtigte vor oder nach Realisierung des Nachabfindungstatbestandes verstorben ist.

Schuldner der Nachabfindung ist der Hoferbe, bei der Hofübergabe im Wege vorweggenommenen Erbfolge (§ 17 Abs. 2) der Hofnachfolger. Der Übergeber haftet nicht.

Nachabfindungsansprüche bleiben auch bei doppelter Hoffolge bestehen. Verstirbt der Hofnachfolger oder gibt er den Betrieb durch Übergabevertrag an seinen Hoferben weiter und realisiert dieser innerhalb der 20-jährigen Nachabfindungsfrist in Bezug auf den ersten Hoferbfall einen Nachabfindungstatbestand, können die Miterben und Pflichtteilsberechtigten des ersten Hofeigentümers von dem Hoferben seines Hofnachfolgers gem. § 13 Abs. 7 Nachabfindung beanspruchen.

II. Nachabfindungstatbestände

1. Veräußerung und Einbringung des Hofes, Grundstücksveräußerungen. a) Allgemeines. § 13 Abs. 1 S. 1 unterwirft die Veräußerung des Hofes innerhalb der 20-jährigen Nachabfindungsfrist der Nachabfindung. Maßgebend ist die Eintragung des Eigentumswechsels im Grundbuch.[2] Dazu gehört auch die Einbringung in eine Gesellschaft. Der Grund des Eigentumswechsels ist unerheblich. Lediglich die Übergabe im Wege vorweggenommener Erbfolge gilt nach § 13 Abs. 1 S. 3 nicht als nachabfindungspflichtige Veräußerung. Es gilt der zivilrechtliche Veräußerungsbegriff. Auch die substanzausschöpfende Belastung mit Grundpfandrechten ist der Veräußerung nicht gleichzustellen, kann aber eine Nachabfindungspflicht nach Abs. 4 oder Abs. 5 begründen.[3] Eine auf Basis einer Erbauslegungsvereinbarung angenommene Hoferbenbestimmung kann einer nachabfindungspflichtigen Veräußerung nicht gleichgestellt werden.[4]

Für die Veräußerung einzelner Hofgrundstücke gilt die Bagatellgrenze des § 13 Abs. 1 S. 2. Veräußerungen von Hofgrundstücken führen nur zur Nachabfindung, wenn der Erlös ein Zehntel des Hofeswertes iSv § 12 Abs. 2 übersteigt. Der Erlös aus der Veräußerung mehrerer Grundstücke wird zusammengerechnet. Sobald der Zehntelhofeswert erreicht ist, greift auch für die früheren Veräußerungen die Nachabfindungspflicht. Ausgenommen sind solche Grundstücksveräußerungen, die zur Erhaltung des Hofes erforderlich sind (§ 13 Abs. 1 S. 2). Die Einschränkung ist eng auszulegen. Allein sinnvoll oder wirtschaftlich gebotene Veräußerungen sind von der Nachabfindung nicht ausgenommen. Der Ausschlusstatbestand setzt nur ein, wenn die Aufrechterhaltung der Landwirtschaft ohne Veräußerung nicht möglich wäre.[5] Bei Veräußerungen zur Schuldentilgung liegt ein die Nachabfindung ausschließender Ausnahmefall nur vor, wenn drückende, die Existenz des Hofes in Frage stellende Schulden abgelöst werden müssen und diese weder aus laufenden Erträgen noch durch zumutbare Kreditaufnahme beglichen werden konnten.[6] Hingegen kann sich der Hoferbe nicht auf den Ausschluss der Nachabfindung beru-

---

1 BGH AgrarR 1997, 121 = RdL 1997, 63.
2 BGH AgrarR 1979, 194.
3 BGH AgrarR 2001, 54 = RdL 2001, 80, Rechtsbeschwerde erfolglos BGH BeckRS 2009, 12396.
4 BGH AUR 2017, 294.
5 BGH RdL 1964, 19 = NJW 1964, 862; OLG Oldenburg AgrarR 1978, 232.
6 OLG Hamm BeckRS 2013, 13240.

fen, wenn ungeachtet der Grundstücksveräußerung zur Schuldentilgung die wirtschaftliche Lebensfähigkeit des Hofes gefährdet bleibt und dieser ohnehin nicht auf Dauer gehalten werden kann oder wenn die existenzgefährdende Verschuldung auf schlechte Wirtschaftsführung des Hoferben zurückzuführen ist.[7]

10 **b) Nachabfindungszeitraum.** Die dingliche Rechtsänderung muss innerhalb einer Frist von 20 Jahren nach dem Erbfall erfolgen. Zu differenzieren ist bei der Hofübergabe im Wege vorweggenommener Erbfolge: Für die hoferbenberechtigten Abkömmlinge gilt der Erbfall nach § 17 Abs. 2 hinsichtlich des Hofes mit dem Zeitpunkt der Übertragung als eingetreten, so dass mit der Eigentumsumschreibung im Grundbuch der Nachabfindungszeitraum beginnt. Für andere Abfindungsberechtigte, die nicht zu den hoferbenberechtigten Abkömmlingen gehören, entfallen Abfindungs- und Nachabfindungsansprüche.[8] Für sie kommen lediglich Pflichtteilsergänzungsansprüche oder Pflichtteilsrestansprüche in Betracht.

11 **c) Ersatzbetrieb, Ersatzgrundstücke.** Durch den Erwerb eines Ersatzbetriebs oder von Ersatzgrundstücken innerhalb eines Zeitraums von 2 Jahren vor oder nach der Realisierung des Nachabfindungstatbestands wird die Nachabfindungspflicht gem. § 13 Abs. 2 eingeschränkt. Dies geschieht in der Weise, dass der nachabfindungspflichtige Erlös gekürzt wird um die angemessenen Aufwendungen für einen gleichwertigen Ersatzerwerb. Die Gleichwertigkeit richtet sich dabei nach dem Hofeswert. Erwirbt der Hoferbe mit dem Erlös einen Ersatzbetrieb mit einem höheren Hofeswert, unterliegt der Teil des Kaufpreises, der auf den überschießenden Hofeswert des Ersatzbetriebes entfällt, der Nachabfindung. Bei der Veräußerung einzelner Grundstücke ist der Ersatzerwerb nur insoweit gleichwertig, wie der verbleibende Restbesitz und das ersatzweise erworbene Grundstück dem Hofeswert vor der Veräußerung entsprechen.

12 Ein Ersatzerwerb liegt nur vor, wenn das neu erworbene Grundstück vom Hof aus landwirtschaftlich genutzt wird, und sei es durch einen Pächter des Hofes. Anderenfalls wäre der Ausschluss von der Nachabfindung wegen Wegfalls des höferechtlichen Zwecks nicht zu rechtfertigen. Nicht angemessen iSv § 13 Abs. 3 S. 1 wäre ein Ersatzerwerb, wenn der Hofeigentümer aus dem Veräußerungserlös anstelle von verfügbarem Ackerland zwar landwirtschaftlich geeignetes, aber deutlich teureres Bauerwartungsland erwirbt.[9]

13 Nach dem Wortlaut von § 13 Abs. 2 S. 2 kann sich der Ersatzbetrieb oder das Ersatzgrundstück auch auf dem Gebiet der alten Bundesländer befinden, die keine Höfeordnungsländer sind. Da die Vorschrift vor der Wiedervereinigung entstanden ist, besteht Einigkeit, dass § 13 Abs. 2 auch dann anzuwenden ist, wenn sich Ersatzbetrieb oder Ersatzgrundstück in den neuen Bundesländern befinden.

14 Auf Antrag kann das Landwirtschaftsgericht den Nachabfindungsanspruch bis zum Ablauf der 2-jährigen Reinvestitionsfrist stunden, wenn der Verpflichtete glaubhaft macht, sich um einen Ersatzbetrieb oder ein Ersatzgrundstück zu bemühen (§ 13 Abs. 3 S. 1). Aus der Verweisung auf § 12 Abs. 5 S. 2 ergibt sich die Möglichkeit des Gerichts, Stundung ganz oder teilweise zu gewähren, Verzinsung anzuordnen oder Sicherheitsleistung festzulegen, wobei die Entscheidung bei Änderung der Verhältnisse abgeändert werden kann.

15 Da dem Hoferben nicht das Risiko von Verzögerungen bei der Grundbuchumschreibung aufgebürdet werden soll, ist die Reinvestitionsfrist auch gewahrt, wenn rechtzeitig vor Ablauf der 2-Jahres-Frist der notarielle Kaufvertrag geschlossen und der Antrag auf Eintragung der Vormerkung oder der Eigentumsumschreibung bei dem Grundbuchamt eingegangen ist.

16 **d) Umgehungsgeschäfte.** Durch Umgehungsgeschäfte kann die Nachabfindungspflicht nicht verhindert werden. Das folgt nicht nur aus dem Verbot treuwidrigen Verhaltens des Hoferben

---

[7] BGH RdL 1964, 19; OLG Oldenburg AUR 2005, 53; OLG Hamm BeckRS 2013, 13240.
[8] Wöhrmann/Graß HöfeO § 17 Rn. 61; FAKomm ErbR/Dingerdissen Landgut- und Höfeerbrecht Rn. 126; aA Faßbender/Hötzel HöfeO § 13 Rn. 5.
[9] Steffen/Ernst HöfeO § 13 Rn. 47.

in § 13 Abs. 5 S. 3, sondern auch aus der höferechtlichen Zielsetzung. Typische Umgehungsgeschäfte liegen etwa dann vor, wenn die Eigentumsumschreibung bis auf weiteres unterbleibt und erst nach Ablauf einer Degressionsphase oder der Nachabfindungsfrist vollzogen werden soll, während der Kaufpreis bereits innerhalb der Nachabfindungsfrist fließt.[10] Gleiches gilt, wenn die Kaufpreiszahlung ganz oder teilweise kaschiert wird, etwa durch die Vereinbarung überzogener und unangemessener Gegenleistungen für eine nicht abfindungspflichtige Leistung des Hoferben in einer gesonderten Urkunde.[11]

2. Veräußerung oder Verwertung von wesentlichem Hofeszubehör. § 13 Abs. 4 Buchst. a) bezieht die Veräußerung von wesentlichem Hofeszubehör iSv § 3 in die Nachabfindung ein, sofern nicht die Veräußerung oder Verwertung im Rahmen ordnungsgemäßer Bewirtschaftung erfolgt. Als Hofeszubehör kommt etwa der Viehbestand oder wertvolles landwirtschaftliches Gerät in Betracht. Wann das veräußerte Hofeszubehör als wesentlich anzusehen ist, ist streitig. Die Rechtsprechung stellt darauf ab, ob der Erlös ein Zehntel des Hofeswertes erreicht.[12] Wegen der Ausklammerung solcher Veräußerungen, die im Rahmen ordnungsgemäßer Bewirtschaftung erfolgen, ist der Anwendungsbereich von § 13 Abs. 4 Buchst. a) eher gering, zumal das Veräußerungsgeschäft auch zu einem erheblichen Gewinn geführt haben muss.

17

3. Nichtlandwirtschaftliche Nutzung. § 13 Abs. 4 Buchst. b) soll den weichenden Erben einen Ausgleich verschaffen, wenn der höferechtliche Zweck durch andere Maßnahmen als der Veräußerung oder Verwertung von Grundbesitz oder Hofeszubehör endgültig oder zumindest für einen gewissen Zeitraum entfällt und der Hoferbe dadurch erhebliche Gewinne erzielt. Die Vorschrift hat im Laufe der Zeit eine extensive Auslegung durch die Rechtsprechung erfahren. Eine genaue Definition, wann eine landwirtschaftsfremde und zur Nachabfindung führende Nutzung vorliegt, fehlt. Die eher konturlose Bestimmung hat durch eine Vielzahl von Einzelfallentscheidungen eine gewisse Präzisierung erreicht, die von dem Bemühen geprägt ist, die weichenden Erben an Erträgen des Hoferben, die nicht auf reiner Landwirtschaft iSv § 1 Abs. 2 GrdstVG beruhen, teilhaben zu lassen. Als nachabfindungspflichtige Tatbestände iSv § 4 Abs. 4 Buchst. b) werden angesehen: Die Errichtung eines Miethauses auf einem Hofgrundstück, der Umbau eines Wirtschaftsgebäudes zu einem Mehrfamilienhaus,[13] die Vermietung der Hofstelle zu Wohnzwecken, die Verpachtung von Flächen für einen Campingplatz oder einen Golfplatz,[14] die Vermietung einer Scheune als Lagerraum, die Ausbeute von Bodenschätzen wie Kies- oder Sandabbau,[15] die Errichtung gewerblicher Objekte auf einem Hofgrundstück, die Veräußerung der Milchquote,[16] Grundstücksveräußerungen durch einen Realverband, an dem der Hof beteiligt ist,[17] die anderweitige Verwendung einer Versicherungsentschädigung für ein abgebranntes Wirtschaftsgebäude,[18] die Umwandlung des Hofes in einen (gewerblichen) Pferdepensionsbetrieb, die Belastung des Hofes mit Grundpfandrechten zu hofesfremden Zwecken,[19] die Errichtung von Windkraftanlagen[20] sowie von Photovoltaikanlagen, schließlich die Bestellung von Erbbaurechten.[21] Demgegenüber lösen die Nachabfindung regelmäßig nicht aus: Einnahmen aus der Einräumung von Leitungsrechten als Ausgleich für Bewirtschaftungserschwernisse,[22] die Verpachtung von Flächen zur landwirtschaftlichen Nutzung,[23] Nutzungsänderungen im Rahmen ordnungsgemäßer Bewirtschaftung wie Rotationsbrache oder Flächenstilllegung, Einnahmen aus Kontingenten, Absatzquoten, Lieferrechten, Subventionen etc sowie die Gewin-

18

---

10 BGH RdL 1965, 20; RdL 1966, 73; RdL 2004, 236.
11 OLG Hamm BeckRS 2010, 15750.
12 OLG Hamm AgrarR 1984, 221.
13 BGH AgrarR 2000, 298 = RdL 2000, 242.
14 OLG Hamm AUR 2009, 399.
15 OLG Hamm AgrarR 1988, 21.
16 OLG Celle AgrarR 1997, 160.
17 BGH AgrarR 1986, 109 = RdL 1985, 215.
18 OLG Celle RdL 1990, 324 = AgrarR 1991, 249; BGH AgrarR 1992, 79.
19 BGH AgrarR 2001, 54 = RdL 2001, 80.
20 BGH BGHZ 180, 285 = NJW-RR 2009, 1610 = RdL 2009, 217; OLG Celle RdL 2012, 77; entsprechendes gilt für das Repowering, OLG Oldenburg RdL 2018, 199.
21 BGH AgrarR 1979, 220 = RdL 1979, 133 = NJW 1979, 1455.
22 OLG Hamm AgrarR 1988, 21.
23 OLG Oldenburg AgrarR 1995, 373.

nung von Biogas oder -diesel, wenn hierzu – anders als bei Windkraft und Photovoltaik – überwiegend eigene landwirtschaftliche Erzeugnisse verwertet werden.

19 Bei der Frage, ob durch diese Nachabfindungstatbestände erhebliche Gewinne erzielt werden, ist in entsprechender Anwendung von § 13 Abs. 1 S. 2 auf den Zehntelhofeswert abzustellen. Bei Veräußerungsgeschäften wie zB dem Verkauf der Milchquote muss nur der Erlös des Veräußerungsgeschäftes den Zehntelhofeswert übersteigen. Bei landwirtschaftsfremden Nutzungen wie Mieteinnahmen, Einspeisevergütungen, Einnahmen aus der Flächenüberlassung für Windkraftanlagen etc kommt es darauf an, ob die im voraussichtlichen Nutzungszeitraum erwirtschafteten Entgelte den Zehntelhofeswert übersteigen.

20 Bei landwirtschaftsfremden Nutzungen, die sich über einen längeren Zeitraum erstrecken, entsteht der Nachabfindungsanspruch in jedem Kalenderjahr des Nachabfindungszeitraums neu.

21 **4. Veräußerung und Verwertung von Surrogaten.** Kommt es innerhalb der 20-jährigen Nachabfindungsfrist zur Veräußerung oder Verwertung eines Ersatzbetriebes, eines Ersatzgrundstücks oder von ersatzweise angeschafftem Hofeszubehör, unterliegt auch dieser Vorgang nach § 13 Abs. 6 der Nachabfindung. Die Regelung ist gerechtfertigt, da ansonsten die Nachabfindungspflicht des Hofübernehmers leicht von ihm umgangen werden könnte. Allerdings können die weichenden Erben aus der Veräußerung oder Verwertung des Surrogats, das wertvoller ist als der geerbte Grundbesitz, keine höhere Nachabfindung verlangen, als wenn der geerbte Grundbesitz veräußert oder verwertet worden wäre.[24] Aus dem Verweis auf § 13 Abs. 2 S. 2 ergibt sich, dass die Nachabfindung auch bei der Veräußerung oder Verwertung eines in einem Bundesland außerhalb der Höfeordnungsländer liegenden Surrogats anfällt.

22 **5. Mehrfache Hoffolge.** An der Nachabfindungspflicht ändert sich nichts, wenn der Hoferbe, dem der Hof durch Erbfall oder im Wege vorweggenommener Erbfolge zugefallen ist, verstirbt oder den Hof seinerseits im Wege vorweggenommener Erbfolge weitergibt. Realisiert der Hoferbe des Hoferben bzw. der Erwerber bei vorweggenommener Erbfolge einen Nachabfindungstatbestand innerhalb der Nachabfindungsfrist, die bei dem ersten Hoferbfall begonnen hat, so schuldet er den weichenden Erben Nachabfindung.

23 **6. Wegfall der Hofeigenschaft.** Der Wegfall der Hofeigenschaft lässt den Nachabfindungsanspruch gem. Abs. 9 S. 3 unberührt. Ansonsten könnte die Nachabfindungspflicht durch Abgabe der negativen Hoferklärung bequem umgangen werden. Es spielt keine Rolle, ob die Hofeigenschaft durch negative Hoferklärung oder Verlust der Hofeigenschaft aus anderen Gründen endet.[25] Erforderlich ist lediglich, dass im Zeitpunkt des Hoferbfalls bzw. der Übergabe im Wege vorweggenommener Erbfolge die Hofeigenschaft noch gegeben war. Die irrige Annahme der Hofeigenschaft in einem Übergabevertrag, in dem die Nachabfindung der weichenden Erben gem. § 13 geregelt ist, führt im Wege der Vertragsanpassung zur Gewährung eines inhaltlich dem § 13 entsprechenden Ergänzungsanspruchs.[26]

III. Bemessungsgrundlage der Nachabfindung

24 **1. Bei Veräußerungsgeschäften. a) Erlös.** Ausgangspunkt für die Berechnung der Nachabfindung ist der Erlös aus dem Veräußerungsgeschäft. Unter Erlös ist die Gegenleistung des Erwerbers zu verstehen. Sonstige Leistungen, die wirtschaftlich als Gegenleistung anzusehen sind, werden ebenfalls erfasst.

25 Hinzuzusetzen sind nach Abs. 5 S. 2 dingliche Belastungen, die der Verkäufer zu landwirtschaftsfremden Zwecken aufgenommen hatte, und die der Erwerber unter Anrechnung auf den

---

24 Steffen/Ernst HöfeO § 13 Rn. 89; Faßbender/Hötzel HöfeO § 13 Rn. 19.
25 BGH RdL 1960, 262 = NJW 1960, 1906; OLG Celle AgrarR 1992, 114.
26 OLG Braunschweig BeckRS 2012, 03591 = FamRZ 2012, 1175.

Kaufpreis übernimmt. Die Hinzurechnung wider Treu und Glauben nicht erzielten Erlöses iSv Abs. 5 S. 3 kommt insbesondere bei der Verschleuderung von Hofvermögen in Betracht.

b) **Abzugsbeträge.** Von dem Erlös sind die Veräußerungskosten sowie die durch die Veräußerung anfallenden öffentlichen Abgaben, insbesondere die Einkommensteuer, abzusetzen, Abs. 5 S. 1.[27] Abgezogen werden kann allerdings nur die konkret nachgewiesene Steuerlast, die tatsächlich angefallen sein muss.[28] 26

Nach der Billigkeitsklausel in Abs. 5 S. 4 können die auf besonderen Leistungen des Hoferben beruhenden Erlöse ebenso in Abzug gebracht werden wie solche Beträge, deren Abzug die Billigkeit gebietet. Dazu sollen etwa im Zusammenhang mit der Veräußerung stehende Steuerberatungskosten gehören.[29] 27

Auch wenn gesetzlich nicht ausdrücklich erwähnt, sind auch die vom Hofnachfolger übernommenen Altschulden vom Veräußerungserlös abzuziehen. Grund ist, dass die Erben gem. § 2047 BGB nur die nach Berichtigung der Nachlassverbindlichkeiten verbleibenden Nachlassgegenstände als Überschuss beanspruchen können.[30] Maßgebend ist der Schuldenstand im Zeitpunkt der Hofübergabe bzw. des Erbfalls. 28

Veräußert der Hofnachfolger nicht den gesamten Hof, sondern lediglich einzelne Flächen, werden die Altschulden nur anteilig angerechnet.[31] Die Quote, mit der Altschulden bei der Veräußerung einzelner Grundstücke anzusetzen sind, soll sich nach der überwiegenden Auffassung nach dem Verhältnis des Einheitswerts der veräußerten Fläche zum Einheitswert des gesamten Hofes vor der Veräußerung richten.[32] Teilweise wird auf das Verhältnis der Flächengröße abgestellt.[33] In Betracht kommt auch eine Aufteilung nach dem Verhältnis der Verkehrswerte.[34] 29

Abzusetzen ist ferner der Degressionsabschlag gem. Abs. 5 S. 5. Dieser beträgt, wenn die Veräußerung oder Verwertung zwischen dem 10. und dem 15. Jahr nach dem Hoferbfall bzw. der Hofübergabe erfolgt, 25 %. Vollzieht sich der Nachabfindungstatbestand zwischen dem 15. und dem 20. Jahr, beträgt der Degressionsabschlag 50 %. Der Abschlag bezieht sich auf den noch verbleibenden Erlös, also den Erlös nach Abzug von Steuern und (anteiligen) Verbindlichkeiten, nicht auf den Bruttoerlös. 30

Auf den verbleibenden Betrag anzurechnen ist nach § 13 Abs. 1 S. 1 die von dem weichenden Erben bereits vereinnahmte Abfindung iSv § 12. Eine Anrechnung erfolgt nicht, wenn der Anspruch nicht geltend gemacht wurde. Bei der Veräußerung einzelner Flächen oder von Hofeszubehör ist die empfangene Abfindung wiederum nur anteilig anzurechnen. Für den Anrechnungsmaßstab gilt das gleiche wie bei dem quotalen Abzug der Altschulden. 31

2. Besonderheiten bei landwirtschaftsfremden Nutzungen. Bei landwirtschaftsfremden Nutzungen besteht weitestgehend Einigkeit, dass nicht der Erlös iSd erzielten Einnahmen, sondern der Gewinn aus der landwirtschaftsfremden Nutzung die Bemessungsgrundlage der Nachabfindung bildet.[35] Daher können bei Investitionen, die zu landwirtschaftsfremden Erträgen führen, auch Fremdkapitalzinsen und Abschreibungen erlösmindernd abgezogen werden.[36] 32

---

27 BGH AgrarR 2011, 313 = RdL 2011, 191; OLG Oldenburg AUR 2007, 101 = RdL 2006, 329; OLG Celle AgrarR 1991, 248 = RdL 1991, 18.
28 OLG Hamm BeckRS 2010, 15750, Rechtsbeschwerde erfolglos BGH ZEV 2011, 89.
29 OLG Oldenburg AUR 2007, 101 = RdL 2006, 329.
30 BGH AgrarR 1986, 319 (322) mwN; Faßbender/Hötzel HöfeO § 13 Rn. 47.
31 BGH AgrarR 1986, 319 (322) mwN; OLG Oldenburg AUR 2005, 53 (54); Faßbender/Hötzel HöfeO § 13 Rn. 43; Wöhrmann/Graß HöfeO § 13 Rn. 129, 143; FAKomm ErbR/ Landgut- und Höfeerbrecht Rn. 148.
32 OLG Hamm RdL 1984, 275; OLG Oldenburg AUR 2005, 53; Wöhrmann/Graß HöfeO § 13 Rn. 143; Faßbender/Hötzel HöfeO § 13 Rn. 43; Steffen/Ernst HöfeO § 13 Rn. 31.
33 OLG Hamm AUR 2009, 399; Düsing/Martinez/ Düsing/Sieverdingbeck HöfeO § 13 Rn. 55.
34 Graß AUR 2013, 6.
35 Zur Berechnung s. insbesondere OLG Hamm AUR 2009, 399; BeckRS 2009, 23027; BeckRS 2010, 15751; BeckRS 2011, 04134; BeckRS 2010, 15750; OLG Celle RdL 2012, 77.
36 OLG Hamm AUR 2009, 399; OLG Celle RdL 2012, 77.

33 Resultiert die Nachabfindungspflicht aus Erträgen einer landwirtschaftsfremden Nutzung des Grundbesitzes, etwa der Umwandlung einer Landwirtschaftsfläche in einen Golfplatz, ist ein anteiliger Abzug der Hofesschulden und der erhaltenen Abfindung nach Maßgabe des Wertverhältnisses der betroffenen Fläche zur Gesamtfläche oder nach dem Verhältnis von Einheitswerten nicht möglich, da keine Grundstücke aus der Substanz des Hofes ausgeschieden sind. Altschulden sind deshalb nicht mit ihrem (anteiligen) Nominalbetrag, sondern mit den jährlich anfallenden Zinsen zu berücksichtigen.[37] Dementsprechend werden bei der Nachabfindung aus landwirtschaftsfremden Nutzungen auch die erhaltenen Abfindungen nicht mit dem Nominalbetrag, sondern mit dem erzielbaren Zinsertrag angerechnet.[38] Allerdings ist der Abfindungsbetrag zu indexieren.[39] Da der Nachabfindungspflichtige neben den landwirtschaftsfremden auch landwirtschaftliche Erträge erzielt, müssen die auf die Hofesschulden entfallenden Zinsen sowie die erzielbaren Zinsen der erhaltenen Abfindung wiederum in einen abzugsfähigen, auf den Nachabfindungstatbestand entfallenden Teilbetrag, und in den nicht abzuziehenden, auf den landwirtschaftlichen Betrieb entfallenden Teilbetrag aufgesplittet werden.[40] Geeigneter Aufteilungsmaßstab ist das Verhältnis der landwirtschaftsfremden Erträge zu den landwirtschaftlichen Erträgen.[41]

C. Weitere praktische Hinweise

I. Verjährung

34 Die 3-jährige Verjährung des Abs. 9 S. 2 tritt mit Ablauf des Jahres nach Kenntnisnahme von den Voraussetzungen des Anspruchs ein, spätestens in 30 Jahren ab Erbfall bzw. Hofübergabe. Allein die Kenntnis davon, dass der Hoferbe Grundbesitz veräußert hat oder landwirtschaftsfremde Erträge erzielt, reicht nicht aus, um den Lauf der Verjährung in Gang zu setzen. Der Berechtigte muss außerdem Kenntnis über den Veräußerungserlös oder die Höhe der Nutzungsentgelte aus landwirtschaftsfremden Nutzungen haben, um beurteilen zu können, ob alle Anspruchsvoraussetzungen (Überschreiten des Zehntelhofeswertes, Erzielen erheblicher Gewinne) erfüllt sind.[42]

II. Benachrichtigungspflicht des Hoferben

35 § 13 Abs. 10 verpflichtet den Hofnachfolger, den Nachabfindungsberechtigten unverzüglich über den Nachabfindungstatbestand zu informieren und die Berechnungsgrundlagen mitzuteilen. Sanktion einer unterbliebenen Benachrichtigung ist regelmäßig das Hinausschieben des Verjährungsbeginns, da ohne Kenntnis der relevanten Umstände der Lauf der Verjährung nicht in Gang gesetzt wird.[43] Auf Verlangen hat der Nachabfindungspflichtige Auskunft zu erteilen (§ 13 Abs. 10, § 242 BGB). Die Verpflichtung besteht bereits dann, wenn ein Nachabfindungsanspruch ernstlich in Betracht kommt.[44] Prozessual wird die Auskunft in der Regel im Wege des Stufenantrages mit dem Hauptantrag auf Zahlung des noch zu berechnenden Abfindungsbetrages geltend gemacht.

III. Prozessuale Durchsetzung

36 Die Geltendmachung des Auskunfts- und Nachabfindungsanspruchs erfolgt vor dem Landwirtschaftsgericht (§§ 1 Nr. 5, 9 ff. LwVG).

---

37 OLG Hamm AUR 2009, 399; OLG Celle RdL 2012, 77; Wolter RdL 2010, 113; FA-AgrarR/Wolter Kap. 38 Rn. 207; Graß AUR 2013, 6; Lüdtke-Handjery/v. Jeinsen HöfeO § 13 Rn. 45.
38 OLG Hamm AUR 2009, 399; OLG Celle RdL 2012, 77.
39 OLG Celle RdL 2012, 77.
40 OLG Celle RdL 2012, 77.
41 Einzelheiten bei Graß AUR 2013, 6.
42 OLG Celle AgrarR 1986, 79; OLG Köln 6.12.2001 – 23 WLw 6/01.
43 Wöhrmann/Graß HöfeO § 13 Rn. 154.
44 BGH AgrarR 1984, 316; OLG Hamm AgrarR 1990, 48.

§ 14 HöfeO   Stellung des überlebenden Ehegatten

(1) ¹Dem überlebenden Ehegatten des Erblassers steht, wenn der Hoferbe ein Abkömmling des Erblassers ist, bis zur Vollendung des fünfundzwanzigsten Lebensjahres des Hoferben die Verwaltung und Nutznießung am Hof zu. ²Dieses Recht kann

a) der Eigentümer durch Ehevertrag oder Verfügung von Todes wegen,
b) das Gericht auf Antrag eines Beteiligten aus wichtigem Grunde

verlängern, beschränken oder aufheben.

(2) ¹Steht dem überlebenden Ehegatten die Verwaltung und Nutznießung nicht zu oder endet sie, so kann er, wenn er Miterbe oder pflichtteilsberechtigt ist und auf ihm nach § 12 zustehende Ansprüche sowie auf alle Ansprüche aus der Verwendung eigenen Vermögens für den Hof verzichtet, vom Hoferben auf Lebenszeit den in solchen Verhältnissen üblichen Altenteil verlangen. ²Der Altenteilsanspruch erlischt, wenn der überlebende Ehegatte eine neue Ehe eingeht. ³Er kann in diesem Fall vom Hoferben die Zahlung eines Kapitals verlangen, das dem Wert des Altenteils entspricht, jedoch nicht mehr als den Betrag, der ihm ohne Verzicht bei der Erbauseinandersetzung zugekommen sein würde.

(3) ¹Der überlebende Ehegatte kann, wenn ihm der Eigentümer durch Verfügung von Todes wegen eine dahingehende Befugnis erteilt hat, unter den Abkömmlingen des Eigentümers den Hoferben bestimmen. ²Seine Befugnis erlischt, wenn er sich wieder verheiratet oder wenn der gesetzliche Hoferbe das fünfundzwanzigste Lebensjahr vollendet. ³Die Bestimmung erfolgt durch mündliche Erklärung zur Niederschrift des Gerichts oder durch Einreichung einer öffentlich beglaubigten schriftlichen Erklärung; die Niederschrift wird nach den Vorschriften des Beurkundungsgesetzes errichtet. ⁴Mit Abgabe der Erklärung tritt der neu bestimmte Hoferbe hinsichtlich des Hofes in die Rechtsstellung des bisherigen gesetzlichen Hoferben ein. ⁵Auf Antrag eines Beteiligten regelt das Gericht, und zwar auch mit Wirkung gegenüber Dritten, die mit dem Übergang des Hofes zusammenhängenden Fragen.

A. Allgemeines	1	II. Altenteil	9
B. Regelungsgehalt	3	III. Hoferbenbestimmung durch den überlebenden Ehegatten	20
I. Verwaltung und Nutznießung (Nutzverwaltung)	3	C. Weitere praktische Hinweise	25

A. Allgemeines

Die Regelungen in § 14 dienen vor allem der wirtschaftlichen Absicherung des überlebenden Ehegatten. Abs. 1 gewährt dem überlebenden Ehegatten ein Verwaltungs- und Nutznießungsrecht (Nutzverwaltung), das als Ausgleich dafür zu sehen ist, dass der überlebende Ehegatte gem. § 5 S. 1 Nr. 2 der zweiten Hoferbenordnung angehört. Es handelt sich um ein nießbrauchähnliches Recht, auf das die §§ 1030 ff. BGB analog angewendet werden können. Besteht eine Nutzverwaltung des überlebenden Ehegatten nicht oder endet sie, gewährt Abs. 2 dem überlebenden Ehegatten einen Altenteilsanspruch, sofern der überlebende Ehegatte auf den Abfindungsanspruch nach § 12 verzichtet.   1

Abs. 3 regelt Näheres zur Möglichkeit des überlebenden Ehegatten, nach Maßgabe einer Ermächtigung in der letztwilligen Verfügung des verstorbenen Ehegatten unter dessen Abkömmlingen den Hoferben zu bestimmen.   2

B. Regelungsgehalt

I. Verwaltung und Nutznießung (Nutzverwaltung)

3 Das Nutzverwaltungsrecht gibt dem überlebenden Ehegatten das Recht und begründet zugleich seine Pflicht zur Bewirtschaftung des Hofes.[1] Es entsteht kraft Gesetzes, sobald der Hoferbfall eingetreten ist. Es setzt weiter voraus, dass ein Abkömmling des Erblassers Hoferbe geworden ist, der das 25. Lebensjahr noch nicht vollendet hat, ferner, dass der überlebende Ehegatte zum Zeitpunkt des Erbfalls mit dem Erblasser in gültiger Ehe lebte. Außerdem muss der überlebende Ehegatte erbberechtigt sein. Seine Wirtschaftsfähigkeit ist nicht erforderlich. Der überlebende Ehegatte braucht kein Elternteil des Hoferben sein, das Nutzverwaltungsrecht kann daher auch bei einem Stiefelternteil des Hoferben entstehen.

4 Eine Wiederverheiratung des überlebenden Ehegatten lässt das Nutzverwaltungsrecht nicht entfallen.[2] Es endet mit dem Ableben des überlebenden Ehegatten, spätestens jedoch mit Vollendung des 25. Lebensjahres des Hoferben. Sollte dieser vorversterben, bleibt das Nutzverwaltungsrecht bis zu dem Zeitpunkt bestehen, in dem der Hoferbe das 25. Lebensjahr vollendet haben würde.[3] Da das Nutzverwaltungsrecht der Absicherung des überlebenden Ehegatten dient, besteht es auch dann noch, wenn der Hof nach dem Erbfall und vor Vollendung des 25. Lebensjahres des Hoferben die Hofeigenschaft verliert.

5 Das Nutzverwaltungsrecht ist dem Nießbrauch ähnlich, so dass die §§ 1030 ff. BGB analoge Anwendung finden. Deshalb fehlt dem überlebenden Ehegatten die Verfügungsbefugnis über den Hof mit der Folge, dass er diesen ohne die Zustimmung des Hoferben weder veräußern noch belasten kann. Verfügen kann er nur über Erzeugnisse und Hofinventar im Rahmen ordnungsgemäßer Bewirtschaftung.[4] Verbindlichkeiten, die der Nutzverwalter bei der Bewirtschaftung des Hofes eingeht, treffen nur ihn, nicht den Hoferben. Entsprechendes gilt für sonstige Verträge, die der Nutznießer im Rahmen der Bewirtschaftung schließt. Für Hofesschulden des Erblassers haftet der überlebende Ehegatte nicht. Er muss allerdings die von ihm erwirtschafteten Erträge insoweit zur Schuldentilgung einsetzen, wie dies einer ordnungsgemäßen Bewirtschaftung entspricht.[5]

6 Das Recht der Nutzverwaltung kann durch eine letztwillige Verfügung des Hofeigentümers oder durch Ehevertrag gem. Abs. 1 S. 2a verlängert, beschränkt oder aufgehoben werden. Die Bandbreite reicht vom völligen Ausschluss des Nutzverwaltungsrechts bis zu seiner Verlängerung, längstens bis zum Ableben des Ehegatten. Inhaltlich kann das Nutzverwaltungsrecht durch letztwillige Verfügung oder Ehevertrag nur eingeschränkt, nicht aber zulasten des Hoferben erweitert werden.[6]

7 Auf Antrag des überlebenden Ehegatten oder des Hoferben kann das Landwirtschaftsgericht die Nutznießung aus wichtigem Grund verlängern, beschränken oder aufheben. Das gilt auch dann, wenn bereits der Erblasser gem. § 14 Abs. 1 S. 2a eine Änderung des Nutznießungsrechts verfügt hatte. Auch wenn die Entstehung des Nutznießungsrechts nicht die Wirtschaftsfähigkeit des überlebenden Ehegatten voraussetzt, dürfte die Befugnis des Landwirtschaftsgerichts zur Aufhebung der Nutznießung gegeben sein, wenn die fehlende Wirtschaftsfähigkeit des Nutznießers so stark ausgeprägt ist, dass er die Erhaltung des Hofes für den Hoferben erheblich gefährdet.[7]

8 Bei der Übergabe des Hofes im Wege vorweggenommener Erbfolge entsteht ungeachtet der Fiktion in § 17 Abs. 2 kein Nutzverwaltungsrecht des Ehegatten.

---

1 Wöhrmann/Graß HöfeO § 14 Rn. 13.
2 Steffen/Ernst HöfeO § 14 Rn. 4.
3 Steffen/Ernst HöfeO § 14 Rn. 7.
4 Wöhrmann/Graß HöfeO § 14 Rn. 15.
5 Vgl. Wöhrmann/Graß HöfeO § 14 Rn. 19.
6 Faßbender/Hötzel HöfeO § 14 Rn. 11.
7 OLG Celle RdL 1963, 125; OLG Oldenburg RdL 1965, 164; Steffen/Ernst HöfeO § 14 Rn. 12; Wöhrmann/Graß HöfeO § 14 Rn. 36.

II. Altenteil

Nicht nur das Nutznießungsrecht des Abs. 1, auch das gesetzliche Altenteil des überlebenden Ehegatten in § 14 Abs. 2 hat in der Praxis nur eine geringe Bedeutung. Das liegt daran, dass die Übergabeverträge, auf deren Grundlage die meisten Höfe an den Hoferben übertragen werden, individuelle Regelugen über das Altenteilsrecht enthalten, widrigenfalls die landwirtschaftsgerichtliche Genehmigung gem. §§ 17 Abs. 3 HöfeO, 2 Abs. 1 S. 1 GrdstVG verweigert werden kann. Da oftmals in letztwilligen Verfügungen oder in Erbverträgen auch das Altenteil geregelt wird, bleibt für § 14 Abs. 2 nur ein schmaler Anwendungsbereich.

Soweit die Höfeordnungsländer von der Befugnis in Art. 96 EGBGB zur Schaffung von Regelungen über Altenteilsverträge Gebrauch gemacht haben, kommt eine Ergänzung der Bestimmung in § 14 Abs. 2 im Wege analoger Rechtsanwendung in Betracht.[8] Im Bereich der Höfeordnungsländer sind dies in Niedersachsen das AGBGB vom 4.3.1971, in Nordrhein-Westfalen das preußische AGBGB vom 20.9.1899 bzw. das Lippische Gesetz zur Regelung des Leibzuchtrechts vom 12.8.1933 und in Schleswig-Holstein das AGBGB vom 27.9.1974. Die verschiedentlich diskutierte Anwendbarkeit des Gesetzes vom 18.8.1923 über anderweitige Festsetzung von Geldbezügen aus „Altenteilsverträgen"[9] ist nach der Abschaffung desselben durch Gesetz vom 14.12.2010 obsolet geworden.

Die Entstehung des gesetzlichen Altenteilsrechts setzt voraus, dass der überlebende Ehegatte kein Nutznießungsrecht iSv Abs. 1 (mehr) hat, er Miterbe oder pflichtteilsberechtigt ist und er auf Abfindungsansprüche nach § 12 sowie auf sämtliche Ansprüche aus der Verwendung eigenen Vermögens für den Hof verzichtet. Auf Nachabfindungsansprüche gem. § 13 braucht der überlebende Ehegatte zur Erlangung des Altenteilsrechts nicht zu verzichten.[10]

Der Verzicht muss sich wegen § 12 Abs. 1 allerdings auch auf Ausgleichsansprüche erstrecken.[11] Formvorgaben für die Verzichtserklärung, die gegenüber dem Hoferben abzugeben ist, bestehen nicht.[12] Ebenso wie bei dem Nutznießungsrecht muss der Altenteilsberechtigte kein Elternteil des Hoferben sein.

Der Anspruch entsteht unabhängig von eigenen Einkünften und eigenem Vermögen des Berechtigten. Auch für die inhaltliche Ausgestaltung des Rechts kommt es auf die wirtschaftliche Situation des Anspruchsberechtigten und etwaiger Altersversorgungsleistungen, die der Berechtigte oder der Erblasser geschaffen hat, nicht an.

Verlangt werden kann das „übliche" Altenteil. Dazu gehören in jedem Fall eine kostenlose Verpflegung, kostenloses Wohnen, Hege und Pflege in kranken Tagen, Geldleistungen und schließlich die Beerdigungskosten. Abhängig von den Gewohnheiten des Altenteilers, den örtlichen Gepflogenheiten und den Möglichkeiten des Betriebes können zu den Altenteilsleistungen gehören: Bekleidung, Kosten für Arzt, Heilpraktiker, Medikamente und Krankenhaus, Fahrdienste, Naturalien etc Die Substanz des Hofes muss der Erbe zur Erbringung der Altenteilsleistungen grundsätzlich nicht angreifen.[13] Wurden jedoch bei Entstehung des Altenteilsrechts substanzbeeinträchtigende Altenteilsleistungen vereinbart, kann später keine Reduzierung verlangt werden.[14]

Nicht von dem Altenteilsrecht umfasst sind Pflegeleistungen, welche die Familie des Hoferben nicht in zumutbarer Weise leisten kann, auch nicht die Übernahme von Kosten einer professionellen Pflegekraft oder die Kosten einer Heimunterbringung. Letzterenfalls kommen allerdings

---

8 Wöhrmann/Graß HöfeO § 14 Rn. 47.
9 ZB Lange/Wulff/Lüdtke-Handjery, 10. Aufl. 2001, HöfeO § 14 Rn. 72.
10 Inzwischen allgemeine Meinung, s. nur Wöhrmann/Graß HöfeO § 14 Rn. 44.
11 Faßbender/Hötzel HöfeO § 14 Rn. 17.
12 Steffen/Ernst § 14 Rn. 15.
13 OLG Celle RdL 1965, 271; Faßbender/Hötzel HöfeO § 14 Rn. 19; Wöhrmann/Graß HöfeO § 14 Rn. 49.
14 OLG Celle RdL 2002, 103.

Zahlungspflichten des Hoferben in Höhe der ersparten Aufwendungen wegen des Abzugs vom Hof in Betracht.

16 Bei schweren Zerwürfnissen, an denen der Altenteiler kein Verschulden trägt, wird ihm ein Abzugsrecht zu gewähren und dem Hoferben die Pflicht zur Kostentragung einer angemessenen Ersatzwohnung aufzuerlegen sein. Bei sonstigen Leistungsstörungen, insbesondere nachlässiger Erbringung der Altenteilsleistungen durch den Hoferben, sind die Regelungen aus den Ausführungsgesetzen der Länder zu Art. 96 EGBGB heranzuziehen. Bei Streitigkeiten entscheidet gem. § 1 Nr. 5 LwVG das Landwirtschaftsgericht.

17 Ein Anspruch auf dingliche Sicherung gewährt das gesetzliche Altenteilsrecht des § 14 Abs. 2 allerdings nicht. Sie kann aber verlangt werden, wenn nach Lage der Dinge eine Sicherstellung des Altenteilers geboten erscheint.[15]

18 Das Altenteilsrecht endet mit der Wiederheirat des Berechtigten, spätestens mit seinem Ableben. Hingegen erlischt es nicht, wenn die Wiederheirat in dem Zeitraum erfolgte, in dem der Altenteiler das Nutzverwaltungsrecht gem. § 14 Abs. 1 hatte.[16] Zum Ausgleich des bei Wiederheirat wegfallenden Altenteilsrechts kann der Altenteiler den kapitalisierten Wert des Altenteilsrechts beanspruchen, höchstens jedoch die Hofabfindung gem. § 12, auf die er zur Erlangung des Altenteils verzichten musste. Maßgebend ist der Kapitalwert im Zeitpunkt des Erbfalls, nicht im Zeitpunkt der Wiederheirat.[17]

19 Ein Abzugsrecht, also die Befugnis des Altenteilers, den Hof nach Belieben zu verlassen, beinhaltet das Altenteilsrecht nicht. Das Altenteilsrecht soll, so die überkommene Formulierung, auf dem Hof „verzehrt" werden.

III. Hoferbenbestimmung durch den überlebenden Ehegatten

20 Das „Auswechslungsrecht" des überlebenden Ehegatten dürfte die problematischste Vorschrift der Höfeordnung sein, denn sie gestattet einem Dritten, tief in das Erb- und Eigentumsrecht des Hoferben einzugreifen. Der Regelung liegt die Erwägung zu Grunde, dass ein Hofeigentümer, der in jungen Jahren verstirbt, oft noch nicht verlässlich abschätzen kann, welcher der Abkömmlinge sich am besten zur Hofnachfolge eignet, so dass einem Dritten, nämlich dem überlebenden Ehegatten, die Befugnis verliehen werden kann, den Hoferben ex nunc aus dem Kreis der Abkömmlinge des Hofeigentümers auszutauschen. Das gebietet eine äußerst restriktive Auslegung und Handhabung der Vorschrift.[18] Offenbar hat auch der Gesetzgeber die Konsequenzen der Regelung nicht abschließend bedacht, gibt er doch in Abs. 3 S. 5 dem Landwirtschaftsgericht den Freiraum, auf Antrag eines Beteiligten alle mit dem Übergang des Hofes zusammenhängenden Fragen zu regeln.

21 Das Auswechslungsrecht des überlebenden Ehegatten setzt zwingend eine dahin gehende Befugnis voraus, die der Eigentümer durch Verfügung von Todes wegen erteilt hat. Die Auswechslungsmöglichkeit besteht sowohl für den Fall, dass mangels einer Hoferbenbestimmung des Eigentümers gesetzliche Hoferbfolge eintritt, als auch für den Fall, dass der Hofeigentümer eine wirksame Hoferbenbestimmung vorgenommen hat. Der überlebende Ehegatte, dem die Befugnis des Abs. 3 verliehen ist, kann bis zur Vollendung des 25. Lebensjahres des gesetzlichen Hoferben einen anderen Abkömmling des Eigentümers, der wirtschaftsfähig sein muss, ex nunc zum neuen Hoferben bestimmen.

22 Der Hoferbe, über dem das Damoklesschwert der Auswechslung schwebt, ist Vollerbe, kein Vorerbe. Er ist vor einer willkürlichen oder dem mutmaßlichen Erblasserwillen offenkundig wi-

---

15 Steffen/Ernst HöfeO § 14 Rn. 26.
16 BGH AgrarR 1985, 263.
17 Faßbender/Hötzel HöfeO § 14 Rn. 26; Wöhrmann/Graß HöfeO § 14 Rn. 75.

18 Wöhrmann/Graß HöfeO § 14 Rn. 82; Steffen/Ernst HöfeO § 14 Rn. 35.

dersprechenden Auswechslung zu schützen, so dass derartige Auswechslungen, die offensichtlich nicht von sachgerechten Erwägungen getragen sind, sein Hoferbrecht gem. §§ 138, 242 BGB nicht beeinträchtigen können.[19]

Da der überlebende Ehegatte ein von dem Erblasser übertragenes Recht ausübt, ist es zulässig, dass der Erblasser die Auswahlbefugnis des Ehegatten einschränkt, etwa dahin, dass er den ersatzweise zu bestimmenden Hoferben nur nach bestimmten Kriterien auswählen darf.[20] Erweitern kann der Erblasser die Befugnisse des überlebenden Ehegatten allerdings nicht.[21]

23

Das Auswechslungsrecht des überlebenden Ehegatten endet nicht nur mit Vollendung des 25. Lebensjahres des (ersten) Hoferben, sondern auch mit der Wiederverheiratung des überlebenden Ehegatten (§ 14 Abs. 3 S. 2). Nach zutreffender Auffassung endet es auch, wenn der Hoferbe vor Vollendung des 25. Lebensjahres verstirbt.[22] Ausschlaggebend ist die Erwägung, dass der überlebende Ehegatte ansonsten sogar in die Testierfreiheit des Erben eingreifen könnte.

24

C. Weitere praktische Hinweise

Hat sich der überlebende Ehegatte in zulässiger Weise zur Auswechslung des Hoferben entschlossen, muss er die Erklärung nach Abs. 3 S. 3 in öffentlich beglaubigter Form oder zur Niederschrift des Landwirtschaftsgerichts erklären. Die Auswechslung vollzieht sich mit Zugang der Erklärung bei dem Landwirtschaftsgericht (§ 14 Abs. 3 S. 4).

25

§ 15 HöfeO   Nachlaßverbindlichkeiten

(1) Der Hoferbe haftet, auch wenn er an dem übrigen Nachlaß nicht als Miterbe beteiligt ist, für die Nachlaßverbindlichkeiten als Gesamtschuldner.

(2) Die Nachlaßverbindlichkeiten einschließlich der auf dem Hof ruhenden Hypotheken, Grund- und Rentenschulden, aber ohne die auf dem Hof ruhenden sonstigen Lasten (Altenteil, Nießbrauch usw.) sind, soweit das außer dem Hof vorhandene Vermögen dazu ausreicht, aus diesem zu berichtigen.

(3) Soweit die Nachlaßverbindlichkeiten nicht nach Absatz 2 berichtigt werden können, ist der Hoferbe den Miterben gegenüber verpflichtet, sie allein zu tragen und die Miterben von ihnen zu befreien.

(4) ¹Verbleibt nach Berichtigung der Nachlaßverbindlichkeiten ein Überschuß, so ist dieser auf die Miterben nach den Vorschriften des allgemeinen Rechts zu verteilen. ²Der Hoferbe kann eine Beteiligung an dem Überschuß nur dann und nur insoweit verlangen, als der auf ihn entfallende Anteil größer ist als der Hofeswert (§ 12 Abs. 2).

(5) Gehören zum Nachlaß mehrere Höfe, so werden die Pflicht zur Abfindung der Miterben einschließlich der Leistungen nach § 12 Abs. 6 Satz 2 ebenso wie die Nachlaßverbindlichkeiten von allen Hoferben gemeinschaftlich, und zwar im Verhältnis zueinander entsprechend den Hofeswerten getragen.

A. Allgemeines	1	II. Innenverhältnis (Abs. 2, 3)	3
B. Regelungsgehalt	2	III. Beteiligung des Hoferben am hoffreiem Vermögen	6
I. Haftung für Nachlassverbindlichkeiten (Abs. 1)	2	IV. Mehrere Höfe	11

---

19 Vgl. Wöhrmann/Graß HöfeO § 14 Rn. 86.
20 OLG Schleswig AgrarR 1974, 137; Lüdtke-Handjery/v. Jeinsen HöfeO § 14 Rn. 32.
21 Wöhrmann/Graß HöfeO § 14 Rn. 88.
22 Wöhrmann/Graß HöfeO § 14 Rn. 89; aA Lüdtke-Handjery/v. Jeinsen HöfeO § 14 Rn. 50; Faßbender/Hötzel HöfeO § 14 Rn. 33.

A. Allgemeines

1 § 15 klärt die Haftung des Hoferben und der weichenden Erben für Verbindlichkeiten sowohl im Außenverhältnis gegenüber den Gläubigern als auch im Innenverhältnis. § 15 Abs. 4 verzahnt den Hofeswert, der dem Hoferben zugefallen ist, mit dessen Beteiligung am hoffreien Vermögen, so dass der Hoferbe nur insoweit am hoffreien Vermögen beteiligt ist, wie sein nach den Ausgleichsregeln berechneter Anteil am hoffreien Vermögen den Hofeswert übersteigt.

B. Regelungsgehalt

I. Haftung für Nachlassverbindlichkeiten (Abs. 1)

2 § 15 Abs. 1 stellt den Grundsatz des § 2058 BGB wieder her, indem der Hoferbe auch dann für sämtliche Nachlassverbindlichkeiten haftet, wenn er am hoffreien Vermögen nicht als Miterbe beteiligt ist. Damit können Gläubiger der Nachlassverbindlichkeiten ihre Ansprüche sowohl gegen den Hoferben als auch gegen die Erben des hoffreien Vermögens geltend machen, und zwar ohne Rücksicht darauf, wer das Hofvermögen und wer das hoffreie Vermögen erbt. Dabei spielt es keine Rolle, ob die Nachlassverbindlichkeiten im landwirtschaftlichen Betrieb oder auf der privaten Ebene des Erblassers entstanden sind. Über § 15 Abs. 1 werden letztlich zugunsten der Nachlassgläubiger die beiden Erbmassen, das Hofvermögen und das hoffreie Vermögen, wieder zu einer einheitlichen Haftungsmasse zusammengeführt. Die Nachlassspaltung, die durch die höferechtliche Sondererbfolge entstanden ist, wird zugunsten der Nachlassgläubiger wieder aufgehoben.

II. Innenverhältnis (Abs. 2, 3)

3 Zur Tilgung der Nachlassverbindlichkeiten einschließlich der auf dem Hof ruhenden Hypotheken, Grund- und Rentenschulden soll nach Abs. 2 zunächst das hoffreie Vermögen eingesetzt werden. Das hoffreie Vermögen dient also nicht nur zur Tilgung der auf privater Ebene des Erblassers entstandenen Nachlassverbindlichkeiten, sondern auch zur Tilgung von Hofesschulden. Das bewirkt eine weitere Privilegierung des Hoferben, der über § 15 Abs. 2 einen möglichst schuldenfreien Betrieb erhalten soll.

4 Im Innenverhältnis zwischen Hoferbe und Erben des hoffreien Vermögens endet das Opfer der Erben des hoffreien Vermögens erst dann, wenn dieses vollständig zur Schuldentilgung aufgebraucht ist. Die weichenden Erben müssen sich also nicht nur mit der niedrigen Hofabfindung begnügen, sondern auch das hoffreie Vermögen zur Tilgung betrieblicher Verbindlichkeiten einsetzen. Davon ausgenommen sind lediglich die den Erben als solchen treffenden Verbindlichkeiten wie Pflichtteilsansprüche, Abfindungsansprüche, Nießbrauchbelastungen oder Altenteilsverpflichtungen. Diese Verbindlichkeiten trägt der Hoferbe allein.

5 Im Innenverhältnis beginnt die Haftung des Hoferben erst, sobald das hoffreie Vermögen nicht ausreicht, um die betrieblich und privat entstandenen Nachlassverbindlichkeiten nebst der auf dem Hof ruhenden sonstigen Lasten (Altenteil, Nießbrauch etc) zu tilgen.

III. Beteiligung des Hoferben am hoffreiem Vermögen

6 Wenn § 15 Abs. 4 davon spricht, dass der nach Berichtigung der Nachlassverbindlichkeiten verbleibende Überschuss nach Maßgabe des allgemeinen Rechts auf die Miterben zu verteilen ist, ist damit für das Innenverhältnis zunächst gemeint, dass die Miterben des hoffreien Vermögens, ggf. unter Einschluss des Hoferben, nur am Überschuss des hoffreien Vermögens über sämtliche Nachlassverbindlichkeiten, also auch solchen betrieblicher Art, beteiligt werden. Den Erben des hoffreien Vermögens steht also nur das um sämtliche Nachlassverbindlichkeiten reduzierte hoffreie Vermögen zur Verfügung.

§ 15 Abs. 4 S. 2 schränkt die Beteiligung des Hoferben an dem so entstandenen Überschuss des hoffreien Vermögens über sämtliche Nachlassverbindlichkeiten erheblich ein. Der Hoferbe kann am hoffreien Vermögen nur insoweit eine Beteiligung beanspruchen, wie der auf ihn rechnerisch entfallende Anteil am hoffreien Vermögen den Hofeswert übersteigt. Damit ist ungeachtet einer etwaigen Miterbenstellung des Hoferben am hoffreien Vermögen stets zu prüfen, ob dessen quotale Beteiligung am Überschuss, also dem nach Abzug der Schulden verbleibenden hoffreien Vermögen, den ihm allein angefallenen Hofeswert übersteigt. Nur an diesem den Hofeswert übersteigenden Betrag partizipiert der Hoferbe.

Nach überwiegender Auffassung hat die nach § 15 Abs. 4 S. 2 gebotene Vergleichsrechnung nach der Ausgleichsregelung des § 2055 Abs. 1 BGB zu erfolgen.[1]

Hinterlässt beispielsweise der verwitwete Erblasser zwei Abkömmlinge, einen schuldenfreien landwirtschaftlichen Betrieb mit einem Hofeswert von 30.000 EUR sowie hoffreies Vermögen von 60.000 EUR, wäre der Hoferbe am hoffreiem Vermögen bzw. am Überschuss mit 30.000 EUR (Erbquote 1/2 x hoffreies Vermögen 60.000 EUR) beteiligt. Nach der Ausgleichsregelung nimmt der Hoferbe am gesamten Nachlass von 90.000 EUR (60.000 EUR + 30.000 EUR) mit seiner Erbquote von 1/2, also mit einem Betrag von 45.000 EUR teil. Davon ist der Hofeswert von 30.000 EUR abzuziehen, so dass der Hoferbe lediglich 15.000 EUR und nicht 30.000 EUR von seinem Bruder verlangen kann.

Unklar ist, inwieweit sich die Miterben ihren Anteil am Überschuss auf den Abfindungsanspruch nach § 12 anrechnen lassen müssen.[2] Folgerichtig erscheint eine Kappung des Abfindungsanspruchs aus § 12 insoweit, als dass die Summe aus der Beteiligung der Miterben am hoffreien Vermögen und dem Abfindungsanspruch die Erbquote am Gesamtnachlass nicht übersteigt. Im vorangegangenen Beispiel entfällt der Abfindungsanspruch vollständig. Bei einem Gesamtnachlass von 90.000 EUR bleibt dem Hoferben ein Hofeswert von 30.000 EUR sowie eine Beteiligung am hoffreien Vermögen von 15.000 EUR, mithin ein Gesamtwert von 45.000 EUR, während dem Bruder aus dem hoffreien Vermögen 45.000 EUR zustehen und er keine Hofabfindung beanspruchen kann.

IV. Mehrere Höfe

Die wenig praxisrelevante Regelung zur Vererbung mehrerer Höfe an einen einzelnen Hoferben führt letztlich dazu, dass das gesamte hoffreie Vermögen zur Tilgung sämtlicher Hofesschulden der verschiedenen Höfe einzusetzen ist. Nähere Kommentierung zu dieser seltenen Konstellation ist kaum und veröffentlichte Rechtsprechung überhaupt nicht vorhanden.

§ 16 HöfeO   Verfügung von Todes wegen

(1) ¹Der Eigentümer kann die Erbfolge kraft Höferechts (§ 4) durch Verfügung von Todes wegen nicht ausschließen. ²Er kann sie jedoch beschränken; soweit nach den Vorschriften des Grundstücksverkehrsgesetzes vom 28. Juli 1961 (Bundesgesetzbl. I S. 1091), geändert durch Artikel 199 des Gesetzes vom 2. März 1974 (Bundesgesetzbl. I S. 469), für ein Rechtsgeschäft unter Lebenden gleichen Inhalts eine Genehmigung erforderlich wäre, ist die Zustimmung des Gerichts zu der Verfügung von Todes wegen erforderlich.

---

1   So Faßbender/Hötzel HöfeO § 15 Rn. 9; Lüdtke-Handjery/v. Jeinsen HöfeO § 15 Rn. 16; Steffen/Ernst HöfeO § 15 Rn. 11; Wöhrmann/Graß HöfeO § 15 Rn. 23; s. auch Dressel AgrarR 1974, 187.
2   S. dazu Wöhrmann/Graß HöfeO § 15 Rn. 21; Steffen/Ernst HöfeO § 15 Rn. 11; Faßbender/Hötzel HöfeO § 15 Rn. 10, Lüdtke-Handjery/v. Jeinsen HöfeO § 15 Rn. 15; Zimmermann/Sticherling ErbR Nebengesetze HöfeO § 15 Rn. 6; Dressel AgrarR 1974, 187.

(2) ¹Für die Berechnung des Pflichtteils des Hoferben ist der nach dem allgemeinen Recht, für die Berechnung des Pflichtteils der übrigen Erben der nach diesem Gesetz zu ermittelnde gesetzliche Erbteil maßgebend. ²Dabei ist der Hof in jedem Falle nach dem in § 12 Abs. 2 bestimmten Wert anzusetzen.

A. Allgemeines	1	II. Beschränkung der Hoferbfolge	5
B. Regelungsgehalt	4	III. Pflichtteil	15
I. Ausschließung der Hoferbfolge	4	C. Weitere praktische Hinweise	17

A. Allgemeines

1 § 16 Abs. 1 schränkt die Testierfreiheit des Erblassers dahin ein, dass er die Grundlagen der Hoferbenfolge nicht durch eine letztwillige Verfügung ausschließen kann. Will sich der Hofeigentümer den tragenden Prinzipien der Hoferbfolge verschließen, bietet ihm das fakultative Höferecht die Möglichkeit, sich durch Abgabe der negativen Hoferklärung sämtlichen Bindungen der Hoferbfolge zu entziehen.

2 Beschränkungen der Hoferbfolge sind dem Hofeigentümer nach Abs. 1 S. 2 gestattet. Diese dürfen jedoch nicht so weit gehen, dass sie faktisch einen Ausschluss der Hoferbfolge bewirken. Sofern für ein Rechtsgeschäft unter Lebenden eine Genehmigung nach dem Grundstückverkehrsgesetz erforderlich wäre, bedarf eine gleichlautende letztwillige Verfügung der Genehmigung des Landwirtschaftsgerichts, etwa bei einer Verfügung über Grundbesitz.

3 Eher klarstellend besagt Abs. 2, dass bei der Pflichtteilsberechnung des Hoferben das hoffreie Vermögen nach Maßgabe des bürgerlichen Rechts zu bewerten ist, während für die Pflichtteilsberechnung der weichenden Erben der Hof stets mit dem Hofeswert abzüglich der Nachlassverbindlichkeiten, mindestens jedoch mit dem Drittelhofeswert anzusetzen ist.

B. Regelungsgehalt

I. Ausschließung der Hoferbfolge

4 Letztwillige Verfügungen, die den Prinzipen des § 4 widersprechen, sind nach § 134 BGB nichtig. Dazu gehören beispielsweise die Bestimmung mehrerer Personen zum Hoferben (Ausnahmen: Erbeinsetzung eines Ehepaares zur Begründung eines Ehegattenhofes), die Bestimmung eines Wirtschaftsunfähigen zum Hoferben, soweit nicht ausnahmsweise die Wirtschaftsfähigkeit entbehrlich ist, die Bestimmung einer juristischen Person oder Personengesellschaft zum Hoferben, die Auflage für den Hoferben, den Betrieb umgehend zu veräußern und den Erlös unter mehreren Erben zu verteilen,[1] der Ausschluss sämtlicher gesetzlicher Hoffolgeberechtigter, um über § 10 die gesetzliche Erbfolge zu erzwingen, die Anordnung von Grundstücksvermächtnissen, die zu einer Aufteilung des Hofes führen, die Anordnung von Vermächtnissen, die eine ordnungsgemäße Bewirtschaftung der Restflächen ausschließen und faktisch zu einem Ausschluss der Hoferbfolge führen.[2]

II. Beschränkung der Hoferbfolge

5 Beschränkungen sind bis zur Grenze der Ausschließung der Hoferbfolge zulässig. Wäre für eine gleichlautende lebzeitige Verfügung die Genehmigung nach dem Grundstückverkehrsgesetz erforderlich, bedarf eine inhaltsgleiche letztwillige Verfügung der Zustimmung des Landwirtschaftsgerichts. Dieses darf als Beurteilungsmaßstab ausschließlich auf die Versagungsgründe

---

[1] OLG Oldenburg RdL 1971, 104 = AgrarR 1971, 22.

[2] BGH NJW 1952, 372; OLG Celle RdL 1962, 128; AgrarR 1972, 297.

des Grundstückverkehrsgesetzes zurückgreifen,[3] nicht aber auf höferechtliche Erwägungen, sofern kein offensichtlicher Verstoß gegen Grundlagen der Hoferbfolge vorliegt. Einzelfälle:

Vor- und Nacherbschaft. Die Anordnung der Hofvor- und -nacherbschaft ist uneingeschränkt zulässig.[4] Da die Vor- und Nacherbschaft nur durch letztwillige Verfügung, nicht aber durch Rechtsgeschäft angeordnet werden kann, bedarf sie nicht der gerichtlichen Genehmigung gem. § 16 Abs. 1 S. 2. Scheitert die Nacherbfolge, weil keiner der potenziellen Nacherben wirtschaftsfähig ist, erstarkt die Vorerbschaft rückwirkend zur Vollerbschaft.[5] 6

Nießbrauchbestellung. Die Nießbrauchbestellung ist bis zur Grenze der Aushöhlung der Hoferbfolge, die allenfalls in Ausnahmefällen in Betracht kommt, zulässig.[6] Die Einräumung des schuldrechtlichen Nießbrauchs ist genehmigungsfrei, während der dingliche Nießbrauch wegen der Vorschrift des § 8 Abs. 2 GrdstVG der gerichtlichen Genehmigung bedarf. 7

Vermächtnisse. Vermächtnisse beschränken die Hoferbfolge in zulässiger Weise. Gefährden sie die Existenz des Hofes, wird die Auslegung der letztwilligen Verfügung zu dem Ergebnis führen, dass sich der Vermächtnisanspruch auf das für den Hof gerade noch tragbare Maß reduziert.[7] 8

Grundstücksvermächtnisse. Grundstücksvermächtnisse bedürfen der Zustimmung des Landwirtschaftsgerichts. Sie stellen sich als eine unzulässige und damit unwirksame Beschränkung der Hoferbfolge dar, wenn die Vermächtniserfüllung den Charakter des Hofes nachhaltig verändern würde.[8] Dies gilt aber nicht, wenn selbst unter Einbeziehung des Vermächtnisgrundstücks ein schutzwürdiger landwirtschaftlicher Betrieb nicht mehr vorliegt.[9] Beantragen kann die Genehmigung des Landwirtschaftsgerichts gem. § 13 HöfeVfO lebzeitig der Erblasser oder nach seinem Ableben gem. § 13 Abs. 3 HöfeVfO jeder, der ein berechtigtes Interesse an der Entscheidung glaubhaft machen kann. 9

Testamentsvollstreckung. Die Anordnung der Testamentsvollstreckung stellt eine zulässige Beschränkung der Hoferbfolge dar.[10] 10

Grundstücksbelastungen. Die Eintragung von Grundpfandrechten etc beschränkt die Erbfolge, ohne dass eine Zustimmung des Landwirtschaftsgerichts erforderlich wäre. Eine werterschöpfende Belastung des Grundbesitzes mit Grundpfandrechten dürfe als ein unzulässiger, faktischer Ausschluss der Hoferbfolge anzusehen sein. 11

Abweichende Regelung zur Tragung der Nachlassverbindlichkeiten im Innenverhältnis. Solche Regelungen sind dem Erblasser bis zur Grenze der Pflichtteilsrechte gestattet.[11] 12

Ersatzerbenbestimmung. Diese ist ohne irgendwelche Einschränkungen oder Genehmigungen zulässig. 13

Vermächtnis über Inventargegenstände. Vermächtnisse über Gegenstände des Inventars können genehmigungsfrei angeordnet werden. Hingegen sind Inventarvermächtnisse als unwirksamer Ausschluss der Erbfolge und damit als nichtig anzusehen, wenn der Hof nach der Vermächtniserfüllung nicht mehr ordnungsgemäß bewirtschaftet werden kann.[12] 14

---

3 BGH RdL 1965, 98; OLG Celle AgrarR 1975, 267.
4 Lüdtke-Handjery/v. Jeinsen HöfeO § 16 Rn. 40 mwN.
5 Dressler AgrarR 2001, 265 (275); Steffen AgrarR 1989, 41 (42); AG Mettmann BeckRS 2020, 49182.
6 BGH AgrarR 1993, 115 = RdL 1992, 217; Wöhrmann/Graß HöfeO § 16 Rn. 36 ff.

7 Wöhrmann/Graß HöfeO § 16 Rn. 20.
8 OLG Oldenburg AgrarR 1997, 321.
9 BGH NJW-RR 2014, 1112.
10 BGH RdL 1951, 96; Lüdtke-Handjery/v. Jeinsen HöfeO § 16 Rn. 51.
11 Lüdtke-Handjery/v. Jeinsen HöfeO § 16 Rn. 79.
12 BGH RdL 1952, 53 = NJW 1952, 423; Wöhrmann/Graß HöfeO § 16 Rn. 39.

III. Pflichtteil

15 Pflichtteilsansprüche kann der Erblasser nur in den Grenzen des BGB ausschließen. Das betrifft auch den Pflichtteil am Hofvermögen. Die Bewertung des Hofes zur Berechnung des Pflichtteils erfolgt zwingend auf der Grundlage des Hofeswerts (§ 12 Abs. 2), ggf. vermindert um Hofesschulden, mindestens aber nach Maßgabe des Drittelhofeswertes.[13]

16 Umgekehrt ist für die pflichtteilsmäßige Beteiligung des Hoferben am hoffreien Vermögen eine Bewertung nach allgemeinen Regelungen des bürgerlichen Rechts, im Zweifel die Bewertung zum Verkehrswert durchzuführen.

C. Weitere praktische Hinweise

17 Wenn für eine Verfügung von Todes wegen nach Abs. 1 die Zustimmung des Landwirtschaftsgerichts (§ 18 Abs. 1) erforderlich ist, richtet sich das Verfahren nach § 13 HöfeVO. Antragsberechtigt ist bis zu seinem Ableben der Erblasser (§ 13 Abs. 1 HöfeVO), bei einem Erbvertrag auch der andere Vertragsschließende. Bei einer notariellen Beurkundung gilt der Notar nach § 13 Abs. 2 HöfeVO als ermächtigt, die Genehmigung im Namen eines Antragsberechtigten zu beantragen. Der Antrag kann nach dem Tode des Erblassers von jedem gestellt werden, der an der Entscheidung ein berechtigtes Interesse glaubhaft machen kann (§ 13 Abs. 3 HöfeVO). Das ist bei Grundstücksvermächtnissen regelmäßig der Vermächtnisnehmer.

18 Das Landwirtschaftsgericht hat im Rahmen des Zustimmungsverfahrens gem. § 13 HöfeVO die Beteiligten zu hören.[14] Insoweit tritt das Interesse an der Geheimhaltung der letztwilligen Verfügung zurück.[15] Als Beteiligte können indessen nur diejenigen angesehen werden, deren Rechte und Pflichten durch die Verfügung unmittelbar beeinträchtigt werden könnten.[16] Die weichenden Erben gehören nicht zum Kreis der Beteiligten.[17] Ob der Hoferbe bei der Zustimmung zu einem Grundstücksvermächtnis ein Beschwerderecht hat, ist streitig, dürfte aber zu bejahen sein, weil der Zustimmungsbeschluss sein Hoferbrecht beeinträchtigen kann.[18]

§ 17 HöfeO Übergabevertrag

(1) Bei der Übergabe des Hofes an den Hoferben im Wege der vorweggenommenen Hoferbfolge finden die Vorschriften des § 16 entsprechende Anwendung.

(2) Übergibt der Eigentümer den Hof an einen hoferbenberechtigten Abkömmling, so gilt zugunsten der anderen Abkömmlinge der Erbfall hinsichtlich des Hofes mit dem Zeitpunkt der Übertragung als eingetreten.

(3) Soweit nach den Vorschriften des Grundstückverkehrsgesetzes eine Genehmigung erforderlich ist, wird sie durch das Gericht erteilt.

A. Allgemeines 1	II. Formlos bindender Hofübergabevorvertrag 15
B. Regelungsgehalt 4	III. Wirksamkeitsvoraussetzungen und Anforderungen an den Übergabevertrag 17
I. Übergabevertrag iSd HöfeO 4	1. Form 17
1. Übergabevertrag in Abgrenzung zu anderen Vertragstypen 4	2. Vertragsparteien 18
2. Erbrechtliche Wirkungen 11	3. Zustimmung des Ehegatten 20

---

13 Vgl. Lüdtke-Handjery/v. Jeinsen HöfeO § 16 Rn. 83, 85.
14 Lüdtke-Handjery/v. Jeinsen HöfeO § 16 Rn. 91.
15 OLG Köln RdL 1962, 287.
16 Lüdtke-Handjery/v. Jeinsen HöfeO § 16 Rn. 91.
17 BGH BGHZ 1, 343 = RdL 1951, 191 = NJW 1951, 561; BGH ZEV 2016, 646; OLG Köln AgrarR 1980, 135 = RdL 1980, 108; AgrarR 1984, 133; BeckRS 2016, 11146 sowie BeckRS 2016, 11147.
18 AA BGH RdL 1964, 98; OLG Celle RdL 1955, 86.

4. Geschlossene Hofübergabe 21	4. Rücktrittsrecht des Hofeigentümers ... 35
IV. Fiktion des Erbfalls 24	5. Sonderfall „Rheinische Hofübergabe" 36
V. Übliche Inhalte des Hofübergabevertrages 30	VI. Leistungsstörungen 37
1. Altenteil 30	VII. Genehmigung des Hofübergabevertrages
2. Schuldübernahme 31	(§ 17 Abs. 3) 41
3. Abfindungsregelungen für weichende Erben 32	

A. Allgemeines

Schätzungen zu Folge gehen 90 % der landwirtschaftlichen Betriebe nicht erst im Erbfall, sondern durch einen lebzeitigen Hofübergabevertrag auf die nachfolgende Generation über. § 17 lässt diese praktische Bedeutung des Übergabevertrages nur erahnen. Die Anforderungen und Grenzen eines Hofübergabevertrages haben dementsprechend Rechtsprechung und Schrifttum entwickelt. 1

Durch die in Abs. 1 angeordnete analoge Anwendung der Regelungen über Verfügungen von Todes wegen in § 16, die Erbfallfiktion in Abs. 2 und die Zuständigkeitsregelung für die Genehmigung nach den Vorschriften des Grundstücksverkehrsgesetzes in Abs. 3 gibt der Text von § 17 nur wenige Hinweise zu den inhaltlichen Anforderungen und den Rechtsfolgen, die mit einem Hofübergabevertrag verbunden sind. Die Legaldefinition des Übergabevertrages findet sich in § 7 Abs. 1, der freilich nur allgemein davon spricht, dass es sich dabei um die Übergabe des Hofes durch den Eigentümer an den Hoferben im Wege der vorweggenommenen Erbfolge handelt. Noch heute gilt für einen Übergabevertrag die Definition des Reichsgerichts: „Der Übergabevertrag ist ein Vertrag, durch den Eltern ihr Vermögen, insbesondere ihren Grundbesitz, bei Lebzeiten mit Rücksicht auf die künftige Erbfolge an einen ihrer Abkömmlinge übergeben und dabei für sich ausreichenden Lebensunterhalt (Altenteil) und für die außer dem Übernehmer noch vorhandenen Abkömmlinge eine Abfindung ausbedingen."[1] Für das landwirtschaftliche Erbrecht ist diese Begriffsdefinition des Reichsgerichts dahin zu erweitern, dass ein Übergabevertrag nicht notwendigerweise mit einem Abkömmling geschlossen werden muss, sondern auch mit einem Dritten vereinbart werden kann, der nach den Vorstellungen des Hofeigentümers sein Hoferbe ist. 2

Dem Hofübergabevertrag, unstreitig ein Rechtsgeschäft unter Lebenden, kommt wegen der Annäherung an eine letztwillige Verfügung (§ 7 Abs. 1 S. 1, § 17 Abs. 1 iVm §§ 16, 17 Abs. 2) eingeschränkte erbrechtliche Wirkung zu. So sperrt eine testamentarische, erbvertragliche oder formlos-bindende Hoferbenbestimmung eine entgegenstehende Hoferbenbestimmung in einem Hofübergabevertrag mit der Folge seiner Unwirksamkeit. Ferner fingiert § 17 Abs. 2 – nur – bei der Übergabe an Abkömmlinge zugunsten – nur – der anderen Abkömmlinge den Erbfall, so dass für die Abkömmlinge noch zu Lebzeiten des früheren Hofeigentümers höferechtliche Abfindungsansprüche, Pflichtteilsansprüche in Bezug auf den Hof und ggf. Nachabfindungsansprüche gem. § 13 entstehen. 3

B. Regelungsgehalt

I. Übergabevertrag iSd HöfeO

1. Übergabevertrag in Abgrenzung zu anderen Vertragstypen. Die eingangs zitierte Begriffsbestimmung des Reichsgerichts charakterisiert noch heute den Hofübergabevertrag,[2] freilich mit der Maßgabe, dass der Gegenstand der Übertragung ein Hof im Sinne der Höfeordnung ist. In Erweiterung der Definition des Reichsgerichts kann der Hofübergabevertrag auch mit einem Dritten geschlossen werden, den der Hofeigentümer zu seinem Hoferben bestimmt. 4

---

1. RGZ 118, 17 (20).
2. RGZ 118, 17 (20).

5 Der Begriff des Übergabevertrages ein ist Typusbegriff. Einzelne Merkmale können stärker, andere schwächer ausgeprägt sein. Das erschwert die Abgrenzung zu anderen Vertragstypen. Im Rahmen der gebotenen Gesamtbetrachtung dürften die weitestgehend geschlossene Weitergabe der landwirtschaftlichen Besitzung mitsamt der Hofstelle, das Ausbedingen einer gewissen Grundversorgung für den Hofeigentümer und die Motivation des Eigentümers, in dem Übernehmer den Erben und unternehmerischen Nachfolger seiner landwirtschaftlichen Besitzung zu sehen, die unverzichtbaren Merkmale eines Hofübergabevertrages sein.

6 Selbst wenn im Ausnahmefall die Leistungen des Übernehmers wirtschaftlich dem (Verkehrs-)Wert des Hofes entsprechen, liegt ein Hofübergabevertrag und kein Kaufvertrag vor, wenn neben einer gewissen Versorgungskomponente die Motivation des Hofeigentümers im Vordergrund steht, an den Übernehmer als seinen Erben der landwirtschaftlichen Besitzung zu übertragen. Entscheidend ist das Gesamtbild der Verhältnisse.

7 Bedeutung hat die Abgrenzung zwischen einem Hofübergabevertrag und einem anderen Vertragstyp vor allem für die Frage, ob der Vertrag gem. § 17 Abs. 3 der Genehmigung des Landwirtschaftsgerichts oder aber lediglich der grundstücksverkehrsrechtlichen Genehmigung der Genehmigungsbehörde gem. § 3 GrdstVG bedarf. Die Abgrenzung entscheidet auch darüber, ob Abfindung- und Nachabfindungsansprüche (§§ 12, 13) der weichenden Erben in Betracht kommen.

8 Üblicherweise erreichen die Pflichten, die der Übernehmer gegenüber dem Hofeigentümer und Dritten, etwa den weichenden Erben, übernommen hat, nicht den Verkehrswert des übertragenen Hofes. Da der Hofeigentümer die Vermögensnachfolge durch den Übernehmer und dessen Bereicherung durch die Vermögensübertragung anstrebt, kann der Übergabevertrag im Einzelfall als eine gemischte Schenkung oder als Schenkung unter Auflage zu beurteilen sein.[3] Eine gemischte Schenkung setzt allerdings voraus, dass der Wert der Gegenleistung weniger als die Hälfte des effektiven Werts des übertragenen Vermögens beträgt und der unentgeltliche Teil des Geschäfts überwiegt.[4] Die Charakterisierung als gemischte Schenkung oder als Schenkung unter Auflage eröffnet dem Übergeber die Möglichkeit, den Übergabevertrag im Falle groben Undanks des Übernehmers nach § 530 BGB zu widerrufen. Das ist deshalb von Bedeutung, weil die Landesgesetze über die Altenteilsverträge iSv Art. 96 EGBGB für den Fall, dass der Hofübernehmer die vereinbarten Altenteilsleistungen nicht oder nicht ordnungsgemäß erbringt, die gesetzlichen Rücktrittsrechte nach § 323 BGB bzw. § 527 BGB ausschließen oder von weiteren Voraussetzungen abhängig machen.

9 Der Abgrenzung zwischen einer gemischten Schenkung und einer Schenkung unter Auflage bedarf es auch deshalb, weil der Übergeber dem Übernehmer bei einer gemischten Schenkung im Falle des Widerrufs wegen groben Undanks einen Wertausgleich für den entgeltlichen Teil der gemischten Schenkung zu leisten hat, während bei einer Schenkung unter Auflage keine Ausgleichspflicht des die Schenkung widerrufenden früheren Hofeigentümers besteht.

10 In Abgrenzung zum Erbvertrag soll der Übergabevertrag die lebzeitige Hofnachfolge bewirken, während der Erbvertrag auf den Eigentumsübergang beim dereinstigen Ableben des Hofeigentümers abzielt.

11 **2. Erbrechtliche Wirkungen.** Mit dem Hofübergabevertrag nimmt der Hofeigentümer nach § 7 Abs. 1 eine (fiktive) Hoferbenbestimmung vor. Der Übergabevertrag hat damit auch die Bedeutung einer Verfügung von Todes wegen.[5]

---

[3] BGH RdL 1951, 294; NJW 1952, 20 = RdL 1952, 11 (12); NJW 1959, 1363 = RdL 1959, 188 (189).

[4] BGH NJ 2002, 598.

[5] Faßbender/Faßbender HöfeO § 17 Rn. 2.

Verschiedentlich ist davon die Rede, der Hofübergabevertrag habe eine Doppelnatur sowohl als Rechtsgeschäft unter Lebenden als auch als testamentsähnliche Verfügung.[6] Der BGH spricht davon, dass ein Hofübergabevertrag ebenso wie ein (formloser) Hofübergabevorvertrag eine Sperrwirkung gegenüber einer späteren Bestimmung eines anderen Hoferben durch Verfügung von Todes wegen oder durch Übergabevertrag entfaltet.[7] Das ist vor allem dann relevant, wenn der Hofeigentümer nach Abschluss, jedoch vor Erfüllung des Hofübergabevertrages verstirbt. Der vorgesehene Übernehmer kann dann von dem gesetzlichen Hoferben die Erfüllung des Übergabevertrages verlangen.[8]

Ein Hofübergabevertrag hindert den Hofeigentümer daran, einen anderen zum Hoferben einzusetzen, sei es durch Verfügung von Todes wegen, sei es im Wege vorweggenommener Erbfolge durch einen weiteren Übergabevertrag.[9] Umgekehrt ist der Hofübergabevertrag unwirksam, wenn der Hofeigentümer vor Vertragsabschluss eine bindende Hoferbenbestimmung getroffen hatte, die in einer formlos-bindende Hoferbenbestimmung (§ 7 Abs. 2), einem Erbvertrag oder einem anderen Hofübergabevertrag bestehen kann.[10] Eine Einschränkung ist dann zu machen, wenn eine Bindung des Hofeigentümers aus einem Erbvertrag oder einer sonstigen letztwilligen Verfügung nur deshalb entfällt, weil der dort bestimmte Hoferbe auf sein Hoferbrecht verzichtet oder wenn er nicht wirtschaftsfähig ist und dies auch im Zeitpunkt des Erbfalls voraussichtlich nicht sein wird.[11]

Die bis zum Ableben des Hofeigentümers uneingeschränkt mögliche Aufhebung der Hofeigenschaft durch Abgabe der negativen Hoferklärung im Zeitraum zwischen Abschluss und Vollzug des Hofübergabevertrages vermag dessen Bindungswirkung nicht einzuschränken. Die Löschung des Hofvermerks beeinträchtigt den Anspruch des im Übergabevertrag vorgesehenen Hofnachfolgers gegen den oder die Erben auf Übereignung des zuvor hofzugehörig gewesenen landwirtschaftlichen Grundbesitzes nicht.[12]

II. Formlos bindender Hofübergabevorvertrag

Dem Hofübergabevertrag gleichgestellte Wirkungen hat die von der Rechtsprechung extra legem entwickelte Rechtsfigur des formlos bindenden Hofübergabevorvertrages.[13] Der formlos bindende Hofübergabevorvertrag wird hergeleitet aus einem Verhalten des Hofeigentümers, das dazu führt, dass sich einer seiner Abkömmlinge als Hofnachfolger betrachten konnte. Er wird auch hergeleitet aus dem ausdrücklichen Versprechen des Hofeigentümers gegenüber einem Abkömmling, dass dieser den Hof erhalten soll. In beiden Fällen muss der Abkömmling seine Lebensführung auf die spätere Übernahme des Hofes eingestellt und der Hofeigentümer muss dies geduldet haben.[14] In Fällen dieser Art läuft das Verhalten der Beteiligten auf eine vertragliche Übereinkunft hinaus, die sich als Vorvertrag zu einem von beiden Teilen in Aussicht genommenen späteren Hofübergabevertrag charakterisieren lässt.[15] An die Wirksamkeit sind allerdings strenge Anforderungen zu stellen.[16] Folge des formlosen Hofübergabevorvertrages ist, dass der Hofeigentümer ebenso wie bei einem noch nicht vollzogenen Hofübergabevertrag eine erbrechtliche Bindung eingegangen ist, die ihn an einer anders lautenden Hoferbenbestimmung

---

6 BGH RdL 1951, 129; BGH RdL 1953, 53; Faßbender/Faßbender HöfeO § 17 Rn. 2; Schulte AgrarR 1977, 54.
7 BGH AgrarR 1987, 222 (223) = RdL 1987, 217.
8 BGH AgrarR 1987, 222 (223) = RdL 1987, 217.
9 BGH AgrarR 1987, 222 (223) mit umfangreichen Nachweisen.
10 AllgM, zB BGH RdL 1951, 129 = NJW 1951, 803; BGH RdL 1952, 132; BGH RdL 1956, 87 = NJW 1956, 142; Wöhrmann/Graß HöfeO § 17 Rn. 30; Steffen/Ernst HöfeO § 17 Rn. 3; Lüdtke-Handjery/v. Jeinsen HöfeO § 17 Rn. 57f.
11 BGH RdL 1963, 270.
12 BGH AgrarR 1987, 222 (223).
13 BGH BGHZ 12, 286; RdL 1954, 138 (153), 193 mit krit. Anm. Pikalo.
14 BGHZ 12, 286.
15 BGHZ 12, 286.
16 BGH NJW 1955, 1065, BGH NJW 1957, 787.

oder am Abschluss eines weiteren Hofübergabevertrages hindert.[17] Diese Grundsätze gelten auch nach der Novellierung der Höfeordnung.[18]

16 Geschützt sind nur die Abkömmlinge des Hofeigentümers.[19] Einen unmittelbaren Anspruch auf Übereignung des Hofes vermittelt der formlos bindende Hofübergabevorvertrag indessen nicht, er gewährt dem geschützten Abkömmling neben der erbrechtlichen Bindungswirkung des Eigentümers einen Anspruch auf Abschluss des Übergabevertrages, der erst den Anspruch auf Übereignung des Hofes gibt.[20] Ferner gewährt der formlos bindende Hofübergabevertrag dem „Hoferben" ein Besitzrecht.[21] Ebenso wie der (noch nicht erfüllte) Hofübergabevertrag hindert auch der Hofübergabevorvertrag den Hofeigentümer nicht an der Beseitigung der Hofeigenschaft durch Abgabe der negativen Hoferklärung.[22] Nach dem Ableben des Hofeigentümers kann der durch den Hofübergabevorvertrag geschützte Abkömmling den Erfüllungsanspruch gegen den oder die Erben des (früheren) Hofeigentümers geltend machen.[23] Zur Sicherung seines Anspruchs besteht die Möglichkeit, dass der Begünstigte dem Hofeigentümer bzw. dem oder den Erben gerichtlich verbieten lässt, eigenmächtig über den Betrieb zugunsten eines Dritten zu verfügen.[24]

III. Wirksamkeitsvoraussetzungen und Anforderungen an den Übergabevertrag

17 **1. Form.** Der Übergabevertrag bedarf gem. § 311b Abs. 1 S. 1 BGB notarieller Beurkundung. Die Beurkundungspflicht kann sich auch aus § 311b Abs. 3 BGB ergeben, wenn der Hof das gesamte oder nahezu das gesamte Vermögen des Hofeigentümers darstellt. Bis zur Vollziehung bedürfen Aufhebung und Änderung der Form des § 311b BGB, danach sind sie formfrei möglich.[25] Ebenso beurkundungsbedürftig ist ein Hofübergabevorvertrag. Bei der von der Rechtsprechung entwickelten Vertragsform des formlos bindenden Hofübergabevorvertrages sowie des formlos bindenden Hofübergabevertrages entfällt das Beurkundungserfordernis, da diese Rechtsinstitute gerade wegen der fehlenden Beurkundung entwickelt wurden.

18 **2. Vertragsparteien.** Vertragspartei des Hofeigentümers kann nur eine natürliche Person sein, die wegen § 6 Abs. 6 S. 1, § 7 Abs. 1 S. 2 wirtschaftsfähig sein muss. Droht die Wirksamkeit des Hofübergabevertrages an fehlender Wirtschaftsfähigkeit des vorgesehenen Hofnachfolgers zu scheitern, erlaubt das fakultative Höferecht eine von vornherein zeitlich beschränkte Aufgabe der Hofeigenschaft zu dem Zweck, bei der Übertragung des Hofes die Schwierigkeiten zu vermeiden, die sich aus der Anwendung der höferechtlichen Vorschriften ergeben.[26]

19 Der Hofnachfolger muss kein Abkömmling und auch kein Verwandter des Hofeigentümers sein, wenngleich der Abschluss eines Hofübergabevertrages mit einem fremden Dritten eher die Ausnahme sein dürfte. Eine juristische Person oder eine Personengesellschaft kann ebenso wenig Vertragspartner des Hofeigentümers sein wie eine Personengemeinschaft. Ausnahme ist die Übergabe an ein Ehepaar, welches den Hof als Ehegattenhof fortführt. Ob ungeachtet der erbrechtlichen Wirkungen des Hofübergabevertrages gewillkürte oder gesetzliche Vertretung des Hofeigentümers beim Abschluss des Hofübergabevertrages zulässig ist, ist streitig, aber mit der wohl hM zu bejahen.[27]

---

17 BGH BGHZ 101, 57 = NJW 1988, 710 = AgrarR 1987, 222.
18 BGH BGHZ 73, 324; BGHZ 87, 237 = NJW 1983, 2504 = AgrarR 1983, 244.
19 BGHZ 87, 237 = NJW 1983, 2504 = AgrarR 1983, 244.
20 BGHZ 101, 57 = NJW 1988, 710 = AgrarR 1987, 222.
21 BGH AgrarR 1991, 194.
22 BGH RdL 1962, 18; AgrarR 1976, 350; AgrarR 1987, 350; BGHZ 73, 324; BGHZ 101, 57 = NJW 1988, 710 = AgrarR 1987, 222, s. dazu auch Otte NJW 1988, 672.
23 BGHZ 101, 57 = NJW 1988, 710 = AgrarR 1987, 222.
24 BGH RdL 1962, 18; BGHZ 101, 57 = NJW 1988, 710 = AgrarR 1987, 222.
25 Wöhrmann/Graß HöfeO § 17 Rn. 11.
26 BGH RdL 2009, 74 = ZEV 2009, 144 = NJW-RR 2009, 517.
27 OLG Celle AgrarR 1997, 162; Wöhrmann/Graß HöfeO § 17 Rn. 21 f.; Faßbender/Faßbender Rn. 52–56.

3. Zustimmung des Ehegatten. Bei dem Hof wird es sich oftmals um das gesamte oder nahezu das gesamte Vermögen des Hofeigentümers handeln. Dann bedarf es nach § 1365 BGB der Zustimmung des Ehegatten. Ein mangels Zustimmung des Ehegatten schwebend unwirksamer Übergabevertrag kann ggf. in einen Erbvertrag umgedeutet werden.[28] Bei einem Ehegattenhof bedarf es ohnehin der Mitwirkung beider Ehegatten.

4. Geschlossene Hofübergabe. Auch für den Hofübergabevertrag gilt der Grundsatz der geschlossenen Hofübergabe.[29] Die vollständige Übereignung des gesamten Hofvermögens ist nicht erforderlich. Unverzichtbar ist allerdings die Übereignung der Hofstelle sowie des weiteren Grundbesitzes in dem Umfang, dass noch eine geschlossene und selbstständige lebensfähige Betriebseinheit auf den Hofnachfolger übergeht.

Der zurückbehaltene Grundbesitz verliert die Hofzugehörigkeit. Die spätere Übereignung oder Vererbung an den Hofnachfolger erfolgt im Verhältnis zu den Miterben und Pflichtteilsberechtigten nicht mit dem höferechtlichen Bewertungsprivileg.

Der Hofeigentümer kann das Erfordernis der geschlossenen Hofübergabe vermeiden, indem er unter Ausnutzung des fakultativen Höferechts die negative Hoferklärung abgibt und den sodann hoffrei gewordenen Grundbesitz in den Grenzen des GrdstVG nach seinen Vorstellungen überträgt.

IV. Fiktion des Erbfalls

Mit der Übergabe an Angehörige, gemeint ist die Umschreibung im Grundbuch,[30] fingiert § 17 Abs. 2 bei der Hofübergabe an einen hoferbenberechtigten Abkömmling zugunsten der anderen Abkömmlinge den Erbfall als eingetreten. Damit entstehen in der Person der anderen Abkömmlinge die Abfindungsansprüche nach § 12 und beginnt zu ihren Gunsten die 20-jährige Nachabfindungsfrist des § 13 HöfeO zu laufen. Die Ansprüche entstehen nicht, wenn der Hofeigentümer an einen Dritten überträgt. Bei anderen als einem Abkömmling, insbesondere dem Ehegatten, entstehen auch im Fall der Hofübertragung an einen Abkömmling keine Abfindungsansprüche gem. § 12 und beginnt die Nachabfindungsfrist des § 13 nicht zu laufen.[31]

Die Erbfallfiktion ausschließlich bei der Übertragung an einen hofabfindungsberechtigten Abkömmling und ausschließlich zugunsten der anderen Abkömmlinge erklärt sich historisch. Die Vorgängervorschrift, § 38 Abs. 1 des Lippischen Gesetzes über die Anerbengüter vom 26.3.1924, beruht auf der Erwägung, dass verhindert werden sollte, dass ein Hofeigentümer den Hof an das Lieblingskind überträgt und die anderen Kinder leer ausgehen.

Greift die Fiktion des § 17 Abs. 2 nicht, kommen zugunsten der Pflichtteilsberechtigten bei Ableben des (früheren) Hofeigentümers allenfalls Pflichtteilsergänzungsansprüche gem. § 2325 BGB in Betracht,[32] die außerdem der Abschmelzungsregelung unterliegen. Da § 12 mangels eines Hoferbfalls nicht greift, erfolgt die Bewertung des Hofes mit dem Verkehrswert, im Falle der Ertragswertanordnung (§ 2312 BGB) mit dem Ertragswert.

Dem Hofeigentümer steht frei, im Übergabevertrag die Abfindungsansprüche der weichenden Erben zu regeln, was sich regelmäßig als Vertrag zugunsten Dritter darstellt. Nicht schmälern

---

28 BGH NJW 1964, 347.
29 BGHZ 8, 23 = NJW 1953, 182 = RdL 1953, 45; Wöhrmann/Graß HöfeO § 17 Rn. 25, 26; Lüdtke-Handjery/v. Jeinsen HöfeO § 17 Rn. 64; Düsing/Martinez/Düsing/Sieverdingbeck HöfeO § 17 Rn. 24.
30 BGH RdL 1951, 151; OLG Hamm RdL 1985, 330 = AgrarR 1986, 53; Steffen/Ernst HöfeO § 17 Rn. 26 mwN; OLG Celle RdL 2009, 49, Rechtsbeschwerde verworfen durch BGH RdL 2009, 75.
31 OLG Celle RdL 2008, 160.
32 Wöhrmann/Graß HöfeO § 17 Rn. 61; FAKomm ErbR/Dingerdissen Landgut- und Höfeerbrecht Rn. 126; vgl. auch OLG Hamm RdL 2018, 386 ff.; aA FAAgrarR/Wolter Kap. 38 Rn. 132; Faßbender/Hötzel § 13 Rn. 5 sowie Düsing/Martinez/Düsing/Sieverdingbeck HöfeO § 17 Rn. 39, 40, die im Zeitpunkt des Erbfalls Abfindungsansprüche nach § 12 und ggf. Ansprüche nach § 13 gewähren, obwohl der Hof nicht mehr zu dem Nachlass des Übergebers gehört.

kann der Hofeigentümer gem. § 17 Abs. 2 iVm § 12 Abs. 10 die Pflichtteilsansprüche. Ordnet der Hofeigentümer im Übergabevertrag Abfindungsansprüche an, die unter dem Pflichtteilsanspruch liegen, bleiben die Pflichtteilsansprüche der Pflichtteilsberechtigten bestehen. Trifft der Hofeigentümer keine Regelungen zugunsten der anderen Abkömmlinge, werden sie mit Vollzug des Hofübergabevertrages nach § 17 Abs. 2 am Hofeswert beteiligt. Nur wenn der Hofeigentümer ausdrücklich anordnet, dass einzelne Abkömmlinge auf den Pflichtteil gesetzt sind, müssen sich diese mit der Pflichtteilsquote am Hofeswert begnügen.

28 Der Hofeigentümer kann die Entstehung von Abfindungsansprüchen iSv § 17 Abs. 2 ganz vermeiden, indem er vor der Hofübergabe durch Abgabe der negativen Hoferklärung die Hofeigenschaft beseitigt und die landwirtschaftliche Besitzung ohne höferechtliche Verpflichtungen an den Nachfolger überträgt, ggf. unter Ausnutzung des Landgüterrechts (§ 2312 BGB) in Bezug auf spätere Pflichtteilsergänzungsansprüche.

29 Die Berechnung der Abfindungs- sowie der Nachabfindungsansprüche richtet sich ebenso nach den Regelungen der §§ 12, 13 wie die Berechnung der Pflichtteilsansprüche. Zu beachten ist, dass bei der Pflichtteilsberechnung der Abzug der Nachlassverbindlichkeiten vom Hofeswert nicht den Drittelhofeswert unterschreiten darf. Die in einem Hofübergabevertrag geregelten Altenteilsverpflichtungen dürfen bei der Pflichtteilsberechnung zugunsten der weichenden Abkömmlinge nicht als Nachlassverbindlichkeiten in Abzug gebracht werden.[33]

V. Übliche Inhalte des Hofübergabevertrages

30 **1. Altenteil.** Altenteilsregelungen gehören zu den Essentialien eines Hofübergabevertrages. Fehlen sie vollständig, liegt regelmäßig kein Hofübergabevertrag vor. Typische Altenteilsleistungen sind Wohnrecht, Wart und Pflege sowie Geldzahlungen. Die Altenteilsleistungen stellen normalerweise keine Gegenleistung für die Übertragung des Grundbesitzes, sondern eine aus dem zugewandten Vermögen zu leistende Auflage dar.[34] Das Fehlen jeglicher Altenteilsleistungen kann der Genehmigungsfähigkeit des Hofübergabevertrages entgegenstehen, sofern nicht die Altenteiler anderweitig über Einkommen und Vermögen verfügen. Anpassungen kommen bei einer ungünstigen Änderung der Leistungsfähigkeit des Hofes in Betracht, nicht aber, wenn diese auf einem Verschulden des Hofnachfolgers beruht oder wenn die Hofsubstanz schon bei Beginn der Rentenleistungen verbraucht war.[35]

31 **2. Schuldübernahme.** Üblicherweise übernimmt der Hofnachfolger nicht nur die Aktiva, sondern auch die Passiva. Die Grundpfandrechte gehen ohnehin mit Übereignung des Grundbesitzes auf den Hofnachfolger über. Erstrebenswert ist die Schuldentlassung des Übergebers, die der Zustimmung der Gläubiger bedarf. Ob und inwieweit der Hofübernehmer Schulden übernimmt, ist für die Genehmigungsfähigkeit des Hofübergabevertrages ohne Bedeutung.

32 **3. Abfindungsregelungen für weichende Erben.** Regelungen über Abfindung und Nachabfindung der weichenden Erben bedarf es nicht zwingend, da die Fiktion des Erbfalls in § 17 Abs. 2 bei der Übergabe an einen hoferbenberechtigten Abkömmling zugunsten anderer Abkömmlinge die Anwendung der §§ 12, 13 erschließt. Das bedeutet zugleich, dass eine fehlende Regelung zur Abfindung oder Nachabfindung keine Pflichtteilsanordnung bedeutet, sondern die Teilhabe der weichenden Erben an Abfindung und Nachabfindung mit der gesetzlichen Erbquote bewirkt.

33 In der individuellen Ausgestaltung der Abfindungs- und Nachabfindungsregelungen sind die Vertragsparteien weitestgehend frei. Die unterste Grenze der Dispositionsfreiheit bildet der Pflichtteil der weichenden Erben (§ 16 Abs. 2).

---

33 BGH BGHZ 8, 213 = NJW 1953, 343 = RdL 1953, 80.

34 BGH NJW 1989, 2122.
35 OLG Celle AUR 2017, 98.

Liegen die den weichenden Erben zugedachten Abfindungsansprüche deutlich über der gesetzlichen Abfindung gem. § 12 und bestehen Zweifel, ob der Hof solche Abfindungsbeträge erwirtschaften kann, wird das Landwirtschaftsgericht die Genehmigung des Übergabevertrages versagen. 34

4. Rücktrittsrecht des Hofeigentümers. Üblicherweise ist für schwerwiegende Ereignisse wie Vermögensverfall, Insolvenz, Vorversterben oder grobe Vertragsverstöße des Hofnachfolgers ein dinglich durch Rückauflassungsvormerkung zu sicherndes Rücktrittsrecht vereinbart. Rücktrittsrechte sind im Grundsatz keinen höferechtlichen Bedenken ausgesetzt, können sie doch die Erhaltung des übertragenen Betriebes sichern, etwa wenn der Nachfolger in Insolvenz gerät oder ohne Hinterlassung eines potenziellen Hofnachfolgers stirbt. Kritisch sind solche Rücktrittsrechte, die an knebelnde Verfügungsbeschränkungen gekoppelt sind, beispielsweise das Verbot, Grundbesitz zu veräußern oder Grundbesitz zu belasten.[36] Derartige mit Rücktrittsrechten verknüpfte Verfügungsbeschränkungen stehen der Genehmigung des Hofübergabevertrages entgegen. Ein schutzwürdiges Eigeninteresse des Rücktrittsberechtigten ist unerlässlich.[37] Sofern nicht im Hofübergabevertrag für Grundstücksbelastungen eine akzeptable Bandbreite definiert ist, in der sich der Hofnachfolger frei bewegen kann, wird dem Hofnachfolger zur Schaffung der Genehmigungsfähigkeit zumindest das Recht einzuräumen sein, eine fehlende Genehmigung des Voreigentümers durch die Zustimmung des Landwirtschaftsgerichts zu ersetzen. 35

5. Sonderfall „Rheinische Hofübergabe". Also Sonderform des Hofübergabevertrages hat die Kautelarjurisprudenz das Modell der „Rheinischen Hofübergabe" geschaffen. Dabei behält sich der Hofeigentümer, der die landwirtschaftliche Besitzung an den Nachfolger überträgt, den Nießbrauch vor und überträgt die Bewirtschaftung des Hofes in Ausübung des Nießbrauchsrechts dem Hofnachfolger durch einen gleichzeitig abgeschlossenen Pachtvertrag. Die Gestaltung ist keinen höferechtlichen Bedenken ausgesetzt.[38] 36

VI. Leistungsstörungen

Beim Ableben einer der Vertragsparteien vor der Umschreibung im Grundbuch gilt Folgendes: Verstirbt der Hofübergeber und ist der Hofübernehmer nicht der gesetzliche oder gewillkürte Hoferbe, erlangt ein Dritter die Stellung als Hoferbe. Dieser ist als Gesamtrechtsnachfolger des Hofeigentümers verpflichtet, an der Erfüllung des Hofübergabevertrags mitzuwirken.[39] Verstirbt hingegen der Hofübernehmer, tritt bei ihm, der bereits eine Anwartschaft erlangt hatte, der (antizipierte) Hoferbfall ein, so dass an seine Stelle sein Hoferbe tritt, der grundsätzlich wirtschaftsfähig sein muss.[40] 37

Erbringt der Hofnachfolger die ihm obliegenden Altenteilsleistungen nicht oder nicht ordnungsgemäß, richten sich die Rechtsfolgen, sofern nicht der Hofübergabevertrag Regelungen für die unzulängliche Erbringung der Altenteilsleistungen bereithält, wegen Art. 96 EGBGB nach den Ausführungsgesetzen der Länder. Diese schließen regelmäßig ein Rücktrittsrecht aus oder machen es von weiteren, über die schuldrechtlichen Bestimmungen des BGB hinausgehenden Voraussetzungen abhängig. Als Spezialregelung verdrängen die Ausführungsgesetze die §§ 323 ff. BGB. So gewährt etwa §§ 14 ff. Nds. AGBGB dem Altenteiler ein Hofabzugsrecht und einen Anspruch auf Geldentschädigung. 38

Die Regelungen der Ausführungsgesetze verdrängen auch den Herausgabeanspruch des § 527 BGB, falls der Hofübergabevertrag als Schenkung anzusehen ist.[41] Als Schenkungsvertrag 39

---

36 Vgl. BGH NJW 2012, 316 = ZEV 2012, 550.
37 OLG Köln 13.12.2018 – 28 U 6/18.
38 Allgemein zur Zulässigkeit des Nießbrauchsvorbehalts im Übergabevertrag OLG Hamm ZEV 2009, 147.
39 Wöhrmann/Graß HöfeO § 17 Rn. 161.
40 Vgl. Wöhrmann/Graß HöfeO § 17 Rn. 1634 ff.
41 OLG Celle RdL 2013, 95.

wird der Hofübergabevertrag nur im Ausnahmefall zu qualifizieren sein.[42] Dann besteht auch die von den Ausführungsgesetzen nicht verdrängte Widerrufsmöglichkeit wegen groben Undanks gem. § 530 BGB.

40 Die landesrechtlichen Sonderregelungen schränken auch den Anwendungsbereich der Grundsätze des Wegfalls der Geschäftsgrundlage (§ 313 BGB), welche ebenfalls einen Rückübertragungsanspruch begründen können, erheblich ein. Sie kommen nur in Betracht, wenn es nach Treu und Glauben als unzumutbar erscheint, den Altenteiler auf die Ansprüche aus dem landesrechtlichen Ausführungsgesetz zu verweisen.[43] OLG Celle lässt ein auf die Grundsätze des Wegfalls der Geschäftsgrundlage gestütztes Rückabwicklungsverlangen des Hofeigentümers nur zu, wenn die Verfehlungen des Hofübernehmers zugleich die Voraussetzungen der Pflichtteilsentziehung (§ 2333 BGB) erfüllen.[44]

VII. Genehmigung des Hofübergabevertrages (§ 17 Abs. 3)

41 Die nach § 2 GrdstVG erforderliche Genehmigung des Hofübergabevertrages erteilt nach § 17 Abs. 3 das Landwirtschaftsgericht, nicht die Genehmigungsbehörde. Die Genehmigungspflicht für die Übertragung landwirtschaftlicher Besitzungen im Wege der vorweggenommenen Erbfolge nach § 8 Nr. 2 GrdstVG gilt wegen § 31 Abs. 1 GrdstVG nicht für einen Hof im Sinne der HöfeO.

42 Die spezifischen Versagungsgründe des § 9 GrdstVG stehen einem Hofübergabevertrag regelmäßig nicht entgegen. Im Einzelfall kann die Zurückbehaltung nennenswerten Grundbesitzes zum Versagungsgrund der unwirtschaftlichen Verkleinerung oder Aufteilung iSv § 9 Abs. 1 Nr. 2 GrdstVG führen.[45] Das soll auch bei der Zurückbehaltung des Altenteilerhauses gegeben sein.[46]

43 Zu prüfen hat das Landwirtschaftsgericht, ob der Hofübergabevertrag mit den höferechtlichen Bestimmungen im Einklang steht. Nach überwiegender Auffassung kann bereits vor Abschluss des Hofübergabevertrages die Genehmigung des Entwurfs beantragt werden.[47] Stehen der Genehmigung unüberwindbare oder von den Beteiligten nicht akzeptierte höferechtliche Hindernisse entgegen, steht dem Hofeigentümer die Möglichkeit offen, die Hofeigenschaft vor der Übertragung durch Abgabe der negativen Hoferklärung zu beenden, ggf. unter Verpflichtung des Nachfolgers, nach Vollzug des Vertrags die Hofeigenschaft wieder einzuführen.

44 Streitig ist, ob das Landwirtschaftsgericht bei dem Genehmigungsverfahren die weichenden Erben als Beteiligte heranzuziehen hat.[48] Die hM verneint dies.[49] Befürwortet wird teilweise eine Anhörung, wenn Anhaltspunkte bestehen, dass eine formlos bindende Hoferbenbestimmung unterlaufen werden könnte oder Zweifel an der Wirtschaftsfähigkeit bestehen.[50]

45 Erteilt das Landwirtschaftsgericht die Genehmigung, steht keiner der Vertragsparteien ein Beschwerderecht zu. Weichende Erben sind nur im Ausnahmefall beschwerdebefugt, und zwar dann, wenn der Hofübergabevertrag in einem Widerspruch zu einer bindenden letztwilligen Verfügung oder einer formlos-bindenden Hoferbenbestimmung zugunsten des hoferbenberechtigten und wirtschaftsfähigen weichenden Erben steht.[51] Versagt das Landwirtschaftsgericht die Genehmigung oder macht es Auflagen oder Bedingungen, kann jede der Vertragsparteien

---

42 OLG Celle RdL 2013, 95; vgl. auch BayObLG RdL 1995, 319; BGH NJW-RR 1995, 77.
43 OLG Celle RdL 2013, 95; vgl. auch BGH NJ 2000, 598.
44 OLG Celle RdL 2013, 95.
45 OLG Schleswig BeckRS 2009, 24613 bei einer Zurückbehaltung von 15 % des Ackerlandes zum Zwecke der Abfindung der weichenden Erben.
46 OLG Schleswig BeckRS 2021, 35087.
47 Wöhrmann/Graß HöfeO § 17 Rn. 78; Steffen/Ernst HöfeO § 17 Rn. 7.
48 Überblick über den Streitstand bei Wöhrmann/Graß HöfeO § 17 Rn. 117.
49 BGH ZEV 2009, 115; ZEV 2016, 646; OLG Köln BeckRS 2016, 11146; BeckRS 2016, 11147.
50 OLG Oldenburg FGPrax 2010, 99.
51 BGH RdL 2017, 22.

Beschwerde führen, da die eingeschränkte Genehmigung die vertraglichen Rechte der Parteien beeinträchtigt.

§ 18 HöfeO   Zuständigkeit der Gerichte

(1) Für die Entscheidung über alle Anträge und Streitigkeiten, die sich bei Anwendung der Höfeordnung ergeben, sowie aus Abmachungen der Beteiligten hierüber sind die im Gesetz über das gerichtliche Verfahren in Landwirtschaftssachen vom 21. Juli 1953 (Bundesgesetzbl. I S. 667), zuletzt geändert durch Artikel 2 des Gesetzes vom 8. Juli 1975 (Bundesgesetzbl. I S. 1863), genannten Gerichte ausschließlich zuständig.

(2) ¹Diese Gerichte sind auch zuständig für die Entscheidung der Frage, wer kraft Gesetzes oder kraft Verfügung von Todes wegen Hoferbe eines Hofes geworden ist, und für die Ausstellung eines Erbscheins oder eines Europäischen Nachlasszeugnisses. ²In dem Erbschein oder dem Europäischen Nachlasszeugnis ist der Hoferbe als solcher aufzuführen. ³Auf Antrag eines Beteiligten ist in dem Erbschein lediglich die Hoferbfolge zu bescheinigen.

A. Allgemeines	1	II. Feststellung des Hoferben und Erbscheinserteilung	12
B. Regelungsgehalt	2		
I. Die Generalverweisung in Abs. 1	2	III. Europäisches Nachlasszeugnis	17

A. Allgemeines

§ 18 Abs. 1 weist generalklauselmäßig die Anträge und Streitigkeiten, die sich bei der Anwendung höferechtlicher Regelungen sowie aus Vereinbarungen zu höferechtlichen Regelungen ergeben, den Landwirtschaftsgerichten zu. Nach Abs. 2 sind die Landwirtschaftsgerichte auch für die Klärung des Hoferbrechts und die Ausstellung des Hoffolgezeugnisses sowie des Europäischen Nachlasszeugnisses zuständig. Ihnen obliegt die Erteilung des auf das hoffreie Vermögen beschränkten Erbscheins, wenn ein Hof zum Nachlass gehört.   1

B. Regelungsgehalt

I. Die Generalverweisung in Abs. 1

Für die Entscheidung über Anträge und Streitigkeiten, die sich bei Anwendung der HöfeO ergeben, sind nach Abs. 1 die Landwirtschaftsgerichte ausschließlich zuständig. Gleiches gilt bei Streitigkeiten aus Vereinbarungen über höferechtliche Ansprüche (Abfindungs- und Versorgungsansprüche, Erb- und Übergabeverträge, die einen Hof betreffen).   2

Allein die Tatsache, dass der Streit einen Hof betrifft, eröffnet noch nicht die Zuständigkeit des Landwirtschaftsgerichts.[1] Die Zuständigkeit des Landwirtschaftsgerichts ist erst gegeben, wenn ein Antrag auf höferechtliche Vorschriften gestützt wird. Hingegen ist die Zuständigkeit des Prozessgerichts gegeben, wenn der Antrag aus bürgerlich-rechtlichen Bestimmungen hergeleitet wird.[2] Damit gehören beispielsweise die in einem Hofübergabevertrag geregelten Eigentumsverschaffungsansprüche,[3] die Rückübereignungsansprüche nach Aufhebung eines Hofübergabevertrages[4] und die auf Treu und Glauben (§ 242 BGB) gestützten Zwangsvollstreckungsgegenanträge gegenüber Abfindungsansprüchen, die in einem Hofübergabevertrag tituliert sind, in die Zuständigkeit des Prozessgerichts.[5]   3

---

1 BGH MDR 1965, 286.
2 BGH MDR 1965, 286.
3 OLG Hamm AUR 2010, 137.
4 OLG Celle Nds. Rpfleger 1966, 42.
5 OLG Köln 25.7.2013 – 23 WLw 8/13.

4 Sofern Fragen hinsichtlich der Zuständigkeit entstehen, liefern die Aufzählungen in § 1 sowie in den zwischenzeitlich aufgehobenen §§ 19 und 20 HöfeVfO verlässliche Kriterien.

5 Systematisch lässt sich bei der Zuständigkeit der Landwirtschaftsgerichte für höferechtliche Verfahren unterscheiden zwischen Entscheidungen in nichtstreitigen Antragsverfahren, Entscheidungen in Streitverfahren, der Entgegennahme von Erklärungen und den sonstigen Amtsverfahren.[6] In Anlehnung an Faßbender/*v. Jeinsen* lassen sich den Fallgruppen folgende Verfahren zuordnen:[7]

6 **Nichtstreitige Antragsverfahren:** Genehmigung von Hofübergabeverträgen und Verfügungen über hofzugehörige Grundstücke in Verfügungen von Todes wegen (§ 16 Abs. 1); Stundung, Verzinsung und Sicherheitsleistung bei Abfindungsansprüchen (§ 12 Abs. 5); Änderung des Verwaltungs- und Nutznießungsrechts des überlebenden Ehegatten (§ 14 Abs. 1); Detailregelungen nach einer Hoferbenbestimmung des Ehegatten (§ 14 Abs. 3); Feststellungsverfahren aus dem Katalog des § 11 HöfeVfO (Hofeigenschaft, Ehegattenhofeigenschaft, Bestandteil oder Zubehör eines Hofes; Wirtschaftsfähigkeit; Festlegung des Ältesten- oder Jüngstenrechts; Abstammung des Hofes; Feststellung des Hoferben, Allgemeine höferechtliche Feststellungsanträge); Erbscheinsverfahren.

7 **Streitige Verfahren:** Streitigkeiten bestreffend Abfindungs- und Nachabfindungsansprüche (§§ 12, 13); Rechte des Ehegatten aus § 14; Nachlassverbindlichkeiten gem. § 15; Hoferbenbestimmung und im Zusammenhang stehende Fragen; Inhalt und Abänderung von Übergabeverträgen; vorläufige Anordnungen gem. § 18 LwVG, soweit höferechtliche Vorschriften betroffen sind.

8 **Entgegennahme von Erklärungen:** Erklärungen zur Einführung und Aufhebung der Hofeigenschaft; Wahlrecht gem. § 9; Hofausschlagung gem. § 11; Hoferbenbestimmung durch den überlebenden Ehegatten oder einen beauftragten Dritten.

9 **Sonstige Amtsverfahren:** Eintragung und Löschung des Hofvermerks; Eintragungsersuchen an das Grundbuchamt; Ersuchen zur Höfeakte (§ 10 HöfeVfO).

10 Für die Ausstellung eines Testamentsvollstreckerzeugnisses ist hingegen das Nachlassgericht auch dann zuständig, wenn ein Hof zum Nachlass gehört.[8]

11 § 18 Abs. 1 korrespondiert mit § 1 Nr. 5 LwVG, welcher auch die Zuständigkeit des Landwirtschaftsgerichts für andere Anerbenrechte außerhalb der HöfeO begründet.

II. Feststellung des Hoferben und Erbscheinserteilung

12 HöfeO und HöfeVfO stellen zwei verschiedene Verfahren zur Feststellung des Hoferben zur Verfügung, das Feststellungsverfahren gem. §§ 11, 12 HöfeVfO sowie das Erbscheinverfahren, das zur Erteilung des Hoffolgezeugnisses führt.

13 Die beiden Verfahren unterscheiden sich vor allem in der Rechtskraftwirkung. Das Feststellungsverfahren gem. §§ 11, 12 HöfeVfO stellt den Hoferben für die Beteiligten des Verfahrens bindend fest, die Entscheidung erwächst in materielle Rechtskraft. Ein erneuter Antrag ist nach § 12 Abs. 2 HöfeVfO nur zulässig, wenn ein berechtigter Grund für eine nochmalige Prüfung der Hoferbfolge vorliegt. Ein neues Verfahren kann nur auf Tatsachen gestützt werden, die in den früheren Verfahren nicht geltend gemacht werden konnten, § 12 Abs. 1 HöfeVfO.

14 Hingegen führt das Erbscheinsverfahren nur zur Vermutungswirkung des § 2365 BGB. Die Vermutung der Richtigkeit des Hoffolgezeugnisses kann jederzeit widerlegt werden.

---

6 Faßbender/v. Jeinsen HöfeO § 18 Rn. 5–8.
7 Faßbender/v. Jeinsen HöfeO § 18 Rn. 5–8.
8 BGH BGHZ 58, 105 = AgrarR 1972, 250 = NJW 1972, 582.

Deuten sich Streitigkeiten bei der Feststellung des Hoferben im Erbscheinverfahren an, empfiehlt sich der Übergang zum Feststellungsverfahren gem. §§ 11, 12 HöfeVfO, welches die Hoferbfolge mit materieller Rechtskraft feststellt. Das führt zu der Empfehlung, bei klarer Rechtslage das Erbscheinverfahren und bei Streitfragen das Feststellungsverfahren gem. §§ 11, 12 HöfeVfO zu betreiben.

Nach hM ist das Landwirtschaftsgericht auch für die Erteilung des allgemeinen Erbscheins für das hoffreie Vermögen zuständig, wenn ein Hof zum Nachlass gehört.[9] Je nach Antragstellung erteilt das Landwirtschaftsgericht entweder das Hoffolgezeugnis sowie den Erbschein für das hoffreie Vermögen oder aber nur das Hoffolgezeugnis oder nur den Erbschein. Die Zuständigkeit des Landwirtschaftsgerichts ist auch dann gegeben, wenn für die Besitzung noch ein Hofvermerk eingetragen ist, obwohl sie die Hofeigenschaft außerhalb des Grundbuchs verloren hatte.[10]

III. Europäisches Nachlasszeugnis

§ 18 Abs. 2 ist durch Art. 19 des Gesetzes zum Internationalen Erbrecht und zur Änderung von Vorschriften zum Erbschein mit Wirkung vom 17.8.2015 dahin ergänzt worden, dass das Landwirtschaftsgericht auch für die Erteilung eines Europäischen Nachfolgezeugnisses zuständig ist, sofern ein Hof iSd HöfeO zum Nachlass gehört. Das Europäische Nachlasszeugnis selbst ist durch Art. 62–73 VO (EU) Nr. 620/2012 eingeführt worden. Es dient zum Nachweis des Erbrechts in den anderen Staaten der EU. Beantragt werden kann das Europäische Nachlasszeugnis durch Erben, Vermächtnisnehmer mit unmittelbarer Berechtigung am Nachlass sowie durch Testamentsvollstrecker und Nachlassverwalter. Es kann neben dem BGB-Erbschein oder dem Hoffolgezeugnis ausgestellt werden.[11]

§ 19 HöfeO Geltung für Lebenspartner; Übergangsbestimmungen

(1) ¹Die für Ehegatten geltenden Vorschriften dieses Gesetzes gelten entsprechend für Lebenspartner. ²Eine land- oder forstwirtschaftliche Besitzung, die im gemeinschaftlichen Eigentum von Lebenspartnern steht und gemäß § 1 Absatz 1 die Eigenschaft als Hof besitzt oder diese entsprechend § 1 Absatz 2 durch Erklärung der Lebenspartner erhält, ist ein Lebenspartnerhof.

(2) Für die erbrechtlichen Verhältnisse bei Beteiligung eines Lebenspartners bleibt das bis zum 26. November 2015 geltende Recht maßgebend, wenn der Erblasser vor dem 26. November 2015 verstorben ist.

Durch das Gesetz zur Bereinigung des Rechts der Lebenspartner vom 20.11.2015 (BGBl. I S. 2010) hat der Gesetzgeber die Höfeordnung um einen neuen § 19 ergänzt. Die für Ehegatten geltenden Vorschriften gelten jetzt auch für Lebenspartner. Hintergrund der Neuregelung war die Beseitigung der verfassungsrechtlich bedenklichen Ungleichbehandlung von Ehegatten und Lebenspartner einer eingetragenen Lebenspartnerschaft im Bereich der Höfeordnung. In der Rheinland-Pfälzischen Höfeordnung ist die Gleichstellung bereits zum 23.9.2009, in der Hessischen Landgüterordnung bereits zum 7.4.2010 und in der Badischen Hofgüterordnung bereits zum 29.7.2014 eingeführt worden. § 19 orientiert sich an § 2 Abs. 1 S. 2 der Rheinland-Pfälzischen Höfeordnung, wonach die Bestimmungen über Ehegatten und Ehegattenhöfe auf Lebenspartner entsprechend Anwendung finden.

---

9 BGH BGHZ 104, 363 = AgrarR, 18 = RdL 1991, 19 = NJW 1988, 2739; OLG Celle AgrarR 1976, 143; OLG Hamm AgrarR 1985, 51 = RdL 1985, 77; OLG Köln RdL 1960, 42; Faßbender/v. Jeinsen HöfeO § 18 Rn. 39; Lüdtke-Handjery/v. Jeinsen HöfeO § 18 Rn. 18; kritisch Wöhrmann/Graß HöfeO § 18 Rn. 43.
10 OLG Braunschweig FGPrax 2021, 174.
11 Einzelheiten zum Verfahrensrecht bei v. Selle/Huth LwVG § 1 Rn. 237.

2 Im Bereich der Nordwestdeutschen Höfeordnung greift die Übergangsregelung in § 19 Abs. 2, so dass für die erbrechtlichen Verhältnisse bei Beteiligung eines Lebenspartners die bis zum 26.11.2015 geltenden Vorschriften maßgebend sind, wenn der Erblasser vor dem 26.11.2015 verstorben ist. § 19 Abs. 1 S. 2 enthält die Legaldefinition des Lebenspartnerhofs.

3 Die praktische Bedeutung des neuen § 19 dürfte jedoch gering sein, da durch die Änderung von § 1353 BGB die Eheschließung von zwei Personen gleichen Geschlechts möglich ist, eine Lebenspartnerschaft gem. § 17 a LPartG in eine Ehe umgewandelt werden kann und ab dem 1.10.2017 keine Lebenspartnerschaften mehr begründet werden können.

14. Nachlassinsolvenz

Literatur:
Adam, Die Auflassung in gerichtlichen Vergleichen und Insolvenzplänen, NJW 2016, 3484; *Ahrens/Gehrlein/Ringstmeier*, Insolvenzrecht, 4. Aufl. 2020 (zitiert: FAKomm InsR/Bearbeiter); *Beck/Depré*, Praxis der Insolvenz, 3. Aufl. 2017 (zitiert: Beck/Depré Insovenz/Bearbeiter); *Bork/Hölzle*, Handbuch Insolvenzrecht, 2. Aufl. 2019; *Braun*, Insolvenzordnung, 8. Aufl. 2020; *Braun/Erbe*, Voraussetzungen für die Nichtigkeit eines gerichtlichen Insolvenzeröffnungsbeschlusses, NZI 2021, 958; *Brünkmans/Thole*, Handbuch Insolvenzplan, 2. Aufl. 2020 (zitiert: Brünkmans/Thole Insolvenzplan-HdB/Bearbeiter); *Bumiller/Harders/Schwamb*, FamFG, 12. Aufl. 2019; *Burandt/Rojahn*, Erbrecht, 3. Aufl. 2019; *Burger/Schellberg*, Der Insolvenzplan im neuen Insolvenzrecht, DB 1994, 1833; *Busch*, Schnittstellen zwischen Insolvenz- und Erbrecht, ZVI 2011, 77; *Dauner-Lieb/Grziwotz*, Pflichtteilsrecht, 2. Aufl. 2016; *Dutta*, Europäisches Nachlasszeugnis auch für Nachlassinsolvenzverwalter, IPRax 2021, 455; *Edelmann*, Die neue Insolvenzordnung, AnwBl 1998, 489; *Ehlers*, Insolvenzplanverfahren – die Alternative, DStR 2010, 2523; *Eidenmüller*, Der Insolvenzplan als gesellschaftsrechtliches Universalwerkzeug, NJW 2014, 17; *Fischer*, Das neue Rechtsmittelverfahren gegen den Beschluss, durch den der Insolvenzplan bestätigt wird, NZI 2013, 513; *Firsching/Graf*, Nachlassrecht, 11. Aufl. 2019; *Föhlisch*, Insolvenzplan, § 213 InsO und die Möglichkeit zur vorzeitigen Restschuldbefreiung (§ 300 Abs. 1 Satz 2 InsO), ZVI 2018, 464; *Frege/Keller/Riedel*, Insolvenzrecht, 8. Aufl. 2015 (zitiert: Frege/Keller/Riedel InsR); *Frind*, Vermeidbare Fehler im Insolvenzplan, InsbürO 2019, 402; *Gaul*, Sicherung der Gläubiger- und Insolvenzanfechtung durch Maßnahmen des einstweiligen Rechtsschutzes, KTS 2007, 133; *Gehrlein*, BB-Rechtsprechungsreport zur Unternehmensinsolvenz 2013/2014, BB 2014, 1539; *Gottwald/Haas*, Insolvenzrechts-Handbuch, 6. Aufl. 2020 (zitiert: Gottwald/Haas InsR-HdB/Bearbeiter); *Graf*, Möglichkeiten der Haftungsbeschränkung für Nachlassverbindlichkeiten, ZEV 2000, 125; *Graf-Schlicker*, InsO, 5. Aufl. 2020; *Greiner*, Der Nachweis der Erbenstellung im Nachlassinsolvenzverfahren, ZInsO 2016, 1570; *Grüneberg*, BGB, 81. Aufl. 2022; *Harder*, Grundzüge des Nachlassinsolvenzverfahrens, NJW- Spezial 2022, 469; *Harig*, Insolvenzplan und Restschuldbefreiung, VIA 2022, 49; *Heyn/Kreuznacht/Voß*, Arbeitshilfen für Insolvenzsachbearbeiter, 4. Aufl. 2019; *Heyn*, Die wichtigsten Entscheidungen des Jahres 2019 zum Vergütungsrecht, InsbürO 2020, 16; *Hermreck*, Das Nachlassinsolvenzverfahren, NJW-Spezial 2017, 149; *Heyer*, Der befreite Erbe im Schuldnerverzeichnis-wie kann das passieren? Probleme des Nachlassinsolvenzverfahrens, InsbürO 2015, 463; *Holzer*, Annahme und Ausschlagung der Erbschaft im Insolvenzverfahren, NZI 2019, 441; *Horn*, Materialienkommentar Erbrecht, 1. Aufl. 2020 (zitiert: Horn MatK ErbR); *Jacoby*, Die Tilgung der Bestattungskosten vom Nachlasskonto, WM 2003, 368; *Jaeger*, Erbenhaftung und Nachlaßkonkurs im neuen Reichsrecht, 1898; *Jaeger*, Insolvenzordnung, 1. Aufl. 2020 (zitiert: Jaeger/Bearbeiter InsO §); *Joannidis/Weiß*, Das Nachlassinsolvenzverfahren: Erbrecht für Insolvenzverwalter?, ZInsO 2016, 1889; *Kampf*, Insolvenz 7.0 – Der digitale Schuldner und sein Nachlass, ZVI 2020, 39; *Kayser/Thole*, Heidelberger Kommentar zur Insolvenzordnung, 10. Aufl. 2020 (zitiert: Kayser/Thole/Bearbeiter); *Kemler*, Nachlaßkonkurs und Nachlaßverwaltung, 1931; *Kökel/Schmerbach*, Tod des Schuldners in der Insolvenz, ZVI 2007, 497; *Kor*, Die Inbesitznahme und Verwertung der Insolvenzmasse durch den vorläufigen Insolvenzverwalter, ZInsO 2020, 2256; *Korintenberg*, GNotKG, 22. Aufl. 2022; *Kübler/Prütting/Bork*, InsO, Werksstand 89.Lieferung 08.2021 (zitiert: Kübler/Prütting/Bork/Bearbeiter); *Kuleisa*, Rückzahlungspflicht bei entnommener Vergütung durch den Nachlasspfleger?, ZVI 2016, 135; *Kuleisa*, Wer darf wann vollstrecken und was ist gegen unzulässige Vollstreckungsmaßnahmen zu tun?, ZVI 2014, 121; *Lissner*, Am Ende bleiben nur die Schulden, ZInsO 2017, 2253; *Lissner*, Planlos? Eine kleine Übersicht zum Insolvenzplan, DGVZ 2017, 68; *Lissner*, Insolvenz und Vollstreckung, ZInsO 2022, 2614; *Ludwig*, Übererlös aus Anfechtung zurück an den Anfechtungsgegner – ein vermeidbares (Schein-) Problem, InsbürO 2020, 109; *Mankowski*, Allgemeiner Zustimmungsvorbehalt in der vorläufigen Insolvenzverwaltung und Rechtsgeschäftslehre, NZI 2000, 572; *Moderegger*, Nachlassinsolvenzverfahren – massemehrende Ansprüche, InsbürO 2014, 306; *Moderegger*, Die Neuforderung im Nachlassinsolvenzverfahren, InsbürO 2018, 306; Münchener Kommentar zum BGB, 8. Aufl. 2020 (zitiert: MüKoBGB/Bearbeiter); Münchener Kommentar zur Insolvenzordnung, 4. Aufl. 2019 (zitiert: MüKoInsO/Bearbeiter); *Mylich*, Pflichtteilsberechtigte im Konflikt mit Beschenkten und Gläubigern von Schenkungsversprechen bei Nachlassinsolvenz, ZEV 2016, 669; *Nerlich/Kreplin*, Münchener Anwaltshandbuch Insolvenz und Sanierung, 3. Aufl. 2019 (zitiert: MAH Insolvenz/Bearbeiter); *Nerlich/Römermann*, Insolvenzordnung, 43. EL, Stand Mai 2021 (zitiert: Nerlich/Römermann/Bearbeiter); *Pannier*, Konkursordnung für das Deutsche Reich, 12. Aufl. 1914; *Polonius*, Der Insolvenzverwalter als Erbe, Ausführung zur Annahme einer Erbschaft durch den Insolvenzschuldner nach § 83 InsO, ZVI 2018, 90; *Rieger*, Verpflichtungen aus betrieblicher Altersversorgung in Insolvenzplänen, NZI 2013, 671; *Roth/Pfeuffer*, Praxishandbuch Nachlassinsolvenzverfahren, 2. Aufl. 2018 (zitiert: Roth/Pfeuffer NachlassInsVerf-HdB; *Roth*, Das „übergeleitete" oder besser: partielle Nachlassinsolvenzverfahren und notwendige RSB-Erteilung bei Tod des Schuldners in der Wohlverhaltens-

periode, NZI 2021, 421; *Roth*, Warum ein nach § 211 InsO eingestelltes Nachlassinsolvenzverfahren (meist) ein gutes Nachlassinsolvenzverfahren ist …, ZInsO 2021, 769; *Roth*, Geltendmachung der Verwaltungskosten des Fiskuserben im Nachlassinsolvenzverfahren, ZEV 2021, 7; *Roth/Wozniak*, Das Nachlassinsolvenzverfahren als effizientes Mittel zur Auseinandersetzung zersplitterter Erbengemeinschaften, ZEV 2021, 489; *Rugullis*, Nachlassverwaltung und Nachlassinsolvenzverfahren: ein Rechtsfolgenvergleich, ZEV 2007, 156; *Rugullis*, Schuldenbereinigungsplan und Insolvenzplan – ein Rechtsfolgenvergleich, NZI 2013, 869; *Runkel/Schmidt*, Anwalts-Handbuch Insolvenzrecht, 4. Aufl. 2020 (zitiert: Runkel/Schmidt InsR-HdB/Bearbeiter); *A. Schmidt*, Privatinsolvenzrecht, 2. Aufl. 2022; *Schmidt*, Hamburger Kommentar zum Insolvenzrecht, 9. Aufl. 2021; *K. Schmidt*, Insolvenzordnung, 10. Aufl. 2023 (zitiert: K. Schmidt InsO/Bearbeiter); *Schönenberg-Wessel/Kaufmann*, Der überschuldete Nachlass, BtPrax 2021, 180; *Silcher/Brandt*, Handbuch Insolvenzplan in Eigenverwaltung, 1. Aufl. 2017 (zitiert: Silcher/Brandt); *Smid*, Struktur und systematischer Gehalt des deutschen Insolvenzrechts in der Judikatur des IX. Zivilsenats des Bundesgerichtshofs, DZWIR 2020, 491; *Spiekermann*, Die Beseitigung einer der Rückschlagsperre unterliegenden Zwangssicherungshypothek, ZInsO 2022, 2667; *Stahlschmidt*, Der Insolvenzplan lebt! Die Rechtsprechung der letzten Jahre zur gerichtlichen Vorprüfung des Insolvenzplans, ZInsO 2018, 494; *Stapper*, Schnelle und effektive Restschuldbefreiung, ZVI 2018, 303; *Stapper/Schädlich*, Maßgeblicher Zeitpunkt für die Anfechtung rechtsgeschäftlich bestellter Pfandrechte, NZI 2010, 217; *Staudinger*, BGB, 11. Aufl. 2021; *Staufenbiel/Brill*, Das Nachlassinsolvenzverfahren, ZInsO 2012, 1395; *Tan/Lambrecht*, Die Quotenvergleichsrechnung im Insolvenzplan als Instrument der Interessenverfolgung, NZI 2019, 249; *Thöne*, Die Rechtsnatur des Insolvenzplans – Plädoyer für ein verfahrensrechtliches Verständnis, KTS 2018, 151; *Uhlenbruck*, Die Rechtsstellung des vorläufigen Insolvenzverwalters, NZI 2000, 289; *Uricher*, Erbrecht, 4. Aufl. 2020 (zitiert: FormB-ErbR/Bearbeiter); *Vallender*, Doppelinsolvenz: Erben- und Nachlassinsolvenz, NZI 2005, 318; *Vallender/Undritz*, Praxis des Insolvenzrechts, 2. Aufl. 2017 (zitiert: Vallender/Undritz/Bearbeiter); *Wathling*, Überblick über Aspekte im Nachlassinsolvenzverfahren, InsbürO 2020, 443; *Weiß*, Das Nachlassinsolvenzverfahren/Erbrecht für Insolvenzverwalter – Teil 3: Haftungsbeschränkungen nach §§ 1970 ff. BGB, ZInsO 2017, 2306; *Wimmer*, Frankfurter Kommentar zur Insolvenzordnung (FK-InsO/Bearbeiter), 9. Aufl. 2018; *Wimmer/Dauernheim/Wagner/Gietl*, Handbuch des Fachanwalts Insolvenzrecht, 8. Aufl. 2018 (zitiert: FA-InsR/Bearbeiter).

A. Allgemeines	1
B. Antragsverfahren	2
C. Zuständigkeiten	3
I. Sachliche Zuständigkeit	3
II. Örtliche Zuständigkeit, § 315 InsO	4
III. Funktionelle Zuständigkeit	6
D. Allgemeine Zulässigkeitsvoraussetzungen der Nachlassinsolvenzeröffnung	7
E. Weitere Zulässigkeitsvoraussetzungen der Nachlassinsolvenzeröffnung, § 316 InsO	8
I. Zulässigkeit der Nachlassinsolvenzeröffnung vor Erbschaftsannahme, § 316 Abs. 1 InsO	8
II. Zulässigkeit der Nachlassinsolvenzeröffnung trotz unbeschränkter Erbenhaftung, § 316 Abs. 1 InsO	9
III. Zulässigkeit der Nachlassinsolvenzeröffnung nach Teilung des Nachlasses, § 316 Abs. 2 InsO	10
IV. Unzulässigkeit der Nachlassinsolvenzeröffnung bei einzelnen Erbanteilen, § 316 Abs. 3 InsO	11
F. Antragsberechtigung, §§ 317, 318 InsO	12
I. Kreis der Antragsberechtigten	12
II. Darlegung oder Nachweis der Antragsberechtigung	13
III. Sonderkonstellation Gütergemeinschaft, § 318 InsO: Antragsrecht bei Gesamtgut	14
IV. Prozesskostenhilfe für den Antrag auf Eröffnung des Nachlassinsolvenzverfahrens	15
G. Antragspflicht, §§ 1980 Abs. 1 S. 1, 1985 Abs. 2 BGB	16
I. Antragspflicht des Erben, § 1980 Abs. 1 S. 1 BGB	16
II. Antragspflicht des Nachlassverwalters, § 1985 Abs. 2 S. 2, 1980 BGB	17
III. Antragspflicht des Nachlasspflegers und des Testamentsvollstreckers?	18
H. Antragsfrist für Nachlassgläubiger, § 319 InsO	19
I. Generelles zur Antragsfrist	19
II. Form des Antrags auf Eröffnung der Nachlassinsolvenz	20
I. Eröffnungsgründe Nachlassinsolvenz, § 320 InsO	21
I. Historie	21
II. Maßgeblicher Zeitpunkt	22
III. Glaubhaftmachung des Eröffnungsgrundes	23
IV. Zahlungsunfähigkeit als Eröffnungsgrund, § 320 S. 1 InsO	24
V. Drohende Zahlungsunfähigkeit als Eröffnungsgrund, § 320 S. 2 InsO	25
VI. Überschuldung als Eröffnungsgrund, § 320 S. 2 InsO	26
J. Vorläufige Sicherungsmaßnahmen im Nachlassinsolvenzeröffnungsverfahren	27
I. Allgemeines, § 21 Abs. 1 InsO	27
II. Die Bestellung eines vorläufigen Insolvenzverwalters, § 21 Abs. 2 S. 1 Nr. 1 InsO	28
III. Einsetzung eines vorläufigen Gläubigerausschusses, §§ 21 Abs. 2 S. 1 Nr. 1a, 22a InsO	30
IV. Allgemeines Verfügungsverbot, § 21 Abs. 2 S. 1 Nr. 2 InsO	31

- V. Zustimmungsvorbehalt, § 21 Abs. 2 S. 1 Nr. 2 InsO 32
- VI. Die Einstellung bzw. Untersagung von Zwangsvollstreckungsmaßnahmen in den beweglichen Nachlass, § 21 Abs. 2 S. 1 Nr. 3 InsO 33
- VII. Einstellung der Zwangsversteigerung einer Nachlassimmobilie nach § 30d Abs. 4 ZVG 35
- VIII. Sonstige Maßnahmen, § 21 Abs. 2 S. 1 Nr. 4 und 5 InsO (Postsperre, weitere Sperren, Durchsuchung, Verbote, Vorführung, Haft; Verwertungs- und Einziehungsverbot) 36
- K. Eröffnung des Nachlassinsolvenzverfahrens .. 40
  - I. Eröffnungsgründe 40
  - II. Insolvenzmasse deckt die Verfahrenskosten, § 26 Abs. 1 InsO 41
  - III. Eröffnung des Nachlassinsolvenzverfahrens 42
    1. Die Eröffnung des Nachlassinsolvenzverfahrens; der Eröffnungsbeschluss ... 42
    2. Weitere Folgen der Eröffnung, §§ 1975 ff. BGB 47
    3. Bindung an den rechtskräftigen Eröffnungsbeschluss 48
- L. Nachlassinsolvenzmasse 49
- M. Beteiligte im Nachlassinsolvenzverfahren 50
  - I. Schuldner 50
  - II. Gläubiger 51
- N. Wirkungen der Nachlassinsolvenzeröffnung .. 52
  - I. Übergang des Verwaltungs- und Verfügungsrechts, § 80 Abs. 1 InsO 52
  - II. Beendigung Nachlassverwaltung; Beendigung des gerichtlichen Aufgebotsverfahrens 54
  - III. Kein Recht zur abgesonderten Befriedigung durch Zwangsvollstreckung nach Erbfall, § 321 InsO 55
  - IV. Anfechtbare Rechtshandlungen des Erben, § 322 InsO 56
  - V. Aufwendungen des Erben, § 323 InsO: kein Zurückbehaltungsrecht 57
- O. Ablehnung der Verfahrenseröffnung; Wirkungen der Ablehnung; Schuldnerverzeichnis .. 58
- P. Masseverbindlichkeiten in der Nachlassinsolvenz, § 324 InsO 59
  - I. Masseverbindlichkeiten nach §§ 324 Abs. 1, 54 InsO 59
  - II. Sonstige Masseverbindlichkeiten nach §§ 324 Abs. 1, 55 InsO 62
  - III. Masseverbindlichkeiten nach § 324 Abs. 1 Nr. 1 InsO: Aufwendungsersatzansprüche nach §§ 1978, 1979 BGB .. 63
  - IV. Masseverbindlichkeiten nach § 324 Abs. 1 Nr. 2 InsO: Beerdigungskosten 64
  - V. Masseverbindlichkeiten nach § 324 Abs. 1 Nr. 3 InsO: Verfahrenskosten im Rahmen der Todeserklärung 65
  - VI. Masseverbindlichkeiten nach § 324 Abs. 1 Nr. 4 InsO: Kosten der Eröffnung einer Verfügung von Todes wegen und Kosten der gerichtlichen Nachlasssicherung 66
- VII. Masseverbindlichkeiten nach § 324 Abs. 1 Nr. 5 InsO: Verbindlichkeiten aus Rechtsgeschäften eines Nachlasspflegers, Testamentsvollstreckers oder Nachlassverwalters 67
- VIII. Masseverbindlichkeiten aus Geschäftsführung nach § 324 Abs. 1 Nr. 6 InsO 68
- IX. Masseunzulänglichkeit und Rangfolge der Masseverbindlichkeiten, §§ 324 Abs. 2, 209 Abs. 1 Nr. 3 InsO 69
- Q. Insolvenzplanverfahren im Nachlassinsolvenzverfahren 70
  - I. Vorteile und Rechtsnatur des Insolvenzplans im Nachlassinsolvenzverfahren 70
  - II. Klassifizierung 72
  - III. Initiativrecht zur Vorlage eines Insolvenzplans, § 218 InsO; die sog. Planinitiatoren 73
    1. Schuldner als Planinitiator 73
    2. Insolvenzverwalter als Planinitiator ... 74
    3. Nachlasspfleger oder Testamentsvollstrecker als Planinitiator 75
    4. Einzelne Gläubiger als Planinitiatoren? 76
    5. Parallele Pläne verschiedener Planinitiatoren 77
  - IV. Zuständigkeiten 78
  - V. Gliederung und Inhalt eines Insolvenzplans, §§ 219–221 InsO 79
    1. Gliederung eines Insolvenzplans, § 219 InsO 79
    2. Darstellender Teil des Insolvenzplans, § 220 InsO 80
    3. Vergleichsberechnung 81
    4. Insolvenzstraftaten des Schuldners? .. 82
    5. Gestaltender Teil des Insolvenzplans .. 83
       a) Allgemeines 83
       b) Beteiligte 84
       c) Bedingungen und Klauseln 85
       d) Rechtsstreitigkeiten 86
       e) Schlussrechnung 87
       f) Änderungen; Übertragungen; Auflassungen 88
       g) Rechtskraft der Bestätigung; Wirkungen 90
       h) Vollstreckungsfähiger Inhalt 91
       i) Restschuldbefreiung; Wiederaufleben; neues Insolvenzverfahren 92
       j) Gruppenbildung der Gläubiger 93
       k) Gläubigergruppenverzeichnis; Pflichtgruppenbildung 94
       l) Gesonderte Abstimmung; Mehrheiten 95
       m) Formfehler; Korrekturen; Ermächtigungen 96
       n) Überwachung der Planerfüllung ... 97
       o) Zustimmungsbedürftigkeit von Rechtsgeschäften; Berichtspflicht; Anzeigepflicht 98
  - VI. Gerichtliche Vorprüfung des Insolvenzplans, § 231 InsO 99
    1. Allgemeines 99
    2. Zweck; evidenzbasierte Prognose 100
    3. Zurückweisungsgründe 101
    4. Keine Bindung an Vorprüfungsentscheidung 102
    5. Wirtschaftliche Zweckmäßigkeit? 103

6. Prüfungsrecht des Insolvenzgerichts ... 104	T. Vor- und Nacherbfolge und Nachlassinsolvenz ... 129
7. Erörterungs- und Abstimmungsverfahren ... 105	I. Allgemeines zur Vor- und Nacherbfolge ... 129
VII. Erörterungs- und Abstimmungstermin, §§ 235, 236 InsO ... 106	II. Eintritt des Nacherbfalls im laufenden Nachlassinsolvenzverfahren, § 329 InsO .. 130

A. Allgemeines

1   Mit dem Tod des Erblassers geht dessen Vermögen als Ganzes auf den Erben über, § 1922 Abs. 1 BGB,[1] darunter nicht nur die **Aktiva**,[2] sondern auch die **Passiva**,[3] die Erblasserschulden, die vom Erblasser begründet wurden, und die Erbfallschulden, die aus Anlass des Erbfalls ent-

---

[1] Zur Gesamtrechtsnachfolge vgl. Grüneberg/Weidlich BGB § 1922 Rn. 6.

[2] Dazu zählt auch die Gesamtheit des digitalen Vermögens, vgl. Kampf ZVI 2020, 39 (43).

[3] Staufenbiel/Brill ZInsO 2012, 1395 (1396).

stehen, wobei das Gesetz für beide Schuldenarten die Erbenhaftung vorsieht, § 1967 Abs. 1 BGB.[4] Unter Umständen kann der Erbe jedoch eine **Haftungsbeschränkung** herbeiführen.[5] Die Regelung in § 1975 BGB sieht vor, dass sich die Haftung des Erben für die Nachlassverbindlichkeiten auf den Nachlass beschränkt, sofern eine Nachlassverwaltung[6] angeordnet oder das Nachlassinsolvenzverfahren eröffnet wird.[7] Zu den Nachlassverbindlichkeiten zählen die Erblasserschulden sowie die Erbfallschulden,[8] beispielsweise die Verbindlichkeiten, die aus Vermächtnissen, Auflagen oder Pflichtteilsansprüchen resultieren, daneben die Kosten der Beerdigung und der sog. Dreißigste,[9] nicht aber die Erbschaftssteuer.[10] Weiterhin sind die Nachlassverwaltungs- und Nachlasserbenschulden zu den Nachlassverbindlichkeiten zu rechnen, die den Gegenstand des Nachlassinsolvenzverfahrens bilden, § 325 InsO. In privater Eigenregie kann der Erbe nicht zur Haftungsbeschränkung gelangen. Dies leuchtet ein, um ein sachgerechtes, auf **Befriedigung der Nachlassgläubiger** gerichtetes, geordnetes und gleichmäßiges Verfahren zu gewährleisten.[11] Das Gesetz verweist den Erben auf den amtlichen Weg der Nachlassabsonderung,[12] den Weg der **amtlichen Separation von Vermögensmassen**, die Trennung des Nachlasses vom sonstigen Vermögen des Erben,[13] die Aufhebung der Verschmelzung von Eigenvermögen und Nachlassvermögen,[14] was auch noch Jahrzehnte[15] nach Eintritt des Erbfalls in Betracht kommen kann. Das Nachlassinsolvenzverfahren zählt zum Bereich der **Sonderinsolvenzen**, zu den Verfahren, in denen „eine Sondermasse des pfändbaren Vermögens (des Erben) einer Sonderklasse persönlicher Gläubiger zur gemeinschaftlichen Befriedigung dient".[16] Neben den allgemeinen Regelungen[17] gelten für die Nachlassinsolvenzverfahren die Spezialregelungen der §§ 315 bis 331 InsO. Gegenüber der Inventarerrichtung nach §§ 1993 ff. BGB erweist sich das Nachlassinsolvenzverfahren nicht als vorrangig.[18]

B. Antragsverfahren

Eine Sonderbestimmung lässt sich den §§ 315 bis 331 InsO nicht entnehmen, sodass die allgemeine Regelung greift. Nach § 13 Abs. 1 S. 1 InsO wird das Nachlassinsolvenzverfahren nur auf **schriftlichen Antrag** eröffnet,[19] § 13 Abs. 1 S. 1 InsO.[20] Einen Formularzwang sehen die gesetzlichen Regelungen nicht vor[21]. Eine Eröffnung von Amts wegen kommt nicht in Betracht,[22]

---

4 Wathling InsbürO 2020, 443; Harder NJW- Spezial 2022, 469.
5 Staufenbiel/Brill ZInsO 2012, 1395 (1396); AG Dresden BeckRS 2011, 21292.
6 Zu den Anordnungsvoraussetzungen der Nachlassverwaltung vgl. Schulz NLPrax 2021, 61.
7 Zur Beschränkung der Erbenhaftung vgl. Lissner ZInsO 2017, 2253 (2258).
8 Wathling InsbürO 2020, 443.
9 Wathling InsbürO 2020, 443.
10 Wimmer/Schallenberg/Rafiqpoor InsO § 325 Rn. 8.
11 Zu den Zielen des Nachlassinsolvenzverfahrens vgl. BGH NJW-RR 2008, 873; Staufenbiel/Brill ZInsO 2012, 1395 (1396); Harder NJW- Spezial 2022, 469.
12 Separatio bonorum, vgl. Jaeger, 32; MüKoBGB/Küpper BGB § 1975 Rn. 1; Roth/Pfeuffer NachlassInsVerf-HdB, 381; Schulz NLPrax 2021, 61; Braun/Bauch InsO § 315 Rn. 12; Graf ZEV 2000, 125 (129); Joannidis/Weiß ZInsO 2016, 1889 (1890); Moderegger InsbürO 2014, 306; Heyer InsbürO 2015, 463; FAKomm InsR/Ringstmeier InsO § 315 Rn. 1; OLG Frankfurt aM NJW-RR 2021, 730 (732).
13 Zur Nachlassverwaltung vgl. Schulz NLPrax 2021, 61; zur rückwirkenden Trennung der Vermögensmassen vgl. Polonius ZVI 2018, 90 (92); Wathling Insbüro 2020, 443 (444); FAKomm InsR/Ringstmeier InsO § 315 Rn. 1; Beck/Depré Insolvenz/Depré/Lambert § 46 Rn. 1 und 41; Heyer Insbüro 2015, 463.
14 Graf ZEV 2000, 125 (129).
15 Zum Nachlassinsolvenzverfahren einer im Jahr 1945 verstorbenen Erblasserin vgl. AG Regensburg ZEV 2021, 511; zum Nachlassinsolvenzverfahren eines im Jahr 1923 verstorbenen Erblassers vgl. AG Dresden BeckRS 2011, 21292.
16 Jaeger, 30; für Sonderinsolvenzverfahren auch Staufenbiel/Brill ZInsO 2012, 1395 (1399); Lissner ZInsO 2017, 2253.
17 BGH BeckRS 2007, 13222: die Sonderregelungen des Nachlassinsolvenzverfahrens werden durch die allgemeinen Vorschriften zur Regelinsolvenz ergänzt. Vgl. auch Harder NJW- Spezial 2022, 469.
18 LG Karlsruhe BeckRS 2014, 124388.
19 Musterantrag vgl. Roth/Wozniak ZEV 2021, 489 (491). Zum Erfordernis eines schriftlichen Antrags vgl. Harder NJW- Spezial 2022, 469.
20 Roth/Pfeuffer NachlassInsVerf-HdB, 27.
21 Harder NJW- Spezial 2022, 469.
22 Staufenbiel/Brill ZInsO 2012, 1395 (1397); MüKoInsO/Siegmann/Scheuing InsO § 317 Rn. 1; Roth/Pfeuffer NachlassInsVerf-HdB, 6, 9; Vallender/Undritz-Busch § 19 Rn. 9.

ebenso wenig eine mündliche Antragstellung[23] oder eine Antragstellung durch das Nachlassgericht.[24] Dies steht im Einklang mit der Einordnung als Verfahren der **Zwangsvollstreckung**, die in gleicher Weise nicht von Amts wegen, sondern nur auf Antrag initiiert werden kann. Das Nachlassgericht kann keinen Antrag stellen, sondern muss zu diesem Zweck einen **Nachlasspfleger** bestellen.[25]

Dagegen wird ein **eröffnetes Verbraucher- oder Kleininsolvenzverfahren** nach dem **Tod des Schuldners** automatisch als allgemeines **Nachlassinsolvenzverfahren** fortgesetzt, ohne Unterbrechung,[26] ohne weiteren Antrag[27] und ohne Auswirkung auf das Amt des Insolvenzverwalters.[28] In der Praxis wird die automatische Überleitung in die Form eines **klarstellenden Beschlusses** gefasst.[29] Die unterschiedliche Zweckrichtung eines Verbraucher- oder Kleininsolvenzverfahrens und eines Nachlassinsolvenzverfahrens steht einer Fortführung des Verbraucher- oder Kleininsolvenzverfahrens entgegen. Ohne Zäsur[30] wird das Verfahren in ein allgemeines Nachlassinsolvenzverfahren umgewandelt,[31] zugleich wird der bisherige Antrag auf Restschuldbefreiung für erledigt erklärt.[32] Gleiches gilt für den **Tod des Schuldners im Insolvenzantragsverfahren**, auch insoweit tritt keine Unterbrechung ein.[33] Die automatische Verfahrenstransformation bewirkt allerdings keine automatische Beteiligtentransformation,[34] sodass der **Treuhänder** nicht in die Funktion des **Nachlassinsolvenzverwalters** einrückt.[35] Wird der Treuhänder nicht explizit zum Nachlassinsolvenzverwalter ernannt, kann er nur die Treuhändervergütung beanspruchen.[36] Die rechtskräftige Bestellung zum Treuhänder wirkt fort,[37] das Insolvenzgericht ist aber nicht daran gehindert, den Treuhänder nachträglich zum Insolvenzverwalter zu ernennen.[38]

Als Verfahrenshandlung kann der Antrag **nicht** unter einer **Bedingung**[39] gestellt oder mit einer Befristung versehen werden. Die Option, dem Antrag eine Bedingung zuzufügen, steht dem Antragsteller nicht zu.[40] Bis zum Erlass des Eröffnungsbeschlusses oder der rechtskräftigen Zurückweisung kann der Antrag **zurückgenommen** werden.[41]

Der Schuldner steht darüber hinaus in der Pflicht, den Antrag **ausdrücklich** auf die Eröffnung eines Nachlassinsolvenzverfahrens zu richten, nicht allgemein auf die Eröffnung eines Regelinsolvenzverfahren.[42] Für eine abweichende Auslegung ist kein Raum. Der Antrag muss den Namen des Erblassers und dessen letzte Wohnanschrift enthalten,[43] fakultativ können Geburts- und Sterbedatum angegeben werden.

Der Antrag richtet sich nicht gegen die **Erbengemeinschaft**, nicht gegen das „Vermögen der Erbengemeinschaft", da die Erbengemeinschaft nicht rechtsfähig und nicht insolvenzfähig ist, § 11 Abs. 2 InsO.[44] Die **Erben** sind **Schuldner** in der Nachlassinsolvenz, die Erben sind Schuld-

---

23 Roth/Pfeuffer NachlassInsVerf-HdB, 6, 7.
24 BGH FamRZ 2009, 872, keine eigenen Verfahrensrechte des Nachlassgerichts; es ist zwingend ein Nachlasspfleger zu bestellen, dem es obliegt, den Antrag auf Eröffnung des Nachlassinsolvenzverfahrens zu stellen.
25 BGH FamRZ 2009, 872.
26 So bereits Jaeger, 30.
27 BGH NJW-RR 2008, 873; Hermreck NJW-Spezial 2017, 149; Beck/Depré Insolvenz/Depré/Lambert § 46 Rn. 7; Busch ZVI 2011, 77 (78); Köke/Schmerbach ZVI 2007, 497 (500); für Überleitung auch BFH ZIP 2015, 2487 (2488); **aA** LG Hamburg ZVI 2016, 289: Antrag auf Umstellung erforderlich.
28 Zur Fortwirkung der Bestellung vgl. Bork/Hölzle InsR-HdB/Böhm Rn. 95.
29 Bork/Hölzle InsR-HdB/Böhm Rn. 91.
30 BGH NJW-RR 2008, 873 (874).
31 Zur „Überleitung" vgl. Roth NZI 2021, 421.
32 Wathling InsbürO 2020, 443 (446); der Antrag ist hinfällig.
33 FAKomm InsR/Ringstmeier InsO § 315 Rn. 19.
34 BGH NJW-RR 2008, 873 (875).
35 FAKomm InsR/Ringstmeier InsO § 315 Rn. 20: ein gesonderter Beschluss des Insolvenzgerichts ist erforderlich.
36 BGH NJW-RR 2008, 873 (875).
37 BGH NJW-RR 2008, 873 (875).
38 BGH NJW-RR 2008, 873 (875).
39 Roth/Pfeuffer NachlassInsVerf-HdB, 6.
40 Roth/Pfeuffer NachlassInsVerf-HdB, 28.
41 Ebenso Vallender/Undritz/Busch § 19 Rn. 10.
42 Roth/Pfeuffer NachlassInsVerf-HdB, 6, 7.
43 Zu den Antragserfordernissen vgl. Roth/Pfeuffer NachlassInsVerf-HdB, 6.
44 Vgl. AG Duisburg NZI 2004, 97; FAKomm InsR/Ringstmeier InsO § 315 Rn. 8 und 9.

ner des Verfahrens, nicht die Erbengemeinschaft.[45] Der Erblasser ist ebenso wenig als Schuldner des Verfahrens zu betrachten[46]. Wie sich auch bereits § 11 Abs. 2 Nr. 2 InsO entnehmen lässt, kann das Insolvenzverfahren nur über den **Nachlass des Erblassers** eröffnet werden,[47] worauf bei der Antragstellung zu achten ist. Anderenfalls erweist sich der Antrag als unzulässig.[48]

C. Zuständigkeiten

I. Sachliche Zuständigkeit

Dass die **sachliche Zuständigkeit** nicht beim Nachlassgericht liegt, sondern beim **Insolvenzgericht** angesiedelt ist, ergibt sich aus den §§ 315 S. 1, 3 Abs. 1 InsO. Es besteht eine ausschließliche Zuständigkeit des Insolvenzgerichts, vgl. § 315 S. 1 InsO, die sich der Dispositionsbefugnis entzieht.[49]

II. Örtliche Zuständigkeit, § 315 InsO

Örtlich zuständig ist ausschließlich das **Insolvenzgericht**,[50] in dessen Bezirk der **Erblasser** zum Todeszeitpunkt seinen **allgemeinen Gerichtsstand** hatte, § 315 S. 1 InsO.[51] Der allgemeine Gerichtsstand einer Person wird durch den Wohnsitz bestimmt, § 13 ZPO.[52] Der Wohnsitz,[53] der Mittel- bzw. Schwerpunkt[54] der persönlichen Lebensverhältnisse, der vom bloßen Aufenthalt zu unterscheiden ist, richtet sich nach den §§ 7, 8 und 11 BGB. Der Wohnsitz wird an dem Ort begründet, an dem sich die betroffene Person ständig und willentlich[55] niederlässt, § 7 Abs. 1 BGB,[56] wobei ein Wohnsitz auch gleichzeitig an **mehreren Orten** bestehen kann, § 7 Abs. 2 BGB.[57] Eine behelfsmäßige Unterkunft genügt,[58] ein Krankenhausaufenthalt, mag er auch mehrere Monate dauern, begründet noch keinen Wohnsitz, sofern der Betroffene seine Wohnung nicht aufgibt.[59] Ebenso wenig begründet eine Unterbringung einen Wohnsitz.[60] Bei **wohnsitzlosen Personen** ist allgemeiner Gerichtsstand der Aufenthaltsort im Inland, § 16 ZPO.[61] Sofern ein solcher Aufenthaltsort nicht bekannt ist, ist der Ort des letzten Wohnsitzes heranzuziehen.

Ein **nicht voll Geschäftsfähiger** kann nicht ohne den Willen seines gesetzlichen Vertreters einen Wohnsitz begründen oder aufheben, § 8 BGB.[62] Zum Wohnsitz eines Soldaten vgl. § 9 BGB (Standort); zum Wohnsitz eines Kindes vgl. § 11 BGB (teilt den Wohnsitz der Eltern).

---

45 BAG BeckRS 2021, 38234; Harder NJW-Spezial 2022, 469; zur Schuldnerthematik vgl. Roth/Pfeuffer NachlassInsVerf-HdB, 49 ff.
46 Harder NJW-Spezial 2022, 469.
47 Ebenso AG Duisburg NZI 2004, 97 (98).
48 AG Duisburg NZI 2004, 97.
49 Zur ausschließlichen Zuständigkeit vgl. MüKoInsO/Siegmann/Scheuing InsO § 315 Rn. 1; Beck/Depré Insolvenz/Depré/Lambert § 46 Rn. 25.
50 Also nicht das Nachlassgericht, vgl. FAKomm InsR/Ringstmeier InsO § 315 Rn. 16.
51 Zur örtlichen Zuständigkeit vgl. BGH ZEV 2010, 528; AG München BeckRS 2010, 2341 (Schuldner ohne Inlandsbezug, Verstorbener wohnte nicht mehr in Deutschland, sondern in Spanien). Zur ausschließlichen Zuständigkeit vgl. AG Niebüll BeckRS 2015, 15214 = ZEV 2016, 153 = EWiR 2015, 551 mAnm Paulus; Wathling InsbürO 2020, 443 (444). Zum ausschließlichen Gerichtsstand der Erbschaft vgl. bereits Jaeger, 30 und 47, auf den Erben wird dabei nicht abgestellt FAKomm InsR/Ringstmeier InsO § 315 Rn. 15. Zum Gerichtsstand vgl. Harder NJW-Spezial 2022, 469.
52 BGH ZEV 2010, 528; AG Niebüll BeckRS 2015, 15214 = ZEV 2016, 153 = EWiR 2015, 551 mAnm Paulus.
53 Zum Wohnsitz vgl. MüKoInsO/Siegmann/Scheuing InsO § 315 Rn. 5.
54 AG Niebüll BeckRS 2015, 15214; Harder NJW-Spezial 2022, 469.
55 Zum Domizilwillen vgl. BGH ZEV 2010, 528; AG Niebüll BeckRS 2015, 15214; Roth/Pfeuffer NachlassInsVerf-HdB, 9.
56 BGH ZEV 2010, 528.
57 Vgl. bereits Jaeger, 47.
58 AG Niebüll BeckRS 2015, 15214.
59 Roth/Pfeuffer NachlassInsVerf-HdB, 9.
60 Kein Domizilwille festzustellen, vgl. MüKoInsO/Siegmann/Scheuing InsO § 315 Rn. 6.
61 BGH ZEV 2010, 528; AG Niebüll BeckRS 2015, 15214.
62 Regelmäßig begründet der Betreuer mit Aufenthaltsbestimmungsrecht den Wohnsitz des Betreuten.

Eine abweichende örtliche Zuständigkeit gilt dann, sofern der Mittelpunkt einer **im Zeitpunkt des Erbfalls noch bestehenden**[63] **selbstständigen wirtschaftlichen Tätigkeit**[64] des Erblassers an einem anderen Ort lag. Gemeint ist der Ort der Willensbildung und Unternehmensleitung,[65] wobei dem Handelsregistereintrag eine stark indizielle Wirkung zukommt. Einen bestimmten Umfang der selbstständigen wirtschaftlichen Tätigkeit erfordert die Regelung nicht.[66] Dann ist ausschließlich das Insolvenzgericht zuständig, in dessen Bezirk dieser Ort liegt, § 315 S. 2 InsO. In der Konsequenz differieren die örtlichen Zuständigkeiten von *Nachlassgericht* (§ 343 Abs. 1 bzw. 2 FamFG, gewöhnlicher Aufenthalt des Erblassers) und *Nachlassinsolvenzgericht* (§ 315 S. 2 InsO, Bezirk der selbstständigen wirtschaftlichen Tätigkeit des Erblassers).[67]

Abgestellt wird stets auf den **Erblasser**, nicht auf den Erben.[68] Die örtliche Zuständigkeit ist nach dem ausdrücklichen Wortlaut des § 315 InsO als **ausschließliche Zuständigkeit** konzipiert, weshalb kein Raum für die Vereinbarung einer abweichenden Zuständigkeit besteht.[69]

Die wirksame Eröffnung der Nachlassinsolvenz heilt eine etwaige Verletzung der örtlichen Zuständigkeit.[70]

III. Funktionelle Zuständigkeit

6 **Ab Eröffnung** liegt die Zuständigkeit beim **Rechtspfleger**, § 18 RpflG, davor beim **Richter**.[71]

D. Allgemeine Zulässigkeitsvoraussetzungen der Nachlassinsolvenzeröffnung

7 Als weitere, allgemeine Zulässigkeitsvoraussetzung ist die **Prozessfähigkeit** des Antragstellers zu nennen, § 4 S. 1 InsO iVm §§ 51 bis 53 ZPO, ggf. muss der gesetzliche Vertreter den Antrag stellen bzw. den Antrag des Prozessunfähigen genehmigen.[72] Der Antrag muss nicht nur die Person des Erblassers unzweifelhaft und erkennbar **bezeichnen**, etwa durch Vor- und Nachnamen sowie Geburts- und Sterbedatum, sondern auch Angaben **zur Person des Antragstellers** enthalten.[73]

E. Weitere Zulässigkeitsvoraussetzungen der Nachlassinsolvenzeröffnung, § 316 InsO

I. Zulässigkeit der Nachlassinsolvenzeröffnung vor Erbschaftsannahme, § 316 Abs. 1 InsO

8 Die Eröffnung eines Nachlassinsolvenzverfahrens setzt nicht die Erbschaftsannahme voraus, § 316 Abs. 1 InsO,[74] die Verfahrensinitiierung kann bereits im **Interimszustand zwischen Erbfall und Erbschaftsannahme** erfolgen,[75] und zwar durch einen „vorläufigen"[76] Erben. Das gesetzgeberische Votum für eine erweiterte Zulässigkeit kollidiert nicht mit dem Ziel der amtlichen Se-

---

[63] Falls die Tätigkeit bereits beendet war, greift die Regelung nicht, Roth/Pfeuffer NachlassInsVerf-HdB, 8; MüKoInsO/Siegmann/Scheuing InsO § 315 Rn. 3; Beck/Depré Insolvenz/Depré/Lambert § 46 Rn. 24; Burandt/Rojahn/Bangha-Szabo InsO § 315 Rn. 3.
[64] Auch Geschäftsführung einer Personengesellschaft oder Geschäftsführer einer GmbH, vgl. MüKoInsO/Siegmann/Scheuing InsO § 315 Rn. 2; FAKomm InsR/Ringstmeier InsO § 315 Rn. 18, nicht dagegen die bloße Vermögensverwaltung, weil hierin keine gewerbliche Tätigkeit liegt, MüKo InsO/Siegmann/Scheuing InsO § 315 Rn. 4.
[65] Roth/Pfeuffer NachlassInsVerf-HdB, 8.
[66] Auch geringer Umfang reicht aus FAKomm InsR/ Ringstmeier InsO § 315 Rn. 18.
[67] MüKoInsO/Siegmann/Scheuing InsO § 315 Rn. 1.
[68] Braun/Bauch InsO § 315 Rn. 7; Burandt/Rojahn/ Bangha-Szabo InsO § 315 Rn. 1. f.
[69] MüKoInsO/Siegmann/Scheuing InsO § 315 Rn. 10.
[70] Frege/Keller/Riedel InsR Rn. 2353.
[71] FormB-ErbR/Ott-Eulberg § 10 Rn. 8; Lissner ZInsO 2017, 2253 (2258).
[72] Zu den sonstigen Zulässigkeitsvoraussetzungen vgl. Roth/Pfeuffer NachlassInsVerf-HdB, 27.
[73] Roth/Pfeuffer NachlassInsVerf-HdB, 28.
[74] Identisch mit § 216 KO, vgl. Jaeger, 31.
[75] MüKoInsO/Siegmann/Scheuing InsO § 316 Rn. 2; FAKomm InsR/Ringstmeier InsO § 317 Rn. 1 und InsO § 316 Rn. 1; FK-InsO/Schallenberg/Rafiqpoor InsO § 316 Rn. 2 und 3; Staufenbiel/Brill ZInsO 2012, 1395 (1397).
[76] FK-InsO/Schallenberg/Rafiqpoor InsO § 316 Rn. 3.

paration von Vermögensmassen, der intendierten Trennung des Nachlasses vom sonstigen Vermögen des Erben,[77] da sich die Separation auch abstrakt realisieren lässt, ohne konkrete Gewissheit über die Person des Erben. Der Ablauf der **Ausschlagungsfrist** muss nicht abgewartet werden.[78] Bereits die Zuständigkeitsvoraussetzungen richten den Fokus nicht auf den Erben, sondern auf den Erblasser. Im Rahmen der erweiterten Zulässigkeit des Verfahrens wird auf den Nachlass abgestellt, nicht auf die Erben, deren Vertretung ggf. auch durch einen Nachlasspfleger erfolgen kann, § 1960 BGB. Hinzu kommt, dass die Erbenhaftung materiellrechtlich bereits mit dem Erbfall eintritt, § 1967 BGB,[79] und der Zweck des § 1958 BGB durch die Insolvenzeröffnung keineswegs vereitelt wird. Es ist auf § 316 Abs. 1 InsO zurückzuführen, dass sich eine Veränderung der Erbenstellung nicht auf die Eröffnung des Nachlassinsolvenzverfahrens auswirkt, beispielsweise eine Anfechtung der Annahme.[80]

II. Zulässigkeit der Nachlassinsolvenzeröffnung trotz unbeschränkter Erbenhaftung, § 316 Abs. 1 InsO

Dass der Erbe für die Nachlassverbindlichkeiten (vgl. § 325 InsO) **unbeschränkt haftet**, steht der Eröffnung eines Nachlassinsolvenzverfahrens nicht entgegen, § 316 Abs. 1 InsO.[81] Ein Verfahrenshindernis liegt insoweit nicht vor, zugleich ändert die Eröffnung nichts an der unbeschränkten Haftung des Erben.[82]

9

III. Zulässigkeit der Nachlassinsolvenzeröffnung nach Teilung des Nachlasses, § 316 Abs. 2 InsO

Die Regelung in § 316 Abs. 2 InsO gestattet die Eröffnung des Nachlassinsolvenzverfahrens auch noch **nach der Teilung des Nachlasses**. Dieses Votum leuchtet ein, da eine Teilung ohne Tilgung der Nachlassverbindlichkeiten gesetzeswidrig ist,[83] § 2047 Abs. 1 BGB. Mit der Regelung soll eine schnelle Teilung des Nachlasses zum Nachteil der Gläubiger ausgeschlossen werden.[84] In welcher Form der Nachlass vorliegt, in geteilter oder in ungeteilter, ursprünglicher Form, spielt keine Rolle. Das Insolvenzrecht statuiert den Nachlass als homogene Masse.[85] Dem Insolvenzverwalter kommt die schwierige Aufgabe zu, für die Sammlung der Insolvenzmasse zu sorgen.[86] Dabei kann sich der Insolvenzverwalter auf die Auskunftspflichten der Miterben berufen[87] und die Herausgabe verlangen.[88] Die Erben trifft eine Rückführungspflicht,[89] die Nachlassgegenstände sind in die Masse zurückzuführen.

10

---

77 Zur Nachlassverwaltung vgl. Schulz NLPrax 2021, 61; zur Separierung vgl. Heyer Insbüro 2015, 463.
78 Burandt/Rojahn/Bangha-Szabo InsO § 316 Rn. 2.
79 Zur „materielle(n) Unabhängigkeit der Erbenhaftung vor der Annahme" vgl. Braun/Bauch InsO § 316 Rn. 3.
80 FAKomm InsR/Ringstmeier InsO § 316 Rn. 1.
81 Ebenso bereits die historische Vorläufernorm, Jaeger 31; zur Zulässigkeit der Eröffnung vgl. FAKomm InsR/Ringstmeier InsO § 316 Rn. 2. Vgl. auch Schönenberg-Wessel/Kaufmann BtPrax 2021, 180 (181); Burandt/Rojahn/Bangha-Szabo InsO § 316 Rn. 3; Harder NJW-Spezial 2022, 469.
82 MüKoInsO/Siegmann/Scheuing InsO § 316 Rn. 3. Zum Insolvenzverfahren bei unbeschränkter Erbenhaftung vgl. auch FK-InsO/Schallenberg/Rafiqpoor InsO § 316 Rn. 4; Harder NJW-Spezial 2022, 469.
83 MüKoInsO/Siegmann/Scheuing InsO § 316 Rn. 4; zur Zulässigkeit trotz Teilung vgl. auch FAKomm InsR/Ringstmeier InsO § 316 Rn. 3; Staufenbiel/Brill ZInsO 2012, 1395 (1397).
84 BGH NJW 2014, 391 (393).
85 Braun/Bauch InsO § 316 Rn. 6.
86 FAKomm InsR/Ringstmeier InsO § 316 Rn. 3.
87 Zu den Auskunfts- und Herausgabepflichten des Erben vgl. MüKoInsO/Siegmann/Scheuing InsO § 316 Rn. 4.
88 BGH NJW 2014, 391 (393); Burandt/Rojahn/Bangha-Szabo InsO § 316 Rn. 4.
89 FK-InsO/Schallenberg/Rafiqpoor InsO § 316 Rn. 6; Braun/Bauch InsO § 316 Rn. 7.

IV. Unzulässigkeit der Nachlassinsolvenzeröffnung bei einzelnen Erbanteilen, § 316 Abs. 3 InsO

11 Eine Einschränkung der Zulässigkeit birgt jedoch die Bestimmung in § 316 Abs. 3 InsO,[90] wonach über **einen Erbteil kein Nachlassinsolvenzverfahren** stattfindet.[91] Den Grund hierfür bildet die Konzeption der Erbengemeinschaft als Gesamthandsgemeinschaft, verbunden mit der gesamtschuldnerischen Haftung der Erben.[92] Angeknüpft wird an die historische Regelung der Konkursordnung, die einen selbstständigen Konkurs nur über die „Erbschaft als Ganzes (gestattete), nicht über einzelne Erbanteile".[93] Insoweit ist zu konstatieren, dass das BGB den Grundsatz des alten römischen Rechts von der geteilten Schuldenhaftung nicht teilt,[94] sondern auf die gesamtschuldnerische Haftung der Miterben für die gemeinschaftlichen Nachlassverbindlichkeiten setzt. In den Worten der historischen Motivliteratur: „Damit sind selbstständige Konkurse über die Anteile der einzelnen Miterben am Nachlasse begrifflich unmöglich geworden, wenngleich die Erbanteile einer gesonderten Zwangsvollstreckung (zugänglich) sind".[95]

F. Antragsberechtigung, §§ 317, 318 InsO

I. Kreis der Antragsberechtigten

12 Der weit gefasste **Kreis der Antragsberechtigten**[96] ergibt sich aus den **geschlossenen Katalogen**[97] der §§ 317, 318 InsO.[98]

Antragsberechtigt sind:

- der **Alleinerbe**, § 317 Abs. 1 InsO, § 1922 Abs. 1 BGB.[99] Eine Glaubhaftmachung des Eröffnungsgrundes ist nicht erforderlich, da das Gesetz dies lediglich für die Miterben vorsieht.[100] Das Antragsrecht steht dem Erben bereits **vor der Annahme** zu.[101] Nach **wirksamer**[102] **Ausschlagung** steht dem Erben das Antragsrecht nicht mehr zu,[103] mit der Ausschlagung verliert der Erbe das Recht zur Beantragung des Nachlassinsolvenzverfahrens.[104] In einer entsprechenden Konstellation ist auf die Anordnung einer Nachlasspflegschaft hinzuwirken, damit der Nachlasspfleger den Antrag auf Eröffnung des Nachlassinsolvenzverfahrens stellen kann.[105] Durch die Anordnung der **Nachlassverwaltung** endet lediglich die An-

---

90 Ebenso bereits § 235 KO, vgl. Jaeger, 35.
91 FAKomm InsR/Ringstmeier InsO § 316 Rn. 4; FK-InsO/Schallenberg/Rafiqpoor InsO § 316 Rn. 12, Eröffnungsgrund muss sich auf den gesamten Nachlass beziehen; ebenso Burandt/Rojahn/Bangha-Szabo InsO § 316 Rn. 5: Erbteil kein insolvenzfähiger Nachlass. Vgl. auch Frege/Keller/Riedel InsR Rn. 2334; Harder NJW- Spezial 2022, 469.
92 Jaeger, 34, dort zu Konzeption des preußischen Rechts; MüKoInsO/Siegmann/Scheuing InsO § 316 Rn. 5.
93 Jaeger, 30.
94 Jaeger, 34, 35.
95 Jaeger, 35.
96 Zum weit gefassten Kreis vgl. MüKoInsO/Siegmann/Scheuing InsO § 317 Rn. 1; Roth/Pfeuffer NachlassInsVerf-HdB, 9 („möglichst vielen ein Antragsrecht zuzugestehen"; „relativ großer Kreis"). Zu den Antragsberechtigten vgl. Wathling InsbürO 2020, 443 (445); Harder NJW- Spezial 2022, 469.
97 Der Antrag anderer Personen ist damit unzulässig, Roth/Pfeuffer NachlassInsVerf-HdB, 10. Zum Katalog der Antragsberechtigten iSv § 317 InsO vgl. BGH BeckRS 2007, 13222.
98 Zu den Antragsberechtigten vgl. Hermreck NJW-Spezial 2017, 149; Vallender/Undritz/Laroche § 2 Rn. 292.
99 Zum Antragsrecht des Erben vgl. Harder NJW-Spezial 2022, 469; Roth/Pfeuffer NachlassInsVerf-HdB, 10; FormB-ErbR/Ott-Eulberg § 10 Rn. 10.
100 Roth/Pfeuffer NachlassInsVerf-HdB, 10.
101 FAKomm InsR/Ringstmeier InsO § 317 Rn. 1; Harder NJW- Spezial 2022, 469; Beck/Depré Insolvenz/Depré/Lambert § 46 Rn. 28; Staufenbiel/Brill ZInsO 2012, 1395 (1397).
102 Steht die Wirksamkeit der Ausschlagung in Zweifel etwa im Hinblick auf die Ausschlagungsfrist, ist die Antragsberechtigung dennoch zu bejahen und vom Fortbestand der Antragsberechtigung auszugehen, vgl. Roth/Pfeuffer NachlassInsVerf-HdB, 13, 14.
103 Roth/Pfeuffer NachlassInsVerf-HdB, 12; FAKomm InsR/Ringstmeier InsO § 317 Rn. 1; Lissner ZInsO 2017, 2253 (2256); Staufenbiel/Brill ZInsO 2012, 1395 (1397).
104 BGH FamRZ 2011, 1292 (1293); OLG Koblenz Rpfleger 1989, 510; FormB-ErbR/Ott-Eulberg § 10 Rn. 13; Harder NJW- Spezial 2022, 469; FK-InsO/Schallenberg/Rafiqpoor InsO § 317 Rn. 5.
105 So BGH FamRZ 2011, 1292 (1293); vgl. auch LG Hamburg NZI 2022, 401.

tragpflicht des Erben,[106] sein Antragsrecht[107] bleibt unangetastet. Gleiches gilt für die Anordnung einer **Testamentsvollstreckung**, die dem Erben nicht die Antragsberechtigung nimmt, wofür auch bereits der Regelungsgehalt des § 317 Abs. 3 InsO streitet,[108] die Anhörungspflicht. Ohne Antragsrecht ist der **Schlusserbe** ausgestattet, der erst zu einem späteren Zeitpunkt Erbe werden soll.[109] Gleiches gilt für den Erben, der vor der Eröffnung des Verfahrens die Versäumung der Ausschlagungsfrist anficht.[110]

- der **Erbeserbe**,[111] also auch die Erben des zweiten oder dritten Erbgangs, da das Antragsrecht auf die Erbeserben übergeht;[112]
- jeder **Miterbe**,[113] § 317 Abs. 1 InsO, § 1922 Abs. 1 BGB. Wird der Antrag nicht von allen Miterben gestellt, ist der Eröffnungsgrund glaubhaft zu machen, § 317 Abs. 2 S. 1 InsO.[114] Die anderen Miterben sind anzuhören, § 317 Abs. 2 S. 2 InsO,[115] ebenso ein Testamentsvollstrecker, § 317 Abs. 3 InsO. Damit ist auch die Frage geklärt, ob die Antragsberechtigung nur allen Miterben gemeinschaftlich zusteht oder auch einzeln ausgeübt werden kann.[116] Jedem einzelnen Miterben steht **autonom** die Antragsberechtigung zu.[117] Zum Antragsrecht des Erbeserben vgl. obige Anmerkung;[118] zur Ausschlagung und zum Verlust des Antragsrechts[119] vgl. obige Anmerkung; zum Antragsrecht trotz Nachlassverwaltung bzw. Testamentsvollstreckung vgl. obige Anmerkungen zum Alleinerben.
- der **Ersatzerbe** für die Dauer des Interimszustandes zwischen Erbfall und Annahme durch den Erben;[120]
- der **Vorerbe**,[121] und zwar unstrittig für die Dauer der Vorerbschaft, strittig für die Zeit nach Eintritt des Nacherbfalls.[122] Die Begründung hierfür ist in der Haftung nach § 2145 BGB zu sehen, die den Vorerben trifft und gegen die der Vorerbe Schutz benötigt.[123]
- der **Nacherbe**[124] nach Eintritt des Nacherbfalls, § 2139 BGB;
- der **Erbschaftskäufer**, §§ 330 Abs. 1, 317 Abs. 1 InsO;[125] für das Nachlassinsolvenzverfahren tritt der Erbschaftskäufer an die Stelle des Erben.[126] Die Antragsberechtigung steht dem Erbschaftskäufer allerdings nur dann zu, sofern das Rechtsgeschäft mit dem Erben wirksam, insbesondere die Form des § 2371 BGB gewahrt ist.[127] Eine privatschriftliche Erklä-

---

106 Die Antragspflicht trifft dann den Nachlassverwalter.
107 MüKoInsO/Siegmann/Scheuing InsO § 317 Rn. 7.
108 Ebenso FAKomm InsR/Ringstmeier InsO § 317 Rn. 1.
109 Zum fehlenden Antragsrecht des Schlusserben vgl. Wimmer/Schallenberg/Rafiqpoor InsO § 317 Rn. 3.
110 Lissner ZInsO 2017, 2253 (2256).
111 Roth/Pfeuffer NachlassInsVerf-HdB, 15; Braun/Bauch InsO § 317 Rn. 4; Roth/Wozniak ZEV 2021, 489 (490); aA AG Dresden ZEV 2011, 548.
112 Roth/Wozniak ZEV 2021, 489 (490).
113 Zur Einzelantragsberechtigung des Miterben vgl. BGH NJW 2014, 391 (393); FormB-ErbR/Ott-Eulberg § 10 Rn. 10; Gehrlein BB 2014, 1539; Harder NJW-Spezial 2022, 469; Schönenberg-Wessel/Kaufmann BtPrax 2021, 180 (181).
114 Vallender/Undritz/Laroche § 2 Rn. 293; Braun/Bauch InsO § 317 Rn. 5.
115 Ebenso FAKomm InsR/Ringstmeier InsO § 317 Rn. 2; Vallender/Undritz/Laroche § 2 Rn. 293.
116 Für Einzelberechtigung Roth/Pfeuffer NachlassInsVerf-HdB, 10, 17; FAKomm InsR/Ringstmeier InsO § 317 Rn. 2.
117 Roth/Pfeuffer NachlassInsVerf-HdB, 10, 17; MüKoInsO/Siegmann/Scheuing InsO § 317 Rn. 3; FAKomm InsR/Ringstmeier InsO § 316 Rn. 4; Harder NJW-Spezial 2022, 469; FK-InsO/Schallenberg/Rafiqpoor InsO § 317 Rn. 4.
118 AG Dresden BeckRS 2011, 21292.
119 BGH FamRZ 2011, 1292 (1293).
120 Roth/Pfeuffer NachlassInsVerf-HdB, 10; für Antragsrecht auch MüKoInsO/Siegmann/Scheuing InsO § 317 Rn. 2.
121 Staufenbiel/Brill ZInsO 2012, 1395 (1397); Roth/Pfeuffer NachlassInsVerf-HdB, 11.
122 Für ein fortbestehendes Antragsrecht des Vorerben: Roth/Pfeuffer NachlassInsVerf-HdB, 11; gegen ein fortbestehendes Antragsrecht des Vorerben MüKoInsO/Siegmann/Scheuing InsO § 317 Rn. 2 und 6; FK-InsO/Schallenberg/Rafiqpoor InsO § 317 Rn. 8 bis 13; FAKomm InsR/Ringstmeier InsO § 317 Rn. 1; Vallender/Busch § 19 Rn. 8: das Antragsrecht des Vorerben erlischt mit Eintritt des Nacherbfalls § 2139 BGB, bzw. das Antragsrecht geht mit Eintritt des Nacherbfalls verloren. Die hM knüpft das Antragsrecht an die Eigenschaft des Schuldners, nicht an den Besitz.
123 Zur „eklatanten Schutzlücke" vgl. Roth/Pfeuffer NachlassInsVerf-HdB, 11.
124 FormB-ErbR/Ott-Eulberg § 10 Rn. 10; Roth/Pfeuffer NachlassInsVerf-HdB, 10, 12; FAKomm InsR/Ringstmeier InsO § 317 Rn. 1; Staufenbiel/Brill ZInsO 2012, 1395 (1397).
125 OLG Köln NZI 2001, 98; FormB-ErbR/Ott-Eulberg § 10 Rn. 13; Bork/Hölzle InsR-HdB/Böhm Rn. 89; Braun/Bauch InsO § 317 Rn. 5.
126 Hermreck NJW-Spezial 2017, 149; OLG Köln NZI 2001, 98; Vallender/Undritz/Laroche § 2 Rn. 286.
127 OLG Köln NZI 2001, 98.

rung der Erben genügt nicht,[128] richtigerweise bedarf der Erbschaftskauf der notariellen Beurkundung, die durch die gleichzeitige oder nachträgliche Erfüllung nicht geheilt werden kann.[129]

- der **Nachlassverwalter**,[130] § 317 Abs. 1 InsO, bei **mehreren Nachlassverwaltern** jeder für sich allein;[131]
- der **Nachlasspfleger**, § 317 Abs. 1 InsO,[132] bei **mehreren Nachlasspflegern** jeder für sich allein;[133]
- der **Testamentsvollstrecker**, dem die Verwaltung des Nachlasses zusteht, § 317 Abs. 1 InsO,[134] bei **mehreren Testamentsvollstreckern** jeder für sich allein;[135]
- jeder einzelne **Nachlassgläubiger**, § 317 Abs. 1 InsO,[136] § 1967 BGB, gleichgültig, ob es sich um Erblasser- oder Erbfallschulden handelt;[137] ein zulässiger Antrag eines Nachlassgläubigers setzt voraus, dass die Nachlassforderung glaubhaft ist.[138] Zur Antragspflicht nach § 319 InsO vgl. die folgenden Anmerkungen;
- zum Antragsrecht beim Gesamtgut einer **Gütergemeinschaft** vgl. § 318 InsO sowie die folgenden Anmerkungen (→ Rn. 14)

Steht dem Antragsteller **kein Antragsrecht** zu, weil er in den geschlossenen Katalogen[139] der §§ 317, 318 InsO keine Berücksichtigung fand, ist der **Antrag unzulässig**.[140] Dem **Nachlassgericht**[141] steht keine Antragsberechtigung zu, da § 1960 BGB dem Nachlassgericht keine Verfahrensrechte verleiht. Zwingend ist die Bestellung eines Nachlasspflegers, zu dessen Aufgaben es zählt, den Antrag auf Eröffnung des Nachlassinsolvenzverfahrens zu stellen.[142] Kein Antragsrecht vorweisen kann auch der Erbprätendent.[143]

II. Darlegung oder Nachweis der Antragsberechtigung

13 Welche Anforderungen an den **Nachweis der Erbenstellung des Antragstellers** anzulegen sind, ließ der BGH leider ungeklärt.[144] Im **Meinungsspektrum**[145] wird vertreten, der Antragsteller

---

128 OLG Köln NZI 2001, 98 (99).
129 BGH NJW 1967, 1128 (1131); OLG Köln NZI 2001, 98 (99).
130 FormB-ErbR/Ott-Eulberg § 10 Rn. 10; Wathling InsbürO 2020, 443 (445); MüKoInsO/Siegmann/Scheuing InsO § 317 Rn. 4; FK-InsO/Schallenberg/Rafiqpoor InsO § 317 Rn. 15; Beck/Depré Insolvenz/Depré/Lambert § 46 Rn. 32 und 72; Roth/Pfeuffer NachlassInsVerf-HdB, 16;. Harder NJW-Spezial 2022, 469.
131 Roth/Pfeuffer NachlassInsVerf-HdB, 17; **aA** Braun/Bauch InsO § 317 Rn. 9 sowie FAKomm InsR/Ringstmeier InsO § 317 Rn. 7: gemeinsame Antragstellung.
132 Zum Antrag eines Nachlasspflegers vgl. BGH FamRZ 2011, 1292 (1293); BeckRS 2007, 13222 = Rpfleger 2007, 620; LG Duisburg BeckRS 2008, 16481; Harder NJW-Spezial 2022, 469; Wathling InsbürO 2020, 443 (445); MüKoInsO/Siegmann/Scheuing InsO § 317 Rn. 4; FK-InsO/Schallenberg/Rafiqpoor InsO § 317 Rn. 16; Beck/Depré Insolvenz/Depré/Lambert § 46 Rn. 33; Roth/Pfeuffer NachlassInsVerf-HdB, 16.
133 Roth/Pfeuffer NachlassInsVerf-HdB, 17; aA Braun/Bauch InsO § 317 Rn. 9 sowie FK-InsO/Schallenberg/Rafiqpoor InsO § 317 Rn. 17: gemeinschaftliche Antragstellung erforderlich, bei Meinungsverschiedenheiten soll das Nachlassgericht entscheiden.
134 FormB-ErbR/Ott-Eulberg § 10 Rn. 10; Harder NJW-Spezial 2022, 469; Beck/Depré Insolvenz/Depré/Lambert § 46 Rn. 34; Roth/Pfeuffer NachlassInsVerf-HdB, 16.
135 Roth/Pfeuffer NachlassInsVerf-HdB, 17; aA FAKomm InsR/Ringstmeier InsO § 317 Rn. 10; FK-InsO/Schallenberg/Rafiqpoor InsO § 317 Rn. 19; MüKoInsO/Siegmann/Scheuing InsO § 317 Rn. 4: der Eröffnungsantrag müsse von allen Testamentsvollstreckern gemeinsam gestellt werden § 2224 Abs. 1 BGB, im Streitfalle soll das Nachlassgericht entscheiden.
136 Zum Antragsrecht des Nachlassgläubigers vgl. BGH FamRZ 2011, 1292 (1294); AG München BeckRS 2010, 2341; Harder NJW-Spezial 2022, 469; FormB-ErbR/Ott-Eulberg § 10 Rn. 15; Wathling InsbürO 2020, 443 (445); MüKoInsO/Siegmann/Scheuing InsO § 317 Rn. 5; FK-InsO/Schallenberg/Rafiqpoor InsO § 317 Rn. 20; FAKomm InsR/Ringstmeier InsO § 317 Rn. 13, jeder einzelne Nachlassgläubiger verfügt über ein Antragsrecht. Zum Antragsrecht vgl. Braun/Bauch InsO § 317 Rn. 12; Roth/Pfeuffer NachlassInsVerf-HdB, 18.
137 Roth/Pfeuffer NachlassInsVerf-HdB, 18.
138 BGH FamRZ 2011, 1292 (1294).
139 Roth/Pfeuffer NachlassInsVerf-HdB, 10, abschließende Aufzählung der Antragsberechtigten.
140 AG Dresden BeckRS 2011, 21292.
141 BGH FamRZ 2009, 872.
142 BGH FamRZ 2009, 872.
143 MüKo InsO/Siegmann/Scheuing InsO § 317 Rn. 2.
144 BGH FamRZ 2011, 1292 (1293).
145 BGH FamRZ 2011, 1292 (1293).

habe den Nachweis der Erbfolge durch **Erbschein** zu führen.[146] Einer konträren Ansicht reicht die bloße **Glaubhaftmachung der Erbenstellung** aus. Da die InsO-Regelungen zur Nachlassinsolvenz keine Beweismittelbeschränkung vorsehen, dürfte der **Glaubhaftmachung** der Vorzug zu geben sein.[147] Gleiches gilt für den Antrag des Nachlassgläubigers, wenngleich dieser regelmäßig seinem Antrag den Vollstreckungstitel beifügen wird,[148] womit der Nachweis der Gläubigerstellung zweifelsfrei geführt ist.

III. Sonderkonstellation Gütergemeinschaft, § 318 InsO: Antragsrecht bei Gesamtgut

Durch die ehevertragliche[149] Vereinbarung der Gütergemeinschaft wird das jeweilige Vermögen der Ehegatten gemeinschaftliches Vermögen beider Ehegatten, wird **Gesamtgut**, § 1416 Abs. 1 S. 1 BGB. Gesamtgut ist auch das Vermögen, das einer der Ehegatten während der Gütergemeinschaft erwirbt, § 1416 Abs. 1 S. 2 BGB. Die Verwaltung des Gesamtguts erfolgt gemeinschaftlich, sofern der Ehevertrag keine abweichende Bestimmung enthält, § 1421 S. 2 BGB.

Die gesamthänderische Verbundenheit zeichnet verantwortlich dafür, dass die Regelung in § 318 InsO eine **Erweiterung der Antragsberechtigung** vorsieht.

Gehört der **Nachlass** zum **Gesamtgut** einer Gütergemeinschaft, kann zum einen der **Ehegatte, der Erbe ist**, den Antrag auf Eröffnung des Insolvenzverfahrens über den Nachlass stellen, § 318 Abs. 1 S. 1 InsO. Die Zustimmung des anderen Ehegatten ist nicht erforderlich, § 318 Abs. 1 S. 2 InsO, und die Antragsberechtigung geht auch nicht mit Beendigung der Gütergemeinschaft verloren, § 318 Abs. 1 S. 3 InsO. Allerdings ist der Eröffnungsgrund glaubhaft zu machen, § 318 Abs. 2 S. 1 InsO, und der andere Ehegatte durch das Insolvenzgericht anzuhören, § 318 Abs. 2 S. 2 InsO. Für Lebenspartner gilt dies entsprechend, § 318 Abs. 3 InsO.

Darüber hinaus ist auch der **Ehegatte, der nicht Erbe ist**, berechtigt, den Antrag auf Eröffnung des Insolvenzverfahrens über den Nachlass zu stellen, sofern er das Gesamtgut **allein** (§ 1422 ff. BGB) oder mit seinem Ehegatten **gemeinschaftlich** (§§ 1450 ff. BGB) **verwaltet**, § 318 Abs. 1 S. 1 InsO, wiederum ohne Zustimmung des anderen Ehegatten, § 318 Abs. 1 S. 2 InsO, und ohne Verlust der Antragsberechtigung im Falle der Beendigung[150] der Gütergemeinschaft, § 318 Abs. 1 S. 3 InsO.[151] Denn der verwaltende Ehegatte ist zur ordnungsgemäßen Verwaltung des Gesamtguts verpflichtet, § 1435 S. 1 BGB, wozu auch die Eröffnung der Nachlassinsolvenz zu rechnen ist. Die Regelung in § 318 Abs. 2 InsO sieht jedoch vor, dass der Eröffnungsgrund glaubhaft zu machen, § 294 Abs. 1 ZPO, und der andere Ehegatte durch das Insolvenzgericht anzuhören ist. Für Lebenspartner gilt dies entsprechend, § 318 Abs. 3 InsO.

Stellen **beide Ehegatten** den Antrag auf Eröffnung des Insolvenzverfahrens über den Nachlass, der zum Gesamtgut gehört, ist der Eröffnungsgrund nicht glaubhaft zu machen, § 294 Abs. 1 ZPO. Dies ergibt sich im Umkehrschluss aus § 318 Abs. 2 InsO. Für Lebenspartner gilt dies entsprechend, § 318 Abs. 3 InsO.

---

146 Burandt/Rojahn/Bangha-Szabo InsO § 317 Rn. 3; Staufenbiel/Brill ZInsO 2012, 1395 (1397).
147 Ohne Votum FormB-ErbR/Ott-Eulberg § 10 Rn. 13; ebenso ohne Votum Braun/Bauch InsO § 317 Rn. 6. Für Glaubhaftmachung AG Frankfurt aM BeckRS 2011, 17828; Beck/Depré Insolvenz/Depré/Lambert § 46 Rn. 28; FAKomm InsR/Ringstmeier InsO § 317 Rn. 1; MüKoInsO/Siegmann/Scheuing InsO § 317 Rn. 2; Roth/Pfeuffer NachlassInsVerf-HdB, 14. Der Erbschaftskäufer sieht sich nicht in der Lage, einen Erbschein einzureichen, der überdies den Erbschaftskäufer nicht vorsieht. Deshalb kann auch eine eidesstattliche Versicherung zur Glaubhaftmachung ausreichen, vgl. Lissner ZInsO 2017, 2253 (2256). AA Greiner ZInsO 2016, 1570 (1572), die eine „vermittelnde Ansicht" einnehmen möchte und zum Nachweis die eidesstattliche Versicherung fordert.
148 Burandt/Rojahn/Bangha-Szabo InsO § 317 Rn. 3.
149 Notarielle Beurkundung erforderlich §§ 1415, 1408 Abs. 1, 1410 BGB.
150 Etwa mit Auflösung der Ehe (Tod, Scheidung) oder Aufhebungsvertrag oder mit Rechtskraft des Aufhebungsurteils; die gesamthänderische Bindung besteht fort, die Liquidationsgemeinschaft setzt die Gemeinschaft fort.
151 Zum Antragsrecht vgl. Burandt/Rojahn/Bangha-Szabo InsO § 318 Rn. 2.

Vorbehaltsgut wird durch die Regelung in § 318 InsO, die sich auf Gesamtgut bezieht, nicht tangiert. Vom Gesamtgut ausgeschlossen ist das Vorbehaltsgut, § 1418 Abs. 1 BGB. Dem anderen Ehegatten steht insoweit kein Antragsrecht zu,[152] tatsächlich verwaltet jeder Ehegatte sein Vorbehaltsgut selbstständig, zumal keine gesamthänderische Bindung vorliegt.

IV. Prozesskostenhilfe für den Antrag auf Eröffnung des Nachlassinsolvenzverfahrens

15 **Prozesskostenhilfe** kann **nicht** bewilligt werden, da das Ziel des Verfahrens nicht in der Restschuldbefreiung,[153] sondern in der **Haftungsbeschränkung** besteht. Weil § 4a InsO als lex specialis vorgeht,[154] kann alternativ auch nicht auf die §§ 114 ff. ZPO zurückgegriffen werden. Eine Bereitstellung öffentlicher Mittel findet generell nicht statt.[155] In der Konsequenz kann für die Eröffnung und Durchführung eines Nachlassinsolvenzverfahrens keine Prozesskostenhilfe gewährt werden,[156] weshalb entsprechende Anträge ohne weitere Sachprüfung zurückzuweisen sind.[157] Es reicht aus, dass dem Erben die Dürftigkeitseinrede nach § 1990 BGB offen steht.[158] Auch die Beiordnung eines Verfahrensbevollmächtigten stellt keine Option dar.[159]

G. Antragspflicht, §§ 1980 Abs. 1 S. 1, 1985 Abs. 2 BGB
I. Antragspflicht des Erben, § 1980 Abs. 1 S. 1 BGB

16 Den **Erben** trifft die Pflicht, **unverzüglich** die Eröffnung des Nachlassinsolvenzverfahrens zu beantragen, sobald er Kenntnis von der **Zahlungsunfähigkeit** (§ 17 InsO[160]) oder der **Überschuldung** des Nachlasses (§ 19 Abs. 2 InsO[161]) erlangt, § 1980 Abs. 1 S. 1 BGB.[162] **Kenntnis von der Zahlungsunfähigkeit** ist gegeben, sobald der Erbe weiß, dass die erforderlichen Zahlungsmittel fehlen und deshalb keine Möglichkeit besteht, fällige Verbindlichkeiten zu erfüllen.[163] **Kenntnis von der Überschuldung** ist gegeben, sobald dem Erben bei der Gegenüberstellung von Aktiva und Passiva deutlich wird, dass der Nachlass die Verbindlichkeiten nicht decken wird.[164] Eine Kenntnis der einzelnen Verbindlichkeiten in exakter Höhe ist dabei nicht erforderlich.[165] Eine mehrwöchige Frist, wie sie die Regelung in § 15a Abs. 1 InsO für juristische Personen und Gesellschaften ohne Rechtspersönlichkeit vorsieht, kennt das Nachlassinsolvenzverfahren nicht,[166] weshalb zu Recht von einer Verschärfung[167] gesprochen werden kann.

Die auf **Fahrlässigkeit** beruhende Unkenntnis steht der positiven Kenntnis gleich, § 1980 Abs. 2 S. 1 BGB. Unverzüglich bedeutet, dass der Erbe **ohne schuldhaftes Zögern** tätig werden muss,[168] vgl. § 121 Abs. 1 S. 1 BGB,[169] um den Nachlassgläubigern den Nachlass ungeschmä-

---

152 FK-InsO/Schallenberg/Rafiqpoor InsO § 318 Rn. 4.
153 Adamus zu LG Coburg jurisPR-FamR 11/2017 Anm. 1; AG Göttingen NZI 2017, 575 mAnm Fridgen; FormB-ErbR/Ott-Eulberg § 10 Rn. 10; MüKoInsO/Siegmann/Scheuing InsO § 317 Rn. 14; Vallender/Undritz/Busch § 19 Rn. 41.
154 Vgl. AG Hannover ZVI 2021, 81; MüKoInsO/Siegmann/Scheuing InsO § 317 Rn. 14.
155 AG Hannover ZVI 2021, 81 (82); LG Göttingen ZInsO 2000, 619.
156 AG Göttingen NZI 2017, 575.
157 AG Göttingen NZI 2017, 575.
158 AG Göttingen NZI 2017, 575.
159 AG Göttingen NZI 2017, 575; teilweise aA Fridgen NZI 2017, 576, der bei komplizierter Rechtslage eine Beiordnung für notwendig hält, um die Dürftigkeitseinrede auf ein sicheres, zweifelsfreies Fundament stellen zu können.
160 Der Schuldner ist nicht mehr in der Lage, die fälligen Zahlungspflichten zu erfüllen, vgl. § 17 Abs. 2 S. 1 InsO. Vgl. OLG Köln NZI 2012, 1030; MüKoBGB/Küpper BGB § 1980 Rn. 7.
161 Das Vermögen des Schuldners deckt die bestehenden Verbindlichkeiten nicht mehr § 19 Abs. 1 InsO. Vgl. OLG Köln NZI 2012, 1030; MüKoBGB/Küpper BGB § 1980 Rn. 6.
162 Zur Antragspflicht vgl. BGH FamRZ 2011, 1292 (1294); Wathling InsbürO 2020, 443 (444); Jaeger, 45; Burandt/Rojahn/Bangha-Szabo InsO § 317 Rn. 4; FormB-ErbR/Ott-Eulberg § 10 Rn. 21; Staufenbiel/Brill ZInsO 2012, 1395 (1398).
163 OLG Köln NZI 2012, 1030; Staufenbiel/Brill ZInsO 2012, 1395 (1399).
164 OLG Köln NZI 2012, 1030.
165 OLG Köln NZI 2012, 1030.
166 Vallender/Undritz/Laroche § 2 Rn. 292.
167 Hermreck NJW-Spezial 2017, 149; Vallender/Undritz/Laroche § 2 Rn. 292 („sehr streng").
168 Ebenso bereits Jaeger, 45; vgl. auch FK-InsO/Schallenberg/Rafiqpoor InsO § 319 Rn. 4.
169 MüKoBGB/Küpper BGB § 1980 Rn. 5.

lert zu erhalten.[170] Fahrlässigkeit ist zu konstatieren, sofern der Erbe einen Antrag auf Eröffnung eines Aufgebotsverfahrens[171] unterlässt, obgleich dies indiziert ist. Betroffen ist lediglich der **endgültige Erbe**,[172] jeder **Alleinerbe**, jeder **Vorerbe**,[173] jeder **Erbeserbe**,[174] jeder **Miterbe**,[175] nicht der „vorläufige", der „werdende"[176] Erbe, der sich noch mit Überlegungen zur Annahme trägt[177] oder der Erbe, der die Erbschaft **ausgeschlagen hat**[178] oder der bereits gegenüber jedem Nachlassgläubiger **bereits unbeschränkt** haftet.[179] In gleicher Weise gilt für eine Nachlassmasse, die die Verfahrenskosten nicht deckt.[180] Vor der Annahme der Erbschaft besteht keine Antragspflicht,[181] auch nicht im Falle eines fehlenden inländischen Gerichtsstandes[182] bzw. fehlender Anwendung deutschen Erbrechts.[183] Nach der Annahme kann sich der Erbe nicht unter Hinweis auf einen bestehenden oder drohenden Erbschaftsstreit seiner Pflicht entledigen,[184] da dadurch keine Suspendierung der Antragspflicht eintritt.

Ein **Erbschaftskäufer** tritt für das Nachlassinsolvenzverfahren an die Stelle des Erben, vgl. § 330 Abs. 1 InsO, womit ein Übergang der Antragspflicht auf den Erbschaftskäufer verbunden ist.

Sofern der Erbe seiner Antragspflicht nicht nachkommt, macht er sich gegenüber den Gläubigern **schadensersatzpflichtig**, § 1980 Abs. 1 S. 2 BGB.[185] Prämisse ist dabei, dass dem Erben ein Antragsrecht auf Eröffnung des Nachlassinsolvenzverfahrens zusteht. Bei fehlender Antragsberechtigung besteht keine Schadensersatzpflicht aus § 1980 Abs. 1 S. 2 BGB.[186] Zur Antragsberechtigung vgl. die obigen Anmerkungen. Den Gläubigern ist der Schaden zu ersetzen, der aus der verspäteten oder unterbliebenen Antragsstellung resultiert, § 1980 Abs. 1 S. 2 BGB. Der Schadensersatzanspruch bildet einen Bestandteil der **Insolvenzmasse** und obliegt der Geltendmachung durch den Insolvenzverwalter.[187]

II. Antragspflicht des Nachlassverwalters, § 1985 Abs. 2 S. 2, 1980 BGB

Zum Pflichtenkatalog des **Nachlassverwalters**, der für die Verwaltung des Nachlasses auch den Nachlassgläubigern gegenüber verantwortlich ist, rechnet das Gesetz die Antragspflicht, die sich aus der Verweisung in § 1985 Abs. 2 S. 2 BGB auf § 1980 BGB ergibt.[188] Den Nachlassverwalter trifft die Pflicht, **unverzüglich** die Eröffnung des Nachlassinsolvenzverfahrens zu beantragen, sobald er Kenntnis von der **Zahlungsunfähigkeit** (vgl. § 17 InsO)[189] oder von der **Überschuldung** des Nachlasses (vgl. § 19 Abs. 2 InsO)[190] erlangt, §§ 1985 Abs. 2 S. 2, 1980 Abs. 1

---

170 MüKoBGB/Küpper BGB § 1980 Rn. 1.
171 Vallender/Undritz/Busch § 19 Rn. 32.
172 Staufenbiel/Brill ZInsO 2012, 1395 (1398).
173 Vallender/Undritz/Laroche § 2 Rn. 292.
174 Roth/Wozniak ZEV 2021, 489 (491).
175 Vallender/Undritz/Laroche § 2 Rn. 292.
176 OLG Köln NZI 2012, 1030 = ZInsO 2012, 2254; Moderegger InsbürO 2014, 306 (308); Vallender/Undritz/Busch § 19 Rn. 31; FK-InsO/Schallenberg/Rafiqpoor InsO § 317 Rn. 26; Staufenbiel/Brill ZInsO 2012, 1395 (1398).
177 OLG Köln NZI 2012, 1030 = ZInsO 2012, 2254; Staufenbiel/Brill ZInsO 2012, 1395 (1398).
178 MüKoBGB/Küpper BGB § 1980 Rn. 4.
179 Staufenbiel/Brill ZInsO 2012, 1395 (1398).
180 Staufenbiel/Brill ZInsO 2012, 1395 (1398).
181 OLG Köln NZI 2012, 1030 = ZInsO 2012, 2254; MüKoBGB/Küpper BGB § 1980 Rn. 9.
182 MüKoBGB/Küpper BGB § 1980 Rn. 3.
183 Roth/Pfeuffer NachlassInsVerf-HdB, 23.
184 MüKoBGB/Küpper BGB § 1980 Rn. 9; Vallender/Undritz/Busch § 19 Rn. 31, Antragspflicht auch trotz bestehender Nachlasspflegschaft. Vgl. auch FAKomm InsR/Ringstmeier InsO § 317 Rn. 4.
185 Zur Schadensersatzpflicht vgl. BGH FamRZ 2011, 1292 (1294); Moderegger InsbürO 2014, 306 (308); FK-InsO/Schallenberg/Rafiqpoor InsO § 319 Rn. 4; FormB-ErbR/Ott-Eulberg § 10 Rn. 27.
186 BGH FamRZ 2011, 1292 (1294).
187 Vallender/Undritz/Laroche § 2 Rn. 292.
188 Zur Antragspflicht vgl. Roth/Pfeuffer NachlassIns-Verf-HdB, 16, 24; ebenso bereits Jaeger, 45: „Die nämliche Verpflichtung obliegt unter selbstständiger persönlicher Verantwortlichkeit gegenüber den Nachlassgläubigern zufolge § 1985 II auch dem Nachlassverwalter." Für Antragspflicht des Nachlassverwalters auch MüKoInsO/Siegmann/Scheuing InsO § 317 Rn. 4; Vallender/Undritz/Laroche § 2 Rn. 292; Beck/Depré Insolvenz/Depré/Lambert § 46 Rn. 72.
189 Der Schuldner ist nicht mehr in der Lage, die fälligen Zahlungspflichten zu erfüllen, vgl. § 17 Abs. 2 S. 1 InsO. Vgl. auch OLG Köln NZI 2012, 1030; MüKoBGB/Küpper BGB § 1980 Rn. 7.
190 Das Vermögen des Schuldners deckt die bestehenden Verbindlichkeiten nicht mehr § 19 Abs. 1 InsO. Vgl. OLG Köln NZI 2012, 1030; MüKoBGB/Küpper BGB § 1980 Rn. 6.

S. 1 BGB.[191] Kommt der Nachlassverwalter dieser Pflicht nicht nach, macht er sich gegenüber den Gläubigern **schadensersatzpflichtig**, §§ 1985 Abs. 2 S. 2, 1980 Abs. 1 S. 2 BGB[192] Mehrere Nachlassverwalter sollen den Antrag gemeinsam stellen, anderenfalls trifft das Nachlassgericht die Entscheidung.[193]

III. Antragspflicht des Nachlasspflegers und des Testamentsvollstreckers?

18 **Strittig** ist, ob auch der **Nachlasspfleger** und der **zur Verwaltung des Nachlasses befugte Testamentsvollstrecker** der Antragspflicht unterliegen. Da beide als Parteien kraft Amtes fungieren und die Situation des Nachlasses überblicken können, bejaht eine ältere Meinung die Antragspflicht.[194] Nach dieser Meinung trifft den Nachlasspfleger bzw. den zur Verwaltung des Nachlasses befugten Testamentsvollstrecker die Pflicht, unverzüglich die Eröffnung des Nachlassinsolvenzverfahrens zu beantragen, sobald Kenntnis von der Zahlungsunfähigkeit (§ 17 InsO)[195] oder der Überschuldung des Nachlasses (§ 19 Abs. 2 InsO)[196] erlangt wird. Eine **aktuellere Ansicht verneint** hingegen eine **Antragspflicht** des Nachlasspflegers[197] und Testamentsvollstreckers,[198] wobei als Begründung der Umkehrschluss[199] aus § 1985 Abs. 1 BGB dient, der lediglich vom Nachlassverwalter spricht. Dem Nachlasspfleger obliegt die Sicherung des Nachlasses, nicht die Sicherung der Nachlassgläubigerinteressen.[200] Dies lässt sich auch für den Testamentsvollstrecker[201] ins Feld führen.

H. Antragsfrist für Nachlassgläubiger, § 319 InsO

I. Generelles zur Antragsfrist

19 Der **Antrag eines Nachlassgläubigers**, gerichtet auf Eröffnung eines Nachlassinsolvenzverfahrens, steht unter einem Zulässigkeitsvorbehalt. Der Antrag ist unzulässig, sofern seit der Annahme der Erbschaft **zwei Jahre** verstrichen sind, § 319 InsO.[202] Demnach beginnt die Frist mit der Annahme des Erben bzw. aller Miterben,[203] wobei die Annahme ausdrücklich oder konkludent erfolgen kann. Bei mehreren Erben **beginnt** die Frist erst nach **Annahme sämtlicher Erben**.[204] Die **Fristberechnung** richtet sich nach den allgemeinen Vorschriften, §§ 187, 188 BGB.[205] Auf Insolvenzanträge von Erben, Miterben, Testamentsvollstreckern oder Nachlasspflegern ist die Fristbestimmung des § 319 InsO nicht anzuwenden,[206] ihre Anträge sind ohne

---

191 Zur Antragspflicht BGH FamRZ 2011, 1292 (1294); Wathling InsbürO 2020, 443 (444); Vallender/Undritz/Busch § 19 Rn. 36; Vallender/Undritz/Laroche § 2 Rn. 292; Burandt/Rojahn/Bangha-Szabo InsO § 317 Rn. 4; Staufenbiel/Brill ZInsO 2012, 1395 (1398).
192 Zur Schadensersatzpflicht vgl. BGH FamRZ 2011, 1292 (1294); FormB-ErbR/Ott-Eulberg § 10 Rn. 27.
193 FAKomm InsR/Ringstmeier InsO § 317 Rn. 7.
194 Jaeger, 45; ebenso LG Hamburg NZI 2022, 401 (402), Antragsrecht wandelt sich um in Antragspflicht.
195 Der Schuldner ist nicht mehr in der Lage, die fälligen Zahlungspflichten zu erfüllen, vgl. § 17 Abs. 2 S. 1 InsO. Vgl. OLG Köln NZI 2012, 1030; MüKoBGB/Küpper BGB § 1980 Rn. 7.
196 Das Vermögen des Schuldners deckt die bestehenden Verbindlichkeiten nicht mehr für den § 19 Abs. 1 InsO. Vgl. OLG Köln NZI 2012, 1030; MüKoBGB/Küpper BGB § 1980 Rn. 6; LG Hamburg NZI 2022, 401 (402).
197 Burandt/Rojahn/Bangha-Szabo InsO § 317 Rn. 4; FormB-ErbR/Ott-Eulberg § 10 Rn. 23; Staufenbiel/Brill ZInsO 2012, 1395 (1398).
198 Vallender/Undritz/Laroche § 2 Rn. 292, Antragspflicht gilt nicht für den Nachlasspfleger. Ebenso gegen Antragspflicht Vallender/Undritz/Busch § 19 Rn. 37; Beck/Depré Insolvenz/Depré/Lambert § 46 Rn. 73; FormB-ErbR/Ott-Eulberg § 10 Rn. 23; Staufenbiel/Brill ZInsO 2012, 1395 (1398).
199 Vallender/Undritz/Busch § 19 Rn. 37; Beck/Depré Insolvenz/Depré/Lambert § 46 Rn. 73; Vallender/Undritz/Laroche § 2 Rn. 292.
200 Beck/Depré Insolvenz/Depré/Lambert § 46 Rn. 73.
201 Beck/Depré Insolvenz/Depré/Lambert § 46 Rn. 74.
202 Vallender/Undritz/Laroche § 2 Rn. 294.
203 Graf-Schlicker/Busch InsO § 319 Rn. 3; Lissner ZInsO 2017, 2253 (2257); Braun/Bauch InsO § 319 Rn. 2.
204 Braun/Bauch InsO § 319 Rn. 2.
205 Ebenso Lissner ZInsO 2017, 2253 (2257).
206 BGH NJW 2014, 391 (393); Graf-Schlicker/Busch InsO § 319 Rn. 2; Gehrlein BB 2014, 1539; Lissner ZInsO 2017, 2253 (2257); FK-InsO/Schallenberg/Rafiqpoor InsO § 319 Rn. 4; Vallender/Undritz/Laroche § 2 Rn. 294; Burandt/Rojahn/Bangha-Szabo InsO § 319 Rn. 2.

zeitliche Beschränkung zulässig. Die Regelung lehnt sich an § 1981 Abs. 2 S. 2 BGB an[207] und ist als **Ausschlussfrist** konzipiert, die das Nachlassgericht von Amts wegen beachten muss.[208] Ein nach Ablauf der Ausschlussfrist gestellter Antrag ist wegen Unzulässigkeit abzuweisen.[209]

II. Form des Antrags auf Eröffnung der Nachlassinsolvenz

Nach § 13 Abs. 1 S. 1 InsO wird das Nachlassinsolvenzverfahren auf der Grundlage eines **schriftlichen Antrags** eröffnet, § 13 Abs. 1 S. 1 InsO. Eine Eröffnung von Amts wegen ist unzulässig,[210] ebenso eine mündliche Antragstellung[211] oder eine Antragstellung durch das Nachlassgericht.[212]

I. Eröffnungsgründe Nachlassinsolvenz, § 320 InsO

I. Historie

Die alte **Konkursordnung** kannte nur **einen Grund** für die Eröffnung eines Nachlasskonkurses: die Überschuldung des Nachlasses, § 215 KO.[213] Diese Abweichung vom Regelkonkurs war der Überlegung geschuldet, dass die „Entwicklung der Haftungsmasse in der Hauptsache abgeschlossen und von der persönlichen Leistungskraft des Schuldners losgelöst"[214] sei. Der InsO-Gesetzgeber folgt dieser Programmatik nicht mehr und setzt auf die **Erweiterung**[215] bzw. **Nivellierung**[216] der Eröffnungstatbestände. Der Nachlass könne nicht mehr als statische,[217] in seiner Entwicklung abgeschlossene, sondern müsse als **dynamische Masse** verstanden werden, abhängig von der allgemeinen wirtschaftlichen Entwicklung und den Besonderheiten des Nachlasses, über den beispielsweise Rechtsstreitigkeiten anhängig sind oder der eine börsennotierte Komponente aufweist.[218] Vermögenszuwächse müssen Berücksichtigung finden.[219] Die Regelung in § 320 InsO nennt als Eröffnungsgründe die Überschuldung, die Zahlungsunfähigkeit und die drohende Zahlungsunfähigkeit des Nachlasses.[220]

II. Maßgeblicher Zeitpunkt

Auf welchen **Zeitpunkt** abzustellen ist, um der Frage nach der Überschuldung, der Zahlungsunfähigkeit oder der drohenden Zahlungsunfähigkeit nachzugehen, lässt die Regelung in § 320 InsO offen. In Betracht kommen der Zeitpunkt des Erbfalls und der Zeitpunkt der Eröffnung des Nachlassinsolvenzverfahrens. Richtigerweise ist auf den **Zeitpunkt der Verfahrenseröff-**

---

207 Graf-Schlicker/Busch InsO § 319 Rn. 1; FK-InsO/Schallenberg/Rafiqpoor InsO § 319 Rn. 2.
208 Graf-Schlicker/Busch InsO § 319 Rn. 3; FK-InsO/Schallenberg/Rafiqpoor InsO § 319 Rn. 2; Lissner ZInsO 2017, 2253 (2257).
209 Graf-Schlicker/Busch InsO § 319 Rn. 3; Kayser/Thole/Marotzke InsO § 319 Rn. 1.
210 Staufenbiel/Brill ZInsO 2012, 1395 (1397); MüKoInsO/Siegmann/Scheuing InsO § 317 Rn. 1; Roth/Pfeuffer NachlassInsVerf-HdB, 6, 9; Vallender/Undritz/Busch InsO § 19 Rn. 9.
211 Roth/Pfeuffer NachlassInsVerf-HdB, 6, 7.
212 BGH FamRZ 2009, 872, keine eigenen Verfahrensrechte des Nachlassgerichts; es ist zwingend ein Nachlasspfleger zu bestellen, dem es obliegt, den Antrag auf Eröffnung des Nachlassinsolvenzverfahrens zu stellen.
213 Jaeger, 36; der Wortlaut von § 215 KO: „Die Eröffnung des Verfahrens setzt die Überschuldung des Nachlasses voraus."
214 Jaeger, 36.
215 MüKoInsO/Siegmann/Scheuing InsO § 320 Rn. 1; FK-InsO/Schallenberg/Rafiqpoor InsO § 320 Rn. 1.
216 Zur Gleichstellung mit den Eröffnungsgründen der Regelinsolvenz vgl. auch FK-InsO/Schallenberg/Rafiqpoor InsO § 320 Rn. 2 und 12 („Vereinheitlichung der Verfahrenseröffnungsgründe"); Staufenbiel/Brill ZInsO 2012, 1395 (1398).
217 FK-InsO/Schallenberg/Rafiqpoor InsO § 320 Rn. 9.
218 Roth/Pfeuffer NachlassInsVerf-HdB, 60; zur nichtstatischen Natur des Nachlasses vgl. MüKoInsO/Siegmann/Scheuing InsO § 320 Rn. 1.
219 FK-InsO/Schallenberg/Rafiqpoor InsO § 320 Rn. 9.
220 Zu den Gründen vgl. FK-InsO/Schallenberg/Rafiqpoor InsO § 320 Rn. 4; Hermreck NJW-Spezial 2017, 149; Staufenbiel/Brill ZInsO 2012, 1395 (1398); Vallender/Undritz/Laroche § 2 Rn. 291; Joannidis/Weiß ZInsO 2016, 1889 (1891).

nung[221] abzustellen, auf das aktuelle Momentum, das darüber entscheidet, ob Überschuldung, Zahlungsunfähigkeit oder drohende Zahlungsunfähigkeit zu konstatieren ist. Der gegenwärtige Zustand des Nachlasses ist zugrunde zu legen.[222]

III. Glaubhaftmachung des Eröffnungsgrundes

23 Bloße Behauptungen des Inhalts, ein Eröffnungsgrund sei gegeben, das Verfahren deshalb ohne weitere Sachprüfung zu eröffnen, reichen nicht aus. Erforderlich ist ein **nachvollziehbarer**[223] **und substantiierter Sachvortrag,**[224] mit dem die Eröffnungsgründe **glaubhaft**[225] gemacht werden, §§ 13, 14 InsO.[226] Anderenfalls steht für das Insolvenzgericht nicht fest, dass ein Eröffnungsgrund gegeben ist, was von Amts wegen zu ermitteln ist.[227] Die **Pflicht zur Glaubhaftmachung** trifft jedoch nur **Nachlassgläubiger** oder einen **Miterben**.[228] Stellt ein Alleinerbe, ein Nachlassverwalter, ein Nachlasspfleger[229] oder ein Testamentsvollstrecker den Antrag, müssen lediglich die relevanten Tatsachen dem Insolvenzgericht zur Kenntnis gebracht werden.[230] Eine weitere Glaubhaftmachung ist insoweit nicht erforderlich. Soll der Eröffnungsgrund aus einer **bestrittenen**[231] **Forderung** abgeleitet werden, reicht Glaubhaftmachung nicht aus. In einer entsprechenden Konstellation muss die Forderung für die Eröffnung des Verfahrens voll bewiesen werden,[232] was impliziert, dass ggf. der Prozessweg[233] zu beschreiten ist, sollte der Beweis bzw. die Glaubhaftmachung scheitern.

IV. Zahlungsunfähigkeit als Eröffnungsgrund, § 320 S. 1 InsO

24 Das Gesetz sieht in der **Zahlungsunfähigkeit** einen allgemeinen Eröffnungsgrund, vgl. § 17 Abs. 1 InsO. Zahlungsunfähigkeit liegt vor, sofern der **Nachlass dauerhaft** nicht in der Lage ist, die fälligen Zahlungspflichten zu erfüllen, somit Geldilliquidität besteht, § 17 Abs. 2 S. 1 InsO.[234] Auf die persönliche Solvenz, die persönliche Liquidität[235] des Erben[236] kommt es nicht an, der Fokus liegt allein auf dem Nachlass,[237] auf dessen Liquidität, sodass auch nur Nachlassverbindlichkeiten Berücksichtigung finden, nicht auch die persönlichen Verbindlichkeiten des Erben.[238] Mit **Einstellung der Zahlungen** ist regelmäßig **Zahlungsunfähigkeit** anzunehmen bzw. eine große Indizwirkung verbunden, § 17 Abs. 2 S. 2 InsO.[239] Die Zahlungsunfähigkeit wird dann kraft Gesetzes vermutet,[240] nicht jedoch ein eigenständiger Eröffnungsgrund (**Zahlungseinstellung**) geschaffen.[241] **Aktiva** und **Passiva**, vorhandene Mittel und fällige Verbindlichkei-

---

221 Ebenso bereits Jaeger, 36; für Zeitpunkt der Insolvenzeröffnung auch Staufenbiel/Brill ZInsO 2012, 1395 (1399); FK-InsO/Schallenberg/Rafiqpoor InsO § 320 Rn. 15, 27; MAH Insolvenz/Kreplin § 35 Rn. 34; Braun/Bauch InsO § 320 Rn. 4; MüKoInsO/Siegmann/Scheuing InsO § 320 Rn. 6; Roth/Pfeuffer NachlassInsVerf-HdB, 63, 64 (stichtagsbezogen, Stichtag ist der Zeitpunkt der Insolvenzeröffnung); Kampf ZVI 2020, 39 (42); Gottwald/Haas InsR-HdB/Döbereiner § 112 Rn. 1.
222 Jaeger, 37.
223 LG Duisburg BeckRS 2008, 16481.
224 FK-InsO/Schallenberg/Rafiqpoor InsO § 320 Rn. 6.
225 Zur Glaubhaftmachung vgl. BGH MDR 2006, 894.
226 Braun/Bauch InsO § 320 Rn. 2.
227 Zur Amtspflicht MüKoInsO/Siegmann/Scheuing InsO § 320 Rn. 8.
228 MüKoInsO/Siegmann/Scheuing InsO § 320 Rn. 7; Vallender/Undritz/Busch InsO § 19 Rn. 39.
229 Ebenso LG Duisburg BeckRS 2008, 16481: keine Glaubhaftmachung der Eröffnungsgründe für den Antrag des Nachlasspflegers erforderlich. Vgl. auch MüKoInsO/Siegmann/Scheuing InsO § 320 Rn. 7.
230 Vallender/Undritz/Busch InsO § 19 Rn. 39.
231 BGH MDR 2006, 894.
232 BGH MDR 2006, 894; ZIP 1992, 947; OLG Hamm KTS 1971, 54; OLG Köln ZIP 1989, 789.
233 BGH MDR 2006, 894.
234 Zu den §§ 17, 18 InsO vgl. Vallender/Undritz/Busch InsO § 19 Rn. 14; Roth/Pfeuffer NachlassInsVerf-HdB, 60, 61; OLG Köln BeckRS 2012, 20949 = NZI 2012, 1030; Lissner ZInsO 2017, 2253 (2257).
235 FK-InsO/Schallenberg/Rafiqpoor InsO § 320 Rn. 7.
236 Staufenbiel/Brill ZInsO 2012, 1395 (1399); MAH Insolvenz/Kreplin § 35 Rn.
237 MAH Insolvenz/Kreplin § 35 Rn. 36.
238 Staufenbiel/Brill ZInsO 2012, 1395 (1399).
239 Zur indiziellen Wirkung Staufenbiel/Brill ZInsO 2012, 1395 (1399); Roth/Pfeuffer NachlassInsVerf-HdB, 60; Lissner ZInsO 2017, 2253 (2257).
240 Gehrlein BB 2014, 1539.
241 Roth/Pfeuffer NachlassInsVerf-HdB, 60.

ten[242] müssen gegenübergestellt, eine **Liquiditätsbilanz**[243] erstellt, eine bereits eingetretene Vermischung[244] von Nachlass- und Eigenmitteln muss beseitigt werden, um die Zahlungsunfähigkeit zu belegen. Nach der Wahrscheinlichkeit ihrer Existenz müssen auch **strittige Verbindlichkeiten** Berücksichtigung finden.[245] Ein nur **vorübergehender Liquiditätsengpass** liefert keinen Eröffnungsgrund, da das Kriterium der dauerhaften Zahlungsunfähigkeit nicht erfüllt ist.[246] Dies gilt in gleicher Weise für eine temporäre **Zahlungsstockung**,[247] die den Nachlass nicht mit dem Signum versieht, dass der Nachlass dauerhaft nicht in der Lage ist, die fälligen Zahlungspflichten zu erfüllen. Ein Mangel an Zahlungsmitteln kann darin nicht gesehen werden. Auch bloße, persönlich motivierte Zahlungsunwilligkeit generiert noch keine Zahlungsunfähigkeit.[248]

V. Drohende Zahlungsunfähigkeit als Eröffnungsgrund, § 320 S. 2 InsO

Unter der **Prämisse**, dass der Erbe, der Nachlassverwalter, der Nachlasspfleger oder der Testamentsvollstrecker die Eröffnung des Nachlassinsolvenzverfahrens beantragt[249], rechnet die Regelung in § 320 S. 2 InsO auch eine **drohende Zahlungsunfähigkeit** zu den Eröffnungsgründen.[250] Die **Nachlassgläubiger** zählen **nicht** zum definierten Bereich der **Antragsteller**, die sich auf die drohende Zahlungsunfähigkeit des Nachlasses stützen können.[251] Ein entsprechender Antrag liefert keinen Eröffnungsgrund und ist als unzulässig zurückzuweisen.[252] Die **drohende Zahlungsunfähigkeit** geltend zu machen, bleibt einem **exklusiven Kreis** vorbehalten, bestehend aus dem Erben, dem Nachlassverwalter, dem Nachlasspfleger und dem Testamentsvollstrecker.[253] Die Praxisrelevanz ist deshalb gering.[254] Die Definition der drohenden Zahlungsunfähigkeit richtet sich nach § 18 Abs. 2 InsO. Der Nachlass **droht zahlungsunfähig** zu werden, wenn er voraussichtlich nicht in der Lage sein wird, die bestehenden Zahlungspflichten im Zeitpunkt der Fälligkeit zu erfüllen, § 18 Abs. 2 S. 1 InsO.[255] Als Prognosezeitraum sieht § 18 Abs. 2 S. 2 InsO einen Zeitraum von 24 Monaten vor. Um beurteilen zu können, ob dem Nachlass die Zahlungsunfähigkeit droht, sind die **gegenwärtigen, bereits fälligen** und die **künftigen, noch nicht fälligen Nachlassverbindlichkeiten** zu berücksichtigen.[256] Erforderlich wird eine Projektion in die Zukunft, eine Prognose, aus der sich die Wahrscheinlichkeit[257] der Zahlungsunfähigkeit ableiten lässt. In der Folge ist das Augenmerk auf den künftigen Zeitpunkt der Fälligkeit zu richten, § 18 Abs. 2 S. 1 InsO. Ergibt die Prognose, dass dem Nachlass künftig die Zahlungsunfähigkeit droht, kann dies als Eröffnungsgrund vom beschriebenen, exklusiven Kreis der Antragsteller geltend gemacht werden.

---

242 Roth/Pfeuffer NachlassInsVerf-HdB, 61.
243 Gehrlein BB 2014, 1539; Vallender/Undritz/Busch InsO § 19 Rn. 39, Liquiditätsberechnung.
244 Zu den Problemen einer bereits eingetretenen Verschmelzung der Vermögensmassen vgl. Roth/Pfeuffer NachlassInsVerf-HdB, 63.
245 Roth/Pfeuffer NachlassInsVerf-HdB, 61.
246 Zur Dauerhaftigkeit vgl. FK-InsO/Schallenberg/Rafiqpoor InsO § 320 Rn. 8.
247 MAH Insolvenz/Kreplin § 35 Rn. 34; Braun/Bauch InsO § 320 Rn. 6; Vallender/Undritz/Busch InsO § 19 Rn. 16; Roth/Pfeuffer NachlassInsVerf-HdB, 62.
248 Roth/Pfeuffer NachlassInsVerf-HdB, 63.
249 Vgl. hierzu Harder NJW-Spezial 2022, 469 (470).
250 Zum eingeschränkten Kreis vgl. Staufenbiel/Brill ZInsO 2012, 1395 (1399); Hermreck NJW-Spezial 2017, 149.; Harder NJW-Spezial 2022, 469 (470).
251 FK-InsO/Schallenberg/Rafiqpoor InsO § 320 Rn. 19; Braun/Bauch InsO § 320 Rn. 8; MüKoInsO/Siegmann/Scheuing InsO § 320 Rn. 3; Roth/Pfeuffer NachlassInsVerf-HdB, 64.
252 Bork/Hölzle InsR-HdB/Böhm Rn. 52; MAH Insolvenz/Kreplin § 35 Rn. 33.
253 Vallender/Undritz/Busch InsO § 19 Rn. 18; MüKoInsO/Siegmann/Scheuing InsO § 320 Rn. 3.
254 Lissner ZInsO 2017, 2253 (2257).
255 Gehrlein BB 2014, 1539 (1540).
256 FK-InsO/Schallenberg/Rafiqpoor InsO § 320 Rn. 20; Braun/Bauch InsO § 320 Rn. 9; Roth/Pfeuffer NachlassInsVerf-HdB, 64.
257 Zur Wahrscheinlichkeit Gehrlein BB 2014, 1539 (1540); Roth/Pfeuffer NachlassInsVerf-HdB, 64, Wahrscheinlichkeit müsse über 50 Prozent liegen.

VI. Überschuldung als Eröffnungsgrund, § 320 S. 2 InsO

26 **Überschuldung** liegt vor, wenn das Nachlassvermögen die bestehenden Verbindlichkeiten nicht mehr deckt, § 19 Abs. 2 S. 1 InsO.[258] Verglichen mit dem Wert der Nachlassgegenstände, überwiegen die Nachlassverbindlichkeiten,[259] überwiegen die **Passiva**, bezogen auf den gesamten Nachlass, nicht auf einzelne Erbanteile.[260] Dabei sind den **Aktiva**, die mit Liquidationswerten[261] zu Buche schlagen, die Passiva gegenüberzustellen,[262] was vor allem durch eine Bilanz gelingt, eine Bewertung aller relevanten Positionen. Ob der Erbe solvent oder liquide ist, spielt keine Rolle, da allein auf den Nachlass[263] abzustellen ist.[264]

J. Vorläufige Sicherungsmaßnahmen im Nachlassinsolvenzeröffnungsverfahren

I. Allgemeines, § 21 Abs. 1 InsO

27 Nachteilige Veränderungen in der Vermögenslage des Schuldners zu vermeiden,[265] ist Gegenstand der Regelung in § 21 Abs. 1 S. 1 InsO, die das **Insolvenzgericht** in der Pflicht sieht, **alle erforderlichen Maßnahmen** zu treffen.[266] Die Zuständigkeit liegt beim **Insolvenzrichter**,[267] § 18 Abs. 1 Nr. 1 RpflG, die Entscheidung ergeht als **Beschluss**,[268] der uU öffentlich bekanntzumachen und mit Datum und Erlasszeitpunkt zu versehen ist. Eine **öffentliche Bekanntmachung** des Beschlusses ist vorgesehen, sofern eine Verfügungsbeschränkung iSv § 21 Abs. 2 Nr. 2 InsO (allgemeines Verfügungsverbot oder Zustimmungsvorbehalt) angeordnet und ein vorläufiger Insolvenzverwalter bestellt wird, § 23 Abs. 1 S. 1 InsO.[269] Die öffentliche Bekanntmachung erfolgt durch eine zentrale und länderübergreifende Veröffentlichung im Internet, und zwar auf der **Website** www.insolvenzbekanntmachungen.de, vgl. § 9 Abs. 1 S. 1 InsO.

Die **Verfügungsbeschränkung** ist im Grundbuch, im Schiffsregister, im Schiffsbauregister und im Register über Pfandrechte an Luftfahrzeugen **einzutragen**, §§ 23 Abs. 3, 32, 33 InsO. Die Eintragung erfolgt auf Ersuchen des Insolvenzgerichts, alternativ auf Antrag des vorläufigen Insolvenzverwalters, §§ 23 Abs. 3, 32 Abs. 2, 33 InsO.

Dem **Registergericht** hat die Geschäftsstelle des Insolvenzgerichts eine **Ausfertigung des Beschlusses** zu übermitteln, sofern der Schuldner im Handels-, Genossenschafts-, Partnerschafts- oder Vereinsregister eingetragen ist, § 23 Abs. 2 InsO.

Nicht selten enthält der Beschluss **mehrere Sicherungsmaßnahmen**,[270] damit nicht für jede Maßnahme ein eigener Beschluss ergehen muss.

Ein ordnungsgemäßer, **schlüssiger** und beim zuständigen Insolvenzgericht eingereichter Antrag auf Eröffnung des Nachlassinsolvenzverfahrens, dessen **Zulässigkeitsvoraussetzungen glaubhaft**[271] erscheinen, reicht aus,[272] um die Anordnung von Sicherungsmaßnahmen in Erwägung zu ziehen. Die Zulassung des Antrags ist nicht Voraussetzung für den Erlass von Sicherungsmaßnahmen.[273] Nach Ansicht des **BGH** kommt die Anordnung von Sicherungsmaßnahmen bereits in Betracht, bevor die Zuständigkeit des angerufenen Gerichts abschließend geprüft und

---

258 Ebenso Staufenbiel/Brill ZInsO 2012, 1395 (1399); FK-InsO/Schallenberg/Rafiqpoor InsO § 320 Rn. 14; zur Überschuldung vgl. Roth/Pfeuffer NachlassInsVerf-HdB, 65; OLG Köln BeckRS 2012, 20949 = NZI 2012, 1030.
259 Vgl. bereits Jaeger, 36.
260 Staufenbiel/Brill ZInsO 2012, 1395 (1398); MüKoInsO/Siegmann/Scheuing InsO § 320 Rn. 4.
261 MüKoInsO/Siegmann/Scheuing InsO § 320 Rn. 4; Roth/Pfeuffer NachlassInsVerf-HdB, 65, sprechen vom „Zerschlagungswert".
262 Zur Gegenüberstellung von Aktiva und Passiva vgl. OLG Köln BeckRS 2012, 20949 = NZI 2012, 1030.
263 MAH Insolvenz/Kreplin § 35 Rn. 36.
264 Braun/Bauch InsO § 320 Rn. 4.
265 BGH ZIP 2007, 878 (879); MüKoInsO/Haarmeyer/Schildt InsO § 21 Rn. 19.
266 Kuleisa ZVI 2014, 121 (122).
267 K. Schmidt InsO/Hölzle InsO § 21 Rn. 8; MüKoInsO/Haarmeyer/Schildt InsO § 21 Rn. 35.
268 MüKoInsO/Haarmeyer/Schildt InsO § 21 Rn. 35; K. Schmidt InsO/Hölzle InsO § 21 Rn. 16.
269 K. Schmidt InsO/Hölzle InsO § 21 Rn. 17.
270 K. Schmidt InsO/Hölzle InsO § 21 Rn. 16.
271 BGH ZIP 2007, 878.
272 MüKoInsO/Haarmeyer/Schildt InsO § 21 Rn. 18.
273 BGH ZIP 2007, 878.

bejaht ist.²⁷⁴ Es reicht aus, dass die Zulässigkeitsvoraussetzungen „mit überwiegender, auf gesicherter Grundlage beruhender Wahrscheinlichkeit gegeben sind und sich das Insolvenzgericht die letzte Gewissheit erst im weiteren Verfahrensablauf verschaffen kann".²⁷⁵

Dabei steht dem Insolvenzgericht eine **Vielzahl von Sicherungsmaßnahmen** zur Verfügung, §§ 21, 22 InsO, die autonom oder im Verbund ins Werk gesetzt werden können, stets unter Wahrung des **Verhältnismäßigkeitsgrundsatzes**²⁷⁶ und unter Berücksichtigung der **Erforderlichkeit**,²⁷⁷ die auf konkreten Gefährdungslagen²⁷⁸ basiert, einer konkreten Gefährdung der Masse.²⁷⁹ Das Verfahren ist als **Eilverfahren** ausgestaltet²⁸⁰ und birgt die Gefahr einer **Amtshaftung**, sofern zu unverhältnismäßigen Maßnahmen optiert wird.²⁸¹ Ein **Balanceakt** wird erforderlich, pendelnd zwischen Massesicherung, Masseschonung und der Wahl des mildesten Mittels.²⁸² In Betracht kommen beispielsweise die Bestellung eines vorläufigen Insolvenzverwalters, die Einsetzung eines vorläufigen Gläubigerausschusses, die Auferlegung allgemeiner Verfügungsverbote, die Anordnung eines Zustimmungsvorbehalts, die Untersagung bzw. Einstellung der Zwangsvollstreckung in das bewegliche Vermögen,²⁸³ die Anordnung einer vorläufigen Postsperre, ein Verwertungsverbot für Aus- und Absonderungsberechtigte sowie die Siegelung bzw. Schließung von Räumen.²⁸⁴

Das Insolvenzgericht trifft die Maßnahmen von **Amts wegen**,²⁸⁵ ein Antrag kann als Anregung interpretiert werden. Wesensgemäß werden die Anordnungen **unmittelbar nach Antragseingang** getroffen,²⁸⁶ also im Laufe des Eröffnungsverfahrens,²⁸⁷ in Gestalt eines Eilverfahrens,²⁸⁸ um den konkreten Gefährdungen wirksam und zeitgemäß begegnen zu können.

Finanzsicherheiten nach § 1 Abs. 17 des Kreditwesengesetzes bleiben durch die Anordnung von Sicherungsmaßnahmen unberührt, § 21 Abs. 2 S. 2 InsO. Ziel ist es, die Verwertbarkeit der Finanzsicherheiten zu erhalten.²⁸⁹

Eine **Anhörung des Schuldners** ist vor Erlass nicht geboten,²⁹⁰ es sei denn, der Schuldner soll in Haft genommen werden, § 21 Abs. 3 S. 1 InsO.²⁹¹ Eine vorherige Anhörung könnte dazu beitragen, die Sicherung zu vereiteln.²⁹² Mit Übersendung des Beschlusses, mit dem die Sicherungsmaßnahmen angeordnet werden, wird die Anhörung ohnehin nachgeholt.²⁹³

Gegen die Anordnung der Sicherungsmaßnahmen steht exklusiv dem Schuldner²⁹⁴ die **sofortige Beschwerde** zu, § 21 Abs. 1 S. 2 InsO, beginnend mit der Zustellung des Beschlusses, § 6 Abs. 2 InsO.²⁹⁵ Eine aufschiebende Wirkung kommt der Beschwerde nicht zu, § 570 Abs. 1 ZPO. Die Entscheidung über die Beschwerde wird erst mit Rechtskraft wirksam, § 6 Abs. 3 S. 1 InsO, es sei denn, das Beschwerdegericht ordnet die sofortige Wirksamkeit der Entscheidung an, § 6 Abs. 3 S. 2 InsO.

---

274 BGH ZIP 2007, 878.
275 BGH ZIP 2007, 878 (879).
276 Braun/Böhm InsO § 21 Rn. 14; K. Schmidt InsO/Hölzle InsO § 21 Rn. 9.
277 Zur Erforderlichkeit von Sicherungsmaßnahmen vgl. MüKoInsO/Haarmeyer/Schildt InsO § 21 Rn. 19.
278 MüKoInsO/Haarmeyer/Schildt InsO § 21 Rn. 20.
279 MüKoInsO/Haarmeyer/Schildt InsO § 21 Rn. 22.
280 Zum Eilverfahren vgl. K. Schmidt InsO/Hölzle InsO § 21 Rn. 7. Der BGH spricht von einem raschen Eingreifen des Insolvenzgerichts, vgl. BGH ZIP 2007, 878 (879).
281 K. Schmidt InsO/Hölzle InsO § 21 Rn. 9.
282 Unter mehreren Mitteln ist das mildeste Mittel zu wählen, K. Schmidt InsO/Hölzle InsO § 21 Rn. 11.
283 Nicht dagegen die bloße Erteilung einer Vollstreckungsklausel, MüKoInsO/Haarmeyer/Schildt InsO § 21 Rn. 70.
284 Zum Spektrum vgl. MüKoInsO/Haarmeyer/Schildt InsO § 21 Rn. 45.
285 K. Schmidt InsO/Hölzle InsO § 21 Rn. 8.
286 MüKoInsO/Haarmeyer/Schildt InsO § 21 Rn. 29.
287 MüKoInsO/Haarmeyer/Schildt InsO § 21 Rn. 30.
288 K. Schmidt InsO/Hölzle InsO § 21 Rn. 7.
289 K. Schmidt InsO/Hölzle InsO § 21 Rn. 81.
290 Die Anhörung könnte schriftlich oder mündlich erfolgen, eine bestimmte Form wäre nicht zu wahren. Zur verzichtbaren Anhörung des Schuldners vgl. K. Schmidt InsO/Hölzle InsO § 21 Rn. 15.
291 MüKoInsO/Haarmeyer/Schildt InsO § 21 Rn. 31; K. Schmidt InsO/Hölzle InsO § 21 Rn. 13.
292 K. Schmidt InsO/Hölzle InsO § 21 Rn. 15.
293 K. Schmidt InsO/Hölzle InsO § 21 Rn. 15.
294 Nicht Dritten und auch nicht dem vorläufigen Insolvenzverwalter § 21 Abs. 1 S. 2 InsO, MüKoInsO/Haarmeyer/Schildt InsO § 21 Rn. 41.
295 Vgl. MüKoInsO/Haarmeyer/Schildt InsO § 21 Rn. 38.

Entfällt die Zweckmäßig- oder Erforderlichkeit der Maßnahmen, kann das Insolvenzgericht die Sicherungsmaßnahmen wieder **aufheben**.[296]

II. Die Bestellung eines vorläufigen Insolvenzverwalters, § 21 Abs. 2 S. 1 Nr. 1 InsO

28 Das Insolvenzgericht[297] kann einen **vorläufigen Insolvenzverwalter** bestellen, § 21 Abs. 2 S. 1 Nr. 1 InsO, dessen **Aufgabe** vor allem darin besteht, Vermögensminderungen[298] zu verhindern, die sich nachteilig auf die Gläubigerinteressen auswirken. Die Massesicherung steht im Vordergrund,[299] die Klärung und Sichtung des Vermögensbestandes, nicht dagegen die Verwertung, da diese noch nicht in den Aufgabenbereich des vorläufigen Insolvenzverwalters fällt.[300] Die Anordnung einer vorläufigen Insolvenzverwaltung ist mit schwerwiegenden Eingriffen in die Rechtsposition des Schuldners und mit beträchtlichen Kostenfolgen verbunden.[301] Eine generelle Bestellung eines vorläufigen Insolvenzverwalters ergibt keinen Sinn, da die Anordnung **schuldnerisches Vermögen** voraussetzt,[302] das der vorläufigen Sicherung bedarf. Ohne schuldnerisches Vermögen geht die Bestellung eines vorläufigen Insolvenzverwalters in die wirtschaftliche und rechtliche Leere. Relevanz kommt dieser Einschätzung dann zu, sofern das Insolvenzgericht eine fehlende Kostendeckung[303] realisiert, womit die Anordnung einer vorläufigen Insolvenzverwaltung ohne Relevanz ist. Der vorläufige Insolvenzverwalter steht unter der **Aufsicht des Insolvenzgerichts**, § 58 Abs. 1 S. 1 InsO, was mit Berichts- und Auskunftspflichten verbunden ist.[304] Ob die einzelnen Maßnahmen zweckdienlich waren, entzieht sich der Aufsichtspflicht des Insolvenzgerichts.[305] Die Verantwortung hierfür liegt ausschließlich beim vorläufigen Insolvenzverwalter, der innerhalb seines Sicherungsauftrags agieren muss und diesen nicht verlassen darf. Pflichtwidrigkeiten können die Entlassung des vorläufigen Insolvenzverwalters rechtfertigen, § 59 Abs. 1 InsO, wogegen die sofortige Beschwerde eröffnet ist, § 59 Abs. 2 S. 1 InsO.

29 Die autonome **Bestellung eines vorläufigen Insolvenzverwalters ohne Auferlegung eines allgemeinen Verfügungsverbots** bewirkt keinen Entzug der Verwaltungs- und Verfügungsbefugnis des Schuldners, § 22 Abs. 2 S. 1 InsO (sog. „schwacher" vorläufiger Insolvenzverwalter).[306] Um die Rechtsposition des vorläufigen Insolvenzverwalters näher auszugestalten, bestimmt das **Insolvenzgericht** die **Pflichten** des vorläufigen Insolvenzverwalters, § 22 Abs. 2 S. 1 InsO, begrenzt durch die Pflichten, wie sie in § 22 Abs. 1 S. 2 InsO beschrieben sind, also die Sicherung und der Erhalt des schuldnerischen Vermögens, die Fortführung des schuldnerischen Vermögens und die Prüfung, ob das Vermögen des Schuldners die Verfahrenskosten deckt. Folge ist eine nur **eingeschränkte Rechnungslegungspflicht**.[307] Eine pauschale Ermächtigung genügt diesen Anforderungen nicht[308] und ist als unzulässig zu werten. Dem „schwachen" vorläufigen Insolvenzverwalter, der zur Einziehung von Bankguthaben und sonstigen Forderungen des Schuldners ermächtigt ist, steht nicht auch die Befugnis zu, die für ein Gemeinschaftskonto vereinbarte Einzelverfügungsbefugnis wirksam zu widerrufen.[309]

Kombiniert das Insolvenzgericht die **Bestellung eines vorläufigen Insolvenzverwalters** mit einem **allgemeinen Verfügungsverbot**, geht die Verwaltungs- und Verfügungsbefugnis über das Vermögen des Schuldners automatisch auf den vorläufigen Insolvenzverwalter über, § 22 Abs. 1 S. 1

---

296 MüKoInsO/Haarmeyer/Schildt InsO § 21 Rn. 35.
297 Zuständig ist der Insolvenzrichter § 18 Abs. 1 Nr. 1 RpflG.
298 Braun/Böhm InsO § 21 Rn. 11; Uhlenbruck NZI 2000, 289 (291).
299 FAKomm InsR/Sander/Reichelt InsO § 22 Rn. 1.
300 K. Schmidt InsO/Hölzle InsO § 21 Rn. 40.
301 MüKoInsO/Haarmeyer/Schildt InsO § 21 Rn. 24.
302 Braun/Böhm InsO § 21 Rn. 12.
303 Braun/Böhm InsO § 21 Rn. 20.
304 FAKomm InsR/Sander/Reichelt InsO § 22 Rn. 8.
305 FAKomm InsR/Sander/Reichelt InsO § 22 Rn. 8.
306 Zur Unterscheidung („starker" oder „schwacher" vorläufiger Insolvenzverwalter) vgl. Kor ZInsO 2020, 2256.
307 FAKomm InsR/Sander/Reichelt InsO § 22 Rn. 86, 87, 113.
308 FAKomm InsR/Sander/Reichelt InsO § 22a Rn. 87.
309 BGH InsbürO 2021, 94.

InsO (sog. „starker" vorläufiger Insolvenzverwalter).[310] Die gesetzliche Automatik liefert den Grund dafür, warum dem „starken" vorläufigen Insolvenzverwalter in dieser Konstellation kein weiterer Pflichtenkatalog zur Seite gestellt werden muss.[311] Dem **vorläufigen „starken" Insolvenzverwalter** obliegt die Sicherung und der Erhalt des schuldnerischen Vermögens (§ 22 Abs. 1 S. 2 Nr. 1 InsO), die Inbesitznahme[312] und Inventarisierung dieses Vermögens (§§ 148, 151 InsO),[313] die Fortführung eines schuldnerischen Unternehmens (§ 22 Abs. 1 S. 2 Nr. 2 InsO) sowie die Prüfung, ob das Vermögen des Schuldners die Verfahrenskosten deckt (§ 22 Abs. 1 S. 2 Nr. 3 InsO). Die Verwertung obliegt dem „starken" vorläufigen Insolvenzverwalter jedoch nicht,[314] es sei denn, es ist Gefahr im Verzug. Den Zutritt zu den Geschäftsräumen kann der Schuldner dem vorläufigen Insolvenzverwalter nicht verwehren, vielmehr ist dieser zum Zutritt berechtigt, um Nachforschungen anstellen zu können, § 22 Abs. 3 S. 1 InsO.[315] In der Praxis stellt die sog. „starke" vorläufige Insolvenzverwaltung nicht den Regelfall dar,[316] weil der Verhältnismäßigkeitsgrundsatz[317] ein anderes Ergebnis generiert.

Die Bestellung des vorläufigen Insolvenzverwalters wird mit der **Annahme** des Amtes **wirksam**, wobei die Listung in der Vorauswahlliste des Insolvenzgerichts bereits als Vorabzustimmung gilt, sodass die Wirksamkeit bereits mit dem Erlass des Beschlusses eintreten kann.[318]

III. Einsetzung eines vorläufigen Gläubigerausschusses, §§ 21 Abs. 2 S. 1 Nr. 1a, 22a InsO

Die Regelung in § 21 Abs. 2 S. 1 Nr. 1a InsO offeriert die Möglichkeit, einen **vorläufigen Gläubigerausschuss** einzusetzen, mit dem die Gläubigerbeteiligung intensiviert werden soll, und zwar bereits im Eröffnungsstadium.[319] Ziel ist es, über frühzeitige Mitbestimmung einer Sanierungsoption den Weg zu ebnen[320] und dem vorläufigen Insolvenzverwalter überwachend zur Seite zu stehen.[321]

Die Bestellung eines vorläufigen Gläubigerausschusses wird zur **Pflicht**, sobald der Schuldner im dem Insolvenzantrag vorangegangenen Geschäftsjahr[322] **zwei von drei Geschäftsmerkmalen** erfüllt, darunter eine bestimmte Bilanzsumme,[323] bestimmte Umsatzerlöse[324] und eine bestimmte Anzahl von Arbeitnehmern,[325] § 22 a Abs. 1 InsO.[326] Etwas anderes gilt, sofern der Geschäftsbetrieb des Schuldners **eingestellt** ist, die Einsetzung des vorläufigen Gläubigerausschusses im Hinblick auf die zu erwartende Insolvenzmasse unverhältnismäßig ist oder die mit der Einsetzung verbundene Verzögerung zu einer nachteiligen Veränderung der Vermögenslage des Schuldners führt, § 22a Abs. 3 InsO. Eine Einstellung liegt vor, sofern kein aktiver, werbender

---

310 Kor ZInsO 2020, 2256; FAKomm InsR/Sander/Reichelt InsO § 22 Rn. 31; Graf-Schlicker/Lienau InsO § 21 Rn. 14.
311 Zur Rechtsstellung vgl. FAKomm InsR/Sander/Reichelt InsO § 22 Rn. 31.
312 Kor ZInsO 2020, 2256: sogar Pflicht zur Inbesitznahme.
313 FAKomm InsR/Sander/Reichelt InsO § 22a Rn. 39, 60.
314 Kor ZInsO 2020, 2256 (2258).
315 Zum Hausrecht über das Betriebsgrundstück vgl. FAKomm InsR/Sander/Reichelt InsO § 22a Rn. 39.
316 Graf-Schlicker/Lienau InsO § 21 Rn. 14; FAKomm InsR/Sander/Reichelt InsO § 22 Rn. 31.
317 Zum Verhältnismäßigkeitsgrundsatz vgl. FAKomm InsR/Sander/Reichelt InsO § 22 Rn. 31.
318 K. Schmidt InsO/Hölzle InsO § 21 Rn. 40.
319 Zur „Stärkung der Gläubigerbeteiligung" vgl. FAKomm InsR/Sander/Reichelt InsO § 22a Rn. 2; Braun/Böhm InsO § 21 Rn. 21. Zur „frühzeitigen Einbindung der Gläubiger" vgl. Graf-Schlicker/Lienau InsO § 21 Rn. 12.
320 Frind ZInsO 2013, 2166 (2167).
321 Braun/Böhm InsO § 21 Rn. 24.
322 Vgl. § 13 Abs. 1 S. 5 und 6 InsO, FAKomm InsR/Sander/Reichelt InsO § 22a Rn. 4.
323 Mindestens 6 Mio. EUR Bilanzsumme nach Abzug eines auf der Aktivseite ausgewiesenen Fehlbetrags im Sinne des § 268 Abs. 3 HGB, vgl. § 22a Abs. 1 Nr. 1 InsO.
324 Mindestens 12 Mio. EUR Umsatzerlöse in den zwölf Monaten vor dem Abschlussstichtag, vgl. § 22a Abs. 1 Nr. 2 InsO.
325 Im Jahresdurchschnitt mindestens fünfzig Arbeitnehmer, vgl. § 22a Abs. 1 Nr. 3 InsO.
326 Sog. „Pflichtausschuss", vgl. AG Hamburg ZInsO 2013, 2166 (2167) mAnm Frind; Braun/Böhm InsO § 21 Rn. 22; FAKomm InsR/Sander/Reichelt InsO § 22a Rn. 3.

Geschäftsbetrieb mehr stattfindet,[327] der Betrieb also in ein Abwicklungsstadium übergegangen ist.[328]

Die Bestellung erfolgt durch **Beschluss des Insolvenzgerichts**,[329] orientiert an § 67 Abs. 2 InsO. Danach sollen im Gläubigerausschuss absonderungsberechtigte Gläubiger, Insolvenzgläubiger mit den höchsten Forderungen und Kleingläubiger vertreten sein, § 67 Abs. 2 S. 1 InsO. Daneben soll dem Ausschuss ein Vertreter der Arbeitnehmer angehören, § 67 Abs. 2 S. 2 InsO. Bestellt werden können auch Personen, die keine Gläubiger sind, § 67 Abs. 3 InsO.[330] Auf **Aufforderung des Insolvenzgerichts** hat der Schuldner bzw. der vorläufige Insolvenzverwalter Personen zu benennen, die als Ausschussmitglieder in Betracht kommen, § 22a Abs. 4 InsO. Für die Aufforderung sieht das Gesetz keine besondere Form vor, überdies sieht sich das Insolvenzgericht an den Vorschlag nicht gebunden.[331]

IV. Allgemeines Verfügungsverbot, § 21 Abs. 2 S. 1 Nr. 2 InsO

31 Eine weitere Maßnahme kann darin bestehen, dem Schuldner ein **allgemeines Verfügungsverbot** aufzuerlegen, § 21 Abs. 2 S. 1 Nr. 2 InsO, das mit erheblichen Einschränkungen verbunden ist[332] und auf den **Vermögenserhalt** abzielt, die Sicherung der Masse.[333]

Bei einem Verstoß gelten die §§ 81, 82 InsO entsprechend, vgl. § 24 Abs. 1 InsO. Verfügt der Schuldner über den Gegenstand der Insolvenzmasse, ist die **Verfügung unwirksam**, da ein **absolutes Verfügungsverbot**[334] vorliegt, § 81 Abs. 1 S. 1 InsO. Unberührt bleibt die Möglichkeit des gutgläubigen Erwerbs nach §§ 892, 893 BGB, vgl. §§ 24 Abs. 1, 81 Abs. 1 S. 2 InsO. Der vorläufige Insolvenzverwalter kann nachträglich seine Zustimmung erteilen.[335]

Die Auferlegung eines allgemeinen Verfügungsverbots kann mit der **Anordnung einer vorläufigen, starken Insolvenzverwaltung** gekoppelt werden.[336] Dies setzt jedoch eine besonderes Sicherungsbedürfnis voraus, weshalb die Koppelung in der Praxis die Ausnahme markiert.

Die **Wirksamkeit** des allgemeinen Verfügungsverbots tritt bereits mit dem **Erlass** ein, nicht erst mit der Zustellung an den Schuldner[337] oder mit der Eintragung im Grundbuch.

Der Beschluss, mit dem ein allgemeines Verfügungsverbot erlassen und ein vorläufiger Insolvenzverwalter bestellt wird, ist **öffentlich bekanntzumachen**, § 23 Abs. 1 S. 1 InsO iVm § 9 InsO sowie ua[338] dem Schuldner und dem vorläufigen Insolvenzverwalter besonders zuzustellen, § 23 Abs. 1 S. 2 InsO. Die öffentliche Bekanntmachung erfolgt durch eine zentrale und länderübergreifende Veröffentlichung im Internet, und zwar auf der **Website** www.insolvenzbekanntmachungen.de, vgl. § 9 Abs. 1 S. 1 InsO.

V. Zustimmungsvorbehalt, § 21 Abs. 2 S. 1 Nr. 2 InsO

32 Das Insolvenzgericht ist darüber hinaus in der Lage, eine Anordnung mit dem Inhalt zu treffen, dass Verfügungen des Schuldners nur mit **Zustimmung des vorläufigen Insolvenzverwalters** wirksam sind, § 21 Abs. 2 S. 1 Nr. 2 InsO. Die **Bestellung** eines vorläufigen Insolvenzverwalters erweist sich als essenziell, ohne vorläufigen Insolvenzverwalter kann der Zustimmungsvorbehalt nicht auf den Weg gebracht werden.[339] Auf diese Weise wird einer Verringerung des

---

327 AG Hamburg ZInsO 2013, 2166 mAnm Frind.
328 AG Hamburg ZInsO 2013, 2166 mAnm Frind.
329 Braun/Böhm InsO § 21 Rn. 23.
330 Graf-Schlicker/Lienau InsO § 21 Rn. 12.
331 FAKomm InsR/Sander/Reichelt InsO § 22a Rn. 16.
332 Zum „einschneidenste(n) Sicherungsmittel im Insolvenzeröffnungsverfahren vgl. K. Schmidt InsO/Hölzle InsO § 21 Rn. 51.
333 Braun/Böhm InsO § 21 Rn. 27.
334 K. Schmidt InsO/Hölzle InsO § 21 Rn. 51; Braun/Böhm InsO § 21 Rn. 30; Graf-Schlicker/Lienau InsO § 21 Rn. 15.
335 Braun/Böhm InsO § 21 Rn. 34.
336 K. Schmidt InsO/Hölzle InsO § 21 Rn. 52 und 53.
337 Braun/Böhm InsO § 21 Rn. 33; K. Schmidt InsO/Hölzle InsO § 21 Rn. 53.
338 Hinzu kommen die Personen, die Verpflichtungen gegenüber dem Schuldner haben § 23 Abs. 1 S. 2 InsO.
339 Braun/Böhm InsO § 21 Rn. 40.

schuldnerischen Vermögens entgegengewirkt.³⁴⁰ In der Literatur³⁴¹ ist insoweit vom „praktischen Regelfall der vorläufigen Insolvenzverwaltung" die Rede. Dies lässt sich auf die Wirkungsweise des Zustimmungsvorbehalts zurückführen, die **mildere Sanktionsform**, die die Integrität des Schuldners schont³⁴² bzw. nicht zu einem Ansehensverlust des Schuldners führt, was eine Betriebsfortführung begünstigt.³⁴³ Eine zulässige Variation kann darin bestehen, dass der Zustimmungsvorbehalt **gegenständlich beschränkt**,³⁴⁴ also nur für bestimmte Verfügungen des Schuldners über bestimmte Vermögensgegenstände vorgesehen wird. Mit dem Zustimmungsvorbehalt wird dem Schuldner zwar nicht die Verwaltungs- und Verfügungsbefugnis entzogen,³⁴⁵ zur vollen Wirksamkeit der Verfügung ist jedoch die **Zustimmung des vorläufigen Insolvenzverwalters** erforderlich. Dieser trifft seine Entscheidung nach verfahrensrechtlichem Ermessen.³⁴⁶ Ohne Zustimmung ist die Verfügung **schwebend unwirksam**,³⁴⁷ da ein absolutes Verfügungsverbot vorliegt, § 81 Abs. 1 S. 1 InsO. Zustimmung bedeutet nicht nur die Einwilligung, sondern impliziert auch die Genehmigung,³⁴⁸ §§ 182 ff. BGB. Unberührt bleibt die Möglichkeit des gutgläubigen Erwerbs nach §§ 892, 893 BGB, vgl. §§ 24 Abs. 1, 81 Abs. 1 S. 2 InsO.

Der Beschluss, mit dem ein Zustimmungsvorbehalt angeordnet wird, ist **öffentlich bekanntzumachen**, § 23 Abs. 1 S. 1InsO iVm § 9 InsO, sowie dem Schuldner und dem vorläufigen Insolvenzverwalter besonders zuzustellen, § 23 Abs. 1 S. 2 InsO. Das Ziel besteht darin, den Geschäftsverkehr und die Beteiligten zu informieren. Die öffentliche Bekanntmachung erfolgt durch eine zentrale und länderübergreifende Veröffentlichung im Internet, und zwar auf der Website www.insolvenzbekanntmachungen.de, vgl. § 9 Abs. 1 S. 1 InsO.³⁴⁹

Die **Wirksamkeit** des Zustimmungsvorbehalts tritt bereits mit dem **Erlass** ein, nicht erst mit der Zustellung an den Schuldner.

VI. Die Einstellung bzw. Untersagung von Zwangsvollstreckungsmaßnahmen in den beweglichen Nachlass, § 21 Abs. 2 S. 1 Nr. 3 InsO

Das Insolvenzgericht kann Maßnahmen der **Zwangsvollstreckung** gegen den Schuldner **untersagen** oder **einstweilen einstellen**, soweit **beweglicher**³⁵⁰ Nachlass betroffen ist, § 21 Abs. 2 S. 1 Nr. 3 InsO.³⁵¹ Generell besteht das Sicherungsziel darin, die Nachlassinsolvenzmasse zu erhalten,³⁵² zu sichern bzw. ein Mobiliarvollstreckungsmoratorium zu etablieren,³⁵³ speziell darin, die Betriebsfortführung zu ermöglichen.³⁵⁴ Mitumfasst von der Einstellung bzw. Untersagung nach § 21 Abs. 2 S. 1 Nr. 3 InsO ist die Abnahme der **Vermögensauskunft** nach § 807 ZPO,³⁵⁵ die der Zwangsvollstreckung in den beweglichen Nachlass zugeordnet wird. Nicht mitumfasst ist dagegen die bloße Erteilung einer Vollstreckungsklausel.³⁵⁶ Eingestellt bzw. untersagt werden können **laufende** und **künftige Zwangsvollstreckungsmaßnahmen**,³⁵⁷ darunter auch Maßnahmen des Arrestvollzugs und des Vollzugs einstweiliger Verfügungen.³⁵⁸ Das Vollstreckungsverbot kann generell oder nur für spezielle Vermögensgegenstände oder nur für bestimmte Vollstreckungsgläubiger ausgebracht werden, stets bezogen auf bewegliches Vermögen. Das Sicherungsziel erfordert eine **universelle Bedeutung**, damit auch Geltung gegenüber Ab- und Ausson-

---

340 FAKomm InsR/Sander/Reichelt InsO § 22a Rn. 88.
341 Mankowski NZI 2000, 572.
342 Mankowski NZI 2000, 572 (574); Braun/Böhm InsO § 21 Rn. 28.
343 Uhlenbruck NZI 2000, 289 (291); Mankowski NZI 2000, 572 (574); Braun/Böhm InsO § 21 Rn. 13 Rn. 39.
344 K. Schmidt InsO/Hölzle InsO § 21 Rn. 64.
345 Braun/Böhm InsO § 21 Rn. 42; K. Schmidt InsO/Hölzle InsO § 21 Rn. 58.
346 K. Schmidt InsO/Hölzle InsO § 21 Rn. 61.
347 Mankowski NZI 2000, 572 (573).
348 Mankowski NZI 2000, 572 (574).
349 FAKomm InsR/Sander/Reichelt InsO § 23 Rn. 4 und 5.
350 Zum unbeweglichen Vermögen vgl. § 30d Abs. 4 ZVG sowie die Kommentierung im Anschluss.
351 Kuleisa ZVI 2014, 121 (122 f.).
352 K. Schmidt InsO/Hölzle InsO § 21 Rn. 68; Kuleisa ZVI 2014, 121 (122).
353 Zum Moratorium vgl. K. Schmidt InsO/Hölzle InsO § 21 Rn. 68.
354 Braun/Böhm InsO § 21 Rn. 46.
355 Braun/Böhm InsO § 21 Rn. 47; MüKoInsO/Haarmeyer/Schildt InsO § 21 Rn. 72.
356 MüKoInsO/Haarmeyer/Schildt InsO § 21 Rn. 70.
357 Braun/Böhm InsO § 21 Rn. 50.
358 MüKoInsO/Haarmeyer/Schildt InsO § 21 Rn. 72.

derungsberechtigten.[359] Das Vollstreckungsverbot bindet die Vollstreckungsorgane und ist von Amts wegen zu beachten.[360] **Bereits entstandene Pfändungspfandrechte** werden durch das Vollstreckungsverbot nicht beseitigt,[361] **bereits begonnene Vollstreckungen** dürfen jedoch nicht fortgesetzt werden, § 775 Nr. 2 ZPO.

34 **Wertersatz** analog §§ 169 S. 2, 172 InsO können diejenigen Gläubiger beanspruchen, die durch das Vollstreckungsverbot an der Verwertung gehindert sind.[362]

Verstöße gegen das Vollstreckungsverbot können mit der **Vollstreckungserinnerung** nach § 766 ZPO angefochten worden, wobei die Erinnerung ausschließlich an das Insolvenzgericht[363] zu richten ist, nicht an das Vollstreckungsgericht.

VII. Einstellung der Zwangsversteigerung einer Nachlassimmobilie nach § 30d Abs. 4 ZVG

35 Vor der Eröffnung des Nachlassinsolvenzverfahrens kann der vorläufige Insolvenzverwalter[364] den **Antrag**[365] **auf Einstellung der Zwangsversteigerung** stellen, wobei **glaubhaft** zu machen ist, dass die einstweilige Einstellung dazu dient, nachteilige Veränderungen in der Vermögenslage des Schuldners zu vermeiden, § 30d Abs. 3 S. 1 ZVG.[366] Dieses Antragsrecht steht dem **Schuldner** zu, sofern ein vorläufiger Sachwalter bestellt ist, § 30d Abs. 4 S. 2 ZVG. Über den Antrag entscheidet nicht das Nachlassgericht, ebenso wenig das Insolvenzgericht,[367] sondern das mit der Zwangsversteigerung betraute **Vollstreckungsgericht**.[368] Vor Einstellung sind der Schuldner und die beteiligten Gläubiger **anzuhören**.[369]

Liegen die Voraussetzungen nach § 30d Abs. 4 ZVG vor, ordnet das Vollstreckungsgericht die einstweilige Einstellung mit der **Auflage** an,[370] dass dem betreibenden Gläubiger laufend die geschuldeten[371] Zinsen von dem Zeitpunkt an zu zahlen sind, der drei Monate nach der ersten einstweiligen Einstellung liegt, § 30e Abs. 1 S. 2 ZVG. Die Ausgleichsleistungen sind **von Amts wegen** auszusprechen,[372] ohne Antrag. Zahlungsbeginn ist die Einstellung des Versteigerungsverfahrens, und die Reihenfolge der Zahlungen orientiert sich am Rang der Rechte, § 10 ZVG.[373]

VIII. Sonstige Maßnahmen, § 21 Abs. 2 S. 1 Nr. 4 und 5 InsO (Postsperre, weitere Sperren, Durchsuchung, Verbote, Vorführung, Haft; Verwertungs- und Einziehungsverbot)

36 Das Insolvenzgericht kann durch begründeten Beschluss[374] eine **vorläufige Postsperre** anordnen, § 21 Abs. 2 S. 1 Nr. 4 InsO, für die die Regelungen der §§ 99, 101 Abs. 1 S. 1 InsO entsprechend gelten. Zu konstatieren ist ein **massiver Eingriff in das Postgeheimnis** nach Art. 10 Abs. 1

---

359 Kuleisa ZVI 2014, 121 (122); K. Schmidt InsO/Hölzle InsO § 21 Rn. 71.
360 Kuleisa ZVI 2014, 121 (122).
361 Graf-Schlicker/Lienau InsO § 21 Rn. 18.
362 Kuleisa ZVI 2014, 121 (122).
363 K. Schmidt InsO/Hölzle InsO § 21 Rn. 70; AG Hamburg BeckRS 2021, 45903.
364 Jedweder vorläufiger Insolvenzverwalter ist zur Antragstellung ermächtigt, auch ein vorläufiger Insolvenzverwalter ohne Verwaltungs- und Verfügungsbefugnis, vgl. MüKoInsO/Haarmeyer/Schildt InsO § 21 Rn. 80; ebenso Kuleisa ZVI 2014, 121 (123).
365 Der Antrag ist nicht fristgebunden, Kuleisa ZVI 2014, 121 (123).
366 Ebenso MüKoInsO/Haarmeyer/Schildt InsO § 21 Rn. 80; K. Schmidt InsO/Hölzle InsO § 21 Rn. 68; Kuleisa ZVI 2014, 121 (123).
367 Kuleisa ZVI 2014, 121 (123).
368 MüKoInsO/Haarmeyer/Schildt InsO § 21 Rn. 80; Kuleisa ZVI 2014, 121 (123); Graf-Schlicker/Lienau InsO § 21 Rn. 23. Zuständig ist der Rechtspfleger.
369 Kuleisa ZVI 2014, 121 (123).
370 Braun/Böhm InsO § 21 Rn. 48; Graf-Schlicker/Lienau InsO § 21 Rn. 23.
371 Also die vertraglich vereinbarten Zinsen, Kuleisa ZVI 2014, 121 (123).
372 Kuleisa ZVI 2014, 121 (123).
373 Kuleisa ZVI 2014, 121 (123).
374 Eine Nachholung im Beschwerdeverfahren reicht nicht aus; zur Begründungspflicht vgl. Braun/Böhm InsO § 21 Rn. 53.

GG, der einer **besonderen Rechtfertigung** bedarf, etwa einen nicht greifbaren Schuldner oder einen Schuldner, der die Postunterlagen der Masse vorenthält.[375]

Die Postsperre zielt darauf ab, eine für die Gläubiger nachteilige Rechtshandlung des Schuldners **aufzuklären** oder zu **verhindern**, § 99 Abs. 1 S. 1 InsO,[376] was die Notwendigkeit mit sich bringt, die Anordnung der vorläufigen Postsperre mit der **Bestellung eines vorläufigen Insolvenzverwalters** zu verknüpfen,[377] dem die Postkontrolle obliegt. Mitumfasst von der vorläufigen Postsperre sind Briefe, Pakete, unabhängig vom Postdienstleister,[378] daneben Telegramme und E-Mails,[379] nicht jedoch die Überwachung des Telefons.[380] Die Anordnung kann auf **Antrag** des Insolvenzverwalters oder **von Amts wegen** erfolgen und erfordert einen begründeten Beschluss des Insolvenzgerichts, § 99 Abs. 1 S. 1 InsO, wogegen sich der Schuldner mit der sofortigen **Beschwerde** zur Wehr setzen kann, § 99 Abs. 3 S. 1 InsO. Die Anordnung erfolgt **ohne Anhörung** des Schuldners,[381] um die Maßnahme nicht zu gefährden und das Überraschungsmoment zu nutzen, § 99 Abs. 1 S. 2 InsO. Aufgrund der Anordnung sieht sich der Verwalter berechtigt, die ihm zugeleiteten Sendungen zu öffnen, § 99 Abs. 2 S. 1 InsO. Sendungen, die die Insolvenzmasse nicht betreffen, sind dem Schuldner unverzüglich zu übersenden, § 99 Abs. 2 S. 2 InsO.

Das Arsenal weiterer Maßnahmen sieht eine **Kontensperrung**,[382] eine **Verrechnungssperre**, die **Durchsuchung von Wohn- und Geschäftsräumen** des Schuldners durch den Gerichtsvollzieher[383] nach verfahrensrelevanten Unterlagen,[384] die **Siegelung** durch den Gerichtsvollzieher, ein **Betretungsverbot für Geschäftsräume** oder die **amtliche Verwahrung** einzelner Gegenstände vor.[385]

Reichen die Maßnahmen nicht aus, kann das Insolvenzgericht zur ultima ratio[386] greifen und den Schuldner **zwangsweise vorführen** und nach Anhörung[387] in **Haft** nehmen lassen, § 21 Abs. 3 S. 1 InsO, sofern dies der Massesicherung dienlich ist und auf diese Art und Weise Manipulationen verhindert werden können.[388] Die Anordnung erfordert keine konkrete Begründung. In der Praxis wird die Haft selten angeordnet, da die oben beschriebenen Maßnahmen regelmäßig ausreichen, um den Verfahrenszweck zu erreichen.[389] Gegen die Anordnung der Haft findet die sofortige Beschwerde statt, §§ 21 Abs. 3 S. 3, 98 Abs. 3 S. 3 InsO.

Schließlich kann das Insolvenzgericht auf Antrag oder von Amts wegen[390] ein **Verwertungs- und Einziehungsverbot** verhängen, das sich auf Gegenstände bezieht, die mit einem Aus- oder Absonderungsrecht belastet sind, § 21 Abs. 2 S. 1 Nr. 5 InsO. Dabei kann der Gegenstand zum beweglichen oder unbeweglichen Vermögen zählen,[391] Prämisse ist allerdings, dass der Vermögensgegenstand von **erheblicher Bedeutung für die Betriebsfortführung** ist.[392] Pauschal kann das Verbot nicht angeordnet werden, sondern nur konkret unter genauer Bezeichnung des Aus- bzw. Absonderungsgutes.[393] Das Verbot führt dazu, dass der Vermögensgegenstand weiterhin von der Insolvenzmasse genutzt werden kann.[394]

---

375 Graf-Schlicker/Lienau InsO § 21 Rn. 25.
376 MüKoInsO/Haarmeyer/Schildt InsO § 21 Rn. 88.
377 MüKoInsO/Haarmeyer/Schildt InsO § 21 Rn. 88, wobei es keine Rolle spielt, ob es sich um einen „starken" oder „schwachen" Insolvenzverwalter handelt. AA Braun/Böhm InsO § 21 Rn. 55, die Postsperre könne auch ohne Bestellung eines vorläufigen Insolvenzverwalters angeordnet werden, die Kontrolle müsse dann durch das Insolvenzgericht erfolgen.
378 MüKoInsO/Haarmeyer/Schildt InsO § 21 Rn. 88.
379 Braun/Böhm InsO § 21 Rn. 58.
380 MüKoInsO/Haarmeyer/Schildt InsO § 21 Rn. 88.
381 Braun/Böhm InsO § 21 Rn. 55.
382 Graf-Schlicker/Lienau InsO § 21 Rn. 31.
383 Ebenso Graf-Schlicker/Lienau InsO § 21 Rn. 32.
384 BGH EWiR 2008, 351 mAnm Frind.
385 MüKoInsO/Haarmeyer/Schildt InsO § 21 Rn. 89, 90 und 92.
386 K. Schmidt InsO/Hölzle InsO § 21 Rn. 82; MüKoInsO Haarmeyer/Schildt InsO § 21 Rn. 93.
387 Die Anhörung ist zwingend, ohne Anhörung kommt nur die Vorführung in Betracht.
388 MüKoInsO/Haarmeyer/Schildt InsO § 21 Rn. 94.
389 MüKoInsO/Haarmeyer/Schildt InsO § 21 Rn. 94.
390 Braun/Böhm InsO § 21 Rn. 68.
391 Braun/Böhm InsO § 21 Rn. 61.
392 Ebenso Graf-Schlicker/Lienau InsO § 21 Rn. 28.
393 Graf-Schlicker/Lienau InsO § 21 Rn. 28; Braun/Böhm InsO § 21 Rn. 67.
394 Braun/Böhm InsO § 21 Rn. 63.

K. Eröffnung des Nachlassinsolvenzverfahrens
I. Eröffnungsgründe

40 Welche **Eröffnungsgründe** in Betracht kommen, ist im Kapitel J (→ Rn. 14 ff) beschrieben. Als allgemeine Eröffnungsgründe sieht das Gesetz vor:
- die Zahlungsunfähigkeit, § 320 S. 1 InsO
- die drohende Zahlungsunfähigkeit, § 320 S. 2 InsO
- die Überschuldung, § 320 S. 2 InsO.

II. Insolvenzmasse deckt die Verfahrenskosten, § 26 Abs. 1 InsO

41 Nach § 26 Abs. 1 S. 1 InsO weist das Insolvenzgericht den Antrag auf Eröffnung des Verfahrens ab, sofern das Vermögen des Schuldners voraussichtlich nicht ausreichen wird, um die **Kosten des Verfahrens** zu decken (**Abweisung mangels Masse**).[395] Die Abweisung erfolgt in Form eines **begründeten Beschlusses**,[396] mit dem auch vorläufige Sicherungsmaßnahmen aufzuheben sind, uU jedoch abhängig von der Rechtskraft des abweisenden Beschlusses.[397] Mit der Rechtskraft des abweisenden Beschlusses gelangt das Insolvenzverfahren an sein Ende. Zu den Verfahrenskosten zählen zum einen die **Gerichtskosten** für das Insolvenzverfahren, vgl. § 54 Nr. 1 InsO, bestehend aus Gebühren und Auslagen, für die der Antragsteller haftet, § 23 Abs. 1 S. 1 GKG. Darunter sind auch die Auslagen eines Sachverständigen, dem die Prüfung obliegt, ob ein Eröffnungsgrund vorliegt und welche Aussichten für eine Fortführung des schuldnerischen Unternehmens bestehen, § 22 Abs. 1 S. 2 Nr. 3 InsO. sowie die Kosten für besondere Prüfungstermine. Zu den Verfahrenskosten zählen zum anderen die **Vergütungen** und die **Auslagen des vorläufigen Insolvenzverwalters**, des **Insolvenzverwalters** und der **Mitglieder des Gläubigerausschusses**, vgl. § 54 Nr. 2 InsO. Ob eine Kostendeckung vorliegt, prüft das Insolvenzgericht **von Amts wegen**.[398] Der abweisende Beschluss[399] ist unverzüglich **öffentlich bekannt** zu machen, § 26 Abs. 1 S. 3 InsO, und kann von jedem Erben[400] mit der **sofortigen Beschwerde** angefochten werden, § 34 Abs. 1 InsO. Die **Kosten** sind nicht dem Nachlass,[401] sondern dem mit seinem gesamten Vermögen haftenden **Erben** aufzuerlegen.[402] Die Abweisung mangels Masse kann unterbleiben, sofern ein ausreichender Geldbetrag **vorgeschossen** wird, § 26 Abs. 1 S. 2 InsO, was auch durch einen Dritten[403] geschehen kann, der nicht als Verfahrensbeteiligter agiert.

III. Eröffnung des Nachlassinsolvenzverfahrens

42 **1. Die Eröffnung des Nachlassinsolvenzverfahrens; der Eröffnungsbeschluss.** Liegt ein Eröffnungsgrund vor, und deckt die Insolvenzmasse die Verfahrenskosten, ist das Nachlassinsolvenzverfahren zu eröffnen. Das Insolvenzgericht führt das Nachlassinsolvenzverfahren mit einem „**IN**"- Aktenzeichen.

Im **Eröffnungsbeschluss**, der bereits mit **Erlass wirksam** wird, sind als **Schuldner** die **Erben** aufzuführen, sofern diese bereits bekannt sind, nicht dagegen der Nachlass, da dieser nicht rechtsfähig ist.[404] Die **nähere Bezeichnung der Erben** im Eröffnungsbeschluss[405] muss Namen, Geburtsdaten und Anschriften enthalten,[406] § 27 Abs. 2 Nr. 1 InsO, daneben ist der **Insolvenzver-**

---

395 Staufenbiel/Brill ZInsO 2012, 1395 (1400).
396 Frege/Keller/Riedel InsR Rn. 736.
397 Frege/Keller/Riedel InsR Rn. 737.
398 Frege/Keller/Riedel InsR Rn. 719.
399 Zur Beschlussform vgl. Staufenbiel/Brill ZInsO 2012, 1395 (1400).
400 Bork/Hölzle InsR-HdB/Böhm Rn. 56.
401 So aber Staufenbiel/Brill ZInsO 2012, 1395 (1400).
402 Strittig, wie hier AG Hannover ZInsO 2020, 2153; der Nachlass kann mangels Insolvenzfähigkeit nicht Adressat der Kostenentscheidung sein. AA Staufenbiel/Brill ZInsO 2012, 1395, Kosten sind dem Nachlass aufzuerlegen.
403 Staufenbiel/Brill ZInsO 2012, 1395 (1400).
404 Zur fehlenden Rechtsfähigkeit des Nachlasses vgl. Braun/Bauch InsO § 315 Rn. 3.
405 Muster eines Eröffnungsbeschlusses vgl. Frege/Keller/Riedel InsR Rn. 775.
406 Frege/Keller/Riedel InsR Rn. 759.

walter mit seinen Personalien aufzuführen, § 27 Abs. 2 Nr. 2 InsO, zweckmäßigerweise auch mit Telefon- und Faxnummer. Anzugeben sind ferner der **Zeitpunkt** der Eröffnung, die **Aufforderung** an die Gläubiger, die Forderungen in einem bestimmten Zeitraum beim Insolvenzverwalter **anzumelden**, § 28 Abs. 1 InsO, sowie die **Termine** zur ersten Gläubigerversammlung und zur Prüfung angemeldeter Forderungen,[407] § 29 Abs. 1 Nr. 1 und Nr. 2 InsO. Dabei können Berichts- und der Prüfungstermin miteinander verbunden werden, § 29 Abs. 2 S. 1 InsO.

Die Gläubiger werden aufgefordert, dem Verwalter unverzüglich mitzuteilen, welche **Sicherungsrechte** sie an beweglichen Sachen oder an Rechten des Schuldners in Anspruch nehmen, § 28 Abs. 2 S. 1 InsO. Eine weitere Aufforderung ergeht an Personen, die Verpflichtungen gegenüber dem Schuldner haben. Diese Personen werden aufgefordert, nicht mehr an den Schuldner, sondern **an den Insolvenzverwalter zu leisten**, § 28 Abs. 3 InsO.

Die Geschäftsstelle des Insolvenzgerichts trifft die Pflicht, den **Eröffnungsbeschluss** sofort öffentlich bekanntzumachen, § 30 Abs. 1 InsO. Die öffentliche Bekanntmachung erfolgt durch eine zentrale und länderübergreifende **Veröffentlichung im Internet**, und zwar unter www.insolvenzbekanntmachungen.de, vgl. § 9 Abs. 1 S. 1 InsO. Die Bekanntmachung gilt als bewirkt, sobald nach dem Tag der Veröffentlichung zwei weitere Tage verstrichen sind, § 9 Abs. 1 S. 3 InsO.

43

Besonders zuzustellen ist der Eröffnungsbeschluss den **Gläubigern** und **Schuldnern des Schuldners**, § 30 Abs. 2 InsO.

Vorläufige Sicherungsmaßnahmen gehen ohne Weiteres in das Verfahren über und bedürfen keinerlei Aufhebung oder Transformation.[408] Eine angeordnete **Nachlasspflegschaft** wird nicht kraft Gesetzes beendet, vielmehr enden nur die Sicherungsbefugnisse des Nachlasspflegers, der weiterhin mit der Erbenermittlung betraut bleibt.[409] Gleiches gilt für eine Testamentsvollstreckung, die nicht im Zuge der Eröffnung der Nachlassinsolvenz ein Ende findet, sondern eine Modifikation dadurch erfährt, dass die Verfügungsbefugnis auf den Insolvenzverwalter übergeht.[410] Anders dagegen die **Nachlassverwaltung**, die mit Eröffnung des Nachlassinsolvenzverfahrens kraft Gesetzes beendet wird, § 1988 Abs. 1 BGB[411].

Mit der Eröffnung des Nachlassinsolvenzverfahrens wird die **Trennung der Vermögensmassen** „Nachlass" und „Eigenvermögen der Erben" herbeigeführt und ein Sachverständiger mit der Erstellung eines Gutachtens beauftragt. Ziel ist es, die Masse zu eruieren und Klarheit über den Insolvenzgrund zu gewinnen. Die Erben treffen Mitwirkungs- und Auskunftspflichten, § 97 InsO, die auch gerichtlich durchgesetzt werden können, § 98 InsO.

44

Der Insolvenzverwalter kann aufgrund einer vollstreckbaren Ausfertigung des Eröffnungsbeschlusses die **Herausgabe** im Wege der Zwangsvollstreckung durchsetzen, § 148 Abs. 2 S. 1 InsO.[412] Daneben erhält der Insolvenzverwalter eine **Bescheinigung** nach § 56 Abs. 2 S. 1 InsO, eine Urkunde über seine Bestellung, die nach Amtsende an das Insolvenzgericht zurückzugeben ist, § 56 Abs. 2 S. 2 InsO.

45

Dem **Registergericht** ist eine Ausfertigung des Eröffnungsbeschlusses zu übersenden, sofern der Schuldner im Handels-, Genossenschafts-, Partnerschafts- oder Vereinsregister eingetragen ist, § 31 Nr. 1 InsO.

Darüber hinaus ist die Eröffnung des Insolvenzverfahrens in das **Grundbuch** einzutragen, und zwar bei Immobilien, als deren Eigentümer der Schuldner eingetragen ist, § 32 Abs. 1 Nr. 1 InsO, und bei Rechten des Schuldners an Immobilien, sofern nach der Art des Rechts und den Umständen eine Benachteiligung der Insolvenzgläubiger zu befürchten ist, § 32 Abs. 1 Nr. 2

---

407 Frege/Keller/Riedel InsR Rn. 762 bis 768.
408 Frege/Keller/Riedel InsR Rn. 769a.
409 Frege/Keller/Riedel InsR Rn. 2341.
410 Frege/Keller/Riedel InsR Rn. 2343.
411 Ebenso Harder NJW- Spezial 2022, 469 (470).
412 Gehrlein BB 2014, 1539 (1541).

InsO. Die Eintragung der Insolvenzeröffnung kann auf Ersuchen des Insolvenzgerichts[413] oder auf Antrag des Insolvenzverwalters erfolgen, § 32 Abs. 2 InsO.

Zu den **Wirkungen** der Nachlassinsolvenzeröffnung → Rn. 52.

46 Gegen den Eröffnungsbeschluss steht dem Schuldner die **sofortige Beschwerde** zu, § 34 Abs. 2 InsO. Mangels Beschwer steht dem Schuldner kein Beschwerderecht zu, falls der Eröffnung ein Eigenantrag zugrunde liegt.[414] Die **Beschwerdefrist** richtet sich nach § 569 Abs. 1 S. 1 ZPO, sie beträgt **zwei Wochen** (Notfrist) und beginnt mit der Verkündung des Eröffnungsbeschlusses.[415] Die Beschwerde wird durch Einreichung einer Beschwerdeschrift eingelegt, § 569 Abs. 2 S. 1 ZPO.

47 **2. Weitere Folgen der Eröffnung, §§ 1975 ff. BGB.** Infolge der Eröffnung des Nachlassinsolvenzverfahrens **beschränkt** sich die **Haftung** der Erben für die Nachlassverbindlichkeiten auf den Nachlass, vgl. § 1975 BGB. Für die bisherige Verwaltung des Nachlasses zeichnet der **Erbe** den Nachlassgläubigern gegenüber verantwortlich, § 1978 Abs. 1 S. 1 BGB. Fingiert wird die Position eines **Beauftragten**, § 1978 Abs. 1 S. 1 BGB,[416] der auskunfts-, rechenschafts-, ersatz- und herausgabepflichtig ist,[417] um den Nachlassgläubigern den uneingeschränkten Zugriff auf den Nachlass zu ermöglichen.[418] Soweit die vor der Annahme der Erbschaft vorgenommenen Geschäfte betroffen sind, haftet der Erbe wie ein **Geschäftsführer ohne Auftrag**, § 1978 Abs. 1 S. 2 BGB, woraus eine persönliche Haftung resultiert. **Aufwendungen** sind dem Erben aus dem Nachlass zu ersetzen, soweit er als Geschäftsführer ohne Auftrag Ersatz verlangen könnte, § 1978 Abs. 3 BGB. Eine Vergütung steht dem Erben dagegen nicht zu.[419] Durfte der Erbe nach sorgfältiger Prüfung[420] der Nachlasssituation annehmen, dass der Nachlass zur Berichtigung aller Nachlassverbindlichkeiten ausreicht, müssen die Nachlassgläubiger die Berichtigung von Nachlassverbindlichkeiten gegen sich gelten lassen, § 1979 BGB. Die Leistung gilt dann als für Rechnung des Nachlasses erfolgt.[421] Durfte der Erbe dies nicht annehmen, trifft ihn eine Ersatzpflicht.[422] Die Beweislast trifft den Erben.[423]

48 **3. Bindung an den rechtskräftigen Eröffnungsbeschluss.** Das Prozessgericht ist an den **rechtskräftigen Eröffnungsbeschluss** des Insolvenzgerichts **gebunden**.[424] Damit kann die Frage, ob die Eröffnung des Nachlassinsolvenzverfahrens zu Recht erfolgt ist, nicht Gegenstand eines anderen Prozesses sein, beispielsweise eines Herausgabeprozesses nach § 1978 Abs. 1 BGB.[425] Der rechtskräftige Beschluss über die Eröffnung des Insolvenzverfahrens kann als hoheitlicher Akt **Geltung gegenüber jedermann** beanspruchen, sofern der Entscheidung nicht ausnahmsweise ein Fehler anhaftet, der zur Nichtigkeit führt,[426] beispielsweise eine fehlende Unterschrift des Richters,[427] fehlende deutsche Gerichtsbarkeit[428] oder die Eröffnung des Insolvenzverfahrens über das Vermögen eines nicht existenten Schuldners.[429]

L. Nachlassinsolvenzmasse

49 Alle Aktiva, die sich im Zeitpunkt der Eröffnung des Nachlassinsolvenzverfahrens noch unterscheidbar im Vermögen des Erben befinden, bilden die **Nachlassinsolvenzmasse**.[430] Gegenstän-

---

413 Die funktionelle Zuständigkeit liegt beim Rechtspfleger des Insolvenzgerichts, vgl. § 3 Nr. 2 e RpflG.
414 Frege/Keller/Riedel InsR Rn. 784.
415 Frege/Keller/Riedel InsR Rn. 788.
416 Vgl. § 1978 Abs. 1 S. 1 BGB: „wie wenn er von der Annahme der Erbschaft an die Verwaltung für sie als Beauftragter zu führen gehabt hätte".
417 MüKoBGB/Küpper BGB § 1978 Rn. 5 und 9.
418 MüKoBGB/Küpper BGB § 1978 Rn. 10.
419 MüKoBGB/Küpper BGB § 1978 Rn. 15.
420 MüKoBGB/Küpper BGB § 1979 Rn. 3.
421 Vgl. MüKoBGB/Küpper BGB § 1979 Rn. 4.
422 MüKoBGB/Küpper BGB § 1979 Rn. 5.
423 MüKoBGB/Küpper BGB § 1979 Rn. 7, damit nicht die Nachlassgläubiger.
424 BGH NJW 2014, 391 = ZIP 2014, 134.
425 BGH NJW 2014, 391 (392).
426 BGH NJW 2014, 391 (392).
427 BGH NJW 2014, 391 (392).
428 Braun/Erbe NZI 2021, 958.
429 Braun/Erbe NZI 2021, 958.
430 Staufenbiel/Brill ZInsO 2012, 1395 (1400); Roth/Pfeuffer NachlassInsVerf-HdB, 49.

de, die der Zwangsvollstreckung nicht unterliegen, etwa das pfändungsfreie Vermögen,[431] sind von der Insolvenzmasse ausgenommen,[432] § 36 Abs. 1 InsO, ebenso das Eigenvermögen des Erben.[433] In Übereinstimmung mit den allgemeinen InsO-Regelungen ist auf den **Eröffnungszeitpunkt** abzustellen, den Zeitpunkt des Erlasses des Eröffnungsbeschlusses, nicht auf den Zeitpunkt des Erbfalls,[434] weshalb auch ein zwischenzeitlicher, nach Erbfall eingetretener Vermögenszuwachs der Nachlassinsolvenzmasse hinzuzurechnen ist,[435] beispielsweise ein erworbener Pflichtteilsanspruch.[436] Zur Nachlassinsolvenzmasse gehören **alle Aktivvermögensposten**, darunter **Sachen, Rechte, Mitgliedschaften an Personengesellschaften**,[437] **Herausgabeansprüche**,[438] **Zinsansprüche**,[439] **Insolvenzanfechtungs-**[440] und **Schadensersatzansprüche**,[441] beispielsweise der Schadensersatzanspruch, der aus der Verletzung der Antragspflicht nach § 1980 BGB resultiert.[442] Den Gläubigern ist der Schaden zu ersetzen, der auf die verspätete oder unterbliebene Antragsstellung zurückgeht, § 1980 Abs. 1 S. 2 BGB. Gleiches gilt für einen Schadensersatzanspruch, der auf einer schuldhaften Pflichtverletzung des Nachlasspflegers, des Nachlassverwalters[443] oder des Testamentsvollstreckers[444] beruht.[445] Die Geltendmachung erfolgt durch den Insolvenzverwalter.[446] **Surrogate** zählen nur dann zur Nachlassinsolvenzmasse, sofern die Veräußerung durch eine Erbengemeinschaft oder im Rahmen einer Vor- und Nacherbschaft bzw. einer Testamentsvollstreckung erfolgt ist, nicht dagegen im Falle einer Alleinerbschaft.[447] Grund ist die Regelung in § 1978 BGB, die lediglich einen Ausgleichsanspruch statuiert.[448] Ferner rechnen **Ansprüche des Erblassers** gegen den Erben zur Nachlassinsolvenzmasse, die nach Erbfall wegen **Konfusion** und **Konsolidation** erloschen sind, § 1976 BGB.[449] Insolvenzanfechtungsansprüche können sich auf Rechtshandlungen der Erben oder des Erblassers beziehen,[450] abhängig vom jeweiligen Zeitpunkt der Vornahme (vor oder nach dem Erbfall).

M. Beteiligte im Nachlassinsolvenzverfahren

I. Schuldner

Schuldner des Nachlassinsolvenzverfahrens ist der **Erbe**, der Gesamtrechtsnachfolger,[451] auf den das Vermögen mit dem Erbfall übergegangen ist, § 1922 Abs. 1 BGB, verbunden mit einem Antragsrecht und einer Antragspflicht. Da die Erbengemeinschaft nicht rechtsfähig und nicht

---

431 LG Frankfurt aM NZI 2021, 152 = jurisPR-InsR 11/2021 Anm. 2; FAKomm InsR/Ringstmeier InsO § 315 Rn. 7; MüKoInsO/Siegmann/Scheuing, Anhang zu InsO § 315 Rn. 10; Gottwald/Haas InsR-HdB/Döbereiner § 112 Rn. 2.
432 BGH ZEV 2011, 87 (88).
433 MüKoInsO/Siegmann/Scheuing, Anhang zu InsO § 315 Rn. 9.
434 Roth/Pfeuffer NachlassInsVerf-HdB, 49; Staufenbiel/Brill ZInsO 2012, 1395 (1399), 1400; Moderegger InsbürO 2014, 306 (307); MAH Insolvenz/Kreplin § 35 Rn. 62; Bork/Hölzle InsR-HdB/Böhm Rn. 62; Braun/Bauch InsO § 315 Rn. 5; Harder NJW- Spezial 2022, 469 (470).
435 Moderegger InsbürO 2014, 306 (307); Roth/Pfeuffer NachlassInsVerf-HdB, 49; Bork/Hölzle InsR-HdB/Böhm Rn. 59. Zum Hinzuerwerb vgl. auch Harder NJW- Spezial 2022, 469 (470); Lissner ZInsO 2022, 2614.
436 BGH ZEV 2011, 87 mAnm Reul.
437 Bork/Hölzle InsR-HdB/Böhm Rn. 65, auch der Anteil an einer Liquidationsgesellschaft. Vgl. auch MüKoInsO/Siegmann/Scheuing Anhang zu InsO § 315 Rn. 19ff.
438 Staufenbiel/Brill ZInsO 2012, 1395 (1400); Roth/Pfeuffer NachlassInsVerf-HdB, 49; Moderegger InsbürO 2014, 306 (310).
439 Roth/Pfeuffer NachlassInsVerf-HdB, 49.
440 Roth/Pfeuffer NachlassInsVerf-HdB, 49; Moderegger InsbürO 2014, 306 (309), 310; MAH Insolvenz/Kreplin § 35 Rn. 68; Braun/Bauch InsO § 315 Rn. 5.
441 Staufenbiel/Brill ZInsO 2012, 1395 (1400); MAH Insolvenz/Kreplin § 35 Rn. 64 ff.; Bork/Hölzle InsR-HdB/Böhm Rn. 61; Braun/Bauch InsO § 315 Rn. 5.
442 Zur Schadensersatzpflicht vgl. BGH FamRZ 2011, 1292 (1294); ebenso Moderegger InsbürO 2014, 306 (308); MAH Insolvenz/Kreplin § 35 Rn. 66.
443 Moderegger InsbürO 2014, 306 (309), vgl. § 1985 BGB.
444 Moderegger InsbürO 2014, 306 (309), vgl. § 2219 BGB.
445 Moderegger InsbürO 2014, 306 (308), Geltendmachung durch den Nachlassinsolvenzverwalter.
446 Vallender/Undritz/Laroche § 2 Rn. 292.
447 Roth/Pfeuffer NachlassInsVerf-HdB, 49; Bork/Hölzle InsR-HdB/Böhm Rn. 60.
448 MAH Insolvenz/Kreplin § 35 Rn. 70; Braun/Bauch InsO § 315 Rn. 5.
449 Moderegger InsbürO 2014, 306 (307).
450 MAH Insolvenz/Kreplin § 35 Rn. 68.
451 Beck/Depré Insolvenz/Depré/Lambert § 46 Rn. 11.

insolvenzfähig ist,[452] wird das Insolvenzverfahren über den Nachlass des Erblassers eröffnet.[453] Die Erben sind Schuldner in der Nachlassinsolvenz, nicht die Erbengemeinschaft.[454] Bei mehreren Erben ist jeder einzelne Miterbe Schuldner.[455] Für die Dauer der Vorerbschaft ist der Vorerbe Schuldner, nach Eintritt des Nacherbfalls der Nacherbe.[456] Eine Erbengemeinschaft liegt insoweit nicht vor, sondern eine gestaffelte Erbfolge. Mit Eintritt des Nacherbfalls endet die Erbenstellung des Vorerben, § 2139 BGB (vgl. im Übrigen § 329 InsO).[457]

II. Gläubiger

51 **Gläubiger** des Nachlassinsolvenzverfahrens sind die Gläubiger von Nachlassverbindlichkeiten iSv § 325 InsO, darunter Erblasserschulden[458], die vom Erblasser begründet wurden, und Erbfallschulden.[459] Für die Nachlassverbindlichkeiten sieht das Gesetz die Haftung des Erben vor, § 1967 Abs. 1 BGB.[460] Hinzu kommen die Gläubiger von Verbindlichkeiten, die im Rahmen der Verwaltung des Nachlasses entstanden sind, begründet durch den Erben,[461] also die sog. Nachlassverwaltungs- und Nachlasserbenschulden.[462]

N. Wirkungen der Nachlassinsolvenzeröffnung

I. Übergang des Verwaltungs- und Verfügungsrechts, § 80 Abs. 1 InsO

52 Mit der Eröffnung des Nachlassinsolvenzverfahrens geht das **Verwaltungs- und Verfügungsrecht** der Erben über die Nachlassinsolvenzmasse auf den **Nachlassinsolvenzverwalter** über, § 80 Abs. 1 InsO.[463] Kraft Gesetzes gehen die Erben ihrer Verwaltungs- und Verfügungsbefugnis verlustig, nicht aber ihrer Rechtsinhaberschaft.[464] Auch Nachlasspfleger oder Nachlassverwalter verlieren ihre Befugnis über den Nachlass.[465] Die Nachlasspflegschaft wird aber nicht automatisch beendet[466], da dem Nachlasspfleger unverändert die Erbenermittlung obliegt, ebenso die Geltendmachung von Haftungsansprüchen nach § 60 InsO[467]. Verfügungen, die die **Erben** nach der Insolvenzeröffnung über Gegenstände der Nachlassinsolvenzmasse vornimmt, sind **unwirksam**, § 81 Abs. 1 S. 1 InsO. **Prozesse**, die über die Nachlassinsolvenzmasse geführt werden, werden durch das Insolvenzverfahren **unterbrochen**, § 240 S. 1 ZPO,[468] und zwar alle Aktiv- und Passivprozesse,[469] die der Erbe als solcher führt,[470] unabhängig von der Instanz. Unterbrochen wird auch eine nach den §§ 722 ff. ZPO durchzuführende Vollstreckbarkeitserklärung,[471] nicht dagegen die Zwangsvollstreckung oder ein Klauselerteilungsverfahren. Auf Antrag kann dem Nachlassinsolvenzverwalter ein **Europäisches Nachlasszeugnis** (ENZ) ausgestellt werden, da der Nachlassinsolvenzverwalter als Nachlassverwalter iSv Art. 63 EuErbVO anzusehen ist.[472] Aus Art. 76 EuErbVO ergibt sich insoweit kein Ausschluss des Antragsrechts für die Ausstellung eines ENZ.[473]

---

452 AG Duisburg NZI 2004, 97; FAKomm InsR/Ringstmeier InsO § 315 Rn. 8 und 9; Beck/Depré Insolvenz/Depré/Lambert § 46 Rn. 12.
453 AG Duisburg NZI 2004, 97 (98).
454 BAG BeckRS 2021, 38234.
455 BAG BeckRS 2021, 38234.
456 Beck/Depré Insolvenz/Depré/Lambert § 46 Rn. 15.
457 Zu den „Nachwirkungen der Erben- und Schuldnerstellung" vgl. Gottwald/Haas InsR-HdB/Döbereiner § 116 Rn. 5.
458 Vgl. Harder NJW-Spezial 2022, 469 (470).
459 Beck/Depré Insolvenz/Depré/Lambert § 46 Rn. 19 und 20.
460 Wathling InsbürO 2020, 443.
461 Beck/Depré Insolvenz/Depré/Lambert § 46 Rn. 21.
462 FAKomm InsR/Ringstmeier InsO § 325 Rn. 5 und 6.
463 BGH FamRZ 2011, 1292 (1294); Rugullis ZEV 2007, 156 (158); Polonius ZVI 2018, 90; Moderegger InsbürO 2018, 306 (307).
464 Rugullis ZEV 2007, 156 (157).
465 Moderegger InsbürO 2014, 306 (307).
466 Harder NJW-Spezial 2022, 469 (470).
467 Harder NJW-Spezial 2022, 469 (470).
468 So bereits Jaeger, 31; vgl. auch OLG Köln FamRZ 2003, 688; Rugullis ZEV 2007, 156 (157); Braun/Bauch InsO § 315 Rn. 16; Harder NJW-Spezial 2022, 469 (470).
469 BGH jurisPR-InsR 19/2008 Anm. 3 mAnm Cranshaw.
470 OLG Köln FamRZ 2003, 688; OLG München NJW-RR 1996, 228.
471 BGH jurisPR-InsR 19/2008 mAnm Cranshaw.
472 OLG Frankfurt aM NJW-RR 2021, 730 (731); zur Besprechung vgl. Dutta IPRax 2021, 455.
473 OLG Frankfurt aM NJW-RR 2021, 730 (732); Dutta IPRax 2021, 455.

Die Unterbrechung ist von Amts wegen zu beachten.[474] Trotz Insolvenzeröffnung stehen allerdings **pfändungsfreie Gegenstände** der Verwertung durch den Insolvenzverwalter nicht zur Verfügung.[475] Die **Annahme** oder **Ausschlagung der Erbschaft** obliegt in gleicher Weise nicht dem Insolvenzverwalter, sondern dem Erben, § 83 Abs. 1 InsO. Grund ist die höchstpersönliche Natur[476] der Annahme oder Ausschlagung, schließlich sieht sich der Insolvenzverwalter nicht in die familiären Strukturen des Erblassers und des Erben eingebunden.[477] Dem abweichenden Regelungsvorschlag, dem Schuldner durch eine Änderung des § 83 Abs. 1 S. 1 InsO das Recht zur Annahme und Ausschlagung zu nehmen,[478] folgte der Gesetzgeber bislang nicht. Ist dem Schuldner vor der Eröffnung des Insolvenzverfahrens eine Erbschaft oder ein Vermächtnis angefallen oder geschieht dies während des Verfahrens, steht die Annahme oder Ausschlagung *nur* dem Schuldner zu, § 83 Abs. 1 InsO.

II. Beendigung Nachlassverwaltung; Beendigung des gerichtlichen Aufgebotsverfahrens

Eine weitere Wirkung der Eröffnung des Nachlassinsolvenzverfahrens besteht darin, dass eine **Nachlassverwaltung** kraft Gesetzes **beendet** wird[479], § 1988 Abs. 1 BGB, demnach ohne Weiteres, ohne Aufhebungsbeschluss.[480] Ein Handlungskonflikt zwischen Nachlassverwalter und Nachlassinsolvenzverwalter kann ohnehin nicht in Erscheinung treten, da mit der Eröffnung des Nachlassinsolvenzverfahrens die Verwaltungs- und Verfügungsbefugnis bereits auf den Nachlassinsolvenzverwalter übergegangen ist, § 80 Abs. 1 InsO.[481]

III. Kein Recht zur abgesonderten Befriedigung durch Zwangsvollstreckung nach Erbfall, § 321 InsO

Maßnahmen der Zwangsvollstreckung in den Nachlass, etwa Pfändungen,[482] Zwangshypotheken[483]- und Arresthypothekeneintragungen,[484] die Zwangsversteigerung, die Zwangsverwaltung[485] sowie Maßnahmen des einstweiligen Rechtsschutzes,[486] die **nach dem Eintritt des Erbfalls, aber noch vor Eröffnung des Nachlassinsolvenzverfahrens** erfolgt sind,[487] thematisiert die Regelung in § 321 InsO,[488] um entsprechenden Maßnahmen **temporär**, und zwar für die Dauer des Nachlassinsolvenzverfahrens,[489] das Recht zur abgesonderten Befriedigung zu verweigern.[490] Die ergriffenen Maßnahmen sind relativ unwirksam und stellen keinen Hinderungsgrund für die Verwertung der Insolvenzmasse dar.[491] Eine Unwirksamkeit begründet die Norm nicht,[492] sondern eine zeitliche Beschränkung. Das **Ziel** der Regelung besteht darin, den **Rechtszustand im Zeitpunkt des Erbfalls** zu **rekonstruieren**,[493] damit die gleichmäßige Befriedigung

---

474 OLG Köln FamRZ 2003, 688 (689).
475 Polonius ZVI 2018, 90.
476 BGH ZVI 2011, 346; Polonius ZVI 2018, 90; aA Holzer NZI 2019, 441 (446), der „keine Rechtfertigung dafür (erkennen möchte), dem Schuldner das Recht zur Annahme einer Erbschaft zu belassen".
477 Polonius ZVI 2018, 90.
478 Holzer NZI 2019, 441 (446).
479 Ebenso Harder NJW- Spezial 2022, 469 (470).
480 Grüneberg/Weidlich BGB § 1988 Rn. 1; zur Beendigung kraft Gesetzes vgl. Graf ZEV 2000, 125 (129).
481 Grüneberg/Weidlich BGB § 1988 Rn. 1.
482 Jaeger, 59; MAH Insolvenz/Kreplin § 35 Rn. 72.
483 Jaeger, 59.
484 Vgl. zur Arrestvollziehung bereits Jaeger, 59; ebenso MAH Insolvenz/Kreplin § 35 Rn. 72; FK-InsO/Schallenberg/Rafiqpoor InsO § 321 Rn. 20; Beck/Depré Insolvenz/Depré/Lambert § 46 Rn. 57.
485 Braun/Bauch InsO § 321 Rn. 2.
486 Zur einstweiligen Verfügung vgl. MAH Insolvenz/Kreplin § 35 Rn. 72.
487 Für die Zwangsvollstreckungsmaßahmen nach Verfahrenseröffnung vgl. § 89 InsO; Braun/Bauch InsO § 321 Rn. 5.
488 Zur Vorläuferregelung in § 221 KO vgl. Jaeger, 58 und 59; zu § 321 InsO vgl. Wathling InsbürO 2020, 443 (445).
489 Braun/Bauch InsO § 321 Rn. 9.
490 Braun/Bauch InsO § 321 Rn. 10; MüKoInsO/Siegmann/Scheuing InsO § 321 Rn. 1.
491 Bork/Hölzle InsR-HdB/Böhm Rn. 76; zur relativen Unwirksamkeit vgl. Braun/Bauch InsO § 321 Rn. 10.
492 Jaeger, 59.
493 Braun/Bauch InsO § 321 Rn. 1; MAH Insolvenz/Kreplin § 35 Rn. 73; FK-InsO/Schallenberg/Rafiqpoor InsO § 321 Rn. 1, Wiederherstellung des alten Rechtszustandes. Vgl. auch Bork/Hölzle InsR-HdB/Böhm Rn. 74.

der Gläubiger ins Werk gesetzt werden kann, § 1 Abs. 1 InsO. Eine Schmälerung[494] der Insolvenzmasse wird damit abgewendet. In den Worten der historischen Motivliteratur: „Für den Nachlasskonkurs insbesondere aber muss aus Rücksichten der Billigkeit diejenige conditio creditorum wieder hergestellt werden, die zur Zeit des Erbfalls bestand."[495] **Vor dem Erbfall** initiierte Maßnahmen der Zwangsvollstreckung werden von § 321 InsO nicht erfasst[496] und müssen angefochten werden, es sei denn, es greift bereits die Rückschlagsperre nach § 88 Abs. 1 InsO.[497] Ebenso wenig werden von § 321 InsO die **rechtsgeschäftlich** oder **gesetzlich erworbenen Pfandrechte** erfasst, da die Regelung lediglich Maßnahmen der Zwangsvollstreckung erwähnt.[498]

IV. Anfechtbare Rechtshandlungen des Erben, § 322 InsO

56 In dieselbe Richtung der Nachlassrekonstruktion, der Wiederherstellung der *conditio creditorum*,[499] geht die in § 322 InsO enthaltene Anfechtungsvorschrift, die **anfechtbare Rechtshandlungen des Erben** betrifft. Pflichtteilsansprüche, Vermächtnisse oder Auflagen, die der Erbe vor der Eröffnung des Nachlassinsolvenzverfahrens aus dem Nachlass erfüllt,[500] unterliegen der Anfechtung, als würde es sich um eine unentgeltliche Leistung des Erben handeln, § 322 InsO.[501]

Die Vorschrift vollzieht eine Gleichstellung mit unentgeltlichen Erbenverfügungen, eine **Erweiterung der Anfechtbarkeit**,[502] um dem Nachlass im „Ur"- Zustand nahe zu kommen. Nach § 134 Abs. 1 InsO ist eine unentgeltliche Leistung des Schuldners anfechtbar, es sei denn, die Leistung wurde früher als vier Jahre vor dem Antrag auf Eröffnung des Nachlassinsolvenzverfahrens vorgenommen, § 134 Abs. 1 InsO.[503] Abgestellt wird auf den Antrag, nicht auf den Erbfall.[504]

V. Aufwendungen des Erben, § 323 InsO: kein Zurückbehaltungsrecht

57 Wegen der **Aufwendungen**, die dem Erben nach §§ 1978, 1979 BGB aus dem Nachlass zu ersetzen sind, steht dem Erben **kein Zurückbehaltungsrecht** zu, vgl. § 323 InsO. Ratio legis ist die Beschleunigung des Nachlassinsolvenzverfahrens.[505]

Soweit möglich und opportun, kann der Erbe jedoch auf die Aufrechnung ausweichen[506] oder die Aufwendungen als Masseanspruch geltend machen.[507] Ein aus einem anderen Vertragsverhältnis resultierendes Zurückbehaltungsrecht wird durch die Vorschrift nicht tangiert und kann geltend gemacht werden.

O. Ablehnung der Verfahrenseröffnung; Wirkungen der Ablehnung; Schuldnerverzeichnis

58 Eine Verfahrenseröffnung scheidet aus, sofern die Masse nicht ausreichen wird, um die **Kosten des Verfahrens** zu decken, § 26 Abs. 1 S. 1 InsO. Für diese Konstellation sieht das Verfahrens-

---

494 MAH Insolvenz/Kreplin § 35 Rn. 72.
495 Jaeger, 58.
496 Ebenso Bork/Hölzle InsR-HdB/Böhm Rn. 74.
497 Braun/Bauch InsO § 321 Rn. 4; FK-InsO/Schallenberg/Rafiqpoor InsO § 321 Rn. 4.
498 FK-InsO/Schallenberg/Rafiqpoor InsO § 321 Rn. 6; Bork/Hölzle InsR-HdB/Böhm Rn. 75.
499 Jaeger, 58; zur Wiederherstellung vgl. Moderegger InsbürO 2014, 306 (310).
500 Erfüllung und Erfüllungssurrogate, vgl. Braun/Bauch InsO § 322 Rn. 2; Beck/Depré Insolvenz/Depré/Lambert § 46 Rn. 81.
501 Moderegger InsbürO 2014, 306 (310); Wathling InsbürO 2020, 443 (445); Lissner ZInsO 2017, 2253 (2258), 2259; Beck/Depré Insolvenz/Depré/Lambert § 46 Rn. 81; Vallender/Undritz/Laroche § 2 Rn. 295; Harder NJW- Spezial 2022, 469 (470).
502 MAH Insolvenz/Kreplin § 35 Rn. 69.
503 Mylich ZEV 2016, 669 (670).
504 Mylich ZEV 2016, 669 (670).
505 Zur Vermeidung von Verzögerungen vgl. Braun/Bauch InsO § 323 Rn. 1.
506 Braun/Bauch InsO § 323 Rn. 4.
507 Braun/Bauch InsO § 323 Rn. 1.

recht die beschlussmäßige und öffentlich bekanntzumachende[508] **Abweisung mangels Masse** vor,[509] es sei denn, ein ausreichender Geldbetrag wird „vorgeschossen", so die Terminologie in § 26 Abs. 1 S. 2 InsO. Zu den Kosten des Insolvenzverfahrens zählen die Gerichtskosten, § 54 Nr. 1 InsO, sowie die Vergütungen und Auslagen des Insolvenzverwalters und der Mitglieder des Gläubigerausschusses, § 54 Nr. 2 InsO.[510] Das Insolvenzgericht ordnet die Eintragung des **Schuldners** in das **Schuldnerverzeichnis nach** § 882b ZPO an[511] und übermittelt die Anordnung unverzüglich elektronisch dem zentralen Vollstreckungsgericht nach § 882h Abs. 1 ZPO, so die Regelung in § 26 Abs. 2 S. 1 InsO. Diese Verfahrensweise gelangt auch im Rahmen eines Nachlassinsolvenzverfahrens zur Anwendung, mangels abweichender Spezialvorschriften.[512] Dabei ist besonders darauf zu achten, wer als **Schuldner** im **Schuldnerverzeichnis** einzutragen ist.[513] Im Schuldnerverzeichnis, dem amtlichen Schuldnerregister, werden ua der Name, der Vorname und das Geburtsdatum des Schuldners angegeben, § 882b Abs. 2 Nr. 1 ZPO. In Betracht kommen der Nachlass und die Erben. Richtigerweise ist nur der **Nachlass** als **Schuldner** im **Schuldnerverzeichnis** einzutragen,[514] da nur dieser Gegenstand des Nachlassinsolvenzverfahrens ist, nicht dagegen das Eigenvermögen der Erben, das vom Nachlass separiert ist.[515] Andernfalls würde durch die Eintragung der Schuldner im Schuldnerverzeichnis der unzutreffende Eindruck einer Erbeninsolvenz erweckt. Das Schuldnerverzeichnis soll Auskunft über die finanziellen Verhältnisse des Schuldners geben, um den Rechtsverkehr zu schützen. Die Erben stehen nicht im haftungsrechtlichen Fokus, sondern einzig und allein der Nachlass.

P. Masseverbindlichkeiten in der Nachlassinsolvenz, § 324 InsO

I. Masseverbindlichkeiten nach §§ 324 Abs. 1, 54 InsO

Die **Kosten des Insolvenzverfahrens**, bestehend aus den **Gerichtskosten** des Insolvenzverfahrens (§ 54 Nr. 1 InsO) und den **Vergütungen** sowie den **Auslagen** des vorläufigen Insolvenzverwalters, des Insolvenzverwalters und der Mitglieder des Gläubigerausschusses (§ 54 Nr. 2 InsO), zählen zu den Masseverbindlichkeiten des Nachlassinsolvenzverfahrens, vgl. §§ 324 Abs. 1, 54 InsO.

59

Erfasst sind alle **Gerichtsgebühren** (Nr. 2310, 2311, 2320, 2330, 2360 KV GKG) und Auslagen des Insolvenzverfahrens, § 54 Nr. 1 InsO, darunter Kosten des Eröffnungsverfahrens und Kosten des Insolvenzverfahrens, regelmäßig berechnet nach dem Wert des Insolvenzverfahrens und verbunden mit der Haftung des Antragstellers als Kostenschuldner, § 23 Abs. 1 S. 1 GKG. Falls die sofortige Beschwerde zum Erfolg führt, rechnen auch die Gebühren des Beschwerdeverfahrens zu den Masseverbindlichkeiten iSv § 54 InsO.

60

Vergütungen (vgl. hierzu die InsVV) und **Auslagen** des **vorläufigen Insolvenzverwalters**, des **Insolvenzverwalters** und der **Mitglieder des Gläubigerausschusses** bilden einen weiteren Bestandteil der Kosten des Insolvenzverfahrens, die das Gesetz den **Masseverbindlichkeiten** zuordnet, §§ 324 Abs. 1, 54 Nr. 2 InsO. Richtigerweise ist die Zuordnung um die Kosten des Sachwalters, des Sonderinsolvenzverwalters und des Treuhänders im vereinfachten Insolvenzverfahrens zu erweitern. Mit der Verwaltervergütung abgedeckt sind die allgemeinen Geschäftskosten für Büroaufwand und Angestelltengehälter, weshalb sie nicht gesondert in Rechnung gestellt werden können. Die Abrechnung für die Mitglieder des Gläubigerausschusses kann nach Zeitaufwand oder nach einer Pauschale erfolgen.

61

---

508 Der Beschluss ist „unverzüglich" bekanntzumachen § 26 Abs. 1 S. 3 InsO.
509 Vgl. zur Abweisung Roth/Pfeuffer NachlassIns-Verf-HdB, 106; Heyer Insbüro 2015, 463.
510 Roth/Pfeuffer NachlassInsVerf-HdB, 107.
511 Heyer Insbüro 2015, 463 (464).
512 Ebenso Heyer Insbüro 2015, 463, (464).
513 Heyer Insbüro 2015, 463 (464).
514 Heyer Insbüro 2015, 463 (464).
515 Heyer Insbüro 2015, 463 (464).

Nicht mitumfasst ist die **Vergütung eines** von der zuständigen Rechtsanwaltskammer bestellten **Kanzleiabwicklers**.[516] Entsprechende Verbindlichkeiten werden durch die Insolvenzverwaltung nicht ausgelöst, sondern haben ihren unmittelbaren Grund in der Abwicklung der Kanzlei.[517] Ein Bezug zur Insolvenzmasse liegt nicht vor, eine Qualifizierung der Ansprüche des Abwicklers als Masseverbindlichkeit schlägt deshalb fehl. Nicht einschlägig sind die §§ 55, 324 Abs. 1 Nr. 4, 5 und 6 InsO.[518] Dies erscheint auch gerechtfertigt, da die Befugnisse des Kanzleiabwicklers auf einen Teilbereich des schuldnerischen Vermögens gerichtet sind, was einen klaren Unterschied zum Nachlasspfleger oder Testamentsvollstrecker markiert. Eine unmittelbare Haftung der Rechtsanwaltskammer ist gegeben, die Vergütung des Abwicklers ist gesichert,[519] darüber hinaus steht dem Kanzleiabwickler die Möglichkeit der Aufrechnung offen.[520]

Ebenso wenig zählen zu den Masseverbindlichkeiten die **Vergütung des gemeinsamen Vertreters von Anleihegläubigern**,[521] die **Vergütung des gemeinsamen Vertreters in Spruchverfahren**[522] sowie die **Vergütung des vorläufigen Insolvenzverwalters aus einem vorangegangenen Insolvenzverfahren**.[523]

II. Sonstige Masseverbindlichkeiten nach §§ 324 Abs. 1, 55 InsO

62 **Sonstige Masseverbindlichkeiten** ergeben sich aus §§ 324 Abs. 1, 55 InsO.[524] Masseverbindlichkeiten sind die Verbindlichkeiten, die durch **Handlungen des Insolvenzverwalters** oder in anderer Weise durch die **Verwaltung, Verwertung** und **Verteilung** der Insolvenzmasse begründet werden, ohne zu den Kosten des Insolvenzverfahrens zu gehören, § 55 Abs. 1 Nr. 1 InsO. Gemeint sind beispielsweise neue Verträge, die der Insolvenzverwalter abschließt, oder Prozesskosten neuer Prozesshandlungen, die der Insolvenzverwalter vornimmt,[525] oder unerlaubte Handlungen des Insolvenzverwalters, der im Rahmen seiner Amtsführung handelt.[526] Weitere Anwendungsbereiche markieren **Einkommens-, Gewerbe-, Kirchen-** und **Körperschaftssteuern**, soweit nach der Insolvenzeröffnung begründete Beträge betroffen sind.[527]

Darüber hinaus sind Masseverbindlichkeiten die **Verbindlichkeiten**, die aus **gegenseitigen Verträgen** resultieren, soweit deren Erfüllung zur Insolvenzmasse verlangt wird oder für die Zeit nach der Eröffnung des Insolvenzverfahrens erfolgen muss, § 55 Abs. 1 Nr. 2 InsO, etwa Miet- und Pachtverträge.

Verbindlichkeiten, die aus einer **ungerechtfertigten und unmittelbaren Bereicherung der Masse** resultieren, werden in gleicher Weise zu den Masseverbindlichkeiten gerechnet, § 55 Abs. 1 Nr. 3 InsO.

Nach der Eröffnung des Verfahrens gelten als Masseverbindlichkeiten auch die **Verbindlichkeiten, die von einem vorläufigen, „starken"**[528] **Insolvenzverwalter in Form von Neugeschäften begründet** worden sind, § 55 Abs. 2 S. 1 InsO. Nichts anderes gilt für **Verbindlichkeiten aus einem Dauerschuldverhältnis**, soweit der vorläufige Insolvenzverwalter für das von ihm verwaltete Vermögen die Gegenleistung in Anspruch genommen hat, § 55 Abs. 2 S. 2 InsO. Ggf. kann die Bundesagentur für Arbeit die auf sie übergegangenen Ansprüche auf Arbeitsentgelt geltend machen, § 55 Abs. 3 S. 1 InsO.

---

516 BGH VIA 2020, 36 = WuB 2020, 297 mAnm Neuhof.
517 BGH VIA 2020, 36 = WuB 2020, 297 mAnm Neuhof; ähnlich LG Bochum DStR 2019, 1556 (1560).
518 BGH VIA 2020, 36 = WuB 2020, 297 mAnm Neuhof.
519 Neuhof WuB 2020, 297 (300).
520 BGH VIA 2020, 36= WuB 2020, 297 mAnm Neuhof.
521 BGH NZI 2016, 968; VIA 2020, 36 = WuB 2020, 297 mAnm Neuhof.
522 BGH NZI 2019, 499; VIA 2020, 36 = WuB 2020, 297 mAnm Neuhof.
523 BGH NZI 2012, 135; VIA 2020, 36 = WuB 2020, 297 mAnm Neuhof.
524 Rugullis ZEV 2007, 156 (158).
525 Vgl. Schmidt/Köster/Berner § 55 Rn. 3 ff.
526 Schmidt/Köster/Berner § 55 Rn. 8.
527 Schmidt/Köster/Berner § 55 Rn. 11.
528 Die Verfügungsbefugnis des Schuldners ist auf den vorläufigen Insolvenzverwalter übergegangen.

Schließlich rechnet § 55 Abs. 4 S. 1 InsO die **Umsatzsteuerverbindlichkeiten** des Insolvenzschuldners, die von einem vorläufigen Insolvenzverwalter oder vom Schuldner mit Zustimmung des vorläufigen Insolvenzverwalters begründet worden sind, nach der Eröffnung des Insolvenzverfahrens zu den Masseverbindlichkeiten, womit das sog. „Fiskusprivileg" etabliert wird.[529] Gleichgestellt sind sonstige **Ein- und Ausfuhrabgaben, bundesgesetzlich geregelte Verbrauchssteuern, Luftverkehr- und Kraftfahrzeugsteuern** und die **Lohnsteuer**, § 55 Abs. 4 InsO.

Zur Rangfolge im Falle der Masseunzulänglichkeit vgl. unten → Rn. 69.

III. Masseverbindlichkeiten nach § 324 Abs. 1 Nr. 1 InsO: Aufwendungsersatzansprüche nach §§ 1978, 1979 BGB

Zu den Masseverbindlichkeiten zählen die **Aufwendungsersatzansprüche**, die dem Erben nach den §§ 1978, 1979 BGB aus dem Nachlass zu ersetzen sind, § 324 Abs. 1 Nr. 1 InsO.[530] Eine weitere Spezifizierung auf bestimmte Erben erfolgt nicht, weshalb die Regelung allen Erben zugutekommt, auch dem Nacherben oder Miterben,[531] ebenso dem Fiskuserben.[532] Prämisse bleibt dabei, dass der **Erbe noch beschränkt haftet**, § 2013 Abs. 1 BGB,[533] und die Aufwendungen **ordnungsgemäßer Nachlassverwaltung** entsprechen.[534] Der Fiskuserbe, der den Nachlass sichert und Ermittlungen durchführt, um zur Befriedigung der Nachlassgläubiger zu gelangen, generiert Verwaltungskosten, die als Masseverbindlichkeiten iSv § 324 Abs. 1 Nr. 1 InsO einzustufen sind.[535] Der Fiskuserbe handelt als Geschäftsbesorger ohne Auftrag, §§ 1978, 683 BGB.[536]

63

IV. Masseverbindlichkeiten nach § 324 Abs. 1 Nr. 2 InsO: Beerdigungskosten

Masseverbindlichkeiten sind auch die **Kosten der Beerdigung des Erblassers**, § 324 Abs. 1 Nr. 2 InsO,[537] darunter Überführungskosten, die Kosten für Grabstein, Sarg, Urne, die Kosten der Trauerfeier[538] bzw. Trauerzeremonie, die Kosten des Gottesdienstes,[539] die Kosten für den sog. Leichenschmaus[540] sowie etwaige Gebühren für Behörden und Kirchen. Der Zweck der Regelung besteht in einer **Privilegierung** desjenigen, der für die Beerdigung des Erblassers gesorgt hat und damit einer öffentlichen Aufgabe nachgekommen ist.[541] Im Falle der Bank des debitorischen Nachlasskontos ist dies nicht der Fall.[542] Im Rahmen der Einordnung als Masseverbindlichkeit macht es keinen Unterschied, ob eine Erd-, Feuer-, See- oder Baumbestattung erfolgt und ob der Zeitpunkt der Beerdigung vor oder nach der Insolvenzeröffnung liegt.[543] Allerdings wird konkludent auf das Kriterium der „standesgemäßen", angemessenen bzw. würdigen Beerdigung abzustellen sein, da nur solche Beerdigungskosten ersatzfähig sind,[544] arg. § 1968 BGB.[545] Berücksichtigung finden müssen der gesellschaftliche Status des Erblassers und die allgemeinen Sitten und Bräuche, die „Lebensstellung des Verstorbenen",[546] gekoppelt an die Leis-

64

---

529 Zum Privileg vgl. Schmidt/Köster/Berner § 55 Rn. 40.
530 Identisch mit der alten Regelung in § 224 Nr. 1 KO, vgl. Jaeger, 75. Zu § 324 InsO vgl. Lissner ZInsO 2017, 2253 (2259).
531 FK-InsO/Schallenberg/Rafiqpoor InsO § 324 Rn. 4; Graf-Schlicker/Busch InsO § 324 Rn. 3.
532 Roth ZEV 2021, 7 (9).
533 FK-InsO/Schallenberg/Rafiqpoor InsO § 324 Rn. 4; Bork/Hölzle InsR-HdB/Böhm Rn. 81; FAKomm InsR/Ringstmeier InsO § 324 Rn. 3.
534 FK-InsO/Schallenberg/Rafiqpoor InsO § 324 Rn. 9; Graf-Schlicker/Busch InsO § 324 Rn. 3; FAKomm InsR/Ringstmeier InsO § 324 Rn. 3.
535 Roth ZEV 2021, 7 (9, 10).
536 Roth ZEV 2021, 7 (11).
537 In der alten Konkursordnung: „Kosten der standesmäßigen Beerdigung des Erblassers", vgl. Jaeger, 75.
538 Bork/Hölzle InsR-HdB/Böhm Rn. 82.
539 Jaeger, 77.
540 FK-InsO/Schallenberg/Rafiqpoor InsO § 324 Rn. 14; FAKomm InsR/Ringstmeier InsO § 324 Rn. 4.
541 Jacoby WM 2003, 368 (375). Zu den Beerdigungskosten als Masseverbindlichkeiten vgl. auch Harder NJW-Spezial 2022, 469 (470).
542 Jacoby WM 2003, 368 (375).
543 Jaeger, 77.
544 FK-InsO/Schallenberg/Rafiqpoor InsO § 324 Rn. 12; Bork/Hölzle InsR-HdB/Böhm Rn. 82; Graf-Schlicker/Busch InsO § 324 Rn. 4; Lissner ZInsO 2017, 2253 (2259); FAKomm InsR/Ringstmeier InsO § 324 Rn. 4.
545 FAKomm InsR/Ringstmeier InsO § 324 Rn. 4.
546 Jaeger, 77.

tungsfähigkeit des Nachlasses.⁵⁴⁷ Nicht zu den Beerdigungskosten rechnen die weiteren Nachfolgekosten, etwa die Kosten für die Grabpflege.⁵⁴⁸ **Massegläubiger** kann nur der **Erbe** sein, der die Beerdigungskosten aus seinen Mitteln bestritten hat. **Andere Personen**, also **nichterbende Angehörige** oder die **Bank des debitorischen Nachlasskontos**,⁵⁴⁹ mit dem die Beerdigungskosten beglichen wurden, zählen nicht zu den Massegläubigern nach § 324 Abs. 1 Nr. 2 InsO,⁵⁵⁰ da kein Vertrag mit den Erben vorliegt, der ihnen einen Anspruch gewährt.⁵⁵¹ In der derzeitigen Praxis wird dies häufig übersehen, Bestattungskosten werden generell unter § 324 Abs. 1 Nr. 2 InsO subsumiert. Dieser Praxis kann nicht gefolgt werden, richtigerweise rechnen nur die vom **Erben** verauslagten Bestattungskosten zu den Masseverbindlichkeiten iSv § 324 Abs. 1 Nr. 2 InsO.⁵⁵² Der Bestatter hält sich unmittelbar an den persönlich haftenden Auftraggeber, nicht an die Nachlassinsolvenzmasse. Die nichterbenden Angehörigen werden auf ihren Erstattungsanspruch nach § 1968 BGB verwiesen.⁵⁵³

V. Masseverbindlichkeiten nach § 324 Abs. 1 Nr. 3 InsO: Verfahrenskosten im Rahmen der Todeserklärung

65 Im Falle der Todeserklärung des Erblassers fallen die **Kosten des Todeserklärungsverfahrens** als Masseverbindlichkeiten zur Last, § 324 Abs. 1 Nr. 3 InsO.⁵⁵⁴ Ohne Todeserklärungsverfahren kann das Nachlassinsolvenzverfahren nicht ins Werk gesetzt werden,⁵⁵⁵ weshalb es der Billigkeit⁵⁵⁶ entspricht, entsprechende Kosten als Masseverbindlichkeit zu qualifizieren.⁵⁵⁷ Gemeint sind neben den **außergerichtlichen Kosten des Antragstellers**⁵⁵⁸ auch die wertabhängigen⁵⁵⁹ **Verfahrenskosten** nach den Nr. 15210, 15211 KV GNotKG,⁵⁶⁰ die sich nach der Tabelle A richten, § 34 GNotKG. Das Verfahren selbst richtet sich nach dem Verschollenheitsgesetz.

VI. Masseverbindlichkeiten nach § 324 Abs. 1 Nr. 4 InsO: Kosten der Eröffnung einer Verfügung von Todes wegen und Kosten der gerichtlichen Nachlasssicherung

66 Die Regelung erklärt die Kosten der **Eröffnung** einer erblasserischen Verfügung von Todes wegen, die **Kosten der gerichtlichen Sicherung des Nachlasses**, die **Kosten einer Nachlasspflegschaft**, darunter die Vergütungsforderung des Nachlasspflegers⁵⁶¹ sowie die Kosten des Aufgebots der Nachlassgläubiger und die Kosten der Inventarerrichtung zu den Masseverbindlichkeiten, vgl. § 324 Abs. 1 Nr. 4 InsO.⁵⁶² In den Motiven wird dies damit begründet, dass die Eröffnung „der Klarstellung der Gesamtrechtsnachfolge"⁵⁶³ diene und damit „daher in einem gewissen Sinne auch im Interesse des Gläubigers" sei.⁵⁶⁴ Die **Vergütung** eines von der zuständigen Rechtsanwaltskammer bestellten **Kanzleiabwicklers**⁵⁶⁵ zählt nicht zu den Masseverbindlichkeiten nach § 324 Abs. 1 Nr. 4 InsO. Entsprechende Verbindlichkeiten haben ihren unmittelbaren

---

547 FK-InsO/Schallenberg/Rafiqpoor InsO § 324 Rn. 13.
548 FK-InsO/Schallenberg/Rafiqpoor InsO § 324 Rn. 14; Graf-Schlicker/Busch InsO § 324 Rn. 4; FAKomm InsR/Ringstmeier InsO § 324 Rn. 4.
549 Jacoby WM 2003, 368 (375).
550 LG Frankfurt aM NZI 2021, 152 = jurisPR-InsR 11/2021 Anm. 2; zur Bank des debitorischen Nachlasskontos vgl. Jacoby WM 2003, 368 (375).
551 LG Frankfurt aM NZI 2021, 152 = jurisPR-InsR 11/2021 Anm. 2; zum Erben vgl. Bork/Hölzle InsR-HdB/Böhm Rn. 82.
552 LG Frankfurt aM NZI 2021, 152 = jurisPR-InsR 11/2021 Anm. 2.
553 LG Frankfurt aM NZI 2021, 152 = jurisPR-InsR 11/2021 Anm. 2.
554 Vgl. FAKomm InsR/Ringstmeier InsO § 324 Rn. 5; Braun/Bauch InsO § 324 Rn. 5.
555 Zur „Grundvoraussetzung für die Eröffnung eines Nachlassinsolvenzverfahrens" vgl. FAKomm InsR/Ringstmeier InsO § 324 Rn. 5.
556 So bereits Jaeger, 78; ebenso FK-InsO/Schallenberg/Rafiqpoor InsO § 324 Rn. 15.
557 Lissner ZInsO 2017, 2253 (2259).
558 Graf-Schlicker/Busch InsO § 324 Rn. 5.
559 Wert nach § 36 Abs. 2 und 3 GNotKG, nichtvermögensrechtliche Angelegenheit, Wertbestimmung nach billigem Ermessen.
560 Überholt dagegen Bork/Hölzle InsR-HdB/Böhm Rn. 82, dort wird noch § 128 KostO erwähnt, eine Regelung, die seit dem 1.8.2013 aufgehoben ist.
561 Kuleisa ZVI 2016, 135 (136).
562 FAKomm InsR/Ringstmeier InsO § 324 Rn. 6; Kuleisa ZVI 2016, 135 (136).
563 Motive bei Jaeger, 79.
564 Motive bei Jaeger, 79.
565 BGH VIA 2020, 36 = WuB 2020, 297 mAnm Neuhof.

Grund in der Abwicklung der Kanzlei[566] und können keinen Bezug zur Insolvenzmasse vorweisen.

VII. Masseverbindlichkeiten nach § 324 Abs. 1 Nr. 5 InsO: Verbindlichkeiten aus Rechtsgeschäften eines Nachlasspflegers, Testamentsvollstreckers oder Nachlassverwalters

Verbindlichkeiten, die aus Rechtsgeschäften des Nachlasspflegers, des Nachlassverwalters oder des Testamentsvollstreckers resultieren, ordnet die Regelung in § 324 Abs. 1 Nr. 5 InsO den Masseverbindlichkeiten zu.[567] Voraussetzung ist allerdings, dass die Rechtsgeschäfte **ordnungsgemäßer Verwaltung** entsprechen und **nicht dem deliktischen Haftungsbereich** zuzuordnen sind.[568] Die **Vergütung eines** von der zuständigen Rechtsanwaltskammer bestellten **Kanzleiabwicklers**[569] zählt nicht zu den Masseverbindlichkeiten nach § 324 Abs. 1 Nr. 5 InsO. Entsprechende Verbindlichkeiten haben ihren unmittelbaren Grund in der Abwicklung der Kanzlei[570] und können keinen Bezug zur Insolvenzmasse vorweisen. Zur Rangfolge im Falle der Masseunzulänglichkeit → Rn. 69.

67

VIII. Masseverbindlichkeiten aus Geschäftsführung nach § 324 Abs. 1 Nr. 6 InsO

Den Katalog der Masseverbindlichkeiten komplettiert § 324 Abs. 1 Nr. 6 InsO mit den **speziellen Verbindlichkeiten des Erben** gegenüber einem Nachlasspfleger, einem Testamentsvollstrecker oder einem ausschlagenden Erben. Die Diktion beruht auf einer vollständigen Übernahme alten Konkursrechts, hier § 224 Nr. 6 KO.[571] Die Decodierung ergibt, dass als **Nachlassgläubiger** der Nachlasspfleger, der Testamentsvollstrecker bzw. der ausschlagende Erbe fungiert, Personen, deren Ansprüche aus einer Geschäftsführung resultieren, die den Nachlassgläubigern gegenüber gerechtfertigt war.[572] Die Kennzeichnung als „gerechtfertigte", von den Nachlassinteressen geleitete Geschäftsführung[573] verleiht den Verbindlichkeiten das Signum als Masseverbindlichkeit. Die **Vergütung eines** von der zuständigen Rechtsanwaltskammer bestellten **Kanzleiabwicklers**[574] zählt nicht zu den Masseverbindlichkeiten nach § 324 Abs. 1 Nr. 6 InsO (→ Rn. 59).

68

IX. Masseunzulänglichkeit und Rangfolge der Masseverbindlichkeiten, §§ 324 Abs. 2, 209 Abs. 1 Nr. 3 InsO

Den **letzten**, in § 209 Abs. 1 Nr. 3 InsO verankerten **Rang** nehmen die oben beschriebenen Masseverbindlichkeiten ein,[575] sofern Masseunzulänglichkeit besteht und die Masse nicht zur Befriedigung der Masseverbindlichkeiten ausreicht.[576] Die Befriedigung erfolgt jedoch noch im Rang vor dem Unterhaltsanspruch der Familie des Schuldners.[577]

69

---

566 BGH VIA 2020, 36 = WuB 2020, 297 mAnm Neuhof; LG Bochum DStR 2019, 1556 (1560).
567 Zu den entsprechenden Masseverbindlichkeiten vgl. Graf-Schlicker/Busch InsO § 324 Rn. 7; FAKomm InsR/Ringstmeier InsO § 324 Rn. 7; Harder NJW- Spezial 2022, 469 (470).
568 FAKomm InsR/Ringstmeier InsO § 324 Rn. 7.
569 BGH VIA 2020, 36 = WuB 2020, 297 mAnm Neuhof.
570 BGH VIA 2020, 36 = WuB 2020, 297 mAnm Neuhof; LG Bochum DStR 2019, 1556 (1560).
571 Zum alten Gesetzestext vgl. Jaeger, 76.
572 Jaeger, 80.
573 Vgl. Jaeger, 80: „im Interesse des Nachlasses und (sonach mittelbar im Interesse) der Nachlassgläubiger".
574 BGH VIA 2020, 36 = WuB 2020, 297 mAnm Neuhof; FAKomm InsR/Ringstmeier InsO § 324 Rn. 9.
575 Zur schlechtesten Rangklasse vgl. FAKomm InsR/Ringstmeier InsO § 324 Rn. 10.
576 Zum Rang vgl. Graf-Schlicker/Busch InsO § 324 Rn. 9.
577 FAKomm InsR/Ringstmeier InsO § 324 Rn. 10.

Q. Insolvenzplanverfahren im Nachlassinsolvenzverfahren

I. Vorteile und Rechtsnatur des Insolvenzplans im Nachlassinsolvenzverfahren

70 Ein eigenständiges Verfahren ist im Insolvenzplanverfahren nicht zu sehen, sondern ein spezielles Verwertungsverfahren **innerhalb des Nachlassinsolvenzverfahrens**,[578] eine Alternative zur Regelinsolvenz.[579] Die Sonderregelungen zum Insolvenzplan ergeben sich aus den §§ 217 ff. InsO. Historisch steht der Insolvenzplan in einer Linie mit Instrumentarien der **alten Konkursordnung**, weshalb der BGH von der „Ersetzung des konkursrechtlichen Zwangsvergleichs durch das Instrument des Insolvenzplans" spricht.[580] Charakteristisch ist, dass der Insolvenzplan für alle Verwertungsarten des Schuldnervermögens zur Verfügung steht,[581] nicht nur für die Sanierung.[582] Die Zeit,[583] die die Erstellung eines Insolvenzplans in Anspruch nimmt, darf in der Praxis nicht unterschätzt werden. Die Empfehlung geht daher dahin, den **Insolvenzplan** bereits mit dem **Insolvenzeröffnungsantrag** einzureichen.[584] Hinzu kommt der beträchtliche Zeitaufwand, den das Insolvenzgericht aufbringen muss, um den Insolvenzplan einer Prüfung zu unterziehen und Fehler zu monieren. Der Vorschlag von Teilen der insolvenzgerichtlichen Praxis, die Vorlage eines Insolvenzplans nur bei Erfüllung bestimmter Auflagen zuzulassen, beispielsweise einer Quotenerhöhung von mindestens 5 Prozent, ist der Gesetzgeber bislang nicht gefolgt.

71 Das **Insolvenzplanverfahren** findet bereits in § 1 S. 1 InsO Berücksichtigung, und zwar als Möglichkeit, „eine abweichende Regelung insbesondere zum Erhalt des Unternehmens" zu treffen,[585] womit der Hauptanwendungsbereich bereits umrissen ist, der Bereich der **Unternehmensinsolvenzen**, insbesondere der Großinsolvenzen.[586] Bis zur InsO-Reform 2012 war von einem „Schattendasein"[587] des Insolvenzplans die Rede, zwischenzeitlich ist der Insolvenzplan in der Praxis angekommen. Ein prominentes Beispiel der neueren Zeit stellt das Insolvenzplanverfahren der Suhrkamp Verlag GmbH & Co. KG dar.[588] Die klassische Zerschlagung des Schuldnervermögens mit dem Ziel, zu einer gleichmäßigen Befriedigung der Gläubiger zu gelangen, soll vermieden, stattdessen die Sanierung[589] und der Erhalt[590] des Unternehmens betrieben werden, um die Nachlassverbindlichkeiten (vgl. § 325 InsO) in der Zukunft abtragen zu können.[591] Die Literatur[592] spricht insoweit von einer **alternativen Sanierungsoption**, einem umfassenden Entschuldungskonzept,[593] das eine „komplette Entschuldungsfunktion"[594] bieten soll. Unterschieden wird zwischen Entschuldungs- und Reorganisationsplänen,[595] daneben sind sog. verfahrensleitende Insolvenzpläne möglich,[596] die nur Teile des Insolvenzverfahrens betreffen. Auch die Masseunzulänglichkeit stellt keinen Hinderungsgrund dar, wie ein Blick auf die Regelung in § 210a InsO belegt.[597]

---

578 Zum Insolvenzplanverfahren im Nachlassinsolvenzverfahren vgl. Roth/Pfeuffer NachlassInsVerfHdB, 202; Gottwald/Haas InsR-HdB/Koch/de Bra § 66 Rn. 7; Staufenbiel/Brill ZInsO 2012, 1395 (1400); Harder NJW- Spezial 2022, 469.
579 Silcher/Brandt/Rauscher Teil III Kap. 27 Rn. 3.
580 BGH DZWIR 2021, 42 (44).
581 BGH DZWIR 2021, 42 (44); Lissner DGVZ 2017, 68 (70); Harig VIA 2022, 49.
582 Zu den Planfacetten vgl. Burger/Schellberg DB 1994, 1833.
583 Insbesondere bei schwierigen Gläubigern, vgl. Föhlisch ZVI 2018, 464 (466).
584 Föhlisch ZVI 2018, 464 (466).
585 Zum Vermögenserhalt vgl. Silcher/Brandt/ Rauscher Teil III Kap. 27 Rn. 2.
586 Zur Zulässigkeit des Insolvenzplans im Rahmen der Nachlassinsolvenz vgl. Gottwald/Haas InsR-HdB/Döbereiner § 114 Rn. 1.
587 Frind InsbürO 2019, 402.
588 BGH ZIP 2014, 1442; der Insolvenzplan sah die Umwandlung des Verlags in eine Aktiengesellschaft vor. Zum Suhrkamp-Fall vgl. auch Eidenmüller NJW 2014, 17 (18).
589 Zum Insolvenzplan als Sanierungsplan vgl. BGH BeckRS 2005, 10212.
590 Zum Erhalt und zur „Wiederherstellung der Ertragskraft" siehe Tan/Lambrecht NZI 2019, 249.
591 Gottwald/Haas InsR-HdB/Döbereiner § 114 Rn. 1.
592 Ehlers DStR 2010, 2523.
593 Ehlers DStR 2010, 2523 (2526).
594 Ehlers DStR 2010, 2523 (2526).
595 Ehlers DStR 2010, 2523 (2526); zum Insolvenzplan, der auf Fortführung gerichtet ist, vgl. BGH ZVI 2005, 604; Rieger NZI 2013, 671.
596 Stapper ZVI 2018, 303 (309).
597 Stapper ZVI 2018, 303 (309).

II. Klassifizierung

Ein Klassifizierungsversuch[598] erkennt im Insolvenzplan einen **Verwertungsvertrag**,[599] charakterisiert durch seine Ähnlichkeiten zum Prozessvergleich. Andere Versuche[600] gehen dahin, dem Insolvenzplan die Natur eines **öffentlich-rechtlichen Rechtsaktes** beizumessen oder im Insolvenzplan ein **Rechtsinstitut sui generis**[601] zu erkennen. Überzeugender erscheint die Einordnung als **privatrechtsgestaltender Verfahrensakt**,[602] wie sie die sog. Verfahrenstheorie vornimmt. Schließlich handelt es sich um ein gerichtliches Verfahren, das die Notwendigkeit einer gerichtlichen Bestätigung[603] statuiert, womit sich der Insolvenzplan eher im Verfahrens- als im Vertragsrecht verortet.

III. Initiativrecht zur Vorlage eines Insolvenzplans, § 218 InsO; die sog. Planinitiatoren

1. Schuldner als Planinitiator. Das Initiativrecht zur Vorlage eines Insolvenzplans steht zum einen dem **Schuldner** zu, dem **Alleinerben** bzw. **allen Miterben gemeinschaftlich**,[604] wobei die Planvorlage mit dem Antrag auf Eröffnung des Nachlassinsolvenzverfahrens verbunden[605] werden kann, § 218 Abs. 1 S. 2 InsO. Darin kann ein strategischer Vorteil liegen.[606] Spätestmöglicher Termin ist der Schlusstermin, ein danach eingereichter Plan wird nicht berücksichtigt und muss zurückgewiesen werden, § 218 Abs. 1 S. 3 InsO.[607] Der Schuldner kann Planinitiator sein,[608] wobei ihm jedoch die Plankosten nicht aus der Masse erstattet werden.[609] Der Insolvenzverwalter erhält den schuldnerischen Planvorschlag mit der Bitte um Stellungnahme binnen einer bestimmten, mehrwöchigen Frist.[610] Mit Zustimmung des Gläubigerausschusses kann der Insolvenzverwalter die Zurückweisung des Schuldnerplans beantragen, sofern es sich um einen zweiten bzw. wiederholten Plan handelt und der Schuldner bereits vergeblich einen Plan vorgelegt hatte, § 231 Abs. 2 InsO. Fand der erste Plan bereits keine Gläubigerzustimmung oder keine gerichtliche Bestätigung, deutet die erneute Planvorlage auf Verfahrensverzögerung hin, die mit Zurückweisung beantwortet werden kann.

2. Insolvenzverwalter als Planinitiator. Zum anderen steht das Initiativrecht dem **Insolvenzverwalter** zu, § 218 Abs. 1 S. 1 InsO, der hierzu von der Gläubigerversammlung beauftragt[611] werden kann, § 218 Abs. 2 InsO.[612] Ähnliches gilt für den Sachwalter,[613] dem kein eigenständiges Initiativrecht zusteht, der aber beauftragt werden kann. Auch der Insolvenzverwalter kann Planinitiator sein, spätestmöglicher Termin hierzu ist wiederum der Schlusstermin. Eine **höchstpersönliche, nicht delegierbare Pflicht des Insolvenzverwalters** liegt vor, die im vorgezeichneten Neutralitätsrahmen zu erfüllen ist.[614] Bei der Aufstellung des Plans wirken der **Gläubigerausschuss**, der **Betriebsrat**, der **Sprecherausschuss** der leitenden Angestellten und der **Schuldner** be-

---

598 Roth/Pfeuffer NachlassInsVerf-HdB, 204.
599 Zur sog. „Vertragstheorie" vgl. Thöne KTS 2018, 151 (155 f.).
600 Zum Meinungsumfeld vgl. Thöne KTS 2018, 151 (155 ff.); gegen die Vertragstheorie OLG Schleswig ZInsO 2017, 1554 (1556).
601 Thöne KTS 2018, 151 (159).
602 Thöne KTS 2018, 151 (159 ff.).
603 Thöne KTS 2018, 151 (169).
604 Wegen §§ 2038, 2040 BGB nur kollektives Antragsrecht aller Miterben, vgl. Gottwald/Haas InsR-HdB/Döbereiner § 114 Rn. 2; Roth/Pfeuffer NachlassInsVerf-HdB, 205; der Antrag eines einzelnen Miterben ist unzulässig.
605 Sog. „prepackaged-plan", vgl. Ehlers DStR 2010, 2523 (2526); Stapper ZVI 2018, 303; Beck/Depré Insolvenz/Exner/Wittmann § 43 Rn. 60; Heyn/Kreuznacht/Voß Teil 1 Checkliste 37 Rn. 74.
606 Beck/Depré Insolvenz/Exner/Wittmann § 43 Rn. 62.
607 Föhlisch ZVI 2018, 464 (465).
608 Lissner DGVZ 2017, 68 (71).
609 Silcher/Brandt/Rauscher Teil III Kap. 27 Rn. 6.
610 Silcher/Brandt/Rauscher Teil III Kap. 27 Rn. 28.
611 Die Gläubigerversammlung kann zwar ein Planziel vorgeben, den Insolvenzverwalter jedoch nicht zur Vorlage eines bestimmten Planes zwingen, Beck/Depré Insolvenz/Exner/Wittmann § 43 Rn. 64.
612 Gottwald/Haas InsR-HdB/Döbereiner § 114 Rn. 4; BGH ZVI 2005, 604 (605); Edelmann AnwBl 1998, 489 (496); Stapper ZVI 2018, 303; Stahlschmidt ZInsO 2018, 494 (496); Staufenbiel/Brill ZInsO 2012, 1395 (1401).
613 Heyn/Kreuznacht/Voß Teil 1 Checkliste 37 Rn. 74.
614 Frind InsbürO 2019, 402 (403).

ratend mit, § 218 Abs. 3 InsO. Weitere Vergütungs- oder Entschädigungsansprüche werden durch die Beratung nicht ausgelöst, da Eigeninteressen gewahrt werden.

75 **3. Nachlasspfleger oder Testamentsvollstrecker als Planinitiator.** Weiterhin können der **Nachlasspfleger** oder der **Testamentsvollstrecker**, dem die Verwaltung des Nachlasses obliegt, Planinitiator eines Insolvenzplanverfahrens sein,[615] spätestens im Schlusstermin. Macht der zur Verwaltung befugte Testamentsvollstrecker von seinem Initiativrecht Gebrauch, steht dem Erben kein eigenes Planvorlagerecht zu.[616]

76 **4. Einzelne Gläubiger als Planinitiatoren?** Einzelnen Gläubigern steht **kein Initiativrecht** zu, § 218 Abs. 1 S. 1 InsO im Umkehrschluss,[617] weshalb das Insolvenzgericht verpflichtet ist, einen entsprechenden Plan von Amts wegen zurückzuweisen, §§ 231 Abs. 1 S. 1 Nr. 1, 218 InsO.[618] Nur die Gläubigerversammlung kann den Insolvenzverwalter mit der Planausarbeitung beauftragen.[619]

77 **5. Parallele Pläne verschiedener Planinitiatoren.** Parallele Pläne verschiedener Planinitiatoren sind möglich,[620] beispielsweise der Plan des Schuldners und des Insolvenzverwalters, und Gegenstand des **Erörterungs- und Abstimmungstermins**. Regelmäßig wird im Termin ein Plan angenommen, der andere verworfen, zwingend ist dies jedoch nicht. Ggf. trifft dann das Insolvenzgericht im Rahmen der Bestätigungsentscheidung die **finale Wahl**, etwa mithilfe eines Sachverständigen. Um ein solches Verfahrensfinale zu vermeiden, können Insolvenzgerichte intensiv prüfen, ob nicht der Schuldnerplan zurückzuweisen ist, da er keine Aussicht auf Annahme durch die Gläubiger hat, § 231 Abs. 1 Nr. 2 InsO.

IV. Zuständigkeiten

78 Die Zuständigkeit liegt beim **Insolvenzgericht**, vgl. § 218 Abs. 1 InsO, dort beim **Richter**, vgl. § 18 Abs. 1 Nr. 2 RpflG,[621] und zwar für die gesamte Dauer des Verfahrens.[622]

V. Gliederung und Inhalt eines Insolvenzplans, §§ 219–221 InsO

79 **1. Gliederung eines Insolvenzplans, § 219 InsO.** Welche **Gliederung** ein Insolvenzplan aufweisen muss, ist in § 219 InsO geregelt. Danach besteht der Insolvenzplan zwingend aus

- einem **darstellenden Teil**, § 219 S. 1 InsO;
- einem **gestaltenden Teil**, § 219 S. 1 InsO;
- sowie **Anlagen**, §§ 229, 230 InsO, vgl. § 219 S. 2 InsO.[623]

Eine bloße Formalie ist darin nicht zu sehen, sondern ein **zwingender** Aufbau, den das Insolvenzgericht zu prüfen hat.[624] Fehlt einer der Bestandteile, beispielsweise die Zustimmungserklärung des Schuldners zur Fortführung, § 230 Abs. 1 InsO,[625] und kann eine Mangelbehebung durch den Vorlegenden nicht erfolgen oder innerhalb einer angemessenen Frist nicht behoben werden, weist das Insolvenzgericht den Insolvenzplan von Amts wegen zurück, § 231 Abs. 1 Nr. 1 InsO.[626] **Fakultativ** wird dem Insolvenzplan häufig eine **Präambel** vorangestellt, mit der in

---

615 Gottwald/Haas InsR-HdB/Döbereiner § 114 Rn. 3; Roth/Pfeuffer NachlassInsVerf-HdB, 204, 205; Staufenbiel/Brill ZInsO 2012, 1395 (1401).
616 Roth/Pfeuffer NachlassInsVerf-HdB, 205; aA Beck/Depré Insolvenz/Exner/Wittmann § 43 Rn. 59, Planinitiativrecht nur bei Schuldner und Insolvenzverwalter.
617 BGH ZVI 2005, 604 (605); Lissner DGVZ 2017, 68 (71).
618 Föhlisch ZVI 2018, 464 (465).
619 BGH BeckRS 2005, 10212.
620 FK-InsO/Hofmann Kap. 13 Rn. 134 ff.
621 Das Verfahren über einen Insolvenzplan bleibt dem Richter vorbehalten § 18 Abs. 1 Nr. 2 RpflG; vgl. Lissner DGVZ 2017, 68.
622 Damit auch für die Festsetzung der Vergütung des Insolvenzverwalters, so Silcher/Brandt/Rauscher Teil III Kap. 27 Rn. 11 und 12. Zur früheren Zuständigkeit vgl. Lissner DGVZ 2017, 68, das Verfahren ist erst seit dem 1.3.2012 den Richtern übertragen.
623 Vgl. das Muster bei Silcher/Brandt/Rauscher Teil III Kap. 27 Rn. 54.
624 Stahlschmidt ZInsO 2018, 494 (497); zum Aufbau vgl. Lissner DGVZ 2017, 68 (69 f.).
625 Stahlschmidt ZInsO 2018, 494 (498).
626 Föhlisch ZVI 2018, 464 (465).

die Sachlage eingeführt und zugleich eine Zusammenfassung der Planziele vorgenommen wird. Divergieren die Zusammenfassung und der rechtskräftig bestätigte Insolvenzplan oder sind widersprüchliche Regelungen enthalten, ist der rechtskräftig bestätigte Insolvenzplan maßgeblich.[627] Bestätigt wird der Plan, nicht die Zusammenfassung.[628] Dass der Insolvenzplan notwendigerweise in **Schriftform** vorgelegt werden muss, ergibt sich aus § 234 InsO, der Niederlegung des Plans.

2. Darstellender Teil des Insolvenzplans, § 220 InsO. Im darstellenden Teil des Insolvenzplans finden sich wirtschaftliche Informationen über die Vergangenheit und die Zukunft, Informationen darüber, welche **Maßnahmen** nach der Eröffnung des Insolvenzverfahrens bereits getroffen worden sind, und Aussagen darüber, welche Maßnahmen noch zu treffen sind, um die Grundlagen für die geplante Gestaltung der Rechte der Beteiligten zu schaffen, § 220 Abs. 1 InsO. Damit dient der darstellende Teil des Insolvenzplans der **Informationsvermittlung**,[629] der **Darlegung**[630] des aktuellen Zustandes, der wirtschaftlichen **Gesamtsituation**,[631] des **Plankonzepts**,[632] der **Analyse**[633] und der **Entscheidungsfindung**. Mithilfe der bereits realisierten und künftig noch zu realisierenden Maßnahmenkataloge soll die Vergangenheit beleuchtet werden, vor allem die Insolvenzursachen,[634] um die Zukunft beurteilen zu können. Anders kann der Gläubiger nicht zu einer tragfähigen, belastbaren Entscheidung gelangen,[635] notwendig sind Introspektion und Projektion, der Rückblick und der Ausblick auf das Planziel, bestehend in der Liquidation, der Übertragung oder der Sanierung.[636] Der darstellende Teil des Insolvenzplans soll deshalb alle sonstigen **Angaben** zu den Grundlagen und den Auswirkungen des Plans enthalten, die für die Entscheidungsfindung des Gläubigers und für die gerichtliche Bestätigung des Plans erheblich sind, § 220 Abs. 2 InsO,[637] ggf. unter Hinzuziehung von Sachverständigen bzw. von Industriesachverständigen.[638] Im darstellenden Teil wird in **transparenter, widerspruchsfreier**,[639] **valider**,[640] **nachvollziehbarer** und **begründeter** Weise das **Konzept** erläutert,[641] das dem Insolvenzplan zugrunde liegt. Um die notwendige **Klarheit** vorweisen und vollstreckbar sein zu können, darf der Insolvenzplan keine mehrdeutigen und irreführenden Regelungen enthalten,[642] sondern muss von einer **widerspruchsfreien Konzeption**[643] getragen werden. Zum Inhalt des darstellenden Teils gehören Angaben über den Erblasser, über das erblasserische Unternehmen,[644] die organisatorischen und personellen Maßnahmen innerhalb des Unternehmens,[645] dessen Gründung, die bisherige Entwicklung,[646] die Sozialplanforderungen,[647] die Höhe der Darlehen, die Gründe für die Insolvenz, die steuerlichen Implikationen des Insolvenzplans sowie das Potential der Zukunft und die Finanzierung.[648] Schablonenhaft und stereotyp darf der Insolvenzplan nicht sein,[649] sondern stets dem konkreten Szenario verhaftet und transparent. Im Insolvenzplan dürfen **Vermögenswerte** und **Alternativszenarien** nicht verschwiegen werden,[650] beispielsweise **Gesellschaftsanteile des Schuldners**, gleichgültig, ob diese werthaltig oder wertlos sind.[651]

---

627 BGH NZI 2014, 262.
628 BGH NZI 2014, 262 (263).
629 BGH ZVI 2011, 20 (23); NZI 2018, 691 (694); NZI 2015, 697 = VIA 2015, 77 mAnm Hörmann; Tan/Lambrecht NZI 2019, 249; Frind InsbürO 2019, 402 (404).
630 Lissner DGVZ 2017, 68 (69).
631 Heyn/Kreuznacht/Voß Teil 1 Checkliste 37 Rn. 74.
632 Lissner DGVZ 2017, 68 (69).
633 Edelmann AnwBl 1998, 489 (496).
634 Silcher/Brandt/Rauscher Teil III Kap. 27 Rn. 17.
635 BGH NZI 2015, 697 (700); NZI 2018, 691 (694); FAKomm InsR/Silcher InsO § 324, § 220 Rn. Frind InsbürO 2019, 402 (406); Lissner DGVZ 2017, 68 (69).
636 FAKomm InsR/Silcher InsO § 324, § 220 Rn. 1.
637 BGH NZI 2018, 691 (694).
638 Tan/Lambrecht NZI 2019, 249 (253).
639 BGH NZI 2018, 691 (694).
640 Zum Validitäts- und Transparenzgebot vgl. Frind InsbürO 2019, 402 (404).
641 Burger/Schellberg DB 1994, 1833.
642 BGH NZI 2018, 691 (694).
643 BGH NZI 2018, 691 (694).
644 Zum schuldnerischen Vermögen vgl. Tan/Lambrecht NZI 2019, 249 (252).
645 FAKomm InsR/Silcher InsO § 324, § 220 Rn. 2.
646 Roth/Pfeuffer NachlassInsVerf-HdB, 205, 206.
647 FAKomm InsR/Silcher InsO § 324, § 220 Rn. 2; Burger/Schellberg DB 1994, 1833.
648 Stapper ZVI 2018, 303 (305).
649 Zu unzulässigen Musterformularen vgl. FK-InsO/Hofmann Kap. 13 Rn. 39.
650 Frind Insbüro 2019, 402 (406).
651 Smid DZWIR 2020, 491 (513); Gottwald/Haas InsR-HdB/Döbereiner § 112 Rn. 20.

81 **3. Vergleichsberechnung.** Der **Entscheidungsfindung** dient in gleicher Weise eine **Vergleichsberechnung**,[652] in der das **Szenario**, das der Insolvenzplan entwirft, einem insolvenzplanlosen **Alternativszenario** gegenübergestellt wird. Also ein Quotenvergleich mit und ohne Insolvenzplan,[653] eine Darstellung des Insolvenzverfahrens ohne Insolvenzplan und mit Insolvenzplan.[654] In den Worten des BGH: „… erläutert die Vergleichsrechnung den Umfang der Gläubigerbefriedigung bei einer Verwertung der Masse mit und ohne Plan und unterrichtet die Gläubiger folglich, inwieweit der Plan ihre Befriedigungsaussichten verbessert".[655] Die Vergleichsberechnung zählt deshalb zu den **entscheidungserheblichen Angaben** iSv § 220 Abs. 2 InsO,[656] die Literatur spricht von einem Kernelement des darstellenden Teils.[657] **Fehlt** eine Vergleichsberechnung, muss das Insolvenzgericht den Insolvenzplan von Amts wegen **zurückweisen**, § 231 Abs. 1 Nr. 1 InsO.[658] Die Vergleichsberechnung enthält eine **Befriedigungsquote**, die zu einer insolvenzplanlosen Verwertung in Bezug gesetzt wird.[659]

82 **4. Insolvenzstraftaten des Schuldners?** Ob auch **Insolvenzstraftaten** des Schuldners Erwähnung finden müssen, wird unterschiedlich beantwortet, eine Relevanz ist wohl nur für den **Fall der Fortführung** durch den Schuldner zu bejahen.[660] Anders verhält es sich hingegen bei Beteiligungen des Schuldners an Gesellschaften, die einhellig zum darstellenden Teil des Insolvenzplans gerechnet werden müssen, weil Entscheidungsrelevanz iSv § 220 Abs. 2 InsO besteht.

83 **5. Gestaltender Teil des Insolvenzplans. a) Allgemeines.** Den Weg zum Planziel beschreibt der **gestaltende Teil des Insolvenzplans**.[661] Darin wird vollstreckbar[662] festgelegt, wie **die Rechtsstellung der Beteiligten** durch den Plan geändert und die **Befriedigung der Gläubiger**[663] ins Werk gesetzt werden soll, § 221 S. 1 InsO.

84 **b) Beteiligte.** Ein Blick auf die Regelung in § 217 InsO zeigt, welche **Beteiligten** gemeint sind:[664]

- die absonderungsberechtigten Gläubiger, § 223 InsO;
- die Insolvenzgläubiger (nicht nachrangige Gläubiger, § 224 InsO, und nachrangige Insolvenzgläubiger, § 225 InsO) und
- der Schuldner,

nicht dagegen die **aussonderungsberechtigten Gläubiger**[665] und die **Massegläubiger**,[666] es sei denn, es besteht Masseunzulänglichkeit[667] oder die Massegläubiger erklären freiwillig ihre Teilnahme am Insolvenzplanverfahren. Massegläubiger zählen regelmäßig nicht zu den Beteiligten des Planverfahrens. Das ist auch der Grund dafür, warum der Insolvenzverwalter kein Beteiligter des Planverfahrens ist.[668] Wegen der Zugehörigkeit zu den Masseverbindlichkeiten (vgl. § 54 Nr. 2 InsO) kann die **Vergütung des Insolvenzverwalters** nicht Gegenstand des Insolvenz-

---

652 Roth/Pfeuffer NachlassInsVerf-HdB, 206; FAKomm InsR/Silcher InsO § 324, § 220 Rn. 2b; Frind InsbürO 2019, 402 (406); Stahlschmidt ZInsO 2018, 494 (497f.). Zu einer unvollständigen Vergleichsrechnung vgl. BGH BeckRS 2022, 15879 = FD- InsR 2022, 450603 mAnm Lojowsky.
653 Silcher/Brandt/Rauscher Teil III Kap. 27 Rn. 7, Rn. 18.
654 Ebenso das Muster bei Silcher/Brandt/Rauscher Teil III Kap. 27 Rn. 54.
655 BGH NZI 2018, 691 (694).
656 Ebenso FAKomm InsR/Silcher InsO § 324, § 220 Rn. 2b.
657 Zur Vergleichsberechnung als „Schwerpunkt der Darstellung" vgl. Silcher/Brandt/Rauscher Teil III Kap. 27 Rn. 7.
658 Tan/Lambrecht NZI 2019, 249 (251).
659 BGH NZI 2018, 691 (694).
660 FAKomm InsR/Silcher InsO § 324, § 220 Rn. 2a; Stahlschmidt ZInsO 2018, 494 (498).

661 Zum Vergleich des gestaltenden Teils mit dem Urteilstenor vgl. FAKomm InsR/Silcher InsO § 324, § 221 Rn. 1.
662 Tan/Lambrecht NZI 2019, 249.
663 Heyn/Kreuznacht/Voß Teil 2 Checkliste 37 Rn. 74.
664 BGH ZIP 2017, 484 (484).
665 Stahlschmidt ZInsO 2018, 494 (496); FAKomm InsR/Silcher InsO § 324, § 221 Rn. 4.
666 Vgl. Roth/Pfeuffer NachlassInsVerf-HdB, 206; Gottwald/Haas InsR-HdB/Döbereiner § 114 Rn. 5; FAKomm InsR/Silcher InsO § 324, § 221 Rn. 4. Vgl. auch BGH ZIP 2017, 482 (484).
667 Stahlschmidt ZInsO 2018, 494 (496), dort auch zur Ausnahme für den Fall der Anzeige der Masseunzulänglichkeit vor Einreichung des Insolvenzplans, dann kann ausnahmsweise auch in die Rechte der Altmassegläubiger eingegriffen werden, vgl. InsO § 210a InsO.
668 BGH ZIP 2017, 482 (484).

plans sein.⁶⁶⁹ Vereinbarungen über die Vergütung des Insolvenzverwalters können **nicht Inhalt des Insolvenzplans** sein,⁶⁷⁰ weshalb die Insolvenzpraxis gehalten ist, von entsprechenden Regelungen Abstand zu nehmen.⁶⁷¹ Die Festsetzung einer bestimmten Höhe kann auch nicht Planbedingung iSv § 249 S. 1 InsO sein.⁶⁷² Ein möglicher Ausweg soll darin bestehen, dass ein Dritter die Vergütung des Insolvenzverwalters bezahlt.⁶⁷³

c) Bedingungen und Klauseln. Der Insolvenzplan kann mit aufschiebenden und auflösenden **Bedingungen** verknüpft werden.⁶⁷⁴ Darüber hinaus sind **Klauseln unzulässig**, die in die **nach Verfahrensaufhebung** wiederauflebende Verfügungsfreiheit des Schuldners eingreifen.⁶⁷⁵ 85

Zulässig sind hingegen Regelungen des Inhalts, die die **Gläubiger wirksam bestrittener Forderungen** zur Erhebung einer **Tabellenfeststellungsklage** binnen einer bestimmten **Ausschlussfrist** verpflichten.⁶⁷⁶ Anderenfalls wird die Forderung nicht berücksichtigt. Gegen entsprechende Bestimmungen des Insolvenzplans hegt der BGH⁶⁷⁷ keine grundsätzlichen Bedenken, weist aber zugleich darauf hin, dass die Vorschriften über die **Feststellung** der Forderungen der Insolvenzgläubiger in einem Insolvenzplan nicht abbedungen werden können.⁶⁷⁸ Als Beginn der Ausschlussfrist kommt die Rechtskraft des Bestätigungsbeschlusses in Betracht.⁶⁷⁹

Anders sind sog. **Präklusionsklauseln** einzuordnen, also Klauseln, die einen Forderungsverlust für den Fall vorsehen, dass der Gläubiger innerhalb einer bestimmten Ausschlussfrist seine Forderung nicht geltend macht.⁶⁸⁰ Entsprechende Klauseln sind **unzulässig** und können nicht Gegenstand des Insolvenzplans sein, weil sie Gläubiger unzulässigerweise benachteiligen. Grund ist der massive Eingriff in das Eigentumsrecht.⁶⁸¹ Einen entsprechenden Insolvenzplan muss das Insolvenzgericht von Amts wegen zurückweisen, § 231 Abs. 1 S. 1 InsO.⁶⁸²

d) Rechtsstreitigkeiten. Im gestaltenden Teil des Insolvenzplans kann die **Fortführung aller oder nur bestimmter**⁶⁸³ **anhängiger Rechtsstreitigkeiten** durch den Verwalter vorgesehen werden, § 259 Abs. 3 S. 1 InsO.⁶⁸⁴ Ein fortgeführter Prozess wird dann auf Rechnung des Schuldners geführt, sofern der Plan keine abweichende Regelung trifft, § 259 Abs. 3 S. 2 InsO. In der Folge agiert der Insolvenzverwalter als gewillkürter Prozessstandschafter des Schuldners.⁶⁸⁵ Die Regelung betrifft **nur anhängige Rechtsstreitigkeiten**, nicht Verfahren, die erst nach der Aufhebung des Insolvenzverfahrens eingeleitet werden.⁶⁸⁶ Eine entsprechende Prozessführungsbefugnis schließt das Gesetz aus, auf einen erst nach Aufhebung des Verfahrens rechtshängigen Anfechtungsprozess kommt § 259 Abs. 3 InsO nicht zur Anwendung.⁶⁸⁷ Daran kann auch eine Anordnung des Insolvenzgerichts nichts ändern,⁶⁸⁸ denn gestattet werden kann nur die Fortführung bereits laufender, nicht die Einleitung neuer Anfechtungsstreitigkeiten.⁶⁸⁹ Weil der Insolvenzverwalter nur anhängige Verfahren weiterverfolgen kann, kann einem Treuhänder per Plan nicht die Befugnis verliehen werden, nach Verfahrensaufhebung eine Forderung des Schuldners klage- 86

---

669 BGH ZIP 2017, 482 (484) = NJW 2017, 2280 (2282); Stapper ZVI 2018, 303 (309); Stahlschmidt ZInsO 2018, 494 (497); Frind InsbürO 2019, 402 (405); aA noch Silcher/Brandt/Rauscher Teil III Kap. 27 Rn. 40.
670 BGH ZIP 2017, 482.
671 AA FK-InsO/Hofmann Kap. 13 Rn. 103: ggf. Aufnahme der Vergütung in den Plan, allerdings versehen mit dem expliziten Hinweis, dass die Insolvenzgerichte hieran nicht gebunden sind und die Kompetenzen des Insolvenzgerichts nicht tangiert sein sollen.
672 BGH ZIP 2017, 482 (487).
673 So Stapper ZVI 2018, 303 (309).
674 BGH NZI 2018, 691 (694).
675 BGH NZI 2018, 691 (692).
676 BGH ZVI 2011, 20.
677 BGH ZVI 2011, 20.
678 BGH ZVI 2011, 20 (21).
679 BGH ZVI 2011, 20 (21).
680 BGH NZI 2015, 697; Stapper ZVI 2018, 303 (309).
681 Nerlich/Römermann/Rühle/Ober InsO § 254b Rn. 7.
682 Silcher/Brandt/Rauscher Teil III Kap. 27 Rn. 26.
683 BGH NZI 2013, 491; NZI 2014, 262 (263).
684 BGH NZI 2018, 691; NZI 2014, 262 (263).
685 BGH NZI 2006, 100; NZI 2014, 262 (264); BH NZI 2018, 691 (692).
686 BGH NZI 2018, 691 (692).
687 BGH NZI 2018, 691 (692).
688 BGH NZI 2010, 99; NZI 2018, 691 (692).
689 BGH NZI 2010, 99; NZI 2018, 691 (692).

weise einzuziehen.[690] Eine entsprechende Ermächtigung lässt sich mit § 259 Abs. 1 S. 2, Abs. 3 S. 1 InsO nicht vereinbaren.[691]

87 **e) Schlussrechnung.** Den Insolvenzverwalter trifft die Pflicht, im Rahmen der Beendigung seines Amtes der Gläubigerversammlung Rechnung zu legen, § 66 Abs. 1 InsO. Vor der Gläubigerversammlung prüft das Insolvenzgericht die **Schlussrechnung des Verwalters**, § 66 Abs. 2 S. 1 InsO. Der **Insolvenzplan** kann allerdings eine **abweichende Regelung** treffen, so die Ermächtigung in § 66 Abs. 4 InsO. Den Planinitiatoren steht es frei, im Insolvenzplan die gerichtliche Schlusskostenrechnung abzubedingen und hierauf zu verzichten.[692] Die Empfehlung geht dahin, einen entsprechenden Verzicht im Insolvenzplan vorzusehen.[693]

88 **f) Änderungen; Übertragungen; Auflassungen.** Änderungen können in der Stundung, dem Erlass, dem Verzicht oder der Schaffung neuer Rechtspositionen bestehen.[694] Möglich ist überdies die **Übertragung von Rechten**, beispielsweise von **Immobilien**[695] oder **Gesellschafterstellungen**,[696] § 228 InsO. Als Änderung kann ferner eine fiduziarische Forderungsabtretung erfolgen.[697] Entsprechende Willenserklärungen[698] können im gestaltenden Teil des Insolvenzplans aufgenommen werden, § 228 S. 1 InsO, wobei die Erklärungen als formgemäß abgegeben gelten, § 254a Abs. 1 InsO. Die **Form** der notariellen Beurkundung gilt als gewahrt. Sind Immobilien oder Rechte an Immobilien betroffen, sind diese Rechte unter Beachtung des § 28 GBO genau zu **bezeichnen**, § 228 S. 2 InsO, anderenfalls droht die Zurückweisung des Plans, § 231 Abs. 1 Nr. 1 InsO.

89 Eine **Auflassung** kann auch in einem rechtskräftig bestätigten Insolvenzplan erklärt werden, § 925 Abs. 1 S. 3 BGB.[699] Unter einer **Bedingung** oder **Befristung** darf die Auflassung jedoch **nicht erklärt** werden, § 925 Abs. 2 BGB. In der gerichtlichen Bestätigung des Insolvenzplans nach § 248 InsO ist allerdings keine unzulässige Bedingung, sondern eine unschädliche Rechtsbedingung[700] zu sehen. Unschädlich ist in gleicher Weise ein bedingter Insolvenzplan iSv § 249 InsO, da ein solcher Plan vom Insolvenzgericht nur bestätigt werden darf, sofern die Voraussetzungen erfüllt sind, § 249 S. 1 InsO. Mit der **Rechtskraft der Bestätigung** des Insolvenzplans (§ 254 Abs. 1 InsO) steht die **Unbedingtheit** des Insolvenzplans fest, sodass ein Konflikt mit § 925 Abs. 2 BGB nicht mehr konstatiert werden kann. Die Auflassung ist wirksam.[701] Die Grundbucheintragung kann der Insolvenzplan nicht ersetzen, weshalb sie umgehend ins Werk zu setzen ist.

90 **g) Rechtskraft der Bestätigung; Wirkungen.** Mit der **Rechtskraft der Bestätigung** des Insolvenzplans treten die **Wirkungen** für und gegen alle Beteiligten ein, § 254 Abs. 1 InsO.[702] Angeknüpft wird an die **rechtskräftige Bestätigung** durch das Insolvenzgericht, die nach der Annahme des Insolvenzplans durch die Gläubiger und nach der Zustimmung des Schuldners erforderlich ist, § 248 Abs. 1 InsO. Die Rechtskraft tritt mit Ablauf der zweiwöchigen Beschwerdefrist ein, und zwar ohne weitere Rechtshandlungen. Die **Wirkung erga omnes** ergibt sich aus § 254b InsO, wonach die Regelungen in den §§ 254, 254a InsO auch für Insolvenzgläubiger gelten, die ihre Forderungen nicht angemeldet haben, und für Beteiligte, die dem Insolvenzplan widersprochen haben.[703] Nicht selten begnügen sich Insolvenzpläne mit schuldrechtlichen Regelungen[704] und überlassen die dingliche Rechtsänderung den Notariaten und deren Abwicklungsroutinen. Ein-

---

690 BGH NZI 2018, 691 (692).
691 BGH NZI 2018, 691 (693).
692 Stapper ZVI 2018, 303 (309); Stahlschmidt ZInsO 2018, 494 (497).
693 Vgl. Silcher/Brandt/Rauscher Teil III Kap. 27 Rn. 48 und 54.
694 FAKomm InsR/Silcher InsO § 324, § 221 Rn. 5; Edelmann AnwBl 1998, 489 (496).
695 Adam NJW 2016, 3484 (3486).
696 FAKomm InsR/Silcher InsO § 324, § 221 Rn. 5 u. Rn. 7.
697 BGH NZI 2009, 340; NZI 2018, 691 (693).
698 BGH NZI 2018, 691 (693).
699 Adam NJW 2016, 3484.
700 Zu den unschädlichen Rechtsbedingungen, zu denen auch eine gerichtliche Genehmigung zählt, vgl. Grüneberg/Herrler BGB § 925 Rn. 20; Grüneberg/Ellenberger BGB Vorb. § 158 Rn. 5.
701 Adam NJW 2016, 3484 (3486).
702 OLG Schleswig ZInsO 2017, 1554 (1555).
703 Lissner DGVZ 2017, 68 (71).
704 Ebenso Adam NJW 2016, 3484.

getragen werden kann aufgrund einer **Ausfertigung** oder **beglaubigten Abschrift** des rechtskräftig bestätigten Insolvenzplans, ggf. auch aufgrund einer vom Notar beglaubigten Abschrift, zumal die Nachweisführung keine besondere Form voraussetzt.

Etwaige **Rechte gegen Mitschuldner oder Bürgen** des Schuldners werden durch den Insolvenzplan nicht berührt, § 254 Abs. 2 S. 1 InsO. Die Begründung hierfür ist darin zu sehen, dass Bürgen und Sicherungsgeber ohnehin nicht am Insolvenzverfahren teilnehmen.

h) **Vollstreckungsfähiger Inhalt.** Die Regelungen des Insolvenzplans müssen **einen vollstreckungsfähigen Inhalt** aufweisen,[705] § 257 InsO,[706] wobei sie diesen Status auch erst im Zusammenhang mit anderen Nachfolgeregelungen und weiteren Vereinbarungen erlangen können. Nicht selten scheitern Insolvenzpläne an der Notwendigkeit eines vollstreckungsfähigen Inhalts, weshalb die Praxisempfehlung[707] dahin geht, das Augenmerk besonders auf die Vollstreckungsfähigkeit zu richten. Aus dem **rechtskräftig bestätigten Insolvenzplan** findet in Verbindung mit dem **Eintrag in der Insolvenztabelle** die **Zwangsvollstreckung** statt, § 257 Abs. 1 S. 1 InsO. Beides ist erforderlich, um die Vollstreckung zu initiieren.[708] Die Vollstreckung selbst richtet sich nach den allgemeinen Regelungen, §§ 724 ff. ZPO, erforderlich ist ua eine Vollstreckungsklausel, §§ 724 ff. ZPO. Die funktionelle Zuständigkeit für die Erteilung der vollstreckbaren Insolvenztabellenausfertigung liegt beim Urkundsbeamten des Insolvenzgerichts, § 4 InsO, § 724 Abs. 2 ZPO. 91

i) **Restschuldbefreiung; Wiederaufleben; neues Insolvenzverfahren.** Mit der im Insolvenzplan vorgesehenen Befriedigung der Insolvenzgläubiger wird der **Schuldner** von seinen restlichen Verbindlichkeiten gegenüber diesen Gläubigern befreit, § 227 Abs. 1 InsO, erlangt **Restschuldbefreiung**,[709] sofern der Insolvenzplan keine Abweichungen vorsieht. Selbst ohne Abweichung im Insolvenzplan können die **Forderungen** der Insolvenzgläubiger, die teilweise gestundet oder erlassen wurden, **wiederaufleben**,[710] sollte der Schuldner mit der Erfüllung des Plans erheblich in Rückstand geraten, § 255 Abs. 1 S. 1 InsO. Der Erlass bzw. die Stundung werden **hinfällig**, § 255 Abs. 1 S. 1 InsO. Ein erheblicher Rückstand ist jedoch nur unter Berücksichtigung des § 355 Abs. 1 S. 2 InsO zu bejahen: der Schuldner hat eine fällige Verbindlichkeit nicht bezahlt, obwohl der Gläubiger ihn schriftlich gemahnt und dabei eine mindestens zweiwöchige Nachfrist gesetzt hat. 92

Wird vor vollständiger Planerfüllung über das Vermögen des Schuldners ein **neues Insolvenzverfahren** eröffnet, wird eine **Stundung** für alle Gläubiger hinfällig, § 255 Abs. 2 InsO.[711] Gleiches gilt für einen **Erlass** oder **Teilerlass**. Schließlich sollen Altgläubiger in einem neuen Insolvenzverfahren nicht schlechter gestellt werden als Neugläubiger.[712] Dies gilt umso mehr, als der Insolvenzplan offensichtlich gescheitert ist.

j) **Gruppenbildung der Gläubiger.** Im gestaltenden Teil des Insolvenzgläubigers findet eine **Gruppenbildung der Gläubiger** statt, orientiert an der unterschiedlichen Rechtsstellung der Gläubiger, § 222 InsO. Die Empfehlung[713] geht dahin, stets eine **ungerade Zahl von Gruppen** zu bilden, um die Mehrheitsbildung zu vereinfachen. Innerhalb jeder Gruppe sind den Beteiligten gleiche Rechte anzubieten, so das in § 226 Abs. 1 InsO[714] statuierte Prinzip der **Gläubigergleichbehandlung**.[715] Eine unterschiedliche Behandlung der Beteiligten einer Gruppe ist zulässig, setzt allerdings die **Zustimmung** aller betroffenen Beteiligten voraus, § 226 Abs. 2 S. 1 InsO. Die Zustimmungen sind dem Insolvenzplan als **Anlage** beizufügen. Darüber hinaus sind dem 93

---

705 Zur Vollstreckungsproblematik vgl. Stapper ZVI 2018, 303 (308).
706 Frind InsbürO 2019, 402 (405).
707 Zur Praxis vgl. Stapper ZVI 2018, 303 (308).
708 Lissner DGVZ 2017, 68 (72).
709 Stapper ZVI 2018, 303 (308); Frind InsbürO 2019, 402; zum Erlass vgl. OVG Sachsen-Anhalt InsbürO 2021, 338.
710 Rugullis NZI 2013, 869 (872).
711 BGH NZI 2014, 262 (264).
712 BGH NZI 2014, 262 (264).
713 Stapper ZVI 2018, 303 (306).
714 BGH ZVI 2005, 604 (606).
715 Eine Ungleichbehandlung soll damit ausgeschlossen werden. Zum Gleichbehandlungsgrundsatz vgl. Lissner DGVZ 2017, 68 (70).

Plan **Erläuterungen zur Gruppenbildung**[716] hinzuzufügen, die das Insolvenzgericht bereits im Rahmen der Vorprüfung benötigt. Darzulegen sind die Kriterien, die für die Abgrenzung verantwortlich zeichnen.[717]

94 k) **Gläubigergruppenverzeichnis; Pflichtgruppenbildung.** Erstellt wird ein sog. **Gläubigergruppenverzeichnis**, in dem neben den Informationen über die Namen und Anschriften der Gläubiger[718] auch Aussagen über die angemeldete Forderung, das Prüfungsergebnis und über das Stimmrecht getroffen werden.[719] Gläubiger, die die gleiche Rechtsstellung teilen, sind in einer Gruppe zusammenzufassen.[720] Die Bildung einer sog. **Mischgruppe**, bestehend aus Gläubigern werthaltiger und nicht werthaltiger Absonderungsrechte, ist **unzulässig**,[721] ebenso die Mischung von absonderungsberechtigten Gläubigern und einfachen Insolvenzgläubigern.[722] Teilen alle Gläubiger dieselbe Rechtsstellung, ergibt eine künstliche Gruppenbildung keinen Sinn, weshalb in dieser Konstellation von einer weiteren Gruppenbildung abzusehen ist.[723] Dann enthält der Insolvenzplan nur **eine Gläubigergruppe**.[724] Anderenfalls wird wie folgt differenziert,[725] um der **Pflichtgruppenbildung**[726] gerecht zu werden:

- **Gruppe der Arbeitnehmer**,[727] wobei jedoch Prämisse ist, vgl. § 222 Abs. 3 S. 1 InsO, dass sie als Insolvenzgläubiger mit nicht unerheblichen Forderungen beteiligt sind;[728] sachgerecht ist es, in die Arbeitnehmergruppe auch die Ansprüche auf Arbeitsentgelt aufzunehmen, die auf die Bundesagentur für Arbeit übergegangen sind;[729]
- evtl. auch die **Gruppe für den Pensionsversicherungsverein** für Ruhestandsentgelte ehemaliger Arbeitnehmer;
- **Gruppe der absonderungsberechtigten Gläubiger**, falls durch den Insolvenzplan in deren Rechte eingegriffen wird, § 222 Abs. 1 S. 2 Nr. 1 InsO (im Umkehrschluss bedeutet dies, dass keine Gruppe zu bilden ist, sollte, was nicht selten der Fall ist, kein Eingriff in die Rechte der absonderungsberechtigten Gläubiger erfolgen);
- **Gruppe der Insolvenzgläubiger mit festgestellten Forderungen** (nicht nachrangige Insolvenzgläubiger, § 224 InsO,[730] und nachrangige[731] Insolvenzgläubiger iSv § 225 InsO, vgl. § 222 Abs. 1 S. 2 Nr. 2 und 3 InsO, wenngleich letzteren Forderungen häufig keinerlei Wert mehr beigemessen werden kann);
- **Gruppe der Insolvenzgläubiger mit bestrittenen Forderungen** (besondere Erörterung notwendig);
- **Gruppe der Anteilsinhaber**, § 225a InsO;[732]
- und ggf. **weitere, fakultative Gruppen**, etwa für öffentlich-rechtliche Gläubiger,[733] Finanzämter oder Kleingläubiger,[734] § 222 Abs. 2 und 3 InsO.

Eine **Untergruppenbildung** innerhalb derselben Gruppe kommt unter der Prämisse in Betracht, dass die sachgerechte Abgrenzung indiziert und im Plan kommuniziert ist. Die Kriterien für die Abgrenzung sind im Plan anzugeben, § 222 Abs. 2 S. 3 InsO,[735] etwa der Grund und die Fälligkeit der Forderung oder die unterschiedliche Bedeutung der einzelnen Sicherungsrechte. Die

---

716 AG Düsseldorf ZInsO 2020, 1328.
717 AG Düsseldorf ZInsO 2020, 1328.
718 Heyn/Kreuznacht/Voß Teil 2 Checkliste 37 Rn. 74.
719 Muster 222 im Werk von Heyn/Kreuznacht/Voß Teil 2 Rn. 394.
720 Ehlers DStR 2010, 2523 (2527).
721 BGH ZVI 2005, 604 (606).
722 BGH ZVI 2005, 604 (606).
723 Ehlers DStR 2010, 2523 (2527).
724 Zu einem entsprechenden Insolvenzplan vgl. BGH WuB 2021, 193 mAnm Hintzen; Föhlisch ZVI 2018, 464 (466).
725 Vgl. Muster 222 im Werk von Heyn/Kreuznacht/Voß Teil 2 Rn. 394.
726 Lissner DGVZ 2017, 68 (70).
727 In der Praxis eine der größten Gläubigergruppen, vgl. Heyn/Kreuznacht/Voß Teil 1 Checkliste 37 Rn. 74.
728 Silcher/Brandt/Rauscher Teil III Kap. 27 Rn. 22.
729 BGH NZI 2015, 697 (700).
730 Für die nicht nachrangigen Gläubiger ist anzugeben, um welchen Bruchteil die Forderung gekürzt oder gestundet wird § 224 InsO; anzugeben ist auch, wie die Forderung gesichert oder welchen sonstigen Regelungen sie unterworfen werden soll.
731 Regelmäßig ohne Wert.
732 Zum sog. Debt-Equity-Swap vgl. FK-InsO/Hofmann Kap. 13 Rn. 85.
733 BGH NZI 2015, 697 (700).
734 Föhlisch ZVI 2018, 464.
735 Lissner DGVZ 2017, 68 (70).

Gruppenbildung wirkt sich ua auf das **Abstimmungsverhalten** aus, da jede Gruppe gesondert über den Insolvenzplan abstimmen muss, § 243 InsO. Fanden die Kriterien der sachgerechten Abgrenzung[736] keine Beachtung, weist das Insolvenzgericht den Insolvenzplan von Amts wegen zurück, § 231 Abs. 1 Nr. 1 InsO.[737]

l) **Gesonderte Abstimmung; Mehrheiten.** Jede Gruppe der stimmberechtigten Beteiligten stimmt **gesondert** über den Insolvenzplan ab, § 243 InsO.[738] Zur Annahme des Insolvenzplans in einer Gruppe reicht eine **doppelte Mehrheit** aus, bestehend aus der **Kopfmehrheit** (Mehrheit der abstimmenden Gläubiger stimmt zu, § 244 Abs. 1 Nr. 1 InsO, Mehrheit von Köpfen)[739] und der **Summenmehrheit** (mehr als die Hälfte der Summe der Ansprüche der abstimmenden Gläubiger, § 244 Abs. 1 Nr. 2 InsO, Mehrheit der Köpfe).[740] Gezählt werden lediglich die abstimmenden Gläubiger.[741] Die für die Annahme erforderlichen Kopf- und Stimmenmehrheiten müssen in jeder Gruppe zustande kommen[742] und werden von Amts wegen durch das Insolvenzgericht geprüft.[743]

95

m) **Formfehler; Korrekturen; Ermächtigungen.** Etwaigen **Formfehlern** oder **Korrekturnotwendigkeiten** kann durch eine Ermächtigung des Insolvenzverwalters nach § 221 S. 2 InsO begegnet werden. Danach kann der Insolvenzplan eine **Ermächtigung des Insolvenzverwalters** zur Umsetzung notwendiger Maßnahmen vorsehen, § 221 S. 2 InsO. Dann sieht sich der Insolvenzverwalter in die Lage versetzt, offensichtliche Fehler des Insolvenzplans zu berichtigen, ohne erneut die Gläubigerversammlung bemühen zu müssen, § 221 S. 2 InsO.[744] Die Bedeutung dieser Umsetzungs- und Berichtigungsvollmacht kann gar nicht hoch genug eingeschätzt werden, zumal Insolvenzpläne keine **salvatorischen Klauseln** aufweisen dürfen.[745] Nach Ansicht des BGH[746] ist für die Anwendung des § 139 BGB kein Raum, da einzig und allein die InsO-Regelungen gelten,[747] die für bestimmte Konstellationen bestimmte Folgen[748] vorsehen. Durch eine salvatorische Klausel kann dies nicht geändert werden.

96

n) **Überwachung der Planerfüllung.** Schließlich kann im **gestaltenden Teil** des Insolvenzplans für die Zeit nach der Aufhebung des Insolvenzverfahrens die **Überwachung der Planerfüllung** vorgesehen werden, § 260 Abs. 1 InsO. Die Überwachung obliegt dem **Insolvenzverwalter**, § 261 Abs. 1 S. 1 InsO,[749] alternativ einem **Sachwalter**. Eine Überwachung ergibt Sinn, sofern im Plan mit **künftigen Erträgen** operiert wird.[750] Die Überwachung ist **öffentlich bekanntzumachen**, § 267 Abs. 1 InsO. Eine Folge der Überwachung besteht darin, dass das Amt des Insolvenzverwalters und die Ämter der Mitglieder der Gläubigerausschüsse fortbestehen, wobei der Insolvenzverwalter die Befugnisse **eines vorläufigen Insolvenzverwalters** wahrnimmt, verbunden mit dem Recht auf eine **gesonderte Vergütung**, § 6 Abs. 2 S. 1 InsVV, die unter Berücksichtigung des Umfangs der Tätigkeit nach billigem Ermessen festzusetzen ist, § 6 Abs. 2 S. 1 InsVV.[751] Die Aufhebung der Planüberwachung ist zu beschließen, sobald die zu überwachenden Ansprüche erfüllt oder gewährleistet sind, § 268 Abs. 1 Nr. 1 InsO, oder seit der Aufhebung des Insolvenzverfahren drei Jahre verstrichen sind und kein Antrag auf Eröffnung eines neuen Insolvenzver-

97

---

736 Zur sachgerechten Untergliederung vgl. LG Traunstein NZI 1999, 461 (462).
737 AG Düsseldorf ZInsO 2020, 1328.
738 Edelmann AnwBl 1998, 489 (496).
739 Edelmann AnwBl 1998, 489 (496).
740 Zur Mehrheit vgl. Föhlisch ZVI 2018, 464 (465); Edelmann AnwBl 1998, 489 (496); Lissner DGVZ 2017, 68 (70).
741 Beck/Depré Insolvenz/Exner/Wittmann § 43 Rn. 80.
742 BGH BeckRS 2005, 10212.
743 Beck/Depré Insolvenz/Exner/Wittmann § 43 Rn. 80.
744 FAKomm InsR/Silcher InsO § 324, § 221 Rn. 2 u. Rn. 3; zur Berichtigungs- und Umsetzungsvollmacht vgl. Stahlschmidt ZInsO 2018, 494 (499).
745 BGH NZI 2015, 697 (700); Frind InsbürO 2019, 402 (405).
746 BGH NZI 2015, 697 (700); aA FK-InsO/Hofmann Kap. 13 Rn. 269: salvatorische Klauseln seien lediglich streitig.
747 BGH NZI 2015, 697 (700).
748 Zurückweisung des gesamten Plans oder Versagung der Bestätigung, vgl. BGH NZI 2015, 697 (700).
749 Zur Planüberwachung vgl. Lissner DGVZ 2017, 68 (72); Beck/Depré Insolvenz/Exner/Wittmann § 43 Rn. 58.
750 Silcher/Brandt/Rauscher Teil III Kap. 27 Rn. 52.
751 Heyn/Kreuznacht/Voß Teil 1 Checkliste 37 Rn. 74.

fahrens vorliegt, § 268 Abs. 1 Nr. 2 InsO. Der Aufhebungsbeschluss ist öffentlich bekanntzumachen, § 268 Abs. 2 InsO.

98 **o) Zustimmungsbedürftigkeit von Rechtsgeschäften; Berichtspflicht; Anzeigepflicht.** Eine weitere Möglichkeit besteht darin, im gestaltenden Teil des Insolvenzplans die **Zustimmungsbedürftigkeit** bestimmter Rechtsgeschäfte des Schuldners vorzusehen, § 263 InsO.[752] Für den Zeitraum der Planüberwachung trifft den Insolvenzverwalter eine **Berichtspflicht**, § 261 Abs. 2 InsO, der jährlich nachzukommen ist.[753] Stellt der Insolvenzverwalter fest, dass Ansprüche, deren Erfüllung er überwacht, nicht erfüllt werden oder nicht erfüllt werden können, hat er dies unverzüglich dem Insolvenzgericht und dem Gläubigerausschuss anzuzeigen, § 262 S. 1 InsO. Zu konstatieren ist eine besondere **Anzeigepflicht** des Insolvenzverwalters,[754] die mit einer Haftung verbunden ist, sollte der Insolvenzverwalter der Pflicht nicht nachkommen, § 60 InsO. In der Praxis werden dem Anzeigeschreiben Erläuterungen zur wirtschaftlichen Lage und zu den einzelnen Gründen beigefügt.[755] Die Planüberwachung ist dem Handels-, Genossenschafts-, Partnerschafts- oder Vereinsregister mitzuteilen, §§ 267 Abs. 3 S. 1, 31 InsO, und im **Register** einzutragen. Gleiches gilt für betroffene Immobilien, §§ 267 Abs. 3 S. 2, 32, 33 InsO.

VI. Gerichtliche Vorprüfung des Insolvenzplans, § 231 InsO

99 **1. Allgemeines.** Die **gerichtliche Vorprüfung** des Insolvenzplans geht auf § 231 InsO zurück.[756] Darin finden sich Bestimmungen darüber, unter welchen Umständen eine Pflicht des Insolvenzgerichts besteht, den Insolvenzplan von Amts wegen zurückzuweisen. Auf eine **Selbstbindung** des Gerichts zielt die Vorprüfung nicht ab.[757] Die Vorprüfung ist **von Amts wegen** durchzuführen[758] und soll sich auf **alle relevanten Aspekte** beziehen,[759] nicht nur auf Formfehler oder offensichtliche Rechtsfehler. Der BGH[760] bejaht eine **umfassende Prüfungspflicht** des Insolvenzgerichts, eine Prüfung unter Berücksichtigung aller rechtlichen Gesichtspunkte, allerdings ohne Hinzuziehung von Sachverständigen.[761] Verschiedene und miteinander konkurrierende Insolvenzpläne darf der Planverfasser jedoch nicht einreichen[762]. Bei Planmängeln ist dem Planverfasser Gelegenheit zur Nachbesserung zu geben[763].

100 **2. Zweck; evidenzbasierte Prognose.** Der Zweck der Vorprüfung besteht darin, **aussichtslosen**[764] **oder nicht erfüllbaren Insolvenzplänen**, die zur Verfahrensverzögerung führen würden, effektiv und frühzeitig entgegenzutreten.[765] Dabei kann auf ein bisheriges Abstimmungsverhalten oder auf bereits abgegebene Erklärungen von Gläubigern zurückgegriffen werden.[766] Ein **offensichtlich aussichtsloser Insolvenzplan** ist von Amts wegen **zurückzuweisen**,[767] § 231 Abs. 1 S. 1 Nr. 2 InsO. Notwendigerweise trifft das Insolvenzgericht eine **evidenzbasierte Prognose**[768] darüber, ob eine oder keine Aussicht auf Erfolg oder auf Erfüllbarkeit besteht, wobei Zurückhaltung zu üben ist.[769] Dabei fließt ein, ob die Bestätigung des Plans zu versagen sein wird.[770]

---

752 Vgl. FK-InsO/Hofmann Kap. 13 Rn. 394 ff.
753 Heyn/Kreuznacht/Voß Teil 1 Checkliste 37 Rn. 74.
754 Muster vgl. Heyn/Kreuznacht/Voß Teil 2 Muster Rn. 397.
755 Muster vgl. Heyn/Kreuznacht/Voß Teil 2 Muster Rn. 397.
756 Zur gerichtlichen Vorprüfung vgl. FK-InsO/Hofmann Kap. 13 Rn. 139 ff; AG Hamburg NZI 2023, 172 mAnm Madaus.
757 BGH ZIP 2017, 482 (483) = NJW 2017, 2280.
758 Zum Amtsverfahren vgl. Frind InsbürO 2019, 402 (404).
759 BGH NZI 2015, 697 = VIA 2015, 77 mAnm Hörmann; Stahlschmidt ZInsO 2018, 494 (495).
760 BGH NZI 2015, 697 = VIA 2015, 77 mAnm Hörmann; Stahlschmidt ZInsO 2018, 494 (495).
761 Stahlschmidt ZInsO 2018, 494 (495).
762 AG Hamburg NZI 2023, 172 mAnm Madaus.
763 Vgl. AG Hamburg NZI 2023, 172 mAnm Madaus, dort gab es insgesamt acht Nachbesserungsrunden, den neunten Versuch wies das Gericht dann jedoch ab.
764 AG Hamburg NZI 2023, 172 mAnm Madaus.
765 BGH ZIP 2017, 482 (483); Stahlschmidt ZInsO 2018, 494 (500).
766 AG Düsseldorf ZInsO 2020, 1328.
767 BGH NZI 2017, 751 mAnm Madaus.
768 Zur Prognose vgl. BGH NZI 2017, 751; LG Mannheim VIA 2021, 52 (53).
769 Beck/Depré Insolvenz/Exner/Wittmann § 43 Rn. 70b.
770 BGH NZI 2017, 751; LG Mannheim VIA 2021, 52 (53); AG Hamburg NZI 2023, 172 mAnm Madaus.

Der Versagungsgrund kann sich auch aus dem Minderheitenschutz nach § 251 InsO ergeben.[771] Die Entscheidung des Insolvenzgerichts soll innerhalb von zwei Wochen nach Planvorlage erfolgen, § 231 Abs. 1 S. 2 InsO. Gegen den Zurückweisungsbeschluss steht einzig und allein dem Planvorlegenden die **sofortige Beschwerde** zu, § 231 Abs. 3 InsO. Eine von Gläubigern oder dem Gläubigerausschuss eingelegte Beschwerde ist als unzulässig zu verwerfen.

3. Zurückweisungsgründe. Das Insolvenzgericht weist ferner den Insolvenzplan **von Amts wegen** zurück, sofern die Vorschriften über das **Vorlagerecht**, über den **Inhalt des Plans**, insbesondere zur **Gruppenbildung**,[772] nicht beachtet sind und der Vorlegende den Mangel nicht beheben kann oder innerhalb einer angemessenen, gerichtlichen Frist nicht behebt, § 231 Abs. 1 S. 1 Nr. 1 InsO.[773] In der Praxis ist dies das fehlende Planinitiativrecht, beispielsweise die **Planvorlage durch einen einzelnen Gläubiger**, oder die **unvollständige Planvorlage**, etwa ohne die **erforderlichen Anlagen** oder **Zustimmungserklärungen**, §§ 229, 230 InsO. Die Entscheidung des Insolvenzgerichts soll innerhalb von zwei Wochen nach Planvorlage erfolgen, § 231 Abs. 1 S. 2 InsO. Auch gegen einen solchen Zurückweisungsbeschluss steht dem Planvorlegenden die **sofortige Beschwerde** zu, § 231 Abs. 3 Inso.

4. Keine Bindung an Vorprüfungsentscheidung. Der Zweck der Vorprüfung besteht nicht darin, das Insolvenzgericht im weiteren Verfahrensverlauf einzuschränken. In der Konsequenz ist das Insolvenzgericht im Rahmen seiner Entscheidung über die Bestätigung oder Nichtbestätigung des Insolvenzplans **nicht an seine Vorprüfungsentscheidung gebunden**.[774] Eine Bindung ließe sich nicht mit dem Sinn und Zweck der Vorprüfung vereinbaren,[775] die Verfahrensverzögerungen im Zuge aussichtsloser Pläne verhindern soll. In der Folge kann das Insolvenzgericht stets autonom darüber befinden, ob die Bestätigung des Plans von Amts wegen zu versagen ist.[776]

5. Wirtschaftliche Zweckmäßigkeit? Eine Grenze markiert die Entscheidungskompetenz der Gläubigerversammlung,[777] sodass es dem Insolvenzgericht **verwehrt** ist, über die **wirtschaftliche Zweckmäßigkeit** zu befinden und die **Erfolgsaussichten** des Insolvenzplans zu beurteilen.[778] Ebenso wenig sieht sich das Insolvenzgericht in der Lage, die **Bewertung von Massegegenständen** zu beanstanden.[779]

6. Prüfungsrecht des Insolvenzgerichts. Nicht verwehrt ist dem Insolvenzgericht dagegen die Entscheidung über das **Planinitiativrecht**,[780] die **zutreffende, nachvollziehbare**[781] und **sachgerechte Gruppenbildung**,[782] die **Gläubigergleichbehandlung**, das **Initiativrecht**, die fehlende Gliederung in einen **darstellenden** und einen **gestaltenden Teil**, die **Vollständigkeit der Planunterlagen** sowie die **Vollstreckbarkeit** des Planinhalts.[783] Nicht selten scheitern Insolvenzpläne daran, dass die **Abgrenzungs- und Entscheidungskriterien** nicht hinreichend im Insolvenzplan erörtert[784] und kommuniziert werden, insbesondere mit dem Insolvenzgericht.

Geprüft wird auch, ob die **Zahlung durch Dritte** gesichert und mit **Bestätigungen** (§ 230 Abs. 3 InsO), **Treuhandkonto** oder **Bankbürgschaften** belegt ist.[785] Dem Insolvenzplan ist die Erklärung des Dritten[786] beizufügen.

---

771 LG Mannheim VIA 2021, 52 (53).
772 Beck/Depré Insolvenz/Exner/Wittmann § 43 Rn. 69b.
773 Beck/Depré Insolvenz/Exner/Wittmann § 43 Rn. 69; vgl. auch AG Hamburg NZI 2023, 172 mAnm Madaus.
774 BGH ZIP 2017, 482 = NJW 2017, 2280.
775 BGH NJW 2017, 2280 (2281).
776 BGH NJW 2017, 2280 (2281).
777 BGH DZWIR 2021, 42 (44).
778 BGH NZI 2018, 691; NZI 2015, 697 = VIA 2015, 77 mAnm Hörmann; Frind InsbürO 2019, 402 (404); Stahlschmidt ZInsO 2018, 494 (495).
779 BGH NZI 2015, 697 = VIA 2015, 77 mAnm Hörmann.
780 BGH NZI 2015, 697 = VIA 2015, 77 mAnm Hörmann.
781 Frind InsbürO 2019, 402 (406), die Gruppenbildung muss sachgerecht sein, Manipulationen müssen beanstandet werden.
782 BGH NZI 2015, 697 = VIA 2015, 77 mAnm Hörmann.
783 Frind InsbürO 2019, 402 (404).
784 BGH NZI 2015, 697 = VIA 2015, 77 mAnm Hörmann; AG Düsseldorf ZInsO 2020, 1328.
785 Frind InsbürO 2019, 402 (405).
786 AG Hamburg NZI 2023, 172 mAnm Madaus.

105 **7. Erörterungs- und Abstimmungsverfahren.** Das **Erörterungs- und Abstimmungsverfahren** ist einzuleiten, sobald das Insolvenzgericht im Rahmen der Vorprüfung zu dem Schluss gelangt, dass der Insolvenzplan nicht zurückzuweisen ist.[787] Das Insolvenzgericht leitet sodann den Insolvenzplan bestimmten Beteiligten zur **Stellungnahme** binnen einer bestimmten **Frist** zu, wobei die Frist von **zwei Wochen** nicht überschritten werden soll, § 232 Abs. 3 S. 2 InsO.[788] Im Einzelnen sind dies die folgenden **Beteiligten**:

- der Gläubigerausschuss;
- der Betriebsrat;
- der Sprecherausschuss der leitenden Angestellten;
- der Schuldner, sofern der Insolvenzverwalter den Plan vorgelegt hat bzw.
- der Insolvenzverwalter, sofern der Schuldner den Plan vorgelegt hat, § 232 Abs. 1, 3 InsO.

Die Zuleitung zur **Stellungnahme** ist zwingend, ein Verstoß führt dazu, dass eine Planbestätigung nicht mehr in Betracht kommt, § 250 Nr. 1 InsO.[789] Mit der Möglichkeit zur Stellungnahme sollen Fehler frühzeitig erkannt und wirtschaftliche Mängel[790] rechtzeitig benannt werden. Der Insolvenzplan ist mit seinen Anlagen und eingegangenen Stellungnahmen in der Geschäftsstelle des Insolvenzgerichts **niederzulegen**, damit für die Beteiligten die Möglichkeit zur Einsichtnahme und zur Vorbereitung[791] des Erörterungs- und Abstimmungstermins besteht, § 234 InsO.

VII. Erörterungs- und Abstimmungstermin, §§ 235, 236 InsO

106 **1. Terminsbestimmung.** Das Insolvenzgericht bestimmt einen **Termin**, eine **besondere Gläubigerversammlung**,[792] in welcher der Insolvenzplan und das Stimmrecht der Gläubiger erörtert werden, § 235 Abs. 1 S. 1 InsO. Anschließend wird über den Plan abgestimmt.[793] Der Erörterungs- und Abstimmungstermin ist **zwingend**[794] öffentlich bekannt zu machen, wobei darauf hinzuweisen ist, dass der Plan und die eingegangenen Stellungnahmen eingesehen werden können, § 235 Abs. 2 InsO.[795] **Besonders zu laden** sind die Insolvenzgläubiger angemeldeter Forderungen, die absonderungsberechtigten Gläubiger, der Insolvenzverwalter, der Schuldner, der Betriebsrat und der Sprecherausschuss der leitenden Angestellten, § 236 Abs. 3 S. 1 InsO.

107 **2. Abdruck des Insolvenzplans oder Zusammenstellung.** Mit der Ladung ist ein **Abdruck des Insolvenzplans** oder eine **Zusammenstellung** seines wesentlichen Inhalts zu übersenden, § 235 Abs. 3 S. 2 InsO,[796] womit keinerlei Empfehlung des Insolvenzgerichts zur Planannahme verbunden ist.[797] Weil die Exzerpierung weiteren Darstellungsaufwand bedeutet, votiert die **Insolvenzpraxis** häufig zur Übersendung des ganzen Insolvenzplans.[798] Die **Zeit** zur Überprüfung, die den Gläubigern verbleibt, ist knapp bemessen[799] und der Grund dafür, warum die Recherchearbeiten unmittelbar und ohne Verzögerung ins Werk zu setzen sind, um die Gläubigerbelange sachgerecht wahren zu können. Im Falle der Übersendung eines zusammenfassenden **Exzerpts** des Insolvenzplans wird es ratsam sein, den **vollständigen Plan auf der Geschäftsstelle des Insolvenzgerichts einzusehen**.[800] Dort ist der Plan mit allen Anlagen und Stellungnahmen niedergelegt, versehen mit einem datierten Niederlegungsvermerk des Gerichts.[801]

---

787 BGH NZI 2017, 751.
788 Zur Einholung von Stellungnahmen vgl. Beck/Depré Insolvenz/Exner/Wittmann § 43 Rn. 72.
789 FK-InsO/Hofmann Kap. 13 Rn. 173.
790 FK-InsO/Hofmann Kap. 13 Rn. 170.
791 FK-InsO/Hofmann Kap. 13 Rn. 181.
792 Beck/Depré Insolvenz/Exner/Wittmann § 43 Rn. 74.
793 Föhlisch ZVI 2018, 464 (465).
794 Bei Verstoß vgl. § 250 Nr. 1 InsO, die Planbestätigung ist von Amts wegen zu versagen.
795 BGH NZI 2014, 262 (263).
796 Zur Beauftragung des Insolvenzverwalters vgl. FK-InsO/Hofmann Kap. 13 Rn. 193.
797 Frind InsbürO 2019, 402 (404).
798 Heyn/Kreuznacht/Voß Teil 2 Muster 223.
799 Frind InsbürO 2019, 402 (404).
800 Frind InsbürO 2019, 402 (404).
801 Silcher/Brandt/Rauscher Teil III Kap. 27 Rn. 29.

In der **Ladung** ist auf die **eingeschränkte Rechtsmittelmöglichkeit** hinzuweisen, die sich aus § 253 Abs. 2 InsO ergibt, das stark eingeschränkte Beschwerderecht.[802] Die sofortige Beschwerde gegen die gerichtliche Bestätigung ist nur zulässig, wenn der Beschwerdeführer dem Plan spätestens im Abstimmungstermin schriftlich oder zu Protokoll widersprochen, gegen den Plan gestimmt hat und glaubhaft macht, dass er durch den Plan wesentlich schlechter gestellt wird als ohne Plan, § 253 Abs. 2 InsO.[803]

3. Durchführung des Termins. a) Allgemeines. Der Erörterungs- und Abstimmungstermin ist so durchzuführen, dass eine geordnete Willensbildung und eine ordnungsgemäße **Abstimmung** der Gläubiger gewährleistet sind.[804] 108

b) Verhandlung; Teilnahme Schuldner und Gläubiger. Verhandelt wird **mündlich**[805] und **nicht öffentlich**. Die Anwesenheit der Beteiligten ist im Termin nicht zwingend erforderlich, vielmehr können sich die Beteiligten durch Bevollmächtigte vertreten lassen, die das Stimmrecht ausüben. Die **Teilnahme des Schuldners** ist nicht erforderlich, in der Praxis bleibt der Schuldner dem Erörterungs- und Abstimmungstermin häufig fern, um seine weiteren Eigeninteressen zu wahren.[806] Die **Teilnahme des Gläubigers** ist erforderlich,[807] um ggf. gegen den Insolvenzplan stimmen[808] und anschließend das Rechtsmittel der sofortigen Beschwerde einlegen zu können, § 253 Abs. 2, Abs. 1 InsO. Schließlich sehen die Regelungen in § 253 Abs. 2 Nr. 1 und Nr. 2 InsO die Zulässigkeit der sofortigen Beschwerde nur unter der Prämisse vor, dass der Beschwerdeführer dem Insolvenzplan spätestens im Abstimmungstermin schriftlich oder zu Protokoll widersprochen oder gegen den Insolvenzplan gestimmt hat. Das Abstimmungsergebnis ist im Protokoll festzuhalten und bekannt zu geben.[809] 109

c) Erörterung; Verbindung von Terminen. Eine länger andauernde Erörterung ist im Termin nicht zwingend geboten, falls sich die erforderliche Mehrheit für den Plan bereits abzeichnet.[810] Der Erörterungs- und Abstimmungstermin darf **nicht vor dem Prüfungstermin** stattfinden, § 236 S. 1 InsO, beide Termine können jedoch **verbunden** werden, § 236 S. 2 InsO. In der Praxis werden beide Termine miteinander verbunden, um das Verfahren zu beschleunigen.[811] 110

d) Die einzelnen Phasen: Erörterung und Abstimmung. Für den Ablauf des Erörterungs- und Abstimmungstermins sieht § 235 Abs. 1 S. 1 InsO **zwei Phasen** vor, zuerst die **Erörterung des Insolvenzplans** und des **Stimmrechts**, eine allgemeine Aussprache,[812] danach die **Abstimmung** über den Plan.[813] Damit ist vorgegeben, dass die gerichtliche Festsetzung der Gläubigerstimmrechte (§ 77 InsO) vor dem Beginn der Abstimmung über den Insolvenzplan abgeschlossen sein muss,[814] vgl. § 236 InsO.[815] Die Praxisempfehlung geht dahin, den vorgegebenen Ablauf strikt einzuhalten, um Konfusion zu vermeiden.[816] Die Eröffnung des Termins erfolgt durch das **Insolvenzgericht**, dort durch die zuständige Insolvenzrichterin bzw. den zuständigen Insolvenzrichter, die bzw. der die Sache aufruft und die Anwesenheit der Beteiligten protokollieren lässt. 111

e) Abstimmung. **Jede Gruppe** der stimmberechtigten Beteiligten stimmt **gesondert** über den Insolvenzplan ab, § 243 InsO. Als Prozesshandlung unterliegt die Zustimmung zum Insolvenzplan nicht dem **Widerruf**.[817] Zur Annahme des Plans ist eine doppelte Mehrheit erforderlich, die **Kopfmehrheit** (§ 244 Abs. 1 Nr. 1 InsO) und die **Summenmehrheit** (§ 244 Abs. 1 Nr. 2 112

---

802 Silcher/Brandt/Rauscher Teil III Kap. 27 Rn. 42 ff.
803 Silcher/Brandt/Rauscher Teil III Kap. 27 Rn. 31.
804 BGH ZVI 2011, 20 (22).
805 Gottwald/Haas InsR-HdB/Koch/de Bra § 66 Rn. 32, eine schriftliche Stimmabgabe ist nicht möglich.
806 Stapper ZVI 2018, 303 (308).
807 Stapper ZVI 2018, 303 (308 f.).
808 Nur die anwesenden Gläubiger sind stimmberechtigt, vgl. das Muster bei Heyn/Kreuznacht/Voß Teil 2 Muster 223.
809 Silcher/Brandt/Rauscher Teil III Kap. 27 Rn. 35.
810 BGH ZVI 2011, 20 (23).
811 Zur Verfahrensökonomie vgl. Lissner DGVZ 2017, 68 (71).
812 FK-InsO/Hofmann Kap. 13 Rn. 211.
813 BGH WuB 2021, 193 (195); Gottwald/Haas InsR-HdB/Koch/de Bra § 66 Rn. 29; zu den beiden Terminen vgl. Lissner DGVZ 2017, 68 (71).
814 BGH WuB 2021, 193.
815 Hintzen WuB 2021, 196.
816 Gottwald/Haas InsR-HdB/Koch/de Bra § 66 Rn. 30.
817 Thöne KTS 2018, 151 (165).

InsO).[818] Dabei müssen die für die Annahme erforderlichen Kopf- und Stimmenmehrheiten in jeder Gruppe zustande kommen.[819]

113 **f) Änderungen.** Das **Planziel** oder die **Gruppenbildung** können im Termin nicht mehr geändert werden,[820] andere, **zulässige Planänderungen** bieten Anlass dazu, beim Insolvenzgericht eine Abstimmungsvertagung[821] zu beantragen, um den Inhalt und die Tragweite der Änderungsvorschläge einer angemessenen Überprüfung unterziehen zu können. Geändert werden können **nur einzelne, uU auch substanzielle Regelungen**.[822] Die sich auf einzelne Regelungen beschränkende Änderungsmöglichkeit dient dem Schutz der Beteiligten und soll ein faires, transparentes und übersichtliches Verfahren gewährleisten.[823] Keiner Änderung zugänglich sind beispielsweise die Zielrichtung des Plans oder die Einteilung in Abstimmungsgruppen, § 240 S. 1 InsO.

VIII. Zustimmung des Schuldners, § 247 InsO

114 **1. Grundsatz: Zustimmung des Schuldners erforderlich; zum Widerspruch des Schuldners.** Nicht in allen Konstellationen kann vom Einverständnis des Schuldners mit den Regelungen des Insolvenzplans ausgegangen werden, insbesondere bei **Planvorlage** durch den Insolvenzverwalter,[824] den Nachlasspfleger oder durch den Testamentsvollstrecker. Ohne **Zustimmung** des Schuldners kann der Weg der **gerichtlichen Planbestätigung** (§ 248 InsO) nicht beschritten werden.[825] Die Regelung in § 247 InsO knüpft daher den Insolvenzplan an die Zustimmung des Schuldners, die allerdings auch **fingiert** (§ 247 Abs. 1 InsO) oder sogar für **unbeachtlich** (§ 247 Abs. 2 InsO) erklärt werden kann. Die **Zustimmung** des Schuldners gilt als erteilt, wird fingiert, sofern der Schuldner dem Plan **nicht spätestens im Abstimmungstermin** schriftlich oder zu Protokoll der Geschäftsstelle widerspricht, § 247 Abs. 1 InsO.[826] Für die Fristwahrung des **Widerspruchs**, der im Übrigen nicht begründet werden muss,[827] reicht der **Eingang auf der Geschäftsstelle des Insolvenzgerichts** aus, sodass ein Zugangsnachweis an die Richterin bzw. den Richter bzw. die Rechtspflegerin oder den Rechtspfleger nicht erforderlich ist.[828] Im Falle der Planvorlage durch den Schuldner ist ein Widerspruch des Schuldners als treuwidrig einzustufen mit der Folge, dass der Widerspruch unbeachtlich ist.

Die **Entscheidung über den Widerspruch** ergeht nicht autonom, sondern als Bestandteil der gerichtlichen Bestätigung oder Bestätigungsversagung nach § 248 InsO.[829] Generell dient das Zustimmungserfordernis dem **Schutz des Schuldners**, der vor nicht mehr angemessenen Beeinträchtigungen geschützt werden soll,[830] allerdings unter Beachtung des Obstruktionsverbotes, das auch für den Schuldner gilt.

115 **2. Ausnahme: Widerspruch des Schuldners unbeachtlich, § 247 Abs. 2 InsO.** Die Bestimmung in § 247 Abs. 2 InsO erklärt den **Widerspruch** des Schuldners für **unbeachtlich**, sofern der Schuldner durch den Plan voraussichtlich nicht schlechter gestellt wird, als er ohne Plan stünde, **und** kein Gläubiger einen wirtschaftlichen Wert erhält, der den vollen Betrag seines Anspruchs übersteigt, § 247 Abs. 2 InsO. Beide Voraussetzungen müssen kumulativ vorliegen, um zur Irrelevanz des Widerspruchs gelangen zu können.

---

818 Zu den beiden Mehrheiten vgl. Gottwald/Haas InsR-HdB/Koch/de Bra § 66 Rn. 46.
819 BGH BeckRS 2005, 10212.
820 Frind InsbürO 2019, 402 (405).
821 Frind InsbürO 2019, 402 (405); LG Hamburg BeckRS 2015, 1490, Vertagung des Abstimmungstermins nach Planänderungen. Kritisch hierzu Gottwald/Haas InsR-HdB/Koch/de Bra § 66 Rn. 44, ein gesonderter Abstimmungstermin solle die Ausnahme sein, das Verfahren müsse beschleunigt werden.
822 Beck/Depré Insolvenz/Exner/Wittmann § 43 Rn. 76.

823 Gottwald/Haas InsR-HdB/Koch/de Bra § 66 Rn. 33.
824 FK-InsO/Hofmann Kap. 13 Rn. 263.
825 Kein Widerspruch des Schuldners, vgl. BGH BeckRS 2005, 10212.
826 LG Traunstein NZI 1999, 461 (464), gerichtliches Terminsprotokoll.
827 MüKoInsO/Sinz InsO § 247 Rn. 20.
828 MüKoInsO/Sinz InsO § 247 Rn. 19.
829 MüKoInsO/Sinz InsO § 247 Rn. 35.
830 Zum Schuldnerschutz vgl. MüKoInsO/Sinz InsO § 247 Rn. 1.

Eine **Schlechterstellung** liegt beispielsweise bei Verweigerung der Restschuldbefreiung oder der Verweigerung eines Übererlöses vor, ebenso im Falle eines Eingriffs in das insolvenzfreie Vermögen des Schuldners[831] oder der Haftungsverschärfung. Die Entscheidung basiert nicht auf unwiderleglicher Evidenz, sondern auf einer Prognose.[832]

Eine **überobligationsmäßige Befriedigung einzelner Gläubiger**[833] ist hingegen zu beachten und rechtfertigt den Widerspruch des Schuldners. Liegt umgekehrt keine überobligationsmäßige Befriedigung einzelner Gläubiger vor, ist der Widerspruch unbeachtlich, § 247 Abs. 2 Nr. 2 InsO.

IX. Gerichtliche Bestätigung oder Bestätigungsversagung des Insolvenzplans

1. Gerichtliche Bestätigung des Insolvenzplans, § 248 InsO. Die gerichtliche Bestätigung des Insolvenzplans erfolgt nach der Annahme des Insolvenzplans durch die Beteiligten, § 248 Abs. 1 InsO. Ziel ist es, die Einhaltung von Verfahrensvorschriften zu gewährleisten[834] und die Beteiligten vor Benachteiligungen zu bewahren.[835] Der **Schutzgedanke** steht im Vordergrund. Vor der Entscheidung soll das Insolvenzgericht den Insolvenzverwalter, den Gläubigerausschuss und den Schuldner **hören**, § 248 Abs. 2 InsO.[836] Im Rahmen der Bestätigungsentscheidung, die in **Beschlussform** ergeht,[837] prüft das Insolvenzgericht die **Voraussetzungen**, die sich aus den §§ 248 bis 251 InsO ergeben,[838] darunter die Mehrheiten, die Schuldnerzustimmung, die Planannahme, die inhaltlichen Aspekte, die formalen Vorgaben, die notwendigen Zustimmungen sowie den Minderheitenschutz,[839] nicht dagegen die wirtschaftliche Zweckmäßigkeit[840] der Regelungen, die nicht zur gerichtlichen Prüfprogrammatik zählt. Die Bestätigung des Insolvenzplans ist zu versagen, sollte der Gläubiger dem Plan spätestens im Abstimmungstermin schriftlich oder zu Protokoll der Geschäftsstelle widersprechen und durch den Plan voraussichtlich schlechter gestellt werden, als er ohne Plan stünde, § 251 Abs. 1 InsO.[841] Der **Bestätigungsbeschluss** ist im Abstimmungstermin oder einem Folgetermin zu **verkünden**, § 252 Abs. 1 S. 1 InsO,[842] und den **Insolvenzgläubigern** und den **absonderungsberechtigten Gläubigern** unter Hinweis auf die Bestätigung zu **übersenden**, § 252 Abs. 2 InsO.[843] Komplettiert wird der Hinweis auf den Bestätigungsbeschluss durch Mitübersendung eines Planabdrucks oder der Zusammenfassung des wesentlichen Planinhalts, § 252 Abs. 2 InsO.

116

Im Falle einer **Divergenz von Zusammenfassung und rechtskräftig bestätigtem Insolvenzplan** fällt die Wertung zugunsten des rechtskräftig bestellten Insolvenzplanes aus.[844] Bestätigt wird der Plan, nicht die Zusammenfassung,[845] deshalb ist es gerechtfertigt, dem Plan Vorrang vor der Zusammenfassung einzuräumen. Auch die Regelung in § 259 Abs. 3 S. 1 InsO stellt auf den Plan ab, nicht auf die Zusammenfassung.[846]

Nach **Rechtskraft** der Bestätigung beschließt[847] das Insolvenzgericht die **Aufhebung des Insolvenzverfahrens**, falls der Insolvenzplan nichts anderes vorsieht, § 258 Abs. 1 InsO.[848] Vorab sind alle Gerichtskosten zu begleichen[849] und die unstreitigen Masseansprüche zu berichten, § 258 Abs. 2 InsO.[850] Die Regelung betrifft die Aufhebung des Insolvenzverfahrens, nicht aber

---

831 Braun/Frank § 247 Rn. 3 bis 6; MüKoInsO/Sinz InsO § 247 Rn. 27 bis 32.
832 Zur Prognoseentscheidung vgl. MüKoInsO/Sinz InsO § 247 Rn. 2 und 23.
833 MüKoInsO/Sinz InsO § 247 Rn. 33 ff.
834 LG Traunstein NZI 1999, 461 (462).
835 Silcher/Brandt/Rauscher Teil III Kap. 27 Rn. 36.
836 Edelmann AnwBl 1998, 489 (496); Lissner DGVZ 2017, 68 (71).
837 Lissner DGVZ 2017, 68 (71).
838 Föhlisch ZVI 2018, 464 (465).
839 Silcher/Brandt/Rauscher Teil III Kap. 27 Rn. 37.
840 FK-InsO/Hofmann Kap. 13 Rn. 273.
841 BGH BeckRS 2012, 17122.
842 Silcher/Brandt/Rauscher Teil III Kap. 27 Rn. 38.
843 Muster einer gerichtlichen Versendung vgl. Heyn/Kreuznacht/Voß Teil 2 Muster Rn. 396, Muster 224.
844 BGH NZI 2014, 262; Gottwald/Haas InsR-HdB/Koch/de Bra § 66 Rn. 27.
845 BGH NZI 2014, 262 (263).
846 BGH NZI 2014, 262 (263).
847 Zum weiteren Beschlussinhalt und zur öffentlichen Bekanntmachung vgl. § 258 Abs. 3 InsO.
848 Föhlisch ZVI 2018, 464 (465); Stapper ZVI 2018, 303 (verfahrensleitende Insolvenzpläne, Übertragungspläne oder Abspaltungspläne).
849 Stapper ZVI 2018, 303 (304).
850 Silcher/Brandt/Rauscher Teil III Kap. 27 Rn. 47.

die Aufhebung des Plans.⁸⁵¹ Der Beschluss und der Grund der Aufhebung sind **öffentlich bekannt zu machen**, § 258 Abs. 3 S. 1 InsO, was durch Veröffentlichung auf einer **Internet-Webseite** des Justizportals geschieht.⁸⁵² Dies entspricht der öffentlichen Bekanntmachung, die nach § 9 Abs. 1 S. 1 InsO durch eine zentrale und länderübergreifende Veröffentlichung im Internet erfolgen soll. Dabei ist der **Schuldner** genau mit Anschrift und Geschäftszweig anzugeben, § 9 Abs. 1 S. 2 InsO. Die **Bekanntmachung** gilt als **bewirkt**, sobald nach dem Tag der Veröffentlichung zwei weitere Tage verstrichen sind, § 9 Abs. 1 S. 3 InsO.⁸⁵³ Zugleich sind die **Register** zu berichtigen, §§ 258 Abs. 3 S. 3, 200 Abs. 2 S. 3, 31 bis 33 InsO, also das Handels-, Genossenschafts-, Partnerschafts- und Vereinsregister sowie das Grundbuch. Mit der Aufhebung des Insolvenzverfahrens erlöschen die Ämter des Insolvenzverwalters und der Mitglieder des Gläubigerausschusses, § 259 Abs. 1 S. 1 InsO. Die Vorschriften über die Überwachung der Planerfüllung bleiben unberührt, § 259 Abs. 2 InsO. Der **Schuldner** erlangt seine **Verfügungsbefugnis** zurück und kann wieder über sein Vermögen frei verfügen, § 259 Abs. 1 S. 2 InsO.

Auf der Grundlage der gerichtlichen Bestätigungsentscheidung kann nicht auf eine beabsichtigte Fortführung geschlossen werden,⁸⁵⁴ da der Insolvenzplan für alle Verwertungsarten zur Verfügung steht.

117 Gegen den **Planbestätigungsbeschluss** steht den Gläubigern und dem Schuldner das Rechtsmittel der **sofortigen Beschwerde** zu, § 253 Abs. 1 InsO, wiederum binnen einer Notfrist von zwei Wochen, § 4 InsO iVm § 569 Abs. 1 S. 1 ZPO,⁸⁵⁵ beginnend mit der Verkündung der Bestätigung. Dem Insolvenzverwalter steht kein Beschwerderecht zu, eine dennoch eingelegte Beschwerde ist als unzulässig zu verwerfen. Die Beschwerde ist allerdings nicht uneingeschränkt zulässig, sondern nur unter der **Prämisse des § 253 Abs. 2 InsO**.⁸⁵⁶ Die sofortige Beschwerde gegen den Planbestätigungsbeschluss ist **nur zulässig**, wenn der Beschwerdeführer dem Plan spätestens im Abstimmungstermin schriftlich oder zu Protokoll widersprochen und gegen den Plan gestimmt hat. Darüber hinaus trifft den Beschwerdeführer eine **materielle Beschwer**.⁸⁵⁷ In der Folge muss der Beschwerdeführer glaubhaft machen, dass er durch den Plan wesentlich schlechter gestellt wird, als er ohne einen Plan stünde, § 253 Abs. 2 InsO. Die Glaubhaftmachung gebietet eine plausible Darstellung, warum die Nachteile nicht durch Planmittel kompensiert werden können.⁸⁵⁸

118 **2. Gerichtliche Bestätigungsversagung, §§ 250, 251 InsO.** Unter welchen Umständen die **Bestätigung des Plans** zu **versagen** ist, regeln die §§ 250, 251 InsO. Ein **Versagungsgrund** kann daraus resultieren, dass Vorschriften über den Inhalt und die verfahrensmäßige Behandlung des Insolvenzplans sowie über die Annahme durch die Gläubiger und die Zustimmung des Schuldners in einem **wesentlichen Punkt** keine Beachtung fanden und der Mangel nicht behoben werden kann, § 250 Nr. 1 InsO.⁸⁵⁹ Gerichtliches Ermessen besteht nicht, der Insolvenzplan ist von Amts wegen zurückzuweisen.⁸⁶⁰ Nach Ansicht des **BGH** liegt ein **wesentlicher Verstoß** vor, sofern es sich um einen Mangel handelt, der Einfluss auf die Annahme des Insolvenzplans gehabt haben kann.⁸⁶¹ Eine seriöse Prognose reicht aus, die Einflussnahme muss nicht feststehen, sondern lediglich ernsthaft in Betracht kommen.⁸⁶² Damit erübrigt sich ein weiterer Nachweis oder ein konkret bestätigter Konnex.⁸⁶³

---

851 So aber Beck/Depré Insolvenz/Exner/Wittmann § 43 Rn. 58, die von einer Aufhebung des rechtskräftigen Plans sprechen.
852 www.insolvenzbekanntmachungen.de, vgl. § 9 InsO.
853 Silcher/Brandt/Rauscher Teil III Kap. 27 Rn. 49.
854 BGH DZWIR 2021, 42 (43).
855 Fischer NZI 2013, 513.
856 Zur eingeschränkten Zulässigkeit vgl. Fischer NZI 2013, 513 (514).
857 Fischer NZI 2013, 513 (514).
858 Fischer NZI 2013, 513 (514).
859 BGH NZI 2018, 691; BGH BeckRS 2022, 15879 = FD- InsR 2022, 450603 mAnm Lojowsky.
860 BGH NZI 2018, 691.
861 BGH NZI 2018, 691 (695).
862 BGH NZI 2018, 691 (695).
863 Kein konkreter Zusammenhang nötig.

Zum **gerichtlichen Prüfungsprogramm**[864] zählen

- die Vorschriften über den Plan (§§ 217, 219 bis 230 InsO);[865]
- die Vorschriften über das Verfahren (§§ 218, 231, 232, 234 bis 243 InsO);
- die Vorschriften über die Annahme durch die Beteiligten (§§ 244 bis 246a InsO) sowie
- die Vorschriften über die Zustimmung des Schuldners (§ 247 InsO).[866]

So ist beispielsweise die gerichtliche Bestätigung von Amts wegen zu versagen, sofern der vorgelegte Plan nicht alle nach § 220 Abs. 2 InsO erforderlichen Angaben enthält[867], etwa die **Vergleichsrechnung**.

Ein **weiterer Versagungsgrund** liegt darin, dass die Annahme des Plans unlauter herbeigeführt worden ist, § 250 Nr. 2 InsO.[868] Zu konstatieren sein muss ein Verstoß gegen Treu und Glauben, beispielsweise ein übertetuerter Forderungskauf, der einem unlauteren Stimmenkauf entspricht.

Die Entscheidung des Insolvenzgerichts über die **Versagung der gerichtlichen Bestätigung** muss in **Beschlussform** ergehen.[869] Auf Antrag ist die Bestätigung zu versagen, sobald der Antragsteller dem Plan widersprochen hat, § 251 Abs. 1 Nr. 1 InsO, oder der Antragsteller durch den Insolvenzplan voraussichtlich schlechter gestellt wird, § 251 Abs. 1 Nr. 2 InsO.[870] Dabei ist der Gläubiger gehalten, seine Schlechterstellung glaubhaft zu machen § 251 Abs. 2 InsO,[871] was die Darlegung der überwiegenden Wahrscheinlichkeit bedeutet,[872] eine Gegenüberstellung von Planquote und Regelinsolvenzquote. Ein Vergleich zwischen mehreren Plänen, die zur Vorlage gelangten, wird jedoch nicht gezogen,[873] weil sich hieraus keine konkrete Schlechterstellung ergeben kann.

Gegen den **Beschluss** steht den Gläubigern und dem Schuldner das Rechtsmittel der **sofortigen Beschwerde** zu, § 253 InsO. Nicht anders als im Falle des Bestätigungsbeschlusses, ist die Beschwerde nicht uneingeschränkt zulässig, sondern nur unter der **Prämisse des § 253 Abs. 2 InsO**.

X. Wirkungen eines bestätigten Insolvenzplans

Mit der **Rechtskraft der Bestätigung** des Insolvenzplans treten die im gestaltenden Teil festgelegten **Wirkungen** für und gegen alle Beteiligten ein, § 254 Abs. 1 S. 1 InsO.[874] Dies gilt auch für Insolvenzgläubiger, die ihre Forderung nicht angemeldet haben, und für Beteiligte, die dem Insolvenzplan widersprochen haben, §§ 254b, 254 Abs. 1 S. 3 InsO. Alle Beteiligten sind an die Abmachungen gebunden, gleichgültig, ob sie bekannt, unbekannt, gemeldet oder nicht gemeldet sind.[875]

R. Anfechtung in der Nachlassinsolvenz

I. Allgemeine Anfechtungsvorschriften und Wesen des Anfechtungsanspruchs

Lediglich zwei Nachlassinsolvenzverfahrensvorschriften greifen **Anfechtungsfragen** auf, zum einen § 322 InsO, die Vorschrift zur Anfechtung der Pflichtteils-, Vermächtnis- oder Auflagenerfüllung vor der Insolvenzeröffnung durch den Erben, zum anderen § 328 InsO, die Regelung über zurückgewährte Gegenstände. Im Übrigen trifft der erste Abschnitt des Zehnten Teils der InsO keine spezifischen Anordnungen zur Anfechtung in der Nachlassinsolvenz, weshalb die

---

864 BGH NZI 2018, 691.
865 BGH NZI 2018, 691 (694).
866 BGH NZI 2018, 691.
867 BGH BeckRS 2022, 15879 = FD-InsR 2022, 450603 mAnm Lojowsky.
868 LG Traunstein NZI 1999, 461.
869 BGH WuB 2021, 193 (194).
870 BGH ZIP 2014, 1442 (1445) (Suhrkamp Verlag).
871 BGH BeckRS 2012, 17122.
872 LG Hamburg BeckRS 2015, 1490.
873 LG Hamburg BeckRS 2015, 1490.
874 Edelmann AnwBl 1998, 489 (496).
875 Ehlers DStR 2010, 2523 (2526).

allgemeinen Vorschriften zur Anwendung gelangen, §§ 129–147 InsO[876]. Auf diese Art und Weise soll vor der Antragstellung initiierten Vermögensverschiebungen[877] des Schuldners entgegengetreten werden. Dabei schafft die insolvenzrechtliche Anfechtung **keine dingliche Rechtslage**, sondern einen **Anspruch auf Rückgewähr**, § 143 Abs. 1 InsO, einen rein schuldrechtlichen Anspruch,[878] einen Anfechtungsanspruch,[879] der der Geltendmachung[880] bedarf. Was durch die anfechtbare Handlung aus dem schuldnerischen Vermögen erlangt wurde, muss zur Insolvenzmasse zurückgewährt werden, § 143 Abs. 1 S. 1 InsO. Ggf. kann der Anfechtungsgegner jedoch den Entreicherungseinwand erheben, § 143 Abs. 2 S. 1 InsO.[881] Ziel einer Anfechtung kann es nicht sein, ein Insolvenzverfahren zu finanzieren, das den Insolvenzgläubigern keine oder eine teilweise Befriedigung verschafft.[882] Ziel der Anfechtung ist vielmehr die Mehrung[883] der zu verteilenden Masse.

II. Voraussetzungen der Anfechtung

121 **1. Rechtshandlungen vor der Eröffnung des Insolvenzverfahrens.** Nach § 129 Abs. 1 InsO unterliegen **Rechtshandlungen**, die **vor der Eröffnung des Insolvenzverfahrens** vorgenommen worden sind, der Anfechtung nach Maßgabe der §§ 130 bis 146 InsO. Mit Rechtshandlungen sind alle schuldrechtlichen und dinglichen **Rechtsgeschäfte**, alle bewussten und unbewussten **Willensäußerungen**, alle rechtsgeschäftsähnlichen Handlungen, Prozesshandlungen sowie **Realakte** gemeint, die mit Rechtsfolgen verknüpft sind,[884] gleichgültig, ob sie vom Schuldner, Gläubiger, Insolvenzverwalter oder einem Dritten herrühren. Eine Unterlassung steht einer Rechtshandlung gleich, § 129 Abs. 2 InsO. Voraussetzung ist jedoch, dass die Unterlassung auf einer Willenserklärung beruht, demnach in dem Bewusstsein erfolgt, dass die Untätigkeit Rechtsfolgen auslöst.[885] **Nicht der Anfechtung unterliegen höchstpersönliche Rechtsgeschäfte**[886] und der **originäre, auf einem staatlichen Hoheitsakt beruhende Erwerb in der Zwangsversteigerung**.

Vorgenommen gilt eine Rechtshandlung in dem **Zeitpunkt**, in dem ihre **rechtlichen Wirkungen** eintreten, § 140 Abs. 1 InsO. Ein Pfandrecht an Gewinnbezugsforderungen wird beispielsweise erst mit der Fälligkeit dieser Forderungen begründet.[887] Die rechtlichen Wirkungen einer Forderungspfändung treten mit der Zustellung an den Drittschuldner ein, § 829 Abs. 3 ZPO,[888] die Vorausabtretung einer künftigen Forderung entfaltet erst ab Entstehung der Forderung ihre rechtlichen Wirkungen.[889] Bei mehraktigen Rechtshandlungen kommt es auf den Vollendungsakt an, nicht bereits auf den ersten Akt.[890]

Eine Besonderheit gilt für Rechtsgeschäfte, für die eine **Eintragung** im Grundbuch, im Schiffsregister, im Schiffsbauregister oder im Register für Pfandrechte an Luftfahrzeugen erforderlich ist, § 140 Abs. 2 InsO. Insoweit gilt das **Rechtsgeschäft**[891] als vorgenommen, sobald die übrigen Voraussetzungen für die Wirksamkeit erfüllt sind, die Willenserklärung des Schuldners für ihn bindend geworden ist (§ 873 Abs. 2 BGB) und der andere Teil den Antrag auf Eintragung der Rechtsänderung gestellt hat, § 140 Abs. 2 S. 1 InsO. Ein Antrag auf Eintragung einer Vormerkung reicht aus, § 140 Abs. 2 S. 2 InsO, insoweit gilt das Rechtsgeschäft bereits mit Wirksam-

---

876 Ebenso Harder NJW-Spezial 2022, 469 (470).
877 Roth/Pfeuffer NachlassInsVerf-HdB, 210.
878 Roth/Pfeuffer NachlassInsVerf-HdB, 211.
879 Roth/Pfeuffer NachlassInsVerf-HdB, 211.
880 Zur Geltendmachung durch den Nachlassinsolvenzverwalter vgl. beispielsweise OLG Dresden ZInsO 2018, 2133 = ZVI 2018, 492.
881 OLG Dresden ZInsO 2018, 2133 = ZVI 2018, 492.
882 AG Göttingen NZI 2013, 188.
883 Bork/Hölzle InsR-HdB/Zenker Rn. 9.
884 Roth/Pfeuffer NachlassInsVerf-HdB, 214; OLG Schleswig-Holstein ZInsO 2023, 427 (429).
885 OLG Frankfurt aM BeckRA 2017, 126065; vgl. auch Wozniak jurisPR-InsR 2/2018 Anm. 3.
886 Roth/Pfeuffer NachlassInsVerf-HdB, 217.
887 BGH NZI 2010, 220; Stapper/Schädlich NZI 2010, 217.
888 Graf-Schlicker/M. Huber § 140 Rn. 3.
889 Graf-Schlicker/M. Huber § 140 Rn. 3.
890 Braun/Riggert § 140 Rn. 3; Graf-Schlicker/M. Huber § 140 Rn. 4.
891 Die Regelung gilt nur für Rechtsgeschäfte, nicht für Zwangshypotheken, vgl. Braun/Riggert § 140 Rn. 10.

werden der Bewilligung, Entstehung des Anspruchs und Stellung des Antrags als vorgenommen,[892] § 140 Abs. 2 S. 2 InsO.

Eine weitere Ausnahme gilt für **bedingte oder befristete Rechtshandlungen**. Bei einer bedingten Rechtshandlung (§ 158 BGB) oder befristeten Rechtshandlung (§ 163 BGB) bleibt der Eintritt der Bedingung oder des Termins außer Betracht, § 140 Abs. 3 InsO. Das Gesetz statuiert eine Vorverlagerung[893] des Anfechtungszeitpunkts mit der Folge, dass die bedingten oder befristeten Rechtshandlungen wie unbedingte bzw. unbefristete Rechtshandlungen einzuordnen sind.[894]

2. Gläubigerbenachteiligung. Als weiteres Kriterium nennt die Regelung in § 129 Abs. 1 InsO die **Gläubigerbenachteiligung**. Anfechtbar sind die **vor der Eröffnung** des Insolvenzverfahrens vorgenommenen Rechtshandlungen, die die Insolvenzgläubiger objektiv benachteiligen,[895] gleichgültig, ob dies **unmittelbar** oder **mittelbar**,[896] in **rechtlicher** oder nur in **tatsächlicher**[897] **Weise** geschieht. Betroffen ist die Insolvenzmasse, die zum Nachteil der Insolvenzgläubiger verkürzt wird.[898] Darüber hinaus liegt eine Gläubigerbenachteiligung vor, sofern die Schuldenmasse vermehrt oder der Zugriff auf das Vermögen des Schuldners vereitelt, erschwert oder verzögert wird.[899] Kausal kann zum einen eine Rechtshandlung des Insolvenzschuldners, zum anderen eine Rechtshandlung des vorläufigen Insolvenzverwalters sein.[900] Die **Anfechtung scheidet aus**, sofern eine **Benachteiligung** der Insolvenzgläubiger **nicht konstatiert** werden kann. Beispiel hierfür ist die **Vergütung eines Testamentsvollstreckers**, die nach der Eröffnung der Nachlassinsolvenz zu den Masseverbindlichkeiten zählt, § 324 Abs. 1 Nr. 6 InsO.[901] Ein weiteres Beispiel stellt die **Vergütung des Nachlasspflegers** dar, die im Nachlassinsolvenzverfahren zu den Masseverbindlichkeiten nach § 324 Abs. 1 Nr. 4 InsO zu rechnen ist.[902] Der Nachlasspfleger kann die Vergütung selbst aus dem Nachlass entnehmen, die Insolvenzanfechtung scheitert daran, dass eine Masseverbindlichkeit vorliegt.[903] Darüber hinaus scheidet die Anfechtung aus, sofern kein **Gläubigerbenachteiligungsvorsatz** des Schuldners festgestellt werden kann[904]. Ein Vorsatz ist nur dann zu bejahen, sofern der Schuldner die Benachteiligung der Gläubiger als Erfolg seiner Rechtshandlung gewollt oder erkannt und gebilligt hat[905].

III. Ausübung des Anfechtungsrechts; Dauer des Insolvenzverfahrens

Die insolvenzrechtliche Anfechtung bezieht sich auf den schuldrechtlich[906] ausgestatteten Anspruch auf Rückgewähr, der gerichtlich geltend gemacht werden muss. Die Geltendmachung ist exklusiv dem **Insolvenzverwalter** vorbehalten, wobei die Geltendmachung mit der **Dauer des Insolvenzverfahrens** verknüpft ist. Die Anfechtung kann daher nur **im laufenden Insolvenzverfahren** erfolgen, nicht mehr nach Ende bzw. Einstellung des Verfahrens.[907] Deutlich wird dies ua in § 143 Abs. 1 S. 1 InsO, wonach die Rückgewährung zur Insolvenzmasse erfolgen muss, was ein Insolvenzverfahren voraussetzt. Die Verjährung des Anfechtungsanspruchs tritt nach Ablauf von **drei Jahren** ein, beginnend mit dem Insolvenzantrag, nicht dem Erbfall.[908]

IV. Überblick über die Anfechtungstatbestände, §§ 130 ff. InsO

1. Kongruente Deckung, § 130 InsO. Eine **kongruente Deckung** liegt vor, sofern dem Insolvenzgläubiger eine Sicherung oder Befriedigung gewährt oder ermöglicht wurde, die er in der Art

---

892 Graf-Schlicker/M. Huber § 140 Rn. 9; Braun/Riggert § 140 Rn. 9.
893 Graf-Schlicker/M. Huber § 140 Rn. 13.
894 Braun/Riggert § 140 Rn. 11.
895 Zur fehlenden Benachteiligung vgl. AG Göttingen NZI 2013, 188.
896 Auch nur mittelbar wirkende Nachteile reichen aus, vgl. Roth/Pfeuffer NachlassInsVerf-HdB, 216.
897 Roth/Pfeuffer NachlassInsVerf-HdB, 215.
898 Zur Gläubigerbenachteiligung vgl. Roth/Pfeuffer NachlassInsVerf-HdB, 215 ff.
899 BGH ZInsO 2013, 1077; KTS 2017, 65 (67).
900 Roth/Pfeuffer NachlassInsVerf-HdB, 216.
901 AG Göttingen NZI 2013, 188.
902 BGH FamRZ 2006, 411.
903 BGH FamRZ 2006, 411.
904 OLG Schleswig-Holstein ZInsO 2023, 427 (430).
905 OLG Schleswig-Holstein ZInsO 2023, 427 (430).
906 Roth/Pfeuffer NachlassInsVerf-HdB, 211.
907 Roth/Pfeuffer NachlassInsVerf-HdB, 218.
908 Runkel/Schmidt InsR-HdB/Fliegner § 19 Rn. 74.

und zum relevanten Zeitpunkt beanspruchen konnte. Unter Umständen ist eine solche Rechtshandlung **anfechtbar**, etwa dann, wenn die Rechtshandlung in den letzten drei Monaten vor dem Antrag auf Insolvenzeröffnung vorgenommen worden ist, der Schuldner zum Zeitpunkt der Rechtshandlung zahlungsunfähig war und der Insolvenzgläubiger davon bereits Kenntnis hatte, § 130 Abs. 1 Nr. 1 InsO. Anfechtbar ist auch eine Rechtshandlung, die nach dem Eröffnungsantrag vorgenommen worden ist und der Gläubiger zum Zeitpunkt der Rechtshandlung die Zahlungsunfähigkeit oder den Eröffnungsantrag kannte, § 130 Abs. 1 Nr. 2 InsO. **Personen, die dem Schuldner nahestehen**, § 138 InsO, sehen sich mit der Vermutung konfrontiert, dass sie die Zahlungsunfähigkeit oder den Eröffnungsantrag kannten, § 130 Abs. 3 InsO. Darüber hinaus steht die Kenntnis von Umständen, die zwingend auf die Zahlungsunfähigkeit oder den Eröffnungsantrag schließen lassen, der Kenntnis der Zahlungsunfähigkeit oder des Eröffnungsantrags gleich, § 130 Abs. 2 InsO.

125 **2. Inkongruente Deckung, § 131 InsO.** Wird dem Insolvenzgläubiger eine Sicherung oder Befriedigung gewährt oder ermöglicht, die er nicht in der Art oder nicht zum relevanten Zeitpunkt beanspruchen konnte, liegt eine **inkongruente Deckung** vor, § 131 Abs. 1 InsO. Entsprechende Rechtshandlungen sind unter der Prämisse anfechtbar, dass die Rechtshandlung im letzten Monat vor dem Antrag auf Insolvenzeröffnung oder nach diesem Antrag vorgenommen worden ist, § 131 Abs. 1 Nr. 1 InsO. Eine Anfechtbarkeit besteht auch für den Fall, dass die Rechtshandlung innerhalb des zweiten oder dritten Monats vor dem Insolvenzeröffnungsantrag vorgenommen worden ist und der Schuldner zum Zeitpunkt der Rechtshandlung zahlungsunfähig war, § 131 Abs. 1 Nr. 2 InsO. Gleiches gilt für eine Rechtshandlung, die innerhalb des zweiten oder dritten Monats vor dem Insolvenzeröffnungsantrag vorgenommen worden ist und dem Insolvenzgläubiger zum Zeitpunkt der Rechtshandlung die Gläubigerbenachteiligung bekannt war, § 131 Abs. 1 Nr. 3 InsO.

S. Zurückgewährte Gegenstände, § 328 InsO

I. Historie

126 Mit geringfügiger Varianz geht die Regelung in § 328 InsO, die sich der **Verwendung zurückgewährter Gegenstände** widmet, auf die Bestimmung in § 228 KO zurück.[909] Die Zielrichtung weist keine Unterschiede auf und ist unverändert auf einen sachgerechten Ausgleich gerichtet. Gesichert werden soll zum einen die gerechte Verwendung von Anfechtungserlösen (§ 328 Abs. 1 InsO), zum anderen die Befriedigung ausgeschlossener Gläubiger (§ 328 Abs. 2 InsO). Dies geschieht durch die Zurücksetzung[910] der erwähnten Gläubiger.

II. Anfechtungserlöse und Verwendungszweck im Nachlassinsolvenzverfahren, § 328 Abs. 1 InsO

127 Den Ausgangspunkt der Regelung in § 328 Abs. 1 InsO bildet die **Anfechtung einer vom Erblasser oder einer ihm gegenüber vorgenommenen Rechtshandlung**, womit die **Insolvenzanfechtung**[911] nach den §§ 130 bis 146 InsO gemeint ist, beispielsweise die Insolvenzanfechtung im Bereich der kongruenten oder inkongruenten Deckung, der unmittelbar benachteiligenden Rechtshandlungen, der vorsätzlichen Benachteiligung, der unentgeltlichen Leistung oder der Gesellschafterdarlehen. Praktischerweise wird der Insolvenzverwalter vor der Anfechtung prüfen, ob der Erlös für das Nachlassinsolvenzverfahren überhaupt benötigt wird.[912] Sofern dies zu verneinen ist, ist von der Anfechtung Abstand zu nehmen, da eine Gläubigerbenachteiligung nicht zu konstatieren ist.[913] Mit dem Rekurs auf die Rechtshandlungen des Erblassers erfolgt

---

909 MüKoInsO/Siegmann/Scheuing InsO § 328 Rn. 1.
910 Jaeger/Windel InsO § 328 Rn. 1.
911 FAKomm InsR/Ringstmeier InsO § 328 Rn. 1.
912 So die Empfehlung von Ludwig InsbürO 2020, 109 (111).
913 Ludwig InsbürO 2020, 109 (111).

eine zeitliche Einschränkung auf den **Zeitraum vor dem Erbfall**, nur diesen Zeitraum behandelt die Regelung in § 328 Abs. 1 InsO.[914] Zugleich besteht eine **personelle Einschränkung**, sodass Rechtshandlungen der Erben[915] keine Rolle spielen. Was infolge einer Insolvenzanfechtung zur Insolvenzmasse **zurückzugewähren** ist, soll bestimmten Nachlassgläubigern nicht zugutekommen,[916] und zwar den **Pflichtteilsberechtigten** (§ 327 Abs. 1 Nr. 1 InsO), den **Vermächtnisnehmern** (§ 327 Abs. 1 Nr. 2 InsO) und den **Begünstigten aus Auflagen** (§ 327 Abs. 1 Nr. 2 InsO), allesamt sog. minderberechtigte Forderungen.[917] Im Wege der Analogie sollen **Zugewinnausgleichsansprüche** den Pflichtteilsrechten gleichstehen und zum Regelungsbereich des § 328 Abs. 1 InsO zählen.[918] Ohne die Einschränkung könnten die Pflichtteilsberechtigten, Vermächtnisnehmer und die Begünstigten aus Auflagen, die ihre Rechte erst mit dem Erbfall erwerben,[919] auf Massewerte zugreifen, die ihnen nicht zur Verfügung stehen. Eine unterschiedslose Zuführung zur Insolvenzmasse käme einer Privilegierung gleich, würde die Vermächtnisnehmer, Pflichtteilsberechtigten und Begünstigten aus Auflagen ungleich besserstellen und die Ausschüttung auf ein zweifelhaftes Fundament stellen. Die drohende Privilegierung zu verhindern, ist Regelungsgegenstand des § 328 Abs. 1 InsO. Die **Erlöse** aus der **Insolvenzanfechtung** dürfen nicht zur Erfüllung der Verbindlichkeiten verwendet werden, die aus Pflichtteilsansprüchen, Vermächtnissen oder Auflagen resultieren. In den Worten des BGH: „§ 328 Abs. 1 InsO beruht auf dem Gedanken, dass die Anfechtbarkeit nur zum Schutz derjenige dienen soll, die bereits Gläubiger des Erblassers waren."[920] Der Nachlassinsolvenzverwalter sieht sich gehalten, die entsprechenden Anfechtungserlöse der sonstigen Insolvenzmasse zuzuführen.[921] Auf die **Berechnungsgrundlage** für die **Vergütung des Insolvenzverwalters** wirkt sich die Regelung jedoch nicht aus,[922] schließlich unterliegt der aus der erfolgreichen Insolvenzanfechtung erzielte Erlös der Verwaltung des Insolvenzverwalters und ist somit Massebestandteil.[923] Nach § 63 Abs. 1 S. 2 InsO bildet die am Ende des Insolvenzverfahrens vorhandene Masse die Berechnungsgrundlage für die Vergütung des Insolvenzverwalters, womit auf das Vermögen abgestellt wird, das der Verwaltungs- und Verfügungsbefugnis des Insolvenzverwalters unterliegt,[924] sämtliche Massezuflüsse,[925] die die Masse erhöhen, darunter auch ein realisierter Anspruch aus der Insolvenzanfechtung.

III. Masseersatz und Befriedigung ausgeschlossener bzw. gleichgestellter Gläubiger, § 328 Abs. 2 InsO

Die Decodierung der Regelung in § 328 Abs. 2 InsO ergibt, dass **Gläubiger** im Fokus stehen, die im Wege des **Aufgebotsverfahrens ausgeschlossen** sind oder nach § 1974 BGB einem ausgeschlossenen Gläubiger **gleichstehen**. Nach § 1974 Abs. 1 S. 1 BGB steht ein Nachlassgläubiger, der seine Forderung später als fünf Jahre nach dem Erbfall dem Erben gegenüber geltend macht, einem ausgeschlossenen Gläubiger gleich, es sei denn, die Forderung ist dem Erben vor Ablauf von fünf Jahren bekannt oder im Aufgebotsverfahren angemeldet worden. Die ausgeschlossenen oder gleichgestellten Gläubiger können nur unter einer bestimmten Voraussetzung

---

914 Rechtshandlungen nach dem Erbfall werden regulär behandelt, die Anfechtungserlöse fließen unterschiedslos allen Masse- und Insolvenzgläubigern zu, vgl. FAKomm InsR/Ringstmeier InsO § 328 Rn. 3; Graf-Schlicker/Busch InsO § 328 Rn. 2.
915 MüKoInsO/Siegmann/Scheuing InsO § 328 Rn. 2.
916 Ludwig Insbüro 2020, 109.
917 Zur Terminologie vgl. Ludwig Insbüro 2020, 109.
918 Jaeger/Windel InsO § 328 Rn. 3.
919 FAKomm InsR/Ringstmeier InsO § 328 Rn. 2.
920 BGH ZInsO 2020, 33 (34); Ludwig Insbüro 2020, 109; Nerlich/Römermann/Riering InsO § 328 Rn. 2; ähnlich Kübler/Prütting/Bork/Holzer InsO § 328 Rn. 1; die historische Literatur sieht dies nicht anders, vgl. Pannier § 228 Abs. 1 KO.
921 FAKomm InsR/Ringstmeier InsO § 328 Rn. 2.
922 BGH ZInsO 2020, 33 = InsbürO 2019, 224 = NZI 2019, 355; Heyn Insbüro 2020, 16, 18, 19; Prasser EWiR 2019, 245; Ludwig Insbüro 2020, 109.
923 BGH ZInsO 2020, 33 = InsbürO 2019, 224 = NZI 2019, 355; Prasser EWiR 2019, 245.
924 BGH ZInsO 2020, 33 = InsbürO 2019, 224 = NZI 2019, 355.
925 BGH ZInsO 2020, 33 (34) = NZI 2019, 355; Prasser EWiR 2019, 245 (246): kein „durchlaufender Posten", auch wenn der Erlös nach Abschluss des Insolvenzverfahrens wieder zurückgewährt werden muss.

auf den Masseersatz zugreifen, den der Erbe aufgrund der §§ 1978–1980 BGB leisten muss. Voraussetzung ist, dass der Erbe auch nach den Vorschriften über die Herausgabe einer ungerechtfertigten Bereicherung ersatzpflichtig wäre, § 328 Abs. 2 InsO.[926] Dies steht im Einklang mit § 1973 Abs. 2 S. 1 BGB, wonach den Erben die Verpflichtung trifft, einen Überschuss im Wege der Zwangsvollstreckung nach den Vorschriften über die Herausgabe einer ungerechtfertigten Bereicherung herauszugeben.[927] Die Literatur spricht insoweit von einer verfahrensrechtlichen Umsetzung[928] des § 1973 Abs. 2 S. 1 BGB. Die ausgeschlossenen bzw. gleichgestellten Gläubiger sollen nur einen eingeschränkten Zugriff auf Massezuflüsse erlangen, die aus Sorgfaltspflichtverletzungen des Erben resultieren, § 328 Abs. 2 InsO.[929] Also nur ein Zugriff für den Fall der ungerechtfertigten Bereicherung des Erben.[930]

T. Vor- und Nacherbfolge und Nachlassinsolvenz
I. Allgemeines zur Vor- und Nacherbfolge

129 Mit dem Rechtsinstitut der **Vor- und Nacherbschaft** steht dem Erblasser die Möglichkeit offen, zunächst als Erben einen Vorerben, nach Eintritt eines bestimmten Ereignisses oder nach Ablauf einer Frist[931] als weiteren Erben einen Nacherben einzusetzen, § 2100 BGB. Nach den Motiven: „Das Besondere der Einsetzung als Nacherbe besteht darin, dass dieselbe dem Erfolge nach dazu führt, dass zwischen dem Tode des Erblassers und dem Erbwerden des Nacherben ein Zeitraum liegt, in welchem nicht dieser, sondern eine andere Person Erbe ist."[932] Die Staffelung ist der Grund dafür, warum Vor- und Nacherbe keine Erbengemeinschaft bilden. Mit Eintritt des Nacherbfalls endet die Erbenstellung des Vorerben, § 2139 BGB. Dennoch müssen im Verfahrensrecht Vorkehrungen über die Verfahrensposition des Vorerben nach Eintritt des Nacherbfalls getroffen werden. Diese Klärung übernimmt die Regelung in § 329 InsO.[933]

II. Eintritt des Nacherbfalls im laufenden Nachlassinsolvenzverfahren, § 329 InsO

130 **1. Rekurs auf weitere InsO-Vorschriften.** Eigenständige Regelungen zur verfahrensrechtlichen **Position des Vorerben nach Eintritt der Nacherbfolge** enthält § 329 InsO nicht, sondern statuiert die Vorerbenstellung durch den **Rekurs** auf die vorangegangenen §§ 323, 324 Abs. 1 Nr. 1 und § 326 Abs. 2 und 3 InsO. Trotz Eintritts des Nacherbfalls verbleiben dem Vorerben wichtige Rechte.[934]

131 **2. Rekurs auf § 323 InsO: kein Zurückbehaltungsrecht des Vorerben wegen Aufwendungen nach §§ 1978, 1979 BGB.** Wegen der **Aufwendungen**, die dem **Vorerben** nach §§ 1978, 1979 BGB aus dem Nachlass zu ersetzen sind, steht ihm **kein Zurückbehaltungsrecht** zu, vgl. § 329 InsO iVm § 323 InsO. Damit soll das Nachlassinsolvenzverfahren beschleunigt werden,[935] dies ohne Beschränkung der Aufrechnungsoption, die dem Vorerben verbleibt,[936] und ohne Einschränkung eines Zurückbehaltungsrechts des Vorerben, resultierend aus einem anderen Vertragsverhältnis.

132 **3. Rekurs auf § 324 Abs. 1 Nr. 1 InsO: Erstattungsansprüche des Vorerben als Masseverbindlichkeiten.** Daran schließt sich die Qualifizierung als **Masseverbindlichkeit** an. Aufwendungen, die dem Vorerben nach den §§ 1978, 1979 BGB aus dem Nachlass zu ersetzen sind, zählen zu

---

926 Nerlich/Römermann/Riering InsO § 328 Rn. 4.
927 Zu § 1973 Abs. 2 BGB vgl. Nerlich/Römermann/ Riering InsO § 328 Rn. 4.
928 Jaeger/Windel InsO § 328 Rn. 2; Kübler/Prütting/ Bork/Holzer InsO § 328 Rn. 1.
929 FAKomm InsR/Ringstmeier InsO § 328 Rn. 5.
930 Graf-Schlicker/Busch InsO § 328 Rn. 3.
931 Ggf. greift die Auslegungsregel in § 2106 Abs. 1 BGB, Eintritt des Nacherbfalls mit Tod des Vorerben.

932 Motive der 1. Kommission, vgl. Horn MatK ErbR § 2100 Rn. 5.
933 Zu den „Nachwirkungen der Erben- und Schuldnerstellung" vgl. Gottwald/Haas InsR-HdB/Döbereiner § 116 Rn. 5.
934 Vallender/Undritz/Laroche § 2 Rn. 299.
935 Zur Beschleunigung vgl. Braun/Bauch InsO § 323 Rn. 1; zum fehlenden Zurückbehaltungsrecht vgl. FAKomm InsR/Ringstmeier InsO § 329 Rn. 4.
936 Zur Aufrechnung Braun/Bauch InsO § 323 Rn. 4.

den Masseverbindlichkeiten, so das Ergebnis der Verweisung in § 329 InsO auf § 324 Abs. 1 Nr. 1 InsO.[937] Als Massegläubiger[938] kann der Vorerbe eine Erstattungsansprüche im Nachlassinsolvenzverfahren geltend machen.

4. Rekurs auf § 326 Abs. 2 InsO: gesetzlicher Forderungsübergang auf den Vorerben. Die Regelung in § 326 Abs. 2 InsO entspricht der alten Regelung in § 225 Abs. 2 KO[939] und sieht einen **gesetzlichen Forderungsübergang auf den Vorerben** für den Fall vor, dass er nicht für die Nachlassverbindlichkeiten unbeschränkt haftet. Weitere Voraussetzung ist, dass die Erfüllung der Nachlassverbindlichkeit nach § 1979 BGB nicht als für Rechnung des Nachlasses erfolgt gilt, § 326 Abs. 2 InsO. Dies ist beispielsweise bei Befriedigung aus eigenen Mitteln des Vorerben gegeben. Die Forderung des Gläubigers geht dann auf den Vorerben über und kann im Nachlassinsolvenzverfahren geltend gemacht werden.

5. Rekurs auf § 326 Abs. 3 InsO. Die Bestimmung entspricht der alten Regelung in § 225 Abs. 3 KO.[940] Anders als § 326 Abs. 2 InsO, der einen gesetzlichen Forderungsübergang statuiert, sieht die Bestimmung in § 326 Abs. 3 InsO einen **Übergang in der Geltungsmachungsbefugnis** vor, dies jedoch nicht unbeschränkt, sondern lediglich für den Fall, dass der Gläubiger die Forderung nicht geltend macht. Der einem einzelnen Gläubiger gegenüber unbeschränkt haftende Vorerbe sieht sich in die Lage versetzt, die Forderung des Gläubigers im Nachlassinsolvenzverfahren geltend zu machen, sofern der Gläubiger sie nicht geltend macht. Dies gilt sogar für den Fall, dass der Vorerbe die Forderung nicht tilgt.

III. Eintritt des Nacherbfalls vor Eröffnung des Nachlassinsolvenzverfahrens

Nach dem Wortlaut scheint sich § 329 InsO lediglich auf den Eintritt des **Nacherbfalls** im laufenden Nachlassinsolvenzverfahren zu beziehen. Bestimmte Rechte sollen für den **Vorerben** auch nach dem Eintritt der Nacherbfolge noch gelten. Ein Teil der Literatur teilt diese Einschätzung und beschränkt den Anwendungsbereich auf diese Konstellation. Nicht außer Acht gelassen werden darf jedoch die Fähigkeit, entstandene Rechte und Ansprüche in jeder Verfahrenskonstellation geltend machen zu können.[941] Anderenfalls werden die Rechte des Vorerben unzulässigerweise verkürzt und wesentlich beeinträchtigt. Konsequenterweise muss § 329 InsO auch dann gelten, sollte der Nacherbfall bereits vor der Eröffnung des Nachlassinsolvenzverfahrens eingetreten sein.[942]

U. Erbschaftskauf und Nachlassinsolvenz, § 330 InsO

I. Spezialregelung

Für den **Erbschaftskäufer**[943] trifft § 330 InsO eine Spezialregelung, die bereits die Antragsberechtigung tangiert.[944] Die Regelung entspricht § 232 KO. Für das Nachlassinsolvenzverfahren tritt der **Erbschaftskäufer** an die **Stelle des Erben**,[945] § 330 Abs. 1 InsO, haftet wie der Erbe,[946] und zwar ab dem Abschluss des Erbschaftskaufs, § 2382 Abs. 1 S. 1 BGB. Der Erbschaftsver-

---

937 Vallender/Undritz/Laroche § 2 Rn. 299.
938 Zum Vorerben als Massegläubiger vgl. FAKomm InsR/Ringsmeier InsO § 329 Rn. 1 und 4.
939 Jaeger, 81.
940 Jaeger, 81.
941 FAKomm InsR/Ringsmeier InsO § 329 Rn. 3.
942 FAKomm InsR/Ringsmeier InsO § 329 Rn. 3; Gottwald/Haas InsR-HdB/Döbereiner § 116 Rn. 5 und 6.

943 Die Regelung gilt nur für den Erbschaftskauf, nicht für den Verkauf einzelner Nachlassgegenstände, vgl. Wimmer/Schallenberg/Rafiqpoor InsO § 330 Rn. 1.
944 OLG Köln NZI 2001, 98.
945 Hermreck NJW-Spezial 2017, 149; OLG Köln NZI 2001, 98.
946 Vgl. bereits Pannier, 92; zur wirtschaftlichen Behandlung vgl. FAKomm InsR/Ringsmeier InsO § 330 Rn. 1; Wimmer/Schallenberg/Rafiqpoor InsO § 330 Rn. 1.

käufer bleibt zwar Erbe,[947] ist aber nicht Schuldner des Nachlassinsolvenzverfahrens.[948] In den Worten der motivnahen Literatur: „Lediglich der Käufer spielt also im Nachlasskonkurs die Rolle des Gemeinschuldners [...] Die persönlichen Beschränkungen, die im Nachlasskonkurse den Erben treffen, lasten auf dem Erbschaftskäufer."[949]

II. Pflicht und Recht des Erbschaftskäufers

137 In der Folge trifft den Erbschafskäufer die **Pflicht** und steht ihm das **Recht** zu, den **Antrag** auf Eröffnung der Nachlassinsolvenz zu stellen. Eine wirtschaftliche Benachteiligung der Nachlassgläubiger soll vermieden, zugleich die paradoxe Situation einer Verfahrenssituation umgangen werden,[950] dass sich das Nachlassinsolvenzverfahren gegen den Erbschaftsverkäufer richtet, der auf den Erbschaftskauf, die Kaufpreisbemessung und die Kaufvertragsansprüche verweisen kann.[951] Die **Antragsberechtigung** steht dem Erbschaftskäufer[952] allerdings nur unter der Prämisse zu, dass das Rechtsgeschäft mit dem Erben wirksam, insbesondere die Form des § 2371 BGB gewahrt ist.[953] Eine privatschriftliche Erklärung des Erben reicht nicht aus.[954] Zum rechtswirksamen Erbschaftskauf ist die Form der notariellen Beurkundung erforderlich, die auch durch die gleichzeitige oder nachträgliche Erfüllung nicht geheilt werden kann.[955]

III. Nachlassverbindlichkeit

138 Eine **Nachlassverbindlichkeit**, die dem Erbschaftskäufer zur Last fällt, ermächtigt den **Erbschaftsverkäufer** dazu, wie ein Nachlassgläubiger zu agieren und den Antrag auf Eröffnung des Insolvenzverfahrens zu stellen, §§ 330 Abs. 2 S. 1, 317 InsO, und zwar binnen der Zweijahresfrist, § 319 InsO.[956] Der Erbe wird einem Nachlassgläubiger gleichgestellt.[957] Schließlich kann der Erbschaftsverkäufer darauf rekurrieren, dass der **Käufer** verpflichtet ist, die **Nachlassverbindlichkeiten zu erfüllen**, § 2378 Abs. 1 BGB. Während die Regelung in § 330 Abs. 1 InsO die Interessen der Nachlassgläubiger wahrt, bedient die Bestimmung in § 330 Abs. 2 InsO die Eigeninteressen des Erbschaftsverkäufers.[958] Ob der Erbe beschränkt oder unbeschränkt haftet, wirkt sich nicht aus[959] und rechtfertigt keine andere Vorgehensweise. Nichts anderes gilt für andere Nachlassverbindlichkeiten, sofern der Erbe nicht unbeschränkt haftet oder eine Nachlassverwaltung angeordnet ist, § 330 Abs. 2 S. 2 InsO. Mitumfasst sind Vermächtnisse, Pflichtteilsansprüche und Auflagen.[960] Trotz Erbschaftsverkaufs gelten einige Regelungen für den Erben fort, § 330 Abs. 2 S. 3 InsO, darunter die Verweigerung eines Zurückbehaltungsrechts wegen Aufwendungen, § 323 InsO, die als Masseverbindlichkeit qualifiziert werden, § 324 Abs. 1 Nr. 1 InsO sowie der Fortbestand einer Erblasserschuld bzw. der gesetzliche Forderungsübergang bei Erfüllung einer Nachlassverbindlichkeit, § 326 InsO.

---

947 Kein Verlust der Erbenstellung, vgl. FAKomm InsR/Ringstmeier InsO § 330 Rn. 1; Braun/Bauch InsO § 330 Rn. 5; Wimmer/Schallenberg/Rafiqpoor InsO § 330 Rn. 1.
948 So bereits Jaeger, 109; ebenso Gottwald/Haas InsR-HdB/Döbereiner § 116 Rn. 12; Braun/Bauch InsO § 330 Rn. 4.
949 Jaeger, 109.
950 FAKomm InsR/Ringstmeier InsO § 330 Rn. 1.
951 Jaeger, 108, die Verfahrenseröffnung nur gegen den Erbschaftskäufer dient der Vereinfachung des Verfahrens, überdies wird der Interessenlage der Beteiligten entsprochen.
952 Der Antrag des Verkäufers ist als unzulässig zurückzuweisen, Gottwald/Haas InsR-HdB/Döbereiner § 116 Rn. 13.

953 OLG Köln NZI 2001, 98; Wimmer/Schallenberg/Rafiqpoor InsO § 330 Rn. 1.
954 OLG Köln NZI 2001, 98 (99).
955 BGH NJW 1967, 1128 (1131); OLG Köln NZI 2001, 98 (99).
956 Braun/Bauch InsO § 330 Rn. 7.
957 Jaeger 109.
958 FAKomm InsR/Ringstmeier InsO § 330 Rn. 3; Wimmer/Schallenberg/Rafiqpoor InsO § 330 Rn. 2.
959 FAKomm InsR/Ringstmeier InsO § 330 Rn. 3; vgl. auch bereits Jaeger, 109.
960 FAKomm InsR/Ringstmeier InsO § 330 Rn. 4.

IV. Erweiterung

Eine Erweiterung erfahren die beschriebenen Regelungen durch die Bestimmung in § 330 Abs. 3 InsO, die den **Weiterverkauf** bzw. die **weitere Verpflichtung zur Übertragung einer erworbenen oder angefallenen Erbschaft** thematisiert. Was für den ersten Erbschaftskäufer und die Nachlassgläubiger gilt, gilt auch für den zweiten bzw. jeden weiteren Erbschaftskäufer und die Nachlassgläubiger generell.[961] Diese Einordnung stimmt mit § 2385 Abs. 1 BGB überein, wonach die Vorschriften über den Erbschaftskauf auf den Weiterverkauf entsprechende Anwendung finden. Dies gilt auch für andere Verträge, die auf die Veräußerung einer angefallenen Erbschaft oder anderweitig erworbenen Erbschaft gerichtet sind, etwa die Schenkung oder den Tausch.[962] Jeder **Erwerber** wird **Schuldner** des Nachlassinsolvenzverfahrens, ihn trifft die Pflicht zur Antragstellung, nicht den Verkäufer. Die Antragsberechtigung steht dem weiteren Käufer jedoch nur zu, sollte der Erbschaftserwerb formwirksam zustande gekommen sein, also unter Wahrung der notariellen Beurkundung.[963] Als Erbe fungiert weiterhin der erste Verkäufer der Erbschaft.[964]

V. Doppelinsolvenzen, § 331 InsO

I. Doppelinsolvenz Nachlass- und Erbeninsolvenz, § 331 Abs. 1 InsO

Die Bestimmung in § 331 Abs. 1 InsO betrifft die Sondersituation einer **Gleichzeitigkeit von Nachlass- und Erbeninsolvenz (Doppelinsolvenz)** bzw. **Erbeninsolvenz und Nachlassverwaltung** und ist an § 234 KO[965] angelehnt.[966] Geklärt wird die Rolle der **Nachlassgläubiger, denen der Erbe unbeschränkt haftet**, in beiden Verfahren, und zwar durch den Rekurs auf die §§ 52, 190, 192, 237 Abs. 1 S. 2 InsO. Vermieden wird damit „eine ungerechtfertigte Benachteiligung der Erbengläubiger, die gegenüber der Konkurrenz der Nachlassgläubiger […] schutzlos sind".[967] Denn die Nachlassgläubiger, denen der Erbe bereits unbeschränkt haftet,[968] könnten in jedem Verfahren die volle Befriedigung verlangen.[969] Der Gefahr einer „Doppelt- Liquidation"[970] wirkt § 331 Abs. 1 InsO durch eine **Beschränkung** entgegen, bezogen auf die Erbeninsolvenz und die unbeschränkte Haftung des Erben. Dies äußert sich in einer eingeschränkten Forderungsanmeldung, in einer eingeschränkten Form der Verfahrensbeteiligung. Ob zuerst das Nachlassinsolvenz-, danach die Erbeninsolvenz eröffnet wurde, spielt keine Rolle.[971] Die Regelung gilt für **alle Fälle der Simultaninsolvenz** oder **Simultanität von Erbeninsolvenz und Nachlassverwaltung**.

Nachlassgläubiger, denen gegenüber der Erbe unbeschränkt haftet,[972] werden in der Erbeninsolvenz wie **Absonderungsberechtigte** behandelt.[973] Dies ergibt sich aus dem Rekurs in § 331 Abs. 1 InsO auf § 52 InsO. Sie sind zur anteilsmäßigen Befriedigung aus der Erbeninsolvenzmasse nur berechtigt, soweit sie in der Nachlassinsolvenz auf eine abgesonderte Befriedigung **verzichten** oder bei ihr **ausgefallen** sind, §§ 331 Abs. 1, 52 S. 2 InsO.[974] Vorrangig sollen die Nachlassgläubiger im Nachlassinsolvenzverfahren anmelden.[975] Um Berücksichtigung finden zu

---

961 Jaeger, 111.
962 Jaeger, 111; Braun/Bauch InsO § 330 Rn. 10.
963 Braun/Bauch InsO § 330 Rn. 11.
964 FAKomm InsR/Ringstmeier InsO § 330 Rn. 6.
965 Jaeger, 100 ff.
966 Zur Doppelinsolvenz vgl. Vallender NZI 2005, 318.
967 Jaeger, 100, 101; Kayser/Thole/Marotzke InsO § 331 Rn. 4; Nerlich/Römermann/Riering InsO § 331 Rn. 1, 5.
968 Dies stellt bereits einen Sonderfall dar, Kayser/Thole/Marotzke InsO § 331 Rn. 2, Regelfall ist die Haftungsbeschränkung nach § 1975 BGB.
969 Vgl. Jaeger, 100.
970 Jaeger, 101.
971 Jaeger, 101; Kayser/Thole/Marotzke InsO § 331 Rn. 2; MüKoInsO/Siegmann/Scheuing InsO § 331 Rn. 2.
972 Haftet der Erbe nicht unbeschränkt, können Nachlassgläubiger nur auf den Nachlass zugreifen, nicht auch auf das Eigenvermögen des Erben, vgl. FAKomm InsR/Ringstmeier InsO § 331 Rn. 2.
973 Jaeger, 101; Kayser/Thole/Marotzke InsO § 331 Rn. 4; FAKomm InsR/Ringstmeier InsO § 331 Rn. 2.
974 Busch ZVI 2011, 77 (82); Kayser/Thole/Marotzke InsO § 331 Rn. 4; MüKoInsO/Siegmann/Scheuing InsO § 331 Rn. 3; Beck/Depré Insolvenz/Lambert § 46 Rn. 5; FAKomm InsR/Ringstmeier InsO § 331 Rn. 2.
975 FAKomm InsR/Ringstmeier InsO § 331 Rn. 2.

können, ist der Verzicht bzw. der Ausfall dem Insolvenzverwalter nachzuweisen, §§ 331 Abs. 1, 190 InsO. Ggf. kann dies auch erst nachträglich geschehen, nach einer Abschlagsverteilung, §§ 331 Abs. 1, 192 InsO, im Rahmen der Schlussverteilung, dann in Form der Hinterlegung bei der Hinterlegungsstelle, §§ 331 Abs. 1, 198 InsO. Das **Stimmrecht** der Gläubiger bemisst sich in der Erbeninsolvenz nach §§ 331 Abs. 1, 237 Abs. 1 S. 2 InsO, also nach der Ausfallforderung, nicht nach § 76 Abs. 2 InsO, weil hierauf in § 331 Abs. 1 InsO nicht verwiesen wird.[976] Unanwendbar ist die Regelung in § 331 Abs. 1 InsO für sog. **Nachlasserbenschulden**, die in jedem Verfahren, der Nachlassinsolvenz und Erbeninsolvenz, den vollen Forderungsbetrag in Anspruch nehmen können, da sie nicht der Beschränkung des § 52 InsO unterliegen.[977]

II. Doppelinsolvenz im Gesamtgutsbereich, § 331 Abs. 2 InsO

141 Was für die oben geschilderten Fälle der Simultaninsolvenz (Nachlass- und Erbeninsolvenz) gilt, überträgt die Regelung in § 331 Abs. 2 InsO auf die **Koinzidenz von Nachlass- und Gesamtgutsinsolvenz**. Die Gefahr einer „Doppelt-Liquidation"[978] ist auch in dieser Konstellation nicht von der Hand zu weisen,[979] weshalb die Rolle der Gläubiger analog zu regeln ist, um ungerechtfertigte Benachteiligungen zu vermeiden.[980] Der Zugriff der Nachlassgläubiger auf das Gesamtgut erfährt eine Beschränkung,[981] der Nachlassgläubiger kann in der Gesamtgutsinsolvenz nur den Verzicht oder Ausfall geltend machen[982] und wird wie ein Absonderungsberechtigter behandelt.[983] Nicht anders als im Falle der Nachlass- und Erbeninsolvenz, spielt es keine Rolle, welches Insolvenzverfahren zuerst eröffnet wurde,[984] die Regelung gilt für **alle Fälle der Simultaninsolvenz**. Nachlassgläubiger, denen der Ehegatte unbeschränkt haftet, werden in der Gesamtgutsinsolvenz wie **Absonderungsberechtigte** behandelt, §§ 331 Abs. 2, Abs. 1, 52 InsO. Für **Lebenspartner** gilt dies entsprechend, vgl. § 331 Abs. 2 S. 2 InsO.

W. Beendigung des Nachlassinsolvenzverfahrens

I. Allgemeines

142 Ein Ende finden kann das Nachlassinsolvenzverfahren durch die **Einstellung** oder die **Aufhebung** des Verfahrens.[985] Als Folge der Aufhebung enden die Beschlagnahme und das Amt des Insolvenzverwalters, da der Schuldner wieder über sein Vermögen verfügen kann. Die gilt auch für die Einstellung des Nachlassinsolvenzverfahrens, womit der Schuldner das Recht zurückerhält, über die Insolvenzmasse frei zu verfügen, § 215 Abs. 2 S. 1 InsO.

II. Einstellung des Nachlassinsolvenzverfahrens wegen Massearmut bzw. Masseunzulänglichkeit, § 207 InsO

143 Eine im bereits eröffneten Nachlassinsolvenzverfahren zutage tretende Massearmut bzw. Masseunzulänglichkeit führt zur **Einstellung des Verfahrens**,[986] und zwar von Amts wegen, ohne weiteren Antrag oder weitere Anregung. Grund hierfür kann sein, dass sich nach der Eröffnung des Verfahrens herausstellt, dass die Insolvenzmasse nicht ausreicht, um die Kosten des Verfahrens zu decken,[987] § 207 Abs. 1 S. 1 InsO (**Massearmut**). Vor der Einstellung bestehen Anhörungspflichten gegenüber dem Nachlassinsolvenzverwalter, der Gläubigerversammlung und den

---

[976] Kayser/Thole/Marotzke InsO § 331 Rn. 5; Nerlich/Römermann/Riering InsO § 331 Rn. 2; FAKomm InsR/Ringstmeier InsO § 331 Rn. 4.
[977] MüKoInsO/Siegmann/Scheuing InsO § 331 Rn. 5; Graf-Schlicker/Busch InsO § 331 Rn. 3; FAKomm InsR/Ringstmeier InsO § 331 Rn. 3.
[978] Jaeger, 101.
[979] Graf-Schlicker/Busch InsO § 331 Rn. 4.
[980] Vgl. zur Regelung generell Jaeger, 100, 101.
[981] Schmidt/Böhm § 331 Rn. 5.
[982] Schmidt/Böhm § 331 Rn. 5.
[983] FAKomm InsR/Ringstmeier InsO § 331 Rn. 6.
[984] Jaeger, 101.
[985] Rugullis ZEV 2007, 156 (159).
[986] Gottwald/Haas InsR-HdB/Döbereiner § 115 Rn. 12, 13. Die funktionelle Zuständigkeit liegt beim Rechtspfleger § 3 Nr. 2e RpflG.
[987] Staufenbiel/Brill ZInsO 2012, 1395 (1401).

Massegläubigern, § 207 Abs. 2 InsO. Eine **Masseunzulänglichkeit** liegt dagegen vor, sofern die Kosten des Insolvenzverfahrens gedeckt sind, die Insolvenzmasse jedoch nicht ausreicht, um die fälligen sonstigen Masseverbindlichkeiten zu erfüllen, was der Nachlassinsolvenzverwalter umgehend dem Insolvenzgericht[988] anzuzeigen hat,[989] § 208 Abs. 1 S. 1 InsO, damit dieses die öffentliche Bekanntmachung der Masseunzulänglichkeit vornimmt, § 208 Abs. 2 InsO, und das Insolvenzverfahren einstellen kann, § 211 Abs. 1 InsO.[990] Tritt nach der Einstellung des Verfahrens weitere Insolvenzmasse zutage, wird eine **Nachtragsliquidation** erforderlich. Das Insolvenzgericht ordnet von Amts wegen oder auf Antrag des Verwalters oder eines Massegläubigers eine Nachtragsverteilung an, §§ 211 Abs. 3, 203 Abs. 3, 204, 205 InsO. Mit der Einstellung des Verfahrens erhält der Schuldner das Recht zurück, über die Insolvenzmasse frei zu verfügen, § 215 Abs. 2 S. 1 InsO. Gegen die **Einstellung** kann die **sofortige Beschwerde** eingelegt werden, und zwar durch jeden Insolvenzgläubiger und den Schuldner, vgl. § 216 Abs. 1 InsO.

III. Einstellung des Nachlassinsolvenzverfahrens mit Zustimmung der Gläubiger, § 213 InsO

Eine weitere Einstellungsoption ergibt sich aus § 213 InsO. Danach ist auf **Antrag** des Schuldners das Insolvenzverfahren einzustellen, sofern der Schuldner nach Ablauf der Anmeldefrist die **Zustimmung aller Insolvenzgläubiger** beibringt, die Forderungen angemeldet haben, § 213 Abs. 1 S. 1 InsO.[991] Mit der Einstellung des Verfahrens erhält der Schuldner das Recht zurück, über die Insolvenzmasse frei zu verfügen, § 215 Abs. 2 S. 1 InsO. Gegen die Einstellung kann die **sofortige Beschwerde** eingelegt werden, beschwerdeberechtigt sind die Insolvenzgläubiger und der Schuldner, vgl. § 216 Abs. 1 InsO.

144

IV. Aufhebung des Nachlassinsolvenzverfahrens

Sobald die **Schlussverteilung vollzogen** ist,[992] beschließt das Insolvenzgericht[993] die **Aufhebung** des Verfahrens, § 200 Abs. 1 InsO,[994] und macht den bereits mit Erlass wirksamen Beschluss sowie den Grund der Aufhebung öffentlich bekannt, § 200 Abs. 2 S. 1 InsO.

145

Ähnliches gilt für das **Insolvenzplanverfahren**. Nach **Rechtskraft der Bestätigung** beschließt[995] das Insolvenzgericht die **Aufhebung** des Insolvenzverfahrens, es sei denn, der Insolvenzplan sieht etwas anderes vor, § 258 Abs. 1 InsO.[996] Der Beschluss und der Grund der Aufhebung sind **öffentlich bekannt** zu machen, § 258 Abs. 3 S. 1 InsO, was durch Veröffentlichung auf einer Internet- Website des Justizportals geschieht.[997] Die Bekanntmachung gilt als bewirkt, sobald nach dem Tag der Veröffentlichung zwei weitere Tage verstrichen sind, § 9 Abs. 1 S. 3 InsO.[998] Darüber hinaus sind die **Register** zu berichten, §§ 258 Abs. 3 S. 3, 200 Abs. 2 S. 3, 31 bis 33 InsO, also das Handels-, Genossenschafts-, Partnerschafts- und Vereinsregister sowie das Grundbuch.

---

988 Die funktionelle Zuständigkeit liegt beim Rechtspfleger § 3 Nr. 2e RpflG.
989 Zur Anzeige der Masseunzulänglichkeit vgl. Roth ZInsO 2021, 769 (771).
990 Zur Einstellung eines Nachlassinsolvenzverfahrens nach § 211 InsO vgl. Roth ZInsO 2021, 769.
991 Gottwald/Haas InsR-HdB/Döbereiner § 115 Rn. 11.
992 Zum Verfahrensende nach Verteilung vgl. Gottwald/Haas InsR-HdB/Döbereiner § 115 Rn. 4.
993 Die funktionelle Zuständigkeit liegt beim Rechtspfleger § 3 Nr. 2e RpflG.
994 Rugullis ZEV 2007, 156 (159); Staufenbiel/Brill ZInsO 2012, 1395 (1401).
995 Zum weiteren Beschlussinhalt und zur öffentlichen Bekanntmachung vgl. § 258 Abs. 3 InsO. Zur Aufhebung vgl. Rugullis ZEV 2007, 156 (159).
996 Föhlisch ZVI 2018, 464 (465); Stapper ZVI 2018, 303.
997 www.insolvenzbekanntmachungen.de, vgl. § 9 InsO.
998 Silcher/Brandt/Rauscher Teil III Kap. 27 Rn. 49.

X. Gerichtskosten

I. Kosten des Eröffnungsverfahrens, Nr. 2310, 2311 KV GKG

146 Im Rahmen des **Eröffnungsverfahrens** wird nach der **Antragstellung** unterschieden.

Für das Verfahren über den **Antrag des Schuldners** auf Eröffnung des Insolvenzverfahrens erhebt das Insolvenzgericht eine **0,5 Verfahrensgebühr**, Nr. 2310 KV GKG. Dabei steht der Antrag eines ausländischen Insolvenzverwalters dem Antrag des Schuldners gleich, vgl. Vorbemerkung 2.3 KV GKG. Der **Geschäftswert** richtet sich nach dem Wert der Insolvenzmasse zur Zeit der Beendigung des Verfahrens, § 58 Abs. 1 S. 1 GKG. Dieser Wert kann dem Schlussbericht entnommen werden. Demnach bestimmt sich der Gegenstandswert nach dem wirtschaftlichen Wert, den der Insolvenzverwalter bis zum Abschluss des Insolvenzverfahrens realisieren konnte.[999] Dies gilt auch für die Vergütung des Insolvenzverwalters, vgl. § 63 Abs. 1 S. 2 InsO.[1000] Die Gebühr umfasst den **Zeitraum** ab Antragstellung bis zur Entscheidung über den Antrag,[1001] nicht dagegen die Kosten des Gerichtsvollziehers, die sich nach eigenen Gebührentatbeständen richten. **Kostenschuldner** ist der Antragsteller, § 23 Abs. 1 S. 1 GKG. Die Kosten schuldet ferner, wem sie durch gerichtliche Entscheidung auferlegt wurden, § 29 Nr. 1 GKG.

Für das Verfahren über den **Antrag eines Gläubigers** auf Eröffnung des Insolvenzverfahrens stellt das Insolvenzgericht eine **0,5 Verfahrensgebühr** in Rechnung, mindestens jedoch 198 EUR, vgl. Nr. 2311 KV GKG. Die Gebühr wird nach dem Betrag der **Gläubigerforderung** berechnet, es sei denn, der **Wert der Insolvenzmasse** ist geringer, dann wird die Gebühr aus diesem Wert erhoben, § 58 Abs. 2 GKG. **Kostenschuldner** ist der Antragsteller, § 23 Abs. 1 S. 1 GKG. Die Kosten schuldet ferner, wem sie durch gerichtliche Entscheidung auferlegt wurden, § 29 Nr. 1 GKG.

II. Kosten der Verfahrensdurchführung, Nr. 2320, 2330 KV GKG

147 Die kostenmäßige Differenzierung zwischen Schuldner und Gläubiger setzt sich in der **Verfahrensdurchführung** fort. Die Gebühr für die Durchführung des Verfahrens deckt das gesamte Verfahren bis zur Beendigung ab.[1002]

Für die Durchführung des Insolvenzverfahrens auf **Antrag des Schuldners** (sog. Eigenantrag) wird eine **2,5 Gebühr** erhoben, Nr. 2320 KV GKG.[1003] Diese Gebühr entsteht auch dann, sollte das Verfahren gleichzeitig auf Antrag eines Gläubigers eröffnet werden, vgl. Vorbemerkung 2.3.2 KV GKG. Mit der **Einstellung des Verfahrens *vor* dem Ende des Prüfungstermins** (§§ 207, 211, 212, 213 InsO) ermäßigt sich die Gebühr auf 0,5, vgl. Nr. 2321 KV GKG. Mit der **Einstellung des Verfahrens *nach* dem Ende des Prüfungstermins** (§§ 207, 211, 212, 213 InsO) ermäßigt sich die Gebühr auf 1,5, vgl. Nr. 2322 KV GKG. Die Gebühr entfällt, wenn der Eröffnungsbeschluss auf **Beschwerde** aufgehoben wird, vgl. Anmerkung zur Nr. 2320 KV GKG. Der **Geschäftswert** richtet sich nach dem Wert der **Insolvenzmasse zur Zeit der Beendigung des Verfahrens**, § 58 Abs. 1 S. 1 GKG, weshalb etwaiger Neuerwerb berücksichtigt werden muss. Der Wert kann dem Schlussbericht entnommen werden. Maßgeblich ist der wirtschaftliche Wert, den der Insolvenzverwalter bis zum Abschluss des Insolvenzverfahrens realisieren konnte.[1004] Dieser Wert gilt auch für die Vergütung des Insolvenzverwalters, vgl. § 63 Abs. 1 S. 2 InsO.

---

999 OLG Nürnberg NZI 2020, 1013 (1014).
1000 OLG Nürnberg NZI 2020, 1013 (1014).
1001 MüKoInsO/Hefermehl InsO § 54 Rn. 9.
1002 MüKoInsO/Hefermehl InsO § 54 Rn. 17.
1003 Unklar MüKoInsO/Hefermehl InsO § 54 Rn. 18, der unter Berücksichtigung der Eröffnungsgebühr von „drei Gebühren" und einem Mindestbetrag iHv 180 EUR spricht. Insoweit liegen aber nur zwei Gebühren vor.
1004 OLG Nürnberg NZI 2020, 1013 (1014).

Für die Durchführung des Insolvenzverfahrens auf **Antrag eines Gläubigers** (sog. Fremdantrag) fällt eine 3,0 Gebühr an, vgl. Nr. 2330 KV GKG.[1005] Mit der **Einstellung des Verfahrens vor dem Ende des Prüfungstermins** (§§ 207, 211, 212, 213 InsO) ermäßigt sich die Gebühr auf 1,0, vgl. Nr. 2331 KV GKG. Mit der **Einstellung des Verfahrens nach dem Ende des Prüfungstermins** (§§ 207, 211, 212, 213 InsO) ermäßigt sich die Gebühr auf 2,0, vgl. Nr. 2332 KV GKG. Die Gebühr entfällt, wenn der Eröffnungsbeschluss auf **Beschwerde** aufgehoben wird, vgl. Anmerkung zur Nr. 2330 KV GKG. Der **Geschäftswert** richtet sich nach dem **Wert der Insolvenzmasse zur Zeit der Beendigung des Verfahrens**, § 58 Abs. 1 S. 1 GKG, also unter Berücksichtigung eines etwaigen Neuerwerbs. Insoweit gilt es, den Schlussbericht heranzuziehen. Zugrunde zu legen ist der wirtschaftliche Wert, den der Insolvenzverwalter bis zum Abschluss des Insolvenzverfahrens realisieren konnte.[1006] Nichts anderes gilt für die Vergütung des Insolvenzverwalters, vgl. § 63 Abs. 1 S. 2 InsO.[1007]

III. Kosten besonderer Prüfungstermine, Nr. 2340 KV GKG

Für einen besonderen Prüfungstermin wird **je Gläubiger** eine **Festgebühr iHv 22 EUR**[1008] angesetzt, vgl. Nr. 2340 KV GKG.

148

IV. Gerichtliche Auslagen

Nach dem **JVEG** zu zahlende Beträge, etwa Gutachterkosten, angefallen im Rahmen der Prüfung der Frage, ob die Voraussetzungen der Insolvenz gegeben sind, werden **in voller Höhe** erhoben, vgl. Nr. 9005 KV GKG, ebenso **Auslagen für öffentliche Bekanntmachungen**, vgl. Nr. 9004 KV GKG. Für die Bekanntmachung in einem elektronischen Informations- und Kommunikationssystem werden Auslagen jedoch nicht erhoben, wenn das Entgelt nicht für den Einzelfall oder nicht für ein einzelnes Verfahren berechnet wird, erste Anmerkung zu Nr. 9004 KV GKG. Die Pauschale für **Zustellungen**, Einschreiben gegen Rückschein oder für Zustellungen durch Justizbedienstete beläuft sich auf 3,50 EUR, vgl. Nr. 9002 KV GKG, wobei allerdings neben Gebühren, die sich nach dem Streitwert richten, die Zustellungspauschale nur erhoben wird, soweit in einem Rechtszug mehr als 10 Zustellungen anfallen, vgl. Anmerkung zur Nr. 9002 KV GKG.

149

V. Beschwerdeverfahren

Für das Verfahren über die **Beschwerde** gegen die Entscheidung über den **Antrag** auf Eröffnung des Insolvenzverfahrens fällt eine volle Gebühr an, Nr. 2380 KV GKG.[1009]

150

Für das Verfahren **über nicht besonders geführte Beschwerden**, die nicht nach anderen Vorschriften gebührenfrei sind, wird eine Festgebühr iHv 66 EUR erhoben, sofern die Beschwerde verworfen oder zurückgewiesen wird, Nr. 2381 KV GKG.[1010]

VI. Kostenfreie Grundbucheintragungen

Für **Eintragungen** und **Löschungen**, die auf Ersuchen oder Anordnung des Insolvenzgerichts erfolgen, werden **Gebühren nicht erhoben**, vgl. Vorbemerkung 1.4 Abs. 2 Nr. 2 KV GNotKG.[1011]

151

1005 Unklar MüKoInsO/Hefermehl InsO § 54 Rn. 19, der unter Berücksichtigung der Eröffnungsgebühr von „drei Gebühren" spricht. Richtigerweise liegen aber nur zwei Gebühren vor.
1006 OLG Nürnberg NZI 2020, 1013 (1014).
1007 OLG Nürnberg NZI 2020, 1013 (1014).
1008 Überholt MüKoInsO/Hefermehl InsO § 54 Rn. 21 (dort noch mit alter Festgebühr).

1009 Unverständlich MüKoInsO/Hefermehl InsO § 54 Rn. 24, dort wird die Nr. 2360 KV GKG erwähnt.
1010 Unverständlich MüKoInsO/Hefermehl InsO § 54 Rn. 25, dort wird die Nr. 2361 KV GKG erwähnt.
1011 Überholt MüKoInsO/Hefermehl InsO § 54 Rn. 29, dort noch Darstellung der seit dem 31.7.2013 aufgehobenen Kostenordnung (KostO). Seit dem 1.8.2013 gilt das GNotKG.

Dies gilt auch für Eintragungen oder Löschungen, die nach den Vorschriften der InsO auf Antrag des Insolvenzverwalters[1012] oder, wenn kein Verwalter bestellt ist, auf Antrag des Schuldners erfolgen, vgl. Vorbemerkung 1.4 Abs. 2 Nr. 3 KV GNotKG. **Gebührenfrei**[1013] erfolgt daher die Eintragung einer Verfügungsbeschränkung im Eröffnungsverfahren, die Löschung gem. § 25 Abs. 1 InsO, die Eintragung des Insolvenzvermerks, die Löschung des Insolvenzvermerks sowie die Eintragung der Verfügungsbeschränkung bei Überwachung der Planerfüllung durch den Insolvenzverwalter, um nur die wichtigsten Beispiele zu nennen. **Nicht gebührenfrei ist hingegen die Löschung einer nach § 88 InsO unwirksamen Zwangssicherungshypothek**, die nur auf Antrag gelöscht werden kann, nicht von Amts wegen.[1014]

[1012] Korintenberg/Wilsch GNotKG Vorbem. 1.4 Rn. 39.
[1013] Korintenberg/Wilsch GNotKG Vorbem. 1.4 Rn. 38.
[1014] Korintenberg/Wilsch GNotKG Vorbem. 1.4 Rn. 39; zur Löschung vgl. Spiekermann ZInsO 2022, 2667 (2668).

15. Konsulargesetz (KonsG)

Vom 11.9.1974 (BGBl. I S. 2317)
(FNA 27-5)
zuletzt geändert durch Art. 20b G vom 28.3.2021 (BGBl. I S. 591)
– Auszug –

Literatur:

Armbrüster/Preuß/Renner, BeurkG, DONot, Kommentar, 2019; *Bindseil*, Internationaler Urkundenverkehr, DNotZ 1992, 275; *Bindseil*, Konsularisches Beurkundungswesen, DNotZ 1993, 5; *Dörner*, Probleme des internationalen Erbrechts, DNotZ 1988, 67; *Dutta*, Eheschließungen auf See, StAZ 2014, 44; *Eickelberg*, Besonderheiten der konsularischen Beurkundung und ihr Einfluss auf die Zusammenarbeit der Konsularbeamten mit inländischen Notaren, DNotZ 2018, 332; *Freitag*, Der Beweiswert ausländischer Urkunden vor dem deutschen Standesbeamten, StAZ 2012, 161; *Frenz/Miermeister*, Bundesnotarordnung mit BeurkG, Richtlinienempfehlungen BNotK, DONot, Kommentar 2020; *Geimer*, Konsularisches Notariat, DNotZ 1978, 3; *Grziwotz/Heinemann*, Beurkundungsgesetz, Kommentar, 2018; *Hecker/Müller-Chorus*, Handbuch der konsularischen Praxis, Stand: August 2007 (zitiert: Hecker/Müller-Chorus KonsPraxis-HdB/Bearbeiter); *Hohloch*, Eheschließung bei unterschiedlicher Staatsangehörigkeit, FPR 2011, 422; *Kierdorf*, Die Legalisation von Urkunden, 1975; *Lerch*, Beurkundungsgesetz. Dienstordnung Richtlinienempfehlungen BNotK, Kommentar, 2016; *Reitmann*, Beurkundung, Beglaubigung, Bescheinigung durch inländische und ausländische Notare, DNotZ 1995, 360; *Rhein*, Ermittlung ausländischen Rechts am Beispiel von Ehefähigkeitszeugnissen, NZFam 2014, 124; *Richtsteig*, Wiener Übereinkommen über diplomatische und konsularische Beziehungen, Entstehungsgeschichte, Kommentierung, Praxis, 2010; *Schotten/Schmellenkamp*, Das Internationale Privatrecht in der notariellen Praxis, 2007; *Wagner*, Anerkennung von Personenstandsurkunden – was heißt das?, DNotZ 2011, 176; *Wagner*, Anerkennung von Personenstandsurkunden in Europa, NZFam 2014, 121; *Wagner/Raasch/Pröpstl*, Wiener Übereinkommen über konsularische Beziehungen vom 24. April 1963, Kommentar für die Praxis, 2007; *Winkler*, Beurkundungsgesetz, Kommentar, 2022.

Einführung

A. Normzweck

Die Konsulate sind für den Bürger die ständige Anlaufstelle, wenn es um deutsche staatliche Angelegenheiten im Ausland geht. Sie sind nicht nur bei der allgemeinen Zusammenarbeit zwischen der Bundesrepublik Deutschland und dem Staat, in welchem ein Konsulat unterhalten wird, behilflich, sondern sollen insbesondere deutschen Bürgern und juristischen Personen als Anlaufstelle nach pflichtgemäßen Ermessen Rat und Beistand gewähren, § 1 KonsG. Davon zu unterscheiden sind Botschaften, die in erster Linie als diplomatische Vertretung eines Staates am Regierungssitz eines anderen Staates angesiedelt sind; dort können auch Konsularabteilungen eingerichtet sein.

Im Hinblick auf das Erbrecht sind die Konsularbeamten ausdrücklich in Nachlass- (§§ 8, 9, 11 KonsG) und Personenstandsangelegenheiten (§ 8 KonsG) aber auch im Urkundswesen tätig, wenn es um allgemeine Beurkundungen (§ 10 KonsG), Legalisation ausländischer (§ 13 KonsG, § 438 ZPO) und Echtheitsbestätigungen inländischer öffentlicher Urkunden (§ 14 KonsG) geht, § 2 KonsG. Deutsche Gerichte und Behörden können die Konsularbeamten beauftragen, bei der Beweisaufnahme etwa im Erbscheinsverfahren behilflich zu sein, wenn die Erledigung der Beweisaufnahme durch die Behörden des ausländischen Staates nicht oder nicht innerhalb einer angemessenen Zeit zu erwarten ist oder ein sonstiger begründeter Ausnahmefall vorliegt, vgl. § 363 Abs. 2 ZPO, § 15 KonsG. Unter anderem sind die Konsularbeamte somit quasi als deutscher Notar bei der Erstellung und als Nachlassgericht bei der Eröffnung von Verfügungen von Todes wegen und als eine Art Nachlasspfleger für die Sicherung von Nachlässen tätig.

3 Eine weitere Aufgabe des Konsularbeamten ist die Zustellung im Ausland, wenn sie nicht durch die Behörden des ausländischen Staates erfolgt, vgl. §§ 183 Abs. 3 1067 ZPO, § 16 KonsG. Auch ist das Konsulat nach den Grundsätzen des § 1 KonsG eine Anlaufstelle, wenn deutsche Erben, Vermächtnisnehmer oder sonstige Nachlassgläubiger etwa Schwierigkeiten mit der Durchsetzung ihrer Ansprüche im Rahmen von deutschen und ausländischen Nachlässen gegenüber den ausländischen Behörden haben.

4 Im Rahmen des § 5 KonsG kann Deutschen und deren nicht deutschen Familienangehörigen durch die Konsulate bis hin zu Rechtsschutz und Geldleistungen Hilfe gegeben werden. Nach § 5 Abs. 5 KonsG sind aber Auslagen des Konsulats immer zu ersetzen. Die Verpflichtung zum Ersatz geht auf die Erben über; deren Haftung beschränkt sich auf den Nachlass.

5 Bei seiner Tätigkeit hat der Konsularbeamte das deutsche Recht (als Entsendestaat), das Völkerrecht, das Recht des Staates, in welchem sich das Konsulat befindet (Empfangsstaat), und sogar deutsche politische Erwägungen (vgl. § 3 Abs. 2 KonsG) zu berücksichtigen. Das Ermessen des handelnden Konsularbeamten ist bei der Berücksichtigung des ausländischen und internationalen Rechts eingeschränkt. Das KonsG gibt ihm zumeist einen großzügigen Ermessensfreiraum: er muss grundsätzlich tätig werden, wenn dies notwendig ist, es sei denn übergeordnete deutsche Interessen stehen dem entgegen.[1]

B. Textgeschichte

6 Das heute geltende KonsG hat mit Wirkung vom 14.12.1974 das Gesetz betreffend die Organisation der Bundeskonsulate sowie die Amtsrechte und Pflichten der Bundeskonsuln vom 8.11.1867[2] abgelöst.

7 Die wesentlichsten materiellen Änderungen danach bestanden darin, dass bis zum 31.12.2008 Konsularbeamte im Rahmen des § 8 KonsG aF **Eheschließungen** vornehmen und beurkunden konnten. Dies wurde ersatzlos gestrichen, so dass Ehen bzw. Lebenspartnerschaften nunmehr im Empfängerstaat oder im Inland geschlossen bzw. begründet werden müssen. Das Konsulat kann aber bei der Beschaffung von Urkunden für solche behilflich sein.

8 Durch Art. 2 des Gesetzes zum Internationalen Erbrecht und zur Änderung von Vorschriften zum Erbschein sowie zur Änderung sonstiger Vorschriften vom 29.6.2015 wurde § 9 Abs. 2 KonsG dahin gehend geändert, dass nicht mehr auf den letzten Wohnsitz des Erblassers, sondern auf den letzten gewöhnlichen Aufenthalt abgestellt wird, wenn Nachlassgegenstände oder Erlöse aus deren Veräußerung an ein Gericht übergeben werden sollen. Zudem wurde mit gleichem Gesetz § 12 Abs. 2 KonsG dahin gehend geändert, dass Konsularbeamte nunmehr auch Versicherungen an Eides statt abnehmen dürfen, die zur Erlangung eines Europäischen Nachlasszeugnisses abgegeben werden.

9 Zunächst wurde mit Gesetz zur Strukturreform des Gebührenrechts des Bundes vom 7.8.2013[3] der 5. Abschnitt des KonsG über die Gebühren und Auslagen grundlegend dahin gehend geändert, dass sich die Erhebung von **Gebühren** für die Tätigkeiten des Auswärtigen Amtes, den Vertretungen des Bundes im Ausland – hierzu gehören auch die Berufskonsularbeamte – und den Honorarkonsularbeamten grundsätzlich nach dem neu geschaffenen Bundesgebührengesetz (BGebG), der besonderen Gebührenverordnung des Auswärtigen Amtes gemäß § 22 Abs. 4 BGebG und speziell den neu geschaffenen §§ 25, 25a-e und 26 KonsG richtet. Mit Wirkung zum 14.8.2018 sollten dadurch das bis dahin geltende Auslandskostengesetz und die Auslandskostenverordnung entsprechend Art. 4 Abs. 43 bzw. 44 des Gesetzes vom 7.8.2013 außer Kraft treten. Dieses Gesetz zur Strukturreform des Gebührenrechts des Bundes wurde aber durch das

---

[1] Hecker/Müller-Chorus KonsPraxis-HdB/Bloß § 3 C Rn. 3 f.
[2] BGBl. des Norddt Bundes 1867, 137.
[3] BGBl. 2013 I 3154, 3203, zuletzt geändert durch Art. 1 des Gesetzes vom 10.3.2017 (BGBl. 2017 I 417).

Gesetz zur Aktualisierung der Strukturreform des Gebührenrechts des Bundes vom 18.7.2016[4] unter anderem so geändert, dass nunmehr der Termin vom 14.8.2018 auf den 1.10.2021 verschoben wurde. Erst seitdem sind die im Gesetz zur Aktualisierung der Strukturreform des Gebührenrechts des Bundes vom 18.8.2016[5] aufgeführten §§ 25, 25a-e, 26 KonsG anzuwenden. Für die Erhebung der Gebühren für die Ausstellung einer Apostille und für deren Überprüfung ist der dann neu gefasste § 2 der Verordnung über die Ausstellung der Apostille nach Art. 3 des Haager Übereinkommens vom 5.10.1961 zur Befreiung ausländischer öffentlicher Urkunden von der Legalisation vom 9.10.1997 anzuwenden.[6]

C. Begleitende Gesetze

Das KonsG gibt die Rechtsgrundlagen für die allgemeinen Arbeiten der Konsularbeamten vor. Es lehnt sich dabei immer wieder an innerdeutsche Regelungen wie das BeurkG oder die BNotO an, auf dessen Kommentierung dann verwiesen werden kann. Gemäß § 4 KonsG müssen die Konsularbeamten jedoch die rechtlichen Schranken berücksichtigen, die sich aus dem in ihrem Konsularbezirk geltenden Recht des ausländischen Staates ergeben, und haben insbesondere das **Wiener Übereinkommen vom 24.4.1963 über konsularische Beziehungen**[7] (WÜK) und sonstige Verträge zu beachten. Mit letzterem sind bestehende internationale Übereinkünfte gemeint, die dem WÜK vorgehen, soweit sie vor diesem in Kraft getreten sind, vgl. Art. 73 Abs. 1 WÜK. Als sonstige internationale Verträge gelten insbesondere 10

- der **Freundschafts-, Handels- und Schifffahrtsvertrag zwischen der Bundesrepublik Deutschland und den Vereinigten Staaten von Amerika** vom 29.10.1954,[8]
- der **Freundschafts-, Handels- und Konsularvertrag zwischen dem Deutschen Reich und den Vereinigten Staaten von Amerika** vom 8.12.1923,[9]
- der **Konsularvertrag zwischen dem Deutschen Reich und der Türkischen Republik** vom 28.5.1929[10]
- der **Konsularvertrag zwischen der Bundesrepublik Deutschland und dem Vereinigten Königreich von Großbritannien und Nordirland** vom 30.7.1956[11] und
- der **Konsularvertrag zwischen der Bundesrepublik Deutschland und der Union der Sozialistischen Sowjetrepubliken** vom 25.4.1958.[12]

Diese Konsularverträge geben – insbesondere für den Erbrechtler relevant – den deutschen Konsularbeamten beim Tode eines deutschen Staatsangehörigen bzw. zum Schutze deutscher Erben in unterschiedlicher Intensität Vertretungs- sowie Sicherungs- und Verwaltungsrechte hinsichtlich des Nachlasses. Teilweise sind in diesen Verträgen sogar zu beachtende Kollisionsnormen des Erbrechts enthalten. Daneben bestehen zwar dem Namen nach weitere Konsularverträge mit anderen Staaten, welche aber zumeist lediglich Doppelbesteuerungsabkommen sind. 11

---

4 BGBl. 2016 I 1666; zuletzt geändert durch Art. 9 des Gesetzes vom 17.7.2017 (BGBl. 2017 I 2615).
5 BGBl. 2016 I 1666, 1670.
6 BGBl. 1997 I 1666, 1670 f.
7 BGBl. 1969 II 1589. Insbesondere die dortigen Art. 5 lit. f und g: „Die konsularischen Aufgaben bestehen darin, […] f.) notarielle, standesamtliche und ähnliche Befugnisse auszuüben sowie bestimmte Verwaltungsaufgaben wahrzunehmen, soweit die Gesetze und sonstigen Rechtsvorschriften des Empfangsstaates dem nicht entgegenstehen; g) bei Nachlasssachen im Hoheitsgebiet des Empfangsstaats die Interessen von Angehörigen des Entsendestaats, und zwar sowohl natürlicher als auch juristischer Personen, nach Maßgabe der Gesetze und sonstigen Rechtsvorschriften des Empfangsstaats zu wahren".
8 BGBl. 1956 II 487; der Vertrag nebst Protokoll und Notenwechsel trat am 14.7.1956 in Kraft, vgl. Bekanntmachung vom 28.6.1956, BGBl. 1956 II 763. Insbes. dort der Art. IX Abs. 3.
9 RGBl. 1925 II 795; RGBl. 1935 II 743; BGBl. 1954 II 722. Insbes. der dortige Art. XXIV.
10 Gesetz vom 3.5.1930, RGBl. 1930 II 747. Dort insbes. Art. 16 Nr. 1 und 2, Art. 19, Art. 20 und zu Letzterem dessen Anlage.
11 BGBl. 1957 II 285; dazu Gesetz vom 27.5.1957, BGBl. 1957 II 284. Dort insbes. Art. 21 bis 28.
12 BGBl. 1959 II 233. Dort insbes. Art. 19 bis 29.

§ 8 KonsG Antrag auf Beurkundung der Geburt oder des Todes eines Deutschen

¹Die Konsularbeamten sind befugt, Anträge auf Beurkundung der Geburt oder des Todes eines Deutschen entgegenzunehmen, wenn sich der Personenstandsfall im Ausland ereignet hat. ²Der Antrag ist mit den vorgelegten Unterlagen dem nach § 36 Abs. 2 des Personenstandsgesetzes zuständigen Standesamt zu übersenden.

A. Allgemeines 1	I. Zuständigkeit 7
I. Normzweck 1	II. Weitere Voraussetzungen 9
II. Textgeschichte 3	III. Rechtsfolgen 14
III. Begleitende Gesetze 4	IV. Praktische Hinweise 16
B. Regelungsgehalt 7	

A. Allgemeines

I. Normzweck

1 § 8 überträgt den Konsularbeamten die Aufgabe bei Geburten oder Todesfällen von Deutschen als Verbindungsglied zwischen dem sich im Ausland aufhaltenden und die Beurkundung des Personenstandsfalles Beantragenden und dem heimischen Standesamt zu dienen.

2 Innerhalb des Erbrechts kann durch die Beurkundung der Geburt bzw. eines Todesfalls der Geborene bzw. der Nachkomme im Erbscheinsverfahren nach den §§ 2353 ff. BGB sein Erbrecht geltend machen. Das Konsulat kann hierfür bei der Beschaffung von Personenstandsurkunden beraten und helfen, Geburten und Sterbefälle ohne Beurkundung niederschreiben und auch Namenserklärungen aufnehmen und weiterleiten, jedoch Personenstandsurkunden nicht selbst ausstellen.[1]

II. Textgeschichte

3 Bis zur Neuregelung des § 8 KonsG am 1.1.2009 waren die Konsularbeamten befugt, Eheschließungen vorzunehmen und zu beurkunden. Diese Beurkundungen wurden sodann an das Standesamt I in Berlin (West) übermittelt. Nach der Reform des Personenstandsrechts dürfen die Konsularbeamten generell keine eigenen Beurkundungen in Personenstandssachen mehr vornehmen; nach § 36 Abs. 2 PStG sind für diese ausschließlich die im Inland gelegenen Standesämter zuständig und können von den Konsularbeamten auch nicht über die allgemeine Beurkundungsmöglichkeit des § 10 KonsG vorgenommen werden.

III. Begleitende Gesetze

4 Der Konsularbeamte wird unterstützt durch die **Ausführungsvorschriften zu den personenstandsrechtlichen Bestimmungen des Gesetzes vom 11.9.1974 über die Konsularbeamten, ihre Aufgaben und Befugnisse.**[2]

5 Nach Art. 37 lit. a **WÜK** ist beim Tod eines Angehörigen des Entsendestaats unverzüglich die konsularische Vertretung zu benachrichtigen, in deren Amtsbezirk der Todesfall eingetreten ist, wenn die zuständigen Behörden des Empfangsstaats über die entsprechenden Auskünfte verfügen. Aus Art. 6 WÜK geht zudem hervor, dass nur unter bestimmten Bedingungen der Konsularbeamte außerhalb seines Bezirks tätig werden darf.

---

[1] Vgl. zum Ehefähigkeitszeugnis VG Berlin BeckRS 2010, 56549.

[2] Abgedruckt in Hoffmann/Glietsch KonsularG/ Vorb. § 8.

Hinsichtlich internationaler Personenstandsurkunden mit Bezug auf das Erbrecht sind generell insbesondere
- das **Haager Übereinkommen zur Befreiung ausländischer öffentlicher Urkunden von der Legalisation** vom 5.10.1961,[3]
- das **Wiener CIEC**[4]**-Übereinkommen über die Ausstellung mehrsprachiger Auszüge aus Personenstandsbüchern**[5] vom 8.9.1976,
- das **CIEC-Übereinkommen vom 4.9.1958 über den internationalen Austausch von Auskünften in Personenstandsangelegenheiten**,[6]
- das **Europäische Übereinkommen zur Befreiung der von diplomatischen und konsularischen Vertretungen errichteten Urkunden von der Legalisation** vom 7.7.1968[7] und
- das **Luxemburger CIEC-Übereinkommen über die kostenlose Erteilung von Personenstandsurkunden und den Verzicht auf ihre Legalisation** vom 26.9.1957[8]
- zu beachten.

B. Regelungsgehalt

I. Zuständigkeit

Nach § 8 S. 1 KonsG sind die Konsularbeamten befugt, Anträge auf Beurkundung der Geburt oder des Todes eines Deutschen entgegenzunehmen, wenn sich der Personenstandsfall im Ausland ereignet hat. Es muss sich daher um einen nach den §§ 18 ff. PStG (**Geburt**) bzw. den §§ 28 ff. PStG (**Sterbefall**) einzutragenden Personenstandsfall handeln, der im **Ausland** vorgefallen ist. Bei Geburten oder Sterbefällen, die sich während der Reise auf einem **Seeschiff, das die Bundesflagge führt**, ereignen, hat der mündlich hiervon unterrichtete Schiffsführer hierüber eine Niederschrift (keine Beurkundung) aufzunehmen und diese dem nächstgelegenen Seemannsamt zu übergeben, § 37 Abs. 3 PStG. Im Ausland übernimmt der deutsche Konsul die Aufgaben des Seemannsamtes.[9] Finden die Geburt oder der Sterbefall eines Deutschen auf einem **Seeschiff, das keine Bundesflagge führt**, statt, so ist dieser Fall wie eine Geburt oder ein Sterbefall im Ausland nach § 8 KonsG zu behandeln, §§ 37 Abs. 4, 36 PStG.

Örtlich zuständig für die Entgegennahme des Antrags ist jedes ausländische Konsulat, gleich ob sich der Personenstandsfall in dessen Konsularbezirk ereignet hat oder nicht. Es muss sich lediglich um einen im Ausland ereigneten Personenstandsfall handeln.[10] Häufig werden von den ausländischen, örtlichen Behörden die deutschen Konsulate, in deren Amtsbezirk der Todesfall eingetreten ist, nach Art. 37 lit. a WÜK benachrichtigt. Ohne Antrag eines Angehörigen können diese sodann an das zuständige Standesamt weitergeleitet werden. Für die Weiterleitung des Antrags sind **funktionell** sowohl die Berufskonsularbeamten nach § 18 KonsG als auch die Ho-

---

3 BGBl. 1965 II 876.
4 Internationale Kommission für das Zivilstandswesen.
5 BGBl. 1997 II 774. Das Abkommen gilt derzeit zwischen Belgien, Bosnien-Herzegowina, Bulgarien, Deutschland, Estland, Frankreich, Italien, Kroatien, Litauen, Luxemburg, Mazedonien, Moldau Montenegro, Niederlande, Österreich, Polen, Portugal, Rumänien, Schweiz, Serbien, Slowenien, Spanien und Türkei.
6 BGBl. 1961 II 1071; BGBl. 1962 II 44. Das Abkommen gilt derzeit zwischen Belgien, Deutschland, Frankreich, Italien, Luxemburg, den Niederlanden, Österreich, Polen, Portugal, Spanien und der Türkei. Danach muss über Eheschließungen und Todesfälle unterrichtet werden. Bezüglich Italiens, Luxemburgs, Österreichs und der Schweiz bestehen weitere bilaterale Vereinbarungen, welche auch die Unterrichtung von Geburten vorsehen.
7 BGBl. 1971 II 85.
8 BGBl. 1961 II 1067.
9 Zur Liste der zu Seemannsämtern bestimmten Auslandsvertretungen und der mit der Wahrnehmung seemannsamtlicher Aufgaben beauftragten Honorarkonsularbeamten der Bundesrepublik Deutschland siehe III. der Bekanntmachung über die Seemannsämter außerhalb des Geltungsbereiches des Grundgesetzes und die mit der Wahrnehmung seemannsamtlicher Aufgaben beauftragten Honorarkonsularbeamten der Bundesrepublik Deutschland (SeemAmtsBek. 1982, BAnz. 1982 Nr. 186).
10 Vgl. den dagegen auf den jeweiligen Konsularbezirk einschränkenden Wortlaut der §§ 5 Abs. 1, 6 Abs. 1, 7, 9 Abs. 1, 13 Abs. 1, 14 Abs. 1, 16 KonsG.

norarkonsularbeamten iSd §§ 20 ff. KonsG zuständig. Einer besonderen Befugnis nach §§ 19 bzw. 24 KonsG bedarf es nicht.

II. Weitere Voraussetzungen

9 Der Geborene oder Verstorbene, dessen Personenstandsfall bei einem deutschen Standesamt mithilfe eines deutschen Konsulats beurkundet werden soll, muss nach § 8 KonsG **Deutscher** sein. Wer dies ist, bestimmt sich über § 27 KonsG nach Art. 116 Abs. 1 GG, so dass grundsätzlich die deutsche Staatsangehörigkeit vorliegen muss, es sei denn, der Betroffene hat als Flüchtling oder Vertriebener deutscher Volkszugehörigkeit oder als dessen Ehegatte oder Abkömmling in dem Gebiet des Deutschen Reiches nach dem Stande vom 31.12.1937 Aufnahme gefunden. Auch Personen, welche **mehrere Staatsangehörigkeiten** besitzen, sind Deutsche, wenn Sie zumindest auch die deutsche Staatsangehörigkeit innehaben. **Staatenlose** besitzen grundsätzlich nicht den Schutz deutscher Konsulate. Die den **Antrag stellenden Angehörigen** des Geborenen oder Verstorbenen müssen hingegen nicht die deutsche Staatsangehörigkeit besitzen. Nach Art. 23 Abs. 1 S. 1 AEUV genießt jeder **Unionsbürger** im Hoheitsgebiet eines dritten Landes, in dem der Mitgliedstaat, dessen Staatsangehörigkeit er besitzt, nicht vertreten ist, den diplomatischen und konsularischen Schutz eines jeden Mitgliedstaats unter denselben Bedingungen wie Staatsangehörige dieses Staates, so dass deutsche Konsulate gegebenenfalls für Unionsbürger zuständig sind.

10 Nach der Personenstandsrechtsreform zum 1.1.2009 können **Anträge auf Beurkundung** der **Geburt** oder des **Todes** eines Deutschen im deutschen Register von den Konsularbeamten nach § 8 KonsG nur noch entgegengenommen und an das zuständige Standesamt im Inland weitergeleitet, aber nicht beurkundet werden. Darüber hinaus sieht § 36 Abs. 1 S. 4 Nr. 2 aE PStG für die Beurkundung eines Todesfalls (nicht der Geburt, siehe dazu § 36 Abs. 1 S. 4 Nr. 1 PStG) eines Deutschen im Ausland für die deutsche Auslandsvertretung, in deren Zuständigkeitsbereich der Sterbefall eingetreten ist, unabhängig von den Angehörigen ein eigenes **Antragsrecht** der Auslandsvertretung auf Beurkundung beim deutschen Standesamt vor.

11 Angehörige von Deutschen im Ausland können bei deutschen Standesämtern Anträge auf die Beurkundung bzw. Nachbeurkundung von deren Geburt oder Tod stellen. Eine sanktionierte **Verpflichtung** hierzu besteht allerdings nicht, so dass davon auszugehen ist, dass deutsche Register bezüglich im Ausland lebender Deutscher nicht vollständig sind. Häufig sind Personenstandsfälle von ständig im Ausland lebenden Deutschen aber in den dortigen Personenstandsregistern beurkundet, so dass bei Bedarf eines Nachweises das dortige deutsche Konsulat um Hilfe gebeten werden muss und kann, aber nur, wenn das Recht des Empfängerstaates Nachforschungen durch das Konsulat zulässt.

12 Dem an das Standesamt zu übersendenden Antrag auf Beurkundung einer Geburt oder eines Todes sind die dem Konsularbeamten vom Antragstellenden vorgelegten **Unterlagen** beizufügen, § 8 S. 2 KonsG. Hierbei kann es sich um alle in § 9 PStG aufgezählten **öffentlichen** oder **anderen Urkunden** bis hin zum vom Konsularbeamten nach § 10 Abs. 1 S. 2 Nr. 1 Alt. 2 KonsG von dem Betroffenen oder anderer Personen abgenommenen und den § 9 Abs. 2 PStG entsprechenden Versicherungen an Eides statt handeln, mithin auch vom Konsularbeamten selbst geschaffene Unterlagen. Liegen die Urkunden in geläufigen **Fremdsprachen** vor, erkennen deutsche Standesämter diese in der Regel an. Eine amtlich beglaubigte Übersetzung der Urkunde sollte aber schon aus Zeitgründen immer mitgeliefert werden.

13 Ist unter Beteiligung zumindest eines Deutschen im Ausland eine **Ehe** geschlossen bzw. eine **Lebenspartnerschaft** begründet worden, so können diese nach §§ 34 bzw. 35 PStG auf **Antrag** grundsätzlich eines Ehegatten (vgl. § 34 Abs. 1 S. 4 PStG) bzw. eines Lebenspartners (vgl. § 35 Abs. 1 S. 4 PStG) im deutschen Ehe- bzw. im Lebenspartnerschaftsregister beurkundet werden. Dies ist wichtig, da für den Besitz der deutschen Staatsangehörigkeit und somit das eventuell

anzuwendende Erbrecht der Zeitpunkt der Antragstellung maßgebend ist, § 9 Abs. 1 S. 1 aE PStG. Bei der Stellung dieser Anträge kann das Konsulat nur (noch) nach den allgemeinen Normen der §§ 1 ff. KonsG behilflich sein, da nach § 34 Abs. 1 S. 4 PStG nur die Ehegatten und nach § 35 Abs. 1 S. 4 PStG die Lebenspartner, sollten diese verstorben sein, deren Eltern und Kinder antragsberechtigt sind.

III. Rechtsfolgen

Der Konsularbeamte übersendet den Antrag der Beteiligten bzw. bei einem Sterbefall eventuell den eigenen Antrag an das **zuständige Standesamt**, welches sich grundsätzlich nach dem (eventuell letzten) Wohnsitz oder gewöhnlichen Aufenthalt der im Ausland geborenen oder verstorbenen Person ergibt. Ergibt sich danach keine Zuständigkeit, so beurkundet das Standesamt den Personenstandsfall, in dessen Zuständigkeitsbereich die antragstellende Person ihren Wohnsitz oder ihren gewöhnlichen Aufenthalt hat. Ergibt sich danach keine Zuständigkeit, so beurkundet das Standesamt I in Berlin den Personenstandsfall, vgl. §§ 34 Abs. 4 (bei Eheschließungen), 35 Abs. 3 (bei Lebenspartnerschaften) bzw. 36 Abs. 2 PStG (bei Geburten und Sterbefälle). Das zuständige Standesamt gibt dann die Informationen weiter, so etwa teilt es der Bundesnotarkammer den Tod, die Todeserklärung oder die gerichtliche Feststellung der Todeszeit einer Person nach § 78e BNotO mit (Sterbefallmitteilung).

Von der Übersendung des Antrags einer Privatperson bzw. eines eventuell eigenen Antrags des Konsularbeamten (bei Beurkundung eines Sterbefalls) gegenüber dem inländischen Standesamt, ist die Informationsmöglichkeit der Konsularbeamten gegenüber den Angehörigen des verstorbenen Deutschen und andere Tätigkeiten (Nachlässe von Deutschen annehmen, Siegel anlegen, Nachlassverzeichnis aufnehmen und bewegliche Nachlassgegenstände in Verwahrung nehmen oder veräußern, Zahlungen von Nachlassschuldnern entgegennehmen und Mittel aus dem Nachlass zur Regelung feststehender Nachlassverbindlichkeiten sowie von Verpflichtungen verwenden) nach § 9 Abs. 1 u. 2 KonsG zu unterscheiden.

IV. Praktische Hinweise

Zu den Möglichkeiten, um Personenstandsurkunden aus dem Ausland zu erhalten, sind Informationen auf den Internetseiten der zuständigen deutschen Auslandsvertretungen erhältlich.

§ 9 KonsG Überführung Verstorbener und Nachlaßfürsorge

(1) Sofern andere Möglichkeiten nicht gegeben sind, sollen die Konsularbeamten umgehend die Angehörigen der im Konsularbezirk verstorbenen Deutschen benachrichtigen und bei einer verlangten Überführung der Verstorbenen mitwirken.

(2) ¹Die Konsularbeamten sind berufen, sich der in ihrem Konsularbezirk befindlichen Nachlässe von Deutschen anzunehmen, wenn die Erben unbekannt oder abwesend sind oder aus anderen Gründen ein Bedürfnis für ein amtliches Einschreiten besteht. ²Sie können dabei insbesondere Siegel anlegen, ein Nachlaßverzeichnis aufnehmen und bewegliche Nachlaßgegenstände, soweit die Umstände es erfordern, in Verwahrung nehmen oder veräußern. ³Sie können ferner Zahlungen von Nachlaßschuldnern entgegennehmen und Mittel aus dem Nachlaß zur Regelung feststehender Nachlaßverbindlichkeiten sowie von Verpflichtungen verwenden, die bei der Fürsorge für den Nachlaß entstanden sind.

(3) Können Erben oder sonstige Berechtigte nicht ermittelt werden, so können Nachlaßgegenstände oder Erlös aus deren Veräußerung an das Gericht des letzten gewöhnlichen Aufenthalts des Erblassers im Inland oder – wenn sich ein solcher gewöhnlicher Aufenthalt nicht feststellen läßt – an das Amtsgericht Schöneberg in Berlin als Nachlaßgericht übergeben werden.

A. Allgemeines

I. Normzweck

1 Das KonsG hält für den Konsularbeamten zwei Normen vor, welche unmittelbar Auswirkungen auf das deutsche Erbrecht haben: In § 9 KonsG wird der Rahmen für den Konsularbeamten aufgezeigt, in welchem er nach dem Bekanntwerden eines Todesfalles den Angehörigen hierüber Mitteilung machen bzw. bei einer Überführung des Verstorbenen nach Deutschland mitwirken bzw. als erste Maßnahme den Nachlass sichern und verwalten kann. § 11 KonsG regelt nicht nur Besonderheiten bei der Erstellung und Verwahrung von Verfügungen von Todes wegen, sondern gibt in Abs. 3 dem Konsularbeamten in bestimmten Fällen die Möglichkeit, im Todesfall selbst eine solche Verfügung zu eröffnen. Damit gehört auch diese Vorschrift zu den Regelungen über das Tätigwerden eines Konsularbeamten bei einem Todesfall eines Deutschen im Ausland.

II. Begleitende Gesetze

2 Nach Art. 5 lit. g WÜK bestehen die konsularischen Aufgaben bei Nachlasssachen darin, im Hoheitsgebiet des Empfangsstaats die Interessen von Angehörigen des Entsendestaats, und zwar sowohl natürlicher als auch juristischer Personen, nach Maßgabe der Gesetze und sonstigen Rechtsvorschriften des Empfangsstaats zu wahren. Jedoch haben inzwischen die meisten Staaten eigene Regelungen wie mit Nachlässen zu verfahren ist, an denen Ausländer als Erblasser, Erben, Vermächtnisnehmer und Nachlassgläubiger beteiligt sind. Da diese Regelungen dem § 9 KonsG vorgehen, können Konsularbeamte dann nur im Rahmen der allgemeinen Hilfeleistung nach § 1 KonsG gegenüber den ausländischen Behörden tätig werden. Daneben bestehen noch Konsularverträge, die zu beachten sind. So sieht zum Beispiel die Anlage zu Artikel 20 § 2 Abs. 1 S. 1 des Konsularvertrages zwischen dem Deutschen Reich und der Türkischen Republik vom 28.5.1928[1] vor, dass für die Sicherung des Nachlasses in erster Linie die zuständige Ortsbehörde zu sorgen hat. Hinsichtlich der Durchführung der Überführung ist das Internationale Abkommen über Leichenbeförderung vom 10.2.1937[2] zu beachten.

B. Regelungsgehalt

I. Voraussetzungen

3 Voraussetzungen für das Tätigwerden des Konsularbeamten nach Kenntniserlangung des Todesfalles im Rahmen des § 9 KonsG sind, dass der Verstorbene *Deutscher* war, *keine andere Möglichkeit der Unterstützung* gegeben ist, der Erblasser *im Konsularbezirk* verstorben ist bzw. sich der *Nachlass im Konsularbezirk* befindet:

4 **1. Staatsangehörigkeit.** Wer *Deutscher* im Sinne des § 9 KonsG ist, bestimmt sich über § 27 KonsG nach Art. 116 Abs. 1 GG, so dass grundsätzlich die deutsche Staatsangehörigkeit vorliegen muss, es sei denn, der Betroffene hat als Flüchtling oder Vertriebener deutscher Volkszuge-

---

[1] RGBl. 1930 II 748.
[2] RGBl. 1938 II 199.

hörigkeit oder als dessen Ehegatte oder Abkömmling in dem Gebiete des Deutschen Reiches nach dem Stande vom 31.12.1937 Aufnahme gefunden. Auch Personen, welche **mehrere Staatsangehörigkeiten** besitzen, sind Deutsche, wenn Sie zumindest auch die deutsche Staatsangehörigkeit innehaben. **Staatenlose** besitzen grundsätzlich nicht den Schutz deutscher Konsulate. Nach Art. 23 Abs. 1 S. 1 AEUV genießt jeder **Unionsbürger** im Hoheitsgebiet eines dritten Landes, in dem der Mitgliedstaat, dessen Staatsangehörigkeit er besitzt, nicht vertreten ist, den diplomatischen und konsularischen Schutz eines jeden Mitgliedstaats unter denselben Bedingungen wie Staatsangehörige dieses Staates, so dass deutsche Konsulate unter diesen Bedingungen auch im Todesfall eines Unionsbürgers nach § 9 KonsG zuständig sind.

2. Grundsatz der Subsidiarität. § 5 Abs. 1 S. 1 KonsG gibt vor, dass Konsularbeamte Deutschen, die in ihrem Konsularbezirk hilfsbedürftig sind, die erforderliche Hilfe leisten sollen, wenn die Notlage auf andere Weise nicht behoben werden kann. Damit wird der Grundsatz der **Subsidiarität der Konsularischen Hilfe** sowohl hinsichtlich der örtlichen Zuständigkeit als auch der Tätigkeit des Konsularbeamten festgelegt. Dies gilt sowohl für den Fall der Benachrichtigung und Überführung („sofern andere Möglichkeiten nicht gegeben sind", § 9 Abs. 1 KonsG), als auch eingeschränkt bei der Nachlassfürsorge („wenn die Erben unbekannt oder abwesend sind oder aus anderen Gründen ein Bedürfnis für ein amtliches Einschreiten besteht", § 9 Abs. 2 S. 1 KonsG).

3. Konsularbezirk. Art. 6 WÜK unterstreicht, dass nur unter bestimmten Bedingungen der Konsularbeamte außerhalb seines **Konsularbezirk** tätig werden darf. Der Konsularbeamte muss die erforderliche **Zulassung** des Empfangsstaates für diesen Konsularbezirk haben.

II. Benachrichtigung

§ 9 Abs. 1 KonsG regelt den Fall, dass die Konsularbeamten über den *sicher festgestellten* Todesfall vor dessen nächsten Angehörigen Kenntnis erhalten, welche sodann *sofort* hierüber informiert werden sollen. Die **Kenntniserlangung** des Konsulats kann dadurch gegeben sein, dass nach Art. 37 lit. a WÜK die Behörden des ausländischen Staates bei entsprechender Kenntnis verpflichtet sind, zwar unverzüglich aber auch *nur* die konsularische Vertretung zu benachrichtigen, in deren Amtsbezirk der Todesfall eingetreten ist.

Lediglich wenn die Angehörigen des Verstorbenen nicht über **andere Informationsquellen** hierüber bereits hinreichend Kenntnis erlangt haben, sollen sie von den Konsularbeamten informiert werden (Subsidiaritätsgrundsatz, § 5 Abs. 1 S. 1 KonsG). Für den Konsularbeamten wird es jedoch zumeist schwierig sein, zu wissen, ob die in Deutschland lebenden Angehörigen bereits über andere Angehörige, Mitreisende, Reiseleiter, Reiseveranstalter etc informiert worden sind. Er wird daher bei Kenntniserlangung bei deutschen Behörden oder im Umfeld des Verstorbenen nach nächsten Angehörigen suchen und diese kurzfristig (gegebenenfalls nochmals) informieren. Eine Verpflichtung hierzu besteht allerdings nicht („sollen ... benachrichtigen"). Der Konsularbeamte wird dies jedoch tun, um herauszufinden, ob ein Bedarf besteht, sich um den Nachlass im Rahmen des § 9 Abs. 2 und 3 KonsG zu sorgen.

Der Begriff der **Angehörigen des Verstorbenen** ist weit zu fassen: Hierunter fallen nicht nur die Erbberechtigten und Verwandten, sondern auch solche Personen, die in einem engen persönlichen Verhältnis zum Verstorbenen gestanden haben (Partner bis hin zu Mitgliedern einer Lebensgemeinschaft), da über diese Verwandtschaftsbeziehungen erkundet werden können. Von Seiten des Konsularbeamten sollten möglichst auch eventuelle Erbberechtigte benachrichtigt werden, da diese nach §§ 1967 ff. BGB und auch nach § 5 Abs. 5 S. 3 KonsG für die Nachlassverbindlichkeiten haften und somit ein Interesse zur Sicherung des Nachlasses durch sie selbst haben und das Konsulat entlastet wird.

III. Überführung

10 Der Konsularbeamte soll nach § 9 Abs. 1 aE KonsG bei einer von den Angehörigen verlangten Überführung[3] des Verstorbenen mitwirken, soweit die Angehörigen das Konsulat hierum bitten. Hinsichtlich der Durchführung der Überführung ist das Internationale Abkommen über Leichenbeförderung vom 10.2.1937[4] zu beachten.

11 **1. Entscheidung zur Überführung.** Hat der Verstorbene nichts anderes bestimmt, steht im Rahmen der **Totenfürsorge** dem Ehegatten des Verstorbenen und nachfolgend dessen Verwandten in gerader Linie das Recht zu, zu bestimmen, wo und wie der Verstorbene bestattet wird und somit auch, ob der Leichnam überhaupt nach Deutschland oder in ein drittes Land überführt werden soll. Erben sind grundsätzlich nicht berechtigt, hierüber zu entscheiden. Liegt noch keine diesbezügliche Entscheidung der Angehörigen vor, so ist der Konsularbeamte gehalten, bei den zuständigen Behörden Vorkehrungen zu treffen, um eine eventuell spätere Überführung möglich zu machen.

12 **2. Hilfestellungen.** Die Tätigkeiten des Konsularbeamten bestehen insbesondere in der Beschaffung der **Sterbeurkunde**, eventuell einer **Einäscherungsbestätigung** des Krematoriums oder eines örtlichen Bestattungsinstitutes sowie der Vermittlung[5] bzw. **Überwindung von Sprachbarrieren** mit örtlichen Behörden, Bestattungsunternehmen etc. Wird dieses durch andere Personen besorgt, kann der Konsularbeamte nicht tätig werden. Der Konsularbeamte kann für eine Überführung den nach dem Internationalen Abkommen über Leichenbeförderungen vom 10.2.1937[6] notwendigen **Leichenpass** – ein einfaches Zeugnis nach § 10 Abs. 1 Nr. 2 KonsG – ausstellen, soweit hierfür nicht die Behörden des Landes, in welchem sich der Todesfall ereignet hat, zuständig sind. Für die Überführung der **Urne** eines bereits eingeäscherten Leichnams ist grundsätzlich kein Leichenpass notwendig;[7] eine ähnlich lautende Bescheinigung durch das Konsulat ist aber empfehlenswert.

13 Eine **finanzielle Unterstützung** durch das Konsulat für die Überführung ist grundsätzlich ausgeschlossen. Auch eine Regelung der Kostenfrage durch die Konsularbeamten ist nicht vorgesehen.[8] Die Beauftragung von Dritten mit Dienstleistungen insbesondere die Beauftragung des Bestattungsinstitutes soll unmittelbar durch die Angehörigen erfolgen und von diesen bezahlt werden, damit gegenüber dem Konsulat keine schuldrechtlichen Verpflichtungen entstehen.

IV. Nachlassfürsorge

14 **1. Bedürfnis.** Sind die Erben nicht zu ermitteln oder abwesend oder besteht aus anderen Gründen ein **Bedürfnis für ein Einschreiten durch den Konsularbeamten** (weil zB die Behörden des Empfangsstaates dies nicht übernehmen), sind diese subsidiär berufen, sich im Rahmen des § 9 Abs. 2 KonsG der in ihrem Konsularbezirk befindlichen Nachlässen von Deutschen anzunehmen und diese zu sichern. Dies ist insbesondere unmittelbar nach dem Bekanntwerden des Todesfalls erforderlich, wenn die Angehörigen noch nicht benachrichtigt werden konnten. Ist die Erbfolge ungewiss, gelten die Erben als unbekannt.[9] **Andere Gründe** für ein Einschreiten des Konsularbeamten bestehen etwa bei **minderjährigen Erben ohne rechtliche Vertreter.** Bemühen sich andere Privatpersonen als **Erben** oder vertrauenswürdige Verwandte des Verstorbenen um die Sicherung des Nachlasses, hat das Konsulat die Sicherung des Nachlasses zu übernehmen, bis die Erben ermittelt sind oder diese Dritte hiermit beauftragt haben. Denn im Unterschied

---

3 Einzelheiten zur Überführung siehe Hecker/Müller-Chorus KonsPraxis-HdB/Witten § 8 C; Hoffmann/Glietsch KonsularG/§ 9 Nr. 1.3.
4 RGBl. 1938 II 199.
5 SG Aachen BeckRS 2012, 69885.
6 Das Abkommen gilt zwischen Ägypten, Belgien, Deutschland, Frankreich, Italien, der Demokratischen Republik Kongo, Mexiko, Österreich, Portugal, Rumänien, der Schweiz, der Slowakei, der Tschechischen Republik und der Türkei.
7 Hoffmann/Glietsch KonsularG § 9 Nr. 1.3.5.
8 SG Aachen BeckRS 2012, 69885.
9 Hoffmann/Glietsch KonsularG § 9 Nr. 2.1.1.1.

zur Benachrichtigung bzw. Überführung sind bei der Sicherung des Nachlasses lediglich die Erben berechtigt, sich um den Nachlass (selbst) zu kümmern, da diese nach §§ 1967 ff. BGB für die Nachlassverbindlichkeiten haften. Besteht ein deutscher **Testamentsvollstrecker** (§§ 2197 ff. BGB), **Nachlasspfleger** (§§ 1960 ff. BGB), -verwalter (§§ 1975 ff., 1981 ff. BGB) oder -insolvenzverwalter (§§ 1975, 1980 BGB) oder sichern die zuständigen **ausländischen Behörden** den Nachlass, besteht kein Bedürfnis bei der Sicherung des Nachlasses auf das Konsulat zurückzugreifen.

2. Erblasser. Der Verstorbene, dessen Angehörige benachrichtigt werden sollen bzw. dessen Nachlass das Konsulat sichert, muss nach § 9 KonsG **Deutscher** sein, → Rn. 4. Häufig wird das Konsulat mit der Nachlasssicherung auch betreut, wenn der Verstorbene etwa die **deutsche Staatsangehörigkeit aufgegeben** hat, aber Erb-, Vermächtnis- oder sonstige Nachlassansprüche von Deutschen gegen den ausländischen Nachlass bestehen. Diese Fälle unterliegen allerdings nicht § 9 KonsG sondern der allgemeinen Beistandspflicht nach § 1 aE KonsG.

Der Tod eines **Reisenden** mit deutscher Staatsangehörigkeit und mit gewöhnlichem Aufenthalt in Deutschland fällt nicht unter § 9 Abs. 2 und 3 KonsG. Soweit dessen mitgeführten Nachlasssachen dem Konsulat übergeben werden, werden sie dort als Fundsachen behandelt.

3. Sicherung des Nachlasses. Die **Sicherung des Nachlasses** hat insgesamt so **zügig** und **kostensparend** wie möglich zu erfolgen. Bei dieser treten die Konsularbeamten nach pflichtgemäßem Ermessen als eine Art Nachlasspfleger im Sinne der §§ 1960 ff. BGB auf, *ohne* ein solcher oder ein Nachlassverwalter nach §§ 1985 ff. BGB zu sein. Ihre Aufgaben bestehen nach § 9 Abs. 2 S. 2 KonsG *ähnlich* § 1960 Abs. 2 BGB insbesondere darin, ein **Nachlassverzeichnis** entsprechend § 2121 BGB (beinhaltet als Aktiva: zB Vermögen am Todestag inklusive Forderungen, Anwartschaften, Beteiligungen an Firmen, Urheber- und gewerbliche Schutzrechte, Grundbesitz; als Passiva: Schulden am Todestag, Todesfallkosten) zu erstellen, bewegliche, werthaltige Nachlassgegenstände in **Verwahrung** zu nehmen und, wenn dies nach pflichtgemäßen Ermessen des Konsularbeamten notwendig erscheint, freihändig zu **veräußern** (um drohende Nachteile zu verhindern, aber keine Grundstücke), auch um **feststehende** und drängende **Nachlassverbindlichkeiten** (zB Steuerschulden) und Verpflichtungen, die eventuell bei der Ermittlung und Benachrichtigung der Angehörigen, der Fürsorge für den Nachlass oder durch die standesgemäße Beerdigung entstanden sind, auszugleichen. Besondere **Wertgegenstände** (Geld, Schmuck, Wertpapiere, Bilder etc) sind in einer eigenen Liste aufzunehmen. Vom Konsularbeamten können insbesondere **Siegel** angelegt werden, etwa zur Versiegelung der Wohnung, eines Fahrzeugs oder Schreibtisches des Verstorbenen, aber nur, wenn dies nicht gegen das Recht des Empfängerstaates verstößt. Die örtlichen Behörden sind über die Siegelung zu informieren.[10] **Weitere Maßnahmen** zur Sicherung des Nachlasses können vielfältig sein, so zB die Veranlassung der Sperrung von Bankkonten bis hin zur notwendigen Fortführung von Gewerbebetrieben durch eventuell eine Delegierung auf einen kompetenten Dritten.

Beim Tod eines **Besatzungsmitglieds eines Kauffahrteischiffes**, welches die Bundesflagge führt, musste dem § 9 KonsG vorgehend bis zum 31.7.2013 das bis dahin geltende SeemG beachtet werden. Die Heimschaffung und deren Kostentragung, Beerdigung und die Sorge für Sachen und Heuerguthaben sind in dem dem SeemG nachfolgenden und den ebenfalls dem KonsG vorgehenden §§ 73 ff. SeeArbG[11] geregelt.

---

10 Näheres zur Siegelung Hoffmann/Glietsch KonsularG § 9 Nr. 2.2.1.
11 Zuletzt geändert durch Art. 5 des Gesetzes zur Umsetzung der Richtlinie (EU) 2019/1152 des Europäischen Parlaments und des Rates vom 20.6.2019 über transparente und vorhersehbare Arbeitsbedingungen in der Europäischen Union im Bereich des Zivilrechts und zur Übertragung von Aufgaben an die Sozialversicherung für Landwirtschaft, Forsten und Gartenbau des ersten Gesetzes zur Änderung des Seearbeitsgesetzes vom 20.7.2022 (BGBl. 2022 I 1174).

19 Die **Kosten** für die Sicherung des Nachlasses insbesondere für die Erstellung des Nachlassverzeichnisses fallen der Erbschaft zu Last (vgl. § 2121 Abs. 4 BGB) und können nach § 9 Abs. 2 S. 3 aE KonsG aus den gesicherten Nachlassgegenständen beglichen werden. Gemäß § 5 Abs. 5 S. 3 f. KonsG geht die Verpflichtung zum Ersatz der Kosten auf die Erben über. Die Haftung der Erben beschränkt sich demnach auf den Nachlass. Die **Höhe der Kosten** richtet sich nach der Besonderen Gebührenverordnung des Auswärtigen Amts für individuell zurechenbare öffentliche Leistungen in dessen Zuständigkeitsbereich (AABGebV).[12] Gemäß dessen Anlage 1 – Gebühren- und Auslagenverzeichnis – Nr. I 4.2 werden Tätigkeiten im Rahmen der Nachlassfürsorge nach Zeitaufwand berechnet. Der Stundensatz ergibt sich über § 3 AABGebV nach den dortigen Anlagen 2 und muss über den Abrechnungsbogen in Anlage 3 dokumentiert werden.

20 **4. Übergabe des gesicherten Nachlasses.** Der Konsularbeamte hat, wenn die Erben gefunden wurden, diese selbst die Sicherung des Nachlasses durchführen wollen und durch Vorlage eines Erbscheins ihre Erbenstellung nachgewiesen haben, die eigenen Sicherungsmaßnahmen einzustellen, den Erben eine Abschrift des Nachlassverzeichnisses zu übergeben, mitzuteilen, welche Handlungen zur Sicherung bisher vorgenommen wurden und eventuell in Verwahrung genommene Nachlassgegenstände herauszugeben.

21 Können die Erben oder sonstige Berechtigte nicht binnen einer angemessenen Frist ermittelt werden oder ist die Erbenstellung nicht gesichert festgestellt, so *können* nach § 9 **Abs. 3** KonsG Nachlassgegenstände oder Erlöse aus dem Nachlass an das deutsche Gericht des letzten gewöhnlichen Aufenthalts des Erblassers oder – wenn sich ein solcher Aufenthaltsort nicht ermitteln lässt – an das Amtsgericht Schöneberg in Berlin als Nachlassgericht übergeben werden. Diese Gerichte übernehmen dann die Aufgabe der weiteren Erbensuche bis hin zur Übergabe des Nachlasses gegebenenfalls an den Fiskus.

22 **5. Praktische Hinweise.** Nach § 9 ErbStDV (zu § 34 Abs. 2 Nr. 3 ErbStG) haben die diplomatischen Vertreter und Konsuln des Bundes dem **Bundeszentralamt für Steuern** die ihnen bekannt gewordenen Sterbefälle von Deutschen ihres Amtsbezirks und **Zuwendungen** ausländischer Erblasser oder Schenker an Personen, die im Inland einen Wohnsitz oder ihren gewöhnlichen Aufenthalt haben, anzuzeigen. Eine elektronische Übermittlung der Anzeige ist ausgeschlossen.

§ 9a Anwendung auf im Drittland nicht vertretene Unionsbürgerinnen und Unionsbürger

(1) Die §§ 5 bis 7 und 9, mit Ausnahme des § 6 Absatz 3 und des § 9 Absatz 2 und 3, sind entsprechend auf Unionsbürgerinnen und Unionsbürger anzuwenden, die im Drittland nicht vertreten sind.

(2) Abweichend von § 5 Absatz 5 und § 6 Absatz 2 kann die Bundesrepublik Deutschland als hilfeleistender Mitgliedstaat der Europäischen Union (Mitgliedstaat) den Mitgliedstaat, dessen Staatsangehörigkeit die nicht vertretenen Unionsbürgerinnen und Unionsbürger besitzen, für die Auslagen in Anspruch nehmen.

(3) [1]Die Bundesrepublik Deutschland erstattet einem Mitgliedstaat, der einem Deutschen Hilfe leistet, die Auslagen, sofern dieser Mitgliedstaat die Bundesrepublik Deutschland für die Auslagen in Anspruch nimmt. [2]Der deutsche Hilfeempfänger ist der Bundesrepublik Deutschland zum Ersatz dieser Auslagen verpflichtet.

---

12 Vom 23.8.2021 (BGBl. 2021 I 3920).

§ 10 KonsG   Beurkundungen im allgemeinen

(1) Die Konsularbeamten sind befugt, über Tatsachen und Vorgänge, die sie in Ausübung ihres Amts wahrgenommen haben, Niederschriften oder Vermerke aufzunehmen, insbesondere
1. vor ihnen abgegebene Willenserklärungen und Versicherungen an Eides statt zu beurkunden,
2. Unterschriften, Handzeichen sowie Abschriften zu beglaubigen oder sonstige einfache Zeugnisse (z.B. Lebensbescheinigungen) auszustellen.

(2) Die von einem Konsularbeamten aufgenommenen Urkunden stehen den von einem inländischen Notar aufgenommenen gleich.

(3) Für das Verfahren bei der Beurkundung gelten die Vorschriften des Beurkundungsgesetzes vom 28. August 1969 (Bundesgesetzbl. I S. 1513) mit folgenden Abweichungen:
1. Urkunden können auf Verlangen auch in einer anderen als der deutschen Sprache errichtet werden.
2. Dolmetscher brauchen nicht vereidigt zu werden.
3. Die Abschrift einer nicht beglaubigten Abschrift soll nicht beglaubigt werden.
4. Die Urschrift einer Niederschrift soll den Beteiligten ausgehändigt werden, wenn nicht einer von ihnen amtliche Verwahrung verlangt. In diesem Fall soll die Urschrift dem Amtsgericht Schöneberg in Berlin zur amtlichen Verwahrung übersandt werden. Hat sich einer der Beteiligten der Zwangsvollstreckung unterworfen, so soll die Urschrift der Niederschrift dem Gläubiger ausgehändigt werden, wenn die Beteiligten keine anderweitige Bestimmung getroffen haben und auch keiner von ihnen amtliche Verwahrung verlangt hat.
5. Solange die Urschrift nicht ausgehändigt oder an das Amtsgericht abgesandt ist, sind die Konsularbeamten befugt, Ausfertigungen zu erteilen. Vollstreckbare Ausfertigungen können nur von dem Amtsgericht erteilt werden, das die Urschrift verwahrt.

A. Allgemeines 1	II. Bandbreite der Beweisbeschaffung durch
I. Normzweck 1	Konsulate 8
II. Begleitende Gesetze 3	1. Urkunden und Zeugnisse 8
B. Regelungsgehalt 4	2. Besondere Nachweise 12
I. Zuständigkeit 4	

A. Allgemeines

I. Normzweck

§ 10 KonsG stellt den Konsularbeamten einem deutschen Notar im Bereich des allgemeinen Beurkundungswesens gleich, mit der Folge das von Konsularbeamten bzw. inländischen Notaren geschaffene Urkunden insbesondere hinsichtlich ihrer Beweiskraft nach §§ 415, 417, 418 ZPO und ihrer Echtheitsvermutung nach § 437 ZPO entsprechen, vgl. § 10 Abs. 2 KonsG. Dies gilt jedoch nur für den innerdeutschen Bereich; ob ein ausländischer Staat Urkunden eines deutschen Konsularbeamten denen eines deutschen oder einheimischen Notars oder dergleichen gleichstellt, hängt grundsätzlich von der Gesetzeslage im ausländischen Staat und internationalen Abkommen ab.   1

In § 10 Abs. 1 übernimmt das KonsG nicht nur begrifflich die in § 20 Abs. 1 S. 1 BNotO geregelten Amtstätigkeiten der Vornahme von Beurkundungen jeder Art sowie der Beglaubigung von Unterschriften, Handzeichen und Abschriften, sondern übernimmt auch die im BeurkG geregelten Beurkundungsformen der Niederschrift nach den §§ 36 ff. BeurkG und der Vermerke nach den §§ 39 ff. BeurkG. Zudem legt § 10 Abs. 3 KonsG mit direktem Bezug auf das BeurkG Ausnahmen fest, welche auf der einen Seite Beurkundungen im fremdsprachigen Ausland erleichtern sollen (§§ 10 Abs. 3 Nr. 1 KonsG [Sprache] entgegen §§ 5, 1 Abs. 2 BeurkG und § 10 Abs. 3 Nr. 2 KonsG [Dolmetscher] entgegen § 16 Abs. 3 S. 3 BeurkG), auf der anderen Seite   2 aber größere Rechtssicherheit durch strengere Auflagen erreicht werden sollen (§ 10 Abs. 3 Nr. 3 KonsG [nicht beglaubigten Abschrift] entgegen § 42 BeurkG, § 10 Abs. 3 Nr. 4 KonsG [Aushändigung der Urschrift] entgegen § 45 Abs. 1 BeurkG und zu § 10 Abs. 3 Nr. 5 KonsG [Ausfertigungen] vgl. §§ 51 f. BeurkG). Auf die einschlägigen Kommentierungen der BNotO und des BeurkG kann daher insoweit verwiesen werden.

II. Begleitende Gesetze

3 Vor den Regelungen der BNotO, des BeurkG und des § 10 Abs. 3 KonsG hat der Konsularbeamte bei seiner Amtstätigkeit nach § 4 KonsG die Schranken zu berücksichtigen, die sich aus dem in seinem Konsularbezirk geltenden Recht ergeben; hinsichtlich der notariellen Aufgaben, wozu die Beurkundung zählt, ergibt sich dies auch aus Art. 5 lit. f WÜK. Insbesondere bei Beurkundungen im Zusammenhang mit im Konsularbezirk gelegenen Grundstücken oder über Rechte an solchen Grundstücken ist dies der Fall. Steht das ausländische Recht einer Beurkundung durch einen Konsularbeamten entgegen, muss an einen einheimischen Notar oder dergleichen verwiesen werden. Bei einfachen Beglaubigungen nach § 10 Abs. 1 Nr. 2 KonsG ist dies selten gegeben. Aus Art. 6 WÜK geht zudem hervor, dass nur unter bestimmten Bedingungen der Konsularbeamte außerhalb seines Konsularbezirks tätig werden darf.

B. Regelungsgehalt

I. Zuständigkeit

4 Deutsche Notare können nur auf dem Gebiet der Bundesrepublik Deutschland Urkunden erstellen; Konsularbeamte hingegen nur in ihrem **Konsularbezirk**, vgl. Art. 6 WÜK, für den sie die erforderliche Zulassung des Empfangsstaates haben. Nach § 2 BeurkG iVm § 10 Abs. 3 KonsG ist eine Beurkundung nicht deshalb unwirksam, weil der Notar oder entsprechend der Konsularbeamte sie außerhalb seines Amtsbezirks oder außerhalb des Landes vorgenommen hat, in dem er zum Notar bzw. zum Konsul bestellt ist; dies hat nur dienstrechtliche oder gegebenenfalls völkerrechtliche Konsequenzen.

5 Bei § 10 KonsG ist besonders zu beachten, dass nach § 19 Abs. 1 KonsG nur Berufskonsularbeamte, die die **Befähigung zum Richteramt** (vgl. § 5 DRiG) haben, alle Beurkundungen vornehmen können. Andere Konsularbeamte *sollen* nach § 19 Abs. 2 Nr. 1 und 3 KonsG nur dann Willenserklärungen und eidesstattliche Versicherungen beurkunden bzw. Versicherungen an Eides statt abnehmen, wenn sie hierzu vom Auswärtigen Amt **besonders ermächtigt** worden sind. Hinsichtlich der Vornahme von Vernehmungen und Anhörungen, durch die eine richterliche Vernehmung ersetzt werden soll, und die Abnahme von Eiden *müssen* andere Berufskonsularbeamte hierzu vom Auswärtigen Amt unter den Voraussetzungen des § 19 Abs. 2 KonsG besonders ermächtigt werden. Fehlt diese Ermächtigung, so ist die ansonsten fehlerfreie Beurkundung trotzdem rechtsgültig. Der Konsul muss aber bei einer Legalisation selbst tätig werden. Die „Legalisation" durch einen anderen Angestellten des Konsulats ist unwirksam und bewirkt keine Echtheitsvermutung. Sind darüber hinaus der Konsularbeamte oder dessen Verwandte etc an der Beurkundung inhaltlich selbst beteiligt bzw. können sie aus der Urkunde rechtliche Vorteile ziehen, ist die Beurkundung nach § 10 Abs. 3 KonsG iVm §§ 6 bzw. 7 BeurkG unwirksam; vgl. auch § 3 BeurkG, der eine Reihe von weiteren Tatbeständen aufzählt, bei denen es dem Notar bzw. dem Konsularbeamten verboten ist eine Beurkundung vorzunehmen.

6 Die Beurkundung und Beglaubigung müssen sich wegen eines in § 10 KonsG fehlenden und dem ausdrücklichen Hinweis in § 11 KonsG nicht auf einen **Deutschen** beziehen; sie müssen lediglich den Interessen eines Deutschen dienen. So kann der Konsularbeamte nach seinem pflichtgemäßen Ermessen Belange eines Ausländers beurkunden, wenn diese zur Vorlage bei deutschen Behörden notwendig sind. Nach Art. 23 Abs. 1 S. 1 des **Vertrages über die Arbeits-**

weise der Europäischen Union[1] genießt jeder **Unionsbürger** im Hoheitsgebiet eines dritten Landes, in dem der Mitgliedstaat, dessen Staatsangehörigkeit er besitzt, nicht vertreten ist, den diplomatischen und konsularischen Schutz eines jeden Mitgliedstaats unter denselben Bedingungen wie Staatsangehörige dieses Staates, so dass deutsche Konsulate gegebenenfalls auch für Unionsbürger zuständig sind.

Durch den Wortlaut „Die Konsularbeamten sind befugt" steht es im freien pflichtgemäßen Ermessen des Konsularbeamten, ob er eine Beurkundung vornimmt; daher besteht **keine Beurkundungspflicht**. Dies bedeutet nicht, dass der Konsularbeamte willkürlich eine Beurkundung ablehnen kann, sondern soll ihm die Möglichkeit geben, gerade bei rechtlich schwierigen Sachverhalten auf einen deutschen oder ausländischen Notar zu verweisen. 7

II. Bandbreite der Beweisbeschaffung durch Konsulate

1. Urkunden und Zeugnisse. Durch die Gleichstellung in § 10 Abs. 1 und 2 KonsG mit Notaren kann der Berufskonsularbeamte grundsätzlich alle Beurkundungen vornehmen, die auch ein innerdeutscher Notar vornehmen kann. Die unter § 10 Abs. 1 beispielhaft aufgeführten Niederschriften und Vermerke über **Willenserklärungen** (vgl. §§ 6 ff. BeurkG), **Versicherungen an Eides statt** (vgl. § 38 BeurkG) und **einfachen Zeugnissen** (vgl. §§ 39 ff. BeurkG) insbesondere die dort erwähnten Beglaubigungen von **Unterschriften** (vgl. § 40 Abs. 1 bis 4 BeurkG[2]), **Handzeichen** (vgl. § 40 Abs. 5 BeurkG) sowie **Abschriften** (vgl. § 42 BeurkG) geben somit dem Rechtsanwalt bei einem Erbrechtsmandat mit im Ausland befindlichen Beteiligten die Möglichkeit Nachweise zu erlangen. Darunter fallen auch die in § 12 Nr. 2 KonsG genannten erbrechtlichen Angelegenheiten, indem es dort Konsularbeamte (ausdrücklich) befugt, für Verfahren vor Gerichten, Notaren oder anderen Behörden, von Deutschen Versicherungen an Eides statt abzunehmen, die zur Erlangung eines Erbscheins (§ 2356 Abs. 2 BGB), eines Testamentsvollstreckerzeugnisses (§ 2368 BGB) oder eines Zeugnisses über die Fortsetzung der Gütergemeinschaft (§ 1507 BGB) abgegeben werden. Urkunden in § 10 Abs. 1 KonsG entsprechen solchen nach §§ 415 ff. ZPO. Auf die einschlägige Kommentierung kann daher verwiesen werden. 8

Für Verfügungen von Todes wegen (**Testamente**, letztwillige Verfügungen nach § 1937 BGB und **gemeinschaftliche Testamente** nach §§ 2265 ff. BGB, aber nur wenn es sich um ordentliche **öffentliche Testamente** im Sinne der §§ 2231 Nr. 1, 2232 f. BGB handelt, und **Erbverträge** im Sinne der §§ 1941, 2274 ff. Bgb, mithin alle durch einen Notar errichteten letztwilligen Verfügungen) müssen neben § 10 KonsG die besonderen Regelungen des § 11 KonsG beachtet werden. Andere als Verfügungen von Todes wegen vom Notar eventuell zu beurkundende Vorgänge wie etwa der Pflichtteilsverzicht nach den §§ 2346 ff. BGB, Vorsorgevollmachten und Betreuungsverfügungen (§ 1901c BGB) fallen nicht unter § 11 KonsG, sondern unterliegen einzig § 10 KonsG. 9

Nach § 10 KonsG können darüber hinaus aber auch andere für den Erbrechtsfall relevante Erklärungen beurkundet oder beglaubigt werden, so etwa die Anerkennung der **Vater-** (§§ 1594 ff. BGB, §§ 44 Abs. 1, 27 Abs. 1 PStG) oder **Mutterschaft** (§ 1591 BGB, §§ 44 Abs. 2, 27 Abs. 2 PStG) oder Erklärungen zur **Namensführung** der Ehegatten (§ 41 PStG) oder Lebenspartner (§ 42 PStG) und deren Kinder (§ 45 PStG), oder zur **Namensangleichung** (§ 43 PStG). Auch die in § 9 Abs. 2 S. 2 KonsG genannte Anlegung von **Siegeln** und die Erstellung des **Nachlassverzeichnisses** wird beurkundet. Neben den in § 10 Abs. 1 Nr. 2 KonsG aufgeführten Beglaubigungen von Unterschriften, Handzeichen und Abschriften fallen unter die **einfachen Zeugnisse** nicht nur **Lebensbescheinigungen** über etwa bevorrechtigte Erben, zu welchen kein Kontakt mehr bestand, sondern es können jegliche Vorgänge über rechtserhebliche Tatsachen vermerkt werden; insbesondere auch der für eine Überführung nach § 9 Abs. 1 KonsG notwen- 10

---

1 Letzte konsolidierte Fassung bekanntgemacht im ABl. EU 2016 C 202, 47.
2 Vgl. hierzu OLG Bremen NJW 2022, 630 (631).

dige **Leichenpass**, Bescheinigungen über die Aufbewahrung von Nachlassgegenständen, Zustellungszeugnisse etc.

11 Von der Erstellung durch Konsularbeamte sind aber **Personenstandsurkunden** ausgenommen, welche nur von deutschen Standesämtern errichtet werden können, § 55 PStG. Für die von diesen zu errichtenden Personenstandsurkunden können aber die zuvor genannten Urkunden und Zeugnisse des Konsularbeamten notwendig sein. Siehe auch die Kommentierung zu § 8 KonsG.

12 **2. Besondere Nachweise.** Zur Legalisation ausländischer öffentlicher Urkunden sowie **Apostille, Exequatur** und dem **ordre public** siehe die besondere Vorschrift des § 13 KonsG und die dortige Kommentierung und zur Bestätigung der **Echtheit inländischer öffentlicher Urkunden** vgl. § 14 KonsG.

13 Im Hinblick auf die Beschaffung von weiteren Beweisen außerhalb von Urkunden kann ein deutsches Gericht nach § 363 Abs. 2 ZPO die **Beweisaufnahme** einem Bundeskonsul[3] übertragen, der dann an die Stelle eines Richters tritt, wenn die Erledigung der Beweisaufnahme durch die Behörden des ausländischen Staates nicht oder nicht innerhalb einer angemessenen Zeit zu erwarten ist oder ein sonstiger begründeter Ausnahmefall vorliegt. Korrespondierend ist in **§ 15 KonsG** die **Vernehmung** und **Anhörung** von Zeugen, Parteien, Sachverständige etc durch Konsularbeamte geregelt, welche dazu die geltenden deutschen verfahrensrechtlichen Vorschriften mit folgenden (verfahrenserleichternden) Abweichungen anzuwenden haben: Dolmetscher brauchen entgegen § 189 GVG nicht vereidigt zu werden; das Protokoll kann auch von dem vernehmenden Konsularbeamten geführt werden, vgl. §§ 159 bis 165 ZPO; es dürfen keine Zwangsmittel (zB Ordnungsgeld bei Nichterscheinen) angewendet werden, vgl. § 888 ZPO.

§ 11 KonsG Besonderheiten für Verfügungen von Todes wegen

(1) ¹Testamente und Erbverträge sollen die Konsularbeamten nur beurkunden, wenn die Erblasser Deutsche sind. ²Die §§ 2232, 2233 und 2276 des Bürgerlichen Gesetzbuchs sind entsprechend anzuwenden.

(2) ¹Für die besondere amtliche Verwahrung (§§ 34, 34a des Beurkundungsgesetzes, §§ 342 Abs. 1 Nr. 1 des Gesetzes über das Verfahren in Familiensachen und in den Angelegenheiten der freiwilligen Gerichtsbarkeit) ist das Amtsgericht Schöneberg in Berlin zuständig. ²Der Erblasser kann jederzeit die Verwahrung bei einem anderen Amtsgericht verlangen.

(3) ¹Stirbt der Erblasser, bevor das Testament oder der Erbvertrag an das Amtsgericht abgesandt ist, oder wird eine solche Verfügung nach dem Tode des Erblassers beim Konsularbeamten abgeliefert, so kann dieser die Eröffnung vornehmen. ²§ 348 Abs. 1 und 2 sowie die §§ 349 und 350 des Gesetzes über das Verfahren in Familiensachen und in den Angelegenheiten der freiwilligen Gerichtsbarkeit sind entsprechend anzuwenden.

A. Allgemeines

I. Normzweck

1 Als Willenserklärung unterliegt die Beurkundung einer Verfügung von Todes wegen durch einen deutschen Notar zunächst den allgemeinen Regeln des BeurkG und insbesondere den Besonderheiten in §§ 27 ff. BeurkG sowie der BNotO. Diese und das BeurkG muss auch der Konsularbeamte immer zu Grunde legen, wenn er eine Verfügung von Todes wegen beurkunden soll, jedoch unter den abändernden Regelungen des § 11 KonsG und unter Beachtung des allgemeinen § 10 KonsG. Letzterer regelt die „Beurkundung im Allgemeinen"; § 11 KonsG die „Be-

---

[3] Siehe hierzu auch Art. 15 ff., 21, 33 Übereinkommen über die Beweisaufnahme im Ausland in Zivil- oder Handelssachen BGBl. 1977 II 1472.

sonderheiten für Verfügungen im Todesfall". Auf die einschlägigen Kommentierungen der BNotO, des BeurkG und des § 10 KonsG kann daher insoweit verwiesen werden.

II. Begleitende Gesetze

Hinsichtlich der Beurkundung von letztwilligen Verfügungen und deren Anerkennung in ausländischen Staaten ist neben der Regelung in **Art. 5 lit. f WÜK** das **Übereinkommen über das auf die Form letztwilliger Verfügungen anzuwendende Recht** vom 5.10.1961[1] zu beachten, welches in den weltweit verstreuten Unterzeichnerstaaten angefertigte Verfügungen unter gewissen Bedingungen gegenseitig anerkennt. Für den europäischen Raum und Erbfällen ab dem 17.8.2015 ist zudem die europäische **Verordnung Nr. 650/2012** des Europäischen Parlaments und des Rates vom 4.7.2012 über **die Zuständigkeit, das anzuwendende Recht, die Anerkennung und Vollstreckung von Entscheidungen und die Annahme und Vollstreckung öffentlicher Urkunden in Erbsachen sowie zur Einführung eines Europäischen Nachlasszeugnisses (Erbrechtsverordnung)**[2] zu beachten. Nach **Art. 25 Abs. 2 EGBGB** kann der Erblasser für im Inland belegenes unbewegliches Vermögen in der Form einer Verfügung von Todes wegen deutsches Recht wählen. Weitere Regelungen über Formvorschriften hinsichtlich der Erstellung von letztwilligen Verfügungen außerhalb von Deutschland enthält **Art. 26 EGBGB**. Demnach ist in Ausführung des Art. 3 des **Haager Übereinkommens** vom 5.10.1961 über das auf die Form letztwilliger Verfügungen anzuwendende Recht (BGBl. 1965 II 1144, 1145) eine letztwillige Verfügung, auch wenn sie von mehreren Personen in derselben Urkunde errichtet wird oder durch sie eine frühere letztwillige Verfügung widerrufen wird, hinsichtlich ihrer Form gültig, wenn sie den Formerfordernissen des Rechts entspricht, das auf die Rechtsnachfolge von Todes wegen anzuwenden ist oder im Zeitpunkt der Verfügung anzuwenden wäre. Die weiteren Vorschriften des Haager Übereinkommens bleiben unberührt. Für die Form anderer Verfügungen von Todes wegen ist Art. 27 der zuvor genannten Verordnung (EU) Nr. 650/2012 maßgeblich.

B. Regelungsgehalt

I. Voraussetzungen

Hinsichtlich der **örtlichen Zuständigkeit** des Konsularbeamten, dessen **besondere Ermächtigung** für die Beurkundung von Willenserklärungen durch das Auswärtige Amt nach § 19 KonsG, wenn dieser keine Befähigung zum Richteramt hat, und die **Beurkundungspflicht** des Konsularbeamten siehe die Kommentierung zu § 10 KonsG.

Nach § 11 Abs. 1 KonsG *soll* eine Beurkundung nur stattfinden, wenn der Erblasser **Deutscher** ist. Durch die Formulierung wird jedoch klargestellt, dass eine solche nicht wegen einer anderen Staatsangehörigkeit des Erblassers unwirksam wird, insbesondere wenn bei einem gemeinschaftlichen Testament oder Erbvertrag eine Partei Deutscher ist. Nach Art. 23 Abs. 1 S. 1 AEUV genießt jeder **Unionsbürger** im Hoheitsgebiet eines dritten Landes, in dem der Mitgliedstaat, dessen Staatsangehörigkeit er besitzt, nicht vertreten ist, den diplomatischen und konsularischen Schutz eines jeden Mitgliedstaats unter denselben Bedingungen wie Staatsangehörige dieses Staates, so dass deutsche Konsulate gegebenenfalls auch für Unionsbürger zuständig sind.

Unter die in § 11 KonsG genannten Verfügungen von Todes wegen fallen grundsätzlich **Testamente** (letztwillige Verfügungen) nach § 1937 BGB und **gemeinschaftliche Testamente** nach §§ 2265 ff. BGB, aber nur, wenn es sich um ordentliche **öffentliche Testamente** im Sinne der

---

1 BGBl. 1965 II 1145; 1966 II 11.
2 ABl. EU L 201, 107, ber. Nr. L 344, 3 und 2013 Nr. L 41, 16 sowie Nr. L 60, 140. Diese Verordnung wurde in deutsches Recht mit dem Gesetz zum Internationalen Erbrecht und zur Änderung von Vorschriften zum Erbschein sowie zur Änderung sonstiger Vorschriften vom 29.6.2015 (BGBl. 2015 I 1042) umgesetzt.

§§ 2231 Nr. 1, 2232 f. BGB handelt und **Erbverträge** im Sinne der §§ 1941, 2274 ff. Bgb, mithin alle durch einen Notar errichteten letztwilligen Verfügungen. Auf diese weist § 11 Abs. 1 KonsG ausdrücklich hin. Auf die einschlägigen Kommentierungen der BGB-Normen ist daher zu verweisen. Andere als Verfügungen von Todes wegen vom Notar eventuell zu beurkundende Vorgänge – wie etwa der Pflichtteilsverzicht nach den §§ 2346 ff. BGB, Vorsorgevollmachten und Betreuungsverfügungen (§ 1820 BGB) – fallen nicht unter § 11 KonsG sondern unterliegen einzig § 10 KonsG.

6 Ein eigenhändiges Testament bzw. ein Erbvertrag wird auf Verlangen des Erblassers bzw. der Vertragsparteien in **besondere amtliche Verwahrung** genommen. Für diese ist grundsätzlich das Nachlassgericht (Amtsgericht) am Ort der Errichtung zuständig, vgl. § 344 Abs. 1 S. 1 FamFG. In Abänderung dieser allgemeinen innerdeutschen Regelung übersendet der Konsularbeamte die letztwillige Verfügung nach Verlangen auch nur einer Vertragspartei eines Erbvertrages, siehe § **10 Abs. 3 Nr. 4 S. 1 KonsG**, generell an das Amtsgericht Schöneberg, wenn nicht bei der Beurkundung durch den Konsularbeamten oder zu einem späteren Zeitpunkt die Verwahrung bei einem anderen (innerdeutschen) Amtsgericht formfrei und ohne Begründung verlangt wird, § **11 Abs. 2 KonsG**. Letzteres entspricht der Regelung in § 344 Abs. 1 S. 2, Abs. 3 FamFG.[3]

7 Mit dem Verweis in § 11 Abs. 2 S. 1 KonsG auf § 34a BeurkG ist der Konsularbeamte verpflichtet, nach Errichtung einer **erbfolgerelevanten Urkunde** im Sinne von § 78d Abs. 2 S. 1 BNotO die Verwahrangaben im Sinne von § 78d Abs. 1 S. 1 Nr. 1a BNotO unverzüglich elektronisch an die das **Zentrale Testamentsregister** führende Registerbehörde (Bundesnotarkammer) zu übermitteln. Diese Mitteilungspflicht besteht auch bei jeder Beurkundung von Änderungen erbfolgerelevanter Urkunden, § 34 Abs. 1 S. 2 BeurkG. § 34 Abs. 2 und 3 BeurkG beinhaltet besondere Regelungen bezüglich des Erbvertrages. Siehe hierzu neben der einschlägigen Kommentierung auch die **Verordnung zur Einrichtung und Führung des Zentralen Testamentsregisters** vom 11.7.2011.[4] Ist gemäß § 10 Abs. 3 Nr. 4 S. 1 KonsG die Verfügung von Todeswegen den Beteiligten ausgehändigt worden, so besteht mangels Kenntnis über den Verwahrort keine Meldepflicht an das Zentrale Testamentsregister.

8 Hinsichtlich der **Eröffnung** von ihm vorliegenden Verfügungen von Todeswegen wird dem Konsularbeamten durch § 11 **Abs. 3** KonsG mit dem Verweis auf die §§ 348 Abs. 1 und 2 (Eröffnung durch das Nachlassgericht [die nach § 348 Abs. 3 FamFG schriftliche Bekanntgabe des Inhalts der Verfügung gegenüber den Beteiligten nach § 345 FamFG ist nicht notwendig]), 349 FamFG (Eröffnung von gemeinschaftlichen Testamenten und Erbverträgen) und 350 FamFG (Eröffnung durch ein anderes Gericht) die Stellung eines deutschen Nachlassgerichtes zuerkannt. Dies beinhaltet nicht nur Urkunden, die der Konsularbeamte selbst erstellt hat, sondern jegliche Verfügungen von Todes wegen, die zu ihm gelangen, insbesondere wenn sich der Konsularbeamte nach § 9 Abs. 2 und 3 KonsG der Nachlassfürsorge angenommen hat und dort ein Testament des Erblassers findet. Eine Verpflichtung des Konsularbeamten zur Eröffnung besteht jedoch nicht; er kann die Verfügung an das Amtsgericht Schöneberg in Berlin als Nachlassgericht zur Eröffnung senden. Dies wird dann der Fall sein, wenn rechtlich besonders schwierige Fragen zu klären wären oder die nächsten Angehörigen in Deutschland leben.

II. Praktische Hinweise

9 Nach § 9 Nr. 2 ErbStDV (zu § 34 Abs. 2 Nr. 3 ErbStG) haben die diplomatischen Vertreter und Konsuln des Bundes dem **Bundeszentralamt für Steuern** die ihnen bekannt gewordenen **Zuwendungen** ausländischer Erblasser oder Schenker an Personen, die im Inland einen Wohnsitz oder ihren gewöhnlichen Aufenthalt haben, anzuzeigen. Eine elektronische Übermittlung der Anzeige ist ausgeschlossen.

---

3 Prütting/Helms/Fröhler § 344 Rn. 32.
4 BGBl. 2011 I 1386.

§ 12 KonsG   Entgegennahme von Erklärungen

Die Konsularbeamten sind befugt,
1. Auflassungen entgegenzunehmen,
2. Versicherungen an Eides statt abzunehmen, die zur Erlangung eines Erbscheins, eines Europäischen Nachlasszeugnisses, eines Testamentsvollstreckerzeugnisses oder eines Zeugnisses über die Fortsetzung der Gütergemeinschaft abgegeben werden,
3. einem Deutschen auf dessen Antrag den Eid abzunehmen, wenn der Eid nach dem Recht eines ausländischen Staates oder nach den Bestimmungen einer ausländischen Behörde oder sonst zur Wahrnehmung von Rechten im Ausland erforderlich ist.

§ 12 KonsG erweitert die Befugnisse des Konsularbeamten nach § 10 KonsG zur **Beurkundung** zB von Versicherungen an Eides statt hinsichtlich der **Abnahme** solcher. Da die Abnahme gemäß § 38 Abs. 1 BeurkG den gleichen Voraussetzungen wie die Beurkundung unterliegt, ist grundsätzlich auf die Kommentierung des § 10 KonsG zu verweisen.   1

Es ist darauf zu achten, dass die Entgegennahme von Auflassungen nach § 12 Nr. 1 bzw. die Abnahme von Versicherungen an Eides statt nach Nr. 2 KonsG unabhängig der Staatsangehörigkeit der Erklärenden ist. Die Abnahme von Eiden nach § 12 Nr. 3 KonsG ist hingegen nur **Deutschen** vorbehalten, → § 9 Rn. 4.   2

Die Abgabe eines Eides gemäß **§ 12 Nr. 3 KonsG** ist dann etwa gegeben, wenn Erben, Vermächtnisnehmer oder sonstige Nachlassgläubiger im Rahmen eines deutschen oder ausländischen Nachlasses gegenüber den ausländischen Behörden zur Erlangung etwa von Erbscheinen, Europäischen Nachlasszeugnissen etc beeidete Willenserklärungen abgeben müssen. Generell sind daher die Niederschriften so zu erstellen, dass sie sowohl deutschem als auch dem Recht des Empfängerstaates genügen.   3

§ 13 KonsG   Legalisation ausländischer öffentlicher Urkunden

(1) Die Konsularbeamten sind befugt, die in ihrem Amtsbezirk ausgestellten öffentlichen Urkunden zu legalisieren.

(2) Die Legalisation bestätigt die Echtheit der Unterschrift, die Eigenschaft, in welcher der Unterzeichner der Urkunde gehandelt hat, und gegebenenfalls die Echtheit des Siegels, mit dem die Urkunde versehen ist (Legalisation im engeren Sinn).

(3) ¹Die Legalisation wird durch einen auf die Urkunde zu setzenden Vermerk vollzogen. ²Der Vermerk soll den Namen und die Amts- oder Dienstbezeichnung des Unterzeichners der Urkunde enthalten. ³Er soll den Ort und den Tag seiner Ausstellung angeben und ist mit Unterschrift und Präge- oder Farbdrucksiegel zu versehen.

(4) Auf Antrag kann, sofern über die Rechtslage kein Zweifel besteht, in dem Vermerk auch bestätigt werden, daß der Aussteller zur Aufnahme der Urkunde zuständig war und daß die Urkunde in der den Gesetzen des Ausstellungsorts entsprechenden Form aufgenommen worden ist (Legalisation im weiteren Sinn).

(5) Urkunden, die gemäß zwei- oder mehrseitiger völkerrechtlicher Übereinkunft von der Legalisation befreit sind, sollen nicht legalisiert werden.

A. Allgemeines 1	4. Sonstige Übereinkommen 11
I. Normzweck 1	B. Regelungsgehalt 13
II. Begleitende Gesetze 6	I. Legalisationsbedarf 13
1. Haager Apostille 6	II. Weitere Voraussetzungen 16
2. Bilaterale Verträge. 9	III. Praktische Hinweise 23
3. Europäisches Übereinkommen 10	

A. Allgemeines

I. Normzweck

1 § 13 KonsG behandelt die konsularische Bestätigung der **Echtheit ausländischer öffentlicher Urkunden** für den deutschen Rechtsverkehr, besonders solche die zur Erlangung eines Erbscheins (§ 2356 Abs. 1 BGB) oder eines Zeugnisses über die Fortsetzung der Gütergemeinschaft (§ 1507 BGB) in einem Gerichts- oder Grundbuchverfahren oder einer anderen Behörde vorgelegt werden.

2 Nach der Legalisation kann nach § 438 Abs. 2 ZPO eine ausländische öffentliche Urkunde nach § 415 Abs. 1 ZPO wie eine inländische öffentliche Urkunde vollen Beweis über den beurkundeten Vorgang erbringen.[1] Da die Legalisierung keine Urkunde im Sinne des BeurkG ist, unterliegt sie selst nicht diesem Gesetz.

3 Dem gegenüber steht § 14 KonsG, welcher die Bestätigung der **Echtheit deutscher öffentlicher Urkunden** behandelt, die für einen behördlichen Vorgang des ausländischen Staates benötigt werden. Im deutschen Rechtsverkehr müssen diese Urkunden grundsätzlich nicht auf die Echtheit hin überprüft werden, nach § 437 ZPO haben sie die Vermutung der Echtheit für sich, vgl. aber auch § 419 ZPO über die Beweiskraft veränderter Urkunden.

4 Von dem Legalisationsverfahren durch eine deutsche Behörde ist zu unterscheiden eine Echtheitsbestätigung einer ausländischen Urkunde durch den Ausstellungsstaat selbst, die sogenannte „Apostille", → Rn. 6 ff. Legalisierungen durch Inlandsvertretungen ausländischer Botschaften sind nach § 13 KonsG nicht vorgesehen[2]

5 Von der Legalisation und der Apostille abzugrenzen ist das **Exequaturverfahren**, in welchem die **Vollstreckbarkeitserklärung** im Inland eines in- oder ausländischen Schiedsspruchs oder eines ausländischen Urteils gegeben wird. Die **ordre public**-Überprüfung,[3] ob die Anerkennung bzw. Vollstreckbarerklärung ausländischer Titel zu einem Ergebnis führt, welches mit wesentlichen Grundsätzen des deutschen Rechts im Widerspruch steht, siehe §§ 328 Abs. 1 Nr. 4, 723 Abs. 2 S. 2 ZPO, Art. 45 Abs. 1 lit. a EuGVVO, findet zumindest bei EU-Mitgliedstaaten nicht mehr generell statt. So verzichten die neueren Verordnungen (zB EG-Verordnung Nr. 805/2004 [Vollstreckungstitel-Verordnung]; EG-Verordnung Nr. 861/2007 [Einführung eines europäischen Verfahrens für geringfügige Forderungen]; EG-Verordnung Nr. 1896/2006 [Einführung eines Europäischen Mahnverfahrens]) auf einen solchen Vorbehalt.

II. Begleitende Gesetze

6 **1. Haager Apostille.** Durch das **Haager Übereinkommen zur Befreiung ausländischer öffentlicher Urkunden von der Legalisation** vom 5.10.1961 (BGBl. 1965 II 876) wird eine erforderliche Legalisation öffentlicher Urkunden durch die sogenannte „Haager Apostille" ersetzt. Dies gilt jedoch nach dessen Art. 1 S. 3 lit. a *nicht* für durch Konsulate errichtete öffentliche Urkunden (so für solche durch deutsche Konsularbeamte nach den §§ 10 und 11 KonsG). Zudem umfasst dieses Abkommen nur die Legalisation im engeren Sinn (→ Rn. 20), da dessen Art. 2 S. 2 von § 13 Abs. 2 KonsG übernommen wurde. Ist daneben fraglich, ob der Aussteller der Urkunde für deren Aufnahme zuständig war und ob die Urkunde in der den Gesetzen des Ausstellungsorts entsprechenden Form aufgenommen worden ist (Legalisation im weiteren Sinn nach § 13 Abs. 4 KonsG, → Rn. 20), muss der Konsularbeamte legalisieren. Mit der Apostille wird die Echtheit der Unterschrift, (ggf.) die Echtheit des Siegels des Unterzeichners und die Befugnis

---

[1] BVerwG NJW 1987, 1159; OLG Schleswig OLGR 2007, 305.
[2] OLG Düsseldorf BeckRS 2013, 00027.
[3] Siehe hierzu BGH NJW 2014, 2363: Wird in einem Mitgliedstaat der EU ein Titel als Europäischer Vollstreckungstitel bestätigt, findet eine ordre public-Überprüfung im Vollstreckungsstaat nicht statt.

des Unterzeichners zur Ausstellung der Urkunde bestätigt. Die Urkunde muss hierfür bei der Behörde im Original vorgelegt werden. Eine Beteiligung der Auslandsvertretung des Staates, in dem die Urkunde verwendet werden soll, ist nicht notwendig.

Die dem Haager Übereinkommen beigetretenen Staaten bestimmen selbst, welche **landeseigene Behörde** die Apostille ausstellt. Diese Behörden sind zB auf der Internetseite der Hague Conference on Private International Law unter https://www.hcch.net/en/instruments/conventions/authorities1/?cid=41 oder des Auswärtigen Amtes unter www.konsularinfo.diplo.de (beide abgerufen am 6.3.2023) zu finden. Sollten bei diesen Behörden Schwierigkeiten auftreten, so kann die dortige deutsche Auslandsvertretung hilfreich sein.

Zu beachten ist, dass Deutschland gegen den Beitritt zum Haager Übereinkommen der Staaten Aserbaidschan, Burundi, Dominikanische Republik, Indien, Kirgisistan, Kosovo, Liberia, Marokko, Moldau, Mongolei, Paraguay, Tadschikistan und Usbekistan Einspruch eingelegt hat, so dass Apostillen dieser Staaten von deutschen Behörden und Gerichten nicht anerkannt werden. Einige Staaten sind dem Haager Übereinkommen nicht beigetreten; gegenüber anderen wurde der Einspruch Deutschlands zurückgenommen.

2. Bilaterale Verträge. Über das Haager Übereinkommen zur Befreiung ausländischer öffentlicher Urkunden von der Legalisation hinausgehend hat die Bundesrepublik Deutschland **bilaterale Verträge** mit Belgien,[4] Dänemark,[5] Frankreich,[6] Griechenland,[7] Italien,[8] Österreich[9] und der Schweiz[10] im Bereich des Personenstandswesens oder Beglaubigung von Urkunden abgeschlossen, wonach sogar auf die Apostille (und auf die Legalisation) gänzlich verzichtet wird. Für Urkunden, die im Rechtshilfe- oder Handelsverkehr verwendet werden, gibt es darüber hinaus gesonderte völkerrechtliche Verträge.

3. Europäisches Übereinkommen. Handelt es sich bei der fraglichen Urkunde um eine solche aus einem anderen **EU-Mitgliedsland**, die in den Anwendungsbereich einer europäischen Verordnung fällt – so insbesondere Art. 49 EuGVVO – ist die jeweilige Verordnung entscheidend, ob eine Legalisation durchgeführt oder eine Apostille erstellt werden muss. Siehe hierzu auch das **Europäische Übereinkommen zur Befreiung der von diplomatischen und konsularischen Vertretungen errichteten Urkunden von der Legalisation** vom 7.6.1968.[11]

---

[4] Vertrag zwischen der Bundesrepublik Deutschland und dem Königreich Belgien über die Befreiung öffentlicher Urkunden von der Legalisation vom 13.5.1975 (BGBl. 1980 II 815); daneben gilt seit dem 9.2.1976 auch das Haager Übereinkommen zur Befreiung ausländischer öffentlicher Urkunden von der Legalisation (BGBl. 1976 II 199).

[5] Deutsch-dänisches Beglaubigungsabkommen vom 17.6.1936 (RGBl. 1936 II 214); daneben gilt seit dem 29.12.2006 auch das Haager Übereinkommen zur Befreiung ausländischer öffentlicher Urkunden von der Legalisation (BGBl. 2008 II 224), beide gelten aber nicht für Grönland und die Färöer Inseln.

[6] Abkommen vom 13.9.1971 zwischen der Bundesrepublik Deutschland und der Französischen Republik über die Befreiung öffentlicher Urkunden von der Legalisation (BGBl. 1974 II 1074, Berichtigung auf S. 1100); daneben gilt seit dem 24.1.1965 auch das Haager Übereinkommen zur Befreiung ausländischer öffentlicher Urkunden von der Legalisation (BGBl. 1966 II 106).

[7] Das Deutsch-griechische Abkommen über die gegenseitige Rechtshilfe in Angelegenheiten des bürgerlichen und Handels-Rechts vom 11.5.1938 (RGBl. 1939 II 848) sieht keinerlei Echtheitsnachweise für Landgericht und höhere Gerichte vor. Niedrigere Instanzen, Notare, Grundbuchämter etc benötigen eine Überbeglaubigung durch den Präsidenten des jeweiligen Gerichtshofs erster Instanz in Griechenland; daneben gilt seit dem 18.5.1985 auch das Haager Übereinkommen zur Befreiung ausländischer öffentlicher Urkunden von der Legalisation (BGBl. 1985 II 1108).

[8] Vertrag vom 7.6.1969 zwischen der Bundesrepublik Deutschland und der Italienischen Republik über den Verzicht auf die Legalisation von Urkunden (BGBl. 1974 II 1069); daneben gilt seit dem 11.2.1978 auch das Haager Übereinkommen zur Befreiung ausländischer öffentlicher Urkunden von der Legalisation (BGBl. 1978 II 153).

[9] Beglaubigungsvertrag zwischen dem Deutschen Reiche und der Republik Österreich vom 21.6.1923 (RGBl. 1924 II 61); daneben gilt seit dem 13.1.1968 auch das Haager Übereinkommen zur Befreiung ausländischer öffentlicher Urkunden von der Legalisation (BGBl. 1968 II 76).

[10] Vertrag zwischen dem Deutschen Reiche und der Schweiz über die Beglaubigung öffentlicher Urkunden vom 14.2.1907 (RGBl. 1907 I 411): gilt nicht für notarielle Urkunden; daneben gilt seit dem 11.3.1973 auch das Haager Übereinkommen zur Befreiung ausländischer öffentlicher Urkunden von der Legalisation (BGBl. 1973 II 176).

[11] BGBl. 1971 II 86.

11   **4. Sonstige Übereinkommen.** Nach § 13 Abs. 5 KonsG sollen Urkunden, die nach internationalen Übereinkünften von der Legalisation befreit sind, nicht (unnötig) legalisiert werden. Für welches Land eine Legalisation, eine Apostille oder keines von beiden aktuell notwendig ist, kann man zB auf der Internetseite des Deutschen Notarinstitutes unter www.dnoti.de oder auf der Internetseite des Auswärtigen Amts unter www.konsularinfo.diplo.de einsehen.

12   Zudem sind zB

- das Wiener Übereinkommen über die Ausstellung mehrsprachiger Auszüge aus Personenstandsbüchern vom 8.9.1976,[12]
- das Übereinkommen vom 4.9.1958 über den internationalen Austausch von Auskünften in Personenstandsangelegenheiten,[13]
- das Luxemburger Übereinkommen über die kostenlose Erteilung von Personenstandsurkunden und den Verzicht auf ihre Legalisation vom 26.9.1957[14] und
- das Münchener Übereinkommen über die Ausstellung von Ehefähigkeitszeugnissen vom 5.9.1980[15]
- zu beachten. Weitere für Deutschland geltende Übereinkommen der Internationalen Kommission für das Zivilstandswesen (CIEC) sind auf der Internetseite des Bundesministeriums des Inneren abrufbar.[16]

B. Regelungsgehalt

I. Legalisationsbedarf

13   Ob eine ausländische öffentliche Urkunde überhaupt legalisiert werden **muss**, um die formelle Beweiskraft zu entfalten, hängt nicht nur von den zuvor genannten internationalen und bilateralen Verträgen ab, sondern zudem davon, dass die Urkunde nach § 419 ZPO keine Durchstreichungen, Radierungen, Einschaltungen oder sonstige äußere Mängel hat und dass sie echt im Sinne des § 438 ZPO ist. Bei einer **versehrten Urkunde** im Sinne des § 419 ZPO kann das Gericht nach **freier Überzeugung** entscheiden, ob die Beweiskraft dieser ganz oder teilweise aufgehoben oder gemindert wird. Hinsichtlich der **Echtheit** einer ausländischen öffentlichen Urkunde ohne näheren Nachweis hat das Gericht nach den Umständen des Einzelfalles **Ermessen**, §§ 438 Abs. 1, 286 ZPO. Entgegen § 437 ZPO muss die Echtheit einer ausländischen Urkunde von Amtswegen, also auch wenn dies nicht bestritten wird,[17] positiv festgestellt werden. Erst wenn Zweifel des Gerichts bestehen, muss ein Echtheitsbeweis erbracht werden, der nach § 438 Abs. 2 ZPO durch die Legalisation durch einen Konsul oder Gesandten des Bundes erbracht werden kann. Der Gegenbeweis gegen die dann erbrachte Legalisation ist möglich.[18] Nach § 13 Abs. 5 KonsG sollen Urkunden, die nach internationalen Übereinkünften von der Legalisation befreit sind, nicht (zusätzlich) legalisiert werden.

14   **Von deutschen Konsularbeamten erstellte Urkunden** müssen für deutsche Gerichte und Behörden nicht legalisiert werden, da sie nach § 10 Abs. 2 KonsG hinsichtlich ihrer Beweiskraft nach

---

12   BGBl. 1997 II 774. Das Abkommen gilt zwischen Belgien, Bosnien-Herzegowina, Bulgarien, Deutschland, Estland, Frankreich, Italien, Kroatien, Litauen, Luxemburg, Mazedonien, Moldau, Montenegro, den Niederlanden, Österreich, Polen, Portugal, Rumänien, der Schweiz, Serbien, Slowenien, Spanien und der Türkei. Deutsche Personenstandsurkunden, die nach dem Muster der Übereinkommen der Internationalen Kommission für das Zivil- und Personenstandswesen (CIEC) ausgestellt werden, sind in den anderen Vertragsstaaten von jeder Förmlichkeit befreit.
13   BGBl. 1961 II 1071; BGBl. 1962 II 44. Das Abkommen gilt zwischen Belgien, Deutschland, Frankreich, Italien, Luxemburg, den Niederlanden, Österreich, Polen, Portugal, Spanien und der Türkei. Danach muss über Eheschließungen und Todesfälle unterrichtet werden. Bezüglich Italiens, Luxemburgs, Österreichs und der Schweiz bestehen weitere bilaterale Vereinbarungen, welche auch die Unterrichtung von Geburten vorsehen.
14   BGBl. 1961 II 1067.
15   BGBl. 1997 II 1086.
16   http://www.personenstandsrecht.de/PERS/DE/Themen/Uebereinkommen/UE_CIEC/ue_ciec_node.html (abgerufen am 23.2.2018).
17   MüKoZPO/Schreiber ZPO § 438 Rn. 1 mwN.
18   MüKoZPO/Schreiber ZPO § 438 Rn. 5.

§§ 415, 417, 418 ZPO und ihrer Echtheitsvermutung nach § 437 ZPO in Deutschland erstellten Urkunden entsprechen. Ob eine Legalisation deutscher Urkunden für ausländische Vorgänge vorgenommen werden muss, muss von der ausländischen Stelle, bei der diese vorgelegt werden soll, erfragt werden. Für diese Legalisation ist dann die diplomatische oder konsularische Vertretung des betreffenden Staates in Deutschland zuständig.

Von deutschen Gerichten bzw. innerdeutschen Behörden ausgestellte öffentliche Urkunden wie auch **inländische Privaturkunden** können nicht legalisiert werden; sie fallen hinsichtlich der Echtheitsvermutung unter § 437 ZPO. Die Legalisation ist auch keine Beurkundung im Sinne des BeurkG, da die Erstellung einer solchen nicht zu den originären Aufgaben des Notars gehört, sondern ausschließlich den Konsularbeamten vorbehalten ist.[19]

II. Weitere Voraussetzungen

Soll eine Urkunde das Verfahren zur Legalisation durchlaufen, muss es sich nach § 13 Abs. 1 KonsG um eine **ausländische öffentliche Urkunde** handeln, die im **Amtsbezirk** (= Konsularbezirk) des deutschen Konsularbeamten von einer dortigen Behörde oder von einer mit öffentlichem Glauben versehenen Person des Auslandes in der vorgegebenen Form errichtet wurde, § 438 Abs. 1 ZPO. § 415 Abs. 1 ZPO zur Legaldefinition der öffentlichen Urkunde ist enger gefasst; die zu legalisierende Urkunde muss daher nicht innerhalb der Grenzen der Amtsbefugnisse der Behörde bzw. innerhalb des zugewiesenen Geschäftskreises der ausstellenden Person in der vorgeschriebenen Form errichtet worden sein.[20]

Eine **ausländische Privaturkunde** im Sinne des § 416 ZPO kann nicht legalisiert werden; eventuell aber die **öffentliche Beglaubigung der Unterschrift** etc auf derselben. **Übersetzungen**, selbst von vereidigten Sachverständigen, sind keine öffentlichen Urkunden. Der Gerichtspräsident kann nur die Eigenschaft des Übersetzers als anerkannter Sachverständiger bestätigen oder dessen Unterschrift beglaubigen. Nur dieser amtliche Vermerk kann als öffentliche Urkunde legalisiert werden.

Aus den §§ 1 ff. KonsG ergibt sich, dass der deutsche Konsularbeamte nur tätig werden kann, wenn die Legalisation einen **deutschen Bezug** aufweist, was in der Regel gegeben sein dürfte, wenn eine deutsche Behörde oder Gericht etwa im Erbscheinsverfahren die Legalisation fordert. Der Konsularbeamte prüft aber nicht den Zweck der Legalisation.

Die fragliche Urkunde muss dem Konsularbeamten im **Original** vorgelegt werden; beglaubigte Abschriften reichen nicht aus.

Der Antragsteller muss dem Konsularbeamten mitteilen, ob eine Legalisation im engeren Sinn oder im weiteren Sinn gewünscht wird: Die Echtheitsbestätigung kann sich nämlich nur auf die Unterschrift, die Eigenschaft, in welcher der Aussteller der Urkunde gehandelt hat, und ein eventuell vorhandenes Siegel auf der Urkunde (**Legalisation im engeren Sinn** nach Abs. 2) oder darüber hinaus auf die Zuständigkeit des Ausstellers und, ob dieser die einschlägigen Formvorschriften seines Landes für die Erstellung einer solchen Urkunde eingehalten hat, beziehen (**Legalisation im weiteren Sinn** nach Abs. 4). Eine Überprüfung des Inhalts der Urkunde kann durch den Konsularbeamten grundsätzlich nicht erfolgen; er übernimmt für die Richtigkeit des Inhaltes keine Gewähr. Dennoch soll der Konsularbeamte Urkunden mit offensichtlich unrichtigen Inhalten nicht legalisieren.[21] Der Konsularbeamte kann die Merkmale des § 13 Abs. 2 und 4 KonsG in der Urkunde nach eigenem Ermessen aufgrund von eigenen Erfahrungen legalisieren. Kann das Konsulat die Echtheit der ihnen vorgelegten amtlichen Urkunde aber nicht selbstständig in einem oder mehreren Punkten feststellen, wendet es sich an die ausstellende

---

19 Hoffmann/Glietsch KonsularG Vorb. KonsG § 13 Nr. 2.4.
20 Hoffmann/Glietsch KonsularG § 13 Nr. 1.2.
21 Hecker/Müller-Chorus KonsPraxis-HdB/Bindseil § 4 C Rn. 18, 25, 29; Hoffmann/Glietsch KonsularG § 13 Nr. 1.6.2.

ausländische Behörde (dies kann auch das dortige Außenministerium sein) und bittet dort um eine Stellungnahme. Diese **Vor- bzw. Zwischenbeglaubigung** ist noch keine Legalisation, da diese vom Konsularbeamten selbst erstellt werden muss. Daher wird die von den zuständigen Stellen vorbeglaubigte Urkunde regelmäßig im Land selbst durch einen Vertrauensanwalt überprüft.[22] Der Konsularbeamte nimmt bei dessen positivem Testat dann die **End- bzw. Überbeglaubigung** vor.

21 Die **Anerkennung eines ausländischen Urteils** unterliegt den besonderen Regelungen des § 328 ZPO; → Rn. 5 zum Exequaturverfahren und der ordre public-Überprüfung.

22 Das Gericht kann nach § 146 Abs. 3 ZPO eine **Übersetzung** der Urkunde anordnen; die Legalisation enthält eine solche nicht. Die Verwendbarkeit einer im Ausland gefertigten Übersetzung entscheidet die Behörde oder das Gericht im eigenen Ermessen.

III. Praktische Hinweise

23 Wenn die Botschaft hat feststellen müssen, dass die **Voraussetzungen zur Legalisation** von öffentlichen Urkunden aus einem bestimmten Land nicht gegeben sind (etwa, wenn formal echte Urkunden mit falschem Inhalt im Umlauf sind, eine Überprüfung der Urkunde durch Vertrauensanwälte vor Ort nicht mehr möglich ist und Anhalt für eine Veränderung der Sachlage in absehbarer Zeit nicht besteht), wird die Legalisation mit Billigung des Auswärtigen Amtes in diesem Land gänzlich eingestellt. Auf der Internetseite des Auswärtigen Amtes (www.auswaertiges-amt.de) ist eine Liste von mehr als 40 Ländern, darunter große Länder wie Indien, Mongolei, oder auch beliebte Reiseländer wie Dominikanische Republik, Haiti, Kenia, Thailand, auf welche dieses zutrifft, zu finden. Die ausländischen Vertretungen der Bundesrepublik haben die dortigen Beschränkungen der Legalisation auf der Internetseite in Merkblättern dargestellt. In diesen wird beschrieben, wie über **Amtshilfeersuchen** deutscher Behörden (etwa für die Eintragung ins Geburtenregister) oder **Rechtshilfeersuchen** deutscher Gerichte (zumeist nicht möglich durch Privatpersonen) an die Botschaften und/oder Konsulate eine gutachterliche Urkundenüberprüfung dennoch stattfinden kann, welche Unterlagen und Formulare einzureichen sind, welcher Kostenvorschuss zu zahlen ist (in der Regel mehrere 100 EUR) und mit welchem Zeitraum für eine Antwort (zumeist 3 bis 6 Monate) zu rechnen ist.[23] Hinweise über die ortsspezifischen **Besonderheiten der ausländischen Urkunden** aus dem fraglichen Konsularbezirk sind auf den Internetseiten der jeweiligen deutschen Auslandsvertretung zu finden.

§ 14 KonsG   Bestätigung der Echtheit inländischer öffentlicher Urkunden

(1) Die Konsularbeamten sind befugt, zur Verwendung in ihrem Konsularbezirk die Echtheit im Inland ausgestellter öffentlicher Urkunden zu bestätigen.

(2) ¹Die Bestätigung soll nur erteilt werden, wenn der Konsularbeamte keinen Zweifel an der Echtheit hat. ²Von der Echtheit kann er in der Regel ausgehen, wenn die Urkunde ihm von der Stelle, die sie aufgenommen hat, zugeleitet worden ist.

---

22 Sollte auch dies nicht möglich sein, → Rn. 23.

23 Zu weiteren Möglichkeiten siehe zB OLG Düsseldorf BeckRS 2013, 00027 (Turkmenistan, Nachbeurkundung einer Eheschließung in Dänemark).

§ 15 KonsG   Vernehmungen und Anhörungen

(1) Die Konsularbeamten sind berufen, auf Ersuchen deutscher Gerichte und Behörden Vernehmungen durchzuführen.

(2) ¹Ersuchen um Vernehmungen, durch die eine richterliche Vernehmung ersetzt werden soll, können nur von einem Gericht oder von einer Behörde, die um richterliche Vernehmungen im Inland ersuchen kann, gestellt werden. ²Wird um eidliche Vernehmung ersucht, so ist der Konsularbeamte zur Abnahme des Eides befugt.

(3) ¹Die für die jeweilige Vernehmung geltenden deutschen verfahrensrechtlichen Vorschriften sind sinngemäß anzuwenden. ²Dolmetscher brauchen nicht vereidigt zu werden. ³Das Protokoll kann auch von dem vernehmenden Konsularbeamten geführt werden. ⁴Zwangsmittel darf der Konsularbeamte nicht anwenden.

(4) Die Vernehmungen und die Vereidigungen und die über sie aufgenommenen Niederschriften stehen Vernehmungen und Vereidigungen sowie den darüber aufgenommenen Niederschriften inländischer Gerichte und Behörden gleich.

(5) Die Vorschriften für Vernehmungen gelten für Anhörungen entsprechend.

16. Lebenspartnerschaftsgesetz (LPartG)

Vom 16.2.2001 (BGBl. I S. 266)
(FNA 400–15)
zuletzt geändert durch Art. 7 Abs. 6 G zur Abschaffung des Güterrechtsregisters und zur Änd. des COVID-19-InsolvenzaussetzungsG vom 31. Oktober 2022 (BGBl. I S. 1966)
– Auszug –

Literatur:
Bruns/Kemper (Hrsg.), Lebenspartnerschaftsrecht, Handkommentar, 2. Aufl. 2006 (ausführlich); *Münchener Kommentar*, Familienrecht I, 9. Aufl. 2022 (zitiert: MüKoFamR/Bearbeiter); *Grüneberg*, Bürgerliches Gesetzbuch, 82. Aufl. 2023; *Mayer/Mittelstädt*, Das Lebenspartnerschaftsgesetz, 2001; *Muscheler*, Das Recht der eingetragenen Lebenspartnerschaft, 2. Aufl. 2004; *Münchener* Anwaltshandbuch Familienrecht, Schnitzler (Hrsg.), 4. Aufl. 2014 (zitiert: MAH FamR/Berabeiter); *Schwab*, Die eingetragene Lebenspartnerschaft, 2002; *Zimmermann* (Hrsg.), Praxiskommentar erbrechtliche Nebengesetze, 2. Aufl. 2017 (zitiert: ErbR Nebengesetze); *Scholz/Kleffmann*, Praxishandbuch Familienrecht, 42. Aufl. 2022 (zitiert: Scholz/Kleffmann FamR-HdB).

Einführung

A. Allgemeine Ausführungen	1		VI. Güterrecht	19
I. Begründung der Lebenspartnerschaft	2		B. Verfahren	20
II. Wirkung der Lebenspartnerschaft	5		C. Sonstige Hinweise	21
III. Namensrecht	10		I. Beamtenrecht	21
IV. Erbschaft- und Schenkungsteuer	12		II. Adoption	22
V. Hinterbliebenenrente	14		III. Rundfunkgebühren	23

A. Allgemeine Ausführungen[1]

1 Für die Rechtsverhältnisse gleichgeschlechtlicher Paare gelten die Paragrafen 1 bis 23 des Lebenspartnerschaftsgesetzes (LPartG) dessen Umsetzung, insbesondere die Zuständigkeit und Registrierung regelt § 17 PStG, sofern Landesgesetze keine Sonderbestimmungen hierzu enthalten. Die gerichtlichen Verfahren in Ehe- und Lebenspartnerschaftssachen regeln die §§ 121 ff. FamFG. Zuständig sind die Amtsgerichte.

Laut Mikrozensus 2012 lebten in Deutschland rund 73.000 gleichgeschlechtliche Paare, wovon circa 32.000 Lebenspartnerschaften im Sinne des Lebenspartnerschaftsgesetzes (LPartG) führten. Am 30.6.2017 hat der Deutsche Bundestag die Ehe für alle durch Änderung des Bürgerlichen Gesetzbuchs beschlossen. Während die Ehe bislang im BGB nicht definiert war, lautet die vom Bundestag beschlossene Definition nun: „Die Ehe wird von zwei Personen verschiedenen oder gleichen Geschlechts auf Lebenszeit geschlossen." Seit dem 1.10.2017 haben Schwule und Lesben die gleichen Rechte wie Hetero-Paare, Bestehende eingetragene Lebenspartnerschaften können, müssen aber nicht in eine Ehe umgewandelt werden. Für die Ende 2019 noch bestehenden ca. 34.000 eingetragenen Lebenspartnerschaften und für im Ausland begründete Lebenspartnerschaften, soweit deutsches Recht anwendbar ist, gilt weiter das LPartG. Der Anwendbarkeitsbereich nimmt wegen der kaum noch vorhandenen Unterschiede zum Eherecht ab, die Lebenspartnerschaft stellt ein „Auslaufmodell" dar.[2]

---

[1] Der Lesben- und Schwulenverband LSVD sammelt auf seiner Homepage stets die aktuellen Urteile, dazu Mustertexte, Ratgebertipps und umfangreiche Erläuterungen: www.lsvd.de.
[2] MüKoBGB/Duden Vorb. LPartG § 1 Rn. 2.

Es bestand die Diskussion, dass aufgrund der sprachlichen Formulierung der *Ehe für alle* Intersexuelle nicht heiraten dürften.[3] Das Problem trat nur bei Intersexuellen auf, deren Geburt im Geburtenregister ohne Geschlechtseintrag beurkundet worden ist, weil sie weder dem weiblichen noch dem männlichen Geschlecht zugeordnet werden konnten. In § 22 Abs. 3 PStG ist vorgesehen, der durch das Personenstandsrechts-Änderungsgesetz vom 7.5.2013 (BGBl. I S. 1122, 2440) in das Personenstandsgesetz eingefügt worden ist: Das Personenstandsgesetz lässt eine Eintragung wie „inter" oder „divers" als Angabe des Geschlechts im Geburtenregister nicht zu.

Seitdem sind mehrere hundert Kinder pro Jahr geboren worden, deren Geschlecht weder dem weiblichen noch dem männlichen Geschlecht zugeordnet werden konnte. Diese Kinder können aber erst mit 18 Jahren heiraten (§ 1303 BGB), also frühestens 2031. Bis dahin wird hoffentlich der Gesetzgeber die Einordnung der Intersexuellen in das Personenstandsrecht so gelöst haben, dass ihnen niemand mehr das Recht abstreitet, Menschen zu heiraten, die rechtlich dem männlichen oder dem weiblichen Geschlecht zugeordnet worden sind.[4] Das Bundeskabinett hat am 18.11.2022 den Aktionsplan „Queer leben" beschlossen, um die Akzeptanz und den Schutz sexueller und geschlechtlicher Vielfalt zu stärken. In einem ressortübergreifenden Arbeitsprozess geht es ua auch um die Gleichberechtigung von Bisexuellen, trans- und intergeschlechtlichen sowie allen queeren Menschen (LSBTIQ*).[5]

Nach der Rechtsprechung des Bundesgerichtshofs[6] gilt § 22 Abs. 3 PStG aber nicht nur für die Neueintragung von Geburten, sondern auch für bestehende Eintragungen. Intersexuelle können verlangen, dass die Geschlechtsangabe in ihrem Geburtseintrag nachträglich gestrichen wird, da es sich um die Berichtigung eines unzutreffenden Sachverhalts handelt. Konkrete Zahlen liegen nicht vor, es ist aber davon auszugehen, dass das seit 2013 nur wenige Intersexuelle beantragt haben. Intersexuelle können genauso wie Lesben und Schwule ab dem 1.10.2017 mit einem Mann, einer Frau oder einem Intersexuellen ohne Geschlechtseintrag eine Ehe eingehen.

Seit dem 1.10.2017 ist die Eingehung einer Lebenspartnerschaft nicht mehr möglich (Art. 3 Abs. 3 EheöffnungsG). Aus Lebenspartnern werden aber nicht automatisch Eheleute. Die Umwandlung erfolgt nur auf Wunsch beider Partner. Bereits eingetragene Lebenspartnerschaften bleiben bestehen, wenn die Betroffenen keine Umwandlung in eine Ehe wollen.

I. Begründung der Lebenspartnerschaft

Eine Beziehung startet in der Regel mit einem Verlöbnis beziehungsweise einer Probepartnerschaft, weitestgehend gemeinsamem Leben und Wohnen. Gleichgeschlechtliche Partner können auch Verlobung feiern. Auch wenn ihr Lebenspartnerschaftsbegründungsversprechen nicht Verlöbnis heißt, gelten hierfür die Verlöbnisvorschriften des BGB entsprechend (§ 1 Abs. 4 LPartG). Ein **Verlöbnis** begründet die Rechtspflicht zur Eingehung der Ehe beziehungsweise zur Begründung der Lebenspartnerschaft. Dennoch soll der Wille zur Eheschließung beziehungsweise zur Lebenspartnerschaftsbegründung frei bleiben. Auf die Lebenspartnerschaftsbegründung kann deshalb ebenso wie auf die Ehe nicht geklagt werden, eine Vollstreckung ist nicht möglich. 2

Der Verlobte, auch der im Sinne des Lebenspartnerschaftsgesetzes, ist Angehöriger im Sinne der Strafgesetze, das kann in Straf- und Zivilprozessverfahren zu Zeugnisverweigerungsrechten führen. 3

---

3 Heribert Prantl, Artikel in Süddeutsche Zeitung vom 24.8.2017; http://www.sueddeutsche.de/leben/gleichstellung-wen-die-ehe-fuer-alle-ausschliesst-1.3638087 (letzter Abruf 25.2.2023).
4 Gössl StAZ 2018, 40 ff.
5 BMFSFJ, „Queer Leben"; https://www.bmfsfj.de/bmfsfj/aktuelles/alle-meldungen/bundeskabinett-beschliesst-aktionsplan-queer-leben--204942 (letzter Abruf 28.2.2023).
6 BGH NJW 2016, 2885.

4 Eine Lebenspartnerschaft kommt zustande, indem zwei Frauen/Männer vor dem Standesbeamten die Eingehung der Lebenspartnerschaft erklären. Die Eingetragene Lebenspartnerschaft steht nur gleichgeschlechtlichen Paaren offen. Die sexuelle Orientierung der Partner muss aber nicht lesbisch bzw. homosexuell sein. Eine eingetragene Lebenspartnerschaft können nur volljährige Personen begründen (§ 1, Abs.: 3 Nr. 1 LPartG).

II. Wirkung der Lebenspartnerschaft

5 Die **Wirkung** der Lebenspartnerschaft enthalten die §§ 2 ff. LPartG. Diese gelten jeweils unabhängig vom Güterstand. Die Lebenspartnerschaft entfaltet Rechtswirkung sowohl zwischen den Partnern als auch im Verhältnis zu Dritten. Die Lebensgemeinschaft umfasst die gesamten persönlichen und auch vermögensrechtlichen Verhältnisse der Lebenspartner. Die partnerschaftliche Lebensgemeinschaft verpflichtet (nach dem Wortlaut etwas weniger weitreichend als die ehelichen Verpflichtungen) die Lebenspartner zu Fürsorge und Unterstützung sowie zur gemeinsamen Lebensgestaltung.

6 Es handelt sich um eine auf Solidarität beruhende **Einstehens- und Verantwortungsgemeinschaft**. Nach überwiegender Ansicht besteht bei Lebenspartnerschaft kein gesetzlicher Anspruch auf eine Geschlechtsgemeinschaft und deshalb auch keine Treuepflicht. Auch eine häusliche Gemeinschaft scheint das Gesetz für die Lebenspartnerschaft nicht zu fordern. Dies hindert Lebenspartnerinnen allerdings nicht, ihre Gemeinschaft eheähnlich auszugestalten.

7 Auch die Eingetragene Lebenspartnerschaft führt wie die Eingehung einer Ehe nicht nur zu **Vergünstigungen** wie zB Steuerklasse (nur im Erbfall) und Rentenabsicherung, sondern zieht auch **Pflichten** der gesetzlichen Art nach sich. So ist zB jede Lebenspartnerin der anderen zum angemessenen Unterhalt verpflichtet und verpflichtet, die partnerschaftliche Lebensgemeinschaft angemessen zu unterhalten. Wird also einer zB arbeitslos, so ist der andere Lebenspartner diesem zur Unterstützung verpflichtet.

8 Zum Unterhalt werden zunächst stets der eingetragene Lebenspartner und dann in der Reihenfolge die Abkömmlinge und zuletzt Verwandte in aufsteigender Linie, also Eltern und Großeltern, herangezogen. Der gesetzlich geschuldete angemessene Unterhalt umfasst alles, was nach den Verhältnissen der Partner erforderlich ist, um die Kosten des Haushalts zu bestreiten und die persönlichen Bedürfnisse der Lebenspartner zu befriedigen.

9 Hierzu gehören unter anderem Kosten für die Nahrungsmittel, die Wohnung, die Einrichtung, die Kleidung, kulturelle Bedürfnisse, Urlaub, Kranken- und Altersversorgung, Kosten für einen Rechtsstreit in persönlichen Angelegenheiten usw Daneben steht jeder Lebenspartnerin ein Taschengeld zu, über das sie ohne der anderen Partnerin Rechenschaft geben zu müssen, frei verfügen kann. Die Höhe dieses Taschengeldes richtet sich nach dem Vermögen, dem Einkommen und dem Lebensstil der Lebenspartnerinnen und beträgt etwa fünf bis sieben Prozent des verfügbaren, gemeinsamen Nettoeinkommens. Es handelt sich um einen auf Geld gerichteten Zahlungsanspruch.

III. Namensrecht

10 Auch Lebenspartner können einen gemeinsamen Namen bestimmen, den sogenannten Lebenspartnerschaftsnamen (§ 3 LPartG). Welcher Name zum Zu- oder Nachnamen wird, wie man ihn meist bezeichnet, bestimmen die Partner durch gemeinschaftliche Erklärung gegenüber dem Standesamt. Die getroffene Namenswahl ist ab Begründung der Lebenspartnerschaft *unwiderruflich*. Das Wahlrecht der Partner besteht zwischen den Geburtsnamen und den zur Zeit der Erklärung gegenüber dem gemeinsamen Namen geführten Namen beider Partner. Auch ein Name aus einer früheren Ehe (sogenannter erheirateter Name oder früherer Lebenspartnerschaftsname) kann deshalb zum Ehe- oder Lebenspartnerschaftsnamen bestimmt werden. Die Lebens-

partner können aber keinen aus den Namen beider Partner gebildeten Doppelnamen zum Lebenspartnerschaftsnamen bestimmen.

Bestimmen die Lebenspartner bei Begründung der Lebenspartnerschaft keinen gemeinsamen Namen, so führen sie ihren zur Zeit der Lebenspartnerschaftsbegründung geführten Namen auch danach weiter. Allerdings kann man auch später noch einen gemeinsamen Namen erklären. Die Partnerin deren Name nicht der gemeinsame Name wird, kann ihren Geburtsnamen oder den ihr zur Zeit der Bestimmung des Lebenspartnerschaftsnamens geführten Namen, also auch den Namen aus einer früheren Ehe, dem gemeinsamen Namen voranstellen oder anfügen. Sie erhält damit einen Doppelnamen.

IV. Erbschaft- und Schenkungsteuer

Die eingetragene Lebenspartnerschaft hat hinsichtlich **der Erbschaft- und Schenkungsteuer** die gleiche Wirkung wie bei Ehegatten dahin gehend, dass steuerfrei sind Schenkungen und Erbschaften, die einen Betrag von derzeit 500.000 EUR innerhalb von 10 Jahren nicht übersteigen. Eine Steuerbefreiung besteht ferner, wenn ein Lebenspartner auf den anderen Eigentum oder Miteigentum an einem in Inland oder in einem Mitgliedsstaat der Europäischen Union belegenen zu eigenen Zwecken genutzten Familienheim (Haus oder Eigentumswohnung) überträgt oder diese bei ihrem Tode vermacht und der begünstigte Lebenspartner im letztgenannten Fall weiterhin 10 Jahre zu eigenen Wohnzwecken diese Immobilie nutzt. Es existieren für Lebenspartner, ähnlich wie bei Ehegatten, noch eine Reihe von weiteren Freibeträgen, zB für den Hausrat einschließlich Wäsche und Kleidungsstücke.

Zu den weiteren Wirkungen der Eintragung einer Lebenspartnerschaft gehört auch die erbrechtliche Stellung der Lebenspartner: Der überlebende Lebenspartner ist gesetzlicher Erbe des verstorbenen Partners (§ 10 LPartG). Die Höhe des Erbteils richtet sich danach, wer sonst noch Erbe ist und welcher Güterstand bestanden hat.

V. Hinterbliebenenrente

Die Regelung der **Hinterbliebenenversorgung** stellt sicher, dass Witwen und Witwer einen Anspruch auf Hinterbliebenenrente haben. Voraussetzung ist grundsätzlich, dass der Versicherte die Wartezeit von fünf Jahren erfüllt und die Lebenspartnerschaft mindestens ein Jahr gedauert hat.

Auf diesen Rentenanspruch wird ein eigenes Einkommen der Witwer in Höhe von 40 % mit angerechnet, soweit es einen bestimmten Freibetrag übersteigt. Der hinterbliebene Lebenspartner erhält allerdings, um ihm die Umstellung auf die neuen Lebensverhältnisse finanziell zu erleichtern, für die auf den Sterbemonat des Lebenspartners folgenden drei Monate Rentenbezüge in der bisherigen Höhe. Einkommensanrechnungen erfolgen im sogenannten Sterbevierteljahr nicht.

Bezieher einer Witwenrente, die wieder heiraten oder eine neue Lebenspartnerschaft begründen, verlieren damit ihren Rentenanspruch, die Rente fällt ersatzlos weg.

Die berufsständischen Versorgungswerke der freien Berufe haben hinterbliebene Lebenspartner inzwischen bei den Hinterbliebenenrenten durchweg mit Ehegatten gleichgestellt. Soweit das noch nicht geschehen ist, genügt ein Hinweis auf die Rechtsprechung des Bundesverfassungsgerichts. Dann geben die Versorgungswerke nach.

In einigen Bundesländern ist bei den berufsständischen Versorgungswerken eine gesetzliche Gleichstellung vorgenommen worden (Berlin, Brandenburg, Bremen, Hamburg, Mecklenburg-Vorpommern, Niedersachsen, Nordrhein-Westfalen, Rheinland-Pfalz, Saarland und Sachsen-Anhalt).

VI. Güterrecht

19 Seit 2005 gilt auch für das **Güterrecht** der Lebenspartner (§ 6 LPartG) der gesetzliche Güterstand der **Zugewinngemeinschaft** als der Normalzustand. Sofern man den Güterstand der Gütertrennung oder der Gütergemeinschaft eingehen will, bedarf dies einer notariellen Erklärung.

B. Verfahren

20 Die Begründung der Lebenspartnerschaft war ab dem 1.1.2012 in allen Bundesländern geregelt nach der Geltung von Personenstandsgesetz, die Personenstandsverordnung und das Lebenspartnerschaftsgesetz. Für die **Eintragung einer Lebenspartnerschaft** war einheitlich die Zuständigkeit der Standesämter gegeben, das Verfahren war vollständig dem der Eheschließung angeglichen. In Bayern konnte die Lebenspartnerschaft auch wahlweise vor einem Notar begründet werden. Seit dem 1.10.2017 ist keine Eingehung einer Lebenspartnerschaft mehr möglich. Es gilt die „Ehe für alle".[7]

C. Sonstige Hinweise

I. Beamtenrecht

21 Die verpartnerten Beamten, Richter und Soldaten sind inzwischen im Bund und in allen Bundesländern im Besoldungs- und Versorgungsrecht, bei der Beihilfe, bei der Reise- und Umzugskostenvergütung sowie beim Trennungsgeld, beim Sonderurlaub und im Laufbahnrecht mit Ehegatten gleichgestellt worden.

II. Adoption

22 Die gemeinschaftliche Adoption zweier Lebenspartner ist weiter nicht möglich; ansonsten sind eingetragene Lebenspartner in allen Rechtsbereichen mit Ehegatten gleichgestellt. Die Lebenspartner dürfen Kinder zwar nicht gemeinschaftlich adoptieren, es ist ihnen aber möglich, die Kinder nacheinander zu adoptieren. Das Gesetz zur Einführung des Rechts auf Eheschließung für Personen gleichen Geschlechts, das am 1.10.2017 in Kraft getreten ist, hat an den Abstammungsregeln nichts verändert. Mutter eines Kindes ist weiterhin nur die Frau, die das Kind geboren hat (§ 1591 BGB).

Für Kinder, die in eine Ehe hineingeboren werden, bestimmt § 1592 Nr. 1 BGB, dass der Ehemann der zweite rechtliche Elternteil des Kindes ist, gleichgültig ob er tatsächlich der biologische Vater des Kindes ist oder nicht. Diese Vorschrift ist nicht durch die Gesetzgebung des EheöffnungsG um die „Ehefrau der Mutter" erweitert worden. Die Lebenspartnerin der Mutter kann deshalb weiterhin nur im Wege der Stiefkindadoption der zweite rechtliche Elternteil des Kindes werden.

Das Abstammungsrecht soll in der nächsten Legislaturperiode umfassend an die neuen Familienformen und die neuen medizintechnischen Zeugungsmöglichkeiten angepasst werden.[8] Hierbei wird im Abschlussbericht des Arbeitskreises Abstammungsrecht für das BMJV die private Insemination (häufig sog. „Becherspende") unterschieden von der ärztlich assistierten Fortpflanzung. Neben der genetischen Elternschaft geht es um den Willen zur „rechtlichen Elternschaft". Da Leihmutterschaft in Deutschland gesetzlich verboten ist, dreht sich biologisch naturgemäß die Diskussion hauptsächlich um die Mit-Mutterschaft. Schon das lateinische Sprichwort lautet „mater semper certa est" – „die Mutter steht immer fest" und ist immer

---

[7] Vgl. → Rn. 1.
[8] Abschlussbericht AK Abstammungsrecht für das Bundesministerium der Justiz und für Verbraucherschutz (BMJV), veröffentlicht Juli 2017 http://www.bmjv.de/SharedDocs/Downloads/DE/Artikel/07042017_AK_Abstimmung_Abschlussbericht.html (zuletzt abgerufen 4.10.2017.).

die Frau, die das Kind geboren hat. „Mater semper certa est" ist der erste Halbsatz, der ergänzt wird durch „Pater semper incertus est" („der Vater ist immer ungewiss"), denn für den Vater gibt es kein mit der Geburt des Kindes gleichwertiges äußeres Beweiszeichen seiner Vaterschaft. Im römischen Recht wurde diese naturbedingte Rechtsunsicherheit kodifiziert mit

„Pater est, quem nuptiae demonstrant" („Vater ist, wer durch die Heirat als solcher erwiesen ist").

Nun kann es aber auch in schwulen Partnerschaften bei Leihmutterschaften im Ausland mit zwei Vätern zur Frage der Mit-Vaterschaft kommen. Die Empfehlung des Arbeitskreises Abstammungsrecht für das BMJV, veröffentlicht vom BMJV im Juli 2017, lautet hierzu: „Für im Ausland rechtmäßig durchgeführte Leihmutterschaften soll geregelt werden, unter welchen Voraussetzungen dem Kind im Inland der ihm nach ausländischem Recht zugeordnete Elternteil erhalten bleibt."[9]

Für die Mit-Mutterschaft lauten die Empfehlungen des Arbeitskreises Abstammungsrecht:

„Die Regelung in § 1591 BGB, wonach rechtliche Mutter des Kindes immer die Geburtsmutter ist, soll beibehalten werden."[10]

„Bei ärztlich assistierter Fortpflanzung sollen rechtliche Vaterschaft und Mit-Mutterschaft bei der Primärzuordnung insoweit gleichbehandelt werden, als

1. *die Frau, die zum Zeitpunkt der Geburt mit der Mutter eine Lebenspartnerschaft führt, wie der zum Zeitpunkt der Geburt mit der Mutter verheiratete Mann zweiter Elternteil wird (Erweiterung von § 1592 Nummer 1 BGB);*
2. *eine Frau die Mit-Mutterschaft anerkennen kann (Erweiterung von § 1592 Nummer 2 BGB).*

Die Feststellung der rechtlichen Elternschaft (§ 1592 Nummer 3 iVm § 1600d BGB) der intendierten Mit-Mutter soll im Fall der ärztlich assistierten Fortpflanzung unter den gleichen Voraussetzungen möglich sein wie die eines intendierten Vaters."[11]

Zahlenmäßig sieht es so aus, dass laut Mikrozensus 2012 in Deutschland rund 73.000 gleichgeschlechtliche Paare leben, wovon circa 32.000 Lebenspartnerschaften im Sinne des Lebenspartnerschaftsgesetzes (LPartG) führen. Die Zahl der Kinder, die bei gleichgeschlechtlichen Paaren leben, wird bundesweit auf rund 6.500 geschätzt, vermutlich häufiger in Lebenspartnerschaften als in anderen gleichgeschlechtlichen Partnerschaften.[12] In ca. 45 % der Fälle werden Kinder in eine Beziehung gleichgeschlechtlicher Eltern hineingeboren, in den übrigen Fällen handelt es sich um Kinder aus einer früheren heterosexuellen Beziehung (44 %), um Pflegekinder (6 %) oder um Adoptivkinder (2 %). Zumeist leben die Kinder in lesbischen Beziehungen.

Kinder in lesbischen Beziehungen werden ganz überwiegend durch Samenspende gezeugt.[13]

Das Abstammungsrecht sieht auch seit 2017 keine Änderung hinsichtlich gemeinsamer Elternschaft gleichgeschlechtlicher Paare. Die Anpassung des Abstammungsrechts an die in der Gesellschaft gelebten Familienmodelle ist ein Vorhaben des Bundesministeriums der Justiz für diese Legislaturperiode.[14]

---

9 Abschlussbericht AK Abstammungsrecht für das Bundesministerium der Justiz und für Verbraucherschutz (BMJV), Juli 2017, 38.
10 Abschlussbericht AK Abstammungsrecht, 34.
11 Abschlussbericht AK Abstammungsrecht, 68.
12 Mikrozensus 2012, Statistisches Bundesamt, Wiesbaden 2014; Abschlussbericht AK Abstammungsrecht, 68.
13 Rupp Unsere Jugend 2013, 306 ff., 306, 308.
14 BMJ, Themen- Abstammungsecht, Stand 7.9.2022, https://www.bmj.de/DE/Themen/FamilieUndPartnerschaft/Abstammungsrecht/Abstammungsrecht_node.html (letzter Abruf 28.2.2023).

III. Rundfunkgebühren

23 Für eingetragene Lebenspartner gilt dasselbe Privileg wie für Ehepartner – Ist ein Partner vom Rundfunkbeitrag befreit oder zahlt er nur einen ermäßigten Beitrag, erstreckt sich dieses Privileg auch auf den Partner.

§ 10 LPartG   Erbrecht

(1) ¹Der überlebende Lebenspartner des Erblassers ist neben Verwandten der ersten Ordnung zu einem Viertel, neben Verwandten der zweiten Ordnung oder neben Großeltern zur Hälfte der Erbschaft gesetzlicher Erbe. ²Treffen mit Großeltern Abkömmlinge von Großeltern zusammen, so erhält der Lebenspartner auch von der anderen Hälfte den Anteil, der nach § 1926 des Bürgerlichen Gesetzbuchs den Abkömmlingen zufallen würde. ³Zusätzlich stehen ihm die zum lebenspartnerschaftlichen Haushalt gehörenden Gegenstände, soweit sie nicht Zubehör eines Grundstücks sind, und die Geschenke zur Begründung der Lebenspartnerschaft als Voraus zu. ⁴Ist der überlebende Lebenspartner neben Verwandten der ersten Ordnung gesetzlicher Erbe, so steht ihm der Voraus nur zu, soweit er ihn zur Führung eines angemessenen Haushalts benötigt. ⁵Auf den Voraus sind die für Vermächtnisse geltenden Vorschriften anzuwenden. ⁶Gehört der überlebende Lebenspartner zu den erbberechtigten Verwandten, so erbt er zugleich als Verwandter. ⁷Der Erbteil, der ihm aufgrund der Verwandtschaft zufällt, gilt als besonderer Erbteil.

(2) ¹Sind weder Verwandte der ersten noch der zweiten Ordnung noch Großeltern vorhanden, erhält der überlebende Lebenspartner die ganze Erbschaft. ²Bestand beim Erbfall Gütertrennung und sind als gesetzliche Erben neben dem überlebenden Lebenspartner ein oder zwei Kinder des Erblassers berufen, so erben der überlebende Lebenspartner und jedes Kind zu gleichen Teilen; § 1924 Abs. 3 des Bürgerlichen Gesetzbuchs gilt auch in diesem Fall.

(3) ¹Das Erbrecht des überlebenden Lebenspartners ist ausgeschlossen, wenn zur Zeit des Todes des Erblassers

1. die Voraussetzungen für die Aufhebung der Lebenspartnerschaft nach § 15 Abs. 2 Nr. 1 oder 2 gegeben waren und der Erblasser die Aufhebung beantragt oder ihr zugestimmt hatte oder
2. der Erblasser einen Antrag nach § 15 Abs. 2 Nr. 3 gestellt hatte und dieser Antrag begründet war.

²In diesen Fällen gilt § 16 entsprechend.

(4) ¹Lebenspartner können ein gemeinschaftliches Testament errichten. ²Die §§ 2266 bis 2272 des Bürgerlichen Gesetzbuchs gelten entsprechend.

(5) Auf eine letztwillige Verfügung, durch die der Erblasser seinen Lebenspartner bedacht hat, ist § 2077 des Bürgerlichen Gesetzbuchs entsprechend anzuwenden.

(6) ¹Hat der Erblasser den überlebenden Lebenspartner durch Verfügung von Todes wegen von der Erbfolge ausgeschlossen, kann dieser von den Erben die Hälfte des Wertes des gesetzlichen Erbteils als Pflichtteil verlangen. ²Die Vorschriften des Bürgerlichen Gesetzbuchs über den Pflichtteil gelten mit der Maßgabe entsprechend, dass der Lebenspartner wie ein Ehegatte zu behandeln ist.

(7) Die Vorschriften des Bürgerlichen Gesetzbuchs über das Inventar für eine zum Gesamtgut gehörende Erbschaft und über den Erbverzicht gelten entsprechend.

A. Allgemeines	1	I. Regelung gemäß Absätzen 1 und 2	4
B. Regelungen	4	1. Zusammentreffen von Lebenspartnern mit Erben 1. Ordnung	5

2. Zusammentreffen von Lebenspartnern mit Erben 2. Ordnung 6
3. Erbanfall ohne Erben 1. und 2. Ordnung 7
4. Voraus des Lebenspartners 9
5. Dreißigster 10
   a) Erbrecht bei Zugewinngemeinschaft 11
   b) Erbrecht bei Gütertrennung 14
II. Regelung zu Absatz 3 15
1. Zeitpunkt des Auschlusses des gesetzlichen Erbrechts 16
2. Voraussetzung 18
3. Unterhaltsanspruch 20
III. Regelung zu Absatz 4 21
IV. Regelung zu Absatz 5 22
V. Regelung zu Absatz 6 26
VI. Regelung zu Absatz 7 31
C. Weiteres 32

A. Allgemeines

In § 10 LPartG ist das Erbrecht der Eingetragenen Lebenspartner geregelt. Zum Teil wiederholt § 10 LPartG BGB Normen wörtlich, zum Teil wird auf BGB-Normen verwiesen. Hinzu kommen Normen im Erbrecht, die ausdrücklich auf Eingetragene Lebenspartner Bezug nehmen. Es handelt sich nahezu um eine Wiederholung der Vorschriften für Ehegatten, bzw. um eine Verweisung auf die Vorschriften des BGB. 1

Im Falle des Todes eines Lebenspartners ist der überlebende eingetragene Lebenspartner über ein gesetzliches Erbrecht (§ 10 Abs. 1 LPartG) und ein Pflichtteilsrecht (§ 10 Abs. 6 LPartG) an der Erbschaft des verstorbenen Lebenspartners beteiligt. 2

Hierdurch wirken die in § 2 LPartG niedergelegte Pflicht der gegenseitigen Fürsorge und Unterstützung, sowie die im § 5 LPartG normierte Unterhaltspflicht auch im Falle des Todes eines der Lebenspartner fort. 3

B. Regelungen

I. Regelung gemäß Absätzen 1 und 2

In § 10 Abs. 1 LPartG ist die Höhe des gesetzlichen Erbrechts des überlebenden Lebenspartners geregelt. Wie der Ehegatte wird der überlebende Lebenspartner einer Eingetragenen Lebenspartnerschaft **gesetzlicher Erbe** seines verstorbenen Lebenspartners. Sofern die Lebenspartnerschaft im Zeitpunkt des Erbfalls bestand, steht dem überlebenden Lebenspartner ein den §§ 1931, 1934 Abs. 1 Satz 1, Abs. 2 BGB (Ehegattenerbrecht) nachgebildetes Erbrecht zu.[1] 4

1. Zusammentreffen von Lebenspartnern mit Erben 1. Ordnung. Wenn neben dem Lebenspartner Erben der ersten Ordnung (§ 1924 Abs. 1 BGB, also Abkömmlinge des Erblassers) vorhanden sind, beträgt der Erbteil des überlebenden Lebenspartners nach § 10 Abs. 1 LPartG ein Viertel.[2] 5

2. Zusammentreffen von Lebenspartnern mit Erben 2. Ordnung. Neben Erben der zweiten Ordnung (§ 1925 BGB, Eltern des Erblassers und deren Abkömmlinge) erbt der überlebende Lebenspartner die Hälfte. Gleiches gilt, wenn der überlebende Lebenspartner neben Großeltern des Verstorbenen erbt.[3] 6

3. Erbanfall ohne Erben 1. und 2. Ordnung. Gemäß § 10 Abs. 2 LPartG erhält der überlebende Ehepartner die gesamte Erbschaft, wenn weder Verwandte der ersten noch der zweiten Ordnung vorhanden sind.[4] 7

Beim Zusammentreffen von erbberechtigten Großeltern mit Abkömmlingen von vorverstorbenen Großeltern regelt § 10 Abs. 1 Satz 2 (wie § 1931 Abs. 1 Satz 2 BGB) dass sich in dieser 8

---

[1] MüKoBGB/Duden LPartG § 10 Rn. 1; Zimmermann/Binninger LPartG § 10 Rn. 4.
[2] Soergel/Wellenhofer LPartG § 10 Rn. 2.
[3] Zimmermann/Binninger LPartG § 10 Rn. 5.
[4] Soergel/Wellenhofer LPartG § 10 Rn. 2.

Konstellation der Erbteil des Lebenspartners um den Erbteil des vorverstorbenen Großelternteils erhöht und damit die Abkömmlinge dieses Großelternteils von der Erbfolge ausgeschlossen sind.[5]

9   **4. Voraus des Lebenspartners.** Dem überlebenden Eingetragenen Lebenspartner stehen nach § 10 Abs. 1 Satz 2 LPartG die zum Haushalt der Lebenspartner gehörenden Gegenstände des Erblassers, sowie die Geschenke, die die Lebenspartner anlässlich der Begründung der Lebenspartnerschaft erhalten haben, als **Voraus** zu. Ausgenommen sind Gegenstände des lebenspartnerschaftlichen Haushalts, die Zubehör eines Grundstücks sind (§§ 97, 98 BGB). Analog der Regelung des § 1932 BGB soll der überlebende Lebenspartner zusätzlich zu seinem Erbteil die Gegenstände erhalten, die den äußeren Rahmen der partnerschaftlichen Lebensgemeinschaft gebildet haben.[6] Voraussetzung ist, dass der überlebende Lebenspartner gesetzlicher (Mit-)Erbe geworden ist. Ist dem nicht so, steht ihm der Voraus nur in dem Umfang zu, wie er ihn zur Führung eines angemessenen Haushalts benötigt (§ 10 Abs. 1 Satz 4 LPartG). Der Voraus besteht unabhängig vom Güterstand der Lebenspartner. Der überlebende Lebenspartner erhält einen zusätzlichen schuldrechtlichen Anspruch auf Übertragung der vom Voraus umfassten Gegenstände neben seinem gesetzlichen Erbteil.[7]

10   **5. Dreißigster.** Darüber hinaus kann dem überlebenden Lebenspartner der **Dreißigste** nach § 1969 BGB zustehen. Demnach können alle Familienangehörigen des Erblassers, die zum Zeitpunkt des Erbfalls zu dessen Hausstand gehörten und darüber hinaus vom Verstorbenen Unterhalt bezogen haben, von dem/den Erben verlangen, dass ihnen nach dem Tod des Erblassers 30 Tage lang Unterhalt im bisherigen Umfang gewährt und die Benutzung von Wohnung und Haushaltsgegenständen gestattet wird. Auch der überlebende Lebenspartner fällt wie in § 11 Abs. 1 LPartG klargestellt, unter die Familienangehörigen. Die mit dem 30. erlangten geldwerten Leistungen sind erbschaftsteuerfrei.

11   **a) Erbrecht bei Zugewinngemeinschaft.** Auch der Güterstand der Lebenspartner hat, wie bei Ehegatten, Folgen für die jeweilige Erbquote. Sofern die Lebenspartner den Güterstand der Zugewinngemeinschaft vereinbart haben, gilt nach § 6 Satz 2 LPartG § 1371 BGB entsprechend. Demnach erhöht sich die Erbquote des Überlebenden um 1/4.

12   Ob der Erblasser einen Zugewinnüberschuss erzielt hat oder nicht, ist irrelevant. Der überlebende Lebenspartner erhält also neben den Abkömmlingen des Erblassers dann die Hälfte der Erbschaft. Neben Verwandten der zweiten Ordnung und Großeltern erhält der Überlebende 3/4 des Nachlasses.

13   Zu beachten ist, dass auch der überlebende Lebenspartner nach § 1371 Abs. 4 BGB erbberechtigten Abkömmlingen des verstorbenen Lebenspartners gegenüber verpflichtet ist, soweit diese dessen bedürfen, die Mittel zu einer angemessenen Ausbildung aus diesem zusätzlich gewährten (Zugewinn-)Viertel zu gewähren.

14   **b) Erbrecht bei Gütertrennung.** Haben die Lebenspartner Gütertrennung vereinbart, so gilt § 10 Abs. 2 Satz 2 LPartG, der die Regelungen des § 1931 Abs. 4 BGB aufgreift. Durch diese Regelung ist sichergestellt, dass der überlebende Lebenspartner nicht weniger als ein Abkömmling erbt, wenn der Erblasser ein oder zwei Kinder hatte.

II. Regelung zu Absatz 3

15   Das gesetzliche Erbrecht des überlebenden Lebenspartners ist vom **Bestand der Lebenspartnerschaft** abhängig. Ist die Lebenspartnerschaft rechtskräftig aufgehoben worden, so ist der Über-

---

5 Soergel/Wellenhofer LPartG § 10 Rn. 2.
6 Zimmermann/Binninger LPartG § 10 Fn. 7; Grüneberg/Siede LPartG § 10 Rn. 4; Grüneberg/Siede LPartG § 10 Rn. 4.
7 Burandt/Rojahn/Braun/Schuhmann LPartG § 10 Rn. 12.

lebende kein Lebenspartner einer eingetragenen Lebenspartnerschaft mehr, und das gesetzliche Erbrecht nach § 10 Abs. 1 LPartG, wie auch seine Pflichtteilsansprüche scheiden aus.

1. Zeitpunkt des Auschlusses des gesetzlichen Erbrechts. Das gesetzliche Erbrecht des überlebenden Lebenspartners ist aber nicht erst mit der Rechtskraft des Urteils über die Aufhebung der Eingetragenen Lebenspartnerschaft ausgeschlossen, sondern bereits dann, wenn entweder beide Lebenspartner erklärt hatten, die Lebenspartnerschaft nicht fortsetzen zu wollen (§ 15 Abs. 2 Nr. 1 LPartG) oder aber wenn der Erblasser einen Antrag nach § 15 Abs. 2 S. 1 Nr. 3 LPartG gestellt hatte und dieser Antrag begründet war.[8] 16

§ 15 Abs. 2 Nr. 3 LPartG betrifft den Fall, dass die Fortsetzung der Lebenspartnerschaft für den Erblasser aus Gründen, die in der Person des anderen Lebenspartners lagen, eine unzumutbare Härte dargestellt hat. 17

2. Voraussetzung. Von größerer praktischer Bedeutung ist die Variante, dass die Voraussetzung für die Aufhebung der Lebenspartnerschaft nach § 15 Abs. 2 S. 1 Nr. 1 oder Nr. 2 LPartG gegeben waren und der Erblasser die Aufhebung beantragt oder ihr zugestimmt hat. Fehlt es an einer Mitwirkung des Erblassers und der Antrag stammt vom überlebenden Lebenspartner, so sind die Voraussetzungen von § 10 Abs. 3 LPartG nicht erfüllt und das Erbrecht des Antragstellers ist damit nicht ausgeschlossen. 18

Wird der Antrag auf Aufhebung der Eingetragenen Lebenspartnerschaft vom Erblasser vor seinem Tod wieder zurückgenommen, so gilt er als nicht gestellt. In diesem Fall ist das Erbrecht des Überlebenden dann nicht (mehr) ausgeschlossen.[9] 19

3. Unterhaltsanspruch. Da der überlebende Lebenspartner bei der Aufhebung der Lebenspartnerschaft vor dem Tod des Erblassers unterhaltsberechtigt gewesen wäre, soll ihm bei Vorliegen der Voraussetzungen des § 16 LPartG in entsprechender Regelung des § 1933 Satz 3 BGB gegen den/die Erben ein Anspruch auf nachlebenspartnerschaftlichen Unterhalt zustehen. Der überlebende Lebenspartner soll hier nicht schlechter gestellt werden, als er im Fall einer gerichtlichen Aufhebung der Lebenspartnerschaft gestanden hätte. In der Höhe ist dieser Anspruch auf nachlebenspartnerschaftlichen Unterhalt begrenzt auf die Haftung der Erben bis zur Höhe des Pflichtteils, der dem überlebenden Lebenspartner bei fortdauernder Lebenspartnerschaft zugestanden hätte (vgl. § 16 Satz 2 LPartG iVm § 1586b Abs. 1 Satz 3 BGB).[10] 20

III. Regelung zu Absatz 4

Ebenso wie Ehegatten können Lebenspartner ein **gemeinschaftliches Testament** errichten. Somit gelten die §§ 2266 bis 2273 BGB entsprechend. Auch eingetragenen Lebenspartnern ist es, im Sinne von § 2270 BGB möglich ihre testamentarischen Erbeinsetzungen wechselbezüglich auszugestalten und diese damit nach dem Tod des Erstversterbenden bindend werden zu lassen. 21

IV. Regelung zu Absatz 5

Liegen die Voraussetzungen für die Auflösung der Eingetragenen Lebenspartnerschaft vor und die Lebenspartnerschaft wird durch den Tod eines Lebenspartners oder durch die Aufhebung nach § 15 LPartG beendet, so soll nicht nur das gesetzliche Erbrecht des überlebenden Lebenspartners erlöschen (vgl. § 10 Abs. 3 LPartG), sondern auch eine **letztwillige Verfügung** zugunsten des Lebenspartners **unwirksam** werden,[11] es sei denn dass ein anderer Wille des Erblassers feststellbar ist.[12] 22

---

8 Soergel/Wellenhofer LPartG § 10 Rn. 7.
9 Vgl. BGH FamRZ 1974, 648 (650); Soergel/Wellenhofer LPartG § 10 Rn. 7.
10 Grüneberg/Siede LPartG § 10 Rn. 4, v. Dickhuth-Harrach FamRZ 2001, 1660 (1665).
11 Zimmermann/Binninger LPartG § 10 Rn. 12.
12 Grüneberg/Siede LPartG § 10 Rn. 2, 3.

23 Nach § 10 Abs. 5 LPartG ist auf eine letztwillige Verfügung, durch die der Erblasser seinen Lebenspartner bedacht hat, § 2077 BGB entsprechend anzuwenden. Wie auch bei § 10 Abs. 3 LPartG wird der Zeitpunkt des Unwirksamwerdens durch die entsprechende Anwendung von § 2077 Abs. 1 Satz 2 und 3 BGB vorverlegt auf den Zeitpunkt, zu dem der Erblasser die Aufhebung der Lebenspartnerschaft verlangen konnte und er den entsprechenden Antrag gestellt hatte.[13]

24 Ein gemeinschaftliches Testament wird nach § 10 Abs. 4 Satz 2 LPartG iVm § 2268 Abs. 1 BGB unwirksam.

25 Bestand noch keine Eingetragene Lebenspartnerschaft und die Partner waren verlobt und wird dieses **Verlöbnis** vor dem Erbfall gelöst, so wird die letztwillige Verfügung des Erblassers, der den Partner bedacht hatte, ebenfalls im Zweifel unwirksam, § 2077 Abs. 2 BGB gilt entsprechend. Wenn aber anzunehmen ist, dass der Erblasser die Verfügung auch für einen solchen Fall getroffen haben würde, dass die Eingetragene Lebenspartnerschaft aufgehoben würde, oder dass das Verlöbnis gelöst würde, wenn er also trotz Scheitern der Beziehung den überlebenden (Lebens-)Partner testamentarisch genauso bedacht haben würde, so ist die letztwillige Verfügung zugunsten des Lebenspartners unverändert als wirksam anzusehen (vgl. § 2077 Abs. 3 BGB). Der feststellbare abweichende Wille des Erblassers geht vor.[14]

V. Regelung zu Absatz 6

26 Basierend auf der engen persönlichen Bindung von Lebenspartnern wird auch dem überlebenden eingetragenen Lebenspartner bei Enterbung durch eine Verfügung von Todes wegen ein **Pflichtteilsrecht** zugestanden. Dem überlebenden Lebenspartner steht gegenüber dem bzw. den Erben ein Pflichtteilsanspruch in Höhe der Hälfte des Werts seines gesetzlichen Erbteils zu.

27 Auf dieses Pflichtteilsrecht sind die Vorschriften der §§ 2303 ff. BGB entsprechend anzuwenden. Die Verweisung betrifft das gesamte Pflichtteilsrecht, auch die Vorschriften über die Pflichtteilsergänzung sind erfasst.

28 Der Pflichtteilsanspruch des überlebenden Lebenspartners entfällt, sobald sein gesetzliches Erbrecht gemäß § 10 Abs. 3 LPartG ausgeschlossen ist.

29 Wenn die eingetragenen Lebenspartner in einer Zugewinngemeinschaft nach § 6 LPartG gelebt haben, gilt, dass der überlebende Lebenspartner auch einen zusätzlichen Anspruch auf Zugewinnausgleich analog § 1371 Abs. 2 BGB hat.[15]

30 Im Fall der Erbausschlagung des überlebenden Lebenspartners hat dieser nur bei Vorliegen einer Zugewinngemeinschaft gemäß § 1371 Abs. 3 BGB einen Anspruch auf einen Pflichtteil. In anderen Fällen entfällt aufgrund des mit dem Ausschlagen verbundenen Verlust des gesetzlichen Erbrechts folgerichtig auch der Pflichtteilsanspruch.

VI. Regelung zu Absatz 7

31 Da der Lebenspartner zum Kreis der gesetzlichen Erben gehört, ist ihm auch die Möglichkeit des **Erbverzichts** eröffnet. Ein Lebenspartner kann durch Vertrag mit dem zukünftigen Erblasser auf sein gesetzliches Erbrecht oder sein Pflichtteilsrecht verzichten (§ 2346 Abs. 1 Abs. 2 BGB). Der Erbverzicht kann auch bereits vor Eingehung der Lebenspartnerschaft beurkundet werden.[16]

---

13 Damrau/Tanck/Seiler-Schopp/Rudolf BGB § 2077 Rn. 33.
14 Soergel/Wellenhofer LPartG § 10 Rn. 11.
15 Zimmermann/Binninger LPartG § 10 Rn. 18.
16 Soergel/Wellenhofer LPartG § 10 Rn. 15.

C. Weiteres

Hinsichtlich von Erbverträgen gilt, dass gleichzeitig mit dem Zustandekommen des LPartG inhaltliche Änderungen des § 2279 Abs. 2 BGB erfolgten und auch Lebenspartner und Verlobte im Sinne des LPartG ausdrücklich erwähnt waren. Daher bestand auch für Lebenspartner die Möglichkeit, **Erbverträge** zu beurkunden.[17]

Bei kombinierten Lebenspartnerschaftsverträgen mit Erbvertragsregelungen verhält es sich nach hiesiger Auffassung so, dass Lebenspartnerschaftsverträge, die die eingetragenen Partner abgeschlossen hatten, nach der Umwandlung als Eheverträge weitergelten. Dafür spricht auch, dass § 7 Satz 2 LPartG schon bisher für die Lebenspartnerschaftsverträge auf die Vorschriften für Eheverträge verwiesen hat.

„Nach der Umwandlung der Lebenspartnerschaft in eine Ehe haben die Lebenspartnerinnen oder Lebenspartner die gleichen Rechte und Pflichten, als ob sie am Tag der Begründung der Lebenspartnerschaft geheiratet hätten. Damit wurde die bestehende Ungleichbehandlung eingetragener Lebenspartnerinnen und Lebenspartner mit Ehegatten, auf die bereits mehrmals sowohl europäische als auch deutsche Gerichte[18] hingewiesen und sie als europarechts- und verfassungsrechtswidrig bewertet haben, rückwirkend beseitigt."[19]

Die Lebenspartner müssen also nach der Umwandlung ihrer Lebenspartnerschaft in eine Ehe rechtlich so behandelt werden, als ob sie am Tag der Begründung ihrer Lebenspartnerschaft geheiratet hätten und seitdem nicht verpartnert, sondern verheiratet gewesen wären. Sie werden rückwirkend gleichgestellt.

Bei Erbverträgen ist zu beachten, dass § 2275 Abs. 2 und 2290 Abs. 3 Satz 2 BGB nicht anwendbar sind, da Lebenspartner (im Unterschied zu Ehegatten) beide volljährig sein müssen.

Die **Verfahrensvorschriften** das LPartG betreffend sind im zwölften Abschnitt des FamFG (§§ 269, 270 FamFG) zu finden. Gemäß § 23 a Abs. 1 Nr. 1 GVG iVm § 111 Nummer 11 FamFG gehören LPartG-Angelegenheiten zu den Familiensachen.

Sofern der Verstorbene keine näheren Bestimmungen über seinen Leichnam, die Art der Bestattung, den Ort der letzten Ruhe, die Gestaltung der Grabstätte und Ähnliches trifft, so steht diese Entscheidung nach Gewohnheitsrecht den nächsten Angehörigen des Verstorbenen zu.

Dies sind in erster Linie der Lebenspartner (oder Ehegatte), hilfsweise die Kinder oder fernere Verwandten. Auf die Erbenstellung der Personen kommt es nicht an.

---

17 Zimmermann/Binninger LPartG § 10 Rn. 19.
18 Vgl. EuGH Rs. C-267/06 – Maruko BeckRS 2021, 21225; EuZA 2012, 67; BVerfGE 124, 199; BVerfG ZEV 2010, 482; ZEV 2011, 209; FamRZ 2013, 521.
19 Ausführungen des Lesben- und Schwulenverband LSVD zu den Rechtsfolgen des EheöffnungsG; www.lsvd.de; https://www.lsvd.de/recht/ratgeber/umwandlung-in-ehen/rechtsfolgen-der-umwandlung.html (letzter Abruf 4.10.2017).

17. Mietrecht (BGB)

Bürgerliches Gesetzbuch (BGB)

In der Fassung der Bekanntmachung vom 2. Januar 2002
(BGBl. I S. 42, ber. S. 2909 und BGBl. 2003 I S. 738)
FNA 400-2
zuletzt geändert durch Art. 1 G zur Ermöglichung hybrider und virtueller
Mitgliederversammlungen im Vereinsrecht vom 14.3.2023 (BGBl. I Nr. 72)
– Auszug –

Literatur:
Ann, Die Erbengemeinschaft, 2001; *Damrau*, Die Wohnung beim Tod eines Ehegatten oder Lebenspartners, NZFam 2014, 512; *Frieser/Sarres/Stückemann/Tschichoflos*, Handbuch des Fachanwalts Erbrecht, 7. Aufl. 2017; *Greil-Lidl*, die Verfügungsverwaltung in der Erbengemeinschaft, 2014; *Schmid*, Der Tod des Wohnungsmieters, ErbR 2013, 44 ff; *Tank*, Eintrittsrecht bei Tod des Mieters: Auf Dauer angelegter Haushalt reicht aus! IMR 2016,145; *Wotte/Ungerer*, Wenn der (Ver-)Mieter einsam stirbt, NZM 2012, 412.

Einführung

A. Tod des Vermieters	2	B. Tod des Mieters	6
I. Erbe als Rechtsnachfolger	3	I. Wohnraummietverhältnisse	6
II. Erbengemeinschaft als Rechtsnachfolger	4	II. Übrige Mietverhältnisse	11

1 Schnittstellen des Mietrechts mit dem Erbrecht sind in der Praxis sehr häufig. Besteht ein Mietvertrag und stirbt eine der Vertragsparteien, kommt es mietrechtlichen Fragen mit erbrechtlichem Bezug. Gemäß der Universalsukzession tritt grundsätzlich der Erbe/die Erben in das Rechtsverhältnis ein. Die vertraglichen und gesetzlichen Pflichten aus dem Mietvertrag müssen nun von dem Erben/den Erben erfüllt werden. Ebenso können die Rechte aus dem Mietverhältnis von dem Erben/den Erben gegenüber dem Vertragspartner geltend gemacht werden. Für den Vertragspartner ist es daher zunächst von Bedeutung, zu erfahren, wer Erbe der verstorbenen Vertragspartei geworden ist. Ist unbekannt, wer Erbe geworden ist, steht es dem Vermieter frei gemäß § 1960 BGB die Bestellung eines Nachlasspflegers zu beantragen (→ § 580 Rn. 10, → § 564 Rn. 10). Sonderregelungen bestehen im Falle von **Wohnraummietverträgen** gemäß den §§ 563 ff. BGB. Der Erbe tritt nicht grundsätzlich in das Wohnraummietverhältnis ein. Um seine Rechte geltend machen zu können, muss der Vermieter Kenntnis erlangen, ob und ggf. wer in das Mietverhältnis eintritt oder es fortsetzt (siehe §§ 563, 563a, 564).

A. Tod des Vermieters

2 Mit dem Tod des Vermieters tritt dessen Erbe oder im Falle von Erbenmehrheit die Erben in Erbengemeinschaft in das Mietverhältnis ein. Der Mietgegenstand ist hierbei ohne Bedeutung. Eine Unterscheidung bezüglich des Mietobjektes findet nicht statt.

I. Erbe als Rechtsnachfolger

3 Der Erbe tritt in die Rechte und Pflichten des Vermieters ein. Der Mieter erhält einen „neuen" Vermieter, nämlich den Erben des verstorbenen Vermieters. Das Mietverhältnis wird aufgrund der Rechtsnachfolge mit geänderten Parteien gemäß den zwischen dem verstorbenen Vermieter und dem Mieter vertraglich vereinbarten und gesetzlichen Bestimmungen weitergeführt. Ein gesetzlich geregeltes **Kündigungsrecht** für den Fall des Todes des Vermieters besteht weder für den Mieter, noch für den Erben. Auch stellt allein der Tod des Vermieters keinen außerordentlichen Kündigungsgrund dar.

II. Erbengemeinschaft als Rechtnachfolger

Besteht Erbenmehrheit, treten die Erben in die Vermieterposition ein. An die Stelle eines Vermieters treten die Erben als Erbengemeinschaft (§§ 2032 ff. BGB), weshalb das Mietverhältnis mit dem Mieter einerseits und den Erben als Vermieter andererseits weitergeführt wird. Der Mieter erhält mit dem Tod des Vermieters daher mindestens zwei Vermieter. Dies hat für den Mieter zur Folge, dass er **Erklärung** gegenüber jedem Vermieter abgeben muss. Beispielsweise muss die schriftliche Kündigung allen Erben zugehen, um wirksam zu sein; Änderungen des schriftlichen Mietvertrages sind von allen Erben zu unterschreiben; die Geltendmachung von Mängeln oder Mietzinsminderungen bedarf der Erklärung gegenüber allen Erben. Der **Mietzins** ist ebenfalls mit dem Tod des Vermieters an alle Erben gemeinschaftlich zu leisten (§ 2039 BGB). In der Praxis leistet der Mieter seinen Mietzins per Überweisung auf das bisherige Konto. Im Regelfall wird auch dieses Konto durch Rechtsnachfolge auf die Erben in Erbengemeinschaft übergehen. Dennoch sollte der Mieter umgehend Kontakt mit den Erben aufnehmen, um sicherzustellen, mit dem gewohnten Zahlungsvorgang seine Zahlungspflicht zu erfüllen. Obwohl eine Rechtsnachfolge durch mehrere Personen für den Mieter mit Schwierigkeiten verbunden sein kann, sieht das Gesetz weder für den Mieter noch für die Erben in Erbengemeinschaft ein **Kündigungsrecht** aufgrund des Todes des Vermieters vor. Allein der Tod des Vermieters und die Rechtsnachfolge durch die Erben in Erbengemeinschaft stellen auch keinen außerordentlichen Kündigungsgrund dar. 4

Die **Erben als Vermieter** haben insbesondere die Regelungen zur Verfügung und Verwaltung in der Erbengemeinschaft (§§ 2038, 2040 BGB) zu beachten. Werden **Maßnahmen der ordnungsgemäßen Verwaltung** notwendig, müssen diese von der Erbenmehrheit beschlossen und vorgenommen werden. So stellt beispielsweise der Abschluss eines Werkvertrages zum Austausch einer Heizung/ der Sanierung des Daches/ der Pflege des Gartens eine Maßnahme der ordnungsgemäßen Verwaltung dar. Für deren Wirksamkeit bedarf es des Beschlusses der Erbenmehrheit (ausführlich → § 542 Rn. 3 f.). **Verfügungen** können gemäß § 2040 BGB von den Erben nur gemeinschaftlich vorgenommen werden. So müssen beispielsweise alle Erben auf einem Kaufvertrag unterschreiben oder einen dazu bevollmächtigen (→ § 542 Rn. 4). Eine **Kündigung des Mietverhältnisses** stellt ebenfalls eine (schuldrechtliche) Verfügung dar, da mit der Kündigung über die Mietzinsforderung verfügt wird. Im Falle von **schuldrechtlichen Verfügungen** gewährt die Rechtsprechung jedoch eine Ausnahme und sieht eine Kündigung durch die Erbenmehrheit als wirksam (→ § 542 Rn. 5). 5

B. Tod des Mieters

I. Wohnraummietverhältnisse

Der Gesetzgeber berücksichtigt den Tod des Mieters teilweise mit Sonderregelungen im BGB. Die §§ 563–564 BGB regeln den Fall des Todes eines **Wohnraummieters**. Der Gesetzgeber bezweckte mit den Regelungen den Schutz naher Verwandter oder Partner, die mit dem Verstorbenen einen gemeinsamen Haushalt führen. Unabhängig von der Erbenstellung soll ein bestimmter Personenkreis in das Wohnraummietverhältnis eintreten oder, falls sie vorher schon Mitmieter waren, dieses fortsetzen können. Der rechtsstaatliche Gedanke des besonderen Schutzes des Wohnraumes findet in diesen Regelungen seine Ausprägungen. Ein bestimmter Personenkreis soll grundsätzlich in der Wohnung verbleiben dürfen, unabhängig davon, ob sie Erben werden oder nicht. Der Vermieter kann nur aus wichtigem Grund das Mietverhältnis kündigen (→ § 563 Rn. 13 ff.). 6

In den Reglungen der §§ 563 ff. BGB wird differenziert zwischen dem verstobenen Mieter, der Alleinmieter oder Mitmieter war. Je nachdem findet entweder § 563 oder § 563a BGB Anwendung (→ § 563 Rn. 1 und → § 563a Rn. 2). 7

8 War der verstorbene Mieter **Alleinmieter** ergibt sich ein **Rangverhältnis** der Eintrittsberechtigten. Wohnen beispielsweise Mutter, Vater und zwei Kinder zusammen in einem Haushalt und verstirbt die Mutter, hat der Vater das Recht, in das Mietverhältnis einzutreten. Das Eintrittsrecht des Ehepartners ist vorrangig zum Eintrittsrecht der Kinder, gem. § 563 Abs. 2 S. 2 BGB (→ § 563 Rn. 4 ff.). Wohnen Mutter, deren Lebensgefährte und deren Kind in einem gemeinsamen Haushalt, und verstirbt die Mutter, so sind sowohl der Lebensgefährte als auch das Kind eintrittsberechtigt. Der Lebensgefährte und das Kind treten gemeinsam in das Mietverhältnis ein, gem. § 563 Abs. 2 S. 3, 4 BGB (→ § 563 Rn. 6 f.). Wohnen der Mieter, dessen Lebenspartner iSd PartG und die Mutter des Mieters in einem gemeinsamen Haushalt, und verstirbt der Mieter, tritt gemäß § 563 Abs. 2 S. 3 BGB die Mutter nur dann in das Mietverhältnis ein, wenn nicht der Lebenspartner eingetreten ist (→ § 563 Rn. 5, 7).

9 Der Erbe wird nur dann Mieter, wenn keiner der gemäß § 563 BGB berechtigten Personen in das Mietverhältnis eintritt.

10 War der Verstorbene **Mitmieter**, so wird das Mietverhältnis mit jenen Personen iSd § 563 BGB fortgeführt, die ebenfalls Mitmieter sind (→ § 563a Rn. 1 f.). Den Mitmietern steht – anders als dem Vermieter – gemäß § 563a Abs. 2 BGB ein **Sonderkündigungsrecht** zu, das sie innerhalb einer Monatsfrist ausüben müssen (→ § 563a Rn. 7). Der Erbe wird in diesem Fall nicht Mieter. Nach der Kündigung ist das Vertragsverhältnis beendet. Folglich besteht kein Rechtsverhältnis mehr, in welches der Erbe eintreten würde. (→ § 563a Rn. 9). Gibt es keine Personen iSd § 563 BGB oder tritt keiner dieser Personen in das Mietverhältnis ein, wird der Erbe Mieter gemäß § 564 BGB (→ § 564 Rn. 6). In diesem Fall wird sowohl dem Erben als Mieter, als auch dem Vermieter ein Sonderkündigungsrecht eingeräumt (→ § 564 Rn. 7 ff.). Haftungsrechtliche Fragen nach dem Eintritt bzw. der Fortsetzung der „neuen" Mieter im Verhältnis zum Erben regelt § 563b (→ § 563b Rn. 1 ff.).

II. Übrige Mietverhältnisse

11 Für Mietverhältnisse des verstorbenen Mieters über **Sachen oder andere Räume** als Wohnräume hat der Gesetzgeber mit Ausnahme von § 580 BGB keine Sonderregelungen vorgesehen. Der Erbe tritt im Rahmen der Universalsukzession in das Mietverhältnis ein. Er übernimmt damit die Rolle des Mieters, mit all seinen Rechten und Pflichten.

12 Der Erbe, der in die Mieterposition einrückt kann jedoch das Mietverhältnis gemäß § 580 BGB kündigen. Auch dem Vermieter steht dieses Kündigungsrecht in gleichem Umfang zu (→ § 580 Rn. 1).

13 Besteht aufgrund des Verhaltens der Erben oder der Vermögenslage die Gefahr, dass die Nachlassgläubiger nicht befriedigt werden, kann der Vertragspartner als Nachlassgläubiger bei dem zuständigen Nachlassgericht (Gericht am letzten Wohnsitz des Verstorbenen) die **Nachlassverwaltung** beantragen. Eine Nachlassverwaltung erfüllt jedoch nicht die Aufgabe der Erbensuche.

§ 542 BGB Ende des Mietverhältnisses

(1) Ist die Mietzeit nicht bestimmt, so kann jede Vertragspartei das Mietverhältnis nach den gesetzlichen Vorschriften kündigen.

(2) Ein Mietverhältnis, das auf bestimmte Zeit eingegangen ist, endet mit dem Ablauf dieser Zeit, sofern es nicht
1. in den gesetzlich zugelassenen Fällen außerordentlich gekündigt oder
2. verlängert wird.

A. Allgemeines

Die Regelung sieht ein Kündigungsrecht gem. den gesetzlichen Fristen bei Mietverträgen vor, die auf unbestimmte Zeit geschlossen wurden. Das Kündigungsrecht differenziert nicht zwischen Mieter und Vermieter. Die Regelung ist für beide gleichermaßen anzuwenden.

Hinterlässt der Erblasser ein Mietverhältnis als Mieter oder Vermieter, so hat der **Alleinerbe**, möchte er das Mietverhältnis kündigen, die §§ 563 ff. BGB zu beachten. Tritt jedoch eine **Erbengemeinschaft** in die Rechte und Pflichten des Erblassers als Mieter oder Vermieter ein, finden neben den §§ 563 ff. BGB die Regelungen zur Verfügung und Verwaltung in der Erbengemeinschaft, §§ 2038, 2040 BGB Anwendung. Besonders ist darauf hinzuweisen, dass die Kündigung eines Mietverhältnisses als Verfügung über die Mietzinsforderung qualifiziert wird, diese jedoch nach neuester Rechtsprechung durch die Mehrheit der Erben wirksam vorgenommen werden kann.

B. Regelungsgehalt

Im Rahmen der Kündigung eines Mietverhältnisses durch die Erbengemeinschaft sind neben den mietrechtlichen Kündigungsvorschriften auch die §§ 2038 und 2040 BGB zu beachten. § 2038 BGB regelt die Verwaltung des Nachlasses durch die Erbengemeinschaft. Demnach sind Maßnahmen der Verwaltung gemeinschaftlich auszuüben. § 2038 BGB verpflichtet die Erben zudem, an Maßnahmen mitzuwirken, die zur ordnungsgemäßen Verwaltung erforderlich sind. Unter einer Verwaltungsmaßnahme sind alle Maßregeln zu verstehen, die zur Verwahrung, Sicherung, Erhaltung und Vermehrung sowie zur Gewinnung der Nutzungen und Bestreitung der laufenden Verbindlichkeiten erforderlich oder geeignet sind.[1] Das Gesetz spricht von einer **Mitwirkungspflicht** des einzelnen Erben. Gem. dem Gesetzeswortlaut müsste die Verwaltungsmaßnahme jedoch weiterhin von allen Miterben gemeinschaftlich vorgenommen werden. Aufgrund der Verweisung in Abs. 2 auf § 745 BGB geht die ganz hM davon aus, dass **Maßnahmen der ordnungsgemäßen Verwaltung** auch mehrheitlich vorgenommen werden dürfen.[2] Bei der Definition des Begriffes der Ordnungsmäßigkeit orientiert sich die Rechtsprechung an dem Verhalten eines vernünftig und wirtschaftlich denkenden Beurteilers in der entsprechenden Lage.[3] Aufgrund der **weiten Definition** des **Begriffs der Verwaltungsmaßnahme** und des Begriffs der Ordnungsmäßigkeit wird in der Praxis ein überwiegend mehrheitliches Handeln der Erbengemeinschaft ermöglicht, soweit es sich ausschließlich um eine Verwaltungsmaßnahme handelt, die keine Verfügung darstellt.

§ 2040 BGB regelt die Voraussetzungen für eine wirksame **Verfügung**. Der Gesetzeswortlaut sieht vor, dass Verfügungen ausschließlich **gemeinschaftlich**, also durch alle Miterben vorgenommen werden müssen. Eine Verweisung in die Regelungen der Bruchteilsgemeinschaft wie in § 2038 BGB erfolgt nicht. Im Falle von Maßnahmen, die sowohl eine ordnungsgemäße Verwaltungsmaßnahme als auch eine Verfügung darstellen, kommt es zur Kollision der §§ 2038 und 2040 BGB. Bislang galt § 2040 BGB aufgrund der Systematik und der Gesamthandsdogmatik als lex specialis.[4] Seit den Entscheidungen des BGH vom 11.11.2009[5] und vom 19.9.2012[6] können zumindest schuldrechtliche Verfügungen durch die Erbenmehrheit wirksam vorgenommen werden. Der BGH rückte auch in der Folge nicht von dieser Entscheidung ab und bekräftigte durch seine Entscheidung 2014, indem er für Gestaltungsrechte keine Einschränkung vornahm.[7]

---

1 BGH NJW 1965, 862.
2 MüKoBGB/Gergen § 2038 Rn. 35; Jauering/Stürner BGB § 2038 Rn. 1; Schulze/Hoeren BGB § 2038 Rn. 4; BGH FamRZ 1965, 267.
3 BGHZ 6, 76 (81); 164, 181, 188; Grüneberg/Weidlich BGB § 2038 Rn. 6.
4 BGH Urt. v. 28.9.2005 – IV ZR 82/04; BGH FamRZ 1965, 267.
5 BGH JZ 2011, 479.
6 BGH NJW 2016, 166.
7 BGH ZEV 2015, 336; FamRZ 2015, 497.

5 Die hM sieht in der Kündigung eines Mietverhältnisses durch den Vermieter eine Verfügung.[8] Der Abschluss eines Mietverhältnisses durch eine Erbengemeinschaft wird hingegen nicht als Verfügung angesehen. Folglich wird § 2040 BGB nur bei der Kündigung eines Mietverhältnisses durch die Erbengemeinschaft, nicht jedoch beim Abschluss eines Mietverhältnisses angewandt.[9] Demnach kann die Mehrheit der Miterben, ein Mietverhältnis abschließen, vorausgesetzt es stellt eine Maßnahme der ordnungsgemäßen Verwaltung dar. Jedoch könnten die Miterben das Mietverhältnis ausschließlich gemeinschaftlich kündigen. Diese Diskrepanz wurde durch den BGH im Jahre 2009[10] aufgelöst. Der BGH entschied, dass auch die Mehrheit der Erben ein Mietverhältnis kündigen kann, sofern es sich um eine Maßnahme der ordnungsgemäßen Verwaltung handelt. Als Argumente führte der BGH den Grundsatz a majore ad minus an: „Wenn die Erben durch Mehrheitsbeschluss im Rahmen der Nachlassverwaltung verbindliche Verträge mit Dritten abschließen und damit obligatorische Rechtspositionen begründen können, ist nicht ersichtlich, wieso es ihnen verwehrt sein sollte, diese Rechte – ebenfalls mehrheitlich – wieder aufzuheben. Die Kündigung ist bezogen auf das Schuldverhältnis ein unselbstständiges, akzessorisches Gestaltungsrecht. Es liegt nahe, dem Recht, einen Vertrag zu begründen, auch das Recht folgen zu lassen, diesen wieder zu kündigen."[11] Weiter führt der BGH an, dass es hierbei nicht von Relevanz sein kann, ob das Mietverhältnis noch vom Erblasser herrührt. Die Minderheit der Erben sei ausreichend durch die Möglichkeit geschützt, die Ordnungsmäßigkeit der Maßnahme gerichtlich feststellen zu lassen.[12]

6 Diese Rechtsprechung widerspricht der Systematik und dem Wortlaut des Gesetzes, führt zur Aushöhlung des § 2040 BGB sowie zu Abgrenzungsschwierigkeiten und verlagert das Prozessrisiko auf die Minderheitserben.[13] Andererseits erleichtert sie das im Übrigen sehr schwerfällige Handeln der Erbengemeinschaft und bringt eine Flexibilisierung der Handlungsfähigkeit in zerstrittenen Erbengemeinschaften.[14]

7 Die Reichweite der Entscheidung aus dem Jahr 2009 ist weiterhin umstritten. Aus der Urteilsbegründung konnte nicht entnommen werden, ob § 2038 BGB dem § 2040 BGB bei allen Verfügungen, die gleichzeitig Maßnahmen der ordnungsgemäßen Verwaltung darstellen, vorrangig ist oder, ob dies nur die Kündigung eines Mietverhältnisses betrifft. Nach der Entscheidung vom 19.9.2012[15] darf davon ausgegangen werden, dass alle **schuldrechtlichen Verfügungen** durch die Mehrheit der Erben wirksam vorgenommen werden können.[16] Mit der Entscheidung im Jahr 2014[17] bestätigte der BGH, dass die Kündigung eines Mietverhältnisses durch die Erbengemeinschaft als Maßnahme ordnungsgemäßer Nachlassverwaltung wirksam ist und weitete die Wirksamkeit einer Verfügung durch die Erbenmehrheit als Maßnahme ordnungsgemäßer Nachlassverwaltung auf **alle Fälle der Ausübung von Gestaltungsrechten** aus. Neben der Kündigung eines Miet- oder Pachtverhältnisses fallen darunter auch die Kündigung eines Darlehens-

---

8 MüKoBGB/Gergen BGB § 2040 Rn. 10; Grüneberg/Weidlich BGB § 2040 Rn. 2.
9 MüKoBGB/Gergen BGB § 2040 Rn. 10; Ann Die Erbengemeinschaft, 62; BGH JZ 2011, 479 ff. Der Abschluss eines Mietverhältnisses stellt keine Verfügung dar. Jedoch wird § 185 BGB analog auf den Abschluss eines Mietverhältnisses angewandt, da gem. § 535 BGB der Mieter ein Recht zum unmittelbaren Besitz am vermieteten Gegenstand für den vereinbarten Zeitraum erhält. Der Mieter tritt im Rahmen des Besitzrechts an die Stelle des Vermieters. Dieser wiederum gibt seinen unmittelbaren Besitz auf, selbst wenn er mittelbarer Besitzer bleibt. Diese Wirkung des Miet- und Pachtvertrages stellt eine Einwirkung auf ein bestehendes Recht, nämlich auf den unmittelbaren Besitz dar (Ann Die Erbengemeinschaft, 61). AA Greil-Lidl Die Verfügungsverwaltung in der Erbengemeinschaft, 22, wonach auch § 2040 BGB auf den Abschluss eines Mietverhältnisses angewandt werden muss, da die Miterben durch den Mietvertrag ihr Recht auf unmittelbaren Besitz an dem Gegenstand verlieren.
10 BGH JZ 2011, 479.
11 BGH JZ 2011, 479.
12 BGH JZ 2011, 479.
13 Müßig JZ 2011, 481; Walker FamRZ 2010, 204.
14 Schubert JR 2010, 532; Ann ZEV 2010, 36; Lehmann-Richter IMR 2010, 47; Wellenhofer JuS 2010. 543; Greil-Lidl Die Verfügungsverwaltung in der Erbengemeinschaft, 62 ff.
15 BGH NJW 2016, 166.
16 Ausführlich Greil-Lidl Die Verfügungsverwaltung in der Erbengemeinschaft, 83, 95 ff.
17 BGH ZEV 2015, 339.

vertrages,[18] die Kündigung eines Spar- und Girovertrages[19] und die Einziehung einer Nachlassforderung.[20] Eine höchstrichterliche Entscheidung über die Wirksamkeit mehrheitlich vorgenommener dinglicher Verfügungen wurde noch nicht getroffen. Das OLG Koblenz verneinte bisher die Wirksamkeit einer Grundstückveräußerung durch die Erbenmehrheit.[21] Auch das OLG Hamm hat entschieden, dass es auch nach neuerer Rechtsprechung für den grundbuchverfahrensrechtlichen Vollzug der Löschung des Grundpfandrechts der Zustimmung aller als Miterben eingetragenen Grundstückseigentümer bedarf.[22] Mit der Entscheidung des OLG München wird die dingliche Verfügung in Form der Übertragung eines Grundstücks durch die Erbenmehrheit nicht grundsätzlich ausgeschlossen. Das Gericht weist jedoch darauf hin, dass eine Maßnahme der ordnungsgemäßen Nachlassverwaltung durch die Erbenmehrheit bei Verfügung nur dann angenommen wird, „wenn sie die bis zur Nachlassteilung auf Erhalt des Bestands und auf Schutz vor Entwertung gerichteten Interessen der anderen Miterben und der Nachlassgläubiger nicht beeinträchtigen und aus objektiver Sicht vom Standpunkt eines wirtschaftlich denkenden Beurteilers nach den individuellen Gegebenheiten vernünftig erscheinen". Dies ist dem Grundbuchamt bei der Eintragung nachzuweisen und kann nur durch öffentliche Urkunden nachgewiesen werden. Das OLG München verweist auf die Möglichkeit der einklagbaren Mitwirkungspflicht des Minderheitserben.[23] Über die Wirksamkeit der Kündigung eines Mietverhältnisses durch die Erbenmehrheit als Maßnahme ordnungsgemäßer Nachlassverwaltung bestehen in Anbetracht der beständigen Rechtsprechung keine Zweifel. Eine Übertragung eines Grundstückes als Maßnahme ordnungsgemäßer Verwaltung durch die Erbenmehrheit scheitert spätestens an der Eintragung im Grundbuch.

C. Weitere Praktische Hinweise

Aufgrund der beständigen Rechtsprechung des BGH seit 2009[24] besteht Rechtssicherheit über die Wirksamkeit einer mehrheitlich vorgenommenen Kündigung eines Miet- und Pachtverhältnisses. Auch die Wirksamkeit aller weiteren Verfügungen in Form von Gestaltungsrechten, die mehrheitlich vorgenommen werden und eine Maßnahme ordnungsgemäßer Nachlassverwaltung darstellen scheint mit dem Beschluss aus dem Jahr 2014 geklärt,[25] von einer Ausweitung der Rechtsprechung auf die Wirksamkeit aller mehrheitlich vorgenommenen Verfügungen sollte aus haftungsrechtlichen Gesichtspunkten durch die rechtsberatende Praxis abgesehen werden. 8

Die Beschlussfassung der Erbenmehrheit über die Kündigung des Miet- und Pachtverhältnisses kann konkludent erfolgen.[26] Dennoch sollte aus haftungsrechtlichen Gesichtspunkten vor allem in zerstrittenen Erbengemeinschaften ein Protokoll über die Beschlussfassung gefertigt werden. 9

Aufgrund der neuesten Rechtsprechung reicht es aus Sicht des Minderheitserben nicht mehr aus, die Zustimmung zur Kündigung eines Miet- und Pachtverhältnisses zu verweigern. Die Mehrheitserben müssen weder die Zustimmung gerichtlich ersetzen lassen, noch sonstige Formalien beachten. Sollte sich der Minderheitserbe der Kündigung widersetzen wollen, ist er gezwungen Klage zu erheben und die Ordnungsmäßigkeit der Verwaltungsmaßnahme in Form der Kündigung überprüfen zu lassen. 10

---

18 OLG Frankfurt a. M. Urt. v. 29.7.2011 – 2 U 255/10; OLG Schleswig Urt. v. 18.9.2014 – 3 U 82/13.
19 OLG Brandenburg MDR 2011, 1425 (1426).
20 BGH NJW 2016, 166.
21 OLG Koblenz Urt. v. 22.7.2010 – 5 U 505/10.
22 OLG Hamm ZErb 2014, 141.
23 OLG München Urt. v. 3.8.2018 – 34 Wx 196/18.
24 BGH JZ 2011, 479.
25 BGH ZEV 2015, 339.
26 BGH NJW 2013, 166.

§ 563 BGB Eintrittsrecht bei Tod des Mieters

(1) Der Ehegatte oder Lebenspartner, der mit dem Mieter einen gemeinsamen Haushalt führt, tritt mit dem Tod des Mieters in das Mietverhältnis ein.

(2) ¹Leben in dem gemeinsamen Haushalt Kinder des Mieters, treten diese mit dem Tod des Mieters in das Mietverhältnis ein, wenn nicht der Ehegatte oder Lebenspartner eintritt. ²Andere Familienangehörige, die mit dem Mieter einen gemeinsamen Haushalt führen, treten mit dem Tod des Mieters in das Mietverhältnis ein, wenn nicht der Ehegatte oder der Lebenspartner eintritt. ³Dasselbe gilt für Personen, die mit dem Mieter einen auf Dauer angelegten gemeinsamen Haushalt führen.

(3) ¹Erklären eingetretene Personen im Sinne des Absatzes 1 oder 2 innerhalb eines Monats, nachdem sie vom Tod des Mieters Kenntnis erlangt haben, dem Vermieter, dass sie das Mietverhältnis nicht fortsetzen wollen, gilt der Eintritt als nicht erfolgt. ²Für geschäftsunfähige oder in der Geschäftsfähigkeit beschränkte Personen gilt § 210 entsprechend. ³Sind mehrere Personen in das Mietverhältnis eingetreten, so kann jeder die Erklärung für sich abgeben.

(4) Der Vermieter kann das Mietverhältnis innerhalb eines Monats, nachdem er von dem endgültigen Eintritt in das Mietverhältnis Kenntnis erlangt hat, außerordentlich mit der gesetzlichen Frist kündigen, wenn in der Person des Eingetretenen ein wichtiger Grund vorliegt.

(5) Eine abweichende Vereinbarung zum Nachteil des Mieters oder solcher Personen, die nach Absatz 1 oder 2 eintrittsberechtigt sind, ist unwirksam.

A. Allgemeines 1	a) Form und Frist der Erklärung 11
B. Regelungsgehalt 2	b) Rechtsfolge 12
I. Tod des Mieters 2	IV. Kündigungsrecht des Vermieters ... 13
II. Gemeinsamer Haushalt 3	1. Anwendbarkeit 14
III. Rangfolge 4	2. Wichtiger Grund 15
1. Ehegatte und Lebenspartner 4	3. Mehrere Eintretende 17
2. Lebenspartner 5	4. Form und Frist 18
3. Kinder 6	V. Abweichende Regelungen 21
4. Andere Familien- und Haushaltsangehörige 7	1. Mietrechtliche Regelungen 21
5. Ablehnung des Eintrittsrechts 10	2. Erbrechtliche Regelungen 24
	C. Weitere Praktische Hinweise 26

A. Allgemeines

1 Zweck der Regelung sind Fortführung und Bestandschutz eines **Wohnraummietverhältnisses** (auch bei Werkswohnungen, nicht jedoch bei einem Stellplatzmietvertrag, der mit dem Wohnraummietvertrag keine rechtliche Einheit bildet[1]) nach dem Tod des Mieters. Dabei ist es umstritten, ob der Verstorbene **Alleinmieter**[2] oder auch nur Mitmieter[3] gewesen sein muss. Der Streit wirkt sich jedoch nur dann aus, wenn der Mitmieter keine Person iSd § 563 BGB ist. Jene, die die Auffassung vertreten, § 563 BGB sei nur für Alleinmieter anwendbar, kommen in diesem Fall zu dem Ergebnis, dass der Erbe in das Mietverhältnis eintritt. Die Gegenauffassung wendet zunächst § 563 BGB an und lässt den Erben erst dann in das Mietverhältnis eintreten, wenn weder ein Mitmieter iSd des § 563 BGB noch eine Person iSd § 563 existiert.

1.1 Die Regelung beinhaltet keine Änderung der gesetzlichen Erbfolge, sondern kann als gesetzlicher Mieterwechsel im Rahmen einer Sonderrechtsnachfolge angesehen werden.[4] Der Grundsatz der Universalsukzession bleibt unberührt, dennoch tritt kraft Gesetzes der Ehegatte oder

---

[1] BGH IMR 2020, 93.
[2] BT-Drs. 14/4553, f.; Schmid ErbR 2/1013, 43, 44; Damrau NZFam 2014, 512; Blank NJW 2014, 1985.
[3] Grüneberg/Weidenkaff BGB § 563 Rn. 4 ff; MüKo-BGB/Häublein BGB § 563 Rn. 8.
[4] Schmidt-Futterer/Streyl BGB § 563 Rn. 44; Schmid ErbR 2013, 43 (44); Grüneberg/Weidenkaff BGB § 563 Rn. 1.

Lebenspartner – ohne unbedingt Erbe sein zu müssen – in das Mietverhältnis ein. Dies kann zu einem Ausschluss der Erben in die mietrechtlichen Beziehungen führen. Entgegen der Überschrift handelt es sich daher nicht um ein Eintrittsrecht, sondern um einen gesetzlichen Mieterwechsel. Mieter wird der Eintretende und nicht der Erbe. In der Folge ist der Erbe auch nicht zur Zahlung der Miete verpflichtet. Die Eintretenden haben jedoch die Möglichkeit, gegenüber dem Vermieter die Nichtfortsetzung des Mietverhältnisses zu erklären (Abs. 3). Mit der Erklärung gem. Abs. 3 tritt der Erbe in das Mietverhältnis ein.

Die Vorschrift wurde im Rahmen der Mietrechtsreform im Jahr 2015 abgeändert. Der Lebenspartner wurde dem Ehegatten gleichgestellt. Diese Änderung erfolgte aufgrund des Gesetzes zur Gleichstellung der Lebenspartner mit Ehegatten.

B. Regelungsgehalt

I. Tod des Mieters

Der Alleinmieter muss verstorben sein (auch Suizid).

II. Gemeinsamer Haushalt

Das Eintrittsrecht der Berechtigten setzt stets voraus, dass diese mit dem Verstorbenen in einem gemeinsamen Haushalt lebten (Abs. 2 S. 1) oder einen solchen Haushalt gemeinsam führten (Abs. 1 und Abs. 2 S. 2) und dieser gemeinsame Haushalt von dem Mietverhältnis umfasst war. Dabei ist es irrelevant, ob es sich um den Zweit- und Drittwohnsitz handelt. Ein Untermietverhältnis ist für die Voraussetzung des Lebens im gemeinsamen Haushalt unschädlich.[5] Auch reicht die Absicht des Mieters, auf Dauer einen gemeinsamen Haushalt führen zu wollen aus, wenn äußere Umstände nicht einen (vorübergehenden) Auszug erzwungen hätten.[6] Nicht umfasst sind Mietverhältnisse über Wohnräume, die der verstorbene Mieter ausschließlich alleine nutzte, bspw. die Zweitwohnung des Mieters in der Nähe des Arbeitsplatzes, die er fast ausschließlich alleine oder mit Mitbewohnern nutzte, die nicht vom Personenkreis des § 563 BGB umfasst sind.

III. Rangfolge

1. Ehegatte und Lebenspartner. Der Ehegatte und Lebenspartner, der mit dem verstorbenen Mieter einen gemeinsamen Haushalt führte, tritt vorrangig in das Mietverhältnis ein. Das getrennte Leben in der gleichen Wohnung, trotz bestehender Ehe/Lebenspartnerschaft kann zu einer Versagung des Rechts führen.[7] Da der Bestand eines bestehenden Mietverhältnisses bei gemeinsamer Haushalts- und Wirtschaftsführung geschützt ist, wird das Eintrittsrecht auch bei dauerhaft verschiedenen Wohnungen verneint. Eine kurzzeitige getrennte Lebensführung führt hingegen nicht zu einer Versagung des Eintrittsrechts.[8]

2. Lebenspartner. Der Lebenspartner ist in Abs. 1 dem Ehegatten gleichgestellt. Erfasst werden von der Regelung lediglich Lebenspartnerschaften im Sinne des § 1 LPartG. Sonstige Partnerschaften oder Formen des Zusammenlebens fallen nicht unter den Begriff der Partnerschaft. Dies ergibt sich bereits aus der gesonderten Erwähnung des sog. Lebensgefährten in Abs. 3 S. 2.

3. Kinder. Die Kinder, auch Adoptivkinder (§ 1754 BGB) des Verstorbenen treten in das Mietverhältnis ein, wenn nicht der Ehegatte/Lebenspartner eintritt. Ein Kind muss mit dem Verstorbenen auch keinen gemeinsamen Haushalt geführt haben, es reicht, wenn sie in einem gemein-

---

5   LG Berlin IMR 2017, 2780; BGH IMRRS 2015,0039.
6   Schmid-Futterer/Streyl BGB § 563 Rn. 42.
7   Grüneberg/Weidenkaff BGB § 563 Rn. 11; Schmid ErbR 2013, 43 (44).
8   Hinz ZMR 2002, 640.

samen Haushalt lebten.[9] Die Kinder der Ehegatten und Lebenspartner werden von Abs. 2 S. 2 umfasst.

4. Andere Familien- und Haushaltsangehörige. Der Begriff Familienangehörige (S. 2) umfasst alle Verwandten und Verschwägerten, unabhängig vom Grad[10] sowie jene, die nach § 11 LPartG als verwandt und verschwägert gelten.[11] Ferner werden auch Verlobte,[12] Pflegekinder[13] und die Kinder der Ehegatten und der Lebenspartner[14] umfasst.

Personen, die weder Ehegatten noch Lebenspartner waren, jedoch mit dem Verstorbenen einen auf Dauer angelegten Haushalt geführt haben (bspw. der Lebensgefährten) erhalten mit S. 3 ein Eintrittsrecht, wenn der Ehegatte/Lebenspartner nicht eintritt.[15] Voraussetzung für die Eigenschaft des Haushaltsangehörigen ist jedoch keine geschlechtliche Beziehung, wohl aber eine auf Dauer angelegte Lebensgemeinschaft, die durch eine innere Bindung mit gegenseitigem Einstehen füreinander ausgezeichnet ist und die über eine bloße Wohn- und Wirtschaftsgemeinschaft hinausgeht.[16] Als Indizien für „auf Dauer angelegt" kommen in Betracht: die Länge des Mitbewohnens ohne weiteren Wohnsitz, gemeinsame Anschaffungen von Haushaltsgegenständen, ein gemeinsames Haushaltskonto, Meldung beim Einwohnermeldeamt.[17] Indizien für die „innere Bindung" stellen beispielsweise die Dauer des Zusammenwohnens, wechselseitige Vollmachten oder die Verfügungsbefugnis über das Vermögen des anderen dar,[18] dabei bedarf es nicht einer exklusiven Haushalts- und Lebensgemeinschaft mit dem Verstorbenen.[19] Verneint wurde das Bestehen eines gemeinsamen Haushaltes bei der den Verstorbenen pflegenden Tochter, die nur im Rahmen der Pflege des Vaters die Nutzung ihrer eigenen Wohnung beschränkte.[20]

Kinder verdrängen weder das Eintrittsrecht der nahen Angehörigen noch das des sog. Lebensgefährten.[21] Treten sowohl Familienangehörige/Haushaltsangehörige als auch Kinder in das Mietverhältnis ein, werden alle Eintretenden **gleichrangige Mitmieter**.[22]

5. Ablehnung des Eintrittsrechts. Abs. 3 S. 1 regelt die Möglichkeit des Eingetretenen dem Vermieter gegenüber zu erklären, dass sie das Mietverhältnis nicht fortsetzen wollen. In S. 3 wird klargestellt, dass jeder einzelne Eingetretene diese Erklärung **unabhängig** von weiteren Eingetretenen abgeben kann. Das Mietverhältnis wird nur mit jenen weitergeführt, die eine solche Erklärung nicht abgeben.

a) Form und Frist der Erklärung. Die Erklärung ist **keine Kündigung**, weshalb § 563 Abs. 3 BGB keine Anwendung findet.[23] Die Erklärung kann daher **formfrei** abgegeben werden. Das Gesetz gewährt dem Eingetretenen eine **Frist von einem Monat** für die Abgabe der Erklärung gegenüber dem Vermieter. Die Frist **beginnt** mit Kenntnis vom Tod des Mieters und berechnet sich gem. § 188 BGB.[24] Treten Kinder oder nahe Familien-/Haushaltsangehörige in das Mietverhältnis ein, da ein Vorrangiger nicht eingetreten ist, ist nach hM[25] für den Beginn der Monatsfrist neben der Kenntnis über den Tod auch die Kenntnis über die Ablehnung des Vorrangigen erforderlich. Gegenüber **nicht voll geschäftsfähigen Personen** ist der Fristablauf gem. § 210

---

9 LG Berlin WuM 2017, 149; AG Hamburg NJOZ 2016, 1368.
10 Grüneberg/Weidenkaff BGB § 563 Rn. 14.
11 Schmidt-Futterer/Streyl BGB § 563 Rn. 33.
12 Hinz ZMR 2011, 765 (767).
13 Schmidt-Futterer/Streyl BGB § 563 Rn. 33; Grüneberg/Weidenkaff BGB § 563 Rn. 14.
14 Schmid ErbR 2013, 43 (45).
15 Unter Berücksichtigung des westlichen Verständnisses der Monogamie schließt sich das Eintrittsrecht des Ehegatten /Lebenspartners und des Lebensgefährten ohnehin gegenseitig aus.
16 Grüneberg/Weidenkaff BGB § 563 Rn. 15.
17 AG Bamberg Urt. V. 16.1.2019 – 0102 C 1109/18.
18 BT-Drs. 14/4553, 60; Grüneberg/Weidenkaff BGB § 563 Rn. 15; Tank IMR 2016, 145.
19 LG Berlin FD-MietR 2016, 375529.
20 AG München Urt. v. 27.6.2018 – 452 C 17000/17.
21 Ist jedoch der Familien-/Haushaltsangehörige Mitmieter, wird nach hM das Eintrittsrecht der Kinder aufgrund der Vorrangigkeit des § 563a BGB beseitigt.
22 Grüneberg/Weidenkaff BGB § 563 Rn. 18; Schmid ErbR 2013, 43 (45).
23 Schmid ErbR 2013, 43 (45); Schmidt-Futterer/Streyl BGB § 563 Rn. 57.
24 Grüneberg/Weidenkaff BGB § 563 Rn. 20.
25 Staudinger/Rolfs BGB § 563 Rn. 40; Damrau NZ-Fam 2014, 512.

Abs. 3 BGB gehemmt. Maßgeblich für die **Fristwahrung** ist der **Zugang** der Erklärung beim Vermieter, gem. § 130 BGB.

b) **Rechtsfolge.** Mit der Erklärung des Nichteintritts in das Mietverhältnis gilt der Eintritt **rückwirkend** bis zum Zeitpunkt des Todes als nicht erfolgt. Hat der Ehegatte oder Lebenspartner abgelehnt, treten die Kinder oder nahe Familienangehörige in das Mietverhältnis ein. Lehnen diese ebenfalls ab, so treten ab dem Tod des Mieters die Erben in das Mietverhältnis ein und das Mietverhältnis wird kraft Gesetzes gemäß § 564 BGB mit den Erben fortgesetzt[26]

IV. Kündigungsrecht des Vermieters

In Abs. 4 wurde dem Vermieter ein Sonderkündigungsrecht gewährt, wenn in der Person des Eintretenden ein wichtiger Grund vorliegt, der es dem Vermieter unzumutbar macht, das Mietverhältnis mit dem Eingetretenen fortzuführen.

1. Anwendbarkeit. Das Sonderkündigungsrecht gilt nur für den Fall, dass gem. § 563 BGB jemand in das Mietverhältnis eintritt. Gegenüber dem Erben, der gem. § 564 BGB eintritt, gilt das Sonderkündigungsrecht gem. § 563 Abs. 4 BGB nicht.

2. Wichtiger Grund. Die Voraussetzungen für das Vorliegen eines wichtigen Grundes entsprechen denen des § 553 Abs. 1 S. 2 BGB.[27] Die Anforderungen sind geringer, als jene an die fristlose Kündigung gemäß § 543 BGB, da andernfalls § 563 Abs. 4 BGB obsolet wäre.[28] Der BGH[29] ist hier anderer Auffassung: Demnach soll dem Vermieter erst dann ein Kündigungsrecht gemäß § 563 Abs. 4 zustehen, wenn neben der objektiv feststehenden Leistungsunfähigkeit des Mieters dem Vermieter eine Weiterführung des Mietverhältnisses nicht zuzumuten ist.

Es ist eine **Interessensabwägung** im Einzelfall vorzunehmen. Die Zumutbarkeit der Fortsetzung mit dem Eintretenden für den Vermieter ist dabei entscheidend.[30] Die Voraussetzungen des § 553 BGB für das Vorliegen des wichtigen Grundes sind heranzuziehen. Es muss in der Person des Eintretenden oder in einem damit zusammenhängenden Umstand liegen.[31] Ein Umstand der sich allein aus dem Tod des Mieters ergibt, ist nicht ausreichend. Ein Verschulden der eintretenden Person ist nicht erforderlich.[32] Wichtige Gründe können sein: Persönliche Feindschaften zwischen dem Vermieter und dem Eintretenden,[33] mangelnde finanzielle Leistungsfähigkeit;[34] objektiv feststehende finanzielle Leistungsunfähigkeit,[35] bei einer nur drohenden finanziellen Leistungsunfähigkeit oder einer „gefährdet erscheinenden Leistungsfähigkeit des Eintretenden nur bei Vorliegen konkreter Anhaltspunkte und objektiver Umstände, die den zuverlässigen Schluss zulassen, dass fällige Mietzahlungen alsbald ausbleiben",[36] konkrete Anhaltspunkte, insbesondere frühere Verhaltensweisen, die eine Störung des Hausfriedens befürchten lassen,[37] Überschreitung des Wohngebrauchs durch freiberufliche Erteilung von Gitarrenunterricht,[38] fehlende Mitgliedschaft in der Wohnungsbaugenossenschaft, wenn die Genossenschaft die Mitgliedschaft dem Nachfolger angeboten hat.[39] Da es sich um einen **außerordentlichen Kündigungsgrund** mit gesetzlicher Frist handelt, sind die §§ 573d und 575a BGB sowie deren Verweisung in § 573 BGB anzuwenden. Liegt ein wichtiger Grund iSd Abs. 4 vor, gelten die erforderlichen Voraussetzungen des § 573 BGB als erfüllt.[40] Andernfalls wäre Abs. 4 obsolet.

---

26 Grüneberg/Weidenkaff BGB § 563 Rn. 22.
27 Grüneberg/Weidenkaff BGB § 563 Rn. 23.
28 MüKoBGB/Häublein BGB § 563 Rn. 27.
29 BGH Urt. v. 31.1.2018 – VIII ZR 105/17.
30 BGH WuM 2010, 431.
31 Grüneberg/Weidenkaff BGB § 563 Rn. 23; Hinz ZMR 2002, 640 (643).
32 Schmidt/Futtterer/Streyl BGB § 563 Rn. 69; Schmid ErbR 2013, 43 (46).
33 Hinz ZMR 2002, 640,643; FA-ErbR/Tschichoflos, 681, Rn. 82.
34 MüKoBGB/Häublein BGB § 563 Rn. 27.
35 BGH NJW 2018, 2397.
36 BGH NJW 2018, 2397.
37 Schmidt-Futterer/Streyl BGB § 563 Rn. 69.
38 BGH NJW 2013, 1806 f.
39 OLG Hamburg FamRZ 2020, 670.
40 Schmidt-Futterer/Streyl BGB § 563 Rn. 68; Schmid ErbR 2013, 43 (46).

17 **3. Mehrere Eintretende.** Treten mehrere gleichrangig Berechtigte in das Mietverhältnis ein und möchte der Vermieter das Mietverhältnis gegenüber allen Eintretenden kündigen, reicht es nach hM aus, dass ein wichtiger Grund hinsichtlich eines der Eintretenden besteht.[41]

18 **4. Form und Frist.** Die Kündigung bedarf gem. § 568 Abs. 1 BGB der **Schriftform**. Auch § 586 Abs. 2 BGB findet Anwendung, da auch bei einer Kündigung gem. § 563 Abs. 4 BGB die §§ 574 ff. und 575a Abs. 2 BGB gelten.[42] Der Vermieter muss von seinem Kündigungsrecht **innerhalb eines Monats** nach Kenntnis vom **endgültigen Eintritt** in das Mietverhältnis Gebrauch gemacht haben. Dies erfordert Kenntnis über den Tod des Mieters, Kenntnis über den Eintritt einer bestimmten Person und den Ablauf der Ablehnungsfrist gem. Abs. 3. Eine Kündigung vor Ablauf der Frist gem. Abs. 3 ist unschädlich.[43]

19 Die Kündigungsfrist errechnet sich aus der gesetzlichen Frist gem. §§ 573d Abs. 2 S. 1, 573a Abs. 3 S. 1 BGB.[44]

20 Die Kündigung des Vermieters führt zu einer **Beendigung** des Mietverhältnisses mit Ablauf der Kündigungsfrist. Anders als die Erklärung gem. Abs. 3 wirkt die Kündigung nicht rückwirkend, sondern beendet das Mietverhältnis mit Ablauf der Kündigungsfrist. Ein Eintritt weiterer Berechtigter gem. Abs. 2 oder eine Rechtsnachfolge durch die Erben ist nicht möglich.[45]

V. Abweichende Regelungen

21 **1. Mietrechtliche Regelungen.** Vereinbarungen, die zum Nachteil des Mieters oder Eintrittsberechtigten mit dem Vermieter vereinbart werden, sind gem. Abs. 5 unwirksam. Dies gilt insbesondere für Vereinbarungen, die zum Entfall des Eintrittsrechts führen.[46] Von § 563 Abs. 3 BGB unberührt ist jedoch der Mietvertrag auf Lebenszeit gem. § 544 S. 2 BGB. Ein solcher liegt vor, wenn eine ordentliche Kündigung vor dem Tod des Mieters ausgeschlossen ist. Ein Vertrag auf Lebenszeit führt zwar dazu, dass der Vertrag mit dem Tod des Mieters endet. In einer Vereinbarung wird jedoch ein befristetes, auf bestimmte Zeit geschlossenes[47] und nicht ein durch den Tod des Mieters auflösend bedingtes[48] Mietverhältnis gesehen.

22 Vereinbarungen, die die Möglichkeit eröffnen, weitere Personen neben den in § 563 BGB genannten nach dem Tod des Mieters in das Mietverhältnis eintreten zu lassen, sind möglich. Allerdings darf diese Vereinbarung ohne Zustimmung des „neuen" Eintrittsberechtigten kein automatisches Eintrittsrecht enthalten (**Vertrag zulasten Dritter**). Es kann daher bspw. vereinbart werden, dass durch Willenserklärung gegenüber dem Vermieter weitere Personen in das Mietverhältnis eintreten können.[49] Eine Modifizierung oder Beschränkung der Eintrittsberechtigung ist unwirksam.[50]

23 Das Kündigungsrecht des Vermieters gem. Abs. 4 kann ausgeschlossen werden. Den Eintritt von bestimmten Formerfordernissen abhängig zu machen, ist nicht zulässig.[51]

24 **2. Erbrechtliche Regelungen.** Verfügungen von Todes wegen, die den Vermieter über die Regelungen der §§ 563, 563a BGB hinaus binden, sind nicht möglich. Der Erblasser kann keine Verfügungen treffen, die einen außenstehenden Dritten binden.[52]

---

41 Schmid ErbR 2013, 43 (46); Grüneberg/Weidenkaff BGB § 563 Rn. 23.
42 Schmid ErbR 2013, 43 (47).
43 Schmidt-Futterer/Streyl BGB § 563 Rn. 73; Schmid ErbR 2013, 43 (47).
44 Schmidt-Futterer/Streyl BGB § 563 Rn. 67; Schmid ErbR 2013, 43 (47); Grüneberg/Weidenkaff BGB § 563 Rn. 24.
45 Schmid ErbR 2013, 43 (47).
46 MüKoBGB/Häublein BGB § 563 Rn. 32; Grüneberg/Weidenkaff BGB § 563 Rn. 3.
47 BayOLG NJW-RR 1993, 1164; Grüneberg/Weidenkaff BGB § 544 Rn. 3; Schmid ErbR 2013, 44 (48).
48 Schmid/Harz BGB § 544 Rn. 25; Schmid ErbR 2013, 44 (48).
49 Soergel/Heintzmann BGB § 563 Rn. 17.
50 MüKoBGB/Häublein BGB § 653 Rn. 32.
51 MüKoBGB/Häublein BGB § 653 Rn. 32.
52 Schmid/Futterer/Streyl BGB § 563 Rn. 74; Schmid ErbR 2013, 44 (48).

Mithilfe der **Auflage** gem. § 1940 BGB kann ein Tun oder Unterlassen jeglicher Art verfügt werden, das sich auch auf Schuldverhältnisse beziehen kann. Der Erblasser kann so eine in § 563 BGB genannte Person verpflichten, die Erklärung abzugeben, in das Mietverhältnis nicht einzutreten.[53] Im Hinblick auf die in § 563 BGB geregelten Fristen, können sich Schwierigkeiten mit der Vollziehung der Auflage ergeben.[54]

C. Weitere Praktische Hinweise

Im Fall von **Patchwork-Familien** ist Folgendes zu beachten: Ist der alleinige Mieter verheiratet/verpartnert und sind die Kinder des Mieters nicht die Kinder des Ehepartners, so ist zu beachten, dass nur der Ehepartner in den Mietvertrag eintritt, nicht jedoch die Kinder. Möchte der verstorbene Mieter das Verbleiben seiner Kinder in dem Mietobjekt sichern, kann er ein Eintrittsrecht der Kinder vereinbaren. Dieses Eintrittsrecht darf jedoch ohne Zustimmung der Kinder keinen Automatismus vorsehen. Vielmehr kann bestimmt werden, dass durch eine Willenserklärung gegenüber dem Vermieter, weitere Personen das Recht haben, in den Mietvertrag einzutreten.[55] Auch kann dies mithilfe erbrechtlicher Gestaltungsmöglichkeiten, bspw. mit einer testamentarischen Auflage gegenüber dem Ehepartner gem. § 1940 BGB oder einer Bedingung erreicht werden.

Für den Fall, dass der Ehegatte/Lebenspartner Alleinerbe ist und nicht in den Mietvertrag eintreten möchte, muss er – sofern er als Erbe in den Mietvertrag eintritt – nach der Erklärung des Nichteintritts nach § 563 Abs. 3 BGB auch den Mietvertrag form- und fristgerecht kündigen, wenn er auch als Erbe das Mietverhältnis nicht übernehmen will. Gemäß § 564 S. 2 BGB steht ihm ein außerordentliches Kündigungsrecht zu. Soweit die Erklärung nach § 563 Abs. 3 BGB der Form und Frist gemäß §§ 564 S. 2, 568 BGB entspricht, wird man die Erklärung auch als vorsorgliche/außerordentliche Kündigung auslegen können.[56]

§ 563a BGB Fortsetzung mit überlebenden Mietern

(1) Sind mehrere Personen im Sinne des § 563 gemeinsam Mieter, so wird das Mietverhältnis beim Tod eines Mieters mit den überlebenden Mietern fortgesetzt.

(2) Die überlebenden Mieter können das Mietverhältnis innerhalb eines Monats, nachdem sie vom Tod des Mieters Kenntnis erlangt haben, außerordentlich mit der gesetzlichen Frist kündigen.

(3) Eine abweichende Vereinbarung zum Nachteil der Mieter ist unwirksam.

A. Allgemeines	1	IV. Kündigung	8
B. Regelungsgehalt	4	V. Abweichende Regelungen	11
I. Tod des Mitmieters	4	1. Mietvertragliche Regelungen	11
II. Gemeinsamer Haushalt	5	2. Erbrechtliche Regelungen	12
III. Verhältnis zu § 563 BGB	6	C. Weitere praktische Hinweise	13

A. Allgemeines

Wie auch § 563 BGB dient die Regelung der Fortführung und dem Bestandschutz eines Mietverhältnisses. Die Regelung normiert mit diesem Fortsetzungsrecht einen gesetzlichen Mieterwechsel und somit eine Sonderrechtsnachfolge in diesen „Anteil". § 563a BGB führt zu einer Verdrängung der allgemeinen Erbfolge. Ohne diese Vorschrift würde der Erbe in den „Anteil"

---

53 Schmid ErbR 2013. 44, 48.
54 Schmid ErbR 2013, 44 (48).
55 Soergel/Heintzmann BGB § 563 Rn. 17.
56 Damrau NZFam 2014, 512 (513).

des verstorbenen Mieters nach den allgemeinen erbrechtlichen Grundsätzen einrücken.[1] (ausführlich mit Nachweisen → § 563 Rn. 1). Der gesetzliche Mieterwechsel bewirkt, dass der Mitmieter, der eine Person iSd § 563 BGB ist, kraft Gesetzes Mieter hinsichtlich des „Anteils" des Verstobenen wird. Der Erbe tritt erst dann in das Mietverhältnis ein, wenn weder ein Mitmieter iSd § 563 BGB noch ein Eintrittsberechtigter iSd § 563 BGB vorhanden sind[2] § 563a BGB und § 563 BGB können daher nicht nebeneinander angewandt werden (→ Rn. 3). Die Interessen des Vermieters werden durch die Regelung nur gering berührt, da der/die überlebenden Mieter bereits vorher Vertragspartner war/waren.[3]

2 Voraussetzung für die Anwendbarkeit der Vorschrift ist im Vergleich zu § 563 BGB die **Mitmietereigenschaft** des Verstorbenen. Dieser darf nicht Alleinmieter sein. War der Verstorbene Alleinmieter ist ausschließlich § 563 BGB anzuwenden. Es muss folglich ein Mietvertrag bestehen, durch welchen der Verstorbene zusammen mit mindestens einer weiteren Person Vertragspartner gegenüber dem Vermieter ist.

3 Rechtsfolge dieser Regelung ist die automatische Fortsetzung des Mietverhältnisses mit den übrigen Mietern. Einer Eintrittserklärung bedarf es nicht. Sind die Mitmieter keine Personen iSd § 563 BGB, findet § 563 BGB Anwendung.[4]

B. Regelungsgehalt

I. Tod des Mitmieters

4 Der Mitmieter muss verstorben sein (auch durch Suizid).

II. Gemeinsamer Haushalt

5 Es wird auf die Ausführung bei → § 563 Rn. 3 verwiesen.

III. Verhältnis zu § 563 BGB

6 Strittig ist das Verhältnis zwischen §§ 563 und 563 a BGB. Die hM[5] vertritt die Ansicht, dass § 563a BGB das Eintrittsrecht nach § 563 BGB und das Erbrecht nach § 564 vollständig verdrängt. Dies hat zur Folge, dass der Erbe in das Mietverhältnis im Rahmen der Rechtsnachfolge nur dann eintritt, sofern es weder einen Mitmieter iSd § 563 BGB (Ehepartner/Lebenspartner → § 563 Rn. 4, Kinder → § 563 Rn. 6, andere Familienangehörige und Haushaltsangehörige → § 563 Rn. 7, → § 563 Rn. 8) gibt, noch einen Eintrittsberechtigen iSd § 563 BGB. Es müssen jedoch alle Mitmieter solche im Sinne des § 563 BGB sein.[6] Erfüllt nur ein Mietmieter die Voraussetzungen gemäß § 563, bleibt das Eintrittsrecht der Berechtigten gemäß § 563 neben dem Fortsetzungsrecht bestehen.[7] Ist der Verstorbene Alleinmieter, findet ohnehin nur § 563 BGB Anwendung. Ist der Erbe auch Mitmieter iSd § 563a BGB, finden erbrechtliche Vorschriften

---

[1] BT-Drs. 4553/14, 62.
[2] NK-BGB/Hinz BGB § 563 Rn. 6; BeckOK BGB/Herrmann BGB § 563 Rn. 3; Elzer/Riecke Rn. 10; Grüneberg/Weidenkaff BGB § 563a Rn. 3; Schmidt-Futterer/Streyl BGB § 563 Rn. 16; Sonnenschein WuM 2000, 387 (405); Staudinger/Rolfs, 2018, BGB § 563 Rn. 8.
[3] BT-Drs. 4553/14, 62.
[4] NK-BGB/Hinz BGB § 563 Rn. 6; BeckOK BGB/Herrmann BGB § 563 Rn. 3; Elzer/Riecke BGB § 563 Rn. 10; Grüneberg/Weidenkaff BGB § 563 Rn. 3; Schmidt-Futterer/Streyl BGB § 563 Rn. 16; Sonnenschein WuM 2000, 387 (405); Staudinger/Rolfs, 2018, BGB § 563 Rn. 8; MüKoBGB/Häublein BGB § 563 Rn. 9.
[5] NK-BGB/Hinz BGB § 563a Rn. 6; BeckOK BGB/Herrmann § 563a Rn. 3; Elzer/Riecke BGB § 563a Rn. 10; Grüneberg/Weidenkaff BGB § 563a Rn. 3; Schmidt-Futterer/Streyl § 563a Rn. 16; Sonnenschein WuM 2000, 387 (405); Staudinger/Rolfs, 2018, BGB § 563a Rn. 8; Jauering/Teichmann BGB § 563a Rn. 1, 5ff.
[6] Schmidt-Futterer/Streyl BGB § 563 Rn. 17; MüKoBGB/Häublein § 563 Rn. 9.
[7] Schmidt-Futterer/Streyl § 563 Rn. 17; MüKoBGB/Häublein § 563 Rn. 9.

keine Anwendung, sondern die §§ 563a, 564 BGB.⁸ Die Rechtsstellung der übrigen Mitmieter bleibt unverändert. Das Mietverhältnis wird gemeinsam fortgesetzt.

Die Gegenansicht wendet § 563 BGB und § 563a BGB nebeneinander an.⁹ Demnach treten Personen iSd § 563 BGB und Mitmieter iSd § 563 BGB in den „Anteil" des Verstorbenen gemeinsam ein.

Auswirkungen hat der Streit zum einen auf die jeweiligen Kündigungsrechte der Parteien. Zum anderen ergeben sich unterschiedliche Ergebnisse, sobald neben einem Mitmieter iSd § 563 BGB noch Eintrittsberechtigte iSd § 563 BGB vorhanden sind. In der Konstellation, dass Kinder des Verstorbenen (die nicht auch Kinder des Ehegatten/Lebenspartners sind) und der Ehegatte/Lebenspartner des Verstorbenen in einem gemeinsamen Haushalt lebten und nur die beiden Ehegatten/Lebenspartner Mieter waren, setzt gemäß der herrschenden Meinung nur der Ehegatte/Lebenspartner das Mietverhältnis gem. § 563a BGB fort. Die Gegenansicht sieht im Vorrang des Mitmieters iSd § 563 BGB vor dem Eintrittsberechtigten iSd § 563 BGB keinen sachlichen Grund. *Streyl* sieht als Vertreter der hM einen sachlichen Grund für die Vorrangigkeit des Mitmieters und führt aus, dass „der überlebende Mitmieter bereits vor dem Tod Partei des Mietvertrages war und ein erhebliches Interesse daran haben kann, eine Lebensgemeinschaft (etwa mit den Kindern des Mitmieters) zu beenden, die er nur wegen der persönlichen Beziehung zu dem Verstorbenen für dessen Lebenszeit akzeptiert hat".¹⁰ In Fällen, in denen nicht alle Mitmieter solche iSd § 563 BGB sind, vertreten beide Ansichten richtigerweise, dass § 563 BGB nicht von § 563a BGB verdrängt werden soll, da § 563a BGB nur dann Anwendung findet, wenn ausschließlich Mitmieter iSd § 563 BGB vorhanden sind.¹¹

IV. Kündigung

Gem. Abs. 2 können die Mieter **innerhalb eines Monats** das Mietverhältnis kündigen. Anders als bei § 563 BGB besteht nicht die Möglichkeit, lediglich die formlose Nichtfortsetzung zu erklären. Die **Monatsfrist** beginnt mit Kenntnis vom Tod des Mieters. Die Kündigung erfolgt **außerordentlich** mit der gesetzlichen Frist gem. § 573d Abs. 2 S. 1, 575a Abs. 3 S. 1 BGB. Es ist das Schriftformerfordernis gemäß § 568 BGB zu beachten.

Wird der Mietvertrag gem. § 563a BGB mit mehreren Mitmietern fortgesetzt, muss die Kündigung gemeinsam ausgeübt werden.¹² Mit der Verweigerung der Zustimmung zur Kündigung, macht sich ein Mitmieter schadensersatzpflichtig, wenn er zur Mitwirkung aus besonderen Gründen verpflichtet gewesen wäre.¹³ Die Kündigung kann sich nur auf das **gesamte Mietverhältnis** beziehen und nicht nur auf den „Anteil" des verstorbenen Mieters. Der Mietvertrag wird durch die Kündigung nach Ablauf der Kündigungsfrist vollständig beendet. Der Mietvertrag fällt nicht in den Nachlass und der Erbe wird nicht Mitmieter.¹⁴

Dem Vermieter erwächst kein Kündigungsrecht aus dem Tod des Mitmieters. Ein Bedürfnis eines zusätzlichen Kündigungsrechtes des Vermieters besteht auch nicht, da der Mietvertrag mit mindestens einem Mitmieter fortgesetzt wird. Zwischen dem überlebenden Mitmieter und dem Vermieter bestand auch vor dem Tod des Mitmieters ein Vertragsverhältnis. Anders ist dies mit dem Eintritt eines Berechtigten iSd § 563 BGB oder des Erben gem. § 564 BGB. Mit diesen Personen stand der Vermieter nicht in mietrechtlicher Beziehung. Aus diesem Grund wird ihm in diesen Fällen ein Sonderkündigungsrecht eingeräumt werden, wenn ein wichtiger Grund in der Person des Eintretenden besteht.

---

8 Schmid ErbR 2/2013, 44, 47; Schmidt-Futterer/Streyl § 563a Rn. 8.
9 MüKoBGB/Häublein BGB § 563a Rn. 11.
10 Schmidt-Futterer/Streyl BGB § 563 Rn. 16.
11 Schmidt-Futterer/Streyl BGB § 563 Rn. 17; MüKoBGB/Häublein BGB § 563 Rn. 9.
12 Schmid ErbR 2013, 44 (47); Hinz ZMR 2002, 640 (644); Grüneberg/Weidenkaff BGB § 563a Rn. 7.
13 Schmidt-Futterer/Streyl BGB § 563a Rn. 13; Schmid ErbR 2013, 44 (47).
14 Grüneberg/Weidenkaff BGB § 563a Rn. 7.

V. Abweichende Regelungen

11 **1. Mietvertragliche Regelungen.** Zum Nachteil des Mieters abweichende Vereinbarungen sind gem. Abs. 3 unwirksam, insbesondere die Beschränkung des Personenkreises,[15] Verkürzung der in Abs. 2 geregelten Frist oder der Beginn der Frist ab dem Tod des Mieters.[16] Eine Befristung des fortgesetzten Mietvertrags stellt ebenfalls eine Abweichung von § 563a BGB dar. Inwieweit der fortsetzende Mitmieter dadurch benachteiligt wird, ist eine Frage des Einzelfalles. Dieser kann aufgrund seiner finanziellen Mittel ein Interesse daran haben, das Mietverhältnis alsbald zu beenden. Da der fortsetzende Mitmieter sein Fortsetzungsinteresse (bspw. seine finanziellen Verhältnisse) bei Abschluss des Vertrages nicht vorhersehen kann, kann er nicht wirksam auf das Fortsetzungsinteresse verzichten. Bei einer mietvertraglichen Regelung, aufgrund derer der Mitmieter den Vertrag zeitnah kündigen kann, wird im Rahmen der Umdeutung (§ 140 BGB) dem Mitmieter die Möglichkeit gegeben, vor Ablauf der gesetzlichen Frist den Vertrag zu beenden.[17]

12 **2. Erbrechtliche Regelungen.** Eine testamentarische Regelung zur Überleitung des Mietvertrags auf eine andere Person ist nicht möglich, da der Vermieter als außenstehender Dritter über die Wirkung des § 563a BGB hinaus, nicht gebunden werden kann.[18]

C. Weitere praktische Hinweise

13 Besondere Aufmerksamkeit sollte den „modernen" Familienmodellen gelten (sog. **Patchwork-Familien**). Bringen die Ehegatten, Lebenspartner oder Lebensgefährten nichtgemeinsame Kinder in den gemeinsamen Haushalt mit und sind beide Mieter des Wohnobjekts, so können die Kinder beim Tod des Elternteils nicht in das Mietverhältnis eintreten oder dieses fortsetzen, wenn die Kinder nicht selbst Mitmieter waren.

14 Eine dieses Problem berücksichtigende Vereinbarung im Mietverhältnis ist jedoch möglich. Weiteren Personen das Recht zu geben in den Mietvertrag einzutreten, stellt keine Benachteiligung des Mitmieters dar. Allerdings darf der Eintritt nicht automatisch erfolgen, da es sich um eine Vereinbarung zulasten Dritter handeln würde. In einer Verfügung von Todes wegen kann ein Eintritt von Nichtmietern nicht geregelt werden, da dies den Vermieter belastet und außenstehende Dritte mit einer Verfügung von Todes wegen nicht belastet werden können (→ § 563 Rn. 26).

§ 563b BGB Haftung bei Eintritt oder Fortsetzung

(1) ¹Die Personen, die nach § 563 in das Mietverhältnis eingetreten sind oder mit denen es nach § 563a fortgesetzt wird, haften neben dem Erben für die bis zum Tod des Mieters entstandenen Verbindlichkeiten als Gesamtschuldner. ²Im Verhältnis zu diesen Personen haftet der Erbe allein, soweit nichts anderes bestimmt ist.

(2) Hat der Mieter die Miete für einen nach seinem Tod liegenden Zeitraum im Voraus entrichtet, sind die Personen, die nach § 563 in das Mietverhältnis eingetreten sind oder mit denen es nach § 563a fortgesetzt wird, verpflichtet, dem Erben dasjenige herauszugeben, was sie infolge der Vorausentrichtung der Miete ersparen oder erlangen.

(3) Der Vermieter kann, falls der verstorbene Mieter keine Sicherheit geleistet hat, von den Personen, die nach § 563 in das Mietverhältnis eingetreten sind oder mit denen es nach § 563a fortgesetzt wird, nach Maßgabe des § 551 eine Sicherheitsleistung verlangen.

---

15 Schmid/Futterer/Streyl BGB § 563a Rn. 15.
16 MüKoBGB/Häublein BGB § 563a Rn. 18.
17 MüKoBGB/Häublein BGB § 563a Rn. 19.
18 MüKoBGB/Häublein BGB § 563a Rn. 18.

A. Allgemeines	1	III. Haftungsumfang	8
B. Regelungsgehalt	2	IV. Gesamtschuldnerausgleich	9
I. Verbindlichkeiten bis zum Tod des Mieters	2	V. Mietvorauszahlungen	10
		VI. Sicherheitsleistungen	14
II. Verbindlichkeiten nach dem Tod des Mieters	6	C. Weitere Praktische Hinweise	16

A. Allgemeines

Die Vorschrift regelt die haftungsrechtlichen Beziehungen zwischen dem Vermieter, dem Erben und dem Eintretenden (§ 563 BGB) bzw. Fortsetzenden (§ 563a BGB). Aus **Abs. 1** ergibt sich die Haftung für Verbindlichkeiten aus dem Mietverhältnis bis zum Tod des Mieters gegenüber dem Vermieter, als auch im Innenverhältnis zwischen Erben und Eintretenden bzw. Fortsetzenden. **Abs. 2** regelt einen Herausgabeanspruch des Erben auf den erlangten Vorteil aus den vom Verstorbenen geleisteten Mietvorauszahlungen gegenüber dem Eintretenden bzw. Fortsetzenden. Der Vermieter erhält in **Abs. 3** den Anspruch, eine Kaution von dem Eintretenden bzw. Fortsetzenden zu verlangen.

B. Regelungsgehalt

I. Verbindlichkeiten bis zum Tod des Mieters

Der Eintretende/der Fortsetzende haftet zusammen mit dem Erben gesamtschuldnerisch für Verbindlichkeiten aus dem Mietverhältnis, die bis zum Tod des Mieters entstanden sind, gem. § 563b Abs. 1 S. 1 BGB im Außenverhältnis zum Vermieter. **Der Eintretende** kann sich von dieser Haftung mit der Ablehnungserklärung lösen. Die Haftung erlischt sodann mit dem Zugang der Erklärung **rückwirkend**, da die Ablehnungserklärung den Eintritt rückwirkend beseitigt (→ § 563 Rn. 11 f.).[1] Dem Eintretenden stehen die §§ 812ff. BGB zur Verfügung, um erbrachte Leistungen vom Vermieter zurückzuverlangen.[2] **Der Fortsetzende** haftet zusammen mit dem Erben gesamtschuldnerisch für die Altverbindlichkeiten des Verstorbenen. Die Kündigung gem. § 563a Abs. 2 BGB führt nicht zu einer rückwirkenden Haftungsbefreiung, da die Kündigung ihre Wirkung ex nunc entfaltet (→ § 563a Rn. 7ff.). Für die Abgrenzung, ob es sich um eine Altverbindlichkeit handelt, für welche auch der Erbe haftet, ist grundsätzlich danach zu unterscheiden, ob sie zum Zeitpunkt des Todes bereits entstanden war.[3]

Für den **Erben** handelt es sich um Nachlassverbindlichkeiten gem. § 1967 Abs. 2 BGB. Er kann seine Haftung als Erbe gem. den allgemeinen erbrechtlichen Vorschriften beschränken. Der Erbe, der zugleich Eintrittsberechtigter ist, kann sich ebenfalls nur durch eine Ablehnungserklärung gem. Abs. 3 von der Haftung befreien (→ § 563 Rn. 11 f.).[4]

Rückzahlungsansprüche gegen den Vermieter stehen im Außenverhältnis den Erben und dem Eintretenden gemeinschaftlich, im Innenverhältnis jedoch allein dem Erben zu. Ergeben sich aus vergangenen Abrechnungsperioden Überzahlungen, die vom verstorbenen Mieter geleistet wurden, hat der Erbe einen Anspruch auf Herausgabe, da kein pauschaler Eintritt in frühere Ansprüche aus dem Mietvertrag erfolgt.[5]

Aus Satz 2 ergibt sich, die Regelung im **Innenverhältnis**, wonach entgegen § 426 Abs. 1 S. 1 BGB im Zweifel der Erbe allein haftet.[6]

---

[1] MüKoBGB/Häublein BGB § 563b Rn. 4; Schmidt-Futterer/Streyl BGB § 563b Rn. 7.
[2] Schmidt-Futterer/Streyl BGB § 563b Rn. 7; Schmid ErbR 2013, 43 (45).
[3] Schmidt-Futterer/Streyl § 563 Rn. 49f.; LG Bochum zur Rückgabepflichtverletzung ZEV 2019, 528.
[4] Schmidt-Futterer/Streyl BGB § 563b Rn. 8; Schmid ErbR 2013, 34 (46).
[5] Schmidt-Futterer/Streyl BGB § 563 Rn. 53; Schmid ErbR 2013, 44 (49).
[6] Schmid-Futterer/Streyl BGB § 563 b Rn. 9.

II. Verbindlichkeiten nach dem Tod des Mieters

6 Für Verbindlichkeiten, die erst nach dem Tod des Mieters entstehen, haftet derjenige, der in das Mietverhältnis eingetreten ist, es fortgesetzt hat oder im Rahmen der Rechtsnachfolge eingetreten ist. Der **Eintrittsberechtigte** (§ 563 BGB) haftet nicht für Verbindlichkeiten, die nach dem Tod des Mieters entstanden sind, wenn er die Ablehnung gem. Abs. 3 erklärt. Dabei ist es im Rahmen der Mietzinszahlungen irrelevant, ob der Eintrittsberechtigte die Wohnung nutzte. Da entweder weitere Eintrittsberechtigte oder der Erbe in das Mietverhältnis eintreten und diese zur Mietzahlung verpflichtet sind, besteht auch kein Bereicherungsanspruch des Vermieters gegen den ablehnenden Eintrittsberechtigten, wenn dieser die Wohnung nutzte.[7] Wurde vom ablehnenden Eintrittsberechtigten bereits Mietzins bezahlt, besteht ein Anspruch aus §§ 812 ff. BGB gegen den Vermieter.[8] Ein Bereicherungsanspruch des Erben gegenüber dem ablehnenden Eintrittsberechtigten bleibt bestehen, soweit beim Ablehnenden eine Bereicherung vorliegt. Diese wird in den ersparten Aufwendungen für eine andere Wohnung gesehen.[9]

7 Der **Fortsetzende** (§ 563a BGB) haftet für Forderungen aus dem Mietvertrag bis zum Ablauf der Kündigungsfrist. Die Verpflichtungen der überlebenden Mitmieter gegenüber dem Vermieter bleiben weiterhin bestehen.

III. Haftungsumfang

8 Der **Umfang der Haftung** beschränkt sich auf Forderungen aus dem Mietverhältnis (einschließlich Schönheitsreparaturen, Betriebskosten, Schadensersatzansprüche, rückständige Miete). Forderungen, die nur in Zusammenhang mit dem Mietverhältnis stehen und nicht selbst auf dem Mietvertrag beruhen, sind nicht davon umfasst (Handwerkerrechnungen, Strom- und Wasserrechnungen von Versorgungsunternehmen).[10]

IV. Gesamtschuldnerausgleich

9 Der Gesamtschuldnerausgleich erfolgt nach den allgemeinen Vorschriften (§§ 427, 426 Abs. 1, Abs. 2 BGB iVm mit der haftungsbegründenden Norm). Es besteht jedoch gem. § 563 Abs. 1 S. 2 BGB eine vorrangige Erbenhaftung, weshalb entgegen § 426 Abs. 1 BGB die Gesamtschuldner nicht zu gleichen Teilen verpflichtet sind.[11] Sind mehrere Mieter vorhanden, umfasst die Haftung auch nur den Anteil des verstorbenen Mieters. Dabei sind interne Vereinbarungen (konkludente oder vertragliche) unter den Mietern oder – bei Fehlen solcher Absprachen – die Kopfanteile zur Bestimmung des Umfangs der Verbindlichkeit zu berücksichtigen.[12]

V. Mietvorauszahlungen

10 Abs. 2 beruht auf der Erwägung, dass Vorausleistungen dem Vermögen des verstorbenen Mieters zuzuordnen sind und nach dessen Tod in den Nachlass fallen. Wurden vom verstorbenen Mieter Vorauszahlungen auf die Miete (auch Betriebskosten,[13] Mietdarlehen,[14] Baukostenzuschüsse)[15] geleistet, sind die Eintretenden (§ 563 BGB)/Fortsetzenden (§ 563a BGB) dem Erben verpflichtet, dasjenige herauszugeben, was sie infolge der Vorauszahlung ersparen oder erlangen.[16]

---

[7] Schmid ErbR 2013, 43 (46).
[8] Schmidt-Futterer/Streyl BGB § 563 Rn. 66; Schmid ErbR 2013, 43 (46).
[9] Schmid ErbR 2013, 43 (46).
[10] MüKoBGB/Häublein BGB § 563b Rn. 5.
[11] MüKoBGB/Häublein BGB § 563b Rn. 6.
[12] Schmidt-Futterer/Streyl BGB § 563b Rn. 10; MüKoBGB/Häublein BGB § 563b Rn. 7.
[13] MüKoBGB/Häublein BGB § 563b Rn. 9; Schmid/Futterer/Streyl BGB § 563b Rn. 13.
[14] Schmid ErbR 2013, 44 (46).
[15] Schmid/Harz/Rieke BGB § 563 Rn. 18.
[16] MüKoBGB/Häublein BGB § 563b Rn. 8.

Maßgeblich für diesen Anspruch des Erben ist nicht die Fälligkeit der Vorauszahlung, sondern der Zeitraum, für welchen die Vorauszahlung geleistet wurde.[17] Da der Mietzins gem. § 556b Abs. 1 BGB in der Regel monatlich im Voraus zu entrichten ist, kommt der Regelung eine hohe praxisrelevante Bedeutung zu. 11

Die herauszugebende Ersparnis bemisst sich regelmäßig nach dem Betrag, der ohne die Vorauszahlung von den Eintretenden/Fortsetzenden bezahlt hätte werden müssen. Deshalb entsteht der Anspruch auch gestaffelt gem. den jeweiligen Fälligkeitszeitpunkten.[18] 12

Schuldner des Anspruchs ist der Eintretende/Fortsetzende. Treten mehrere Personen in den Vertrag ein bzw. wird er von mehreren Personen fortgesetzt, haften diese als Gesamtschuldner. Mieter, die zugleich Erben sind, haften ebenfalls gegenüber den übrigen Erben abzüglich ihrer Quote. Lehnt der vorrangig Berechtigte gem. § 563 Abs. 3 BGB den Eintritt ab, sind alleine die nachrangig Berechtigten zur Herausgabe des Ersparten verpflichtet. Hat der vorrangig Berechtigte durch die fortgesetzte Nutzung Vorteile erlangt, sind diese direkt zwischen ihm und den nachrangig Berechtigten auszugleichen.[19] Endet das Mietverhältnis, bevor die im Voraus entrichtete Miete abgewohnt wurde, besteht ein Anspruch gegen den Vermieter gem. § 547 BGB. 13

VI. Sicherheitsleistungen

Der Erbe haftet gem. Abs. 1 für Altverbindlichkeiten, nicht jedoch für nach dem Tod gem. Abs. 3 begründete Kautionsforderungen. Der Vermieter kann von den Eintretenden oder Fortsetzenden die vom verstorbenen Mieter nicht geleistete Sicherheitsleistung verlangen, selbst wenn der Vermieter gegenüber dem verstorbenen Mieter auf diese verzichtete, der Anspruch verjährt oder verwirkt ist oder eine Vereinbarung über die Leistung einer Sicherheit mit dem verstorbenen Mieter nicht getroffen wurde.[20] Wird jedoch der Mietvertrag gem. § 564 BGB mit den Erben fortgesetzt, kann der Vermieter keine Sicherheitsleistung verlangen, wenn ein Anspruch gegen den verstorbenen Mieter nicht besteht oder nicht durchsetzbar ist.[21] Für die vom „neuen" Mieter zu stellende Sicherheit findet § 551 BGB Anwendung.[22] 14

Mietkautionen, die vom verstorbenen Mieter geleistet wurden, verbleiben im Falle des Eintritts (§ 563 BGB) oder der Fortsetzung (§ 563a BGB) beim Vermieter. Der Erbe hat keinen Anspruch gem. §§ 1922, 812 Abs. 1 S. 2 Alt. 1 BGB gegen den Vermieter. Die vom Verstorbenen bezahlte Sicherheitsleistung soll beim Vermieter verbleiben. Es wird vertreten, dass ein Ausgleich im Innenverhältnis zwischen Erben und Eintretenden/Fortsetzenden durch die analoge Anwendung des § 563b Abs. 2 BGB geschaffen wird. Das Gesetz enthält keine Anhaltspunkte, dass eine Überzahlung bei den Eintretenden/Fortsetzenden verbleiben soll. Vielmehr ist in Abs. 2 ein Herausgabeanspruch des Erben gegen die Eintretenden/Fortsetzenden über Vorteile, die der eintretende/fortsetzende Mieter erlangt hat, geregelt.[23] Gem. Abs. 1 S. 2 entstandene Verbindlichkeiten des Erben aus dem Mietverhältnis können im Innenverhältnis mit der geleisteten Kaution ausgeglichen werden.[24] Die Anspruchshöhe des Erben gegen den eintretenden/fortsetzenden Mieter reduziert sich dadurch auf den nicht verbrauchten Teil der Kaution.[25] 15

---

17 Schmid ErbR 2013, 44 (46).
18 MüKoBGB/Häublein BGB § 563b Rn. 11; Schmid ErbR 2013, 44 (46); Schmid/Futterer/Streyl BGB § 563b Rn. 23.
19 MüKoBGB/Häublein BGB § 563b Rn. 10.
20 Schmidt-Futterer/Streyl BGB § 563b Rn. 26; MüKoBGB/Häublein BGB § 563b Rn. 13.
21 Schmid ErbR 2013, 44 (49).
22 Schmid ErbR 2013, 44 (51).
23 MüKoBGB/Häublein BGB § 563b Rn. 15; Schmidt-Futterer/Streyl BGB § 563 b Rn. 32, 33; Schmid ErbR 2013, 44 (49); AG Frankenthal BeckRS 2014, 22345.
24 MüKoBGB/Häublein BGB § 563b Rn. 15.
25 Schmid ErbR 2013, 44 (49).

C. Weitere Praktische Hinweise

16 Ein Nachlasspfleger kann dem Vermieter helfen, den Erben zu ermitteln. Bei der Frage, wer in das Mietverhältnis eintritt oder dieses fortsetzt, ist der Vermieter und der Erbe auf sich alleingestellt. Eine Nachlasspflegschaft erfüllt nicht die Aufgabe, eintretende oder fortsetzende Mieter zu ermitteln.

§ 564 BGB Fortsetzung des Mietverhältnisses mit dem Erben, außerordentliche Kündigung

¹Treten beim Tod des Mieters keine Personen im Sinne des § 563 in das Mietverhältnis ein oder wird es nicht mit ihnen nach § 563a fortgesetzt, so wird es mit dem Erben fortgesetzt. ²In diesem Fall ist sowohl der Erbe als auch der Vermieter berechtigt, das Mietverhältnis innerhalb eines Monats außerordentlich mit der gesetzlichen Frist zu kündigen, nachdem sie vom Tod des Mieters und davon Kenntnis erlangt haben, dass ein Eintritt in das Mietverhältnis oder dessen Fortsetzung nicht erfolgt sind.

A. Allgemeines	1	II. Eintritt des Erben	6
B. Regelungsgehalt	3	III. Kündigung	7
I. Anwendungsbereich	3	C. Weitere Praktische Hinweise	10

A. Allgemeines

1 Mit S. 1 wurde klargestellt, dass die §§ 563 und 563a BGB vorrangig Anwendung finden und der Erbe nur dann in das Mietverhältnis eintritt, wenn weder Mitmieter gem. § 563a BGB das Mietverhältnis fortsetzen, noch Personen gem. § 563 BGB in das Mietverhältnis eintreten.

2 S. 2 trägt dem Bedürfnis Rechnung, dass der Erbe oder der Vermieter das Mietverhältnis nach dem Tod des Mieters oftmals nicht fortführen wollen. Der Erbe benötigt den gemieteten Wohnraum nicht und der Vermieter möchte das Mietverhältnis mit der Person nicht weiterführen. Eine durch den Tod des Mieters entstandene Härte oder Unbilligkeit soll durch diese Regelung ausgeglichen werden.¹

B. Regelungsgehalt

I. Anwendungsbereich

3 Wie auch in § 563 und § 563a BGB ist § 564 BGB nur auf **Wohnraummietverhältnisse** anwendbar (→ BGB Einf. Rn. 6 ff.).

4 Der Mieter muss verstorben sein. Auch bei Suizid des Mieters findet die Regelung Anwendung.

5 Es dürfen weder fortsetzungsberechtigte Personen (§ 563a BGB) bestehen, noch weitere Personen gemäß § 563 BGB in das Mietverhältnis eingetreten sein. Haben die fortsetzungsberechtigten Personen den Mietvertrag gekündigt (§ 563a Abs. 2 BGB) oder kündigte der Vermieter das Mietverhältnis außerordentlich (§ 563 Abs. 4 BGB), scheidet eine Rechtsnachfolge in den Mietvertrag durch den Erben aus.² Der Erbe tritt auch in diesem Fall nicht in den Mietvertrag ein.

---

1 RGZ 90, 328 (329); OLG Naumburg NZM 2002, 166.

2 MüKoBGB/Häublein BGB § 564 Rn. 4; Schmid ErbR 2013, 44 (48).

II. Eintritt des Erben

Der Erbe tritt in das Mietverhältnis als Rechtnachfolger iSd § 1922 BGB ein. Sind mehrere Erben vorhanden, treten alle Erben als Erbengemeinschaft (§ 2032 BGB) ein.[3] Zu einem Eintritt des Erben kommt es nur dann, wenn keine der eintrittsberechtigten Personen gemäß § 563 BGB in das Mietverhältnis eintritt. Für den Fall, dass der Verstorbene nicht Alleinmieter war, sondern Mitmieter iSd § 563 BGB vorhanden sind, wird der Erbe nie Rechtsnachfolger, da entweder die Mitmieter das Mietverhältnis fortsetzen oder kündigen. In keinem der Fälle kommt es zu einer Rechtsnachfolge durch den Erben gemäß § 1922 BGB. Eine Ausnahme besteht nur dann, wenn der Mitmieter auch der Erbe ist. Sodann ergibt sich die Rechtsnachfolge jedoch aus § 563a BGB und nicht aus § 1922 BGB. Ist der Erbe auch Eintrittsberechtigter iSd § 563 BGB kann in der Ablehnung des Eintritts auch gleichzeitig die Kündigung des Mietverhältnisses gesehen werden.

III. Kündigung

Sowohl dem Erben als auch dem Vermieter gewährt § 564 BGB ein **Sonderkündigungsrecht**. Das Mietverhältnis kann gemäß S. 2 **außerordentlich** mit gesetzlicher Frist (§ 573d Abs. 2 S. 1, § 575a Abs. 3 S. 1 BGB) gekündigt werden. Ein Kündigungsgrund oder -interesse muss nicht angegeben werden. Der Tod des Mieters und der Eintritt des Erben in den Mietvertrag als Rechtsnachfolger reichen aus. Die Sozialklausel der §§ 574 ff., 575a Abs. 2 BGB sind jedoch zu beachten, mit Ausnahme bei Wohnraum gemäß § 549 Abs. 2 BGB.[4] Eine Kündigung des Vermieters muss zudem gegenüber sämtlichen Erben als Rechtsnachfolger des verstorbenen Mieters erfolgen.[5]

Die **Kündigungsfrist** beträgt einen Monat nach Kenntnis vom Tod des Mieters und von der Tatsache, dass ein Eintritt in das Mietverhältnis nach den §§ 563, 563a BGB nicht erfolgt ist. Zusätzlich ist die Kenntnis des Erben von dessen Erbenstellung und die Kenntnis des Vermieters über die Person des Erben erforderlich.[6] Der Zeitpunkt der Kenntnisnahme wird meist beim Erben und Vermieter unterschiedlich sein, woraus sich unterschiedliche Kündigungszeiträume ergeben können.[7]

Kündigt der Erbe das Mietverhältnis gemäß § 564 S. 2 BGB, sind die nach dem Tod des Mieters fällig werdenden Verbindlichkeiten reine Nachlassverbindlichkeiten. Dies hat zur Folge, dass der Erbe seine Haftung auf den Nachlass gemäß § 780 ZPO beschränken kann und die Dürftigkeitseinrede erheben kann.[8] Auch die nach Ablauf der Kündigungsfrist fällig werdenden Verbindlichkeiten aufgrund einer unterlassenen außerordentliche Kündigung gemäß § 564 S. 2 BGB des gem. §§ 564 S. 1, 1922 BGB eintretenden Erben werden **keine Nachlasserbenschulden**, für welche der Erbe haftet, da die unterlassene Kündigung keine Verwaltungsmaßahme darstellt, die Nachlasserbenschulden oder Eigenverbindlichkeiten begründen würden. Folglich beschränkt eine angeordnete Nachlassverwaltung die Haftung für diese Verbindlichkeit ebenfalls auf den Nachlass und führt nicht zu einer persönlichen Haftung des Erben.[9]

C. Weitere Praktische Hinweise

In der Regel weiß der Vermieter nicht, wer Erbe des Verstorbenen geworden ist. Insoweit ist die Monatsfrist der Regelung sehr knapp bemessen. Die Bestellung eines Nachlasspflegers gemäß § 1960 BGB kann helfen, wenn die Erbfolge dem Vermieter unbekannt ist (→ § 580 Rn. 10).[10]

---

3 Zur Kündigung eines Mietverhältnisses durch die Erbengemeinschaft → § 542 Rn. 3 ff.
4 Grüneberg/Weidenkaff BGB § 564 Rn. 9; Schmid ErbR 2013, 44 (48).
5 BGH NJW 2015, 473 (474 f.).
6 Grüneberg/Weidenkaff BGB § 564 Rn. 8.
7 Schmid ErbR 2013, 44 (48).
8 BGH NJW 2013, 933 (934).
9 BGH ZEV 2020, 29.
10 Schmid ErbR 2013, 44 (48).

Aber auch bei einem Mieter ohne Erben kann eine Nachlasspflegschaft helfen. Für den Fall, dass der Nachlass werthaltig ist, kann das Nachlassgericht von Amts wegen einen Nachlasspfleger bestellen (§ 1960 BGB). Ist der Nachlass jedoch wertlos, fehlt das Sicherungsbedürfnis für den Nachlass und eine Bestellung von Amts wegen erfolgt nicht. Der Vermieter hat jedoch die Möglichkeit einen Antrag auf Nachlasspflegschaft zu stellen gemäß § 1961 BGB. Ein Sicherungsbedürfnis wie bei der Bestellung von Amts wegen bedarf es hier nicht.[11]

§ 580 BGB Außerordentliche Kündigung bei Tod des Mieters

Stirbt der Mieter, so ist sowohl der Erbe als auch der Vermieter berechtigt, das Mietverhältnis innerhalb eines Monats, nachdem sie vom Tod des Mieters Kenntnis erlangt haben, außerordentlich mit der gesetzlichen Frist zu kündigen.

A. Allgemeines

1 § 580 BGB gilt für **alle Mietverhältnisse** mit Ausnahme von Wohnraummietverhältnissen (→ § 563 Rn. 1). Die Regelung bildet das Pendant zu § 564 S. 2 BGB und ermöglicht beiden Vertragsparteien die außerordentliche Kündigung des Mietverhältnisses. Bei Mischmietverhältnissen (bspw. teils Wohnraum, teils Gewerberaum) kommt es auf den Schwerpunkt des Mietverhältnisses an. § 580 BGB ist nach hM auch bei **Leasingverträgen** anzuwenden,[1] da diese grundsätzlich als Mietverträge einzuordnen sind. Auch bei Finanzierungsleasingverträgen mit Vollamortisation, die eine Nähe zum Kaufvertrag aufwiesen, ist § 580 BGB anzuwenden. **Pachtverhältnisse** sind von § 580 BGB nicht erfasst. Für diese Verträge gelten die §§ 584, 584a und 594 BGB.[2]

2 Die Vorschrift wird dem Umstand gerecht, dass ein Mietverhältnis einen starken personellen Bezug aufweist und mit dem Eintritt des/der Erben in den Mietvertrag eine ungewollte Veränderung eintritt. Oftmals wollen und können die Erben dieses Mietverhältnis nicht weiterführen, da sie für den gemieteten Raum/Gegenstand keine Verwendung haben und die Mietzahlungen den Nachlass belasten.[3] Aufgrund des oftmals sehr persönlichen Bezugs bei Mietverträgen kann auch seitens des Vermieters ein Interesse bestehen, den Vertrag nach dem Tod des Mieters zu kündigen.[4] Diesen veränderten Interessenslagen nach dem Tod des Mieters trägt die Vorschrift Rechnung und stellt einen gesetzlich geregelten Fall des Wegfalls der Geschäftsgrundlage dar. Vor allem bei **befristeten Mietverträgen**, in welchen eine ordentliche Kündigung ausgeschlossen ist, erlangt die Vorschrift wichtige Bedeutung.[5]

B. Regelungsgehalt

3 Anders als bei Wohnraummietverträgen tritt der Erbe/treten die Erben im Rahmen der Universalsukzession in den Mietvertrag ein, wenn der Mieter verstorben ist. Bei dem Mieter muss es sich um eine **natürliche Person** gehandelt haben. Bei **juristischen Personen** gilt § 580 BGB nicht. Im Todesfall eines Gesellschafters richtet sich das Fortbestehen oder die Löschung zunächst nach dem Gesellschaftsvertrag oder den gesellschaftsrechtlichen Vorschriften. Auch gilt § 580 BGB weder direkt **noch analog** bei der Auflösung einer Gesellschaft, obwohl hier eine dem Tod des Vertragspartners einer natürlichen Person entsprechende Interessenslage entstehen kann. Die Löschung einer juristischen Person führt zu deren Untergang und folglich zu einer Beendi-

---

11 Wotte/Ungerer NZM 2012, 412 (413).
1 Schmidt-Futterer/Streyl BGB § 580 Rn. 1, LG Saarbrücken BeckRS 2016, 127559; LG Gießen NJW 1986, 2116.
2 Schmidt-Futterer/Streyl BGB § 580 Rn. 1.
3 Grüneberg/Weidenkaff BGB § 580 Rn. 1.

4 Schmidt-Futterer/Streyl BGB § 580 Rn. 2; MüKo-BGB/Häublein BGB § 564 Rn. 2 unter Bezugnahme der Gesetzesmotive.
5 MüKoBGB/Artz BGB § 580 Rn. 1; Schmidt-Futterer/Streyl § 580 Rn. 2.

gung des Mietverhältnisses. Im Falle der Fortführung eines Personenhandelsgewerbes nach §§ 25, 26 HGB gilt § 580 BGB.[6]

Der Erbe haftet als „neuer Mieter" für sämtliche Verbindlichkeiten aus dem Mietvertrag. Kündigt der Erbe den Mietvertrag, so handelt es bei den mit dem Erbfall fällig gewordenen Verbindlichkeiten aus Mietvertrag um reine Nachlassverbindlichkeiten.[7] Dies hat zur Folge, dass der Erbe die **Dürftigkeitseinrede** erheben und die Haftung auf den Nachlass beschränken kann.[8] 4

Für Altverbindlichkeiten, die vor dem Tod des Mieters entstanden sind, haftet der Erbe gleichsam als Erbe, der seine Haftung beschränken kann. Für nach dem Todesfall entstandene Verbindlichkeiten vgl. → § 564 Rn. 9. Im Falle der Ausschlagung der Erbschaft gilt der Eintritt des Erben als nicht erfolgt. 5

Sowohl dem Erben als auch dem Vermieter steht ein Kündigungsrecht zu. Das Mietverhältnis endet mit **Ablauf der gesetzlichen Kündigungsfrist** gemäß § 580 a BGB. Vertragliche Vereinbarungen über die Kündigungsfrist finden nur dann Anwendung, wenn diese ausdrücklich den Fall des Mietertodes erfassen. 6

Die Kündigungserklärung muss **innerhalb eines Monats** erfolgen. Diese Monatsfrist beginnt mit der Kenntnis über den Tod des Mieters. Der Erbe muss zusätzlich Kenntnis von seiner Erbenstellung haben, da er andernfalls unter Umständen von dem Kündigungsrecht keinen Gebrauch machen kann. 7

Im Falle mehrerer Mieter kann das Mietverhältnis nur einheitlich für alle Mieter aufgelöst werden.[9] 8

§ 580 BGB kann im Rahmen von Individualvereinbarungen abbedungen, erleichtert oder verschärft werden.[10] 9

C. Weitere Praktische Hinweise

Ist der Erbe unbekannt, kann sowohl der Mieter, als auch der Vermieter einen Antrag auf Bestellung eines Nachlasspflegers stellen. Die Bestellung des Nachlasspflegers kann auf einen Aufgabenbereich beschränkt werden. Der Antragsteller muss in seinem Antrag beim Nachlassgericht ein Rechtsschutzinteresse begründen. Ein solches ist zu bejahen, wenn die Zahlung der Miete nicht erfolgt oder der Mieter seine Rechte auf Behebung von Missständen nicht geltend machen kann. Der Nachlasspfleger ist gesetzlicher Vertreter des gesetzlichen Erben und kann das Mietverhältnis mit Zustimmung des Nachlassgerichtes kündigen.[11] 10

---

6 MüKoBGB/Artz BGB § 580 Rn. 2.
7 BGH NJW 2013, 933 (934).
8 BGH NJW 2013, 933 (934).
9 Grüneberg/Weidenkaff BGB § 580 Rn. 6.
10 Schmidt-Futterer/Streyl BGB § 580 Rn. 12; MüKoBGB/Artz BGB § 580 Rn. 3.
11 Wotte/Ungerer NZM 2012, 412 f.

18. Personenstandsgesetz (PStG)

Vom 19. Februar 2007 (BGBl. I S. 122)
(FNA 211-9)
zuletzt geändert durch Art. 1 3. Personenstandsrechts-ÄndG vom 19. Oktober 2022
(BGBl. I S. 1744)

Literatur:
Andrae/Abbas, Personenstandsrechtliche Behandlung einer gleichgeschlechtlichen Eheschließung, StAZ 2011, 97; *Balzer,* Die genetische Vaterschaft im Familien-, Familienverfahrens- und Personenstandsrecht, StAZ 2012, 364; *Berkl,* Zur Eintragungsfähigkeit akademischer Grade in der Personenstandsregister, StAZ 2013, 177; *Berndt-Benecke,* Das 2. Personenstandsrechts-Änderungsgesetz (2. PStRÄndG) mit Ausblick auf die „Ehe für alle", StAZ 2017, 257; *Berndt-Benecke,* Die weitere Geschlechtskategorie im Geburtenregister, NVwZ 2019, 286; *Berkl,* Personenstandsgesetz, 2015; *Bockstette,* Änderung der Allgemeinen Verwaltungsvorschrift zum Personenstandsgesetz, StAZ 2021, 289; *Bockstette,* Das 3. Personenstands-Änderungsgesetz, StAZ 2022, 321; *Bornhofen,* „Ungeklärte Identität" – ein tradierbarer Status?, StAZ 2022, 161; *Budzikiewicz,* Flüchtlinge im internationalen Personenstandsrecht, StAZ 2017, 289; *Campbell,* Bestimmung des Kindesnamens, NJW-Spezial 2020, 132; *Chebout/Sanders/Valentiner,* Nicht von schlechten Eltern – verfassungswidriges Abstammungsrecht aus Sicht des Kindes, NJW 2022, 3694; *Conring,* Rechtliche Behandlung von »Scheinehen« nach der Reform des deutschen Eheschließungsrechts, 2002; *Dethloff/Maurer,* Selbstbestimmung des rechtlichen Geschlechts aus europäischer Perspektive, FamRZ 2023, 254; *Dutta,* Eheschließungen auf See, StAZ 2014, 44; *Dutta,* Reform des Namensrechts?, ZRP 2017, 47; *Frank,* Personenstandsrechtliche Fragen bei der Vertauschung von Kindern, StAZ 2015, 225; *Frie,* Ausländische standesamtliche Beurkundung der Abstammung eines Leihmutterschaftskindes als „Entscheidung" iSv § 108 I FamFG?, NZFam 2018, 97; *Froese,* Tertium datur: Der Abschied von der Binarität der Geschlechterordnung, DÖV 2018, 315; *Gaaz,* Die Benutzung der Personenstandsregister, StAZ 2010, 65; *Gaaz/Bornhofen/Lammers,* Personenstandsgesetz, Handkommentar, 2020; *Gaaz/Meireis,* Die Führung der Personenstandsregister in Musterbeispielen, 2016; *Gössl,* Intersexuelle Menschen und ihre personenstandsrechtliche Erfassung, NZFam 2016, 1122; *Gössl,* Ein weiterer Mosaikstein bei der Anerkennung ausländischer Statusänderungen in der EU oder: Wann ist ein Name „rechtmäßig erworben"?, IPRax 2018, 376; *Gössl,* Abstammung und Geschlecht, ZRP 2018, 174; *Gössl,* Das dritte Geschlecht, FF 2019, 298; *Gössl,* Reform des Namensrechts – große Sprünge oder kleine Schritte?, ZRP 2020, 183; *Gössl, Dannecker, Schulz,* Was sollte nach der Einführung des „dritten Geschlechts" weiter geregelt werden? – Eine erste Bestandsaufnahme, NZFam 2020, 145; *Helms,* Bindungswirkung von Geburtsbeurkundungen bei anderen Standesämtern für die Identitätsfeststellung der Eltern, StAZ 2021, 268; *Helms,* Die Stellung des Standesbeamten im System des Personenstandsrechts – Gedanken aus Anlass des 100. Geburtstags des Bundesverbandes der Deutschen Standesbeamtinnen und Standesbeamten e.V., StAZ 2022, 40; *Henrich,* Neubürger – Vertriebene, Flüchtlinge und Aussiedler – in der standesamtlichen Praxis, StAZ 2016, 1; *Henrich/Wagenitz/Bornhofen,* Deutsches Namensrecht, Kommentar, 2018; *Hepting,* Deutsches und Internationales Familienrecht im Personenstandsrecht, 2010; *Hepting,* Der Schutz des tatsächlich geführten Namens, StAZ 2013, 1; *Herzog,* Das zentrale Testamentsregister, ErbR 2012, 294; *Hepting/Dutta,* Familie und Personenstand – Ein Handbuch zum deutschen und internationalen Privatrecht, 2022 (zitiert: Hepting/Dutta Personenstand-HdB); *Hohloch,* Eheschließung bei unterschiedlicher Staatsangehörigkeit, Grundzüge und Probleme, FPR 2011, 422; *Jennissen,* Das gerichtliche Verfahren im Personenstandsrecht, StAZ 2012, 8; *Kaiser,* Gleichgeschlechtliche Ehe – nicht ganz gleich und nicht für alle, FamRZ 2017, 1889; *Kaiser,* Umwandlung einer Lebenspartnerschaft in eine gleichgeschlechtliche Ehe, FamRZ 2017, 1985; *Keuter,* Entwicklungen im Statusrecht seit 2013, FamRZ 2014, 518; *Kieck,* Der Schutz Individueller Identität als Verfassungsrechtliche Aufgabe: Am Beispiel Des Geschlechtlichen Personenstands, 2019; *Lindenberg,* Das Dritte Geschlecht – Eine Bewertung des Gesetzesentwurfs zur Einführung des Geschlechtseintrags ‚divers' sowie möglicher Folgeregelungen, NZFam 2018, 1062; *Löhnig/Runge-Rannow,* Zur Elternstellung des in eine heterologe Befruchtung einwilligenden Mannes de lege lata und de lege ferenda, FamRZ 2018, 10; *Lorenz,* (Regenbogen-)Eltern werden – eine Analyse, NZFam 2021, 1081; *Mangold,* Menschenrechtlich gebotene geschlechtliche Selbstbestimmung, ZRP 2022, 180; *Märker,* Drittes Geschlecht? – Quo vadis Bundesverfassungsgericht?, NZFam 2018, 1; *Prell,* Das Personenstandswesen als Spiegel gesellschaftlicher Veränderung, StAZ 2020, 227; *Rieck,* Möglichkeiten der Namenswahl für Kinder von Doppelstaatlern und Deutschen, die in anderen EU-Staaten leben, FPR 2010, 7; *Rauscher,* Anerkennung zweier Väter kraft kalifornischer Leihmuttervereinbarung, JR 2016, 97; *Renz,* Digitalisierung im Standesamt, StAZ 2021, 193; *Rhein,* Ermittlung ausländischen Rechts

am Beispiel von Ehefähigkeitszeugnissen, NZFam 2014, 124; *Schinkels*, Personenstandsrechtlicher Sprechakt über die eigene Genderidentität – Reform von § 45 b PStG und Meinungsäußerungsfreiheit, ZRP 2022, 222; *Schlurmann*, Das Personalstatut im französischen Ipr: Ideengeschichte und Methodik des Statut Personnel, 2022; *Schmitz/Bornhofen/Bockstette*, Personenstandsgesetz, 2023; *Schmitz/Bornhofen/Müller*, Allgemeine Verwaltungsvorschrift zum Personenstandsgesetz, 2021; *Schwedler*, Die vertrauliche Geburt – Ein Meilenstein für Schwangere in Not?, NZFam 2014, 193; *Sieberichs*, Gleichgeschlechtliche Elternschaft im deutschen IPR und Personenstandsrecht am Beispiel der belgischen Mitmutterschaft, StAZ 2015, 1; *Stuber*, Die Eingetragene Lebenspartnerschaft: Ein Leitfaden für Behörden, 2002; *Stuber*, Form und Verfahren der Begründung einer eingetragenen Lebenspartnerschaft, FPR 2010, 188; *Thormeyer*, Mutter und Vater? Abstammungs- und personenstandsrechtliche Fragen bei Kindern transsexueller Eltern, jM 2018, 317; *Wagner*, Anerkennung von Personenstandsurkunden in Europa, NZFam 2014, 121; *Wall*, Probleme von Angleichungserklärung und Angleichungslage in Art. 47 EGBGB in der Rechtsprechung des BGH, StAZ 2015, 363; *Wapler*, „Drittes Geschlecht" muss personenstandsrechtliche anerkannt werden, jM 2018, 115.

Einführung

A. Normzweck

Das Personenstandsgesetz gibt unter anderem vor, dass staatliche **Personenstandsregister** ausschließlich als Ehe- (§ 15 PStG), Lebenspartnerschafts- (§ 17 PStG), Geburten- (§ 21 PStG) und Sterberegister (§ 31 PStG) geführt werden. Aus diesen kann die sich aus den Merkmalen des Familienrechts ergebende Stellung einer Person innerhalb der Rechtsordnung einschließlich ihres Namens (vgl. § 1 Abs. 1 S. 1 PStG) mithin der Personenstand[1] entnommen werden, um etwa eine Erbenstellung oder zumindest eine Pflichtteilsberechtigung nachweisen zu können. Eintragungen in Personenstandsregistern haben deshalb lediglich eine dienende Funktion; sie enthalten Angaben, die nach den Regeln des materiellen Familienrechts grundlegende Bedeutung für die persönliche Rechtsstellung besitzen.[2]

Dies ist zugleich der häufigste **erbrechtliche Berührungspunkt**: Nach § 352 Abs. 1 S. 1 Nr. 1 und 3 und S. 2 FamFG hat der einen **Erbschein** beantragende Erbe die Zeit des Todes des Erblassers, das Verhältnis, auf dem sein gesetzliches Erbrecht beruht, und eventuell in welcher Weise eine Person weggefallen ist, durch die der Antragsteller von der Erbfolge ausgeschlossen oder sein Erbteil gemindert werden würde, anzugeben. Nach § 352 Abs. 3 FamFG hat der Antragsteller die Richtigkeit dieser Angaben durch öffentliche Urkunden nachzuweisen. Dieser Nachweis kann dem den Erbschein beantragenden Erben durch die vom Standesbeamten ausgestellten Personenstandsurkunden gelingen, § 55 PStG.[3]

Etwa mithilfe der Eintragungen im Sterberegister kann durch die Personenstandsurkunde ein Vorversterben eines anderen vermeintlichen Erbberechtigten nachgewiesen werden oder durch die Einsicht im Ehe- und Lebenspartnerschaftsregister kann der überlebende Ehegatte sein gesetzliches Erbrecht nach den §§ 1931 ff. BGB bzw. der überlebende Lebenspartner sein gesetzliches Erbrecht nach § 10 LPartG nachweisen. Auf der anderen Seite können mit Urkunden aus diesen Registern Verwandte etwa die Aufhebung, Scheidung oder Feststellung des Nichtbestehens der Ehe bzw. Lebenspartnerschaft nachweisen und somit ein Erbrecht des überlebenden früheren „Ehegatten" bzw. „Lebenspartners" ausschließen. Aber auch bei Fragen in Bezug auf Namensänderungen können Erb- bzw. Pflichtteilsberechtigte ihre Verwandtenstellung nachweisen.

---

1 Was unter den „Personenstand" fällt, ist in § 1 Abs. 1 abschließend geregelt, vgl. PStV Zu § 1 PStG Rn. 1 u. BT 1 S. 2 PStG-VwV; die Staatsangehörigkeit einer Person (Gaaz/Bornhofen/Lammers § 1 Rn. 7) und die Zugehörigkeit zu einer Religionsgemeinschaft oder Weltanschauungsgemeinschaft (PStV Zu § 1 PStG Rn. 1; BT 1 S. 3 PStG-VWV) zählen nicht dazu. Zur Definition des Begriffs „Personenstand" siehe Gaaz/Bornhofen/Lammers § 1 Rn. 5 ff.

2 BGH NJW 2016, 2885 mAnm Brachthäuser und Remus.

3 Zu den Anforderungen an die Feststellung der gesetzlichen Erbfolge aufgrund anderer Beweismittel bei unvollständigen Personenstandsurkunden vgl. OLG Hamm ZErb 2013, 68 noch zu § 2356 Abs. 1 S. 2 BGB.

B. Textgeschichte

4 Das mit Gesetz vom 19.2.2007 grundlegend reformierte und überwiegend am 1.1.2009[4] in Kraft getretene Personenstandsgesetz ist der Nachfolger des Personenstandsgesetzes vom 3.11.1937. Ziel der Gesetzesnovelle war es hauptsächlich, die bisher auf Papier verwalteten Daten in digitaler Form vorliegen zu haben, um auch eine automatisierte Suche anhand der in die Personenstandsregister aufgenommenen Angaben zu ermöglichen und die Register jederzeit nach Jahreseinträgen auswerten zu können, § 3 Abs. 2 S. 4 PStG.[5]

Das Zweite Gesetz zur Änderung personenstandsrechtlicher Vorschriften vom 17.7.2017 hat die Zuständigkeit des Wohnsitzstandesamtes für die Nachbeurkundung von Personenstandsfällen Deutscher im Ausland sowie für die Entgegennahme namensrechtlicher Erklärungen dieses Personenkreises erweitert und eröffnete insbesondere die Möglichkeit, die Reihenfolge der Vornamen von Personen, deren Namensführung sich nach deutschem Recht richtet, außerhalb eines behördlichen Namensänderungsverfahrens durch Erklärung vor dem Standesamt neu zu bestimmen.[6]

Das Dritte Gesetz zur Änderung personenstandsrechtlicher Vorschriften vom 19.10.2022 setzt die Fortentwicklung im Personenstandsrecht, insbesondere hinsichtlich der Vorgaben zur Digitalisierung nach dem Onlinezugangsgesetz (OZG), um. Danach sind ab dem 1.1.2023 bestimmte Verwaltungsleistungen im Personenstandsrecht auch digital anzubieten.[7]

Da die Diskussion um die zukünftigen Möglichkeiten, in welchen Konstellationen eine „Familie" sich zusammensetzen kann, noch in vollem Gange sind, ist mit weiteren Änderungen im PStG zu rechnen.[8] Es ist daher immer auf die aktuelle Fassung zu achten.[9]

C. Begleitende Gesetze

5 § 73 PStG ermöglichte es dem Bundesministerium des Innern zum Personenstandsgesetz die **PStV** vom 22.11.2008[10] und der Bundesregierung die **PStG-VwV** vom 29.3.2010[11] zu erlassen. Letztere haben die Dienstanweisung für die Standesbeamten und ihre Aufsichtsbehörden – DA – ersetzt. Zudem haben die Landesregierungen nach § 74 PStG zahlreiche Rechtsverordnungen zum PStG[12] und Verwaltungsvorschriften zum PStG-VwV erlassen. Wie auch das Personenstandsgesetz unterliegen alle diese Gesetze noch einem stetigen Wandel, so dass auf die neueste Fassung auch derer geachtet werden muss.

---

4 Die §§ 67 Abs. 4 (Einrichtung zentraler Register), 73 (Ermächtigung zum Erlass von Rechtsverordnungen), 74 (Rechtsverordnungen der Landesregierungen) und 77 Abs. 1 (Fortführung und Aufbewahrung der Familienbücher) PStG traten zur Vorbereitung der zuständigen Behörden bereits am 24.2.2007 in Kraft.
5 Zur Historie siehe Gaaz/Bornhofen/Lammers Einleitung.
6 Siehe hierzu etwa Berndt-Benecke StAZ 2017, 257; Prell StAZ 2020, 227.
7 Siehe hierzu etwa Bockstette StAZ 2022, 321; Renz StAZ 2021, 193.
8 Siehe etwa Flindt, Gewagte Fortschritte im Familien- und Personenstandsrecht? Reformvorhaben im Koalitionsvertrag StAZ 2022, 66; Chebout/Sanders/Valentiner NJW 2022, 3694.
9 Insbesondere auch auf die Änderung der Allgemeinen Verwaltungsvorschrift zum Personenstandsgesetz: Bockstette StAZ 2021, 289.
10 BGBl. 2008 I 2263.
11 BAnz AT 15.4.2010 57a, 1 ff.
12 So etwa in Baden-Württemberg, Bayern, Sachsen und Sachsen-Anhalt das AGPStG, in Hessen das HAG PStG, in Berlin, Nordrhein-Westfalen und Saarland die PStVO, in Hamburg die Anordnung zur Durchführung des Personenstandsgesetzes; in Niedersachsen die Nds. AVO PStG, in Rheinland-Pfalz die PersStDV, in Schleswig-Holstein die PStGDV und in Thüringen die ThürPStV.

Kapitel 1 Allgemeine Bestimmungen

§ 1 PStG   Personenstand, Aufgaben des Standesamts

(1) ¹Personenstand im Sinne dieses Gesetzes ist die sich aus den Merkmalen des Familienrechts ergebende Stellung einer Person innerhalb der Rechtsordnung einschließlich ihres Namens. ²Der Personenstand umfasst Daten über Geburt, Eheschließung, Begründung einer Lebenspartnerschaft und Tod sowie damit in Verbindung stehende familien- und namensrechtliche Tatsachen.

(2) Die nach Landesrecht für das Personenstandswesen zuständigen Behörden (Standesämter) beurkunden den Personenstand nach Maßgabe dieses Gesetzes; sie wirken bei der Schließung von Ehen mit.

(3) Die Standesämter erfüllen weitere Aufgaben, die ihnen durch Bundesrecht oder Landesrecht zugewiesen werden.

§ 2 PStG   Standesbeamte

(1) ¹Beurkundungen und Beglaubigungen für Zwecke des Personenstandswesens werden im Standesamt nur von hierzu bestellten Urkundspersonen (Standesbeamten) vorgenommen. ²Gleiches gilt für die Ausstellung von Personenstandsurkunden und sonstigen öffentlichen Urkunden. ³Die Zuständigkeit der Notare, anderer Urkundspersonen oder sonstiger Stellen für öffentliche Beurkundungen und Beglaubigungen bleibt unberührt.

(2) Bei der Wahrnehmung ihrer Aufgaben als Urkundspersonen sind die Standesbeamten nicht an Weisungen gebunden.

(3) Zu Standesbeamten dürfen nur nach Ausbildung und Persönlichkeit geeignete Beamte und Angestellte bestellt werden.

(4) Die Funktionsbezeichnung Standesbeamter wird in weiblicher oder männlicher Form geführt.

Kapitel 2 Führung der Personenstandsregister

§ 3 PStG   Personenstandsregister

(1) ¹Das Standesamt führt für seinen Zuständigkeitsbereich
1. ein Eheregister (§ 15),
2. ein Lebenspartnerschaftsregister (§ 17),
3. ein Geburtenregister (§ 21),
4. ein Sterberegister (§ 31).

²Die Registereinträge bestehen aus einem urkundlichen Teil (Haupteintrag und Folgebeurkundungen) und einem Hinweisteil.

(2) ¹Die Personenstandsregister werden elektronisch geführt. ²Die Beurkundungen in den Personenstandsregistern sind jährlich fortlaufend zu nummerieren und mit der Angabe des Familiennamens des zugriffsberechtigten Standesbeamten abzuschließen. ³Die Identität der Person, die die Eintragung vornimmt, muss jederzeit erkennbar sein. ⁴Das Programm muss eine automatisierte Suche anhand der in die Personenstandsregister aufzunehmenden Angaben zulassen; die Register müssen jederzeit nach Jahreseinträgen ausgewertet werden können.

§ 4 PStG Sicherungsregister

(1) Die Beurkundungen in einem Personenstandsregister sind nach ihrem Abschluss (§ 3 Abs. 2) in einem weiteren elektronischen Register (Sicherungsregister) zu speichern.

(2) ¹Das Sicherungsregister ist wie das Personenstandsregister am Ende des Jahres abzuschließen. ²Es ist nach Fortführung des Personenstandsregisters zu aktualisieren.

§ 5 PStG Fortführung der Personenstandsregister

(1) Die Registereinträge sind nach den Vorschriften dieses Gesetzes durch Folgebeurkundungen und Hinweise zu ergänzen und zu berichtigen (Fortführung).

(2) Folgebeurkundungen sind Einträge, die den Beurkundungsinhalt verändern.

(3) Hinweise stellen den Zusammenhang zwischen verschiedenen Beurkundungen her, die dieselbe Person, deren Ehegatten, Lebenspartner, Eltern oder Kinder betreffen.

(4) ¹Die Fortführung obliegt dem für die Führung des Personenstandsregisters (§ 3 Abs. 1) zuständigen Standesamt. ²Öffentliche Stellen haben diesem Standesamt Anlässe, die zu einer Folgebeurkundung oder zu einem Hinweis führen, mitzuteilen.

(5) Für die Fortführung der Personenstandsregister und der Sicherungsregister gelten folgende Fristen:
1. für Eheregister und Lebenspartnerschaftsregister 80 Jahre;
2. für Geburtenregister 110 Jahre;
3. für Sterberegister 30 Jahre; für Sterberegister des Sonderstandesamts in Bad Arolsen 80 Jahre.

§ 6 PStG Aktenführung

Dokumente, die einzelne Beurkundungen in den Personenstandsregistern betreffen, werden in besonderen Akten (Sammelakten) aufbewahrt.

§ 7 PStG Aufbewahrung

(1) ¹Die Personenstandsregister und die Sicherungsregister sind räumlich getrennt voneinander und vor unberechtigtem Zugriff geschützt aufzubewahren. ²Zum Schutz vor physischer Vernichtung beider Register durch Naturkatastrophen und Großschadenslagen soll die räumliche Trennung zwischen elektronischem Register und Sicherungsregister mindestens 20 Kilometer betragen.

(2) ¹Die Personenstandsregister sind dauernd aufzubewahren. ²Für die Sicherungsregister und die Sammelakten endet die Pflicht zur Aufbewahrung mit Ablauf der in § 5 Absatz 5 für das jeweilige Register genannten Frist.

(3) ¹Nach Ablauf der in § 5 Absatz 5 genannten Fristen sind die entsprechenden Teile der Personenstandsregister, Sicherungsregister und Sammelakten nach den jeweiligen archivrechtlichen Vorschriften den zuständigen öffentlichen Archiven zur Übernahme anzubieten. ²Die entsprechenden Registereinträge und Sammelakten sind nach der Übernahme oder Ablehnung der Übernahme durch die Archive im Standesamt zu löschen; dies gilt nicht bei Ablehnung der Übernahme von Personenstandsregistern. ³Soweit es sich um elektronische Daten handelt, sind die entsprechenden Registereinträge und Sammelakten nach Übernahme oder Ablehnung der Übernahme durch die Archive im Standesamt zu löschen; Papiereinträge sind zu vernichten.

§ 8 PStG   Verlust eines Personenstandsregisters

(1) ¹Gerät ein Ehe-, Lebenspartnerschafts-, Geburten- oder Sterberegister ganz oder teilweise in Verlust, so ist es auf Grund des Sicherungsregisters wiederherzustellen. ²Ein Verlust ist auch dann gegeben, wenn die Daten eines Registereintrags wegen eines nicht zu behebenden technischen Fehlers nicht mehr zu verwenden sind.

(2) ¹Gerät das Sicherungsregister ganz oder teilweise in Verlust, so ist es auf Grund des Personenstandsregisters wiederherzustellen. ²Sind sowohl das Personenstandsregister als auch das Sicherungsregister in Verlust geraten, so sind beide Register durch Neubeurkundung wiederherzustellen. ³Die Beurkundungen werden nach amtlicher Ermittlung des Sachverhalts vorgenommen.

(3) ¹Sind Eheschließung, Begründung der Lebenspartnerschaft, Geburt oder Tod einer Person mit hinreichender Sicherheit festgestellt, so ist die Neubeurkundung auch dann zulässig, wenn der Inhalt des früheren Eintrags nicht mehr zweifelsfrei festgestellt werden kann. ²Der Zeitpunkt der Eheschließung, der Begründung der Lebenspartnerschaft, der Geburt oder des Todes ist hierbei so genau zu bestimmen, wie es nach dem Ergebnis der Ermittlungen möglich ist.

(4) War ein Eintrag berichtigt worden, so kann die Neubeurkundung in der Form einer einheitlichen Eintragung, in der die Berichtigungen berücksichtigt sind, vorgenommen werden.

§ 9 PStG   Beurkundungsgrundlagen

(1) Eintragungen in den Personenstandsregistern werden auf Grund von Anzeigen, Anordnungen, Erklärungen, Mitteilungen und eigenen Ermittlungen des Standesamts sowie von Einträgen in anderen Personenstandsregistern, Personenstandsurkunden oder sonstigen öffentlichen Urkunden vorgenommen.

(2) ¹Ist den zur Beibringung von Nachweisen Verpflichteten die Beschaffung öffentlicher Urkunden nicht oder nur mit erheblichen Schwierigkeiten oder unverhältnismäßig hohen Kosten möglich, so können auch andere Urkunden als Beurkundungsgrundlage dienen. ²Sind auch diese nicht einfacher zu beschaffen als die erforderlichen öffentlichen Urkunden oder können die für die Beurkundung erheblichen tatsächlichen Behauptungen der Betroffenen weder durch öffentliche noch durch andere Urkunden nachgewiesen werden, so kann der Standesbeamte zum Nachweis dieser Tatsachen Versicherungen an Eides statt der Betroffenen oder anderer Personen verlangen und abnehmen.

§ 10 PStG   Auskunfts- und Nachweispflicht

(1) ¹Die nach diesem Gesetz zur Anzeige Verpflichteten haben die für die Beurkundung des Personenstandsfalls erforderlichen Angaben zu machen und die erforderlichen Nachweise zu erbringen. ²Das Standesamt soll auf die Vorlage von Nachweisen verzichten, soweit diese aus Personenstandsregistern oder aus Registern anderer Behörden elektronisch abgerufen werden können.

(2) Auskunftspflichtig unter den Voraussetzungen des Absatzes 1 sind weitere Personen, die Angaben zu Tatsachen machen können, die für Beurkundungen in den Personenstandsregistern benötigt werden.

(3) Werden dem Standesamt mit einer qualifizierten elektronischen Signatur oder einem qualifizierten elektronischen Siegel versehene elektronische Dokumente übermittelt, so ist die Gültigkeit der Signatur oder des Siegels unter Berücksichtigung des aktuellen Standes der Technik zu

prüfen und zu dokumentieren sowie der Beweiswert im Bedarfsfall gemäß § 15 des Vertrauensdienstegesetzes vom 18. Juli 2017 (BGBl. I S. 2745) sicherzustellen.

(4) Eine Auskunfts- und Nachweispflicht besteht nicht bei einer vertraulichen Geburt nach § 25 Absatz 1 des Schwangerschaftskonfliktgesetzes.

A. Allgemeines 1	III. Zusammensetzung der Registereinträge ... 12
B. Regelungsgehalt 2	1. Unterteilung der Register 12
I. Zuständigkeit 2	2. Inhalt der Register, insbesondere der Name 13
II. Grundlagen der Beurkundung 4	3. Weitere Inhalte 16
1. Anzeige 5	IV. Fortführungsfristen der Register 17
2. Auskunftspflicht 6	V. Ältere Personenstandsbücher 19
3. Nachweise 7	
4. Prüfung und Berichtigungen 9	

A. Allgemeines

1 Die ersten beiden Kapitel des PStG behandeln die Zuständigkeiten und das Wie der Führung der Personenstandsregister.

B. Regelungsgehalt

I. Zuständigkeit

2 Die **Führung der Personenstandsregister**, die **Beurkundung** und die **Beglaubigung** für Zwecke des Personenstandswesens, die **Ausstellung von Personenstandsurkunden** und sonstige öffentliche Urkunden werden in den nach Landesrecht für das Personenstandswesen zuständigen Behörden (Legaldefinition der **Standesämter** in § 1 Abs. 2 PStG) von hierzu bestellten Urkundspersonen (Legaldefinition des **Standesbeamten** in § 2 Abs. 1 S. 1 PStG) nach Prüfung der Voraussetzungen (**Prüfungspflicht** des Standesbeamten in § 5 PStV) vorgenommen, § 1 Abs. 2 PStG.[1] Die Zuständigkeit der Notare (§ 20 Abs. 1 BNotO), anderer Urkundspersonen oder sonstiger **Stellen** für **öffentliche Beurkundungen** und **Beglaubigungen** (so zB Jugendämter gem. § 59 SGB VIII, Konsulate gem. §§ 10, 13 KonsG) bleibt unberührt, § 2 Abs. 1 S. 3 PStG. Gem. § 2 Abs. 1 S. 1 PStG tritt die **Beurkundungsfunktion** des Standesbeamten neben diejenige der Notare, § 2 Abs. 1 S. 2 PStG. Es besteht eine **Amtspflicht** des Standesbeamten zur Beurkundung. Unter welchen Voraussetzungen er die Beurkundung ablehnen kann, ist im Gesetz nicht geregelt.[2]

3 **Besondere Zuständigkeitsregelungen** enthalten die §§ 11 bzw. 17 PStG für die Eheschließung bzw. Begründung einer Lebensgemeinschaft oder die Umwandlung einer Lebenspartnerschaft in eine Ehe nach § 17a iVm § 11 PStG, § 18 PStG für die Geburt und § 28 PStG für den Sterbefall. Bestehen **Zweifel** bei einem Personenstandsfall mit **Auslandsbezug** über die **örtliche Zuständigkeit** mehrerer Standesämter, entscheidet die gemeinsame **Aufsichtsbehörde**[3] oder, falls diese fehlt, das Bundesministerium des Innern, § 40 Abs. 1 PStG; bei Zweifeln darüber, ob sich ein Personenstand im In- oder Ausland ereignete, entscheidet das Bundesministerium des Innern über das Ob und Wo der Beurkundung, § 40 Abs. 2 PStG.

II. Grundlagen der Beurkundung

4 Beurkundungen in den Registern werden aufgrund von Anzeigen, Anordnungen, Erklärungen, Mitteilungen und eigenen Ermittlungen des Standesamtes sowie von Einträgen in anderen Personenstandsregistern, -urkunden oder sonstigen öffentlichen Urkunden vorgenommen, § 9

---

1 Siehe auch Stuber FPR 2010, 188.
2 OLG Hamm BeckRS 2014, 09420.
3 Vgl. § 53 Abs. 2 PStG und die Personenstandsverordnungen der Länder, zB § 2 PStVO NRW.

Abs. 1 PStG.[4] Der Standesbeamte hat den zugrundeliegenden Sachverhalt selbstständig zu ermitteln und abschließend zu prüfen, § 5 PStV.[5]

1. Anzeige. Wann bei einer Anzeige nur der Personenstand angemeldet werden muss oder zusätzliche Auskunftspflichten bestehen, wird hinsichtlich der unterschiedlichen Personenstandsfälle in dessen besonderen Regelungen gesondert vorgegeben, vgl. § 12 bzw. § 17 PStG zur Eheschließung bzw. Begründung einer Lebenspartnerschaft und § 17a iVm § 12 Abs. 1 und 2 PStG, §§ 18 ff. PStG zur Geburt und §§ 28 ff. PStG zum Sterbefall.

2. Auskunftspflicht. Auskunftspflichtig sind grundsätzlich alle Personen, die Angaben zu Tatsachen machen und die erforderlichen Nachweise erbringen können, die für die Beurkundungen in den Personenstandsregistern benötigt werden; auf die Vorlage von Nachweisen soll verzichtet werden, soweit diese aus Personenstandsregistern oder aus Registern anderer Behörden elektronisch abgerufen werden können, § 10 PStG. Öffentliche Stellen haben dem zuständigen Standesamt Anlässe, die zu einer Folgebeurkundung oder einem Hinweis führen, mitzuteilen, § 5 Abs. 4 S. 2 PStG.[6] Eine Auskunfts- und Nachweispflicht besteht nicht bei einer **vertraulichen Geburt** nach § 25 Abs. 1 SchKG, § 10 Abs. 4 PStG.

3. Nachweise. Nachweise für die Beurkundung der einzutragenden Tatsachen müssen grundsätzlich durch **öffentliche Urkunde** erbracht werden.[7] Wenn öffentliche Urkunden nicht, nur mit erheblichen Schwierigkeiten oder unverhältnismäßigen Kosten zu erbringen sind,[8] können **andere Urkunden**[9] oder, wenn diese nicht einfacher zu beschaffen sind, **Versicherungen an Eides statt**[10] durch die Betroffenen oder anderer Personen vor dem Standesbeamten zum Nachweis dieser Tatsachen abgegeben werden, § 9 Abs. 2 PStG.[11] Was der Standesbeamte letztlich zu seiner Überzeugungsbildung ausreichen lässt, unterliegt seinem **pflichtgemäßen Ermessen**.[12] Bei der Abgabe einer Versicherung an Eides Statt handelt es sich allerdings um eine „ultima ratio", die im nur eingeschränkt überprüfbaren Ermessen des Standesamtes steht.[13] Zum Nachweis einer negativen Tatsache kann dies der einzige Weg sein.[14]

Bei Personenstandsfällen im **Ausland** oder, wenn Beteiligte sich im Ausland aufhalten, können die dortigen deutschen Auslandsvertretungen insbesondere die zuständigen **Konsulate** nach § 8 KonsG bei einem Antrag auf Beurkundung der Geburt oder des Todes eines Deutschen behilflich sein, auch indem sie Beurkundungen außerhalb des Personenstandsgesetzes zB durch die Abnahme von Versicherungen an Eides statt, §§ 12 Nr. 2, 10 Abs. 1 Nr. 1 KonsG vornehmen. Zudem können sie nach § 13 KonsG ausländische öffentliche Urkunden wie Ehezeugnisse etc **legalisieren**. Fremdsprachigen Urkunden sollen nach § 2 Abs. 1 PStV eine **Übersetzung** beigefügt werden.

4. Prüfung und Berichtigungen. Bevor eine Eintragung in einem Register oder eine Beurkundung vorgenommen wird, muss nach § 5 PStV (BT 9.3 PStG-VwV) der Standesbeamte den Sachverhalt aufgrund von öffentlichen Urkunden oder eigenen Ermittlungen feststellen und ab-

---

4   Siehe zur öffentlichen Beglaubigung von Erklärungen auch BT 9.1 PStG-VwV.
5   Insbesondere zur Prüfungspflicht der deutschen Staatsangehörigkeit § 8 PStV. Siehe auch zu Zweifeln an der Echtheit eines Dokuments: OLG Düsseldorf BeckRS 2011, 14613.
6   Hinsichtlich des Umfangs anderer Standesämter, Gerichte, Jugendämtern etc siehe insbesondere §§ 56 ff. PStV.
7   Welche hier vorzulegen sind, regelt etwa §§ 33 und 38 PStV. Siehe zu Zweifeln an der Echtheit eines Dokuments OLG Düsseldorf BeckRS 2011, 14613; zur Streichung erläuternder Zusätze im Geburtenregister bei Zweifeln an der Richtigkeit ausländischer Personenstandsurkunden OLG Brandenburg BeckRS 2022, 30649.
8   OLG Düsseldorf BeckRS 2015, 06784.
9   KG BeckRS 2015, 04515.
10 Zum Umfang etc der Versicherung an Eides statt siehe auch BT 9.5 PStG-VwV.
11 Zu Nachweisen bei der Anzeige einer Geburt siehe §§ 33 ff. PStV und eines Sterbefalles §§ 38 f. PStV.
12 OLG Düsseldorf BeckRS 2013, 00027; StAZ 2011, 306. Zu Zweifeln an der Echtheit eines Dokuments: OLG Düsseldorf BeckRS 2011, 14613.
13 OLG Düsseldorf BeckRS 2016, 114983; BeckRS 2015, 06784; Gaaz/Bornhofen/Lammers § 9 Rn. 58; vgl. auch KG BeckRS 2015, 04515.
14 OLG Brandenburg BeckRS 2013, 03290 (nicht verheiratet).

schließend prüfen.[15] Bei der Überprüfung der Angaben der Beteiligten können Zeugen und Sachverständige vorgeladen und vernommen werden. Wenn sie nicht im Zuständigkeitsbereich des Standesamts wohnen, kann auch ein anderes Standesamt um die Vernehmung ersucht werden.[16] Zur Prüfung der deutschen oder ausländischen Staatsangehörigkeit sieht § 8 PStV die Vorlage besonderer Urkunden vor. Werden für die Beurkundung fremdsprachige Urkunden vorgelegt, so *soll* eine Übersetzung in die deutsche Sprache erfolgen, § 2 Abs. 1 PStV.[17] Für die Anerkennung ausländischer Entscheidungen als Grundlage einer Beurkundung gelten grundsätzlich die §§ 107 ff. FamFG.[18] Sieht er daraufhin eine Abweichung in schriftlichen Anzeigen, kann der Standesbeamte unrichtige oder unvollständige Angaben geändert bzw. vervollständigt und dokumentiert eintragen, § 46 PStG.[19]

10 Soll der Wortlaut eines durch Unterschrift des Standesbeamten abgeschlossenen Eintrags (Haupteintrag oder Folgebeurkundung) in einem Personenstandsbuch durch **Richtigstellung** einer von Anfang an bestehenden Unrichtigkeit berichtet werden[20] (Richtigstellung von etwas Falschem, Hinzufügen von etwas Fehlendem oder Beseitigen von etwas Überflüssigem), kann der Standesbeamte dies in den Fällen des § 47 PStG zwar ohne Mitwirkung eines Gerichtes jedoch grundsätzlich mit **Anhörung der Beteiligten**. Eine Anhörung kann unterbleiben, wenn es sich um die Berichtigung eines Hinweises auf einen Eintrag in einem anderen Personenstandsregister oder von Registrierungsdaten des Personenstandseintrags handelt, § 47 Abs. 3 PStG.[21]

11 Außer in den Fällen des § 47 PStG bzw. wenn das Standesamt in den Fällen des § 47 PStG eine Berichtigung ablehnt, kann eine solche nur auf Antrag der Beteiligten, der Aufsichtsbehörde oder des Standesamtes selbst durch das Gericht angewiesen werden, §§ 48 ff. PStG.[22]

III. Zusammensetzung der Registereinträge

12 **1. Unterteilung der Register.** Die vier Register (Ehe-, Lebenspartnerschafts-, Geburten- und Sterberegister) bestehen jeweils aus einem **urkundlichen Teil**, welcher den Haupteintrag und etwaige Folgebeurkundungen enthält, und einem **Hinweisteil** und der **Sammelakte**.[23] Der **Haupteintrag** im urkundlichen Teil enthält die relevanten Daten des Ereignisses, welches den erstmaligen Eintrag in das jeweilige Register auslöst[24] mithin eine Eheschließung, Begründung einer Lebenspartnerschaft, Umwandlung einer Lebenspartnerschaft in eine Ehe, eine Geburt oder ein Todesfall einschließlich des Namens der betroffenen Personen. **Folgebeurkundungen** sind Einträge, die den Beurkundungsinhalt des Haupteintrages verändern.[25] Dies können die Fortschrei-

---

15 OLG Düsseldorf FamRZ 2013, 1495; OLG Düsseldorf BeckRS 2013, 00654 zur Transliteration oder Transkription ausländischer Namen; OLG Hamm BeckRS 2012, 18421 zu den Voraussetzungen eines Eintrags in das Geburtenregister bei einer nach mehreren Jahren erstmals angezeigten Hausgeburt; OLG München BeckRS 2011, 23665, OLG Nürnberg BeckRS 2014, 15188 und OLG Karlsruhe BeckRS 2016, 15504 zur Legitimationswirkung für Personenstandseintragungen eines nach Art. 28 Abs. 1 der Genfer Flüchtlingskonvention ausgestellten Reiseausweises; OLG Düsseldorf BeckRS 2011, 14613; LG Saarbrücken BeckRS 2010, 23929.
16 Schmitz/Bornhofen/Müller PStG § 9 Rn. 9.3.2.
17 Zur Legalisation von ausländischen öffentlichen Urkunden oder Apostillen siehe A 5 PStG-VwV. Wagner NZFam 2014, 121 und die Kommentierung zu § 13 KonsG.
18 Siehe aber auch die näheren Bestimmungen in A 6 PStG-VwV.
19 Er hat dann auch zu prüfen, ob in anderen Registern eine Berichtigung vorgenommen werden muss, § 47 Abs. 1 PStV.
20 OLG Düsseldorf BeckRS 2013, 06177; BeckRS 2013, 05747; KG FGPrax 2013, 170; OLG Celle NJW 2013, 2292; OLG Düsseldorf BeckRS 2013, 01037; KG BeckRS 2012, 24183 zum Aufwachsen unter falschem Namen; OLG Köln BeckRS 2013, 06541 und OLG Hamm BeckRS 2013, 04240; OLG Düsseldorf BeckRS 2012, 21406; OLG Köln BeckRS 2012, 18213; LG Düsseldorf BeckRS 2012, 10658; OLG Hamm StAZ 1988, 40 (42).
21 Siehe auch das Übereinkommen betreffend die Entscheidungen über die Berichtigung von Einträgen in Personenstandsbüchern (Zivilstandsregistern) vom 10.9.1964, BGBl. 1969 II 445.
22 Siehe hierzu auch BT 47 und 48 PStG-VwV; Jennissen StAZ 2012, 8.
23 Zum Betrieb der Personenstandsregister siehe auch §§ 9 ff. PStV.
24 Siehe zur Führung der Haupteinträge auch § 16 PStV, BT 3.1 PStG-VwV.
25 Siehe zur Führung der Folgebeurkundungen auch § 17 PStV, BT 5 PStG-VwV.

bung aller urkundlichen Daten des Registereintrags oder die Berichtigungen nach den §§ 47 ff. PStG und Ergänzungen von Angaben, die bereits bei der Eintragung unrichtig oder unvollständig waren, sein. **Hinweise** stellen die Verknüpfung zwischen den verschiedenen Beurkundungen in den unterschiedlichen Registern her, die dieselbe Person, deren Ehegatte, Lebenspartner, Eltern oder Kinder betreffen, § 5 Abs. 2 und 3 PStG.[26] Nach § 18 PStV ist daher in den Personenstandsregistern auf Registereinträge in anderen Personenstandsregistern hinzuweisen. Daneben werden in besonderen **Sammelakten** weitere Dokumente aufbewahrt, welche die einzelnen Beurkundungen in den Personenstandsregistern betreffen, § 6 PStG.[27]

2. Inhalt der Register, insbesondere der Name. Durch die tatsächlichen Gegebenheiten der Eheschließung, Begründung der Lebensgemeinschaft, Umwandlung einer Lebenspartnerschaft in eine Ehe, Geburt oder Versterben verändert sich zwar die Stellung einer Person innerhalb der Rechtsordnung mithin der Personenstand relevant; wichtigstes Wiedererkennungsmerkmal einer Person ist aber nicht die Relation dieser zu anderen Personen, sondern dessen eigener, vollständig[28] und in der richtigen Reihenfolge geführter[29] **Name**.[30] Der Name wird daher ausdrücklich zum Personenstand hinzugenommen (vgl. § 1 Abs. 1 S. 1 PStG).[31] Dabei ist im Personenstandsverfahren die Identität einer einzutragenden Person vom Standesamt bzw. ggf. vom Gericht eigenständig zu überprüfen.[32]

Unter den Voraussetzungen des § 47 bzw. § 48 PStG können unter anderem der Vor- oder Nachname bei einem **offenkundigen Schreibfehler** oder sonstigen **unrichtigen oder unvollständigen Eintragungen berichtigt** werden.[33] Der Name einer Person kann grundsätzlich[34] nur im Zusammenhang mit der Begründung einer Ehe oder Lebenspartnerschaft, einer Adoption (§§ 1741 ff., 1757 BGB), einer Namenserteilung (§ 1617a BGB),[35] Namenserstreckung (§ 1617c BGB), Einbenennung (§ 1618 BGB)[36] oder unter den engen Voraussetzungen des Gesetzes über die Änderung von Familiennamen und Vornamen[37] geändert werden und sodann in den Personenstandsregistern eingetragen bzw. berichtigt werden.[38] Dies wird durch Erklärung der Betroffenen nach § 45 PStG in die Wege geleitet.

Nach Art. 10 Abs. 1 EGBGB unterliegt der Name einer Person grundsätzlich dem Recht des Staates, dem die Person angehört. Dennoch muss der Name eventuell an das **deutsche Personenstandsrecht angeglichen** werden: Verwendet der Heimatstaat keine lateinische Schrift, sind die fremden Schriftzeichen grundsätzlich mithilfe der ISO-Transliterationsnormen durch gleich-

---

26 Siehe zur Führung der Hinweise auch § 18 PStV.
27 Siehe zur Führung der Sammelakten auch § 22 PStV, BT 6 PStG-VwV, zum Einsichtsrecht von Abkömmlingen in die Sammelakten: OLG Nürnberg BeckRS 2018, 24655.
28 § 23 Abs. 2 PStV; BGH NJW 1971, 1521.
29 BGH NJW 1993, 2244; OLG Brandenburg StAZ 2008, 43.
30 Hepting StAZ 2013, 1. Zu Zweifeln über die Identität LG Bochum BeckRS 2009, 12065.
31 Nicht hingegen ein akademischer Grad BGH NJW 2014, 387; siehe auch Berkl StAZ 2013, 177.
32 BGH NJW 2017, 3152. Zur Frage, wann ein Name rechtmäßig erworben worden ist, siehe EuGH BeckRS 2017, 112232 und dazu Gössl IPRax 2018, 376.
33 Berichtigung eines Schreibfehlers bei der Anmeldung der Geburt nach acht Jahren OLG Köln BeckRS 2010, 13531, siehe auch OLG Karlsruhe BeckRS 2022, 22120; zur Bindungswirkung einer fehlerhaften Namensbestimmung OLG Dresden FGPrax 2022, 285.
34 Siehe zB auch § 94 BVFG.
35 Auch für ein totgeborenes Kind möglich, OLG Düsseldorf BeckRS 2014, 19180. Wenn die Identität der Eltern nicht nachgewiesen wird KG FamRZ 2017, 1773; KG BeckRS 2019, 37579; OLG Frankfurt aM BeckRS 2021, 18640.
36 OLG Zweibrücken NJW 2011, 3728, zu den Voraussetzungen der Ersetzung der Einwilligung zur Einbenennung nach § 1618 BGB; OLG Frankfurt aM NJW-RR 2021, 1370.
37 OLG München NJW-RR 2012, 454.
38 Siehe auch das Übereinkommen über die Änderung von Namen und Vornamen vom 4.9.1958, BGBl. 1961 II 1055, 1076 und das Übereinkommen über die Angabe von Familiennamen und Vornamen in den Personenstandsbüchern vom 13.9.1973, BGBl. 1976 II 1473 f. (Das Übereinkommen über das auf Familiennamen und Vornamen anzuwendende Recht vom 5.9.1980, das Übereinkommen über die Ausstellung einer Bescheinigung über die Führung verschiedener Familiennamen vom 8.9.1982 und das Übereinkommen über die Anerkennung von Namen vom 16.9.2005 sind von der Bundesrepublik Deutschland zwar zum Teil gezeichnet, aber nicht ratifiziert worden und gelten daher nicht in Deutschland.).

wertige lateinische Schriftzeichen wiederzugeben.[39] Ergibt sich die lateinische Schreibweise jedoch aus einer Personenstandsurkunde oder einer anderen öffentlichen Urkunde des Heimatstaats (zB Reisepass), so ist die dort verwendete Schreibweise maßgebend.[40] Die Unterscheidung des deutschen Namensrechts in Familienname, Ehename und Geburtsname ist zB dem englischen Recht fremd. Da das deutsche Personenstandsrecht aber die Eintragung eines vom Familiennamen abweichenden Geburtsnamens verlangt, so kann grundsätzlich der nach englischem Recht zuerst erworbene Name einer englischem Namensstatut unterliegenden Person, die ihren Namen nach englischem Recht geändert hat, als Geburtsname eingetragen werden.[41]

3. Weitere Inhalte. Zur näheren Bestimmung des einzutragenden Ereignisses ist neben dem Namen insbesondere die **Ort-** und **Zeitangabe** von größter Bedeutung.[42] Mit der Reform des Personenstandsgesetzes zum 1.11.2022 entfällt die Eintragung der Zugehörigkeit zu einer Religionsgemeinschaft oder einer Weltanschauungsgemeinschaft auf Wunsch der Beteiligten. Der Verzicht auf die Eintragung soll der Entlastung der Standesämter dienen, da diese aufgrund der umfangreichen Gesetzesänderungen im Rahmen der Reform ohnehin mit einem erheblichen Mehraufwand belastet sind.[43]

IV. Fortführungsfristen der Register

Die Ehe- und Lebenspartnerschaftsregister werden 80 Jahre, die Geburtenregister 110 Jahre[44] und die Sterberegister 30 Jahre bei den Standesämtern fortgeführt, § 5 Abs. 5 PStG. Die zu den einzelnen Personenstandsregistern gehörigen Sammelakten folgen den Fortführungsfristen der Registerart, § 7 Abs. 2 PStG. Für die **Berechnung** der Frist ist der Tag der Beurkundung des Ereignisses maßgeblich, BT 5.3 PStG-VwV. Nach Ablauf der jeweiligen Frist endet die Pflicht zur **Aufbewahrung**, so dass die jeweiligen Standesämter die Personenstandsregister, Sicherungsregister und Sammelakten nach den jeweiligen landesarchivrechtlichen Vorschriften den zuständigen öffentlichen Archiven zur Übernahme anzubieten haben, § 7 Abs. 3 PStG, § 25 PStV, BT 7.2 und 55.2 PStG-VwV; nach der Übernahme oder Ablehnung der Übernahme der entsprechenden Registereinträge und Sammelakten sind diese durch die Archive im Standesamt zu löschen, § 7 Abs. 3 S. 2 PStG. Dies gilt nach § 7 Abs. 3 S. 3 PStG nicht für die Ablehnung der Übernahme von Personenstandsregistern. Personenstandsregister und Sicherungsregister sind getrennt voneinander aufzubewahren, § 7 Abs. 1 PStG. Diese räumliche Trennung soll gewährleisten, dass im Falle des Verlustes eines Registers ein kompletter Datenbestand erhalten bleibt und zur Wiederherstellung des in Verlust geratenen Registers herangezogen werden kann.[45]

Nach Ablauf der festgelegten Fristen für die Führung der Personenstandsregister sind die **landesarchivrechtlichen Vorschriften** für die Benutzung maßgeblich, § 61 Abs. 2 PStG. Diese gelten auch für die Benutzung von **Archivgut**, wenn die Register noch nicht an die Archive übergeben worden sind und noch im Standesamt vorliegen, BT 61.2 PStG-VwV.

---

39 Zur Transkription russischer Namen KG BeckRS 2017, 129286; nach den französischen und englischen Transkriptionsregeln von den kyrillischen in lateinische Buchstaben LG Rottweil BeckRS 2010, 23168; AG München BeckRS 2012, 10660; KG FamRZ 2017, 1773; Zur Eintragung des Personenstandsfalls der Geburt im Geburtsregister mit einem in die lateinische Sprache überführten Namen OLG Hamburg BeckRS 2019, 30201.
40 OLG Nürnberg BeckRS 2015, 10007; zur Eintragung ägyptischer Namensketten OLG Karlsruhe BeckRS 2012, 24971; zur Eintragung polnischer Adelsprädikate KG BeckRS 2012, 17254; zum indischen Recht BayObLG BeckRS 1999, 00264.
41 OLG München BeckRS 2009, 04752.
42 Besondere Vorschriften zu deren Eintragung sind in A 2 PStG-VwV enthalten.
43 BR-Drs. 240/20, 2 (27.5.2022).
44 Zur Eintragung der Geburt einer vor mehr als 70 Jahren verstorbenen Person im Geburtenregister OLG Naumburg BeckRS 2020, 12462.
45 Schmitz/Bornhofen/Müller PStG § 7 Rn. 7.2.4.

V. Ältere Personenstandsbücher

Für die Fortführung, die **Beweiskraft**, die **Auskunft** aus einem und die Einsicht in die bis zum 31.12.2008 geführten **Heirats-, Lebenspartnerschafts-, Geburten-** und **Sterbebücher**, deren Zweitbücher und Sammelakten und deren Aufbewahrung und Anbietung sowie den vor dem 1.1.1876 geführten **Zivilstandsregister** sehen die Übergangsvorschriften der §§ 76 bis 78 PStG, teilweise die analoge Anwendung des PStG vor,[46] s. a. §§ 66 ff. PStV. Insbesondere die **Familienbücher** werden als Heiratseintrag weitergeführt, vgl. §§ 67 f. PStV, BT 8.3 (zum Verlust eines Familienbuches) und §§ 77 und 78 PStG-VwV.[47] 19

In ein **internationales Stammbuch der Familie**, das in einem Vertragsstaat des **Übereinkommens vom 12.9.1974 zur Schaffung eines internationalen Stammbuchs der Familie** ausgestellt worden ist, können Angaben eingetragen werden über die Geburt gemeinsamer Kinder der Ehegatten sowie über den Tod der Ehegatten und ihrer Kinder, § 52 PStV, BT 55.5 PStG-VwV. Dieses Übereinkommen ist von der Bundesrepublik Deutschland nicht gezeichnet und nicht ratifiziert worden und gilt daher in Deutschland grundsätzlich nicht. Die Vertragsstaaten des Übereinkommens legen Wert darauf, dass möglichst auch die in Nichtvertragsstaaten beurkundeten Personenstandsfälle in das internationale Stammbuch der Familie eingetragen werden. 20

Kapitel 3 Eheschließung

Abschnitt 1
Zuständigkeit, Anmeldung und Eheschließung

§ 11 PStG   Zuständigkeit und Standesamtsvorbehalt

(1) Zuständig für die Eheschließung ist jedes deutsche Standesamt.

(2) ¹Eine religiöse oder traditionelle Handlung, die darauf gerichtet ist, eine der Ehe vergleichbare dauerhafte Bindung zweier Personen zu begründen, von denen eine das 18. Lebensjahr noch nicht vollendet hat, ist verboten. ²Das Gleiche gilt für den Abschluss eines Vertrags, der nach den traditionellen oder religiösen Vorstellungen der Partner an die Stelle der Eheschließung tritt. ³Die Verbote richten sich gegen Personen, die

1. als Geistliche eine solche Handlung vornehmen oder hieran mitwirken,
2. als Sorgeberechtigte eines Minderjährigen eine solche Handlung veranlassen,
3. als Volljährige oder Beauftragte einem Vertrag zustimmen, der eine der Ehe vergleichbare dauerhafte Bindung begründet, oder
4. als anwesende Personen eine solche Handlung bezeugen, soweit ihre Mitwirkung für die Gültigkeit der Handlung nach religiösen Vorschriften, den traditionellen Vorstellungen oder dem Heimatrecht eines der Bindungswilligen als erforderlich angesehen wird.

§ 12 PStG   Anmeldung der Eheschließung

(1) ¹Die Eheschließenden haben die beabsichtigte Eheschließung mündlich oder schriftlich bei einem Standesamt, in dessen Zuständigkeitsbereich einer der Eheschließenden seinen Wohnsitz oder seinen gewöhnlichen Aufenthalt hat, anzumelden. ²Hat keiner der Eheschließenden Wohnsitz oder gewöhnlichen Aufenthalt im Inland, so ist das Standesamt, vor dem die Ehe geschlossen werden soll, für die Entgegennahme der Anmeldung zuständig.

---

46 OLG Hamm BeckRS 2012, 18136.

47 Zum Verlust eines als Heiratseintrag fortgeführten Familienbuches siehe BT 8.3 PStG-VwV; siehe auch Schmitz/Bornhofen/Müller PStG § 8.

(2) Die Eheschließenden haben bei der Anmeldung der Eheschließung durch öffentliche Urkunden nachzuweisen
1. ihren Personenstand,
2. ihren Wohnsitz oder gewöhnlichen Aufenthalt,
3. ihre Staatsangehörigkeit,
4. wenn sie schon verheiratet waren oder eine Lebenspartnerschaft begründet hatten, die letzte Eheschließung oder Begründung der Lebenspartnerschaft sowie die Auflösung dieser Ehe oder Lebenspartnerschaft. Ist die letzte Ehe oder Lebenspartnerschaft nicht bei einem deutschen Standesamt geschlossen worden, so ist auch die Auflösung etwaiger weiterer Vorehen oder Lebenspartnerschaften nachzuweisen, wenn eine entsprechende Prüfung nicht bereits von einem deutschen Standesamt bei einer früheren Eheschließung oder Begründung einer Lebenspartnerschaft durchgeführt worden ist.

(3) ¹Das Standesamt hat einen Antrag auf Befreiung von der Beibringung des Ehefähigkeitszeugnisses aufzunehmen und die Entscheidung vorzubereiten; hierfür haben die Eheschließenden auch die Nachweise zu erbringen, die für die Prüfung der Zulässigkeit der Ehe nach anzuwendendem ausländischen Recht erforderlich sind. ²§ 9 gilt entsprechend.

§ 13 PStG   Prüfung der Ehevoraussetzungen

(1) ¹Das Standesamt, bei dem die Eheschließung angemeldet ist, hat zu prüfen, ob der Eheschließung ein Hindernis entgegensteht. ²Reichen die nach § 12 Abs. 2 vorgelegten Urkunden nicht aus, so haben die Eheschließenden weitere Urkunden oder sonstige Nachweise vorzulegen.

(2) ¹Bestehen konkrete Anhaltspunkte dafür, dass die zu schließende Ehe nach § 1314 Abs. 2 des Bürgerlichen Gesetzbuchs aufhebbar wäre, so können die Eheschließenden in dem hierzu erforderlichen Umfang einzeln oder gemeinsam befragt werden; zum Beleg der Angaben kann ihnen die Beibringung geeigneter Nachweise aufgegeben werden. ²Wenn diese Mittel nicht zur Aufklärung des Sachverhalts führen, so kann auch eine Versicherung an Eides statt über Tatsachen verlangt werden, die für das Vorliegen oder Nichtvorliegen von Aufhebungsgründen von Bedeutung sind.

(3) ¹Soll die Ehe wegen lebensgefährlicher Erkrankung eines Eheschließenden ohne abschließende Prüfung nach Absatz 1 geschlossen werden, so muss durch ärztliches Zeugnis oder auf andere Weise nachgewiesen werden, dass die Eheschließung nicht aufgeschoben werden kann. ²In diesem Fall muss glaubhaft gemacht werden, dass kein Ehehindernis besteht.

(4) ¹Wird bei der Prüfung der Ehevoraussetzungen ein Ehehindernis nicht festgestellt, so teilt das Standesamt den Eheschließenden mit, dass die Eheschließung vorgenommen werden kann; die Mitteilung ist für das Standesamt, das die Eheschließung vornimmt, verbindlich. ²Die Eheschließenden sind verpflichtet, Änderungen in ihren die Ehevoraussetzungen betreffenden tatsächlichen Verhältnissen unverzüglich anzuzeigen; die Mitteilung nach Satz 1 wird entsprechend geändert oder aufgehoben. ³Sind seit der Mitteilung an die Eheschließenden mehr als sechs Monate vergangen, ohne dass die Ehe geschlossen wurde, so bedarf die Eheschließung erneut der Anmeldung und der Prüfung der Voraussetzungen für die Eheschließung.

§ 14 PStG   Eheschließung

(1) Vor der Eheschließung sind die Eheschließenden zu befragen, ob sich seit der Anmeldung ihrer Eheschließung Änderungen in ihren die Ehevoraussetzungen betreffenden tatsächlichen Verhältnissen ergeben haben und ob sie einen Ehenamen bestimmen wollen.

(2) Die Eheschließung soll in einer der Bedeutung der Ehe entsprechenden würdigen Form, die dem Standesbeamten eine ordnungsgemäße Vornahme seiner Amtshandlung ermöglicht, vorgenommen werden.

(3) ¹Die Erklärungen der Eheschließenden, die Ehe miteinander eingehen zu wollen, sind von dem Standesbeamten im Anschluss an die Eheschließung in einer Niederschrift zu beurkunden. ²Die Niederschrift muss alle im Eheregister zu beurkundenden Angaben enthalten; sie ist von den Ehegatten, den Zeugen und dem Standesbeamten zu unterschreiben. ³Die Niederschrift wird zu den Sammelakten des Eheeintrags genommen.

§ 15 PStG   Eintragung in das Eheregister

(1) Im Eheregister werden im Anschluss an die Eheschließung beurkundet
1. Tag und Ort der Eheschließung,
2. die Vornamen und die Familiennamen der Ehegatten, Ort und Tag ihrer Geburt, ihr Geschlecht,
3. die nach der Eheschließung geführten Vornamen und Familiennamen der Ehegatten.

(2) Zum Eheeintrag wird hingewiesen
1. auf die Beurkundung der Geburt der Ehegatten,
2. auf die Staatsangehörigkeit der Ehegatten, wenn sie nicht Deutsche sind und ihre ausländische Staatsangehörigkeit nachgewiesen ist,
3. auf die Bestimmung eines Ehenamens,
4. auf das Sachrecht, dem die Namensführung der Ehegatten unterliegt.

Abschnitt 2
Fortführung des Eheregisters

§ 16 PStG   Fortführung

(1) ¹Zum Eheeintrag werden Folgebeurkundungen aufgenommen über
1. den Tod des erstverstorbenen Ehegatten,
2. die Todeserklärung oder die gerichtliche Feststellung der Todeszeit eines Ehegatten und die Aufhebung solcher Beschlüsse sowie die Auflösung der Ehe durch Eheschließung des anderen Ehegatten,
3. die Aufhebung oder die Scheidung der Ehe,
4. die Feststellung des Nichtbestehens der Ehe,
5. jede Änderung des Namens der Ehegatten,
6. jede sonstige Änderung des Personenstandes, soweit sie Angaben im Eheeintrag betrifft,
7. Berichtigungen.

²Auf die Wiederverheiratung oder die Begründung einer Lebenspartnerschaft wird hingewiesen.

(2) ¹Der Eheeintrag wird nicht mehr fortgeführt, wenn nach Absatz 1 Nummer 4 eine Folgebeurkundung über das Nichtbestehen der Ehe eingetragen worden ist. ²Wurde zum Eheeintrag eine Folgebeurkundung über die Auflösung der Ehe oder die Todeserklärung oder die gerichtliche Feststellung der Todeszeit eines Ehegatten nach Absatz 1 Nummer 1 bis 3 aufgenommen, ist eine weitere Folgebeurkundung nur über die Änderung des Namens, Berichtigungen sowie in den Fällen des Absatzes 1 Nummer 2 über die Aufhebung eines Beschlusses und die Auflösung der Ehe durch Eheschließung des anderen Ehegatten einzutragen. ³Die Änderung der Vornamen oder des Geschlechts ist nicht einzutragen, wenn die Änderung auf Grund des Transsexuellengesetzes, durch Erklärung nach § 45b oder in einem Adoptionsverfahren erfolgt ist. ⁴Für einen

Ehegatten, der wieder geheiratet oder eine Lebenspartnerschaft begründet hat, ist nur eine Folgebeurkundung über Berichtigungen nach Absatz 1 Nummer 7 einzutragen.

Kapitel 4 Lebenspartnerschaft

§ 17 PStG Fortführung des Lebenspartnerschaftsregisters

¹Für die Fortführung des Lebenspartnerschaftsregisters gilt § 16 entsprechend. ²Zusätzlich ist im Fall der Umwandlung der Lebenspartnerschaft in eine Ehe eine Folgebeurkundung aufzunehmen. ³Nach Eintragung dieser Folgebeurkundung wird das Lebenspartnerschaftsregister nicht fortgeführt.

§ 17a PStG Umwandlung einer Lebenspartnerschaft in eine Ehe und ihre Beurkundung

(1) Die Lebenspartner haben bei der Umwandlung ihrer Lebenspartnerschaft in eine Ehe das Bestehen der Lebenspartnerschaft durch öffentliche Urkunden nachzuweisen.

(2) Für die Umwandlung einer Lebenspartnerschaft in eine Ehe gelten die §§ 11 und 12 Absatz 1 und 2 Nummer 1 bis 3 sowie die §§ 14 bis 16 entsprechend.

(3) Im Eheregister ist zusätzlich der Tag der Begründung der Lebenspartnerschaft zu beurkunden und sind Hinweise darüber aufzunehmen.

A.	Allgemeines	1	3. Weitere Inhalte	13
B.	Regelungsgehalt	2	4. Besonderheiten des Ehe- bzw. des	
	I. Zuständigkeit	2	Lebenspartnerschaftsregisters	14
	II. Grundlagen der Beurkundung	6	a) Haupteintrag	14
	III. Zusammensetzung der Registereinträge	9	b) Folgebeurkundungen	16
	1. Unterteilung der Register	9	c) Hinweisteil	18
	2. Inhalt des Ehe- und Lebenspartnerschaftsregisters, insbesondere der Name	10	d) Sammelakte	19

A. Allgemeines

1 In den §§ 11 bis 16 PStG wird die Beurkundung einer Eheschließung geregelt; in § 17 PStG wird hinsichtlich der Begründung einer Lebenspartnerschaft generell auf die Normen der Beurkundung einer Eheschließung verwiesen, mit Ausnahme von § 12 Abs. 3 PStG (Befreiung von der Beibringung des Ehefähigkeitszeugnisses). Durch das Gesetz zur Einführung des Rechts auf Eheschließung für Personen gleichen Geschlechts vom 20.7.2017[1] kann nach dem Inkrafttreten am 1.10.2017 die Ehe von zwei Personen *verschiedenen* oder *gleichen* Geschlechts auf Lebenszeit geschlossen werden, § 1353 Abs. 1 S. 1 BGB nF[2] Da somit eine völlige Gleichbehandlung von Ehe und Lebenspartnerschaft geschaffen wurde, ist in Deutschland der Abschluss einer neuen Lebenspartnerschaft nach dem 30.9.2017 nicht mehr möglich.[3] Lebenspartner *können* – müssen aber nicht – auf Antrag ihre Lebenspartnerschaft in eine Ehe umwandeln (§ 20a

---

[1] BGBl. 2017 I 2787.
[2] Für Österreich hat der Österr. VfGH mit Urteil vom 4.12.2017 – G 258–259/2017-9 (siehe VfGH FamRZ 2018, 191) durch Erklärung der Fassungswidrigkeit der entsprechenden Normen die gleichgeschlechtliche Ehe durchgesetzt. Siehe hierzu auch EuGHMR FamRZ 2017, 2030 mAnm Scherpe.
[3] Art. 3 Abs. 3 des Gesetzes zur Einführung des Rechts auf Eheschließung für Personen gleichen Geschlechts vom 20.7.2017.

LPartG).⁴ Für diese technische Umwandlung musste § 17a PStG eingefügt werden, der wiederum unter anderem auf Normen der Beurkundung einer Eheschließung verweist.⁵

B. Regelungsgehalt

I. Zuständigkeit

Die allgemeinen Zuständigkeitsvoraussetzungen sind in den §§ 1 und 2 PStG geregelt (→ PStG §§ 1–10 Rn. 2 f.). 2

Für die Eheschließung **im Inland** und somit für die Führung des Ehe- bzw. Lebenspartnerschaftsregisters ist das Standesamt zuständig, in dessen Zuständigkeitsbereich einer der Eheschließenden bzw. Lebenspartner seinen Wohnsitz oder gewöhnlichen Aufenthalt hat. Unter mehreren zuständigen Standesämtern haben die Eheschließenden die Wahl, BT 12.1 PStG-VwV. Ist weder ein inländischer Wohnsitz noch ein gewöhnlicher Aufenthalt im Inland gegeben, so ist das Standesamt, vor dem die Ehe geschlossen werden soll, zuständig, §§ 11, 12 Abs. 1. Gleiches galt bis einschließlich zum 31.9.2017 für die früher mögliche Eintragung einer Lebenspartnerschaft im Inland, §§ 17, 11, 12 Abs. 1 PStG. Heute gilt dies noch für eine **im Ausland** geschlossene Lebenspartnerschaft, die in Deutschland eingetragen werden soll, bzw. wenn eine „inländische" oder „ausländische" Lebenspartnerschaft in eine Ehe gemäß § 20a LPartG umgewandelt werden soll. 3

Zu **Eheschließungen Deutscher im Ausland** oder **Ausländern im deutschen Inland** nach § 34 Abs. 1 u. 2. PStG bzw. von **im Ausland begründeten Lebenspartnerschaften Deutscher** nach § 35 Abs. 1 PStG → §§ 34 bis 45a PStG Rn. 3. 4

Bis zum 31.12.2008 konnten deutsche Konsularbeamte unter den Voraussetzungen des § 8 KonsG aF Ehen im Ausland schließen. Dies ist durch die Reform des Personenstandsrechts und damit einhergehend der des KonsG ersatzlos gestrichen worden. 5

II. Grundlagen der Beurkundung

Beurkundungen in den Ehe- bzw. Lebenspartnerschaftsregistern werden aufgrund von **Anzeigen, Anordnungen, Erklärungen, Mitteilungen** und eigenen **Ermittlungen des Standesamtes** sowie von **Einträgen in anderen Personenstandsregistern, -urkunden oder sonstigen öffentlichen Urkunden** vorgenommen, § 9 Abs. 1 PStG.⁶ Gemäß Art. 13 EGBGB unterliegen die **Voraussetzungen der Eheschließung** für jeden Verlobten dem Recht des Staates, dem er angehört.⁷ Fehlt danach eine Voraussetzung, so ist insoweit deutsches Recht anzuwenden, wenn ein Verlobter seinen gewöhnlichen Aufenthalt im Inland hat oder Deutscher ist, die Verlobten die zumutbaren Schritte zur Erfüllung der Voraussetzung unternommen haben und es mit der Eheschließungsfreiheit unvereinbar ist, die Eheschließung zu versagen; insbesondere steht die frühere Ehe eines Verlobten nicht entgegen, wenn ihr Bestand durch eine hier erlassene oder anerkannte Entscheidung beseitigt oder der Ehegatte des Verlobten für tot erklärt ist. Unterliegt die Ehemündigkeit eines Verlobten ausländischem Recht, ist die Ehe nach deutschem Recht unwirksam, wenn der Verlobte im Zeitpunkt der Eheschließung das 16. Lebensjahr nicht vollendet hatte, und aufhebbar, wenn der Verlobte im Zeitpunkt der Eheschließung das 16., aber nicht das 18. Lebensjahr vollendet hatte. Eine Ehe kann im Inland nur in der in Deutschland vorgeschriebenen Form geschlossen werden.⁸ Eine Ehe zwischen Verlobten, von denen keiner Deutscher ist, kann jedoch vor einer von der Regierung des Staates, dem einer der Verlobten 6

---

4 Zur Umwandlung einer Lebenspartnerschaft in eine Ehe auch bei nachträglich geschlossener Auslandsehe: OLG Köln BeckRS 2019, 14555.
5 Siehe hierzu Kaiser FamRZ 2017, 1985.
6 Siehe zur öffentlichen Beglaubigung von Erklärungen auch BT 9.1 PStG-VwV.
7 OLG Frankfurt aM BeckRS 2013, 12768.
8 Zum Eheverbot von Adoptivgeschwistern OLG Naumburg BeckRS 2015, 10355.

angehört, ordnungsgemäß ermächtigten Person in der nach dem Recht dieses Staates vorgeschriebenen Form geschlossen werden; eine beglaubigte Abschrift der Eintragung der so geschlossenen Ehe in das Standesregister, das von der dazu ordnungsgemäß ermächtigten Person geführt wird, erbringt vollen Beweis der Eheschließung. Zudem sind für die Eheschließung und deren Folgen die Art. 14 bis 17b EGBGB und die §§ 1310 ff. BGB zu berücksichtigen.

7 Da eine **Ehe** zwingend vor dem Standesamt geschlossen wird bzw. eine **Lebenspartnerschaft** begründet wurde, müssen dort die Eheschließung bzw. mussten dort die Begründung der Lebenspartnerschaft grundsätzlich nur mündlich (nach § 28 Abs. 1 S. 1 PStV möglichst persönlich) können aber auch schriftlich **angemeldet** werden.[9] Gleiches gilt für die nunmehr mögliche Umwandlung einer Lebenspartnerschaft in eine Ehe gemäß § 20a S. 1 LPartG. Werden **Ehen im Ausland** oder **von Ausländern im Inland** geschlossen bzw. **Lebenspartnerschaften im Ausland** begründet, können diese auf Antrag der Ehegatten bzw. der Lebenspartner oder, wenn diese verstorben sind, deren Eltern und Kindern im Eheregister bzw. im Lebenspartnerschaftsregister beurkundet werden, §§ 34 Abs. 2 S. 4, 35 Abs. 1 S. 4 PStG.

8 Bei der Beurkundung einer Ehe bzw. Lebenspartnerschaft bei einem innerdeutschen Standesamt können die im Ausland gelegenen Konsulate nach den allgemeinen §§ 1 ff. KonsG behilflich sein. Für diese Beurkundungen notwendige ausländische öffentliche Urkunden[10] werden gegebenenfalls nach § 13 KonsG von den Konsularbeamten legalisiert.[11]

III. Zusammensetzung der Registereinträge

9 **1. Unterteilung der Register.** Die Ehe- und Lebenspartnerschaftsregister bestehen jeweils aus einem **urkundlichen Teil**, welcher den Haupteintrag und etwaige Folgebeurkundungen enthält, und einem Hinweisteil und der Sammelakte.[12] Der **Haupteintrag** enthält die relevanten Daten des Ereignisses, welches den erstmaligen Eintrag in das jeweilige Register auslöst,[13] mithin eine Eheschließung oder die Begründung einer Lebensgemeinschaft einschließlich des Namens der betroffenen Personen. **Folgebeurkundungen** sind Einträge, die den Beurkundungsinhalt des Haupteintrages verändern.[14] Dies können die Fortschreibung aller urkundlichen Daten des Registereintrags oder die Berichtigungen nach den §§ 47 ff. PStG und Ergänzungen von Angaben, die bereits bei der Eintragung unrichtig oder unvollständig waren, sein. **Hinweise** stellen die Verknüpfung zwischen den verschiedenen Beurkundungen in den unterschiedlichen Registern her, die dieselbe Person, deren Ehegatte, Lebenspartner, Eltern oder Kinder betreffen, § 5 Abs. 2 und 3 PStG.[15] Nach § 18 PStV ist daher in den Personenstandsregistern auf Registereinträge in anderen Personenstandsregistern hinzuweisen. Daneben werden in besonderen **Sammelakten** weitere Dokumente aufbewahrt, welche die einzelnen Beurkundungen in den Personenstandsregistern betreffen, § 6 PStG.[16]

10 **2. Inhalt des Ehe- und Lebenspartnerschaftsregisters, insbesondere der Name.** Durch die tatsächlichen Gegebenheiten der Eheschließung bzw. Begründung der Lebenspartnerschaft verändert sich zwar relevant die Stellung einer Person innerhalb der Rechtsordnung mithin der Personenstand; wichtigstes Wiedererkennungsmerkmal einer Person ist aber nicht die Relation dieser zu anderen Personen, sondern dessen eigener, vollständig[17] und in der richtigen Reihenfolge ge-

---

9 Siehe hierzu auch §§ 28 ff. PStV, BT 12 PStG-VwV.
10 Zum Verzicht auf diese OLG Düsseldorf BeckRS 2017, 129408; OLG Frankfurt aM BeckRS 2013, 19723.
11 Zu den Einzelheiten siehe die Kommentierung zu § 13 KonsG.
12 Zum Betrieb der Personenstandsregister siehe auch §§ 9 ff. PStV.
13 Siehe zur Führung der Haupteinträge auch § 16 PStV, BT 3.1 PStG-VwV.
14 Siehe zur Führung der Folgebeurkundungen auch § 17 PStV, BT 5 PStG-VwV.
15 Siehe zur Führung der Hinweise auch § 18 PStV.
16 Siehe zur Führung der Sammelakten auch § 22 PStV, BT 6 PStG-VwV.
17 § 23 Abs. 2 PStV; BGH NJW 1971, 1521.

führter[18] **Name**.[19] Der Name wird daher ausdrücklich zum Personenstand hinzugenommen (vgl. § 1 Abs. 1 S. 1 PStG).[20] Der **Familienname** einer Person kann sich mit einer (eventuell erneuten) Eheschließung ändern. Die Ehegatten sollen nach § 1355 Abs. 1 S. 1 BGB einen gemeinsamen Familiennamen (**Ehenamen**) bestimmen. Zum Ehenamen können die Ehegatten nach § 1355 Abs. 3 BGB den **Geburtsnamen** oder den zur Zeit der Erklärung über die Bestimmung des Ehenamens geführten Namen eines Ehegatten[21] bestimmen (sog. „Präsenzname"[22]). Ein Ehegatte, dessen Name nicht Ehename wird, kann durch Erklärung gegenüber dem Standesamt dem Ehenamen seinen Geburtsnamen oder den zur Zeit der Erklärung über die Bestimmung des Ehenamens geführten Namen (diese werden dann zu **Begleitnamen**) voranstellen oder anfügen, § 1355 Abs. 4 S. 1 BGB. Der Ehename und der Begleitname sind mit einem Bindestrich zusammenzusetzen.[23] Bestimmen die Ehegatten keinen Ehenamen, so führen sie gemäß § 1355 Abs. 1 S. 3 BGB ihren zur Zeit der Eheschließung geführten Namen auch nach der Eheschließung. Im Eheregister werden im Anschluss an die Eheschließung die nach der Eheschließung geführten Vornamen und Familiennamen der Ehegatten beurkundet, vgl. § 15 Abs. 1 Nr. 3 PStG. Der Familienname einer Person kann folglich ihrem Geburtsnamen entsprechen, dann nämlich, wenn die Person unverheiratet bleibt, wenn sie heiratet und die Ehegatten keinen Ehenamen bestimmen oder wenn sie heiratet und die Ehegatten ihren Namen zum Ehenamen bestimmen. Der Begriff „Familienname" kann also sowohl den Geburtsnamen als auch den (oder die) Ehenamen einer Person bezeichnen. Daraus folgt jedoch nicht, dass eine Person, die ihren Familiennamen angeben muss, frei wählen kann, ob sie ihren Geburts- oder ihren davon verschiedenen Ehenamen angibt. Jede Person hat genau einen Familiennamen. Eine Person, die mit der Eheschließung den Geburtsnamen des anderen Teils als Ehenamen angenommen hat, hat nicht zwei Familiennamen. Ihr Familienname ist vielmehr der Ehename; ihr Geburtsname bleibt ihr Geburtsname und ist gesondert zu vermerken, wie dies in § 15 Abs. 1 Nr. 2 PStG und in § 23 Abs. 3 Nr. 1 PAuswG gesetzlich vorgesehen ist.[24] Im Zusammenhang mit der Umwandlung einer Lebenspartnerschaft in eine Ehe stellt sich die Frage, welchen Namen die Ehegatten nach der Umwandlung tragen. § 17a Abs. 2 PStG verweist auf § 14 Abs. 1 Fall 2 PStG, wonach das Standesamt die künftigen Ehegatten vor der Umwandlung der Lebenspartnerschaft in eine Ehe zu befragen hat, ob sie einen Ehenamen bestimmen wollen. Daraus ist zu schließen, dass die Ehegatten jedenfalls auch einen Ehenamen nach § 1355 BGB wählen können. Diese Möglichkeit muss den künftigen Ehepartnern schon angesichts des Rechtsgedankens nach § 1355 Abs. 3 S. 2 BGB und § 3 Abs. 1 S. LPartG zustehen, der eine nachträgliche Bestimmung eines Lebenspartnerschafts- oder Ehenamens zulässt.[25]

Unter den Voraussetzungen des § 47 bzw. § 48 PStG[26] können unter anderem der Vor- und Nachname bei einem **offenkundigen Schreibfehler** oder sonstigen **unrichtigen** oder **unvollständigen Eintragungen** berichtigt werden.[27] Dies kann etwa nach Aufhebung der Ehe der Fall sein, da der Ehegatte ab diesem Zeitpunkt wieder seinen vor der Eheschließung geführten Familiennamen trägt, §§ 1313, 1318 BGB.[28] Der Name einer Person kann aber grundsätzlich[29] nur im Zusammenhang mit der Begründung einer Ehe oder Lebenspartnerschaft, einer Adoption

11

---

18 BGH NJW 1993, 2244; OLG Brandenburg StAZ 2008, 43.
19 Hepting StAZ 2013, 1. Zu Zweifeln bzgl. der Identität LG Bochum BeckRS 2009, 12065.
20 Nicht hingegen ein akademischer Grad BGH NJW 2014, 387; siehe auch Berkl StAZ 2013, 177.
21 Seit der Neufassung des § 1355 Abs. 2 BGB lautet die Formulierung nicht mehr „der Frau oder des Mannes" in Anpassung an die gleichgeschlechtliche Ehe; siehe dazu Hepting/Dutta Personenstand-HdB Abschn. 7 Rn. III – 583.
22 Hepting/Dutta Personenstand-HdB Abschn. 7 Rn. III – 589.
23 KG NJW 2013, 1891.
24 BGH NJW-RR 2017, 310. Zur Führung eines Gebrauchsnamens: BGH NJW-RR 2017, 902.
25 Hepting/Dutta Personenstand-HdB Abschn. 9 Rn. III 851–854.
26 Zur Löschung einer unzulässigen Eintragung im Eheregister OLG Hamm BeckRS 2015, 1249.
27 Berichtigung eines Schreibfehlers bei der Anmeldung der Geburt nach 8 Jahren OLG Köln BeckRS 2010, 13531.
28 Str. OLG Celle NJW 2013, 2292 mwN über den Streitstand.
29 Siehe zB auch § 94 BVFG.

(§§ 1741 ff., 1757 BGB), einer Namenserteilung (§ 1617a BGB),[30] Namenserstreckung (§ 1617c BGB), Einbenennung (§ 1618 BGB)[31] oder unter den engen Voraussetzungen des Gesetzes über die Änderung von Familiennamen und Vornamen[32] geändert werden und sodann in den Personenstandsregistern eingetragen bzw. berichtigt werden.[33] Dies wird durch Erklärung der Betroffenen nach § 45 PStG in die Wege geleitet.

12 Zur Angleichung fremdländischer Namen an das deutsche Personenstandsrecht siehe die Kommentierung zu §§ 1 bis 10 PStG Rn. 9 aE.

13 **3. Weitere Inhalte.** Zur näheren Bestimmung des einzutragenden Ereignisses ist neben dem Namen insbesondere die **Ort- und Zeitangabe** von größter Bedeutung.[34] Mit der Reform des Personenstandsgesetzes zum 1.11.2022 entfällt die Eintragung der Zugehörigkeit zu einer Religionsgemeinschaft oder einer Weltanschauungsgemeinschaft auf Wunsch der Beteiligten. Der Verzicht auf die Eintragung soll der Entlastung der Standesämter dienen, da diese aufgrund der umfangreichen Gesetzesänderungen im Rahmen der Reform ohnehin mit einem erheblichen Mehraufwand belastet sind.[35]

14 **4. Besonderheiten des Ehe- bzw. des Lebenspartnerschaftsregisters. a) Haupteintrag.** Der Haupteintrag im Eheregister[36] und (nach dem Verweis in § 17 PStG auf dieses) im Lebenspartnerschaftsregister besteht insbesondere aus der Beurkundung des **Tages** und **Ortes** der Eheschließung bzw. der Begründung der Lebenspartnerschaft (vgl. § 1 LPartG), die **Vornamen** und **Geburtsnamen**[37] der Ehegatten bzw. Lebenspartnerinnen und Lebenspartner, deren **Geburtsort und -tag** und dem nach der Eheschließung bzw. Begründung der Lebensgemeinschaft **gemeinsam geführten Familiennamen**[38] der Ehegatten bzw. des **Lebenspartnerschaftsnamens** (vgl. § 3 LPartG), § 15 Abs. 1 PStG. Gemäß Art. 10 Abs. 2 EGBGB können Ehegatten bei oder nach der Eheschließung gegenüber dem Standesamt ihren künftig zu führenden Namen wählen entweder nach dem Recht eines Staates, dem einer der Ehegatten angehört oder nach deutschem Recht, wenn einer von ihnen seinen gewöhnlichen Aufenthalt im Inland hat.[39] Nach der Eheschließung abgegebene Erklärungen müssen öffentlich beglaubigt werden. Für die Auswirkungen der Wahl auf den Namen eines Kindes ist § 1617c BGB sinngemäß anzuwenden. **Vertriebene und Spätaussiedler**, deren Ehegatten bzw. Lebenspartner und Abkömmlinge, die Deutsche iSd Art. 116 Abs. 1 GG sind, die eine entsprechende Erklärung zur Änderung ihres Namens nach § 94 BVFG gegenüber dem Bundesverwaltungsamt oder dem Standesamt abgegeben haben, oder deren Name nach dem NamÄndG geändert worden ist, sind nur mit den nach dieser Erklärung geführten Vor- und Familiennamen einzutragen, § 34 Abs. 3 PStG bzw. §§ 35 Abs. 2, 34 Abs. 3 PStG.

---

30 Auch für ein totgeborenes Kind möglich, OLG Düsseldorf BeckRS 2014, 19180. Wenn die Identität der Eltern nicht nachgewiesen wird KG FamRZ 2017, 1773; KG BeckRS 2019, 37579; zur Bindungswirkung des Namens des ersten Kindes: BGH BeckRS 2019, 32334.
31 OLG Zweibrücken NJW 2011, 3728.
32 OLG München NJW-RR 2012, 454. Die behördliche Namensänderung eines auch deutschen Staatsangehörigen in einem anderen Mitgliedstaat der Europäischen Union ist nicht unmittelbar vom Standesamt zu beachten; es ist zunächst ein Verfahren nach dem Namensänderungsgesetz durchzuführen OLG München NJW-RR 2012, 454.
33 Siehe auch das Übereinkommen über die Änderung von Namen und Vornamen vom 4.9.1958, BGBl. 1961 II 1055, 1076 und das Übereinkommen über die Angabe von Familiennamen und Vornamen in den Personenstandsbüchern vom 13.9.1973, BGBl. 1976 II 1473 f. (Das Übereinkommen über das auf Familiennamen und Vornamen anzuwendende Recht vom 5.9.1980, das Übereinkommen über die Ausstellung einer Bescheinigung über die Führung verschiedener Familiennamen vom 8.9.1982 und das Übereinkommen über die Anerkennung von Namen vom 16.9.2005 sind von der Bundesrepublik Deutschland zwar zum Teil gezeichnet, aber nicht ratifiziert worden und gelten daher nicht in Deutschland.).
34 Besondere Vorschriften zu deren Eintragung sind in A 2 PStG-VwV enthalten.
35 BR-Drs. 240/20 (27.5.2022).
36 Zu deren Voraussetzungen siehe BT 12 bis 15 PStG-VwV.
37 § 1355 Abs. 6 BGB. Siehe zu Namensangaben auch § 23 PStV.
38 Zur Namensführung nach Ehescheidung OLG Celle NJW 2013, 2292.
39 Zur Rücknahme einer Rechtswahl nach Art. 10 Abs. 2 EGBGB KG BeckRS 2017, 102969.

15 Eingetragen können ebenfalls **Eheschließungen** bzw. **Begründungen von Lebenspartnerschaften** iSd LPartG[40] **im Ausland**, wenn zum Zeitpunkt der Antragstellung zumindest ein Ehegatte bzw. Lebenspartner die deutsche Staatsangehörigkeit besitzt, oder es sich um Staatenlose,[41] heimatlose Ausländer und ausländische Flüchtlinge im Sinne des Abkommens über die Rechtsstellung von Flüchtlingen vom 28.7.1951[42] mit gewöhnlichem Aufenthalt im Inland handelt, § 34 Abs. 1 bzw. § 35 Abs. 1 PStG. **Eheschließungen von Ausländern im deutschen Inland** werden auch dann eingetragen, wenn die Ehe vor einer von der Regierung des Staates, dem zumindest einer der Ehegatten angehört, ordnungsgemäß ermächtigten Person in der nach dem Recht dieses Staates vorgeschriebenen Form geschlossen worden ist, § 34 Abs. 2 PStG. Gleiches gilt nicht für Begründungen von Lebenspartnerschaften von Ausländern im Inland.[43]

16 b) **Folgebeurkundungen.** Zum Ehe- bzw. Lebenspartnerschaftseintrag werden Folgebeurkundungen[44] insbesondere über den **Tod des erstversterbenden** Ehegatten bzw. Lebenspartners (§ 16 Abs. 1 S. 1 Nr. 1 PStG), die **Todeserklärung** oder die **gerichtliche Feststellung der Todeszeit** eines Ehegatten bzw. Lebenspartners (§ 16 Abs. 1 S. 1 Nr. 2 PStG),[45] die **Aufhebung, Scheidung** oder die **Feststellung des Nichtbestehens** der Ehe bzw. Lebenspartnerschaft (§ 16 Abs. 1 S. 1 Nr. 3 und 4 PStG)[46] und die **Namensänderung** der Ehegatten oder Lebenspartner (§ 16 Abs. 1 S. 1 Nr. 5 PStG) vorgenommen, vgl. § 16 Abs. 1 S. 1 bzw. iVm § 17 PStG.

17 Eine **Fortführung des Eintrags entfällt**, soweit das Nichtbestehen der Ehe oder Lebenspartnerschaft nach den (§ 16 Abs. 1 S. 1 Nrn. 1 bis 4 PStG) festgestellt ist. Lediglich auf die **Wiederverheiratung** eines Ehegatten oder die **Begründung einer neuen Lebenspartnerschaft** eines Lebenspartners wird in der Folgebeurkundung hingewiesen, § 16 Abs. 1 S. 2 PStG; jedoch nicht darüber hinaus dessen Angaben bei diesem Eintrag fortgeführt, § 16 Abs. 2 S. 2 PStG.

18 c) **Hinweisteil.** Im Hinweisteil werden zum Eheeintrag bzw. der Eintragung einer Lebenspartnerschaft auf die Beurkundung der **Geburt** der Ehegatten bzw. Lebenspartner (§ 15 Abs. 2 Nr. 1 bzw. ggf. iVm § 17 PStG), auf die **Staatsangehörigkeit** der Ehegatten bzw. Lebenspartner, wenn sie nicht Deutsche sind und ihre ausländische Staatsangehörigkeit nachgewiesen ist (§ 15 Abs. 2 Nr. 2 bzw. ggf. iVm § 17 PStG),[47] und auf die Bestimmung des **Ehenamens** bzw. **Lebenspartnerschaftsnamens** (§ 15 Abs. 2 Nr. 3 bzw. ggf. iVm § 17 PStG) hingewiesen.

19 d) **Sammelakte.** Von der standesamtlichen Eheschließung bzw. Begründung der Lebenspartnerschaft ist eine Niederschrift mit allen im Ehe- bzw. Lebenspartnerschaftsregister zu beurkundenden Angaben zu erstellen, die zu den Sammelakten des Eheeintrags bzw. der Eintragung der Lebenspartnerschaft im Register genommen wird, § 14 Abs. 3 bzw. iVm § 17 PStG.

---

[40] OLG München BeckRS 2011, 18723; OLG Zweibrücken NJW-RR 2011, 1156; KG BeckRS 2011, 07208; LG Kaiserslautern BeckRS 2011, 08162; OLG Köln BeckRS 2010, 22293; Andrae/Abbas StAZ 2011, 97.

[41] Zur Anerkennung einer in Pakistan durch einen Vertreter des Ehemanns geschlossenen Handschuhehe OLG Zweibrücken NJW-RR 2011, 725. Zu einer hinkenden Ehe nach pakistanischem Recht OLG Frankfurt aM BeckRS 2014, 04644. Zur Anerkennung einer syrischen Privatscheidung EuGH FamRZ 2018, 169.

[42] BGBl. 1953 II 559.

[43] Siehe hierzu auch BT 34 PStG-VwV.

[44] Siehe zu den Folgebeurkundungen auch BT 16 PStG-VwV.

[45] Siehe hierzu BT 16.2 PStG-VwV.

[46] Siehe hierzu BT 16.3 PStG-VwV.

[47] Siehe auch die Bestimmungen in A 7 PStG-VwV insbesondere zu heimatlosen Ausländern, Asylberechtigten, ausländischen Flüchtlingen und Staatenlosen.

Kapitel 5 Geburt

Abschnitt 1
Anzeige und Beurkundung

§ 18 PStG   Anzeige

(1) ¹Die Geburt eines Kindes ist dem Standesamt, in dessen Zuständigkeitsbereich es geboren ist, binnen einer Woche anzuzeigen, und zwar
1. von den in § 19 Satz 1 genannten Personen mündlich oder schriftlich, oder
2. von den in § 20 Satz 1 und 2 genannten Einrichtungen schriftlich.

²Ist ein Kind tot geboren, so muss die Anzeige spätestens am dritten auf die Geburt folgenden Werktag erstattet werden. ³In den Fällen des Satzes 1 Nummer 1 haben die anzeigenden Personen die Geburt des Kindes glaubhaft zu machen.

(2) Bei einer vertraulichen Geburt nach § 25 Absatz 1 des Schwangerschaftskonfliktgesetzes sind in der Anzeige auch das Pseudonym der Mutter und die für das Kind gewünschten Vornamen anzugeben.

§ 19 PStG   Anzeige durch Personen

¹Zur Anzeige sind verpflichtet
1. jeder Elternteil des Kindes, wenn er sorgeberechtigt ist,
2. jede andere Person, die bei der Geburt zugegen war oder von der Geburt aus eigenem Wissen unterrichtet ist.

²Eine Anzeigepflicht nach Nummer 2 besteht nur, wenn die sorgeberechtigten Eltern an der Anzeige gehindert oder unbekannten Aufenthalts sind.

§ 20 PStG   Anzeige durch Einrichtungen

¹Bei Geburten in Krankenhäusern und sonstigen Einrichtungen, in denen Geburtshilfe geleistet wird, ist der Träger der Einrichtung zur Anzeige verpflichtet. ²Das Gleiche gilt für Geburten in Einrichtungen, die der Unterbringung psychisch Kranker dienen, in Einrichtungen der Träger der Jugendhilfe sowie in Anstalten, in denen eine Freiheitsstrafe, ein Jugendarrest oder eine freiheitsentziehende Maßregel der Besserung und Sicherung vollzogen wird. ³Die Anzeigeberechtigung der in § 19 genannten Personen und ihre Auskunftspflicht zu Angaben, die der nach Satz 1 oder 2 zur Anzeige Verpflichtete nicht machen kann, bleiben hiervon unberührt.

§ 21 PStG   Eintragung in das Geburtenregister

(1) Im Geburtenregister werden beurkundet
1. die Vornamen und der Geburtsname des Kindes,
2. Ort sowie Tag, Stunde und Minute der Geburt,
3. das Geschlecht des Kindes,
4. die Vornamen und die Familiennamen der Eltern, ihr Geschlecht.

(2) ¹Ist ein Kind tot geboren, so werden nur die in Absatz 1 Nr. 2 bis 4 vorgeschriebenen Angaben mit dem Zusatz aufgenommen, dass das Kind tot geboren ist. ²Auf Wunsch einer Person, der bei Lebendgeburt des Kindes die Personensorge zugestanden hätte, sind auch Angaben nach

Absatz 1 Nr. 1 einzutragen. ³Hätte die Personensorge bei Lebendgeburt des Kindes beiden Elternteilen zugestanden und führen sie keinen gemeinsamen Familiennamen, so kann ein Familienname für das Kind nur eingetragen werden, wenn sich die Eltern auf den Namen eines Elternteils einigen.

(2a) ¹Bei einer vertraulichen Geburt nach § 25 Absatz 1 des Schwangerschaftskonfliktgesetzes werden nur die in Absatz 1 Nummer 1 bis 3 vorgeschriebenen Angaben aufgenommen. ²Die zuständige Verwaltungsbehörde bestimmt die Vornamen und den Familiennamen des Kindes.

(3) Zum Geburtseintrag wird hingewiesen
1. auf die Staatsangehörigkeit der Eltern, wenn sie nicht Deutsche sind und ihre ausländische Staatsangehörigkeit nachgewiesen ist,
2. bei einem Kind, dessen Eltern miteinander verheiratet sind, auf deren Eheschließung,
3. auf die Beurkundung der Geburt der Mutter und des Vaters,
4. auf den Erwerb der deutschen Staatsangehörigkeit des Kindes nach § 4 Absatz 3 des Staatsangehörigkeitsgesetzes,
5. auf das Sachrecht, dem die Namensführung des Kindes unterliegt.

Abschnitt 2
Besonderheiten

§ 22 PStG   Fehlende Angaben

(1) ¹Kann der Anzeigende die Vornamen des Kindes nicht angeben, so müssen sie binnen eines Monats mündlich oder schriftlich angezeigt werden. ²Sie werden alsdann bei dem Geburtseintrag beurkundet.

(2) Die Vornamen des Kindes können nachträglich auch bei einem anderen Standesamt als dem, das die Geburt des Kindes beurkundet hat, angezeigt werden.

(3) Kann das Kind weder dem weiblichen noch dem männlichen Geschlecht zugeordnet werden, so kann der Personenstandsfall auch ohne eine solche Angabe oder mit der Angabe „divers" in das Geburtenregister eingetragen werden.

§ 23 PStG   Zwillings- oder Mehrgeburten

¹Bei Zwillings- oder Mehrgeburten ist jede Geburt gesondert einzutragen. ²Die Eintragungen müssen erkennen lassen, in welcher Zeitfolge die Kinder geboren sind.

§ 24 PStG   Findelkind

(1) ¹Wer ein neugeborenes Kind findet, muss dies spätestens am folgenden Tag der Gemeindebehörde anzeigen. ²Diese stellt die erforderlichen Ermittlungen an und benachrichtigt von dem Ergebnis alsbald die zuständige Verwaltungsbehörde.

(2) ¹Die zuständige Verwaltungsbehörde setzt nach Anhörung des Gesundheitsamts den vermutlichen Ort und Tag der Geburt fest und bestimmt die Vornamen und den Familiennamen des Kindes. ²Auf ihre schriftliche Anordnung wird die Geburt in dem Geburtenregister des für den festgesetzten Geburtsort zuständigen Standesamts beurkundet. ³Liegt der Geburtsort im Ausland, so ist das Standesamt, in dessen Bezirk das Kind aufgefunden worden ist, für die Beurkundung zuständig.

§ 25 PStG Person mit ungewissem Personenstand

¹Wird im Inland eine Person angetroffen, deren Personenstand nicht festgestellt werden kann, so bestimmt die zuständige Verwaltungsbehörde, welcher Geburtsort und Geburtstag für sie einzutragen ist; sie bestimmt ferner die Vornamen und den Familiennamen. ²Auf ihre schriftliche Anordnung wird die Geburt in dem Geburtenregister des für den bestimmten Geburtsort zuständigen Standesamts beurkundet. ³Liegt der Geburtsort im Ausland, so ist das Standesamt, in dessen Bezirk die Person angetroffen worden ist, für die Beurkundung zuständig.

§ 26 PStG Nachträgliche Ermittlung des Personenstandes

Wird in den Fällen der §§ 24 und 25 der Personenstand später ermittelt, so wird der Eintrag auf schriftliche Anordnung der Behörde berichtigt, die ihn veranlasst hat.

Abschnitt 3
Fortführung des Geburtenregisters

§ 27 PStG Feststellung und Änderung des Personenstandes, sonstige Fortführung

(1) ¹Wird die Vaterschaft nach der Beurkundung der Geburt des Kindes anerkannt oder gerichtlich festgestellt, so ist dies beim Geburtseintrag zu beurkunden. ²Über den Vater werden die in § 21 Abs. 1 Nr. 4 genannten Angaben eingetragen; auf die Beurkundung seiner Geburt wird hingewiesen.

(2) Die Anerkennung der Mutterschaft zu einem Kinde wird auf mündlichen oder schriftlichen Antrag der Mutter oder des Kindes beim Geburtseintrag beurkundet, wenn geltend gemacht wird, dass die Mutter oder der Mann, dessen Vaterschaft anerkannt oder rechtskräftig festgestellt ist oder von dem das Kind nach Angabe der Mutter stammt, eine fremde Staatsangehörigkeit besitzt und das Heimatrecht dieses Elternteils eine Anerkennung der Mutterschaft vorsieht.

(3) Außerdem sind Folgebeurkundungen zum Geburtseintrag aufzunehmen über

1. jede sonstige Änderung des Personenstandes des Kindes; bei einer Annahme als Kind gilt § 21 Abs. 1 Nr. 4 entsprechend,
2. die Änderung der Namensführung der Eltern oder eines Elternteils, wenn auch das Kind den geänderten Namen führt,
3. die Feststellung des Namens des Kindes mit allgemein verbindlicher Wirkung,
4. die nachträgliche Angabe oder die Änderung des Geschlechts des Kindes,
5. die Berichtigung des Eintrags.

(4) ¹Für die aus Anlass der Beurkundungen nach den Absätzen 1 und 3 aufzunehmenden Hinweise gilt § 21 Abs. 3 entsprechend. ²Im Übrigen wird hingewiesen

1. auf die Ehe oder die Lebenspartnerschaft des Kindes,
2. auf die Geburt eines Kindes,
3. auf den Tod des Kindes oder eine das Kind betreffende Todeserklärung oder gerichtliche Feststellung der Todeszeit.

Kapitel 6 Sterbefall

Abschnitt 1
Anzeige und Beurkundung

§ 28 PStG   Anzeige

Der Tod eines Menschen muss dem Standesamt, in dessen Zuständigkeitsbereich er gestorben ist,

1. von den in § 29 genannten Personen mündlich oder schriftlich, oder
2. von den in § 30 Abs. 1 genannten Einrichtungen schriftlich

spätestens am dritten auf den Tod folgenden Werktag angezeigt werden.

§ 29 PStG   Anzeige durch Personen

¹Zur Anzeige sind verpflichtet

1. jede Person, die mit dem Verstorbenen in häuslicher Gemeinschaft gelebt hat,
2. die Person, in deren Wohnung sich der Sterbefall ereignet hat,
3. jede andere Person, die bei dem Tod zugegen war oder von dem Sterbefall aus eigenem Wissen unterrichtet ist.

²Eine Anzeigepflicht besteht nur, wenn eine in der Reihenfolge früher genannte Person nicht vorhanden oder an der Anzeige gehindert ist.

§ 30 PStG   Anzeige durch Einrichtungen und Behörden

(1) Bei Sterbefällen in Krankenhäusern, Alten- und Pflegeheimen sowie sonstigen Einrichtungen gilt § 20 entsprechend.

(2) Ist ein Anzeigepflichtiger nicht vorhanden oder ist sein Aufenthaltsort unbekannt und erlangt die für den Sterbeort zuständige Gemeindebehörde Kenntnis von dem Sterbefall, so hat sie die Anzeige zu erstatten.

(3) Findet über den Tod einer Person eine amtliche Ermittlung statt, so wird der Sterbefall auf schriftliche Anzeige der zuständigen Behörde eingetragen.

§ 31 PStG   Eintragung in das Sterberegister

(1) Im Sterberegister werden beurkundet
1. die Vornamen und der Familienname des Verstorbenen, Ort und Tag seiner Geburt, das Geschlecht,
2. der letzte Wohnsitz und der Familienstand des Verstorbenen,
3. die Vornamen und der Familienname sowie das Geschlecht des Ehegatten oder Lebenspartners, wenn der Verstorbene im Zeitpunkt seines Todes verheiratet war oder eine Lebenspartnerschaft führte; war die Ehe oder Lebenspartnerschaft durch Tod aufgelöst oder war der Ehegatte oder Lebenspartner für tot erklärt oder war seine Todeszeit gerichtlich festgestellt worden, sind die Angaben für den letzten Ehegatten oder Lebenspartner aufzunehmen,
4. Ort sowie Tag, Stunde und Minute des Todes.

(2) Zum Sterbeeintrag wird hingewiesen
1. auf die Beurkundung der Geburt des Verstorbenen,
2. bei verheiratet gewesenen Verstorbenen auf die Eheschließung,
3. bei Verstorbenen, die eine Lebenspartnerschaft führten, auf die Begründung der Lebenspartnerschaft.

Abschnitt 2
Fortführung des Sterberegisters; Todeserklärungen

§ 32 PStG   Fortführung

¹Zum Sterbeeintrag werden Folgebeurkundungen über Berichtigungen aufgenommen. ²Auf die Todeserklärung und die gerichtliche Feststellung der Todeszeit wird hingewiesen.

§ 33 PStG   Todeserklärungen

Ausfertigungen der Beschlüsse über Todeserklärungen und gerichtliche Feststellungen der Todeszeit werden von dem Standesamt I in Berlin in einer Sammlung dauernd aufbewahrt.

A. Allgemeines 1	4. Besonderheiten des Geburtenregisters . 21
B. Regelungsgehalt 3	a) Haupteintrag 21
I. Zuständigkeit 3	b) Folgebeurkundungen 28
II. Grundlagen der Beurkundung 8	c) Hinweisteil 29
1. Anzeigepflicht 9	d) Sammelakte 30
2. Antragsberechtigung 14	5. Besonderheiten des Sterberegisters 31
III. Zusammensetzung der Registereinträge ... 16	a) Haupteintrag 31
1. Unterteilung der Register 16	b) Folgebeurkundungen 33
2. Inhalt der Register, insbesondere der Name 17	c) Hinweisteil 34
3. Weitere Inhalte 20	d) Sammelakte 35

A. Allgemeines

1 In den §§ 18 bis 27 PStG wird die Beurkundung einer Geburt geregelt; in den §§ 28 bis 33 PStG eines Sterbefalls. Die Regelungen über Sterbefälle sind denen über Geburten weitgehend angepasst, so dass sie hier zusammen kommentiert werden.

2 Das BVerfG hat mit Beschluss vom 10.10.2017[1] festgestellt, dass § 21 Abs. 1 Nr. 3 PStG iVm § 22 Abs. 3 PStG mit Art. 2 Abs. 1 iVm Art. 1 Abs. 1 und Art. 3 Abs. 3 S. 1 GG unvereinbar ist, soweit sie eine **Pflicht zur Angabe des Geschlechts** begründen und dabei Personen, deren Geschlechtsentwicklung gegenüber einer weiblichen oder männlichen Geschlechtsentwicklung Varianten aufweist und die sich selbst dauerhaft weder dem männlichen noch dem weiblichen Geschlecht zuordnen, keinen positiven Geschlechtseintrag ermöglichen, der nicht „weiblich" oder „männlich" lautet. Daher hat der Gesetzgeber mit Wirkung vom 22.12.2018 schließlich in einem neugefassten § 22 Abs. 3 PStG die zusätzliche Möglichkeit des Geschlechtseintrags „divers" geschaffen.[2]

---

[1] BGBl. 2017 I 3783 = FamRZ 2017, 2046 mAnm Helms.
[2] Einen Ausblick auf die Schaffung eines Selbstbestimmungsgesetzes, welches einen selbstbestimmten Wechsel des rechtlichen Geschlechtseintrages ermöglichen könnte – vor allem mit Fokus auf Minderjährige – gibt: Dethloff/Maurer FamRZ 2023, 254. Zur Änderung der Angaben zum Geschlecht und zum Vornamen durch bloße Erklärung, Auslegung des § 49 PStG siehe OLG Nürnberg BeckRS 2019, 30351; Siehe zur Reform des § 22 Abs. 3 PStG und zur Rechtsprechung des BVerfG auch Gössl/Dannecker/Schulz NZFam 2020, 145; Berndt-Benecke NVwZ 2019, 286; Lindenberg NZFam 2018, 1062; Gössl NZFam 2016, 1122; Märker NZFam 2018, 1.

B. Regelungsgehalt

I. Zuständigkeit

Die allgemeinen Zuständigkeitsvoraussetzungen sind in den §§ 1 und 2 PStG geregelt (→ PStG §§ 1–10 Rn. 2 f.).

Für Geburten und Sterbefälle **im Inland** und somit für die Führung des Geburts- bzw. Sterberegisters ist das Standesamt zuständig, in dessen Zuständigkeitsbereich eine Person geboren, § 18 Abs. 1 S. 1, bzw. gestorben, § 28 PStG, ist.

Zu Sterbefällen von Häftlingen der ehemaligen deutschen **Konzentrationslager**, von Angehörigen der ehemaligen **deutschen Wehrmacht** oder diesen in personenstandsrechtlicher Hinsicht gleichgestellten Personen aus Anlass des Zweiten Weltkrieges → PStG §§ 34 bis 45a Rn. 4.

Ist ein Deutscher **im Ausland** oder **auf einem Seeschiff**, welches **keine Bundesflagge** führt, geboren oder gestorben, oder eine auf See verstorbene Person von einem solchen Schiff auf See aufgenommen worden, so ist für dessen Beurkundung das Standesamt, in dessen Zuständigkeitsbereich *dieser* seinen Wohnsitz oder gewöhnlichen Aufenthalt hat bzw. hatte, zuständig. Ist danach eine Zuständigkeit nicht feststellbar, so ist das für den Antragsteller ansässige Standesamt zuständig. Soweit auch dieses nicht feststellbar ist, so beurkundet das Standesamt I in Berlin die Geburt bzw. den Tod, § 36 Abs. 2 bzw. §§ 37 Abs. 4, 36 Abs. 2 PStG. Zudem wird dort ein Verzeichnis aller Beurkundungen von Geburten oder Todesfällen Deutscher im Ausland geführt, § 36 Abs. 3 PStG.

Die Geburt oder der Tod einer Person gleich welcher Nationalität auf einem **Seeschiff**, welches die **Bundesflagge** führt, oder eine auf See verstorbene Person, die von einem solchen Schiff auf See aufgenommen wird, wird vom Standesamt I in Berlin beurkundet, § 37 Abs. 1 PStG. Hierzu hat der Schiffsführer die Anzeige der Geburt oder des Todes schriftlich aufzunehmen und selber und von dem Anzeigenden zu unterschreiben. Die Niederschrift und eine Abschrift dessen ist seit dem 1.11.2017 nicht mehr dem nächst erreichbaren Seemannsamt[3] zu übergeben, welches die Niederschrift an das Standesamt I in Berlin weitersenden musste, sondern nunmehr ist nur die Niederschrift vom Schiffsführer unmittelbar an das Standesamt I in Berlin zu übersenden, § 37 Abs. 3 PStG.

II. Grundlagen der Beurkundung

Beurkundungen in den Registern werden aufgrund von Anzeigen, Anordnungen, Erklärungen, Mitteilungen und eigenen Ermittlungen des Standesamtes sowie von Einträgen in anderen Personenstandsregistern, -urkunden oder sonstigen öffentlichen Urkunden vorgenommen, § 9 Abs. 1 PStG.[4] Die **Abstammung** eines Kindes unterliegt gemäß Art. 19 EGBGB dem Recht des Staates, in dem das Kind seinen gewöhnlichen Aufenthalt hat.[5] Sie kann im Verhältnis zu jedem Elternteil auch nach dem Recht des Staates bestimmt werden, dem dieser Elternteil angehört. Ist die Mutter verheiratet, so kann die Abstammung ferner nach dem Recht bestimmt werden, dem die allgemeinen Wirkungen ihrer Ehe bei der Geburt nach Art. 14 Abs. 1 EGBGB unterliegen; ist die Ehe vorher durch Tod aufgelöst worden, so ist der Zeitpunkt der Auflösung maßgebend. Sind die Eltern nicht miteinander verheiratet, so unterliegen Verpflichtungen des Vaters

---

[3] Im Ausland übernimmt der deutsche Konsul die Aufgaben des Seemannsamtes, § 2 KonsG. Zur Liste der zu Seemannsämtern bestimmten Auslandsvertretungen und der mit der Wahrnehmung seemannsamtlicher Aufgaben beauftragten Honorarkonsularbeamten der Bundesrepublik Deutschland siehe III. der Bekanntmachung über die Seemannsämter außerhalb des Geltungsbereiches des Grundgesetzes und die mit der Wahrnehmung seemannsamtlicher Aufgaben beauftragten Honorarkonsularbeamten der Bundesrepublik Deutschland.

[4] Siehe zur öffentlichen Beglaubigung von Erklärungen auch BT 9.1 PStG-VwV.

[5] Zu den Anforderungen an die Durchbrechung der Abstammungsvermutung nach polnischer 300-Tage-Regel: OLG Brandenburg BeckRS 2022, 3169.

gegenüber der Mutter aufgrund der Schwangerschaft dem Recht des Staates, in dem die Mutter ihren gewöhnlichen Aufenthalt hat. Zudem sind die Art. 20 bis 24 EGBGB zu beachten.

9 **1. Anzeigepflicht.** Eine besondere **mündliche** Anzeigepflicht[6] haben bei der **Geburt** eines Kindes dessen sorgeberechtigten Eltern und, wenn diese verhindert oder unbekannten Aufenthalts sind, jede andere Person, die aus eigenem Wissen von der Geburt unterrichtet ist, §§ 18 Ziff. 1, 19 PStG; bei einem neugeborenen **Findelkind** ist der Finder verpflichtet, § 24 Abs. 1 S. 1 PStG.[7] Wird das Kind in einem **Kranken-** oder **Geburtshaus**, in einer Einrichtung für psychisch Kranke, der Jugendhilfe oder einer Jugendvollzugsanstalt oder dergleichen geboren, so sind diese neben den Sorgeberechtigten zur **schriftlichen** Anzeige verpflichtet, §§ 18 Abs. 1 Ziff. 2, 20 PStG. Eine Auskunfts- und Nachweispflicht besteht nicht bei einer **vertraulichen Geburt** nach § 25 Abs. 1 SchKG, § 10 Abs. 4 PStG, → Rn. 18.

10 Zur **mündlichen** Anzeige[8] des **Sterbefalls** eines Menschen ist nach §§ 28 Ziff. 1, 29 PStG jede Person verpflichtet, die mit dem Verstorbenen in häuslicher Gemeinschaft gelebt hat (§ 29 Nr. 1 PStG), in deren Wohnung sich der Sterbefall ereignet hat (§ 29 Nr. 2 PStG), die bei dem Tod zugegen war oder von dem Sterbefall aus eigenem Wissen unterrichtet ist (§ 29 Nr. 3 PStG). Ist mit der Anzeige ein registriertes **Bestattungsunternehmen** beauftragt..[9] Eine **schriftliche** Anzeige *muss* bei Sterbefällen in Krankenhäusern, Alten- und Pflegeheimen sowie sonstigen Einrichtungen von diesen erfolgen, §§ 28 Ziff. 2, 30 Abs. 1, 20 PStG. Bei amtlichen Ermittlungen über den fraglichen Tod einer Person wird der Sterbefall auf schriftliche Anzeige der zuständigen Behörde eingetragen, § 30 Abs. 3 PStG. Grundsätzlich gilt aber nach Art. 9 EGBGB bei **Verschollenen**, dass eine Todeserklärung, die Feststellung des Todes und des Todeszeitpunkts sowie Lebens- und Todesvermutungen dem Recht des Staates unterliegen, dem der Verschollene in dem letzten Zeitpunkt angehörte, in dem er nach den vorhandenen Nachrichten noch gelebt hat. War der Verschollene in diesem Zeitpunkt Angehöriger eines fremden Staates, so kann er nach deutschem Recht für tot erklärt werden, wenn hierfür ein berechtigtes Interesse besteht.

11 Die Beurkundung der Sterbefälle von Häftlingen der ehemaligen deutschen **Konzentrationslagern** erfolgt auf schriftliche Anzeige der Urkundenprüfstelle beim Sonderstandesamt in Bad Arolsen oder der Deutschen Dienststelle für die Benachrichtigung der nächsten Angehörigen von Gefallenen der ehemaligen deutschen Wehrmacht – Deutsche Dienststelle (WASt) – oder von jeder Person, die bei dem Tode zugegen war oder von dem Sterbefall aus eigenem Wissen unterrichtet ist, § 38 Abs. 1 und 2 PStG, § 43 PStV.

12 Die Anzeige der Sterbefälle von Angehörigen der ehemaligen **deutschen Wehrmacht** oder diesen gleichgestellten Personen aus Anlass des Zweiten Weltkrieges obliegt der Deutschen Dienststelle für die Benachrichtigung der nächsten Angehörigen von Gefallenen der ehemaligen deutschen Wehrmacht – Deutsche Dienststelle (WASt) –, Berlin, § 44 Abs. 2 S. 1 PStV.

13 Antragsberechtigt ist auch jede andere Person, die ein berechtigtes Interesse an der Beurkundung geltend macht, § 44 Abs. 2 S. 3 PStV. Ist der Sterbefall im Inland eingetreten, kann die Anzeige auch von jeder Person erstattet werden, die bei dem Tod zugegen war oder von dem Sterbefall aus eigenem Wissen unterrichtet ist, § 44 Abs. 3 S. 1 PStV. Bei der Deutschen Dienststelle (WASt) können Nachweise über die Staatsangehörigkeit, den Verbleib einer Person oder dergleichen angefordert werden, wenn ein hierzu berechtigender Grund nachgewiesen wird.

14 **2. Antragsberechtigung.** Berechtigt, den **Antrag** auf Beurkundung der **Geburt eines Deutschen im Ausland** zu stellen, sind dessen Eltern, der Geborene selber, dessen Ehegatte bzw. Lebens-

---

[6] Eine Anzeige ist zwingende Voraussetzung für die Beurkundung einer Geburt, BT 9.4.1 PStG-VwV; zur Anzeige siehe BT 18 bis 20 PStG-VwV.

[7] Zur Form der Anzeige und Niederschrift siehe auch BT 9.4 PStG-VwV; zur Anzeige siehe BT 28 bis 30 PStG-VwV.

[8] Eine Anzeige ist zwingende Voraussetzung für die Beurkundung eines Sterbefalls, BT 9.4.1 PStG-VwV.

[9] Zur Form der Anzeige und Niederschrift siehe auch BT 9.4 PStG-VwV.

partner oder die Kinder des Geborenen, § 36 Abs. 1 S. 4 Ziff. 1 PStG; für den Antrag auf Beurkundung des **Todesfalles eines Deutschen im Ausland** sind die Eltern des Verstorbenen, dessen Kinder, Ehegatte bzw. Lebenspartner, jede andere Person, die ein rechtliches Interesse an der Beurkundung geltend machen kann, und die zuständige deutsche Auslandsvertretung befugt, § 36 Abs. 1 S. 4 Ziff. 2 PStG. Durch § 8 KonsG wird es deutschen Konsularbeamten ermöglicht, solche Anträge auf Beurkundung der Geburt oder des Todes eines Deutschen entgegenzunehmen, und an das zuständige inländische Standesamt weiterzuleiten. Für die deutsche Beurkundung notwendige ausländische öffentliche Urkunden werden nach § 13 KonsG von den Konsularbeamten gegebenenfalls legalisiert.

Die gleichen Personen sind für die Beurkundung antragsberechtigt, wenn sich die Geburt oder der Tod eines Deutschen auf einem **Seeschiff**, das *keine* Bundesflagge führt, ereignet oder wenn der auf See Verstorbene von einem solchen Schiff aufgenommen wurde, § 37 Abs. 4 PStG.

III. Zusammensetzung der Registereinträge

1. Unterteilung der Register. Die Geburten- und Sterberegister bestehen jeweils aus einem **urkundlichen Teil**, welcher den Haupteintrag und etwaige Folgebeurkundungen enthält, und einem Hinweisteil und der Sammelakte.[10] Der **Haupteintrag** enthält die relevanten Daten des Ereignisses, welches den erstmaligen Eintrag in das jeweilige Register auslöst,[11] mithin eine Geburt oder einen Todesfall einschließlich des Namens der betroffenen Personen. **Folgebeurkundungen** sind Einträge, die den Beurkundungsinhalt des Haupteintrages verändern.[12] Dies können die Fortschreibung aller urkundlichen Daten des Registereintrags oder die Berichtigungen nach den §§ 47 ff. PStG und Ergänzungen von Angaben, die bereits bei der Eintragung unrichtig oder unvollständig waren, sein. **Hinweise** stellen die Verknüpfung zwischen den verschiedenen Beurkundungen in den unterschiedlichen Registern her, die dieselbe Person, deren Ehegatte, Lebenspartner, Eltern oder Kinder betreffen, § 5 Abs. 2 und 3 PStG.[13] Nach § 18 PStV ist daher in den Personenstandsregistern auf Registereinträge in anderen Personenstandsregistern hinzuweisen. Daneben werden in besonderen **Sammelakten** weitere Dokumente aufbewahrt, welche die einzelnen Beurkundungen in den Personenstandsregistern betreffen, § 6 PStG.[14]

2. Inhalt der Register, insbesondere der Name. Durch die tatsächlichen Gegebenheiten der Geburt oder des Versterbens verändert sich zwar relevant die Stellung einer Person innerhalb der Rechtsordnung, mithin der Personenstand; wichtigstes Wiedererkennungsmerkmal einer Person ist aber nicht die Relation dieser zu anderen Personen, sondern deren eigener, vollständig[15] und in der richtigen Reihenfolge geführter[16] **Name**.[17] Der Name wird daher ausdrücklich zum Personenstand hinzugenommen (vgl. § 1 Abs. 1 S. 1 PStG).[18] Nach der Beurkundung der Geburt abgegebene Erklärungen müssen öffentlich beglaubigt werden.

Nach Art. 10 Abs. 3 EGBGB kann der oder die Inhaber der Sorge gegenüber dem Standesamt bestimmen, dass ein Kind den Familiennamen erhalten soll – entweder nach dem Recht eines Staates, dem ein Elternteil angehört, oder nach deutschem Recht, wenn ein Elternteil seinen gewöhnlichen Aufenthalt im Inland hat, oder nach dem Recht des Staates, dem ein den Namen

---

10 Zum Betrieb der Personenstandsregister siehe auch §§ 9 ff. PStV.
11 Siehe zur Führung der Haupteinträge auch § 16 PStV, BT 3.1 PStG-VwV.
12 Siehe zur Führung der Folgebeurkundungen auch § 17 PStV, BT 5 PStG-VwV.
13 Siehe zur Führung der Hinweise auch § 18 PStV.
14 Siehe zur Führung der Sammelakten auch § 22 PStV, BT 6 PStG-VwV.

15 § 23 Abs. 2 PStV; BGH NJW 1971, 1521.
16 BGH NJW 1993, 2244; OLG Brandenburg StAZ 2008, 43.
17 Hepting StAZ 2013, 1. Zu Zweifeln über die Identität LG Bochum BeckRS 2009, 12065.
18 Nicht hingegen ein akademischer Grad BGH NJW 2014, 387; siehe auch Berkl StAZ 2013, 177.

Erteilender angehört.[19] Zu den Grundsätzen des deutschen Vornamensrechts und des Familiennamens siehe auch BT 21.2, 21.3 und 22 PStG-VwV. Bei der Bestimmung des **Geburtsnamens** (Familienname oder Nachname) sind insbesondere die §§ 1355 Abs. 6, 1616 bis 1618 BGB zu berücksichtigen. Die von den Eltern bei der Geburt vergebenen **Vornamen** sind zur Wahrung des öffentlichen Interesses an einer Namenskontinuität grundsätzlich unveränderbar und können nicht durch die tatsächliche Namensführung oder eine unrichtige Erfassung bei der Behörde geändert werden.[20] Ab dem 1.11.2018 ist zur Erklärung über die Reihenfolge der Vornamen § 45a PStG zu beachten.[21] Der Name einer Person kann grundsätzlich[22] nur im Zusammenhang mit der Begründung einer Ehe oder Lebenspartnerschaft, einer Adoption (§§ 1741 ff., 1757 BGB), einer Namenserteilung (§ 1617a BGB),[23] Namenserstreckung (§ 1617c BGB), Einbenennung (§ 1618 BGB)[24] oder unter den engen Voraussetzungen des Gesetzes über die Änderung von Familiennamen und Vornamen[25] geändert werden und sodann in den Personenstandsregistern eingetragen bzw. berichtigt werden.[26] Ein wichtiger Grund für die geringfügige Änderung der Schreibweise eines Vornamens kann vorliegen, wenn die damit herbeigeführte Übereinstimmung mit der Schreibweise des Vornamens in Reisedokumenten eines anderen Wohnsitzlandes erforderlich ist, um Schwierigkeiten bei der wiederholten Einreise zu vermeiden.[27] Dies wird durch Erklärung der Betroffenen nach § 45 PStG in die Wege geleitet. Unter den Voraussetzungen des § 47 bzw. § 48 PStG können unter anderem der Name bei einem offenkundigen Schreibfehler oder sonstigen unrichtigen oder unvollständigen Eintragungen berichtigt werden.[28] Der Name des rechtlichen Vaters eines Kindes kann nicht aufgrund der Anerkennung der Vaterschaft durch den biologischen Vater im Geburtenregister getilgt werden.[29]

19 Nach Art. 10 Abs. 1 EGBGB unterliegt der Name einer Person grundsätzlich dem Recht des Staates, dem die Person angehört. Dennoch muss der Name eventuell an das deutsche Personenstandsrecht angeglichen werden: Verwendet der Heimatstaat keine lateinische Schrift, sind die fremden Schriftzeichen grundsätzlich mithilfe der ISO-Transliterationsnormen durch gleichwertige lateinische Schriftzeichen wiederzugeben.[30] Ergibt sich die lateinische Schreibweise je-

---

19 Zur Erteilung des Namens des Vaters für ein Kind nicht verheirateter Eltern: OLG Düsseldorf BeckRS 2013, 08405; zur Eintragung des Namens für ein Kind, das im Ausland als Findelkind aufgefunden wurde: OLG Köln BeckRS 2015, 10840, zur Eintragung eines russischen Vatersnamens in das Geburtenregister: BGH NJW-RR 2022, 1153; Keine Wählbarkeit der australischen Rechtsordnung in Bezug auf den Familiennamen des Kindes bei Erteilung eines Phantasienamens BGH BeckRS 2018, 13139.
20 VGH München NJW 2014, 3052; OVG Bln-Bbg BeckRS 2014, 49418. Siehe zur Führung der Namen auch §§ 23, 45 f. PStV und zur Art und Weise der Eintragung des Namens (etwa Schreibweise etc) A 1 PStG-VwV; zu den Grundsätzen des deutschen Vornamensrechts und des Familiennamens siehe BT 21.2 u. 21.3 PStG-VwV; zu Erklärungen zur Namensführung von Ehegatten BT 41 PStG-VwV; zu Erklärungen zu Namensangleichungen BT 43 PStG-VwV; zu Erklärungen zur Namensführung des Kindes BT 45 PStG-VwV, zum Vorrang des Grundsatzes der Namenskontinuität, KG BeckRS 2022, 17742.
21 § 45a PStG tritt gemäß Art. 4 Abs. 2 in Verbindung mit Art. 1 Nr. 16 des zweiten Gesetzes zur Änderung personenstandsrechtlicher Vorschriften 2. PStRÄndG, BGBl. 2017 I 2522 erst am 1.11.2018 in Kraft.
22 Siehe zB auch § 94 BVFG.
23 Auch für ein totgeborenes Kind möglich OLG Düsseldorf BeckRS 2014, 19180.
24 OLG Zweibrücken NJW 2011, 3728.
25 OLG München NJW-RR 2012, 454.
26 Siehe auch das Übereinkommen über die Änderung von Namen und Vornamen vom 4.9.1958, BGBl. 1961 II 1055, 1076 und das Übereinkommen über die Angabe von Familiennamen und Vornamen in den Personenstandsbüchern vom 13.9.1973, BGBl. 1976 II 1473 f. (Das Übereinkommen über das auf Familiennamen und Vornamen anzuwendende Recht vom 5.9.1980, das Übereinkommen über die Ausstellung einer Bescheinigung über die Führung verschiedener Familiennamen vom 8.9.1982 und das Übereinkommen über die Anerkennung von Namen vom 16.9.2005 sind von der Bundesrepublik Deutschland zwar zum Teil gezeichnet, aber nicht ratifiziert worden und gelten daher nicht in Deutschland.).
27 BVerwG NJW 2017, 101 mwN Ein wichtiger Grund für eine Änderung des Vornamens kann aber verneint werden, wenn die Änderung des Vornamens durch das Hinzufügen eines weiblichen zu einem männlichen Vornamen der Ordnungsfunktion widerspricht, BVerwG NJW 2016, 2761.
28 Berichtigung eines Schreibfehlers bei der Anmeldung der Geburt nach 8 Jahren OLG Köln BeckRS 2010, 13531.
29 OLG München BeckRS 2015, 13428.
30 Zur Transkription russischer Namen KG BeckRS 2017, 129276; nach den französischen und englischen Transkriptionsregeln von der kyrillischen in lateinische Buchstaben LG Rottweil BeckRS 2010, 23168; AG München BeckRS 2012, 10660.

doch aus einer Personenstandsurkunde oder einer anderen öffentlichen Urkunde des Heimatstaats (zB Reisepass), so ist die dort verwendete Schreibweise maßgebend.[31] Die Unterscheidung des deutschen Namensrechts in Familienname, Ehename und Geburtsname ist dem englischen Recht fremd. Da das deutsche Personenstandsrecht aber die Eintragung eines vom Familiennamen abweichenden Geburtsnamens verlangt, so kann grundsätzlich der nach englischem Recht zuerst erworbene Name einer englischem Namensstatut unterliegenden Person, die ihren Namen nach englischem Recht geändert hat, als Geburtsname eingetragen werden.[32] Ein „middle name" (Mittelname) ist dem deutschen Recht fremd und nach seiner Funktion dem Vor- und nicht unbedingt dem Familiennamen zuzuordnen;[33] aber durchaus möglich einzutragen.[34] Es ist unerheblich, ob ein einzelner Buchstabe als Vorname grundsätzlich ausscheidet, wenn es sich um einen Namensbestandteil handelt, der die Aufgaben eines Vornamens erfüllt.[35] An einen zweiten Vornamen können geringere Anforderungen gestellt werden, auch wenn es sich nur um einen Anfangsbuchstaben mit einem Punkt handelt („middle initial"). Die bloße Abkürzung ist ausnahmsweise einzutragen, weil nach den besonderen Umständen des Falles nicht mehr aufgeklärt werden kann, für welchen Namen der Anfangsbuchstabe steht. Dann ist nach dem Annäherungsgrundsatz zumindest die verkürzte Form zu beurkunden.[36] Ein Kind auch deutscher Staatsangehörigkeit, dessen Eltern ausschließlich Deutsche sind, kann nicht mit dem aus deren Geburtsnamen gebildeten Doppelnamen in das Geburtenregister eingetragen werden, den es in seinem Geburtsstaat führt.[37]

3. Weitere Inhalte. Zur näheren Bestimmung des einzutragenden Ereignisses ist neben dem Namen insbesondere die **Ort-** und **Zeitangabe** von größter Bedeutung.[38] Mit der Reform des Personenstandsgesetzes zum 1.11.2022 entfällt die Eintragung der Zugehörigkeit zu einer Religionsgemeinschaft oder einer Weltanschauungsgemeinschaft auf Wunsch der Beteiligten. Der Verzicht auf die Eintragung soll der Entlastung der Standesämter dienen, da diese aufgrund der umfangreichen Gesetzesänderungen im Rahmen der Reform ohnehin mit einem erheblichen Mehraufwand belastet sind.[39]

4. Besonderheiten des Geburtenregisters. a) Haupteintrag. Der Haupteintrag im Geburtenregister besteht aus dem oder den **Vor-** und dem **Geburtsnamen** des Kindes (→ Rn. 17 ff.), dem **Ort**[40] sowie einer genauen **Zeitangabe** (Jahr, Monat, Tag, Stunde und Minute) der Geburt und den Vor- und Familiennamen der **Eltern**,[41] § 21 Abs. 1 PStG. Ein **Frau-zu-Mann-Transsexueller**, der nach der rechtskräftigen Entscheidung über die Änderung der Geschlechtszugehörigkeit ein Kind geboren hat, ist im Rechtssinne Mutter des Kindes. Er ist sowohl im Geburtenregister des Kindes als auch in den aus dem Geburtenregister erstellten Geburtsurkunden – sofern dort Angaben zu den Eltern aufzunehmen sind – als „Mutter" mit seinen früher geführten weiblichen

---

31 OLG Nürnberg BeckRS 2015, 10007; zur Eintragung ägyptischer Namensketten: OLG Karlsruhe BeckRS 2012, 24971; zur Eintragung polnischer Adelsprädikate: KG BeckRS 2012, 17254; zum indischen Recht: BayObLG BeckRS 1999, 00264. Griechisches Recht: KG BeckRS 2014, 21214; portugiesisches Recht: KG BeckRS 2014, 21750.
32 OLG München BeckRS 2009, 04752.
33 Staudinger/Lugani BGB, 2015, § 1616 Rn. 94.
34 BGH NJW-RR 2017, 833 Mittelname nach dänischem Recht und BGH NJW 2014, 1383 Weiterführen des Vaternamens nach Einbürgerung einer bulgarischen Staatsangehörigen als Zwischenname.
35 Vgl. dazu BGH NJW 2014, 1383.
36 KG BeckRS 2017,123489.
37 USA: OLG München BeckRS 2014, 10871; Frankreich: KG BeckRS 2016, 05325.
38 Besondere Vorschriften zu deren Eintragung sind in A 2 PStG-VwV enthalten.
39 BR-Drs. 240/20.
40 Zu Geburten in Land-, Luftfahrzeugen und Binnenschiffen siehe § 32 PStV.
41 OLG Celle NJW-RR 2011, 1157 zur Nachbeurkundung einer Auslandsgeburt bei gleichgeschlechtlicher Ehe, siehe dazu auch BGH BeckRS 2019, 2215; BGH NJW 2019, 933. Zu den Problemen einer Leihmutterschaft: BGH NJW 2015, 479 mAnm Heiderhoff, siehe dazu auch: OLG Celle BeckRS 2023, 1046 OLG Köln NJW-RR 2014, 1409. Zur Vaterschaftsfeststellung bei Embryonen: BVerfG NJW 2017, 948. Zur ausländischen standesamtlichen Beurkundung: Frie NZFam 2018, 97.

Vornamen einzutragen.[42] Andererseits kann eine **Mann-zu-Frau-Transsexuelle**, mit deren konserviertem Spendersamen ein Kind gezeugt wurde, das nach rechtskräftiger Entscheidung über die Änderung der Geschlechtszugehörigkeit geboren worden ist, abstammungsrechtlich nur die Vater- und nicht die Mutterstellung erlangen.[43] Ebenso wird in der Regel das **Geschlecht** des Kindes eingetragen. Kann das Kind genetisch, anatomisch oder hormonell weder dem weiblichen noch dem männlichen Geschlecht zugeordnet werden (**Intersexualität**), so besteht die Möglichkeit, dies in der Anzeige anzugeben, BT 22.2 PStG-VwV, und der Personenstandsfall ohne eine solche Angabe in das Geburtenregister einzutragen, § 22 Abs. 3 PStG.[44] Das Personenstandsgesetz ließ früher eine Eintragung wie „inter" oder „divers" als Angabe des Geschlechts im Geburtenregister nicht zu. Das BVerfG hat diese Verweigerung eines positiven Geschlechtseintrags allerdings als verfassungswidrig angesehen[45] und dem Gesetzgeber aufgegeben, bis zum 31.12.2018 eine Neuregelung zu treffen. Mit Wirkung vom 22.12.2018 hat der Gesetzgeber schließlich in einem neugefassten § 22 Abs. 3 PStG die zusätzliche Möglichkeit des Geschlechtseintrags „divers" geschaffen.[46] Intergeschlechtlichen Personen, die körperlich nicht eindeutig einem binären, also männlichen oder weiblichen Geschlecht zugeordnet werden können, ermöglicht der neu gefasste § 45b Abs. 1 S. 1 PStG eine Änderung der Geschlechtsangabe im Personenstandseintrag durch Erklärung beim Standesamt. Allerdings ist § 45b PStG allein auf Menschen mit „Varianten der Geschlechtsentwicklung" beschränkt.[47] Unter Varianten der Geschlechtsentwicklung werden angeborene Variationen der genetischen, hormonalen, gonadalen und genitalen Anlagen eines Menschen mit der Folge verstanden, dass das Geschlecht einer Person nicht mehr eindeutig den biologischen Kategorien „männlich" oder „weiblich" entspricht. Dies ist nicht mit einer Fehlbildung oder einer Krankheit gleichzusetzen. Gerichte und Verwaltungsbehörden dürfen die Normen im Umfang der festgestellten Unvereinbarkeit nicht mehr anwenden. Personen mit lediglich empfundener Intersexualität sind dagegen nicht vom Anwendungsbereich der §§ 45b, 22 Abs. 3 PStG umfasst.[48]

22 Liegen dem Standesamt bei der Beurkundung der Geburt keine geeigneten Nachweise[49] zu den **Angaben über die Eltern** des Kindes vor, ist hierüber im Geburtseintrag ein erläuternder Zusatz aufzunehmen.[50] Bis zur Eintragung einer ergänzenden Folgebeurkundung zu den Angaben über die Eltern darf als Personenstandsurkunde nur ein beglaubigter Registerausdruck ausgestellt werden, § 35 Abs. 1 PStV.[51] Die Beweiswirkung eines vorgelegten, echten Nationalpasses wird nicht bereits durch die allgemeine Beurteilung der deutschen Auslandsvertretung in Frage gestellt, dass in dem Heimatland des Beteiligten kein sicheres Urkundenwesen besteht und demzufolge eine Legalisation von Urkunden dieses Staates nicht mehr vorgenommen wird.[52] Der Eintragung eines Vaters im Geburtsregister, der die **Vaterschaft** mit Zustimmung der Mutter anerkannt hat, stehen fehlende Personenstandsurkunden zur Mutter nicht entgegen. Ein Nachweis

---

42 BGH NJW 2017, 3379 mAnm Tolmein nachfolgend BVerfG BeckRS 2018, 13794, EGMR BeckRS 2023, 6691; dazu Lorenz NZFam 2021, 1081; Gössl ZRP 2018, 174; zum Geburtseintrag für ein Kind einer transsexuellen Mutter mit männlichem Vornamen BGH NJW 2022, 1531; siehe auch KG NJW-RR 2021, 387und Thormeyer jM 2018, 317.
43 BGH NZFam 2018, 80 mAnm Löhnig; zur Eintragung des Ehepartners diversen Geschlechts als Elternteil des von seiner Ehefrau geborenen Kindes: AG München BeckRS 2021, 10423.
44 Zuvor BGH NJW 2016, 2885 mkritAnm Bracthäuser/Remus.
45 Hepting/Dutta Personenstand-HdB Abschn. 2 Rn. IV-230.
46 Hepting/Dutta Personenstand-HdB Abschn. 2 Rn. IV-230.
47 Hepting/Dutta Personenstand-HdB Abschn. J Rn. V-954.
48 BGH NJW 2020, 1955 mAnm Löhnig; OLG Düsseldorf NJW-RR 2021, 262.
49 Zu einem nach Art. 28 Abs. 1 Genfer Flüchtlingskonvention ausgestellten Reisepass mit einem einschränkenden Vermerk, dass die Angaben zur Identität auf den eigenen Angaben des Inhabers beruhen, OLG Karlsruhe BeckRS 2016, 15504; OLG Nürnberg BeckRS 2014, 15188.
50 OLG Hamm BeckRS 2016, 01184. Wenn die Identität beider Eltern nicht nachgewiesen wird KG FamRZ 2017, 1773; KG BeckRS 2019, 37579.
51 Vgl. OLG Schleswig BeckRS 2014, 00911.
52 OLG Hamm BeckRS 2017, 125597. Siehe auch die Kommentierung zu § 13 KonsG.

nicht bestehender Ehe der Mutter zum Zeitpunkt der Geburt kann nur verlangt werden, wenn für eine solche Ehe konkrete Anhaltspunkte bestehen.[53]

Wird die **Mutter-** oder **Vaterschaft** erst nach der Geburtsbeurkundung **nachträglich anerkannt**[54] oder beim Vater gerichtlich festgestellt, wird dies auf Antrag der Eltern oder des Kindes bei dessen Geburtseintrag beurkundet, vgl. im Einzelnen § 27 Abs. 1 und 2 PStG.[55] Wird nach rechtskräftiger Scheidung nur nach ausländischem Recht der geschiedene Ehemann als Vater vermutet und hat ein anderer Mann vor Eintrag ins Geburtenregister die Vaterschaft wirksam anerkannt, so gilt für den Eintrag des Vaters des Kindes in das Geburtenregister das sog. **Günstigkeitsprinzip**, das am Kindeswohl ausgerichtet ist. Als „günstiger" gilt dabei dasjenige Recht, das dem Kind zu einem Vater verhilft, gegenüber einem Recht, welches das Kind ohne Vater lässt, da es für das Kind, insbesondere auch zur Sicherung seines Unterhalts, günstiger ist, einen Vater zu haben, als vaterlos zu sein.[56] Die Prüfung, ob die **Vaterschaftsanerkennung wirksam erklärt** ist, liegt im Verantwortungsbereich des das Geburtenbuch führenden Standesbeamten.[57] Die Eintragung eines Vaterschaftsanerkenntnisses im Geburtenbuch kann abgelehnt werden, wenn der Personenstand der Mutter zum Zeitpunkt der Geburt aufgrund eigener früherer, wechselnder Angaben zweifelhaft ist.[58] Können Zweifel nicht oder nicht innerhalb angemessener Zeit geklärt werden, muss der Standesbeamte die Beurkundung zurückstellen. In Fällen, in denen ein bestehender Zweifel erst nach langen Ermittlungen behoben werden kann, ist es regelmäßig vorzuziehen, die Eintragung bald vorzunehmen und gegebenenfalls später eine Berichtigung folgen zu lassen.[59] Dann ist aber ein entsprechender erläuternder Zusatz dem Geburtseintrag hinzuzufügen.[60]

Bei **Totgeburten** wird auf die Tatsache der Totgeburt im Geburtenregister hingewiesen; aber ein Vor-, Geburts- und Familienname nur aufgenommen, wenn derjenige, dem bei Lebendgeburt des Kindes die Personensorge zugestanden hätte, dieses wünscht, § 21 Abs. 2 PStG.[61]

Bei einer **vertraulichen Geburt** nach § 25 Abs. 1 SchKG[62] werden nicht die Vor- und Familiennamen der Eltern aufgenommen. Die Mutter des Kindes kann sich zwar für dieses Kind einen Vornamen wünschen, § 18 Abs. 2 PStG; jedoch legt die zuständige Verwaltungsbehörde den Vor- und Nachnamen des Kindes fest, § 21 Abs. 2a S. 2 PStG. Bei der Beurkundung ist in der Geburtsanzeige das Pseudonym der Mutter anzugeben, § 18 Abs. 2 PStG; daraus ist aber nicht ersichtlich, wer die Mutter des Kindes ist, vgl. § 26 Abs. 1 SchKG. Die während der Schwangerschaft begleitende Beratungsstelle hat einen Nachweis über die Herkunft des Kindes zu erstellen, indem sie den Vor- und Familiennamen der Schwangeren, ihr Geburtsdatum und ihre Anschrift aufnimmt, § 26 Abs. 2 SchKG, und diese Angaben in einem Umschlag verschließt, § 26 Abs. 3 SchKG. Nach der Geburt wird der Umschlag von der Beratungsstelle an das Bundesamt für Familie und zivilgesellschaftliche Aufgaben zur sicheren Verwahrung übersendet, § 27 Abs. 1 SchKG. Mit Vollendung des 16. Lebensjahres hat das vertraulich geborene Kind grundsätzlich das Recht dort den **Herkunftsnachweis** einzusehen, es sei denn die Mutter hat Belange geltend gemacht, die der Einsichtnahme entgegenstehen, vgl. § 31 SchKG.

---

53 OLG Karlsruhe BeckRS 2013, 13422.
54 Zur Erklärung über die Anerkennung der Vaterschaft und der Mutterschaft siehe § 44 PStG und BT 44 PStG-VwV. Zur Anerkennung nach einem Wechsel der Geschlechtszugehörigkeit iSv § 8 Abs. 1 TSG: OLG Köln NJW 2010, 1295.
55 S. a. OLG Zweibrücken BeckRS 2012, 24193; OLG Zweibrücken BeckRS 2012, 15244 zum Randvermerk bei nicht sicher geklärter Identität eines Elternteils; KG BeckRS 2010, 26392.
56 OLG München BeckRS 2016, 13149; BeckRS 2017, 115457 mwN über den Streitstand. Entscheidend aber BGH NJW 2017, 2911 und NJW 2017, 3447.
57 OLG Hamm BeckRS 2008, 24398.
58 OLG München BeckRS 2008, 15424.
59 AG Berlin-Schöneberg BeckRS 2009, 24294 mwN, Personenfeststellungsverfahren in Kenia. Vgl. auch OLG München BeckRS 2017, 115457.
60 OLG Hamm BeckRS 2016, 01184; OLG Köln BeckRS 2007, 10507.
61 Zur Unterscheidung einer Lebend- von einer Totgeburt siehe § 31 PStV.
62 Zum SchKG haben die Länder Ausführungsgesetze erlassen.

26 Geburten von Personen **im Ausland**, die im Zeitpunkt der Antragstellung **Deutsche**[63] sind, bzw. von **Staatenlosen, heimatlosen Ausländern** und **ausländischen Flüchtlingen** im Sinne des **Abkommens über die Rechtsstellung von Flüchtlingen vom 28.7.1951**[64] mit gewöhnlichem Aufenthalt **im Inland**, können auf Antrag mit dem gleichen Inhalt beurkundet werden, s. a. BT 36 PStG-VwV. Ebenso wird die Geburt einer Person gleich welcher Nationalität auf einem **Seeschiff**, das die Bundesflagge führt, eingetragen, vgl. § 37 Abs. 3 S. 2 PStG und BT 37 PStG-VwV.

27 Das bis zum 31.12.2011 bei den Standesämtern geführte **Testamentsverzeichnis** wurde bis zum 31.12.2016 in das bei der Bundesnotarkammer seit dem 1.1.2012 geführte ZTR überführt.[65] Die in amtlicher Verwahrung befindlichen Verfügungen von Todes wegen sind nicht Bestandteil des Geburtenregisters[66] Eine Verwahrungsnachricht kann aber mit der Testamentsverzeichnisnummer im Hinweisteil aufgenommen werden. In einen beglaubigten Registerauszug sind diese Hinweise nur auf Verlangen der Person, auf die sich der Geburtseintrag bezieht, aufzunehmen, § 48 Abs. 3 S. 2 PStV.

28 b) **Folgebeurkundungen.** Als Folgebeurkundungen zum Geburtseintrag[67] sind nach § 27 Abs. 3 PStG insbesondere jede sonstige **Änderung des Personenstandes** des Kindes (§ 27 Abs. 3 Nr. 1 PStG), die **Änderung der Namensführung** eines oder beider Eltern, wenn auch das Kind den geänderten Namen führt, (§ 27 Abs. 3 Nr. 2 PStG),[68] die **Feststellung des Namens** des Kindes mit allgemein verbindlicher Wirkung (§ 27 Abs. 3 Nr. 3 PStG), die nachträgliche Angabe oder die Änderung des **Geschlechts** des Kindes (§ 27 Abs. 3 Nr. 4 PStG) oder sonstige **Berichtigungen** des Geburtseintrags (§ 27 Abs. 3 Nr. 6 PStG) aufzunehmen.

29 c) **Hinweisteil.** Im Hinweisteil wird nach § 21 Abs. 3 PStG bei der Geburtseintragung insbesondere auf die **Staatsangehörigkeit der Eltern**, soweit sie nicht Deutsche sind und ihre ausländische Staatsangehörigkeit nachgewiesen ist (§ 21 Abs. 3 Nr. 1 PStG),[69] auf die **Eheschließung der Eltern** (§ 21 Abs. 3 Nr. 2 PStG), auf die Beurkundung der **Geburt der beiden Elternteile** (§ 21 Abs. 3 Nr. 3 PStG) und auf den **Erwerb der deutschen Staatsangehörigkeit des Kindes**, wenn ein Elternteil seit acht Jahren rechtmäßig seinen gewöhnlichen Aufenthalt im Inland hat und ein unbefristetes Aufenthaltsrecht besitzt (Nr. 4; § 4 Abs. 3 StAG), hingewiesen.[70] Nach der Geburtseintragung wird nach § 27 Abs. 4 PStG im Hinweisteil auf die **Ehe** bzw. die **Lebenspartnerschaft** des Kindes, auf die **Geburt** dessen eigenen Kindes und auf den eigenen **Tod des Kindes**, eine dieses betreffende **Todeserklärung** oder eine **gerichtliche Feststellung der Todeszeit** hingewiesen.

30 d) **Sammelakte.** Zur Sammelakte werden vor allem die standesamtlichen Niederschriften der mündlichen bzw. die schriftlichen Geburtsanzeigen genommen.

31 5. **Besonderheiten des Sterberegisters. a) Haupteintrag.** Der Haupteintrag im Sterberegister besteht nach § 31 Abs. 1 PStG insbesondere aus dem **Vor-** und **Familiennamen** des Verstorbenen, **Ort**[71] und **Tag** seiner **Geburt, Geschlecht** (§ 31 Abs. 1 Nr. 1 PStG), **Sterbeort**,[72] seinem **letzten**

---

63 Vgl. zur Leihmutterschaft in den USA BVerfG NJW-RR 2013, 1 und OLG Stuttgart NJW-RR 2012, 389, BGH NJW 2022, 2273; KG NJW 2017, 3241, indische Leihmutter und in Israel anerkannter Vater; zur Adoption OLG Hamm BeckRS 2014, 09734; OLG Stuttgart BeckRS 2012, 04120.
64 BGBl. 1953 II 559.
65 Herzog ErbR 2012, 294.
66 So ausdrücklich noch § 42 Abs. 1 PStV aF, der zum 1.11.2017 aufgehoben wurde.
67 Siehe hierzu auch BT 27 PStG-VwV.
68 Siehe hierzu auch BT 27.7 PStG-VwV.
69 OLG Düsseldorf BeckRS 2011, 00600.
70 Siehe hierzu auch BT 21.5 PStG-VwV und allgemein BT 27.11 PStG-VwV.
71 Der nach § 31 Abs. 1 PStG im Sterberegister zu beurkundende Geburtsort ist mit der amtlichen Gemeindebezeichnung einzutragen, die zum Zeitpunkt der Geburt maßgebend war, OLG Nürnberg BeckRS 2016, 111728, zur Beurkundung eines oberschlesischen Geburtsortes: BGH BeckRS 2018, 10391.
72 Siehe zu Sterbefällen in Fahrzeugen, Bergwerken und Gewässern etc § 37 PStV, BT 60.3.3 PStG-VwV.

Wohnsitz[73] und **Familienstand** (§ 31 Abs. 1 Nr. 2 PStG)[74] und, soweit gegeben, den Vor- und Familiennamen des **Ehegatten** bzw. **Lebenspartners**, auch wenn diese bereits vorverstorben waren (§ 31 Abs. 1 Nr. 3 PStG). Die **Zeitangabe des Todes** (Jahr, Monat, Tag, Stunde und Minute, § 31 Abs. 1 Nr. 4 PStG) hat möglichst genau zu erfolgen.[75] Die Eintragung eines nur nach Anfang und Ende bestimmten Zeitraums kommt ausnahmsweise dann in Betracht, wenn sich nach Durchführung der gebotenen Ermittlungen die Todeszeit nicht nach Stunde und Minute feststellen lässt.[76]

Sterbefälle von Personen **im Ausland**, die im Zeitpunkt der Antragstellung Deutsche sind, bzw. von Staatenlosen, heimatlosen Ausländern und ausländischen Flüchtlingen im Sinne des **Abkommens über die Rechtsstellung von Flüchtlingen vom 28.7.1951**[77] mit gewöhnlichem Aufenthalt im Inland, können auf Antrag mit dem gleichen Inhalt beurkundet werden, § 36 Abs. 1 PStG und BT 36 PStG-VwV. Ebenso wird der Tod einer Person gleich welcher Nationalität auf einem **Seeschiff**, das die Bundesflagge führt, eingetragen, vgl. § 37 Abs. 3 S. 2 PStG und BT 37 PStG-VwV.

b) **Folgebeurkundungen.** Folgebeurkundungen bestehen in der Regel aus **Berichtigungen**, § 32 S. 1 PStG, über Todesort, Familiennamen, Geburtsort usw, BT 32.1.1 PStG-VwV.

c) **Hinweisteil.** Im Hinweisteil wird nach § 31 Abs. 2 PStG auf die Beurkundung der **Geburt** des Verstorbenen (§ 31 Abs. 2 Nr. 1 PStG) und gegebenenfalls auf eine **Eheschließung** (§ 31 Abs. 2 Nr. 2 PStG) bzw. die Begründung einer **Lebenspartnerschaft** hingewiesen, s. a. BT 31.6 PStG-VwV; zudem auf eine **Todeserklärung** und die **gerichtliche Feststellung der Todeszeit**, § 32 S. 2 PStG.

d) **Sammelakte.** Zur Sammelakte werden die standesamtlichen Niederschriften der mündlichen bzw. die schriftlichen Todesanzeigen etc genommen. Ausfertigungen der Beschlüsse über Todeserklärungen und gerichtliche Feststellungen der Todeszeit werden zentral von dem Standesamt I in Berlin dauerhaft aufbewahrt, § 33 PStG und BT 33 PStG-VwV.

Kapitel 7 Besondere Beurkundungen

Abschnitt 1
Beurkundungen mit Auslandsbezug; besondere Beurkundungsfälle

§ 34 PStG   Eheschließungen im Ausland oder vor ermächtigten Personen im Inland

(1) ¹Hat ein Deutscher im Ausland die Ehe geschlossen, so kann die Eheschließung auf Antrag im Eheregister beurkundet werden; für den Besitz der deutschen Staatsangehörigkeit ist der Zeitpunkt der Antragstellung maßgebend. ²Die §§ 3 bis 7, 9, 10, 15 und 16 gelten entsprechend. ³Gleiches gilt für Staatenlose, heimatlose Ausländer und ausländische Flüchtlinge im Sinne des Abkommens über die Rechtsstellung der Flüchtlinge vom 28. Juli 1951 (BGBl. 1953 II S. 559) mit gewöhnlichem Aufenthalt im Inland. ⁴Antragsberechtigt sind die Ehegatten, sind beide verstorben, deren Eltern und Kinder.

(2) Die Beurkundung der Eheschließung nach Absatz 1 erfolgt auch dann, wenn die Ehe im Inland zwischen Eheschließenden, von denen keiner Deutscher ist, vor einer von der Regierung

---

73 Siehe bei unbekanntem Todeszeitpunkt bzw. Sterbeort und letztem Wohnort auch BT 31.2 bzw. BT 31.3 PStG-VwV.
74 Siehe hierzu auch BT 31.5 PStG-VwV. OLG Köln BeckRS 2016, 20771.
75 OLG Celle NJOZ 2011, 2073; OLG Schleswig BeckRS 2011, 20159; zur Berichtigung des Todeszeitpunkts im Sterberegister: OLG Schleswig ErbR 2022, 342.
76 BayObLG NJW-RR 1999, 1309.
77 BGBl. 1953 II 559.

des Staates, dem einer der Eheschließenden angehört, ordnungsgemäß ermächtigten Person in der nach dem Recht dieses Staates vorgeschriebenen Form geschlossen worden ist.

(3) Personen, die eine Erklärung nach § 94 des Bundesvertriebenengesetzes abgegeben haben, sind nur mit den nach dieser Erklärung geführten Vornamen und Familiennamen einzutragen; dies gilt entsprechend für Vertriebene und Spätaussiedler, deren Name nach den Vorschiften des Gesetzes über die Änderung von Familiennamen und Vornamen geändert worden ist.

(4) ¹Zuständig für die Beurkundung ist das Standesamt, in dessen Zuständigkeitsbereich die antragsberechtigte Person ihren Wohnsitz hat oder zuletzt hatte oder ihren gewöhnlichen Aufenthalt hat. ²Ergibt sich danach keine Zuständigkeit, so beurkundet das Standesamt I in Berlin die Eheschließung.

(5) Das Standesamt I in Berlin führt ein Verzeichnis der nach den Absätzen 1 und 2 beurkundeten Eheschließungen.

§ 35 PStG Begründung von Lebenspartnerschaften im Ausland

(1) ¹Hat ein Deutscher im Ausland eine Lebenspartnerschaft im Sinne des § 1 des Lebenspartnerschaftsgesetzes in der bis einschließlich 21. Dezember 2018 geltenden Fassung begründet, so kann die Begründung der Lebenspartnerschaft auf Antrag im Lebenspartnerschaftsregister beurkundet werden; für den Besitz der deutschen Staatsangehörigkeit ist der Zeitpunkt der Antragstellung maßgebend. ²Die §§ 3 bis 7, 9, 10 und 17 gelten entsprechend. ³Deutschen gleichgestellt sind Staatenlose, heimatlose Ausländer und ausländische Flüchtlinge im Sinne des Abkommens über die Rechtsstellung der Flüchtlinge mit gewöhnlichem Aufenthalt im Inland. ⁴Antragsberechtigt sind die Lebenspartner, sind beide verstorben, deren Eltern und Kinder.

(2) § 34 Absatz 3 gilt entsprechend.

(3) ¹Zuständig für die Beurkundung ist das Standesamt, in dessen Zuständigkeitsbereich die antragsberechtigte Person ihren Wohnsitz hat oder zuletzt hatte oder ihren gewöhnlichen Aufenthalt hat. ²Ergibt sich danach keine Zuständigkeit, so beurkundet das Standesamt I in Berlin die Begründung der Lebenspartnerschaft.

(4) Das Standesamt I in Berlin führt ein Verzeichnis der nach Absatz 1 beurkundeten Begründungen von Lebenspartnerschaften.

§ 36 PStG Geburten und Sterbefälle im Ausland

(1) ¹Ist ein Deutscher im Ausland geboren oder gestorben, so kann der Personenstandsfall auf Antrag im Geburtenregister oder im Sterberegister beurkundet werden; für den Besitz der deutschen Staatsangehörigkeit ist der Zeitpunkt der Antragstellung maßgebend. ²Die §§ 3 bis 7, 9, 10, 21, 27, 31 und 32 gelten entsprechend. ³Gleiches gilt für Staatenlose, heimatlose Ausländer und ausländische Flüchtlinge im Sinne des Abkommens über die Rechtsstellung der Flüchtlinge mit gewöhnlichem Aufenthalt im Inland. ⁴Antragsberechtigt sind
1. bei einer Geburt die Eltern des Kindes sowie das Kind, dessen Ehegatte, Lebenspartner oder Kinder,
2. bei einem Sterbefall die Eltern, die Kinder und der Ehegatte oder Lebenspartner des Verstorbenen, jede andere Person, die ein rechtliches Interesse an der Beurkundung geltend machen kann, sowie die deutsche Auslandsvertretung, in deren Zuständigkeitsbereich der Sterbefall eingetreten ist.

(2) ¹Zuständig für die Beurkundung ist das Standesamt, in dessen Zuständigkeitsbereich die im Ausland geborene Person ihren Wohnsitz hat oder zuletzt hatte oder ihren gewöhnlichen Auf-

enthalt hat; hatte die verstorbene Person ihren letzten Wohnsitz oder gewöhnlichen Aufenthalt im Inland, so beurkundet das für diesen Ort zuständige Standesamt den Sterbefall. ²Ergibt sich danach keine Zuständigkeit, so beurkundet das Standesamt den Personenstandsfall, in dessen Zuständigkeitsbereich die antragstellende Person ihren Wohnsitz hat oder zuletzt hatte oder ihren gewöhnlichen Aufenthalt hat. ³Ergibt sich danach keine Zuständigkeit, so beurkundet das Standesamt I in Berlin den Personenstandsfall.

(3) Das Standesamt I in Berlin führt Verzeichnisse der nach Absatz 1 beurkundeten Personenstandsfälle.

§ 37 PStG   Geburten und Sterbefälle auf Seeschiffen

(1) ¹Die Geburt oder der Tod eines Menschen während der Reise auf einem Seeschiff, das die Bundesflagge führt, wird von dem Standesamt I in Berlin beurkundet. ²Dies gilt auch, wenn sich der Sterbefall während der Seereise außerhalb des Seeschiffes, jedoch nicht an Land oder in einem Hafen im Inland, ereignet hat und der Verstorbene von einem Seeschiff, das die Bundesflagge führt, aufgenommen wurde.

(2) Die Geburt oder der Tod muss von dem nach § 19 oder § 29 Verpflichteten dem Schiffsführer unverzüglich mündlich angezeigt werden.

(3) ¹Der Schiffsführer hat über die Anzeige der Geburt oder des Todes eine Niederschrift aufzunehmen, die von ihm und von dem Anzeigenden zu unterschreiben ist. ²In die Niederschrift sind auch die Angaben aufzunehmen, die nach § 21 oder § 31 in dem Geburten- oder Sterberegister zu beurkunden sind. ³Der Schiffsführer hat die Niederschrift dem Standesamt I in Berlin zu übersenden.

(4) ¹Für die Beurkundung der Geburt oder des Todes eines Deutschen auf einem Seeschiff, das keine Bundesflagge führt, gilt § 36. ²Gleiches gilt, wenn der Verstorbene im Falle des Absatzes 1 Satz 2 von einem solchen Seeschiff aufgenommen wurde.

§ 38 PStG   Sterbefälle in ehemaligen Konzentrationslagern

(1) Für die Beurkundung der Sterbefälle von Häftlingen der ehemaligen deutschen Konzentrationslager ist im Inland das Sonderstandesamt in Bad Arolsen ausschließlich zuständig.

(2) ¹Die Beurkundung der Sterbefälle erfolgt auf schriftliche Anzeige der Urkundenprüfstelle beim Sonderstandesamt in Bad Arolsen oder des Bundesarchivs. ²Die Anzeige kann auch von jeder Person erstattet werden, die bei dem Tode zugegen war oder von dem Sterbefall aus eigenem Wissen unterrichtet ist. ³§ 3 Abs. 2 Satz 1 und 4 und § 4 Abs. 1 gelten nicht.

(3) ¹Die Beurkundung erfolgt nicht, wenn der Sterbefall bereits von einem anderen Standesamt beurkundet worden ist. ²Sind von diesem Standesamt Urkunden nicht zu erhalten, so ist der Sterbefall erneut zu beurkunden.

§ 39 PStG   Ehefähigkeitszeugnis

(1) ¹Zur Ausstellung eines Ehefähigkeitszeugnisses, dessen ein Deutscher zur Eheschließung im Ausland bedarf, ist das Standesamt zuständig, in dessen Zuständigkeitsbereich der Eheschließende seinen Wohnsitz oder seinen gewöhnlichen Aufenthalt hat. ²Hat der Eheschließende im Inland weder Wohnsitz noch gewöhnlichen Aufenthalt, so ist der Ort des letzten gewöhnlichen Aufenthalts maßgebend; hat er sich niemals oder nur vorübergehend im Inland aufgehal-

ten, so ist das Standesamt I in Berlin zuständig. ³Der Antrag auf Erteilung eines Ehefähigkeitszeugnisses kann mündlich oder schriftlich gestellt werden.

(2) ¹Das Ehefähigkeitszeugnis darf nur ausgestellt werden, wenn der beabsichtigten Eheschließung ein Ehehindernis nach deutschem Recht nicht entgegensteht; § 13 Abs. 1 bis 3 gilt entsprechend. ²Die Beibringung eines Ehefähigkeitszeugnisses für den anderen Eheschließenden ist nicht erforderlich. ³Das Ehefähigkeitszeugnis gilt für die Dauer von sechs Monaten.

(3) Absatz 1 Satz 1 und Absatz 2 gelten entsprechend für die Ausstellung eines Ehefähigkeitszeugnisses, dessen ein Staatenloser, heimatloser Ausländer oder ausländischer Flüchtling im Sinne des Abkommens über die Rechtsstellung der Flüchtlinge mit gewöhnlichem Aufenthalt im Inland zur Eheschließung im Ausland bedarf.

(4) Ein Ehefähigkeitszeugnis kann auch erteilt werden, wenn das Zeugnis zur Begründung einer Lebenspartnerschaft im Ausland benötigt wird; die Absätze 1 bis 3 gelten entsprechend.

§ 39a PStG [aufgehoben]

§ 40 PStG Zweifel über örtliche Zuständigkeit für Beurkundung

(1) Bei Zweifeln über die örtliche Zuständigkeit mehrerer Standesämter entscheidet die gemeinsame Aufsichtsbehörde oder, falls eine solche fehlt, das Bundesministerium des Innern, für Bau und Heimat.

(2) Bestehen Zweifel darüber, ob ein Personenstandsfall sich im Inland oder im Ausland ereignet hat, so entscheidet das Bundesministerium des Innern, für Bau und Heimat, ob und bei welchem Standesamt der Personenstandsfall zu beurkunden ist.

(3) ¹Entscheidet die gemeinsame Aufsichtsbehörde, so ordnet sie die Eintragung an. ²Entscheidet das Bundesministerium des Innern, für Bau und Heimat, so teilt es seine Entscheidung der obersten Landesbehörde mit; diese ordnet die Eintragung an.

Abschnitt 2
Familienrechtliche Beurkundungen

§ 41 PStG Erklärungen zur Namensführung von Ehegatten

(1) ¹Die Erklärung, durch die
1. Ehegatten nach der Eheschließung einen Ehenamen bestimmen,
2. ein Ehegatte seinen Geburtsnamen oder den zur Zeit der Erklärung über die Bestimmung des Ehenamens geführten Namen dem Ehenamen voranstellt oder anfügt oder durch die er diese Erklärung widerruft,
3. ein Ehegatte seinen Geburtsnamen oder den bis zur Bestimmung des Ehenamens geführten Namen wieder annimmt,
4. Ehegatten nach der Eheschließung ihren künftig zu führenden Namen gemäß Artikel 10 Abs. 2 Satz 1 und 2 des Einführungsgesetzes zum Bürgerlichen Gesetzbuche wählen,

kann auch von den Standesbeamten beglaubigt oder beurkundet werden. ²Gleiches gilt für die Erklärung, durch die ein Kind und sein Ehegatte die Namensänderung des Kindes oder der Eltern des Kindes auf ihren Ehenamen erstrecken.

(2) ¹Zur Entgegennahme der Erklärungen ist das Standesamt zuständig, das die Eheschließung zu beurkunden hat oder das Eheregister führt, in dem die Eheschließung beurkundet ist. ²Ist die Eheschließung nicht in einem deutschen Eheregister beurkundet, so ist das Standesamt zuständig, in dessen Zuständigkeitsbereich einer der Erklärenden seinen Wohnsitz hat oder zuletzt

hatte oder seinen gewöhnlichen Aufenthalt hat. ³Ergibt sich danach keine Zuständigkeit, so ist das Standesamt I in Berlin zuständig. ⁴Das Standesamt I in Berlin führt ein Verzeichnis der nach den Sätzen 2 und 3 entgegengenommenen Erklärungen.

§ 42 PStG   Erklärungen zur Namensführung von Lebenspartnern

(1) Die Erklärung, durch die
1. Lebenspartner nach der Begründung der Lebenspartnerschaft einen Lebenspartnerschaftsnamen bestimmen,
2. ein Lebenspartner seinen Geburtsnamen oder den zur Zeit der Erklärung über die Bestimmung des Lebenspartnerschaftsnamens geführten Namen dem Lebenspartnerschaftsnamen voranstellt oder anfügt oder durch die er diese Erklärung widerruft,
3. ein Lebenspartner seinen Geburtsnamen oder den bis zur Bestimmung des Lebenspartnerschaftsnamens geführten Namen wieder annimmt,
4. Lebenspartner nach der Begründung der Lebenspartnerschaft ihren künftig zu führenden Namen gemäß Artikel 17b Abs. 2 des Einführungsgesetzes zum Bürgerlichen Gesetzbuche wählen,

kann auch von den Standesbeamten beglaubigt oder beurkundet werden.

(2) ¹Zur Entgegennahme der Erklärungen ist das Standesamt zuständig, das die Begründung der Lebenspartnerschaft zu beurkunden hat oder das Lebenspartnerschaftsregister führt, in dem die Lebenspartnerschaft beurkundet ist. ²Ist die Lebenspartnerschaft nicht in einem deutschen Lebenspartnerschaftsregister beurkundet, so ist das Standesamt zuständig, in dessen Zuständigkeitsbereich einer der Erklärenden seinen Wohnsitz hat oder zuletzt hatte oder seinen gewöhnlichen Aufenthalt hat. ³Ergibt sich danach keine Zuständigkeit, so ist das Standesamt I in Berlin zuständig. ⁴Das Standesamt I in Berlin führt ein Verzeichnis der nach den Sätzen 2 und 3 entgegengenommenen Erklärungen.

(3) § 23 des Lebenspartnerschaftsgesetzes bleibt unberührt.

§ 43 PStG   Erklärungen zur Namensangleichung

(1) Die Erklärungen über die Namenswahl nach Artikel 48 des Einführungsgesetzes zum Bürgerlichen Gesetzbuche oder über die Angleichung von Familiennamen und Vornamen nach Artikel 47 des Einführungsgesetzes zum Bürgerlichen Gesetzbuche oder nach § 94 des Bundesvertriebenengesetzes können auch von den Standesbeamten beglaubigt oder beurkundet werden.

(2) ¹Zur Entgegennahme der Erklärungen ist das Standesamt zuständig, das das Geburtenregister für die Person, deren Name geändert oder bestimmt werden soll, führt. ²Wird die Erklärung im Zusammenhang mit einer Erklärung zur Namensführung von Ehegatten oder Lebenspartnern abgegeben, so ist das Standesamt zuständig, das die Eheschließung oder die Begründung der Lebenspartnerschaft zu beurkunden hat oder das Eheregister oder das Lebenspartnerschaftsregister führt; dieses Standesamt ist außerdem zuständig, wenn die Erklärung nicht im Zusammenhang mit einer Erklärung zur Namensführung von Ehegatten oder Lebenspartnern abgegeben und kein Geburtseintrag im Inland geführt wird. ³Ergibt sich danach keine Zuständigkeit, so ist das Standesamt zuständig, in dessen Zuständigkeitsbereich der Erklärende seinen Wohnsitz hat oder zuletzt hatte oder seinen gewöhnlichen Aufenthalt hat. ⁴Ergibt sich auch danach keine Zuständigkeit, so ist das Standesamt I in Berlin zuständig. ⁵Das Standesamt I in Berlin führt ein Verzeichnis der nach den Sätzen 3 und 4 entgegengenommenen Erklärungen.

§ 44 PStG Erklärungen zur Anerkennung der Vaterschaft und der Mutterschaft

(1) ¹Die Erklärung, durch welche die Vaterschaft zu einem Kind anerkannt wird, sowie die Zustimmungserklärung der Mutter können auch von den Standesbeamten beurkundet werden. ²Gleiches gilt für die etwa erforderliche Zustimmung des Kindes, des gesetzlichen Vertreters oder des Ehemannes der Mutter zu einer solchen Erklärung sowie für den Widerruf der Anerkennung.

(2) Die Erklärung, durch welche die Mutterschaft zu einem Kind anerkannt wird, und die etwa erforderliche Zustimmungserklärung des gesetzlichen Vertreters der Mutter können auch von den Standesbeamten beurkundet werden.

(3) ¹Dem Standesamt, das den Geburtseintrag des Kindes führt, ist eine beglaubigte Abschrift der Erklärungen zu übersenden. ²Ist die Geburt des Kindes nicht im Inland beurkundet, so ist die beglaubigte Abschrift dem Standesamt I in Berlin zu übersenden.

§ 45 PStG Erklärungen zur Namensführung des Kindes

(1) ¹Die Erklärung, durch die
1. Eltern nach der Beurkundung der Geburt den Geburtsnamen eines Kindes bestimmen,
2. ein Kind sich der Bestimmung seines Geburtsnamens durch die Eltern anschließt,
3. ein Kind beantragt, den von seiner Mutter zur Zeit seiner Geburt geführten Namen als Geburtsnamen zu erhalten, wenn es den Namen eines Mannes führt, von dem rechtskräftig festgestellt wurde, dass er nicht der Vater des Kindes ist,
4. ein Mann den Antrag nach Nummer 3 stellt, wenn das Kind das fünfte Lebensjahr noch nicht vollendet hat,
5. ein Kind sich der Änderung des Familiennamens der Eltern oder eines Elternteils anschließt,
6. der Elternteil, dem die elterliche Sorge allein oder gemeinsam mit dem anderen Elternteil zusteht, und sein Ehegatte, der nicht Elternteil des Kindes ist, oder sein Lebenspartner dem Kind ihren Ehenamen oder ihren Lebenspartnerschaftsnamen erteilen oder diesen Namen dem von dem Kind zur Zeit der Erklärung geführten Namen voranstellen oder anfügen,
7. der Elternteil, dem die elterliche Sorge allein zusteht, dem Kind den Namen des anderen Elternteils erteilt,

sowie die zu den Nummern 6 und 7 erforderlichen Einwilligungen eines Elternteils oder des Kindes können auch von den Standesbeamten beglaubigt oder beurkundet werden. ²Gleiches gilt für die etwa erforderliche Zustimmung des gesetzlichen Vertreters zu einer in Satz 1 genannten Erklärung.

(2) ¹Zur Entgegennahme der Erklärungen ist das Standesamt zuständig, das das Geburtenregister, in dem die Geburt des Kindes beurkundet ist, führt. ²Ist die Geburt des Kindes nicht in einem deutschen Geburtenregister beurkundet, so ist das Standesamt zuständig, in dessen Zuständigkeitsbereich das Kind oder ein Elternteil seinen Wohnsitz hat oder zuletzt hatte oder seinen gewöhnlichen Aufenthalt hat. ³Ergibt sich danach keine Zuständigkeit, so ist das Standesamt I in Berlin zuständig. ⁴Das Standesamt I in Berlin führt ein Verzeichnis der nach den Sätzen 2 und 3 entgegengenommenen Erklärungen.

(3) § 23 des Lebenspartnerschaftsgesetzes bleibt unberührt.

§ 45a PStG   Erklärung zur Reihenfolge der Vornamen

(1) ¹Unterliegt der Name einer Person deutschem Recht und hat sie mehrere Vornamen, so kann deren Reihenfolge durch Erklärung des Namentträgers gegenüber dem Standesamt neu bestimmt werden (Vornamensortierung). ²Eine Änderung der Schreibweise der Vornamen sowie das Hinzufügen von neuen Vornamen oder das Weglassen von Vornamen ist dabei nicht zulässig; die Artikel 47 und 48 des Einführungsgesetzes zum Bürgerlichen Gesetzbuche und § 94 des Bundesvertriebenengesetzes bleiben unberührt. ³Die Erklärung muss öffentlich beglaubigt werden; sie kann auch von den Standesbeamten beglaubigt oder beurkundet werden.

(2) Ein in der Geschäftsfähigkeit beschränktes Kind, das das 14. Lebensjahr vollendet hat, kann die Erklärung nach Absatz 1 nur selbst abgeben; das Kind bedarf hierzu der Zustimmung seines gesetzlichen Vertreters.

(3) ¹Zur Entgegennahme der Erklärung ist das Standesamt zuständig, das das Geburtenregister für die Person führt, deren Vornamen neu sortiert werden sollen. ²Ist die Geburt nicht in einem deutschen Geburtenregister beurkundet, so ist das Standesamt zuständig, das das Eheregister oder Lebenspartnerschaftsregister der Person führt. ³Ergibt sich danach keine Zuständigkeit, so ist das Standesamt zuständig, in dessen Zuständigkeitsbereich die Person ihren Wohnsitz hat oder zuletzt hatte oder ihren gewöhnlichen Aufenthalt hat. ⁴Ergibt sich auch danach keine Zuständigkeit, so ist das Standesamt I in Berlin zuständig.

§ 45b PStG   Erklärung zur Geschlechtsangabe und Vornamensführung bei Personen mit Varianten der Geschlechtsentwicklung

(1) ¹Personen mit Varianten der Geschlechtsentwicklung können gegenüber dem Standesamt erklären, dass die Angabe zu ihrem Geschlecht in einem deutschen Personenstandseintrag durch eine andere in § 22 Absatz 3 vorgesehene Bezeichnung ersetzt oder gestrichen werden soll. ²Liegt kein deutscher Personenstandseintrag vor, können sie gegenüber dem Standesamt erklären, welche der in § 22 Absatz 3 vorgesehenen Bezeichnungen für sie maßgeblich ist, oder auf die Angabe einer Geschlechtsbezeichnung verzichten, wenn sie

1. Deutsche im Sinne des Grundgesetzes sind,
2. als Staatenlose oder heimatlose Ausländer ihren gewöhnlichen Aufenthalt im Inland haben,
3. als Asylberechtigte oder ausländische Flüchtlinge ihren Wohnsitz im Inland haben oder
4. als Ausländer, deren Heimatrecht keine vergleichbare Regelung kennt,
    a) ein unbefristetes Aufenthaltsrecht besitzen,
    b) eine verlängerbare Aufenthaltserlaubnis besitzen und sich dauerhaft rechtmäßig im Inland aufhalten oder
    c) eine Blaue Karte EU besitzen.

³Mit der Erklärung können auch neue Vornamen bestimmt werden. ⁴Die Erklärungen müssen öffentlich beglaubigt werden; sie können auch von den Standesbeamten beglaubigt oder beurkundet werden.

(2) ¹Für ein Kind, das geschäftsunfähig oder noch nicht 14 Jahre alt ist, kann nur sein gesetzlicher Vertreter die Erklärung abgeben. ²Im Übrigen kann ein Kind die Erklärung nur selbst abgeben; es bedarf hierzu der Zustimmung seines gesetzlichen Vertreters. ³Stimmt der gesetzliche Vertreter nicht zu, so ersetzt das Familiengericht die Zustimmung, wenn die Änderung der Angabe zum Geschlecht oder der Vornamen dem Kindeswohl nicht widerspricht; das Verfahren vor dem Familiengericht ist eine Kindschaftssache nach Buch 2 Abschnitt 3 des Gesetzes über das Verfahren in Familiensachen und in den Angelegenheiten der freiwilligen Gerichtsbarkeit.

(3) ¹Durch Vorlage einer ärztlichen Bescheinigung ist nachzuweisen, dass eine Variante der Geschlechtsentwicklung vorliegt. ²Dies gilt nicht für Personen, die über keine ärztliche Beschei-

nigung einer erfolgten medizinischen Behandlung verfügen und bei denen das Vorliegen der Variante der Geschlechtsentwicklung wegen der Behandlung nicht mehr oder nur durch eine unzumutbare Untersuchung nachgewiesen werden kann, sofern sie dies an Eides statt versichern.

(4) ¹Für die Entgegennahme der Erklärung ist das Standesamt zuständig, das das Geburtenregister für die betroffene Person führt. ²Ist die Geburt nicht in einem deutschen Geburtenregister beurkundet, so ist das Standesamt zuständig, das das Eheregister oder Lebenspartnerschaftsregister der Person führt. ³Ergibt sich danach keine Zuständigkeit, so ist das Standesamt zuständig, in dessen Zuständigkeitsbereich die Person ihren Wohnsitz hat oder zuletzt hatte oder ihren gewöhnlichen Aufenthalt hat. ⁴Ergibt sich auch danach keine Zuständigkeit, so ist das Standesamt I in Berlin zuständig. ⁵Das Standesamt I in Berlin führt ein Verzeichnis der nach den Sätzen 3 und 4 entgegengenommenen Erklärungen.

A. Allgemeines

1 Für besondere Beurkundungen sind in den §§ 34 bis 40 PStG Regelungen enthalten, die vor allem Personenstandsfälle im Ausland, auf Seeschiffen oder in Konzentrationslagern betreffen. Soweit dies sinnvoll erschien, wurde bereits in den vorhergehenden Kommentierungen darauf verwiesen. In den §§ 41 bis 45 PStG sind Regelungen zu Namensführung und Anerkennung der Elternschaft enthalten.

Zu beachten ist, dass § 45a PStG mit Wirkung zum 1.11.2018 in Kraft getreten ist. Danach kann (ausschließlich) die Reihenfolge von Vornamen in den Beurkundungen geändert werden. § 45b PStG ist mit Wirkung zum 22.12.2018 in Kraft getreten. Über letzteren ist eine Diskussion um dessen Verfassungsmäßigkeit entstanden,[1] so dass die Bundesregierung im Juni 2022 das Eckpunktepapier für ein Gesetz über geschlechtliche Selbstbestimmung vorlegte.[2]

B. Regelungsgehalt
I. Beurkundungen mit Auslandsbezug

2 Die **allgemeinen Zuständigkeitsvoraussetzungen** sind in den §§ 1 und 2 PStG geregelt. Hinsichtlich der Eheschließung bzw. der Begründung einer Lebenspartnerschaft **im Inland** sind die Regelungen in die §§ 11, 12 Abs. 1 bzw. §§ 17, 17a, 11, 12 Abs. 1 PStG anzuwenden; hinsichtlich der Geburt § 18 Abs. 1 PStG und einem Sterbefall § 28 PStG.

3 Bei Beurkundungen von **Eheschließungen Deutscher im Ausland oder Ausländern im deutschen Inland** nach § 34 Abs. 1 und 2 PStG bzw. von **im Ausland begründeten Lebenspartnerschaften Deutscher** nach § 35 Abs. 1 PStG ist das Standesamt, in dessen Zuständigkeitsbereich der Antragsberechtigte seinen Wohnsitz oder gewöhnlichen Aufenthalt hat, örtlich zuständig. Ergibt sich danach keine Zuständigkeit, so beurkundet das Standesamt I in Berlin die Eheschließung, § 34 Abs. 4 bzw. § 35 Abs. 3 PStG. Dort wird auch ein Verzeichnis aller Beurkundungen von Eheschließungen Deutscher im Ausland und Ausländern im deutschen Inland bzw. von Lebenspartnerschaften Deutscher im Ausland geführt, § 34 Abs. 5 bzw. § 35 Abs. 4 PStG. § 23 LPartG. Abweichende landesrechtliche Vorschriften bleiben unberührt, § 35 Abs. 5 PStG. Bestehen weiter Zweifel bei einem Personenstandsfall mit Auslandbezug über die örtliche Zuständigkeit wird dies nach § 40 PStG letztendlich durch die gemeinsame Aufsichtsbehörde oder, falls dies fehlt, das Bundesministerium des Innern über das Ob und Wie der Beurkundung entschieden.

4 Sterbefälle von Häftlingen der ehemaligen deutschen **Konzentrationslager** werden im Inland durch das Sonderstandesamt ausschließlich in Bad Arolsen beurkundet, § 38 Abs. 1 PStG, § 43

---

[1] Siehe hierzu Mangold ZRP 2022, 180; Schinkels ZRP 2022, 222 mwN.
[2] Campbell NJW-Spezial 2020, 132.

PStV, es sei denn, der Sterbefall wurde bereits durch ein anderes Standesamt beurkundet, § 38 Abs. 3 PStG. Sind aber von diesem Standesamt Urkunden nicht zu erhalten, so ist der Sterbefall erneut in Bad Arolsen zu beurkunden, § 38 Abs. 3 S. 2 PStG. Ist der Sterbefall im Inland mehrfach beurkundet worden, bleibt die erste Beurkundung auch dann bestehen, wenn sie nicht vom Sonderstandesamt in Bad Arolsen vorgenommen wurde. Das Sonderstandesamt in Bad Arolsen macht den zu Unrecht bestehenden Eintrag durch eine entsprechende Folgebeurkundung bei sich gegenstandslos, § 43 Abs. 4 PStV. Für die Entgegennahme einer Anzeige kann auch das Standesamt zuständig sein, in dessen Bezirk der *Anzeigende* seinen Wohnsitz oder gewöhnlichen Aufenthalt hat. Dieses Standesamt hat die Angaben nachzuprüfen und den Sachverhalt, soweit erforderlich, durch Ermittlungen aufzuklären. Es kann von dem Anzeigenden und anderen Personen die Versicherung der Richtigkeit ihrer Angaben an Eides statt verlangen. Über die Anzeige ist vom Standesamt eine Niederschrift aufzunehmen. Dies übersendet es dem Sonderstandesamt in Bad Arolsen und teilt gleichzeitig das Ergebnis der sonstigen Ermittlungen mit, § 43 Abs. 1 bis 3 PStV.

Sterbefälle von Angehörigen der ehemaligen **deutschen Wehrmacht** oder diesen in personenstandsrechtlicher Hinsicht gleichgestellten Personen aus Anlass des Zweiten Weltkrieges sind von dem Standesamt zu beurkunden, in dessen Bezirk der Verstorbene seinen letzten Wohnsitz oder gewöhnlichen Aufenthalt hatte, § 44 Abs. 1 S. 1 PStV. Ist der Sterbefall im Inland eingetreten und von einer Person angezeigt, die bei dem Tod zugegen war oder von dem Sterbefall aus eigenem Wissen unterrichtet ist, ist in diesem Fall der Sterbefall bei dem Standesamt anzuzeigen und von diesem zu beurkunden, in dessen Bezirk der Tod eingetreten ist, § 44 Abs. 3 PStV. Liegt der letzte Wohnsitz oder gewöhnliche Aufenthalt des Verstorbenen nicht im Inland, so beurkundet das Standesamt I in Berlin den Sterbefall. Gleiches gilt, wenn der letzte Wohnsitz oder gewöhnliche Aufenthalt nicht bekannt ist, § 44 Abs. 1 S. 2 PStV. 5

Ist ein Deutscher **im Ausland** oder **auf einem Seeschiff**,[3] das **keine Bundesflagge** führt, geboren oder gestorben, oder eine auf See verstorbene Person von einem solchen Schiff auf See aufgenommen worden, so ist für dessen Beurkundung das Standesamt, in dessen Zuständigkeitsbereich dieser seinen Wohnsitz oder gewöhnlichen Aufenthalt hat bzw. hatte, zuständig. Ist danach eine Zuständigkeit nicht feststellbar, so ist das für den Antragsteller ansässige Standesamt zuständig. Soweit auch dieses nicht feststellbar ist, so beurkundet das Standesamt I in Berlin die Geburt bzw. den Tod, § 36 Abs. 2 bzw. §§ 37 Abs. 4, 36 Abs. 2 PStG. Zudem wird dort ein Verzeichnis aller Beurkundungen von Geburten oder Todesfällen Deutscher im Ausland geführt, § 36 Abs. 3 PStG. 6

Die Geburt oder der Tod einer Person gleich welcher Nationalität auf einem **Seeschiff**, welches die **Bundesflagge** führt, oder eine auf See verstorbene Person, die von einem solchen Schiff auf See aufgenommen wird, wird vom Standesamt I in Berlin beurkundet, § 37 Abs. 1 PStG. Hierzu ist die Anzeige der Geburt oder des Todes durch den Schriftführer schriftlich aufzunehmen und von ihm selbst und von dem Anzeigenden zu unterschreiben. Die Niederschrift und eine Abschrift dessen ist seit dem 1.11.2017 nicht mehr dem nächst erreichbaren Seemannsamt[4] zu übergeben, welches die Niederschrift an das Standesamt I in Berlin weitersenden musste, sondern nunmehr ist nur die Niederschrift vom Schiffsführer unmittelbar an das Standesamt I in Berlin zu übersenden, § 37 Abs. 3 PStG. 7

---

3 Zu Eheschließungen auf See Dutta StAZ 2014, 14.
4 Im Ausland übernimmt der deutsche Konsul die Aufgaben des Seemannsamtes, § 2 KonsG. Zur Liste der zu Seemannsämtern bestimmten Auslandsvertretungen und der mit der Wahrnehmung seemannsamtlicher Aufgaben beauftragten Honorarkonsularbeamten der Bundesrepublik Deutschland siehe III. der Bekanntmachung über die Seemannsämter außerhalb des Geltungsbereiches des Grundgesetzes und die mit der Wahrnehmung seemannsamtlicher Aufgaben beauftragten Honorarkonsularbeamten der Bundesrepublik Deutschland.

8 Bestehen **Zweifel** bei Personenstandsfällen mit Auslandsbezug über die **örtliche Zuständigkeit** mehrerer Standesämter, entscheidet die gemeinsame Aufsichtsbehörde oder, falls diese fehlt, das Bundesministerium des Innern, § 40 Abs. 1 PStG; bei Zweifeln darüber, ob sich ein Personenstand im In- oder Ausland ereignete, entscheidet das Bundesministerium des Innern über das Ob und Wo der Beurkundung, § 40 Abs. 2 PStG.

II. Namensführung, Anerkennung der Elternschaft

9 Zudem können **Erklärungen zur Namenführung** von Ehegatten, Lebenspartnern, Kindern und zur Namensangleichung und zur Anerkennung der **Elternschaft** nach den §§ 41 ff. PStG vor dem jeweils zuständigen Standesamt abgegeben werden. Die Erklärung, mit der der sorgeberechtigte Elternteil nach § 1617a Abs. 2 BGB dem Kind den Namen des anderen Elternteils erteilt, ist eine amtsempfangsbedürftige Willenserklärung. Sie wird erst mit Zugang beim zuständigen deutschen Standesamt wirksam. Der Zugang bei einem ausländischen Standesamt genügt nicht.[5]

10 Zur Entgegennahme (und neben Notaren auch zur Beurkundung) von Erklärungen zur Namensführung von Ehegatten bzw. Lebenspartnern und Kindern in den Fällen des §§ 41 Abs. 1, 42 Abs. 1 bzw. 45 Abs. 1 PStG sowie zur Namensangleichung iSd § 43 Abs. 1 PStG und zur Anerkennung der Vater- bzw. Mutterschaft iSd § 44 Abs. 1 u. 2 PStG ist grundsätzlich das das Ehe-, Lebenspartnerschafts- bzw. Geburtenregister führende Standesamt zuständig. Ist kein Eintrag in einem deutschen Register beurkundet, so ist das Standesamt des Wohnsitzes bzw. des gewöhnlichen Aufenthaltes zuständig; ergibt sich danach keine Zuständigkeit, ist das Standesamt I in Berlin zuständig, welches Verzeichnisse über die entgegengenommenen Erklärungen führt, vgl. §§ 41 Abs. 2, 42 Abs. 2, 43 Abs. 2, 44 Abs. 3 bzw. 45 Abs. 2 PStG.

11 Insbesondere Personen, die in Deutschland eingebürgert werden, können ihren Namen dem Deutschen angleichen. Solche Namenswahlen sind nach Art. 47 und 48 EGBGB und § 94 Bundesvertriebenengesetzes möglich. Nach § 43 PStG müssen solche Namenswahlen von den Standesbeamten beglaubigt und beurkundet werden. Gibt es zu dem bisherigen Vornamen keine deutschsprachige Entsprechung, kann der angleichungsberechtigte Beteiligte ohne Beschränkung einen anderen Vornamen wählen.[6] Gemäß Art. 47 EGBGB ist es zulässig, dass ein türkischer Staatsbürger bei der Einbürgerung statt eines bisher geführten Vornamens mehrere Vornamen annimmt.[7] Bei der Angleichung des Familiennamens ist die Reihenfolge der Buchstaben aber beizubehalten.[8] Personen, die nach irakischem Recht nur einen aus ihrem Vornamen, dem ihres Vaters und ihres Großvaters väterlicherseits gebildeten Namen, nicht aber einen Bei- oder Zunamen (laqab) geführt haben, können einen Familiennamen wählen, wenn sich ihr Name nunmehr nach deutschem Recht richtet.[9]

III. Erklärung der Geschlechtsangabe, Vornamensführung bei Personen mit Varianten der Geschlechtsentwicklung

12 Gemäß § 45b Abs. 1 PStG können Personen mit Varianten der Geschlechtsentwicklung gegenüber dem Standesamt erklären, dass die Angabe zu ihrem Geschlecht in einem Personenstandseintrag durch eine andere in § 22 Abs. 3 PStG vorgesehene Bezeichnung („weiblich, männlich, divers") ersetzt oder gestrichen werden soll.[10] Dabei ist nach § 45b Abs. 3 PStG durch Vorlage einer ärztlichen Bescheinigung nachzuweisen, dass eine Variante der Geschlechtsentwicklung vorliegt. Mithin ist grundsätzlich ausreichend, dass die Bescheinigung von einem approbierten Arzt ausgestellt ist, der nicht zwingend einer bestimmten Fachrichtung angehören muss. Nach

---

5 BGH NJW-RR 2016, 1473.
6 OLG Hamm BeckRS 2014, 09420.
7 AG München BeckRS 2016, 123043.
8 OLG München BeckRS 2015, 02084.
9 OLG München BeckRS 2014, 17977.

10 Zur Änderung der Angaben zum Geschlecht und zum Vornamen durch bloße Erklärung, Auslegung des § 49 PStG siehe OLG Nürnberg BeckRS 2019, 30351.

dem objektiven Willen des Gesetzgebers sind mit „Varianten der Geschlechtsentwicklung" nur intersexuelle Menschen gemeint, also Personen, bei denen die Geschlechtschromosomen, das Genitale oder die Gonaden inkongruent sind. Personen, deren empfundene Geschlechtsidentität nachhaltig von ihrem eindeutigen biologischen Geschlecht abweicht, fallen unter den durch das Transsexuellengesetz geregelten Fall einer Geschlechtsänderung.[11] Nach § 45b Abs. 1 S. 3 PStG können zudem in diesen Fällen auch neue Vornamen bestimmt werden.[12]

Kapitel 8 Berichtigungen und gerichtliches Verfahren

Abschnitt 1
Berichtigungen ohne Mitwirkung des Gerichts

§ 46 PStG   Änderung einer Anzeige

Sind in der schriftlichen Anzeige einer Geburt oder eines Sterbefalls Angaben unrichtig oder unvollständig und ist der richtige oder vollständige Sachverhalt durch öffentliche Urkunden oder auf Grund eigener Ermittlungen des Standesamts festgestellt, so sind die entsprechenden Angaben unter Hinweis auf die Grundlagen zu ändern.

§ 47 PStG   Berichtigung nach Abschluss der Beurkundung

(1) ¹In einem abgeschlossenen Registereintrag sind offenkundige Schreibfehler zu berichtigen. ²Auf Grund öffentlicher Urkunden oder eigener Ermittlungen des Standesamts sind außerdem zu berichtigen
1. die in den Personenstandsregistern eingetragenen Hinweise,
2. fehlerhafte Übertragungen aus Urkunden, die der Eintragung zugrunde gelegen haben,
3. im Sterberegister die Angaben über den letzten Wohnsitz des Verstorbenen,
4. in allen Personenstandsregistern die Registrierungsdaten eines Personenstandseintrags,
5. in allen Personenstandsregistern die Elementbezeichnungen und Leittextangaben.

³Ferner können sonstige unrichtige oder unvollständige Eintragungen berichtigt werden, wenn der richtige oder vollständige Sachverhalt festgestellt wird durch
1. Personenstandsurkunden,
2. Dokumente des Heimatstaates, die zum Grenzübertritt berechtigen, soweit dadurch ein erläuternder Zusatz zur Identität oder zur Namensführung im Personenstandsregister gestrichen werden soll.

(2) Gehen dem Standesamt berichtigende Mitteilungen oder Anzeigen zu, so sind außerdem zu berichtigen
1. im Geburtenregister die Angaben über Zeitpunkt und Ort der Geburt sowie das Geschlecht des Kindes, wenn die Geburt schriftlich angezeigt worden ist,
2. im Sterberegister die Angaben über Zeitpunkt und Ort des Todes, wenn der Sterbefall schriftlich angezeigt worden ist,
3. in allen Personenstandsregistern die Angaben über die Rechtskraft gerichtlicher Entscheidungen.

---

11 BGH BeckRS 2020, 17056; NJW 2020, 1955 mAnm Löhnig; OLG Düsseldorf NJW-RR 2021, 262; AG Münster hält dies für verfassungswidrig BeckRS 2021, 17754.
12 Schmitz/Bornhofer/Müller PStG § 45b Rn. 45b.1.

(3) ¹Bei Berichtigungen sind die Beteiligten vor der Änderung zu hören. ²Eine Anhörung unterbleibt in den Fällen des Absatzes 1 Satz 2 Nummer 1, 4 und 5 sowie des Absatzes 1 Satz 3 Nummer 2.

(4) ¹Die Berichtigung fehlerhafter Registrierungsdaten eines Eintrags erfolgt durch Kennzeichnung des entsprechenden Registereintrags und erneute Beurkundung. ²Die nach Satz 1 gekennzeichneten Registereinträge gelten als stillgelegt und dürfen nicht mehr verarbeitet werden. ³Die Registrierungsdaten eines stillgelegten Eintrags können wieder verwendet werden.

Abschnitt 2
Gerichtliches Verfahren

§ 48 PStG Berichtigung auf Anordnung des Gerichts

(1) ¹Außer in den Fällen des § 47 darf ein abgeschlossener Registereintrag nur auf Anordnung des Gerichts berichtigt werden. ²Die Anordnung kann auch Fälle des § 47 umfassen.

(2) ¹Den Antrag auf Anordnung der Berichtigung können alle Beteiligten, das Standesamt und die Aufsichtsbehörde stellen. ²Sie sind vor der Entscheidung zu hören.

§ 49 PStG Anweisung durch das Gericht

(1) Lehnt das Standesamt die Vornahme einer Amtshandlung ab, so kann es auf Antrag der Beteiligten oder der Aufsichtsbehörde durch das Gericht dazu angewiesen werden.

(2) ¹Das Standesamt kann in Zweifelsfällen auch von sich aus die Entscheidung des Gerichts darüber herbeiführen, ob eine Amtshandlung vorzunehmen ist. ²Für das weitere Verfahren gilt dies als Ablehnung der Amtshandlung.

§ 50 PStG Sachliche und örtliche Zuständigkeit der Gerichte

(1) ¹Für die in den §§ 48 und 49 vorgesehenen Entscheidungen sind ausschließlich die Amtsgerichte zuständig, die ihren Sitz am Ort eines Landgerichts haben. ²Ihr Bezirk umfasst den Bezirk des Landgerichts.

(2) Die örtliche Zuständigkeit wird durch den Sitz des Standesamts bestimmt, das die Sache dem Gericht zur Entscheidung vorgelegt hat oder das die Amtshandlung vornehmen oder dessen Personenstandsregister berichtigt werden soll.

§ 51 PStG Gerichtliches Verfahren

(1) ¹Auf das gerichtliche Verfahren sind die Vorschriften des Gesetzes über das Verfahren in Familiensachen und in den Angelegenheiten der freiwilligen Gerichtsbarkeit anzuwenden. ²Standesämter und Aufsichtsbehörden sind von Gerichtskosten befreit.

(2) Die Aufsichtsbehörde, das Standesamt und die Beteiligten können in jeder Lage des Verfahrens diesem beitreten; sie können ihren Beitritt auch durch Einlegung eines Rechtsmittels erklären.

§ 52 PStG Öffentliche Bekanntmachung der Entscheidung

(1) ¹Das Gericht kann die öffentliche Bekanntmachung einer Entscheidung anordnen, wenn es Zweifel hat, ob ihm alle Beteiligten bekannt geworden sind. ²An Beteiligte, die ihm bekannt sind, soll außerdem eine besondere Bekanntmachung erfolgen. ³Dem Antragsteller, dem Beschwerdeführer, dem Standesamt und der Aufsichtsbehörde muss die Entscheidung stets besonders bekannt gemacht werden.

(2) Die Entscheidung gilt allen Beteiligten mit Ausnahme der Beteiligten, denen die Entscheidung besonders bekannt gemacht worden ist oder bekannt gemacht werden muss, als zugestellt, wenn seit der öffentlichen Bekanntmachung zwei Wochen verstrichen sind.

(3) ¹Die Art der öffentlichen Bekanntmachung bestimmt das Gericht. ²Es genügt die Anheftung einer Ausfertigung oder einer beglaubigten Abschrift der Entscheidung oder eines Auszugs davon an der Gerichtstafel. ³Das Schriftstück soll zwei Wochen, und wenn durch die Bekanntmachung der Entscheidung eine Frist in Gang gesetzt wird, bis zum Ablauf der Frist an der Tafel angeheftet bleiben. ⁴Auf die Gültigkeit der öffentlichen Bekanntmachung ist es ohne Einfluss, wenn das Schriftstück zu früh von der Tafel entfernt wird. ⁵Der Zeitpunkt der Anheftung und der Zeitpunkt der Abnahme sind auf dem Schriftstück zu vermerken.

§ 53 PStG Wirksamwerden gerichtlicher Entscheidungen; Beschwerde

(1) Der Beschluss, durch den das Standesamt zur Vornahme einer Amtshandlung angehalten oder durch den die Berichtigung eines Personenstandsregisters angeordnet wird, wird mit Rechtskraft wirksam.

(2) Gegen den Beschluss steht dem Standesamt und der Aufsichtsbehörde die Beschwerde in jedem Fall zu.

A. Allgemeines

In Kapitel 8 des PStG wird in § 46 die Berichtigung von der Anzeige einer Geburt oder eines Sterbefalls bei unrichtigen oder unvollständigen Angaben und in § 47 die Berichtigung nach Abschluss einer Beurkundung jeweils ohne die Mitwirkung eines Gerichts geregelt. Außer in diesen Fällen darf ein abgeschlossener Registereintrag nur auf Anordnung eines Gerichts berichtigt werden.[1] Dieses Verfahren ist in den §§ 48 bis 53 PStG geregelt. Die Kommentierung hierzu wurde weitestgehend in den Kommentierungen zu den einzelnen Registern vorgenommen.

B. Regelungsgehalt

Eine Berichtigung iSd §§ 47, 48 PStG ist die nachträgliche Änderung des Wortlauts eines durch Unterschrift des Standesbeamten abgeschlossenen Eintrags in einem Personenstandsbuch durch Richtigstellung einer von Anfang an bestehenden Unrichtigkeit.[2] Eine Berichtigung kann auch darin bestehen, dass etwas Überflüssiges beseitigt wird, dessen Eintrag im Widerspruch zu einer materiell- oder verfahrensrechtlichen Vorschrift erfolgt ist.[3] Eine Berichtigung kann aber nur angeordnet werden, wenn die Unrichtigkeit der beanstandeten Eintragung nachgewiesen ist.[4] Ein Antrag kann nur dann zu einer Berichtigungsanordnung durch ein Gericht führen, wenn

---

1 Zur Berichtigung eines abgeschlossenen Registereintrags: OLG München BeckRS 2021, 34701; OLG Düsseldorf BeckRS 2018, 17081.
2 OLG München BeckRS 2015, 13428 mwN.
3 OLG Nürnberg BeckRS 2014, 15188 mwN.
4 OLG Nürnberg BeckRS 2014, 15188 mwN; OLG Düsseldorf BeckRS 2017, 106609 zur Möglichkeit anderweitiger Glaubhaftmachung.

zur vollen Überzeugung des Gerichts feststeht, dass die beanstandete Eintragung von Anfang an unrichtig gewesen ist, wobei an den Nachweis der Unrichtigkeit strenge Anforderungen zu stellen sind.[5] Das Standesamt kann in Zweifelsfällen auch von sich aus eine Entscheidung des Gerichts herbeiführen (§ 49 Abs. 2 PStG), jedoch muss diese Zweifelsvorlage dann eine konkret zu benennende Amtshandlung betreffen und kann nicht allein zur Klärung abstrakter Rechtsfragen dienen.[6]

Kapitel 9 Beweiskraft und Benutzung der Personenstandsregister
Abschnitt 1
Beweiskraft; Personenstandsurkunden

§ 54 PStG Beweiskraft der Personenstandsregister und -urkunden

(1) [1]Die Beurkundungen in den Personenstandsregistern beweisen Eheschließung, Begründung der Lebenspartnerschaft, Geburt und Tod und die darüber gemachten näheren Angaben sowie die sonstigen Angaben über den Personenstand der Personen, auf die sich der Eintrag bezieht. [2]Hinweise haben diese Beweiskraft nicht.

(2) Die Personenstandsurkunden (§ 55 Abs. 1) haben dieselbe Beweiskraft wie die Beurkundungen in den Personenstandsregistern.

(3) [1]Der Nachweis der Unrichtigkeit der beurkundeten Tatsachen ist zulässig. [2]Der Nachweis der Unrichtigkeit einer Personenstandsurkunde kann auch durch Vorlage einer beglaubigten Abschrift aus dem entsprechenden Personenstandsregister geführt werden.

§ 55 PStG Personenstandsurkunden

(1) Das Standesamt stellt folgende Personenstandsurkunden aus:
1. aus allen Personenstandsregistern beglaubigte Registerausdrucke,
2. aus dem Eheregister Eheurkunden (§ 57); bis zu der Beurkundung der Eheschließung im Eheregister können Eheurkunden auch aus der Niederschrift über die Eheschließung ausgestellt werden,
3. aus dem Lebenspartnerschaftsregister Lebenspartnerschaftsurkunden (§ 58),
4. aus dem Geburtenregister Geburtsurkunden (§ 59),
5. aus dem Sterberegister Sterbeurkunden (§ 60),
6. aus der Sammlung der Todeserklärungen beglaubigte Abschriften.

(2) [1]Für die Ausstellung der Personenstandsurkunde ist vorbehaltlich des § 67 Absatz 3 das Standesamt zuständig, bei dem der entsprechende Registereintrag geführt wird. [2]Die Personenstandsurkunde kann auch bei einem anderen Standesamt beantragt werden, wenn diesem die hierfür erforderlichen Daten elektronisch übermittelt werden können. [3]Voraussetzung für die elektronische Übermittlung ist, dass das empfangende Standesamt und das den betreffenden Registereintrag führende Standesamt über technische Einrichtungen zur Versendung und zum Empfang elektronischer Daten verfügen und hierfür einen Zugang eröffnet haben.

---

[5] OLG Köln BeckRS 2007, 10507.
[6] BGH NJW-RR 2023, 74; Der Verwaltungsrechtsweg ist nicht eröffnet. Der Gesetzgeber hat die gerichtliche Überprüfung der von den Standesämtern nach dem Personenstandsgesetz vorzunehmenden Amtshandlungen umfassend bei der freiwilligen Gerichtsbarkeit konzentriert, so OVG Münster BeckRS 2022, 2226. Das Personenstandsrecht sieht grundsätzlich ein Feststellungsverfahren, das sich nicht als Berichtigung auswirken kann, nicht vor, so OLG Frankfurt aM BeckRS 2022, 33711.

(3) Nach Ablauf der in § 5 Abs. 5 festgelegten Fristen für die Führung der Personenstandsregister werden keine Personenstandsurkunden mehr ausgestellt; für die Erteilung von Nachweisen aus diesen Personenstandsregistern sind die archivrechtlichen Vorschriften maßgebend.

§ 56 PStG Allgemeine Vorschriften für die Ausstellung von Personenstandsurkunden

(1) ¹In der Ehe-, der Lebenspartnerschafts-, der Geburts- und der Sterbeurkunde werden das Standesamt, bei dem der Personenstandsfall beurkundet worden ist, und der Jahrgang sowie die Nummer des Registereintrags angegeben. ²Bei der Ausstellung der Eheurkunde aus der Niederschrift über die Eheschließung ist an Stelle der Nummer des Registereintrags ein Hinweis auf die Niederschrift aufzunehmen.

(2) Ist ein Registereintrag durch Folgebeurkundungen fortgeführt worden, so werden nur die geänderten Tatsachen in die Personenstandsurkunden aufgenommen.

(3) ¹Am Schluss der Personenstandsurkunden werden der Tag und der Ort ihrer Ausstellung sowie der Familienname des ausstellenden Standesbeamten angegeben. ²Die Personenstandsurkunden werden von dem Standesbeamten unterschrieben und mit dem Abdruck des Dienstsiegels versehen.

(4) ¹Wird die Personenstandsurkunde bei einem anderen als dem für die Ausstellung zuständigen Standesamt beantragt (§ 55 Abs. 2 Satz 2), so übermittelt der das Register führende Standesbeamte die für den Ausdruck der Urkunde erforderlichen Daten und versieht diese mit seiner dauerhaft überprüfbaren qualifizierten elektronischen Signatur. ²Der empfangende Standesbeamte druckt die Personenstandsurkunde auf Grund der übermittelten Daten aus und beglaubigt, dass die Angaben in der Urkunde mit den ihm übermittelten Daten übereinstimmen; der Beglaubigungsvermerk ist unter Angabe des Tages und des Ortes von ihm zu unterschreiben und mit dem Abdruck des Dienstsiegels zu versehen.

§ 57 PStG Eheurkunde

(1) ¹In die Eheurkunde werden aufgenommen
1. die Vornamen und Familiennamen der Ehegatten zum Zeitpunkt der Eheschließung sowie die sich aus dem Registereintrag zum Zeitpunkt der Ausstellung der Eheurkunde ergebenden Vornamen und Familiennamen,
2. Ort und Tag der Geburt der Ehegatten,
3. Ort und Tag der Eheschließung.

²In dem Feld „Weitere Angaben aus dem Register" sind anzugeben
1. die Auflösung der Ehe,
2. das Nichtbestehen der Ehe,
3. die Nichtigerklärung der Ehe,
4. die Todeserklärung oder gerichtliche Feststellung der Todeszeit eines Ehegatten,
5. die Umwandlung der Lebenspartnerschaft in eine Ehe.

(2) In die Eheurkunde wird außerhalb des Beurkundungstextes ein Hinweis auf die Beurkundung der Geburt der Ehegatten aufgenommen.

§ 58 PStG Lebenspartnerschaftsurkunde

(1) ¹In die Lebenspartnerschaftsurkunde werden aufgenommen

1. die Vornamen und Familiennamen der Lebenspartner zum Zeitpunkt der Begründung der Lebenspartnerschaft sowie die sich aus dem Registereintrag zum Zeitpunkt der Ausstellung der Lebenspartnerschaftsurkunde ergebenden Vornamen und Familiennamen,
2. Ort und Tag der Geburt der Lebenspartner,
3. Ort und Tag der Begründung der Lebenspartnerschaft.

²In dem Feld „Weitere Angaben aus dem Register" sind anzugeben

1. die Auflösung der Lebenspartnerschaft,
2. das Nichtbestehen der Lebenspartnerschaft,
3. die Todeserklärung oder gerichtliche Feststellung der Todeszeit eines Lebenspartners,
4. die Umwandlung der Lebenspartnerschaft in eine Ehe.

(2) In die Lebenspartnerschaftsurkunde wird außerhalb des Beurkundungstextes ein Hinweis auf die Beurkundung der Geburt der Lebenspartner aufgenommen.

§ 59 PStG Geburtsurkunde

(1) In die Geburtsurkunde werden aufgenommen

1. die Vornamen und der Geburtsname des Kindes,
2. das Geschlecht des Kindes,
3. Ort sowie Tag, Stunde und Minute der Geburt,
4. die Vornamen und die Familiennamen der Eltern des Kindes.

(2) Auf Verlangen werden in die Geburtsurkunde Angaben nach Absatz 1 Nummer 2 und 4 nicht aufgenommen.

§ 60 PStG Sterbeurkunde

In die Sterbeurkunde werden aufgenommen

1. die Vornamen und der Familienname des Verstorbenen, Ort und Tag seiner Geburt,
2. der letzte Wohnsitz und der Familienstand des Verstorbenen,
3. die Vornamen und der Familienname des Ehegatten oder Lebenspartners, wenn der Verstorbene im Zeitpunkt seines Todes verheiratet war oder eine Lebenspartnerschaft führte; war die Ehe oder Lebenspartnerschaft durch Tod aufgelöst oder war der Ehegatte oder Lebenspartner für tot erklärt oder war seine Todeszeit gerichtlich festgestellt worden, sind die Vornamen und der Familienname des letzten Ehegatten oder Lebenspartners anzugeben,
4. Sterbeort und Zeitpunkt des Todes.

Abschnitt 2
Benutzung der Personenstandsregister

§ 61 PStG Allgemeine Vorschriften für die Benutzung

(1) ¹Die §§ 62 bis 66 gelten für die Benutzung der bei den Standesämtern geführten Personenstandsregister und Sammelakten bis zum Ablauf der in § 5 Abs. 5 festgelegten Fristen. ²Benutzung ist die Erteilung von Personenstandsurkunden aus einem Registereintrag, die Auskunft aus einem und die Einsicht in einen Registereintrag sowie die Durchsicht mehrerer Registereinträge; hierzu gehört auch eine entsprechende Verwendung der Sammelakten.

(2) Nach Ablauf der in § 5 Abs. 5 festgelegten Fristen für die Führung der Personenstandsregister und Sammelakten sind die archivrechtlichen Vorschriften für die Benutzung maßgebend.

§ 62 PStG   Urkundenerteilung, Auskunft, Einsicht

(1) ¹Personenstandsurkunden sind auf Antrag den Personen zu erteilen, auf die sich der Registereintrag bezieht, sowie deren Ehegatten, Lebenspartnern, Vorfahren und Abkömmlingen. ²Andere Personen haben ein Recht auf Erteilung von Personenstandsurkunden, wenn sie ein rechtliches Interesse glaubhaft machen; beim Geburtenregister oder Sterberegister reicht die Glaubhaftmachung eines berechtigten Interesses aus, wenn der Antrag von einem Geschwister des Kindes oder des Verstorbenen gestellt wird. ³Antragsbefugt sind über 16 Jahre alte Personen.

(2) Absatz 1 gilt entsprechend für Auskunft aus einem und Einsicht in einen Registereintrag sowie Auskunft aus den und Einsicht in die Sammelakten.

(3) Vor Ablauf der für die Führung der Personenstandsregister festgelegten Fristen ist die Benutzung nach den Absätzen 1 und 2 bereits bei Glaubhaftmachung eines berechtigten Interesses zuzulassen, wenn seit dem Tod des zuletzt verstorbenen Beteiligten 30 Jahre vergangen sind; Beteiligte sind beim Geburtenregister die Eltern und das Kind, beim Eheregister die Ehegatten und beim Lebenspartnerschaftsregister die Lebenspartner.

§ 63 PStG   Benutzung in besonderen Fällen

(1) ¹Ist ein Kind angenommen, so darf abweichend von § 62 ein beglaubigter Registerausdruck aus dem Geburtseintrag nur den Annehmenden, deren Eltern, dem gesetzlichen Vertreter des Kindes und dem über 16 Jahre alten Kind selbst erteilt werden. ²Diese Beschränkung entfällt mit dem Tod des Kindes; § 1758 des Bürgerlichen Gesetzbuchs bleibt unberührt.

(2) ¹Sind die Vornamen einer Person auf Grund des Transsexuellengesetzes vom 10. September 1980 (BGBl. I S. 1654) geändert oder ist festgestellt worden, dass diese Person dem anderen als dem in ihrem Geburtseintrag angegebenen Geschlecht angehört, so darf abweichend von § 62 eine Personenstandsurkunde aus dem Geburtseintrag nur der betroffenen Person selbst und eine Personenstandsurkunde aus dem Ehe- oder Lebenspartnerschaftseintrag nur der betroffenen Person selbst sowie ihrem Ehegatten oder Lebenspartner erteilt werden. ²Diese Beschränkungen entfallen mit dem Tod der transsexuellen Person; § 5 Absatz 1 und § 10 Absatz 2 in Verbindung mit § 5 Absatz 1 des Transsexuellengesetzes bleiben unberührt.

(3) Die Absätze 1 und 2 gelten entsprechend für Auskunft aus einem und Einsicht in einen Registereintrag sowie Auskunft aus den und Einsicht in die Sammelakten.

§ 64 PStG   Sperrvermerke

(1) ¹Sind dem Standesamt Tatsachen bekannt, die die Annahme rechtfertigen, dass einer Person durch die Ausstellung einer Personenstandsurkunde oder durch Auskunft aus einem oder Einsicht in einen Personenstandseintrag eine Gefahr für Leben, Gesundheit, persönliche Freiheit oder ähnliche schutzwürdige Belange erwachsen kann, so wird auf ihren Antrag zu diesem Eintrag für die Dauer von drei Jahren ein Sperrvermerk eingetragen. ²Der Sperrvermerk wird unter den Voraussetzungen des Satzes 1 erneuert; seine Wirkung erlischt mit dem Tod des Betroffenen. ³Ist ein Sperrvermerk eingetragen, so dürfen ohne Einwilligung des Betroffenen auf Anordnung des Gerichts Personenstandsurkunden erteilt sowie Auskunft aus einem oder Einsicht in

einen Personenstandseintrag gewährt werden, wenn es zur Behebung einer bestehenden Beweisnot oder aus sonstigen im überwiegenden Interesse eines Dritten liegenden Gründen unerlässlich ist; die §§ 50 bis 53 gelten entsprechend.

(2) ¹Geht dem Standesamt ein Ersuchen der Zeugenschutzdienststelle nach § 4 Abs. 2 des Zeugenschutz-Harmonisierungsgesetzes vom 11. Dezember 2001 (BGBl. I S. 3510) zu, personenbezogene Daten einer zu schützenden Person zu sperren, so wird zu dem betreffenden Personenstandseintrag ein Sperrvermerk eingetragen. ²Die Erteilung von Personenstandsurkunden aus diesem Eintrag ist nur in begründeten Ausnahmefällen mit Zustimmung der Zeugenschutzdienststelle zulässig. ³Jedes Ersuchen um Benutzung ist der Zeugenschutzdienststelle unverzüglich mitzuteilen. ⁴Teilt die Zeugenschutzdienststelle dem Standesamt mit, dass die Sperrung des Personenstandseintrags nicht mehr erforderlich ist, so ist der Sperrvermerk zu streichen.

(3) Die Absätze 1 und 2 gelten entsprechend für Auskunft aus dem und Einsicht in den Eintrag sowie Auskunft aus den und Einsicht in die Sammelakten.

§ 65 PStG   Benutzung durch Behörden und Gerichte

(1) ¹Behörden und Gerichten sind auf Ersuchen Personenstandsurkunden zu erteilen, Auskunft aus einem oder Einsicht in einen Registereintrag sowie die Durchsicht mehrerer Registereinträge zu gewähren, soweit dies zur Erfüllung der in ihrer Zuständigkeit liegenden Aufgaben erforderlich ist. ²Gleiches gilt für Auskunft aus den und Einsicht in die Sammelakten. ³Die Behörden und die Gerichte haben den Zweck anzugeben. ⁴Sie tragen die Verantwortung für die Zulässigkeit der Übermittlung.

(2) *[aufgehoben]*

(3) ¹Ausländischen diplomatischen oder konsularischen Vertretungen im Inland können unter den Voraussetzungen des Absatzes 1 Personenstandsurkunden und Auskünfte aus einem Personenstandsregister erteilt werden, soweit das Ersuchen Angehörige des von ihnen vertretenen Staates betrifft. ²Ist dem Standesbeamten bekannt, dass es sich bei der betreffenden Person um einen heimatlosen Ausländer oder ausländischen Flüchtling im Sinne des Abkommens über die Rechtsstellung der Flüchtlinge handelt, so ist die Benutzung der Register zu versagen.

§ 66 PStG   Benutzung für wissenschaftliche Zwecke

(1) ¹Hochschulen, anderen Einrichtungen, die wissenschaftliche Forschung betreiben, und öffentlichen Stellen kann Auskunft aus einem oder Einsicht in ein Personenstandsregister sowie Durchsicht von Personenstandsregistern gewährt werden, wenn
1. dies für die Durchführung bestimmter wissenschaftlicher Forschungsvorhaben erforderlich ist,
2. eine Nutzung anonymisierter Daten zu diesem Zweck nicht möglich oder die Anonymisierung mit einem unverhältnismäßigen Aufwand verbunden ist und
3. das öffentliche Interesse an der Durchführung des Forschungsvorhabens die schutzwürdigen Belange des Betroffenen an dem Ausschluss der Benutzung erheblich überwiegt.

²Gleiches gilt für Auskunft aus den und Einsicht in die Sammelakten.

(2) ¹Die Benutzung der Personenstandsregister nach Absatz 1 setzt voraus, dass die empfangende Stelle technische und organisatorische Maßnahmen trifft, die nach den anzuwendenden datenschutzrechtlichen Vorschriften zum Schutz der Daten erforderlich und angemessen sind. ²Die Benutzung bedarf der Zustimmung der für den Fachbereich des Forschungsvorhabens zuständigen obersten Bundes- oder Landesbehörde oder einer von dieser bestimmten Stelle; die Zustän-

digkeit der obersten Landesbehörde richtet sich nach dem Sitz der Forschungseinrichtung. ³Die Zustimmung muss den Empfänger, die Art der Nutzung der Personenstandseinträge, den Kreis der Betroffenen und das Forschungsvorhaben bezeichnen; sie ist dem zuständigen Datenschutzbeauftragten mitzuteilen.

(3) Mit Zustimmung der zuständigen obersten Bundes- oder Landesbehörde oder der von dieser bestimmten Stelle dürfen die nach Absatz 1 genutzten Daten unter gleichen Voraussetzungen auch für andere Forschungsvorhaben verwendet oder weiter übermittelt werden.

(4) ¹Wenn und sobald der Forschungszweck es erlaubt, sind die nach den Absätzen 1 und 3 erlangten Daten zu anonymisieren. ²Bis zu einer Anonymisierung sind die Merkmale gesondert zu speichern, mit denen Einzelangaben über persönliche und sachliche Verhältnisse einer bestimmten oder bestimmbaren Person zugeordnet werden können; sie dürfen mit den Einzelangaben nur zusammengeführt werden, soweit der Forschungszweck es erfordert. ³Die Merkmale sind zu löschen, sobald der Forschungszweck erreicht ist.

(5) Eine Veröffentlichung der nach den Absätzen 1 und 3 erlangten Daten ist nur zulässig, wenn
1. die Betroffenen, im Falle ihres Todes deren Ehegatten und Abkömmlinge, eingewilligt haben oder
2. dies für die Darstellung von Forschungsergebnissen über Ereignisse der Zeitgeschichte unerlässlich ist; in diesem Fall bedarf die Veröffentlichung der Zustimmung der obersten Bundes- oder Landesbehörde, die der Benutzung nach Absatz 2 zugestimmt hat.

§ 67 PStG Zentrale Register

(1) Die Länder dürfen zentrale Register einrichten zu dem Zweck, die Registereinträge der angeschlossenen Standesämter zu erfassen, ihre Benutzung nach Absatz 3 sowie ihre Fortführung nach Absatz 4 zu ermöglichen.

(2) ¹Die Standesämter dürfen bei ihnen gespeicherte Registereinträge an das zentrale Register übermitteln. ²Die Länder können zulassen, dass die elektronische Erfassung eines Altregisters nach § 76 Absatz 5 auch durch ein angeschlossenes Standesamt erfolgt, das den Haupteintrag nicht selbst errichtet hat. ³Die Verantwortung für die Richtigkeit und Vollständigkeit der Daten trägt die übermittelnde Stelle. ⁴Das zentrale Register darf die Daten speichern zum Zweck der Übermittlung nach Absatz 3.

(3) Die Standesämter dürfen zur Erfüllung der ihnen obliegenden Aufgaben bei dem zentralen Register Registereinträge nutzen, wenn die Angaben benötigt werden zur Erteilung von Personenstandsurkunden, elektronischen Personenstandsbescheinigungen und Auskünften sowie zur Gewährung von Einsicht in die Personenstandsregister und Durchsicht dieser Register nach den §§ 55, 61 bis 66; die Benutzung der Personenstandsregister kann allen an das zentrale Register angeschlossenen Standesämtern gewährt werden.

(4) Die Länder können zulassen, dass an das zentrale Register übermittelte Registereinträge abweichend von § 5 Absatz 4 von jedem angeschlossenen Standesamt fortgeführt werden dürfen.

§ 68 PStG Datenaustausch zwischen Standesämtern, Behörden und Gerichten

(1) Das Standesamt, das in einem Personenstandsregister eine Beurkundung vornimmt (§§ 3, 5), übermittelt Angaben hierüber von Amts wegen einer anderen Behörde oder einem Gericht, wenn sich die Mitteilungspflicht aus einer Rechtsvorschrift ergibt.

(2) ¹Die Übermittlung von Daten zwischen Standesämtern durch automatisierte Abrufverfahren ist zulässig, soweit diese Daten zur Erfüllung der Aufgaben der abrufenden Stelle erforderlich sind. ²Bei Datenabrufen in automatisierten Abrufverfahren ist durch technische Maßnahmen sicherzustellen, dass die Berechtigung der abrufenden Stelle beim angefragten Standesamt erkannt und protokolliert wird. ³Ein Datenabruf im automatisierten Abrufverfahren darf nur die Einsicht in das Suchverzeichnis und in den der Abfrage zugehörigen Registereintrag ermöglichen. ⁴Bei Verfahren nach § 67 sind ergänzend landesrechtliche Regelungen zu beachten. ⁵Eine Datenübermittlung im automatisierten Abrufverfahren ist nicht zulässig, wenn

1. die Benutzung eines Eintrags nach Ablauf der Fortführungsfristen nach § 5 Absatz 5 archivrechtlichen Vorschriften unterliegt,
2. die Daten im Übermittlungsersuchen nicht mit den gespeicherten Daten korrespondieren,
3. zu einem Registereintrag ein Sperrvermerk nach § 64 eingetragen ist oder
4. ein Registereintrag nach § 47 Absatz 4 Satz 2 stillgelegt worden ist.

⁶Datenübermittlungen und Auskünfte zwischen den Standesämtern sind gebührenfrei.

§ 68a PStG   Rechte der betroffenen Person

(1) ¹Das Auskunftsrecht nach Artikel 15 Absatz 1 und das Recht auf Erhalt einer Kopie nach Artikel 15 Absatz 3 der Verordnung (EU) 2016/679 des Europäischen Parlaments und des Rates vom 27. April 2016 zum Schutz natürlicher Personen bei der Verarbeitung personenbezogener Daten, zum freien Datenverkehr und zur Aufhebung der Richtlinie 95/46/EG (Datenschutz-Grundverordnung) (ABl. L 119 vom 4.5.2016, S. 1; L 314 vom 22.11.2016, S. 72; L 127 vom 23.5.2018, S. 2) in der jeweils geltenden Fassung werden dadurch gewährleistet, dass die betroffene Person nach § 62 Einsicht in das Personenstandsregister und in die zum Personenstandseintrag geführten Sammelakten nehmen sowie eine Auskunft aus dem Personenstandseintrag oder der Sammelakte erhalten kann. ²Soweit die Auskunft zu den verarbeiteten personenbezogenen Daten nach Artikel 15 Absatz 3 der Verordnung (EU) 2016/679 durch eine gebührenfreie Kopie des amtlichen Formulars einer Personenstandsurkunde erfolgt, ist dieses nicht vom Standesbeamten zu unterschreiben, zu siegeln oder zu beglaubigen. ³Das Recht auf Auskunft der betroffenen Person gemäß Artikel 15 Absatz 1 Buchstabe c der Verordnung (EU) 2016/679 ist beschränkt auf die Kategorien von Empfängern, gegenüber denen die im Personenstandsregister oder in den zum Registereintrag geführten Sammelakten enthaltenen personenbezogenen Daten offengelegt worden sind oder noch offengelegt werden.

(2) Hinsichtlich der in den Personenstandsregistern enthaltenen personenbezogenen Daten kann das Recht auf Berichtigung nach Artikel 16 der Verordnung (EU) 2016/679 nur unter den Voraussetzungen der §§ 47 bis 53 ausgeübt werden.

(3) Das Widerspruchsrecht gemäß Artikel 21 der Verordnung (EU) 2016/679 findet in Bezug auf die im Personenstandsregister beurkundeten Daten und die in den Sammelakten enthaltenen Dokumente keine Anwendung.

A. Allgemeines 1	2. Zur Benutzung Berechtigte 16
B. Regelungsgehalt 2	a) Grundsätzlich Berechtigte 19
I. Beweiskraft 2	b) Berechtigte mit rechtlichem oder
II. Personenstandsurkunden 6	berechtigtem Interesse 22
III. Benutzung der Personenstandsregister 13	3. Die Einsichtnahme 26
1. Zuständigkeit 14	4. Sperrvermerke 27

A. Allgemeines

1 In Kapitel 9 des PStG wird durch § 54 PStG die Beweiskraft des Personenstandsregisters und der Personenstandsurkunde festgestellt, in den §§ 55 bis 60 PStG wie Personenstandsurkunden

ausgestellt werden müssen. Die §§ 61 bis 68 PStG regeln hingegen, wer überhaupt Einsicht in die Personenstandsregister erhalten kann. Hinsichtlich der Eintragung in das Ehe- bzw. Lebenspartnerschaftsregister siehe § 15 bzw. §§ 17, 17a, 15 PStG und hinsichtlich der Geburt § 21 PStG bzw. hinsichtlich eines Sterbefalls § 31 PStG.

B. Regelungsgehalt

I. Beweiskraft

Die **Haupteinträge** und **Folgebeurkundungen** in den **Personenstandsregistern** und die nach § 55 PStG daraus resultierenden **Personenstandsurkunden** beweisen eine Eheschließung, die Begründung einer Lebenspartnerschaft, die Änderung einer Lebenspartnerschaft in eine Ehe, die Geburt[1] und den Tod und die über diese Ereignisse gemachten näheren Angaben sowie die sonstigen Angaben über den Personenstand der Personen, auf die sich der Eintrag bezieht, § 54 Abs. 1 u 2 PStG.[2] Ist allerdings im Geburtsregister der Name eines Elternteils mit einem Zusatz nach § 35 PStV versehen, nimmt der Eintrag an der Beweiswirkung des Personenstandsregisters insoweit nicht teil. Er beschreibt nur, unter welchem Namen der Elternteil gegenüber dem Standesamt aufgetreten ist.[3] Desgleichen gilt für die beim Standesamt I in Berlin geführte Sammlung von Todeserklärungen.[4] Wird zum Sterbeeintrag ein Hinweis über die Todeserklärung oder die gerichtliche Feststellung der Todeszeit eingetragen, entfällt damit die Beweiskraft des Sterbeeintrags. Auch wenn ein anderer Zeitpunkt des Todes im Sterberegister eingetragen worden ist, gilt nunmehr aufgrund der gerichtlichen Feststellung die Vermutung, dass die beurkundete Person zu dem im Gerichtsbeschluss genannten Zeitpunkt verstorben ist, BT 32.2 und 33.2 S. 2 PStG-VwV.

Nach dem **Übereinkommen vom 8.9.1976 über die Ausstellung mehrsprachiger Auszüge aus Personenstandsbüchern** haben solche Auszüge die gleiche Beweiskraft wie die nach innerstaatlichen Rechtsvorschriften des ausstellenden Staates hergestellten Auszüge, sprich deutschen Personenstandsurkunden, vgl. BT 54.3 PStG-VwV.

Beglaubigte Abschriften aus **Familienbüchern** besitzen nicht die besondere Beweiskraft einer Personenstandsurkunde. Wenn jedoch das Familienbuch nach § 77 Abs. 1 PStG als Heiratseintrag fortgeführt wird, wird der die Eheschließung betreffende Teil des Familienbuchs als neuer Heiratseintrag zum Registereintrag, so dass eine darauf beruhende Eheurkunde den vollen Beweiswert einer Personenstandsurkunde nach § 54 Abs. 2 PStG besitzt.[5] **Hinweise** und die **Sammelakten** haben diese Beweiskraft **nicht**, § 54 Abs. 1 S. 2 PStG, ebenso wie andere Register wie Melderegister dies nicht haben.

Die Eintragung in die Personenstandsregister hat, da sie sich in der Schaffung von Beweismitteln erschöpft, keine rechtsbegründende (konstitutive) Wirkung, sondern nur deklaratorische; der **Nachweis der Unrichtigkeit** der beurkundeten Tatsachen ist daher jederzeit zulässig, § 54 Abs. 3 S. 1 PStG, auch wenn sie auf einer gerichtlichen Endscheidung in einem Verfahren nach den §§ 48 ff. PStG beruhen.[6] Ausdrücklich wird der Nachweis der Unrichtigkeit einer Personenstandsurkunde durch die Vorlage einer beglaubigten Abschrift aus dem entsprechenden Personenstandsregister erlaubt, § 54 Abs. 3 S. 2 PStG.

---

1 Und damit die rechtliche Abstammung LG Hagen ErbR 2017, 442.
2 Gaaz/Bornhofen/Lammers § 54 Rn. 17 ff. Zur Beweiskraft von Altregistern, die nach § 5 PStG fortzuführen sind, öffentlichen Urkunden, die aus früheren, nicht mehr fortgeführten Personenstandsbüchern und -registern ausgestellt werden, und mehrsprachiger Urkunden nach dem Übereinkommen über die Ausstellung mehrsprachiger Auszüge aus Personenstandsbüchern vom 8.9.1976 siehe BT 54 PStG-VwV.
3 KG BeckRS 2017, 110643; OLG Hamm BeckRS 2016, 01184.
4 Gaaz/Bornhofen/Lammers § 54 Rn. 7.
5 Gaaz/Bornhofen/Lammers § 54 Rn. 18.
6 BGH NJW 2017, 2829; OLG Hamm BeckRS 2018, 40294; KG BeckRS 2017, 110643; OLG Frankfurt aM StAZ 2008, 378; OLG Hamm StAZ 2008, 379; Gaaz/Bornhofen/Lammers § 54 Rn. 21; Helms StAZ 2021, 268.

II. Personenstandsurkunden

6 Eine Personenstandsbeurkundung liegt zunächst darin, dass der Standesbeamte Tatsachen als Haupteinträge und Folgebeurkundungen in die Personenstandsregister aufnimmt, § 54 Abs. 1 S. 1 PStG. Fehlen Angaben oder Nachweise kann das Standesamt die Beurkundung zurückstellen und auf Antrag dem Anzeigenden eine Bescheinigung ausstellen, dass der Personenstandsfall angezeigt, aber noch nicht beurkundet werden konnte, § 7 PStV.[7]

7 Von den Beurkundungen in den Personenstandsregistern stellt das Standesamt Personenstandsurkunden aus, indem es entweder aus den Registern beglaubigte Registerausdrucke erstellt (§ 55 Abs. 1 Nr. 1 PStG) oder spezielle Urkunden aus dem Ehe- (siehe zum Inhalt § 57 PStG), Lebenspartnerschafts- (s. § 58 PStG), Geburten- (s. § 59 PStG), oder Sterberegister (s. § 60 PStG) anfertigt, § 55 Abs. 1 Nr. 2–5 PStG.

8 In den **beglaubigten Registerausdruck** sind die **Hinweise** nur auf Verlangen aufzunehmen. Der Hinweis auf eine bis zum 31.12.2011 bei den Standesämtern in das **Testamentsverzeichnis**[8] aufgenommene Mitteilung ist nur dann in den Registerausdruck aufzunehmen, wenn die Person, auf die sich der Geburtseintrag bezieht, dies verlangt, § 48 Abs. 3 PStV. Enthält der Sterbeeintrag einen Hinweis darüber, dass die verstorbene Person für tot erklärt oder ihre Todeszeit gerichtlich festgestellt worden ist, darf keine Sterbeurkunde ausgestellt werden. Der Antragsteller ist an das beim Standesamt I in Berlin geführte Buch für Todeserklärungen oder die dortige Sammlung der Beschlüsse über Todeserklärungen zu verweisen, BT 60.2 PStG-VwV. Das Standesamt kann aus der Sammlung der Todeserklärungen (s. § 33) nur beglaubigte Abschriften als Personenstandsurkunden ausstellen, § 55 Abs. 1 Nr. 6 PStG.[9]

9 Der Inhalt der jeweiligen **Ehe-, Lebenspartnerschafts-, Geburts- oder Sterbeurkunde** ist in Bezug auf das jeweilige grundlegende Register in den §§ 56 bis 60 festgelegt. Ist ein Registereintrag durch Folgebeurkundungen fortgeführt worden, so werden nur die geänderten Tatsachen in die Personenstandsurkunden aufgenommen, § 56 Abs. 2 PStG.

10 Nach dem **Übereinkommen vom 8.9.1976** über die Ausstellung mehrsprachiger Auszüge aus **Personenstandsbüchern** können auf Antrag **mehrsprachige Personenstandsurkunden** erteilt werden, welche aber die Vorgaben des § 50 PStV erfüllen müssen.

11 Die Personenstandsurkunden werden am Schluss mit dem **Ort** und **Datum** der Erstellung, der **Unterschrift** des ausstellenden Standesbeamten und dem **Dienstsiegel** versehen, § 56 Abs. 3 PStG.

12 Nach **Ablauf der festgelegten Fortführungsfristen** für die Führung der Personenstandsregister nach § 5 Abs. 5 PStG sind die landesarchivrechtlichen Vorschriften für die Benutzung maßgeblich, § 61 Abs. 2 PStG; sodann werden von den jeweiligen Standesämtern keine Personenstandsurkunden mehr ausgestellt, § 55 Abs. 3 PStG, sondern lediglich beglaubigte Abschriften nach BT 76.2 PStG-VwV. Die landesrechtlichen Regelungen für die Benutzung von Archivgut gelten auch, wenn die Register noch nicht an die Archive übergeben worden sind und noch im Standesamt vorliegen, BT 61.2 PStG-VwV.

---

[7] OLG Hamm BeckRS 2018, 40294; Helms StAZ 2021, 268.
[8] Das Testamentsverzeichnis wurde bis zum 31.12.2016 in das bei der Bundesnotarkammer seit dem 1.1.2012 geführte ZTR überführt. Hierzu Herzog ErbR 2012, 294. Lange gab es nach Einführung des ZTR keine Regelung was mit den bei den Standesämtern geführten sog. „Weißen Karteikarten" geschehen sollte. Hierbei handelte es sich um Mitteilungen über Kinder eines Erblassers, die zwischen dem 1.7.1970 und dem 31.12.2008 nichtehelich geboren wurden oder vom Erblasser als Einzelperson adoptiert wurden. Nur durch diese Mitteilungen konnte im Todesfall das Erbrecht dieser Kinder verfahrensrechtlich abgesichert werden. Inzwischen haben sämtliche Bundesländer die Bundesnotarkammer damit beauftragt, neben den Verwahrungsnachrichten auch die Weißen Karteikarten in einem einheitlichen Verfahren ins ZTR zu überführen. http://www.testamentsregister.de/tvue/tvue-001/wei--e-karteikarten (abgerufen am 20.2.2018).
[9] Siehe zu den zu verwendenden Formularen § 48 PStV.

III. Benutzung der Personenstandsregister

Unter der **Benutzung** der Personenstandsregister ist die **Erteilung von Personenstandsurkunden** 13
nach §§ 54 ff. PStG, die mündliche oder schriftliche **Auskunft** aus einem und die unter Aufsicht
durchzuführende **Einsicht** (Nr. 61.1.2 PStG-VwV) in einen Registereintrag sowie die für die Suche eines bestimmten Eintrages oder für die Auswertung einer größeren Zahl von Einträgen
oder Registern notwendige und beaufsichtigte **Durchsicht** derer grundsätzlich inklusive den entsprechenden Sammelakten zu verstehen, § 61 Abs. 1 PStG. In den **Sammelakten** sind jedoch
häufig mehr Informationen enthalten als in den Registereinträgen. Daher ist hinsichtlich der
Sammelakten eine Einsicht, Auskunft und Durchsicht nur möglich, soweit dort Angaben enthalten sind, die für Zwecke der Beurkundung des Personenstandsfalles notwendig waren.[10]

1. Zuständigkeit. Zuständig für die Ausstellung der Personenstandsurkunden ist grundsätzlich 14
das registerführende Standesamt, § 55 Abs. 1 S. 1 PStG.[11] Personenstandsurkunden können
auch bei anderen Standesämtern beantragt werden, wenn jeweils bei dem führenden und dem
empfangenden Standesamt die Voraussetzungen für die elektronische Übermittlung der Daten
vorhanden ist. Sodann werden die Daten mit der dauerhaft überprüfbaren qualifizierten elektronischen Signatur des das Register führenden Standesamtes an das empfangende Standesamt
gesandt, welches sodann die Urkunde ausstellt, § 56 Abs. 4 PStG.

Nach Ablauf der in § 5 Abs. 5 PStG festgelegten Fristen für die Führung der Personenstandsregister und Sammelakten sind die landesarchivrechtlichen Vorschriften für die Benutzung maßgeblich, § 61 Abs. 2 PStG. 15

2. Zur Benutzung Berechtigte. Die in den §§ 61 ff. PStG aufgeführten Regeln zum Benutzungsrecht der Personenstandsregister sind abschließend und gehen insbesondere den allgemeinen Vorschriften des Datenschutzes der Länder vor.[12] 16

Die Benutzung der Register durch **Privatpersonen** über **16 Jahre** (§ 62 Abs. 1 S. 3 PStG)[13] ist auf 17
die **Erteilung** von Personenstandsurkunden und **Auskunft** sowie die **Einsicht** beschränkt, vgl.
§§ 62, 63 PStG.[14] **Behörden** und **Gerichte** sind darüber hinaus auch die **Durchsicht** mehrerer
Registereinträge und Sammelakten zu gewähren, soweit dies zur Erfüllung der in ihrer Zuständigkeit liegenden Aufgaben erforderlich ist, § 65 Abs. 1 PStG.

Ausländischen diplomatischen oder **konsularischen Vertretungen im Inland** können über Angehörige des von ihnen vertretenen Staates ebenfalls nur **Personenstandsurkunden** und **Auskünfte** 18
erteilt werden. Ist dem Standesbeamten bekannt, dass es sich bei der fraglichen Person um
einen heimatlosen Ausländer oder ausländischen Flüchtling iSd Genfer Flüchtlingskonvention
(GFK)[15] handelt, ist die Benutzung der Register zu versagen, § 65 Abs. 3 PStG.[16]

a) Grundsätzlich Berechtigte. Die **Erteilung von Personenstandsurkunden** oder **Auskünften** aus 19
den jeweiligen Registern oder die **Einsicht** in diese sowie Auskünfte aus den und die Einsicht in
die Sammelakten, vgl. § 62 Abs. 2 PStG, steht nur den Personen zu, **auf die sich der Registereintrag bezieht** bzw. deren **Ehegatten, Lebenspartnern, Vorfahren** und **Abkömmlingen**, § 61 Abs. 1
S. 1 PStG, solange die verwandtschaftliche Beziehung besteht, BT 62.2.1 PStG-VwV. Zu den

---

10 Gaaz/Bornhofen/Lammers § 61 Rn. 10 ff.
11 Die Länder haben teilweise hierfür Durchführungsverordnungen erlassen.
12 KG BeckRS 2014, 21213; Gaaz/Bornhofen/Lammers § 61 Rn. 2.
13 Für jüngere Personen kann nur der gesetzliche Vertreter die Benutzung beantragen, s. Gaaz StAZ 2010, 65 (68).
14 Offen gelassen von OVG Münster BeckRS 2022, 2226 ist, ob die Erteilung von Personenstandsurkunden nicht für sich selbst, sondern nur als Botin für ihre Kunden möglich ist.

15 Abkommen über die Rechtsstellung der Flüchtlinge vom 28.7.1951, BGBl. 1953 II 560. Innerstaatlich in Kraft gem. Art. 2 Abs. 1 durch Gesetz v. 1.9.1953, BGBl. 1959 II 559 mWv 24.12.1953.
16 Weitere Versagungsgründe gegenüber ausländischen Vertretungen sind in § 54 PStV aufgeführt. Zur Staatsangehörigkeit insbesondere bei heimatlosen Ausländern, Asylberechtigten, ausländischen Flüchtlingen und Staatenlosen siehe auch A 7 PStG-VwV.

Geschwistern zählen auch halbbürtige Geschwister, § 53 Abs. 2 PStV.[17] Der im Register jeweils Eingetragene kann nach den allgemeinen datenschutzrechtlichen Vorschriften (§§ 4 Abs. 1, 4a BDSG) durch seine Einwilligung die Benutzung auch Dritten, die selbst nicht nutzungsberechtigt sind, ermöglichen.[18] **Notare** haben grundsätzlich kein Einsichtsrecht, auch wenn die Geburtsurkunde zwecks Vorbereitung der Amtstätigkeit des Notars angefordert wird.[19]

20 Ist ein **Kind angenommen**, so darf nach § 63 Abs. 1 PStG bis zum Tod dessen ein **beglaubigter Registerausdruck** (entsprechendes für **Auskunft** und **Einsicht**, § 63 Abs. 3 PStG) aus dem Geburtseintrag nur den Annehmenden, deren Eltern, dem gesetzlichen Vertreter des Kindes und dem über 16 Jahre alten Kind selbst erteilt werden; § 1758 BGB ist zu beachten, s. a. BT 59.2 und 63.1 PStG-VwV. Die Vorschrift bezweckt nicht eine Beschränkung des Einsichts- und Auskunftsrechts des angenommenen Kindes, sondern die Umsetzung des Ausforschungs- und Offenbarungsverbots in § 1758 Abs. 1 BGB. Dieses soll ua verhindern, dass die leiblichen Eltern und sonstige frühere Verwandte nach Annahme des Kindes versuchen, zu diesem Kontakt aufzunehmen und dadurch seine Integration in die neue Familie stören.[20] Zudem hatte der Gesetzgeber bei Erlass dieser Bestimmung im Blick, dass es im Grundsatz Sache der Eltern ist und sich aus der Erziehungssituation ergeben wird, wann Eltern ihrem Kind sagen, dass es angenommen ist.[21]

21 Wurde der **Vorname** einer Person aufgrund des Transsexuellengesetzes (**TSG**) geändert oder festgestellt, dass diese Person dem anderen als dem in ihrem Geburtseintrag angegebenen Geschlecht angehört, so darf nach § 63 Abs. 2 PStG bis zum Tod des Transsexuellen eine **Personenstandsurkunde** aus dem Geburtseintrag (entsprechendes für **Auskunft** und **Einsicht**, § 63 Abs. 3 PStG) nur der betroffenen Person selbst und aus dem Ehe- oder Lebenspartnerschaftseintrag nur der betroffenen Person selbst und ihrem Ehegatten bzw. Lebenspartner erteilt werden; § 5 Abs. 1 und § 10 Abs. 2 iVm § 5 Abs. 1 TSG sind zu beachten,[22] s. a. 63.2 PStG-VwV.[23]

22 **b) Berechtigte mit rechtlichem oder berechtigtem Interesse. Andere Personen** als die in § 62 Abs. 1 S. 1 PStG genannten haben ein Recht auf die **Erteilung von Personenstandsurkunden oder Auskünften** aus den jeweiligen Registern, wenn sie ein rechtliches Interesse glaubhaft machen, § 62 Abs. 1 S. 2 Hs. 1 PStG, BT 61.1.1 PStG-VwV. Ein **rechtliches Interesse** liegt vor, wenn die Kenntnis der Personenstandsdaten zur Verfolgung von Rechten oder zur Abwehr von Ansprüchen erforderlich ist.[24] Ein rechtliches Interesse setzt ein bereits bestehendes Recht voraus, das ohne die erstrebte Handlung in seinem Bestand gefährdet würde, BT 62.1.1 PStG-VwV. Der Nachweis von bestehenden oder bevorstehenden Erbrechten fällt hierunter.[25] Ist das rechtliche Interesse zu bejahen, so hat das Standesamt darüber hinaus eingehend zu prüfen, ob im Hinblick auf den Schutz der beurkundeten Person eine günstigere Möglichkeit zur Rechtsverfolgung eröffnet ist; ist dies der Fall, so hat das Standesamt den Antrag auf Benutzung abzulehnen.[26]

23 Beim **Geburten- bzw. Sterberegister** reicht die Glaubhaftmachung eines berechtigten Interesses aus, wenn der Antrag auf Erteilung einer Urkunde oder Auskunft (BT 61.1.1 PStG-VwV) von einem Geschwister des Kindes oder des Verstorbenen gestellt wird, § 62 Abs. 1 S. 2 Hs. 2 PStG, s. a. BT 62.2.2 PStG-VwV. Vor Ablauf der für die Führung der Personenstandsregister festge-

---

17 Siehe auch OLG Naumburg BeckRS 2015, 10355.
18 Gaaz/Bornhofen/Lammers § 62 Rn. 2 mwN.
19 AG Bielefeld BeckRS 2015, 15841.
20 BGH NJW 2015, 1098 mAnm Löhnig; Gaaz/Bornhofen/Lammers § 62 Rn. 5.
21 BGH NJW 2015, 1098 mAnm Löhnig.
22 Hierzu OLG Rostock BeckRS 2017, 121125; zur nachträglichen Änderung des später aufgrund des Transsexuellengesetzes geänderten Namens in der Eheurkunde: BGH ErbR 2021, 786.
23 Siehe hierzu auch BGH NJW 2017, 3379 mAnm Tolmein.
24 OLG Frankfurt aM StAZ 1995, 138 mwN.
25 OLG Frankfurt aM FGPrax 2000, 67; NJW-RR 1995, 846; OLG Düsseldorf ErbR 2014, 81. Zum Erbenermittler: KG BeckRS 2013, 09297; ErbR 2011, 158; OLG Hamm ErbR 2010, 398; OLG Schleswig BeckRS 2005, 01963. Zu Genealogen: OLG Zweibrücken NJW 2003, 2757.
26 OLG Düsseldorf ErbR 2014, 81; Gaaz/Bornhofen/Lammers § 62 Rn. 11.

legten Fristen nach § 5 Abs. 5 PStG ist die Benutzung bereits bei Glaubhaftmachung eines berechtigten Interesses zuzulassen, wenn seit dem Tod des zuletzt verstorbenen Beteiligten 30 Jahre vergangen sind; Beteiligte sind beim Geburtenregister die Eltern und das Kind, beim Ehebzw. Lebenspartnerschaftsregister die Ehegatten bzw. die Lebenspartner, § 62 Abs. 3 PStG. Ein **berechtigtes Interesse** liegt vor, wenn nach Erwägung der Sachlage das Interesse, das auch wirtschaftlicher, wissenschaftlicher, familiärer oder sonstiger Art sein kann, als gerechtfertigt angesehen wird, BT 62.1.2 PStG-VwV.

Zur **Glaubhaftmachung** eines rechtlichen bzw. berechtigten Interesses reicht es aus, wenn das vorgebrachte Benutzungsinteresse wahrscheinlich und überzeugend ist, BT 62.1.3 PStG-VwV; es muss nicht die volle Überzeugung vermittelt werden, sondern lediglich die erhebliche Wahrscheinlichkeit.[27] Wer eine tatsächliche Behauptung glaubhaft zu machen hat, kann sich aller Beweismittel bedienen, auch zur Versicherung an Eides statt zugelassen werden, § 31 Abs. 1 FamFG. Jedoch unterliegt die erforderliche Wahrscheinlichkeitsfeststellung dem Grundsatz der freien Würdigung des gesamten Vorbringens desjenigen, der die tatsächliche Behauptung glaubhaft zu machen hat,[28] so dass die Beurteilung, ob ein Antragsteller ein rechtliches Interesse glaubhaft gemacht hat, ein Akt wertender richterlicher Erkenntnis und damit jeweils von den Umständen des Einzelfalls abhängig ist. Somit ist eine Versicherung an Eides statt alleine nicht generell zur Glaubhaftmachung geeignet.[29] Hinzukommen können auch einfache Ablichtungen von anderen Personenstandsurkunden.[30]

Daneben können die Personenstandsregister von **Behörden** (s. ua zum Behördenbegriff BT 65.1) und **Gerichten**, (BT 65.3 PStG-VwV.) im Inland, die Körperschaften des öffentlichen Rechts sind, und **ausländische diplomatische** oder **konsularische Vertretungen** im Inland (s. § 54 PStV, BT 65.4 bis 65.7 PStG-VwV) unter den besonderen Voraussetzungen des § 65 PStG benutzt werden.

3. Die Einsichtnahme. Ist das rechtliche Interesse eines Antragstellers an der Erteilung von Personenstandsurkunden zum Zwecke der Feststellung von Personenstandsdaten von Angehörigen zu bejahen, weil diese zum Nachweis von bestehenden oder bevorstehenden Erbrechten benötigt werden, so hat das Standesamt darüber hinaus mit Blick auf den zu gewährenden Schutz der Personen, auf die sich der Eintrag bezieht, eingehend zu prüfen, ob eine **günstigere Möglichkeit** zur Rechtsverfolgung eröffnet ist; ist dies der Fall, so hat das Standesamt den Antrag auf Benutzung abzulehnen.[31] Einsicht und Durchsicht dürfen nur unter **Aufsicht** gestattet werden, BT 61.1.2 PStG-VwV. Liegen aber die Voraussetzungen zur Einsicht in die standesamtlichen Sammelakten vor, hat der Standesbeamte auf Antrag **Ablichtungen** aus diesen zur Verfügung zu stellen.[32]

4. Sperrvermerke. Können durch die Ausstellung einer Personenstandsurkunde oder durch Auskunft aus einem oder Einsicht in einen Personenstandseintrag eine Gefahr für Leben, Gesundheit, persönliche Freiheit oder ähnliche schutzwürdige Belange einer Person erwachsen, so kann nach § 64 PStG ein Sperrvermerk beantragt werden. Die Gefahr in diesem Sinne besteht dann, wenn ein Zustand vorliegt, der bei objektiv zu erwartendem Geschehensablauf mit hinreichender Wahrscheinlichkeit in einen Schaden der genannten Schutzgüter umschlagen wird.[33] Da durch die Vorschriften über die Benutzung der bei den Standesämtern geführten Personenstandsregister bereits eine hohe Hürde für die Einsichtnahme geschaffen ist, muss für die Eintragung eines Sperrvermerkes weitaus mehr vorliegen. Die bloße Behauptung, in der Vergangenheit von verschiedenen Personen bedroht worden zu sein, reicht nicht aus.[34]

---

27 OLG Düsseldorf ErbR 2014, 81; Gaaz/Bornhofen/Lammers § 62 Rn. 11.
28 BGH NJW-RR 2007, 776.
29 KG BeckRS 2013, 09297.
30 KG BeckRS 2013, 09297; BayObLG NJW-RR 1992, 1159.
31 OLG Düsseldorf BeckRS 2013, 13096.
32 KG BeckRS 2014, 21213 kein Ermessen des Standesbeamten.
33 LG Baden-Baden BeckRS 2011, 08738.
34 LG Baden-Baden BeckRS 2011, 08738.

Kapitel 10 Zwangsmittel, Bußgeldvorschriften, Besonderheiten

§ 69 PStG Erzwingung von Anzeigen

¹Wer auf Grund dieses Gesetzes zu Anzeigen oder zu sonstigen Handlungen verpflichtet ist, kann hierzu von dem Standesamt durch Festsetzung eines Zwangsgeldes angehalten werden. ²Das Zwangsgeld darf für den Einzelfall den Betrag von eintausend Euro nicht überschreiten; es ist vor der Festsetzung schriftlich anzudrohen.

§ 70 PStG Bußgeldvorschriften

(1) Ordnungswidrig handelt, wer entgegen § 11 Absatz 2, auch in Verbindung mit § 17 Satz 1, eine dort genannte Handlung begeht oder einen dort genannten Vertrag abschließt.

(2) Ordnungswidrig handelt, wer vorsätzlich oder fahrlässig
1. als Person nach § 19 Satz 1 Nummer 1 entgegen § 18 Absatz 1 Satz 1 Nummer 1 oder Satz 2,
2. als Träger einer Einrichtung nach § 20 Satz 1 entgegen § 18 Absatz 1 Satz 1 Nummer 2 oder Satz 2,
3. entgegen § 24 Abs. 1 Satz 1,
4. als Person nach § 29 Abs. 1 Satz 1 Nr. 1 oder 2 entgegen § 28 Nr. 1 oder
5. als Träger einer Einrichtung nach § 30 Abs. 1 in Verbindung mit § 20 Satz 1 entgegen § 28 Nr. 2

eine Anzeige nicht, nicht richtig, nicht vollständig, nicht in der vorgeschriebenen Weise oder nicht rechtzeitig erstattet.

(3) Die Ordnungswidrigkeit kann in den Fällen des Absatzes 1 mit einer Geldbuße bis zu fünftausend Euro und in den übrigen Fällen mit einer Geldbuße bis zu eintausend Euro geahndet werden.

§ 71 PStG Personenstandsbücher aus Grenzgebieten

¹Die aus Anlass des deutsch-belgischen Vertrags vom 24. September 1956 (BGBl. 1958 II S. 262, 353) und auf Grund des deutsch-niederländischen Ausgleichsvertrags vom 8. April 1960 (BGBl. 1963 II S. 458, 1078) übergebenen Personenstandsbücher stehen Personenstandsregistern im Sinne dieses Gesetzes gleich. ²Soweit lediglich beglaubigte Abschriften übergeben worden sind, stehen diese einem Eintrag in einem Personenstandsregister gleich.

§ 72 PStG (aufgehoben)

Kapitel 11 Verordnungsermächtigungen

§ 73 PStG Ermächtigungen zum Erlass von Rechtsverordnungen

Das Bundesministerium des Innern, für Bau und Heimat wird ermächtigt, im Benehmen mit dem Bundesministerium der Justiz und für Verbraucherschutz und mit Zustimmung des Bundesrates zur Durchführung dieses Gesetzes Rechtsverordnungen zu erlassen über
1. die Führung, Fortführung, Benutzung und Aufbewahrung der von deutschen Standesbeamten errichteten Personenstandsregister, Personenstandsbücher und Standesregister sowie die Führung und Fortführung der Sicherungsregister, Zweitbücher und standesamtlichen Nebenregister,

2. die Führung, Fortführung, Benutzung und Aufbewahrung der von deutschen Konsularbeamten errichteten Personenstandseinträge,
3. die Anforderungen an elektronische Verfahren
   a) zur Führung der Personenstandsregister und Sicherungsregister sowie die Aufbewahrung dieser Register einschließlich der Anforderungen an Anlagen und Programme sowie deren Sicherung (§§ 3, 4),
   b) mittels derer die Identität der Person, die die Eintragung vorgenommen hat, erkennbar ist (§ 3 Abs. 2 Satz 3),
4. den Aufbau und die Darstellung der elektronischen Register am Bildschirm und die Formulare für die Personenstandsurkunden (§§ 3 bis 5, 55),
5. die Ausstellung von Personenstandsurkunden durch ein anderes als das registerführende Standesamt (§ 55 Abs. 2, § 56 Abs. 4),
6. die technischen Verfahren zur Neubeurkundung nach Verlust eines Registers (§ 8),
7. die Führung der Sammelakten (§ 6),
8. die Mitteilungen an Behörden und sonstige öffentliche Stellen auf Grund von Rechtsvorschriften, insbesondere die Bezeichnung der empfangenden Stelle sowie die im Einzelnen zu übermittelnden Angaben und das Verfahren der Übermittlung,
9. die Übertragung von besonderen Aufgaben auf das Standesamt I in Berlin, die sich daraus ergeben, dass diesem im Rahmen der ihm durch dieses Gesetz übertragenen Zuständigkeiten Mitteilungen oder Erklärungen über Vorgänge zugehen, die in einem Personenstandsregister zu beurkunden wären, sowie die Organisation und Nutzung der nach diesem Gesetz beim Standesamt I in Berlin zu führenden Verzeichnisse, insbesondere im Rahmen der Zusammenarbeit mit den Standesämtern,
10. die Anmeldung der Eheschließung, die Eheschließung und die Umwandlung der Lebenspartnerschaft in eine Ehe sowie die Erteilung einer Bescheinigung hierüber,
11. die Anzeige einer Geburt oder eines Sterbefalls,
12. die Erteilung von Personenstandsurkunden sowie einer Bescheinigung über die Entgegennahme einer namensrechtlichen Erklärung,
13. die Beurkundung von Personenstandsfällen, bei denen besondere Umstände zu berücksichtigen sind, weil sie sich in der Luft, auf Binnenschiffen, in Landfahrzeugen oder in Bergwerken ereignet haben oder einzelne Angaben für die Beurkundung fehlen oder urkundlich nicht belegt werden können,
14. die Beurkundung von Personenstandsfällen, falls eine Person beteiligt ist, die taub oder stumm oder sonst am Sprechen gehindert ist, die die deutsche Sprache nicht versteht oder nicht schreiben kann,
15. die Beurkundung der Sterbefälle von Angehörigen der ehemaligen deutschen Wehrmacht sowie das Verfahren zur Beurkundung von Sterbefällen in ehemaligen deutschen Konzentrationslagern (§ 38),
16. weitere Angaben zum Familienstand des Verstorbenen sowie zum Ort und Zeitpunkt des Todes im Sterbeeintrag (§ 31 Absatz 1 Nummer 2 und 4) und in der Sterbeurkunde (§ 60 Nummer 2 und 4),
17. die Eintragung der Staatsangehörigkeit in die Personenstandsregister,
18. die Begriffsbestimmungen für tot geborene Kinder und Fehlgeburten,
19. die Angabe von Namen, wenn Vor- und Familiennamen nicht geführt werden,
20. die Bezeichnung der Behörden und sonstigen öffentlichen Stellen, die nach gesetzlichen Vorschriften dem Standesamt eine Mitteilung zur Fortführung der Personenstandsregister zu machen haben, sowie die jeweils zu übermittelnden Angaben,
21. die Besonderheiten für die in § 71 genannten Personenstandsbücher und beglaubigten Abschriften, die darauf beruhen, dass Zweitbücher nicht vorhanden sind oder Einträge von den im inländischen Recht vorgesehenen Einträgen abweichen,

22. die Führung der Sammlung der Todeserklärungen, die damit zusammenhängenden Mitteilungspflichten und die Benutzung dieser Sammlung (§ 33),
23. die elektronische Erfassung und Fortführung der Übergangsbeurkundungen (§ 75) und Altregister (§ 76),
24. die Benutzung der als Heiratseinträge fortgeführten Familienbücher (§ 77),
25. die technischen Standards, die zu übermittelnden Daten, ihre Form sowie das Nähere über das Verfahren der Übermittlung bei Datenübermittlungen zwischen Standesämtern und einem Verwaltungsportal nach § 3 Absatz 2 des Onlinezugangsgesetzes vom 14. August 2017 (BGBl. I. S. 3122, 3138), das zuletzt durch Artikel 16 des Gesetzes vom 28. Juni 2021 (BGBl. I S. 2250) geändert worden ist (OZG),
26. die Festlegung des Vertrauensniveaus im Sinne des Artikel 8 der Verordnung (EU) Nr. 910/2014 des Europäischen Parlaments und des Rates vom 23. Juli 2014 über elektronische Identifizierung und Vertrauensdienste für elektronische Transaktionen im Binnenmarkt und zur Aufhebung der Richtlinie 1999/93/EG (ABl. L 257 vom 28.8.2014, S. 73; L 23 vom 29.1.2015, S. 19; L 155 vom 14.6.2016, S. 44), das bei einer elektronischen Erbringung von Verwaltungsleistungen nach diesem Gesetz jeweils erforderlich ist,
27. automatisierte Abrufverfahren und technische Benutzer nach § 68 sowie die im Einzelnen zu übermittelnden Angaben, die Protokollierung der Abrufe und die Verfahren der Übermittlung.

§ 74 PStG   Rechtsverordnungen der Landesregierungen

(1) Die Landesregierungen werden ermächtigt, durch Rechtsverordnung
1. die Bestellung der Standesbeamten und die fachlichen Anforderungen an diese Personen zu regeln,
2. die Aufbewahrung der Zweitbücher und Sicherungsregister zu regeln,
3. ein zentrales elektronisches Personenstandsregister einzurichten und nähere Bestimmungen zu dessen Führung zu treffen,
4. die Aufbewahrung der Sammelakten zu regeln,
5. die elektronische Erfassung und Fortführung der Übergangsbeurkundungen (§ 75) und Altregister (§ 76) zu regeln,
6. das zuständige Amtsgericht zu bestimmen, wenn im Falle des § 50 Abs. 1 am Ort des Landgerichts mehrere Amtsgerichte ihren Sitz haben,
7. zu bestimmen, dass auch anderen als den auf Grund des § 73 Nr. 8 bezeichneten öffentlichen Stellen Angaben mitzuteilen sind, die diese zur Erfüllung ihrer Aufgaben benötigen.

(2) Die Landesregierungen können durch Rechtsverordnung die Ermächtigungen nach Absatz 1 auf oberste Landesbehörden übertragen.

Kapitel 12 Übergangsvorschriften

§ 75 PStG   Übergangsbeurkundung

Die zwischen dem 1. Januar 2009 und dem 31. Dezember 2013 in einem Papierregister beurkundeten Personenstandseinträge (Übergangsbeurkundungen) sollen in elektronische Register übernommen werden; in diesem Fall gelten die §§ 3 bis 5 entsprechend.

§ 76 PStG Fortführung, Benutzung und Aufbewahrung der Altregister

(1) ¹Altregister sind die bis zum 31. Dezember 2008 angelegten Personenstandsbücher sowie die seit dem 1. Januar 1876 geführten Standesregister und standesamtlichen Nebenregister und die davor geführten Zivilstandsregister (Standesbücher). ²Für ihre Fortführung und Beweiskraft gelten die §§ 5, 16, 17, 27, 32 und 54 entsprechend, die Folgebeurkundungen sind von dem Standesbeamten zu unterschreiben.

(2) Für die Fortführung der Zweitbücher gilt § 4 Absatz 2 entsprechend mit der Maßgabe, dass Hinweise nicht einzutragen sind.

(3) Für die Benutzung der Altregister und der dazu geführten Sammelakten gelten die §§ 61 bis 66 entsprechend.

(4) Für die Aufbewahrung und das Anbieten der Altregister, der Zweitbücher und der Sammelakten gegenüber den Archiven gilt § 7 Absatz 1 Satz 1, Absatz 2 und 3 entsprechend.

(5) ¹Einträge aus Altregistern werden elektronisch erfasst und fortgeführt, wenn
1. ein Anlass zur Fortführung des Registereintrags im Geburten-, Ehe- und Lebenspartnerschaftsregister besteht,
2. die Ausstellung einer Personenstandsurkunde aus einem der in Nummer 1 genannten Register beantragt wird oder
3. durch eine automatisierte Datenabfrage Daten aus einem papiergebundenen Altregister nach Nummer 1 abgefragt werden.

²Im Übrigen sollen sie elektronisch erfasst werden. ³Eine Nacherfassung im elektronischen Personenstandsregister nach den Sätzen 1 und 2 ist nicht erforderlich, wenn bereits die Hälfte der nach § 5 Absatz 5 für den entsprechenden Personenstandseintrag geltenden Fortführungsfrist abgelaufen ist oder die elektronische Nacherfassung aufgrund der in dem papiergebundenen Registereintrag beurkundeten Daten aus anderen Gründen nicht angezeigt ist.

§ 77 PStG Fortführung, Aufbewahrung und Benutzung der Familienbücher

(1) ¹Die Familienbücher werden als Heiratseinträge fortgeführt; die bisherigen Heiratseinträge in den Heiratsbüchern werden nicht fortgeführt. ²§ 16 gilt entsprechend.

(2) ¹Zuständig für die Fortführung des Familienbuchs ist das Standesamt, das den Heiratseintrag für die Ehe führt. ²Ist die Ehe nicht in einem deutschen Heiratsbuch beurkundet, so ist das Standesamt zuständig, das am 24. Februar 2007 das Familienbuch führte.

(3) Aus den Familienbüchern, die als Heiratseinträge fortgeführt werden, werden als Personenstandsurkunden nur Eheurkunden (§ 57) ausgestellt.

§ 78 PStG (aufgehoben)

§ 79 PStG Altfallregelung

Für die Bearbeitung von Anträgen auf Beurkundung von Auslandspersonenstandsfällen und von namensrechtlichen Erklärungen, die vor dem 1. November 2017 beim Standesamt I in Berlin gestellt oder dort eingegangen sind, bleibt abweichend von der in § 34 Absatz 4 Satz 1, § 35 Absatz 3 Satz 1, § 36 Absatz 2, § 41 Absatz 2 Satz 2, § 42 Absatz 2 Satz 2, § 43 Absatz 2 Satz 3 und § 45 Absatz 2 Satz 2 getroffenen Zuständigkeitsregelung bei lediglich früherem Wohnsitz im Inland das Standesamt I in Berlin zuständig.

19. Rechtsanwaltsvergütungsgesetz (RVG)

In der Fassung der Bekanntmachung vom 15. März 2022[1] (BGBl. I S. 610)
(FNA 368-3)
zuletzt geändert durch Art. 3 G zur Beschleunigung der Asylgerichtsverfahren und
Asylverfahren vom 21. Dezember 2022 (BGBl. I S. 2817)

Literatur:

Kommentare: *Fackelmann/Heinemann*, GNotKG Gerichtskosten- und Notarkostengesetz, 2013 (zitiert: HK-GNotKG/Bearbeiter); *Gerold/Schmidt*, Rechtsanwaltsvergütungsgesetz, 25. Aufl. 2021 (zitiert: Gerold/Schmidt/Bearbeiter); *Hartung/Schons/Enders*, RVG, 2. Aufl. 2017 (zitiert: Hartung/Schons/Enders/Bearbeiter); Hensseler/Prütting, BRAO, 5. Aufl. 2019 (zitiert: Henssler/Prütting/Bearbeiter); *Toussaint*, Kostenrecht, 52. Aufl. 2022; *Hartung/Schons/Enders*, Rechtsanwaltsvergütungsgesetz, 3. Aufl. 2017; *Mayer/Kroiß*, Rechtsanwaltsvergütungsgesetz mit Streitwertkommentar und Tabellen, 8. Aufl. 2021 (zitiert: HK-RVG/Bearbeiter); *Schneider/Volpert*, AnwaltKommentar RVG Rechtsanwaltsvergütungsgesetz, 9. Aufl. 2021 (zitiert: Schneider/Volpert/Bearbeiter); *Grüneberg* (vormals Palandt), BGB, 81. Aufl. 2022 (zitiert: Grüneberg/Bearbeiter).

Aufsätze: *Horn*, Die Erstberatung im Erbrecht, NJW 2012, 1558; *Horn/Kroiß*, Irrtümer und Verfahrensfragen bei der Testamentsauslegung, NJW 2012, 666; *Kroiß*, Kosten und Gebühren im Erbscheinsverfahren: Aktuelle Entwicklungen in der Rechtsprechung, ZEV 2016, 619; *Schneider*, Beitritt eines weiteren Beteiligten zum Abschluss eines Vergleichs, ERbR 2016, 627; *Schneider*, Aktuelle Rechtsprechung zur Vergütungsvereinbarung 1. Teil, Anwaltsgebühren Kompakt 2016, 109; *Terriuolu*, Einholung der Deckungszusage durch den Rechtsanwalt, AnwBl. 2017, 44.

Einführung

A. Grundlagen

1 Die Grundlagen anwaltlicher Gebührenabrechnung anhand des Rechtsanwaltsvergütungsgesetzes (RVG) und die Anforderungen an eine formwirksame Vergütungsvereinbarung werden in diesem Abschnitt im Wesentlichen als bekannt vorausgesetzt. Das Kapitel soll dem mit erbrechtlicher Angelegenheit befassten Rechtsanwalt einen Überblick und Aufschluss über die bei der Bearbeitung typischer erbrechtlicher Angelegenheiten auftretenden, häufig wiederkehrenden Abrechnungsbesonderheiten und -probleme geben.

2 Dargestellt werden diese Besonderheiten/Probleme im Rahmen der Kommentierung zu den einschlägigen Vorschriften des RVG. Dabei werden nicht alle Paragrafen des RVG kommentiert, sondern nur solche, die bei der Behandlung erbrechtlicher Fälle eine besondere Bedeutung besitzen. Kommentierung erfahren diese Vorschriften im Hinblick auf ihre Relevanz bei der Abrechnung des erbrechtlichen Falles.

3 Es sind die Änderungen zum RVG durch das Gesetz zur Verbesserung des Verbraucherschutzes im Inkassorecht und zur Änderung weiterer Vorschriften vom 22.12.2020 (BGBl. I 3320) berücksichtigt, nachdem zuvor das Rechtsanwaltsvergütungsgesetz (RVG) als Bestandteil des Ersten Gesetzes zur Modernisierung des Kostenrechts vom 5.5.2004 (BGBl. 2004 I 718) mit Wirkung zum 1.7.2004 bereits die Bundesrechtsanwaltsgebührenordnung (BRAGO) abgelöst hatte und zwischenzeitlich das zweite Gesetz zur Modernisierung des Kostenrechts (2. KostRMoG) vom 23.7.2013 für die Zeit ab 1.8.2013 Änderungen mit sich brachte.

4 Für die Anwendung der Neufassung des RVG gilt die allgemeine Übergangsvorschrift des § 60 RVG, die ebenfalls neu gefasst worden ist. Maßgeblich ist nach wie vor der Zeitpunkt der Ertei-

---

[1] Neubekanntmachung des RVG v. 5.5.2004 (BGBl. I S. 718, 788) in der ab 1.12.2021 geltenden Fassung.

lung des unbedingten Auftrags bzw. der Zeitpunkt der Bestellung oder Beiordnung. Denn nach § 60 Abs. 1 S. 1 RVG kommt es auf den Tag der Auftragserteilung an. Im Streitfall wird es im Zweifel auf das Datum der schriftlichen Anwaltsvollmacht bzw. des Zugangs der gerichtlichen oder sonstigen Bestellung bzw. Beiordnung ankommen. Maßgebend ist, wann dem Rechtsanwalt der unbedingte Auftrag zur jeweiligen Angelegenheit im Sinne der §§ 16 ff. RVG erteilt wurde.

Diese Regelung gilt grundsätzlich auch für das Rechtsmittelverfahren, s. aber die besonderen Regelungen § 60 iVm § 61 RVG. 5

Im erbrechtlichen Mandat kommt es häufiger vor, dass mehrere Angelegenheiten betroffen sind und/oder mehrere Auftraggeber (Ehegatten, Mitglieder einer Erbengemeinschaft, mehrere Testamentsvollstrecker) vertreten werden. In solchen Fällen entstehen besondere Vergütungsfragen, die in der Kommentierung behandelt werden (siehe zB zur Frage der mehreren Auftraggeber § 7 RVG). 6

Ein alphabetischer Streitwertkatalog zu typischen Gegenständen des erbrechtlichen Mandats ist bei der Kommentierung zu § 23 RVG dargestellt. 7

B. Probleme aus der Praxis

Eine wiederkehrende Problematik bei den Abrechnungen stellt für den Erbrechtler vor allem die Frage dar, wann er bei außergerichtlicher Tätigkeit eine Geschäftsgebühr nach der VV 2300 RVG abrechnen kann und in welchen Fällen er auf eine Beratungsgebühr nach § 34 RVG reduziert bleibt. 8

Typischerweise stellt sich diese Frage bei der Erstellung einer Urkunde **mit einseitigem Erklärungsinhalt**, insbesondere eines Testaments, **eines Vermächtnisses oder einer Teilungsanordnung**. Diese anwaltlichen Tätigkeiten werden in der VV 2300 RVG und der Vorbemerkung dazu nicht ausdrücklich genannt. Dort ist nur die Rede von der „Mitwirkung bei der Gestaltung eines Vertrags". Ob der Entwurf einer Urkunde mit einseitigem Erklärungsinhalt Gegenstand einer Geschäftsgebühr nach der VV 2300 RVG sein kann, wurde in Rechtsprechung und Literatur lange unterschiedlich beurteilt. Inzwischen lehnt man die Auslösung einer Geschäftsgebühr ab und qualifiziert es als Beratungstätigkeit nach § 34 RVG.[1] 9

Der BGH hat mit seiner Entscheidung vom 22.2.2018 die in der Instanzrechtsprechung vertretene Ansicht, nach welcher die Vergütung sich nach § 34 RVG richten soll, als zutreffend angesehen.[2] Nach dieser höchstrichterlichen Rechtsprechung löst das Entwerfen eines Testaments oder einer sonstigen einseitigen Urkunde keine Geschäftsgebühr aus, egal ob es sich um den Entwurf eines einseitigen Testaments handelt, um mehrere Testamente, die aufeinander abzustimmen sind oder um ein gemeinschaftliches Testament. 10

Es empfiehlt sich daher unbedingt der Abschluss einer **Vergütungsvereinbarung** nach § 3 a RVG unter Beachtung der dortigen Voraussetzungen. Ansonsten läuft der Rechtsanwalt Gefahr, im Streitfall auf die Abrechnung nach § 34 RVG mit regelmäßig für den Rechtsanwalt nachteiligen Besonderheiten (wie die Höchstgebühr für Verbraucher, die Bestimmung nach der Angemessenheit etc) beschränkt zu werden. 11

Hinzu kommt, dass die Beratungsgebühr nach § 34 Abs. 2 RVG auf die Geschäfts- oder Verfahrensgebühr einer nachfolgenden Tätigkeit anzurechnen ist, so der Rechtsanwalt dies nicht durch Vereinbarung mit seinem Mandanten abbedungen hat. 12

---

1 Vgl. Schneider/Volpert/Reckin Vorb. 2.3 VV RVG Rn. 56–60; HK-RVG/Winkler/Teubel VV RVG Vorb. 2.3 Rn. 7.
2 BGH ErbR 2018, 330 ff. mit Bezugnahme und Hinweisen auf anderslautende Auffassungen im Schrifttum und in der Instanzrechtsprechung, nochmals bestätigt durch BGH ErbR 2021, 556 mAnm N. Schneider ErbR 2021, 493.

13 Das zeigt, wie wichtig es ist, sich gleich zu Beginn, am besten noch vor der Übernahme des Mandates mit der Frage der Vergütung zu befassen. Dies gilt gerade dann, wenn noch nicht sicher ist, ob die Tätigkeit zu guter Letzt über eine bloße Beratung hinausgeht.

14 Ein wohl eher redaktionelles Versehen des Gesetzgebers ist zum 1.8.2013 korrigiert worden. Die Verfahrens- und die ggf. anfallende Terminsgebühr für das **Beschwerdeverfahren** nach §§ 58 ff. FamFG beträgt nun 1,6 bzw. 1,2 (VV 3200, 3202 RVG). Zuvor konnte nur eine Gebühr von jeweils 0,5 nach VV 3500, 3513 RVG angesetzt werden (→ VV RVG → Rn. 63 f.).

Abschnitt 1
Allgemeine Vorschriften

§ 1 RVG Geltungsbereich

(1) ¹Die Vergütung (Gebühren und Auslagen) für anwaltliche Tätigkeiten der Rechtsanwältinnen und Rechtsanwälte bemisst sich nach diesem Gesetz. ²Dies gilt auch für eine Tätigkeit als besonderer Vertreter nach den §§ 57 und 58 der Zivilprozessordnung, nach § 118e der Bundesrechtsanwaltsordnung, nach § 103b der Patentanwaltsordnung oder nach § 111c des Steuerberatungsgesetzes. ³Andere Mitglieder einer Rechtsanwaltskammer, Partnerschaftsgesellschaften und sonstige Gesellschaften stehen einem Rechtsanwalt im Sinne dieses Gesetzes gleich.

(2) ¹Dieses Gesetz gilt nicht für eine Tätigkeit als Syndikusrechtsanwalt (§ 46 Absatz 2 der Bundesrechtsanwaltsordnung). ²Es gilt ferner nicht für eine Tätigkeit als Vormund, Betreuer, Pfleger, Verfahrenspfleger, Verfahrensbeistand, Testamentsvollstrecker, Insolvenzverwalter, Sachwalter, Mitglied des Gläubigerausschusses, Restrukturierungsbeauftragter, Sanierungsmoderator, Mitglied des Gläubigerbeirats, Nachlassverwalter, Zwangsverwalter, Treuhänder oder Schiedsrichter oder für eine ähnliche Tätigkeit. ³§ 1877 Absatz 3 des Bürgerlichen Gesetzbuchs und § 4 Absatz 2 des Vormünder- und Betreuervergütungsgesetzes bleiben unberührt.

(3) Die Vorschriften dieses Gesetzes über die Erinnerung und die Beschwerde gehen den Regelungen der für das zugrunde liegende Verfahren geltenden Verfahrensvorschriften vor.

1 Bei erbrechtlicher Tätigkeit stellt sich im Hinblick auf die Regelung des § 1 Abs. 2 RVG besonders die Frage, welche Vergütung der Rechtsanwalt erhält, wenn er als Testamentsvollstrecker tätig wird. Denn nach § 1 Abs. 2 RVG gilt das RVG unter anderem sachlich nicht für die Tätigkeit als Testamentsvollstrecker.

2 Die Vergütung des Testamentsvollstreckers richtet sich nach § 2221 BGB. Danach soll der Testamentsvollstrecker für die Führung seines Amtes eine „angemessene Vergütung" verlangen können, sofern nicht der Erblasser ein anderes bestimmt hat. Zur Bemessung der **Höhe der angemessenen Vergütung** kann man sich in der Praxis gut orientieren an den Empfehlungen des Deutschen Notarvereins (zu finden unter: www.westfälische-notarkammer.de).

3 Das OLG München hat sich jüngst in Bezug auf die testamentarische Formulierung einer Vergütung des Testamentsvollstreckers nach der „Rheinischen Tabelle" damit beschäftigt, dass nach den allgemeinen Grundsätzen der Testamentsauslegung zu klären ist, ob der Erblasser damit die (ursprüngliche) Rheinische Tabelle für das Notariat in Rheinpreußen aus dem Jahre 1925 oder die sogenannte „Neue Rheinische Tabelle" gemeint hat. Im Ergebnis vertritt es die Auffassung, ohne das Hinzutreten weiterer Umstände, insbesondere Andeutungen im Testament wie „neu", „fortentwickelt" oder auch nur solche in versteckter Form, richtet sich die Testamentsvollstreckervergütung in diesen Fällen nach der Rheinischen Tabelle für das Notariat Rheinpreußen 1925.[1]

---

[1] So OLG München Beschl. v. 21.6.2021 – 33 U 1651/21.

§ 2 RVG   Höhe der Vergütung

(1) Die Gebühren werden, soweit dieses Gesetz nichts anderes bestimmt, nach dem Wert berechnet, den der Gegenstand der anwaltlichen Tätigkeit hat (Gegenstandswert).

(2) ¹Die Höhe der Vergütung bestimmt sich nach dem Vergütungsverzeichnis der Anlage 1 zu diesem Gesetz. ²Gebühren werden auf den nächstliegenden Cent auf- oder abgerundet; 0,5 Cent werden aufgerundet.

A. Allgemeines

Mit dieser Vorschrift wird das Vergütungsverzeichnis (Anlage 1 zu § 2 Abs. 2) in Bezug genommen. Dort findet sich zu der jeweiligen Nummer 1

- der Gebührensatz (zB VV 3100 RVG – 1,3-Gebühr als Gebührensatz festgeschrieben, daher auch als Festgebühr bezeichnet) oder
- der Gebührensatzrahmen (zB VV 2300 RVG – 0,5 bis 2,5, woraus im Einzelfall die Gebühr innerhalb des Rahmens unter Berücksichtigung aller Umstände zu bestimmen ist, vor allem anhand der Kriterien des § 14 RVG),
- der Gebührenbetrag oder
- der Gebührenbetragsrahmen (zB VV 3102 RVG – 60 bis 660 EUR, woraus der Rechtsanwalt den Gebührenbetrag unter Berücksichtigung aller Umstände des Einzelfalls nach billigem Ermessen (§ 14 RVG) zu bestimmen hat).

B. Regelungsgehalt

Aus § 2 Abs. 1 RVG ergibt sich, dass auch in erbrechtlichen Angelegenheiten der Rechtsanwalt grundsätzlich nach dem Gegenstandswert abrechnet. Es sind also die Wertgebühren nach der Tabelle des § 13 RVG anzusetzen, bei der Prozesskostenhilfe nach der Tabelle des § 49 RVG. Eine Ausnahme bildet die Beratungshilfe nach VV 2500 ff. RVG. Dabei sind feste Gebührenbeträge anzusetzen. 2

Wie der Gegenstand der anwaltlichen Tätigkeit zu bewerten ist, ergibt sich aus den §§ 22–31 RVG. 3

§ 23 Abs. 1 RVG verweist auf die für die Gerichtsgebühren geltenden Wertvorschriften (siehe insbes. Kommentierung zu §§ 22, 23 RVG). 4

In zeitlicher Hinsicht kommt es für die Bewertung des Gegenstandes der anwaltlichen Tätigkeit auf den Zeitpunkt an, in welchem die anwaltliche Gebühr entsteht, also deren Tatbestand erfüllt wird. 5

Berufs- und haftungsrechtlich, aber auch im Hinblick auf eine mögliche spätere Auseinandersetzung mit dem Mandanten über die erteilte Vergütungsabrechnung ist unbedingt zu beachten, dass der Rechtsanwalt dann, wenn die zu erhebenden Gebühren sich nach dem Gegenstandswert richten, vor Übernahme des Auftrags hierauf hinzuweisen hat. 6

Diese Belehrungspflicht besteht seit dem 1.7.2004. Sie ist in § 49b Abs. 5 BRAO festgeschrieben. Ein Verstoß dagegen lässt den Vergütungsanspruch zwar nicht entfallen, kann aber zu einer Schadensersatzverpflichtung wegen vorvertraglichen Verschuldens nach den §§ 311 Abs. 2, 280 Abs. 1 BGB führen.[1] Der so geschädigte Mandant ist so zu stellen, wie er stehen würde, wenn er pflichtgemäß entsprechend der anwaltlichen Verpflichtung aus § 49b Abs. 5 BRAO aufgeklärt worden wäre. 7

---

[1] BGH NJW 2007, 2332 (2333).

§ 3 RVG Gebühren in sozialrechtlichen Angelegenheiten

(1) ¹In Verfahren vor den Gerichten der Sozialgerichtsbarkeit, in denen das Gerichtskostengesetz nicht anzuwenden ist, entstehen Betragsrahmengebühren. ²In sonstigen Verfahren werden die Gebühren nach dem Gegenstandswert berechnet, wenn der Auftraggeber nicht zu den in § 183 des Sozialgerichtsgesetzes genannten Personen gehört; im Verfahren nach § 201 Absatz 1 des Sozialgerichtsgesetzes werden die Gebühren immer nach dem Gegenstandswert berechnet. ³In Verfahren wegen überlanger Gerichtsverfahren (§ 202 Satz 2 des Sozialgerichtsgesetzes) werden die Gebühren nach dem Gegenstandswert berechnet.

(2) Absatz 1 gilt entsprechend für eine Tätigkeit außerhalb eines gerichtlichen Verfahrens.

§ 3a RVG Vergütungsvereinbarung

(1) ¹Eine Vereinbarung über die Vergütung bedarf der Textform. ²Sie muss als Vergütungsvereinbarung oder in vergleichbarer Weise bezeichnet werden, von anderen Vereinbarungen mit Ausnahme der Auftragserteilung deutlich abgesetzt sein und darf nicht in der Vollmacht enthalten sein. ³Sie hat einen Hinweis darauf zu enthalten, dass die gegnerische Partei, ein Verfahrensbeteiligter oder die Staatskasse im Falle der Kostenerstattung regelmäßig nicht mehr als die gesetzliche Vergütung erstatten muss. ⁴Die Sätze 1 und 2 gelten nicht für eine Gebührenvereinbarung nach § 34.

(2) ¹In der Vereinbarung kann es dem Vorstand der Rechtsanwaltskammer überlassen werden, die Vergütung nach billigem Ermessen festzusetzen. ²Ist die Festsetzung der Vergütung dem Ermessen eines Vertragsteils überlassen, so gilt die gesetzliche Vergütung als vereinbart.

(3) ¹Ist eine vereinbarte, eine nach Absatz 2 Satz 1 von dem Vorstand der Rechtsanwaltskammer festgesetzte oder eine nach § 4a für den Erfolgsfall vereinbarte Vergütung unter Berücksichtigung aller Umstände unangemessen hoch, kann sie im Rechtsstreit auf den angemessenen Betrag bis zur Höhe der gesetzlichen Vergütung herabgesetzt werden. ²Vor der Herabsetzung hat das Gericht ein Gutachten des Vorstands der Rechtsanwaltskammer einzuholen; dies gilt nicht, wenn der Vorstand der Rechtsanwaltskammer die Vergütung nach Absatz 2 Satz 1 festgesetzt hat. ³Das Gutachten ist kostenlos zu erstatten.

(4) ¹Eine Vereinbarung, nach der ein im Wege der Prozesskostenhilfe beigeordneter Rechtsanwalt für die von der Beiordnung erfasste Tätigkeit eine höhere als die gesetzliche Vergütung erhalten soll, ist nichtig. ²Die Vorschriften des bürgerlichen Rechts über die ungerechtfertigte Bereicherung bleiben unberührt.

A. Allgemeines 1	III. Möglichkeit der Herabsetzung der Vergütung (§ 3a Abs. 2 S. 1 RVG) 9
B. Regelungsgehalt 2	IV. Ausschluss einer Vergütungsfestsetzung nach § 11 RVG 15
I. Form der Vergütungsvereinbarung (§ 3a Abs. 1 S. 1 RVG) 2	
II. Inhalt der Vergütungsvereinbarung 5	

A. Allgemeines

1 Im Hinblick auf das Recht auf Abschluss einer Vergütungsvereinbarung und die gesetzlichen Anforderungen nach § 3a RVG ergeben sich für das erbrechtliche Mandat grundsätzlich keine Besonderheiten.

B. Regelungsgehalt

I. Form der Vergütungsvereinbarung (§ 3a Abs. 1 S. 1 RVG)

Zunächst bedarf die Vereinbarung der Textform. Diese bestimmt sich nach § 126b BGB. Demnach muss die Erklärung auf einem dauerhaften Datenträger abgegeben werden und die Person des Erklärenden muss darin genannt sein.

Es reicht dazu die im Wege moderner/schneller Kommunikation erfolgte Übermittlung auf elektronischem Weg, also der wechselseitige Austausch von Angebot und Annahmeerklärung per E-Mail.[1] Zur Vermeidung von Auseinandersetzungen über die Frage der Formwirksamkeit dürfte es aber immer noch ratsam sein, die Vergütungsvereinbarung vom Auftraggeber unterzeichnen zu lassen.[2]

Zu den Voraussetzungen einer „formfreien" Gebührenvereinbarung für eine außergerichtliche Beratung siehe BGH-Urteil vom 3.12.2015.[3]

II. Inhalt der Vergütungsvereinbarung

Der Rechtsanwalt sollte gut abwägen, welche Art der Vergütungsvereinbarung er wählt. Bei Erbrechtskonflikten dürfte es häufig vorkommen, dass der Umfang der anwaltlichen Tätigkeit sich bei Übernahme des Mandats noch nicht abschätzen lässt. Daher könnte sich die Honorierung nach Aufwand, also der Abschluss einer Vergütungsvereinbarung mit Stundenhonorar anbieten.[4] Eine monatlich vorzunehmende Abrechnung bewirkt dabei Transparenz und hat den Vorteil einer Kostenkontrolle für den Mandanten.[5] Wird dabei auch die Mindestvergütung nach RVG vereinbart, was das RVG für gerichtliche Verfahren vorschreibt, oder eine zusätzliche erfolgsunabhängige Einmalzahlung vereinbart, wird die Vereinbarung den Vorgaben des § 14 RVG und dem Gegenstandswert gerecht.[6]

Zur Anwendung gelangen vor allem folgende Vergütungsmodelle:
a) Modifizierung gesetzlicher Vergütungstatbestände
   - die Vereinbarung über den Gegenstandswert
   - die Vereinbarung des Gebührenfaktors bei der Rahmengebühr
   - die Vereinbarung eines prozentualen Aufschlags
b) Zeitvergütung
   Die Vereinbarung einer Zeitvergütung ist grundsätzlich zulässig, durch die Rechtsprechung aber mit verschiedenen Hürden ausgestattet. Diese betreffen im Wesentlichen die Zeitintervalle = Zeittakte, die Zeitaufzeichnung = Dokumentationsnotwendigkeit und die Qualität der Tätigkeitsangaben, ferner aber auch die Schwierigkeit, die Höhe des einzelnen Stundensatzes zu rechtfertigen.
   Es gilt hier der Grundsatz: Je kleiner die Minuten-Taktung ist, desto besser; die Abrechnung von „Zeitüberhängen" ist zu vermeiden, die jeweilige anwaltliche Tätigkeit ist so konkret wie möglich anzugeben.
   Vor dem Hintergrund dieser hohen Anforderungen, welche die Rechtsprechung an diese Art der Vergütungsvereinbarung stellt, sollte der Rechtsanwalt den Abschluss einer solchen Vereinbarung gut abwägen mit den sich bietenden Alternativen.
c) Pauschalvergütung
   Die Vorteile der Pauschalvergütung liegen auf der Hand (s.o.). Problematisch wird eine solche Pauschalvergütung dann, wenn der Auftrag vorzeitig endet, da gerade in Erbsachen der Umfang der anwaltlichen Tätigkeit am Anfang selten zuverlässig abschätzbar ist.

---

1 Vgl. BGH RVGreport 2012, 21 mAnm Hansens.
2 Hansens RVGreport 2013, 266 (267).
3 BGH AGS 2016, 56.
4 So etwa Horn NJW 2012, 1558 (1560).
5 Horn NJW 2012, 1558 (1560).
6 Horn NJW 2012, 1558 (1560).

7 Früher war es nach § 8 BerHG verboten, Vergütungsvereinbarungen im Bereich der Beratungshilfe zu schließen. Das hat sich seit 1.1.2014 mit dem Inkrafttreten des Gesetzes zur Änderung des Prozesskostenhilfe- und Beratungshilferechts geändert. Nach § 8a Abs. 2 BerHG kann der Rechtsanwalt, wenn er keine Vergütung aus der Staatskasse fordert oder einbehält und den Mandanten bei Übernahme des Mandats auf die Möglichkeit der Aufhebung der Bewilligung und die sich für die Vergütung ergebenden Folgen hingewiesen hat, also auch eine Vergütungsvereinbarung nach § 3a RVG schließen.[7]

8 Vereinbarungen, durch die eine Vergütung oder ihre Höhe vom Ausgang der Sache oder vom Erfolg der anwaltlichen Tätigkeit abhängig gemacht wird oder nach denen der Rechtsanwalt einen Teil des erstrittenen Betrages als Honorar erhält (Erfolgshonorar) sind unzulässig, soweit das Rechtsanwaltsvergütungsgesetz nichts anderes bestimmt (§ 49b Abs. 2 S. 1 BRAO), s. also Kommentierung zu § 4a RVG. Vereinbarungen, durch die der Rechtsanwalt sich verpflichtet, Gerichtskosten, Verwaltungskosten oder Kosten anderer Beteiligter zu tragen, sind nach § 49b Abs. 2 S. 2 BRAO nur zulässig bei Vereinbarung eines Erfolgshonorars nach § 4a Abs. 1 S. 1 Nr. 2 RVG.

III. Möglichkeit der Herabsetzung der Vergütung (§ 3a Abs. 2 S. 1 RVG)

9 Nach § 3a Abs. 2 S. 1 RVG kann im Rechtsstreit die vereinbarte Vergütung auf den angemessenen Betrag bis zur Höhe der gesetzlichen Vergütung herabgesetzt werden, wenn die vereinbarte Vergütung unter Berücksichtigung aller Umstände unangemessen hoch ist.

10 Für den Fall, dass ein Gericht die Herabsetzung der vereinbarten Vergütung für notwendig erachtet, hat es ein Gutachten der Rechtsanwaltskammer einzuholen, welches kostenlos zu erstatten ist, keine Sachverständigenleistung iSd JVEG darstellt und für das Gericht keine Bindungswirkung entfaltet[8] (→ RVG § 14 Rn. 1 ff.).

11 Passt das Gericht die Vergütung in einem solchen Verfahren an, schuldet der Auftraggeber nur den vom Gericht reduzierten Betrag und das Gericht kann dem Auftraggeber sogar eine Rückzahlung zulasten des Rechtsanwalts zusprechen.[9]

12 Nach der Rechtsprechung des BGH[10] spricht eine Vermutung für die Unangemessenheit einer vereinbarten Vergütung, wenn die vereinbarte Vergütung die gesetzlichen Gebühren um mehr als das Fünffache übersteigt. Dies bedeutet im Umkehrschluss, dass eine Vereinbarung bis zum Fünffachen der gesetzlichen Gebühren in der Regel nicht zu beanstanden sein wird.

13 Die Darlegungs- und Beweislastverteilung im Gebührenrechtsstreit hat zur Folge, dass derjenige, der sich auf die Unangemessenheit beruft, was in der Regel der Mandant sein dürfte, die hierzu nach seiner Auffassung maßgeblichen Umstände darlegen muss.

14 Übersteigt im Einzelfall die vereinbarte Vergütung die gesetzlichen Gebühren um mehr als das Fünffache, ist nach der genannten Rechtsprechung des BGH daraus zwar die Vermutung der Unangemessenheit herzuleiten; der Rechtsanwalt hat aber noch die Möglichkeit, die Vermutung zu entkräften, wenn es ihm gelingt, darzulegen, dass die vereinbarte Vergütung in dem konkreten Einzelfall unter Berücksichtigung aller Umstände angemessen ist.[11]

---

[7] Ausführlicher dazu N. Schneider ErbR 2014, 116.
[8] Hartung/Schons/Enders/Schons RVG § 3a Rn. 142 mwN.
[9] Hartung/Schons/Enders/Schons RVG § 3a Rn. 142 mwN.
[10] BGH NJW 2010, 1364 (1368).
[11] BGH NJW 2010, 1364 (1368), vgl. zuvor NJW 2005, 2142 (2144).

IV. Ausschluss einer Vergütungsfestsetzung nach § 11 RVG

Ist eine Vergütungsvereinbarung im Sinne des § 3a RVG zustande gekommen, mit welcher die gesetzlichen Gebühren abbedungen wurden, kommt eine Vergütungsfestsetzung nach § 11 RVG nicht in Betracht (→ RVG § 11 Rn. 1 ff.). 15

§ 4 RVG Unterschreitung der gesetzlichen Vergütung

(1) ¹In außergerichtlichen Angelegenheiten kann eine niedrigere als die gesetzliche Vergütung vereinbart werden. ²Sie muss in einem angemessenen Verhältnis zu Leistung, Verantwortung und Haftungsrisiko des Rechtsanwalts stehen. ³Ist Gegenstand der außergerichtlichen Angelegenheit eine Inkassodienstleistung (§ 2 Absatz 2 Satz 1 des Rechtsdienstleistungsgesetzes) oder liegen die Voraussetzungen für die Bewilligung von Beratungshilfe vor, gilt Satz 2 nicht und kann der Rechtsanwalt ganz auf eine Vergütung verzichten. ⁴§ 9 des Beratungshilfegesetzes bleibt unberührt.

(2) Ist Gegenstand der Angelegenheit eine Inkassodienstleistung in einem der in § 79 Absatz 2 Satz 2 Nummer 4 der Zivilprozessordnung genannten Verfahren, kann eine niedrigere als die gesetzliche Vergütung vereinbart werden oder kann der Rechtsanwalt ganz auf eine Vergütung verzichten.

Nach § 4 Abs. 1 S. 3 RVG kann der Rechtsanwalt zwar ganz auf eine Vergütung verzichten, wenn die Voraussetzungen für die Bewilligung von Beratungshilfe vorliegen, also unter bestimmten Voraussetzungen quasi „pro bono" tätig werden.[1] Es ist ihm aber umgekehrt auch erlaubt, ein Erfolgshonorar zu vereinbaren, unter der Voraussetzung, dass er auf die Inanspruchnahme der Vergütung für die Beratungshilfe verzichtet und er den Mandanten vorher darauf hingewiesen hat. Denn nach § 1 Abs. 2 BerHG ist die Möglichkeit, sich durch einen Rechtsanwalt unentgeltlich oder gegen Vereinbarung vertreten zu lassen, keine „andere Möglichkeit der Hilfe" iSd § 1 Nr. 2 BerHG.[2] Auch die Vergütungsvereinbarung nach § 4 RVG bedarf, das sollte nicht vergessen werden, zu ihrer Wirksamkeit der Textform.[3] 1

§ 4a RVG Erfolgshonorar

(1) ¹Ein Erfolgshonorar (§ 49b Absatz 2 Satz 1 der Bundesrechtsanwaltsordnung) darf nur vereinbart werden, wenn
1. sich der Auftrag auf eine Geldforderung von höchstens 2 000 Euro bezieht,
2. eine Inkassodienstleistung außergerichtlich oder in einem der in § 79 Absatz 2 Satz 2 Nummer 4 der Zivilprozessordnung genannten Verfahren erbracht wird oder
3. der Auftraggeber im Einzelfall bei verständiger Betrachtung ohne die Vereinbarung eines Erfolgshonorars von der Rechtsverfolgung abgehalten würde.

²Eine Vereinbarung nach Satz 1 Nummer 1 oder 2 ist unzulässig, soweit sich der Auftrag auf eine Forderung bezieht, die der Pfändung nicht unterworfen ist. ³Für die Beurteilung nach Satz 1 Nummer 3 bleibt die Möglichkeit, Beratungs- oder Prozesskostenhilfe in Anspruch zu nehmen, außer Betracht.

(2) In anderen als den in Absatz 1 Satz 1 Nummer 2 genannten Angelegenheiten darf nur dann vereinbart werden, dass für den Fall des Misserfolgs keine oder eine geringere als die gesetzliche

---

[1] Hartung/Schons/Enders/Schons RVG § 4 Rn. 1–3 (zur Problematik der unentgeltlichen Dienstleistung mwN).

[2] Hofmann BRAK-Mitt. 2013, 269 ff. (zu den Änderungen im Prozesskostenhilfe- und Beratungshilferecht seit 1.1.2014).

[3] Hartung/Schons/Enders/Schons RVG § 4 Rn. 15.

Vergütung zu zahlen ist, wenn für den Erfolgsfall ein angemessener Zuschlag auf die gesetzliche Vergütung vereinbart wird.

(3) In eine Vereinbarung über ein Erfolgshonorar sind aufzunehmen:
1. die Angabe, welche Vergütung bei Eintritt welcher Bedingungen verdient sein soll,
2. die Angabe, ob und gegebenenfalls welchen Einfluss die Vereinbarung auf die gegebenenfalls vom Auftraggeber zu zahlenden Gerichtskosten, Verwaltungskosten und die von diesem zu erstattenden Kosten anderer Beteiligter haben soll,
3. die wesentlichen Gründe, die für die Bemessung des Erfolgshonorars bestimmend sind, und
4. im Fall des Absatzes 1 Satz 1 Nummer 3 die voraussichtliche gesetzliche Vergütung und gegebenenfalls die erfolgsunabhängige vertragliche Vergütung, zu der der Rechtsanwalt bereit wäre, den Auftrag zu übernehmen.

A. Allgemeines

1 Die Vorschrift ist darauf zurückzuführen, dass das BVerfG das ausnahmslose Verbot des anwaltlichen Erfolgshonorars mit Beschluss vom 12.12.2006[1] als verfassungswidrig erachtet hat und verlangt, dass der Gesetzgeber Ausnahmen zulässt für den Fall, dass der Rechtsanwalt bei der erfolgsabhängigen Vergütung den besonderen Umständen in der Person des Auftraggebers Rechnung trägt, die diesen sonst hindern könnten, seine Rechte wahrzunehmen. Mit dem Gesetz zur Förderung verbrauchergeschützter Angebote im Rechtsdienstleistungsmarkt (BGBl. 2021 I 3415) wurde die Vorschrift neu gefasst.

Es bleibt das grundsätzliche Verbot des Erfolgshonorars. Erfolgsabhängige Vergütungsvereinbarungen sind nach wie vor unzulässig gem. § 49b Abs. 2 S. 1 BRAO, es sei denn, das RVG lässt dies ausnahmsweise zu. In den Fällen des zulässigen Erfolgshonorars nach § 4a Abs. 1 S. 1 Nr. 1 und 2 RVG darf der Rechtsanwalt künftig auch Gerichtskosten, Verwaltungskosten oder Kosten anderer Beteiligter übernehmen. Im Fall des Erfolgshonorars nach § 4a Abs. 1 S. 1 Nr. 3 RVG bleibt das Verbot indessen uneingeschränkt bestehen. Neben der bisherigen Möglichkeit des „Erfolgshonorars im Einzelfall" (§ 4a Abs. 1 S. 1 RVG aF) neu in § 4a Abs. 1 S. 1 Nr. 3 RVG geregelt, gibt es drei weitere Möglichkeiten eines zulässigen Erfolgshonorars.

Die drei Varianten sind:
1. Erfolgshonorar im Einzelfall (wie bisher)
2. Erfolgshonorar bei Geldforderungen bis 2.000 EUR (§ 4a Abs. 1 S. 1 Nr. 1 RVG)
3. Erfolgshonorar bei außergerichtlicher Inkassotätigkeit (§ 4a Abs. 1 S. 1 Nr. 2 Var. 1 RVG)
4. Erfolgshonorar bei gerichtlichen Verfahren nach § 79 Abs. 2 S. 2 Nr. 4 ZPO (§ 4a Abs. 1 S. 1 Nr. 2 Var. 2 RVG

B. Regelungsgehalt

2 Welchen Inhalt die Vergütungsvereinbarung über das Erfolgshonorar haben muss, ist in § 4a Abs. 3 RVG neu geregelt:
- Welche Vergütung bei Eintritt welcher Bedingung verdient sein soll, muss angegeben werden (Nr. 1)
- Ob und ggf. welchen Einfluss die Vereinbarung auf die ggf. vom Auftraggeber zu zahlenden Gerichtskosten, Verwaltungskosten und die von diesem zu erstattenden Kosten anderer Beteiligter haben soll, muss angegeben werden (Nr. 2)
- Angabe wesentlicher Gründe, die für die Bestimmung des Erfolgshonorars maßgebend sind (Nr. 3)

---

1 BVerfG NJW 2007, 979 ff.

- Im Falle der Vergütungsvereinbarung über das Erfolgshonorar für den Einzelfall (§ 4a Abs. 1 S. 1 Nr. 3 RVG) ist zusätzlich die voraussichtliche gesetzliche Vergütung anzugeben und ggf. die erfolgsabhängige vertragliche Vergütung, zu der der Rechtsanwalt bereit wäre, den Auftrag zu übernehmen.

Die Vereinbarung eines Erfolgshonorars ist abzugrenzen von einer **Gebührenerhöhung**. Werden die gesetzlichen Erfolgsgebühren (Einigungsgebühr, Erledigungsgebühr, zusätzliche Gebühren nach VV 4141, 5115 RVG) angehoben, liegt kein Erfolgshonorar vor, selbst dann nicht, wenn sich der Anteil des Anwalts nach einer festen Größe richtet.[2]

C. Weitere praktische Hinweise

Gerade im erbrechtlichen Mandat ist häufig bei Übernahme des Mandates nicht zu ersehen, welches Ergebnis die anwaltliche Tätigkeit letztlich aus Sicht des Mandanten haben wird. Eine unübersehbare Anzahl möglicher Berechtigter oder vielschichtige Aktivitäten des Erblassers lassen vielfach erst nach intensiver Klärung umfangreicher Rechtsverhältnisse eine zuverlässige Einschätzung des Bestandes der Erbmasse zu.

Dies kann naturgemäß im Einzelfall dazu führen, dass ein vereinbartes Erfolgshonorar, wenn es als Quote des letztlich ermittelten Anspruchs vereinbart wird, im Ergebnis nicht annähernd den Aufwand des Rechtsanwalts widerspiegelt.

Außerdem ist die Gebührenvorschrift des § 4a RVG weit entfernt von einer bedingungslosen Öffnung hin zu einem „freien Gebührenmarkt" à la USA. Die gesetzlichen Zulassungsvoraussetzungen sind zum einen recht eng gefasst; zum anderen ist zu Beginn des Mandats nicht sicher abzusehen, ob die getroffene Vereinbarung einer gerichtlichen Überprüfung zu einem viel späteren Zeitpunkt standhält.

Immerhin geht wegen § 4b RVG bei Feststellung der Unwirksamkeit einer getroffenen Erfolgsvergütungsvereinbarung nicht alles verloren. Der Rechtsanwalt wird in diesem Fall auf die gesetzlichen Gebühren reduziert.

Auch hier gilt also: Eine wirksame Vergütungsvereinbarung nach § 3a RVG dürfte in jedem Fall vorzuziehen sein.

§ 4b RVG Fehlerhafte Vergütungsvereinbarung

[1]Aus einer Vergütungsvereinbarung, die nicht den Anforderungen des § 3a Absatz 1 Satz 1 und 2 oder des § 4a Absatz 1 und 3 Nummer 1 und 4 entspricht, kann der Rechtsanwalt keine höhere als die gesetzliche Vergütung fordern. [2]Die Vorschriften des bürgerlichen Rechts über die ungerechtfertigte Bereicherung bleiben unberührt.

§ 5 RVG Vergütung für Tätigkeiten von Vertretern des Rechtsanwalts

Die Vergütung für eine Tätigkeit, die der Rechtsanwalt nicht persönlich vornimmt, wird nach diesem Gesetz bemessen, wenn der Rechtsanwalt durch einen Rechtsanwalt, den allgemeinen Vertreter, einen Assessor bei einem Rechtsanwalt oder einen zur Ausbildung zugewiesenen Referendar vertreten wird.

---

2 Schneider AG Kompakt 2016, 113.

§ 6 RVG Mehrere Rechtsanwälte

Ist der Auftrag mehreren Rechtsanwälten zur gemeinschaftlichen Erledigung übertragen, erhält jeder Rechtsanwalt für seine Tätigkeit die volle Vergütung.

§ 7 RVG Mehrere Auftraggeber

(1) Wird der Rechtsanwalt in derselben Angelegenheit für mehrere Auftraggeber tätig, erhält er die Gebühren nur einmal.

(2) ¹Jeder der Auftraggeber schuldet die Gebühren und Auslagen, die er schulden würde, wenn der Rechtsanwalt nur in seinem Auftrag tätig geworden wäre; die Dokumentenpauschale nach Nummer 7000 des Vergütungsverzeichnisses schuldet er auch insoweit, wie diese nur durch die Unterrichtung mehrerer Auftraggeber entstanden ist. ²Der Rechtsanwalt kann aber insgesamt nicht mehr als die nach Absatz 1 berechneten Gebühren und die insgesamt entstandenen Auslagen fordern.

A. Allgemeines

1 § 7 betrifft die Situation, dass auf der Auftraggeberseite mehrere Personen vorhanden sind. Das gilt zwar auch für VV 1008 RVG. § 7 RVG betrifft aber die Situation, dass der Rechtsanwalt in derselben Angelegenheit für mehrere Auftraggeber wegen unterschiedlicher Gegenstände tätig wird, was zur Wertaddition (§ 22 Abs. 1 RVG) führt. Dagegen regelt VV 1008 RVG die Situation, dass der Rechtsanwalt für mehrere Auftraggeber wegen desselben Gegenstandes tätig wird, was „nur" eine Gebührenerhöhung nach VV 1008 RVG auslöst. Gebührenerhöhung und Wertaddition schließen sich also gegenseitig aus.

B. Regelungsgehalt

2 Wird der Rechtsanwalt in derselben Angelegenheit für mehrere Auftraggeber (zB mehrere Mitglieder einer Erbengemeinschaft) tätig, erhält er nach § 7 Abs. 1 RVG die Gebühren nur einmal, also nicht für jeden Auftraggeber gesondert.

3 Nach Abs. 2 kann er aber von jedem Auftraggeber die Gebühren verlangen, als wenn er für diesen Mandanten allein tätig geworden wäre; der Höhe nach ist er jedoch nach der Einschränkung des Satzes 2 beschränkt auf die Gebühren nach Abs. 1 und die insgesamt entstandenen Auslagen.

4 Bezüglich der Höhe der Vergütung ist also unbedingt zu beachten, dass es bei der Vertretung mehrerer Auftraggeber in Bezug auf einen („denselben") Gegenstand nicht zur Wertaddition, sondern „nur" zur Gebührenerhöhung nach VV 1008 RVG kommt, wobei die außergerichtliche Geschäftsgebühr (VV 2300 RVG) und auch die gerichtliche Verfahrensgebühr (VV 3100 RVG) um jeweils 0,3 für jeden weiteren Auftraggeber erhöht wird, allerdings nur bis zur Höchstgrenze von 2,0 (vgl. Kommentierung zu VV 1008 RVG).

5 Werden jedoch mehrere Auftraggeber in derselben Angelegenheit, jedoch in Bezug auf verschiedene Gegenstände vertreten, kommt eine Erhöhung nach der VV 1008 RVG nicht in Betracht, sondern es werden die Streitgegenstandswerte addiert nach §§ 22 Abs. 1, 23 Abs. 1 RVG und die Abrechnung hat unter Beachtung der Einschränkungen des § 7 RVG zu erfolgen.

6 Bei der Vertretung mehrerer Pflichtteilsberechtigter im Zusammenhang mit demselben Erbfall handelt es sich nicht um dieselbe Angelegenheit. Es erfolgt keine Zusammenrechnung der

Gegenstandswerte und die Erhöhungsgebühr nach VV 1008 RVG kommt nicht in Betracht.[1] Es hat eine separate Abrechnung nach dem jeweiligen Pflichtteilswert zu erfolgen. Zum Sonderfall des Beitritts weiterer Pflichtteilsberechtigter während des bestehenden Gerichtsverfahrens eines Pflichtteilsberechtigten, insbesondere zum Zwecke des Vergleichs, siehe Darstellung von *Schneider*.[2]

Beispiel: für eine Abrechnung bei mehreren Auftraggebern und verschiedenen Gegenständen (vereinfacht dargestellt in Anlehnung an einen Fall, der vom LG Mannheim mit Urteil vom 5.2.2012 zu 4 O 15/11 entschieden wurde):[3]

Der Rechtsanwalt vertritt die Geschwister A und B nach dem Tod ihrer Mutter im Erbscheinsverfahren (für jeden Erbschein zu ½). Der Wert des gesamten Nachlasses beträgt 80.000 EUR. Das Nachlassgericht entscheidet antragsgemäß. Von dritter Seite wird ein Einziehungsantrag gestellt mit der Folge, dass der Erbschein durch Beschluss des Nachlassgerichts wieder eingezogen wird. Dagegen legt der Rechtsanwalt auftragsgemäß für die Geschwister Beschwerde ein. Dann wird das Mandat gekündigt.

Die Kostenabrechnung des Rechtsanwalts ist für jeden der beiden Auftraggeber in folgenden Schritten vorzunehmen:

1. Kostenaufstellung Erbscheinsverfahren

1,3 Verfahrensgebühr VV 3100 RVG (Wert: 40.000 EUR)	1.316,90 EUR
1,2 Terminsgebühr VV 3104 RVG (Wert: 40.000 EUR)	1.215,60 EUR
Post-/Telekommunikationspauschale VV 7200 RVG	20,00 EUR
	2.552,50 EUR
19 % Umsatzsteuer VV 7008 RVG	484,98 EUR
Summe	3.037,48 EUR

Da die Auftraggeber insgesamt aber nicht mehr schulden, als für die Vertretung beider Mandanten angefallen wäre, ergibt sich nach Zusammenrechnung der Gegenstandswerte gem. § 22 Abs. 1 RVG folgende gegenüberzusetzende Berechnung:

1,3 Verfahrensgebühr VV 3100 RVG (Wert: 80.000 EUR)	1.732,90 EUR
1,2 Terminsgebühr VV 3104 RVG (Wert: 80.000 EUR)	1.599,60 EUR
Post-/Telekommunikationspauschale VV 7002 RVG	20,00 EUR
	3.352,50 EUR
19 % Umsatzsteuer VV 7008 RVG	636,98 EUR
Summe	3.989,48 EUR

Wegen § 7 Abs. 2 S. 2 RVG und aus Gründen der Transparenz für den Auftraggeber ist zu empfehlen, sodann auch den jeweiligen individuellen Haftungsanteil anzugeben. Im dargestellten Fallbeispiel liegt der Haftungsanteil pro Auftraggeber bei 50 %. Im Ergebnis ergibt sich demnach für jeden Auftraggeber ein Haftungsanteil von 1.989,74 EUR.

---

1 N. Schneider ErbR 2016, 625 (626).
2 N. Schneider ErbR 2016, 625 ff.
3 S. Kommentierung im Entscheidungsreport in: LG Mannheim RVGreport 2012, 414 (415); vgl. auch N. Schneider ErbR 2012, 244 (245).

2. Kostenaufstellung Beschwerdeverfahren (ohne Terminsgebühr; bei Abrechnung nach „altem RVG" 0,5 Verfahrensgebühr VV 3500 RVG, aber seit 1.8.13 geändert):

1,6 Verfahrensgebühr nach VV 3200 RVG (Wert: 40.000 EUR)	1.620,80 EUR
Post-/Telekommunikationspauschale VV 7002 RVG	20,00 EUR
	1.640,80 EUR
19 % Umsatzsteuer VV 7008 RVG	311,75 EUR
Summe	1.952,55 EUR

Da die Auftraggeber insgesamt aber nicht mehr schulden, als für die Vertretung beider Mandanten angefallen wäre, ergibt sich nach Zusammenrechnung der Gegenstandswerte gem. § 22 Abs. 1 RVG folgende gegenüberzustellende Gesamtrechnung:

1,6 Verfahrensgebühr nach VV 3200 RVG (Wert: 80.000 EUR)	2.132,80 EUR
Post-/Telekommunikationspauschale VV 7200 RVG	20,00 EUR
	2.152,80 EUR
19 % Umsatzsteuer VV 7008 RVG	409,03 EUR
Summe	2.561,83 EUR

Auch in diesem Fallbeispiel sollte der Auftraggeber darauf hingewiesen werden, dass sein Haftungsanteil bei 50 % liegt. Im Ergebnis ergibt sich hier für jeden Auftraggeber ein Haftungsanteil vom 1.280,91 EUR.

Der einzelne Auftraggeber haftet nach § 7 RVG nicht für die dem Anwalt zustehende Gesamtvergütung, sondern nach § 7 Abs. 1 iVm Abs. 2 RVG nur auf den auf ihn entfallenden Anteil.

C. Weitere praktische Hinweise

8 Bei der Vertretung mehrerer Erben oder mehrerer Pflichtteilsberechtigter aus einem Erbfall ist die Vergütungsrechnung nach dem zusammengerechneten Gegenstandswert auf sämtliche Mandanten auszustellen mit dem Hinweis, dass der jeweilige Empfänger auf die sich aus einer separaten Kostenaufstellung (nicht: Vergütungsabrechnung) ergebenden Kosten des auf ihn entfallenden Gegenstandswerts haftet. Sodann ist der jeweilige Anteil zu ermitteln. Würde man jedem der Auftraggeber eine auf „seinen" Gegenstandswert bezogene Rechnung mit ausgewiesener Mehrwertsteuer ausstellen, würde man nach § 14 Abs. 2 UStG die darin jeweils enthaltene Mehrwertsteuer auslösen und fällig stellen.

§ 8 RVG Fälligkeit, Hemmung der Verjährung[1]

(1) ¹Die Vergütung wird fällig, wenn der Auftrag erledigt oder die Angelegenheit beendet ist. ²Ist der Rechtsanwalt in einem gerichtlichen Verfahren tätig, wird die Vergütung auch fällig, wenn eine Kostenentscheidung ergangen oder der Rechtszug beendet ist oder wenn das Verfahren länger als drei Monate ruht.

(2) ¹Die Verjährung der Vergütung für eine Tätigkeit in einem gerichtlichen Verfahren wird gehemmt, solange das Verfahren anhängig ist. ²Die Hemmung endet mit der rechtskräftigen Entscheidung oder anderweitigen Beendigung des Verfahrens. ³Ruht das Verfahren, endet die Hemmung drei Monate nach Eintritt der Fälligkeit. ⁴Die Hemmung beginnt erneut, wenn das Verfahren weiter betrieben wird.

---

1   Wie die Rechnungen an die einzelnen Beteiligten in
    der Praxis auszugestalten sind, wird in → RVG
    § 10 Rn. 10 im Einzelnen erläutert.

Die Fälligkeit der Vergütung ist abhängig von der Erledigung des Auftrags oder der Beendigung der Angelegenheit. 1

Erledigt ist der Auftrag, wenn der Rechtsanwalt seine Verpflichtungen aus dem Mandatsvertrag vollständig erfüllt hat.[2] 2

Beendet ist die Angelegenheit iSd § 8 Abs. 1 S. 1 RVG etwa bei Beendigung vor Erfüllung des Auftrages aufgrund Kündigung oder Unmöglichkeit der Auftragserfüllung. Der Tod des Auftraggebers führt nicht unbedingt zur Mandatsbeendigung, da der/die Erben im Wege der Universalsukzession Rechtsnachfolger wird/werden und entscheiden kann/können, ob das Mandat weitergeführt werden soll oder nicht (s. § 672 BGB).[3] 3

Der Zeitpunkt der Fälligkeit gemäß § 8 Abs. 1 RVG hat unmittelbaren Einfluss auf die Verjährung. Denn mit dem Ablauf des Kalenderjahres nach Eintritt der Fälligkeit beginnt die dreijährige Verjährungsfrist des § 195 BGB. 4

§ 9 RVG Vorschuss

Der Rechtsanwalt kann von seinem Auftraggeber für die entstandenen und die voraussichtlich entstehenden Gebühren und Auslagen einen angemessenen Vorschuss fordern.

Der Vorschuss kann nach herrschender Auffassung[1] formlos angefordert werden, also sogar mündlich. Es gelten nicht die Anforderungen des § 10 Abs. 2 RVG. Allerdings ist der Vorschuss auch nicht nach § 11 RVG festsetzbar. Denn nach § 11 Abs. 2 S. 1 RVG ist der Antrag auf Festsetzung erst zulässig, wenn die Vergütung fällig und nach § 10 RVG abgerechnet ist. 1

§ 10 RVG Berechnung

(1) ¹Der Rechtsanwalt kann die Vergütung nur aufgrund einer von ihm unterzeichneten und dem Auftraggeber mitgeteilten Berechnung einfordern. ²Der Lauf der Verjährungsfrist ist von der Mitteilung der Berechnung nicht abhängig.

(2) ¹In der Berechnung sind die Beträge der einzelnen Gebühren und Auslagen, Vorschüsse, eine kurze Bezeichnung des jeweiligen Gebührentatbestands, die Bezeichnung der Auslagen sowie die angewandten Nummern des Vergütungsverzeichnisses und bei Gebühren, die nach dem Gegenstandswert berechnet sind, auch dieser anzugeben. ²Bei Entgelten für Post- und Telekommunikationsdienstleistungen genügt die Angabe des Gesamtbetrags.

(3) Hat der Auftraggeber die Vergütung gezahlt, ohne die Berechnung erhalten zu haben, kann er die Mitteilung der Berechnung noch fordern, solange der Rechtsanwalt zur Aufbewahrung der Handakten verpflichtet ist.

A. Allgemeines	1
B. Regelungsgehalt	3
I. Grundsätzliches	3
1. § 10 Abs. 1 und 2 „Anforderungen an eine ordnungsgemäße Abrechnung" ...	3
2. Schriftform	4
3. Rechnungsadressat	5
4. Bezeichnung der Angelegenheit	11
5. Gebührentatbestände	13
6. Angabe des Gebührensatzes	14
7. Nennung der Gebührenbeträge	16
8. Angabe des Gegenstandswertes	18
9. Benennung der angewandten Ziffern des Vergütungsverzeichnisses bzw. der Gebührenvorschriften	19
10. Auslagen	24
11. Angabe bereits erhaltener Vorschüsse oder Zahlungen Dritter (§ 10 Abs. 2 S. 1 RVG)	25
12. Unterschrift des Rechtsanwalts	26
II. Auswirkung von Formmängeln	27

---

[2] HK-RVG/Gierl RVG § 8 Rn. 15.
[3] HK-RVG/Gierl RVG § 8 Rn. 21 ff.

[1] Schneider/Volpert/N. Schneider RVG § 9 Rn. 78–80.

A. Allgemeines

1 § 10 RVG gilt nur im Verhältnis des Rechtsanwalts zu seinem Auftraggeber und das auch nur für die Schlussrechnung oder eine etwaige Zwischenrechnung. Für die Anforderung eines Vorschusses (s. § 9 RVG) gelten die Anforderungen des § 10 Abs. 2 RVG nicht.

2 § 10 Abs. 1 RVG gilt auch für Vergütungsvereinbarungen (s. §§ 3a, 4, 4a RVG); welche Angaben die Abrechnung ansonsten enthalten muss, kann in der Vergütungsvereinbarung selbst geregelt werden.

B. Regelungsgehalt
I. Grundsätzliches

3 **1. § 10 Abs. 1 und 2 „Anforderungen an eine ordnungsgemäße Abrechnung".** Aus § 10 Abs. 1 und 2 RVG ergibt sich, welche Anforderungen an eine ordnungsgemäße Abrechnung zu stellen sind.

4 **2. Schriftform.** Die Abrechnung muss schriftlich erfolgen (§ 126 BGB). Es ist nicht erforderlich, dass die Rechnung auf einem gesonderten Rechnungsbogen erfolgt; es reicht vielmehr, wenn sie in einem Anschreiben enthalten ist. Mit Zustimmung des Leistungsempfängers (s. § 14 Abs. 1 S. 7 UStG) kann der Rechtsanwalt eine elektronische Rechnung versenden. Anerkannt ist mittlerweile, dass ein Auftraggeber auf die Formalien des § 10 Abs. 2 RVG verzichten kann und ein solcher Verzicht ua in der Zustimmung zur elektronischen Versendung gesehen werden kann. Aus Beweisgründen sollte sich der Rechtsanwalt die Zustimmung aber unbedingt vorab in beweiskräftiger Form geben lassen.

5 **3. Rechnungsadressat.** Die Rechnung muss an den Auftraggeber gerichtet sein.

6 Bei einer Mehrheit von Auftraggebern müssen diese einzeln in der Rechnung aufgeführt, wenigstens in ihrer Gesamtheit bezeichnet werden. Wird zum Beispiel bei der Erbengemeinschaft die Rechnung von den Auftraggebern aus einem gemeinsamen Vermögen beglichen, kann es ausreichen, eine Gesamtrechnung auf alle Auftraggeber zu erstellen.[1]

7 Es kann also zwar regelmäßig genügen, wenn der Rechtsanwalt eine Gesamtrechnung erstellt. In dieser sind dann aber entweder alle Auftraggeber namentlich aufzuführen oder die auftraggebende Gemeinschaft, wie zum Beispiel die Erbengemeinschaft, ist als solche zu bezeichnen.[2]

8 Zahlt hingegen jeder aus seinem Vermögen, hat auch jeder Anspruch auf eine eigene Rechnung in der angegeben wird, in Höhe welchen Anteils der einzelne nach § 7 Abs. 2 S. 1 RVG haftet.[3]

9 Besteht zwischen den mehreren Auftraggebern keine Vermögensgemeinschaft, muss sich aus der Rechnung auch ergeben, in welcher Höhe jeder der Auftraggeber gemäß § 7 Abs. 2 RVG haftet.[4]

10 **Beispiel:** Vertritt der Rechtsanwalt zwei Pflichtteilsberechtigte, die jeweils einen eigenen Pflichtteilsanspruch verfolgen, dann reicht es nicht, jedem Auftraggeber eine Rechnung über den aus beiden Ansprüchen addierten Gegenstandswert zu erteilen und dann die auf ihn entfallende Quote auszuweisen. Jeder Auftraggeber hat aus den in → RVG § 7 Rn. 7 genannten Gründen einen Anspruch darauf, zumindest im Rahmen einer Kostenaufstellung zu erfahren, welche Kosten er nach seinem individuellen Auftragswert schulden würde. Dies ist für den Fall des Haftungsausfalls des anderen Teils erforderlich.

---

[1] Schneider/Volpert/N. Schneider RVG § 10 Rn. 20.
[2] So LG Mannheim AGS 2012, 324; RVGreport 2012, 415 mAnm Hansens.
[3] Schneider/Volpert/N. Schneider RVG § 10 Rn. 20; LG Mannheim AGS 2012, 324.
[4] LG Mannheim AGS 2012, 324.

Rechenbeispiel:

Erbmasse: 100.000 EUR

M 1 gesetzlicher Erbanspruch: 1/2, Pflichtteil 1/4 = 25.000 EUR

M 2 gesetzlicher Erbanspruch: 1/4, Pflichtteil 1/8 = 12.500 EUR

Kostenaufstellung an M 1:

nach dem Gegenstandswert von 25.000 EUR

Kostenaufstellung an M 2:

nach dem Gegenstandswert von 12.500 EUR

Die Berechnung nach dem Gesamtgegenstandswert von 37.500 EUR ist gegenüberzustellen, sodann ist für jeden Auftraggeber die auf ihn entfallende Quote zu ermitteln und als Rechnungsbetrag auszuweisen.

4. Bezeichnung der Angelegenheit. Die abgerechnete Angelegenheit muss in der Kostenrechnung bezeichnet sein. Für den Auftraggeber muss klar erkennbar sein, welche Angelegenheit abgerechnet wird, wenn es mehrere Angelegenheiten gibt, in denen der Anwalt für den Mandanten tätig ist. Auch wenn nur bestimmte Leistungsabschnitte eines einheitlichen Mandats abgerechnet werden sollen, muss dies aus der Rechnung ersichtlich sein.

In den Fällen, in denen der Rechtsanwalt für den Mandanten in mehreren Angelegenheiten tätig ist, muss klar erkennbar sein, welche dieser Angelegenheiten Gegenstand der Abrechnung ist.

5. Gebührentatbestände. Die einzelnen Gebührentatbestände müssen bezeichnet sein, wie „Geschäftsgebühr", „Verfahrensgebühr", „Terminsgebühr", etc.

6. Angabe des Gebührensatzes. Die Angabe des Gebührensatzes ist nach § 10 Abs. 2 RVG nicht explizit vorgeschrieben.

Wird ein fester Gebührensatz abgerechnet, wie etwa bei der Verfahrensgebühr nach VV 3100 RVG, ergibt sich der Satz aus der Vorschrift und bedarf keiner Benennung. Anders ist es bei einer Rahmengebühr. Bestimmt der Rechtsanwalt die Gebühr aus einem Gebührenrahmen, muss der Auftraggeber der Rechnung die gewählte Satz- oder Betragsrahmengebühr entnehmen können, um die Angemessenheit der gewählten Gebühr nach den Kriterien des § 14 Abs. 1 RVG überprüfen zu können.

7. Nennung der Gebührenbeträge. Es darf nicht lediglich der Gesamtbetrag angegeben werden. Jeder Gebührenbetrag zu jeder Gebühr muss gesondert ausgewiesen werden.

Kommt bei unterschiedlichen Gebührensätzen § 15 Abs. 3 RVG zur Anwendung, reicht es nicht, den Gesamtbetrag anzugeben (→ RVG § 15 Rn. 11 ff.).

8. Angabe des Gegenstandswertes. Richten sich die abzurechnenden Gebühren nach dem Gegenstandswert (§§ 2, 3 RVG), ist dieser anzugeben, damit der Auftraggeber die Möglichkeit hat, anhand der Anlage 1 zum Vergütungsverzeichnis die Gebühr nachzuvollziehen.

9. Benennung der angewandten Ziffern des Vergütungsverzeichnisses bzw. der Gebührenvorschriften. Es muss klar erkennbar sein, von welcher Gebührenvorschrift der Rechtsanwalt bei der Abrechnung ausgeht. Daher sind ggf. auch Absätze, Sätze und Nummern anzugeben.

Ist etwa in einer Nummer des Vergütungsverzeichnisses der Gebührengrundtatbestand enthalten und in einer anderen eine Modifizierung, müssen beide genannt werden, wenn die konkrete Gebühr der Modifizierungs-Alternative entnommen werden soll.

Beispiel 1: Vertretung zweier Auftraggeber: „1,3 Geschäftsgebühr nach VV 2300 RVG erhöht um 0,3 nach VV 1008 RVG"

22 **Beispiel 2: Beratungstätigkeit** „Beratungsgebühr nach § 34 RVG in Verbindung mit § 612 Abs. 2 BGB"

23 **Beispiel 3: Steuerliche Hilfeleistung** „§ 35 RVG in Verbindung mit dem jeweiligen Gebührentatbestand der StGebVO"

24 **10. Auslagen.** Die Auslagen müssen auch mit der Angabe der jeweiligen Nr. des Vergütungsverzeichnisses benannt werden. Bei der Post- und Telekommunikationspauschale ist zu differenzieren: bei pauschaler Abrechnung bedarf es zwingend eines Hinweises auf die VV 7002 RVG, bei konkreter Abrechnung genügt die Angabe des Gesamtbetrages nach § 10 Abs. 2 S. 2 RVG.

25 **11. Angabe bereits erhaltener Vorschüsse oder Zahlungen Dritter (§ 10 Abs. 2 S. 1 RVG).** Werden die Vorschüsse nicht netto von der Nettovergütung abgezogen und erst danach die Umsatzsteuer ausgewiesen, sondern die Vorschüsse brutto von der Bruttosumme abgezogen, ist es erforderlich, die in der Vorschussrechnung enthaltene Umsatzsteuer gesondert auszuweisen, damit nicht die auf die Vorschüsse entfallende Umsatzsteuer doppelt ausgewiesen wird. Sonst müsste die Umsatzsteuer doppelt abgeführt werden (§ 14 Abs. 2 UStG), obwohl der Rechtsanwalt sie nur einmal erhält.

26 **12. Unterschrift des Rechtsanwalts.** § 10 RVG verlangt die eigenhändige Unterschrift des Rechtsanwalts. Ein Faksimilestempel genügt ebenso wenig wie die Unterschrift des Büromitarbeiters.[5] Es wird aber schon vertreten und dürfte aus Rechtsgründen auch nicht zu beanstanden sein, dass die handschriftliche Unterschrift durch elektronische Formen nach § 126 BGB und § 126a BGB ersetzt werden kann. Dies gilt selbstverständlich nur dann, wenn auch die Mandatskorrespondenz im Einverständnis mit dem Auftraggeber elektronisch geführt wurde und wird.

II. Auswirkung von Formmängeln

27 Eine den gesetzlichen Anforderungen des § 10 RVG nicht entsprechende Vergütungsabrechnung führt nicht zur Fälligkeit und kann folglich nicht zum Verzugseintritt führen.

28 Fehlt es bei einer Gebührenklage des Rechtsanwalts an einer ordnungsgemäßen Abrechnung, ist die Klage unbegründet. Allerdings hat der Rechtsanwalt die Möglichkeit, die Kostennote noch im Klageverfahren nachzubessern und dem Auftraggeber zu übermitteln. In diesem Fall trägt er allerdings das Kostenrisiko des § 93 ZPO, wenn der Auftraggeber daraufhin die Forderung sofort anerkennt.

29 Bei einer nicht ordnungsgemäßen Abrechnung entfällt wegen § 387 BGB die Möglichkeit der Aufrechnung.

30 Gefährlich ist die Vernachlässigung der Formerfordernisse einer anwaltlichen Gebührenabrechnung auch im Hinblick auf die Gefahr der Verjährung des Vergütungsanspruchs, da die Mitteilung der Vergütungsrechnung und deren Formrichtigkeit keinerlei Einfluss auf den Beginn und den Ablauf der Verjährung haben nach § 10 Abs. 1 S. 2 RVG.

31 Ist der Anspruch rechtzeitig vor Ablauf der Verjährungsfrist gerichtlich geltend gemacht, ist die Verjährung gehemmt und fehlende Formerfordernisse können nach der Rechtsprechung des BGH bis zum Schluss der mündlichen Verhandlung durch Erstellung einer den Formerfordernissen des § 10 RVG entsprechenden Gebührenrechnung geheilt werden.[6]

---

5 HK-RVG/Mayer RVG § 10 Rn. 10.
6 BGH NJW 1998, 3486 (3488).

§ 11 RVG Festsetzung der Vergütung

(1) ¹Soweit die gesetzliche Vergütung, eine nach § 42 festgestellte Pauschgebühr und die zu ersetzenden Aufwendungen (§ 670 des Bürgerlichen Gesetzbuchs) zu den Kosten des gerichtlichen Verfahrens gehören, werden sie auf Antrag des Rechtsanwalts oder des Auftraggebers durch das Gericht des ersten Rechtszugs festgesetzt. ²Getilgte Beträge sind abzusetzen.

(2) ¹Der Antrag ist erst zulässig, wenn die Vergütung fällig ist. ²Vor der Festsetzung sind die Beteiligten zu hören. ³Die Vorschriften der jeweiligen Verfahrensordnung über das Kostenfestsetzungsverfahren mit Ausnahme des § 104 Absatz 2 Satz 3 der Zivilprozessordnung und die Vorschriften der Zivilprozessordnung über die Zwangsvollstreckung aus Kostenfestsetzungsbeschlüssen gelten entsprechend. ⁴Das Verfahren vor dem Gericht des ersten Rechtszugs ist gebührenfrei. ⁵In den Vergütungsfestsetzungsbeschluss sind die von dem Rechtsanwalt gezahlten Auslagen für die Zustellung des Beschlusses aufzunehmen. ⁶Im Übrigen findet eine Kostenerstattung nicht statt; dies gilt auch im Verfahren über Beschwerden.

(3) ¹Im Verfahren vor den Gerichten der Verwaltungsgerichtsbarkeit, der Finanzgerichtsbarkeit und der Sozialgerichtsbarkeit wird die Vergütung vom Urkundsbeamten der Geschäftsstelle festgesetzt. ²Die für die jeweilige Gerichtsbarkeit geltenden Vorschriften über die Erinnerung im Kostenfestsetzungsverfahren gelten entsprechend.

(4) Wird der vom Rechtsanwalt angegebene Gegenstandswert von einem Beteiligten bestritten, ist das Verfahren auszusetzen, bis das Gericht hierüber entschieden hat (§§ 32, 33 und 38 Absatz 1).

(5) ¹Die Festsetzung ist abzulehnen, soweit der Antragsgegner Einwendungen oder Einreden erhebt, die nicht im Gebührenrecht ihren Grund haben. ²Hat der Auftraggeber bereits dem Rechtsanwalt gegenüber derartige Einwendungen oder Einreden erhoben, ist die Erhebung der Klage nicht von der vorherigen Einleitung des Festsetzungsverfahrens abhängig.

(6) ¹Anträge und Erklärungen können ohne Mitwirkung eines Bevollmächtigten schriftlich eingereicht oder zu Protokoll der Geschäftsstelle abgegeben werden. ²§ 129a der Zivilprozessordnung gilt entsprechend. ³Für die Bevollmächtigung gelten die Regelungen der für das zugrunde liegende Verfahren geltenden Verfahrensordnung entsprechend.

(7) Durch den Antrag auf Festsetzung der Vergütung wird die Verjährung wie durch Klageerhebung gehemmt.

(8) ¹Die Absätze 1 bis 7 gelten bei Rahmengebühren nur, wenn die Mindestgebühren geltend gemacht werden oder der Auftraggeber der Höhe der Gebühren ausdrücklich zugestimmt hat. ²Die Festsetzung auf Antrag des Rechtsanwalts ist abzulehnen, wenn er die Zustimmungserklärung des Auftraggebers nicht mit dem Antrag vorlegt.

Mit § 11 RVG besteht die Möglichkeit, die Vergütung gegen den eigenen Mandanten aus einem gerichtlichen Verfahren beim Gericht des ersten Rechtszuges festsetzen zu lassen. Das gilt uneingeschränkt auch für die gerichtliche Tätigkeit des Rechtsanwalts in erbrechtlichen Angelegenheiten. 1

Allerdings ist zu beachten, dass § 11 RVG nur die Berücksichtigung der gesetzlichen Gebühren vorsieht, was bedeutet, dass dann, wenn eine Vergütungsvereinbarung nach § 3a RVG vorliegt, gegenüber dem Mandanten auch keine fiktiven gesetzlichen Gebühren als Mindestvergütung zur Festsetzung nach § 11 RVG beantragt werden können.[1] 2

---

1 Hartung/Schons/Enders/Schons RVG § 3a Rn. 174.

§ 12 RVG Anwendung von Vorschriften für die Prozesskostenhilfe

¹Die Vorschriften dieses Gesetzes für im Wege der Prozesskostenhilfe beigeordnete Rechtsanwälte und für Verfahren über die Prozesskostenhilfe sind bei Verfahrenskostenhilfe und im Fall des § 4a der Insolvenzordnung entsprechend anzuwenden. ²Der Bewilligung von Prozesskostenhilfe steht die Stundung nach § 4a der Insolvenzordnung gleich.

1   Da ua auch die Schriftform nach § 126 BGB ersetzt wird, wird man für die elektronische Übermittlung der Vergütungsabrechnung an den Auftraggeber zur Sicherung der Urheberschaft auch eine qualifizierte elektronische Signatur fordern müssen.

§ 12a RVG Abhilfe bei Verletzung des Anspruchs auf rechtliches Gehör

(1) Auf die Rüge eines durch die Entscheidung nach diesem Gesetz beschwerten Beteiligten ist das Verfahren fortzuführen, wenn
1. ein Rechtsmittel oder ein anderer Rechtsbehelf gegen die Entscheidung nicht gegeben ist und
2. das Gericht den Anspruch dieses Beteiligten auf rechtliches Gehör in entscheidungserheblicher Weise verletzt hat.

(2) ¹Die Rüge ist innerhalb von zwei Wochen nach Kenntnis von der Verletzung des rechtlichen Gehörs zu erheben; der Zeitpunkt der Kenntniserlangung ist glaubhaft zu machen. ²Nach Ablauf eines Jahres seit Bekanntmachung der angegriffenen Entscheidung kann die Rüge nicht mehr erhoben werden. ³Formlos mitgeteilte Entscheidungen gelten mit dem dritten Tage nach Aufgabe zur Post als bekannt gemacht. ⁴Die Rüge ist bei dem Gericht zu erheben, dessen Entscheidung angegriffen wird; § 33 Absatz 7 Satz 1 und 2 gilt entsprechend. ⁵Die Rüge muss die angegriffene Entscheidung bezeichnen und das Vorliegen der in Absatz 1 Nummer 2 genannten Voraussetzungen darlegen.

(3) Den übrigen Beteiligten ist, soweit erforderlich, Gelegenheit zur Stellungnahme zu geben.

(4) ¹Das Gericht hat von Amts wegen zu prüfen, ob die Rüge an sich statthaft und ob sie in der gesetzlichen Form und Frist erhoben ist. ²Mangelt es an einem dieser Erfordernisse, so ist die Rüge als unzulässig zu verwerfen. ³Ist die Rüge unbegründet, weist das Gericht sie zurück. ⁴Die Entscheidung ergeht durch unanfechtbaren Beschluss. ⁵Der Beschluss soll kurz begründet werden.

(5) Ist die Rüge begründet, so hilft ihr das Gericht ab, indem es das Verfahren fortführt, soweit dies aufgrund der Rüge geboten ist.

(6) Kosten werden nicht erstattet.

§ 12b RVG Elektronische Akte, elektronisches Dokument

¹In Verfahren nach diesem Gesetz sind die verfahrensrechtlichen Vorschriften über die elektronische Akte und über das elektronische Dokument für das Verfahren anzuwenden, in dem der Rechtsanwalt die Vergütung erhält. ²Im Fall der Beratungshilfe sind die entsprechenden Vorschriften des Gesetzes über das Verfahren in Familiensachen und in den Angelegenheiten der freiwilligen Gerichtsbarkeit anzuwenden.

1   Aktuelle Hinweise hierzu finden sich etwa in: RVGreport 2013, 210.

§ 12c Rechtsbehelfsbelehrung

Jede anfechtbare Entscheidung hat eine Belehrung über den statthaften Rechtsbehelf sowie über das Gericht, bei dem dieser Rechtsbehelf einzulegen ist, über dessen Sitz und über die einzuhaltende Form und Frist zu enthalten.

Abschnitt 2
Gebührenvorschriften

§ 13 RVG Wertgebühren

(1) ¹Wenn sich die Gebühren nach dem Gegenstandswert richten, beträgt bei einem Gegenstandswert bis 500 Euro die Gebühr 49 Euro. ²Die Gebühr erhöht sich bei einem

Gegenstandswert bis ... Euro	für jeden angefangenen Betrag von weiteren ... Euro	um ... Euro
2 000	500	39
10 000	1 000	56
25 000	3 000	52
50 000	5 000	81
200 000	15 000	94
500 000	30 000	132
über 500 000	50 000	165

³Eine Gebührentabelle für Gegenstandswerte bis 500 000 Euro ist diesem Gesetz als Anlage 2 beigefügt.

(2) Bei der Geschäftsgebühr für eine außergerichtliche Inkassodienstleistung, die eine unbestrittene Forderung betrifft (Absatz 2 der Anmerkung zu Nummer 2300 des Vergütungsverzeichnisses), beträgt bei einem Gegenstandswert bis 50 Euro die Gebühr abweichend von Absatz 1 Satz 1 30 Euro.

(3) Der Mindestbetrag einer Gebühr ist 15 Euro.

Die Gebührenbeträge für die Wertgebühren sind in § 13 Abs. 1 RVG mit dem 2. KostRMoG und erneut mit dem KostRÄG 2021 angehoben worden. Die Staffelung der Wertstufen bis 5.000 EUR wurde mit dem 2. KostRMoG von 12 auf 7 Wertstufen herabgesetzt. Die frühere Mindestgebühr von 10 EUR ist auf 15 EUR angehoben worden mit dem 2. KostrMoG.   1

§ 14 RVG Rahmengebühren

(1) ¹Bei Rahmengebühren bestimmt der Rechtsanwalt die Gebühr im Einzelfall unter Berücksichtigung aller Umstände, vor allem des Umfangs und der Schwierigkeit der anwaltlichen Tätigkeit, der Bedeutung der Angelegenheit sowie der Einkommens- und Vermögensverhältnisse des Auftraggebers, nach billigem Ermessen. ²Ein besonderes Haftungsrisiko des Rechtsanwalts kann bei der Bemessung herangezogen werden. ³Bei Rahmengebühren, die sich nicht nach dem Gegenstandswert richten, ist das Haftungsrisiko zu berücksichtigen. ⁴Ist die Gebühr von einem Dritten zu ersetzen, ist die von dem Rechtsanwalt getroffene Bestimmung nicht verbindlich, wenn sie unbillig ist.

(2) Ist eine Rahmengebühr auf eine andere Rahmengebühr anzurechnen, ist die Gebühr, auf die angerechnet wird, so zu bestimmen, als sei der Rechtsanwalt zuvor nicht tätig gewesen.

(3) ¹Im Rechtsstreit hat das Gericht ein Gutachten des Vorstands der Rechtsanwaltskammer einzuholen, soweit die Höhe der Gebühr streitig ist; dies gilt auch im Verfahren nach § 495a der Zivilprozessordnung. ²Das Gutachten ist kostenlos zu erstatten.

A.	Allgemeines	1	4. Einkommens- und Vermögensverhältnisse des Auftraggebers	13
B.	Regelungsgehalt	2	5. Haftungsrisiko	14
	I. Verbindliche Bestimmung der Rahmengebühr nach Ermessen (§ 14 Abs. 1 S. 1 RVG)	2	6. Fazit	15
	1. Umfang der anwaltlichen Tätigkeit	5	II. Einholung eines Gutachtens durch die Rechtsanwaltskammer (§ 14 Abs. 2 S. 1 RVG)	17
	2. Schwierigkeit der anwaltlichen Tätigkeit	8		
	3. Bedeutung der Angelegenheit	12		

A. Allgemeines

1 Mit § 14 RVG wird dem Rechtsanwalt vorgegeben, wie er dann, wenn für seine Tätigkeit nach dem RVG ein Gebührenrahmen vorgegeben ist (häufige Anwendung zB VV 2300 RVG), die Höhe seiner Gebühr im Einzelfall zu bestimmen hat.

B. Regelungsgehalt

I. Verbindliche Bestimmung der Rahmengebühr nach Ermessen (§ 14 Abs. 1 S. 1 RVG)

2 Nach § 14 Abs. 1 S. 1 RVG bestimmt der Rechtsanwalt bei Rahmengebühren – wie beispielsweise der Geschäftsgebühr nach der VV 2300 RVG – die Gebühr im Einzelfall mit Verbindlichkeit für seinen Auftraggeber. Allerdings kann er sie nicht frei bestimmen, sondern hat dies – wie es in § 14 Abs. 1 S. 1 RVG heißt – „unter Berücksichtigung aller Umstände ... nach billigem Ermessen" zu tun.

3 Ist die Gebühr von einem Dritten zu ersetzen, ist die von dem Rechtsanwalt getroffene Bestimmung gem. § 14 Abs. 1 S. 4 RVG nicht verbindlich, wenn sie unbillig ist.

4 § 14 Abs. 1 RVG gibt beispielhaft folgende Ermessenskriterien vor, die in der Praxis entscheidend sind:

5 **1. Umfang der anwaltlichen Tätigkeit.** Bei dem Kriterium des Umfangs der anwaltlichen Tätigkeit im Sinne des § 14 Abs. 1 RVG ist der zeitliche Aufwand zu berücksichtigen, den der Rechtsanwalt auf die Sache tatsächlich verwendet.[1]

6 Allgemein orientiert sich die Praxis hier noch immer an den Berechnungen von *Otto*,[2] der einen Aufwand von etwa drei Stunden als noch durchschnittlich, alles weitere als überdurchschnittlich ansieht. Zugrunde gelegt wurden in dieser Berechnung der seinerzeit durchschnittliche Honorar-Stundensatz von 150 EUR/Stunde und ein statistisch ermittelter Durchschnittsstreitwert. Einzubeziehen in den zeitlichen Aufwand sind hierbei nicht nur die Zeit für die juristische Fallbearbeitung, sondern auch der Zeitaufwand für Besprechungen mit dem Auftraggeber, Reisezeiten, auch Wartezeiten.[3] Nicht selten wird eine ansonsten allenfalls durchschnittlich umfangreiche Mandatsbearbeitung auch dadurch besonders umfangreich, dass der Auftraggeber besonders häufig anruft, um den Rechtsanwalt zu sprechen oder durch häufige und umfangreiche schriftliche Eingaben die Arbeitskraft des beauftragten Rechtsanwalt bindet.

---

[1] HK-RVG/Winkler RVG § 14 Rn. 16 mwN.
[2] Otto NJW 2006, 1472 (1474); s. auch Schneider/Volpert/N.Schneider RVG § 14 Rn. 32 mwN.
[3] Vgl. hierzu die Aufstellung in Schneider/Volpert/N.Schneider RVG § 14 Rn. 33, 34.

Maßstab ist der durchschnittlich qualifizierte und fortgebildete Rechtsanwalt, nicht der Fachspezialist. Selbstverständlich sind aber immer die besonderen Umstände des Einzelfalles zu berücksichtigen.

2. Schwierigkeit der anwaltlichen Tätigkeit. Während das zuvor dargestellte Kriterium des Umfangs den zeitlichen Arbeitsaufwand erfasst, betrifft die Schwierigkeit „die Intensität" der Tätigkeit, also die juristisch-fachliche Anforderung an den sachbearbeitenden Rechtsanwalt.[4]

Maßstab ist auch hier der durchschnittlich qualifizierte und fortgebildete Allgemeinanwalt. Der Fachanwalt für Erbrecht ist daher nicht etwa deshalb „abzuwerten", weil die Fallbearbeitung für ihn keine große Herausforderung ist, auch wenn sie für den Allgemeinanwalt weit über das Durchschnittsmandat hinausgeht. Dies gilt natürlich auch umgekehrt.

Jede Angelegenheit kann umfangreich, aber nicht schwierig oder schwierig, aber nicht umfangreich sein.

So kann die Tätigkeit etwa als schwierig anzusehen sein, wenn sie auf schwierigem juristischem oder tatsächlichem Gebiet liegt. Dabei ist ein objektiver Maßstab anzulegen. Unerheblich ist, ob der Rechtsanwalt besondere Schwierigkeiten bei der Bewältigung der Aufgabe hat, etwa weil ihm auf dem Gebiet die Berufserfahrung fehlt oder ob er aufgrund besonderer Fachkenntnisse das Mandat leichter als der Durchschnittsanwalt bewältigen kann. Entscheidend ist allein die Beurteilung der objektiven Schwierigkeit der anwaltlichen Tätigkeit im konkreten Einzelfall.

3. Bedeutung der Angelegenheit. Maßgeblich ist bei dem Kriterium der Bedeutung der Angelegenheit nach § 14 Abs. 1 S. 1 RVG, welche Bedeutung die Angelegenheit subjektiv für den Auftraggeber hat; es geht um „seine Perspektive".[5] Dabei können die Auswirkungen einer Angelegenheit und damit auch ihre Bedeutung völlig unterschiedliche Lebensbereiche betreffen; auch wenn diese subjektiven Erwartungen und/oder Vorstellungen des Auftraggebers die juristische Sachbearbeitung durch den Rechtsanwalt inhaltlich nicht tangieren, so kommt ihnen im Rahmen dieses Bemessungskriteriums eine besondere Bedeutung zu.

4. Einkommens- und Vermögensverhältnisse des Auftraggebers. Bei diesem Kriterium orientiert man sich an den Verhältnissen, die dem Durchschnitt der Bevölkerung entsprechen. Bei der Bemessung des Durchschnitts bietet es sich an, auf die vom Statistischen Bundesamt jährlich festgestellten durchschnittlichen Einkommensverhältnisse abzustellen.[6] Kritisiert wird daran, dass damit der Personenkreis benachteiligt wird, der über kein eigenes Einkommen verfügt und zB von Sozialhilfe lebt.[7] Daher wird vorgeschlagen, von dem vom Statistischen Bundesamt ermittelten Wert noch einen Abschlag vorzunehmen, so dass bereits ab 1.500 EUR von einem durchschnittlichen Einkommen gesprochen werden könnte.[8] Entscheidend ist aber auch hier immer die sich aus dem konkreten Fall ergebende Situation des Auftraggebers.

5. Haftungsrisiko. Dieses Bewertungskriterium kann zusätzlich herangezogen werden. Wenn sich die zu bestimmende Rahmengebühr nach dem Gegenstandswert der anwaltlichen Tätigkeit richtet, ist es zu berücksichtigen.

6. Fazit. Durch die genannten Bemessungskriterien wird auch der Überprüfungsrahmen abgesteckt, der im Falle von Meinungsverschiedenheiten dem Gericht oder der zuständigen Behörde zusteht.

Als Ermessensentscheidung ist die Bestimmung der Einzelfallgebühr durch den Rechtsanwalt also nur darauf zu überprüfen, ob er von falschen tatsächlichen Grundlagen ausgegangen ist, ob er den Ermessensspielraum überschritten oder gar sein Ermessen missbraucht hat. Nur wenn

---

4   HK-RVG/Winkler RVG § 14 Rn. 20 mwN.
5   HK-RVG/Winkler RVG § 14 Rn. 24 mwN.
6   HK-RVG/Winkler RVG § 14 Rn. 28 mwN.
7   HK-RVG/Winkler RVG § 14 Rn. 28 mwN.
8   HK-RVG/Winkler RVG § 14 Rn. 28 mwN.

die angesetzte Gebühr das in vergleichbaren Fällen Angemessene deutlich übersteigt, ist sie unbillig und somit nicht verbindlich.[9]

II. Einholung eines Gutachtens durch die Rechtsanwaltskammer (§ 14 Abs. 2 S. 1 RVG)

17 Gemäß § 14 Abs. 3 S. 1 RVG hat das Gericht im Gebührenrechtsstreit zwischen dem Rechtsanwalt und seinem Auftraggeber (das soll nicht auch gelten im Rechtsstreit zwischen Rechtsanwalt und einem Dritten, s. BFH DStRE 2012, 685 betr. Rechtsstreit zwischen Rechtsanwalt und Familienkasse)[10] ein Gutachten des Vorstands der zuständigen Rechtsanwaltskammer einzuholen, soweit die Höhe der Rahmengebühr streitig ist.

18 Der mit § 14 RVG abgesteckte Überprüfungsrahmen hat auch zur Folge, dass bei Einholung eines Gutachtens der Rechtsanwaltskammer durch das Zivilgericht nur die Angemessenheit der von dem Rechtsanwalt bestimmten Rahmengebühr zu begutachten ist, nicht die Angemessenheit des der Rechnung zugrunde gelegten Gegenstandswertes oder sonstige Rechtsfragen.

19 Die Rechtsnatur eines solchen Gutachtens nach § 14 Abs. 3 S. 1 RVG ist in der Rechtsprechung und Literatur umstritten. Es wird als Rechtsgutachten eingeordnet,[11] aber auch als schlicht amtliche Auskunft[12] oder Informationsmittel.[13]

20 Jedenfalls handelt es sich nicht um ein Sachverständigengutachten im Sinne der §§ 404 ff. ZPO,[14] was bedeutet, dass es nicht im Rahmen einer förmlichen Beweisaufnahme eingeholt wird. Das Gericht hat auch nicht die Möglichkeit, sich auszusuchen, bei welcher Rechtsanwaltskammer es eingeholt wird. Zuständig ist die Rechtsanwaltskammer, welcher der Rechtsanwalt, um dessen Abrechnung es geht, angehört.[15]

21 Das Gericht ist an das eingeholte Gutachten des Vorstands der Rechtsanwaltskammer nicht gebunden.[16] Das Gutachten unterliegt der freien richterlichen Würdigung.[17] Will das Gericht jedoch von dem Gutachten abweichen, hat es nach der Rechtsprechung des BGH triftige Gründe darzulegen, welche die Einschätzung der Rechtsanwaltskammer entkräften.[18]

22 Wird in einem Gebührenrechtsstreit unter Missachtung des § 14 Abs. 3 S. 1 RVG vom Gericht kein Gutachten des Vorstands der Rechtsanwaltskammer eingeholt, stellt das einen schweren Verfahrensfehler dar, der zur Aufhebung des Urteils und zur Zurückverweisung des Rechtsstreits führen kann.[19]

23 Unbekannt ist weithin auch die Regelung des § 14 Abs. 3 S. 2 RVG, wonach das Gutachten kostenlos zu erstatten ist. Die Rechtsanwaltskammer erhält keine Vergütung, nicht einmal eine Auslagenerstattung. Für die Beurteilung des Kostenrisikos in einem Gebührenrechtsstreit dürfte dieser Aspekt durchaus relevant sein.

§ 15 RVG Abgeltungsbereich der Gebühren

(1) Die Gebühren entgelten, soweit dieses Gesetz nichts anderes bestimmt, die gesamte Tätigkeit des Rechtsanwalts vom Auftrag bis zur Erledigung der Angelegenheit.

(2) Der Rechtsanwalt kann die Gebühren in derselben Angelegenheit nur einmal fordern.

---

9 BGH NJW 2011, 1603 (1605).
10 S. Anm. Hansens RVGreport 2012, 340 (341) mwN.
11 BGH NJW 2004, 1043 (1046); HK-RVG/Winkler RVG § 14 Rn. 76.
12 Toussaint/Toussaint KostR RVG § 14 Rn. 87.
13 Henssler/Prütting/Hartung BRAO § 73 Rn. 45.
14 HK-RVG/Winkler RVG § 14 Rn. 76.
15 HK-RVG/Winkler RVG § 14 Rn. 74 mwN.
16 HK-RVG/Winkler RVG § 14 Rn. 82 mwN.
17 BGH NJW 2004, 1043 (1046); NJW 2010, 1364 (1367).
18 BGH NJW 2010, 1364 (1367).
19 BVerfG NJW-RR 2002, 786.

(3) Sind für Teile des Gegenstands verschiedene Gebührensätze anzuwenden, entstehen für die Teile gesondert berechnete Gebühren, jedoch nicht mehr als die aus dem Gesamtbetrag der Wertteile nach dem höchsten Gebührensatz berechnete Gebühr.

(4) Auf bereits entstandene Gebühren ist es, soweit dieses Gesetz nichts anderes bestimmt, ohne Einfluss, wenn sich die Angelegenheit vorzeitig erledigt oder der Auftrag endigt, bevor die Angelegenheit erledigt ist.

(5) [1]Wird der Rechtsanwalt, nachdem er in einer Angelegenheit tätig geworden ist, beauftragt, in derselben Angelegenheit weiter tätig zu werden, erhält er nicht mehr an Gebühren, als er erhalten würde, wenn er von vornherein hiermit beauftragt worden wäre. [2]Ist der frühere Auftrag seit mehr als zwei Kalenderjahren erledigt, gilt die weitere Tätigkeit als neue Angelegenheit und in diesem Gesetz bestimmte Anrechnungen von Gebühren entfallen. [3]Satz 2 gilt entsprechend, wenn ein Vergleich mehr als zwei Kalenderjahre nach seinem Abschluss angefochten wird oder wenn mehr als zwei Kalenderjahre nach Zustellung eines Beschlusses nach § 23 Absatz 3 Satz 1 des Kapitalanleger-Musterverfahrensgesetzes der Kläger einen Antrag nach § 23 Absatz 4 des Kapitalanleger-Musterverfahrensgesetzes auf Wiedereröffnung des Verfahrens stellt.

(6) Ist der Rechtsanwalt nur mit einzelnen Handlungen oder mit Tätigkeiten, die nach § 19 zum Rechtszug oder zum Verfahren gehören, beauftragt, erhält er nicht mehr an Gebühren als der mit der gesamten Angelegenheit beauftragte Rechtsanwalt für die gleiche Tätigkeit erhalten würde.

A. Allgemeines 1	III. Sonderproblematik: „Der Rechtsanwalt als
B. Regelungsgehalt 3	Testamentsvollstrecker" 14
I. In derselben Angelegenheit 3	
II. Wertgrenze bei verschiedenen Gebührensätzen (§ 15 Abs. 3 RVG) 11	

A. Allgemeines

§ 15 RVG ist eine wesentliche Grundlage des Gebührenrechts. Die Vorschrift des Abs. 1 stellt im Zusammenhang mit Abs. 2 S. 1 den Grundsatz der Einmaligkeit der Gebühren auf. Demnach kann der Rechtsanwalt in „derselben Angelegenheit" die Gebühren nur einmal fordern.   1

Dabei ist aber zu beachten, dass der Begriff der „Angelegenheit" nicht identisch ist mit dem „Gegenstand der anwaltlichen Tätigkeit". Der Gegenstand der anwaltlichen Tätigkeit betrifft das Recht oder Rechtsverhältnis, auf welches sich die anwaltliche Tätigkeit aufgrund des Auftrages bezieht, was zur Folge hat, dass in einer Angelegenheit mehrere Gegenstände behandelt werden können.[1] Hieraus folgt, dass die Bestimmung der Angelegenheit immer Ausgangspunkt der Gebührenberechnung ist.   2

B. Regelungsgehalt

I. In derselben Angelegenheit

Nach der höchstrichterlichen Rechtsprechung des BGH bedeutet „die Angelegenheit" den Rahmen, innerhalb dessen sich die anwaltliche Tätigkeit abspielt, wobei im Allgemeinen darüber der dem Anwalt erteilte Auftrag entscheidet.[2]   3

In Rechtsprechung und Literatur haben sich drei Kriterien als maßgebend für die Annahme einer Angelegenheit herausgebildet: 4

---

1 HK-RVG/Winkler RVG § 15 Rn. 3 mwN.
2 BGH NJW 1995, 1431; HK-RVG/Winkler RVG § 15 Rn. 3 mwN.

5 Der Tätigkeit des Rechtsanwalts
- muss ein einheitlicher Auftrag zugrunde liegen,
- sie muss sich im gleichen Rahmen halten und
- zwischen den einzelnen Handlungen und/oder Gegenständen der anwaltlichen Tätigkeit muss ein innerer Zusammenhang bestehen.[3]

6 Die Frage nach „derselben Angelegenheit" stellt sich für den Erbrechtler schwerpunktmäßig in folgenden Fallkonstellationen:

7 **Beispiel 1:** Der Rechtsanwalt hat die Vertretung im Erbscheinsverfahren übernommen und wird anschließend im Rahmen der Auseinandersetzung der Miterbengemeinschaft tätig.

Nach einhelliger Auffassung in der Literatur handelt es sich dabei um zwei verschiedene Angelegenheiten im Sinne des § 15 RVG, so dass sie gesondert abzurechnen sind.[4]

8 **Beispiel 2:** So wird es auch gesehen, wenn der Rechtsanwalt zum Beispiel mit der Anfechtung des Erbvertrages befasst war und sodann im nachfolgenden Klageverfahren über denselben Erbfall tätig wird.[5] Auch dann ist nicht von derselben Angelegenheit nach § 15 RVG auszugehen, also gesondert abzurechnen.

9 **Beispiel 3:** Bezieht sich der Auftrag darauf, dass der Nachlass auseinanderzusetzen ist, verbunden mit der Erfüllung von Nachlassverbindlichkeiten, etwa Abgabe rückständiger Steuererklärungen und Begleichung der Erbschaftsteuer, wird darin nach herrschender Auffassung in der Literatur eine Angelegenheit iSd § 15 RVG gesehen.[6]

10 **Beispiel 4:** Wird der Rechtsanwalt im Erbscheinsverfahren tätig, das Nachlassgericht erteilt den Erbschein, von dritter Seite wird dagegen erfolgreich ein Einziehungsantrag gestellt und der Rechtsanwalt wird beauftragt, dagegen Beschwerde einzulegen, sind zwei gesonderte Angelegenheiten anzunehmen, da das Beschwerdeverfahren gegenüber dem erstinstanzlichen gerichtlichen Verfahren als eine gesonderte Angelegenheit nach § 15 Abs. 2 S. 2 RVG angesehen werden kann.[7]

II. Wertgrenze bei verschiedenen Gebührensätzen (§ 15 Abs. 3 RVG)

11 Der erste Halbsatz des § 15 Abs. 3 RVG bestimmt, dass für Teile des Gegenstandes gleichartige Gebühren nach verschiedenen Gebührensätzen entstehen.

12 Durch den zweiten Halbsatz des § 15 Abs. 3 RVG wird die Abrechnung für Teile des Gegenstandswertes mit unterschiedlichen Gebühren durch die aus dem Gesamtbetrag der Wertteile nach dem höchsten Gebührensatz berechnete Gebühr begrenzt.

13 **Beispiel:** Der Rechtsanwalt klagt eine Forderung über 25.000 EUR ein. Im Verfahren kommt es zu einer Einigung auch über einen weiteren, nicht rechtshängigen Anspruch in Höhe von 10.000 EUR.

In dem Fall berechnet sich die Einigungsgebühr wie folgt:

1,0 Einigungsgebühr VV 1000, 1003 RVG (Wert: 25.000 EUR)

1,5 Einigungsgebühr VV 1000 RVG (Wert: 10.000 EUR)

---

[3] Schneider/Volpert/Schneider RVG § 15 Rn. 24; HK-RVG/Winkler RVG § 15 Rn. 4.
[4] Schneider/Volpert/Schneider RVG § 15 Rn. 53; HK-RVG/Winkler RVG § 15 Rn. 37.
[5] HK-RVG/Winkler RVG § 15 Rn. 37.
[6] Schneider/Volpert/Schneider RVG § 15 Rn. 53; HK-RVG/Winkler RVG § 15 Rn. 37.
[7] So Hansens RVGreport 2012, 414 (415); vgl. auch N. Schneider ErbR 2012, 244 (245).

aber: gemäß § 15 Abs. 3 RVG nicht mehr als eine 1,5 Gebühr aus dem zusammengerechneten Gegenstandswert, also aus 35.000 EUR!

III. Sonderproblematik: „Der Rechtsanwalt als Testamentsvollstrecker"

Wird ein Rechtsanwalt zum Testamentsvollstrecker bestellt, richtet sich seine Vergütung grundsätzlich nach § 2221 BGB. Mit der weit überwiegenden Meinung ist die Vergütung am Bruttowert des Gesamtnachlasses zu orientieren, ist also eine echte Wertgebühr und wird weitgehend nach der degressiv konzipierten Rheinischen Tabelle berechnet.[8]

Die Vergütung nach § 2221 BGB umfasst die gesamte Tätigkeit des Testamentsvollstreckers nach dem ihm erteilten Auftrag (Auseinandersetzungs- bzw. Verwaltungsvollstreckung).

Fraglich ist in diesem Zusammenhang, ob der als Testamentsvollstrecker eingesetzte Rechtsanwalt einzelne Tätigkeiten, deren Erledigung er auf andere Berufskollegen – wozu auch solche aus seiner eigenen Kanzlei und er selbst gehören können – überträgt, nach VV 2300 RVG gesondert abrechnen kann oder ob es sich um dieselbe Rechtssache im Sinne von § 15 Abs. 2 RVG handelt, was eine gesonderte Abrechenbarkeit ausschließt.

Grundsätzlich gilt, dass sämtliche originären Aufgaben und Pflichten, die typischerweise dem Testamentsvollstrecker mit dem Amt übertragen werden, eine Rechtssache im Sinne des § 15 Abs. 2 RVG darstellen und durch die Vergütung nach § 2221 BGB abgegolten werden. § 2221 BGB geht also insoweit den Vorschriften des RVG vor.

Ausnahmen hierzu sind im Rahmen der gesetzlichen Beschränkungen, denen der Testamentsvollstrecker unterliegt, denkbar und möglich. Der Testamentsvollstrecker hat hierbei jedoch stets § 2206 BGB zu beachten. Verbindlichkeiten zulasten des Nachlasses darf er nach dieser Vorschrift nur dann eingehen, wenn dies erforderlich ist.

Wird ein Rechtsanwalt zum Testamentsvollstrecker bestimmt, wird im Zweifel davon auszugehen sein, dass die Wahrnehmung rechtlicher Interessen im Zusammenhang mit dem Nachlass und seiner Verwaltung nicht gesondert zu vergüten ist und – wegen § 2206 BGB – auch nicht an Dritte vergeben werden darf. Dies ergibt sich im Umkehrschluss aus der Entscheidung des BGH,[9] in der der BGH anlässlich einer Entscheidung zur Rechtfertigung eines Vergütungsabschlags festgestellt hat, dass die Regelvergütung nach § 2221 BGB berufliche Kenntnisse von Notaren, Rechtsanwälten, Steuerberatern, Wirtschaftsprüfern und vergleichbaren Berufsgruppen bereits berücksichtigt. Ob Zuschläge in Betracht kommen, wenn es sich um rechtliche Probleme von außergewöhnlicher Schwierigkeit und/oder weit überdurchschnittlichem Umfang handelt, ist der Entscheidung nicht zu entnehmen, wird aber im Ergebnis zu bejahen sein.

Fazit: Der zum Testamentsvollstrecker bestellte Rechtsanwalt darf gesonderte Aufträge im Zusammenhang mit der Auseinandersetzung/Verwaltung des Nachlasses dann an Dritte vergeben, wenn seine eigene Sachkenntnis nicht ausreicht, um eine ordnungsgemäße Bearbeitung eines aufgetretenen Sonderproblems sicherzustellen, oder wenn ein außergewöhnlich großer Arbeitsaufwand vorliegt, der eine Erledigung des mit dem Amt übertragenen Auftrags in einem vernünftigen Zeitrahmen nicht zulässt. Hieraus ergibt sich gleichzeitig, dass eine Vergabe von gesondert abrechenbaren Einzelaufträgen an sich selbst nicht zulässig sein dürfte.

---

8 Vgl. hierzu auch Grüneberg/Weidlich BGB § 2221 Rn. 4 mwN.
9 BGH NJW 1967, 876.

§ 15a RVG Anrechnung einer Gebühr

(1) Sieht dieses Gesetz die Anrechnung einer Gebühr auf eine andere Gebühr vor, kann der Rechtsanwalt beide Gebühren fordern, jedoch nicht mehr als den um den Anrechnungsbetrag verminderten Gesamtbetrag der beiden Gebühren.

(2) ¹Sind mehrere Gebühren teilweise auf dieselbe Gebühr anzurechnen, so ist der anzurechnende Betrag für jede anzurechnende Gebühr gesondert zu ermitteln. ²Bei Wertgebühren darf der Gesamtbetrag der Anrechnung jedoch denjenigen Anrechnungsbetrag nicht übersteigen, der sich ergeben würde, wenn eine Gebühr anzurechnen wäre, die sich aus dem Gesamtbetrag der betroffenen Wertteile nach dem höchsten für die Anrechnungen einschlägigen Gebührensatz berechnet. ³Bei Betragsrahmengebühren darf der Gesamtbetrag der Anrechnung den für die Anrechnung bestimmten Höchstbetrag nicht übersteigen.

(3) Ein Dritter kann sich auf die Anrechnung nur berufen, soweit er den Anspruch auf eine der beiden Gebühren erfüllt hat, wegen eines dieser Ansprüche gegen ihn ein Vollstreckungstitel besteht oder beide Gebühren in demselben Verfahren gegen ihn geltend gemacht werden.

1 Zur Anrechnung der Geschäftsgebühr auf die Verfahrensgebühr nach dieser Vorschrift ergeben sich im erbrechtlichen Mandat keine Besonderheiten gegenüber sonstigen, von dieser Anrechnungsvorschrift betroffenen Fällen.

2 Zu beachten ist, dass § 15a RVG auch auf die mit dem 2. KostRMoG klarstellend eingefügte Anrechnungsvorschrift des § 35 Abs. 2 RVG Anwendung findet.

Abschnitt 3
Angelegenheit

§ 16 RVG Dieselbe Angelegenheit

Dieselbe Angelegenheit sind

1. das Verwaltungsverfahren auf Aussetzung oder Anordnung der sofortigen Vollziehung sowie über einstweilige Maßnahmen zur Sicherung der Rechte Dritter und jedes Verwaltungsverfahren auf Abänderung oder Aufhebung in den genannten Fällen;
2. das Verfahren über die Prozesskostenhilfe und das Verfahren, für das die Prozesskostenhilfe beantragt worden ist;
3. mehrere Verfahren über die Prozesskostenhilfe in demselben Rechtszug;
3a. das Verfahren zur Bestimmung des zuständigen Gerichts und das Verfahren, für das der Gerichtsstand bestimmt werden soll; dies gilt auch dann, wenn das Verfahren zur Bestimmung des zuständigen Gerichts vor Klageerhebung oder Antragstellung endet, ohne dass das zuständige Gericht bestimmt worden ist;
4. eine Scheidungssache oder ein Verfahren über die Aufhebung einer Lebenspartnerschaft und die Folgesachen;
5. das Verfahren über die Anordnung eines Arrests, zur Erwirkung eines Europäischen Beschlusses zur vorläufigen Kontenpfändung, über den Erlass einer einstweiligen Verfügung oder einstweiligen Anordnung, über die Anordnung oder Wiederherstellung der aufschiebenden Wirkung, über die Aufhebung der Vollziehung oder die Anordnung der sofortigen Vollziehung eines Verwaltungsakts und jedes Verfahren über deren Abänderung, Aufhebung oder Widerruf;
6. das Verfahren nach § 3 Absatz 1 des Gesetzes zur Ausführung des Vertrages zwischen der Bundesrepublik Deutschland und der Republik Österreich vom 6. Juni 1959 über die gegenseitige Anerkennung und Vollstreckung von gerichtlichen Entscheidungen, Vergleichen und öffentlichen Urkunden in Zivil- und Handelssachen in der im Bundesgesetzblatt

Teil III, Gliederungsnummer 319-12, veröffentlichten bereinigten Fassung, das zuletzt durch Artikel 23 des Gesetzes vom 27. Juli 2001 (BGBl. I S. 1887) geändert worden ist, und das Verfahren nach § 3 Absatz 2 des genannten Gesetzes;
7. das Verfahren über die Zulassung der Vollziehung einer vorläufigen oder sichernden Maßnahme und das Verfahren über einen Antrag auf Aufhebung oder Änderung einer Entscheidung über die Zulassung der Vollziehung (§ 1041 der Zivilprozessordnung);
8. das schiedsrichterliche Verfahren und das gerichtliche Verfahren bei der Bestellung eines Schiedsrichters oder Ersatzschiedsrichters, über die Ablehnung eines Schiedsrichters oder über die Beendigung des Schiedsrichteramts, zur Unterstützung bei der Beweisaufnahme oder bei der Vornahme sonstiger richterlicher Handlungen;
9. das Verfahren vor dem Schiedsgericht und die gerichtlichen Verfahren über die Bestimmung einer Frist (§ 102 Absatz 3 des Arbeitsgerichtsgesetzes), die Ablehnung eines Schiedsrichters (§ 103 Absatz 3 des Arbeitsgerichtsgesetzes) oder die Vornahme einer Beweisaufnahme oder einer Vereidigung (§ 106 Absatz 2 des Arbeitsgerichtsgesetzes);
10. im Kostenfestsetzungsverfahren und im Verfahren über den Antrag auf gerichtliche Entscheidung gegen einen Kostenfestsetzungsbescheid (§ 108 des Gesetzes über Ordnungswidrigkeiten) einerseits und im Kostenansatzverfahren sowie im Verfahren über den Antrag auf gerichtliche Entscheidung gegen den Ansatz der Gebühren und Auslagen (§ 108 des Gesetzes über Ordnungswidrigkeiten) andererseits jeweils mehrere Verfahren über
    a) die Erinnerung,
    b) den Antrag auf gerichtliche Entscheidung,
    c) die Beschwerde in demselben Beschwerderechtszug;
11. das Rechtsmittelverfahren und das Verfahren über die Zulassung des Rechtsmittels; dies gilt nicht für das Verfahren über die Beschwerde gegen die Nichtzulassung eines Rechtsmittels;
12. das Verfahren über die Privatklage und die Widerklage und zwar auch im Fall des § 388 Absatz 2 der Strafprozessordnung und
13. das erstinstanzliche Prozessverfahren und der erste Rechtszug des Musterverfahrens nach dem Kapitalanleger-Musterverfahrensgesetz.

§ 16 RVG bezieht sich auf die Regelung des § 15 Abs. 2 RVG, wonach der Rechtsanwalt die Gebühren in derselben Angelegenheit nur einmal fordern kann und listet darauf bezogen auf, welche einzelnen Tätigkeiten, bei welchen es ohne eine solche Bestimmung zweifelhaft wäre, jeweils eine Angelegenheit sein sollen im Sinne des § 15 Abs. 2 RVG.

Mit dem 2. KostRMoG ist durch Nr. 3a des § 16 RVG klargestellt worden, dass ein Gerichtsstandsbestimmungsverfahren für den Prozessbevollmächtigten immer zum Rechtszug zählt und keine gesonderte Vergütung auslöst. Das gilt ohne Rücksicht darauf, ob es zu einer Bestimmung des Gerichtsstands gekommen ist oder nicht.

§ 17 RVG   Verschiedene Angelegenheiten

Verschiedene Angelegenheiten sind
1. das Verfahren über ein Rechtsmittel und der vorausgegangene Rechtszug, soweit sich aus § 19 Absatz 1 Satz 2 Nummer 10a nichts anderes ergibt,
1a. jeweils das Verwaltungsverfahren, das einem gerichtlichen Verfahren vorausgehende und der Nachprüfung des Verwaltungsakts dienende weitere Verwaltungsverfahren (Vorverfahren, Einspruchsverfahren, Beschwerdeverfahren, Abhilfeverfahren), das Verfahren über die Beschwerde und die weitere Beschwerde nach der Wehrbeschwerdeordnung, das Verwaltungsverfahren auf Aussetzung oder Anordnung der sofortigen Vollziehung sowie über einstweilige Maßnahmen zur Sicherung der Rechte Dritter und ein gerichtliches Verfahren,
2. das Mahnverfahren und das streitige Verfahren,

3. das vereinfachte Verfahren über den Unterhalt Minderjähriger und das streitige Verfahren,
4. das Verfahren in der Hauptsache und ein Verfahren
    a) auf Anordnung eines Arrests oder zur Erwirkung eines Europäischen Beschlusses zur vorläufigen Kontenpfändung,
    b) auf Erlass einer einstweiligen Verfügung oder einer einstweiligen Anordnung,
    c) über die Anordnung oder Wiederherstellung der aufschiebenden Wirkung, über die Aufhebung der Vollziehung oder über die Anordnung der sofortigen Vollziehung eines Verwaltungsakts sowie
    d) über die Abänderung, die Aufhebung oder den Widerruf einer in einem Verfahren nach den Buchstaben a bis c ergangenen Entscheidung,
5. der Urkunden- oder Wechselprozess und das ordentliche Verfahren, das nach Abstandnahme vom Urkunden- oder Wechselprozess oder nach einem Vorbehaltsurteil anhängig bleibt (§§ 596, 600 der Zivilprozessordnung),
6. das Schiedsverfahren und das Verfahren über die Zulassung der Vollziehung einer vorläufigen oder sichernden Maßnahme sowie das Verfahren über einen Antrag auf Aufhebung oder Änderung einer Entscheidung über die Zulassung der Vollziehung (§ 1041 der Zivilprozessordnung),
7. das gerichtliche Verfahren und ein vorausgegangenes
    a) Güteverfahren vor einer durch die Landesjustizverwaltung eingerichteten oder anerkannten Gütestelle (§ 794 Absatz 1 Nummer 1 der Zivilprozessordnung) oder, wenn die Parteien den Einigungsversuch einvernehmlich unternehmen, vor einer Gütestelle, die Streitbeilegung betreibt (§ 15a Absatz 3 des Einführungsgesetzes zur Zivilprozessordnung),
    b) Verfahren vor einem Ausschuss der in § 111 Absatz 2 des Arbeitsgerichtsgesetzes bezeichneten Art,
    c) Verfahren vor dem Seemannsamt zur vorläufigen Entscheidung von Arbeitssachen und
    d) Verfahren vor sonstigen gesetzlich eingerichteten Einigungsstellen, Gütestellen oder Schiedsstellen,
8. das Vermittlungsverfahren nach § 165 des Gesetzes über das Verfahren in Familiensachen und in den Angelegenheiten der freiwilligen Gerichtsbarkeit und ein sich anschließendes gerichtliches Verfahren,
9. das Verfahren über ein Rechtsmittel und das Verfahren über die Beschwerde gegen die Nichtzulassung des Rechtsmittels,
10. das strafrechtliche Ermittlungsverfahren und
    a) ein nachfolgendes gerichtliches Verfahren und
    b) ein sich nach Einstellung des Ermittlungsverfahrens anschließendes Bußgeldverfahren,
11. das Bußgeldverfahren vor der Verwaltungsbehörde und das nachfolgende gerichtliche Verfahren,
12. das Strafverfahren und das Verfahren über die im Urteil vorbehaltene Sicherungsverwahrung und
13. das Wiederaufnahmeverfahren und das wiederaufgenommene Verfahren, wenn sich die Gebühren nach Teil 4 oder 5 des Vergütungsverzeichnisses richten.

§ 18 RVG Besondere Angelegenheiten

(1) Besondere Angelegenheiten sind
1. jede Vollstreckungsmaßnahme zusammen mit den durch diese vorbereiteten weiteren Vollstreckungshandlungen bis zur Befriedigung des Gläubigers; dies gilt entsprechend im Verwaltungszwangsverfahren (Verwaltungsvollstreckungsverfahren);

2. jede Vollziehungsmaßnahme bei der Vollziehung eines Arrests oder einer einstweiligen Verfügung (§§ 928 bis 934 und 936 der Zivilprozessordnung), die sich nicht auf die Zustellung beschränkt;
3. solche Angelegenheiten, in denen sich die Gebühren nach Teil 3 des Vergütungsverzeichnisses richten, jedes Beschwerdeverfahren, jedes Verfahren über eine Erinnerung gegen einen Kostenfestsetzungsbeschluss und jedes sonstige Verfahren über eine Erinnerung gegen eine Entscheidung des Rechtspflegers, soweit sich aus § 16 Nummer 10 nichts anderes ergibt;
4. das Verfahren über Einwendungen gegen die Erteilung der Vollstreckungsklausel, auf das § 732 der Zivilprozessordnung anzuwenden ist;
5. das Verfahren auf Erteilung einer weiteren vollstreckbaren Ausfertigung;
6. jedes Verfahren über Anträge nach den §§ 765a, 851a oder 851b der Zivilprozessordnung und jedes Verfahren über Anträge auf Änderung oder Aufhebung der getroffenen Anordnungen, jedes Verfahren über Anträge nach § 1084 Absatz 1, § 1096 oder § 1109 der Zivilprozessordnung, jedes Verfahren über Anträge auf Aussetzung der Vollstreckung nach § 44f des Internationalen Familienrechtsverfahrensgesetzes und über Anträge nach § 31 des Auslandsunterhaltsgesetzes;
7. das Verfahren auf Zulassung der Austauschpfändung (§ 811a der Zivilprozessordnung);
8. das Verfahren über einen Antrag nach § 825 der Zivilprozessordnung;
9. die Ausführung der Zwangsvollstreckung in ein gepfändetes Vermögensrecht durch Verwaltung (§ 857 Absatz 4 der Zivilprozessordnung);
10. das Verteilungsverfahren (§ 858 Absatz 5, §§ 872 bis 877, 882 der Zivilprozessordnung);
11. das Verfahren auf Eintragung einer Zwangshypothek (§§ 867, 870a der Zivilprozessordnung);
12. die Vollstreckung der Entscheidung, durch die der Schuldner zur Vorauszahlung der Kosten, die durch die Vornahme einer Handlung entstehen, verurteilt wird (§ 887 Absatz 2 der Zivilprozessordnung);
13. das Verfahren zur Ausführung der Zwangsvollstreckung auf Vornahme einer Handlung durch Zwangsmittel (§ 888 der Zivilprozessordnung);
14. jede Verurteilung zu einem Ordnungsgeld gemäß § 890 Absatz 1 der Zivilprozessordnung;
15. die Verurteilung zur Bestellung einer Sicherheit im Fall des § 890 Absatz 3 der Zivilprozessordnung;
16. das Verfahren zur Abnahme der Vermögensauskunft (§§ 802f und 802g der Zivilprozessordnung);
17. das Verfahren auf Löschung der Eintragung im Schuldnerverzeichnis (§ 882e der Zivilprozessordnung);
18. das Ausüben der Veröffentlichungsbefugnis;
19. das Verfahren über Anträge auf Zulassung der Zwangsvollstreckung nach § 17 Absatz 4 der Schifffahrtsrechtlichen Verteilungsordnung;
20. das Verfahren über Anträge auf Aufhebung von Vollstreckungsmaßregeln (§ 8 Absatz 5 und § 41 der Schifffahrtsrechtlichen Verteilungsordnung) und
21. das Verfahren zur Anordnung von Zwangsmaßnahmen durch Beschluss nach § 35 des Gesetzes über das Verfahren in Familiensachen und in den Angelegenheiten der freiwilligen Gerichtsbarkeit.

(2) Absatz 1 gilt entsprechend für
1. die Vollziehung eines Arrestes und
2. die Vollstreckung

nach den Vorschriften des Gesetzes über das Verfahren in Familiensachen und in den Angelegenheiten der freiwilligen Gerichtsbarkeit.

Bölting

§ 19 RVG Rechtszug; Tätigkeiten, die mit dem Verfahren zusammenhängen

(1) ¹Zu dem Rechtszug oder dem Verfahren gehören auch alle Vorbereitungs-, Neben- und Abwicklungstätigkeiten und solche Verfahren, die mit dem Rechtszug oder Verfahren zusammenhängen, wenn die Tätigkeit nicht nach § 18 eine besondere Angelegenheit ist. ²Hierzu gehören insbesondere

1. die Vorbereitung der Klage, des Antrags oder der Rechtsverteidigung, soweit kein besonderes gerichtliches oder behördliches Verfahren stattfindet;
1a. die Einreichung von Schutzschriften und die Anmeldung von Ansprüchen oder Rechtsverhältnissen zum Klageregister für Musterfeststellungsklagen sowie die Rücknahme der Anmeldung;
1b. die Verkündung des Streits (§ 72 der Zivilprozessordnung);
2. außergerichtliche Verhandlungen;
3. Zwischenstreite, die Bestellung von Vertretern durch das in der Hauptsache zuständige Gericht, die Ablehnung von Richtern, Rechtspflegern, Urkundsbeamten der Geschäftsstelle oder Sachverständigen, die Entscheidung über einen Antrag betreffend eine Sicherungsanordnung, die Wertfestsetzung, die Beschleunigungsrüge nach § 155b des Gesetzes über das Verfahren in Familiensachen und in den Angelegenheiten der freiwilligen Gerichtsbarkeit;
4. das Verfahren vor dem beauftragten oder ersuchten Richter;
5. das Verfahren
   a) über die Erinnerung (§ 573 der Zivilprozessordnung),
   b) über die Rüge wegen Verletzung des Anspruchs auf rechtliches Gehör,
   c) nach Artikel 18 der Verordnung (EG) Nr. 861/2007 des Europäischen Parlaments und des Rates vom 13. Juni 2007 zur Einführung eines europäischen Verfahrens für geringfügige Forderungen,
   d) nach Artikel 20 der Verordnung (EG) Nr. 1896/2006 des Europäischen Parlaments und des Rates vom 12. Dezember 2006 zur Einführung eines Europäischen Mahnverfahrens und
   e) nach Artikel 19 der Verordnung (EG) Nr. 4/2009 über die Zuständigkeit, das anwendbare Recht, die Anerkennung und Vollstreckung von Entscheidungen und die Zusammenarbeit in Unterhaltssachen;
6. die Berichtigung und Ergänzung der Entscheidung oder ihres Tatbestands;
7. die Mitwirkung bei der Erbringung der Sicherheitsleistung und das Verfahren wegen deren Rückgabe;
8. die für die Geltendmachung im Ausland vorgesehene Vervollständigung der Entscheidung und die Bezifferung eines dynamisierten Unterhaltstitels;
9. die Zustellung oder Empfangnahme von Entscheidungen oder Rechtsmittelschriften und ihre Mitteilung an den Auftraggeber, die Einwilligung zur Einlegung der Sprungrevision oder Sprungrechtsbeschwerde, der Antrag auf Entscheidung über die Verpflichtung, die Kosten zu tragen, die nachträgliche Vollstreckbarerklärung eines Urteils auf besonderen Antrag, die Erteilung des Notfrist- und des Rechtskraftzeugnisses;
9a. die Ausstellung von Bescheinigungen, Bestätigungen oder Formblättern einschließlich deren Berichtigung, Aufhebung oder Widerruf nach
   a) § 1079 oder § 1110 der Zivilprozessordnung,
   b) § 39 Absatz 1 und § 48 des Internationalen Familienrechtsverfahrensgesetzes,
   c) § 57 oder § 58 des Anerkennungs- und Vollstreckungsausführungsgesetzes,
   d) § 14 des EU-Gewaltschutzverfahrensgesetzes,
   e) § 71 Absatz 1 des Auslandsunterhaltsgesetzes,
   f) § 27 des Internationalen Erbrechtsverfahrensgesetzes und
   g) § 27 des Internationalen Güterrechtsverfahrensgesetzes;

10. die Einlegung von Rechtsmitteln bei dem Gericht desselben Rechtszugs in Verfahren, in denen sich die Gebühren nach Teil 4, 5 oder 6 des Vergütungsverzeichnisses richten; die Einlegung des Rechtsmittels durch einen neuen Verteidiger gehört zum Rechtszug des Rechtsmittels;
10a. Beschwerdeverfahren, wenn sich die Gebühren nach Teil 4, 5 oder 6 des Vergütungsverzeichnisses richten und dort nichts anderes bestimmt ist oder keine besonderen Gebührentatbestände vorgesehen sind;
11. die vorläufige Einstellung, Beschränkung oder Aufhebung der Zwangsvollstreckung, wenn nicht eine abgesonderte mündliche Verhandlung hierüber stattfindet;
12. die einstweilige Einstellung oder Beschränkung der Vollstreckung und die Anordnung, dass Vollstreckungsmaßnahmen aufzuheben sind (§ 93 Absatz 1 des Gesetzes über das Verfahren in Familiensachen und in den Angelegenheiten der freiwilligen Gerichtsbarkeit), wenn nicht ein besonderer gerichtlicher Termin hierüber stattfindet;
13. die erstmalige Erteilung der Vollstreckungsklausel, wenn deswegen keine Klage erhoben wird;
14. die Kostenfestsetzung und die Einforderung der Vergütung;
15. (weggefallen)
16. die Zustellung eines Vollstreckungstitels, der Vollstreckungsklausel und der sonstigen in § 750 der Zivilprozessordnung genannten Urkunden und
17. die Herausgabe der Handakten oder ihre Übersendung an einen anderen Rechtsanwalt.

(2) Zu den in § 18 Absatz 1 Nummer 1 und 2 genannten Verfahren gehören ferner insbesondere

1. gerichtliche Anordnungen nach § 758a der Zivilprozessordnung sowie Beschlüsse nach §§ 90 und 91 Absatz 1 des Gesetzes über das Verfahren in Familiensachen und in den Angelegenheiten der freiwilligen Gerichtsbarkeit,
2. die Erinnerung nach § 766 der Zivilprozessordnung,
3. die Bestimmung eines Gerichtsvollziehers (§ 827 Absatz 1 und § 854 Absatz 1 der Zivilprozessordnung) oder eines Sequesters (§§ 848 und 855 der Zivilprozessordnung),
4. die Anzeige der Absicht, die Zwangsvollstreckung gegen eine juristische Person des öffentlichen Rechts zu betreiben,
5. die einer Verurteilung vorausgehende Androhung von Ordnungsgeld und
6. die Aufhebung einer Vollstreckungsmaßnahme.

Eine Sonderproblematik stellt die Einholung der Deckungszusage bei der Rechtsschutzversicherung dar. 1

Es wird in der Literatur die Auffassung vertreten, die Einholung einer Deckungszusage bei der Rechtsschutzversicherung des Auftraggebers stelle eine besondere Angelegenheit im Sinne des § 19 RVG dar.[1] Der BGH hat das bisher offengelassen.[2] Die übrige Rechtsprechung ist uneins. Es empfiehlt sich in jedem Einzelfall, für den in Frage kommenden Gerichtsbezirk gesondert zu recherchieren.[3] 2

Jedenfalls wird man dann von einer besonderen Angelegenheit und – damit verbunden – einer gesonderten Abrechenbarkeit auszugehen haben, wenn die Tätigkeit über die einfache Rechtsschutzanfrage hinausgeht, etwa wenn es um die Darlegung der hinreichenden Erfolgsaussichten und/oder Fragen des Eintritts des Versicherungsfalls oder der Vorvertraglichkeit geht. 3

---

1 HK-RVG/Ebert RVG § 19 Rn. 17–19; Hansens RVGreport 2012, 215 (216).
2 BGH NJW 2012, 919–921; s. auch Anm. Hansens RVGreport 2012, 154.
3 Vgl. zum Streitstand Schneider/Volpert/Schneider/Fölsch/Volpert RVG § 19 Rn. 14 ff.

§ 20 RVG   Verweisung, Abgabe

¹Soweit eine Sache an ein anderes Gericht verwiesen oder abgegeben wird, sind die Verfahren vor dem verweisenden oder abgebenden und vor dem übernehmenden Gericht ein Rechtszug. ²Wird eine Sache an ein Gericht eines niedrigeren Rechtszugs verwiesen oder abgegeben, ist das weitere Verfahren vor diesem Gericht ein neuer Rechtszug.

1   Zu unterscheiden ist zunächst zwischen der sog. Horizontalverweisung (zB vom FamG Dortmund an das FamG Hamm) und der Vertikalverweisung (vom OLG Hamm an das LG Dortmund). Nach Satz 2 ist das weitere Verfahren vor dem LG ein neuer Rechtszug und löst neue Gebühren aus. Allerdings ist die Verfahrensgebühr des Ausgangsverfahrens gem. Vorbemerkung § 3 Abs. 1 VV RVG auf die Verfahrensgebühr des erneuten Verfahrens vor dem Verweisungsgericht anzurechnen.

§ 21 RVG   Zurückverweisung, Fortführung einer Folgesache als selbständige Familiensache

(1) Soweit eine Sache an ein untergeordnetes Gericht zurückverwiesen wird, ist das weitere Verfahren vor diesem Gericht ein neuer Rechtszug.

(2) In den Fällen des § 146 des Gesetzes über das Verfahren in Familiensachen und in den Angelegenheiten der freiwilligen Gerichtsbarkeit, auch in Verbindung mit § 270 des Gesetzes über das Verfahren in Familiensachen und in den Angelegenheiten der freiwilligen Gerichtsbarkeit, bildet das weitere Verfahren vor dem Familiengericht mit dem früheren einen Rechtszug.

(3) Wird eine Folgesache als selbständige Familiensache fortgeführt, sind das fortgeführte Verfahren und das frühere Verfahren dieselbe Angelegenheit.

Abschnitt 4
Gegenstandswert

§ 22 RVG   Grundsatz

(1) In derselben Angelegenheit werden die Werte mehrerer Gegenstände zusammengerechnet.

(2) ¹Der Wert beträgt in derselben Angelegenheit höchstens 30 Millionen Euro, soweit durch Gesetz kein niedrigerer Höchstwert bestimmt ist. ²Sind in derselben Angelegenheit mehrere Personen wegen verschiedener Gegenstände Auftraggeber, beträgt der Wert für jede Person höchstens 30 Millionen Euro, insgesamt jedoch nicht mehr als 100 Millionen Euro.

1   § 22 RVG regelt auch den Fall, dass mehrere Mandanten jeweils individuelle Rechte aus demselben Sachverhalt geltend machen. Beispiel: Vertretung von Pflichtteilsberechtigten mit unterschiedlicher Quote. In diesen Fällen findet nach § 22 Abs. 1 RVG eine Zusammenrechnung, die sogenannte Streitwertaddition, statt.

2   Mit dem 2. KostRMoG hat es eine Neufassung des § 22 Abs. 2 S. 2 RVG gegeben, womit klargestellt worden ist, dass die Erhöhung der Wertgrenze bei mehreren Auftraggebern nur in Betracht kommt, wenn der Rechtsanwalt in derselben Angelegenheit für mehrere Auftraggeber wegen verschiedener Gegenstände tätig wird.

§ 23 RVG Allgemeine Wertvorschrift

(1) ¹Soweit sich die Gerichtsgebühren nach dem Wert richten, bestimmt sich der Gegenstandswert im gerichtlichen Verfahren nach den für die Gerichtsgebühren geltenden Wertvorschriften. ²In Verfahren, in denen Kosten nach dem Gerichtskostengesetz oder dem Gesetz über Gerichtskosten in Familiensachen erhoben werden, sind die Wertvorschriften des jeweiligen Kostengesetzes entsprechend anzuwenden, wenn für das Verfahren keine Gerichtsgebühr oder eine Festgebühr bestimmt ist. ³Diese Wertvorschriften gelten auch entsprechend für die Tätigkeit außerhalb eines gerichtlichen Verfahrens, wenn der Gegenstand der Tätigkeit auch Gegenstand eines gerichtlichen Verfahrens sein könnte. ⁴§ 22 Absatz 2 Satz 2 bleibt unberührt.

(2) ¹In Beschwerdeverfahren, in denen Gerichtsgebühren unabhängig vom Ausgang des Verfahrens nicht erhoben werden oder sich nicht nach dem Wert richten, ist der Wert unter Berücksichtigung des Interesses des Beschwerdeführers nach Absatz 3 Satz 2 zu bestimmen, soweit sich aus diesem Gesetz nichts anderes ergibt. ²Der Gegenstandswert ist durch den Wert des zugrunde liegenden Verfahrens begrenzt. ³In Verfahren über eine Erinnerung oder eine Rüge wegen Verletzung des rechtlichen Gehörs richtet sich der Wert nach den für Beschwerdeverfahren geltenden Vorschriften.

(3) ¹Soweit sich aus diesem Gesetz nichts anderes ergibt, gelten in anderen Angelegenheiten für den Gegenstandswert die Bewertungsvorschriften des Gerichts- und Notarkostengesetzes und die §§ 37, 38, 42 bis 45 sowie 99 bis 102 des Gerichts- und Notarkostengesetzes entsprechend. ²Soweit sich der Gegenstandswert aus diesen Vorschriften nicht ergibt und auch sonst nicht feststeht, ist er nach billigem Ermessen zu bestimmen; in Ermangelung genügender tatsächlicher Anhaltspunkte für eine Schätzung und bei nichtvermögensrechtlichen Gegenständen ist der Gegenstandswert mit 5000 Euro, nach Lage des Falles niedriger oder höher, jedoch nicht über 500 000 Euro anzunehmen.

A. Allgemeines	1	II. Sonderfall Testamentsgestaltung	14
B. Regelungsgehalt	3	III. Katalog zu bestimmten Gegenstandswerten nach §§ 22, 23 RVG	15
I. Grundsätzliches	3		

A. Allgemeines

Bei § 23 RVG handelt es sich um die zentrale Wertvorschrift des RVG. 1

§ 23 RVG regelt, was und wie zu bewerten ist, nicht aber das Verfahren der Bewertung. Das ist 2
in den §§ 32 und 33 RVG geregelt.

B. Regelungsgehalt

I. Grundsätzliches

§ 23 RVG gibt mit Abs. 1 S. 1 vor, dass sich in gerichtlichen Verfahren der Gegenstandswert 3
nach den für die Gerichtsgebühren geltenden Wertvorschriften bestimmt, soweit sich die Gerichtsgebühren nach dem Wert richten. Findet also ein gerichtliches Verfahren statt und entsprechen sich gerichtliche und anwaltliche Tätigkeiten, sind beide nach dem Streitwert zu berechnen, also nach dem Wert, der für das gerichtliche Verfahren maßgebend ist (Abs. 1 S. 1).

Abs. 1 S. 2 stellt klar, dass sowohl in Verfahren mit wertunabhängigen Gerichtsgebühren (sog. 4
Festgebühren) als auch in gerichtsgebührenfreien Verfahren die Wertvorschriften des jeweiligen Kostengesetzes entsprechend anzuwenden sind.

Abs. 1 S. 3 betrifft die Situation, dass kein gerichtliches Verfahren stattfindet. Ist das der Fall, es 5
könnte aber die anwaltliche Tätigkeit Gegenstand eines Rechtsstreits sein, sind die Wertvorschriften für gerichtliche Verfahren sinngemäß anzuwenden.

6   Mit Abs. 2 besteht eine generelle Wertvorschrift für Beschwerdeverfahren.

7   Der Gegenstandswert ist der Wert, den der Gegenstand der anwaltlichen Tätigkeit hat. Insoweit bezieht sich § 23 RVG auf § 2 RVG, der in Abs. 1 regelt, dass die Gebühren, soweit dieses Gesetz (RVG) nichts anderes bestimmt, nach dem Wert berechnet werden, den der Gegenstand der anwaltlichen Tätigkeit hat (Gegenstandswert).

8   Der Gegenstand der anwaltlichen Tätigkeit ermittelt sich aus dem Inhalt des dem Rechtsanwalt erteilten Auftrags, Katalog unter → Rn. 19.

9   Bei der Beantragung von Erbscheinen, der Beschwerde bei Erbscheinsverfahren und Ausschlagungserklärungen wird wegen des Wertes auf das GNotKG verwiesen. Hier bestehen Besonderheiten:
   - Hat der Rechtsanwalt nur eine Erklärung zur Ausschlagung, zur Anfechtung einer Ausschlagung bzw. zur Anfechtung der Annahme zu konzipieren und bei Gericht einzureichen (0,8 nach VV 3101 RVG), richtet sich der Gegenstandswert über § 23 RVG nach § 103 GNotKG, wo ein voller Schuldenabzug erfolgt.[1] Abzuziehen sind daher nicht nur Schuldverbindlichkeiten des Erblassers, sondern auch die Summe der sog. Erbfallschulden (zB Pflichtteils-, Vermächtnisansprüche).

10 In der Praxis dürfte der im Erbrecht tätige Rechtsanwalt häufig mit einem Fall befasst sein, bei welchem sich – ggf. erst im Laufe der Tätigkeit – herausstellt, dass der Nachlass überschuldet ist. Es stellt sich in dem Fall für ihn die Frage, ob für die Abrechnung ein Mindestwert anzunehmen ist und wenn, welcher Mindestwert.

11 **Beispiel 1:** Erbe A möchte einen Erbschein beantragen und lässt sich, da Probleme mit weiteren Erben zu erwarten sind, anwaltlich vertreten. Der Rechtsanwalt stellt den Antrag auf Erteilung des Erbscheins und korrespondiert mit dem Gericht. Nach der Erteilung des Erbscheins stellt sich heraus, dass der Nachlass völlig überschuldet ist.

12 Grundsätzlich gilt:
   - Betreibt der Anwalt ein Erbscheinsverfahren, in dem er den Antragssteller oder den Antragsgegner vertritt, richtet sich der Gegenstandswert nach §§ 40, 41 GNotKG, wonach zwar Erblasserschulden, aber nicht „Erbfallschulden wie Pflichtteils- und Vermächtnisansprüche abgezogen werden.[2]

13 **Beispiel 2:** Nachdem sich für Erbe A herausstellt, dass der Nachlass überschuldet ist, erwägt er, die Ausschlagung und lässt sich anwaltlich dazu beraten und vertreten.

   Es stellt sich für den Rechtsanwalt die Frage, welchen Gegenstandswert er seiner Abrechnung in diesen Fällen zugrunde legen kann.
   - Im Streitwertkatalog → Rn. 19 ff. findet sich die Auflösung für beide Beispielsfälle.

II. Sonderfall Testamentsgestaltung

14 Besteht der Auftrag in dem Entwerfen eines Testaments oder einer sonstigen einseitigen Urkunde, löst diese anwaltliche Tätigkeit nach der neuesten Rechtsprechung des BGH[3] keine Geschäftsgebühr aus, sondern ist als Beratung zu vergüten.

---

[1] HK-GNotKG/Krause § 102 Rn. 13.
[2] Kroiß ZEV 2013, 413 (415).
[3] BGH ErbR 2018, 330 ff.

III. Katalog zu bestimmten Gegenstandswerten nach §§ 22, 23 RVG

Praxisrelevant sind insbesondere folgende Konstellationen:

Auseinandersetzung Erbengemeinschaft (Erbteilungsklage):

Interesse des die Auseinandersetzung begehrenden Mandanten,[4] idR der Wert seines Anteils.[5] Aufgelaufene Zinsen sind streitwerterhöhend zu berücksichtigen, da nicht als Nebenforderungen im Sinne von § 4 Abs. 1 2. Hs. ZPO zu sehen.[6]

Ausgleichungsanspruch nach § 2050 BGB:

Interesse des Mandanten an der Ausgleichung:[7] der Wert ist nach Erhöhung des Anteils des Klägers aufgrund der begehrten Ausgleichung zu bestimmen.[8]

Auskunftsanspruch nach § 2057 BGB:

Ein Bruchteil des Leistungsinteresses, also des Anspruchs, den die Auskunft vorbereiten soll, etwa 1/10 bis 1/4,[9] je nach Aufwand und/oder Bedeutung.

Ausschlagung der Erbschaft:

Die Frage nach dem Gegenstandswert für die Ausschlagung der Erbschaft bei überschuldetem Nachlass wird unterschiedlich gesehen.

Nach einer Auffassung soll lediglich der Wert bis 1.000 EUR als Mindestwert anzusetzen sein.[10]

Nach anderer Auffassung[11] soll sich bei einer Erbausschlagung der Gegenstandswert der anwaltlichen Tätigkeit nach dem Wert der abzuwehrenden Forderungen richten, die gegen den Nachlass bestehen könnten.

Hierfür spricht, dass der Rechtsanwalt in der Regel die Summe der Verbindlichkeiten ermitteln muss, um die Frage der Ausschlagung seriös beantworten zu können.

Erbenfeststellung:

S. Feststellung eines Erbteils.

Erbschein:

Der Geschäftswert für das Erbscheinsverfahren bestimmt sich nach § 40 GNotKG, wonach der Wert des Nachlasses im Zeitpunkt des Erbfalls zugrunde zu legen ist.

In Ansatz gebracht wird also der Aktivwert abzüglich Erblasserschulden, aber nicht abzüglich Erbfallschulden. Gehört ein **Grundstück** zum Nachlass, ist bei der Ermittlung des Nachlasswertes im Ausgangspunkt auf die Eintragung im Grundbuch abzustellen.[12] Hat das Grundbuchamt gemäß § 53 Abs. 1 GBO von Amts wegen einen Widerspruch eingetragen, darf das Nachlassgericht seiner Ermittlung des Nachlasswertes nicht mehr allein die eingetragenen, aber unter Widerspruch stehenden Eigentumsverhältnisse zugrunde legen.[13] Wirkt der Erbe bei der Ermittlung des Nachlasswertes entgegen seiner Verpflichtung (§ 26 FamFG) nicht mit und setzt das Nachlassgericht den Geschäftswert im Erbscheinsverfahren fest ohne eigene Ermittlungen anzustellen, kann darin eine unrichtige Sachbehandlung iSd § 21 GNotKG zu sehen sein.[14]

---

4 HK-RVG/Kroiß RVG Anh. I, III Rn. 4.
5 HK-RVG/Kroiß RVG Anh. I, III Rn. 13; s. auch OLG Hamburg JurBüro 1994, 364.
6 BGH NJW 1975, 1415.
7 HK-RVG/Kroiß RVG Anh. I, III Rn. 5.
8 BGH FamRZ 1956, 381.
9 HK-RVG/Kroiß RVG Anh. I, III Rn. 4.
10 So OLG Saarbrücken AGS 2012, 30.
11 AG Riebnitz-Damgarten AGS 2009, 88.
12 OLG Düsseldorf ErbR 2022, 171.
13 OLG Düsseldorf ErbR 2022, 171.
14 OLG Hamm ErbR 2021, 979.

26 **Erbscheinserteilungsverfahren bei Vertretung eines oder mehrerer Miterben:**
Anteil des/der Miterben, s. § 40 Abs. 1 iVm Abs. 2 GNotKG.[15]

27 **Erbscheinsherausgabe (§ 2362 BGB):**
Subjektives Interesse des Auftraggebers, orientiert am Nachteil bei unrichtigem Erbschein.[16]

28 **Erbvertrag:**
Nachlasswert insgesamt nach Abzug der Verbindlichkeiten,[17] aber ohne Abzug von Vermächtnissen, Pflichtteilen und Auflagen.

29 **Feststellung eines Erbteils:**
Der Streitwert bemisst sich nach dem Interesse des Feststellungsklägers (§ 3 ZPO); bei der positiven Feststellungsklage aber regelmäßig mit einem Abschlag von 20 %.[18]
Achtung: Der Streitwert einer Berufung des unterlegenen Beklagten gegen die Feststellung eines Erbteils zugunsten des Klägers richtet sich nach dem wirtschaftlichen Interesse der unterlegenen Partei. Sie will erreichen, dass die andere Partei nicht berechtigt ist, die Erbschaft in dem vom Gericht erstinstanzlich festgestellten Umfang für sich in Anspruch zu nehmen. Sie will mithin die Beteiligung der anderen Partei am Nachlass – insgesamt oder nur zum Teil – beseitigt wissen. Maßgebend ist daher nach der Rechtsprechung des BGH der Anteil des anderen, dessen Beteiligung am Nachlass beseitigt werden soll.[19]

30 **Feststellung der Erbunwürdigkeit:**
Wert des bei Feststellung der Erbunwürdigkeit wegfallenden Anteils.[20]

31 **Klage auf Ausschluss eines Mitglieds der Erbengemeinschaft wegen Erbunwürdigkeit:**
Ursprünglich hat der BGH die Auffassung vertreten, dass der Wert, um den sich die Rechtsstellung des Klägers durch den Wegfall des „Erbunwürdigen" verändert, maßgeblich für den Gegenstandswert ist.[21] Vor dem Hintergrund der geänderten Auffassung des BGH[22] wird auch in diesem Fall der Wert der Beteiligung des auszuschließenden Miterben in Ansatz zu bringen sein.

32 **Klage und Widerklage auf Feststellung des Erbrechts/-teils:**
Die Werte wechselseitiger Klagen auf Feststellung des Erbrechts betreffen denselben Gegenstand, weshalb ihre Werte nicht zusammenzurechnen sind; der höhere Wert entscheidet.[23] Nach Auffassung des BGH kommt es dabei nicht auf den zivilprozessualen Streitgegenstandsbegriff an. Maßgebend sei vielmehr eine wirtschaftliche Betrachtungsweise.[24] Eine wirtschaftliche Identität von Klage und Widerklage liegt nach der von der Rechtsprechung entwickelten Identitätsformel dann vor, wenn die Ansprüche aus Klage und Widerklage nicht in der Weise nebeneinander stehen können, dass das Gericht beiden stattgeben kann, sondern die Verurteilung nach dem einen Antrag notwendigerweise die Abweisung des anderen Antrags nach sich zieht.[25]
Beispiel: Kläger begehrt mit der Klage die Feststellung, testamentarischer Erbe geworden zu sein, Beklagte beantragt neben der Klageabweisung widerklagend die Feststellung, gesetzlicher Erbe geworden zu sein.
Entsprechend müsste die Klage abgewiesen werden, wenn der Widerklage stattgegeben würde bzw. umgekehrt.

---

15 HK-RVG/Kroiß RVG Anh. I, III Rn. 12 a).
16 HK-RVG/Kroiß RVG Anh. I, III Rn. 12 a) mwN.
17 Str., vgl. HK-RVG/Kroiß RVG Anh. I, III Rn. 15.
18 BGH NJW 1997, 1241; HK-RVG/Kroiß RVG Anh. I, III Rn. 17; N. Schneider ErbR 2011, 242 mit Beispielen.
19 BGH AGS 2012, 30.
20 BGH NJW 1970, 197.
21 So noch BGH MDR 1959, 922.
22 BGH NJW 1970, 197.
23 BGH AGS 2012, 30.
24 BGH NJW-RR 2005, 506.
25 BGH NJW-RR 2005, 506.

Klage und Widerklage im Pflichtteilsprozess

Fehlt es nach der sogenannten Identitätsformel bei Hinzutreten der wirtschaftlichen Komponente wirtschaftlich betrachtet an einem gleichen Interesse, geht es also um wirtschaftlich völlig verschiedene Positionen, ist eine Wertaddition vorzunehmen.[26]
Beispiel: Kläger macht außergerichtlich seinen Pflichtteilsanspruch gegenüber Beklagten als Alleinerben geltend, den dieser begleicht. Im Anschluss macht Kläger weitere Ansprüche auf Pflichtteilsergänzung (§ 2315 BGB) klageweise geltend. Beklagter erhebt Widerklage auf Rückzahlung überzahlten Pflichtteilsanspruchs (§ 2303 BGB).

Negative Feststellung, dh begehrt wird die negative Feststellung, dass der/die Gegner nicht Erbe(n) ist/sind: 33

100 % des Wertes des Nachlasses sind anzusetzen, nicht bloß der Anteil in dessen Höhe der Kläger einen Erbanteil begehrt („… bemisst sich nach dem vollen Wert der streitigen Erbschaft").[27]

Klage gegen den Testamentsvollstrecker („Befugnisstreit"): 34

Interesse des Klägers.[28]

Klage auf Feststellung der Nichtigkeit eines Testaments: 35

Interesse/Besserstellung des Klägers bei Feststellung der Nichtigkeit.[29]

Nachlassverzeichnis: 36

Interesse des Mandanten; wenn nicht feststellbar, entweder Auffangwert nach § 23 Abs. 3 S. 2 RVG oder Aufwand für die Erstellung des Verzeichnisses (analog Auskunftsstreitwert im Zugewinnausgleichs- bzw. Unterhaltsverfahren).

Nachlassforderung gegen Miterben: 37

Der Streitwert für eine Klage, mit der ein Miterbe nach § 2039 BGB gegenüber einem anderen Miterben eine Nachlassforderung auf Hinterlegung einer bestimmten Geldsumme zugunsten des Nachlasses geltend macht, bemisst sich nach dem Betrag der eingeklagten Forderung, abzüglich eines dem Miterbenanteil des Beklagten entsprechenden Betrages.[30]

Pflichtteilsergänzungsansprüche und Pflichtteilsrestansprüche: 38

Erhöhungswert.

Stufenklage: erwarteter Leistungsanspruch 39

Beispiel: Pflichtteilsberechtigter Kläger erhebt Stufenklage gegen beklagten Erben und verlangt in 1. Stufe Auskunft über den Bestand des Nachlasses sowie in 2. Stufe die Zahlung eines noch zu beziffernden Pflichtteilsanspruchs.

Ist Streitgegenstand nach der Legaldefinition in § 3 Abs. 1 GKG eine Stufenklage (§ 254 ZPO) und nicht nur die Auskunft (1. Stufe), ist der Streitwert auf den vollen Wert der Stufenklage festzusetzen und bemisst sich gem. § 44 GKG nach der werthöchsten Stufe. Die Werte der einzelnen Stufen, also Auskunftsantrag, Versicherung an Eides statt und Leistungsantrag werden zunächst gesondert bewertet. Ihre Werte werden dann aber entgegen § 39 Abs. 1 GKG nicht addiert; vielmehr gilt nur der höchste Wert, also idR der Wert des Leistungsanspruchs, der auf den Zeitpunkt der Antragseinreichung zu schätzen ist.[31]
1. Stufe:
10–33 % der potentiellen Leistungssumme.

---

26 OLG Braunschweig ZErb 2021, 370.
27 BGH FamRZ 2007, 464.
28 HK-RVG/Kroiß RVG Anh. I, III Rn. 31.
29 So schon BGH NJW 1956, 1877.
30 BGH NJW 1967, 443.
31 OLG Hamm BeckRS 2019, 43572; OLG Köln ErbR 2022, 22.

2. Stufe:
Interesse des Klägers (s. 1.Stufe).
3. Stufe:
Höhe des Zahlungsanspruchs.

40 **Teilungsverfahren:**
Wert der aufzuteilenden/zu verteilenden Nachlassgegenstände.

41 **Testamentsvollstreckerzeugnis:**
Der Gegenstandswert bzw. Geschäftswert (so der Wortlaut nach GKNotG) bei der Vertretung in einem Verfahren zur Erteilung eines Testamentsvollstreckerzeugnisses beträgt nach § 40 Abs. 5 GNotKG 20 % des Nachlasswerts im Zeitpunkt des Erbfalles, wobei Nachlassverbindlichkeiten nicht abgezogen werden.

42 **Vermächtnis:**
Das Interesse des Klägers an der Anspruchserfüllung.[32] Begehrt der Kläger wiederkehrende Leistungen bis zu seinem Tod, berechnet sich der Streitwert auf den dreieinhalbfachen Wert des jährlichen Bezugswertes (§ 9 ZPO).

Vorausvermächtnis:
Die wertmäßige Behandlung von Vorausvermächtnissen ist in Rechtsprechung und Literatur umstritten. Bei der Klage auf Erfüllung eines Vorausvermächtnisses bemisst sich der Gegenstandswert nach dem Wert des Vermächtnisgegenstandes, nach einer Auffassung abzüglich der Erbquote des Klägers.[33]

43 **Befreite Vorerbschaft:**
Wert des von der Vorerbschaft umfassten Nachlasses.[34]

44 **Nicht befreite Vorerbschaft:**
Tatsächlicher Wert, ansonsten Bruchteil des von der Vorerbschaft umfassten Nachlasses.[35]
Mit dem 2. KostRMoG ist der Auffangwert in § 23 Abs. 3 S. 2 RVG von 4.000 EUR auf 5.000 EUR erhöht worden.

§ 23a RVG Gegenstandswert im Verfahren über die Prozesskostenhilfe

(1) Im Verfahren über die Bewilligung der Prozesskostenhilfe oder die Aufhebung der Bewilligung nach § 124 Absatz 1 Nummer 1 der Zivilprozessordnung bestimmt sich der Gegenstandswert nach dem für die Hauptsache maßgebenden Wert; im Übrigen ist er nach dem Kosteninteresse nach billigem Ermessen zu bestimmen.

(2) Der Wert nach Absatz 1 und der Wert für das Verfahren, für das die Prozesskostenhilfe beantragt worden ist, werden nicht zusammengerechnet.

§ 23b RVG Gegenstandswert im Musterverfahren nach dem Kapitalanleger-Musterverfahrensgesetz

Im Musterverfahren nach dem Kapitalanleger-Musterverfahrensgesetz bestimmt sich der Gegenstandswert nach der Höhe des von dem Auftraggeber oder gegen diesen im Ausgangsverfahren geltend gemachten Anspruchs, soweit dieser Gegenstand des Musterverfahrens ist.

---

32 HK-RVG/Kroiß RVG Anh. I, III Rn. 33.
33 Vgl. Kroiß/Mayer/Kroiß RVG Anhang III
→ Rn. 19; KG ErbR 2020, 668.
34 HK-RVG/Kroiß RVG Anh. I, III Rn. 37.
35 HK-RVG/Kroiß RVG Anh. I, III Rn. 37.

§ 24 RVG Gegenstandswert im Sanierungs- und Reorganisationsverfahren nach dem Kreditinstitute-Reorganisationsgesetz

Ist der Auftrag im Sanierungs- und Reorganisationsverfahren von einem Gläubiger erteilt, bestimmt sich der Wert nach dem Nennwert der Forderung.

§ 25 RVG Gegenstandswert in der Vollstreckung und bei der Vollziehung

(1) In der Zwangsvollstreckung, in der Vollstreckung, in Verfahren des Verwaltungszwangs und bei der Vollziehung eines Arrests oder einer einstweiligen Verfügung bestimmt sich der Gegenstandswert

1. nach dem Betrag der zu vollstreckenden Geldforderung einschließlich der Nebenforderungen; soll ein bestimmter Gegenstand gepfändet werden und hat dieser einen geringeren Wert, ist der geringere Wert maßgebend; wird künftig fällig werdendes Arbeitseinkommen nach § 850d Absatz 3 der Zivilprozessordnung gepfändet, sind die noch nicht fälligen Ansprüche nach § 51 Absatz 1 Satz 1 des Gesetzes über Gerichtskosten in Familiensachen und § 9 der Zivilprozessordnung zu bewerten; im Verteilungsverfahren (§ 858 Absatz 5, §§ 872 bis 877 und 882 der Zivilprozessordnung) ist höchstens der zu verteilende Geldbetrag maßgebend;
2. nach dem Wert der herauszugebenden oder zu leistenden Sachen; der Gegenstandswert darf jedoch den Wert nicht übersteigen, mit dem der Herausgabe- oder Räumungsanspruch nach den für die Berechnung von Gerichtskosten maßgeblichen Vorschriften zu bewerten ist;
3. nach dem Wert, den die zu erwirkende Handlung, Duldung oder Unterlassung für den Gläubiger hat, und
4. in Verfahren über die Erteilung der Vermögensauskunft (§ 802c der Zivilprozessordnung) sowie in Verfahren über die Einholung von Auskünften Dritter über das Vermögen des Schuldners (§ 802l der Zivilprozessordnung) nach dem Betrag, der einschließlich der Nebenforderungen aus dem Vollstreckungstitel noch geschuldet wird; der Wert beträgt jedoch höchstens 2000 Euro.

(2) In Verfahren über Anträge des Schuldners ist der Wert nach dem Interesse des Antragstellers nach billigem Ermessen zu bestimmen.

§ 26 RVG Gegenstandswert in der Zwangsversteigerung

In der Zwangsversteigerung bestimmt sich der Gegenstandswert

1. bei der Vertretung des Gläubigers oder eines anderen nach § 9 Nummer 1 und 2 des Gesetzes über die Zwangsversteigerung und die Zwangsverwaltung Beteiligten nach dem Wert des dem Gläubiger oder dem Beteiligten zustehenden Rechts; wird das Verfahren wegen einer Teilforderung betrieben, ist der Teilbetrag nur maßgebend, wenn es sich um einen nach § 10 Absatz 1 Nummer 5 des Gesetzes über die Zwangsversteigerung und die Zwangsverwaltung zu befriedigenden Anspruch handelt; Nebenforderungen sind mitzurechnen; der Wert des Gegenstands der Zwangsversteigerung (§ 66 Absatz 1, § 74a Absatz 5 des Gesetzes über die Zwangsversteigerung und die Zwangsverwaltung), im Verteilungsverfahren der zur Verteilung kommende Erlös, sind maßgebend, wenn sie geringer sind;
2. bei der Vertretung eines anderen Beteiligten, insbesondere des Schuldners, nach dem Wert des Gegenstands der Zwangsversteigerung, im Verteilungsverfahren nach dem zur Verteilung kommenden Erlös; bei Miteigentümern oder sonstigen Mitberechtigten ist der Anteil maßgebend;

3. bei der Vertretung eines Bieters, der nicht Beteiligter ist, nach dem Betrag des höchsten für den Auftraggeber abgegebenen Gebots, wenn ein solches Gebot nicht abgegeben ist, nach dem Wert des Gegenstands der Zwangsversteigerung.

§ 27 RVG   Gegenstandswert in der Zwangsverwaltung

¹In der Zwangsverwaltung bestimmt sich der Gegenstandswert bei der Vertretung des Antragstellers nach dem Anspruch, wegen dessen das Verfahren beantragt ist; Nebenforderungen sind mitzurechnen; bei Ansprüchen auf wiederkehrende Leistungen ist der Wert der Leistungen eines Jahres maßgebend. ²Bei der Vertretung des Schuldners bestimmt sich der Gegenstandswert nach dem zusammengerechneten Wert aller Ansprüche, wegen derer das Verfahren beantragt ist, bei der Vertretung eines sonstigen Beteiligten nach § 23 Absatz 3 Satz 2.

§ 28 RVG   Gegenstandswert im Insolvenzverfahren

(1) ¹Die Gebühren der Nummern 3313, 3317 sowie im Fall der Beschwerde gegen den Beschluss über die Eröffnung des Insolvenzverfahrens der Nummern 3500 und 3513 des Vergütungsverzeichnisses werden, wenn der Auftrag vom Schuldner erteilt ist, nach dem Wert der Insolvenzmasse (§ 58 des Gerichtskostengesetzes) berechnet. ²Im Fall der Nummer 3313 des Vergütungsverzeichnisses beträgt der Gegenstandswert jedoch mindestens 4000 Euro.

(2) ¹Ist der Auftrag von einem Insolvenzgläubiger erteilt, werden die in Absatz 1 genannten Gebühren und die Gebühr nach Nummer 3314 nach dem Nennwert der Forderung berechnet. ²Nebenforderungen sind mitzurechnen.

(3) Im Übrigen ist der Gegenstandswert im Insolvenzverfahren unter Berücksichtigung des wirtschaftlichen Interesses, das der Auftraggeber im Verfahren verfolgt, nach § 23 Absatz 3 Satz 2 zu bestimmen.

§ 29 RVG   Gegenstandswert im Verteilungsverfahren nach der Schifffahrtsrechtlichen Verteilungsordnung

Im Verfahren nach der Schifffahrtsrechtlichen Verteilungsordnung gilt § 28 entsprechend mit der Maßgabe, dass an die Stelle des Werts der Insolvenzmasse die festgesetzte Haftungssumme tritt.

§ 29a RVG   Gegenstandswert in Verfahren nach dem Unternehmensstabilisierungs- und -restrukturierungsgesetz

Der Gegenstandswert in Verfahren nach dem Unternehmensstabilisierungs- und -restrukturierungsgesetz ist unter Berücksichtigung des wirtschaftlichen Interesses, das der Auftraggeber im Verfahren verfolgt, nach § 23 Absatz 3 Satz 2 zu bestimmen.

§ 30 RVG   Gegenstandswert in gerichtlichen Verfahren nach dem Asylgesetz

(1) ¹In Klageverfahren nach dem Asylgesetz beträgt der Gegenstandswert 5000 Euro, in den Fällen des § 77 Absatz 4 Satz 1 des Asylgesetzes 10 000 Euro, in Verfahren des vorläufigen Rechtsschutzes 2500 Euro. ²Sind mehrere natürliche Personen an demselben Verfahren betei-

ligt, erhöht sich der Wert für jede weitere Person in Klageverfahren um 1000 Euro und in Verfahren des vorläufigen Rechtsschutzes um 500 Euro.

(2) Ist der nach Absatz 1 bestimmte Wert nach den besonderen Umständen des Einzelfalls unbillig, kann das Gericht einen höheren oder einen niedrigeren Wert festsetzen.

§ 31 RVG Gegenstandswert in gerichtlichen Verfahren nach dem Spruchverfahrensgesetz

(1) ¹Vertritt der Rechtsanwalt im Verfahren nach dem Spruchverfahrensgesetz einen von mehreren Antragstellern, bestimmt sich der Gegenstandswert nach dem Bruchteil des für die Gerichtsgebühren geltenden Geschäftswerts, der sich aus dem Verhältnis der Anzahl der Anteile des Auftraggebers zu der Gesamtzahl der Anteile aller Antragsteller ergibt. ²Maßgeblicher Zeitpunkt für die Bestimmung der auf die einzelnen Antragsteller entfallenden Anzahl der Anteile ist der jeweilige Zeitpunkt der Antragstellung. ³Ist die Anzahl der auf einen Antragsteller entfallenden Anteile nicht gerichtsbekannt, wird vermutet, dass er lediglich einen Anteil hält. ⁴Der Wert beträgt mindestens 5000 Euro.

(2) Wird der Rechtsanwalt von mehreren Antragstellern beauftragt, sind die auf die einzelnen Antragsteller entfallenden Werte zusammenzurechnen; Nummer 1008 des Vergütungsverzeichnisses ist insoweit nicht anzuwenden.

§ 31a RVG Ausschlussverfahren nach dem Wertpapiererwerbs- und Übernahmegesetz

¹Vertritt der Rechtsanwalt im Ausschlussverfahren nach § 39b des Wertpapiererwerbs- und Übernahmegesetzes einen Antragsgegner, bestimmt sich der Gegenstandswert nach dem Wert der Aktien, die dem Auftraggeber im Zeitpunkt der Antragstellung gehören. ²§ 31 Absatz 1 Satz 2 bis 4 und Absatz 2 gilt entsprechend.

§ 31b RVG Gegenstandswert bei Zahlungsvereinbarungen

Ist Gegenstand der Einigung eine Zahlungsvereinbarung (Gebühr 1000 Nummer 2 des Vergütungsverzeichnisses), beträgt der Gegenstandswert 50 Prozent des Anspruchs.

§ 32 RVG Wertfestsetzung für die Gerichtsgebühren

(1) Wird der für die Gerichtsgebühren maßgebende Wert gerichtlich festgesetzt, ist die Festsetzung auch für die Gebühren des Rechtsanwalts maßgebend.

(2) ¹Der Rechtsanwalt kann aus eigenem Recht die Festsetzung des Werts beantragen und Rechtsmittel gegen die Festsetzung einlegen. ²Rechtsbehelfe, die gegeben sind, wenn die Wertfestsetzung unterblieben ist, kann er aus eigenem Recht einlegen.

A. Allgemeines

§ 32 RVG ist immer im Zusammenhang mit § 23 RVG zu sehen. 1

Während § 23 Abs. 1 RVG den Grundsatz bildet, demzufolge sich der Gegenstandswert im gerichtlichen Verfahren nach den für die Gerichtsgebühren geltenden Wertvorschriften richtet, geht § 32 Abs. 1 RVG darüber hinaus und bestimmt, dass dann, wenn der für die Gerichtsge- 2 bühren maßgebende Wert gerichtlich festgesetzt wird, diese gerichtliche Festsetzung auch für die anwaltlichen Gebühren maßgebend ist. Der Rechtsanwalt ist also, was die Berechnung seiner Gebühren angeht, dann nicht frei in der Ermittlung des Gegenstandswertes, sondern an die gerichtliche Festsetzung gebunden und hat den vom Gericht festgesetzten Betrag seiner Gebührenrechnung zugrunde zu legen.

B. Regelungsgehalt

3 Abs. 1 besagt also, dass die Festsetzung des für die Gerichtsgebühren maßgebenden Gegenstandswertes auch für den Gegenstandswert, nach welchem die anwaltlichen Gebühren berechnet werden, bindend ist. Allerdings gilt das nur, wenn der Gegenstand des gerichtlichen Verfahrens und der Gegenstand der anwaltlichen Tätigkeit im gerichtlichen Verfahren oder im Hinblick auf das gerichtliche Verfahren identisch sind. Ansonsten ist für die anwaltliche Tätigkeit ein gesonderter Gegenstandswert nach § 33 RVG festzusetzen.[1]

4 Beispiele:
- Die vorgerichtliche Tätigkeit war umfassender als das, was dann noch ins gerichtliche Verfahren geflossen ist.
- Es wird ein außergerichtlicher Vergleich geschlossen, in welchem anhängige und nicht anhängige Gegenstände geregelt werden.

5 Wichtig ist auch Abs. 2 der Vorschrift, wonach dem Rechtsanwalt ein eigenes Recht eingeräumt wird, Beschwerde gegen die Festsetzung des Streitwertes für die Gerichtsgebühren, die gleichzeitig als Festsetzung des Gegenstandswertes für die Anwaltsgebühren maßgebend ist, einzulegen. Er kann die Beschwerde also im eigenen Namen einlegen, wenn mit ihr ein höherer Wert begehrt wird. Der Mandant hat nach der Vorschrift kein Rechtsschutzbedürfnis für eine Beschwerde, mit der ein höherer Gegenstandswert festgesetzt werden soll. Nimmt der Rechtsanwalt die Möglichkeit nicht in Anspruch, beantragt also die Festsetzung nicht oder legt kein Rechtsmittel gegen die nach seiner Auffassung unzutreffende Festsetzung vor, kann er gegen eine Forderung der Mandantschaft auf Erstattung überzahlter Vorschüsse nicht mit dem Argument gehört werden, der Streitwert sei zu niedrig festgesetzt worden oder nicht richtig berechnet vom Gericht.[2]

6 Soll dahingegen mit der Beschwerde die Herabsetzung des Streitwertes erreicht werden, ist sie im Namen des Mandanten einzulegen. Denn in dem Fall hat nicht der Rechtsanwalt, sondern der Mandant das Rechtsschutzbedürfnis. Zulässig ist die Beschwerde nur, wenn der Wert des Beschwerdegegenstandes 200 EUR übersteigt, § 33 Abs. 3 S. 1 RVG.

7 Wichtig ist an dieser Stelle, dass der Wert des Beschwerdegegenstandes sich nicht errechnet aus dem Unterschiedsbetrag der Gegenstandswerte, sondern nach der Differenz der Gebühren.[3] Das bedeutet, dass die Beschwerde nur zulässig ist, wenn mit der Beschwerde eine Streitwertänderung erreicht werden soll, bei welcher der Rechtsanwalt wenigstens 200,01 EUR an Gebühren mehr oder weniger erhält. Die Umsatzsteuer fließt in die Berechnung des Werts des Beschwerdegegenstands ein.

8 Zulässig ist die Streitwertbeschwerde zudem unabhängig vom Wert des Beschwerdegegenstandes, wenn das Gericht, das die angefochtene Entscheidung erlassen hat, sie wegen grundsätzlicher Bedeutung der zur Entscheidung stehenden Frage zugelassen hat.

9 Die Beschwerde ist kostenfrei und es gibt auch keine Kostenerstattung (§ 33 Abs. 9 S. 2 RVG).

---

[1] BGH NJW 2019, 1458.
[2] BGH NJW 2019, 1458.
[3] BayLSG AnwaltsgebührenKompakt 2013, 100; OVG Magdeburg AGS 2013, 427.

§ 33 RVG Wertfestsetzung für die Rechtsanwaltsgebühren

(1) Berechnen sich die Gebühren in einem gerichtlichen Verfahren nicht nach dem für die Gerichtsgebühren maßgebenden Wert oder fehlt es an einem solchen Wert, setzt das Gericht des Rechtszugs den Wert des Gegenstands der anwaltlichen Tätigkeit auf Antrag durch Beschluss selbstständig fest.

(2) ¹Der Antrag ist erst zulässig, wenn die Vergütung fällig ist. ²Antragsberechtigt sind der Rechtsanwalt, der Auftraggeber, ein erstattungspflichtiger Gegner und in den Fällen des § 45 die Staatskasse.

(3) ¹Gegen den Beschluss nach Absatz 1 können die Antragsberechtigten Beschwerde einlegen, wenn der Wert des Beschwerdegegenstands 200 Euro übersteigt. ²Die Beschwerde ist auch zulässig, wenn sie das Gericht, das die angefochtene Entscheidung erlassen hat, wegen der grundsätzlichen Bedeutung der zur Entscheidung stehenden Frage in dem Beschluss zulässt. ³Die Beschwerde ist nur zulässig, wenn sie innerhalb von zwei Wochen nach Zustellung der Entscheidung eingelegt wird.

(4) ¹Soweit das Gericht die Beschwerde für zulässig und begründet hält, hat es ihr abzuhelfen; im Übrigen ist die Beschwerde unverzüglich dem Beschwerdegericht vorzulegen. ²Beschwerdegericht ist das nächsthöhere Gericht, in Zivilsachen der in § 119 Absatz 1 Nummer 1 des Gerichtsverfassungsgesetzes bezeichneten Art jedoch das Oberlandesgericht. ³Eine Beschwerde an einen obersten Gerichtshof des Bundes findet nicht statt. ⁴Das Beschwerdegericht ist an die Zulassung der Beschwerde gebunden; die Nichtzulassung ist unanfechtbar.

(5) ¹War der Beschwerdeführer ohne sein Verschulden verhindert, die Frist einzuhalten, ist ihm auf Antrag von dem Gericht, das über die Beschwerde zu entscheiden hat, Wiedereinsetzung in den vorigen Stand zu gewähren, wenn er die Beschwerde binnen zwei Wochen nach der Beseitigung des Hindernisses einlegt und die Tatsachen, welche die Wiedereinsetzung begründen, glaubhaft macht. ²Ein Fehlen des Verschuldens wird vermutet, wenn eine Rechtsbehelfsbelehrung unterblieben oder fehlerhaft ist. ³Nach Ablauf eines Jahres, von dem Ende der versäumten Frist an gerechnet, kann die Wiedereinsetzung nicht mehr beantragt werden. ⁴Gegen die Ablehnung der Wiedereinsetzung findet die Beschwerde statt. ⁵Sie ist nur zulässig, wenn sie innerhalb von zwei Wochen eingelegt wird. ⁶Die Frist beginnt mit der Zustellung der Entscheidung. ⁷Absatz 4 Satz 1 bis 3 gilt entsprechend.

(6) ¹Die weitere Beschwerde ist nur zulässig, wenn das Landgericht als Beschwerdegericht entschieden und sie wegen der grundsätzlichen Bedeutung der zur Entscheidung stehenden Frage in dem Beschluss zugelassen hat. ²Sie kann nur darauf gestützt werden, dass die Entscheidung auf einer Verletzung des Rechts beruht; die §§ 546 und 547 der Zivilprozessordnung gelten entsprechend. ³Über die weitere Beschwerde entscheidet das Oberlandesgericht. ⁴Absatz 3 Satz 3, Absatz 4 Satz 1 und 4 und Absatz 5 gelten entsprechend.

(7) ¹Anträge und Erklärungen können ohne Mitwirkung eines Bevollmächtigten schriftlich eingereicht oder zu Protokoll der Geschäftsstelle abgegeben werden; § 129a der Zivilprozessordnung gilt entsprechend. ²Für die Bevollmächtigung gelten die Regelungen der für das zugrunde liegende Verfahren geltenden Verfahrensordnung entsprechend. ³Die Beschwerde ist bei dem Gericht einzulegen, dessen Entscheidung angefochten wird.

(8) ¹Das Gericht entscheidet über den Antrag durch eines seiner Mitglieder als Einzelrichter; dies gilt auch für die Beschwerde, wenn die angefochtene Entscheidung von einem Einzelrichter oder einem Rechtspfleger erlassen wurde. ²Der Einzelrichter überträgt das Verfahren der Kammer oder dem Senat, wenn die Sache besondere Schwierigkeiten tatsächlicher oder rechtlicher Art aufweist oder die Rechtssache grundsätzliche Bedeutung hat. ³Das Gericht entscheidet jedoch immer ohne Mitwirkung ehrenamtlicher Richter. ⁴Auf eine erfolgte oder unterlassene Übertragung kann ein Rechtsmittel nicht gestützt werden.

(9) ¹Das Verfahren über den Antrag ist gebührenfrei. ²Kosten werden nicht erstattet; dies gilt auch im Verfahren über die Beschwerde.

1 § 33 RVG füllt aus, was § 32 RVG nicht erfasst. So ist eine auch für die Berechnung der anwaltlichen Vergütung bindende gerichtliche Festsetzung nach § 32 zum Beispiel nicht möglich, wenn sich die Gegenstandswerte der gerichtlichen und der anwaltlichen Tätigkeit nicht decken. Es findet zwar eine Streitwertfestsetzung nach § 32 RVG statt. Sie kann aber für die Berechnung der anwaltlichen Gebühren nicht zugrunde gelegt werden, wenn keine Deckungsgleichheit besteht.

2 Das ist beispielsweise der Fall, wenn der Rechtsanwalt einen Miterben im Erbscheinserteilungsverfahren vertritt. Dann bestimmt sich der Gegenstandswert für die Berechnung der anwaltlichen Gebühren nach dem Wert des von dem Vertretenen beanspruchten Erbteils.

3 Ist der Rechtsanwalt nicht im gerichtlichen Verfahren tätig geworden, ist auch kein Raum für eine gerichtliche Wertfestsetzung. In den Fällen ist dann der Gegenstandswert im Gebührenprozess vom Prozessgericht zu ermitteln. Diese Festsetzung ist in Gebührenstreitigkeiten Aufgabe des für den Gebührenstreit zuständigen Gerichts.

4 Holt das Gericht ein Gebührengutachten nach § 14 Abs. 2 RVG bei der Rechtsanwaltskammer ein, so darf diese den Gegenstandswert, den der klagende Rechtsanwalt seiner Abrechnung zugrunde gelegt hat im Hinblick auf den nach § 14 RVG eingeschränkten Gutachtenumfang nicht begutachten.

5 Der Antrag auf gerichtliche Festsetzung nach § 33 RVG kommt nur dann in Betracht, wenn eine Festsetzung nach § 32 RVG nicht möglich ist.

Abschnitt 5
Außergerichtliche Beratung und Vertretung

§ 34 RVG Beratung, Gutachten und Mediation

(1) ¹Für einen mündlichen oder schriftlichen Rat oder eine Auskunft (Beratung), die nicht mit einer anderen gebührenpflichtigen Tätigkeit zusammenhängen, für die Ausarbeitung eines schriftlichen Gutachtens und für die Tätigkeit als Mediator soll der Rechtsanwalt auf eine Gebührenvereinbarung hinwirken, soweit in Teil 2 Abschnitt 1 des Vergütungsverzeichnisses keine Gebühren bestimmt sind. ²Wenn keine Vereinbarung getroffen worden ist, erhält der Rechtsanwalt Gebühren nach den Vorschriften des bürgerlichen Rechts. ³Ist im Fall des Satzes 2 der Auftraggeber Verbraucher, beträgt die Gebühr für die Beratung oder für die Ausarbeitung eines schriftlichen Gutachtens jeweils höchstens 250 Euro; § 14 Absatz 1 gilt entsprechend; für ein erstes Beratungsgespräch beträgt die Gebühr jedoch höchstens 190 Euro.

(2) Wenn nichts anderes vereinbart ist, ist die Gebühr für die Beratung auf eine Gebühr für eine sonstige Tätigkeit, die mit der Beratung zusammenhängt, anzurechnen.

A. Allgemeines	1	II. Gutachten	12
B. Regelungsgehalt	4	III. Mediation	14
I. Beratung	4		

A. Allgemeines

1 In der Zeit der Gültigkeit vom 1.7.2004 bis 30.6.2006 regelte § 34 RVG zunächst nur den Bereich der Mediation. Erst mit der Neufassung zum 1.7.2006 erweiterte sich der Bereich mit der Aufhebung der bis dahin in Teil 2 Abschnitt 1 des VV enthaltenen Vorschriften zu außergerichtlicher Beratung und Begutachtung (VV 2100 bis 2103 aF). Seither „soll" – wie § 34 Abs. 1

S. 1 RVG sagt – der Rechtsanwalt neben der Mediation auch bei Beratung und Begutachtung auf eine Gebührenvereinbarung „hinwirken".[1]

Es handelt es sich um eine reine „Sollvorschrift". Sie kann aber für den Rechtsanwalt große Wirkung zeigen, wie sich aus § 34 Abs. 1 S. 3 RVG ergibt. 2

Schließt der Rechtsanwalt mit einem Verbraucher keine Gebührenvereinbarung, ist seine nach bürgerlich-rechtlichen Bestimmungen zu bemessende Vergütung auf bis 250 EUR begrenzt, völlig unabhängig von Umfang und Schwierigkeit der anwaltlichen Tätigkeit, für ein erstes Beratungsgespräch kann er nur höchstens 190 EUR verlangen. Da das Erbrecht in erster Linie Verbraucher im Sinne der Vorschrift betrifft und darüber hinaus in der Regel gerade im Beratungsbereich äußerst aufwendig ist, empfiehlt es sich hier für einen Rechtsanwalt, besonders sorgfältig auf eine tragfähige Gebührenvereinbarung zu achten. 3

B. Regelungsgehalt

I. Beratung

Nach dem Wortlaut des § 34 Abs. 1 S. 1 RVG ist die anwaltliche Tätigkeit dann als Beratung im Sinne dieser Vorschrift anzusehen, wenn sie sich auf einen mündlichen oder schriftlichen Rat oder eine Auskunft beschränkt. Für die mitunter schwierige und streitige Abgrenzung zur Geschäftsgebühr ist nach überwiegender Meinung auf den Inhalt des erteilten Anwaltsauftrags abzustellen.[2] 4

Die Ausnahme bildet nach der Vorbemerkung 2.3 VV RVG die Mitwirkung an einem Vertrag. Diese Tätigkeit wird per Gesetz der Abrechnung nach der VV 2300 RVG zugeordnet. 5

Wird der Rechtsanwalt nach außen gegenüber einem Dritten tätig, so liegt eine Vertretung vor, die die Geschäftsgebühr nach der VV 2300 RVG auslöst. Ansonsten bleibt die Abgrenzung zwischen Beratungstätigkeit iSd § 34 RVG und Geschäftstätigkeit iSd VV 2300 RVG schwierig und uneinheitlich. Auch im Hinblick auf diese Unsicherheit für die Abrechnungsmöglichkeiten ist es ratsam, eine Vergütungsvereinbarung zu schließen, um einer späteren Diskussion und Streit mit dem Mandanten über die Abrechnung aus dem Weg zu gehen. 6

Der Rechtsanwalt soll nach § 34 Abs. 1 S. 1 RVG auf den Abschluss einer Gebührenvereinbarung hinwirken, welche allerdings nicht der Form einer Vergütungsvereinbarung nach § 3a Abs. 1 S. 1, 2 RVG bedarf. 7

Denn § 3a Abs. 1 S. 4 RVG bestimmt, dass die S. 1 und 2, in denen Textform vorgeschrieben und weitere Formerfordernisse genannt sind, nicht gelten. Gleichwohl dürfte es für den Rechtsanwalt schon aus Beweisgründen zweckmäßig sein, auch eine Gebührenvereinbarung nach § 34 RVG schriftlich niederzulegen und vom Mandanten unterschreiben zu lassen. 8

Hat der Rechtsanwalt eine Gebührenvereinbarung nicht geschlossen, ist sie unwirksam oder lässt sich der Abschluss nicht beweisen, greift § 34 Abs. 1 S. 2 RVG. In diesem Fall erhält der Rechtsanwalt nur die Vergütung nach den Vorschriften des BGB, also die Vergütung des § 612 Abs. 2 BGB. 9

Ist die Höhe der Vergütung nicht bestimmt, so ist bei dem Bestehen einer Taxe die taxmäßige Vergütung, in Ermangelung einer Taxe die übliche Vergütung als vereinbart anzusehen.

Es gilt in den Fällen also, die übliche Vergütung zu ermitteln. Zur Ermittlung bietet es sich an, die Kriterien des § 14 RVG und § 4 Abs. 1 S. 2 RVG heranzuziehen.[3] 10

---

1 Schons AnwBl. 2006, 566 mHinw für die Praxis.
2 Mayer/Kroiß/Winkler RVG § 34 Rn. 21–22.
3 Grüneberg/Weidenkaff BGB § 612 Rn. 11 mwN.

11 Lässt sich keine übliche Vergütung feststellen, könnten die §§ 315, 316 BGB herangezogen werden.[4] Der Rechtsanwalt hätte die Vergütung dann nach billigem Ermessen zu bestimmen. Da aber ein einseitiges Bestimmungsrecht des Rechtsanwalts dem Willen des Mandanten widersprechen würde, wäre einzig über eine ergänzende Vertragsauslegung das Problem des Fehlens der üblichen Vergütung zu lösen, wobei dann wiederum die Kriterien des § 14 RVG zu berücksichtigen sind.[5]

II. Gutachten

12 § 34 RVG ist auch anzuwenden bei der Abrechnung für die Ausarbeitung eines Gutachtens, soweit dieses nicht unter andere Gebührentatbestände fällt.

13 Daher ist es auch insoweit unbedingt anzuraten, eine Vergütungsvereinbarung zu schließen.

III. Mediation

14 § 34 ist ferner die einschlägige Vergütungsvorschrift für die Tätigkeit des Rechtsanwalts als Mediator (Vermittler). Dies gilt allerdings dann nicht, wenn der Rechtsanwalt als Parteivertreter an der Mediation beteiligt ist. Dann erhält er die Gebühren für die Vertretung, etwa nach Nr. 2303 VV, welche die Vergütung vor sonstigen gesetzlich eingerichteten Einigungsstellen, Gütestellen oder Schiedsstellen regelt.

§ 35 RVG Hilfeleistung in Steuersachen

(1) Für die Hilfeleistung bei der Erfüllung allgemeiner Steuerpflichten und bei der Erfüllung steuerlicher Buchführungs- und Aufzeichnungspflichten gelten die §§ 23 bis 39 der Steuerberatervergütungsverordnung in Verbindung mit den §§ 10 und 13 der Steuerberatervergütungsverordnung entsprechend.

(2) ¹Sieht dieses Gesetz die Anrechnung einer Geschäftsgebühr auf eine andere Gebühr vor, stehen die Gebühren nach den §§ 23, 24 und 31 der Steuerberatervergütungsverordnung, bei mehreren Gebühren deren Summe, einer Geschäftsgebühr nach Teil 2 des Vergütungsverzeichnisses gleich. ²Bei der Ermittlung des Höchstbetrags des anzurechnenden Teils der Geschäftsgebühr ist der Gegenstandswert derjenigen Gebühr zugrunde zu legen, auf die angerechnet wird.

1 Ist der Rechtsanwalt in einem erbrechtlichen Mandat mit steuerlichen Angelegenheiten befasst – nach § 3 Nr. 1 StBerG[1] ist er grundsätzlich zur unbeschränkten geschäftsmäßigen „Hilfeleistung in Steuersachen" befugt –, ist nach den in § 35 RVG genannten Vorschriften der Vergütungsverordnung für Steuerberater, Steuerbevollmächtigte und Steuerberatungsgesellschaften (Steuerberatervergütungsverordnung – StBVV)[2] abzurechnen, denn die Gebühren des RVG sind nach der Vorbemerkung 2 Abs. 1 VV RVG ausgeschlossen.

2 In der Praxis kommt es dazu immer schon dann, wenn der Rechtsanwalt dem Mandanten bei der Abgabe der Erbschaftsteuererklärung behilflich ist.

3 Die von den §§ 23–39 StBVV erfassten Tätigkeiten lauten wie folgt:[3]

§ 23	Sonstige Einzeltätigkeiten, zB Stundungsanträge
§ 24	Steuererklärungen

---

4 Hartung/Schons/Enders/Hartung RVG § 34 Rn. 69.
5 Hartung/Schons/Enders/Hartung RVG § 34 Rn. 69.

1 Steuerberatungsgesetz (StBerG) in der Fassung der Bekanntmachung vom 4.11.1975 (BGBl. 1975 I 2735).
2 StBVV vom 17.12.1981 (BGBl. 1981 I 1442).
3 HK-RVG/Winkler/Teubel RVG § 35 Rn. 4.

§ 25	Ermittlung des Überschusses der Betriebseinnahmen über die Betriebsausgaben (Einnahmen-/Überschussrechnung)
§ 26	Ermittlung des Gewinns aus Land- und Forstwirtschaft
§ 27	Ermittlung des Überschusses der Einnahmen über die Werbungskosten
§ 28	Prüfung von Steuerbescheiden
§ 29	Teilnahme an Prüfungen und Nachschauen
§ 30	Selbstanzeige
§ 31	Besprechungen
§§ 32–39	Gebühren für die Hilfeleistung bei der Erfüllung steuerlicher Buchführungs- und Aufzeichnungspflichten.

Nicht erfasst ist die Beratung und die Erstellung steuerlicher Gutachten. Denn diese Tätigkeiten 4
sind in den §§ 21 und 22 StBVV geregelt, welche § 35 RVG aber nicht einbezieht, so dass diese
wiederum nach § 34 RVG und Nr. 2100 ff. VV RVG abzurechnen sind.

Um hier die Problematik der Abgrenzung zwischen Beratung nach § 34 RVG und Anfall einer 5
Geschäftsgebühr zu vermeiden sollte der Rechtsanwalt auch bei derartigen Tätigkeiten unbedingt eine Gebührenvereinbarung in Betracht ziehen.

Die Vorschriften der §§ 23–39 StBVV beinhalten Satzrahmengebühren wie früher die BRAGO. 6
Bei der Ausfüllung des Gebührenrahmens gilt die Vorschrift des § 11 StBVV, der § 14 RVG
nachgebildet ist.[4]

Die Gebühren der StBVV sind im Hinblick auf die Anrechnung auf andere Gebühren nach § 35 7
Abs. 2 RVG wie eine Geschäftsgebühr nach der Nr. 2300 VV RVG zu behandeln.

Dieser 2. Absatz der Vorschrift wurde als Klarstellung mit dem 2. KostRMoG angefügt. Damit 8
soll sichergestellt werden, dass die Gebühren, die nach der Steuerberatervergütungsverordnung
durch den Rechtsanwalt abgerechnet werden, wie eine Geschäftsgebühr nach RVG zu behandeln sind und damit auch anzurechnen sind, soweit die Voraussetzungen dafür vorliegen.

§ 36 RVG Schiedsrichterliche Verfahren und Verfahren vor dem Schiedsgericht

(1) Teil 3 Abschnitt 1, 2 und 4 des Vergütungsverzeichnisses ist auf die folgenden außergerichtlichen Verfahren entsprechend anzuwenden:
1. schiedsrichterliche Verfahren nach Buch 10 der Zivilprozessordnung und
2. Verfahren vor dem Schiedsgericht (§ 104 des Arbeitsgerichtsgesetzes).

(2) Im Verfahren nach Absatz 1 Nummer 1 erhält der Rechtsanwalt die Terminsgebühr auch, wenn der Schiedsspruch ohne mündliche Verhandlung erlassen wird.

Der nach § 36 Abs. 1 RVG zur Anwendung kommende Teil 3 Abschnitt 1 VV RVG betrifft die 1
Gebühren des ersten Rechtszuges, also die Gebührentatbestände der VV 3100–3106 RVG,
während Teil 3 Abschnitt 2 VV RVG die Gebühren für die Berufung und die Revision betrifft
(im Wesentlichen sind das die Verfahrensgebühr nach VV 3200, 3201, 3206 und 3207 RVG
und die Terminsgebühr nach der VV 3202, 3203, 3210 und 3211 RVG).

Diese können aber nur entstehen, wenn der Schiedsvertrag oder das gesetzliche Schiedsverfah- 2
ren mehrere Rechtszüge vorsehen. Teil 3 Abs. 4 VV RVG bezieht die Gebühren für die Einzeltätigkeiten nach Nr. 3400–3406 VV ein. Diese sind erst mit Änderung des Gesetzes nach dem

---

[4] S. HK-RVG/Winkler/Teubel RVG § 35 Rn. 9.

2. KostRMoG erfasst, nachdem sie zuvor hier nicht enthalten waren. Relevant sind die Gebühren etwa bei der Tätigkeit als Verkehrsanwalt oder Terminsvertreter.

3 § 36 Abs. 2 bestimmt, dass in den schiedsrichterlichen Verfahren (§ 36 Abs. 1 Nr. 1) die Terminsgebühr auch anfällt, wenn der Schiedsspruch ohne mündliche Verhandlung erlassen wird, was aber im Ermessen des Schiedsgerichts steht (§ 1042 Abs. 3, 4 ZPO).

4 Welche schiedsrichterlichen Verfahren als dieselbe Angelegenheit gelten, ergibt sich aus § 16 Nr. 8 RVG.

5 Wenn es in einem schiedsrichterlichen Verfahren zu einer Einigung kommt, fällt auch noch eine Einigungsgebühr an.

6 Streitig ist, ob diese in Höhe von 1,5 nach der VV 1000 RVG oder in Höhe von 1,0 nach der VV 1003 RVG[1] anfällt. Die herrschende Meinung wendet VV 1000 RVG mit dem Gebührensatz von 1,5 an mit der Argumentation, dass es sich bei dem schiedsrichterlichen Verfahren gerade nicht um ein gerichtliches Verfahren iSd VV 1003 RVG handelt und durch die Einigung in einem solchen Verfahren das staatliche Gericht so entlastet wird, wie durch einen außergerichtlichen Vergleich[2] oder bei einem Vergleich in einem gerichtlichen Verfahren über nichtrechtshängige Ansprüche.[3]

7 Auch Streitigkeiten über den Gebührensatz der Einigungsgebühr in diesen Fällen lassen sich vermeiden, wenn der Rechtsanwalt mit dem Mandanten darüber eine Vergütungsvereinbarung schließt.

8 Für ein schiedsgutachterliches Verfahren, für Schiedsrichter selbst und die ein Schiedsgerichtsverfahren betreffenden Verfahren vor den ordentlichen Gerichten sowie gerichtliche Verfahren auf Bestellung eines Schiedsrichters und Unterstützung bei der Beweisaufnahme durch das Gericht greift § 36 RVG nicht ein.

9 Diese Tätigkeiten unterliegen entweder einer ausdrücklichen Vereinbarung im Schiedsvertrag, einer zu treffenden Vergütungsvereinbarung oder sie werden nach der VV 2300 RVG abgerechnet.

Abschnitt 6
Gerichtliche Verfahren

§ 37 RVG Verfahren vor den Verfassungsgerichten

(1) Die Vorschriften für die Revision in Teil 4 Abschnitt 1 Unterabschnitt 3 des Vergütungsverzeichnisses gelten entsprechend in folgenden Verfahren vor dem Bundesverfassungsgericht oder dem Verfassungsgericht (Verfassungsgerichtshof, Staatsgerichtshof) eines Landes:
1. Verfahren über die Verwirkung von Grundrechten, den Verlust des Stimmrechts, den Ausschluss von Wahlen und Abstimmungen,
2. Verfahren über die Verfassungswidrigkeit von Parteien,
3. Verfahren über Anklagen gegen den Bundespräsidenten, gegen ein Regierungsmitglied eines Landes oder gegen einen Abgeordneten oder Richter und
4. Verfahren über sonstige Gegenstände, die in einem dem Strafprozess ähnlichen Verfahren behandelt werden.

(2) ¹In sonstigen Verfahren vor dem Bundesverfassungsgericht oder dem Verfassungsgericht eines Landes gelten die Vorschriften in Teil 3 Abschnitt 2 Unterabschnitt 2 des Vergütungsverzeichnisses entsprechend. ²Der Gegenstandswert ist unter Berücksichtigung der in § 14 Ab-

---
1 So Hilger JurBüro 2008, 286.
2 HK-RVG/Winkler/Teubel RVG § 36 Rn. 5.
3 Gerold/Schmidt/Mayer RVG § 36 Rn. 13.

satz 1 genannten Umstände nach billigem Ermessen zu bestimmen; er beträgt mindestens 5000 Euro.

§ 38 RVG Verfahren vor dem Gerichtshof der Europäischen Gemeinschaften

(1) ¹In Vorabentscheidungsverfahren vor dem Gerichtshof der Europäischen Gemeinschaften gelten die Vorschriften in Teil 3 Abschnitt 2 Unterabschnitt 2 des Vergütungsverzeichnisses entsprechend. ²Der Gegenstandswert bestimmt sich nach den Wertvorschriften, die für die Gerichtsgebühren des Verfahrens gelten, in dem vorgelegt wird. ³Das vorlegende Gericht setzt den Gegenstandswert auf Antrag durch Beschluss fest. ⁴§ 33 Absatz 2 bis 9 gilt entsprechend.

(2) Ist in einem Verfahren, in dem sich die Gebühren nach Teil 4, 5 oder 6 des Vergütungsverzeichnisses richten, vorgelegt worden, sind in dem Vorabentscheidungsverfahren die Nummern 4130 und 4132 des Vergütungsverzeichnisses entsprechend anzuwenden.

(3) Die Verfahrensgebühr des Verfahrens, in dem vorgelegt worden ist, wird auf die Verfahrensgebühr des Verfahrens vor dem Gerichtshof der Europäischen Gemeinschaften angerechnet, wenn nicht eine im Verfahrensrecht vorgesehene schriftliche Stellungnahme gegenüber dem Gerichtshof der Europäischen Gemeinschaften abgegeben wird.

§ 38a RVG Verfahren vor dem Europäischen Gerichtshof für Menschenrechte

¹In Verfahren vor dem Europäischen Gerichtshof für Menschenrechte gelten die Vorschriften in Teil 3 Abschnitt 2 Unterabschnitt 2 des Vergütungsverzeichnisses entsprechend. ²Der Gegenstandswert ist unter Berücksichtigung der in § 14 Absatz 1 genannten Umstände nach billigem Ermessen zu bestimmen; er beträgt mindestens 5000 Euro.

§ 39 RVG Von Amts wegen beigeordneter Rechtsanwalt

(1) Der Rechtsanwalt, der nach § 138 des Gesetzes über das Verfahren in Familiensachen und in den Angelegenheiten der freiwilligen Gerichtsbarkeit, auch in Verbindung mit § 270 des Gesetzes über das Verfahren in Familiensachen und in den Angelegenheiten der freiwilligen Gerichtsbarkeit, dem Antragsgegner beigeordnet ist, kann von diesem die Vergütung eines zum Prozessbevollmächtigten bestellten Rechtsanwalts und einen Vorschuss verlangen.

(2) Der Rechtsanwalt, der nach § 109 Absatz 3 oder § 119a Absatz 6 des Strafvollzugsgesetzes einer Person beigeordnet ist, kann von dieser die Vergütung eines zum Verfahrensbevollmächtigten bestellten Rechtsanwalts und einen Vorschuss verlangen.

§ 40 RVG Als gemeinsamer Vertreter bestellter Rechtsanwalt

Der Rechtsanwalt kann von den Personen, für die er nach § 67a Absatz 1 Satz 2 der Verwaltungsgerichtsordnung bestellt ist, die Vergütung eines von mehreren Auftraggebern zum Prozessbevollmächtigten bestellten Rechtsanwalts und einen Vorschuss verlangen.

§ 41 RVG Besonderer Vertreter

¹Der Rechtsanwalt, der nach § 57 oder § 58 der Zivilprozessordnung, § 118e der Bundesrechtsanwaltsordnung, § 103b der Patentanwaltsordnung oder § 111c des Steuerberatungsgesetzes als

besonderer Vertreter bestellt ist, kann von dem Vertretenen die Vergütung eines zum Prozessbevollmächtigten oder zum Verteidiger gewählten Rechtsanwalts verlangen. ²Er kann von diesem keinen Vorschuss fordern. ³§ 126 der Zivilprozessordnung ist entsprechend anzuwenden.

§ 41a RVG Vertreter des Musterklägers

(1) ¹Für das erstinstanzliche Musterverfahren nach dem Kapitalanleger-Musterverfahrensgesetz kann das Oberlandesgericht dem Rechtsanwalt, der den Musterkläger vertritt, auf Antrag eine besondere Gebühr bewilligen, wenn sein Aufwand im Vergleich zu dem Aufwand der Vertreter der beigeladenen Kläger höher ist. ²Bei der Bemessung der Gebühr sind der Mehraufwand sowie der Vorteil und die Bedeutung für die beigeladenen Kläger zu berücksichtigen. ³Die Gebühr darf eine Gebühr mit einem Gebührensatz von 0,3 nach § 13 Absatz 1 nicht überschreiten. ⁴Hierbei ist als Wert die Summe der in sämtlichen nach § 8 des Kapitalanleger-Musterverfahrensgesetzes ausgesetzten Verfahren geltend gemachten Ansprüche zugrunde zu legen, soweit diese Ansprüche von den Feststellungszielen des Musterverfahrens betroffen sind, höchstens jedoch 30 Millionen Euro. ⁵Der Vergütungsanspruch gegen den Auftraggeber bleibt unberührt.

(2) ¹Der Antrag ist spätestens vor dem Schluss der mündlichen Verhandlung zu stellen. ²Der Antrag und ergänzende Schriftsätze werden entsprechend § 12 Absatz 2 des Kapitalanleger-Musterverfahrensgesetzes bekannt gegeben. ³Mit der Bekanntmachung ist eine Frist zur Erklärung zu setzen. ⁴Die Landeskasse ist nicht zu hören.

(3) ¹Die Entscheidung kann mit dem Musterentscheid getroffen werden. ²Die Entscheidung ist dem Musterkläger, den Musterbeklagten, den Beigeladenen sowie dem Rechtsanwalt mitzuteilen. ³§ 16 Absatz 1 Satz 2 des Kapitalanleger-Musterverfahrensgesetzes ist entsprechend anzuwenden. ⁴Die Mitteilung kann durch öffentliche Bekanntmachung ersetzt werden, § 11 Absatz 2 Satz 2 des Kapitalanleger-Musterverfahrensgesetzes ist entsprechend anzuwenden. ⁵Die Entscheidung ist unanfechtbar.

(4) ¹Die Gebühr ist einschließlich der anfallenden Umsatzsteuer aus der Landeskasse zu zahlen. ²Ein Vorschuss kann nicht gefordert werden.

Abschnitt 7
Straf- und Bußgeldsachen sowie bestimmte sonstige Verfahren

§ 42 RVG Feststellung einer Pauschgebühr

(1) ¹In Strafsachen, gerichtlichen Bußgeldsachen, Verfahren nach dem Gesetz über die internationale Rechtshilfe in Strafsachen, in Verfahren nach dem IStGH-Gesetz, in Freiheitsentziehungs- und Unterbringungssachen sowie in Verfahren nach § 151 Nummer 6 und 7 des Gesetzes über das Verfahren in Familiensachen und in den Angelegenheiten der freiwilligen Gerichtsbarkeit stellt das Oberlandesgericht, zu dessen Bezirk das Gericht des ersten Rechtszugs gehört, auf Antrag des Rechtsanwalts eine Pauschgebühr für das ganze Verfahren oder für einzelne Verfahrensabschnitte durch unanfechtbaren Beschluss fest, wenn die in den Teilen 4 bis 6 des Vergütungsverzeichnisses bestimmten Gebühren eines Wahlanwalts wegen des besonderen Umfangs oder der besonderen Schwierigkeit nicht zumutbar sind. ²Dies gilt nicht, soweit Wertgebühren entstehen. ³Beschränkt sich die Feststellung auf einzelne Verfahrensabschnitte, sind die Gebühren nach dem Vergütungsverzeichnis, an deren Stelle die Pauschgebühr treten soll, zu bezeichnen. ⁴Die Pauschgebühr darf das Doppelte der für die Gebühren eines Wahlanwalts geltenden Höchstbeträge nach den Teilen 4 bis 6 des Vergütungsverzeichnisses nicht übersteigen. ⁵Für den Rechtszug, in dem der Bundesgerichtshof für das Verfahren zuständig ist, ist er auch für die Entscheidung über den Antrag zuständig.

(2) ¹Der Antrag ist zulässig, wenn die Entscheidung über die Kosten des Verfahrens rechtskräftig ist. ²Der gerichtlich bestellte oder beigeordnete Rechtsanwalt kann den Antrag nur unter den Voraussetzungen des § 52 Absatz 1 Satz 1, Absatz 2, auch in Verbindung mit § 53 Absatz 1, stellen. ³Der Auftraggeber, in den Fällen des § 52 Absatz 1 Satz 1 der Beschuldigte, ferner die Staatskasse und andere Beteiligte, wenn ihnen die Kosten des Verfahrens ganz oder zum Teil auferlegt worden sind, sind zu hören.

(3) ¹Der Senat des Oberlandesgerichts ist mit einem Richter besetzt. ²Der Richter überträgt die Sache dem Senat in der Besetzung mit drei Richtern, wenn es zur Sicherung einer einheitlichen Rechtsprechung geboten ist.

(4) Die Feststellung ist für das Kostenfestsetzungsverfahren, das Vergütungsfestsetzungsverfahren (§ 11) und für einen Rechtsstreit des Rechtsanwalts auf Zahlung der Vergütung bindend.

(5) ¹Die Absätze 1 bis 4 gelten im Bußgeldverfahren vor der Verwaltungsbehörde entsprechend. ²Über den Antrag entscheidet die Verwaltungsbehörde. ³Gegen die Entscheidung kann gerichtliche Entscheidung beantragt werden. ⁴Für das Verfahren gilt § 62 des Gesetzes über Ordnungswidrigkeiten.

§ 43 RVG   Abtretung des Kostenerstattungsanspruchs

¹Tritt der Beschuldigte oder der Betroffene den Anspruch gegen die Staatskasse auf Erstattung von Anwaltskosten als notwendige Auslagen an den Rechtsanwalt ab, ist eine von der Staatskasse gegenüber dem Beschuldigten oder dem Betroffenen erklärte Aufrechnung insoweit unwirksam, als sie den Anspruch des Rechtsanwalts vereiteln oder beeinträchtigen würde. ²Dies gilt jedoch nur, wenn zum Zeitpunkt der Aufrechnung eine Urkunde über die Abtretung oder eine Anzeige des Beschuldigten oder des Betroffenen über die Abtretung in den Akten vorliegt.

Abschnitt 8
Beigeordneter oder bestellter Rechtsanwalt, Beratungshilfe

§ 44 RVG   Vergütungsanspruch bei Beratungshilfe

¹Für die Tätigkeit im Rahmen der Beratungshilfe erhält der Rechtsanwalt eine Vergütung nach diesem Gesetz aus der Landeskasse, soweit nicht für die Tätigkeit in Beratungsstellen nach § 3 Absatz 1 des Beratungshilfegesetzes besondere Vereinbarungen getroffen sind. ²Die Beratungshilfegebühr (Nummer 2500 des Vergütungsverzeichnisses) schuldet nur der Rechtsuchende.

§ 45 RVG   Vergütungsanspruch des beigeordneten oder bestellten Rechtsanwalts

(1) Der im Wege der Prozesskostenhilfe beigeordnete oder zum besonderen Vertreter im Sinne des § 41 bestellte Rechtsanwalt erhält, soweit in diesem Abschnitt nichts anderes bestimmt ist, die gesetzliche Vergütung in Verfahren vor Gerichten des Bundes aus der Bundeskasse, in Verfahren vor Gerichten eines Landes aus der Landeskasse.

(2) Der Rechtsanwalt, der nach § 138 des Gesetzes über das Verfahren in Familiensachen und in den Angelegenheiten der freiwilligen Gerichtsbarkeit, auch in Verbindung mit § 270 des Gesetzes über das Verfahren in Familiensachen und in den Angelegenheiten der freiwilligen Gerichtsbarkeit, nach § 109 Absatz 3 oder § 119a Absatz 6 des Strafvollzugsgesetzes beigeordnet oder nach § 67a Absatz 1 Satz 2 der Verwaltungsgerichtsordnung bestellt ist, kann eine Vergütung

aus der Landeskasse verlangen, wenn der zur Zahlung Verpflichtete (§ 39 oder § 40) mit der Zahlung der Vergütung im Verzug ist.

(3) ¹Ist der Rechtsanwalt sonst gerichtlich bestellt oder beigeordnet worden, erhält er die Vergütung aus der Landeskasse, wenn ein Gericht des Landes den Rechtsanwalt bestellt oder beigeordnet hat, im Übrigen aus der Bundeskasse. ²Hat zuerst ein Gericht des Bundes und sodann ein Gericht des Landes den Rechtsanwalt bestellt oder beigeordnet, zahlt die Bundeskasse die Vergütung, die der Rechtsanwalt während der Dauer der Bestellung oder Beiordnung durch das Gericht des Bundes verdient hat, die Landeskasse die dem Rechtsanwalt darüber hinaus zustehende Vergütung. ³Dies gilt entsprechend, wenn zuerst ein Gericht des Landes und sodann ein Gericht des Bundes den Rechtsanwalt bestellt oder beigeordnet hat.

(4) ¹Wenn der Verteidiger von der Stellung eines Wiederaufnahmeantrags abrät, hat er einen Anspruch gegen die Staatskasse nur dann, wenn er nach § 364b Absatz 1 Satz 1 der Strafprozessordnung bestellt worden ist oder das Gericht die Feststellung nach § 364b Absatz 1 Satz 2 der Strafprozessordnung getroffen hat. ²Dies gilt auch im gerichtlichen Bußgeldverfahren (§ 85 Absatz 1 des Gesetzes über Ordnungswidrigkeiten).

(5) ¹Absatz 3 ist im Bußgeldverfahren vor der Verwaltungsbehörde entsprechend anzuwenden. ²An die Stelle des Gerichts tritt die Verwaltungsbehörde.

1 Wird der Rechtsanwalt beigeordnet, richten sich auch im erbrechtlichen Verfahren die Gebühren des beigeordneten Rechtsanwalts nach den Vorschriften der §§ 45 ff. RVG mit der Folge, dass der Rechtsanwalt nur die nach § 49 RVG reduzierten Gebühren aus der Staatskasse erhält.

§ 46 RVG   Auslagen und Aufwendungen

(1) Auslagen, insbesondere Reisekosten, werden nicht vergütet, wenn sie zur sachgemäßen Durchführung der Angelegenheit nicht erforderlich waren.

(2) ¹Wenn das Gericht des Rechtszugs auf Antrag des Rechtsanwalts vor Antritt der Reise feststellt, dass eine Reise erforderlich ist, ist diese Feststellung für das Festsetzungsverfahren (§ 55) bindend. ²Im Bußgeldverfahren vor der Verwaltungsbehörde tritt an die Stelle des Gerichts die Verwaltungsbehörde. ³Für Aufwendungen (§ 670 des Bürgerlichen Gesetzbuchs) gelten Absatz 1 und die Sätze 1 und 2 entsprechend; die Höhe zu ersetzender Kosten für die Zuziehung eines Dolmetschers oder Übersetzers ist auf die nach dem Justizvergütungs- und -entschädigungsgesetz zu zahlenden Beträge beschränkt.

(3) ¹Auslagen, die durch Nachforschungen zur Vorbereitung eines Wiederaufnahmeverfahrens entstehen, für das die Vorschriften der Strafprozessordnung gelten, werden nur vergütet, wenn der Rechtsanwalt nach § 364b Absatz 1 Satz 1 der Strafprozessordnung bestellt worden ist oder wenn das Gericht die Feststellung nach § 364b Absatz 1 Satz 2 der Strafprozessordnung getroffen hat. ²Dies gilt auch im gerichtlichen Bußgeldverfahren (§ 85 Absatz 1 des Gesetzes über Ordnungswidrigkeiten).

§ 47 RVG   Vorschuss

(1) ¹Wenn dem Rechtsanwalt wegen seiner Vergütung ein Anspruch gegen die Staatskasse zusteht, kann er für die entstandenen Gebühren und die entstandenen und voraussichtlich entstehenden Auslagen aus der Staatskasse einen angemessenen Vorschuss fordern. ²Der Rechtsanwalt, der nach § 138 des Gesetzes über das Verfahren in Familiensachen und in den Angelegenheiten der freiwilligen Gerichtsbarkeit, auch in Verbindung mit § 270 des Gesetzes über das Verfahren in Familiensachen und in den Angelegenheiten der freiwilligen Gerichtsbarkeit, nach

§ 109 Absatz 3 oder § 119a Absatz 6 des Strafvollzugsgesetzes beigeordnet oder nach § 67a Absatz 1 Satz 2 der Verwaltungsgerichtsordnung bestellt ist, kann einen Vorschuss nur verlangen, wenn der zur Zahlung Verpflichtete (§ 39 oder § 40) mit der Zahlung des Vorschusses im Verzug ist.

(2) Bei Beratungshilfe kann der Rechtsanwalt aus der Staatskasse keinen Vorschuss fordern.

§ 48 RVG   Umfang des Anspruchs und der Beiordnung

(1) ¹Der Vergütungsanspruch gegen die Staatskasse ist auf die gesetzliche Vergütung gerichtet und bestimmt sich nach den Beschlüssen, durch die die Prozesskostenhilfe bewilligt und der Rechtsanwalt beigeordnet oder bestellt worden ist, soweit nichts anderes bestimmt ist. ²Erstreckt sich die Beiordnung auf den Abschluss eines Vertrags im Sinne der Nummer 1000 des Vergütungsverzeichnisses oder ist die Beiordnung oder die Bewilligung der Prozesskostenhilfe hierauf beschränkt, so umfasst der Anspruch alle gesetzlichen Gebühren und Auslagen, die durch die Tätigkeiten entstehen, die zur Herbeiführung der Einigung erforderlich sind.

(2) ¹In Angelegenheiten, in denen sich die Gebühren nach Teil 3 des Vergütungsverzeichnisses bestimmen und die Beiordnung eine Berufung, eine Beschwerde wegen des Hauptgegenstands, eine Revision oder eine Rechtsbeschwerde wegen des Hauptgegenstands betrifft, wird eine Vergütung aus der Staatskasse auch für die Rechtsverteidigung gegen ein Anschlussrechtsmittel und, wenn der Rechtsanwalt für die Erwirkung eines Arrests, einer einstweiligen Verfügung oder einer einstweiligen Anordnung beigeordnet ist, auch für deren Vollziehung oder Vollstreckung gewährt. ²Dies gilt nicht, wenn der Beiordnungsbeschluss ausdrücklich etwas anderes bestimmt.

(3) ¹Die Beiordnung in einer Ehesache erstreckt sich im Fall des Abschlusses eines Vertrags im Sinne der Nummer 1000 des Vergütungsverzeichnisses auf alle mit der Herbeiführung der Einigung erforderlichen Tätigkeiten, soweit der Vertrag

1. den gegenseitigen Unterhalt der Ehegatten,
2. den Unterhalt gegenüber den Kindern im Verhältnis der Ehegatten zueinander,
3. die Sorge für die Person der gemeinschaftlichen minderjährigen Kinder,
4. die Regelung des Umgangs mit einem Kind,
5. die Rechtsverhältnisse an der Ehewohnung und den Haushaltsgegenständen,
6. die Ansprüche aus dem ehelichen Güterrecht oder
7. den Versorgungsausgleich

betrifft. ²Satz 1 gilt im Fall der Beiordnung in Lebenspartnerschaftssachen nach § 269 Absatz 1 Nummer 1 und 2 des Gesetzes über das Verfahren in Familiensachen und in den Angelegenheiten der freiwilligen Gerichtsbarkeit entsprechend.

(4) ¹Die Beiordnung in Angelegenheiten, in denen nach § 3 Absatz 1 Betragsrahmengebühren entstehen, erstreckt sich auf Tätigkeiten ab dem Zeitpunkt der Beantragung der Prozesskostenhilfe, wenn vom Gericht nichts anderes bestimmt ist. ²Die Beiordnung erstreckt sich ferner auf die gesamte Tätigkeit im Verfahren über die Prozesskostenhilfe einschließlich der vorbereitenden Tätigkeit.

(5) ¹In anderen Angelegenheiten, die mit dem Hauptverfahren nur zusammenhängen, erhält der für das Hauptverfahren beigeordnete Rechtsanwalt eine Vergütung aus der Staatskasse nur dann, wenn er ausdrücklich auch hierfür beigeordnet ist. ²Dies gilt insbesondere für

1. die Zwangsvollstreckung, die Vollstreckung und den Verwaltungszwang;
2. das Verfahren über den Arrest, den Europäischen Beschluss zur vorläufigen Kontenpfändung, die einstweilige Verfügung und die einstweilige Anordnung;
3. das selbstständige Beweisverfahren;

4. das Verfahren über die Widerklage oder den Widerantrag, ausgenommen die Rechtsverteidigung gegen den Widerantrag in Ehesachen und in Lebenspartnerschaftssachen nach § 269 Absatz 1 Nummer 1 und 2 des Gesetzes über das Verfahren in Familiensachen und in den Angelegenheiten der freiwilligen Gerichtsbarkeit.

(6) ¹Wird der Rechtsanwalt in Angelegenheiten nach den Teilen 4 bis 6 des Vergütungsverzeichnisses im ersten Rechtszug bestellt oder beigeordnet, erhält er die Vergütung auch für seine Tätigkeit vor dem Zeitpunkt seiner Bestellung, in Strafsachen einschließlich seiner Tätigkeit vor Erhebung der öffentlichen Klage und in Bußgeldsachen einschließlich der Tätigkeit vor der Verwaltungsbehörde. ²Wird der Rechtsanwalt in einem späteren Rechtszug beigeordnet, erhält er seine Vergütung in diesem Rechtszug auch für seine Tätigkeit vor dem Zeitpunkt seiner Bestellung. ³Werden Verfahren verbunden und ist der Rechtsanwalt nicht in allen Verfahren bestellt oder beigeordnet, kann das Gericht die Wirkungen des Satzes 1 auch auf diejenigen Verfahren erstrecken, in denen vor der Verbindung keine Beiordnung oder Bestellung erfolgt war.

§ 49 RVG Wertgebühren aus der Staatskasse

Bestimmen sich die Gebühren nach dem Gegenstandswert, werden bei einem Gegenstandswert von mehr als 4000 Euro anstelle der Gebühr nach § 13 Absatz 1 folgende Gebühren vergütet:

Gegenstandswert bis ... Euro	Gebühr ... Euro	Gegenstandswert bis ... Euro	Gebühr ... Euro
5 000	284	22 000	399
6 000	295	25 000	414
7 000	306	30 000	453
8 000	317	35 000	492
9 000	328	40 000	531
10 000	339	45 000	570
13 000	354	50 000	609
16 000	369	über	
19 000	384	50 000	659

1 Seit der Neufassung des RVG nach dem 2. KostRMoG entspricht die Tabelle bis 4.000 EUR der Wahlanwaltstabelle (vor der RVG-Änderung nur bis 3.000 EUR), so dass erst ab einem Gegenstandswert ab 4.000,01 EUR die niedrigeren Gebühren der PKH-Anwaltsgebührentabelle Anwendung finden.

§ 50 RVG Weitere Vergütung bei Prozesskostenhilfe

(1) ¹Nach Deckung der in § 122 Absatz 1 Nummer 1 der Zivilprozessordnung bezeichneten Kosten und Ansprüche hat die Staatskasse über die auf sie übergegangenen Ansprüche des Rechtsanwalts hinaus weitere Beträge bis zur Höhe der Regelvergütung einzuziehen, wenn dies nach den Vorschriften der Zivilprozessordnung und nach den Bestimmungen, die das Gericht getroffen hat, zulässig ist. ²Die weitere Vergütung ist festzusetzen, wenn das Verfahren durch rechtskräftige Entscheidung oder in sonstiger Weise beendet ist und die von der Partei zu zahlenden Beträge beglichen sind oder wegen dieser Beträge eine Zwangsvollstreckung in das bewegliche Vermögen der Partei erfolglos geblieben ist oder aussichtslos erscheint.

(2) Der beigeordnete Rechtsanwalt soll eine Berechnung seiner Regelvergütung unverzüglich zu den Prozessakten mitteilen.

(3) Waren mehrere Rechtsanwälte beigeordnet, bemessen sich die auf die einzelnen Rechtsanwälte entfallenden Beträge nach dem Verhältnis der jeweigen Unterschiedsbeträge zwischen den Gebühren nach § 49 und den Regelgebühren; dabei sind Zahlungen, die nach § 58 auf den Unterschiedsbetrag anzurechnen sind, von diesem abzuziehen.

§ 51 RVG   Festsetzung einer Pauschgebühr

(1) ¹In Strafsachen, gerichtlichen Bußgeldsachen, Verfahren nach dem Gesetz über die internationale Rechtshilfe in Strafsachen, in Verfahren nach dem IStGH-Gesetz, in Freiheitsentziehungs- und Unterbringungssachen sowie in Verfahren nach § 151 Nummer 6 und 7 des Gesetzes über das Verfahren in Familiensachen und in den Angelegenheiten der freiwilligen Gerichtsbarkeit ist dem gerichtlich bestellten oder beigeordneten Rechtsanwalt für das ganze Verfahren oder für einzelne Verfahrensabschnitte auf Antrag eine Pauschgebühr zu bewilligen, die über die Gebühren nach dem Vergütungsverzeichnis hinausgeht, wenn die in den Teilen 4 bis 6 des Vergütungsverzeichnisses bestimmten Gebühren wegen des besonderen Umfangs oder der besonderen Schwierigkeit nicht zumutbar sind. ²Dies gilt nicht, soweit Wertgebühren entstehen. ³Beschränkt sich die Bewilligung auf einzelne Verfahrensabschnitte, sind die Gebühren nach dem Vergütungsverzeichnis, an deren Stelle die Pauschgebühr treten soll, zu bezeichnen. ⁴Eine Pauschgebühr kann auch für solche Tätigkeiten gewährt werden, für die ein Anspruch nach § 48 Absatz 6 besteht. ⁵Auf Antrag ist dem Rechtsanwalt ein angemessener Vorschuss zu bewilligen, wenn ihm insbesondere wegen der langen Dauer des Verfahrens und der Höhe der zu erwartenden Pauschgebühr nicht zugemutet werden kann, die Festsetzung der Pauschgebühr abzuwarten.

(2) ¹Über die Anträge entscheidet das Oberlandesgericht, zu dessen Bezirk das Gericht des ersten Rechtszugs gehört, und im Fall der Beiordnung einer Kontaktperson (§ 34a des Einführungsgesetzes zum Gerichtsverfassungsgesetz) das Oberlandesgericht, in dessen Bezirk die Justizvollzugsanstalt liegt, durch unanfechtbaren Beschluss. ²Der Bundesgerichtshof ist für die Entscheidung zuständig, soweit er den Rechtsanwalt bestellt hat. ³In dem Verfahren ist die Staatskasse zu hören. ⁴§ 42 Absatz 3 ist entsprechend anzuwenden.

(3) ¹Absatz 1 gilt im Bußgeldverfahren vor der Verwaltungsbehörde entsprechend. ²Über den Antrag nach Absatz 1 Satz 1 bis 3 entscheidet die Verwaltungsbehörde gleichzeitig mit der Festsetzung der Vergütung.

§ 52 RVG   Anspruch gegen den Beschuldigten oder den Betroffenen

(1) ¹Der gerichtlich bestellte Rechtsanwalt kann von dem Beschuldigten die Zahlung der Gebühren eines gewählten Verteidigers verlangen; er kann jedoch keinen Vorschuss fordern. ²Der Anspruch gegen den Beschuldigten entfällt insoweit, als die Staatskasse Gebühren gezahlt hat.

(2) ¹Der Anspruch kann nur insoweit geltend gemacht werden, als dem Beschuldigten ein Erstattungsanspruch gegen die Staatskasse zusteht oder das Gericht des ersten Rechtszugs auf Antrag des Verteidigers feststellt, dass der Beschuldigte ohne Beeinträchtigung des für ihn und seine Familie notwendigen Unterhalts zur Zahlung oder zur Leistung von Raten in der Lage ist. ²Ist das Verfahren nicht gerichtlich anhängig geworden, entscheidet das Gericht, das den Verteidiger bestellt hat.

(3) ¹Wird ein Antrag nach Absatz 2 Satz 1 gestellt, setzt das Gericht dem Beschuldigten eine Frist zur Darlegung seiner persönlichen und wirtschaftlichen Verhältnisse; § 117 Absatz 2 bis 4

der Zivilprozessordnung gilt entsprechend. ²Gibt der Beschuldigte innerhalb der Frist keine Erklärung ab, wird vermutet, dass er leistungsfähig im Sinne des Absatzes 2 Satz 1 ist.

(4) ¹Gegen den Beschluss nach Absatz 2 ist die sofortige Beschwerde nach den Vorschriften der §§ 304 bis 311a der Strafprozessordnung zulässig. ²Dabei steht im Rahmen des § 44 Satz 2 der Strafprozessordnung die Rechtsbehelfsbelehrung des § 12c der Belehrung nach § 35a Satz 1 der Strafprozessordnung gleich.

(5) ¹Der für den Beginn der Verjährung maßgebende Zeitpunkt tritt mit der Rechtskraft der das Verfahren abschließenden gerichtlichen Entscheidung, in Ermangelung einer solchen mit der Beendigung des Verfahrens ein. ²Ein Antrag des Verteidigers hemmt den Lauf der Verjährungsfrist. ³Die Hemmung endet sechs Monate nach der Rechtskraft der Entscheidung des Gerichts über den Antrag.

(6) ¹Die Absätze 1 bis 3 und 5 gelten im Bußgeldverfahren entsprechend. ²Im Bußgeldverfahren vor der Verwaltungsbehörde tritt an die Stelle des Gerichts die Verwaltungsbehörde.

§ 53 RVG Anspruch gegen den Auftraggeber, Anspruch des zum Beistand bestellten Rechtsanwalts gegen den Verurteilten

(1) Für den Anspruch des dem Privatkläger, dem Nebenkläger, dem Antragsteller im Klageerzwingungsverfahren oder des sonst in Angelegenheiten, in denen sich die Gebühren nach Teil 4, 5 oder 6 des Vergütungsverzeichnisses bestimmen, beigeordneten Rechtsanwalts gegen seinen Auftraggeber gilt § 52 entsprechend.

(2) ¹Der dem Nebenkläger, dem nebenklageberechtigten Verletzten oder dem Zeugen als Beistand bestellte Rechtsanwalt kann die Gebühren eines gewählten Beistands aufgrund seiner Bestellung nur von dem Verurteilten verlangen. ²Der Anspruch entfällt insoweit, als die Staatskasse die Gebühren bezahlt hat.

(3) ¹Der in Absatz 2 Satz 1 genannte Rechtsanwalt kann einen Anspruch aus einer Vergütungsvereinbarung nur geltend machen, wenn das Gericht des ersten Rechtszugs auf seinen Antrag feststellt, dass der Nebenkläger, der nebenklageberechtigte Verletzte oder der Zeuge zum Zeitpunkt des Abschlusses der Vereinbarung allein auf Grund seiner persönlichen und wirtschaftlichen Verhältnisse die Voraussetzungen für die Bewilligung von Prozesskostenhilfe in bürgerlichen Rechtsstreitigkeiten nicht erfüllt hätte. ²Ist das Verfahren nicht gerichtlich anhängig geworden, entscheidet das Gericht, das den Rechtsanwalt als Beistand bestellt hat. ³§ 52 Absatz 3 bis 5 gilt entsprechend.

§ 53a Vergütungsanspruch bei gemeinschaftlicher Nebenklagevertretung

¹Stellt ein Gericht gemäß § 397b Absatz 3 der Strafprozessordnung fest, dass für einen nicht als Beistand bestellten oder beigeordneten Rechtsanwalt die Voraussetzungen einer Bestellung oder Beiordnung vorgelegen haben, so steht der Rechtsanwalt hinsichtlich der von ihm bis zu dem Zeitpunkt der Bestellung oder Beiordnung eines anderen Rechtsanwalts erbrachten Tätigkeiten einem bestellten oder beigeordneten Rechtsanwalt gleich. ²Der Rechtsanwalt erhält die Vergütung aus der Landeskasse, wenn die Feststellung von einem Gericht des Landes getroffen wird, im Übrigen aus der Bundeskasse.

§ 54 RVG   Verschulden eines beigeordneten oder bestellten Rechtsanwalts

Hat der beigeordnete oder bestellte Rechtsanwalt durch schuldhaftes Verhalten die Beiordnung oder Bestellung eines anderen Rechtsanwalts veranlasst, kann er Gebühren, die auch für den anderen Rechtsanwalt entstehen, nicht fordern.

§ 55 RVG   Festsetzung der aus der Staatskasse zu zahlenden Vergütungen und Vorschüsse

(1) ¹Die aus der Staatskasse zu gewährende Vergütung und der Vorschuss hierauf werden auf Antrag des Rechtsanwalts von dem Urkundsbeamten der Geschäftsstelle des Gerichts des ersten Rechtszugs festgesetzt. ²Ist das Verfahren nicht gerichtlich anhängig geworden, erfolgt die Festsetzung durch den Urkundsbeamten der Geschäftsstelle des Gerichts, das den Verteidiger bestellt hat.

(2) In Angelegenheiten, in denen sich die Gebühren nach Teil 3 des Vergütungsverzeichnisses bestimmen, erfolgt die Festsetzung durch den Urkundsbeamten des Gerichts des Rechtszugs, solange das Verfahren nicht durch rechtskräftige Entscheidung oder in sonstiger Weise beendet ist.

(3) Im Fall der Beiordnung einer Kontaktperson (§ 34a des Einführungsgesetzes zum Gerichtsverfassungsgesetz) erfolgt die Festsetzung durch den Urkundsbeamten der Geschäftsstelle des Landgerichts, in dessen Bezirk die Justizvollzugsanstalt liegt.

(4) Im Fall der Beratungshilfe wird die Vergütung von dem Urkundsbeamten der Geschäftsstelle des in § 4 Absatz 1 des Beratungshilfegesetzes bestimmten Gerichts festgesetzt.

(5) ¹§ 104 Absatz 2 Satz 1 und 2 der Zivilprozessordnung gilt entsprechend. ²Der Antrag hat die Erklärung zu enthalten, ob und welche Zahlungen der Rechtsanwalt bis zum Tag der Antragstellung erhalten hat. ³Bei Zahlungen auf eine anzurechnende Gebühr sind diese Zahlungen, der Satz oder der Betrag der Gebühr und bei Wertgebühren auch der zugrunde gelegte Wert anzugeben. ⁴Zahlungen, die der Rechtsanwalt nach der Antragstellung erhalten hat, hat er unverzüglich anzuzeigen.

(6) ¹Der Urkundsbeamte kann vor einer Festsetzung der weiteren Vergütung (§ 50) den Rechtsanwalt auffordern, innerhalb einer Frist von einem Monat bei der Geschäftsstelle des Gerichts, dem der Urkundsbeamte angehört, Anträge auf Festsetzung der Vergütungen, für die ihm noch Ansprüche gegen die Staatskasse zustehen, einzureichen oder sich zu den empfangenen Zahlungen (Absatz 5 Satz 2) zu erklären. ²Kommt der Rechtsanwalt der Aufforderung nicht nach, erlöschen seine Ansprüche gegen die Staatskasse.

(7) ¹Die Absätze 1 und 5 gelten im Bußgeldverfahren vor der Verwaltungsbehörde entsprechend. ²An die Stelle des Urkundsbeamten der Geschäftsstelle tritt die Verwaltungsbehörde.

§ 56 RVG   Erinnerung und Beschwerde

(1) ¹Über Erinnerungen des Rechtsanwalts und der Staatskasse gegen die Festsetzung nach § 55 entscheidet das Gericht des Rechtszugs, bei dem die Festsetzung erfolgt ist, durch Beschluss. ²Im Fall des § 55 Absatz 3 entscheidet die Strafkammer des Landgerichts. ³Im Fall der Beratungshilfe entscheidet das nach § 4 Absatz 1 des Beratungshilfegesetzes zuständige Gericht.

(2) ¹Im Verfahren über die Erinnerung gilt § 33 Absatz 4 Satz 1, Absatz 7 und 8 und im Verfahren über die Beschwerde gegen die Entscheidung über die Erinnerung § 33 Absatz 3 bis 8 ent-

sprechend. ²Das Verfahren über die Erinnerung und über die Beschwerde ist gebührenfrei. ³Kosten werden nicht erstattet.

§ 57 RVG Rechtsbehelf in Bußgeldsachen vor der Verwaltungsbehörde

¹Gegen Entscheidungen der Verwaltungsbehörde im Bußgeldverfahren nach den Vorschriften dieses Abschnitts kann gerichtliche Entscheidung beantragt werden. ²Für das Verfahren gilt § 62 des Gesetzes über Ordnungswidrigkeiten.

§ 58 RVG Anrechnung von Vorschüssen und Zahlungen

(1) Zahlungen, die der Rechtsanwalt nach § 9 des Beratungshilfegesetzes erhalten hat, werden auf die aus der Landeskasse zu zahlende Vergütung angerechnet.

(2) ¹In Angelegenheiten, in denen sich die Gebühren nach Teil 3 des Vergütungsverzeichnisses bestimmen, sind Vorschüsse und Zahlungen, die der Rechtsanwalt vor oder nach der Beiordnung erhalten hat, zunächst auf die Vergütungen anzurechnen, für die ein Anspruch gegen die Staatskasse nicht oder nur unter den Voraussetzungen des § 50 besteht. ²Ist eine Gebühr, für die kein Anspruch gegen die Staatskasse besteht, auf eine Gebühr anzurechnen, für die ein Anspruch gegen die Staatskasse besteht, so vermindert sich der Anspruch gegen die Staatskasse nur insoweit, als der Rechtsanwalt durch eine Zahlung auf die anzurechnende Gebühr und den Anspruch auf die ohne Anrechnung ermittelte andere Gebühr insgesamt mehr als den sich aus § 15a Absatz 1 ergebenden Gesamtbetrag erhalten würde.

(3) ¹In Angelegenheiten, in denen sich die Gebühren nach den Teilen 4 bis 6 des Vergütungsverzeichnisses bestimmen, sind Vorschüsse und Zahlungen, die der Rechtsanwalt vor oder nach der gerichtlichen Bestellung oder Beiordnung für seine Tätigkeit in einer gebührenrechtlichen Angelegenheit erhalten hat, auf die von der Staatskasse für diese Angelegenheit zu zahlenden Gebühren anzurechnen. ²Hat der Rechtsanwalt Zahlungen empfangen, nachdem er Gebühren aus der Staatskasse erhalten hat, ist er zur Rückzahlung an die Staatskasse verpflichtet. ³Die Anrechnung oder Rückzahlung erfolgt nur, soweit der Rechtsanwalt durch die Zahlungen insgesamt mehr als den doppelten Betrag der ihm ohne Berücksichtigung des § 51 aus der Staatskasse zustehenden Gebühren erhalten würde. ⁴Sind die dem Rechtsanwalt nach Satz 3 verbleibenden Gebühren höher als die im Vergütungsverzeichnis vorgesehenen Höchstgebühren eines Wahlanwalts, ist auch der die Höchstgebühren übersteigende Betrag anzurechnen oder zurückzuzahlen.

§ 59 RVG Übergang von Ansprüchen auf die Staatskasse

(1) ¹Soweit dem im Wege der Prozesskostenhilfe oder nach § 138 des Gesetzes über das Verfahren in Familiensachen und in den Angelegenheiten der freiwilligen Gerichtsbarkeit, auch in Verbindung mit § 270 des Gesetzes über das Verfahren in Familiensachen und in den Angelegenheiten der freiwilligen Gerichtsbarkeit, beigeordneten oder nach § 67a Absatz 1 Satz 2 der Verwaltungsgerichtsordnung bestellten Rechtsanwalt wegen seiner Vergütung ein Anspruch gegen die Partei oder einen ersatzpflichtigen Gegner zusteht, geht der Anspruch mit der Befriedigung des Rechtsanwalts durch die Staatskasse auf diese über. ²Der Übergang kann nicht zum Nachteil des Rechtsanwalts geltend gemacht werden.

(2) ¹Für die Geltendmachung des Anspruchs sowie für die Erinnerung und die Beschwerde gelten die Vorschriften über die Kosten des gerichtlichen Verfahrens entsprechend. ²Ansprüche der Staatskasse werden bei dem Gericht des ersten Rechtszugs angesetzt. ³Ist das Gericht des ersten

Rechtszugs ein Gericht des Landes und ist der Anspruch auf die Bundeskasse übergegangen, wird er insoweit bei dem jeweiligen obersten Gerichtshof des Bundes angesetzt.

(3) Absatz 1 gilt entsprechend bei Beratungshilfe.

§ 59a RVG   Beiordnung und Bestellung durch Justizbehörden

(1) ¹Für den durch die Staatsanwaltschaft bestellten Rechtsanwalt gelten die Vorschriften über den gerichtlich bestellten Rechtsanwalt entsprechend. ²Ist das Verfahren nicht gerichtlich anhängig geworden, tritt an die Stelle des Gerichts des ersten Rechtszugs das Gericht, das für die gerichtliche Bestätigung der Bestellung zuständig ist.

(2) ¹Für den durch die Staatsanwaltschaft beigeordneten Zeugenbeistand gelten die Vorschriften über den gerichtlich beigeordneten Zeugenbeistand entsprechend. ²Über Anträge nach § 51 Absatz 1 entscheidet das Oberlandesgericht, in dessen Bezirk die Staatsanwaltschaft ihren Sitz hat. ³Hat der Generalbundesanwalt einen Zeugenbeistand beigeordnet, entscheidet der Bundesgerichtshof.

(3) ¹Für den nach § 87e des Gesetzes über die internationale Rechtshilfe in Strafsachen in Verbindung mit § 53 des Gesetzes über die internationale Rechtshilfe in Strafsachen durch das Bundesamt für Justiz bestellten Beistand gelten die Vorschriften über den gerichtlich bestellten Rechtsanwalt entsprechend. ²An die Stelle des Urkundsbeamten der Geschäftsstelle tritt das Bundesamt. ³Über Anträge nach § 51 Absatz 1 entscheidet das Bundesamt gleichzeitig mit der Festsetzung der Vergütung.

(4) ¹Gegen Entscheidungen der Staatsanwaltschaft und des Bundesamts für Justiz nach den Vorschriften dieses Abschnitts kann gerichtliche Entscheidung beantragt werden. ²Zuständig ist das Landgericht, in dessen Bezirk die Justizbehörde ihren Sitz hat. ³Bei Entscheidungen des Generalbundesanwalts entscheidet der Bundesgerichtshof.

Abschnitt 9
Übergangs- und Schlussvorschriften

§ 59b RVG   Bekanntmachung von Neufassungen

¹Das Bundesministerium der Justiz kann nach Änderungen den Wortlaut des Gesetzes feststellen und als Neufassung im Bundesgesetzblatt bekannt machen. ²Die Bekanntmachung muss auf diese Vorschrift Bezug nehmen und angeben
1. den Stichtag, zu dem der Wortlaut festgestellt wird,
2. die Änderungen seit der letzten Veröffentlichung des vollständigen Wortlauts im Bundesgesetzblatt sowie
3. das Inkrafttreten der Änderungen.

§ 60 RVG   Übergangsvorschrift

(1) ¹Für die Vergütung ist das bisherige Recht anzuwenden, wenn der unbedingte Auftrag zur Erledigung derselben Angelegenheit vor dem Inkrafttreten einer Gesetzesänderung erteilt worden ist. ²Dies gilt auch für einen Vergütungsanspruch gegen die Staatskasse (§ 45, auch in Verbindung mit § 59a). ³Steht dem Rechtsanwalt ein Vergütungsanspruch zu, ohne dass ihm zum Zeitpunkt der Beiordnung oder Bestellung ein unbedingter Auftrag desjenigen erteilt worden ist, dem er beigeordnet oder für den er bestellt wurde, so ist für diese Vergütung in derselben Angelegenheit bisheriges Recht anzuwenden, wenn die Beiordnung oder Bestellung des Rechts-

anwalts vor dem Inkrafttreten einer Gesetzesänderung wirksam geworden ist. ⁴Erfasst die Beiordnung oder Bestellung auch eine Angelegenheit, in der der Rechtsanwalt erst nach dem Inkrafttreten einer Gesetzesänderung erstmalig beauftragt oder tätig wird, so ist insoweit für die Vergütung neues Recht anzuwenden. ⁵Das nach den Sätzen 2 bis 4 anzuwendende Recht findet auch auf Ansprüche des beigeordneten oder bestellten Rechtsanwalts Anwendung, die sich nicht gegen die Staatskasse richten. ⁶Die Sätze 1 bis 5 gelten auch, wenn Vorschriften geändert werden, auf die dieses Gesetz verweist.

(2) Sind Gebühren nach dem zusammengerechneten Wert mehrerer Gegenstände zu bemessen, gilt für die gesamte Vergütung das bisherige Recht auch dann, wenn dies nach Absatz 1 nur für einen der Gegenstände gelten würde.

(3) In Angelegenheiten nach dem Pflegeberufegesetz ist bei der Bestimmung des Gegenstandswerts § 52 Absatz 4 Nummer 4 des Gerichtskostengesetzes nicht anzuwenden, wenn der unbedingte Auftrag zur Erledigung derselben Angelegenheit vor dem 15. August 2019 erteilt worden ist.

§ 61 RVG Übergangsvorschrift aus Anlass des Inkrafttretens dieses Gesetzes

(1) ¹Die Bundesgebührenordnung für Rechtsanwälte in der im Bundesgesetzblatt Teil III, Gliederungsnummer 368-1, veröffentlichten bereinigten Fassung, zuletzt geändert durch Artikel 2 Absatz 6 des Gesetzes vom 12. März 2004 (BGBl. I S. 390), und Verweisungen hierauf sind weiter anzuwenden, wenn der unbedingte Auftrag zur Erledigung derselben Angelegenheit im Sinne des § 15 vor dem 1. Juli 2004 erteilt oder der Rechtsanwalt vor diesem Zeitpunkt gerichtlich bestellt oder beigeordnet worden ist. ²Ist der Rechtsanwalt am 1. Juli 2004 in derselben Angelegenheit und, wenn ein gerichtliches Verfahren anhängig ist, in demselben Rechtszug bereits tätig, gilt für das Verfahren über ein Rechtsmittel, das nach diesem Zeitpunkt eingelegt worden ist, dieses Gesetz. ³§ 60 Absatz 2 ist entsprechend anzuwenden.

(2) Auf die Vereinbarung der Vergütung sind die Vorschriften dieses Gesetzes auch dann anzuwenden, wenn nach Absatz 1 die Vorschriften der Bundesgebührenordnung für Rechtsanwälte weiterhin anzuwenden und die Willenserklärungen beider Parteien nach dem 1. Juli 2004 abgegeben worden sind.

§ 62 RVG Verfahren nach dem Therapieunterbringungsgesetz

Die Regelungen des Therapieunterbringungsgesetzes zur Rechtsanwaltsvergütung bleiben unberührt.

Vergütungsverzeichnis (Anlage 1 zu § 2 Abs. 2 RVG)

Teil 1 Allgemeine Gebühren

Nr.	Gebührentatbestand	Gebühr oder Satz der Gebühr nach § 13 RVG
Vorbemerkung 1:		
Die Gebühren dieses Teils entstehen neben den in anderen Teilen bestimmten Gebühren oder einer Gebühr für die Beratung nach § 34 RVG.		
1000	Einigungsgebühr für die Mitwirkung beim Abschluss eines Vertrags	

Nr.	Gebührentatbestand	Gebühr oder Satz der Gebühr nach § 13 RVG
	1. durch den der Streit oder die Ungewissheit über ein Rechtsverhältnis beseitigt wird	1,5
	2. durch den die Erfüllung des Anspruchs geregelt wird bei gleichzeitigem vorläufigem Verzicht auf seine gerichtliche Geltendmachung oder, wenn bereits ein zur Zwangsvollstreckung geeigneter Titel vorliegt, bei gleichzeitigem vorläufigem Verzicht auf Vollstreckungsmaßnahmen (Zahlungsvereinbarung) ..	0,7
	(1) Die Gebühr nach Nummer 1 entsteht nicht, wenn der Hauptanspruch anerkannt oder wenn auf ihn verzichtet wird. Im Privatklageverfahren ist Nummer 4147 anzuwenden.	
	(2) Die Gebühr entsteht auch für die Mitwirkung bei Vertragsverhandlungen, es sei denn, dass diese für den Abschluss des Vertrags im Sinne dieser Vorschrift nicht ursächlich war.	
	(3) Für die Mitwirkung bei einem unter einer aufschiebenden Bedingung oder unter dem Vorbehalt des Widerrufs geschlossenen Vertrag entsteht die Gebühr, wenn die Bedingung eingetreten ist oder der Vertrag nicht mehr widerrufen werden kann.	
	(4) Bei Rechtsverhältnissen des öffentlichen Rechts entsteht die Gebühr, soweit über die Ansprüche vertraglich verfügt werden kann. Absatz 1 Satz 1 und Absatz 2 sind anzuwenden.	
	(5) Die Gebühr entsteht nicht in Ehesachen und in Lebenspartnerschaftssachen (§ 269 Abs. 1 Nr. 1 und 2 FamFG). Wird ein Vertrag, insbesondere über den Unterhalt, im Hinblick auf die in Satz 1 genannten Verfahren geschlossen, bleibt der Wert dieser Verfahren bei der Berechnung der Gebühr außer Betracht. In Kindschaftssachen entsteht die Gebühr auch für die Mitwirkung an einer Vereinbarung, über deren Gegenstand nicht vertraglich verfügt werden kann. Absatz 1 Satz 1 ist entsprechend anzuwenden.	

Mit dem 2. KostRMoG hat es in Abs. 1 Nr. 2 der Anmerkung zu VV 1000 RVG iVm § 31b RVG eine Änderung gegeben, die sich auch bei der Abrechnung erbrechtlicher Mandate auswirkt.

Die damaligen Anwendungsbereiche der Vergleichsgebühr nach § 23 BRAGO sind bereits nicht vollständig in die bis zum 31.7.2013 geltende Fassung des RVG übernommen worden. Es fehlte eine Regelung für die Fälle, in denen über den Gegenstand der Einigung kein Streit bestand, aber die Rechtsverwirklichung unsicher war (§ 23 Abs. 1 BRAGO iVm § 779 Abs. 2 BGB). Das galt etwa bei Ratenzahlungsvereinbarungen über unstreitige Forderungen. Mit der seit 1.8.2013 geltenden Neuregelung nach dem 2. KostRMoG ist eine Einigungsgebühr auch für eine Zahlungsvereinbarung eingeführt worden. Ein gegenseitiges Nachgeben im Sinne des § 779 BGB ist nicht mehr erforderlich. Mit der Neufassung der Vorbemerkung 1 VV durch das KostRÄG 2021 wird klargestellt, dass eine Einigungsgebühr auch im Rahmen einer Beratung anfallen kann.

Allerdings hat der Gesetzgeber für Zahlungsvereinbarungen generell eine Gebührenbremse eingebaut. Der Gegenstandswert beträgt nach § 31b RVG für solche Zahlungsvereinbarungen 20 % des noch offenen Anspruchs. Damit ist die Vergütungshöhe weiterhin unter der nach der BRAGO geblieben.

Beispiel: Der Rechtsanwalt wird mit der Zwangsvollstreckung einer Forderung seines Mandanten beauftragt. Die Vollstreckung wird eingeleitet und es wird dann im Rahmen des Vollstreckungsauftrags mit dem Schuldner eine Zahlungsvereinbarung geschlossen.

Für den Rechtsanwalt stellt sich die Frage, nach welchem Gegenstandswert er abrechnet, denn § 25 Abs. 1 Nr. 1 RVG betrifft die Zwangsvollstreckung und § 31b RVG die Zahlungsvereinbarungen.

5 Es greift zunächst § 25 Abs. 1 Nr. 1 RVG für die Berechnung des Gegenstandswertes in der Zwangsvollstreckung.

6 Dieser bemisst sich nach dem vollen Wert der zu vollstreckenden Forderung einschließlich etwaiger Nebenforderungen. Nach diesem Wert der zu vollstreckenden Forderung ist die Zwangsvollstreckungs-Verfahrensgebühr nach der VV 3309 RVG zu berechnen.

7 Schließt der Rechtsanwalt dann nach Einleitung der Zwangsvollstreckung eine Zahlungsvereinbarung mit dem Schuldner, fällt eine Einigungsgebühr an, und zwar nach einem Wert von 20 % des noch offenen Anspruchs.

8 Denn die 1,5 Einigungsgebühr für die Zahlungsvereinbarung berechnet sich, da sie im Rahmen des Vollstreckungsauftrags erteilt worden ist, auf der Grundlage des § 25 Abs. 1 Nr. 1 RVG[1] nach der zu vollstreckenden Hauptforderung zzgl. Nebenforderungen wie Zinsen und ggf. bisherige Kosten der Zwangsvollstreckung, aber nicht wie bei der Verfahrensgebühr zu 100 %, sondern nach 20 % derselben.[2]

9 Dabei ist allerdings nur eine Einigungsgebühr von 1,0 nach der VV 1003 RVG anzusetzen, denn das Gesetz stellt in VV 1003 RVG Anmerkung Abs. 1 ausdrücklich klar, dass das Verfahren vor dem Gerichtsvollzieher einem gerichtlichen Verfahren gleichsteht.

10 An das Entstehen der Einigungsgebühr sollte der Erbrechtler unbedingt auch in den Fällen des Abschlusses eines sogenannten Auslegungsvertrages[3] denken, mit welchem die Frage, wie das Testament auszulegen ist, für das Verhältnis untereinander verbindlich festgelegt wird. Das gilt ohne Rücksicht darauf, ob sich die Auslegung im Nachhinein als zutreffend oder unzutreffend erweist.[4]

Nr.	Gebührentatbestand	Gebühr oder Satz der Gebühr nach § 13 RVG
1008	Auftraggeber sind in derselben Angelegenheit mehrere Personen: Die Verfahrens- oder Geschäftsgebühr erhöht sich für jede weitere Person um .... (1) Dies gilt bei Wertgebühren nur, soweit der Gegenstand der anwaltlichen Tätigkeit derselbe ist. (2) Die Erhöhung wird nach dem Betrag berechnet, an dem die Personen gemeinschaftlich beteiligt sind. (3) Mehrere Erhöhungen dürfen einen Gebührensatz von 2,0 nicht übersteigen; bei Festgebühren dürfen die Erhöhungen das Doppelte der Festgebühr und bei Betragsrahmengebühren das Doppelte des Mindest- und Höchstbetrags nicht übersteigen. (4) Im Fall der Anmerkung zu den Gebühren 2300 und 2302 erhöht sich der Gebührensatz oder Betrag dieser Gebühren entsprechend.	0,3 oder 30 % bei Festgebühren, bei Betragsrahmengebühren erhöhen sich der Mindest- und Höchstbetrag um 30 %

11 Zu unterscheiden sind die Regelungen des § 7 RVG und VV 1008 RVG.

12 VV 1008 RVG regelt die Berechnung der Erhöhung der Gebühr bei Vertretung mehrerer Auftraggeber in derselben Angelegenheit, wenn es einen Gegenstand gibt und nicht unterschiedliche (→ RVG § 7 Rn. 1 ff.).

---

1 Volpert RVGreport 2013, 375 (378).
2 Hartung/Schons/Enders/Enders VV RVG Nr. 1000 Rn. 23 mwN.
3 S. dazu BGH NJW 1986, 1812 (1813).
4 Vgl. Horn NJW 2012, 666 (668).

Nach VV 1008 RVG erhöht sich die Verfahrens- oder die Geschäftsgebühr für jede weitere Person um den Satz von 0,3, wenn Auftraggeber in derselben Angelegenheit mehrere Personen sind. Der Gegenstand der anwaltlichen Tätigkeit muss dabei derselbe sein, sonst ist kein Raum für die Anwendung der VV 1008 RVG.

Beispiel (in Anlehnung an einen vom LG Mannheim mit Urteil vom 5.2.2012 zu 4 O 15/11 entschiedenen Fall):[5] Zwei Geschwister A und B beauftragen nach dem Tod der Mutter Rechtsanwalt X mit der Vertretung im Erbscheinsverfahren. Das Nachlassgericht erteilt einen gemeinschaftlichen Erbschein.

Für jedes Geschwisterteil, A und B, macht Rechtsanwalt X in dem Verfahren das eigene Erbrecht geltend. Deshalb ist für jeden der beiden Geschwister der Gegenstandswert gesondert festzusetzen und die beiden Werte sind gem. § 22 Abs. 1 RVG zusammenzurechnen. Da der Gegenstand der anwaltlichen Tätigkeit nicht derselbe ist (Erbrecht des A und Erbrecht des B), fällt eine Gebührenerhöhung nach Abs. 1 der Anm. zu VV 1008 RVG nicht an. § 7 RVG kommt zur Anwendung.

Würde in einem solchen Fall nach Erteilung des gemeinschaftlichen Erbscheins von dritter Seite ein Einziehungsantrag gestellt, das Nachlassgericht den Erbschein durch Beschluss wieder einziehen und der Rechtsanwalt dagegen im Auftrag der Geschwister A und B Beschwerde einlegen, gelten für das Beschwerdeverfahren dieselben Grundsätze. Denn auch in diesem Verfahren geht es für jeden mit dem Ziel der Aufhebung des Einziehungsbeschlusses um die Realisierung des ihm persönlich zustehenden Erbrechts.

Zur Frage, ob die anwaltliche Tätigkeit hinsichtlich der Erbscheinserteilung und der Erbscheinseinziehung unterschiedliche gebührenrechtliche Angelegenheiten sind, → RVG § 15 Rn. 1 ff.

Mit dem 2. KostRMoG gab es eine Neuregelung in Abs. 4 der Anmerkung zu VV 1008 RVG dahin gehend, dass sich bei der Vertretung mehrerer Auftraggeber der Gebührensatz bzw. der Gebührenbetrag der Schwellengebühr (Beschränkung der Höhe der Geschäftsgebühr in den Fällen, in denen die anwaltliche Tätigkeit weder umfangreich noch schwierig war) entsprechend erhöht.

Nr.	Gebührentatbestand	Gebühr oder Satz der Gebühr nach § 13 RVG
1009	Hebegebühr	
	1. bis einschließlich 2 500,00 EUR	1,0 %
	2. von dem Mehrbetrag bis einschließlich 10 000,00 EUR	0,5 %
	3. von dem Mehrbetrag über 10 000,00 EUR	0,25 % des aus- oder zurückgezahlten Betrags – mindestens 1,00 EUR
	(1) Die Gebühr wird für die Auszahlung oder Rückzahlung von entgegengenommenen Geldbeträgen erhoben.	
	(2) Unbare Zahlungen stehen baren Zahlungen gleich. Die Gebühr kann bei der Ablieferung an den Auftraggeber entnommen werden.	
	(3) Ist das Geld in mehreren Beträgen gesondert ausgezahlt oder zurückgezahlt, wird die Gebühr von jedem Betrag besonders erhoben.	
	(4) Für die Ablieferung oder Rücklieferung von Wertpapieren und Kostbarkeiten entsteht die in den Absätzen 1 bis 3 bestimmte Gebühr nach dem Wert.	
	(5) Die Hebegebühr entsteht nicht, soweit Kosten an ein Gericht oder eine Behörde weitergeleitet oder eingezogene Kosten an den Auftraggeber abgeführt oder eingezogene Beträge auf die Vergütung verrechnet werden.	

---

[5] S. Entscheidungsreport in LG Mannheim RVGreport 2012, 414 f.

17 Sogenannte Hebegebühren (man spricht auch von der Vergütung des Rechtsanwalts für sog. Verwahrgeschäfte)[6] lassen sich nach der VV 1009 RVG berechnen bei Aus- oder Rückzahlungen von entgegengenommenen Geldbeträgen.

18 Zu beachten ist dabei, dass jeder einzelne Auszahlungsvorgang eine eigene Angelegenheit im Sinne des § 15 RVG ist und demzufolge auch gesondert mit Telekommunikationspauschale und MwSt. abgerechnet werden kann. Nach der Anmerkung Abs. 2 S. 2 zu VV 1009 RVG kann der Rechtsanwalt den Betrag unmittelbar entnehmen.

19 Die Hebegebühr der VV 1009 RVG entsteht also immer dann, wenn der Rechtsanwalt vom Mandanten den Auftrag zur Entgegennahme und Weiterleitung von Geldern erhalten hat. In der Praxis stößt die Erhebung dieser Gebühr oft auf Unverständnis der Auftraggeber. Gerade in Erbsachen handelt es sich teilweise um erhebliche Beträge, die über das (Fremdgeld-)Konto des Rechtsanwalts abgewickelt werden, teilweise gebunden an den Eintritt von Bedingungen, Auflagen oder Ähnliches. Hier ist es angemessen, diese häufig vernachlässigte Gebühr auch abzurechnen. Bei einem Auszahlungs-/Rückzahlungsbetrag von 100.000 EUR ergibt sich immerhin ein Nettogebührenbetrag von 307,50 EUR. Um spätere Diskussionen zu vermeiden, empfiehlt sich auch in diesem Zusammenhang der Abschluss einer Vergütungsvereinbarung mit deutlichem Hinweis auf diese Gebühr; jedenfalls aber sollte ein solcher Hinweis im Rahmen der nach § 49b BRAO erforderlichen Belehrung erfolgen.

Nr.	Gebührentatbestand	Gebühr oder Satz der Gebühr nach § 13 RVG
1010	Zusatzgebühr für besonders umfangreiche Beweisaufnahmen in Angelegenheiten, in denen sich die Gebühren nach Teil 3 richten und mindestens drei gerichtliche Termine stattfinden, in denen Sachverständige oder Zeugen vernommen werden .... Die Gebühr entsteht für den durch besonders umfangreiche Beweisaufnahmen anfallenden Mehraufwand.	0,3 oder bei Betragsrahmengebühren erhöhen sich der Mindest- und Höchstbetrag der Terminsgebühr um 30 %

20 Durch diese mit dem 2. KostRMoG eingeführte Zusatzgebühr soll in den Fällen, in denen sich die Gebühren nach Teil 3 VV RVG richten, der Vergütungsverlust, der nach Wegfall der Beweisgebühr der BRAGO allenthalben beklagt wurde, etwas aufgefangen werden. Die Gebühr setzt aber voraus, dass mindestens drei gerichtliche Termine stattfinden, in denen Sachverständige oder Zeugen vernommen werden, und (kumulativ) dass es sich um eine besonders umfangreiche Beweisaufnahme handelt.

21 Was unter „besonders umfangreich" iSd Gebührenvorschrift zu verstehen ist, ist offen und wird im Zweifel zu einer uneinheitlichen Auslegung durch die Instanzgerichte führen. Deshalb führte die Bundesrechtsanwaltskammer eine Umfrage zu Anzahl und Dauer gerichtlicher Termine im Zivilprozess durch. Nach den Ergebnissen dieser Umfrage müsste die die Zusatzgebühr nach der VV 1010 RVG regelnde Vorschrift dahin gehend geändert werden, dass diese Gebühr dann anfällt, wenn mehr als zwei Termine mit einer Gesamtdauer von mehr als 120 Minuten stattfinden. Die Gebührenreferenten einigten sich auf ihrer 73. Tagung vom 24.9.2016 bereits darauf, folgende geänderte Formulierung des Gebührentatbestandes in VV 1010 RVG vorzuschlagen:

---

[6] HK-RVG/Klees VV RVG Nr. 1009 Rn. 1.

„Zusatzgebühr in Angelegenheiten, in denen sich die Gebühren nach Teil 3 richten und mehr als zwei gerichtliche Termine mit einer Gesamtdauer von insgesamt mehr als 120 Minuten stattfinden."[7]

Die Höhe der Gebühr beträgt bei Wertgebühren 0,3. Bei der Abrechnung nach Betragsrahmen erhöht sich die Terminsgebühr um 30 %.

Teil 2   Außergerichtliche Tätigkeiten einschließlich der Vertretung im Verwaltungsverfahren

Nr.	Gebührentatbestand	Gebühr oder Satz der Gebühr nach § 13 RVG
\multicolumn{3}{l}{*Vorbemerkung 2:*}		
\multicolumn{3}{l}{(1) Die Vorschriften dieses Teils sind nur anzuwenden, soweit nicht die §§ 34 bis 36 RVG etwas anderes bestimmen.}		
\multicolumn{3}{l}{(2) Für die Tätigkeit als Beistand für einen Zeugen oder Sachverständigen in einem Verwaltungsverfahren, für das sich die Gebühren nach diesem Teil bestimmen, entstehen die gleichen Gebühren wie für einen Bevollmächtigten in diesem Verfahren. Für die Tätigkeit als Beistand eines Zeugen oder Sachverständigen vor einem parlamentarischen Untersuchungsausschuss entstehen die gleichen Gebühren wie für die entsprechende Beistandsleistung in einem Strafverfahren des ersten Rechtszugs vor dem Oberlandesgericht.}		
\multicolumn{3}{l}{*Abschnitt 1. Prüfung der Erfolgsaussicht eines Rechtsmittels*}		
2100	Gebühr für die Prüfung der Erfolgsaussicht eines Rechtsmittels, soweit in Nummer 2102 nichts anderes bestimmt ist .... Die Gebühr ist auf eine Gebühr für das Rechtsmittelverfahren anzurechnen.	0,5 bis 1,0

Nach dem Gebührenrahmen der VV 2100 RVG kann der Rechtsanwalt abrechnen, wenn er die Erfolgsaussichten eines Rechtsmittels geprüft hat. Das gilt aber nur, wenn dem Rechtsanwalt **noch kein unbedingter Prozessauftrag** für das Rechtsmittelverfahren erteilt worden ist. In diesem Fall wird die Tätigkeit durch die Verfahrensgebühr des Rechtsmittelverfahrens erfasst, die auch eine Prüfung mit abgilt (s. Vorbem. 3 Abs. 2 VV; § 19 Abs. 1 S. 1 RVG).

Hat dagegen der Mandant bereits den **Auftrag zum Rechtsmittel erteilt**, aber nur für den Fall, dass der Rechtsanwalt zu dem Ergebnis erlangt, es bestehe Aussicht auf Erfolg, liegt nur ein bedingter Rechtsmittelauftrag vor, der gemäß § 158 Abs. 1 BGB erst mit dem Eintritt der Bedingung (positives Prüfergebnis) wirksam wird. Nr. 2100 RVG kommt dabei zur Anwendung. Rät der Rechtsanwalt im Ergebnis seiner Prüfung von dem Rechtsmittel ab, kommt der Rechtsmittelauftrag mangels Bedingungseintritt nicht zum Zuge, mit der Folge, dass es bei der Vergütung nach Nr. 2100 ff. VV RVG bleibt. Ist eine Erfolgsaussicht des Rechtsmittels das Ergebnis der Prüfung, tritt die Bedingung ein, der Rechtsmittelauftrag kommt zum Zuge mit der Folge des Entstehens der Verfahrensgebühr, auf welche die Prüfungsgebühr der Nr. 2100 ff. VV anzurechnen ist.

Bei dem Satzgebührenrahmen von 0,5 bis 1,0 beträgt die Mittelgebühr 0,75. Wird das Rechtsmittel später durchgeführt, ist die Gebühr nach der Anmerkung zu VV 2100 RVG anzurechnen.

Nr.	Gebührentatbestand	Gebühr oder Satz der Gebühr nach § 13 RVG
2300	Geschäftsgebühr, soweit in den Nummern 2302 und 2303 nichts anderes bestimmt ist .... (1) Eine Gebühr von mehr als 1,3 kann nur gefordert werden, wenn die Tätigkeit umfangreich oder schwierig war.	0,5 bis 2,5

---

[7] Seltmann RVGreport 2017, 85.

Nr.	Gebührentatbestand	Gebühr oder Satz der Gebühr nach § 13 RVG
	(2) Ist Gegenstand der Tätigkeit eine Inkassodienstleistung, die eine unbestrittene Forderung betrifft, kann eine Gebühr von mehr als 0,9 nur gefordert werden, wenn die Inkassodienstleistung besonders umfangreich oder besonders schwierig war. In einfachen Fällen kann nur eine Gebühr von 0,5 gefordert werden; ein einfacher Fall liegt in der Regel vor, wenn die Forderung auf die erste Zahlungsaufforderung hin beglichen wird. Der Gebührensatz beträgt höchstens 1,3.	

I. Grundsätzliches

24 Die Anwendung dieser Vorschrift bei außergerichtlicher Tätigkeit des Erbrechtlers bedarf besonderer Obacht. Denn bevor eine Geschäftsgebühr nach der VV 2300 RVG abgerechnet wird, sollte immer geprüft werden, ob nicht eine andere Gebührenvorschrift Vorrang genießt.

25 Das ist erforderlich, da Abschnitt 3 des Teiles 2 (VV 2300–2303 RVG) die Gebühren in sonstigen Angelegenheiten regelt, die nicht unter andere Gebührenvorschriften der anderen Abschnitte fallen.

26 Es ist also zunächst zu prüfen, ob nicht eine Angelegenheit eines anderen Abschnitts vorliegt oder ein sonstiger Ausschluss aufgrund des Vorrangs einer anderen Gebührenvorschrift gegeben ist, zB eine Gebühr nach Abschnitt 5 des RVG (§ 34 Beratung, Gutachten, Mediation; § 35 Hilfe in Steuersachen; § 36 Schiedsrichterliche Verfahren und Verfahren vor dem Schiedsgericht) oder im Vergütungsverzeichnis der Abschnitt über die Prüfung der Erfolgsaussicht eines Rechtsmittel (VV 2100–2103 RVG) und VV 1009 RVG (die Hebegebühr) einschlägig sind. Auch gehören die Regelungen über die Beratungshilfe (VV 2500–2508 RVG) nicht unter VV 2300–2303 RVG.

II. Voraussetzung für die Entstehung

27 Die Geschäftsgebühr entsteht schon mit der ersten Tätigkeit des Rechtsanwalts nach Erhalt des Auftrags, wobei die Annahme des Auftrags allein, ohne die Entgegennahme der ersten Information, die Gebühr noch nicht auslöst.[8] Denn nach Vorbemerkung 2.3 Abs. 3 Alt. 1 VV RVG kommt es auf „das Betreiben des Geschäfts" an. Das kann schon darin gesehen werden, dass der Rechtsanwalt die von ihm benötigten Angaben bei dem Mandanten einholt.[9]

28 Umstritten war, ob die Gebühr auch anfällt, wenn der Rechtsanwalt nur im Hintergrund bleibt und dem Mandanten Schreiben für diesen zur eigenen Versendung erarbeitet.[10]

29 Maßgeblich ist insoweit in erster Linie der Inhalt des erteilten Auftrags, beweiskräftig abzusichern durch die möglichst exakte Beschreibung der beauftragten Tätigkeit (zB Erbenermittlung, Feststellung des Nachlasswerts, Erb-/Pflichtteils-/Vermächtnisanspruch durchsetzen) in der schriftlichen Vollmacht des Auftraggebers.

III. Sonderfall: Entwerfen eines Testaments oder einer sonstigen einseitigen Urkunde

30 Für den Erbrechtler stellt sich an dieser Stelle häufig folgendes Problem: Lautet der Auftrag „Entwurf eines Testaments", stellt sich für ihn die Frage, ob damit eine Geschäftsgebühr zu verdienen ist oder lediglich eine Beratungsgebühr.

---

8 HK-RVG/Winkler/Teubel VV RVG Vorb. 2.3 Rn. 3.
9 HK-RVG/Winkler/Teubel VV RVG Vorb. 2.3 Rn. 3.
10 HK-RVG/Winkler/Teubel VV RVG Vorb. 2.3 Rn. 7.

Diese Frage kam erst mit dem Inkrafttreten des RVG auf. In § 118 Abs. 1 Nr. 1 BRAGO war das Entwerfen von Urkunden noch ausdrücklich aufgeführt.

Im RVG, der Vorbemerkung 2.3 Abs. 3 und in VV 2300 RVG ist nicht mehr die Rede von Urkunden, nur noch von dem „Betreiben des Geschäfts" und „der Mitwirkung bei der Gestaltung eines Vertrags".

Bei Testamenten handelt es sich nicht um Verträge, weshalb nach dem Wortlaut der Vorschrift der Entwurf des Testaments nicht in den Anwendungsbereich der VV 2300 RVG, der sog. Geschäftsgebühr, fällt.

Ob die Tätigkeit eines Rechtsanwalts, der für seinen Mandanten ein Testament oder eine sonstige einseitige Urkunde entwirft, eine Geschäftsgebühr nach der VV 2300 RVG auslöst oder nach den Grundsätzen des § 34 RVG als bloße Beratung zu vergüten ist, ist umstritten.

Die wohl überwiegende Meinung im Schrifttum spricht sich bisher für eine Geschäftsgebühr aus.

Allerdings hat nunmehr der BGH mit seiner Entscheidung vom 22.2.2018 die in der jüngeren Instanzrechtsprechung vertretene Gegenansicht, nach welcher die Vergütung sich nach § 34 RVG richten soll, als zutreffend angesehen.[11] Das hat der BGH nochmals mit seinem Urteil vom 15.4.2021 bestätigt.[12]

Danach löst das Entwerfen eines Testaments oder einer sonstigen einseitigen Urkunde in der Regel keine Geschäftsgebühr aus. Der BGH geht lediglich von einer Beratungstätigkeit aus. § 34 RVG kommt zur Anwendung.

Der BGH hebt in seiner Entscheidung hervor, dass auch § 34 RVG eine angemessene Vergütung für den Anwalt ermögliche. Denn nach der Konzeption des RVG solle der Anwalt bei einem Auftrag zu außergerichtlicher Beratung in erster Linie auf eine Gebührenvereinbarung hinwirken.

Lehnt der Mandant die Vereinbarung ab, könne der Anwalt das Mandat ablehnen. Sehe er davon ab, sei ihm die gesetzliche Begrenzung der Vergütung bei von Verbrauchern erteilten Mandaten zumutbar.

Fehlt – wie in dem vom OLG Düsseldorf behandelten Fall – die Wechselbezüglichkeit, sind die jeweiligen Erklärungen der Testierenden nach Auffassung des OLG Düsseldorf frei widerruflich, weshalb auch nicht von einer vertraglichen oder vertragsähnlichen Bindung ausgegangen werden könne.

Unproblematisch ist die Frage, ob eine Geschäftsgebühr oder lediglich eine Beratungsgebühr bei dem Auftrag zur Erstellung eines Erbvertrags abzurechnen ist. Hierbei geht es um die Erstellung eines Vertrages, was schon nach dem Wortlaut des Gesetzes die Geschäftsgebühr nach der VV 2300 RVG entstehen lässt.[13]

IV. Rahmengebühr

VV 2300 RVG ist eine (Satz-)Rahmengebühr.

Die Mittelgebühr liegt bei 1,5. Es ergibt sich jedoch aus der Anmerkung zu Nr. 2300, dass ein Schwellenwert, der bei 1,3 liegt, zu beachten ist. Dieser Gebührensatz von 1,3 darf nur überschritten werden, wenn die Tätigkeit umfangreich **oder** schwierig ist.[14] Es müssen also nicht

---

[11] BGH ErbR 2018, 330 ff. mit Bezugnahme und Hinweisen auf anderslautende Auffassungen im Schrifttum und in der Instanzrechtsprechung.
[12] BGH ErbR 2021, 556.
[13] Schneider/Volpert/Reckin VV RVG Vorb. 2.3 Rn. 52–55 (anschauliche Erläuterung zur Abgrenzungsproblematik).
[14] N. Schneider ErbR 2013, 212 mwN.

beide Kriterien überdurchschnittlich sein; eines reicht, um den sogenannten Schwellenwert von 1,3 überschreiten zu dürfen.

44 Innerhalb des von der VV 2300 RVG vorgegebenen Rahmens ist nach den Kriterien des § 14 RVG von dem Rechtsanwalt zu bestimmen, welcher konkrete Gebührensatz angemessen ist.

45 Dabei übt der Rechtsanwalt sein Ermessen aus. Zu den einzelnen Kriterien des § 14 → RVG § 14 Rn. 1 ff.

Nr.	Gebührentatbestand	Gebühr oder Satz der Gebühr nach § 13 RVG
2301	Der Auftrag beschränkt sich auf ein Schreiben einfacher Art: Die Gebühr 2300 beträgt .... Es handelt sich um ein Schreiben einfacher Art, wenn dieses weder schwierige rechtliche Ausführungen noch größere sachliche Auseinandersetzungen enthält.	0,3

46 Im Erbrechtsmandat spielt diese sonst eher weniger wichtige Gebührenvorschrift immer dann eine Rolle, wenn der Rechtsanwalt beauftragt wird, ein Originaltestament bei Gericht einzureichen. Das bloße Anschreiben des Rechtsanwalts an das Gericht wird als Schreiben einfacher Art iSv VV 2301 RVG qualifiziert und löst als solches (nur) eine 0,3 Gebühr aus.

47 Das gilt nicht mehr, wenn mit der Einreichung des Testamentes etwa ein Antrag zur Testamentseröffnung, ggf. auch noch mit einer Begründung versehen, gestellt wird und eine Entscheidung darüber entgegengenommen wird.

48 Dann geht es nicht mehr um ein Schreiben einfacher Art iSd VV 2301 RVG. Auch in diesen Fällen entsteht jedoch keine Geschäftsgebühr nach der VV 2300 RVG, sondern es greift die spezielle und vorrangige Gebührenziffer der VV 3101 RVG (→ VV RVG Nr. 3101 Rn. 1 ff.). Abzurechnen ist eine 0,8 Gebühr nach dieser Vorschrift.

Teil 3 Zivilsachen, Verfahren der öffentlich-rechtlichen Gerichtsbarkeiten, Verfahren nach dem Strafvollzugsgesetz, auch in Verbindung mit § 92 des Jugendgerichtsgesetzes, und ähnliche Verfahren

Nr.	Gebührentatbestand	Gebühr oder Satz der Gebühr nach § 13 RVG
	Abschnitt 1. Erster Rechtszug **Vorbemerkung 3.1:** Die Gebühren dieses Abschnitts entstehen in allen Verfahren, für die in den folgenden Abschnitten dieses Teils keine Gebühren bestimmt sind.	

49 Die Gebühren dieses Abschnitts (VV 3100 ff. RVG) gelten auch für die Abrechnung der Tätigkeit im selbstständigen Beweisverfahren. Das selbstständige Beweisverfahren stellt gegenüber der Hauptsache eine selbstständige eigene Gebührenangelegenheit dar. Schließt sich aber ein Hauptsacheverfahren an, wird die Verfahrensgebühr nach der Vorbemerkung 3 Abs. 5 VV RVG angerechnet, nicht jedoch die Terminsgebühr.

Nr.	Gebührentatbestand	Gebühr oder Satz der Gebühr nach § 13 RVG
3100	Verfahrensgebühr, soweit in Nummer 3102 nichts anderes bestimmt ist ...... (1) Die Verfahrensgebühr für ein vereinfachtes Verfahren über den Unterhalt Minderjähriger wird auf die Verfahrensgebühr angerechnet, die in dem nachfolgenden Rechtsstreit entsteht (§ 255 FamFG). (2) Die Verfahrensgebühr für ein Vermittlungsverfahren nach § 165 FamFG wird auf die Verfahrensgebühr für ein sich anschließendes Verfahren angerechnet.	1,3

In der Literatur wird immer wieder diskutiert, welche Gebühr der in einem Erbscheinsverfahren tätige Rechtsanwalt erhält, der einen weder mit einer Begründung noch mit Sachausführungen versehenen Antrag an das Nachlassgericht stellt, welches den Erbschein sodann ohne Beweisaufnahme oder mündliche Verhandlung/Erörterung ausstellt. Nach der herrschenden Meinung erhält der Rechtsanwalt in diesem Verfahren dieselben Gebühren wie in bürgerlich-rechtlichen Streitigkeiten, mithin die Gebühren nach VV 3100 ff. RVG. Hierzu gehört auch VV 3101 Nr. 3 RVG, wonach die Gebühr 0,8 in nicht streitigen (vgl. Anmerkung 2 zu Nr. 3101) Verfahren der freiwilligen Gerichtsbarkeit beträgt. 50

Umstritten ist, ob die Vorschrift auch zur Anwendung kommt, wenn der Antrag durch den Rechtsanwalt mit einer Begründung versehen wird, unabhängig wie ausführlich diese ist. Nach der überwiegenden Auffassung löst die Antragstellung dann, wenn der Antrag mit einer Begründung versehen ist, die 1,3 Verfahrensgebühr der VV 3100 RVG aus.[15] Das soll auch unabhängig davon gelten, ob das Verfahrensrecht eine Begründung erfordert. 51

Werden mehrere Auftraggeber wegen desselben Gegenstands vertreten, greift bei der Verfahrensgebühr die Erhöhung der VV 1008 RVG um 0,3 je weiteren Auftraggeber (bis maximal 2,0). Werden also 2 Auftraggeber bzgl. desselben Gegenstands vertreten beträgt die Verfahrensgebühr 1,3 + 0,3, also 1,6. 52

Zu bedenken ist auch, dass die Geschäftsgebühr, die bei vorangegangener außergerichtlicher Tätigkeit angefallen ist, zur Hälfte (maximal 0,75) nach der Vorbemerkung 3 Abs. 4 VV RVG anzurechnen ist. 53

Nr.	Gebührentatbestand	Gebühr oder Satz der Gebühr nach § 13 RVG
3101	1. Endigt der Auftrag, bevor der Rechtsanwalt die Klage, den ein Verfahren einleitenden Antrag oder einen Schriftsatz, der Sachanträge, Sachvortrag, die Zurücknahme der Klage oder die Zurücknahme des Antrags enthält, eingereicht oder bevor er einen gerichtlichen Termin wahrgenommen hat; 2. soweit Verhandlungen vor Gericht zur Einigung der Parteien oder der Beteiligten oder mit Dritten über in diesem Verfahren nicht rechtshängige Ansprüche geführt werden; der Verhandlung über solche Ansprüche steht es gleich, wenn beantragt ist, eine Einigung zu Protokoll zu nehmen oder das Zustandekommen einer Einigung festzustellen (§ 278 Abs. 6 ZPO), oder wenn eine Einigung dadurch erfolgt, dass die Beteiligten einen in der Form eines Beschlusses ergangenen Vorschlag schriftlich oder durch Erklärung zu Protokoll in der mündlichen Verhandlung gegenüber dem Gericht annehmen (§ 101 Abs. 1 Satz 2 SGG, § 106 Satz 2 VwGO); oder 3. soweit in einer Familiensache, die nur die Erteilung einer Genehmigung oder die Zustimmung des Familiengerichts zum Gegenstand hat, oder	

---

15 S. Bartsch ZErb 2012, 123 mwN.

Nr.	Gebührentatbestand	Gebühr oder Satz der Gebühr nach § 13 RVG
	in einem Verfahren der freiwilligen Gerichtsbarkeit lediglich ein Antrag gestellt und eine Entscheidung entgegengenommen wird, beträgt die Gebühr 3100	0,8
	(1) Soweit in den Fällen der Nummer 2 der sich nach RVG ergebende Gesamtbetrag der Verfahrensgebühren die Gebühr 3100 übersteigt, wird der übersteigende Betrag auf eine Verfahrensgebühr angerechnet, die wegen desselben Gegenstands in einer anderen Angelegenheit entsteht.	
	(2) Nummer 3 ist in streitigen Verfahren der freiwilligen Gerichtsbarkeit, insbesondere in Verfahren nach dem Gesetz über das gerichtliche Verfahren in Landwirtschaftssachen, nicht anzuwenden.	

54 Diese Gebühr mit 0,8 entsteht für den Rechtsanwalt etwa bei dem **Antrag auf Testamentseröffnung** an das Nachlassgericht (→ R. 46 ff. – im Unterschied zum Anschreiben an das Gericht mit der bloßen Einreichung des Testaments). Wird allerdings zudem auch das Verfahren betrieben, entsteht die Verfahrensgebühr nach der VV 3100 RVG mit 1,3 (→ Rn. 50 ff.).

55 Auch bei der **Anfechtung der Annahme der Erbschaft** und bei der **Ausschlagung der Erbschaft bzw. die Anfechtung der Ausschlagung** entsteht, wenn der Rechtsanwalt lediglich die Erklärung der Ausschlagung bzw. der Anfechtung nach vorheriger Prüfung entwirft und beim Nachlassgericht einreicht, die Gebühr von 0,8 nach der VV 3101 RVG. Damit ist auch die Begründung abgegolten.[16] Das gilt dann nicht mehr, wenn zudem ein Erbscheinsverfahren betrieben wird, was wiederum die 1,3-Gebühr nach der VV 3100 RVG auslösen kann (→ Rn. 50 ff.). Zusätzlich können in einem solchen Verfahren dann die Terminsgebühr nach der VV 3104 RVG mit 1,2 und bei mindestens drei Beweisaufnahmeterminen mit entsprechendem Umfang auch eine 0,3 Zusatzgebühr nach der VV 1010 RVG anfallen.

Nr.	Gebührentatbestand	Gebühr oder Satz der Gebühr nach § 13 RVG
3104	Terminsgebühr, soweit in Nummer 3106 nichts anderes bestimmt ist	1,2
	(1) Die Gebühr entsteht auch, wenn 1. in einem Verfahren, für das mündliche Verhandlung vorgeschrieben ist, im Einverständnis mit den Parteien oder Beteiligten oder gemäß § 307 oder § 495a ZPO ohne mündliche Verhandlung entschieden oder in einem solchen Verfahren mit oder ohne Mitwirkung des Gerichts ein Vertrag im Sinne der Nummer 1000 geschlossen wird oder die Erledigung der Rechtssache im Sinne der Nummer 1002 eingetreten ist, 2. nach § 84 Abs. 1 Satz 1 VwGO oder § 105 Abs. 1 Satz 1 SGG durch Gerichtsbescheid entschieden wird und eine mündliche Verhandlung beantragt werden kann oder 3. das Verfahren vor dem Sozialgericht, für das mündliche Verhandlung vorgeschrieben ist, nach angenommenem Anerkenntnis ohne mündliche Verhandlung endet.	
	(2) Sind in dem Termin auch Verhandlungen zur Einigung über in diesem Verfahren nicht rechtshängige Ansprüche geführt worden, wird die Terminsgebühr, soweit sie sich ohne Berücksichtigung der nicht rechtshängigen Ansprüche ergebenden Gebührenbetrag übersteigt, auf eine Terminsgebühr angerechnet, die wegen desselben Gegenstands in einer anderen Angelegenheit entsteht.	

---

16 Gerold/Schmidt/Müller-Rabe VV 3101 RVG Rn. 132.

Nr.	Gebührentatbestand	Gebühr oder Satz der Gebühr nach § 13 RVG
	(3) Die Gebühr entsteht nicht, soweit lediglich beantragt ist, eine Einigung der Parteien oder der Beteiligten oder mit Dritten über nicht rechtshängige Ansprüche zu Protokoll zu nehmen.	
	(4) Eine in einem vorausgegangenen Mahnverfahren oder vereinfachten Verfahren über den Unterhalt Minderjähriger entstandene Terminsgebühr wird auf die Terminsgebühr des nachfolgenden Rechtsstreits angerechnet.	

Die Terminsgebühr entsteht auch, wenn im schriftlichen Verfahren entschieden wird, so bestimmt es Anmerkung Abs. 1 Nr. 1 zu VV 3104 RVG. Mit dem KostRÄG 2021 wurde der Anwendungsbereich der fiktiven Terminsgebühr nach § 3104 VV nochmals erweitert. Es reicht jetzt aus, egal ob mit oder ohne Beteiligung des Gerichts, dass eine Einigung getroffen wird. Schriftform ist nicht mehr erforderlich.

Der Anwendungsbereich der Terminsgebühr wurde bereits mit der Neufassung der Vorbemerkung 3 Abs. 3 S. 1 VV RVG durch das 2. KostRMoG auf alle gerichtlichen Termine erweitert, ausgenommen sind seitdem nur noch reine Verkündungstermine.

Damit hat der Gesetzgeber die Beschränkung auf die Verhandlungs-, Erörterungs- oder Beweisaufnahmetermine aufgegeben. Das wirkt sich etwa aus, wenn bloße Protokollierungstermine oder Anhörungstermine stattfinden.

Mit der Änderung der Vorbemerkung 3 Abs. 3 Nr. 2 VV RVG wurde klargestellt, dass die Terminsgebühr auch dann entsteht, wenn der Rechtsanwalt an auf die Vermeidung oder Erledigung des Verfahrens gerichteten außergerichtlichen Besprechungen mitwirkt, unabhängig davon, ob für das gerichtliche Verfahren eine mündliche Verhandlung vorgeschrieben ist oder nicht.

Damit wurde der darauf bezogene Streit mit den Gerichten in die Vergangenheit verwiesen.

Folgende Konstellationen sind bspw. denkbar, bei welchen die Terminsgebühr der VV 3104 RVG nach der Vorbemerkung 3 Abs. 3 VV anfällt:

1. Vertretung des Mandanten im gerichtlichen Verfahren, ohne dass es darauf ankäme, dass in dem Termin verhandelt oder erörtert wird, dh auch die Wahrnehmung eines reinen Protokollierungstermins reicht für das Entstehen der Terminsgebühr.
2. Wahrnehmung eines von einem gerichtlich bestellten Sachverständigen anberaumten Termins.

   Beispiel: Ortstermin des Sachverständigen zur Bewertung einer in erbrechtlicher Auseinandersetzung befindlichen Immobilie nach Beweisbeschluss des Gerichts
3. Mitwirkung an Besprechungen, die auf die Vermeidung oder Erledigung des Verfahrens gerichtet sind, sofern es nicht lediglich Besprechungen mit dem eigenen Auftraggeber sind, vorausgesetzt ist allerdings das Vorliegen eines Prozess- bzw. Verfahrensauftrages.

Der BGH hat festgestellt, dass für die Terminsgebühr nach Nr. 3104 I Nr. 1 Var. 3 VV RVG auch der Abschluss eines außergerichtlichen Vergleichs reicht; nicht erforderlich ist, dass dieser protokolliert wird oder sein Zustandekommen gem. § 278 Abs. 6 ZPO seitens des Gerichts festgestellt wird und das gilt auch, wenn der schriftliche Vergleich in einem einstweiligen Verfügungsverfahren nach §§ 935 ff. ZPO geschlossen wird.[17]

---

17 BGH NJW 2020, 2474 mAnm Wolber.

Nr.	Gebührentatbestand	Gebühr oder Satz der Gebühr nach § 13 RVG
3105	Wahrnehmung nur eines Termins, in dem eine Partei oder ein Beteiligter nicht erschienen oder nicht ordnungsgemäß vertreten ist und lediglich ein Antrag auf Versäumnisurteil, Versäumnisentscheidung oder zur Prozess-, Verfahrens- oder Sachleitung gestellt wird: Die Gebühr 3104 beträgt .... (1) Die Gebühr entsteht auch, wenn 1. das Gericht bei Säumnis lediglich Entscheidungen zur Prozess-, Verfahrens- oder Sachleitung von Amts wegen trifft oder 2. eine Entscheidung gemäß § 331 Abs. 3 ZPO ergeht. (2) § 333 ZPO ist nicht entsprechend anzuwenden.	0,5

62 Aus dieser Vorschrift ergibt sich, unter welchen Voraussetzungen sich die Terminsgebühr der Nr. 3104 auf 0,5 reduziert.

Nr.	Gebührentatbestand	Gebühr oder Satz der Gebühr nach § 13 RVG
3200	Verfahrensgebühr, soweit in Nummer 3204 nichts anderes bestimmt ist	1,6

63 Auch hinsichtlich der Verfahrensgebühr für das Berufungsverfahren findet die VV 1008 RVG Anwendung, wenn mehrere Auftraggeber in derselben Angelegenheit im Berufungsverfahren vertreten werden, so dass sich die 1,6 Verfahrensgebühr nach VV 3200 RVG um 0,3 je weiterem Auftraggeber erhöht.

64 Diese Gebührenziffer ist auch für das Beschwerdeverfahren nach §§ 58 ff. FamFG maßgeblich, für welches bis 1.8.2013 die VV 3500 RVG mit dem Satz von 0,5 galt. Denn die Vorbemerkung 3.2.1 Nr. 2 wurde durch das 2. KostRMoG so geändert, dass ab 1.8.2013 auch in allen Angelegenheiten der freiwilligen Gerichtsbarkeit die Gebühren für Beschwerdeverfahren, die den Hauptgegenstand des Verfahrens betreffen, sich nach den für die Berufung geltenden Vorschriften der VV 3200 ff. RVG bestimmen. Beschwerden gegen den Rechtszug beendende Entscheidungen in Angelegenheiten der freiwilligen Gerichtsbarkeit wegen des Hauptgegenstands entsprechen einem Berufungsverfahren der streitigen Gerichtsbarkeit.

Nr.	Gebührentatbestand	Gebühr oder Satz der Gebühr nach § 13 RVG
3201	Vorzeitige Beendigung des Auftrags oder eingeschränkte Tätigkeit des Anwalts: Die Gebühr 3200 beträgt .... (1) Eine vorzeitige Beendigung liegt vor, 1. wenn der Auftrag endet, bevor der Rechtsanwalt das Rechtsmittel eingelegt oder einen Schriftsatz, der Sachanträge, Sachvortrag, die Zurücknahme der Klage oder die Zurücknahme des Rechtsmittels enthält, eingereicht oder bevor er einen gerichtlichen Termin wahrgenommen hat, oder 2. soweit Verhandlungen vor Gericht zur Einigung der Parteien oder der Beteiligten oder mit Dritten über in diesem Verfahren nicht rechtshängige Ansprüche geführt werden; der Verhandlung über solche Ansprüche steht es gleich, wenn beantragt ist, eine Einigung zu Protokoll zu nehmen oder das Zustandekommen einer Einigung festzustellen (§ 278 Abs. 6 ZPO). Soweit in den Fällen der Nummer 2 der sich nach § 15 Abs. 3 RVG ergebende Gesamtbetrag der Verfahrensgebühren die Gebühr 3200 übersteigt, wird der	1,1

Nr.	Gebührentatbestand	Gebühr oder Satz der Gebühr nach § 13 RVG
	übersteigende Betrag auf eine Verfahrensgebühr angerechnet, die wegen desselben Gegenstands in einer anderen Angelegenheit entsteht. (2) Eine eingeschränkte Tätigkeit des Anwalts liegt vor, wenn sich seine Tätigkeit 1. in einer Familiensache, die nur die Erteilung einer Genehmigung oder die Zustimmung des Familiengerichts zum Gegenstand hat, oder 2. in einer Angelegenheit der freiwilligen Gerichtsbarkeit auf die Einlegung und Begründung des Rechtsmittels und die Entgegennahme der Rechtsmittelentscheidung beschränkt.	

Soweit in den Fällen der Nr. 2 der sich nach § 15 Abs. 3 RVG ergebende Gesamtbetrag der Verfahrensgebühren die Gebühr 3200 übersteigt, wird der übersteigende Betrag auf eine Verfahrensgebühr angerechnet, die wegen desselben Gegenstandes in einer anderen Angelegenheit entsteht. 65

Bedeutung hat die Vorschrift der Nr. 3201 VV RVG etwa dann, wenn die Berufung zunächst fristwahrend eingelegt wird und dann zurückgenommen wird. In dem Fall erhält auch der Rechtsanwalt, der sich für den Berufungsbeklagten zunächst nur bestellt hat, auch ohne einen Antrag schon gestellt zu haben, diese 1,1 Verfahrensgebühr als erstattungsfähige Gebühr.[18] 66

Nr.	Gebührentatbestand	Gebühr oder Satz der Gebühr nach § 13 RVG
3202	Terminsgebühr, soweit in Nummer 3205 nichts anderes bestimmt ist	1,2
	(1) Absatz 1 Nr. 1 und 3 sowie die Absätze 2 und 3 der Anmerkung zu Nummer 3104 gelten entsprechend.	
	(2) Die Gebühr entsteht auch, wenn nach § 79a Abs. 2, § 90a oder § 94a FGO ohne mündliche Verhandlung durch Gerichtsbescheid entschieden wird.	

Auch diese Vorschrift ist seit 1.8.2013 auch für das Beschwerdeverfahren nach §§ 58 ff. FamFG maßgeblich, bei welchem bis dahin lediglich die Gebühr des Nr. 3513 mit 0,5 anfiel (→ R. 64). 67

Nr.	Gebührentatbestand	Gebühr oder Satz der Gebühr nach § 13 RVG
Unterabschnitt 2. Mahnverfahren		
Vorbemerkung 3.3.2:		
Die Terminsgebühr bestimmt sich nach Abschnitt 1.		

Für das Mahnverfahren in erbrechtlicher Angelegenheit ergeben sich gebührenrechtlich keine Besonderheiten. Auch hier fällt für die Beantragung des Mahnbescheids eine 1,0-Verfahrensgebühr nach der VV 3305 RVG an, bei vorzeitiger Erledigung nur die 0,5-Verfahrensgebühr nach der VV 3306 RVG und für das Verfahren über den Erlass des Vollstreckungsbescheides fällt eine weitere 0,5-Gebühr nach der VV 3308 RVG an. 68

Wird nicht der Antragsteller, sondern der Antragsgegner vertreten, so entsteht die 0,5-Verfahrensgebühr nach der VV 3307 RVG. 69

---

18 So schon BGH AGS 2003, 219 ff.

70 Nicht zu vergessen ist die Terminsgebühr in Höhe von 1,2, die nach der Vorbemerkung 3 zu 3.2 VV RVG entsteht, wenn der Rechtsanwalt mit dem Gegner oder Dritten außergerichtliche Besprechungen zur Vermeidung nachfolgenden streitigen Verfahrens oder zur Erledigung des Mahnverfahrens führt.

71 Zur Anrechnung kommt es, wenn es nachfolgend zu einem streitigen Verfahren kommt, egal ob der Antragsteller oder der Antragsgegner des Mahnverfahrens vertreten wurde. So ergibt es sich aus den Anmerkungen zu VV 3305, 3307 RVG.

Nr.	Gebührentatbestand	Gebühr oder Satz der Gebühr nach § 13 RVG
3500	Verfahrensgebühr für Verfahren über die Beschwerde und die Erinnerung, soweit in diesem Abschnitt keine besonderen Gebühren bestimmt sind	0,5

72 Kommt es in einem Verfahren über die Beschwerde oder die Erinnerung noch zu einem Termin und wird dann eine Einigung durch Mitwirkung des Rechtsanwalts erzielt, kann daneben noch eine Terminsgebühr nach der VV 3513 RVG (s. auch dazu) und auch eine Einigungsgebühr abgerechnet werden.

73 Die Verfahrensgebühr für die Tätigkeit des Rechtsanwalts in Beschwerde- und Erinnerungsverfahren, soweit sie in Abschnitt 5 nicht anderweitig geregelt sind, beträgt als Festgebühr 0,5.

74 Die Gebührenvorschrift der VV 3500 RVG kommt allerdings bei einer Erinnerung gegen Zwangsvollstreckungsmaßnahmen nicht zur Anwendung.[19]

75 Sie ermäßigt sich auch nicht, wenn der Auftrag vorzeitig endet.

76 Auch erfasst die VV 3500 RVG nicht die Nichtzulassungsbeschwerde nach § 544 ZPO. Diese ist in VV 3506 ff. RVG geregelt.

Nr.	Gebührentatbestand	Gebühr oder Satz der Gebühr nach § 13 RVG
3513	Terminsgebühr in den in Nummer 3500 genannten Verfahren	0,5

77 Nach dieser Vorschrift erhält der Rechtsanwalt für die in VV 3500 RVG genannten Verfahren (Beschwerde- und Erinnerungsverfahren) als Terminsgebühr eine Festgebühr von 0,5.

Teil 7   Auslagen

Nr.	Auslagentatbestand	Höhe
Vorbemerkung 7:		
(1) Mit den Gebühren werden auch die allgemeinen Geschäftskosten entgolten. Soweit nachfolgend nichts anderes bestimmt ist, kann der Rechtsanwalt Ersatz der entstandenen Aufwendungen (§ 675 i. V. m. § 670 BGB) verlangen.		
(2) Eine Geschäftsreise liegt vor, wenn das Reiseziel außerhalb der Gemeinde liegt, in der sich die Kanzlei oder die Wohnung des Rechtsanwalts befindet.		
(3) Dient eine Reise mehreren Geschäften, sind die entstandenen Auslagen nach den Nummern 7003 bis 7006 nach dem Verhältnis der Kosten zu verteilen, die bei gesonderter Ausführung der einzelnen Geschäfte entstanden wären. Ein Rechtsanwalt, der seine Kanzlei an einen anderen Ort verlegt, kann bei Fortführung eines ihm vorher erteilten Auftrags Auslagen nach den Nummern 7003 bis 7006 nur insoweit verlangen, als sie auch von seiner bisherigen Kanzlei aus entstanden wären.		

---

19 So BGH JurBüro 2010, 300.

Bei der Abrechnung der Geschäftsreisekosten führt die Vorbemerkung 7 Abs. 2 dazu, dass dann, wenn das Reiseziel nicht außerhalb der Gemeinde liegt, in der sich die Kanzlei oder die Wohnung des Rechtsanwalts befinden, auch keine Reisekosten abgerechnet werden können. Der Rechtsanwalt kann bei Wahrnehmung der Gerichtstermine in der Gemeinde, in welcher er seinen Kanzleisitz hat, keine Fahrtkosten abrechnen.

Bei flächenmäßig großer Ausdehnung der Gemeinde unterbleibt damit die Möglichkeit der Abrechnung eines nicht unerheblichen Kostenfaktors.

Fährt der Rechtsanwalt, dessen Kanzlei am Gerichtsort liegt, aber von seiner auswärts gelegenen Wohnung zum Gerichtstermin, ist streitig, ob Geschäftsreisekosten abzurechnen sind oder nicht.[20] In diesen Fällen empfiehlt sich eine vom Gesetz abweichende Vereinbarung, durch welche die Abrechenbarkeit der entstehenden Fahrtkosten auch innerhalb des Gemeindegebietes vereinbart wird. Der Auftraggeber muss dann allerdings darauf hingewiesen werden, dass die Berechnung dieser Kosten abweichend von der gesetzlichen Regelung erfolgt.

Nr.	Auslagentatbestand	Höhe

7000	Pauschale für die Herstellung und Überlassung von Dokumenten:
	1. für Kopien und Ausdrucke
	   a) aus Behörden- und Gerichtsakten, soweit deren Herstellung zur sachgemäßen Bearbeitung der Rechtssache geboten war,
	   b) zur Zustellung oder Mitteilung an Gegner oder Beteiligte und Verfahrensbevollmächtigte aufgrund einer Rechtsvorschrift oder nach Aufforderung durch das Gericht, die Behörde oder die sonst das Verfahren führende Stelle, soweit hierfür mehr als 100 Seiten zu fertigen waren,
	   c) zur notwendigen Unterrichtung des Auftraggebers, soweit hierfür mehr als 100 Seiten zu fertigen waren,
	   d) in sonstigen Fällen nur, wenn sie im Einverständnis mit dem Auftraggeber zusätzlich, auch zur Unterrichtung Dritter, angefertigt worden sind:	

	für die ersten 50 abzurechnenden Seiten je Seite	0,50 EUR
	für jede weitere Seite	0,15 EUR
	für die ersten 50 abzurechnenden Seiten in Farbe je Seite	1,00 EUR
	für jede weitere Seite in Farbe	0,30 EUR
	2. Überlassung von elektronisch gespeicherten Dateien oder deren Bereitstellung zum Abruf anstelle der in Nummer 1 Buchstabe d genannten Kopien und Ausdrucke:	
	je Datei	1,50 EUR
	für die in einem Arbeitsgang überlassenen, bereitgestellten oder in einem Arbeitsgang auf denselben Datenträger übertragenen Dokumente insgesamt höchstens	5,00 EUR
	(1) Die Höhe der Dokumentenpauschale nach Nummer 1 ist in derselben Angelegenheit und in gerichtlichen Verfahren in demselben Rechtszug einheitlich zu berechnen. Eine Übermittlung durch den Rechtsanwalt per Telefax steht der Herstellung einer Kopie gleich. (2) Werden zum Zweck der Überlassung von elektronisch gespeicherten Dateien Dokumente im Einverständnis mit dem Auftraggeber zuvor von der Papierform in die elektronische Form übertragen, beträgt die Dokumentenpauschale nach Nummer 2 nicht weniger, als die Dokumentenpauschale im Fall der Nummer 1 betragen würde.	

---

[20] Pro: OLG Düsseldorf RVGreport 2012, 189 (Komm. Hansens); so auch Hansens RVGreport 2012, 215 (216); vgl. auch HK-RVG/Ebert VV RVG Vorb. 7 Abs. 1, 2 Rn. 9.

81 In VV 7000 RVG ist mit dem 2. KostRMoG eine gesonderte Vergütung für Farbkopien eingeführt worden.

82 Zudem ist die Dokumentenpauschale bei Übermittlung elektronischer Dokumente (Nr. 7000 Nr. 2) auf 1,50 EUR ermäßigt worden und ein Höchstbetrag für die in einem Arbeitsgang überlassenen, bereitgestellten oder in einem Arbeitsgang auf einen Datenträger übertragenen Dokumente auf 5 EUR festgelegt worden.

Nr.	Auslagentatbestand	Höhe
7007	Im Einzelfall gezahlte Prämie für eine Haftpflichtversicherung für Vermögensschäden, soweit die Prämie auf Haftungsbeträge von mehr als 30 Mio. EUR entfällt .... Soweit sich aus der Rechnung des Versicherers nichts anderes ergibt, ist von der Gesamtprämie der Betrag zu erstatten, der sich aus dem Verhältnis der 30 Mio. € übersteigenden Versicherungssumme zu der Gesamtversicherungssumme ergibt.	in voller Höhe

83 Diese Möglichkeit der Auslagenabrechnung ist gerade im erbrechtlichen Mandat interessant, wenn es um größere Nachlasssummen geht.

84 Die Vorschrift ist im Zusammenhang mit § 22 Abs. 2 RVG zu sehen, der eine allgemeine Wertgrenze in derselben Angelegenheit auf höchstens 30 Millionen EUR festlegt.

Nr.	Auslagentatbestand	Höhe
7008	Umsatzsteuer auf die Vergütung .... Dies gilt nicht, wenn die Umsatzsteuer nach § 19 Abs. 1 UStG unerhoben bleibt.	in voller Höhe

85 Der Ersatz der Umsatzsteuer kann in voller Höhe auf die Vergütung verlangt werden. Dies gilt nicht, wenn die Umsatzsteuer nach § 19 Abs. 1 UStG unerhoben bleibt.

20. Verschollenheitsgesetz (VerschG)

In der Fassung der Bekanntmachung vom 15.1.1951 (BGBl. I S. 63)
(BGBl. III/FNA 401–6)
zuletzt geändert durch Art. 182 Zehnte ZuständigkeitsanpassungsVO vom 31. August 2015
(BGBl. I S. 1474)
– Auszug –

Literatur VerschG:

Arnold, E. Verschollenheitsrecht, Kommentar zum Verschollenheitsgesetz, 1951.

Literatur allgemein:

Schmitz/Bornhofen/Bockstette, Personenstandsgesetz, 19. Aufl. 2021; *Geilen*, Medizinischer Fortschritt und juristischer Todesbegriff FS Heinitz (1972, 373); *Kaiser/Schnitzler/Schilling/Sanders*, BGB Familienrecht, 4. Aufl. 2021, Band 4; *Matschke/Friedrich*, Die Todeserklärung Verschollener, 1949.

Einführung

A. Allgemeines

Das VerschG regelt die Fälle, in denen es unbekannt ist, ob eine Person noch lebt oder nicht, wenn keine Leiche gefunden wird, keine Gewissheit besteht über Leben und Tod einer natürlichen Person. 1

Typische Mandatssituationen: 2

- Tochter T und Sohn S sind die einzigen beiden Kinder des im Alter von 85 Jahren verstorbenen Witwers W. Nach dem Tod seiner Mutter, der Ehefrau des W, hatte sich S Ende der 70er Jahre auf Weltreise begeben. Bis 1982 erhielt der Vater sporadisch noch Postkarten von den weiten Reisen seines Sohnes. Seit 1982 haben weder der Erblasser W noch T von S ein Lebenszeichen erhalten. Kurz vor seinem Tod hat W seine langjährige Lebenspartnerin L zur Alleinerbin eingesetzt. T sucht sie auf, um zu klären, ob eine Todeserklärung des S in Betracht kommt, wodurch sie ggf. eine höhere Pflichtteilsquote gegen die L geltend machen könnte.
- Ihr Mandant S sucht Sie mit folgender Fragestellung auf: Sein Vater V hatte insgesamt vier Geschwister. Ein Bruder des V ist im Krieg gefallen, von einem zweiten Bruder B hat man seit 1945 keine Nachrichten, die Familie hat keine Klärungsschritte unternommen. Die anderen beiden Geschwister des V sind kinderlos verstorben und hatten V jeweils testamentarisch zu ihrem Alleinerben berufen. Da nunmehr auch V verstorben ist, fragt S an, was er tun kann, um das Grundstück, das sein Vater und dessen Geschwister vom Großvater in Erbengemeinschaft 1980 geerbt hatten, zu veräußern, da im Grundbuch immer noch die Erbengemeinschaft nach dem Großvater eingetragen ist.

B. Verfahren

Der Verschollene kann gem. § 2 VerschG im **Aufgebotsverfahren** für tot erklärt werden. Das Aufgebotsverfahren kann gem. § 16 Abs. 2 VerschG nur auf Antrag folgender Personenkreise eingeleitet werden: 3

- Staatsanwaltschaft
- gesetzlicher Vertreter des Verschollenen
- Ehegatte/Lebenspartner

- Abkömmlinge, Eltern des Verschollenen
- jeder andere, der ein rechtliches Interesse an der Todeserklärung hat.

Das Aufgebotsverfahren kann nicht vom Amts wegen eingeleitet werden.

4 Zu beachten ist auch § 16 Abs. 3 VerschG: Inhaber der elterlichen Sorge, gleichgerichtet der Vormund oder Pfleger bedürfen für die Antragstellung der Genehmigung des Familiengerichts, der Betreuer der Genehmigung des Betreuungsgerichts.

5 Der Antragsteller muss die Tatsachen, mit denen er seinen **Antrag auf Todeserklärung** begründet, glaubhaft machen (§ 18 VerschG). Bei fehlender Glaubhaftmachung wird der Antrag als unzulässig zurückgewiesen. Sind die Voraussetzungen des Antrags erfüllt, so wird das Gericht gemäß **§ 26 FamFG** von Amts wegen die sachdienlichen und notwendigen Ermittlungen anstellen, um die Frage der Verschollenheit des Betreffenden und des wahrscheinlichen Todeszeitpunkts zu klären. Zwingend erfolgt als Ermittlungsmaßnahme ein öffentliches Aufgebot. Inhaltlich enthält dieses die Aufforderung an den Verschollenen, sich bis zu einem bestimmten Zeitpunkt zu melden, die Androhung der ansonsten erfolgenden Todeserklärung und darüber hinaus die Aufforderung an alle, dem Gericht bis zum genannten Zeitpunkt Anzeige von einschlägigen Tatsachen zu machen.

6 Das **Aufgebotsverfahren** kommt insbesondere dann zum Zuge, wenn die Inhaberschaft von Rechten unklar ist, weil der Aufenthalt oder die Person des vermeintlichen Inhabers unbekannt oder fraglich ist oder weil Urkunden, die die Rechte verbriefen, verlorengegangen sind oder gestohlen wurden. Durch den Ausschließungsbeschluss erlangt dann der Anmelder die in den Urkunden verbrieften Rechte und kann diese gegen den Verpflichteten geltend machen, vgl. § 478 Abs. 1 FamFG.

7 Das Aufgebotsverfahren kommt auch bei der Todeserklärung von verschollenen Personen oder für die Feststellung des Todeszeitpunktes durch gerichtlichen Beschluss nach den Bestimmungen des VerschG zur Anwendung.

8 Das Aufgebotsverfahren hat zum Ziel, eine öffentliche gerichtliche Aufforderung zur Anmeldung von Rechten oder zur Glaubhaftmachung von Tatsachen, an die Rechtsfolgen geknüpft sind, zu erlassen. Die Unterlassung der Anmeldung führt zum Ausschluss von diesen og Rechten durch einen Ausschließungsbeschluss oder ist Voraussetzung für einen gerichtlichen Beschluss, durch den eine Tatsache (zB der Tod einer verschollenen Person) festgestellt wird. Damit wird die Rechtslage in Bezug auf die Inhaberschaft der betreffenden Rechte oder die Rechtsfolgen einer Tatsache geklärt.

9 Das Aufgebotsverfahren wurde bis zum 1.9.2009 in der ZPO geregelt. Mit dem Inkrafttreten des Gesetzes zur Reform der Freiwilligen Gerichtsbarkeit ist das Verfahren im FamFG enthalten. Daneben sind die Verfahrensvoraussetzungen in speziellen Bestimmungen (wie hier im VerschG) geregelt.

10 Die **Aufgebotsfrist** beträgt mindestens sechs Wochen und kann bis auf ein Jahr erstreckt werden. Ergeben die Ermittlungen, dass sicher feststeht, dass der Verschollene verstorben ist, so wird das Verfahren als **Verfahren auf Feststellung der Todeszeit** fortgesetzt (§ 45 VerschG).

11 Die **Todeserklärung** ist ein **Beschluss**, der öffentlich bekannt gemacht wird und dem Antragsteller und der Staatsanwaltschaft zugestellt wird. Dieser wird mit formeller Rechtskraft wirksam (§ 29 VerschG).

Einige Amtsgerichte halten auf ihren Online-Portalen Antragsformulare zur Todeserklärung zum download bereit.[1]

Sachlich **zuständig** sind die Amtsgerichte (§ 14 VerschG), örtlich das Amtsgericht des letzten Wohnsitzes oder Aufenthalts.

Die deutschen Gerichte sind für Todeserklärungen und Verfahren der Feststellung der Todeszeit zuständig, wenn der Verschollene zeitlich bezogen auf den letzten Zeitpunkt der vorhandenen Nachrichten Deutscher war (Art. 116 GG) oder seinen gewöhnlichen Aufenthalt im Inland hatte (§ 12 VerschG).

Nach § 12 Abs. 2 VerschG sind deutsche Gerichte auch zuständig, wenn deutsche Rechtsverhältnisse betroffen sind.[2]

Zu Fragen der Verschollenheit in der DDR vgl. die ausführlichen Ausführungen in Staudinger.[3]

Ob und wie ausländische Todeserklärungen nach deutschem Recht berücksichtigt werden können, ist in Art. 9 EGBGB geregelt. Verschollenheitserklärungen ausländischer Rechtsordnungen basieren teilweise auf vorhergehenden Abwesenheitserklärungen, die nach Ablauf unterschiedlicher Zeiträume zu Rechtsfolgen ähnlich der Todeserklärung führen.[4]

Bei Verfahren in Fällen der Kriegsverschollenheit gelten Abweichungen:

Nur auf Antrag werden die Ermittlungen auf die Frage der Todeszeit mit erstreckt (Art. 2 § 2 VerschÄndG). Die Veröffentlichungen der Todeserklärung sind zentralisiert und erfolgen in der Verschollenheitsliste des BMJ.

C. Weitere Hinweise

Für Erbrechtsfälle entfaltet § 11 VerschG die größte Auswirkung. § 11 VerschG betrifft über die Fälle von Verschollenheit hinaus alle Fälle, in denen zwei oder mehr Personen gestorben sind oder für tot erklärt worden sind, in deren Todesfällen die Reihenfolge des Versterbens nicht bewiesen werden kann. Dabei kann es sich um ein **gleichzeitiges Versterben** wie bei einem Autounfall, ein **Versterben in einer gemeinsamen Gefahr** wie bei Umkommen in einer Schlechtwetterfront am Mount Everest handeln, oder um sich auch nur minimal **zeitlich überlappende Todesfälle** aufgrund komplett unterschiedlicher Ursachen an unterschiedlichen Orten.

Für Versicherungsrechtsfragen und Rückerstattungsrecht, sowie Sonderregelung im Beamtenversorgungsgesetz gibt es Ausnahmeregelungen.[5]

Hintergrundwissen – die Bundeskriminalamt-Statistik verzeichnet seit 1992 in einer Datei alle in Deutschland gemeldeten Vermisstenfälle. 50 % davon werden innerhalb von wenigen Tagen aufgeklärt, 80 % binnen Monatsfrist, 97 % binnen einem Jahr. Von den jährlich Vermissten fallen ca. 1 % Gewaltverbrechen zum Opfer.[6] Falls eine Vermisstensache nicht aufgeklärt wird, bleibt die Personenfahndung bis zu 30 Jahre bestehen. Langfristig Vermisste können verschollen sein.

Die praktische Bedeutung dieses Gesetzes ist heute gering. Die Fälle von Anträgen auf Todeserklärung aus Verschollenheit sind stark rückläufig. Mitte der 90 er Jahre lagen sie bei knapp

---

1 Muster zB https://ordentliche-gerichtsbarkeit.brandenburg.de/sixcms/media.php/9/AVR%20150%20Antrag%20auf%20Todeserklärung%20mit%20Fragebogen%20Stand%2009_2005.pdf (letzter Abruf 28.2.2023). Formular AVR 150 Antrag auf Todeserklärung mit Fragebogen.
2 Zimmermann/Gergen VerschG § 12 Rn. 1.
3 Staudinger/Fritzsche Vorb. VerschG § 1 Rn. 28 f.
4 Staudinger/Fritzsche Vorb. VerschG § 1 Rn. 33 ff.
5 Staudinger/Fritzsche Vorb. VerschG § 1 Rn. 38 f.
6 Vgl. Veröffentlichung www.bka.de im regelmäßig aktualisierten pdf download – „Die polizeiliche Bearbeitung von Vermisstenfällen in Deutschland".

4.000[7] pro Jahr, 2009–2011 bei ca. 1.100; 2020 wurden 614 Anträge zur Todeserklärung gestellt.[8]

24 Der Schwerpunkt der amtsgerichtlichen Verfahren betrifft immer noch Verschollene des 2. Weltkriegs.[9] Selbst der verheerende Tsunami in Südostasien in 2004 hatte kaum Auswirkungen auf die Antragszahlen. Bei weltweit 223.000 Opfern waren 552 Deutsche, von denen 539 identifiziert werden konnten und nur 13 vermisst blieben.[10] Auch bei der Zugkatastrophe in Eschede 1998 und der Flugzeugkollision über dem Bodensee 2002 hat die Identifizierungskommission des Bundeskriminalamtes über 90 % der Opfer feststellen können.

Abschnitt I
Voraussetzungen der Todeserklärung. Lebens- und Todesvermutungen

§ 1 VerschG   [Begriff der Verschollenheit]

(1) Verschollen ist, wessen Aufenthalt während längerer Zeit unbekannt ist, ohne daß Nachrichten darüber vorliegen, ob er in dieser Zeit noch gelebt hat oder gestorben ist, sofern nach den Umständen hierdurch ernstliche Zweifel an seinem Fortleben begründet werden.

(2) Verschollen ist nicht, wessen Tod nach den Umständen nicht zweifelhaft ist.

A.   Allgemeines

1 § 1 VerschG enthält die **Legaldefinition** der Vorrausetzungen der Verschollenheit.

2 Nach dem allgemeinen Sprachgebrauch gilt als **Verschollenheit** die Konstellation, in der es unmöglich ist, sichere Nachricht darüber zu erlangen, ob jemand verstorben ist oder noch lebt. Derartige Unsicherheiten treten insbesondere dann ein, wenn vom Betreffenden seit längerer Zeit keine Nachrichten mehr vorliegen.

B.   Regelung

3 Die Voraussetzungen der Todeserklärung aus Verschollenheit sind:
   1. Der Aufenthalt des Verschollenen muss unbekannt sein.
   2. Nachrichten darüber, ob der Verschollene noch lebt oder gestorben ist, sind nicht vorhanden.
   3. Die Ungewissheit (= Fehlen von Nachrichten) muss seit längerer Zeit bestehen.

4 Die **Ungewissheit des Aufenthaltsortes** setzt nicht voraus, dass jemand den Bereich, in dem er bisher gelebt hat, nachweislich verlassen hat. Es ist nicht erforderlich, dass sich der Verschollene von seinem letzten Wohn-, Aufenthaltsort entfernt hat. Es muss lediglich nicht mehr festzustellen sein, wo sich der Verschollene aufhält.

5 Für die **Nachrichtenlosigkeit** kommt es darauf an, ob nach den Umständen des Falles überhaupt Nachrichten des Betroffenen zu erwarten sind. Die Tatsache allein, dass von jemandem längere Zeit keine Nachrichten vorliegen, genügt nicht, um den Tatbestand der Verschollenheit zu begründen, es müssen **ernstliche Zweifel am Fortleben** des Verschollenen bestehen.[1]

---

7 Vgl. Heinrichs NJW 1994, 1711.
8 Zahlen des Bundesamts für Justiz, Zusammenstellung der Geschäftsübersichten der Amtsgerichte für die Jahre 1995–2020. https://www.bundesjustizamt.de/SharedDocs/Downloads/DE/Justizstatistiken/Geschaeftsentwicklung_Amtsgerichte.html (letzter Abruf 28.2.2023).
9 Staudinger/Fritzsche Vorb. VerschG § 1 Rn. 41f.
10 Vgl. zur Flutkatastrophe in Südostasien 2004 Bundesamt für Bevölkerungsschutz und Katastrophenhilfe, www.bbk.bund.de.
1 Staudinger/Fritzsche Vorb. VerschG § 1 Rn. 5f.

Hatte der Betreffende ohnehin nie großen Kontakt, meldete er sich seit Jahren nicht bei seinen Angehörigen, da er mit diesen verstritten war, bedingt diese Art der Nachrichtenlosigkeit allein keine Begründung einer Verschollenheit.

Es genügt nicht irgendein Zweifel, entscheidend ist die Sachlage bei Beurteilung der allgemeinen Lebenserfahrung. Ernstliche Zweifel bestehen demnach, wenn Leben und Tod gleichermaßen ungewiss sind und über das Schicksal des Betroffenen keine Nachrichten zu erwarten sind.[2]

Nach § 1 Abs. 2 VerschG liegt keine Verschollenheit im Rechtssinne vor, wenn unzweifelhaft ist, dass die in Betracht kommende Person verstorben ist. Sofern das Versterben einer Person standesamtlich noch nicht beurkundet ist, erfolgt dann nicht die Todeserklärung, sondern die Feststellung der Todeszeit nach § 39 VerschG.

C. Weitere Hinweise

Ein hohes **Lebensalter** führt nicht dazu, dass zweifelsfrei den Umständen zu entnehmen ist, dass der Betreffende verstorben sein muss. Allgemein wird angenommen, dass die höchstmögliche Lebenszeit eines Menschen dann überschritten sein muss, wenn dieser etwa 120 Jahre alt sein würde.[3] Bei der aktuellen medizinischen Versorgung und der Entwicklung insbesondere in den Industrienationen steigt die durchschnittliche und ferne Lebenserwartung stetig.[4] 2014 gab es fünf Mal mehr 100-jährige als 30 Jahre zuvor. 2021 weist den bisher höchsten Stand an mindestens Hundertjährigen mit ca. 23.500 Menschen aus.[5] Nach Schätzung der OECD wird in den kommenden 50 Jahren die durchschnittliche Lebenserwartung der Industrienationen um weitere 7 Jahre steigen. Damit kann ein Weiterleben über 120 Jahre nach hiesiger Auffassung nicht per se ausgeschlossen werden.

§ 2 VerschG [Todeserklärung]

Ein Verschollener kann unter den Voraussetzungen der §§ 3 bis 7 im Aufgebotsverfahren für tot erklärt werden.

A. Allgemeines

Da das Versterben oder Fortleben für die damit zusammenhängenden Rechtsverhältnisse eine große Bedeutung besitzt, ist der Zustand der Ungewissheit über Leben oder Tod eines Menschen auf Dauer klärungsbedürftig. Die Klärung der Rechtslage erfolgt mittels Todeserklärung im Wege des Aufgebotsverfahrens.[1] Bei derartigen Konstellationen der Verschollenheit stehen die Interessen des Verschollenen, dass ihm seine Rechte erhalten bleiben und nicht verloren gehen, den Interessen der anderen Personen gegenüber, die mit dem Verschollenen in Rechtsbeziehungen stehen. Letztere brauchen Gewissheit, zB ob sie inzwischen verwitwet sind, damit sie wieder heiraten können oder die potenziellen Erben eines Verschollenen könnten die Güter des Verstorbenen erben oder aber der Gläubiger des Verschollenen hat Interesse, zu wissen, an wen er sich zur Begleichung der Verbindlichkeiten zu halten habe.

---

2 OLG Düsseldorf FamRZ 2002, 339.
3 Arendt Biologische Grundlagen des Alterns, Paul-Flechsig-Institut für Hirnforschung, Vortrag Universität Leipzig 2008, 8; Staudinger/Fritzsche VerschG § 1 Rn. 11.
4 Vgl. Statistiken Destatis zu Lebenserwartung in Deutschland www.destatis.de.
5 Statistisches Bundesamt Zahl der Woche Nr. 28 vom 12.7.2022, https://www.destatis.de/DE/Presse/Pressemitteilungen/Zahl-der-Woche/2022/PD22_28_p002.html.
1 Zimmermann/Gergen Vorb. VerschG § 12 Rn. 7.

2 Im BGB gibt es keine Regelung dafür, wann der Tod als eingetreten anzusehen ist. In der Medizin werden unterschiedliche Kriterien zur Bewertung herangezogen, juristisch maßgebend ist nach wohl heute herrschender Meinung das Abstellen auf den Hirntod.[2]

B. Regelung

3 Die **Beurkundung von Todesfällen** erfolgt im Regelfall gemäß den Vorschriften des PStG (§§ 28 ff.) durch die Eintragung in das Sterberegister. Diese standesamtliche Beurkundung erfolgt auf Anzeige. Zuständig ist jeweils das Standesamt des Sterbeortes. Eine Eintragung in das Sterberegister beweist die Tatsache des Todes, sowie Ort und Zeitpunkt. Der Gegenbeweis ist zulässig. Die Beweiskraft dieser Eintragung in das Sterberegister entfällt dann, wenn nach der Beurkundung im Verfahren zwecks Todeserklärung oder zwecks der Feststellung der tatsächlichen Todeszeit eine gerichtliche Todeserklärung oder Feststellung der Todeszeit erfolgt.[3] Der Umstand, dass der Tod einer Person bereits beurkundet worden ist, steht nach dem VerschG der Einleitung eines Verfahrens zwecks Todeserklärung nicht entgegen. Erfolgt eine **Todeserklärung** oder Feststellung der Todeszeit nach dem VerschG, ist dieser Beschluss maßgeblich, die standesamtliche Eintragung verliert ihre bisherige Beweiskraft.

4 Von der Verschollenheit zu unterscheiden ist die **Abwesenheit** mit unbekanntem Aufenthalt, bei der nach § 1911 BGB ein Abwesenheitspfleger bestellt werden kann.

§ 3 VerschG [Allgemeine Verschollenheit]

(1) Die Todeserklärung ist zulässig, wenn seit dem Ende des Jahres, in dem der Verschollene nach den vorhandenen Nachrichten noch gelebt hat, zehn Jahre oder, wenn der Verschollene zur Zeit der Todeserklärung das achtzigste Lebensjahr vollendet hätte, fünf Jahre verstrichen sind.

(2) Vor dem Ende des Jahres, in dem der Verschollene das fünfundzwanzigste Lebensjahr vollendet hätte, darf er nach Absatz 1 nicht für tot erklärt werden.

A. Allgemein

1 § 3 regelt die Fälle der **allgemeinen Verschollenheit**, wobei im Alter (über 80 J.) eine Fristverkürzung eintritt, wohingegen in der Jugend (unter 25 J.) keine Todeserklärung aus allgemeiner Verschollenheit möglich ist.

B. Regelung

I. 10-Jahres-Frist

2 In Fällen der allgemeinen Verschollenheit ist die Grundlage der Todeserklärung der Umstand, dass über das Leben des Betreffenden in den letzten **10 Jahren** keine Nachrichten eingegangen sind. Es ist nicht Voraussetzung (anders als in den Fällen §§ 4–7 VerschG), dass der Betreffende in eine besondere Gefahr geraten ist. Die **Frist** berechnet sich ab dem Ende des Jahres, in dem der Verschollene ausweislich der zuletzt vorliegenden Nachrichten noch gelebt hat. Ausschlaggebender Zeitpunkt ist nicht, wann die letzte Nachricht bei Angehörigen und anderen eingegangen ist, sondern was in dieser letzten Nachricht mit Zeitbezug über den Verschollenen berichtet ist. Das Jahr, in dem der Verschollene nach der Nachricht noch gelebt hat, wird nicht in die Frist miteingerechnet. Erhält also jemand zB in Form eines nach Jahren weitergeleiteten

---

2 Vgl. Staudinger/Fritzsche Vorb. VerschG § 1 Rn. 6 mw Hinweisen.
3 Staudinger/Fritzsche Vorb. VerschG § 1 Rn. 10.

Briefes am 31.12.1990 Nachricht, dass der Betreffende im Juni 1980 noch gelebt hat, und es erfolgen hernach keine Nachrichten mehr, so startet die Fristberechnung mit dem 1.1.1981.

II. Fristverkürzung im Alter

Sobald der Verschollene zum Zeitpunkt der Todeserklärung das **80. Lebensjahr** vollendet haben würde, verkürzt sich die 10-Jahresfrist um die Hälfte auf 5 Jahre. 3

Das Verfahren kann bereits vor der Vollendung des 80. Lebensjahres des Betreffenden eingeleitet werden. Ausschlaggebend ist der Zeitpunkt der Todeserklärung. 4

III. Jugendlich Verschollene

Demgegenüber ist bei einem im **jugendlichen Alter** Verschollenen aufgrund § 3 Abs. 2 VerschG vor dem Ende des Jahres, in dem der Verschollene seinen 25. Geburtstag gehabt hätte, keine Todeserklärung aus Gründen der allgemeinen Verschollenheit möglich. Eine Todeserklärung nach §§ 4 bis 7 VerschG kann indes gegeben sein. Hintergrund der Regelung ist die Erwägung, dass ein im jugendlichen Alter Verschollener erst später die notwendige Reife erlangt, eigenes Verständnis für die Bedeutung seiner Verschollenheit zu entwickeln und sich dann bemühen werde, den Kontakt zu früheren, meist familiären Bezugspersonen wieder aufzunehmen.[1] 5

§ 3 VerschG bildet sozusagen die Generalregelung und ist auch anwendbar, wenn der Verschollene sich in einer besonderen Gefahrenlage befunden hat, sofern die 10-Jahresfrist verstrichen ist. 6

§ 4 VerschG [Kriegsverschollenheit]

(1) Wer als Angehöriger einer bewaffneten Macht an einem Kriege oder einem kriegsähnlichen Unternehmen teilgenommen hat, während dieser Zeit im Gefahrgebiet vermißt worden und seitdem verschollen ist, kann für tot erklärt werden, wenn seit dem Ende des Jahres, in dem der Friede geschlossen oder der Krieg oder das kriegsähnliche Unternehmen ohne Friedensschluß tatsächlich beendet ist, ein Jahr verstrichen ist.

(2) Ist der Verschollene unter Umständen vermißt, die eine hohe Wahrscheinlichkeit seines Todes begründen, so wird die im Absatz 1 bestimmte Jahresfrist von dem Zeitpunkt ab berechnet, in dem er vermißt worden ist.

(3) Den Angehörigen einer bewaffneten Macht steht gleich, wer sich bei ihr aufgehalten hat.

A. Allgemeines	1	III. Vermisstsein	6
B. Regelung	2	IV. Fristbeginn	8
I. Krieg als Voraussetzung	2	C. Weitere Hinweise	9
II. „Bewaffnete Macht"	3		

A. Allgemeines

Die **Kriegsverschollenheit** ist ein besonderer Tatbestand der Gefahrverschollenheit. Voraussetzung ist die Teilnahme an einem Krieg oder an kriegsähnlichen Unternehmen als Angehöriger einer bewaffneten Macht, bzw. der Aufenthalt bei einer bewaffneten Macht. Hinzu kommt, dass der Betreffende während dieser Zeit im Gefahrengebiet vermisst wird und seitdem verschollen ist. Die typische Gefahr basiert für den Verschollenen in der Gefährdung als Kriegsteilnehmer. 1

---

1 Zimmermann/Gergen VerschG § 3 Rn. 3.

B. Regelung

I. Krieg als Voraussetzung

2   Wann ein **Krieg** vorliegt, orientiert sich am Völkerrecht.[1]

II. „Bewaffnete Macht"

3   Ob jemand Angehöriger einer **bewaffneten Macht** (technischer Begriff) ist, richtet sich nach den Wehrgesetzen. Eine tatsächliche Bewaffnung des Betroffenen ist nicht zwingend nötig, so dass auch Militärgeistliche und -ärzte zur bewaffneten Macht zählen.[2] Allgemein müssen die Verbände unter einem festen Oberbefehl stehen und über ausreichende Überwachungseinrichtungen verfügen. Die Personen in den Gruppierungen müssen sich in einem Amts- oder Dienstverhältnis oder zum Zweck der freiwilligen Hilfeleistung befinden.

4   Nach deutschem Recht fallen unter den Personenkreis einer bewaffneten Macht im 2. Weltkrieg auch Dolmetscher, Reichsarbeitsdienst, Technische Nothilfe ua, alle waren listenmäßig erfasst.[3]

5   Für einen im Kriegsgebiet verschollenen Kriegsberichterstatter ist § 4 VerschG nicht unmittelbar anwendbar, da er keinem Oberbefehl untersteht, in Betracht kommt hier § 7 VerschG.

III. Vermisstsein

6   **Vermisst** im militärisch geprägten Sinn ist der Betroffene, wenn ggü. der Stelle, bei welcher nach gewöhnlichem Lauf der Dinge Nachrichten über seinen Verbleib eintreffen müssten, keine Nachricht vorliegt.[4]

7   Dieses „militärisch geprägte" Vermisstsein geht über in Verschollenheit, sobald ohne Vorliegen eines Beweises von Leben oder Tod des Vermissten die **Nachrichtenlosigkeit** fortbesteht.[5]

IV. Fristbeginn

8   Der früheste Zeitpunkt der Todeserklärung beginnt nach dem Ablauf eines Jahres nach dem Ende des Jahres in dem der Friede geschlossen oder das kriegerische Unternehmen tatsächlich beendet ist, bzw. nach Ablauf eines Jahres nach dem Zeitpunkt des Vermisstseins, wenn eine hohe Wahrscheinlichkeit für den Tod spricht. Ein solcher Ausnahmefall des § 4 Abs. 2 VerschG ist zB der Absturz eines im Luftkampf schwer getroffenen Flugzeugs hinter den feindlichen Linien.

C. Weitere Hinweise

9   Art. 2 § 1 VerschÄndG enthält **Sonderregelungen für den Krieg 1939–1945**. Hierzu muss der Betroffene im Zusammenhang mit den Ereignissen des Krieges 1939–1945 vor dem 1.7.1948 vermisst worden sein und zusätzlich seitdem verschollen sein. Der hierunter fallende Personenkreis ist weiter gefasst als der des § 4 VerschG, nicht nur Heeresgefolge und Angehörige der bewaffneten Macht, sondern die gesamte Bevölkerung sind umfasst. Das Vermisstsein ist hier auch weiter gefasst und entspricht dem des allgemeinen Sprachgebrauchs: von dem Betroffenen fehlen Nachrichten über seinen Verbleib, sein Fortleben etc[6] Nach Art. 2 § 1 Abs. 3 VerschÄndG verdrängen die Regelungen des Art. 2 § 1 VerschÄndG die Anwendbarkeit der §§ 4–8 VerschG.

---

1   Staudinger/Fritzsche VerschG § 4 Rn. 4 mw Erläuterungen zum Kriegsbegriff.
2   Zimmermann/Gergen VerschG § 4 Rn. 1.
3   Staudinger/Fritzsche VerschG § 4 Rn. 3.
4   BGH NJW 1951,188.
5   Zimmermann/Gergen VerschG § 4 Rn. 9.
6   Staudinger/Fritzsche VerschG § 4 Rn. 14.

Vom Zweck des § 4 VerschG her betrachtet sind heute auch sämtliche Einsätze der Bundeswehr im Ausland, welche auf einen Beschluss des Bundestags hin erfolgen, umfasst. Nicht erfasst sind Vermisstenfälle in Friedens- oder friedenserhaltenen Missionen der UN.[7]

§ 5 VerschG [Seeverschollenheit]

(1) Wer bei einer Fahrt auf See, insbesondere infolge Untergangs des Schiffes, verschollen ist, kann für tot erklärt werden, wenn seit dem Untergang des Schiffes oder dem sonstigen die Verschollenheit begründenden Ereignis sechs Monate verstrichen sind.

(2) Ist der Untergang des Schiffes, der die Verschollenheit begründet haben soll, nicht feststellbar, so beginnt die Frist von sechs Monaten (Absatz 1) erst ein Jahr nach dem letzten Zeitpunkt, zu dem das Schiff nach den vorhandenen Nachrichten noch nicht untergegangen war; das Gericht kann diesen Zeitraum von einem Jahr bis auf drei Monate verkürzen, wenn nach anerkannter seemännischer Erfahrung wegen der Beschaffenheit und Ausrüstung des Schiffes, im Hinblick auf die Gewässer, durch welche die Fahrt führen sollte, oder aus sonstigen Gründen anzunehmen ist, daß das Schiff schon früher untergegangen ist.

A. Allgemeines

Die **Seeverschollenheit** ist ein weiterer besonderer Tatbestand der Gefahrverschollenheit.

B. Regelung

I. „Auf See"

Seeverschollenheit setzt eine **Fahrt auf dem Meer** voraus.

„Auf See" bezieht sich auf die Gefahrerhöhung für den Menschen, dadurch dass er der elementaren Gewalt des Meeres unter ggf. unzureichenden Hilfsmitteln ausgesetzt ist.[1] Der Betreffende muss zeitlich während einer Fahrt, also in Fortbewegung des Wasserfahrzeugs über Bord gehen, vom Schiff verschwinden, das Schiff mittels Rettungsboots verlassen haben bzw. es muss ein Schiffsuntergang gegeben sein.[2]

II. Fristbeginn

Unter § 5 VerschG fallen weiter alle Formen des **Verschwindens** während einer Fahrt auf See, ohne dass die näheren Umstände bekannt sind. Schwimmt jemand durch den Ärmelkanal fällt das nicht unter § 5, erfasst werden aber auch U-Boote, Flöße und ähnliche wassertaugliche Fahrzeuge.[3]

Der Verschollenheitsbegriff ist der des § 1 VerschG.

Der früheste Zeitpunkt der Todeserklärung ist sechs Monate nach dem Ereignis. Ist das ganze Schiff verschollen, ohne dass der Untergang beobachtet oder sonst wie dokumentiert wäre, beginnt die **Verschollenheitsfrist** erst ein Jahr nach dem letzten Zeitpunkt, zu dem das Schiff nach den vorliegenden Nachrichten noch nicht untergegangen war.[4]

---

[7] Vgl. Burandt/Rojahn/Egerland § 4 Rn. 2; BeckOGK/Boiczenko VerschG § 4 Rn. 31.
[1] Zimmermann/Gergen VerschG § 5 Rn. 1.
[2] Burandt/Rojahn/Egerland VerschG § 5 Rn. 4.
[3] Staudinger/Fritzsche VerschG § 5 Rn. 5.
[4] Staudinger/Fritzsche VerschG § 5 Rn. 7.

C. Weitere Hinweise

7 Binnengewässer sind nicht von der Regelung umfasst, in seltenen Fällen kann bei Verschollenheit auf Binnengewässern ein Fall der Gefahrverschollenheit des § 7 vorliegen, ansonsten wird § 3 VerschG als Auffangtatbestand mit der längeren Frist herangezogen werden müssen.

§ 6 VerschG [Luftverschollenheit]

Wer bei einem Fluge, insbesondere infolge Zerstörung des Luftfahrzeugs, verschollen ist, kann für tot erklärt werden, wenn seit der Zerstörung des Luftfahrzeugs oder dem sonstigen die Verschollenheit begründenden Ereignis oder, wenn diese Ereignisse nicht feststellbar sind, seit dem letzten Zeitpunkt, zu dem der Verschollene nach den vorhandenen Nachrichten noch gelebt hat, drei Monate verstrichen sind.

A. Allgemeines

1 Die **Luftverschollenheit** ist ein weiterer besonderer Tatbestand der Gefahrverschollenheit.

B. Regelung

I. Luftfahrzeug

2 Die Luftverschollenheit setzt den Eintritt der Verschollenheit bei einem Flug mit einem **Luftfahrzeug** (§ 1 Abs. 2 S 1 Nr. 11 LuftVG) voraus.

II. Flug

3 Ein **Flug** ist der Umstand, dass sich ein Mensch mit technischen Hilfsmitteln im Luftraum bewegt. Zu den typischen technischen Hilfsmitteln zählen vor allem Flugzeuge, Hubschrauber, Segelflugzeuge, Zeppeline, auch Heißluftballon und Drachenflieger.

4 Der Betroffene muss bei einem Flug verschollen sein, also zB aus der Kabinentür gefallen sein, beim Absprung mit dem Fallschirm nicht mehr angekommen sein, das Flugzeug verbrannt sein uä.

III. Fristbeginn

5 Der früheste Zeitpunkt der Todeserklärung beträgt 3 Monate ab dem Ereignis, diese **Frist** ist noch kürzer als die der Seeverschollenheit, da die zugrundeliegende Gefahr eines Fluges noch höher ist- ohne funktionierendes Luftfahrzeug kann sich physikalisch kein Mensch in der Luft halten.

6 Wenn beim Zerschellen eines Flugzeugs am Boden die völlige Zerstörung des Flugzeugs beobachtet ist und der Tod der Insassen damit nicht mehr zweifelhaft sein kann, scheidet die Anwendbarkeit von § 6 VerschG aus.[1] Es kommt dann noch ein Verfahren zur Feststellung der Todeszeit in Betracht. Stürzt aber ein Flugzeug während der Start- oder Landephase ab, einige überleben und sind die übrigen Passagiere nicht eindeutig zu identifizieren, ist Verschollenheit „bei einem Flug" und damit die Anwendbarkeit von § 6 VerschG gegeben.[2]

---

[1] Vgl. Staudinger/Fritzsche VerschG § 6 Rn. 7.
[2] Burandt/Rojahn/Egerland VerschG § 6 Rn. 3.

C. Weitere Hinweise

Die Bestimmung gilt für alle Personen, es gibt keine Beschränkung auf registrierte Passagiere und das Flugpersonal.

§ 7 VerschG [Gefahrverschollenheit]

Wer unter anderen als den in den §§ 4 bis 6 bezeichneten Umständen in eine Lebensgefahr gekommen und seitdem verschollen ist, kann für tot erklärt werden, wenn seit dem Zeitpunkt, in dem die Lebensgefahr beendigt ist oder ihr Ende nach den Umständen erwartet werden konnte, ein Jahr verstrichen ist.

A. Allgemeines

Die Gefahrerhöhung des § 7 VerschG befasst sich mit den Voraussetzungen, dass jemand in **Lebensgefahr** gekommen ist und seitdem verschollen ist.

B. Regelung
I. Lebensgefahr

Lebensgefahr ist jedes Ereignis oder Zustand, durch das das Leben eines Menschen in ungewöhnlicher Weise bedroht wird.[1] Die Gefahr muss gegenüber anderen Menschen gleichen Alters und Geschlechts eine höhere Wahrscheinlichkeit des alsbaldigen Todes des Betroffenen beinhalten.[2] Das bestimmt sich nach den Umständen des Einzelfalles. Dabei braucht es sich nicht um eine unmittelbare und konkrete Gefährdung zu handeln, Eintrittsfälle sind **Augenblicksgefahren** wie Lawinen, Brand, Erdbeben, Hochwasser, Verkehrsunglücke oder **länger andauernde gefährliche Zustände** wie gefährliche Expeditionen uä. Beispielsweise fielen auch die beim südostasiatischen Tsunami Ende 2004 verschollenen Personen unter die Anwendbarkeit des § 7 VerschG.[3]

II. Fristbeginn

Der Verschollene kann nach Ablauf eines vollen Zeitjahres für tot erklärt werden, die **Frist** beginnt mit der Beendigung der Gefahr zu laufen.

C. Weitere Hinweise

Die Anwendung von § 7 VerschG erfolgt insbesondere in den Fällen, in denen jemand seit der Verbringung in die Konzentrationslager der nationalsozialistischen Zeit verschollen ist.[4]

§ 8 VerschG [Zusammentreffen von Kriegs- mit See- oder Luftverschollenheit]

Liegen bei einem Verschollenen die Voraussetzungen sowohl des § 4 als auch der §§ 5 oder 6 vor, so ist nur der § 4 anzuwenden.

Die Regelung betrifft nur das materielle Recht, die örtliche Zuständigkeit richtet sich nach §§ 15 bis 15 d VerschG.

---

1 Zimmermann/Gergen VerschG § 7 Rn. 1.
2 Burandt/Rojahn/Egerland VerschG § 7 Rn. 2.
3 Vgl. → Rn. 24.
4 Staudinger/Fritzsche VerschG § 7 Rn. 7.

2 Zweck ist die gleichmäßige Behandlung von Verschollenen der unterschiedlichen Einheiten im Kriegsfall. Die Sonderregelungen für Verschollene des 2. Weltkriegs haben Vorrang vor den Sondertatbeständen (§§ 4 bis 7) des Verschollenheitsgesetzes.

§ 9 VerschG [Wirkung der Todeserklärung; Todesvermutung]

(1) ¹Die Todeserklärung begründet die Vermutung, daß der Verschollene in dem im Beschluß festgestellten Zeitpunkt gestorben ist. ²Dies gilt auch, wenn vor der Todeserklärung ein anderer Zeitpunkt im Sterberegister eingetragen ist.

(2) Als Zeitpunkt des Todes ist der Zeitpunkt festzustellen, der nach dem Ergebnis der Ermittlungen der wahrscheinlichste ist.

(3) Läßt sich ein solcher Zeitpunkt nicht angeben, so ist als Zeitpunkt des Todes festzustellen:

a) in den Fällen des § 3 das Ende des fünften Jahres oder, wenn der Verschollene das achtzigste Lebensjahr vollendet hätte, des dritten Jahres nach dem letzten Jahre, in dem der Verschollene den vorhandenen Nachrichten zufolge noch gelebt hat;
b) in den Fällen des § 4 der Zeitpunkt, in dem der Verschollene vermißt worden ist;
c) in den Fällen der §§ 5 und 6 der Zeitpunkt, in dem das Schiff untergegangen, das Luftfahrzeug zerstört oder das sonstige die Verschollenheit begründende Ereignis eingetreten oder – falls dies nicht feststellbar ist – der Verschollene zuerst vermißt worden ist;
d) in den Fällen des § 7 der Beginn der Lebensgefahr.

(4) Ist die Todeszeit nur dem Tage nach festgestellt, so gilt das Ende des Tages als Zeitpunkt des Todes.

A. Allgemeines	1	II. Lebensversicherung	8
B. Regelung	2	III. Fälschlich erfolgte Todeserklärung	9
C. Weitere Hinweise	4	IV. Rechtswirkungen Eherecht	10
I. Rechtswirkungen Erbrecht	5		

A. Allgemeines

1 In § 9 VerschG finden sich die Wirkungen der Todeserklärung sowie Ausführungen zur Feststellung der Todeszeit in den jeweils einzelnen Verschollenheitstatbeständen.

B. Regelung

2 Das Gericht hat jeweils im Einzelfall von Amts wegen Ermittlung über den Todeszeitpunkt anzustellen (§ 26 FamFG). Dabei ist nach Anhaltspunkten zu suchen, die eine einigermaßen wahrscheinliche **Feststellung der Todeszeit** erlauben. Für die Fälle in denen sich keine Anhaltspunkte für den Zeitpunkt des Todes ergeben, gelten subsidiär schematische Feststellungsregeln:

1. Bei der allgemeinen Verschollenheit des § 3 VerschG wird in der Regel etwa die Mitte der Verschollenheitsfrist als Todeszeitpunkt festgestellt.
2. In den Fällen des § 4 VerschG Kriegsverschollenheit ist der Zeitpunkt des Vermisstseins ausschlaggebend.
3. In den Fällen der §§ 5 und 6 VerschG See- und Luftverschollenheit ist der Zeitpunkt des Untergangs des See- bzw. Luftfahrzeugs maßgebend, bzw. der Eintritt des Ereignisses, auf dem die Verschollenheit gründet.
4. In den Fällen des § 7 VerschG ist ausschlaggebend der Beginn der dort umschriebenen Gefahrenlage.

Die Todeserklärung braucht nur den Tag des Todes festzustellen, es gilt das Ende des bezeichneten Tages als Zeitpunkt des Todes (§ 9 Abs. 4 VerschG).

5. Für die Verschollenen des 2. Weltkriegs gelten Sonderregelungen vgl. Art. 2 § 2 VerschÄndG.[1]
6. Die Todeserklärung entfaltet einschneidende **Rechtswirkung** (vgl. § 2 VerschG) und wird wirksam mit der formellen Rechtskraft des Beschlusses, der sie ausspricht (§ 29 VerschG).
7. Die Rechtswirkung der Tatsachenfeststellung Todeserklärung besteht in der Vermutung, dass der Verschollene bis zum **festgestellten Zeitpunkt** gelebt hat und danach nicht mehr. Sofern keine Todeserklärung erfolgt, besteht weiter die Lebensvermutung des § 10 VerschG, aber eben keine Todesvermutung.

Die Vermutung des § 9 Abs. 1 VerschG, dass der Verschollene in dem im Beschluss festgestellten Zeitpunkt gestorben ist, gilt bis zum Beweis der Unrichtigkeit.[2] Nur der Staatsanwalt und (natürlich auch) der Verschollene selbst können die Aufhebung des Todeserklärungsbeschlusses nach § 30 Abs. 1 VerschG beantragen. Die Feststellung einer anderen Todeszeit darf bei Vorhandensein eines rechtlichen Interesses von jedem eingefordert werden (§ 33a VerschG).[3]

C. Weitere Hinweise

Im Steuerrecht ist § 49 AO 1977 einschlägig.

§ 49 AO Verschollenheit
Bei Verschollenheit gilt für die Besteuerung der Tag als Todestag, mit dessen Ablauf der Beschluss über die Todeserklärung des Verschollenen rechtskräftig wird.

I. Rechtswirkungen Erbrecht

Zu den Rechtswirkungen der Todeserklärung im Erbrecht:

Es wird die Erbschaft des für tot Erklärten eröffnet, es kann ein Erbschein beantragt und erteilt werden.

Wichtig ist, dass zum einen im Erbscheinsverfahren die Regelungen des § 1 Abs. 1 VerschG zugrunde zu legen sind und die Vermutung des § 9 VerschG nicht geeignet ist, die Todeszeit zu beweisen.

II. Lebensversicherung

Lebensversicherungen des Verschollenen werden mit der Todeserklärung fällig.

III. Fälschlich erfolgte Todeserklärung

Wurde der Verschollene fälschlicherweise für tot erklärt, so kann er nach § 2031 BGB sein Vermögen wieder herausverlangen.[4]

IV. Rechtswirkungen Eherecht

Zu den Rechtswirkungen der Todeserklärung im Eherecht:

Für den Ehegatten des für tot erklärten Verschollenen ist eine neue Ehe zulässig. Zu den einzelnen ehe- und güterrechtlichen Auswirkungen, falls der Verschollene fälschlicherweise für tot erklärt wurde, vgl. ausführlich bei Staudinger.[5]

Im Kindschaftsrecht ist der festgestellte Zeitpunkt des Todes des Verschollenen auch maßgebend für die Ehelichkeit eines Kindes, das von der zurückgebliebenen Ehefrau geboren wird.

---

1 Staudinger/Fritzsche VerschG § 9 Rn. 11 ff.
2 Staudinger/Fritzsche VerschG § 9 Rn. 24.
3 Zimmermann/Gergen VerschG § 9 Rn. 6.
4 Staudinger/Fritzsche VerschG § 9 Rn. 38.
5 Staudinger/Fritzsche VerschG § 9 Rn. 28.

13 Mit der Todeserklärung wird die elterliche Sorge beendet (§ 1677 BGB).

§ 10 VerschG [Lebensvermutung]

Solange ein Verschollener nicht für tot erklärt ist, wird vermutet, daß er bis zu dem im § 9 Abs. 3, 4 genannten Zeitpunkt weiter lebt oder gelebt hat.

§ 11 VerschG [Vermutung gleichzeitigen Todes]

Kann nicht bewiesen werden, daß von mehreren gestorbenen oder für tot erklärten Menschen der eine den anderen überlebt hat, so wird vermutet, daß sie gleichzeitig gestorben sind.

A. Allgemeines

1 Zur Rangfolge von § 9 und § 11 ist es umstritten, ob ein festgestellter Todeszeitpunkt nach § 9 Abs. 1 Satz 1 VerschG es zulässt, dass der für tot Erklärte einen vor diesem Zeitpunkt Verstorbenen beerben kann. Nach der Rechtsprechung[1] ist eine Vermutung des § 9 Abs. 1 VerschG nicht geeignet, festzustellen, dass ein Verschollener einen anderen Verschollenen überlebt hat. Demzufolge hat § 11 Vorrang vor § 9 VerschG, denn auch wenn verschiedene Todeszeitpunkte festgestellt sind, bleiben stets Zweifel über den tatsächlichen Tod bestehen. Somit kann einer den anderen nicht beerben. In derartigen Fällen ist der in der Todeserklärung festgestellte Todeszeitpunkt quasi bedeutungslos, für die Erbfolge untereinander scheiden die für tot Erklärten aus und dies gleichgültig, ob es sich dabei um die Erbfolge zwischen mehreren für tot Erklärten handelt, oder ob der Todeszeitpunkt einer Person feststeht und für die andere die Vermutung des § 9 VerschG in Betracht kommt.

B. Regelung

2 Vorraussetzungen sind:
1. Es steht fest, dass **mehrere Personen** verstorben sind.
2. Es ist kein Beweis darüber möglich, in **welcher Reihenfolge** die betreffenden Personen gestorben sind.
3. Die **Bedeutung des § 11 VerschG** geht weit über das Verschollenheitsgesetz hinaus, da sie ganz allgemein **bei mehreren Verstorbenen** und/oder für tot erklärten Menschen gilt. § 11 VerschG gilt sogar dann, wenn es ausschließlich um Menschen geht, die gestorben sind und deren Tod völlig „normal" im standesamtlichen Verfahren beurkundet wurde.
Voraussetzung ist, dass zwei oder mehr Menschen gestorben oder für tot erklärt worden sind und dass die Reihenfolge ihres Versterbens nicht bewiesen werden kann. Es muss Unsicherheit hinsichtlich der Versterbensreihenfolge gegeben sein.[2] Dabei ist völlig irrelevant, ob die Personen aufgrund derselben Ursache umgekommen sind.[3] Weder die Eintragung des Todeszeitpunkts im Sterberegister (§ 31 Abs. 1 Nr. 3 PStG) noch die Feststellung des Todeszeitpunkts im Beschluss über die Todeserklärung (§ 9 Abs. 1 Satz 1 VerschG) beweisen das Überleben im Sinne des § 11 VerschG.[4] Auch ist unbeachtlich, wie kurz auch immer die ggf. nur punktuelle Überlappung der Todeszeiträume sein mag.[5]
4. An den Sachverhalt Versterben mehrerer Personen mit unklarer Reihenfolge des Versterbens knüpft das VerschG die **Wirkung**, dass vermutet wird, dass die betreffenden Personen

---

1 BGH NJW 1974, 699; BayObLG NJW-RR 1999, 1309 (1310); OLG Schleswig FamRZ 2011, 1856 f.
2 Burandt/Rojahn/Egerland VerschG § 11 Rn. 2.
3 OLG Köln NJW-RR 1992, 1480 (1481).
4 BayObLG NJW-RR 1999, 1309 (1319 f.).
5 Staudinger/Fritzsche VerschG § 11 Rn. 5.

gleichzeitig verstorben sind. Die der Anwendbarkeit des § 11 VerschG unterfallenden Personen scheiden aufgrund § 1923 Abs. 1 BGB für die Erbfolge des jeweils anderen aus.

> **§ 1923 BGB Erbfähigkeit**
> (1) Erbe kann nur werden, wer zur Zeit des Erbfalls lebt.
> (2) Wer zur Zeit des Erbfalls noch nicht lebte, aber bereits gezeugt war, gilt als vor dem Erbfall geboren.

5. Die Wertung des § 11 VerschG ist bereits im **standesamtlichen Verfahren** zur Beurkundung von Sterbefällen zu berücksichtigen. Die Eintragung des Todeszeitpunkts im Sterberegister erbringt ja keinen 100 %-igen Beweis für den jeweiligen Todeszeitpunkt, denn der Beweis der Unrichtigkeit ist jeweils zulässig (§ 292 ZPO, § 54 Abs. 3 Satz 1 PStG, § 418 Abs. 2 ZPO). Damit nicht durch Beweisschwierigkeiten die Rechtsfolge des § 11 VerschG unterlaufen werden kann, muss insbesondere in den Fällen, in denen mehrere Personen aufgrund derselben Ursache verstorben sind, bereits im standesamtlichen Verfahren darauf geachtet werden, dass ein zeitlich nacheinander erfolgtes Versterben nachgewiesen sein muss, um unterschiedliche Todeszeitpunkte einzutragen. Ansonsten ist durch Angabe von Zeiträumen deutlich zu machen, dass ein zeitlich nacheinander erfolgtes Versterben nicht eindeutig erwiesen ist.[6]

6. Eine große Auswirkung entfaltet § 11 VerschG wenn **gleichzeitiges Versterben von Ehegatten** gemäß der Vermutung des § 11 festgestellt wird. Es entfällt bei gleichzeitigem Versterben auch der Zugewinnausgleich siehe § 1371 BGB Zugewinnausgleich im Todesfall.

Die Norm findet nur Anwendung, wenn die Ehegatten im Zeitpunkt des Todes im gesetzlichen Güterstand der Zugewinngemeinschaft gelebt haben. Wenn der Tod eintritt, nachdem ein Ehegatte Scheidungsantrag gestellt hat, aber bevor das Scheidungsurteil rechtskräftig geworden ist, bzw. wenn ein Ehegatte Klage auf vorzeitigen Ausgleich des Zugewinns gestellt hat, und hierüber rechtskräftig noch nicht entschieden worden ist.[7]

Wenn nun aber ein Fall des § 11 VerschG eintritt, nachdem zB ein Ehepartner zwischen dem 7.5.2010 und dem 9.5.2010 in seiner Wohnung an einem Herzinfarkt verstirbt, der andere getrennt lebende Noch-Ehepartner am 8.5.2010 zwischen 10.00 Uhr und 19.00 Uhr an einem einsamen See einen Badeunfall erleidet, so ist der Zugewinnausgleichsanspruch aufgrund der Regelung des § 11 VerschG ausgeschlossen. Gleiches gilt, wenn beide gemeinsam einen Autounfall erleiden und die Reihenfolge des Versterbens nicht feststellbar ist.

Bei testamentarischen Klauseln wie „gemeinsames/beiderseitiges/gleichzeitiges Versterben", „sollte uns gemeinsam etwas passieren" uä im gemeinschaftlichen Testament treten dann die im Testament angeordneten Rechtsfolgen in Kraft.[8]

C. Weitere Hinweise

Verschollenheit im Licht der ErbVO: Verschollenheitsfragen werden aufgrund Art. 1 Abs. 2 Buchst. c ErbVO aus dem Anwendungsbereich der neuen EU-Erbrechtsverordnung ausgenommen. So erfolgt aus deutscher Sicht die Anknüpfung weiterhin über Art. 9 EGBGB. Maßgeblich ist das Recht der Staatsangehörigkeit des Betroffenen.

Doch auch bei Ausländern kann die Todeserklärung nach deutschem Recht erfolgen, wenn hierfür ein berechtigtes Interesse besteht, beispielsweise wenn das Heimatrecht des Betroffenen eine Todeserklärung nicht vorsieht, aber ein so starker Inlandsbezug zu Deutschland besteht, dass ohne diese Todeserklärung der deutsche Rechtsverkehr beeinträchtigt wäre.[9]

---

6 Burandt/Rohjan/Egerland VerschG § 11 Rn. 4.
7 Prütting/Wegen/Weinreich/Weinreich BGB § 1371 Rn. 5.
8 Staudinger/Fritzsche VerschG § 11 Rn. 13.
9 BeckOK BGB/Mäsch EGBGB Art. 9 Rn. 9.

8 Zu beachten ist der Zusammenhang mit Art. 32 ErbVO: für den Fall, dass zwei oder mehrere Personen versterben und nach unterschiedlichen Rechtsordnungen beerbt werden, ohne dass sich die Reihenfolge des Todes bestimmen ließe und sich die Kommorientenvermutungen der beteiligten Rechte widersprechen, so ist das Erbrecht wechselseitig ausgeschlossen. Auch wenn die Sachverhalte unterschiedlich oder gar nicht geregelt sind, ist das Erbrecht wechselseitig ausgeschlossen. Die Regelungen des Art. 32 ErbVO entsprechen damit denen des § 11 VerschG im deutschen Recht.[10]

Abschnitt II
Zwischenstaatliches Recht

§ 12 VerschG [Zwischenstaatliches Recht]

(1) Für Todeserklärungen und Verfahren bei Feststellung der Todeszeit sind die deutschen Gerichte zuständig, wenn der Verschollene oder der Verstorbene in dem letzten Zeitpunkt, in dem er nach den vorhandenen Nachrichten noch gelebt hat,
1. Deutscher war oder
2. seinen gewöhnlichen Aufenthalt im Inland hatte.

(2) Die deutschen Gerichte sind auch dann zuständig, wenn ein berechtigtes Interesse an einer Todeserklärung oder Feststellung der Todeszeit durch sie besteht.

(3) Die Zuständigkeit nach den Absätzen 1 und 2 ist nicht ausschließlich.

Abschnitt III
Verfahren bei Todeserklärungen

§ 13 VerschG [Aufgebotsverfahren]

(1) Das Aufgebotsverfahren nach § 2 ist eine Angelegenheit der freiwilligen Gerichtsbarkeit.

(2) Es gelten dafür die besonderen Vorschriften der §§ 14 bis 38.

§ 14 VerschG [Sachliche Zuständigkeit]

Für das Aufgebotsverfahren sind die Amtsgerichte sachlich zuständig.

§ 15 VerschG [Örtliche Zuständigkeit]

(1) Örtlich zuständig ist das Gericht, in dessen Bezirk der Verschollene seinen letzten inländischen Wohnsitz oder in Ermangelung eines inländischen Wohnsitzes seinen letzten gewöhnlichen Aufenthalt im Inlande gehabt hat.

(2) ¹Ist die Verschollenheit durch den Untergang eines in einem deutschen Schiffsregister eingetragenen Schiffes begründet, so ist an Stelle des in Absatz 1 genannten Gerichts das Gericht des Heimathafens oder Heimatortes zuständig. ²Dieses Gericht kann jedoch die Sache aus wichtigem Grund an ein anderes Gericht abgeben.

---

10 Müller/Lukoschek Die neue EU-Erbrechtsverordnung § 2 Rn. 59; Zimmermann/Gergen VerschG § 11 Rn. 2 und Vorb. VerschG Rn. 2.

§ 15a VerschG   [Zuständigkeit außer in den Fällen des § 15]

(1) Ist ein Gerichtsstand nach § 15 nicht begründet oder wird am Sitze des nach § 15 zuständigen Gerichts eine deutsche Gerichtsbarkeit nicht mehr ausgeübt, so ist das Gericht zuständig, in dessen Bezirk der erste Antragsteller seinen Wohnsitz oder in Ermangelung eines Wohnsitzes im Geltungsbereich dieses Gesetzes seinen gewöhnlichen Aufenthalt hat.

(2) Ein Gericht soll auf Grund des Absatz 1 nur tätig werden, wenn es dem Amtsgericht Berlin-Schöneberg seine Absicht angezeigt hat, ein Verfahren nach diesem Gesetz durchzuführen, und das Amtsgericht Berlin-Schöneberg bestätigt hat, daß eine frühere Anzeige gleichen Inhalts von einem anderen Gericht bei ihm nicht eingegangen ist.

§ 15b VerschG   [Zuständigkeit des AG Berlin-Schöneberg]

[1]Ist ein Gerichtsstand nach §§ 15, 15a nicht begründet, so ist das Amtsgericht Berlin-Schöneberg zuständig. [2]Dieses Gericht kann die Sache aus wichtigem Grund an ein anderes Gericht abgeben.

§ 15c VerschG   [Bindende Wirkung der Abgabeverfügung]

Gibt ein Gericht auf Grund der Vorschriften dieses Gesetzes oder ein außerhalb des Geltungsbereichs dieses Gesetzes bestehendes Gericht auf Grund der dort geltenden Vorschriften eine Sache an ein anderes Gericht ab, so ist die Abgabeverfügung für das andere Gericht bindend.

§ 15d VerschG   [Bestimmung des zuständigen Gerichts]

[1]Ist anzunehmen, daß mehrere Personen infolge desselben Ereignisses verschollen sind, so kann der Bundesminister der Justiz und für Verbraucherschutz das für alle Todeserklärungen zuständige Gericht bestimmen. [2]Ist der Antrag bei einem hiernach nicht zuständigen Gericht gestellt, so ist er an das zuständige Gericht abzugeben.

§ 16 VerschG   [Antrag]

(1) Das Aufgebotsverfahren wird nur auf Antrag eingeleitet.

(2) Den Antrag können stellen:
a) der Staatsanwalt;
b) der gesetzliche Vertreter des Verschollenen;
c) der Ehegatte, der Lebenspartner,, die Abkömmlinge und die Eltern des Verschollenen sowie jeder andere, der ein rechtliches Interesse an der Todeserklärung hat.

(3) Der Inhaber der elterlichen Sorge, Vormund oder Pfleger kann den Antrag nur mit Genehmigung des Familiengerichts, der Betreuer nur mit Genehmigung des Betreuungsgerichts stellen.

§ 17 VerschG   [Eintritt in das Verfahren]

[1]Jeder Antragsberechtigte kann neben dem Antragsteller oder an dessen Stelle in das Verfahren eintreten. [2]Durch den Eintritt erlangt er die rechtliche Stellung eines Antragstellers. [3]Der Eintritt ist auch zur Einlegung eines Rechtsmittels zulässig.

§ 18 VerschG [Glaubhaftmachung]

Vor der Einleitung des Verfahrens hat der Antragsteller die zur Begründung des Antrags erforderlichen Tatsachen glaubhaft zu machen.

§ 19 VerschG [Aufgebot]

(1) Ist der Antrag zulässig, so hat das Gericht das Aufgebot zu erlassen.

(2) In das Aufgebot ist insbesondere aufzunehmen:
a) die Bezeichnung des Antragstellers;
b) die Aufforderung an den Verschollenen, sich bis zu einem bestimmten Zeitpunkt zu melden, widrigenfalls er für tot erklärt werden könne;
c) die Aufforderung an alle, die Auskunft über den Verschollenen geben können, dem Gericht bis zu dem nach Buchstabe b bestimmten Zeitpunkt Anzeige zu machen.

§ 20 VerschG [Bekanntmachung des Aufgebots]

(1) ¹Das Aufgebot muß durch eine Tageszeitung öffentlich bekanntgemacht werden. ²Das Gericht kann abweichend anordnen, daß eine einmalige Einrückung in den Bundesanzeiger erfolgt, wenn dies dem Zweck des Aufgebots dienlich ist.

(2) ¹Das Gericht kann anordnen, daß das Aufgebot daneben in anderer Weise, insbesondere durch Rundfunk, öffentlich bekanntgemacht wird. ²Das Aufgebot soll an die Gerichtstafel angeheftet werden.

§ 21 VerschG [Aufgebotsfrist]

(1) Zwischen dem Tage, an dem das Aufgebot zum ersten Mal durch eine Tageszeitung oder den Bundesanzeiger öffentlich bekanntgemacht ist, und dem nach § 19 Abs. 2 Buchstabe b bestimmten Zeitpunkt muß eine Frist (Aufgebotsfrist) von mindestens sechs Wochen liegen.

(2) Die Aufgebotsfrist soll, wenn nicht besondere Gründe vorliegen, nicht mehr als ein Jahr betragen.

(3) Ist das Aufgebot öffentlich bekanntgemacht, so kann die Aufgebotsfrist nicht mehr abgekürzt werden.

§ 22 VerschG [Anhörung des Staatsanwalts und des Antragstellers]

Vor der Bekanntmachung des Aufgebots ist in jedem Falle dem Staatsanwalt, vor der Entscheidung dem Antragsteller und dem Staatsanwalt Gelegenheit zur Äußerung zu geben.

§ 22a VerschG [Keine Beweiskraft der Eintragung im Sterbebuch]

Ist der Tod des Verschollenen bereits im Sterberegister beurkundet worden und wird ein Aufgebotsverfahren zum Zwecke der Todeserklärung durchgeführt, so hat die Eintragung im Sterberegister für das Verfahren keine Beweiskraft.

§ 23 VerschG [Todeserklärungsbeschluss]

In dem Beschluß, durch den der Verschollene für tot erklärt wird, ist der Zeitpunkt seines Todes nach § 9 Abs. 2, 3 festzustellen.

§ 24 VerschG [Bekanntmachung und Zustellung des Todeserklärungsbeschlusses]

(1) ¹Der Beschluß durch den der Verschollene für tot erklärt wird, ist öffentlich bekanntzumachen. ²§ 20 ist entsprechend anzuwenden.

(2) Der Beschluß ist ferner dem Antragsteller und dem Staatsanwalt zuzustellen.

(3) ¹Die erste öffentliche Bekanntmachung gilt als Zustellung, auch soweit dieses Gesetz daneben eine besondere Zustellung vorschreibt. ²Die Zustellung gilt als am Ende des Tages bewirkt, an dem der Beschluß in der Tageszeitung oder im Bundesanzeiger öffentlich bekanntgemacht ist.

§ 25 VerschG [Zustellung des Ablehnungsbeschlusses]

Der Beschluß, durch den die Todeserklärung abgelehnt wird, ist dem Antragsteller und dem Staatsanwalt zuzustellen.

§ 26 VerschG [Beschwerde]

(1) ¹Gegen den Beschluß, durch den der Verschollene für tot erklärt wird, und gegen den Beschluß, durch den die Todeserklärung abgelehnt wird, ist die sofortige Beschwerde zulässig. ²Die Beschwerdefrist beträgt einen Monat.

(2) Die Beschwerde steht zu

a) gegen den Beschluß, durch den der Verschollene für tot erklärt wird, dem Antragsteller und jedem, der an der Aufhebung der Todeserkärung oder an der Berichtigung des Zeitpunktes des Todes ein rechtliches Interesse hat;
b) gegen den Beschluß, durch den die Todeserklärung abgelehnt wird, dem Antragsteller.

§ 27 VerschG [Bekanntmachung des Beschlusses über Beschwerde]

Wird der Beschluß, durch den der Verschollene für tot erklärt wird, auf sofortige Beschwerde oder Rechtsbeschwerde aufgehoben und die Todeserklärung abgelehnt, so kann das Gericht anordnen, daß dieser Beschluß öffentlich bekanntgemacht wird; § 24 ist entsprechend anzuwenden.

§ 28 VerschG [Zustellung von Beschlüssen über sofortige weitere Beschwerde]

(1) Beschlüsse, die auf Rechtsbeschwerde ergehen, sind dem Beschwerdeführer und dem Staatsanwalt zuzustellen, auch wenn sie nicht den in §§ 24 oder 25 bezeichneten Inhalt haben.

(2) Bei Beschlüssen, die auf Rechtsbeschwerde ergehen, kann das Gericht von der Anwendung des § 24 Abs. 1 absehen, wenn die Todeserklärung bereits vom Amtsgericht oder vom Beschwerdegericht öffentlich bekanntgemacht worden war.

§ 29 VerschG   [Wirksamwerden von Beschlüssen]

(1) Beschlüsse des Amtsgerichts, durch welche die Todeserklärung ausgesprochen wird, werden mit ihrer Rechtskraft wirksam.

(2) *[aufgehoben]*

(3) Beschlüsse, die auf Rechtsbeschwerde ergehen, werden mit der letzten Zustellung wirksam; § 24 Abs. 3 bleibt unberührt.

§ 30 VerschG   [Antrag auf Aufhebung der Todeserklärung]

(1) Hat der Verschollene die Todeserklärung überlebt, so kann er oder der Staatsanwalt ihre Aufhebung beantragen.

(2) Der Antrag ist bei dem Amtsgericht zu stellen, bei dem das Aufgebotsverfahren anhängig gewesen oder an welches die Sache abgegeben worden ist.

§ 31 VerschG   [Verfahren]

(1) Für das Verfahren gelten die §§ 17 und 18.

(2) Vor der Entscheidung ist den Antragsberechtigten und dem, der die Todeserklärung erwirkt hat, Gelegenheit zur Äußerung zu geben.

§ 32 VerschG   [Aufhebungsbeschluss]

(1) ¹Der Beschluß, durch den die Todeserklärung aufgehoben wird, ist in der gleichen Form öffentlich bekanntzumachen, in der die Todeserklärung bekanntgemacht worden ist. ²§ 20 Abs. 2 ist entsprechend anzuwenden.

(2) Der Beschluß, durch den die Aufhebung der Todeserklärung abgelehnt wird, ist dem Antragsteller und dem Staatsanwalt zuzustellen.

§ 33 VerschG   [Rechtsmittel]

(1) Gegen den Beschluß, durch den die Todeserklärung aufgehoben wird, findet kein Rechtsmittel statt.

(2) Gegen den Beschluß, durch den die Aufhebung der Todeserklärung abgelehnt wird, kann der Antragsteller die sofortige Beschwerde erheben.

§ 33a VerschG   [Feststellung einer anderen Todeszeit]

(1) Ist der Verschollene nicht in dem Zeitpunkt verstorben, der als Zeitpunkt des Todes festgestellt worden ist, so kann jeder, der ein rechtliches Interesse an der Feststellung einer anderen Todeszeit hat, die Änderung der Feststellung beantragen, wenn die Tatsache, aus der sich die

Unrichtigkeit der Feststellung ergibt, ihm ohne sein Verschulden erst bekannt geworden ist, als er sie in dem Aufgebotsverfahren nicht mehr geltend machen konnte.

(2) ¹Der Antrag ist vor Ablauf einer Notfrist von einem Monat zu stellen. ²Die Frist beginnt mit dem Tage, an dem der Antragsberechtigte von der Tatsache Kenntnis erhalten hat, jedoch nicht vor Eintritt der Rechtskraft der Todeserklärung ³Nach Ablauf von fünf Jahren, von dem Tage der Rechtskraft der Todeserklärung an gerechnet, ist der Antrag unstatthaft.

(3) ¹Für das Änderungsverfahren gelten §§ 17, 18, § 19 Abs. 1, Abs. 2 Buchstabe c, §§ 20, 21, 23 bis 29, § 30 Abs. 2, § 31 Abs. 2 entsprechend. ²Der Beschluß, durch den die Feststellung des Todes geändert wird, ist auch demjenigen zuzustellen, der die Todeserklärung erwirkt hat. ³Die Änderung soll auf dem Beschluß, durch den der Verschollene für tot erklärt worden ist, und auf dessen Ausfertigung vermerkt werden.

§ 34 VerschG   [Kosten]

(1) ¹Das Gericht kann in seiner Entscheidung einem am Verfahren Beteiligten oder vom Verfahren Betroffenen die Kosten des Verfahrens, einschließlich der zur zweckentsprechenden Durchführung des Verfahrens notwendigen außergerichtlichen Kosten anderer Beteiligter oder Betroffener, ganz oder teilweise auferlegen, die er durch grob fahrlässig aufgestellte unrichtige Behauptungen oder sonstiges grobes Verschulden veranlaßt hat. ²Vor dieser Entscheidung soll das Gericht, soweit tunlich, den hören, dem es die Kosten auferlegen will.

(2) ¹Vorbehaltlich des Absatzes 1 hat das Gericht in dem Beschluß, durch den der Verschollene für tot erklärt wird, auszusprechen, daß die Kosten des Verfahrens, einschließlich der notwendigen außergerichtlichen Kosten des Antragstellers oder Beschwerdeführers, dem Nachlaß zur Last fallen. ²Dies gilt nicht für die Kosten einer unbegründeten Beschwerde.

(3) Wird die Todeserklärung gemäß den §§ 30 bis 33 aufgehoben, so kann das Gericht nach Absatz 1 auch über die Kosten entscheiden, die nach Absatz 2 dem Nachlaß zur Last gelegt sind.

§ 35 VerschG   [Verfahren bei Kostenfestsetzung; Erinnerung]

(1) Die Kosten über die nach § 34 entschieden ist, werden auf Antrag von dem Urkundsbeamten der Geschäftsstelle des Gerichts erster Instanz festgesetzt.

(2) Zur Berücksichtigung eines Ansatzes genügt es, daß er glaubhaft gemacht wird.

(3) ¹Über Erinnerungen gegen den Festsetzungsbeschluß entscheidet das Gericht erster Instanz. ²Die Erinnerung ist binnen einer mit der Zustellung beginnenden Frist von zwei Wochen einzulegen. ³Die §§ 17 bis 19 und 49 bis 57 des Gesetzes über das Verfahren in Familiensachen und in den Angelegenheiten der freiwilligen Gerichtsbarkeit gelten entsprechend.

§ 36 VerschG   [Sofortige Beschwerde]

Die Entscheidungen des Gerichts über die Kosten nach §§ 34 oder 35 Abs. 3 können selbständig mit der sofortigen Beschwerde angefochten werden, sofern der Beschwerdegegenstand den Betrag von 50 Euro übersteigt.

§ 37 VerschG [Änderung der Kostenfestsetzung]

(1) Ergeht nach der Kostenfestsetzung eine Entscheidung, die den Wert des Gegenstandes des Verfahrens festsetzt, so ist, falls diese Entscheidung von der Wertberechnung abweicht, die der Kostenfestsetzung zugrunde liegt, auf Antrag die Kostenfestsetzung entsprechend abzuändern; die §§ 35 und 36 sind entsprechend anzuwenden.

(2) Wird eine Entscheidung über die Kosten abgeändert, so ist auf Antrag auszusprechen, daß die auf Grund der abgeänderten Entscheidung zuviel gezahlten Kosten zu erstatten sind.

§ 38 VerschG [Zwangsvollstreckung aus Kostenbeschlüssen]

Aus Kostenfestsetzungsbeschlüssen und aus Entscheidungen gemäß § 37 Abs. 2 findet die Zwangsvollstreckung nach den Vorschriften der Zivilprozeßordnung statt.

Abschnitt IV
Verfahren bei Feststellung der Todeszeit

§ 39 VerschG [Voraussetzungen]

[1]Ist die Todeserklärung mit Rücksicht auf § 1 Abs. 2 unzulässig, eine Eintragung im Sterberegister aber nicht erfolgt, so kann beantragt werden, den Tod und den Zeitpunkt des Todes durch gerichtliche Entscheidung festzustellen. [2]Wird der Antrag von dem Ehegatten gestellt, so steht eine Eintragung im Sterberegister der Feststellung nicht entgegen.

§ 40 VerschG [Verfahren]

Auf das Verfahren sind § 13 Abs. 1, §§ 14 bis 17, 22, 22a, 24 bis 38 entsprechend anzuwenden; im übrigen gelten die besonderen Vorschriften der §§ 41 bis 44.

§ 41 VerschG [Nachweis des Todes]

(1) Vor der Einleitung des Verfahrens hat der Antragsteller nachzuweisen, daß der Tod nach den Umständen nicht zweifelhaft ist, sofern dies nicht offenkundig ist.

(2) Die übrigen zur Begründung des Antrags erforderlichen Tatsachen hat der Antragsteller glaubhaft zu machen.

§ 42 VerschG [Öffentliche Aufforderung]

(1) Ist der Antrag zulässig, so soll das Gericht eine öffentliche Aufforderung an alle, die über den Zeitpunkt des Todes Angaben machen können, erlassen, dies dem Gericht bis zu einem bestimmten Zeitpunkt anzuzeigen.

(2) Von der öffentlichen Aufforderung kann das Gericht absehen, wenn dadurch nach den Umständen eine weitere Aufklärung des Sachverhalts nicht erwartet werden kann.

§ 43 VerschG [Form und Frist der öffentlichen Aufforderung]

(1) ¹Die öffentliche Aufforderung muß durch eine Tageszeitung öffentlich bekanntgemacht werden, sofern das Gericht nicht abweichend anordnet, daß eine einmalige Einrückung in den Bundesanzeiger erfolgt. ²Das Gericht kann anordnen, daß diese Aufforderung daneben in anderer Weise öffentlich bekanntgemacht wird. ³Es bestimmt nach freiem Ermessen die Frist, innerhalb deren die Anzeige zu machen ist.

(2) ¹Diese Frist soll nicht weniger als sechs Wochen und, wenn nicht besondere Gründe vorliegen, nicht mehr als sechs Monate betragen. ²Sie beginnt mit Ablauf des Tages, an dem die Aufforderung zum ersten Male öffentlich bekanntgemacht ist.

(3) Ist die Aufforderung öffentlich bekanntgemacht, so kann die Frist nicht mehr abgekürzt werden.

§ 44 VerschG [Feststellung der Todeszeit; Todesvermutung]

(1) Der Zeitpunkt des Todes ist den Grundsätzen des § 9 Abs. 2, 3 entsprechend festzustellen.

(2) ¹Der Beschluß begründet die Vermutung, daß der Tod in dem darin festgestellten Zeitpunkt eingetreten ist. ²§ 9 Abs. 1 Satz 2, Abs. 4 gilt entsprechend.

§ 45 VerschG [Feststellung der Todeszeit nach Aufgebotsverfahren]

(1) Ergeben die Ermittlungen, die in einem nach § 2 eingeleiteten Aufgebotsverfahren angestellt sind, daß der Tod nach den Umständen nicht zweifelhaft ist, so ist das Verfahren nach den §§ 39 bis 44 fortzusetzen.

(2) ¹Der Antrag auf Todeserklärung gilt in diesem Falle als Antrag auf Feststellung des Zeitpunktes des Todes. ²§ 41 ist nicht anzuwenden.

Abschnitt V
Inkrafttreten, Übergangs- und Schlußvorschriften

§ 46 bis 58 VerschG

(Nicht abgedruckt)

21. Versicherungsrecht

Literatur:
Armbrüster/Pilz, Schicksal des Lebensversicherungsvertrages in der Insolvenz des Versicherungsnehmers, KTS 2004, 481; *Armbrüster/Pilz*, Zuordnung des Anspruchs auf den Rückkaufswert bei geteiltem Bezugsrecht in der gemischten Lebensversicherung, VersR 1998, 410; *Bastian*, Die Rechtsstellung mitversicherter Familienangehöriger in der Privaten Pflegeversicherung, VersR 2003, 945; *Beckmann/Matusche-Beckmann*, Berliner Kommentar zum Versicherungsvertragsgesetz, 1999 (zitiert: BK-VVG/Bearbeiter); *Beckmann/ Matusche-Beckmann*, Versicherungsrechts-Handbuch, 3. Aufl. 2015 (zitiert: Beckmann/Matusche-Beckmann VersR-HdB/Bearbeiter); *Benkel/Hirschberg*, Kommentar zur Lebens- und Berufsunfähigkeitsversicherung, 2. völlig neubearbeitete Auflage, 2011 (zitiert: Benkel/Hirschberg); *Boetius*, Notwendige Heilbehandlung und Bedingungsanpassung in der privaten Krankenversicherung, VersR 2008, 1431; *Brand*, Die private Unfallversicherung – Aktuelles aus Rspr, Praxis und VVG-Reform, r+s 2007, 353; *Brand*, Grenzen der vorvertraglichen Anzeigepflicht des Versicherungsnehmers, VersR 2009; *Brand*, Medizinisch notwendige stationäre Heilbehandlung – Erstattungsprobleme in der privaten Krankheitskostenversicherung, VersR 2009, 1320; *Bruck/Möller*, Großkommentar zum VVG, Bd. 2, 8. Aufl. 1988 (zitiert: Bruck/Möller/Bearbeiter); *Bruck/Möller*, Großkommentar zum VVG, 9. Aufl. 2008 (zitiert. siehe oben); *Bürkle*, Nationalstaatliche Produktregulierung im europäischen Binnenmarkt für Lebensversicherungen, VersR 2006, 1042–1049; *Charalambakis*, Selbsttötung aufgrund Irrtums und mittelbare Täterschaft, GA 1986, 485–507; *Dörner*, Allgemeine Versicherungsbedingungen, 7. Aufl. 2015; *Drude*, Lebensversicherungstechnisches Wörterbuch, 1983; *Egger*, Medizinische Notwendigkeit und Kostengesichtspunkte in der privaten Krankenversicherung, r+s 2006, 309; *Elfring*, Die Neuregelung des Rückkaufs durch das VVG 2008, VersR 2007, 1297; *Elfring*, Die Verwendung verpfändeter und abgetretener Lebensversicherungsansprüche in der Insolvenz des Versicherungsnehmers, NJW 2005, 2192; *Elfringders*, Versicherungsverträgen im Insolvenzrecht, BB 2004, 617; *Engeländer*, Überschussbeteiligung nach dem Regierungsentwurf zum VVG, VersR 2007, 155; *Goll/ Gilbert/Steinhaus*, Handbuch der Lebensversicherung, 11. Aufl. 1992; *Griebitz/Mitterauer/Kofler*, Selbstmord nach Schädelhirntrauma, VersMed 1993, 74; *Grote/Schneider*, VVG 2008: Das neue Versicherungsvertragsrecht, BB 2007, 2689; *Grünenberg* Bürgerliches Gesetzbuch, 81. Neubearbeitete Auflage, 2022; *Hagelschuer*, Lebensversicherung, 3. Aufl. 1987; *Halm/Engelbrecht/Krahe*, Handbuch des Fachanwalts Versicherungsrecht, 6. Aufl. 2018 (zitiert: FA-VersR); *Harrer/Mitterauer*, Der Selbstmord in der Lebensversicherung im Lichte neuerer neuropsychiatrischer Forschungen, VersR 2007, 579; *Hasse*, Interessenkonflikte bei der Lebensversicherung zugunsten Dritter, 1981; *Heiss*, Das Eintrittsrecht in den Lebensversicherungsvertrag (§ 177 öVVG/dVVG) im Konkurs des Versicherungsnehmers, NVersZ 2002, 481; *Heiss*, Die Überschussbeteiligung in der kapitalbildenden Lebensversicherung nach dem Urteil des BVerfG vom 26.7.2005 (1 BvR 80/95), in: Albrecht/Bartels/Heiss, 30. Mannheimer Versicherungswirtschaftliche Jahrestagung: Das Urteil des Bundesverfassungsgerichts vom 26. Juli 2005 (1 BvR 80/95), 2006, S. 7; *Hennrichs*, Finanzierung mit Lebensversicherung, JuS 2002, 375; *Höra*, Materielle und prozessuale Klippen in der Berufsunfähigkeits- und Krankenversicherung, r+s 2008, 89; *Horlemann*, Die Kapitallebensversicherung und ihre Erträge im Steuerrecht, 1995; *Joeseph*, Lebensversicherung und Abtretung 1990; *Kessal-Wulf*, Aus der neuen Rspr des Bundesgerichtshofes zur privaten Unfallversicherung, r+s 2008, 313; *Kreußler/Nörig*, Lebensversicherung und Steuer, 4. Aufl. 1998; *Kurzendörfer*, Einführung in die Lebensversicherung, 3. Aufl. 2000; *Lange*, Die vorvertragliche Anzeigepflicht nach der VVG-Reform, r+s 2008, 56; *Looschelders/Pohlmann*, VVG, 3. Aufl. 2016 (zitiert: Looschelders/Pohlmann/Bearbeiter); *Lühres*, Lebensversicherung, 1997; *Marlow*, Aktuelle Rspr zur privaten Unfallversicherung, r+s 2004, 353; Mayer/Süß/Tanck/Bittler Handbuch Pflichtteilsrecht, 4. Aufl. 2018 (zitiert: MSTB PflichtteilsR-HdB/Bearbeiter); *Meincke*, Erbschaftsteuer- und Schenkungsteuergesetz Kommentar, 18. Aufl. 2021; *Meincke/Hannes/Holtz*, ErbStG, 18. Aufl. 2021 (zitiert: Meincke/Hannes/Holtz ErbStG); *Meyer*, Der Rückkaufswert in der Lebensversicherung, 1989; Münchener Kommentar zum Versicherungsvertragsgesetz in 4 Bänden, 3. Auflage (zitiert: MüKoVVG/Bearbeiter); *Nagel*, Die Anzeigepflicht des Versicherungsnehmers im Hinblick auf gefahrerhebliche Umstände nach der VVG-Reform, MDR 2009, 186; *Naumann/Brinkmann*, Die private Unfallversicherung in der anwaltlichen Praxis, 2009; *Prahl*, Eintrittsrecht und Anfechtung in der Kapitallebensversicherung, VersR 2005, 1036–1042; *Prölss/Martin*, Versicherungsvertragsgesetz, 31. Aufl. 2021 (zitiert: Prölss/Martin/Bearbeiter); *Römer*, Die kapitalbildende Lebensversicherung nach dem neuen Versicherungsvertragsgesetz, DB 2007, 2523; *Römer*, Was bringt das neue VVG Neues zur Lebensversicherung?, r+s 2008, 405; *Langheid/Rixecker*, Versicherungsvertragsgesetz, 7. Aufl. 2022 (zitiert: Langheid/Rixecker/Bearbeiter); *Rüffer/Halbach/Schimikowski*, Versicherungsvertragsgesetz Handkommentar, 4. Aufl. 2019 (zitiert: HK-VVG/Bearbeiter EGVVG); *Schinkel*, Der Versicherungsrechtliche Standpunkt bei Selbstmord, Diss. München 1975; *Schmidt*, Einkommensteuergesetz Kommentar, 36. Aufl. 2017; *Schneider*, Neues Recht für alte Verträge? – Zum vermeintlichen Grundsatz aus Art. 1 Abs. 1 EGVVG, VersR 2008, 859; *Schünemann*, Der Rückkaufswert zwischen

dem Gesetz und Vertrag, VersR 2009, 442; *Schwintowski/Brömmelmeyer*, Praxiskommentar zum Versicherungsvertragsrecht, 3. Aufl. 2017 (zitiert: Schwintowski/Brömmelmeyer/Bearbeiter); *Schwintowski/Ortmann*, Kostentransparenz in der Lebensversicherung – eine empirisch-normative Analyse, VersR 2009, 728–733; *Seppelt*, Die Reichweite des Pfandrechts bei wiederkehrenden Leistungen am Beispiel rückgedeckter unmittelbarer Pensionszusagen, VersR 2003, 292; *Smid*, Pfändungsschutz bei Altersrenten, FRP 2007, 443; *Stahlschmidt*, Direktversicherung und Rückdeckungsversicherungen in der Unternehmerinsolvenz, NZI 2006, 375; *Stegmann/Lind*, Der Lebensversicherungsvertrag in der Insolvenz, NVersZ 2002, 193; *van Bühren* Hdb Versicherungsrecht, 7. Aufl. 2017 (zitiert: van Bühren VersR-HdB/Bearbeiter); *van Bühren*, Rechtsschutz – aktuelle Entwicklung des Bedingungsmarktes, AnwBl 2007, 473; *Wagner*, Wem steht der Anspruch auf den Rückkaufswert einer kapitalbildenden Lebensversicherung bei Vorliegen einer Abtretung (nur) der Todesfallansprüche zu – dem Zessionar oder dem VN bzw dessen Pfändungsgläubigern, VersR 1998, 1083; *Winter*, Ausgewählte Fragen der Lebensversicherung, ZVersWiss 1991, 203; *Zugang zum Recht durch Rechtsschutzversicherung*, NJW-Sonderheft 4. Hannoveraner ZPO-Symposion, 2007.

A. Versicherung und Erbfall	1
I. Einführung	1
II. Allgemeine versicherungsrechtliche Vorschriften und Grundsätze	10
1. Grundsätzliches	10
2. Vertragsfragen im Erbfall	12
3. Potenziell fortwirkende Anfechtungs- und/oder Rücktrittsrechte	18
4. Verjährungsfragen	22
5. Versicherungsrechtliche Obliegenheiten	24
B. Rechtsschutzversicherung	35
I. Die gesetzliche Vorgabe	35
II. Gegenstand der Versicherung	36
III. Die Rechtsschutzversicherung im Erbfall	40
IV. Empfehlung aus der Praxis	49
C. Lebensversicherung	50
I. Rechtsgrundlagen – VVG Reform	51
II. Charakter der Lebensversicherung	56
III. Gegenstand der Versicherung/Versicherungsarten	61
§ 150 VVG Versicherte Person	64
1. Allgemeines	65
2. Regelungsgehalt	68
§ 151 VVG Ärztliche Untersuchung	75
1. Allgemeines	76
2. Regelungsgehalt	77
§ 152 VVG Widerruf des Versicherungsnehmers	77
1. Allgemeines	78
2. Regelungsgehalt	79
§ 153 VVG Überschussbeteiligung	81
§ 154 VVG Modellrechnung	81
§ 155 VVG Standmitteilung	81
1. Allgemeines	82
2. Regelungsgehalt	83
§ 156 VVG Kenntnis und Verhalten der versicherten Person	84
1. Allgemeines	85
2. Regelungsgehalt	86
§ 157 VVG Unrichtige Altersangabe	93
1. Allgemeines	94
2. Regelungsgehalt	95
§ 158 VVG Gefahränderung	103
1. Allgemeines	104
2. Regelungsgehalt	107
§ 159 VVG Bezugsberechtigung	116
§ 160 VVG Auslegung der Bezugsberechtigung	116
1. Allgemeines	117
2. Regelungsgehalt	118
§ 161 VVG Selbsttötung	123
1. Allgemeines	124
2. Regelungsgehalt	125
§ 162 VVG Tötung durch Leistungsberechtigten	129
1. Allgemeines	130
2. Regelungsgehalt	131
§ 166 VVG Kündigung des Versicherers	134
1. Allgemeines	135
2. Regelungsgehalt	136
§ 167 VVG Umwandlung zur Erlangung eines Pfändungsschutzes	144
1. Allgemeines	145
2. Regelungsgehalt	147
§ 168 VVG Kündigung des Versicherungsnehmers	150
1. Allgemeines	151
2. Regelungsgehalt	152
§ 169 VVG Rückkaufswert	159
1. Allgemeines	160
2. Regelungsgehalt	161
§ 170 VVG Eintrittsrecht	165
1. Allgemeines	166
2. Regelungsgehalt	167
§ 171 VVG Abweichende Vereinbarungen	170
1. Allgemeines	171
2. Regelungsgehalt	173
D. Unfallversicherung	175
I. Die gesetzliche Vorgabe	175
II. Gegenstand der Versicherung/Versicherungsarten	176
III. Die Unfallversicherung im Erbfall	180
IV. Empfehlung aus der Praxis	181
E. Krankenversicherung	182
I. Die gesetzliche Vorgabe	182
II. Gegenstand der Versicherung/Versicherungsarten	188
III. Die Krankenversicherung im Erbfall	190
IV. Empfehlung aus der Praxis	192
F. Steuerrecht	195
I. Grundsätzliches	195
II. Bis zum 31.12.2004 abgeschlossene Verträge	200
III. Ab 1.1.2005 abgeschlossene Verträge:	203
IV. Gesetzesänderungen zum 1.1.2009	206
1. Mindesttodesfallschutz bei Kapitallebensversicherungen	207
2. Langlebigkeitsrisiko in der Rentenversicherung	208
3. Vermögensverwaltende Versicherungsverträge	209

A. Versicherung und Erbfall

I. Einführung

1   Den versicherungsrechtlichen Vorschriften, seien es Gesetze oder allg. Versicherungsbedingungen, kommt im Erbfall eine häufig unterschätzte, jedoch zweifellos signifikante Bedeutung zu. Sowohl die Erben als auch die anwaltlichen Berater stehen insoweit regelmäßig vor weitreichenden rechtlichen Problemstellungen, deren Handhabung eine besondere Expertise und Erfahrung in der versicherungsrechtlichen Mandatssteuerung bedarf.

2   In solchen Fällen wird deshalb häufig zunächst mit dem zuständigen Versicherungsvermittler des Erblassers Kontakt aufgenommen und dort nachgefragt, ob die Klärung erbrechtlicher Fragen durch die etwaig bestehende Rechtsschutzversicherung gedeckt ist.

3   Da das Versicherungsunternehmen die Tarife im Rahmen und den Grenzen der gesetzlichen Grundlagen und Vorgaben weitgehend frei bestimmen kann, ist es nahezu Marktstandard, dass erbrechtliche Fragestellungen und die Geltendmachung diesbezüglicher Ansprüche unter dem Rechtsschutzversicherungsvertrag ausgeschlossen sind. Dies ist für den anwaltlichen Berater bei der Steuerung eines erbrechtlichen Mandats strukturell zu berücksichtigen. Grds. müssen Erben deshalb frühzeitig darüber aufgeklärt werden, dass der Rechtsschutzversicherer eine Deckung für die Geltendmachung und Durchsetzung erbrechtlicher Ansprüche häufig versagen wird. Im Einzelfall ist freilich zu prüfen, welche Deckungsweite der entspr. Rechtsschutzversicherungsvertrag tatsächlich gewährt.

4   Zudem ist der Erbe quasi per Gesetz im Wege der Gesamtrechtsnachfolge gem. § 1922 BGB Rechtsnachfolger des Versicherungsnehmers in diversen fortbestehenden Versicherungsverträgen. Er muss sich also ein Bild darüber verschaffen, welche Versicherungsverträge bestehen, welche er fortzusetzen gedenkt und wie er diese überraschend und neu erworbene Vertragsposition selbst nutzt, ausfüllt und/oder beendet. Insoweit ist eine weitere wesentliche Differenzierung vorzunehmen.

5   Insoweit, als der Erblasser über **Personenversicherungsverträge** verfügte, wozu insbes. die Lebensversicherungsformen, die Unfallversicherung und/oder die Krankenversicherung zählen, sind diese freilich mit Versterben des Versicherungsnehmers im Regelfall beendet. Dieser Regelfall gilt nur dann nicht, wenn unter dem Versicherungsvertrag neben und/oder anstatt des Versicherungsnehmers andere natürliche Personen, sog. „versicherte Personen/Gefahrpersonen" versichert sind. Dies ist nicht ungewöhnlich, da insbes. Eltern in privaten Krankenversicherungsverträgen die Kinder als versicherte Personen unter dem Versicherungsvertrag mitversichern. Ebenso kann im Rahmen der Lebensversicherung ein Elternteil eine Versicherung auf das Leben der Kinder nehmen.

6   Dem Erben kommt sodann die rechtliche Verantwortung dafür zu, die nachvertraglichen Obliegenheiten und die Anzeigeobliegenheit im Schadenfall selbst und aus eigener rechtlicher Verpflichtung zu erfüllen. Auch insoweit kommen auf den/die Erben diverse Rechtsfragen zu. Zunächst hat man darauf eingerichtet zu sein, die üblichen Todesfallentschädigungen, sei es ein Sterbegeld, eine kapitalbildende Lebensversicherung auf den Todesfall oder Todesfallentschädigungen zu realisieren, bzw. die hierfür bezugsberechtigten Personen zu ermitteln. Darüber hinaus können jedoch auch, was insbes. für die private Krankenversicherung gilt, noch Kosten geltend gemacht werden oder bereits eingereichte Kosten vom Versicherer zur Auszahlung verlangt werden.

7   Darüber hinaus sind diverse **Sachversicherungsverträge**, die im Wege der Gesamtrechtsnachfolge auf den Erben übergegangen sein mögen, in der Fortführung zu hinterfragen. So ist bspw. die Gebäudeversicherung für ein im Wege der Gesamtrechtsnachfolge erlangtes Haus oder die Pflichtversicherung für ein im Wege der Erbfolge erlangtes Kraftfahrzeug unter Beachtung der jeweiligen versicherungsvertragsrechtlichen Obliegenheiten von dem Erben vertragstreu zu steu-

ern. Ggf. bestehen Sonderkündigungsrechte aufgrund des Erbfalls, über die der Erbe informiert sein muss und die er kennen sollte.

Nach der Deregulierung im deutschen Versicherungsmarkt sind die Versicherungsgesellschaften im Rahmen der gesetzlichen Rahmenbedingungen grds. berechtigt, die Versicherungsbedingungen selbst und weitgehend frei auszugestalten. Die Musterbedingungen des Gesamtverbandes für die deutsche Versicherungswirtschaft – „GDV" haben deshalb lediglich Indizcharakter. Die Versicherungsbedingungen einzelner Gesellschaften können hiervon abweichen, was nicht unüblich ist, sondern dem Regelfall entspricht. Die Einsichtnahme und Prüfung der dem Vertrag zugrundeliegenden Versicherungsbedingungen ist deshalb für die Beratung stets unabdingbar.

Auf die oben genannten Themenkomplexe wird im Rahmen der weiteren Bearbeitung zur Beachtung versicherungsrechtlicher Vorschriften und Regelungen im Erbfall eingegangen. Insolvenzfragen werden nicht isoliert, sondern im Anwendungsbereich der jeweils einschlägigen Norm, bspw. in Zusammenhang mit § 170 VVG,[1] thematisiert.

II. Allgemeine versicherungsrechtliche Vorschriften und Grundsätze

1. Grundsätzliches. In einem erbrechtlichen Mandat hat der Anwalt bei der Beurteilung versicherungsrechtlicher Rechtsverhältnisse die diesbezüglichen Spezialregelungen zu beachten. So zeichnet sich das Versicherungsvertragsgesetz – „VVG" durch eine Vielzahl verbraucherschützender Vorschriften aus, weshalb zwingende und halbzwingende Vorschriften zu beachten sind. Die zwingenden Vorschriften führen je nach ratio legis der Vorschrift dazu, dass gegenläufige Vertragsklauseln entweder nichtig (zB: § 5 Abs. 4, § 11 Abs. 1, § 28 Abs. 5, § 14 Abs. 3 VVG) oder der gesamte Versicherungsvertrag von der Nichtigkeit erfasst wird (§ 74 Abs. 2, § 78 Abs. 3, § 150 Abs. 3 sowie § 179 Abs. 2). In Bezug auf die halbzwingenden Vorschriften darf nur zum Vorteil des Versicherungsnehmers oder anderer dem Schutz des Versicherungsvertrages unterfallender Dritter von der Vorschrift abgewichen werden. Rechtsfolge eines diesbezüglichen Verstoßes ist die subsidiäre Anwendung der gesetzlichen Regelung (BGH VersR 67, 771; LG Hamburg, VersR 51, 75). Gleichwohl soll es dem Versicherungsnehmer gestattet sein, sich auf eine von den gesetzlichen Regelungen abw. Vertragsbestimmung zu berufen.[2]

Ob dies auch nach der VVG-Reform noch so seine Gültigkeit hat, ist in der Literatur umstritten.

2. Vertragsfragen im Erbfall. Bei Übernahme eines erbrechtlichen Mandats hat sich der anwaltliche Berater unverzüglich einen Überblick über die Versicherungsverträge des Erblassers zu verschaffen. Der erste Schritt hierzu führt regelmäßig zu dem sog. Versicherungsordner, in dem man hofft, einen möglichst aktuellen Stand der Versicherungsverträge des Erblassers zu finden. Die Realität gestaltet sich häufig jedoch so, dass Versicherungsverträge nicht chronologisch sortiert sind, oder dem ersten Anschein nach gleichlautender Versicherungsschutz über verschiedene auffindbare Policen gewährt wird.[3] Auch finden sich Dokumente von Versicherungsverträgen, die uU schon gekündigt sind und deshalb nicht mehr bestehen. Kündigungsschreiben und Kündigungsbestätigungen der Versicherer werden häufig nicht mit der gleichen Disziplin in dem Versicherungsordner abgelegt, wie man es mit den Policen und den Vertragsunterlagen zu tun pflegt. Das führt dazu, dass der Erbe bei Einsichtnahme der von dem Erblasser zurückgelassenen Dokumentation der Versicherungsverhältnisse häufig keinen klaren, transparenten und deshalb auch keinen vollständigen und auch nicht aktuellen Überblick gewinnt.

---

[1] § 170 VVG regelt das Eintrittsrecht des Bezugsberechtigten in den Lebensversicherungsvertrag, wenn über das Vermögen des Versicherungsnehmers das Insolvenzverfahren eröffnet wurde.

[2] Klimpke Die halbzwingenden Vorschriften des VVG, 2004, 110 ff.

[3] Es stellt sich dann die Frage, wie rechtlich mit dem Faktum der Doppelversicherung umzugehen ist.

13 Es ist deshalb schleunigst Kontakt zu dem Versicherungsvermittler aufzunehmen, der sich entweder aus der Dokumentation der Vertragsverhältnisse aus dem Versicherungsordner selbst ergibt, oder aus anderem Schriftwechsel bzw. aus Rechnungen. Darüber hinaus ist dringend anzuraten, die Kontoauszüge des Erblassers, der wenigstens letzten zwei bis drei Jahre auf Abbuchungen von Versicherungsgesellschaften zu sichten, um auf diesem Wege ein weiteres Indiz dafür zu schaffen, welche Vertragsverhältnisse ggf. bestehen. Im Zweifel sind alle Versicherungsgesellschaften, die sich aus dieser Dokumentation ergeben, anzuschreiben – unter Offenlegung des Erbenstatus – und nachzufragen, welche Versicherungsverhältnisse mit dem Erblasser bestanden und zum Zeitpunkt des Erbfalls bestehen. Sollte die Dokumentation der Versicherungsverträge nicht vollständig sein oder zumindest befürchten lassen, dass hier Lücken bestehen, ist sogleich unter Offenlegung und Anzeige des Erbfalls, der Anspruch auf Ausfertigung einer Zweitpolice gem. § 3 Abs. 3 S. 1 VVG zzgl. der zugrundeliegenden Versicherungsbedingungen geltend zu machen, um die sich aus dem Versicherungsvertrag ergebenen Rechte, die auf den Erben übergegangen sind/sein können, prüfen zu können und sodann möglichst zeitnah unter Wahrung der vertraglichen Obliegenheiten geltend machen zu können.

14 Die Prüfung des Versicherungsportfolios des Erblassers kann auf diverse Probleme stoßen. Freilich stellt auch ein Versicherungsvertrag ein zweiseitiges verpflichtendes Vertragsverhältnis dar, das den Charakter eines Dauerschuldverhältnisses hat. Üblicherweise wird in den Klauseln eines Versicherungsvertrages auch die Text- oder Schriftform vereinbart, wenngleich der Vertrag grds. auch formlos nach bürgerlichem Recht geschlossen werden kann.[4] IÜ bestimmt sich der Versicherungsvertrag nach den zu Grunde gelegten allgemeinen und besonderen Versicherungsbedingungen. Diese liegen einem Versicherungsordner, der vom Erblasser hoffentlich geführt wurde, nicht zwingend bei. Zudem können Versicherungsverträge, die sich über lange Laufzeiten erstrecken, auch einem vertraglichen Statuswechsel unterworfen gewesen sein, so dass man bspw. neuere Versicherungsbedingungen zu Grunde legte.

15 Sobald sich der Erbe unter Mithilfe des Vermittlers des Erblassers und/oder eines anwaltlichen Beraters einen möglichst umfangreichen und abgesicherten Status zu den Versicherungsverhältnissen des Erblassers hat erstellen können, ist deshalb zunächst zu prüfen, in welchem Maße diese Versicherungsverhältnisse tatsächlich noch Fortbestand haben.

16 Die Versicherungsverhältnisse können bereits gekündigt, angefochten oder von diesen kann zurückgetreten worden sein. Darüber hinaus könnte Leistungsfreiheit bestehen, wenn der Versicherungsnehmer, bspw. aufgrund von langwieriger schwerwiegender Erkrankung, die Prämien nicht mehr entrichtet hat. Dies freilich nur unter qualifizierten gesetzlichen Voraussetzungen gem. § 38 VVG (Zahlungsverzug bei Folgeprämie).

17 All diese Themen sind bei der Bestandsaufnahme der Versicherungsverhältnisse und deren Wirksamkeit zu berücksichtigen.

18 **3. Potenziell fortwirkende Anfechtungs- und/oder Rücktrittsrechte.** Anlässlich des Erbfalls ist auch darauf zu achten, ob den Versicherungsverträgen des Erblassers bereits eine gewisse „Bestandskraft" anhaftet. Insoweit ist zu berücksichtigen, dass der Erbfall, insbes. im Lichte von Personenversicherungen gelegentlich zum Anlass genommen wird, von Versichererseite Versicherungsverträge, die eine Todesfallentschädigung vorsehen, in ihrer Wirksamkeit und Bestandskraft zu hinterfragen. So kommt es vor, dass sich Versicherer auf die Verletzung der vorvertraglichen Anzeigepflicht berufen und versuchen, den Versicherungsvertrag (sei es eine Unfall- und/oder Lebensversicherung) sodann mit rückwirkender Wirkung durch Anfechtung oder Rücktritt als Rechtsgrund für eine Todesfallentschädigung entfallen zu lassen. Solche Konstellationen ergeben sich insbes. dann, wenn Versicherungsverträge erst wenige Jahre vor dem Erbfall abgeschlossen wurden und sich dem Versicherer der Verdacht aufdrängen mag, dass der

---

4 BGH VersR 55, 738; VersR 63, 717; VersR 64, 497; VersR 88, 200.

Erblasser bei Zustandekommen des Versicherungsvertrages auf Lebens- oder Unfallversicherung gewisse Umstände, seinen Gesundheitszustand betreffend, falsch oder unvollständig angegeben hat. Die häufig hierfür zur Anwendung gebrachte Rechtsgrundlage ist § 19 VVG. Gem. § 19 Abs. 1 VVG hat der Versicherungsnehmer bei Abgabe einer Vertragserklärung die ihm bekannten Umstände, die für den Entschluss des Versicherers, den Vertrag mit dem vereinbarten Inhalt zu schließen, erheblich sind und nach denen der Versicherer in Textform gefragt, dem Versicherer anzuzeigen. Bei Lebens-, Unfall- und Krankenversicherungsverträgen werden deshalb üblicherweise bei Antragstellung in Textform vorbereitete Fragen an den Antragsteller gerichtet, mit denen der Gesundheitszustand und die Krankengeschichte der zu versichernden Person durch den Versicherer erfragt werden. Sollte der Erblasser solche Fragebögen falsch ausgefüllt haben, so stünden dem Versicherer ggfls. Anfechtungs- und/oder Rücktrittsrechte zu.

Dem Grunde nach gewährt § 19 Abs. 1 VVG dem Versicherungsunternehmen das Recht, vom Vertrag zurückzutreten, wenn der Versicherungsnehmer seine Anzeigepflicht nach § 19 Abs. 1 VVG verletzt hat. Gem. § 19 Abs. 3 VVG ist dieses Rücktrittsrecht des Versicherers jedoch ausgeschlossen, wenn der Versicherungsnehmer die Anzeigepflicht weder vorsätzlich noch grob fahrlässig verletzt hat. In diesem Fall hat sodann der Versicherer lediglich das Recht, den Vertrag unter Einhaltung einer Frist von einem Monat, mithin ex nunc, zu kündigen. Für den Leistungsfall durch Erbfall hat das die Konsequenz, dass sich eine Verletzung der vorvertraglichen Anzeigepflicht durch lediglich leicht fahrlässige Falschbeantwortung nicht auswirken würde.[5] Anderes gilt freilich, wenn der Erblasser bei Beantragung des Versicherungsschutzes grob fahrlässig oder gar vorsätzlich falsche Angaben gemacht hat. Für den Fall der grob fahrlässigen oder vorsätzlichen Falschbeantwortung von schriftlich gestellten Fragen in dem Antragsformular wird sodann durch das VVG weitergehend differenziert. Sollte der Erblasser grob fahrlässig die vorvertragliche Anzeigepflicht verletzt haben, durch Falschbeantwortung von in dem Antragsformular gestellten Fragen, so ist das Rücktrittsrecht des Versicherers nur dann ausgeschlossen, wenn der Versicherer den Vertrag zu anderen Bedingungen geschlossen hätte.[6] Es stellt sich dann die Anschlussfrage, ob die Falschbeantwortung für den Vertragsschluss schlussendlich kausal war und der Versicherer bei wahrheitsgemäßer Angabe in dem Antrag nicht auch, ggf. unter Risikoausschluss oder Prämienzuschlag, angenommen hätte.[7] Ist dies der Fall, so ist das Rücktrittsrecht ebenfalls ausgeschlossen. Zudem sind die in § 19 VVG dem Versicherungsunternehmen zugestandenen Rücktritts- oder Anfechtungsrechte dann ausgeschlossen, wenn der Versicherer die nicht angezeigten Gefahrumstände oder die Unrichtigkeit der in dem Antragsformular gemachten Anzeige bereits aus anderen Gründen kannte (§ 19 Abs. 5 S. 2 VVG).

Aus der Systematik des § 19 VVG[8] können sich deshalb im Erbfall komplexe und schwierige Rechtsstreite ergeben. Insbes. dann, wenn der Erbfall (wegen Versicherung des Todesfallrisikos) dem Grunde nach zu einer Leistungspflicht eines Unfallversicherers und/oder eines Lebensversicherers führen würde, der jeweilige Versicherungsvertrag jedoch erst relativ zeitnah vor dem Erbfall abgeschlossen wurde. In solchen Fällen tendieren Versicherer dazu, ihre Rechte aus § 19 VVG zu prüfen und ggf. Rücktritts- und/oder Anfechtungsrechte geltend zu machen bzw. die diesbezüglichen rechtsgestaltenden Erklärungen zunächst einmal abzugeben. Der anwaltliche Berater muss sich hierzu frühzeitig und sehr versiert für die Interessen des Erben einsetzen und die Erwiderungen und Erklärungen an den Versicherer bedacht vornehmen. Insbes., wenn es um die Frage des Verschuldens des Erblassers bei etwaigen falschen Angaben geht, sollte man sich zunächst der denkbaren Konsequenzen bewusst sein. Der Versicherer selbst hat hier die Bürde des § 21 Abs. 1 S. 1 VVG zu überbrücken, da er die ihm gem. § 19 Abs. 2–4 VVG zuste-

---

5 Prölss/Martin/Armbrüster EGVVG § 19 Rn. 109 ff.
6 Prölss/Martin/Armbrüster EGVVG § 19 Rn. 115.
7 Prölss/Martin/Armbrüster EGVVG § 19 Rn. 115.
8 Für Lebens- und Krankenversicherungsverträge gelten die Spezialvorschriften gem. §§ 152, § 194 VVG, um dem in diesen Sparten verstärkt zu berücksichtigenden Verbraucherschutz zu entsprechen.

henden Rechte innerhalb eines Monats schriftlich geltend zu machen und sich hierauf zu berufen hat. Die Monatsfrist beginnt mit dem Zeitpunkt zu laufen, zu dem der Versicherer auf seine Verletzung der Anzeigepflicht, die das für ihn sodann bestehende Anfechtungs- und/oder Rücktrittsrecht begründet, Kenntnis erlangt hat.[9] Der anwaltliche Berater des Erben wird deshalb zunächst und vorrangig prüfen, sollte es zu Anfechtungs- und/oder Rücktrittsbemühungen des Versicherers kommen, ob überhaupt eine Verletzung der vorvertraglichen Anzeigepflicht dem Erblasser vorgeworfen werden kann. Sollte dies (wenn auch nur möglicherweise!?) der Fall sein, so ist zu prüfen, welcher Grad des Verschuldens ihm hierbei zur Last gelegt werden kann. Im Anschluss daran ist zu versuchen, sollte der Vorwurf des Versicherers durchgreifen können, die Anfechtungs- und/oder Rücktrittsbemühungen des Versicherers unter Berufung auf die Monatsfrist möglichst zu Nichte zu machen und gegenbeweislich darzustellen, dass und ab wann der Versicherer positive Kenntnis von den relevanten Umständen erlangt hatte.

21 Wesentlich ist insofern, dass auch der durch eine Police in dem Versicherungsordner des Erblassers dokumentierte Versicherungsvertrag nicht schlechterdings das tatsächliche und durchsetzbare Bestehen dieses Versicherungsschutzes sicherstellt. Man muss gewahr sein, dass im Erbfall der Versicherer uU rechtliche Instrumente nutzt, einen Versicherungsvertrag mit rückwirkendem Effekt – ex tunc – zu Fall zu bringen und somit den Anspruch unter dem Versicherungsvertrag aus dem Todesfallrisiko ggf. zunichte zu machen. Solche Streitigkeiten entfalten sich nicht selten anlässlich des Erbfalls, hierauf muss der anwaltliche Berater unbedingt eingestellt und vorbereitet sein.

22 **4. Verjährungsfragen.** Seit der VVG-Reform zum 1.1.2008 enthält das VVG keine Spezialregelung mehr zum Verjährungsrecht. In der alten Vorschrift § 12 Abs. 1 VVG aF wurde noch geregelt, dass Ansprüche aus dem Versicherungsvertrag in zwei Jahren, bei einer Lebensversicherung in fünf Jahren und nach qualifizierter Deckungsablehnung sogar schon nach 6 Monaten verjähren können. Nunmehr wird für alle Ansprüche aus dem Versicherungsverhältnis auf die gesetzliche Frist gem. § 195 BGB verwiesen. Es gilt die allgemeingesetzliche Dreijahres-Endfrist, die mit dem Schluss des Jahres zu laufen beginnt, in dem der Anspruch entstanden ist und der Gläubiger von den, den Anspruch begründenden Umständen und der Person des Schuldners Kenntnis erlangt oder ohne grobe Fahrlässigkeit erlangt haben müsste. Gem. § 15 VVG wird jedoch auch seit der Novellierung des VVG weiterhin geregelt, dass die Verjährung bis zu dem Zeitpunkt gehemmt ist, zudem eine Entscheidung des Versicherers, nach Anmeldung des Anspruchs aus dem Versicherungsvertrag, dem Anspruchsteller in Textform zugeht.

23 Der Übergangsregelung gem. Art. 3 EGVVG dürfte mittlerweile die praktische Relevanz entfallen sein,[10] da mittlerweile über sechs Jahre seit der VVG-Reform vergangen sind.

24 **5. Versicherungsrechtliche Obliegenheiten.** Im Rahmen eines erbrechtlichen Mandats ist es dringend empfehlenswert, den Erben über ggf. bestehende Anzeigepflichten iSv § 30 VVG aufzuklären. Der Erbe muss also Kenntnis darüber haben, welche Versicherungsverträge bis zum Todeszeitpunkt bestanden haben. Der Personenversicherung kommt idS eine besondere Wichtigkeit zu. Darunter fallen insbes. die Lebensversicherungsverträge, die Unfallversicherungen und die private Krankenversicherung. Bei diesen Vertragsversicherungsarten besteht das Leistungsversprechen üblicherweise auch in der Auszahlung von Todesfallentschädigungen. Um diese realisieren zu können, muss der Erbe besondere Pflichten und Vertragsobliegenheiten beachten.

25 § 30 VVG regelt die Anzeigenobliegenheit des Versicherungsnehmers bei Eintritt des Versicherungsfalles. Gem. § 30 Abs. 1 S. 1 VVG muss der Versicherungsnehmer den Eintritt des Versicherungsfalles dem Versicherer unverzüglich anzeigen. Es handelt sich dabei um eine gesetzliche

---

9 Prölss/Martin/Armbrüster EGVVG § 19 Rn. 120, § 21 Rn. 18 ff.
10 Muschner/Wendt MDR 2008, 609 (612 ff.).

Informationsobliegenheit des Versicherungsnehmers, die mit dem Informationsvorsprung des Versicherungsnehmers gegenüber dem Versicherer gerechtfertigt wird. Könnte der Versicherungsnehmer die Anzeige des Versicherungsfalles beliebig verzögern, so könnte er die Tatsachenerhebung und Schadenbearbeitung erschweren und später auf der Basis ggf. bewusst falschen Angaben, ungerechtfertigte oder überhöhte Entschädigungsansprüche durchsetzen, bzw. die Beweislage vereiteln.

Regelungsadressat des § 30 Abs. 1 VVG ist deshalb in erster Linie der Versicherungsnehmer, sowie auch Dritte, die einen Anspruch auf die Versicherungsleistung haben. Darunter fallen nicht nur Personen, die schon durch den Vertrag begünstigt wurden, wie zB der Bezugsberechtigte einer Lebensversicherung, sondern auch solche Personen, die aus abgeleitetem Recht Ansprüche gegen den Versicherer haben. Die Anzeigepflicht trifft zwar in erster Linie den Versicherungsnehmer (§ 30 Abs. 1 S. 1 VVG). Im Erbfall tritt jedoch der Erbe als Rechtsnachfolger an die Stelle des Versicherungsnehmers gem. § 1922 BGB ein. 26

Der Erbe ist nach dem Erbfall Partei und nicht Dritter iSv § 30 Abs. 1 S. 2 VVG. In der Lebensversicherung gilt dies nicht nur, wenn eine Todesfallleistung in den Nachlass fällt, sondern auch wenn der Erblasser den Erben auch noch als Bezugsberechtigten iSd §§ 159 ff. VVG eingesetzt hat.[11] 27

Die Anzeigeobliegenheit des Erben und/oder Bezugsberechtigten besteht darin, den Versicherer unverzüglich von einem seine Leistungspflicht begründenden Ereignis in Kenntnis zu setzen. Es handelt sich dabei um eine gesetzliche Informationsobliegenheit.[12] Unverzüglich bedeutet, dass der Versicherungsnehmer bzw. der Erbe die Anzeige iSv § 121 Abs. 1 S. 2 BGB ohne schuldhaftes Zögern nach Kenntnis absenden muss.[13] Eine Verzögerung durch die Post geht idR nicht zu seinen Lasten. § 30 VVG regelt keine feste Frist für die Anzeige. Häufig werden aber vertraglich feste Fristen vereinbart. Dies bedeutet, dass eine Anzeige innerhalb dieser Frist auf jeden Fall rechtzeitig im Rechtssinne ist.[14] 28

Die Informationsobliegenheit setzt des Weiteren Kenntnis vom Versicherungsfall voraus. Kennenmüssen reicht nicht aus.[15] Der Versicherungsnehmer, bzw. der Erbe muss Kenntnis von den Umständen oder Tatsachen haben, die er in Erfüllung der Obliegenheit mitzuteilen hat.[16] Der Anzeigepflichtige muss das tatsächliche Ereignis kennen, das bei objektiver Betrachtungsweise die konkrete Leistungspflicht des Versicherers auslöst. Es genügt das Bewusstsein, dass die ihm bekannten Tatsachen einen Versicherungsfall darstellen könnten.[17] 29

Der Kenntnis des Versicherungsnehmers steht die Kenntnis eines Wissensvertreters gleich. Das Gleiche gilt mit Blick auf den Wissenserklärungsvertreter, den der Versicherungsnehmer beauftragt hat, etwaige Versicherungsfälle anzuzeigen.[18] 30

Das Gesetz selbst sieht keine ausdrücklichen Folgen bei der Verletzung der Informationsobliegenheit vor. Der Gesetzgeber überlässt die Regelung der Sanktion der Vereinbarung mit dem Versicherer, so dass die Sanktionen etwaiger Anzeigepflichtverletzungen regelmäßig in den dem Vertrag zugrundeliegenden Versicherungsbedingungen geregelt sind. Vertraglich wird meist Leistungsfreiheit vereinbart, wenn die Anzeige vorsätzlich nicht fristgemäß erstattet wird. Zudem ist Kausalität der Verletzung für die Feststellung des Versicherungsfalles oder der Leistungspflicht erforderlich, sofern der Versicherungsnehmer nicht arglistig gehandelt hat. Bei grober Fahrlässigkeit gilt § 28 Abs. 2 S. 2. VVG. Eine ausdrückliche Belehrung iSv § 28 Abs. 4 31

---

11 BGHZ 32, 47; Bruck/Möller/Brömmelmeyer VVG § 30 Rn. 9.
12 Prölss/Martin/Armbrüster EGVVG § 30 Rn. 1; Langheid/Rixecker/Rixecker § 30 Rn. 2; BGH VersR 2019, 931; BGH VersR 1966, 626.
13 OLG Saarbrücken VersR 2019, 1289; Prölss/Martin/Armbrüster EGVVG § 30 Rn. 7.
14 Prölss/Martin/Armbrüster EGVVG § 30 Rn. 8.
15 BGH VersR 67, 56; BGH VersR 2008, 905.
16 BGH NJW 2007, 1126; VersR 2008, 484.
17 Bruck/Möller/Brömmelmeyer VVG § 30 Rn. 17 ff.
18 BGH VersR 2000, 1133; BGHZ 117, 104.

VVG ist hingegen nicht erforderlich, da sich § 28 Abs. 4 VVG nicht auf die Pflicht zur Anzeige des Versicherungsfalles bezieht.[19]

32 Obwohl anerkannt ist, dass der Versicherungsnehmer idR von der Anzeigepflicht weiß, soll der Vorsatz vor allem wegen Unkenntnis der Frist entfallen können.[20] Vorsatz wird nicht dadurch ausgeschlossen, dass der Versicherungsnehmer der Meinung ist, es handle sich um keinen nennenswerten Schaden.[21] Grobe Fahrlässigkeit ist idR zu verneinen, wenn der Versicherungsnehmer der Auskunft eines Anwalts vertraut hat.[22] Das Gleiche gilt, wenn der Agent den Versicherungsnehmer falsch belehrt oder ihm nur empfohlen hat, sich an den von ihm schon beauftragten Anwalt zu wenden.[23]

33 Die Leistungsfreiheit des Versicherers ist im Falle des § 30 Abs. 2 VVG bei anderweitiger Kenntnis ausgeschlossen. Dies gilt bspw. bei einer Schadensanzeige, die ein vom Versicherungsnehmer nicht Beauftragter unterschrieben hat,[24] bei mündlicher Schadensanzeige innerhalb der Frist auf der Direktion des Versicherers[25] sowie bei Schadensmeldungen durch den Geschädigten innerhalb der Frist.[26]

34 Der Versicherer muss die Kenntnis des Versicherungsnehmers und die Verletzung der Anzeigepflicht beweisen. Vom Vorwurf der groben Fahrlässigkeit muss sich der Anzeigepflichtige selbst entlasten.[27]

B. Rechtsschutzversicherung

I. Die gesetzliche Vorgabe

35 Die gesetzlichen Regelungen zur Rechtsschutzversicherung finden sich in §§ 125–129 VVG. Der Gesetzgeber hat sich hier auf sehr wenige Vorschriften beschränkt und überlässt es mithin den Rechtsschutzversicherungsgesellschaften selbst, über die Ausgestaltung der Allgemeinen Versicherungsbedingungen, die Inhalte und Deckungsqualitäten der Rechtsschutzversicherungsverträge zu regeln.

II. Gegenstand der Versicherung

36 Gem. dem gängigen allg. Rechtsschutzversicherungsbedingungen, die unter den Versicherungsgesellschaften abweichen können, bringt der Rechtsschutzversicherer für die Wahrnehmung der rechtlichen Interessen des Versicherungsnehmers oder des Versicherten die erforderlichen Leistungen in vereinbartem Umfang.

37 Hiermit wird schon durch die Spezifizierung des Versicherungsgegenstandes in den allg. Rechtsschutzversicherungsbedingungen die Leistungspflicht des Versicherers terminologisch auf erforderliche Leistungen und den vereinbarten Umfang, resp. die inhaltliche Ausgestaltung und Weite der zugrunde liegenden Versicherungsbedingungen beschränkt.

38 Wesentlich ist insoweit, dass die Interessenwahrnehmung zunächst notwendig sein muss.[28]

---

19 Prölss/Martin/Armbrüster EGVVG § 30 Rn. 10; Bruck/Möller/Heiss VVG § 28 Rn. 174.
20 BGH VersR 67, 547; LG Mainz VersR 67, 945; BGH VersR 79, 1117.
21 OGH VersR 65, 627.
22 BGH NJW 81, 1098; OLG Frankfurt aM NVersZ 99, 230; OLG Saarbrücken VersR 2012, 845.
23 BGH VersR 55, 340; Koblenz VersR 96, 496.
24 BGH VersR 63, 547.
25 BGH VersR 66, 152.
26 LG Köln VersR 65, 658.
27 Prölss/Martin/Armbrüster EGVVG § 30 Rn. 24.
28 Prölss/Martin/Piontek EGVVG ARB 2010 § 1 Rn. 7.

Abgelehnt wird die Erforderlichkeit bei Durchsetzung eines mutwilligen Anspruchs.[29] Im Wesentlichen prüft der Versicherer stets zunächst die Erfolgsaussichten. Sind diese offensichtlich zu verneinen, so erfolgt Deckungsablehnung mit dieser Begr.[30]

III. Die Rechtsschutzversicherung im Erbfall

Der Rechtsschutzversicherungsvertrag deckt üblicherweise im Rahmen und in den Grenzen der durch die Versicherungsbedingungen vorgegebenen Konditionen, die Kosten für die Beratung und Vertretung in diversen Rechtsangelegenheiten, die „bausteinhaft" je Rechtsgebiet hinzugekauft werden können, um kostenkontrollierend und tarifstrukturell das System der Rechtsschutzversicherung aus Versicherersicht zu steuern. Hier gibt es üblicherweise den Privatrechtsschutz, den Verkehrsrechtsschutz, den Arbeitsrechtsschutz, den Mietrechtsschutz und andere Spezialgebiete.

Differenziert wird zudem nach selbstständigen und/oder weisungsgebundenen angestellten Versicherungsnehmern, weil diese Frage der Art der Erwerbstätigkeit für die Risikokalkulation des Rechtsschutzversicherers ebenfalls von Bedeutung ist.

Alle Rechtsschutzversicherungen haben ausnahmslos Risikoausschlüsse in ihren Vertragsbedingungen vorgesehen. Im Einzelnen variieren diese nach Tarif und Deckungsqualität. Das Erbrecht ist bspw. gem. § 3 Abs. 2 g ARB 2010 ebenso wie der Rechtsschutz für die Wahrnehmung rechtlicher Interessen aus dem Bereich des Familien-, Lebenspartnerschaftsrechts ausgeschlossen, soweit nicht Beratungsrechtsschutz gem. § 2 k ARB 2010 besteht, der auf niedrige, pauschalierte und einmalige Beratungssätze begrenzt ist.

Der Ausschluss von erbrechtlichen Auseinandersetzungen setzt voraus, dass Gegenstand des Streites ein Rechtsverhältnis aus dem Erbrecht ist und nicht nur im Rahmen des Streites über die Anwendung einer erbrechtlichen Bestimmung befunden werden muss.[31] Der Begriff des Erbrechts umfasst vornehmlich Streitigkeiten innerhalb des 5. Buches des BGB. Das ist die Gesamtheit aller privatrechtlichen Vorschriften, die den Übergang des Vermögens eines Verstorbenen auf dessen Rechtsnachfolger sowie deren Verhältnis zueinander regeln.[32] Erbrechtliche Vorschriften finden sich auch außerhalb des 5. Buches des BGB, zB auch im Sachenrecht (§ 857 BGB), dem Familienrecht (zB § 1371 BGB) und sogar außerhalb des BGB.[33] Ausgeschlossen sind, nicht zuletzt um dem Transparenzgebot zu genügen, die spezifisch erbrechtlichen Ansprüche aller Art, insbes. auch erbrechtliche Schadenersatzansprüche, wie zB gegen einen Nachlasspfleger, Nachlassverwalter oder Testamentsvollstrecker.[34]

Der Streit um die Bezugsberechtigung aus einer Lebensversicherung soll gleichwohl nicht unter den Ausschluss des Rechtsschutzversicherungsvertrages[35] fallen.

Keine Interessenwahrnehmung aus dem Bereich des Erbrechts liegt vor, wenn der Versicherungsnehmer einen geerbten Anspruch verfolgen oder von einer ererbten Verbindlichkeit freikommen will. Ein ererbter Schadensersatzanspruch oder Vertragsanspruch wird durch die Erbfolge nicht zu einem Anspruch aus dem Bereich des Erbrechts.[36]

Der Risikoausschluss, betreffend die Wahrnehmung rechtlicher Interessen aus dem Bereich des Erbrechts, soll auch nicht Auseinandersetzungen aus einem Erbschaftskauf erfassen. Dass ein

---

29 Bauer VersR 88, 175; OLG Koblenz VersR 2005, 974 (975 f.); LG Aurich NJW-RR 91, 29; AG Charlottenburg r+s 95, 308.
30 Prölss/Martin/Piontek EGVVG ARB 2010 § 1 Rn. 11 ff.; LG Berlin r+s 90, 22; OLG Celle VersR 2007, 1218 (1219); LG Frankfurt aM r+s 2009, 505, 506.
31 Prölss/Martin/Piontek EGVVG ARB 2010 § 3 Rn. 55 ff.
32 Grüneberg/Weidlich BGB Vorb. § 1922 Rn. 1.
33 Grüneberg/Weidlich BGB Vorb. § 1922 Rn. 2 mwN.
34 AG Lüdenscheid VersR 83, 1149; AG Düren ZfS 80, 74; AG Erkelenz ZfS 80, 212.
35 Köln r+s 89, 21 zu § 4 Abs. 1 i ARB 75; Prölss/Martin/Piontek EGVVG ARB 2010 § 3 Rn. 61.
36 LG Karlsruhe zu § 4 Abs. 1 i ARB 75 r+s 2000, 506.

Miterbe nach seinem Rücktritt von einem Erbschaftskaufvertrag wegen Verletzung der sich daraus ergebenden Pflichten durch den anderen Miterben auf Feststellung des Fortbestands der Erbengemeinschaft klagt, macht den Rechtsstreit nicht zu einem solchen aus dem Bereich des Erbrechts. Von dem Ausschluss werden deshalb grds. nur alle Ansprüche erfasst, die spezifisch erbrechtlicher Natur sind. Nach der Rspr. des OLG Düsseldorf[37] können als spezifisch erbrechtliche Bestimmungen nicht die Vorschriften über den Erbschaftskauf angesehen werden. Diese sind grds. abdingbar und daher primär schuldrechtlicher Natur. Des Weiteren kann ein Erbschaftskauf nicht nur unter Erben, sondern auch mit Dritten geschlossen werden. IÜ finden die Vorschriften über den Kaufvertrag und insbes. die §§ 320 ff. BGB entspr. Anwendung.[38] Deshalb kommt der Risikoausschluss bei Streitigkeiten aufgrund eines Erbteilkaufs nicht zum Tragen.

47 Der Risikoausschluss betrifft ebenfalls nicht die Übertragung von Vermögen im Wege der vorweggenommenen Erbfolge.[39] Die Übertragung von Vermögen oder eines wesentlichen Teils davon durch den (künftigen) Erblasser auf einen oder mehrere als (künftige) Erben in Aussicht genommene Empfänger im Wege der vorweggenommenen Erbfolge, richtet sich nicht nach Erbrecht, sondern stellt ein sog. Rechtsgeschäft unter Lebenden dar.[40] Dies gilt, solange erbrechtliche Regelungen etwa über die Erbfolge als solche, über den Pflichtteil oder sonstige im 5. Buch des BGB geregelte Rechtsverhältnisse nicht enthalten sind. Regelungen über die Übertragung von Vermögen im Wege der vorweggenommenen Erbfolge werden als rein schuldrechtliche Rechtsgeschäfte angesehen.[41] Sie unterliegen nach hM nicht dem Erbrecht.[42]

48 Für ein Erbscheinerteilungsverfahren nach § 792 ZPO sowie für Streitigkeiten über geerbte Ansprüche oder Verbindlichkeiten besteht ebenso Versicherungsschutz.[43]

IV. Empfehlung aus der Praxis

49 Unter Verweis auf die oben vorgenommenen Ausführungen, insbes. zur differenzierten Anwendbarkeit der Ausschlussklausel „Erbrecht", hat der anwaltliche Berater im Erbfall stets sorgsam zu prüfen, ob das gegenständliche Mandat tatsächlich von der Ausschlussklausel „Erbrecht" erfasst ist. Im Zweifel obliegt es der Beweislast des Versicherers, den Nachweis dafür zu führen, dass der Ausschlusstatbestand einschlägig ist.[44]

C. Lebensversicherung

50 Die Vorschriften der Lebensversicherung, §§ 150–171 VVG, werden nachfolgend in Ihrer Bedeutung aus erbrechtlicher Sicht gewürdigt und kommentiert. Ausgenommen sind die §§ 163, 164 und 165 VVG, da diese Vorschriften die laufende Versicherung betreffen und deshalb in der erbrechtlichen Betrachtung keine besondere Relevanz aufweisen.

I. Rechtsgrundlagen – VVG Reform

51 Nach der VVG-Reform finden sich die gesetzlichen Vorschriften für die Lebensversicherung in den §§ 150–171 VVG. Das neue Recht trat zum 1.1.2008 in Kraft und ist seit dem 1.1.2009 auch für solche Verträge, die vor dem 1.1.2008 geschlossen wurden, die sog. Altverträge, anzuwenden[45] (Art. 1 Abs. 1 EGVVG). Komplexe Überleitungsvorschriften sind deshalb ebenso wenig von Relevanz wie die Fortgeltung des VVG aF für Altverträge. Angesichts der Tatsache,

---

37 OLG Düsseldorf VersR 2000, 579.
38 Grüneberg/Weidlich BGB § 2371 Rn. 4.
39 OLG Karlsruhe VersR 2008, 346.
40 BGHZ 113, 310.
41 BGH NJW 1998, 2136.
42 Grüneberg/Weidlich BGB Vorb. § 1922 Rn. 6 ff.
43 Prölss/Martin/Piontek EGVVG ARB 2010 § 3 Rn. 62 mwN.
44 BGHZ 23, 355; BGH VersR 91, 176; BGH r+s 2016, 462; Prölss/Martin/Piontek EGVVG ARB 2010 § 3 1 ff.
45 Umfassend: Schneider VersR 2008, 859; Prölss/Martin/Schneider EGVVG Vorb. § 150 Rn. 5.

dass sich die Laufzeit von Lebensversicherungsverträgen über Jahrzehnte erstrecken können, erspart dies dem anwaltlichen Berater und auch der Justiz einen Rückgriff auf das bei Ablauf oder Eintritt des Versicherungsfalls dann ggf. schon seit langer Zeit nicht mehr gültige VVG aF, was aus Gründen der Praktikabilität zu begrüßen ist.

Zudem hat die VVG-Reform im Bereich der Lebensversicherung grundlegende Änderungen hervorgebracht,[46] was aufgrund der Einflussnahme der Rspr. bspw. zur Thematik der Überschussbeteiligung[47] oder der Ermittlung des Rückkaufswertes[48] erforderlich war.

Gem. § 171 VVG, die als zwingende Schutzvorschrift[49] zugunsten der Versicherungsnehmer ausgestaltet ist,[50] sind die genannten gesetzlichen Vorschriften für die Lebensversicherung von halbzwingendem Charakter, weshalb nicht zum Nachteil des Versicherungsnehmers, der versicherten Person oder eines Eintrittsberechtigten abgewichen werden darf.

Prozessual ist für die Geltendmachung und Durchsetzung von Leistungen unter dem Versicherungsvertrag § 215 Abs. 1 VVG zu berücksichtigen. Für Klagen aus dem Versicherungsvertrag oder der Versicherungsvermittlung ist nunmehr auch das Gericht örtlich zuständig, in dessen Bezirk der Versicherungsnehmer zur Zeit der Klageerhebung seinen Wohnsitz, in Ermangelung eines solchen seinen gewöhnlichen Aufenthalt hat. Für Klagen gegen den Versicherungsnehmer ist dieses Gericht seither ausschließlich zuständig.

Hinweis:

Sollten aufgrund eines Erbfalls Ansprüche aus einer Lebensversicherungspolice streitig werden und man auf Leistung gegen den Versicherer zu klagen haben, so sollte der anwaltliche Berater, bzw. der aus dem Versicherungsvertrag Berechtigte darauf achten, dass durch § 215 Abs. 1 VVG die Möglichkeit besteht, am Wohnsitz des Versicherungsnehmers die Ansprüche aus dem Versicherungsvertrag rechtshängig zu machen.

Ob § 48 VVG aF (Gerichtsstand der Agentur) auch dann durch § 215 VVG nF verdrängt wird, wenn die Klage erst nach dem, 1.1.2009 erhoben wurde, der Versicherungsfall jedoch bereits vor dem 1.1.2008 eintrat, ist umstr.,[51] dürfte jedoch aufgrund der fortgeschrittenen zeitlichen Distanz zur Reform des VVG an Bedeutung verloren haben und bestenfalls von rechttheoretischem Interesse sein.

II. Charakter der Lebensversicherung

Die Lebensversicherung stellt dem Grunde nach einen Vertrag zwischen Versicherungsnehmer und der Versicherungsgesellschaft (Deckungsverhältnis)[52] auf das Todesfallrisiko der versicherten Person (Gefahrsperson) dar. Häufig, aber keinesfalls regelmäßig sind Gefahrsperson und Versicherungsnehmer personenidentisch. Vor Eintritt des Versicherungsfalls verfügt der Versicherungsnehmer gegenüber dem Versicherer regelmäßig eine Bezugsberechtigung.[53] Diese kann bei Vertragsschluss oder auch nachträglich erfolgen.[54] Mit Bestimmung des Bezugsrechts wird der Lebensversicherungsvertrag zu einem Vertrag zugunsten Dritter gem. § 328 BGB,[55] wobei § 159 VVG im Verhältnis zu § 328 BGB als lex specialis vorgeht.[56] Zuwendungsgegenstand im Sinne des Vertrages zugunsten Dritter ist die auszuzahlende Versicherungssumme bei Eintritt

---

46 Römer r+s 2008, 405; Prölss/Martin/Schneider EGVVG Vorb. § 150 Rn. 2.
47 BVerfG NJW 2005, 2376; Prölss/Martin/Schneider EGVVG Vorb. § 150 Rn. 2.
48 BGH NJW 2005, 3559; Prölss/Martin/Schneider EGVVG Vorb. § 150 Rn. 2.
49 BK-VVG/Schwintowski § 178 Rn. 1.
50 BGH VersR 2005, 405.
51 Gegen eine Fortgeltung von § 48 VVG aF: OLG Hamburg VersR 2009, 531; OLG Köln VersR 2009, 1347; Dafür: VersR-HdB/v. Rintelen § 23 Rn. 10; Prölss/Martin/Klimke EGVVG § 215 Rn. 3 mwN.
52 Horn ZErb 2012, 6; Palandt/Grüneberg BGB Vorb. § 328 Rn. 3.
53 BGH NJW 1960, 912; NJW 1995, § 113; NJW 2004, 214.
54 NK-BGB/Batereau/Schroer Anhang II § 1922 Rn. 83; Gebel ZEV 2005, 236.
55 BGH NJW 1975, 382 (383).
56 MüKoVVG/Heiss VVG § 159 Rn. 1.

des Versicherungsfalls.[57] Sollte das Bezugsrecht unwiderruflich erklärt werden, so entsteht der Anspruch des Bezugsberechtigten auf die Leistung unter dem Versicherungsvertrag bereits mit Bestellung des unwiderruflich erklärten Bezugsrechts.[58] Anderenfalls, im Falle eines widerruflich erklärten Bezugsrechts, erst mit Eintritt des Versicherungsfalles.[59] Der Bezugsberechtigte erlangt mit dem unwiderruflich erklärten Bezugsrecht bereits einen aufschiebend bedingten Anspruch auf Auszahlung der Versicherungssumme.[60]

57 Zwischen dem Versicherungsnehmer und dem Bezugsberechtigten kommt durch die Erklärung der Bezugsberechtigung ein Schenkungsvertrag gem. §§ 516 ff. BGB zustande (Valutaverhältnis).[61] Dem Grunde nach unterliegt auch dieser Schenkungsvertrag der Formbindung gem. § 518 Abs. 1 S. 1 BGB, wobei dieser Formmangel jedoch regelmäßig durch Bewirken der Leistung geheilt wird bzw. heilbar ist. So wird die zunächst unwirksame Schenkung, da das Schenkungsversprechen nicht notariell beurkundet war, im Zeitpunkt des Todes nach und aufgrund Leistungserbringung durch Vollzug geheilt (§§ 516 Abs. 1, § 518 Abs. 2 BGB). Dann erwirbt der Begünstigte das Forderungsrecht gegen die Versicherungsgesellschaft nach Eintritt des Versicherungsfalls.[62] Dadurch wird die Schenkung unwiderruflich, sofern diese bereits vor dem Versicherungsfall zustande kam.[63] Der Schenkungsvertrag kann jedoch auch erst postmortal zustande kommen.[64] Dies ist dann der Fall, wenn der Begünstigte von der Begünstigung unter dem Lebensversicherungsvertrag keine Kenntnis hatte und es sich somit um eine sog. „heimliche Schenkung" handelte.[65] Durch die Bestimmung der Bezugsberechtigung durch den Versicherungsnehmer gegenüber der Versicherungsgesellschaft erteilt der Versicherungsnehmer einen konkludenten Auftrag an die Versicherungsgesellschaft, nach Eintritt des Versicherungsfalls dem Bezugsberechtigten das Schenkungsangebot des Versicherungsnehmers als Schenker zu überbringen.[66] Dieser durch Tod des Versicherungsnehmers nicht erloschene Auftrag[67] wirkt somit nach dem Eintritt des Versicherungsfalles fort, so dass der Versicherer durch Auszahlen der Versicherungssumme das Schenkungsangebot konkludent dem Bezugsberechtigten gegenüber abgibt.[68] Das Angebot nimmt der Bezugsberechtigte durch Annahme der Leistung konkludent an.[69] Durch diese konkludente Annahme der Schenkung ist folglich auch der anfängliche Formmangel durch Vollzug geheilt.[70]

58 Somit ist dem Grunde nach auch im Falle einer Bezugsberechtigung, von der der Bezugsberechtigte zu Lebzeiten des Versicherungsnehmers keine Kenntnis hatte, der anfängliche Formmangel durch Vollzug heilbar.

59 Bis zum Eintritt der heilenden Wirkung qua Vollzug ist jedoch in solchen Fällen das Schenkungsangebot durch die Erben auch weiterhin widerruflich.[71] Es kommt deshalb faktisch zu einem Wettlauf[72] zwischen dem möglichen Widerruf der Erben und dem Vollzug der Schenkung durch Heilung des Formmangels.

60 Wird das Schenkungsangebot durch die Erben vor Heilung des Formmangels widerrufen, fällt der Vermögenswert der Lebensversicherung in den Nachlass und der Erbe könnte eine bereits erfolgte Auszahlung an den Bezugsberechtigten sogar zurückfordern.[73] Anderenfalls, bei Heilung des Formmangels, ist die Bezugsberechtigung allein Rechtsgrund für das Behaltendürfen,

---

57 BGH NJW 2004, 214.
58 Lehmann ZEV 2004, 398 (399).
59 Mayer DNotZ 200, 905; Gebel ZEV, 236.
60 NK-BGB/Batereau/Schroer Anhang II § 1922 Rn. 83.
61 Horn ZErb 2012, 6; Palandt/Grüneberg BGB Vorb. § 328 Rn. 4.
62 BeckOK BGB/Litzenburger § 2301 Rn. 18.
63 OLG Koblenz VersR 1999, 380.
64 BGH NJW 1975, 382 (383).
65 MüKoBGB/Musielak BGB § 2301 Rn. 38.
66 Horn ZErb 2012, 7.
67 BGH NJW 1975, 382 (383).
68 BGH ZEV 2008, 392.
69 BGH NJW 1975, 382.
70 OLG Hamm Beck RS 2010, 3240; Nieder/Kössinger Testamentsgestaltung-HdB/Nieder, § 4 Rn. 47.
71 BGH NJW 1975, 382; OLG Hamm ZEV 2005, 126.
72 Horn ZErb 2012, 7 f.
73 BGH NJW 1975, 382.

so dass die Leistung aus dem Lebensversicherungsvertrag faktisch am Nachlass vorbeigeführt wird.[74]

III. Gegenstand der Versicherung/Versicherungsarten

Erbfallbedingt sind Lebensversicherungen ein geeignetes Instrument, um Liquiditätsprobleme zu vermeiden, zumindest, sie zu verringern. 61

Die Lebensversicherung ist mittlerweile ein Oberbegriff für eine Vielzahl denkbarer Produktkonstellationen. Hierbei sind im Wesentlichen die Risiko-Lebensversicherung, die kapitalbildende Lebensversicherung und die Rentenversicherung genannt, die jeweils mit vielfältigen Zusatz-Versicherungsprodukten kombiniert werden können. Wesentliche und häufige Zusatz-Versicherungen sind die Berufsunfähigkeitsversicherung und die Zusatzleistung bei Unfalltod. Wie bei jedem anderen versicherten Ereignis ist auch die Lebensversicherung an die Zufälligkeit des Ereignisses gekoppelt. Die Zufälligkeit erstreckt sich hierbei auf die Ungewissheit des Eintritts des Todeszeitpunkts der versicherten Person. 62

Grds. sind Lebensversicherungsverträge auf den Todesfall vererblich, sofern kein Bezugsberechtigter benannt wurde, der Bezugsberechtigte den Erwerb ablehnt oder vor bzw. zeitgleich mit dem Versicherungsnehmer gestorben ist. Die Lebensversicherung als Vermögenswert fällt dann in den Nachlass (§ 168 VVG) und wird folglich dem Erben oder den Erben entspr. ihrer Erbquote zugeschlagen. 63

Regelmäßig ist die Lebensversicherung strukturell ein Vertrag zugunsten Dritter (§ 328 BGB). Damit findet der Rechtserwerb des/der Bezugsberechtigten außerhalb der Erbfolge statt, und zwar auch dann, wenn die Bezugsberechtigung nicht unwiderruflich festgelegt wurde.[75] Für Kapitalversicherungen auf den Todesfall gilt das nach § 167 Abs. 2 VVG deshalb auch dann, wenn die Auszahlung an die Erben vereinbart worden ist. Bei einer Unfallversicherung ist zwischen der Kapital- und Rentenversicherung zu unterscheiden. Eine Kapitalversicherung fällt ebenfalls nicht in den Nachlass (§ 180 VVG iVm § 167 VVG). Bei einer Unfallrentenversicherung ist dies durch Auslegung zu ermitteln, was im Erbfall zu beachten ist und im Zweifel zu rechtlichem Klärungsbedarf führt.[76] 64

Gesetz über den Versicherungsvertrag (Versicherungsvertragsgesetz – VVG)

Vom 23. November 2007 (BGBl. I S. 2631)
(FNA 7632-6)
zuletzt geändert durch Art. 12 Abs. 6 Bürgergeld-G vom 16. Dezember 2022 (BGBl. I S. 2328)
– Auszug –

§ 150 VVG   Versicherte Person

(1) Die Lebensversicherung kann auf die Person des Versicherungsnehmers oder eines anderen genommen werden.
(2) ¹Wird die Versicherung für den Fall des Todes eines anderen genommen und übersteigt die vereinbarte Leistung den Betrag der gewöhnlichen Beerdigungskosten, ist zur Wirksamkeit des Vertrags die schriftliche Einwilligung des anderen erforderlich; dies gilt nicht bei Lebensversicherungen im Bereich der betrieblichen Altersversorgung. ²Ist der andere geschäftsunfähig oder in der Geschäftsfähigkeit beschränkt oder ist für ihn ein Betreuer bestellt und steht die Vertretung in den ihn seine Person betreffenden Angelegenheiten dem Versicherungsnehmer zu, kann dieser den anderen bei der Erteilung der Einwilligung nicht vertreten.
(3) Nimmt ein Elternteil die Versicherung auf die Person eines minderjährigen Kindes, bedarf es der Einwilligung des Kindes nur, wenn nach dem Vertrag der Versicherer auch bei Eintritt des Todes vor der Vollendung des siebenten Lebensjahres zur Leistung verpflichtet sein soll und die für diesen Fall vereinbarte Leistung den Betrag der gewöhnlichen Beerdigungskosten übersteigt.

---

74 MSTB PflichtteilsR-HdB/Mayer § 8 Rn. 28; NK-BGB/Batereau/Schroer § 1922 Rn. 83 Anh. II.
75 BGHZ 32, 44.
76 Soergel/Stein BGB § 1922 Rn. 39.

(4) Soweit die Aufsichtsbehörde einen bestimmten Höchstbetrag für die gewöhnlichen Beerdigungskosten festgesetzt hat, ist dieser maßgebend.

65 **1. Allgemeines.** Im Lebensversicherungsrecht kommt der sogenannten versicherten Person als Gefahrsperson besondere Bedeutung zu. Diese ist nicht zwingend identisch mit dem Vertragspartner der Versicherungsgesellschaft, dem Versicherungsnehmer. Es ist durchaus gängige Praxis, dass der Versicherungsnehmer, bspw. aufgrund fortgeschrittenen Alters oder schlechtem Gesundheitszustand, die Lebensversicherung auf das Risiko einer dritten Person nimmt. Diese ist dann die Gefahrsperson. Der Gesundheitszustand und das Eintrittsalter der Gefahrsperson sind die relevanten Prämiengestaltungsfaktoren. Deshalb knüpft das Ereignis des Versicherungsfalls an den Todeszeitpunkt der versicherten Person als Gefahrsperson und nicht an das Schicksal des Versicherungsnehmers als Vertragspartei selbst an.

66 Seit der Unisex-Entscheidung des EuGH[77] dürfen Versicherungstarife nicht mehr geschlechtsspezifisch angeboten und tarifiert werden. Dies betrifft alle Versicherungen, in denen das Geschlecht als Merkmal zur Risikodifferenzierung herangezogen wird, bspw. die nachstehenden Versicherungsprodukte: Private Rentenversicherung (betriebliche Altersvorsorge inbegriffen), Risikolebensversicherung, Berufsunfähigkeitsversicherung, Kfz-Haftpflichtversicherung, Unfallversicherung, private Krankenversicherung. Die Unisex-Vorgabe des EuGH hat sich mittlerweile in der Tariflandschaft der Versicherungsprodukte etabliert und wurde umgesetzt. Wie sich die Umstellung final auf die Altersrückstellungen und die Prämienentwicklung im Einzelfall auswirken wird, betrachtet die Branche kritisch.

67 Die Lebensversicherung kann gem. § 150 Abs. 1 VVG auf das Leben des Versicherungsnehmers als Vertragspartner des Versicherers oder stattdessen auf das Leben einer dritten Person genommen werden. Diese Differenzierung hat auch im Erbfall Auswirkungen. Die anwaltliche Beratung im Erbfall ist zunächst freilich auf die Rechtsposition des Mandanten auszurichten. Im Lichte von § 150 Abs. 1 VVG ist deshalb zu prüfen, ob der Erblasser zugleich Versicherungsnehmer und versicherte Person oder der Erbe selbst Versicherungsnehmer und der Erblasser „lediglich" versicherte Person unter dem Versicherungsvertrag war.

68 **2. Regelungsgehalt.** Sofern der Lebensversicherungsvertrag als Todesfallfallversicherung für einen Dritten genommen wird, ist gem. § 150 Abs. 2, S. 1 VVG in nahezu unveränderter Fassung der vormals geltenden Regelung gem. § 159 VVG aF, hierfür grds. eine Einwilligung erforderlich. Das Einwilligungserfordernis besteht hingegen nur insoweit, als die versicherte Leistung die üblichen Beerdigungskosten übersteigt. Die Einwilligung des Dritten ist für diesen Fall Wirksamkeitserfordernis,[78] mithin unabdingbar. Gelegentlich ergeben sich hieraus auch schwierige Abgrenzungsfragen zum Gesellschafts- und Insolvenzrecht, wenn bspw. bei Bestehen einer Direktversicherung des GmbH-Gesellschafter-Geschäftsführers die Rechte aus der Lebensversicherung mit Zustimmung des Bezugsberechtigten durch die später insolvente GmbH abgetreten werden.[79]

69 Hiervon zu unterscheiden ist die Konstellation, dass ein Elternteil die Lebensversicherung auf das Leben eines minderjährigen Kindes genommen hat, was insbes. bei Finanzierungen wegen des günstigen Beitragssatzes der Kinder (wegen des niedrigen Eintrittsalters und der hieraus resultierenden niedrigeren Sterbenswahrscheinlichkeit) ein Finanzierungsinstrument darstellen kann. Die Einwilligung des Kindes als versicherte Person ist in diesem Fall dann erforderlich, wenn der Versicherer auch bei Todeseintritt des Kindes vor Vollendung dessen 7. Lebensjahres

---

77 Nach der sog. „Unisex-Entscheidung" des EuGH darf die Versicherungsprämie zur Vermeidung von Diskriminierungsvorwürfen nicht mehr vom Geschlecht abhängig gemacht werden (EuGH NJW 2011, 907).

78 BGH NJW 1999, 950; Prölss/Martin/Schneider EGVVG § 150 Rn. 14; Drews Die Zustimmung des Versicherten in der Lebensversicherung VersR 1987, 643; Bayer VersR 1991, 129; Hülsmann NVersZ 1999, 550.

79 OLG Hamm VersR 2015, 1152.

vertraglich zur Leistung verpflichtet sein soll und für diesen Fall die vereinbarte Leistung den Betrag gewöhnlicher Beerdigungskosten gleichwohl übersteigt.[80] Freilich kann diese erforderliche Genehmigung dann nicht durch den Erziehungsberechtigten erklärt werden, wenn dieser selbst Versicherungsnehmer des zu beantragenden Versicherungsschutzes werden soll.[81] In dieser Konstellation bedarf es zur wirksamen Vornahme der Einwilligung zuvor der Bestellung eines Ergänzungspflegers gem. § 1909 BGB.[82]

Minderjährige sind nicht zwingend nur als „versicherte Person" in Lebensversicherungsverträgen eingebunden, vielmehr können Sie auch selbst Vertragspartner, mithin Versicherungsnehmer, sein. Hierbei tritt neben das Einwilligungserfordernis der gesetzlichen Vertreter zudem die erforderliche Genehmigung durch das Vormundschaftsgericht gem. § 1643 Abs. 1 BGB iVm § 1822 Nr. 5 BGB.[83] Dem Einwilligungs- und dem Genehmigungsvorbehalt steht auch nicht entgegen, wenn der Minderjährige die für die Lebensversicherung aufzubringenden Prämien aus dem Taschengeld tatsächlich bestreitet[84] oder aufgrund der Höhe des ihm gewährten Taschengeldes bestreiten kann.

Sollte die erforderliche Genehmigung des Vormundschaftsgerichts hingegen nicht eingeholt worden sein, was nicht selten ist und bisweilen sogar als der Regelfall beschrieben wird,[85] so hat das bei Eintritt des Versicherungsfalls die nachstehend dargestellten rechtlichen Konsequenzen.

Der Versicherungsvertrag ist sodann bis auf weiteres gem. § 1829 BGB schwebend unwirksam,[86] jedoch genehmigungsfähig.[87] Mit Eintritt der Volljährigkeit kann der dann „ehemals" minderjährige Versicherungsnehmer den Versicherungsvertrag selbst, und zwar ausdrücklich oder auch konkludent genehmigen. An eine konkludente Genehmigung sind jedoch aus Gründen der Rechtsklarheit qualifizierte Anforderungen zu stellen. Diese richten sich jeweils nach dem Einzelfall, was an die anwaltliche Beratung erhöhte Anforderungen stellen mag. Allein die Prämienzahlung durch den nunmehr volljährigen Versicherungsnehmer lässt nicht auf eine konkludente Genehmigung schließen,[88] da hierfür auch die Kenntnis der Genehmigungsbedürftigkeit und das Wissen um den Erklärungswert des konkludenten Handels als erforderlich erachtet wird. Eine Fortführung des Versicherungsvertrages und die hiermit einhergehende regelmäßige Prämienzahlung über mehrere Jahre kann hingegen uU als konkludente Genehmigung betrachtet werden.[89]

Zur Beendigung solcher Schwebezustände steht es dem Versicherer frei, den zunächst Minderjährigen nach Erreichen der Volljährigkeit zu Genehmigung aufzufordern. Wird diese verweigert, so erfolgt die konditionsrechtliche Rückabwicklung des Versicherungsvertrages gem. §§ 812 Abs. 1 S. 1, 1. Alt. BGB.[90]

Probleme in der Praxis kommen bspw. dann auf, wenn der nunmehr volljährige Versicherungsnehmer die Rückabwicklung begehrt und die Prämie bis zu diesem Zeitpunkt jedoch bspw. durch die Eltern gem. § 267 Abs. 1 BGB mit Fremdtilgungswillen auf ein Finanzierungsgeschäft erfolgte. Dem Finanzierungsgeschäft entfällt sodann folgerichtig die Finanzierungs- und Sicherungsgrundlage.

---

80 MüKoVVG/Heiss VVG § 150 Rn. 4.
81 Bruck/Möller/Winter, 8. Aufl. 1988, VVG Anm. C 24.
82 Prölss/Martin/Schneider EGVVG § 150 Rn. 12.
83 OLG Hamm VersR 92, 1502; OLG Koblenz VersR 91, 209; BGHZ 28, 78; Prölss/Martin/Schneider EGVVG § 150 Rn. 16.
84 LG Waldshut-Tiengen VersR 85, 937; AG Hamburg NJW-RR 94, 721.
85 Prölss/Martin/Schneider EGVVG § 150 Rn. 17.
86 BGHZ 15, 97.
87 Prölss/Martin/Schneider EGVVG § 150 Rn. 17.
88 OLG Hamm VersR 92, 1502; OLG Koblenz VersR 91, 209; LG Aachen VersR 87, 978; LG Waldshut-Tiengen VersR 85, 937.
89 LG Freiburg VersR 1998, 41; LG Verden VersR 1998, 42.
90 Prölss/Martin/Schneider EGVVG § 150 Rn. 18.

Hinweis:
Die anwaltliche Beratung der Prüfung von Lebensversicherungsverträgen im Erbfall hat sich zunächst auf die Prüfung zu erstrecken, ob Personenidentität zwischen Erblasser, Versicherungsnehmer und versicherter Person besteht. Sollten Versicherungsnehmer und versicherte Person auseinanderfallen, stellen sich ggf. die oben dargestellten Wirksamkeitsfragen, die den Vertrag potenziell in seinem Bestand in Frage stellen, insbes. dann, wenn die versicherte Person und/oder der Versicherungsnehmer minderjährig sind.

75 Die unerwartete Unwirksamkeit des Lebensversicherungsvertrages wegen nicht erfolgter, durch die versicherte Person bereits verweigerter oder wegen des Todes der versicherten Peron nicht mehr durchführbarer Genehmigung eines schwebend unwirksamen Lebensversicherungsvertrages kann die Beteiligten vor komplexe rechtliche Probleme stellen. Insbes. dann, wenn der wegen endgültiger Unwirksamkeit zu kondizierende Lebensversicherungsvertrag durch Dritte zum Zwecke der Tilgung einer eigenen Darlehensverbindlichkeit und/oder deren Besicherung finanziert wurde.

§ 151 VVG Ärztliche Untersuchung
Durch die Vereinbarung einer ärztlichen Untersuchung der versicherten Person wird ein Recht des Versicherers, die Vornahme der Untersuchung zu verlangen, nicht begründet.

76 **1. Allgemeines.** Durch § 151 VVG regelt der Gesetzgeber im Interesse der versicherten Person, dass die im Rahmen des Vertragsschlusses mit dem Versicherungsnehmer getroffene Vereinbarung, eine ärztliche Untersuchung durchführen zu lassen, rechtlich nicht durchsetzbar sein soll.[91] Dies ist Ausdruck der informationellen Selbstbestimmung der versicherten Person und mithin Ausdruck des grundgesetzlich abgesicherten allg. Persönlichkeitsrechts.[92]

77 **2. Regelungsgehalt.** § 151 stellt somit eine unvollkommene Verbindlichkeit dar. Der Versicherungsnehmer ist zwar dem Grunde nach durch die vertragliche Vereinbarung gebunden, eine ärztliche Untersuchung durchführen zu lassen. Durchsetzbar ist dieser Anspruch jedoch nicht.[93] Vielmehr kann der Versicherer bei Unterlassen dieser Untersuchung wahlweise den Vertrag zu anderen Bedingungen schließen oder das Risiko gänzlich ablehnen. Vertragsstrafen für den Fall der Verweigerung der ärztlichen Untersuchung darf der Versicherer nicht vereinbaren, solche sind unwirksam.[94] Erbrechtlich ist diese Vorschrift nicht von Bedeutung.

§ 152 VVG Widerruf des Versicherungsnehmers
(1) Abweichend von § 8 Abs. 1 Satz 1 beträgt die Widerrufsfrist 30 Tage.
(2) ¹Der Versicherer hat abweichend von § 9 Satz 1 auch den Rückkaufswert einschließlich der Überschussanteile nach § 169 zu zahlen. ²Im Fall des § 9 Satz 2 hat der Versicherer den Rückkaufswert einschließlich der Überschussanteile oder, wenn dies für den Versicherungsnehmer günstiger ist, die für das erste Jahr gezahlten Prämien zu erstatten.
(3) Abweichend von § 33 Abs. 1 ist die einmalige oder die erste Prämie unverzüglich nach Ablauf von 30 Tagen nach Zugang des Versicherungsscheins zu zahlen.

78 **1. Allgemeines.** Im Anwendungsbereich für Lebensversicherungsrecht sollen den Versicherungsnehmern im Vergleich zu der allg. Vorschrift des § 8 Abs. 1 S. 1 VVG erweiterte Widerrufsrechte zustehen. Auch hier ist ratio legis dieser Regelung der Schutz des Versicherungsnehmers.[95] Dem Versicherungsnehmer wird deshalb eine längere Bedenkzeit eingeräumt werden, wodurch insbes. die EU-Richtlinien zur Lebensversicherung umgesetzt werden sollen.[96] Die Wi-

---

91 MüKoVVG/Mönnich VVG § 151 Rn. 4.
92 Looschelders/Pohlmann/Peters VVG § 151 Rn. 2.
93 MüKoVVG/Mönnich VVG § 151 Rn. 4; Looschelders/Pohlmann/Peters VVG § 151 Rn. 2.
94 Langheid/Rixecker/Langheid § 160 Rn. 1; BK-VVG/Schwintowski § 160 Rn. 1; Prölss/Martin/Schneider EGVVG § 151 Rn. 3.
95 MüKoVVG/Heiss VVG § 152 Rn. 2.
96 Art. 17 der Richtlinie 2002/65/EG des Europäischen Parlaments und des Rates vom 23.9.2002 über den Fernabsatz von Finanzdienstleistungen an Verbraucher und zur Änderung der Richtlinien 90/619/EWG, 97/7 EG und 98/27/ EG (RL Fernabsatz II).

derrufsfrist beginnt mit dem Erhalt des Versicherungsscheins und der Unterlagen gem. § 8 Abs. 2 VVG.[97] Im Fall einer (unterstellt) nicht ordnungsgemäßen Belehrung über die Ausübung des Widerrufsrechts richten sich die Rechtsfolgen des Widerrufs für die Verträge, die nach Inkrafttreten des neugefassten VVG am 1.1.2008 abgeschlossen worden sind, nach § 9 Abs. 1 S. 2 iVm § 152 Abs. 2 S. 2 VVG.[98]

2. Regelungsgehalt. Im Erbfall ist die Vorschrift gem. § 152 VVG nicht von Bedeutung. Entweder es tritt der Versicherungsfall durch Versterben der Gefahrsperson ein oder der Versicherungsvertrag wird beendet, weil der Versicherungsnehmer, der nicht Gefahrsperson ist, verstirbt. 79

In diesen Konstellationen wird es praktisch keinen Vorteil ergeben, den Versicherungsvertrag noch widerrufen zu können, selbst wenn ein Widerruf, bspw. weil die Widerrufsfrist deshalb nicht zu laufen begann, weil die Unterlagen gem. § 8 Abs. 2 S. 1 VVG dem Versicherungsnehmer nicht oder nicht vollständig zugeleitet wurden, noch erklärt werden könnte. 80

Im ersten Fall, Versterben der Gefahrsperson, ist der Versicherer regelmäßig aus der Versicherungssumme leistungspflichtig. Eine Rückabwicklung des Vertrages durch Widerruf würde deshalb zu erheblichen finanziellen Nachteilen führen. Die Rückabwicklung des Lebensversicherungsvertrages durch Widerruf könnte jedoch ausnahmsweise dann vorteilhaft sein, wenn der Vertrag noch nicht lange läuft und bei Tod des Versicherungsnehmers, der nicht versicherte Person ist, die kondiktionsrechtliche Abwicklung ausnahmsweise günstiger ist. 81

§ 153 VVG   Überschussbeteiligung

(1) Dem Versicherungsnehmer steht eine Beteiligung an dem Überschuss und an den Bewertungsreserven (Überschussbeteiligung) zu, es sei denn, die Überschussbeteiligung ist durch ausdrückliche Vereinbarung ausgeschlossen; die Überschussbeteiligung kann nur insgesamt ausgeschlossen werden.
(2) ¹Der Versicherer hat die Beteiligung an dem Überschuss nach einem verursachungsorientierten Verfahren durchzuführen; andere vergleichbare angemessene Verteilungsgrundsätze können vereinbart werden. ²Die Beträge im Sinn des § 268 Abs. 8 des Handelsgesetzbuchs bleiben unberücksichtigt.
(3) ¹Der Versicherer hat die Bewertungsreserven jährlich neu zu ermitteln und nach einem verursachungsorientierten Verfahren rechnerisch zuzuordnen. ²Bei der Beendigung des Vertrags wird der für diesen Zeitpunkt zu ermittelnde Betrag zur Hälfte zugeteilt und an den Versicherungsnehmer ausgezahlt; eine frühere Zuteilung kann vereinbart werden. ³Aufsichtsrechtliche Regelungen zur Sicherstellung der dauernden Erfüllbarkeit der Verpflichtungen aus den Versicherungen, insbesondere die §§ 89, 124 Absatz 1, § 139 Absatz 3 und 4 und die §§ 140 sowie 214 des Versicherungsaufsichtsgesetzes bleiben unberührt.
(4) Bei Rentenversicherungen ist die Beendigung der Ansparphase der nach Absatz 3 Satz 2 maßgebliche Zeitpunkt.

§ 154 VVG   Modellrechnung

(1) ¹Macht der Versicherer im Zusammenhang mit dem Angebot oder dem Abschluss einer Lebensversicherung bezifferte Angaben zur Höhe von möglichen Leistungen über die vertraglich garantierten Leistungen hinaus, hat er dem Versicherungsnehmer eine Modellrechnung zu übermitteln, bei der die mögliche Ablaufleistung unter Zugrundelegung der Rechnungsgrundlagen für die Prämienkalkulation mit drei verschiedenen Zinssätzen dargestellt wird. ²Dies gilt nicht für Risikoversicherungen und Verträge, die Leistungen der in § 124 Absatz 2 Satz 2 des Versicherungsaufsichtsgesetzes bezeichneten Art vorsehen.
(2) Der Versicherer hat den Versicherungsnehmer klar und verständlich darauf hinzuweisen, dass es sich bei der Modellrechnung nur um ein Rechenmodell handelt, dem fiktive Annahmen zu Grunde liegen, und dass der Versicherungsnehmer aus der Modellrechnung keine vertraglichen Ansprüche gegen den Versicherer ableiten kann.

§ 155 VVG   Standmitteilung

(1) ¹Bei Versicherungen mit Überschussbeteiligung hat der Versicherer den Versicherungsnehmer jährlich in Textform über den aktuellen Stand seiner Ansprüche unter Einbeziehung der Überschussbeteiligung zu unterrichten. ²Dabei hat er mitzuteilen, inwieweit diese Überschussbeteiligung garantiert ist. ³Im Einzelnen hat der Versicherer Folgendes anzugeben:

---

97 MüKoVVG/Heiss VVG § 152 Rn. 8.
98 LG Kempten 28.6.2017 – 52 S 167/17, BeckRS 2017, 116810.

1. die vereinbarte Leistung bei Eintritt eines Versicherungsfalles zuzüglich Überschussbeteiligung zu dem in der Standmitteilung bezeichneten maßgeblichen Zeitpunkt,
2. die vereinbarte Leistung zuzüglich garantierter Überschussbeteiligung bei Ablauf des Vertrags oder bei Rentenbeginn unter der Voraussetzung einer unveränderten Vertragsfortführung,
3. die vereinbarte Leistung zuzüglich garantierter Überschussbeteiligung zum Ablauf des Vertrags oder zum Rentenbeginn unter der Voraussetzung einer prämienfreien Versicherung,
4. den Auszahlungsbetrag bei Kündigung des Versicherungsnehmers,
5. die Summe der gezahlten Prämien bei Verträgen, die ab dem 1. Juli 2018 abgeschlossen werden; im Übrigen kann über die Summe der gezahlten Prämien in Textform Auskunft verlangt werden.

(2) ¹Weitere Angaben bleiben dem Versicherer unbenommen. ²Die Standmitteilung kann mit anderen jährlich zu machenden Mitteilungen verbunden werden.

(3) Hat der Versicherer bezifferte Angaben zur möglichen zukünftigen Entwicklung der Überschussbeteiligung gemacht, so hat er den Versicherungsnehmer auf Abweichungen der tatsächlichen Entwicklung von den anfänglichen Angaben hinzuweisen.

82 **1. Allgemeines.** Neben den Zinserträgen, die das Lebensversicherungsunternehmen für den Versicherungsnehmer während der Laufzeit des Versicherungsvertrages erwirtschaftet, steht dem Versicherungsnehmer gem. § 153 Abs. 1 S. 1 grds. auch eine Überschussbeteiligung zu,[99] sofern diese nicht ausdrücklich durch Vereinbarung ausgeschlossen ist,[100] was aus Wettbewerbsgründen nur sehr ausnahmsweise erfolgt.[101] Hiermit ist erstmals der Anspruch auf die Überschussbeteiligung kodifiziert und erstreckt sich zudem auch auf die stillen Reserven.[102] Seit Neuregelung des Versicherungsvertragsgesetzes ist der nunmehr qualifizierte Auskunftsanspruch zur richterlichen Klärung Gegenstand vieler Rechtsstreite geworden.[103] Der Versicherer unterliegt hier strengen Vorgaben des Gesetzgebers, wie eine Beteiligung an dem Überschuss und an den Bewertungsreserven zu erfolgen hat.[104] Er hat hierzu ein verursachungsorientiertes Verfahren durchzuführen.[105] Die Bewertungsreserven sind durch den Versicherer gem. § 153 Abs. 3 S. 1 jährlich neu zu ermitteln. Über die Überschussbeteiligung hat der Versicherer den Versicherungsnehmer gem. § 155 Abs. 1 jährlich in Textform zu informieren.[106] Diese Rechtsfragen haben zwischenzeitlich auch das Bundesverfassungsgericht beschäftigt.[107] Außerdem hat der Versicherer den Versicherungsnehmer bereits mit dem Angebot über die möglichen Leistungen bei Laufzeitende durch eine Modellrechnung zu informieren, die in Textform zu übermitteln ist. Hierbei hat der Versicherer gem. § 154 Abs. 2 dem Versicherungsnehmer gegenüber klar und verständlich zum Ausdruck zu bringen,[108] dass die Modellrechnung ein Rechenmodell darstellt, woraus der Versicherungsnehmer gegen den Versicherer keine vertraglichen Ansprüche ableiten kann.[109]

83 **2. Regelungsgehalt.** Die §§ 153–154 betreffen wesentliche Fragen der Wertentwicklung einer Lebensversicherung, insofern als die §§ 153 und 155 auf die Entwicklung der Überschussanteile Bezug nehmen, zudem die transparente Information des Verbrauchers betreffen. § 154 weist aus, welche Modellrechnung bereits bei Zustandekommen des Vertrages dem Versicherungsnehmer gegenüber auszuhändigen ist, damit die Erwartungshaltung transparent[110] und möglichst seriös[111] ist und die dargestellten Gewinnerwartungen nicht übertrieben dargestellt werden.[112] Der BGH hat hierzu eine richtungsweisende Grundsatzentscheidung getroffen.[113] Der

---

99 Engeländer VersR 2007, 155 (156); Schwintowski/Brömmelmeyer/Ortmann VVG § 153 Rn. 9.
100 Prölss/Martin/Reiff EGVVG § 153 Rn. 13.
101 Römer r+s 2008, 405 (406).
102 MüKoVVG/Heiss VVG § 153 Rn. 2.
103 BGH VersR 2016, 1236; LG Düsseldorf FD-VersR 2017, 393760; OLG München 13.1.2017 – 25 U 4117/16, VuR 2017, 279.
104 Die Klarstellung der Anforderungen an die gesetzliche Regelung erfolgt durch das BVerfG durch Urt. v. 26.7.2005, VersR 2005, 1127.
105 BGH r+s 2015, 246; MüKoVVG/Heiss VVG § 153 Rn. 6.
106 Prölss/Martin/Reiff EGVVG § 155 Rn. 3.
107 BVerfG r+s 2017, 255.
108 Prölss/Martin/Reiff EGVVG § 154 Rn. 14.
109 MüKoVVG/Heiss VVG § 154 Rn. 4.
110 MüKoVVG/Heiss VVG § 154 Rn. 1.
111 FA-VersR § 154 Rn. 1.
112 Schwintowski/Brömmelmeyer/Ortmann VVG § 154 Rn. 1.
113 BGH VuR 2014, 443.

Anbieter hat über bspw. ein Produktinformationsblatt die Pflicht zur Erläuterung der Kostenberechnung anhand von Rechenbeispielen.

Im Erbfall haben diese Vorschriften insoweit eine Bedeutung, als die bezugsberechtigte Person 84 durch Zuhilfenahme ihres anwaltlichen Beraters ggf. geneigt sein kann, überprüfen zu lassen, ob dem Versicherungsnehmer gegenüber unseriöse und unrealistische[114] Erwartungen geschaffen wurden, die Grund für die Erhebung von Schadenersatzansprüchen sein können.[115]

§ 156 VVG   Kenntnis und Verhalten der versicherten Person
Soweit nach diesem Gesetz die Kenntnis und das Verhalten des Versicherungsnehmers von rechtlicher Bedeutung sind, ist bei der Versicherung auf die Person eines anderen auch deren Kenntnis und Verhalten zu berücksichtigen.

1. Allgemeines. Der Gesetzgeber hat § 156 VVG als spezielle Vorschrift der Zurechnung von 85 Kenntnis und Verhalten einer dritten Person geschaffen. Grds. sind bei Versicherungsverträgen Obliegenheiten und sich aus der positiven Kenntnis, grob fahrlässigen Unkenntnis oder dem Verhalten von Personen ergebenden rechtlichen Konsequenzen überwiegend an das Verhalten des Versicherungsnehmers als Vertragspartner der Versicherungsgesellschaft geknüpft. Für durchaus mögliches Auseinanderfallen von Versicherungsnehmer und Gefahrsperson und die besondere Leistungsnähe der Gefahrsperson im Versicherungsfall hat es der Gesetzgeber für zweckmäßig und erforderlich erachtet, die sich aus der Kenntnis und dem Verhalten der versicherten Person ergebenden rechtlichen Konsequenzen gesondert zu regeln. Insbesondere zu der Frage, wann sich der Versicherer unter Berufung auf Arglist bei Zustandekommen des Versicherungsvertrages durch Anfechtung von dem Versicherungsvertrag trennen kann, ist die Rechtsprechung nahezu unübersichtlich und häufig einzelfallbezogen.[116]

2. Regelungsgehalt. Über § 156 VVG erweitert der Gesetzgeber den Kreis der Personen, auf de- 86 ren Kenntnis es in Bezug auf die vorvertragliche Kenntnis und mithin auf die rechtliche Beurteilung vorvertraglicher Anzeigepflichtverletzungen gem. § 19 VVG ankommen soll.[117] Im Wesentlichen dient die Vorschrift deshalb der Vermeidung von Umgehungen der Wertungen, gem. § 19 VVG und der sich an deren Verletzung anknüpfenden rechtlichen Konsequenzen.

Der Beispielsfall aus der Praxis: Der Erblasser E erkannte ein Jahr vor dem Erbfall, dass er 87 unheilbar erkrankt war und in absehbarer Zeit sterben würde. Er beabsichtigte sodann, seine Ehefrau und die beiden Kinder noch durch den Abschluss einer Risiko-Lebensversicherung auf sein Leben für seinen erwarteten Todesfall abzusichern. Sein Versicherungsmakler teilte ihm mit, dass er als Versicherungsnehmer die bekannte Erkrankung anzuzeigen habe und es deshalb zu einer Ablehnung des Antrags auf Lebensversicherung durch den Versicherer kommen würde. Die Ehefrau des E begab sich sodann in Kenntnis der Erkrankung des E zu einem anderen Versicherungsvermittler und beantragte dort selbst als Versicherungsnehmerin auf das Leben des E eine hohe Risikolebensversicherung, die antragsgemäß, mit Einwilligung des E und ohne Angabe der zum Tode führenden Erkrankung des E zustande kam.

Der Gesetzgeber verlangt zur Vermeidung etwaigen Unterlaufens der ratio legis des § 19 VVG 88 in Bezug auf die Kenntnis bei Vertragsabschluss eine Gleichstellung von Versicherungsnehmer und versicherter Person.[118]

Im Erbfall kommt dieser Vorschrift deshalb ähnliche Bedeutung wie den Vorschriften zur 89 vorvertraglichen Anzeigepflicht selbst zu, insbes. dann, wenn keine Personalunion von Versicherungsnehmer und versicherter Person besteht.

---

114 Looschelders/Pohlmann/Krause VVG § 154 Rn. 1.
115 OLG Koblenz VersR 2000, 1357; OLG Düsseldorf VersR 2001, 705; LG Dortmund NVersZ 2002, 307.
116 Nugel MDR 2014, 1177; BGH NJW 2014, 778; OLG Jena r+s 2018, 294.
117 BGH VersR 68, 41; Prölss/Martin/Schneider EGVVG § 161 Rn. 2; Prölss/Martin/Reiff/Schneider EGVVG § 156 Rn. 1.
118 BGH NJW 56, 20 (21).

90 Zu differenzieren ist darüber hinaus jedoch, dass § 156 VVG zwar auf die versicherte Person und analog nach teilweise vertretener Auffassung auch auf die Gefahrsperson[119] im Rahmen der Mitversicherung (beispielsweise Familienversicherung) zur Anwendung kommt, nicht hingegen auf den Bezugsberechtigten.[120]

91 **Der Beispielsfall aus der Praxis:**[121] Die alleinerziehende Mutter M erfährt von der unheilbaren Krankheit ihres minderjährigen Kindes K. K weiß von dieser Erkrankung selbst nichts. Sie beschließt deshalb, zu ihrer eigenen Absicherung, eine Lebensversicherung – unter Beachtung der diversen Wirksamkeitserfordernisse wie der Genehmigung durch das Vormundschaftsgericht – für K als Versicherungsnehmer abzuschließen. Die Versicherung kommt unter ordnungsgemäßer Beachtung der Einwilligungs- und Genehmigungserfordernisse sodann zustande. M ist unter der Lebensversicherung des K alleinige Bezugsberechtigte. Mit Eintritt des erwartetermaßen krankheitsbedingten Todes des K begehrt M die Auszahlung der Todesfallentschädigung unter Berufung auf ihre alleinige Bezugsberechtigung.

92 Die Kenntnis der bezugsberechtigten Person unter dem Lebensversicherungsvertrag soll gem. § 278 BGB über das Rechtsinstitut des Erfüllungsgehilfen dem Versicherungsnehmer zuzurechnen sein.[122] Bei solchen Konstellationen wird jedoch jeweils auf den Einzelfall und die sich hieraus ergebenden Wertungen in Bezug auf die Bösgläubigkeit der bezugsberechtigten Person abzustellen sein, was freilich im Anwendungsfall qualifizierte Anforderungen an den anwaltlichen Berater stellt.

93 Sollte sich der Versicherer mithin im Leistungsfall deckungsablehnend unter Bezugnahme auf deckungsschädliches Verhalten natürlicher Personen positionieren, so ist sorgsam zu differenzieren, ob sich dieser Vorhalt des Versicherers auf den Versicherungsnehmer, die versicherte Person als Gefahrsperson oder den Bezugsberechtigten erstreckt. Die Differenzierung ist erforderlich, weil für den genannten Personenkreis unterschiedliche rechtliche Wertungen gelten und die Judikatur hierzu unterschiedliche Maßstäbe entwickelt hat.[123]

§ 157 VVG Unrichtige Altersangabe

¹Ist das Alter der versicherten Person unrichtig angegeben worden, verändert sich die Leistung des Versicherers nach dem Verhältnis, in welchem die dem wirklichen Alter entsprechende Prämie zu der vereinbarten Prämie steht. ²Das Recht, wegen der Verletzung der Anzeigepflicht von dem Vertrag zurückzutreten, steht dem Versicherer abweichend von § 19 Abs. 2 nur zu, wenn er den Vertrag bei richtiger Altersangabe nicht geschlossen hätte.

94 **1. Allgemeines.** Das Eintrittsalter der versicherten Person ist neben der Laufzeit des Versicherungsvertrages, der Versicherungssumme und dem Gesundheitszustand der versicherten Person bei Antragstellung ein wesentliches Kriterium für die Taxierung der Versicherungsprämie, weil das Eintrittsalter die maßgebliche statistische Größe für die Kalkulation des Eintritts des Todes und somit des Versicherungsfalles während der Vertragslaufzeit ist.

95 **2. Regelungsgehalt.** Rechtssystematisch unterfällt die Frage nach dem Eintrittsalter in jedem Antrag auf Abschluss eines Lebensversicherungsvertrages deshalb, ebenso wie die Gesundheitsfragen, der vorvertraglichen Anzeigepflicht gem. § 19 ff. VVG.[124] Folglich würde eine falsche Angabe des Eintrittsalters der versicherten Person zu den Rechtsfolgen gem. § 19 Abs. 2 VVG, iVm § 21 VVG sowie § 22 VVG führen können. Ohne eine gesetzlich vorrangige Spezialregelung für den Fall der unrichtigen Altersangabe der versicherten Person würde sich der Versicherer im Leistungsfall mithin dem Grunde nach auf die rückwirkende Aufhebung des Versicherungsvertrages nach und aufgrund der Ausübung von Rücktritts- oder Anfechtungsrechten be-

---

119 OLG Köln VersR 83, 772; OLG Hamm VersR 80, 137.
120 Prölss/Martin/Reiff/Schneider EGVVG § 156 Rn. 3.
121 BGH VersR 89, 465.
122 Prölss/Martin/Reiff/Schneider EGVVG § 156 Rn. 3.
123 BGH NJW 56, 20 (21); OLG Köln VersR 83, 772; OLG Hamm VersR 80, 137.
124 MüKoVVG/Heiss VVG § 157 Rn. 1.

rufen können. Ratio legis des § 157 VVG ist es mithin, möglichst den Bestand des Lebensversicherungsvertrages sicher zu stellen und diesen zu erhalten.[125] Obergerichtliche und höchstrichterliche Rechtsprechung zu dieser Norm liegt seit der VVG Reform auch weiterhin nicht vor.

Dies erschien dem Gesetzgeber schon im Lichte der allg. Vorschriften als unbillig, da in § 19 Abs. 4, S. 1 VVG das Rücktrittsrecht unter den Vorbehalt gestellt wird, dass der Versicherer den Versicherungsvertrag auch bei Kenntnis der nicht angezeigten Umstände, wenn auch zu anderen Bedingungen, geschlossen hätte.[126] 96

Da das Eintrittsalter der versicherten Person, abgesehen von den Altersgrenzen der Unversicherbarkeit, die der Versicherer individuell und tarifbezogen festzulegen vermag,[127] regelmäßig kein Umstand ist, der zu einer Ablehnung des Antrags auf Lebensversicherung führt, bewegt sich eine unrichtige Altersangabe bei Beantragung eines Lebensversicherungsvertrages ohnehin im Regelungsbereich von § 19 Abs. 4 S. 1 VVG. Da sich die Reichweite von § 19 Abs. 4 S. 1 VVG als Ausnahme zu § 19 Abs. 2–4 VVG jedoch maximal auf grob fahrlässige Verletzungen der Anzeigepflicht beschränkt, wäre die vorsätzlich unrichtige Altersangabe ebenso wie die arglistige Falschangabe nicht mehr vom Regelungsgehalt der Norm erfasst und würde dem Versicherer deshalb zur rückwirkenden Aufhebung des Versicherungsvertrages durch Rücktritt oder Kündigung legitimieren. Dies erschien dem Gesetzgeber nicht als interessengerecht, da der Versicherer seine Annahmeentscheidung regelmäßig gerade nicht von dem Eintrittsalter abhängig macht und/oder hierfür etwaig Risikozuschläge erhebt. 97

Ob und in welchem Rahmen § 157 VVG als lex specialis mit dem Zweck und der Zielsetzung,[128] den Vertrag zu erhalten, die allg. Vorschriften gem. § 19 Abs. 2–4 VVG und gem. § 22 VVG in Gänze oder nur teilweise verdrängt, ist umstritten. 98

Nach teilweise vertretener Ansicht soll die Anfechtung des Versicherungsvertrages gem. § 22 VVG und § 123 BGB von § 157 VVG nicht verdrängt werden, weil der arglistige handelnde Versicherungsnehmer nicht schutzwürdig sei und deshalb der vertragserhaltenden Privilegierung des § 157 VVG nicht beanspruchen können soll.[129] 99

Andere Ansicht nach und mit teils differenzierter Begründung soll § 157 VVG auch den Fall der arglistig unrichtigen Falschangabe miterfassen.[130] 100

Zutreffender Ansicht nach sollte nur der tatsächlich arglistig handelnde Versicherungsnehmer aus dem Schutzzweck der Norm herausfallen. Ist also der Versicherungsfall eingetreten und der Versicherungsnehmer zugleich auch versichere Person gewesen, so besteht deshalb kein Anlass die Anfechtung zulasten des Bezugsberechtigten zuzulassen. 101

Anderes gilt freilich bei laufender Versicherung vor Eintritt eines Versicherungsfalles oder bei Eintritt des Versicherungsfalles, wenn die versicherte Person ein Dritter und der Versicherungsnehmer selbst bezugsberechtigt ist. In diesem Fall treffen die Folgen der Anfechtung den arglistig handelnden Versicherungsnehmer, was der Billigkeit entspricht, weil der Versicherungsnehmer dann nicht dem privilegierenden Schutz des § 157 unterfallen soll, damit er nicht bedingt durch die eigene Arglist die Leistung unter dem Versicherungsvertrag erhalten kann. 102

Anderenfalls gewährt bereits § 157 VVG normimmanent genügend Handlungsraum für den Versicherer. Entweder ist die Leistung gem. § 157 S. 1 VVG nach dem Verhältnis, in welchem die dem wirklichen Alter entspr. Prämie zu der vereinbarten Prämie steht, zu korrigieren. Alter- 103

---

125 Schwintowski/Brömmelmeyer/Ortmann VVG § 157 Rn. 1.
126 Prölss/Martin/Armbrüster EGVVG § 19 Rn. 115.
127 Zu beachten ist insoweit freilich § 19 Abs. 1 Nr. 2 AGG, der tarifbezogene Ungleichbehandlung aus Altergründen dem Grunde nach für Schuldverhältnisse, die eine privatrechtliche Versicherung zum Gegenstand haben, untersagt.

128 Langheid/Rixecker/Langheid VVG § 162 Rn. 1.
129 Prölss/Martin/Schneider EGVVG § 157 Rn. 2; Benkel/Hirschberg Lebens- und Berufsunfähigkeitsversicherung/Benkel, § 1 Rn., 127; Looschelder/Pohlmann/Peters, VVG § 157 Rn. 2.
130 Langheid/Rixecker/Langheid VVG § 162 Rn. 2; BK-VVG/Schwintowski VVG § 162 Rn. 4; Schwintowski/Brömmelmeyer/Ortmann VVG § 157 Rn. 3.

nativ kann der Versicherer unter Berufung auf § 19 Abs. 2 VVG gleichwohl zurücktreten, wenn er den Vertrag bei richtiger Altersangabe nicht geschlossen hätte. Hierfür trägt der Versicherer freilich die volle Beweislast[131] unter Verweis auf die bei Zustandekommen des Vertrages gültigen und angewandten Zeichnungsrichtlinien.[132] Der Versicherer müsste mithin den Nachweis führen können, dass bei zutr. Altersangabe der Versicherungsvertrag bspw. aus tarifimmanenten Gründen nicht zustande gekommen wäre.

Hinweis:
Unrichtige Altersangaben der versicherten Person in Lebensversicherungsverträgen sind eher selten und werden sodann auch nicht zwingend erkannt. Deshalb bestehen in der Praxis mit solchen Problemen Anwendungsunsicherheiten auch auf Versichererseite, die auch den Anwalt in der erbrechtlichen Beratung betreffen können. Im Zweifel wird man sich deshalb auf den Standpunkt stellen können, § 157 VVG verdränge als Spezialvorschrift die allg. Vorschriften, solange der Versicherer entweder qualifiziertes Verschulden des Versicherungsnehmers bei Antragsstellung (Arglist) und/oder den Umstand, dass der Vertrag bei ordnungsgemäßer Angabe des Alters nicht geschlossen wurde, nicht nachzuweisen imstande ist.

§ 158 VVG Gefahränderung
(1) Als Erhöhung der Gefahr gilt nur eine solche Änderung der Gefahrumstände, die nach ausdrücklicher Vereinbarung als Gefahrerhöhung angesehen werden soll; die Vereinbarung bedarf der Textform.
(2) ¹Eine Erhöhung der Gefahr kann der Versicherer nicht mehr geltend machen, wenn seit der Erhöhung fünf Jahre verstrichen sind. ²Hat der Versicherungsnehmer seine Verpflichtung nach § 23 vorsätzlich oder arglistig verletzt, beläuft sich die Frist auf zehn Jahre.
(3) § 41 ist mit der Maßgabe anzuwenden, dass eine Herabsetzung der Prämie nur wegen einer solchen Minderung der Gefahrumstände verlangt werden kann, die nach ausdrücklicher Vereinbarung als Gefahrminderung angesehen werden soll.

104 **1. Allgemeines.** Wesentliches Charakteristikum eines jeden Versicherungsvertrages ist die synallagmatische Gefahrtragung gegen Prämienzahlung.[133] Folglich ist die Klassifizierung und Einstufung der übernommenen Gefahr wesentliches Spezifikum für die Bemessung der risikogerechten Prämie, wobei es stets auf den Zeitpunkt des Vertragsschlusses ankommt, resp. die Vertragserklärung des Versicherungsnehmers.[134] Deshalb hat der Gesetzgeber in den §§ 23 ff. VVG Vorschriften als Korrektiv dafür geschaffen, dass das Verhältnis von Gefahrtragung und Prämie in ein Ungleichgewicht gerät. Dem Versicherungsnehmer ist es deshalb gem. § 23 VVG dem Grunde nach nach Abgabe seiner Vertragserklärung ohne Einwilligung des Versicherers nicht mehr gestattet, die Gefahr, die gegenständlich für den Versicherungsvertrag ist, zu erhöhen. Verstößt er gegen diesen Grundsatz, ist der Versicherer bei leicht fahrlässiger Verursachung durch den Versicherungsnehmer berechtigt, den Versicherungsvertrag binnen Monatsfrist gem. § 24 Abs. 1 S. 2 VVG zu kündigen. Anderenfalls kann die Kündigung sogar fristlos gem. § 24 Abs. 1 S. 1 ausgesprochen werden.

105 Stellt der Versicherer fest, dass eine Gefahrerhöhung nachvertraglicher Art erfolgte, so kann er wahlweise anstelle der Kündigung ab dem Zeitpunkt der Gefahrerhöhung auch eine seinen Geschäftsgrundsätzen entspr. höhere Prämie gem. § 25 Abs. 1 S. 1 VVG verlangen.[135] Im Gegenzug kann der Versicherungsnehmer gem. § 25 Abs. 2 S. 1 VVG den Versicherungsvertrag anlässlich dieser Prämienerhöhung fristlos kündigen, wenn diese als Folge der Gefahrerhöhung um mehr als 10 % steigen soll. Gleiches gilt, wenn der Versicherer die Absicherung der erhöhten Gefahr schlicht ablehnt. Darüber hinaus gilt gem. § 26 Abs. 1 S. 1 VVG der Grundsatz, dass der Versicherer nicht zur Leistung verpflichtet sein soll, wenn der Versicherungsfall nach einer Gefahrerhöhung eintritt. Dies ist Ausdruck einer sodann bestehenden vertragswidrigen Äquiva-

---

131 Prölss/Martin/Schneider EGVVG § 157 Rn. 4.
132 Rüffer/Halbach/Schimikowski/Brambach EGVVG § 157 Rn. 2.
133 Prölss/Martin/Armbrüster EGVVG § 1 Rn. 3 ff.
134 Prölss/Martin/Prölss EGVVG § 23 Rn. 6.
135 Prölss/Martin/Prölss EGVVG § 25 Rn. 1.

lenzstörung im Verhältnis von Gefahrtragung zu eingenommener Prämie für das übernommene Risiko. Die Leistungsfreiheit tritt gem. § 26 Abs. 1 S. 1 jedoch nur bei vorsätzlicher Gefahrerhöhung ein. Im Falle grob fahrlässiger Verletzung des nachvertraglichen Gefahrerhöhungsverbotes kann der Versicherer stattdessen die Leistung in einem der Schwere des Verschuldens entspr. Verhältnis kürzen. Gem. § 26 Abs. 3 Nr. 1 und 2 ist jedoch zugunsten des Versicherungsnehmers die Reaktionsmöglichkeit des Versicherers auf nachvertragliche Gefahrerhöhungen insofern eingeschränkt, als der Versicherer abw. von § 26 Abs. 1 und Abs. 2 S. 1 zur Leistung verpflichtet bleibt, soweit die Gefahrerhöhung nicht ursächlich für den Eintritt des Versicherungsfalles war oder wenn zur Zeit des Eintritts des Versicherungsfalles die Frist für die Kündigung des Versicherers abgelaufen und/oder eine Kündigung nicht erfolgt war.

Aus Gründen des im Rahmen der Lebensversicherung besonders ausgeprägten Verbraucherschutzes und dem Interesse des Versicherungsnehmers an Bestandsschutz,[136] nicht zuletzt auch wegen des Schutzes der auf Jahrzehnte angelegten Altersversorgung, hat der Gesetzgeber in Bezug auf die Rechtsfolgen etwaiger nachvertraglicher Gefahrerhöhungen durch § 158 eine Spezialregelung getroffen. 106

2. Regelungsgehalt. § 158 VVG schränkt die Rechte des Versicherers im Falle einer nachvertraglichen Gefahränderung im Bereich der Lebensversicherung in diversen Ausgestaltungen ein, verlängert jedoch gleichermaßen die Fristen der allg. Vorschriften für deren Geltendmachung. 107

Zum einen unterliegt die Terminologie „Änderung der Gefahrumstände" einer eigenen und anderen normimmanenten Wertung, so dass Gefahrerhöhungen nur solche sind, die nach ausdrücklich und in Textform geschlossener Vereinbarung als Gefahrerhöhung für den gegenständlichen Versicherungsvertrag angesehen werden. Dies erfordert freilich eine hinreichend spezifizierte Benennung der Umstände, die im Vertrag als Gefahrerhöhung verstanden werden wollen. Der Versicherer hat also selbst die Verantwortung dafür, entweder in allg. Versicherungsbedingungen, Informationsblättern oder anderen nachweislich dem Versicherungsnehmer in Textform übermittelten Informationen den Nachweis dafür zu führen, dass die Gefahrerhöhung ausdrücklich in Textform für den spezifischen Lebensversicherungsvertrag definiert wurde.[137] 108

Üblicherweise sind hierunter gefährliche und näher benannte Sportarten,[138] insbes. bei Wettkampfausführung, zu fassen. Darüber hinaus die Freizeitaktivität als Motorradfahrer, Gleitschirmflieger, Fallschirmspringer oder Extrembergsteiger. Auch Raucher werden als erhöhtes Risiko eingestuft und deshalb wird regelmäßig bei Antragsstellung danach gefragt, ob die versicherte Person Raucher ist und dass sie, sollten sie nach Vertragsschluss Raucher werden,[139] dies als Gefahrerhöhung anzuzeigen hat. 109

§ 158 VVG trifft für die Lebensversicherung neben § 158 Abs. 1 VVG durch § 158 Abs. 2 VVG auch eine speziellere Regelung für den Zeitraum, in dem sich der Versicherer auf die nachvertragliche Gefahrerhöhung im Lebensversicherungsrecht berufen kann. Dem Grunde nach ist der Versicherer nach Ablauf einer Frist von 5 Jahren gem. § 158 Abs. 2 nach Erhöhung der Gefahr von der Geltendmachung seiner Rechte aus dieser Gefahrerhöhung ausgeschlossen. Anderes gilt jedoch gem. § 158 Abs. 2 S. 2, wenn der Versicherungsnehmer die Verpflichtung zur ordnungsgemäßen Anzeige der Gefahrerhöhung vorsätzlich oder gar arglistig verletzt hat, wofür der Versicherer die Beweislast trägt.[140] Dann beläuft sich die Frist für die Geltendmachung der Rechte aus der Gefahrerhöhung für den Versicherer auf zehn Jahre.[141] 110

---

136 MüKoVVG/Heiss VVG § 158 Rn. 11.
137 Schwintowski/Brömmelmeyer/Ortmann VVG § 158 Rn. 12.
138 MüKoVVG/Heiss VVG § 158 Rn. 7.
139 MüKoVVG/Heiss VVG § 158 Rn. 15.
140 Schwintowski/Brömmelmeyer/Ortmann VVG § 158 Rn. 12.
141 Neuhaus juris-PR VersR 1/2016 Anm. 1.

111 So ist es nicht unwahrscheinlich, dass insbes. im Erbfall/Leistungsfall unzulässige und vertragswidrige nachvertragliche Gefahrerhöhungen zutage treten. Insbes. dann, wenn anlässlich des eingetretenen Versicherungsfalls die versicherte Person von Seiten des Versicherers zur Ermittlung der Todesursache untersucht wird. In solchen Fällen kann es dazu kommen, dass bspw. zutage tritt, dass die versicherte Person seit Langem Raucher war, obschon dies auf ausdrückliche Nachfrage bei Vertragsschluss und auch nachvertraglich nicht dem Versicherer angezeigt wurde. Gleiches kann bspw. bei Motorradunfällen auftreten, wenn der Versicherungsnehmer gegenüber dem Versicherer erklärte, dass die versicherte Person nicht Motorradfahrer sei und dieses Risiko auch hernach nicht angezeigt wurde.

112 Problematisch in diesem Zusammenhang ist stets, dass zwar nur solche Umstände von Relevanz sind, auf die der Versicherer gem. § 158 Abs. 1 ausdrücklich hingewiesen hat und die von der Vereinbarung erfasst sind. Aufgrund der ausdrücklichen Vereinbarung ist jedoch ein Verstoß gegen diese Vereinbarung wohl regelmäßig im Bereich des vorsätzlichen Handelns und nicht mehr der fahrlässigen Nichtbeachtung zu sehen. Vor diesem Hintergrund können die Rechte des Versicherers gem. § 158 Abs. 1 iVm den allg. Vorschriften, resp. § 26 Abs. 1 S. 1, im Leistungsfall durchaus zu einer erhöhten Wahrscheinlichkeit der Leistungsfreiheit des Versicherers führen, wobei es auf die Gefahrenlage „im Ganzen"[142] ankommt und die Gefahrerhöhung ggf. mit einer Gefahrminderung verrechnet werden kann.[143]

113 **Der Beispielsfall aus der Praxis:** Der Lebensversicherer L hat bei Zustandekommen des Lebensversicherungsvertrages mit dem Versicherungsnehmer V ausdrücklich darauf hingewiesen, dass die Aktivität des Motorradfahrens als Gefahrerhöhung anzusehen ist. Der Versicherer hat darauf hingewiesen, dass solche Aktivitäten zwingend – auch nachvertraglich – anzuzeigen sind. Die Versicherung des Risikos als privater Motorradfahrer sei nur gegen Mehrprämie versicherbar. Der V hat dies bei Antragsstellung wohl verstanden, jedoch absichtlich diese Gefahrerhöhung nicht angegeben, da er ohnehin nur selten Motorrad fährt und hierfür nicht bereit war, eine Mehrprämie zu entrichten. Im Sommer des folgenden Jahres lieh sich der V von seinem Freund F ein Motorrad aus und verunglückte bei der Ausfahrt tödlich. Wie wird der Versicherer reagieren?

114 Gem. § 158 Abs. 1 S. 1 hatte der Versicherer ausdrücklich durch Vereinbarung die private Betätigung „Motorrad fahren" als Gefahrerhöhung im Vertrag definiert. Deshalb war diese Gefahrerhöhung, auch wenn sie nachvertraglich erfolgte, anzeigepflichtig und nur gegen ausdrücklich Deckungserweiterung gegen Mehrprämie versicherbar. Der V ist dieser Anzeigepflicht vorsätzlich, weder bei Antragsstellung noch hernach nicht nachgekommen. Deshalb kann sich der Versicherer in diesem Fall sogar gem. § 26 Abs. 1 S. 1 auf Leistungsfreiheit berufen, weil die nicht mitgeteilte Gefahrerhöhung gem. § 26 Abs. 3 Nr. 1 ursächlich für den Eintritt des Versicherungsfalles war.

115 Es kommt nicht selten vor, dass insbes. die Ausübung gefährlicher Sportarten zu einem Versicherungsfall im Bereich der Lebensversicherung führt und sodann Ermittlungen ergeben, dass gefahrerhöhende Umstände entgegen der hierzu getroffenen ausdrücklichen Vereinbarung unter dem Versicherungsvertrag nicht mitgeteilt wurden.

116 In diesem Bereich wird der anwaltliche Berater regelmäßig vor anspruchsvolle rechtliche Probleme gestellt. Insbes. hat er den Nachweis zu führen, dass der Verstoß gegen diese ausdrückliche Vereinbarung nicht vorsätzlich erfolgte und zudem diese Gefahrerhöhung nicht kausal für den Eintritt des Versicherungsfalles war.

---

142 Prölss/Martin/Schneider EGVVG § 158 Rn. 2.
143 BGH VersR 75, 845; VersR 90, 881; VersR 2004, 895; VersR 2005, 218.

§ 159 VVG   Bezugsberechtigung

(1) Der Versicherungsnehmer ist im Zweifel berechtigt, ohne Zustimmung des Versicherers einen Dritten als Bezugsberechtigten zu bezeichnen sowie an die Stelle des so bezeichneten Dritten einen anderen zu setzen.
(2) Ein widerruflich als bezugsberechtigt bezeichneter Dritter erwirbt das Recht auf die Leistung des Versicherers erst mit dem Eintritt des Versicherungsfalles.
(3) Ein unwiderruflich als bezugsberechtigt bezeichneter Dritter erwirbt das Recht auf die Leistung des Versicherers bereits mit der Bezeichnung als Bezugsberechtigter.

§ 160 VVG   Auslegung der Bezugsberechtigung

(1) ¹Sind mehrere Personen ohne Bestimmung ihrer Anteile als Bezugsberechtigte bezeichnet, sind sie zu gleichen Teilen bezugsberechtigt. ²Der von einem Bezugsberechtigten nicht erworbene Anteil wächst den übrigen Bezugsberechtigten zu.
(2) ¹Soll die Leistung des Versicherers nach dem Tod des Versicherungsnehmers an dessen Erben erfolgen, sind im Zweifel diejenigen, welche zur Zeit des Todes als Erben berufen sind, nach dem Verhältnis ihrer Erbteile bezugsberechtigt. ²Eine Ausschlagung der Erbschaft hat auf die Berechtigung keinen Einfluss.
(3) Wird das Recht auf die Leistung des Versicherers von dem bezugsberechtigten Dritten nicht erworben, steht es dem Versicherungsnehmer zu.
(4) Ist der Fiskus als Erbe berufen, steht ihm ein Bezugsrecht im Sinn des Absatzes 2 Satz 1 nicht zu.

1. Allgemeines. Die Bezugsberechtigung im Lebensversicherungsrecht stellt die vertragliche Manifestierung des Willens des Versicherungsnehmers dar, wem bei Eintritt des Versicherungsfalls der jeweilige Vermögenswert (Versicherungssumme) zustehen soll. Die Bezugsberechtigung ist folglich das Recht einer natürlichen Person, bei Vorliegen der jeweiligen rechtlichen Voraussetzungen, die Leistung unter dem Versicherungsvertrag fordern zu können. Das Bezugsrecht kann auch unwiderruflich erklärt werden, so dass dieses Recht nicht mehr abänderlich ist. Gleichwohl verbleibt die Verfügungsberechtigung bei dem Versicherungsnehmer selbst, so dass dieser, auch bei Einräumung eines unwiderruflichen Bezugsrechts dem Grunde nach berechtigt bleibt, den Versicherungsvertrag in seinen wesentlichen Parametern zu ändern und/oder zu kündigen.[144] Der Erwerb der Bezugsberechtigung, sei er widerruflich oder unwiderruflich, ist deshalb nicht mit der Stellung eines Verfügungsberechtigten über das Vertragsverhältnis gleichzusetzen. Gleichwohl kann der unwiderruflich Bezugsberechtigte im Falle der Kündigung durch den Versicherungsnehmer den Rückkaufswert beanspruchen.[145] Bei Zweifeln an der Bezugsberechtigung, die insbesondere im Erbfall auftreten können, kann es zur Hinterlegung der Versicherungsleistung durch den Versicherer bis zur abschließenden Klärung kommen.[146] Ebenso stellt sich im Erbfall die Frage, ob ein gegebenenfalls unwiderruflich erklärtes Bezugsrecht widerrufen werden kann.[147]

2. Regelungsgehalt. Erbrechtlich hat insbes. die Bezugsberechtigung unter der Lebensversicherung stets Streitpotential und löst im Versicherungsfall deshalb regelmäßig qualifizierten Beratungsbedarf aus. Der Versicherungsnehmer ist bei Vertragsschluss dem Grunde nach im Zweifel gem. § 159 Abs. 1 VVG berechtigt, was Ausdruck der Vertragsfreiheit ist,[148] zu regeln, ob keine oder mehrere Personen bezugsberechtigt sein sollen. Wird eine solche Bezugsberechtigung von dem Versicherungsnehmer verfügt, so liegt ein echter Vertrag zugunsten Dritter iSd § 328 Abs. 1 BGB vor.[149]

In der erbrechtlichen Beratung begehrten gleichwohl nicht selten verschiedene Personen die Leistung unter dem Versicherungsvertrag, den der Erblasser schloss. Dann kommt es zum Konflikt zwischen Erben und dem tatsächlich oder den/dem vermeintlich Bezugsberechtigten und es stellt sich dann gelegentlich auch die Frage, ob ein solches Bezugsrecht unter dem Lebensversicherungsvertrag tatsächlich wirksam erklärt wurde. Zweifelsfälle einer inhaltlich

---

144 MüKoVVG/Heiss VVG § 159 Rn. 2.
145 BGH VersR 2003, 1021; NJW 1992, 2154; OLG Köln VersR 2002, 299 (300).
146 OLG Nürnberg NJW-RR 2016, 737.
147 Zur Anfechtung eines unwiderruflich gewährten Bezugsrechts OLG Brandenburg r+s 2016, 421.
148 Prölss/Martin/Schneider EGVVG § 159 Rn. 3.
149 Prölss/Martin/Schneider EGVVG § 159 Rn. 1.

oder redaktionell unklar gefassten Regelung der Bezugsberechtigung sind der richterlichen Auslegung zugänglich,[150] was im Erbfall regelmäßig Streitpotenzial begründet.

120 Die Bezugsberechtigung kann entweder unwiderruflich erklärt werden oder widerruflicher Natur sein. Sofern die Bezugsberechtigung widerruflich erteilt wird, erwirbt der Bezugsberechtigte gem. § 159 Abs. 2 VVG das Recht auf die Leistung des Versicherers zunächst als Aussicht auf den Erwerb eines zukünftigen Anspruchs[151] und final erst mit dem Eintritt des Versicherungsfalls.[152] Im Falle einer unwiderruflich erklärten Bezugsberechtigung jedoch gem. § 159 Abs. 3 VVG bereits mit der Bezeichnung als Bezugsberechtigter.[153]

121 Unterlässt es der Versicherungsnehmer, einen Bezugsberechtigten zu benennen, so fällt die Versicherungsleistung bei Eintritt des Versicherungsfalls in den Nachlass.[154] In den Nachlass können auch die vertraglichen Rechte aus der Versicherungsnehmerstellung fallen, wenn der Erblasser zwar Versicherungsnehmer, nicht jedoch versicherte Person war. Dann kann der Erbe in die Vertragsstellung des Versicherungsnehmers eintreten und hat über das weitere Schicksal des Versicherungsvertrages, resp. die etwaige Fortführung oder stattdessen die Kündigung, zu entscheiden. Üblicherweise erlischt der Versicherungsvertrag zwar stets dann, wenn der Versicherungsnehmer verstirbt. Ein Eintrittsrecht der versicherten Person, die zugleich bezugsberechtigt ist, mag jedoch für alle Beteiligten und auch für den Versicherer sinnvoll sein, ergibt sich so jedoch nicht aus dem Gesetz. Sollte ein Eintrittsrecht in dieser Konstellation nicht bereits in den allg./besonderen Versicherungsbedingungen geregelt sein, so empfiehlt es sich zwecks Eintritts in den Versicherungsvertrag, mit dem Versicherer in Verhandlungen zu treten, sofern dies von Seiten der versicherten Person, wenn diese auch unwiderruflich bezugsberechtigt ist, gewünscht wird.

122 Zu beachten ist insoweit auch, dass bei einem unwiderruflich gewährten Bezugsrecht der Rückkaufswert der Lebensversicherung nach und aufgrund Kündigung dem Bezugsberechtigten und nicht dem/den Erben zusteht, das Verfügungsrecht über den Vertrag jedoch gleichwohl auf den Erben übergeht und dieser auch sodann Gestaltungsrechte auszuüben berechtigt ist, sofern der Vertrag nicht bereits ohnehin mit dem Tod des Versicherungsnehmers endet.

Hinweis:

Sollte eine unwiderruflich gewährte Bezugsberechtigung für eine versicherte Person bestehen, die mit dem verstorbenen Versicherungsnehmer nicht in Personalunion steht, hat der Erbe betriebswirtschaftlich keine Veranlassung, den Versicherungsvertrag fortzuführen (vorausgesetzt, die zugrundeliegenden Versicherungsbedingungen gewähren überhaupt ein solches Fortführungsrecht) und die Versicherungsprämien weiter zu entrichten, da ihm hieraus keine eigene wirtschaftlich sinnhafte Rechtsposition erwächst. Man wird in einem solchen Fall dem unwiderruflichen Bezugsberechtigten im Verhandlungswege mit dem Versicherer anbieten, die Versicherungsnehmerstellung zu übernehmen, anderenfalls den Vertrag kündigen und den Rückkaufswert an den Bezugsberechtigten auskehren.

123 Diese Wechselwirkung ist zum Gegenstand der erbrechtlichen Beratung zu machen, falls man als anwaltlicher Berater im Erbfall auf eine solche Konstellation trifft.

§ 161 VVG   Selbsttötung

(1) ¹Bei einer Versicherung für den Todesfall ist der Versicherer nicht zur Leistung verpflichtet, wenn die versicherte Person sich vor Ablauf von drei Jahren nach Abschluss des Versicherungsvertrags vorsätzlich selbst getötet hat.

---

150 Stumpe Anmerkung zu BGH 22.7.2015 – IV ZR 437/14, zur Auslegung einer Erklärung des Versicherungsnehmers über die Bezugsberechtigung des „verwitweten Ehegatten", FamRZ 2015, 1885 ff.
151 BGH VersR 2019, 571; VersR 2010, 1021; NJW 2013, 232; VersR 2004, 93; VersR 2003, 463.
152 BGH VersR 2004, 93.
153 Schwintowski/Brömmelmeyer/Ortmann VVG § 159 Rn. 70; BGH VersR 2019, 571; BGH VersR 2013, 438; OLG Köln VersR 2002, 299 (300).
154 BGHZ 32, 44; BGH NJW 62, 958.

²Dies gilt nicht, wenn die Tat in einem die freie Willensbestimmung ausschließenden Zustand krankhafter Störung der Geistestätigkeit begangen worden ist.
(2) Die Frist nach Absatz 1 Satz 1 kann durch Einzelvereinbarung erhöht werden.
(3) Ist der Versicherer nicht zur Leistung verpflichtet, hat er den Rückkaufswert einschließlich der Überschussanteile nach § 169 zu zahlen.

1. Allgemeines. Gem. § 161 VVG wird die Leistungspflicht des Versicherers bei vorsätzlicher Selbsttötung der versicherten Person eingeschränkt. Bei vorsätzlicher Tötung der versicherten Person durch eine widerrechtliche Handlung des Versicherungsnehmers gilt § 162 VVG. § 161 Abs. 1 S. 1 VVG regelt die Leistungsfreiheit des Versicherers bei Selbsttötung des Versicherten in geringfügiger Abweichung vom früheren Recht jetzt in der Gestalt, dass der Versicherer dann nicht zur Leistung verpflichtet ist, wenn die versicherte Person sich vor Ablauf von drei Jahren nach Abschluss des Versicherungsvertrages vorsätzlich selbst getötet hat. Ratio legis der Norm ist der Hinterbliebenenschutz der versicherten Person.[155] Eine mögliche Anfechtung des Versicherungsvertrages wegen Arglist bleibt dem Versicherer bei Vorliegen der rechtlichen Voraussetzungen freilich gleichwohl in der Karenzzeit unbenommen.[156]

2. Regelungsgehalt. Einzelne Gesellschaften weichen von der Drei-Jahres-Frist ab, aus Wettbewerbsgründen ist die Frist auf bspw. zwei Jahre verkürzt. Deshalb ist im Leistungsfall unbedingt auf die Regelungen der zugrunde liegenden und teils vorrangigen Versicherungsbedingungen Bezug zu nehmen und nicht allein auf die gesetzliche Regelung. Während § 169 S. 1 VVG aF noch von einer zeitlich unbegrenzten Leistungsfreiheit des Versicherers ausging, enthält § 161 Abs. 1 S. 1 VVG stattdessen einen grds. auf drei Jahre seit Vertragsschluss befristeten Ausschluss. Der Gesetzgeber wollte damit, wie schon zuvor in diversen Versicherungsbedingungen einzelner Versicherungsgesellschaften eine allg. übliche zeitliche Befristung des Ausschlusses übernehmen, die auf der Annahme beruht, dass das Vorhaben, Selbstmord zu begehen, regelmäßig nicht mehr ausgeführt zu werden pflegt, wenn erst eine Reihe von Jahren vergangen ist.[157] Der Gesetzgeber unterstellt mit dieser Regelung, unter Berücksichtigung der psychologischen Ausnahmesituation eines sich selbst Tötenden, dass solche Vorhaben und Absichten nicht über so lange Zeiträume geplant werden, die drei Jahre erreichen oder gar übersteigen.

§ 161 Abs. 1 S. 1 VVG regelt eine Ausschlussfrist von drei Jahren, die zugunsten des Versicherers greift. Gem. § 161 Abs. 2 VVG kann diese Frist durch Einzelvereinbarung erhöht werden. § 161 Abs. 1 S. 1 VVG stellt für die Berechnung der Drei-Jahres-Frist ausdrücklich auf den Abschluss des Versicherungsvertrages ab. Damit ist der formelle Vertragsschluss gemeint und nicht ein hiervon evtl. abw. Beginn des materiellen Versicherungsschutzes.[158] Es kommt hierbei mithin auf den Vertragsbeginn und nicht auf den Zeitpunkt bestehenden Versicherungsschutzes an. Dieser Leistungsausschluss sanktioniert – als Sonderregelung für die Lebensversicherung – die vorsätzliche Herbeiführung des Versicherungsfalles, für die nach allg. Grundsätzen üblicherweise auch in anderen Versicherungssparten kein Versicherungsschutz besteht.[159] Der Grund dafür ist, dass es Wesen einer jeden Versicherung ist, ein ungewisses und zufällig eintretendes Ereignis, risikotechnisch abzusichern.[160] Dem steht die Annahme einer Eintrittspflicht für vorsätzlich herbeigeführte Versicherungsfälle im Grundsatz entgegen. Soweit für den Bereich der Lebensversicherung die Versicherungsbedingungen und jetzt auch das Gesetz diesen Grundsatz dahin modifizieren, dass die vorsätzliche Herbeiführung des Versicherungsfalles nach Ablauf von drei Jahren sanktionslos bleibt, handelt es sich um eine davon abw. einseitige Begünstigung des Ver-

---

[155] RegE Gesetz zur Reform des VVG, BT-Drs. 16/3945, 99; Motive zu § 169/140 VVG aF, 229; MüKoVVG/Mönnich VVG § 161 Rn. 1.
[156] OLG Saarbrücken ZfS 2013, 100.
[157] BGHZ 13, 226 ff.; OLG Saarbrücken VersR 2008, 57; Prölss/Martin/Schneider EGVVG § 161 Rn. 5.
[158] Prölss/Martin/Schneider EGVVG § 161 Rn. 6; Looschelders/Pohlmann/Peters, 1. Aufl., VVG § 161 Rn. 7; Rüffer/Halbach/Schimikowski/Brambach, 1. Aufl., EGVVG § 161 Rn. 8; Schwintowski/Brömmelmeyer/Ortmann, 1. Aufl., VVG § 161 Rn. 8; OLG Saarbrücken VersR 2018, 989; zur früheren Rechtslage: BGH VersR 1991, 574; OLG Saarbrücken VersR 1999, 85.
[159] Vgl. §§ 81, 103 VVG.
[160] Prölss/Martin/Prölss EGVVG § 1 Rn. 3 ff., 9.

sicherungsnehmers, die auf der Annahme beruht, dass nach Ablauf dieses Zeitraumes das einmal gefasste Vorhaben, Selbstmord zu begehen, regelmäßig nicht mehr ausgeführt wird,[161] oder auf einer neuen zeitnäheren Entscheidung beruht.

127 Gem. § 161 Abs. 1 S. 2 besteht Versicherungsschutz gleichwohl ausnahmsweise auch bei Selbsttötung vor Ablauf der dreijährigen Ausschlussfrist und zwar ausschließlich dann, wenn nachgewiesen wird, dass die Tat in einem die freie Willensbestimmung ausschließenden Zustand krankhafter Störung der Geistestätigkeit begangen worden ist. Ein Ausschluss der freien Willensbestimmung liegt vor, wenn jemand nicht imstande ist, seinen Willen unbeeinflusst von einer vorliegenden Geistesstörung zu bilden und nach zutreffend gewonnenen Einsichten zu handeln. Abzustellen ist darauf, ob eine freie Entscheidung nach Abwägung des Für und Wider noch möglich war oder ob umgekehrt infolge der Geistesstörung äußere Einflüsse den Willen übermäßig beherrschen.[162] Eine allgemeine emotionale Psychose ist für eine Selbsttötung charakteristisch, jedoch regelmäßig noch keine krankhafte Störung.[163] Ebenso wenig ausreichend ist eine bloße Willensschwäche, Erschöpfungszustände oder depressive Verstimmungen, solange der steuerbare Wille noch Einfluss auf die Entscheidung des Versicherten hat. Wichtiges Kriterium bei der Beurteilung der Frage, ob unkontrollierbare Triebe und Vorstellungen in den Tod getrieben haben, ist in aller Regel das Fehlen nachfühlbarer Motive.[164] IÜ müssen die Voraussetzungen des § 104 Nr. 2 BGB vorliegen und voll bewiesen sein.[165] Das Vorliegen einer echten Geisteskrankheit ist jedoch nicht erforderlich.[166]

128 Die Leistungsverweigerungsvoraussetzungen bei vorsätzlicher Selbsttötung vor Ablauf der Ausschlussfrist sind vom Versicherer zu beweisen.[167] Denjenigen,[168] der sich auf den fehlenden freien Willen der versicherten Person beruft und die Einholung eines psychiatrischen Gutachtens beantragt, treffen spezifische Anforderungen an die Substantiierung des Sachvortrags. Einem Sachverständigen müssen ausreichend gesicherte Anknüpfungstatsachen über Persönlichkeit und Verhalten des Verstorbenen dargeboten werden, die ihm erlauben, tragfähige Schlüsse in Bezug auf dessen geistigen und psychischen Zustand zu ziehen.[169] Wäre der Sachverständigenbeweis reine Ausforschung, ist das Gericht zur Beweiserhebung nicht gehalten.[170]

Hinweis:

Der Selbsttötung im Lebensversicherungsrecht kommt im Rahmen einer erbrechtlichen Beratung regelmäßig qualifizierte Bedeutung zu. Insbes. dann, wenn die Selbsttötung vor Ablauf eines 3-Jahres-Zeitraums nach Zustandekommen des Lebensversicherungsvertrages verübt wurde. Der Versicherer wird in solchen Fällen die tatsächlichen und rechtlichen Möglichkeiten nutzen, eine Leistungspflicht zu verneinen.

129 Dem anwaltlichen Berater kommt in solchen Fällen eine wesentliche Bedeutung bei der Durchsetzung von Ansprüchen unter dem Vertrag zu, insbes. wenn es um den Nachweis einer die freien Willensbestimmung ausschließenden krankhaften Störung der verstorbenen versicherten Person geht. Die Judikatur hierzu ist vielschichtig und von Einzelfallcharakteristika geprägt. Es

---

161 BGH 13, 226 ff.; OLG Saarbrücken VersR 2008, 57; Prölss/Martin/Schneider EGVVG § 161 Rn. 5.
162 BGH NJW 1996, 918; BGH VersR 1994, 162; Schwintowski/Brömmelmeyer/Ortmann, 2008, VVG § 161 Rn. 10.
163 OLG Düsseldorf NJW-RR 2003, 1468; OLG Saarbrücken ZfS 2013, 100; OLG Karlsruhe VersR 1978, 657; Schwintowski/Brömmelmeyer/Ortmann, 2008, VVG § 161 Rn. 14.
164 OLG Karlsruhe VersR 2003, 208; OLG Düsseldorf NJW-RR 2003, 1468; Looschelders/Pohlmann/Peters, 2. Aufl. 2011, VVG § 161 Rn. 10.
165 Prölss/Martin/Schneider EGVVG § 161 Rn. 11; BGH VersR 91, 870.
166 BGH VersR 94, 162; OLG Hamm VersR 77, 928; OLG Stuttgart VersR 89, 794.
167 BGH VersR 1992, 861; OLG Hamm VersR 2018, 341; Prölss/Martin/Schneider EGVVG § 161 Rn. 16 mwN.
168 Das sind regelmäßig die Bezugsberechtigten – gibt es solche nicht, die Erben.
169 OLG Koblenz VersR 2001, 445; OLG Köln, r+s 1993, 75; Looschelders/Pohlmann/Peters, 2. Aufl. 2011, VVG § 161 Rn. 21; Rüffer/Halbach/Schimikowski/Brambach, 2009, EGVVG § 161 Rn. 15; Schwintowski/Brömmelmeyer/Ortmann, 2008, VVG § 161 Rn. 33.
170 Schwintowski/Brömmelmeyer/Ortmann, 2008, VVG § 161 Rn. 34.

kommt folglich auf die Aufarbeitung und die Herausstellung der Besonderheiten des Einzelfalls an, was an den Berater vor komplexe und qualifizierte Anforderungen stellt.

§ 162 VVG Tötung durch Leistungsberechtigten

(1) Ist die Versicherung für den Fall des Todes eines anderen als des Versicherungsnehmers genommen, ist der Versicherer nicht zur Leistung verpflichtet, wenn der Versicherungsnehmer vorsätzlich durch eine widerrechtliche Handlung den Tod des anderen herbeiführt.
(2) Ist ein Dritter als Bezugsberechtigter bezeichnet, gilt die Bezeichnung als nicht erfolgt, wenn der Dritte vorsätzlich durch eine widerrechtliche Handlung den Tod der versicherten Person herbeiführt.

1. Allgemeines. Wie auch § 161 VVG die Selbsttötung der versicherten Person leistungsmäßig beschränkt, so untersagt § 162 VVG die Leistung unter dem Versicherungsvertrag dem Grunde nach dann, wenn der Versicherungsnehmer selbst vorsätzlich durch eine widerrechtliche Handlung den Tod der versicherten Person herbeiführt. Somit ist § 162 Abs. 1 VVG ebenfalls Ausdruck des allg. Rechtsgedankens, dass der vorsätzlich herbeigeführte Versicherungsfall im Versicherungsrecht nicht zu Leistungspflichten des Versicherers führen soll.

2. Regelungsgehalt. In Erbrechtsfällen, die durch Tötungsdelikte herbeigeführt wurden, ist die Norm des § 162 Abs. 1 VVG regelmäßig von besonderer Bedeutung. So kommt es durchaus vor, dass der Versicherungsnehmer den Lebensversicherungsvertrag auf eine ihm nahestehende dritte Person abschließt und sich selbst für den Todesfall der versicherten Person als bezugsberechtigt einsetzt. Diese Konstellation ist dadurch gekennzeichnet, dass der Versicherungsnehmer den Tod der versicherten Person vorsätzlich und rechtswidrig herbeiführt und sodann die Versicherungsleistung unter dem Versicherungsvertrag für sich als bezugsberechtigte Person beansprucht. Im Einzelfall sind die subjektiven Momente und insbesondere auch die Schuldfähigkeit des Versicherungsnehmers als Täter mit zu berücksichtigen. So hatte der als schuldunfähig festgestellte Täter in einem Fall, der vom OLG Saarbrücken[171] im Berufungsverfahren zu entscheiden war, als Versicherungsnehmer für Versicherungsverträge zugunsten seiner Ehefrau, die von ihm erwürgt wurde, gleichwohl Anspruch auf die Versicherungsleistung. Das Gericht entschied, dass die rechtlichen Voraussetzungen an eine rechtswidrige und vorsätzliche Tat auch Schuldfähigkeit des Versicherungsnehmers als Täter zur Begründung der Leistungsfreiheit des Versicherers voraussetzen, die in dem gegenständlichen Fall jedoch gerade nicht vorlag.

In der anwaltlichen Beratung bei durch Tötungsdelikte herbeigeführten Todesfällen hat § 162 VVG deshalb regelmäßig eine nicht zu unterschätzende Bedeutung. Insbes. sind auch die Ermittlungsbehörden darauf geschult, die Ermittlungen wegen Tötungsdelikten und die Vernehmung von Personen, die uU ein Tötungsmotiv hätten haben können, auch vor dem Hintergrund möglicher finanzieller Vorteile durch den Todeseintritt, zu befragen. So würde ein Versicherungsnehmer, der bei Ableben einer versicherten Person als Bezugsberechtigter nicht unerhebliche finanzielle Vorteile durch den Tod genießt, regelmäßig bei dem Vorliegen eines Tötungsdelikts von Seiten der Ermittlungsbehörden als tatverdächtig angesehen. Aber unabhängig von den rein strafrechtlichen Erwägungen stellt sich die Frage, wann und unter welchen Voraussetzungen die vertraglichen Ansprüche unter dem Versicherungsvertrag bei Herbeiführung des Todes der versicherten Person durch den Versicherungsnehmer ausgeschlossen sein sollen und welche weiteren rechtlichen Voraussetzungen an die Herbeiführung des Todes tatsächlich zu stellen sind.

Unstr. dürfte sein, dass die Tathandlung der „Herbeiführung des Todes" mit Vorsatz,[172] zumindest mit dolus eventualis, begangen sein muss und sich der Tatvorsatz hierbei deshalb nicht nur auf die Handlung, sondern auch den Tatorfolg (Eintritt des Todes) zu erstrecken hat. Im Deliktsrecht war es früher lange Zeit umstr., ob sich Vorsatz auf die Handlung oder den

---

171 OLG Saarbrücken 28.10.2016 – 5 U 31/16.
172 MüKoVVG/Mönnich VVG § 161 Rn. 4.

Taterfolg zu erstrecken hat.[173] In der hier gegenständlichen versicherungsrechtlichen Frage ist der Vorsatz auf den Taterfolg und nicht auf die Handlung zu erstrecken.[174]

Hinweis:

Sollte der Versicherungsfall durch ein Tötungsdelikt herbeigeführt werden und die versicherte Person nicht personenidentisch mit dem Versicherungsnehmer sein, so wird sich der Versicherungsnehmer uU strafrechtlichen Ermittlungen ausgesetzt sehen. Es wird sich die Frage stellen, ob er ein Tötungsmotiv hatte. Dies ist regelmäßig dann der Fall, wenn der Versicherungsnehmer für den Fall des Versterbens der versicherten Person selbst die bezugsberechtigte Person unter dem Versicherungsvertrag ist.

In solchen Fällen ist neben der Beiziehung versicherungsrechtlicher Unterstützung durch anwaltliche Beratung empfohlenermaßen auch ein Strafrechtsexperte zu konsultieren, der bei Einleitung von Ermittlungsverfahren und Strafverfolgung frühzeitig das Verfahren begleitet und im Interesse des Versicherungsnehmers steuert.

134 Analog ist § 161 VVG auf Fälle anzuwenden, wenn der Gläubiger eines unwiderruflich Bezugsberechtigten die versicherte Person tötet und sich sodann auf die Pfändung der Versicherung beruft. In diesem Fall ist ein Bezugsberechtigter vom Versicherer so zu berücksichtigen, als bestünde die Pfändung nicht.[175]

§ 166 VVG Kündigung des Versicherers

(1) ¹Kündigt der Versicherer das Versicherungsverhältnis, wandelt sich mit der Kündigung die Versicherung in eine prämienfreie Versicherung um. ²Auf die Umwandlung ist § 165 anzuwenden.
(2) Im Fall des § 38 Abs. 2 ist der Versicherer zu der Leistung verpflichtet, die er erbringen müsste, wenn sich mit dem Eintritt des Versicherungsfalles die Versicherung in eine prämienfreie Versicherung umgewandelt hätte.
(3) Bei der Bestimmung einer Zahlungsfrist nach § 38 Abs. 1 hat der Versicherer auf die eintretende Umwandlung der Versicherung hinzuweisen.
(4) Bei einer Lebensversicherung, die vom Arbeitgeber zugunsten seiner Arbeitnehmerinnen und Arbeitnehmer abgeschlossen worden ist, hat der Versicherer die versicherte Person über die Bestimmung der Zahlungsfrist nach § 38 Abs. 1 und die eintretende Umwandlung der Versicherung in Textform zu informieren und ihnen eine Zahlungsfrist von mindestens zwei Monaten einzuräumen.

135 **1. Allgemeines.** Mit § 166 VVG trägt der Gesetzgeber dem Umstand Rechnung, dass es praktisch kein ordentliches Kündigungsrecht des Versicherungsunternehmens für Lebensversicherungsverträge gibt.[176] Die ratio legis hierfür findet sich in dem Vertragszweck der Lebensversicherungsverträge selbst. Ebenso wie kapitalbildende, sind auch Risiko-Lebensversicherungsverträge häufig auf mehrere Jahrzehnte und für die private Altersvorsorge und/oder Hinterbliebenenversorgung gedacht. Eine solche strukturierte Altersplanung findet die Billigung des Gesetzgebers, da die gesetzliche Rente nicht für die eigene Altersvorsorge als ausreichend erachtet wird. Im Umkehrschluss soll das Lebensversicherungsunternehmen als Vertragspartner keine ordentlichen Dispositionsfreiheiten über den Fortbestand und/oder die Kündigung der Lebensversicherungsverträge erlangen können.[177]

136 **2. Regelungsgehalt.** Normzweck des § 166 ist die Erhaltung des, wenn auch reduzierten Versicherungsschutzes.[178] Eine Kündigung gem. § 38 VVG wegen Nichtzahlung der Folgeprämie würde sich für die Versicherungsnehmer bzw. die versicherten Personen ggf. auch dramatisch auswirken. Man überlege sich hierzu folgende Fallkonstellation:

Beispiel: Der 18-jährige Lehrling schließt eine kapitalbildende Lebensversicherung für das Schlussalter 63 ab. Er geht davon aus, dass er mit diesem Alter in den wohlverdienten Ruhe-

---

173 Flore VersR 1989, 131 ff.
174 Prölss/Martin/Schneider EGVVG § 162 Rn. 4.
175 Prölss/Martin/Schneider EGVVG § 161 Rn. 7; Bruck/Möller/Winter, VVG, Anm. G 147.
176 Begr. des Gesetzesentwurfs zur Reform des Versicherungsgesetzes, Drs. 16/3945 v. 20.12.2006, S. 100.
177 Drs. des Deutschen Rechtstages, Legislaturperiode I, Session Nr. 364 Anl. 1, S. 177.
178 BK-VVG/Schwintowski, § 175 aF, Rn. 1.

stand eintreten wird und die kapitalbildende Lebensversicherung sodann die Differenz zwischen dem laufenden Gehalt und den Altersbezügen ausgleichen soll. Im Alter von 47 erkrankt der Versicherungsnehmer sodann an einer unheilbaren Krankheit. Das Versicherungsunternehmen entscheidet sich sodann, den Versicherungsvertrag zum Kalenderjahresende, hilfsweise zum nächstmöglichen Termin zu kündigen, weil die Wahrscheinlichkeit des Eintritts des Versicherungsfalls signifikant gestiegen ist. Was rät der sachkundige Anwalt?

Es ist mithin Wesenszweck der Lebensversicherung, diesen Versicherungsvertrag, der auf Jahrzehnte angelegt ist, von der Laufzeit nicht in die Dispositionsfreiheit des Versicherungsunternehmens zu stellen. Das Versicherungsunternehmen selbst hat bei der Antragstellung eine Laufzeitregelung mit dem Versicherungsnehmer vereinbart, hierauf ist sie vertraglich festgelegt. Angesichts dessen ist das Versicherungsnehmen lediglich im Falle des Vorliegens außerordentlicher Kündigungsrechte berechtigt, den Vertrag vorzeitig zu kündigen.[179] Da aufgrund des besonderen Versorgungscharakters auch dann Schutzbestimmungen zugunsten des Versicherungsnehmers gelten sollen, soll der Vertrag nicht einfach beendet, sondern stattdessen mit den bis dahin werthaltigen Kapitalansammlungen im Wege einer beitragsfreien Versicherung festgeschrieben werden.[180] Die beitragsfreie Versicherung ist faktisch als eine Lebensversicherung zu verstehen, die aufgrund des bisher angesammelten Vermögenswertes statusmäßig eingefroren wird und die weitere Prämienzahlungsverpflichtung zunächst entfällt. Dies führt zu einer Herabsetzung der Versicherungssumme, die aufgrund der bisher angesammelten Vermögenswerte errechnet und für die Restlaufzeit festgeschrieben wird. Die Prämienzahlung entfällt, der Versicherungsschutz bleibt jedoch auf Basis der reduzierten Versicherungssumme erhalten. Die Umstellung auf eine beitragsfreie Versicherung, die gelegentlich auch als „Ruhen" der Versicherung bezeichnet wird, kann durch Reaktivierung der Versicherung beendet werden. Für die Reaktivierung steht jedoch nur ein begrenzter Zeitraum von üblicherweise zwei Jahren zur Verfügung. Nach Ablauf dieser Frist kann die beitragsfreie Versicherung nicht mehr reaktiviert werden. Sie bleibt dann auf dem Status der beitragsfreien Versicherung bestehen, sofern keine weiteren Vertragsänderungen und/oder eine finale Kündigung erfolgen. 137

Um diesem besonderen Umstand Rechnung zu tragen, hat der Gesetzgeber § 166 VVG und die dort vorgenommenen Regelungen getroffen. 138

Das Kündigungsrecht des Versicherungsunternehmens während laufenden Vertrages ist somit an qualifizierte und unabdingbare Voraussetzungen geknüpft. 139

Diese sind zum einen das Vorliegen eines außerordentlichen Kündigungsgrundes[181] und die hierauf erfolgte und zugegangene Kündigungserklärung.[182] Beides ist unabdingbar, um die Vorschriften gem. § 166 VVG zur Anwendung zu bringen. 140

Hinweis:
Ergibt sich im Erbfall für den Erben, bzw. Bezugsberechtigten, dass die von dem Erblasser abgeschlossene Lebensversicherung bereits als beitragsfreie Versicherung geführt wurde, so sollte unverzüglich geprüft werden, wann die Lebensversicherung als beitragsfreie Versicherung umgewandelt wurde. Zudem ist zu überprüfen, ob die hierfür festgeschriebenen rechtlichen Voraussetzungen vorgelegen haben. Im Erbfall kann diese Fragestellung von erheblichem monetärem Gewicht sein. Wird die Lebensversicherung aufgrund der bisher eingezahlten Beiträge beitragsfrei geführt, so sind die eingezahlten Beiträge faktisch als Einmalbeitrag zu verstehen und deshalb die Versicherungssumme deutlich niedriger, als in dem ursprünglichen Lebensversicherungsvertrag. Findet man sich in der Position, die Umwandlung in eine beitragsfreie Versicherung als Rechtsgestaltung bspw. im Wege der Anfechtung anzugreifen, so gilt der

---

179 Prölss/Martin/Reiff EGVVG § 166 Rn. 4.
180 BGH VersR 94, 39 f.
181 Prölss/Martin/Reiff EGVVG § 166 Rn. 4.

182 Bruck/Möller/Winter, VVG, Lebensversicherung, Anm. E 107.

ursprüngliche Lebensversicherungsvertrag, ggf. mit einem Prämiennachforderungsanspruch des Versicherers gegenüber dem Erben. Folglich auch mit der ursprünglich vertraglich zugesagten Todesfall-Entschädigung im Rahmen der ebenso ursprünglich garantierten Versicherungssumme. Es ist deshalb im Erbfall aus anwaltlicher Sicht unbedingt zu prüfen, sofern man auf eine beitragsfreie Versicherung stößt, ob die Umwandlung in die beitragsfreie Versicherung rechtlich zutreffend erfolgte oder ob man ggf. die ursprüngliche Versicherungssumme auch weiterhin als Grundlage des Lebensversicherungsvertrages und der zu beanspruchenden Leistungen heranziehen kann.

141 Voraussetzung für die Umwandlung einer prämienfreien Versicherung ist folglich die Kündigung durch den Versicherer aufgrund eines außerordentlichen Kündigungsgrundes. Neben dem bereits angesprochenen Zahlungsverzug mit der Folgeprämie gem. § 38 Abs. 3 VVG[183] kommen solche Kündigungsgründe auch wegen Anzeigepflichtverletzungen gem. § 19 Abs. 3 S. 2 VVG,[184] nicht angezeigter Gefahrerhöhung gem. §§ 24, 158 VVG[185] und wegen der Verletzung einer Anzeigepflicht gem. § 28 Abs. 1 VVG[186] in Betracht. Es ist jeweils dezidiert und gesondert zu prüfen, ob die Kündigungsgründe, auf die sich der Versicherer bei Umstellung auf eine beitragsfreie Versicherung alternativ oder kumulativ beruft/berief, tatsächlich vorgelegen haben mögen.

142 Der anwaltliche Berater im Erbfall hat deshalb, sofern sich aus den Unterlagen das Bestehen einer beitragsfreien Versicherung ergibt, unbedingt zu prüfen, zu welchem Zeitpunkt mit welcher Begründung diese Umstellung auf beitragsfreie Versicherung erfolgte. Sollten die hierfür erforderlichen rechtlichen Voraussetzungen nicht erfüllt sein, die der Versicherer zu beweisen hat, so bestünde ggf. die Möglichkeit, aus der ursprünglichen und deutlich höheren Versicherungssumme den Leistungsanspruch zu begehren. Insoweit ist von besonderer Bedeutung, den aktuellen Stand des Versicherungsvertrages zum Zeitpunkt des Erbfalls und eine dahin gehend lückenlose Dokumentation einsehen und prüfen zu können.

143 Sollte jedweder Zweifel an der Vollständigkeit der Dokumentation bestehen, ist der Anspruch auf Erteilung einer Zweitpolice[187] und auf Dokumentation des derzeitigen Versicherungsstandes unbedingt zeitlich priorisiert geltend zu machen, um sämtliche, aus dem Versicherungsvertrag bestehenden Rechte umfassend beurteilen und geltend machen zu können.

144 Wirksamkeitsvoraussetzung für die Änderung des Versicherungsvertrages in eine prämienfreie Versicherung ist der allg. Vertragsgrundsatz, dass die entspr. Willenserklärung des Versicherers beim Versicherungsnehmer auch nachweislich zugegangen[188] sein muss. Hierfür trägt der Versicherer im Zweifel die Beweislast.[189] Sollten also rein materiellrechtlich gesehen die Kündigungsvoraussetzungen zwar vorliegen, die Erklärung der Umwandlung in eine beitragsfreie Versicherung dem Versicherungsnehmer jedoch nicht zweifelsfrei zugegangen sein, bestünde hierin durchaus Verhandlungspotenzial, auch weiterhin die ursprüngliche Versicherungssumme geltend zu machen, da es am Zugang der erforderlichen Erklärung durch den Versicherer dem Versicherungsnehmer gegenüber vor Eintritt des Versicherungsfalls gefehlt haben mag. Auch hierauf ist das Augenmerk des anwaltlichen Beraters zu richten. Im Regelfall wird jedoch der Nachtrag des Versicherungsvertrages zur Dokumentation der Umwandlung in eine prämienfreie Versicherung zeitgleich mit der Erklärung des Versicherers, diese Umwandlung vornehmen zu wollen und wohl auch mit gleicher Post erfolgen. Ist also der Nachtrag zur Umwandlung in eine beitragsfreie Versicherung den Unterlagen des Erblassers zu entnehmen, so ist wohl

---

183 Hierzu vgl. insbes. MüKoVVG/Mönnich VVG § 166 Rn. 10 ff.
184 Schwintowski/Brömmelmeyer/Härle VVG § 19 Rn. 118 ff.
185 MüKoVVG/Heiss VVG § 158 Rn. 5, 6.
186 Bruck/Möller/Heiss VVG § 28 Rn. 132.
187 § 3 Abs. 3 VVG.
188 Schwintowski/Brömmelmeyer/Ortmann VVG § 166 Rn. 7.
189 Hierzu gelten die allg. Beweisregeln, § 138 ZPO.

regelmäßig davon auszugehen, dass auch die Erklärung der Umwandlung in eine beitragsfreie Versicherung ebenfalls zugegangen ist.

§ 167 VVG Umwandlung zur Erlangung eines Pfändungsschutzes

¹Der Versicherungsnehmer einer Lebensversicherung kann jederzeit für den Schluss der laufenden Versicherungsperiode die Umwandlung der Versicherung in eine Versicherung verlangen, die den Anforderungen des § 851c Abs. 1 der Zivilprozessordnung entspricht. ²Die Kosten der Umwandlung hat der Versicherungsnehmer zu tragen.

1. Allgemeines. § 167 VVG ist eine Schutzvorschrift für Verträge, die Altersversorgung des Versicherungsnehmers betreffend, die unter den qualifizierten Voraussetzungen gem. § 851 c ZPO einem Pfändungsschutz unterworfen sein sollen.[190]

Ratio legis ist es, Gläubigern keinen Zugriff zu etwaig über Jahrzehnten aufgebauten Altersversorgungssystemen im Wege der Zwangsvollstreckung zu gewähren.[191] Hierdurch soll resp. das staatliche Sozialsystem für den Fall geschützt werden, dass durch Zugriff von Gläubigern im Wege der Zwangsvollstreckung auch Altersrenten der Versicherungsnehmer und die privat aufgebaute Altersversorgung verloren gehen und sodann der Versicherungsnehmer in den Bereich der Sozialhilfe fällt.[192]

2. Regelungsgehalt. Im Erbfall ist diese Vorschrift üblicherweise von untergeordneter Bedeutung. Der anwaltliche Berater wird diese deshalb auch regelmäßig nicht im Fokus haben.

Es gibt jedoch Ausnahmefälle, in denen dieser Vorschrift gleichwohl Bedeutung zukommen kann.

Hinweis:

Der Versicherungsnehmer hatte eine auf 30 Jahre auf das Leben seines Neffen abgeschlossene Kapitallebensversicherung bespart. Eigentlich wollte der Versicherungsnehmer, der der Patenonkel des Neffen ist, hiermit die Altersversorgung seines bekanntermaßen unzuverlässigen Neffen aufbauen und unterstützen. Der Versicherungsnehmer verstirbt unerwartet frühzeitig. Unwiderruflich bezugsberechtigt ist der unzuverlässige und in finanziellen Schwierigkeiten befindliche Neffe des Erblassers. Wie sind die Interessen des Neffen gegen Gläubiger zu schützen?

Da dem unwiderruflich als bezugsberechtigt eingesetzten Neffen, der zugleich versicherte Person ist, ein tarifliches Fortführungs- und Eintrittsrecht in den Lebensversicherungsvertrag zustehen kann,[193] hat er selbst, sollte er diese Option wählen, Interesse daran, den zu seinen Gunsten angesparten Kapital-Lebensversicherungsvertrag vor etwaigen Pfändungsmaßnahmen von Gläubigern zu schützen.

In dieser Konstellation kann § 167 VVG die Funktion zukommen, die Umwandlung in eine dem Schutz des § 851 c ZPO unterfallende Versicherung vorzunehmen. Insbes. dann, wenn der Neffe zwar die Prämie nicht selbst weiterbezahlen kann, jedoch die Versicherungsnehmerstellung erwerben und die Versicherung als beitragsfreie Versicherung fortführen möchte. Zu dem Anspruch des Versicherungsnehmers auf Umwandlung des Vertrages zur Erlangung von Pfändungsschutz[194] sowie zur Unpfändbarkeit von Vermögen aus einem Basis-Rentenvertrag[195] hat sich zwischenzeitlich die Rechtsprechung positioniert.

§ 168 VVG Kündigung des Versicherungsnehmers

(1) Sind laufende Prämien zu zahlen, kann der Versicherungsnehmer das Versicherungsverhältnis jederzeit für den Schluss der laufenden Versicherungsperiode kündigen.
(2) Bei einer Versicherung, die Versicherungsschutz für ein Risiko bietet, bei dem der Eintritt der Verpflichtung des Versicherers gewiss ist, steht das Kündigungsrecht dem Versicherungsnehmer auch dann zu, wenn die Prämie in einer einmaligen Zahlung besteht.

---

190 MüKoVVG/Mönnich VVG § 167 Rn. 1.
191 NJW-RR 2008, 496.
192 BT-Drs. 16/886, 7.
193 § 170 VVG.
194 BGH 22.7.2015 – IV ZR 223/15.
195 OLG Frankfurt aM 17.6.2015 – 7 U 88/15.

(3) Die Absätze 1 und 2 sind nicht auf einen für die Altersvorsorge bestimmten Versicherungsvertrag anzuwenden,
1. wenn die Vertragsparteien bei einem nach § 5a des Altersvorsorgeverträge-Zertifizierungsgesetzes zertifizierten Basisrentenvertrag die Verwertung der Ansprüche gemäß § 10 Absatz 1 Nummer 2 Satz 1 Buchstabe b des Einkommensteuergesetzes ausgeschlossen haben oder
2. soweit die Vertragsparteien eine Verwertung unwiderruflich ausgeschlossen haben und dieser Ausschluss erforderlich ist, um den Pfändungsschutz nach § 851c der Zivilprozessordnung oder § 851d der Zivilprozessordnung herbeizuführen.

151 **1. Allgemeines.** Anders als im Fall des Versicherungsunternehmens steht dem Versicherungsnehmer als Vertragspartner unter dem Lebensversicherungsvertrag grds. und mit Ausnahme der in § 168 Abs. 3 VVG genannten Spezialfälle, auch ein ordentliches Kündigungsrecht zu. Dies besteht gem. § 168 Abs. 1 VVG sowohl für solche Verträge, für die laufende Prämien zu entrichten sind, als auch gem. § 168 Abs. 2 VVG für Lebensversicherungsverträge, für die die Prämie in Form einer Einmalzahlung entrichtet wurde. Angesichts der Dauer, für die Lebensversicherungen abgeschlossen werden, sollte es dem Versicherungsnehmer nicht verwehrt sein, bei sich ändernden Lebensverhältnissen die Vertragsentscheidung neu zu überdenken.[196]

152 **2. Regelungsgehalt.** Gewisse Versicherungsbedingungen sehen Eintrittsrechte der versicherten Person bei Versterben des Versicherungsnehmers vor. Eine solche Vertragsfortführung kann auch im Verhandlungswege mit dem Versicherer vereinbart werden. Gesetzlich geregelt ist dieses Fortführungsrecht durch die versicherte Person gleichwohl nicht.

153 Gelegentlich stellt sich die Frage, ob insbes. bei langer zum Tode führender schwerer Erkrankung der Versicherungsnehmer sich von dem Kapital-Lebensversicherungsvertrag in Ansehung des herannahenden Todes trennen wollte, um das hierin befindliche Kapital im Wege des Rückkaufswertes noch zur eigenen Verwendung freiwerden zu lassen. Formaljuristisch wäre dies nicht zu beanstanden, da dem Versicherungsnehmer die Gestaltungsrechte, wie bspw. die Kündigung,[197] zustehen. Lediglich bei unwiderruflich erteilter Bezugsberechtigung hätte der Versicherungsnehmer den Rückkaufswert freilich an den Bezugsberechtigten auszukehren. Die jederzeit erklärbare Kündigung beendet das Vertragsverhältnis zum Ende der laufenden Versicherungsperiode, auch dann, wenn monatliche Prämienzahlung vereinbart wurde.[198]

154 In solchen Konstellationen kann die etwaige Kündigung als Gestaltungserklärung durch den Versicherungsnehmer in zeitlicher Nähe zu dem eintretenden Erbfall zu rechtlichen Problemen führen.

Hinweis:
Der Patenonkel des Erbneffen N verstirbt nach langer schwerer Erkrankung. N ist in Kenntnis einer von dem Onkel abgeschlossenen kapitalbildenden Lebensversicherung, für die ihm das alleinige und unwiderrufliche Bezugsrecht eingeräumt wurde. Zudem ist N als Alleinerbe testamentarisch eingesetzt. Pflichtteilsberechtigte gibt es nicht. N macht sich an die Aufbereitung der Unterlagen und sichtet den Versicherungsordner des Onkels. Er stellt fest, dass der Onkel vor zwei Wochen die kapitalbildende Lebensversicherung gekündigt hat. In dieser Phase war der Onkel schon lange unter Betreuung, ließ seine gesamte Post durch den Betreuer erledigen und war nach Ansicht des Neffen schon lange nicht mehr imstande, seine Geschäfte eigenständig zu regeln. Gleichwohl hatte der Onkel ohne Unterrichtung des Betreuers die Lebensversicherung gekündigt. Wie ist zu verfahren?

155 Es ist dem anwaltlichen Berater durchaus eine Pflicht, Gestaltungserklärungen, die der Erblasser noch in Ansehung des herannahenden Todes oder während schwerwiegender Erkrankung abgab, auf ihre Rechtswirksamkeit zu überprüfen.

---

[196] MüKoVVG/Mönnich VVG § 168 Rn. 1.
[197] Langheid/Rixecker § 165 Rn. 5, 10; BGH VersR 2003, 1021 (1022); MüKoVVG/Mönnich VVG § 168 Rn. 14.
[198] Schwintowski/Brömmelmeyer/Ortmann VVG § 168 Rn. 24; LG Lüneburg VersR 1978, 658; Prölss/Martin/Reiff EGVVG § 168 Rn. 18.

In einer solchen Fallkonstellation ist es denkbar, dass man die Kündigungserklärung des Erblassers anfechten könnte bzw. deren Unwirksamkeit wegen Geschäftsunfähigkeit des Onkels für unwirksam zu erklären hätte. 156

Konsequenz wäre, dass der Versicherer nicht auf die Leistung aus dem kündigungsbedingten freiwerdenden Rückkaufswert beschränkt wäre, sondern stattdessen das vollumfängliche Leistungsversprechen unter dem Versicherungsvertrag in Höhe der abgeschlossenen Versicherungssumme zu erbringen hätte. Hier können, je nachdem wie lange der Lebensversicherungsvertrag zum Zeitpunkt des Eintritts des Erbfalls bereits bestand bzw. wann das vertragliche Ende der Laufzeit vorgesehen war, erhebliche Differenzen zwischen Rückkaufswert und Leistungspflicht bei Eintritt des Versicherungsfalles bestehen. 157

Einen Sonderfall stellt die Kündigung einer Direktversicherung für einen Geschäftsführer durch den Insolvenzverwalter nach Insolvenzeröffnung dar. Es stellt sich dann die Frage, ob die insolvente Gesellschaft als Versicherungsnehmerin oder die versicherte Person den Rückkaufswert beanspruchen kann. Dies kann auch im Erbfall von Relevanz sein, insbesondere dann, wenn der versicherte Geschäftsführer nach Insolvenzeröffnung und der hierauf gerichteten Kündigungserklärung des Insolvenzverwalters verstirbt. Diese Rechtsfrage wurde durch das OLG Hamm[199] zwischenzeitlich wie folgt entschieden: Schließt eine Gesellschaft für ihren Geschäftsführer als versicherte Person eine Lebensversicherung (Direktversicherung) ab und bestimmt sie den Geschäftsführer uneingeschränkt und unwiderruflich zum Bezugsberechtigten, kann der Insolvenzverwalter die Versicherung nach der Insolvenzeröffnung über das Vermögen der Gesellschaft zwar kündigen, jedoch nicht den Rückkaufswert für die Insolvenzmasse beanspruchen, da der Rückkaufswert dem bezugsberechtigten Geschäftsführer zusteht. 158

Die Frage, ob und unter welchen Voraussetzungen Gestaltungsrechte wirksam ausgeübt wurden, beurteilt sich freilich nach den allg. Vorschriften der Rechtsgeschäftslehre[200] und ist deshalb auch stets in deren Lichte gesondert zu prüfen. 159

§ 169 VVG Rückkaufswert

(1) Wird eine Versicherung, die Versicherungsschutz für ein Risiko bietet, bei dem der Eintritt der Verpflichtung des Versicherers gewiss ist, durch Kündigung des Versicherungsnehmers oder durch Rücktritt oder Anfechtung des Versicherers aufgehoben, hat der Versicherer den Rückkaufswert zu zahlen.
(2) ¹Der Rückkaufswert ist nur insoweit zu zahlen, als dieser die Leistung bei einem Versicherungsfall zum Zeitpunkt der Kündigung nicht übersteigt. ²Der danach nicht gezahlte Teil des Rückkaufswertes ist für eine prämienfreie Versicherung zu verwenden. ³Im Fall des Rücktrittes oder der Anfechtung ist der volle Rückkaufswert zu zahlen.
(3) ¹Der Rückkaufswert ist das nach anerkannten Regeln der Versicherungsmathematik mit den Rechnungsgrundlagen der Prämienkalkulation zum Schluss der laufenden Versicherungsperiode berechnete Deckungskapital der Versicherung, bei einer Kündigung des Versicherungsverhältnisses jedoch mindestens der Betrag des Deckungskapitals, das sich bei gleichmäßiger Verteilung der angesetzten Abschluss- und Vertriebskosten auf die ersten fünf Vertragsjahre ergibt; die aufsichtsrechtlichen Regelungen über Höchstzillmersätze bleiben unberührt. ²Der Rückkaufswert und das Ausmaß, in dem er garantiert ist, sind dem Versicherungsnehmer vor Abgabe von dessen Vertragserklärung mitzuteilen; das Nähere regelt die Rechtsverordnung nach § 7 Abs. 2. ³Hat der Versicherer seinen Sitz in einem anderen Mitgliedstaat der Europäischen Union oder einem anderen Vertragsstaat des Abkommens über den Europäischen Wirtschaftsraum, kann er für die Berechnung des Rückkaufswertes an Stelle des Deckungskapitals den in diesem Staat vergleichbaren anderen Bezugswert zu Grunde legen.
(4) ¹Bei fondsgebundenen Versicherungen und anderen Versicherungen, die Leistungen der in § 124 Absatz 2 Satz 2 des Versicherungsaufsichtsgesetzes bezeichneten Art vorsehen, ist der Rückkaufswert nach anerkannten Regeln der Versicherungsmathematik als Zeitwert der Versicherung zu berechnen, soweit nicht der Versicherer eine bestimmte Leistung garantiert; im Übrigen gilt Absatz 3. ²Die Grundsätze der Berechnung sind im Vertrag anzugeben.
(5) ¹Der Versicherer ist zu einem Abzug von dem nach Absatz 3 oder 4 berechneten Betrag nur berechtigt, wenn er vereinbart, beziffert und angemessen ist. ²Die Vereinbarung eines Abzugs für noch nicht getilgte Abschluss- und Vertriebskosten ist unwirksam.

---

199 OLG Hamm 22.3.2017 – 20 U 6/17.
200 MüKoVVG/Mönnich VVG § 168 Rn. 42.

(6) ¹Der Versicherer kann den nach Absatz 3 berechneten Betrag angemessen herabsetzen, soweit dies erforderlich ist, um eine Gefährdung der Belange der Versicherungsnehmer, insbesondere durch eine Gefährdung der dauernden Erfüllbarkeit der sich aus den Versicherungsverträgen ergebenden Verpflichtungen, auszuschließen. ²Die Herabsetzung ist jeweils auf ein Jahr befristet.
(7) Der Versicherer hat dem Versicherungsnehmer zusätzlich zu dem nach den Absätzen 3 bis 6 berechneten Betrag die diesem bereits zugeteilten Überschussanteile, soweit sie nicht bereits in dem Betrag nach den Absätzen 3 bis 6 enthalten sind, sowie den nach den jeweiligen Allgemeinen Versicherungsbedingungen für den Fall der Kündigung vorgesehenen Schlussüberschussanteil zu zahlen; § 153 Abs. 3 Satz 2 bleibt unberührt.

160 **1. Allgemeines.** Unter dem Rückkaufswert versteht man üblicherweise den Barwert einer Lebensversicherung, der durch und aufgrund einer versicherungsnehmerseitigen Kündigung zur Auszahlung gelangt. Gleiches gilt, wenn die Beendigung des Vertrages durch Rücktritt gem. § 19 Abs. 2 VVG oder durch Anfechtung gem. §§ 22 VVG, 123 BGB des Versicherers beendet wird. Auch dann ist der Wert an den Versicherungsnehmer oder ggf. an die unwiderruflich bezugsberechtigte Person auszukehren.[201]

161 **2. Regelungsgehalt.** Der Rückkaufswert ist der Vermögenswert, den der Versicherungsnehmer bei Kündigung des Versicherungsvertrages beanspruchen kann.[202] Mit der versicherungsnehmerseitigen Kündigung gem. § 168 Abs. 1 VVG wird der Versicherungsvertrag zum Ende der laufenden Versicherungsperiode beendet.[203] Etwaig überzahlte Prämien sind konditionsrechtlich gem. § 812 ff. BGB zurückzuerstatten.[204] Entspr. gilt dies auch für solche Versicherungsverträge, die für eine lange Laufzeit mit einer Einmalprämie in Vorschuss gezahlt wurden.[205]

162 Dem Rückkaufswert der Lebensversicherung kommt auch im Pflichtteilsergänzungsrecht signifikante Bedeutung zu. Mit einer Grundsatzentscheidung aus dem Jahr 2010 stärkt der BGH die Rechte der Pflichtteilsberechtigten gegenüber den durch die Lebensversicherung unwiderruflich begünstigten Bezugsberechtigten.[206] Abgestellt wird auf den Wert der Lebensversicherung, den diese in den letzten – juristischen – Sekunden vor Ableben der Gefahrsperson hatte. Relevant sind insoweit allein objektive Kriterien und es wird gefragt, welchen Vermögenswert man aus der Lebensversicherung unmittelbar vor Todeseintritt hätte realisieren können.[207] Ausnahmsweise und je nach Betrachtung des Einzelfalls ist es auch denkbar, einen höheren Veräußerungswert als den des Rückkaufswertes anzunehmen.[208] Insbesondere dann, wenn die Versicherung gegenüber dem Rückkaufswert einen höheren Veräußerungswert gehabt hätte. Im Markt haben sich Unternehmen etabliert, deren Geschäftszweck es ist, werthaltige und bereits lange laufende Kapitallebensversicherungen zu erwerben. Hier werden gelegentlich höhere Preise bezahlt, als durch den Rückkaufswert dargestellt werden kann. Im Lichte dessen ist diese Erwägung so zu verstehen, dass alternativ zum Rückkaufswert auch eine Veräußerung einer Lebensversicherung denkbar und ggf. der monetär attraktivere Weg ist. Sollte eine solche Möglichkeit bestanden haben, ggf. weil der Lebensversicherungsvertrag bereits seit vielen Jahren läuft und sich in der Nähe der Ablaufzeit befindet, so hätte der Pflichtteilsberechtigte die Darlegungsbeweislast dafür, nachzuweisen, dass über die Veräußerung der Lebensversicherung ein gegenüber dem Rückkaufswert höherer Ertrag hätte erzielt werden können.[209] Ein Pflichtteilsergänzungsanspruch besteht hingegen nicht, wenn seit der Einräumung des unwiderruflichen Bezugsrechts bereits zehn Jahre vergangen sind und seither auch keine Prämien gezahlt wurden.[210] Dies kann bei frühzeitiger Beitragsfreistellung der Lebensversicherung der Fall sein, wenn die Beitragsfreistellung zehn Jahre oder länger bei Eintritt des Versicherungsfalls bereits besteht. Auch

---

201 MüKoVVG/Mönnich VVG § 169 Rn. 49.
202 MüKoVVG/Mönnich VVG § 169 Rn. 63 ff.
203 Schwintowski/Brömmelmeyer/Ortmann VVG § 168 Rn. 24.
204 Schwintowski, in: BK, § 165 Rn. 19; Prölss/Martin/Reiff EGVVG § 168 Rn. 18.
205 Prölss/Martin/Reiff EGVVG § 168 Rn. 18; aA: BK-VVG/Schwintowski, § 165 Rn. 19.
206 ZEV 2010, 305; Erläuternd Wendt ErbR 2011, 196.
207 Horn, in: Münchener Anwaltshandbuch zum Erbrecht, 3. Aufl., § 29 Rn. 257 f. mwN.
208 BGH ZEV 2010, 305.
209 Wendt ErbR 2011, 196 (206).
210 Horn, in: Münchener Anwaltshandbuch zum Erbrecht, 3. Aufl., § 29 Rn. 258.

hierüber hat der anwaltliche Berater im Erbfall aufzuklären, um ggf. unberechtigte Ansprüche auf Pflichtteilsergänzung abzuwehren.

Die Auszahlung des Rückkaufwertes setzt stets die unwiderrufliche und finale Gestaltungserklärung einer Kündigung voraus. Ist diese einmal ausgebracht, ist das Vertragsverhältnis beendet. Zunächst sollte jedoch überlegt werden, ob sinnvollere und monetär attraktivere Formen der Fortführung gewählt werden können. Hierbei ist durch den anwaltlichen Berater auf die Umwandlung in eine prämienfreie Versicherung hinzuweisen. Die Versicherungssumme würde sodann aufgrund der bisher eingezahlten Beiträge neu errechnet. Es bestünde dann weiterhin Versicherungsschutz zu einer reduzierten Versicherungssumme. Dies jedoch ohne weitere Prämienzahlungsverpflichtungen. In diesem Fall ist zu berücksichtigen und darüber aufzuklären, dass die etwaig später gewollte Reaktivierung einer beitragsfrei gestellten Lebensversicherung zeitlich beschränkt ist. Im Regelfall ist die Option spätestens nach zwei Jahren – auch wegen der Gefährdung steuerlicher Vorteile – ausgeschlossen. Es verbleibt dann bei der beitragsfreien Versicherung mit den sich hieraus ergebenden tatsächlichen und rechtlichen Nachteilen (reduzierte Versicherungssumme und folglich reduzierte Leistung im Versicherungsfall). Hierüber hat der anwaltliche Berater umfassend aufzuklären. 163

Der hinlänglich als Barwert[211] einer Lebensversicherung verstandene „Rückkaufwert"[212] ist mithin nicht immer der geeignete Weg, einen prinzipiell bestehenden den Kündigungswunsch umzusetzen. 164

Darüber hinaus sei darauf hingewiesen, dass die Berechnung des Rückkaufswertes, sofern man diesen durch Kündigung in Anspruch nimmt, ggf. rechtlich zu überprüfen ist. Hierzu hat es in den zurückliegenden Jahren durch die Obergerichte und den BGH[213] korrigierende Entscheidungen gegeben. Im Zweifel sollte man von fachkundiger Seite prüfen lassen, ob der ausgezahlte Rückkaufswert ordnungsgemäß errechnet wurde oder Anlass zu Beanstandungen besteht. Auf Rentenversicherungsverträge gegen Einmalbeitrag findet § 169 Abs. 3 S. 1 VVG keine Anwendung.[214] 165

§ 170 VVG   Eintrittsrecht

(1) ¹Wird in die Versicherungsforderung ein Arrest vollzogen oder eine Zwangsvollstreckung vorgenommen oder wird das Insolvenzverfahren über das Vermögen des Versicherungsnehmers eröffnet, kann der namentlich bezeichnete Bezugsberechtigte mit Zustimmung des Versicherungsnehmers an seiner Stelle in den Versicherungsvertrag eintreten. ²Tritt der Bezugsberechtigte ein, hat er die Forderungen der betreibenden Gläubiger oder der Insolvenzmasse bis zur Höhe des Betrags zu befriedigen, dessen Zahlung der Versicherungsnehmer im Fall der Kündigung des Versicherungsverhältnisses vom Versicherer verlangen könnte.
(2) Ist ein Bezugsberechtigter nicht oder nicht namentlich bezeichnet, steht das gleiche Recht dem Ehegatten oder Lebenspartner und den Kindern des Versicherungsnehmers zu.
(3) ¹Der Eintritt erfolgt durch Anzeige an den Versicherer. ²Die Anzeige kann nur innerhalb eines Monats erfolgen, nachdem der Eintrittsberechtigte von der Pfändung Kenntnis erlangt hat oder das Insolvenzverfahren eröffnet worden ist.

1. Allgemeines. Die ratio legis dieser Vorschrift erstreckt sich im Wesentlichen auf den Schutz des Bezugsberechtigten,[215] sofern der Versicherungsnehmer in Vermögensverfall gerät und das Insolvenzverfahren über das Vermögen des Versicherungsnehmers eröffnet bzw. ein Arrest vollzogen oder eine Zwangsvollstreckung betrieben wird. Der Schutzzweck der Norm ist nicht auf die Person des Bezugsberechtigten beschränkt, sondern findet – freilich hilfsweise – gem. § 170 166

---

211 Vgl. zB § 341 f. HGB, § 65 VAG.
212 Zur Berechnung des Rückkaufwertes und des hierzu bestehenden Meinungsbildes in der Literatur: MüKoVVG/Mönnich VVG § 169 Rn. 65 ff. mwN.
213 BGH 17.10.2012 – IV ZR 202/10 und 25.7.2012 – IV ZR 201/10; OLG Celle VersR 2016, 176.

214 OLG Hamm 1.9.2016 – I-6 U 185/15.
215 Prölss/Martin/Reiff EGVVG § 170 Rn. 2; Armbruster/Pilz, Schicksal der Lebensversicherung in der Insolvenz des Versicherungsnehmers KTS 2004, 481; König, Das Eintrittsrecht in den Lebensversicherungsvertrag im Konkurs des Versicherungsnehmers NVersZ 2002, 481.

Abs. 2 VVG auf die Ehegatten, Lebenspartner und Kinder des Versicherungsnehmers ebenfalls Anwendung.[216]

167 **2. Regelungsgehalt.** Der Bezugsberechtigte oder der hilfsweise gem. Abs. 2 berufene Personenkreis soll ein Eintrittsrecht in den Versicherungsvertrag zustehen, um hierdurch das Zugriffsrecht des Insolvenzverwalters durch Kündigung auf den Rückkaufswert zu umgehen. Hintergrund des Wahlrechts ist der, dass bei Kündigung durch den Insolvenzverwalter der Rückkaufswert zwar dem Grunde nach gem. § 169 Abs. III, S. 1, 2. Hs. VVG stets positiv,[217] aber dennoch (noch) niedriger als die eingezahlten Beiträge sein kann. In solchen Fällen kann die Fortführung des Versicherungsvertrages durch den Bezugsberechtigten vorzugswürdig und ausdrücklich gewünscht sein.

168 Im Erbfall des Versicherungsnehmers hat das Eintrittsrecht gem. § 170 VVG regelmäßige keine Relevanz, da hierfür der Versicherungsnehmer zuzustimmen hätte. Selbst wenn in einer Phase, in der der Versicherungsnehmer in Vermögensverfall gerät, dieser verstirbt, müsste der Versicherungsnehmer, wozu er nicht verpflichtet ist,[218] zuvor die Zustimmung zum Eintritt in die Versicherung erteilt haben.

169 Im Erbfall ist das Eintrittsrecht deshalb nur für den eher theoretischen Fall relevant, in dem der Eintrittsberechtigte binnen der Monatsfrist gem. § 170 Abs. 3 S. 1 VVG die Anzeige des Eintritts an den Versicherer abgegeben hatte und der Versicherungsnehmer in zeitlicher Nähe zur Abgabe seiner Zustimmungserklärung verstarb.

170 In einer solchen Konstellation könnte der Insolvenzverwalter versucht sein, die Zustimmungserklärung des Versicherungsnehmers anzufechten, um selbst den Rückkaufswert der Lebensversicherung der Insolvenzmasse zuzuführen.

§ 171 VVG Abweichende Vereinbarungen

¹Von § 152 Abs. 1 und 2 und den §§ 153 bis 155, 157, 158, 161 und 163 bis 170 kann nicht zum Nachteil des Versicherungsnehmers, der versicherten Person oder des Eintrittsberechtigten abgewichen werden. ²Für das Verlangen des Versicherungsnehmers auf Umwandlung nach § 165 und für seine Kündigung nach § 168 kann die Schrift- oder die Textform vereinbart werden.

171 **1. Allgemeines.** Der Lebensversicherung kommt im Rahmen der privaten finanzierten als 3. Säule der Altersvorsorge – neben der Rentenversicherung und der betrieblichen Altersvorsorge – sozialpolitisch eine große Bedeutung zu.

172 Deshalb sind im Lebensversicherungsrecht getroffene gesetzlichen Regelungen aus Gründen des Verbraucherschutzes stets halb-zwingend. Von ihnen kann nur zugunsten des Versicherungsnehmers abgewichen werden.

173 **2. Regelungsgehalt.** Das Verbot der Vereinbarung nachteiliger abweichender Regelungen erstreckt sich entspr. des Wortlautes der Norm auch auf die Bezugsberechtigten und die unter dem Vertrag etwaig versicherten Personen.[219]

Hinweis:

Der Erbonkel E führt seit circa 20 Jahren eine kapitalbildende Lebensversicherung auf das eigene Leben. Der Neffe N ist als bezugsberechtigte Person unter dem Lebensversicherungsvertrag geführt. Der Erbonkel verstirbt. Im Wege der Geltendmachung des Leistungsfalles wird offenkundig, dass die dem Vertrag zugeschriebenen Überschüsse gemessen am Marktdurchschnitt äußerst gering sind. Eine Prüfung ergibt, dass der Versicherer die Überschüsse nach einem

---

216 Prölss/Martin/Reiff EGVVG § 170 Rn. 6.
217 Prölss/Martin/Reiff EGVVG § 169 Rn. 30 oder die versicherte Person.
218 Bruck/Möller/Winter, VVG, Lebensversicherung, 8. Aufl. 1988, Anm. H 184.
219 Knappmann VersR 2006, 495.

eigens und für den Versicherungsnehmer signifikant nachteiligen Verfahren jährlich berechnete und gutschrieb. Was ist zu tun?

Wegen des Verbots der Abweichung von den gesetzlichen Regelungen zulasten des Versicherungsnehmers, wonach bspw. eine Kündigung der Rentenversicherung nicht möglich sein soll und/oder die Rückzahlung des Einmalbetrags nicht verlangt werden kann, sind solche Regelungen in den Versicherungsbedingungen stets unwirksam.[220]

Gem. § 171 VVG iVm § 153 VVG hat der Versicherer die Bewertungsreserven jährlich neu zu ermitteln und nach einem verursachungsorientierten Verfahren rechnerisch zuzuordnen. Weicht der Versicherer von dieser gesetzlichen Vorgabe zu Ungunsten des Versicherungsnehmers ab, so besteht gegen den Versicherer ein Anspruch auf Korrektur der Überschussbeteiligung.

Hinweis:

Es sollte grds. hinterfragt und bei jedweden Zweifeln fachkundig geprüft werden, ob die Auszahlungen im Leistungsfalle vertragsgerecht erfolgt sind. Professionelle Unterstützung zahlt sich hierbei sprichwörtlich aus.

D. Unfallversicherung

I. Die gesetzliche Vorgabe

Gesetzlich geregelt ist die Unfallversicherung in §§ 178–191 VVG, sowie in den allg. Unfall-Versicherungsbedingungen (AUB). Die AUB der einzelnen Unternehmen sind nicht einheitlich und weichen voneinander ab.

II. Gegenstand der Versicherung/Versicherungsarten

Die Unfallversicherung des Erblassers ist im Erbfalle regelmäßig dann von Bedeutung, wenn der Tod unfallbedingt eingetreten ist. Ob ein solches Unfallereignis tatsächlich kausal für den Todeseintritt des Erblassers war, ist nicht selten Gegenstand komplexer Rechtsstreitigkeiten. Der Leistungsumfang der einzelnen Versicherungsbedingungen unterschiedlicher Gesellschaften ist zudem nicht einheitlich und es können deshalb auch Tatbestandsmerkmale im Streit stehen, die für die Frage der Deckung unter der Unfallversicherung wesentlich sind. Vor diesem Hintergrund ist im Erbfall stets unverzüglich zu prüfen, ob der Tod unfallbedingt eingetreten ist (oder sein kann?!) und ob für den Erblasser eine Unfallversicherung bestand. Unter Verweis auf die oben gemachten Ausführungen zu den Obliegenheitsverletzungen sei insoweit noch einmal darauf hingewiesen, dass Obliegenheitsverletzungen in Bezug auf die rechtzeitige Schadenmeldung[221] zum Leistungsverlust führen können.

Dem Gesetzgeber war jedoch gewahr, dass die diversen Obliegenheiten und Meldepflichten im Unfallversicherungsrecht bei Nichtbeachtung zu Rechtsnachteilen führen können. Deshalb wurde gem. § 186 VVG die Hinweispflicht des Versicherers, nach Anzeige des Versicherungsfalls, ebenfalls gesetzlich geregelt. § 186 VVG sieht deshalb vor, dass nach Anzeige eines Versicherungsfalls der Versicherer auf die vertraglichen Anspruchs- und Fälligkeitsvoraussetzungen sowie die einzuhaltenden Fristen in Textform hinzuweisen hat. Unterbleibt dieser Hinweis in der gesetzlich vorgeschriebenen Form, kann sich der Versicherer sodann auch nicht auf Nichtbeachtung dieser Fälligkeitsvoraussetzungen und der Fristen berufen.[222]

Die Unfallversicherungsbedingungen sehen einheitlich vor, dass der Leistungsfall durch einen Unfall im Rechtssinne herbeigeführt werden muss. Ein Unfall iS der AUB ist ein plötzlich von

---

220 LG Dortmund 24.9.2015 – 2 O 375/14.
221 AUB 2014, Nr. 7.5. Der Tod ist innerhalb von 48 Stunden zu melden, auch wenn der Unfall schon angezeigt war.

222 Prölss/Martin/Knappmann EGVVG § 186 Rn. 4 ff.

außen auf den Körper wirkendes Ereignis, wodurch die versicherte Person unfreiwillig eine Gesundheitsschädigung erleidet.[223] Qua Definition, die bereits rechtshistorischer Natur ist,[224] handelt es sich bei einem Unfall um ein plötzlich und unfreiwillig von außen auf den Körper wirkendes Ereignis, was nunmehr in § 178 Abs. 2 S. 1 VVG gesetzlich definiert ist.

179 In der nahezu nicht mehr überschaubaren Judikatur wurde der Unfallbegriff vielfach traktiert. Die Versicherungsunternehmen unternahmen deshalb Bemühungen, die Versicherungsbedingungen dahin gehend zu verbessern, dass sie gewisse Ereignisse einem Unfall gleichstellten, was die Diskussion in diesen Einzelfällen, ob ein definitionsgemäßes Unfallereignis gegeben war, rechtstheoretisch werden ließ. Die Judikatur hierzu ist von gewisser Einzelfallcharakteristik geprägt. Streitfälle seit jeher waren bspw. Bandscheibenschäden,[225] Infektionen,[226] Vergiftungen,[227] der „Tod durch Ertrinken",[228] „Ersticken",[229] Abstürze beim Bergsteigen oder Fliegen,[230] tödliche Schussverletzungen[231] usw.

III. Die Unfallversicherung im Erbfall

180 Ähnlich der Lebensversicherung kommt dem Suizid im Rahmen der Unfallversicherung besondere Bedeutung zu, da neben der Invaliditätsleistung die Todesfallentschädigung eine zentrale Leistungsart unter der Unfallversicherung ist. Zwar unterfällt der Suizid schon offensichtlich nicht dem Unfallbegriff, da die Selbsttötung durch den Versicherungsnehmer eine Vorsatztat ist, für die im Rahmen der Unfallversicherung, anders als bei der Lebensversicherung, keine Leistungspflicht besteht. Dies ist in § 183 VVG für die Unfallversicherung auch anschaulich gesetzlich geregelt.[232] Dies gilt auch für die Folgen eines fehlgeschlagenen Selbstmordes.[233] Auch nach Ablauf gewisser Karenzzeiten ist der Suizid unter dem Unfallversicherungsvertrag deshalb nicht gedeckt. Stattdessen werden sich jedoch faktische Abgrenzungsschwierigkeiten dergestalt ergeben, da häufig im Streit steht, ob insbes. bei Verkehrsunfällen der Versicherungsnehmer die Todesursache vorsätzlich gesetzt hat, verbunden mit dem Wunsch, seinem Leben ein Ende zu setzen oder, ob es sich tatsächlich um ein zufälliges und von Seiten des Versicherungsnehmers ungewolltes, resp. unfreiwilliges Ereignis handelt. Darüber hinaus ist zu beachten, dass auch eine Invaliditätsleistung erst dann unter der Unfallversicherung fällig und durchsetzbar wird, wenn die versicherte Person/der Versicherungsnehmer nicht binnen Jahresfrist an dem Unfallereignis verstorben ist.[234] Bis dahin ist der Versicherer lediglich bis zur Höhe der vereinbarten Todesfallsumme[235] vorschusspflichtig. Dies löst im Schadenfall erhöhte Mitwirkungspflichten und Fristenkontrollen aus, wobei der Gesetzgeber gem. § 186 VVG die diesbezügliche Hinweis- und Informationspflicht für die Beachtung von Fälligkeitsvoraussetzungen und Fristen vom Versicherer selbst einfordert. Der Versicherungsnehmer hat zum einen die entspr. Anzeige an den Versicherer zunächst anlässlich des Unfallereignisses[236] vorzunehmen und darüber hinaus darauf zu achten, dass Invaliditätsleistung und/oder durch die Erben die Todesfallentschädigung rechtzeitig und unter Beachtung der bestehenden weiteren Obliegenheiten eingefordert wird.

---

223 Prölss/Martin/Knappmann EGVVG § 178 Rn. 3 f.
224 Prölss/Martin/Knappmann EGVVG AUB 2014 Nr. 1 Rn. 1.
225 OLG Koblenz VersR 2004, 462.
226 OLG Hamm VersR 2008, 342.
227 BGH VersR 55, 385; Fleischvergiftung, Nürnberg VerBAV 29 Nr. 1998.
228 Bruck/Möller/Wagner, VVG, Unfallversicherung, 8. Aufl., Anm. G36, S. 267; BGH VersR 1977, 736 f.
229 Bruck/Möller/Wagner, VVG, Unfallversicherung, 8. Aufl., Anm. G34, S. 265 f.; KG ZfS 2016, 520.

230 Köln r+s 90, 34; OLG Karlsruhe VersR 96, 364; KG r+s 2017, 322.
231 OLG Düsseldorf VA 36, Nr. 2914; LG Köln NJW 47/48, 304.
232 Prölss/Martin/Knappmann EGVVG § 183 Rn. 1 f.
233 OLG Hamm NVersZ 99, 380; OLG Frankfurt aM NVersZ 99, 325; Manthey NVersZ 2000, 161.
234 Prölss/Martin/Knappmann EGVVG AUB 2014 Nr. 9 Rn. 9 f.
235 Vgl. Regelung in AUB 2014 Nr. 9.3.
236 Prölss/Martin/Knappmann EGVVG AUB 2008 Nr. 7 Rn. 9 f.

IV. Empfehlung aus der Praxis

Verstirbt der Versicherungsnehmer unfallbedingt, stellen sich somit regelmäßig komplexe Fragen der Nachweisbarkeit. Der Versicherer bzw. der Bezugsberechtigte hat grds. das Unfallereignis selbst und die dadurch verursachte Gesundheitsschädigung iS eines Vollbeweises gem. § 286 ZPO zu beweisen.[237] Beweiserleichterungen durch den Nachweis eines äußeren Erscheinungsbildes gewährt die höchstrichterliche Rspr. hierbei nicht.[238] Lediglich die Unfreiwilligkeit wird vermutet und muss nicht von Seiten des Anspruchstellers nachgewiesen werden. Im Leistungsfall ist somit die Tatbestandsvoraussetzung des Unfallereignisses, die Kausalität von Seiten des Anspruchstellers zu beweisen. Die Beweislast für den Ausschlusstatbestand des Suizides obliegt hingegen dem Versicherer. Zudem ist ein Suizid dann ggf. nicht freiwillig erfolgt, wenn er durch einen Zustand einer Geistesstörung erfolgte. Sollte eine Bewusstseinsstörung eine freie Willensbildung ausgeschlossen haben, so dürfte der Standardausschluss der vorsätzlichen Herbeiführung des Versicherungsfalles nicht einschlägig sein.[239] Zur Beweiswürdigung des Gerichts und der Darlegungs- und Beweislast im Anwendungsfall der Suizidklausel hat das Landgericht Saarbrücken eine instruktive Entscheidung getroffen.[240]

181

E. Krankenversicherung

I. Die gesetzliche Vorgabe

Die gesetzlichen Grundlagen und Rahmenbedingungen für private Krankenversicherung sind die §§ 192–208 VVG sowie die jeweils gültigen Musterbedingungen für die Krankheitskosten (MB/KK) – und die Krankenhaustagegeldversicherung (MB/KT).

182

Der Leistungskatalog der vertragstypischen Pflichten eines privaten Krankenversicherers ist in § 192 VVG aufgeführt.

183

Mit der Neufassung des VVG wurde die Versicherungspflicht für natürliche Personen und von ihnen gesetzlich vertretene Personen kodifiziert. Es ist gem. § 193 Abs. 3 S. 1 VVG eine Krankheitskostenversicherung vorzuhalten, die mind. eine Kostenerstattung für ambulante und stationäre Heilbehandlung umfasst und gewisse Selbstbehaltsgrenzen, die das Pflichtversicherungssystem unterlaufen können, ebenfalls gem. den gesetzlichen Regelungen nicht überschritten werden.

184

Zur Absicherung der Versicherungspflicht ist die Einbeziehung von Familienangehörigen gem. § 25 SGB XI ebenfalls verpflichtend.[241] Die privaten Krankenversicherungsunternehmen sind seither gehalten, zur Absicherung dieser Versicherungspflicht, sog. Basistarife vorzuhalten, die im Wesentlichen dem Leistungsumfang der gesetzlichen Krankenversicherung entsprechen und für die Kontrahierungszwang besteht. Die Versicherungspflicht gem. § 193 Abs. 3 S. 1 VVG erstreckt sich nicht auf Zusatz- und/oder Wahlleistungen, die den Leistungskatalog des Basistarifs überschreiten.[242]

185

Wegen des besonderen Schutzzwecks und des diesen absichernden Pflichtversicherungssystems enthält der private Krankenversicherungsvertrag gem. § 195 Abs. 1 S. 1 VVG keine Laufzeit. Es dürfte sich hierbei um den wohl einzigen privaten Versicherungsvertrag im Geltungsbereich deutschen Rechts handeln, der nicht befristet ist und/oder durch den Versicherer nicht ordentlich kündbar ist.

186

Zur weiteren Absicherung des Pflichtversicherungssystems zur Fortsetzung von bestehendem Krankenversicherungsschutzes sind die allg. Vorschriften gem. §§ 23–27, § 29 und § 19 Abs. 4

187

---

[237] Prölss/Martin/Knappmann EGVVG § 178 Rn. 24.
[238] BGH VersR 87, 1007.
[239] OLG Koblenz r+s 2007, 257.
[240] LG Saarbrücken 23.12.2013 – 14 O 212/13, BeckRS 2014, 22987.
[241] Bastian VersR 2003, 947; Prölss/Martin/Voit EGVVG § 192 Rn. 205.
[242] Marlow/Spuhl VersR 2009, 593 (595 f.); Prölss/Martin/Voit EGVVG § 193 Rn. 11.

gem. § 194 Abs. 1 VVG für die private Krankenversicherung weitgehend eingeschränkt bzw. sogar nicht anwendbar.

II. Gegenstand der Versicherung/Versicherungsarten

188 Die private Krankheitskostenversicherung ist im Wesentlichen und auch vorrangig als Schadensversicherung ausgestaltet.[243] Die spezielle Regelung hierfür findet sich in § 194 Abs. 1 S. 1 VVG. Schadenversicherung[244] deshalb, weil lediglich die medizinisch notwendigen[245] und erforderlichen Behandlungskosten erstattet werden sollen,[246] um das Tarifkonstrukt für den Versicherer kalkulierbar zu halten. Daneben stehen jedoch wesentliche Summenversicherungen in Form der Krankenhaustagegeldversicherung[247] (gem. § 192 Abs. 4 VVG) und der Tagegeldversicherung[248] (gem. § 192 Abs. 5 VVG) bei fortgesetzter Arbeitsunfähigkeit im Anschluss an eine etwaig bestehende Lohnfortzahlung durch den Arbeitgeber. Der wesentliche Unterschied der Summen-Krankenversicherung besteht darin, dass die Leistungspflicht des Versicherers nicht von einem konkreten Nachweis eines eingetretenen Schadens/einer Einbuße abhängig gemacht werden kann.[249]

189 Im Rahmen der Summenversicherung für etwaiges Krankenhaustagegeld und/oder Krankentagegeld muss sich der Erbe mit der Durchsetzung eventueller Forderungen nach und aufgrund Krankenhausaufenthalts, bzw. aufgrund ggf. langfristiger Arbeitsunfähigkeit auseinandersetzen und diese gegenüber dem jeweiligen Versicherer geltend machen und durchsetzen. Dies ist insbes. bei vor dem Erbfall bestehender langwieriger Erkrankung des Erben wohl auch keine Ausnahme.

III. Die Krankenversicherung im Erbfall

190 Unter Verweis auf die oben vorgenommenen gesetzessystematischen Ausführungen kann sich der Erbe im Anwendungsbereich der privaten Krankenversicherung in sehr unterschiedlichen Positionen vorfinden. Insbes. können diese ihn als potenziellen Anspruchsteller, aber auch als Anspruchsgegner sehen. Der Erbe wird sich zunächst, insbes. dann, wenn dem Erbfall eine längere Erkrankung des Versicherungsnehmers vorangegangen ist, mit der Abwicklung von längeren Krankenhausaufenthalten und/oder anderen Behandlungsmaßnahmen und deren Kostenerstattung auseinander zu setzen haben. Darüber hinaus ist durch den Erben freilich zu prüfen, ob, insbes. nach längeren Krankenhausaufenthalten, Krankenhaustagegeld Forderungen an den Krankenversicherer zu stellen sind und, sofern der Erblasser nach langfristiger Arbeitsunfähigkeit verstarb, auch Krankentagegeldforderungen offen sind, die der Erbe ggf. geltend zu machen und durchzusetzen hat. Da vor stationären medizinischen Behandlungen nicht stets eine Kostenübernahmeerklärung des Krankenversicherers an die Krankenhäuser vorgelegen haben wird, was gleichwohl dem Regelfall entsprechen dürfte, sieht sich der Erbe als direkter Honorarschuldner grundsätzlich den entspr. Anspruchstellern (Ärzten, Krankenhäusern, etc) ausgesetzt. Er hat deshalb im Rahmen dieser Verpflichtung selbst dafür Sorge zu tragen, dass die Kosten möglichst frühzeitig beim Krankenversicherer geltend gemacht werden und dort zur Erstattung gelangen.

191 Zudem ist zu prüfen, ob der Erblasser Versicherungsnehmer oder lediglich versicherte Personen eines Krankenversicherungsvertrages war. Verstarb bspw. der Familienvater als Versicherungsnehmer, der eigene Kinder in dem privaten Krankenversicherungsvertrag mitversicherte, so stellt sich die Frage, wie und unter welchen Voraussetzungen das Versicherungsverhältnis für die versicherten Personen fortgesetzt wird. In solchen Fällen haben die Erziehungsberechtigten,

---

243 MAH VersR/Schubach § 22 Rn. 42.
244 Prölss/Martin/Voit EGVVG § 192 Rn. 2.
245 Prölss/Martin/Voit EGVVG § 192 Rn. 19.
246 BGH VersR 2003, 581.
247 Prölss/Martin/Voit EGVVG § 194 Rn. 14.
248 Prölss/Martin/Voit EGVVG § 192 Rn. 179; LG Berlin r+s 2003, 510.
249 BGH NVersZ 2001, 457.

bzw. Betreuer von zurückbleibenden Minderjährigen dafür Sorge zu tragen, dass der Krankenversicherungsschutz ordnungsgemäß fortgesetzt wird und hierbei Überleitungsfristen nicht missachtet werden, um den Krankenversicherungsschutz nicht zu gefährden. Gem. § 207 Abs. 1 S. 1 VVG sind die versicherten Personen binnen zwei Monaten nach dem Tod des Versicherungsnehmers berechtigt, die Fortsetzung des Versicherungsverhältnisses unter Benennung des künftigen Versicherungsnehmers zu erklären.

IV. Empfehlung aus der Praxis

Im Anwendungsbereich eines privaten Krankenversicherungsvertrages ist im Erbfall deshalb sorgfältig zu prüfen, ob der Erblasser Versicherungsnehmer und alleinige versicherte Person unter einem Krankenversicherungsvertrag war oder ob auch andere Personen als versicherte Person einbezogen wurden. Im zweiten Fall ist darauf zu achten, dass der Versicherungsschutz für die anderen versicherten Personen nicht notleidet und durch Überleitung einer Versicherungsnehmerstellung auf eine andere Person (Erziehungsberechtigte, etc) möglichst uneingeschränkt und insbes. lückenlos fortgesetzt wird (§ 207 Abs. 1 S. 1 VVG). 192

Sollte der Erblasser alleinige versicherte Person unter einem privaten Krankenversicherungsvertrag und sogleich auch Versicherungsnehmer gewesen sein, so endet das Vertragsverhältnis qua Gesetzes mit seinem Tod. Fortsetzungs- und Überleitungsfragen stellen sich dann nicht. Gleichwohl ist der Erbe mit der Abwicklung des Versicherungsverhältnisses befasst, wofür die üblichen Verjährungsfristen gelten. Er hat sowohl die von dem Erblasser uU bereits bezahlten Rechnungen als auch die Ansprüche unter den Summenversicherungen gegenüber dem Krankenversicherungsunternehmen geltend zu machen. 193

Gleichermaßen ist er in seiner Erbenstellung Kostenschuldner der Leistungserbringer und muss dafür Sorge tragen, diese Ansprüche möglichst schnell beim Krankenversicherer geltend zu machen, damit er nicht selbst hierfür in Anspruch genommen wird. Die übliche Praxis ist, dass man die Kosten nach und aufgrund Rechnungsstellung zunächst beim Krankenversicherer einreicht und erst nach Erstattung den Leistungserbringer bezahlt. Das setzt allerdings eine reibungslose Administration und eine gute Übersicht über die von dem Erblasser vor seinem Ableben empfangenen medizinischen Leistungen, seien es Behandlungskosten oder Krankenhausaufenthalte, voraus. 194

F. Steuerrecht

I. Grundsätzliches

Ansprüche aus einem vom Erblasser abgeschlossenen Lebensversicherungsvertrag auf den Todesfall können Erwerbe von Todes wegen gem. § 3 Abs. 1 Nr. 1 bzw. Nr. 4 ErbStG sein. 195

Wenn im Lebensversicherungsvertrag bzw. der letztwilligen Verfügung kein Bezugsberechtigter benannt ist – also kein Vertrag zugunsten Dritter vorliegt – fällt die Versicherungssumme auch erbschaftsteuerlich in den Nachlass und ist nach § 3 Abs. 1 Nr. 1 ErbStG zu versteuern. Hat der Erblasser zeitlebens die Prämienzahlung selbst übernommen, bei unwiderruflich bestehender Bezugsberechtigung, kann auch Schenkung vorgelegen haben und nach Übersteigen von Freibeträgen Schenkungsteuer anfallen. 196

Hat der Bezugsberechtigte jedoch die Prämienzahlung nachweislich selbst getragen, so fällt keine Erbschaftsteuer an, der Erwerb ist sodann steuerfrei.[250] 197

---

[250] NK-BGB/Batereau/Schroer § 1922 Rn. 89 Anh. II; FG Niedersachsen EFG 1999, 1141 ff.; FG Rheinland-Pfalz EFG 1994, 665; AA hingegen FG Hessen EFG 1989, 518.

198 Hat der Versicherungsnehmer einen Bezugsberechtigten benannt, handelt es sich um einen Erwerb nach § 3 Abs. 1 Nr. 4 ErbStG. Das gilt auch für den Fall der unwiderruflichen Bezugsberechtigung eines Dritten, weil die Versicherungssumme erst mit dem Todeszeitpunkt des Versicherungsnehmers beansprucht werden kann.[251] Das gilt sogar dann, wenn die Rechte an der Versicherung noch zu Lebzeiten an den Begünstigten abgetreten worden sind, vorausgesetzt, der Versicherungsnehmer leistete die notwendigen Prämien weiter aus der eigenen Tasche.

199 Sollte der Bezugsberechtigte sein Bezugsrecht zurückweisen, so kommt es zu einem rückwirkenden Entfallen der Erbschaft- bzw. Schenkungsteuer.[252]

II. Bis zum 31.12.2004 abgeschlossene Verträge

200 Leistungen aus einer Lebensversicherung auf den Todesfall sind grds. einkommensteuerfrei, denn sie unterliegen nicht dem Einkommensbegriff.[253] Sie können allerdings für die Erbschaft- oder Schenkungsteuer von Relevanz sein.[254]

201 Insbes. Kapitalleistungen und Rückkaufswerte unterliegen stattdessen gem. § 20 Abs. 1 Nr. 6 EStG aF der Einkommensteuer. Einkommensteuerfrei sind jedoch Kapitalleistungen aus Versicherungen, deren Prämien nach § 10 Abs. 1 Nr. 2 b EStG sonderausgabenabzugsfähig sind. Gleiches gilt für den Rückkaufswert aus solchen Versicherungen, wenn er frühestens 12 Jahre nach Abschluss des Vertrages ausbezahlt wird, § 20 Abs. 1 Nr. 6 S. 2 EStG aF Einkommensteuerfrei ist auch die Erlebensfallleistung, bzw. der Rückkaufswert aus einer fondsgebundenen Versicherung, sofern diese die Voraussetzungen für den Sonderausgabenabzug erfüllt, § 20 Abs. 1 Nr. 6 S. 5 EStG aF Die Voraussetzungen sind Folgende: Laufende Prämienzahlung, Mindestlaufzeit, Mindesttodesfallschutz.[255] Die Einkommensteuerbefreiung gilt hier zeitlich unbefristet fort, § 52 Abs. 36 EStG. Rentenleistungen aus Rentenversicherungen fallen nicht unter § 20 Abs. 1 Nr. 6 EStG aF Für Leibrenten gilt die Regelung des § 22 Abs. 1 S. 2 EStG.

202 Laufende Prämien waren sonderausgabenabzugsfähig, § 10 Abs. 1 Nr. 2 b, aa-dd EStG aF Gem. § 10 Abs. 3 a EStG gilt dies zeitlich unbefristet fort. Die Voraussetzung der laufenden Prämienzahlung iSv § 10 Abs. 1 Nr. 2 a, cc EStG aF meint einen Zahlungszeitraum von mind. fünf Jahren.[256]

III. Ab 1.1.2005 abgeschlossene Verträge:

203 Hinsichtlich der Todesfallleistungen bleibt es grds. bei der Einkommensteuerfreiheit.[257] Erlebensfallleistungen bzw. Auszahlungen von Rückkaufswerten iSv § 20 Abs. 1 Nr. 6 S. 2 EStG aF sind nicht mehr einkommensteuerfrei. Nunmehr unterliegen die Erträge nach § 20 Abs. 1 Nr. 6 S. 1 EStG grds. der Einkommensteuer. Die Erträge werden aus der Differenz zwischen der Versicherungssumme im Erlebensfall oder dem Rückkaufswert und den gezahlten Beiträgen errechnet. Die Risiko-, Abschluss- und Verwaltungskosten wirken dabei grds. ertragsmindernd.[258] Im Hinblick auf Auszahlungen von Versicherungsleistungen, die 12 Jahre nach Vertragsabschluss erfolgt sind und der Steuerpflichtige bei Auszahlung mind. 60 Jahre alt ist, gilt die hälftige Ertragsbesteuerung, § 20 Abs. 1 Nr. 6 S. 2 EStG.[259] Für nach dem 31.12.2011 abgeschlossene Verträge ist das 62. Lebensjahr maßgeblich, § 52 Abs. 36 S. 9 EStG.

204 Rentenleistungen aus Rentenversicherungen mit oder ohne Kapitalwahlrecht fallen nicht unter § 20 Abs. 1 Nr. 6 EStG aF. Dies gilt, soweit lebenslange gleichbleibende oder steigende Leibrenten gezahlt werden. Der Kapitalzuwachs ist also steuerfrei. Bei Leibrenten steuerpflichtig ist le-

---

251 Meincke/Hannes/Holtz ErbStG § 6 Rn. 74.
252 Gebel ZEV 2005, 236 (241).
253 Schmidt/Weber/Grellet EStG § 20 Rn. 113.
254 VersR-HdB/Brömmelmeyer § 42 Rn. 320.
255 BMF-Schreiben vom 22.8.2002.
256 BMF-Schreiben vom 22.8.2002.
257 BMF-Schreiben vom 22.12.2005.
258 BMF-Schreiben vom 22.12.2005.
259 BMF-Schreiben vom 22.12.2005.

diglich der sogenannte Ertragsanteil. Die Höhe der Steuer ist vom Alter des Rentenempfängers bei Rentenbeginn abhängig, § 22 Nr. 1 S. 1 a, bb EStG.

Zeitrenten sind als ratenweise Kapitalleistung gem. § 20 Abs. 1 Nr. 6 EStG zu versteuern. 205

IV. Gesetzesänderungen zum 1.1.2009

Zum 1.1.2009 trat das Jahressteuergesetz in Kraft. Dadurch wurden die Anforderungen an Lebensversicherungsverträge, die in den Genuss der hälftigen Ertragsbesteuerung gelangen, verschärft. Es wurden folgende Erfordernisse neu geregelt: 206

1. Mindesttodesfallschutz bei Kapitallebensversicherungen. Nach der Neuregelung müssen die Prämien tatsächlich bis zum Ablaufzeitpunkt gezahlt werden.[260] Liegt diese Voraussetzung nicht vor, ist die Anwendung der hälftigen Ertragsbesteuerung nach § 20 Abs. 1 Nr. 6 S. 2 EStG ausgeschlossen. Die Erträge werden gem. § 20 Abs. 1 Nr. 6 S. 1 EStG voll versteuert. 207

2. Langlebigkeitsrisiko in der Rentenversicherung. Nach Auffassung der Finanzverwaltung ist ein Rentenversicherungsvertrag iSd Steuerrechts nur dann gegeben, wenn bereits am Beginn der Vertragslaufzeit ein Langlebigkeitsrisiko vom Versicherer übernommen wird.[261] Folglich muss bereits bei Vertragsabschluss entweder die Höhe der garantierten Leibrente in der Form eines konkreten Geldbetrages festgelegt worden sein oder ein konkret bezifferter Rentenfaktor garantiert werden.[262] Eine Prämien- oder Leistungsanpassungsvereinbarung gem. § 163 VVG ist irrelevant. Ist diese Mindestanforderung nicht eingehalten, liegt ein nach den allg. Vorschriften zu besteuernder Sparvorgang mit einer steuerlich unbeachtlichen Verrentungsoption vor.[263] 208

3. Vermögensverwaltende Versicherungsverträge. Neuverträge werden iSv § 20 Abs. 1 Nr. 6 S. 5 EStG als steuerlich transparent behandelt, wenn eine gesonderte Verwaltung von speziell für den jeweiligen Versicherungsvertrag zusammengestellten Kapitalanlagen vorgesehen wurde, die sich nicht auf öffentlich vertriebene Investmentfondsanteile oder Anlagen, welche die Entwicklung eines veröffentlichten Indexes abbilden, beschränkt und der wirtschaftlich Berechtigte unmittelbar oder mittelbar Einfluss auf die Veräußerung der Vermögensgegenstände und die Wiederanlage der Erlöse nehmen kann.[264] 209

---

260 Bericht des Finanzausschusses zum Jahressteuergesetz 2009, BT-Drs. 16/11108, 15.
261 BMF-Schreiben vom 1.10.2009.
262 BMF-Schreiben vom 1.10.2009.
263 BMF-Schreiben vom 1.10.2009.
264 BMF-Schreiben vom 1.10.2009.

22. Vollmachten: Konzeption, Gebrauch, Widerruf und Missbrauch

Literatur:
Bittler, § 2 „Vorsorgevollmacht, Betreuungsverfügung, Patientenverfügung, in: Krug/Rudolf/Kroiß/Bittler, Anwaltformulare Erbrecht, 6. Aufl. 2019; *Doering-Striening*, § 4 Vorsorgevollmacht, Betreuungsverfügung und andere Vorsorgetexte, in: Richter/Doering-Striening/Schröder/Schmidt, abgek. RDSS, Seniorenrecht in der anwaltlichen und notariellen Praxis, 2. Aufl. 2011; *Horn*, Gesetzliche Vertretung im BGB, 2023; *Horn*, Anwaltformulare Vorsorgevollmachten, 2. Aufl. 2023; *Horn*, Strategien bei Vollmachtsmissbrauch und Optionen bei der Gestaltung, ZEV 2016, 373; *Horn/Schabel*, Auskunfts- und Rückforderungsansprüche nach möglichem Vollmachtmissbrauch, NJW 2012, 3474; *Lipp/Schrader*, § 44 „Vorsorgevollmacht und Patientenverfügung", in: Scherer, Münchener Anwaltshandbuch Erbrecht, 5. Aufl. 2018; *Kollmeyer*, Durchsetzung von Auskunfts- und Herausgabeansprüchen gegen den (vorsorge-)bevollmächtigten Miterben, NJW 2017, 1137; *Kurze*, Vorsorgerecht, 2016; *Mau*, Missbrauch von Vorsorgevollmachten, ZErb 2023, 1; *Tersteegen*, Legitimation gegenüber Banken durch Vorlage notarieller Urkunden, RNotZ 2014, 98; *Trimborn von Landenberg*, Die Vollmacht vor und nach dem Erbfall, 3. Aufl. 2017; *Volmer*, Die Rechenschaftspflicht des Vorsorgebevollmächtigten, MittBayNot 2016, 386.

A. Konzeption von Vollmachten 1	I. Ausgangslage 56
I. Grundformular und Beratungssituation ... 1	II. Abgrenzung Auftrag zu einem Gefälligkeitsverhältnis 57
II. Rechtsfolgen bei Nichtvorliegen einer Vollmacht 3	E. Informationsrechte nach § 666 BGB 63
III. Besonders regelungsbedürftige Punkte 7	I. Umfang der Informationsansprüche 64
1. Umfang der Vollmacht für das Vermögen 7	1. Auskunftspflicht (§ 666 Var. 2 BGB) .. 64
2. Wirksamkeit der Vollmacht 10	2. Rechenschaftspflicht (§ 666 Var. 3 BGB) 65
3. Mehrere Bevollmächtigte 13	II. Kein Informationsinteresse erforderlich 66
4. Widerruf 16	III. Einrede der Verjährung 67
5. Untervollmacht 18	IV. Einwendungen des Bevollmächtigten gegen die Ansprüche aus § 666 BGB 70
6. Insichgeschäfte (§ 181 BGB) 20	1. Konkludenter Verzicht 71
7. Rechtsgrundlage 22	2. Verstoß gegen Treu und Glauben 72
8. Wirksamkeit schon vor oder erst nach dem Tod 24	3. Nachträgliche Zweifel an der Zuverlässigkeit 74
9. Betreuungsverfügung 25	4. Unmöglichkeit 75
10. Patientenverfügung 26	5. Erfüllung 76
a) Funktionsweise einer Patientenverfügung 26	F. Herausgabe-, Bereicherungs- und Schadensersatzansprüche 77
b) BGH vom 6.7.2016 und vom 8.2.2017 zur Wirksamkeit von Patientenverfügungen 26.1	I. Mögliche Rechtsgrundlagen 77
c) Aufbau 27	II. Ansprüche aus Auftragsverhältnis 78
d) Vollmacht für persönliche Angelegenheiten 31	1. Grundsätzliches 78
e) Anwendung der Patientenverfügung 33	2. Beweislast zunächst bei dem Gläubiger 80
11. Ausfertigung 36	3. Beweislast für auftragsgemäße Verwendung bei dem Bevollmächtigten 83
12. Zentrales Vorsorgeregister 38	III. Deliktische Ansprüche 86
IV. Regelungen zur Auskunfts- und Rechnungslegungsverpflichtung 39	IV. Ansprüche aus Bereicherungsrecht 91
V. Form 42	1. Grundlagen 91
B. Widerruf der Vollmacht 44	2. Beweislast 93
C. Vertretung aufgrund einer Vollmacht nach dem Erbfall 49	a) Etwas erlangt 94
I. Grundsätzliches 49	b) Ohne Rechtsgrund 95
II. Sonderfall: Vertretung vor dem Grundbuchamt 51	3. Entreicherung 99
1. Kauf- und Schenkungsverträge 52	V. Verjährung der Ansprüche 100
2. Übertragungen zur Erbauseinandersetzung 54	1. Regelverjährung von 3 Jahren 100
D. Das Rechtsverhältnis zwischen Vollmachtgeber und Bevollmächtigtem 56	2. 10 Jahre bei deliktischen Ansprüchen . 103
	G. Einstweiliger Rechtsschutz 104
	I. Überblick 104
	II. Arrestanspruch 105
	III. Arrestgrund 106

A. Konzeption von Vollmachten

I. Grundformular und Beratungssituation

Eine Vorsorgevollmacht mit Patientenverfügung sollte jeder errichtet haben, und zwar unabhängig von seinem Alter und seinem Vermögen. Der Anwalt bzw. der Notar sollten eine maßgeschneiderte Vollmacht für den Mandanten gestalten. Der Verfasser sendet vor dem Gespräch dem Mandanten ein erläuterndes Schreiben[1] zu, das ein Muster einer Vorsorgevollmacht mit Patientenverfügung enthält. Die Passagen, bei denen sich der Mandant entscheiden muss, sind dabei kursiv gedruckt. Nachfolgend werden in diesem Kapitel die Aspekte erläutert, die im sich anschließenden Gespräch besprochen werden sollten.

Die komplette rechtliche Vorsorge umfasst vier Bausteine:
- die Vorsorgevollmacht für das Vermögen,
- die Vorsorgevollmacht für den Körper,
- die Betreuungsverfügung und
- die Patientenverfügung.

II. Rechtsfolgen bei Nichtvorliegen einer Vollmacht

Die Vollmachtserteilung verhindert in den meisten Fällen die Bestellung eines Betreuers durch das Gericht (§ 1814 Abs. 3 Nr. 1 BGB; § 1896 Abs. 2 BGB aF). Das Gericht bestellt einen Betreuer (§ 1814 Abs. 1 BGB; § 1896 BGB aF), wenn
- der Betroffene volljährig ist,
- der Betroffene seine Angelegenheiten ganz oder teilweise rechtlich nicht besorgen kann,
- Ursache hierfür eine Krankheit oder eine Behinderung ist und
- die Bestellung erforderlich ist.

Zur gerichtlichen Bestellung eines Betreuers ist nicht die Einwilligung des Betroffenen oder ein Antrag einer (dritten) Person oder Stelle erforderlich. Jede Person, so auch der Betroffene selbst, kann die Einrichtung einer Betreuung bei dem Betreuungsgericht anregen. Ein Betreuer kann weiterhin geschäftsfähig sein, muss es aber nicht. Mithin ist es denkbar, dass auch eine unter Betreuung stehende Person ein Testament errichtet, wenn sie testierfähig ist. Faktische Voraussetzung für die Einrichtung einer rechtlichen Betreuung ist, dass die betroffene Person mit der Regelung ihrer anstehenden Angelegenheiten überfordert ist. Das kann auch nur temporär sein.

Eine Betreuung wird grundsätzlich dann nicht erforderlich und durch ein Gericht eingerichtet, wenn der Betroffene einen Bevollmächtigten bestimmt hat. So heißt es in § 1814 Abs. 3 S. 2 BGB (§ 1896 Abs. 2 S. 2 BGB aF): *„Die Bestellung eines Betreuers ist insbesondere nicht erforderlich, soweit die Angelegenheiten des Volljährigen 1. durch einen Bevollmächtigten, der nicht zu den in § 1816 Absatz 6 bezeichneten Personen gehört, gleichermaßen besorgt werden können oder 2. durch andere Hilfen, bei denen kein gesetzlicher Vertreter bestellt wird, erledigt werden können, insbesondere durch solche Unterstützung, die auf sozialen Rechten oder anderen Vorschriften beruht."* Wer sich vor einem ggf. sogar fremden Betreuer schützen möchte, muss eine nicht angreifbare Vorsorgevollmacht errichten. Zumindest sollte er durch eine **Betreuungsverfügung** festlegen, welche Person(en) im Falle seiner Betreuungsbedürftigkeit, die von dem Betreuungsgericht festzustellen ist, zu seinem Betreuer bestellt wird. So wird die Bestellung einer fremden Person verhindert.

Bei Erteilung der Vollmacht muss der Vollmachtgeber **geschäftsfähig** sein (§ 167 BGB). Eine Vollmacht erlischt nicht bei Eintritt der Geschäftsunfähigkeit (§§ 168, 672, 675 BGB).

---

[1] Muster bei BeckOF ErbR/Roglmeier Form. 4.6.

III. Besonders regelungsbedürftige Punkte[2]

7 **1. Umfang der Vollmacht für das Vermögen.** Wird eine Generalvollmacht erteilt, was die Vorsorgevollmacht letztlich ist, ist im Grundsatz der Bevollmächtigte zur Vornahme sämtlicher Geschäfte befugt. Gleichwohl kann – entgegen dem unbeschränkten Wortlaut – eine Vollmacht einschränkend ausgelegt werden. Beispielsweise berechtigt dem BGH[3] zufolge eine vom Wortlaut her unbeschränkte Vollmacht nicht den bevollmächtigten Ehegatten zur Umschreibung eines Kontos auf den Bevollmächtigten. So dürfe der Vollmachtgeber nicht aus seiner girovertraglichen Rechtsstellung verdrängt werden. Überweisungen auf sein eigenes Konto dürfe indes der Bevollmächtigte veranlassen. In einem anderen Fall hatte ein Gericht festgestellt, dass der bevollmächtigte Sohn für seine alte Mutter keine GmbH gründen durfte. Zur Reduzierung von Auslegungsfragen ist zu empfehlen, mögliche Rechtsgeschäfte in einer beispielhaften Liste aufzuführen. Der Bevollmächtigte darf höchstpersönliche Rechtsgeschäfte wie etwa die Testamentserrichtung oder eine Eheschließung nicht vornehmen.[4]

8 Die grundsätzlich unbeschränkte Vollmacht kann auch hinsichtlich bestimmter Geschäfte **eingeschränkt** werden. Das ist sinnvoll, zumal *Weigl*[5] zu Recht darauf hinweist, dass ein Vollmachtsmissbrauch „nie" ausgeschlossen werden könne. Denkbar ist ein Ausschluss etwa von **Grundstücksgeschäften** oder der Abgabe von Bürgschaften. Stets sollte einer ausdrücklichen Regelung zugeführt werden, ob und bejahendenfalls der Bevollmächtigte zu **Schenkungen** berechtigt ist. Es ist umstritten, ob ohne einen Ausschluss der Bevollmächtigte zu Schenkungen berechtigt ist. Grundsätzlich ist davon auszugehen, dass eine Berechtigung zur Schenkung besteht.[6] Zu beachten ist, dass er bei Befreiung von § 181 BGB sich auch selbst beschenken kann. Der sicherste Weg besteht darin, bereits für das Außenverhältnis Schenkungen nicht zu gestatten.

8.1 Schenkungen bereits im Außenverhältnis zu verbieten kann aber zu erheblichen Schwierigkeiten bei der Verwendung einer Vollmacht führen. So muss bei einer Grundbuchumschreibung das Grundbuchamt bzw. der Vertragspartner stets sicher sein, dass es sich bei dem Rechtsgeschäft nicht um eine gemischte Schenkung handelt. Hierzu ist schließlich der Bevollmächtigte nicht befugt. Deswegen empfehlen viele Juristen, das Außenverhältnis unbeschränkt zu belassen und lediglich im Innenverhältnis den Bevollmächtigten anzuweisen, keine Schenkungen vorzunehmen.

9 ▶ **Muster: Einschränkung des Vollmachtsumfangs**

Zu folgenden Rechtshandlungen ist der Bevollmächtigte im Außenverhältnis [alt.: „nur im Innenverhältnis"] jedoch nicht berechtigt:
– zu Verfügungen über Grundbesitz,
– zu Schenkungen,
– zu Schenkungen, außer zugunsten von ...
– zur Abgabe von Bürgschaften ◀

10 **2. Wirksamkeit der Vollmacht.** Der für juristische Laien schwierigste Punkt betrifft die Frage, ab wann die Vollmacht wirksam sein soll. Regelmäßig besteht der Wunsch, dass die Vollmacht erst mit Eintritt der Geschäftsunfähigkeit bzw. Betreuungsbedürftigkeit wirksam wird. Rechtstechnisch handelt es sich dann um eine Vollmacht unter der aufschiebenden Bedingung (§ 158 Abs. 2 BGB). Dann hätte „im Falle des Falles" der Bevollmächtigte gegenüber dem Vertragspartner nachzuweisen, dass der Vollmachtgeber geschäftsunfähig bzw. betreuungsbedürftig iSd formulierten Bedingung ist.[7] Das Grundbuchamt verlangt wegen § 29 GBO sogar einen Nach-

---

2 Vollständige Muster bei BeckOF ErbR/Roglmeier Form. 4.1.1.ff.
3 BGH ZEV 2001, 306 mAnm Werkmüller.
4 Burandt/Rojahn/Kurze BGB § 164 Rn. 14 mit weiteren Beispielen.
5 Weigl MittBayNot 2017, 538 (540).
6 Müller-Engels/Braun BetreuungsR und Vorsorgeverfügungen Rn. 164.
7 Müller-Engels/Braun BetreuungsR und Vorsorgeverfügungen Rn. 57 ff.

weis des Bedingungseintritts durch öffentliche Urkunde.[8] Ein solcher Nachweis ist regelmäßig schwierig zu erbringen, zumal die Aussagekraft eines ärztlichen Attestes schwierig zu beurteilen sein kann.

Deswegen ist eine **bedingungslose Vollmacht** im **Außenverhältnis** vorzugswürdig.[9] Das bedeutet, dass der Bevollmächtigte Rechtsgeschäfte im definierten Umfang für den Vertretenen zwar abschließen kann, sobald ihm das Original der Vollmacht oder eine Ausfertigung der notariell beurkundeten Vollmacht vorliegt.[10] Denkbar ist auch, dass der Notar Bevollmächtigten erst dann eine Ausfertigung erteilen darf (§ 51 Abs. 2 BeurkG), wenn der Bevollmächtigte durch eine ärztliche Bescheinigung den Vorsorgefall nachgewiesen hat.[11] Für das **Innenverhältnis**, also zwischen Vollmachtgeber und Bevollmächtigtem, enthält die Vollmacht die Regelung, dass der Bevollmächtigte erst dann tätig werden darf, wenn aufgrund einer körperlichen Krankheit oder Behinderung – je nach Vorgabe aus der Vollmacht – der Vertretungsfall eingetreten ist. Wer verhindern möchte, dass der Bevollmächtigte sofort handeln kann, sollte ihm nicht sofort ein Original bzw. eine Ausfertigung der Vollmacht zukommen lassen (Vollmacht mit Aushändigungsbeschränkung), → Rn. 36.

▶ **Muster: Ausgestaltung des Innenverhältnisses**

Die hier erteilte Vollmacht darf nur dann verwendet werden, wenn der Vollmachtgeber aufgrund einer körperlichen oder psychischen Krankheit oder Behinderung oder aufgrund seines Alters nicht mehr in der Lage ist, für sich selbst zu sorgen (insbesondere bei Geschäftsunfähigkeit bzw. Betreuungsbedürftigkeit). Wenn der Vollmachtgeber den Bevollmächtigten bittet, darf dieser auch zuvor für ihn tätig werden. Diese Bestimmung ist jedoch keine Beschränkung der Vollmacht gegenüber Dritten, sondern lediglich eine Anweisung an den bzw. die Bevollmächtigten, die nur im Innenverhältnis gilt. Im Außenverhältnis ist die Vollmacht unbeschränkt. ◀

Hinweis:

Aufgrund der Vollmacht *kann* der Bevollmächtigte den Vollmachtgeber vertreten (Außenverhältnis), aber wegen der Einschränkung im Innenverhältnis *darf* er es erst bei Vorliegen der Voraussetzungen. Ein potenzieller Vertragspartner hat grundsätzlich nicht zu überprüfen, ob die Voraussetzungen des *Dürfens* laut Innenverhältnis vorliegen.

3. Mehrere Bevollmächtigte. Es ist stets zu empfehlen, dass der Vollmachtgeber nicht nur eine Person bevollmächtigt, sondern zusätzlich zumindest einen Ersatzbevollmächtigten.[12] Mehrere Bevollmächtigte sollen nach einer definierten Rangfolge tätig werden dürfen.[13] Diese Rangfolge sollte wieder nur für das Innenverhältnis verfügt werden, da andernfalls der nachrangige Bevollmächtigte nachweisen müsste, dass der vorrangige Bevollmächtigte selber handlungsunfähig oder ortsabwesend ist.

▶ **Muster: Ersatzbevollmächtigte**

Die Bevollmächtigten sind im Außenverhältnis jeweils einzelvertretungsberechtigt/nur gemeinsam vertretungsberechtigt. Für das Innenverhältnis, also nur zwischen Vollmachtgeber und Bevollmächtigten, bestimme ich jedoch, dass die Vertretung erst … und sodann im Verhinderungsfall … und wiederum im Verhinderungsfall … übernehmen soll. ◀

Festzulegen ist auch, ob die Bevollmächtigten jeweils **einzelvertretungsberechtigt** oder nur **gemeinsam vertretungsberechtigt** sind. Das wirkt sich auf das Außenverhältnis aus und ist mithin von potenziellen Vertragspartnern zu überprüfen. Denkbar ist auch zu verfügen, dass im Grundsatz jeder Bevollmächtigte einzelvertretungsberechtigt ist, aber bei speziell zu definierenden Geschäften (beispielsweise Verfügungen über Grundstücke; Zahlungen oberhalb einer defi-

---

8 Vgl. OLG Köln ZEV 2007, 592; OLG Frankfurt ZEV 2014, 313.
9 Hierzu Burandt/Rojahn/Kurze BGB § 167 Rn. 5 ff.
10 MAH ErbR/Lipp/Schrader § 44 Rn. 24 mit Formulierungsvorschlag.
11 MAH ErbR/Lipp/Schrader § 44 Rn. 26 mit Formulierungsvorschlag.
12 Zur Eignung von Personen als Bevollmächtigte: RDSS § 4 Rn. 132 ff.
13 Kurze ZAP 2017, 465 (468).

nierten Wertgrenze) nur gemeinsam vertretungsberechtigt sind. Wenn nur einer von zwei nur gesamtvertretungsberechtigten Bevollmächtigten einen Vertrag für den Vollmachtgeber schließt, hängt dessen Wirksamkeit von der Nachgenehmigung durch den zweiten Bevollmächtigten ab (§ 177 BGB).

16 **4. Widerruf.** Eine Generalvollmacht, bei der es sich bei einer Vorsorgevollmacht letztlich handelt, kann nicht unwiderruflich ausgestaltet werden.[14] Sie ist jederzeit **frei widerruflich**, solange der Vollmachtgeber geschäftsfähig ist (Zur Erklärung des Widerrufs → Rn. 45 ff.). Danach kann ggf. ein Betreuer einen Vollmachtswiderruf erklären. Der Vollmachtgeber kann vor allem dann nicht das Widerrufsrecht seiner Erben ausschließen, wenn er sich selber das Widerrufsrecht bis zu seinem Tod vorbehält.[15] Nach seinem Tod sind die Erben zum Widerruf berechtigt. Klarstellenderweise sollte er bei der Bestimmung von mehreren Bevollmächtigten festlegen, dass sie sich nicht gegenseitig die Vollmacht entziehen dürfen.

17 ▶ **Muster: Widerruf**

Die Vollmacht ist jederzeit widerruflich. Die Vollmacht erlischt in Vermögensangelegenheiten bei Tod des Vollmachtgebers nicht. Das Widerrufsrecht der Erben bleibt unberührt. Sofern mehrere Bevollmächtigte eingesetzt sind, dürfen sie sich nicht gegenseitig die Vollmacht widerrufen. Im Falle des Widerrufs der Vollmacht ist diese unverzüglich zurückzugeben. Ein Zurückbehaltungsrecht, gleich aus welchem Grund, besteht nicht. ◀

18 **5. Untervollmacht.** Soweit der Vollmachtgeber kein besonders persönliches Interesse an der Vornahme eines Rechtsgeschäftes durch den von ihm bestimmten Bevollmächtigten hat, ist bei Fehlen einer ausdrücklichen Regelung von der Berechtigung der Erteilung von Untervollmachten auszugehen.[16] Dagegen wird der Vollmachtgeber nicht wollen, dass in seinen persönlichen Angelegenheiten, also vor allem zu dem Thema „Körper" ein ihm ggf. unbekannter Unterbevollmächtigter für ihn entscheidet.

19 ▶ **Muster: Unterbevollmächtigung mit Alternativen**

Der Bevollmächtigte darf in Vermögensangelegenheiten (nicht) Untervollmacht erteilen und dabei diese Vollmacht ganz oder teilweise auf Dritte übertragen. In den persönlichen Angelegenheiten ist die Vollmacht nicht übertragbar; Untervollmacht darf insoweit nicht erteilt werden. Stets darf der Bevollmächtigte Rechtsanwälte, Notare und Steuerberater unterbevollmächtigen, sofern deren berufliche Tätigkeit für den Vollmachtgeber erforderlich ist. ◀

20 **6. Insichgeschäfte (§ 181 BGB).** Ohne eine Regelung sind Insichgeschäfte nicht zugelassen, in denen also die Person des Bevollmächtigten einen Vertrag einerseits mit sich und andererseits als Vertreter des Vollmachtgebers abschließt (§ 181 BGB). Dies gilt gem. § 181 aE BGB aber nicht für die Erfüllung einer Verbindlichkeit. Dieser Punkt sollte einer Regelung zugeführt werden.[17]

21 ▶ **Muster: Klausel zu § 181 BGB**

Von den Beschränkungen in § 181 BGB ist der Bevollmächtigte in den Vermögensangelegenheiten (nicht) befreit, so dass er (nicht) befugt ist, Rechtsgeschäfte im Namen des Vollmachtgebers mit sich selbst oder als Vertreter eines Dritten vorzunehmen. ◀

22 **7. Rechtsgrundlage.** Vom Einzelfall ist abhängig, ob dem Verhältnis zwischen dem Vollmachtgeber und dem Bevollmächtigten ein **Auftrags- oder ein Gefälligkeitsverhältnis** zugrunde liegt. Das hat Auswirkungen vor allem auf den Umgang der Auskunfts- und Rechnungslegungsverpflichtung des Bevollmächtigten. Grundsätzlich ist ein Auftragsverhältnis nach §§ 662 ff. BGB anzunehmen; bei bevollmächtigten Ehegatten kann hingegen nur ein Gefälligkeitsverhältnis be-

---

14 BGH DNotZ 1972, 229; MAH ErbR/Lipp/Schrader § 44 Rn. 40.
15 BGH DNotZ 1972, 229.
16 RDSS § 4 Rn. 87.
17 Hierzu: Grziwotz ErbR 2023, 178 (180).

stehen (→ Rn. 57 ff.). Eine Regelung ist hilfreich. So kann folgende Klausel in der Vollmacht aufgenommen werden:

▶ Im Verhältnis zwischen Vollmachtgeber und Bevollmächtigten gilt Auftragsrecht (§§ 662 ff. BGB). ◀

Der Vertragsschluss erfolgt dann konkludent:[18] Das Angebot ist in der Erteilung der Vollmacht zu sehen;[19] die Annahme erfolgt spätestens mit Beginn der Tätigkeit.[20] Laut OLG München[21] ist etwa ausreichend, wenn in einer Vollmacht unter Grundverhältnis die „Auftragsvorschriften" für anwendbar erklärt werden.

Oft wird empfohlen, dass für das Rechtsverhältnis zwischen dem Vollmachtgeber und dem Bevollmächtigten ein **Geschäftsbesorgungsvertrag**[22] abgeschlossen werden sollte. Dieser kann etwa einen Honoraranspruch des Bevollmächtigten begründen. Werden Ehegatten, Verwandte oder enge Freunde zu Bevollmächtigten bestimmt, ist nach hiesiger Auffassung ein solcher Vertrag nicht erforderlich. Er mag eine Beratung unnötig verkomplizieren. Andererseits können genaue Hinweise, wie beispielsweise das Geld- und Wertpapiervermögen verwaltet werden soll, sehr hilfreich für den Bevollmächtigten sein. Auch kann dem Bevollmächtigten eine zu definierende Haftungsfreistellung gewährt werden.

8. Wirksamkeit schon vor oder erst nach dem Tod. Eine Vollmacht gilt in der Regel über den Tod hinaus (transmortal); kann aber auch erst nach dem Tod gelten sollen (postmortal). Soweit gewünscht, sollte die Vollmacht ausdrücklich klarstellen, dass diese auch über den Tod hinaus wirksam ist. Bei einer post- bzw. transmortalen Vollmacht[23] wirkt sich vorteilhaft aus, dass der Nachlass ab dem Erbfall sofort handlungsfähig ist. Wichtige Entscheidungen können sofort getroffen werden.

9. Betreuungsverfügung. Nur sehr wenige Rechtsgeschäfte können nicht durch einen Bevollmächtigten vorgenommen werden. Hierzu zählen etwa die eidesstattliche Versicherung für einen Erbscheinsantrag[24] oder auch die Stellung eines Scheidungsantrages.[25] Diese Lücke wird durch die Betreuungsverfügung[26] als Baustein innerhalb einer Vorsorgevollmacht geschlossen, in der für den Fall, dass später ein Betreuer vom Gericht zu bestellen ist, bereits hierfür eine Person bestimmt wird. Es können die gleichen Personen in der gleichen Rangfolge bestimmt werden, die schon als Bevollmächtigte eingesetzt wurden.

▶ Durch die vorstehende Vollmachtserteilung soll die Bestellung eines Betreuers im Falle von Krankheit oder Gebrechlichkeit vermieden werden. Für den Fall, dass die Bestellung eines Betreuers trotzdem notwendig werden sollte, wünscht der Vollmachtgeber, dass möglichst ... andernfalls ... oder zuletzt ... zu seinem Betreuer bestellt wird. Wird ein Betreuer bestellt, soll die Vollmacht im Übrigen bestehen bleiben.

Sofern das Betreuungsgericht eine Kontrollbetreuung der Bevollmächtigten einrichtet, sollen folgende Personen in folgender Reihenfolge zu Kontrollbetreuern bestellt werden: ... ◀

In Einzelfällen kann trotz Vorliegens einer Vollmacht eine Betreuung einzurichten sein. Diese darf nur dann bestellt werden, soweit eine Betreuung erforderlich ist. Das ist dann der Fall, wenn die vorliegende Vollmacht unwirksam ist. Hierzu reicht aber nicht der bloße Verdacht, um die Vermutung der Wirksamkeit einer Vollmacht zu erschüttern.[27] Über die Frage der Wirksamkeit – etwa wegen behaupteter Geschäftsunfähigkeit des Vollmachtgebers bei Vollmachtser-

---

18 Jülicher ErbR 2017, 645.
19 Staudinger/Martinek/Omlor Vorb. BGB §§ 662 ff. Rn. 34.
20 Grüneberg/Sprau BGB § 662 Rn. 2.
21 OLG München ZEV 2018, 149 (150).
22 Muster bei KRKB AnwaltForm ErbR/Hack/Bittler § 2 Rn. 103 und bei BeckOF ErbR/Roglmeier Form. 4.4.
23 Glenk NJW 2017, 452 (453).

24 Zimmer ZEV 2013, 307 (310); aA OLG Celle BeckRS 2018, 13277.
25 Müller-Engels/Braun BetreuungsR und Vorsorgeverfügungen Rn. 169; OLG Hamm NJW 2014, 158 mAnm Kogel; weitere Beispiele bei MAH ErbR/Lipp/Schrader § 44 Rn. 7.
26 Kurze ZAP 2017, 465 (471).
27 BGH NJW-RR 2017, 66; RNotZ 2017, 592 (593).

teilung – muss das Betreuungsgericht von Amts wegen ermitteln.[28] Wenn die Unwirksamkeit einer Vollmacht nicht positiv festgestellt werden kann, darf keine Betreuung eingerichtet werden.[29] Trotz einer Vollmacht kann indes eine Betreuung einzurichten sein, wenn aufgrund von Bedenken an ihrer Wirksamkeit die Vollmacht im Rechtsverkehr nicht anerkannt wird.[30] Auch bei Ungeeignetheit des Bevollmächtigten kann eine Betreuung erforderlich werden.[31] Das kann dann der Fall sein, wenn erhebliche Bedenken an der Geeignetheit oder Redlichkeit des Bevollmächtigten bestehen.[32] Ebenfalls kommt eine Kontrollbetreuung auch zum Vollmachtswiderruf in Betracht, wenn ohne Widerruf eine künftige Verletzung des Wohls des Betroffenen mit hinreichender Wahrscheinlichkeit und in erheblicher Schwere zu befürchten ist.[33] eine Betreuung kommt auch in Betracht, wenn ein Dritter die Bemühungen des Vorsorgebevollmächtigten durch eigenmächtiges und störendes Verhalten vereitelt.[34]

25.2 Neben der Vollmacht kann eine Kontrollbetreuung in Betracht kommen.[35] Ein Betreuer kann zur Geltendmachung von Rechten des Betreuten gegenüber seinem Bevollmächtigten bestellt werden (§ 1815 Abs. 3 BGB, § 1896 Abs. 3 BGB aF).[36] Das ist dann der Fall, wenn der Verdacht besteht, dass ein Bevollmächtigter unberechtigt Geld entnommen hat.[37] Hierzu muss indes ein konkreter, das heißt der durch hinreichende tatsächliche Anhaltspunkte untermauerte Verdacht bestehen. Nicht erforderlich ist Vollmachtsmissbrauch oder ein „entsprechender" Verdacht.[38] Ein Kontrollbetreuer kann auch bei einem Interessenkonflikt einzusetzen sein, etwa wenn die Bevollmächtigte Erbin und die betreute Person als Vermächtnisnehmer begünstigt ist.[39] Der Kontrollbetreuer hat keine originären Betreuungsaufgaben zu übernehmen.[40]

26 **10. Patientenverfügung. a) Funktionsweise einer Patientenverfügung.** Mit der Patientenverfügung legt der Betroffene schriftlich im Voraus für den Fall der eigenen Entscheidungs- bzw. Einwilligungsunfähigkeit fest, wie mit ihm medizinisch in bestimmten Situationen verfahren werden soll. Sie sollte sehr detailliert formuliert werden. So entschied das AG Siegen,[41] dass in dem zu beurteilenden Fall die Patientenverfügung nicht wirksam war, da diese nicht hinreichend konkret und zu allgemein gehalten gewesen sei.

26.1 **b) BGH vom 6.7.2016 und vom 8.2.2017 zur Wirksamkeit von Patientenverfügungen.** Große Verunsicherung brachte der BGH mit seinem Beschluss vom 6.7.2016,[42] wonach es – um es auf den Punkt zu bringen – in der Praxis kaum mehr möglich war, wirksame Patientenverfügungen zu erstellen. Der BGH beschäftigte sich darin mit den inhaltlichen Anforderungen an eine Vorsorgevollmacht und an eine wirksame Patientenverfügung. Die Anforderungen setzte der BGH so hoch, dass *Litzenburger*[43] und *Seibl*[44] zu der folgerichtigen Feststellung kamen, dass diese von zahlreichen bislang erstellten Verfügungen nicht eingehalten werden. Diese hätten daher keine unmittelbare Bindungswirkung (§ 1901a Abs. 1 BGB aF). Nach dem BGH hätte ein gesunder Mensch vorhersehen müssen, in was für einem – konkreten – krankhaften Zustand er sich befindet, wenn die Patientenverfügung greifen soll: So sei eine Konkretisierung erforderlich, die durch die Benennung bestimmter ärztlicher Maßnahmen oder durch eine Bezugnahme auf ausreichend spezifizierte Krankheiten oder Behandlungssituationen erfüllt wird. Die Litera-

---

28 BGH NJW 2016, 1514 (1515).
29 BGH NJW 2016, 1514; RNotZ 2017, 592 (593).
30 BGH NJW-RR 2017, 66 (67).
31 BGH NJW-RR 2017, 66 (67).
32 BGH NJW-RR 2016, 1025; BeckRS 2018, 8803 Rn. 7.
33 BGH BeckRS 2018, 11559 Rn. 34.
34 LG Meiningen ZErb 2018, 154.
35 BGH NJW-RR 2017, 1281; BeckRS 2017, 122008 = MDR 2017, 1125; LG Fulda BeckRS 2017, 121459 Rn. 22; Indizien für Vollmachtsfehlgebrauch: BeckOGK BGB/Schmidt-Recla BGB § 1896 Rn. 287 f.; zu den Voraussetzungen BGH BeckRS 2018, 11559 Rn. 23 ff.
36 BGH NJW 2015, 3575.
37 BGH NJW 2015, 3575.
38 BGH NJW 2015, 3575 (3576); Horn AnwForm Vorsorgevollmachten/Bienwald/Horn § 5 Rn. 10.
39 BGH ZEV 2017, 652 (653).
40 BGH RNotZ 2017, 592 (594).
41 AG Siegen RNotZ 2008, 351.
42 BGH NJW 2016, 3297; hierzu G. Müller ZEV 2016, 605 und Lindner/Huber NJW 2017, 6; vgl. auch Lanzrath MedR 2017, 102.
43 BGH FD-ErbR 2016, 380731.
44 Seibl NJW 2016, 3277.

tur hat zurecht die Entscheidung kritisiert.[45] Zwar nicht explizit, nahm dann der BGH in seinem Beschluss vom 8.2.2017[46] die hohen Anforderungen zur Konkretisierung von Patientenverfügungen zurück. Die Anforderungen an die Bestimmtheit einer Patientenverfügung dürften nicht überspannt werden. Er kehrte zu einer autonomiefreundlicheren Linie zurück.[47] Nach wie vor reichen zurecht nicht Patientenverfügungen, die nur aus einigen Sätzen bestehen. Es kann aber davon ausgegangen werden, dass Patientenverfügungen auf Basis der Muster des Bundesjustizministeriums bzw. des Bayrischen Justizministeriums ausreichend konkret sind.

c) **Aufbau.** Die Patientenverfügung ist zweigliedrig aufgebaut.[48] Im **ersten Teil** wird bestimmt, in welchen Situationen der in der Patientenverfügung geäußerte Wille maßgebend sein soll, also die **Anwendungsgebiete**. Denkbar sind folgende Situationen: 27

- im unmittelbaren Sterbeprozess,
- im Endstadium einer tödlich verlaufenden Krankheit,
- bereits bei Verlust der Fähigkeit, Einsichten zu gewinnen und Entscheidungen zu treffen,
- bei schweren irreversiblen Schäden, aufgrund derer der Patient nicht mehr in der Lage ist, ein menschenwürdiges, dh erträgliches und umweltwahrnehmendes Leben zu führen,
- bei Erforderlichkeit auf dauerhafte Hilfestellung wegen Demenzerkrankung.

In einem **zweiten Teil** ordnet der Verfügende an, was bei Eintritt der zuvor definierten Situationen von den Ärzten **zu tun bzw. zu unterlassen** ist. Angeordnet werden kann beispielsweise, 28

- ob alles medizinisch Mögliche für ein langes Leben getan werden soll,
- ob lebenserhaltende Maßnahmen unterlassen werden sollen,
- ob Schmerzmittel auch dann gegeben werden sollen, wenn diese sich lebensverkürzend auswirken,
- ob eine Ernährung durch Magensonden erfolgen soll,
- ob Wiederbelebungsversuche durchgeführt werden sollen.

In der Regel wünschen Mandanten nicht die Maximaltherapie, die auf ein langes Leben ausgerichtet ist. Sie zielen vielmehr auf eine Behandlung zur Beschwerdelinderung und nehmen dabei ein kürzeres Leben in Kauf. Beide Ziele können aber kombiniert werden, indem geregelt wird, dass zunächst für einen bestimmten Zeitraum die Maximaltherapie verfolgt wird und danach erst eine eingeschränkte medizinische Behandlung gewünscht ist. 29

▶ **Muster: Zeitlich begrenzte Maximaltherapie** 30

Zunächst wünsche ich, dass alles medizinisch Mögliche getan wird, um mich am Leben zu erhalten und meine Beschwerden zu lindern. Erst nach einer Karenzzeit von 14 Tagen, nachdem die Diagnose festgestellt wurde, dass eine oder mehrere Anwendungssituationen vorliegen, wünsche ich nachfolgende, eingeschränkte Behandlung: ◀

d) **Vollmacht für persönliche Angelegenheiten.** Zur Feststellung und Umsetzung des Patientenwillens sollte im Rahmen einer Vollmacht für persönliche Angelegenheiten ein „Patientenvertreter"[49] bevollmächtigt werden. Ansonsten ist hierzu ein ggf. zu bestellender Betreuer zuständig. Nicht ausreichend ist, nur auf die §§ 1829 BGB (§§ 1904 ff. BGB aF) zu verweisen; vielmehr muss der gesetzliche Regelungsinhalt – soweit gewünscht – in dem Vollmachtstext enthalten sein.[50] 31

Das Betreuungsrecht ist im Rahmen der zum 1.1.2023 in Kraft getretenen Reform des Vormundschafts- und Betreuungsrechts grundlegend reformiert worden. Zuvor hatten sich mit In- 31.1

---

45 G. Müller ZEV 2016, 605; Lindner/Huber NJW 2017, 6.
46 BGH ZEV 2017, 335 mzustAnm. G. Müller; hierzu auch Boemke NJW 2017, 1706.
47 G. Müller ZEV 2017, 340.
48 Muster bei BeckOF ErbR/Roglmeier Form. 4.12.
49 MAH ErbR/Lipp/Schrader § 44 Rn. 98.
50 Vollständiges Muster bei BeckOF ErbR/Roglmeier Form. 4.1.1 ff. oder unter www.bmjv.de unter „Themen".

krafttreten zum 26.7.2017, ausgelöst durch das BVerfG und den BGH,[51] bedeutende Änderungen zu den ärztlichen Zwangsmaßnahmen ergeben. Diese wurden dann separat in dem damals neuen § 1906a BGB aF neu geregelt.

31.2 Eine **ärztliche Zwangsmaßnahme** liegt gem. § 1832 Abs. 1 BGB (§ 1906a Abs. 1 BGB aF) vor, wenn eine Untersuchung des Gesundheitszustands, eine Heilbehandlung oder ein ärztlicher Eingriff dem natürlichen Willen des Patienten widerspricht. Bei dem Tatbestandsmerkmal *„gegen den natürlichen Willen"* handelt es sich um eine bewusste Willensäußerung eines Einsichts- und/oder Steuerungsunfähigen gegen eine ärztliche Maßnahme.[52] Nur bei Vorliegen des „Katalogs" aus § 1832 Abs. 1 Nr. 1–7 BGB (§ 1906a Abs. 1 BGB aF) darf die Einwilligung in eine ärztliche Zwangsmaßnahme erteilt werden (so ua nur im Rahmen der Patientenverfügung und eines stationären Aufenthaltes in einem Krankenhaus). Zur Befugnis, die Einwilligung zu erteilen, ist eine schriftliche Bevollmächtigung erforderlich (§ 1820 Abs. 2 BGB; § 1906 Abs. 5 BGB aF).[53] Die Einwilligung bedarf zusätzlich der gerichtlichen Genehmigung (§ 1832 Abs. 2 BGB; § 1906a Abs. 2 BGB aF). Das gilt nach § 1832 Abs. 5 BGB auch für einen Bevollmächtigten, aber nach Maßgabe des § 1820 Abs. 2 Nr. 3 BGB.

32 Wenn ein Patient sich nicht in einem Krankenhaus befindet und eine ärztliche Zwangsmaßnahme angezeigt ist, muss er zunächst dorthin verbracht werden (§ 1832 Abs. 4 BGB; § 1906a Abs. 4 BGB aF).[54] So sind ärztliche Zwangsmaßnahmen an einen stationären Aufenthalt in einem Krankenhaus geknüpft.[55] Ein solches **Verbringen** eines mobilen Patienten ist nur bei Vorliegen der Voraussetzungen des § 1831 Abs. 1 BGB (§ 1906 Abs. 1 BGB aF) und einer gerichtlichen Genehmigung nach § 1831 Abs. 2 BGB (§ 1906a Abs. 2 BGB aF) zulässig. Die Vollmacht sollte sich auch darauf erstrecken, dass der Bevollmächtigte zur Verbringung einwilligen darf (§ 1820 Abs. 2 Nr. 2 BGB; § 1906 Abs. 5 S. 1 BGB aF).

33 **e) Anwendung der Patientenverfügung.** Ist jemand erkrankt, kann sich nicht selber zu seinen Behandlungswünschen äußern und hat zuvor mit einer Patientenverfügung vorgesorgt, ist folgendes Verfahren einzuhalten (anders bei „gegen den natürlichen Willen", vgl. § 1832 Abs. 1 BGB; § 1906a BGB aF):[56]

- Der behandelnde Arzt hat zu prüfen, welche Untersuchung, Heilbehandlung oder welcher ärztliche Eingriff im Hinblick auf den Gesamtzustand und die Prognose des Patienten indiziert ist (§ 1828 Abs. 1 S. 1 BGB; § 1901b Abs. 1 S. 1 BGB aF).
- Sodann hat der Arzt mit dem Betreuer bzw. dem Bevollmächtigten des Patienten diese indizierte Maßnahme zu erörtern (§ 1828 Abs. 1 S. 2 BGB; § 1901b Abs. 1 S. 2 BGB aF). In diesem Zusammenhang hat der Betreuer bzw. der Bevollmächtigte zu prüfen, ob die Behandlungswünsche aus der Patientenverfügung auf die aktuelle Lebens- und Behandlungssituation des Patienten zutreffen. Wenn das der Fall ist, hat er „dem Willen" „Geltung zu verschaffen".
- Zu dem „dialogischen Prozess" zwischen dem Arzt und dem Betreuer bzw. Bevollmächtigten sollen auch nahe Angehörige oder sonstige Vertrauenspersonen des Patienten hinzugezogen werden (§ 1828 Abs. 2 BGB; § 1901b Abs. 2 BGB aF). Diese Beteiligung kann unterbleiben, wenn die Hinzuziehung zu einer erheblichen Zeitverzögerung führen würde.
- Stehen die Behandlungswünsche des Patienten fest, hat der Betreuer bzw. der Bevollmächtigte in die anstehende ärztliche Maßnahme einzuwilligen oder diese zu untersagen (§ 1827 Abs. 1 BGB; § 1901a Abs. 1 BGB aF). Eine bereits erteilte Einwilligung kann auch zu widerrufen sein.

---

51 BVerfG NJW 2017, 53 nach Vorlage durch BGH FamRZ 2015, 1484; vgl. NJW 2011, 2113; NJW 2011, 3571; NJW 2012, 2967.
52 BeckOGK/Brilla BGB § 1906a Rn. 17.
53 Kurze ZErb 2018, 25 (28).
54 MAH ErbR/Lipp/Schrader § 44 Rn. 20.
55 MüKoBGB/Schneider BGB § 1906a Rn. 36; Horn AnwForm Vorsorgevollmachten/Doering-Striening § 18 Rn. 20.
56 Zum Verfahrensgang auch BGH NJW 2016, 3297 und ZEV 2017, 335.

- Zuletzt kann die angezeigte ärztliche Maßnahme noch vom Betreuungsgericht genehmigt werden müssen (siehe nachfolgend).

Hat der Patient keine Patientenverfügung errichtet oder treffen die Inhalte einer Patientenverfügung nicht auf die aktuelle Lebens- und Behandlungssituation zu, so hat der Betreuer bzw. der Bevollmächtigte den „**mutmaßlichen Willen**" des Patienten festzustellen und auf dieser Grundlage zu entscheiden, ob er in eine ärztliche Maßnahme einwilligt oder sie untersagt (§ 1827 Abs. 2 BGB; § 1901a Abs. 2 BGB aF). Dabei ist der mutmaßliche Wille aufgrund konkreter Anhaltspunkte zu ermitteln, wobei auch frühere mündliche oder schriftliche Äußerungen, ethische oder religiöse Überzeugung und sonstige persönliche Wertvorstellungen des Patienten zu berücksichtigen sind. Die schriftlich erteilte Patientenverfügung verhindert Spekulationen über den mutmaßlichen Willen. 34

In der angesprochenen letzten Phase hat eigentlich das Betreuungsgericht über die **Genehmigung der ärztlichen Maßnahme** zu entscheiden, wenn durch diese der Patient sterben oder einen schweren und länger dauernden gesundheitlichen Schaden erleiden könne (§ 1829 Abs. 1 BGB; § 1904 Abs. 1 BGB aF). Oder das Betreuungsgericht hat über die Nichteinwilligung oder den Widerruf der Einwilligung in eine ärztliche Maßnahme zu befinden, wenn voraussichtlich der Patient aufgrund des Unterbleibens oder des Abbruchs der ärztlichen Maßnahme sterben oder einen schweren und länger dauernden gesundheitlichen Schaden erleiden wird (§ 1829 Abs. 2 BGB; § 1904 Abs. 2 BGB). Das Betreuungsgericht hat dann den Patientenwillen zu ermitteln. Des Weiteren hat das Gericht ein Sachverständigengutachten einzuholen, wobei dieses nicht von dem behandelnden Arzt abgegeben werden soll (§ 298 FamFG). Kann das Betreuungsgericht nicht auf eine Patientenverfügung zurückgreifen, ist noch ein sogenannter Verfahrenspfleger an dem Genehmigungsprozess zu beteiligen. Dieser soll die Rechte des einwilligungsunfähigen Patienten gegenüber dem Richter wahren. Dieses gerichtliche Genehmigungsverfahren ist dann nicht erforderlich, wenn zwischen dem **behandelnden Arzt** und dem Betreuer bzw. **dem Bevollmächtigten Einvernehmen** darüber besteht, dass die (Nicht-)Erteilung oder der Widerruf der Einwilligung dem Willen des Patienten entspricht (§ 1829 Abs. 4 BGB; § 1904 Abs. 4 BGB aF). Dagegen ist bei einer Unterbringung nach § 1831 BGB (§ 1906 BGB aF) und einer ärztlichen Zwangsmaßnahme nach § 1831 BGB (§ 1906a BGB aF) stets die betreuungsgerichtliche Genehmigung erforderlich (→ Rn. 31). 35

11. Ausfertigungen. Da die Vollmacht grundsätzlich bedingungslos erteilt werden soll, kann die Erteilung von Ausfertigungen bei notarieller Beurkundung eingeschränkt werden („Aushändigungsbedingungen").[57] Dazu das nachfolgende Muster. Vorzugswürdig dürfte sein, wenn der Bevollmächtigte zunächst keine Ausfertigung erhält. Vielmehr lässt sich der Vollmachtgeber eine Ausfertigung, die für den Bevollmächtigten bestimmt ist, aushändigen und verwahrt diese dann bei sich zu Hause. Er teilt dann dem Bevollmächtigten für den Fall des Falles mit, wo dieser die Ausfertigung in seiner Wohnung findet. So hat der Vollmachtgeber die Vollmacht noch „unter Verschluss". Vorteilhaft wirkt sich auch aus, dass bei einer Ausübungsbeschränkung Abschläge auf die Notargebühr von 50 % und mehr vorzunehmen sind.[58] Gebühren: Beglaubigung durch Notar nach § 121 GNotKG und KV 25100 GNotKG bzw. Beurkundung nach § 98 Abs. 4 GNotKG und KV 21200 GNotKG. 36

▶ **Muster: Einschränkung der Erteilung von Ausfertigungen** 37

Den Bevollmächtigten ist eine Ausfertigung der Urkunde zu erteilen, jedoch nur zu Händen des jeweiligen Vollmachtgebers. Der Vollmachtgeber wird im Einzelfall selbst entscheiden, ob er die Ausfertigung der Vollmacht den weiteren Bevollmächtigten aushändigt, damit diese(r) für ihn handeln kann und ob die Ausfertigung anschließend zurückzugeben ist. Den Bevollmächtigten sind

---

[57] Zurückhaltend: Burandt/Rojahn/Kurze BGB § 167 Rn. 7.

[58] Bormann/Diehn/Sommerfeldt/Diehn GNotKG § 98 Rn. 30; Diehn Notarkostenberechnungen, 5. Aufl. 2017, Rn. 1917.

zusätzliche Ausfertigungen und beglaubigte Abschriften in beliebiger Anzahl auf Antrag des Vollmachtgebers jederzeit, auf eigenen Antrag aber erst und nur dann zu erteilen, wenn eine ärztliche Bescheinigung vorgelegt wird, wonach der Vollmachtgeber die in der Vollmacht bezeichneten Angelegenheiten ganz oder teilweise nicht mehr selbst erledigen kann oder der Bevollmächtigte eine Ausfertigung der Vollmacht vorlegt. Der Arzt ist ermächtigt, auf Antrag des bzw. eines Bevollmächtigten eine Bescheinigung zu erteilen. Der Notar muss die Rechtmäßigkeit der Bescheinigung nicht prüfen. ◀

38   **12. Zentrales Vorsorgeregister.** Die Kerndaten der Vorsorgevollmacht mit Patientenverfügung sollten in dem Zentralen Vorsorgeregister hinterlegt sein (§ 78b BNotO). Im Falle des Falles kann so etwa durch den Betreuungsrichter ermittelt werden, ob jemand bevollmächtigt wurde bzw. eine Patientenverfügung vorliegt.

IV. Regelungen zur Auskunfts- und Rechnungslegungsverpflichtung

39   § 666 BGB ist im Grundsatz dispositives Recht[59] und kann daher durch Vereinbarung abbedungen oder anders gestaltet werden. Umstritten ist allerdings, ob ein vollständiger Ausschluss möglich ist. So wird zu Recht vertreten, dass der Auskunftsanspruch nicht gänzlich abdingbar sein soll, weil der Vollmachtgeber sich sonst der Willkür des Bevollmächtigten aussetzen würde und das Risiko einer nicht nachweisbaren Schädigung tragen müsste.[60] Andere wiederum halten den vollständigen Ausschluss bis zur Grenze des § 138 BGB für möglich.[61] Dagegen kann der Anspruch auf Rechnungslegung unstreitig vollständig ausgeschlossen werden.[62]

40   Vor diesem Hintergrund sind individualvertragliche Abreden zu entwickeln: Abreden sind wirksam, wenn sie nicht Auskünfte über den Verbleib größerer Beträge ausschließen oder generell ausgeschlossen sind. Ob die Auskunftspflichten wie beim Verzicht wiederaufleben, wenn Zweifel an der Zuverlässigkeit bestehen, ist nicht gänzlich klar, aber richtigerweise anzunehmen. Nachfolgend Alternativen für eine Vereinbarung in der Vollmacht oder in einer gesonderten Vereinbarung:

▶ Im Rahmen des Auftragsverhältnisses wird vereinbart, dass Auskunft und Rechenschaft nur bei Rechtsgeschäften abgelegt werden müssen, die einen Betrag von (...) oder die monatlichen Ausgaben von (...) übersteigen. Im Übrigen wird der Verzicht auf die Ansprüche aus § 666 BGB vereinbart.

Der Vollmachtgeber kann nur für Tätigkeiten des Bevollmächtigten für jeweils rückwirkend sechs Monate Auskünfte und Rechenschaft nach § 666 BGB verlangen. Es gelten indes die gesetzlichen Verjährungsfristen bei Tätigkeiten des Bevollmächtigten, die entweder einmalig oder monatlich zusammen über 15.000 EUR umfassen.

Der Bevollmächtigte hat jeweils zum 31.12. eines jeden Jahres schriftlich Rechenschaft und Auskünfte unter Belegvorlage dem Vollmachtgeber zu erteilen. Kommt er dieser Pflicht nicht nach, erlöschen die Rechte aus § 666 BGB zum nächsten 30.6. Das ist indes dann nicht der Fall, wenn der Bevollmächtigte geschäftsunfähig ist.

Das Auskunftsrecht und die Rechenschaftspflicht können entgegen der gesetzlichen Regelungen immer nur 12 Monate rückwirkend geltend gemacht werden, sofern der Vollmachtgeber geschäftsfähig ist. Dies gilt auch für die Erben des Vollmachtgebers. ◀

41   Grundsätzlich vererben sich die Ansprüche aus § 666 BGB nach § 1922 BGB, so dass ein einzelner (Mit-)Erbe den Anspruch in der Art und Weise durchsetzen kann, wie es der Erblasser gekonnt hätte.[63] Der BGH[64] ist der Auffassung, dass der Erblasser mit seinem Bevollmächtigten vereinbaren kann, dass diese Ansprüche nicht vererblich sind. Wer diese Auffassung als zutreffend ansieht, kann als Vollmachtgeber folgende Klausel verwenden:

---

59 Horn AnwForm Vorsorgevollmachten/Plottek § 22 Rn. 20; MüKoBGB/Schäfer BGB § 666 Rn. 2; Sarres ZEV 2008, 512 (514).
60 BeckOK BGB/Fischer BGB § 666 Rn. 7.
61 Grüneberg/Sprau BGB § 666 Rn. 1.
62 BeckOK BGB/Fischer BGB § 666 Rn. 11.
63 Vererblichkeit der Ansprüche nach § 666 BGB: Sarres ZEV 2008, 512 (514).
64 BGH NJW-RR 1990, 131.

▶ Die Ansprüche aus § 666 BGB stelle ich unvererblich; nur ich als Vollmachtgeber höchstpersönlich kann diese beanspruchen. ◀

V. Form

Vollmachten können grundsätzlich formfrei erteilt werden.[65] So regelt § 167 Abs. 2 BGB, dass die Vollmachtserklärung nicht der Form bedarf, welche für das vorzunehmende Rechtsgeschäft bestimmt ist. Allein aus Beweisgründen sollte eine Vollmacht zumindest privatschriftlich erteilt werden.[66] Folgende Konstellationen sind zu beachten:[67]

- **Privatschriftlich:** Nur für einige Rechtsgeschäfte ordnet das Gesetz bestimmte Formerfordernisse für die Vollmachtserteilung an. Die Unterbringung durch einen Bevollmächtigten und die Einwilligung eines Bevollmächtigten in Maßnahmen nach § 1829 BGB (§ 1906 BGB aF) setzen gem. § 1820 Abs. 2 Nr. 2 BGB (§ 1906 Abs. 5 BGB aF) voraus, dass die Vollmacht **schriftlich** erteilt ist und die Maßnahmen nach dem Katalog des § 1820 Abs. 2 BGB ausdrücklich umfasst. Die Vollmacht zur Vertretung in der streitigen oder freiwilligen Gerichtsbarkeit bzw. in Steuerverfahren kann schriftlich vorgelegt werden müssen (§ 80 ZPO; § 11 FamFG; § 80 Abs. 1 AO).
- **Unterschriftsbeglaubigung durch Betreuungsbehörde:** Diese reicht sogar für Grundbuchanträge aus. Eine durch eine Betreuungsbehörde öffentlich beglaubigte Vorsorgevollmacht genügt den Anforderungen des § 29 GBO.[68] Zur Verwendung dürfte ein „Betreuungsfall" vorliegen müssen.[69] Es wird nur eine Gebühr von 10 EUR ausgelöst (§ 7 Abs. 4 BtOG, keine Umsatzsteuer).
- **Notarielle Unterschriftsbeglaubigung:** Bei Geschäften, die die Änderung des Grundbuches oder des Handelsregisters bedingen, ist eine **notariell beglaubigte** Vollmacht erforderlich (§ 29 GBO; § 12 HGB). Auch für die Erbausschlagung sieht § 1945 Abs. 3 BGB die öffentliche Form vor. Gleiches gilt für die Vollmacht zur Ablehnung der Fortsetzung der Gütergemeinschaft (§ 1484 Abs. 2 BGB) und die Vollmacht zur Unterzeichnung von Gesellschaftsverträgen (§ 2 Abs. 2 GmbHG – notariell errichtet oder beglaubigt).
- **Notarielle Beurkundung:** Bei einigen wenigen Rechtsgeschäften muss die Vollmacht notariell beurkundet werden. Dies ist beispielsweise bei Verbraucherkreditverträgen der Fall (§ 492 Abs. 4, Abs. 2, S. 2 BGB).[70]

Im Hinblick auf die Praxisakzeptanz ist zu empfehlen, dass die Vollmacht notariell beurkundet wird. Vorteilhaft wirkt sich auch aus, dass der Notar (auszugsweise) Ausfertigungen erteilen kann.

B. Widerruf der Vollmacht

Der Vollmachtgeber bzw. sein (Mit-)Erbe[71] kann jederzeit den Widerruf der Vollmacht formlos erklären. Diese Erklärung ist gem. §§ 168 S. 3, 167 Abs. 1 BGB gegenüber dem Bevollmächtigten oder dem Dritten, dem gegenüber die Vertretung stattfinden soll bzw. kann, abzugeben. In der Praxis sollte der Widerruf nicht nur gegenüber dem Bevollmächtigten erklärt werden, sondern auch gegenüber dem Notar bzw. beispielsweise gegenüber Banken, bei denen Konten oder Depots bestehen.

---

65 Müller-Engels/Braun BetreuungsR und Vorsorgeverfügungen Rn. 585; MAH ErbR/Lipp/Schrader § 44 Rn. 64.
66 RDSS § 4 Rn. 172.
67 Vgl. RDSS § 4 Rn. 174 ff.
68 OLG Karlsruhe FGPrax 2016, 10; Jürgens/Winterstein Betreuungsrecht, 5. Aufl. 2014, BtBG § 6 Rn. 11.
69 BeckOK GBO/Otto BGB § 29 Rn. 201 ff.
70 Zu den Kosten nach GNotKG: Burandt/Rojahn/Kurze BGB § 167 Rn. 14.
71 Gottwald ZAP 2017, 679 (684); MAH ErbR/Lipp/Schrader § 44 Rn. 40; Muster bei BeckOF ErbR/Kollmeyer Form. 7.1.4.1.

45 Der Notar kann ansonsten befugt sein, auf Verlangen des Bevollmächtigten diesem weitere Ausfertigungen zu erteilen.[72] Bei Erteilung einer Außenvollmacht ist diese gegenüber dem Dritten zu widerrufen (§ 170 BGB). Der Zugang der Widerrufserklärung muss nachweisbar sein, so dass der sicherste Weg die förmliche Zustellung durch einen Gerichtsvollzieher ist (§ 132 Abs. 1 BGB iVm § 192 ZPO). Dagegen spricht, dass so eine gewisse Verzögerung auftreten kann. Zweckmäßigerweise wird der Widerruf über verschiedene Wege erklärt (etwa Fax, Einschreiben/Rückschein, Einwurfeinschreiben, Bote, E-Mail).

46 Nach dem Erlöschen der Vollmacht hat der Bevollmächtigte die Vollmachtsurkunde dem Vollmachtgeber zurückzugeben; ein Zurückbehaltungsrecht steht ihm nicht zu (§ 175 BGB). Es handelt sich um einen schuldrechtlichen Anspruch gegen den Bevollmächtigten auf Rückgabe der Vollmachtsurkunde, damit er die Urkunde aus dem Verkehr ziehen kann.[73] Die Aufforderung zur Rückgabe des Originals bzw. der Ausfertigungen innerhalb einer kurzen Frist und das Nachhalten sind erforderlich, da ein gutgläubiger Dritter in seinem Vertrauen so lange geschützt ist, wie ihm das Original oder eine Ausfertigung der Vollmacht vorgelegt wird (§ 173 BGB).[74]

47 Der Vollmachtgeber kann die Vollmacht gem. § 176 BGB durch öffentliche Bekanntmachung **für kraftlos erklären**, die durch Aushang bei Gericht zu erfolgen hat (§ 186 Abs. 2 BGB).[75] Der beim Amtsgericht zu stellende Antrag geht dahin, die öffentliche Zustellung der auszuformulierenden Kraftloserklärung zu bewilligen.[76] Voraussetzung ist nicht, dass das Rückgabeverlangen gescheitert ist.[77] Dies steht der Rückgabe der Vollmacht gleich (§ 172 Abs. 2 BGB). Mit Wirksamwerden der Kraftloserklärung entfällt der von der Vollmachtsurkunde ausgehende Rechtsschein. Erst mit dem Ablauf eines Monats nach der letzten Einrückung in die öffentlichen Blätter wird die Kraftloserklärung wirksam (§ 172 Abs. 1 S. 2 BGB).

Ggf. kommt auch eine **einstweilige Verfügung** gegen den Bevollmächtigten in Betracht.[78]

48 Ein Betreuer kann eine Vorsorgevollmacht nur widerrufen, wenn ihm diese Befugnis als eigenständiger Aufgabenkreis ausdrücklich zugewiesen wird, so der BGH am 28.7.2015;[79] diese Befugnis darf dem Betreuer nur übertragen werden, wenn andernfalls das Wohl des Betreuten mit hinreichender Wahrscheinlichkeit verletzt wird. Der BGH hat in seinem Beschluss vom 17.3.2016[80] darauf hingewiesen, dass die im Zeitpunkt einer noch vorhandenen Geschäftsfähigkeit geäußerte Absicht eines Betroffenen, eine erteilte (Vorsorge-)Vollmacht zu widerrufen, für sich genommen die Erweiterung des Aufgabenkreises eines Betreuers auf den Widerruf von Vollmachten nicht rechtfertigen kann. So konnte die rechtsgeschäftliche Vertreterin weiterhin neben dem gesetzlichen Vertreter, dem Betreuer, tätig sein.

C. Vertretung aufgrund einer Vollmacht nach dem Erbfall
I. Grundsätzliches

49 Der noch vom Erblasser Bevollmächtigte vertritt die (unbekannten) Erben, aber beschränkt auf den Nachlass. Der Bevollmächtigte darf in dem Umfang die Erben vertreten, wie er den Erblasser lebzeitig vertreten durfte; er leitet seine Rechtsmacht von dem Erblasser her. Im Zweifelsfall ist eine Vollmacht transmortal erteilt und gilt mithin über den Tod hinaus (§§ 168, 672, 675 BGB).[81] Eine postmortale Vollmacht ermöglicht dagegen erst nach dem Tod des Vollmachtgebers eine Vertretung. Einstweilen wird vertreten, dass die dem Alleinerben erteilte Vollmacht

---

72 Trimborn von Landenberg Erbfall § 2 Rn. 2.
73 BeckOK BGB/Schäfer BGB § 175 Rn. 1.
74 KRKB AnwaltForm ErbR/Hack/Bittler § 2 Rn. 23.
75 Trimborn von Landenberg Erbfall § 2 Rn. 56, auch unter Rn. 57 ff. zu weiteren Sicherungsmaßnahmen zwischen Erbfall und Legitimation; zum Verfahren: BeckOK BGB/Schäfer BGB § 176 Rn. 2 ff.
76 OLG München BeckRS 2018, 14073 Rn. 21.
77 BeckOK BGB/Schäfer BGB § 176 Rn. 1.
78 Trimborn von Landenberg Erbfall § 2 Rn. 69 mit Muster.
79 BGH NJW 2015, 3572.
80 BGH NJW-RR 2016, 1095.
81 BeckOK BGB/Schäfer BGB § 168 Rn. 8.

mit dem Erbfall durch Konfusion erlischt. Diese auf § 35 GBO basierende Diskussion[82] ist aber nicht auf andere Stellen wie Banken übertragbar.[83]

Ein Widerruf ist durch den Erben und den Testamentsvollstrecker möglich. Die dogmatischen Grundlagen und Rechtsfolgen des Widerrufs eines einzelnen Miterben sind zwar umstritten;[84] Einigkeit besteht aber darin, dass nach einem Widerruf der Bevollmächtigte nicht mehr alleine Handlungen vornehmen kann. Ein Widerruf sollte stets sowohl gegenüber dem Bevollmächtigten als auch gegenüber Banken etc erklärt werden.

Akzeptiert ein Vertragspartner nicht die Vertretung aufgrund einer Vollmacht, so kann er sich gem. § 280 BGB schadensersatzpflichtig machen. Trotz Vorlage einer Vorsorgevollmacht bestand eine Bank auf die Vorlage einer Bestellungsurkunde eines Betreuers. Das Betreuungsgericht hat zutreffenderweise die Einrichtung einer Betreuung abgelehnt, da schließlich eine Vollmacht vorlag (§ 1814 Abs. 3 BGB; § 1896 Abs. 2 S. 2 BGB aF). Daraufhin ließ der Vertreter sich durch einen Rechtsanwalt gegen die Bank vertreten. Das LG Detmold[85] hat daraufhin die Bank zu Schadensersatz hinsichtlich der Gebühren des Rechtsanwaltes aus § 280 BGB verurteilt, da sie nicht einen Betreuer hätte fordern dürfen.

II. Sonderfall: Vertretung vor dem Grundbuchamt

Es ist zu unterscheiden, ob der Bevollmächtigte die Art des Grundstücksgeschäfts schon zu Lebzeiten des Erblassers hätte vornehmen können. Das ist bei Grundstücksübertragungen etwa aufgrund eines Kauf- oder Schenkungsvertrages der Fall (→ Rn. 52 ff.), nicht aber bei Maßnahmen zur Erbauseinandersetzung wie die Umschreibung auf den/die (Mit-)Erben. Durch § 34 GBO kann im Grundbuchverfahren eine rechtsgeschäftlich erteilte Vertretungsmacht durch eine notarielle Vertretungsbescheinigung nach § 21 Abs. 3 BNotO nachgewiesen werden.[86]

1. Kauf- und Schenkungsverträge. Der Bevollmächtigte handelt bei Kauf- und Schenkungsverträgen auch nach dem Erbfall bei der Auflassung (§ 925 BGB) und bei der Erklärung der Eintragungsbewilligung (§ 19 GBO) als vom Erblasser Bevollmächtigter.[87] Er vertritt indes die Erben, aber nicht hinsichtlich deren Eigenvermögens.[88]

Bei einer post- oder transmortalen Vollmacht ist der Erbfall etwa durch die Sterbefallanzeige, also der Sterbeurkunde, nachzuweisen.[89] Auf eine Zustimmung des Erben kommt es nicht an. Die einzige Schranke für den Bevollmächtigten liegt in dem Verbot, die Vollmacht zu missbrauchen.[90] Erfolgt die Übertragung unentgeltlich, ist zu prüfen, ob sich durch ausdrückliche Regelung oder durch einschränkende Auslegung der Ausschluss zu einem solchen Rechtsgeschäft aus der Vollmacht ergibt.

Bei daraufhin beantragten Grundbuchumschreibungen ist nicht erforderlich, dass die Erben voreingetragen oder namhaft[91] gemacht wurden: Die grundsätzlich nach § 39 GBO vorgeschriebene Voreintragung der Erben als neue Eigentümer ist aufgrund der Ausnahmevorschrift des § 40 Abs. 1 GBO nicht zwingend. Vor allem ist kein Erbnachweis wie ein Erbschein vorzulegen.[92]

2. Übertragungen zur Erbauseinandersetzung. Die Berichtigung des Grundbuches auf den/die Erben bzw. die Übertragung einer nachlasszugehörigen Immobilie kann dagegen nicht aufgrund einer Vollmacht erfolgen; es ist stets ein Nachweis der Erben durch Erbschein oder notarielles

---

82 Hierzu Herrler DNotZ 2017, 508 und OLG München ErbR 2017, 407.
83 Gottwald ZAP 2017, 679 (684).
84 Hierzu Kurze ZErb 2008, 399 (405).
85 LG Detmold ZEV 2015, 353.
86 Hierzu Zimmer NJW 2014, 337.
87 Krug/Daragan/Krug Die Immobilie im Erbrecht § 4 Rn. 89.
88 Weidlich ZEV 2016, 57 (59).
89 OLG Frankfurt aM ZEV 2015, 648 (649).
90 LG Neuruppin MittBayNot 2004, 46 (47).
91 OLG Frankfurt aM ZEV 2015, 648 (649).
92 OLG Frankfurt aM ZEV 2012, 377; OLG Dresden ZEV 2012, 339 (340); LG Stuttgart ZEV 2008, 198 (199); OLG Frankfurt aM ZEV 2015, 648 (650).

Testament oder Erbvertrag erforderlich. So wird der Erbteil tangiert, der sich im Eigenvermögen des Erben befindet. Auf das Eigenvermögen erstreckt sich die Vollmacht des Erblassers gerade nicht. Eine Erbteilung ist daher aufgrund einer Vollmacht nicht möglich.[93] Der Erbennachweis kann auch nicht durch ein vor einem streitigen Gericht geschlossenen Vergleich geführt werden, obwohl es sich hierbei um eine öffentliche Urkunde handelt.[94]

55 Das OLG Stuttgart[95] hatte sich mit einer Grundbuchumschreibung aufgrund eines Erbauseinandersetzungsvertrages zu beschäftigen, bei dem ein nachverstorbener Miterbe von seinem Bevollmächtigten vertreten wurde. Die Erben des eigentlichen Erblassers waren durch Erbschein nachgewiesen, nicht hingegen die Erben des nachverstorbenen Miterben. Das OLG Stuttgart entschied, dass das Grundbuchamt die Eintragung verweigern durfte, da Zweifel an der bestehenden Vollmachterteilung bestehen würden.

D. Das Rechtsverhältnis zwischen Vollmachtgeber und Bevollmächtigtem

I. Ausgangslage

56 Grundlage ist stets, dass eine Person einer anderen Person rechtsgeschäftliche (Vorsorge-) Vollmacht erteilt hat (§ 167 BGB); die Form ist gleichgültig. Es handelt sich dabei um eine einseitige, empfangsbedürftige Willenserklärung. Der Bevollmächtigte kann im Außenverhältnis den Vollmachtgeber gegenüber Dritten vertreten, sobald er ein Original oder eine Ausfertigung vorlegen kann. Eine Vorsorgevollmacht verpflichtet den Bevollmächtigten nicht zur persönlichen Betreuung.[96]

56.1 Dem Vollmachtgeber können gegen den Bevollmächtigten Informationsrechte nach § 666 BGB und in seltenen Fällen nach § 242 BGB zustehen. Diese Ansprüche bereiten nach Missbrauch der Vollmacht den Herausgabeanspruch vor, der sich aus § 676 BGB, § 812 Abs. 1 S. 1 BGB und § 823 Abs. 2 BGB ergeben kann.[97] Dabei ist es gleichgültig, ob der Vollmachtgeber diese Ansprüche höchstpersönlich oder durch einen Betreuer als seinen gesetzlichen Vertreter (§ 1902 BGB) bzw. erst sein (Mit-)Erbe (§ 1922 BGB) verlangt. Entscheidend für die Frage, auf welcher gesetzlichen oder vertraglichen Grundlage gegenseitige Ansprüche bestehen, ist das Innenverhältnis zwischen Vollmachtgeber und Vollmachtnehmer. Dabei ist ein Auftrag nach §§ 662 ff. BGB und ein Geschäftsbesorgungsvertrag (§ 675 BGB) von einem Gefälligkeitsverhältnis und von dem Handeln lediglich eines Boten[98] abzugrenzen.

II. Abgrenzung Auftrag zu einem Gefälligkeitsverhältnis

57 Wird der Bevollmächtigte für den Vollmachtgeber tätig, handelt es sich hierbei um fremdnütziges Handeln.[99] Sofern zwischen den Parteien im Innenverhältnis ein Auftrag iSd § 662 BGB oder bei Entgeltlichkeit eine Geschäftsbesorgung nach § 675 BGB, die auf Auftragsrecht verweist, vereinbart ist, ergeben sich die Informationsansprüche aus § 666 BGB und der Herausgabeanspruch auch aus § 667 BGB. Dagegen besteht bei einem Gefälligkeitsverhältnis höchstens ein eingeschränkter Informationsanspruch aus § 242 BGB. Da die Bevollmächtigung im privaten Bereich zumeist unentgeltlich erfolgt, was eine Geschäftsbesorgung ausschließt, ist im Regelfall zwischen einem Auftrag und einer Gefälligkeit abzugrenzen. Auftrag und Gefälligkeit haben die Unentgeltlichkeit und die Fremdnützigkeit gemeinsam.

---

93 Krug/Daragan/Krug Die Immobilie im Erbrecht § 4 Rn. 90.
94 OLG München FamRZ 2013, 1071 = BeckRS 2012, 24447.
95 OLG Stuttgart ZEV 2012, 430.
96 BGH NJW-RR 2013, 145.
97 Horn ZEV 2016, 373.
98 Abgrenzung zu Bevollmächtigtem: MüKoBGB/ Schubert BGB § 164 Rn. 50 ff.
99 Horn ZEV 2016, 373.

Idealerweise ist im Innenverhältnis ausdrücklich vereinbart, dass rechtliche Grundlage ein Auftrag iSd § 662 BGB ist. Das kann und sollte zumindest in der Vollmacht aufgenommen werden; ein separater Vertrag ist hierfür nicht erforderlich. 57.1

Fehlt eine eindeutige Vereinbarung, ist durch Prüfung festzustellen, ob ein Auftrag vorliegt. Dabei ist das entscheidende Abgrenzungskriterium, ob zwischen den Parteien ein entsprechender Rechtsbindungswille vorlag.[100] Liegt dieser vor, handelt es sich bei einer unentgeltlichen Tätigkeit um einen Auftrag.[101] Maßgeblich ist, wie sich dem objektiven Beobachter nach Treu und Glauben unter Berücksichtigung der Umstände des Einzelfalls mit Rücksicht auf die Verkehrssitte das Handeln darstellt.[102] Eine vertragliche Bindung wird laut BGH[103] anzunehmen sein, wenn erkennbar ist, dass für den Leistungsempfänger wesentliche Interessen wirtschaftlicher Art auf dem Spiel stehen und er sich auf die Leistungszusage verlässt. Gleiches gilt, wenn der Leistende ein rechtliches oder wirtschaftliches Interesse hat.[104] Entscheidend ist nicht der innere Wille, sondern wie sich das Verhalten der Parteien einem objektiven Betrachter darstellt.[105] Ein Rechtsbindungswille fehlt zumeist bei Gefälligkeitshandlungen des täglichen Lebens.[106] 57.2

Auch die persönlichen Beziehungen der Beteiligten sind indiziell:[107] Ein „besonderes Vertrauen" soll gegen einen Rechtsbindungswillen sprechen.[108] Da Vollmachten zumeist aufgrund eines besonderen Vertrauensverhältnisses erteilt würden, deute dies darauf hin, dass keine Auskunft und Rechenschaft geschuldet seien.[109] Ein Rechtsbindungswille liegt dagegen nahe, wenn *„sich der aus der Vereinbarung Begünstigte erkennbar auf die Zusage des anderen, eine bestimmte Tätigkeit zu entfalten, verläßt, und für ihn erhebliche Werte auf dem Spiel stehen."*[110] Laut OLG Karlsruhe spreche ein „besonders Vertrauensverhältnis" für einen Auftrag mit rechtlichen Verpflichtungen.[111] Für die Annahme eines Rechtsbindungswillens spricht, dass nach der Lebenserfahrung dem Bevollmächtigten bewusst ist, dass die Vollmacht eine rechtliche Wirkung hat.[112] So ist die Vorsorgevollmacht auf die umfassende Vertretung angelegt. Folglich spricht sich *Kollmeyer*[113] zurecht bei Vorsorgevollmachten zugunsten eines Rechtsbindungswillen aus, da der Vollmachtgeber bei Eintritt des Vorsorgefalls besonders schutzbedürftig sei, da er nicht mehr selbst zur Überprüfung der Tätigkeit des Bevollmächtigten in der Lage sei. 58

Allein aufgrund der Erteilung einer Kontovollmacht soll nicht schon auf einen Rechtsbindungswillen geschlossen werden können.[114] Nach der hier vertretenen Auffassung[115] ist schon bei Kontovollmachten grundsätzlich ein Rechtsbindungswille anzunehmen, vor allem, wenn die Konten im Wesentlichen das ganze Vermögen des Erblassers ausmachen oder sich nicht unerhebliche Werte auf den Konten befinden.[116] Auch das OLG Karlsruhe nimmt bei der Erledigung von Geldgeschäften einen Rechtsbindungswillen an.[117] In diesen Fällen drängt sich auch einem unbedarften Bevollmächtigten auf, dass es sich nicht um einen bloßen „Gefallen" für den Bevollmächtigten handeln kann. Es besteht ein essentielles Interesse des Vollmachtgebers an einer korrekt ausgeführten Tätigkeit. Der Rechtsbindungswille liegt zudem nahe, wenn ein Be- 59

---

100 OLG Celle BeckRS 2023, 2078 Rn. 7; Grüneberg/Sprau Vorb. BGB § 662 Rn. 4; Burandt/Rojahn/Kurze BGB § 662 Rn. 3.
101 BeckOGK BGB/Riesenhuber § 662 Rn. 55 ff.
102 BGH NJW 2015, 2880; vgl. BeckOK BGB/Fischer BGB § 662 Rn. 3.
103 BGH NJW 2015, 2880; so auch OLG Schleswig BeckRS 2014, 12054 = FamRZ 2014, 1397 und auch OLG Karlsruhe BeckRS 2017, 113330 Rn. 27 = ErbR 2017, 570.
104 OLG Schleswig BeckRS 2014, 12054 = FamRZ 2014, 1397.
105 Burandt/Rojahn/Kurze BGB § 662 Rn. 3.
106 Staudinger/Martinek/Omlor BGB § 662 Rn. 9.
107 Vgl. BGH NJW 2000, 3199; OLG Düsseldorf ZEV 2007, 184.
108 OLG Brandenburg BeckRS 2009, 10120 bei jahrzehntelanger Freundschaft.
109 OLG Köln ZEV 2013, 339.
110 OLG Hamm NJW-RR 1997, 1007 (1008).
111 OLG Karlsruhe ErbR 2017, 570 = BeckRS 2017, 113330 Rn. 28.
112 Burandt/Rojahn/Kurze BGB § 662 Rn. 5.
113 Kollmeyer NJW 2017, 1137 (1138).
114 BGH NJW 2000, 3199 (3200); OLG Brandenburg BeckRS 2009, 10120; OLG Brandenburg BeckRS 2013, 6305; krit. Kollmeyer NJW 2017, 1137 (1138), der sich eher bei einer Kontovollmacht für einen Auftrag ausspricht.
115 Weitere Kriterien bei BeckOGK BGB/Riesenhuber BGB § 662 Rn. 56.3.
116 LG Hamburg BeckRS 2011, 29764; AG Ahaus BeckRS 2015, 18515.
117 OLG Karlsruhe ErbR 2017, 570.

kannter regelmäßig mit Bargeldabhebungen beauftragt wird.[118] Eine erhebliche wirtschaftliche Bedeutung spricht für den Rechtsbindungswillen.[119]

59.1 Nach dem OLG Brandenburg[120] würde durch die Erteilung einer umfassenden Vorsorgevollmacht ein Auftragsverhältnis entstehen. In einem späteren Urteil entschied das OLG Brandenburg[121] über das Rechtsverhältnis zwischen Vollmachtgeberin zu ihrer bevollmächtigten Schwiegertochter differenziert: Durch die zunächst erteilte Kontovollmacht bestand nur ein Gefälligkeitsverhältnis; erst durch die Vorsorgevollmacht wurde ein Auftragsverhältnis begründet, zumal im Vollmachtstext das Wort „Auftragsverhältnis" enthalten war. Dagegen hat das LG Kleve[122] bei einer Kontovollmacht, die die Mutter ihrem Sohn erteilt hat, ohne Weiteres ein Auftragsverhältnis angenommen. Wenn sich die geistige Leistungsfähigkeit der Vollmachtgeberin schon vor Vollmachtserteilung verschlechtert hatte, stellte dies ein Indiz für einen Rechtsbildungswillen dar.[123] Es bedurfte der rechtlichen Verbindlichkeit der der Vollmacht zugrunde liegenden Rechte und Pflichten der Bevollmächtigten. Auch das OLG Karlsruhe[124] nimmt ein Auftragsverhältnis an, wenn ein Familienangehöriger Geldgeschäfte für einen anderen erledigt (hier die Tochter für die Mutter).

60 Zurückhaltung hinsichtlich der Annahme des Rechtsbindungswillens ist aber bei **extrem engen persönlichen Beziehungen** zwischen den Beteiligten geboten. Ein besonderes Vertrauensverhältnis spricht gegen eine vertragliche Bindung und damit für ein Gefälligkeitsverhältnis.[125] Die Beteiligten schenken sich hier ein besonderes Vertrauen, welches es nicht zu rechtfertigen vermag, den anderen Partner einseitig mit dem Risiko zu belasten, Ausgaben genauer angeben oder belegen zu müssen.[126] So liegt bei Ehegatten selbst dann in der Regel kein Auftragsverhältnis vor, wenn einer von ihnen die Wirtschaftsführung im Wesentlichen allein übernimmt und alle verfügbaren Mittel im Wesentlichen aus Einkünften oder dem Vermögen des anderen Ehegatten fließen.[127] Entsprechendes gilt hinsichtlich der Partner der nichtehelichen Lebensgemeinschaft, da nach dem OLG Düsseldorf[128] auch hier das besondere Vertrauensverhältnis gegen die Informationspflichten spricht. Nur bei weiteren objektiven Kriterien könne in diesen Konstellationen eine vertragliche Verpflichtung bejaht werden. Unter Ehegatten kann auch von einer konkludenten Freistellung von Auskunftspflichten ausgegangen werden.[129] Nach *Kurze* kann im Einzelfall auch unter Ehegatten Auftragsrecht anzunehmen sein, wenn wichtige Geschäfte weitgehend übernommen werden.[130] So sähe der BGH[131] in § 1413 BGB einen Ansatz für die Vermögensverwaltung des einen für den anderen Ehegatten, was einen schuldrechtlichen Vertrag voraussetze. Dagegen wirbt *Kollmeyer*[132] für die Privilegierung von Ehegatten mit dem Argument der mangelnden Schutzbedürftigkeit, wenn der längerlebende Bevollmächtigte auch Alleinerbe des vorverstorbenen Ehegatten wird. Er spricht sich damit gegen ein Auftragsverhältnis aus. Nach der hier vertretenen Auffassung besteht kein Grund für die Privilegierung von Ehegatten.[133] Warum soll ein Ehegatte etwa nach einem mehrmonatigen Koma nicht seinen Ehegatten auf Informationsrechte in Anspruch nehmen können? *Martinek/Omlor*[134] betonen schließlich, dass auch im Rahmen einer Ehe Auftragsverhältnisse vorliegen können.

---

118 OLG Naumburg NJOZ 2003, 657.
119 OLG Celle BeckRS 2023, 2078 Rn. 8.
120 OLG Brandenburg BeckRS 2012, 20726.
121 OLG Brandenburg BeckRS 2013, 21257; zuvor auch BeckRS 2013, 6305.
122 LG Kleve BeckRS 2013, 16370.
123 OLG Brandenburg BeckRS 2013, 21257.
124 OLG Karlsruhe BeckRS 2017, 113330 Rn. 28 = ErbR 2017, 570.
125 OLG Brandenburg BeckRS 2013, 6305.
126 Vgl. BGH NJW 2000, 3199 (3200); OLG Düsseldorf ZEV 2007, 184 (185).
127 BGH NJW 1986, 1870 (1871); NJW 2000, 3199 (3200).
128 OLG Düsseldorf ZEV 2007, 184 (185) mAnm Muscheler; ebenso LG München BeckRS 2010, 28347 und in diese Richtung auch OLG Zweibrücken BeckRS 2004, 9275; aA OLGR Köln 1995, 51.
129 OLG Celle BeckRS 2023, 2078.
130 Burandt/Rojahn/Kurze BGB § 662 Rn. 9.
131 BGH NJW 2000, 3199.
132 BSG NJW 2017, 1136 (1138).
133 Horn ZEV 2015, 373 (374).
134 Staudinger/Martinek/Omlor BGB § 662 Rn. 9a.

In seinem Beschluss vom 26.6.2008 hat der BGH[135] zutreffend klargestellt, dass diese Rechtsprechung zur Annahme nur einer Gefälligkeit nicht ohne Weiteres auf andere Fallgestaltungen mit familiärem oder persönlichem Einschlag Anwendung finden kann. Selbst bei bevollmächtigten Kindern ist daher außerordentliche Zurückhaltung bei der Verneinung eines Rechtsbindungswillens geboten.[136] Es bedarf vielmehr konkreter Anhaltspunkte dafür, dass aufgrund des besonderen Vertrauens keine Informationspflichten für die Zukunft entstehen.[137] Nicht in die Linie der Rechtsprechung des BGH passt ein Urteil des LG Bonns:[138] Es lehnte einen Rechtsbindungswillen ab, da zwischen verstorbener Vollmachtgeberin und ihrem Bevollmächtigten ein langjähriges, „besonderes Freundschafts- und Vertrauensverhältnis" bestand. Die Besonderheit bestand indes anscheinend darin, dass der Bevollmächtigte gar nicht auf „rechtsgeschäftlichen Auftrag" tätig geworden war, sondern eher im Rahmen von „Unterstützungs- und Hilfeleistungen". Die Anforderungen hierzu sind sehr hoch. Zu weitgehend ist daher das OLG Naumburg,[139] das keinen Rechtsbindungswillen zwischen der Großmutter und ihrem bevollmächtigten Enkel feststellte. Ebenfalls nicht überzeugend ist eine Entscheidung des OLG Kölns:[140] Keine Auskünfte und Rechenschaftslegung waren dort aufgrund des besonderen Vertrauensverhältnisses geschuldet. Das wurde zwischen Mutter und Tochter gesehen, da die Tochter in unmittelbarer Nachbarschaft wohnte, sich um die Versorgung der Mutter und deren Pflegekräfte kümmerte und nicht lediglich Bankvollmacht vorlag.

Wird der Bevollmächtigte für seine Dienste in Zusammenhang mit der Kontovollmacht bezahlt, so ist in der Regel allein deswegen von einem Geschäftsbesorgungsvertrag nach § 675 BGB auszugehen, der ua auf §§ 666, 667 BGB verweist.

E. Informationsrechte nach § 666 BGB

Liegt nun ein Auftragsverhältnis oder ein Geschäftsbesorgungsvertrag zwischen vollmachtgebendem Erblasser und Bevollmächtigtem vor, können die anderen Miterben über §§ 666, 1922, 2039 BGB (ggf. iVm § 675 Abs. 1 BGB) die drei Informationsansprüche nach § 666 BGB von dem (miterbenden) Bevollmächtigten fordern.[141] Die Pflichten aus § 666 BGB enden schließlich nicht mit dem Tod des Auftraggebers, sondern gehen auf die Erben über.[142] Die Benachrichtigungspflicht nach § 666 Var. 1 BGB ist in dieser Konstellation weniger bedeutend. Die Ansprüche aus § 666 BGB gegen den Bevollmächtigten können auch dann geltend gemacht werden, wenn ein Miterbe sich selbst bei anderen Stellen wie Banken Auskünfte einholen kann.[143] Ggf. kann die eidesstattliche Versicherung verlangt werden (§§ 259 f. BGB). Ein Zurückbehaltungsrecht nach § 273 BGB steht dem Beauftragen nicht zu; er ist vorleistungspflichtig.[144] Bei einem Gefälligkeitsverhältnis können sich Auskunftsansprüche höchstens aus § 242 BGB ergeben.[145]

I. Umfang der Informationsansprüche

1. Auskunftspflicht (§ 666 Var. 2 BGB). Die Auskunftspflicht ist mehr auf den gegenwärtigen Stand des Geschäfts gerichtet, kann aber auch nachträglich gefordert werden.[146] Ihrem Inhalt nach richtet sich die reine Auskunftspflicht aus § 666 Var. 2 BGB danach, „was nach dem Ge-

---

135 BGH ZErb 2009, 91; so auch OLG Karlsruhe BeckRS 2017, 113330 Rn. 28 = ErbR 2017, 570; hierzu auch Staudinger/Martinek/Omlor BGB § 662 Rn. 9a.
136 Horn/Schabel NJW 2012, 3473 (3474); dem folgend OLG Brandenburg BeckRS 2013, 6305 und OLG Schleswig BeckRS 2014, 12054.
137 BGH ZErb 2009, 91.
138 LG Bonn MittBayNot 2017, 157 mkritAnm Spernath.
139 OLG Naumburg BeckRS 2008, 11185; ebenfalls abl. Litzenburger FD ErbR 2008, 262567.
140 OLG Köln ZEV 2013, 339.
141 Klagemuster bei BeckOF ErbR/Fleischer Form. 6.9.3 und Klageerwiderung Form. 6.9.4; bei Bonefeld/Kroiß/Tanck Erbprozess/Bittler/Kind § 2 Rn. 233; allg. zu den Informationsrechten: Sarres ZEV 2013, 312.
142 NK-BGB/Schwab BGB § 666 Rn. 11.
143 OLG München BeckRS 2012, 14122.
144 RGZ 102, 110 (111); Staudinger/Martineck/Omlor BGB § 666 Rn. 16; NK-BGB/Schwab BGB § 666 Rn. 12.
145 Muscheler ZEV 2007, 184.
146 BeckOGK BGB/Riesenhuber BGB § 666 Rn. 26.

genstand der Besorgung, der Üblichkeit im Geschäftsverkehr, dem Zweck der verlangten Information unter Berücksichtigung von Treu und Glauben erwartet werden kann."[147] In diesem Tätigkeitsbericht können Informationen enthalten sein, die über den Rechenschaftsbericht nach § 666 Var. 3 BGB hinausgehen.[148] Bezieht sich die Vollmacht auf ein Vermögen, ist auch ein Bestandsverzeichnis nach § 260 Abs. 1 BGB vorzulegen. Die Auskunftspflicht ist grundsätzlich schriftlich zu erfüllen, bedarf aber keiner Unterschrift.[149] Es kann sowohl nur die Beantwortung einzelner Fragen als auch ein Gesamtbericht verlangt werden.[150] Auskünfte können während des ganzen Auftragsverhältnisses gefordert werden.[151]

65 **2. Rechenschaftspflicht (§ 666 Var. 3 BGB).** § 666 Var. 3 BGB normiert einen weiteren Anspruch: Die **Rechenschaftslegung** ist ein ins Einzelne gehender Bericht über die gesamte Ausführung.[152] Nach dem Gesetzeswortlaut besteht dieser Anspruch erst nach Ausführung des Auftrages. Dieser Begriff wird weitgehend synonym mit der Rechnungslegung verwendet.[153] Richtigerweise ist indes eine Rechenschaft weitergehender.[154] Inhalt und Umfang des Rechenschaftsanspruchs bemessen sich nach §§ 259, 261 BGB.[155] Damit ist die Pflicht „*im Sinne einer Darlegung und Erläuterung, Nachweisung und Begründung der vermögensmäßigen Auftragsabwicklung (Einnahmen und Ausgaben) verbunden.*"[156] Es wird im Hinblick auf § 259 BGB eine „geordnete Zusammenstellung der Einnahmen und Ausgaben" geschuldet,[157] und zwar in verständlicher Form und mit Datum, Betrag und Verwendungszweck. Erforderlich ist eine Darlegung und Erläuterung, Nachweisung und Begründung der vermögensmäßigen Auftragsabwicklung.[158] Die Angaben müssen so detailliert und verständlich sein, dass der Berechtigte ohne fremde Hilfe in der Lage ist, seine Ansprüche nach Grund und Höhe zu überprüfen.[159] Dazu darf er nicht auf weitere Erläuterungen durch den Bevollmächtigten angewiesen sein.[160] Es muss nicht nur der derzeitige Zustand, sondern auch die Entwicklung hierzu aufgezeigt werden.[161] Sie muss schriftlich erfolgen.[162] Die Rechenschaftspflicht soll die Geltendmachung von Herausgabeansprüchen vorbereiten, also einen Überblick verschaffen, was der Beauftragte „aus der Geschäftsführung erlangt" hat und was er von dem „zur Ausführung des Auftrages" Erhaltene etwa noch behalten hat.[163] Zudem diene der Anspruch zur Information, was dem Beauftragen als Auswendungsersatzanspruch gem. § 670 BGB zustehen könnte. Nicht ausreichend ist es, nur Kontoauszüge oder Buchungsübersichten vorzulegen.[164]

65.1 Im Grundsatz geht der **Auskunftsanspruch** (Var. 2) in dem Rechenschaftsanspruch (Var. 3) auf, so dass es in der Praxis ausreichend ist, nur den Rechenschaftsanspruch, ggf. rein deklaratorisch ergänzt durch den Anspruch auf Rechnungslegung, geltend zu machen. Inhaltlich geht der Anspruch nach § 666 Var. 3 BGB über den Anspruch nach § 666 Var. 2 BGB weit hinaus.[165] Nach Erfüllung des Rechenschaftsanspruchs besteht mithin nicht mehr der Anspruch auf Auskunft.[166] Ist die erteilte Rechenschaft **unzureichend**, besteht der Anspruch auf ergänzende Auskünfte aus § 666 Var. 3 BGB.[167] Hat der Bevollmächtigte keinen Gebrauch von der Vollmacht gemacht, hat er eine **Negativverklärung** abzugeben.[168]

---

147 BGH NJW 2012, 917 (919).
148 Trimborn von Landenberg Erbfall § 3 Rn. 65.
149 Grüneberg/Grüneberg BGB § 260 Rn. 14; Kurze/Kurze VorsorgeR BGB § 666 Rn. 7.
150 Erman/Berger BGB § 666 Rn. 13.
151 BGH NJW 2012, 917 (918).
152 BeckOGK BGB/Riesenhuber BGB § 666 Rn. 34, 40; hierzu ausführlich: Volmer MittBayNot 2016, 386.
153 Kurze/Kurze VorsorgeR BGB § 666 Rn. 8.
154 BGH NJW 2012, 58 Rn. 12; Erman/Berger BGB § 666 Rn. 15.
155 OLG München BeckRS 2012, 14122; so auch Staudinger/Martinek/Omlor BGB § 666 Rn. 14.
156 OLG München BeckRS 2012, 14122.
157 BGH NJW 1982, 573 (574); NK-BGB/Schwab BGB § 666 Rn. 5.
158 Staudinger/Martinek/Omlor BGB § 666 Rn. 14.
159 OLG München ZEV 2018, 149 (151); BeckOK BGB/Lorenz BGB § 259 Rn. 10.
160 Jülicher ErbR 2011, 645 (647).
161 Grüneberg/Grüneberg BGB § 259 Rn. 8; OLG Köln NJW-RR 1989, 528.
162 Kurze/Papenmeier VorsorgeR BGB § 259 Rn. 5.
163 Staudinger/Martinek/Omlor BGB § 666 Rn. 12.
164 OLG München BeckRS 2017, 134185 Rn. 40.
165 Erman/Berger BGB § 666 Rn. 15.
166 BGHZ 93, 327 (329).
167 BGH NJW 1985, 2699; BeckOGK BGB/Riesenhuber BGB § 666 Rn. 35.
168 Kurze/Papenmeier VorsorgeR BGB § 259 Rn. 7.

E. Informationsrechte nach § 666 BGB

Umfasst von diesem Informationsanspruch sind ergänzende Informationen und **Belege**.[169] Fehlende Belege muss der Bevollmächtigte aus seiner Erinnerung heraus durch Eigenbelege ersetzen.[170] Nur eine Belegvorlage ohne eine geordnete Zusammenstellung ist nicht ausreichend."[171] Es ist Sache des Verpflichteten, sich dieser Arbeit zu unterziehen.[172] *Kurze* weist zutreffend darauf hin, dass dies alles sehr aufwändig sein kann.[173]

65.2

Fälligkeit: Grundsätzlich kann Rechenschaft erst nach Beendigung des Auftrags verlangt werden.[174] So wird die Rechnungslegung mit Beendigung des Auftrages fällig,[175] ist aber nur auf Verlangen zu erteilen.[176] Dies gilt nicht absolut: Durch ausdrückliche oder stillschweigende Abrede kann Rechenschaftslegung nach periodischen Zeitabschnitten geschuldet sein.[177] Eine Negativauskunft ist möglich und erfüllt den Anspruch: So kann sich die Rechenschaftslegung aus der Erklärung ergeben, dass keine Umsätze vorhanden sind.[178] Der Beauftragte ist der Erfüllung des Anspruchs aus § 666 Var. 3 BGB vorleistungspflichtig, auch vor der Erfüllung bei ihm des Aufwendungsersatzanspruchs nach § 670 BGB.[179] Ein Zurückbehaltungsrecht steht ihm nicht zu.

65.3

Besteht Grund zur Annahme, dass die in der erteilten Rechnung enthaltenen Angaben nicht mit der erforderlichen Sorgfalt gemacht wurden, besteht der Anspruch auf Abgabe der eidesstattlichen Versicherung (§ 259 Abs. 2 BGB).[180]

65.4

II. Kein Informationsinteresse erforderlich

Der Vollmachtgeber bzw. dessen Erbe muss kein besonderes Interesse für sein Auskunfts- und Rechenschaftslegungsersuchen dartun.[181] Es reicht sein *„allgemeines Interesse"* zur Kontrolle.[182]

66

III. Einrede der Verjährung

Der Auskunfts- bzw. der Rechenschaftsanspruch verjähren innerhalb der dreijährigen Regelverjährungsfrist der §§ 195, 199 Abs. 1 BGB. Dennoch können so Auskunfts- und Rechenschaftsansprüche – bis zur Grenze der Verwirkung – für weit zurückliegende Zeitpunkte geltend gemacht werden.[183]

67

Die Auskunft gem. § 666 Var. 2 BGB setzt ein Verlangen des Vollmachtgebers (bzw. dessen Erben) voraus, so dass dieser erst dann fällig wird.[184] Es handelt sich also um einen verhaltenen Anspruch.[185] Die ganz herrschende Meinung schloss daraus, dass die Verjährungsfrist erst mit der Geltendmachung beginnt.[186] Jedenfalls hat der BGH[187] entschieden, dass die Verjährung des Auskunftsanspruchs nicht vor Beendigung des Auftragsverhältnisses zu laufen beginnt. Anders ist dies aber, wenn eine periodische Pflicht zur Auskunft vereinbart wurde; die Verjährung beginnt dann für jeden Zeitpunkt gesondert zu laufen.[188]

68

---

169 BGH NJW 1990, 510 (511); OLG München BeckRS 2017, 134185 Rn. 42; Kollmeyer NJW 2017, 1137 (1139); BeckOGK BGB/Riesenhuber BGB § 666 Rn. 34.
170 Volmer MittBayNot 2016, 386 (387).
171 OLG Köln NJW-RR 1989, 528; BeckOK BGB/Fischer BGB § 666 Rn. 10; Volmer MittBayNot 2016, 386 (387).
172 OLG Saarland NJW-RR 2000, 229.
173 Kurze/Kurze VorsorgeR BGB § 666 Rn. 9.
174 MüKoBGB/Schäfer BGB § 666 Rn. 29; Erman/Berger BGB § 666 Rn. 16 unter Verweis auf RGZ 56, 116 (117f.); Staudinger/Martinek/Omlor BGB § 666 Rn. 12.
175 NK-BGB/Schwab BGB § 666 Rn. 5.
176 Staudinger/Martinek/Omlor BGB § 666 Rn. 13.
177 BGH NJW 2012, 56 (61); Grüneberg/Sprau BGB § 666 Rn. 4.
178 OLG Saarland NJW-RR 2000, 220.
179 Staudinger/Martinek/Omlor BGB § 666 Rn. 16.
180 Zu den Voraussetzungen Kurze/Papenmeier VorsorgeR BGB § 259 Rn. 17ff.
181 AG Mannheim BeckRS 2012, 10821; aA für § 666 Var. 2 BGB: OLG Schleswig BeckRS 2011, 28866.
182 BGH NJW 2012, 58 (49).
183 BGH NJW 2012, 917 (919).
184 OLG Schleswig BeckRS 2011, 28866.
185 BGH NJW 2012, 917 (919); OLG Düsseldorf ZEV 2016, 259.
186 BeckOK BGB/Henrich BGB § 199 Rn. 10; Grüneberg/Ellenberger BGB § 199 Rn. 8.
187 BGH NJW 2012, 917 (919).
188 Vgl. BGH NJW 2012, 917.

69 Der Rechenschaftsanspruch gem. § 666 Var. 3 BGB verjährt grundsätzlich erst ab Beendigung des Auftrags[189] und umfasst den gesamten Zeitraum der Bevollmächtigung.[190] Vereinbarungen über Rechenschaftslegung in periodischen Zeitabschnitten sind auch hier möglich. Dann wäre bezüglich des Verjährungsbeginns wieder an diese Zeitpunkte anzuknüpfen.[191] In den meisten Fällen wird die Vollmacht und das ihr zugrunde liegende Auftragsverhältnis nicht durch den Tod des Erblassers erloschen sein (vgl. §§ 672, 168 S. 1 BGB). Das Auftragsverhältnis würde dann erst durch den Widerruf enden (§§ 671 Abs. 1, 168 S. 1, 2 BGB). Die Verjährung beginnt dann erst mit Zugang der Willenserklärung, frühestens mit dem Tod des Vollmachtgebers oder zuvor bei Kündigung.

IV. Einwendungen des Bevollmächtigten gegen die Ansprüche aus § 666 BGB

70 Gegen die Ansprüche aus § 666 BGB kann der Bevollmächtigte einwenden, dass der Vollmachtgeber (konkludent) verzichtet hat bzw. dass die Geltendmachung gegen Treu und Glauben verstößt.[192] Die Voraussetzungen an einen Verzicht sind aber höher als an einen Verstoß gegen Treu und Glauben.[193]

71 **1. Konkludenter Verzicht.** Der Vollmachtgeber kann auf die Ansprüche nach § 666 BGB ausdrücklich oder konkludent verzichtet haben.[194] Der Anspruch ist aber nicht gänzlich abdingbar, da der Vollmachtgeber sich dadurch der Willkür des Beauftragten und nicht nachweisbarer Schädigung durch diesen aussetzen würde.[195] Ein stillschweigender Verzicht iSd § 397 BGB des Vollmachtgebers auf Auskunftserteilung oder auf Rechnungslegung wird jedoch lt. OLG München[196] auch gegenüber einem besonders vertrauenswürdigen Beauftragten nur in engen Ausnahmefällen und bei ganz besonderen Umständen angenommen werden dürfen, etwa dann, wenn der Auftraggeber während langjähriger Verwaltung niemals Rechnungslegung verlangt.[197] Umstände bzgl. größerer Beträge sind aber in der Regel von einem konkludenten Verzicht nicht erfasst.[198] Ein vollständiger Verzicht auf die Ansprüche nach § 666 BGB kann auch dann nicht angenommen werden, wenn der Vollmachtgeber über Jahre sich mit der Entgegennahme „runder Beträge" begnügte.[199]

72 **2. Verstoß gegen Treu und Glauben.** Ferner kann es ausnahmsweise[200] gegen Treu und Glauben nach § 242 BGB verstoßen, nach einem längeren Zeitraum der Nichtgeltendmachung die Ansprüche noch einzufordern.[201] Das gilt besonders für Sachverhalte mit familiärem und persönlichem Einschlag.[202] Maßgebend ist die Nichtgeltendmachung durch den Erblasser, was sich dessen später die Auskünfte fordernde Miterbe zurechnen lassen muss. Diese Fallkonstellationen sind aber meistens durch besonders enge persönliche oder familiäre Bindungen untereinander geprägt.[203] Der Bevollmächtigte kann sich dann auf sein schützenswertes Vertrauen berufen, er habe sich nicht darauf einrichten müssen, später detailliert Auskünfte unter Belegvorlage zu erteilen.[204] Das OLG Düsseldorf[205] begründet das wie folgt: *„Ein solches Verlangen wäre in einem intakten familiären Vertrauensverhältnis indes ungewöhnlich und wegen des damit ange-*

---

189 BGH NJW 2012, 58 (61); NJW 2012, 917; Horn AnwForm Vorsorgevollmachten/Plottek § 22 Rn. 7.
190 OLG München BeckRS 2012, 14122.
191 BGH NJW 2012, 58 (61).
192 Klageerwiderung für den verklagten Bevollmächtigten: BeckOF ErbR/Fleischer Form. 6.9.4.
193 OLG Hamm BeckRS 2012, 18422.
194 OLG München BeckRS 2012, 14122; OLG Hamm BeckRS 2012, 18422; Staudinger/Martinek/Omlor BGB § 666 Rn. 18.
195 Str., so BeckOK BGB/Fischer BGB § 666 Rn. 7.
196 OLG München BeckRS 2012, 14122; so auch Staudinger/Martinek/Omlor BGB § 666 Rn. 18.
197 Entsprechend: Trimborn von Landenberg Erbfall § 3 Rn. 176 und Volmer MittBayNot 2016, 386 (388).
198 BGH NJW 2001, 1131.
199 BGH ZEV 2001, 194.
200 Erman/Berger BGB § 666 Rn. 7; Staudinger/Martinek/Omlor BGB § 666 Rn. 19.
201 BGH NJW 2012, 58 (60); BeckRS 2008, 17591; NJW-RR 1987, 963 (964).
202 BeckOK BGB/Fischer BGB § 666 Rn. 6.
203 OLG Düsseldorf BeckRS 2009, 18495; FamRZ 1999, 1423 = OLGR 1999, 6; OLG Hamm BeckRS 2012, 18422.
204 BGH NJW 2012, 58 (60).
205 OLG Düsseldorf FamRZ 1999, 1423 = OLGR 1999, 6.

deuteten Mißtrauens geeignet, die zwischenmenschlichen Beziehungen erheblich zu belasten." Andernfalls würden wünschenswerte Hilfeleistungen im engen persönlichen Umfeld mit unvertretbaren Risiken für den Helfer belastet und auf Vertrauen begründete zwischenmenschliche Beziehungen rechtlichen Notwendigkeiten wie durch Quittungserfordernisse unterworfen, die im täglichen Leben weder üblich sind noch von juristischen Laien zu überblicken wären. Nach dem OLG Köln[206] sei es auch nicht zumutbar, dass der Bevollmächtigte über jede kleine Ausgabe genau Buch führe und jeden gekauften Artikel genau buchhalterisch erfasse. Kein Vertrauensbestand kann *Trimborn von Landenberg*[207] zufolge die altersbedingte Passivität des Vollmachtgebers begründen. Auch steht es jedem frei, die Verjährungsfristen auszuschöpfen.

Ein Treueverstoß kann auch nur insoweit vorliegen, als sehr detaillierte Auskünfte und Rechnungslegung verlangt werden.[208] Die Treuwidrigkeit kann sich auch aufgrund von Schikane oder gesundheitlichen Problemen des Bevollmächtigten ergeben.[209] Auch wenn der Miterbe sich zu lange nach dem Erbfall Zeit gelassen hat, einen Bevollmächtigten wegen Auskünften in Anspruch zu nehmen, kann dieser Auskunftsanspruch verwirkt sein. Das nahm zumindest das OLG Koblenz[210] bei einem Zeitraum von zehn Jahren zwischen Erbfall und erstmaliger Geltendmachung der Auskunftsansprüche an. Der Verwirkungseinwand könne aber nicht hinsichtlich Grundbesitz und Kontenguthaben erhoben werden. Auch zehn Jahre später könnten die Umstände noch recherchiert werden. Die Verwirkung bezöge sich indes auf solche Begebenheiten, die nun nicht mehr nachvollzogen werden können. 73

3. Nachträgliche Zweifel an der Zuverlässigkeit. Einen Verstoß gegen Treu und Glauben kann der Bevollmächtigte aber dann nicht einwenden, wenn sich nachträglich herausstellt, dass Zweifel an seiner Zuverlässigkeit und seiner Geschäftsführung berechtigt sind.[211] Dann verlangt es wiederum Treu und Glauben, dass die Ansprüche nach § 666 BGB trotz *„jahrelangen Zuwartens"* wieder geltend gemacht werden können.[212] An diese Zweifel sind hohe Anforderungen zu stellen; *„einzelne Irrtümer und kleinere Unregelmäßigkeiten"* reichen nicht aus.[213] Entsprechendes gilt bei einem (teilweisen) Verzicht.[214] Diese Zweifel nahm das OLG Hamm[215] in einem Fall durch folgende Berechnung an: Nach Abzug von Pflege- und Mietkosten waren in 6,5 Jahren 130.000 EUR und damit monatlich ca. 1.600 EUR abgehoben worden. Es sei nicht plausibel, dass der Vollmachtgeber weitere Ausgaben in einem solchen Umfang gehabt haben soll. 74

4. Unmöglichkeit. Der Verpflichtete kann sich nicht einfach darauf berufen, dass ihm die Auskunftserteilung unmöglich ist. So ist dieser gehalten, *„alle zumutbaren Möglichkeiten zu erschöpfen, die für die Auskunft erforderlichen Erkenntnisse zu gewinnen"*, und wird sein *„Erinnerungsvermögen gehörig anspannen müssen."*[216] Für die Frage der Unmöglichkeit ist gleichgültig, ob zur Auskunftserteilung Kosten entstehen.[217] Etwas anders kann im Einzelfall höchstens dann gelten, wenn eine Aufstellung für die Rechnungslegung weder aus den Unterlagen noch aus der Erinnerung gefertigt werden kann.[218] 75

5. Erfüllung. Grundsätzlich kann der Bevollmächtigte die Erfüllung der Ansprüche nach § 666 BGB einwenden (§ 362 BGB); er ist hierfür beweispflichtig.[219] Im Zusammenhang mit dem Auskunftsanspruch gegenüber einer Bank hat der BGH[220] indes entschieden, dass Auskünfte erneut verlangt werden können, wenn glaubhaft gemacht wird, dass die erteilten Informationen 76

---

206 OLG Köln ZEV 2013, 339 (340).
207 Trimborn von Landenberg Erbfall § 3 Rn. 187.
208 OLG Hamm BeckRS 2012, 18422.
209 Trimborn von Landenberg Erbfall § 3 Rn. 178 ff.
210 OLG Koblenz ZErb 2014, 72 (74).
211 BGH BeckRS 2008, 17591; NJW-RR 1987, 963 (964); OLG Schleswig BeckRS 2011, 28866; vgl. OLG Köln ZEV 2013, 339 (340); BeckOK BGB/Fischer BGB § 666 Rn. 11.
212 OLG Düsseldorf BeckRS 2009, 18495; BGH NJW 1963, 950 (951).
213 OLG Düsseldorf BeckRS 2009, 18495.
214 BGH BeckRS 1984, 31071097.
215 OLG Hamm ZEV 2008, 600 (601).
216 OLG Hamm BeckRS 2010, 18006.
217 OLG München BeckRS 2017, 134185 Rn. 29.
218 BeckOK BGB/Fischer BGB § 666 Rn. 12.
219 NK-BGB/Schwab BGB § 666 Rn. 15.
220 BGH NJW 1989, 1601 (1602).

verloren gegangen seien und dem Kreditinstitut die erneute Auskunftserteilung noch möglich und zumutbar ist. Diese Entscheidung ist auf die hiesigen Konstellationen nicht unbedingt übertragbar. Hat der Bevollmächtigte gegenüber dem Betreuer Auskunft erteilt, stehen einer Miterbin nach der betreuten Person wegen Erfüllung keine Auskunftsansprüche mehr zu.[221] Wenn die Rechnungslegung zwar schon erfüllt wurde, aber die Abrechnung nach dem Erbfall nicht mehr vorhanden ist, kann sich eine erneute Verpflichtung aus § 242 BGB ergeben.[222]

76.1 Dem Bevollmächtigten ist zu raten, sich von Zeit zu Zeit die Erfüllung quittieren zu lassen, etwa wie folgt:

▶ Hiermit quittiere ich, ..., die Erfüllung sämtlicher, sich aus § 666 BGB ergebenden Ansprüche auf Benachrichtigung, Auskunft und Rechnungslegung bis zum Tag meiner nachfolgenden Unterschriften, die mir aufgrund der von mir erteilten Vollmacht vom ... gegenüber ... zustehen. Vorsichtshalber verzichte ich auf die Geltendmachung etwaiger offener Informationsansprüche, und zwar wiederum bis zum Tag meiner nachfolgenden Unterschrift. ... ist mithin nicht mehr verpflichtet, vor dem jeweiligen Datum meiner Unterschrift diese Informationen nach § 666 BGB entweder mir oder meinen Erben zu erteilen. Ich bestätige zudem die Ordnungsmäßigkeit der etwaigen Tätigkeit meinem Bevollmächtigten und erteile ihm Entlastung, jeweils bis zum Datum der Unterschrift. Gelder, die er zulasten meiner Bankkonten abgeholt hat, hat er zur Auslagenerstattung verwendet bzw. mir übergeben. Vorsorglich erkläre ich insoweit einen Verzicht.

Dies gilt jeweils bis zum Tag meiner Unterschrift. ◀

76.2 Das OLG Köln[223] ist der Auffassung, dass es zur Erfüllung der Auskunftspflichten durch die bevollmächtigte Tochter ausreichen würde, wenn diese vorträgt, dass sie das abgehobene Bargeld weitgehend zur Deckung des täglichen Lebensbedarfes der Mutter ausgegeben habe bzw. dass hiermit das Pflegepersonal bezahlt worden sei. Die Ausgaben hätten sich im Rahmen der Einnahmen verhalten.

F. Herausgabe-, Bereicherungs- und Schadensersatzansprüche

I. Mögliche Rechtsgrundlagen

77 Als Rechtsgrundlage für Herausgabe-, Bereicherungs- und Schadensersatzansprüche kommen §§ 667 ff. BGB; §§ 280 ff. BGB; § 823 Abs. 2 BGB iVm §§ 246, 266 StGB und vor allem § 812 Abs. 1 BGB in Betracht.[224] Bei dem Anspruch kann es sich um einen verschuldensunabhängigen Herausgabeanspruch nach § 667 BGB sowie um einen verschuldensabhängigen Schadensersatzanspruch nach §§ 667, 280 BGB handeln.[225] Der Unterschied wirkt sich nur aus, soweit eine zweckwidrige Verwendung des aufgrund des Auftrages Erlangtem in anderer Weise als durch Vereinnahmung des Beauftragten selbst oder die Frage des § 279 BGB aF steht, so das OLG Brandenburg.[226]

77.1 Der Miterbe kann dann im eigenen Namen über §§ 1922, 2039 BGB iVm den genannten Anspruchsgrundlagen von dem Bevollmächtigten Gelder etc zurückfordern, aber nur zur Zahlung an die Erbengemeinschaft.[227] Unabhängig davon kann auch in Betracht zu ziehen sein, dass ein Vertrag nichtig ist. So nahm der BGH[228] die Nichtigkeit eines Vertrages aufgrund der Sittenwidrigkeit an, wo der von § 181 BGB befreite Bevollmächtigte ein Geschäft zum Nachteil des Vollmachtgebers abgeschlossen hatte.

---

221 OLG Köln ErbR 2017, 741 (742).
222 Burandt/Rojahn/Kurze BGB § 666 Rn. 10.
223 OLG Köln ZEV 2013, 339 (340).
224 Muster einer Herausgabeklage: BeckOF ErbR/Fleischer Form. 6.9.5 mit Erwiderung Form. 6.9.6; Muster einer Stufenklage: BeckOF ErbR/Fleischer Form. 6.9.7.; hierzu ausführlich Kollmeyer NJW 2017, 1137 (1140 f.); mustergültige und praxisorientierte Begründung bei OLG Karlsruhe BeckRS 2017, 113330 = ErbR 2017, 570.
225 OLG Brandenburg BeckRS 2013, 21257.
226 OLG Brandenburg BeckRS 2013, 21257.
227 OLG Brandenburg BeckRS 2013, 6305; LG Kleve BeckRS 2013, 16370.
228 BGH NZG 2014, 389; vgl. BeckOK BGB/Schäfer BGB § 167 Rn. 50.

II. Ansprüche aus Auftragsverhältnis

1. Grundsätzliches. Bei bestehendem Auftragsverhältnis hat der Schuldner alles, *"was er zur Ausführung des Auftrags erhält"* (§ 667 Var. 1 BGB) bzw. *"was er aus der Geschäftsbesorgung erlangt"*, herauszugeben (§ 667 Var. 2 BGB).[229] Bei Unmöglichkeit der Herausgabe sind §§ 667, 280 BGB einschlägig.[230]

Aus der Geschäftsbesorgung erlangt ist jeder Vorteil, den der Bevollmächtigte aufgrund eines inneren Zusammenhangs mit der Führung des Geschäfts erhalten hat.[231] Umstritten ist, ob dies auch Gegenstände umfasst, die der Bevollmächtigte in Abweichung vom Vertragsinhalt oder von Weisungen erlangt hat.[232] Diese Frage ist wegen des festzustellenden inneren Zusammenhangs zu bejahen. Für den Anspruch nach § 667 BGB ist unerheblich, ob bei Barauszahlungen der Bevollmächtigte Eigentum oder Besitz an den Geldscheinen erlangte.[233]

In dem Fall des OLG Karlsruhe[234] hatte die bevollmächtigte Tochter der Erblasserin innerhalb eines Jahres 5.920 EUR abgehoben; der alleinerbende Sohn forderte diesen Betrag von seiner Schwester. Die Rückforderung nach § 667 BGB verneinte das Gericht. So hätte die Tochter aufgrund eines mit der Erblasserin abgeschlossenen Betreuungsvertrags auf weitaus höhere Zahlungen Anspruch gehabt. Daher hätte die Tochter die Beträge nicht innerhalb eines Auftrages zu verwenden gehabt.

2. Beweislast zunächst bei dem Gläubiger. Der Gläubiger hat neben dem Auftragsverhältnis zu beweisen, was der Bevollmächtigte erhalten bzw. erlangt hat.[235] Das ist entweder etwa durch Vorlage von Kontenunterlagen oder durch die vorherige Geltendmachung des Auskunftsanspruchs nach § 666 BGB[236] möglich, ggf. durch eine Stufenklage.[237] Der dem Miterben obliegende Beweis gelingt auch dadurch, dass bei Überweisungen auf das eigene Konto des Bevollmächtigten Kontoauszüge und weitere Buchungsbelege bzw. bei Barabhebungen hierzu erforderliche Aufträge von der Bank des Vollmachtgebers angefordert werden können.[238] Diese können Kopien der erforderlichen Belege übersenden, mit denen sich dann die Unterschrift des Bevollmächtigten nachweisen lässt. Der Beweis, dass der Bevollmächtigte Gelder erlangt hat, ist dann schwierig bis unmöglich, wenn er Gelder mittels EC-Karte und der persönlichen PIN des Erblassers abgehoben hat.[239] Denn der Bevollmächtigte kann behaupten, der Erblasser sei höchstpersönlich am Bankautomat gewesen.

Der Grundsatz der Beweislastverteilung, wonach der Bevollmächtigte die Auftragsausführung zu beweisen hat, gilt dem OLG Hamm[240] zufolge nicht oder nur eingeschränkt, wenn der Bevollmächtigte als Auftraggeber seinen Anspruch auf Rechnungslegung iSv § 666 BGB verloren hat, weil er ihn jahrelang nicht geltend gemacht hat und seine nachträgliche Erhebung gegen Treu und Glauben verstößt.

Der Gläubiger hat ebenfalls den Inhalt des Auftrages darzulegen und zu beweisen.[241] Der BGH[242] hat aber dem Bevollmächtigten in einem Fall hierzu die sekundäre Darlegungslast auferlegt, wenn dieser von den Erben des Vollmachtgebers in Anspruch genommen wurde. Die

---

[229] OLG Bremen ZEV 2010, 480 (481); OLG Brandenburg BeckRS 2013, 6305 (§ 667 Alt. 2 BGB); Horn AnwForm Vorsorgevollmachten/Plottek § 22 Rn. 35.
[230] BGH NJW-RR 2008, 1373 (1374); NJW 2002, 2459 (2460); OLG Hamm ZEV 2008, 600.
[231] BGH NJW-RR 2004, 1290.
[232] Dafür OLG Koblenz BeckRS 2007, 10384; Erman/Berger BGB § 667 Rn. 9; Grüneberg/Sprau BGB § 667 Rn. 3; dagegen verneinend MüKoBGB/Schäfer BGB § 667 Rn. 12.
[233] OLG Düsseldorf FamRZ 1999, 1423 = OLGR 1999, 6.
[234] OLG Karlsruhe BeckRS 2017, 113330 Rn. 22 = ErbR 2017, 570.
[235] BGH NJW-RR 2008, 1373 (1374); NJW 1989, 1206; Erman/Berger BGB § 667 Rn. 16; Horn AnwForm Vorsorgevollmachten/Plottek § 22 Rn. 40.
[236] BGH NJW 1991, 1884.
[237] Klagemuster: Trimborn von Landenberg Erbfall § 3 Rn. 146 und BeckOF ErbR/Fleischer Form. 6.9.7.
[238] Vgl. OLG Naumburg BeckRS 2007, 4081.
[239] Trimborn von Landenberg Erbfall § 4 Rn. 124 ff.
[240] OLG Hamm NJOZ 2013, 597.
[241] BGH NJW-RR 2004, 927; BeckOK BGB/Fischer BGB § 667 Rn. 22.
[242] BGH NJW-RR 2008, 1373 (1374).

klagenden Erben würden außerhalb des Geschehenslaufes stehen und dem verklagten Bevollmächtigten seien nähere Angaben zumutbar. Demzufolge reicht seitens des Bevollmächtigten hinsichtlich der Frage des erteilten Auftrages nicht ein einfaches Bestreiten; vielmehr muss er die geltend gemachten Weisungen unter Darlegung der für das Gegenteil sprechenden Tatsachen und Umstände substantiiert bestreiten.[243]

83 **3. Beweislast für auftragsgemäße Verwendung bei dem Bevollmächtigten.** Dagegen trägt der Bevollmächtigte die Darlegungs- und Beweislast für die auftragsgemäße Verwendung dessen, was er entweder erhalten oder erlangt hat.[244] Alternativ muss er den Verbleib der Gegenstände nachweisen.[245] Die Beweislast für die pflichtwidrige Verwendung obliegt nur dann dem Gläubiger, wenn ein nachträgliches Abrechnungsverlangen wegen Unzumutbarkeit nicht mehr gerechtfertigt sei.[246] Eine solche Ausnahme hat das OLG Hamm[247] für den Fall festgestellt, dass der Vollmachtgeber den Rechnungslegungsanspruch aus § 666 BGB verloren hat, indem er diesen jahrelang nicht geltend gemacht hat (→ Rn. 81).[248] Dann obliegt dem Bevollmächtigten auch nicht mehr die Beweislast für die auftragsgemäße Verwendung.[249] Eine Ausnahme, die wiederum zu der Beweisbelastung des Bevollmächtigten führt, besteht darin, dass der Gläubiger Zweifel an dessen Zuverlässigkeit beweisen konnte; daran sind „*hohe Anforderungen*" zu stellen.[250] Solche Zweifel hat der BGH[251] für den Fall bestätigt, in dem „*ein nicht unbeträchtlicher Teil des Erlangten*" nicht mehr vorhanden war. Das OLG Schleswig[252] nimmt zutreffend eine Beweiserleichterung zugunsten des Bevollmächtigten nach Treu und Glauben an, wenn Abhebungen für den täglichen Bedarf in Rede stehen und aufgrund des Vertrauensverhältnisses niemals Abrechnungen oder Quittungen verlangt wurden.

84 Der Bevollmächtigte kann Beweis für die auftragsgemäße Verwendung des Geldes führen, indem er Quittungen des Vollmachtgebers vorlegt oder Zeugen für die Geldübergabe benennt.[253] Auch kann er Rechnungen und Kassenzettel von Geschäften vorlegen, aus denen sich die auftragsgemäße Verwendung ergibt.[254]

85 Oft ist dies nicht möglich. Der Anspruchsgegner kann sich auch darauf berufen, dass die Geldmittel für den **Lebensunterhalt** und für sonstige Zwecke des Vollmachtgebers verwandt wurden. Hierzu muss der Bevollmächtigte „hinreichende Anknüpfungstatsachen" beweisen.[255] Es muss sich zudem um verhältnismäßige Beträge handeln; große Beträge lassen sich so nicht erklären. Jedoch hat das LG Kleve[256] den bevollmächtigten Sohn in einer Einzelfallentscheidung nicht verurteilt, den von ihm unstreitig zu Lebzeiten der Mutter abgehobenen Geldbetrag von 11.000 EUR an die aus ihm und dem fordernden Bruder bestehende Erbengemeinschaft nach der gemeinsamen Mutter zurückzuerstatten. Bei Würdigung der Gesamtsituation wäre es für den bevollmächtigten Sohn unzumutbar, nachträglich Rechenschaft abzulegen und die Rückzahlungen der nicht nachweisbar verwendeten Geldbeträge vorzunehmen. Der Natur der familiären Situation würde es nicht entsprechen, wenn der Bevollmächtigte sich stets hätte Quittungen von der Mutter geben lassen. In diese Richtung zielt auch OLG Düsseldorf:[257] Die bevollmächtigte Tochter der verstorbenen Erblasserin hatte die Abhebung von 380 EUR und von viermal 200 EUR mit der Erstattung von Aufwendungen für die im Altersheim lebende Mutter

---

243 BeckOK BGB/Fischer BGB § 667 Rn. 22.
244 BGH BeckRS 2012, 14989; NJW-RR 2008, 1373 (1374); NJW-RR 2004, 927; NZI 2005, 681 (682); OLG Bremen ZEV 2010, 480 (481); OLG Hamm BeckRS 2012, 18422; LG Kleve BeckRS 2013, 16370; OLG Brandenburg BeckRS 2013, 6305.
245 Erman/Berger BGB § 667 Rn. 16.
246 OLG Hamm ZEV 2008, 600 unter Verweis auf OLG Düsseldorf BeckRS 1998, 8321.
247 OLG Hamm BeckRS 2012, 18422.
248 Ebenso OLG Düsseldorf FamRZ 1999, 1423 = OLGR 1999, 6.

249 OLG Düsseldorf FamRZ 1999, 1423 = OLGR 1999, 6.
250 OLG Düsseldorf FamRZ 1999, 1423 = OLGR 1999, 6.
251 BGH NJW-RR 1987, 963 (964).
252 OLG Schleswig BeckRS 2014, 12054.
253 Kurze/Kurze VorsorgeR BGB § 667 Rn. 9.
254 Vgl. OLG Düsseldorf FamRZ 1999, 1423 = OLGR 1999, 6.
255 OLF Brandenburg BeckRS 2013, 21257.
256 LG Kleve BeckRS 2013, 16370.
257 OLG Karlsruhe ErbR 2017, 570 = BeckRS 2017, 111904 Rn. 38.

erklärt; sie wurde hierzu angehört. Damit sah das OLG Düsseldorf schon die auftragsgemäße Verwendung bzw. die Herausgabe an die Erblasserin als nachgewiesen an.

III. Deliktische Ansprüche

Ein Anspruch aus § 823 Abs. 1 BGB ist nicht einschlägig. Wenn der Bevollmächtigte das Geld auf sein Konto überweist oder weisungswidrige Abhebungen vornimmt, verletzt er kein absolutes Recht im Sinne des § 823 Abs. 1 BGB.[258] 86

Es können Ansprüche nach § 823 Abs. 2 BGB iVm § 266 Abs. 1 Alt. 1 StGB (Missbrauchstatbestand) bzw. § 246 StGB (Unterschlagung) in Betracht kommen. Diese sind auch bei einem bloßen Gefälligkeitsverhältnis einschlägig.[259] 87

Wer auftragswidrig Geld auf sein Konto überweist, erfüllt den Missbrauchstatbestand des § 266 Abs. 1 Alt. 1 StGB.[260] So wird durch die Bankvollmacht dem Bevollmächtigten die Befugnis eingeräumt, über fremdes Vermögen zu verfügen. Entsprechendes gilt, wenn der Bevollmächtigte sich Gelder in bar auszahlen lässt. Es ist dann gleichgültig, ob in dieser Konstellation daneben auch der Treuebruchtatbestand der Alt. 2 gegeben ist. Die auch in der Missbrauchsalternative erforderliche Vermögensbetreuungspflicht ergibt sich aus der Erteilung der Bankvollmacht bzw. aus der Überlassung der Scheckkarte mit persönlicher Geheimzahl.[261] Der Bevollmächtigte missbraucht seine Verfügungsbefugnis, indem er die Bank zur Abbuchung der Beträge veranlasst und dadurch dem Vermögen des Erblassers einen Schaden zufügt.[262] 87.1

Nicht anders beurteilt werden kann das Verhalten, wenn der Bevollmächtigte sich die Gelder auszahlen lässt. Es kann dahinstehen, ob in dieser Konstellation auch der Missbrauchstatbestand oder nur der Treuebruchtatbestand der Alt. 2 gegeben ist.[263] Jedenfalls liegt die erforderliche Vermögensbetreuungspflicht durch die Bankvollmacht vor und der Bevollmächtigte verletzt diese Pflicht, indem er treuwidrig Gelder abhebt oder an sich nimmt.[264] 88

§ 246 StGB kann allenfalls bei Barabhebungen von dem Konto verwirklicht werden, Überweisungen auf das eigene Konto werden nicht erfasst.[265] Denn die Unterschlagung setzt als Tatobjekt eine „*fremde bewegliche Sache*" voraus", bei einer Überweisung wird indes lediglich eine Forderung übertragen. Die weisungswidrige Barabhebung und Verwendung der Gelder stellt eine Unterschlagung dar. Das abgehobene Geld ist eine fremde bewegliche Sache. Es bedarf einer willensgetragenen Unterschlagungshandlung, das Geld für sich zu behalten.[266] Der Bevollmächtigte wird nicht durch die Auszahlung Eigentümer des Geldes nach § 929 S. 1 BGB, da er gegenüber der Bank als Stellvertreter des Berechtigten handelt (§ 167 Abs. 1 Alt. 2 BGB).[267] 89

Die Beweislast für die Verwirklichung der Unterschlagung bzw. der Untreue trägt der Gläubiger, also der Miterbe.[268] Bei einer vorsätzlichen, sittenwidrigen Schädigung kann auch § 826 BGB in Betracht kommen.[269] Zutreffend weist *Kollmeyer*[270] auf die Schwierigkeiten der Durchsetzung solcher Deliktsansprüche hin, da der Gläubiger für das Verwirklichen der Straftat und das Verschulden darlegungs- und beweisbelastet ist. Dagegen zeigt sich die Verteilung der Darlegungs- und Beweislast für den Gläubiger günstiger, zumal § 280 BGB sogar das Verschulden vermutet. 90

---

258 BeckOK BGB/Förster BGB § 823 Rn. 175.
259 NK-BGB/Schwab BGB § 662 Rn. 10.
260 OLG Koblenz NStZ 2012, 330; vgl. OLG Frankfurt BeckRS 2010, 28151; vgl. OLG Naumburg BeckRS 2007, 4081; vgl. OLG Koblenz FamRZ 2002, 1513; Horn AnwForm Vorsorgevollmachten/Plottek § 22 Rn. 47.
261 Fischer StGB § 266 Rn. 39; Horn AnwForm Vorsorgevollmachten/Plottek § 22 Rn. 47; OLG Hamm BeckRS 2003, 30320265.

262 Vgl. OLG Koblenz BeckRS 2011, 20785.
263 So OLG Hamm BeckRS 2003, 30320265.
264 OLG Frankfurt BeckRS 2010, 28151.
265 OLG Brandenburg BeckRS 2010, 15185.
266 NK-NachfolgeR/Holling StGB § 246 Rn. 3.
267 Grüneberg/Herrler BGB § 929 Rn. 23.
268 OLG Bremen ZEV 2010, 480 (482); OLG Brandenburg BeckRS 2009, 10120.
269 Vgl. OLG Frankfurt BeckRS 2010, 20151.
270 NJW 2017, 1137 (1141).

IV. Ansprüche aus Bereicherungsrecht

91 **1. Grundlagen.** Die wohl gängigste Anspruchsgrundlage aus diesem Bereich ist § 812 Abs. 1 S. 1 Alt. 2 BGB (ohne Rechtsgrund etwas erlangt).[271] Dieser ist auch einschlägig, wenn es nicht gelingt, ein Auftragsverhältnis zu beweisen.[272] Der Bevollmächtigte hat durch die missbräuchliche Überweisung auf sein Konto die Gutschrift des entsprechenden Betrages erlangt,[273] hat mithin einen Auszahlungsanspruch gegen die Bank.[274] Wenn er sich die Beträge auszahlen lässt, hat der Bevollmächtigte zumindest das Geld erlangt. Er ist nicht Eigentümer geworden. Ob er das Erlangte durch Leistung des Erblassers erhalten hat oder durch Eingriff in eine diesem zugewiesene Rechtsposition, bedarf keiner näheren Erörterung; es ist die Bereicherung zumindest auch auf Kosten des Erblassers eingetreten. Es liegt bei Missbrauch der Kontovollmacht auch kein Rechtsgrund für die Bereicherung vor.

92 Zwischen § 667 BGB und § 812 Abs. 1 S. 1 BGB kann zumindest insoweit kein Alternativverhältnis bestehen, wenn man auch die auftragswidrige Erlangung des Geldes als von § 667 BGB erfasst betrachtet. Etwa das OLG Bremen[275] nahm auch beide Anspruchsgrundlagen bei der Verurteilung zur Zahlung an. Auch kann § 812 Abs. 1 S. 1 BGB neben deliktischen Ansprüchen herangezogen werden.[276]

93 **2. Beweislast.** Grundsätzlich muss der Bereicherungsgläubiger die Voraussetzungen für den Anspruch darlegen und beweisen.[277]

94 **a) Etwas erlangt.** Der Bevollmächtigte wird sich häufig einlassen, dass er überhaupt nichts erlangt bzw. das Geld in Übereinstimmung mit dem Erblasser abgehoben habe. Bei Überweisungen auf sein Konto steht fest, dass er etwas erlangt hat (Auszahlungsanspruch gegen Bank bzw. Gutschrift des Betrages auf dem Konto).[278] Häufig lässt sich dem Bevollmächtigten auch durch entsprechende Auszahlungsbelege der Bank nachweisen, dass er Abhebungen vorgenommen hat. Mithin kann so zumeist leicht der Beweis erbracht werden, dass der Bevollmächtigte etwas erlangt hat.[279] Der Anspruchssteller ist dafür beweisbelastet, dass der Bevollmächtigte etwas erlangt hat.[280]

95 **b) Ohne Rechtsgrund.** Ein Rechtsgrund für die Bereicherung liegt bei Vollmachtsmissbrauch nicht vor. *Papenmeier*[281] schildert übliche Behauptungen von Bevollmächtigten.

95.1 Grundsätzlich trägt der Gläubiger, hier der Miterbe, auch beim Merkmal „ohne rechtlichen Grund" die Darlegungs- und Beweislast,[282] obwohl es sich um ein negatives Tatbestandsmerkmal handelt.[283] Liegen laut BGH[284] indes unstreitige Tatumstände für die Schlussfolgerung vor, der Schuldner habe etwas ohne rechtlichen Grund erlangt, so bedarf es nicht einer „*besonderen Darlegung des Fehlens eines rechtlichen Grundes.*" Das sei schon dann anzunehmen, wenn der Schuldner von einem Sparbuch des Gläubigers einen Betrag abgehoben habe. Mittlerweile haben sowohl das OLG Bremen[285] als auch das OLG Bamberg[286] für die Frage der bestimmungsgemäßen Verwendung und damit des Rechtsgrundes dem Bevollmächtigten die Beweislast auferlegt. Der Bevollmächtigte beruft sich in diesen Fällen regelmäßig entweder

---

[271] OLG Brandenburg BeckRS 2013, 6305; OLG Zweibrücken BeckRS 2004, 9275.
[272] Trimborn von Landenberg Erbfall § 3 Rn. 34.
[273] Kurze/Papenmeier VorsorgeR BGB § 812 Rn. 3 ff.
[274] BGH NJW 2006, 1965.
[275] OLG Bremen ZEV 2010, 480.
[276] OLG Frankfurt BeckRS 2010, 28151.
[277] Grüneberg/Sprau BGB § 812 Rn. 76; Horn Anw-Form Vorsorgevollmachten/Plottek § 22 Rn. 46.
[278] BGH NJW 2006, 1965 (1966).
[279] AA OLG Brandenburg BeckRS 2009, 10120, wonach im dortigen Einzelfall die Bank nur das Vermögen des Vollmachtgebers mehren wolle und erst von einem „Erlangten etwas" bei feststehendem Missbrauch der Kontovollmacht und Einverleibung der Gelder in das Vermögen des Bevollmächtigten auszugehen sei.
[280] OLG Brandenburg BeckRS 2013, 6305.
[281] Kurze/Papenmeier VorsorgeR BGB § 812 Rn. 7.
[282] BGH ZEV 2007, 182; ZEV 2003, 207; OLG Brandenburg BeckRS 2008, 8084.
[283] BGH NJW 1999, 2887.
[284] BGH NJW 1999, 2887.
[285] OLG Bremen ZEV 2010, 480 (481).
[286] OLG Bamberg ZEV 2004, 207 mzustAnm Damrau; so auch LG Kassel BeckRS 2012, 20769.

auf eine Schenkung des Vollmachtgebers zu seinen Gunsten oder auf die Übergabe an den Vollmachtgeber bzw. auf erfolgte Zahlungen für den Vollmachtgeber.

Für den Fall der behaupteten Schenkung hat der BGH[287] mit seinem Urteil vom 14.11.2006 praxistaugliche Rechtssicherheit geschaffen. Der BGH begründet diese vom Grundsatz abweichende Beweislastverteilung mit Blick auf das Regel-Ausnahmeverhältnis gesetzlicher Vorschriften. Behauptet der Bevollmächtigte als Rechtsgrund nur eine formlose Schenkung, fehlt es an dem gem. § 518 Abs. 1 BGB erforderlichen notariell beurkundeten Schenkungsversprechen. Die unwirksame Schenkung kann durch Vollzug geheilt werden (§ 518 Abs. 2 BGB), worauf der angeblich beschenkte Bevollmächtigte sich dann beruft. Der angeblich Beschenkte müsse dann Umstände beweisen, die den nach § 518 Abs. 2 BGB für die Wirksamkeit des behaupteten Schenkungsversprechens erforderlichen Tatbestand ausfüllen. Dazu der BGH:[288] *„Denn wer die Heilung des Formmangels nach § 518 Abs. 2 BGB geltend macht, beruft sich auf einen Sachverhalt, der den Eintritt der nach § 125 S. 1 BGB an sich gesetzlich vorgesehenen Rechtsfolge hindert."* 96

Wie der BGH[289] in seinem Urteil vom 14.11.2006 aber auch betont, können in dieser Konstellation mittelbare Tatsachen beweiserheblich werden, *„wenn sie geeignet sind, Rückschlüsse darauf zuzulassen, dass der Handlung, die in die fremde Rechtsposition eingreift, ein Schenkungsversprechen zugrunde liegt."* So darf sich der Gläubiger nicht zu sicher fühlen, dass ein *non-liquet* zu seinen Gunsten ausgeht. Wenn es dem Bevollmächtigten gelingt, Tatsachen vorzutragen, welche zumindest mittelbar darauf schließen lassen, dass ein Schenkungsversprechen vorlag, so kann dies seinen Anspruch zu Fall bringen. 97

Entsprechendes wird für den Fall gelten, dass der Bevollmächtigte angibt, er habe die Beträge zur Lebensführung des Vollmachtgebers ausgegeben, indem er etwa Einkäufe getätigt sowie dem Erblasser jeweils etwas Bargeld gegeben habe. Zunächst ist er hierfür beweisbelastet. Soweit sich aber die Höhe der (monatlichen) Beträge im Rahmen dessen bewegt, was von der Höhe her für den üblichen Lebensstandard des Erblassers erforderlich ist, bewirkt dies die Beweisbelastung zugunsten des Gläubigers. In diesem Fall sind „mittelbare Tatsachen" beweiserheblich geworden. In diese Richtung geht auch das Urteil des OLG Karlsruhe:[290] Dort hatte die bevollmächtigte Tochter für die Erblasserin viermal 200 EUR abgehoben. Der alleinerbende Sohn forderte ua diesen Betrag von seiner Schwester. Den Beweis, dass die Tochter das „Taschengeld" an die Erblasserin herausgegeben hatte, konnte sie durch ihre informatorische Anhörung vor Gericht erbringen; die Angaben seien dem Senat zufolge glaubwürdig gewesen. Dieses Urteil belegt, dass Entscheidungen entsprechend der Lebenserfahrung und vom Ergebnis her zielorientiert ergehen können. 98

3. Entreicherung. Der Bevollmächtigte kann sich ggf. auf Entreicherung nach § 818 Abs. 3 BGB berufen.[291] 99

V. Verjährung der Ansprüche

1. Regelverjährung von 3 Jahren. Die oben genannten Ansprüche verjähren innerhalb der dreijährigen Regelverjährungsfrist der §§ 195, 199 Abs. 1 BGB (kenntnisunabhängig max. zehn Jahre).[292] Beim bereicherungsrechtlichen Rückforderungsanspruch beginnt die Verjährung also frühestens mit dem Schluss des Jahres, in dem der Bevollmächtigte das Geld bzw. die Gutschrift 100

---

[287] BGH ZEV 2007, 182 (183); vgl. zuvor NJW 1986, 2107 (2108); so auch LG Hagen BeckRS 2014, 6884.
[288] BGH ZEV 2007, 182 (183); vgl. OLG Frankfurt BeckRS 2010, 28151.
[289] BGH ZEV 2007, 182 (183).
[290] OLG Karlsruhe BeckRS 2017, 113330 Rn. 31 = ErbR 2017, 570.
[291] OLG Brandenburg BeckRS 2013, 6305.
[292] Grüneberg/Ellenberger BGB § 195 Rn. 4 f., BGB § 199 Rn. 16; Grüneberg/Sprau BGB § 667 Rn. 9.

auf seinem Konto durch die Abhebung erlangt hat.[293] Gleiches gilt hinsichtlich Schadensersatzansprüche aus § 823 BGB bzw. § 280 BGB, da diese erst mit Eintritt des Schadens entstehen.[294]

101 Anders kann es sich hinsichtlich des Anspruchs aus Auftrag nach § 667 BGB verhalten. Zwar könnte man sich auch hier auf den Standpunkt stellen, dass der Anspruch mit Erlangung des Geldes bzw. der Gutschrift entstanden ist. Entstanden ist der Anspruch jedoch erst, wenn er im Wege der Klage geltend gemacht werden kann, also grundsätzlich mit Fälligkeit.[295] Sofern keine Abreden diesbezüglich im Auftragsverhältnis existieren, ist zu unterscheiden: Der Herausgabeanspruch auf das durch die Ausführung des Auftrags Erhaltene nach § 667 Var. 2 BGB wird regelmäßig erst dann fällig, wenn *„der Zweck erreicht oder endgültig verfehlt wurde."*[296] Spätestens tritt die Fälligkeit also bei Beendigung des Auftrags ein.[297] Bezüglich des Erlangten kann die Fälligkeit schon eintreten, wenn der Beauftragte den Gegenstand erhalten hat.[298] Dabei wird immer wieder betont, dass sich dies aber nach den Umständen des Einzelfalls richtet.[299] Je nachdem, ob bei § 667 BGB die Var. 1 oder die Var. 2 entscheidend ist, können sich also die Verjährungsfristen unterscheiden. Bei Var. 1 kommt es darauf an, ab wann von der Zweckverfehlung auszugehen ist. Wenn man schon die zweckwidrige Abhebung als Zweckverfehlung ansieht, ist zu diesem Zeitpunkt auch Fälligkeit eingetreten. Dann unterscheiden sich beide Ansichten nicht. Anders aber, wenn man darauf abstellt, dass endgültige Verjährung erst eingetreten ist, wenn das Geld dem Erblasser bzw. dessen Erben während des Auftrags nicht zurückgegeben wurde. Dann beginnt die Verjährung erst mit Beendigung des Auftragsverhältnisses.[300]

102 Die subjektive Komponente des § 199 Abs. 1 Nr. 2 BGB ist zu beachten. Erst wenn auch der Gläubiger die entsprechende Kenntnis hat, läuft die Verjährungsfrist. Die Kenntnis des Erblassers als Rechtsvorgänger ist dabei aber seinen Miterben zuzurechnen.[301] Deshalb muss immer genau darauf geachtet werden, ob es Anhaltspunkte dafür gibt, dass der Erblasser von missbräuchlichen Überweisungen bzw. Abhebungen Kenntnis erlangt hat oder ohne grobe Fahrlässigkeit hätte Kenntnisse erlangen müssen.

103 **2. 10 Jahre bei deliktischen Ansprüchen.** Bei eingetretener Verjährung hinsichtlich der bisher genannten Ansprüche kann § 852 BGB helfen. § 852 S. 1 BGB beinhaltet eine eigene Anspruchsgrundlage für unerlaubte Handlungen (etwa § 823 Abs. 2 iVm § 246 StGB bzw. § 266 StGB oder § 826 BGB). Der Anspruch nach § 852 S. 2 BGB verjährt kenntnisunabhängig erst in zehn Jahren von der Entstehung an.[302]

G. Einstweiliger Rechtsschutz[303]

I. Überblick

104 Zum Schutz des Mandanten ist stets auf Seiten des Vollmachtgebers bzw. seines Erben die Sicherung etwaiger Ansprüche durch ein Verfahren im einstweiligen Rechtsschutz zu erwägen. In Betracht kommt ein Arrestverfahren gemäß §§ 916 Abs. 1, 917 Abs. 1 ZPO. Dies ist erfolgreich, wenn ein Arrestanspruch und ein Arrestgrund vorliegen.

II. Arrestanspruch

105 Hinsichtlich des Arrestanspruches ist der Sachverhalt glaubhaft zu machen, wonach Ansprüche nach § 676 BGB, § 823 Abs. 2 BGB iVm Strafgesetzen bzw. § 812 Abs. 1 S. 1 BGB in Betracht kommen. Im Idealfall können Kontoauszüge und Aufträge zur Überweisung bzw. zur Baraus-

---

293 Trimborn von Landenberg Erbfall § 4 Rn. 207.
294 Vgl. MüKoBGB/Grothe BGB § 199 Rn. 9.
295 Grüneberg/Ellenberger BGB § 199 Rn. 3.
296 BGH NZI 2005, 681.
297 Vgl. Grüneberg/Sprau BGB § 667 Rn. 8.
298 BGH NZI 2005, 681; BeckOK BGB/Fischer BGB § 667 Rn. 4.
299 BGH NJW 2012, 58 (61); NZI 2005, 681.
300 So auch Trimborn von Landenberg Erbfall § 4 Rn. 205.
301 Grüneberg/Ellenberger BGB § 199 Rn. 26.
302 Staudinger/Vieweg BGB § 852 Rn. 13.
303 Aus Horn ZEV 2016, 373 (376).

zahlung vorgelegt werden, aus denen die Transaktionen zulasten des Vollmachtgebers und zugunsten des Bevollmächtigten einschließlich dessen Unterschrift hervorgehen. Dabei dürfen die Anforderungen an einen ausreichend substantiierten Vortrag nicht überspannt werden.[304]

III. Arrestgrund

Problematisch bei Arrestverfahren ist oftmals, ob das Gericht einen Arrestgrund annimmt. Hierzu muss zu besorgen sein, dass ohne dessen Verhängung die Vollstreckung des Urteils vereitelt oder wesentlich erschwert würde. Die Vermutung nach § 917 Abs. 2 ZPO kommt zumeist nicht in Betracht, da hierzu das Urteil im Ausland vollstreckt werden müsste und die Gegenseitigkeit nicht verbürgt sein dürfte.[305]

Allein ausreichend ist nicht eine Straftat oder unerlaubte Handlung des Arrestgegners. Gleichwohl hat es Vorteile, wenn der Arrestanspruch sich auf eine strafbare Handlung stützen kann, wobei hier § 266 StGB bzw. § 246 StGB in Betracht kommt.[306] Das OLG Hamm[307] hat zutreffend festgestellt, dass bei Vorliegen der „den Tatbestand eines vermögensbezogenen Strafgesetzes erfüllenden Tatsachen" regelmäßig im Falle ihrer Glaubhaftmachung von einem Arrestgrund auszugehen" sei, „wobei es im Einzelfall auf die Eignung der Tathandlungen ankommt, eine Gefährdung der Vollstreckung etwa durch weitere Verschleierung oder Täuschungshandlungen wahrscheinlich erscheinen zu lassen". In dem entschiedenen Fall hatte ohne erkennbaren Auftrag der Bevollmächtigte 135.000 EUR in Einzelbeträgen von 5.000 EUR und 10.000 EUR auf sein eigenes Konto überwiesen. Laut OLG Hamm rechtfertigt das die Annahme, der Bevollmächtigte werde seine rechtsfeindliche Verhandlungsweise fortsetzen, um den rechtswidrig erlangten Vermögensvorteil zu behalten, also die Zwangsvollstreckung zu vereiteln. So habe der Bevollmächtigte auch nach dem Erbfall des Vollmachtgebers Überweisungen von insgesamt 50.000 EUR auf sein eigenes Konto vorgenommen.

---

304 OLG Hamm ZEV 2016, 280.
305 Horn AnwForm Vorsorgevollmachten/Kroiß § 16 Rn. 72.
306 Horn AnwForm Vorsorgevollmachten/Kroiß § 16 Rn. 73.
307 OLG Hamm ZEV 2016, 280.

Teil 2
Verfahrensrecht

Teil 2

Verfahrensrecht

23. Gesetz über das Verfahren in Familiensachen und in den Angelegenheiten der freiwilligen Gerichtsbarkeit (FamFG)

Vom 17. Dezember 2008 (BGBl. I S. 2586, 2587)
(FNA 315-24)
zuletzt geändert durch Art. 12 Abs. 21 BürgergeldG vom 16. Dezember 2022 (BGBl. I S. 2328)
– Auszug –

Literatur allgemein:
Beck'scher Online-Kommentar FamFG, 42. Ed. Stand 1.4.2022 (zitiert: BeckOK FamFG/Bearbeiter); Bahrenfuss, FamFG Freiwillige Gerichtsbarkeit, 11. Auflage 2015; FamFG, 2. Auflage 2017; *Fleischer/ Horn*, Beck'sche Online-Formulare Erbrecht (zitiert: BeckOF ErbR/Bearbeiter); *Horndasch/Viefhues*, FamFG, Kommentar zum Familienverfahrensrecht, 3. Auflage 2014; *Keidel* (hrsg. v. *Engelhardt/Sternal*), FamFG, 20. Auflage 2020; *Klinger*, Münchener Prozessformularbuch: Erbrecht, 5. Auflage 2021 (zitiert: MPFormB ErbR/Bearbeiter); *Kroiß/Seiler*, FamFG, Kommentiertes Verfahrensformularbuch (zitiert: VerfFormB/Bearbeiter), 2. Auflage 2018; Münchener Kommentar zum FamFG, 3. Auflage 2018 (zitiert: MüKoFamFG/Bearbeiter); *Schneider/Volpert/Fölsch*, Gesamtes Kostenrecht, 3. Auf. 2021 (zitiert: NK-GK/Bearbeiter).

Formulare zur Beschwerde und Rechtsbeschwerde:
Horn, in Beck'sche Online-Formulare Erbrecht, 38. Ed., Stand 1.1.2023, Formulare unter 5.9.

Einführung

A. Typische Mandatssituationen 1
B. Systematik der Rechtsmittel in der freiwilligen Gerichtsbarkeit 2
   I. Grundlagen der Beschwerde und weiterer Rechtsbehelfe 2
   II. Weitere Rechtsmittel im weiten Sinne 5
   III. Rechtsbeschwerde zum BGH 6
C. Systematik bei den Kosten (Gericht, Auslagen und Anwalt) 7
   I. Amtsgericht = Ausgangsgericht 8
   II. Rechtsmittelinstanz 10
      1. Nicht erfolgreiches Rechtsmittel 10
      2. Erfolgreiches Rechtsmittel 11
      3. Entscheidungsoptionen des Gerichts .. 12

A. Typische Mandatssituationen

Besondere Praxisrelevanz haben innerhalb der freiwilligen Gerichtsbarkeit die Verfahren zum Erlass eines Erbscheins, rund um den Testamentsvollstrecker und um die Nachlasspflegschaft. Folgende Mandatssituationen sind typisch:

- Der Mandant hat unter Berufung auf **Testierunfähigkeit** die Abweisung eines Erbscheinsantrages beantragt. Dennoch hat das Nachlassgericht einen Feststellungsbeschluss erlassen, wonach die Tatsachen zum Erlass des Erbscheines festgestellt werden. Der Mandant möchte dagegen Rechtsmittel einlegen, also Beschwerde (→ FamFG § 58 Rn. 3).
- Nachdem der Mandant einen Erbschein beantragt hatte, hat der Gegner sich auf die Unechtheit des Testamentes berufen („**Testamentsfälschung**"). Das vom Nachlassgericht eingeholte Schriftgutachten bestätigt die Echtheit. Der Feststellungsbeschluss stellt die zum Erlass des Erbscheins erforderlichen Tatsachen fest, verhält sich aber nicht zu den Kosten. Die Kostentragungspflicht richtete sich nach § 22 GNotKG und §§ 80 ff. FamFG. Damit der Gegner die Kosten zu übernehmen hat, hat der Mandant entweder innerhalb von zwei Wochen die **Ergänzung** nach § 43 FamFG (→ FamFG § 58 Rn. 9; → FamFG § 81 Rn. 5) oder innerhalb von einem Monat **die auf den Kostenpunkt begrenzte Beschwerde** nach §§ 58 ff. FamFG (→ FamFG § 58 Rn. 7) zu erheben.
- Im Erbscheinsverfahren hat das Beschwerdegericht die Beschwerde des Mandanten zurückgewiesen und nicht die Rechtsbeschwerde nach §§ 70 ff. FamFG zugelassen. Der Mandant möchte dagegen vorgehen. Er kann in der streitigen Gerichtsbarkeit eine **Erbenfeststellungs-**

klage erheben. Gegen die Entscheidung des Beschwerdegerichts kann er nur die **Nichtanhörungsrüge** nach § 44 FamFG erheben,[1] da eine Nichtzulassungsbeschwerde zum BGH nicht vorgesehen ist.

B. Systematik der Rechtsmittel in der freiwilligen Gerichtsbarkeit
I. Grundlagen der Beschwerde und weiterer Rechtsbehelfe

In den meisten Fällen ist die befristete **Beschwerde** nach §§ 58 ff. FamFG das statthafte Rechtsmittel. Zu ihrer **Zulässigkeit** bedarf die Beschwerde folgender Voraussetzungen:
- Statthaftigkeit (§ 58 Abs. 1 FamFG): Anfechtung von Endentscheidungen, soweit keine Sonderregelung,
- Beschwerdeberechtigung (§ 59 FamFG): Rechtsbeeinträchtigung des Beschwerdeführers (materielle Beschwer); im Antragsverfahren zudem auch formelle Beschwer,
- Beschwerdeführungsbefugnis (→ FamFG § 59 Rn. 22 ff.),
- Verfahrensfähigkeit, § 60 FamFG als Sondernorm,
- Frist (§ 63 FamFG): grundsätzlich ein Monat, ggf. auch zwei Wochen,
- Einlegungszuständigkeit (§ 64 FamFG): Ausgangsgericht,
- Form (§ 64 FamFG),
- Kein Verzicht und keine Rücknahme (§ 67 FamFG),
- Rechtsschutzbedürfnis, folgt zumeist aus § 59 FamFG.

Innerhalb der **Begründetheit** hat das Beschwerdegericht als weitere Tatsacheninstanz die erstinstanzliche Entscheidung auf ihre Richtigkeit in tatsächlicher und rechtlicher Hinsicht zu überprüfen. Nicht in der I. Instanz vorgetragener Sachverhalt ist nicht präkludiert.

Hat das Beschwerdegericht die **Rechtsbeschwerde** nach § 70 Abs. 2 FamFG zugelassen (Ausnahme: § 70 Abs. 3 FamFG), kann Rechtsbeschwerde bei dem BGH innerhalb eines Monats nach Bekanntgabe der Beschwerdeentscheidung erhoben werden. Eine „Nichtzulassungsbeschwerde" sieht das Verfahrensrecht nicht vor, so dass bei Nichtzulassung nur die Erhebung der Nichtanhörungsrüge in Betracht kommt (§ 44 FamFG).[2] *Kanzleiter*[3] appelliert an die Beschwerdegerichte, öfter die Rechtsbeschwerde zuzulassen. Sie sollten sich ihre Rolle als letzte Instanz in der freiwilligen Gerichtsbarkeit bewusst sein.

II. Weitere Rechtsmittel im weiten Sinne

Praxisrelevant sind in der freiwilligen Gerichtsbarkeit neben der Beschwerde nach §§ 58 ff. FamFG die folgenden Angriffsmittel:
- Mit der **sofortigen Beschwerde** entsprechend den §§ 567–752 ZPO können bestimmte erstinstanzliche Neben- und Zwischenentscheidungen angegriffen werden (Mindestwert: 200 EUR).[4] Sie ist innerhalb einer Notfrist von zwei Wochen nach Zustellung der anzufechtenden Entscheidung beim erstinstanzlichen Gericht oder bei dem Beschwerdegericht durch Einreichung einer Beschwerdeschrift bzw. zu Protokoll der Geschäftsstelle zu erheben. Die sofortige Beschwerde ist etwa statthaft[5] bei der Ablehnung eines Antrags auf Hinzuziehung zum Verfahren (§ 7 Abs. 5 S. 2 FamFG), Aussetzung des Verfahrens (§ 21 FamFG), bei Ordnungsmitteln (§ 33 FamFG), bei Zwangsmaßnahmen (§ 35 FamFG), bei dem Berichtigungsbeschluss nach § 42 Abs. 3 FamFG, zur **Anfechtung der Kostenfestsetzung**[6] (§ 85 FamFG iVm § 104 Abs. 3 S. 1 ZPO), im Zusammenhang mit einer Testamentsvollstreckung (§ 355

---

1 Vgl. zur Subsidiarität der Nichtanhörungsrüge: MüKoFamFG/Ulrici FamFG § 44 Rn. 10 ff.
2 Muster bei BeckOF ErbR/Horn Form. 5.9.10.
3 Kanzleiter ZEV 2015, 249 (254).
4 Schulte-Bunert/Weinreich/Roßmann FamFG § 58 Rn. 49.
5 Keidel/Meyer-Holz FamFG § 58 Rn. 93 f.
6 Schulte-Bunert/Weinreich/Roßmann Vorb. zu FamFG §§ 58–75 Rn. 24.

Abs. 1 FamFG; §§ 2198 Abs. 2, 2203 Abs. 3 BGB) und bei Teilungssachen (§ 372 Abs. 1 FamFG).
- Während die Kostengrundentscheidung durch die befristete Beschwerde nach §§ 58 ff. FamFG (auch isoliert) angegriffen wird, wird **gegen die Festsetzung des Geschäftswertes** die Beschwerde nach § 83 GNotKG erhoben.[7]
- Im **Grundbuchrecht** ist grundsätzlich die Beschwerde nach §§ 71 ff. GBO statthaft.[8] Hat das Grundbuchamt in dem Beschluss, durch den die neue Rangordnung festgestellt wird, über einen Widerspruch entschieden, ist gem. § 110 Abs. 1 GBO die Beschwerde nach §§ 58 ff. FamFG statthaft.
- Bei der Verweigerung der **Urkunds- oder sonstigen Amtstätigkeit eines Notares** findet die Beschwerde nach § 15 Abs. 2 BNotO statt, die bei dem sich verweigernden Notar zu erheben ist. Hilft der Notar der Beschwerde nicht ab, hat er diese dem für ihn zuständigen Landgericht vorzulegen. Eine solche **Untätigkeitsbeschwerde** muss einstweilen bei dem bei Notaren unbeliebten „notariellen" Nachlassverzeichnis im Pflichtteilsrecht nach § 2314 Abs. 1 S. 3 BGB eingelegt werden,[9] da es sich hierbei um eine Urkundstätigkeit gem. § 20 BNotO handelt.
- Gegen **Verwaltungsakte der Justizbehörden** zur Regelung einzelner Angelegenheiten auf den Gebieten des bürgerlichen Rechts kann ein Antrag auf gerichtliche Entscheidung gestellt werden (§ 23 Abs. 1 S. 1 EGGVG).[10] Entscheidungen im Zusammenhang mit der **Akteneinsicht** nach § 13 FamFG können mit der Beschwerde nach §§ 58 ff. FamFG überprüft werden.[11]
- Gegen Entscheidungen der Bundesnotarkammer im Zusammenhang mit dem von ihr geführten **zentralen Testamentsregister** (§ 78b BNotO) und **zentralen Vorsorgeregisters** (§ 78a BNotO) findet die Beschwerde entsprechend §§ 58 ff. FamFG statt (§ 78 f. BNotO). Sie ist bei der Bundesnotarkammer einzulegen, die die Möglichkeit der Abhilfe hat. Bei Nichtabhilfe ist das LG am Sitz der Bundesnotarkammer zur Entscheidung berufen.
- **Schreibfehler, Rechenfehler und ähnlich offenbare Unrichtigkeiten** in einem Beschluss können jederzeit vom Gericht auch von Amts wegen oder auf Antrag eines Beteiligten berichtigt werden (§ 42 FamFG; **Berichtigungsbeschluss**). Die Zurückweisung eines Antrages auf Berichtigung ist unanfechtbar; ein Berichtigungsbeschluss ist mit der sofortigen Beschwerde entsprechend der §§ 567 bis 572 ZPO angreifbar (§ 42 Abs. 3 FamFG).
- Wird ein Antrag (teilweise) übergangen oder ist die **Kostenentscheidung** unterblieben, kann innerhalb von zwei Wochen ein **Antrag auf Ergänzung** gestellt werden (§ 43 FamFG).[12] Dabei muss das Gericht die Kostenentscheidung „vergessen" haben. Hat das Gericht indes bewusst keine Kostenregelung in dem Beschluss ausgesprochen, verbleibt es bei der Kostentragungspflicht des Antragstellers nach § 22 Abs. 1 GNotKG; es findet dann keine Kostenerstattung etwa von Anwaltsgebühren statt. In diesem Fall ist die Beschwerde nach §§ 58 ff. statthaft. Die Abgrenzung zwischen den Voraussetzungen für den Antrag auf Ergänzung und der Beschwerde ist schwierig (→ FamFG § 58 Rn. 9, → FamFG § 81 Rn. 5).
- Ist ein Beschluss unanfechtbar und der Grundsatz auf rechtliches Gehör verletzt (Art. 103 Abs. 1 GG), kann die **Nichtanhörungsrüge** innerhalb von zwei Wochen erhoben werden (§ 44 FamFG).[13] Das kann der Fall sein, wenn das Gericht sich gemäß den Entscheidungsgründen nicht mit vorgebrachtem Sachverhalt auseinandergesetzt hat. Die Entscheidung,

---

7 NK-NachfolgeR/Wilsch GNotKG § 25 Rn. 386 ff.; auch Schneider ErbR 2014, 164; Muster bei BeckOF ErbR/Horn Form. 5.9.9.
8 Keidel/Meyer-Holz FamFG § 58 Rn. 79 ff.
9 MAH ErbR/Horn § 29 Rn. 312.
10 Beispielsweise OLG Nürnberg ZErb 2014, 62.
11 OLG Celle NJOZ 2012, 1416; KG NJW-RR 2011, 1025; Keidel/Sternal FamFG § 13 Rn. 72; Muster zur Akteneinsicht: BeckOF ErbR/Horn Form. 5.2.1 f.
12 Muster bei BeckOF ErbR/Horn Form. 5.9.7.
13 Muster bei BeckOF ErbR/Horn Form. 5.9.10.

mit der die Nichtanhörungsrüge zurückgewiesen wird, ist unanfechtbar und kann auch mit der Verfassungsbeschwerde nicht angegriffen werden.[14]

- Bei einer unanfechtbaren Entscheidung[15] kann das Gericht durch eine **Gegenvorstellung** zur Prüfung und ggf. Änderung der angegriffenen Entscheidung veranlasst werden.[16] Es handelt sich nur um eine Anregung, da ein verfahrensrechtlicher Anspruch auf Überprüfung nicht besteht.[17] Für ihre Zulässigkeit ist erforderlich, dass das Gericht zur Änderung seines Beschlusses berechtigt ist und diese von Amts wegen vornehmen dürfte.[18] Die Gegenvorstellung ist entsprechend dem § 44 Abs. 2 FamFG befristet.[19] Nach *Rojahn*[20] sollte die Gegenvorstellung, wenn überhaupt, nur noch in engen Grenzen als statthaft angesehen werden.
- Nach Einführung der **Verzögerungsrüge** (§ 198 Abs. 3 GVG) ist eine Untätigkeitsklage nicht mehr statthaft.[21]
- Mit der **Dienstaufsichtsbeschwerde** kann die Überprüfung der Amtsführung unter dienstrechtlichen Aspekten erreicht werden, so dass ggf. dienstaufsichtsrechtliche Maßnahmen eingeleitet werden.[22] Sie betreffen den Geschäftsbetrieb und sind Eingaben an den Dienstvorgesetzten. Dem betroffenen Richter steht die Anfechtung von Maßnahmen der Dienstaufsicht nach § 26 Abs. 3 DRiG zu.

III. Rechtsbeschwerde zum BGH

6 Gegen die Entscheidung des Beschwerdegerichts (§§ 58 ff. FamFG) kann beim BGH die Rechtsbeschwerde eingelegt werden (→ FamFG §§ 70 ff. Rn. 1 ff.).[23] Hierzu ist aber die **Zulassung** der Rechtsbeschwerde durch das Beschwerdegericht **erforderlich** (§ 70 Abs. 2 FamFG, es bestehen Ausnahmen), → FamFG §§ 70 ff. Rn. 1 ff.). Die Entscheidung über die Zulassung ist unanfechtbar; es besteht keine „Nichtzulassungsbeschwerde". Der BGH hat die angefochtene Entscheidung auf Rechtsverletzungen hin zu überprüfen; es handelt sich im Gegensatz zur Beschwerdeinstanz nicht um eine dritte Tatsacheninstanz.

C. Systematik bei den Kosten (Gericht, Auslagen und Anwalt)

7 Die Frage, welche Kosten von wem zu tragen sind, richtet sich nach §§ 80 ff. FamFG und einzelnen Bestimmungen aus dem GNotKG. Zu unterscheiden ist, ob das eingelegte Rechtsmittel erfolgreich war:

I. Amtsgericht = Ausgangsgericht

8 Das Ausgangsgericht ist nicht verpflichtet, eine Kostengrundentscheidung zu treffen. Dann verbleibt es bei der Regelung nach § 22 Abs. 1 GNotKG, so dass der Antragssteller die Gerichtskosten einschließlich der Auslagen des Gerichtes zu tragen hat. Jeder Beteiligte hat in diesem Fall seine außergerichtlichen Kosten wie vor allem seine Anwaltsgebühren selbst zu tragen.

9 Das Ausgangsgericht kann (und sollte) eine **ausdrückliche Kostengrundentscheidung** in seinem Beschluss zur Hauptsache treffen. Zu entscheiden ist über die Auferlegung von Kosten gem. § 80 FamFG, also Gerichtsgebühren, Auslagen des Gerichts (ua Sachverständigenkosten und

---

14 VerfG Brandenburg FamRZ 2011, 1243; Schulte-Bunert/Weinreich/Roßmann Vorb. zu FamFG §§ 58–75 Rn. 36.
15 BGH NJW 2015, 1090.
16 Keidel/Meyer-Holz Anh. zu FamFG § 58 Rn. 48 ff.; Horndasch/Viefhues/Reinken FamFG § 58 Rn. 6. Der BGH BeckRS 2013, 16315 hat sich im Zusammenhang mit einem Streitwertbeschluss mit einer Gegenvorstellung auseinandergesetzt.
17 Keidel/Meyer-Holz Anh. zu FamFG § 58 Rn. 48.
18 BGH BeckRS 2011, 20156 = FamFR 2011, 423; OLG Düsseldorf ErbR 2020, 670.
19 OLG Oldenburg BeckRS 2013, 9452 = FamRZ 2013, 898; Schulte-Bunert/Weinreich/Roßmann Vorb. zu FamFG §§ 58–75 Rn. 36.
20 Burandt/Rojahn/Rojahn FamFG § 58 Rn. 15.
21 OLG Düsseldorf FGPrax 2012, 184; OLG Naumburg FamRZ 2013, 236 = BeckRS 2010, 23942; Horndasch/Viefhues/Reinken FamFG § 58 Rn. 7.
22 Schulte-Bunert/Weinreich/Roßmann Vorb. zu FamFG §§ 58–75 Rn. 38.
23 Muster bei BeckOF ErbR/Horn Form. 5.9.10.

Zeugenauslagen) und den „zur Durchführung des Verfahrens notwendigen Aufwendungen der Beteiligten". Die Entscheidung hat stets nach Maßgabe des § 81 FamFG zu erfolgen, wobei in Einzelfällen das Gericht nach § 81 Abs. 1 S. 2 FamFG auch anordnen kann, dass von der Erhebung der Kosten abzusehen ist (→ FamFG § 81 Rn. 18). Das kann angezeigt sein, wenn das Gericht versehentlich eine nicht entscheidungserhebliche Beweisaufnahme angeordnet hat, die Kosten ausgelöst hat.

Die **Festsetzung des Wertes** richtet sich nach § 79 GNotKG.[24] Gegen die endgültige Wertfestsetzung kann nach § 83 GNotKG Beschwerde erhoben werden. Ist die Beschwerde mangels Erreichens des Beschwerdewertes von 200 EUR unzulässig oder ohnehin ausgeschlossen, etwa bei Festsetzungen durch ein OLG oder den BGH, kommt eine Gegenvorstellung in Betracht. Solange die Frist nach § 79 Abs. 2 S. 2 nicht abgelaufen ist, muss das Gericht darauf reagieren.[25] 9.1

II. Rechtsmittelinstanz

1. Nicht erfolgreiches Rechtsmittel. Ist das Rechtsmittel nicht erfolgreich gewesen, soll das Gericht die Kosten dieses Rechtsmittels demjenigen auferlegen, der es eingelegt hat (§ 84 FamFG). In diesem Fall wird die getroffene Entscheidung der I. Instanz auch hinsichtlich der Kosten rechtskräftig.[26] Es tritt eine Kostentrennung ein. Etwas anders gilt nur dann, wenn der Beschwerdegegner (hinsichtlich der Sachentscheidung) selbst auch Beschwerde, jedoch nur hinsichtlich der Kostenentscheidung in der I. Instanz, eingelegt hat. Dann hat das Beschwerdegericht auch über die Kostenentscheidung der I. Instanz zu entscheiden. 10

2. Erfolgreiches Rechtsmittel. Ist das Rechtsmittel dagegen erfolgreich gewesen,[27] ist wie folgt zu differenzieren: 11

- Trifft das Beschwerdegericht eine **eigene Sachentscheidung**, so ist für die Kosten der I. und der II. Instanz § 81 FamFG einschlägig.[28] Das Beschwerdegericht kann (und sollte) eine Kostenentscheidung hinsichtlich beider Instanzen treffen, die in seinem Ermessen steht. Es hat die Kosten nach Maßgabe des § 81 FamFG nach billigem Ermessen zu verteilen, wobei der Gesetzgeber sich bewusst dagegen entschieden hat, ausschließlich das Verhältnis von Obsiegen und Unterliegen zum Maßstab der Kostenverteilung zu machen (→ FamFG § 81 Rn. 10 ff.).[29] Dabei kann es die Kostengrundentscheidung der I. Instanz korrigieren.[30] Es kann bei einem erfolgreichen Rechtsmittel von der Erhebung von Gerichtskosten für das Beschwerdeverfahren absehen (§ 81 Abs. 1 S. 2 FamFG).[31]
- Hebt dagegen das Beschwerdegericht die Entscheidung der I. Instanz auf und verweist an die I. Instanz lediglich zurück, unterbleibt eine Entscheidung über die Kosten des Beschwerdeverfahrens (vgl. § 82 FamFG). Bei dem nun veranlassten neuen Beschluss des Nachlassgerichtes kann dieses auch über die Kosten des Beschwerdeverfahrens entscheiden (nach Maßgabe der §§ 80 bis 83 FamFG).

3. Entscheidungsoptionen des Gerichts. Das Gericht ist aber nicht zu einer Kostenentscheidung verpflichtet, so dass es ohne einen Ausspruch zu den Kosten bei der Kostentragungspflicht der Gerichtskosten nach dem GNotKG verbleibt und eine Erstattung der außergerichtlichen Kosten nicht stattfindet.[32] Gegen die Kostenentscheidung in der II. Instanz kommen als Angriffsmittel nur die nach §§ 42, 43, 44 FamFG in Betracht, deren Voraussetzungen zumeist nicht vorliegen. Ggf. kann eine Änderung durch eine Gegenvorstellung erreicht werden (→ FamFG Einf. 12

---

24 Hierzu Schneider ErbR 2014, 164.
25 Schneider ErbR 2014, 164 (165).
26 Keidel/Weber FamFG § 84 Rn. 12.
27 Auch bei teilweisem Erfolg, so OLG Schleswig ZEV 2013, 445 (447).
28 BeckOK FamFG/Weber FamFG § 84 Rn. 18; Kriterien bei Kuhn/Trappe ZEV 2013, 419 (422); zur

Billigkeitsentscheidung OLG Schleswig ZEV 2013, 445 (446).
29 OLG Schleswig ZEV 2013, 445.
30 MüKoFamFG/Schindler FamFG § 84 Rn. 19.
31 So etwa OLG Schleswig NJW-RR 2013, 906.
32 Keidel/Weber FamFG FamFG § 84 Rn. 6.

→ Rn. 9). Etwas anderes gilt nur dann, wenn die Rechtsbeschwerde (ausnahmsweise) vom Beschwerdegericht zugelassen wurde.

§ 58 FamFG   Statthaftigkeit der Beschwerde

(1) Die Beschwerde findet gegen die im ersten Rechtszug ergangenen Endentscheidungen der Amtsgerichte und Landgerichte in Angelegenheiten nach diesem Gesetz statt, sofern durch Gesetz nichts anderes bestimmt ist.

(2) Der Beurteilung des Beschwerdegerichts unterliegen auch die nicht selbständig anfechtbaren Entscheidungen, die der Endentscheidung vorausgegangen sind.

A. Allgemeines 1	III. Anfechtbare Zwischen- und Nebenentscheidungen 16
B. Regelungsgehalt 2	IV. Sonderfall: Entscheidungen des Rechtspflegers 17
I. Endentscheidungen 2	
1. Grundsätzliches 2	V. Erledigung 18
2. Einzelheiten zu Nachlassverfahren 3	C. Weitere praktische Hinweise 19
a) Erbscheinsverfahren 3	I. Systematik der Kostengrundentscheidung . 19
b) Erbscheinseinziehungsverfahren ... 6	II. Gerichtsgebühren 20
c) Kostengrundentscheidung 7	1. Nachlassgericht (I. Instanz) 20
d) Vorläufiger Rechtsschutz 10	2. Beschwerdegericht (II. Instanz) 21
e) Testamentseröffnung 11	III. Gebühren des Rechtsanwalts 24
II. Nicht anfechtbare Endentscheidungen 12	

A. Allgemeines

1 Die – seit dem 1.9.2009 befristete – Beschwerde ist das **universelle Rechtsmittel** gegen Entscheidungen der I. Instanz in der freiwilligen Gerichtsbarkeit. Sie ist bei dem Ausgangsgericht, also dem Gericht, das den anzugreifenden Beschluss erlassen hat, einzulegen. So hat es innerhalb des Abhilfeverfahrens seine Entscheidung zu überdenken. Bleibt es bei seiner Entscheidung und fasst den sog. Nichtabhilfebeschluss, wird das Verfahren an das Beschwerdegericht – in Nachlasssachen das OLG bzw. KG – abgegeben. Dieses stellt eine **zweite Tatsacheninstanz** dar, so dass neuer Sachvortrag nicht als verspätet zurückgewiesen werden kann.

B. Regelungsgehalt

I. Endentscheidungen

2 **1. Grundsätzliches.** Die Beschwerde ist gegen im ersten Rechtszug ergangene Endentscheidungen statthaft. Nach der Legaldefinition des § 38 FamFG handelt es sich bei einem Beschluss um eine Endentscheidung, soweit dadurch der Verfahrensgegenstand ganz oder teilweise erledigt wird. Anfechtbar sind daher nur solche Entscheidungen, die darauf gerichtet sind, materielle Rechtspositionen der Beteiligten unmittelbar und verbindlich zu gestalten.[1] Eine Endentscheidung ist von bloß entscheidungsvorbereitenden und lediglich verfahrensleitenden Zwischenentscheidungen abzugrenzen.[2] Es ist gleichgültig, ob die Endentscheidung ein auf Antrag (§ 23 FamFG) oder von Amts wegen (§ 24 FamFG) eingeleitetes Verfahren erledigt. Ob eine Endentscheidung vorliegt, richtet sich vor allem nach dem Inhalt der Entscheidung und weniger nach deren äußerer Form. Die Beschwerde ist daher auch bei einer als Verfügung bezeichneten und wie eine solche abgefassten Entscheidung statthaft, wenn sie als Beschluss zu erlassen war.[3] Verfahrensabschließende Entscheidungen sind in Nachlasssachen beispielsweise der Beschluss

---

1 OLG Düsseldorf FGPrax 2017, 288, danach Beschluss, die Verfahrensakten wegzulegen, nicht anfechtbar; vgl. Roth NJW-Spezial 2021, 231.
2 MüKoFamFG/Fischer FamFG § 58 Rn. 20.
3 Keidel/Meyer-Holz FamFG § 58 Rn. 19.

- über die Feststellung zur Erteilung des Erbscheins (§ 352 FamFG),
- über die Ablehnung eines Erbscheinsantrages,
- über die Einziehung bzw. die Ablehnung der Einziehung eines Erbscheins (§ 353 FamFG),
- die Entlassung eines Testamentsvollstreckers (§ 2227 BGB),
- über die Kraftloserklärung eines Erbscheins, solange diese noch nicht nach § 2361 Abs. 2 BGB durch öffentliche Bekanntmachung wirksam geworden ist (§ 353 Abs. 3 FamFG),
- über die zu treffende Anordnung der Ablieferung eines Testamentes (§ 2259 Abs. 1 BGB),
- gegen die Ablehnung der Eröffnung eines Testamentes,[4]
- der Ankündigung der Eröffnung eines gemeinschaftlichen Testamentes mit seinem ganzen Inhalt nach dem Erstversterbenden, wenn eine Trennung nicht möglich ist,[5]
- über die Anordnung der Nachlassverwaltung auf Antrag eines Nachlassgläubigers (§ 1981 Abs. 2 BGB), was auch für Beschlüsse hinsichtlich der Ablehnung einer Aufhebung der Nachlassverwaltung sowie der Auswahl des Nachlassverwalters und die Festsetzung seiner Vergütung gilt,
- über die Anordnung bzw. Ablehnung der Anordnung der Nachlasspflegschaft (§§ 1960, 1961 BGB), was auch für die Auswahl der Person des Nachlasspflegers und die Festsetzung seiner Vergütung gilt,[6]
- zur Feststellung der Erbvermutung des Fiskus (§ 1964 BGB),[7]
- über die Ernennung bzw. Ablehnung eines Testamentsvollstreckers durch das Nachlassgericht (§ 2200 BGB),
- über das Außerkraftsetzen von Anordnungen des Erblassers für die Nachlassverwaltung (§ 355 Abs. 3 FamFG, § 2216 Abs. 2 S. 2 BGB),
- über die Bestimmung einer Inventarfrist für den Erben (§ 360 Abs. 1 FamFG, § 1994 Abs. 1 S. 1 BGB),
- im Zusammenhang mit der Inventarerrichtung, wie bei Zurückweisung eines Antrages auf Terminsbestimmung oder der Ablehnung der Abnahme der Versicherung.

2. Einzelheiten zu Nachlassverfahren. a) Erbscheinsverfahren. Im Erbscheinsverfahren kann nur der Beschluss nach § 352 Abs. 1 FamFG angefochten werden, in dem die zur Erteilung eines Erbscheins erforderlichen Tatsachen für festgestellt erachtet werden. Erlässt das Nachlassgericht indes entgegen dem Verfahrensrecht sogleich (gegebenenfalls mit dem Feststellungsbeschluss) einen Erbschein, so ist ein Antrag auf Einziehung dieses Erbscheins zu stellen. Eine Beschwerde gegen die Entscheidung des Nachlassgerichts betreffend die Versagung des beantragten Erlasses der nach § 2356 Abs. 2 BGB im Erbscheinsverfahren grundsätzlich erforderlichen eidesstattlichen Versicherung ist nicht statthaft.[8]

Ist selbst unter Beachtung des Verfahrensrechts ein **Erbschein bereits erlassen worden,** ist die Beschwerde gem. § 352e Abs. 3 FamFG gegen den Beschluss nur noch insoweit zulässig, als die Einziehung des Erbscheins beantragt wird.[9] Ziel der Beschwerde ist es dann, dass das Beschwerdegericht das Nachlassgericht zur Einziehung des Erbscheins anweist. Aufgrund des § 352e Abs. 3 FamFG wird nicht der Umweg erforderlich, dass der potenzielle Beschwerdeführer zunächst beim Nachlassgericht die Einziehung anregt und erst gegen den zu erwartenden Beschluss und Nichtabhilfebeschluss Beschwerde zum OLG einlegt.[10]

Nach Ablauf der Beschwerdefrist (§ 63 FamFG) gegen den Feststellungsbeschluss zur Erteilung eines Erbscheines kann beim Nachlassgericht die Einziehung des Erbscheins angeregt werden (§ 2361 BGB). Dies ist auch alternativ zu der Einlegung einer Beschwerde möglich. In einem

---

4 OLG Köln NJW-RR 2004, 1014 (noch zu § 2260 BGB); MüKoFamFG/Muscheler FamFG § 348 Rn. 35.
5 OLG Hamm NJW-RR 2012, 1030; ebenfalls bei einem Erbvertrag OLG Zweibrücken ZEV 2010, 476.
6 Bzgl. Vergütung OLG Zweibrücken NJW-RR 2008, 369.
7 OLG Schleswig BeckRS 2013, 3124.
8 OLG Schleswig NJW-RR 2014, 1039.
9 Vgl. OLG München ZEV 2017, 331 (332).
10 Keidel/Zimmermann FamFG § 352e Rn. 113.

solchen Fall sind die Aufhebung des Feststellungsbeschlusses und die Anweisung an das Nachlassgericht, den bereits erteilten Erbschein einzuziehen, zu beantragen.

6 **b) Erbscheinseinziehungsverfahren.** Gegen einen Einziehungsbeschluss ist die Beschwerde nur so lange statthaft, wie die Einziehung noch nicht erfolgt ist. Diese ist mit der Rückgabe der erteilten Ausfertigungen des Erbscheins an das Nachlassgericht – sei es freiwillig, sei es durch Zwangsvollstreckung erzwungen – erfolgt.[11] Nach erfolgter Einziehung (§ 2361 BGB) ist die Beschwerde gegen den Einziehungsbeschluss nur insoweit zulässig, als die Erteilung eines neuen gleichlautenden Erbscheins beantragt wird (§ 353 Abs. 2 S. 1 FamFG). Eine Beschwerde gilt dann im Zweifel als Antrag auf Erteilung eines neuen gleichlautenden Erbscheins (§ 353 Abs. 2 S. 2 FamFG).

7 **c) Kostengrundentscheidung.** Eine Beschwerde begrenzt auf die Kostengrundentscheidung, also auf den Kostenpunkt, ist zulässig.[12] Auch wenn die Kostenentscheidung erst Gegenstand eines Ergänzungsbeschlusses gem. § 43 Abs. 1 FamFG ist, ist die Beschwerde dagegen statthaft.[13] Dazu muss der Ergänzungsbeschluss die Voraussetzungen des § 43 FamFG erfüllen. Dabei ist es gleichgültig, ob die Kostengrundentscheidung zusammen mit der Hauptsacheentscheidung oder vor allem in den Fällen der Erledigung in der Hauptsache oder Rücknahme der Beschwerde als isolierte Kostenentscheidung ergeht.[14] Das Amtsgericht hat die Möglichkeit, innerhalb des Abhilfebeschlusses die Kostenentscheidung nachzuholen.[15]

8 Die Anfechtung ist unabhängig vom Wert der Hauptsache zulässig.[16] Jedoch muss durch die Kostengrundentscheidung eine Beschwer für den Beschwerdeführer von mindestens 600 EUR ausgehen oder das Gericht muss die Beschwerde zugelassen haben (§ 61 Abs. 3).

9 Wurde die **Kostengrundentscheidung** nur von dem Nachlassgericht **vergessen**,[17] kann innerhalb einer 2-Wochen-Frist die Ergänzung des Beschlusses nach § 43 FamFG verlangt werden.[18] Die Ergänzung kommt indes nicht in Betracht, wenn das Gericht eine stillschweigende Kostenentscheidung dahin gehend getroffen hat, dass keine Entscheidung über die Kosten ergeht.[19] *Kuhn/Trappe*[20] empfehlen aufgrund der Auslegungsschwierigkeiten innerhalb der zweiwöchigen Beschlussergänzungsfrist sowohl die Beschlussergänzung zu beantragen als auch die Beschwerde einzulegen. Würde das Gericht ergänzen, erledige sich die Beschwerde. Das überzeugt. Das OLG Frankfurt a. M. hat sich gegen eine „Meistbegünstigung" ausgesprochen: In der Literatur[21] wird vertreten, dass bei dem Fall, in dem für die Beteiligten eine stillschweigend getroffene Kostenentscheidung nicht eindeutig vom Übersehen der in der Entscheidung zu treffenden Kostenentscheidung anzugrenzen ist, sowohl die Beschwerde als auch die Ergänzung nach § 43 FamFG möglich sein soll. So würde in einem seltenen Zweifelsfall die bedingte Beschwerde möglich sein,[22] womit es diese Literaturauffassung abgelehnt hat.

10 **d) Vorläufiger Rechtsschutz**[23] Mit der Beschwerde anfechtbar sind auch Entscheidungen im **einstweiligen Anordnungsverfahren**, auch wenn diese die Rechtsbeziehungen der Beteiligten nur

---

11 OLG Düsseldorf FGPrax 2011, 125; Keidel/Zimmermann FamFG § 353 Rn. 18.
12 OLG Karlsruhe BeckRS 2023, 2075; OLG Brandenburg BeckRS 2021, 9327 Rn. 6; OLG Bremen ZEV 2018, 25; OLG Düsseldorf BeckRS 2018, 13463 Rn. 13; FGPrax 2017, 288; OLG Hamm ZEV 2016, 454; OLG Frankfurt aM ZEV 2016, 455 (456); OLG Hamm BeckRS 2016, 10466; OLG München ZEV 2011, 661; OLG Schleswig ZEV 2013, 445; Muster bei BeckOF ErbR/Horn Form. 5.9.8.
13 OLG Köln FGPrax 2013, 234.
14 Burandt/Rojahn/Rojahn FamFG § 58 Rn. 9.
15 OLG Frankfurt aM ZEV 2016, 454 (455).
16 MüKoFamFG/Fischer FamFG § 58 Rn. 71.
17 OLG Köln FGPrax 2023, 48: zu diesem Problem: Kroiß ZEV 2016, 619.
18 OLG Köln FGPrax 2013, 234; vgl. Keidel/Weber FamFG § 82 Rn. 7; Muster bei BeckOF ErbR/Horn Form. 5.9.7.
19 OLG Frankfurt aM ZEV 2016, 455; OLG München NJW-RR 2012, 523 (524).
20 Kuhn/Trappe ZEV 2013, 419 (424).
21 MüKoFamFG/Schindler FamFG § 81 Rn. 31 f.; Keidel/Weber FamFG § 82 Rn. 7.
22 OLG Frankfurt aM ZEV 2016, 455 (457).
23 Horn/Krätzschel ZEV 2018, 14.

vorläufig, aber unmittelbar regeln (Ausnahme: § 57 FamFG).[24] Die Beschwerdefrist ist auf zwei Wochen verkürzt (§ 63 Abs. 2 Nr. 1 FamFG).

e) **Testamentseröffnung.** Die Nichteröffnung von Testamenten und Erbverträgen ist mit der Beschwerde anfechtbar.[25] Die Ankündigung der Eröffnung eines gemeinschaftlichen Testamentes mit seinem ganzen Inhalt nach dem ersten Erbfall bei Unmöglichkeit der Trennung kann durch die Beschwerde angegriffen werden.[26]

II. Nicht anfechtbare Endentscheidungen[27]

Zwischenentscheidungen sind gem. § 58 Abs. 2 FamFG nicht selbstständig anfechtbar.[28] Etwas anderes gilt nur dann, wenn sie aufgrund ausdrücklicher gesetzlicher Regelung selbstständig anfechtbar sind (§ 58 Abs. 2 Hs. 2 FamFG). Zwischenentscheidungen gehen der Endentscheidung voraus, bereiten diese vor und fördern das Verfahren. So sind folgende Entscheidungen des Gerichtes nicht anfechtbar:[29]

- Verweisungsbeschluss (§ 3 Abs. 3 S. 1 FamFG),[30]
- Verfahrensverbindung oder -trennung (§ 20 FamFG),
- Bestimmung eines Erörterungstermins (§ 32 FamFG),
- Anordnung des persönlichen Erscheinens von Beteiligten zum Termin (§ 33 FamFG) und
- auch die Abgabe an ein anderes Gericht (§ 4 FamFG).

Dies soll erhebliche Verzögerungen des Verfahrens in der I. Instanz verhindern; die Zwischenentscheidungen der I. Instanz werden schließlich inzidenter nach Einlegen der Beschwerde durch das Beschwerdegericht überprüft.

Praxisrelevant ist besonders die selbstständige Unanfechtbarkeit von **Beweisanordnungen,**[31] und zwar auch dann nicht, wenn sie die Einholung eines medizinischen oder psychologischen Sachverständigengutachtens vorsehen.[32] Entsprechendes gilt bei einem zu Unrecht ergangenen Beweisbeschluss.[33] Unanfechtbar ist auch die Anordnung der persönlichen Anhörung in Gegenwart eines Sachverständigen.[34]

Auch **Hinweisbeschlüsse** sind nicht isoliert anfechtbar.[35] Sie stellen nur bloße Hinweise zur Sach- und Rechtslage dar. Nicht anfechtbar sind Bewirkungshandlungen und Vollzugsakte, so die **Testamentseröffnung,**[36] die Entgegennahme empfangsbedürftiger Willenserklärungen wie die Erbausschlagung (§ 1945 BGB) und die Anfechtung der Annahme oder der Ausschlagung (§ 1955 BGB).[37] **Bloße rechtliche Hinweise** des Gerichts zur Sach- und Rechtslage ohne verbindlich regelnde Außenwirkung stellen ebenfalls keine beschwerdefähigen Entscheidungen dar.[38]

Nebenentscheidungen sind unanfechtbar, außer das Gesetz lässt ein Rechtsmittel ausdrücklich zu. Sie ergänzen die Entscheidung in der Hauptsache oder ergehen an deren Stelle bzw. dienen

---

24 MüKoFamFG/Fischer FamFG § 58 Rn. 56 ff.; Schulte-Bunert/Weinreich/Roßmann FamFG § 58 Rn. 45; OLG Köln FGPrax 2014, 73 (74).
25 OLG Köln FGPrax 2011, 49 (50).
26 OLG Hamm NJW-RR 2012, 1030 (1031).
27 Auflistung bei Schulte-Bunert/Weinreich/Roßmann FamFG § 58 Rn. 11.
28 Keidel/Meyer-Holz FamFG § 58 Rn. 106 f.; Horndasch/Viefhues/Reinken FamFG § 58 Rn. 32; vgl. BGH NJW-RR 2012, 582.
29 Katalog bei Schulte-Bunert/Weinreich/Roßmann FamFG § 58 Rn. 46 f. und bei Keidel/Meyer-Holz FamFG § 58 Rn. 23 ff.
30 KG FGPrax 2013, 135 (136).
31 Schulte-Bunert/Weinreich/Roßmann FamFG § 58 Rn. 52; MüKoFamFG/Fischer FamFG § 58 Rn. 57.
32 OLG Nürnberg FamFR 2013, 519 = FamRZ 2014, 677.
33 Horndasch/Viefhues/Reinken FamFG § 58 Rn. 26 mit Nachweisen aus der Rspr.
34 BayObLG NJW-RR 1987, 136.
35 OLG Düsseldorf ErbR 2020, 670 mAnm Horn; OLG Brandenburg BeckRS 2010, 6764 = FamFR 2010, 188; Horndasch/Viefhues/Reinken FamFG § 58 Rn. 26.
36 OLG Köln NJW-RR 2004, 1014.
37 Keidel/Meyer-Holz FamFG § 58 Rn. 41.
38 OLG Brandenburg NJW-RR 2010, 943; OLG Stuttgart ZKJ 2012, 491; MüKoFamFG/Fischer FamFG § 58 Rn. 23.

ihrer Durchsetzung.³⁹ So ist beispielsweise die Festsetzung des Geschäftswertes nach § 83 GNotKG ausdrücklich anfechtbar.

III. Anfechtbare Zwischen- und Nebenentscheidungen

16 Dagegen sind Zwischen- und Nebenentscheidungen nur anfechtbar, wenn das Gesetz dies vorsieht.⁴⁰ Statthaft ist dann die **sofortige Beschwerde entsprechend §§ 567–572 ZPO** (Notfrist zur Einlegung von zwei Wochen). Durch diese Beschwerde sind folgende Maßnahmen anfechtbar:⁴¹

- Zurückweisung von Ablehnungsgesuchen (§ 6 Abs. 2 FamFG),
- die Zurückweisung eines Antrages auf Hinzuziehung als Beteiligter (§ 7 Abs. 5 S. 2 FamFG),
- die Aussetzung des Verfahrens (§ 21 Abs. 2 FamFG),
- die Verhängung von Zwangsmitteln zur Durchsetzung einer gerichtlichen Anordnung (§ 35 Abs. 2 FamFG),
- Berichtigungsbeschlüsse (§ 42 Abs. 3 S. 2 FamFG),
- die Ablehnung von Verfahrenskostenhilfe (§ 76 Abs. 2 FamFG),
- die Bestimmung einer Erklärungsfrist (§ 2198 Abs. 2 BGB),
- die Bestimmung einer Annahmefrist für den Testamentsvollstrecker (§ 335 Abs. 1 FamFG),
- die Verhängung eines Ordnungsmittels (§ 33 Abs. 3 S. 5 FamFG),
- die Fristsetzung zur Beantragung eines neuen Termins und Entscheidung über die Wiedereinsetzung in Teilungssachen (§ 372 Abs. 1 FamFG) und
- die Ablehnung eines Arrestantrages ohne mündliche Verhandlung.⁴²

IV. Sonderfall: Entscheidungen des Rechtspflegers

17 § 3 RPflG überträgt dem Rechtspfleger eine Vielzahl von Geschäften aus dem Bereich des FamFG, was durch § 16 RPflG wiederum eingeschränkt wird. Gegen die Entscheidungen des Rechtspflegers ist das Rechtsmittel gegeben, das nach den allgemeinen Vorschriften zulässig ist (§ 11 RPflG).⁴³ Erlässt mithin der Rechtspfleger einen Erbschein auf Basis der gesetzlichen Erbfolge, ist dagegen die befristete Beschwerde nach § 58 FamFG statthaft. Besteht kein Rechtsmittel gegen eine Entscheidung des Rechtspflegers nach den allgemeinen verfahrensrechtlichen Vorschriften, ist nach § 11 Abs. 2 RPflG die befristete Erinnerung statthaft. § 11 Abs. 2 S. 1 RPflG sieht eine Frist von zwei Wochen zur Einlegung der Erinnerung vor. Zudem wird seitdem für das Erinnerungsverfahren auf die Vorschriften §§ 567 ff. ZPO verwiesen und damit nicht mehr auf die §§ 58 ff. FamFG.⁴⁴

V. Erledigung

18 Für eine Erledigung der Hauptsache wird auf § 62 FamFG verwiesen.

C. Weitere praktische Hinweise

I. Systematik der Kostengrundentscheidung

19 Es wird auf die Einleitung verwiesen (→ FamFG Einf. Rn. 7 ff.). Es ist zwar nicht erforderlich, einen Antrag zu der Kostenfrage zu stellen. Gleichwohl ist ein solcher Antrag empfehlenswert, wenn er auch nur der „Erinnerung" eines Richters dient.

---

39 Schulte-Bunert/Weinreich/Roßmann FamFG § 58 Rn. 48.
40 VerfFormB/Gierl FamFG §§ 58 ff. Rn. 14.
41 Burandt/Rojahn/Rojahn FamFG § 58 Rn. 12; Keidel/Meyer-Holz FamFG § 58 Rn. 93.
42 OLG Koblenz BeckRS 2013, 1980 = NJW-Spezial 2013, 102 = FamRZ 2013, 1602.
43 MüKoFamFG/Fischer FamFG § 58 Rn. 113.
44 Schulte-Bunert/Weinreich/Roßmann Vorb. zu FamFG §§ 58–75 Rn. 30 f.

II. Gerichtsgebühren

1. Nachlassgericht (I. Instanz). Für das Erbscheinsverfahren, das mit dem Erlass eines Erbscheines endet, fällt eine Gebühr von 1,0 nach Tabelle B an (KV 12210 GNotKG; „Erbscheinsgebühr").[45] Zudem löst die eidesstattliche Versicherung nach § 2356 BGB eine Gebühr von 1,0 nach Tabelle B aus (KV 23300 GNotKG, gilt für Gerichte nach Vorb. 1 Abs. 2 zu KV GNotKG). 20

Der Geschäftswert richtet sich nach §§ 40, 41 GNotKG. Erbfallschulden wie Vermächtnisse und Pflichtteilsansprüche werden nach dem GNotKG nicht abgezogen.[46] Bei einem Teilerbschein, bestimmt sich der Geschäftswert nach dem Anteil des Miterben (§ 40 Abs. 2 S. 1 GNotKG). 20.1

2. Beschwerdegericht (II. Instanz). Die Gerichtsgebühren richten sich nach KV 12220 GNotKG und betragen 1,0, höchstens 800 EUR, nach Tabelle B. Wird das Verfahren durch Zurücknahme der Beschwerde oder des Antrages, bevor die Begründungsschrift der Beschwerde eingegangen ist, beendet, ermäßigt sich die Gebühr auf 0,3, höchstens 200 EUR (KV 12221 GNotKG). Endet das gesamte Verfahren ohne eine Endentscheidung, fällt eine Gebühr von 0,5, höchstens 400 EUR, an (KV 12222 GNotKG). 21

Erbscheinsverfahren: Der Geschäftswert bestimmt sich nach den Anträgen des Rechtsmittelführers (§ 61 GNotKG). Die Bestimmung des Geschäftswertes ist hoch umstritten. Zum einen wird vertreten, dass Beschwerdewert der Wert des Erbscheines ist, der angegriffen wird.[47] Zutreffend erscheint die Gegenauffassung, wonach für das Beschwerdeverfahren das jeweilige wirtschaftliche Interesse der jeweiligen Beschwerdeführer am Erfolg ihrer Beschwerde maßgeblich ist.[48] Schließlich ist unter Antrag iSd § 61 GNotKG nicht der erstinstanzliche Antrag zu verstehen, sondern der Rechtsmittelantrag.[49] Daher ist auf das Abänderungsinteresse abzustellen. 21.1

Sonstige Verfahren: Wendet sich ein möglicher Erbe gegen die Erteilung eines Testamentsvollstreckerzeugnisses, ist der Geschäftswert nach dem Interesse des potenziellen Erben zu schätzen. Hier können 10 % angesetzt werden, so wie bei einem Entlassungsantrag.[50] 21.2

Der Geschäftswert wird gem. § 79 GNotKG festgesetzt Gegen die Festsetzung des Geschäftswertes ist die Beschwerde nach § 83 GNotKG möglich, wenn der Wert des Beschwerdegegenstandes 200 EUR übersteigt (§ 83 Abs. 1 GNotKG).[51] 22

Kostenschuldner ist der Rechtsmittelführer.[52] Diese Haftung erlischt, wenn das Rechtsmittel ganz oder teilweise mit Erfolg eingelegt wurde und das Gericht nicht über die Kosten entschieden hat (§ 25 GNotKG). Dann können Kosten nur erhoben werden, wenn das Gericht eine Kostenentscheidung nach § 81 FamFG getroffen hat und die Kosten so einem Beteiligten auferlegt, dass er dann nach § 27 Nr. 1 GNotKG haftet.[53] 23

III. Gebühren des Rechtsanwalts[54]

Die Verfahrens- bzw. die ggf. anfallende Terminsgebühr beträgt in der I. Instanz 1,3 bzw. 1,2 (VV 3100, 3104 RVG) und in der II. Instanz 1,6 bzw. 1,2 (VV 3200, 3202 RVG). Es ist dabei die gerichtliche Wertfestsetzung zu Grunde zu legen (§ 23 Abs. 1 S. 1 RVG). Für den vollen 24

---

45 Schneider ErbR 2017, 134 (135), auch zu Ermäßigungen bei Rücknahme etc.
46 Kroiß ZEV 2013, 413 (415); NK-GK/Greipl § 40 Rn. 7.
47 OLG Karlsruhe NJW 2016, 8; OLG Schleswig FGPrax 2015, 93; OLG Köln Rpfleger 2017, 304 = FGPrax 2017, 40.
48 OLG München ZEV 2017, 634; zuvor: OLG Düsseldorf FGPrax 2016, 131 = ZEV 2016, 387;
BeckRS 2016, 123367; OLG Hamm ZErb 2016, 325; OLG Dresden BeckRS 2016, 14932.
49 Kroiß ErbR 2017, 133 (135).
50 OLG Hamburg BeckRS 2015, 14473 = FamRZ 2016, 330.
51 BeckOF ErbR/Horn Form. 5.9.9.
52 § 22 GNotKG; NK-GK/Schütt § 22 Rn. 8.
53 Kroiß ZEV 2013, 413 (418).
54 Schneider ErbR 2017, 133 (136 ff.).

Wertansatz[55] muss aber der Mandant am gesamten Verfahrensgegenstand beteiligt sein, etwa durch Stellung eines Alleinerbscheines. Macht aber der Mandant nur eine Erbquote geltend, gilt der anteilige Geschäftswert.[56] Der Geschäftswert für einen Beschwerdegegner richtet sich nach dem Wert des vom Beschwerdegegners beanspruchten Erbteils.[57]

§ 59 FamFG   Beschwerdeberechtigte

(1) Die Beschwerde steht demjenigen zu, der durch den Beschluss in seinen Rechten beeinträchtigt ist.

(2) Wenn ein Beschluss nur auf Antrag erlassen werden kann und der Antrag zurückgewiesen worden ist, steht die Beschwerde nur dem Antragsteller zu.

(3) Die Beschwerdeberechtigung von Behörden bestimmt sich nach den besonderen Vorschriften dieses oder eines anderen Gesetzes.

A. Allgemeines 1	c) Testamentsvollstreckung 13
B. Regelungsgehalt 2	d) Nachlasspflegschaft 16
I. Beschwerdeberechtigung hinsichtlich der	e) Nachlassverwaltung 17
materiellen Beschwer (Abs. 1) 2	f) Testamentseröffnung 18
1. Grundsätzliches zur erforderlichen	g) Aufgebotsverfahren 18.1
Rechtsbeeinträchtigung 2	3. Besonderheiten in Betreuungssachen .. 18.2
2. Besonderheiten in Nachlasssachen 7	II. Beschwerdeberechtigung hinsichtlich einer
a) Erbscheinsverfahren 7	formellen Beschwer (Abs. 2) 19
b) Teilungssachen 12	III. Beschwerdeführungsbefugnis 22

A. Allgemeines

1 Die Beschwerdebefugnis ist eine von Amts wegen zu prüfende Zulässigkeitsvoraussetzung für die Beschwerde. Die Voraussetzungen des § 59 Abs. 1 FamFG und des § 59 Abs. 2 FamFG müssen grundsätzlich kumulativ vorliegen.[1] Es sind in erbrechtlichen Verfahren die §§ 60, 355 Abs. 3, 359 Abs. 2 FamFG zu beachten.

B. Regelungsgehalt

I. Beschwerdeberechtigung hinsichtlich der materiellen Beschwer (Abs. 1)

2 **1. Grundsätzliches zur erforderlichen Rechtsbeeinträchtigung.** Beschwerdeberechtigt ist derjenige, der durch den anzufechtenden Beschluss **in seinen subjektiven Rechten beeinträchtigt** ist (§ 59 Abs. 1 FamFG, materielle Beschwer).[2] Erforderlich ist die Beeinträchtigung in eigenen Rechten.[3] Diese rechtliche Beeinträchtigung liegt vor, wenn unmittelbar mit tatsächlich störender Wirkung in ein dem Beschwerdeführer zustehendes subjektives Recht eingegriffen wird, die Ausübung des Rechts also gefährdet, erschwert, oder sonst ungünstig beeinflusst wird.[4] Grundsätzlich ist der Beschwerdeführer beschwerdebefugt, wenn sein Antrag zurückgewiesen oder nur eingeschränkt entsprochen wurde.[5] Die Rechtsbeeinträchtigung muss tatsächlich erfolgt sein.[6] Nur ausnahmsweise genügt eine mögliche Rechtsbeeinträchtigung.[7] Nicht ausreichend

---

55 Zum Geschäftswert: Kroiß ZEV 2016, 619 (622); besonders bei Beschwerde: Filhuth/Haßmann ErbR 2015, 547.
56 OLG Karlsruhe ZEV 2016, 458; OLG Hamburg FGPrax 2012, 129.
57 OLG Karlsruhe ZEV 2016, 458 (459); Kroiß ZEV 2016, 619 (622); Gerold/Schmidt/Müller-Rabe/Mayer Teil D VI Rn. 228.
1 BGH NJW 2011, 1809.
2 BGH ErbR 2021, 595 (596); ZEV 2013, 517 (518); OLG Frankfurt aM FGPrax 2017, 239; OLG Hamm FGPrax 2014, 165; ZErb 2014, 143.
3 OLG Düsseldorf ErbR 2022, 640 (641).
4 OLG Hamm ZErb 2013, 295; OLG Düsseldorf FamRZ 2014, 513 = BeckRS 2013, 18750; OLG Frankfurt FGPrax 2017, 239 (240).
5 OLG Frankfurt aM FGPrax 2017, 239.
6 VerfFormB/Gierl FamFG § 58 ff. Rn. 7.
7 OLG München ZEV 2017, 634.

sind lediglich wirtschaftliche, rechtliche[8] oder sonstige berechtigte Interessen.[9] So kennt das FamFG keine Popularbeschwerde.[10] Es genügen auch nicht eine moralische Berechtigung oder sittliche Pflicht.[11] Nicht erforderlich ist hingegen eine Beteiligtenstellung in der I. Instanz.[12]

Die Rechtsbeeinträchtigung muss **in der Beschlussformel** zum Ausdruck kommen.[13] Bei mehreren Verfahrensgegenständen muss die Beschwerdeberechtigung für jeden einzelnen vorliegen.[14]

Die Beeinträchtigung muss im Zeitpunkt des Erlasses[15] der angegriffenen Entscheidung bestanden haben und **bis zum Zeitpunkt der Beschwerdeentscheidung** bestehen.[16] Fällt die Beschwer während des Beschwerdeverfahrens weg, wird die Beschwerde unzulässig (aber § 62 FamFG).

Grundsätzlich ist schon innerhalb der Zulässigkeitsprüfung die Feststellung der Rechtsbeeinträchtigung erforderlich. Es reicht aber dann eine mögliche Rechtsbeeinträchtigung, wenn die hierzu relevanten Tatsachen mit denen identisch sind, von denen die Begründetheit abhängt (sog. doppelt relevante Tatsache).[17] Die endgültige Klärung erfolgt im Rahmen der Begründetheit.[18] Teilweise kann sich das Beschwerdegericht indes auch schon sehr ausführlich mit der Beschwerdebefugnis zu beschäftigen haben, etwa bei einem Fall der ergänzenden Testamentsauslegung.[19]

Bei einer **Mehrheit von Beteiligten** kann jeder einzelne Beteiligte eine Beschwerde einlegen. Wenn dagegen das Antragsrecht nur mehreren Beteiligten gemeinsam zusteht, müssen sämtliche Personen die Beschwerde einlegen.[20] Das ist etwa bei dem Antrag auf Anordnung einer Nachlassverwaltung nach § 2062 BGB der Fall. Nimmt dann ein Beteiligter seine Beschwerde zurück, wird die Beschwerde von allen unzulässig.

2. Besonderheiten in Nachlasssachen[21] **a) Erbscheinsverfahren.** Die Beschwerdebefugnis liegt in einem Erbscheinsverfahren vor, wenn jemand ein Erbrecht für sich in Anspruch nimmt, das von dem im Feststellungsbeschluss angegebenen Erbscheinsinhalt abweicht.[22] Ein Beschwerdeführer muss mithin geltend machen, dass seine erbrechtliche Stellung in dem Erbschein nicht oder nicht richtig ausgewiesen wird.[23] So kann der Beschwerdeführer geltend machen, (Mit-)Erbe zu sein, wenn er nach der erstinstanzlichen Entscheidung nicht erbt.[24] Das OLG Hamm[25] stellte fest, dass *„durch die amtsgerichtliche Entscheidung derjenige beeinträchtigt wird, der geltend macht, dass seine erbrechtliche Stellung in dem Feststellungsbeschluss nicht oder nicht richtig ausgewiesen wird; er muss also das für einen anderen bezeugte Erbrecht ganz oder teilweise für sich selbst in Anspruch nehmen."*

Gegen die Anordnung der Erbscheinserteilung sowie gegen die Ablehnung der Einziehung eines bereits erteilten Erbscheins sind beschwerdeberechtigt[26]

---

8 BGH ErbR 2021, 595 (596).
9 BGH ZEV 2013, 440; OLG München ZErb 2017, 195; OLG Düsseldorf FamRZ 2014, 513 = BeckRS 2013, 18750; OLG Hamm FGPrax 2014, 165.
10 OLG Köln FGPrax 2014, 75.
11 OLG Hamm ZErb 2014, 143.
12 OLG Düsseldorf ErbR 2022, 640 (641).
13 OLG Hamburg NZG 2012, 677; BayObLG BeckRS 2000, 30130335 = MDR 2001, 94; OLG Brandenburg BeckRS 2013, 10030 = FamRZ 2013, 1328; Keidel/Meyer-Holz FamFG § 59 Rn. 9; Burandt/Rojahn/Rojahn FamFG § 59 Rn. 4.
14 Schulte-Bunert/Weinreich/Roßmann FamFG § 59 Rn. 4.
15 BGH NJW 1989, 1858.
16 KG NJW-RR 1999, 1488 (1489) (zum Zeitpunkt der Beschwerdeentscheidung); Schulte-Bunert/Weinreich/Roßmann FamFG § 59 Rn. 17.
17 BGH NJW 1994, 1413; Keidel/Meyer-Holz FamFG § 59 Rn. 20.
18 OLG München ZErb 2017, 48 (49).
19 OLG München ZEV 2017, 634.
20 Haußleiter FamFG § 59 Rn. 9.
21 Viele Einzelfälle mit Nachweisen aus der Rspr. bei Keidel/Meyer-Holz FamFG § 59 Rn. 77 ff.
22 Einzelheiten bei Keidel/Meyer-Holz FamFG § 59 Rn. 77 ff.; Bumiller/Haders/Schwamb/Bumiller FamFG § 59 Rn. 24 f.; MüKoFamFG/Fischer § 59 Rn. 95.
23 OLG Köln FGPrax 2014, 75.
24 OLG Hamm BeckRS 2013, 14363; ZErb 2012, 20.
25 OLG Hamm ZErb 2013, 295.
26 Keidel/Meyer-Holz FamFG § 59 Rn. 79 ff. mit vielen Nachweisen aus der Rspr.

- der Erbeserbe,
- der im Erbschein ausgewiesene Vorerbe, etwa bei Berufung darauf, dass seine Befreiung nach § 2136 BGB nicht angegeben ist;
- der Nacherbe, wenn der dem Vorerben ausgestellte Erbschein das Nacherbrecht nicht richtig ausweist sowie wenn nach Auffassung des Nacherben zu Unrecht der Erbschein die Befreiung des Vorerben ausweist; und auch
- der Nachlasspfleger im Erbscheinsverfahren hinsichtlich desjenigen Erblassers, für dessen unbekannte Erben er bestellt wurde.
- Der Erbe, wenn er meint, zu Unrecht sieht der Feststellungsbeschluss – wenn er die Einziehung verfolgt – einen Testamentsvollstreckungs- bzw. Nacherbenvermerk vor.[27] So wird seine Erbenstellung dadurch jeweils beeinträchtigt.
- Der Erbe des Vorerben ist beschwerdebefugt, wenn er sich auf die Vollerbschaft des vermeintlichen Vorerben beruft; schließlich hat diese Entscheidung Auswirkungen auf den Wert seiner Erbschaft.[28]
- Weist ein Erbschein die **Testamentsvollstreckung** nicht richtig aus, ist auch der Testamentsvollstrecker beschwerdebefugt.

9 Der Miterbe, der seinen **Erbanteil nach § 2371 BGB übertragen** hat, bleibt beschwerdeberechtigt.[29] So hat das nachträgliche Ausscheiden einzelner Miterben aus der Erbengemeinschaft grundsätzlich keinen Einfluss auf den Inhalt des Erbscheins. Im Falle der Erbteilsübertragung ist zusätzlich der Erwerber dieses Erbteils beschwerdeberechtigt, wenngleich er einen Erbschein nur auf Namen der Erben beantragen kann.[30] **Gegen die Ablehnung** der Erteilung eines Erbscheins ist neben dem Antragsteller jeder potenziell Antragsberechtigte beschwerdeberechtigt, auch wenn er selbst keinen Antrag gestellt hat, aber den Antrag bei Einlegung seiner Beschwerde noch wirksam stellen könnte.[31]

10 Vermächtnisnehmer, **Pflichtteilsberechtigte** und andere Nachlassgläubiger haben in dieser Eigenschaft ein Beschwerderecht nur bei **titulierter Forderung**.[32]

11 Der Erbprätendent ist gegen den Feststellungsbeschluss beschwerdebefugt, wenn das Nachlassgericht vor Feststellung des Fiskuserbrechts das Anmeldeverfahren nach § 1965 BGB versäumt hat; der Erbprätendent muss dann nicht sein Erbrecht angemeldet haben.[33] Gegen die Aufhebung des Beschlusses, durch den das Erbrecht des Fiskus festgestellt wird, ist auch derjenige nicht beschwerdeberechtigt, der geltend macht, aufgrund einer Anfechtung der Annahme der Erbschaft nicht Erbe geworden zu sein.[34]

12 b) **Teilungssachen.** In Teilungssachen nach §§ 363 ff. FamFG ist der hinzugezogene Beteiligte beschwerdeberechtigt, und zwar gegen seine Hinzuziehung und gegen die Einleitung des Verfahrens bis zu dem Beginn der Verhandlungen.[35]

13 c) **Testamentsvollstreckung.** Der (Mit-)**Erbe** ist gegen die Ernennung des Testamentsvollstreckers (§ 2200 Abs. 1 BGB), gegen die Erteilung des Testamentsvollstreckerzeugnisses und gegen die Ablehnung der Einziehung des Testamentsvollstreckerzeugnisses beschwerdeberechtigt. Schließlich wird dessen Erbrecht durch die Testamentsvollstreckung unmittelbar beeinträchtigt. Auch der Vermächtnisnehmer ist gegen die Ablehnung der Ernennung eines Testamentsvollstreckers beschwerdebefugt, wenn Aufgabe des Testamentsvollstreckers die Erfüllung von Vermächtnissen ist.[36] In diesem Fall kommt es nicht darauf an, ob der Beschwerdeführer verfah-

---

27 Burandt/Rojahn/Rojahn FamFG § 59 Rn. 5.
28 OLG Hamm ZErb 2013, 295.
29 BayObLG NJWE-FER 2001, 264.
30 BayObLG NJWE-FER 2001, 264; vgl. BeckOK BGB/Litzenburger BGB § 2371 Rn. 20.
31 BayObLG MittBayNot 1999, 193 = NJWE-FER 1998, 178.
32 Burandt/Rojahn/Rojahn FamFG § 59 Rn. 5.
33 KG NJW-RR 2011, 587.
34 OLG Hamm FamRZ 2015, 787 = BeckRS 2014, 22435.
35 Bumiller/Haders/Schwamb/Bumiller FamFG § 59 Rn. 23.
36 BGH ZEV 2013, 440 (441).

renstechnisch Beteiligter ist (vgl. § 345 Abs. 3 FamFG). Der Erbe ist mangels Rechtsbeeinträchtigung nicht beschwerdebefugt, wenn das Nachlassgericht die Erteilung eines Testamentsvollstreckerzeugnisses abgelehnt hat.[37]

Solange der Anspruch des **Pflichtteilsberechtigten** noch nicht erfüllt ist, ist der Pflichtteilsberechtigte gegen die Ablehnung seines Testamentsvollstreckerentlassungsantrages beschwerdeberechtigt.[38] Da der Pflichtteilsanspruch nicht gegen Testamentsvollstrecker geltend zu machen ist (§ 2213 Abs. 1 S. 3 BGB), ist der Pflichtteilsberechtigte nicht gegen die Erteilung eines Testamentsvollstreckerzeugnisses bzw. gegen die Ablehnung seiner Einziehung beschwerdeberechtigt.[39] Verfügt ein Nachlassgläubiger nicht über einen vollstreckbaren Titel, ist er im Zusammenhang mit einer Testamentsvollstreckung nicht beschwerdebefugt. 14

Befugnis des Testamentsvollstreckers: Gegen den Beschluss der **Entlassung** des Testamentsvollstreckers ist der betroffene Testamentsvollstrecker beschwerdeberechtigt (§ 2227 Abs. 1 BGB). Auch kann er Beschwerde erheben gegen den seine Ernennung nach Annahme des Amtes aufhebenden Beschluss, gegen die Ablehnung der Erteilung des Testamentsvollstreckerzeugnisses und gegen dessen Einziehung.[40] Hat der Erblasser einen **Ersatztestamentsvollstrecker** aufschiebend bedingt ernannt, kann dieser Beschwerde erheben, wenn eine andere Person ernannt wurde.[41] Dagegen ist der vom Gericht entlassene Testamentsvollstrecker nicht gegen die gerichtliche Entscheidung beschwerdebefugt, keinen Nachfolger zu ernennen; es fehlt an der Rechtsbeeinträchtigung.[42] 15

d) **Nachlasspflegschaft.** Im Zusammenhang mit der Nachlasspflegschaft können der Erbe,[43] der Testamentsvollstrecker, der Nachlassgläubiger, der Nachlasspfleger, der Nachlassinsolvenzverwalter und gegebenenfalls der Pflichtteilsberechtigte beschwerdebefugt sein.[44] Gegen den Beschluss zur Feststellung der Nachlasspflegervergütung ist der durch Erbschein ausgewiesener Erbe beschwerdebefugt.[45] So wirkt sich die Vergütung mindernd auf den Nachlass aus.[46] Gegen die Anordnung der Nachlasspflegschaft ist aber nicht der über den Tod hinaus Bevollmächtigte des Erblassers beschwerdeberechtigt.[47] Auch einem Vermächtnisnehmer steht kein Beschwerderecht zu.[48] Ein Nachlassgläubiger ist nicht beschwerdebefugt gegen die Festsetzung der Vergütung des Nachlasspflegers, wohl aber gegen den Beschluss zur Aufhebung der Nachlasspflegschaft.[49] Eine postmortale Vollmacht verleiht dem Bevollmächtigten nicht die Beschwerdebefugnis gegen die Anordnung einer Nachlasspflegschaft.[50] Gleiches gilt für den Nachlassinsolvenzverwalter.[51] In einem Verfahren, das die Erteilung eines Testamentsvollstreckerzeugnisses zum Gegenstand hat, ist der Nachlasspfleger dann beschwerdebefugt, wenn so gegen seinen Willen eine Nießbrauchsbestellung erfolgen soll.[52] Der Nachlasspfleger ist nicht beschwerdebefugt bei postmortaler Vaterschaftsfeststellung.[53] 16

e) **Nachlassverwaltung.** Im Zusammenhang mit der Nachlassverwaltung ist der Erbe gegen die Ablehnung des Antrages auf Aufhebung der Nachlassverwaltung beschwerdeberechtigt. Dagegen ist er nicht beschwerdeberechtigt, wenn sein zunächst gestellter Antrag zur Anordnung der Nachlassverwaltung zurückgewiesen und er nur seine Beschwerde mit dem Ziel weiterverfolgt, die Nachlassverwaltung mangels Masse abzulehnen.[54] Der Nachlassverwalter ist beschwerde- 17

---

37 OLG Hamm NJWE-FER 2000, 60.
38 KG NJW-RR 2005, 809; NJW-RR 2002, 439.
39 Keidel/Meyer-Holz FamFG § 59 Rn. 82.
40 Nachweise bei Keidel/Meyer-Holz FamFG § 59 Rn. 82.
41 OLG München NJW 2009, 2140.
42 OLG Karlsruhe FGPrax 2015, 272.
43 OLG Bremen ZEV 2018, 25 (26).
44 Nachweise bei Keidel/Meyer-Holz FamFG § 59 Rn. 83.
45 OLG Karlsruhe NJW 2015, 2051 (2052).
46 OLG Frankfurt aM ZEV 2021, 629 (639).
47 OLG München NJW 2010, 2364; OLG Hamm ZErb 2014, 143 (144).
48 OLG Düsseldorf FamRZ 2014, 513 = BeckRS 2013, 18750.
49 OLG Hamm FGPrax 2014, 165.
50 OLG Hamm ZErb 2014, 143.
51 OLG Hamm ZErb 2014, 143.
52 OLG Hamburg FamRZ 2016, 330 = BeckRS 2015, 14473 Rn. 22.
53 OLG Frankfurt aM NJOZ 2017, 844.
54 OLG Frankfurt aM FuR 2016, 491 (492).

berechtigt gegen seine Entlassung und Beschränkung seiner Befugnisse, nicht hingegen gegen die Aufhebung der Nachlassverwaltung. Der Nachlassgläubiger ist beschwerdeberechtigt gegen die Aufhebung der Nachlassverwaltung.[55]

18 **f) Testamentseröffnung.** Beschwerdebefugt gegen die Ankündigung der Eröffnung eines gemeinschaftlichen Testamentes mit seinem ganzen Inhalt bei vorgetragener Unmöglichkeit der Trennung ist der länger lebende Ehegatte.[56] So könne er in seiner Rechtsstellung als Testator negativ betroffen sein.[57] Nicht befugt ist dagegen der beurkundende Notar.[58] Weigert sich ein Nachlassgericht, eine letztwillige Verfügung zu eröffnen, so sind dagegen die Erbprätendenten beschwerdebefugt.[59]

18.1 **g) Aufgebotsverfahren.** Ein nicht berücksichtigter Gläubiger ist beschwerdebefugt: So wird er aufgrund der Nichtberücksichtigung seiner Forderung im Ausschließungsbeschluss in seinen Rechten beeinträchtigt.[60] Durch die ausgesprochene Ausschließung wird die Durchsetzbarkeit der behaupteten Forderung gefährdet, da der Erbe grundsätzlich gem. § 1973 Abs. 1 S. 1 BGB gegenüber den ausgeschlossenen Gläubigern die Befriedigung verweigern kann.

18.2 **3. Besonderheiten in Betreuungssachen.** Der Vorsorgebevollmächtigte ist nicht berechtigt, im eigenen Namen eine Beschwerde gegen einen die Betreuung anordnenden Beschluss einzulegen.[61] Jedoch hat das Gericht auszulegen, ob die Beschwerde im eigenen oder im fremden Namen erhoben wurde. Die Beschwerdebefugnis eines Lebensgefährten hinsichtlich eines Beschlusses, der die Verlängerung der Betreuung der betroffenen Person zum Gegenstand hat, folgt aus § 303 Abs. 2 Nr. 2 FamFG, da er Vertrauensperson der betroffenen Person ist.[62] Auch bei der Ablehnung einer Unterbringungsgenehmigung ist der Betroffene beschwert, so dass sein Betreuer in seinem Namen Beschwerde erheben kann.[63]

II. Beschwerdeberechtigung hinsichtlich einer formellen Beschwer (Abs. 2)

19 Wird ein Beschluss nur auf Antrag erlassen und ist dieser zurückgewiesen worden, ist **nur der Antragsteller** beschwerdeberechtigt (§ 59 Abs. 2 FamFG, formelle Beschwer).[64] Zudem ist auch derjenige beschwerdeberechtigt, der den verfahrenseinleitenden Antrag nach § 23 FamFG zwar nicht gestellt hat, aber im Zeitpunkt seiner Beschwerdeeinlegung noch hätte stellen können.[65] Es ist nicht Voraussetzung, dass auch der ursprüngliche Antragsteller Beschwerde eingelegt hat. Private Erbprätendenten sind gegen den **Feststellungsbeschluss der Erbvermutung** zugunsten des Fiskus nach § 1964 BGB beschwerdeberechtigt, wenn sie ihre Rechte im Verfahren nach § 1965 BGB angezeigt haben.[66] Sie müssen sich vor Erlass des Feststellungsbeschlusses gemeldet haben.[67] Wer ein Verfahren angeregt hat (§ 24 FamFG), ist nicht gleichzeitig stets beschwerdebefugt.[68] Nur eine Anregung, nicht hingegen ein Antrag, kommt zur Einrichtung einer Betreuung in Betracht.

20 § 59 Abs. 2 FamFG beschränkt § 59 Abs. 1 FamFG.[69] Das gilt aber dann nicht, wenn das Ausgangsgericht den Antrag als unzulässig abgewiesen hat, so dass es an einer materiellen Beschwer fehlt.[70] Dann reicht das Vorliegen der formellen Beschwer nach § 59 Abs. 2 FamFG.

---

55 Bumiller/Haders/Schwamb/Bumiller FamFG § 59 Rn. 28.
56 OLG München ErbR 2021, 599.
57 OLG Hamm NJW-RR 2012, 1030 (1031).
58 OLG Düsseldorf NJW-RR 2011, 229.
59 OLG München ErbR 2022, 156.
60 AG Northeim BeckRS 2021, 43819 Rn. 8.
61 BGH DNotZ 2015, 615 (616).
62 BGH NJW 2022, 1618 (1619).
63 BGH NJW-RR 2022, 512.
64 OLG Brandenburg BeckRS 2013, 10030 = FamRZ 2013, 1328 = MDR 2013, 1105; vgl. OLG Frankfurt aM FGPrax 2017, 239.
65 Noch für das FGG: BGH NJW 1993, 662; OLG Schleswig FGPrax 2010, 253 (254); Keidel/Meyer-Holz FamFG § 59 Rn. 41.
66 OLG Schleswig SchlHA 2013, 70 = BeckRS 2013, 3124.
67 OLG Schleswig SchlHA 2013, 70 = BeckRS 2013, 3124; Staudinger/Marotzke BGB § 1965 Rn. 18.
68 OLG München FamRZ 2007, 744 = BeckRS 2007, 08906; Schulte-Bunert/Weinreich/Roßmann FamFG § 59 Rn. 12.
69 BGH ZEV 2013, 517 (518); OLG Düsseldorf FGPrax 2013, 134.
70 OLG Düsseldorf FGPrax 2013, 134.

Falls einem Antrag stattgegeben wurde, obwohl ein Beteiligter die Zurückweisung beantragt hat, kann dieser Beteiligte, der folglich Antragsgegner ist, Beschwerde erheben. In diesem Fall reicht die materielle Beschwer (§ 59 Abs. 1 FamFG), da der Antrag des Antragstellers nicht im Sinne des § 59 Abs. 2 FamFG zurückgewiesen worden ist.

III. Beschwerdeführungsbefugnis

Der Beschwerdeführer muss zur wirksamen Vornahme von Verfahrenshandlungen im Beschwerdeverfahren befugt sein (Beschwerdeführungsbefugnis).[71] Das ist der Fall, wenn er zur Ausübung des Beschwerderechts befugt ist, also die Beeinträchtigung eines eigenen Rechts durch die anzufechtende Entscheidung geltend macht und selbst seine Beschwerdeberechtigung ausübt.[72] Er muss nach § 9 Abs. 1 FamFG verfahrensfähig sein. Beispielsweise kann bei einer Nachlassinsolvenz die Beschwerdeführungsbefugnis auf den Insolvenzverwalter übergegangen sein (§ 80 Abs. 1 InsO).

Beschwerdeführung im fremden Namen: Wird die Beschwerde im fremden Namen (etwa durch einen Rechtsanwalt) eingelegt, kommt es wie üblich auf die Rechtsbeeinträchtigung des Vertretenen an.[73] Notare sind nur zur Beschwerdeeinlegung im Namen des von ihm vertretenen Beteiligten befugt.[74] Gegen die Festsetzung des Geschäftswertes ist dagegen ein Rechtsanwalt auch in eigenem Namen befugt (§ 32 Abs. 2 S. 1 RVG). Wollen gesetzliche Vertreter wie ein **Betreuer** oder ein **Pfleger** Beschwerde für den Vertretenen einlegen, muss sich ihr Aufgabengebiet auch auf die Einlegung einer Beschwerde beziehen; sie müssen auch wirksam bestellt sein. Wollen Eltern für ihr **minderjähriges Kind** Beschwerde einlegen, ist ihre Vertretungsbefugnis zu überprüfen (vgl. § 1629 BGB), vor allem vor dem konkreten Einzelfall.[75]

§ 60 FamFG Beschwerderecht Minderjähriger

¹Ein Kind, für das die elterliche Sorge besteht, oder ein unter Vormundschaft stehender Mündel kann in allen seine Person betreffenden Angelegenheiten ohne Mitwirkung seines gesetzlichen Vertreters das Beschwerderecht ausüben. ²Das Gleiche gilt in sonstigen Angelegenheiten, in denen das Kind oder der Mündel vor einer Entscheidung des Gerichts gehört werden soll. ³Dies gilt nicht für Personen, die geschäftsunfähig sind oder bei Erlass der Entscheidung das 14. Lebensjahr nicht vollendet haben.

Die Vorschrift gibt Minderjährigen ein höchstpersönliches Beschwerderecht. Dies betrifft jedoch nur „alle seine Person betreffenden Angelegenheiten" bzw. „in sonstigen Angelegenheiten, in denen das Kind oder der Mündel vor der Entscheidung des Gerichts gehört werden soll", was auf etwa §§ 159, 192 FamFG abstellt. Damit muss das Beschwerderecht nicht durch einen gesetzlichen Vertreter ausgeübt werden. Die Verfahrenshandlungen des Minderjährigen sind auch vollkommen unabhängig vom Willen seines gesetzlichen Vertreters und können einen entgegenstehenden Willen bekunden. Bei rein vermögensrechtlichen Angelegenheiten ist diese Vorschrift nicht anzuwenden.[1] Eine Bedeutung der Vorschrift in Nachlasssachen ist nicht ersichtlich. Die Norm ist auf das Familienrecht zugeschnitten. Die Norm kann höchstens etwa im Zusammenhang mit dem Genehmigungsverfahren eines vom gesetzlichen Vertreter vorgenomme-

---

71 VerfFormB/Gierl FamFG § 58 ff. Rn. 11.
72 Einzelfälle bei Keidel/Meyer-Holz FamFG § 59 Rn. 26 ff.
73 BeckOK FamFG/Obermann FamFG § 59 Rn. 12; Schulte-Bunert/Weinreich/Roßmann FamFG § 59 Rn. 24.
74 Schulte-Bunert/Weinreich/Roßmann FamFG § 59 Rn. 49.
75 Detailliert: MüKoFamFG/Fischer FamFG § 59 Rn. 131 ff.; Schulte-Bunert/Weinreich/Roßmann FamFG § 59 Rn. 26; vgl. Horn ZEV 2013, 297.

1 Burandt/Rojahn/Rojahn FamFG § 60 Rn. 1.

nen Rechtsgeschäftes² bzw. der Abgabe von Erklärungen einschlägig sein. Nicht erfasst sein soll die Genehmigung einer Erbausschlagung.³

§ 61 FamFG Beschwerdewert; Zulassungsbeschwerde

(1) In vermögensrechtlichen Angelegenheiten ist die Beschwerde nur zulässig, wenn der Wert des Beschwerdegegenstandes 600 Euro übersteigt.

(2) Übersteigt der Beschwerdegegenstand nicht den in Absatz 1 genannten Betrag, ist die Beschwerde zulässig, wenn das Gericht des ersten Rechtszugs die Beschwerde zugelassen hat.

(3) ¹Das Gericht des ersten Rechtszugs lässt die Beschwerde zu, wenn
1. die Rechtssache grundsätzliche Bedeutung hat oder die Fortbildung des Rechts oder die Sicherung einer einheitlichen Rechtsprechung eine Entscheidung des Beschwerdegerichts erfordert und
2. der Beteiligte durch den Beschluss mit nicht mehr als 600 Euro beschwert ist.

²Das Beschwerdegericht ist an die Zulassung gebunden.

A. Allgemeines	1	II. Wertbeschwerde	5
B. Regelungsgehalt	2	III. Zulassungsbeschwerde	11
I. Vermögensrechtliche Angelegenheit	2	C. Weitere praktische Hinweise	16

A. Allgemeines

1   Die Vorschrift dient der Effizienz und Entlastung der Rechtspflege, da sie Beschwerden verhindert, die eine Beeinträchtigung des Beschwerdeführers bis zu einem Vermögenswert von 600 EUR verhindert. Nur bei Zulassung der Beschwerde durch das Ausgangsgericht ist bei vermögensrechtlichen Angelegenheiten die Beschwerde auch bei einer Beschwer unterhalb von 600 EUR zulässig. Bei nichtvermögensrechtlichen Angelegenheiten ist stets die Beschwerde zulässig.

B. Regelungsgehalt

I. Vermögensrechtliche Angelegenheit

2   Die Norm gilt nur für vermögensrechtliche Angelegenheiten. Solche Ansprüche werden aus einem vermögensrechtlichen Rechtsverhältnis hergeleitet oder gründen sich zwar auf ein nichtvermögensrechtliches Verhältnis, haben jedoch selbst eine vermögenswerte Leistung zum Gegenstand.¹ Der Angelegenheit muss ein unmittelbarer wirtschaftlicher Wert zukommen.² Nach der Interessenlage des **Beschwerdeführers** dient sein Begehren besonders der **Wahrung seiner wirtschaftlichen Belange**.³ Mit dem Begriff der Angelegenheit ist nicht der Hauptverfahrensgegenstand, sondern nur der Beschwerdegegenstand gemeint.⁴

3   Regelmäßig handelt es sich bei **Nachlasssachen** um vermögensrechtliche Angelegenheiten, wobei nichtvermögensrechtliche Motive unschädlich sind.⁵ Zu den vermögensrechtlichen Angelegenheiten zählen mithin die Verfahren im Zusammenhang mit einem Erbschein, einer Testamentsvollstreckung, einer Nachlassverwaltung, einer Nachlasspflegschaft, einer Teilungssache etc.

---

2   Keidel/Meyer-Holz FamFG § 60 Rn. 11.
3   Schulte-Bunert/Weinreich/Roßmann FamFG § 60 Rn. 11 unter Verweis auf BGH FamRZ 2012, 292.
1   BGH GRUR 1955, 83 (84) (iSd ZPO) = NJW 1954, 1568.

2   AG Freiburg BeckRS 2022, 14151 Rn. 2.
3   Keidel/Meyer-Holz FamFG § 61 Rn. 2.
4   MüKoFamFG/Fischer FamFG § 61 Rn. 6.
5   Burandt/Rojahn/Rojahn FamFG § 61 Rn. 2.

Richtet sich eine Beschwerde **ausschließlich gegen die Kostenentscheidung** des Beschlusses des Ausgangsgerichtes, handelt es sich stets um eine vermögensrechtliche Angelegenheit. Dabei ist gleichgültig, ob es sich bei der Hauptsache um eine nichtvermögensrechtliche Angelegenheit gehandelt hat.[6]

II. Wertbeschwerde

Der Wert des Beschwerdegegenstandes **muss 600 EUR übersteigen**, mithin mindestens einen Wert von 600,01 EUR aufweisen. Der Beschwerdewert bestimmt sich nach den mit der Beschwerde verfolgten wirtschaftlichen Interessen des Beschwerdeführers an der Abänderung der erstinstanzlichen Entscheidung („Abänderungsinteresse").[7] Das OLG Hamburg[8] spricht von der „Höhe des geldwerten Vor- oder Nachteils", die von dem Beschwerdeführer durch seine Antragsstellung erstrebt wird. Der Beschwerdewert ist nicht (mehr)[9] stets mit dem Vermögenswert gleichzusetzen. Dies gilt vor allem vor dem Hintergrund, dass bei der Ermittlung des Geschäftswertes nach §§ 40, 41 GNotKG nun nicht mehr Erbfallschulden wie Vermächtnisse oder Pflichtteilsansprüche abgezogen werden.[10]

Der Wert ist auf den durch den Beschwerdeantrag bestimmten Umfang der Anfechtung begrenzt. So ist bei auf die Kostenentscheidung begrenzten Beschwerden ausschließlich die Höhe der Kostenlast maßgeblich, die aufgrund der anzufechtenden Entscheidung auf den Beschwerdeführer zukommt. Je nach individueller Kostenentscheidung des Ausgangsgerichtes sind hierbei vor allem Gerichtskosten, so etwa Gerichtsgebühren und Sachverständigenauslagen, und gegnerische Rechtsanwaltskosten zu beachten (vgl. § 80 FamFG).

Für die Feststellung der erforderlichen Mindestbeschwer ist der **Zeitpunkt der Einlegung** des Rechtsmittels maßgeblich, so dass spätere Veränderungen die Zulässigkeit des Rechtsmittels grundsätzlich nicht mehr entfallen lassen.[11] Das Vorliegen der Mindestbeschwer ist **von Amts wegen** zu berechnen, wobei keine Bindung an die erstinstanzliche Wertfestsetzung besteht.[12] Der Beschwerdeführer hat die für den Wert bestimmenden Tatsachen darzutun.

Beabsichtigt das Beschwerdegericht einen unterhalb der Mindestbeschwer liegenden Beschwerdewert anzunehmen, hat es vor Verwerfung der Beschwerde wegen Unzulässigkeit dem Beschwerdeführer rechtliches Gehör zu gewähren.[13]

Einzelfälle: Bei einer Beschwerde im Zusammenhang mit der Erteilung oder Ablehnung eines Erbscheines kommt es auf die tatsächliche Beeinträchtigung des Beschwerdeführers an. Begehrt etwa ein pflichtteilsberechtigter Miterbe die Erteilung eines Erbscheines, reduziert sich der Beschwerdewert hinsichtlich des Wertes seiner Pflichtteilsansprüche. So stehen ihm diese im Falle seiner Enterbung zu. Bei einem Miterben als Beschwerdeführer kommt es nur auf seinen erstrebten Erbanteil an.[14] Bei einer Beschwerde gegen die Anordnung der **Nachlassverwaltung** oder **Nachlasspflegschaft** ist der Wert des von der Verwaltung oder der Pflegschaft betroffenen Vermögens maßgeblich.[15] Entsprechendes gilt bei Beschwerden im Zusammenhang mit einer Testamentsvollstreckung.[16]

---

6 OLG Brandenburg NJW-RR 2010, 943 (944); OLG Bamberg BeckRS 2012, 25300; aA OLG Nürnberg NJW 2010, 1468.
7 BGH NJW 1992, 3305; Keidel/Meyer-Holz FamFG § 61 Rn. 6; Burandt/Rojahn/Rojahn FamFG § 61 Rn. 3; MüKoFamFG/Fischer FamFG § 61 Rn. 22.
8 OLG Hamburg FGPrax 2017, 228.
9 So aber unter Geltung der KostO, hierzu Burandt/Rojahn/Rojahn FamFG § 61 Rn. 3.
10 Kroiß ZEV 2013, 413 (415); NK-GK/Greipl § 40 Rn. 7.
11 OLG Brandenburg BeckRS 2013, 14844; MüKoFamFG/Fischer FamFG § 61 Rn. 35.
12 Keidel/Meyer-Holz FamFG § 61 Rn. 10.
13 BGH NJW-RR 2005, 219; Keidel/Meyer-Holz FamFG § 61 Rn. 20.
14 BayObLG BeckRS 2004, 7252.
15 Keidel/Meyer-Holz FamFG § 61 Rn. 12.
16 Der Geschäftswert richtet sich dagegen nach § 65 GNotKG.

10 Bei einer auf die Kostenentscheidung begrenzten Beschwerde in einer nicht vermögensrechtlichen Angelegenheit findet § 61 Abs. 1 FamFG keine Anwendung.[17]

III. Zulassungsbeschwerde

11 Wird in vermögensrechtlichen Angelegenheiten der **Mindestbeschwerdewert von 600 EUR** nicht erreicht, ist die Zulässigkeit der Beschwerde von der Anordnung der Zulassung dieses Rechtsmittels in dem Ausgangsbeschluss abhängig. Das Ausgangsgericht hat von Amts wegen zu überprüfen, ob ein Zulassungsgrund nach § 61 Abs. 3 S. 1 Nr. 1 FamFG vorliegt. Ein entsprechender Antrag eines Beteiligten ist als Anregung zu bewerten. Dem Ausgangsgericht steht für seine Entscheidung kein Ermessen zu. Überschreitet nach Auffassung des Ausgangsgerichts der Beschwerdewert 600 EUR nicht, hat es über die Zulassung des Rechtsmittels zu entscheiden (§ 61 Abs. 3 S. 1 Nr. 2 FamFG). Bei Vorliegen eines der drei nachfolgenden Zulassungsgründe hat das Ausgangsgericht ohne Bestehen eines Ermessens das Rechtsmittel zuzulassen, wobei diese Kriterien denen für die Rechtsbeschwerde nach § 70 Abs. 2 S. 1 FamFG entsprechen (näher → FamFG §§ 70 ff. Rn. 8 ff.):

- Eine **grundsätzliche Bedeutung der Rechtssache** ist bei einer klärungsbedürftigen Rechtsfrage anzunehmen, deren Auftreten in einer unbestimmten Vielzahl von Fällen denkbar ist. Liegt bereits eine BGH-Entscheidung vor, kann die Rechtssache nur dann grundsätzliche Bedeutung haben, wenn hierzu in der obergerichtlichen Rechtsprechung oder der Fachliteratur weiterhin unterschiedliche Auffassungen vertreten werden.[18]
- Die **Fortbildung des Rechts** erfordert eine Entscheidung des Beschwerdegerichtes, wenn Leitsätze für die Auslegung von Gesetzesbestimmungen des materiellen oder des Verfahrensrechts aufzustellen oder Gesetzeslücken aufzufüllen sind.
- Zur **Sicherung einer einheitlichen Rechtsprechung** ist eine Beschwerdeentscheidung erforderlich, wenn das Ausgangsgericht über eine Rechtsfrage zu entscheiden hatte, der allgemeine Bedeutung zukommt und eine Entscheidung des Beschwerdegerichts erforderlich erscheint, damit in dessen Zuständigkeitsbereich keine schwer unerträglichen Unterschiede in der Rechtsprechung entstehen oder Fortbestehen.[19]

12 Über die Zulassung der Beschwerde ist **im Ausgangsbeschluss** zu entscheiden.[20] Enthält dieser keinen ausdrücklichen Ausspruch zur Zulassung, ist das Rechtsmittel nicht gegeben.[21] Zwecks Klarstellung empfiehlt sich ein ausdrücklicher Ausspruch. Die Entscheidung sollte daher in der Beschlussformel aufgenommen werden, wobei es als ausreichend erachtet wird, wenn sich die Zulassung aus den Gründen ergibt.[22]

13 Ging das Ausgangsgericht irrtümlicherweise von einer Beschwer oberhalb von 600 EUR aus oder hält das Beschwerdegericht in Abweichung der Wertfestsetzung durch das Ausgangsgericht die Beschwerdesumme für nicht erreicht, hat das **Beschwerdegericht** die Entscheidung über die Zulassung nach Maßgabe der Voraussetzungen des § 61 Abs. 3 S. 1 Nr. 1 FamFG **nachzuholen**.[23] Nach dem BGH ist die nachträgliche Zulassung der Beschwerde durch das Amtsgericht grundsätzlich unwirksam.[24]

14 Die Entscheidung über die Zulassung oder die Nichtzulassung ist **nicht anfechtbar**. Entscheidet jedoch der Rechtspfleger über die Nichtzulassung, kann dagegen die Erinnerung nach § 11 RPflG eingelegt werden.[25] Hat indes das Gericht **versehentlich** die Beschwerde nicht zugelassen,

---

17 BGH NJW 2013, 3523.
18 BeckOK FamFG/Obermann FamFG § 70 Rn. 14; vgl. BGH NJW-RR 2012, 129 Rn. 16.
19 Vertiefend: Keidel/Meyer-Holz FamFG § 61 Rn. 30.
20 BGH NJW-RR 2013, 131.
21 BGH NJW-RR 2013, 131.
22 Horndasch/Viefhues/Reinken FamFG § 61 Rn. 31.
23 BGH NJW-RR 2013, 131; vgl. NJW-RR 2012, 633 (zur Berufung); MüKoFamFG/Fischer FamFG § 61 Rn. 45; Keidel/Meyer-Holz FamFG § 61 Rn. 39.
24 BGH NJW-RR 2013, 131.
25 BT-Drs. 16/6308, 451.

kommt eine **Ergänzung des Beschlusses** nach Maßgabe des § 43 FamFG²⁶ bzw. sogar ggf. eine Berichtigung nach § 42 FamFG²⁷ in Betracht.

Das Beschwerdegericht ist an die Zulassung durch das Ausgangsgericht gebunden, auch wenn die Voraussetzungen des § 61 Abs. 3 S. 1 Nr. 1 FamFG nicht gegeben sind (§ 61 Abs. 3 S. 2 FamFG). 15

C. Weitere praktische Hinweise

Bei der **Anfechtung der Kostenfestsetzung** nach § 85 FamFG mit der sofortigen Beschwerde entsprechend §§ 572–576 ZPO muss lediglich eine Beschwerdesumme von 200 EUR erreicht werden (§ 85 FamFG iVm § 104 Abs. 3 S. 1 ZPO). Im Kostenfestsetzungsverfahren ist auch bei Nichterreichen der Beschwerdesumme die Rechtspflegererinnerung gem. § 11 Abs. 2 RPflG gegeben. Die Beschwerde gegen den Geschäftswert nach § 83 GNotKG erfordert einen Beschwerdewert von mindestens 200 EUR, wenn das Gericht nicht die Beschwerde wegen grundsätzlicher Bedeutung zugelassen hat (§ 83 Abs. 1 GNotKG). 16

§ 62 FamFG Statthaftigkeit der Beschwerde nach Erledigung der Hauptsache

(1) Hat sich die angefochtene Entscheidung in der Hauptsache erledigt, spricht das Beschwerdegericht auf Antrag aus, dass die Entscheidung des Gerichts des ersten Rechtszugs den Beschwerdeführer in seinen Rechten verletzt hat, wenn der Beschwerdeführer ein berechtigtes Interesse an der Feststellung hat.

(2) Ein berechtigtes Interesse liegt in der Regel vor, wenn
1. schwerwiegende Grundrechtseingriffe vorliegen oder
2. eine Wiederholung konkret zu erwarten ist.

(3) Hat der Verfahrensbeistand oder der Verfahrenspfleger die Beschwerde eingelegt, gelten die Absätze 1 und 2 entsprechend.

A. Allgemeines

Hat sich die Hauptsache erledigt, ist in der Regel der Beschwerdeführer nicht mehr beschwert. Die Zulässigkeit der Beschwerde setzt indes grundsätzlich eine (fort-)bestehende und zu beseitigende Beschwer des Beschwerdeführers durch die angefochtene Entscheidung voraus.¹ Nach Erledigung kann eine Sachentscheidung über den weggefallenen Verfahrensgegenstand nicht mehr ergehen. Dennoch kann in bestimmten Fällen ein berechtigtes Interesse an einer sachlichen Überprüfung der erledigten Hauptsacheentscheidung des Ausgangsgerichtes bestehen. Die Voraussetzungen hierzu regelt § 62 FamFG, womit auch die Vorgaben des BVerfG aus dem Beschl. v. 5.12.2001 umgesetzt werden.² Die Norm schafft eine Art **Fortsetzungsfeststellungsbeschwerde**. Die Bedeutung in Nachlassverfahren ist gering. Die Norm findet entsprechende Anwendung im Rechtsbeschwerdeverfahren.³ Die Rechtswidrigkeit ist in einem etwaig anhängigen Beschwerdeverfahren zu klären und damit nicht durch das Ausgangsgericht.⁴ 1

---

26 MüKoFamFG/Ulrici FamFG § 43 Rn. 2; nach Keidel/Meyer-Holz FamFG § 61 Rn. 38 dagegen Berichtigung nach § 42, wohl unzutreffend.
27 Horndasch/Viefhues/Reinken FamFG § 61 Rn. 31.
1 OLG Dresden ZEV 2010, 582.

2 BVerfG NJW 2002, 2456 ff.; vgl. NJW 1998, 2432.
3 BGH NJW-RR 2011, 1303; FGPrax 2010, 150.
4 BGH NJW-RR 2012, 1350 (1351).

B. Regelungsgehalt

I. Allgemeine Zulässigkeitsvoraussetzungen

2 Die Norm gilt unmittelbar nur für Endentscheidungen, die ohne Erledigung der Anfechtung nach § 58 FamFG unterlägen. Damit werden auch Endentscheidungen über den Erlass einer einstweiligen Anordnung erfasst.[5] Auch die weiteren allgemeinen Zulässigkeitsvoraussetzungen wie Beschwerdebefugnis (§ 59 FamFG), Erreichen der Mindestbeschwer oder Anordnung der Zulassung (§ 61 FamFG), form- und fristgerechte Einlegung der befristeten Beschwerde beim Ausgangsgericht etc müssen vorliegen.[6]

II. Erledigung

3 Der Regelungsgegenstand einer Ausgangsentscheidung muss sich zur Anwendbarkeit des § 62 FamFG nach deren Erlass erledigt haben. Zu diesem Zeitpunkt muss nicht schon die Beschwerde eingelegt worden sein.[7] § 62 FamFG ist auch dann einschlägig, wenn das Ausgangsgericht trotz Erledigung eine Sachentscheidung getroffen hat. Die Erledigung im Sinne dieser Norm betrifft sämtliche Ereignisse, die dazu führen, dass die Wirksamkeit der gerichtlichen Entscheidung, durch die in die Rechte des Betroffenen eingegriffen wird, beendet wird und deshalb eine Sachentscheidung über den Fortbestand einer Maßnahme, also die Hauptsache, nicht mehr ergehen kann.[8] Beispielsweise hat sich das Verfahren zur Erteilung eines Testamentsvollstreckerzeugnisses durch Kündigung des Testamentsvollstreckeramtes in der Hauptsache erledigt.[9] Entsprechendes gilt in einem Verfahren zur Entlassung eines Testamentsvollstreckers (§ 2227 BGB). § 62 FamFG betrifft auch die Fälle einer **Teilerledigung**.

III. Antrag

4 Der Beschwerdeführer hat im Falle der Erledigung einen Antrag auf Feststellung der Rechtswidrigkeit der angegriffenen Entscheidung zu stellen.[10] Dieses Begehren kommt bei der Erklärung der Erledigung der Beschwerde nicht ausreichend zum Ausdruck.[11] Zumindest muss sich nach dem gesamten Vorbringen des Beschwerdeführers dessen Begehren ergeben, die Rechtmäßigkeit der getroffenen Maßnahme überprüfen zu lassen.[12] Bei Unklarheiten und Zweifeln hat das Gericht einen richterlichen Hinweis zu erteilen.

IV. Berechtigtes Interesse

5 **1. Überblick.** Damit die Beschwerde nach Erledigung der Hauptsache weiterhin statthaft ist, muss der Beschwerdeführer ein berechtigtes Interesse an der Überprüfung der angefochtenen Ausgangsentscheidung haben.[13] Nach § 62 Abs. 2 FamFG liegt dies in der Regel vor, wenn entweder **schwerwiegende Grundrechtseingriffe** vorliegen oder eine **Wiederholung konkret zu erwarten** ist. Die angefochtene Entscheidung muss dem Beschwerdeführer in seinen Rechten verletzen, weswegen das Feststellungsinteresse an die Person des Beschwerdeführers und den Eingriff in seine Rechte gebunden ist und so höchstpersönlichen Charakter hat.[14] Daher können etwa die Erben eines Erblassers, der unter Betreuung stand, keinen Feststellungsantrag gegen die Betreuungsanordnung stellen.[15]

---

5 MüKoFamFG/Fischer FamFG § 62 Rn. 15.
6 MüKoFamFG/Fischer FamFG § 62 Rn. 25 ff.
7 MüKoFamFG/Fischer FamFG § 62 Rn. 7.
8 Keidel/Göbel FamFG § 62 Rn. 8.
9 OLG Düsseldorf FamRZ 2014, 330 = BeckRS 2013, 13234.
10 BGH NJW-RR 2011, 1303; Schulte-Bunert/Weinreich/Roßmann FamFG § 62 Rn. 17.
11 MüKoFamFG/Fischer FamFG § 62 Rn. 28.
12 OLG Karlsruhe FGPrax 2003, 99; Keidel/Budde FamFG § 62 Rn. 11.
13 BGH NJW-RR 2011, 1303.
14 OLG München NZG 2010, 1079 = FGPrax 2010, 269.
15 BGH ZEV 2013, 210 (211).

2. Schwerwiegender Grundrechtseingriff. Das Regelbeispiel des schwerwiegenden Grundrechtseingriffes (§ 62 Abs. 2 Nr. 1 FamFG) betrifft etwa die Durchsuchung einer Wohnung, freiheitsentziehende Maßnahmen, Eingriffe in das Grundrecht auf körperliche Unversehrtheit etc[16] Von einem schwerwiegenden Grundrechtseingriff wird nur dann ausgegangen, wenn ein Grundrecht tangiert wird, für das das Grundgesetz – gegebenenfalls auch das einfache Recht – Eingriffe unter Richtervorbehalt stellt, insbesondere also das Freiheitsgrundrecht und das Recht der Unverletzlichkeit der Wohnung.[17] Einen schwerwiegenden Grundrechtseingriff hat das OLG Hamm[18] im Zusammenhang mit einer Nachlasspflegschaft nicht angenommen, da eine derartig wirtschaftliche Beeinträchtigung nicht einen schwerwiegenden Grundrechtseingriff bedeutet.

3. Wiederholungsgefahr. Das zweite Regelbeispiel betrifft die Wiederholungsgefahr (§ 62 Abs. 2 Nr. 2 FamFG), die sich auf den Beschwerdeführer beziehen muss. Es muss **konkret zu befürchten** sein, dass der Beschwerdeführer von einer Wiederholung betroffen sein wird.[19] Daher ist eine Wiederholungsgefahr nicht bereits deswegen gegeben, weil das Gericht zu erkennen gegeben hat, dass es in künftigen gleichgelagerten Fällen anderer Personen dieselbe Rechtsmeinung vertreten wird.[20]

In dem Verfahren zur Erteilung eines Testamentsvollstreckerzeugnisses verneinte nach Niederlegung des Testamentsvollstreckeramtes das OLG Düsseldorf die konkret zu erwartende Wiederholungsgefahr.[21] In dem konkreten Fall hatten Beteiligte gegen die Erteilung des Testamentsvollstreckerzeugnisses mit der Begründung Beschwerde eingelegt, dass in dem Testamentsvollstreckerzeugnis bestimmte Verwaltungsanordnungen aufgenommen werden müssten. Das OLG Düsseldorf verneinte allein deswegen die Wiederholungsgefahr, da solche Verwaltungsanordnungen auch bei einem eventuellen Ersatztestamentsvollstrecker, der ein entsprechendes Testamentsvollstreckerzeugnis beantragen könnte, nicht aufgenommen würden. Es handelte sich in dem dortigen Fall nicht um eine aufzunehmende Beschränkung im Sinne von § 2368 Abs. 1 S. 2 BGB, sondern nur um eine im Innenverhältnis wirksame Anordnung (§ 2216 Abs. 2 BGB). Eine geforderte Wiederholungsgefahr wird in Nachlasssachen nur selten vorliegen.

C. Weitere praktische Hinweise

Die Kosten richten sich nach §§ 81 ff. FamFG. Selbst wenn festgestellt wird, dass die erstinstanzliche Entscheidung den Beschwerdeführer in seinen Rechten verletzt hat, kann er keine Erstattung seiner außergerichtlichen Kosten von der Staatskasse verlangen.[22]

§ 63 FamFG Beschwerdefrist

(1) Die Beschwerde ist, soweit gesetzlich keine andere Frist bestimmt ist, binnen einer Frist von einem Monat einzulegen.

(2) Die Beschwerde ist binnen einer Frist von zwei Wochen einzulegen, wenn sie sich gegen folgende Entscheidungen richtet:
1. Endentscheidungen im Verfahren der einstweiligen Anordnung oder
2. Entscheidungen über Anträge auf Genehmigung eines Rechtsgeschäfts.

(3) ¹Die Frist beginnt jeweils mit der schriftlichen Bekanntgabe des Beschlusses an die Beteiligten. ²Kann die schriftliche Bekanntgabe an einen Beteiligten nicht bewirkt werden, beginnt die Frist spätestens mit Ablauf von fünf Monaten nach Erlass des Beschlusses.

---

16 Keidel/Budde FamFG § 62 Rn. 15 ff.
17 OLG Hamm ZErb 2010, 116 (117).
18 OLG Hamm ZErb 2010, 116 (117).
19 Burandt/Rojahn/Rojahn FamFG § 62 Rn. 2.
20 OLG München NZG 2010, 1079 = FGPrax 2010, 269.
21 OLG Düsseldorf BeckRS 2013, 13234.
22 Schulte-Bunert/Weinreich/Roßmann FamFG § 62 Rn. 22.

A. Allgemeines 1	3. Fristbeginn bei nicht formell Beteiligten 13
B. Regelungsgehalt 2	III. Fristberechnung 14
I. Beschwerdefrist 2	IV. Erforderlichkeiten der Einlegung zwecks Fristwahrung 16
II. Fristbeginn 5	
1. Fristbeginn bei Bekanntgabe 5	C. Weitere praktische Hinweise 19
2. Unterbliebene Bekanntgabe 12	

A. Allgemeines

1 Zugunsten der Rechtssicherheit hat der FamFG-Gesetzgeber eine Beschwerdefrist von einem Monat bzw. von zwei Wochen eingeführt. Nur in Grundbuch- und Schiffsregistersachen ist die Beschwerde weiterhin unbefristet.[1]

B. Regelungsgehalt

I. Beschwerdefrist

2 Die Beschwerde ist regelmäßig **innerhalb eines Monats** zu erheben (§ 63 Abs. 1 FamFG). Vereinzelt ist eine kürzere Frist vorgesehen, was etwa für die Anfechtung des Beschlusses gilt, durch den das Gericht über die Meinungsverschiedenheit zwischen mehreren Testamentsvollstreckern über die Vornahme eines Geschäftes entscheidet (§ 355 Abs. 2 FamFG).

3 Abs. 2 normiert eine **Zweiwochenfrist** in den Fällen, wenn sich die Beschwerde gegen eine einstweilige Anordnung bzw. gegen einen Beschluss richtet, der die Genehmigung eines Rechtsgeschäftes zum Gegenstand hat (§ 40 Abs. 2 FamFG). Dies bezieht sich sowohl gegen eine erteilte wie auch gegen eine abgelehnte Genehmigung. Im Erbrecht ist dies besonders bei der Genehmigung der Ausschlagungserklärung von minderjährigen oder unter Betreuung stehenden Personen bedeutsam (§§ 1643, 1908i, 1821 BGB). Auch unterliegen weitere Rechtsgeschäfte dieser Personengruppen dem Genehmigungserfordernis.[2] Diese verkürzte Frist bezieht sich auch gegen die Ablehnung des Erlasses einer einstweiligen Anordnung.[3]

4 Bei den Fristen nach § 63 FamFG handelt es sich um Notfristen, die nicht verkürzt oder verlängert werden können. Eine unrichtige oder fehlende Rechtsmittelbelehrung, die § 39 FamFG vorschreibt, hindert nicht den Lauf der Frist.[4]

II. Fristbeginn

5 **1. Fristbeginn bei Bekanntgabe.** Die Frist beginnt mit schriftlicher Bekanntgabe an die Beteiligten (§§ 63 Abs. 3, 41 FamFG), und zwar entweder durch förmliche Zustellung oder durch Aufgabe zur Post (§ 15 Abs. 2 FamFG).[5] Eine mündliche Bekanntgabe auch nach § 41 Abs. 2 S. 1 FamFG löst nicht den Fristbeginn aus. Auch ist die Bekanntgabe per Fax nicht ausreichend, da in § 15 Abs. 2 FamFG nicht vorgesehen.[6] Die Beschwerde kann schon vor der Bekanntgabe erhoben werden.[7] Sie ist aber als „Vorratsbeschwerde" bei Einlegung vor Erlass der anzufechtenden Entscheidung unzulässig.[8] Es ist eine Ausfertigung des Beschlusses bekanntzugeben; eine beglaubigte Abschrift reicht nicht aus.[9]

6 Bei der **förmlichen Zustellung** beginnt die Frist im Zeitpunkt der formrichtigen Zustellung nach den §§ 166 ff. ZPO. Ist ein Verfahrensbevollmächtigter für einen Beteiligten bestellt, ist die Bekanntgabe an den Bevollmächtigten maßgebend (entsprechend § 172 ZPO).[10] Hat der Be-

---

1 Horndasch/Fiefhues/Reinken FamFG § 63 Rn. 3.
2 Bei Minderjährigen: Horn ZEV 2013, 297.
3 OLG Zweibrücken FGPrax 2011, 50.
4 Burandt/Rojahn/Rojahn FamFG § 63 Rn. 2; OLG München FGPrax 2010, 120; vgl. BGH FGPrax 2010, 96.
5 MüKoFamFG/Fischer FamFG § 63 Rn. 19.
6 Keider/Sternal FamFG § 63 Rn. 16; aA Prütting/Helms/Abramenko FamFG § 63 Rn. 6.
7 Keidel/Sternal FamFG § 63 Rn. 15.
8 MüKoFamFG/Fischer FamFG § 63 Rn. 34.
9 Horndasch/Viefhues/Reinken FamFG § 63 Rn. 9; Keidel/Sternal FamFG § 63 Rn. 15a.
10 Haußleiter FamFG § 63 Rn. 5.

schwerdeführer sich schon in der I. Instanz vertreten lassen, gilt der Beschluss an dem Datum als zugestellt, das aus dem von dem Verfahrensbevollmächtigten unterzeichneten Empfangsbekenntnis hervorgeht. Damit beginnt die Rechtsmittelfrist.[11] Zustellmängel können entsprechend § 189 ZPO geheilt werden (vgl. § 15 FamFG); insoweit tritt mit dem tatsächlichen Zugang des Beschlusses ohne Rücksicht auf den Zeitpunkt der Kenntnisnahme vom Inhalt des zugegangenen Dokuments die Fiktion einer wirksamen Zustellung mit allen Rechtsfolgen ein.[12]

Bei der **Bekanntgabe durch Aufgabe zur Post** gilt der Beschluss drei Tage nach Aufgabe zur Post als bekanntgegeben, außer der Beteiligte macht glaubhaft, dass ihm der Beschluss nicht oder erst zu einem späteren Zeitpunkt zugegangen ist.[13] Durch einen eindeutigen Aktenvermerk muss sich ergeben, an welchem Tag und unter welcher Anschrift das Schriftstück zur Post gegeben wurde.[14]

7

Der Fristlauf wird auch bei **Übergabe eines schriftlichen Beschlusses an den Beteiligten** in dem Termin zur Anhörung ausgelöst.[15] So kann die Zustellung an den Beteiligten selbst erfolgen (§ 15 Abs. 2 FamFG iVm § 173 S. 1 ZPO). Ist aber ein Verfahrensbevollmächtigter für den Rechtszug bestellt, kann die Zustellung ausschließlich an diesen vorgenommen werden (§ 15 Abs. 2 FamFG iVm § 172 Abs. 1 S. 1 ZPO).

8

Die Frist beginnt **bei mehreren Beteiligten** jeweils mit Bekanntgabe an jeden einzelnen, so dass die Rechtsmittelfrist zu verschiedenen Zeitpunkten beginnen kann. Eine Ausnahme sieht etwa § 360 FamFG bei der Inventarerrichtung vor: Maßgeblich für sämtliche Beteiligten ist die Zustellung beim Antragsteller. Lässt sich ein Beteiligter von mehreren vertreten, beginnt die Frist mit der zuerst erfolgten Bekanntgabe.[16]

9

Es wird zutreffend vertreten, dass demjenigen Beteiligten der Beschluss förmlich zugestellt werden muss, dessen erklärten Willen er nicht entspricht; die Beschwerdefrist würde bei einer Bekanntgabe nur durch Aufgabe in die Post nicht in Gang gesetzt.[17]

10

Ist ein Beschluss verfahrensfehlerhaft nicht mit der Begründung versehen, wird dadurch nicht der Fristlauf gehindert.[18] Auch wird durch die Bekanntgabe eines **Berichtigungsbeschlusses** nach § 42 FamFG nicht ein neuer Fristbeginn ausgelöst.[19] Dagegen beginnt die Frist neu bei einem **Ergänzungsbeschluss** nach § 43 FamFG, und zwar mit seiner Bekanntgabe.[20] Dazu muss dieser Beschluss aber innerhalb der ursprünglichen Beschwerdefrist ergangen sein.[21]

11

2. Unterbliebene Bekanntgabe. Nach § 63 Abs. 3 S. 2 FamFG beginnt die Frist spätestens fünf Monate nach Erlass des Beschlusses, wenn die schriftliche Bekanntgabe an einen Beteiligten nicht erwirkt werden kann, etwa weil trotz intensiver Nachforschungen der Aufenthaltsort nicht ermittelt werden kann.[22] Die Vorschrift kann mithin nur angewendet werden, wenn die Bekanntgabe der Entscheidung an einen Beteiligten tatsächlich nicht bewirkt werden kann; sie muss zumindest seitens des Gerichtes versucht worden sein.[23] Dabei ist der Beschluss mit Übergabe an die Geschäftsstelle oder durch Verlesen der Beschlussformel bekannt gemacht worden (§ 38 Abs. 3 S. 3 FamFG).[24] Innerhalb dieser Auffangfrist ist weiterhin dem Beteiligten der Beschluss bekanntzugeben. Die regelmäßige Beschwerdefrist beginnt dann mit Bekanntgabe.[25]

12

---

11 BGH NJW 2007, 600.
12 Keidel/Sternal FamFG § 63 Rn. 27.
13 Keidel/Sternal FamFG § 63 Rn. 19.
14 OLG München NJW-RR 2012, 523 (524).
15 BGH FGPrax 2012, 83.
16 OLG Zweibrücken FGPrax 2002, 277.
17 MüKoFamFG/Fischer FamFG § 63 Rn. 19.
18 OLG Düsseldorf BeckRS 2013, 11168 = MDR 2013, 916.
19 BGH NJW-RR 2009, 1443; MüKoFamFG/Fischer FamFG § 63 Rn. 17; Schulte-Bunert/Weinreich/Roßmann FamFG § 63 Rn. 26.
20 Schulte-Bunert/Weinreich/Roßmann FamFG § 63 Rn. 27; BeckOK FamFG/Obermann FamFG § 43 Rn. 30: § 518 ZPO sei entsprechend anzuwenden.
21 Vgl. BGH NJW 2009, 442 (443); Keidel/Meyer-Holz FamFG § 43 Rn. 19.
22 OLG Celle NJW 2012, 3521.
23 OLG Schleswig SchlHA 2013, 70 = BeckRS 2013, 3124.
24 MüKoFamFG/Fischer FamFG § 63 Rn. 47.
25 Keidel/Sternal FamFG § 63 Rn. 44.

13 **3. Fristbeginn bei nicht formell Beteiligten.** Aufgrund der §§ 7, 345 FamFG dürfte es zwar einen potenziell Beteiligten nicht geben. Dennoch kann ein Nicht-Beteiligter, der nach § 59 FamFG beschwerdebefugt ist, zwecks Rechtssicherheit nur so lange Beschwerde einlegen, bis die Frist für den letzten formell Beteiligten abgelaufen ist.[26] Es liegt nicht ein Fall des § 63 Abs. 3 S. 2 FamFG vor.

III. Fristberechnung

14 Die **Monatsfrist endet** mit Ablauf desjenigen Tages des der Bekanntgabe folgenden Monats, welcher durch seine Zahl dem Tag der Bekanntgabe entspricht (§ 188 BGB; bei Bekanntgabe am 2. März läuft die Frist am 2. April ab). Fällt das Fristende auf einen Samstag, einen Sonntag oder einen allgemeinen Feiertag, läuft die Frist am nächsten Werktag ab (§ 222 Abs. 2 ZPO). Fehlt ein entsprechender Tag, ist der letzte Tag im Monat maßgebend (§ 188 Abs. 3 ZPO). Beginnt etwa die Frist am 29., 30. oder 31. Januar, endet die Rechtsmittelfrist am 28. Februar bzw. ggf. am 29. Februar. Insgesamt gelten nach § 16 Abs. 2 FamFG für die Fristen §§ 222, 224 Abs. 2, Abs. 3, 225 ZPO entsprechend.

15 Die **Zweiwochenfrist** endet mit Ablauf der zweiten Woche nach Bekanntgabe an dem gleichen Wochentag. Ist der Beschluss etwa am Dienstag bekanntgegeben worden, endet die Rechtmittelfrist ebenfalls an einem Dienstag, nur zwei Wochen später.

IV. Erforderlichkeiten der Einlegung zwecks Fristwahrung

16 Zur Fristwahrung reicht die nach Maßgabe des § 64 FamFG bei Gericht eingelegte Beschwerde, die zu diesem Zeitpunkt noch nicht begründet sein und auch keine Anträge enthalten muss. Die Beschwerdeeinlegung eines Beteiligten wirkt nicht fristwahrend für die anderen Beteiligten, die sich jedoch im Rahmen der Anschlussbeschwerde nach § 66 FamFG der Beschwerde anschließen können. Eine schriftlich eingelegte Beschwerde muss innerhalb der Frist in die Verfügungsgewalt des Gerichts gelangt sein. Hierzu kann auch der Nachtbriefkasten des Gerichts genutzt werden, indem der Einwurf vor 24 Uhr erfolgt. Grundsätzlich beweist der Eingangsstempel des Gerichts den Zeitpunkt des Eingangs, wobei der Gegenbeweis zulässig ist (§ 418 ZPO).

17 Die Beschwerde kann **per Telefax** und auch **per Computerfax** eingelegt werden.[27] Maßgeblich ist hier der Zeitpunkt, wann die gesendeten Signale bei dem gerichtlichen Empfangsgerät vollständig empfangen und gespeichert wurden.[28] Die Einlegung als elektronisches Dokument, so etwa als PDF-Anlage einer **E-Mail**, ist möglich und sichert die Einhaltung der Beschwerdefrist, wenn bis zu ihrem Ende das elektronische Dokument in der für den Empfang bestimmten Einrichtung des Gerichts aufgezeichnet ist (§ 14 Abs. 2 S. 2 FamFG iVm § 130a Abs. 3 ZPO). Hierzu ist erforderlich, dass die Voraussetzungen der Rechtsmitteleinlegung durch elektronisches Dokument geschaffen worden sind (§ 14 Abs. 4 FamFG).

18 Zur Fristwahrung ist entscheidend, dass die Beschwerde in die Verfügungsgewalt des **zuständigen Gerichts**[29] innerhalb der Rechtsmittelfrist gelangt ist.[30] Es ist das Gericht, dessen Entscheidung angefochten wird (§ 64 Abs. 1 FamFG). Mithin wird die Frist nicht bei Einlegung bei einem **unzuständigen Gericht**, so auch dem zuständigen Beschwerdegericht, gewahrt. Das gilt auch, wenn die Beschwerde zwar an das zuständige Gericht adressiert, aber in den Briefkasten des Beschwerdegerichts eingelegt wird.[31] Ein unzuständiges Gericht ist aber grundsätzlich verpflichtet, im ordentlichen Geschäftsgang die Beschwerde an das zuständige Gericht weiterzulei-

---

26 Keidel/Sternal FamFG § 63 Rn. 45 ff.; Horndasch/Viefhues/Reinken FamFG § 63 Rn. 11; vgl. BT-Drs. 16/9733, 289.
27 Nachweise bei Keidel/Sternal FamFG § 63 Rn. 38.
28 BGH NJW 2007, 2045.
29 Hierzu FamFG § 64 Rn. 2.
30 OLG Düsseldorf BeckRS 2013, 11168 = MDR 2013, 916.
31 Keidel/Sternal FamFG § 63 Rn. 41.

ten.³² Für das Beschwerdegericht ist die Weiterleitung an das zuständige Amtsgericht geboten, so dass andernfalls Wiedereinsetzung in den vorherigen Stand zu gewähren sein kann.³³ Für die Fristwahrung ist wiederum entscheidend, wann die Beschwerde in die Verfügungsgewalt des zuständigen Gerichts bzw. dessen allgemeiner Einlaufstelle gelangt.³⁴ Zu beachten ist, dass das unzuständige Gericht nicht zur sofortigen Prüfung und auch nicht zu außerordentlichen, vom normalen Geschäftsgang abweichenden Maßnahmen verpflichtet ist.³⁵

C. Weitere praktische Hinweise

Eine **Wiedereinsetzung in den vorherigen Stand** ist bei einer Fristversäumung möglich.³⁶ Fehlt die Rechtsmittelbelehrung nach § 39 FamFG, ist bei Beschwerdeeinlegung auch ohne ausdrücklichen Antrag Wiedereinsetzung nach §§ 17 Abs. 2, 18 FamFG zu gewähren.³⁷ Eine Wiedereinsetzung kommt aber nur bei Kausalität zwischen fehlender bzw. unzureichender Rechtsbehelfsbelehrung und der Fristversäumnis in Betracht. Daran mangelt es bei einer anwaltlich vertretenen Partei und bei einer sach- und rechtskundigen Behörde.³⁸   19

§ 64 FamFG Einlegung der Beschwerde

(1) ¹Die Beschwerde ist bei dem Gericht einzulegen, dessen Beschluss angefochten wird. ²Anträge auf Bewilligung von Verfahrenskostenhilfe für eine beabsichtigte Beschwerde sind bei dem Gericht einzulegen, dessen Beschluss angefochten werden soll.

(2) ¹Die Beschwerde wird durch Einreichung einer Beschwerdeschrift oder zur Niederschrift der Geschäftsstelle eingelegt. ²Die Einlegung der Beschwerde zur Niederschrift der Geschäftsstelle ist in Ehesachen und in Familienstreitsachen ausgeschlossen. ³Die Beschwerde muss die Bezeichnung des angefochtenen Beschlusses sowie die Erklärung enthalten, dass Beschwerde gegen diesen Beschluss eingelegt wird. ⁴Sie ist von dem Beschwerdeführer oder seinem Bevollmächtigten zu unterzeichnen.

(3) Das Beschwerdegericht kann vor der Entscheidung eine einstweilige Anordnung erlassen; es kann insbesondere anordnen, dass die Vollziehung des angefochtenen Beschlusses auszusetzen ist.

A. Allgemeines 1	III. Inhalt und Anträge 9
B. Regelungsgehalt 2	1. Inhalt 9
I. Zuständiges Gericht 2	2. Anträge 11
II. Form der Einlegung 4	3. Vertretung 14
1. Überblick 4	IV. Einstweilige Anordnungen des Beschwerdegerichts 15
2. Einreichen einer Beschwerdeschrift 5	
3. Zur Niederschrift der Geschäftsstelle .. 7	C. Weitere praktische Hinweise 17

A. Allgemeines

Aus der Norm gehen die Mindestvoraussetzungen einer Beschwerde hervor: So ist sie entweder durch eine Beschwerdeschrift oder zur Niederschrift der Geschäftsstelle bei dem Ausgangsgericht einzulegen. Zudem hat sie insoweit Angaben zu enthalten, dass der angegriffene Beschluss   1

---

32 BVerfG NJW 1995, 3173; BGH NJW 1998, 908.
33 OLG Düsseldorf BeckRS 2013, 11168 = MDR 2013, 916, auch zu der Frage, ob Wiedereinsetzung zu gewähren ist.
34 BGH NJW 2002, 2397 (2398).
35 Vertiefend: BeckOK FamFG/Obermann FamFG § 63 Rn. 46; Keidel/Sternal FamFG § 63 Rn. 41.
36 MüKoFamFG/Fischer FamFG § 63 Rn. 51 f.
37 OLG Brandenburg ZEV 2013, 614 mAnm Eberl-Borges.
38 BGH NJW 2012, 453 (454); OLG Brandenburg FamRZ 2012, 474 = FamFR 2011, 575; MüKoFamFG/Fischer FamFG § 63 Rn. 54.

zu bestimmen ist. Die Norm gibt dem Beschwerdegericht die Möglichkeit von einstweiligen Anordnungen (Abs. 3).

B. Regelungsgehalt

I. Zuständiges Gericht

2 Die Beschwerde ist bei dem Gericht einzulegen, **dessen Beschluss angefochten** wird („judex a quo", § 64 Abs. 1 FamFG). Das ist das Amtsgericht, also das Ausgangsgericht. Über die Beschwerde zu entscheiden hat indes das Oberlandesgericht (§ 119 Abs. 1 Nr. 1b GVG), falls das Amtsgericht der Beschwerde nicht abhilft (§ 68 Abs. 1 FamFG). Bei der Zuständigkeit des Gerichts, dessen Beschluss angefochten werden soll, verbleibt es auch bei dieser Zuständigkeit bei einem Wechsel des zuständigen Gerichts während des laufenden Verfahrens, so bspw. in den Fällen §§ 3 bis 5 FamFG.[1]

3 Die Einlegung bei dem Beschwerdegericht ist nicht möglich und ist keinesfalls „fristwahrend".[2] Geht die Beschwerde **fälschlicherweise bei dem Beschwerdegericht ein** und ist ohne Weiteres zu erkennen, dass diese bei dem Ausgangsgericht eingereicht werden müssen, hat das Beschwerdegericht im ordentlichen Geschäftsgang diese an das zuständige Gericht weiterzuleiten.[3]

II. Form der Einlegung

4 **1. Überblick.** Die Beschwerde kann nach § 64 Abs. 2 FamFG entweder durch Einreichung einer Beschwerdeschrift oder zur Niederschrift der Geschäftsstelle eingelegt werden. Die Einlegung unter einer Bedingung ist unzulässig.[4]

5 **2. Einreichen einer Beschwerdeschrift**[5] Im Regelfall wird die Beschwerde **durch einen Schriftsatz** beim Gericht eingelegt, die entweder vom Beschwerdeführer oder seinem Bevollmächtigten unterzeichnet sein muss (Abs. 2 S. 3). Die Unterschrift durch den Verantwortlichen dient der Identifikation und der Verifikation.[6] Es ist eine eigenhändige Unterschrift erforderlich, so dass eine gewollte Namensabkürzung wie ein Handzeichen oder eine Paraphe nicht ausreichend ist.[7] Die auf den Bevollmächtigenden lautende Vollmacht kann erforderlichenfalls nachgereicht werden (§ 11 FamFG). Für das Beschwerdeverfahren vor dem Oberlandesgericht besteht **kein Anwaltszwang**.

6 Nachfolgendes gilt nicht bei der Vertretung durch einen Anwalt in Fällen ab dem 1.1.2022: Die Beschwerde kann auch durch ein Telefax bzw. durch ein Computerfax eingelegt werden. Nur bei dem **Computerfax** ist eine eingescannte Unterschrift ausreichend.[8] Eine auf dem Postwege versandte Beschwerde oder wenn die ausgedruckte Beschwerde per Fax übermittelt wird, muss eigenhändig unterschrieben worden sein; eine eingescannte Unterschrift ist unzureichend und führt zur Unwirksamkeit der Rechtsmitteleinlegung.[9] Die Beschwerdeschrift kann entweder durch Post oder einen Boten an das zuständige Gericht versendet werden, wobei der Eingangsstempel des Gerichts den Beweis für den Eingang darstellt, der jedoch widerlegbar ist (§ 418 ZPO). Für die Entgegennahme sind die Geschäftseingangsstelle des zuständigen Gerichts sowie der Urkundsbeamte der zuständigen Geschäftsstelle zuständig. Das Erfordernis der Unterschrift wird nicht durch eine „Rubrumsunterschrift" eines österreichischen Rechtsanwaltes erfüllt.[10]

---

[1] Keidel/Sternal FamFG § 64 Rn. 4.
[2] Roth NJW-Spezial 2021, 231.
[3] BGH NJW-RR 2016, 1340; NJW 2011, 3240; zur Fristenthematik: FamFG § 63 Rn. 2.
[4] BGH FamRZ 2007, 895 (896) = BeckRS 2007, 6049; Schulte-Bunert/Weinreich/Roßmann FamFG § 58 Rn. 89 f.
[5] Muster bei BeckOF ErbR/Horn Form. 5.9.1 ff.
[6] Vgl. BGH NJW-RR 2009, 1009.
[7] BGH BeckRS 2010, 4929.
[8] Keidel/Sternal FamFG § 64 Rn. 29 mit Verweis auf OLG Celle NJW 2012, 2365; vgl. Burandt/Rojahn/Rojahn FamFG § 64 Rn. 6.
[9] OLG Celle FamRZ 2012, 1894.
[10] OLG Braunschweig ZEV 2022, 229 (230).

Anwälte müssen Anträge und Erklärungen, also ihre Schriftsätze, Beschwerden ua, **seit dem 1.1.2022 per beA** bei Gericht einreichen (§ 14b FamFG).

3. Zur Niederschrift der Geschäftsstelle. Alternativ kann auch die Beschwerde **zur Niederschrift der Geschäftsstelle** eingelegt werden. Die Niederschrift ist vom Urkundsbeamten zu unterzeichnen. Die empfehlenswerte zusätzliche Unterzeichnung durch den Beschwerdeführer ist nicht erforderlich.[11] Die Einlegung zur Niederschrift der Geschäftsstelle eines anderen Gerichtes sollte als zulässig angesehen werden.[12] Ihre fristwahrende Wirkung tritt erst mit Eingang bei dem zuständigen Ausgangsgericht ein.

Nicht ausreichend ist, wenn dem Urkundsbeamten der Geschäftsstelle telefonisch durch den potenziellen Beschwerdeführer die Einlegung der Beschwerde zur Niederschrift übermittelt wird. Der Erklärende muss zwecks verlässlicher Prüfung seiner Person körperlich anwesend sein.[13] Der Rechtspfleger kann zur Wahrnehmung von Geschäften des Urkundsbeamten herangezogen werden bzw. hierzu nach § 24 Abs. 2 RPflG berufen sein.[14] Ist bei einem Gericht eine besondere Rechtsantragsstelle eingerichtet, so ist diese für die Aufnahme des Rechtsmittels statt der eigentlich zuständigen Geschäftsstelle zuständig. Wenn auch eine Verpflichtung des entscheidenden Richters bzw. eines Rechtspflegers zur Protokollierung der Beschwerde nicht besteht, ist die Einlegung der Beschwerde bei diesen Personen ebenfalls zulässig.[15]

III. Inhalt und Anträge

1. Inhalt. Der Beschwerdeführer muss den angefochtenen Beschluss bezeichnen und die Erklärung abgeben, dass Beschwerde gegen diesen Beschluss eingelegt wird. Dabei muss nicht der Fachbegriff „Beschwerde" verwendet werden. Eine unrichtige Bezeichnung des Rechtsmittels durch etwa „Erinnerung",[16] „Einspruch", „Widerspruch" oder schlicht „Rechtsmittel" hindert die wirksame Einlegung einer Beschwerde nicht. Vielmehr ist es ausreichend, dass sich der **Wille zur Einlegung der Beschwerde** aus dem Inhalt der Beschwerdeschrift ergibt.[17] Das Gericht ist zur Auslegung nach §§ 133, 157 BGB verpflichtet.

Auch bei der Bezeichnung des angefochtenen Beschlusses sind keine hohen Anforderungen zu stellen. Der angefochtene Beschluss muss zwar eindeutig identifizierbar sein; Datum und/oder Aktenzeichen müssen nicht zwingend genannt werden.[18] Wird indes ein falsches Aktenzeichen verwendet, muss in anderer Art und Weise der anzufechtende Beschluss einwandfrei identifiziert werden können. Das ist bspw. dann der Fall, wenn der Beschwerde eine Kopie des angefochtenen Beschlusses beigefügt wurde. Ansonsten muss ein falsches Aktenzeichen noch innerhalb der Rechtsmittelfrist berichtigt werden.[19] Darüber hinaus muss die Rechtsmittelschrift in deutscher Sprache verfasst sein (§ 184 GVG) und die Person des Beschwerdeführers muss aus der Beschwerdeschrift hervorgehen. Nicht erforderlich ist indes, den bzw. die Beschwerdegegner namhaft zu machen.

2. Anträge. Der Beschwerdeführer muss nicht in seiner Beschwerdeschrift ausdrücklich einen Antrag formuliert haben, was indes gleichwohl empfehlenswert ist.[20] Im Amtsverfahren ist das Beschwerdegericht an einen Antrag auch nicht regelmäßig gebunden. Das Ausgangsgericht hat den Verfahrensgegenstand in diesen Fällen bestimmt, der auch für das Beschwerdegericht bindend ist.

---

11 Burandt/Rojahn/Rojahn FamFG § 64 Rn. 8.
12 Burandt/Rojahn/Rojahn FamFG § 64 Rn. 8 mwN.
13 BGH NJW-RR 2009, 852 (853); OLG Frankfurt FGPrax 2001, 46; Keidel/Sternal FamFG § 64 Rn. 14.
14 Keidel/Sternal FamFG § 64 Rn. 15.
15 BayObLG NJW-RR 1998, 1241; OLG Frankfurt FGPrax 2001, 46; Keidel/Sternal FamFG § 64 Rn. 18.
16 OLG Köln BeckRS 2017, 124757 Rn. 14.
17 Vgl. Schulte-Bunert/Weinreich/Roßmann FamFG § 64 Rn. 13.
18 Burandt/Rojahn/Rojahn FamFG § 64 Rn. 7.
19 Keidel/Sternal FamFG § 64 Rn. 26.
20 Schulte-Bunert/Weinreich/Roßmann FamFG § 64 Rn. 16.

12 Etwas anderes gilt im Antragsverfahren, in dem das Beschwerdegericht an den Beschwerdeantrag gebunden ist. Der Beschwerdeführer kann durch seinen Antrag den Umfang der Überprüfung der angegriffenen Entscheidung bestimmen.[21] Über den gestellten Antrag darf das Gericht auch nicht hinausgehen. Falls keine Änderung des Verfahrensgegenstandes eintritt, ist im Antragsverfahren auch die Änderung des Antrags zulässig.[22]

13 Generell empfiehlt es sich, Anträge zu stellen und diese so zu fassen, dass das Beschwerdegericht diese übernehmen kann. So kann beantragt werden, das Beschwerdegericht möge beschließen, dass etwa der Feststellungsbeschluss des Amtsgerichts vom ..., Az. ..., aufgehoben und der Erbscheinsantrag eines Beteiligten vom ... zurückgewiesen wird. Darüber hinaus empfiehlt es sich, auch einen Antrag hinsichtlich der Kostenverteilung zu stellen. Möglich, aber nicht so bedeutsam ist es, die Zulassung der Rechtsbeschwerde nach § 70 Abs. 2 FamFG zu beantragen. Sind Anträge zu der Kostenfrage und der Zulassung der Rechtsbeschwerde nicht erforderlich, da das Beschwerdegericht hierüber von Amts wegen zu entscheiden hat.

14 **3. Vertretung.** Weder für die Einlegung der Beschwerde noch für die Durchführung des sich anschließenden Verfahrens besteht Anwaltszwang. Die Beschwerde kann aber von einem Anwalt eingelegt werden (Arg. aus § 64 Abs. 2 S. 4 FamFG bzw. § 10 Abs. 4 FamFG). Näheres zur Verfahrensvollmacht ergibt sich aus § 11 FamFG; danach muss nicht stets eine schriftliche Vollmacht vorgelegt werden.

IV. Einstweilige Anordnungen des Beschwerdegerichts

15 Das Beschwerdegericht kann gem. § 64 Abs. 3 FamFG **vor seiner endgültigen Entscheidung** eine einstweilige Anordnung erlassen.[23] Diese Option ist erforderlich, da der Beschluss des Ausgangsgerichts **mit seiner Bekanntgabe wirksam** (§ 40 Abs. 1 FamFG) und vollstreckbar wird (§ 86 Abs. 2 FamFG). Bei einem Beschluss hemmt die Beschwerde zwar die formelle Rechtskraft (§ 45 FamFG), entfaltet aber keine aufschiebende Wirkung. Das Beschwerdegericht kann dann beispielsweise die Vollziehung des angegriffenen Beschlusses aussetzen, jedoch ohne die Hauptsache durch eine endgültige Regelung vorwegzunehmen. Die einstweiligen Anordnungen stehen im Ermessen des Gerichts, ergehen von Amts wegen und sind nicht anfechtbar.[24]

16 Ein Bedürfnis zu einstweiligen Anordnungen besteht nicht, wenn der angegriffene Beschluss **erst mit Rechtskraft wirksam** wird. Das ist etwa gem. § 40 Abs. 2 FamFG bei Genehmigungsbeschlüssen der Fall, zB der familiengerichtlichen oder betreuungsgerichtlichen Genehmigung einer Ausschlagungserklärung.[25] Auch hat das Ausgangsgericht bei einem Feststellungsbeschluss innerhalb eines **Erbscheinsverfahrens** dessen sofortige Wirksamkeit auszusetzen und die Erteilung des Erbscheins bis zur Rechtskraft des Beschlusses zurückzustellen, falls der Beschluss dem erklärten Willen eines Beteiligten widerspricht (§ 352 FamFG). Ist diese Besonderheit in einem Feststellungsbeschluss vergessen worden, kann das Beschwerdegericht die einstweilige Rückgabe des Erbscheines zu den Akten anordnen. Im Unterschied zu der Einziehung lässt die Rückgabe zu den Akten die Wirksamkeit des Erbscheins unberührt.[26] So kann der Erbscheinsbesitzer sich nicht mehr im Rechtsverkehr legitimieren. Durch eine einstweilige Anordnung ist weder die Erteilung noch die Einziehung eines Erbscheins möglich. Der **Vollzug der Kostenentscheidung** und damit der auf ihr beruhende Kostenfestsetzungsbeschluss aus dem angegriffenen Beschluss kann nach § 64 Abs. 3 FamFG ausgesetzt werden.

---

21 BayObLG NJW-RR 2004, 8; Keidel/Sternal FamFG § 64 Rn. 42.
22 Bumiller/Haders/Schwamb/Bumiller FamFG § 64 Rn. 10.
23 Hierzu MüKoFamFG/Fischer FamFG § 64 Rn. 47 ff.
24 MüKoFamFG/Fischer FamFG § 64 Rn. 53 f.
25 Horn ZEV 2016, 20.
26 Burandt/Rojahn/Rojahn FamFG § 64 Rn. 12.

C. Weitere praktische Hinweise

Nach Einlegung der Beschwerdeschrift wird das Ausgangsgericht eine Kopie den weiteren Beteiligten zuleiten. Diese können untätig bleiben und die Entscheidung des Ausgangs- und des Beschwerdegerichts abwarten. Vor allem ist ein Antrag auf Zurückweisung oder ähnlich nicht erforderlich. Gleichwohl empfiehlt es sich, einen Zurückweisungsantrag mit einer Begründung zu stellen. Diese Erwiderung ist zunächst bei dem Amtsgericht einzureichen, damit das Amtsgericht die Argumente in seiner anstehenden (Nicht-) Abhilfeentscheidung nach § 68 Abs. 1 FamFG berücksichtigen kann. Bleibt das Amtsgericht bei seiner vorherigen Entscheidung, erlässt es den **Nichtabhilfebeschluss** und legt die Sache dem Beschwerdegericht (OLG/KG) vor. Danach sind weitere Schriftsätze direkt an das Beschwerdegericht zu richten. Nach Eingang bei dem Beschwerdegericht werden die Beteiligten über das Aktenzeichen bei dem Beschwerdegericht informiert.

17

§ 65 FamFG Beschwerdebegründung

(1) Die Beschwerde soll begründet werden.

(2) Das Beschwerdegericht oder der Vorsitzende kann dem Beschwerdeführer eine Frist zur Begründung der Beschwerde einräumen.

(3) Die Beschwerde kann auf neue Tatsachen und Beweismittel gestützt werden.

(4) Die Beschwerde kann nicht darauf gestützt werden, dass das Gericht des ersten Rechtszugs seine Zuständigkeit zu Unrecht angenommen hat.

A. Allgemeines

Die Norm konkretisiert den möglichen Inhalt der Beschwerdebegründung, für die aus § 64 FamFG die Mindestvoraussetzungen der Beschwerdeeinlegung hervorgehen. Aus Abs. 3 ergibt sich, dass es sich bei der Beschwerdeinstanz um eine zweite Tatsacheninstanz handelt. Zudem wird der Prüfungsumfang festgelegt, jedoch hinsichtlich der Annahme der Zuständigkeit des Ausgangsgerichts begrenzt.

1

B. Regelungsgehalt

I. Begründung

Die Beschwerde „soll" begründet werden (§ 65 Abs. 1 FamFG). Demzufolge ist eine Begründung erwünscht und sicherlich empfehlenswert, aber das Fehlen führt nicht zur Unzulässigkeit. Das Gericht kann sie indes „erwarten".[1] In Verbindung mit Anträgen, die so formuliert sein sollten, dass das Beschwerdegericht diese übernehmen kann, kann die Aufmerksamkeit des Beschwerdegerichts in die gewünschte Richtung gelenkt werden.

2

Die Begründung kann auf **neue Tatachen und Beweismittel** gestützt werden (§ 65 Abs. 3 FamFG).[2] Diese müssen nicht erst nach der erstinstanzlichen Entscheidung bekannt geworden sein. Hat ein Beteiligter aufgrund von Nachlässigkeit ihm schon früher bekannt gewesene Tatsachen und Beweismittel nicht schon in das erstinstanzliche Verfahren eingebracht, kann sich dies für ihn negativ bei der Frage über die **Kostentragung** auswirken. So kann er unabhängig von dem Ausgang des Verfahrens mit den Kosten belastet werden, die durch seine Verzögerung entstanden sind.[3]

3

---

1 OLG Brandenburg BeckRS 2010, 19864.
2 MüKoFamFG/Fischer FamFG § 65 Rn. 26 ff., § 69 Rn. 13 ff.

3 MüKoFamFG/Fischer FamFG § 65 Rn. 28; Burandt/Rojahn/Rojahn FamFG § 65 Rn. 6.

4 Die Möglichkeit des Vorbringens neuer Tatsachen und Beweismittel stellt einen bedeutenden Unterschied zu der Berufung in der streitigen Gerichtsbarkeit dar. Für seine Begründung unterliegt der Beschwerdeführer demnach kaum Grenzen: Die Beschwerde ist eine Tatsachenbeschwerde (§ 65 Abs. 3 FamFG), so dass das Beschwerdegericht in den Grenzen des Rechtsmittels vollständig an die Stelle des Nachlassgerichtes tritt; es ist nicht an die Beschwerdebegründung gebunden.[4] Möchte der Beschwerdeführer die Durchführung einer **mündlichen Verhandlung** erreichen, sollte er dies begründen.[5] Schließlich kann das Beschwerdegericht auch nach Aktenlage entscheiden (§ 68 Abs. 3 FamFG).

5 Eine Beschwerde kann schon dann begründet sein, wenn das Nachlassgericht in einem Erbscheinsverfahren versäumt hat, alle ihm zugänglichen Umstände der Testamentserrichtung bzw. des Willens des Erblassers von Amts wegen zu ermitteln (§ 26 FamFG).[6] Grundsätzlich kann sich die Beschwerdebegründung auf jeglichen Rechtsfehler stützen, der dem Ausgangsgericht unterlaufen sein könnte. Bei der Testamentsauslegung kann auch herangezogen werden, dass das Ausgangsgericht unzutreffend letztwillige Verfügungen ausgelegt hat.

6 Das Beschwerdegericht hat **von Amts wegen zu überprüfen** (§ 26 FamFG), ob alle Verfahrensvoraussetzungen und die materiellrechtlichen Voraussetzungen für eine Sachentscheidung gegeben sind. Die Beschwerde kann mithin auf die Nichtbeachtung von Verfahrensvoraussetzungen, die Verletzung des rechtlichen Gehörs, die Tatsachenermittlung (neue Zeugen nach § 65 Abs. 3 FamFG, Verstöße gegen §§ 26, 30 FamFG, die Art und Weise der Tatsachen- und Beweiswürdigung), Schlussfolgerungen, die Rechtsanwendung und die Testamentsauslegung gestützt werden.[7] Maßgeblich für die Entscheidung ist die **Sach- und Rechtslage zur Zeit der Entscheidung**.[8] Bis zu diesem Zeitpunkt können die Beteiligten neuen Sachvortrag unter Beweisantritt und rechtliche Begründungen vortragen.

II. Begründungsfrist

7 Nach § 65 Abs. 2 FamFG kann das Gericht oder dessen Vorsitzender dem Beschwerdeführer eine Frist zur Begründung einräumen. In der Regel sind zusätzlich zu der Frist zur Einlegung der Beschwerde von einem Monat bzw. von zwei Wochen (§ 63 FamFG) weitere zwei bis drei Wochen angemessen.[9] Das OLG Düsseldorf fordert mindestens zwei Wochen nach Beschwerdeeinlegung.[10] Im Einzelfall kann auch die Gewährung einer längeren Frist sachgemäß sein, etwa wenn ein Beteiligter vorträgt, dass sich die Beschaffung weiterer Informationen und Unterlagen oder die Einholung eines Privatgutachtens verzögert. Gleiches gilt etwa bei einer dargelegten Arbeitsüberlastung eines Beteiligten bzw. eines Verfahrensbevollmächtigten bzw. bei Wechsel eines Verfahrensbevollmächtigten. Die Begründungsfrist ist keine Ausschlussfrist; es tritt **keine Präklusion** wie bei § 571 Abs. 2 S. 2 ZPO ein.[11] Das gesamte Vorbringen ist bis zum Erlass der Entscheidung zu berücksichtigen.[12] Wenn das Beschwerdegericht keine Frist zur Beschwerdebegründung gesetzt hat, sind Schriftsätze auch dann zu berücksichtigen, wenn die Entscheidung zwar schon von den Richtern unterschrieben ist, aber noch nicht durch Übergabe an die Geschäftsstelle erlassen wurde.[13] Das Gericht hat auch in entsprechender Anwendung des Abs. 2 den weiteren Beteiligten, vor allem dem Beschwerdegegner, mit Übersendung der Begründung des Beschwerdeführers eine Frist zur Abgabe einer Stellungnahme zu gewähren. Vor Ablauf der gesetzten Fristen darf das Gericht nicht entscheiden, auch wenn es die Sache für entscheidungs-

---

4 Keidel/Sternal FamFG § 68 Rn. 42.
5 MüKoFamFG/Fischer FamFG § 65 Rn. 7.
6 OLG Naumburg BeckRS 2013, 14047 = FamRZ 2014, 1884.
7 MPFormB ErbR/Gierl G. III 1. Anm. 1c)
8 BayObLG NJW-RR 2002, 679 (680); MüKo-FamFG/Fischer, 2. Aufl. 2013, FamFG § 69 Rn. 9.
9 Vgl. Keidel/Sternal FamFG § 65 Rn. 5.

10 OLG Düsseldorf BeckRS 2013, 22043 = FamRZ 2014, 1046.
11 Horndasch/Viefhues/Reinken FamFG § 65 Rn. 6.
12 Vgl. OLG Düsseldorf BeckRS 2013, 13873 = MDR 2013, 1186; MüKoFamFG/Fischer, 2. Aufl. 2013, FamFG § 63 Rn. 13.
13 BGH FGPrax 2015, 1090 (1091).

reif hält.¹⁴ Vor einer Entscheidung ist die Anhörung des Beschwerdeführers durch das Beschwerdegericht zwingend, wenn diese wohl zu weitergehenden Erkenntnissen führen wird.¹⁵

III. Keine Zuständigkeitsrüge

Der Beschwerdeführer kann sich nicht darauf berufen, dass das Nachlassgericht seine Zuständigkeit zu Unrecht angenommen hat (§ 65 Abs. 4 FamFG), was die örtliche, sachliche und funktionale Zuständigkeit betrifft. Eine Ausnahme besteht indes für den Fall, dass statt des zuständigen Richters der Rechtspfleger entschieden hat; hier gilt § 65 Abs. 4 nicht.¹⁶ Die Norm soll einschränkend bei der Frage der örtlichen Zuständigkeit bei der Erteilung eines Erbscheins in Einzelfällen auszulegen sein. So sei laut OLG Frankfurt¹⁷ die Erbscheinserteilung durch ein unzuständiges Gericht zu vermeiden, so dass eine diesbezügliche Prüfungskompetenz seitens des Beschwerdegerichts bestehe. Auch die Rüge der internationalen Zuständigkeit ist nicht ausgeschlossen.¹⁸

8

§ 66 FamFG Anschlussbeschwerde

¹Ein Beteiligter kann sich der Beschwerde anschließen, selbst wenn er auf die Beschwerde verzichtet hat oder die Beschwerdefrist verstrichen ist; die Anschließung erfolgt durch Einreichung der Beschwerdeanschlussschrift bei dem Beschwerdegericht. ²Die Anschließung verliert ihre Wirkung, wenn die Beschwerde zurückgenommen oder als unzulässig verworfen wird.

A. Allgemeines

Die Norm ermöglicht es einem Beteiligten, der entweder auf die Beschwerdeeinlegung verzichtet oder die Beschwerdefrist hat verstreichen lassen, sich der Beschwerde eines anderen Beteiligten anzuschließen. So kann er auf die Beschwerde eines anderen Beteiligten reagieren, was sich auch zulasten des Beschwerdeführers auswirken kann. Das ansonsten geltende Verbot der *reformatio in peius* (→ FamFG § 69 Rn. 8 f.) verhindert ein solches Ergebnis aufgrund der Anschlussbeschwerde nicht. Die Anschlussbeschwerde ist vom Bestand der Beschwerde abhängig.

1

B. Regelungsgehalt

I. Grundsätzliches

Bei der Anschlussbeschwerde handelt es sich um einen Antrag innerhalb des vom Beschwerdeführer eingelegten Rechtsmittels; es ist mithin kein Rechtsmittel im eigentlichen Sinne. Jeder Beteiligte hat durch Einlegung der Anschlussbeschwerde die Möglichkeit, seine Rechte wahrzunehmen. Sie ist von der Beschwerde abhängig, so dass sie ihre Wirkung verliert, wenn die Beschwerde zurückgenommen oder als unzulässig verworfen wird (§ 66 S. 2 FamFG).

2

II. Voraussetzungen der Beschwerdeanschlussschrift

Erforderlich ist, dass ein anderer Beteiligter wirksam ein Rechtsmittel eingelegt hat. Dieses muss dazu führen können, dass dem Anschlussrechtsmittelführer eine nachteilige abändernde Sachentscheidung droht.¹ Die Anschlussbeschwerde kann nicht über den Gegenstand des Beschwerdeverfahrens hinausgehen.

3

---

14 Keidel/Sternal FamFG § 65 Rn. 6.
15 BayObLG NJWE-FER 1998, 110.
16 OLG Düsseldorf FGPrax 2011, 158; MüKo-FamFG/Fischer FamFG § 65 Rn. 31.
17 OLG Frankfurt ZEV 2013, 563 (564).
18 OLG Hamm BeckRS 2011, 22789; Horndasch/Viefhues/Reinken FamFG § 65 Rn. 9.
1 MüKoFamFG/Fischer FamFG § 66 Rn. 13.

4 Die Anschlussbeschwerde wird durch eine schriftliche Beschwerdeanschlussfrist bei dem Beschwerdegericht erhoben.[2] Im Gegensatz zur Einlegung der Beschwerde ist diese ausdrücklich nicht beim Ausgangsgericht einzulegen und sie kann auch nicht zur Niederschrift der Geschäftsstelle eingelegt werden. Die Anschlussbeschwerdeschrift hat das Hauptrechtsmittel und die Erklärung der Anschließung zu bezeichnen, was sich zumindest durch Auslegung ergeben muss. Sie ist durch den Anschlussbeschwerdeführer oder dessen Bevollmächtigten zu unterzeichnen. Eine Begründung ist nicht zwingend erforderlich, aber empfehlenswert. Da zu ihrer Einlegung keine Frist besteht, kann die Anschlussbeschwerde bis zum Erlass der Beschwerdeentscheidung eingelegt werden.[3]

5 **Jeder Beteiligte** des Verfahrens kann die Anschlussbeschwerde einlegen. Hierfür ist eine eigene Beschwerde des Anschließenden nicht erforderlich.[4] Es besteht kein Anwaltszwang.

6 Mit der Anschlussbeschwerde kann ein weiterer Beteiligter nicht die Beschwerde eines Beteiligten unterstützen. Hierbei kann es sich um eine eigene selbstständige Beschwerde, einen Beitritt zum Rechtsmittel oder um eine bloße Stellungnahme handeln.[5]

C. Weitere praktische Hinweise

7 Die Bedeutung der Anschlussbeschwerde in Nachlasssachen ist gering. Denkbar ist die Anschlussbeschwerde jedoch in der Situation, dass diese sich isoliert auf die Kostenentscheidung bezieht. Greift der Beschwerdeführer die gesamte erstinstanzliche Entscheidung einschließlich des Kostenpunkts an, kann sich die Anschlussbeschwerde nur auf Kostenentscheidung beziehen. So könnte der ursprüngliche Antrag des Beschwerdeführers durch das Ausgangsgericht zurückgewiesen und trotzdem dem Antragsteller die Kosten des gegnerischen Beteiligten nicht auferlegt worden sein. Greift der ursprünglich antragstellende Beschwerdeführer nun die erstinstanzliche Entscheidung insgesamt an, kann sich die Anschlussbeschwerde des gegnerischen Beteiligten nur auf die Kostenentscheidung beziehen. So kann der erstinstanzliche Obsiegende die Korrektur der für ihn ungünstigen Kostenentscheidung in der Beschwerdeinstanz erreichen.

§ 67 FamFG   Verzicht auf die Beschwerde; Rücknahme der Beschwerde

(1) Die Beschwerde ist unzulässig, wenn der Beschwerdeführer hierauf nach Bekanntgabe des Beschlusses durch Erklärung gegenüber dem Gericht verzichtet hat.

(2) Die Anschlussbeschwerde ist unzulässig, wenn der Anschlussbeschwerdeführer hierauf nach Einlegung des Hauptrechtsmittels durch Erklärung gegenüber dem Gericht verzichtet hat.

(3) Der gegenüber einem anderen Beteiligten erklärte Verzicht hat die Unzulässigkeit der Beschwerde nur dann zur Folge, wenn dieser sich darauf beruft.

(4) Der Beschwerdeführer kann die Beschwerde bis zum Erlass der Beschwerdeentscheidung durch Erklärung gegenüber dem Gericht zurücknehmen.

A. Allgemeines 1	III. Verzicht auf Anschlussbeschwerde 5
B. Regelungsgehalt 2	IV. Rücknahme der Beschwerde 6
I. Verzicht auf Beschwerdeeinlegung gegenüber dem Gericht 2	C. Weitere praktische Hinweise 8
II. Verzicht auf Beschwerdeeinlegung gegenüber einem anderen Beteiligten 3	

---

2 Anschlussbeschwerdeschrift bei VerfFormB/Gierl FamFG § 66 Rn. 1.
3 Burandt/Rojahn/Rojahn FamFG § 66 Rn. 2.
4 Keidel/Sternal FamFG § 66 Rn. 8b; BeckOK FamFG/Obermann FamFG § 66 Rn. 7.
5 MüKoFamFG/Fischer FamFG § 66 Rn. 31.

A. Allgemeines

Nach der Norm besteht das Zulässigkeitserfordernis, dass der Beschwerdeführer nicht auf die Beschwerdeeinlegung gegenüber dem Gericht verzichtet hat. Entsprechendes gilt für die Anschlussbeschwerde nach § 66 FamFG. Auch gibt die Norm dem Beschwerdeführer die Möglichkeit, bis zum Erlass einer Beschwerdeentscheidung seine Beschwerde zurückzunehmen. Dies stellt eine gesetzliche Befristung dar.

B. Regelungsgehalt

I. Verzicht auf Beschwerdeeinlegung gegenüber dem Gericht

Ein potenzieller Beschwerdeberechtigter kann gegenüber dem Gericht auf die Einlegung der Beschwerde verzichtet haben, bei dem die Sache zur Zeit der Erklärung anhängig ist.[1] Bis zur Abhilfeentscheidung ist mithin das Ausgangsgericht und danach das Beschwerdegericht zuständig. Die Erklärung kann schriftlich, in der mündlichen Verhandlung und auch gem. § 25 FamFG zur Niederschrift der Geschäftsstelle erfolgen. Bestehen keine Zweifel hinsichtlich der Identität des Erklärenden, wird sogar eine telefonische Absicht gegenüber dem Gericht akzeptiert.[2] Der Erklärende muss nicht das Wort „Verzicht" gebrauchen. Vielmehr muss sich der Verzicht auf die Beschwerde aufgrund des Inhalts seiner Erklärung ergeben. Es muss klar und eindeutig zum Ausdruck gebracht werden, dass der potenziell Verzichtende das prozessuale Recht endgültig aufgeben wollte, die Entscheidung in der übergeordneten Instanz überprüfen zu lassen.[3] Der Verzicht ist als Verfahrenshandlung bedingungsfeindlich, unwiderruflich und unanfechtbar.[4] Eine trotz vorherigen Verzichts eingelegte Beschwerde ist unzulässig, was das Gericht von Amts wegen zu beachten hat.[5] Sie ist dann zu verwerfen.

II. Verzicht auf Beschwerdeeinlegung gegenüber einem anderen Beteiligten

Der gegenüber einem anderen Beteiligten erklärte Verzicht über die Einlegung der Beschwerde hat nicht zwangsläufig die Unzulässigkeit einer dennoch eingelegten Beschwerde zur Folge. Hierzu ist nach § 67 Abs. 3 weiter erforderlich, dass sich der andere Beteiligte darauf gegenüber dem Gericht beruft. Wie bei der Verzichtserklärung gegenüber dem Gericht kann sich der Verzicht aufgrund von Auslegung ergeben; er ist bedingungsfeindlich und kann nicht einseitig widerrufen werden.

Die Norm öffnet den Beteiligten die Möglichkeit **außergerichtlich einen Vergleich** abzuschließen, der auch für das Gericht wirksam den Verzicht auf das Beschwerderecht beinhaltet.[6] Für den Verzicht kann im Rahmen des Vergleichs eine Gegenleistung vereinbart werden. Im Fall einer streitigen Testamentsauslegung kann so auch ein Auslegungsvertrag abgesichert sein, den die Beteiligten nach erlassener erstinstanzlicher Entscheidung abgeschlossen haben. Innerhalb der Regelungen eines Vergleichs kann vereinbart werden, dass dieser einseitig widerrufen werden kann. Ein gegenüber einem anderen Beteiligten erklärter Verzicht begründet eine Einrede gegen die Zulässigkeit des Rechtsmittels, die ein Verfahrensbeteiligter gegenüber dem Gericht erheben kann.

---

1 Muster bei VerfFormB/Gierl FamFG § 67 Rn. 1.
2 BayObLG BeckRS 2002, 30273345; Keidel/Sternal FamFG § 67 Rn. 8.
3 BGH FGPrax 2012, 83.
4 Horndasch/Viefhues/Reinken FamFG § 68 Rn. 7; vgl. BGH NJW 1987, 1934 = BGHZ 107, 142.
5 Burandt/Rojahn/Rojahn FamFG § 67 Rn. 2; Schulte-Bunert/Weinreich/Roßmann FamFG § 67 Rn. 12.
6 Schulte-Bunert/Weinreich/Roßmann FamFG § 67 Rn. 19.

III. Verzicht auf Anschlussbeschwerde

5 Auch kann ein Beteiligter auf die Einlegung der Anschlussbeschwerde nach § 66 FamFG verzichten. So ist die Anschlussbeschwerde unzulässig, wenn der Anschlussbeschwerdeführer hierauf nach Einlegung des Hauptrechtsmittels durch Erklärung gegenüber dem Gericht verzichtet hat (§ 67 Abs. 2 FamFG). Es ist umstritten, ob Abs. 3 entsprechend auf die Anschlussbeschwerde gilt. Aufgrund einer fehlenden Verweisung ist überzeugender, dass Abs. 3 auf die Anschlussbeschwerde keine Anwendung findet.[7] Demzufolge kann der Verzicht auf die Anschlussbeschwerde nur gegenüber dem Gericht erklärt werden.

IV. Rücknahme der Beschwerde

6 Nach § 67 Abs. 4 FamFG kann der Beschwerdeführer seine Beschwerde zurücknehmen, und zwar bis zum Erlass der Beschwerdeentscheidung. Daraus folgt, dass eine Rücknahme auch vor Erlass der Abhilfeentscheidung des Ausgangsgerichts erfolgen kann. Sodann hat das Ausgangsgericht über die Kosten des Beschwerdeverfahrens zu entscheiden.[8]

7 In der Rücknahme einer Beschwerde ist nicht zwangsläufig auch ein Verzicht auf die Einlegung der Beschwerde zu sehen. Soweit die Beschwerdefrist noch nicht abgelaufen ist, kann mithin ein Beschwerdeberechtigter trotz Rücknahme seiner Beschwerde zu einem späteren Zeitpunkt erneut Beschwerde einlegen. Dies gilt jedoch dann nicht, wenn in der Rücknahme zugleich ein Verzicht der Beschwerdeeinlegung zu sehen ist. Dies ist eine Frage der Auslegung.[9]

C. Weitere praktische Hinweise

8 Die Rücknahme hat die Kostentragungspflicht **nach § 84 FamFG** zur Folge.[10]

9 Die Rücknahme der Beschwerde führt zu der **Reduzierung von Gerichtsgebühren**. Wird das Verfahren durch Rücknahme der Beschwerde beendet, bevor die Begründungsschrift der Beschwerde eingegangen ist, ermäßigt sich die Gebühr auf 0,3, höchstens 200 EUR (KV 12221 GNotKG). Die Gebühren ergeben sich nach Tabelle B des GNotKG. Endet das gesamte Verfahren ohne eine Endentscheidung, fällt eine Gebühr von 0,5, höchstens 400 EUR an (KV 12222 GNotKG). Dabei bestimmt sich der Geschäftswert nach den Anträgen des Rechtsmittelführers (§ 61 GNotKG) (→ FamFG § 58 Rn. 21a).

10 Im Hinblick auf die **anwaltlichen Kosten** kann durch die Rücknahme einer Beschwerde der Anfall einer Terminsgebühr verhindert werden, sofern ein Termin vor dem Beschwerdegericht noch nicht stattgefunden hat.

§ 68 FamFG Gang des Beschwerdeverfahrens

(1) ¹Hält das Gericht, dessen Beschluss angefochten wird, die Beschwerde für begründet, hat es ihr abzuhelfen; anderenfalls ist die Beschwerde unverzüglich dem Beschwerdegericht vorzulegen. ²Das Gericht ist zur Abhilfe nicht befugt, wenn die Beschwerde sich gegen eine Endentscheidung in einer Familiensache richtet.

(2) ¹Das Beschwerdegericht hat zu prüfen, ob die Beschwerde an sich statthaft und ob sie in der gesetzlichen Form und Frist eingelegt ist. ²Mangelt es an einem dieser Erfordernisse, ist die Beschwerde als unzulässig zu verwerfen.

---

7 So MüKoFamFG/Fischer FamFG § 67 Rn. 33; aA Keidel/Sternal FamFG § 67 Rn. 14b.
8 KG FamRZ 2011, 1750 (1751) = FGPrax 2011, 207.
9 MüKoFamFG/Fischer FamFG § 67 Rn. 41.
10 Horndasch/Viefhues/Reinken FamFG § 68 Rn. 9.

(3) ¹Das Beschwerdeverfahren bestimmt sich im Übrigen nach den Vorschriften über das Verfahren im ersten Rechtszug. ²Das Beschwerdegericht kann von der Durchführung eines Termins, einer mündlichen Verhandlung oder einzelner Verfahrenshandlungen absehen, wenn diese bereits im ersten Rechtszug vorgenommen wurden und von einer erneuten Vornahme keine zusätzlichen Erkenntnisse zu erwarten sind.

(4) ¹Das Beschwerdegericht kann die Beschwerde durch Beschluss einem seiner Mitglieder zur Entscheidung als Einzelrichter übertragen; § 526 der Zivilprozessordnung gilt mit der Maßgabe entsprechend, dass eine Übertragung auf einen Richter auf Probe ausgeschlossen ist. ²Zudem kann das Beschwerdegericht die persönliche Anhörung des Kindes durch Beschluss einem seiner Mitglieder als beauftragtem Richter übertragen, wenn es dies aus Gründen des Kindeswohls für sachgerecht hält oder das Kind offensichtlich nicht in der Lage ist, seine Neigungen und seinen Willen kundzutun. ³Gleiches gilt für die Verschaffung eines persönlichen Eindrucks von dem Kind.

(5) Absatz 3 Satz 2 und Absatz 4 Satz 1 finden keine Anwendung, wenn die Beschwerde ein Hauptsacheverfahren betrifft, in dem eine der folgenden Entscheidungen in Betracht kommt:
1. die teilweise oder vollständige Entziehung der Personensorge nach den §§ 1666 und 1666a des Bürgerlichen Gesetzbuchs,
2. der Ausschluss des Umgangsrechts nach § 1684 des Bürgerlichen Gesetzbuchs oder
3. eine Verbleibensanordnung nach § 1632 Absatz 4 oder § 1682 des Bürgerlichen Gesetzbuchs.

§ 526 ZPO   Entscheidender Richter

(1) Das Berufungsgericht kann durch Beschluss den Rechtsstreit einem seiner Mitglieder als Einzelrichter zur Entscheidung übertragen, wenn
1. die angefochtene Entscheidung von einem Einzelrichter erlassen wurde,
2. die Sache keine besonderen Schwierigkeiten tatsächlicher oder rechtlicher Art aufweist,
3. die Rechtssache keine grundsätzliche Bedeutung hat und
4. nicht bereits im Haupttermin zur Hauptsache verhandelt worden ist, es sei denn, dass inzwischen ein Vorbehalts-, Teil- oder Zwischenurteil ergangen ist.

(2) ¹Der Einzelrichter legt den Rechtsstreit dem Berufungsgericht zur Entscheidung über eine Übernahme vor, wenn
1. sich aus einer wesentlichen Änderung der Prozesslage besondere tatsächliche oder rechtliche Schwierigkeiten der Sache oder die grundsätzliche Bedeutung der Rechtssache ergeben oder
2. die Parteien dies übereinstimmend beantragen.

²Das Berufungsgericht übernimmt den Rechtsstreit, wenn die Voraussetzungen nach Satz 1 Nr. 1 vorliegen. ³Es entscheidet hierüber nach Anhörung der Parteien durch Beschluss. ⁴Eine erneute Übertragung auf den Einzelrichter ist ausgeschlossen.

(3) Auf eine erfolgte oder unterlassene Übertragung, Vorlage oder Übernahme kann ein Rechtsmittel nicht gestützt werden.

(4) In Sachen der Kammer für Handelssachen kann Einzelrichter nur der Vorsitzende sein.

A. Allgemeines	1
B. Regelungsgehalt	2
I. Abhilfeverfahren	2
II. Zulässigkeitsprüfung durch Beschwerdegericht	8
III. Begründetheitsprüfung durch das Beschwerdegericht	11
IV. Übertragung auf den Einzelrichter	16
C. Weitere praktische Hinweise	18

A. Allgemeines

Die Norm beschreibt den Verlauf des gerichtlichen Verfahrens nach Einlegung der Beschwerde bei dem Amtsgericht. Durch das Abhilfeverfahren wird dem Ausgangsgericht die Möglichkeit eingeräumt, seinen Beschluss zu überdenken. Dabei hat es ggf. vorgetragene neue Tatsachen und Beweismittel zu berücksichtigen. Hilft es der Beschwerde nicht ab, hat das Gericht die

Beschwerde (und damit die Nachlassakte) unverzüglich dem Beschwerdegericht, mithin dem OLG/KG, vorzulegen. Dieses hat zunächst die Zulässigkeit der Beschwerde zu prüfen. Wird diese festgestellt, hat das Beschwerdegericht als zweite Tatsacheninstanz die Sache auch materiellrechtlich zu überprüfen. Dabei gilt auch für das Beschwerdegericht der Amtsermittlungsgrundsatz. Dem Beschwerdegericht wird die Möglichkeit eingeräumt, die Beschwerde auf einen Einzelrichter zu übertragen. Begrüßenswerterweise besteht keine Gerichtspraxis, oft von dieser Möglichkeit Gebrauch zu machen.

B. Regelungsgehalt
I. Abhilfeverfahren

2 Zur Entlastung des Beschwerdegerichts hat das **Ausgangsgericht seine Entscheidung** innerhalb des Abhilfeverfahrens **zu überdenken**. Es hat die Möglichkeit, die angefochtene Entscheidung selbst ganz oder teilweise im Sinne der Beschwerde abzuändern. Zuständig ist der Spruchkörper, der die angefochtene Entscheidung erlassen hat, also entweder der Richter oder der Rechtspfleger. Das Verfahren soll so beschleunigt werden. Das Ausgangsgericht kann im Abhilfeverfahren weitere Ermittlungen vornehmen und Beweise erheben. Wenn der Beschwerdeführer zunächst lediglich Beschwerde eingelegt und eine Beschwerdebegründung angekündigt hat, hat das Ausgangsgericht diese zu berücksichtigen. Das Ausgangsgericht kann dem Beschwerdeführer hierzu eine Frist setzen. Hat der Beschwerdeführer inhaltlich unzureichend vorgetragen, hat das Gericht ihm Gelegenheit zur Konkretisierung zu geben.[1]

3 Das Ausgangsgericht kann auch zur Erörterung mit den Beteiligten der Beschwerde einen Termin ansetzen. Besonders vor Erlass einer zum Nachteil **anderer Beteiligten** ergehenden abändernden Entscheidung ist diesen **rechtliches Gehör** zu gewähren.[2]

4 Die **Abhilfeentscheidung ergeht durch Beschluss**, der zu begründen (§ 38 FamFG) und den Beteiligten bekanntzugeben ist (§ 41 Abs. 1 FamFG).[3] Sollte das Ausgangsgericht einen Nichtabhilfebeschluss den Beteiligten nicht bekanntgegeben haben, kann dies das Beschwerdegericht nachholen.[4]

5 Der Umfang der Begründung ist vor allem davon abhängig, ob durch die Beschwerdebegründung oder Stellungnahme anderer Beteiligter neue Tatsachen, Beweismittel bzw. Rechtsausführungen in das Verfahren eingebracht wurden. Das Ausgangsgericht hat sich mit einem maßgeblich veränderten oder unter einem veränderten Blickwinkel sich darstellenden Sachverhalt (etwa: Antrag eines Dritten auf Erteilung eines Alleinerbscheins auf der Basis eines Testaments des Erblassers) zu befassen und dies im Nichtabhilfebeschluss kenntlich zu machen, um dem Beschwerdegericht die Überprüfung zu ermöglichen, ob das Nachlassgericht seiner Verpflichtung zur Selbstkontrolle nachgekommen ist.[5] Neu eingebrachte Tatsachen und Beweismittel sind zu berücksichtigen, so dass es eben nicht auf den Zeitpunkt des angefochtenen ursprünglichen Beschlusses ankommt.[6] Mithin hat sich der (Nicht-)Abhilfebeschluss mit den Einwendungen der Beschwerdeschrift auseinanderzusetzen.[7] Die Begründungsintensität hängt auch davon ab, ob die Ausgangsentscheidung tragende Argumente des Beschwerdeführers berücksichtigt hat.[8] Wenn der Beschwerdeführer keine Gründe anführt, reicht eine kurze Begründung in

---

1 OLG Hamm FGPrax 2010, 323.
2 OLG Hamm FamRZ 1986, 1127; Burandt/Rojahn/Rojahn FamFG § 68 Rn. 2.
3 OLG Brandenburg BeckRS 2014, 1258.
4 BGH NVwZ 2011, 127 = BeckRS 2010, 18941.
5 OLG München FGPrax 2017, 42; OLG Düsseldorf BeckRS 2011, 26647 = FamRZ 2012, 653.
6 OLG Düsseldorf BeckRS 2014, 5415 = RPfleger 2014, 517.
7 OLG München BeckRS 2017, 118273 Rn. 5f.
8 OLG München FGPrax 2017, 42; OLG Schleswig BeckRS 2010, 30080.

dem Nichtabhilfebeschluss.[9] Keinesfalls ausreichend ist lediglich eine Vorlageverfügung an das Beschwerdegericht.[10]

Die Nichtbeachtung stellt einen wesentlichen Verfahrensmangel dar und kann zur **Zurückweisung** nach § 69 Abs. 1 S. 3 FamFG führen (→ FamFG § 69 Rn. 3, 10 ff.).[11] Das gilt auch bei Nichtberücksichtigung im Nichtabhilfebeschluss von mit der Beschwerdebegründung neu vorgebrachte Tatsachen und Beweismittel.[12] Das Verbot der *reformatio in peius* (→ FamFG § 68 Rn. 15) soll nach *Sternal*[13] im Abhilfeverfahren nicht gelten. Das überzeugt nicht, da so zwischen den Befugnissen des Ausgangsgerichts und des Beschwerdegerichts unterschieden würde. Es handelt sich aber um ein Verfahren, das durch die Einlegung der Beschwerde beginnt. Deshalb gelten für das Ausgangsgericht die gleichen Maßstäbe hinsichtlich des **Verschlechterungsverbotes** wie für das Beschwerdegericht,[14] so dass zwischen Amts- und Antragsverfahren zu unterscheiden ist.

Der **weitere Gang des Verfahrens** richtet sich danach, ob das Ausgangsgericht der Beschwerde abhilft oder nicht:

- **Hilft das Gericht der Beschwerde ab**, müssen die übrigen Beteiligten auf Basis der Begründung überprüfen können, ob sie nunmehr selbst Beschwerde einlegen wollen.[15] In diesem Fall muss die stattgebende Entscheidung eine Rechtsmittelbelehrung enthalten (§ 39 FamFG).[16] Dabei ist die Beschwerde gegen die Ausgangsentscheidung in der Fassung der Abhilfeentscheidung zu richten. Die Beschwerdefrist beginnt nun mit Bekanntgabe der Abhilfeentscheidung (vgl. § 63 FamFG).
- Enthält die Beschwerde keine neue Begründung, so kann die Begründung in dem Nichtabhilfebeschluss **sehr kurz** ausfallen. Dem Gericht steht es frei, seine Begründung im Vergleich zu dem ursprünglichen Beschluss zu vertiefen oder auch die Begründung auszuwechseln.
- **Nimmt der Beschwerdeführer** seine Beschwerde vor der Abhilfeentscheidung **zurück**, so hat das Ausgangsgericht über die Kosten des Beschwerdeverfahrens zu entscheiden.[17]
- Hält das Ausgangsgericht an seiner Entscheidung fest und hat dementsprechend einen **Nichtabhilfebeschluss** gefasst, so hat es nach § 68 Abs. 1 S. 1 Hs. 2 FamFG die Beschwerde unverzüglich, also ohne schuldhaftes Zögern (§ 121 Abs. 1 BGB), dem Beschwerdegericht vorzulegen. Dies gilt auch im Falle der teilweisen Abhilfe. Das ist auch dann der Fall, wenn das Ausgangsgericht die Beschwerde für unzulässig oder nicht statthaft erachtet.[18] So durfte das Ausgangsgericht im Abhilfeverfahren nicht die Statthaftigkeit oder die Zulässigkeit der Beschwerde prüfen.[19] Hat das Ausgangsgericht noch über weitere Anträge wie bspw. die Einrichtung einer Nachlasspflegschaft zu entscheiden, stellt dies keinen Grund dar, erst diese zu bearbeiten und über diese zu entscheiden und erst dann die Nachlassakte dem Beschwerdegericht vorzulegen. In diesem Fall kann das Gericht gehalten sein, eine Zweitakte anzulegen.

Abgrenzung zu § 48 FamFG: Bei wesentlicher Änderung der Sach- und Rechtslage ist die Wiederaufnahme nach § 48 FamFG einschlägig.[20]

---

9 OLG München FGPrax 2017, 278 = ErbR 2017, 564; OLG Düsseldorf ErbR 2017, 242 = BeckRS 2016, 113982.
10 OLG Düsseldorf ErbR 2016, 415 = BeckRS 2016, 7668.
11 OLG Hamm FamRZ 2011, 235 = BeckRS 2010, 21012; OLG Schleswig SchlHA 2011, 169 = BeckRS 2010, 30080.
12 OLG Düsseldorf BeckRS 2014, 5415 = Rpfleger 2014, 517.
13 Keidel/Sternal FamFG § 68 Rn. 13.
14 Schulte-Bunert/Weinreich/Roßmann FamFG § 68 Rn. 10; MüKoFamFG/Fischer FamFG § 68 Rn. 22.
15 Keidel/Sternal FamFG § 68 Rn. 12a.
16 MüKoFamFG/Fischer FamFG § 68 Rn. 22.
17 KG für 2012, 291 = FGPrax 2011, 207.
18 Keidel/Sternal FamFG § 68 Rn. 31.
19 LG Landau FamRZ 2011, 60 = NJW-RR 2011, 439; Keidel/Sternal FamFG § 68 Rn. 9a f.
20 Horndasch/Viefhues/Reinken FamFG § 68 Rn. 6.

II. Zulässigkeitsprüfung durch Beschwerdegericht

8 Das Beschwerdegericht hat zunächst die Zulässigkeit der Beschwerde zu überprüfen. Im Falle ihrer Unzulässigkeit unterliegt die Beschwerde der **Verwerfung**. Dabei erstreckt sich die erforderliche Prüfung auf sämtliche Zulässigkeitsvoraussetzungen, so dass sie sich nicht nur auf die in § 68 Abs. 2 S. 1 FamFG genannten Aussetzungen beschränkt (Statthaftigkeit, Formerfordernis und Frist).[21] Daher bedarf es für die Zulässigkeit auch der Feststellung der Beschwerdeberechtigung (§ 59 FamFG, materielle und formelle Beschwerde), der Beschwerdeführungsbefugnis und des Rechtsschutzinteresses.[22] Beabsichtigt das Beschwerdegericht die Beschwerde wegen Unzulässigkeit zu verwerfen, ist dem Beschwerdeführer rechtliches Gehör zu gewähren (Art. 103 Abs. 1 GG).[23]

9 Stellt das Beschwerdegericht **schwere Mängel des Nichtabhilfeverfahrens** fest, so kann es die Beschwerde an das Ausgangsgericht zur erneuten Durchführung des Abhilfeverfahrens zurückgeben (vgl. § 69 Abs. 1 S. 3 FamFG).[24]

10 Von Amts wegen hat das Beschwerdegericht auch zu beachten, ob auf die Einlegung der Beschwerde **verzichtet** (§ 68 FamFG) oder diese bereits **zurückgenommen** wurde.

III. Begründetheitsprüfung durch das Beschwerdegericht

11 Das Beschwerdegericht prüft als zweite Tatsacheninstanz. Deswegen finden für das Beschwerdeverfahren die Vorschriften für das Verfahren im ersten Rechtszug Anwendung (§ 68 Abs. 3 S. 1 FamFG).[25] So hat das Beschwerdegericht von Amts wegen zu ermitteln (§ 26 FamFG), die Beteiligten haben mitzuwirken (§ 27 FamFG), die Verfahrensleitung richtet sich nach § 28 FamFG und die Beweiserhebung und Glaubhaftmachung nach §§ 29, 30, 31 FamFG. Auch §§ 32, 33, 34 FamFG (Termin, persönliches Erscheinen, persönliche Anhörung), § 36 FamFG (Vergleich) und § 37 FamFG (Grundlage der Entscheidung) finden Anwendung. Es ist mithin eine **vollwertige zweite Tatsacheninstanz**. Das Beschwerdegericht tritt vollständig an die Stelle des Ausgangsgerichts, jedoch begrenzt auf den Verfahrensgegenstand der I. Instanz und durch den Umfang der Beschwerde.[26] Das Beschwerdegericht ist nicht an Feststellungen des Ausgangsgerichts gebunden. Es besteht der Grundsatz des Gleichlaufs der ersten zur zweiten Instanz. Die nicht selbstständig anfechtbaren Zwischen- und Nebenentscheidungen des Ausgangsgerichts unterliegen der Beurteilung und Überprüfung durch das Beschwerdegericht.[27]

12 Grundsätzlich besteht die **Pflicht zur persönlichen Anhörung** (§ 68 Abs. 3 S. 1 FamFG).[28] Das gilt vor allem, wenn das Ausgangsgericht bei der Anhörung des Betroffenen zwingende Verfahrensvorschriften verletzt hat.[29] Von einer Anhörung kann indes das Beschwerdegericht absehen, wenn diese bereits im ersten Rechtszug vorgenommen worden ist und von einer erneuten Anhörung keine neuen Erkenntnisse zu erwarten sind.[30] Das Gericht ist nicht verpflichtet, einen Termin anzusetzen, wenn es einer mündlichen Erörterung nicht bedarf.[31]

13 Durch die Ausgangsinstanz eingeholte **Sachverständigengutachten** unterliegen der freien Beweiswürdigung des Beschwerdegerichts. Das Beschwerdegericht kann auch weitere Sachverständigengutachten, auch als „Obergutachten", einholen. Verfahrensfehlerhafte Handlungen des Ausgangsgerichts sind durch rechtmäßige Wiederholung zu heilen. Ansonsten müssen Ver-

---

21 MüKoFamFG/Fischer FamFG § 68 Rn. 25; Burandt/Rojahn/Rojahn FamFG § 68 Rn. 7.
22 Im Einzelnen: Keidel/Sternal FamFG § 68 Rn. 67 ff.
23 BGH NJW-RR 2006, 142 f. zur ZPO; NJW-RR 2010, 1075; NJW-RR 2012, 515 (516); MüKoFamFG/Fischer FamFG § 68 Rn. 27.
24 Vgl. OLG München FamRZ 2010, 1000 = BeckRS 2010, 03282; Burandt/Rojahn/Rojahn FamFG § 68 Rn. 4.
25 Horndasch/Viefhues/Reinken FamFG § 68 Rn. 14.
26 BGH NJW 1982, 1464 (1465); zit. in: Burandt/Rojahn/Rojahn FamFG § 68 Rn. 8.
27 Horndasch/Viefhues/Reinken FamFG § 58 Rn. 32.
28 BGH NJW-RR 2012, 962 (963).
29 BGH NJW 2011, 2365 für das Unterbringungsverfahren.
30 BGH NJW-RR 2012, 962 (963); FGPrax 2012, 163.
31 OLG München BeckRS 2018, 14073 Rn. 20.

fahrenshandlungen wie eine mündliche Verhandlung oder die Zeugenvernahme nicht wiederholt werden, wenn solche bereits in I. Instanz vorgenommen wurden und von einer erneuten Vornahme keine zusätzlichen Erkenntnisse zu erwarten sind (§ 68 Abs. 3 S. 2 FamFG).[32] Es kommt § 68 Abs. 3 S. 2 FamFG nur zur Anwendung, wenn nach den einschlägigen Verfahrensvorschriften ein Termin, eine mündliche Verhandlung oder sonstige Verfahrenshandlungen durchzuführen sind.[33] Andernfalls kann das Beschwerdegericht nach § 68 Abs. 3 S. 1 FamFG iVm §§ 32 ff. FamFG von einem Termin absehen.[34] Eine mündliche Verhandlung ist dem Beschwerdegericht grundsätzlich freigestellt, zumal nicht der zivilprozessuale Mündlichkeitsgrundsatz gilt.[35] Findet eine mündliche Verhandlung oder Erörterung statt, ist die Öffentlichkeit auszuschließen (§ 170 Abs. 1 S. 1 GVG). Im Erbscheinsverfahren kann zumeist das Beschwerdegericht ohne mündliche Verhandlung entscheiden.[36]

Das Beschwerdegericht ist aber nicht gehindert, einzelne Zeugen oder die Beteiligten persönlich im Rahmen eines mündlichen Erörterungstermins anzuhören. Da es oftmals auf den persönlichen Eindruck ankommt, mögen solche Wiederholungen durchaus angezeigt sein.

Im Beschwerdeverfahren über einen Erbscheinsantrag kann nach dem OLG Hamm[37] auch erstmals ein **Hilfsantrag** gestellt und sachlich beschieden werden, wenn dieser auf einen Lebenssachverhalt gestützt wird, der bereits Gegenstand des Verfahrens erster Instanz war und in der Sache der Anpassung des Antrags an Erkenntnisse des Beschwerdeverfahrens, insbesondere der Berücksichtigung eines gerichtlichen Hinweises, dient. Das dient der Verfahrensökonomie.

IV. Übertragung auf den Einzelrichter

Regelmäßig entscheidet über Nachlassbeschwerden der Senat des OLG bzw. des KG **in voller Besetzung**, also in der Besetzung eines Vorsitzenden und zweier Beisitzer, wobei einer der Berichterstatter die Sache tatsächlich und rechtlich für die Beratung im Senat vorzubereiten hat. Liegen aufgrund der Verweisungsnorm § 68 Abs. 4 FamFG die Voraussetzungen des § 526 ZPO vor, kann der zuständige Senat die Beschwerde durch Beschluss einem seiner Mitglieder als Einzelrichter übertragen (Fakultativer Einzelrichter, § 68 Abs. 4 FamFG). Die Übertragung auf einen Richter auf Probe ist indes ausgeschlossen. Die Übertragung ist aber nur dann zulässig, wenn

- die angefochtene Entscheidung von einem Einzelrichter erlassen wurde (§ 526 Abs. 1 Nr. 1 ZPO), was bei Nachlasssachen stets der Fall ist,
- die Sache keine besonderen Schwierigkeiten tatsächlicher oder rechtlicher Art aufweist (§ 526 Abs. 1 Nr. 2 ZPO), wobei der Schwierigkeitsgrad erheblich über dem Durchschnitt liegen muss. Dabei kann alternativ die Ermittlung des Sachverhalts, die Erhebung der Beweise bzw. die rechtliche Würdigung schwierig sein,[38]
- die Rechtssache keine grundsätzliche Bedeutung hat (§ 526 Abs. 1 Nr. 3 ZPO) und
- nicht bereits im Haupttermin zur Hauptsache verhandelt worden ist (§ 526 Abs. 1 Nr. 4 ZPO).

Die Übertragung auf den Einzelrichter ergeht durch Beschluss des Senats,[39] wobei zuvor die Beteiligten zu hören sind. Nach Maßgabe des § 526 ZPO ist später die Rückübertragung auf den Senat zulässig und einstweilen auch geboten.

---

32 BGH BeckRS 2013, 19781 = FamRZ 2014, 113; BGH NJW 2022, 1618 (1619).
33 OLG Brandenburg BeckRS 2014, 1258.
34 Vgl. Splitt NZFam 2022, 392; dann aber keine fiktive Terminsgebühr für den Anwalt, so Dürbeck/Schneider NZFam 2021, 820.
35 Burandt/Rojahn/Rojahn FamFG § 68 Rn. 10.
36 OLG Schleswig NJW-RR 2010, 1596; OLG Düsseldorf FamRZ 2011, 1980 = FGPrax 2011, 125 (1981); MüKoFamFG/Fischer FamFG § 68 Rn. 50.
37 OLG Hamm ZErb 2012, 20 (21).
38 Keidel/Sternal FamFG § 68 Rn. 99.
39 Schulte-Bunert/Weinreich/Roßmann FamFG § 68 Rn. 46.

C. Weitere praktische Hinweise

18 Für das Abhilfeverfahren erhält der Anwalt keine besondere Gebühr über die Gebühren für das Beschwerdeverfahren hinaus.

§ 69 FamFG   Beschwerdeentscheidung

(1) ¹Das Beschwerdegericht hat in der Sache selbst zu entscheiden. ²Es darf die Sache unter Aufhebung des angefochtenen Beschlusses und des Verfahrens nur dann an das Gericht des ersten Rechtszugs zurückverweisen, wenn dieses in der Sache noch nicht entschieden hat. ³Das Gleiche gilt, soweit das Verfahren an einem wesentlichen Mangel leidet und zur Entscheidung eine umfangreiche oder aufwändige Beweiserhebung notwendig wäre und ein Beteiligter die Zurückverweisung beantragt. ⁴Das Gericht des ersten Rechtszugs hat die rechtliche Beurteilung, die das Beschwerdegericht der Aufhebung zugrunde gelegt hat, auch seiner Entscheidung zugrunde zu legen.

(2) Der Beschluss des Beschwerdegerichts ist zu begründen.

(3) Für die Beschwerdeentscheidung gelten im Übrigen die Vorschriften über den Beschluss im ersten Rechtszug entsprechend.

A. Allgemeines 1	5. Reformatio in peius (Verschlechterungsverbot) 8
B. Regelungsgehalt 4	II. Zurückweisung an das Nachlassgericht (Abs. 1 S. 2–3) 10
I. Eigene Sachentscheidung (Abs. 1 S. 1) 4	
1. Grundsätzliches 4	III. Aufbau und Inhalt der Entscheidung 13
2. Verwerfung bei Unzulässigkeit 5	IV. Bekanntgabe und Wirksamwerden der Entscheidung 15
3. Zurückweisung bei Unbegründetheit .. 6	
4. Entscheidung bei Zulässigkeit und Begründetheit der Beschwerde 7	C. Weitere praktische Hinweise 16

A. Allgemeines

1 Nachdem § 68 FamFG den Gang des Beschwerdeverfahrens beschreibt, regelt § 69 FamFG die Entscheidung des Beschwerdegerichts und ihren Erlass als Solche. Regelmäßig hat das Beschwerdegericht eine Endentscheidung nach folgender Maßgabe zu treffen:

- bei Unzulässigkeit ist die Beschwerde zu verwerfen,
- bei Unbegründetheit ist die Beschwerde zurückzuweisen,
- der zulässigen und begründeten Beschwerde ist stattzugeben.

2 Dabei hat es von Amts wegen über die Kosten und die Zulassung der Rechtsbeschwerde zu entscheiden; darauf gerichtete Anträge der Beteiligten sind als Anregungen zu bewerten. Zudem kann das Beschwerdegericht im Einzelfall die Sache wieder an das Ausgangsgericht zurückverweisen. Die Begründungspflicht nach § 69 Abs. 2 FamFG hat vor allem auch deswegen eine besondere Bedeutung, da die Entscheidung bei Nichtzulassung der Rechtsbeschwerde unanfechtbar ist. Ein gut begründeter Beschluss führt eher zu der Akzeptanz bei dem unterlegenen Beteiligten.

3 § 69 Abs. 3 FamFG verweist generell auf die Vorschriften über den Beschluss in der I. Instanz und damit auf §§ 38 bis 47 FamFG.

B. Regelungsgehalt

I. Eigene Sachentscheidung (Abs. 1 S. 1)

1. Grundsätzliches. Das Beschwerdegericht hat regelmäßig in der Sache **selbst zu entscheiden**.[1] 4
Eine unzulässige Beschwerde ist zu verwerfen; eine unbegründete Beschwerde zurückzuweisen.
Es kann gleichzeitig über die Zulässigkeit und die Begründetheit der Beschwerde entscheiden,
was der Regelfall ist. Die Überprüfungsmöglichkeit ist auf den Verfahrensgegenstand begrenzt.
Sofern sich vor der Entscheidung des Beschwerdegerichts die Hauptsache **erledigt**, wird damit
grundsätzlich das Verfahren beendet. Nach Erledigung der Hauptsache ist die Beschwerde nur
nach Maßgabe des § 62 FamFG statthaft, wozu es eines besonderen Antrages bedarf.

2. Verwerfung bei Unzulässigkeit. Ist die eingelegte Beschwerde weder statthaft noch werden 5
sämtliche Zulässigkeitsvoraussetzungen erfüllt, ist die Beschwerde als unzulässig zu verwerfen.
Es erübrigt sich sodann die sachliche Prüfung der Beschwerde. Eine Besonderheit besteht jedoch
bei den sogenannten doppelt relevanten Tatsachen. Ist eine auch zur Annahme der Zulässigkeit
erforderliche Tatsache für die eigentliche Begründung der Beschwerde ebenfalls maßgeblich, ist
eine solche Tatsache innerhalb der Zulässigkeitsprüfung als gegeben anzunehmen.[2]

3. Zurückweisung bei Unbegründetheit. Eine zulässige, aber unbegründete Beschwerde ist zu- 6
rückzuweisen. Damit wird die Entscheidung des Ausgangsgerichtes bestätigt, und zwar einschließlich der Kostenentscheidung für die I. Instanz (ansonsten gilt § 84 FamFG). Entsprechendes gilt bei Verfahrensfehlern in der I. Instanz, die im Beschwerdeverfahren geheilt werden können. So kann eine in der I. Instanz unterlassene Gehörsgewährung im Beschwerdeverfahren
nachgeholt werden. Bestätigt das Beschwerdegericht die Auffassung des Ausgangsgerichtes, wonach der ursprünglich gestellte Antrag unzulässig ist, ist die Beschwerde als unbegründet zurückzuweisen.[3] Sollte eine Trennung möglich sein, ist eine teilweise begründete Beschwerde entsprechend teilweise zurückzuweisen.

4. Entscheidung bei Zulässigkeit und Begründetheit der Beschwerde. Ist die Beschwerde nach 7
Auffassung des Beschwerdegerichts zulässig und begründet, hat es der Beschwerde stattzugeben. Es hat dabei selbst in der Sache als zweite vollwertige Tatsacheninstanz[4] zu entscheiden.
Das Beschwerdegericht hat im Erbscheinsverfahren in vollem Umfang alle Gesichtspunkte zu
überprüfen, die geeignet sind, die Unrichtigkeit eines Erbscheines zu begründen, und zwar auch
dann, wenn der Beschwerdeführer insoweit durch die Unrichtigkeit des Erbscheines nicht beschwert sein kann.[5] Die zulässige und begründete Beschwerde führt mithin zur Aufhebung der
angefochtenen Entscheidung, und zwar einschließlich des Kostenpunktes. Da das Beschwerdegericht zum Erlass eines Erbscheins funktional nicht zuständig ist, hat es das Ausgangsgericht
zum Erlass eines bestimmten Erbscheines anzuweisen. Dabei hat das Beschwerdegericht endgültig über den Erbscheinsantrag zu entscheiden. Innerhalb seiner Entscheidung ist das Beschwerdegericht im Antragsverfahren an den Antrag des Beschwerdeführers gebunden.[6] Die Ermessensentscheidung des Ausgangsgerichts ist nur bei fehlerhafter Ermessensausübung – etwa bei
der Kostenentscheidung nach § 81 FamFG bei ausschließlichem Abstellen auf das Maß von Obsiegen und Unterliegen – durch das Beschwerdegericht aufzuheben, das in diesem Fall eine eigene Ermessensentscheidung zu treffen hat.[7]

5. Reformatio in peius (Verschlechterungsverbot). Das Verschlechterungsverbot gilt im **Amts-** 8
verfahren nicht, so dass das Beschwerdegericht von der Entscheidung des Ausgangsgerichtes

---

1 Burandt/Rojahn/Rojahn FamFG § 69 Rn. 2.
2 OLG Frankfurt MDR 1978, 236 = BeckRS 1977, 01644 zitiert bei Keidel/Sternal FamFG § 69 Rn. 7.
3 BGH FamRZ 1993, 1310 = BeckRS 2011, 03619; zitiert bei Keidel/Sternal FamFG § 69 Rn. 8.
4 MüKoFamFG/Fischer FamFG § 69 Rn. 8.
5 BGH NJW 2016, 960 (961); OLG München ZEV 2007, 33; aA OLG Hamm BeckRS 1999, 8169.
6 Horndasch/Viefhues/Reinken FamFG § 69 Rn. 4.
7 OLG Düsseldorf BeckRS 2018, 13463.

zum Nachteil des Beschwerdeführers abweichen kann.[8] Das Beschwerdegericht hat unabhängig von Anträgen allein nach der materiellen Rechtslage und dem Verfahrensrecht zu entscheiden. Das Verschlechterungsverbot gilt auch in Verfahren nicht, die zwar auf Antrag eingeleitet, aber vornehmlich im öffentlichen Interesse durchgeführt werden.[9]

9 Dagegen ist eine **Abänderung zum Nachteil des Beschwerdeführers im Antragsverfahren unzulässig**.[10] Dies gilt jedoch nicht für die von Amts wegen zu treffenden Nebenentscheidungen wie etwa über die Frage der Kostentragung und die Festsetzung des Geschäftswertes.[11] Das OLG Düsseldorf[12] hat darauf konsequenterweise hingewiesen, dass das Verschlechterungsverbot auch bei einer Kostenbeschwerde zu beachten ist. Etwas anderes gilt indes bei einer eingelegten Anschlussbeschwerde nach § 66 FamFG.

II. Zurückweisung an das Nachlassgericht (Abs. 1 S. 2–3)

10 Unter den in § 69 Abs. 1 S. 2 und S. 3 FamFG geregelten Voraussetzungen kann das Beschwerdegericht das Verfahren an das Ausgangsgericht zurückverweisen. Die Aufhebung und Zurückweisung ist die Ausnahme,[13] zumal in der Regel bei dem Beschwerdegericht eine durchdachtere und „richtigere" Entscheidung zu erwarten ist.

- In der ersten Alternative (**Abs. 1 S. 2**) kann das Beschwerdegericht das Verfahren an das Ausgangsgericht zurückverweisen, wenn dieses in der Sache noch nicht entschieden hat. Ein solcher Fall liegt beispielsweise vor, wenn das Gericht seine Zuständigkeit verneint oder einen Antrag aus sonstigen Gründen als unzulässig behandelt hat.[14] So hat das OLG München ein Verfahren nach § 69 Abs. 1 S. 2 FamFG zurückgewiesen, da das Ausgangsgericht einen Antrag im Aufgebotsverfahren rechtsirrig wegen fehlender Antragsberechtigung zurückgewiesen hat.[15] Ein solcher Fall liegt auch vor, wenn das Nichtabhilfeverfahren nicht durchgeführt wurde.[16] Das OLG Düsseldorf[17] hat § 69 Abs. 1 S. 2 FamFG entsprechend in der Konstellation angewendet, wo das Nachlassgericht am Tag der Beschwerdeeinlegung, die keine Begründung enthielt, den Nichtabhilfebeschluss gefasst hat. Das Nachlassgericht habe vor Fassung des Nichtabhilfebeschlusses entweder durch Nachfrage zu klären, ob noch eine Begründung erfolgt, oder eine angemessene Frist abzuwarten, die nicht unter zwei Wochen liegt.
- Eine Zurückweisung ist alternativ (**Abs. 1 S. 3**) dann möglich, wenn das Verfahren an einem wesentlichen Mangel leidet und zur Entscheidung eine umfangreichere oder aufwendige Beweiserhebung notwendig wäre. In einer unzureichenden Sachaufklärung liegt ein wesentlicher Mangel des Verfahrens, was zur Aufhebung und Zurückweisung nach § 69 Abs. 1 S. 3 FamFG berechtigt.[18] Zudem ist erforderlich, dass ein Beteiligter die Zurückverweisung beantragt. Diesen Antrag kann jeder Verfahrensbeteiligte und damit nicht nur der Beschwerdeführer stellen.[19] Rügt der Beschwerdeführer Aufklärungsdefizite, so kann dies als Antrag auszulegen sein.[20]

---

8 Horndasch/Viefhues/Reinken FamFG § 69 Rn. 5; Haußleiter FamFG FamFG § 69 Rn. 8; BeckOK FamFG/Obermann FamFG § 69 Rn. 44.
9 Keidel/Sternal FamFG § 69 Rn. 21.
10 BGH NJW 1984, 2879; Bumiller/Haders/ Schwamb/Bumiller FamFG § 69 Rn. 5; Keidel/Sternal FamFG § 69 Rn. 22.
11 OLG München NJW-RR 2017, 1487 (1489) (Geschäftswert im Grundbuchverfahren); MüKo-FamFG/Fischer FamFG § 69 Rn. 59; Keidel/Sternal FamFG § 69 Rn. 18.
12 OLG Düsseldorf FGPrax 2016, 47 (48).
13 Horndasch/Viefhues/Reinken FamFG § 69 Rn. 15.
14 Burandt/Rojahn/Rojahn FamFG § 69 Rn. 3; OLG München BeckRS 2018, 14073 Rn. 32.
15 OLG München FGPrax 2011, 47 (48).
16 OLG Schleswig SchlHA 2011, 169 = BeckRS 2010, 30080.
17 OLG Düsseldorf BeckRS 2013, 22043 = FamRZ 2014, 1046; vgl. auch OLG Düsseldorf BeckRS 202, 34576.
18 OLG Naumburg FamRZ 2014, 1884 = BeckRS 2013, 14047.
19 Keidel/Sternal FamFG § 69 Rn. 15d.
20 OLG Düsseldorf FamRZ 2015, 2088 = BeckRS 2015, 11433 Rn. 47.

Eine Zurückweisung kommt auch in Betracht, wenn die **Nichtabhilfeentscheidung** des Amtsgerichts an einem **schwerwiegenden Mangel** leidet (S. 3).[21] So muss aus dem Nichtabhilfebeschluss hervorgehen, dass das Amtsgericht die Begründung der Beschwerde zumindest in seine Erwägungen miteinbezogen hat. So waren mit der Beschwerde neu vorgebrachte Tatsachen und Beweismittel durch das Ausgangsgericht zu berücksichtigen.[22] Das ist weder auf Umstände beschränkt, die der Beschwerdeführer vorträgt, noch auf das Verfahren bei dem Beschwerdegericht. Auch hat das Ausgangsgericht sich mit anderweitigen neuen Erkenntnissen, von denen es im Zuge des Abhilfeverfahrens auf sonstige Art und Weise Kenntnis erhält, auseinanderzusetzen.[23] Ist dies allerdings nicht mehr feststellbar, so muss von einem schwerwiegenden Mangel ausgegangen werden. Das ist etwa dann der Fall, wenn der Beschwerdeführer erstmals nach Erlass des angegriffenen Beschlusses tatsächliche Bedenken gegen die Wirksamkeit eines Testaments geäußert hat, nachdem er die ihm zuvor eingeräumte Möglichkeit hierzu ungenutzt hatte verstreichen lassen, und eine Berücksichtigung dieser Bedenken aus dem Nichtabhilfebeschluss nicht hervorgeht.[24]

Bei beiden Alternativen ist im Hinblick auf den Wortlaut die **Zurückverweisung nicht zwingend** („darf ... zurückverweisen"). 11

Im Falle der Zurückverweisung hat das **Ausgangsgericht die rechtliche Beurteilung** des Beschwerdegerichtes **zu befolgen** (§ 69 Abs. 1 S. 4 FamFG).[25] Von dieser Bindungswirkung sind nach dem BGH[26] nicht Prozessvoraussetzungen erfasst, die nicht ausdrücklich Gegenstand der aufhebenden Entscheidung gewesen sind. Gleiches gelte, wenn nach der Zurückverweisung neue Tatsachen festgestellt worden sind und das Beschwerdegericht auf der Grundlage eines geänderten maßgeblichen Sachverhaltes entscheidet. Ebenfalls besteht keine Bindungswirkung, wenn sich eine der Aufhebungsentscheidung zugrunde liegende höchstrichterliche Rechtsprechung geändert hat bzw. eine von der Rechtsauffassung des Beschwerdegerichtes abweichende höchstrichterliche Entscheidung ergangen ist.[27] 12

III. Aufbau und Inhalt der Entscheidung

Die Entscheidung des Beschwerdegerichtes ergeht **durch Beschluss**, so dass sich der formelle Mindestinhalt aus § 69 Abs. 3 FamFG in Verbindung mit § 38 FamFG ergibt. So muss der Beschluss ein vollständiges Rubrum und die Beschlussformel enthalten. Üblich ist die Trennung von Tatbestand und Entscheidungsgründen. In der rechtlichen Würdigung sind auch Ausführungen zu der Kostenentscheidung (§§ 80 ff. FamFG) und zu der Entscheidung über die Frage der Zulassung der Rechtsbeschwerde (§ 70 Abs. 2 FamFG) erforderlich. Aus dem Beschluss muss auch das Datum der Übergabe an die Geschäftsstelle oder die Bekanntgabe durch Verlesen der Beschlussformel vermerkt sein (§ 38 Abs. 3 S. 3 FamFG). Die Beschwerdebegründung muss eine vollständige, klare Darstellung des Sachverhaltes unter Anführung der Gründe, aus denen die entscheidungserheblichen Tatsachen für erwiesen erachtet wurden oder nicht sowie die Rechtsanwendung auf den festgestellten Sachverhalt enthalten (**§ 69 Abs. 2 FamFG**).[28] Schließlich hat das Rechtsbeschwerdegericht nach § 74 Abs. 3 S. 4 FamFG von dem Sachverhalt auszugehen, den das Beschwerdegericht festgestellt hat.[29] 13

Lässt das Beschwerdegericht die **Rechtsbeschwerde** nicht zu, kann das Gericht die Sachdarstellung stark abkürzen oder ganz weglassen.[30] Bei der Möglichkeit der Überprüfung durch das 14

---

21 OLG Hamm BeckRS 2010, 21012 = FamRZ 2011, 235; OLG München FGPrax 2017, 278.
22 OLG Düsseldorf BeckRS 2014, 5415 = RPfleger 2014, 517.
23 OLG Rostock BeckRS 2014, 1705 = FamRZ 2014, 1047.
24 OLG Hamm BeckRS 2010, 21012 = FamRZ 2011, 235.
25 Vgl. BGH BeckRS 2012, 25451 = NJW 2013, 1310.
26 BGH BeckRS 2011, 5066.
27 BGH NJW 2013, 1310.
28 BGH NJW-RR 2021, 1513.
29 BGH BeckRS 2021, 11582 Rn. 5.
30 Burandt/Rojahn/Rojahn FamFG § 69 Rn. 6.

Rechtsbeschwerdegericht muss dagegen der Beschluss den maßgeblichen Sachverhalt wiedergeben und auch die Anträge der Beteiligten erkennen lassen. So hat das Rechtsbeschwerdegericht grundsätzlich von dem durch das Beschwerdegericht festgestellten Sachverhalt auszugehen.[31] Innerhalb der rechtlichen Begründung sind die **tragenden Erwägungen der Entscheidung** darzustellen. Das Gericht hat sich auf die wesentlichen Punkte zu konzentrieren. Nicht erforderlich ist eine Auseinandersetzung mit allen denkbaren Gesichtspunkten und allen Einzelpunkten des Vorbringens der Beteiligten.[32] Lässt das Beschwerdegericht die Rechtsbeschwerde zu, ist eine **Rechtsbehelfsbelehrung** erforderlich (§§ 69 Abs. 3 iVm 39 FamFG).

IV. Bekanntgabe und Wirksamwerden der Entscheidung

15 Die Entscheidung wird durch Zustellung bekanntgegeben (§§ 69 Abs. 3 iVm 41 Abs. 1 FamFG). Sie wird mit Bekanntgabe des Beschlusses an den oder die Beteiligten wirksam (§§ 69 iVm 40 Abs. 1 FamFG). Eine Besonderheit besteht, wenn durch die Beschwerdeentscheidung ein Rechtsgeschäft genehmigt wird. Die Entscheidung wird dann erst mit Rechtskraft wirksam (§§ 69 Abs. 3 iVm § 40 Abs. 2 S. 1 FamFG). Hierzu muss aber die Rechtsbeschwerde zugelassen worden sein, wenn nicht ein Fall des § 70 Abs. 3 FamFG vorliegt.

C. Weitere praktische Hinweise

16 Bei **Nichtzulassung der Rechtsbeschwerde** ist der Beschluss des Beschwerdegerichts **nicht anfechtbar**. In Erbscheinsachen kann ein Beteiligter nun noch über die streitige Gerichtsbarkeit seine Interessen verfolgen, indem er etwa eine **Erbenfeststellungsklage**[33] oder eine Herausgabeklage gegen den nach seiner Ansicht Erbschaftsbesitzer (§ 2018 BGB) erhebt.

17 In Betracht kommt indes die **Nichtanhörungsrüge nach § 44 FamFG**, die aber selten Erfolg hat.[34] Sie kann allein aufgrund der Verletzung des Anspruchs auf rechtliches Gehör erhoben werden (Art. 103 Abs. 1 GG; § 44 Abs. 1 S. 1 Nr. 2 FamFG) und kann nur gegen Endentscheidungen (§ 44 Abs. 1 S. 2 FamFG) erhoben werden, wenn ein Rechtsmittel oder ein Rechtsbehelf gegen die Entscheidung oder eine andere Abänderungsmöglichkeit nicht gegeben ist (§ 44 Abs. 1 Nr. 1 FamFG).

- Kein Rechtsmittel ist gegeben, wenn die Entscheidung generell nicht anfechtbar oder der Rechtszug nur für den vom Gehörsverstoß betroffenen Beteiligten erschöpft ist.[35] Dies gilt auch mangels Zulassung eines Rechtsmittels (§§ 61 Abs. 2, 70 Abs. 1 FamFG) oder mangels Erreichens des Beschwerdewertes (§ 61 Abs. 1 FamFG).[36] Da in Erbscheinverfahren in dem Beschluss des Beschwerdegerichtes oftmals nicht die Rechtsbeschwerde zugelassen wird, besteht gegen einen solchen Beschluss kein Rechtsmittel. Mithin kann grundsätzlich die Nichtanhörungsrüge erhoben werden.
- Es darf kein anderer Rechtsbehelf, wie ein Einspruch, Widerspruch oder die Erinnerung, zur Verfügung stehen.[37]
- Auch sonstige Abänderungsmöglichkeiten wie etwa die Berichtigung nach § 42 FamFG oder die Ergänzung nach § 43 FamFG dürfen nicht möglich sein.[38]

18 Die Rügeberechtigung setzt gem. § 44 Abs. 1 S. 1 FamFG eine **Beschwer** durch die angegriffene Entscheidung voraus. Derjenige ist beschwerdebefugt, der durch die Entscheidung in seiner materiellen Rechtsstellung unmittelbar beeinträchtigt wird.

---

31 Horndasch/Viefhues/Reinken FamFG § 69 Rn. 12.
32 BGH NJW 2005, 1432; Keidel/Sternal FamFG § 69 Rn. 45.
33 Verhältnis zum Erbscheinsverfahren: Zimmermann ZEV 2010, 457.
34 Muster bei BeckOF ErbR/Horn Form. 5.9.10.
35 Keidel/Meyer-Holz FamFG § 44 Rn. 4.
36 Keidel/Meyer-Holz FamFG § 44 Rn. 4.
37 BeckOK FamFG/Obermann FamFG § 44 Rn. 25.
38 BeckOK FamFG/Obermann FamFG § 44 Rn. 27.

Die Rüge kann nur **innerhalb von zwei Wochen** nach Kenntnis von der Gehörsverletzung erhoben werden (§ 44 Abs. 2 S. 1 Hs. 1 FamFG), wobei es sich um eine Notfrist handelt. Die Frist zur Einlegung der Rüge kann frühestens mit Bekanntgabe nach § 41 FamFG der anzugreifenden Entscheidung beginnen. Jedoch knüpft darüber hinaus das Gesetz an die subjektive Kenntnis von der Verletzung des rechtlichen Gehörs an.[39] Als Ausschlussfrist regelt § 44 Abs. 2 S. 2 FamFG, dass die Rüge nur innerhalb eines Jahres nach Bekanntgabe der Entscheidung an den rügeberechtigten Beteiligten erhoben werden kann.

Die Rüge muss **schriftlich oder zur Niederschrift der Geschäftsstelle** bei dem Gericht erhoben sein, dessen Entscheidung angegriffen wird (§ 44 Abs. 2 S. 3, S. 4 FamFG). Die Rüge muss die angegriffene Entscheidung bezeichnen und das Vorliegen der in Abs. 1 S. 1 Nr. 2 genannten Voraussetzungen darlegen (§ 44 Abs. 2 S. 4 FamFG).

Eine eigenständige entscheidungserhebliche **Verletzung des Anspruchs auf Gewährung rechtlichen Gehörs** durch die zu rügende Entscheidung muss dargelegt werden (Art. 103 Abs. 1 GG).[40] Diese Verletzung muss in entscheidungserheblicher Weise vorliegen.[41] Die Darlegung muss erkennen lassen, aus welchen konkreten Gründen der Beschwerdeführer meint, die Zurückweisung eines Antrages lasse nur den Schluss zu, dass sein Vorbringen nicht zur Kenntnis genommen worden sei.[42]

Nach einer erfolgreichen Anhörungsrüge ist das Verfahren insoweit fortzuführen, wie es von der Gehörsverletzung betroffen ist (§ 44 Abs. 5 FamFG). Das Verfahren muss in den Stand zurückversetzt werden, den es vor Erlass des angegriffenen Beschlusses hatte.[43]

§ 70 FamFG Statthaftigkeit der Rechtsbeschwerde

(1) Die Rechtsbeschwerde eines Beteiligten ist statthaft, wenn sie das Beschwerdegericht oder das Oberlandesgericht im ersten Rechtszug in dem Beschluss zugelassen hat.

(2) ¹Die Rechtsbeschwerde ist zuzulassen, wenn

1. die Rechtssache grundsätzliche Bedeutung hat oder
2. die Fortbildung des Rechts oder die Sicherung einer einheitlichen Rechtsprechung eine Entscheidung des Rechtsbeschwerdegerichts erfordert.

²Das Rechtsbeschwerdegericht ist an die Zulassung gebunden.

(3) ¹Die Rechtsbeschwerde gegen einen Beschluss des Beschwerdegerichts ist ohne Zulassung statthaft in

1. Betreuungssachen zur Bestellung eines Betreuers, zur Aufhebung einer Betreuung, zur Anordnung oder Aufhebung eines Einwilligungsvorbehalts,
2. Unterbringungssachen und Verfahren nach § 151 Nr. 6 und 7 sowie
3. Freiheitsentziehungssachen.

²In den Fällen des Satzes 1 Nr. 2 und 3 gilt dies nur, wenn sich die Rechtsbeschwerde gegen den Beschluss richtet, der die Unterbringungsmaßnahme oder die Freiheitsentziehung anordnet. ³In den Fällen des Satzes 1 Nummer 3 ist die Rechtsbeschwerde abweichend von Satz 2 auch dann ohne Zulassung statthaft, wenn sie sich gegen den eine freiheitsentziehende Maßnahme ablehnenden oder zurückweisenden Beschluss in den in § 417 Absatz 2 Satz 2 Nummer 5 genannten Verfahren richtet.

---

39 BVerfG NJW 2007, 2242.
40 BGH BeckRS 2013, 9031; MüKoFamFG/Ulrici FamFG § 44 Rn. 16 ff.
41 BeckOK FamFG/Obermann § 44 Rn. 33; MüKoFamFG/Ulrici FamFG § 44 Rn. 18.
42 Vgl. Keidel/Meyer-Holz FamFG § 44 Rn. 30 ff.
43 MüKoFamFG/Ulrici FamFG § 44 Rn. 23.

(4) Gegen einen Beschluss im Verfahren über die Anordnung, Abänderung oder Aufhebung einer einstweiligen Anordnung oder eines Arrests findet die Rechtsbeschwerde nicht statt.

§ 71 FamFG   Frist und Form der Rechtsbeschwerde

(1) ¹Die Rechtsbeschwerde ist binnen einer Frist von einem Monat nach der schriftlichen Bekanntgabe des Beschlusses durch Einreichen einer Beschwerdeschrift bei dem Rechtsbeschwerdegericht einzulegen. ²Die Rechtsbeschwerdeschrift muss enthalten:
1. die Bezeichnung des Beschlusses, gegen den die Rechtsbeschwerde gerichtet wird und
2. die Erklärung, dass gegen diesen Beschluss Rechtsbeschwerde eingelegt werde.

³Die Rechtsbeschwerdeschrift ist zu unterschreiben. ⁴Mit der Rechtsbeschwerdeschrift soll eine Ausfertigung oder beglaubigte Abschrift des angefochtenen Beschlusses vorgelegt werden.

(2) ¹Die Rechtsbeschwerde ist, sofern die Beschwerdeschrift keine Begründung enthält, binnen einer Frist von einem Monat zu begründen. ²Die Frist beginnt mit der schriftlichen Bekanntgabe des angefochtenen Beschlusses. ³§ 551 Abs. 2 Satz 5 und 6 der Zivilprozessordnung gilt entsprechend.

(3) Die Begründung der Rechtsbeschwerde muss enthalten:
1. die Erklärung, inwieweit der Beschluss angefochten und dessen Aufhebung beantragt werde (Rechtsbeschwerdeanträge);
2. die Angabe der Rechtsbeschwerdegründe, und zwar
   a) die bestimmte Bezeichnung der Umstände, aus denen sich die Rechtsverletzung ergibt;
   b) soweit die Rechtsbeschwerde darauf gestützt wird, dass das Gesetz in Bezug auf das Verfahren verletzt sei, die Bezeichnung der Tatsachen, die den Mangel ergeben.

(4) Die Rechtsbeschwerde- und die Begründungsschrift sind den anderen Beteiligten bekannt zu geben.

§ 72 FamFG   Gründe der Rechtsbeschwerde

(1) ¹Die Rechtsbeschwerde kann nur darauf gestützt werden, dass die angefochtene Entscheidung auf einer Verletzung des Rechts beruht. ²Das Recht ist verletzt, wenn eine Rechtsnorm nicht oder nicht richtig angewendet worden ist.

(2) Die Rechtsbeschwerde kann nicht darauf gestützt werden, dass das Gericht des ersten Rechtszugs seine Zuständigkeit zu Unrecht angenommen hat.

(3) Die §§ 547, 556 und 560 der Zivilprozessordnung gelten entsprechend.

§ 73 FamFG   Anschlussrechtsbeschwerde

¹Ein Beteiligter kann sich bis zum Ablauf einer Frist von einem Monat nach der Bekanntgabe der Begründungsschrift der Rechtsbeschwerde durch Einreichen einer Anschlussschrift beim Rechtsbeschwerdegericht anschließen, auch wenn er auf die Rechtsbeschwerde verzichtet hat, die Rechtsbeschwerdefrist verstrichen oder die Rechtsbeschwerde nicht zugelassen worden ist. ²Die Anschlussrechtsbeschwerde ist in der Anschlussschrift zu begründen und zu unterschreiben. ³Die Anschließung verliert ihre Wirkung, wenn die Rechtsbeschwerde zurückgenommen, als unzulässig verworfen oder nach § 74a Abs. 1 zurückgewiesen wird.

§ 74 FamFG   Entscheidung über die Rechtsbeschwerde

(1) ¹Das Rechtsbeschwerdegericht hat zu prüfen, ob die Rechtsbeschwerde an sich statthaft ist und ob sie in der gesetzlichen Form und Frist eingelegt und begründet ist. ²Mangelt es an einem dieser Erfordernisse, ist die Rechtsbeschwerde als unzulässig zu verwerfen.

(2) Ergibt die Begründung des angefochtenen Beschlusses zwar eine Rechtsverletzung, stellt sich die Entscheidung aber aus anderen Gründen als richtig dar, ist die Rechtsbeschwerde zurückzuweisen.

(3) ¹Der Prüfung des Rechtsbeschwerdegerichts unterliegen nur die von den Beteiligten gestellten Anträge. ²Das Rechtsbeschwerdegericht ist an die geltend gemachten Rechtsbeschwerdegründe nicht gebunden. ³Auf Verfahrensmängel, die nicht von Amts wegen zu berücksichtigen sind, darf die angefochtene Entscheidung nur geprüft werden, wenn die Mängel nach § 71 Abs. 3 und § 73 Satz 2 gerügt worden sind. ⁴Die §§ 559, 564 der Zivilprozessordnung gelten entsprechend.

(4) Auf das weitere Verfahren sind, soweit sich nicht Abweichungen aus den Vorschriften dieses Unterabschnitts ergeben, die im ersten Rechtszug geltenden Vorschriften entsprechend anzuwenden.

(5) Soweit die Rechtsbeschwerde begründet ist, ist der angefochtene Beschluss aufzuheben.

(6) ¹Das Rechtsbeschwerdegericht entscheidet in der Sache selbst, wenn diese zur Endentscheidung reif ist. ²Andernfalls verweist es die Sache unter Aufhebung des angefochtenen Beschlusses und des Verfahrens zur anderweitigen Behandlung und Entscheidung an das Beschwerdegericht oder, wenn dies aus besonderen Gründen geboten erscheint, an das Gericht des ersten Rechtszugs zurück. ³Die Zurückverweisung kann an einen anderen Spruchkörper des Gerichts erfolgen, das die angefochtene Entscheidung erlassen hat. ⁴Das Gericht, an das die Sache zurückverwiesen ist, hat die rechtliche Beurteilung, die der Aufhebung zugrunde liegt, auch seiner Entscheidung zugrunde zu legen.

(7) Von einer Begründung der Entscheidung kann abgesehen werden, wenn sie nicht geeignet wäre, zur Klärung von Rechtsfragen grundsätzlicher Bedeutung, zur Fortbildung des Rechts oder zur Sicherung einer einheitlichen Rechtsprechung beizutragen.

§ 74a FamFG   Zurückweisungsbeschluss

(1) Das Rechtsbeschwerdegericht weist die vom Beschwerdegericht zugelassene Rechtsbeschwerde durch einstimmigen Beschluss ohne mündliche Verhandlung oder Erörterung im Termin zurück, wenn es davon überzeugt ist, dass die Voraussetzungen für die Zulassung der Rechtsbeschwerde nicht vorliegen und die Rechtsbeschwerde keine Aussicht auf Erfolg hat.

(2) Das Rechtsbeschwerdegericht oder der Vorsitzende hat zuvor die Beteiligten auf die beabsichtigte Zurückweisung der Rechtsbeschwerde und die Gründe hierfür hinzuweisen und dem Rechtsbeschwerdeführer binnen einer zu bestimmenden Frist Gelegenheit zur Stellungnahme zu geben.

(3) Der Beschluss nach Absatz 1 ist zu begründen, soweit die Gründe für die Zurückweisung nicht bereits in dem Hinweis nach Absatz 2 enthalten sind.

§ 75 FamFG Sprungrechtsbeschwerde

(1) ¹Gegen die im ersten Rechtszug erlassenen Beschlüsse, die ohne Zulassung der Beschwerde unterliegen, findet auf Antrag unter Übergehung der Beschwerdeinstanz unmittelbar die Rechtsbeschwerde (Sprungrechtsbeschwerde) statt, wenn
1. die Beteiligten in die Übergehung der Beschwerdeinstanz einwilligen und
2. das Rechtsbeschwerdegericht die Sprungrechtsbeschwerde zulässt.

²Der Antrag auf Zulassung der Sprungrechtsbeschwerde und die Erklärung der Einwilligung gelten als Verzicht auf das Rechtsmittel der Beschwerde.

(2) ¹Die Sprungrechtsbeschwerde ist in der in § 63 bestimmten Frist einzulegen. ²Für das weitere Verfahren gilt § 566 Abs. 2 bis 8 der Zivilprozessordnung entsprechend.

A. Überblick 1	C. Rechtsbeschwerdegründe und Prüfungskompetenz des BGH 14
B. Zulassungsgründe 6	I. Rechtsbeschwerdegründe 14
I. Überblick 6	II. Prüfungskompetenz des Rechtsbeschwerdegerichts 19
II. Grundsätzliche Bedeutung der Rechtssache (Abs. 2 S. 1 Nr. 1) 8	1. Grundsätzliches 19
III. Fortbildung des Rechts (Abs. 2 Nr. 2 Alt. 1) 9	2. Spezielles in Nachlasssachen 22
IV. Sicherung einer einheitlichen Rechtsprechung (Abs. 2 Nr. 2 Alt. 2) 10	D. Kosten 26
	I. Gericht 26
V. Zulassung im Einzelfall 11	II. Rechtsanwalt 28

A. Überblick

1 Gegen die Entscheidung des Beschwerdegerichtes sieht das FamFG die Rechtsbeschwerde vor (§§ 70 ff. FamFG).[1] Der Rechtsbeschwerde unterliegen nur Endentscheidungen und nicht etwa die Entscheidung des Beschwerdegerichts zur erneuten Durchführung des Abhilfeverfahrens.[2] Diese ist direkt **beim BGH** einzulegen. Der Rechtsbeschwerdeführer hat sich hierbei durch einen beim BGH zugelassenen Rechtsanwalt vertreten zu lassen (§ 10 Abs. 4 S. 1 FamFG). Die Rechtsbeschwerde kann nur erhoben werden, wenn sie zuvor **durch das Beschwerdegericht zugelassen** wurde (§ 70 Abs. 2 FamFG, vorbehaltlich § 70 Abs. 3 FamFG). Über diese Frage hat von Amts wegen das Beschwerdegericht zu entscheiden. Lässt das Beschwerdegericht die Rechtsbeschwerde zu, sollte dies nicht nur aus den Gründen, sondern auch aus der Beschlussformel hervorgehen. Der BGH als das Rechtsbeschwerdegericht kann eine vom Beschwerdegericht zugelassene Rechtsbeschwerde zurückweisen, wenn nach seiner Überzeugung die Voraussetzungen für die Zulassung der Rechtsbeschwerde nicht vorliegen und die Rechtsbeschwerde keine Aussicht auf Erfolg hat (§ 74a Abs. 1 FamFG). Dagegen bedarf die Rechtsbeschwerde in Betreuungssachen, Unterbringungssachen und Freiheitsentziehungssachen keiner Zulassung (§ 70 Abs. 3 FamFG). Da § 62 Abs. 3 FamFG entsprechend anwendbar ist, kann durch die Rechtsbeschwerde auch die Feststellung der Rechtswidrigkeit von durch Zeitablauf erledigte Gerichtsbeschlüsse überprüft werden.[3]

2 Der Beschwerdeführer bzw. ein Beschwerdegegner/Beteiligter kann dem Beschwerdegericht die **Zulassung** zur Rechtsbeschwerde vor Erlass der Entscheidung über eine Beschwerde **anregen**. Deswegen werden unter → Rn. 6 ff. die Gründe dargestellt, die zur Zulassung durch das Beschwerdegericht führen.

3 Das FamFG sieht eine Art „Nichtzulassungsbeschwerde" wie die ZPO im streitigen Verfahren nicht vor. Die Entscheidung des Beschwerdegerichts ist mithin **nicht anfechtbar**.[4] Die Zulassung

---

[1] Muster bei BeckOF ErbR/Horn Form. 5.9.11; zur Zulassung: Schneider ErbR 2018, 378.
[2] BGH FGPrax 2021, 23.
[3] BGH NJW-RR 2022, 722 (723).
[4] Keidel/Meyer-Holz FamFG § 70 Rn. 4; MüKo-FamFG/Fischer FamFG § 70 Rn. 32.

kann auch nicht nachgeholt werden, wenn das Beschwerdegericht sich „inzidenter und gewollt" in seinem Beschluss gegen die Zulassung entschieden hat; auch eine Beschlussergänzung kommt dann nicht in Betracht. Die Ergänzung hinsichtlich der Zulassung der Rechtsbeschwerde kann jedoch bei Vorliegen der Voraussetzungen für eine Anhörungsrüge gem. § 44 FamFG ggf. erreicht werden.[5]

Hat das Beschwerdegericht die Rechtsbeschwerde zugelassen, hat der Anwalt seinen unterlegenen Mandanten dahin gehend zu beraten, ob Rechtsbeschwerde einzulegen ist. Hierfür muss er Kenntnis vom **Umfang der Prüfungskompetenz des Rechtsbeschwerdegerichtes**, des BGH, haben. Deswegen wird unter → Rn. 14 ff. der Prüfungsumfang dargestellt. Zu beachten ist, dass das Rechtsbeschwerdeverfahren **keine neue Tatsacheninstanz** ist. Auch kann die Rechtsbeschwerde nicht darauf gestützt werden, dass das Gericht des ersten Rechtszuges seine Zuständigkeit zu Unrecht angenommen hat (§ 72 Abs. 2 FamFG).

Die Rechtsbeschwerde ist **innerhalb von einem Monat** nach der schriftlichen Bekanntgabe des Beschlusses des Beschwerdegerichtes durch Einreichung einer Beschwerdeschrift beim Rechtsbeschwerdegericht einzulegen (§ 71 Abs. 1 FamFG). Diese ist **von einem beim BGH zugelassenen Rechtsanwalt** einzureichen. Die Rechtsbeschwerdeschrift muss die Bezeichnung des Beschlusses, gegen den die Rechtsbeschwerde gerichtet ist, und die Erklärung enthalten, dass gegen diesen Beschluss Rechtsbeschwerde eingelegt werde. Der Rechtsbeschwerdeschrift sollte eine Ausfertigung oder beglaubigte Abschrift des angefochtenen Beschlusses beigefügt werden.[6] Das Fehlen führt indes nicht zu prozessualen Nachteilen.[7]

B. Zulassungsgründe

I. Überblick

Die Rechtsbeschwerde ist statthaft, wenn das Oberlandesgericht im ersten Rechtszug die Rechtsbeschwerde in dem Beschluss zugelassen hat (§ 70 Abs. 1 FamFG). Dabei ist die Rechtsbeschwerde zuzulassen (§ 70 Abs. 2 FamFG), wenn

- die Rechtssache grundsätzliche Bedeutung hat (§ 70 Abs. 2 S. 1 Nr. 1 FamFG),
- die Fortbildung des Rechts (§ 70 Abs. 2 S. 1 Nr. 2 Alt. 1 FamFG) oder
- die Sicherung einer einheitlichen Rechtsprechung (§ 70 Abs. 2 S. 1 Nr. 2 Alt. 2 FamFG)

eine Entscheidung des Rechtsbeschwerdegerichts erfordert.

Die Voraussetzungen zur Zulassung der Rechtsbeschwerde entsprechen denen zur Zulassung der Revision (§ 543 Abs. 2 ZPO), der zivilprozessualen Rechtsbeschwerde (§ 574 Abs. 2 ZPO), der Berufung (§ 511 Abs. 4 ZPO) und auch der Erstbeschwerde im FamFG bei einem Wert unterhalb von 600 EUR (§ 61 Abs. 3 FamFG). Die Zulassung kann sich auf einen rechtlichen selbstständigen und abtrennbaren Teil des Streitstoffs beschränken, der Gegenstand einer gesonderten Festsetzung sein oder auf den der Beschwerdeführer sein Rechtsmittel beschränken könnte; die Beschränkung auf einzelne Anspruchsgrundlage oder bestimmte Rechtsfragen ist nicht zulässig.[8]

II. Grundsätzliche Bedeutung der Rechtssache (Abs. 2 S. 1 Nr. 1)

Eine Rechtssache hat grundsätzliche Bedeutung, wenn eine klärungsbedürftige Rechtsfrage zu entscheiden ist, deren **Auftreten in einer unbestimmten Vielzahl von Fällen** denkbar ist.[9] Diese müssen von tatsächlicher, rechtlicher oder wirtschaftlicher Bedeutung sein oder es müssen andere Auswirkungen des Verfahrens auf die Allgemeinheit deren Interessen in besonderem

---

5 Bumiller/Haders/Schwamb/Bumiller FamFG § 70 Rn. 5.
6 Kroiß ZEV 2009, 224 (226).
7 MüKoFamFG/Fischer FamFG § 71 Rn. 7.
8 BGH ZEV 2014, 500 (501).
9 BT-Drs. 16/6308, 209.

Maße berühren und deshalb eine Entscheidung des Rechtsbeschwerdegerichtes erfordern. Klärungsbedürftig ist eine Rechtsfrage, wenn ihre Beantwortung zweifelhaft ist oder zu ihr unterschiedliche Auffassungen vertreten werden und die Frage höchstrichterlich noch nicht geklärt ist.[10] Gegen Entscheidungen, die aufgrund Testamentsauslegung ergangen sind, ist zumeist eine Rechtsbeschwerde nicht möglich, da es sich jeweils um eine Entscheidung in einem Einzelfall handelt.[11]

8.1 Trotz einer vorliegenden Entscheidung des BGH kann eine grundsätzliche Bedeutung allenfalls dann angenommen werden, wenn hierzu in der obergerichtlichen Rechtsprechung oder in der Literatur weiterhin unterschiedliche Meinungen vertreten werden.[12] Entscheidet sich die Rechtsfrage durch Übergangsrecht oder auslaufendes Recht, hat sie zumeist keine grundsätzliche Bedeutung.[13] Einer ansonsten zuzulassenden Rechtsbeschwerde ist die Zulassung zu versagen, wenn das Gericht des ersten Rechtszuges seine Zuständigkeit zu Unrecht angenommen hat (Hinweis auf § 65 Abs. 4 FamFG sowie zu § 72 Abs. 2 FamFG).[14]

III. Fortbildung des Rechts (Abs. 2 Nr. 2 Alt. 1)

9 Zur Fortbildung des Rechts ist eine Zulassung erforderlich, wenn der Einzelfall Veranlassung gibt, **Leitsätze für die Auslegung von Gesetzesbestimmungen** des materiellen oder des Verfahrensrechts aufzustellen oder Gesetzeslücken aufzufüllen.[15] Es müsste für die rechtliche Beurteilung typischer oder verallgemeinerungsfähiger Lebensverhalte an einer richtungsweisenden Orientierungshilfe ganz oder teilweise fehlen.[16]

IV. Sicherung einer einheitlichen Rechtsprechung (Abs. 2 Nr. 2 Alt. 2)

10 Die Zulassung zur Sicherung einer einheitlichen Rechtsprechung dient der Vermeidung, dass schwer erträgliche Unterschiede in der Rechtsprechung entstehen und fortbestehen, wobei darauf abzustellen ist, welche Bedeutung die angefochtene Entscheidung für die Rechtsprechung als Ganzes hat.[17] Dieser Zulassungsgrund ist laut BGH[18] dann gegeben, wenn einem Gericht bei der Rechtsanwendung Fehler unterlaufen sind, die die Wiederholung durch dasselbe Gericht oder die Nachahmung durch andere Gerichte erwarten lassen, und wenn dadurch so schwer erträgliche Unterschiede in der Rechtsprechung zu entstehen oder fortbestehen drohen, dass eine höchstrichterliche Leitentscheidung notwendig ist. Dabei müsse es sich um Rechtsfehler von symptomatischer Bedeutung handeln. Eine Wiederholungsgefahr besteht aber dann nicht, wenn lediglich ein Beschwerdegericht eine geänderte höchstrichterliche Rechtsprechung im Zeitpunkt seiner Entscheidung noch nicht kannte.[19]

V. Zulassung im Einzelfall

11 Die **Abgrenzung** einzelner Zulassungsgründe voneinander ist **nicht immer eindeutig**.[20] Die OLG differenzieren oftmals in der Praxis auch nicht, nach welchen der drei Gründe die Zulassung zur Rechtsbeschwerde zugelassen wurde.[21]

12 Grundsätzlich liegen Zulassungsgründe **in Nachlasssachen nur selten** vor. So handelt es sich bei den Fragen der **Testierunfähigkeit**, der Notwendigkeit einer **Nachlasspflegschaft**, des Vorliegens eines wichtigen Grundes für die **Entlassung des Testamentsvollstreckers** und vor allem bei der

---

10 Keidel/Meyer-Holz FamFG § 70 Rn. 22.
11 So etwa OLG Köln ZEV 2014, 255.
12 BeckOK FamFG/Obermann FamFG § 70 Rn. 14; vgl. BGH NJW-RR 2012, 129 Rn. 16.
13 BGH NJW-RR 2006, 1719.
14 OLG Schleswig FGPrax 2010, 109 (111).
15 BT-Drs. 16/6308, 209; BGH NJW-RR 2007, 1022 Rn. 9; NJW 2002, 3029.
16 BGH NJW 2003, 1943 (1945).
17 BT-Drs. 16/6308, 209.
18 BGH NJW-RR 2010, 934 (935).
19 BVerfG NJW 2008, 2493 (2494); vgl. Schulte-Bunert/Weinreich/Roßmann FamFG § 70 Rn. 26.
20 BeckOK FamFG/Obermann FamFG § 70 Rn. 18.
21 BeckOK FamFG/Obermann FamFG § 70 Rn. 19.

Testamentsauslegung zumeist um die Würdigung der konkreten Umstände im jeweiligen Einzelfall.[22] So hat das OLG Hamm[23] die Zulassung bei der Auslegung das Pflichtteilsverlangen als Bedingungseintritt für eine Pflichtteilsstrafklausel abgelehnt, da „die Zurückweisung der Beschwerde auf einer einzelfallbezogenen Tatsachenwürdigung beruht". Das OLG Köln[24] verneinte die Zulassung in einer Konstellation, in der die Kostenentscheidung entgegen § 82 FamFG versehentlich unterblieben war, so dass eine Beschlussergänzung nach § 43 FamFG in Betracht kam. Die Beurteilung würde lediglich auf einer Würdigung der konkreten Umstände dieses Einzelfalles beruhen, ohne dass sich dort Rechtsfragen stellen würden, die in der höchstrichterlichen Rechtsprechung noch nicht geklärt seien. Die grundsätzliche Bedeutung nahm das OLG Düsseldorf[25] bei der Frage an, ob im Falle eines nachträglichen Vermögenserwerbs die ergänzende Testamentsauslegung dazu führen kann, dass eine durch Einzelzuwendung getroffene Einsetzung zum Alleinerben als Teilerbeinsetzung anzusehen sei. Das OLG München[26] lehnte die Zulassung hinsichtlich des Erfordernisses einer erneuten eigenhändigen Unterschrift des Erblassers für Ergänzungen ab, die der Erblasser auf einer Fotokopie seines unterschriebenen Originaltestamentes angebracht hat. So würde der OLG-Senat nicht von den in der Rechtsprechung zum Erfordernis der Unterschrift bei späteren testamentsergänzenden entwickelten Grundsätzen abweichen, sondern diese auf die Umstände des konkreten Einzelfalles anwenden. In einem Erbscheinsverfahren, das die ergänzende Auslegung betraf, lehnte das OLG Düsseldorf[27] die Zulassung ab.

Bejahte Zulassung in Einzelfällen. Dagegen ordnete das Kammergericht[28] die Zulassung zur Rechtsbeschwerde nach § 70 Abs. 2 S. 1 Nr. 2 Alt. 1 FamFG bei der maßgeblichen Auslegung des § 33 Abs. 1 Nr. 3 PStV an, „auch wenn es sich bei der Frage der Feststellung der Identität eines Beteiligten letztlich jeweils um tatsächliche Feststellungen im Einzelfall handelt". Zuzulassen war auch die Rechtsbeschwerde, die die Auswirkung einer **Abschichtungsvereinbarung** unter Miterben auf die Erteilung eines **Erbscheines** zum Gegenstand hatte.[29] Im Zusammenhang mit der Anordnung einer Nachlassverwaltung ließ das OLG Düsseldorf[30] gem. § 70 Abs. 2 Nr. 2 FamFG die Rechtsbeschwerde zu. Die Zulassung zur Rechtsbeschwerde versagte das OLG Düsseldorf[31] bei der Rechtsfrage, ob dem Vermächtnisnehmer gegen die Anordnung der Nachlasspflegschaft bzw. gegen die Ablehnung ihrer Aufhebung ein Beschwerderecht zusteht. Das OLG Hamm[32] hat die Zulassung bei der Rechtsfrage zugelassen, wie sich die Notargebühren nach der KostO bei einem Übergabevertrag mit Pflichtteilsvertrag berechnen. Bei einer Rechtsfrage betreffend die Vergütung eines Nachlasspflegers hat das OLG Hamburg[33] die Zulassung bejaht. Das OLG Naumburg[34] nahm die Zulassung bei der aufgeworfenen Rechtsfrage an, ob bei Vorliegen der materiellrechtlichen Voraussetzungen des § 1170 BGB die Durchführung des Aufgebotsverfahrens für eine Buchgrundschuld subsidiär gegenüber der möglichen Einrichtung einer Nachlasspflegschaft ist oder nicht. Die Zulassung ließ das OLG Hamburg[35] bei der Rechtsfrage zu, die die Eintragung des Testamentsvollstreckervermerks in das Handelsregister betraf.

---

22 Burandt/Rojahn/Rojahn FamFG § 70 Rn. 7.
23 OLG Hamm ZEV 2013, 397.
24 OLG Köln FGPrax 2013, 234.
25 OLG Düsseldorf ZEV 2017, 143 (146) mAnm Otte.
26 OLG München NJW-RR 2011, 1644.
27 OLG Düsseldorf ZErb 2013, 127 (128).
28 KG FGPrax 2013, 170.
29 OLG Brandenburg ZEV 2013, 614 mAnm Eberl-Borges.
30 OLG Düsseldorf ZEV 2016, 701 (702).
31 OLG Düsseldorf FamRz 2014, 513.
32 OLG Hamm FGPrax 2013, 184, dazu BGH ZEV 2013, 458 = NJW-RR 2013, 1080.
33 OLG Hamburg BeckRS 2012, 25181, dazu BGH ZEV 2013, 84 = NJW-RR 2013, 519.
34 OLG Naumburg BeckRS 2013, 1928 = FamRZ 2013, 967.
35 OLG Hamburg BeckRS 2012, 20007; dazu BGH ZEV 2012, 335 = NJW-RR 2012, 730.

C. Rechtsbeschwerdegründe und Prüfungskompetenz des BGH

I. Rechtsbeschwerdegründe

14 Der BGH ist eine **Rechtsanwendungskontrolle** und prüft daher **nicht die Tatfragen**.[36] Neuer Tatsachenvortrag und Beweisantritte sind grundsätzlich unbeachtlich.[37] Die Rechtsbeschwerde kann daher nur darauf gestützt werden, dass die angefochtene Entscheidung auf einer Verletzung des Rechts beruht (§ 72 Abs. 1 S. 1 FamFG). Dabei ist das Recht verletzt, wenn eine Rechtsnorm nicht oder nicht richtig angewendet worden ist (§ 72 Abs. 1 S. 2 FamFG). Jede Rechtsnorm kann verletzt sein, so materielles Recht und Verfahrensrecht. Ausländisches Recht ist wohl nicht überprüfbar (str., vgl. § 72 Abs. 3 FamFG iVm § 560 ZPO).[38]

15 **Materielles Recht** ist verletzt, wenn eine Norm übersehen, nicht richtig angewendet wurde, die Tatbestandsmerkmale verkannt bzw. falsch ausgelegt wurden oder unter ihr unzutreffend subsumiert wurden.[39] Eine Rechtsverletzung kann auch bei einer Verletzung von **Denkgesetzen** und feststehenden, also nicht zwingenden **Erfahrungssätzen** bestehen.[40] **Verfahrensrecht** kann schon verletzt sein, wenn die Tatsachenfeststellungen verfahrensfehlerhaft erfolgten, indem gegen die Aufklärungspflicht nach § 26 FamFG verstoßen wurde;[41] auch kann gegen den Grundsatz der Gewährung rechtlichen Gehörs etwa zu Tatfragen und Beweisergebnissen verstoßen worden sein (§ 37 Abs. 2 FamFG).

16 Bei Verletzung von materiellem Recht muss ein **ursächlicher Zusammenhang** zwischen der angefochtenen Entscheidung und der Rechtsverletzung geltend gemacht werden.[42] Erweist sich die angefochtene Entscheidung aus anderen Gründen als richtig, fehlt der ursächliche Zusammenhang (§ 74 Abs. 2 FamFG); die Rechtsbeschwerde ist zurückzuweisen.[43] Dabei reicht es für den erforderlichen ursächlichen Zusammenhang bei einer angenommenen Rechtsverletzung einer Verfahrensnorm zur Annahme der Ursächlichkeit aus, wenn die Möglichkeit einer anderen Entscheidung nicht ausgeschlossen werden kann.[44]

17 Jedoch kann die Rechtsbeschwerde nicht darauf gestützt werden, dass das erstinstanzliche Gericht seine **Zuständigkeit** zu Unrecht angenommen hat (§ 72 Abs. 2 FamFG). Dieser Ausschluss besteht nicht bei fraglicher internationaler Zuständigkeit.[45]

18 Zudem kann sich eine Rechtsbeschwerde auf **absolute Revisionsgründe** stützen (§§ 72 Abs. 3 iVm 547 FamFG), so
- die nicht vorschriftsgemäße Besetzung des Gerichts,
- die Mitwirkung eines ausgeschlossenen Richters,
- die Mitwirkung eines erfolgreich abgelehnten Richters,
- die nicht vorschriftsgemäße Vertretung eines Beteiligten und
- die fehlende Begründung der Beschwerdeentscheidung.

II. Prüfungskompetenz des Rechtsbeschwerdegerichts

19 **1. Grundsätzliches.** Das Rechtsbeschwerdegericht hat nur die von den Beteiligten gestellten Anträge zu prüfen (§ 74 Abs. 3 S. 1 FamFG). Innerhalb der gestellten Anträge überprüft das Rechtsbeschwerdegericht die angefochtene Beschwerdeentscheidung grundsätzlich **von Amts**

---

36 Keidel/Meyer-Holz FamFG § 70 Rn. 6.
37 BGH ZEV 2012, 590 (591) = NJW-RR 2013, 201; Musielak/Borth/Borth/Grandel FamFG § 74 Rn. 4.
38 Keidel/Meyer-Holz FamFG § 72 Rn. 4; Bumiller/Haders/Schwamb/Bumiller FamFG § 72 Rn. 4; aA Schulte-Bunert/Weinreich/Roßmann FamFG § 72 Rn. 3; Prütting/Helms/Abramenko FamFG § 72 Rn. 10.
39 Keidel/Meyer-Holz FamFG § 72 Rn. 6.
40 Näheres bei Keidel/Meyer-Holz FamFG § 72 Rn. 22 ff.
41 Burandt/Rojahn/Rojahn FamFG § 72 Rn. 2; vgl. BGH ZEV 2012, 590 (591) = NJW-RR 2013, 201.
42 Schulte-Bunert/Weinreich/Roßmann FamFG § 72 Rn. 18.
43 Burandt/Rojahn/Rojahn FamFG § 72 Rn. 3.
44 BGH BeckRS 2010, 16735.
45 Hierzu Keidel/Meier-Holz FamFG § 72 Rn. 47 ff.

wegen in vollem Umfang auf **Rechtsfehler**.[46] Die Prüfung darf sich aber nicht auf solche Verfahrensmängel erstrecken, die nicht von Amts wegen zu berücksichtigen sind; vielmehr müssen die Mängel nach §§ 71 Abs. 3 und 73 S. 2 FamFG durch den Rechtsbeschwerdeführer gerügt worden sein.

Da das Rechtsbeschwerdegericht grundsätzlich **keine Tatsacheninstanz** ist, sondern nur die angefochtenen Entscheidungen im Hinblick auf Rechtsverletzungen überprüft, sind tatsächliche Feststellungen nur beschränkt nachprüfbar. So verweist § 74 Abs. 3 S. 4 FamFG auch auf § 559 ZPO, wonach Gegenstand der Prüfung der Rechtsbeschwerde nur das Vorbringen der Beteiligten und die Feststellung der Tatsachen ist, die das Beschwerdegericht in seinem Beschluss vorgenommen hat.[47] Damit sind die tatsächlichen Feststellungen einschließlich der Tatsachenwürdigung des Beschwerdegerichts für das Rechtsbeschwerdegericht grundsätzlich bindend. Jedoch kann das Rechtsbeschwerdegericht die angegriffene Entscheidung daraufhin überprüfen, ob der entscheidungserhebliche Sachverhalt ausreichend von Amts wegen erforscht wurde (§ 26 FamFG). So ist ein Verstoß gegen Verfahrensrecht, hier gegen § 26 FamFG, in Betracht zu ziehen.

Eine **Beweiswürdigung** kann nur insoweit überprüft werden, ob das Beschwerdegericht bei der Erörterung des Beweisstoffes alle wesentlichen Umstände berücksichtigt und hierbei nicht gegen gesetzliche Beweisregeln oder die Denkgesetze und feststehende Erfahrungssätze verstoßen hat, bzw. ob es die Beweisanforderungen zu hoch oder zu niedrig angesetzt hat.[48] Das Beschwerdegericht muss dabei alle wesentlichen, die Entscheidung tragenden Umstände gewürdigt haben. Hat das Beschwerdegericht seine Entscheidung auch auf ein **Sachverständigengutachten** gestützt, hat das Rechtsbeschwerdegericht nachzuprüfen, ob der Tatrichter das Ergebnis eines Gutachtens kritiklos hingenommen hat oder ob er unter Nachvollziehung der Gedankengänge des Sachverständigen dessen tatsächliche Feststellungen wie auch die von ihm gezogenen Schlüsse auf ihre Tragfähigkeit geprüft und sich eine eigene Überzeugung gebildet hat.[49] Dabei ist auch zu berücksichtigen, ob der vom Gericht bestellte Gutachter ausreichend qualifiziert war; hierzu sollten dem Beschluss Ausführungen zu entnehmen sein.[50]

Bei Entscheidungsreife entscheidet das Rechtsbeschwerdegericht selbst (§ 74 Abs. 6 S. 1 FamFG); andernfalls verweist es zurück. Das kann dann etwa erforderlich sein, wenn die Rechtsbeschwerdegegner zuvor aufgrund der Feststellungen der Vorinstanzen keine Veranlassung sahen, Stellung zu beziehen.[51] Dann ist die Sache nicht entscheidungsreif, so dass die Sache zum Beschwerdegericht zurückzuverweisen ist.

2. Spezielles in Nachlasssachen. Die beschränkte Nachprüfung tatsächlicher Feststellungen wirkt sich in Nachlasssachen insoweit aus, dass dadurch die potenzielle Überprüfung einer Entscheidung durch das Rechtsbeschwerdegericht stark reduziert wird. In Erbscheinsverfahren ist oft streitig, ob der Erblasser bei Testamentserrichtung **testierfähig** (§ 2229 BGB) war oder ob ein handschriftliches Testament von ihm stammt (§ 2247 Abs. 1 BGB; „**Testamentsfälschung**"). Diese Fragen liegen im Wesentlichen **auf tatsächlichem Gebiet**, so dass die hierzu getroffenen Feststellungen und die vorgenommene Beweiswürdigung der Tatsacheninstanz nur äußerst eingeschränkt überprüft werden können.[52]

Die **Ermessensentscheidung** des Richters der Beschwerdeinstanz unterliegt nur einer eingeschränkten Überprüfung, so dass lediglich überprüfbar ist, ob das Beschwerdegericht die Grenzen des richterlichen Ermessensspielraums beachtet hat.[53] Die tatrichterlich gebotene Er-

---

46 Burandt/Rojahn/Rojahn FamFG § 74 Rn. 2.
47 BGH ZEV 2012, 590 (591) = NJW-RR 2013, 201.
48 BayObLG BayObLGZ 1995, 383 (388) = NJW-RR 1996, 457.
49 BayObLG NJW-RR 1999, 446 (447).
50 Anschaulich noch unter FGG: LG Duisburg ZEV 2012, 659 = NJW-Spezial 2012, 7.
51 BGH ZEV 2017, 510 Rn. 27.
52 Burandt/Rojahn/Rojahn FamFG § 74 Rn. 4.
53 OLG Stuttgart FamFR 2013, 321 = BeckRS 2013, 9923; BeckOK FamFG/Obermann FamFG § 74 Rn. 30c.

messensentscheidung kann lediglich darauf überprüft werden, ob das Beschwerdegericht sein Ermessen ausgeübt oder die Notwendigkeit dazu verkannt hat und ob es die gesetzlichen Grenzen des Ermessens überschritten oder davon einen unsachgemäßen, Sinn und Zweck des Gesetzes zuwiderlaufenden Gebrauch gemacht hat.[54] Das Beschwerdegericht ist nur im Fall eines Ermessensnichtgebrauchs, eines Ermessensfehlgebrauchs oder einer Ermessensüberschreitung befugt, selbst Ermessen auszuüüben.[55]

24 Die **Auslegung letztwilliger Verfügungen** ist grundsätzlich Sache des Tatsachengerichts. Die Überprüfung ist auf Rechtsfehler beschränkt.[56] Bei der Testamentsauslegung handelt es sich regelmäßig um Einzelfälle, bei denen zumeist ausschließlich der individuelle Sachverhalt entscheidungserheblich ist. Daher ist eine Überprüfung durch das Rechtsbeschwerdegericht nur in sehr seltenen Fällen denkbar. So hat der BGH[57] zur Auslegung festgestellt: „Seine Auslegung kann mit der Revision nur erfolgreich angegriffen werden, wenn gesetzliche Auslegungsregeln, Denkgesetze, Erfahrungssätze oder Verfahrensvorschriften verletzt, wesentlicher Auslegungsstoff außer Acht gelassen oder in Betracht kommende andere Auslegungsmöglichkeiten nicht in Erwägung gezogen werden (…). Dies führt dazu, dass sich im Ergebnis sogar widersprechende tatrichterliche Auslegungen als vom Revisionsgericht nicht zu beanstanden erweisen können." Dies konkretisiert der BGH in seinem Beschluss vom 12.7.2017 insoweit, dass eine ergänzende Testamentsauslegung auch dann rechtsfehlerhaft sei, wenn ihr unzureichende Feststellungen tatsächlicher Art zugrunde liegen würden oder der Tatrichter anerkannte Auslegungsregeln nicht beachtet habe.[58] Das Auslegungsergebnis der angefochtenen Entscheidung muss möglich, aber nicht zwingend sein.[59] Im Rechtsbeschwerdeverfahren kann so nicht mit Erfolg geltend gemacht werden, dass andere Schlüsse ebenso nahe oder sogar noch näher gelegen hätten.

25 Es bleiben vor allem Konstellationen, in denen es beispielsweise um die **Wirksamkeit von Erbverzichten** nach § 2346 BGB geht. Beispielsweise kann ein solcher Verzicht sittenwidrig sein (§ 138 BGB), so dass die Anwendung von **§ 138 BGB** durch das Rechtsbeschwerdegericht zu überprüfen ist. Auch ist höchstrichterlich noch nicht geklärt, welche Voraussetzungen gerade im Hinblick auf § 40 Abs. 2 FamFG an den Nachweis der betreuungs- bzw. familiengerichtlichen Genehmigung der Ausschlagungserklärung einer Erbschaft gegenüber dem Nachlassgericht zu fordern sind (§ 1822 Nr. 2 BGB).[60]

D. Kosten

I. Gericht

26 Es fällt eine Verfahrensgebühr von 1,5 nach Tabelle B, höchstens aber 1.200 EUR, an (KV 12230 GNotKG). Das gilt jedoch nicht, wenn ein Tatbestand einer Gebührenermäßigung erfüllt wird. So ermäßigt sich die Gebühr auf 0,5, maximal 400 EUR, wenn das gesamte Verfahren beendet wird durch Zurücknahme der Rechtsbeschwerde oder des Antrages, bevor die Schrift zur Begründung der Beschwerde bei Gericht eingegangen ist (KV 12231 GNotKG). Die Gebühr ermäßigt sich auf 1,0, maximal 800 EUR, wenn das gesamte Rechtsbeschwerdeverfahren durch Zurücknahme der Rechtsbeschwerde oder des Antrags vor Ablauf des Tages, an dem die Endentscheidung der Geschäftsstelle übermittelt wird, beendet wird, sofern nicht KV 12231 GNotKG erfüllt ist (KV 12232 GNotKG).

27 Der Geschäftswert bestimmt sich nach den Anträgen des Rechtsmittelführers (§ 61 GNotKG) (→ FamFG § 58 Rn. 21a). Er wird gem. § 79 GNotKG festgesetzt. Gegen die Festsetzung des

---

54 BGH NJW 2012, 312 (314).
55 OLG Stuttgart NJW-Spezial 2013, 454.
56 OLG München FGPrax 2005, 116 (117).
57 BGH ZEV 2013, 495 (496).
58 BGH NJW-RR 2017, 1035 Rn. 12.
59 BayObLG FGPrax 2005, 126 (127).
60 Vgl. Zimmermann ZEV 2013, 315 (317); Horn ZEV 2016, 20.

Geschäftswertes ist die Beschwerde möglich, wenn der Wert des Beschwerdegegenstandes 200 EUR übersteigt (§ 83 Abs. 1 GNotKG).[61]

II. Rechtsanwalt

Es entsteht eine Verfahrensgebühr von 1,0 nach VV 3502 RVG. Die Terminsgebühr ist 1,2 (VV 3516 RVG). Der vom Gericht festgesetzte Wert ist auch für die Gebühren des Rechtsanwaltes maßgebend (§ 32 Abs. 1 RVG). 28

§ 80 FamFG Umfang der Kostenpflicht

¹Kosten sind die Gerichtskosten (Gebühren und Auslagen) und die zur Durchführung des Verfahrens notwendigen Aufwendungen der Beteiligten. ²§ 91 Abs. 1 Satz 2 der Zivilprozessordnung gilt entsprechend.

§ 91 ZPO Grundsatz und Umfang der Kostenpflicht

(1) (...) ²Die Kostenerstattung umfasst auch die Entschädigung des Gegners für die durch notwendige Reisen oder durch die notwendige Wahrnehmung von Terminen entstandene Zeitversäumnis; die für die Entschädigung von Zeugen geltenden Vorschriften sind entsprechend anzuwenden.
(...)

A. Allgemeines	1	II. Notwendige Auslagen der Beteiligten	10
B. Regelungsgehalt	3	1. Überblick	10
I. Gerichtskosten	3	2. Eigene Aufwendungen eines Beteiligten	13
1. Gebühren	3		
2. Auslagen	5	3. Rechtsanwaltskosten	17
3. Kostenschuldner	7	C. Weitere praktische Hinweise	22

A. Allgemeines

§ 80 FamFG regelt Begriff und Umfang der erstattungsfähigen Kosten in der freiwilligen Gerichtsbarkeit. Durch die Verweisung auf § 91 Abs. 1 S. 2 ZPO ist auch eine Entschädigung für Zeitversäumnisse umfasst, die einem Beteiligten durch notwendige Reisen oder Wahrnehmung von Terminen entstehen. 1

In der freiwilligen Gerichtsbarkeit gliedern sich die Kosten wie folgt: 2

- Das GNotKG regelt, ob und ggf. welche Gerichtskosten anfallen. So ergeben sich die **Gerichtsgebühren** aus dem GNotKG und die **gerichtlichen Auslagen** aus KV 31000 ff. GNotKG. Auslagen für Sachverständige und Zeugen richten sich gem. KV 31005 GNotKG nach dem JVEG. §§ 22 ff. GNotKG bestimmen, wer Kostenschuldner ist; das Gericht kann eine davon abweichende Entscheidung erlassen (§ 82 FamFG). Dann haften andere Beteiligte vorrangig.
- Die **Anwaltsgebühren** ergeben sich aus dem RVG.
- Die **Kostengrundentscheidung**, die in dem Beschluss zur Hauptsache ergeht (§ 82 FamFG), regelt, welcher Beteiligter welche Kosten zu erstatten hat. Ein Beteiligter kann so verpflichtet werden, bestimmte Gerichtsgebühren und auch notwendige Aufwendungen eines anderen Beteiligten dem Gericht bzw. dem anderen Beteiligten zu erstatten. Dieser materiell-rechtliche Kostenerstattungsanspruch ergeht auf Basis der §§ 81, 83, 84 FamFG. Für die **Kostenfestsetzung** verweist § 85 FamFG auf die Bestimmungen aus der ZPO.
- Der **Geschäftswert** sollte von dem Gericht in einem gesonderten Beschluss nach § 79 GNotKG festgesetzt werden. Dieser ist Grundlage für die Kostenfestsetzung.

---

61 Muster bei BeckOF ErbR/Horn Form. 5.9.9.

B. Regelungsgehalt

I. Gerichtskosten

3 **1. Gebühren.** Für das nachlassgerichtliche Verfahren ergeben sich die Gerichtsgebühren aus dem GNotKG. Für die gerichtliche Tätigkeit werden zumeist Wertgebühren erhoben (§ 3 GNotKG), die sich aus einer mit dem GKG und dem FamGKG identischen Gebührentabelle ergeben (Gebührentabelle A in Anlage 2 zu § 34 GNotKG). Geringere Grundgebühren richten sich nach der Gebührentabelle B, so für die Notargebühren und für das Erbscheinsverfahren. Ob nun die Gebührentabelle A oder B einschlägig ist, ist jeweils bei den Gebührentatbeständen nach dem KV GNotKG verzeichnet. Für bestimmte Tätigkeiten, die einen überschaubaren Aufwand auslösen, normiert das GNotKG **Festgebühren**, etwa für die Entgegennahme von Erklärungen, die Hinterlegung von letztwilligen Verfügungen in der amtlichen Verwahrung (75 EUR) oder auch für die Testamentseröffnung (100 EUR).

4 Die **gerichtlichen Gebühren in Nachlassangelegenheiten** (§ 342 Abs. 1 FamFG) sind im Hauptabschnitt 2 des KV GNotKG geregelt.[1] Für das Erbscheinsverfahren fällt etwa eine Gebühr von 1,0 nach Tabelle B an (KV 12210 GNotKG). Der Geschäftswert richtet sich nach §§ 40, 41 GNotKG.[2] Die eidesstattliche Versicherung nach § 352 Abs. 3 S. 3 FamFG (vormals § 2356 BGB) löst eine Gebühr von 1,0 nach Tabelle B aus (KV 23300 GNotKG, gilt für Gerichte nach Vorb. 1 Abs. 2 zu KV GNotKG). Die Gerichtsgebühren der II. Instanz bestimmen sich nach KV 12220 GNotKG und betragen 1,0, höchstens 800 EUR, nach Tabelle B. Endet das gesamte Verfahren ohne eine Endentscheidung, fällt eine Gebühr von 0,5, höchstens 400 EUR, an (KV 12222 GNotKG). Der Geschäftswert bestimmt sich nach den Anträgen des Rechtsmittelführers (§ 61). Für das Verfahren hinsichtlich der Stundung des Pflichtteilsanspruchs (§ 2331a BGB) fällt eine Verfahrensgebühr von 2,0 nach KV 12520 GNotKG auf Basis der Tabelle A an.

5 **2. Auslagen.** Das Gericht gibt seine Aufwendungen weiter. Sie sind im GKG, GNotKG und im FamGKG in den jeweiligen Kostenverzeichnissen erfasst. Für nachlassgerichtliche Verfahren sind KV 31000 ff. GNotKG maßgeblich. Erhebliche Auslagen des Gerichts stellen vor allem die Vergütung von Sachverständigen, Dolmetschern, Übersetzern und die Entschädigung von Zeugen dar, die sich nach dem JVEG richten. Es sind nur tatsächlich entstandene Kosten erstattungsfähig.[3] Damit scheidet eine Abrechnung fiktiver Kosten aus. Der Ansatz von Pauschalen ist zulässig.

6 Auslagen entstehen aufgrund der gerichtlichen Ermittlungstätigkeit innerhalb des Amtsermittlungsgrundsatzes (§ 26 FamFG). Grundsätzlich sind Auslagen vom Gericht zunächst selbst auszulegen. Wenn aber ein Beteiligter eine gerichtliche Handlung beantragt, die mit Auslagen verbunden ist, hat der Antragsteller einen Kostenvorschuss zu zahlen (§ 14 Abs. 1 S. 1 GNotKG). Bei von Amts wegen vorzunehmender Handlungen „kann" ein Vorschuss zur Deckung der Auslagen erhoben werden (§ 14 Abs. 3 S. 1 GNotKG). Von den „Auslagen" iSd § 81 S. 1 FamFG können auch die Kosten für einen Verfahrensbeistand bzw. einen Pfleger umfasst sein.[4]

7 **3. Kostenschuldner.** Wer **originärer Kostenschuldner** ist, ergibt sich aus §§ 22 ff. GNotKG. Im Antragsverfahren ist der Kostenschuldner der Antragsteller und damit auch der Rechtsmittelführer (§ 22 Abs. 1 GNotKG). Die Abschlussgebühr eines gerichtlichen Vergleichs schuldet jeder Beteiligte des Vergleichs (§ 22 Abs. 2 GNotKG). Die Gebühr für die Entgegennahme eines Nachlassinventars zahlt nach § 23 Nr. 4d GNotKG derjenige, der es abgegeben hat. § 24 GNotKG regelt die Kostenhaftung der Erben für bestimmte gerichtliche Verfahren. Die zunächst bestehende Kostenhaftung eines Rechtsmittelführers nach § 22 Abs. 1 GNotKG erlischt

---

1 Schulte-Bunert/Weinreich/Keske FamFG § 80 Rn. 23.
2 Zum Unterschied der KostO Kroiß ZEV 2013, 413 (415).
3 Horndasch/Viefhues/Götsche FamFG § 80 Rn. 10 mwN.
4 Schulte-Bunert/Weinreich/Keske FamFG § 80 Rn. 39.

erst, wenn das Rechtsmittel ganz oder teilweise mit Erfolg eingelegt worden ist und das Gericht nicht über die Kosten entschieden hat oder die Kosten nicht von einem anderen Beteiligten übernommen worden sind (§ 25 Abs. 1 GNotKG).

Die Kostenhaftung des Antragstellers bzw. Rechtsmittelführers bleibt auch dann bestehen, wenn das Gericht nach § 81 Abs. 1 S. 1 FamFG einen anderen Beteiligten als Kostenschuldner bestimmt hat; beide haften als Gesamtschuldner.[5] Das ergibt sich aus § 27 Nr. 1 GNotKG, wonach die Kosten „ferner" schuldet, dem durch gerichtliche Entscheidung die Kosten des Verfahrens auferlegt sind. Der Kostenschuldner, dem das Gericht die Kosten auferlegt hat, haftet jedoch vorrangig (§ 33 GNotKG).[6]

Der Bund und die Länder sowie die nach Haushaltsplänen des Bundes oder eines Landes verwalteten öffentlichen Anstalten und Kassen sind von der Zahlung der Gerichtskosten befreit (§ 2 Abs. 1 S. 1 GNotKG).

II. Notwendige Auslagen der Beteiligten

1. Überblick. Vom Kostenbegriff des § 80 S. 1 BGB sind auch „*die zur Durchführung des Verfahrens notwendigen Aufwendungen der Beteiligten*" umfasst. Diese Definition der Aufwendungen ist enger als die im streitigen Verfahren („zur zweckentsprechenden Rechtsverfolgung notwendigen" – § 91 Abs. 1 S. 1 ZPO). Hierzu zählen sowohl die persönlichen eigenen Aufwendungen des Beteiligten als auch das Honorar eines ihn vertretenden Rechtsanwalts. Erst im Kostenfestsetzungsverfahren nach § 85 FamFG ist über die Erstattungsfähigkeit und auch die Notwendigkeit der einzelnen Aufwendungen zu entscheiden.[7]

Zu erstatten sind lediglich „*notwendige*" Aufwendungen eines Beteiligten. Kosten auslösende Maßnahmen müssen im Zeitpunkt ihrer Vornahme objektiv erforderlich und zur Rechtsverfolgung bzw. Rechtsverteidigung geeignet erschienen sein. *Götsche* schlägt die Prüfung anhand folgender Fragen vor:[8]

- Handelt es sich um allgemein anfallende Kosten oder stehen diese in unmittelbarem kausalen Zusammenhang mit dem Prozess?
- Ist es generell notwendig, dass zur ordnungsgemäßen Führung des Verfahrens solche Kosten entstehen?
- Ist es angesichts der Bedeutung der Sache angemessen, dass die Kosten in der konkret anfallenden Höhe entstehen?

Grundsätzlich möglich, aber sehr selten sind **Vereinbarungen** unter den Beteiligten über angefallene Kosten. Hierzu bedarf es einer ausdrücklichen und eindeutigen Vereinbarung.

2. Eigene Aufwendungen eines Beteiligten. Hierzu können Aufwendungen zur Verfahrenseinleitung zählen, wie beispielsweise die Kosten für eigene Ermittlungen, für Kopien und für ein Gutachten über Fragen des ausländischen Rechts.[9] Grundsätzlich sind zwar die Kosten von **Privatgutachten** nicht erstattungsfähig.[10] Es bestehen jedoch Ausnahmen. Für das streitige Verfahren hat der BGH[11] entschieden, dass die Kosten eines Privatgutachtens erstattungsfähig sind, „wenn eine verständige und wirtschaftlich vernünftig denkende Partei die Kosten auslösende Maßnahme ex ante als sachdienlich ansehen durfte." Laut BGH[12] kommt im streitigen ZPO-Verfahren eine Erstattung der Kosten von Privatgutachtern in Betracht, wenn diese zur zweckentsprechenden Rechtsverfolgung notwendig waren, etwa wenn die Partei infolge fehlender

---

5 VerfFormB/Poller FamFG § 80 Rn. 2.
6 Schulte-Bunert/Weinreich/Keske FamFG § 80 Rn. 43.
7 OLG Frankfurt aM NJW 2018, 874; Schulte-Bunert/Weinreich/Keske FamFG § 80 Rn. 48.
8 Horndasch/Viefhues/Götsche FamFG § 80 Rn. 16.
9 Keidel/Weber FamFG § 80 Rn. 15 mit Nachweisen aus der Rspr.
10 OLG Brandenburg OLGR 2008, 630 (631) = BeckRS 2009, 13225; OLG Köln OLGR 2008, 651 = BeckRS 2008, 11051; Schulte-Bunert/Weinreich/Keske, 5. Aufl. 2016, FamFG § 80 Rn. 72.
11 BGH NJW 2013, 1823.
12 BGH NJW 2006, 2415.

Sachkenntnisse nicht zu einem sachgerechten Vortrag in der Lage sei. Die Übertragung auf ein Verfahren innerhalb der freiwilligen Gerichtsbarkeit lehnt aber das OLG Köln[13] im Hinblick auf den Amtsermittlungsgrundsatz ab (§ 26 FamFG). Das gelte besonders dann, wenn die privatgutachterlichen Stellungnahmen das Verfahren nicht gefördert hätten. *Keske*[14] spricht sich dagegen dafür aus, dass die Kosten eines Privatgutachtens erstattungsfähig sind, wenn ein Beteiligter nur so zu einem gerichtlich eingeholten Gutachten sachgerecht Stellung nehmen kann. Auch nach *Schindler*[15] gehören zu den Aufwendungen eines Beteiligten auch die Kosten eines von ihm hinzugezogenen Sachverständigen.

14 In Erbscheinserteilungsverfahren werden regelmäßig bei streitiger Testierfähigkeit sowie bei streitiger Echtheit eines Testamentes durch das Nachlassgericht Sachverständigengutachten eingeholt. Den meisten Rechtsanwälten dürfte es an der erforderlichen Sachkompetenz zur Überprüfung der Schlüssigkeit und der Richtigkeit dieser gerichtlich eingeholten Gutachten fehlen. Handelt es sich um einen anerkannten, kompetenten Privatgutachter, ist diese Stellungnahme auch zur Entscheidungsfindung des Gerichts hilfreich. Sehr überzeugend ist in diesem Zusammenhang der Beschluss des OLG Düsseldorf vom 12.5.2016.[16] Der geschiedene Vater war gestorben. Die Tochter berief sich auf die Unwirksamkeit des Testamentes aufgrund von Testierunfähigkeit, mit dem ihr Bruder zum Alleinerben eingesetzt war. Hierzu hatte sie einen Teilerbschein aufgrund gesetzlicher Erbfolge beantragt, der auch nach gerichtlicher Gutachteneinholung erlassen wurde. Zur fachgerechten Stellungnahme zu dem Gutachten des Gerichtsgutachters und zu der Stellungnahme des Privatgutachters ihres Bruders beauftragte sie einen Privatgutachter. Ihr unterlegener Bruder hatte die Kosten von 1.604,71 EUR und von 418,25 EUR zu übernehmen, und zwar ua zur Herstellung der „Waffengleichheit". Der Senat grenzte diese Privatgutachten aber von denen ab, die vor Stellung des Erbscheinsantrages eingeholt worden sind. So könne es nicht darum gehen, den eigenen Vortrag durch ein Privatgutachten erst prozessual beachtlich zu machen.

15 Ein Beteiligter kann sich seine **Reisekosten** erstatten lassen. Die Reisekosten zu einem gerichtlichen Termin sind auch dann erstattungsfähig, wenn der Beteiligte anwaltlich vertreten ist und das persönliche Erscheinen nicht angeordnet war.[17] Auch die Reisekosten eines Beteiligten zu seinem Verfahrensbevollmächtigten wegen notwendiger persönlicher Gespräche und zwecks eigener notwendiger Ermittlungen können ebenfalls zu den notwendigen Aufwendungen zählen.[18] Neben der eigentlichen An- und Abreise kommt auch die Erstattung einer erforderlichen Hotelübernachtung in Betracht.[19] Die näheren Einzelheiten zur Erstattung von Reisekosten eines Beteiligten ergeben sich aus dem JVEG.

16 Ein Beteiligter kann darüber hinaus Anspruch auf Erstattung von **Zeitversäumnissen** oder **Verdienstausfall** nach §§ 20, 22 JVEG verlangen, da § 80 S. 2 FamFG auf § 91 Abs. 1 S. 2 ZPO verweist. Daneben können ggf. neben dem Gerichtstermin auch Zeiten der Reise und für die Informationen des Anwalts angesetzt werden.[20] Nicht anzusetzen ist aber der Zeitaufwand etwa für das Aktenstudium, Lesen und Anfertigen von Schriftsätzen.[21]

17 **3. Rechtsanwaltskosten.** Die durch die Beauftragung eines anwaltlichen Verfahrensbevollmächtigten ausgelösten Aufwendungen sind nicht bereits kraft Gesetzes notwendig, da eine dem § 91 Abs. 2 ZPO entsprechende Bestimmung im FamFG fehlt.[22] Daher zählen die gesetzlichen Ge-

---

13 OLG Köln BeckRS 2012, 6529.
14 Schulte-Bunert/Weinreich/Keske, 5. Aufl. 2016, FamFG § 80 Rn. 72.
15 MüKoFamFG/Schindler FamFG § 80 Rn. 25.
16 OLG Düsseldorf ZEV 2016, 452 (453).
17 OLG Braunschweig BeckRS 2012, 5479 = MDR 2012, 472; OLG Bamberg AGS 2001, 68; OLG München FamRZ 2004, 959 = NJW-RR 2003, 1584; Schulte-Bunert/Weinreich/Keske, 5. Aufl. 2016, FamFG § 80 Rn. 73; Horndasch/Viefhues/Götsche FamFG § 80 Rn. 31.
18 Keidel/Weber FamFG § 80 Rn. 12.
19 OLG Karlsruhe NJW-RR 2003, 1654 (1655).
20 Keidel/Weber FamFG § 80 Rn. 16.
21 Keidel/Weber FamFG § 80 Rn. 17.
22 OLG Bremen ZEV 2018, 25; OLG Frankfurt aM NJW 2018, 874; OLG Celle NJW-RR 2015, 1535; OLG Nürnberg ZEV 2012, 161.

bühren und Auslagen eines Rechtsanwaltes nicht zwingend zu den erstattungsfähigen Kosten.[23] Die **Notwendigkeit** der Einschaltung eines Rechtsanwalts kann sich **aus den Umständen des Einzelfalls** ergeben.[24] Maßgeblich ist, ob die Kosten im Zeitpunkt ihrer Aufwendung nach der allgemeinen Verkehrsanschauung objektiv aufzuwenden waren, ohne dass es auf subjektive Bewertungen des Beteiligten oder eine ex-post-Betrachtung im Zeitpunkt der Kostenfestsetzung ankäme; die Verhältnismäßigkeit des Kostenaufwandes ist zu beachten.[25] Zu beachten ist außerdem, dass auch vor dem OLG kein Anwaltszwang besteht.[26] Es gilt der Grundsatz sparsamer Verfahrensführung.[27]

18 Die Einschaltung eines Rechtsanwalts ist notwendig, wenn ein verständiger Verfahrensbeteiligter in der gleichen Situation ebenfalls einen Rechtsanwalt beauftragen würde.[28] Die Sache muss eine **gewisse Schwierigkeit** aufweisen. Grundsätzlich sind die Kosten eines Rechtsanwalts nur dann nicht notwendig, wenn es sich um ganz einfach gelagerte Sachverhalte handelt oder wenn die Beauftragung eines Rechtsanwalts für den Beteiligten erkennbar unnötig war.[29] Nicht erforderlich mag demzufolge die Hinzuziehung eines Anwaltes bei einem Erbscheinsverfahren aufgrund gesetzlicher Erbfolge sein. Die Notwendigkeit eines eigenen Anwaltes kann sich aus dem „Prinzip der Waffengleichheit" ergeben, wenn ein anderer Beteiligter anwaltlich vertreten war.[30] *Rojahn*[31] bejaht die Notwendigkeit für den im Erbrecht nicht besonders sachkundigen Beteiligten „im Regelfall". Laut OLG Nürnberg gibt § 72 Abs. 2 FamFG eine Orientierungshilfe, wonach den Beteiligten auf Antrag ein Rechtsanwalt beizuordnen ist, wenn wegen der Schwierigkeit der Sach- und Rechtslage die Vertretung durch einen solchen erforderlich erscheint.[32] Es sah die Hinzuziehung eines Anwalts im Beschwerdeverfahren als notwendig an, in dem die Auswirkungen einer eventuellen Testierunfähigkeit zu prüfen waren. Das OLG Celle hebt hervor, dass die Erstattung nur dann geboten sei, wenn das konkrete Verfahren nach den Kenntnissen und Fähigkeiten des möglichen Erstattungsberechtigten ohne Gefahr eines Rechtsnachteiles nicht ohne anwaltliche Beratung von diesem hätte geführt werden können.[33] Da ein Vermächtnisnehmer nicht an einem Erbscheinsverfahren materiell Beteiligter ist, kommt zu seinen Gunsten keine Erstattung seiner Anwaltsgebühren in Betracht.[34]

19 War die Hinzuziehung eines Rechtsanwalts notwendig, richten sich die anzusetzenden Kosten nach den Bestimmungen des **RVG**. Bei den üblichen Nachlassverfahren, wie dem Erbscheins- bzw. Testamentsvollstreckerzeugniserteilungs-, dem Testamentsvollstreckerentlassungsverfahren oder bei der Einrichtung einer Nachlasspflegschaft, beträgt die Verfahrensgebühr 1,3 und die ebenfalls anfallende Termingebühr von 1,2 (VV 3100 RVG bzw. VV 3104 RVG). Die Verfahrens- und die ggf. anfallende Termingebühr in der Beschwerdeinstanz beläuft sich auf 1,6 bzw. 1,2 (VV 3200, 3202 RVG).

20 **Vertritt ein Rechtsanwalt sich selbst**, kann er nicht die Erstattung von Gebühren verlangen. So sieht § 80 S. 2 FamFG keinen Verweis auf § 91 Abs. 2 S. 3 ZPO vor.[35] Das hat das OLG Köln[36] bestätigt: § 91 Abs. 2 S. 3 ZPO ist im Verfahren der freiwilligen Gerichtsbarkeit nicht entsprechend anwendbar.

21 Auch die **Reisekosten des Rechtsanwalts** können erstattungsfähig sein.[37] Es darf ein am Wohnsitz des Beteiligten ansässiger Rechtsanwalt beauftragt werden, da ein persönliches Informa-

---

23 OLG Bremen ZEV 2018, 25 (26).
24 OLG München BeckRS 1995, 10139.
25 OLG Frankfurt aM NJW 2018, 874; OLG Nürnberg ZEV 2013, 161 (162).
26 OLG Frankfurt aM NJW 2018, 874.
27 OLG Frankfurt aM NJW 2018, 874.
28 OLG Oldenburg FamRZ 2008, 914 = BeckRS 2007, 14349.
29 OLG Bremen ZEV 2018, 25 (26); OLG Nürnberg ZEV 2012, 161 (162); MüKoFamFG/Schindler FamFG § 80 Rn. 22; Schulte-Bunert/Weinreich/Keske FamFG § 80 Rn. 49 f.
30 OLG Bremen ZEV 2018, 25 (26).
31 Burandt/Rojahn/Rojahn FamFG § 80 Rn. 3.
32 OLG Nürnberg ZEV 2012, 161 (162).
33 OLG Celle NJW-RR 2015, 1535.
34 OLG Celle ErbR 2017, 521 = BeckRS 2017, 107072.
35 OLG Köln FGPrax 2011, 205.
36 OLG Köln FGPrax 2011, 205; so auch OLG Frankfurt aM NJW 2018, 874.
37 Schneider NJW 2017, 307.

tions- und Beratungsgespräch zwischen Beteiligtem und Anwalt mindestens zu Beginn eines Mandates regelmäßig erforderlich und sinnvoll ist.[38] Beauftragt ein Beteiligter einen Rechtsanwalt, der weder an dessen Wohnort noch am Gerichtsort ansässig ist, ist der Ersatz auf fiktive Reisekosten eines am Wohn- oder Geschäftsort des Beteiligten ansässigen Anwalts beschränkt.[39]

C. Weitere praktische Hinweise

22 Bei der Einlegung von Rechtsmitteln gegen Kosten betreffende Entscheidungen ist zu differenzieren:

- Gegen die **Kostengrundentscheidung**, die nach Maßgabe des § 81 FamFG in der Endentscheidung nach § 82 FamFG erfolgt, kann die Beschwerde nach §§ 58 ff. FamFG eingelegt werden. Wird Beschwerde gegen die Hauptsacheentscheidung eingelegt, wird auch die Kostenentscheidung vom Beschwerdegericht überprüft. Möglich ist auch die nur auf die Kostenentscheidung begrenzte Beschwerde (→ FamFG § 58 Rn. 7 ff.).
- Der **Geschäftswert** wird zumeist durch separaten Beschluss nach § 79 GNotKG festgesetzt.[40] Dagegen kann die Beschwerde nach § 83 GNotKG eingelegt werden.[41]
- Gegen den **Kostenfestsetzungsbeschluss** nach § 85 FamFG ist bis zu einer Beschwer bis 200 EUR die sofortige Erinnerung und bei einer höheren Beschwer die sofortige Beschwerde statthaft.[42]

§ 81 FamFG Grundsatz der Kostenpflicht

(1) ¹Das Gericht kann die Kosten des Verfahrens nach billigem Ermessen den Beteiligten ganz oder zum Teil auferlegen. ²Es kann auch anordnen, dass von der Erhebung der Kosten abzusehen ist. ³In Familiensachen ist stets über die Kosten zu entscheiden.

(2) Das Gericht soll die Kosten des Verfahrens ganz oder teilweise einem Beteiligten auferlegen, wenn

1. der Beteiligte durch grobes Verschulden Anlass für das Verfahren gegeben hat;
2. der Antrag des Beteiligten von vornherein keine Aussicht auf Erfolg hatte und der Beteiligte dies erkennen musste;
3. der Beteiligte zu einer wesentlichen Tatsache schuldhaft unwahre Angaben gemacht hat;
4. der Beteiligte durch schuldhaftes Verletzen seiner Mitwirkungspflichten das Verfahren erheblich verzögert hat;
5. der Beteiligte einer richterlichen Anordnung zur Teilnahme an einem kostenfreien Informationsgespräch über Mediation oder über eine sonstige Möglichkeit der außergerichtlichen Konfliktbeilegung nach § 156 Absatz 1 Satz 3 oder einer richterlichen Anordnung zur Teilnahme an einer Beratung nach § 156 Absatz 1 Satz 4 nicht nachgekommen ist, sofern der Beteiligte dies nicht genügend entschuldigt hat.

(3) Einem minderjährigen Beteiligten können Kosten in Kindschaftssachen, die seine Person betreffen, nicht auferlegt werden.

(4) Einem Dritten können Kosten des Verfahrens nur auferlegt werden, soweit die Tätigkeit des Gerichts durch ihn veranlasst wurde und ihn ein grobes Verschulden trifft.

(5) Bundesrechtliche Vorschriften, die die Kostenpflicht abweichend regeln, bleiben unberührt.

---

38 Vgl. BGH NJW 2003, 901 (902); Horndasch/Viefhues/Götsche FamFG § 80 Rn. 35 mwN aus der Rspr.
39 BGH NJW 2011, 3521; OLG Düsseldorf NJOZ 2012, 1073.
40 Hierzu Schneider ErbR 2014, 164.
41 Muster: BeckOF ErbR/Horn Form. 5.9.9.
42 Keidel/Weber FamFG § 85 Rn. 11 ff.

A. Allgemeines	1	IV. Regelbeispiele (§ 81 Abs. 2 FamFG)	16
B. Regelungsgehalt	4	V. Absehen von der Kostenerhebung	
I. Kostenentscheidung	4	(§ 81 Abs. 1 S. 2 FamFG)	18
II. Inhalt der Kostenentscheidung	6	VI. Kostenauferlegung eines Dritten	
III. Grundsatz: Ermessensentscheidung		(§ 81 Abs. 4 FamFG)	21
(§ 81 Abs. 1 S. 1 FamFG)	10	C. Weitere praktische Hinweise	22

A. Allgemeines

Die Norm regelt, unter welcher Maßgabe das Gericht zu entscheiden hat, ob Beteiligte die Gerichtskosten (Gebühren und Auslagen) und die Aufwendungen anderer Beteiligter zu erstatten haben. Hierbei handelt es sich nach § 80 Abs. 1 FamFG um eine Ermessensentscheidung des Gerichts, bei der die Interessen der Beteiligten abzuwägen ist. Bei den Regelbeispielen des § 80 Abs. 2 FamFG tritt der Sanktionsgedanke – (auch) gegenüber dem Gericht – in den Vordergrund; sie sind bei Vorliegen primär zu berücksichtigen.

Die Kostenentscheidung richtet sich nicht ausschließlich nach dem Obsiegen eines Beteiligten, wie es das streitige Verfahren (§ 91 ZPO) vorsieht. Die Grundregel des § 13a Abs. 1 FGG, nach der in der I. Instanz jeder Beteiligte seine außergerichtlichen Kosten selbst zu tragen hat, gab der Gesetzgeber auf.[1]

§ 81 FamFG ist auch bei den Kostenentscheidungen in einstweiligen Anordnungsverfahren und in Vollstreckungsverfahren nach dem FamFG anzuwenden.[2]

B. Regelungsgehalt

I. Kostenentscheidung

Das Gericht hat über die Kosten **von Amts wegen** zu entscheiden, so dass es eines Kostenantrages durch einen Beteiligten nicht bedarf; ein solcher Antrag ist aber empfehlenswert. Es besteht indes für das Gericht keine Verpflichtung zur Kostenentscheidung.[3] Eine Ausnahme für Nachlassverfahren sieht nur § 353 Abs. 1 FamFG vor, wonach über die Kosten im Erbscheinseinziehungsverfahren und bei Kraftloserklärung eines Erbscheines zu entscheiden ist. Zudem hat das Gericht auf Antrag eines Beteiligten in den Fällen des § 83 Abs. 1 FamFG über die Kosten zu befinden.[4]

Enthält der Beschluss keinen Kostenausspruch, verbleibt es bei der Kostenhaftung nach § 22 GNotKG, wonach **im Grundsatz der Antragsteller haftet**.[5] Eine Kostenerstattung notwendiger Aufwendungen von Beteiligten wie Anwaltsgebühren findet dann nicht statt.[6] Die Kostenhaftung umfasst auch Gerichtsauslagen, die nur aufgrund von Einwendungen des Antragsgegners entstanden sind.[7] Legt das Gericht innerhalb der Kostenentscheidung dem Antragsgegner Kosten auf, wird er nur weiterer Kostenschuldner neben dem Antragsteller (§ 27 Ziff. 1 GNotKG); derjenigen, dem das Gericht die Kosten auferlegt hat, soll aber vorrangig in Anspruch genommen werden (§ 33 Abs. 1 GNotKG). Die Kostenhaftung des obsiegenden Beschwerdeführers entfällt (§ 25 Abs. 1 GNotKG). § 32 GNotKG gilt nur für Gerichtskosten und damit nicht für Auslagen der Beteiligten.

Das Gericht „soll" in den Fällen des § 81 Abs. 2 FamFG und § 84 FamFG über die Kosten entscheiden. Liegt kein „Soll"-Fall vor, kann das Gericht nach billigem Ermessen nach § 81 Abs. 1 FamFG den Beteiligten ganz oder teilweise auferlegen.

---

1 BGH ZEV 2016, 95 (96).
2 Schulte-Bunert/Weinreich/Keske FamFG § 81 Rn. 3.
3 BT-Drs. 16/1608, 215; Burandt/Rojahn/Rojahn FamFG § 81 Rn. 2.
4 Kuhn/Trappe ZEV 2013, 419 (420).
5 Die Kostenhaftung des obsiegenden Beschwerdeführers entfällt (§ 25 Abs. 1 GNotKG).
6 OLG Düsseldorf BeckRS 2014, 16681.
7 Kuhn/Trappe ZEV 2013, 419 (420).

5 Die Aufnahme einer Kostenentscheidung in den Beschluss, also im Tenor und in den Gründen, empfiehlt sich stets, damit nicht der Eindruck entsteht, das Gericht habe die Kostenentscheidung versehentlich vergessen. In einem solchen Fall wäre schließlich nur der Antrag auf Beschlussergänzung mit seiner Zweiwochenfrist statthaft (§ 43 FamFG). Andernfalls wäre Beschwerde nach §§ 58 ff. FamFG einzulegen (→ FamFG § 58 Rn. 9). Enthält der Beschluss zur Hauptsache weder in dem Tenor noch in den Gründen einen Kostenausspruch, liegt darin nach dem OLG Düsseldorf[8] regelmäßig die stillschweigende Entscheidung, dass keine Kostenerstattung stattfindet. Dagegen hat das OLG Jena[9] bei einem Erbscheineinziehungsverfahren, bei dem jedoch gem. § 353 FamFG über die Kosten zu entscheiden ist, bei fehlender Kostenentscheidung durch das Ausgangsgericht festgehalten, dass diese wohl vergessen wurde; der Antrag auf Beschlussergänzung wäre statthaft gewesen.

5.1 Wird nun – ggf. aus anwaltlicher Vorsicht – sowohl Beschlussergänzung beantragt als auch Beschwerde erhoben, gilt Folgendes: Ergänzt das Gericht den Beschluss, erledigt sich die Beschwerde.[10] Lehnt dagegen das Gericht die Ergänzung ab, kann dagegen Beschwerde nach §§ 58 ff. FamFG erhoben werden.[11] Ebenfalls hätte das Gericht dann über die zeitgleich eingelegte Beschwerde zu entscheiden. Falls nur der Tenor schweigt, aber aus den Gründen eine Kostenentscheidung hervorgeht, liegt ein Fall der Beschlussberichtigung vor („offenbare Unrichtigkeiten", § 42 Abs. 1 FamFG).

II. Inhalt der Kostenentscheidung

6 Die Kostenverteilung sollte eindeutig aus dem Tenor hervorgehen und in den Gründen (§ 38 Abs. 3 S. 1 FamFG) begründet werden. Bei dem Inhalt der Kostenentscheidung ist zwischen

- der Kostentragung der Gerichtskosten und
- den außergerichtlichen Aufwendungen des Beteiligten (vor allem Anwaltsgebühren)

zu differenzieren (§ 80 FamFG).[12] Bei den Gerichtskosten kann eine weitere Unterscheidung bei der Kostenverteilung erforderlich sein, und zwar zwischen Gerichtsgebühren und gerichtlichen Auslagen wie für Sachverständigengutachten.[13] Zu den Gerichtsgebühren zählen die stets anfallende **Erbscheinsgebühr** nach KV 12210 GNotKG und zumeist die Gebühr der eidesstattlichen Versicherung nach KV 23300 GNotKG, die aber auch bei einem Notar anfallen kann. *Kuhn*[14] spricht hierbei zutreffend von „**Sowieso-Kosten**", da diese stets anfallen.[15] Schließlich hat diese der Antragsteller auch dann zu übernehmen, wenn kein Beteiligter dem Antrag entgegentritt. Beide Gebühren hat mithin grundsätzlich der Antragsteller zu übernehmen. Etwas anderes kann gelten, wenn der andere Beteiligte das Erbscheinsverfahren erst erforderlich machte, indem er andere Legitimationen wie etwa ein notarielles Testament beseitigt hat.[16]

6.1 In einem Fall hatte das OLG Düsseldorf[17] zutreffend sehr differenziert über die Kosten des vom Gericht im Rahmen der Beweisaufnahme eingeholten Hauptgutachtens und des Ergänzungsgutachtens zur streitigen Frage der Testierunfähigkeit entschieden. Die Tochter des Erblassers hatte unter Berufung auf die gesetzliche Erbfolge einen Teilerbscheinsantrag gestellt und sich dabei auf die Testierunfähigkeit ihres Vaters bei Errichtung des notariellen Testamentes berufen. Mit diesem war der Sohn zum Alleinerben berufen. Die Tochter hatte die Kosten des Hauptgutachtens zu übernehmen, da dieses bereits von Amts wegen hätte eingeholt werden müssen. Nur so wäre ihr Erbscheinsantrag erfolgreich gewesen; das notarielle Testament sprach schließlich ge-

---

8 OLG Düsseldorf BeckRS 2014, 16681.
9 FamRZ 2014, 1732 = BeckRS 2014, 2833.
10 Kuhn/Trappe ZEV 2013, 419 (424).
11 BeckOK FamFG/Obermann FamFG § 43 Rn. 27.
12 Vgl. OLG Celle BeckRS 2010, 13724.
13 Hierzu NK-NachfolgeR/Wilsch § 25 Rn. 109.
14 Kuhn ErbR 2014, 108 (112).
15 Die Gebühr für die eidesstattliche Versicherung, die entweder vor einem Notar oder dem Nachlassgericht abzugeben ist, fällt im (seltenen) Einzelfall nicht an, wenn das Nachlassgericht sie erlassen hat, wenn es sie nicht für erforderlich erachtet (§ 2356 Abs. 2 BGB).
16 Kuhn ErbR 2014, 108 (112).
17 OLG Düsseldorf BeckRS 2014, 16681.

gen ihren Erbscheinsantrag. Die Kosten des Ergänzungsgutachtens zur Testierfähigkeit musste dagegen der unterliegende Bruder tragen, da dieses von ihm veranlasst wurde. Auch die Erbscheinsgebühr hatte die Tochter zutreffend zu tragen, auch wenn sie das Verfahren gewonnen hat. Diese wären auch dann angefallen, wenn der Bruder ihrem Antrag nicht entgegengetreten wäre. Auch ist es denkbar, dem Antragsgegner die Anwaltsgebühren des Antragstellers aufzuerlegen, aber mit Ausnahme der Verfahrensgebühr von 1,3 nach VV 3100 RVG.[18]

Im Rahmen des § 81 Abs. 1 FamFG ist das Gericht nicht befugt, einem Antragsteller die Kosten eines Sachverständigengutachtens aus einem anderen Erbscheinsverfahren aufzuerlegen, auch wenn es um den gleichen Erblasser geht. In dem Fall des OLG München[19] hatten drei Antragsteller einen Erbschein auf Basis eines Testamentes beantragt. Das vom Gericht im Wege der Amtsermittlung eingeholte Gutachten kam zur Testierunfähigkeit; der Erbscheinsantrag wurde zurückgewiesen. Daraufhin stellte eine weitere Antragstellerin einen Erbscheinsantrag auf Basis eines früheren Testamentes. Dabei machte sie sich das zuvor eingeholte Gutachten zu eigen, da sie so die Unwirksamkeit des späteren Testamentes nachweisen konnte. Auch wenn es ihr so zu Nutze kam, hatte sie die Kosten des Gutachtens nicht zu tragen. 6.2

Beispiel: Würden pauschal dem unterliegenden Antragsgegner in einem Erbscheinserteilungsverfahren die Gerichtskosten auferlegt, hätte dies zur Folge, dass dieser nach dem Wortlaut auch die Erbscheinsgebühr nach KV 12210 GNotKG zu tragen hätte. Diese fällt aber stets an, also auch bei einem unstreitigen Erbscheinsantrag. Hat der Antragsgegner sich beispielsweise erfolglos auf die Testierunfähigkeit oder die Unechtheit einer letztwilligen Verfügung berufen, ist es sachgerecht, ihm die Kosten von eingeholten Sachverständigengutachten aufzuerlegen und dem Antragsteller die in jedem Fall angefallene Erbscheinsgebühr.[20] 7

Das belegt, dass der Kostenausspruch, Kosten werden gegeneinander aufgehoben (vgl. § 92 Abs. 1 S. 2 ZPO), nicht zielführend ist. Kosten können auch nur zu einem Teil einem Beteiligten auferlegt[21] oder gequotelt[22] werden. Einem Beteiligten können etwa die Anwaltskosten eines anderen Beteiligten (teilweise) auferlegt werden.[23] Eine Differenzierung nach Art der Kosten ist schließlich zulässig[24] und oft auch geboten.[25] Hierzu der BGH:[26] „Das Gericht kann Kosten zwischen den Beteiligten ganz oder teilweise aufteilen, sie gegeneinander aufheben, eine unterschiedliche Verteilung von Gerichtskosten und außergerichtlichen Kosten vornehmen oder gänzlich von der Erhebung von Kosten absehen." 8

Potenzielle **Kostenträger** sind sämtliche formelle Verfahrensbeteiligte nach § 7 FamFG (Ausnahme: § 81 Abs. 4 FamFG).[27] Sind **auf einer Seite mehrere Personen** beteiligt, ist eine Quotelung nach Köpfen oder vorzugsweise nach Erbquote vorzunehmen. Sind die Interessen unterschiedlich zu gewichten, kann dies zu berücksichtigen sein.[28] 9

III. Grundsatz: Ermessensentscheidung (§ 81 Abs. 1 S. 1 FamFG)

Bei der Kostenentscheidung handelt es sich um eine Entscheidung nach billigem Ermessen des Gerichts (§ 81 Abs. 1 S. 1 FamFG). Es hat über das „ob" und das „wie" der Kostenentscheidung zu befinden.[29] Es handelt sich bereits bei der Frage, „ob" eine Kostenentscheidung getroffen wird, um eine Ermessensentscheidung nach § 81 Abs. 1 FamFG.[30] Ausnahmen gelten nach 10

---

18 OLG Düsseldorf FGPrax 2016, 47 (48).
19 OLG München ZEV 2017, 651.
20 So in OLG München ZEV 2012, 661; vgl. OLG Hamm BeckRS 2010, 27217.
21 OLG München ZEV 2012, 661.
22 Keidel/Weber FamFG § 81 Rn. 9.
23 BayObLG BayObLGZ 1958, 22 (29 f.).
24 OLG München ZEV 2012, 661.
25 OLG Hamburg ZErb 2014, 145 = FGPrax 2014, 138.
26 BGH ZEV 2016, 95 (96).
27 OLG Stuttgart FamRZ 2011, 1321 = BeckRS 2011, 5039; Schulte-Bunert/Weinreich/Keske FamFG § 81 Rn. 15; näher: Horndasch/Viefhues/Götsche FamFG § 81 Rn. 29.
28 BayObLG RPfleger 1958, 71.
29 Horn/Krätzschel NJW 2016, 3350 (3351).
30 BT-Drs. 16/6308, 215.

§ 81 Abs. 2 FamFG (Sanktionsgedanke), nach § 84 FamFG („soll" → FamFG § 81 Rn. 4) und bei der Erbscheinseinziehung nach § 353 Abs. 1 S. 1 FamFG. § 81 Abs. 1 S. 1 FamFG kann kein Regel-Ausnahme-Verhältnis entnommen werden.[31] Kosten können nur Beteiligten nach § 7 FamFG auferlegt werden.[32]

10.1 Damit einem Beteiligten die Kosten auferlegt werden können, muss kein Regelbeispiel des § 81 Abs. 2 FamFG erfüllt sein.[33] Das „weite Ermessen" nach § 81 Abs. 1 FamFG erfährt laut BGH[34] lediglich eine Beschränkung durch die Regelbeispiele des § 81 Abs. 2 FamFG. Es sind alle Umstände des Einzelfalls zu berücksichtigen.[35] Das Gericht ist dabei zur Ausübung von Ermessen verpflichtet.[36] Eine Ermessensüberschreitung liegt etwa dann vor, wenn das Gericht nicht zwischen Gerichtskosten und notwendigen Aufwendungen der Beteiligten unterschieden hat.[37] Ein Ermessensfehler liegt auch dann vor, wenn die Entscheidung nur aufgrund des Verhältnisses von Obsiegen und Unterliegen ergangen ist.[38]

11 Im Mittelpunkt der kostenrechtlichen Diskussion vor allem bei Erbscheinsverfahren stand die Frage, ob für die Kostenentscheidung dem Maß des Obsiegens und Unterliegens *„besondere Bedeutung"* zu kommt. Hierfür machte sich vor allem das OLG Düsseldorf stark.[39] Nach anderer Auffassung sei für die Kostenauferlegung eines Beteiligten nicht in erster Linie sein Obsiegen maßgeblich; es müssten zusätzliche Umstände für eine Kostenentscheidung zum Nachteil des unterlegenen Antragstellers hinzutreten.[40]

12 Der letzten Auffassung hat sich der BGH in seinem Grundsatzbeschluss vom 18.11.2015 zu Recht angeschlossen.[41] Er wies darauf hin, dass das Gericht nach billigem Ermessen darüber entscheide, ob es den Beteiligten ganz oder zum Teil Kosten auferlegt. § 81 Abs. 1 S. 1 FamFG könne kein Regel-Ausnahme-Verhältnis für die Verteilung der Kosten entnommen werden. Der Gesetzgeber hätte dem Gesetz in § 81 Abs. 1 FamFG ein weites Ermessen eingeräumt. Der BGH stellte fest, dass das Maß des Obsiegens oder Unterliegens im Rahmen der Kostenentscheidung lediglich einen von mehreren Gesichtspunkten darstellen könne.[42] Dafür spreche die Entstehungsgeschichte des Gesetzes. Der Gesetzgeber habe ausdrücklich nicht die vom Bundesrat vorgeschlagene Orientierung an den Kostenvorschriften der Zivilprozessordnung gem. § 91 ff. ZPO für Antragsverfahren in § 81 FamFG aufgenommen. Es entspricht dem Sinn und dem Zweck des § 81 Abs. 1 FamFG, wenn das Gericht in seine Ermessensentscheidung sämtliche in Betracht kommenden Umstände einbezieht. Hierzu zählen neben dem Maß des Obsiegens und Unterliegens etwa[43]

- die Art der Verfahrensführung,
- die verschuldete oder unverschuldete Unkenntnis der tatsächlichen oder rechtlichen Verhältnisse,
- die familiäre und persönliche Nähe zwischen Erblasser und Verfahrensbeteiligten.

---

31 BGH ZEV 2015, 95 (96).
32 OLG Bremen ZEV 2018, 25.
33 OLG München ZEV 2012, 661.
34 BGH NJW-RR 2014, 898.
35 OLG Bremen NJW-RR 2013, 963.
36 OLG Frankfurt FamRZ 2013, 900 = BeckRS 2013, 9453.
37 OLG Hamburg FPR 2014, 138.
38 OLG Schleswig ZEV 2015, 635 (637); hierzu Kuhn ErbR 2015, 417.
39 Beispielsweise OLG Düsseldorf FGPrax 2011, 207 (208); ZEV 2012, 662 (664) mAnm Horn/Kroiß; ErbR 2014, 122 (123) mAnm Kroiß; ErbR 2014, 391 (392); FGPrax 2016, 47; entsprechend dem OLG Düsseldorf: OLG Köln ErbR 2015, 266 (268); OLG Frankfurt aM ZEV 2015, 158 (160); Kuhn ErbR 2015, 417 (420).
40 OLG Schleswig ZEV 2015, 635 mAnm Kroiß; OLG Schleswig ErbR 2015, 461; OLG Schleswig ZEV 2013, 445 (446); ähnlich OLG Rostock ErbR 2015, 326 (328); KG FGPrax 2012, 115 (116).
41 BGH ZEV 2016, 95 mAnm Kuhn = NJW-RR 2016, 200; ebenfalls OLG Brandenburg ErbR 2023, 223; hierzu Kuhn ErbR 2016, 113; Vorinstanz: OLG Schleswig BeckRS 2015, 20020; unterschwellige Kritik bei Keidel/Zimmermann, 19. Aufl. 2017, FamFG § 81 Rn. 46.
42 Unter Hinweis auf BGH FamRZ 2014, 744.
43 BGH ZEV 2016, 95 (96) mAnm Kuhn; OLG Düsseldorf BeckRS 2018, 13463 Rn. 16.

Der BGH stellt auch Unterschiede zwischen dem ordentlichen Zivilverfahren im Hinblick auf 12.1
eine Erbenfeststellungsklage und dem Erbscheinsverfahren fest und nennt den Amtsermittlungsgrundsatz und die fehlende Rechtskraft von Entscheidungen im Erbscheinsverfahren.

Das OLG Schleswig hatte in einem anderen Fall darauf hingewiesen, dass es bei Erbscheinsverfahren 12.2
nicht um die Durchsetzung eines Individualanspruches gehe, „sondern um die Ermittlung der korrekten gesetzlichen Erbfolge oder des testamentarisch niedergelegten Erblasserwillens".[44] Auch könne sich das Gericht nicht auf die von Beteiligten angeführten Beweismittel beschränken. Ferner führte das OLG Schleswig an, dass bei Streitigkeiten hinsichtlich des Inhalts einer letztwilligen Verfügung die Beteiligten sich nicht frei darüber einigen könnten, „wie sie es verstanden haben wollten". Dies stelle einen Unterschied bei einem Streit um die Auslegung von Vertragsurkunden dar.

Kroiß hat sich ebenfalls und zu Recht in seiner Anmerkung dafür eingesetzt, dass beispielsweise 12.3
bei Zweifeln über die Testierfähigkeit oder unklaren Testamenten der „Klärungsaufwand" zulasten des Nachlasses gehen solle. Es sei damit billig, dass der Erbe diese zu tragen hat.[45] Auch wies *Kroiß* darauf hin, dass Beteiligten bei Durchführung einer Erbenfeststellungsklage es selbst in der Hand hätten, eine Kostenentscheidung nach §§ 91 ff. ZPO herbeizuführen. *Keske*[46] zufolge würde der BGH in seinem Beschl. v. 18.11.2015 nicht ausschließen, dem Obsiegen und Unterliegen ein ausschlaggebendes Gewicht beizumessen.

Einigkeit besteht auch vor von dem BGH-Beschluss von 2015, dass ggf. weitere Aspekte zu 13
berücksichtigen sind. Sogar das OLG Düsseldorf[47] hat den Grundsatz eingeschränkt, wenn „*der Standpunkt eines Beteiligten*" „*auf unverschuldeter Unkenntnis der tatsächlichen oder rechtlichen Verhältnisse beruht*" habe. Einige Beispiele aus der Rechtsprechung:

- Der Sohn hatte einen Erbscheinsantrag auf Basis eines Testamentes gestellt. Die Tochter ist dem mit der Behauptung der Testierunfähigkeit entgegengetreten. Nachdem das vom Amtsgericht eingeholte Gutachten die **Testierunfähigkeit** feststellte, nahm der Sohn seinen Erbscheinsantrag zurück. Das OLG Schleswig[48] entschied, dass die Tochter ihre außergerichtlichen Kosten der I. Instanz trotz Obsiegens selbst tragen muss. So war „die Frage der Testierfähigkeit auch bei sorgfältiger Prüfung unklar bzw. zweifelhaft". Dabei bezog sich das Gericht auch auf die Regelbeispiele des § 82 Abs. 2 FamFG. Da sie nur gegen den Kostenpunkt Berufung eingelegt hatte, musste sie die gesamten Kosten nach § 84 FamFG der II. Instanz tragen.
- In einem anderen Fall ordnete das OLG Schleswig[49] die Teilung der Kosten des vom Gericht eingeholten Gutachtens zur Frage der **Testierunfähigkeit** an. Diese seien nicht dem Unterlegenden voll aufzuerlegen, da er seine Behauptung der Testierunfähigkeit, die sich innerhalb der Beweisaufnahme nicht bestätigt hatte, an gewisse Anhaltspunkte knüpfen konnte. So habe sich der Gesetzgeber bewusst dagegen entschieden, ausschließlich das Verhältnis von Obsiegen und Unterliegen zum Maß der Kostenverteilung zu machen.
- Nachdem ein Beteiligter „*ins Blaue hinein*" eine **Testamentsfälschung** behauptete, legte das OLG München[50] ihm die Kosten des diesbezüglichen Gutachtens auf.
- Das OLG Schleswig[51] ordnete die Kostenauferlegung eines Antragstellers an, da dessen Antrag auf Pflichtteilsstundung nach § 2331a BGB bei sorgfältiger Prüfung als aussichtslos erkennbar und damit § 81 Abs. 2 Nr. 2 FamFG vergleichbar war. Er hatte neben den Gerichtskosten die außergerichtlichen Kosten des Antragsgegners zu übernehmen.

---

44 OLG Schleswig ZEV 2015, 635 (638).
45 OLG Schleswig ZEV 2015, 639.
46 Schulte-Bunert/Weinreich/Keske FamFG § 81 Rn. 30; noch stärker in diese Richtung: Kuhn ZEV 2016, 95 (98).
47 OLG Düsseldorf BeckRS 2014, 16681.
48 OLG Schleswig BeckRS 2013, 21786; aA Kuhn ErbR 2014, 108 (111).
49 OLG Schleswig ZEV 2013, 445 (447).
50 OLG München ZEV 2012, 661.
51 OLG Schleswig NJW-RR 2011, 575.

- Bei Erbscheinsverfahren mit streitiger **Testamentsauslegung** neigen die Gerichte zutreffend dazu, dem unterlegenden Beteiligten nicht die außergerichtlichen Kosten des obsiegenden Beteiligten aufzuerlegen.[52] Das gilt vor allem dann, wenn das Beschwerdegericht zu einem anderen Auslegungsergebnis als das Nachlassgericht gelangt ist.
  - Das OLG Düsseldorf[53] hatte die Entscheidung des Nachlassgerichtes aufgehoben, da es das Testament anders auslegte. Dem letztlich unterlegenen Beteiligten wurden die außergerichtlichen Kosten des obsiegenden Beteiligten beider Instanzen entgegen dem Regelfall nicht auferlegt, und zwar mit folgender Begründung: *„Beide Seiten durften die Auslegung der maßgeblichen letztwilligen Verfügung für zweifelhaft halten und jeweils ein für sich günstiges Ergebnis beanspruchen. Auch die beteiligten Gerichte haben – nach Durchführung von Ermittlungen – unterschiedliche Standpunkte eingenommen, was letztlich auf abweichenden Anforderungen an die Überzeugungsbildung beruht. Bei dieser Lage kann nicht angenommen werden, die Billigkeit fordere eine Kostenerstattung, weil es für einen der Beteiligten schlechterdings nicht verständlich sei, dass er „gewonnen" habe und gleichwohl seine Anwaltskosten selbst zahlen solle (…)."*
  - Auch das OLG Schleswig[54] hob die erstinstanzliche Entscheidung aufgrund anderer Auslegung auf und entschied sich gegen die Erstattung von außergerichtlichen Kosten des letztlich obsiegenden Beteiligten durch den Unterlegenen. So habe der unterlegene Beteiligte zunächst aus seiner Sicht sich nachvollziehbar auf ein Testament gestützt und die Rechtslage sei kompliziert.
  - Ebenfalls hob das OLG Köln[55] das Auslegungsergebnis des Nachlassgerichtes auf. Es legte dem unterlegenen Beteiligten nur die Gerichts- und außergerichtlichen Kosten der II. Instanz auf. Dagegen entschied es sich gegen eine Kostenerstattung der außergerichtlichen Kosten der I. Instanz.
  - Das AG Düsseldorf hatte darüber zu entscheiden, ob ein späteres Einzeltestament wegen einer streitigen wechselbezüglichen Schlusserbeneinsetzung wirksam war, wobei es seine Entscheidung auf § 2270 Abs. 2 BGB stützte. Die unterliegenden Antragsgegner hatten keine Kosten zu tragen, da ihre Einwände nicht von vornherein ohne Aussicht auf Erfolg waren, da nicht von vornherein klar war, ob sich aus ihrem Vortrag Anhaltspunkte für weitere Ermittlungen ergeben können.[56]

14 *Götsche*[57] listet für die Billigkeitsentscheidung folgende Kriterien auf:
- die Bedeutung des Verfahrens,
- der Grund der Einleitung des Verfahrens,
- der Verlauf des Verfahrens,
- das verfahrens- und außerverfahrensrechtliche Verhalten der Beteiligten vor Einleitung und während des laufenden Verfahrens und die Auswirkungen,
- der Ausgang des Verfahrens aus Sicht der Beteiligten,
- die persönliche Nähe der Beteiligten zueinander,
- die Einkommens- und Vermögensverhältnisse der Beteiligten,
- eine Vereinbarung der Beteiligten über die Kostenerstattung.

---

52 AA Kuhn ErbR 2014, 108 (111).
53 OLG Düsseldorf ZEV 2012, 662 (664).
54 OLG Schleswig NJW-RR 2013, 906, im Ergebnis ebenso: OLG München NJW-RR 2013, 329; BeckRS 2014, 5500 = FamRZ 2914, 514; NJW-RR 2013, 838.
55 OLG Köln ZErb 2014, 118.
56 Beschl. v. 29.5.2018 – 92b VI 527/17, nv.
57 Horndasch/Viefhues/Götsche FamFG § 81 Rn. 8 ff.; vgl. auch OLG Schleswig BeckRS 2013, 1125 = FamRZ 2013, 719, OLG München Zerb 2012, 190; OLG Bremen NJW-RR 2013, 963; vgl. Feskorn, für 2012, 254.

OLG München[58] und OLG Schleswig[59] gehen von folgenden Gesichtspunkten aus:
- Die Art der Verfahrensführung,
- das Vorbringen unwahrer Behauptungen,
- eine objektiv von vornherein erkennbare Aussichtslosigkeit des Antrages bzw. der erhobenen Einwendung und
- eine schuldhafte Veranlassung des Verfahrens.

Es ist sicherlich zutreffend, wenn in Nachlasssachen zunächst bei der Billigkeitsentscheidung das Maß des Obsiegens bzw. Unterliegens herangezogen wird. Im nächsten Schritt sind aber die Besonderheiten des Einzelfalles zu beachten. Die Sorge vor hohen Kosten darf einen Beteiligten nicht veranlassen, sich nicht für die Umsetzung des tatsächlichen, letzten Willens eines Erblassers einzusetzen. Dies hat nicht nur eine Komponente für sein persönliches Vermögen, sondern ist darüber hinaus dem Erblasser geschuldet. Bei Testamentsauslegung mit nicht offensichtlichem Auslegungsergebnis entspricht es regelmäßig der Billigkeit, von der Erstattung außergerichtliche Kosten explizit abzusehen.

IV. Regelbeispiele (§ 81 Abs. 2 FamFG)

Die Beispiele des § 81 Abs. 2 FamFG beinhalten Ausnahmen[60] zum Grundsatz der Kostenentscheidung nach billigem Ermessen nach § 81 Abs. 1 FamFG.[61] Diese sind im Rahmen der Ermessensentscheidung nach § 81 Abs. 1 S. 1 FamFG zu berücksichtigen[62] und bewirken eine Einschränkung des Ermessens nach § 81 Abs. 1 FamFG.[63] Die pflichtwidrige Einleitung von Verfahren sowie Verstöße gegen die Mitwirkungspflichten der Beteiligten sollen sanktioniert werden können.[64] Zu Recht führt *Zimmermann*[65] aus, dass die Regelbeispiele zu eng gefasst sind und in der Praxis nicht vorkommen können. Aus den zu eng gefassten Beispielen könne nicht geschlossen werden, dass jeder Beteiligte im Regelfall seine Kosten selbst zu zahlen hätte. Folgende Regelbeispiele sind normiert:[66]

1. **Schuldhafte Veranlassung des Verfahrens (Abs. 2 Nr. 1).** Ein Beteiligter muss durch grobes Verschulden Anlass für das Verfahren gegeben haben. Grobes Verschulden verlangt Vorsatz oder eine Außerachtlassung der nach den Umständen erforderlichen Sorgfalt in ungewöhnlich großem Maße unter Nichtbeachtung dessen, was jedem einleuchten muss, wobei das Verschulden nicht lediglich im verfahrensmäßigen Verhalten eines Beteiligten, sondern auch im materiellen Recht begründet sein kann.[67] Es wird nicht die Verursachung zusätzlicher Kosten vorausgesetzt.[68] Es können so sowohl Gerichtskosten als auch Aufwendungen eines Beteiligten einem anderen Beteiligten auferlegt werden.[69]
2. **Aussichtsloser Antrag (Abs. 2 Nr. 2).** Das Gericht soll demjenigen ganz oder teilweise die Kosten auferlegen, dessen Antrag von vornherein keine Aussicht auf Erfolgt hatte. Die Aussichtslosigkeit ist erkennbar, wenn der Antragsteller sich in zumutbarer Weise die nötige Kenntnis verschaffen konnte oder sich von Berufs wegen verschaffen musste.[70] Ein solcher Fall ist nur selten und in sehr eindeutigen Fällen vorstellbar.[71] Angesichts der unterschiedlichen Rechtsprechung und der häufigen Änderung von Gerichtsentscheidungen sei diese Nr. 2 nur selten vorstellbar.[72] Diese Alternative ist nur im Antragsverfahren einschlägig.[73]

---

58 OLG München ZEV 2012, 661; vgl. ebenfalls OLG Düsseldorf FGPrax 2011, 207 (208).
59 OLG Schleswig FamRZ 2014, 1217 = BeckRS 2013, 21786.
60 BT-Drs. 16/6308, 215.
61 BT-Drs. 16/6308, 215.
62 Horn/Krätzschel NJW 2016, 3350 (3351).
63 Nickel FamFR 2013, 529.
64 BT-Drs. 16/6308, 215.
65 Keidel/Zimmermann, 19. Aufl. 2017, FamFG § 81 Rn. 50.
66 Detailliert Nickel FamFR 2013, 529.
67 OLG Saarbrücken FamRZ 2011, 1805 = BeckRS 2011, 8487; vgl. VerfFormB/Poller FamFG § 81 Rn. 11.
68 BT-Drs. 16/6308, 216.
69 Keidel/Weber FamFG § 81 Rn. 37.
70 Schulte-Bunert/Weinreich/Keske FamFG § 81 Rn. 34.
71 Keidel/Weber FamFG § 81 Rn. 39 f.
72 OLG Düsseldorf FGPrax 2016, 47 (48).
73 MüKoFamFG/Schindler FamFG § 81 Rn. 48.

3. **Unwahre Angaben (Abs. 2 Nr. 3).** Sanktioniert wird, wer unwahre Angaben über wesentliche Tatsachen gemacht hat. Die Tatsachen müssen „tragend" gewesen sein.[74] Das kann auch in dem Verschweigen notweniger Tatsachen zu sehen sein. So muss der Verfahrensverlauf beeinflusst worden sein, insbesondere durch die Anberaumung eines Termins oder einer Beweisaufnahme.[75] Einfache Fahrlässigkeit reicht aus.[76]
4. **Verfahrensverzögerung (Abs. 2 Nr. 4).** Das Gericht soll demjenigen die Kosten ganz oder teilweise auferlegen, der durch schuldhafte Verletzung seiner Mitwirkungspflicht das Verfahren erheblich verzögert.[77] Das kann durch unzureichendes oder verspätetes Vorbringen erfolgen.[78] Die Sanktion tritt nicht bei entschuldbarer Verzögerung ein.
5. **Verstoß gegen Mediations- bzw. Beratungsauflage (Abs. 2 Nr. 5).** Dieses Regelbeispiel hat seine Bedeutung im Familienrecht.

17 Auch wenn eines der Regelbeispiele vorliegt, führt dies nicht notwendig dazu, dem auslösenden Beteiligten die gesamten Verfahrenskosten aufzuerlegen.[79] Vielmehr sind zusätzlich die weiteren Umstände des Einzelfalls zu berücksichtigen.

V. Absehen von der Kostenerhebung (§ 81 Abs. 1 S. 2 FamFG)

18 § 80 Abs. 1 S. 2 FamFG ist eine Erweiterung[80] des § 21 GNotKG und ermöglicht dem Gericht, von der Erhebung von Kosten ganz oder teilweise abzusehen. Es handelt sich dabei um Gerichtsgebühren und Auslagen des Gerichts.[81] Die Regelung hat besondere wirtschaftliche Relevanz bei den Auslagen des Gerichts.[82] Von der Kostenerhebung abzusehen kommt nach der Gesetzesbegründung[83] in Betracht, wenn es *„nach dem Verlauf oder dem Ausgang des Verfahrens unbillig erscheint, die Beteiligten mit Gerichtskosten zu belasten."* Das soll der Fall sein, wenn die **Gerichtskosten** für die Beteiligten **unerwartet und überraschend hoch** ausfallen.[84] Etwa können hohe Kosten für Sachverständigengutachten die Beteiligten in finanzielle Bedrängnis bringen. Von im Beschwerdeverfahren angefallenen Gerichtskosten kann etwa abgesehen werden, wenn das Rechtsmittel allein durch die fehlerhafte Behandlung des erstinstanzlichen Antrags erforderlich war.[85]

19 Auch die **unrichtige Sachbehandlung** kann zum Absehen von der Kostenerhebung führen.[86] § 21 GNotKG ist vorrangig anzuwenden.[87] Denkbar ist, dass das Gericht ein Gutachten über die Echtheit eines handschriftlichen Ergänzungstestamentes eingeholt hat, obwohl dieses ggf. durch vom Gericht vorzunehmender Testamentsauslegung keinen Einfluss auf die Erbfolge und damit dem Erbschein hat. Ein Fall unrichtiger Sachbehandlung kann auch vorliegen, wenn das Beschwerdegericht die Sache aufgrund Verfahrensmängeln oder bei einer Nichtentscheidung durch das Ausgangsgericht gem. § 69 Abs. 1 S. 2, 3 FamFG zurückverweist.[88] Ist die erstinstanzliche, mit der Kostenbeschwerde angefochtene Entscheidung etwa mangels Gewährung rechtlichen Gehörs grob verfahrensfehlerhaft zu Stande gekommen, können keine Gerichtskosten für die I. und II. Instanz erhoben werden, wobei das OLG Düsseldorf[89] offen ließ, ob sich das aus § 81 Abs. 1 S. 2 FamFG oder aus § 21 Abs. 1 S. 1, Abs. 2 S. 1 GNotKG ergibt.

---

[74] OLG Jena FamRZ 2012, 1898 = BeckRS 2012, 8402.
[75] Feskorn FPR 2012, 254 (256).
[76] VerfFormB/Poller FamFG § 81 Rn. 11.
[77] OLG Jena FamRZ 2012, 1898 = FamFR 2012, 258.
[78] Horndasch/Viefhues/Götsche FamFG § 81 Rn. 58.
[79] OLG Brandenburg BeckRS 2013, 17122.
[80] Keidel/Weber FamFG § 81 Rn. 15.
[81] BT-Drs. 16/6308, 215; Feskorn für 2012, 254 (256).
[82] Keidel/Zimmermann, 19. Aufl. 2017, FamFG § 81 Rn. 19.
[83] BT-Drs. 16/6308, 215.
[84] MüKoFamFG/Schindler FamFG § 81 Rn. 19 f.
[85] OLG München BeckRS 2018, 14073 Rn. 37.
[86] Horndasch/Viefhues/Götschke FamFG § 81 Rn. 32; Keidel/Zimmermann, 19. Aufl. 2017, FamFG § 81 Rn. 20; vgl. BGH BeckRS 2011, 1157.
[87] Feskorn FPR 2012, 254 (256).
[88] MüKoFamFG/Schindler FamFG § 81 Rn. 19a, ggf. Fall des § 21 GNotKG.
[89] OLG Düsseldorf BeckRS 2018, 3989 Rn. 16.

Von der Kostenerhebung kann über § 81 Abs. 1 S. 2 FamFG bei einem Erbscheinseinziehungsverfahren trotz § 353 Abs. 1 FamFG abgesehen werden.[90] Ebenfalls kann so ein Beteiligter von der **Ersatzhaftung** nach dem GNotKG befreit werden.[91] Von der Erhebung notwendiger **Dolmetscherkosten** kann abzusehen sein.[92]

VI. Kostenauferlegung eines Dritten (§ 81 Abs. 4 FamFG)

Einem Dritten können Kosten auferlegt werden, wenn **durch ihn** die Tätigkeit des Gerichts veranlasst wurde und ihn ein grobes Verschulden trifft (Abs. 4). Dritter kann nur sein, wer nicht Beteiligter ist. Die Regelung trifft besonders auf das Amtsverfahren zu. Im Antragsverfahren kann der Absatz beispielsweise dann anzuwenden sein, wenn ein Dritter durch **substanzloses Behaupten** der Testierunfähigkeit wider besseres Wissen Kosten durch Einholung eines Sachverständigengutachtens auslöst.[93]

C. Weitere praktische Hinweise

Unter Geltung des FGG musste grundsätzlich der unterliegende Beteiligte dem obsiegenden Beteiligten in der I. Instanz nicht dessen Anwaltskosten erstatten. Nun muss stets in Betracht gezogen werden, dass Unterliegen zu einer Erstattungsverpflichtung der gegnerischen Anwaltsgebühren führt. Umso mehr ist es etwa im Erbscheinsverfahren sinnvoll, vor Antragsstellung durch ein Privatgutachten überprüfen zu lassen, ob ein Testament echt ist bzw. der Testierende bei Testamentserrichtung testierfähig war.

§ 82 FamFG   Zeitpunkt der Kostenentscheidung

Ergeht eine Entscheidung über die Kosten, hat das Gericht hierüber in der Endentscheidung zu entscheiden.

A. Allgemeines	1	II. Inhalt der Kostenentscheidung	6
B. Regelungsgehalt	3	C. Weitere praktische Hinweise	7
I. Endentscheidung	3		

A. Allgemeines

Bei der von § 82 FamFG gemeinten Kostenentscheidung handelt es sich um die **Kostengrundentscheidung**, in der festgelegt wird, welcher Beteiligter die Gerichtskosten, also Gebühren und Auslagen, bzw. die notwendigen Aufwendungen eines Beteiligten zu tragen hat. Das sich anschließende Kostenfestsetzungsverfahren richtet sich dagegen nach § 85 FamFG.

Der Vorschrift zufolge hat das Gericht über die Kosten gleichzeitig mit der Endentscheidung zu entscheiden, soweit es eine Entscheidung treffen muss oder sie für geboten hält. Bei der Einziehung oder Kraftloserklärung eines Erbscheins hat ein Gericht über die Kosten zu entscheiden, wobei die Kostenentscheidung mit der Endentscheidung „zugleich" ergehen soll (§ 353 Abs. 1 FamFG). Kostenentscheidungen haben von Amts wegen zu ergehen, so dass ein Kostenantrag nicht gestellt werden muss.[1]

---

90 Kroiß ZEV 2013, 413 (416).
91 Schulte-Bunert/Weinreich/Keske FamFG § 81 Rn. 14.
92 BGH FGPrax 2010, 154 (156).
93 So Keidel/Zimmermann, 19. Aufl. 2017, FamFG § 81 Rn. 70.
1 Keidel/Weber FamFG § 82 Rn. 3.

B. Regelungsgehalt

I. Endentscheidung

3 Durch eine Endentscheidung, die durch Beschluss ergeht, wird der **Verfahrensgegenstand** ganz oder teilweise **erledigt**, was sich auf die jeweils anhängige Instanz bezieht (Legaldefinition nach § 38 Abs. 1 FamFG). Wenn sich das Verfahren auf andere Weise, also durch **Rücknahme**, **Erledigung** oder **Vergleich** (§ 83 FamFG), erledigt, ist die dann isoliert zu treffende Kostenentscheidung die Endentscheidung.[2] Diese Kostengrundentscheidung gehört nicht in Zwischenentscheidungen bzw. darf nicht als Zwischenentscheidung isoliert erfolgen.[3]

4 Eine Endentscheidung beendet den Rechtszug, also die jeweilige Instanz.[4] Dabei ist gleichgültig, ob es sich um eine Endentscheidung des **Amtsgerichts** oder der **Beschwerdeinstanz** hinsichtlich eines eingelegten Rechtsmittels handelt. So kann der Feststellungsbeschluss des Amtsgerichts zu einem Erbscheinsantrag eine Endentscheidung sein, da sich damit das Verfahren auf Erteilung eines Erbscheines erledigt.[5] Auch bei einer Entscheidung über eine einstweilige Anordnung handelt es sich um eine Endentscheidung, die eine Kostenentscheidung enthalten muss (§§ 51 Abs. 4, 82 FamFG).[6]

5 Hebt dagegen das Beschwerdegericht den Beschluss der Vorinstanz gem. § 69 Abs. 1 S. 2, 3 FamFG auf und verweist die Sache an das Ausgangsgericht zurück, handelt es sich nicht um eine Endentscheidung, die einer Kostenentscheidung bedarf.[7] Neben-, Teil- oder Zwischenentscheidungen, die das Verfahren in der Hauptsache noch nicht beenden, sind grundsätzlich nicht mit einer Kostenentscheidung zu versehen. Eine Ausnahme besteht für die **Festsetzung von Zwangsmitteln** (§ 35 Abs. 3 S. 2 FamFG) und von **Ordnungsmitteln** (§ 92 Abs. 2 FamFG).[8] Auch Beschlüsse, wie zur Verfahrensverbindung sowie zur Verweisung wegen Unzuständigkeit (§ 3 Abs. 4 FamFG), enthalten keine Kostenentscheidungen.[9]

II. Inhalt der Kostenentscheidung

6 Es gilt der Grundsatz der Einheitlichkeit der Kostenentscheidung und der Kosteneinheit, so dass die Kostenentscheidung nach § 82 FamFG die gesamten Kosten des Verfahrens regeln muss. Diese umfassen auch beispielsweise die bei der Verweisung wegen Unzuständigkeit entstandenen Kosten.[10] Zu weiteren Einzelheiten s. § 81 FamFG dieser Kommentierung.

C. Weitere praktische Hinweise

7 Soll gegen eine Kostenentscheidung oder gegen eine Nicht-Entscheidung über die Kosten vorgegangen werden, ist Folgendes zu beachten:

8 Hat das Gericht über die Kosten entschieden, kann jeder Beteiligte dagegen mit der **Beschwerde** nach §§ 58 ff. FamFG vorgehen. Wird Beschwerde gegen die Hauptsache eingelegt, ist davon auch die Kostenentscheidung umfasst. Zulässig ist indes auch, isoliert die Kostenentscheidung durch die Beschwerde nach §§ 58 ff. FamFG anzugreifen. Die Beschwerde ist auch dann statthaft, wenn das Gericht eine Kostenentscheidung unterlassen hat, da es stillschweigend die Anordnung einer Kostenerstattung ablehnte.

---

2 Schulte-Bunert/Weinreich/Keske FamFG § 82 Rn. 1.
3 OLG Zweibrücken BeckRS 2011, 8387.
4 OLG Zweibrücken BeckRS 2011, 8387; Horndasch/Viefhues/Götsche FamFG § 82 Rn. 4.
5 OLG Hamm BeckRS 2016, 10466.
6 Schulte-Bunert/Weinreich/Keske FamFG § 82 Rn. 1.
7 OLG Zweibrücken FGPrax 2003, 220; OLG Hamm BeckRS 2013, 14636 = FGPrax 2013, 215; Keidel/Weber FamFG § 84 Rn. 6 f.
8 Horndasch/Viefhues/Götsche FamFG § 82 Rn. 6.
9 Schulte-Bunert/Weinreich/Keske FamFG § 82 Rn. 5.
10 Horndasch/Viefhues/Götsche FamFG § 82 Rn. 9.

Wenn dagegen das Gericht es **unterlassen** oder **übersehen** hat, die Kostenentscheidung überhaupt zu erwägen, kann ein Beteiligter die **Ergänzung** innerhalb der Zwei-Wochen-Frist nach § 43 FamFG verlangen (→ FamFG § 58 Rn. 9; → FamFG § 81 Rn. 5). Ein Unterbleiben ist gegeben, wenn der Ausgangsbeschluss eine Regelungslücke aufweist, weil das Gericht eine nach Aktenlage erforderliche Entscheidung unbeabsichtigt nicht betroffen hat.[11] Es müssen konkrete Anhaltspunkte dafür bestehen, dass das Gericht sich mit dem Kostenpunkt nicht beschäftigt hat; die Möglichkeit ist in Betracht zu ziehen, dass das Gericht eine stillschweigende Kostenentscheidung getroffen hat.[12] Für die Ergänzung gem. § 43 FamFG ist ein ausdrücklicher Antrag eines Beteiligten erforderlich. Jedenfalls lässt sich der Kostenfestsetzungsantrag gem. § 85 FamFG nicht als Antrag auf Ergänzung der Kostenentscheidung auslegen.[13] Liegt ein Fall der Ergänzung gem. § 43 FamFG vor, ist eine Beschwerde mangels Rechtsschutzbedürfnisses unzulässig.[14] Schließlich handelt es sich bei der Ergänzung um ein schnelleres, einfacheres Verfahren, um eine versehentlich unterbliebene Kostenentscheidung herbeizuführen. 9

Bei Schreibfehlern und ähnlicher **offenbarer Unrichtigkeit** der Kostenentscheidung ist die **Berichtigung** nach § 42 FamFG möglich. Hat das Gericht zwar die Frage der Kostenerstattung erwogen, darüber in der Entscheidung aber versehentlich keinen Ausspruch vorgenommen, handelt es sich auch um einen Fall des § 42 FamFG.[15] Im Regelfall muss aber in dieser Konstellation davon ausgegangen werden, dass keine Kostenentscheidung getroffen werden sollte, so dass eine Berichtigung nach § 42 FamFG nicht in Betracht kommt.[16] 10

Die **Rechtsbeschwerde** gegen die Kostenentscheidung ist nach § 70 FamFG nur statthaft, wenn sie das Beschwerdegericht zugelassen hat. Bei Vorliegen der Voraussetzungen kann die Sprungrechtsbeschwerde nach § 75 FamFG eingelegt werden. 11

§ 83 FamFG   Kostenpflicht bei Vergleich, Erledigung und Rücknahme

(1) ¹Wird das Verfahren durch Vergleich erledigt und haben die Beteiligten keine Bestimmung über die Kosten getroffen, fallen die Gerichtskosten jedem Teil zu gleichen Teilen zur Last. ²Die außergerichtlichen Kosten trägt jeder Beteiligte selbst.

(2) Ist das Verfahren auf sonstige Weise erledigt oder wird der Antrag zurückgenommen, gilt § 81 entsprechend.

A. Allgemeines	1	II. Erledigung auf sonstige Weise (§ 83 Abs. 2 FamFG)	8
B. Regelungsgehalt	2	III. Antragsrücknahme (§ 83 Abs. 2 FamFG)	11
I. Erledigung durch Vergleich (§ 83 Abs. 1 FamFG)	2		

A. Allgemeines

§ 83 FamFG regelt die Kostenverteilung, wenn das Verfahren in der Hauptsache nicht durch eine Endentscheidung des Gerichts gem. § 82 FamFG beendet wird. Sie gilt für alle Instanzen. Die Vorschrift schränkt das dem Gericht bei der Kostenentscheidung eingeräumte Ermessen ein (Abs. 1) und macht Vorgaben für die Ausübung des Ermessens in den genannten Konstellationen (Abs. 2).[1] Es wird so klargestellt, dass das Gericht in den Fällen Vergleich, Erledigung und Rücknahme eine isolierte Kostenentscheidung treffen kann. 1

---

11 OLG Hamm BeckRS 2016, 10466.
12 OLG Hamm BeckRS 2016, 10466.
13 OLG München OLGR 2003, 435 (436); OLG Stuttgart OLGR 1998, 322 (323); jeweils zit. in Horndasch/Viefhues/Götsche FamFG § 82 Rn. 30.
14 Horndasch/Viefhues/Götsche FamFG § 82 Rn. 31.
15 Keidel/Weber FamFG § 82 Rn. 8.
16 Horndasch/Viefhues/Götsche FamFG § 82 Rn. 27.
1 Schulte-Bunert/Weinreich/Keske FamFG § 83 Rn. 1.

B. Regelungsgehalt

I. Erledigung durch Vergleich (§ 83 Abs. 1 FamFG)

2 Die Kostenfolge des § 83 Abs. 1 FamFG ist bei einem abgeschlossenen gerichtlichen Vergleich nur **subsidiär** für den Fall, dass dieser keine ausdrückliche Kostenregelung enthält.[2] Er setzt den wirksamen Abschluss eines gerichtlichen Vergleichs gem. § 36 FamFG voraus, so dass es sich bei dem maßgeblichen Verfahren um ein Antragsverfahren handeln muss.[3] Bei einem Amtsverfahren können die Beteiligten schließlich über den Verfahrensgegenstand nicht verfügen.[4]

3 Ein **gerichtlicher Vergleich mit ausdrücklicher Kostenregelung** hat mithin Vorrang. Die Kostenverteilung muss sich nicht am Verhältnis von Obsiegen und Unterliegen der Beteiligten orientieren. Tatsächlich können die Beteiligten jede Kostenregelung in den Grenzen vereinbaren, die den Prozessvergleich aufgrund seiner Doppelnatur als Prozessrechtshandlung, aber auch materiellem Rechtsgeschäft durch §§ 134, 138, 242 BGB gezogen sind.[5] Durch eine ausdrückliche Kostenregelung kann man sogar die Erstattung von Anwaltsgebühren über die gesetzlichen Gebühren hinaus, beispielsweise auf Basis eines Stundenhonorars, vereinbaren.[6] Die Beteiligten können innerhalb des Vergleiches auch die Erstattung vor- und außergerichtlicher Kosten vereinbaren.[7] Zu beachten ist, dass unabhängig von einer Vereinbarung hinsichtlich der Übernahme von Gerichtskosten es bei der (Ersatz-)Haftung des Antragstellers bzw. bei Vergleichsabschluss der beteiligten Beteiligten verbleibt (§§ 22, 27 GNotKG).

4 Wird der **Vergleich außergerichtlich abgeschlossen** und hat dieser mithin keine unmittelbare Auswirkung auf das Verfahren, ist für die Kostenverteilung § 83 Abs. 1 FamFG nicht einschlägig, sondern § 83 Abs. 2 FamFG. Das ist dann der Fall, wenn der außergerichtliche Vergleich keine Kostenregelung enthält und entweder der Antragsteller seinen Antrag zurückgenommen hat oder die Beteiligten das Verfahren übereinstimmend für erledigt erklärt haben.[8]

5 Enthält der gerichtliche **Vergleich keine ausdrückliche** Kostenregelung, ist § 83 Abs. 1 FamFG einschlägig. Dann hat jeder Teil zu gleichen Teilen die Gerichtskosten zu tragen. Mit „jeder Teil" ist aber nicht jeder Beteiligte gemeint, sondern vielmehr geht Abs. 1 von gegensätzlichen Teilen aus.[9] Stehen beispielsweise einem Antragsteller zwei Antragsgegner gegenüber, sind zwei Teile vorhanden. Der Antragsteller hat die Kosten zu 50 % und die beiden Antragsgegner die Kosten jeweils zu 25 % zu übernehmen.

6 Haben die Parteien innerhalb des gerichtlichen Vergleichs vereinbart, dass das **Gericht über die Kosten entscheiden soll**, hat das Gericht über die Kosten innerhalb einer Billigkeitsentscheidung nach § 81 FamFG aufgrund der Verweisung durch § 83 Abs. 2 FamFG zu entscheiden.[10]

7 Bei einem **Vergleich ohne Kostenregelung** und mit **Ausschluss des § 83 FamFG** kann nach §§ 83 Abs. 2, 81 FamFG über die Kosten entschieden werden.[11] Es liegt eine sonstige Erledigung vor.

II. Erledigung auf sonstige Weise (§ 83 Abs. 2 FamFG)

8 § 83 Abs. 2 FamFG gilt im Antragsverfahren. Hat jemand im Amtsverfahren einen „Antrag", bei dem es sich tatsächlich um eine Anregung handelt (§ 24 Abs. 1 FamFG), gestellt, ist § 83 Abs. 2 FamFG nicht einschlägig.[12]

---

2 MüKoFamFG/Schindler FamFG § 83 Rn. 11.
3 Horndasch/Viefhues/Götsche FamFG § 83 Rn. 5.
4 MüKoFamFG/Schindler FamFG § 83 Rn. 4.
5 MüKoFamFG/Schindler FamFG § 83 Rn. 11.
6 OLG Hamm JurBüro 1974, 996 = Rpfleger 1974, 271; OLG Koblenz Rpfleger 1977, 106; MüKoFamFG/Schindler FamFG § 83 Rn. 11.
7 OLG Koblenz OLGR 2007, 961; zit. in Horndasch/Viefhues/Gotsche FamFG § 83 Rn. 15.
8 Keidel/Weber FamFG § 83 Rn. 10.
9 Keidel/Weber FamFG § 83 Rn. 7.
10 Schulte-Bunert/Weinreich/Keske FamFG § 83 Rn. 4.
11 Keidel/Weber FamFG § 83 Rn. 9.
12 MüKoFamFG/Schindler FamFG § 83 Rn. 30.

Eine **Erledigung der Hauptsache** liegt vor, wenn nach Einleitung des Verfahrens der Verfahrensgegenstand durch ein **Ereignis**, welches eine Veränderung der Sach- und Rechtslage herbeiführt, weggefallen ist.[13] Eine Verfahrensfortsetzung macht dann keinen Sinn mehr, zumal eine Sachentscheidung keine Rechtswirkungen mehr haben kann.[14] Im Antragsverfahren wird die Hauptsache auch dann im Sinne des § 83 Abs. 2 FamFG erledigt, wenn die Beteiligten übereinstimmende Erledigungserklärungen abgegeben haben (§ 22 FamFG).[15]

Bei Erledigung der Hauptsache erfolgt die vom Gericht zu treffende Kostenentscheidung nach Maßgabe des § 81 FamFG, auf den § 83 Abs. 2 FamFG verweist. § 91a ZPO ist nicht unmittelbar anwendbar.[16] Innerhalb der nach § 81 FamFG geforderten Billigkeitsentscheidung kann der voraussichtliche Ausgang des Verfahrens, wenn die Erledigung nicht eingetreten wäre, herangezogen werden.[17] Zu berücksichtigen sind die Gründe, die zum erledigenden Ereignis geführt haben.[18] Ein Aspekt kann auch sein, ob der Antragsteller das Verfahren vor Erledigungseintritt hätte vermeiden können.[19] Auch wirtschaftliche und persönliche Verhältnisse und die Motive für die Erledigungserklärung können herangezogen werden.[20]

III. Antragsrücknahme (§ 83 Abs. 2 FamFG)

Wenn der Antragsteller seinen Antrag zurücknimmt (§ 23 FamFG), so verweist § 83 Abs. 2 FamFG auf § 81 FamFG. Innerhalb der erforderlichen Ermessensentscheidung[21] können die Motive für die Antragsrücknahme, die Erfolgsaussichten des Antrages, die wirtschaftlichen Verhältnisse der Beteiligten, die bisherige Verfahrensführung etc berücksichtigt werden.[22] So können beispielsweise dem Antragsteller die Gerichtskosten und die Aufwendungen des Gegners auferlegt werden, wenn er selbst zwar die Aussichtslosigkeit seines Antrages noch nicht unbedingt im Sinne von § 81 Abs. 2 Nr. 2 FamFG erkennen musste, sich dieser Antrag aber nach sorgfältiger Prüfung als von vornherein eindeutig aussichtslos erweist.[23] Das OLG Düsseldorf[24] weist daraufhin, dass sich derjenige, der ein Rechtsmittel zurück nimmt, in die Rolle des Unterlegenden begeben hätte; er habe die Kosten zu tragen. Aufgrund der Verweisung auf § 81 FamFG ist es dem Gericht auch möglich, von der Erhebung der Gerichtskosten abzusehen (§ 81 Abs. 1 S. 2 FamFG).[25]

Eine **einseitig gebliebene Erledigungserklärung** kann dem OLG Brandenburg[26] zufolge bei nicht festgestellter Erledigung als Rücknahme auszulegen sein.

§ 84 FamFG Rechtsmittelkosten

Das Gericht soll die Kosten eines ohne Erfolg eingelegten Rechtsmittels dem Beteiligten auferlegen, der es eingelegt hat.

A. Allgemeines 1	III. Rücknahme als besonderer Fall eines
B. Regelungsgehalt 2	erfolglosen Rechtsmittels 7
I. Der Begriff des Rechtsmittels 2	IV. Erfolgreiches Rechtsmittel 10
II. Erfolglosigkeit des Rechtsmittels 3	V. Erledigung der Hauptsache 12

---

13 OLG Düsseldorf BeckRS 2018, 3989 Rn. 8; BayObLG FamRZ 1991, 846.
14 OLG München FGPrax 2006, 228; MüKoFamFG/Schindler FamFG § 83 Rn. 17.
15 Schulte-Bunert/Weinreich/Keske FamFG § 83 Rn. 7; Horndasch/Viefhues/Götsche FamFG § 83 Rn. 38.
16 BGH BGHZ 28, 117 = NJW 1958, 1493; Keidel/Zimmermann, 19. Aufl. 2017, FamFG § 83 Rn. 14.
17 BGH BeckRS 2013, 20958; OLG Saarbrücken FGPrax 2010, 270.
18 Horndasch/Viefhues/Götsche FamFG § 83 Rn. 39.
19 BGH NJW-RR 2008, 794.
20 MüKoFamFG/Schindler FamFG § 83 Rn. 22.
21 Feskorn FPR 2012, 254 (257).
22 MüKoFamFG/Schindler FamFG § 83 Rn. 28.
23 OLG Schleswig NJW-RR 2011, 575 (576).
24 OLG Düsseldorf NJOZ 2015, 876 (877).
25 Keidel/Weber FamFG § 83 Rn. 19.
26 BeckRS 2013, 10027 =FamRZ 2013, 2006 = MDR 2013, 1106.

A. Allgemeines

1 Die Norm regelt die Kostenverteilung in der Beschwerdeinstanz und differenziert letztlich, ob das eingelegte Rechtsmittel Erfolg hat oder nicht. Hatte es keinen Erfolg, „soll" das Gericht dem erfolglosen Rechtsmittelführer die Kosten auferlegen. Bei einem erfolgreichen Rechtsmittel hat das Beschwerdegericht über die Kosten der I. und II. Instanz nach Maßgabe der §§ 81 bis 83 FamFG zu entscheiden. Der Begriff der Kosten richtet sich nach § 80 FamFG und umfasst die Gerichtskosten (Gebühren und Auslagen) und die notwendigen Aufwendungen der Beteiligten.

B. Regelungsgehalt

I. Der Begriff des Rechtsmittels

2 Die Norm erfasst sämtliche Rechtsmittel des Abschnitts 5, mithin die Beschwerde (§§ 58 ff. FamFG), die Rechtsbeschwerde (§§ 70 ff. FamFG), die Sprungrechtsbeschwerde (§ 75 FamFG), bei entsprechendem Verweis die sofortige Beschwerde nach §§ 567 ff. ZPO und die Beschwerde gegen einstweilige Anordnungen (§§ 57, 58 f. FamFG). Umstritten ist, ob auch die Anschlussbeschwerde und -rechtsbeschwerde nach §§ 66, 73 FamFG von § 84 FamFG erfasst ist.[1] Dagegen ist § 84 FamFG nicht für das Verfahren bei unbegründetem Widerspruch, Einspruch, Wiedereinsetzung in den vorherigen Stand und im Erinnerungsverfahren nach § 11 RPflG einschlägig.[2]

II. Erfolglosigkeit des Rechtsmittels

3 Zur Anwendung des § 84 FamFG muss das Rechtsmittel **erfolglos** eingelegt worden sein. Dabei ist der Sach- und Streitstand im Zeitpunkt der Endentscheidung über das Rechtsmittel entscheidend.[3] Das Rechtsmittel muss insgesamt als zulässig verworfen oder zurückgewiesen werden.

4 Hatte das Rechtsmittel **teilweise Erfolg**, ist für die Kostenverteilung § 81 FamFG maßgeblich.[4] Das teilweise Unterliegen ist im Rahmen der Billigkeitserwägung der Kostenentscheidung nach § 81 FamFG zu berücksichtigen.[5] Nur wenn der Rechtsmittelführer minimal obsiegt hat, so dass faktisch von einem vollständigen Unterliegen auszugehen ist, ist für die Kostenentscheidung § 84 FamFG maßgeblich.[6] § 81 FamFG ist ebenfalls anzuwenden, wenn die Beschwerde zwar in der Hauptsache erfolglos blieb, aber hinsichtlich der Kostenentscheidung Erfolg hatte.[7]

5 Liegen die Voraussetzungen des § 84 FamFG vor, entscheidet das Beschwerdegericht nach Maßgabe des § 84 FamFG nur über die Kosten des Rechtsmittels. Damit verbleibt es bei der Entscheidung des Ausgangsgerichts auch im Kostenpunkt.[8] Denn die erstinstanzliche Entscheidung wird rechtskräftig, außer die Rechtsbeschwerde wird nach § 70 Abs. 2 FamFG zugelassen.

6 § 84 FamFG ist eine **Soll-Vorschrift**, so dass das Gericht im Falle eines erfolglosen Rechtsmittels nicht zwingend daran gebunden ist, dem erfolglosen Rechtsmittelführer die Kosten aufzuerlegen. Das Gericht kann nach seinem Ermessen die Kosten des Rechtsmittels ganz oder teilweise dem obsiegenden Beteiligten auferlegen.[9] Nach der Gesetzesbegründung[10] hat das Gericht die Möglichkeit, *„in besonders gelagerten Fällen die Kosten nicht dem im Ergebnis erfolglosen Rechtsmittelführer aufzuerlegen"*. Es kann jedoch nur in bestimmten Ausnahmefällen von der

---

1 So: Horndasch/Viefhues/Götsche FamFG § 84 Rn. 3; nicht umfasst: Keidel/Weber FamFG § 84 Rn. 3, demzufolge ist § 81 FamFG maßgeblich.
2 Keidel/Zimmermann, 19. Aufl. 2017, FamFG § 84 Rn. 3; Horndasch/Viefhues/Götsche FamFG § 84 Rn. 3.
3 Horndasch/Viefhues/Götsche FamFG § 84 Rn. 10.
4 BGH NJW-RR 2018, 709; MüKoFamFG/Schindler FamFG § 84 Rn. 5.
5 Schulte-Bunert/Weinreich/Keske, 5. Aufl. 2016, FamFG § 84 Rn. 11.
6 Horndasch/Viefhues/Götsche FamFG § 84 Rn. 14.
7 Keidel/Weber FamFG § 84 Rn. 16 f.; MüKo-FamFG/Schindler FamFG § 84 Rn. 5.
8 VerfFormB/Poller FamFG § 84 Rn. 5.
9 OLG Schleswig ZEV 2013, 501 (504).
10 BT-Drs. 16/6308, 216.

Auflegung der Rechtsmittelkosten zulasten des Rechtsmittelführers abgesehen werden.[11] Das OLG München[12] hat in dem Gurlitt-Fall zur fraglichen Testierfähigkeit entgegen der Soll-Vorschrift des § 84 FamFG dem obsiegenden Beschwerdegegner die Kosten zur Klärung der fraglichen Testierfähigkeit auferlegt. So könne innerhalb der Billigkeitsentscheidung gerechtfertigt sein, die Kosten für das Gutachten zur fraglichen Testierunfähigkeit demjenigen aufzuerlegen, dem die Klärung der Frage der Testierfähigkeit letztlich zugutekommt. So auch das OLG Saarbrücken:[13] Es legte dem Beschwerdeführer und dem Beschwerdegegner hälftig die Kosten auf, obwohl das Rechtsmittel nicht erfolgreich war. Streitig waren die Echtheit sowie die Auslegung des Testamentes. So habe es für den unterlegenen Beschwerdeführer als potenzieller gesetzlicher Erbe „Klärungsbedarf" vor Beschwerdeerhebung gegeben. Waren die zum Rechtsstreit führenden Gründe massiv persönlich geprägt, kann es abweichend von § 84 FamFG billigem Ermessen entsprechen, den Beteiligten anteilige Gerichtskosten aufzuerlegen und die Erstattung außergerichtlicher Kosten auszuschließen.[14]

III. Rücknahme als besonderer Fall eines erfolglosen Rechtsmittels

Wird ein Rechtsmittel **zurückgenommen**, ist es iSd Gesetzes grundsätzlich **erfolglos**;[15] § 84 FamFG findet Anwendung. 7

Besondere Umstände können von der in § 84 FamFG als Regelfall vorgesehenen Kostenfolge absehen lassen. In der Gesetzesbegründung[16] wird als Beispiel die Rücknahme des Rechtsmittels genannt. Sie würde für sich genommen die Auferlegung der Kosten nicht zwingend nach sich ziehen. Es sind auch die Umstände zu berücksichtigen, die den Rechtsmittelführer zur Rücknahme seines Rechtsmittels veranlasst haben. 8

Poller[17] zufolge fällt die Rücknahme eines Rechtsmittels nicht in den Anwendungsbereich des § 84 FamFG. Es gelte stattdessen über § 83 Abs. 2 FamFG die Bestimmung des § 81 FamFG. So sind bei der Rücknahme besondere Umstände zu berücksichtigen, wie etwa die Rücknahme aufgrund einer außergerichtlichen Einigung, alsbaldige Rücknahme eines nur fristwahrend eingelegten Rechtsmittels oder die Rücknahme bei schwieriger Rechtslage nach erfolgtem Hinweis durch das Rechtsmittelgericht. *Zimmermann*[18] spricht sich ebenfalls bei der Rücknahme eines Rechtsmittels dafür aus, dass bei besonderen Umständen nicht zwangsläufig dem Rechtsmittelführer, der das Rechtsmittel zurückgenommen hat, nach § 84 FamFG die Kosten aufzuerlegen sind. So würde infrage kommen, die Erfolgsaussichten des Rechtsmittels im Zeitpunkt der Zurücknahme zu berücksichtigen. Als besondere Umstände nimmt das OLG Schleswig[19] an, in welchem Maße die Einlegung des Rechtsmittels bei objektiver Betrachtungsweise veranlasst war und/oder seine Rücknahme aufgrund eines gerichtlichen Hinweises bei schwieriger Rechtslage erfolgte. Dann könne davon abgesehen werden, dem Rechtsmittelführer die Kosten aufzuerlegen. 9

IV. Erfolgreiches Rechtsmittel

Bei einem erfolgreichen Rechtsmittel hebt das Beschwerdegericht die Entscheidung des Ausgangsgerichts vollständig und damit auch hinsichtlich des Kostenpunktes auf und entscheidet abschließend selbst. Es hat über die Kosten des Verfahrens beider Instanzen nach Maßgabe des 10

---

11 Horndasch/Viefhues/Götsche FamFG § 84 Rn. 7.
12 OLG München ZEV 2017, 148 (154).
13 OLG Saarbrücken ZEV 2016, 450 (451).
14 OLG Düsseldorf BeckRS 2018, 13957 Rn. 27 f.
15 OLG Frankfurt BeckRS 2013, 19357; Keidel/Weber FamFG § 84 Rn. 18; Schulte-Bunert/Weinreich/Keske FamFG § 84 Rn. 6; Feskorn FPR 2012, 254 (257).
16 BT-Drs. 16/6308, 216.
17 VerfFormB/Poller FamFG § 84 Rn. 3; ebenfalls in diese Richtung: MüKoFamFG/Schindler FamFG § 84 Rn. 20 ff.
18 Keidel/Zimmermann, 19. Aufl. 2017, FamFG § 84 Rn. 20.
19 OLG Schleswig FGPrax 2008, 132.

§ 81 FamFG zu entscheiden.[20] Ist die Beschwerde nur aufgrund neuen Vorbringens erfolgreich, das auch vor dem Nachlassgericht hätte vorgebracht werden können, entspricht es – wie nach § 97 Abs. 2 ZPO – grundsätzlich billigem Ermessen iSv § 81 Abs. 1 S. 1 FamFG, dem Beschwerdeführer die Kosten des Beschwerdeverfahrens aufzuerlegen.[21]

11 Da das Verbot der *reformatio in peius* nicht für die Kostenentscheidung gilt, kann eine Abänderung auch zuungunsten des Rechtsmittelführers erfolgen (→ FamFG § 69 Rn. 8 f.).[22] Hatte beispielsweise das Ausgangsgericht von der Kostenerstattung der außergerichtlichen Aufwendungen, also besonders Anwaltsgebühren, zugunsten des obsiegenden Beteiligten abgesehen, kann das Beschwerdegericht dann doch noch dem unterliegenden Rechtsmittelführer die Kosten auch der I. Instanz des anderen Beteiligten auferlegen.

V. Erledigung der Hauptsache

12 Bei der Erledigung der Hauptsache ist zu differenzieren, wann diese erfolgte.[23] Bei Erledigung vor Einlegung der Beschwerde ist diese unzulässig, so dass es zur Kostenfolge des § 84 FamFG kommt. Erledigt sich das Verfahren erst nach Einlegung der Beschwerde, gelten §§ 83 Abs. 2, 81 FamFG. Bei Erledigung durch Vergleich wird auf → § 83 Rn. 2 ff. verwiesen.

§ 85 FamFG Kostenfestsetzung

Die §§ 103 bis 107 der Zivilprozessordnung über die Festsetzung des zu erstattenden Betrags sind entsprechend anzuwenden.

§ 103 ZPO Kostenfestsetzungsgrundlage; Kostenfestsetzungsantrag

(1) Der Anspruch auf Erstattung der Prozesskosten kann nur auf Grund eines zur Zwangsvollstreckung geeigneten Titels geltend gemacht werden.
(2) ¹Der Antrag auf Festsetzung des zu erstattenden Betrages ist bei dem Gericht des ersten Rechtszuges anzubringen. ²Die Kostenberechnung, ihre zur Mitteilung an den Gegner bestimmte Abschrift und die zur Rechtfertigung der einzelnen Ansätze dienenden Belege sind beizufügen.

§ 104 ZPO Kostenfestsetzungsverfahren

(1) ¹Über den Festsetzungsantrag entscheidet das Gericht des ersten Rechtszuges. ²Auf Antrag ist auszusprechen, dass die festgesetzten Kosten vom Eingang des Kostenfestsetzungsantrags, im Falle des § 105 Abs. 3 von der Verkündung des Urteils ab mit fünf Prozentpunkten über dem Basiszinssatz nach § 247 des Bürgerlichen Gesetzbuchs zu verzinsen sind. ³Die Entscheidung ist, sofern dem Antrag ganz oder teilweise entsprochen wird, dem Gegner des Antragstellers unter Beifügung einer Abschrift der Kostenrechnung von Amts wegen zuzustellen. ⁴Dem Antragsteller ist die Entscheidung nur dann von Amts wegen zuzustellen, wenn der Antrag ganz oder teilweise zurückgewiesen wird; im Übrigen ergeht die Mitteilung formlos.
(2) ¹Zur Berücksichtigung eines Ansatzes genügt, dass er glaubhaft gemacht ist. ²Hinsichtlich der einem Rechtsanwalt erwachsenden Auslagen für Post- und Telekommunikationsdienstleistungen genügt die Versicherung des Rechtsanwalts, dass diese Auslagen entstanden sind. ³Zur Berücksichtigung von Umsatzsteuerbeträgen genügt die Erklärung des Antragstellers, dass er die Beträge nicht als Vorsteuer abziehen kann.
(3) ¹Gegen die Entscheidung findet sofortige Beschwerde statt. ²Das Beschwerdegericht kann das Verfahren aussetzen, bis die Entscheidung, auf die der Festsetzungsantrag gestützt wird, rechtskräftig ist.

§ 105 ZPO Vereinfachter Kostenfestsetzungsbeschluss

(1) ¹Der Festsetzungsbeschluss kann auf das Urteil und die Ausfertigungen gesetzt werden, sofern bei Eingang des Antrags eine Ausfertigung des Urteils noch nicht erteilt ist und eine Verzögerung der Ausfertigung nicht eintritt.

---

20 Keidel/Weber FamFG § 84 Rn. 10; MüKoFamFG/Schindler FamFG § 84 Rn. 19.
21 OLG Hamburg AG 2005, 853 = BeckRS 2011, 17237; BeckOK FamFG/Weber FamFG § 84 Rn. 18.
22 BayObLG BayObLGZ 1986, 489 (493); WuM 1989, 470; VerfFormB/Poller FamFG § 84 Rn. 6; Bumiller/Haders/Schwamb/Bumiller FamFG § 84 Rn. 5; Keidel/Sternal FamFG § 69 Rn. 18.
23 Hierzu ausführlich: Keidel/Weber FamFG § 84 Rn. 26 ff. und BeckOK FamFG/Weber FamFG § 84 Rn. 9 ff.

²Erfolgt der Festsetzungsbeschluss in der Form des § 130b, ist er in einem gesonderten elektronischen Dokument festzuhalten. ³Das Dokument ist mit dem Urteil untrennbar zu verbinden.
(2) ¹Eine besondere Ausfertigung und Zustellung des Festsetzungsbeschlusses findet in den Fällen des Absatzes 1 nicht statt. ²Den Parteien ist der festgesetzte Betrag mitzuteilen, dem Gegner des Antragstellers unter Beifügung der Abschrift der Kostenberechnung. ³Die Verbindung des Festsetzungsbeschlusses mit dem Urteil soll unterbleiben, sofern dem Festsetzungsantrag auch nur teilweise nicht entsprochen wird.
(3) Eines Festsetzungsantrags bedarf es nicht, wenn die Partei vor der Verkündung des Urteils die Berechnung ihrer Kosten eingereicht hat; in diesem Fall ist die dem Gegner mitzuteilende Abschrift der Kostenberechnung von Amts wegen anzufertigen.

§ 106 ZPO Verteilung nach Quoten

(1) ¹Sind die Prozesskosten ganz oder teilweise nach Quoten verteilt, so hat nach Eingang des Festsetzungsantrags das Gericht den Gegner aufzufordern, die Berechnung seiner Kosten binnen einer Woche bei Gericht einzureichen. ²Die Vorschriften des § 105 sind nicht anzuwenden.
(2) ¹Nach fruchtlosem Ablauf der einwöchigen Frist ergeht die Entscheidung ohne Rücksicht auf die Kosten des Gegners, unbeschadet des Rechts des letzteren, den Anspruch auf Erstattung nachträglich geltend zu machen. ²Der Gegner haftet für die Mehrkosten, die durch das nachträgliche Verfahren entstehen.

§ 107 ZPO Änderung nach Streitwertfestsetzung

(1) ¹Ergeht nach der Kostenfestsetzung eine Entscheidung, durch die der Wert des Streitgegenstandes festgesetzt wird, so ist, falls diese Entscheidung von der Wertberechnung abweicht, die der Kostenfestsetzung zugrunde liegt, auf Antrag die Kostenfestsetzung entsprechend abzuändern. ²Über den Antrag entscheidet das Gericht des ersten Rechtszuges.
(2) ¹Der Antrag ist binnen der Frist von einem Monat bei der Geschäftsstelle anzubringen. ²Die Frist beginnt mit der Zustellung und, wenn es einer solchen nicht bedarf, mit der Verkündung des den Wert des Streitgegenstandes festsetzenden Beschlusses.
(3) Die Vorschriften des § 104 Abs. 3 sind anzuwenden.

A.	Allgemeines	1	VI. Änderung der Geschäftswertfestsetzung	15
B.	Regelungsgehalt	2	C. Weitere praktische Hinweise	16
	I. Titel	2	I. Rechtsmittel gegen den Kostenfestsetzungsbeschluss	16
	II. Antrag	3	1. Beschwerde bis 200 EUR	16
	III. Entscheidung	7	2. Beschwerde über 200 EUR	17
	IV. Nachmeldung	13	II. Kosten	18
	V. Vollstreckung	14		

A. Allgemeines

Nachdem in der Endentscheidung nach § 82 FamFG zumeist mit der Hauptsacheentscheidung die Kostengrundentscheidung erfolgt ist, richtet sich das Kostenfestsetzungsverfahren nach § 85 FamFG, der auf §§ 103 bis 107 ZPO verweist. Damit gelten auch die Rechtsbehelfe und Rechtsmittel gegen den Kostenfestsetzungsbeschluss.[1]   1

B. Regelungsgehalt

I. Titel

Für die Kostenfestsetzung ist erforderlich, dass die Kostengrundentscheidung vorliegt (vgl. § 82 FamFG). Es muss ein zur Zwangsvollstreckung geeigneter Titel vorliegen, wer die Kosten zu tragen hat.[2] Erforderlich ist ein Vollstreckungstitel nach § 86 Abs. 1 FamFG.[3]   2

II. Antrag

Das Kostenfestsetzungsverfahren wird auf Antrag des Erstattungsberechtigten ausgelöst. Der Antrag muss eine Kostenberechnung enthalten, also den Erstattungsanspruch beziffern und die   3

---

1 Keidel/Weber FamFG § 85 Rn. 1.
2 OLG Köln NJOZ 2013, 726 (727).
3 Keidel/Weber FamFG § 85 Rn. 4.

Berechnungsgrundlage angeben und ggf. belegen.[4] Es muss substantiiert dargelegt werden, dass Kosten entstanden sind.[5] Neben verauslagten Gerichtsgebühren und gezahlten Kostenvorschüssen[6] für Auslagen hat der Antragsteller vor allem die einzelnen ihm entstandenen Kostenpositionen aufzuführen, die ihm unter „notwendige Aufwendungen" im Sinne des § 80 Abs. 1 BGB entstanden sind. Auch seine eigene Zeitversäumnis kann er in Ansatz bringen (§ 80 S. 2 FamFG in Verbindung mit § 91 Abs. 1 S. 2 ZPO). Mögliche notwendige Aufwendungen[7] können folgende Positionen sein:

- entstandene Rechtsanwaltskosten laut RVG,
- Reisekosten des Rechtsanwalts,
- Reisekosten des Beteiligten zu seinem Rechtsanwalt zu Besprechungsterminen,
- Reisekosten des Beteiligten zu Gerichtsterminen,
- ggf. Privatgutachten.

4 Es ist mitzuteilen, ob der Beteiligte zum **Vorsteuerabzug** berechtigt ist. Dies wird in Nachlasssachen äußerst selten der Fall sein. Die **Verzinsung** der festzusetzenden Kosten kann beantragt werden (§ 104 Abs. 1 S. 2 ZPO).

5 Der Antrag auf Kostenfestsetzung kann **schriftlich** oder zu Protokoll des zuständigen Gerichts eingereicht werden, und zwar bei der Geschäftsstelle des Gerichts I. Instanz (§ 103 Abs. 2 S. 1 ZPO). Das gilt auch für die Kosten aus dem Beschwerdeverfahren.[8] Ebenfalls ist ein Zinsantrag zu stellen.

6 Der Antrag auf Kostenfestsetzung ist nicht an eine **Frist** gebunden.[9] Wenn aufgrund der Kostengrundentscheidung den Beteiligten wechselseitig Beträge zu erstatten sind, hat der andere Beteiligte durch das Gericht innerhalb einer Woche die ihm entstandenen Kosten geltend zu machen (§ 106 Abs. 1 ZPO). Die Wochenfrist kann ohne Weiteres verlängert werden.

III. Entscheidung

7 Über den Kostenfestsetzungsantrag entscheidet der Rechtspfleger des Gerichts I. Instanz (§ 104 Abs. 1 ZPO in Verbindung mit § 21 Abs. 1 Nr. 1 RPflG). Der Rechtspfleger hat die formellen Voraussetzungen der Kostenfestsetzung zu überprüfen (Zuständigkeit, Vollstreckungstitel und Antragsberechtigung). Ebenfalls hat er zu überprüfen, ob der Kostenansatz glaubhaft gemacht worden ist (§ 104 Abs. 2 ZPO). Der Rechtspfleger hat bei den einzelnen beanspruchten Kostenpositionen zu überprüfen, inwieweit es sich um „*notwendige*" Aufwendungen des Antragstellers iSd § 80 S. 1 FamFG gehandelt hat (→ FamFG § 80 Rn. 10 ff.).[10]

8 Der Rechtspfleger kann nur Kosten festsetzen, die von der Kostengrundentscheidung umfasst sind.[11]

9 Eine Überprüfung der Kostengrundentscheidung erfolgt im Kostenfestsetzungsverfahren nicht.[12]

10 Der Rechtspfleger ist innerhalb seiner Entscheidung an die Kostengrundentscheidung auch inhaltlich gebunden.[13] Das ist auch dann der Fall, wenn er die Kostengrundentscheidung für

---

4 Schulte-Bunert/Weinreich/Keske FamFG § 85 Rn. 3.
5 OLG Hamm BeckRS 2013, 20365.
6 Schulte-Bunert/Weinreich/Keske FamFG § 85 Rn. 9.
7 Einzelfälle außergerichtlicher Kosten nennt Horndasch/Viefhues/Götsche FamFG § 80 Rn. 40.
8 Keidel/Weber FamFG § 85 Rn. 7.
9 Schulte-Bunert/Weinreich/Keske FamFG § 85 Rn. 3.
10 S. auch Schulte-Bunert/Weinreich/Keske FamFG § 85 Rn. 7.
11 BGH NJW 2009, 233.
12 OLG Köln BeckRS 2013, 1066.
13 BGH MDR 2010, 959 = BeckRS 2010, 16048; OLG Bremen FamRZ 2013, 147 = BeckRS 2012, 17680.

falsch[14] hält. Ist die Kostengrundentscheidung zweifelsfrei gesetzeswidrig, wird eine Bindung zu verneinen sein.[15]

Dem Antragsgegner als Kostenschuldner ist die Möglichkeit zur Abgabe einer Stellungnahme zu dem Kostenfestsetzungsantrag zu geben. 11

Die zu erstattenden Kosten werden **durch Beschluss** festgesetzt. Der Beschluss muss eine Rechtsmittelbelehrung enthalten (§ 39 FamFG). Eine Begründung ist nur dann erforderlich, soweit dem Antrag nicht entsprochen oder Einwendungen nicht berücksichtigt wurden.[16] Der Kostenfestsetzungsbeschluss ist dem Erstattungspflichtigen zuzustellen. 12

IV. Nachmeldung

Es ist möglich, einzelne Kostenpositionen im laufenden Verfahren nachzumelden. Eine Nachfestsetzung weiterer Kosten kann jederzeit beantragt werden.[17] 13

V. Vollstreckung

Die Vollstreckung aus dem Kostenfestsetzungsbeschluss erfolgt durch § 95 FamFG, mithin nach den Regeln der ZPO. 14

VI. Änderung der Geschäftswertfestsetzung

Wenn erst nach der Kostenfestsetzung eine Entscheidung über den Geschäftswert gem. § 79 GNotKG erfolgt, ist bei einer Wertabweichung auf Antrag des durch die Kostenfestsetzung beschwerten Beteiligten die Kostenfestsetzung entsprechend abzuändern (§ 107 Abs. 1 ZPO).[18] Dieser Antrag ist gem. § 107 Abs. 2 ZPO innerhalb einer Frist von einem Monat bei Gericht einzureichen, die mit Zustellung und ggf. Verkündung des Geschäftswertbeschlusses beginnt. 15

C. Weitere praktische Hinweise

I. Rechtsmittel gegen den Kostenfestsetzungsbeschluss

1. Beschwerde bis 200 EUR. Gegen den Kostenfestsetzungsbeschluss bzw. den Beschluss, der Kostenfestsetzung als unbegründet ablehnt, können die Beteiligten bei einer Beschwerde bis 200 EUR die sofortige Erinnerung einlegen (§ 104 Abs. 3 S. 1, §§ 567 Abs. 2, 569 ZPO, §§ 11 Abs. 2, 21 Abs. 1 Nr. 1 RPflG). Es gilt eine zweiwöchige Beschwerdefrist. Über die Erinnerung entscheidet der Rechtspfleger durch Beschluss. Wenn der Rechtspfleger der Erinnerung nur zum Teil oder gar nicht abhilft, hat der Rechtspfleger die Erinnerung dem Amtsrichter vorzulegen. 16

2. Beschwerde über 200 EUR. Gegen den Kostenfestsetzungsbeschluss sowie gegen den Beschluss, der die Kostenfestsetzung als unbegründet ablehnt, können die Beteiligten sofortige Beschwerde einlegen (§ 104 Abs. 3 S. 1, §§ 576 Abs. 2 ZPO, 11 RPflG). Hierzu ist eine Mindestbeschwerde von 200,01 EUR erforderlich. Auch hier gilt eine Zwei-Wochen-Frist ab Zustellung (§ 569 ZPO). Der Rechtspfleger hat über die sofortige Beschwerde zu beschließen. Wenn er ihr nicht abhilft, hat er die sofortige Beschwerde dem Beschwerdegericht vorzulegen (§ 119 Abs. 1 Nr. 1 GVG). Über die Beschwerde hat innerhalb des OLG der Einzelrichter des Senates zu entscheiden.[19] Gegen die Beschwerdeentscheidung in Kostenfestsetzungssachen innerhalb der frei- 17

---

14 OLG Köln BeckRS 2013, 1066.
15 OLG Stuttgart MDR 2010, 102 = BeckRS 2009, 86622.
16 Schulte-Bunert/Weinreich/Keske FamFG § 85 Rn. 14.
17 BGH NJW-RR 2011, 499; Schulte-Bunert/Weinreich/Keske FamFG § 85 Rn. 4.
18 Keidel/Weber FamFG § 85 Rn. 17.
19 OLG Köln FGPrax 2010, 267 (268).

willigen Gerichtsbarkeit findet die Rechtsbeschwerde nach den Vorschriften der ZPO statt, wenn das Beschwerdegericht sie zugelassen hat.[20]

II. Kosten

18 Für das Kostenfestsetzungsverfahren werden keine Gerichtsgebühren erhoben und der Anwalt erhält auch keine zusätzliche Gebühr (§ 16 Nr. 12 RVG). Im Rechtsmittelverfahren, so bei Erinnerung bzw. sofortiger Beschwerde, ist eine Kostenentscheidung nach §§ 80 ff. FamFG zu treffen.[21] Bei einer **Erinnerung** fallen keine Gerichtskosten an (§ 11 Abs. 4 RPflG). Die Anwaltsgebühr richtet sich nach § 18 Nr. 5 RVG mit VV 3500 RVG. Bei der **Beschwerde** richten sich die Gerichtsgebühr nach KV 1812 GKG und die Anwaltsgebühr nach § 18 Nr. 5 RVG mit VV 3500 RVG.

§ 342 FamFG   Begriffsbestimmung

(1) Nachlasssachen sind Verfahren, die
1. die besondere amtliche Verwahrung von Verfügungen von Todes wegen,
2. die Sicherung des Nachlasses einschließlich Nachlasspflegschaften,
3. die Eröffnung von Verfügungen von Todes wegen,
4. die Ermittlung der Erben,
5. die Entgegennahme von Erklärungen, die nach gesetzlicher Vorschrift dem Nachlassgericht gegenüber abzugeben sind,
6. Erbscheine, Testamentsvollstreckerzeugnisse und sonstige vom Nachlassgericht zu erteilende Zeugnisse,
7. die Testamentsvollstreckung,
8. die Nachlassverwaltung sowie
9. sonstige den Nachlassgerichten durch Gesetz zugewiesene Aufgaben

betreffen.

(2) Teilungssachen sind
1. die Aufgaben, die Gerichte nach diesem Buch bei der Auseinandersetzung eines Nachlasses und des Gesamtguts zu erledigen haben, nachdem eine eheliche, lebenspartnerschaftliche oder fortgesetzte Gütergemeinschaft beendet wurde, und
2. Verfahren betreffend Zeugnisse über die Auseinandersetzung des Gesamtguts einer ehelichen, lebenspartnerschaftlichen oder fortgesetzten Gütergemeinschaft nach den §§ 36 und 37 der Grundbuchordnung sowie nach den §§ 42 und 74 der Schiffsregisterordnung.

A. Allgemeines

1 § 342 FamFG bestimmt **den Anwendungsbereich** des Vierten Buches, Verfahren in Nachlass- und Teilungssachen und damit die Zuständigkeit des Nachlassgerichts.[1] Für die übrigen erbrechtlichen Streitigkeiten verbleibt es dagegen bei der Zuständigkeit der Prozessgerichte bei den Amts- und Landgerichten und bei der Geltung der ZPO. Damit sind also etwa für die Geltendmachung von Vermächtnisansprüchen oder für Pflichtteilsklagen nach wie vor die Zivilgerichte und nicht das Nachlassgericht zuständig.

---

20 BGH NJW-RR 2014, 186 = MDR 2014, 187.
21 Keidel/Zimmermann FamFG § 85 Rn. 21.
1 BT-Drs. 16/6308, 277.

B. Regelungsgehalt

I. Nachlassverfahren, § 342 Abs. 1 FamFG

In § 342 Abs. 1 FamFG werden durch die Nummern 1 bis 8 die wichtigsten **Nachlassverfahrensgegenstände** aufgezählt, Nr. 9 dient als Auffangtatbestand.

- Nach § 342 Abs. 1 Nr. 1 FamFG fällt hierunter die **besondere amtliche Verwahrung von Verfügungen von Todes wegen**, §§ 2248, 2258 a, 2258 b, 2277 BGB, §§ 346, 347 FamFG. Hierzu gehören Testamente und Erbverträge, § 1937 BGB. Für nach § 2247 BGB errichtete Testamente erfolgt eine Verwahrung nur auf Verlangen des Erblassers, bei notariellen Erbverträgen müssen die Beteiligten die besondere amtliche Verwahrung explizit ausschließen, anderenfalls werden diese in amtliche Verwahrung genommen, § 34 Abs. 3 BeurkG.

- Nach § 342 Abs. 1 Nr. 2 gehört weiter die **Sicherung des Nachlasses einschließlich Nachlasspflegschaften** dazu, §§ 1960 ff. BGB. Dies kann etwa durch Anbringung von Siegeln, Hinterlegungsanordnungen und die Anordnung von Nachlasspflegschaften und die Bestellung eines Nachlasspflegers geschehen. Das Nachlassgericht selbst ist hierbei nicht Nachlasspfleger, kann aber in den in § 1846 BGB genannten Fällen selbst tätig werden.

- Nach § 342 Abs. 1 Nr. 3 FamFG gehört die **Eröffnung von Verfügungen von Todes wegen** nach den §§ 348 – 351 FamFG dazu. Die Eröffnung ermöglicht den Beteiligten insbesondere die umfassende Information hinsichtlich sämtlicher letztwilliger Verfügungen, wodurch diese erst in die Lage versetzt werden, ihre Rechte bzgl. des Nachlasses wahrzunehmen.[2]

- § 342 Abs. 1 Nr. 4 FamFG enthält die **Ermittlung der Erben**, §§ 1960, 1964–1966 BGB. Allerdings kennt nur noch Bayern (Art. 37 AGGVG) eine weitergehende Ermittlungspflicht, im Übrigen kommt die amtliche Erbenermittlung nur in Ausnahmefällen in Betracht, namentlich zur Feststellung des Erbrechts des Fiskus gem. §§ 1964 ff. BGB.

- § 342 Abs. 1 Nr. 5 FamFG enthält die **Entgegennahme von Erklärungen, die nach gesetzlicher Vorschrift dem Nachlassgericht gegenüber abzugeben sind**. Dies betrifft etwa die Regelungen der
  - §§ 1484, 1491, 1492 BGB (auch iVm § 7 LPartG),
  - § 1945 BGB (Entgegennahme der Ausschlagung einer Erbschaft),
  - § 1955 BGB (Anfechtung der Annahme einer Erbschaft oder deren Ausschlagung),
  - § 1993 BGB (Entgegennahme eines Nachlassinventars),
  - § 2004 BGB (Bezugnahme des Erben auf ein vorhandenes Nachlassinventar),
  - § 2006 BGB (Entgegennahme der eidesstattlichen Versicherung),
  - §§ 2081, 2281 Abs. 2 BGB (Anfechtungserklärung eines Testaments oder eines Erbvertrags; dagegen hat die Anfechtungserklärung hinsichtlich eines gemeinschaftlichen Testaments oder eines Erbvertrags zu Lebzeiten des Vertragspartners gegenüber diesem selbst zu erfolgen, § 2282 Abs. 3 BGB),
  - § 2146 BGB (Anzeige der Nacherbschaft),
  - § 2202 BGB (Annahme des Testamentsvollstreckeramtes),
  - § 2226 Abs. 1 S. 2 BGB (Annahme der Kündigung des Testamentsvollstreckeramtes),
  - §§ 2384, 2385 BGB (Anzeige des Erbschaftskaufs).

- Weiters sind nach § 342 Abs. 1 Nr. 6 FamFG Nachlasssachen **Erbscheine, Testamentsvollstrecker- und sonstige Zeugnisse**. Nicht in die Zuständigkeit des Nachlassgerichts fällt in den Ländern Hamburg, Niedersachsen, Nordrhein-Westfalen und Schleswig-Holstein das Erbscheinsverfahren, bei denen der Nachlass land- oder forstwirtschaftlichen Grund umfasst, da nach der dort geltenden Höfeordnung diese dem Landwirtschaftsgericht zugewiesen sind.[3]

---

[2] BGH NJW 1978, 633.

[3] Jurgeleit/Dieker Freiwillige Gerichtsbarkeit § 18 Rn. 8. Zur Höfeordnung vgl. hierzu Nr. 13 in diesem Kommentar.

- Nach § 342 Abs. 1 Nr. 7 FamFG gehört auch die **Testamentsvollstreckung** zu den Nachlasssachen, §§ 2198 Abs. 2, 2200, 2202 Abs. 2, 2216 Abs. 2, 2224, 2227, 2228 BGB, § 355 FamFG. Hierzu gehört auf Ersuchen im Testament die Ernennung eines Testamentsvollstreckers, etwaige Fristbestimmungen und die Entlassung des Testamentsvollstreckers auf Antrag. Für Streitigkeiten zwischen den Erben und dem Testamentsvollstrecker, wie etwa die Höhe der Vergütung oder die Beendigung der Testamentsvollstreckung sind aber nach wie vor die Zivilgerichte zuständig.[4]
- Nach § 342 Abs. 1 Nr. 8 FamFG gehört zu den Nachlasssachen auch die **Nachlassverwaltung**, §§ 1975 ff. BGB, § 359 FamFG.
- Unter den **Auffangtatbestand** des § 342 Abs. 1 Nr. 9 FamFG fallen alle **sonstige, den Nachlassgerichten durch Gesetz zugewiesene Aufgaben**. Hierzu gehören die Aufgaben bei
  – der Inventarerrichtung gem. §§ 1993 ff. BGB, § 360 FamFG,
  – Fristbestimmungen bei Vermächtnissen und Auflagen gem. §§ 2151, 2153 bis 2155, 2192, 2193 BGB,
  – die Stundung des Pflichtteilsanspruches gem. § 2331a BGB, § 362 FamFG,
  – das Aufgebot von Nachlassgläubigern gem. § 1970 BGB, §§ 454 ff. FamFG,[5]
  – Anzeigen über den Eintritt der Nacherbschaft gem. § 2146 BGB oder über den Erbschaftskauf gegenüber dem Nachlassgericht, §§ 2384, 2385 BGB.
  – Ausstellung eines Europäischen Nachlasszeugnisses, § 34 Abs. 4 IntErbRVG
- Hingegen gehört das Nachlassinsolvenzverfahren nach den §§ 315 ff. InsO nicht zu den Nachlasssachen, sondern fällt in den Zuständigkeitsbereich der Insolvenzgerichte, auch ist das Nachlassgericht nicht befugt, über die Wirksamkeit einer erklärten Ausschlagung außerhalb eines Erbscheinsverfahrens förmlich mittels Beschlusses zu entscheiden, vielmehr erfolgt nur eine inzidente Prüfung im Rahmen der Entscheidung über den beantragten Erbschein.[6]

II. Teilungssachen, § 342 Abs. 2 FamFG

3 § 342 Abs. 2 FamFG definiert schließlich die **Teilungssachen**, wobei das Verfahren im 3. Abschnitt in den §§ 363 bis 373 FamFG geregelt ist.

4 Nach § 342 Abs. 2 Nr. 1 FamFG sind Teilungssachen die Aufgaben, die Gerichte nach dem Verfahren in Nachlass- und Teilungssachen gem. §§ 342–373 FamFG bei der Auseinandersetzung eines Nachlasses und des Gesamtguts zu erledigen haben, nachdem eine eheliche, lebenspartnerschaftliche oder fortgesetzte Gütergemeinschaft beendet wurde.

5 Außerdem sind nach § 342 Abs. 2 Nr. 2 FamFG Teilungssachen solche Verfahren betreffend Zeugnisse über die Auseinandersetzung des Gesamtguts einer ehelichen, lebenspartnerschaftlichen oder fortgesetzten Gütergemeinschaft nach den §§ 36 und 37 der Grundbuchordnung sowie nach den §§ 42 und 74 der Schiffsregisterordnung.

§ 343 FamFG Örtliche Zuständigkeit

(1) Örtlich zuständig ist das Gericht, in dessen Bezirk der Erblasser im Zeitpunkt seines Todes seinen gewöhnlichen Aufenthalt hatte.

---

[4] Jurgeleit/Dieker Freiwillige Gerichtsbarkeit § 18 Rn. 8.
[5] LG Köln MDR 2003, 714; Bumiller/Harders/Schwamb FamFG § 342 Rn. 11; Keidel/Zimmermann FamFG § 342 Rn. 11 und § 454 Rn. 7 mwN; aA Herzog Erbenhaftung, 96: Zivilgericht.
[6] OLG München FGPrax 2010, 138.

(2) Hatte der Erblasser im Zeitpunkt seines Todes keinen gewöhnlichen Aufenthalt im Inland, ist das Gericht zuständig, in dessen Bezirk der Erblasser seinen letzten gewöhnlichen Aufenthalt im Inland hatte.

(3) ¹Ist eine Zuständigkeit nach den Absätzen 1 und 2 nicht gegeben, ist das Amtsgericht Schöneberg in Berlin zuständig, wenn der Erblasser Deutscher ist oder sich Nachlassgegenstände im Inland befinden. ²Das Amtsgericht Schöneberg in Berlin kann die Sache aus wichtigem Grund an ein anderes Nachlassgericht verweisen.

A. Allgemeines 1	2. Gewöhnlicher Aufenthalt,
B. Regelungsgehalt 2	§ 343 Abs. 1 FamFG 15
I. Sachliche Zuständigkeit 2	3. Örtliche Zuständigkeit nach
II. Funktionelle Zuständigkeit 3	§ 343 Abs. 2 FamFG 16
III. Internationale Zuständigkeit 6	4. Örtliche Zuständigkeit nach
1. Allgemeines 6	§ 343 Abs. 3 FamFG 17
2. Rechtslage bis zum 16.8.2015 7	5. Maßgeblicher Zeitpunkt 22
3. Rechtslage ab dem 17.8.2015 9	
IV. Örtliche Zuständigkeit 14	
1. Allgemeines und frühere Regelung 14	

A. Allgemeines

In § 343 FamFG wird nur die örtliche Zuständigkeit für Nachlass- und Teilungssachen gemäß § 342 FamFG geregelt. Eine ausdrückliche Regelung für die sachliche Zuständigkeit fehlt dagegen im FamFG, diese findet sich in § 23a Abs. 2 Nr. 2 GVG, wonach das Amtsgericht sachlich zuständig ist. Ebenso wenig ist die funktionelle Zuständigkeit im FamFG geregelt, diese ergibt sich aus den §§ 3, 14, 16 RPflG. 　1

B. Regelungsgehalt

I. Sachliche Zuständigkeit

Die **sachliche Zuständigkeit** wird nach § 23a Abs. 2 Nr. 2 iVm Abs. 1 Nr. 2 GVG grundsätzlich den Amtsgerichten zugewiesen.[1] Daneben weist die Höfeordnung in Nachlass- und Teilungsverfahren den land- und forstwirtschaftlichen Besitz teilweise (→ FamFG § 342 Rn. 1 und Nr. 13 in diesem Kommentar) dem Landwirtschaftsgericht zu. 　2

II. Funktionelle Zuständigkeit

Funktional ist nach § 3 Nr. 2c RPflG grundsätzlich der Rechtspfleger zuständig. 　3

Allerdings behält § 16 RPflG eine Reihe von Geschäften dem Richter vor. Hierzu gehören 　4

- diejenigen Geschäfte des Nachlassgerichts, die bei einer Nachlasspflegschaft oder Nachlassverwaltung erforderlich werden, soweit sie den nach § 14 RPflG von der Übertragung ausgeschlossenen Geschäften in Kindschaftssachen entsprechen, § 16 Abs. 1 Nr. RPflG,
- die Ernennung von Testamentsvollstreckern (§ 2200 BGB), § 16 Abs. 1 Nr. 2 RPflG,
- die Entscheidung über Anträge, eine vom Erblasser für die Verwaltung des Nachlasses durch letztwillige Verfügung getroffene Anordnung außer Kraft zu setzen (§ 2216 Abs. 2 S. 2 BGB), § 16 Abs. 1 Nr. 3 RPflG,

---

1 Allerdings bestehen Besonderheiten: Landesrechtliche Vorschriften bleiben nach Art. 147 EGBGB, §§ 486, 487 FamFG unberührt, wonach für die dem Nachlassgericht obliegenden Verrichtungen andere als gerichtliche Behörden zuständig sind. In Baden-Württemberg waren bis zum 31.12.2017 die Notariate gem. §§ 1 Abs. 2, 38 ff. LFGG sachlich zuständig, ab dem 1.1.2018 ist die sachliche Zuständigkeit nun auch hier den Amtsgerichten zugewiesen.

- die Entscheidung von Meinungsverschiedenheiten zwischen mehreren Testamentsvollstreckern (§ 2224 BGB), § 16 Abs. 1 Nr. 4 RPflG,
- die Entlassung eines Testamentsvollstreckers aus wichtigem Grund (§ 2227 BGB), § 16 Abs. 1 Nr. 5 RPflG,
- die Erteilung von Erbscheinen (§ 2353 BGB) sowie Zeugnissen nach den §§ 36, 37 der Grundbuchordnung oder den §§ 42, 74 der Schiffsregisterordnung, sofern eine Verfügung von Todes wegen vorliegt oder die Anwendung ausländischen Rechts in Betracht kommt, ferner die Erteilung von Testamentsvollstreckerzeugnissen (§ 2368 BGB), § 16 Abs. 1 Nr. 6 RPflG und
- die Einziehung von Erbscheinen (§ 2361 BGB) und von Zeugnissen nach den §§ 36, 37 der Grundbuchordnung und den §§ 42, 74 der Schiffsregisterordnung, wenn die Erbscheine oder Zeugnisse vom Richter erteilt oder wegen einer Verfügung von Todes wegen einzuziehen sind, ferner die Einziehung von Testamentsvollstreckerzeugnissen (§ 2368 BGB) und von Zeugnissen über die Fortsetzung einer Gütergemeinschaft (§ 1507 BGB), § 16 Abs. 1 Nr. 7 RPflG.

5 Allerdings sind nach § 19 RPflG in dem dort bestimmten Umfang die Landesregierungen ermächtigt, durch Landesverordnung den Richtervorbehalt aufzuheben. Von dieser Möglichkeit haben bislang etwa Baden-Württemberg,[2] Bayern,[3] Bremen,[4] Hamburg,[5] Hessen,[6] Mecklen-

---

[2] Verordnung des Justizministeriums zur Aufhebung von Richtervorbehalten und Übertragung richterlicher Aufgaben auf den Rechtspfleger vom 7.7.2017, GBl. 2017, 468. Danach werden die Richtervorbehalte für Geschäfte nach § 16 Absatz 1 Nummer 1 RPflG, soweit diese den nach § 14 Absatz 1 Nummer 9 RPflG ausgeschlossenen Geschäften in Kindschaftssachen entsprechen, nach § 16 Absatz 1 Nummer 2 RPflG, für Geschäfte nach § 16 Absatz 1 Nummer 5 RPflG, soweit der Erblasser den Testamentsvollstrecker nicht selbst ernannt oder einen Dritten zu dessen Ernennung bestimmt hat und nach § 16 Absatz 1 Nummer 6 und 7 sowie Absatz 2 RPflG aufgehoben.

[3] Verordnung zur Aufhebung von Richtervorbehalten (AufhRiVbV) vom 15. März 2006 (GVBl. S. 170, BayRS 315-7-J). Die Aufhebung des Richtervorbehalts betrifft gemäß § 19 Abs. 1 S. 1 Nr. 3–5 RPflG – sofern nicht die Anwendung ausländischen Rechts in Betracht kommt – die Regelung des § 16 Abs. 1 Nr. 2 RPflG, des § 16 Abs. 1 Nr. 5 RPflG, soweit der Erblasser den Testamentsvollstrecker nicht selbst ernannt oder einen Dritten zu dessen Ernennung bestimmt hat, und die §§ 16 Abs. 1 Nr. 6 und 7 RPflG. Soweit gegen den Erlass der beantragten Entscheidung Einwände erhoben werden, hat der Rechtspfleger das Verfahren dem Richter zur weiteren Bearbeitung vorzulegen.

[4] Verordnung zur Aufhebung von Richtervorbehalten nach dem Rechtspflegergesetz (Brem.GBl. 2011, 393, Inkrafttreten: 28.07.2012). Danach werden die in § 19 Absatz 1 Satz 1 Nummer 2 bis 5 des Rechtspflegergesetzes bestimmten Richtervorbehalte in Nachlasssachen aufgehoben. Soweit gegen den Erlass der beantragten Entscheidung Einwände erhoben werden, hat der Rechtspfleger das Verfahren dem Richter zur weiteren Bearbeitung vorzulegen.

[5] Verordnung zur Übertragung richterlicher Aufgaben auf den Rechtspfleger vom 8.7.2011 (HmbGVBl. 2011, 305). Die Aufhebung des Richtervorbehalts betrifft gemäß § 19 Abs. 1 S. 1 RPflG die Regelungen der §§ 16 Abs. 1 Nr. 1, Nr. 2, 5, 6 und 7, Abs. 2 RPflG. Soweit gegen den Erlass der beantragten Entscheidung Einwände erhoben werden, hat der Rechtspfleger das Verfahren dem Richter zur weiteren Bearbeitung vorzulegen.

[6] § 26 der Verordnung über gerichtliche Zuständigkeiten in der Justiz und zur Änderung der Verordnung zur Übertragung von Ermächtigungen im Bereich der Rechtspflege vom 3. Juni 2013 (GVBl. 2013, 386). Danach werden die in § 19 Abs. 1 Satz 1 Nr. 2 bis 5 des Rechtspflegergesetzes genannten Richtervorbehalte in Nachlasssachen aufgehoben; dies gilt nicht für die Erteilung unbeschränkter Fremdrechtserbscheine. Die Rechtspflegerin oder der Rechtspfleger hat das Verfahren der Richterin oder dem Richter zur weiteren Bearbeitung vorzulegen, soweit gegen den Erlass der beantragten Entscheidung Einwände erhoben werden.

burg-Vorpommern,[7] Niedersachsen,[8] Nordrhein-Westfalen,[9] Rheinland-Pfalz,[10] Saarland[11] und Sachsen[12] Gebrauch gemacht.

III. Internationale Zuständigkeit

1. Allgemeines. § 343 FamFG regelt lediglich die örtliche nicht aber die internationale Zuständigkeit. Letztere ist wie auch die örtliche Zuständigkeit von Amts wegen zu prüfen, wobei vor der Prüfung der örtlichen Zuständigkeit die der internationalen Zuständigkeit zu erfolgen hat.[13]

2. Rechtslage bis zum 16.8.2015. Die internationale Zuständigkeit richtete sich unter Geltung des FGG nach dem Grundsatz des Gleichlaufs zwischen materiellem Recht und Verfahrensrecht und bejahte daher – vorbehaltlich besonderer staatsvertraglicher Zuständigkeitsregelung – die internationale Zuständigkeit der deutschen Nachlassgerichtsbarkeit, wenn für die Erbfolge zumindest teilweise deutsches materielles Erbrecht maßgebend war.[14]

Nach Inkrafttreten des FamFG richtete sich die internationale Zuständigkeit nach § 105 FamFG. Danach waren deutsche Gerichte dann international zuständig, wenn ein deutsches Gericht örtlich zuständig war. Damit war ein deutsches Gericht international zuständig, sobald

---

7 Verordnung zur Aufhebung von Richtervorbehalten im nachlassgerichtlichen Verfahren vom 11.12.2007 (GVOBl. 2008, 2). Die Aufhebung des Richtervorbehalts betrifft die Regelung des § 16 Abs. 1 Nr. 1 RPflG für die Geschäfte, die bei einer Nachlasspflegschaft oder Nachlassverwaltung erforderlich werden, soweit sie den nach § 14 Abs. 1 Nr. 4 des Rechtspflegergesetzes dem Richter vorbehaltenen Geschäften in Vormundschaftssachen entsprechen, die Regelung des § 16 Abs. 1 Nr. 2 RPflG, des § 16 Abs. 1 Nr. 5 RPflG, soweit der Erblasser den Testamentsvollstrecker nicht selbst ernannt oder einen Dritten zu dessen Ernennung bestimmt hat, und die §§ 16 Abs. 1 Nr. 6 und 7 RPflG. Soweit gegen den Erlass der beantragten Entscheidung Einwände erhoben werden, hat der Rechtspfleger das Verfahren dem Richter zur weiteren Bearbeitung vorzulegen.

8 Verordnung vom 18.12.2009 (GVBl. 2009, 506), berichtigt durch Bekanntmachung vom 1.7.2010 (GVBl. 2010, 283). Die Aufhebung des Richtervorbehalts betrifft gemäß § 19 Abs. 1 S. 1 Nr. 3–5 RPflG die Regelung des § 16 Abs. 1 Nr. 2 RPflG, des § 16 Abs. 1 Nr. 5 RPflG, soweit der Erblasser den Testamentsvollstrecker nicht selbst ernannt oder einen Dritten zu dessen Ernennung bestimmt hat, und die §§ 16 Abs. 1 Nr. 6 und 7 RPflG. Soweit gegen den Erlass der beantragten Entscheidung Einwände erhoben werden, hat der Rechtspfleger das Verfahren dem Richter zur weiteren Bearbeitung vorzulegen.

9 Verordnung zur Aufhebung von Richtervorbehalten und zur Übertragung von Aufgaben des Rechtspflegerdienstes auf die Urkundsbeamtinnen und Urkundsbeamten der Geschäftsstelle vom 25. November 2021. Danach werden die in § 19 Absatz 1 Satz 1 Nummer 2 bis 5 des Rechtspflegergesetzes genannten Richtervorbehalte aufgehoben. Die Rechtspflegerin oder der Rechtspfleger hat das Verfahren der Richterin oder dem Richter zur weiteren Bearbeitung vorzulegen, soweit gegen den Erlass der beantragten Entscheidung Einwände erhoben werden.

10 Landesverordnung vom 15.5.2008 (GVBl. 2008, 81), zuletzt geändert durch Verordnung vom 15.4.2010 (GVBl. 2010, 83). Die Aufhebung des Richtervorbehalts betrifft gemäß § 19 Abs. 1 S. 1 Nr. 3–5 RPflG die Regelung des § 16 Abs. 1 Nr. 2 RPflG, des § 16 Abs. 1 Nr. 5 RPflG, soweit der Erblasser den Testamentsvollstrecker nicht selbst ernannt oder einen Dritten zu dessen Ernennung bestimmt hat, und die §§ 16 Abs. 1 Nr. 6 und 7 RPflG. Soweit gegen den Erlass der beantragten Entscheidung Einwände erhoben werden, hat der Rechtspfleger das Verfahren dem Richter zur weiteren Bearbeitung vorzulegen.

11 Verordnung zur Übertragung von Aufgaben auf den Rechtspfleger und den Urkundsbeamten der Geschäftsstelle vom 2.3.2015 (ABl. 2015 I 206). Danach werden die Richtervorbehalte nach dem Rechtspflegergesetz aufgehoben für die Geschäfte nach § 16 Absatz 1 Nummer 2 des Rechtspflegergesetzes, für die Geschäfte nach § 16 Absatz 1 Nummer 5 des Rechtspflegergesetzes, soweit der Erblasser den Testamentsvollstrecker nicht selbst ernannt oder einen Dritten zu dessen Ernennung bestimmt hat, für die Geschäfte nach § 16 Absatz 1 Nummern 6 und 7 des Rechtspflegergesetzes und für die Geschäfte nach § 17 Nummer 1 des Rechtspflegergesetzes. Soweit bei den Geschäften nach Satz 1 Nummern 1 bis 3 gegen den Erlass der beantragten Entscheidung Einwände erhoben werden, hat der Rechtspfleger das Verfahren dem Richter zur weiteren Bearbeitung vorzulegen.

12 § 5a S. 1 SächsJOrgVO (Sächsisches Justizorganisationsverordnung). Danach werden die Richtervorbehalte nach dem Rechtspflegergesetz für die Geschäfte des § 19 Absatz 1 Satz 1 Nummer 2 bis 5 des Rechtspflegergesetzes aufgehoben. Soweit bei diesen Geschäften Einwände gegen den Erlass der beantragten Entscheidung erhoben werden, hat die Rechtspflegerin oder der Rechtspfleger das Verfahren der Richterin oder dem Richter zur weiteren Bearbeitung vorzulegen.

13 OLG Hamm NJW 1969, 385; Keidel/Zimmermann FamFG § 343 Rn. 2.

14 BayObLG NJW-RR 2001, 297; MüKoFamFG/GrziwotzFamFG § 343 Rn. 43 mwN.

eine örtliche Zuständigkeit nach den §§ 343, 344 aF begründet war. Es kam also nicht darauf an, ob in der Sache deutsches Erbrecht zur Anwendung gelangt, sondern allein ausschlaggebend war die örtliche Zuständigkeit. Der Erblasser konnte auch keine andere Zuständigkeit anordnen, auch eine diesbezügliche Vereinbarung der Erben war nicht möglich. Folge dessen war weiter, dass das Nachlassgericht in vollem Umfang ggf. ausländisches Recht anzuwenden hatte.

9 **3. Rechtslage ab dem 17.8.2015.** Seit dem 17.8.2015 gilt die EuErbVO. Die Art. 4 ff. EuErbVO regeln seither vorrangig gegenüber § 105 FamFG[15] für die Gegenstände, die in den Anwendungsbereich der EuErbVO fallen, die internationale Zuständigkeit des Nachlassgerichts. Teilweise wurde dies im Hinblick auf den Wortlaut von Art. 62 Abs. 3 EuErbVO verneint[16] und ausgeführt, dass es sich bei einem Erbschein nicht um eine Entscheidung iSd EuErbVO handele. Nach Vorlage des Kammergerichts[17] an den EuGH zur Klärung dieser Frage hat der EuGH[18] entschieden, dass die Art. 4 ff. EuErbVO auch für das Erbscheinsverfahren vorrangig Anwendung finden. Vorrangig zu prüfen ist daher, ob aufgrund einer Rechtswahl des Erblassers gem. Art. 22 EuErbVO die betroffenen Parteien eine Gerichtsstandsvereinbarung nach Art. 5, 6 lit. b, 7 ff. EuErbVO getroffen haben, wonach für die Entscheidung in Erbsachen ausschließlich ein Gericht oder die Gerichte eines Mitgliedstaates der EuErbVO zuständig sein soll und zwar unabhängig vom letzten gewöhnlichen Aufenthalt des Erblassers. Liegt keine Rechtswahl durch den Erblasser und keine Gerichtsstandsvereinbarung durch die betroffenen Beteiligten vor, verbleibt es grundsätzlich beim allgemeinen internationalen Gerichtsstand nach Art. 4 EuErbVO in dem Mitgliedstaat, in dem der Erblasser seinen letzten gewöhnlichen Aufenthalt hatte. Weitere Sonderregelungen zur internationalen Zuständigkeit enthalten die Art. 9–13 EuErbVO.

10 Hat **der Erblasser eine Rechtswahl nach Art. 22 EuErbVO getroffen,** ist **vorrangig** die – idR von allen betroffenen Parteien[19] zu schließende – **Gerichtsstandsvereinbarung** nach Art. 5, 6 lit. b, 7 ff. EuErbVO zu beachten. Anders als bisher können daher die Erben – bei Rechtswahl des Erblassers – eine Vereinbarung über die internationale Zuständigkeit treffen. Möglich ist danach, dass die Parteien entweder ein bestimmtes Gericht im Heimatstaat des Erblassers wählen oder die Gerichte des Mitgliedstaates des gewählten Rechts für zuständig erklären, wobei sich im letzteren Fall dann das jeweils nationale Verfahrensrecht das konkrete Gericht bestimmt.

11 **Beispiel:** Der Erblasser hatte seinen gewöhnlichen Aufenthalt in Österreich, hat aber in seiner letztwilligen Verfügung insgesamt deutsches Erbrecht gewählt. Der Erblasser verfügt in Deutschland im Gerichtsbezirk des Amtsgerichts Laufen über Nachlassgegenstände.
Die Erben können nun im Erbscheinsverfahren (bzw. in Österreich im Verlassenschaftsverfahren) vereinbaren, das deutsche Nachlassgerichte zuständig sind. Welches deutsche Nachlassgericht sodann zuständig ist, ergibt sich aus § 343 FamFG. Im Beispielsfall ist nach § 343 Abs. 3 S. 1 FamFG das Amtsgericht Schöneberg in Berlin zuständig, welches das Verfahren nach § 343 Abs. 3 S. 2 FamFG an das Amtsgericht Laufen aufgrund der sich dort befindlichen Nachlassgegenstände abgeben wird.

12 Liegt keine Rechtswahl durch den Erblasser vor, sind nach **Art. 4 EuErbVO** für den gesamten Nachlass die Gerichte des Mitgliedstaates zuständig, in dessen Hoheitsgebiet der Erblasser **im Zeitpunkt seines Todes seinen gewöhnlichen Aufenthalt** hatte, Art. 21 Abs. 1 EuErbVO. Art. 4 EuErbVO gilt darüber hinaus auch im Falle des Art. 21 Abs. 2 EuErbVO.

13 Schließlich ist noch die **Notzuständigkeit** nach Art. 10 EuErbVO zu beachten sowie die Sonderregelungen für Ausschlagung und Annahme der Erbschaft in Art. 13 EuErbVO und für Sicherungsmaßnahmen in Art. 19 EuErbVO. Im Übrigen vgl. ausführlich zu den Regelungen der EuErbVO unter Nr. 31 in diesem Kommentar.

---

15 MüKoFamFG/Grziwotz FamFG § 343 Rn. 48.
16 Wall ZErb 2015, 9.
17 KG FamRZ 2017, 564.
18 EuGH ZEV 2018, 465.
19 Dutta/Weber EuErbVO Art. 5 Rn. 13.

IV. Örtliche Zuständigkeit

1. Allgemeines und frühere Regelung. Die frühere Bestimmung knüpfte in § 343 Abs. 1 FamFG aF für die Bestimmung der örtlichen Zuständigkeit zunächst an den **Wohnsitz** an, den der Erblasser zur Zeit des Erbfalls hatte. Ein Wohnsitz besteht nach den §§ 7 ff. BGB dort, wo der Mittel- oder Schwerpunkt der gesamten Lebensverhältnisse ist. Bestehen mehrere Wohnsitze, ist das Gericht zuständig, das zuerst mit der Angelegenheit befasst war, § 2 Abs. 1 FamFG. Bestand im **Bundesgebiet kein Wohnsitz und kein Aufenthalt**, so griffen die §§ 343 Abs. 2 und 3 FamFG aF ein. Hierbei wurde danach differenziert, ob der Erblasser Deutscher (dann § 343 Abs. 2 FamFG aF) oder Ausländer (dann § 343 Abs. 3 FamFG aF) war.

2. Gewöhnlicher Aufenthalt, § 343 Abs. 1 FamFG. Durch die EuErbVO wurde § 343 FamFG geändert und den Regelungen der EuErbVO angepasst. Danach ist grundsätzlich das Gericht örtlich zuständig, in dessen Bezirk der Erblasser im Zeitpunkt seines Todes seinen **gewöhnlichen Aufenthalt** hatte, § 343 Abs. 1. Unter dem Begriff des Aufenthalts ist jegliche tatsächliche Anwesenheit an einem Ort unabhängig von der Dauer zu verstehen.[20] Für die Begründung eines gewöhnlichen Aufenthalts bedarf es mehr. In Anlehnung an Art. 21 EuErbVO hat man darunter den Daseinsmittelpunkt einer Person anzusehen, wo also deren familiärer, sozialer und beruflicher Schwerpunkt liegt.[21] Zur Auslegung sind auch die Erwägungsgründe 23 bis 25 der EuErbVO heranzuziehen.[22] § 343 FamFG wurde vom Gesetzgeber ganz bewusst in Anlehnung an die Bestimmungen der EuErbVO gebildet, um einen möglichst weitgehenden Gleichlauf zwischen den nationalen und den europarechtlichen Regelungen zu erreichen. Von daher ist der Begriff des „gewöhnlichen Aufenthalts" in § 343 FamFG wie bei Art. 21 EuErbVO zu bestimmen.[23] Vorübergehende Abwesenheiten haben auf den gewöhnlichen Aufenthalt grundsätzlich keinen Einfluss, sofern ein nach außen manifestierter Rückkehrwille vorhanden ist.[24] Für die Begründung eines gewöhnlichen Aufenthalts ist eine bestimmte Mindestdauer nicht erforderlich, wohl aber bedarf es einer gewissen Dauer.[25] Ob es mehrere gewöhnliche Aufenthalte geben kann (zB bei Grenzpendlern) ist umstritten.[26] Ebenfalls umstritten ist, ob neben objektiven Kriterien auch ein subjektiver Wille zur Bestimmung des gewöhnlichen Aufenthalts herangezogen werden kann.[27]

3. Örtliche Zuständigkeit nach § 343 Abs. 2 FamFG. Hatte der Erblasser im Todeszeitpunkt in Deutschland keinen gewöhnlichen Aufenthalt, so ist nach § 343 Abs. 2 FamFG das Gericht zuständig, in dessen Bezirk der Erblasser seinen letzten gewöhnlichen Aufenthalt im Inland hatte. Die gleiche Regelung enthält § 34 Abs. 2 S. 2 IntErbRVG. Fraglich ist, wie lange zurückliegend der letzte gewöhnliche Aufenthalt im Inland sein darf. Soll die Regelung des § 343 Abs. 2 FamFG auch für die Fälle gelten, in denen irgendwann der Erblasser in Deutschland einmal seinen gewöhnlichen Aufenthalt hatte, oder gilt in diesen Fällen § 343 Abs. 3 FamFG? Nachdem sich eine zeitliche Begrenzung weder der Gesetzesnorm selbst noch der Gesetzesbegründung entnehmen lässt und es auch für eine zeitliche Begrenzung an objektiven Kriterien fehlt (10, 20 oder 60 Jahre?),[28] genügt es für die Anwendung von § 343 Abs. 2 FamFG, wenn **irgendwann** der Erblasser seinen letzten gewöhnlichen Aufenthalt in Deutschland hatte.[29]

---

20 Zimmermann Erbschein Rn. 132 mwN.
21 Grüneberg/Thorn EuErbVO Art. 21 Rn. 6.
22 So OLG München Beschl. v. 22.3.2017 – Az. 31 AR 47/17; kritisch dagegen: Zimmermann Erbschein Rn. 132.
23 Vgl. hierzu näher zum Begriff des „gewöhnlichen Aufenthalts" im Kommentar unter Nr. 31 bei Art. 21 EuErbVO.
24 Grüneberg/Thorn EuErbVO Art. 21 Rn. 6.
25 Grüneberg/Thorn EuErbVO Art. 21 Rn. 6; OLG Celle ZEV 2020, 229.
26 Bejahend: Zimmermann Erbschein Rn. 132, ablehnend: Grüneberg/Thorn EuErbVO Art. 21 Rn. 6. Vgl. zur Bestimmung des gewöhnlichen Aufenthalts bei einem Grenzpendler auch KG NJW-RR 2016, 1100.
27 Hierfür etwa OLG Hamm NJW 2018, 2061; der EuGH hat sich hierzu bislang nicht geäußert, auch die Entscheidung v. 16.7.2020, C-80/19, Rpfleger 2021, 42 brachte insoweit keine Klärung.
28 In diese Richtung aber Keidel/Zimmermann FamFG § 343 Rn. 75.
29 Ebenso KG FamRZ 2017, 2063.

17 **4. Örtliche Zuständigkeit nach § 343 Abs. 3 FamFG.** Bestand auch ein gewöhnlicher Aufenthalt nach § 343 Abs. 2 FamFG nicht, ist nach § 343 Abs. 3 S. 1 FamFG das Amtsgericht Schöneberg in Berlin örtlich zuständig, wenn der Erblasser Deutscher ist **oder** sich Nachlassgegenstände im Inland befinden. Es kann aber die Sache aus wichtigem Grund durch nicht anfechtbaren und für das verwiesene Gericht grundsätzlich bindenden Beschluss gem. § 3 Abs. 3 FamFG an ein anderes Gericht verweisen, § 343 Abs. 3 S. 2 FamFG.[30] Ein wichtiger Grund kann etwa darin liegen, dass sich der Nachlass überwiegend in einem bestimmten Gerichtsbezirk befindet, oder dass dort sämtliche Beteiligte ihren gewöhnlichen Aufenthalt haben.

18 Eine **Bindung** an den Verweisungsbeschluss tritt ausnahmsweise dann nicht ein, wenn dem Beschluss jedwede rechtliche Grundlage fehlt, so dass er objektiv willkürlich ist.[31] Eine Bindungswirkung tritt überdies nur dann ein, wenn das AG Schöneberg seine örtliche Zuständigkeit nach § 343 Abs. 3 FamFG zu Recht bejaht hat.[32] Besteht Streit über die Bindungswirkung, so ist nach § 5 Abs. 1 Nr. 5 FamFG zu verfahren und das nächsthöhere gemeinsame Gericht entscheidet.[33]

19 Eine **Beschwerde** der Beteiligten gegen den Verweisungsbeschluss ist nach § 3 Abs. 3 S. 1 FamFG nicht statthaft, jedoch kommt bei Nichtgewährung rechtlichen Gehörs die Rüge nach § 44 FamFG in Frage. Ist dagegen der Verweisungsbeschluss nicht bindend, so kann von den Beteiligten Beschwerde eingelegt werden, allerdings nach § 58 FamFG nur gegen die Endentscheidung.[34]

20 Handelte es sich bei dem **Erblasser um einen Ausländer** ohne letzten gewöhnlichen Aufenthalt im Bundesgebiet, so ist jedes Gericht umfassend zuständig, in dessen Bezirk sich Nachlassgegenstände befinden, § 343 Abs. 3 FamFG. Personen mit doppelter Staatsangehörigkeit gelten gemäß Art. 5 Abs. 1 S. 2 EGBGB als „Deutsche". Als Ausländer iSd § 343 Abs. 3 FamFG gelten auch staatenlose Erblasser mit letztem Aufenthalt im Ausland, wenn sich Nachlassgegenstände in Deutschland befinden.[35] Gibt es mehrere Gerichte, in deren Bezirke sich Nachlassgegenstände befinden, so gilt auch hier § 2 Abs. 1 FamFG; es wird also dasjenige Gericht zuständig, welches als erstes mit der Sache befasst war.

21 Als **Nachlassgegenstand** kommen alle beweglichen Sachen, Bankguthaben, Aktien, Bargeld, Forderungen, Grundstücke und Grundstücksrechte in Betracht. Bestehen nur Schulden, so handelt es sich hierbei nicht um ein die Zuständigkeit nach § 343 Abs. 3 FamFG begründenden Nachlassgegenstand.[36] Zuständig ist das Gericht, in dessen Bezirk sich die Sachen befinden. Bei Bankguthaben[37] und Aktiendepots[38] ist das Gericht am Sitz der Bank bzw. der kontoführenden Niederlassung zuständig. Bei Grundstücken, Schiffsbauwerken und Grundstücksrechten ist die tatsächliche Lage maßgeblich und nicht, wo sich das Grundbuchamt bzw. Schiffsregister befindet.[39]

22 **5. Maßgeblicher Zeitpunkt.** Maßgeblicher Zeitpunkt zur Bestimmung der Zuständigkeit ist der **Zeitpunkt des Erbfalls**. Bei einem späteren **Zuständigkeitswechsel** bleibt das ursprünglich zuständige Nachlassgericht weiter zuständig, sofern dort ein Verfahren bereits anhängig war.[40] Die Zuständigkeit ist von Amts wegen und auch noch in den Rechtsmittelinstanzen zu prüfen. Es bedarf daher keines Antrages, jedoch kann die Verweisung angeregt werden. Maßgeblich sind insoweit die §§ 3 ff. FamFG.

---

30 Nach OLG Köln FGPrax 2016, 136 muss der Beschluss aber eine einzelfallbezogene Prüfung vornehmen, ein formularmäßiger Verweisungsbeschluss entfaltet keine Bindungswirkung, ebenso OLG München ZEV 2018, 346.
31 Keidel/Zimmermann FamFG § 343 Rn. 80 unter Verweis auf BT-Drs. 16/6308,175.
32 OLG Köln FGPrax 2008, 74.
33 Keidel/Zimmermann FamFG § 343 Rn. 80.
34 Keidel/Zimmermann FamFG § 343 Rn. 80.
35 OLG Hamm NJW 9154, 1731.
36 Keidel/Zimmermann FamFG § 343 Rn. 84 ff.
37 BGH WM 1987, 1353.
38 Keidel/Zimmermann FamFG § 343 Rn. 85.
39 Prütting/Helms/Fröhler FamFG § 343 Rn. 81.
40 Umstritten, so wie hier BayObLG Rpfleger 2001, 135, aA OLG Dresden RPfleger 2001, 352.

§ 344 FamFG Besondere örtliche Zuständigkeit

(1) ¹Für die besondere amtliche Verwahrung von Testamenten ist zuständig,
1. wenn das Testament vor einem Notar errichtet ist, das Gericht, in dessen Bezirk der Notar seinen Amtssitz hat;
2. wenn das Testament vor dem Bürgermeister einer Gemeinde errichtet ist, das Gericht, zu dessen Bezirk die Gemeinde gehört;
3. wenn das Testament nach § 2247 des Bürgerlichen Gesetzbuchs errichtet ist, jedes Gericht.

²Der Erblasser kann jederzeit die Verwahrung bei einem nach Satz 1 örtlich nicht zuständigen Gericht verlangen.

(2) Die erneute besondere amtliche Verwahrung eines gemeinschaftlichen Testaments nach § 349 Abs. 2 Satz 2 erfolgt bei dem für den Nachlass des Erstverstorbenen zuständigen Gericht, es sei denn, dass der überlebende Ehegatte oder Lebenspartner die Verwahrung bei einem anderen Amtsgericht verlangt.

(3) Die Absätze 1 und 2 gelten entsprechend für die besondere amtliche Verwahrung von Erbverträgen.

(4) Für die Sicherung des Nachlasses ist jedes Gericht zuständig, in dessen Bezirk das Bedürfnis für die Sicherung besteht.

(4a) ¹Für die Auseinandersetzung eines Nachlasses ist jeder Notar zuständig, der seinen Amtssitz im Bezirk des Amtsgerichts hat, in dem der Erblasser seinen letzten gewöhnlichen Aufenthalt hatte. ²Hatte der Erblasser keinen gewöhnlichen Aufenthalt im Inland, ist jeder Notar zuständig, der seinen Amtssitz im Bezirk eines Amtsgerichts hat, in dem sich Nachlassgegenstände befinden. ³Von mehreren örtlich zuständigen Notaren ist derjenige zur Vermittlung berufen, bei dem zuerst ein auf Auseinandersetzung gerichteter Antrag eingeht. ⁴Vereinbarungen der an der Auseinandersetzung Beteiligten bleiben unberührt.

(5) ¹Für die Auseinandersetzung des Gesamtguts einer Gütergemeinschaft ist, falls ein Anteil an dem Gesamtgut zu einem Nachlass gehört, der Notar zuständig, der für die Auseinandersetzung über den Nachlass zuständig ist. ²Im Übrigen ist jeder Notar zuständig, der seinen Amtssitz im Bezirk des nach § 122 Nummer 1 bis 5 zuständigen Gerichts hat. ³Ist danach keine Zuständigkeit gegeben, ist jeder Notar zuständig, der seinen Amtssitz im Bezirk eines Amtsgerichts hat, in dem sich Gegenstände befinden, die zum Gesamtgut gehören. ⁴Absatz 4a Satz 3 und 4 gilt entsprechend.

(6) Hat ein anderes Gericht als das nach § 343 zuständige Gericht eine Verfügung von Todes wegen in amtlicher Verwahrung, ist dieses Gericht für die Eröffnung der Verfügung zuständig.

(7) ¹Für die Entgegennahme einer Erklärung, mit der eine Erbschaft ausgeschlagen oder mit der die Versäumung der Ausschlagungsfrist, die Annahme oder Ausschlagung einer Erbschaft oder eine Anfechtungserklärung ihrerseits angefochten wird, ist auch das Nachlassgericht zuständig, in dessen Bezirk die erklärende Person ihren gewöhnlichen Aufenthalt hat. ²Die Urschrift der Niederschrift oder die Urschrift der Erklärung in öffentlich beglaubigter Form ist von diesem Gericht an das zuständige Nachlassgericht zu übersenden.

A. Allgemeines 1	3. Erneute besondere amtliche Verwahrung eines gemeinschaftlichen Testaments, § 344 Abs. 2 FamFG 5
B. Regelungsgehalt 2	
I. Verwahrung von Testamenten, § 344 Abs. 1–3 FamFG 2	4. Besondere amtliche Verwahrung von Erbverträgen, § 344 Abs. 3 FamFG 7
1. Allgemeines 2	
2. Besondere amtliche Verwahrung von Testamenten 3	5. Besondere amtliche Verwahrung von Konsulartestamenten oder -erbverträgen, § 11 KonsularG 8

II. Sicherung des Nachlasses, § 344 Abs. 4 FamFG 9	V. Entgegennahme einer Ausschlagungs- und Anfechtungserklärung, § 344 Abs. 7 FamFG 16
III. Auseinandersetzung eines Nachlasses, §§ 344 Abs. 4a, 5 FamFG 12	1. Rein innerdeutscher Erbfall 16
IV. Eröffnung von letztwilligen Verfügungen, § 344 Abs. 6 FamFG 13	2. Grenzüberschreitender Erbfall 19

A. Allgemeines

1 § 344 FamFG ist **lex specialis** zu § 343 FamFG und enthält für bestimmte Nachlass- und Teilungssachen, nämlich für die Verwahrung von Testamenten und Erbverträgen (§§ 344 Abs. 1–3 FamFG), die Sicherung des Nachlasses (§ 344 Abs. 4 FamFG), die Auseinandersetzung des Nachlasses (§ 344 Abs. 4a FamFG), die Auseinandersetzung des Gesamtgutes einer Gütergemeinschaft, falls ein Anteil zu einem Nachlass gehört (§ 344 Abs. 5 FamFG), die Eröffnung von Verfügung von Todes wegen nach amtlicher Verwahrung (§ 344 Abs. 6 FamFG) und für die Entgegennahme einer Erklärung mit der die Erbschaft ausgeschlagen oder die Ausschlagung angefochten wird (§ 344 Abs. 7 FamFG) besondere Zuständigkeiten.

B. Regelungsgehalt

I. Verwahrung von Testamenten, § 344 Abs. 1–3 FamFG

2 **1. Allgemeines.** Die Verwahrung von Testamenten im Wege der einfachen amtlichen Verwahrung erfolgt nach § 342 Abs. 1 Nr. 1 FamFG beim Amtsgericht, in Baden-Württemberg bis zum 31.12.2017 beim Notariat, Art. 147 Abs. 1 EGBGB, §§ 1 Abs. 2, 3, 38, 46 Abs. 3 BadWürttLFGG, ab dem 1.1.2018 das Amtsgericht. Von der einfachen amtlichen Verwahrung ist die besondere amtliche Verwahrung zu unterscheiden, für die die §§ 344 Abs. 1–3 FamFG eine besondere örtliche Zuständigkeit begründen.

3 **2. Besondere amtliche Verwahrung von Testamenten.** Für die **besondere amtliche Verwahrung von Testamenten** ist bei vor einem Notar errichtetem Testament das Gericht zuständig, in dessen Bezirk der Notar seinen Amtssitz hat (§ 344 Abs. 1 S. 1 Nr. 1 FamFG), bei einem Testament das vor dem Bürgermeister einer Gemeinde errichtet wurde, das Gericht, zu dessen Bezirk die Gemeinde gehört (§ 344 Abs. 1 S. 1 Nr. 2 FamFG) und bei einem eigenhändigen Testament nach § 2247 BGB jedes Gericht (§ 344 Abs. 1 S. 1 Nr. 3 FamFG).

4 Nach § 344 Abs. 1 S. 2 FamFG kann der Erblasser jederzeit die Hinterlegung bei einem anderen als dem zuständigen Gericht verlangen, wobei eine bestimmte Form nicht vorgeschrieben ist. Die Ausübung dieses Rechts ist durch den Erblasser jederzeit möglich, auch noch nach bereits erfolgter Verwahrungsnahme.[1] Handelt es sich um ein gemeinschaftliches Testament müssen beide Erblasser das Verlangen aussprechen, welches dann aber nach Maßgabe des § 344 Abs. 2 Hs. 2 FamFG nach dem Tod des Erstversterbenden vom Überlebenden alleine abgeändert werden kann.

5 **3. Erneute besondere amtliche Verwahrung eines gemeinschaftlichen Testaments, § 344 Abs. 2 FamFG.** Ein gemeinschaftliches Testament wird nach dem Tod des Erstversterbenden nach § 348 FamFG eröffnet, wobei allerdings die Besonderheiten des § 349 FamFG zu beachten sind. Befand sich das gemeinschaftliche Testament in besonderer amtlicher Verwahrung, so ist von den Verfügungen des verstorbenen Ehegatten oder Lebenspartners eine beglaubigte Abschrift anzufertigen, das Testament wieder zu verschließen und bei dem nach § 344 Abs. 2

---

[1] Umstr., bejahend Prütting/Helms/Fröhler FamFG § 344 Rn. 32 und nunmehr MüKoFamFG/Grziwotz FamFG § 344 Rn. 8 unter ausdrücklicher Aufgabe der noch von J. Mayer in der 2. Auflage vertretenen Ansicht; aA insbesondere Diehn DNotZ 2011, 676.

FamFG bestimmten Gericht erneut in besondere amtliche Verwahrung zu geben, § 349 Abs. 2 FamFG.

Zuständig iSd § 349 Abs. 2 S FamFG ist nach § 344 Abs. 2 FamFG grundsätzlich das für den Nachlass des Erstverstorbenen zuständige Gericht zuständig, es sei denn, dass der überlebende Ehegatte oder Lebenspartner die Verwahrung bei einem anderen Amtsgericht verlangt (§ 344 Abs. 2 FamFG). Bei dem „Verlangen" handelt es sich um ein einmaliges Wahlrecht,[2] welches aber ansonsten zeitlich unbefristet ausgeübt werden kann.[3]

4. Besondere amtliche Verwahrung von Erbverträgen, § 344 Abs. 3 FamFG. Für Erbverträge erklärt § 344 Abs. 3 FamFG die Regelungen der §§ 344 Abs. 1 und 2 FamFG für entsprechend anwendbar.

5. Besondere amtliche Verwahrung von Konsulartestamenten oder -erbverträgen, § 11 KonsularG. Für die besondere Verwahrung von Konsulartestamenten oder -erbverträgen ist nach § 11 Abs. 2 S. 1 KonsularG grundsätzlich das Amtsgericht Schöneberg zuständig.[4] Der Erblasser kann aber nach § 11 Abs. 2 S. 2 KonsularG jederzeit die Verwahrung bei einem anderen Amtsgericht verlangen, nicht aber beim Konsulat selbst.[5]

II. Sicherung des Nachlasses, § 344 Abs. 4 FamFG

Materiellrechtlich hat nach § 1960 BGB das Nachlassgericht (§ 1962 BGB) für die **Sicherung des Nachlasses** zu sorgen, wenn hierfür ein Bedürfnis nach § 1960 Abs. 1 S. 1 BGB besteht oder wenn der Erbe unbekannt oder wenn ungewiss ist, ob er die Erbschaft angenommen hat, § 1960 Abs. 1 S. 2 BGB. Als Sicherungsmaßnahmen kommen in erster Linie die in § 1960 Abs. 2 BGB genannten in Betracht, also etwa die Anlegung von Siegeln, die Hinterlegung von Geld, Wertpapieren und Kostbarkeiten, die Anordnung der Aufnahme eines Nachlassverzeichnisses und die Bestellung eines Nachlasspflegers. Dagegen gehört weder die Erteilung eines Erbscheins,[6] noch die Anordnung einer Nachlasspflegschaft auf Antrag eines Nachlassgläubigers nach § 1961 BGB[7] dazu.

Örtlich zuständig ist nach § 344 Abs. 4 FamFG das Nachlassgericht, in dessen Bezirk das Bedürfnis für die Sicherung besteht. Möglich und zulässig ist hierbei auch die Entscheidung durch mehrere verschiedene Gerichte, solange diese sich nicht in Widerspruch zueinander setzen. Dann ist nach § 2 Abs. 1 FamFG vorzugehen, so dass zuständig das Gericht ist, das zuerst mit der Sache befasst war. Führt auch dies nicht weiter, so ist eine Entscheidung durch das nächsthöhere gemeinsame Gericht nach § 5 Abs. 1 Nr. 3 FamFG einzuholen. Das Eilgericht hat dabei das örtlich allgemein zuständige Gericht nach § 356 Abs. 2 FamFG zu informieren.

Funktional zuständig ist grundsätzlich der Rechtspfleger, § 3 Nr. 2 lit. c RPflG. Jedoch ist dabei der sich aus § 16 Abs. 1 Nr. 1 RPflG ergebende Richtervorbehalt zu beachten. Der Richter ist auch für die Anordnung einer Nachlasspflegschaft über den inländischen Nachlass eines Ausländers nach § 14 Abs. 1 Nr. 10 RPflG zuständig.[8]

III. Auseinandersetzung eines Nachlasses, §§ 344 Abs. 4a, 5 FamFG

Für die **Auseinandersetzung des Nachlasses und des Gesamtguts einer Gütergemeinschaft** falls ein Anteil an dem Gesamtgut zu einem Nachlass gehört, ist nach der Neuregelung durch das

---

2 Bumiller/Harders/Schwamb FamFG § 344 Rn. 9.
3 Umstr., bejahend Keidel/Zimmermann FamFG § 344 Rn. 11; aA Bumiller/Harders/Schwamb FamFG § 344 Rn. 9.
4 Bumiller/Harders/Schwamb FamFG § 344 Rn. 5.
5 Keidel/Zimmermann FamFG § 344 Rn. 9; aA Prütting/Helms/Fröhler FamFG § 344 Rn. 30.

6 BGH NJW 1976, 481.
7 Umstr., wie hier OLG Hamm FGPrax 2008, 161. Dagegen will Keidel/Zimmermann FamFG § 344 Rn. 15 in Eilfällen eine Zuständigkeit nach § 344 Abs. 4 FamFG bejahen.
8 Keidel/Zimmermann FamFG § 344 Rn. 23.

Gesetz zur Übertragung von Aufgaben im Bereich der freiwilligen Gerichtsbarkeit auf Notare[9] nunmehr der Notar gemäß den §§ 344 Abs. 4a und 5 zuständig. Die Neuregelung gilt hierbei ab dem 1.9.2013, dh ab diesem Zeitpunkt ist nunmehr der Notar und nicht mehr das Nachlassgericht für die Auseinandersetzung über den Nachlass zuständig. Entscheidend ist hierbei der Zeitpunkt der Antragstellung. Vgl. im Übrigen hierzu die Kommentierung zum Verfahren in Teilungssachen bei den §§ 363 ff. FamFG.

IV. Eröffnung von letztwilligen Verfügungen, § 344 Abs. 6 FamFG

13 Befindet sich die Verfügung von Todes wegen bei einem anderen als dem nach § 343 FamFG örtlich zuständigen Gericht in amtlicher Verwahrung, so ist dieses Gericht nach § 344 Abs. 6 FamFG für die **Eröffnung nach § 350 FamFG** zuständig. Dabei genügt neben der amtlichen Verwahrung auch eine Verwahrung in den Nachlassakten des Gerichts. Dagegen ist es nicht ausreichend, wenn sich die Verfügung von Todes wegen in Prozessakten eines Gerichts befindet, welches nicht Nachlassgericht sein kann, wie etwa das Landgericht, dieses ist vielmehr nach § 2259 Abs. 2 BGB ablieferungspflichtig.[10] Befindet sich die Verfügung von Todes wegen dagegen bei einer anderen Abteilung des Amtsgericht in den Akten, so kann insoweit eine Abgabe auch zur Eröffnung an das Nachlassgericht erfolgen.[11] Nach erfolgter Eröffnung und Übersendung nebst einer beglaubigten Abschrift nach § 350 FamFG endet das Verfahren beim Eröffnungsgericht und beim Nachlassgericht wird ein neues Verfahren in Gang gesetzt.[12]

14 Besteht **Streit zwischen zwei Gerichten**, so entscheidet über die Zuständigkeit das nächsthöhere gemeinsame Gericht nach § 5 FamFG.

15 Gegen die den Beteiligten belastende Entscheidung des Rechtspflegers, wie bei Ablehnung der Eröffnung des Testaments oder bei der Ablehnung der Versendung des eröffneten Testament an das nach § 343 FamFG zuständige Amtsgericht, kann **Beschwerde** nach den §§ 58 ff. FamFG eingelegt werden.

V. Entgegennahme einer Ausschlagungs- und Anfechtungserklärung, § 344 Abs. 7 FamFG

16 **1. Rein innerdeutscher Erbfall.** Nach § 344 Abs. 7 FamFG ist für die **Entgegennahme einer Erklärung**, mit der die Erbschaft ausgeschlagen (§ 1945 Abs. 1 BGB) oder die Ausschlagung angefochten (§ 1955 BGB) wird, auch das Nachlassgericht zuständig, in dessen Bezirk der Ausschlagende oder Anfechtende seinen gewöhnlichen Aufenthalt hat. § 344 Abs. 7 FamFG gilt nur für rein innerdeutsche Fälle.

17 Das Original der Niederschrift über die Erklärung ist danach von dem Gericht, in dessen Bezirk der Ausschlagende oder Anfechtende seinen gewöhnlichen Aufenthalt hat, an das zuständige Nachlassgericht zu übersenden, eine Ausfertigung kann zurückbehalten werden.[13] Die Übersendung hat alsbald zu erfolgen, wobei eine Frist aber gesetzlich nicht bestimmt ist. Erfolgt keine Weiterleitung, kommen Amtshaftungsansprüche nach § 839 BGB, Art. 34 GG in Betracht.[14]

18 Für die Rechtzeitigkeit der Ausschlagung ist nicht der Eingang der Erklärung beim zuständigen Nachlassgericht, sondern der Zeitpunkt der Entgegennahme der Erklärung am Gericht des gewöhnlichen Aufenthalts maßgeblich.

19 **2. Grenzüberschreitender Erbfall.** Bei einem **grenzüberschreitenden Erbfall** ist vorrangig Art. 13 EuErbVO zu beachten mit der Regelung der innerdeutschen Zuständigkeit nach § 31 IntErb-

---

9 BR-Drs. 358/13.
10 Bumiller/Harders/Schwamb/Harders FamFG § 344 Rn. 15.
11 Bumiller/Harders/Schwamb/Harders FamFG § 344 Rn. 15 mwN.
12 Bumiller/Harders/Schwamb/Harders FamFG § 344 Rn. 15.
13 OLG Celle FGPrax 2010, 192.
14 MüKoFamFG/Grziwotz FamFG § 344 Rn. 49.

RVG. Danach ist das Gericht örtlich zuständig, in dessen Bezirk die ausschlagende oder die Erbschaft annehmende Person ihren gewöhnlichen Aufenthalt hat. Flankiert wird die Regelung des Art. 13 EuErbVO von der Bestimmung des Art. 28 EuErbVO, wonach hinsichtlich der Formgültigkeit einer solchen Erklärung auch die lex fori des nach Art. 13 EuErbVO zuständigen Gerichts für maßgeblich erklärt wird.[15]

Nach **bisheriger Rechtslage**[16] war es so, dass die Erbschaftsannahme und -ausschlagung in der Form dem von Art. 11 Abs. 1 EGBGB berufenen Recht folgen. Dies schließt jedoch nicht den Adressaten ein, den das Erbstatut (Art. 25 EGBGB) bestimmt, so dass bei deutschem Erbstatut eine Ausschlagung formwirksam vor dem personal representative im UK erklärt werden konnte, jedoch – in **deutscher Sprache** – dem Nachlassgericht hätte zugehen müssen.[17] In Abgrenzung zum Erbschaftserwerb, der für Immobilien von §§ 31, 32 ÖstIPRG in Abspaltung vom Erbstatut dem Belegenheitsrecht unterstellt wird, wendet das OLG Köln[18] auf die Ausschlagung das (österreichische) Erbstatut an, auch soweit Immobilien in Deutschland betroffen sind.[19]

20

Nach Inkrafttreten der EuErbVO ist Art. 28 EuErbVO zu beachten. Der Erbe kann danach das Erbe formwirksam entweder nach Maßgabe des Erbstatuts oder nach dem Recht des eigenen Aufenthaltsorts ausschlagen. Die Erleichterung gilt aber nur für die Form und die Beweisbarkeit der Ausschlagungserklärung, nicht aber für die Frist oder für inhaltliche bzw. materiellrechtliche Fragen.[20] Unterfällt also eine Erbschaft dem deutschen Erbrecht und will der im Ausland lebende Erbe die Erbschaft ausschlagen, so kann er zwar die Formerleichterungen des Art. 28 EuErbVO für sich in Anspruch nehmen, es gelten aber weiterhin die strengen materiellrechtlichen Anforderungen der §§ 1944 ff. BGB an ein Erbausschlagung (also insbesondere auch die Frist). Nach dem EuGH[21] sind die Art. 13 und 28 EuErbVO dahin auszulegen, dass eine von einem Erben vor einem Gericht des Mitgliedstaats seines gewöhnlichen Aufenthalts abgegebene Erklärung über die Ausschlagung der Erbschaft als hinsichtlich ihrer Form wirksam gilt, wenn die vor diesem Gericht geltenden Formerfordernisse eingehalten worden sind, ohne dass es für diese Wirksamkeit erforderlich wäre, dass sie die Formerfordernisse erfüllt, die nach dem auf die Rechtsnachfolge von Todes wegen anzuwendenden Recht beachtet werden müssen. Damit ist nun klargestellt, dass die Art. 13, 28 EuErbVO den nationalen Regelungen der § 1945 BGB, § 184 GVG vorgehen.,[22] Vgl. näher hierzu auch bei der Kommentierung zu Art. 13 und 28 EuErbVO.

21

§ 345 FamFG Beteiligte

(1) ¹In Verfahren auf Erteilung eines Erbscheins ist Beteiligter der Antragsteller. ²Ferner können als Beteiligte hinzugezogen werden:
1. die gesetzlichen Erben,
2. diejenigen, die nach dem Inhalt einer vorliegenden Verfügung von Todes wegen als Erben in Betracht kommen,
3. die Gegner des Antragstellers, wenn ein Rechtsstreit über das Erbrecht anhängig ist,
4. diejenigen, die im Fall der Unwirksamkeit der Verfügung von Todes wegen Erbe sein würden, sowie

---

15 Gierl/Köhler/Kroiß/Wilsch Internationales Privatrecht Abschn. 1 § 3 Rn. 36.
16 OLG Köln Rpfleger 2015, 548, OLG Schleswig NJW-RR 2015, 1224.
17 Rauscher NJW 2015, 3551 (3555).
18 Rpfleger 2015, 548.
19 Rauscher NJW 2015, 3551 (3555).
20 Lange/Holtwiesche ZErb 2016, 29 (30).
21 FamRZ 2022, 1137.
22 Anders noch etwa Lange/Holtwiesche ZErb 2016, 29 (32), die dafür plädierten, dass nach wie vor die Ausschlagungserklärung in deutscher Sprache auch von einem im Ausland ansässigen Erben abzugeben ist. Der entgegenstehenden, bereits von Leipold ZEV 2015, 553 (554) vertretenen Ansicht, hat der EuGH nun dem Vorzug gegeben.

5. alle Übrigen, deren Recht am Nachlass durch das Verfahren unmittelbar betroffen wird.

³Auf ihren Antrag sind sie hinzuzuziehen.

(2) Absatz 1 gilt entsprechend für die Erteilung eines Zeugnisses nach § 1507 des Bürgerlichen Gesetzbuchs oder nach den §§ 36 und 37 der Grundbuchordnung sowie den §§ 42 und 74 der Schiffsregisterordnung.

(3) ¹Im Verfahren zur Ernennung eines Testamentsvollstreckers und zur Erteilung eines Testamentsvollstreckerzeugnisses ist Beteiligter der Testamentsvollstrecker. ²Das Gericht kann als Beteiligte hinzuziehen:
1. die Erben,
2. den Mitvollstrecker.

³Auf ihren Antrag sind sie hinzuzuziehen.

(4) ¹In den sonstigen auf Antrag durchzuführenden Nachlassverfahren sind als Beteiligte hinzuzuziehen in Verfahren betreffend
1. eine Nachlasspflegschaft oder eine Nachlassverwaltung der Nachlasspfleger oder Nachlassverwalter;
2. die Entlassung eines Testamentsvollstreckers der Testamentsvollstrecker;
3. die Bestimmung erbrechtlicher Fristen derjenige, dem die Frist bestimmt wird;
4. die Bestimmung oder Verlängerung einer Inventarfrist der Erbe, dem die Frist bestimmt wird, sowie im Fall des § 2008 des Bürgerlichen Gesetzbuchs dessen Ehegatte oder Lebenspartner;
5. die Abnahme einer eidesstattlichen Versicherung derjenige, der die eidesstattliche Versicherung abzugeben hat, sowie im Fall des § 2008 des Bürgerlichen Gesetzbuchs dessen Ehegatte oder Lebenspartner.

²Das Gericht kann alle Übrigen, deren Recht durch das Verfahren unmittelbar betroffen wird, als Beteiligte hinzuziehen. ³Auf ihren Antrag sind sie hinzuzuziehen.

A. Allgemeines 1	III. Ernennung eines Testamentsvollstreckers, § 345 Abs. 3 FamFG 10
B. Regelungsgehalt 3	
I. Erbscheinsverfahren, § 345 Abs. 1 FamFG 3	IV. Sonstige auf Antrag durchzuführende Nachlassverfahren, § 345 Abs. 4 FamFG .. 14
II. Sonstige Zeugnisse des Nachlassgerichts, § 345 Abs. 2 FamFG 9	

A. Allgemeines

1 § 345 FamFG stellt eine **ergänzende Spezialvorschrift** zu § 7 FamFG für die Antragsverfahren im Nachlassverfahren dar. Handelt es sich um ein von Amts wegen zu betreibendes Verfahren, gilt § 7 FamFG unmittelbar.

2 Wie auch bei § 7 FamFG wird zwischen „Muss"- und „Kann"-Beteiligten unterschieden. „Muss"-Beteiligte sind von Amts wegen zu beteiligen, „Kann"-Beteiligte hingegen im Rahmen pflichtgemäßem Ermessen, jedoch zwingend auf deren Antrag. § 345 FamFG regelt den Beteiligtenbegriff hierbei je nach Antragsverfahren:

- Abs. 1 für das Erbscheinsverfahren,
- Abs. 2 erklärt Abs. 1 für die Erteilung eines Zeugnisses nach § 1507 BGB oder nach den §§ 36, 37 GBO und nach den §§ 42 und 74 Schiffsregisterordnung für entsprechend anwendbar,
- Abs. 3 für die Ernennung eines Testamentsvollstreckers und zur Erteilung eines Testamentsvollstreckers und
- Abs. 4 für sonstige auf Antrag durchzuführende Nachlassverfahren.

B. Regelungsgehalt

I. Erbscheinsverfahren, § 345 Abs. 1 FamFG

Im **Erbscheinsverfahren** stellt § 345 Abs. 1 S. 1 FamFG klar, dass „**Muss**"-**Beteiligter** derjenige ist, der den Antrag auf Erteilung eines Erbscheins gestellt hat.

Die „**Kann**"-**Beteiligten** zählt § 345 Abs. 1 S. 2 auf. Hierzu gehören

- die gesetzlichen Erben (Nr. 1),
- diejenigen, die nach dem Inhalt einer vorliegenden Verfügung von Todes wegen als Erben in Betracht kommen (Nr. 2),
- die Gegner des Antragstellers, wenn ein Rechtsstreit über das Erbrecht anhängig ist (Nr. 3),
- diejenigen, die im Fall der Unwirksamkeit der Verfügung von Todes wegen Erbe sein würden (Nr. 4)
- und alle Übrigen, deren Rechte am Nachlass durch das Verfahren unmittelbar betroffen werden (Nr. 5).

Pflichtteilsberechtigte unterfallen demnach § 345 Abs. 1 S. 2 Nr. 1 FamFG. § 345 Abs. 1 S. 2 Nr. 5 FamFG fungiert schließlich als Auffangtatbestand. Hierunter fallen der Nachlassinsolvenzverwalter und der -verwalter, sowie Gläubiger iSd §§ 792, 896 ZPO. Auch der Erbeserbe gehört hierzu wie auch diejenigen Personen, deren Rechtsposition im Erbschein aufzuführen ist. Hierunter fallen wegen § 2363 Abs. 1 BGB die Nacherben und nach umstrittener Ansicht auch der Ersatznacherbe[1] sowie wegen § 2364 Abs. 1 BGB der Testamentsvollstrecker.

Dagegen unterfallen Vermächtnisnehmer grundsätzlich nicht der Regelung des § 345 Abs. 1 S. 2 Nr. 5 FamFG, können aber unter § 345 Abs. 1 S. 2 Nr. 2 FamFG fallen, wenn nach einer möglichen Auslegung des Testaments diese als Erben in Betracht kommen. Ebenso grundsätzlich nicht unter Nr. 5 fallen Nachlassgläubiger.

Die Hinzuziehung dieser „Kann-Beteiligten" ist in jedem Stadium des Verfahrens möglich, sollte aber zur Sicherstellung der **Gewährung rechtlichen Gehörs** möglichst frühzeitig erfolgen. Wird von einer dieser Personen ein **Antrag auf Beteiligung** gestellt, so ist dieser nach § 345 Abs. 1 S. 3 FamFG zu beteiligen.

Um die Gewährung rechtlichen Gehörs sicherzustellen sind die in § 345 Abs. 1 S. 2 FamFG aufgeführten Personen gemäß § 7 Abs. 4 FamFG von der Einleitung des Verfahrens zu **benachrichtigen** und über ihr Antragsrecht zu belehren. Sind diese Personen dem Gericht nicht bekannt, bedarf es grundsätzlich einer Ermittlung von Amts wegen.[2] Dem Gericht kommt hierbei ein Beurteilungsspielraum zu, wobei zwischen dem Grundsatz der Gewährung rechtlichen Gehörs und den damit verbundenen umfangreichen Ermittlungen einerseits und dem Gebot der Verhältnismäßigkeit und der Verfahrensbeschleunigung, insbesondere gegenüber dem Antragsteller, abzuwägen ist. Eine Beteiligung hat hierbei aber grundsätzlich immer dann zu erfolgen, wenn das behauptete Recht nicht von vornherein gänzlich fernliegend ist.[3] Zu den inhaltlichen Anforderungen der Benachrichtigung enthält das Gesetz keine Vorgaben, es empfiehlt sich aber den Erbscheinsantrag zu übersenden.

II. Sonstige Zeugnisse des Nachlassgerichts, § 345 Abs. 2 FamFG

§ 345 **Abs. 2 FamFG** erklärt Abs. 1 für die Erteilung eines Zeugnisses nach § 1507 BGB oder nach den §§ 36, 37 GBO und nach den §§ 42 und 74 Schiffsregisterordnung für entsprechend anwendbar, dementsprechend gelten die Ausführungen zum Erbscheinsverfahren auch hier.

---

1 Bumiller/Harders/Schwamb/Harders FamFG § 345 Rn. 7; MüKoBGB/Grziwotz BGB § 2363 Rn. 2. aA Prütting/Helms/Fröhler FamFG § 345 Rn. 36.

2 OLG Köln FGPrax 2009, 287 (289).

3 OLG München ZErb 2017, 48.

III. Ernennung eines Testamentsvollstreckers, § 345 Abs. 3 FamFG

10 In **§ 345 Abs. 3 FamFG** werden die Beteiligten im Verfahren zur Ernennung eines **Testamentsvollstreckers** gem. § 2200 BGB oder bei Erteilung eines **Testamentsvollstreckerzeugnisses** gem. § 2368 BGB bestimmt. Für die Entlassung des Testamentsvollstreckers gilt dagegen § 345 Abs. 4 Nr. 2 FamFG.

11 „Muss"-Beteiligter ist demnach allein der **Testamentsvollstrecker**.

12 „Kann"-Beteiligte sind die Erben (Nr. 1) und der Mitvollstrecker (Nr. 2), die bei Vorliegen eines Antrags gemäß § 345 Abs. 3 S. 3 FamFG zwingend zu beteiligen sind. Über den eigentlichen Wortlaut hinaus ist in den Fällen einer Vermächtnisvollstreckung nach § 2223 BGB auch der Vermächtnisnehmer nach § 345 Abs. 3 S. 2 Nr. 1 FamFG zu beteiligen.[4]

13 Beteiligter gemäß § 7 Abs. 1 FamFG ist darüber hinaus ein Nachlassgläubiger, der einen Antrag auf Erteilung eines Testamentsvollstreckerzeugnisses unter den Voraussetzungen der §§ 792, 896 ZPO gestellt hat. Dementsprechend sind die „Kann"-Beteiligten gemäß § 7 Abs. 4 FamFG von der Einleitung des Verfahrens zu benachrichtigen und über das Antragsrecht zu belehren.

IV. Sonstige auf Antrag durchzuführende Nachlassverfahren, § 345 Abs. 4 FamFG

14 § 345 Abs. 4 FamFG enthält die Beteiligtenbestimmung für die sonstigen auf Antrag durchzuführenden Nachlassverfahren.

15 „Muss"-Beteiligte sind die in § 345 Abs. 4 S. 1 FamFG bestimmten Personen, wobei der Antragsteller nach § 7 Abs. 1 FamFG stets Beteiligter ist. Dies sind:
- in Verfahren betreffend Nachlasspflegschaft und Nachlassverwaltung der Nachlasspfleger bzw. der Nachlassverwalter (Nr. 1),
- in Verfahren auf Entlassung eines Testamentsvollstreckers der Testamentsvollstrecker selbst (Nr. 2),
- bei Bestimmung erbrechtlicher Fristen derjenige, dem die Frist bestimmt wird (Nr. 3). Dies betrifft die Regelungen der §§ 2151, 2153, 2154, 2155, 2192, 2193, 2198, 2202 Abs. 3 BGB (vgl. hierzu auch § 355 Abs. 1 FamFG),
- bei Antrag eines Nachlassgläubigers auf Fristbestimmung zur Errichtung des Inventars gem. § 1994 BGB der Erbe, dem die Frist bestimmt wird, sowie im Fall des § 2008 BGB der Ehegatte oder Lebenspartner (Nr. 4),
- bei Abnahme einer eidesstattlichen Versicherung, derjenige, der die eidesstattliche Versicherung abzugeben hat sowie in den Fällen des § 2008 BGB dessen Ehegatte oder Lebenspartner (Nr. 5).

16 „Kann"-Beteiligte sind nach § 345 Abs. 4 S. 2 FamFG alle übrigen Personen, deren Recht durch das Verfahren unmittelbar betroffen wird. Hierbei bezieht sich § 345 Abs. 4 S. 2 FamFG nicht nur auf die §§ 345 Abs. 4 S. 1 Nr. 1- 5 FamFG aufgeführten Verfahren, sondern ausweislich der Gesetzesbegründung auch auf alle sonstigen auf Antrag durchzuführenden Verfahren. Auf Antrag sind diese zwingend hinzuziehen, § 345 Abs. 4 S. 3 FamFG. Entsprechend § 7 Abs. 4 FamFG sind sie von der Einleitung des Verfahrens zu benachrichtigen und über ihr Antragsrecht zu belehren.

---

[4] Bumiller/Harders/Schwamb/Harders FamFG § 345 Rn. 13.

§ 346 FamFG Verfahren bei besonderer amtlicher Verwahrung

(1) Die Annahme einer Verfügung von Todes wegen in besondere amtliche Verwahrung sowie deren Herausgabe ist von dem Richter anzuordnen und von ihm und dem Urkundsbeamten der Geschäftsstelle gemeinschaftlich zu bewirken.

(2) Die Verwahrung erfolgt unter gemeinschaftlichem Verschluss des Richters und des Urkundsbeamten der Geschäftsstelle.

(3) Dem Erblasser soll über die in Verwahrung genommene Verfügung von Todes wegen ein Hinterlegungsschein erteilt werden; bei einem gemeinschaftlichen Testament erhält jeder Erblasser einen eigenen Hinterlegungsschein, bei einem Erbvertrag jeder Vertragschließende.

A. Allgemeines 1	II. Einsichtnahme in die letztwillige Verfügung 23
B. Regelungsgehalt 2	1. Einsichtnahme 23
I. Annahme einer Verfügung von Todes wegen in die besondere amtliche Verwahrung, § 346 Abs. 1 Alt. 1 FamFG 2	2. Kosten 24
1. Verfügung von Todes wegen 2	3. Beschwerde 25
2. Begriffsbestimmung der besonderen amtlichen Verwahrung 7	III. Herausgabe der in besonderer amtlicher Verwahrung befindlichen letztwilligen Verfügung, § 346 Abs. 1 Alt. 2 FamFG 26
3. Annahme 10	1. Herausgabeverlangen 26
a) Zuständigkeit 10	2. Zuständigkeit 28
b) Annahmeanordnung 13	3. Prüfung der Testierfähigkeit 31
c) Durchführung der Verwahrung, § 346 Abs. 2 FamFG 16	4. Wirkung der Herausgabe 33
4. Beschwerde 19	5. Beschwerde 34
5. Kosten der Hinterlegung 20	6. Kosten der Herausgabe 35
6. Erteilung eines Hinterlegungsscheins, § 346 Abs. 3 FamFG 22	

A. Allgemeines

§ 346 FamFG betrifft das Verfahren bei der besonderen amtlichen Verwahrung. Der Sinn und Zweck der besonderen amtlichen Verwahrung besteht zum einen im Schutz und Geheimhaltung der letztwilligen Verfügung des Erblassers und zum anderen zur Sicherstellung einer geordneten Rechtspflege.[1] Außerdem wird mit der besonderen amtlichen Verwahrung dem Interesse an Geheimhaltung und dem Schutz vor nachträglichen Veränderungen besonders Rechnung getragen.[2]

B. Regelungsgehalt

I. Annahme einer Verfügung von Todes wegen in die besondere amtliche Verwahrung, § 346 Abs. 1 Alt. 1 FamFG

1. Verfügung von Todes wegen. § 346 FamFG findet auf alle Verfügungen von Todes wegen Anwendung.

Bei **öffentlichen Testamenten** nach § 2232 BGB sowie bei dem **Nottestament** vor dem Bürgermeister nach § 2249 BGB besteht gemäß § 34 Abs. 1 S. 4 BeurkG eine Ablieferungspflicht für den Notar bzw. für den Bürgermeister (iVm § 2249 Abs. 1 S. 4 BGB).

Erbverträge sind nach § 34 Abs. 2 BeurkG grundsätzlich vom Notar in die besondere amtliche Verwahrung zu bringen, es sei denn, dies wird von den Vertragsschließenden ausdrücklich ausgeschlossen.

---

[1] Keidel/Zmermann FamFG § 346 Rn. 1 unter Verweis auf BT-Drs. 16/9733.
[2] BGH DNotZ 1990, 436.

5 Bei der **Errichtung von Testamenten vor dem Konsularbeamten** besteht über §§ 11 Abs. 2, 10 Abs. 3 KonsG, § 34 BeurkG ebenfalls eine Ablieferungspflicht.[3]

6 Dagegen werden das eigenhändige Testament wie auch die Nottestamente nach den §§ 2250, 2251 BGB nur auf Verlangen des Erblassers in die besondere amtliche Verwahrung genommen.

7 **2. Begriffsbestimmung der besonderen amtlichen Verwahrung. Die besondere amtliche Verwahrung** ist die Verwahrung von Verfügungen von Todes wegen nach dem in § 346 FamFG angeordneten Verfahren durch das Nachlassgericht.

8 Die besondere amtliche Verwahrung muss im Gesetz als solche bezeichnet sein. Anderenfalls handelt es sich um die von der besonderen amtlichen Verwahrung zu unterscheidende (einfache) amtliche Verwahrung. Die (einfache) amtliche Verwahrung – im Folgenden nur als amtliche Verwahrung bezeichnet – betrifft die einfache Verwahrung in der Nachlassakte. Dies ist insbesondere der Fall, wenn Verfügungen von Todes wegen beim Nachlassgericht abgeliefert werden oder wenn sie nach Eröffnung zu der Nachlassakte genommen werden.

9 Gemeinschaftliche Testamente oder Erbverträge, die sich in der besonderen amtlichen Verwahrung befunden haben, werden nach dem Tod des Erstversterbenden und nach erfolgter Eröffnung sowie nach Anfertigung einer beglaubigten Abschrift wieder verschlossen und gemäß § 349 Abs. 2 S. 2 FamFG bei dem nach § 344 Abs. 2 FamFG zuständigen Gericht wieder in die besondere amtliche Verwahrung zurückgebracht. Zuständig ist hierfür das Nachlassgericht des für den Nachlass des Erstversterbenden zuständige Gericht.

10 **3. Annahme. a) Zuständigkeit. Zuständig** sind sachlich die Amtsgerichte und dort das Nachlassgericht (§§ 23a Abs. 1 Nr. 2, Abs. 2 Nr. 2 GVG).

11 Die **örtliche Zuständigkeit** richtet sich nach §§ 344 Abs. 1–3 FamFG.

12 **Funktional** ist nach § 3 Nr. 2c RPflG der Rechtspfleger zuständig. Zudem kann nach § 36b Abs. 1 Nr. 1 RPflG die Annahme, nicht jedoch die Herausgabe, der Verfügung von Todes wegen durch Rechtsverordnung dem Urkundsbeamten der Geschäftsstelle übertragen werden. Eine solche Rechtsverordnung haben derzeit Baden-Württemberg,[4] Bayern,[5] Bremen,[6] Hamburg,[7] Hessen,[8] Niedersachsen,[9] Rheinland-Pfalz,[10] Saarland,[11] Sachsen-Anhalt[12] und Thüringen[13] erlassen, so dass dort die Annahme durch den Urkundsbeamten der Geschäftsstelle erfolgt.

13 **b) Annahmeanordnung.** Die Verfügung von Todes wegen gelangt durch **Annahme** in die besondere amtliche Verwahrung, § 346 Abs. 1 S. 1 FamFG.

14 Hierzu ist durch den Rechtspfleger bzw. durch den Urkundsbeamten nach §§ 3 Nr. 2c, 36b Abs. 1 Nr. 1 RPflG zunächst die sachliche wie örtliche Zuständigkeit nach §§ 344 Abs. 1–3 FamFG zu prüfen. Dem **Nachlassgericht kommt dagegen eine Prüfungspflicht weder in formeller noch in materieller Hinsicht zu**, jedoch kann auf etwaige Mängel hingewiesen werden. Die Verfügung von Todes wegen ist aber unabhängig davon in die besondere amtliche Verwahrung zu nehmen, ein Ablehnungsrecht steht dem Nachlassgericht in keinem Fall zu. Dies gilt auch für Verfügungen von Todes wegen, die vor einem Notar oder dem Bürgermeister errichtet wurden. Hier entfällt schon per se eine Prüfung in materieller Hinsicht, dagegen können zwar formelle Mängel, wie dass das Testament nicht in einen Umschlag genommen, mit einem Prägesie-

---

[3] Staudinger/Baumann, 2006), BGB § 2258a Rn. 10; Keidel/Zimmermann FamFG § 346 Rn. 3; aA MüKoBGB/Hagena, 4. Aufl., BGB § 2258a Rn. 11, wonach vorrangig § 10 Abs. 3 Zif. 4 KonsG gilt und dementsprechend Urschriften den Beteiligten auszuhändigen sind, sofern von diesen nicht ausdrücklich die amtliche Verwahrung verlangt wird.
[4] GBl. 2017, 468.
[5] GVBl. 2005, 40.
[6] GBl. 2006, 193.
[7] GVBl. 2005, 200.
[8] GVBl. 2013, 386.
[9] GVBl. 2005, 223.
[10] GVBl. 2008, 81.
[11] ABl. 2015 I 206.
[12] GVBl. 2004, 724.
[13] GVBl. 2003, 319, zuletzt geändert GVBl. 2013, 61.

gel verschlossen oder beschriftet wurde (§ 34 Abs. 1 BeurkG), beanstandet werden, doch das Recht auf eine Annahmeverweigerung resultiert hieraus nicht.[14]

Anschließend hat der Rechtspfleger bzw. der Urkundsbeamte die Annahme der Verfügung von Todes wegen zu verfügen, ein Beschluss ist nach umstrittener aber zutreffender Ansicht hierzu nicht erforderlich.[15] Im Ergebnis wirkt sich hierbei der Meinungsstreit – worauf *Harders*[16] zu Recht hinweist – nicht aus, da auch die Ansicht, die einen Beschluss für erforderlich erachtet, § 352 Abs. 1 S. 2 und 3 FamFG analog anwenden will mit der Folge, dass dieser mit Erlass wirksam wird und nicht bekannt zu geben ist.

c) **Durchführung der Verwahrung, § 346 Abs. 2 FamFG.** Die Annahme selbst ist nach § 346 Abs. 1 FamFG durch den Rechtspfleger (bzw. durch den Urkundsbeamten) zusammen mit einem Urkundsbeamten zu bewirken. Bei eigenhändigen Testamenten oder bei 3-Zeugen-Nottestamenten erfolgt dies, indem das Testament in den amtlichen Umschlag für Verfügung von Todes wegen gegeben wird und mit einem Dienstsiegel zu verschließen ist. Die vor einem Notar oder vor dem Bürgermeister errichteten Verfügungen von Todes wegen werden bereits in einem mit dem entsprechenden Dienstsiegel verschlossenen Umschlag gemäß § 34 Abs. 1 S. 1 BeurkG an das Nachlassgericht übersandt. Nähere Ausführungsbestimmungen sind in § 27 AktO geregelt.

Nach erfolgter Annahme ist die Verfügung von Todes wegen im Verwahrungsbuch zu verzeichnen. Hierzu erfolgt ein Eintrag in fortlaufender Nummer, welche auch auf dem Umschlag zu vermerken ist. Der Umschlag mit der Verfügung von Todes wegen ist sodann durch die beiden Verwahrungsbeamten nach § 346 Abs. 2 FamFG, § 27 Abs. 4 S. 5 AktO an einem feuersicheren Ort in der Nummernfolge des Verwahrungsbuches aufzubewahren.

Von der erfolgten Verwahrung sind entsprechend § 347 FamFG **Mitteilungen** zu machen (vgl. Erläuterungen dort).

4. Beschwerde. Gegen die Ablehnung der Annahme in die besondere amtliche Verwahrung ist grundsätzlich gemäß § 11 Abs. 1 RPflG, §§ 58 ff. FamFG die **Beschwerde** statthaft, welche gemäß § 64 Abs. 1 FamFG beim Nachlassgericht einzulegen ist und welches dann dieser Beschwerde ggf. abhelfen kann. Bei Nichtabhilfe ist gemäß § 119 Abs. 1 Nr. 1b GVG das OLG zur Entscheidung über die Beschwerde zuständig. Wurde die Annahme dem Urkundsbeamten nach § 36b RPflG iVm landesrechtlicher Verordnung (hierzu → Rn. 12), so ist nicht die Beschwerde, sondern nach § 573 Abs. 1 ZPO zunächst **Erinnerung** einzulegen, über die dann der Richter am Nachlassgericht zu entscheiden hat, da es sich bei der besonderen amtlichen Verwahrung um eine Nachlasssache nach § 342 Abs. 1 Nr. 1 FamFG handelt. Beschwerdeberechtigt ist neben dem Erblasser auch die Person, die die Verfügung von Todes wegen beurkundet hat, also der Notar oder der Bürgermeister.

5. Kosten der Hinterlegung. Für die **besondere amtliche Verwahrung fallen nach § 3 Abs. 2 GNotKG iVm Nr. 12100 KV GNotKG 75 EUR** an. Erfolgt eine Übersendung zur Verwahrung bei einem anderen Gericht, so fällt hierfür keine neue Gebühr an, wohl aber sind die Versendungskosten nach Nr. 31003 KV GNotKG iHv 12 EUR zu erstatten.[17]

Keine Gebühr fällt für die Verwahrung eines Erbvertrages beim Notar an, ebenso dann nicht, wenn der Erblasser die Verwahrung bei einem anderen Gericht gemäß § 344 Abs. 1 S. 2 FamFG verlangt oder ein gemeinschaftliches Testament oder ein Erbvertrag nach Eröffnung nach dem Tod des Erstversterbenden wieder in die besondere amtliche Verwahrung genommen wird.[18]

---

14 MüKoBGB/Hagena, 4. Aufl., BGB § 2258b Rn. 6.
15 MüKoFamFG/Muscheler FamFG § 346 Rn. 6; aA Bumiller/Harders/Schwamb FamFG § 346 Rn. 9 mwN.
16 Bumiller/Harders/Schwamb/Harders FamFG § 346 Rn. 9 und BeckOKFamFG/Schlögel FamFG § 346 Rn. 6.
17 AA (zur früheren Rechtslage) Korintenberg/Lappe KostO § 101 Rn. 13.
18 NK-GK/Jäckel GNotKG Nr. 12100 KV Rn. 3.

22 6. **Erteilung eines Hinterlegungsscheins, § 346 Abs. 3 FamFG.** Nach § 346 Abs. 3 FamFG soll dem Erblasser über die in Verwahrung genommene Verfügung von Todes wegen ein **Hinterlegungsschein** erteilt werden, wobei bei einem gemeinschaftlichen Testament jeder Erblasser und bei einem Erbvertrag jeder Vertragsschließende einen eigenen Hinterlegungsschein erhält. Der Hinterlegungsschein besteht nach § 27 Abs. 6 S. 1 AktO in einer wörtlichen Abschrift des Eintragungsvermerks in Spalten 1 und 2 des Verwahrungsbuchs, hat also insbesondere die Art der Verfügung von Todes wegen und die Verwahrnummer zu enthalten. Bei **Nottestamenten** soll der Hinterlegungsschein nach § 27 Abs. 6 S. 1 2. Hs. AktO zudem einen Hinweis auf die begrenzte Geltungsdauer nach § 2252 BGB enthalten. Ausreichend ist nunmehr, dass dieser nur noch von einem Urkundsbeamten unterschrieben wird. Soll die besondere amtliche Verwahrung auf Verlangen des Erblassers nach § 344 Abs. 1 S. 2 FamFG durch ein anderes Gericht erfolgen, so ist nach § 27 Abs. 7 S. 3 AktO der alte Hinterlegungsschein einzuziehen und ein neuer zu erteilen.

II. Einsichtnahme in die letztwillige Verfügung

23 1. **Einsichtnahme.** Der Erblasser kann jederzeit die **Einsichtnahme** in die in besonderer amtlicher Verwahrung befindliche Verfügung von Todes wegen und deren Abschriften verlangen. Dies gilt auch bei gemeinschaftlichen Testamenten und Erbverträgen, wobei es einer Zustimmung des anderen Teils nicht bedarf. Von der bloßen Einsichtnahme ist die Herausgabe (→ Rn. 26 ff.) zu unterscheiden. Anders als bei der Herausgabe werden durch die Einsichtnahme keine Widerrufswirkungen ausgelöst. Über die Einsichtnahme ist eine Niederschrift anzufertigen. Zuständig für die Einsichtnahme bei Gericht ist der Rechtspfleger.

24 2. **Kosten. Kosten** fallen für die Einsichtnahme keine an.[19]

25 3. **Beschwerde.** Gegen die Ablehnung der Einsichtnahme kann der Erblasser mittels der **Beschwerde** gemäß (§ 11 Abs. 1 RPflG iVm §§ 58 ff. FamFG) vorgehen, welche gemäß § 64 Abs. 1 FamFG beim Nachlassgericht einzulegen ist und über die bei Nichtabhilfe das OLG entscheidet, § 119 Abs. 1 Nr. 1b GVG.

III. Herausgabe der in besonderer amtlicher Verwahrung befindlichen letztwilligen Verfügung, § 346 Abs. 1 Alt. 2 FamFG

26 1. **Herausgabeverlangen.** Die in besonderer amtlicher Verwahrung befindliche Verfügung von Todes wegen kann jederzeit vom Erblasser herausverlangt werden. Dies stellt § 2256 Abs. 2 BGB für ein vor dem Notar oder vor dem Bürgermeister nach § 2249 BGB errichtetes Testament ausdrücklich klar. Erst recht gilt dies für eigenhändige Testamente. Bei **gemeinschaftlichen Testamenten** kann die Rücknahme nach § 2272 BGB nur durch beide Ehegatten gemeinsam erfolgen. Ein **Erbvertrag**, der nur Verfügungen von Todes wegen enthält, kann nach § 2300 Abs. 2 S. 1 BGB aus der amtlichen oder notariellen Verwahrung herausgegeben werden, wobei die Rückgabe nur an alle Vertragsschließenden gemeinschaftlich erfolgen kann, § 2300 Abs. 2 S. 2 BGB. Enthält der Erbvertrag nicht nur Verfügungen von Todes wegen, so kann bei einer besonderen amtlichen Verwahrung die Rückgabe in die notarielle Verwahrung verlangt werden.[20]

27 Der Antrag ist **formfrei**, also auch mündlich, möglich. Jedenfalls im Zeitpunkt der Herausgabe muss **Testierfähigkeit** des bzw. der Erblasser gegeben sein (→ Rn. 31).

28 2. **Zuständigkeit.** Funktional zuständig für die Herausgabe ist beim Nachlassgericht der Rechtspfleger, § 3 Nr. 2c RPflG, § 36b RPflG gilt insoweit nicht. Nach umstrittener aber zutref-

---

19 NK-GK/Jäckel GNotKG Nr. 12100 KV Rn. 3.
20 Grüneberg/Weidlich BGB § 2300 Rn. 3.

fender Ansicht genügt in **formeller Hinsicht für die Herausgabe eine Verfügung**, ein Beschluss ist hierzu nicht erforderlich.[21]

Der Rechtspfleger hat die **Identität des Antragstellers zu prüfen**, die **Rückgabe selbst darf nach** 29 § 2256 Abs. 2 S. 2 BGB nur an den bzw. die Erblasser persönlich erfolgen. Hierbei hat der Rechtspfleger auch die **Testierfähigkeit zu prüfen** (→ Rn. 31) und er soll nach § 27 Abs. 6 S. 4 AktO vor der Rückgabe den **Hinterlegungsschein zurückfordern**. Wird der Hinterlegungsschein nicht vorgelegt, so kann deshalb die Herausgabe nicht abgelehnt werden.[22]

Über die **Herausgabe ist durch den Rechtspfleger eine Niederschrift anzufertigen**, in der nach 30 § 2256 Abs. 1 S. 2 BGB iVm § 27 Abs. 9 AktO aufzunehmen ist, dass eine Belehrung über die Rechtswirkung der Herausgabe erfolgt ist und dies auf der Verfügung von Todes wegen vermerkt wurde. Die Rückgabe wird durch den Rechtspfleger und dem Urkundsbeamten gemeinschaftlich bewirkt, ebenfalls gemeinschaftlich ist der Vermerk über die Herausgabe im Verwahrungsbuch zu unterschreiben.[23]

3. Prüfung der Testierfähigkeit. Erforderlich ist, dass der bzw. die Erblasser jedenfalls im Zeit- 31 punkt der Herausgabe testierfähig ist bzw. sind.[24] Der Rechtspfleger hat die Testierfähigkeit, etwa durch ein persönliches Gespräch, spätestens im Zeitpunkt der Herausgabe zu prüfen. Dagegen ist eine Testierfähigkeit im Zeitpunkt des Herausgabeverlangens nicht erforderlich.[25] Im Regelfall wird es aber auf eine Unterscheidung nicht ankommen, da das Herausgabeverlangen und die Herausgabe selbst zeitlich zusammenfallen werden.

Nur in Fällen offensichtlicher oder zweifelsfreier Testierunfähigkeit ist die Herausgabe mittels 32 Beschlusses abzulehnen,[26] der mit der Beschwerde angreifbar ist. Anderenfalls ist ein Vermerk in der Niederschrift ausreichend, jedoch die Herausgabe nicht abzulehnen.[27]

4. Wirkung der Herausgabe. Die **Wirkung der Herausgabe** hängt von der Art der Verfügung 33 von Todes wegen ab. Bei einem eigenhändigen oder einem 3-Zeugen-Testament ist gemäß § 2256 Abs. 3 BGB die Rückgabe ohne Einfluss auf die Wirksamkeit, wohingegen ein notarielles Testament, ein Nottestament nach § 2249 BGB und ein Erbvertrag als widerrufen gelten und zwar unabhängig vom Willen des Erblassers[28] und unabhängig davon, ob eine Belehrung erfolgte. Allerdings kann der Erblasser die Rücknahme gemäß § 2078 BGB anfechten, wenn er im Irrtum über die Rechtswirksamkeit war.[29]

5. Beschwerde. Gegen die Ablehnung der Herausgabe kann der Erblasser mittels der **Beschwer-** 34 **de** gemäß (§ 11 Abs. 1 RPflG iVm §§ 58 ff. vorgehen, welche gemäß § 64 Abs. 1 beim Nachlassgericht einzulegen ist und über die bei Nichtabhilfe das OLG entscheidet, § 119 Abs. 1 Nr. 1b GVG.

6. Kosten der Herausgabe. Für die Herausgabe der bei Gericht in besonderer amtlicher Ver- 35 wahrung befundenen Verfügung von Todes wegen fällt keine Gebühr an, Anmerkung zu Nr. 12100 KV GNotKG.

Bei Herausgabe eines Erbvertrages aus der notariellen Verwahrung fällt eine 0,3 Verfahrensge- 36 bühr gemäß Nr. 23100 KV GNotKG aus dem Gebührenwert nach § 114 GNotKG an. Wenn derselbe Notar allerdings demnächst nach der Rückgabe eines Erbvertrags eine erneute Verfü-

---

21 So die wohl hM, vgl. MüKoFamFG/Muscheler FamFG § 346 Rn. 15; aA Bumiller/Harders/ Schwamb/Harders FamFG § 346 Rn. 15 mwN.
22 Bumiller/Harders/Schwamb/Harders FamFG § 346 Rn. 16 mwN.
23 Bumiller/Harders/Schwamb/Harders FamFG § 346 Rn. 16.
24 OLG Köln NJW-Spezial 2013, 680; OLG Jena NJW-RR 2005, 1247.
25 BayObLG NJW-RR 2005, 957; Grüneberg/Weidlich BGB § 2256 Rn. 1; Bumiller/Harders/ Schwamb/Harders FamFG § 346 Rn. 14; aA Soergel/Mayer BGB § 2256 Rn. 7.
26 Bumiller/Harders/Schwamb/Harders FamFG § 346 Rn. 15.
27 Bumiller/Harders/Schwamb/Harders FamFG § 346 Rn. 15.
28 BayObLG FGPrax 2004, 72.
29 BayObLG MittBayNot 2005, 510.

gung von Todes wegen desselben Erblassers beurkundet, wird die Gebühr auf die Gebühr für das Beurkundungsverfahren angerechnet.

§ 347 FamFG Mitteilung über die Verwahrung

(1) ¹Nimmt das Gericht ein eigenhändiges Testament oder ein Nottestament in die besondere amtliche Verwahrung, übermittelt es unverzüglich die Verwahrangaben im Sinne von § 78d Absatz 2 Satz 2 der Bundesnotarordnung elektronisch an die das Zentrale Testamentsregister führende Registerbehörde. ²Satz 1 gilt entsprechend für eigenhändige gemeinschaftliche Testamente und Erbverträge, die nicht in besondere amtliche Verwahrung genommen worden sind, wenn sie nach dem Tod des Erstverstorbenen eröffnet wurden und nicht ausschließlich Anordnungen enthalten, die sich auf den mit dem Tod des Erstverstorbenen eingetretenen Erbfall beziehen.

(2) Wird ein gemeinschaftliches Testament oder ein Erbvertrag nach § 349 Absatz 2 Satz 2 und Absatz 4 erneut in die besondere amtliche Verwahrung genommen, so übermittelt das nach § 344 Absatz 2 oder Absatz 3 zuständige Gericht die Verwahrangaben an die das Zentrale Testamentsregister führende Registerbehörde, soweit vorhanden unter Bezugnahme auf die bisherige Registrierung.

(3) Wird eine in die besondere amtliche Verwahrung genommene Verfügung von Todes wegen aus der besonderen amtlichen Verwahrung zurückgegeben, teilt das verwahrende Gericht dies der Registerbehörde mit.

A. Allgemeines 1	III. Verwahrmitteilung bei Rückgabe aus der besonderen amtlichen Verwahrung,
I. Normzweck 1	§ 347 Abs. 3 FamFG 8
II. Geschichte 2	IV. Art und Weise der Übermittlung,
B. Regelungsgehalt 5	§§ 347 Abs. 5, 6 FamFG 9
I. Verwahrmitteilung, § 347 Abs. 1 FamFG .. 5	V. Beschwerde 11
II. Verwahrmitteilung bei gemeinschaftlichen Testament oder Erbvertrag,	VI. Übergangsvorschriften,
§ 347 Abs. 2 FamFG 7	§ 347 Abs. 4 FamFG 12
	VII. Kosten 13

A. Allgemeines

I. Normzweck

1 § 347 regelt die Mitteilungen über in die besondere amtliche Verwahrung genommene Verfügungen von Todes wegen.

II. Geschichte

2 Durch die **Einführung des Zentralen Testamentsregisters** erfuhr § 347 FamFG zum 1.1.2012 erhebliche Veränderungen.

3 Vor Einführung des Zentralen Testamentsregisters regelte § 347 FamFG ein **dezentrales Benachrichtigungssystem**. Danach war das Verwahrgericht verpflichtet, an das für den Geburtsort des Erblassers zuständige Standesamt über jede in besondere amtliche Verwahrung genommene Verfügung von Todes wegen eine schriftliche Mitteilung zu übersenden. Hatte der Erblasser keinen inländischen Geburtsort, so war die Mitteilung an das Amtsgericht Schöneberg zu richten. Bei den Standesämtern und beim Amtsgericht Schöneberg waren nach § 347 Abs. 1 S. 3 FamFG aF Verzeichnisse über die in amtlicher Verwahrung befindlichen Verfügungen von Todes wegen zu führen. Erhielten die Standesämter bzw. das Amtsgericht Schöneberg Nachricht vom Tod des Erblassers, so waren diese nach §§ 347 Abs. 1 S. 4, 5 FamFG verpflichtet, das Gericht, bei dem sich die Verfügung von Todes wegen in Verwahrung befand, zu benachrichtigen.

Dieses bisherige System der dezentralen Benachrichtigungen wurde **mit Einführung des Zentralen Testamentsregisters zu einem zentralen Benachrichtigungssystem gewandelt**. In § 78d BNotO findet sich nunmehr das Zentrale Testamentsregister geregelt. Registerführende Behörde ist hierbei die Bundesnotarkammer. Nach § 78d Abs. 1 BNotO werden in das Zentrale Testamentsregister Verwahrangaben zu erbfolgerelevante Urkunden aufgenommen, die von Notaren oder von Gerichten zu übermitteln sind oder die nach § 1 und § 9 des Testamentsverzeichnis-Überführungsgesetzes zu überführen sind. Erbfolgerelevante Urkunden sind nach § 78d Abs. 2 S. 1 BNotO Testamente, Erbverträge und alle Urkunden mit Erklärungen, welche die Erbfolge beeinflussen können, insbesondere Aufhebungsverträge, Rücktritts- und Anfechtungserklärungen, Erb- und Zuwendungsverzichtsverträge, Ehe- und Lebenspartnerschaftsverträge und Rechtswahlen. Verwahrangaben sind Angaben, die zum Auffinden erbfolgerelevanter Urkunden erforderlich sind, § 78d Abs. 2 S. 2 BNotO. Registerfähig sind hierbei nur erbfolgerelevante Urkunden, die entweder öffentlich beurkundet oder in amtliche Verwahrung genommen wurden. 4

B. Regelungsgehalt
I. Verwahrmitteilung, § 347 Abs. 1 FamFG

§ 347 Abs. 1 S. 1 FamFG bestimmt, dass das **Gericht unverzüglich die Verwahrangaben nach § 78d Abs. 2 S. 2 BNotO elektronisch an das Zentrale Testamentsregister übermittelt**, wenn es ein eigenhändiges Testament oder ein Nottestament in die besondere amtliche Verwahrung nimmt. 5

Nach § 347 Abs. 1 S. 2 FamFG gilt dies auch für eigenhändige gemeinschaftliche Testamente und Erbverträge, die nicht in besondere amtliche Verwahrung genommen wurden, wenn diese nach dem Tod des Erstverstorbenen eröffnet wurden und nicht ausschließlich Anordnungen enthalten, die sich auf den mit dem Tod des Erstverstorbenen eingetretenen Erbfalls beziehen. 6

II. Verwahrmitteilung bei gemeinschaftlichen Testament oder Erbvertrag, § 347 Abs. 2 FamFG

Nach § 347 Abs. 2 FamFG sind die Verwahrangaben an das Zentrale Testamentsregister unter ggfs Bezugnahme auf die bisherige Registrierung zu übermitteln, wenn ein gemeinschaftliches Testament oder ein Erbvertrag nach §§ 349 Abs. 2 S. 2 und Abs. 4 erneut in die besondere amtliche Verwahrung genommen wird. Zuständig ist dann das nach §§ 344 Abs. 2 oder Abs. 3 zuständige Gericht. 7

III. Verwahrmitteilung bei Rückgabe aus der besonderen amtlichen Verwahrung, § 347 Abs. 3 FamFG

Schließlich bestimmt § 347 Abs. 3, dass eine Mitteilung an das Zentrale Testamentsregister auch dann durch das Gericht zu erfolgen hat, wenn eine Verfügung von Todes wegen aus der besonderen amtlichen Verwahrung zurückgegeben wird. 8

IV. Art und Weise der Übermittlung, §§ 347 Abs. 5, 6 FamFG

Über die Art und Weise der elektronischen Übermittlung enthalten die §§ 347 Abs. 5 und 6 Ermächtigungen zum Erlass von Rechtsverordnungen durch die Landesregierungen bzw. durch die Landesjustizverwaltungen. § 78e BNotO ordnet an, dass das jeweils zuständige Standesamt dem Zentralen Testamentsregister den Tod, die Todeserklärung oder die gerichtliche Feststellung der Todeszeit einer Person in Form einer Sterbefallmitteilung mitzuteilen hat. 9

10 Nach dem neuen zentralen Benachrichtigungssystem übersenden somit die Notare bzw. die Gerichte nach § 347 FamFG an das Zentrale Testamentsregister die Verwahrangaben über die in besondere amtliche Verwahrung befindlichen Verfügungen von Todes wegen. Die Standesämter wiederum übersenden an das Zentrale Testamentsregister die Sterbemitteilungen. Bei jeder Sterbemitteilung wird dann überprüft, ob im Zentralen Testamentsregister Verwahrangaben vorliegen, § 78e S. 2 BNotO. Anschließend wird unverzüglich das jeweils zuständige Nachlassgericht und die verwahrenden Stellen über den Sterbefall sowie über etwaige Verwahrangaben elektronisch benachrichtigt, §§ 78e S. 3, 4 BNotO.

V. Beschwerde

11 Gegen Entscheidungen der Registerbehörde kann nach § 78o Abs. 1 BNotO **Beschwerde** nach den §§ 58 ff. FamFG eingelegt werden, wobei die Registerbehörde nach § 78o Abs. 2 BNotO zur Abhilfe berechtigt und eine Rechtsbeschwerde nach § 78o Abs. 3 BNotO nicht zulässig ist.

VI. Übergangsvorschriften, § 347 Abs. 4 FamFG

12 Bis zur Überführung der Testamentsverzeichnisse bei den Standesämtern und beim Amtsgericht Schöneberg nach dem Testamentsverzeichnis-Überführungsgesetz (TVÜG) enthält **§ 347 Abs. 4 FamFG Übergangsvorschriften**. Nach § 1 Abs. 1 TVÜG hatten die Standesämter und das Amtsgericht Schöneberg bis Ende 2016 die Verwahrungsnachrichten über erbfolgerelevante Urkunden, die in den Testamentsverzeichnissen und der Hauptkartei für Testamente vorliegen, zu überführen. Bis dahin wurden die dort befindlichen Testamentsverzeichnisse nach § 347 Abs. 4 S. 1 FamFG von den Standesämtern und vom Amtsgericht Schöneberg weitergeführt. Diese übersandten nach § 347 Abs. 4 S. 2 FamFG die Sterbemitteilungen an die Stelle, von der die Verwahrungsnachricht stammt, soweit nicht eine Bearbeitung bereits nach § 4 Abs. 1 TVÜG durch das Zentrale Testamentsregister erfolgte. Die §§ 347 Abs. 4 S. 4, 5 FamFG enthalten hierzu schließlich Löschungs- und Verwendungsbestimmungen für die gespeicherten Daten.

VII. Kosten

13 An **Gebühren** werden einmalig für jede Registrierung 15 EUR erhoben, die sämtliche Kosten der Registrierung, eventueller Berichtigungen, Ergänzungen und Folgeregistrierungen sowie der Benachrichtigungen im Sterbefall abdeckt. Kostenschuldner ist der Erblasser. Die Gebühr soll von dem Notar bzw. von dem Gericht für die Bundesnotarkammer entgegengenommen werden, die sie dann als durchlaufenden Posten auf Ihrer Kostenberechnung ausweisen, wodurch der Erblasser nur eine Rechnung erhält. Erfolgt keine Entgegennahme durch die Gerichte rechnet die Bundesnotarkammer unmittelbar mit dem Erblasser ab und die Gebühr beträgt dann 18 EUR je Registrierung. Eine Umsatzsteuer fällt für die Gebühr nicht an.

§ 348 FamFG Eröffnung von Verfügungen von Todes wegen durch das Nachlassgericht

(1) ¹Sobald das Gericht vom Tod des Erblassers Kenntnis erlangt hat, hat es eine in seiner Verwahrung befindliche Verfügung von Todes wegen zu eröffnen. ²Über die Eröffnung ist eine Niederschrift aufzunehmen. ³War die Verfügung von Todes wegen verschlossen, ist in der Niederschrift festzustellen, ob der Verschluss unversehrt war.

(2) ¹Das Gericht kann zur Eröffnung der Verfügung von Todes wegen einen Termin bestimmen und die gesetzlichen Erben sowie die sonstigen Beteiligten zum Termin laden. ²Den Erschienenen ist der Inhalt der Verfügung von Todes wegen mündlich bekannt zu geben. ³Sie kann den Erschienenen auch vorgelegt werden; auf Verlangen ist sie ihnen vorzulegen.

(3) ¹Das Gericht hat den Beteiligten den sie betreffenden Inhalt der Verfügung von Todes wegen schriftlich bekannt zu geben. ²Dies gilt nicht für Beteiligte, die in einem Termin nach Absatz 2 anwesend waren.

A. Allgemeines	1	d) Umfang der Eröffnung	18
B. Regelungsgehalt	2	5. Anfertigung einer Niederschrift, § 348 Abs. 1 S. 2 FamFG	19
I. Eröffnung von Verfügung von Todes wegen, § 348 Abs. 1 FamFG	2	6. Feststellung der Unversehrtheit, § 348 Abs. 1 S. 3 FamFG	23
1. Zuständigkeit	2	7. Rechtliche Wirkung der Eröffnung	25
2. Kenntnis vom Tod des Erblassers	5	II. Bekanntgabe, § 348 Abs. 3 FamFG	26
3. Zu eröffnende Verfügungen	7	1. „Stille" Eröffnung, § 348 Abs. 3 S. 1 FamFG	26
4. Eröffnung	11	2. Bekanntgabe bei Eröffnung mit Terminsbestimmung, § 348 Abs. 3 S. 2 FamFG	30
a) Allgemeines	11		
b) Verfahren	12		
aa) Eröffnung	12		
bb) „Stille" Eröffnung	14	III. Auslandsberührung	31
cc) Termin zur Eröffnung, § 348 Abs. 2 FamFG	15	IV. Beschwerde	33
c) Zeitpunkt der Eröffnung	17	V. Kosten	34

A. Allgemeines

§ 348 FamFG ersetzt die bisherige Regelung in den §§ 2260, 2262 BGB. Es handelt sich um ein Amtsverfahren bei dem gem. § 26 FamFG Ermittlungen von Amts wegen vorzunehmen sind. Der Sinn und Zweck der Vorschrift besteht darin, dass die Beteiligten über die dem Gericht bekannten letztwilligen Verfügungen informiert werden und so ihre Rechte bzgl. des Nachlasses wahrnehmen können.[1] Außerdem wird damit die Überprüfung der letztwilligen Verfügungen durch das Gericht sichergestellt.

B. Regelungsgehalt

I. Eröffnung von Verfügung von Todes wegen, § 348 Abs. 1 FamFG

1. Zuständigkeit. Nach § 348 Abs. 1 S. 1 FamFG erfolgt die Eröffnung durch das „Gericht". Gemeint ist damit in **sachlicher** Hinsicht das Amtsgericht (§ 23a Abs. 2 Nr. 2 GVG) als Nachlassgericht, da es sich bei der Eröffnung letztwilliger Verfügungen um eine Nachlasssache handelt, § 342 Abs. 1 Nr. 3 FamFG.

Die **örtliche** Zuständigkeit richtet sich nach § 343 FamFG, so dass mit der in § 343 FamFG geregelten Ausnahmen grundsätzlich das jeweilige Amtsgericht (bzw. in Baden-Württemberg bis 31.12.2017 das jeweilige Notariat) örtlich zuständig ist, in dessen Bezirk der Erblasser seinen letzten gewöhnlichen Aufenthalt hatte. Daran vermögen auch etwaige Zuständigkeitsvereinbarungen der Beteiligten nichts zu ändern.[2] Befindet sich das Testament bei einem anderen Gericht in amtlicher Verwahrung, so ist dieses nach § 344 Abs. 6 FamFG für die Eröffnung zuständig. Erfolgt die Eröffnung durch ein örtlich unzuständiges Gericht, so wird deshalb die Eröffnung nicht unwirksam, § 2 Abs. 3 FamFG. Vgl. im Übrigen hierzu die Kommentierung bei den §§ 343, 344 FamFG.

Funktionell zuständig bei Gericht ist der Rechtspfleger, § 3 Nr. 2c RPflG.

2. Kenntnis vom Tod des Erblassers. Eine Eröffnung der Verfügung von Todes wegen hat durch das Gericht grundsätzlich erst nach dem Tod des Erblassers zu erfolgen. Eine Ausnahme hiervon macht § 351 S. 2 FamFG, wonach das Gericht die Verfügung von Todes wegen zu eröffnen hat, wenn sich diese seit mehr als 30 Jahren in amtlicher Verwahrung befindet und nicht ermittelt werden kann, ob der Erblasser noch lebt. Erfolgt die Eröffnung und stellt sich später he-

---
1 BGH NJW 1978, 633.
2 Keidel/Zimmermann FamFG § 348 Rn. 4.

raus, dass der Erblasser doch noch lebt, so hat dies keinen Einfluss auf die Gültigkeit der letztwilligen Verfügung.[3]

6 Bestehen Zweifel, hat das Gericht nach § 26 FamFG eigene Nachforschungen anzustellen. Mit der Schaffung des zentralen Testamentsregisters wird das Nachlassgericht bzw. die Verwahrstelle durch das Zentrale Testamentsregister vom Todesfall benachrichtigt. Hierzu erhält das Zentrale Testamentsregister von den Standesämtern alle inländischen Sterbefälle mitgeteilt. Diese werden auf entsprechende Einträge im Zentralen Testamentsregister überprüft, anschließend erfolgt eine Benachrichtigung vom Sterbefall an das Nachlassgericht und, wenn Verwahrangaben vorhanden sind, an die Verwahrstelle der entsprechenden Urkunde. Unter Übersendung der Sterbefallmitteilung wird dem zuständigen Nachlassgericht mitgeteilt, ob und welche Verwahrangaben im Zentralen Testamentsregister enthalten sind und wann welche Verwahrstelle benachrichtigt wurde.

7 **3. Zu eröffnende Verfügungen.** Zu eröffnen ist **jede in der Verwahrung befindlichen Verfügung von Todes wegen**. Umfasst ist also sowohl die besondere amtliche Verwahrung als auch die die einfache Aktenverwahrung wie etwa nach einer Ablieferung.

8 Das Nachlassgericht muss hierbei jedes Schriftstück, das nach seinem Inhalt oder nach seinem äußeren Erscheinungsbild eine Verfügung von Todes wegen beinhalten kann, ohne Rücksicht darauf, ob dieses wirksam ist oder nicht, eröffnen. Die Frage der rechtlichen Wirksamkeit stellt sich erst im Erbscheinsverfahren und ist für die Frage der Eröffnungspflicht ohne Bedeutung, so dass auch offensichtlich unwirksame Verfügungen grundsätzlich zu eröffnen sind.[4] Ausnahmsweise kann eine Eröffnung unterbleiben, wenn etwa das Schriftstück eindeutig keine Verfügungen von Todes wegen enthält. Im Zweifelsfall aber ist stets zu eröffnen.[5]

9 Zu eröffnen sind auch **widerrufene Testamente**[6] und auch sonst inzwischen gegenstandslos gewordene Verfügungen.[7]

10 Die Verfügung von Todes wegen ist in der **Urschrift** zu eröffnen, bei Vorhandensein mehrerer gleichlautender sind alle zu eröffnen.[8] Existiert die Urschrift nicht mehr, kann auch eine Ausfertigung oder eine öffentlich beglaubigte Abschrift eröffnet werden.[9] Ebenso zu eröffnen ist die Kopie oder eine einfache Abschrift einer letztwilligen Verfügung.[10]

11 **4. Eröffnung. a) Allgemeines.** Die Eröffnung ist ein **Formalakt**,[11] der erforderlich ist, damit ein festes Datum als Anknüpfung für die weiteren rechtlichen Folgen geschaffen wird (→ Rn. 25). Mit der Eröffnung wird noch keine Aussage darüber getroffen, ob es sich hierbei um eine letztwillige Verfügung handelt, denn dies wird erst im Erbscheinsverfahren bzw. im Zivilprozess entschieden. Ebenso wenig werden damit Feststellungen zur Gültigkeit der Verfügung getroffen. Die Eröffnung hat stets und von Amts wegen zu erfolgen, ein „Verzicht" der Beteiligten ist unbeachtlich. Die Prüfung des Nachlassgerichts im Eröffnungsverfahren beschränkt sich daher auf eine rein summarische Prüfung hinsichtlich des Vorliegens einer letztwilligen Verfügung, für eine inhaltliche Prüfung des Regelungsinhalts und -umfangs letztwilliger Verfügungen ist im Eröffnungsverfahren kein Raum.[12]

12 **b) Verfahren. aa) Eröffnung.** Die Eröffnung selbst erfolgt dadurch, dass der sich in amtlicher Verwahrung befindlicher Umschlag aufgeschnitten wird, der Rechtspfleger vom Inhalt Kenntnis

---

3 MüKoBGB/Hagena, 4. Aufl., BGB § 2260 Rn. 8.
4 MüKoFamFG/Muscheler FamFG § 348 Rn. 9,10.
5 So auch OLG Frankfurt aM FamRZ 2016, 267.
6 KG FamRZ 2002, 1578.
7 BGH NJW 1984, 2098; BayObLG FamRZ 1997, 644; Keidel/Zimmermann FamFG § 348 Rn. 14.
8 BayObLG NJW-FER 2000, 165.
9 Bumiller/Harders/Schwamb/Harders FamFG § 348 Rn. 7; KG FGPRax 2007, 134.
10 Zur Wirkung eines nur noch als Kopie auffindbaren Testaments vgl. OLG München FGPrax 2019, 279 und FGPrax 2020, 192; Folge dieser Rechtsprechung ist, dass grundsätzlich – entgegen MüKoFamFG/Muscheler FamFG § 348 Rn. 12 – auch einfache Abschriften und Kopien zu eröffnen sind (ebenso OLG München NJW-RR 2021, 586).
11 BGH NJW 1991, 169.
12 OLG München FGPrax 2021, 280.

nimmt, die Eröffnung mittels eines Stempels und der Bezeichnung „Eröffnet am ..." auf die letztwillige Verfügung vermerkt und eine Niederschrift anfertigt (→ Rn. 19 ff.).

Es gibt zwei Arten der Eröffnung: mit oder ohne Termin. Es steht hierbei im pflichtgemäßen Ermessen des Gerichts, ob es die Verfügung von Todes wegen „still" nach § 348 Abs. 1 S. 1 FamFG (also ohne Termin) oder durch Bestimmung eines Eröffnungstermins nach § 348 Abs. 2 FamFG eröffnet. 13

bb) **„Stille" Eröffnung.** Bei der **„stillen Eröffnung"** bedarf es keiner besonderen Terminsbestimmung und auch Ladungen sind nicht vorzunehmen. Vielmehr geht das Gericht nach § 348 Abs. 1 FamFG vor und fertigt über die Eröffnung eine Niederschrift an.[13] Der den Beteiligten betreffende Inhalt der Verfügung von Todes wegen ist diesen nach § 348 Abs. 3 S. 1 zwingend bekannt zu geben (→ Rn. 26 ff.). wird. 14

cc) **Termin zur Eröffnung, § 348 Abs. 2 FamFG.** Wird Termin zur **Eröffnung nach § 348 Abs. 2 FamFG** bestimmt, so sind sämtliche Beteiligte hierzu zu laden. Es gilt der materiellrechtliche Beteiligtenbegriff. Beteiligt sind danach alle Personen, die von der Verfügung von Todes wegen betroffen sind, unabhängig davon, ob ihnen etwas zugewandt wird oder sie von der Teilhabe ganz oder teilweise ausgeschlossen wurden. Hierzu gehören also gewillkürte und gesetzliche Erben, Vor-, Nach-, Ersatz- und Schlusserben, Vermächtnisnehmer sowie durch Auflagen begünstigte Personen. 15

Bestimmte Form- und Fristerfordernisse an die Ladung bestehen nicht, jedoch sollte die Ladung unverzüglich und so rechtzeitig erfolgen, dass die Beteiligten den Termin auch tatsächlich wahrnehmen können. Das Nachlassgericht kann die Form der Eröffnung frei wählen, wobei die Verfügung entweder wörtlich vorgelesen, den Beteiligten zur Einsicht vorgelegt oder der wesentliche Inhalt für die Beteiligten wiedergeben werden kann. Der **Eröffnungstermin selbst ist nichtöffentlich.** Von der **Bekanntgabe** kann nach § 348 Abs. 3 S. 2 FamFG an die Beteiligten abgesehen werden, die im Eröffnungstermin anwesend waren. An die übrigen Beteiligten hat entsprechend den Ausführungen bei der „stillen Eröffnung" (→ Rn. 26 ff.) eine Bekanntgabe zu erfolgen. 16

c) **Zeitpunkt der Eröffnung.** Die **Eröffnung hat sobald als möglich zu erfolgen**, wobei zur Vermeidung von Kosten es durchaus angebracht ist, nicht sofort jede einzelne dem Gericht bekannt gewordene Verfügung zu eröffnen, sondern einen „gewissen zeitlichen Rahmen einzuhalten".[14] 17

d) **Umfang der Eröffnung.** Inhaltlich ist grundsätzlich das gesamte Schriftstück zu eröffnen, Textpassagen ohne jedweden erbrechtlichen Bezug müssen jedoch nicht eröffnet werden, soweit sich diese entsprechend § 349 Abs. 1 S. 1 FamFG abtrennen lassen.[15] Zu den Besonderheiten bei gemeinschaftlichen Testamenten und bei Erbverträgen vgl. Erläuterungen bei § 349 FamFG. 18

5. Anfertigung einer Niederschrift, § 348 Abs. 1 S. 2 FamFG. Von der Eröffnung ist gemäß § 348 Abs. 1 S. 2 FamFG stets eine **Niederschrift** anzufertigen. Dies gilt auch dann, wenn kein Beteiligter erschienen ist. 19

Nach erfolgter Eröffnung empfiehlt es sich, einen entsprechenden Vermerk über die erfolgte Eröffnung auf die Verfügung von Todes wegen zu setzen und diese anschließend im Wege der einfachen Aktenverwahrung zu der Nachlassakte zu nehmen. Handelt es sich um ein gemeinschaftliches Testament oder um einen Erbvertrag ist die Sonderregelung des § 349 FamFG zu beachten und die Verfügung nach § 349 Abs. 2 S. 2 FamFG wieder zu verschließen und erneut in die amtliche Verwahrung zu nehmen. 20

---

13 Vgl. hierzu Muster in GF-FamFG/Poller FamFG § 348 Rn. 1.
14 Keidel/Zimmermann FamFG § 348 Rn. 19.
15 Bumiller/Harders/Schwamb/Harders FamFG § 348 Rn. 8.

21 Der **Mindestinhalt der Niederschrift** ergibt sich aus § 348 Abs. 1 S. 3 FamFG. Danach ist nur aufzunehmen, ob der Verschluss unversehrt war. Daneben wird in der Praxis auch der eigentliche Vorgang selbst festgehalten, also etwa Ort, Datum, Beteiligte etc[16] Allein die Anbringung eines Stempels mit dem Inhalt „Eröffnet" auf der Originalverfügungen ohne Anfertigung einer Niederschrift genügt demgegenüber nicht.[17]

22 Bei der **Niederschrift** handelt es sich um eine öffentliche Urkunde iSd § 418 ZPO, diese stellt jedoch keinen Erbnachweis dar. Jedoch genügt für den Nachweis der Erbfolge im Grundbuchverfahren nach § 35 Abs. 1 S. 2 GBO die Vorlage des notariellen Testament oder Erbvertrags sowie der Niederschrift über deren Eröffnung. Deshalb können die Beteiligten auch eine beglaubigte Abschrift der Niederschrift anfordern.

23 **6. Feststellung der Unversehrtheit, § 348 Abs. 1 S. 3 FamFG.** War die Verfügung von Todes wegen verschlossen, so ist nach § 349 Abs. 1 S. 3 in der Niederschrift festzustellen, ob der Verschluss unversehrt war. Die Eröffnung erfolgt dann durch Öffnen des verschlossenen Umschlages.

24 Weiter ist festzustellen, ob äußerliche Auffälligkeiten festgestellt werden. Hierzu gehören etwaige Auffälligkeiten im Schriftbild oder zum Zustand des Schriftstückes.

25 **7. Rechtliche Wirkung der Eröffnung.** Die Eröffnung bildet nach § 1944 Abs. 2 S. 2 BGB den frühestmöglichen Zeitpunkt für den Beginn der Ausschlagungsfrist. Ferner erfolgt nach § 34 Abs. 2 Nr. 3 ErbStG eine Mitteilung vom Inhalt der Verfügung von Todes wegen an das Finanzamt. Wird eine Grundbuchberichtigung nach § 35 Abs. 1 GBO beantragt, so ist die über die Eröffnung anzufertigende Niederschrift vorzulegen, wobei eine Benachrichtigung bei Anlass gemäß § 83 GBO vom Nachlassgericht an das Grundbuchamt erfolgt.

II. Bekanntgabe, § 348 Abs. 3 FamFG

26 **1. „Stille" Eröffnung, § 348 Abs. 3 S. 1 FamFG.** Findet eine „stille" Eröffnung statt, so ist nach § 348 Abs. 3 S. 1 FamFG den Beteiligten der sie betreffende Inhalt der Verfügung von Todes wegen zwingend bekannt zu geben

27 Die **Bekanntgabe** hat hierbei unverzüglich zu erfolgen.

28 Beteiligt sind nach dem **materiellrechtlichen Beteiligtenbegriff** alle Personen, die von der Verfügung von Todes wegen betroffen sind, unabhängig davon, ob ihnen etwas zugewandt oder sie von der Teilhabe ganz oder teilweise ausgeschlossen wurden. Hierzu gehören also gewillkürte und gesetzliche Erben, Vor-, Nach-, Ersatz- und Schlusserben, Vermächtnisnehmer sowie durch Auflagen begünstigte Personen. Bei Benennung eines Vertreters kann dieser anstelle des Beteiligten benachrichtigt werden. Bei Minderjährigen ist der gesetzliche Vertreter zu informieren, ist ein solcher nicht vorhanden, ist die Bestellung eines Pflegers anzuregen und dieser zu benachrichtigen. Wurde auf die Bekanntgabe durch den Beteiligten verzichtet, bedarf es keiner schriftlichen Bekanntgabe mehr. Dagegen macht die Kenntnis des Beteiligten vom Inhalt der Verfügung von Todes wegen oder die Nichtteilnahme an einem Eröffnungstermin nach § 348 Abs. 2 FamFG eine Bekanntgabe nicht entbehrlich.

29 **Inhaltlich** erfordert § 348 Abs. 3 S. 1 FamFG, dass nur der den jeweiligen Beteiligten betreffende Inhalt der Verfügung von Todes wegen schriftlich bekannt zu geben ist. In der Praxis erfolgt aber zu Recht eine Benachrichtigung darüber, dass die Verfügung von Todes wegen eröffnet wurde und es wird zur Kenntnis des Beteiligten eine Kopie dieser Verfügung beigefügt. Damit wird sichergestellt, dass der Beteiligte umfassend seine Rechte prüfen kann und zudem wird ein

---

16 Vgl. hierzu Muster in GF-FamFG/Poller FamFG
§ 348 Rn. 1.
17 Keidel/Zimmermann FamFG § 348 Rn. 35.

Gleichlauf mit dem mündlichen Erörterungstermin erreicht, bei dem der Inhalt ebenfalls insgesamt bekannt gegeben wird.

2. Bekanntgabe bei Eröffnung mit Terminsbestimmung, § 348 Abs. 3 S. 2 FamFG. Erfolgte die 30 Eröffnung der letztwilligen Verfügung nach § 348 Abs. 2 FamFG, so kann nach § 348 Abs. 3 S. 2 FamFG von der **Bekanntgabe** an die Beteiligten abgesehen werden, die im Eröffnungstermin anwesend waren. An die übrigen Beteiligten hat entsprechend den Ausführungen bei der „stillen Eröffnung" eine Bekanntgabe zu erfolgen.

III. Auslandsberührung

Die EuErbVO enthält für die Eröffnung von letztwilligen Verfügungen keine Zuständigkeitsregelungen, so dass weiterhin § 105 FamFG maßgeblich ist.[18] Die Eröffnung einer letztwilligen Verfügung stellt dabei eine rein verfahrensrechtliche Handlung dar, so dass die internationale Zuständigkeit also aus der örtlichen Zuständigkeit über §§ 343, 344 Abs. 6 FamFG folgt. Problematisch erweisen sich lediglich die Fälle, in denen eine örtliche Zuständigkeit nach den §§ 343, 344 Abs. 6 FamFG nicht gegeben ist, etwa wenn sich eine letztwillige Verfügung eines Ausländers ohne gewöhnlichen Aufenthalt und ohne Nachlassgegenstände in Deutschland in Verwahrung bei einem deutschen Nachlassgericht befindet oder nach § 2259 BGB dort abgegeben wird. *Zimmermann*[19] ist darin zuzustimmen, dass auch in diesen Fällen über § 343 FamFG hinausgehend eine internationale Zuständigkeit für die Eröffnung des Testaments besteht,[20] es sei denn, die Eröffnungsbefugnis wäre aufgrund eines Staatsvertrages explizit ausgeschlossen.[21]

Inwieweit es einer erneuten Eröffnung im Inland bedarf, wenn eine zuständige ausländische 32 Stelle das Testament bereits eröffnet hat, ist im Einzelnen umstritten:[22]

- Findet deutsches materielles Erbrecht Anwendung, so bedarf es richtigerweise nur dann keiner erneuten Eröffnung durch ein deutsches Nachlassgericht mehr, wenn die im Ausland erfolgte Eröffnung dem Zweck der deutschen Regelung nach § 348 FamFG entspricht,[23] da Eröffnung und Bekanntgabe maßgeblich für den Beginn der Ausschlagungsfrist nach § 1944 Abs. 2 S. 2 BGB sind und daher auch den deutschen formellen Anforderungen genügen müssen.
- Im Übrigen bedarf es nach Geltung der EuErbVO dagegen keiner erneuten Eröffnung einer letztwilligen Verfügung durch ein deutsches Gericht mehr, wenn ausländisches Erbrecht zur Anwendung gelangt, da sich der Zweck der Eröffnung ausschließlich am anzuwendenden materiellen Erbrecht orientiert. Dementsprechend spielt es auch keine Rolle, ob das ausländische Recht überhaupt eine „Eröffnung" vorschreibt oder gar kennt.[24]

IV. Beschwerde

Gegen die Ablehnung der Eröffnung einer Verfügung von Todes wegen ist die **Beschwerde** nach 33 § 58 FamFG statthaft. Ebenso ist die Ankündigung, eine Verfügung von Todes wegen zu eröff-

---

18 Lange ErbR 2016, 58.
19 Keidel/Zimmermann FamFG § 348 Rn. 70. Ebenso Harders in: Bumiller/Harders/Schwamb FamFG § 348 Rn. 24 unter ausdrücklicher Aufgabe der aA der Vorauflage.
20 Nach Zimmermann/Schmidt-Recla FamFG § 348 Rn. 10 soll dagegen eine Ablieferung ans Ausland erfolgen.
21 In diesem Fall wäre dann in der Tat die Urschrift der letztwilligen Verfügung an das ausländische Konsulat abzuliefern, wobei – entsprechend der Regelung des § 350 FamFG – eine Abschrift der Verfügung von Todes wegen zurückzubehalten ist.
22 Vgl. hierzu im Einzelnen Keidel/Zimmermann FamFG § 348 Rn. 72 mwN.
23 So auch Keidel/Zimmermann FamFG § 348 Rn. 72.
24 Anders vor Geltung der EuErbVO für Österreich MüKoBGB/Hagena, 4. Aufl., § 2260 Rn. 52; dagegen Keidel/Zimmermann FamFG § 348 Rn. 72 unter Verweis auf Will DNotZ 1974, 273.

nen, anfechtbar.²⁵ Dagegen kann gegen die bereits erfolgte Eröffnung kein Rechtsmittel mehr eingelegt werden.²⁶

V. Kosten

34 An **Gebühren** wird nunmehr eine Festgebühr von 100 EUR nach Nr. 12101 KV GNotKG erhoben. Werden mehrere Verfügungen von Todes wegen desselben Erblassers bei demselben Gericht gleichzeitig eröffnet, so fällt ebenfalls nur eine Gebühr an, Anmerkung zu Nr. 12101 KV GNotKG. Erhoben wird die Gebühr hierbei von dem nach § 343 zuständigen Gericht, selbst wenn die Eröffnung bei einem anderen Gericht stattgefunden hat§ 18 Abs. 2 GNotKG.

§ 349 FamFG Besonderheiten bei der Eröffnung von gemeinschaftlichen Testamenten und Erbverträgen

(1) Bei der Eröffnung eines gemeinschaftlichen Testaments sind die Verfügungen des überlebenden Ehegatten oder Lebenspartners, soweit sie sich trennen lassen, den Beteiligten nicht bekannt zu geben.

(2) ¹Hat sich ein gemeinschaftliches Testament in besonderer amtlicher Verwahrung befunden, ist von den Verfügungen des verstorbenen Ehegatten oder Lebenspartners eine beglaubigte Abschrift anzufertigen. ²Das Testament ist wieder zu verschließen und bei dem nach § 344 Abs. 2 zuständigen Gericht erneut in besondere amtliche Verwahrung zurückzubringen.

(3) Absatz 2 gilt nicht, wenn das Testament nur Anordnungen enthält, die sich auf den Erbfall des erstversterbenden Ehegatten oder Lebenspartners beziehen, insbesondere wenn das Testament sich auf die Erklärung beschränkt, dass die Ehegatten oder Lebenspartner sich gegenseitig zu Erben einsetzen.

(4) Die Absätze 1 bis 3 sind auf Erbverträge entsprechend anzuwenden.

A. Allgemeines 1	bb) Anordnungen für den ersten und für den zweiten Todesfall, § 349 Abs. 2 FamFG 14
B. Regelungsgehalt 3	
I. Eröffnung von gemeinschaftlichen Testamenten, §§ 349 Abs. 1–3 FamFG 3	cc) Anordnungen nur für den ersten Todesfall, § 349 Abs. 3 FamFG 16
1. Eröffnung und Bekanntgabe der letztwilligen Verfügung nach dem Tod des Erstversterbenden 3	2. Eröffnung und Bekanntgabe der letztwilligen Verfügung nach dem zweiten Erbfall 17
a) Allgemeines 3	
b) Beteiligte 4	
c) Bekanntgabe des Inhalts 6	II. Eröffnung von Erbverträgen, § 349 Abs. 4 FamFG 18
d) Verfahren, §§ 349 Abs. 2, 3 FamFG 12	III. Rechtsmittel 19
aa) Allgemeines 12	IV. Kosten 21

A. Allgemeines

1 § 349 FamFG regelt die Besonderheiten bei der Eröffnung von gemeinschaftlichen Testamenten und von Erbverträgen. Hierbei übernehmen die §§ 349 Abs. 1–3 FamFG die Regelung des § 2273 BGB aF unter Berücksichtigung der Verfügungen von Lebenspartnern. In § 349 Abs. 4 FamFG findet sich die Regelung des § 2300 Abs. 1 1. Hs. BGB aF wieder.

---

25 OLG Hamm NJW-RR 2012, 1030; aA OLG Düsseldorf FGPrax 2011, 48 und OLG Köln FGPrax 2011, 49.

26 BayObLG NJW-RR 1994, 1162 und OLG Köln NJW-RR 2004, 1014; aA in Einzelfällen MüKo-FamFG/Muscheler FamFG § 348 Rn. 35, 36.

Sinn und Zweck der besonderen Regelungen bei gemeinschaftlichen Testamenten und von Erbverträgen ist das Geheimhaltungsinteresse des überlebenden Ehegatten bzw. Lebenspartner bzgl. dessen getroffener letztwilliger Verfügungen.[1]

B. Regelungsgehalt

I. Eröffnung von gemeinschaftlichen Testamenten, §§ 349 Abs. 1–3 FamFG

1. Eröffnung und Bekanntgabe der letztwilligen Verfügung nach dem Tod des Erstversterbenden. a) Allgemeines. Die Eröffnung kann „still" oder durch Bestimmung eines Eröffnungstermins wie bei § 348 FamFG erfolgen (vgl. Erläuterungen dort).

b) Beteiligte. Die Beteiligten bestimmen sich wie bei § 348 FamFG nach dem materiellrechtlichen Beteiligtenbegriff (vgl. Erläuterungen dort). Zu beteiligen sind bei einem gemeinschaftlichen Testament oder Erbvertrag nur diejenigen, die durch die jeweils zu eröffnende Verfügung unmittelbar in ihrer Rechtslage betroffen sind. Relevant ist dies insbesondere bei der Eröffnung der Verfügung des Erstversterbenden.

Personen, die durch Auflagen oder durch Vermächtnisse erst mit dem Tod des Längerlebenden begünstigt werden, sind bei der Eröffnung der Verfügung des Erstversterbenden nicht zu beteiligen, da diese noch keine unmittelbaren Rechte erworben haben.[2] Dagegen sind beim Tode des Erstversterbenden die Schlusserben bereits zu beteiligen.[3]

c) Bekanntgabe des Inhalts. Nach § 349 Abs. 1 FamFG sind die Verfügungen des überlebenden Ehegatten oder Lebenspartners, soweit sie sich trennen lassen, den Beteiligten bei der Eröffnung des gemeinschaftlichen Testaments oder nach Abs. 4 des Erbvertrages nicht bekannt zu geben.

Entscheidend ist die **Trennbarkeit** der beiderseitigen Verfügungen. Eine Trennung der beiderseitigen Verfügungen ist möglich, wenn diese in selbstständigen, auch äußerlich auseinandergehaltenen Sätzen getroffen sind. Voraussetzung ist, dass diese sprachlich so gefasst sind, dass die Verfügungen des zuerst Verstorbenen ihrem Inhalt nach auch ohne die Verfügungen des Überlebenden verständlich bleiben.[4] Wird dagegen auf die Verfügungen des anderen Teils Bezug genommen oder wird in der Pluralform („wir", „unser") formuliert, so liegt darin idR eine sprachliche Zusammenfassung mit der Folge einer grundsätzlichen Untrennbarkeit der Verfügungen. Auch Formulierungen wie „eines Überlebenden von uns" oder „der Längstlebende von uns" bewirken grundsätzlich eine Untrennbarkeit, da diese Verfügung von beiden Ehegatten in dem Bewusstsein getroffen wurde, ggfs der Überlebende bzw. der Längstlebende zu sein; diese sind daher bereits beim Tod des Erstversterbenden zu eröffnen.[5] Letztlich ist mit der Annahme einer Trennbarkeit zurückhaltend zu verfahren.

Wird die **Trennbarkeit bejaht**, so ist die Verfügung des Überlebenden nicht bekannt zu geben. Bei der Eröffnung sind daher diese Teile nicht vorzulesen oder bei einer Vorlage zur Durchsicht zu verdecken. Erfolgt eine schriftliche Bekanntgabe, sind diese Verfügungen herauszukopieren. Willigt der Überlebende einer Bekanntgabe ein, so darf diese erfolgen.[6] Ein Verzicht auf Bekanntgabe ist durch jeden Beteiligten wie bei § 348 möglich.

Ist eine **Trennung nicht möglich** oder erfolgt eine umfassende Bekanntgabe mit Einwilligung des Überlebenden, so liegt darin nicht zugleich die Eröffnung des den überlebenden Teils betreffende Verfügung. Vielmehr ist darin nur ein rein tatsächlicher Vorgang zu erblicken.[7]

---

1 BGH NJW 1984, 2098.
2 BGH NJW 1978, 633.
3 OLG Hamm NJW 1982, 57.
4 OLG Zweibrücken FGPrax 2002, 260 mwN.
5 Bumiller/Harders/Schwamb/Harders FamFG § 349 Rn. 4; OLG Köln FGPrax 2011, 49.
6 Umstritten, vgl. MüKoFamFG/Muscheler FamFG § 349 Rn. 4 mwN.
7 RG 137, 230; OLG Hamm OLGZ 1987, 283 (286).

10 Maßgeblicher Zeitpunkt über die Entscheidung der Trennbarkeit von Verfügungen ist der Zeitpunkt der Eröffnung. Die Entscheidung erfolgt allein durch das eröffnende Gericht, nicht durch den Überlebenden oder durch den Vorverstorbenen.[8]

11 Beim **Tod des überlebenden Teils** erfolgt dann die Eröffnung nach § 348 FamFG.

12 **d) Verfahren, §§ 349 Abs. 2, 3 FamFG. aa) Allgemeines.** Findet ein Eröffnungstermin statt, empfiehlt sich aus verfahrensökonomischen Gründen auch die Aufnahme weiterer Erklärungen der Beteiligten, wie etwa zu den Verwandtschaftsverhältnissen und den ggf. vorhandenen gesetzlichen Erben, zum Nachlasswert und zu etwaig vorhandenen Einwendungen gegen die Echtheit oder die Rechtswirkungen des Testaments.[9] In der Praxis wird darüber hinaus oftmals der Eröffnungstermin mit der Aufnahme des Antrags auf Erteilung eines Erbscheins und den dazu gehörigen Erklärungen kombiniert.

13 Die weiteren Verfügungen des Nachlassgerichts sind davon **abhängig**, ob sich das gemeinschaftliche Testament oder der Erbvertrag in besonderer amtlicher Verwahrung befunden haben und ob diese Verfügung Anordnungen für den Erbfall nach dem Überlebenden enthält.

14 **bb) Anordnungen für den ersten und für den zweiten Todesfall, § 349 Abs. 2 FamFG.** Befand sich das gemeinschaftliche Testament oder der Erbvertrag in besonderer amtlicher Verwahrung und enthält diese Verfügung Anordnungen auf den Erbfall nach dem Überlebenden, so ist nach § 349 Abs. 2 S. 1 FamFG von den Verfügungen des Verstorbenen eine beglaubigte Ablichtung zu fertigen und offen zu der Nachlassakte zu nehmen. Diese tritt dann – soweit möglich – an die Stelle der Urschrift.[10] Nach § 349 Abs. 2 S. 2 FamFG ist das Testament sodann wider zu verschließen und bei dem nach § 344 Abs. 2 FamFG zuständigen Gericht erneut in besondere amtliche Verwahrung zurückzubringen. Hierzu ist auf dem amtlichen Umschlag ein entsprechender Vermerk über die erfolgte Eröffnung anzubringen. Zuständig für die Verwahrung ist nach § 344 Abs. 2 FamFG grundsätzlich das für den Nachlass des Erstverstorbenen zuständige Gericht, es sei denn, dass der überlebende Ehegatte oder Lebenspartner die Verwahrung bei einem anderen Amtsgericht verlangt. Dieser Antrag ist jederzeit möglich.

15 Befand sich das gemeinschaftliche Testament oder der Erbvertrag nicht in besonderer amtlicher Verwahrung und enthält es Anordnungen auf den Erbfall nach dem Überlebenden, so ist diese Verfügung nur offen in der Nachlassakte verwahren. Ein Verbringen in die besondere amtliche Verwahrung wie ein Wiederverschließen erfolgt nicht, es sei denn, dies wird durch den Überlebenden beantragt.

16 **cc) Anordnungen nur für den ersten Todesfall, § 349 Abs. 3 FamFG.** Enthält das gemeinschaftliche Testament oder der Erbvertrag nur Anordnungen auf den Erbfall nach dem Erstversterbenden, so ist diese Verfügung nur offen zur Nachlassakte zu nehmen, ein Wiederverschließen und eine Wiederverbringen in die besondere amtliche Verwahrung unterbleibt, § 349 Abs. 3 FamFG. Ebenso unterbleibt eine erneute Eröffnung bei dem Tod des Überlebenden.

17 **2. Eröffnung und Bekanntgabe der letztwilligen Verfügung nach dem zweiten Erbfall.** Beim Tod des überlebenden Teils erfolgt die Eröffnung nach § 348 FamFG. Auf die dortigen Erläuterungen wird verwiesen.

II. Eröffnung von Erbverträgen, § 349 Abs. 4 FamFG

18 § 349 Abs. 4 FamFG erklärt die Bestimmungen der §§ 349 Abs. 1–3 FamFG für die Eröffnung von Erbverträgen für entsprechend anwendbar, so dass dementsprechend die gleiche Vorgehensweise ergibt.

---

8 MüKo-FamFG/Muscheler FamFG § 349 Rn. 4.
9 Vgl. Krätzschel/Falkner/Döbereiner NachlassR § 37 Rn. 35.
10 Krätzschel/Falkner/Döbereiner NachlassR, § 37 Rn. 40.

III. Rechtsmittel

Gegen die **Ankündigung** des Nachlassgerichts, das gemeinschaftliche Testament oder den Erbvertrag mangels Trennbarkeit insgesamt zu eröffnen, kann **Beschwerde** eingelegt werden.[11] Zwar handelt es sich hierin wohl nicht um eine Endentscheidung, doch muss dem Überlebenden aufgrund des uU schwerwiegenden Eingriffs in das allgemeine Persönlichkeitsrecht ein Rechtsmittel zustehen.[12] Ebenso kann gegen die beabsichtigte Übersendung von Testamentsabschriften durch den Rechtspfleger Beschwerde durch den Erben eingelegt werden.[13]

Gegen die Ablehnung der Eröffnung ist die Beschwerde statthaft.[14] Dagegen kann gegen die bereits erfolgte Eröffnung weder Erinnerung noch Beschwerde mehr eingelegt werden.[15]

IV. Kosten

Bei jedem Todesfall, für den eine Eröffnung durchgeführt wird, fällt eine **Gebühr** nach Nr. 12101 KV GNotKG iHv 100 EUR an. Die Gebühr fällt hierbei auch dann in voller Höhe an, wenn nur der Teil des jeweils Verstorbenen eröffnet wird, so dass bei der erneuten Eröffnung nach dem Tode des Letztversterbenden eine weiter weitere Gebühr iHv 100 EUR zu entrichten ist.[16]

§ 350 FamFG Eröffnung der Verfügung von Todes wegen durch ein anderes Gericht

Hat ein nach § 344 Abs. 6 zuständiges Gericht die Verfügung von Todes wegen eröffnet, hat es diese und eine beglaubigte Abschrift der Eröffnungsniederschrift dem Nachlassgericht zu übersenden; eine beglaubigte Abschrift der Verfügung von Todes wegen ist zurückzubehalten.

A. Allgemeines 1	III. Rechtsmittel 9
B. Regelungsgehalt 2	IV. Kosten 11
I. Zuständigkeit des Verwahrungsgerichts nach § 344 Abs. 6 FamFG 2	
II. Übersendung einer beglaubigten Abschrift der Eröffnungsniederschrift und Zurückbehaltung einer beglaubigten Abschrift der Verfügung von Todes wegen 6	

A. Allgemeines

§ 350 FamFG regelt das Verfahren bei einer Eröffnung durch ein anderes als das nach nach § 344 Abs. 6 FamFG zuständige Gericht und übernimmt damit die Regelung des bisherigen § 2261 S. 2 BGB. Hat danach ein nach § 344 Abs. 6 FamFG zuständiges Gericht die Verfügung von Todes wegen eröffnet, so hat es diese und eine beglaubigte Abschrift der Eröffnungsniederschrift dem Nachlassgericht zu übersenden und eine beglaubigte Abschrift der Verfügung von Todes wegen zurückzubehalten. Damit soll ein Verlust der Verfügung verhindert werden.

---

11 Umstritten, wie hier, OLG Hamm NJW-RR 2012, 1030 und OLG Zweibrücken ZEV 2010, 476; verneinend OLG Köln FGPrax 2011, 49; Bumiller/Harders/Schwamb/Harders FamFG § 348 Rn. 11.
12 Bumiller/Harders/Schwamb/Harders FamFG § 349 Rn. 11.
13 Keidel/Zimmermann FamFG § 349 Rn. 30; BGH NJW 1984, 2098; BayObLG NJW-RR 1989, 1284.
14 OLG Köln NJW-RR 2004, 1014.
15 OLG Köln NJW-RR 2004, 1014; BayObLG NJW 1994, 1162.
16 HK-GNotKG/Jäckel KV Nr. 12100–12101 Rn. 6.

B. Regelungsgehalt

I. Zuständigkeit des Verwahrungsgerichts nach § 344 Abs. 6 FamFG

2 Befindet sich die Verfügung von Todes wegen bei einem anderen als nach § 343 FamFG zuständigen Gericht in amtlicher Verwahrung, so ist dieses nach § 344 Abs. 6 FamFG für die Eröffnung zuständig.

3 Hierzu muss sich die Verfügung **nicht in besonderer amtlicher Verwahrung befinden**, es genügt auch eine einfache Aktenverwahrung etwa nach einer erfolgten Ablieferung. Dagegen ist es **nicht ausreichend**, wenn sich die Verfügung von Todes wegen in Prozessakten eines Gerichts befindet, welches nicht Nachlassgericht sein kann, wie etwa das Landgericht, dieses ist vielmehr nach § 2259 Abs. 2 BGB ablieferungspflichtig.[1] Befindet sich die Verfügung von Todes wegen dagegen bei einer anderen Abteilung des Amtsgericht in den Akten, so kann insoweit eine Abgabe auch zur Eröffnung an das Nachlassgericht erfolgen.[2]

4 Die **Eröffnung** selbst hat dann das nach § 344 Abs. 6 FamFG zuständige Gericht eigenständig nach den §§ 348, 349 FamFG als eigenes Verfahren durchzuführen. Insbesondere kann es frei wählen, ob die Eröffnung „still" oder durch Anberaumung eines Eröffnungstermins erfolgen soll.

5 Umstritten ist, wer für die **Bekanntmachung nach § 348 Abs. 3 FamFG** zuständig ist. Richtigerweise gehört die Bekanntgabe nach § 348 Abs. 3 nicht mehr zur eigentlichen Eröffnung, so dass diese nicht mehr durch das nach § 344 Abs. 6 FamFG zuständige Gericht, sondern durch das nach § 343 zuständige Nachlassgericht zu erfolgen hat.[3] Dies folgt nicht nur aus dem Wortlaut des § 1944 Abs. 2 S. 2 BGB, sondern ist darüber hinaus auch aus verfahrensökonomischen Gründen sinnvoll. Denn das eigentlich zuständige Nachlassgericht kann evtl. Fragen der Beteiligten besser und zielführender beantworten, als das nach § 344 Abs. 6 FamFG zuständige Gericht. Zudem werden die Beteiligten damit nicht unnötig durch zwei Gerichte benachrichtigt.

II. Übersendung einer beglaubigten Abschrift der Eröffnungsniederschrift und Zurückbehaltung einer beglaubigten Abschrift der Verfügung von Todes wegen

6 Nach erfolgter Eröffnung fertigt das nach § 344 Abs. 6 FamFG zuständige Gericht eine beglaubigte Abschrift der Eröffnungsniederschrift an und schickt diese zusammen mit der Urschrift der Verfügung an das nach § 343 FamFG zuständige Nachlassgericht.

7 Das Original der Eröffnungsniederschrift verbleibt zusammen mit einer beglaubigten Abschrift der Verfügung von Todes wegen bei dem nach § 344 Abs. 6 FamFG zuständigen Gericht, um so einem etwaigen Verlust bei der Übersendung vorzubeugen.

8 Schließlich erfolgt durch das nach § 344 Abs. 6 FamFG zuständige Gericht eine Anzeige an das zuständige Finanzamt – Erbschaftsteuerstelle – nach § 34 Abs. 2 Nr. 3 ErbStG, § 7 ErbStDV. Damit ist das Verfahren bei dem nach § 344 Abs. 6 FamFG zuständigen Gericht abgeschlossen. Bei dem eigentlich zuständigen Nachlassgericht beginnt dann ein neues Verfahren und dieses nimmt dann sämtliche Benachrichtigungen und Einsichtnahmen nach § 357 Abs. 1 FamFG vor und erhebt auch nach § 18 Abs. 2 GNotKG die Kosten für die Eröffnung durch das Verwahrungsgericht.

---

1 Bumiller/Harders/Schwamb/Harders FamFG § 344 Rn. 15.
2 Bumiller/Harders/Schwamb/Harders FamFG § 344 Rn. 15 mwN.
3 BayObLGZ 1986, 118 (125); MüKoFamFG/Muscheler FamFG § 350 Rn. 4; aA dagegen Bumiller/Harders/Schwamb/Harders FamFG § 350 Rn. 3.

III. Rechtsmittel

Ein eigenes Beschwerderecht gegen für fehlerhaft gehaltene Eröffnungen oder wegen eines Streites über die örtliche Zuständigkeit steht dem Nachlassgericht nicht zu, sondern es kann bei einem **Streit zwischen zwei Gerichten** über die Zuständigkeit nur eine Klärung nach § 5 FamFG durch das nächsthöhere gemeinsame Gericht herbeiführen.[4]

Den Beteiligten steht gegen die Ablehnung der Eröffnung einer Verfügung von Todes wegen die **Beschwerde** nach § 58 FamFG zu. Ebenso ist die Ankündigung, eine Verfügung von Todes wegen zu eröffnen, anfechtbar.[5] Dagegen kann gegen die bereits erfolgte Eröffnung kein Rechtsmittel mehr eingelegt werden.[6]

IV. Kosten

An **Kosten** fallen für die Testamentseröffnung nach Nr. 12101 KV GNotKG **100 EUR** an. **Kostenschuldner** sind die Erben, § 24 Nr. 1 GNotKG.

Die **Gebührenerhebung** erfolgt nach § 18 Abs. 2 GNotKG bei dem nach § 343 FamFG zuständigen Nachlassgericht, auch wenn die Eröffnung der Verfügung vor einem anderen Gericht stattgefunden hat.[7]

§ 351 FamFG Eröffnungsfrist für Verfügungen von Todes wegen

¹Befindet sich ein Testament, ein gemeinschaftliches Testament oder ein Erbvertrag seit mehr als 30 Jahren in amtlicher Verwahrung, soll die verwahrende Stelle von Amts wegen ermitteln, ob der Erblasser noch lebt. ²Kann die verwahrende Stelle nicht ermitteln, dass der Erblasser noch lebt, ist die Verfügung von Todes wegen zu eröffnen. ³Die §§ 348 bis 350 gelten entsprechend.

A. Allgemeines	1	II. Überprüfungsfrist	6
B. Regelungsgehalt	3	1. Fristlänge	6
I. Anwendungsbereich	3	2. Ermittlungen	8
1. Verfügung von Todes wegen	3	III. Eröffnung nach §§ 351 S. 2, 3 FamFG	12
2. Amtliche Verwahrung	5		

A. Allgemeines

Befindet sich eine Verfügung von Todes wegen in amtlicher Verwahrung, so ergehen normalerweise nach § 347 FamFG Mitteilungen, die sicherstellen sollen, dass im Todesfall das Nachlassgericht von den verwahrten Verfügungen Kenntnis erlangt und diese im Nachlassverfahren berücksichtigen kann. In der Vergangenheit kam es dennoch immer wieder vor, dass in Verwahrung befindliche Verfügungen von Todes wegen mangels erfolgter Mitteilung nach § 347 FamFG dem Nachlassgericht nicht oder erst wesentlich später bekannt wurden. Das neu geschaffene Zentrale Testamentsregister soll hier Abhilfe schaffen.

Daneben wurden in § 351 FamFG die bisherigen Bestimmungen der §§ 2263a, 2300a BGB übernommen und nun einheitlich geregelt, dass nach mehr als 30 Jahren amtlicher Verwahrung die verwahrende Stelle von Amts wegen ermitteln soll, ob der Erblasser noch lebt. Damit soll

---

[4] Nach Ansicht von MüKoFamFG/Muscheler FamFG § 350 Rn. 5 soll dagegen nur über die Dienstaufsicht eine Klärung herbeigeführt werden können.

[5] OLG Hamm NJW-RR 2012, 1030; aA OLG Düsseldorf FGPrax 2011, 48 und OLG Köln FGPrax 2011, 49.

[6] BayObLG NJW-RR 1994, 1162 und OLG Köln NJW-RR 2004, 1014; aA in Einzelfällen MüKoFamFG/Muscheler FamFG § 348 Rn. 35, 36.

[7] HK-GNotKG/Jäckel KV Nr. 12101 Rn. 8.

eine Eröffnung auch dann sichergestellt werden, wenn eine Mitteilung von der in Verwahrung befindlichen Verfügung von Todes wegen unterblieb.

B. Regelungsgehalt

I. Anwendungsbereich

3 **1. Verfügung von Todes wegen.** Die Frist des § 351 FamFG gilt für alle Verfügungen von Todes wegen, also gleichermaßen für Testamente, gemeinschaftliche Testamente und Erbverträge.

4 Nicht in den Anwendungsbereich des § 351 FamFG fallen hingegen Erb- und Pflichtteilsverzichtverträge sowie Eheverträge, selbst wenn diese Vereinbarungen zum Güterstand enthalten.[1]

5 **2. Amtliche Verwahrung.** Die **Verfügung von Todes wegen muss sich in amtlicher Verwahrung befunden haben**; eine besondere amtliche Verwahrung nach § 346 FamFG ist nicht erforderlich. Es genügt vielmehr die einfache amtliche Verwahrung wie auch die Verwahrung durch den Notar.

II. Überprüfungsfrist

6 **1. Fristlänge.** Die **Frist beträgt einheitlich 30 Jahre**. Sie **beginnt** gemäß § 187 BGB mit dem Ablauf des Tages, an dem die letztwillige Verfügung in die amtliche Verwahrung genommen wurde.[2] Ist dieser Tag nicht mehr feststellbar, ist Fristbeginn der Tag der Errichtung der letztwilligen Verfügung.[3] Das **Fristende** bestimmt sich nach § 188 BGB.[4]

7 Die Fristüberwachung obliegt der jeweiligen Verwahrstelle, wobei hierzu die jeweiligen Aktenordnungen Regelungen enthalten (in Bayern etwa § 27 Abs. 10 AktO). Danach besteht für die Nachlassgerichte die Verpflichtung, regelmäßig festzustellen, welche letztwilligen Verfügungen sich mehr als 30 Jahre in amtlicher Verwahrung befinden (idR hat dies mindestens einmal jährlich zu erfolgen).[5] Befinden sich Erbverträge in der amtlichen Verwahrung beim Notar, so obliegt diesem die Pflicht zur **Fristüberwachung**.[6]

8 **2. Ermittlungen.** Nach § 351 FamFG soll die verwahrende Stelle von Amts wegen ermitteln, ob der Erblasser noch lebt, wenn sie das Testament, ein gemeinschaftliches Testament oder ein Erbvertrag mehr als 30 Jahre in amtlicher Verwahrung befindet.

9 **Zuständig** für die Ermittlungen ist also stets die Verwahrstelle, also entweder das Nachlassgericht oder der Notar.

10 Nach Ablauf der Frist sollen Ermittlungen von Amts wegen durch die Verwahrstelle, also durch das Nachlassgericht oder durch den Notar erfolgen, ob der Erblasser noch lebt. Es handelt sich um eine **Amtsermittlungspflicht**, deren Umfang im **pflichtgemäßen Ermessen** steht. In Betracht kommen insbesondere Anfragen an das Zentrale Testamentsregister, an das Einwohnermeldeamt des letzten bekannten Wohnsitzes, oder an das (Geburts-)Standesamt.

11 Tritt zu Tage, dass der **Erblasser schon verstorben ist**, hat eine Eröffnung unmittelbar nach den §§ 348–350 FamFG zu erfolgen. **Lebt dagegen der Erblasser noch**, so hat die Eröffnung zu unterbleiben.

---

1 Bumiller/Harders/Schwamb/Harders FamFG § 351 Rn. 2.
2 Bumiller/Harders/Schwamb/Harders FamFG § 351 Rn. 5.
3 MüKoFamFG/Muscheler FamFG § 351 Rn. 3.
4 Keidel/Zimmermann FamFG § 351 Rn. 6.
5 Keidel/Zimmermann FamFG § 351 Rn. 7.
6 Keidel/Zimmermann FamFG § 351 Rn. 7 unter Verweis auf § 34a BeurkG.

III. Eröffnung nach §§ 351 S. 2, 3 FamFG

Kann nicht ermittelt werden, ob der Erblasser noch lebt oder schon gestorben ist, **bleiben die Ermittlungen also erfolglos**, so ordnet § 351 S. 2 FamFG an, dass die Verfügung von Todes wegen zu eröffnen ist, wobei nach § 351 S. 3 FamFG die Regelungen der §§ 348–350 FamFG entsprechend gelten.

Zuständig für die Eröffnung ist stets das Verwahrungsgericht, das dann auch zum zuständigen Nachlassgericht wird. Insoweit wird unterstellt, dass der Erblasser seinen letzten Wohnsitz im Bezirk des Verwahrungsgerichts gehabt hat.[7] Befindet sich die Verfügung in notarieller Verwahrung, so ist das für den Amtssitz des Notars zuständige Amtsgericht für die Eröffnung zuständig. Hierzu ist die Verfügung durch den Notar bei dem Gericht einzureichen. Lehnt das Gericht die Annahme ab, kann hiergegen Beschwerde gemäß § 58 FamFG durch den Notar eingelegt werden.[8]

Bleiben die Ermittlungen erfolglos und erfolgt eine Eröffnung der Verfügung von Todes wegen nach § 351 S. 2 FamFG obwohl der Erblasser tatsächlich noch lebt, so bleibt die Verfügung weiterhin gültig. Diese ist wieder zu verschließen und wieder in amtliche Verwahrung zu nehmen. Die ergangenen Benachrichtigungen nach § 348 Abs. 3 FamFG wie auch die übersandten Ablichtungen der letztwilligen Verfügungen sind zurückzufordern. Entstanden dem Erblasser hierdurch Mehraufwendungen und traf die verwahrende Stelle ein Verschulden so kommen ggfs Amtshaftungsansprüche des Erblassers in Betracht.

§ 352 FamFG Angaben im Antrag auf Erteilung eines Erbscheins; Nachweis der Richtigkeit

(1) ¹Wer die Erteilung eines Erbscheins als gesetzlicher Erbe beantragt, hat anzugeben

1. den Zeitpunkt des Todes des Erblassers,
2. den letzten gewöhnlichen Aufenthalt und die Staatsangehörigkeit des Erblassers,
3. das Verhältnis, auf dem sein Erbrecht beruht,
4. ob und welche Personen vorhanden sind oder vorhanden waren, durch die er von der Erbfolge ausgeschlossen oder sein Erbteil gemindert werden würde,
5. ob und welche Verfügungen des Erblassers von Todes wegen vorhanden sind,
6. ob ein Rechtsstreit über sein Erbrecht anhängig ist,
7. dass er die Erbschaft angenommen hat,
8. die Größe seines Erbteils.

²Ist eine Person weggefallen, durch die der Antragsteller von der Erbfolge ausgeschlossen oder sein Erbteil gemindert werden würde, so hat der Antragsteller anzugeben, in welcher Weise die Person weggefallen ist.

(2) Wer die Erteilung des Erbscheins auf Grund einer Verfügung von Todes wegen beantragt, hat

1. die Verfügung zu bezeichnen, auf der sein Erbrecht beruht,
2. anzugeben, ob und welche sonstigen Verfügungen des Erblassers von Todes wegen vorhanden sind, und
3. die in Absatz 1 Satz 1 Nummer 1, 2 und 6 bis 8 sowie Satz 2 vorgeschriebenen Angaben zu machen.

(3) ¹Der Antragsteller hat die Richtigkeit der Angaben nach Absatz 1 Satz 1 Nummer 1 und 3 sowie Satz 2 durch öffentliche Urkunden nachzuweisen und im Fall des Absatzes 2 die Urkunde

---

[7] Bumiller/Harders/Schwamb/Harders FamFG § 351 Rn. 7.
[8] BayObLG 83, 149.

vorzulegen, auf der sein Erbrecht beruht. ²Sind die Urkunden nicht oder nur mit unverhältnismäßigen Schwierigkeiten zu beschaffen, so genügt die Angabe anderer Beweismittel. ³Zum Nachweis, dass der Erblasser zur Zeit seines Todes im Güterstand der Zugewinngemeinschaft gelebt hat, und zum Nachweis der übrigen nach den Absätzen 1 und 2 erforderlichen Angaben hat der Antragsteller vor Gericht oder vor einem Notar an Eides statt zu versichern, dass ihm nichts bekannt sei, was der Richtigkeit seiner Angaben entgegensteht. ⁴Das Nachlassgericht kann dem Antragsteller die Versicherung erlassen, wenn es sie für nicht erforderlich hält.

A. Allgemeines	1	
B. Regelungsgehalt	2	
I. Zuständigkeit	2	
II. Antrag	5	
1. Antragsvoraussetzungen	5	
2. Antragsrücknahme und Wiederholung des Antrags	12	
3. Antragsberechtigte	14	
4. Beizufügende Unterlagen und Glaubhaftmachung	18	
5. Erbschaftsannahme	21	
6. Testamentseröffnung	22	
III. Verfahren vor dem Nachlassgericht	23	
1. Beteiligte	23	
2. Sachverhaltsermittlung, Beweiserhebung und Anhörung durch das Gericht	24	
a) Sachverhaltsermittlung	24	
b) Beweisaufnahme	25	
c) Gewährung rechtlichen Gehörs	26	
IV. Das Europäische Nachlasszeugnis	28	
1. Allgemeines	28	
2. Internationale Zuständigkeit und Verfahrensrecht	30	
3. Sachliche und örtliche Zuständigkeit	32	
4. Antrag	34	
5. Beteiligte	38	
6. Verfahren	41	
7. Verhältnis von Erbschein und ENZ	44	
a) Wahlrecht des Antragstellers	44	
b) Wirkungen von Erbschein und ENZ	45	
c) Widersprüchliche Zeugnisse	47	

A. Allgemeines

1   Während § 352 FamFG aF nur die Entscheidung über Erbscheinsanträge regelte und auf den §§ 2353 ff. BGB aF aufbaute, bündelt die Neuregelung die bislang in den §§ 2354 bis 2356 BGB enthaltenen Regelungen zum Erbscheinsverfahren. In Abs. 1 und 2 wurde der bisher in den §§ 2354 und 2355 BGB enthaltene Regelungsinhalt unverändert übernommen. Ergänzt wurde der Katalog um die Angabe des letzten gewöhnlichen Aufenthalts und der Staatsangehörigkeit des Erblassers. Der letzte gewöhnliche Aufenthalt ist mit Inkrafttreten der EuErbVO das entscheidende Kriterium für die Bestimmung des anzuwendenden Rechts und für die nach § 343 FamFG bestimmte örtliche Zuständigkeit. Zudem spielt insbesondere auf die Rechtswahl nach Art. 22 EuErbVO die Staatsangehörigkeit weiterhin eine nicht unerhebliche Rolle. Die Angaben zu Nr. 2 sind durch eidesstattliche Versicherung nachzuweisen. Weitergehende Angaben als in § 352 Abs. 1 FamFG genannt sind im Erbscheinsverfahren nicht zu machen. Wird ein Europäisches Nachlasszeugnis beantragt, so enthält das IntErbVerfG insbesondere in § 35 IntErbVerfG iVm Art. 65 EuErbVO Sonderbestimmungen.

B. Regelungsgehalt

I. Zuständigkeit

2   **Sachlich zuständig** für die Erteilung des Erbscheins ist nach § 342 Abs. 1 Nr. 6 FamFG, §§ 23a Abs. 1 S. 1 Nr. 2, Abs. 2 Nr. 2 GVG das Amtsgericht, Nachlassgericht.

3   Die **örtliche Zuständigkeit** richtet sich nach § 343 FamFG.

4   **Funktionell** ist nach § 3 Nr. 2 lit. c RPflG grundsätzlich der Rechtspfleger zuständig, es sei denn, es liegt ein Fall des § 16 Abs. 1 Nr. 6 RPflG vor. Liegt danach eine Verfügung von Todes wegen vor oder kommt die Anwendung ausländischen Rechts in Betracht, so ist für die Erteilung des Erbscheins grundsätzlich der Richter zuständig. Bis zur Erteilung des Erbscheins verbleibt es aber bei der Zuständigkeit des Rechtspflegers. Nach § 19 Abs. 1 S. 1 Nr. 5 RPflG sind

die Landesregierungen ermächtigt, durch Rechtsverordnung den Richtervorbehalt nach § 16 Abs. 1 Nr. 6 RPflG aufzuheben (vgl. hierzu → FamFG § 343 Rn. 5 mwN).

II. Antrag

1. Antragsvoraussetzungen. Das Erbscheinsverfahren ist ein Antragsverfahren. Das Nachlassgericht wird also nicht von Amts wegen tätig, sondern für die Erteilung eines Erbscheins ist gemäß § 2353 BGB ein Antrag erforderlich.

Die **Antragsvoraussetzungen** sind nunmehr abschließend in den §§ 352 ff. FamFG geregelt. Nach **§ 352 Abs. 1 S. 1 FamFG** hat derjenige, der die Erteilung des Erbscheins als **gesetzlicher Erbe** beantragt

1. den Zeitpunkt des Todes des Erblassers,
2. den letzten gewöhnlichen Aufenthalt und die Staatsangehörigkeit des Erblassers,
3. das Verhältnis, auf dem sein Erbrecht beruht,
4. ob und welche Personen vorhanden sind oder vorhanden waren, durch die er von der Erbfolge ausgeschlossen oder sein Erbteil gemindert werden würde,
5. ob und welche Verfügungen des Erblassers von Todes wegen vorhanden sind,
6. ob ein Rechtsstreit über sein Erbrecht anhängig ist,
7. dass er die Erbschaft angenommen hat und
8. die Größe seines Erbteils

anzugeben.

Ist eine Person weggefallen, durch die der Antragsteller von der Erbfolge ausgeschlossen oder sein Erbteil gemindert werden würde, so hat der Antragsteller nach § 352 Abs. 1 S. 2 FamFG weiter anzugeben, in welcher Weise die Person weggefallen ist.

Wer die Erteilung des Erbscheins aufgrund einer **Verfügung von Todes** wegen beantragt, hat nach **§ 352 Abs. 2 FamFG** die Verfügung zu bezeichnen, auf der sein Erbrecht beruht. Außerdem hat er anzugeben, ob und welche sonstigen Verfügungen von Todes wegen des Erblassers vorhanden sind und muss überdies die in §§ 352 Abs. 1 S. 1 Nr. 1 und 3 sowie S. 2 FamFG vorgeschriebenen Angaben machen.

Sind mehrere Erben vorhanden, so kann von jedem der Erben ein gemeinschaftlicher Erbschein nach § 352a FamFG gestellt werden (→ FamFG § 352a Rn. 3 ff.).

Eine bestimmte **Form** ist für den Antrag nicht vorgeschrieben, doch erweist sich die Pflicht, bestimmte Angaben durch eidesstattliche Versicherung gemäß § 352 Abs. 3 S. 2 BGB nachzuweisen, in der Praxis als „de-facto-Formvorschrift", da der Antrag in den allermeisten Fällen zur Niederschrift eines Notars oder des Gerichts erfolgt. Möglich ist aber auch die Antragstellung in elektronischer Form mittels beA.[1]

Der Antrag muss inhaltlich genau bestimmt sein. Erforderlich ist also, dass der Antrag deckungsgleich mit dem zu erteilenden Erbschein ist. Der Antrag muss daher alle Angaben enthalten, die im Erbschein anzuführen sind. Zulässig ist auch die Stellung von Haupt- und Hilfsanträgen. Nach § 352c FamFG ist auch ein beschränkter Antrag auf die im Inland befindlichen Gegenstände oder nur zu Grundbuchzwecken möglich (→ FamFG § 352c Rn. 1 ff.).

2. Antragsrücknahme und Wiederholung des Antrags. Bis zur Erteilung des Erbscheins kann der Antrag auf Erbscheinserteilung **zurückgenommen** werden, indem eine entsprechende Erklärung gegenüber dem Gericht abgegeben wird, § 22 FamFG.[2] Die Rücknahmeerklärung selbst kann dagegen weder widerrufen noch wegen Willensmängeln angefochten werden.[3]

---
1 OLG Oldenburg FGPrax 2019, 138.
2 NK-BGB/Kroiß BGB § 2353 Rn. 43.
3 OLG Köln NJWE-FER 2000, 187.

13 Nachdem die Abweisung des Erbscheinsantrags nach Ablauf der Beschwerdefrist nur in formelle Rechtskraft gemäß § 45 FamFG erwächst, kann grundsätzlich der Erbscheinsantrag **erneut gestellt** werden. Dies gilt gleichermaßen auch dann, wenn der Antrag auf Erteilung eines Erbscheins zurückgenommen wurde. Allerdings fehlt einem solch wiederholenden Antrag dann das Rechtsschutzbedürfnis, wenn der Antrag gleichlautend gestellt und auf genau denselben Sachverhalt wie der erste Antrag gestützt wird.[4] Erforderlich ist also, dass entweder ein zum ersten Antrag abweichender Antrag gestellt wird oder neue Sachverhaltsumstände und damit ein neuer Sachverhalt vorgetragen wird.

14 **3. Antragsberechtigte.** Antragsberechtigt sind
- der Erbe, auch nur der einzelne Miterbe,
- der Fiskus nach Feststellung gemäß § 1964 BGB,
- der Nachlassinsolvenzverwalter,
- der Testamentsvollstrecker,
- der Nachlassverwalter und
- der Vermächtnisnehmer bei Anwendung eines ausländischen Erbrechts als Inhaber eines Vindikationslegats.[5]

15 Letzterer hat den Erbschein auf den Namen des Erben zu beantragen.[6] Bei **Vor- und Nacherbschaft** ist während der Zeit der Vorerbschaft nur der Vorerbe, nicht aber der Nacherbe antragsberechtigt.[7] Bei einem **Erbschaftskauf** nach den §§ 2371 ff. BGB ist der Käufer der ganzen Erbschaft antragsberechtigt, kann aber den Erbschein nur auf den Namen des oder der Erben und nicht auf sich beantragen.[8]

16 **Nicht antragsberechtigt** sind dagegen diejenigen, die nur einen schuldrechtlichen Anspruch gegen den Nachlass oder die Erben haben, wie etwa Vermächtnisnehmer (wohl aber unter Anwendung eines ausländischen Erbrechts Inhaber eines Vindikationslegats, s. bei → Rn. 14)[9] und Pflichtteilsberechtigte.[10] Möglich ist aber bei bereits erteiltem Erbschein der Antrag auf Erteilung einer Ausfertigung nach § 357 Abs. 2 S. 1 FamFG.

17 Dagegen können Nachlassgläubiger und Eigengläubiger zum Zwecke der Zwangsvollstreckung einen Erbschein beantragen, §§ 792, 896 ZPO.[11]

18 **4. Beizufügende Unterlagen und Glaubhaftmachung.** Die Richtigkeit der nach den §§ 352 Abs. 1 und 2 FamFG getätigten Angaben sowie die Tatsache, dass der Erblasser zur Zeit seines Todes im Güterstand der Zugewinngemeinschaft gelebt hat, sind vom Antragsteller durch **Versicherung an Eides statt gemäß § 352 Abs. 3 S. 3 nachzuweisen**, sofern diese nicht ausnahmsweise nach § 352 Abs. 3 S. 4 FamFG vom Nachlassgericht erlassen wurde. Zu versichern ist danach, dass der Erblasser im Zeitpunkt des Todes im Güterstand der Zugewinngemeinschaft gelebt hat, dass ihm nichts bekannt ist, was der Richtigkeit der nach den §§ 352 Abs. 2 und 3 FamFG getätigten Angaben entgegensteht.

19 Nach § 352 Abs. 3 S. 1 FamFG ist die Richtigkeit der Angaben nach § 352 Abs. 1 S. 1 Nr. 1 und 3 sowie S. 2 FamFG durch **öffentliche Urkunden** nachzuweisen und im Fall des § 352 Abs. 2 FamFG die Urkunde vorzulegen, auf der das Erbrecht des Antragstellers beruht. Der Begriff der öffentlichen Urkunden entspricht der Regelung des § 415 ZPO, wozu auch ausländi-

---

4 Keidel/Zimmermann FamFG § 352 Rn. 18. Nach Prütting/Helms/Fröhler FamFG § 352 Rn. 14 soll dagegen eine erneute Antragstellung uneingeschränkt zulässig sein.
5 EuGH ErbR 2018, 84.
6 BayObLG NJW-RR 99, 805.
7 BayObLG NJW-RR 1999,805; Bumiller/Harders/Schwamb/Harders FamFG § 352 Rn. 8.
8 NK-BGB/Kroiß BGB § 2353 Rn. 35; Grüneberg/Weidlich BGB § 2371 Rn. 4; aA MüKoBGB/Grziwotz BGB § 2353 Rn. 86; Staudinger/Schilken BGB § 2353 Rn. 45.
9 BayObLG FamRZ 2000, 1231.
10 BayObLG Rpfleger 1999, 182; OLG Köln Rpfleger 1993, 509. Ausnahmsweise kommt aber ein Antragsrecht in Betracht, wenn der Pflichtteilsberechtigte Vollstreckungsgläubiger ist.
11 BayObLG NJW-RR 2002, 440; OLG Zweibrücken Rpfleger 2006, 606; NK-BGB/Kroiß BGB § 2353 Rn. 28.

sche Urkunden gehören können. Den wichtigsten Anwendungsfall stellen Personenstandsurkunden, wie etwa Geburts-, Heirats-, und Sterbeurkunden dar. Die Richtigkeit dieser Urkunden kann auch im Erbscheinsverfahren überprüft werden. Die Verfügung von Todes wegen nach § 352 Abs. 2 FamFG ist – soweit vorhanden – stets im Original vorzulegen. Wenn die Urkunden nicht oder nur mit unverhältnismäßigen Schwierigkeiten zu beschaffen sind, können auch **andere Beweismittel** vorgelegt werden, § 352 Abs. 3 S. 2 FamFG. Ein erheblicher Zeit- oder Kostenaufwand rechtfertigt dies nur bei krassem Missverhältnis zum Nachlasswert.[12] Als mögliche Beweismittel kommen Zeugenaussagen und eidesstattliche Versicherungen Dritter wie auch zB Abschriften, Familienstamm- oder Kirchenbücher in Betracht. Letztlich müssen die Beweismittel aber ähnlich klare und hinreichende Folgerungen wie öffentliche Urkunden ermöglichen.[13]

Im Termin zur Antragstellung auf Erteilung eines Erbscheins empfiehlt es sich ferner, auch das Nachlassverzeichnis gleich mit aufzunehmen. Hierauf sollten die Beteiligten bei Terminsvorbereitung hingewiesen werden. Anhand des Nachlassverzeichnisses sind dann die nach Nr. 12210–12214 KV GNotKG zu erhebenden Gebühren anhand der nach § 40 GNotKG durchzuführenden Geschäftswertermittlung zu bestimmen. Zudem dient das Nachlassverzeichnis zur ggfs erforderlichen Bestimmung von Erbquoten. Für die Abgabe der eidesstattlichen Versicherung fällt zudem eine Gebühr nach Nr. 23300 KV GNotKG an.[14]

5. Erbschaftsannahme. Die Erbschaft muss nach den §§ 1943 ff. BGB **angenommen** sein, damit ein Erbschein erteilt werden kann. Die Angabe hierüber wird nun auch ausdrücklich in § 352 Abs. 1 S. 1 Nr. 7 FamFG bei der Antragstellung verlangt, ohne dass damit aber eine Änderung im Vergleich zur bisherigen Rechtslage herbeigeführt worden wäre. Wird die Annahme gegenüber dem Nachlassgericht im Termin über den Antrag auf Erteilung eines Erbscheins erklärt, so ist dies in der Niederschrift festzuhalten.

6. Testamentseröffnung. Die Eröffnung der Verfügung von Todes wegen ist nach § 2359 BGB, § 348 FamFG eine Voraussetzung für die Erteilung eines Erbscheins.[15] In der Praxis erfolgt die Testamentseröffnung vielfach im Termin über den Erbscheinsantrag. Die Beteiligten müssen so nur einmal zu Gericht, so dass sich der Aufwand sowohl für die Beteiligten als auch für das Gericht hierdurch verringert.

III. Verfahren vor dem Nachlassgericht

1. Beteiligte. An dem Erbscheinsverfahren ist nach § 345 Abs. 1 S. 1 FamFG der Antragsteller zu **beteiligen**. Darüber hinaus können die in § 345 Abs. 1 S. 2 FamFG bezeichneten Personen beteiligt werden, auf Antrag sind sie nach § 345 Abs. 1 S. 3 FamFG zu beteiligen. Über das Antragsrecht sind diese zu belehren und von der Einleitung eines Erbscheinsverfahrens vom Nachlassgericht zu informieren, damit diese ihre Rechte wahrnehmen können (→ FamFG § 345 Rn. 1 ff.).

2. Sachverhaltsermittlung, Beweiserhebung und Anhörung durch das Gericht. a) Sachverhaltsermittlung. Nach § 26 FamFG hat das Nachlassgericht den **Sachverhalt von Amts wegen zu ermitteln**. Danach ist das Gericht verpflichtet, alle zur Aufklärung des Sachverhalts erforderlichen Ermittlungen durchzuführen und hierzu geeignete Beweise zu erheben. Hierbei besteht keine unbegrenzte Aufklärungspflicht, insbesondere ist das Gericht nicht verpflichtet alle nur denkbaren Möglichkeiten der Sachverhaltsaufklärung auszuschöpfen und allen Beweisanträgen nachzugehen. Sind unter Berücksichtigung der bereits bekannten Tatsachen und ohne vorweggenommene Beweiswürdigung keine weiteren entscheidungserheblichen Erkenntnisse zu erwar-

---

12 OLG Schleswig NJW-RR 2013, 1166.
13 Zimmermann Erbschein Rn. 8; OLG Hamm ZEV 2015, 366.
14 Wilsch FGPrax 2013, 47 (50).
15 NK-BGB/Kroiß BGB § 2355 Rn. 16.

ten, so können Ermittlungen insoweit unterbleiben.[16] Insbesondere ist die Sachverhaltsaufklärung begrenzt durch die für den Inhalt des Antrags erforderlichen Tatsachen. Gibt aber der Vortrag der Beteiligten bei sorgfältiger Prüfung Anlass zu weiteren Ermittlungen, so sind diese vorzunehmen. Erst wenn von einer weiteren Beweisaufnahme ein sachdienliches, die Entscheidung beeinflussendes Ergebnis nicht mehr zu erwarten ist, darf das Gericht seine Ermittlungen abschließen.[17]

25 b) **Beweisaufnahme.** Das Gericht ist an das Vorbringen der Beteiligten nach § 29 Abs. 1 S. 2 FamFG nicht gebunden. Unter Berücksichtigung vorstehender Erwägungen steht es daher im pflichtgemäßen Ermessen des Gerichts, ob es einem Beweisantrag eines Beteiligten nachgeht oder nicht. Eine förmliche Ablehnung von Beweisanträgen erfolgt nicht. Daneben steht nach § 30 FamFG auch die Art der Beweiserhebung im pflichtgemäßen Ermessen des Gerichts. Danach kann das Gericht in Ausübung dieses Ermessens entscheiden, ob eine förmliche Beweisaufnahme nach § 30 Abs. 1 FamFG durchgeführt wird. Eine Pflicht hierzu besteht nur dann, wenn anderenfalls eine hinreichend sichere Aufklärung nicht zu erreichen ist,[18] oder im Falle des § 30 Abs. 3 FamFG, wenn also das Nachlassgericht eine entscheidungserhebliche Tatsache als festgestellt erachtet, die von einem Beteiligten ausdrücklich bestritten wird. Im Regelfall wird das Gericht die Sachverhaltsaufklärung im Freibeweisverfahren betreiben.

26 c) **Gewährung rechtlichen Gehörs.** Das Gericht hat den Beteiligten in jedem Stadium des Verfahrens zu den Tatsachen und Beweisergebnissen, die es seiner Entscheidung zu Grunde legen will, Gelegenheit zur Kenntnis und zur Äußerung zu geben.[19] Auch die Ausführungen der Beteiligten sind vom Gericht zu berücksichtigen.[20] Bei „**Kann**"-Beteiligten nach § 345 Abs. 1 S. 2 FamFG genügt es, wenn diese nach § 7 Abs. 4 FamFG von dem Verfahren benachrichtigt werden. Wird dann ein Antrag auf Hinzuziehung nicht gestellt, ist eine weitere Anhörung nicht erforderlich, da diese Pflicht nur gegenüber den förmlichen Beteiligten besteht.[21] Im Übrigen wird durch die bloße Anhörung eine Person auch nicht zum Beteiligten. Die **Art der Anhörung steht im pflichtgemäßen Ermessen** des Gerichts, insbesondere besteht kein Anspruch auf mündliche Verhandlung.[22] Eine Ausnahme hiervon besteht nur nach Maßgabe des § 34 FamFG.

27 Der **Antragsteller** selbst ist nicht verpflichtet, über die Vorlage der Nachweise nach den § 352 Abs. 3 FamFG weitere Ermittlungen vorzunehmen und diese dem Gericht mitzuteilen. Er hat jedoch nach § 27 FamFG eine Mitwirkungspflicht, ist also nach § 27 Abs. 2 FamFG insbesondere verpflichtet, seine Erklärungen über tatsächliche Umstände vollständig und der Wahrheit gemäß abzugeben. Verweigert der Antragsteller die gebotene Mitwirkung, kann dadurch eine weitere Ermittlungspflicht des Gerichts entfallen.[23] Eine formelle Beweislast trifft den Antragsteller damit nicht, jedoch ggf. eine Feststellungslast.

IV. Das Europäische Nachlasszeugnis

28 **1. Allgemeines.** Bei dem Europäischen Nachlasszeugnis (ENZ) handelt es sich um einen Rechtsnachweis sui generis, der in den meisten Mitgliedstaaten der Union einheitliche Rechtswirkungen entfaltet (Art. 62 bis 73 EuErbVO, vgl. im Einzelnen die Kommentierung dort). Dadurch, dass fast alle Mitgliedstaaten das ENZ als Nachweis der Stellung des Erben oder des Vermächtnisnehmers bzw. der Befugnisse als Testamentsvollstrecker oder Nachlassverwalter nunmehr anerkennen, liegt eine erhebliche Erleichterung bei grenzüberschreitenden Erbfällen vor. Ein weiteres Verfahren ist nicht mehr erforderlich, so dass damit dieser Erbnachweis die Abwicklung des Nachlasses in der gesamten Europäischen Union (mit Ausnahme von Irland,

---

16 OLG Hamm FGPrax 2008, 32.
17 BayObLG NJW-RR 1997, 7.
18 BayObLG FamRZ 86, 1043.
19 BVerfG NJW 1994, 1053.
20 BVerfG NJW 1995, 2095.
21 Bumiller/Harders/Schwamb/Harders FamFG § 352 Rn. 14.
22 BVerfG NJW 1994, 1053.
23 BayObLGZ 2001, 347 (351).

Dänemark und dem Vereinigten Königreich) erleichtert wird. Unberührt bleiben bilaterale Abkommen der Mitgliedstaaten (Art. 75 Abs. 1 EuErbVO). Die EuErbVO gilt unmittelbar, Art. 288 Unterabs. 2 AEUV. Sie wird ergänzt durch zahlreiche Formblätter, die die Kommission auf Grundlage von Art. 80 EuErbVO erarbeitet hat. Der deutsche Gesetzgeber hat zur Durchführung das Gesetz zum Internationalen Erbrecht und zur Änderung von Vorschriften zum Erbschein sowie zur Änderung sonstiger Vorschriften geschaffen (IntErbRVG), das zum 17.8.2015 in Kraft getreten ist.

Das ENZ ist zur Verwendung durch Personen bestimmt, die sich in einem anderen Mitgliedstaat auf ihre Rechtsstellung berufen oder ihre Rechte ausüben wollen (Art. 63 Abs. 1 EuErbVO). Die Verwendung des Zeugnisses ist nicht verpflichtend; es tritt nicht an die Stelle der nationalen Erbnachweise (deutscher Erbschein) und will diese auch nicht verdrängen (Art. 62 Abs. 2 und 3 S. 1 EuErbVO).[24]

2. Internationale Zuständigkeit und Verfahrensrecht. Die internationale Zuständigkeit für die genannten Verfahren ist in der EuErbVO geregelt. Hier gelten die Art. 4 ff. EuErbVO. Ein rügeloses Einlassen ist nicht möglich, da Art. 64 EuErbVO nicht auf Art. 9 EuErbVO verweist.[25] Regelmäßig ist daher die Behörde des jeweiligen Mitgliedstaates international zuständig, in dem der Erblasser seinen letzten gewöhnlichen Aufenthalt hatte, Art. 4 EuErbVO.

In Deutschland regelt § 33 IntErbRVG den Anwendungsbereich des Gesetzes für das Europäische Nachlasszeugnis. Demnach gilt der 5. Abschnitt des IntErbRVG sowohl für Verfahren über die Ausstellung, Berichtigung, Änderung oder den Widerruf des Europäischen Nachlasszeugnisses, als auch über die Erteilung einer beglaubigten Abschrift eines Europäisches Nachlasszeugnisses oder die Verlängerung der Gültigkeitsfrist einer beglaubigten Abschrift und auch über die Aussetzung der Wirkungen eines Europäischen Nachlasszeugnisses. Was die anzuwendenden Verfahrensvorschriften anbelangt, bestimmt § 35 Abs. 1 IntErbRVG, dass die Vorschriften des FamFG Anwendung finden. Vorrangig sind aber die Verfahrensvorschriften der EuErbVO zu beachten. § 35 Abs. 2 IntErbRVG sieht vor, dass das Nachlassgericht bei Anträgen, die nicht in deutscher Sprache abgefasst sind, eine Übersetzung verlangen kann, § 184 S. 1 GVG. Für die Unterrichtung der Berechtigten durch öffentliche Bekanntmachung verweist § 35 Abs. 3 IntErbRVG auf die §§ 435–437 FamFG. Insoweit ist eine Frist von mindestens sechs Wochen vorgesehen. Vgl. im Übrigen wegen weiterer Einzelheiten die Kommentierung zum IntErbRVG (Nr. 31a in diesem Kommentar).

3. Sachliche und örtliche Zuständigkeit. § 34 IntErbRVG regelt die örtliche und die sachliche Zuständigkeit. Nach § 34 Abs. 4 IntErbRVG ist das Amtsgericht als Nachlassgericht sachlich ausschließlich zuständig. Sind nach landesgesetzlichen Vorschriften für die Aufgaben des Nachlassgerichts andere Stellen als Gerichte zuständig, so sind diese ausschließlich zuständig, § 34 Abs. 4 S. 4 IntErbRVG. Landesrechtliche Vorschriften, nach welchen für die dem Nachlassgericht obliegenden Verrichtungen andere als gerichtliche Behörden zuständig sind, sind hierbei zu beachten.[26]

Hinsichtlich der örtlichen Zuständigkeit greifen § 34 Abs. 1 und 2 IntErbRVG die Fälle auf, in denen die EuErbVO der Sache nach nicht nur die internationale, sondern auch die örtliche Zuständigkeit festlegt. § 34 Abs. 3 S. 1 IntErbRVG bestimmt die örtliche Zuständigkeit in Anlehnung an die allgemeine internationale Zuständigkeitsregel des Art. 4 EuErbVO und knüpft an den gewöhnlichen Aufenthalt des Erblassers im Zeitpunkt seines Todes an. Hatte der Erblasser im Zeitpunkt seines Todes seinen gewöhnlichen Aufenthalt nicht im Inland, ist das Gericht örtlich ausschließlich zuständig, in dessen Bezirk der Erblasser seinen letzten gewöhnlichen Auf-

---

[24] Lange DNotZ 2016, 103 (104).
[25] Lange DNotZ 2016, 103 (106).
[26] So nahm in Württemberg der Bezirksnotar, Art. 73 ff. AGBGB, und in Baden der Notar nach § 33 LFGG die Aufgaben des Nachlassgerichts bis zum 31.12.2017 wahr, seit dem 1.1.2018 ist das Amtsgericht als Nachlassgericht zuständig.

enthalt im Inland hatte. Hatte der Erblasser keinen gewöhnlichen Aufenthalt im Inland, ist das Amtsgericht Schöneberg in Berlin örtlich ausschließlich zuständig. Entsprechend der Regelung des § 343 Abs. 2 FamFG kann das Amtsgericht Schöneberg in Berlin die Sache aus wichtigem Grund an ein anderes Nachlassgericht verweisen.

34 **4. Antrag.** Für den **Antrag auf Ausstellung** des Europäisches Nachlasszeugnisses verweist § 36 Abs. 1 IntErbRVG auf Art. 65 EuErbVO. Auch hat der Antragsteller vor Gericht oder vor einem Notar an Eides statt zu versichern, dass ihm nichts bekannt sei, was der Richtigkeit seiner Angaben zur Ausstellung des Europäischen Nachlasszeugnisses entgegensteht, § 36 Abs. 2 IntErbRVG. Das Nachlassgericht kann dem Antragsteller die Versicherung erlassen, wenn es sie nicht für erforderlich erachtet.[27] Diese Regelung entspricht § 352 Abs. 3 FamFG. Zudem ist die Richtigkeit der Angaben durch Vorlage von Urkunden in Urschrift oder in Form einer Abschrift, die die für ihre Beweiskraft erforderlichen Voraussetzungen erfüllt (Art. 66 Abs. 2 EuErbVO), nachzuweisen. Nur wenn diese nicht oder nur mit unverhältnismäßigem Aufwand vorgelegt werden können, sind andere Beweismittel zulässig, Art. 66 Abs. 2 EuErbVO.

35 Der Antragsteller kann[28] sich auch des sehr umfangreichen **Formblattes der EU-Kommission bedienen** (Durchführungsverordnung (EU) Nr. 1329/2014 der Kommission vom 9.12.2014, vgl. Anhang II).[29] Zwingend muss der Antragsteller aber die in Art. 65 Abs. 3 lit. a bis m EuErbVO aufgelisteten, umfangreichen Angaben machen, soweit sie ihm bekannt sind und von der Ausstellungsbehörde benötigt werden.[30] Gegenüber deutschen Ausstellungsbehörden ist der Antrag in deutscher Sprache einzureichen, § 184 S. 1 GVG. Ist dies nicht der Fall, so kann das Gericht – auch bezüglich der Anlagen – eine Übersetzung verlangen, § 35 Abs. 2 IntErbRVG.

36 Der **Kreis der Antragsberechtigten** ergibt sich aus Art. 63 Abs. 1 EuErbVO. Danach sind antragsberechtigt die **Erben, Testamentsvollstrecker und Nachlassverwalter**. Anders als beim Erbschein sind Nachlassgläubiger dabei nicht antragsberechtigt (auch nicht im Hinblick auf §§ 792, 896 ZPO).[31] Inwieweit im Falle einer **Erbengemeinschaft** jeder Miterbe einen Antrag stellen darf oder die Miterben nur gemeinsam handeln können, ist unklar, zumal die Verordnung das gemeinschaftliche Nachlasszeugnis nicht kennt (vgl. § 352a FamFG im nationalen Recht). Unklar ist schon, ob diese Frage nach nationalem Erbrecht zu beantworten ist oder ob der verordnungsautonome Begriff der Antragsberechtigung auch diese Fragestellung mitumfasst.[32]

37 Bei **Vermächtnisnehmern** ist hinsichtlich der Antragsberechtigung zu unterscheiden:
- Wird ein Antrag auf Erteilung eines ENZ auf der Grundlage eines ausländischen Rechts gestellt, kommt es daher für die Antragsberechtigung des Vermächtnisnehmers auf die Ausgestaltung seiner Rechtsmacht auf der Grundlage der einschlägigen ausländischen Rechtsordnung an. Nur wenn es sich um ein sog. Vindikationslegat handelt, wie dies namentlich im romanischen Rechtskreis der Fall ist, bei dem mit dem Erbfall ein unmittelbarer Rechtsübergang auf den Vermächtnisnehmer verbunden ist, besteht ein Antragsrecht.[33]
- Ist auf den Erbfall hingegen deutsches Recht anwendbar, so wird der Vermächtnisnehmer nicht unmittelbar am Nachlass berechtigt (Damnationslegat), wie von Art. 63 Abs. 1 EuErbVO für die Antragsberechtigung verlangt. Daher besteht insoweit kein Antragsrecht.[34]

38 **5. Beteiligte.** Den Beteiligtenbegriff definiert § 37 IntErbRVG in Anlehnung an § 345 FamFG. Beteiligter ist logischerweise der Antragsteller. Soweit ansonsten zB die gesetzlichen Erben hinzugezogen werden können, ist diese „Kannvorschrift" entsprechend wie bei § 345 FamFG als

---

27 Zimmermann FGPrax 2015, 147.
28 Ein Zwang hierzu besteht allerdings nicht, vgl. EuGH DNotZ 2019, 460.
29 Zum Download: http://eur-lex.europa.eu/legal-content/DE/TXT/PDF/?uri=CELEX:32014R1329&from=DE. (abgerufen am 17.02.2023).
30 Buschbaum/Simon Rpfleger 2015, 444.
31 Dorsel ZErb 2014, 212; Buschbaum/Simon ZEV 2012, 525.
32 Lange DNotZ 2016, 103, (104).
33 Lange DNotZ 2016, 103, (105).
34 Lange DNotZ 2016, 103, (105).

„Mussvorschrift" zu lesen, wenn das Europäische Nachlasszeugnis in die Rechte der genannten Personen eingreifen kann.³⁵ § 37 Abs. 1 S. 3 IntErbRVG bestimmt, dass die genannten Personen auf ihren Antrag zu beteiligen sind. Bei Verfahren über die Berichtigung, die Änderung, den Widerruf und die Aussetzung der Wirkungen eines Europäisches Nachlasszeugnisses ist der Antragsteller Beteiligter.

Sonstige Personen mit einem berechtigten Interesse können als weitere Beteiligte hinzugezogen werden, § 37 Abs. 2 S. 2 IntErbRVG. Hierzu gehört auch der Pflichtteilsberechtigte.³⁶ Auf ihren Antrag sind sie zu beteiligen. Bringt ein Beteiligter Einwendungen vor, ist unklar, welche Konsequenzen dies nach sich zieht. Erachtet das Nachlassgericht sie für nicht durchgreifend, muss es die Gründe hierfür wohl im Zeugnis darlegen.³⁷ Ein erfolgloser gegenläufiger Antrag ist durch Beschluss mit Begründung und Rechtsmittelbelehrung zurückzuweisen.

Die bislang unbekannten Berechtigten sind durch öffentliche Bekanntmachung von der Beantragung eines ENZ zu informieren, Art. 66 Abs. 4 S. 2 EuErbVO. Hierzu verweist § 35 Abs. 3 IntErbRVG auf §§ 435–437 FamFG.

6. Verfahren. Grundsätzlich sind hinsichtlich des Verfahrens die (knappen) Verfahrensvorschriften der EuErbVO maßgeblich. Ergänzend gilt die **lex fori** des zuständigen Gerichts. In Deutschland ist das Verfahren als Antragsverfahren der freiwilligen Gerichtsbarkeit ausgestaltet. Nur soweit die EuErbVO und das insoweit speziellere IntErbRVG nichts anderes regeln, kann auf die §§ 352 ff. FamFG zurückgegriffen werden.³⁸

Was die anzuwendenden Verfahrensvorschriften anbelangt, verweist § 35 Abs. 1 IntErbRVG auf das FamFG. Aus Art. 66 Abs. 1 S. 2 EuErbVO ergibt sich, dass das Gericht befugt ist, von Amts wegen die erforderlichen Ermittlungen durchzuführen. Der Umfang der Ermittlungspflicht bestimmt sich nach der **lex fori**. Damit gilt für die deutschen Nachlassgerichte der **Amtsermittlungsgrundsatz**, § 35 Abs. 1 IntErbRVG. Das Nachlassgericht hat die Pflicht, den für die Auslegung maßgeblichen Sachverhalt von Amts wegen aufzuklären, § 26 FamFG.³⁹ Was die Beweisaufnahme anbelangt, kommen über § 35 Abs. 1 FamFG die §§ 29, 30 FamFG zur Anwendung. Es kann sich dabei sowohl des Freibeweises als auch der Beweismittel der ZPO bedienen, § 30 FamFG.

Streitig ist, ob das Verfahren als reines Konsensverfahren ausgestaltet ist, ob also das Verfahren auf Erteilung eines ENZ auch dann durchzuführen ist, wenn Einwände gegen die Erteilung eines ENZ erhoben werden.⁴⁰

7. Verhältnis von Erbschein und ENZ. a) Wahlrecht des Antragstellers. Erbschein und ENZ bestehen nebeneinander. Der Antragsteller hat die Wahl, ob er beim Nachlassgericht einen Erbschein oder stattdessen oder zudem ein ENZ beantragt, Art. 62 Abs. 2 EuErbVO.⁴¹ Ob aber in der Praxis überhaupt ein Bedarf für ein ENZ besteht, wenn ein deutscher Erbschein erteilt werden kann, erscheint fraglich. Der deutsche Erbschein beansprucht grundsätzlich weltweite Geltung, nur dessen Anerkennung im Ausland ist nicht immer gewährleistet. Hier soll an sich das ENZ bzgl. der Mitgliedstaaten der EuErbVO Abhilfe schaffen. Allerdings sind nach Art. 39 Abs. 1 EuErbVO die in einem Mitgliedstaat ergangenen Entscheidungen in einem anderen Mitgliedstaat anzuerkennen, ohne dass es hierfür eines besonderen Verfahrens bedarf. Entscheidend wird daher sein, ob man deutsche Erbscheine als „Entscheidungen" iSd Art. 39 Abs. 1 Eu-

---

35 Burandt/Rojahn/Kroiß FamFG § 345 Rn. 3.
36 Lange DNotZ 2016, 103 (108).
37 Zimmermann FGPrax 2015, 148: „im Formblatt V Anlage IV unter 11 („weitere Erläuterungen").
38 Lange DNotZ 2016, 103 (107).
39 NK-NachfolgeR/Köhler EuErbVO Art. 66 Rn. 1; Prütting/Helms/Fröhler FamFG § 352 Rn. 17.

40 Für ein reines Konsensverfahren Milzer NJW 2015, 2997; dagegen (Erteilung auch bei streitigen Fällen): Zimmermann ZErb 2015, 342, ebenso OLG Stuttgart NJW-RR 2021, 459.
41 Lange DNotZ 2012, 168; Dorsel ZErb 2014, 212; Keidel/Zimmermann FamFG § 352 Rn. 20.

ErbVO qualifiziert.[42] Klärung in dieser Frage ist ggfs. von der Vorlage des Kammergerichts[43] zum EuGH im Rahmen des § 343 FamFG zu erhoffen, indem dem EuGH gerade die Frage zur Entscheidung vorgelegt wurde, ob es sich bei dem Erbscheinsverfahren um eine Entscheidung iSd Art. 3 Abs. 1 lit. g EuErbVO handelt, was dann auch für Art. 39 Abs. 1 EuErbVO gelten muss.

45 b) **Wirkungen von Erbschein und ENZ.** Dem ENZ kommen nahezu die gleichen **Wirkungen** wie einem deutschen Erbschein zu:
- **Vermutungswirkung,** Art. 69 Abs. 2 EuErbVO: Bis zum Beweis des Gegenteils wird vermutet, dass der im Zeugnis Ausgewiesene zur Rechtsnachfolge berechtigt bzw. mit den im Erbschein ausgewiesenen Befugnissen ausgestattet ist und keine anderen Verfügungsbeschränkungen als die im Zeugnis ausgewiesenen bestehen.
- **Gutglaubenswirkung,** Art. 69 Abs. 3 und 4 EuErbVO: Wird an dem im Zeugnis Ausgewiesenen gutgläubig eine Leistung bewirkt, so wird der Leistende befreit. Ebenso kann ein Dritter von dem Ausgewiesenen gutgläubig erwerben. Zu beachten ist aber, dass Dritte bei Verfügungen des Scheinerben schon dann nicht mehr geschützt sind, wenn ihnen die Unrichtigkeit des Zeugnisses infolge grober Fahrlässigkeit nicht bekannt war, Art. 69 Abs. 4 aE EuErbVO.
- **Legitimationswirkung,** Art. 69 Abs. 5 EuErbVO: Durch Vorlage des Zeugnisses erfolgt die Eintragung in ein öffentliches Register (zB Grundbuch, Problem: begrenzte Gültigkeitsdauer).

46 Allerdings gibt es auch **Unterschiede:**

Erbschein	Europäisches Nachlasszeugnis
Erhalt von Ausfertigungen	Art. 70 Abs. 1 EuErbVO: nur beglaubigte Abschrift
unbegrenzt gültig	idR nur 6 Monate gültig, Art. 70 Abs. 3 EuErbVO mit Verlängerungsmöglichkeit
Gutglaubensschutz nach § 2366 BGB: nur positive Kenntnis schadet und abstrakter Gutglaubensschutz	Gutglaubensschutz nach Art. 69 Abs. 3, 4 EuErbVO: auch grob fahrlässige Unkenntnis schadet nur konkreter Gutglaubensschutz

47 c) **Widersprüchliche Zeugnisse.** Widersprechen sich Erbschein und ENZ, so heben sie Vermutungs- und Gutglaubenswirkung von Erbschein und ENZ auf.[44]

§ 352a FamFG Gemeinschaftlicher Erbschein

(1) ¹Sind mehrere Erben vorhanden, so ist auf Antrag ein gemeinschaftlicher Erbschein zu erteilen. ²Der Antrag kann von jedem der Erben gestellt werden.

---

42 Hierfür Dutta IPRax 2015, 32; MüKoBGB/Dutta EuErbVO Art. 39 Rn. 4; NK-BGB/Makowsky EuErbVO Art. 39 Rn. 5; Leipold ZEV 2015, 553 (558). AA dagegen Dörner ZEV 2012, 505; Dorsel ZErb 2014, 212; Keidel/Zimmermann FamFG § 352 Rn. 20; Dutta/Weber/Weber EuErbVO Art. 39 Rn. 21.

43 KG FamRZ 2017, 564.

44 Umstritten, so wie hier MüKoBGB/Dutta EuErbVO Art. 62 Rn. 8 ff.; Keidel/Zimmermann FamFG § 352a Rn. 100; aA (Vorrang des Erbscheins) Dorsel ZErb 2014, 212.

(2) ¹In dem Antrag sind die Erben und ihre Erbteile anzugeben. ²Die Angabe der Erbteile ist nicht erforderlich, wenn alle Antragsteller in dem Antrag auf die Aufnahme der Erbteile in den Erbschein verzichten.

(3) ¹Wird der Antrag nicht von allen Erben gestellt, so hat er die Angabe zu enthalten, dass die übrigen Erben die Erbschaft angenommen haben. ²§ 352 Absatz 3 gilt auch für die sich auf die übrigen Erben beziehenden Angaben des Antragstellers.

(4) Die Versicherung an Eides statt gemäß § 352 Absatz 3 Satz 3 ist von allen Erben abzugeben, sofern nicht das Nachlassgericht die Versicherung eines oder mehrerer Erben für ausreichend hält.

A. Allgemeines

Zu Verfahren, Sachverhaltsermittlung und Beweisaufnahme gelten die Ausführungen zu § 352 FamFG entsprechend. Die Regelung des § 352a FamFG hat die bislang in § 2357 BGB aF vorgesehene Regelung zum gemeinschaftlichen Erbschein übernommen. 1

Die Erbschaft muss nach den §§ 1943 ff. BGB **angenommen** sein, damit ein Erbschein erteilt werden kann. Nach § 352 Abs. 1 Nr. 7 FamFG ist die Annahmeerklärung der Erbschaft bei Beantragung des Erbscheins auch anzugeben. Wird der Antrag dabei nicht von allen Erben gestellt, so muss nach § 352a Abs. 3 S. 1 FamFG zugleich erklärt werden, dass die übrigen Erben die Erbschaft ebenfalls angenommen haben. Wird die Annahme gegenüber dem Nachlassgericht im Termin über den Antrag auf Erteilung eines Erbscheins erklärt, so ist dies in der Niederschrift festzuhalten. 2

B. Regelungsgehalt

I. Antragstellung

1. Allgemeines. Es gelten zur Antragstellung die Ausführungen zu § 352 FamFG entsprechend, so dass auch für die Erteilung eines gemeinschaftlichen Erbscheins ein entsprechender Antrag Voraussetzung ist. Über die §§ 352a Abs. 2, 3 FamFG sind die entsprechenden Angaben wie bei § 352 FamFG zu machen, so dass hinsichtlich der Antragsvoraussetzungen vollinhaltlich auf die Ausführungen bei § 352 FamFG verwiesen wird. Gleiches gilt zu Form und inhaltlicher Bestimmtheit des Antrags. 3

2. Antragstellung ohne Angabe von Erbteilen, § 352a Abs. 2 S. 2 FamFG. Eine **Sonderregelung** beinhaltet § 352a Abs. 2 S. 2 FamFG. Danach ist die Angabe der Erbteile nicht erforderlich, wenn alle Antragsteller in dem Antrag auf die Aufnahme der Erbteile in den Erbschein verzichten. Nach früherer Rechtslage war dies streitig.[1] Nunmehr hat sich der Gesetzgeber ausdrücklich für diese Möglichkeit entschieden. Die Miterben können daher die Erteilung eines gemeinschaftlichen Erbscheins beantragen, ohne die auf die Miterben entfallenden Quoten anzugeben. Nach OLG München[2] setzt die Erteilung eines quotenlosen Erbscheins voraus, dass alle in Betracht kommenden Miterben auf die Aufnahme der Erbteile in den Erbschein verzichten. Mit der Sonderregelung in § 352a Abs. 2 S. 2 FamFG wird die Erteilung eines Erbscheins in den Fällen erleichtert, wenn zwar die Miterben feststehen, die Ermittlung der genauen Erbquoten aber nur durch kosten- wie zeitaufwändige Nachforschungen möglich ist. Klassischer Beispielsfall ist die Konstellation, wenn der Erblasser das Vermögen nicht nach Bruchteilen, sondern nach Gegenständen verteilt hat, deren Wertverhältnis schwer zu ermitteln ist. Der so beantragte Erbschein ist dann ohne Angabe von Erbquoten zu erteilen und die Miterben können gemeinsam über den Nachlass verfügen.[3] Wird die Erbquote später bekannt, so war nach der bis zum 4

---

1 Offengelassen etwa von BayObLGZ 1962, 47/54.
2 ZEV 2020, 166.
3 Zimmermann Erbschein Rn. 341.

16.8.2015 geltenden Rechtslage der erteilte Erbschein einzuziehen und – nach entsprechendem Antrag – ein neuer Erbschein mit den entsprechenden Quoten zu erteilen.[4] Nach der Neuregelung besteht hierfür wohl kein Bedürfnis mehr, da § 352a Abs. 2 S. 2 FamFG dies abschließend regelt und daher eine Einziehung nicht mehr vorzunehmen ist.[5] Vielmehr ist der quotenlose Erbschein mit den später festgestellten Quoten zu ergänzen.[6] Der Widerruf des Verzichts auf Aufnahme der Erbquoten in den Erbschein ist nur bis zur Erteilung des Erbscheins möglich.[7]

5 3. **Antragsberechtigung.** Zur **Antragsberechtigung** vgl. die Erläuterungen bei § 352.

II. Teilerbschein

6 Vom gemeinschaftlichen Erbschein ist der **Teilerbschein** zu unterscheiden. Der Teilerbschein bezeugt nur das Erbrecht eines Miterben, wohingegen die übrigen Miterben nicht benannt werden. Sinnvoll ist die Beantragung eines Teilerbscheins etwa dann, wenn entweder die übrigen Miterben nicht bekannt sind oder die Annahme der Erbschaft durch die anderen Miterben nicht nachgewiesen werden kann. Wird ein Teilerbschein beantragt, so bleibt die Angabe des Erbteils weiterhin verpflichtend; die Regelung des § 352a Abs. 2 S. 2 greift insoweit nicht ein. Gleiches gilt bei einem gemeinschaftlichen Teilerbschein.

III. Versicherung an Eides statt und einzureichende Unterlagen

7 Die Richtigkeit der nach den § 352a Abs. 3 FamFG iVm §§ 352 Abs. 1 und 2 FamFG getätigten Angaben sowie die Tatsache, dass der Erblasser zur Zeit seines Todes im Güterstand der Zugewinngemeinschaft gelebt hat, sind von den Antragstellern wie bei § 352 Abs. 3 S. 3 FamFG durch **Versicherung an Eides statt** nachzuweisen, sofern diese nicht ausnahmsweise nach § 352 Abs. 3 S. 4 FamFG vom Nachlassgericht erlassen wurde. Nach § 352a Abs. 4 FamFG ist die eidesstattliche Versicherung dabei grundsätzlich von allen Erben abzugeben, es sei denn, diese wird vom Nachlassgericht erlassen. Das Nachlassgericht hat diese Entscheidung nach pflichtgemäßem Ermessen treffen, wobei in der Praxis regelmäßig die Versicherung eines Miterben, bei erbenden Seitenverwandten die eines Angehörigen eines jeden Stammes, genügt. Nach zutreffender Ansicht hat der Miterbe gegenüber den übrigen Miterben aus entsprechender Anwendung von § 2038 Abs. 1 S. 2 BGB einen **Anspruch auf Abgabe** der eidesstattlichen Versicherung, wenn der Erbschein zur Verwaltung des Nachlasses benötigt wird.[8]

8 Wie bei § 352 FamFG ist die Richtigkeit der Angaben zudem durch **öffentliche Urkunden** nachzuweisen und im Fall des § 352 Abs. 2 FamFG die Urkunde vorzulegen, auf der sein Erbrecht beruht (→ § 352 Rn. 18 ff.).

IV. Europäisches Nachlasszeugnis

9 Ein ENZ kann auch von den Miterben beantragt werden, wobei das Antragsformular nur für den Alleinerben passend ist. Für jeden (weiteren) Miterben ist daher ein weiteres Antragsformular beizufügen, wobei im Formblatt V Anlage IV unter „8" die jeweilige Quote anzugeben ist. Anders als im Erbscheinsverfahren bedarf es beim ENZ stets der Angabe sämtlicher Quoten der Miterben.[9]

---

4 Zimmermann Erbschein Rn. 505.
5 Zimmermann, Erbschein Rn. 505.
6 BeckOKFamFG/Schlögel FamFG § 352a Rn. 4; Keidel/Zimmermann FamFG § 352a Rn. 16.
7 OLG München FGPrax 2020, 190.
8 MüKoFamFG/Grziwotz FamFG § 352a Rn. 14.
9 Keidel/Zimmermann FamFG § 352a Rn. 27.

§ 352b FamFG Inhalt des Erbscheins für den Vorerben; Angabe des Testamentsvollstreckers

(1) ¹In dem Erbschein, der einem Vorerben erteilt wird, ist anzugeben, dass eine Nacherbfolge angeordnet ist, unter welchen Voraussetzungen sie eintritt und wer der Nacherbe ist. ²Hat der Erblasser den Nacherben auf dasjenige eingesetzt, was von der Erbschaft bei dem Eintritt der Nacherbfolge übrig sein wird, oder hat er bestimmt, dass der Vorerbe zur freien Verfügung über die Erbschaft berechtigt sein soll, so ist auch dies anzugeben.

(2) Hat der Erblasser einen Testamentsvollstrecker ernannt, so ist die Ernennung in dem Erbschein anzugeben.

A. Allgemeines 1	3. Zusätzliche Angaben 6
B. Regelungsgehalt 2	II. Eintritt des Nacherbfalls 8
I. Nacherbenvermerk im Erbschein des Vorerben 2	III. Testamentsvollstreckervermerk im Erbschein 9
1. Antragsberechtigung 2	IV. Europäisches Nachlasszeugnis 12
2. Angaben im Erbschein des Vorerben .. 3	

A. Allgemeines

§ 352b FamFG hat die Regelungen aus § 2363 Abs. 1 BGB aF und § 2364 Abs. 1 BGB aF übernommen. Die Herausgabeansprüche des Nacherben bzw. des Testamentsvollstreckers sind als materiellrechtliche Regelungen im BGB verblieben. 1

B. Regelungsgehalt

I. Nacherbenvermerk im Erbschein des Vorerben

1. Antragsberechtigung. Antragsberechtigt ist nur der Vorerbe, nicht aber der Nacherbe, da dieser vor Eintritt des Nacherbfalls nicht Erbe ist und daher auch kein Antragsrecht auf Erteilung eines Erbscheins für den Vorerben hat.[1] Im Übrigen gelten die Ausführungen bei § 352 FamFG und bei mehreren Vorerben bei § 352a FamFG entsprechend. 2

2. Angaben im Erbschein des Vorerben. Neben den üblichen Angaben im Erbschein sieht § 352b Abs. 1 S. 1 FamFG weitere zwingende Angaben vor. So ist weiter anzugeben, 3

- dass eine **Nacherbfolge angeordnet wurde**; ist die Nacherbfolge nur hinsichtlich eines Miterben oder nur hinsichtlich eines Bruchteils der Erbschaft angeordnet, so ist auch dies anzugeben, § 352b Abs. 1 S. 1 Alt. 1 FamFG
- unter welchen **Voraussetzungen die angeordnete Nacherbfolge eintritt**, § 352b Abs. 1 S. 1 Alt. 2 FamFG. Typische Beispiele sind etwa der Tod des Vorerben oder im Falle der Wiederverheiratung des Vorerben.
- **wer der oder die Nacherbe(n) ist/sind**, § 352b Abs. 1 S. 1 Alt. 3 FamFG. Hierbei hat die Bezeichnung möglichst genau zu erfolgen, so dass eine Identifizierung möglich ist.[2] Hierzu gehört idR der Name und Vorname des Nacherben wie auch Geburtsdatum und Anschrift.

Die Angaben müssen hierbei auch schon im Antrag auf Erteilung des Erbscheins getätigt werden („Spiegelbildprinzip"), ansonsten ist hierauf hinzuweisen und letztlich der Antrag zurückzuweisen. 4

Fehlen die nach § 352b Abs. 1 S. 1 FamFG erforderlichen Angaben im Erbschein, ist dieser als unrichtig einzuziehen. Die Einziehung kann hierbei auch schon vor Eintritt des Nacherbfalles erfolgen.[3] 5

---

1 BayObLG NJW-RR 1999, 805.
2 Zimmermann Erbschein und Erbscheinsverfahren Rn. 356 mwN.
3 Keidel/Zimmermann FamFG § 352b Rn. 19.

6 **3. Zusätzliche Angaben.** Nach § 352b Abs. 1 S. 2 FamFG sind überdies bei Abweichungen vom gesetzlichen Regelfall weitere Angaben im Erbschein aufzunehmen. So ist auch anzugeben
- wenn der Erblasser den Nacherben auf dasjenige gesetzt hat, was von der Erbschaft bei dem Eintritt der Nacherbfolge übrig ist (**Einsetzung auf den Rest**, § 2137 Abs. 1 BGB, § 352 Abs. 1 S. 2 Alt. 1 FamFG).
- die **Befreiung des Vorerben**. Nach dem gesetzlichen Regelfall ist der Vorerbe nicht befreit, so dass die Befreiung von allen Beschränkungen und Verpflichtungen nach § 2136 BGB in den Erbschein mit aufzunehmen ist. Liegt nur eine teilweise Befreiung vor, so sind diese einzelnen Befreiungen anzugeben.[4]
- die **Anordnung von Ersatznacherbfolgen** mit einer möglichst genauen Bezeichnung derselben wie bei der Anordnung der Nacherbfolge selbst.
- die Anordnung **mehrerer Nacherbfolgen**.

7 Auch hier hat bereits der Antrag alle Angaben zu enthalten, auch hier ist der Erbschein bei Fehlen dieser Angaben als unrichtig einzuziehen (s. o.).

II. Eintritt des Nacherbfalls

8 Tritt die Nacherbfolge gemäß § 2139 BGB ein, wird der dem Vorerben erteilte Erbschein unrichtig und ist richtigerweise nach § 2361 BGB einzuziehen.[5] Zudem kann der Nacherbe ab Eintritt der Nacherbfolge die Erteilung eines Erbscheins an sich beantragen, wobei es einer erneuten eidesstattlichen Versicherung idR nicht bedarf.[6] Dagegen besteht eine Antragsberechtigung des Vorerben nicht mehr.[7] Der Erbschein für den Nacherben kann zwar bereits vor Einziehung des dem Vorerben erteilten Erbscheins erteilt werden.[8] Jedoch erfolgt in der Praxis zumindest zeitgleich die Einziehung des erteilten Erbscheins des Vorerben und die Erteilung des neuen Erbscheins an den Nacherben. Der Zeitpunkt des Nacherbfalles ist im Erbschein anzugeben.[9]

III. Testamentsvollstreckervermerk im Erbschein

9 Nach § 352b Abs. 2 FamFG ist auch der Umstand, dass der Erblasser einen Testamentsvollstrecker ernannt hat, im Erbschein anzugeben. Angegeben wird im Erbschein nur, dass Testamentsvollstreckung angeordnet wurde, nicht aber wer Testamentsvollstrecker ist und dass dieser das Amt auch angenommen hat.[10] Erstreckt sich die Testamentsvollstreckung nur auf einzelne Miterben oder einzelne Nachlassgegenstände (Grundstücke etc), ist auch dies im Erbschein anzugeben. Ebenfalls anzugeben ist der Umstand, dass der Testamentsvollstrecker nur geringere Verfügungsrechte als im gesetzlichen Regelfall hat, da sich aus dem Vermerk im Erbschein für Dritte ergeben soll, inwieweit die Erben beschränkt sind. Auch eine nach § 2222 BGB für die Anwartschaftsrechte des Nacherben angeordnete Testamentsvollstreckung ist zu vermerken.

10 Liegt keine Beschränkung der Erben durch die angeordnete Testamentsvollstreckung vor, wie dies etwa bei einer bloß beaufsichtigenden Testamentsvollstreckung nach § 2208 Abs. 2 BGB der Fall ist, unterbleibt eine Aufnahme im Erbschein.[11] Lehnt der Testamentsvollstrecker die Annahme des Amtes ab und erfolgt keine Ernennung durch das Nachlassgericht nach § 2200 BGB, so ist im Erbschein ebenfalls kein Testamentsvollstreckervermerk aufzunehmen.

11 Entfällt später die Testamentsvollstreckung, etwa weil der Testamentsvollstrecker das Amt später ablehnt, oder entfällt die Testamentsvollstreckung aus anderem Grund (Beendigung der

---

4 OLG Bremen ZEV 2005, 26 und Zimmermann Erbschein und Erbscheinsverfahren Rn. 361.
5 Vgl. nur OLG Köln RPfleger 2003, 193; Bahrenfuss/Schaal FamFG § 352b Rn. 19; aA Zimmermann Erbschein und Erbscheinsverfahren Rn. 381.
6 Bahrenfuss/Schaal FamFG § 352b Rn. 19.
7 OLG Frankfurt FGPrax 1998, 145.
8 Keidel/Zimmermann FamFG § 352b Rn. 22.
9 BayObLG NJW-RR 1990, 199.
10 Zimmermann Erbschein und Erbscheinsverfahren Rn. 386.
11 Bahrenfuss/Schaal FamFG § 352b Rn. 22.

Testamentsvollstreckung, Tod, Kündigung oder Entlassung), wird der mit dem Testamentsvollstreckervermerk versehene Erbschein unrichtig und ist einzuziehen.

IV. Europäisches Nachlasszeugnis

Die Beschränkungen durch einen Vorerben wie auch durch eine Testamentsvollstreckung sind auch im ENZ anzugeben, wenn diese eine Verfügungsbeschränkung für die im ENZ auszuweisenden Berechtigten bewirken, Art. 68 lit. n und o EuErbVO.

§ 352c FamFG Gegenständlich beschränkter Erbschein

(1) Gehören zu einer Erbschaft auch Gegenstände, die sich im Ausland befinden, kann der Antrag auf Erteilung eines Erbscheins auf die im Inland befindlichen Gegenstände beschränkt werden.

(2) ¹Ein Gegenstand, für den von einer deutschen Behörde ein zur Eintragung des Berechtigten bestimmtes Buch oder Register geführt wird, gilt als im Inland befindlich. ²Ein Anspruch gilt als im Inland befindlich, wenn für die Klage ein deutsches Gericht zuständig ist.

A. Allgemeines

Durch Art. 11 Nr. 4 des „Gesetzes zum Internationalen Erbrecht und zur Änderung von Vorschriften zum Erbschein sowie zur Änderung sonstiger Vorschriften"[1] wurde zum 17.8.2015 die Regelung des § 352c FamFG eingefügt, welche die Regelungen des § 2369 BGB aF zum gegenständlich beschränkten Erbschein übernommen hat.[2] Zur Antragstellung und zum Verfahren gelten die Ausführungen bei § 352 FamFG entsprechend.

B. Regelungsgehalt

I. Zuständigkeit

Hinsichtlich der internationalen, örtlichen und funktionellen Zuständigkeit des Nachlassgerichts ist auf die Ausführungen bei § 343 FamFG zu verweisen. Es bestehen insoweit keine Unterschiede zum Antrag auf Erteilung eines unbeschränkten Erbscheins nach § 352 FamFG. Auch insoweit sind für die internationale Zuständigkeit die Regelungen der Art. 4 ff. EuErbVO vorrangig (→ FamFG § 343 Rn. 9 ff.).

II. Gegenständliche Beschränkung

Die Beantragung eines gegenständlich beschränkten Erbscheins kommt insbesondere dann in Betracht, wenn Nachlassgegenstände sowohl im In- als auch im Ausland vorhanden sind, und entweder noch umfangreiche Ermittlungen hinsichtlich der im Ausland befindlichen Gegenstände erforderlich wären oder der deutsche Erbschein im Ausland nicht anerkannt wird. Auf diese Weise kann der Erbe über die inländischen Nachlassgegenstände bereits verfügen, ohne dass die Erbfolge im Ausland erst geklärt werden muss (wie bei einer Nachlassspaltung). Wird ferner der deutsche Erbschein im Ausland nicht anerkannt, empfiehlt sich zur Gebührenermäßigung ebenfalls die Beantragung eines gegenständlich beschränkten Erbscheins, da dann die im Ausland belegenen Nachlassgegenstände nicht zur Gebührenermittlung herangezogen werden, § 40 Abs. 3 GNotKG.

---

1 BGBl. 2015 I 1042, 1054.
2 BT-Drs. 18/4201, 61.

4 Voraussetzung ist, dass sowohl im Inland als auch im Ausland Nachlassgegenstände vorhanden sind.[3] Dazu genügt grundsätzlich die Angabe und Versicherung des Antragstellers, dass Nachlassgegenstände im Inland wie auch im Ausland vorhanden sind.[4] Bestehen keine Anhaltspunkte für das Vorhandensein von Vermögensgegenständen auch im Ausland, fehlt das Rechtsschutzbedürfnis für die Beantragung eines gegenständlich beschränkten Erbscheins.

III. Gegenständlich beschränkter Erbschein

5 Liegt ein Antrag auf Erteilung eines gegenständlich beschränkten Erbscheins vor und sind die Voraussetzungen für die Erteilung gegeben, hat das Nachlassgericht einen Erbschein unter Ausweis der gegenständlichen Beschränkung zu erteilen. Fehlt diese Einschränkung, ist der Erbschein als unrichtig einzuziehen.[5] Der Inhalt des beschränkten Erbscheins kann etwa wie folgt lauten:

▶ In Anwendung des Rechts von ... wird unter Beschränkung der im Inland befindlichen (beweglichen/unbeweglichen) Nachlassgegenstände bezeugt, dass ... ◀

6 Die einzelnen Nachlassgegenstände werden nicht aufgeführt, etwaige Verfügungsbeschränkungen, Nacherbschaft und die Anordnung von Testamentsvollstreckung sind aber nach Maßgabe des deutschen Rechts anzugeben.[6] Gelangt ausländisches Recht zur Anwendung und kennt das deutsche Recht die dort vorgesehenen Rechtsinstitute nicht, so ist unklar, wie damit umzugehen ist.[7] So soll etwa ein nach der ausländischen Rechtsordnung dinglich wirkendes Vermächtnis nicht anzugeben sein,[8] dagegen sind Miterben mit der jeweiligen Erbquote bei unmittelbar dinglich wirkender Teilungsanordnung aufzunehmen[9] (bzw. im Fall des § 352a Abs. 2 S. 2 FamFG ohne explizite Erbquote).

IV. Fremdrechtserbschein

7 Beruht die Erbfolge auf der Anwendung ausländischen Rechts, ist dies ebenfalls anzugeben. Es handelt sich dann um einen sog. Fremdrechtserbschein, der die Anwendung des ausländischen Rechts bezeugt. Der Berufungsgrund ist also stets anzugeben, anderenfalls ist der Erbschein unrichtig und einzuziehen.[10]

V. Europäisches Nachlasszeugnis

8 Entsprechend den Ausführungen bei § 352 FamFG (→ FamFG § 352 Rn. 28 ff.) besteht seitens des Antragstellers ein unbeschränktes Wahlrecht zwischen ENZ und Erbschein; dh Erbschein und ENZ bestehen nebeneinander und der Antragsteller hat die Wahl, ob er beim Nachlassgericht einen Erbschein oder stattdessen oder zudem ein ENZ beantragt, Art. 62 Abs. 2 EuErbVO.[11]

§ 352d FamFG Öffentliche Aufforderung

Das Nachlassgericht kann eine öffentliche Aufforderung zur Anmeldung der anderen Personen zustehenden Erbrechte erlassen; die Art der Bekanntmachung und die Dauer der Anmeldungsfrist bestimmen sich nach den für das Aufgebotsverfahren geltenden Vorschriften.

---

3 OLG Karlsruhe FamRZ 2015, 1644.
4 Krätzschel/Falkner/Döbereiner NachlassR, § 38 Rn. 14.
5 BeckOK FamFG/Schlögel FamFG § 352c Rn. 9; BayObLGZ 1961, 4; aA Keidel/Zimmermann FamFG § 352c Rn. 14.
6 Bahrenfuss/Schaal FamFG § 352c Rn. 14.
7 Keidel/Zimmermann FamFG § 352c Rn. 16.
8 BayObLGZ 1974, 460; Keidel/Zimmermann FamFG § 352c Rn. 16.
9 BeckOK FamFG/Schlögel FamFG § 352c Rn. 10.
10 BeckOK FamFG/Schlögel FamFG § 352c Rn. 9; BayObLGZ 1961, 4; aA Keidel/Zimmermann FamFG § 352c Rn. 14.
11 Lange DNotZ 2012, 168; Dorsel ZErb 2014, 212; Keidel/Zimmermann FamFG § 352 Rn. 20.

A. Allgemeines	1	III. Wirkungen	7
B. Regelungsgehalt	2	IV. Abgrenzung zum Aufgebot nach § 1965 BGB	8
I. Zweck und Anwendungsbereich der Regelung	2	V. Kosten	9
II. Voraussetzungen und Verfahren	4	VI. Rechtsmittel	10

A. Allgemeines

Im Rahmen des „Gesetzes zum Internationalen Erbrecht und zur Änderung von Vorschriften zum Erbschein sowie zur Änderung sonstiger Vorschriften"[1] wurde zum 17.8.2015 in § 352d FamFG die Regelung des § 2358 Abs. 2 BGB aF übernommen. Dagegen wurde die in § 2358 Abs. 1 BGB aF normierte Regelung zur Amtsermittlungspflicht und zur Beweisaufnahme ersatzlos gestrichen, da sich diese Grundsätze bereits aus den allgemeinen Bestimmungen der §§ 26, 29 FamFG ergeben. 1

B. Regelungsgehalt

I. Zweck und Anwendungsbereich der Regelung

Für den Antragsteller kann es manchmal schwierig sein nachzuweisen, dass vorrangige oder gleichrangige weitere Erben nicht bestehen, insbesondere durch Vorlage entsprechender öffentlicher Urkunden. So sind oftmals Name, Aufenthaltsort, Geburtsort sowie Geburts- und Sterbedaten dem Antragsteller nicht bekannt, gerade bei weit entfernten Verwandten oder bei Auslandsbezug. Um dennoch eine Antragstellung und letztlich die Erteilung eines Erbscheins zu ermöglichen, schafft § 352d FamFG für den Antragsteller eine gewisse Erleichterung in Ausnahme zum grundsätzlich geltenden Amtsermittlungsgrundsatz. 2

Bei § 352d FamFG handelt es sich aber um eine Ausnahmeregelung, von der sehr zurückhaltend Gebrauch zu machen ist.[2] In Betracht kommt eine Anwendung des § 352d FamFG nur dann, wenn die Beibringung der Urkunden die Nichtexistenz oder den Wegfall vor- oder gleichrangig erbberechtigter Personen betreffend dem Antragsteller unverhältnismäßige Schwierigkeiten bereitet.[3] Vorrangig zu dem Verfahren nach § 352d FamFG ist grundsätzlich das sog. Todeserklärungsverfahren nach § 16 Abs. 2 lit. c VerschG vom Antragsteller durchzuführen,[4] wovon nur dann eine Ausnahme zu machen ist, wenn die Durchführung dieses Verfahrens in keinem Verhältnis zur Bedeutung des beantragten Erbscheins steht, etwa wegen eines sehr geringfügigen Nachlasses[5] oder wenn der Tod nicht zweifelhaft ist.[6] Ist die Todeserklärung praktisch undurchführbar, etwa wegen Unkenntnis der genauen Daten der gesuchten Person, so scheidet ein Todeserklärungsverfahren ebenfalls aus und es ist nach § 352d FamFG zu verfahren.[7] 3

II. Voraussetzungen und Verfahren

Voraussetzung des Aufgebotsverfahrens ist, dass ein Erbscheinsantrag gestellt wurde. Es ist sowohl bei gesetzlicher als auch bei gewillkürter Erbfolge zulässig. Ist überhaupt kein Erbe bekannt, gilt nicht § 352d FamFG, sondern es findet § 1965 BGB Anwendung (→ Rn. 8 f.). 4

---

1 BGBl. 2015 I 1042, 1054.
2 Umstritten, so wie hier hier Bahrenfuss/Schaal FamFG § 352d Rn. 4 und Keidel/Zimmermann FamFG § 352d Rn. 7. Eine Ablehnung des Verfahrens unter Hinweis auf die Möglichkeit der Beauftragung eines gewerblichen Erbenermittlers soll aber unzulässig sein, OLG Hamm FamRZ 2015, 1649.
3 KG FamRZ 2011, 1337; Bahrenfuss/Schaal FamFG § 352d Rn. 4.
4 OLG Hamm FGPrax 1999, 27; Keidel/Zimmermann FamFG § 352d Rn. 7; Bahrenfuss/Schaal FamFG § 352d Rn. 4.
5 Bahrenfuss/Schaal FamFG § 352d Rn. 5.
6 OLG Hamm ZEV 2014, 690; Keidel/Zimmermann FamFG § 352d Rn. 7, etwa „wenn eine Person schon 115 Jahre alt sein müsste".
7 BayObLG 1951, 690, 691; Keidel/Zimmermann FamFG § 352d Rn. 7.

5 Die Entscheidung, ob es eine öffentliche Aufforderung nach § 352d FamFG erlässt, steht im pflichtgemäßen Ermessen des Nachlassgerichts,[8] wobei ein bereits nach § 1965 BGB durchgeführtes Aufgebot einem neuen Verfahren nach § 352d FamFG nicht entgegensteht.[9]

6 Sachlich zuständig ist das Nachlassgericht.. Die örtliche Zuständigkeit folgt aus § 343 FamFG, funktionell ist der Rechtspfleger zuständig.[10] Die Entscheidung ergeht durch Beschluss.[11] Die Art der Bekanntmachung wie auch die Dauer der Anmeldefrist bestimmen sich nach den §§ 433 ff. FamFG, so dass die öffentliche Bekanntmachung zutreffende Angaben zum Erbfall und soweit bekannt die Daten des oder der Gesuchten enthalten muss[12] sowie mindestens an der Gerichtstafel des Amtsgerichts und durch einmaliges Einrücken in den elektronischen Bundesanzeiger zu erfolgen hat.[13] Gemäß § 437 FamFG muss zwischen dem ersten Einrücken in den elektronischen Bundesanzeiger und dem Anmeldetermin eine Frist von mindestens sechs Wochen liegen.[14]

III. Wirkungen

7 Der Ablauf der Anmeldefrist führt lediglich dazu, dass ein Erbschein erteilt werden kann, nicht aber zu einer Veränderung der Erbrechtslage oder gar zu einer Präklusion erbberechtigter Personen.[15] Melden sich mögliche Erben, ist deren Erbberechtigung durch das Nachlassgericht zu prüfen.

IV. Abgrenzung zum Aufgebot nach § 1965 BGB

8 Möglich ist auch, zur Erbenermittlung eine öffentliche Aufforderung zu erlassen, wenn anderenfalls der Fiskus erben würde. Gemäß § 1965 BGB hat vor Feststellung des Fiskuserbrechts nach § 1964 BGB eine öffentliche Aufforderung zur Anmeldung der Erbrechte unter Bestimmung einer Anmeldungsfrist vorauszugehen. Sind die Kosten im Vergleich zum Nachlassbestand unverhältnismäßig groß, darf die Aufforderung unterbleiben. Die Aufforderung nach § 1965 BGB dient zum einen der Ermittlung der Erben, zum anderen der Ermöglichung der in § 1964 BGB vorgesehenen Feststellung.[16] Ein nicht angemeldetes oder nicht nachgewiesenes Erbrecht bleibt sodann im Feststellungsverfahren zwar unberücksichtigt, besteht aber selbstverständlich unverändert fort.[17] Das Verfahren nach § 1965 BGB ist im Gegensatz zum Verfahren nach § 352d FamFG dann anzuwenden, wenn überhaupt kein Erbe bekannt ist.

V. Kosten

9 Das Verfahren selbst ist gerichtsgebührenfrei, es entstehen aber Kosten durch die Veröffentlichung im elektronischen Bundesanzeiger, für die der Erbe gemäß § 24 Nr. 9 GNotKG iVm Nr. 31004 KV GNotKG haftet.[18]

VI. Rechtsmittel

10 Da die Einleitung oder Nichteinleitung des Aufgebotsverfahrens nach § 352d FamFG keine Endentscheidung sondern lediglich eine Zwischenentscheidung darstellt, ist sie nicht gesondert anfechtbar.[19]

---

8 OLG Hamm FGPrax 1999, 27; Keidel/Zimmermann FamFG § 352d Rn. 6.
9 KG Rpfleger 1970, 339; Keidel/Zimmermann FamFG § 352d Rn. 6.
10 Keidel/Zimmermann FamFG § 352d Rn. 8.
11 Vgl. hierzu ein Muster bei Kroiß/Siede-Poller, FamFG § 352d Rn. 1 ff. AA Bahrenfuss/Schaal FamFG § 352d Rn. 12.
12 OLG Karlsruhe FamRZ 2014, 600.
13 Keidel/Zimmermann FamFG § 352d Rn. 8.
14 Keidel/Zimmermann FamFG § 352d Rn. 8.
15 Bahrenfuss/Schaal FamFG § 352d Rn. 10 f.
16 BeckOK BGB/Siegmann/Höger BGB § 1965 Rn. 1.
17 Grüneberg/Weidlich BGB § 1965 Rn. 2.
18 Keidel/Zimmermann FamFG § 352d Rn. 14.
19 Bahrenfuss/Schaal FamFG § 352d Rn. 12; Keidel/Zimmermann FamFG § 352d Rn. 13.

§ 352e FamFG   Entscheidung über Erbscheinsanträge

(1) ¹Der Erbschein ist nur zu erteilen, wenn das Nachlassgericht die zur Begründung des Antrags erforderlichen Tatsachen für festgestellt erachtet. ²Die Entscheidung ergeht durch Beschluss. ³Der Beschluss wird mit Erlass wirksam. ⁴Einer Bekanntgabe des Beschlusses bedarf es nicht.

(2) ¹Widerspricht der Beschluss dem erklärten Willen eines Beteiligten, ist der Beschluss den Beteiligten bekannt zu geben. ²Das Gericht hat in diesem Fall die sofortige Wirksamkeit des Beschlusses auszusetzen und die Erteilung des Erbscheins bis zur Rechtskraft des Beschlusses zurückzustellen.

(3) Ist der Erbschein bereits erteilt, ist die Beschwerde gegen den Beschluss nur noch insoweit zulässig, als die Einziehung des Erbscheins beantragt wird.

A. Allgemeines … 1	III. Zwischenverfügung … 28
B. Regelungsgehalt … 2	IV. Rechtsmittel … 30
I. Unstreitiges Erbscheinsverfahren, § 352e Abs. 1 FamFG … 2	1. Allgemeines … 30
1. Feststellungsbeschluss, § 352e Abs. 1 FamFG … 2	2. Entscheidung … 36
a) Voraussetzungen … 2	a) Zwischenverfügung … 36
b) Feststellungslast … 5	b) Feststellungsbeschluss … 38
c) Bindung an Erbscheinsantrag, Zivilurteil und Vergleich … 6	c) Erbschein, § 352e Abs. 3 FamFG .. 39
d) Erlass des Feststellungsbeschlusses … 9	d) Zurückweisung des Antrags … 41
2. Erbschein … 12	3. Beschwerdeberechtigung, § 59 FamFG … 44
a) Allgemeines … 12	4. Beschwerdewert … 47
b) Inhalt des Erbscheins … 15	5. Beschwerdeverfahren … 48
c) Erbscheinsarten … 17	a) Form der Einlegung … 48
3. Zurückweisung eines Erbscheinsantrags … 18	b) Notwendiger Inhalt … 51
II. Streitiges Erbscheinsverfahren, § 352e Abs. 2 FamFG … 20	c) Abhilfe … 53
1. Allgemeines … 20	d) Beschwerdegericht … 54
2. Entgegenstehender Wille eines Beteiligten … 21	6. Rechtsbeschwerde … 61
3. Verfahren und Beschlussfassung … 23	V. Kosten … 62
a) Allgemeines … 23	VI. Europäisches Nachlasszeugnis … 69
b) Bekanntgabe des Beschlusses, § 352e Abs. 2 S. 1 FamFG … 25	1. Erteilung des Europäischen Nachlasszeugnisses … 69
c) Aussetzung der sofortigen Wirksamkeit bei entgegenstehendem erklärten Willen eines Beteiligten, § 352e Abs. 2 S. 2 FamFG … 26	2. Änderung oder Widerruf … 75
	3. Aussetzung des Europäischen Nachlasszeugnisses … 76
	4. Rechtsmittel … 79
	5. Kosten … 85

A. Allgemeines

Die Neuregelung des § 352e FamFG wurde durch Art. 11 Nr. 4 des „Gesetzes zum Internationalen Erbrecht und zur Änderung von Vorschriften zum Erbschein sowie zur Änderung sonstiger Vorschriften"[1] zum 17.8.2015 eingefügt und fasst die bislang in § 2359 BGB und § 352 FamFG aF enthaltenen Bestimmungen zu der Entscheidung des Nachlassgerichts über den Erbscheinsantrag zusammen.

---

[1] BGBl. 2015 I 1042, 1054.

B. Regelungsgehalt

I. Unstreitiges Erbscheinsverfahren, § 352e Abs. 1 FamFG

2 **1. Feststellungsbeschluss, § 352e Abs. 1 FamFG. a) Voraussetzungen.** Stehen sämtliche Voraussetzungen für die Erteilung des Erbscheins nach § 2353 BGB iVm § 352 FamFG zur Überzeugung des Gerichts fest, so stellt dies das Nachlassgericht durch Beschluss gemäß § 352e Abs. 1 FamFG fest. Dieser Beschluss ersetzt den bisherigen **Vorbescheid** nach dem FGG.[2]

3 Hierzu ist zunächst erforderlich, dass der **Antrag zulässig** ist. Das Gericht muss örtlich, sachlich und funktionell zuständig sein, es muss ein Antragsrecht des Antragstellers bestehen und die Angaben und Nachweise nach § 352 FamFG müssen vorliegen. Liegen diese Voraussetzungen nicht vor, so hat das Nachlassgericht hierauf hinzuweisen und mittels nach wie vor zulässiger Zwischenverfügung auf die Behebung hinzuwirken. Erst danach kann eine Zurückweisung des Antrags als unzulässig erfolgen, was aber in der Praxis sehr selten vorkommt.

4 Des Weiteren muss der **Antrag begründet** sein. Dies ist der Fall, wenn das Nachlassgericht die zur Begründung des Antrags erforderlichen Tatsachen für festgestellt erachtet, § 352e Abs. 1 S. 1 FamFG. **Der Erbschein muss also zur Überzeugung des Gerichts wie beantragt erteilt werden können.** Dies hat das Gericht gemäß § 37 Abs. 1 FamFG nach seiner freien, aus dem gesamten Inhalt des Verfahrens gewonnenen Überzeugung zu entscheiden. Hierbei genügt ein für das Leben brauchbarer Grad an Gewissheit und die Überzeugungsbildung darf nicht den Denkgesetzen widersprechen.

5 **b) Feststellungslast.** Bleibt ein Sachverhalt unaufklärbar, ist nach den Regeln der **Feststellungslast** zu verfahren, die sich wiederum aus dem materiellen Recht, also in erster Linie nach den Vorschriften des BGB, ergeben. Das Gericht muss dazu die Verfügung von Todes wegen selbst auslegen und hat die dazu erforderlichen Ermittlungen vorzunehmen.

6 **c) Bindung an Erbscheinsantrag, Zivilurteil und Vergleich.** Das Nachlassgericht ist an den Erbscheinsantrag gebunden. Nach § 28 FamFG hat das Gericht aber auf einen der Rechtslage entsprechenden Erbschein hinzuwirken und entsprechende Hinweise zu erteilen.

7 Eine Bindung an die Behauptungen der Beteiligten besteht für das Gericht nicht, auch nicht an einen **Auslegungsvertrag**, etwa im Wege eines **Vergleichs** zwischen den Beteiligten. Ein solcher Vertrag beseitigt auch die weiterhin bestehende Amtsermittlungspflicht nicht.[3] Eine indizielle Wirkung kann darin aber durch das Nachlassgericht gesehen und bei der Auslegung der letztwilligen Verfügung entsprechend berücksichtigt werden.[4]

8 Ein **rechtskräftiges Zivilurteil** bindet hingegen grundsätzlich auch das Nachlassgericht, sofern sämtliche in Betracht kommenden Erben auch Parteien des Zivilprozesses waren.[5] Dies gilt auch für ein Anerkenntnis- oder Versäumnisurteil.[6]

9 **d) Erlass des Feststellungsbeschlusses.** Hält das Nachlassgericht alle Verfahrensvoraussetzungen für gegeben, entspricht der Antrag der durch das Nachlassgericht ermittelten Erbrechtslage und widerspricht keiner der Beteiligten nach § 345 dem beantragten Erbschein, so erlässt das Nachlassgericht im vereinfachten Verfahren nach § 352e Abs. 1 FamFG einen **Feststellungsbeschluss**, wonach die zur Erteilung des beantragten Erbscheins für festgestellt erachtet werden. Dieser Beschluss muss wegen § 38 Abs. 4 Nr. 2 FamFG nicht begründet werden und wird entgegen § 40 Abs. 1 FamFG nach § 352e Abs. 1 S. 2 FamFG bereits mit Erlass, also gemäß § 38 Abs. 3 S. 2 FamFG mit Übergabe an die Geschäftsstelle, wirksam.

---

[2] Vgl. hierzu NK-BGB/Kroiß BGB § 2353 Rn. 99 ff.
[3] Grüneberg/Weidlich BGB § 2359 Rn. 5 mwN.
[4] KG FamRZ 2004, 836.
[5] So für den Fall des Erbscheins: OLG München FGPrax 2016, 137; BayObLG FamRZ 1999, 334; Bumiller/Harders/Schwamb/Harders FamFG § 352 Rn. 24. Adam ZEV 2016, 233; Kroiß ErbR 2016, 286.
[6] OLG Frankfurt aM ZEV 2016, 275; KG NJW-RR 2015, 456.

Der **Feststellungsbeschluss nach § 352e Abs. 1 FamFG** stellt selbst noch keinen Erbschein dar, dieser folgt vielmehr als faktischer Vollzug dem Feststellungsbeschluss nach. Hierzu wird der Erbschein ausgefertigt und in Ur- und in Abschriften an den Antragsteller übermittelt. Der Feststellungsbeschluss selbst bleibt bei den Akten.

Liegen daher keine widersprechenden Anträge vor, so lautet der Feststellungsbeschluss wie folgt:

▶ Die Tatsachen, die zur Erteilung des beantragten Erbscheins ... erforderlich sind, werden für festgestellt erachtet. ◀

2. Erbschein. a) Allgemeines. Nach § 2353 BGB hat das Nachlassgericht dem Erben auf Antrag ein Zeugnis über sein Erbrecht und, wenn er nur zu einem Teil der Erbschaft berufen ist, über die Größe des Erbteils zu erteilen (Erbschein). Gemäß § 2366 BGB kommt dem Erbschein ein öffentlicher Glaube zu und er trägt nach § 2365 BGB die Vermutung in sich, dass dem im Erbschein als Erben Bezeichneten das dort angegebene Erbrecht zusteht und er nur mit den im Erbschein angegebenen Anordnungen beschränkt ist.

Die Erbscheinserteilung folgt als **faktischer Vollzug** dem Feststellungsbeschluss nach. Hierzu wird der Erbschein ausgefertigt und in Ur- und in Abschriften an den Antragsteller übermittelt.[7] Der Feststellungsbeschluss selbst bleibt bei den Akten.

Erst wenn der Erbschein als Urschrift oder in Abschrift in den Verkehr gelangt ist, ist dieser **erteilt**. Hierzu ist erforderlich, dass dieser dem Antragsteller oder bei mehreren Antragstellern einem oder auf Antrag einem Dritten ausgehändigt wurde.[8] In den Fällen des § 352e Abs. 2 ist die Erteilung bis zur Rechtskraft des Beschlusses zurückzustellen (→ Rn. 26 ff.).

b) Inhalt des Erbscheins. Im Erbschein ist anzugeben:
- die Person des Erblassers,
- die Person der oder des Erben,
- bei mehreren Erben grundsätzlich die jeweilige Erbquote (Ausnahme: § 352a FamFG) sowie
- das Bestehen von Beschränkungen des Erbrechts wie etwa Nacherbfolge oder Testamentsvollstreckung.

Nicht anzugeben sind die in Bezug auf den Nachlass bestehenden Schuldverhältnisse wie etwa Teilungsanordnungen, Pflichtteile und Vermächtnisse mit Ausnahme des unmittelbar dinglich wirkenden Vorausvermächtnisses zugunsten des alleinigen Vorerben.[9]

c) Erbscheinsarten. An **Erbscheinsarten** werden unterschieden:[10]
- **Alleinerbschein** nach § 2353 BGB,
- **Teilerbschein** nach § 352a FamFG, indem die Größe des Erbteils eines Miterben bezeugt wird, ohne dass die übrigen Miterben bezeichnet werden.
- **Gemeinschaftlicher Erbschein** nach § 352a FamFG, worin alle Miterben unter Angabe der jeweiligen Erbteile bezeugt werden. Beim Nasciturus-Erbschein und dem Mindestteilerbschein steht die genaue Erbquote noch nicht fest; hier kann ausnahmsweise auf die Angabe einer genauen Erbquote verzichtet werden.[11] Ebenso kann nach der Neuregelung auf die Angabe der genauen Erbquote unter den Voraussetzungen des § 352a Abs. 2 S. 2 FamFG abgesehen werden (→ FamFG § 352a Rn. 4 ff.).
- **Gemeinschaftlicher Teilerbschein**: Hierin wird auf Antrag eines Miterben die Erbbeteiligung mehrerer, aber nicht aller Miterben bezeugt.[12]

---

7 BayObLGZ 1960, 192 (Aushändigung in Urschrift) und BayObLG MDR 1961, 415 (Aushändigung einer Abschrift).
8 MüKoFamFG/Grziwotz FamFG § 352 Rn. 18.
9 Bumiller/Harders/Schwamb/Harders FamFG § 352 Rn. 3 unter Verweis auf BayObLGZ 65, 457 (465).
10 Vgl. hierzu NK-BGB/Kroiß BGB § 2353 Rn. 109 ff.
11 Krätzschel/Falkner/Döbereiner NachlassR, § 38 Rn. 9.
12 Krätzschel/Falkner/Döbereiner NachlassR, § 38 Rn. 12.

- **Sammelerbschein**: Liegen mehrere, aufeinanderfolgende Erbfolgen vor und ist dasselbe Nachlassgericht zuständig, so kann dadurch die Erbfolge nach unterschiedlichen Erblassern zusammengefasst werden.[13]
- **Doppelerbschein**; dieser kommt im Fall einer Nachlassspaltung in Betracht, in dem sowohl das inländische als auch das ausländische Erbrecht ausgewiesen wird.
- **Gegenständlich beschränkter Erbschein**: Dieser wird nur hinsichtlich bestimmter Vermögensgegenstände oder abgrenzbarer Vermögensmassen erteilt, wie etwa nach § 352c FamFG auf die im Inland befindlichen Vermögensgegenstände oder das Hoffolgezeugnis.

18 **3. Zurückweisung eines Erbscheinsantrags.** Liegen die Voraussetzungen für die Erteilung des beantragten Erbscheins nicht vor, so weist das Nachlassgericht den Antrag zurück. § 352e FamFG gilt hierfür nicht, da darin nur geregelt ist, wenn das Nachlassgericht die für die Erteilung des Erbscheines erforderlichen Tatsachen für festgestellt erachtet. Es gelten daher die allgemeinen Regelungen der §§ 38 ff. FamFG, so dass die Zurückweisung durch zu begründenden Beschluss erfolgt. Der Beschluss ist nach § 41 FamFG bekanntzugeben und wird mit der Bekanntgabe nachgemäß § 40 FamFG wirksam.

19 Nach § 38 Abs. 3 S. 1 FamFG ist der Zurückweisungsbeschluss zu begründen. In der Praxis hat sich dabei eine Darstellung durchgesetzt, die sich an die Urteilsbegründung in zivilrechtlichen Streitigkeiten orientiert. Es empfiehlt sich daher, zunächst den Sachverhalt, den oder die Anträge und den Verfahrensgang kurz darzustellen, anschließend erfolgt die rechtliche Würdigung.

II. Streitiges Erbscheinsverfahren, § 352e Abs. 2 FamFG

20 **1. Allgemeines.** Widerspricht der beabsichtigte Beschluss dem erklärten Willen eines Beteiligten, so kann nicht im vereinfachten Weg nach § 352e Abs. 1 FamFG entschieden werden, sondern es ist nach § 352e Abs. 2 FamFG vorzugehen.

21 **2. Entgegenstehender Wille eines Beteiligten.** Voraussetzung ist, dass ein **erklärter Wille eines Beteiligten entgegensteht**. Das Gesetz wie auch die Gesetzesbegründung enthält hierzu keine Definition. Erforderlich ist, dass zumindest ein Beteiligter ausdrücklich erklärt hat, dass er die zur Erteilung des Erbscheins erforderlichen Tatsachen nicht für festgestellt erachtet. Ein mutmaßlicher Wille genügt nicht, jedoch hat das Nachlassgericht bei Zweifeln nachzufragen und ggfs nach § 28 Abs. 1 S. 1 FamFG auf eine entsprechende Erklärung hinzuwirken. Erforderlich ist weiter, dass die Erklärung nach §§ 25 Abs. 1, 2 FamFG gegenüber dem zuständigen Amtsgericht oder einem anderen Amtsgericht schriftlich oder zur Niederschrift der Geschäftsstelle abgegeben wird. Ein entgegenstehender erklärter Wille kann auch durch Auslegung festgestellt werden, etwa wenn Einwendungen gegen die Erteilung des beantragten Erbscheins vorgebracht werden. In der Praxis kommt der entgegenstehende erklärte Wille in aller Regel durch die Stellung widerstreitender Erbscheinsanträge zum Ausdruck.

22 An den „Widerspruch" sind keine hohen Anforderungen zu stellen. Es genügen sogar substanzlose oder unbegründete Widersprüche, nicht einmal eine Begründung ist erforderlich,[14] so dass jeder Beteiligte die Erbscheinserteilung ohne Weiteres deutlich hinauszögern kann.[15]

23 **3. Verfahren und Beschlussfassung. a) Allgemeines.** Das Gericht hat in dem Beschluss zunächst auszusprechen, **dass es die zur Erteilung des beantragten (bei widerstreitenden Erbscheinsanträgen unter genauer Bezeichnung welches) Erbscheins erforderlichen Tatsachen für festgestellt erachtet**. Weiter sind bei widerstreitenden Anträgen die nicht zu entsprechenden Erbscheinsanträge **zurückzuweisen** und es ist nach § 352e Abs. 2 S. 2 die sofortige Wirksamkeit des Beschlusses

---

13 Krätzschel/Falkner/Döbereiner NachlassR, § 38 Rn. 13.
14 Keidel/Zimmermann FamFG § 352e Rn. 94.
15 Terner ZEV 2014, 184; Keidel/Zimmermann FamFG § 352e Rn. 94.

und die Erteilung des Erbscheins bis zur Rechtskraft des Beschlusses zurückzustellen. Dieses Verfahren tritt an die Stelle des bisherigen „Vorbescheides".

Der Beschluss lautet daher etwa wie folgt: 24

▶ Die Tatsachen, die zur Erteilung des von dem Beteiligten zu ... beantragten Erbscheins erforderlichen Tatsachen werden für festgestellt erachtet und der Erbschein wird bewilligt.

Der Antrag des Beteiligten zu ... wird zurückgewiesen.

Die sofortige Wirksamkeit des Beschlusses wird ausgesetzt. Die Erteilung des Erbscheins wird bis zur Rechtskraft dieses Beschlusses zurückgestellt. ◀

b) **Bekanntgabe des Beschlusses, § 352e Abs. 2 S. 1 FamFG.** Dieser Beschluss ist nach § 352e Abs. 2 S. 1 FamFG den Beteiligten nach § 41 FamFG **bekanntzugeben**, nach § 38 Abs. 3 S. 1 FamFG zu **begründen** und mit einer **Rechtsmittelbelehrung** nach § 39 FamFG zu versehen. In der Praxis hat sich hinsichtlich der Begründung dabei eine Darstellung durchgesetzt, die sich an die Urteilsbegründung in zivilrechtlichen Streitigkeiten orientiert. Es empfiehlt sich daher, zunächst den Sachverhalt, den oder die Anträge und den Verfahrensgang kurz darzustellen, anschließend erfolgt die rechtliche Würdigung. Den Beteiligten wird so vor Erteilung eines Erbscheins ermöglicht, die Richtigkeit der Ansicht des Nachlassgerichts mittels der Beschwerde durch die höhere Instanz überprüfen zu lassen. 25

c) **Aussetzung der sofortigen Wirksamkeit bei entgegenstehendem erklärten Willen eines Beteiligten, § 352e Abs. 2 S. 2 FamFG.** Bis zur Rechtskraft des erlassenen Feststellungsbeschlusses ist die sofortige Wirksamkeit auszusetzen und die Erteilung des Erbscheins zurückzustellen, § 352e Abs. 2 S. 2 FamFG. Gemeint ist hierbei die **formelle Rechtskraft nach § 45 FamFG**. Diese tritt nicht ein, bevor die Frist für die Einlegung des zulässigen Rechtsmittels oder des zulässigen Einspruchs, des Widerspruchs oder der Erinnerung abgelaufen ist. Im hiesigen Verfahren bedeutet dies, dass eine formelle Rechtskraft erst dann vorliegt, wenn der Beschluss sämtlichen Beteiligten des konkreten Verfahrens bekanntgegeben ist, und diese Beteiligten innerhalb der Beschwerdefrist nicht Beschwerde erhoben haben.[16] Zur Formulierung → Rn. 24. 26

Dagegen muss nicht abgewartet werden, ob nach § 59 Abs. 1 FamFG beschwerdeberechtigte Personen, wie etwa die nach § 345 Abs. 1 S. 2 FamFG benannten Personen, die auf ihren Antrag hinzuziehen gewesen wären, noch Beschwerde einlegen, da die formelle Rechtskraft mit Ablauf der Frist gegenüber sämtlichen formell Beteiligten eintritt.[17] Wird Beschwerde eingelegt, entsteht eine formelle Rechtskraft erst mit Abschluss des Beschwerdeverfahrens. 27

III. Zwischenverfügung

Das Gericht kann auch sog. „Zwischenverfügungen" erlassen, um auf die Stellung sachdienlicher Anträge gemäß § 28 Abs. 2 FamFG hinzuwirken oder um rechtliche Hinweise zu erteilen, § 28 Abs. 1 S. 2 FamFG. In der Praxis wird hiervon grundsätzlich Gebrauch gemacht, bevor eine zurückweisende Entscheidung über den gestellten Erbscheinsantrag ergeht. 28

Die Zwischenverfügung kann durch einfache Verfügung oder durch Beschluss erfolgen, wobei der Beschluss idR keine Endentscheidung darstellt und daher auch nicht anfechtbar ist, § 58 FamFG (→ Rn. 36 ff.). 29

---

16 Bumiller/Harders/Schwamb/Harders FamFG § 352 Rn. 30.

17 Bumiller/Harders/Schwamb/Harders FamFG § 352 Rn. 30.

IV. Rechtsmittel

30 **1. Allgemeines.** Für § 352e FamFG gelten die Regelungen der §§ 58 ff. FamFG, wonach grundsätzlich die **Beschwerde** der statthafte Rechtsbehelf ist. Die Beschwerde ist nach § 63 Abs. 1 FamFG **befristet** und zwar im Hinblick auf § 352e FamFG auf einen Monat.

31 Hinsichtlich der Rechtsmittel ist zunächst danach zu unterscheiden, welches Organ entschieden hat.

32 **Gegen Entscheidungen des Amtsrichters als Nachlassrichter** findet nach § 58 Abs. 1 FamFG die Beschwerde statt. Dabei ist sowohl die Ablehnung als auch die Bewilligung des beantragten Erbscheins mittels der Beschwerde anfechtbar. Soll die Erteilung eines Erbscheins angefochten werden, ist Voraussetzung, dass dieser die erbrechtliche Stellung des Beschwerdeführers nicht wie beantragt ausweist.[18]

33 Das Nachlassgericht ist hierbei nach § 68 FamFG auch zur **Abhilfe** befähigt und muss auch vor Vorlage an das Beschwerdegericht eine Abhilfeentscheidung treffen. Vor dem Beschwerdegericht findet dann eine umfassende Prüfung in tatsächlicher wie in rechtlicher Hinsicht statt.

34 Auch gegen die Entscheidung des **Rechtspflegers** ist nunmehr die Beschwerde statthaft. Denn § 11 Abs. 1 RPflG bestimmt, dass gegen Entscheidungen des Rechtspflegers das Rechtsmittel gegeben ist, das nach den „allgemeinen verfahrensrechtlichen Vorschriften" zulässig ist.[19]

35 Gegen Kostenentscheidungen und bei Beschlüssen nach § 353 FamFG ist dagegen die befristete Erinnerung nach § 11 Abs. 2 RPflG statthaft.

36 **2. Entscheidung. a) Zwischenverfügung.** Die Zwischenverfügung stellt idR keine Endentscheidung dar und ist daher grundsätzlich nicht anfechtbar (→ Rn. 29). Allerdings sieht das FamFG in manchen Fällen eine Anfechtbarkeit mittels der sofortigen Beschwerde mit einer Frist von 2 Wochen in entsprechender Anwendung der §§ 567–572 ZPO vor, so etwa bei § 6 Abs. 2, 7 Abs. 5, 21 Abs. 2, 33 Abs. 3, 35 Abs. 5, 42 Abs. 3, 76 Abs. 2, 87 Abs. 4 FamFG.[20]

37 Nicht anfechtbar sind dagegen Beweisanordnungen wie etwa die Erholung eines Sachverständigengutachtens[21] oder die Anheimstellung der Rücknahme eines Erbscheinsantrags.[22]

38 **b) Feststellungsbeschluss.** An sich stellt auch der Feststellungsbeschluss nur eine Zwischenentscheidung dar,[23] dennoch ist dieser mittels der Beschwerde nach den §§ 58 ff. FamFG anfechtbar. Beschwerdeberechtigt ist nur der, der nach § 59 Abs. 2 FamFG in seinen Rechten beeinträchtigt ist (→ Rn. 69 ff.).[24]

39 **c) Erbschein, § 352e Abs. 3 FamFG.** Wurde der **Erbschein bereits erteilt**, so ist die Beschwerde nach § 352e Abs. 3 FamFG nur noch insoweit zulässig, als die Einziehung des Erbscheins beantragt wird. Anderenfalls würde dem Erbschein und dem nach § 2366 BGB gutgläubigen Erwerb rückwirkend die Grundlage entzogen.[25] Im Zweifel ist daher der Antrag als Antrag zur Einziehung bzw. Kraftloserklärung des Erbscheins auszulegen.[26]

40 Der Erbschein erwächst nur in formeller, nicht aber in materieller Rechtskraft. Möglich ist daher neben der Beschwerde grundsätzlich auch jederzeit die erneute Beantragung eines anders-

---

18 OLG Köln FGPrax 2010, 194.
19 NK-BGB/Kroiß BGB § 2353 Rn. 123.
20 NK-BGB/Kroiß BGB § 2353 Rn. 129.
21 BayObLG FamRZ 2002, 108.
22 KG OLGZ 1997, 85.
23 Keidel/Zimmermann FamFG § 352e Rn. 123. Beschwerdeberechtigt ist nach Ansicht des OLG Hamm FGPrax 2013, 267 auch der Erbe des Vorerben, wenn der Feststellungsbeschluss eine mit dem Tod des Vorerben eingetretene Nacherbfolge ausweist und der Erbe des Vorerben geltend macht, dass keine Vor- und Nacherbschaft vom Erblasser gewollt war, sondern der angebliche Vorerbe tatsächlich als Vollerbe des Erblassers berufen war.
24 OLG Köln FGPrax 2010, 194.
25 Bumiller/Harders/Schwamb/Harders FamFG § 352 Rn. 32.
26 BayObLG NJW-RR 1996, 1094.

lautenden Erbscheins, sofern dieser auf einen anderen Sachverhalt oder ein abweichender Antrag auf den alten Sachverhalt gestützt wird (→ FamFG § 352 Rn. 13).

d) Zurückweisung des Antrags. Wird der Antrag auf Erteilung eines Erbscheins zurückgewiesen, so ist dagegen die **befristete Beschwerde** gemäß §§ 58, 63 FamFG statthaft.

Beschwerdeberechtigt ist nach § 59 FamFG derjenige, der gemäß § 59 Abs. 1 FamFG in seinen Rechten beeinträchtigt ist und der einen Antrag auf Erteilung eines Erbscheins gestellt hat, § 59 Abs. 2 FamFG. Eine Beeinträchtigung liegt dann vor, wenn der Erbschein nicht oder anders als er beantragt wurde, bewilligt wird. Nach § 59 Abs. 2 FamFG muss durch den Beschwerdeführer zudem ein Antrag auf Erteilung gestellt worden sein, wobei aber ausreichend ist, wenn er antragsberechtigt war und einen gleichgelagerten Erbschein hätte beantragen können.[27] Bestand daher kein Antragsrecht, so ist auch die Beschwerde nicht statthaft, selbst wenn eine Rechtsbeeinträchtigung vorliegt.[28]

Zum weiteren Verfahren → Rn. 73 ff.

3. Beschwerdeberechtigung, § 59 FamFG. Der Beschwerdeführer muss zur Beschwerde berechtigt sein, § 59 FamFG. Hierbei wird zwischen materieller (§ 59 Abs. 1 FamFG) und formeller (§ 59 Abs. 2 FamFG) Beschwer unterschieden.

Eine Rechtsbeeinträchtigung iSd § 59 Abs. 1 FamFG liegt dann vor, wenn ein privatrechtliches oder öffentlich-rechtliches subjektives Recht des Beschwerdeführers durch die angegriffene Entscheidung berührt wird, wozu in Nachlasssachen in erster Linie das Erbrecht gehört.[29] Die Verletzung von Verfahrensrechten führt dagegen grundsätzlich nicht zur Beschwerdeberechtigung.[30] Dabei muss die Rechtsbeeinträchtigung zumindest möglich sein; ob sie tatsächlich vorliegt, ist dann eine Frage der Begründetheit, was vor allem bei den sog. doppelrelevanten Tatsachen von Bedeutung ist.[31] Für die Zulässigkeit reicht es aus, wenn die Rechtsbeeinträchtigung schlüssig behauptet wird und damit ernsthaft möglich ist.[32]

In formeller Hinsicht muss nach § 59 Abs. 2 BGB der Beschwerdeführer grundsätzlich einen Antrag auf Erteilung eines Erbscheins gestellt haben, damit dieser beschwerdeberechtigt ist. Ausreichend ist aber, wenn er antragsberechtigt war und einen gleichgelagerten Erbschein hätte beantragen können.[33] Bestand daher kein Antragsrecht, so ist auch die Beschwerde nicht statthaft, selbst wenn eine Rechtsbeeinträchtigung vorliegt.[34]

4. Beschwerdewert. Weitere Voraussetzung ist, dass ein Beschwerdewert von zumindest 600,01 EUR erreicht wird,[35] wobei bei einem Alleinerbschein auf das Reinvermögen, beim gemeinschaftlichen Erbschein auf den entsprechenden Anteil abzustellen ist. Daneben ist auch die Zulassung der Beschwerde durch das Nachlassgericht nach § 61 FamFG möglich. Bei einem Testamentsvollstreckervermerk kann die festgesetzte oder die übliche Vergütung angesetzt werden.

5. Beschwerdeverfahren. a) Form der Einlegung. Die Beschwerde ist anders als noch nach dem FGG gemäß § 64 Abs. 1 FamFG bei dem Gericht einzulegen, dessen Entscheidung angegriffen wird (**iudex a quo**).

---

27 BGH NJW 1993, 662; KG NJW-RR 1998, 1021; BayObLG FamRZ 1996, 186; NK-BGB/Kroiß BGB § 2353 Rn. 144 ff.; Keidel/Zimmermann FamFG § 352e Rn. 126.
28 Keidel/Zimmermann FamFG § 352e Rn. 126.
29 NK-BGB/Kroiß BGB § 2353 Rn. 140.
30 BGH DNotZ 1996, 890; BayObLG FamRZ 1997, 1299; NK-BGB/Kroiß BGB § 2353 Rn. 140.
31 NK-BGB/Kroiß BGB § 2353 Rn. 140, 141.
32 BayObLG Rpfleger 1988, 531; NK-BGB/Kroiß BGB § 2353 Rn. 141.
33 BGH NJW 1993, 662; KG NJW-RR 1998, 1021; BayObLG FamRZ 1996, 186; NK-BGB/Kroiß BGB § 2353 Rn. 144 ff.; Keidel/Zimmermann FamFG § 352e Rn. 126.
34 Keidel/Zimmermann FamFG § 352e Rn. 126.
35 Bumiller/Harders/Schwamb/Harders FamFG § 352 Rn. 31; aA Horndasch/Viefhues/Heinemann FamFG § 352 Rn. 40, wonach die Beschwerde stets statthaft sein soll, da der Erbschein nicht nur vermögensrechtliche Bedeutung habe.

49 Die Beschwerde wird durch **Einreichung einer Beschwerdeschrift oder durch Erklärung zu Protokoll der Geschäftsstelle gemäß § 64 Abs. 2 S. 1 FamFG** eingelegt. Auch die Einlegung durch Telefax,[36] Computerfax oder E-Mail ist möglich, wenn diese den Anforderungen an die Schriftform genügen.[37] Einer Unterschrift des Beschwerdeführers bedarf es dann nicht, wenn sich aus der Beschwerdeschrift unzweifelhaft ergibt, dass diese vom Beschwerdeführer gewollt ist und es sich hierbei nicht um einen reinen Entwurf handelt.[38] Für die Einlegung zu Protokoll der Geschäftsstelle genügt auch die Einlegung gegenüber dem Rechtspfleger oder dem Richter.[39]

50 **Anwaltszwang** besteht für die Einlegung der Beschwerde nicht.

51 **b) Notwendiger Inhalt.** Die Beschwerde **muss** nach § 64 Abs. 2 S. 3 FamFG die Bezeichnung der angefochtenen Entscheidung, die Erklärung, dass Beschwerde eingelegt wird, und die Bezeichnung der Beteiligten[40] enthalten. Sie ist nach § 64 Abs. 2 S. 4 FamFG grundsätzlich vom Beschwerdeführer oder dessen Bevollmächtigten zu unterschreiben, wobei es einer Unterschrift dann nicht bedarf, wenn sich aus der Beschwerdeschrift unzweifelhaft ergibt, dass diese vom Beschwerdeführer gewollt ist und es sich hierbei nicht um einen reinen Entwurf handelt.[41]

52 Nach § 65 FamFG **soll** die Beschwerde auch begründet werden. Zwingend ist eine solche Begründung nicht, doch empfiehlt sich eine solche schon aus dem anwaltlichen Vorsichtsprinzip.

53 **c) Abhilfe.** Nach § 68 Abs. 1 FamFG ist das Nachlassgericht zur Abhilfe berechtigt. Es **muss** also vor Vorlage an das Beschwerdegericht darüber entscheiden, ob der Beschwerde abgeholfen wird oder nicht.

54 **d) Beschwerdegericht.** Über die Beschwerde entscheidet nach § 119 Abs. 1 Nr. 1b GVG das OLG. Eine **mündliche Verhandlung** ist hierbei nicht zwingend.[42]

55 Der **Gegenstand des Beschwerdeverfahrens** wird hierbei nach dem Beschwerdeantrag bestimmt[43] und deckt sich idR mit dem Verfahrensgegenstand der ersten Instanz.[44] Wird während des Beschwerdeverfahrens ein neuer Antrag gestellt, so bedarf es insoweit zunächst einer Abhilfeentscheidung durch das Nachlassgericht.[45] Das OLG entscheidet innerhalb des Beschwerdegegenstandes umfassend über die Unrichtigkeit des beanstandeten Erbscheins und zwar auch bzgl. solcher Unrichtigkeiten, von denen die Rechtsstellung des Beschwerdeführers unberührt bleibt.[46] Nach hM[47] soll im Erbscheinsverfahren das Verbot der **reformatio in peius** gelten.

56 Das OLG kann hierbei **nicht selbst Erbscheine erteilen oder einziehen**, §§ 2353, 2361 BGB. Dies kann nur das Nachlassgericht. Möglich ist allein, dass das OLG das Nachlassgericht **anweist**, einen bestimmten Erbschein zu erteilen bzw. einzuziehen. Voraussetzung für die Anweisung, einen bestimmten Erbschein zu erteilen ist aber weiter, dass auch ein entsprechender Antrag bereits gestellt wurde.[48] Will es den Beschluss des Nachlassgerichts **aufheben**, so kann das OLG daher etwa tenorieren:

▶ 1. Der Beschluss des Amtsgerichts – Nachlassgericht – ... vom ... wird aufgehoben.

2. Das Amtsgericht – Nachlassgericht – ... wird angewiesen, folgenden Erbschein zu erteilen: ... ◀

---

36 Wenn die Unterschrift des Absenders wiedergegeben wird BGH NJW 1990, 188; NK-BGB/Kroiß BGB § 2353 Rn. 133.
37 BGH NJW 2008, 2649; NK-BGB/Kroiß BGB § 2353 Rn. 133.
38 OLG Köln OLGReport 1997, 273.
39 NK-BGB/Kroiß BGB § 2353 Rn. 134.
40 NK-BGB/Kroiß BGB § 2353 Rn. 136.
41 OLG Köln OLGReport 1997, 273.
42 OLG Düsseldorf FamRZ 2011, 1980.
43 NK-BGB/Kroiß BGB § 2353 Rn. 154.
44 BGH NJW 1980, 891.
45 BayObLG Rpfleger 1998, 473.
46 BGH NJW 2016, 960; BayObLG NJW-RR 2000, 962; Staudinger/Herzog BGB § 2353 Rn. 87; Keidel/Zimmermann § 352e Rn. 131; aA OLG Hamm OLGR 2000, 66; OLG Brandenburg FamRZ 1999, 1619.
47 BayObLG FamRZ 1992, 477; NK-BGB/Kroiß BGB § 2353 Rn. 167.
48 Keidel/Zimmermann FamFG § 352e Rn. 132; Nach OLG Frankfurt aM FamRZ 2016, 748 soll es aus Gründen der Prozessökonomie in Ausnahmefällen ausreichen, einen erstmalig nach Erlass des Nichtabhilfebeschlusses hilfsweise vor dem Nachlassgericht gestellten Erbscheinsantrag im Beschwerdeverfahren zu berücksichtigen.

Möglich ist auch die **Zurückverweisung** ohne eigene Sachentscheidung, wobei dann zu tenorieren ist: 57

▶ 1. Der Beschluss des Amtsgerichts – Nachlassgericht – ... vom ... wird aufgehoben.
2. Die Sache wird an das Amtsgericht – Nachlassgericht – ... zurückgegeben. ◀

Will es dagegen die **Beschwerde zurückweisen,** so hat das OLG etwa auszusprechen: 58

▶ Die Beschwerde wird zurückgewiesen (oder bei einer unzulässigen Beschwerde: verworfen). ◀

Über die **Kosten** entscheidet das OLG nur im Falle der Zurückweisung oder Verwerfung der Beschwerde gemäß § 84 FamFG; im Übrigen besteht im Erbscheinsverfahren mit Ausnahme des § 353 Abs. 1 FamFG (Einziehung oder Kraftloserklärung eines Erbscheins) keine Pflicht zur Kostenentscheidung. 59

Erledigt sich das Verfahren etwa durch rechtskräftige Feststellung in einem Zivilprozess über die Erbenstellung,[49] so führt dies zum Wegfall des Rechtsschutzbedürfnisses und damit zur Unzulässigkeit der Beschwerde.[50] Die Einziehung des Erbscheins stellt dann einen neuen Verfahrensgegenstand dar, über den zunächst das Nachlassgericht zu entscheiden hat, wobei funktionell dann nicht der Rechtspfleger sondern der Richter zuständig ist.[51] Das Gericht hat die Frage der Erledigung hierbei von Amts wegen zu prüfen.[52] Um eine Verwerfung der Beschwerde zu vermeiden, muss der Beschwerdeführer die Beschwerde auf die Kosten beschränken, wodurch nach §§ 83 Abs. 2, 81 FamFG (und nicht aus § 84 FamFG)[53] ein Beschluss über die Kosten des gesamten Verfahrens zu erlassen ist.[54] 60

6. Rechtsbeschwerde. Gegen den Beschwerdebeschluss des OLG kann nur noch die Rechtsbeschwerde zum BGH nach den §§ 70 ff. FamFG erhoben werden. Diese ist aber nur dann statthaft, wenn das Beschwerdegericht eine solche zugelassen hat, § 70 Abs. 1 FamFG. Eine Nichtzulassungsbeschwerde gibt es dagegen nicht.[55] Möglich bleibt dann nur noch die **Verfassungsbeschwerde,** jedoch ist zuvor zur Erschöpfung des Rechtswegs die Erhebung einer Klage vor dem Zivilgericht auf Feststellung der Erbenstellung erforderlich.[56] 61

V. Kosten

Die **Auferlegung** der Kosten richtet sich nach den §§ 80 ff. FamFG. 62

Schuldner für die gerichtlichen Kosten ist nach § 22 Abs. 1 GNotKG grundsätzlich der Antragsteller, also im Erbscheinsverfahren derjenige, der den Erbschein beantragt hat. Die gerichtlichen Kosten umfassen auch die Auslagen, wie etwa die Kosten eines Sachverständigengutachtens oder Zeugenauslagen. Das Gericht kann insoweit aber eine abweichende Kostenentscheidung nach § 81 FamFG treffen.[57] Bei der nach billigem Ermessen zu treffenden Kostenentscheidung sind dabei gem. § 81 Abs. 1 FamFG sämtliche in Betracht kommenden Umstände des Einzelfalles heranzuziehen, wobei ohne Anwendung eines Regel-Ausnahme-Verhältnisses neben anderen Umständen auch das Obsiegen und Unterliegen berücksichtigt werden kann.[58] Die Gerichtsgebühr für den Erbschein kann dagegen dem Antragsgegner nicht auferlegt werden.[59] 63

---

49 BayObLG FamRZ 1983, 839.
50 NK-BGB/Kroiß BGB § 2353 Rn. 156; OLG München FGPrax 2017, 133.
51 OLG München FGPrax 2017, 133.
52 NK-BGB/Kroiß BGB § 2353 Rn. 156.
53 BayObLG FamRZ 2001, 1311; KG FamRZ 1993, 84; Keidel/Zimmermann § 84 Rn. 28.
54 BayObLG FamRZ 2001, 1311; OLG Düsseldorf NJW-RR 1997, 1375; Keidel/Zimmermann § 84 Rn. 30.
55 Keidel/Zimmermann FamFG § 352e Rn. 135.
56 BVerfG FamRZ 2017, 324.
57 Möglich ist dies etwa, wenn die Beweisanregung mutwillig war. Dies ist etwa dann der Fall, wenn ein Gutachten die Behauptung eines Beteiligten nicht bestätigt, dass das vom Erblasser selbst hinterlegte Testament nicht von ihm selbst geschrieben wurde (OLG München MDR 2012, 855).
58 BGH ZEV 2016, 95.
59 Keidel/Zimmermann FamFG § 352e Rn. 138.

64 Enthält ein im Nachlassverfahren ergangener Beschluss weder im Tenor noch in den Gründen einen ausdrücklichen Kostenausspruch, liegt darin in der Regel die nach § 81 Abs. 1 S. 1 FamFG im Ermessen des Gerichts liegende, stillschweigende Entscheidung, dass die gesetzlich normierten Kostenregelungen Anwendung finden sollen.[60] Gegen die stillschweigend getroffene Kostenregelung ist im Wege der isolierten Kostenbeschwerde vorzugehen. Ein Ergänzungsantrag nach § 43 FamFG führt mangels Ergänzungsbedürftigkeit der Entscheidung regelmäßig nicht zum Erfolg. Eine Meistbegünstigung bei der Wahl der vorgenannten Rechtsbehelfe findet nicht statt.[61]

65 Die **Kosten** für die **Erteilung eines Erbscheins** sind in den Nr. 12210–12214 KV GNotKG iVm der Wertvorschrift des § 40 GNotKG geregelt. Maßgeblich ist danach der **Wert des Nachlasses**. Für die **Abgabe der eidesstattlichen Versicherung** fällt zudem eine Gebühr nach Nr. 23300 KV GNotKG an.[62] Wird die Abgabe der eidesstattlichen Versicherung erlassen, entfällt die Gebühr nach Nr. 23300 KV GNotKG.[63]

66 Eine **Vorauszahlung der Gebühren** kann das Nachlassgericht nach § 13 S. 2 GNotKG nur dann verlangen, wenn dies im Einzelfall zur Sicherung der Gebühr erforderlich erscheint.

67 Die Gebühren für das **Beschwerdeverfahren** richten sich nach den § 25 GNotKG iVm § 22 GNotKG. Danach erlischt die Kostenhaftung des Antragstellers nach § 22 GNotKG, wenn das Rechtsmittel ganz oder teilweise mit Erfolg eingelegt worden ist und das Gericht nicht über die Kosten entschieden hat oder die Kosten nicht von einem anderen Beteiligten übernommen worden sind.

68 Die **Anwaltsgebühren** bestimmen sich vor dem Nachlassgericht nach Nr. 3100, 3104 VV RVG und im Beschwerdeverfahren nach Vorbemerkung 3.2.1 Ziff. 2b, Nr. 3200 VV RVG mit einer Gebühr von 1,6.

VI. Europäisches Nachlasszeugnis

69 **1. Erteilung des Europäischen Nachlasszeugnisses.** Die Entscheidung über den Antrag erfolgt bei Stattgabe durch Ausstellung des Europäisches Nachlasszeugnis, § 39 Abs. 1 S. 1 IntErbRVG, die Ablehnung durch Beschluss, § 39 Abs. 1 S. 2 IntErbRVG. Im Unterschied zum nationalen deutschen Erbscheinsverfahren ist für die Erteilung des Europäisches Nachlasszeugnisses **kein Feststellungsbeschluss** vorgesehen. § 352e FamFG kommt hier nicht zur Anwendung, so dass ein Feststellungsbeschluss – anders als beim Erbschein – nicht ergeht.

70 Für die Ausstellung des Europäisches Nachlasszeugnisses und die Erteilung der beglaubigten Abschrift ist das Formblatt nach Art. 67 Abs. 1 S. 2, 81 Abs. 2 EuErbVO zu verwenden.

71 **Inhaltlich** können nicht nur die Rechte und Beschränkungen des Erben, sondern auch die Befugnisse des Testamentsvollstreckers oder des Nachlasspflegers wiedergegeben werden. Das Europäische Nachlasszeugnis enthält damit sowohl inhaltliche Momente des Erbscheins als auch des Testamentsvollstreckerzeugnisses. Nach Art. 68 lit. i EuErbVO ist auch das auf die Rechtsnachfolge von Todes wegen anzuwendende Recht anzugeben, wie auch die Umstände, auf deren Grundlage das anzuwendende Recht bestimmt wurde, zB bei Anwendung der Ausweichklausel nach Art. 21 Abs. 2 EuErbVO.

72 Die **Bekanntgabe** des Europäisches Nachlasszeugnisses erfolgt durch Übersendung einer beglaubigten Abschrift an den Antragsteller, § 40 IntErbRVG. Die übrigen Beteiligten erhalten einfache Abschriften. Die Unterrichtungspflicht ergibt sich aus Art. 67 Abs. 2 EuErbVO. Dabei ist auf eine deutliche Kennzeichnung als „einfache Abschrift" zu achten. Für die Erteilung einer

---

60 OLG Frankfurt FGPrax 2016, 131.
61 OLG Frankfurt FGPrax 2016, 131.
62 Wilsch FGPrax 2013, 47 (50).
63 Keidel/Zimmermann FamFG § 352e Rn. 138.

beglaubigten Abschrift ist ein eigenständiges Verfahren möglich, Art. 70 EuErbVO, 33 Nr. 2 IntErbRVG. Dabei wird das berechtigte Interesse geprüft.

Wirksam wird das Europäische Nachlasszeugnis mit seiner Übergabe an die Geschäftsstelle zum Zwecke der Bekanntgabe. § 41 IntErbRVG geht insoweit § 40 FamFG vor und entspricht der Regelung des § 287 Abs. 2 S. 2 Nr. 2 und S. 3 FamFG.

Zu beachten ist die **Gültigkeitsfrist** der beglaubigten Abschrift eines Europäischen Nachlasszeugnisses. Diese beträgt nach § 70 Abs. 3 EuErbVO sechs Monate. Eine längere Frist ist nur ausnahmsweise auf Antrag hin zu gewähren. § 42 IntErbRVG bestimmt, dass die Gültigkeitsfrist mit der Erteilung des Europäischen Nachlasszeugnisses beginnt. Für die Fristberechnung gelten im Übrigen die Vorschriften des BGB entsprechend, soweit nicht die Fristenverordnung[64] etwas anderes vorgibt.

2. Änderung oder Widerruf. Ein unrichtiges Europäisches Nachlasszeugnis hat das Gericht auf Antrag zu ändern oder zu widerrufen, § 38 IntErbRVG. Der Widerruf kann auch von Amts wegen erfolgen. In jedem Fall muss das Gericht dabei auch über die Kosten des Verfahrens entscheiden. Diese Regelung entspricht dem § 353 Abs. 1 S. 2 FamFG. Anders als im Erbscheinsverfahren ist für das Europäische Nachlasszeugnis keine Einziehung oder Kraftloserklärung vorgesehen. Dafür verfügt das Zeugnis nur über einen begrenzten Gültigkeitszeitraum, Art. 70 Abs. 3 EuErbVO, welcher aber auf Antrag verlängert werden kann.

3. Aussetzung des Europäischen Nachlasszeugnisses. Nach Art. 73 EuErbVO können die Wirkungen des ENZ schon während eines anhängigen Verfahrens vorläufig ausgesetzt werden. Die im Umlauf befindlichen beglaubigten Abschriften des ENZ entfalten so lange keine Wirkung, bis eine endgültige Entscheidung ergangen ist.[65]

Zuständig für die Aussetzung ist das mit der Sache befasste Gericht. Im Falle des Art. 71 EuErbVO die Ausstellungsbehörde, Art. 73 Abs. 1 lit. a EuErbVO, im Falle des Art. 72 EuErbVO das Rechtsmittelgericht, Art. 73 Abs. 1 lit. b EuErbVO.

Über die Aussetzung des ENZ sind unverzüglich alle Personen, denen eine beglaubigte Abschrift des Zeugnisses erteilt wurde, zu unterrichten, Art. 73 Abs. 1 EuErbVO.

4. Rechtsmittel. Gegen die Entscheidungen des Nachlassgerichts in Verfahren im Zusammenhang mit dem Europäisches Nachlasszeugnis ist die **Beschwerde zum Oberlandesgericht** statthaft, § 43 IntErbRVG. Für das Beschwerdeverfahren gelten die Vorschriften des FamFG. Jedoch ist § 61 FamFG ausdrücklich nicht anzuwenden, dh es ist hier **keine Wertgrenze** zu beachten.

Einzulegen ist die Beschwerde entsprechend der Regelung des § 64 FamFG beim Ausgangsgericht, § 43 Abs. 1 S. 2 IntErbRVG.

Die Beschwerdeberechtigung entspricht weitgehend der Antragsberechtigung, § 43 Abs. 2 Nr. 1 IntErbRVG. Im Übrigen sind diejenigen Personen beschwerdeberechtigt, die ein berechtigtes Interesse nachweisen, § 43 Abs. 2 Nr. 2 IntErbRVG.

Die Beschwerde ist **innerhalb eines Monats** nach der Bekanntgabe einzulegen, wenn der Beschwerdeführer seinen gewöhnlichen Aufenthalt im Inland hat, § 43 Abs. 3 Nr. 1 IntErbRVG. Für **Beschwerdeführer mit gewöhnlichem Aufenthalt im Ausland besteht eine Sonderregelung, wonach die Beschwerdefrist zwei Monate** beträgt, § 43 Abs. 3 Nr. 2 IntErbRVG. Insoweit besteht ein Unterschied zur Fristenregelung des § 63 FamFG. Den Gang des Beschwerdeverfahrens regeln Abs. 4 und 5 des § 43 IntErbRVG. Eine Besonderheit gegenüber dem „nationalen Beschwerdeverfahren" stellt die Möglichkeit des Beschwerdegerichts, selbst ein Nachlasszeugnis auszustellen, dar, § 43 Abs. 5 S. 2 IntErbRVG.

---

64 Verordnung (EWG, Euratom) Nr. 1182/71 des Rates vom 3.6.1971.

65 Volmer RPfleger 2013, 421 (432); aA Buschbaum ZEV 2012, 525 ff.

83 Entsprechend dem FamFG-Verfahren ist auch gegen Entscheidungen der Oberlandesgerichte die **Rechtsbeschwerde** zum BGH möglich. Auch § 44 IntErbRVG sieht eine zulassungsbedürftige Rechtsbeschwerde vor. Hinsichtlich der Zulassungsgründe wird auf § 70 FamFG verwiesen.

84 Entscheidungen nach § 33 Nr. 2 IntErbRVG (Erteilung einer beglaubigten Abschrift und Verlängerung der Gültigkeitsfrist einer beglaubigten Abschrift) unterliegen nicht der Beschwerde.

85 **5. Kosten.** Das Europäische Nachlasszeugnis wurde gebührenrechtlich dem Erbschein gleichgestellt, so dass für die Kostenentscheidung auch die §§ 80, 81 FamFG gelten. Kostenschuldner ist der Antragsteller, § 22 Abs. 1 GNotKG.

86 Für das **Verfahren auf Ausstellung eines Europäischen Nachlasszeugnisses** fällt eine 1,0 Gebühr nach Nr. 12210 Abs. 1 KV GNotKG an, Tabelle B. Es handelt sich um eine Pauschalgebühr, mit der sämtliche Tätigkeiten des Nachlassgerichts abgedeckt sind, darunter auch die erstmalige Ausstellung einer oder mehrerer beglaubigter Abschriften.[66] Auslagen des Gerichts wie etwa Übersetzer, Dolmetscher etc werden nach Nr. 31005 KV GNotKG gesondert und in voller Höhe berechnet.[67] Die Verfahrensgebühr entsteht bereits mit Eingang des Antrags, wird aber gemäß § 9 Abs. 1 Nr. 5 GNotKG erst mit Beendigung des Verfahrens fällig.[68]

87 Der **Geschäftswert** der Ausstellung eines ENZ richtet sich nach § 40 Abs. 1 Nr. 2 KV GNotKG. Entscheidend für die Wertbestimmung ist auch hier der Zeitpunkt des Erbfalls. Wie auch beim Erbschein reduzieren nur die Erblasserschulden, nicht aber die Erbfallschulden den anzusetzenden Wert, § 40 Abs. 1 S. 2 GNotKG.

88 Das sog. „**Legatszeugnis**", ein Teil-ENZ, welches dem Nachweis des Vermächtnisnehmers mit unmittelbarer Berechtigung am Nachlass dient, fand in § 40 Abs. 1 S. 1 Nr. 2 GNotKG Berücksichtigung.[69] Maßgeblich ist danach der Wert des Legats im Zeitpunkt des Erbfalls reduziert um die darauf lastenden Verbindlichkeiten des Erblassers, § 40 Abs. 1 S. 2 GNotKG.

89 Bei einem **Teil-ENZ** ist nur dieser Teil als Geschäftswert zu Grunde zu legen, § 40 Abs. 3 S. 3 GNotKG und zwar ohne jeglichen Abzug von Nachlassverbindlichkeiten.[70] Anzuknüpfen ist etwa an die Höhe der Erbquoten, wenn das Teil-ENZ nur Erbquoten eines oder einzelner Erben ausweist.[71]

90 Sind Gegenstand des ENZ die Befugnisse des **Testamentsvollstreckers** so findet die Teilwertregelung des § 40 Abs. 5 GNotKG entsprechende Anwendung. Maßgeblich ist danach ein Geschäftswert iHv 20 Prozent des Nachlasswerts im Zeitpunkt des Erbfalls ohne Abzug von Nachlassverbindlichkeiten, § 40 Abs. 5 S. 2 GNotKG.[72]

91 Im **Anschlussverfahren** gelten gesonderte Regelungen. Damit ist der Fall gemeint, dass neben bzw. nach dem Erbschein auch noch das ENZ beantragt wird. Denn nach Art. 62 Abs. 3 S. 1 EuErbVO tritt das ENZ nicht an die Stelle des Erbscheins, sondern stellt eine zusätzliche Möglichkeit des Erbnachweises dar.[73] Nach Nr. 12210 Abs. 2 KV GNotKG erfolgt eine Anrechnung der Verfahrensgebühr, sofern zwischen den beiden erteilten Zeugnissen keine Divergenz besteht.[74] Dementsprechend werden 75 Prozent der bereits entstandenen Gebühr eines bereits im Erbscheinsverfahren erteilten Erbscheins auf das ENZ-Ausstellungsverfahren angerechnet, wenn auch dieses Zeugnis erteilt wird und sich beide Zeugnisse nicht widersprechen, Nr. 12210

---

66 Gierl/Köhler/Kroiß/Wilsch IntErbR/Wilsch Abschnitt 3 § 8 Rn. 4.
67 Gierl/Köhler/Kroiß/Wilsch IntErbR/Wilsch Abschnitt 3 § 8 Rn. 5.
68 Gierl/Köhler/Kroiß/Wilsch IntErbR/Wilsch Abschnitt 3 § 8 Rn. 6.
69 Gierl/Köhler/Kroiß/Wilsch IntErbR/Wilsch Abschnitt 3 § 8 Rn. 10.
70 Gierl/Köhler/Kroiß/Wilsch IntErbR/Wilsch Abschnitt 3 § 8 Rn. 11.
71 Gierl/Köhler/Kroiß/Wilsch IntErbR/Wilsch Abschnitt 3 § 8 Rn. 11.
72 Gierl/Köhler/Kroiß/Wilsch IntErbR/Wilsch Abschnitt 3 § 8 Rn. 12.
73 Schmidt ZEV 2014, 389 (390).
74 Gierl/Köhler/Kroiß/Wilsch IntErbR/Wilsch Abschnitt 3 § 8 Rn. 16.

Abs. 2 S. 1 KV GNotKG. Das Gleiche gilt im umgekehrten Fall, wenn also zunächst das ENZ und dann erst der Erbschein erteilt wird, Nr. 12210 Abs. 2 S. 2 GNotKG.

Bedarf es im ENZ-Ausstellungsverfahren die Abgabe einer **eidesstattlichen Versicherung**, so fällt hierfür eine volle Verfahrensgebühr nach Nr. 23300 KV GNotKG Tabelle B an. 92

Die **Berichtigung** eines ENZ (Schreibfehler, etc) löst keine Gebühr aus. Ist dagegen die Änderung des ENZ erforderlich, um inhaltliche Unrichtigkeiten zu beseitigen, so ist dies gebührenrechtlich einer neuen Ausstellung nach Widerruf gleichzustellen, so dass eine volle Gebühr nach Tabelle B gemäß Nr. 12217 KV GNotKG anfällt.[75] 93

Wird das **ENZ widerrufen**, so fällt hierfür eine 0,5 Verfahrensgebühr nach Tabelle B, höchstens jedoch 400 EUR, Nr. 12216 KV GNotKG. Hinsichtlich des Geschäftswerts ist der Wert des Nachlasses im Zeitpunkt des Erbfalls maßgeblich, § 40 Abs. 1 S. 1 Nr. 4 GNotKG, wobei auch hier nur Erblasserschulden abgezogen werden, § 40 Abs. 1 S. 2 GNotKG. 94

Für die **nachträgliche Erteilung einer beglaubigten Abschrift** fällt nach Nr. 12218 KV GNotKG eine Gebühr von 20 EUR an. Eine Dokumentpauschale fällt daneben nicht an, Anmerkung zu Nr. 12218 KV GNotKG. 95

Bei **Verlängerung des ENZ** wird ebenfalls nur eine Festgebühr von 20 EUR nach Nr. 12218 KV GNotKG erhoben, wobei auch hier daneben keine Dokumentpauschale anfällt. 96

Wird die Wirkung des ENZ ausgesetzt, so ist Nr. 16210 KV GNotKG maßgebend, wonach eine 0,3 Verfahrensgebühr nach der Tabelle B anfällt. Der Geschäftswert richtet sich nach § 62 GNotKG.[76] 97

§ 353 FamFG Einziehung oder Kraftloserklärung von Erbscheinen

(1) ¹Kann der Erbschein im Verfahren über die Einziehung nicht sofort erlangt werden, so hat ihn das Nachlassgericht durch Beschluss für kraftlos zu erklären. ²Der Beschluss ist entsprechend § 435 öffentlich bekannt zu machen. ³Mit Ablauf eines Monats nach Veröffentlichung im Bundesanzeiger wird die Kraftloserklärung wirksam. ⁴Nach Veröffentlichung des Beschlusses kann dieser nicht mehr angefochten werden.

(2) ¹In Verfahren über die Einziehung oder Kraftloserklärung eines Erbscheins hat das Gericht über die Kosten des Verfahrens zu entscheiden. ²Die Kostenentscheidung soll zugleich mit der Endentscheidung ergehen.

(3) ¹Ist der Erbschein bereits eingezogen, ist die Beschwerde gegen den Einziehungsbeschluss nur insoweit zulässig, als die Erteilung eines neuen gleichlautenden Erbscheins beantragt wird. ²Die Beschwerde gilt im Zweifel als Antrag auf Erteilung eines neuen gleichlautenden Erbscheins.

A. Allgemeines 1	d) Ablehnung der Einziehung 16
B. Regelungsgehalt 2	3. Wirkung der Einziehung 17
I. Einziehung von Erbscheinen 2	4. Rechtsmittel, § 353 Abs. 3 FamFG 19
1. Voraussetzungen 2	5. Kosten 22
a) Zuständigkeit 2	II. Antrag auf einstweilige Anordnung auf
b) Einziehungsvoraussetzungen 4	Rückgabe des Erbscheins zu den Akten 26
2. Einziehungsverfahren und Einziehungs-	III. Kraftloserklärung von Erbscheinen 28
beschluss 9	1. Voraussetzungen und Beschluss zur
a) Amtsermittlung 9	Kraftloserklärung 28
b) Beteiligte 10	2. Rechtsmittel, § 353 FamFG 29
c) Einziehungsbeschluss 11	3. Kosten 32

---

75 Gierl/Köhler/Kroiß/Wilsch IntErbR/Wilsch Abschnitt 3 § 8 Rn. 23.

76 Gierl/Köhler/Kroiß/Wilsch IntErbR/Wilsch Abschnitt 3 § 8 Rn. 34.

A. Allgemeines

1 § 353 FamFG enthält die verfahrensrechtlichen Bestimmungen zur Einziehung bzw. Kraftloserklärung von Erbscheinen nach § 2361 BGB. Über § 354 FamFG gilt § 353 FamFG zudem auch für die Einziehung bzw. Kraftloserklärung von anderen Zeugnissen des Nachlassgerichts, va für Testamentsvollstreckerzeugnisse.

B. Regelungsgehalt

I. Einziehung von Erbscheinen

2 **1. Voraussetzungen. a) Zuständigkeit.** Nach § 2361 BGB, § 342 Abs. 1 Nr. 6 FamFG, § 23a Abs. 2 Nr. 2 GVG ist das Nachlassgericht, das den Erbschein erteilt hat für die Einziehung desselben zuständig. Dies gilt hierbei sowohl für die sachliche, örtliche, internationale und funktionelle Zuständigkeit, so dass etwa der Richter zur Einziehung der von ihm erteilte Erbscheine, der Rechtspfleger wiederum zur Einziehung der von ihm ausgestellten Erbscheine zuständig ist.[1] Wurde der Erbschein von einem örtlich unzuständigen Gericht erteilt, so ist dieses und nicht etwa das zuständige Gericht für die Einziehung zuständig.[2]

3 Wird während des Beschwerdeverfahrens die Einziehung angeregt, so ist dafür nicht das Beschwerde- sondern das Amtsgericht als Nachlassgericht zuständig; eine Einziehung durch das Beschwerdegericht ist nicht möglich, vielmehr hat das Beschwerdegericht das Nachlassgericht anzuweisen, den Erbschein einzuziehen.[3]

4 **b) Einziehungsvoraussetzungen.** Nach § 2361 Abs. 1 S. 1 BGB hat das Nachlassgericht einen bereits erteilten Erbschein einzuziehen, wenn sich dessen Unrichtigkeit ergibt. Voraussetzung ist also, dass

- ein Erbschein vorliegt,
- dieser ausgehändigt wurde und
- der Erbschein unrichtig ist.

Der Erbschein kann sowohl formell als auch materiell fehlerhaft sein.

5 Die **formelle Fehlerhaftigkeit** liegt bei schweren Verfahrensfehlern oder bei Fehlen von Verfahrensvoraussetzungen vor.[4] Eine Unrichtigkeit liegt danach etwa vor, wenn gegen die Amtsermittlungspflicht verstoßen wird,[5] eine Erteilung ohne oder abweichend vom Antrag erfolgte[6] oder vom unzuständigen Gericht erteilt wurde.

6 So ist auch ein materiell richtiger Erbschein einzuziehen, wenn dieser vom **örtlich**[7] oder **sachlich**[8] unzuständigen Gericht erteilt wurde, da anderenfalls die Gefahr der sich widersprechender Erbscheine bestünde. Auch ein von einem **international unzuständigen Gericht** erteilter Erbschein ist unrichtig und ist selbst dann, wenn er materiellrechtlich zutreffend ist, einzuziehen.[9]

7 Bei einem Verstoß gegen die **funktionelle Zuständigkeit** ist zu differenzieren: handelt der Richter anstelle des Rechtspflegers, so ist der erteilte Erbschein gleichwohl richtig und ist nicht einzuziehen. Handelt dagegen fälschlicherweise der Rechtspfleger anstelle des Richters, so ist der

---

1 NK-BGB/Kroiß BGB § 2361 Rn. 3.
2 NK-BGB/Kroiß BGB § 2361 Rn. 3.
3 BayObLGZ 1994, 167 (177); NK-BGB/Kroiß BGB § 2361 Rn. 3.
4 Damit geht die hM über den eigentlichen Wortlaut des § 2361 BGB hinaus, so dass auch ein materiell richtiger Erbschein bei einem entsprechenden formellen Verstoß eingezogen werden kann (BayObLG FamRZ 1997, 126; NK-BGB/Kroiß BGB § 2361 Rn. 6).
5 BayObLGZ 1977, 59.
6 BayObLG NJW-RR 1997, 1438.
7 OLG Zweibrücken FamRZ 2002, 1146; BayObLG Rpfleger 1981, 112; NK-BGB/Kroiß BGB § 2361 Rn. 7.
8 KG Rpfleger 1966, 208; NK-BGB/Kroiß BGB § 2361 Rn. 7.
9 OLG Zweibrücken NJW-RR 2002, 154; NK-BGB/Kroiß BGB § 2361 Rn. 9.

erteilte Erbschein grundsätzlich einzuziehen.¹⁰ Nachdem jedoch in zunehmenden Maße von den Ländern von der Öffnungsklausel nach § 19 RPflG Gebrauch machen und die Nachlasssachen weitestgehend auf den Rechtspfleger übertragen (→ FamFG § 343 Rn. 5), wird es hier nur noch selten zu einer formellen Fehlerhaftigkeit kommen.

Materiell unrichtig ist der erteilte Erbschein dann, wenn er „hinsichtlich der Angaben, die am öffentlichen Glauben teilnehmen, nicht der materiellen Rechtslage entspricht oder wenn er unvollständig ist, da er eine Beschränkung nicht enthält".¹¹ Dies ist etwa dann der Fall, wenn das darin bezeugte Erbrecht nicht oder nicht mehr so besteht oder bestehende Beschränkungen nicht vermerkt sind oder ursprünglich bestandene Beschränkungen (wie etwa Testamentsvollstreckung, Vor- und Nacherbschaft) nicht mehr bestehen. Ausreichend ist, dass die Überzeugung des Gerichts erschüttert ist.¹² 8

2. Einziehungsverfahren und Einziehungsbeschluss. a) Amtsermittlung. Das Nachlassgericht kann nach § 2361 Abs. 3 BGB jederzeit von **Amts wegen über die Richtigkeit eines erteilten Erbscheins Ermittlungen vornehmen**. Insbesondere besteht keine zeitliche Begrenzung. Ein Antrag auf Einziehung eines (unrichtigen) Erbscheins ist nicht erforderlich, jedoch ist jederzeit eine Anregung auf Einziehung möglich. 9

b) Beteiligte. An dem Verfahren sind nach § 7 Abs. 2 Nr. 1 FamFG diejenigen zu **beteiligen**, deren Rechte durch das Verfahren unmittelbar betroffen ist. Dies ist in der Regel der im Erbschein genannte Erbe und der Testamentsvollstrecker. § 345 Abs. 4 FamFG gilt nicht.¹³ 10

c) Einziehungsbeschluss. Die Einziehung erfolgt durch **Beschluss**, der nach § 38 Abs. 3 S. 1 FamFG zu begründen und nach § 39 FamFG mit einer Rechtsbehelfsbelehrung zu versehen ist. Der Beschluss ist nach § 41 FamFG den Beteiligten mittels Zustellung bekannt zu geben. Im Beschluss ist die Einziehung des Erbscheins auszusprechen, also etwa: 11

▶ Der Erbschein des Amtsgerichts ... vom ... wird eingezogen. ◀

Üblicherweise wird zudem auch noch die Aufforderung mit aufgenommen, dass die Beteiligten die ihnen erteilte Ausfertigung binnen einer gewissen Frist beim Nachlassgericht abzuliefern haben, anderenfalls die gewaltsame Wegnahme angedroht und der Erbschein für kraftlos erklärt wird, wenn er nicht sofort erlangt werden kann. 12

Nach § 353 Abs. 2 S. 2 FamFG ist auch über die **Kosten** zu entscheiden, also etwa 13

▶ Die Kosten des Verfahrens trägt ... ◀

Die **Kostenentscheidung** soll nach § 353 Abs. 1 S. 2 FamFG zugleich mit dem Einziehungsbeschluss erfolgen, doch ist auch eine nachträgliche Kostenentscheidung möglich.¹⁴ 14

Wer die Kosten zu tragen hat, folgt dabei aus § 81 FamFG, wobei nach § 81 Abs. 1 S. 2 FamFG auch von der Erhebung von Gerichtskosten ganz oder teilweise abgesehen werden kann. 15

d) Ablehnung der Einziehung. Auch die Ablehnung der Einziehung hat durch Beschluss zu erfolgen, der demjenigen, der die Einziehung angeregt hat, zuzustellen ist. Bei den übrigen Beteiligten genügt dagegen eine formlose Übersendung.¹⁵ 16

3. Wirkung der Einziehung. Mit der **Einziehung wird der Erbschein** nach § 2361 S. 2 BGB **kraftlos**. Eingezogen ist der Erbschein erst dann, wenn die Urschrift und sämtliche Ausfertigun- 17

---

10 Vgl. hierzu näher NK-BGB/Kroiß BGB § 2361 Rn. 8. Über die Einziehung ist hierbei erst dann zu entscheiden, wenn es den für die Beurteilung der Richtigkeit maßgeblichen Sachverhalt abschließend aufgeklärt hat und nicht bereits schon dann, wenn etwa von einem Beteiligten das Vorliegen eines Testaments behauptet wurde und dann der Richter und nicht der Rechtspfleger zuständig gewesen wäre (NK-BGB/Kroiß aaO unter Verweis auf BayObLG FamRZ 1997, 1370.
11 NK-BGB/Kroiß BGB § 2361 Rn. 10.
12 BGHZ 40, 54.
13 Keidel/Zimmermann FamFG § 353 Rn. 11.
14 MüKoFamFG/Grziwotz FamFG § 353 Rn. 2; Keidel/Zimmermann FamFG § 353 Rn. 14.
15 Keidel/Zimmermann FamFG § 353 Rn. 13.

gen an das Nachlassgericht abgeliefert sind. Hierzu werden die Beteiligten durch das Nachlassgericht mit Übersendung des Einziehungsbeschlusses aufgefordert, binnen einer gesetzten Frist diese bei Gericht einzureichen, anderenfalls die (mit erheblichen Kosten verbundene) Kraftloserklärung erfolgen wird (zur Kraftloserklärung → Rn. 28 ff.). Daneben ist nun auch die einstweilige Anordnung auf Rückgabe des Erbscheins zu den Akten gemäß § 49 FamFG möglich (→ Rn. 26 ff.).

18 Die **Vollstreckung** des Einziehungsbeschlusses erfolgt gemäß § 95 Ab. 1 Nr. 2 FamFG nach den Bestimmungen der ZPO, wobei sich die Vollstreckungsmaßnahmen aus § 95 Abs. 4 FamFG ergeben.[16]

19 **4. Rechtsmittel, § 353 Abs. 3 FamFG.** Gegen den Einziehungsbeschluss ist die **Beschwerde** nach den §§ 58 ff. FamFG möglich. Ist der Erbschein bereits eingezogen, so ist nach § 353 Abs. 3 S. 1 FamFG die Beschwerde gegen den Einziehungsbeschluss nur insoweit zulässig, als die Erteilung eines neuen gleichlautenden Erbscheins beantragt wird. Nach § 353 Abs. 3 S. 2 FamFG gilt in so einem Fall die Beschwerde im Zweifel als Antrag auf Erteilung eines neuen gleichlautenden Erbscheins. Nach vollzogener Einziehung spricht das Beschwerdegericht daher gegenüber dem Nachlassgericht die Anweisung aus, einen gleichlautenden Erbschein zu erlassen.[17]

20 Wird die angeregte **Einziehung abgelehnt**, so kann hiergegen ebenfalls mittels der Beschwerde nach den §§ 58 ff. FamFG vorgegangen werden mit dem Ziel, dass das Beschwerdegericht das Nachlassgericht anweist, den Erbschein einzuziehen.[18]

21 **Beschwerdeberechtigt** nach § 59 FamFG ist jeder, der in seinen Rechten beeinträchtigt ist. Wird die Anregung auf Einziehung abgelehnt, so ist derjenige beschwerdebefugt, dessen Rechte infolge des öffentlichen Glaubens des Erbscheins im Falle seiner Unrichtigkeit gefährdet sind.[19]

Hinweis:
Möglich ist darüber hinaus auch ein Vorgehen nach § 2362 BGB. Danach kann der wirkliche Erbe vom Besitzer eines unrichtigen Erbscheins die Herausgabe an das Nachlassgericht verlangen, § 2362 Abs. 1 BGB. Dieser Anspruch können auch durch einstweilige Verfügung nach den §§ 935 ff. ZPO geltend gemacht und nach § 883 ZPO vollstreckt werden. Eine solche Klagen oder ein Antrag auf einstweilige Verfügung kann hierbei auch parallel zu einem bereits laufenden Einziehungsverfahren nach § 2361 BGB erhoben werden.[20]

22 **5. Kosten.** Nach § 353 Abs. 2 FamFG hat das Gericht im Verfahren über die Einziehung oder Kraftloserklärung eines Erbscheins über die Kosten des Verfahrens zu entscheiden, wobei die **Entscheidung** zugleich mit der Endentscheidung ergehen soll. Der Gesetzgeber hat die Regelung der §§ 23, 24 GNotKG zur Kostentragungspflicht in Amtsverfahren als nicht immer angemessen angesehen, ohne jedoch in § 353 FamFG einen Maßstab für die Kostenentscheidung aufzunehmen. Hierbei ist zu berücksichtigen, wessen Interesse mit der Einziehung oder Kraftloserklärung wahrgenommen wird oder wer durch falsche oder unvollständige Angaben die Erteilung des eingezogenen Erbscheines veranlasst hat,[21] so dass damit der **Maßstab des § 81 FamFG gilt**.[22] Möglich ist daher nach § 81 Abs. 1 S. 2 FamFG auch, dass von der Erhebung von Gerichtskosten ganz oder teilweise abgesehen wird.

---

16 Keidel/Zimmermann FamFG § 353 Rn. 12. Nach aA soll dagegen § 35 FamFG angewandt werden, da der Einziehungsbeschluss kein Titel iSd § 86 FamFG sei (so Staudinger/Herzog BGB § 2361 Rn. 33). Hiergegen aber überzeugend Keidel/Zimmermann aaO mit dem Argument, dass es sich insoweit um ein verfahrensabschließendes und nicht um ein verfahrensbegleitendes Verfahren handelt.
17 OLG München MDR 2010, 874.
18 BayObLG FGPrax 2005, 217.
19 Bumiller/Harders/Schwamb/Harders FamFG § 353 Rn. 5.
20 NK-BGB/Kroiß BGB § 2361 Rn. 49.
21 Bumiller/Harders/Schwamb/Harders FamFG § 353 Rn. 6 unter Verweis auf BT-Drs. 16/6308, 391.
22 Keidel/Zimmermann FamFG § 353 Rn. 14.

Die **Kostenhöhe** bemisst sich nach Nr. 12215 Nr. 1 KV GNotKG. Danach fällt eine 0,5 Gebühr aus dem Wert nach § 40 GNotKG, höchstens aber 400 EUR an. Daneben sind noch etwaige Auslagen nach Nr. 31000 ff. KV GNotKG zu ersetzen. 23

Für **Vollstreckungsmaßnahmen** fallen nach Nr. 18003 KV GNotKG je Anordnung von Zwangs- oder Ordnungsmitteln 20 EUR an. 24

Für die Neuerteilung eines Erbscheins nach Einziehung des alten Erbscheins entstehen erneut Kosten nach den Nr. 12210–12214 KV GNotKG iVm der Wertvorschrift des § 40 GNotKG. Maßgeblich ist danach der **Wert des Nachlasses**. Für die **Abgabe der eidesstattlichen Versicherung** fällt zudem eine Gebühr nach Nr. 23300 KV GNotKG an.[23] 25

II. Antrag auf einstweilige Anordnung auf Rückgabe des Erbscheins zu den Akten

Eine Einziehung des erteilten Erbscheins mittels einstweiliger Anordnung ist nicht möglich, da es sich hierbei nicht um eine vorläufige Maßnahme handeln würde. Möglich ist aber die Anordnung auf Rückgabe des Erbscheins zu den Akten nach § 49 Abs. 2 FamFG, die nicht die Wirkung einer Erbscheinseinziehung hat und damit auch den öffentlichen Glauben unberührt lässt.[24] Denn erst mit der tatsächlichen Einziehung wird der Erbschein kraftlos. Jedoch kann damit wenigstens erreicht werden, dass ein Rechtserwerb wegen fehlender Vorlagemöglichkeit des Erbscheins, die in der Praxis etwa von Banken verlangt wird, unterbleibt.[25] 26

Die Anordnung kann dabei sowohl vom Nachlass- als auch vom Beschwerdegericht ergehen[26] und sowohl von Amts wegen oder auf zu begründenden und ggf. glaubhaft zu machenden Antrag hin erfolgen. 27

III. Kraftloserklärung von Erbscheinen

1. Voraussetzungen und Beschluss zur Kraftloserklärung. Kann der Erbschein nicht sofort erlangt werden, so hat ihn das Nachlassgericht durch Beschluss für kraftlos zu erklären, § 353 Abs. 1 S. 1 FamFG. Der Beschluss ist nach § 38 Abs. 3 S. 1 FamFG zu begründen. Er ist öffentlich bekanntzumachen. Dies erfolgt im Regelfall durch Aushang an der Gerichtstafel und durch einmalige Veröffentlichung im Bundesanzeiger. Anstelle des Aushangs kann nach § 435 Abs. 1 FamFG auch die öffentliche Bekanntmachung in einem elektronischen Informations- und Kommunikationssystem erfolgen. Gemäß § 353 Abs. 1 S. 3 FamFG wird die durch Beschluss ausgesprochene Kraftloserklärung mit Ablauf eines Monats nach Veröffentlichung im Bundesanzeiger wirksam. 28

2. Rechtsmittel, § 353 FamFG. Gegen den Beschluss zur Kraftloserklärung ist grundsätzlich die **Beschwerde** nach den §§ 58 ff. FamFG möglich. 29

Nach **§ 353 Abs. 1 S. 4 FamFG ist aber ein Beschluss, durch den ein Erbschein für kraftlos erklärt wird, nicht mehr anfechtbar**, nachdem der Beschluss öffentlich bekannt gemacht wurde. Eine dann unzulässige Beschwerde ist dann aber grundsätzlich in einen Antrag auf Erteilung eines inhaltsgleichen neuen Erbscheins umzudeuten.[27] Ist die Beschwerde bereits beim Beschwerdegericht anhängig, so hat grundsätzlich eine Umdeutung dahin gehend zu erfolgen, dass das Beschwerdegericht das Nachlassgericht zur Erteilung eines inhaltsgleichen neuen Erbscheins anweist. Möglich ist außerdem die Beantragung eines neuen gleichlautenden Erbscheins beim Nachlassgericht. 30

Beschwerdeberechtigt nach § 59 FamFG ist jeder, der in seinen Rechten beeinträchtigt ist. 31

---

23 Wilsch FGPrax 2013, 47 (50).
24 MüKoBGB/Grziwotz BGB § 2361 Rn. 44.
25 Kroiß NachlassverfahrensR F. Rn. 54.
26 NK-BGB/Kroiß BGB § 2361 Rn. 33.
27 Keidel/Zimmermann FamFG § 353 Rn. 34.

32 **3. Kosten.** Auch bei der Kraftloserklärung soll grundsätzlich zeitgleich mit der Kraftloserklärung eine Kostenentscheidung nach § 353 Abs. 2 FamFG erfolgen (hierzu und zur Gebührenhöhe → Rn. 22 ff.).

§ 354 FamFG Sonstige Zeugnisse

(1) Die §§ 352 bis 353 gelten entsprechend für die Erteilung von Zeugnissen nach den §§ 1507 und 2368 des Bürgerlichen Gesetzbuchs, den §§ 36 und 37 der Grundbuchordnung sowie den §§ 42 und 74 der Schiffsregisterordnung.

(2) Ist der Testamentsvollstrecker in der Verwaltung des Nachlasses beschränkt oder hat der Erblasser angeordnet, dass der Testamentsvollstrecker in der Eingehung von Verbindlichkeiten für den Nachlass nicht beschränkt sein soll, so ist dies in dem Zeugnis nach § 2368 des Bürgerlichen Gesetzbuchs anzugeben.

A. Allgemeines	1
B. Regelungsgehalt	3
I. Zeugnis über die Fortsetzung der Gütergemeinschaft, § 1507 BGB	3
1. Allgemeines	3
2. Zuständigkeit	5
II. Testamentsvollstreckerzeugnis, § 2368 BGB	7
1. Allgemeines	7
2. Zuständigkeit	8
3. Verfahren	9
a) Antrag	9
aa) Antragsbefugnis	9
bb) Inhalt	11
b) Beteiligte und rechtliches Gehör	13
c) Amtsermittlung und Beweisverfahren	15
4. Zwischenverfügungen	17
5. Entscheidung	19
a) Unstreitige Sache	19
aa) Feststellungsbeschluss, §§ 354, 352e Abs. 1 FamFG	19
(1) Voraussetzungen	19
(2) Feststellungslast	22
(3) Bindungen des Gerichts und Vergleich	23
(4) Erlass des Festestellungsbeschlusses	26
bb) Testamentsvollstreckzeugnis	29
(1) Allgemeines	29
(2) Inhalt des Testamentsvollstreckerzeugnisses	31
(3) Wirkung des Testamentsvollstreckerzeugnisses	38
cc) Zurückweisung eines beantragten Testamentsvollstreckerzeugnisses	40
b) Streitige Sache	42
aa) Allgemeines	42
bb) Entgegenstehender Wille eines Beteiligten	43
cc) Verfahren und Beschlussfassung	44
(1) Allgemeines	44
(2) Bekanntgabe des Beschlusses, §§ 354, 352 Abs. 2 S. 1 FamFG	46
(3) Aussetzung der sofortigen Wirksamkeit bei entgegenstehendem erklärten Willen eines Beteiligten, §§ 354, 352 Abs. 2 S. 2 FamFG	47
6. Einziehung und Kraftlosigkeit	49
III. Überweisungszeugnisse, §§ 36, 37 GBO, §§ 42, 74 SchiffsRegO	51
1. Allgemeines	51
2. Zuständigkeit	52
IV. Rechtsmittel	54
1. Allgemeines	54
2. Entscheidung	60
a) Zwischenverfügung	60
b) Feststellungsbeschluss	62
c) Testamentsvollstreckerzeugnis	63
d) Zurückweisung des Antrags	64
3. Beschwerdeberechtigung, § 59 FamFG	66
4. Beschwerdewert	69
5. Beschwerdeverfahren	70
a) Form der Einlegung	70
b) Notwendiger Inhalt	73
c) Abhilfe	75
d) Beschwerdegericht	76
6. Rechtsbeschwerde	82
7. Rechtsmittel gegen Einziehungsbeschluss und Kraftloserklärung	83
a) Einziehungsbeschluss	83
b) Kraftloserklärung	86
V. Kosten	89

A. Allgemeines

1 § 354 FamFG erklärt die §§ 352, 353 FamFG für entsprechend anwendbar für die Erteilung

- eines Zeugnisses über die Fortsetzung der Gütergemeinschaft gemäß § 1507 BGB,
- ein Zeugnis über die Ernennung zum Testamentsvollstrecker gemäß § 2368 BGB, und
- Zeugnisse nach den §§ 36, 37 GBO und den §§ 42, 74 Schiffsregisterordnung.

Insoweit gelten daher die Ausführungen bei den §§ 352, 353 FamFG entsprechend. 2

B. Regelungsgehalt

I. Zeugnis über die Fortsetzung der Gütergemeinschaft, § 1507 BGB

1. Allgemeines. Die fortgesetzte Gütergemeinschaft hat inzwischen nur noch eine geringe prak- 3
tische Bedeutung wie auch dementsprechend das Zeugnis über die Fortsetzung der Gütergemeinschaft. Das Zeugnis besagt nur, dass die fortgesetzte Gütergemeinschaft eingetreten ist, nicht aber deren Fortbestand.[1] Auf das Zeugnis finden nach § 1507 S. 2 BGB die Vorschriften über den Erbschein entsprechende Anwendung, was sowohl die Erteilung, die Einziehung und die Kraftloserklärung betrifft. Darüber hinaus finden nach § 354 FamFG auch die verfahrensrechtlichen Bestimmungen der §§ 352, 353 FamFG entsprechende Anwendung.

Die Erteilung eines Zeugnisses nach § 1507 BGB können **bei noch bestehender fortgesetzter** 4
Gütergemeinschaft nur der überlebende Ehegatte sowie ein Gläubiger, der im Besitz eines vollstreckbaren Titels ist, beantragen. Ist die **fortgesetzte Gütergemeinschaft** dagegen bereits **beendet**, so ist jeder Abkömmling für sich sowie jeder Erbe des zweitverstorbenen Ehegatten antragsberechtigt.[2]

2. Zuständigkeit. Sachlich zuständig ist nach § 23a Abs. 1 Nr. 2, Abs. 2 Nr. 2 GVG, § 342 5
Abs. 1 Nr. 6 FamFG grundsätzlich das Nachlassgericht. Die örtliche Zuständigkeit ergibt sich aus den §§ 343, 344 FamFG. In **funktionaler Hinsicht** ist für die Erteilung nach § 3 Nr. 2c RPflG der Rechtspfleger zuständig, für die Einziehung dagegen nach § 16 Abs. 1 Nr. 7 RPflG dagegen der Richter, soweit nicht landesrechtlich eine Übertragung auf den Rechtspfleger stattfand (→ § 343 Rn. 5).

Dagegen handelt es sich bzgl. **Zeugnisse bei der Auseinandersetzung einer fortgesetzten Güter-** 6
gemeinschaft gemäß § 342 Abs. 2 Nr. 2 FamFG iVm § 373 FamFG um Teilungssachen, für die seit 1.9.2013 die Notare zuständig sind, § 363 FamFG.

II. Testamentsvollstreckerzeugnis, § 2368 BGB

1. Allgemeines. Das Amt des Testamentsvollstreckers beginnt gemäß § 2202 Abs. 1 BGB mit 7
der Annahme des Amtes und dem Vorliegen der übrigen Voraussetzungen, also der Anordnung der Testamentsvollstreckung durch den Erblasser und der Ernennung. Das Testamentsvollstreckerzeugnis stellt nur den amtlichen Nachweis über die Stellung des Testamentsvollstreckers dar, wirkt also nicht konstitutiv. So wird es auch vom **Grundbuchamt** zum Nachweis der Verfügungsbefugnis verlangt, § 35 Abs. 2 GBO. Ist ein Testamentsvollstreckerzeugnis erteilt, so ist für die Befugnis des Testamentsvollstreckers zur Verfügung über ein Grundstück oder Grundstücksrecht oder die sonstige Rechtsstellung des Testamentsvollstreckers allein das Zeugnis maßgebend.[3] Zudem bewirkt es den Schutz des öffentlichen Glaubens in die gesetzliche Vertretungsbefugnis des Testamentsvollstreckers, §§ 2368, 2365–2367 BGB.[4] Nach den § 2368 BGB, § 354 Abs. 1 FamFG gelten die Erbscheinsvorschriften entsprechend.

2. Zuständigkeit. Sachlich zuständig ist nach den §§ 2353, 2368 BGB iVm § 23a Abs. 1 Nr. 2, 8
Abs. 2 Nr. 2 GVG, § 342 Abs. 1 Nr. 6 FamFG grundsätzlich das Nachlassgericht. Die **örtliche Zuständigkeit** ergibt sich aus den §§ 343, 344 FamFG. In **funktionaler Hinsicht** ist für die Er-

---

[1] MüKoBGB/GrziwotzFamFG § 354 Rn. 2; Grüneberg/Brudermüller BGB § 1507 Rn. 2f.
[2] MüKoBGB/GrziwotzFamFG § 354 Rn. 3.
[3] BayObLG FamRZ 1999, 474.
[4] BayObLGZ 1984, 225; NK-BGB/Kroiß BGB § 2368 Rn. 1.

teilung nach § 3 Nr. 2c RPflG der Rechtspfleger zuständig, für die Einziehung dagegen nach § 16 Abs. 1 Nr. 7 RPflG dagegen der Richter, soweit nicht landesrechtlich eine Übertragung auf den Rechtspfleger stattfand (→ § 343 Rn. 5).

3. Verfahren. a) Antrag. aa) Antragsbefugnis. Antragsberechtigt ist **nach Annahme des Amtes der Testamentsvollstrecker** selbst. Bei mehreren Testamentsvollstreckern ist jeder zur Erteilung eines gemeinschaftlichen Testamentsvollstreckerzeugnisses befugt, § 2368 BGB, §§ 352a, 354 FamFG. Ebenso befugt zur Antragstellung sind die **Nachlassgläubiger** in den Fällen der §§ 792, 896 ZPO, wenn diese gegen den Testamentsvollstrecker klagen oder vollstrecken wollen.[5]

Ob auch die **Erben** antragsberechtigt sind, ist umstritten. Die wohl hM[6] lehnt dies mit der zutreffenden Begründung ab, dass sich diese nicht unmittelbar selbst durch das Zeugnis legitimieren müssen.

bb) Inhalt. Der Antrag muss nach § 2368 BGB, §§ 354, 352 FamFG die Angaben über
- den Todeszeitpunkt des Erblassers,
- das Verhältnis, auf dem sein Erbrecht beruht,
- ob und welche Personen vorhanden sind oder vorhanden waren, durch die er von der Erbfolge ausgeschlossen oder sein Erbteil gemindert werden würde,
- ob und welche Verfügungen des Erblassers von Todes wegen vorhanden sind und
- ob ein Rechtsstreit über sein Erbrecht anhängig ist.

Diese Angaben sind gemäß § 2368 BGB iVm §§ 354, 352 Abs. 3 FamFG durch öffentliche Urkunden oder mit eidesstattlicher Versicherung **nachzuweisen**, wobei auf letzteres idR verzichtet wird, wenn diese bereits im Erbscheinverfahren erfolgte.[7] Im Übrigen kann das Nachlassgericht nach §§ 354, 352 Abs. 3 S. 4 FamFG die eidesstattliche Versicherung auch erlassen, wenn es sie nicht für erforderlich erachtet.

b) Beteiligte und rechtliches Gehör. An dem Verfahren ist der Testamentsvollstrecker als „Muss"-Beteiligter zu beteiligen. Sinnvollerweise sind daneben als „Kann"-Beteiligte nach § 345 Abs. 3 FamFG auch die Erben sowie der Mitvollstrecker zu beteiligen, wobei diese nach § 345 Abs. 3 S. 3 FamFG auf ihren Antrag hin zwingend zu beteiligen sind.

Allen Beteiligten ist hierbei stets und zum frühestmöglichen Zeitpunkt rechtliches Gehör zu gewähren.[8]

c) Amtsermittlung und Beweisverfahren. Wie beim Erbschein hat das Nachlassgericht nach § 26 FamFG iVm § 2368 BGB den **Sachverhalt von Amts wegen zu ermitteln.** Danach ist das Gericht verpflichtet, alle zur Aufklärung des Sachverhalts erforderlichen Ermittlungen durchzuführen und hierzu geeignete Beweise zu erheben. Hierbei besteht keine unbegrenzte Aufklärungspflicht, insbesondere ist das Gericht nicht verpflichtet alle nur denkbaren Möglichkeiten der Sachverhaltsaufklärung und allen Beweisanträgen nachzugehen. Sind unter Berücksichtigung der bereits bekannten Tatsachen und ohne vorweggenommener Beweiswürdigung keine weiteren entscheidungserheblichen Erkenntnisse zu erwarten, so können Ermittlungen insoweit unterbleiben.[9] Insbesondere ist die Sachverhaltsaufklärung begrenzt durch die für den Inhalt des Antrags erforderlichen Tatsachen. Gibt aber der Vortrag der Beteiligten bei sorgfältiger Prüfung Anlass zu weiteren Ermittlungen, so sind diese vorzunehmen. Erst wenn von einer weite-

---

5 BGH NJW 1964, 1905; NK-BGB/Kroiß BGB § 2368 Rn. 2. Zimmermann Die Testamentsvollstreckung Rn. 253.
6 BayObLG ZEV 1995, 22; MDR 1978, 142; OLG Hamm FamRZ 2000, 487 (488); NJW 1974, 505; NK-BGB/Kroiß BGB § 2368 Rn. 2; Grüneberg/Weidlich BGB § 2368 Rn. 5; HK-BGB/Hoeren BGB § 2368 Rn. 4; aA dagegen im Einzelfall bei unklaren testamentarischen Anordnungen Keidel/Zimmermann FamFG § 354 Rn. 6; MüKoBGB/Grziwotz FamFG § 2368 Rn. 6.
7 NK-BGB/Kroiß BGB § 2368 Rn. 4.
8 Ganz hM, vgl. nur NK-BGB/Kroiß BGB § 2368 Rn. 6.
9 OLG Hamm FGPrax 2008, 32.

ren Beweisaufnahme ein sachdienliches, die Entscheidung beeinflussendes Ergebnis nicht mehr zu erwarten ist, darf das Gericht seine Ermittlungen abschließen.[10]

Das Gericht ist an das Vorbringen der Beteiligten nach § 29 Abs. 1 S. 2 FamFG nicht gebunden. Unter Berücksichtigung vorstehender Erwägungen steht es daher im pflichtgemäßen Ermessen des Gerichts, ob es einem Beweisantrag eines Beteiligten nachgeht oder nicht. Eine förmliche Ablehnung von Beweisanträgen erfolgt nicht.[11] Daneben steht nach § 30 FamFG auch die Art der Beweiserhebung im pflichtgemäßen Ermessen des Gerichts. Danach kann das Gericht in Ausübung dieses Ermessens entscheiden, ob eine förmliche Beweisaufnahme nach § 30 Abs. 1 FamFG durchgeführt wird. Eine Pflicht hierzu besteht nur dann, wenn anderenfalls eine hinreichend sichere Aufklärung nicht zu erreichen ist[12] oder im Falle des § 30 Abs. 3 FamFG, wenn also das Nachlassgericht eine entscheidungserhebliche Tatsache als festgestellt erachtet, die von einem Beteiligten ausdrücklich bestritten wird. Im Regelfall wird das Gericht die Sachverhaltsaufklärung im Freibeweisverfahren betreiben. 16

4. Zwischenverfügungen. Das Gericht kann auch sog. „Zwischenverfügungen" erlassen, um auf die Stellung sachdienlicher Anträge gemäß § 28 Abs. 2 FamFG hinzuwirken oder um rechtliche Hinweise zu erteilen, § 28 Abs. 1 S. 2 FamFG. In der Praxis wird hiervon grundsätzlich Gebrauch gemacht, bevor eine zurückweisende Entscheidung über das beantragte Testamentsvollstreckerzeugnis ergeht. 17

Die Zwischenverfügung kann durch einfache Verfügung oder durch Beschluss erfolgen, wobei der Beschluss idR keine Endentscheidung darstellt und daher auch nicht anfechtbar ist, § 58 FamFG (→ Rn. 54 ff.). 18

5. Entscheidung. a) Unstreitige Sache. aa) Feststellungsbeschluss, §§ 354, 352e Abs. 1 FamFG. (1) Voraussetzungen. Stehen sämtliche Voraussetzungen für die Erteilung des Testamentsvollstreckerzeugnisses nach § 2368 BGB iVm § 354 FamFG zur Überzeugung des Gerichts fest, so stellt dies das Nachlassgericht durch Beschluss gemäß §§ 354, 352e Abs. 1 FamFG fest. Dieser Beschluss ersetzt den bisherigen **Vorbescheid** nach dem FGG.[13] 19

Hierzu ist zunächst erforderlich, dass der **Antrag zulässig** ist. Das Gericht muss örtlich, sachlich und funktionell zuständig sein, es muss ein Antragsrecht des Antragstellers bestehen und die Angaben und Nachweise nach den §§ 354, 352 FamFG müssen vorliegen. Liegen diese Voraussetzungen nicht vor, so hat das Nachlassgericht hierauf hinzuweisen und mittels nach wie vor zulässiger Zwischenverfügung auf die Behebung hinzuwirken. Erst danach kann eine Zurückweisung des Antrages als unzulässig erfolgen, was aber in der Praxis sehr selten vorkommt. 20

Des Weiteren muss der **Antrag begründet** sein. Dies ist der Fall, wenn das Nachlassgericht die zur Begründung des Antrags erforderlichen Tatsachen für festgestellt erachtet, § 2368 BGB iVm § 354 FamFG. **Das Testamentsvollstreckerzeugnis muss also zur Überzeugung des Gerichts wie beantragt erteilt werden können.** Dies hat das Gericht gemäß § 37 Abs. 1 FamFG nach seiner freien, aus dem gesamten Inhalt des Verfahrens gewonnenen Überzeugung zu entscheiden. Hierbei genügt ein für das Leben brauchbarer Grad an Gewissheit und die Überzeugungsbildung darf nicht den Denkgesetzen widersprechen. 21

(2) Feststellungslast. Bleibt ein Sachverhalt unaufklärbar, ist nach den Regeln der **Feststellungslast** zu verfahren, die sich wiederum aus dem materiellen Recht, also in erster Linie nach den Vorschriften des BGB, ergeben. Das Gericht muss dazu die Verfügung von Todes wegen selbst auslegen und hat die dazu erforderlichen Ermittlungen vorzunehmen. 22

(3) Bindungen des Gerichts und Vergleich. Das Nachlassgericht ist an den Antrag auf Erteilung eines Testamentsvollstreckerzeugnisses gebunden. Nach § 28 FamFG hat das Gericht aber auf 23

---

10 BayObLG NJW-RR 1997, 7.
11 Keidel/Zimmermann FamFG § 352 Rn. 66.
12 BayObLG FamRZ 86, 1043.
13 Vgl. hierzu NK-BGB/Kroiß BGB § 2353 Rn. 99 ff.

ein der Rechtslage entsprechenden Testamentsvollstreckerzeugnis hinzuwirken und entsprechende Hinweise zu erteilen.

24 Eine Bindung an die Behauptungen der Beteiligten besteht für das Gericht nicht, auch nicht an einen **Auslegungsvertrag**, etwa im Wege eines **Vergleichs** zwischen den Beteiligten. Ein solcher Vertrag beseitigt auch die weiterhin bestehende Amtsermittlungspflicht nicht.[14] Eine indizielle Wirkung kann darin aber durch das Nachlassgericht gesehen und bei der Auslegung der letztwilligen Verfügung entsprechend berücksichtigt werden.[15]

25 Ein **rechtskräftiges Zivilurteil** bindet hingegen grundsätzlich auch das Nachlassgericht, sofern sämtliche in Betracht kommenden Erben auch Parteien des Zivilprozesses waren.[16] Dies gilt auch für ein Anerkenntnis- oder Versäumnisurteil.

26 **(4) Erlass des Feststellungsbeschlusses.** Hält das Nachlassgericht
- alle **Verfahrensvoraussetzungen** für gegeben,
- entspricht der Antrag der durch das Nachlassgericht ermittelten **Erbrechtslage** und
- **widerspricht keiner der Beteiligten** nach § 345 dem beantragten Testamentsvollstreckerzeugnis,

so erlässt das Nachlassgericht im vereinfachten Verfahren nach § 352e Abs. 1 FamFG einen **Feststellungsbeschluss**, wonach die zur Erteilung des beantragten Testamentsvollstreckerzeugnisses für festgestellt erachtet werden. Dieser Beschluss muss wegen § 38 Abs. 4 Nr. 2 FamFG nicht begründet werden und wird entgegen § 40 Abs. 1 FamFG nach § 352e Abs. 1 S. 3 FamFG bereits mit Erlass, also gemäß § 38 Abs. 3 S. 2 FamFG mit Übergabe an die Geschäftsstelle, wirksam.

27 Der **Feststellungsbeschluss** nach § 352e Abs. 1 FamFG **stellt selbst noch kein Testamentsvollstreckerzeugnis dar**, dieser folgt vielmehr als faktischer Vollzug dem Feststellungsbeschluss nach. Hierzu wird das Testamentsvollstreckerzeugnis ausgefertigt und in Ur- und in Abschriften an den Antragsteller übermittelt. Der Feststellungsbeschluss selbst bleibt bei den Akten.

28 Liegen daher keine widersprechenden Anträge vor, so lautet der Feststellungsbeschluss wie folgt:

▶ Die Tatsachen, die zur Erteilung des beantragten Testamentsvollstreckerzeugnisses ... erforderlich sind, werden für festgestellt erachtet. ◀

29 **bb) Testamentsvollstreckzeugnis. (1) Allgemeines.** Nach § 2368 BGB hat das Nachlassgericht dem Testamentsvollstrecker auf Antrag ein Zeugnis hierüber zu erteilen. Die Erteilung des Testamentsvollstreckerzeugnisses folgt als **faktischer Vollzug** dem Feststellungsbeschluss nach. Hierzu wird das Testamentsvollstreckerzeugnis ausgefertigt und in Ur- und in Abschriften an den Antragsteller übermittelt.[17] Der Feststellungsbeschluss selbst bleibt bei den Akten.

30 Erst wenn das Testamentsvollstreckerzeugnis als Urschrift oder in Abschrift in den Verkehr gelangt ist, ist dieser **erteilt**. Hierzu ist erforderlich, dass dieser dem Antragsteller oder bei mehreren Antragstellern einem oder auf Antrag einem Dritten ausgehändigt wurde.[18]

---

14 Grüneberg/Weidlich BGB § 2359 Rn. 5 mwN.
15 KG FamRZ 2004, 836.
16 So für den Fall des Erbscheins: BayObLG FamRZ 1999, 334; MüKoBGB/Grziwotz BGB § 2359 Rn. 44 und Bumiller/Harders/Schwamb/Harders FamFG § 352 Rn. 24. AA dagegen zumindest für die Testamentsvollstreckung Keidel/Zimmermann FamFG § 354 Rn. 23.
17 BayObLGZ 1960, 192 (Aushändigung in Urschrift) und BayObLG MDR 1961, 415 (Aushändigung einer Abschrift).
18 MüKoFamFG/Grziwotz FamFG § 352 Rn. 18.

(2) Inhalt des Testamentsvollstreckerzeugnisses. Im Testamentsvollstreckerzeugnis ist anzugeben: 31
- die Person des Erblassers,
- die Person des Testamentsvollstreckers sowie
- dessen Befugnisse.

Zu den anzugebenden Befugnissen gehören etwa die 32
- erweiterte Verpflichtungsbefugnis nach § 2207 BGB
- Beschränkungen nach § 2208 BGB,
- Verwaltungs- und Dauervollstreckung nach § 2209 BGB,
- Verwaltungsdauer gemäß § 2210 BGB,
- reine Beaufsichtigungsvollstreckung,[19]
- Beschränkung auf besondere Aufgabenkreise wie etwa die Naherbenvollstreckung nach § 2222 BGB oder die Vermächtnisvollstreckung nach § 2223 BGB,
- Ernennung mehrerer Testamentsvollstrecker gemäß § 2224 BGB,
- Beschränkungen in der Verwaltung oder Anordnungen des Erblassers, dass der Testamentsvollstrecker in der Eingehung von Verbindlichkeiten für den Nachlass nicht beschränkt sein soll nach § 354 Abs. 2 FamFG.

Die **Dauervollstreckung** ist in das Testamentsvollstreckerzeugnis aufzunehmen. Ein ohne diesen 33
Vermerk erteiltes Zeugnis ist als unrichtig einzuziehen.[20] Aufzunehmen sind Abweichungen von
der Verfügungsmacht,[21] insbesondere **Beschränkungen** wie Anordnungen über die Dauer der
Testamentsvollstreckung, besondere Aufgabenkreise, wie zB die Nacherbenvollstreckung,
§ 2222 BGB, oder die Vermächtnisvollstreckung, § 2223 BGB, negative Anordnungen, wie das
Verbot der Veräußerung von Nachlassgegenständen, und die gegenständliche Beschränkung.
Enthält ein Zeugnis keine Angaben, so kommt damit zum Ausdruck (negative Publizität), dass
dem Testamentsvollstrecker die Befugnisse nach §§ 2203 bis 2206 BGB zustehen, also die nach
dem gesetzlichen Regeltyp mit seinem Amt verbundenen Befugnisse, aber auch nur diese, also
nicht die eines Verwaltungs- oder Dauertestamentsvollstreckers im Sinne des § 2209 BGB.[22]

Wurde die Testamentsvollstreckung einheitlich für den **Vor- und Nacherbfall** angeordnet, ist ein 34
einheitliches Zeugnis zulässig.[23] Ein Testamentsvollstrecker unterliegt dann nicht den Verfügungsbeschränkungen der §§ 2113–2115 BGB, wenn er zugleich für Vor- und Nacherben eingesetzt ist.[24]

Ist einem Testamentsvollstrecker lediglich die Aufgabe übertragen, den Vollzug einer vom Erben zu erfüllenden Auflage zu verlangen (sog. beaufsichtigende Vollstreckung gemäß §§ 2208 35
Abs. 2, 2194 BGB), so ist das ihm erteilte Zeugnis dann unrichtig, wenn es die Ernennung des
Testamentsvollstreckers ohne Beschränkung, die gemäß § 2368 BGB, § 354 FamFG im Zeugnis
aufgenommen werden muss,[25] bekundet.[26]

Wie beim Erbschein kann man auch bei den Testamentsvollstreckerzeugnissen verschiedene 36
Arten unterscheiden:[27]
- „Normales" Testamentsvollstreckerzeugnis: Im Regelfall wird nur ein Testamentsvollstrecker für eine Erbmasse bestellt, wobei deutsches Erbrecht anwendbar ist.

---

[19] BayObLG FamRZ 1991, 612; NK-BGB/Kroiß BGB § 2368 Rn. 9.
[20] BayObLGZ 1992 Nr. 20.
[21] Krätzschel/Falkner/Döbereiner NachlassR, § 19 Rn. 61.
[22] KG NJW-RR 1991, 835.
[23] BayObLG NJW 1959, 1920.
[24] BayObLG FamRZ 1991, 984.
[25] Grüneberg/Weidlich BGb § 2368 Rn. 3.
[26] BayObLG FamRZ 1991, 612.
[27] Mayer/Bonefeld/Poller Testamentsvollstreckung § 7 Rn. 7.

- **Mitvollstreckerzeugnis (gemeinschaftliches Testamentsvollstreckerzeugnis):** Wurden mehrere **Testamentsvollstrecker** ernannt, kann für sie ein gemeinschaftliches Zeugnis, das das Recht aller bezeugt, erteilt werden, §§ 2368 BGB, §§ 354, 352a FamFG.
- **Teilvollstreckerzeugnis:** Entsprechend den Regeln beim Erbschein ist auch ein Mitvollstreckerzeugnis als Teilvollstreckerzeugnis möglich. In diesem Fall wird nur das Recht eines oder einzelner Testamentsvollstrecker bezeugt, wobei die Mitvollstrecker in diesem **Sonderzeugnis**[28] angegeben werden müssen.[29]
- **Gegenständlich beschränktes Testamentsvollstreckerzeugnis:** Gemäß § 2368 BGB, § 352c FamFG kann auch ein auf den inländischen Nachlass beschränktes Testamentsvollstreckerzeugnis erteilt werden. Wird ein Erblasser nach ausländischem Recht beerbt, so richten sich auch Inhalt und Rechtswirkungen einer Testamentsvollstreckung nach dem Erbstatut.

37 Möglich ist wie auch beim Erbschein die Erteilung eines **gegenständlich beschränkten Testamentsvollstreckerzeugnisses**, wie etwa bei Anwendung ausländischen Rechts. Voraussetzung für die Erteilung eines solchen **Fremdrechtstestamentsvollstreckerzeugnisses** ist aber, dass sich die Nachlassgegenstände im Inland befinden (§ 352c FamFG) und die Testamentsvollstreckung nach ausländischem Recht der nach deutschem Recht vergleichbar ist.[30]

38 (3) Wirkung des Testamentsvollstreckerzeugnisses. Die Richtigkeit des Testamentsvollstreckerzeugnisses wird wie beim Erbschein vermutet, § 2368 BGB iVm § 2365 BGB. Die Vermutungswirkung geht dahin, dass der im Zeugnis Bezeichnete rechtsgültig Testamentsvollstrecker wurde, ihm das Amt in seinem regelmäßigen Umfang zusteht und er durch keine anderen als die im Zeugnis angegebenen Anordnungen beschränkt ist.[31] Allerdings ist zu beachten, dass im Gegensatz zum Erbschein die Vermutungswirkung des Zeugnisses mit der **Beendigung des Amtes** entfällt, § 2368 S. 2 Hs. 2 BGB.

39 Auch hinsichtlich des öffentlichen Glaubens gelten die §§ 2366, 2367 BGB, auf die § 2368 BGB verweist. Im Gegensatz zum Erbschein umfasst der öffentliche Glaube beim Testamentsvollstreckerzeugnis auch **Verpflichtungsgeschäfte**.[32] Allerdings endet auch der öffentliche Glauben mit der Beendigung des Amtes des Testamentsvollstreckers, § 2368 S. 2 Hs. 2 BGB. Soweit ein Widerspruch zwischen dem Erbschein und dem Testamentsvollstreckerzeugnis besteht, entfallen die Richtigkeitsvermutung und der öffentliche Glaube.[33]

40 cc) Zurückweisung eines beantragten Testamentsvollstreckerzeugnisses. Liegen die Voraussetzungen für die Erteilung des beantragten Testamentsvollstreckerzeugnisses nicht vor, so weist das Nachlassgericht den Antrag zurück. Es gelten insoweit die allgemeinen Regelungen der §§ 38 ff. FamFG, so dass die Zurückweisung durch zu begründenden Beschluss erfolgt. Der Beschluss ist nach § 41 FamFG bekannt zu geben und wird mit der Bekanntgabe nachgemäß § 40 FamFG wirksam.

41 Nach § 38 Abs. 3 S. 1 FamFG ist der Zurückweisungsbeschluss zu begründen. In der Praxis hat sich dabei eine Darstellung durchgesetzt, die sich an die Urteilsbegründung in zivilrechtlichen Streitigkeiten orientiert. Es empfiehlt sich daher, zunächst den Sachverhalt, den oder die Anträge und den Verfahrensgang kurz darzustellen, anschließend erfolgt die rechtliche Würdigung.

42 b) Streitige Sache. aa) Allgemeines. Widerspricht der beabsichtigte Beschluss dem erklärten Willen eines Beteiligten, so kann nicht im vereinfachten Weg nach den §§ 354, 352e Abs. 1 FamFG entschieden werden, sondern es ist nach § 352e Abs. 2 FamFG vorzugehen.

---

[28] Krug/Rudolf/Kroiß/Bittler/Littig AnwForm ErbR § 13 Rn. 42.
[29] Mayer/Bonefeld/Poller Testamentsvollstreckung § 7 Rn. 7.
[30] BayObLZ 1986, 466; NK-BGB/Kroiß BGB § 2368 Rn. 14.
[31] Staudinger/Reimann BGB § 2197 Rn. 75.
[32] Staudinger/Herzog BGB § 2368 Rn. 12.
[33] BGH FamRZ 1991, 1111.

bb) Entgegenstehender Wille eines Beteiligten. Voraussetzung ist, dass ein **erklärter Wille** eines Beteiligten entgegensteht. Das Gesetz wie auch die Gesetzesbegründung enthält hierzu keine Definition. Erforderlich ist, dass zumindest ein Beteiligter ausdrücklich erklärt hat, dass er die zur Erteilung des Testamentsvollstreckerzeugnisses erforderlichen Tatsachen nicht für festgestellt erachtet. Ein mutmaßlicher Wille genügt nicht, jedoch hat das Nachlassgericht bei Zweifeln nachzufragen und ggfs nach § 28 Abs. 1 S. 1 FamFG auf eine entsprechende Erklärung hinzuwirken. Erforderlich ist weiter, dass die Erklärung nach §§ 25 Abs. 1, 2 FamFG gegenüber dem zuständigen Amtsgericht oder eines anderen Amtsgerichts schriftlich oder zur Niederschrift der Geschäftsstelle abgegeben wird. Ein entgegenstehender erklärter Wille kann auch durch Auslegung festgestellt werden, etwa wenn Einwendungen gegen die Erteilung des beantragten Testamentsvollstreckerzeugnisses vorgebracht werden. 43

cc) Verfahren und Beschlussfassung. (1) Allgemeines. Das Gericht hat in dem Beschluss zunächst auszusprechen, dass es die zur Erteilung des beantragten Testamentsvollstreckerzeugnisses erforderlichen Tatsachen für festgestellt erachtet. Weiter sind bei widerstreitenden Anträgen die nicht zu entsprechenden Anträge auf Erteilung eines Testamentsvollstreckerzeugnisses zurückzuweisen und es ist nach den §§ 354, 352e Abs. 2 S. 2 die sofortige Wirksamkeit des Beschlusses und die Erteilung des Testamentsvollstreckerzeugnisses bis zur Rechtskraft des Beschlusses zurückzustellen. Dieses Verfahren tritt an die Stelle des bisherigen „Vorbescheides". 44

Der Beschluss lautet daher etwa wie folgt: 45

▶ Die Tatsachen, die zur Erteilung des von dem Beteiligten zu ... beantragten Testamentsvollstreckerzeugnisses erforderlichen Tatsachen werden für festgestellt erachtet und das Testamentsvollstreckerzeugnis wird bewilligt.

Der Antrag des Beteiligten zu ... wird zurückgewiesen.

Die sofortige Wirksamkeit des Beschlusses wird ausgesetzt. Die Erteilung des Testamentsvollstreckerzeugnisses wird bis zur Rechtskraft dieses Beschlusses zurückgestellt. ◀

(2) Bekanntgabe des Beschlusses, §§ 354, 352 Abs. 2 S. 1 FamFG. Dieser Beschluss ist nach den §§ 354, 352e Abs. 2 S. 1 FamFG den Beteiligten nach § 41 FamFG **bekannt zu geben**, nach § 38 Abs. 3 S. 1 FamFG zu **begründen** und mit einer **Rechtsmittelbelehrung** nach § 39 FamFG zu versehen. In der Praxis hat sich hinsichtlich der Begründung dabei eine Darstellung durchgesetzt, die sich an die Urteilsbegründung in zivilrechtlichen Streitigkeiten orientiert. Es empfiehlt sich daher, zunächst den Sachverhalt, den oder die Anträge und den Verfahrensgang kurz darzustellen, anschließend erfolgt die rechtliche Würdigung. Den Beteiligten wird so vor Erteilung eines Testamentsvollstreckerzeugnisses ermöglicht, die Richtigkeit der Ansicht des Nachlassgerichts mittels der Beschwerde durch die höhere Instanz überprüfen zu lassen. 46

(3) Aussetzung der sofortigen Wirksamkeit bei entgegenstehendem erklärten Willen eines Beteiligten, §§ 354, 352 Abs. 2 S. 2 FamFG. Bis zur Rechtskraft des erlassenen Feststellungsbeschlusses ist die sofortige Wirksamkeit auszusetzen und die Erteilung des Erbscheins zurückzustellen, §§ 354, 352e Abs. 2 S. 2 FamFG. Gemeint ist hierbei die **formelle Rechtskraft nach § 45 FamFG**. Diese tritt nicht ein, bevor die Frist für die Einlegung des zulässigen Rechtsmittels oder des zulässigen Einspruchs, des Widerspruchs oder der Erinnerung abgelaufen ist. Im hiesigen Verfahren bedeutet dies, dass eine formelle Rechtskraft erst dann vorliegt, wenn der Beschluss sämtlichen Beteiligten des konkreten Verfahrens bekanntgegeben ist, und diese Beteiligten innerhalb der Beschwerdefrist nicht Beschwerde erhoben haben.[34] 47

Dagegen muss nicht abgewartet werden, ob nach § 59 Abs. 1 FamFG beschwerdeberechtigte Personen, wie etwa die nach § 345 Abs. 3 S. 2 FamFG benannten Personen, die auf ihren Antrag hinzuziehen gewesen wären, noch Beschwerde einlegen, da die formelle Rechtskraft mit 48

---

34 Bumiller/Harders/Schwamb/Harders FamFG § 352 Rn. 30.

Ablauf der Frist gegenüber sämtlichen formell Beteiligten eintritt.[35] Wird Beschwerde eingelegt, entsteht eine formelle Rechtskraft erst mit Abschluss des Beschwerdeverfahrens.

49 **6. Einziehung und Kraftlosigkeit.** Nach den §§ 2361, 2368 BGB kann das Zeugnis eingezogen werden, wobei insoweit die Vorschrift des § 353 FamFG über § 354 FamFG gilt (vgl. dortige Ausführungen). Mit der Einziehung wird das Zeugnis gemäß § 2361 S. 2 BGB kraftlos. Kann das Zeugnis nicht sofort erlangt werden, ist dieses durch das Nachlassgericht für kraftlos zu erklären, § 2361 S. 2 BGB iVm § 353 FamFG. Die Ausführungen bei § 353 FamFG gelten auch insoweit.

50 Von der Einziehung bzw. Kraftloserklärung ist die Beendigung des Amtes des Testamentsvollstreckers zu unterscheiden. In diesem Fall wird das Zeugnis von selbst kraftlos, ohne dass es eines entsprechenden Ausspruchs durch das Gericht bedarf. Ein dennoch betriebenes Einziehungsverfahren wäre unzulässig.[36]

III. Überweisungszeugnisse, §§ 36, 37 GBO, §§ 42, 74 SchiffsRegO

51 **1. Allgemeines.** Die Überweisungszeugnisse nach den §§ 36, 37 GBO, §§ 42, 74 SchiffsRegO sollen gegenüber dem Grundbuchamt oder dem Schiffsregister den Nachweis der Rechtnachfolge bei einer Auseinandersetzung eines zum Nachlass gehörenden Grundstücks, Grundpfandrechts, Erbbaurechts, Schiffs etc erleichtern,[37] wobei die Einziehung dieser Zeugnisse in entsprechender Anwendung gemäß § 2361 BGB erfolgt.[38]

Hinweis:
Während diese Zeugnisse nach der KostO bei der Auseinandersetzung von Grundbesitz oder Schiffen eine kostengünstige Möglichkeit zur Vorlage beim Grundbuchamt bzw. beim Schiffsregister anstelle eines Erbscheins oder eines Testamentsvollstreckerzeugnisses wegen der Erhebung nur der Mindestgebühr von 10 EUR gem. § 111 KostO darstellten, besteht ein solcher Kostenvorteil nach der nunmehr geltenden GNotKG nicht mehr; insoweit gelten nun die gleichen Gebührenvorschriften wie bei der Erteilung von Erbscheinen (→ Rn. 89).

52 **2. Zuständigkeit. Sachlich zuständig** ist nach § 23a Abs. 1 Nr. 2, Abs. 2 Nr. 2 GVG, § 342 Abs. 1 Nr. 6 FamFG grundsätzlich das Nachlassgericht. Die örtliche Zuständigkeit ergibt sich aus den §§ 343, 344 FamFG. In **funktionaler Hinsicht** ist für die Erteilung nach § 3 Nr. 2c RPflG der Rechtspfleger zuständig, für die Einziehung dagegen nach § 16 Abs. 1 Nr. 7 RPflG dagegen der Richter, soweit nicht landesrechtlich eine Übertragung auf den Rechtspfleger stattfand (→ § 343 Rn. 5).

53 Dagegen handelt es sich bzgl. Zeugnisse bei der Auseinandersetzung des Gesamtguts einer ehelichen, lebenspartnerschaftlichen oder einer fortgesetzten Gütergemeinschaft gemäß § 342 Abs. 2 Nr. 2 FamFG iVm § 373 FamFG um Teilungssachen, für die seit 1.9.2013 die Notare zuständig sind, § 363 FamFG.

IV. Rechtsmittel

54 **1. Allgemeines.** Für § 354 FamFG gelten über § 352 FamFG die Regelungen der §§ 58 ff. FamFG, wonach grundsätzlich die **Beschwerde** der statthafte Rechtsbehelf ist. Die Beschwerde ist nach § 63 Abs. 1 FamFG **befristet** und zwar im Hinblick auf die §§ 354, 352 FamFG auf einen Monat.

---

35 Bumiller/Harders/Schwamb/Harders FamFG § 352 Rn. 30.
36 BayObLGZ 1953, 357; OLG Köln Rpfleger 1986, 261; Keidel/Zimmermann FamFG § 354 Rn. 38a.
37 MüKoFamFG/Grziwotz FamFG § 354 Rn. 12.
38 Bumiller/Harders/Schwamb/Harders FamFG § 354 Rn. 3.

Hinsichtlich der Rechtsmittel ist zunächst danach zu unterscheiden, welches Organ entschieden hat. 55

Gegen Entscheidungen des Amtsrichters als Nachlassrichter findet nach § 58 Abs. 1 FamFG die Beschwerde statt. Dabei ist sowohl die Ablehnung als auch die Bewilligung des beantragten Erbscheins mittels der Beschwerde anfechtbar. Soll die Erteilung eines Erbscheins angefochten werden, ist Voraussetzung, dass dieser die erbrechtliche Stellung des Beschwerdeführers nicht wie beantragt ausweist.[39] 56

Das Nachlassgericht ist hierbei nach § 68 FamFG auch zur **Abhilfe** befähigt und muss auch vor Vorlage an das Beschwerdegericht eine Abhilfeentscheidung treffen. Vor dem Beschwerdegericht findet dann eine umfassende Prüfung sowohl in tatsächlicher wie in rechtlicher Hinsicht statt. 57

Auch gegen die Entscheidung des **Rechtspflegers** ist nunmehr die Beschwerde statthaft. Denn § 11 Abs. 1 RPflG bestimmt, dass gegen Entscheidungen des Rechtspflegers das Rechtsmittel gegeben ist, das nach den „allgemeinen verfahrensrechtlichen Vorschriften" zulässig ist.[40] 58

Gegen Kostenentscheidungen und bei Beschlüssen nach § 353 FamFG ist dagegen die befristete Erinnerung nach § 11 Abs. 2 RPflG statthaft. 59

2. Entscheidung. a) Zwischenverfügung. Die Zwischenverfügung stellt idR keine Endentscheidung dar und ist daher grundsätzlich nicht anfechtbar. Allerdings sieht das FamFG in manchen Fällen eine Anfechtbarkeit mittels der sofortigen Beschwerde mit einer Frist von 2 Wochen in entsprechender Anwendung der §§ 567–572 ZPO vor, so etwa bei § 6 Abs. 2, 7 Abs. 5, 21 Abs. 2, 33 Abs. 3, 35 Abs. 5, 42 Abs. 3, 76 Abs. 2, 87 Abs. 4 FamFG.[41] 60

Nicht anfechtbar sind dagegen Beweisanordnungen wie etwa die Erholung eines Sachverständigengutachtens[42] oder die Anheimstellung der Rücknahme eines Antrags auf Erteilung eines Testamentsvollstreckerzeugnisses.[43] 61

b) Feststellungsbeschluss. An sich stellt auch der Feststellungsbeschluss nur eine Zwischenentscheidung dar,[44] dennoch ist dieser mittels der Beschwerde nach den §§ 58 ff. FamFG anfechtbar. Beschwerdeberechtigt ist nur der, der nach § 59 Abs. 2 FamFG in seinen Rechten beeinträchtigt ist.[45] 62

c) Testamentsvollstreckerzeugnis. Wurde das **Testamentsvollstreckerzeugnis bereits erteilt**, so ist die Beschwerde nach den §§ 354, 352e Abs. 3 FamFG nur noch insoweit zulässig, als die Einziehung des Testamentsvollstreckerzeugnisses beantragt wird. Anderenfalls würde dem Testamentsvollstreckerzeugnis rückwirkend die Grundlage entzogen.[46] Im Zweifel ist daher der Antrag als Antrag zur Einziehung bzw. Kraftloserklärung des Testamentsvollstreckerzeugnisses auszulegen.[47] 63

d) Zurückweisung des Antrags. Wird der Antrag auf Erteilung eines Testamentsvollstreckerzeugnisses zurückgewiesen, so ist dagegen die **befristete Beschwerde** gemäß §§ 58, 63 FamFG statthaft. 64

Beschwerdeberechtigt ist nach § 59 FamFG derjenige, der gemäß § 59 Abs. 1 FamFG in seinen Rechten beeinträchtigt ist und der einen Antrag auf Erteilung eines Erbscheins gestellt hat, § 59 Abs. 2 FamFG. Eine Beeinträchtigung liegt dann vor, wenn das Testamentsvollstreckerzeugnis nicht oder anders als er beantragt wurde, bewilligt wird. Nach § 59 Abs. 2 FamFG muss durch den Beschwerdeführer zudem ein Antrag auf Erteilung gestellt worden sein. Bestand daher kein 65

---

39 OLG Köln FGPrax 2010, 194.
40 NK-BGB/Kroiß BGB § 2353 Rn. 123.
41 NK-BGB/Kroiß BGB § 2353 Rn. 129.
42 BayObLG FamRZ 2002, 108.
43 KG OLGZ 1997, 85.

44 Keidel/Zimmermann FamFG § 352e Rn. 112.
45 OLG Köln FGPrax 2010, 194.
46 Bumiller/Harders/Schwamb/Harders FamFG § 352 Rn. 32.
47 BayObLG NJW-RR 96, 1094.

Antragsrecht, so ist auch die Beschwerde nicht statthaft, selbst wenn eine Rechtsbeeinträchtigung vorliegt.[48]

66 **3. Beschwerdeberechtigung, § 59 FamFG.** Der Beschwerdeführer muss zur Beschwerde berechtigt sein, § 59 FamFG. Hierbei wird zwischen materieller (§ 59 Abs. 1 FamFG) und formeller (§ 59 Abs. 2 FamFG) unterschieden.

67 Eine Rechtsbeeinträchtigung iSd § 59 Abs. 1 FamFG liegt dann vor, wenn ein privatrechtliches oder öffentlich-rechtliches subjektives Recht des Beschwerdeführers durch die angegriffene Entscheidung berührt wird, wozu in Nachlasssachen in erster Linie das Erbrecht gehört.[49] Die Verletzung von Verfahrensrechten führt dagegen grundsätzlich nicht zur Beschwerdeberechtigung.[50] Dabei muss die Rechtsbeeinträchtigung zumindest möglich sein; ob sie tatsächlich vorliegt, ist dann eine Frage der Begründetheit, was vor allem bei den sog. doppelrelevante Tatsache von Bedeutung ist.[51] Für die Zulässigkeit reicht es aus, wenn die Rechtsbeeinträchtigung schlüssig behauptet wird und damit ernsthaft möglich ist.[52]

68 In formeller Hinsicht muss nach § 59 Abs. 2 BGB der Beschwerdeführer grundsätzlich einen Antrag auf Erteilung eines Erbscheins gestellt haben, damit dieser beschwerdeberechtigt ist. Bestand daher kein Antragsrecht, so ist auch die Beschwerde nicht statthaft, selbst wenn eine Rechtsbeeinträchtigung vorliegt.[53]

69 **4. Beschwerdewert.** Weitere Voraussetzung ist, dass ein Beschwerdewert von zumindest 600,01 EUR erreicht wird,[54] wobei bei einem Testamentsvollstreckerzeugnis die festgesetzte oder übliche Vergütung angesetzt werden kann.

70 **5. Beschwerdeverfahren. a) Form der Einlegung.** Die Beschwerde ist anders als noch nach dem FGG gemäß § 64 Abs. 1 FamFG bei dem Gericht einzulegen, dessen Entscheidung angegriffen wird (**judex a quo**).

71 Die Beschwerde wird durch **Einreichung einer Beschwerdeschrift oder durch Erklärung zu Protokoll der Geschäftsstelle** gemäß § 64 Abs. 2 S. 1 FamFG eingelegt. Auch die Einlegung durch Telefax,[55] Computerfax oder E-Mail ist möglich, wenn diese den Anforderungen an die Schriftform genügen.[56] Einer Unterschrift des Beschwerdeführers bedarf es dann nicht, wenn sich aus der Beschwerdeschrift unzweifelhaft ergibt, dass diese vom Beschwerdeführer gewollt ist und es sich hierbei nicht um einen reinen Entwurf handelt.[57]
Für die Einlegung zur Protokoll der Geschäftsstelle genügt auch die Einlegung gegenüber dem Rechtspfleger oder dem Richter.[58]

72 **Anwaltszwang** besteht für die Einlegung der Beschwerde nicht.

73 **b) Notwendiger Inhalt.** Die Beschwerde **muss** nach § 64 Abs. 2 S. 3 FamFG die Bezeichnung der angefochtenen Entscheidung, die Erklärung, dass Beschwerde eingelegt wird und die Bezeichnung der Beteiligten[59] enthalten. Sie ist nach § 64 Abs. 2 S. 4 FamFG grundsätzlich vom Beschwerdeführer oder dessen Bevollmächtigten zu unterschreiben, wobei es einer Unterschrift dann nicht bedarf, wenn sich aus der Beschwerdeschrift unzweifelhaft ergibt, dass diese vom Beschwerdeführer gewollt ist und es sich hierbei nicht um einen reinen Entwurf handelt.[60]

---

48 Keidel/Zimmermann FamFG § 352e Rn. 126.
49 NK-BGB/Kroiß BGB § 2353 Rn. 140.
50 BGH DNotZ 1996, 890; BayObLG FamRZ 1997, 1299; NK-BGB/Kroiß BGB § 2353 Rn. 140.
51 NK-BGB/Kroiß BGB § 2353 Rn. 140, 141.
52 BayObLG Rpfleger 1988, 531; NK-BGB/Kroiß BGB § 2353 Rn. 141.
53 Keidel/Zimmermann FamFG § 352e Rn. 126.
54 Bumiller/Harders/Schwamb/Harders FamFG § 352 Rn. 31; aA Horndasch/Viefhuess/Heinemann FamFG § 352 Rn. 40, wonach die Beschwerde stets statthaft sein soll, da der Erbschein nicht nur vermögensrechtliche Bedeutung habe.
55 Wenn die Unterschrift des Absenders wiedergegeben wird BGH NJW 1990, 188; NK-BGB/Kroiß BGB § 2353 Rn. 133.
56 BGH NJW 2008, 2649; NK-BGB/Kroiß BGB § 2353 Rn. 133.
57 OLG Köln OLGReport 1997, 273.
58 NK-BGB/Kroiß BGB § 2353 Rn. 134.
59 NK-BGB/Kroiß BGB § 2353 Rn. 136.
60 OLG Köln OLGReport 1997, 273.

Nach § 65 FamFG **soll** die Beschwerde auch begründet werden. Zwingend ist eine solche Begründung nicht, doch empfiehlt sich eine solche schon aus dem anwaltlichen Vorsichtsprinzip.

c) **Abhilfe.** Nach § 68 Abs. 1 FamFG ist das Nachlassgericht zur Abhilfe berechtigt. Es **muss** also vor Vorlage an das Beschwerdegericht darüber entscheiden, ob der Beschwerde abgeholfen wird oder nicht.

d) **Beschwerdegericht.** Über die Beschwerde entscheidet nach § 119 Abs. 1 Nr. 1b GVG das OLG. Eine **mündliche Verhandlung** ist hierbei nicht zwingend.[61]

Der **Gegenstand des Beschwerdeverfahrens** wird hierbei nach dem Beschwerdeantrag bestimmt[62] und deckt sich idR mit dem Verfahrensgegenstand der ersten Instanz.[63] Wird während des Beschwerdeverfahrens ein neuer Antrag gestellt, so bedarf es insoweit zunächst einer Abhilfeentscheidung durch das Nachlassgericht.[64] Das OLG entscheidet innerhalb des Beschwerdegegenstandes umfassend über die Unrichtigkeit des beanstandeten Erbscheins und zwar auch bzgl. solcher Unrichtigkeiten, von denen die Rechtsstellung des Beschwerdeführers unberührt bleibt.[65] Nach hM[66] soll wie im Erbscheinsverfahren das Verbot der **reformatio in peius** gelten.

Das OLG kann hierbei **nicht selbst Testamentsvollstreckerzeugnisse erteilen oder einziehen**, §§ 2353, 2361 BGB. Dies kann nur das Nachlassgericht. Möglich ist allein, dass das OLG das Nachlassgericht **anweist**, ein bestimmtes Testamentsvollstreckerzeugnis zu erteilen bzw. einzuziehen. Voraussetzung für die Anweisung, ein bestimmtes Testamentsvollstreckerzeugnis zu erteilen ist aber weiter, dass auch ein entsprechender Antrag bereits gestellt wurde. Will es den Beschluss des Nachlassgerichts **aufheben**, so kann das OLG daher etwa tenorieren:

▶ 1. Der Beschluss des Amtsgerichts – Nachlassgericht – ... vom ... wird aufgehoben.

2. Das Amtsgericht – Nachlassgericht – ... wird angewiesen, folgendes Testamentsvollstreckerzeugnis zu erteilen: ... ◀

Möglich ist auch die **Zurückverweisung** ohne eigene Sachentscheidung, wobei dann zu tenorieren ist:

▶ 1. Der Beschluss des Amtsgerichts – Nachlassgericht – ... vom ... wird aufgehoben.

2. Die Sache wird an das Amtsgericht – Nachlassgericht – ... zurückgegeben. ◀

Will es dagegen die **Beschwerde zurückweisen** so hat das OLG etwa auszusprechen:

▶ Die Beschwerde wird zurückgewiesen (oder bei einer unzulässigen Beschwerde: verworfen). ◀

Über die **Kosten** entscheidet das OLG nur im Falle der Zurückweisung oder Verwerfung der Beschwerde gemäß § 84 FamFG, im Übrigen besteht wie im Erbscheinsverfahren mit Ausnahme des § 353 Abs. 1 FamFG (Einziehung oder Kraftloserklärung eines Erbscheins) keine Pflicht zur Kostenentscheidung.

6. **Rechtsbeschwerde.** Gegen den Beschwerdebeschluss des OLG kann nur noch die Rechtsbeschwerde zum BGH nach den §§ 70 ff. FamFG erhoben werden. Diese ist aber nur dann statthaft, wenn das Beschwerdegericht eine solche zugelassen hat, § 70 Abs. 1 FamFG. Eine Nichtzulassungsbeschwerde gibt es dagegen nicht.[67] Möglich bleibt dann nur noch die **Verfassungsbeschwerde**.

7. **Rechtsmittel gegen Einziehungsbeschluss und Kraftloserklärung.** a) **Einziehungsbeschluss.** Gegen den Einziehungsbeschluss ist die **Beschwerde** nach den §§ 58 ff. FamFG möglich. Ist das Testamentsvollstreckerzeugnis bereits eingezogen, so ist nach den §§ 354, 353

---

61 OLG Düsseldorf FamRZ 2011, 1980.
62 NK-BGB/Kroiß BGB § 2353 Rn. 154.
63 BGH NJW 1980, 891.
64 BayObLG Rpfleger 1998, 473.
65 BayObLG NJW-RR 200, 962; Staudinger/Schilken BGB § 2353 Rn. 87; aA OLG Hamm OLGR 2000, 66; OLG Brandenburg FamRZ 1999, 1619.
66 BayObLG FamRZ 1992, 477; NK-BGB/Kroiß BGB § 2353 Rn. 167.
67 Keidel/Zimmermann FamFG § 352e Rn. 135.

Abs. 3 S. 1 FamFG die Beschwerde gegen den Einziehungsbeschluss nur insoweit zulässig, als die Erteilung eines neuen gleichlautenden Testamentsvollstreckerzeugnisses beantragt wird. Nach § 353 Abs. 3 S. 2 FamFG gilt in so einem Fall die Beschwerde im Zweifel als Antrag auf Erteilung eines neuen gleichlautenden Testamentsvollstreckerzeugnisses. Nach vollzogener Einziehung spricht das Beschwerdegericht daher gegenüber dem Nachlassgericht die Anweisung aus, ein gleichlautendes Testamentsvollstreckerzeugnis zu erlassen.[68]

84 Wird die angeregte **Einziehung abgelehnt**, so kann hiergegen ebenfalls mittels der Beschwerde nach den §§ 58 ff. FamFG vorgegangen werden mit dem Ziel, dass das Beschwerdegericht das Nachlassgericht anweist, das Testamentsvollstreckerzeugnis einzuziehen.[69]

85 **Beschwerdeberechtigt** nach § 59 FamFG ist jeder, der in seinen Rechten beeinträchtigt ist. Wird die Anregung auf Einziehung abgelehnt, so ist derjenige beschwerdebefugt, dessen Rechte infolge des öffentlichen Glaubens des Testamentsvollstreckerzeugnisses im Falle seiner Unrichtigkeit gefährdet sind.[70]

86 b) **Kraftloserklärung.** Gegen den Beschluss zur Kraftloserklärung ist grundsätzlich die **Beschwerde** nach den §§ 58 ff. FamFG möglich.

87 Nach den §§ 354m 353 Abs. 2 S. 4 FamFG ist aber ein Beschluss, durch den ein Testamentsvollstreckerzeugnis für kraftlos erklärt wird, nicht mehr anfechtbar, nachdem der Beschluss nach den §§ 2368 2361 BGB öffentlich bekannt gemacht ist. Eine dann unzulässige Beschwerde ist dann aber grundsätzlich in einen Antrag auf Erteilung eines inhaltsgleichen neuen Testamentsvollstreckerzeugnisses umzudeuten.[71] Ist die Beschwerde bereits beim Beschwerdegericht anhängig, so hat grundsätzlich eine Umdeutung dahin gehend zu erfolgen, dass das Beschwerdegericht das Nachlassgericht zur Erteilung eines inhaltsgleichen neuen Testamentsvollstreckerzeugnisses anweist. Möglich ist außerdem die Beantragung eines neuen gleichlautenden Testamentsvollstreckerzeugnisses beim Nachlassgericht.

88 **Beschwerdeberechtigt** nach § 59 FamFG ist jeder, der in seinen Rechten beeinträchtigt ist.

V. Kosten

89 Für die **Erteilung eines Zeugnisses** nach § 354 FamFG fällt nach Nr. 12210 KV GNotKG eine 1,0 Gebühr an. Im Verfahren über die Einziehung oder Kraftloserklärung eines Zeugnisses nach § 354 FamFG fällt nach Nr. 12215 KV GNotKG dagegen nur ein 0,3 Gebühr, maximal 400 EUR an.

90 Der **Geschäftswert** bestimmt sich dabei nach § 40 GNotKG.

91 Dabei gelten bei einem Verfahren, das ein **Zeugnis über die Fortsetzung der Gütergemeinschaft** betrifft, über § 40 Abs. 4 GNotKG die §§ 40 Abs. 1–3 GNotKG entsprechend, wobei aber an die Stelle des Nachlasses der halbe Wert des Gesamtguts der fortgesetzten Gütergemeinschaft tritt.

92 Bei einem Verfahren, dass ein **Zeugnis über die Ernennung eines Testamentsvollstreckers** betrifft, bestimmt dagegen § 40 Abs. 5 GNotKG, dass der Geschäftswert 20 Prozent des Nachlasswerts im Zeitpunkt des Erbfalls bestimmt; Nachlassverbindlichkeiten sind hierbei nicht abzuziehen.

93 Wird **Antrag auf Erteilung eines weiteren Testamentsvollstreckerzeugnisses** gestellt, so fällt hierfür nach Nr. 12213 KV GNotKG ein 0,3 Gebühr an.

---

68 OLG München MDR 2010, 874.
69 BayObLG FGPrax 2005, 217.
70 Bumiller/Harders/Schwamb/Harders FamFG § 353 Rn. 5.
71 Keidel/Zimmermann FamFG § 353 Rn. 34.

§ 355 FamFG Testamentsvollstreckung

(1) Ein Beschluss, durch den das Nachlassgericht einem Dritten eine Frist zur Erklärung nach § 2198 Abs. 2 des Bürgerlichen Gesetzbuchs oder einer zum Testamentsvollstrecker ernannten Person eine Frist zur Annahme des Amtes bestimmt, ist mit der sofortigen Beschwerde in entsprechender Anwendung der §§ 567 bis 572 der Zivilprozessordnung anfechtbar.

(2) Auf einen Beschluss, durch den das Gericht bei einer Meinungsverschiedenheit zwischen mehreren Testamentsvollstreckern über die Vornahme eines Rechtsgeschäfts entscheidet, ist § 40 Abs. 3 entsprechend anzuwenden; die Beschwerde ist binnen einer Frist von zwei Wochen einzulegen.

(3) Führen mehrere Testamentsvollstrecker das Amt gemeinschaftlich, steht die Beschwerde gegen einen Beschluss, durch den das Gericht Anordnungen des Erblassers für die Verwaltung des Nachlasses außer Kraft setzt, sowie gegen einen Beschluss, durch den das Gericht über Meinungsverschiedenheiten zwischen den Testamentsvollstreckern entscheidet, jedem Testamentsvollstrecker selbständig zu.

A. Allgemeines 1	II. Entscheidung bei Meinungsverschiedenheit mehrerer Testamentsvollstrecker,
B. Regelungsgehalt 2	§ 355 Abs. 2 FamFG 18
I. Fristsetzung zur Abgabe einer Erklärung, § 355 Abs. 1 FamFG 2	1. Allgemeines und Vorliegen einer Meinungsverschiedenheit 18
1. Allgemeines 2	2. Antrag und Antragsberechtigung 19
2. Fristsetzung zur Bestimmung eines Testamentsvollstreckers, § 355 Abs. 1 Alt. 1 FamFG 4	3. Zuständigkeit 21
	4. Entscheidung 22
a) Voraussetzung zur Fristbestimmung 4	5. Rechtsmittel 25
b) Verfahren 5	6. Kosten 28
aa) Antrag und Antragsberechtigung 5	III. Selbstständiges Beschwerderecht bei mehreren Testamentsvollstreckern, § 355 Abs. 3 FamFG 29
bb) Zuständigkeit 6	1. Allgemeines 29
cc) Beteiligung 7	2. Beschwerdeberechtigung bei Meinungsverschiedenheiten, § 355 Abs. 3 Alt. 1 FamFG 30
dd) Fristsetzungsbeschluss 8	
3. Fristsetzung zur Erklärung über die Annahme des Amtes als Testamentsvollstrecker, § 355 Abs. 1 Alt. 2 FamFG 10	3. Außerkraftsetzung einer Anordnung des Erblassers, § 355 Abs. 3 Alt. 2 FamFG 31
4. Rechtsmittel 13	a) Allgemeines 31
a) Gegen den Beschluss zur Fristsetzung 13	b) Antragsberechtigung 32
	c) Zuständigkeit 33
b) Ablehnung der Fristsetzung 15	d) Verfahren 34
5. Kosten 17	e) Rechtsmittel 35
	f) Kosten 37

A. Allgemeines

§ 355 FamFG regelt Einzelfragen im Rahmen der Testamentsvollstreckung. Sinn und Zweck des § 355 Abs. 1 FamFG ist es, möglichst bald Klarheit darüber zu erhalten, ob der Testamentsvollstrecker das ihm zugetragene Amt annehmen will oder nicht. Besteht bei mehreren Testamentsvollstreckern Streit über die Vornahme eines Rechtsgeschäfts, so regelt § 355 Abs. 2 FamFG das Wirksamwerden der gerichtlichen Entscheidung hierüber. § 355 Abs. 3 FamFG regelt schließlich einen Sonderfall im Beschwerderecht. 1

B. Regelungsgehalt

I. Fristsetzung zur Abgabe einer Erklärung, § 355 Abs. 1 FamFG

1. Allgemeines. Das BGB sieht an mehreren Stellen vor, dass durch das Nachlassgericht dem Beschwerten oder einem Dritten eine Frist zur Erklärung gesetzt wird. Dies ist der Fall bei: 2

- § 2151 BGB (Bestimmungsrecht des Beschwerten oder eines Dritten bei mehreren Bedachten),
- § 2153 BGB (Bestimmung der Anteile),
- § 2154 BGB (Wahlvermächtnis),
- § 2155 BGB (Gattungsvermächtnis),
- § 2192 BGB (Auflage durch den Erblasser nach den §§ 2151, 2153, 2154, 2155 BGB),
- § 2193 BGB (Bestimmung des Begünstigten und Vollziehungsfrist),
- § 2198 Abs. 2 BGB (Bestimmung des Testamentsvollstreckers durch einen Dritten) und
- § 2202 Abs. 3 BGB (Annahme des Amtes als Testamentsvollstrecker binnen einer Frist).

3 § 355 Abs. 1 FamFG regelt in der ersten Alternative nun die Beschwerdemöglichkeit hinsichtlich eines Beschlusses, in dem das Nachlassgericht einem Dritten eine Frist zur Bestimmung der Person des Testamentsvollstreckers nach § 2198 Abs. 2 BGB auferlegt hat. In der zweiten Alternative wird die Beschwerdemöglichkeit iSd § 2202 Abs. 3 BGB, wenn also das Gericht einer zum Testamentsvollstrecker ernannten Person eine Frist zur Annahme des Amtes setzt, geregelt.

4 **2. Fristsetzung zur Bestimmung eines Testamentsvollstreckers, § 355 Abs. 1 Alt. 1 FamFG.**
a) Voraussetzung zur Fristbestimmung. Das Bestimmungsrecht zur Person des Testamentsvollstreckers muss vom Erblasser einem Dritten überlassen worden sein, § 2198 BGB. Dieser Dritte muss gegenüber dem Nachlassgericht eine formgerechte Erklärung nach § 2198 Abs. 1 S. 2 BGB abgeben. Wird eine solche Erklärung nicht eingereicht, ist für das Nachlassgericht nichts veranlasst.

5 **b) Verfahren. aa) Antrag und Antragsberechtigung.** Gibt nun der vom Erblasser bestimmt Dritte keine Erklärung nach § 2198 Abs. 1 BGB ab, so kann von jedem Beteiligten ein Antrag beim Nachlassgericht nach § 2198 Abs. 2 BGB gestellt werden, in dem dieser Dritte binnen einer vom Nachlassgericht gesetzten Frist aufgefordert wird, eine entsprechende Erklärung nach § 2198 Abs. 1 BGB abzugeben. Erfolgt dies binnen der gesetzten Frist nicht, so erlischt das Bestimmungsrecht des Dritten, § 2198 Abs. 2 FamFG.

- **Antragsberechtigt** ist jeder, der ein rechtliches Interesse an der Klarstellung hat.[1] Zu den Antragsberechtigten gehört
- jeder Erbe (Alleinerbe, Miterbe, Nacherbe),
- der Pflichtteilsberechtigte,[2]
- der Vermächtnisnehmer,
- der Mit-Testamentsvollstrecker,
- der Nachlasspfleger als Vertreter der Erben,
- der Auflageberechtigte iSd § 2194 BGB,[3]
- Nachlassgläubiger.[4]

Ob auch der Auflagebegünstigte antragsberechtigt ist, ist umstritten.[5]

6 **bb) Zuständigkeit. Zuständig** für die Fristbestimmung ist das **Amtsgericht als Nachlassgericht** gemäß § 342 Abs. 1 Nr. 7 FamFG, §§ 23a Abs. 1 Nr. 2, Abs. 2 Nr. 2 GVG. Die **örtliche Zuständigkeit** folgt aus § 343 FamFG. **Funktionell** zuständig ist gemäß § 3 Nr. 2c RPflG der **Rechtspfleger.**

7 **cc) Beteiligung.** An dem Verfahren ist neben dem Antragsteller auch derjenige, demgegenüber die Frist bestimmt wird, zu beteiligen, § 345 Abs. 4 Nr. 3 FamFG.

---

1 BGH NJW 1961, 296.
2 KG NJW 1963, 1553; Keidel/Zimmermann FamFG § 355 Rn. 5.
3 MüKoFamFG/Grziwotz FamFG § 355 Rn. 3.
4 Keidel/Zimmermann FamFG § 355 Rn. 5.
5 Bejahend: Grüneberg/Weidlich BGB § 2198 Rn. 5; Staudinger/Reimann BGB § 2198 Rn. 24; Keidel/Zimmermann FamFG § 355 Rn. 5; Verneinend: MüKoFamFG/Grziwotz FamFG § 355 Rn. 3.

dd) Fristsetzungsbeschluss. Der **Beschluss** ist nach § 15 Abs. 1 FamFG gegenüber sämtlichen Beteiligten **bekannt** zu machen, da erst mit der Bekanntmachung die Fristbestimmung **wirksam** wird, § 40 FamFG.

Gemäß § 38 Abs. 3 S. 1 FamFG ist der Beschluss als Endentscheidung kurz zu begründen und mit einer Rechtsmittelbelehrung gemäß § 39 FamFG zu versehen.

3. Fristsetzung zur Erklärung über die Annahme des Amtes als Testamentsvollstrecker, § 355 Abs. 1 Alt. 2 FamFG. Wurde vom **Erblasser selbst** ein Testamentsvollstrecker ernannt, so ist diese Person nach Eröffnung der Verfügung von Todes wegen vom Nachlassgericht gemäß § 348 Abs. 3 zu verständigen. Erfolgt hierauf durch diesen keine Reaktion, ist von Seiten des Nachlassgerichts nichts weiter veranlasst.

Nach § 2202 Abs. 3 S. 1 BGB kann aber jeder Antragsberechtigte gegenüber dem Nachlassgericht einen Antrag stellen, dass dem als Testamentsvollstrecker Benannten eine Frist zur Erklärung darüber gesetzt wird, ob er das Amt annimmt, § 2202 Abs. 3 S. 1 BGB. Erklärt sich dieser innerhalb der gesetzten Frist nicht, so gilt das Amt gemäß § 2202 Abs. 3 S. 2 BGB als abgelehnt.

Die **Antragsberechtigten** iSd § 2202 Abs. 3 BGB sind hierbei die gleichen wie bei § 2198 BGB (→ Rn. 5). Auch das weitere Verfahren ist mit dem bei § 2198 BGB identisch (→ Rn. 5 ff.).

4. Rechtsmittel. a) Gegen den Beschluss zur Fristsetzung. Gegen den Beschluss über die Fristbestimmung ist grundsätzlich die **Beschwerde** nach den §§ 58 ff. FamFG statthaft. Eine **Ausnahme** wird nach § 355 Abs. 1 FamFG hinsichtlich des Beschlusses für die **Frist zur Erklärung nach § 2198 Abs. 2 BGB** und für die **Frist zur Erklärung einer zum Testamentsvollstrecker ernannten Person zur Annahme des Amtes gemäß § 2202 Abs. 3 BGB** bestimmt.

Hierfür findet die **sofortige Beschwerde** in entsprechender Anwendung der §§ 567 bis 572 ZPO statt. Wichtigster Unterschied ist die im Vergleich zu § 63 FamFG kürzere Beschwerdefrist nach § 569 Abs. 1 ZPO von nur zwei Wochen.

b) Ablehnung der Fristsetzung. Wird der **Antrag** auf Bestimmung einer Frist durch das Nachlassgericht abgelehnt, so kann **nur** der Antragsteller, nicht aber die anderen Beteiligten[6] hiergegen grundsätzlich nur mittels der Beschwerde nach den §§ 58 ff. FamFG vorgehen. Da es sich aber um eine vermögensrechtliche Streitigkeit handelt,[7] muss der Beschwerdewert von 600,01 EUR erreicht werden, andernfalls kommt nur die Erinnerung in Betracht.[8]

Soll der Beschwerde stattgegeben werden, so hat das Beschwerdegericht die Sache zur Fristsetzung an das Nachlassgericht zurückzuverweisen, da es selbst nicht zur Fristbestimmung befugt ist.[9]

5. Kosten. Für die Fristbestimmung fällt eine Gebühr von 25 EUR nach Nr. 12411 KV GNotKG an, für die Entgegennahme der Erklärung betreffend die Bestimmung der Person des Testamentsvollstreckers, die Ernennung von Mitvollstreckern, die Annahme oder Ablehnung des Amtes des Testamentsvollstreckers oder die Kündigung dieses Amtes fallen 15 EUR nach Nr. 12410 KV GNotKG an. Im Übrigen findet Nr. 12420 KV GNotKG Anwendung.

---

6 MüKoFamFG/Grziwotz FamFG § 355 Rn. 7; Keidel/Zimmermann FamFG § 355 Rn. 14.
7 Keidel/Zimmermann FamFG § 355 Rn. 14.
8 Keidel/Zimmermann FamFG § 355 Rn. 14.
9 Bumiller/Harders/Schwamb/Harders FamFG § 355 Rn. 4; aA Keidel/Zimmermann FamFG § 355 Rn. 14 allerdings unter Verweis auf die Vorauflage von Bumiller/Harders/Schwamb.

II. Entscheidung bei Meinungsverschiedenheit mehrerer Testamentsvollstrecker, § 355 Abs. 2 FamFG

18 **1. Allgemeines und Vorliegen einer Meinungsverschiedenheit.** Hat der Erblasser mehrere Personen zum Testamentsvollstrecker bestellt und haben diese das Amt auch angenommen, so bestimmt § 2224 Abs. 1 S. 1 BGB, dass diese das Amt gemeinschaftlich führen und bei einer Meinungsverschiedenheit zwischen den Testamentsvollstreckern das Nachlassgericht entscheidet. Voraussetzung ist, dass es sich um eine Meinungsverschiedenheit innerhalb der gemeinschaftlichen Amtsführung handelt. Sind sich die Testamentsvollstrecker dagegen über eine Rechtsfrage, wie etwa Fragen der Testamentsauslegung, nicht einig, oder ob die betreffende Handlung überhaupt zum Verwaltungskreis der Testamentsvollstreckung gehört, so ist hierüber nicht das Nachlass- sondern das Prozessgericht zuständig.[10] Die Abgrenzung gestaltet sich schwierig, so dass vorgeschlagen wird, immer dann das Nachlassgericht entscheiden zu lassen, wenn sich die Rechtsfrage als Vorfrage der späteren Verwaltungsmaßnahme darstellt.[11]

19 **2. Antrag und Antragsberechtigung.** Obwohl nicht ausdrücklich erwähnt, ist auch bei § 355 Abs. 2 FamFG ein Antrag erforderlich, so dass das Nachlassgericht nicht von Amts wegen entscheidet.[12]

20 Antragsberechtigt ist jeder Testamentsvollstrecker und jeder im materiellen Sinn Beteiligte nach § 345 Abs. 4 S. 2 FamFG, wie etwa Erbe und Vermächtnisnehmer. Die §§ 345 Abs. 4 S. 1 Nr. 1–4 FamFG sind insoweit nicht einschlägig, sondern es gelten die §§ 7, 345 Abs. 4 S. 2 FamFG.

21 **3. Zuständigkeit.** Sachlich zuständig ist das Amtsgericht als Nachlassgericht gemäß § 342 Abs. 1 Nr. 7 FamFG, §§ 23a Abs. 1 Nr. 2, Abs. 2 Nr. 2 GVG. Die **örtliche Zuständigkeit** folgt aus § 343 FamFG. In **funktionaler** Hinsicht entscheidet über den Antrag nach § 16 Abs. 1 Nr. 4 RPflG der Richter.

22 **4. Entscheidung.** Die Entscheidung ergeht durch **Beschluss**, der den Vorschlag eines Testamentsvollstreckers billigen oder auch sämtliche Vorschläge ablehnen kann. Das Nachlassgericht ist nicht zu eigenen Entscheidungen über die Verwaltung berechtigt,[13] allenfalls leichte Modifikationen sollen zulässig sein.[14]

23 Der **Beschluss** ist als Endentscheidung nach § 38 Abs. 3 S. 1 FamFG zu **begründen** und allen Beteiligten nach § 41 FamFG **bekannt** zu geben. Nach § 355 Abs. 2 FamFG findet § 40 Abs. 3 FamFG unmittelbar Anwendung, so dass der Beschluss erst mit seiner Rechtskraft wirksam wird, § 40 Abs. 3 S. 1 FamFG. Nur bei Gefahr im Verzug, welche darzulegen und zu begründen ist, kann das Gericht die sofortige Wirksamkeit eigens anordnen.

24 Der Beschluss ist ferner nach § 39 FamFG mit einer Rechtsbehelfsbelehrung zu versehen. Darin ist auf die nach § 355 Abs. 2 letzter Hs. FamFG in Abweichung von § 63 angeordnete **Zwei-Wochenfrist für die Einlegung der Beschwerde** hinzuweisen. Der Fristbeginn richtet sich aber nach § 63 Abs. 3 FamFG, also grundsätzlich mit der schriftlichen Bekanntgabe. Ist dies nicht möglich, gilt die Fünf-Monatsfrist des § 63 Abs. 3 S. 2 FamFG.

25 **5. Rechtsmittel.** Gegen den Beschluss ist die **Beschwerde** nach den §§ 58 ff. FamFG statthaft. Trotz der Zwei-Wochenfrist zur Beschwerdeeinlegung nach § 355 Abs. 2 letzter Hs. FamFG handelt es sich hierbei nicht um eine sofortige Beschwerde.[15]

26 **Beschwerdeberechtigt** ist nach § 355 Abs. 3 FamFG jeder Testamentsvollstrecker sowie nach § 59 Abs. 1 FamFG jeder Beteiligte, der durch die Entscheidung in seinen Rechten betroffen ist.

---

10 BGH NJW 1956, 986.
11 MüKoFamFG/Grziwotz FamFG § 355 Rn. 9; Grüneberg/Weidlich BGB § 2224 Rn. 3.
12 Staudinger/Reimann BGB § 2224 Rn. 25; Keidel/Zimmermann FamFG § 355 Rn. 27.
13 BGH NJW 1956, 986; Keidel/Zimmermann FamFG § 355 Rn. 30.
14 Staudinger/Reimann BGB § 2224 Rn. 26.
15 Keidel/Zimmermann FamFG § 355 Rn. 32.

Gegen die **Ablehnung des Antrages** ist nach § 59 Abs. 2 FamFG **nur der Antragsteller** beschwerdeberechtigt.

6. Kosten. Hinsichtlich der Kosten gilt Nr. 12420 KV GNotKG, wonach eine 0,5 Gebühr des Geschäftswerts nach § 40 GNotKG erhoben wird. Kostenschuldner ist nach § 22 GNotKG der Antragsteller.

III. Selbstständiges Beschwerderecht bei mehreren Testamentsvollstreckern, § 355 Abs. 3 FamFG

1. Allgemeines. Sind mehrere Testamentsvollstrecker bestellt, so ist fraglich, ob sie jeweils einzeln oder nur gemeinsam gegen Entscheidungen des Nachlassgerichts vorgehen können. Nach § 355 Abs. 3 FamFG besteht in dort geregelten Fällen jedem einzelnen Testamentsvollstrecker ein Beschwerderecht zu. Dies betrifft zum einen den Fall, dass das Gericht Anordnungen des Erblassers für die Verwaltung des Nachlasses außer Kraft setzen soll (Alt. 1) und zum anderen den Fall, dass das Gericht über Meinungsverschiedenheiten zwischen den Testamentsvollstreckern nach § 355 Abs. 2 FamFG entscheidet (Alt. 2).

2. Beschwerdeberechtigung bei Meinungsverschiedenheiten, § 355 Abs. 3 Alt. 1 FamFG. Es gelten insoweit die Ausführungen → Rn. 25 ff.

3. Außerkraftsetzung einer Anordnung des Erblassers, § 355 Abs. 3 Alt. 2 FamFG. a) Allgemeines. Nach § 2216 Abs. 1 BGB ist der Testamentsvollstrecker zur ordnungsmäßigen Verwaltung des Nachlasses verpflichtet und er hat nach § 2216 Abs. 2 S. 1 BGB grundsätzlich die Anordnungen, die der Erblasser für die Verwaltung durch letztwillige Verfügung getroffen hat, zu befolgen. Jedoch können diese Anordnungen auf Antrag des Testamentsvollstreckers oder eines anderen Beteiligten von dem Nachlassgericht außer Kraft gesetzt werden, wenn ihre Befolgung den Nachlass erheblich gefährden würde.

b) Antragsberechtigung. Den Antrag auf Außerkraftsetzung einer Anordnung des Erblassers kann, wenn mehrere Testamentsvollstrecker vorhanden sind, nur gemeinsam gestellt werden.[16]

c) Zuständigkeit. Sachlich zuständig ist das Amtsgericht als Nachlassgericht gemäß § 342 Abs. 1 Nr. 7 FamFG, §§ 23a Abs. 1 Nr. 2, Abs. 2 Nr. 2 GVG. Die **örtliche Zuständigkeit** folgt aus § 343 FamFG. In **funktionaler** Hinsicht entscheidet über den Antrag nach § 16 Abs. 1 Nr. 3 RPflG der Richter.

d) Verfahren. Das Gericht soll nach § 2216 Abs. 2 S. 3 BGB vor der Entscheidung die Beteiligten anhören, soweit dies tunlich ist. Der Richter entscheidet durch Beschluss, der nach § 38 Abs. 3 S. 1 FamFG als Endentscheidung zu begründen und nach § 39 FamFG mit einer Rechtsbehelfsbelehrung zu versehen ist.

e) Rechtsmittel. Gegen den Beschluss findet die **Beschwerde** nach den §§ 58 ff. FamFG statt. Beschwerdeberechtigt ist nach § 355 Abs. 3 FamFG – auch wenn mehrere vorhanden sind – jeder Testamentsvollstrecker. Daneben sind nach § 59 Abs. 1 FamFG sämtliche Personen, deren Rechte durch den Beschluss beeinträchtigt werden, wie etwa Erben oder Vermächtnisnehmer, beschwerdeberechtigt.

Gegen die **Ablehnung des Antrags** auf Außerkraftsetzung einer Anordnung des Erblassers ist nach § 59 Abs. 2 FamFG nur der Antragsteller beschwerdeberechtigt. Sind mehrere Testamentsvollstrecker vorhanden, muss die Beschwerde dann von allen gemeinsam erhoben werden.[17]

---

16 Bumiller/Harders/Schwamb/Harders FamFG § 355 Rn. 8.
17 BeckOK FamFG/Schlögel FamFG § 355 Rn. 15.

37 **f) Kosten.** Hinsichtlich der Kosten gilt Nr. 12420 KV GNotKG, wonach eine 0,5 Gebühr des Geschäftswerts nach § 40 GNotKG erhoben wird. Kostenschuldner ist nach § 22 GNotKG der Antragsteller.

§ 356 FamFG Mitteilungspflichten

(1) Erhält das Gericht Kenntnis davon, dass ein Kind Vermögen von Todes wegen erworben hat, das nach § 1640 Abs. 1 Satz 1 und Abs. 2 des Bürgerlichen Gesetzbuchs zu verzeichnen ist, teilt es dem Familiengericht den Vermögenserwerb mit.

(2) Hat ein Gericht nach § 344 Abs. 4 Maßnahmen zur Sicherung des Nachlasses angeordnet, soll es das nach § 343 zuständige Gericht hiervon unterrichten.

A. Allgemeines

1 § 356 FamFG normiert spezielle Mitteilungspflichten für das Nachlassgericht.

B. Regelungsgehalt
I. Kind als Erbe, § 356 Abs. 1 FamFG

2 § 356 Abs. 1 FamFG ergänzt die Regelung des § 1640 BGB, wonach Eltern das ihrer Verwaltung unterliegende Vermögen, das das Kind von Todes wegen erwirbt, zu verzeichnen, das Verzeichnis mit der Versicherung der Richtigkeit und Vollständigkeit zu versehen und dem Familiengericht einzureichen haben, es sei denn, der Wert des Vermögenserwerbs übersteigt gemäß § 1640 Abs. 2 Nr. 1 BGB nicht 15.000 EUR oder der Erblasser hat durch letztwillige Verfügung gemäß § 1640 Abs. 2 Nr. 2 BGB eine abweichende Anordnung getroffen.

3 Reichen die Eltern ein Verzeichnis nicht ein oder ist das eingereichte Verzeichnis ungenügend, kann das Familiengericht anordnen, dass das Verzeichnis durch eine zuständige Behörde oder einen zuständigen Notar aufgenommen wird, § 1640 Abs. 3 BGB.

4 Die **Mitteilungspflicht** nach § 356 Abs. 1 FamFG stellt nun sicher, dass das Familiengericht ggf. von Amts wegen nach § 1640 Abs. 3 BGB tätig werden kann. Denn dann Nachlassgericht selbst kann nicht beurteilen, ob eine Pflicht der Eltern zur Inventarisierung besteht. Diese Prüfungspflicht obliegt vielmehr dem Familiengericht, dessen Einschreitmöglichkeit mit dieser Mitteilungspflicht sichergestellt wird.[1]

5 Das Nachlassgericht hat die Person der Eltern und des Kindes, den Wert und die Art des Vermögens sowie den Grund, auf den der Vermögenserwerb beruht, **mitzuteilen**.[2] Die Mitteilung ist hierbei unabhängig davon zu machen, welches Sorgerechtsstatut im Einzelfall eingreift.[3]

6 Eine vorherige **Anhörung** der Eltern erfolgt nicht.[4]

7 Die Mitteilung stellt keine Endentscheidung dar und ist daher **nicht anfechtbar**.[5]

II. Nachlasssicherung, § 356 Abs. 2 FamFG

8 § 356 Abs. 2 FamFG ordnet an, dass das Gericht, das nach § 344 Abs. 4 FamFG Maßregeln zur Sicherung des Nachlasses angeordnet hat, dem nach § 343 FamFG zuständigen Nachlassgericht Mitteilung machen soll. Der Sinn und Zweck dieser Mitteilung besteht darin, dass damit bei

---

[1] Keidel/Zimmermann FamFG § 356 Rn. 7.
[2] MüKoFamFG/Grziwotz FamFG § 356 Rn. 6.
[3] MüKoFamFG/Grziwotz FamFG § 356 Rn. 6. Nach Prütting/Helms/Fröhler FamFG § 356 Rn. 10 soll eine Mitteilung dagegen nur dann erfolgen, wenn deutsches Sorgerechtsstatut besteht.
[4] Keidel/Zimmermann FamFG § 356 Rn. 7.
[5] MüKoFamFG/Grziwotz FamFG § 356 Rn. 8.

dem eigentlich zuständigen Gericht alle relevanten Vorgänge vorhanden sind und soweit erforderlich weitere Sicherungsmaßnahmen trifft oder die Sache an sich zieht.[6]

§ 357 FamFG Einsicht in eine eröffnete Verfügung von Todes wegen; Ausfertigung eines Erbscheins oder anderen Zeugnisses

(1) Wer ein rechtliches Interesse glaubhaft macht, ist berechtigt, eine eröffnete Verfügung von Todes wegen einzusehen.

(2) ¹Wer ein rechtliches Interesse glaubhaft macht, kann verlangen, dass ihm von dem Gericht eine Ausfertigung des Erbscheins erteilt wird. ²Das Gleiche gilt für die nach § 354 erteilten gerichtlichen Zeugnisse sowie für die Beschlüsse, die sich auf die Ernennung oder die Entlassung eines Testamentsvollstreckers beziehen.

A. Allgemeines 1	II. Erteilung einer Ausfertigung eines Erb-
B. Regelungsgehalt 3	scheins oder anderer Zeugnisse,
I. Einsichtnahme in eine eröffnete Verfügung	§ 357 Abs. 2 FamFG 24
von Todes wegen, § 357 Abs. 1 FamFG ... 3	1. Allgemeines, Anwendungsbereich 24
1. Allgemeines 3	2. Abgrenzung zu § 13 Abs. 3 FamFG 25
2. Gegenstand der Einsichtnahme 5	3. Zuständigkeit 26
3. Zuständigkeit 9	4. Bereits erteilter Erbschein oder Zeug-
4. Durchführung der Einsichtnahme 10	nisse 27
5. Rechtliches Interesse 11	5. Rechtliches Interesse 28
6. Weitere Einsichtsrechte 16	6. Erteilung der Ausfertigung 30
7. Kosten 18	7. Kosten 31
8. Rechtsmittel 19	8. Rechtsmittel 32

A. Allgemeines

In § 357 Abs. 1 FamFG wird das Einsichtsrecht in eine eröffnete Verfügung von Todes wegen geregelt und aufgrund des Datenschutzrechts und des Rechts auf informationelle Selbstbestimmung hierzu ein rechtliches Interesse verlangt. 1

Wer ein rechtliches Interesse glaubhaft macht, kann nach § 357 Abs. 2 S. 1 FamFG die Erteilung einer Ausfertigung eines Erbscheins oder nach § 357 Abs. 2 S. 2 FamFG die Erteilung einer Ausfertigung eines sonstigen Zeugnisses nach § 354 FamFG verlangen. 2

B. Regelungsgehalt

I. Einsichtnahme in eine eröffnete Verfügung von Todes wegen, § 357 Abs. 1 FamFG

1. Allgemeines. Nach § 357 Abs. 1 FamFG besteht ein Recht in die Einsichtnahme in eine eröffnete Verfügung von Todes wegen, wenn ein rechtliches Interesse hieran glaubhaft gemacht wird. § 357 Abs. 1 FamFG tritt damit an die Stelle des bisherigen § 2264 BGB und ist lex specialis zu § 13 FamFG, wo Akteneinsicht nur nach Ermessen des Gerichts gewährt wird. Dagegen gewährt § 357 Abs. 1 FamFG einen **Anspruch** hierauf. Voraussetzung ist weiter, dass die Verfügung von Todes wegen bereits eröffnet wurde. 3

Vor Eröffnung steht nur dem oder den Erblasser(n) ein Einsichtsrecht zu. 4

2. Gegenstand der Einsichtnahme. Eingesehen werden kann die bereits eröffnete **Urschrift** der Verfügung von Todes wegen. Hierzu gehören **alle Arten der letztwilligen Verfügung**, also auch 5

---

[6] MüKoFamFG/Grziwotz FamFG § 356 Rn. 9; Keidel/Zimmermann FamFG § 356 Rn. 9.

gemeinschaftliche Testamente oder Erbverträge.[1] Auf die **Wirksamkeit kommt es nicht** an, so dass auch bzgl. nichtiger oder gegenstandsloser Verfügungen ein Einsichtsrecht besteht.[2]

6 Das Einsichtsrecht erstreckt sich auch auf das **Eröffnungsprotokoll** des Nachlassgerichts nach § 348 Abs. 1 S. 2 FamFG.

7 Nach zutreffender Ansicht kann hierbei die **gesamte Verfügung** eingesehen werden.[3] Wurden nur Teile der Verfügung eröffnet – wie etwa trennbare Verfügungen bei gemeinschaftlichen Testamenten und Erbverträgen iSd § 349 Abs. 1 FamFG – so besteht nur hinsichtlich der eröffneten Teile der Verfügung von Todes wegen ein Einsichtsrecht.

8 **Noch nicht eröffnete Verfügungen** von Todes wegen unterliegen dagegen nicht dem Einsichtsrecht nach § 357 Abs. 1 FamFG. Bei gemeinschaftlichen Testamenten kann daher nur der überlebende Ehegatte in den noch nicht eröffneten Teil Einsicht nehmen.[4]

9 **3. Zuständigkeit.** Das Nachlassgericht und dort der Rechtspfleger (§ 3 Nr. 2 c RPflG) entscheidet über den Antrag durch Beschluss. Befindet sich die Verfügung von Todes wegen noch beim Verwahrungsgericht (§ 344 Abs. 6 FamFG), welches die Verfügung von Todes wegen eröffnete, so ist dieses Gericht für die Einsichtnahme zuständig.

10 **4. Durchführung der Einsichtnahme.** Die Einsichtnahme erfolgt dadurch, dass vom Einsichtnehmenden Abschriften angefertigt werden oder er diese zB abfotografiert. Auch die Anfertigung von Kopien durch das Nachlassgericht kann verlangt werden,[5] wofür dann aber Kosten nach Nr. 31000 KV GNotKG anfallen.

11 **5. Rechtliches Interesse.** Voraussetzung für ein Einsichtsrecht ist das Vorliegen eines **rechtlichen Interesses**. Das rechtliche Interesse ist **enger** als das berechtigte Interesse nach § 13 FamFG. Ein rechtliches Interesse ist gegeben, wenn der Inhalt der eröffneten Verfügung von Todes wegen oder der Erbschein auf die rechtlichen Beziehungen des Antragstellers einwirken kann oder die Kenntnis vom Inhalt der Verfügung oder des Erbscheines erforderlich ist, um Rechte zu verfolgen oder Ansprüche abzuwehren.[6] Dagegen reicht ein bloß wirtschaftliches Interesse nicht aus.

12 Ein rechtliches Interesse haben daher in erster Linie
- alle potenzielle Erben und auch solche gesetzliche Erben, die enterbt wurden,[7]
- Pflichtteilsberechtigte,
- Vermächtnisnehmer,[8]
- Testamentsvollstrecker,
- Auflagenbegünstigte,[9]
- Sozialhilfeträger,[10]
- Nachlassverwalter und Nachlasspfleger,[11]

---

1 MüKoFamFG/Grziwotz FamFG § 357 Rn. 2.
2 RG JW 1918, 172; KG JW 1931, 1373; Keidel/Zimmermann FamFG § 357 Rn. 15.
3 Str., so wie hier Bumiller/Harders/Schwamb/Harders FamFG § 357 Rn. 5 mwN und OLG Hamm FamRZ 74, 387; aA Keidel/Zimmermann FamFG § 357 Rn. 22; MüKoFamFG/Grziwotz FamFG § 357 Rn. 8, 9, wonach ein Einsichtsrecht nur bzgl. des den Einsichtsnehmenden betreffenden Teils der Verfügung von Todes wegen bestehen soll, dieser also ein rechtliches Interesse hat. Dies aber erscheint in der Praxis kaum umsetzbar, da nur in seltenen Fällen eine genau abgrenzbare und eindeutige Anordnung besteht. Vielmehr ist wohl in den meisten Fällen die Kenntnis der gesamten Verfügung von Todes wegen erforderlich, um den genauen Sinn und Zweck sowie den Umfang der aus der Anordnung ergebenden Rechte beurteilen zu können.
4 OLG Jena ZEV 1998, 262.
5 KG NJW-RR 2011, 1025.
6 BayObLG NJW-RR 1999, 661; Bumiller/Harders/Schwamb/Harders FamFG § 357 Rn. 2.
7 Keidel/Zimmermann FamFG § 357 Rn. 9.
8 KG NJW-RR 2011, 1025.
9 Staudinger/Baumann BGB § 2264 Rn. 6; Keidel/Zimmermann FamFG § 357 Rn. 9; aA MüKoBGB/Hagena, 4. Aufl., BGB § 2264 Rn. 7.
10 Keidel/Zimmermann FamFG § 357 Rn. 9.
11 OLG Frankfurt FGPrax 2000, 67; Keidel/Zimmermann FamFG § 357 Rn. 9.

- gewerbliche Erbenermittler bei Beauftragung durch einen Nachlasspfleger,[12]
- im Einzelfall Nachlassgläubiger.[13]

Eltern Ehegatten oder Betreuer haben kein eigenes rechtliches Interesse, außer sie handeln als Bevollmächtigter oder gesetzlicher Vertreter eines berechtigten Antragstellers.[14]

Der **Notar** hat ein eigenes Einsichtsrecht nur, wenn er diese benötigt, um als Zeuge auszusagen oder um sich gegen den Vorwurf der Amtspflichtverletzung zu wehren.[15] Ist er als Bevollmächtigter tätig, so besteht ein Einsichtsrecht über § 24 BNotO.[16]

Das rechtliche Interesse muss **glaubhaft** gemacht werden iSd § 31 FamFG. Der Antragsteller kann sich demnach aller Beweismittel bedienen, die auch zur Versicherung an Eides statt zugelassen werden, wie etwa die eidesstattliche Versicherung, schriftliche Bestätigungen, Urkunden etc.

6. Weitere Einsichtsrechte. Neben § 357 Abs. 1 FamFG kommt ein Einsichtsrecht auch nach § 13 FamFG in Betracht. Dabei ist der persönliche Anwendungsbereich des § 13 Abs. 1 FamFG insoweit enger als bei § 357 Abs. 1 FamFG, als dort nur Beteiligte iSd §§ 7, 345 FamFG ein Einsichtsrecht haben. Dafür ist dieses Einsichtsrecht umfassender, als die gesamte Nachlassakte eingesehen werden kann.

Nach § 13 Abs. 2 FamFG können dagegen auch Nichtbeteiligte Einsicht in die Nachlassakte nehmen, sofern diese ein berechtigtes Interesse glaubhaft machen und schutzwürdige Interessen eines Beteiligten oder eines Dritten nicht entgegenstehen, was das Nachlassgericht gegeneinander abzuwägen hat. Bei § 357 Abs. 1 FamFG spielen dagegen etwaig entgegenstehende Interessen eines Beteiligten keine Rolle.[17]

Weitere Einsichtsrechte ergeben sich aus

- § 1953 Abs. 3 S. 2 BGB (Einsicht in die Ausschlagungserklärung),
- § 1957 Abs. 2 S. 2 BGB (Einsicht in die Anfechtung einer Ausschlagungserklärung),
- § 2010 BGB (Einsicht in das Inventar),
- § 2081 Abs. 2 S. 2 BGB (Einsicht in die Anfechtungserklärung),
- § 2146 Abs. 2 BGB (Einsicht in die Anzeige über den Eintritt des Nacherbfalls),
- § 2228 BGB (Einsicht in die Nachlassakten bei einer Testamentsvollstreckung),
- § 2384 Abs. 2 BGB (Einsicht in die Anzeige über den Verkauf einer Erbschaft).

Zudem stehen **Behörden** im Rahmen der Rechts- und Amtshilfe Einsichtsrechte zu, so etwa Finanzämtern aus § 395 AO, § 7 ErbStDV.

7. Kosten. Die Einsichtnahme ist gebührenfrei. Verlangt werden können aber evtl. angefallene Auslagen.

8. Rechtsmittel. Wird der Antrag auf Einsichtnahme in eine eröffnete Verfügung von Todes wegen **abgelehnt**, so ist hiergegen die **Beschwerde** nach den §§ 58 ff. FamFG statthaft. Dabei handelt es sich nicht um eine vermögensrechtliche Streitigkeit, so dass ein Mindestbeschwerdewert nicht existiert.[18]

Gegen die Art und Weise der Einsichtsgewährung ist dagegen nicht die Beschwerde, sondern nur die **Dienstaufsichtsbeschwerde** statthaft;[19] dies gilt auch, wenn die Versendung der Verfügung von Todes wegen an ein anderes Gericht abgelehnt wird.[20]

---

12 OLG Frankfurt FGPrax 2000, 67; Keidel/Zimmermann FamFG § 357 Rn. 9.
13 BayObLG NJW-RR 1997, 771.
14 MüKoFamFG/Grziwotz FamFG § 357 Rn. 5.
15 MüKoFamFG/Grziwotz FamFG § 357 Rn. 6.
16 MüKoFamFG/Grziwotz FamFG § 357 Rn. 6.
17 Keidel/Zimmermann FamFG § 357 Rn. 3.
18 MüKoFamFG/Grziwotz FamFG § 357 Rn. 11.
19 MüKoFamFG/Grziwotz FamFG § 357 Rn. 11.
20 MüKoFamFG/Grziwotz FamFG § 357 Rn. 11.

21 **Gegen die Gewährung der Einsichtnahme** steht demjenigen, dessen Geheimhaltungsinteresse verletzt wird, das **Beschwerderecht** nach den §§ 58 ff. FamFG zu.[21] Ist die Einsichtnahme bereits erfolgt, ist ein Rechtsmittel nicht mehr statthaft, doch kann nach § 62 FamFG der Antrag dahin gehend umgestellt werden, dass festgestellt wird, dass die Gewährung rechtswidrig war.[22] Dazu muss aber ein berechtigtes Interesse bestehen, was insbesondere bei der Verletzung von Grundrechten (Recht auf informationelle Selbstbestimmung) in Betracht kommt.

22 Wurden **Abschriften** bereits erteilt, ist ebenso ein Rechtsmittel nicht mehr zulässig.[23]

23 Ausnahmsweise kommen bei Vorliegen besonderer Umstände auch **Amtshaftungsansprüche** nach den § 839 BGB, Art. 34 GG in Betracht.[24]

II. Erteilung einer Ausfertigung eines Erbscheins oder anderer Zeugnisse, § 357 Abs. 2 FamFG

24 **1. Allgemeines, Anwendungsbereich.** § 357 Abs. 2 S. 1 FamFG gibt ein Recht auf Erteilung einer Ausfertigung eines Erbscheins, wenn ein rechtliches Interesse hieran glaubhaft gemacht wird. § 357 Abs. 2 S. 2 FamFG erweitert dies auf die nach § 354 FamFG erteilten gerichtlichen Zeugnisse sowie für die Beschlüsse, die sich auf die Ernennung oder die Entlassung eines Testamentsvollstreckers beziehen. § 357 Abs. 2 FamFG gibt also kein Recht auf Erteilung eines Erbscheins ua Zeugnisse, sondern nur ein Recht auf Erteilung einer Ausfertigung hiervon.

25 **2. Abgrenzung zu § 13 Abs. 3 FamFG.** Anders als bei § 357 Abs. 1 FamFG **verdrängt** § 357 Abs. 2 FamFG in dessen Anwendungsbereich den § 13 Abs. 3. Die Erteilung von Ausfertigungen kommt daher **nur** bei Vorliegen eines rechtlichen Interesses, nicht aber bei einem bloß berechtigten Interesse in Betracht. Möglich ist aber die Beantragung und Erteilung einer (beglaubigten) Abschrift des Erbscheins und der anderen Zeugnisse bzw. Beschlüsse nach iSd § 357 Abs. 2 S. 2 FamFG nach Ermessen des Nachlassgerichts gemäß § 13 Abs. 3 FamFG.

26 **3. Zuständigkeit.** Das Nachlassgericht und dort der Rechtspfleger (§ 3 Nr. 2 c RPflG) entscheidet über den Antrag durch Beschluss.

27 **4. Bereits erteilter Erbschein oder Zeugnisse.** Der Erbschein oder die Zeugnisse nach § 354 FamFG müssen bereits erteilt worden sein. § 357 Abs. 2 FamFG betrifft also nicht die Erteilung des Erbscheins bzw. der Zeugnisse nach § 354 FamFG selbst, sondern regelt nur, wer von einem bereits erteilten Erbschein bzw. einem bereits erteiltem Zeugnis nach § 354 FamFG weitere Ausfertigungen erhält.

28 **5. Rechtliches Interesse.** Das rechtliche Interesse muss gerade im Hinblick auf die Erteilung einer Ausfertigung bestehen. Dies ist darzulegen. Genügt eine beglaubigte Abschrift, so besteht kein Recht auf Erteilung einer Ausfertigung.[25] Die Besonderheit einer Ausfertigung besteht darin, dass diese nach § 47 BeurkG die Urschrift im Rechtsverkehr vertritt. Sie ist also immer dann erforderlich, wenn es gerade auf den Besitz der Urkunde ankommt.

29 Das rechtliche Interesse muss glaubhaft gemacht werden iSd § 31 FamFG. Der Antragsteller kann sich demnach aller Beweismittel bedienen, die auch zur Versicherung an Eides statt zugelassen werden, wie etwa die eidesstattliche Versicherung, schriftliche Bestätigungen, Urkunden etc Bei einem Notar genügt es, wenn dieser amtlich versichert, mit einer Beurkundung beauftragt worden zu sein, die mit einer Erbschaftssache zusammenhängt.[26]

---

21 BayObLGZ 1967, 349; Keidel/Zimmermann FamFG § 357 Rn. 43; MüKoFamFG/Grziwotz FamFG § 357 Rn. 12.
22 Keidel/Zimmermann FamFG § 357 Rn. 44; MüKoFamFG/J. Mayer FamFG § 357 Rn. 12.
23 Keidel/Zimmermann FamFG § 357 Rn. 44.
24 Keidel/Zimmermann FamFG § 357 Rn. 44; MüKoFamFG/J. Mayer FamFG § 357 Rn. 12.
25 OLG Hamm NZG 2010, 1033.
26 MüKoFamFG/Grziwotz FamFG § 357 Rn. 19.

6. Erteilung der Ausfertigung. Liegen die Voraussetzungen zur Erteilung der Ausfertigung 30 vor, so muss das Nachlassgericht die Ausfertigungen erteilen; ein Ermessensspielraum besteht nicht.[27] Die Anzahl der benötigten Ausfertigungen bestimmt hierbei grundsätzlich der Antragsteller,[28] außer er handelt rechtsmissbräuchlich.

7. Kosten. Die Gebühren für die Ausfertigung richten sich nach den Auslagenbestimmungen 31 der Nr. 31000 ff. KV GNotKG.

8. Rechtsmittel. Wird der Antrag auf Erteilung einer Ausfertigung abgelehnt, so ist hiergegen 32 die Beschwerde nach den §§ 58 ff. FamFG statthaft.

§ 358 FamFG Zwang zur Ablieferung von Testamenten

In den Fällen des § 2259 Abs. 1 des Bürgerlichen Gesetzbuchs erfolgt die Anordnung der Ablieferung des Testaments durch Beschluss.

A.	Allgemeines	1	3. Kenntnis des Nachlassgerichts vom Verbleib des Testaments und eidesstattliche Versicherung	12
B.	Regelungsgehalt	2	4. Zwangsmittel	15
	I. Ablieferungspflicht	2	III. Rechtsmittel	18
	II. Ablieferungsanordnung und Verfahren	9	IV. Kosten	23
	1. Zuständigkeit	9		
	2. Anordnungsbeschluss	11		

A. Allgemeines

Mit § 358 FamFG soll dem Gericht ermöglicht werden, die Ablieferung von Testamenten auch 1 mit Zwangsmitteln durchzusetzen. Die Regelung ist hierbei an die Bestimmung des § 83 FGG getreten und dient der Sicherung der Verfügung von Todes wegen.[1]

B. Regelungsgehalt

I. Ablieferungspflicht

Nach § 2259 Abs. 1 BGB besteht für **jedermann die Pflicht**, ein in seinem Besitz befindliches 2 Testament unverzüglich nachdem er von dem Tode des Erblassers Kenntnis erlangt hat, an das Nachlassgericht abzuliefern. Bei § 2259 BGB handelt es sich um ein **Schutzgesetz** iSd § 823 Abs. 2 BGB mit der Folge, dass der Verstoß gegen die Ablieferungspflicht **Schadenersatzansprüche** begründen kann.[2] Darüber hinaus kommt auch eine **Strafbarkeit** wegen Urkundenunterdrückung nach § 274 Abs. 1 Nr. 1 StGB in Betracht.[3]

Die **Ablieferungspflicht besteht hierbei in jedem Fall**, unabhängig davon ob das Testament wi- 3 derrufen oder sonst gegenstandslos ist und selbst dann, wenn bereits zweifelhaft ist, ob es sich bei dem Schriftstück überhaupt um ein Testament handelt.[4] Denn diese Prüfung steht allein dem Nachlassgericht zu. Eine Ablieferungspflicht besteht hierbei auch dann, wenn eine Anordnung des Erblassers diese verbietet, § 2263 BGB.[5]

---

[27] Prütting/Helms/Fröhler FamFG § 357 Rn. 17; MüKoFamFG/Grziwotz FamFG § 357 Rn. 21.
[28] Keidel/Zimmermann FamFG § 357 Rn. 40; aA MüKoFamFG/Grziwotz FamFG § 357 Rn. 21, wonach die Anzahl im Ermessen des Nachlassgerichts liegt und der Antragsteller konkret darzulegen hat, weshalb er mehrere Ausfertigungen benötigt.
[1] MüKoFamFG/Grziwotz FamFG § 358 Rn. 1.

[2] OLG Brandenburg ZEV 2008, 287; Keidel/Zimmermann FamFG § 358 Rn. 3.
[3] Keidel/Zimmermann FamFG § 358 Rn. 3.
[4] Keidel/Zimmermann FamFG § 358 Rn. 2; MüKoFamFG/Grziwotz FamFG § 358 Rn. 2.
[5] Bumiller/Harders/Schwamb/Harders FamFG § 358 Rn. 3.

4 Abzuliefern ist stets das **Original**; nur wenn dieses nicht mehr vorhanden ist, genügen Abschriften.[6] Auch ist stets das ganze Schriftstück abzuliefern, selbst wenn eine Urkunde auch Teile ohne erbrechtlichen Bezug enthält.[7]

5 Die Ablieferungspflicht gilt hierbei auch schon dann als erfüllt, wenn der Besitzer des Testaments dieses an irgendeinem und nicht bei dem eigentlich örtlich zuständigen Amtsgericht als Nachlassgericht abgibt.[8]

6 **Erst mit Kenntnis von dem Tod des Erblassers** entsteht die Pflicht zur Ablieferung. Kenntnis besteht hierbei spätestens mit der Aufforderung durch das Nachlassgericht.[9]

7 Befindet sich dagegen die Verfügung von Todes wegen bei einer **Behörde** (wie etwa beim Bürgermeister, Notar oder Konsul) in amtlicher Verwahrung, so hat das Nachlassgericht die Ablieferung nach § 2259 Abs. 2 BGB zu veranlassen. Die Möglichkeit der Festsetzung von Zwangsmitteln gegen Behörden besteht aber nach den §§ 358, 35 FamFG nicht.[10]

8 Die Ablieferungspflicht nach § 2259 BGB besteht hierbei auch für **eigenhändige gemeinschaftliche Testamente**[11] sowie über § 2300 Abs. 1 BGB auch für **Erbverträge**.

II. Ablieferungsanordnung und Verfahren

9 **1. Zuständigkeit.** Wird der Pflicht zur Ablieferung nicht nachgekommen, so ergeht durch das Nachlassgericht gemäß § 358 FamFG die Anordnung zur Ablieferung.

10 Zuständig für die Anordnung ist der Rechtspfleger, § 3 Nr. 2 c RPflG.

11 **2. Anordnungsbeschluss.** Die Anordnung ergeht durch **Beschluss**, der nach § 38 Abs. 3 S. 1 FamFG zu begründen und gemäß § 41 FamFG bekannt zu geben ist. Der Tenor des Beschlusses kann etwa lauten:

▶ Der ... wird aufgefordert, sämtliche in seinem Besitz befindlichen Verfügungen von Todes wegen bis spätestens ... beim Nachlassgericht abzuliefern.

Erfolgt die Ablieferung innerhalb der oben gesetzten Frist nicht, wird ein Zwangsgeld iHv ... EUR gegen Sie verhängt (oder: wird ein Zwangsgeld von bis zu 25.000 EUR, ersatzweise Zwangshaft verhängt). ◀

12 **3. Kenntnis des Nachlassgerichts vom Verbleib des Testaments und eidesstattliche Versicherung.** Voraussetzung ist, dass das Nachlassgericht **positiv Kenntnis** davon hat, dass das Testament im Besitz desjenigen ist, gegen den sich der Beschluss richtet. Ist dies zweifelhaft, muss sich das Nachlassgericht vorher Gewissheit verschaffen durch Durchführung weiterer Ermittlungen. In der Praxis wird hierzu in erster Linie das persönliche Erscheinen des Betroffenen nach § 33 FamFG angeordnet.

13 Dagegen existiert die früher bestehende Möglichkeit nach § 83 Abs. 2 FGG aF, wonach das Nachlassgericht ohne vorherigen Anordnungsbeschluss eine Person zur Abgabe einer eidesstattlichen Versicherung über den Verbleib anhalten konnte, wenn Grund zu der Annahme bestand, dass diese im Besitz einer Verfügung von Todes wegen ist, nicht mehr. **Bestreitet daher die Person, im Besitz eines Testaments zu sein und ist das Nachlassgericht dennoch hiervon überzeugt, so kann es den Anordnungsbeschluss erlassen und bei weiterem Bestreiten eine eidesstattliche Versicherung nach § 358, 35 FamFG iVm § 883 Abs. 2 ZPO einholen.**[12] Die eidesstattliche Versicherung ist dann dahin gehend abzugeben, dass „er das Testament nicht besitze und auch

---

[6] Grüneberg/Weidlich BGB § 2259 Rn. 2.
[7] BayObLG Rpfleger 1984, 18; MüKoFamFG/Grziwotz FamFG § 358 Rn. 2.
[8] Keidel/Zimmermann FamFG § 358 Rn. 2; MüKoFamFG/Grziwotz FamFG § 358 Rn. 3.
[9] Bumiller/Harders/Schwamb/Harders FamFG § 358 Rn. 3.
[10] Bumiller/Harders/Schwamb/Harders FamFG § 358 Rn. 3.
[11] Prütting/Helms/Fröhler FamFG § 358 Rn. 13; MüKoFamFG/Grziwotz FamFG § 358 Rn. 4.
[12] Bumiller/Harders/Schwamb/Harders FamFG § 358 Rn. 4.

nicht wisse, wo es sich befinde" (§ 35 Abs. 4 FamFG iVm § 883 Abs. 2 ZPO).[13] Das Verlangen zur Abgabe einer eidesstattlichen Versicherung steht im pflichtgemäßen Ermessen des Nachlassgerichts und bietet sich dann an, wenn eine hohe Wahrscheinlichkeit besteht, dass der Betreffende im Besitz des Testaments ist.[14] Die Abgabe hat gegenüber dem zuständigen Nachlassgericht oder gegenüber dem ersuchten Richter im Wege der Rechtshilfe zu erfolgen. Der Betroffene kann sich nicht selbst ein ihm genehmes Gericht aussuchen, auch eine Abgabe gegenüber dem Notar oder dem Gerichtsvollzieher ist nicht zulässig.[15]

Die Abnahme der eidesstattlichen Versicherung stellt ein **eigenständiges Verfahren** dar[16] und kann dann nicht mehr erfolgen, wenn eine Vollstreckung auf Herausgabe des Testaments erfolglos geblieben ist.[17] Ob eine **Erzwingung mittels Haftandrohung möglich** ist, ist umstritten.[18] Zwar verweist § 35 Abs. 4 FamFG nicht auf die §§ 899 ff. ZPO, jedoch über § 883 Abs. 2 S. 3 FamFG sinngemäß auf den § 802g ZPO, der die Erzwingungshaft regelt und die bis zum 31.12.2012 geltenden §§ 901, 909 Abs. 1 S. 1 und 2 ZPO ersetzt. Aufgrund dessen ist daher richtigerweise das Nachlassgericht befugt, von Amts wegen einen Haftbefehl zur Erzwingung der Abgabe der eidesstattlichen Versicherung zu erlassen.[19] 14

4. Zwangsmittel. Liegen die Voraussetzungen des § 2269 Abs. 1 BGB vor und erging ein Beschluss nach § 358 FamFG, so kann dieser nach § 35 FamFG vollstreckt werden. **Einer vorherigen Androhung der Zwangsmittel bedarf es hierbei nicht.**[20] Als Zwangsmittel kommen in erster Linie **Zwangsgeld** nach § 35 Abs. 3 FamFG sowie **Zwangshaft**, § 35 Abs. 1 FamFG in Betracht. 15

Anstelle oder neben dem Zwangsgeld oder der Zwangshaft kann auch die Herausgabevollstreckung durch den Gerichtsvollzieher betrieben werden, § 35 Abs. 4 S. 1 FamFG iVm § 883 Abs. 1 ZPO,[21] wobei auch die Anwendung unmittelbaren Zwangs gemäß § 35 Abs. 4 S. 1 FamFG iVm §§ 887, 892, 758 Abs. 3 ZPO möglich ist.[22] 16

Zuständig für die Vollstreckung ist bei Gericht ebenfalls grundsätzlich der Rechtspfleger. Für die Androhung und Anordnung der Zwangshaft ist aber nach §§ 4 Abs. 2 Nr. 2, Abs. 3 RPflG der Richter zuständig, dem hierzu die Angelegenheit zur Entscheidung vorzulegen ist. Die Anordnung der Herausgabevollstreckung erfolgt ebenfalls durch den Rechtspfleger, der hierzu den Gerichtsvollzieher beauftragt, dem Testamentsbesitzer das Testament wegzunehmen.[23] 17

III. Rechtsmittel

Gegen den Anordnungsbeschluss ist durch den Testamentsbesitzer die Beschwerde nach den §§ 58 ff. FamFG innerhalb der Frist des § 63 FamFG statthaft. Für die Anordnung von Zwangsmaßnahmen genügt die Wirksamkeit des Beschlusses zur Anordnung der Ablieferung des Testaments, § 40 Abs. 1 FamFG, was idR mit Zustellung an den Betroffenen bewirkt wird, § 40 Abs. 1 S. 2 FamFG. Mit Rechtskraft des Anordnungsbeschlusses steht dann verbindlich fest, dass der Betroffene zur Ablieferung des Testaments verpflichtet ist, der das dann auch nicht mehr mit Rechtsmitteln gegen die Zwangsmaßnahmen angreifen kann.[24] 18

---

13 Keidel/Zimmermann FamFG § 358 Rn. 19.
14 MüKoFamFG/Grziwotz FamFG § 358 Rn. 13; Keidel/Zimmermann FamFG § 358 Rn. 19.
15 MüKoFamFG/Grziwotz FamFG § 358 Rn. 13; Keidel/Zimmermann FamFG § 358 Rn. 19.
16 MüKoFamFG/Grziwotz FamFG § 358 Rn. 14; Keidel/Zimmermann FamFG § 358 Rn. 20.
17 Bumiller/Harders/Schwamb/Harders FamFG § 358 Rn. 5; MüKoFamFG/Grziwotz FamFG § 358 Rn. 14; Keidel/Zimmermann FamFG § 358 Rn. 20.
18 Bejahend: Keidel/Zimmermann FamFG § 358 Rn. 21, verneinend MüKoFamFG/Grziwotz FamFG § 358 Rn. 14.

19 Ebenso Keidel/Zimmermann FamFG § 358 Rn. 21 mit der Begründung, dass § 802g ZPO sinngemäß immer zu § 883 Abs. 2 ZPO gehört, auch wenn in § 35 FamFG hierauf nicht ausdrücklich verwiesen werde.
20 Keidel/Zimmermann FamFG § 358 Rn. 16.
21 MüKoFamFG/Grziwotz FamFG § 358 Rn. 12.
22 MüKoFamFG/Grziwotz FamFG § 358 Rn. 12.
23 Keidel/Zimmermann FamFG § 358 Rn. 27.
24 Keidel/Zimmermann FamFG § 358 Rn. 28.

19 Da sich die **Androhung** nunmehr unmittelbar aus § 35 FamFG ergibt, ist ein entsprechender Hinweis hierauf nicht mehr eigens anfechtbar.[25]

20 **Gegen die Anordnung von Zwangsmaßnahmen** ist die sofortige Beschwerde statthaft nach § 35 Abs. 5 FamFG iVm §§ 567 bis 572 ZPO, der aufschiebende Wirkung zukommt, § 35 FamFG iVm § 570 ZPO.

21 **Nicht isoliert anfechtbar** sind die Bestimmung zur Abgabe der **eidesstattlichen Versicherung** und die Ladung hierzu.[26]

22 Wird die **Anregung eines Beteiligten**, einen Beschluss nach § 358 FamFG zu erlassen und / oder Zwangsmittel festzusetzen abgelehnt, so kann dieser hiergegen ebenfalls Beschwerde nach den §§ 58 ff. FamFG innerhalb der Frist des § 63 FamFG einlegen.[27]

IV. Kosten

23 Der Beschluss zur Anordnung der Ablieferung des Testaments ist gerichtsgebührenfrei. Für die Anordnung von Zwangsmitteln fällt nach Nr. 18003 KV GNotKG je Anordnung eine Gebühr von 22 EUR an. Für das Verfahren zur Abnahme einer eidesstattlichen Versicherung fallen nach Nr. 18004 KV GNotKG 35 EUR an.

§ 359 FamFG Nachlassverwaltung

(1) Der Beschluss, durch den dem Antrag des Erben, die Nachlassverwaltung anzuordnen, stattgegeben wird, ist nicht anfechtbar.

(2) Gegen den Beschluss, durch den dem Antrag eines Nachlassgläubigers, die Nachlassverwaltung anzuordnen, stattgegeben wird, steht die Beschwerde nur dem Erben, bei Miterben jedem Erben, sowie dem Testamentsvollstrecker zu, der zur Verwaltung des Nachlasses berechtigt ist.

A. Allgemeines 1	c) Beteiligte 10
B. Regelungsgehalt 3	d) Gerichtlicher Prüfungsumfang 12
I. Anordnung der Nachlassverwaltung auf	e) Entscheidung 16
Antrag des Erben, § 359 Abs. 1 FamFG ... 3	4. Rechtsmittel 17
1. Allgemeines 3	II. Anordnung der Nachlassverwaltung auf
2. Zuständigkeit 6	Antrag eines Nachlassgläubigers 23
3. Verfahren und Beschluss 7	1. Allgemeines 23
a) Antrag 7	2. Rechtsmittel 25
b) Antragsberechtigte 8	III. Kosten 27

A. Allgemeines

1 § 359 FamFG regelt die Anfechtbarkeit von gerichtlichen Beschlüssen bei der Nachlassverwaltung nach den §§ 1975 ff. BGB und stellt eine Sonderregelung iSd § 58 Abs. 1 FamFG dar. Nicht umfasst wird die Nachlasspflegschaft nach den §§ 1960 f. BGB; hierfür fehlen besondere verfahrensrechtliche Vorschriften im FamFG.

2 § 359 Abs. 1 FamG entspricht hierbei der vormaligen Regelung des § 76 Abs. 1 FGG, die Regelung des früheren § 76 Abs. 2 S. 2 FGG findet sich in § 359 Abs. 2 FamFG. Die frühere Regelung des § 76 Abs. 2 S. 1 FGG findet sich dagegen in § 359 FamFG nicht wieder, da § 58 FamFG bereits generell die Anfechtbarkeit von Beschlüssen regelt und damit auch solchen Beschlüssen, in denen der Antrag eines Nachlassgläubigers auf Anordnung der Nachlassverwaltung stattgegeben oder abgelehnt wird.[1]

---

25 Keidel/Zimmermann FamFG § 358 Rn. 29.
26 Keidel/Zimmermann FamFG § 358 Rn. 31.
27 Keidel/Zimmermann FamFG § 358 Rn. 32.

1 BT-Drs. 16/6308 S. 283; MüKo-FamFG/*J. Mayer* § 359 Rn. 1.

B. Regelungsgehalt

I. Anordnung der Nachlassverwaltung auf Antrag des Erben, § 359 Abs. 1 FamFG

1. Allgemeines. § 359 FamFG betrifft die Anordnung der Nachlassverwaltung nach § 1981 BGB. Die Nachlassverwaltung ist eine besondere Form der Nachlasspflegschaft, für die im FamFG keine spezielle Vorschrift geschaffen wurde. Vielmehr wird die Nachlasspflegschaft als Pflegschaft iSd § 340 Nr. 1 FamFG behandelt mit der Folge, dass hierfür die Vorschriften des allgemeinen Teils sowie die für das Verfahren in Betreuungs- und Unterbringungssachen nach den §§ 271–341 FamFG gelten sollen. Die sachliche Zuständigkeit des Nachlassgerichts für die Nachlasspflegschaft ergibt sich aus § 1962 BGB, die örtliche Zuständigkeit aus § 343 FamFG.

Die **Legaldefinition der Nachlassverwaltung** findet sich in § 1975 BGB wieder. Danach beschränkt sich dann die Haftung des Erben für die Nachlassverbindlichkeiten auf den Nachlass, wenn eine Nachlasspflegschaft zum Zwecke der Befriedigung der Nachlassgläubige angeordnet wird.

Für die Nachlassverwaltung bestimmt § 1981 Abs. 1 BGB, dass das Nachlassgericht die Nachlassverwaltung anzuordnen hat, wenn **der Erbe die Anordnung beantragt**.

2. Zuständigkeit. Sachlich zuständig ist das Nachlassgericht. Die **örtliche Zuständigkeit** folgt aus § 343 FamFG, so dass das Nachlassgericht örtlich zuständig ist, in dessen Bezirk der Erblasser seinen letzten gewöhnlichen Aufenthalt hatte. **Funktionell zuständig** für die Anordnung und Aufhebung der Nachlassverwaltung sowie der Auswahl des Verwalters ist gemäß § 3 Nr. 2c RPflG der Rechtspfleger. Wird die Nachlassverwaltung allerdings bzgl. eines Ausländers angeordnet, so ist hierfür der Richter über die §§ 16 Abs. 1 Nr. 1, 14 Nr. 4 RPflG zuständig.[2]

3. Verfahren und Beschluss. a) Antrag. Das Verfahren auf Anordnung einer Nachlassverwaltung setzt einen Antrag voraus. Das Gericht wird also nur auf Antrag eines Antragsberechtigten tätig.

b) Antragsberechtigte. Antragsberechtigt ist **neben dem Erben** auch

- der Nacherbe nach § 2144 BGB,
- der Erbschaftskäufer über § 2383 BGB und
- der Testamentsvollstrecker in entsprechender Anwendung des § 317 InsO.

Dagegen ist der Nachlasspfleger nicht antragsberechtigt.

Das Antragsrecht besteht grundsätzlich zeitlich unbegrenzt und auch schon vor Erbschaftsannahme. Ist jedoch die Nachlassinsolvenz bereits eröffnet, ist ein Antrag nicht mehr möglich. Alleinige Voraussetzung für das Antragsrecht des Erben ist, dass dieser nicht allgemein unbeschränkt haftet, § 2013 Abs. 1 S. 1 Hs. 2 BGB.[3]

c) Beteiligte. Zwingend zu beteiligen ist gemäß § 345 Abs. 4 S. 1 Nr. 1 FamFG nur der Nachlassverwalter, im Übrigen kann das Gericht gemäß § 345 Abs. 4 S. 2 FamFG alle beteiligen, deren Rechte durch das Verfahren unmittelbar betroffen sind. Auf deren Antrag hin sind sie gemäß § 345 Abs. 4 S. 3 FamFG hinzuziehen.

Nicht zu beteiligen sind die Nachlassgläubiger, wenn ein Erbe nach § 359 Abs. 1 FamFG den Antrag gestellt hat.[4]

d) Gerichtlicher Prüfungsumfang. Nach § 1982 BGB hat das Nachlassgericht **von Amts wegen** zu prüfen, ob genügend Masse vorahnden ist, um die Gerichtskosten sowie die Auslagen und Vergütung des Nachlassverwalters aus dem Nachlass bezahlen zu können.

---

[2] OLG Hamm Rpfleger 1976, 94; Keidel/Zimmermann § 359 Rn. 5.
[3] MüKo-BGB/Küpper § 1981 Rn. 2.
[4] Keidel/Zimmermann § 359 Rn. 6.

13 Kommt es zum Ergebnis, dass der Nachlass nicht ausreichend ist, so muss das Nachlassgericht die Anordnung nicht zwingend ablehnen, vielmehr steht dem Nachlassgericht insoweit ein Ermessen zu.[5] In analoger Anwendung des § 26 Abs. 1 S. 1 InsO kann nämlich dennoch die Nachlassverwaltung angeordnet werden, wenn der Antragsteller einen ausreichenden Kostenvorschuss erbringt.[6]

14 Stellt sich **erst nach Anordnung der Nachlassverwaltung heraus**, dass nicht genügend Masse vorhanden ist, so kann die Nachlassverwaltung nach § 1988 Abs. 2 BGB wieder aufgehoben werden.

15 Eine Amtspflichtverletzung bei nicht ausreichender Ermittlung durch den Rechtspfleger kommt richtigerweise nicht in Betracht.[7]

16 e) **Entscheidung.** Die Entscheidung ergeht durch zu begründenden Beschluss gemäß § 38 FamFG, der mit einer Rechtsmittelbelehrung nach § 39 FamFG zu versehen ist.

17 **4. Rechtsmittel.** Erfolgt die **Anordnung der Nachlassverwaltung nach § 1981 Abs. 1 BGB**, so ist nach § 359 Abs. 1 FamFG die **Beschwerde** hiergegen grundsätzlich **ausgeschlossen**.

18 Eine Beschwerde ist ausnahmsweise aber dann zulässig, wenn die Nachlassverwaltung zu Unrecht angeordnet wurde. Dies kommt etwa in Betracht
- bei einem fehlenden Antrag,
- wenn der Erbe bei Antragstellung wegen § 2013 BGB kein Antragsrecht mehr hatte,
- bei mehreren Erben, wenn der Antrag nicht gemeinschaftlich gestellt wurde, § 2062 Hs. 1 BGB,
- der Nachlass nach § 2062 Hs. 2 BGB schon geteilt wurde oder
- das Nachlassgericht international nicht zuständig war. Wegen § 105 FamFG wird letzteres aber kaum mehr der Fall sein.[8]

Von der Anordnung der Nachlassverwaltung ist die **Auswahl des Verwalters** zu unterscheiden; diese kann stets angefochten werden.

19 **Beschwerdeberechtigt** ist in den soeben skizzierten Ausnahmefällen grundsätzlich der Antragsberechtigte iSd § 1981 Abs. 1 BGB. Im Falle des § 2062 Hs. 1 BGB steht das Beschwerderecht auch den Nachlassgläubigern zu.[9] Die Beschwerde richtet sich hierbei nach den §§ 58 ff. FamFG.

20 Wird der **Antrag zurückgewiesen**, so kann hiergegen der Antragsberechtigte nach § 1981 Abs. 1 BGB nach den §§ 58 ff. FamFG Beschwerde einlegen. Bei mehreren Erben kann der Antrag wegen § 2062 Hs. 1 BGB nur gemeinschaftlich gestellt werden, dementsprechend kann auch die Beschwerde nur gemeinschaftlich erhoben werden.

21 Die **Aufhebung der Nachlassverwaltung** kann von jedem Antragsberechtigten nach § 1981 Abs. 1 BGB und von jedem Beteiligten mit einem rechtlichen Interesse, nicht aber vom Nachlassverwalter selbst, mittels der Beschwerde angefochten werden.[10] Nur gegen die Entlassung als Nachlassverwalter kann dieser mittels der Beschwerde nach den §§ 58 ff. FamFG vorgehen.

22 Gegen die **Ablehnung des Antrags auf Aufhebung der Nachlassverwaltung** kann durch jeden Antragsberechtigten iSd § 1981 Abs. 1 BGB und auch durch jeden einzelnen Miterben Beschwerde nach den §§ 58 ff. FamFG eingelegt werden.

---

5 NK-BGB/*Krug* BGB § 1982 Rn. 6.
6 NK-BGB/*Krug* BGB § 1982 Rn. 6.
7 KG FamRZ 2006, 559; aA Keidel/*Zimmermann* § 359 Rn. 8.
8 MüKo-FamFG/*Grziwotz* § 359 Rn. 6.
9 MüKo-FamFG/*Grziwotz* § 359 Rn. 6.
10 MüKo-BGB/*Küpper* BGB § 1981 Rn. 9.

II. Anordnung der Nachlassverwaltung auf Antrag eines Nachlassgläubigers

1. Allgemeines. Nach § 1981 Abs. 2 BGB kann jeder Nachlassgläubiger die Anordnung einer Nachlassverwaltung beantragen, wenn Grund zu der Annahme besteht, dass die Befriedigung der Nachlassgläubiger aus dem Nachlass durch das Verhalten oder die Vermögenslage des Erben gefährdet wird. Nach § 1981 Abs. 2 S. 2 BGB kann der Antrag nicht mehr gestellt werden, wenn seit der Annahme der Erbschaft zwei Jahre verstrichen sind.

Nachlassgläubiger sind hierbei neben den Gläubigern des Erblassers – was auch Miterben sein können – auch Pflichtteilsberechtigte und die aus Vermächtnissen oder sonstigen Auflagen Begünstigte. Bei Antragstellung muss glaubhaft gemacht werden, dass eine Forderung besteht **und** deren Befriedigung durch das Verhalten oder der Vermögenslage der Erben gefährdet ist.

2. Rechtsmittel. Gegen den Beschluss auf Anordnung der Nachlassverwaltung gemäß § 1981 Abs. 2 BGB ist nach § 359 Abs. 2 FamFG die Beschwerde nach den §§ 58 ff. FamFG statthaft. Die Beschwerde steht aber nur dem Erben, bei Miterben jedem Erben,[11] sowie dem Testamentsvollstrecker zu, der zur Verwaltung des Nachlasses berechtigt ist, §§ 2205 ff. BGB.[12] Den Nachlassgläubigern steht dagegen kein Beschwerderecht zu.

Gegen die **Zurückweisung des Antrags** steht nach § 59 Abs. 2 FamFG nur dem Antragsteller die Beschwerde zu. Ordnet das Beschwerdegericht daraufhin die Nachlassverwaltung an, kann hiergegen Rechtsbeschwerde erhoben werden.[13]

III. Kosten

An **Gerichtsgebühren** fallen bei der Anordnung der Nachlassverwaltung nunmehr Jahresgebühren nach den Nr. 12310 bis 12312 KV GNotKG an. **Kostenschuldner** sind nach § 24 GNotKG grundsätzlich die Erben.[14]

Darüber hinaus kann der **Nachlassverwalter** nach § 1987 BGB eine angemesse Vergütung verlangen,[15] für die der Nachlass, nicht aber der antragstellende Gläubiger[16] haftet. Die **Höhe der Vergütung** wird in Anwendung des § 1915 Abs. 1 BGB, § 3 VBVG an, so dass eine Stundenbezahlung erfolgt.[17]

Ist der **Nachlass wider Erwarten mittellos** oder reicht er zur Deckung der Kosten nicht aus und können die Erben die Dürftigkeitseinrede nach § 1990 BGB erheben, so kann eine Festsetzung der Vergütung aus der Staatskasse nicht erfolgen.[18]

Die Vergütung des Nachlassverwalters wird auf Antrag durch den Rechtspfleger mittels Beschlusses festgesetzt, gegen die die Beschwerde nach den §§ 58 ff. FamFG statthaft ist, sofern eine Beschwer von 600,01 EUR erreicht wird oder die Beschwerde zugelassen wird.

Wird der **Antrag zurückgenommen oder abgelehnt**, so gilt die bisherige Privilegierung des § 106 KostO aF nicht mehr; vielmehr finden auch insoweit die Nr. 12310–12312 KV GNotKG gleichermaßen Anwendung.[19] Kostenschuldner ist dann aber nach § 22 Abs. 1 GNotKG der Antragsteller.

---

11 MüKo-FamFG/*Grziwotz* § 359 Rn. 10.
12 MüKo-FamFG/*Grziwotz* § 359 Rn. 10.
13 *Harders* in: Bumiller/Harders/Schwamb § 359 Rn. 5.
14 HK-GNotKG/*Jäckel* Nr. 12310–12312 KV GNotKG Rn. 5.
15 Keidel/*Zimmermann* § 359 Rn. 23.
16 Keidel/*Zimmermann* § 359 Rn. 23.
17 OLG München Rpfleger 2006, 405; OLG Zweibrücken ZEV 2007, 528; Keidel/*Zimmermann* § 359 Rn. 23.
18 KG FamRZ 2006, 559; aA Keidel/*Zimmermann* § 359 Rn. 23.
19 HK-GNotKG/*Jäckel* Nr. 12310–12312 KV GNotKG Rn. 2.

§ 360 FamFG Bestimmung einer Inventarfrist

(1) Die Frist zur Einlegung einer Beschwerde gegen den Beschluss, durch den dem Erben eine Inventarfrist bestimmt wird, beginnt für jeden Nachlassgläubiger mit dem Zeitpunkt, in dem der Beschluss dem Nachlassgläubiger bekannt gemacht wird, der den Antrag auf die Bestimmung der Inventarfrist gestellt hat.

(2) Absatz 1 gilt entsprechend für die Beschwerde gegen einen Beschluss, durch den über die Bestimmung einer neuen Inventarfrist oder über den Antrag des Erben, die Inventarfrist zu verlängern, entschieden wird.

A. Allgemeines	1	3. Beteiligte	6
B. Regelungsgehalt	3	4. Entscheidung	7
I. Allgemeines	3	III. Rechtsmittel	10
II. Bestimmung einer Inventarfrist	4	1. Beschwerde	10
1. Allgemeines	4	2. Fristbeginn	12
2. Zuständigkeit	5	IV. Kosten	15

A. Allgemeines

1 § 360 FamFG bestimmt den Fristbeginn zur Einlegung einer Beschwerde gegen einen Beschluss, durch den dem Erben eine Inventarfrist nach § 1994 Abs. 1 S. 1 BGB gesetzt wird (§ 360 Abs. 1 FamFG) oder eine solche neu gesetzt bzw. verlängert wird (§ 360 Abs. 2 FamFG).

2 Die Regelung entspricht hierbei der früheren Bestimmung in § 77 Abs. 3 FGG.

B. Regelungsgehalt
I. Allgemeines

3 Zur Inventarerrichtung kann der Erbe nicht gezwungen werden, jedoch kann ihm auf Antrag eine Frist zur Errichtung des Inventars gesetzt werden, § 1994 BGB. Es ist jeder Nachlassgläubiger berechtigt, beim Nachlassgericht eine Inventarfrist für den Erben nach § 1994 Abs. 1 S. 1 BGB zu beantragen. Kein Antragsrecht steht dem nach § 1973 BGB ausgeschlossenen bzw. dem nach § 1974 gleichgestellten Nachlassgläubiger zu. Ebenso steht dem Miterben kein Antragsrecht zu, selbst wenn er auch Nachlassgläubiger ist.[1] Der Antrag ist formlos möglich. Nach § 1994 Abs. 2 S. 1 BGB hat der Nachlassgläubiger seine Forderung glaubhaft zu machen, wobei es nach § 1994 Abs. 2 S. 2 BGB auf die Wirksamkeit der Fristbestimmung jedoch ohne Einfluss ist, wenn die Forderung tatsächlich nicht besteht.

II. Bestimmung einer Inventarfrist

4 **1. Allgemeines.** Hat der Nachlassgläubiger einen Antrag auf Bestimmung einer Inventarfrist gestellt und auch seine Forderung glaubhaft gemacht, so bestimmt das Amtsgericht – Nachlassgericht – mittels Beschluss eine Inventarfrist.

5 **2. Zuständigkeit.** Sachlich zuständig ist das Nachlassgericht über die §§ 23a Abs. 1 Nr. 2, Abs. 2 GVG. **Die örtliche Zuständigkeit folgt aus § 343 FamFG. In funktioneller** Hinsicht ist gemäß § 3 Nr. 2 c RPflG der Rechtspfleger zuständig. Die Errichtung des Inventars richtet sich nach den §§ 2002 ff. BGB. Möglich ist:[2]

- gemäß § 2004 BGB die Bezugnahme auf ein bereits vorhandenes, den Vorschriften der §§ 2002, 2003 BGB entsprechendes Inventar, wozu eine entsprechende Erklärung des Erben gegenüber dem Nachlassgericht zu erfolgen hat,

---
1 Grüneberg/Weidlich BGB § 1994 Rn. 3.
2 Vgl. hierzu Krätzschel/Falkner/Döbereiner NachlassR, § 20 Rn. 33 ff.

- die Einreichung eines Inventars, das der Erbe selbst aufgenommen und unterschrieben hat und wozu gem. § 2002 BGB eine zuständige Behörde oder einen zuständigen Beamten oder Notar hinzuziehen muss; hierfür sind gem. § 20 Abs. 1 S. 2, Abs. 5 BNotO unter Beachtung der landesrechtlichen Vorschriften gem. § 61 Abs. 1 Nr. 2 BeurkG, Art. 147 EGBGB die Notare zuständig[3]
- die amtliche Inventaraufnahme auf Antrag des Erben, wofür ausschließlich die Notare zuständig sind, § 2003 Abs. 1 S. 1 BGB, § 20 Abs. 1 S. 2 BNotO; hierbei erfolgt die amtliche Aufnahme des Inventars auf Antrag des Erben durch einen vom Nachlassgericht beauftragten Notar.[4]

3. Beteiligte. Zu beteiligen als „Muss"-Beteiligte ist neben dem Antragsteller der Erbe, dem die Frist gesetzt wird, § 345 Abs. 4 S. 1 Nr. 4 FamFG. Weitere Beteiligungsmöglichkeiten ergeben sich über die §§ 345 Abs. 4 S. 2 und 3 FamFG. Danach kann das Gericht gemäß § 345 Abs. 4 S. 2 FamFG alle beteiligen, deren Rechte durch das Verfahren unmittelbar betroffen sind. Auf deren Antrag hin sind sie gemäß § 345 Abs. 4 S. 3 FamFG hinzuziehen.

4. Entscheidung. Die Entscheidung ergeht durch **Beschluss**, der nach § 38 FamFG zu begründen und nach § 39 FamFG mit einer Rechtsbehelfsbelehrung zu versehen ist.

Nach § 1995 Abs. 1 S. 1 BGB soll die **Inventarfrist mindestens einen Monat und höchstens drei Monate** betragen. Die Frist **beginnt** hierbei nach § 1995 Abs. 1 S. 2 BGB mit Zustellung des Beschlusses. Ist die Annahme der Erbschaft noch nicht erfolgt, beginnt die Frist nach § 1995 Abs. 2 BGB jedoch erst mit der Annahme der Erbschaft. Eine Verlängerung der Frist ist auf Antrag des Erben im Ermessen des Nachlassgerichts möglich, § 1995 Abs. 3 BGB. Auch die Bestimmung einer neuen Frist ist nach § 1996 BGB möglich. Sowohl über die Verlängerung als auch über die Bestimmung einer neuen Frist entscheidet das Nachlassgericht nach Gewährung rechtlichen Gehörs an den Nachlassgläubiger, der den Antrag gestellt hat, mittels Beschlusses.

Wird die Frist versäumt, wird absichtlich eine erhebliche Unvollständigkeit der im Inventar enthaltenen Angabe der Nachlassgegenstände herbeigeführt oder wird in der Absicht, die Nachlassgläubiger zu benachteiligen, die Aufnahme einer nicht bestehenden Nachlassverbindlichkeit bewirkt, so tritt nach den §§ 1994 Abs. 1 S. 2, 2005 Abs. 1 S. 1 BGB die unbeschränkte Haftung des Erben für die Nachlassverbindlichkeiten ein.

III. Rechtsmittel

1. Beschwerde. Gegen den Beschluss über die Bestimmung der Inventarfrist, gegen den Beschluss über die Verlängerung oder die Neubestimmung der Inventarfrist ist die Beschwerde nach den §§ 58 ff. FamFG statthaft. Beschwerdeberechtigt ist jeder Erbe und Nachlassgläubiger.

Wird der **Antrag auf Bestimmung der Inventarfrist zurückgewiesen**, kann hiergegen ebenfalls mittels der Beschwerde nach den §§ 58 ff. vorgegangen werden, wobei beschwerdeberechtigt nach § 59 Abs. 2 nur der Antragsteller ist.

2. Fristbeginn. Für den Fristbeginn enthält § **360 FamFG eine Sonderbestimmung**. Danach beginnt diese gemäß § 360 Abs. 1 FamFG für jeden **Nachlassgläubiger** mit dem Zeitpunkt, in dem der Beschluss dem Nachlassgläubiger schriftlich (§ 63 Abs. 3 FamFG iVm § 41 FamFG) bekannt gemacht wird, der den Antrag auf die Bestimmung der Inventarfrist gestellt hat. Die formlose Mitteilung setzt demgegenüber die Beschwerdefrist nicht in Lauf, jedoch beginnt sie dann gemäß § 63 Abs. 3 FamFG spätestens fünf Monate nach Erlass des Beschlusses.

---

[3] Vgl. hierzu und zu den jeweiligen landesrechtlichen Regelungen Krätzschel/Falkner/Döbereiner NachlassR, § 20 Rn. 36 ff.

[4] Krätzschel/Falkner/Döbereiner NachlassR, § 20 Rn. 40 ff.

13 § 360 Abs. 2 FamFG erklärt die Bestimmung des § 360 Abs. 1 FamFG für Beschwerden gegen einen Beschluss, durch den über die Bestimmung einer neuen Inventarfrist oder über den Antrag des Erben, die Inventarfrist zu verlängern, entschieden wurde, für entsprechend anwendbar.

14 Für den oder die Erben gilt § 360 FamFG nicht. Hier verbleibt es bei dem Fristbeginn nach § 63 Abs. 3 FamFG mit der schriftlichen Bekanntmachung des Beschlusses an diesen.

IV. Kosten

15 Die **Gebühren** bestimmen sich nach den Nr. 12410 bis 12412 KV GNotKG. Nach Nr. 12411 KV GNotKG fällt für die Fristsetzungen und -verlängerung nunmehr eine Festgebühr von 25 EUR an; das wertabhängige System des § 114 KostO aF wurde aufgegeben.[5] Mehrere Fristbestimmungen bewirken hierbei den Anfall mehrerer Gebühren, selbst wenn diese innerhalb einer gemeinsamen gerichtlichen Entscheidung erfolgen.[6]

16 **Kostenschuldner** ist nach § 22 Abs. 1 GNotKG der Antragsteller.

§ 361 FamFG Eidesstattliche Versicherung

[1]Verlangt ein Nachlassgläubiger von dem Erben die Abgabe der in § 2006 des Bürgerlichen Gesetzbuchs vorgesehenen eidesstattlichen Versicherung, kann die Bestimmung des Termins zur Abgabe der eidesstattlichen Versicherung sowohl von dem Nachlassgläubiger als auch von dem Erben beantragt werden. [2]Zu dem Termin sind beide Teile zu laden. [3]Die Anwesenheit des Gläubigers ist nicht erforderlich. [4]Die §§ 478 bis 480 und 483 der Zivilprozessordnung gelten entsprechend.

A. Allgemeines 1	V. Niederschrift und Anwendung der §§ 478 bis 480 und 483 ZPO, §§ 361 S. 3 und 4 FamFG 14
B. Regelungsgehalt 2	
I. Allgemeines 2	
II. Zuständigkeit und Beteiligte 5	VI. Rechtsmittel 21
III. Terminsbestimmung, § 361 S. 1 FamFG ... 7	VII. Kosten 23
IV. Terminsladung, § 361 S. 2 FamFG 13	

A. Allgemeines

1 § 361 FamFG enthält nur die verfahrensrechtlichen Bestimmungen der Abgabe einer eidesstattlichen Versicherung des Erben auf Verlangen eines Nachlassgläubigers, während sich die materiellrechtlichen Regelungen aus § 2006 BGB ergeben.[1]

B. Regelungsgehalt

I. Allgemeines

2 Auf Verlangen eines Nachlassgläubigers hat der Erbe nach § 2006 Abs. 1 BGB zu Protokoll des Nachlassgerichts an Eides statt zu versichern, dass er nach bestem Wissen die Nachlassgegenstände so vollständig angegeben hat, als er dazu imstande ist. Liegt daher ein Inventar nach den §§ 1994 ff. BGB vor, so kann jeder Nachlassgläubiger verlangen, dass der Erbe die Richtigkeit des Inventars eidesstattlich versichert.

---

5 Hk-GNotKG/Jäckel KV Nr. 12410–12412 Rn. 7.
6 Hk-GNotKG/Jäckel KV Nr. 12410–12412 Rn. 7; ebenso noch zur alten Rechtslage Korintenberg/Lappe KostO § 114 Rn. 24 f.

1 MüKoFamFG/Grziwotz FamFG § 361 Rn. 1.

Hierzu ist ein Antrag erforderlich, den jeder Nachlassgläubiger beim nach § 343 FamFG örtlich zuständigen Nachlassgericht stellen kann. In dem Antrag hat der Nachlassgläubiger glaubhaft zu machen, dass ihm eine Forderung gegen den Nachlass zusteht, § 1994 Abs. 2 BGB. Die Glaubhaftmachung muss hierbei vor Terminsbestimmung erfolgen.[2]

Ein Antrag ist nicht (mehr) möglich, wenn der Erbe die Erbschaft ausgeschlagen hat oder während eine Nachlassverwaltung oder eine Nachlassinsolvenz läuft.

II. Zuständigkeit und Beteiligte

Sachlich zuständig ist das Nachlassgericht über die §§ 23a Abs. 1 Nr. 2, Abs. 2 GVG. **Die örtliche Zuständigkeit folgt aus § 343 FamFG.** In **funktioneller** Hinsicht ist gemäß § 3 Nr. 2 c RPflG der Rechtspfleger zuständig.

Zu **beteiligen** als „Muss"-Beteiligte ist neben dem Antragsteller der Erbe, dem die Frist gesetzt wird, § 345 Abs. 4 S. 1 Nr. 4 FamFG. Weitere Beteiligungsmöglichkeiten ergeben sich über die §§ 345 Abs. 4 S. 2 und 3 FamFG. Danach kann das Gericht gemäß § 345 Abs. 4 S. 2 FamFG alle beteiligen, deren Rechte durch das Verfahren unmittelbar betroffen sind. Auf deren Antrag hin sind sie gemäß § 345 Abs. 4 S. 3 FamFG hinzuziehen.

III. Terminsbestimmung, § 361 S. 1 FamFG

Nach § 361 S. 1 FamFG kann beantragt werden, dass zur Abgabe der eidesstattlichen Versicherung durch das Nachlassgericht Termin anberaumt wird. Der Antrag auf Terminbestimmung kann hiernach sowohl vom Nachlassgläubiger als auch vom Erben beantragt werden.

Liegt ein Antrag vor, hat das Nachlassgericht einen Termin zur Abgabe der eidesstattlichen Versicherung zu bestimmen.

Ein Antrag ist **unzulässig,**
- gegen den Erben, der die Erbschaft bereits ausgeschlagen hat[3] oder
- während der Dauer der Nachlassverwaltung[4] oder eines Nachlassinsolvenzverfahrens.[5]

Möglich ist auch die **wiederholte Terminsbestimmung.** Zulässig ist dies auf Antrag des Erben oder des Nachlassgläubigers. Die Folge des § 2006 Abs. 3 S. 2 BGB, nämlich die unbeschränkt Haftung des Erben, tritt allerdings nur dann ein, wenn der auf Antrag des Nachlassgläubigers anberaumte Termin unentschuldigt versäumt wird.[6] Auch eine dritte Terminsbestimmung ist zulässig.[7] In diesem Fall hat der Rechtspfleger von Amts wegen zu prüfen,[8] ob für das frühere Fernbleiben eine ausreichende Entschuldigung wie etwa Krankheit etc vorlag. Liegt danach eine ausreichende Entschuldigung vor, so wird ein neuer Termin anberaumt, anderenfalls unterbleibt eine erneute Terminierung.

Verneint der Rechtspfleger eine ausreichende Entschuldigung, so ist umstritten, ob dies für das Prozessgericht in einem späteren Haftungsprozess bindend ist.[9] **Bejaht** dagegen der Rechtspfleger zu Unrecht eine ausreichende Entschuldigung und setzt er daraufhin einen neuen Termin an,

---

2 MüKoFamFG/Grziwotz FamFG § 361 Rn. 4; aA Staudinger/Marotzke BGB § 2006 Rn. 6, wonach eine Nachholung im Termin möglich ist.
3 MüKoFamFG/Grziwotz FamFG § 361 Rn. 5.
4 Keidel/Zimmermann FamFG § 361 Rn. 7; MüKoFamFG/Grziwotz FamFG § 361 Rn. 5.
5 Keidel/Zimmermann FamFG § 361 Rn. 7; MüKoFamFG/Grziwotz FamFG § 361 Rn. 5.
6 NK-BGB/Odersky BGB § 2006 Rn. 14; MüKoBGB/Küpper BGB § 2006 Rn. 6.
7 Keidel/Zimmermann FamFG § 361 Rn. 8; MüKoFamFG/Grziwotz FamFG § 361 Rn. 7.
8 OLG Köln MDR 1978, 59; LG Berlin Rpfleger 1997, 34; MüKoFamFG/Grziwotz FamFG § 361 Rn. 7.
9 **Verneinend**: NK-BGB/Odersky BGB § 2006 Rn. 14; Staudinger/Marotzke BGB § 2006 Rn. 21; MüKoFamFG/Grziwotz FamFG § 361 Rn. 8; Keidel/Zimmermann FamFG § 361 Rn. 19; **Bejahend**: Grüneberg/Weidlich BGB § 2006 Rn. 2; MüKoBGB/Küpper § 2006 Rn. 6; **offengelassen** von OLG Hamm Rpfleger 1995, 161.

in dem er Erbe die eidesstattliche Versicherung abgibt, so ist diese existent und eine unbeschränkte Haftung nach § 2006 Abs. 3 S. 2 BGB tritt nicht mehr ein.[10]

12 Wird die eidesstattliche Versicherung abgegeben, so kann eine **wiederholte Abgabe der eidesstattlichen Versicherung** von den Nachlassgläubigern nur dann verlangt werden, wenn Grund zur Annahme besteht, dass dem Erben nach Abgabe der eidesstattlichen Versicherung weitere Nachlassgegenstände bekannt geworden sind, § 2006 Abs. 4 BGB.

IV. Terminsladung, § 361 S. 2 FamFG

13 Nach § 361 S. 2 FamFG sind zu dem Termin der Erbe, der die eidesstattliche Versicherung abgeben soll wie auch der antragstellende Nachlassgläubiger zu laden. Wegen der weitreichenden Folgen bei Ausbleiben im Termin hat die Ladung gegenüber dem Erben mittels Zustellung zu erfolgen,[11] wohingegen beim Nachlassgläubiger eine formlose Ladung genügt.[12]

V. Niederschrift und Anwendung der §§ 478 bis 480 und 483 ZPO, §§ 361 S. 3 und 4 FamFG

14 Vom Nachlassgericht ist im Verfahren nach § 361 FamFG **nur zu prüfen**, ob ein vom Erben errichtetes wirksames Inventar vorliegt, ob das Verlangen zur eidesstattlichen Versicherung von einem Nachlassgläubiger gestellt wurde und ob der Gegner Erbe ist.[13]

15 Über die Abgabe der eidesstattlichen Versicherung hat der Rechtspfleger eine **Niederschrift** anzufertigen. Eine Anwesenheit des geladenen Nachlassgläubigers ist nach § 361 S. 3 FamFG nicht erforderlich.

16 In der Niederschrift ist aufzunehmen, dass der **Erbe an Eides statt versichert**, dass er nach bestem Wissen die Nachlassgegenstände so vollständig angegeben hat, als er dazu imstande ist. Hierbei gelten nach § 361 S. 4 FamFG die Vorschriften der §§ 478 bis 480 und 483 ZPO entsprechend. Daher ist der Erbe vor Abgabe der der eidesstattlichen Versicherung nach § 480 ZPO in angemessener Weise über die Bedeutung hierüber zu belehren. Die eidesstattliche Versicherung kann daher etwa lauten:

▶ Ich versichere an Eides statt, dass ich nach bestem Wissen die Nachlassgegenstände vollständig angegeben habe, als ich dazu imstande bin. ◀

17 Nach § 2006 Abs. 2 BGB kann der Erbe vor der Abgabe der eidesstattlichen Versicherung das Inventar vervollständigen. Dies kann auch noch während des Termins geschehen.

18 **Verweigert der Erbe die Abgabe** der eidesstattlichen Versicherung, so haftet er nach § 2006 Abs. 3 S. 1 BGB dem Gläubiger, der den Antrag gestellt hat, unbeschränkt. Nach § 2006 Abs. 3 S. 2 BGB gilt dies auch dann, wenn der Erbe weder in dem Termin noch in einem auf Antrag des Gläubigers bestimmten neuen Termins erscheinen, es sei denn, dass ein Grund vorliegt, durch den das Nichterscheinen in diesem Termin genügend entschuldigt wird.

19 **Die Folge der unbeschränkten Haftung gegenüber dem Gläubiger, der den Antrag gestellt hat, ist im Nachlassverfahren nicht festzustellen**; hierfür ist vielmehr das Prozessgericht zuständig. Eine Erzwingung der Abgabe der eidesstattlichen Versicherung über die Vollständigkeit des Inventars ist darüber hinaus nicht möglich.[14]

20 Eine **wiederholte Abgabe** der eidesstattlichen Versicherung kann derselbe Gläubiger oder ein anderer Gläubiger nach § 2006 Abs. 4 BGB nur verlangen, wenn Grund zu der Annahme be-

---

10 MüKoFamFG/Grziwotz FamFG § 361 Rn. 8; Keidel/Zimmermann FamFG § 361 Rn. 20.
11 Keidel/Zimmermann FamFG § 361 Rn. 10; MüKoFamFG ZPO/Grziwotz FamFG § 361 Rn. 10.
12 Keidel/Zimmermann FamFG § 361 Rn. 10.
13 MüKoFamFG/Grziwotz FamFG § 361 Rn. 12.
14 Krätzschel/Falkner/Döbereiner NachlassR, § 20 Rn. 53.

steht, dass dem Erben nach der Abgabe der eidesstattlichen Versicherung weitere Nachlassgegenstände bekannt geworden sind (→ Rn. 10).

VI. Rechtsmittel

Gegen die Ablehnung der Terminsbestimmung oder die Ablehnung der eidesstattlichen Versicherung ist die Beschwerde nach den §§ 58 ff. FamFG statthaft. 21

Dagegen ist gegen die Terminsbestimmung, die Ladung und die Vertagung kein Rechtsmittel statthaft, da es sich insoweit nur um verfahrensleitende Maßnahmen handelt.[15] 22

VII. Kosten

Die Kosten ergeben sich aus Nr. 15212 KV GNotKG,[16] wobei Zahlungspflichtiger gemäß § 22 GNotKG der Antragsteller ist. 23

§ 362 FamFG Stundung des Pflichtteilsanspruchs

Für das Verfahren über die Stundung eines Pflichtteilsanspruchs (§ 2331a in Verbindung mit § 1382 des Bürgerlichen Gesetzbuchs) gilt § 264 entsprechend.

A. Allgemeines 1	V. Streitiges Verfahren vor dem Prozessgericht 12
B. Regelungsgehalt 3	VI. Nachträgliche Aufhebung oder Änderung,
I. Stundung des Pflichtteilsanspruchs 3	§§ 2331a Abs. 2 S. 2, 1382 Abs. 6 BGB ... 15
II. Verfahren und Stundungsentscheidung 4	VII. Rechtsmittel 18
1. Zuständigkeit 4	VIII. Kosten 21
2. Verfahren, gütliche Einigung 5	
3. Entscheidung 6	
III. Einstweilige Anordnung 10	
IV. Ausspruch über die Verpflichtung des Antragstellers zur Zahlung des Pflichtteilsanspruchs 11	

A. Allgemeines

Mit dem Erbfall wird der Pflichtteilsanspruch sofort zur Zahlung fällig. Zum Schutz des Erben existiert § 2331a BGB, wonach dieser unter bestimmten Voraussetzungen die Stundung verlangen kann. Für das Stundungsverfahren gelten über § 2331a Abs. 2 BGB die §§ 1382 Abs. 2–6 BGB entsprechend. § 362 FamFG stellt nun eine **verfahrensrechtliche Ergänzung** hierzu dar, indem auf § 264 FamFG verwiesen wird, wodurch die Entscheidung erst mit der formellen Rechtskraft wirksam wird.[1] 1

§ 362 FamFG entspricht der früheren Regelung des § 83a FGG, § 264 FamFG der des früheren § 53a FGG. 2

B. Regelungsgehalt

I. Stundung des Pflichtteilsanspruchs

Damit ein isoliertes Stundungsverfahren vor dem Nachlassgericht durchgeführt werden kann, müssen mehrere Voraussetzungen vorliegen: 3

1. Nach § 2331a Abs. 1 BGB **in der bis zum 31.12.2009 geltenden Fassung** musste der **Erbe**, der die Stundung des Pflichtteilsanspruchs verlangt **selbst pflichtteilsberechtigt gewesen sein**.

---

15 MüKoFamFG/Grziwotz FamFG § 361 Rn. 14.
16 HK-GNotKG/Heinemann/Otto KV Nr. 15212 Rn. 7.

1 MüKoFamFG/Grziwotz FamFG § 362 Rn. 1.

Diese Einschränkung ist für Erbfälle ab dem 1.1.2010 entfallen, so dass nun jeder Erbe den Antrag auf Stundung stellen kann.
2. **Die sofortige Erfüllung des gesamten Anspruchs muss den Erben wegen der Art der Nachlassgegenstände ungewöhnlich hart treffen.** Dies ist insbesondere dann der Fall, wenn ihn die Erfüllung zur Aufgabe seiner Familienwohnung oder zur Veräußerung eines Wirtschaftsguts zwingen würde, das für den Erben und seine Familie die wirtschaftliche Lebensgrundlage bildet und soweit sie dem Pflichtteilsberechtigten bei Abwägung der Interessen beider Teile zugemutet werden kann.
3. **Es muss ein Antrag vorliegen**, den der Erbe als Schuldner des Pflichtteils stellen kann, sofern er selbst pflichtteilsberechtigt ist. Sind **mehrere Miterben** vorhanden, konnten von diesen in der bis zum 31.12.2009 geltenden Fassung des § 2331a BGB ebenfalls nur die Pflichtteilsberechtigten die Stundung verlangen, für Erbfälle ab dem 1.1.2010 dagegen nun jeder[2] Miterbe. Antragsberechtigt sind ferner der **Nachlassverwalter**, der **Nachlasspfleger**[3] und der **Nachlassinsolvenzverwalter**, nicht aber der Testamentsvollstrecker.[4]
4. Der **Pflichtteilsanspruch muss unbestritten sein**,[5] § 2331a Abs. 2 S. 1 BGB. Ist der Pflichtteilsanspruch streitig, ist nach §§ 2331a Abs. 2 S. 2, 1382 Abs. 5 BGB das Prozessgericht und nicht das Nachlassgericht zuständig.

II. Verfahren und Stundungsentscheidung

4 1. **Zuständigkeit.** Ist der Pflichtteilsanspruch unbestritten, entscheidet über den Antrag auf Stundung das Nachlassgericht als **sachlich zuständiges** Gericht gemäß §§ 23 a Abs. 1 Nr. 2, Abs. 2 Nr. 2 GVG iVm § 342 Abs. 1 Nr. 9 FamFG. Die **örtliche Zuständigkeit** folgt aus § 343 FamFG. **Funktionell zuständig** ist nach § 3 Nr. 2 c RPflG der Rechtspfleger.

5 2. **Verfahren, gütliche Einigung.** In der Praxis wird das Nachlassgericht – wie schon bisher nach § 53a FGG aF – darauf hinwirken, dass sich die Beteiligten gütlich einigen (§ 36 FamFG) und hierzu, wenn es für sachdienlich erachtet wird, einen Termin anberaumen (§ 32 FamFG). Erfolgt im Termin eine Einigung, so ist hierüber eine Niederschrift entsprechend der §§ 159 bis 163 ZPO anzufertigen, indem die nach § 160 ZPO erforderlichen Angaben aufzunehmen sind, insbesondere auch der Inhalt der Vereinbarung. Möglich ist daneben auch nach § 36 Abs. 3 FamFG ein schriftlicher Vergleich.

6 3. **Entscheidung.** Kommt eine gütliche Einigung nicht zustande, hat das Nachlassgericht die für die **Entscheidung erheblichen Tatsachen von Amts wegen** zu ermitteln, § 26 FamFG, wobei den Beteiligten eine erhebliche Mitwirkungspflicht zukommt.

7 Die Entscheidung ergeht durch zu begründenden (§ 38 Abs. 3 S. 1 FamFG) **Beschluss**, der mit einer Rechtsbehelfsbelehrung (§ 39 FamFG) zu versehen ist.[6]

8 Das Nachlassgericht kann den Antrag auf Stundung des Pflichtteils in Gänze oder nur teilweise stattgeben oder diesen zurückweisen. Ist beabsichtigt dem Antrag ganz oder teilweise stattzugeben, so finden über § 2331a Abs. 2 S. 2 BGB die §§ 1382 Abs. 2–6 BGB entsprechend Anwendung. Das Nachlassgericht kann daher nach billigem Ermessen die Stundung des ganzen oder nur eines Teilbetrages bis zu einem bestimmten Termin oder Ratenzahlung anordnen, eine Verzinsung sowie deren Höhe bestimmen sowie Sicherheitsleistungen auferlegen.[7]

9 Nach § 362 FamFG iVm § 264 Abs. 1 FamFG wird die Entscheidung **erst mit der formellen Rechtskraft wirksam**.

---

2 MüKoFamFG/Grziwotz FamFG § 362 Rn. 3.
3 Keidel/Zimmermann FamFG § 362 Rn. 6.
4 Bumiller/Harders/Schwamb/Harders FamFG § 362 Rn. 3.
5 MüKoBGB/Lange BGB § 2331a Rn. 12; MüKo-FamFG/Grziwotz FamFG § 362 Rn. 2; Keidel/Zimmermann FamFG § 362 Rn. 10.
6 Als Muster vgl. GF-FamFG/Poller FamFG § 362 Rn. 2.
7 Vgl. hierzu Muster bei GF-FamFG/Poller FamFG § 362 Rn. 2.

III. Einstweilige Anordnung

Auf Antrag (§ 51 Abs. 1 FamFG) ist auch eine einstweilige Anordnung nach den §§ 49 ff. FamFG möglich, sofern ein dringendes Bedürfnis besteht.[8]

IV. Ausspruch über die Verpflichtung des Antragstellers zur Zahlung des Pflichtteilsanspruchs

Auf Antrag des Pflichtteilsberechtigten kann das Nachlassgericht nach § 362 FamFG iVm § 264 Abs. 2 FamFG auch die Verpflichtung des Erben zur Zahlung des Pflichtteils aussprechen. Damit wird zugleich ein Vollstreckungstitel nach § 86 Abs. 1 Nr. 1 FamFG geschaffen.[9]

V. Streitiges Verfahren vor dem Prozessgericht

Ist der Pflichtteilsanspruch dem Grunde **oder** der Höhe nach streitig,[10] so ist für den Stundungsantrag **ab Klagezustellung**[11] das Prozessgericht sachlich zuständig; ein gleichwohl beim Nachlassgericht eingereichter Antrag ist dann unzulässig.[12] Das Prozessgericht entscheidet dann zusammen mit der als Hauptsache anhängigen Pflichtteilsstreitigkeit über den Stundungsantrag durch **Urteil**, §§ 2331a Abs. 2 S. 2, 1382 Abs. 5 BGB.

Für das **Verfahren** gelten die gleichen Grundsätze wie beim Nachlassgericht,[13] nur dass der Amtsermittlungsgrundsatz nicht greift.[14]

Wird im streitigen Verfahren über den Pflichtteilsanspruch **kein Stundungsantrag gestellt**, so kann ein solcher nur noch beim Nachlassgericht unter den Voraussetzungen der §§ 2331a Abs. 2 S. 2, 1382 Abs. 6 BGB gestellt werden. Danach müssen sich die Verhältnisse nach der Entscheidung wesentlich geändert haben (vgl. hierzu sogleich).[15]

VI. Nachträgliche Aufhebung oder Änderung, §§ 2331a Abs. 2 S. 2, 1382 Abs. 6 BGB

Grundsätzlich kommt eine Abänderung oder Wiederaufnahme nach § 362 FamFG iVm § 264 Abs. 1 S. 2 FamFG nicht in Betracht.[16]

Jedoch kann ausnahmsweise das Nachlassgericht eine nachträgliche Änderung oder Aufhebung des Beschlusses nach den §§ 2331a Abs. 2 S. 2, 1382 Abs. 6 BGB auf Antrag des Erben oder des Pflichtteilsberechtigten vornehmen, wenn sich die Verhältnisse nach der Entscheidung wesentlich geändert haben.[17]

Zuständig ist hierbei stets das Nachlassgericht, auch wenn das Prozessgericht die Stundungsentscheidung traf.[18] Eine Änderung oder Aufhebung ist hierbei auch bei einem gerichtlichen Vergleich möglich.[19]

VII. Rechtsmittel

Der **Stundungsbeschluss** kann mittels der **Beschwerde** nach den §§ 58 ff. FamFG angegriffen werden.

---

8 Keidel/Zimmermann FamFG § 362 Rn. 12.
9 Keidel/Zimmermann FamFG § 362 Rn. 14.
10 Keidel/Zimmermann FamFG § 362 Rn. 17.
11 MüKoBGB/Lange BGB § 2331a Rn. 12.
12 MüKoBGB/Lange BGB § 2331a Rn. 12; Keidel/Zimmermann FamFG § 362 Rn. 17.
13 Staudinger/Olshausen BGB § 2331a Rn. 31; MüKoFamFG/Grziwotz FamFG § 362 Rn. 8.
14 NK-BGB/Bock § 2331a Rn. 17.
15 NK-BGB/Bock § 2331a Rn. 17 f.; Grüneberg/Weidlich BGB § 2331a Rn. 6, 8; MüKoFamFG/Grziwotz FamFG § 362 Rn. 8.
16 MüKoFamFG/Grziwotz FamFG § 362 Rn. 9.
17 MüKoFamFG/Grziwotz FamFG § 362 Rn. 10 unter Verweis auf BT-Drs. 16/6308, 262.
18 MüKoFamFG/Grziwotz FamFG § 362 Rn. 10.
19 Bumiller/Harders/Schwamb/Harders FamFG § 362 Rn. 6; Grüneberg/Weidlich BGB § 2331a Rn. 8; Staudinger/Olshausen BGB § 2331a Rn. 32; MüKoFamFG/Grziwotz FamFG § 362 Rn. 10; aA Keidel/Zimmermann FamFG § 362 Rn. 18.

19 Auch gegen die **Ablehnung der beantragten Stundung** ist die **Beschwerde** nach den §§ 58 ff. FamFG statthaft, allerdings ist beschwerdeberechtigt nur der Erbe.[20] Mit **Erhebung der Zahlungsklage** durch den Pflichtteilsberechtigten wird diese Beschwerde dann allerdings mangels Rechtsschutzbedürfnis **unzulässig**, weil dann die Stundung nach den §§ 2331a Abs. 2 S. 2, 1382 Abs. 5 BGB nur noch im Klageverfahren vor dem Prozessgericht geltend gemacht werden kann.[21]

20 Wird auf Antrag des Pflichtteilsberechtigten durch das Nachlassgericht nach § 362 FamFG iVm § 264 Abs. 2 FamFG zugleich auch die Verpflichtung des Erben zur Zahlung des Pflichtteils ausgesprochen (→ Rn. 11), so kann hiergegen ebenfalls mit der Beschwerde nach den §§ 58 ff. FamFG vorgegangen werden.

VIII. Kosten

21 Die Kosten richten sich nach Nr. 12520 und 12521 KV GNotKG. Danach fällt für das Verfahren grundsätzlich eine 2,0 Gebühr, die sich unter den Voraussetzungen der Nr. 12521 KV GNotKG auf ein 0,5 Gebühr ermäßigt.[22]

§ 363 FamFG Antrag

(1) Bei mehreren Erben hat der Notar auf Antrag die Auseinandersetzung des Nachlasses zwischen den Beteiligten zu vermitteln; das gilt nicht, wenn ein zur Auseinandersetzung berechtigter Testamentsvollstrecker vorhanden ist.

(2) Antragsberechtigt ist jeder Miterbe, der Erwerber eines Erbteils sowie derjenige, welchem ein Pfandrecht oder ein Nießbrauch an einem Erbteil zusteht.

(3) In dem Antrag sollen die Beteiligten und die Teilungsmasse bezeichnet werden.

A. Allgemeines	1	a) Zuständigkeit	8
B. Regelungsgehalt	5	b) Antrag, §§ 363 Abs. 2 und 3 FamFG	11
I. Allgemeines	5	c) Beteiligte	17
II. Notarielles Verfahren	7	d) Verfahren und Entscheidung	19
1. Ausschluss des Vermittlungsverfahrens	7	III. Rechtsmittel	25
2. Verfahren	8	IV. Kosten	27

A. Allgemeines

1 Mit den §§ 363 ff. FamFG wird ein **Vermittlungsverfahren für Erbauseinandersetzungen** geschaffen. Hinterlässt nämlich ein Erblasser mehrere Erben, so entsteht von Gesetzes wegen nach den §§ 1922, 2032 BGB eine Erbengemeinschaft. Diese ist nicht rechtsfähig, hat keinen Geschäftsführer und kann unbegrenzt lange bestehen bleiben. Allerdings kann jeder Miterbe grundsätzlich jederzeit die Auseinandersetzung verlangen, § 2046 Abs. 1 BGB (Ausnahmen: § 2042 BGB iVm § 749 BGB, §§ 2043–2045 BGB).

2 Die **praktische Bedeutung** der §§ 363 ff. FamFG ist relativ gering, da sobald auch nur ein Miterbe nicht einverstanden ist, das Verfahren gescheitert ist.[1] Andererseits hat das Vermittlungsverfahren im Vergleich zur Erbteilungsklage auch **erhebliche Vorteile**. So muss der Antragsteller den Umfang des Nachlasses nicht selbst ermitteln und im Antrag vortragen. Vielmehr besteht

---

20 MüKoFamFG/Grziwotz FamFG § 362 Rn. 7.
21 OLG Karlsruhe FamRZ 2004, 661; MüKoFamFG/Grziwotz FamFG § 362 Rn. 7.
22 HK-GNotKG/Jäckel KV Nr. 12520–12521 Rn. 1 ff.
1 Keidel/Zimmermann FamFG § 363 Rn. 1.

nach § 26 FamFG der Amtsermittlungsgrundsatz. Ein Anwaltszwang besteht ferner nicht und die Kosten sind aus dem Nachlass zu zahlen; die §§ 91 ff. ZPO gelten daher insoweit nicht.[2]

Der § 363 FamFG entspricht in den Abs. 1 und 2 der früheren Regelung des § 86 FGG, der Abs. 3 dem früheren § 87 Abs. 1 FGG. 3

Bis zum 31.8.2013 waren für Teilungssachen die Gerichte zuständig. Mit dem Gesetz vom 26.6.2013,[3] welches seit dem 1.9.2013 in Kraft ist, wurden die Teilungssachen den Gerichten entzogen und den **Notaren zugewiesen**. 4

B. Regelungsgehalt
I. Allgemeines

Grundsätzlich ist es Aufgabe der Erben bzw. des Testamentsvollstreckers den Nachlass auseinanderzusetzen und abzuwickeln. Wurde aber ein Testamentsvollstrecker nicht bestimmt und können sich die Miterben nicht auf einen Auseinandersetzungsvertrag einigen, obwohl der Nachlass teilungsreif ist, dann kann von dem oder den teilungswilligen Miterben Erbteilungsklage vor den Zivilgerichten erhoben werden oder auch ein Notar aufgesucht werden, um die Auseinandersetzung nach den §§ 363–373 FamFG vornehmen zu lassen.[4] Umstritten ist hierbei, ob das Vermittlungsverfahren nach den §§ 363–373 FamFG auch dann noch durchgeführt werden kann, wenn bereits Erbteilungsklage erhoben wurde.[5] 5

Zur Auseinandersetzung stehen daher den Miterben folgende Möglichkeiten offen: 6

- durch **Erbteilungsvertrag**. Danach können die Erben einstimmig und grundsätzlich formfrei[6] vereinbaren, wie der Nachlass verteilt werden soll. Bei dem Erbteilungsvertrag handelt es sich um einen schuldrechtlichen Vertrag, der auch mündlich oder stillschweigend geschlossen werden kann.[7] Der Erbteilungsvertrag muss zwischen allen Miterben abgeschlossen werden, wobei Stellvertretung unter Beachtung des § 181 BGB möglich ist.[8] Sind neben den Miterben weitere Personen zur Verfügung über den oder die Erbteile befugt, müssen diese ebenfalls zustimmen. Dies können Testamentsvollstrecker, Insolvenzverwalter, gesetzliche Vertreter, Betreuer, Pfandgläubiger am Erbteil gemäß §§ 1273 Abs. 2, 1258 Abs. 2 BGB,[9] Nießbraucher am Erbteil analog zu § 1071 BGB oder etwa der Ehegatte nach Maßgabe des § 1365 BGB[10] sein. Eine Genehmigung der Auseinandersetzungsvereinbarung durch das Familiengericht bedarf es bei Kindern als Miterben dann nicht, wenn die Eltern zugestimmt haben und diese nicht Miterben sind.[11] Sind die Eltern ebenfalls Miterben, so ist das Verbot der Selbstkontrahierung nach den §§ 181, 1629 Abs. 2 S. 1, 1795 Abs. 2 BGB zu beachten und ein Pfleger durch das Familien- oder Betreuungsgericht zu bestellen.[12]

---

2 Keidel/Zimmermann FamFG § 363 Rn. 13.
3 BGBl. 2013 I 1800.
4 Jurgeleit/Dieker Freiwillige Gerichtsbarkeit § 18 Rn. 346.
5 **Verneinend**: MüKoBGB/Ann BGB § 2042 Rn. 47; Krätzschel/Falkner/Döbereiner NachlassR, § 23 Rn. 34; Keidel/Zimmermann FamFG § 363 Rn. 30; **Bejahend**: Jurgeleit/Dieker Freiwillige Gerichtsbarkeit § 18 Rn. 346.
6 Jurgeleit/Dieker Freiwilige Gerichtsbarkeit § 18 Rn. 346. Eine Ausnahme besteht dann, wenn Grundstücke zum Nachlass gehören, § 311b Abs. 1 BGB oder etwa bei der Übertragung von GmbH-Anteilen, § 15 Abs. 4 GmbHG; vgl. hierzu auch NK-BGB/Eberl-Borges BGB Vorb. §§ 2042-2057a BGB Rn. 21.
7 Keidel/Zimmermann FamFG § 363 Rn. 3.

8 NK-BGB/Eberl-Borges BGB Vorb. §§ 2042–2057a Rn. 19.
9 BGH NJW 1969, 1347; NK-BGB/Eberl-Borges BGB Vorb. §§ 2042- 2057a Rn. 19.
10 Keim RNotZ 2003, 375 (379); NK-BGB/Eberl-Borges BGB Vor §§ 2042- 2057a Rn. 19; einschränkend OLG München MDR 1970, 928.
11 Keidel/Zimmermann FamFG § 363 Rn. 6.
12 Keidel/Zimmermann FamFG § 363 Rn. 7 ff. Das Nachlassgericht ist für die Bestellung eines Pflegers nicht mehr zuständig, da § 368 Abs. 3 FamFG zum 1.9.2013 aufgehoben wurde. Ebenso erfolgt die Bestellung eines ggfs erforderlichen Abwesenheitspflegers nicht mehr durch das Nachlassgericht, da § 364 FamFG ebenfalls zum 1.9.2013 aufgehoben wurde.

- durch **Testamentsvollstrecker**. Wurde ein Testamentsvollstrecker für alle Erbteile und ohne Besonderheiten durch den Erblasser bestimmt, so nimmt dieser die Auseinandersetzung nach § 2204 BGB vor.
- durch **Antrag auf Teilungsversteigerung eines Grundstücks**. Befindet sich ein Grundstück im Nachlass, so kann jeder Miterbe zur Aufhebung der Erbengemeinschaft am Grundstück nach Maßgabe des § 180 ZVG den Antrag auf Teilungsversteigerung stellen.[13]
- durch **Erbteilungsklage**. Werden sich die Miterben nicht einig, so muss von dem teilungswilligen Miterben Erbteilungsklage vor dem nach § 27 ZPO zuständigen Zivilgericht erhoben werden.[14]
- durch ein **Schiedsgericht**.[15] Möglich ist auch die Einsetzung eines Schiedsgerichts durch letztwillige Verfügung,[16] wobei § 1031 ZPO keine Anwendung findet.[17] Darüber hinaus können auch die Miterben eine Schiedsvereinbarung treffen und ein Schiedsgericht unter Beachtung der Formvorschriften des § 1031 ZPO einsetzen.[18]
- durch **gerichtliche Zuweisung eines land- oder forstwirtschaftlichen Betriebs**. Befindet sich ein land- oder forstwirtschaftlicher Betrieb aufgrund gesetzlicher Erbfolge im Nachlass einer Erbengemeinschaft, so kann das Amtsgericht – Landwirtschaftsgericht auf Antrag den Betrieb einem Miterben zuweisen, §§ 13–17, 33 GrdstVG. Die Miterben erhalten dann eine Abfindung nach Maßgabe des § 2049 BGB. Findet die Höfeordnung Anwendung gelten Sonderregelungen (vgl. hierzu die gesonderte Kommentierung der HöfeO).
- durch **Vermittlung durch den Notar**. Auf Antrag eines Miterben kann das Vermittlungsverfahren nach den §§ 363–372 FamFG durchgeführt werden. Hierfür ist seit dem 1.9.2013 der Notar zuständig, für die bis zum 31.8.2013 beantragten Verfahren verbleibt es dagegen bei der Zuständigkeit des Nachlassgerichts, § 493 FamFG. Soweit landesrechtliche Sondervorschriften zur Zuständigkeit bestehen, sind diese nur noch für die bis zum 31.8.2013 anhängigen Verfahren relevant.[19] Hiervon unberührt bleiben die Zuständigkeiten in besonderen Fällen nach § 487 FamFG.

II. Notarielles Verfahren

7   **1. Ausschluss des Vermittlungsverfahrens.** Das Vermittlungsverfahren unterbleibt, wenn
- ein die **Todesfallkosten übersteigender Nachlass nicht vorhanden** ist.[20]
- ein **Testamentsvollstrecker** vorhanden ist, der zur Bewirkung der Auseinandersetzung berechtigt ist, wie im Regelfall nach § 2204 BGB.[21] Durch den Notar ist hierbei von Amts wegen festzustellen, ob der Testamentsvollstrecker hierzu befugt ist oder ob Einschränkungen bestehen.[22]
- ein **Fall des § 2048 BGB** vorliegt, also ein Dritter die Auseinandersetzung nach billigem Ermessen vornehmen soll. Dies gilt dann nicht, wenn der Dritte die Auseinandersetzung nicht vornehmen will oder kann, diese verzögert oder wenn sich sämtlich Beteiligte über die Unbilligkeit der getroffenen Bestimmungen einig sind.[23]
- der **Erblasser eine Teilungsanordnung** getroffen hat,[24]

---

13 Keidel/Zimmermann FamFG § 363 Rn. 11.
14 Vgl. hierzu NK-BGB/Eberl-Borges BGB Vorb. §§ 2042- 2057a Rn. 24.
15 Vgl. hierzu NK-BGB/Eberl-Borges BGB Vorb. §§ 2042- 2057a Rn. 28 ff.
16 RGZ 100, 76 (77); OLG Hamm NJW-RR 1991, 455; hierzu NK-BGB/Eberl-Borges BGB Vorb. §§ 2042- 2057a Rn. 28.
17 Hierzu NK-BGB/Eberl-Borges BGB Vorb. §§ 2042- 2057a Rn. 28 mwN.
18 Hierzu NK-BGB/Eberl-Borges BGB Vorb. §§ 2042- 2057a Rn. 28.
19 Keidel/Zimmermann FamFG § 363 Rn. 14.
20 Krätzschel/Falkner/Döbereiner NachlassR, § 23 Rn. 34.
21 Keidel/Zimmermann FamFG § 363 Rn. 27; Krätzschel/Falkner/Döbereiner NachlassR, § 23 Rn. 34.
22 LG Koblenz JZ 1959, 316; Keidel/Zimmermann FamFG § 363 Rn. 27.
23 MüKoFamFG/Grziwotz FamFG § 363 Rn. 14; Keidel/Zimmermann FamFG § 363 Rn. 28.
24 Krätzschel/Falkner/Döbereiner NachlassR, § 23 Rn. 34.

- die **Erben** das Recht, die **Aufhebung der Erbengemeinschaft** zu verlangen **für immer oder auf Zeit ausgeschlossen** haben, §§ 2042 Abs. 2, 749 Abs. 2, 3 BGB.[25] Sofern wichtige Gründe für die Aufhebung geltend gemacht werden, so ist zur Entscheidung über die Frage, ob solche Gründe tatsächlich vorliegen nicht der Notar befugt, sondern nur das Prozessgericht.[26] In einem solchen Fall ist zwar das Vermittlungsverfahren grundsätzlich nicht ausgeschlossen und der Antrag nicht unzulässig, doch ist das Verfahren auf Widerspruch eines Miterben einzustellen.[27]
- die **Erbengemeinschaft bereits aufgehoben** ist,[28]
- nach umstrittener Ansicht die **Erbteilungsklage** erhoben ist (→ Rn. 5).
- **Nachlassverwaltung** oder **Nachlassinsolvenzverfahren** andauern.[29]
- das **Erbrecht eines Beteiligten bestritten** ist oder generell, wenn bereits im Zeitpunkt der Antragstellung **streitige Rechtsfragen** auftreten.[30]
- die **Auseinandersetzung** nach den **§§ 2043–2045 BGB ausgeschlossen** oder **aufgehoben** ist,[31] es sei denn, es liegt ein wichtiger Grund vor. Widerspricht aber ein Miterbe dem Vorliegen eines wichtigen Grundes, so ist der Antrag auf Einleitung eines Verteilungsverfahrens abzulehnen.[32]

2. Verfahren. a) Zuständigkeit. Bis zum 31.8.2013 waren für Teilungssachen die Gerichte zuständig. Mit dem Gesetz vom 26.6.2013,[33] welches seit dem 1.9.2013 in Kraft ist, wurden die Teilungssachen den Gerichten entzogen und den **Notaren zugewiesen**. Für die bis zum 31.8.2013 beantragten Verfahren verbleibt es dagegen bei der Zuständigkeit des Nachlassgerichts, § 493 FamFG. Soweit landesrechtliche Sondervorschriften zur Zuständigkeit bestehen, sind diese nur noch für die bis zum 31.8.2013 anhängigen Verfahren relevant.[34] Hiervon unberührt bleiben die Zuständigkeiten in besonderen Fällen nach § 487 FamFG.

Die **örtliche Zuständigkeit** ergibt sich aus § 344 Abs. 4a FamFG. Danach ist jeder Notar zuständig, der seinen Amtssitz im Bezirk des Amtsgerichts hat, in dem der Erblasser seinen letzten gewöhnlichen Aufenthalt hatte, § 344 Abs. 4a S. 1 FamFG. Hatte der Erblasser keinen gewöhnlichen Aufenthalt im Inland, so ist jeder Notar zuständig, der seinen Amtssitz im Bezirk eines Amtsgerichts hat, in dem sich Nachlassgegenstände befinden, § 344 Abs. 4a S. 2 FamFG. Von mehreren örtlich zuständigen Notaren ist nach § 344 Abs. 4a S. 3 FamFG derjenige zuständig, bei dem zuerst ein auf Auseinandersetzung gerichteter Antrag eingeht. Daneben können nach § 344 Abs. 4a S. 4 FamFG die an der Auseinandersetzung Beteiligten anderweitige Vereinbarungen treffen.

International ist der Notar für eine Teilungssache dann zuständig, wenn er örtlich zuständig ist, §§ 105, 492 FamFG. Damit folgt die internationale Zuständigkeit der örtlichen, wobei vom Notar dann ggf. ausländisches Erbrecht anzuwenden ist.

b) Antrag, §§ 363 Abs. 2 und 3 FamFG. Das Teilungsverfahren setzt **einen Antrag voraus**, der wegen §§ 492, 23 FamFG schriftlich beim jeweils zuständigen Notar zu stellen ist.[35] Ein Anwaltszwang besteht nicht.

Inhaltlich muss der Antrag zu erkennen geben, dass ein Vermittlungsverfahren zur Nachlassaufteilung angestrebt wird. Erforderlich ist nur ein Verfahrensantrag, nicht aber ein Sachantrag

---

25 Keidel/Zimmermann FamFG § 363 Rn. 31; Krätzschel/Falkner/Döbereiner NachlassR, § 23 Rn. 34.
26 Keidel/Zimmermann FamFG § 363 Rn. 31.
27 Keidel/Zimmermann FamFG § 363 Rn. 31.
28 Krätzschel/Falkner/Döbereiner NachlassR, § 23 Rn. 34.
29 MüKoFamFG/Grziwotz § 363 Rn. 17; Keidel/Zimmermann FamFG § 363 Rn. 34; Krätzschel/Falkner/Döbereiner NachlassR, § 23 Rn. 34.
30 OLG Düsseldorf FGPrax 2002, 231; Krätzschel/Falkner/Döbereiner NachlassR, § 23 Rn. 34.
31 Keidel/Zimmermann FamFG § 363 Rn. 32.
32 Keidel/Zimmermann FamFG § 363 Rn. 32.
33 BGBl. 2013 I 1800.
34 Keidel/Zimmermann FamFG § 363 Rn. 14.
35 Keidel/Zimmermann FamFG § 363 Rn. 37. Nach Krätzschel/Falkner/Döbereiner NachlassR, § 23 Rn. 36 kann der Antrag dagegen formlos gestellt werden.

dergestalt, dass konkret beantragt wird, wie die Teilungsmasse verteilt werden soll. Der Antrag kann also etwa lauten:

▶ Ich beantrage als Miterbe die Auseinandersetzung des Nachlasses des Erblassers ... zu vermitteln ◀

13 Der Antrag **soll ferner folgende Angaben enthalten**:[36]
- zum Erblasser, also Name, letzter Wohnort, Sterbeort und Todesdatum
- zu sämtlichen Beteiligten inkl. Name und Anschrift sowie der Grund der Beteiligung wie Testamentsvollstrecker oder gesetzlicher bzw. gewillkürter Erbe und den jeweiligen Erbquoten
- zur Teilungsmasse, § 363 Abs. 3 FamFG. Dabei ist es nicht erforderlich, dass von Anfang an die gesamte Teilungsmasse angegeben wird,[37] diese kann vielmehr mithilfe der anderen Beteiligten im Laufe des Verfahrens oder durch Ermittlungen von Amts wegen durch den Notar ergänzt werden. Die Vorlage eines Teilungsplanes bedarf es ebenfalls nicht.[38]

Ist der Antrag mangelhaft, so kann dieser **ergänzt** werden. Hierauf hat der Notar vor einer etwaigen Zurückweisung durch sachdienliche Hinweise hinzuwirken.

14 Bis zur Rechtskraft des Bestätigungsbescheides kann der Antrag nach umstrittener aber zutreffender Ansicht **zurückgenommen** werden.[39]

15 Wer **antragsberechtigt** ist, regelt § 363 Abs. 2 FamFG. Dies ist
- jeder **Miterbe** und zwar unabhängig davon ob sein Erbteil gepfändet, verpfändet oder mit einem Nießbrauch belastet ist. Wurde das Insolvenzverfahren über das Vermögen des Miterben eröffnet, so übt das Antragsrecht nach § 84 InsO nur noch der Insolvenzverwalter aus. Ist der Erbe dagegen bereits aus der Erbengemeinschaft ausgeschieden, etwa indem er seinen Erbteil veräußert hat, so steht ihm kein Antragsrecht mehr zu.[40]
Sind **Ehegatten** Miterben, so ist jeder Ehegatte allein antragsberechtigt, wenn Gütertrennung oder gesetzlicher Güterstand besteht. Bei Gütergemeinschaft ist derjenige antragsberechtigt, der verwaltungsberechtigt ist, § 1422 BGB (Ausnahme: § 1429 BGB), sofern die Erbschaft in das Gesamtgut gefallen ist. Fällt die Erbschaft dagegen in das Vorbehaltsgut eines Ehegatten bei bestehender Gütergemeinschaft, so ist dieser allein antragsberechtigt.
- der **Rechtsnachfolger** eines Miterben. Wird der Miterbe wiederum von mehreren Erben beerbt, so ist jeder davon ohne Mitwirkung der übrigen Miterben antragsberechtigt.[41] Ebenso antragsberechtigt ist ein für die Erbeserben bestellter Testamentsvollstrecker, Nachlassverwalter oder Nachlasspfleger.[42]
- der **Nacherbe** erst bei Eintritt des Nacherbfalls.
- der für einen Anteil bestellte **Testamentsvollstrecker**.[43]
- der **Erwerber eines Erbteils**.
- derjenige, dem ein **Pfandrecht** am Erbteil durch Vertrag oder durch Pfändung zusteht.[44] Einem Pfändungspfandgläubiger steht aber ein Antragsrecht nur zu, wenn er einen rechts-

---

36 Muster bei GF-FamFG/Ihrig FamFG § 363 Rn. 1.
37 Keidel/Zimmermann FamFG § 363 Rn. 41.
38 Keidel/Zimmermann FamFG § 363 Rn. 41.
39 Krätzschel/Falkner/Döbereiner NachlassR, § 23 Rn. 37; Keidel/Zimmermann FamFG § 363 Rn. 44 mit Nachweis auch zu den anderen Ansichten.
40 KG OLGE 14, 154; Keidel/Zimmermann FamFG § 363 Rn. 45.
41 Keidel/Zimmermann FamFG § 363 Rn. 49.
42 Krätzschel/Falkner/Döbereiner NachlassR, § 23 Rn. 37.
43 Krätzschel/Falkner/Döbereiner NachlassR, § 23 Rn. 37; Keidel/Zimmermann FamFG § 363 Rn. 48.
44 BayObLGZ 1956, 363; Krätzschel/Falkner/Döbereiner NachlassR, § 23 Rn. 37; Keidel/Zimmermann FamFG § 363 Rn. 51 ff.

kräftigen Schuldtitel hat, ein bloß vorläufig vollstreckbarer Titel, wie etwa ein Arrestbefehl, genügt nicht.[45]
- der **Nießbraucher** an einem Erbteil.

Eine **Vertretung** ist hinsichtlich des Antrags möglich.

Nicht antragsberechtigt sind Nachlassgläubiger,[46] Vermächtnisnehmer,[47] Pflichtteilsberechtigte,[48] Nachlassverwalter,[49] Nachlasspfleger[50] und der Nachlassinsolvenzverwalter.[51]

16

c) **Beteiligte.** Die am Verfahren zu beteiligen ergeben sich aus § 7 FamFG.[52] Letztlich sind es all diejenigen Personen, die auch antragsberechtigt sind.

17

Ist ein Beteiligter abwesend und liegen die Voraussetzungen nach § 1911 BGB bzgl. einer Abwesenheitspflegschaft vor, so hat der Notar eine entsprechende Bestellung bei Gericht anzuregen;[53] der frühere § 364 FamFG wurde aufgehoben.

18

d) **Verfahren und Entscheidung.** Der Notar hat zunächst zu **prüfen**, ob er zuständig ist und ob ein Antrag auf Vermittlung vorliegt. Erst danach ist zu prüfen, ob die Voraussetzungen erfüllt sind, also insbesondere ob ein Verteilungsverfahren zulässig ist. Es gilt gemäß § 26 FamFG der Amtsermittlungsgrundsatz. Ist der Antrag unvollständig, so ist auf dessen Vervollständigung hinzuwirken.

19

Es steht im **Ermessen** des Notars, ob die übrigen Beteiligten zu dem Antrag **gehört** werden.[54] In der Praxis erfolgt die Anhörung oftmals erst mit Zustellung der Ladung zum Termin; im Übrigen wird das Verfahren durch den Notar soweit vorbereitet, dass der Teilungsplan im ersten Termin aufgestellt werden kann, selbst wenn hierzu nur der Antragsteller erscheinen sollte.[55] Besteht aber ein erheblicher Aufklärungsbedarf, kann ohne Weiteres gleich mit Antragstellung eine Anhörung aller Beteiligten erfolgen.

20

Der Antragsteller wie auch die übrigen Beteiligten können sich jederzeit nach Maßgabe des § 10 FamFG durch **Bevollmächtigte** vertreten lassen.[56]

21

Die **Zurückweisung** des Antrags erfolgt durch zu begründenden **Beschluss** des Notars gemäß §§ 38, 492 FamFG. Dieser ist gemäß §§ 39, 492 FamFG mit einer Rechtsmittelbelehrung zu versehen.

22

Eine Zurückweisung kann erfolgen, wenn der Antragsteller kein Antragsrecht hat. Wird das Antragsrecht von einem anderen Beteiligten bestritten, so hat der Notar dies als Vorfrage zu klären.[57] Ansonsten hindert der Widerspruch eines anderen Beteiligten die Einleitung eines Verfahrens grundsätzlich nicht.[58] Dies gilt insbesondere dann, wenn sich die Gründe, auf die der Widerspruch gestützt wird, im Verfahren beseitigen, so ist der Widerspruch nicht beachtlich.[59] Lassen sich die Gründe allerdings im Verfahren nicht beseitigen oder treten bereits im Zeitpunkt des Antrags streitige Rechtsfragen auf (wie etwa wie das Testament auszulegen ist), so ist das Verfahren unzulässig und der Antrag zurückzuweisen.[60] Möglich ist auch die **Aussetzung** des Verfahrens, insbesondere im Fall des § 370 FamFG. Ist der Vermittlungsversuch im Rahmen

23

---

45 Krätzschel/Falkner/Döbereiner NachlassR, § 23 Rn. 37.
46 BayObLGZ 1983, 101.
47 Keidel/Zimmermann FamFG § 363 Rn. 59.
48 Keidel/Zimmermann FamFG § 363 Rn. 59.
49 Keidel/Zimmermann FamFG § 363 Rn. 59.
50 MüKoFamFG/Grziwotz § 363 Rn. 23.
51 Keidel/Zimmermann FamFG § 363 Rn. 59.
52 Keidel/Zimmermann FamFG § 363 Rn. 61.
53 Keidel/Zimmermann FamFG § 363 Rn. 68.
54 Krätzschel/Falkner/Döbereiner NachlassR, § 23 Rn. 53.
55 Krätzschel/Falkner/Döbereiner NachlassR, § 23 Rn. 53.
56 BayObLGZ 5, 1.
57 Keidel/Zimmermann FamFG § 363 Rn. 72; aA OLG Jena RJA 1, 184.
58 OLG Schleswig NJW-RR 2013, 844; BayObLG 21, 18; KG NJWW 1965, 1538; Keidel/Zimmermann FamFG § 363 Rn. 72.
59 Krätzschel/Falkner/Döbereiner NachlassR, § 23 Rn. 46 mit Ausnahme dann, wenn das Vermittlungsverfahren von vornherein aussichtslos ist; dann ist der Antrag insgesamt zurückzuweisen.
60 OLG Düsseldorf FGPrax 2002, 231; Keidel/Zimmermann FamFG § 363 Rn. 72; Krätzschel/Falkner/Döbereiner NachlassR, § 23 Rn. 46; aA BeckOKFamFG/Schlögel FamFG § 363 Rn. 16.

des § 370 FamFG allerdings gescheitert, ist das Verfahren nicht fortzusetzen, sondern der Antrag zurückzuweisen.[61]

24 Wird das **Antragsrecht bejaht** ergeht kein eigener Beschluss, sondern es ist mit dem Verfahren fortzufahren. Ein „Einleitungsbeschluss" ist nicht erforderlich; ein solcher findet auch im Gesetz keine Stütze.[62]

III. Rechtsmittel

25 Gegen die Einleitung des Verfahrens ist die Beschwerde nicht statthaft, da es sich insoweit nicht um eine Endentscheidung handelt.[63] Möglich ist aber die Erinnerung gemäß § 492 Abs. 2 FamFG.[64] Dies gilt gleichermaßen für die Ladung.

26 Gegen die Zurückweisung des Antrags ist die Beschwerde mit der Frist des § 63 FamFG gemäß §§ 492, 58 ff. FamFG statthaft. Beschwerdegericht ist gemäß § 119 Abs. 1 Nr. 1b GVG das OLG.

IV. Kosten

27 Seit dem 1.9.2013 fallen an **Notargebühren** fallen Gebühren nach den Nr. 23900 bis 23903 KV GNotKG an, wobei für den Geschäftswert § 118a GNotKG maßgeblich ist.[65]

28 Möglich ist nun auch die Anordnung von **Kostenerstattung** nach Maßgabe der §§ 80 ff. FamFG.[66]

§ 364 FamFG (aufgehoben)

1 Mit Wirkung zum 1.9.2013 wurde durch das Gesetz v. 26.6.2013, BGBl. I S. 1800 die Regelung des § 364 FamFG aufgehoben, wobei § 493 FamFG Übergangsbestimmungen enthält.

§ 365 FamFG Ladung

(1) ¹Der Notar hat den Antragsteller und die übrigen Beteiligten zu einem Verhandlungstermin zu laden. ²Die Ladung durch öffentliche Zustellung ist unzulässig.

(2) ¹Die Ladung soll den Hinweis darauf enthalten, dass ungeachtet des Ausbleibens eines Beteiligten über die Auseinandersetzung verhandelt wird und dass die Ladung zu dem neuen Termin unterbleiben kann, falls der Termin vertagt oder ein neuer Termin zur Fortsetzung der Verhandlung anberaumt werden sollte. ²Sind Unterlagen für die Auseinandersetzung vorhanden, ist in der Ladung darauf hinzuweisen, dass die Unterlagen in den Geschäftsräumen des Notars eingesehen werden können.

A. Allgemeines 1	3. Inhalt der Ladung 11
B. Regelungsgehalt 2	4. Zu ladende Personen 14
I. Allgemeines und Einleitung des Verfahrens 2	5. Folgen der Ladung und des Ausbleibens im Verhandlungstermin,
II. Ladung 3	§ 365 Abs. 2 S. 1 FamFG 15
1. Terminbestimmung und Ladungsfrist . 3	III. Rechtsmittel 18
2. Ladungsform 8	

---

61 KG NJW 1965, 1538; Keidel/Zimmermann FamFG § 363 Rn. 73.
62 Keidel/Zimmermann FamFG § 363 Rn. 60; aA Prütting/Helms/Fröhler FamFG § 363 Rn. 58.
63 Keidel/Zimmermann FamFG § 363 Rn. 92.
64 Keidel/Zimmermann FamFG § 363 Rn. 92.
65 Keidel/Zimmermann FamFG § 363 Rn. 95.
66 Keidel/Zimmermann FamFG § 363 Rn. 95.

A. Allgemeines

Die Regelung betrifft die Ladung zum Verhandlungstermin über die Erbauseinandersetzung und ergänzt damit die Regelungen der §§ 32 ff. FamFG. Sie entspricht der früheren Regelung des § 89 FGG; § 90 FGG fand keine entsprechende Regelung im FamFG.[1]

B. Regelungsgehalt

I. Allgemeines und Einleitung des Verfahrens

Das Auseinandersetzungsverfahren wird durch Terminbestimmung und Ladung der Beteiligten hierzu eingeleitet.[2] Der Antrag auf Vermittlung der Erbauseinandersetzung wird dabei entweder schon vorab oder mit der Terminladung an die anderen Beteiligten übersandt und zugleich eine Frist zur Stellungnahme von mindestens zwei Wochen entsprechend § 274 Abs. 3 ZPO[3] zu dem Antrag gesetzt.

II. Ladung

1. Terminbestimmung und Ladungsfrist. Der Notar selbst und nicht das Notariatspersonal bestimmt nach pflichtgemäßen Ermessen einen Termin und verfügt die Ladung aller Beteiligter hierzu.

Zwischen Ladung und Termin soll gemäß §§ 492, 32 FamFG eine angemessene Frist liegen; die Einhaltung der nach der früheren Regelung des § 90 Abs. 1 FGG bestimmten Frist von zwei Wochen ist dagegen nicht mehr erforderlich und stellt auch keine Mindestfrist dar.[4]

Da keine gesetzlichen Ladungsfristen mehr gelten, haben die Beteiligten nicht mehr das Recht, den Eintritt in die Verhandlung mit der Begründung zu verweigern, dass die Ladungsfristen nicht eingehalten worden wären. Außerdem treten die Versäumnisfolgen des § 366 Abs. 3 FamFG auch bei kurz bemessenen Ladungsfristen ein.[5]

Der Termin kann auf Antrag eines Beteiligten bei Geltendmachung erheblicher Gründe in entsprechender Anwendung des § 227 ZPO iVm §§ 32 Abs. 1, 492 FamFG durch den Notar verlegt werden. Vom Notar kann hierbei entsprechend § 227 Abs. 2 ZPO iVm §§ 32 Abs. 1, 492 FamFG verlangt werden, dass die Gründe glaubhaft gemacht werden.[6]

Vor allem aber im Hinblick auf § 366 Abs. 3 FamFG sollte der Termin vorab möglichst mit allen Beteiligten abgesprochen und geklärt werden, ob diese zum Termin erscheinen werden.

2. Ladungsform. Die Ladung ist den Beteiligten bekannt zu machen, sinnvollerweise mittels Zustellung, damit ein Nachweis des Erhalts der Ladung vorhanden ist und hieran die entsprechenden Folgen geknüpft werden können.

Die öffentliche Zustellung ist gemäß § 365 Abs. 1 S. 2 FamFG ausgeschlossen. Möglich ist dann nur, dass vom Betreuungsgericht eine Abwesenheitspflegschaft gemäß § 1911 BGB angeordnet wird und die Ladung dann an den Pfleger zugestellt wird.[7]

---

1 Keidel/Zimmermann FamFG § 365 Rn. 1.
2 BayObLG MittBayNot 1983, 136.
3 Keidel/Zimmermann FamFG § 365 Rn. 2.
4 BeckOKFamFG/Schlögel FamFG § 365 Rn. 8; aA Keidel/Zimmermann FamFG § 365 Rn. 3 mit der Begründung, dass anderenfalls der Anspruch auf rechtliches Gehör verletzt werden würde. Dies ist aber unzutreffend, da auch im Zivilprozess kürzere Ladungsfristen gelten. Vielmehr kommt es auf die Umstände des Einzelfalles an, ob die Frist angemessen ist. So reicht etwa eine kürzere Frist problemlos aus, wenn die Antragszustellung schon vor der Ladung erfolgte und darin den Beteiligten ausreichend Gelegenheit gegeben wurde, sich zur Sache zu äußern.
5 Keidel/Zimmermann FamFG § 365 Rn. 3.
6 Keidel/Zimmermann FamFG § 365 Rn. 6.
7 MüKoFamFG/Grziwotz FamFG § 365 Rn. 3; BeckOKFamFG/Schlögel FamFG § 365 Rn. 4; Keidel/Zimmermann FamFG § 365 Rn. 7.

10 Wird im Termin ein weiterer oder neuer Termin bestimmt, dann erfolgt die Ladung hierzu durch Verkündung des neuen Termins im bereits begonnen Termin selbst, ohne dass eine (weitere) schriftliche Ladung hierzu noch erfolgt, § 365 Abs. 2 S. 1 FamFG. Die im Termin nicht erschienen, aber zum ursprünglichen Termin geladenen Beteiligten werden zu dem neuen Termin nicht eigens noch geladen, sondern müssen sich selbst nach einem etwaig neuen Termin erkundigen, § 365 Abs. 2 S. 1 FamFG. War das Ausbleiben dagegen entschuldigt, so ist der Beteiligte dagegen zum neuen Termin zu laden.[8]

11 **3. Inhalt der Ladung.** Die Ladung **muss** enthalten
- die Terminzeit,
- den Terminort (= Geschäftsräume des Notars),
- den Hinweis, dass wenn Unterlagen für die Auseinandersetzung vorhanden sind, diese in den Geschäftsräumen des Notars eingesehen werden können. Unterbleibt dieser Hinweis, so hat dies aber für das weitere Verfahren keine Konsequenzen.[9]

12 Daneben **soll** die Ladung nach § 365 Abs. 2 S. 1 FamFG den Hinweis enthalten, dass ungeachtet des Ausbleibens eines Beteiligten über die Auseinandersetzung verhandelt wird und dass die Ladung zu dem neuen Termin unterbleiben kann, falls der Termin vertagt oder ein neuer Termin zur Fortsetzung der Verhandlung anberaumt werden sollte.

13 Darüber hinaus **kann** mit der Ladung durch den Notar auch das persönliche Erscheinen eines Beteiligten zur Sachverhaltsaufklärung angeordnet werden, §§ 492, 33 Abs. 1 FamFG.

14 **4. Zu ladende Personen.** Zu laden sind alle Beteiligte inklusive des Antragstellers. Hat ein Beteiligter einen Bevollmächtigten, so ist diesem die Ladung zuzustellen.[10]

15 **5. Folgen der Ladung und des Ausbleibens im Verhandlungstermin, § 365 Abs. 2 S. 1 FamFG.** Die Folgen der Ladung ergeben sich aus § 365 Abs. 2 S. 1 FamFG. Danach wird ungeachtet des Ausbleibens eines Beteiligten über die Auseinandersetzung verhandelt und die Ladung zu dem neuen Termin kann unterbleiben, falls der Termin vertagt oder ein neuer Termin zur Fortsetzung der Verhandlung anberaumt werden sollte.

16 Darüber hinaus ist die Beachtung der Ladungsvorschriften nur noch für die Anwendung des Säumnisverfahrens, nicht aber für die Zulässigkeit der Verhandlung mit den erschienen Beteiligten von Bedeutung.[11]

17 Gemäß § 366 Abs. 3 S. 1 FamFG hat der Notar dem nichterschienen Beteiligten, wenn dieser nicht nach § 366 Abs. 2 S. 2 FamFG zugestimmt hat, den ihn betreffenden Inhalt der Urkunde bekannt zu geben und ihn gleichzeitig zu benachrichtigen, dass er die Urkunde in den Geschäftsräumen des Notars einsehen und eine Abschrift der Urkunde einfordern kann. Sinnvollerweise sollte in einem solchen Fall vorab mit den Beteiligten geklärt werden, ob diese zum Termin erscheinen werden und ggf. den Termin rechtzeitig verlegen. Von daher empfiehlt es sich daher, den Termin vorab möglichst mit allen Beteiligten abzusprechen.

III. Rechtsmittel

18 Während die Ablehnung des Antrags auf Beteiligung mit der sofortigen Beschwerde in entsprechender Anwendung der §§ 567–572 ZPO gemäß §§ 492, 7 Abs. 5 S. 2 FamFG anfechtbar ist, sind die Ladung zum Termin, die Terminverlegung und der Beschluss, dass jemand Beteiligter ist, nur nach Maßgabe des § 492 Abs. 2 FamFG mit der Erinnerung angreifbar.

---

8 Keidel/Zimmermann FamFG § 365 Rn. 8.
9 Keidel/Zimmermann FamFG § 365 Rn. 10, 12.
10 Keidel/Zimmermann FamFG § 365 Rn. 13.
11 KG OLGE 41, 17; Keidel/Zimmermann FamFG § 365 Rn. 16.

§ 366 FamFG Außergerichtliche Vereinbarung

(1) ¹Treffen die erschienenen Beteiligten vor der Auseinandersetzung eine Vereinbarung, insbesondere über die Art der Teilung, hat der Notar die Vereinbarung zu beurkunden. ²Das Gleiche gilt für Vorschläge eines Beteiligten, wenn nur dieser erschienen ist.

(2) ¹Sind alle Beteiligten erschienen, hat der Notar die von ihnen getroffene Vereinbarung zu bestätigen. ²Dasselbe gilt, wenn die nicht erschienenen Beteiligten ihre Zustimmung zu einer gerichtlichen Niederschrift oder in einer öffentlich beglaubigten Urkunde erteilen.

(3) ¹Ist ein Beteiligter nicht erschienen, hat der Notar, wenn der Beteiligte nicht nach Absatz 2 Satz 2 zugestimmt hat, ihm den ihn betreffenden Inhalt der Urkunde bekannt zu geben und ihn gleichzeitig zu benachrichtigen, dass er die Urkunde in den Geschäftsräumen des Notars einsehen und eine Abschrift der Urkunde fordern kann. ²Die Bekanntgabe muss den Hinweis enthalten, dass sein Einverständnis mit dem Inhalt der Urkunde angenommen wird, wenn er nicht innerhalb einer von dem Notar zu bestimmenden Frist die Anberaumung eines neuen Termins beantragt oder wenn er in dem neuen Termin nicht erscheint.

(4) Beantragt der Beteiligte rechtzeitig die Anberaumung eines neuen Termins und erscheint er in diesem Termin, ist die Verhandlung fortzusetzen; anderenfalls hat der Notar die Vereinbarung zu bestätigen.

A. Allgemeines 1	c) Nicht alle Beteiligte sind zum Termin erschienen 20
B. Regelungsgehalt 3	II. Säumnisverfahren, § 366 Abs. 3 FamFG ... 21
I. Beurkundung einer Vereinbarung, §§ 366 Abs. 1 und 2 FamFG 3	1. Nichterscheinen im Verhandlungstermin 21
1. Vorbereitende Vereinbarung 3	2. Bekanntgabe der Beurkundung, § 366 Abs. 3 S. 1 FamFG 24
2. Verfahren im Verhandlungstermin 5	3. Säumnis des Beteiligten 27
a) Kein Beteiligter ist zum Verhandlungstermin erschienen 5	4. Zweite Säumnis 29
b) Alle Beteiligte erscheinen zum Termin, § 366 Abs. 2 FamFG 6	III. Anberaumung eines neuen Termins, § 366 Abs. 4 FamFG 30
aa) Keine Einigung 7	IV. Rechtsmittel 31
bb) Zustandekommen einer Einigung 8	V. Kosten 34
(1) Beurkundung 8	
(2) Bestätigung, § 366 Abs. 2 S. 1 FamFG 13	

A. Allgemeines

Das Teilungsverfahren gliedert sich in zwei Abschnitte: zum einen in die die Teilung vorbereitende Vereinbarung und zum anderen in die Auseinandersetzung nach dem endgültigen Teilungsplan.[1] Dabei handelt es sich nicht um zwei strikt voneinander getrennte Verfahrensabschnitte, vielmehr gehen diese in der Praxis oftmals ineinander über bis hin zur Erarbeitung der vorbereitenden Vereinbarungen und der Erstellung des endgültigen Auseinandersetzungsplanes im selben Termin.[2] § 366 FamFG regelt nun den ersten Teil – der vorbereitenden Vereinbarung. Entgegen der Überschrift der Norm muss es sich hierbei nicht zwangsläufig um „außergerichtliche" Vereinbarungen handeln, umfasst sind auch die früher vor dem Gericht und nunmehr vor dem Notar gefassten Vereinbarungen.[3]

---

1 MüKoFamFG/Grziwotz FamFG § 366 Rn. 1; Keidel/Zimmermann FamFG § 366 Rn. 1.

2 MüKoFamFG/Grziwotz FamFG § 366 Rn. 1; Keidel/Zimmermann FamFG § 366 Rn. 2.

3 Keidel/Zimmermann FamFG § 366 Rn. 1, 2.

2 Die Vorschrift des § 366 FamFG entspricht dem früheren § 91 FGG, wobei der Text nur redaktionell überarbeitet wurde, ohne dass wesentliche inhaltliche Änderungen vorgenommen werden sollten.[4]

B. Regelungsgehalt
I. Beurkundung einer Vereinbarung, §§ 366 Abs. 1 und 2 FamFG

3 **1. Vorbereitende Vereinbarung.** § 366 Abs. 1 FamFG spricht zwar im Gegensatz zur früheren Regelung des § 91 FGG nicht mehr allgemein von vorbereitenden Maßnahmen, sondern nur von vor der Auseinandersetzung getroffenen Vereinbarungen, wo nur bespielhaft die Art der Teilung erwähnt wird, doch entspricht diese Formulierung nach ganz hM der ursprünglichen Regelung nach dem FGG.[5] Vereinbarungsmöglichkeiten sind

- die Art der Teilung einzelner Nachlassgegenstände (wie etwa welche Nachlassgegenstände werden wie veräußert (freihändig, versteigert etc), Schätzungsvereinbarungen, Bildung von Losen etc).[6]
- Ausgleichsvereinbarungen mit den Abkömmlingen als gesetzliche Erben und zu leistende Zuwendungen und Ausgleichszahlungen (§§ 2050 ff. BGB)[7]
- die Bezeichnung der einzelnen Nachlassgegenstände, aus denen zunächst die Nachlassverbindlichkeiten zu berichtigen oder die zur Berichtigung derselben erforderlichen Mittel zurückzubehalten sind (§ 2046 BGB), die Übernahme von Nachlassverbindlichkeiten durch einzelne Miterben und die Feststellung der gegenseitigen Ansprüche der Nachlassmaße und der einzelnen Miterben.[8]

4 Dagegen gehören Vereinbarungen über die Teilung selbst, so etwa was jeder Miterbe erhalten soll, nicht zu den vorbereitenden Maßnahmen, sondern bereits zur eigentlichen Auseinandersetzung.[9]

5 **2. Verfahren im Verhandlungstermin. a) Kein Beteiligter ist zum Verhandlungstermin erschienen.** Ist kein Beteiligter (zu den Beteiligten → FamFG § 363 Rn. 17 f.) zum Verhandlungstermin erschienen, so ist hierüber ein Protokoll anzufertigen und das Ruhen des Verfahrens durch Beschluss auszusprechen.[10] Jedenfalls vom Antragsteller[11] kann jederzeit die Bestimmung eines neuen Termins beantragt werden. Ein Eintritt in die mündliche Verhandlung liegt trotz Aufruf der Sache gebührenmäßig noch nicht vor.[12]

6 **b) Alle Beteiligte erscheinen zum Termin, § 366 Abs. 2 FamFG.** Sind alle Beteiligte (zu den Beteiligten → FamFG § 363 Rn. 17 f.) zum Termin erschienen, so ist danach zu unterscheiden, ob sie eine Einigung treffen oder nicht. Dem Erscheinen aller Beteiligter wird nach § 366 Abs. 2 S. 2 FamFG der Fall gleichgestellt, dass die nicht erschienen Beteiligten ihre Zustimmung zu einer gerichtlichen Niederschrift oder in einer öffentlich beglaubigten Urkunde erteilt haben.

7 **aa) Keine Einigung.** Einigen sich die Beteiligten nicht, so sind die streitigen Punkte zu Protokoll zu nehmen und das Verfahren durch Beschluss nach §§ 492, 38 FamFG auszusetzen, § 370 FamFG.[13] Der Beschluss ist mit der sofortigen Beschwerde in entsprechender Anwendung der §§ 567–572 ZPO nach den §§ 492, 21 Abs. 2 FamFG anfechtbar. Die weitere Auseinander-

---

4 Keidel/Zimmermann FamFG § 366 Rn. 4 unter Verweis auf BT-Drs. 16/6308, 283.
5 MüKoFamFG/Grziwotz FamFG § 366 Rn. 3; Keidel/Zimmermann FamFG § 366 Rn. 4 unter Verweis auf BT-Drucksache 16/6308, 283.
6 Keidel/Zimmermann FamFG § 366 Rn. 6.
7 MüKoFamFG/Grziwotz FamFG § 366 Rn. 3.
8 MüKoFamFG/Grziwotz FamFG § 366 Rn. 3.
9 Keidel/Zimmermann FamFG § 366 Rn. 9; MüKoFamFG/Grziwotz FamFG § 366 Rn. 3.
10 BeckOKFamFG/Schlögel FamFG § 366 Rn. 8.
11 Keidel/Zimmermann FamFG § 366 Rn. 10; nach Jansen/Müller-Lukoschek FGG § 91 Rn. 26 soll jeder Beteiligte den Antrag stellen können.
12 Keidel/Zimmermann FamFG § 366 Rn. 10.
13 OLG Schleswig FGPrax 2013, 30.

setzung findet dann vor den Prozessgerichten statt und das Vermittlungsverfahren wird gebührenmäßig abgerechnet.[14]

bb) Zustandekommen einer Einigung. (1) Beurkundung. Die Vereinbarung wird zu Protokoll genommen und damit nach § 366 Abs. 1 S. 1 BGB beurkundet. Dies gilt nach § 370 S. 2 FamFG auch dann, wenn eine Einigung nicht über alle, sondern nur über einzelne Punkte erfolgt.

Die Beurkundung der **Vereinbarung erfolgt durch Niederschrift** des Notars. Dabei sind nach hM[15] die Vorschriften der §§ 1 Abs. 2, 6–16, 22–26 BeurkG für die Beurkundung von Willenserklärung zu beachten und zudem ggfs landesrechtliche Vorschriften.[16]

Die Beurkundung **erfolgt durch den Notar selbst** (in Baden-Württemberg war bis zum 31.12.2017 der dem Notariat zugewiesene Rechtspfleger zuständig, § 35 RPflG aF).[17] Für die **Ausschließung und Ablehnung** des Notars gelten die §§ 6, 7 BeurkG und nicht die §§ 492, 6 FamFG, § 110 RPflG.[18]

Inhaltlich sind im Protokoll zunächst die üblichen Formalien wie Datum, Ort, Feststellung der Erschienen und Name des beurkundenden Notars aufzunehmen. Sodann ist die getroffene Vereinbarung zu protokollieren. Diese ist hierbei auch dann zu protokollieren, wenn diese unbillig erscheint, den gesetzlichen Teilungsvorschriften oder dem Willen des Erblassers widerspricht.[19] Nur wenn die Vereinbarung gegen ein gesetzliches Verbot oder gegen die guten Sitten verstößt, kann die Protokollierung abgelehnt werden.[20] Zu Protokoll können auch außergerichtlich geschlossene Vereinbarungen genommen werden. Dies geschieht, indem diese entweder als Anlagen dem Protokoll beigefügt oder direkt in das Protokoll aufgenommen werden.

An die Vereinbarung sind – wenn alle erschienen sind – die Beteiligten gebunden.

(2) Bestätigung, § 366 Abs. 2 S. 1 FamFG. Die Vereinbarung hat der Notar sodann durch **Beschluss** gemäß §§ 492, 38 FamFG zu bestätigen, § 366 Abs. 2 S. 1 FamFG. Anders als der Wortlaut es vermuten lassen würde, kommt dem Notar grundsätzlich kein Prüfungsrecht zu. Nur wenn die Vereinbarung gegen ein gesetzliches Verbot oder gegen die guten Sitten verstößt, kann die Bestätigung abgelehnt werden;[21] in diesem Fall hätte aber richtigerweise schon die Protokollierung der Vereinbarung nicht erfolgen dürfen (→ Rn. 11).

Der **Sinn der Bestätigung** besteht darin, dass

- eine anfechtbare Entscheidung entsteht, § 372 Abs. 2 FamFG,
- Rechtskraft und Wirksamkeit erzeugt wird und
- ein Titel für die Zwangsvollstreckung geschaffen wird, § 371 Abs. 2 FamFG.[22]

Mit dem Bestätigungsbeschluss wird nur zum Ausdruck gebracht, dass die Vorschriften über das Teilungsverfahren beachtet wurde, nicht aber übernimmt der Notar damit eine Haftung dafür, dass das Vereinbarte auch tatsächlich wie rechtlich vollziehbar und sonst den gesetzlichen Anforderungen genügt.[23] Auch ersetzt der Bestätigungsbeschluss keine sonst erforderlichen gerichtlichen oder behördlichen Genehmigungen.[24]

Auf den Bestätigungsbeschluss kann **verzichtet werden**. Dies muss aber von allen Beteiligten erfolgen und hat **nur die Wirkung**, dass der Antrag auf amtliche Vermittlung der Auseinandersetzung zurückgenommen oder dass das Verfahren im Wege der Vereinbarung beendet wird.[25]

---

14 Keidel/Zimmermann FamFG § 366 Rn. 11.
15 MüKoFamFG/Grziwotz FamFG § 366 Rn. 12; BeckOKFamFG/Schlögel FamFG § 366 Rn. 13; Keidel/Zimmermann FamFG § 366 Rn. 36.
16 Keidel/Zimmermann FamFG § 366 Rn. 36.
17 Keidel/Zimmermann FamFG § 366 Rn. 39.
18 Jansen/Müller-Lukoschek FGG § 91 Rn. 6; Keidel/Zimmermann FamFG § 366 Rn. 41.
19 Keidel/Zimmermann FamFG § 366 Rn. 43.
20 Jansen/Müller-Lukoschek FGG § 91 Rn. 13; Keidel/Zimmermann FamFG § 366 Rn. 43.
21 Jansen/Müller-Lukoschek FGG § 91 Rn. 13; Keidel/Zimmermann FamFG § 366 Rn. 43.
22 Keidel/Zimmermann FamFG § 366 Rn. 13.
23 Keidel/Zimmermann FamFG § 366 Rn. 13.
24 Keidel/Zimmermann FamFG § 366 Rn. 13.
25 Keidel/Zimmermann FamFG § 366 Rn. 70.

17 Der Beschluss ist sämtlichen Beteiligten **bekannt zu machen**, auf die auch nicht verzichtet werden kann.[26] Sind alle Beteiligte anwesend, so erfolgt die Bekanntmachung durch die im Termin erfolgte Verkündung, anderenfalls soll der Bestätigungsbeschluss zur Bekanntmachung zugestellt werden.[27]

18 Mit der **formellen Rechtskraft des Beschlusses** (§ 45 FamFG) wird die Vereinbarung **wirksam** und für alle Beteiligte **verbindlich**, § 371 Abs. 1 FamFG. Nach Wirksamwerden kann nach den §§ 371 Abs. 2, 86 ff. FamFG hieraus **vollstreckt** werden.

19 Die Ablehnung der Bestätigung wie auch der Bestätigungsbeschluss ist mittels der Beschwerde nach den §§ 492, 58 ff. FamFG **anfechtbar** (→ Rn. 31 ff.).

20 **c) Nicht alle Beteiligte sind zum Termin erschienen.** Auch wenn nicht alle Beteiligte zum Termin erschienen sind, tritt der Notar in die Verhandlung ein. Sodann ist zu differenzieren:

- Erfolgt **keine Einigung**, so ist das Verfahren nach § 370 FamFG auszusetzen (→ Rn. 7).
- Sind **mehrere Beteiligte erschienen und kommt es zu einer Vereinbarung**, so ist wie wenn alle Beteiligte erschienen wären zu beurkunden (→ Rn. 8 ff.). Allerdings können die Nichterschienen dadurch grundsätzlich noch nicht verpflichtet werden, so dass ein Bestätigungsbeschluss noch nicht sogleich ergehen kann. Möglich ist aber, dass der nicht erschienene Beteiligte seine Zustimmung zu einer gerichtlichen Niederschrift oder in einer öffentlich beglaubigten Urkunde erteilt, § 366 Abs. 2 S. 2 FamFG.
Erfolgt eine solche Zustimmung nicht, so hat der Notar die Vereinbarung nach § 366 Abs. 3 S. 1 FamFG dem nicht erschienen Beteiligten bekannt zu geben und ihn gleichzeitig zu benachrichtigen, dass er die Urkunde in den Geschäftsräumen des Notars einsehen und eine Abschrift der Urkunde einfordern kann. Dazu hat nach § 366 Abs. 3 S. 2 FamFG ein Hinweis zu erfolgen, dass das Einverständnis mit dem Inhalt der Urkunde angenommen wird, wenn er nicht innerhalb einer von dem Notar zu bestimmenden Frist die Anberaumung eines neuen Termins beantragt oder wenn er in dem neuen Termin nicht erscheint (→ Rn. 21 ff.).
- **Erscheint nur ein Beteiligter**, so sind dessen Vorschläge über die Art der Teilung und andere vorbereitende Maßnahmen zu Protokoll zu nehmen und damit zu beurkunden, § 366 Abs. 1 S. 2 FamFG. Ein Bestätigungsbeschluss ergeht auch hier vorerst noch nicht, vielmehr ist dann auch nach § 366 Abs. 3 FamFG zu verfahren.

II. Säumnisverfahren, § 366 Abs. 3 FamFG

21 **1. Nichterscheinen im Verhandlungstermin.** Erscheinen nicht alle Beteiligte zum Verhandlungstermin, so ist nach § 366 Abs. 3 FamFG zu verfahren.

22 **Erschienen** ist hierbei ein Beteiligter dann, wenn dieser selbst vom Anfang bis zum Schluss der Verhandlung anwesend ist oder sich durch einen Bevollmächtigten nach den §§ 10, 11 FamFG, welcher auch ein Miterbe sein kann, vertreten lässt.[28] Es gelten insoweit die §§ 333, 334 ZPO.[29]

23 **Nicht erschienen** sind

- alle Abwesenden, unabhängig davon, ob sie geladen wurden[30] oder nicht und selbst wenn sie das Nichterscheinen genügend entschuldigt haben.[31]

---

[26] MüKoFamFG/Grziwotz FamFG § 366 Rn. 32; Keidel/Zimmermann FamFG § 366 Rn. 76.
[27] Keidel/Zimmermann FamFG § 366 Rn. 76.
[28] Keidel/Zimmermann FamFG § 366 Rn. 51.
[29] Keidel/Zimmermann FamFG § 366 Rn. 51.
[30] Keidel/Zimmermann FamFG § 366 Rn. 52.
[31] MüKoFamFG/Grziwotz FamFG § 366 Rn. 18, allerdings soll dann der Termin verlegt und neu geladen werden.

- wer sich vor Schluss der mündlichen Verhandlung und Beurkundung freiwillig entfernt hat, ohne eine widersprechende Erklärung abzugeben.[32]
- wer nach § 177 GVG wegen Ungebühr vor Schluss der Verhandlung aus den Geschäftsräumen entfernt wurde, ehe er eine Erklärung zur Sache abgegeben hat.[33]
- wer der Anordnung zum persönlichen Erscheinen nicht befolgt.[34]

2. Bekanntgabe der Beurkundung, § 366 Abs. 3 S. 1 FamFG. Erfolgt eine Zustimmung des Nichterschienen nach § 366 Abs. 2 S. 2 FamFG nicht, so hat der Notar die Vereinbarung nach § 366 Abs. 3 S. 1 FamFG dem nicht erschienen Beteiligten bekannt zu geben und ihn gleichzeitig zu benachrichtigen, dass er die Urkunde in den Geschäftsräumen des Notars einsehen und eine Abschrift der Urkunde einfordern kann.

Inhaltlich muss die Benachrichtigung enthalten:

1. den **Inhalt der Vereinbarung**, wobei eine auszugsweise Darstellung, soweit sie den Empfänger betrifft, genügt; eine vollständige Abschrift muss nur auf Verlangen erteilt werden.[35] Es handelt sich hierbei um eine Ordnungsvorschrift.[36]
2. die **Mitteilung, dass er die Urkunde in den Geschäftsräumen des Notars einsehen und eine Abschrift verlangen kann**, wobei es sich hierbei ebenfalls um eine Ordnungsvorschrift handelt.[37]
3. den **Hinweis nach § 366 Abs. 3 S. 2 FamFG**, wonach das Einverständnis mit dem Inhalt der Urkunde angenommen wird, wenn er nicht innerhalb einer von dem Notar zu bestimmenden Frist die Anberaumung eines neuen Termins beantragt oder wenn er in dem neuen Termin nicht erscheint. Die Länge der **Frist** bestimmt der Notar nach pflichtgemäßen Ermessen, wobei sie vor aber nicht mehr nach Fristablauf auf Antrag oder von Amts wegen verlängert werden kann. Gegen die Fristsetzung ist die sofortige Beschwerde nach § 372 Abs. 1 FamFG mit der Frist von 2 Wochen gemäß § 569 ZPO möglich, wobei diese von demjenigen, der die Frist gesetzt bekommen hat nur mit der Behauptung, sie sei zu kurz bemessen, von den übrigen Beteiligten dagegen nur mit der Behauptung, sie sei zu lang bemessen, begründet werden kann.[38] Bei Fristversäumnis kommt die Wiedereinsetzung nach § 367 FamFG in Betracht.

Wird gegen die inhaltlichen Vorgaben der Benachrichtigung verstoßen, so können die Säumnisfolgen nicht eintreten.[39]

3. Säumnis des Beteiligten. Erfolgt innerhalb der nach § 366 Abs. 3 S. 2 FamFG durch den Nichterschienen keine Erklärung, so wird dessen Einverständnis zur Vereinbarung oder zum Vorschlag eines Einzelnen angenommen und nach Fristablauf der Bestätigungsbeschluss erlassen. Letztlich wird damit so getan, als ob der Säumige im Zeitpunkt des Verhandlungstermins der beurkundeten Vereinbarung zugestimmt hätte.[40] Materiellrechtliche Einwendungen können dann nicht mehr erhoben werden, allenfalls eine Anfechtung kommt nach den allgemeinen Regelungen wie beim Prozessvergleich in Betracht.[41]

Wird lediglich mitgeteilt, dass mit der Vereinbarung kein Einverständnis besteht, so treten dennoch die Versäumnisfolgen ein. Denn nur wenn der Beteiligte rechtzeitig die Anberaumung eines neuen Termins beantragt und zu diesem Termin auch erscheint ist die Verhandlung fortzu-

---

32 Jansen/Müller-Lukoschek FGG § 91 Rn. 10; Keidel/Zimmermann FamFG § 366 Rn. 52.
33 Keidel/Zimmermann FamFG § 366 Rn. 52. Wer allerdings die Abgabe einer Erklärung verweigert ist nicht als nicht erschienen zu behandeln, sondern es ist anzunehmen, dass er der Vereinbarung widerspricht (Keidel/Zimmermann aaO).
34 Dieser gilt dann als widersprechend, Keidel/Zimmermann FamFG § 366 Rn. 52.
35 Keidel/Zimmermann FamFG § 366 Rn. 55.
36 Keidel/Zimmermann FamFG § 366 Rn. 55.
37 Keidel/Zimmermann FamFG § 366 Rn. 56.
38 Keidel/Zimmermann FamFG § 366 Rn. 59.
39 MüKoFamFG/Grziwotz FamFG § 366 Rn. 21; Keidel/Zimmermann FamFG § 366 Rn. 58.
40 BayObLGZ 11, 720; Keidel/Zimmermann FamFG § 366 Rn. 64.
41 Keidel/Zimmermann FamFG § 366 Rn. 64.

setzen und treten die Säumnisfolgen nicht ein, § 366 Abs. 4 FamFG. Allerdings wird in einem solchen Schreiben regelmäßig ein solcher Antrag zu sehen sein.[42]

29   **4. Zweite Säumnis.** Erscheint der bereits im ersten Termin Säumige auch im nach § 366 Abs. 4 FamFG neu gesetzten Termin nicht, so ist er erneut säumig mit der Folge, dass ein weiterer Termin nach § 366 Abs. 3 FamFG nicht mehr gefordert werden kann. Es bleibt daher bei der bisherigen Vereinbarung. Liegt ein Entschuldigungsgrund vor, so kommt die Wiedereinsetzung nach § 367 FamFG in Betracht.

III. Anberaumung eines neuen Termins, § 366 Abs. 4 FamFG

30   Wird der Antrag nach § 366 Abs. 3 S. 2 FamFG gestellt, so ist durch den Notar ein neuer Termin anzuberaumen und hierzu sämtliche Beteiligte zu laden. Erscheint der Beteiligte zu diesem Termin, so ist die ursprüngliche Verhandlung fortzusetzen,[43] anderenfalls liegt eine zweite Säumnis vor (→ Rn. 29).

IV. Rechtsmittel

31   Der **Beschluss über die Aussetzung des Verfahrens** ist mit der sofortigen Beschwerde in entsprechender Anwendung der §§ 567–572 ZPO nach den §§ 492, 21 Abs. 2 FamFG anfechtbar.

32   Die **Ablehnung der Bestätigung wie auch der Bestätigungsbeschluss** ist mittels der Beschwerde nach den §§ 492, 58 ff. FamFG anfechtbar. Während die Ablehnung der Bestätigung auf alle Beschwerdegründen gestützt werden kann, kann die Beschwerde gegen den Bestätigungsbeschluss nur darauf gestützt werden, dass die Vorschriften über das Verfahren nicht beachtet wurden, § 372 S. 2 FamFG. Sind alle Beteiligte erschienen und haben rügelos verhandelt, so ist eine Beschwerde nunmehr praktisch ausgeschlossen, da die zwingenden Verfahrensvorschriften mit dem FamFG de facto abgeschafft wurden.[44]

33   **Gegen die Fristsetzung im Rahmen des § 366 Abs. 3 S. 2 FamFG** ist die sofortige Beschwerde nach § 372 Abs. 1 FamFG mit der Frist von 2 Wochen gemäß § 569 ZPO möglich, wobei diese von demjenigen, der die Frist gesetzt bekommen hat nur mit der Behauptung, sie sei zu kurz bemessen, von den übrigen Beteiligten dagegen nur mit der Behauptung, sie sei zu lang bemessen, begründet werden kann.[45]

V. Kosten

34   An Notargebühren gelten die Nr. 23900–23903 KV GNotKG, wobei sich der Geschäftswert aus § 118a GNotKG ergibt.

§ 367 FamFG   Wiedereinsetzung

War im Fall des § 366 der Beteiligte ohne sein Verschulden verhindert, die Anberaumung eines neuen Termins rechtzeitig zu beantragen oder in dem neuen Termin zu erscheinen, gelten die Vorschriften über die Wiedereinsetzung in den vorigen Stand (§§ 17, 18 und 19 Abs. 1) entsprechend.

A. Allgemeines	1	I. Anwendungsbereich	2
B. Regelungsgehalt	2		

---

[42] Keidel/Zimmermann FamFG § 366 Rn. 65. Möglich ist auch, den Beteiligten unter Fristsetzung aufzufordern, sein Begehr klarzustellen. Erfolgt auf diese Aufforderung keine Reaktion, so treten die Säumnisfolgen ein und ein neuer Termin ist nicht anzuberaumen.
[43] Keidel/Zimmermann FamFG § 366 Rn. 67.
[44] Keidel/Zimmermann FamFG § 366 Rn. 18.
[45] Keidel/Zimmermann FamFG § 366 Rn. 59.

II. Wiedereinsetzung	4	3. Wirkung der Wiedereinsetzung	10
1. Voraussetzungen	4	III. Rechtsmittel	13
2. Entscheidung	9		

A. Allgemeines

§ 367 FamFG regelt die Wiedereinsetzung und entspricht der früheren Regelung des § 92 FGG.[1]   1

B. Regelungsgehalt

I. Anwendungsbereich

Vom Wortlaut her gilt § 367 FamFG **nur für zwei Fallgruppen der Säumnis bei § 366 FamFG**:   2

- Zum einen, wenn dem Beteiligte, der zum Verhandlungstermin über vorbereitende Vereinbarungen nicht erschienen ist, eine Frist zum Antrag auf Anberaumung eines neuen Termins gesetzt wurde und er diese Frist versäumt hat.
- Zum anderen, wenn der Beteiligte zwar die Frist zum Antrag auf Anberaumung eines neuen Termins eingehalten hat, dann aber im anberaumten neuen Termin nicht erschienen ist und damit säumig war.

Darüber hinaus findet die Regelung des § 367 FamFG über die **Verweisung in § 368 Abs. 2 S. 2 FamFG** auch Anwendung, wenn vom Beteiligten die Antragsfrist oder der Termin bei der endgültigen Auseinandersetzung versäumt wurde.[2]   3

II. Wiedereinsetzung

1. Voraussetzungen. Die Voraussetzungen der Wiedereinsetzung ergeben sich aus den §§ 492, 17, 18 FamFG. Nach § 17 Abs. 1 FamFG muss hierbei der Beteiligte ohne sein Verschulden verhindert gewesen sein, eine gesetzliche Frist einzuhalten und er muss grundsätzlich einen Antrag auf Wiedereinsetzung nach Maßgabe des § 18 FamFG stellen. Eine Wiedereinsetzung ohne Antrag kommt nach § 18 Abs. 2 S. 3 FamFG nur in bestimmten Fällen in Betracht.   4

Verschulden liegt bei Vorsatz und Fahrlässigkeit iSd § 276 BGB vor,[3] wobei das Nichtverschulden feststehen muss.[4] Fehlt die Rechtsbehelfsbelehrung oder ist diese mangelhaft, so wird das Nichtverschulden vermutet, § 17 Abs. 2 FamFG.   5

Der **Antrag auf Wiedereinsetzung** muss nach Maßgabe des § 18 FamFG gestellt werden. Hierbei ist grundsätzlich die **2-Wochen-Frist** des § 18 Abs. 1 S. 1 FamFG zu beachten, wobei nach Ablauf eines Jahres, von dem Ende der versäumten Frist an gerechnet, Wiedereinsetzung nicht mehr beantragt oder ohne Antrag bewilligt werden, § 18 Abs. 4 FamFG. Der Antrag auf Wiedereinsetzung ist nach §§ 492, 19 Abs. 1 FamFG **gegenüber dem Notar** zu erklären. Die Gründe für das Nichtverschulden sind nach § 18 Abs. 2 FamFG **glaubhaft** zu machen. Außerdem ist die **versäumte Rechtshandlung**, etwa die der Antrag auf Bestimmung eines neuen Termins nach §§ 366 Abs. 3 S. 2, Abs. 4 FamFG, bereits mit dem Antrag auf Wiedereinsetzung[5] **nachzuholen**, § 18 Abs. 2 S. 1 FamFG.   6

Möglich ist auch die **Wiedereinsetzung gegen Versäumung der zweiwöchigen Antragsfrist des § 18 Abs. 1 S. 1 FamFG**.[6]   7

---

1 BT-Drs. 16/6308, 283.
2 Keidel/Zimmermann FamFG § 367 Rn. 3.
3 Keidel/Zimmermann FamFG § 367 Rn. 5.
4 BGH NJW 1992, 574.
5 Keidel/Zimmermann FamFG § 367 Rn. 6.
6 Keidel/Zimmermann FamFG § 367 Rn. 7 unter Verweis darauf, dass dies für die frühere Regelung nach dem FGG allgemein anerkannt war und auch weiterhin gilt.

8 Die Anforderungen an das Vorbringen zur Glaubhaftmachung des Nichtverschuldens dürfen hierbei nicht überspannt werden.[7]

9 **2. Entscheidung.** Über den Antrag auf Wiedereinsetzung entscheidet der Notar mittels zu begründenden und mit Rechtsbehelfsbelehrung zu versehenden **Beschluss** gemäß §§ 492, 38 FamFG. Der Beschluss ist allen Beteiligten bekannt zu machen. Eine **Zustellung** ist hierbei nur gegenüber dem Antragsteller erforderlich, wenn der Antrag zurückgewiesen wird sowie bei einem stattgebenden Beschluss demjenigen, dessen Willen er nicht entspricht.[8]

10 **3. Wirkung der Wiedereinsetzung.** Wird Wiedereinsetzung gewährt, so wird die Rechtzeitigkeit der Rechthandlung fingiert und der schon eingetretene Rechtsnachteil rückwirkend ungeschehen gemacht.[9] Damit wird also die Fiktion einer Vereinbarung nach § 366 FamFG bzw. die Fiktion einer endgültigen Auseinandersetzung nach § 368 FamFG wirkungslos.[10] Das Verfahren ist unter Ladung aller Beteiligter – also auch des Säumigen, dem Wiedereinsetzung gewährt wurde – fortzusetzen,[11] wobei die Regelung des § 365 Abs. 2 FamFG nicht gilt, vielmehr bestimmt sich die Ladungsfrist dann nach § 32 Abs. 2 FamFG.[12]

11 Die von den früher erschienenen oder zustimmenden Beteiligten gemachten Vorschläge nach § 366 Abs. 1 S. 2 FamFG und getroffenen Vereinbarungen nach § 366 Abs. 1 S. 1 FamFG bleiben bestehen und werden durch die Wiedereinsetzung nicht wirkungslos.[13] Allerdings bleibt demjenigen, dem Wiedereinsetzung bewilligt wurde, unbenommen, im Fortsetzungstermin gegen die gemachten Vorschläge bzw. gegen die getroffenen Vereinbarungen Widerspruch zu erheben.[14]

12 Ein bereits nach den §§ 366 Abs. 4, Hs. 2, § 368 Abs. 2 S. 1 FamFG erlassener Bestätigungsbeschluss wird durch die Wiedereinsetzung automatisch gegenstandslos, ohne dass es eines gesonderten Aufhebungsbeschlusses bedarf.[15] Dies gilt auch dann, wenn der Beschluss bereits formell rechtskräftig wurde.[16] Allerdings ist der Ausspruch einer solch deklaratorischen Aufhebung zweckmäßig.[17]

III. Rechtsmittel

13 Gegen die **Ablehnung der Wiedereinsetzung** steht nur dem Antragsteller die sofortige Beschwerde nach den §§ 567 ff. ZPO zu, §§ 372 Abs. 1 FamFG, § 11 RPflG, wobei Beschwerdegericht das OLG gemäß § 119 Abs. 1 Nr. 1b GVG ist.

14 Gegen die **Bewilligung der Wiedereinsetzung** ist ebenfalls die sofortige Beschwerde nach den §§ 567 ff. ZPO zulässig, die von jedem anderen Beteiligten erhoben werden kann.[18] Beschwerdegericht ist auch hier das OLG gemäß § 119 Abs. 1 Nr. 1b GVG.

§ 368 FamFG Auseinandersetzungsplan; Bestätigung

(1) ¹Sobald nach Lage der Sache die Auseinandersetzung stattfinden kann, hat der Notar einen Auseinandersetzungsplan anzufertigen. ²Sind die erschienenen Beteiligten mit dem Inhalt des Plans einverstanden, hat der Notar die Auseinandersetzung zu beurkunden. ³Sind alle

---

7 BVerfG NJW 2001, 3473; NJW 1997, 2941; Keidel/Zimmermann FamFG § 367 Rn. 8.
8 Keidel/Zimmermann FamFG § 367 Rn. 10.
9 MüKoZPO/Stackmann ZPO § 233 Rn. 4; Keidel/Zimmermann FamFG § 367 Rn. 13.
10 Keidel/Zimmermann FamFG § 367 Rn. 13.
11 MüKoFamFG/Grziwotz FamFG § 367 Rn. 8.
12 MüKoFamFG/Grziwotz FamFG § 367 Rn. 8.
13 MüKoFamFG/Grziwotz FamFG § 367 Rn. 9; Keidel/Zimmermann FamFG § 367 Rn. 13.
14 MüKoFamFG/Grziwotz FamFG § 367 Rn. 9.
15 Keidel/Zimmermann FamFG § 367 Rn. 14; MüKoFamFG/Grziwotz FamFG § 367 Rn. 10.
16 BGH NJW 1988, 2672; Keidel/Zimmermann FamFG § 367 Rn. 14.
17 Keidel/Zimmermann FamFG § 367 Rn. 14 Fußnote 9; MüKoFamFG/Grziwotz FamFG § 367 Rn. 10.
18 BT-Drs. 16/6308, 283; MüKoFamFG/Grziwotz FamFG § 367 Rn. 7; Keidel/Zimmermann FamFG § 367 Rn. 11.

Beteiligten erschienen, hat der Notar die Auseinandersetzung zu bestätigen; dasselbe gilt, wenn die nicht erschienenen Beteiligten ihre Zustimmung zu gerichtlichem Protokoll oder in einer öffentlich beglaubigten Urkunde erteilen.

(2) ¹Ist ein Beteiligter nicht erschienen, hat der Notar nach § 366 Abs. 3 und 4 zu verfahren. ²§ 367 ist entsprechend anzuwenden.

A. Allgemeines 1	b) Inhalt des Auseinandersetzungsplanes 11
B. Regelungsgehalt 3	c) Form des Auseinandersetzungsplanes 12
I. Allgemeines und Rechtsnatur des Auseinandersetzungsplanes 3	3. Verhandlung, §§ 368 Abs. 1 S. 2, 3, Abs. 2 FamFG .. 13
II. Verfahren 6	III. Wirkung 18
1. Zuständigkeit 6	IV. Rechtsmittel 19
2. Auseinandersetzungsplan 7	V. Kosten 22
a) Aufstellung des Planes, § 368 Abs. 1 S. 1 FamFG 7	

A. Allgemeines

§ 368 FamFG regelt im Anschluss an § 366 FamFG den zweiten Verfahrensabschnitt des Teilungsverfahrens. 1

Inhaltlich entspricht diese Vorschrift den früheren Regelungen in §§ 93 Abs. 1 und 2 FGG. Die 2 frühere Regelung des § 368 Abs. 3 FamFG, wonach das Nachlassgericht anstelle des Familien- oder des Betreuungsgerichts zuständig war, wenn ein Beteiligter zur Vereinbarung nach § 366 Abs. 1 FamFG oder zur Auseinandersetzung der Genehmigung des Familien- oder Betreuungsgerichts bedarf und er im Inland keinen Vormund, Betreuer oder Pfleger hatte, wurde zum 1.9.2013 im Zuge der Übertragung des Teilungsverfahrens auf die Notare aufgehoben.[1]

B. Regelungsgehalt

I. Allgemeines und Rechtsnatur des Auseinandersetzungsplanes

Gegenstand des § 368 FamFG ist die **Anfertigung eines Auseinandersetzungsplanes** im Anschluss an den Verhandlungstermin nach § 366 FamFG. Dabei ist ein solcher Auseinandersetzungsplan nicht in jedem Fall erforderlich, vielmehr kann sich der Auseinandersetzungsplan gerade bei einfachen Angelegenheiten unmittelbar aus der beurkundeten Auseinandersetzung im Rahmen der Verhandlung nach § 366 FamFG selbst ergeben.[2] 3

Von der Erstellung des Auseinandersetzungsplanes, welche in § 368 FamFG geregelt wird, sind 4 die eigentliche Auseinandersetzung und die diesbezüglichen Vereinbarungen sowie der dingliche Vollzug des Auseinandersetzungsplanes zu unterscheiden.[3]

Bei dem Auseinandersetzungsplan handelt es sich um einen **Einigungsvorschlag**,[4] der selbst 5 noch keine Rechtswirkungen entfaltet. Eine solche tritt erst mit dem Bestätigungsbeschluss nach § 371 FamFG ein. Insbesondere handelt es sich nicht um einen Beschluss. Letztlich ist damit die **Rechtsnatur des Auseinandersetzungsplanes unklar**.[5]

II. Verfahren

1. Zuständigkeit. Für Verfahren bis einschließlich 31.8.2013 war das Nachlassgericht und dort 6 der Rechtspfleger zuständig. Nachdem die Teilungssachen auf den Notar übertragen wurden,

---

[1] Gesetz vom 26.6.2013, BGBl. 2013 I 1800.
[2] KG OLGE 41/17; MüKoFamFG/Grziwotz FamFG § 368 Rn. 3.
[3] Keidel/Zimmermann FamFG § 368 Rn. 4; MüKoFamFG/Grziwotz FamFG § 368 Rn. 4.
[4] Keidel/Zimmermann FamFG § 368 Rn. 7; MüKoFamFG/Grziwotz FamFG § 368 Rn. 5.
[5] Keidel/Zimmermann FamFG § 368 Rn. 7; MüKoFamFG/Grziwotz FamFG § 368 Rn. 5.

ist seit dem 1.9.2013 nunmehr der Notar zuständig.[6] Die Aufstellung des Auseinandersetzungsplanes erfolgt also nicht durch die jeweiligen Miterben, sondern durch den Notar.

7 **2. Auseinandersetzungsplan. a) Aufstellung des Planes, § 368 Abs. 1 S. 1 FamFG.** Nach § 368 Abs. 1 S. 1 FamFG hat der Notar einen Auseinandersetzungsplan anzufertigen, „sobald nach Lage der Sache die Auseinandersetzung stattfinden kann". Dem Notar kommt insoweit ein **Ermessen** zu.[7] Voraussetzung ist jedenfalls zumindest, dass der Nachlass **teilungsreif** ist.[8]

8 Die Aufstellung des Auseinandersetzungsplanes erfolgt **in eigener Verantwortung** des Notars,[9] wobei sich dieser der Hilfe von Rechnungsprüfern oder anderen Sachverständigen bedienen kann.[10] Möglich ist auch, dass der Notar den von den Beteiligten vorgelegten Plan nach entsprechender Überprüfung übernimmt.[11]

9 Eine **Bindung** besteht für den Notar nur hinsichtlich vom Erblasser getroffener Teilungsanordnungen gemäß § 2048 BGB, Vermächtnisse gemäß §§ 2147 ff. BGB und Auflagen nach den §§ 2191 ff. BGB sowie an die nach § 366 FamFG getroffenen Vereinbarungen und vorbereitender Maßregeln.[12] Zudem besteht eine Bindung an die gesetzlichen Regelungen über die Erbauseinandersetzung, soweit nicht eine abweichende und rechtskräftige Vereinbarung nach § 366 FamFG besteht oder alle Miterben im Verhandlungstermin über die Erbauseinandersetzung übereinstimmend etwas anderes vereinbaren.[13] Umgekehrt besteht für die Beteiligten in ihrer Gesamtheit keine Bindung an die nach § 366 FamFG getroffenen Vereinbarungen, so dass diese auch einvernehmlich abgeändert oder aufgehoben werden können.[14]

10 Verletzt der Notar seine ihm obliegenden Amtspflichten, kommt eine **Haftung** nach § 19 BNotO in Betracht.

11 **b) Inhalt des Auseinandersetzungsplanes.** In den Auseinandersetzungsplan sind aufzunehmen:
- die erbrechtlichen Verhältnisse, also insbesondere die Erbquoten der Miterben und deren Namen,
- die Nachlassmasse mit allen Aktiva und Passiva,
- etwaige Ausgleichspflichten nach den §§ 2050 ff. BGB,
- die Berechnung der Ansprüche der einzelnen Beteiligten,
- die Bezeichnung bestimmter Nachlassgegenstände, die einzelnen Beteiligten zugewiesen sind.[15]

12 **c) Form des Auseinandersetzungsplanes.** Der Auseinandersetzungsplan kann zu Protokoll oder im Rahmen eines besonderen Schriftstücks festgehalten werden.[16] In einfach gelagerten Fällen bedarf es eines schriftlichen Planes nicht, sondern es genügt der Vorschlag einer Teilungsart und bei entsprechendem Einverständnis der Beteiligten die anschließende Beurkundung der Auseinandersetzung.[17]

13 **3. Verhandlung, §§ 368 Abs. 1 S. 2, 3, Abs. 2 FamFG.** Wurde ein beurkundungsfähiger Plan fertig gestellt, so hat dieser einen Verhandlungstermin hierüber anzuberaumen.

14 § 368 Abs. 1 S. 3 FamFG regelt hierbei den Fall, wenn alle Beteiligte erschienen oder ihre Zustimmung zu gerichtlichem Protokoll oder in einer öffentlich beglaubigten Urkunde erteilt haben. Sind hierbei alle Beteiligten mit dem Inhalt des Plans einverstanden, so hat der Notar die Auseinandersetzung nach § 368 Abs. 1 S. 2 FamFG zu beurkunden und sodann hat der Notar den von ihm beurkundeten Plan durch Beschluss gemäß § 38 FamFG zu bestätigen. Das Verfah-

---

6 Gesetz vom 26.6.2013, BGBl. 2013 I 1800.
7 Keidel/Zimmermann FamFG § 368 Rn. 6.
8 Keidel/Zimmermann FamFG § 368 Rn. 6.
9 MüKoFamFG/Grziwotz FamFG § 368 Rn. 6.
10 MüKoFamFG/Grziwotz FamFG § 368 Rn. 7.
11 Prütting/Helms/Fröhler FamFG § 368 Rn. 14; MüKoFamFG/Grziwotz FamFG § 368 Rn. 7.
12 MüKoFamFG/Grziwotz FamFG § 368 Rn. 8.
13 MüKoFamFG/Grziwotz FamFG § 368 Rn. 8.
14 MüKoFamFG/Grziwotz FamFG § 368 Rn. 9.
15 MüKoFamFG/Grziwotz FamFG § 368 Rn. 8; MüKoFamFG/Grziwotz FamFG § 368 Rn. 10.
16 MüKoFamFG/Grziwotz FamFG § 368 Rn. 12; Keidel/Zimmermann FamFG § 368 Rn. 11.
17 Keidel/Zimmermann FamFG § 368 Rn. 11.

ren entspricht insoweit dem des § 366 FamFG, so dass auf die dortige Kommentierung verwiesen wird.

Sind nur einzelne Beteiligte erschienen, so ist gemäß § 368 Abs. 2 S. 1 FamFG nach den §§ 366 Abs. 3 und 4 FamFG zu verfahren, wobei nach § 368 Abs. 2 S. 2 FamFG die Bestimmung des § 367 FamFG über die Wiedereinsetzung entsprechend anzuwenden ist. Auf die jeweilige Kommentierung bei den §§ 366, 367 FamFG wird daher verwiesen. 15

Erscheint kein Beteiligter, so ist dies wie bei § 366 FamFG im Protokoll festzuhalten und durch Beschluss das Ruhen des Verfahrens auszusprechen. 16

Wird keine Einigung über den notariellen Auseinandersetzungsplan erzielt, so ist das Verfahren gemäß § 370 FamFG auszusetzen. 17

III. Wirkung

Mit formeller Rechtskraft des Bestätigungsbeschlusses wird die Auseinandersetzung nach § 368 FamFG wirksam und gemäß § 371 Abs. 1 FamFG für alle Beteiligte verbindlich. Auch eine Vollstreckung ist dann nach § 371 Abs. 2 FamFG hieraus möglich. 18

IV. Rechtsmittel

Der **Beschluss über die Aussetzung des Verfahrens** ist mit der sofortigen Beschwerde in entsprechender Anwendung der §§ 567–572 ZPO nach den §§ 492, 21 Abs. 2 FamFG anfechtbar. 19

Die **Ablehnung der Bestätigung wie auch der Bestätigungsbeschluss** ist mittels der Beschwerde nach den §§ 492, 58 ff. FamFG anfechtbar. Während die Ablehnung der Bestätigung auf alle Beschwerdegründen gestützt werden kann, kann die Beschwerde gegen den Bestätigungsbeschluss nur darauf gestützt werden, dass die Vorschriften über das Verfahren nicht beachtet wurden, § 372 S 2 FamFG. Sind alle Beteiligte erschienen und haben rügelos verhandelt, so ist eine Beschwerde nunmehr praktisch ausgeschlossen, da die zwingenden Verfahrensvorschriften mit dem FamFG de facto abgeschafft wurden.[18] 20

Gegen die Fristsetzung im Rahmen des § 366 Abs. 3 S. 2 FamFG ist die sofortige Beschwerde nach § 372 Abs. 1 FamFG mit der Frist von 2 Wochen gemäß § 569 ZPO möglich, wobei diese von demjenigen, der die Frist gesetzt bekommen hat nur mit der Behauptung, sie sei zu kurz bemessen, von den übrigen Beteiligten dagegen nur mit der Behauptung, sie sei zu lang bemessen, begründet werden kann.[19] 21

V. Kosten

An Notargebühren gelten die Nr. 23900–23903 KV GNotKG, wobei sich der Geschäftswert aus § 118a GNotKG ergibt. 22

§ 369 FamFG Verteilung durch das Los

Ist eine Verteilung durch das Los vereinbart, wird das Los, wenn nicht ein anderes bestimmt ist, für die nicht erschienenen Beteiligten von einem durch den Notar zu bestellenden Vertreter gezogen.

---

18 Keidel/Zimmermann FamFG § 366 Rn. 18.
19 Keidel/Zimmermann FamFG § 366 Rn. 59.

A. Allgemeines

1 § 369 FamFG regelt die Verteilung durch das Los und entspricht der früheren Regelung des § 94 FGG. Mit diesem Verfahren wird letztlich der Erwerber von bestimmten Nachlassgegenständen festgelegt und kann zur Ausführung einer bestätigten Vereinbarung über die Auseinandersetzung oder vor Aufstellung des Teilungsplans für die Bestimmung der darin auszuweisenden Teile erfolgen.[1]

B. Regelungsgehalt

I. Voraussetzungen

2 Voraussetzungen für die Anwendung des § 369 FamFG sind:
1. die Beteiligten haben eine Verteilung durch das Los vereinbart oder eine solche Vereinbarung muss nach § 366 Abs. 3 FamFG oder nach den §§ 368 Abs. 2, 366 Abs. 3 FamFG als getroffen anzusehen sein. Dagegen ist § 369 FamFG nicht einschlägig, wenn außerhalb des Verfahrens nach den §§ 363 ff. FamFG eine Losziehung vereinbart wurde und einer nicht kommt, denn dann ist Klage auf Mitvornahme der Verlosung und Vollstreckung des Urteils nach § 887 ZPO erforderlich.[2]
2. keine anderweitige Bestimmung der Beteiligten existiert und
3. ein Beteiligter zum Losziehungstermin nicht erschienen ist.

II. Bestellung eines Vertreters

3 Liegen die Voraussetzungen des § 369 FamFG vor, so muss auf Antrag ein Vertreter für den nicht erschienen Beteiligten durch den Notar bestimmt werden. Die Bestellung erfolgt hierbei für den nicht erschienen Beteiligten oder dessen Bevollmächtigten, der ein Los hätte ziehen müssen. Der Grund des Nichterscheinens ist irrelevant, entscheidend ist nur, dass zum Termin ordnungsgemäß geladen bzw. der Termin ordnungsgemäß verkündet wurde.[3]

4 Verweigert dagegen der erschienene Beteiligte nur die Ziehung eines Loses, gilt § 369 FamFG nicht. Vielmehr ist dann Klage auf Mitvornahme der Verlosung und Vollstreckung des Urteils nach § 887 ZPO erforderlich.[4]

5 Die Bestimmung erfolgt durch den Notar mittels **Beschluss** gemäß § 38 FamFG, wobei der Notar in der Auswahl der Person frei und an Vorschläge nicht gebunden ist.[5] Die Bestellung wird mit der Bekanntmachung an den bestellten Vertreter gemäß § 40 FamFG wirksam und kann nach erfolgter Losziehung nicht mehr geändert werden.[6]

6 Die **Befugnis** des so bestellten Vertreters beschränkt sich ausschließlich auf die Losziehung und erfasst nicht anlässlich der Losziehung abgegebener Erklärungen.[7] Es handelt sich hierbei um einen Vertreter kraft Gesetzes, so dass der Nichterschienene weder aus dessen Person noch aus dessen Verhalten bei der Losziehung Einwendungen herleiten kann.[8]

III. Rechtsmittel

7 Gegen die Ablehnung der Vertreterbestellung ist die Beschwerde nach den §§ 58 ff. FamFG statthaft.

---

1 MüKoFamFG/Grziwotz FamFG § 369 Rn. 1 f.
2 Keidel/Zimmermann FamFG § 369 Rn. 4.
3 Keidel/Zimmermann FamFG § 369 Rn. 7.
4 Keidel/Zimmermann FamFG § 369 Rn. 8.
5 Keidel/Zimmermann FamFG § 369 Rn. 9.
6 MüKoFamFG/Grziwotz FamFG § 369 Rn. 6.
7 Prütting/Helms/Fröhler FamFG § 369 Rn. 11 f.; MüKoFamFG/Grziwotz FamFG § 369 Rn. 7.
8 Keidel/Zimmermann FamFG § 369 Rn. 10; MüKoFamFG/Grziwotz FamFG § 369 Rn. 7.

IV. Kosten

Für die Bestellung des Vertreters fällt keine eigene Gebühr an. Der Notar erhält für die spätere Beurkundung des Hergangs bei der Verlosung eine Gebühr nach Nr. 23200 KV GNotKG. Der Vertreter selbst soll mangels anderweitiger gesetzlicher Vorschriften eine Vergütung wie ein Pfleger nach § 3 VGVG und Auslagenersatz analog § 1835 BGB erhalten, wobei Zahlungspflichtiger derjenige ist, zu dessen Vertreter die Person bestellt wurde.[9]

§ 370 FamFG Aussetzung bei Streit

¹Ergeben sich bei den Verhandlungen Streitpunkte, ist darüber eine Niederschrift aufzunehmen und das Verfahren bis zur Erledigung der Streitpunkte auszusetzen. ²Soweit unstreitige Punkte beurkundet werden können, hat der Notar nach den §§ 366 und 368 Abs. 1 und 2 zu verfahren.

A. Allgemeines ... 1	4. Feststellung aller Streitpunkte im Protokoll ... 9
B. Regelungsgehalt ... 3	5. Aussetzung des Verfahrens ... 11
I. Anwendungsbereich ... 3	III. Teilaussetzung, § 370 S. 2 FamFG ... 14
II. Aussetzungsverfahren, § 370 S. 1 FamFG .. 5	IV. Rechtsmittel ... 15
1. Allgemeines ... 5	V. Kosten ... 16
2. Beteiligte ... 6	
3. Zeitpunkt und Art des Widerspruchs .. 7	

A. Allgemeines

§ 370 FamFG regelt den Fall, wenn sich nach Einleitung des Verfahrens in der mündlichen Verhandlung im Rahmen des § 366 FamFG oder bei § 368 FamFG Streitigkeiten ergeben. Ganz dem Gedanken des Teilungsverfahrens folgend, wonach der Notar zwischen den Beteiligten nur vermitteln und keine schwierigen Rechtsstreitigkeiten klären soll,[1] ermöglicht § 370 FamFG die Aussetzung des Verfahrens bis zur Erledigung der Streitpunkte.

Die Vorschrift entspricht damit der früheren Regelung des § 95 FGG und stellt eine Ergänzung zu § 21 FamFG dar.[2]

B. Regelungsgehalt

I. Anwendungsbereich

§ 370 FamFG gilt sowohl für das vorbereitende Verfahren nach § 366 FamFG als auch für das Auseinandersetzungsverfahren nach § 368 FamFG. Dagegen ist § 370 FamFG nicht anwendbar, wenn bereits im Zeitpunkt des Antrags auf Einleitung des Vermittlungsverfahrens streitige Rechtsfragen bestehen. In diesem Fall ist bereits die Einleitung des Verfahrens als unzulässig abzulehnen; die streitigen Rechtsfragen sind vielmehr vor dem Prozessgericht zu klären.[3]

Streitpunkte iSd § 370 FamFG sind nur konkrete Streitverhältnisse, die den Gegenstand in einem späteren Rechtsstreit vor dem Prozessgericht bilden können.[4] Hierzu gehören etwa Streitigkeiten darüber, wer überhaupt Miterbe ist, die Wirksamkeit letztwilliger Verfügungen oder etwa der Umfang des Nachlasses. Keine Streitpunkte iSd § 370 FamFG stellen dagegen sonstige Streitigkeiten zwischen den Beteiligten, die nicht mit dem Nachlass zusammenhängen.[5]

---

9 So Keidel/Zimmermann FamFG § 369 Rn. 13.
1 Prütting/Helms/Fröhler FamFG § 370 Rn. 3; MüKoFamFG/Grziwotz FamFG § 370 Rn. 1.
2 BT-Drs. 16/6308, 284; MüKoFamFG/Grziwotz FamFG § 370 Rn. 1.
3 OLG Düsseldorf FGPrax 2002, 231; MüKoFamFG/Grziwotz Fam FG § 370 Rn. 2; Keidel/Zimmermann FamFG § 370 Rn. 5; aA OLG Schleswig NJW-RR 2013, 844.
4 Keidel/Zimmermann FamFG § 370 Rn. 2.
5 Keidel/Zimmermann FamFG § 370 Rn. 3.

II. Aussetzungsverfahren, § 370 S. 1 FamFG

5 **1. Allgemeines.** Grundsätzlich soll der Notar auf eine gütliche Einigung und Ausgleichung hinwirken, wozu ihm auch gestattet ist, von Amts wegen Ermittlungen über streitige Verhältnisse gemäß §§ 492, 26 FamFG durchzuführen. Nur wenn danach eine Einigung nicht möglich ist, kommt eine Aussetzung nach § 370 FamFG in Betracht.[6]

6 **2. Beteiligte.** Wer Beteiligter im Teilungsverfahren und damit bei § 370 FamFG regelt ausschließlich § 7 FamFG und nicht § 345 FamFG.[7] Hierzu zählen alle, deren Rechte unmittelbar durch das Verfahren betroffen sind, wie etwa der Miterbe, aber auch Dritte, der geltend macht, dass ihm an einem Erbteil ein Pfändungsrecht zustehe.[8]

7 **3. Zeitpunkt und Art des Widerspruchs.** Der Widerspruch muss im Termin nach § 366 FamFG oder nach § 368 FamFG erhoben worden sein. Ein vor Einleitung des Auseinandersetzungsverfahrens erhobener, später außerhalb des Verfahrens erklärter oder ein nur schriftlich geäußerter Widerspruch genügt nicht.[9] Umstritten ist, ob eine Bezugnahme im Termin auf einen Widerspruch in einem vor dem Termin eingereichten Schriftsatz genügt.[10]

8 Ein einmal in einem Termin erhobener Widerspruch wirkt fort; aus der Tatsache, dass der in einem früheren Termin zu Protokoll erklärte Widerspruch in späteren Verhandlungsterminen nicht mehr erwähnt wird kann nicht gefolgert werden, dass der Widerspruch stillschweigend zurückgenommen wurde.[11]

9 **4. Feststellung aller Streitpunkte im Protokoll.** Der Notar muss in dem für jede mündliche Verhandlung anzufertigenden Protokoll alle Streitpunkte feststellen. Dem Notar ist also untersagt, bereits beim ersten Widerspruch das Verfahren auszusetzen, sondern er hat alle zur vollständigen Teilung des Nachlasses erforderlichen Maßnahmen mit den Beteiligten zu besprechen und sämtliche sich hieraus ergebende Widersprüche und Streitpunkte zu protokollieren. Dabei ist auch festzuhalten, unter welchen Beteiligten die Streitigkeiten bestehen und welche Stellung die nicht unmittelbar Beteiligten hierzu einnehmen.[12]

10 Für die Form des Protokolls gelten die Vorschriften des BeurkG, ein bloßer „Vermerk" nach § 28 Abs. 4 FamFG genügt nicht, da § 370 FamFG insoweit eine lex specialis darstellt.[13]

11 **5. Aussetzung des Verfahrens.** Über die Streitpunkte kann der Notar nicht selbst entscheiden, sondern er **muss zwingend** das Verfahren nach § 370 S. 1 FamFG aussetzen. Es ist dann allein Sache der Beteiligten ob und wann sie eine Klärung der Streitpunkte herbeiführen.[14] Der Notar darf also keine Frist zur Behebung der Streitpunkte oder gar Zwangsmittel androhen.

12 Die Aussetzung erfolgt durch **Beschluss** nach § 38 FamFG, in dem weder über die Kosten zu entscheiden ist, noch in dem die einzelnen Streitpunkte aufzunehmen sind, da sich diese allein aus dem Protokoll ergeben.[15]

13 Nach Beilegung der Streitpunkte ist das Verfahren **auf Antrag** eines Beteiligten wieder aufzunehmen.[16] Hält dann ein Beteiligter seinen Widerspruch trotz eines gegen ihn ergangenen rechtskräftigen Urteils aufrecht, so ist dieser unbeachtlich.[17]

---

6 Keidel/Zimmermann FamFG § 370 Rn. 4.
7 MüKoFamFG/Grziwotz FamFG § 370 Rn. 7.
8 MüKoFamFG/Grziwotz FamFG § 370 Rn. 7; Keidel/Zimmermann FamFG § 370 Rn. 10.
9 Keidel/Zimmermann FamFG § 370 Rn. 11; MüKoFamFG/Grziwotz FamFG § 370 Rn. 5.
10 **Bejahend:** Keidel/Zimmermann FamFG § 370 Rn. 11; **Verneinend:** Keidel/Zimmermann FamFG § 370 Rn. 5, da eine dem § 137 Abs. 3 S. 1 ZPO entsprechende Regelung nicht existiere.
11 BayObLGZ 4, 500; Keidel/Zimmermann FamFG § 370 Rn. 11.
12 Keidel/Zimmermann FamFG § 370 Rn. 7.
13 Keidel/Zimmermann FamFG § 370 Rn. 6; MüKoFamFG/Grziwotz FamFG § 370 Rn. 6 mwN.
14 MüKoFamFG/Grziwotz FamFG § 370 Rn. 8.
15 Keidel/Zimmermann FamFG § 370 Rn. 13.
16 OLG Schleswig FGPrax 2013, 30.
17 Keidel/Zimmermann FamFG § 370 Rn. 17.

III. Teilaussetzung, § 370 S. 2 FamFG

§ 370 S. 2 FamFG regelt den Fall, wenn nur einzelne Streitpunkte verbleiben, im Übrigen aber unstreitige Punkte vorhanden sind, die beurkundet werden können. Damit wird die Teilaussetzung hinsichtlich einzelner Streitpunkte ermöglicht, während im Übrigen – also bzgl. des unstreitigen Teils – das Teilungsverfahren über vorbereitende Maßnahmen und Vereinbarungen bishin zur Teilauseinandersetzung vorgenommen, beurkundet, bestätigt und erforderlichenfalls auch nach § 371 Abs. 2 FamFG vollstreckt werden kann.[18] Über § 370 S. 2 FamFG wird dazu auf die Bestimmungen der §§ 366 un 368 Abs. 1 und 2 FamFG verwiesen. Dies kann sogar so weit gehen, dass eine Erbauseinandersetzung beschränkt auf einzelne Miterben erfolgt, etwa durch Erbteilsübertragung oder etwa durch Auszahlung von Geldbeträgen.[19]

14

IV. Rechtsmittel

Nachdem es sich bei § 370 FamFG um eine ergänzende Vorschrift zu § 21 FamFG handelt, ist der Aussetzungsbeschluss nicht mit der Beschwerde nach den §§ 58 ff. FamFG anfechtbar, sondern entsprechend § 21 Abs. 2 FamFG iVm §§ 567–572 ZPO mit der sofortigen Beschwerde innerhalb der Zwei-Wochen-Frist des § 569 ZPO.[20]

15

V. Kosten

Die Höhe der Notargebühren folgt aus den Nr. 23900–23903 KV GNotKG, der Geschäftswert aus § 118a GNotKG. Auf Verlangen des Notars ist vom Antragsteller nach § 15 GNotKG ein Kostenvorschuss zu leisten.

16

§ 371 FamFG Wirkung der bestätigten Vereinbarung und Auseinandersetzung; Vollstreckung

(1) Vereinbarungen nach § 366 Abs. 1 sowie Auseinandersetzungen nach § 368 werden mit Rechtskraft des Bestätigungsbeschlusses wirksam und für alle Beteiligten in gleicher Weise verbindlich wie eine vertragliche Vereinbarung oder Auseinandersetzung.

(2) ¹Aus der Vereinbarung nach § 366 Abs. 1 sowie aus der Auseinandersetzung findet nach deren Wirksamwerden die Vollstreckung statt. ²Die §§ 795 und 797 der Zivilprozessordnung sind anzuwenden.

A. Allgemeines	1	2. Bestätigungsbeschluss	4
B. Regelungsgehalt	3	a) Rechtsnatur	4
I. Bestätigung, § 371 Abs. 1 FamFG	3	b) Mängel im Teilungsverfahren	7
1. Allgemeines	3	c) Rechtskraft	9

---

18 Keidel/Zimmermann FamFG § 370 Rn. 19 f.; MüKoFamFG/Grziwotz FamFG § 370 Rn. 9 f.

19 MüKoFamFG/J. Mayer FamFG § 370 Rn. 10.

20 MüKoFamFG/J. Mayer FamFG § 370 Rn. 11.

3. Wirkung	10	2. Zwangsvollstreckungsverfahren	13
4. Kosten	11	3. Rechtsmittel	15
II. Zwangsvollstreckung, § 371 Abs. 2 FamFG	12		
1. Vollstreckungstitel	12		

A. Allgemeines

1 § 371 Abs. 1 FamFG bestimmt in Abweichung von § 40 Abs. 1 FamFG, dass die Wirksamkeit einer Vereinbarung nach § 366 Abs. 1 FamFG oder einer Auseinandersetzung nach § 368 FamFG erst mit Rechtskraft des Bestätigungsbeschlusses eintritt.[1] In Ergänzung von § 86 FamFG wird in § 371 Abs. 2 FamFG zudem geregelt, dass auch die bestätigte Vereinbarung und Auseinandersetzung einen Vollstreckungstitel darstellen.[2]

2 § 371 Abs. 1 FamFG entspricht hierbei inhaltlich der früheren Regelung des § 97 Abs. 1 FGG, § 371 Abs. 2 FamFG die der früheren Regelung des § 98 FGG.

B. Regelungsgehalt

I. Bestätigung, § 371 Abs. 1 FamFG

3 **1. Allgemeines.** § 371 Abs. 1 FamFG gilt für Vereinbarungen nach § 366 Abs. 1 FamFG oder einer Auseinandersetzung nach § 368 FamFG. Letzteres umfasst nach ganz hM die Auseinandersetzungsvereinbarungen, die nach dem notariellen Auseinandersetzungsplan beschlossen wird.[3]

4 **2. Bestätigungsbeschluss. a) Rechtsnatur.** Der Bestätigungsbeschluss stellt einen hoheitlichen Akt dar, der den von den Beteiligten nach §§ 366, 368 FamFG getroffenen Vereinbarungen gemäß § 371 Abs. 1 FamFG Wirksamkeit und nach § 371 Abs. 2 FamFG Vollstreckbarkeit verleiht.[4]

5 Die Beteiligten sind bis zur Bestätigung an die Vereinbarung **gebunden**[5] und diese wird mit der Bestätigung für alle ordnungsgemäß Beteiligten **endgültig**.[6] Die Beteiligten werden **inhaltlich** dadurch so gebunden, als hätten sie eine entsprechende vertragliche Vereinbarung getroffen.[7]

6 Wird die Bestätigung dagegen **endgültig nicht gewährt**, so besteht zwar keine Bindung, doch bleiben die Erklärungen der Beteiligten bis zu einem förmlichen Widerruf in Kraft.[8]

7 **b) Mängel im Teilungsverfahren. Verfahrensmängel** können nur mittels der Beschwerde nach § 372 Abs. 2 FamFG bis zur Rechtskraft des Beschlusses gerügt werden, nach Rechtskraft des Bestätigungsbeschlusses ist dagegen eine Rüge von Verfahrensmängeln des Teilungsverfahrens nicht mehr möglich.[9] Dies gilt auch dann, wenn die Verfahrensvorschriften im Versäumnisverfahren nicht beachtet wurden.[10]

8 **Materiellrechtliche Mängel** werden dagegen durch den Bestätigungsbeschluss **nicht geheilt**.[11] Selbst nach einer Bestätigung kann daher der Auseinandersetzungsvertrag etwa nach § 134 BGB oder wegen fehlender Genehmigung des Betreuungs- oder Familiengerichts nichtig oder nach den §§ 119 ff. BGB anfechtbar sein. Ebenso werden Formmängel durch die Bestätigung nicht geheilt.[12] Über die materiellrechtlichen Mängel entscheidet hierbei nicht mehr der Notar,

---

1 BT-Drs. 16/6308, 284; MüKoFamFG/Grziwotz FamFG § 371 Rn. 1.
2 BT-Drs. 16/6308, 284; MüKoFamFG/Grziwotz FamFG § 371 Rn. 2.
3 Keidel/Zimmermann FamFG § 371 Rn. 2.
4 MüKoFamFG/Grziwotz FamFG § 371 Rn. 4; Keidel/Zimmermann FamFG § 371 Rn. 9.
5 OLGE 42, 190; MüKoFamFG/Grziwotz FamFG § 371 Rn. 4.
6 MüKoFamFG/Grziwotz FamFG § 371 Rn. 4.
7 MüKoFamFG/Grziwotz FamFG § 371 Rn. 5.
8 MüKoFamFG/Grziwotz FamFG § 371 Rn. 4.
9 Prütting/Helms/Fröhler FamFG § 371 Rn. 11; Keidel/Zimmermann FamFG § 371 Rn. 11.
10 Prütting/Helms/Fröhler FamFG § 371 Rn. 11; MüKoFamFG/Grziwotz FamFG § 371 Rn. 6.
11 Keidel/Zimmermann FamFG § 371 Rn. 12.
12 Keidel/Zimmermann FamFG § 371 Rn. 13.

sondern das Prozessgericht, wo sie mittels der Feststellungs- oder Vollstreckungsgegenklage geltend gemacht werden können.[13]

c) **Rechtskraft.** Mit Ablauf der Rechtsmittelfrist (§ 63 FamFG), der rechtskräftigen Abweisung des Rechtsmittels oder bei Verzicht aller Beteiligter auf das Rechtsmittel (§ 67 FamFG) tritt hinsichtlich des Bestätigungsbeschlusses formelle Rechtskraft nach § 45 FamFG ein. Hierüber kann nach § 46 FamFG ein Rechtskraftzeugnis erteilt werden. § 371 Abs. 1 FamFG stellt klar, dass entgegen § 40 Abs. 1 FamFG die Wirksamkeit des Bestätigungsbeschlusses erst mit der (formellen) Rechtskraft eintritt.[14]

3. Wirkung. Mit der formellen Rechtskraft des Bestätigungsbeschlusses werden alle ordnungsgemäß Beteiligten **endgültig gebunden**.[15] Dabei tritt **inhaltlich** eine Bindung dergestalt ein, als hätten die Beteiligten eine entsprechende vertragliche Vereinbarung getroffen.[16] Die Bindung wirkt hierbei auch nach außen, so dass auch die Grundbuchämter wie auch sonstige Behörden an die Feststellungen des Bestätigungsbeschlusses gebunden sind.[17]

4. Kosten. Die Höhe der Notargebühren folgt aus den Nr. 23900–23903 KV GNotKG, der Geschäftswert aus § 118a GNotKG. Dies gilt hierbei auch dann, wenn nicht der notarielle, sondern ein anderer Erbauseinandersetzungsplan beurkundet wird.[18]

II. Zwangsvollstreckung, § 371 Abs. 2 FamFG

1. Vollstreckungstitel. § 371 Abs. 2 S. 1 FamFG bestimmt, dass sowohl die rechtskräftig bestätigte Vereinbarung nach § 366 FamFG als auch die rechtskräftig bestätigte Auseinandersetzung nach § 368 FamFG Titel zur Zwangsvollstreckung sind. Einer ausdrücklichen Unterwerfung der Beteiligten unter die sofortige Zwangsvollstreckung bedarf es hierbei nicht.[19] Andererseits existiert eine vorläufige Vollstreckbarkeit entsprechend den Regelungen der §§ 708 ff. ZPO nicht. Möglich ist aber eine (nach den §§ 49, 53 FamFG vollstreckbare) einstweilige Anordnung.[20]

2. Zwangsvollstreckungsverfahren. § 371 Abs. 2 S. 2 FamFG verweist hinsichtlich der Vollstreckung ausdrücklich auf die Bestimmungen der §§ 795–797 ZPO. Damit gelten die Bestimmungen der §§ 724 bis 793 ZPO, soweit nicht gemäß § 795 ZPO in den §§ 795a bis 800 ZPO abweichende Vorschriften geregelt sind. Außerdem gelten § 797 ZPO und die §§ 803 ff. ZPO, soweit sie nicht ausdrücklich (wie die §§ 894 ff. ZPO) ein Urteil voraussetzen.[21] Bei der Zwangsvollstreckung gegen Eheleute und eingetragene Lebenspartnerschaften sind zudem die §§ 739, 740 ZPO zu beachten.

Die vollstreckbare Ausfertigung ist vom Notar zu erteilen, der die vorbereitende Vereinbarung nach § 366 FamFG oder die Auseinandersetzung nach § 368 FamFG beurkundet hat.[22]

3. Rechtsmittel. Die **Entscheidung über die Erteilung** der vollstreckbaren Ausfertigung durch den Notar ist nach § 54 Abs. 1 BeurkG anfechtbar.

Wird die **Erteilung der Klausel abgelehnt**, so ist hiergegen für den Gläubiger die Beschwerde nach § 54 Abs. 1 BeurkG iVm den §§ 58 ff. FamFG statthaft, worüber dann das Landgericht nach § 54 Abs. 2 BeurkG entscheidet.

---

13 BayObLGZ 11, 720; Keidel/Zimmermann FamFG § 371 Rn. 14.
14 BT-Drucksache 16/6308, 284; Keidel/Zimmermann FamFG § 371 Rn. 7.
15 MüKoFamFG/Grziwotz FamFG § 371 Rn. 4.
16 MüKoFamFG/Grziwotz FamFG § 371 Rn. 5.
17 MüKoFamFG/Grziwotz FamFG § 371 Rn. 11.
18 Keidel/Zimmermann FamFG § 371 Rn. 28.
19 Bumiller/Harders/Schwamb/Harders FamFG § 371 Rn. 4; MüKoFamFG/Grziwotz FamFG § 371 Rn. 12.
20 Keidel/Zimmermann FamFG § 371 Rn. 7; MüKoFamFG/Grziwotz FamFG § 371 Rn. 12.
21 MüKoFamFG/Grziwotz FamFG § 371 Rn. 13.
22 Keidel/Zimmermann FamFG § 371 Rn. 35 f.

17 Bei Erteilung der Klausel entscheidet über Einwendungen das Amtsgericht, in dessen Bezirk der Notar seinen Amtssitz hat, § 797 Abs. 3 S. 1 ZPO.

18 Für Klagen auf Erteilung der Vollstreckungsklausel nach § 731 ZPO oder für Klagen, durch die den Anspruch selbst betreffende Einwendungen geltend gemacht werden oder der bei Erteilung der Vollstreckungsklausel als bewiesen angenommene Eintritt der Voraussetzung für die Erteilung der Vollstreckungsklausel nach den §§ 767, 768 ZPO bestritten wird, ist das Gericht, bei dem der Schuldner im Inland seinen allgemeinen Gerichtsstand hat, zuständig.[23] Fehlt es hieran, so findet über § 797 Abs. 5 ZPO die Bestimmung des § 23 ZPO Anwendung.

§ 372 FamFG   Rechtsmittel

(1) Ein Beschluss, durch den eine Frist nach § 366 Abs. 3 bestimmt wird, und ein Beschluss, durch den über die Wiedereinsetzung entschieden wird, ist mit der sofortigen Beschwerde in entsprechender Anwendung der §§ 567 bis 572 der Zivilprozessordnung anfechtbar.

(2) Die Beschwerde gegen den Bestätigungsbeschluss kann nur darauf gegründet werden, dass die Vorschriften über das Verfahren nicht beachtet wurden.

A. Allgemeines 1	2. Beschränkung der Beschwerde 10
B. Regelungsgehalt 2	3. Beschwerdeberechtigung 16
I. Allgemeines 2	4. Wirkung der Aufhebung des Bestäti-
II. Sofortige Beschwerde,	gungsbeschlusses 18
§ 572 Abs. 1 FamFG 6	
III. Rechtsmittel gegen Bestätigungsbeschlüsse,	
§ 372 Abs. 2 FamFG 8	
1. Allgemeines 8	

A. Allgemeines

1 § 372 FamFG regelt in Ergänzung zu den §§ 58 ff. FamFG das statthafte Rechtsmittel in einigen Sonderfällen. Die Vorschrift entspricht hierbei teilweise der früheren Regelung des § 98 FGG.

B. Regelungsgehalt

I. Allgemeines

2 Nach dem FamFG gibt es anders als nach der früheren Regelung des § 19 FGG keine unbefristete Beschwerde mehr, sondern alle Beschwerden sind nach § 63 FamFG befristet. Dabei beträgt die Frist nach § 63 Abs. 1 FamFG grundsätzlich einen Monat, in besonderen Fällen nach § 63 Abs. 2 FamFG allerdings nur zwei Wochen.

3 Daneben sieht das FamFG – wie eben gerade auch § 372 Abs. 1 FamFG – in besonderen Fällen die sofortige Beschwerde nach den §§ 567–572 ZPO vor.

4 Beschwerdegericht ist hierbei nach § 119 Abs. 1 Nr. 1b GVG das OLG.

5 Möglich ist dann noch die Rechtsbeschwerde zum BGH, sofern diese vom OLG zugelassen wurde. Schließlich kommt auch eine Anhörungsrüge nach § 44 FamFG in Betracht.

---

23 Keidel/Zimmermann FamFG § 371 Rn. 42.

II. Sofortige Beschwerde, § 572 Abs. 1 FamFG

Die sofortige Beschwerde nach den §§ 567–572 ZPO ist statthaft gegen

- den **Beschluss, durch dem einen Beteiligten eine Frist nach § 366 Abs. 3 FamFG bestimmt wird.** Danach ist ein Beteiligter im Termin zu den vorbereitenden Verhandlungen über die Erbauseinandersetzung nicht erschienen und der Notar teilt diesem die Vereinbarungen aus der Verhandlung unter gleichzeitiger Fristsetzung durch Beschluss mit, binnen derer der Beteiligte einen neuen Termin beantragen kann. Geschieht dies nicht, so wird sein Einverständnis mit der Vereinbarung gemäß § 366 Abs. 3 S. 2 FamFG angenommen und vom Notar nach Fristablauf der Bestätigungsbeschluss erlassen. Wird dagegen rechtzeitig Terminantrag gestellt und darin das Einverständnis zu der Vereinbarung nicht erteilt, so ist die Vermittlung gescheitert.
- den **Beschluss, durch dem einen Beteiligten eine Frist nach § 368 Abs. 2 S. 1 iVm § 366 Abs. 3 FamFG gesetzt wird.** Zwar wird diese Fallkonstellation nicht ausdrücklich in § 372 Abs. 1 FamFG erwähnt, doch folgt die Anwendung des § 372 Abs. 1 FamFG aus der Verweisung in § 368 Abs. 2 S. 1 FamFG auf die Bestimmung des § 366 Abs. 3 FamFG. Hierbei wurde durch den Notar ein Auseinandersetzungsplan vorgestellt, zu dem alle anwesenden Beteiligten ihr Einverständnis erteilt haben, worauf der Auseinandersetzungsplan beurkundet wurde. Der Notar teilt nun allen nicht anwesenden Beteiligten die Auseinandersetzungsvereinbarung unter Fristsetzung durch Beschluss mit, binnen derer der Beteiligte einen neuen Termin beantragen kann. Geschieht dies nicht, so wird sein Einverständnis mit der Vereinbarung gemäß § 368 Abs. 2 S. 1 iVm § 366 Abs. 3 S. 2 FamFG angenommen und vom Notar nach Fristablauf der Bestätigungsbeschluss erlassen. Wird dagegen rechtzeitig Terminantrag gestellt und darin das Einverständnis zu der Vereinbarung nicht erteilt, so ist die Vermittlung gescheitert.
- eine **Entscheidung über einen Antrag auf Wiedereinsetzung in den vorigen Stand, § 367 FamFG,** und zwar unabhängig davon, ob dem Antrag stattgegeben wird oder nicht.

Beschwerdeberechtigt ist in den Fällen des § 366 Abs. 3 FamFG und des §§ 368 Abs. 2 S. 1 FamFG iVm § 366 Abs. 3 FamFG der Beteiligte, der die Frist gesetzt bekommen hat, nur mit der Behauptung, sie sei zu kurz bemessen, die übrigen Beteiligten dagegen nur mit der Behauptung, sie sei zu lang bemessen.[1] Im Falle des § 367 FamFG ist dagegen jeder Beteiligte beschwerdeberechtigt.[2]

III. Rechtsmittel gegen Bestätigungsbeschlüsse, § 372 Abs. 2 FamFG

1. Allgemeines. Bestätigungsbeschlüsse sind Endentscheidungen, gegen die die Beschwerde nach den §§ 58 ff. FamFG statthaft ist. Der Bestätigungsbeschluss ergeht im Fall des § 366 FamFG,

- wenn sämtliche Beteiligte mit der vorbereitenden Vereinbarung einverstanden sind (§ 366 Abs. 2 S. 1 FamFG), dieser nachträglich zustimmen (§ 366 Abs. 2 S. 2 FamFG) oder die Zustimmung angenommen wird (§ 366 Abs. 4 FamFG).
- Des Weiteren ergeht ein Bestätigungsbeschluss im Fall des § 368 FamFG, wenn sämtliche Beteiligte mit dem Auseinandersetzungsplan einverstanden sind (§ 368 Abs. 1 S. 3 Hs. 1 FamFG), diesem nachträglich zustimmen (§ 368 Abs. 1 S. 3 Hs. 2 FamFG) oder die Zustimmung hierzu angenommen wird (§ 368 Abs. 2 S. 1 FamFG iVm § 366 Abs. 4 FamFG).

Die **Beschwerdefrist** läuft hierbei für jeden Beschwerdeberechtigten gesondert und beträgt nach § 63 Abs. 1 FamFG einen Monat. Wird die Frist von einem Beteiligten versäumt, so kommt dennoch eine Anschlussbeschwerde nach § 66 FamFG in Betracht.

---

1 Keidel/Zimmermann FamFG § 366 Rn. 59.
2 Keidel/Zimmermann FamFG § 372 Rn. 8; MüKo-FamFG/Grziwotz FamFG § 372 Rn. 5.

10 **2. Beschränkung der Beschwerde.** § 372 Abs. 2 FamFG regelt abweichend von den §§ 58 ff. FamFG eine Einschränkung der Beschwerde. Danach kann der Bestätigungsbeschluss nur damit angefochten werden, dass die Vorschriften über das Verfahren nicht beachtet wurden. Sind alle Beteiligte erschienen und haben rügelos verhandelt, so ist eine Beschwerde nunmehr praktisch ausgeschlossen, da die zwingenden Verfahrensvorschriften mit dem FamFG de facto abgeschafft wurden.[3]

11 Die Beschwerde kann hiernach auf die **Unzulässigkeit des ganzen Verfahrens oder auch nur auf die Fehlerhaftigkeit einzelner Verfahrenshandlungen gestützt werden.**[4] Hierzu gehören insbesondere die Nichteinhaltung der Ladungsvorschrift des § 365 FamFG, wobei es Mindestladungsfristen nicht mehr gibt und daher die Rüge einer zu kurz bemessenen Frist nicht mehr möglich ist sowie ein Verstoß gegen die Vorschriften der §§ 366 Abs. 3 und 368 FamFG über Fristsetzung und Hinweise in der Mitteilung zur Ladung zu einem neuen Termin. Auch gerügt werden kann, dass das Auseinandersetzungsverfahren eingeleitet wurde, obwohl die Voraussetzung hierfür nicht vorlagen (etwa, dass keine Erbengemeinschaft vorlag) und dass das Teilungsverfahren fortgesetzt wurde, obwohl nach § 370 FamFG ausgesetzt werden hätte müssen.[5]

12 Auch auf die **Verletzung allgemeiner Verfahrensvorschriften** kann die Beschwerde gestützt werden. Dies können etwa Zuständigkeitsverstöße sein (wobei dann die Einschränkung des § 65 Abs. 4 FamFG zu beachten ist), Mängel bei der Genehmigung durch das Familien-, Betreuungs-, oder Nachlassgericht[6] oder bei der Beurkundung die Nichtbeachtung zwingender Vorschriften des BeurkG.[7]

13 Die Rügen der Verletzung von Verfahrensvorschriften kann nur auf **neue Tatsachen und Beweismittel** gestützt werden, § 65 Abs. 3 FamFG.

14 Für die Beschwerde besteht nach § 65 Abs. 1 FamFG **kein Begründungszwang**. Dies scheint im Widerspruch zu § 372 Abs. 2 FamFG zu stehen, wonach die Beschwerde nur auf die Nichtbeachtung von Vorschriften über das Verfahren gestützt werden kann. Tatsächlich soll § 372 Abs. 2 FamFG keinen Begründungszwang begründen. Vielmehr muss das Beschwerdegericht selbst das Verfahren auf etwaige Verfahrensvorschriften hin überprüfen und ist auch an das Vorbringen der Beteiligten nicht gebunden, so dass das Beschwerdegericht die Aufhebung auch auf andere Verfahrensverstöße stützen kann.[8]

15 Auf inhaltliche Mängel oder bzgl. der Gültigkeit der bestätigten Vereinbarung kann dagegen die Beschwerde nicht gestützt werden, insbesondere also nicht auf die §§ 117, 119 ff., 134, 138, 826 BGB.[9] Solche inhaltlichen Fehler können nur im Klagewege vor dem Prozessgericht geltend gemacht werden.

16 **3. Beschwerdeberechtigung.** Die Beschwerdeberechtigung richtet sich nach § 59 Abs. 1 FamFG. Dabei muss der Verfahrensmangel den Beschwerdeführer nicht selbst betreffen.[10]

17 Zum Verfahren nicht Hinzugezogene sind nur dann beschwerdeberechtigt, wenn ihnen in der Vereinbarung Verpflichtungen auferlegt wurden, obwohl sie nicht hinzugezogen wurden.[11]

18 **4. Wirkung der Aufhebung des Bestätigungsbeschlusses.** Die Aufhebung des Bestätigungsbeschlusses wirkt für und gegen alle Beteiligte, nicht nur bzgl. des Beschwerdeführers.[12] Damit

---

3 Keidel/Zimmermann FamFG § 366 Rn. 18.
4 MüKoFamFG/Grziwotz FamFG § 372 Rn. 7.
5 BayObLGZ 18, 71; BayObLGZ 4, 500; Keidel/Zimmermann FamFG § 372 Rn. 14.
6 Keidel/Zimmermann FamFG § 372 Rn. 14.
7 Keidel/Zimmermann FamFG § 372 Rn. 14. Hierunter soll aber nach MüKoFamFG/Grziwotz FamFG § 372 Rn. 8 nicht der Einwand, die Beurkundung hätte wegen eines Verstoßes gegen §§ 134, 138 BGB unterbleiben müssen, fallen. Vielmehr handele es sich hierbei um einen inhaltlichen Fehler, der nur vor dem Prozessgericht gerügt werden könne.
8 Keidel/Zimmermann FamFG § 372 Rn. 18.
9 MüKoFamFG/Grziwotz FamFG § 372 Rn. 8.
10 Keidel/Zimmermann FamFG § 372 Rn. 21.
11 Keidel/Zimmermann FamFG § 372 Rn. 22.
12 KGJ 46, 151.

wird die Bestätigung gegenüber allen Beteiligten gegenstandslos und der Zustand vor Erlass des Bestätigungsbeschlusses wieder hergestellt.[13]

Von der Art des Mangels hängt es ab, inwieweit das Verfahren zu wiederholen oder in einzelnen Punkten zu ergänzen ist.[14] Beruht das ganze Verfahren auf dem Mangel, so ist es insgesamt und von Anfang an zu wiederholen, anderenfalls sind die einzelnen Verfahrenshandlungen, wie etwa die Einholung einer Genehmigung durch das Familien-, Betreuungs- oder Nachlassgericht, vorzunehmen, letztlich also das Verfahren nur insoweit zu wiederholen, als es zur Beseitigung des Mangels erforderlich ist.[15]

19

§ 373 FamFG   Auseinandersetzung einer Gütergemeinschaft

(1) Auf die Auseinandersetzung des Gesamtguts nach der Beendigung der ehelichen, lebenspartnerschaftlichen oder der fortgesetzten Gütergemeinschaft sind die Vorschriften dieses Abschnitts entsprechend anzuwenden.

(2) Für das Verfahren zur Erteilung, Einziehung oder Kraftloserklärung von Zeugnissen über die Auseinandersetzung des Gesamtguts einer ehelichen, lebenspartnerschaftlichen oder fortgesetzten Gütergemeinschaft nach den §§ 36 und 37 der Grundbuchordnung sowie den §§ 42 und 74 der Schiffsregisterordnung gelten § 345 Abs. 1 sowie die §§ 352, 352a, 352c bis 353 und 357 entsprechend.

A. Allgemeines	1	2. Zuständigkeit	6
B. Regelungsgehalt	3	3. Verfahren	9
I. Gesamtgutauseinandersetzung, § 373 Abs. 1 FamFG	3	4. Kosten	12
1. Allgemeines	3	II. Zeugnisse über die Auseinandersetzung des Gesamtguts, § 373 Abs. 2 FamFG	13

A. Allgemeines

§ 373 Abs. 1 FamFG bestimmt, dass auf die Auseinandersetzung des Gesamtguts nach der Beendigung der ehelichen, lebenspartnerschaftlichen oder der fortgesetzten Gütergemeinschaft die Vorschriften über das Teilungsverfahren nach den §§ 363 ff. FamFG anzuwenden sind. § 373 Abs. 1 FamFG entspricht hierbei der früheren Regelung des § 99 Abs. 1 FGG.

1

Nach § 373 Abs. 2 FamFG gelten für die Erteilung, die Einziehung oder Kraftloserklärung von Zeugnissen über die Auseinandersetzung des Gesamtguts einer ehelichen, lebenspartnerschaftlichen oder fortgesetzten Gütergemeinschaft nach den §§ 36 und 37 GBO sowie den §§ 42 und 74 SchiffsregisterO die §§ 345 Abs. 1, 352, 352a, 352c bis 353 und 357FamFG entsprechend.

2

B. Regelungsgehalt

I. Gesamtgutauseinandersetzung, § 373 Abs. 1 FamFG

1. Allgemeines. Der Güterstand der Gütergemeinschaft muss zwischen den Ehegatten durch notariellen Ehevertrag nach den §§ 1408 ff. BGB ausdrücklich als Wahlgüterstand vereinbart werden, § 1415 BGB. Gleiches gilt für gleichgeschlechtliche eingetragene Lebenspartner für den Abschluss eines Lebenspartnerschaftsvertrages, § 7 LPartG. Die **Gütergemeinschaft** endet mit der Rechtskraft der Aufhebungsentscheidung gemäß §§ 1447–1449, 1469, 1470 BGB, durch Ehevertrag nach § 1408 BGB mit der Auflösung der Ehe durch Scheidung, Aufhebung, Wieder-

3

---

[13] Keidel/Zimmermann FamFG § 372 Rn. 24.
[14] MüKoFamFG/Grziwotz FamFG § 372 Rn. 10; Keidel/Zimmermann FamFG § 372 Rn. 24.
[15] KGJ 46, 151; Keidel/Zimmermann FamFG § 372 Rn. 24.

verheiratung nach der Todeserklärung gemäß den §§ 1564 ff., 1313 ff., 1319 BGB oder mit Auflösung der Ehe durch Tod eines Ehegatten bei unbeerbter Ehe bzw. wenn bei beerbter Ehe nicht die Fortsetzung der Gütergemeinschaft vereinbart war, § 1483 BGB.[1]

4 Die **fortgesetzte Gütergemeinschaft** nach den §§ 1483 ff. BGB bedarf ebenfalls der ausdrücklichen Vereinbarung in einem Ehevertrag und endet durch Wegfall oder Verzicht aller Abkömmlinge nach den §§ 1490, 1491 BGB, durch die Aufhebung seitens des überlebenden Ehegatten, durch Vertrag nach § 1492 BGB, durch Wiederverheiratung des überlebenden Ehegatten nach § 1493 BGB, durch den Tod oder Todeserklärung des überlebenden Ehegatten, § 1494 BGB oder mit der Rechtskraft des Aufhebungsurteils nach den §§ 1495, 1496 FamFG.[2] Gleiches gilt über § 7 S. 2 LPartG auch für die eingetragene gleichgeschlechtliche Lebenspartnerschaft.[3]

5 Die **Auseinandersetzung** des ehelichen Gesamtguts erfolgt nach den §§ 1471–1481 BGB. Dabei kann zur Vorbereitung der Auseinandersetzung die Teilungsversteigerung nach den §§ 180 ff. ZVG beantrag werden, welches nicht die Durchführung des Verfahrens nach § 373 FamFG voraussetzt; vielmehr schließen beide Verfahren einander nicht aus.[4]

6 **2. Zuständigkeit.** Nach § 23a Abs. 2 Nr. 2, Abs. 3 GVG ist seit dem 1.9.2013 nicht mehr das Amtsgericht, sondern der Notar **sachlich zuständig**, wie sich auch aus § 20 Abs. 1 S. 2 BNotO ergibt. Zudem sind für die nach Landesrecht zur Vermittlung der Auseinandersetzung bestellten Behörden die §§ 487 Abs. 1 Nr. 2 und Nr. 3 FamFG zu beachten.

7 Die **örtliche Zuständigkeit** ergibt sich zunächst aus § 344 Abs. 5 S. 1 FamFG iVm § 344 Abs. 4a FamFG. Gehört danach ein Anteil an dem Gesamtgut zu einem Nachlass, so ist der Notar zuständig, der für die Auseinandersetzung des Nachlasses zuständig ist. Ansonsten folgt die Zuständigkeit aus § 344 Abs. 5 S. 2 FamFG, wonach jeder Notar zuständig ist, der seinen Amtssitz im Bezirk des nach § 122 Nr. 1–5 FamFG zuständigen Gerichts hat. Greift auch dies nicht ein, so ist nach § 344 Abs. S. 3 jeder Notar zuständig, der seinen Amtssitz im Bezirk eines Amtsgerichts hat, in dem sich Gegenstände befinden, die zum Gesamtgut gehören.

8 **Funktionell zuständig** ist der Notar; in Baden-Württemberg war dies bis zum 31.12.2017 der einem Notariat zugewiesene Rechtspfleger, § 35 Abs. 1 RPflG aF.

9 **3. Verfahren.** Nach § 373 Abs. 1 FamFG gelten für das Verfahren die Vorschriften der §§ 363–372 FamFG entsprechend.

10 Das Verfahren wird **nur auf Antrag** durchgeführt, § 363 FamFG, dann aber zwingend.[5]

11 **Antragsberechtigt** ist
- jeder Ehegatte, wenn eine eheliche Gütergemeinschaft durch Scheidung oder während einer bestehenden Ehe endet.[6]
- der überlebende Ehegatte und jeder Erbe des Verstorbenen, wenn eine eheliche Gütergemeinschaft durch Tod oder Todeserklärung eines Ehegatten endet.[7]
- der überlebende Ehegatte und die anteilsberechtigten Abkömmlinge, wenn eine fortgesetzte Gütergemeinschaft bei Lebzeiten des überlebenden Ehegatten endet. Für die Abkömmlinge gilt dies aber nur, sofern diese nicht auf ihren Anteil verzichtet haben, § 1491 BGB. Ist ein anteilsberechtigter Abkömmling bereits vorverstorben, so treten an dessen Stelle seine Abkömmlinge, die anteilsberechtigt wären, wenn er den verstorbenen Ehegatten nicht überlebt

---

1 Keidel/Zimmermann FamFG § 373 Rn. 1.
2 MüKoFamFG/Grziwotz FamFG § 373 Rn. 6; Keidel/Zimmermann FamFG § 373 Rn. 2.
3 MüKoFamFG/Grziwotz FamFG § 373 Rn. 7.
4 BayObLGZ 1971, 293; Keidel/Zimmermann FamFG § 373 Rn. 3; MüKoFamFG/Grziwotz FamFG § 373 Rn. 8.
5 BayObLGZ 21, 18; Keidel/Zimmermann § 373 Rn. 11.
6 Keidel/Zimmermann FamFG § 373 Rn. 12; MüKoFamFG/Grziwotz FamFG § 373 Rn. 11.
7 Keidel/Zimmermann FamFG § 373 Rn. 12; MüKoFamFG/Grziwotz FamFG § 373 Rn. 11.

hätte, §§ 1490, 1483 BGB, nicht aber seine Erben und auch dann nicht, wenn er Abkömmlinge nicht hinterlassen hat.[8]
- der Pfändungsgläubiger, der nach Beendigung der Gütergemeinschaft den Anteil am Gesamtgut gepfändet hat § 860 Abs. 2 ZPO sowie der Insolvenzverwalter, wenn nach Beendigung der Gemeinschaft das Insolvenzverfahren über das Vermögen eines Ehegatten oder eines anteilsberechtigten Abkömmlings eröffnet wurde, § 860 Abs. 2 ZPO, §§ 37, 318, 321 InsO.[9]

4. Kosten. An Notargebühren gelten die Nr. 23900–23903 KV GNotKG, wobei sich der Geschäftswert aus § 118a GNotKG ergibt.

II. Zeugnisse über die Auseinandersetzung des Gesamtguts, § 373 Abs. 2 FamFG

Für das Verfahren zur Erteilung, Einziehung oder Kraftloserklärung von Zeugnissen über die Auseinandersetzung des Gesamtguts erklärt § 373 Abs. 2 FamFG die Vorschriften der §§ 345 Abs. 1, 352, 352a, 352c bis 353 und 357 FamFG für entsprechend anwendbar. Vgl. daher die jeweilige Kommentierung dort.

---

[8] BayObLGZ 1956, 363; Keidel/Zimmermann FamFG § 373 Rn. 12; MüKoFamFG/Grziwotz FamFG § 373 Rn. 11.

[9] MüKoFamFG/Grziwotz FamFG § 373 Rn. 11.

24. Grundbuchordnung (GBO)

In der Fassung der Bekanntmachung vom 26.5.1994 (BGBl. I S. 1114)
(FNA 315-11)
zuletzt geändert durch Art. 16 SanktionsdurchsetzungsG II vom 19. Dezember 2022
(BGBl. I S. 2606)
– Auszug –

Literatur:
Kommentare, Handbücher und Lehrbücher
Bauer/v. Oefele, Kommentar zur Grundbuchordnung, 3. Aufl. 2013; *Hügel*, Beck'scher Online-Kommentar zur GBO: Stand 1.11.2021; *Demharter*: Grundbuchordnung, Kommentar, 31. Aufl. 2016; *Eickmann/Böttcher* Grundbuchverfahrensrecht, 4. Aufl. 2011; *Keller/Munzig*, Grundbuchrecht, 7. Aufl. 2015; *Meikel*, Grundbuchordnung, 11. Aufl. 2015; *Schöner/Stöber*: Handbuch der Rechtspraxis, Band 4, Grundbuchrecht, 16. Aufl. 2020; *Stöber/Morvilius*, GBO-Verfahren und Grundstückssachenrecht, 3. Aufl. 2012.

Aufsätze (Auswahl)
Behmer, Die Eintragungsbewilligung in den Fällen des § 20 GBO; Rpfleger 1984, 306; *Bestelmeyer*, Erbfälle mit Nachlaßgegenständen in der ehemaligen DDR, Rpfleger 1992, 229; *Bestelmeyer*, „Herrschende Meinungen" im Bereich des Nacherbenrechts – Eintragung und Löschung des Nacherbenvermerks, Übertragung des Nacherbenanwartschaftsrechts, Rpfleger 1994, 189; *Bertsch*, Antragsrecht des Erben auf Grundbuchberichtigung bei Testamentsvollstreckung, Rpfleger 1968, 178; *Böhringer*, Aktuelle Streitfragen des Grundbuchrechts, BWNotZ 1985, 102; *Böhringer*, Erbnachweis für Vermögensrechte mit Grundstücksbezug in den neuen Bundesländern, Rpfleger 1999, 110; *Böhringer*, Die Grundbuchsperre des § 22 GrEStG und ihre Ausnahmen, Rpfleger 2000, 99; *Böhringer*, Die Entwicklung des Grundstücks- und Grundbuchrechts sei 2000, Rpfleger 2003, 157; *Böttcher*, Der Löschungserleichterungsvermerk gemäß §§ 23 Abs. 2, 24 GBO, MittRhNotK 1987, 219; *Böttcher*, Die Prüfungspflicht des Grundbuchgericht, Rpfleger 1990, 486; *Böttcher*, Die Bewilligungsmacht im Grundbuchverfahren, ZfIR 2002, 693; *Böttcher* Grundbuchberichtigung beim Ausscheiden aus einer Erbengemeinschaft oder GbR, Rpfleger 2007, 437; *Böttcher*, Die Bewilligung des Verkäufers (§ 19 GBO) für einen Eigentumswechsel, ZNotP 2008, 258; *Böttcher*, Die Entwicklung des Grundbuch- und Grundstücksrechts im Jahr 2010, NJW 2011, 822; *Böttcher*, Die Entwicklung des Grundbuch- und Grundstücksrechts bis Juni 2012, NJW 2012, 2769; *Ertl*, Rechtsnatur und Bedeutung der Eintragungsbewilligung, DNotZ 1964, 260; *Ertl*, Antrag, Bewilligung und Einigung im Grundstücks- und Grundbuchrecht, Rpfleger 1980, 41; *Ertl*, Ist § 130 BGB auf die Eintragungsbewilligung anwendbar?, Rpfleger 1982, 407; *Ertl*, Muss zur Grundbuchberichtigung nach dem Tod eines BGB-Gesellschafters dem Grundbuchamt der Gesellschaftsvertrag vorgelegt werden? – Gedanken zum Beschluss des BayObLG vom12.8.1991 – BReg 2 Z 93/91, MittBayNot 1992, 11; *Haegele*, Rechts- und Steuerfragen zum Grundstückserwerb durch eine Erbengemeinschaft, Rpfleger 1963, 396; *Haegele*, Urkundenvorlage beim Grundbuchamt, Rpfleger 1967, 33; *Haegele*, Rechtsfragen zur Vor- und Nacherbschaft, Rpfleger 1971, 121; *Haegele*, Zu den Verfügungsrechten des Testamentsvollstreckers, Rpfleger 1972, 43; *Hense*, Teilerbschein, gegenständlich beschränkter Erbschein und Erbschein über nicht hofgebundenes Vermögen, DNotZ 1952, 205; *Kesseler*, Das Verhältnis der Eintragungsbewilligung zur Einigung, ZNotP 2005, 176; *Köster*, Erbrechtliche Fragestellungen aus dem Einigungsvertrag; Nachlaßspaltung bei BRD-Erbfällen mit Nachlaßgegenständen in der ehem. DDR, Rpfleger 1991, 97; *Schneider*, Zur Antragsbefugnis und zu den Eintragungsgrundlagen im Grundbuchberichtigungsverfahren bei angeordneter Testamentsvollstreckung; *Stöber*, Grundbuchberichtigung der Erben nach Pfändung des Erbteils, Rpfleger 1976, 197; *Rademacher*, Die Bedeutung des Antrags und der Bewilligung im Grundbuchverfahren, 1. Teil, MittRhNotK 19832, 81; *Rademacher*, Die Bedeutung des Antrags und der Bewilligung im Grundbuchverfahren, 2. Teil, MittRhNotK 1983, 105; *Römer*, Formen der Vertretungsmacht bei Privatgeschäften der öffentlichen Hand, DNotZ 1956, 359; *Schmid*, Inhaltskontrolle von AGB und Grundbuchverfahrensrecht, MittBayNot 1978, 89; *Walchshöfer*, Die Erklärung der Auflassung in einem gerichtlichen Vergleich; *Weser*, Die Erklärung der Auflassung unter Aussetzung der Bewilligung der Eigentumsumschreibung, MittBayNot 1993, 253; *Wulf*, Zur Auslegung von Grundbucherklärungen, MittRhNotK 1996, 41; *Zimmermann*, Das Erbscheinsverfahren im FamFG, JuS 2009, 817.

Einführung

A. Anwendungsbeispiel 1	I. Rechtsnatur 40
B. Das Grundbuch 3	II. Begründung 42
I. Rechtsgeschichte 3	III. Sondernutzungsrechte 43
II. Bedeutung des Grundbuchs 6	IV. Verfügungsbeschränkung 44
III. Öffentlicher Glaube des Grundbuchs 7	V. Wohnungs- und Teilerbbaurecht 45
IV. Aufteilung des Grundbuchs 8	F. Erbbaurechte 46
1. Aufbau und Aussehen eines Grundbuchblatts 8	I. Rechtsnatur 46
2. Aufschrift 9	II. Inhalt 47
3. Bestandsverzeichnis 10	III. Verfügungsbeschränkung 48
4. Abteilung I 12	IV. Bedingungsfeindlichkeit 49
5. Abteilung II 17	V. Rang 50
6. Abteilung III 19	VI. Belastungsgegenstand 51
V. EDV-Grundbuch 21	VII. Eintragung 53
VI. Liegenschaftskataster 22	VIII. Erbbauzins 54
C. Grundsätze des Grundbuchrechts 23	G. Kosten 55
I. Eintragungsgrundsatz 23	H. Zusammenstellung häufiger Fallgestaltungen mit Kurzlösung 56
II. Antragsgrundsatz 24	I. Zielsetzung dieses Abschnitts 56
III. Bewilligungsgrundsatz 25	II. Eintragung der Erbfolge 57
IV. Voreintragungsgrundsatz 26	III. Übereignung eines Grundstücks, Wohnungs- oder Teileigentums; Übertragung von Erbbaurechten 59
V. Beweisgrundsatz 27	IV. Löschung dinglicher Rechte 65
VI. Prioritätsgrundsatz 28	1. Rechtsändernde Löschungen 65
VII. Publizitätsgrundsatz 29	2. Löschung von Rechten, die auf Lebenszeit des Berechtigten oder sonst zeitlich beschränkt sind 66
VIII. Bestimmtheitsgrundsatz 30	
IX. Legalitätsgrundsatz 31	3. Löschung aufgrund sonstiger Unrichtigkeit 67
D. Das Grundbuchverfahren 32	
I. Zuständigkeit 32	V. Eintragung beschränkter dinglicher Rechte 68
1. Sachliche Zuständigkeit 32	VI. Übertragung beschränkter dinglicher Rechte 69
2. Örtliche Zuständigkeit 33	
3. Funktionelle Zuständigkeit 34	VII. Übertragung von Erbteilen 70
II. Anwendbarkeit des FamFG 35	VIII. Verpfändung von Erbteilen 71
III. Beteiligte am Verfahren 36	IX. Pfändung von Erbteilen 72
IV. Verfahrensfähigkeit 38	
V. Vertretung im Grundbuchverfahren 39	
E. Wohnungs- und Teileigentum 40	

A. Anwendungsbeispiel

Ein Mandant ist aufgrund letztwilliger Verfügung Erbe nach seiner Mutter geworden. Zum Nachlass gehören drei Grundstücke. Grundstück 1 ist dem Bruder des Mandanten als Vermächtnis zugewandt worden, an Grundstück 2 soll die Schwester des Mandanten vermächtnisweise einen Nießbrauch bekommen. Der Mandant möchte bei den Grundstücken 2 und 3 als Eigentümer im Grundbuch eingetragen werden und die Vermächtnisse erfüllen. Er bittet um Beratung. **1**

Folgende Überlegungen sind dazu anzustellen: Vorab sollte durch **Grundbucheinsicht** (§ 12) beim zuständigen Grundbuchamt der Grundbuchstand ermittelt werden. Die gewünschten Eintragungen müssen **beantragt** werden, § 13. Die Eintragung des Erben als Eigentümer kann im Wege der **Grundbuchberichtigung**, § 22, unter **Nachweis der Erbfolge**, § 35, erfolgen. Zur Eintragung des Nießbrauchs ist eine **Bewilligung**, § 19, in öffentliche beglaubigter oder öffentlich beurkundeter **Form**, § 29 Abs. 1, erforderlich. Außerdem muss der Erbe mindestens gleichzeitig als Eigentümer eingetragen werden, § 39. Zur Übereignung von Grundstück 1 muss dem Grundbuchamt die **Einigung**, § 20, in öffentlich beurkundeter Form, § 29 Abs. 1 S. 2, nachgewiesen werden. Die Voreintragung des Erben ist nach § 40 nicht erforderlich. Dem Grundbuchamt ist eine Unbedenklichkeitsbescheinigung des Finanzamts, § 22 GrEStG, vorzulegen. **2**

B. Das Grundbuch

I. Rechtsgeschichte

3 Das Grundbuchsystem entspricht dem Bedürfnis nach eindeutiger, beweiskräftiger Dokumentation der Rechtsverhältnisse, die ein Grundstück betreffen.[1] Grundstücke stellen schon seit langer Zeit Lebensgrundlage und Wirtschaftsgut dar. So gibt es bereits aus dem Altertum Berichte von Büchern, in die von einem Grundstücksbesitzer zu leistende Zahlungen eingetragen wurden. Im germanischen Rechtskreis vollzog sich der Eigentumserwerb an Grundstücken durch tatsächliche Handlungen, wie Niederlassung und Hausbau.[2] In der fränkischen Zeit erfolgte der Eigentumserwerb an Grundstücken dadurch, dass der Veräußerer das Grundstück verließ und dem Erwerber gestattete, das Grundstück zu betreten. Der Veräußerer ließ also den Erwerber auf das Grundstück hinauf, er vollzog die „Auflassung", deren Begriff noch heute für die Übereignung eines Grundstücks steht. Diese Besitzübertragungen wurden bereits recht früh zur Urkunde von Gerichtspersonen erklärt.[3] Im Spätmittelalter wurden öffentliche Urkundensammlungen für einzelne Städte, bspw. die Kölner Schreinsbücher ab 1135, angelegt. Im Laufe der Zeit gingen bereits einige Stadtrechte dazu über, der Registrierung von grundstücksbezogenen Rechtsgeschäften konstitutive Wirkung zuzumessen. Die weitere Entwicklung der Grundbücher wurde durch die Rezeption des römischen Rechts, bei dem auch im Grundstücksverkehr Formfreiheit herrschte, aufgehalten. Erst im 18. Jahrhundert entstanden wieder Systeme zur Dokumentation von Grundstücksrechten.[4] Es gab das Transkriptions- und Inskriptionssystem, das in Baden und Rheinhessen galt und einen formlosen Eigentumsübergang an Grundstücken ermöglichte, jedoch dessen Dokumentation in Registern vorschrieb. In Bayern, Württemberg, Weimar und bis 1872 auch in Preußen galt ein Hypotheken- und Pfandbuchsystem, bei dem nur dingliche Belastungen von Grundstücken eingetragen wurden. In Sachsen, Mecklenburg, Oldenburg, Anhalt, Brauchschweig, Hamburg und seit 1872 in Preußen wurden alle Rechte an Grundstücken in ein Grundbuch eingetragen.[5]

4 Nach der Gründung des Deutschen Reiches war der Reichsgesetzgeber für die gemeinsame Gesetzgebung über das gesamte bürgerliche Recht zuständig. Es entstand neben dem BGB die am 24.3.1897 beschlossene und am 3.4.1897 verkündete GBO.

5 Nach der Teilung Deutschlands entstand in der DDR ein weitgehend neues Boden- und Grundstücksrecht, das sich am Sozialismus orientierte. Verfahrensrecht war in der Grundstücksdokumentationsordnung vom 6.11.1975 (DDR-GBl. I Nr. 43 S. 697) und in der Grundbuchverfahrensordnung vom 30.12.1975 (DDR-GBl. I Nr. 3 S. 42) enthalten. Nach der Wiedervereinigung wurde sozialistisches Eigentum in Privateigentum zurückgeführt und die GBO wieder eingeführt. Sie gilt nun auch, mit einigen Besonderheiten, in den neuen Bundesländern.

II. Bedeutung des Grundbuchs

6 Das Grundbuch ist eine **Datensammlung**, die den Zweck hat, Rechtsverhältnisse an Grundstücken vollständig, klar, aktuell und richtig darzustellen.[6] Es weist dabei aber nur die **privaten dinglichen Rechte**, nicht die öffentlich-rechtlichen Lasten und Beschränkungen eines Grundstücks aus. Hauptaufgabe des Grundbuchsystems ist es dabei, die Eigentumsverhältnisse offenzulegen, die dinglichen Belastungen auszuweisen und deren Rangverhältnisse untereinander klarzustellen.[7] Damit bildet das Grundbuch die **Grundlage für die wirtschaftliche Verkehrs- und**

---

1 Meikel/Böhringer Einl. A 4 f.; Bauer/v. Oefele/Bauer AT I Rn. 42.
2 Eickmann/Böttcher Grundbuchverfahrensrecht Rn. 8.
3 Bauer/v. Oefele/Bauer AT I Rn. 42; Meikel/Böhringer Einl. A 15f.
4 Bauer/v. Oefele/Bauer AT I Rn. 42.
5 Eickmann/Böttcher Grundbuchverfahrensrecht Rn. 8; Bauer/v. Oefele/Bauer AT I Rn. 42; Meikel/Böhringer Einl. A 28 ff.
6 Bauer/v. Oefele/Bauer AT I Rn. 1.
7 Eickmann/Böttcher Grundbuchverfahrensrecht Rn. 1.

Belastungsfähigkeit von Grundstücken, die wiederum die Grundlage für die Gewährung von Krediten darstellt. Die Grundbuchordnung hat so größte volkswirtschaftliche Bedeutung und wird vielfach zu Recht als „Meisterwerk der deutschen Gesetzgebung" bezeichnet.[8]

III. Öffentlicher Glaube des Grundbuchs

An Grundbucheintragungen ist nach § 891 BGB öffentlicher Glaube geknüpft. Wer im Grundbuch eingetragen ist, gilt danach als wahrer Berechtigter. Diese Vermutung gilt sowohl für den Rechtsverkehr als auch für das Grundbuchamt.

IV. Aufteilung des Grundbuchs

1. Aufbau und Aussehen eines Grundbuchblatts. Ein Grundbuchblatt besteht aus der **Aufschrift, dem Bestandsverzeichnis und den Abteilungen I, II und III**. Rote Unterstreichungen oder Durchstreichungen im Grundbuch sind die optische Darstellung dafür, dass der betreffende Eintrag nicht mehr gelten soll, sei es, weil ein Grundstück auf ein anderes Blatt übertragen wurde, der Eigentümer gewechselt hat, oder ein Recht gelöscht wurde. Grundbuchblätter, die bei Umstellung auf das EDV-Grundbuch gescannt wurden, weisen diese Unterstreichungen in schwarz auf.

2. Aufschrift. Die Aufschrift ist das **Deckblatt** eines Grundbuchblatts und verlautbart das Amtsgericht, das das Grundbuch führt, die Gemarkung, in der die eingetragenen Grundstücke liegen, sowie die Band- und Blattnummer. Ist in dem Grundbuchblatt ein Erbbaurecht, Wohnungs- oder Teileigentum gebucht, ist dies ebenfalls der Aufschrift zu entnehmen. Wird das Grundbuchblatt insgesamt geschlossen, wird dies ebenfalls dort vermerkt. Außerdem werden alle Seiten des Grundbuchs im Fall der Schließung rot durchkreuzt.

3. Bestandsverzeichnis. Im Bestandsverzeichnis sind alle auf dem Grundbuchblatt gebuchten Grundstücke verzeichnet. In Spalte 1 wird die laufende Nummer des Grundstücks genannt, auf die alle Eintragungen zu dem Grundstück in den anderen Abteilungen Bezug nehmen. Spalte 2 nennt die bisherige laufende Nummer des Grundstücks, was Bedeutung hat, wenn ein Grundstück bspw. infolge Fortführungsnachweis, Vereinigung, Bestandteilszuschreibung oder Teilung unter einer neuen Nummer vorgetragen wird. In den anderen Abteilungen wird die laufende Nummer des Grundstücks nicht berichtigt. Deshalb ist es notwendig, alle bisherigen laufenden Nummern zu berücksichtigen, um die Rechtsverhältnisse an einem Grundstück zuverlässig feststellen zu können. In Spalte 3 werden die Flurstücksnummer sowie die Wirtschaftsart und die Lage des Grundstücks übereinstimmend mit dem Liegenschaftskataster bezeichnet. Spalte 5 enthält die Größe des Grundstücks in Quadratmetern. In den Spalten 5 und 6 des Bestandverzeichnisses wird verlautbart, aus welchem Grundbuchblatt die Grundstücke übertragen wurden und welche Veränderungen, zB Fortführungsnachweise, Teilungen, Vereinigungen oder Bestandteilszuschreibungen, bei den Grundstücken vorgenommen wurden. In den Spalten 7 und 8 wird angegeben, auf welches Grundbuchblatt Grundstücke übertragen wurden.

Neben Grundstücken können im Bestandsverzeichnis nach § 3 Abs. 4 auch **Miteigentumsanteile** von Grundstücken, die den wirtschaftlichen Zwecken mehrerer anderer Grundstücke dienen, gebucht werden. Außerdem kann bei einem Grundstück ein sog. **Herrschvermerk** bzgl. dinglicher Rechte, die dem jeweiligen Eigentümer des Grundstücks zustehen, nach § 9 eingetragen werden. Bei Erbbaurechts-, Wohnungs- und Teileigentumsgrundbüchern wird das jeweilige Recht mit seiner rechtlichen Ausgestaltung im Bestandsverzeichnis eingetragen.

---

8 Ertl Rpfleger 1980, 1; Demharter FGPrax 1997, 5 (7).

12 **4. Abteilung I.** Abteilung I gibt die Berechtigten hinsichtlich der im Bestandsverzeichnis vorgetragenen Grundstücke, Miteigentumsanteile und Rechte an. Bei mehreren Eigentümern oder Berechtigten ist nach § 47 das Berechtigungsverhältnis einzutragen.

13 Spalte 1 der Abteilung 1 enthält die laufende Nummer der Eigentümereintragung. Mehrere gesamthänderisch oder zu Bruchteilen Berechtigte werden unter einer laufenden Nummer eingetragen, jeder Berechtigte wird dann unter einen besonderen Buchstaben oder in vergleichbarer Weise aufgeführt.

14 Spalte 2 enthält den oder die Eigentümer bzw. Berechtigten einschließlich der Bezeichnung des Berechtigungsverhältnisses nach § 47. Dies kann sich zT unübersichtlich gestalten, wenn bspw. bei einer insgesamt großen Anzahl an Miteigentümern eine Rechtsnachfolge lediglich eines von ihnen eingetragen wird. In diesem Fall ist es üblich, nicht alle Eigentümer neu vorzutragen, sondern eine Eintragung nur vorzunehmen, soweit Änderungen eingetreten sind. Dies wird regelmäßig dadurch gekennzeichnet, dass vor Eintragung des neuen Eigentümers auf den alten Eigentümer verwiesen wird (zB „anstelle von 4a" oder „zu 3mV").

15 Spalte 3 enthält die laufende Nummer des oder der Grundstücke im Bestandsverzeichnis, auf die sich die Eintragung bezieht. Allerdings gilt der Grundsatz, dass auf jedem Grundbuchblatt immer nur ein einheitliches Berechtigungsverhältnis an allen dort gebuchten Grundstücken ausgewiesen werden kann. Eine Eintragung in einem Grundbuchblatt, die bzgl. des Grundstücks Nr. 1 den A als Alleineigentümer und bzgl. des Grundstücks Nr. 2 den B als Alleineigentümer ausweist, widerspricht der Systematik des Grundbuchs und ist nicht möglich.

16 In Spalte 4 wird die Grundlage der Eintragung vermerkt (zB „Auflassung vom ...", „Erbschein des Amtsgerichts München ...", „Öffentliches Testament vom ... und Eröffnungsniederschrift des Amtsgerichts München ..."). Außerdem ist das Datum der Eintragung anzugeben. Auch der Verzicht auf das Eigentum wird ggf. in Spalte 4 eingetragen. Nicht möglich ist der Verzicht auf einen Miteigentumsanteil an einem Grundstück,[9] auf Wohnungs- und/oder Teileigentum[10] oder auf ein Wohnungserbbaurecht, da dadurch die verbleibenden Miteigentümer zusätzlich mit Kosten und Lasten beschwert würden.[11]

17 **5. Abteilung II.** In Abteilung II des Grundbuchs werden alle Belastungen des Grundstücks mit Ausnahme von Grundpfandrechten und alle sich auf das Eigentum beziehenden Beschränkungen, Vormerkungen und Widersprüche eingetragen. Beispiele für Eintragungen in Abteilung II sind beschränkte persönliche Dienstbarkeiten, Grunddienstbarkeiten, Erbbaurechte, Reallasten, dingliche Vorkaufsrechte, Nießbräuche, Auflassungsvormerkungen, Vormerkungen auf Eintragungen in Abteilung II einzutragender Rechte, Widersprüche gegen das Eigentum oder gegen die Nichteintragung oder Löschung in Abteilung II einzutragender Rechte, Nacherbenvermerke, Testamentsvollstreckervermerke, Zwangsversteigerungs- und Zwangsverwaltungsvermerke oder Insolvenzvermerke bei Insolvenz des Eigentümers.

18 In Spalte 1 wird die laufende Nummer der Eintragung vermerkt. Mit dieser Nummer kann das Recht später bezeichnet werden. In Spalte 2 wird die laufende Nummer des betroffenen Grundstücks im Bestandsverzeichnis angegeben. In Spalte 3 wird das Recht selbst eingetragen. Die Spalten 4 und 5 weisen Veränderungen bei dem betroffenen Recht, bspw. Rangänderungen oder Änderungen des Berechtigten, aus. In den Spalten 6 und 7 wird die Löschung eines Rechts eingetragen.

19 **6. Abteilung III.** In Abteilung III des Grundbuchs werden Hypotheken, Grundschulden und Rentenschulden sowie alle sich auf solche Rechte beziehenden ergänzenden Eintragungen, Vormerkungen und Widersprüche eingetragen.

---

9 BGHZ 115, 1 = Rpfleger 1991, 495; KG OLGZ 1988, 355; aA Kanzleiter NJW 1996, 905.
10 BayObLGZ 1991, 90 (92) = NJW 1991, 1962 = Rpfleger 1991, 247; BayObLG NJW-RR 1994, 403.
11 Bauer/v. Oefele/Kössinger AT II Rn. 9.

In Spalte 1 wird die laufende Nummer der Eintragung vermerkt. Mit dieser Nummer kann das Recht später bezeichnet werden. In Spalte 2 wird die laufende Nummer des betroffenen Grundstücks im Bestandsverzeichnis angegeben. In Spalte 3 wird der Betrag des Rechts, bei Rentenschulden die Ablösesumme, eingetragen. Spalte 4 enthält das Recht selbst. In den Spalten 5, 6 und 7 werden Veränderungen der in Spalte 1 bis 4 eingetragenen Rechte, zB Rangänderungen oder Änderungen des Berechtigten, eingetragen. In den Spalten 8 bis 10 werden Löschungen vermerkt.

V. EDV-Grundbuch

Das Grundbuch wird nicht mehr in Papierform, sondern maschinell geführt. Grundbuch im Rechtssinne ist dabei nicht das, was auf dem Bildschirm oder Grundbuchausdruck sichtbar ist, sondern der in den dafür bestimmten Datenspeicher aufgenommene und auf Dauer unverändert in lesbarer Form wiedergebefähige Inhalt des Grundbuchblatts, § 62 GBV. Eine Eintragung im EDV-Grundbuch wird nach § 129 wirksam, sobald sie in den für die Grundbucheintragungen bestimmten Datenspeicher aufgenommen ist und auf Dauer inhaltlich unverändert wiedergegeben werden kann.

VI. Liegenschaftskataster

Nach § 2 Abs. 2 werden die Grundstücke in den Grundbüchern nach dem Liegenschaftskataster bezeichnet. Dieses wird regelmäßig von den Vermessungsbehörden geführt. Das Kataster besteht aus zwei Teilen. Im beschreibenden Teil werden die einzelnen Grundstücke nach ihrer Lage, Wirtschaftsart und Größe beschrieben. Jedes Flurstück wird mit einer eigenen Nummer bezeichnet. Der darstellende Teil ist die sog. Flurkarte. In ihr sind alle Flurstücke, die in die Zuständigkeit der jeweiligen Vermessungsbehörde fallen, eingezeichnet und mit ihrer Flurnummer bezeichnet.

C. Grundsätze des Grundbuchrechts

I. Eintragungsgrundsatz

Rechtsänderungen, die ein Grundstück betreffen, erfordern grds. materiellrechtlich die Eintragung in das Grundbuch. Ausnahmen bestehen bei Rechtsübergang kraft Gesetzes, bspw. durch Erbfolge, und bei der Übertragung und Belastung von Grundpfandrechten, über die ein Brief erteilt wurde.

II. Antragsgrundsatz

Eintragungen in das Grundbuch erfolgen gem. § 13 grds. nur auf Antrag. Da bei Eintragungen von Rechtsänderungen oder Berichtigungen das Interesse der Beteiligten im Vordergrund steht, darf das Grundbuchamt nicht ohne oder gegen deren Willen tätig werden und nicht über einen gestellten Antrag hinausgehen.[12] Das Grundbuchamt kann nur in gesetzlich geregelten Ausnahmefällen von Amts wegen tätig werden.

III. Bewilligungsgrundsatz

Grds. ist zur Eintragung in das Grundbuch die einseitige Bewilligung des von der Eintragung Betroffenen erforderlich und ausreichend (formelles Konsensprinzip). Die Willenserklärungen, die materiellrechtlich zur Rechtsänderung erforderlich sind, müssen dem Grundbuchamt nicht nachgewiesen werden. Der von einer Eintragung Begünstigte wird regelmäßig am Verfahren

---

12 Ertl Rpfleger 1980, 41 (42); Schöner/Stöber GrundbuchR Rn. 85.

nicht beteiligt. Eine Ausnahme dazu regelt § 20, der für den Eigentumsübergang an einem Grundstück das materielle Konsensprinzip für anwendbar erklärt, so dass dem Grundbuchamt die materielle Wirksamkeit des Rechtsgeschäfts nachgewiesen werden muss.

IV. Voreintragungsgrundsatz

26 Eintragungen in das Grundbuch können nach § 39 grds. nur vorgenommen werden, wenn derjenige, der von der Eintragung betroffen ist, im Grundbuch eingetragen ist. Ausnahmen bestehen für Briefgrundpfandrechte, Eigentümergrundschulden und für den Fall, dass ein Erbe ein Recht übertragen oder aufheben möchte.

V. Beweisgrundsatz

27 Im Grundbuchverfahren sind nach § 29 nur **Urkunden als Beweismittel** zugelassen. Die Urkunden sind von den Beteiligten beizubringen, § 26 FamFG gilt im Grundbuchverfahren nicht.

VI. Prioritätsgrundsatz

28 Der Rang der Grundstücksrechte richtet sich nach § 879 BGB nach der Reihenfolge ihrer Eintragung im Grundbuch. Verfahrensrechtlich gewährleistet § 17, dass die früher beantragte Eintragung den besseren Rang erhält.

VII. Publizitätsgrundsatz

29 An das Grundbuch ist nach § 891 BGB öffentlicher Glaube geknüpft, der das Vertrauen auf die Richtigkeit und Vollständigkeit des Inhalts des Grundbuchs schützt. Die Teilnehmer am Rechtsverkehr können daher unter bestimmten Voraussetzungen nach § 12 Einsicht in das Grundbuch nehmen.

VIII. Bestimmtheitsgrundsatz

30 Das Grundstück, über das durch Rechtsgeschäft verfügt werden soll, sowie Berechtigter und Inhalt eines Rechts an einem Grundstück müssen klar und eindeutig feststehen.

IX. Legalitätsgrundsatz

31 Nach dem Legalitätsprinzip hat das Grundbuchamt die Gesetzmäßigkeit jeder Eintragung zu prüfen und alle einschlägigen Vorschriften zu beachten. Das Grundbuchamt darf nicht wissentlich dabei mitwirken, dass das Grundbuch unrichtig wird.

D. Das Grundbuchverfahren

I. Zuständigkeit

32 **1. Sachliche Zuständigkeit.** Nach § 1 Abs. 1 S. 1 ist für Grundbuchsachen das **Amtsgericht** zuständig. Eine Ausnahme bestand bis 31.12.2017 in Baden-Württemberg: dort waren die staatlichen Grundbuchämter für die Führung der Grundbücher zuständig, Grundbuchbeamte waren für die zum Notariatsbezirk gehörenden Grundbuchämter die Notare und Notarvertreter.

33 **2. Örtliche Zuständigkeit.** Nach § 1 Abs. 1 S. 2 sind die Amtsgerichte für die in ihrem Bezirk liegenden Grundstücke zuständig. Damit ist der Amtsgerichtsbezirk zugleich der Grundbuchamtsbezirk. Liegt ein Grundstück im Bezirk mehrerer Amtsgerichte, ist die Zuständigkeit nach § 1 Abs. 2 zu bestimmen.

34 **3. Funktionelle Zuständigkeit.** Der Grundbuchrichter wird in Grundbuchsachen nur noch in Einzelfällen tätig. Die Geschäfte des Grundbuchamts sind seit 1.7.1980 in vollem Umfang dem

Rechtspfleger übertragen, § 3 Nr. 1h RPflG. Ein Richtervorbehalt besteht nicht. § 12c weist einige Aufgaben des Grundbuchamts dem Urkundsbeamten der Geschäftsstelle zu.

II. Anwendbarkeit des FamFG

Das Grundbuchverfahren ist nach § 23a Abs. 2 Nr. 8 GVG ein Verfahren der freiwilligen Gerichtsbarkeit. Das FamFG gilt neben der GBO **subsidiär**. Es ist nur anwendbar, soweit in der GBO keine Regelung enthalten ist und soweit die Regelungen des FamFG mit dem besonderen Charakter des Grundbuchverfahrens vereinbar sind.

III. Beteiligte am Verfahren

Der Begriff der Beteiligten wird in der GBO nicht geregelt. Nach § 7 Abs. 1 FamFG ist beteiligt, wer einen Eintragungsantrag gestellt hat. Die anderen nach § 7 Abs. 2 Nr. 1 FamFG materiell Beteiligten sind nicht Beteiligte am Grundbuchverfahren, da eines der Prinzipien dieses Verfahrens ist, dass Begünstigte am Verfahren nicht mitwirken müssen.[13] In Amtsverfahren und in Grundbuchberichtigungsverfahren ist Beteiligter, wer durch die beabsichtigte Eintragung in seiner Rechtsstellung beeinträchtigt werden könnte.

Beteiligtenfähig ist im Grundbuchverfahren jeder, der **rechtsfähig** ist, § 8 FamFG.

IV. Verfahrensfähigkeit

Die Verfahrensfähigkeit regelt sich nach § 9 FamFG. Verfahrensfähig sind damit die nach dem BGB Geschäftsfähigen, die beschränkt Geschäftsfähigen, soweit sie für den Gegenstand des Verfahrens nach dem BGB als geschäftsfähig anerkannt sind, die nach dem BGB beschränkt Geschäftsfähigen, soweit sie das 14. Lebensjahr vollendet haben und sie in einem Verfahren, das ihre Person betrifft, ein ihnen nach dem BGB zustehendes Recht geltend machen und diejenigen, die aufgrund des FamFG oder eines anderen Gesetzes dazu bestimmt sind. Damit sind die nach §§ 2, 104 ff. BGB voll Geschäftsfähigen verfahrensfähig. Nach § 9 Abs. 5 FamFG sind die §§ 53 bis 58 ZPO entsprechend anwendbar.

V. Vertretung im Grundbuchverfahren

Im Grundbuchverfahren besteht grds. **kein Anwaltszwang**. Ausgenommen sind Verfahren vor dem BGH (→ § 78 Rn. 12). Die Beteiligten können das Verfahren selbst betreiben. Eine Vertretung durch einen Rechtsanwalt oder einen sonstigen vertretungsbefugten Bevollmächtigten nach § 10 FamFG ist aber möglich. Zur Vertretung durch den Notar bei Antragstellung → § 15 Rn. 4f. Nach § 10 Abs. 3 S. 3 kann das Grundbuchamt durch unanfechtbaren Beschluss einem Bevollmächtigten, der nicht Rechtsanwalt oder Notar ist, die weitere Vertretung oder den weiteren Vortrag untersagen, wenn er nicht in der Lage ist, den Sach- und Verfahrensstand sachgerecht darzustellen.

E. Wohnungs- und Teileigentum

I. Rechtsnatur

Bei Wohnungs- und Teileigentum nach dem WEG wird das **ausschließliche Eigentum an bestimmten Räumen** oder bestimmten außerhalb des Gebäudes liegenden Grundstücksteilflächen mit einem Miteigentumsanteil an einem Grundstück verbunden. Es umfasst die drei untrennbaren Komponenten Sondereigentum an bestimmten Räumen, Miteigentumsanteil am Gemeinschaftseigentum und Mitgliedschaftsrecht in der Wohnungseigentümergemeinschaft.

---

13 Demharter § 1 Rn. 40; Böhringer BWNotZ 2010, 2; Holzer ZNotP 2009, 122 (130).

Der Unterschied zwischen Wohnungs- und Teileigentum besteht nur in der Zweckbestimmung der im Sondereigentum stehenden Räume.[14] Beim Teileigentum sollen die Räume nicht zum Wohnen dienen. Die Vorschriften über das Wohnungseigentum gelten für das Teileigentum entsprechend. Es ist auch zulässig, mit einem Miteigentumsanteil gleichzeitig zu Wohnzwecken dienende und andere Räume zu verbinden.

41 Das Wohnungs- und Teileigentum ist **wie ein Grundstück veräußerlich, vererblich und belastbar**.

II. Begründung

42 Das Wohnungs- und Teileigentum kann auf verschiedene Arten gebildet werden. Bei einer Teilung nach § 3 WEG steht das Grundstück bereits mehreren in Bruchteilseigentum zu. Mit jedem Miteigentumsanteil wird dann das Sondereigentum an bestimmten Räumen verbunden. Jeder bisherige Miteigentümer erhält dann eine oder mehrere Wohnungs- oder Teileigentumseinheiten. Bei einer Teilung nach § 8 WEG, der sog. Vorratsteilung, wird durch Erklärung des oder der Eigentümer das Grundstück in Miteigentumsanteile in der Weise geteilt, dass mit jedem Anteil Sondereigentum an bestimmten Räumen verbunden wird. Der oder die bisherigen Grundstückseigentümer sind dann im bisherigen Berechtigungsverhältnis Eigentümer aller Wohnungs- und Teileigentumseinheiten.

III. Sondernutzungsrechte

43 Einer Wohnungs- oder Teileigentumseinheit können in der Teilungserklärung oder durch Vereinbarung der Wohnungseigentümer Sondernutzungsrechte zugeordnet werden. Ein Sondernutzungsrecht ist das Recht, einen im gemeinschaftlichen Eigentum aller Wohnungseigentümer stehenden Teil des Grundstücks oder Gebäudes unter Ausschluss der anderen Miteigentümer zu benutzen. Praktisch kommt dies häufig für Terrassen, Gartenflächen, Kfz-Stellplätze, Kellerabteile uÄ zur Anwendung. Das Sondernutzungsrecht kann nicht selbstständig belastet werden. Es unterliegt den Belastungen an der Einheit, der es zugeordnet ist und wird auch mit dieser übertragen. Selbstständig übertragen werden kann es uU innerhalb der Eigentümergemeinschaft, nicht jedoch an einen Dritten.

IV. Verfügungsbeschränkung

44 Als Inhalt des Wohnungs- und Teileigentums kann nach § 12 WEG vereinbart werden, dass zur Veräußerung oder Belastung des Wohnungseigentums die **Zustimmung der anderen Wohnungseigentümer oder eines Dritten**, regelmäßig des Verwalters, erforderlich ist. Wurde eine solche Vereinbarung getroffen, ist dies aus dem Bestandsverzeichnis des Wohnungs- oder Teileigentumsgrundbuch ersichtlich.

V. Wohnungs- und Teilerbbaurecht

45 Das Sondereigentum an bestimmten Räumen kann nicht nur mit einem Miteigentumsanteil an einem Grundstück, sondern auch mit einem Anteil an einem Erbbaurecht (→ Rn. 46 ff.) verbunden werden. Man spricht dann von einem Wohnungserbbaurecht oder von einem Teilerbbaurecht. Auch dieses kann wie ein Grundstück veräußert, vererbt oder belastet werden.

---

14 BayObLGZ 1973, 18 (8) = Rpfleger 1973, 139; OLG Düsseldorf Rpfleger 1976, 215; Stöber/Morvilius GBO-Verfahren und Grundstückssachenrecht Rn. 1058.

F. Erbbaurechte

I. Rechtsnatur

Das Erbbaurecht ist die Belastung eines Grundstücks in der Weise, dass dem Berechtigten das veräußerliche und vererbliche Recht zusteht, auf dem Grundstück ein Bauwerk zu haben. Gesetzliche Regelungen dazu finden sich im ErbbauRG. Abweichend von §§ 93, 94 BGB gilt ein aufgrund des Erbbaurechts errichtetes oder bei Bestellung des Rechts schon vorhandenes Bauwerk als wesentlicher Bestandteil des Erbbaurechts und nicht als wesentlicher Bestandteil des Grundstücks, § 12 Abs. 1 ErbbauRG. Damit ist der Erbbauberechtigte Eigentümer des Bauwerks, nicht aber des Grundstücks. Das Erbbaurecht wird rechtlich wie ein Grundstück behandelt. Die Vorschriften des BGB finden, mit Ausnahme der §§ 925, 927, 928 BGB, entsprechende Anwendung, § 11 Abs. 1 S. 1 ErbbauRG. Das Erbbaurecht ist damit als grundstückgleiches **Recht wie ein Grundstück übertragbar, vererblich und belastbar.**

II. Inhalt

Als Inhalt des Erbbaurechts ist es üblich, die Dauer des Erbbaurechts **zeitlich zu beschränken**. Zum dinglichen Inhalt können weiterhin die in § 2 ErbbauRG aufgezählten Vereinbarungen gemacht werden. Insbesondere ein **Heimfallanspruch** wird regelmäßig vereinbart. Dieser beinhaltet, dass der Grundstückseigentümer beim Vorliegen bestimmter Voraussetzungen die Übertragung des Erbbaurechts auf sich oder auf einen von ihm zu bezeichnenden Dritten verlangen kann. Häufig wird vereinbart, dass ein Heimfallanspruch bestehen soll, wenn der Erbbauberechtigte mindestens zwei Jahre in mit der Zahlung des Erbbauzinses (→ Rn. 54) in Rückstand gerät. Eine kürzere Frist ist wegen § 9 Abs. 4 ErbbauRG nicht möglich. Der Heimfallanspruch hat lediglich **schuldrechtliche**, keine dingliche Wirkung.

III. Verfügungsbeschränkung

Als Inhalt des Erbbaurechts kann außerdem nach § 5 ErbbauRG vereinbart werden, dass der Erbbauberechtigte zur Veräußerung und zur Belastung des Erbbaurechts der **Zustimmung des Grundstückseigentümers** bedarf. Soweit eine solche Vereinbarung besteht, wird sie in das Bestandsverzeichnis des Erbbaugrundbuchs aufgenommen.

IV. Bedingungsfeindlichkeit

Nach § 1 Abs. 4 ErbbauRG darf das Erbbaurecht **nicht unter einer auflösenden Bedingung** stehen. Problematisch ist dies insbesondere, wenn das Erbbaurecht durch einen nicht befreiten **Vorerben** ohne Zustimmung des Nacherben bestellt wird, da dieses dann mit Eintritt des Nacherbfalls unwirksam würde.

V. Rang

Nach § 10 Abs. 1 S. 1 ErbbauRG kann ein Erbbaurecht nur an **erster Rangstelle** bestellt und sein Rang auch nicht nachträglich geändert werden.

VI. Belastungsgegenstand

Das Erbbaurecht kann nur an einem **Grundstück im Ganzen**, nicht an einem ideellen Miteigentumsanteil lasten. Soll eine reale Teilfläche belastet werden, muss diese zunächst als rechtlich selbstständiges Grundstück vorgetragen werden. Die Bestellung an mehreren Grundstücken als Gesamterbbaurecht ist möglich, wenn das Erbbaurecht hinsichtlich aller belasteten Grundstücke einheitlichen Inhalt aufweist.[15] Der Ausübungsbereich des Erbbaurechts kann aber nach § 1 Abs. 2 ErbbauRG auf einen realen Teil des Grundstücks beschränkt werden.

52 Zulässig ist ein sog. **Untererbbaurecht**, also ein weiteres Erbbaurecht an einem Erbbaurecht.[16]

VII. Eintragung

53 Das Erbbaurecht wird als **Belastung des Grundstücks in Abteilung II** eingetragen. Außerdem wird ein **Erbbaurechtsgrundbuch** angelegt. Es ist aufgebaut wie ein reguläres Grundbuchblatt. Im Bestandsverzeichnis wird das Erbbaurecht selbst mit seinem Inhalt eingetragen. In Abteilung I wird der Erbbauberechtigte, in Abteilung II und III die Belastungen des Erbbaurechts eingetragen.

VIII. Erbbauzins

54 Als Gegenleistung für die Bestellung des Erbbaurechts wird regelmäßig ein Erbbauzins, also eine vom Erbbauberechtigten an den Grundstückseigentümer zu entrichtende **wiederkehrende Leistung**, vereinbart, §§ 9, 9a ErbbauRG. Der Erbbauzins ist eine **besondere Form der Reallast** und wird in Abteilung II des Erbbaurechtsgrundbuchs eingetragen. Der nach § 9a ErbbauRG bestehende Anspruch auf Erhöhung des Erbbauzinses wird meist durch eine Vormerkung, die halbspaltig in Abteilung II des Erbbaurechtsgrundbuchs eingetragen wird, gesichert.

G. Kosten

55 Die Kosten von Grundbucheintragungen richten sich nach dem GNotKG. Die §§ 59 ff. GNotKG enthalten Vorschriften über die Wertberechnung, das Kostenverzeichnis in Anlage 1 zum GNotKG legt die Gebühren fest. Die Vorschriften für Grundbuchsachen finden sich in Nr. 14110 ff. KV GNotKG.

H. Zusammenstellung häufiger Fallgestaltungen mit Kurzlösung

I. Zielsetzung dieses Abschnitts

56 In diesem Abschnitt sollen häufige Fallgestaltungen, bei denen der im Erbrecht tätige Anwalt mit der Grundbuchordnung konfrontiert wird, kurz dargestellt werden. Die Kurzlösung soll die im Normalfall erforderlichen Schritte, die zur Problemlösung erforderlich sind, unter Nennung der einschlägigen Vorschriften der GBO aufzeigen. Zu Einzelproblemen kann in der Kommentierung zu der jeweiligen Vorschrift nachgelesen werden.

II. Eintragung der Erbfolge

57 Bei allen Rechten, die nach dem materiellen Recht vererblich und im Grundbuch eingetragen sind, kann im Wege der Grundbuchberichtigung nach § 22 Abs. 1 die Erbfolge eingetragen werden.

58 Erforderlich ist ein Antrag eines Erben nach § 13 und der Nachweis der Erbfolge nach § 35 entweder durch Erbschein oder durch öffentliche Verfügung von Todes wegen mit Eröffnungsniederschrift. Der Erbschein muss in Ausfertigung vorgelegt werden, bei Verfügung von Todes wegen und Eröffnungsniederschrift ist jeweils eine beglaubigte Abschrift ausreichend. Befindet sich das Grundbuchamt am selben Amtsgericht wie das zuständige Nachlassgericht, kann alternativ auch auf die Akten des Nachlassgerichts verwiesen werden, soweit diese die genannten

---

15 BGHZ 65, 345 = NJW 1976, 519 = DNotZ 1976, 369 = Rpfleger 1976, 126.

16 BGHZ 62, 179 = NJW 1974, 1137 = DNotZ 1974, 694 = Rpfleger 1974, 219.

Urkunden enthalten. Der Erblasser muss nach § 39 Abs. 1 voreingetragen sein. Ist dies nicht der Fall, muss die Berechtigung des Erblassers in Form des § 29 bzw. § 35 nachgewiesen werden.

III. Übereignung eines Grundstücks, Wohnungs- oder Teileigentums; Übertragung von Erbbaurechten

Die Übereignung von Grundstücken spielt im Zusammenhang mit dem Erbrecht insbes. bei der Erbauseinandersetzung unter mehreren Miterben und dann eine Rolle, wenn der Erbe ein geerbtes Grundstück veräußern möchte oder muss. Grundbuchrechtlich funktionieren die Übereignung von Grundstücken, die Übereignung von Wohnungs- oder Teileigentum und die Übertragung von Erbbaurechten im Wesentlichen gleich. 59

Erforderlich ist ein Antrag eines Erwerbers oder Veräußerers, § 13. Häufig wird der Antrag nach § 15 Abs. 2 vom Urkundsnotar in Vertretung der Beteiligten gestellt werden. 60

Dem Grundbuchamt ist wegen des bei der Auflassung geltenden materiellen Konsensprinzips die **Wirksamkeit des Rechtsgeschäfts nachzuweisen**. Erforderlich ist der Nachweis der Einigung in notariell beurkundeter Form, §§ 20, 29 Abs. 1 S. 2. Etwa erforderliche Zustimmungen Dritter sind in öffentlich beglaubigter Form vorzulegen. Wird Wohnungs- oder Teileigentum veräußert, kann die Zustimmung der anderen Wohnungseigentümer oder des Verwalters erforderlich sein, soweit dies als Inhalt des Wohnungseigentums vereinbart wurde. Die Vereinbarung ist aus dem Bestandsverzeichnis zu entnehmen. Zur Übertragung von Erbbaurechten kann die Zustimmung des Grundstückseigentümers erforderlich sein, soweit dies als Inhalt des Erbbaurechts vereinbart wurde. Die Vereinbarung ist aus dem Bestandsverzeichnis des Erbbaugrundbuchs zu entnehmen. Sind Genehmigungen des Nachlass-, Familien- oder Betreuungsgerichts erforderlich, sind diese dem Grundbuchamt ebenfalls mit Rechtskraftvermerk vorzulegen. Nachzuweisen ist in diesem Fall außerdem die Wirksamkeit des Rechtsgeschäfts nach § 1829 Abs. 1 S. 2 BGB, was in Form einer Doppelvollmacht für den Notar, → § 29 Rn. 40, möglich ist. Veräußert ein Testamentsvollstrecker, muss das Grundbuchamt dessen Verfügungsmacht prüfen, → § 52 Rn. 37 ff. Zur Veräußerung durch einen Vorerben, → § 51 Rn. 40 ff. 61

Zusätzlich zur Auflassung ist eine Bewilligung des Veräußerers, § 19, erforderlich. Diese wird regelmäßig in derselben Urkunde wie die Auflassung bzw. als Anlage zu dieser Urkunde erklärt. 62

Der Veräußerer muss nach § 39 Abs. 1 im Grundbuch voreingetragen sein. Eine Ausnahme dazu besteht nach § 40, wenn der Veräußerer Erbe des eingetragenen Berechtigten ist. 63

Zur Eigentumsübertragung können verschiedene öffentlich-rechtliche Genehmigungen erforderlich sein. In Betracht kommt insbes. eine Unbedenklichkeitsbescheinigung des Finanzamts nach § 22 GrEStG, → § 20 Rn. 53. Ist das Grundgeschäft ein Kaufvertrag, ist regelmäßig eine Bescheinigung der Gemeinde über die Nichtausübung oder das Nichtbestehen des Verkaufsrechts nach BauGB erforderlich, → § 20 Rn. 45 ff. In den neuen Bundesländern ist meist eine Genehmigung nach GVO erforderlich, → § 19 Rn. 77. Zu weiteren, seltener vorkommenden Genehmigungserfordernissen, → § 19 Rn. 67 ff. 64

IV. Löschung dinglicher Rechte

1. Rechtsändernde Löschungen. Sollen Rechte, die materiellrechtlich noch bestehen, im Grundbuch gelöscht werden, ist dazu ein Antrag des Rechtsinhabers oder des Grundstückseigentümers nach § 13 und die Bewilligung des Rechtsinhabers in öffentlich beglaubigter Form, §§ 19, 29 Abs. 1 S. 1, erforderlich. Ist das zu löschende Recht mit dem Recht eines Dritten, zB mit einem Pfandrecht, belastet, ist auch die Zustimmung des Dritten erforderlich, wobei die Zustimmung auch im Antrag gesehen werden kann, der dann nach § 30 der öffentlichen Beglaubigung bedarf. Wenn das zu löschende Recht ein Grundpfandrecht ist, ist zusätzlich die Zustimmung des Grundstückseigentümers, § 27, in öffentlich beglaubigter Form, § 29 Abs. 1 S. 1, er- 65 forderlich. Liegt eine verdeckte Eigentümergrundschuld vor, kann dies durch löschungsfähige Quittung, → § 29 Rn. 7, nachgewiesen werden. Ist der Rechtsinhaber Vorerbe, muss entweder nachgewiesen werden, dass die Aufhebung des Rechts dem Nacherben gegenüber wirksam ist, oder die Zustimmung des Nacherben in Form des § 29 Abs. 1 S. 1 vorgelegt werden. Dies gilt unabhängig davon, ob ein Nacherbenvermerk eingetragen ist oder nicht, da die Schutzwirkung des Nacherbenvermerks mit der Löschung des Rechts untergeht. Der Rechtsinhaber muss nach § 39 Abs. 1 im Grundbuch voreingetragen sein, es sei denn, er ist Erbe des eingetragenen Betroffenen, § 40. Bei Eigentümergrundschulden ist es ausreichend, wenn der Eigentümer in Abteilung I eingetragen ist, → § 39 Rn. 15. Zur Löschung von Briefgrundpfandrechten ist dem Grundbuchamt nach §§ 41, 42 der Brief vorzulegen.

66 **2. Löschung von Rechten, die auf Lebenszeit des Berechtigten oder sonst zeitlich beschränkt sind.** Zur Löschung von Rechten, die auf Lebenszeit des Berechtigten oder sonst zeitlich beschränkt sind, ist ein Antrag des Grundstückseigentümers, § 13, erforderlich. Der Nachweis des Todes des Berechtigten oder des Eintritts des sonstigen Zeitpunktes oder Ereignisses ist zur Löschung des Rechts nur ausreichend, wenn aus dem Recht Rückstände nicht möglich sind (→ § 23 Rn. 15 ff.), ein Löschungserleichterungsvermerk (→ § 23 Rn. 36 ff.) eingetragen ist oder seit Eintritt des Todes oder des sonstigen Ereignisses bereits ein Jahr vergangen ist. Ansonsten ist nach § 23 Abs. 1 zusätzlich die Bewilligung der Erben bzw. des Buchberechtigten, § 19, in öffentlich beglaubigter Form, § 29 Abs. 1 S. 1, erforderlich. Der Nachweis des Todes oder sonstigen Ereignisses ist in öffentlicher Urkunde zu erbringen, § 29 Abs. 1 S. 2. Ist das Recht ein Grundpfandrecht und wird es aufgrund Bewilligung der Erben bzw. des Buchberechtigten gelöscht, ist die Zustimmung des Eigentümers nach § 27 in öffentlich beglaubigter Form, § 29 Abs. 1 S. 1, erforderlich, wobei die Zustimmung auch im Antrag gesehen werden kann, der dann nach § 30 der öffentlichen Beglaubigung bedarf. Zur Löschung von Briefgrundpfandrechten ist dem Grundbuchamt nach §§ 41, 42 der Brief vorzulegen.

67 **3. Löschung aufgrund sonstiger Unrichtigkeit.** Zur Löschung eines Rechts, das zB aufgrund von § 1026 BGB erloschen ist, ist ein Antrag des Grundstückseigentümers nach § 13 und der Nachweis der Unrichtigkeit, § 22, in öffentlicher Urkunde, § 29 Abs. 1 S. 2, erforderlich.

V. Eintragung beschränkter dinglicher Rechte

68 Zur Eintragung dinglicher Rechte ist ein Antrag des künftigen Berechtigten oder des Grundstückseigentümers, § 13, und die Bewilligung des Grundstückseigentümers, § 19, in öffentlich beglaubigter Form, § 29 Abs. 1 S. 1, erforderlich. Es muss sich um ein eintragungsfähiges Recht mit eintragungsfähigem und bestimmtem Inhalt handeln, was nach materiellem Recht zu beurteilen ist. Der Grundstückseigentümer muss voreingetragen sein, § 39 Abs. 1.

VI. Übertragung beschränkter dinglicher Rechte

69 Ob ein beschränktes dingliches Recht übertragbar ist, bestimmt sich nach dem materiellen Recht. Zur Eintragung im Grundbuch ist ein Antrag des Veräußerers oder des Erwerbers, § 13, und eine Bewilligung des Veräußerers, § 19, in öffentlich beglaubigter Form, § 29 Abs. 1 S. 1, erforderlich. Werden Briefgrundpfandrechte übertragen, ist nach § 26 Abs. 1 stattdessen die Abtretungserklärung des Veräußerers in öffentlich beglaubigter Form und die Briefvorlage, §§ 41, 42, ausreichend. Der Veräußerer muss im Grundbuch voreingetragen sein, § 39 Abs. 1, es sei denn, der Veräußerer ist Erbe des eingetragenen Berechtigten, § 40. Die Voreintragung ist auch entbehrlich, wenn es sich bei dem Recht nachgewiesen um eine Eigentümergrundschuld handelt und der Eigentümer ist in Abteilung I eingetragen ist oder wenn es sich bei dem Recht um ein Briefgrundpfandrecht handelt und der Veräußerer den Briefbesitz nachweist, § 39 Abs. 2.

VII. Übertragung von Erbteilen

Die Übertragung von Erbanteilen kann bei nachlasszugehörigen Grundstücken oder Grundstücksrechten im Wege der Grundbuchberichtigung, § 22, eingetragen werden. Erforderlich ist ein Antrag des Veräußerers oder des Erwerbers, § 13, und der Nachweis der Unrichtigkeit, § 22, der durch Vorlage des notariell beurkundeten Erbteilsübertragungsvertrages, § 2033 Abs. 1 BGB, erfolgen kann. Die Erbengemeinschaft muss voreingetragen sein, § 39 Abs. 1.

70

VIII. Verpfändung von Erbteilen

Die Verpfändung von Erbanteilen kann im Wege der Grundbuchberichtigung eingetragen werden. Erforderlich ist ein Antrag des Erben oder des Pfandgläubigers, § 13, und die Berichtigungsbewilligung des Erben, § 19, oder die Verpfändungserklärung des Erben, § 26 Abs. 2, in öffentlich beglaubigter Form, § 29 Abs. 1 S. 1. Die Erbengemeinschaft muss voreingetragen sein, § 39 Abs. 1. Zu Einzelheiten → § 26 Rn. 3 f.

71

IX. Pfändung von Erbteilen

Die Pfändung von Erbteilen kann im Wege der Grundbuchberichtigung eingetragen werden. Erforderlich ist ein Antrag des Pfandgläubigers, § 13, und der Nachweis der wirksamen Pfändung durch Vorlage des Pfändungsbeschlusses und Nachweis der Zustellung an den oder die (alle) Drittschuldner. Die Erbengemeinschaft muss voreingetragen sein, § 39 Abs. 1. Zu Einzelheiten → § 26 Rn. 5 ff.

72

§ 12 GBO [Grundbucheinsicht; Abschriften]

(1) ¹Die Einsicht des Grundbuchs ist jedem gestattet, der ein berechtigtes Interesse darlegt. ²Das gleiche gilt von Urkunden, auf die im Grundbuch zur Ergänzung einer Eintragung Bezug genommen ist, sowie von den noch nicht erledigten Eintragungsanträgen.

(2) Soweit die Einsicht des Grundbuchs, der im Absatz 1 bezeichneten Urkunden und der noch nicht erledigten Eintragungsanträge gestattet ist, kann eine Abschrift gefordert werden; die Abschrift ist auf Verlangen zu beglaubigen.

(3) Das Bundesministerium der Justiz und für Verbraucherschutz kann durch Rechtsverordnung mit Zustimmung des Bundesrates bestimmen, dass
1. über die Absätze 1 und 2 hinaus die Einsicht in sonstige sich auf das Grundbuch beziehende Dokumente gestattet ist und Abschriften hiervon gefordert werden können;
2. bei Behörden von der Darlegung des berechtigten Interesses abgesehen werden kann, ebenso bei solchen Personen, bei denen es auf Grund ihres Amtes oder ihrer Tätigkeit gerechtfertigt ist.

(4) ¹Über Einsichten in Grundbücher und Grundakten sowie über die Erteilung von Abschriften aus Grundbüchern und Grundakten ist ein Protokoll zu führen. ²Dem Eigentümer des betroffenen Grundstücks oder dem Inhaber eines grundstücksgleichen Rechts ist auf Verlangen Auskunft aus diesem Protokoll zu geben, es sei denn, die Bekanntgabe würde den Erfolg strafrechtlicher Ermittlungen oder die Aufgabenwahrnehmung einer Verfassungsschutzbehörde, des Bundesnachrichtendienstes, des Militärischen Abschirmdienstes, der Zentralstelle für Sanktionsdurchsetzung oder die Zentralstelle für Finanztransaktionsuntersuchungen gefährden. ³Das Protokoll kann nach Ablauf von zwei Jahren vernichtet werden. ⁴Einer Protokollierung bedarf es nicht, wenn die Einsicht oder Abschrift dem Auskunftsberechtigten nach Satz 2 gewährt wird.

A. Allgemeines	1	I. Voraussetzungen der Grundbucheinsicht	2
B. Regelungsgehalt	2	1. Berechtigtes Interesse	2

2. Darlegung des berechtigten Interesses . 10	6. Rechtliches Gehör 18
II. Gegenstand und Umfang der Grundbucheinsicht 12	C. Weitere praktische Hinweise 19
	I. Kosten 19
III. Verfahren der Einsichtnahme 13	II. Rechtsmittel 20
1. Antrag 13	1. Gegen die Ablehnung der Einsichtnahme 20
2. Vertretung 14	
3. Ort und Zeit der Einsichtnahme 15	2. Gegen die Gewährung der Einsichtnahme 21
4. Zuständigkeit 16	
5. Abschriften 17	

A. Allgemeines

1 Die Vorschrift regelt die Einsicht in das Grundbuch und die Grundakten im Hinblick auf den öffentlichen Glauben des Grundbuchs. Die Einsicht in das Grundbuch und in die erledigten und unerledigten Urkunden ist danach jedem gestattet, der ein berechtigtes Interesse darlegt. Durch diese Einschränkung sollen missbräuchliche Grundbucheinsichten, durch die das schutzwürdige Interesse der Eingetragenen verletzt werden könnten, verhindert werden.

B. Regelungsgehalt

I. Voraussetzungen der Grundbucheinsicht

2 **1. Berechtigtes Interesse.** Für das Vorliegen eines berechtigten Interesses ist es ausreichend, dass der Antragsteller ein verständiges, durch die Sachlage gerechtfertigtes Interesse verfolgt.[1] Es müssen Gründe vorliegen, die die Verfolgung unbefugter Zwecke oder bloßer Neugier ausgeschlossen erscheinen lassen.[2] Das berechtigte Interesse kann rechtlicher, tatsächlicher, wirtschaftlicher, öffentlicher oder wissenschaftlicher Natur sein.[3]

3 Ein berechtigtes rechtliches Interesse besteht für jeden, dem ein Recht am Grundstück oder an einem Grundstücksrecht zusteht, unabhängig davon, ob sein Recht eingetragen ist oder nicht.[4] Allein eine frühere dingliche Berechtigung an dem Grundstück genügt aber nicht.[5]

4 **Erben** des Eigentümers oder eines sonstigen dinglich Berechtigten müssen ihr Einsichtsrecht durch Vorlage einer Ausfertigung des Erbscheins oder einer öffentlichen Verfügung von Todes wegen mit Eröffnungsniederschrift nachweisen.[6] Ist bei dem Gericht aber aus Entscheidungen des Nachlass- oder Betreuungsgerichts aktenkundig, dass Zweifel an der Testierfähigkeit des Erblassers bestehen, ist der Nachweis nur durch Erbschein möglich.[7] Benötigt der (mögliche) Erbe die Grundbucheinsicht, um die Frage der Ausschlagung der Erbschaft zu klären, ist zusätzlich zur öffentlichen Verfügung von Todes wegen mit Eröffnungsniederschrift die Darlegung erforderlich, wann die Ausschlagungsfrist zu laufen begonnen hat sowie dass die Erbschaft noch nicht angenommen ist.[8] Der Erbe hat auch ein Einsichtsrecht, wenn Testamentsvollstreckung angeordnet ist, da er zwar über Nachlassgegenstände, die der Testamentsvollstreckung unterliegen, nicht verfügen kann, sehr wohl aber über seinen Erbanteil als solchen nach § 2033 Abs. 1 BGB.[9] Zur Überprüfung von Ausgleichsansprüchen nach §§ 2050 ff. BGB kann ein

---

1 KGJ 20, 175; OLG Stuttgart Rpfleger 1970, 92; OLG Hamm Rpfleger 1971, 107; Böhringer Rpfleger 1987, 183; Melchers Rpfleger 1993, 311; Bauer/v. Oefele/Maaß § 12 Rn. 9; Demharter § 12 Rn. 7; BeckOK GBO/Hügel/Wilsch § 12 Rn. 1.
2 OLG Stuttgart Rpfleger 1983, 272; OLG Hamm Rpfleger 1986, 128; KG NJW 2002, 223 = Rpfleger 2001, 539 = FGPrax 2001, 223; Demharter § 12 Rn. 7.
3 OLG Oldenburg Rpfleger 2014, 131; BeckOK GBO/Hügel/Wilsch § 12 Rn. 3.
4 Demharter § 12 Rn. 8; BeckOK GBO/Hügel/Wilsch § 12 Rn. 4.
5 OLG München MDR 2017, 30.
6 OLG Düsseldorf FGPrax 2011, 58 = ZErb 2011, 85 = ZEV 2011, 44 = FamRZ 2011, 1165 = NotBZ 2011, 43.
7 OLG München ErbR 2019, 55 = ZEV 2018, 209.
8 OLG München, aaO.
9 BeckOK GBO/Hügel/Wilsch § 12 Rn. 58; aA OLG München FGPrax 2019, 115.

Miterbe ein berechtigtes Interesse an umfassender Grundbucheinsicht in ein früher dem Erblasser gehörendes Grundstück haben.[10]

Legt der Erbe einen Zahlungsanspruch gegen den Testamentsvollstrecker wegen unzureichender Amtsführung dar, hat er auch ein berechtigtes Interesse an der Einsicht in die Grundbücher des Testamentsvollstreckers.[11]

Nacherben haben bereits zu Lebzeiten des Vorerben ein berechtigtes Interesse an der Grundbucheinsicht.[12]

Hat ein Pflichtteilsberechtigter wenige Jahre zuvor ein vom Erblasser erworbenes Grundstück an einen Dritten veräußert, steht dem Erben im Hinblick auf § 2315 BGB ein Einsichtsrecht zu.[13]

Zu Lebzeiten des Erblassers geben Pflichtteilsansprüche kein Recht auf Grundbucheinsicht.[14] Dies gilt vor dem Erbfall auch für Gläubiger von Pflichtteilsberechtigten.[15] Nach dem Tod des Erblassers hat aber der Pflichtteilsberechtigte gegenüber dem Erben eine Gläubigerstellung, woraus sich ein berechtigtes Interesse an der Grundbucheinsicht ergibt.[16] Dies gilt auch für Grundbücher von Grundstücken, die der Erblasser vor seinem Tod veräußert hat.[17] Bei Einsichtnahme durch einen Pflichtteilsberechtigten kann die Vorlage eines Erbscheins oder eines europäischen Nachlasszeugnisses nicht verlangt werden.[18] Allerdings kann das Grundbuchamt konkrete Darlegung verlangen, wie die Pflichtteilsansprüche geltend gemacht werden und warum dazu die Kenntnis vom Grundbuchinhalt erforderlich ist.[19]

Ausnahmsweise kann das Einsichtsrecht des Pflichtteilsberechtigten zu verneinen sein, so wenn ein wirksamer Pflichtteilsentzug durch den Erblasser vorliegt[20] oder wenn kein enger zeitlicher Zusammenhang zwischen dem Erbfall und der Prüfung des Pflichtteilsrechts besteht.[21]

Ein Vermächtnisnehmer hat ein berechtigtes Interesse zur Einsichtnahme in das Grundbuchblatt des Grundstücks, das ihm vermächtnisweise zugewandt wurde.[22]

Ein berechtigtes wirtschaftliches oder tatsächliches Interesse besteht bspw. auch für Kreditgeber des Eigentümers,[23] für Gläubiger, die die Zwangsvollstreckung in den Grundbesitz des Schuldners betreiben wollen,[24] Kaufinteressenten, die mit dem Eigentümer bereits in Vorverhandlungen stehen[25] oder Mieter in das Grundbuchblatt der Mietwohnung.[26] Kein berechtigtes Interesse hat ein Kaufinteressent, der durch die Einsicht erst den Namen des Grundstückseigentümers erfahren will.[27]

---

10 OLG Braunschweig MittBayNot 2019, 610 = ZEV 2019, 581 mAnm Sarres.
11 LG Stuttgart ZErb 2002, 85 = BWNotZ 2002, 68.
12 Beck OK Hügel/Wilsch § 12 Rn. 69a.
13 LG Stuttgart ZErb 2005, 133 = ZEV 2005, 313 = BWNotZ 2007, 40; Böhringer Rpfleger 2007, 188; Böhringer Rpfleger 2009, 134; BeckOK GBO/Hügel/Wilsch § 12 Rn. 58.
14 OLG München NJW-RR 2018, 1353 = ZErb 2018, 340; BayObLG NJW-RR 1998, 1241 = FGPrax 1998, 90 = Rpfleger 1998, 338 = FamRZ 1998, 1306; Böhringer DNotZ 2014, 16 (34); Wilsch ZEV 2014, 589 (592).
15 OLG München Rpfleger 2014, 15 = FamRZ 2014, 339.
16 KG NJW-RR 2004, 1316 = FGPrax 2004, 58 = Rpfleger 2004, 346 = ZEV 2004, 338; LG Stuttgart ZErb 2005, 133 = ZEV 2005, 313 = BWNotZ 2007, 40; Cornelius ZEV 2005, 286; BeckOK GBO/Hügel/Wilsch § 12 Rn. 72.
17 OLG Karlsruhe MittBayNot 2014, 154 mAnm Vollmer.
18 OLG Oldenburg Rpfleger 2014, 131; OLG Frankfurt NJW-Spezial 2011, 519 = Rpfleger 2011, 430; Sarres ZEV 2012, 294 (295); Roth NJW-Spezial 2012, 359; BeckOK GBO/Hügel/Wilsch § 12 Rn. 72c.
19 OLG München NJW-RR 2018, 1353 = ZErb 2018, 340.
20 OLG Zweibrücken NJW-RR 2020, 1341 = = ZErB 2021, 33 = ErbR 2021, 81 mAnm Horn.
21 OLG München NJW-RR 2018, 1353 = ZErb 2018, 340; OLG München ZEV 2011, 388.
22 Böhringer ZfIR 2012, 710 (714); Böhringer DNotZ 2014, 16 (37); BeckOK GBO/Hügel/Wilsch § 12 Rn. 83.
23 KGJ 20, 173; BayObLG Rpfleger 1975, 361; aA LG Offenburg Rpfleger 1996, 342.
24 OLG Zweibrücken NJW 1989, 531.
25 BayObLG Rpfleger 1975, 361.
26 OLG Hamm Rpfleger 1986, 128; LG Mannheim Rpfleger 1992, 246.
27 BayObLG Rpfleger 1984, 351; Demharter § 12 Rn. 12; aA Franz NJW 1999, 406.

10 **2. Darlegung des berechtigten Interesses.** Der Antragsteller hat dem Grundbuchamt sein berechtigtes Interesse darzulegen.[28] Darlegung bedeutet so viel wie erläutern, erklären oder näher auf etwas eingehen.[29] Darlegung ist mehr als bloße Behauptung von Tatsachen, aber weniger als Glaubhaftmachung.[30] Tatsachen müssen in der Weise vorgebracht werden, dass das Grundbuchamt von der Verfolgung berechtigter Interessen überzeugt ist.[31] Im Einzelfall dann das Grundbuchamt bei begründeten Bedenken Glaubhaftmachung oder Nachweis des berechtigten Interesses verlangen.

11 Von der Pflicht zur Darlegung des rechtlichen Interesses sind nach § 43 Abs. 1 GBV Beauftragte inländischer öffentlicher Behörden ausgenommen. Dasselbe gilt für Notare, öffentlich bestellte Vermessungsingenieure und dinglich Berechtigte, soweit Gegenstand der Einsicht das betreffende Grundstück ist. Rechtsanwälte sind von der Darlegungspflicht nur befreit, soweit sie das Grundbuch im nachgewiesenen Auftrag eines Notars einsehen wollen.

II. Gegenstand und Umfang der Grundbucheinsicht

12 Nach § 12 Abs. 1 unterliegen der Grundbucheinsicht das Grundbuch einschließlich eines früheren, nach Umschreibung geschlossenen Grundbuchs,[32] die Urkunden, auf die in Eintragungen Bezug genommen wurde und die noch nicht erledigten Eintragungsanträge. Das Recht auf Einsicht reicht aber nur soweit, wie ein berechtigtes Interesse dargelegt wurde. Die Einsichtnahme kann auf einzelne Bestandteile des Grundbuchs, einzelne Abteilungen oder einzelne Eintragungen beschränkt werden.[33]

III. Verfahren der Einsichtnahme

13 **1. Antrag.** Für den Antrag auf Gewährung von Grundbucheinsicht ist eine besondere Form nicht erforderlich, §§ 29, 30 finden keine Anwendung.[34] Der Antrag muss grundstücks- oder personenbezogene Angaben enthalten, mit denen das Grundbuchamt dem Antrag ohne weitere Ermittlungen entsprechen kann.[35] Eine Bezeichnung des Grundstücks nach § 28 S. 1 ist nicht erforderlich.

14 **2. Vertretung.** Das Recht auf Grundbucheinsicht kann persönlich oder durch einen Bevollmächtigten ausgeübt werden.[36] Bevollmächtigter kann hier auch eine Person sein, die nicht nach § 10 Abs. 2 FamFG vertretungsbefugt ist. Die Vollmacht ist schriftlich vorzulegen. Den Mangel der Vollmacht muss das Grundbuchamt nach § 11 FamFG von Amts wegen berücksichtigen, sofern nicht ein Notar oder Rechtsanwalt als Vertreter auftritt.[37]

15 **3. Ort und Zeit der Einsichtnahme.** Das Grundbuch kann nur in den Diensträumen des Grundbuchamts zu den Dienstzeiten des Amtsgerichts eingesehen werden. Die Einsichtnahme muss im Beisein eines Bediensteten des Grundbuchamts erfolgen. Das Recht auf Einsichtnahme umfasst die Möglichkeit, selbst Abschriften des Grundbuchs anzufertigen oder das Grundbuchblatt oder den Bildschirm zu fotografieren, soweit dadurch der Geschäftsbetrieb des Amtsgerichts nicht gestört wird.[38]

---

28 OLG München NJW-RR 2017, 266.
29 Demharter § 12 Rn. 13.
30 LG Offenburg NJW-RR 1996, 1521; Demharter § 12 Rn. 13; Kuntze/Ertl/Herrmann/Eickmann/Eickmann § 12 Rn. 4; BeckOK GBO/Hügel/Wilsch § 12 Rn. 7.
31 KGJ 20, 174; BayObLG Rpfleger 1983, 272; KG NJW-RR 2004, 1316 = FGPrax 2004, 58 = Rpfleger 2004, 346 = ZEV 2004, 338.
32 Wolfsteiner Rpfleger 1993, 273; Demharter § 12 Rn. 17.
33 Demharter § 12 Rn. 18; BeckOK GBO/Hügel/Wilsch § 12 Rn. 10; aA, wonach das Grundbuch „in seiner Einheit Gegenstand der Einsicht" sei: Meikel/Böttcher § 12 Rn. 68.
34 Bauer/v. Oefele/Maaß § 12 Rn. 75; BeckOK GBO/Hügel/Wilsch § 12 Rn. 16.
35 BeckOK GBO/Hügel/Wilsch § 12 Rn. 16.
36 KGJ 22, 122; KG JW 1936, 2342.
37 BeckOK Hügel/Wilsch § 12 Rn. 17.
38 KG Rpfleger 2011, 266 = FGPrax 2011, 108; OLG Schleswig SchlHA 2010, 407.

4. Zuständigkeit. Über die Gestattung der Einsichtnahme in das Grundbuch entscheidet nach § 12c Abs. 1 Nr. 1 der Urkundsbeamte der Geschäftsstelle.

5. Abschriften. Abschriften können gefordert werden, soweit die Grundbucheinsicht gestattet wurde. Auf Antrag sind sie zu beglaubigen. Die Verbindung mit Schnur und Siegel kann nicht verlangt werden.[39] Sind in Urkunden farbliche Eintragungen enthalten, müssen diese in der Abschrift in der gleichen Weise farblich wiedergegeben werden.[40]

6. Rechtliches Gehör. Dem Eigentümer oder sonstigen dinglichen Berechtigten wird vor der Gewährung der Grundbucheinsicht kein rechtliches Gehör gewährt.[41] Dies begründet sich damit, dass das Grundbuchamt vor Gewährung der Einsicht das berechtigte Interesse des Antragstellers zu prüfen hat.

C. Weitere praktische Hinweise

I. Kosten

Die Einsicht in das Grundbuch und in die Grundakten ist gebührenfrei. Für unbeglaubigte Grundbuchauszüge fällt nach Nr. 17000 KV GNotKG eine Gebühr von 10 EUR, für beglaubigte Grundbuchauszüge nach Nr. 17001 KV GNotKG eine Gebühr von 20 EUR an. Daneben wird keine Dokumentenpauschale erhoben. Für Abschriften aus den Grundakten gilt die Dokumentenpauschale Nr. 31000 KV GNotKG, wonach für die ersten 50 Seiten je Seite 0,50 EUR, für jede weitere Seite 0,15 EUR, für die ersten 50 Seiten in Farbe je Seite 1 EUR und für jede weitere Seite in Farbe 0,30 EUR anfallen.

II. Rechtsmittel

1. Gegen die Ablehnung der Einsichtnahme. Über die Gestattung der Einsicht in das Grundbuch oder die Grundakten entscheidet nach § 12c Abs. 1 Nr. 1 der Urkundsbeamte der Geschäftsstelle. Gegen seine Entscheidung ist die Erinnerung nach § 12c Abs. 4 statthaft, über die der Rechtspfleger zu entscheiden hat.[42] Erst gegen dessen Entscheidung ist nach § 12c Abs. 4 iVm § 71 Abs. 1 die Beschwerde statthaft.

2. Gegen die Gewährung der Einsichtnahme. Ein Beschwerderecht gegen die Gestattung der Einsicht oder die Erteilung von Abschriften steht weder dem Grundstückseigentümer noch einem sonstigen dinglich Berechtigten zu.[43]

§ 13 GBO [Antragsgrundsatz]

(1) ¹Eine Eintragung soll, soweit nicht das Gesetz etwas anderes vorschreibt, nur auf Antrag erfolgen. ²Antragsberechtigt ist jeder, dessen Recht von der Eintragung betroffen wird oder zu dessen Gunsten die Eintragung erfolgen soll. ³In den Fällen des § 20 soll die Eintragung nur erfolgen, wenn ein Notar den Antrag im Namen eines Antragsberechtigten eingereicht hat.

(2) ¹Der genaue Zeitpunkt, in dem ein Antrag beim Grundbuchamt eingeht, soll auf dem Antrag vermerkt werden. ²Der Antrag ist beim Grundbuchamt eingegangen, wenn er einer

---

39 BayObLG Rpfleger 1982, 172.
40 OLG Saarbrücken FGPrax 2007, 65.
41 BVerfG NJW 2001, 503; Demharter FGPrax 2001, 52; BeckOK GBO/Hügel/Wilsch § 12 Rn. 25; aA Bauer/v. Oefele/Maaß § 12 Rn. 79 ff.
42 OLG Rostock FGPrax 2010, 180; OLG Düsseldorf FGPrax 2011, 57 = ZEV 2011, 45; OLG München Rpfleger 2011, 196 = FGPrax 2011, 68;
OLG Frankfurt Rpfleger 2011, 430; KG Rpfleger 2012, 682; BeckOK GBO/Hügel/Kral § 12c Rn. 23; Rellermeyer Rpfleger 2011, 260; Schöner/Stöber GrundbuchR Rn. 47.
43 BGH NJW 1981, 1563; Demharter § 12 Rn. 35; BeckOK GBO/Hügel/Wilsch § 12 Rn. 96; aA Bauer/v. Oefele/Maaß § 12 Rn. 80.

zur Entgegennahme zuständigen Person vorgelegt ist. ³Wird er zur Niederschrift einer solchen Person gestellt, so ist er mit Abschluß der Niederschrift eingegangen.

(3) ¹Für die Entgegennahme eines auf eine Eintragung gerichteten Antrags oder Ersuchens und die Beurkundung des Zeitpunkts, in welchem der Antrag oder das Ersuchen beim Grundbuchamt eingeht, sind nur die für die Führung des Grundbuchs über das betroffene Grundstück zuständige Person und der von der Leitung des Amtsgerichts für das ganze Grundbuchamt oder einzelne Abteilungen hierzu bestellte Beamte (Angestellte) der Geschäftsstelle zuständig. ²Bezieht sich der Antrag oder das Ersuchen auf mehrere Grundstücke in verschiedenen Geschäftsbereichen desselben Grundbuchamts, so ist jeder zuständig, der nach Satz 1 in Betracht kommt.

A. Allgemeines	1
B. Regelungsgehalt	2
I. Rechtsnatur des Antrags	2
II. Antragsberechtigung	5
1. Allgemeines	5
2. Unmittelbar Betroffene	11
3. Unmittelbar Begünstigte	12
4. Antragsbefugnis	13
5. Nachweis von Antragsberechtigung und Antragsbefugnis	17
III. Inhalt des Antrags	18
IV. Form des Antrags	19
V. Vertretung bei der Antragstellung	20
VI. Eingang des Antrags beim Grundbuchamt	21
VII. Antragsrücknahme	22
C. Weitere praktische Hinweise	24

A. Allgemeines

1 Die Vorschrift bestimmt, dass Eintragungen im Grundbuch grundsätzlich nur auf Antrag der Parteien erfolgen (Antragsgrundsatz, → Einführung Rn. 24). Nur in einigen wenigen Ausnahmefällen kann das Grundbuchamt Eintragungen von Amts wegen vornehmen, zB beim Nacherben- oder Testamentsvollstreckervermerk, §§ 51, 52 GBO. Die Antragstellung steht grundsätzlich zur Disposition der Parteien, Ausnahme ist der Grundbuchberichtigungszwang nach § 82 GBO. Weiterhin werden von § 13 GBO Regelungen zur Antragsberechtigung, zum Antragseingang beim Grundbuchamt und zur Entgegennahme des Antrags getroffen. Die Vorschrift verdrängt § 25 FamFG.

B. Regelungsgehalt

I. Rechtsnatur des Antrags

2 Der Antrag enthält das an das Grundbuchamt gerichtete Begehren auf Eintragung und ist **reine Verfahrenshandlung**.[1] Eine Anfechtung des Antrags ist unzulässig.[2]

3 § 13 GBO ist reine Ordnungsvorschrift, der Eintragungsantrag ist **nicht Voraussetzung der Rechtsänderung**. Dadurch kann eine Rechtsänderung, wenn die sonstigen Voraussetzungen vorliegen, auch dann durch die Eintragung bewirkt werden, wenn gar kein oder ein unzulässiger Eintragungsantrag vorliegt.[3]

4 Der wirksam gestellte Eintragungsantrag hat bedeutende Wirkungen. Materiellrechtlich führt er im Falle nachträglicher **Verfügungsbeschränkungen** bei Vorliegen der sonstigen Voraussetzungen zur Anwendung des § 878 BGB und kann maßgeblich für den Zeitpunkt der **Gutgläubigkeit** nach § 892 Abs. 2 BGB sein. Formell-rechtlich bestimmt er die Reihenfolge der Erledigung verschiedener Anträge (§ 17 GBO) und damit mittelbar auch den **Rang** verschiedener Rechte untereinander (§ 45 GBO). Die Antragstellung führt zur Anhängigkeit des Verfahrens.[4]

---

1 BGH 141, 347 (349) = NJW 1999, 2369 = DNotZ 1999, 734, = NotBZ 1999, 171 mAnm Demharter = Rpfleger 1999, 437.
2 BayObLG MittBayNot 1999, 94 = Rpfleger 1999, 100.
3 BGH 141, 347 (349) = NJW 1999, 2369 = DNotZ 1999, 734 = NotBZ 1999, 171 mAnm Demharter = Rpfleger 1999, 437; BayObLG 1988, 127.
4 BeckOK GBO/Hügel/Reetz GBO § 13 Rn. 13.

Der Antrag legt den Gegenstand des Verfahrens fest. Das Grundbuchamt darf weder über den Antrag hinaus entscheiden noch hinter dem Antrag zurückbleiben.[5]

II. Antragsberechtigung

1. Allgemeines. Antragsberechtigung ist die rechtliche Fähigkeit, das Eintragungsverfahren in Gang zu setzen.[6] Antragsberechtigt sind die von der Eintragung unmittelbar Begünstigten und die unmittelbar Betroffenen, also die Beteiligten, die durch die Eintragung einen unmittelbaren Vorteil oder Nachteil erhalten.

Für die Antragsberechtigung ist **unmittelbare rechtliche Beteiligung** erforderlich. Bloße wirtschaftliche Interessen reichen nicht aus. Auch mittelbar Beteiligte haben kein Antragsrecht. So kann beispielsweise der Nacherbe, der der Veräußerung eines Nachlassgrundstücks zustimmen muss, nicht die Eintragung des Eigentumswechsels beantragen. Ein nur mittelbar Betroffener oder Begünstigter soll Eintragungen nicht ohne den Willen der unmittelbar Beteiligten herbeiführen können.[7] Ausnahmen von diesem Grundsatz sind in § 14 und § 9 Abs. 1 S. 2 geregelt.

Das Antragsrecht wird nicht durch Zeitablauf **verwirkt**.[8] So kann bspw. auch die Eintragung einer Erbfolge, die bereits vor 25 Jahren eingetreten ist, noch beantragt werden.

Ein **Verzicht** auf das Antragsrecht gegenüber dem Grundbuchamt ist grundsätzlich von diesem nicht zu beachten, ebenso eine Verpflichtung eines Beteiligten gegenüber einem anderen, einen Antrag nicht zu stellen.[9]

Die Ausübung des Antragsrechts setzt **Verfahrensfähigkeit** voraus (→ Einführung Rn. 38). Das Antragsrecht muss bis zum **Zeitpunkt** der Vollendung der Eintragung bestehen. Die Erben können jedoch, wenn der Antragsteller stirbt, den Antrag weiterverfolgen.[10] (Zur Antragsrücknahme durch die Erben → Rn. 23). Dabei muss, soweit es lediglich um den Nachweis der Antragsberechtigung geht, die Erbfolge nicht nach § 35 nachgewiesen werden.[11]

Jeder Antragsberechtigte, also der unmittelbar Betroffene und der unmittelbar Begünstigte, kann den Antrag **allein** stellen.[12] So kann bspw. die Eintragung eines dinglichen Rechts sowohl vom Grundstückseigentümer als auch vom künftigen Berechtigten beantragt werden. Sind auf Betroffenen- oder Begünstigtenseite **mehrere Antragsberechtigte** vorhanden, zB Miterben oder Bruchteilseigentümer, so ist jeder von ihnen allein antragsberechtigt.[13]

2. Unmittelbar Betroffene. Unmittelbar betroffen ist, wessen dingliche Rechtsstellung durch die Eintragung einen Verlust erleidet, zB der Eigentümer bei Veräußerung oder Belastung des Grundstücks, der Inhaber eines dinglichen Rechts bei Übertragung oder Löschung des Rechts.

---

[5] BeckOK GBO/Hügel/Reetz GBO § 13 Rn. 14; Meikel/Böttcher GBO § 13 Rn. 12; Bauer/v. Oefele/Wilke GBO § 13 Rn. 23; Demharter GBO § 13 Rn. 4; Rademacher MittRhNotK 1983, 81; Kuntze/Ertl/Herrmann/Eickmann/Herrmann GBO § 13 Rn. 6.

[6] BeckOK GBO/Hügel/Reetz GBO § 13 Rn. 56; Meikel/Böttcher GBO § 13 Rn. 32.

[7] BGH FGPrax 2005, 102; Meikel/Böttcher GBO § 13 Rn. 35; Bauer/v. Oefele/Wilke GBO § 13 Rn. 41; Demharter GBO § 13 Rn. 44; BeckOK GBO/Hügel/Reetz GBO § 13 Rn. 60; aA Schöner/Stöber GrundbuchR Rn. 88.

[8] OLG Hamm Rpfleger 1973, 305; OLG München FGPrax 2007, 106.

[9] OLG Celle NJW-RR 2018, 980 = FGPrax 2018, 193; OLG Hamm Rpfleger 1975, 250; OLG Frankfurt DNotZ 1992, 389; Herrmann MittBayNot 1975, 173; Ertl DNotZ 1975, 644.

[10] OLG Köln FGPrax 2005, 103.

[11] Demharter GBO § 13 Rn. 48.

[12] Meikel/Böttcher GBO § 13 Rn. 59; Demharter GBO § 13 Rn. 45.

[13] KGJ 20, 209; KG OLG 41, 155; Meikel/Böttcher GBO § 13 Rn. 59; Demharter GBO § 13 Rn. 45.

Von einer rechtsändernden Eintragung wird stets nur der wahre Berechtigte betroffen,[14] von einer berichtigenden Eintragung wird der Buchberechtigte betroffen.[15]

12 **3. Unmittelbar Begünstigte.** Unmittelbar begünstigt ist, wessen dingliche Rechtsstellung durch die Eintragung einen Gewinn erfährt, zB der Erwerber bei Eintragung der Auflassung, der Eigentümer bei Löschung einer Grundstücksbelastung. Unmittelbar begünstigt kann auch sein, wessen tatsächlich schon bestehendes Recht im Wege der Grundbuchberichtigung eingetragen wird, zB der Erbe bei Eintragung der Erbfolge. Auch der **Nacherbe** ist berechtigt, die Eintragung des Vorerben im Grundbuch zu beantragen, da dadurch zugleich von Amts wegen ein Nacherbenvermerk eingetragen wird (§ 51).[16]

13 **4. Antragsbefugnis.** Antragsbefugnis ist das Recht, die bestehende Antragsberechtigung auch auszuüben. Die Antragsbefugnis ergibt sich aus der sachenrechtlichen Verfügungsbefugnis des Betroffenen über das von der Eintragung betroffene Recht und des Begünstigten über sein Anwartschaftsrecht.[17] Regelmäßig wird ein Antragsberechtigter auch Inhaber der Antragsbefugnis sein.[18]

14 Ausnahmen ergeben sich zB im Fall der **Testamentsvollstreckung**: Ist Testamentsvollstreckung angeordnet, kann nicht der oder die Erben, sondern nur der Testamentsvollstrecker über die Nachlassgegenstände verfügen, §§ 2205 S. 2, 2211 Abs. 1 BGB. Die Erben haben nicht die Verfügungsbefugnis über die Nachlassgegenstände und können damit, obwohl sie unmittelbar beteiligt sind, den Nachlass betreffende Grundbucheintragungen nicht beantragen. Die Berichtigung des Grundbuchs durch Eintragung der Erbfolge kann jedoch auch durch die Erben selbst beantragt werden, da es sich dabei nicht um eine Verfügung über das Grundstück handelt. Damit kann auch die fehlende Verfügungsbefugnis der Erben in diesem Fall keine Rolle spielen.[19] Bei rechtsgeschäftlicher Erbanteilsübertragung kann sich der Erwerber ohne Mitwirkung des Testamentsvollstreckers als Rechtsnachfolger des bisherigen Mitglieds der Erbengemeinschaft eintragen lassen, da hier nicht über einen Nachlassgegenstand, sondern über den Anteil am Nachlass als solchen verfügt wird.[20] Im Falle der Pfändung eines Miterbenanteils kann der Pfandgläubiger das Antragsrechts des Schuldners auf Eintragung der Erbfolge ausüben.[21]

15 Auch im Falle der Eröffnung des **Insolvenzverfahrens** verliert der Insolvenzschuldner nach §§ 80, 81 InsO die Verfügungsbefugnis über alle zur Insolvenzmasse gehörenden Gegenstände und in demselben Umfang die verfahrensrechtliche Antragsbefugnis.[22] Im Falle einer Nachlassinsolvenz können somit weder der oder die Erben noch ein vorhandener Testamentsvollstrecker, Grundbucheintragungen beantragen.

16 Im Fall des Wahlgüterstands der **Gütergemeinschaft** ist nur der Verwalter des Gesamtguts zur Stellung von das Gesamtgut betreffenden Eintragungsanträgen befugt.[23]

---

14 KGJ 45, 206; KG Rpfleger 1975, 136; OLG Frankfurt Rpfleger 1997, 103.
15 RGZ 133, 279 (282); BayObLG DNotZ 1988, 781; BayObLG München RNotZ 2016, 393 (396); OLG München FGPrax 2013, 64; Bauer/v. Oefele/Kohler GBO § 22 Rn. 15; Schöner/Stöber GrunbuchR Rn. 362; BeckOK GBO/Hügel/Holzer GBO § 22 Rn. 74; Böttcher RpflStud 1991, 33 (40); aA, wonach unter bestimmten Umständen der wahre Berechtigte betroffen sein kann BGH NJW-RR 2006, 888; BayObLG MittBayNot 1998, 258; KGJ 40, 294; Demharter GBO § 22 Rn. 32.
16 KG KGJ 31, 346; Meikel/Böttcher GBO § 14 Rn. 27.
17 Meikel/Böttcher GBO § 13 Rn. 53; Demharter GBO § 13 Rn. 49.
18 Demharter GBO § 13 Rn. 49; BeckOK GBO/Hügel/Reetz GBO § 13 Rn. 76.
19 OLG Stuttgart Rpfleger 2014, 76 = ZEV 2014, 97 = FamRZ 2014, 422; LG Stuttgart Rpfleger 1998, 243, Bertsch Rpfleger 1968, 178; BeckOK GBO/Hügel/Reetz GBO § 13 Rn. 77; Schöner/Stöber GrundbuchR Rn. 803; Schneider MittRhNotK 2000, 283; aA KGJ 51, 216; OLG München JFG 20, 373; Demharter GBO § 13 Rn. 50; Becker Rpfleger 2014, 113.
20 LG Essen Rpfleger 1960, 57 mAnm Haegele; Demharter GBO § 13 Rn. 50; Kuntze/Ertl/Herrmann/Eickmann/Herrrmann GBO § 13 Rn. 63.
21 Meikel/Böttcher GBO § 13 Rn. 58; BeckOK GBO/Hügel/Reetz GBO § 13 Rn. 77.
22 OLG München ZIP 2019, 1335.
23 BayObLG HRR 1934 Nr. 1053; Demharter GBO § 13 Rn. 50; Kuntze/Ertl/Herrmann/Eickmann/Herrmann GBO § 13 Rn. 63; Meikel/Böttcher GBO § 13 Rn. 56; BeckOK GBO/Hügel/Reetz GBO § 13 Rn. 79.

5. Nachweis von Antragsberechtigung und Antragsbefugnis. Für den Nachweis von Antragsberechtigung und -befugnis gilt die Nachweispflicht des § 29 nicht. Es genügt ein schlüssiger Sachvortrag.[24]

III. Inhalt des Antrags

Der Antrag muss die **gewollte Eintragung**, den **Eintragungsinhalt** und den **Antragsteller** erkennen lassen. Dabei ist es nicht erforderlich, dass das Wort „Antrag" gebraucht wird. Als verfahrensrechtliche Erklärung ist der Antrag der **Auslegung** zugänglich, § 133 BGB ist entsprechend anwendbar.[25] In der Eintragungsbewilligung kann das Grundbuchamt regelmäßig keinen schlüssigen Eintragungsantrag sehen, da die Bewilligung einer Rechtsänderung nicht zugleich bedeutet, dass diese auch sofort im Grundbuch vollzogen werden soll.[26] Wegen des Inhalts der gewollten Eintragung kann auf beigefügte Urkunden Bezug genommen werden. So kann auch der Vollzug „der bewilligten Eintragung" beantragt werden.[27] Der Antrag muss sich auf eine **inhaltlich zulässige Eintragung** richten. Welche Eintragungen inhaltlich zulässig sind, bestimmt das materielle Grundstücksrecht. Antrag und Bewilligung müssen sich grundsätzlich decken,[28] dh der Antrag darf weder über die Bewilligung hinausgehen noch hinter ihr zurückbleiben, es sei denn die Bewilligung gestattet ausdrücklich oder konkludent Teilvollzug.[29] Soll der Antrag zugleich die Eintragungsbewilligung ersetzen oder ist Grundlage der Eintragung eine andere Unterlage als eine Bewilligung, zB ein Erbschein, muss der Antrag § 28 entsprechen und mit der Eintragungsunterlage übereinstimmen.[30] In Einzelfällen kann es unschädlich sein, wenn die Bezeichnung des Berechtigten im Antrag von der in der Bewilligung abweicht, so ist es möglich, aufgrund einer auf den Erblasser lautenden Bewilligung die Eintragung der Erben zu beantragen.[31] Zur Zulässigkeit von Vorbehalten im Antrag s. § 16.

IV. Form des Antrags

Es darf auf die Kommentierung zu § 30 verwiesen werden.

V. Vertretung bei der Antragstellung

Vertretung bei der Antragstellung ist grundsätzlich möglich. Das Grundbuchamt prüft die Vertretungsmacht des gesetzlichen oder rechtsgeschäftlichen Vertreters von Amts wegen. Die Vertretungsmacht muss (soweit der Antrag keine sonstigen zur Eintragung erforderlichen Erklärungen enthält) allerdings nicht gemäß § 29 nachgewiesen werden. Es genügt, wenn die Vollmacht gem. § 11 FamFG **schriftlich eingereicht** wird. Für einen wirksam gestellten Antrag kommt es darauf an, ob Vertretungsmacht zum Zeitpunkt der Antragstellung besteht. Erlischt die Vollmacht nach Eingang des Antrags beim Grundbuchamt, bleibt der Antrag wirksam gestellt.[32] Zur Vertretung durch den Urkundsnotar darf auf die Kommentierung zu § 15 verwiesen werden.

---

24 BGH NJW 1999, 2369 mAnm Demharter; OLG München FGPrax 2009, 62.
25 OLG Hamm Rpfleger 1992, 474; BayObLG DNotZ 1994, 891 (892); OLG Frankfurt Rpfleger 1996, 104; Demharter GBO § 13 Rn. 15; BeckOK GBO/Hügel/Reetz GBO § 13 Rn. 37.
26 Demharter GBO § 13 Rn. 16; BeckOK GBO/Hügel/Reetz GBO § 13 Rn. 40.
27 OLG Karlsruhe OLGE 4, 82; OLG Hamburg Rpfleger 2004, 617.
28 BayObLG Rpfleger 1993, 15; OLG Hamm Rpfleger 1988, 404.
29 BayObLG Rpfleger 1991, 303; OLG Hamm Rpfleger 1998, 511.
30 Meikel/Böttcher GBO § 13 Rn. 26; Demharter GBO § 13 Rn. 18.
31 BayObLGE 33, 299 (301); LG Düsseldorf Rpfleger 1987, 14; Meikel/Böttcher GBO § 13 Rn. 27; Demharter GBO § 13 Rn. 19; Kuntze/Ertl/Herrmann/Eickmann/Herrmann GBO § 13 Rn. 32; Bauer/v. Oefele/Wilke GBO § 13 Rn. 65; BeckOK GBO/Hügel/Reetz GBO § 13 Rn. 49.
32 Schöner/Stöber GrunbuchR Rn. 88c.

VI. Eingang des Antrags beim Grundbuchamt

21 Der Antrag wird wirksam, wenn er beim Grundbuchamt eingegangen ist. Eingegangen ist der Antrag, wenn er einer zur Entgegennahme zuständigen Person vorgelegt wird. Dies sind der Rechtspfleger, der zur Führung des Grundbuchs dieses Grundstücks zuständig ist, und der von der Leitung des Amtsgerichts bestellte Beamte oder Angestellte. Der Antrag muss in den Besitz einer dieser Personen kommen. Es genügt nicht, dass der Antrag an das Amtsgericht als solches gelangt.[33] So wahrt auch ein am letzten Tag der Frist nach Dienstschluss in den Nachtbriefkasten des Amtsgerichts eingeworfener Antrag die Frist nicht.[34] Die zur Entgegennahme zuständige Person hat den genauen Zeitpunkt des Eingangs auf dem Antrag zu vermerken, und zwar nach Tag, Stunde und Minute.

VII. Antragsrücknahme

22 Die Rücknahme des Eintragungsantrags ist bis zur **Vollendung** der Eintragung, also bis zur Unterzeichnung bzw. beim maschinell geführten Grundbuch nach § 129 Abs. 1 GBO bis zu dem Zeitpunkt, in dem sie in den für die Grundbucheintragungen bestimmten Datenspeicher aufgenommen ist und auf Dauer inhaltlich unverändert in lesbarer Form wiedergegeben werden kann, möglich.[35] Die Antragsrücknahme ist, ebenso wie die Antragstellung, Verfahrenshandlung. Ein **Verzicht** auf die Rücknahme des Antrags mit verfahrensrechtlichen Wirkungen ist nicht möglich.[36] Zur Rücknahme des Eintragungsantrags ist **Verfügungsbefugnis** erforderlich. Zur **Form** der Antragsrücknahme s. § 31.

23 Jeder Antragsteller kann nur die Anträge zurücknehmen, die er selbst oder sein Vertreter gestellt hat, nicht jedoch Anträge **anderer Beteiligter**.[37] Die Beteiligten eines Eintragungsverfahrens können sich also durch Stellung eines eigenen Antrags vor der Rücknahme des Antrags des Bewilligenden schützen.[38] Ein vom Erblasser gestellter Antrag kann von der Mehrheit der Erben zurückgenommen werden, da er nicht Verfügung über den Nachlass iSv § 2040 BGB, sondern Verwaltung des Nachlasses iSv §§ 2038, 745 BGB ist.[39]

C. Weitere praktische Hinweise

24 Antragstellung löst **Kostentragungspflicht** für die Eintragung aus, § 22 GNotKG. Die Stellung des Antrags an sich ist kostenfrei. Für die Zurücknahme des Antrags fallen 25 % der Kosten für die Eintragung, mindestens 15 EUR, höchstens 250 EUR an, Nr. 14401 KV GNotKG.

§ 14 GBO [Antragsrecht bei Berichtigung]

Die Berichtigung des Grundbuchs durch Eintragung eines Berechtigten darf auch von demjenigen beantragt werden, welcher auf Grund eines gegen den Berechtigten vollstreckbaren Titels eine Eintragung in das Grundbuch verlangen kann, sofern die Zulässigkeit dieser Eintragung von der vorgängigen Berichtigung des Grundbuchs abhängt.

A. Allgemeines 1	I. Voraussetzungen 2
B. Regelungsgehalt 2	1. Grundbuchunrichtigkeit 2
	2. Vollstreckbarer Titel 3

---

33 Demharter GBO § 13 Rn. 23; Meikel/Böttcher GBO § 13 Rn. 66.
34 OLG Düsseldorf Rpfleger 1993, 488.
35 OLG Celle Rpfleger 1989, 499; Demharter GBO § 13 Rn. 36; Meikel/Böttcher GBO § 13 Rn. 87.
36 BayObLG 1972, 204 (215); OLG Düsseldorf NJW 1956; 876, 877; Wörbelauer DNotZ 1965, 529; Bauer/v. Oefele/Wilke GBO § 13 Rn. 59; BeckOK GBO/Hügel/Reetz § 13 Rn. 135; Demharter GBO § 13 Rn. 39, 57; Schöner/Stöber GrunbuchR Rn. 93.
37 OLG Schleswig SchlHA 1959, 197.
38 Schöner/Stöber GrunbuchR Rn. 93.
39 OLG Düsseldorf NJW 1956, 877.

3. Grundbucheintragung, die aufgrund des Titels verlangt werden kann 5	II. Folge 10
4. Notwendigkeit der berichtigenden Eintragung 9	C. Weitere praktische Hinweise 11

A. Allgemeines

Die Vorschrift **erweitert** das in § 13 Abs. 1 S. 2 geregelte **Antragsrecht** dahin gehend, dass ein **nur mittelbar Beteiligter** unter bestimmten Voraussetzungen einen Antrag auf Grundbuchberichtigung stellen kann. Die Vorschrift will verhindern, dass ein nicht eingetragener Berechtigter aufgrund des Erfordernisses der Voreintragung nach § 39 den Zugriff von Gläubigern auf das ihm zustehende Recht verhindert, indem er keinen Antrag auf Grundbuchberichtigung stellt.[1] So könnte ohne diese Vorschrift zB ein Erbe den Zugriff seiner persönlichen Gläubiger auf ein Nachlassgrundstück verhindern, trotzdem aber die Früchte aus dem Grundstück ziehen.

B. Regelungsgehalt

I. Voraussetzungen

1. Grundbuchunrichtigkeit. Das Grundbuch muss unrichtig sein, dh formelle und materielle Rechtslage müssen auseinanderfallen. Diese Unrichtigkeit muss **infolge der Nichteintragung eines dinglich Berechtigten** bestehen. Es genügt nicht, dass der Berechtigte eines schuldrechtlichen Anspruchs bspw. auf Übereignung oder der Inhaber eines Anwartschaftsrechts noch nicht eingetragen ist.[2] Der Grund für die Nichteintragung des Berechtigten ist unbeachtlich.[3] Alle Voraussetzungen, aus denen sich die Grundbuchunrichtigkeit ergibt, müssen lückenlos nachgewiesen werden. Sollte dieser Nachweis unmöglich oder unzumutbar sein, ist der Antragsteller auf den Zivilrechtsweg verwiesen.[4]

2. Vollstreckbarer Titel. Ein vollstreckbarer Titel ist Voraussetzung für die Antragsberechtigung. Freiwillig abgegebene Erklärungen genügen nicht. Hat bspw. der Erbe eines noch eingetragenen Eigentümers die Eintragung eines dinglichen Rechts bewilligt, kann der Gläubiger keinen Antrag auf Eintragung der Erbfolge stellen, sondern muss auf Antragstellung klagen.[5] Unter vollstreckbare Titel fallen alle als Vollstreckungstitel anerkannten Dokumente einschließlich der Maßnahmen des einstweiligen Rechtsschutzes. Der titulierte Anspruch muss **dem Antragsteller zustehen** und sich **gegen den nicht eingetragenen materiell Berechtigten** richten. Nicht ausreichend ist es, wenn sich der Titel lediglich gegen einen von mehreren dinglich Berechtigten richtet, zB gegen ein Mitglied einer Erbengemeinschaft.[6] Deshalb kann auch ein Gläubiger, der den Miterbenanteil seines Schuldners gepfändet hat, die Eintragung der Erbfolge nicht nach dieser Vorschrift beantragen.[7] Zum Antragsrecht nach § 13 → § 13 Rn. 14.

Der Antrag auf Voreintragung des Schuldners ist **keine Vollstreckungsmaßnahme**, sondern bereitet lediglich die Zwangsvollstreckung vor. Deshalb muss der Titel nicht in vollstreckbarer Ausfertigung vorliegen.[8] Im Falle der Rechtsnachfolge auf Gläubiger- oder Schuldnerseite muss keine Rechtsnachfolgeklausel nach § 727 ZPO erteilt werden.[9] Allerdings muss aus dem Titel

---

1 Demharter GBO § 14 Rn. 1.
2 Demharter GBO § 14 Rn. 3; Meikel/Böttcher GBO § 14 Rn. 20; BeckOK GBO/Hügel/Reetz GBO § 14 Rn. 7.
3 Demharter GBO § 14 Rn. 4.
4 OLG Rostock FGPrax 2014, 248.
5 Meikel/Böttcher GBO § 14 Rn. 6; Demharter GBO § 14 Rn. 7.
6 OLG München FGPrax 2015, 257; OLG Zweibrücken 1976, 214; Meikel/Böttcher GBO § 14 Rn. 9; Demharter GBO § 14 Rn. 8; Kuntze/Ertl/Herrmann/Eickmann/Herrmann GBO § 14 Rn. 6; BeckOK GBO/Hügel/Reetz GBO § 14 Rn. 13.
7 Stöber Rpfleger 1976, 197 (199); OLG Zweibrücken Rpfleger 1976, 214; Meikel/Böttcher GBO § 14 Rn. 9; Demharter GBO § 14 Rn. 8; BeckOK GBO/Hügel/Reetz GBO § 14 Rn. 14.
8 Meikel/Böttcher GBO § 14 Rn. 10; Demharter GBO § 14 Rn. 9.
9 KG Rpfleger 1975, 133; Meikel/Böttcher GBO § 14 Rn. 10; Demharter GBO § 14 Rn. 8; Kuntze/Ertl/Herrmann/Eickmann/Herrmann GBO § 14 Rn. 7; Bauer/v. Oefele/Wilke GBO § 14 Rn. 8; BeckOK GBO/Hügel/Reetz GBO § 14 Rn. 27.

Imre

eine **Vollstreckungsmöglichkeit** bestehen.[10] Die Voraussetzungen zur Erteilung von Klauseln nach §§ 726, 727 ZPO müssen dem Grundbuchamt ggf. ebenso nachgewiesen werden wie der Eintritt der Fälligkeit nach § 751 Abs. 1 ZPO, die Sicherheitsleistung nach § 751 Abs. 2 ZPO und das Angebot einer Zug um Zug zu bewirkenden Gegenleistung nach §§ 756, 765 ZPO.[11] Da diese Nachweise nicht eine Eintragung, sondern lediglich ein Antragsrecht begründen sollen, müssen sie nicht in Form des § 29 vorgelegt werden.[12]

5 **3. Grundbucheintragung, die aufgrund des Titels verlangt werden kann.** Aufgrund des vollstreckbaren Titels muss eine Eintragung in das Grundbuch verlangt werden können. Der Titel kann also **auf Eintragung oder auf Zahlung lauten**.[13] Der titulierte Anspruch kann sich sowohl auf eine **konstitutive** als auch auf eine **deklaratorische** Eintragung richten, so bspw. auch auf die Eintragung oder Berichtigung eines Nacherben- oder Testamentsvollstreckervermerks.

6 Ein Titel, der auf **Zahlung einer Geldforderung** gerichtet ist, genügt für ein Antragsrecht nach § 14, weil der Gläubiger daraus die Eintragung einer Zwangshypothek nach § 866 ZPO oder einer Arresthypothek nach § 932 ZPO verlangen kann. Soweit die titulierte Forderung den Mindestbetrag von 750,01 EUR (§ 866 Abs. 3 ZPO) nicht erreicht oder die Forderung bereits durch Hypothek gesichert ist,[14] kann ein Zwangsversteigerungs- oder Zwangsverwaltungsvermerk eingetragen werden. Dabei ist es unerheblich, dass zu dieser Eintragung noch das Ersuchen des Vollstreckungsgerichts notwendig ist.[15]

7 Wenn die Eintragung, die aufgrund des Titels verlangt werden kann, aus Rechtsgründen **nicht zulässig** ist, besteht kein Antragsrecht. Dies ist bspw. der Fall, wenn das Insolvenzverfahren über das Vermögen des einzutragenden Berechtigten eröffnet wurde (§§ 80, 89, 90 InsO) oder die Zwangsvollstreckung nach § 775 Nr. 2 ZPO einstweilen eingestellt wurde.[16]

8 Es ist für das Antragsrecht nicht erforderlich, dass die Eintragung, die aufgrund des Titels verlangt werden kann, gleichzeitig mit der berichtigenden Eintragung beantragt wird.[17]

9 **4. Notwendigkeit der berichtigenden Eintragung.** Die Eintragung, die aufgrund des vollstreckbaren Titels verlangt werden kann, muss von der berichtigenden Eintragung abhängen.[18] Wegen des Grundsatzes der Voreintragung nach § 39 Abs. 1 ist das die Regel. Im Falle der Eigentümergrundschuld genügt es für § 39 Abs. 1, dass der Eigentümer in Abt. I des Grundbuchs eingetragen ist, eine Eintragung als Gläubiger ist nicht erforderlich (→ § 39 Rn. 15). Das Antragsrecht nach § 14 besteht also nur dann nicht, wenn sich aus § 39 Abs. 2 oder aus § 40 eine Ausnahme vom Grundsatz der Voreintragung ergibt, sowie in den Fällen der §§ 17, 146 ZVG, wonach ein Zwangsversteigerungs- oder Zwangsverwaltungsvermerk ohne Voreintragung des Eigentümers eingetragen werden kann, wenn der Eigentümer Erbe des eingetragenen Buchberechtigten ist.[19]

---

10 Bauer/v. Oefele/Wilke GBO § 14 Rn. 4; BeckOK GBO/Hügel/Reetz GBO § 14 Rn. 28.
11 Meikel/Böttcher GBO § 14 Rn. 10; Demharter GBO § 14 Rn. 9; BeckOK GBO/Hügel/Reetz GBO § 14 Rn. 29.
12 Demharter GBO § 14 Rn. 9; Meikel/Böttcher GBO § 14 Rn. 10; Bauer/v. Oefele/Wilke GBO § 14 Rn. 19; BeckOK GBO/Hügel/Reetz GBO § 14 Rn. 30.
13 Meikel/Böttcher GBO § 14 Rn. 13; Bauer/v. Oefele/Wilke GBO § 14 Rn. 10; BeckOK GBO/Hügel/Reetz GBO § 14 Rn. 20.
14 KG KGJ 44, 285; OLGE 26, 409; 29, 247; RGZ 70, 131, 17; Meikel/Böttcher GBO § 14 Rn. 17; Demharter GBO § 14 Rn. 12.
15 KG KGJ 27; 101; Demharter GBO § 14 Rn. 12; Meikel/Böttcher GBO § 14 Rn. 17.
16 Meikel/Böttcher GBO § 14 Rn. 18; Kuntze/Ertl/Herrmann/Eickmann/Herrmann GBO § 14 Rn. 10; BeckOK GBO/Hügel/Reetz GBO § 14 Rn. 24.
17 Meikel/Böttcher GBO § 14 Rn. 30; BeckOK GBO/Hügel/Reetz GBO § 14 Rn. 1, 11; Bauer/v. Oefele/Wilke GBO § 14 Rn. 10.
18 Bauer/v. Oefele/Wilke GBO § 14 Rn. 16; Meikel/Böttcher GBO § 14 Rn. 26; BeckOK GBO/Hügel/Reetz GBO § 14 Rn. 32.
19 OLG Naumburg FGPray 2018, 203; Meikel/Böttcher GBO § 14 Rn. 26; Demharter GBO § 14 Rn. 13.

II. Folge

§ 14 gibt dem Gläubiger lediglich ein Antragsrecht, wobei nur Grundbuchberichtigung verlangt werden kann, nicht die Eintragung eines Widerspruchs.[20] Die Vorschrift befreit den Gläubiger nicht von der Vorlage der zur Grundbuchberichtigung erforderlichen Unterlagen (zB Nachweis der Erbfolge nach § 35 oder Hypothekenbrief nach § 41).[21]

C. Weitere praktische Hinweise

Es gibt verschiedene Möglichkeiten, die zur berichtigenden Eintragung erforderlichen **Urkunden zu beschaffen**.

Sind **behördliche Urkunden** zur Grundbuchberichtigung erforderlich, kann dem Gläubiger ein Erteilungsanspruch, bspw. aus §§ 792, 896 ZPO oder aus anderen Vorschriften, insbesondere § 357 Abs. 2 FamFG (Ausfertigung eines erteilten Erbscheins), § 2264 BGB (beglaubigte Abschrift eines Testaments), § 13 Abs. 3 FamFG (beglaubigte Abschrift eines Erbvertrags oder einer Eröffnungsniederschrift) oder § 1563 BGB und § 9 HGB (beglaubigte Abschriften von Eintragungen im Güterrechts-, Partnerschafts- und Handelsregister) zustehen.[22]

Sind Privatpersonen im Besitz von zur Eintragung erforderlichen Erklärungen, kann der Gläubiger seinen **Herausgabeanspruch** geltend machen, oder, soweit ihm kein eigener Anspruch zusteht, den Herausgabeanspruch des Schuldners pfänden und sich zur Einziehung überweisen lassen.[23]

Gegen einen eingetragenen Nichtberechtigten kann der Gläubiger **Klage auf Feststellung der Grundbuchunrichtigkeit** erheben. Außerdem kann der Gläubiger gem. § 857 ZPO den dem Schuldner zustehenden Grundbuchberichtigungsanspruch **pfänden** und sich zur Einziehung überweisen lassen und sodann gegen den Nichtberechtigten Klage auf Bewilligung der Eintragung des Schuldners erheben.[24]

Ein **Grundpfandrechtsbrief** kann, soweit er sich im Besitz des Schuldners befindet, diesem nach § 830 Abs. 1, § 857 Abs. 6 ZPO oder nach § 897 Abs. 2 ZPO **weggenommen** werden. Befindet sich der Brief in Besitz eines Dritten, so muss der Gläubiger den Anspruch des Schuldners aus § 896 BGB oder gemäß § 897 Abs. 2 ZPO verfolgen. Ist der Brief **abhandengekommen**, so kann der Gläubiger gemäß §§ 792, 896 ZPO, § 467 FamFG einen **Ausschließungsbeschluss** erwirken bzw. die Ausfertigung eines bereits ergangenen Beschlusses verlangen und gemäß § 41 Abs. 2 die Erteilung eines neuen Briefes beantragen.[25]

Steht dem Gläubiger ein **Anspruch aus § 895 BGB** auf Voreintragung des Schuldners zu, kann er statt der Antragstellung nach § 14 Klage gegen den Schuldner auf Grundbuchberichtigung aus § 895 BGB erheben. Dieser Weg kann uU einfacher sein, da in diesem Fall keine Eintragungsunterlagen beschafft werden müssen.[26]

Auch wenn dem Gläubiger gegen den Schuldner kein Grundbuchberichtigungsanspruch, sondern ein Zahlungsanspruch zusteht, kann er Klage erheben, die auf Antragstellung durch den Schuldner gerichtet ist.[27]

---

20 Meikel/Böttcher GBO § 14 Rn. 31; BeckOK GBO/Hügel/Reetz GBO § 14 Rn. 11.
21 BGH Rpfleger 2006, 316; JFG 18, 54.
22 BeckOK GBO/Hügel/Reetz GBO § 14 Rn. 36; Demharter GBO § 14 Rn. 15.
23 Demharter GBO § 14 Rn. 16; Meikel/Böttcher GBO § 14 Rn. 35; BeckOK GBO/Hügel/Reetz GBO § 14 Rn. 38.
24 KGJ 47, 169; RG 94, 10; BeckOK GBO/Hügel/Reetz GBO § 14 Rn. 39 mwN.
25 BeckOK GBO/Hügel/Reetz GBO § 14 Rn. 40; Demharter § 14 Rn. 18; Meikel/Böttcher GBO § 14 Rn. 37.
26 Meikel/Böttcher GBO § 14 Rn. 42, 43; aA BeckOK GBO/Hügel/Reetz GBO § 14 Rn. 45.
27 OLG Düsseldorf JW 1933, 2779.

§ 15 GBO [Vollmachtsvermutung des Notars]

(1) ¹Für die Eintragungsbewilligung und die sonstigen Erklärungen, die zu der Eintragung erforderlich sind und in öffentlicher oder öffentlich beglaubigter Form abgegeben werden, können sich die Beteiligten auch durch Personen vertreten lassen, die nicht nach § 10 Abs. 2 des Gesetzes über das Verfahren in Familiensachen und in den Angelegenheiten der freiwilligen Gerichtsbarkeit vertretungsbefugt sind. ²Dies gilt auch für die Entgegennahme von Eintragungsmitteilungen und Verfügungen des Grundbuchamtes nach § 18.

(2) Ist die zu einer Eintragung erforderliche Erklärung von einem Notar beurkundet oder beglaubigt, so gilt dieser als ermächtigt, im Namen eines Antragsberechtigten die Eintragung zu beantragen.

(3) ¹Die zu einer Eintragung erforderlichen Erklärungen sind vor ihrer Einreichung für das Grundbuchamt von einem Notar auf Eintragungsfähigkeit zu prüfen. ²Dies gilt nicht, wenn die Erklärung von einer öffentlichen Behörde abgegeben wird.

A. Allgemeines

1 Die Vorschrift enthält in Abs. 1 eine klarstellende Änderung zum FamFG. Sie bestimmt, dass im Grundbuchverfahren für bestimmte Rechtshandlungen auch andere als die in § 10 Abs. 2 FamFG genannten Personen Vertreter sein können. § 10 Abs. 2 FamFG beschränkt den Personenkreis, der in Verfahren der freiwilligen Gerichtsbarkeit als Vertreter auftreten kann, auf Beschäftigte und Familienangehörige des Vertretenen, Bedienstete von Behörden uä sowie Rechtsanwälte, Notare und Personen mit Befähigung zum Richteramt. § 15 Abs. 1 schafft für das Grundbuchverfahren in bestimmten Fällen eine Ausnahme, die dadurch begründet ist, dass die durch § 10 Abs. 2 FamFG gewollte „Qualitätssicherung" der Vertretererklärungen durch das vorgeschaltete Beurkundungs- oder Beglaubigungsverfahren erreicht wird.

2 Nach Abs. 2 wird unter bestimmten Voraussetzungen vermutet, dass der Urkundsnotar zur Antragstellung im Grundbuchverfahren bevollmächtigt ist. Der sonst erforderliche Nachweis der Bevollmächtigung entfällt damit. Der Regelung liegt der Gedanke zugrunde, dass der Notar nicht ohne Auftrag tätig wird und dass die Beteiligten regelmäßig die Besorgung der gesamten Grundbuchangelegenheit durch den Notar wünschen.[1] Der mit Wirkung zum 9.6.2017 neu eingefügte § 15 Abs. 3 verpflichtet Notare, Erklärungen der Beteiligten auch dann auf Eintragungsfähigkeit zu prüfen, wenn die Erklärungen nur beglaubigt werden.

B. Regelungsgehalt
I. Vertretung im Grundbuchverfahren

3 Die Regelung des § 15 Abs. 1 gilt nur für Vertretung bei Erklärungen, die in öffentlicher oder öffentlich beglaubigter Form abgegeben werden und unmittelbar zur Eintragung erforderlich sind, damit also insbesondere für die Eintragungsbewilligung. Außerdem können Entscheidungen des Grundbuchamts (Zwischenverfügung, Zurückweisung) und Eintragungsmitteilungen von nicht in § 10 Abs. 2 FamFG genannten Vertreter entgegengenommen werden. Rechtsmittelerklärungen gegen Entscheidungen können aber nur von den Beteiligten selbst und von in § 10 Abs. 2 FamFG genannten Vertretern abgegeben werden.[2]

---

[1] KGJ 44, 172; BayObLG Rpfleger 1985, 356; Demharter GBO § 15 Rn. 1.

[2] Meyer/Bormann RNotZ 2009, 470; Demharter GBO § 15 Rn. 2.3.

II. Vollmachtsvermutung

§ 15 Abs. 2 begründet eine Vollmachtsvermutung für den Notar, die grundsätzlich unabhängig vom Auftrag der Antragsberechtigten besteht,[3] durch deren entgegenstehende Willensäußerung aber widerlegt werden kann.[4] Die Vermutung gilt nur für **deutsche Notare** im Rahmen ihrer Amtsbefugnis, die eine **zur Eintragung erforderliche Erklärung beurkundet oder beglaubigt** haben.

Der Notar kann aufgrund der Vorschrift keinen eigenen Eintragungsantrag stellen, sondern lediglich die Antragsberechtigten vertreten. Er hat bei Antragstellung anzugeben, für **welche Antragsberechtigten** der Antrag gestellt wird.[5] Tut er das nicht, so gilt der Antrag mangels entgegenstehender Hinweise als für alle Antragsberechtigten gestellt.[6]

C. Weitere praktische Hinweise

Stellt ein Notar in Ausübung der vermuteten Vollmacht einen Eintragungsantrag für alle Antragsberechtigten, so haften nach § 22 Abs. 1 GNotKG auch alle Antragsberechtigten für die **Kosten** der Eintragung.[7] Dies gilt nur dann nicht, wenn die Vollmachtsvermutung widerlegt ist.[8]

§ 16 GBO [Antrag unter Vorbehalt]

(1) Einem Eintragungsantrag, dessen Erledigung an einen Vorbehalt geknüpft wird, soll nicht stattgegeben werden.

(2) Werden mehrere Eintragungen beantragt, so kann von dem Antragsteller bestimmt werden, daß die eine Eintragung nicht ohne die andere erfolgen soll.

A. Allgemeines 1	2. Bestimmung 11
B. Regelungsgehalt 3	a) Ausdrückliche Bestimmung 11
I. Anwendungsbereich 3	b) Stillschweigende Bestimmung 13
II. Vorbehalt 7	3. Behandlung durch das Grundbuchamt 14
III. Ausnahme 10	
1. Mehrere Eintragungen 10	

A. Allgemeines

Die Vorschrift erklärt Eintragungsanträge unter Vorbehalt grundsätzlich für unzulässig. Die Vorschrift bezweckt, dass das Grundbuchamt keine eigenen Prüfungen oder Beweiserhebungen durchführen muss, die über die Frage, ob die beantragte Eintragung aufgrund der vorgelegten Eintragungsunterlagen vorgenommen werden kann, hinausgehen.[1]

---

3 Demharter GBO § 15 Rn. 3; BeckOK GBO/Hügel/Reetz GBO § 15 Rn. 12.
4 BayObLG Rpfleger 1985, 356; KGJ 44, 172; OLG Köln Rpfleger 1982, 98; BayObLG Rpfleger 1984, 96.
5 BayObLG 1952, 272; Demharter GBO § 15 Rn. 11.
6 BGH NJW 1958, 3070; BayObLG NJW-RR 1993, 530; OLG Köln Rpfleger 1986, 411; OLG Bremen Rpfleger 1987, 494; Demharter GBO § 15 Rn. 11; aA Lappe Rpfleger 1984, 386.
7 BayObLG Rpfleger 1985, 356; OLG Düsseldorf Rpfleger 1986, 368; OLG Köln Rpfleger 1986, 411; OLG Schleswig DNotZ 1988, 787; OLG Zweibrücken Rpfleger 1989, 17; Demharter GBO § 15 Rn. 26.
8 OLG Köln Rpfleger 1982, 98.
1 OLG Hamm Rpfleger 1992, 474; Demharter GBO § 16 Rn. 1; BeckOK GBO/Hügel/Reetz GBO § 16 Rn. 1.

2 Nach Abs. 2 kann aber der Antragsteller zwei oder mehrere Eintragungen in der Weise beantragen, dass die eine Eintragung nicht ohne die andere erfolgen soll. Dies erleichtert die Abwicklung von Rechtsgeschäften, die **Zug um Zug** zu erfüllen sind.[2]

B. Regelungsgehalt

I. Anwendungsbereich

3 Grundsätzlich gilt § 16 nur für den **Eintragungsantrag** nach § 13.[3] Zum Antrag gehören hier auch solche Tätigkeiten des Grundbuchamts, die zwingend der Eintragung nachfolgen, wie bspw. Eintragungsbekanntmachungen oder die Aushändigung von Grundschuldbriefen.[4]

4 Entsprechend angewandt wird § 16 für Anträge zu **sonstigen Grundbuchtätigkeiten** wie bspw. dem eigenständigen Brieferteilungsverfahren nach §§ 66, 67, nicht aber für Amtseintragungen.[5]

5 Die Vorschrift ist auch auf die **Eintragungsbewilligung** anwendbar.[6] Diese darf grundsätzlich auch keinen Vorbehalt enthalten.[7] Zulässig ist allerdings nach § 16 Abs. 2 die Bestimmung, dass eine Eintragung nur bewilligt sein soll, wenn eine andere Eintragung auch erfolgen kann.[8]

6 § 16 GBO behandelt nicht die Frage, ob ein **einzutragendes Recht selbst bedingt oder befristet** sein kann. Dies ist nach materiellem Recht zu beurteilen.[9] Bedingungs- und befristungsfeindlich sind hier die Auflassung, § 925 Abs. 2 BGB, die Bestellung und Übertragung von Erbbaurechten, § 1 Abs. 4, § 11 Abs. 1 S. 2 ErbbauRG und die Einräumung und Aufhebung von Sondereigentum, § 4 Abs. 2 S. 2 WEG. Die Bestellung eines Dauerwohnrechts ist jedenfalls bedingungsfeindlich, § 33 Abs. 1 WEG.

II. Vorbehalt

7 Ein Vorbehalt im Sinne der Vorschrift liegt vor, wenn der Antragsteller die Erledigung es Eintragungsantrages durch das Grundbuchamt von Umständen, die nicht zu den gesetzlichen Voraussetzungen der Eintragung gehören, abhängig machen will oder wenn unklar ist, ob eine Eintragung überhaupt gewollt ist.[10] Dazu gehören insbesondere **Bedingungen und Befristungen**. Ein Vorbehalt liegt auch vor, wenn die Erledigung des Antrags von einem bestimmten gegenwärtigen Tatbestand abhängig sein soll, nicht jedoch dann, wenn das Grundbuchamt das Vorliegen dieses Tatbestands ohne weitere Mühe und mit Sicherheit, bspw. anhand des Grundbuchs oder der Grundakten, feststellen kann.[11]

8 Zulässig ist es, einen Antrag **hilfsweise** für den Fall zu stellen, dass dem Hauptantrag nicht entsprochen wird.[12] Auch **Rechtsbedingungen** verstoßen nicht gegen § 16 Abs. 1.[13] So ist es bspw. unschädlich, wenn ein Antrag auf Eintragung einer Erbfolge unter die Bedingung gestellt wird, dass der Antragsteller tatsächlich Erbe geworden ist, da dies von Grundbuchamt ohnehin ge-

prüft werden muss. Von Formulierungen wie „soweit eintragungsfähig" ist aber abzuraten, da dies bedeuten könnte, dass das Grundbuchamt nur die aus seiner Sicht eintragungsfähigen Bestimmungen eintragen soll, was dem Bestimmtheitsgrundsatz nicht entspricht.[14]

Folge eines unzulässigen Vorbehalts ist, dass das Grundbuchamt dem Antrag nicht stattgeben soll. Es kann je nach Lage des Einzelfalls eine Zwischenverfügung erlassen, um auf die Beseitigung des Vorbehalts hinzuwirken, oder den Antrag zurückweisen.[15] Da § 16 reine Ordnungsvorschrift ist, hat aber die Nichtbeachtung durch das Grundbuchamt keine materiellrechtlichen Auswirkungen. Eintragungen, die trotz eines unzulässigen Vorbehalts im Antrag vorgenommen wurden, sind also trotzdem wirksam.[16]

III. Ausnahme

1. Mehrere Eintragungen. Voraussetzung für die Ausnahmeregelung des Abs. 2 ist zunächst, dass mehrere Eintragungsanträge bei demselben Grundbuchamt gestellt worden sind.[17] Dabei kommt es nicht darauf an, ob rechtsändernde Eintragungen oder Grundbuchberichtigungen beantragt werden. Ebenso ist unerheblich, ob die Anträge von derselben oder von verschiedenen Personen gestellt werden.[18] Es muss sich um verschiedene Eintragungsanträge handeln. Dies ist bspw. nicht der Fall, wenn ein Gesamtgrundpfandrecht eingetragen werden soll oder wenn ein dingliches Recht mit mehreren Einzelbestimmungen beantragt wird. Wenn einem solchen Antrag ein Hindernis entgegensteht, muss das Grundbuchamt den Antrag einheitlich zurückweisen oder eine Zwischenverfügung erlassen.[19] Mehrere Anträge liegen aber bspw. dann vor, wenn sie auf Eintragung eines Grundpfandrechts und auf Eintragung der Unterwerfung unter die sofortige Zwangsvollstreckung nach § 800 ZPO bei diesem Recht gerichtet sind.[20]

2. Bestimmung. a) Ausdrückliche Bestimmung. Nur der Antragsteller kann bestimmen, dass eine Eintragung nicht ohne eine andere erfolgen soll. Ist ein Antrag von mehreren Personen gestellt worden, so kann jeder von ihnen unabhängig von den anderen eine Bestimmung treffen.[21] Antragsberechtigung genügt nicht, wenn das Antragsrecht nicht ausgeübt wird.[22] Ist ein Vorbehalt in der Bewilligung enthalten (→ Rn. 5), so muss dieser im Eintragungsantrag ebenfalls enthalten sein.[23] Die Bestimmung kann auch nachträglich getroffen werden und bedarf keiner Form.[24] Auch der Notar kann im Rahmen der nach § 15 Abs. 2 vermuteten Vollmacht die Bestimmung treffen, soweit sich dadurch kein Widerspruch zu den Erklärungen der Beteiligten in der Eintragungsbewilligung ergibt.[25]

---

14 BayObLG DNotZ 1969, 492; OLG Frankfurt Rpfleger 1977; 101; Bauer/v. Oefele/Wilke GBO § 16 Rn. 7; Meikel/Böttcher GBO § 16 Rn. 6; BeckOK GBO/Hügel/Reetz GBO § 16 Rn. 10.
15 JFG 19, 137; OLG Hamm MittRhNotK 1992, 149; Demharter GBO § 16 Rn. 5; BeckOK GBO/Hügel/Reetz GBO § 16 Rn. 48 ff.
16 Demharter GBO § 16 Rn. 6; Meikel/Böttcher GBO § 16 Rn. 10; BeckOK GBO/Hügel/Reetz GBO § 16 Rn. 51.
17 BayObLGE 10, 329; KG KGJ 44, 201; Demharter GBO § 16 Rn. 8; Meikel/Böttcher GBO § 16 Rn. 11; BeckOK GBO/Hügel/Reetz GBO § 16 Rn. 19.
18 Demharter GBO § 16 Rn. 8; Bauer/v. Oefele/Wilke GBO § 16 Rn. 12; Meikel/Böttcher GBO § 16 Rn. 11; BeckOK GBO/Hügel/Reetz GBO § 16 Rn. 18.
19 KGJ 39, 257; BayObLG Rpfleger 1986, 220; Demharter GBO § 16 Rn. 9; BeckOK GBO/Hügel/Reetz GBO § 16 Rn. 21.
20 BayObLG 2, 576; Demharter GBO § 19 Rn. 9; Meikel/Böttcher GBO § 16 Rn. 11; BeckOK GBO/Hügel/Reetz GBO § 16 Rn. 21.
21 OLG Frankfurt Rpfleger 1976, 401; Demharter GBO § 16 Rn. 10; Meikel/Böttcher GBO § 16 Rn. 12; Bauer/v. Oefele/Wilke GBO § 16 Rn. 19; BeckOK GBO/Hügel/Reetz GBO § 16 Rn. 36.
22 Meikel/Böttcher GBO § 16 Rn. 12; Demharter GBO § 16 Rn. 10; BeckOK GBO/Hügel/Reetz GBO § 16 Rn. 36.
23 Meikel/Böttcher GBO § 16 Rn. 12; Demharter GBO § 16 Rn. 15.
24 OLG Hamm Rpfleger 1973, 305; BayObLG Rpfleger 1975, 94; OLG Frankfurt Rpfleger 1980, 107; Demharter GBO § 16 Rn. 14; Meikel/Böttcher GBO § 16 Rn. 14; BeckOK GBO/Hügel/Reetz GBO § 16 Rn. 37.
25 Demharter GBO § 16 Rn. 10; Meikel/Böttcher GBO § 16 Rn. 12; Bauer/v. Oefele/Wilke GBO § 16 Rn. 19; BeckOK GBO/Hügel/Reetz GBO § 16 Rn. 36.

12 Solange die verbundenen Anträge noch nicht vollzogen sind, kann der Vorbehalt jederzeit formlos **widerrufen** werden.[26] Ist der Vorbehalt aber von mehreren Antragstellern erklärt worden, kann er auch nur von allen wirksam widerrufen werden.[27]

13 **b) Stillschweigende Bestimmung.** Das Grundbuchamt nimmt eine stillschweigende Bestimmung nach § 16 Abs. 2 an, wenn die Anträge in einem solchen **rechtlichen oder wirtschaftlichen Zusammenhang** stehen, dass anzunehmen ist, dass die Parteien nur eine einheitliche Erledigung wollen.[28] Dies kann bspw. bei Auflassung und Löschung eines Nacherbenvermerks der Fall sein.[29] Die Verknüpfung ist auch anzunehmen, wenn bei einer Auflassung Sicherungsrechte für den Veräußerer bestellt werden oder wenn mehrere Auflassungen aufgrund eines einheitlichen Vertrages eingetragen werden sollen.[30]

14 **3. Behandlung durch das Grundbuchamt.** Das Grundbuchamt hat, soweit Anträge nach § 16 Abs. 2 verknüpft sind, diese bei Vorliegen der Eintragungsvoraussetzungen nur gemeinsam zu vollziehen.[31] Liegen Vollzugshindernisse vor, müssen alle Anträge zurückgewiesen oder eine Zwischenverfügung erlassen werden. Verletzt das Grundbuchamt § 16 Abs. 2, indem es einen von mehreren verbundenen Anträgen vollzieht, ist eine Beschwerde dagegen nicht gegeben.[32] Die Verletzung der Vorschrift berührt außerdem nicht die materiellrechtliche Wirksamkeit der Eintragungen, das Grundbuch wird nicht unrichtig.[33] Allerdings kommt ein Schadenersatzanspruch wegen Amtspflichtverletzung in Betracht.[34]

§ 17 GBO [Behandlung mehrerer Anträge]

Werden mehrere Eintragungen beantragt, durch die dasselbe Recht betroffen wird, so darf die später beantragte Eintragung nicht vor der Erledigung des früher gestellten Antrags erfolgen.

A. Allgemeines

1 Die Vorschrift regelt die Reihenfolge der Erledigung mehrerer Eintragungsanträge durch das Grundbuchamt, wenn von den beantragten Eintragungen dasselbe Recht betroffen wird. Sie ist Bestandteil des Rangsystems dinglicher Rechte.[1] Der Antragsteller erhält dadurch einen **verfahrensrechtlichen Anspruch**, dass sein zuerst gestellter Antrag vor später gestellten Anträgen vollzogen wird.

---

[26] OLG Frankfurt FGPrax 2019, 57; KG FGPrax 2015, 103; Meikel/Böttcher GBO § 16 Rn. 12; Bauer/v. Oefele/Wilke GBO § 16 Rn. 22; BeckOK GBO/Hügel/Reetz GBO § 16 Rn. 40.
[27] OLG Hamm Rpfleger 1973, 305; Meikel/Böttcher GBO § 16 Rn. 12; BeckOK GBO/Hügel/Reetz GBO § 16 Rn. 40.
[28] OLG München FGPrax 2021, 249 Rn. 21 f.; OLG München RNotZ 2016, 393; KG FGPrax 2016, 249 = NJW-RR 2016, 989 = RNotZ 2016, 457; OLG Schleswig FGPrax 2009, 290; OLG Hamm Rpfleger 1988, 404; BayObLG Rpfleger 1988, 244; OLG Zweibrücken NJW-RR 1999, 1174 (1175); Demharter GBO § 16 Rn. 11; Meikel/Böttcher GBO § 16 Rn. 15, 16; BeckOK GBO/Hügel/Reetz GBO § 16 Rn. 24.
[29] BayObLG MittBayNot 1991, 122; BeckOK GBO/Hügel/Reetz GBO § 16 Rn. 24.
[30] Meikel/Böttcher GBO § 16 Rn. 15; Demharter GBO § 16 Rn. 11; BeckOK GBO/Hügel/Reetz GBO § 16 Rn. 24 ff.; Bauer/v. Oefele/Wilke GBO § 16 Rn. 15 jeweils mit weiteren Beispielen.
[31] Meikel/Böttcher GBO § 16 Rn. 18; Bauer/v. Oefele/Wilke GBO § 16 Rn. 25; BeckOK GBO/Hügel/Reetz GBO § 16 Rn. 43.
[32] Meikel/Böttcher GBO § 16 Rn. 17.
[33] Meikel/Böttcher GBO § 16 Rn. 20; Demharter GBO § 16 Rn. 14; Bauer/v. Oefele/Wilke GBO § 16 Rn. 30.
[34] Meikel/Böttcher GBO § 16 Rn. 20; BeckOK GBO/Hügel/Reetz GBO § 16 Rn. 52.
[1] Bauer/v. Oefele/Wilke GBO § 17 Rn. 1.

B. Regelungsgehalt

I. Mehrere Anträge

Damit die Vorschrift Anwendung findet, müssen **mehrere Anträge verschiedenen Inhalts zu verschiedenen Zeiten gestellt** worden sind. Maßgeblicher Zeitpunkt ist dabei der Eingang der Anträge beim Grundbuchamt. Ob die Anträge von einer oder von mehreren Personen gestellt wurden, ist unerheblich.[2] Eintragungsersuchen von Behörden stehen einem Antrag gleich.

II. Betroffenheit desselben Rechts

§ 17 legt eine Erledigungsreihenfolge nur für die Fälle fest, in denen von den verschiedenen Anträgen dasselbe Recht betroffen ist. Dies ist der Fall, wenn zwischen den Eintragungen ein Rangverhältnis besteht, bspw. wenn mehrere Grundpfandrechte am selben Grundstück zur Eintragung beantragt werden, wenn Eintragungen beantragt sind, von denen die eine die Zulässigkeit der anderen ausschließt oder an weitere Voraussetzungen knüpft, bspw. bei Anträgen auf Eigentumsübertragung an verschiedene Erwerber oder wenn die früher beantragte Eintragung die später beantragte Eintragung erst zulässig macht, bspw. bei Antrag auf Eintragung der Erbfolge und Antrag auf Eintragung eines durch die Erben bestellten Grundpfandrechts.[3]

III. Erledigung der Anträge

Das Grundbuchamt hat früher gestellte Anträge vor später gestellten Anträgen zu erledigen, sofern dasselbe Recht betroffen ist. Erledigung kann in diesem Sinne nicht nur Eintragung, sondern auch Zwischenverfügung, ggf. unter Eintragung einer Vormerkung oder eines Widerspruchs nach § 18 Abs. 2, oder Zurückweisung bedeuten.

Missachtet das Grundbuchamt die nach dieser Vorschrift vorgegebene Erledigungsreihenfolge, so hat das keinen Einfluss auf die materiellrechtliche Wirksamkeit der Eintragungen, da § 17 eine reine **Ordnungsvorschrift** darstellt. Das Grundbuch wird nicht unrichtig.[4]

C. Weitere praktische Hinweise

I. Zeitpunkt der Antragstellung

Eintragungsanträge sollten, um den verfahrensrechtlichen Anspruch auf Erledigung nach § 17 zu sichern, sofort gestellt werden, wenn alle dafür nötigen Unterlagen vorliegen. Von Antragstellung ohne Beifügung der erforderlichen Unterlagen rein zur Rangsicherung ist abzuraten, da bei einer Zurückweisung des Antrags durch das Grundbuchamt Gebühren von bis zu 400 EUR anfallen, Nr. 14400KV GNotKG.

II. Schadenersatz

Ist durch die Verletzung der Vorschrift durch das Grundbuchamt ein Schaden entstanden, kommt ein Schadenersatzanspruch gegen den Staat nach § 839 BGB iVm Art. 34 GG in Betracht.[5] Ein bereicherungsrechtlicher Anspruch steht dem durch das regelungswidrige Verhalten

---

2 Demharter GBO § 17 Rn. 2.
3 S. insgesamt: Meikel/Bestelmeyer GBO § 17 Rn. 14 ff.; Bauer/v. Oefele/Wilke GBO § 17 Rn. 11 ff.; Demharter GBO § 17 Rn. 4 ff.; BeckOK GBO/Hügel/Zeiser GBO § 17 Rn. 8 ff.
4 OLG München NJOZ 2015, 1599; OLG Frankfurt FGPrax 2009, 255 = JurBüro 2009, 660; Bauer/v. Oefele/Wilke GBO § 17 Rn. 27; Demharter GBO § 17 Rn. 17; Meikel/Bestelmeyer GBO § 17 Rn. 44.
5 OLG München NJOZ 2015, 1599; RG HRR 1936 Nr. 257; OLG Köln Rpfleger 1980, 222; BayObLG Rpfleger 1995, 16; BayObLG Rpfleger 1998, 34; OLG Frankfurt FGPrax 2009, 255 = JurBüro 2009, 660; Meikel/Bestelmeyer GBO § 17 Rn. 44; Demharter GBO § 17 Rn. 17; Bauer/v. Oefele/Wilke GBO § 17 Rn. 27; BeckOK GBO/Hügel/Zeiser GBO § 17 Rn. 35.

des Grundbuchamts rangmäßig Benachteiligten gegen den Begünstigten nicht zu, da § 879 BGB den Rechtsgrund für den erlangten Rang darstellt.[6]

§ 18 GBO [Eintragungshindernis; Zurückweisung oder Zwischenverfügung]

(1) [1]Steht einer beantragten Eintragung ein Hindernis entgegen, so hat das Grundbuchamt entweder den Antrag unter Angabe der Gründe zurückzuweisen oder dem Antragsteller eine angemessene Frist zur Hebung des Hindernisses zu bestimmen. [2]Im letzteren Fall ist der Antrag nach dem Ablauf der Frist zurückzuweisen, wenn nicht inzwischen die Hebung des Hindernisses nachgewiesen ist.

(2) [1]Wird vor der Erledigung des Antrags eine andere Eintragung beantragt, durch die dasselbe Recht betroffen wird, so ist zugunsten des früher gestellten Antrags von Amts wegen eine Vormerkung oder ein Widerspruch einzutragen; die Eintragung gilt im Sinne des § 17 als Erledigung dieses Antrags. [2]Die Vormerkung oder der Widerspruch wird von Amts wegen gelöscht, wenn der früher gestellte Antrag zurückgewiesen wird.

A. Allgemeines 1	2. Wirkung der Zurückweisung 10
B. Regelungsgehalt 2	IV. Zwischenverfügung 11
I. Eintragungshindernis 2	1. Wesen und Inhalt 11
II. Wahl zwischen Zurückweisung und Zwischenverfügung 4	2. Wirkung 13
III. Zurückweisung 5	3. Aufklärungsverfügung bei vollstreckungsrechtlichen Hindernissen 14
1. Gründe für sofortige Zurückweisung .. 5	V. Bekanntmachung der Entscheidung 15
a) Fehlende Antragsberechtigung ... 5	VI. Vormerkung und Widerspruch nach Abs. 2 16
b) Fehlende Eintragungsfähigkeit 6	C. Weitere praktische Hinweise 17
c) Fehlende Rückwirkung der Mängelbehebung 7	I. Rechtsmittel 17
d) Ablauf der Zwischenverfügungsfrist 8	II. Kosten 18
e) Eintragung einer Vormerkung oder eines Widerspruchs ausgeschlossen 9	

A. Allgemeines

1 Die Vorschrift regelt, wie das Grundbuchamt zu verfahren hat, wenn dem Vollzug einer beantragten Eintragung ein Hindernis entgegensteht und gibt als Möglichkeiten die Zurückweisung des Antrags oder die Setzung einer Frist zu Behebung des Hindernisses (Zwischenverfügung) vor. Im Falle der Zwischenverfügung hat das Grundbuchamt nach Abs. 2 eine Vormerkung oder einen Widerspruch einzutragen, wenn vor Ablauf der gesetzten Frist ein anderer Antrag eingeht, der dasselbe Recht betrifft. Andere Entscheidungen als Zurückweisung oder Zwischenverfügung sind nicht möglich. So kann kein Vorbescheid erlassen werden,[1] keine formlose Mitteilung der Eintragungshindernisse ohne Fristsetzung erfolgen[2] und das Verfahren nicht ausgesetzt oder dessen Ruhen angeordnet werden.[3] Wenn alle Eintragungsvoraussetzungen vorliegen, muss das Grundbuchamt eintragen.

---

[6] BGH NJW 1956; 1314 = DNotZ 1956, 480; Meikel/Bestelmeyer GBO § 17 Rn. 44.
[1] BayObLG NJW-RR 2000, 1258 = ZfIR 2001, 161; OLG Karlsruhe Rpfleger 1993, 192; Bauer/v. Oefele/Wilke GBO § 18 Rn. 7; Demharter GBO § 18 Rn. 1.
[2] RGZ 60, 395; OLG Hamm Rpfleger 1975, 134; BayObLG FGPrax 1995, 229; BayObLG FGPrax 1996, 15; Meikel/Böttcher GBO § 18 Rn. 19; Demharter GBO § 18 Rn. 1.
[3] BayObLGZ 1978, 15; OLG Karlsruhe Rpfleger 1997, 17; Bauer/v. Oefele/Wilke GBO § 18 Rn. 6; Meikel/Böttcher GBO § 18 Rn. 20; Demharter GBO § 18 Rn. 1.

B. Regelungsgehalt

I. Eintragungshindernis

Das Grundbuchamt muss alle Voraussetzungen der beantragten Eintragung prüfen. Dazu gehören insbesondere der Eintragungsantrag, § 13, die Eintragungsbewilligung, § 19, die Form der Eintragungsunterlagen, § 29 und die Voreintragung des Betroffenen, § 39. Fehlende Unterlagen stellen ein Eintragungshindernis dar. Ein solches kann aber auch darin bestehen, dass die Eintragung zur Unrichtigkeit des Grundbuchs führen würde.[4] Auch ernsthafte Zweifel an der Geschäftsfähigkeit können ein Eintragungshindernis darstellen.[5] Enthält ein Eintragungsantrag oder eine andere Eintragungsgrundlage Unklarheiten, muss das Grundbuchamt dies ebenfalls beanstanden.[6]

Das Grundbuchamt hat weder das Recht noch die Pflicht, eigene Ermittlungen anzustellen.[7] Kein Eintragungshindernis liegt aber vor, wenn die notwendigen Eintragungsunterlagen, bspw. ein Erbschein, in Akten desselben Amtsgerichts enthalten sind und der Antragsteller unter genauer Bezeichnung auf diese verweist.[8]

II. Wahl zwischen Zurückweisung und Zwischenverfügung

Nach hM hat das Grundbuchamt **keine Wahl** zwischen Zurückweisung und Zwischenverfügung. In allen geeigneten Fällen ist zunächst Zwischenverfügung zu erlassen, nur wenn ein zwingender Grund für eine Zurückweisung (→ Rn. 5 ff) vorliegt oder das Hindernis nicht bis zum Fristablauf behoben wird, ist eine Zurückweisung möglich.[9]

III. Zurückweisung

1. Gründe für sofortige Zurückweisung. a) Fehlende Antragsberechtigung. Wenn der Antragsteller nicht antragsberechtigt (→ § 13 Rn. 5 ff., § 14) ist, muss das Grundbuchamt den Antrag zurückweisen.[10] Dies ist zB der Fall, wenn ein Nachlassgläubiger, ohne zum Kreis der nach § 14 Antragsberechtigten zu gehören, die Eintragung der Erbfolge beantragt. Der fehlenden Antragsberechtigung steht es gleich, wenn die Antragstellung durch gerichtliche Entscheidung untersagt wurde.[11]

b) Fehlende Eintragungsfähigkeit. Wenn der Antrag auf Eintragung eines nicht eintragungsfähigen Rechts oder eines eintragungsfähigen Rechts mit unzulässigem oder unklarem Inhalt gerichtet ist, ist er zurückzuweisen.[12] Beispiele für nicht eintragungsfähige Rechte sind Miet- oder Pachtrechte, Dienstbarkeiten an Miteigentumsanteilen oder Zwangssicherungshypotheken für einen Betrag von bis 750 EUR.

---

4 BayObLG Rpfleger 1986, 369; Demharter GBO § 18 Rn. 2; BeckOK GBO/Hügel/Zeiser GBO § 18 Rn. 8; Schöner/Stöber GrundbuchR Rn. 427.
5 BayObLG NJW-RR 1989, 910; BayObLG NJW-RR 1990, 721; BayObLG Rpfleger 1992, 152; Demharter GBO § 18 Rn. 3.
6 RGZ DR 1942, 1412; BayObLG Rpfleger 1986, 369; Demharter GBO § 18 Rn. 2; Meikel/Böttcher GBO § 18 Rn. 15.
7 Demharter § 13 Rn. 5; BeckOK GBO/Hügel/Zeiser GBO § 18 Rn. 8; Schöner/Stöber GrundbuchR Rn. 427.
8 OLG München JFG 20, 373; 23, 299; BayObLG Rpfleger 1987, 451; BeckOK GBO/Hügel/Zeiser GBO § 18 Rn. 9.
9 Meikel/Böttcher GBO § 18 Rn. 32; Bauer/v. Oefele/Wilke GBO § 18 Rn. 38; BeckOK GBO/Hügel/Zeiser GBO § 18 Rn. 10; Schöner/Stöber GrundbuchR Rn. 429; aA RGZ 129, 107 (109); BayObLG FGPrax 1997, 89; BayObLG Rpfleger 1984, 406; OLG Hamm DNotZ 1966, 744; 1970, 661 (663); OLG Karlsruhe JFG 4, 404 (405); OLG Colmar OLGE 14, 139; OLG Celle DNotZ 1954, 32; OLG Düsseldorf Rpfleger 1986, 297; jeweils mit der Ansicht, dass dem Grundbuchrechtspfleger bei der Wahl der Entscheidung ein Ermessen zusteht.
10 Meikel/Böttcher GBO § 18 Rn. 30, 34, 35; Demharter GBO § 18 Rn. 5; Bauer/v. Oefele/Wilke GBO § 18 Rn. 15; BeckOK GBO/Hügel/Zeiser GBO § 18 Rn. 12; Schöner/Stöber GrundbuchR Rn. 437.
11 RGZ 120, 118.
12 OLG Hamm FGPrax 2010, 117; Demharter GBO § 18 Rn. 6; Meikel/Böttcher GBO § 18 Rn. 30, 40; Bauer/v. Oefele/Wilke GBO § 18 Rn. 15; BeckOK GBO/Hügel/Zeiser GBO § 18 Rn. 16; Schöner/Stöber GrundbuchR Rn. 438.

7   **c) Fehlende Rückwirkung der Mängelbehebung.** Bei Mängeln, die grundsätzlich heilbar sind, jedoch nicht mit rückwirkender Kraft, ergeht Zurückweisung. Dies ist der Fall, wenn wesentliche Eintragungsunterlagen wie Auflassung oder Bewilligung nicht existieren[13] oder zum Zeitpunkt der Stellung eines Berichtigungsantrags noch keine Grundbuchunrichtigkeit vorliegt, bspw. wenn die Pfändung eines Erbteils eingetragen werden soll, obwohl noch keine Zustellung an den Drittschuldner erfolgt ist.[14] Zu Vollstreckungsmängeln → Rn. 14.

8   **d) Ablauf der Zwischenverfügungsfrist.** Wenn die vom Grundbuchamt durch Zwischenverfügung gesetzte Frist zur Mängelbehebung erfolglos abgelaufen ist, ergeht Zurückweisung.

9   **e) Eintragung einer Vormerkung oder eines Widerspruchs ausgeschlossen.** Das Grundbuchamt weist den Antrag zurück, wenn die Eintragung einer Vormerkung oder eines Widerspruchs nach Abs. 2 (→ Rn. 16) ausgeschlossen ist, weil der Inhalt des Rechts zu unbestimmt ist, zB bei Antrag auf ein verzinsliches Grundpfandrecht ohne Angabe des Zinssatzes.[15]

10 **2. Wirkung der Zurückweisung.** Die durch Beschluss, § 38 FamFG, ergangene Zurückweisung hat keinen Einfluss auf das materielle Rechtsverhältnis.[16] Aus der Zurückweisung erwächst keine Rechtskraft.[17] Der Schutz vor Verfügungsbeschränkungen über §§ 878, 892 BGB fällt weg.[18] Anwartschaftsrechte, die durch die Antragstellung entstanden sind, fallen mit der Zurückweisung weg.[19]

IV. Zwischenverfügung

11 **1. Wesen und Inhalt.** Bei behebbaren Eintragungshindernissen erlässt das Grundbuchamt eine Zwischenverfügung, es bestimmt eine angemessene Frist zur Beseitigung des Eintragungshindernisses.[20] Eine Zwischenverfügung kann auch zur **Sicherung des Kosteneingangs** erlassen werden, wenn die Eintragung gemäß § 22 GNotKG von der Zahlung eines Kostenvorschusses abhängig gemacht wird. Das Grundbuchamt muss in der Zwischenverfügung alle Hindernisse, die der Eintragung entgegenstehen, bezeichnen.[21] Außerdem müssen die Mittel zur Beseitigung dieser Hindernisse angegeben werden.[22] Soweit mehrere Möglichkeiten zur Behebung bestehen, zB Nachweis der Erbfolge durch Erbschein, notarielles Testament mit Eröffnungsniederschrift oder Bezugnahme auf Nachlassakten desselben Amtsgerichts, müssen alle angegeben sein.[23] Das Grundbuchamt muss aber keine Angaben darüber machen, wie ggf. erforderliche Unterlagen zu beschaffen sind.[24] Nach § 39 FamFG muss die Zwischenverfügung eine Rechtsmittelbelehrung enthalten.

---

13 OLG Köln RNotZ 2020, 282; OLG München NJOZ 2017, 431; OLG Düsseldorf NJW-RR 2016, 141; BayObLGZ 1980, 299; 1883, 181; BayObLG DNotZ 1989, 361; BayObLG NJW-RR 2004, 1533 = NotBZ 2004, 396; OLG Düsseldorf RNotZ 2009, 238; OLG Schleswig Rpfleger 2011, 23 = FGPrax 2010, 282 = RNotZ 2011, 108 = SchlHA 2011, 95; OLG München NJOZ 2012, 4; OLG München RNotZ 2012, 228; OLG Düsseldorf Rpfleger 2012, 520; Demharter GBO § 18 Rn. 8 ff.; Meikel/Böttcher GBO § 18 Rn. 36 ff.; BeckOK GBO/Hügel/Zeiser GBO § 18 Rn. 17; aA Schöner/Stöber GrundbuchR Rn. 439–442a.
14 KG DR 1944, 124; Meikel/Böttcher GBO § 18 Rn. 38; Demharter GBO § 18 Rn. 11.
15 Meikel/Böttcher GBO § 18 Rn. 41; Demharter GBO § 18 Rn. 7; aA BeckOK GBO/Hügel/Zeiser GBO § 18 Rn. 18.
16 KG JFG 9, 398; Meikel/Böttcher GBO § 18 Rn. 56; Demharter GBO § 18 Rn. 16.
17 BayObLGZ 28, 476; BayObLG NJW-RR 1993, 530; Demharter GBO § 18 Rn. 18; BeckOK GBO/Hügel/Zeiser GBO § 18 Rn. 29.
18 OLG München LSK 2019, 2466; Meikel/Böttcher GBO § 18 Rn. 57, 58; Bauer/v. Oefele/Wilke GBO § 18 Rn. 39; BeckOK GBO/Hügel/Zeiser GBO § 18 Rn. 29.
19 BGH Rpfleger 1975, 432.
20 KG DR 1943, 707; Meikel/Böttcher GBO § 18 Rn. 73.
21 OLG Köln FGPrax 2013, 105; BayObLG Rpfleger 1970, 346; BayObLG 1984, 138.
22 KGJ 50, 229; OLG Hamm Rpfleger 1970, 396; BayObLG MittBayNot 1989, 209.
23 OLG Jena NotBZ 2002, 458 = Rpfleger 2002, 431 = OLG-NL 2002, 130; OLG Naumburg FGPrax 2002, 242; OLG Frankfurt Rpfleger 1977, 103; BayObLG Rpfleger 1990, 363; OLG Karlsruhe FGPrax 2005, 219 = NJW-RR 2005, 1097 = ZErb 2005, 290 = Rpfleger 2005, 598 = FamRZ 2005, 2098 = BWNotZ 2005, 146; OLG Frankfurt NJOZ 2012, 643 (645); Demharter GBO § 18 Rn. 31; Meikel/Böttcher GBO § 18 Rn. 103; BeckOK GBO/Hügel/Zeiser GBO § 18 Rn. 32.
24 Meikel/Böttcher GBO § 18 Rn. 103; Schöner/Stöber GrundbuchR Rn. 451.

Das Grundbuchamt muss eine **Frist** zur Behebung der Eintragungshindernisse setzen.[25] Das Fristende kann entweder durch Kalendertag bezeichnet sein oder sich aus einer Dauer und einem Anfangszeitpunkt, zB vier Wochen ab Zustellung, ergeben. Im letzteren Fall gelten für die Fristberechnung die §§ 16 FamFG, §§ 222, 224 Abs. 2, 3, § 225 ZPO, §§ 187, 188 BGB. Die Frist muss **angemessen** sein, sie muss also ausreichen, damit der Antragsteller die aufgezeigten Eintragungshindernisse beseitigen kann. Auf formlosen Antrag hin kann das Grundbuchamt die Frist **verlängern**.[26] Antragsberechtigt ist dazu auch ein späterer Antragsteller, dessen Antrag von der zuerst beantragten Eintragung abhängig ist,[27] bspw. der Gläubiger eines von den Erben zur Eintragung bewilligten Grundpfandrechts, wenn Zwischenverfügung zum Antrag auf Eintragung der Erbfolge erlassen wurde. Nach Ablauf der Frist weist das Grundbuchamt den Antrag ohne weiteren Hinweis zurück.

2. Wirkung. Durch die Zwischenverfügung bleiben alle **Wirkungen des Antrags erhalten**.[28] Erlässt das Grundbuchamt eine Zwischenverfügung, obwohl der Antrag eigentlich zurückzuweisen wäre, hat die Zwischenverfügung keine rangwahrende Wirkung.

3. Aufklärungsverfügung bei vollstreckungsrechtlichen Hindernissen. Bei Zwangsvollstreckungsmaßnahmen, zB bei der Eintragung einer Zwangssicherungshypothek, kann keine Zwischenverfügung erlassen werden, wenn ein vollstreckungsrechtlicher Mangel vorliegt, weil die Mängelbehebung nicht rückwirkend erfolgt.[29] Das Grundbuchamt erlässt deshalb eine Aufklärungsverfügung nach § 139 ZPO. Diese hat den gleichen Inhalt wie eine Zwischenverfügung, wahrt aber nicht den Rang des Antrags.

V. Bekanntmachung der Entscheidung

Das Grundbuchamt muss die Zurückweisung oder Zwischenverfügung dem Antragsteller bekanntmachen. Bei Antragstellung durch den Notar wird nur an diesen bekannt gemacht.[30] Die Bekanntmachung kann nach § 15 Abs. 2 FamFG durch förmliche Zustellung oder durch Aufgabe zur Post erfolgen. Mit der Bekanntmachung muss eine Rechtmittelbelehrung erfolgen.

VI. Vormerkung und Widerspruch nach Abs. 2

Wenn nach einem Antrag, zu dem Zwischenverfügung erlassen wurde, ein weiterer Antrag eingeht, der dasselbe Recht betrifft (→ § 17 Rn. 3), sichert das Grundbuchamt die Wirkungen des ersten Antrags durch die Eintragung einer Vormerkung oder eines Widerspruchs. Dies ist ein Sicherungsmittel verfahrensrechtlicher Art zur **Sicherung des Ranges und des öffentlich-rechtlichen Anspruchs** des ersten Antragstellers auf ranggemäße Eintragung nach § 17.[31] Die Regelung hat zugleich zur Folge, dass das Grundbuchamt die Erledigung des späteren Antrags nicht wegen der Mängel des ersten Antrags hinauszögern muss und darf.

---

25 KG JFG 7, 398; RGZ 60, 392 (395); OLG Frankfurt Rpfleger 1977, 103 und 1993, 147; BayObLGZ 1995, 279.
26 KG JW 1926, 1588; OLG Frankfurt NJW-RR 1997, 719 = FGPrax 1997, 84 = Rpfleger 1997, 255 = MDR 1997, 367 = FamRZ 1997, 1342 = MittRhNotK 1998, 15; Demharter GBO § 18 Rn. 34; Meikel/Böttcher GBO § 18 Rn. 109; BeckOK GBO/Hügel/Zeiser GBO § 18 Rn. 46.
27 KG OLGE 42, 159; Meikel/Böttcher GBO § 18 Rn. 109; Demharter GBO § 18 Rn. 34; BeckOK Hügel/Zeiser GBO § 18 Rn. 46.
28 RGZ 110, 203 (206).
29 KG JFG 17, 57, 58; BayObLGZ 1984, 246; BGHZ 27, 310 (313), 316; OLG München NJW 2009, 1358 = FGPrax 2009, 103 = NotBZ 2009, 419.
30 BayObLGZ 1972, 399; Bauer/ v. Oefele/Wilke GBO § 18 Rn. 20; BeckOK GBO/Hügel/Zeiser GBO § 18 Rn. 38; Demharter GBO § 18 Rn. 35.
31 BayObLGZ 40, 438 (440); KG JFG 23, 143 (146).

C. Weitere praktische Hinweise

I. Rechtsmittel

17 Gegen Zwischenverfügung und Zurückweisung ist jeweils die Beschwerde, § 71, möglich. Näheres s. Kommentierung dort. Gegen eine Aufklärungsverfügung wegen Vollstreckungsmängeln ist ein Rechtsmittel nicht gegeben.

II. Kosten

18 Die Zwischenverfügung ist kostenfrei. Für die Zurückweisung des Antrags fällt die Hälfte der Gebühr an, die für die Eintragung als solche erhoben würde, mindestens 15 EUR, höchstens 400 EUR, Nr. 14400 KV GNotKG. Wird der Antrag vor Eintragung oder Zurückweisung zurückgenommen, so entsteht ein Viertel der für die Eintragung anfallenden Gebühr, mindestens 15 EUR, höchsten 250 EUR, Nr. 14401 KV GNotKG.

§ 19 GBO   [Bewilligungsgrundsatz]

Eine Eintragung erfolgt, wenn derjenige sie bewilligt, dessen Recht von ihr betroffen wird.

A. Allgemeines	1
B. Regelungsgehalt	2
I. Anwendungsbereich	2
1. Grundsatz	2
2. Nachweis der Einigung	3
3. Entbehrlichkeit und Ersetzung der Bewilligung	4
a) Entbehrlichkeit der Bewilligung	4
b) Ersetzung der Bewilligung	5
II. Rechtsnatur der Bewilligung	6
III. Inhalt	7
1. Gestattung der Eintragung	7
2. Inhalt der Eintragung und Bezeichnung des materiellen Rechtsvorgangs	8
3. Bezeichnung des Bewilligenden, des Berechtigten, des Grundstücks und von Geldbeträgen	9
4. Vorbehalt, Bedingung und Befristung	12
IV. Adressat der Bewilligung	14
1. Grundbuchamt	14
2. Durch Bewilligung Begünstigter	15
V. Wirksamkeit	16
1. Zugang	16
2. Tod des Bewilligenden	18
VI. Bewilligungsberechtigung	20
1. Begriff	20
2. Bewilligungsberechtigte	21
a) Allgemeines	21
b) Betroffene Personen	22
c) Betroffenes Recht	24
d) Erklärung durch den Nichtberechtigten	27
e) Bewilligungsberechtigte im Einzelnen	28
aa) Begründung dinglicher Rechte	28
bb) Übertragung dinglicher Rechte	30
cc) Inhaltsänderung dinglicher Rechte	32
dd) Rangänderung dinglicher Rechte	33
ee) Löschung dinglicher Rechte	34
ff) Besonderheiten bei Nacherbschaft	35
(1) Bei eingetragenem Nacherbenvermerk	35
(2) Bei Fehlen oder Löschung des Nacherbenvermerks	36
(3) Bei Löschung von der Nacherbfolge unterliegenden Rechten	37
VII. Bewilligungsbefugnis	38
1. Allgemeines	38
2. Maßgeblicher Zeitpunkt	40
VIII. Zustimmung Dritter	42
1. Allgemeines	42
2. Notwendigkeit der Zustimmung	43
a) Beschränkung der Verfügungsbefugnis	43
b) Beschränkung der Geschäftsfähigkeit	44
c) Beschränkung der Vertretungsmacht	45
3. Nachweis der Zustimmung	46
4. Fehlen der Zustimmung	49
5. Ersetzung der Zustimmung	51
IX. Vertretung	53
1. Zulässigkeit	53
2. Vollmacht	55
3. Gesetzliche Vertretung	59
4. Verhandeln mit sich selbst	60
X. Form der Bewilligung	62
XI. Widerruf der Bewilligung	63
XII. Behördliche und Genehmigungen	64
1. Allgemeines	64
2. Einzelfälle behördlicher Genehmigungen	67
a) Genehmigungen nach dem BauGB	67
b) Genehmigungen nach dem GrdstVG	72
c) Genehmigungen nach dem BBergG	74

d)	Genehmigungen nach dem BVersG	75	
e)	Genehmigungen nach der VO über Entschuldungsbetriebe	76	
f)	Genehmigungen nach der GVO ...	77	
g)	Genehmigungen nach dem VermG	79	
3. Sonstige Eintragungsunterlagen		80	

A. Allgemeines

Die Vorschrift wird im Allgemeinen als wichtigste Norm des Grundbuchverfahrensrechts gesehen. Sie bestimmt, dass das Grundbuchamt grundsätzlich nur die Bewilligung des oder der von der Eintragung Betroffenen, also des verlierenden Teils, nicht aber die zum Eintritt der Rechtsänderung notwendigen materiellrechtlichen Erklärungen zu prüfen hat. Diesen Grundsatz der einseitigen Bewilligung nennt man **formelles Konsensprinzip**. 1

B. Regelungsgehalt

I. Anwendungsbereich

1. Grundsatz. Die Norm gilt grundsätzlich für alle Eintragungen, egal ob sie rechtsändernder oder berichtigender Natur sind. Zu Eintragungen gehören auch Löschungen, unabhängig davon, ob sie durch die Eintragung eines Löschungsvermerks oder durch Nichtmitübertragung (§ 46) realisiert werden.[1] 2

2. Nachweis der Einigung. In Fällen, die der Gesetzgeber als besonders bedeutsam ansieht, nämlich der bei der Auflassung von Grundstücken sowie Wohnungs- und Teileigentum und bei der Bestellung, Inhaltsänderung und Übertragung von Erbbaurechten, gilt § 20, der bestimmt, dass dem Grundbuchamt die materiellrechtliche Einigung nachzuweisen ist. Nach nunmehr hM ist **neben der Einigung aber auch noch die Bewilligung erforderlich**.[2] 3

3. Entbehrlichkeit und Ersetzung der Bewilligung. a) Entbehrlichkeit der Bewilligung. Eine Bewilligung ist nicht erforderlich, wenn § 21 anwendbar ist, der bestimmt, dass es zur Löschung und Änderung subjektiv-dinglicher Rechte die Bewilligung der Berechtigten am herrschenden Grundstück nicht bedarf, wenn das betroffene Recht dort nicht vermerkt ist. Außerdem ist eine Bewilligung nicht für vom Grundbuchamt von Amts wegen vorzunehmende Eintragungen, wie Nacherben- und Testamentsvollstreckervermerk, erforderlich. 4

b) Ersetzung der Bewilligung. Die Bewilligung kann ersetzt werden 5

- durch den Nachweis der Unrichtigkeit des Grundbuchs, § 22, zB bei der Eintragung einer Erbfolge, und in den Fällen der §§ 23 Abs. 2, 24, 27 S. 2.
- durch eine aufhebende vollstreckbare Entscheidung bei der Löschung einer aufgrund einstweiliger Verfügung oder vorläufig vollstreckbaren Urteils eingetragenen Vormerkung oder eines Widerspruchs, § 25.
- durch Ersuchen von Behörden, § 38, zB bei Eintragung von Insolvenz- oder Zwangsversteigerungsvermerken.
- durch Pfändungsbeschluss, § 830 ZPO, bei Eintragung von Pfändungspfandrechten.

---

1 BayObLG Rpfleger 1987, 101 (156).
2 BGH Rpfleger 1984, 310; BayObLG Rpfleger 1975, 26; BayObLG Rpfleger 1994, 344; OLG Stuttgart NJW-RR 2008, 828 = DNotZ 2008, 456 = MittBayNot 2008, 122 = NotBZ 2008, 126 = ZNotP 2008, 283; OLG Düsseldorf RNotZ 2010, 201 = MittBayNot 2010, 307; Behmer Rpfleger 1984, 306; Böttcher Rpfleger 1990, 486 (493); Rademacher MittRhNotK 1983, 105; Weser MittBayNot 1993, 253; Schöner/Stöber GrundbuchR Rn. 97; BeckOK GBO/Hügel/Holzer GBO § 19 Rn. 12. Die ältere Rechtsprechung hat aus der Stellung des § 20 im Gesetz den Schluss gezogen, dass die Einigung auch verfahrensrechtlichen Charakter hat und damit eine zusätzliche Bewilligung nicht erforderlich ist, vgl. RGZ 141, 374; RGZ 54, 378 (383); KGJ 48, 157; KGJ 25, 98 (102); KG JFG 15, 155 (158); OLG München JFG 15 284; BayObLGZ 1948/51, 426 (437); 1956, 172 (177).

- durch vollstreckbaren Schuldtitel bei Eintragung einer Zwangssicherungshypothek, §§ 866, 867 ZPO.[3] Bei Verurteilung Zug um Zug gegen Erbringung einer Gegenleistung muss der Annahmeverzug des Schuldners in öffentlicher Urkunde, § 29, nachgewiesen werden.[4]
- durch rechtskräftige Verurteilung zur Abgabe einer Willenserklärung, § 894 ZPO.[5] Im Falle der Verurteilung Zug um Zug gegen Erbringung einer Gegenleistung muss eine vollstreckbare Ausfertigung des rechtskräftigen Urteils vorgelegt werden.
- durch vorläufig vollstreckbare Verurteilung zur Abgabe einer Willenserklärung, aufgrund derer eine Eintragung in das Grundbuch erfolgen soll, § 895 ZPO. Dadurch gilt die Eintragung einer Vormerkung oder eines Widerspruchs als bewilligt.
- durch einen Arrestbefehl, § 932 ZPO.
- durch einstweilige Verfügung, §§ 935, 940 ZPO.[6]
- durch rechtskräftig für vollstreckbar erklärten Schiedsspruch, § 1060 ZPO.
- durch die Aufnahme in einen rechtskräftig bestätigten Insolvenzplan, §§ 254 Abs. 1 S. 2, 217, 221 InsO.
- durch Unschädlichkeitszeugnis nach Art. 120 EGBGB iVm den landesrechtlichen Bestimmungen.

II. Rechtsnatur der Bewilligung

6 Nach nunmehr hM ist die Eintragungsbewilligung eine rein **verfahrensrechtliche Erklärung**.[7] Da § 19 nur **Ordnungsvorschrift** ist, hat seine Nichtbeachtung keine Auswirkungen auf die materielle Rechtslage. Insbesondere kommt eine Grundbuchunrichtigkeit nicht in Betracht, wenn ohne das Vorliegen einer verfahrensrechtlichen Bewilligung auf Grundlage der materiellrechtlichen Einigung nach § 873 Abs. 1 BGB eingetragen wurde.[8] Andererseits wird das Grundbuch unrichtig, wenn zwar die verfahrensrechtliche Bewilligung vorliegt, eine materiellrechtliche Voraussetzung des Rechtserwerbs aber fehlt. Diesen Umstand nimmt das Grundbuchrecht zum Zwecke der Vereinfachung und Beschleunigung des Grundbuchverfahrens bewusst in Kauf.[9]

III. Inhalt

7 **1. Gestattung der Eintragung.** Die Bewilligung muss klar zum Ausdruck bringen, dass der verlierende Teil eine bestimmte Eintragung im Grundbuch gestattet. An einen genauen Wortlaut sind die Beteiligten nicht gebunden. Es empfiehlt sich der Ausdruck „bewilligt" bzw. „bewilligen", möglich sind aber auch Formulierungen wie „bitten um Eintragung", „verlangen die

---

3 BayObLG 1975, 402.
4 OLG Hamm Rpfleger 1983, 393; LG Wuppertal Rpfleger 1988, 153.
5 S. dazu BayObLG Rpfleger 1983, 390; BayObLG Rpfleger 1983, 480 (481); OLG Frankfurt FGPrax 2012, 100 (101).
6 S. dazu BayObLGZ 1986, 163 (165); BayObLG Rpfleger 1987, 407.
7 BGHZ 60, 46 (52); BGH Rpfleger 1982, 414 (415); BayObLG NJW-RR 1993, 283 = Rpfleger 1993, 189 (190) = MittBayNot 1993, 17 = MittRhNotK 1992, 312; BayObLGZ 2000, 96 = Rpfleger 2000, 387 = FGPrax 2000, 93 = MDR 2000, 757; OLG München JFG 14, 105, 111; OLG München MittBayNot 2008, 479 (480) = RNotZ 2008, 495 (496); KG OLGE 43, 173; OLG Düsseldorf Rpfleger 1981, 177 (178); Demharter GBO § 19 Rn. 13; BeckOK GBO/Hügel/Holzer GBO § 19 Rn. 7; Ertl Rpfleger 1980, 41 (46); Ertl Rpfleger 1982, 407 (408); Böhringer MDR 2000, 758; Ertl DNotZ 1964, 260 (281 f.); Kesseler ZNotP 2005, 176 (178); Rademacher MittRhNotK 1983, 105 (107); Schmidt MittBayNot 1978, 89 (91).
8 OLG München FGPrax 2015, 159 (160); BayObLGZ 2000, 176 (179); OLG München NotBZ 2009, 103 = RNotZ 2009, 326; OLG Düsseldorf FGPrax 2009, 101 = RNotZ 2009, 236; BeckOK GBO/Hügel/Holzer GBO § 19 Rn. 8; Demharter GBO § 19 Rn. 17; Rademacher MittRhNotK 1983, 105.
9 OLG Hamm DNotZ 1979, 752; Bauer/v. Oefele/Kössinger GBO § 19 Rn. 9; BeckOK GBO/Hügel/Holzer GBO § 19 Rn. 4; Schmidt MittBayNot 1978, 89.

Eintragung", „mit der Eintragung einverstanden sein", „beantragen die Eintragung",[10] „der Eintragung wird zugestimmt" oder „das Grundbuchamt wird zur Eintragung ermächtigt".[11]

2. Inhalt der Eintragung und Bezeichnung des materiellen Rechtsvorgangs. Die Eintragung, 8 die gestattet wird, muss **bestimmt bezeichnet** sein. Die Bewilligung muss also den Inhalt der gewünschten Eintragung und den Inhalt des einzutragenden Rechts vollständig enthalten.[12] Dabei muss auch der materielle Rechtsvorgang, zB Auflassung, Abtretung, Rangänderung usw, bezeichnet werden, da dieser in der Eintragung anzugeben ist.[13]

3. Bezeichnung des Bewilligenden, des Berechtigten, des Grundstücks und von Geldbeträ- 9 **gen.** Aus der Bewilligung muss erkennbar sein, wer sie abgegeben hat, damit das Grundbuchamt die Bewilligungsberechtigung (→ Rn. 23) prüfen kann.

Außerdem ist der **Berechtigte** so zu bezeichnen, wie er später im Grundbuch eingetragen wird. 10 Maßgeblich dafür ist § 15 GBV: Bei natürlichen Personen sind der Vor- und Familienname und das Geburtsdatum anzugeben, § 15 Abs. 1 lit. a GBV. Bei juristischen Personen, Handels- und Partnerschaftsgesellschaften sind der Name oder die Firma und der Sitz zu nennen, § 15 Abs. 1 lit. b GBV. Außerdem sollen das Registergericht und das Registerblatt der Eintragung des Berechtigten in das Handels-, Genossenschaft-, Partnerschafts- oder Vereinsregister genannt werden. Bei Gesellschaften bürgerlichen Rechts müssen die Gesellschafter mit Name und Geburtsdatum bezeichnet werden sowie ggf. Name und Sitz der Gesellschaft, § 15 Abs. 1 lit. c GBV. Bei **mehreren** Berechtigten ist ein Gemeinschaftsverhältnis nach § 47 anzugeben.[14] Ist der in der Bewilligung genannte Berechtigte verstorben, können seine Erben eingetragen werden.[15] Die Erben einer noch lebenden Person können jedoch nicht Berechtigte eines dinglichen Rechts sein, auch nicht im Wege des Vertrags zugunsten Dritter.[16]

In der Bewilligung ist das Grundstück nach § 28 zu bezeichnen. Einzutragende Geldbeträge 11 müssen in einer zulässigen Währung (→ § 28 Rn. 8) angegeben werden.

4. Vorbehalt, Bedingung und Befristung. Die Eintragungsbewilligung darf grundsätzlich nicht 12 von Vorbehalten, insbesondere von Bedingungen oder Befristungen abhängig sein.[17] Ausnahmen bestehen, wenn – durch ausdrückliche Erklärung oder stillschweigend – ein Vorbehalt nach § 16 Abs. 2 besteht (→ § 16 Rn. 5, 10 ff.), wenn es sich um eine Rechtsbedingung handelt oder um eine Bedingung, die die Funktion der Bewilligung als verfahrensbegründende Erklärung nicht beeinträchtigt, zB wenn eine Bewilligung hilfsweise für den Fall abgegeben wird, dass ein anderes bewilligtes Recht aus rechtlichen Gründen nicht eingetragen werden kann.[18]

Das Grundbuchamt nimmt die Eintragung trotz einer befristeten oder bedingten Bewilligung 13 vor, wenn der Eintritt der Bedingung oder des Anfangstermins der Frist in öffentlicher Urkunde nach § 29 nachgewiesen wird.[19]

---

10 OLG Frankfurt Rpfleger 1980, 83.
11 RGZ 54, 378 (383); BayObLGZ 1952, 40 (45); 1955, 155 (158); 1974, 30 (33); BayObLG Rpfleger 1975, 26; 1984, 154; 1985, 288; OLG Frankfurt Rpfleger 1980, 64; Bauer/v. Oefele/Kössinger GBO § 19 Rn. 55; Meikel/Böttcher GBO § 19 Rn. 111; BeckOK GBO/Hügel/Holzer GBO § 19 Rn. 35; Wulf MittRheinNotK 1996, 41 (44).
12 BGH NJW 2012, 530 = Rpfleger 2012, 196 = FGPrax 2012, 50; BeckOK GBO/Hügel/Holzer GBO § 19 Rn. 35; Demharter GBO § 19 Rn. 34.
13 KGJ 40, 270; OLG München JFG 18, 120; Meikel/Böttcher GBO § 19 Rn. 114; Bauer/v. Oefele/Kössinger GBO § 19 Rn. 63; Demharter GBO § 19 Rn. 37; BeckOK GBO/Hügel/Holzer GBO § 19 Rn. 38.

14 BayObLGZ 1955, 155 (147); BayObLG Rpfleger 1996, 21; OLG München JFG 20, 52 (53).
15 JFG 7, 326.
16 OLG München RNotZ 2011, 245 = BeckRS 2011, 02697 = ZfIR 2011, 732 L = MDR 2011, 416.
17 KGJ 44, 197; OLG Frankfurt Rpfleger 1980, 63; OLG Hamm NJW-RR 2011, 95 = Rpfleger 2011, 78 = FGPrax 2011, 10.
18 Bauer/v. Oefele/Kössinger GBO § 19 Rn. 57; BeckOK GBO/Hügel/Holzer GBO § 19 Rn. 42; Demharter GBO § 19 Rn. 31.
19 KG JFG 15, 128 (131); OLG Frankfurt Rpfleger 1975, 177; OLG Frankfurt Rpfleger 1980, 291; BeckOK GBO/Hügel/Holzer GBO § 19 Rn. 43; Demharter GBO § 19 Rn. 31; Bauer/v. Oefele/Kössinger GBO § 19 Rn. 56.

IV. Adressat der Bewilligung

14 **1. Grundbuchamt.** Da die Eintragungsbewilligung eine verfahrensbegründende Erklärung ist, die eine Eintragung im Grundbuch herbeiführen soll, ist **immer das Grundbuchamt Adressat der Bewilligung**.[20] In den Fällen der §§ 36, 37 tritt an die Stelle des Grundbuchamts das Amtsgericht.[21]

15 **2. Durch Bewilligung Begünstigter.** Neben dem Grundbuchamt ist auch derjenige Adressat der Bewilligung, **zu dessen Gunsten sie abgegeben** wird.[22] Dritte, etwa mittelbar Begünstigte oder Betroffene, sind nicht Adressat der Bewilligung.[23]

V. Wirksamkeit

16 **1. Zugang.** Die Eintragungsbewilligung wird nicht schon mit formgerechter Ausstellung (→ Rn. 62), wirksam, sondern erst dann, wenn sie **mit Willen des Bewilligenden**[24] dem Adressaten (→ Rn. 14 f.) zugeht. Der Zugang muss in Urschrift, Ausfertigung oder beglaubigter Abschrift erfolgen.[25] Beglaubigte Abschrift ist dann ausreichend, wenn der Bewilligende oder sein Vertreter die Urkunde beim Grundbuchamt vorlegt. Legt jedoch ein Dritter eine beglaubigte Abschrift beim Grundbuchamt vor, wird dadurch das Einverständnis des Bewilligenden zur Vorlage nicht nachgewiesen.[26] Es empfiehlt sich daher, auch wegen der Bindung an die materiellrechtliche Erklärung gem. §§ 873 Abs. 2, 875 Abs. 2 BGB, dass der Begünstigte die Aushändigung der Bewilligung in Urschrift oder Ausfertigung verlangt.

17 Für die Wirksamkeit der Bewilligung ist der Zugang beim Grundbuchamt dann nicht maßgeblich, wenn der von der Bewilligung Begünstigte einen gesetzlichen Anspruch nach § 51 BeurkG auf Erteilung einer Ausfertigung hat.[27] Da dieser Anspruch nicht dem Willen des Erklärenden unterliegt, wird die Bewilligung bereits mit Abschluss des Beurkundungsvorgangs wirksam. In diesem Fall genügt stets die Vorlage einer beglaubigten Abschrift.[28]

18 **2. Tod des Bewilligenden.** Stirbt der Bewilligende vor dem Zugang der Eintragungsbewilligung oder wird er geschäftsunfähig oder in seiner Geschäftsfähigkeit beschränkt, so ist die Bewilligung wirksam, wenn der Bewilligende zuvor alles Erforderliche getan hat, um den Zugang der Erklärung herbeizuführen.[29] Dies ist dann der Fall, wenn er die Bewilligung an den Adressaten abgesandt oder sonst derart in den Rechtsverkehr gebracht hat, dass er mit dem Zugang bei dem Adressaten rechnen konnte.[30] Zur Abgabe der Eintragungsbewilligung in notariellem Testament oder Erbvertrag → Rn. 62.

19 Ist die Eintragungsbewilligung des Erblassers wirksam geworden, so ist sie zur Umschreibung auf den Erwerber ausreichend. Dies gilt auch dann, wenn zwischenzeitlich die Erben als Berechtigte im Grundbuch eingetragen wurden.[31]

---

20 BayObLGZ 51, 456 (464); BayObLG Rpfleger 1976, 66; KG OLGE 40, 36 (37); Demharter GBO § 19 Rn. 25; BeckOK GBO/Hügel/Holzer GBO § 19 Rn. 26.
21 Demharter GBO § 19 Rn. 25; BeckOK GBO/Hügel/Holzer GBO § 19 Rn. 26.
22 KGJ 43, 149; KGJ 46, 200 (208); KGJ 49, 149 (154); OLG Frankfurt DNotZ 1970, 162; OLG Frankfurt NJW-RR 1995, 785.
23 Demharter GBO § 19 Rn. 26; BeckOK GBO/Hügel/Holzer GBO § 19 Rn. 27; weitergehend Meikel/Böttcher GBO § 19 Rn. 130, 135, der auch jede dritte Person als möglichen Adressaten der Eintragungsbewilligung sieht.
24 KGJ 48, 187; OLG Brandenburg FGPrax 2003, 54; OLG Stuttgart FGPrax 2012, 158 (159).
25 BayObLG DNotZ 1994, 182; OLG Naumburg FGPrax 1998, 1 (2); OLG Stuttgart FGPrax 2012, 158 (159); OLG Saarbrücken MittBayNot 1993, 398.
26 BayObLG DNotZ 1994, 182 (183).
27 KGJ 49, 149; OLG Frankfurt DNotZ 1970, 163; OLG Hamm Rpfleger 1989, 148; Demharter GBO § 19 Rn. 24; BeckOK GBO/Hügel/Holzer GBO § 19 Rn. 31.
28 BayObLG DNotZ 1994, 182.
29 OLG Stuttgart FGPrax 2012, 158; BeckOK GBO/Hügel/Holzer GBO § 19 Rn. 33; Demharter GBO § 19 Rn. 22.
30 RGZ 170, 380; OLG Köln NJW 1950, 702; OLG Stuttgart FGPrax 2012, 158.
31 BGH Rpfleger 1968, 49; BayObLGZ 34, 65 (69); OLG Stuttgart MittBayNot 2013, 49.

VI. Bewilligungsberechtigung

1. Begriff. Unter Bewilligungsberechtigung versteht man das Recht, als von einer Eintragung im Grundbuch Betroffener eine Bewilligung abzugeben. Von der Eintragung betroffen in derjenige, **dessen Recht durch die Eintragung beeinträchtigt wird**. Das Grundbuchamt darf die Eintragung nur vornehmen, wenn die Eintragungsbewilligungen aller Bewilligungsberechtigten vorliegen. 20

2. Bewilligungsberechtigte. a) Allgemeines. Derjenige, **dessen Recht durch eine Eintragung betroffen wird**, muss die Eintragungsbewilligung abgeben. Ob der Betroffene die Bewilligungsberechtigung selbst ausüben kann, ist eine Frage der Bewilligungsbefugnis (→ Rn. 38 ff.). 21

b) Betroffene Personen. Die Person, die die Eintragungsbewilligung abgeben muss, ergibt sich aus dem Grundbuch, wobei das Grundbuchamt gem. § 891 BGB davon ausgehen muss, dass dem Eingetragenen das materielle Recht auch zusteht.[32] Nach hM ist der **Buchberechtigte**, also derjenige, der im Grundbuch als Berechtigter eines Rechts eingetragen ist, bewilligungsberechtigt.[33] Nur wenn dem Grundbuchamt bekannt ist, dass der eingetragene Berechtigte nicht der wahre Rechtsinhaber ist, darf es aufgrund der Bewilligung des Buchberechtigten keine Eintragungen vornehmen, da eine solche das Grundbuch unrichtig machen würde.[34] 22

Sind **mehrere Personen** Berechtigte des betroffenen Rechts, müssen alle die Bewilligung abgeben.[35] Bei einer **Erbengemeinschaft** folgt dies aus § 2040 Abs. 1 BGB. Es ist dabei aber nicht erforderlich, dass alle Erben gleichzeitig die Bewilligung erklären, es genügen zu verschiedenen Zeiten abgegebene Bewilligungen, wenn sie sich aufgrund ihres Inhalts zu einer einheitlichen Bewilligung zusammensetzen lassen.[36] 23

c) Betroffenes Recht. Als von einer Eintragung betroffene Rechte kommen **nur dingliche Rechte** in Betracht, also Eigentum, grundstücksgleiche Rechte, in Abt. II und III einzutragende dingliche Rechte und Rechte an solchen.[37] Diesen Rechten stehen Vormerkungen, Widersprüche und Verfügungsbeschränkungen, zB Nacherbenvermerke, gleich.[38] 24

Betroffen ist ein Recht nur dann, wenn es durch die vorzunehmende Eintragung **rechtlich und nicht nur wirtschaftlich beeinträchtigt** wird oder werden kann, wenn es sich also durch die Eintragung nach rein rechtlichen Kriterien verschlechtert.[39] Eine Beeinträchtigung in diesem Sinne liegt schon dann vor, wenn das Recht durch die Eintragung unter Umständen eine ungünstigere Gestaltung erfahren kann.[40] Es genügt eine mögliche Beeinträchtigung des Rechts.[41] Lässt sich nicht erkennen, welches Recht von einer Eintragung betroffen wird, müssen beide Seiten bewilligen.[42] 25

---

32 BayObLG NJW-RR 1989, 718; OLG München FGPrax 2011, 281.
33 BGH Rpfleger 1976, 206; BGH Rpfleger 1984, 408; BGH Rpfleger 1987, 452; BGH MDR 2001, 80; Böhringer MDR 2000, 758; Schmitz JuS 1995, 245; Böttcher Rpfleger 1991, 272.
34 BayObLG Rpfleger 1992, 56; BayObLG NJW-RR 1989, 718.
35 BayObLGZ 1981, 156; OLG München FGPrax 2011, 278.
36 RGZ 152, 380; BayObLGZ 1988, 229; Böttcher ZflR 2002, 693 (697); BeckOK GBO/Hügel/Holzer GBO § 19 Rn. 66; Demharter GBO § 19 Rn. 44.
37 Demharter GBO § 19 Rn. 45; BeckOK GBO/Hügel/Holzer GBO § 19 Rn. 67.
38 RGZ 83, 434 (440).
39 BGH Rpfleger 1976, 206; BGH Rpfleger 1984, 408; BGH MDR 2001, 80; BayObLG Rpfleger 1985, 355; Bauer/v. Oefele/Kössinger GBO § 19 Rn. 122; BeckOK GBO/Hügel/Holzer GBO § 19 Rn. 68; Demharter GBO § 19 Rn. 49; Böttcher ZflR 2015, 720 (721).
40 BayObLGZ 1981, 158; BayObLG Rpfleger 1985, 355; KG JFG 14, 146; BeckOK GBO/Hügel/Holzer GBO § 19 Rn. 68; Demharter GBO § 19 Rn. 49.
41 RGZ 199, 316; BayObLG MittBayNot 1981, 122; für den Fall, dass bei einem Grundpfandrecht nachträglich die Brieferteilung ausgeschlossen werden soll: KG RJA 1, 25; BayObLG Rpfleger 1987, 363; für die Zerlegung einer Hypothek in Teile mit verschiedenem Rang JFG 14, 147; für die Unterwerfung unter die sofortige Zwangsvollstreckung hinsichtlich eines rangmäßig bestimmten Teils einer Grundschuld OLG Hamm Rpfleger 1984, 60; OLG Köln JurBüro 1984, 1422; für den Fall, dass ein Recht im Rang hinter einen Teil einer Grundschuld zurücktreten soll BayObLGZ 1985, 434.
42 KG JFG 14, 146; Demharter GBO § 19 Rn. 51 mwN.

26 Auch Berechtigte von Rechten, die von der Eintragung **mittelbar betroffen** werden, müssen bewilligen.[43] Mittelbar betroffen sind diejenigen, deren Zustimmung sachenrechtlich zum Eintritt der Rechtsänderung notwendig ist, §§ 876, 880 Abs. 2 S. 1, § 1180 Abs. 2 S. 1, § 1183 BGB, § 26 ErbbauRG.[44] Außerdem sind die gleich- oder nachstehenden Berechtigten mittelbar betroffen, wenn der Umfang eines gleichstehenden oder vorgehenden Rechts erweitert oder wenn der Inhalt der Belastung verstärkt und dadurch die Haftung des Grundstücks erweitert wird.[45]

27 d) **Erklärung durch den Nichtberechtigten.** Erklärt ein Nichtberechtigter die Bewilligung, so ist diese ohne Einwilligung des Berechtigten unwirksam. § 185 BGB kann aber entsprechend angewandt werden.[46] Die Heilung hat nur bei Genehmigung des Berechtigten (§ 184 Abs. 1 BGB entsprechend) rückwirkende Wirkung, nicht bei nachträglichem Rechtserwerb.[47] Auch die Verfügung eines einzelnen Miterben über einen Nachlassgegenstand ist die Verfügung eines Nichtberechtigten.[48]

28 e) **Bewilligungsberechtigte im Einzelnen. aa) Begründung dinglicher Rechte.** Wenn ein dingliches Recht an einem Grundstück, an Wohnungs- und Teileigentum oder an einem Erbbaurecht begründet werden soll, ist dazu die Bewilligung des **Grundstückseigentümers** erforderlich. Soll das Recht an einem ideellen Miteigentumsanteil eingetragen werden, ist lediglich die Bewilligung des Miteigentümers erforderlich.[49] In keinem Fall ist eine Bewilligung des künftigen Rechtsinhabers erforderlich, da dieser von der Eintragung nicht betroffen, sondern begünstigt wird. Zur Belastung eines Erbbaurechts mit einem Grundpfandrecht oder einer Reallast ist nach § 5 Abs. 2 ErbbauRG die Zustimmung des Grundstückseigentümers erforderlich, wenn dies als Inhalt des Erbbaurechts vereinbart wurde. Ob eine solche Vereinbarung getroffen wurde, ist aus dem Bestandsverzeichnis des Erbbaugrundbuchs ersichtlich.

29 Zur Eintragung eines Rechts, zB eines Pfandrechts oder eines Nießbrauchs, an einem Grundstücksrecht ist die Bewilligung des Berechtigten des zu belastenden Rechts, nicht jedoch die Bewilligung des Berechtigten des einzutragenden Rechts, erforderlich.

30 bb) **Übertragung dinglicher Rechte.** Zur Übertragung des **Eigentums** an einem Grundstück oder Wohnungs- und Teileigentum und zur Übertragung eines Erbbaurechts ist die Bewilligung des **Veräußerers** erforderlich. Für die Übertragung eines Erbbaurechts ist zusätzlich die Zustimmung des Grundstückseigentümers erforderlich, wenn dies nach § 5 Abs. 1 ErbbauRG vereinbart wurde. Eine solche Vereinbarung ist aus dem Bestandsverzeichnis des Erbbaugrundbuchs ersichtlich. Zur Veräußerung von Wohnungs- und Teileigentum ist die Zustimmung der anderen Wohnungseigentümer oder eines Dritten, meist des Verwalters, erforderlich, wenn dies als Inhalt des Sondereigentums vereinbart wurde, § 12 Abs. 1 WEG. Aus dem Bestandsverzeichnis des Wohnungsgrundbuchs ist ersichtlich, ob eine solche Vereinbarung getroffen wurde.

31 Zur Übertragung von **beschränkten dinglichen Rechten** wie Grundschulden, Hypotheken, Reallasten, Vorkaufsrechten usw ist nur die Bewilligung des **Übertragenden** erforderlich. Steht das Recht einer Erbengemeinschaft zu und soll es an einen der Miterben übertragen werden, ist die Bewilligung des Erwerbers nicht erforderlich, obwohl die Miterben nur gemeinsam verfügen können, da der Erwerber keine Rechtsposition verliert.

32 cc) **Inhaltsänderung dinglicher Rechte.** Zur Änderung des Inhalts eines Rechts bedarf es entweder der Bewilligung des **Rechtsinhabers oder der des Grundstückseigentümers oder der Bewilligung beider**, je nachdem, wer von der beabsichtigten Änderung einen rechtlichen Nachteil erlei-

---

43 BayObLG Rpfleger 1981, 354.
44 Vgl. BGH Rpfleger 1984, 408.
45 BayObLG DNotZ 1960, 540.
46 KGJ 47, 159; BayObLG Rpfleger 1970, 432; BGH NJW-RR 2011, 19 = Rpfleger 2010, 651 = DNotZ 2011, 199 = FGPrax 2010, 223; Böttcher NJW 2011, 822; Demharter GBO § 19 Rn. 73; BeckOK GBO/Hügel/Holzer GBO § 19 Rn. 95.
47 RGZ 89, 152 (158); OLG München NotBZ 2009, 103.
48 RGZ JFG 14, 350; BGHZ 19, 138; OLG Naumburg FGPrax 1998, 1.
49 BayObLG Rpfleger 1981, 352.

det. Ist das Recht, das verändert werden soll, belastet, zB mit einem Pfandrecht oder einem Nießbrauch, ist die Bewilligung des Gläubigers am Grundstücksrecht erforderlich. Werden von der Inhaltsänderung gleich- oder nachrangige Berechtigte am Grundstück benachteiligt, zB bei Zinserhöhung auf über 5 % bei Grundpfandrechten, ist zur Eintragung die Bewilligung dieser Berechtigten erforderlich, wenn die Inhaltsänderung Gleichrang zum Hauptrecht erhalten soll.

dd) Rangänderung dinglicher Rechte. Zur Eintragung der **Änderung des Ranges** eines dinglichen Rechts ist grundsätzlich die Bewilligung des **zurücktretenden Berechtigten** erforderlich. Handelt es sich bei dem zurücktretenden Recht um ein Grundpfandrecht, so ist auch die Bewilligung des Grundstückseigentümers erforderlich. 33

ee) Löschung dinglicher Rechte. Zur Löschung dinglicher Rechte ist die Bewilligung des **Berechtigten des zu löschenden Rechts** erforderlich. Wenn das zu löschende Recht belastet ist, ist auch die Bewilligung dieses Gläubigers notwendig. Handelt es sich bei dem zu löschenden Recht um ein Grundpfandrecht, so ist zusätzlich die Bewilligung des **Grundstückseigentümers** erforderlich, § 27. Zur Löschung zeitlich beschränkter Rechte darf auf die Kommentierung zu §§ 23, 24 verwiesen werden. 34

ff) Besonderheiten bei Nacherbschaft. (1) Bei eingetragenem Nacherbenvermerk. Der Nacherbe muss eine Eintragung nicht bewilligen, wenn ein Nacherbenvermerk (§ 51) im Grundbuch eingetragen ist und auch eingetragen bleiben soll. Er ist dann nicht betroffen, da er durch den eingetragenen Vermerk vor Rechtsverlust durch gutgläubigen Erwerb eines Dritten geschützt wird. Das Grundbuchamt trägt Verfügungen des Vorerben, auch unentgeltliche, ein, ohne zu ermitteln, ob die Verfügung nach Eintritt des Nacherbfalls dem Nacherben gegenüber wirksam ist oder nicht.[50] 35

(2) Bei Fehlen oder Löschung des Nacherbenvermerks. Ist ein Nacherbenvermerk im Grundbuch nicht eingetragen, bspw. weil auf eine Eintragung des Vorerben nach § 40 verzichtet werden soll, oder soll ein eingetragener Nacherbenvermerk gelöscht werden, wird die Rechtsstellung des Nacherben nicht geschützt. In diesem Fall ist die **Bewilligung des Nacherben** zu Verfügungen des Vorerben erforderlich, wenn nicht nachgewiesen wird, dass das Grundstück durch die Verfügung aus der Nacherbfolge ausscheidet (s. dazu § 51) 36

(3) Bei Löschung von der Nacherbfolge unterliegenden Rechten. Wird ein Recht, das der Nacherbfolge unterliegt, im Grundbuch **gelöscht**, kann ein Nacherbenvermerk keinen Schutz bieten, da dieser mit der Löschung des Rechts, an dem er eingetragen ist, untergeht. In diesem Fall ist entweder die **Bewilligung des Nacherben** oder der **Nachweis, dass das Recht durch die Verfügung nicht mehr der Nacherbfolge unterliegt** (→ § 51 Rn. 40 ff.) erforderlich. 37

VII. Bewilligungsbefugnis

1. Allgemeines. Die Bewilligungsbefugnis betrifft die **Möglichkeit zur Ausübung der Bewilligungsberechtigung.** Sie knüpft an die **sachenrechtliche Verfügungsbefugnis** an.[51] Den Wegfall der Bewilligungsbefugnis lösen insbesondere Testamentsvollstreckung, Nachlassverwaltung und Insolvenzverfahren aus. In diesen Fällen ist zwar immer noch der Berechtigte des betroffenen Rechts derjenige, zu dessen Lasten eine Eintragung erfolgt, die Bewilligung dazu kann aber nur der Testamentsvollstrecker, Nachlassverwalter bzw. Insolvenzverwalter abgeben, da der Berechtigte nicht mehr die sachenrechtliche Verfügungsbefugnis hat. Weitere Fälle der Beschränkung der Bewilligungsbefugnis sind § 8 VZOG und § 3 Abs. 3 bis 5 VermG für das Gebiet der früheren DDR. 38

---

50 RGZ 102, 332 (334); RGZ 148, 385, (392); KG JW 1936, 2750; OLG Düsseldorf Rpfleger 1957, 413 mAnm Haegele; Schöner/Stöber GrundbuchR Rn. 3489.

51 BayObLG DNotZ 1989, 361; OLG Hamm Rpfleger 1989, 148; OLG Hamburg FGPrax 1999, 6.

39 Die Bewilligungsbefugnis muss vom Grundbuchamt von Amts wegen geprüft werden.[52] § 891 BGB gilt auch in diesem Fall für das Grundbuchamt. So hat es einen Erben so lange als verfügungsberechtigt und damit bewilligungsbefugt anzusehen, wie keine Testamentsvollstreckung im Grundbuch vermerkt ist. Allerdings muss das Grundbuchamt nicht eingetragene Verfügungsbeschränkungen beachten, wenn es davon Kenntnis hat.[53] Bei einer Erbengemeinschaft sind Verfügungsbeschränkungen für jeden Miterben gesondert zu prüfen.[54]

40 **2. Maßgeblicher Zeitpunkt.** Die Verfügungsbefugnis und damit die Bewilligungsbefugnis muss **zum Zeitpunkt der Eintragung** vorliegen, weil erst dann die verfahrensrechtliche Verfügung über das betroffene Recht bewirkt wird.[55] Treten also bis zur Eintragung Verfügungsbeschränkungen ein, sind diese zu beachten. Eine Ausnahme dazu gibt § 878 BGB. Bei Verfügungen von Miterben müssen die Voraussetzungen des § 878 BGB für jeden Miterben gesondert vorliegen.[56]

41 Hat ein Testamentsvollstrecker oder Nachlassverwalter eine Bewilligung abgegeben und endet die Testamentsvollstreckung oder Nachlassverwaltung vor der Eintragung, so ist eine neue Bewilligung des jetzt verfügungsbefugten Rechtsinhabers zur Eintragung erforderlich. § 878 BGB ist auf diesen Fall nicht anwendbar.[57] Stirbt der Bewilligende vor der Eintragung, fällt die Geschäftsfähigkeit weg oder wird sie beschränkt, hat dies keinen Einfluss auf die Verfügungsbefugnis.

VIII. Zustimmung Dritter

42 **1. Allgemeines.** Soweit die Wirksamkeit des materiellen Rechtsgeschäfts von der Zustimmung eines Dritten abhängt, ist diese Zustimmung zu dem materiellen Rechtsgeschäft, nicht die Zustimmung zur Bewilligung, auch dem Grundbuchamt nachzuweisen.[58]

43 **2. Notwendigkeit der Zustimmung. a) Beschränkung der Verfügungsbefugnis.** Die Zustimmung eines Dritten ist erforderlich, wenn die Verfügungsbefugnis des Rechtsinhabers beschränkt ist. Die Verfügungsbefugnis kann bspw. aufgrund ehelichen Güterrechts bei Zugewinngemeinschaft (§§ 1365 ff. BGB) oder Gütergemeinschaft (§§ 1432 ff. BGB) beschränkt sein. Außerdem kann aufgrund einer Vereinbarung die Verfügungsbefugnis beschränkt worden sein, zB in den Fällen des § 5 ErbbauRG und der §§ 12, 35 WEG. Aus Gründen des öffentlichen Interesses kann die Verfügungsbefugnis mit der Folge beschränkt sein, dass eine behördliche Genehmigung erforderlich ist (im Einzelnen → Rn. 64 ff.). Die Beschränkung kann auch von Behörden oder Gerichten angeordnet werden.

44 **b) Beschränkung der Geschäftsfähigkeit.** Ein Minderjähriger, der das 7. Lebensjahr vollendet hat, also beschränkt geschäftsfähig ist, bedarf zu Rechtsgeschäften, die er nicht (zB aufgrund lediglich rechtlichen Vorteils) selbst schließen kann, der Zustimmung seines gesetzlichen Vertreters. Für bestimmte Rechtsgeschäfte ist dessen Vertretungsmacht aber durch Genehmigungserfordernisse eingeschränkt (→ Rn. 45).

45 **c) Beschränkung der Vertretungsmacht.** Bei Nachlasspflegschaft, anderen Pflegschaften, Vormundschaft, Betreuung und elterlicher Sorge ist die Vertretungsmacht durch **Genehmigungserfordernisse** beschränkt. Für die Erteilung der Genehmigung ist das Familien-, Betreuungs- bzw.

---

52 BGH Rpfleger 1961, 233; BayObLG Rpfleger 1987, 110; OLG Hamburg FGPrax 1999, 6; OLG Jena Rpfleger 2001, 298.
53 JFG 18, 206; BayObLG DNotZ 1954, 395; OLG Düsseldorf MittBayNot 1975, 224; kritisch dazu Ertl MittBayNot 1975, 204; Böhringer BWNotZ 1985, 102.
54 BeckOK GBO/Hügel/Holzer GBO § 19 Rn. 81.
55 BGH NJW 1963, 36; BGH WM 1971, 445; BayObLG Rpfleger 1987, 110; 1999, 25; OLG Hamm Rpfleger 1989, 148; OLG Düsseldorf Rpfleger 2003, 176 = FGPrax 2003, 88.
56 KG HRR 1935 Nr. 1655.
57 KG OLG 29, 398; OLG Celle DNotZ 1953, 158; OLG Köln MittRhNotK 1981, 139; unentschieden BayObLG Rpfleger 1999, 25 mit krit. Anm. Reimann ZEV 1999, 69; Kesseler RNotZ 2013, 480.
58 Demharter GBO § 19 Rn. 63; BeckOK GBO/Hügel/Holzer GBO § 19 Rn. 84.

Nachlassgericht zuständig. Bei Betreuung und Pflegschaft wird der Umfang der Vertretungsmacht durch das Gericht in sogenannten Aufgabenbereichen bestimmt. Umfasst der Aufgabenbereich das getätigte Rechtsgeschäft nicht, kann dies auch nicht durch gerichtliche Genehmigung geheilt werden.[59] Die Genehmigungspflicht nach § 1850 Nr. 6 BGB erfasst nur das schuldrechtliche Rechtsgeschäft und ist daher im Grundbuchverfahren unbeachtlich.[60] Wenn ein Betreuer im Rahmen seiner Vertretungsmacht ein Grundstück des Betreuten veräußert, bedarf er auch dann der Genehmigung nach § 1850 Nr. 1 BGB, wenn der geschäftsfähige Betreute das Rechtsgeschäft genehmigt, nicht aber dann, wenn er aufgrund einer vom Betreuten erteilten rechtsgeschäftlichen Vollmacht handelt.[61] Ein Testamentsvollstrecker, der im eigenen Namen handelt, bedarf keiner familiengerichtlichen Genehmigung, wenn der Erbe minderjährig ist.[62] Die Genehmigungen werden jeweils erst mit Rechtskraft wirksam, § 40 Abs. 2 S. 1 FamFG.

3. Nachweis der Zustimmung. Die Zustimmung Dritter ist grundsätzlich in Form des § 29 nachzuweisen. Besteht die Zustimmung in einer gerichtlichen Genehmigung, ist auch deren Rechtskraft durch Rechtskraftzeugnis, § 46 FamFG, nachzuweisen.

46

Wenn die sachenrechtliche Verfügung ein **einseitiges Rechtsgeschäft**, zB die Aufgabe einer Grundschuld, § 875 BGB, darstellt, muss dem Grundbuchamt wegen des formellen Konsensprinzips der Zeitpunkt der Zustimmung nicht nachgewiesen werden. Das Grundbuchamt hat die Wirksamkeit des sachenrechtlichen Rechtsgeschäfts nicht zu prüfen. Wenn die Zustimmung in einer gerichtlichen Genehmigung des Nachlass-, Familien- oder Betreuungsgerichts besteht, muss die Erteilung an den Vertreter, § 1855 BGB, nicht aber die Erteilung vor Tätigung des Rechtsgeschäfts nach § 1858 Abs. 1 BGB nachgewiesen werden.[63]

47

Ist die sachenrechtliche Verfügung ein **zweiseitiges Rechtsgeschäft**, zB die Bestellung einer Grundschuld, § 873 BGB, ist der Zeitpunkt der Zustimmung belanglos. Soweit das formelle Konsensprinzip zur Anwendung kommt, muss dem Grundbuchamt nur die Erteilung der Genehmigung an den Vertreter, § 1855 BGB, nicht aber das Wirksamwerden des Rechtsgeschäfts nach § 1856 Abs. 1 S. 2 BGB nachgewiesen werden. Kommt aber § 20 und somit das materielle Konsensprinzip zur Anwendung, muss dem Grundbuchamt auch die Wirksamkeit des materiellen Rechtsgeschäfts und damit die Einhaltung des § 1856 Abs. 1 S. 2 BGB nachgewiesen werden (zur Form und Art und Weise des Nachweises → § 29 Rn. 40).[64]

48

4. Fehlen der Zustimmung. Wenn die sachenrechtliche Verfügung ein **einseitiges Rechtsgeschäft** ist, ist sie gem. §§ 111 S. 1, 1367, 1427 Abs. 1, 1858 Abs. 1 BGB ohne die erforderliche Einwilligung unwirksam.[65]

49

Stellt die Verfügung ein **zweiseitiges Rechtsgeschäft** dar und fehlt die Einwilligung, so wird sie gem. §§ 108 Abs. 1, 1366 Abs. 1, 1427 Abs. 1, 1856 Abs. 1 S. 1 BGB erst durch die Genehmigung rückwirkend wirksam. Grundsätzlich kann die Genehmigung nach § 182 Abs. 1 BGB jedem Vertragsteil gegenüber erklärt werden. Dies gilt aber nicht für Genehmigungen des Nachlass-, Familien- oder Betreuungsgerichts, in diesem Fall kann die Genehmigung nur dem Vertreter erteilt werden, § 1855 BGB. Dem anderen Vertragsteil gegenüber werden diese Genehmigungen erst wirksam, wenn sie ihm vom Vertreter mitgeteilt werden, § 1856 Abs. 1 S. 2 BGB.[66] Zur Mitteilung und Entgegennahme kann ein Dritter, zweckmäßigerweise der Notar, bevollmächtigt werden (Doppelvollmacht, → § 29 Rn. 40).[67]

50

---

59 BayObLG Rpfleger 1986, 471.
60 BayObLG Rpfleger 1992, 62; OLG Düsseldorf NJW-RR 2017, 709 = FamRZ 2017, 1217 = RNotZ 2017, 376.
61 BayObLG Rpfleger 1986, 471; Demharter GBO § 19 Rn. 65.
62 OLG Karlsruhe NJW-RR 2015, 1097 = FGPrax 2015, 158 = ZEV 2015, 703; BayObLG Rpfleger 1992, 63.
63 Demharter GBO § 19 Rn. 69; BeckOK GBO/Hügel/Holzer GBO § 19 Rn. 91.
64 Demharter GBO § 19 Rn. 70; BeckOK GBO/Hügel/Holzer GBO § 19 Rn. 92.
65 Demharter GBO § 19 Rn. 67; BeckOK GBO/Hügel/Holzer GBO § 19 Rn. 88.
66 Demharter GBO § 19 Rn. 68; BeckOK GBO/Hügel/Holzer GBO § 19 Rn. 89.
67 BayObLG Rpfleger 1988, 482; OLG Hamm Rpfleger 1964, 313.

51 **5. Ersetzung der Zustimmung.** Durch die Verurteilung zur Abgabe einer Eintragungsbewilligung wird auch eine notwendige Genehmigung des Familien-, Betreuungs- oder Nachlassgerichts ersetzt (umstr.).[68] Dies gilt auch für die an sich erforderliche Zustimmung des in Gütergemeinschaft lebenden Ehegatten.[69]

52 Bescheinigungen des Familien-, Betreuungs- oder Nachlassgerichtes, dass keine Genehmigung erforderlich sei (sog. Negativattest) ersetzen die Zustimmung nicht. Sie haben im Grundbuchverfahren keine Wirkung, das Grundbuchamt ist nicht an sie gebunden.[70]

IX. Vertretung

53 **1. Zulässigkeit.** Die Eintragungsbewilligung kann durch einen Vertreter abgegeben werden. Es genügt, wenn sich aus den Umständen ergibt, dass sie im Namen des Vertretenen abgegeben wird.[71] Handelt der Vertreter ohne Vertretungsmacht, kann der Vertretene die Erklärung bis zur Eintragung nachträglich entsprechend § 177 Abs. 1 BGB, § 89 Abs. 2 ZPO genehmigen.[72] § 180 BGB gilt im Grundbuchverfahren nicht.[73] Wenn der Vertreter ohne Vertretungsmacht das betroffene Grundstück oder Recht erbt oder sonst erwirbt, wird die von ihm abgegebene Eintragungsbewilligung nicht entsprechend § 185 Abs. 2 BGB wirksam.[74] Entsprechendes gilt, wenn er vom Vertretenen beerbt wird.[75]

54 Der maßgebliche **Zeitpunkt** für die Wirksamkeit der Vertretung ist der Zeitpunkt des Wirksamwerdens der vom Vertreter abgegebenen Erklärung, also der Zugang der Bewilligung an einen Empfangsberechtigten.[76]

55 **2. Vollmacht.** Die Vollmacht ist dem Grundbuchamt nach § 29 Abs. 1 S. 1 nachzuweisen. Bei einer bedingten Vollmacht muss sich der Nachweis auch auf den Eintritt der Bedingung erstrecken.[77] Dafür ist in der Regel die Form des § 29 Abs. 1 S. 2 erforderlich. Die Vollmacht ist grundsätzlich in **Urschrift oder Ausfertigung** dem Grundbuchamt vorzulegen. Die Vorlage einer beglaubigten Abschrift kann nur genügen, wenn der Notar bescheinigt, dass ihm zum Zeitpunkt der Beurkundung die Urkunde in Urschrift oder Ausfertigung vorgelegen hat.[78] Die Bescheinigung kann auch Bestandteil des Beglaubigungsvermerks sein.[79] Das Grundbuchamt prüft die Wirksamkeit der Vollmacht selbstständig und ist nicht an die Ansicht des Urkundsnotars gebunden.[80]

56 Ist der **Vollmachtgeber verstorben**, richtet sich der Fortbestand oder das Erlöschen der Vollmacht gem. § 168 S. 1 BGB nach dem zugrunde liegenden Rechtsverhältnis. Wenn aufgrund dieses Rechtsverhältnisses, wie beim Auftrag oder Geschäftsbesorgungsvertrag, vom Fortbestehen der Vollmacht auszugehen ist, muss das Bestehen des Rechtsverhältnisses in Form des § 29 nachgewiesen werden.[81] Eine Altersvorsorgevollmacht, durch die die Bestellung eines Betreuers im Fall von Krankheit oder Gebrechlichkeit vermieden werden soll, erlischt mit Tod des Voll-

---

68 KGJ 45, 264; BayObLG MDR 1953, 561, Demharter GBO § 19 Rn. 71;; Brüggemann FamFZ 1990, 7.
69 KG OLG 9, 113.
70 OLG Zweibrücken NJW-RR 1999, 1174; Demharter GBO § 19 Rn. 71; BeckOK GBO/Hügel/Holzer GBO § 19 Rn. 94; aA LG Braunschweig Rpfleger 1986, 90.
71 BayObLG Rpfleger 1992, 99; OLG Naumburg FGPrax 2004, 202 = NotBZ 2004, 319.
72 BayObLG DNotZ 1986, 238; BayObLG DNotZ 1989, 779; OLG Frankfurt FGPrax 1996, 212.
73 Demharter GBO § 19 Rn. 74; BeckOK GBO/ Hügel/Holzer GBO § 19 Rn. 98.
74 OLG Frankfurt FGPrax 1996, 212.
75 Demharter GBO § 19 Rn. 74.
76 KGJ 43, 151; OLG Düsseldorf Rpfleger 1961, 48; KG DNotZ 1972, 617; BayObLG Rpfleger 1986, 216.
77 OLG Schleswig FGPrax 2010, 125; OLG Hamm FGPrax 2011, 10; OLG Frankfurt FGPrax 2011, 58.
78 OLG Karlsruhe BWNotZ 1992, 102; OLG Hamm FGPrax 2004, 266; OLG Zweibrücken FGPrax 2010, 286; aA Wolf MittbayNot 1996, 270.
79 BayObLG Rpfleger 2002, 194.
80 OLG Köln FGPrax 2020, 256 (257); BayObLGZ 1954, 225 (231); BayObLG Rpfleger 1986, 216; BayObLG MittRhNotK 1989, 13; KG JFG 1, 322; OLG Köln Rpfleger 1984, 182; OLG München NJW-RR 2015, 1382 = ZEV 2015, 651 = MittBayNot 2016, 134.
81 KG HRR 1934 Nr. 36; LG Koblenz Rpfleger 1971, 15; KG DNotZ 1972, 18.

machtgebers, wenn sie keine Fortwirkungsanordnung enthält.[82] Der Erblasser kann auch Vollmacht mit Wirkung über den Tod hinaus erteilen (transmortale Vollmacht). Dies ist auch in einem notariellen Testament oder Erbvertrag möglich.[83] Der Bevollmächtigte kann dann über das Nachlassvermögen verfügen, ohne dass die Erbfolge eine Rolle spielt.[84] Er braucht, wenn der Erbe in der Verfügungsbefugnis beschränkt ist, nicht die Zustimmung Dritter.[85] Nicht von der Vollmacht gedeckt sind Verfügungen über den Erbteil als solchen.[86] Auch die Eintragung der Erbfolge im Wege der Grundbuchberichtigung kann der Bevollmächtigte nicht ohne Vorlage eines Erbscheins beantragen.[87] Wenn der Bevollmächtigte Alleinerbe des Vollmachtgebers ist, erlischt die Vollmacht.[88] Dies gilt auch, wenn der Bevollmächtigte alleiniger Vorerbe ist.[89] Ist der Bevollmächtigte Miterbe, ist das Erlöschen der Vollmacht umstritten.[90] Nach neueren Entscheidungen kann die Vollmacht (auch durch den Alleinerben des Bevollmächtigten) wegen ihrer Legitimationswirkung jedenfalls solange im Grundbuchverfahren als Nachweis der Vertretungsmacht verwendet werden, bis ihr Rechtsschein durch Offenlegung der Alleinerbenstellung des Vollmachtnehmers gegenüber dem Grundbuchamt zerstört wird.[91]

Der **Nacherbe** kann aufgrund einer vom Vorerben erteilten Vollmacht nur vertreten werden, wenn das der Vollmachtserteilung zugrunde liegende Rechtsgeschäft dem Nacherben gegenüber wirksam ist.[92] Die von einem Testamentsvollstrecker erteilte Vollmacht erlischt, wenn das Testamentsvollstreckeramt endet.[93] Hat der gesetzliche Vertreter eines Minderjähren eine Vollmacht erteilt, so erlischt diese nicht mit dessen Volljährigkeit.[94] 57

Die Vollmacht kann grundsätzlich frei widerrufen werden. Aus dem der Vollmacht zugrunde liegenden Rechtsgeschäft kann sich jedoch ergeben, dass der Widerruf nicht oder nur unter besonderen Voraussetzungen möglich sein soll. Die vom **Erblasser erteilte Vollmacht kann von jedem Erben für seine Person widerrufen** werden.[95] Der Widerruf ist aber **nicht rückwirkend** möglich.[96] Der Nachlassverwalter kann eine vom Erblasser erteilte Generalvollmacht widerrufen.[97] 58

3. Gesetzliche Vertretung. Gesetzliche Vertretungsmacht muss dem Grundbuchamt in Form des § 29 Abs. 2 S. 2 nachgewiesen werden. In einer gerichtlichen oder behördlichen Genehmigung liegt dabei kein Nachweis der Vertretungsmacht.[98] 59

4. Verhandeln mit sich selbst. Nach § 181 BGB darf der Vertreter grundsätzlich nicht mit sich selbst verhandeln, ohne Rücksicht darauf, ob die Gefahr eines Interessenskonflikts besteht.[99] Im Einzelfall kann der Zweck der Vorschrift aber ihre Anwendung gebieten oder verbieten.[100] 60

§ 181 BGB gilt nicht, wenn das Gesetz oder die Vollmacht Verhandeln mit sich selbst gestattet. Das Familien-, Betreuungs- oder Nachlassgericht kann den Vormund, Betreuer oder Pfleger da- 61

---

82 OLG München NJW 2014, 3166; OLG Hamm ZEV 2003, 470 = DNotZ 2003, 120 = NJW-RR 2003, 800.
83 OLG Köln NJW 1950, 702.
84 OLG Köln Rpfleger 2018, 444; OLG München ZEV 2014, 618.
85 RGZ 88, 350.
86 OLG Stuttgart DNotZ 2012, 371.
87 LG Heidelberg NJW 1973, 1088; Schöner/Stöber GrundbuchR Rn. 3571.
88 OLG Hamm ZEV 2013, 341 mAnm Lange = DNotZ 2013, 689 mAnm Keim; OLG Stuttgart JFG 12, 274; aA Meikel/Böttcher Einl. E Rn. 80; Amann MittBayNot 2013, 367 (370); Mensch ZNotP 2013, 171.
89 KGJ 43, 160.
90 OLG Schleswig ZEV 2015, 225 für das Fortbestehen der Vollmacht; mit wohl zurecht abl. Anm. Bestelmeyer Rpfleger 2015, 9.
91 OLG München ZEV 2016, 656 = ZErb 2017, 22 = FamRZ 2017, 328 = MittBayNot 2017, 138 = Rpfleger 2017, 140; OLG München ZEV 2016, 659 = NJW 2016, 3381 = MittBayNot 2017, 140; OLG München ZEV 2017, 280 = FamRZ 2017, 1004 = RNotZ 2017, 193 = Rpfleger 2017, 382; OLG Stuttgart ErbR 2019, 594 = Rpfleger 2019, 189 = MittBayNot 2019, 578; Keim MittBayNot 2017, 111; Herrler DNotZ 2017, 508.
92 JFG 5, 309; OLG Schleswig SchlHA 1962, 174; Demharter GBO § 19 Rn. 81.2.
93 KGJ 41, 79.
94 JFG 1, 316; BayObLG NJW 1959, 2119.
95 JFG 15, 335; RGZ JW 1938, 1892.
96 OLG Köln Rpfleger 1992, 299.
97 KG NJW 1971, 566.
98 BayObLG Rpfleger 2001, 486.
99 RGZ 157, 31 BayObLG DNotZ 1952, 163; BGHZ 21, 231.
100 Demharter GBO § 19 Rn. 88 ff.

zu nicht ermächtigen.[101] Eine gesetzliche Ausnahme vom Verbot des Selbstkontrahierens liegt vor, wenn das Rechtsgeschäft ausschließlich in Erfüllung einer Verbindlichkeit besteht. In diesem Fall ist dem Grundbuchamt das Grundgeschäft formgerecht (§ 29) nachzuweisen. Außerdem ist § 181 BGB nicht anzuwenden, wenn das Rechtsgeschäft dem Vertretenen lediglich einen rechtlichen Vorteil bringt.[102]

X. Form der Bewilligung

62 Die Bewilligung muss nach § 29 öffentlich **beurkundet oder beglaubigt** werden. Diesem Erfordernis entspricht auch ein **notarielles Testament oder ein Erbvertrag**.[103]

XI. Widerruf der Bewilligung

63 Mit ihrer Wirksamkeit (→ Rn. 16 ff.) wird die Bewilligung **bindend und kann nicht mehr widerrufen** werden.[104] Das Grundbuchamt hat eine Widerrufserklärung, die nach der Wirksamkeit der Bewilligung erfolgt ist, nicht zu beachten.[105] Daher kann auch eine Eintragungsbewilligung, die schon vor Jahrzehnten wirksam geworden ist, noch zu einer Eintragung führen.[106]

XII. Behördliche und Genehmigungen

64 **1. Allgemeines.** Aus Gründen des öffentlichen Interesses können in verschiedenen Fällen Verfügungen nur mit behördlicher Genehmigung getroffen werden. Zur nachlassgerichtlichen, familiengerichtlichen und betreuungsgerichtlichen Genehmigung → Rn. 45 ff. Das Grundbuchamt muss die sachliche und zeitliche Genehmigungsbedürftigkeit prüfen.[107] Dies gilt auch bei Verurteilung zur Abgabe einer Eintragungsbewilligung.[108] Maßgeblicher Zeitpunkt für die Genehmigungsbedürftigkeit ist der Zeitpunkt der Grundbucheintragung.[109]

65 Ein **Negativattest** der Behörde, also eine Bescheinigung, dass keine Genehmigung erforderlich sei, steht einer Genehmigung gleich, wenn das Genehmigungserfordernis ausschließlich öffentlichen Interessen dient.[110] Das Grundbuchamt ist daran gebunden.[111] Dies gilt nicht für Negativatteste des Nachlass-, Familien- oder Betreuungsgerichts, → Rn. 52.

66 Die einmal von einer Behörde erteilte Genehmigung ist unwiderruflich.[112] Dies gilt aber nicht, wenn die Genehmigung vom Antragsteller erschlichen wurde.[113]

67 **2. Einzelfälle behördlicher Genehmigungen. a) Genehmigungen nach dem BauGB.** Die für Grundstücke geltenden Vorschriften des BauGB sind auf Grundstücksteile, soweit nichts anderes bestimmt ist, auf grundstücksgleiche Rechte sowie auf Wohnungs- und Teileigentum entsprechend anzuwenden.

68 Nach § 19 BauGB aF war die Teilung eines Grundstücks genehmigungsbedürftig. Seit Inkrafttreten des EAG Bau 24.6.2004 – am 20.7.2004 ist diese Genehmigung nicht mehr erforderlich.

---

101 RGZ 71,165; BGHZ 21, 234; BayObLG NJW 1959, 989; OLG Hamm Rpfleger 1975, 127.
102 BGH NJW 1972, 2262; BayObLG Rpfleger 1998, 425.
103 OLG Stuttgart FGPrax 2012, 158; Demharter GBO § 19 Rn. 23; BeckOK GBO/Hügel/Holzer GBO § 19 Rn. 105; aA KG HRR 1928 Nr. 590.
104 KGJ 49, 149, 155; OLG Frankfurt NJW-RR 1995, 785.
105 BayObLG JFG 2, 337; BayObLGZ 22, 312; OLG Frankfurt NJW-RR 1995, 785; OLG Jena Rpfleger 2001, 298.
106 BayObLG DNotZ 1994, 182; OLG München FGPrax 2007, 106.
107 JFG 17, 76; 22, 301; OLG Jena Rpfleger 1998, 109.
108 OLG München SJZ 1949, 852; OGH JR 1950, 722.
109 OLG Brandenburg NotBZ 2005, 357.
110 BGH NJW 2010, 144.
111 JFG 16, 85; BGH NJW 1951, 645; BayObLG 1952, 56.
112 RG HRR 1935 Nr. 432; BayObLG 1952, 209; BayVerfGH DÖV 1954, 28; OLG Celle MDR 1956, 170.
113 OLG Celle RdL 1954, 46; OLG Köln RdL 1954, 71.

Wird ein **Umlegungsverfahren** durchgeführt, sind nach § 51 Abs. 1 Nr. 1 BauGB von der Bekanntmachung des Umlegungsbeschlusses an bis zur Bekanntmachung der Unanfechtbarkeit des Umlegungsplans oder dessen teilweiser Inkraftsetzung im Umlegungsgebiet Verfügungen über Grundstücke und Teilung von Grundstücken nur mit schriftlicher Genehmigung der Umlegungsstelle zulässig. Dasselbe gilt für Verfügungen über Grundstücksrechte aller Art.[114] Zur Eintragung von Vormerkungen bedarf es keiner Genehmigung.[115] Bei der Durchführung von **Enteignungsverfahren** bestehen entsprechende Genehmigungspflichten, § 109 Abs. 1 BauGB, von der Bekanntmachung über die Einleitung des Verfahrens an. 69

Grundstücke, die in förmlich festgelegten **Sanierungsgebieten** und in städtebaulichen Entwicklungsbereichen liegen, dürfen nach § 144 Abs. 2 Nr. 1, 2, 5, § 169 Abs. 1 Nr. 3 BauGB nur mit schriftlicher Genehmigung der Sanierungsstelle veräußert werden. Dasselbe gilt für die Teilung von Grundstücken, für die Bestellung und Veräußerung eines Erbbaurechts und die Bestellung eines das Grundstück belastenden Rechts (mit Ausnahme von Rechten, die mit der Durchführung von Baumaßnahmen iSd § 148 Abs. 2 BauGB im Zusammenhang stehen). Wenn das Verpflichtungsgeschäft genehmigt wurde, so gilt auch das Erfüllungsgeschäft als genehmigt, § 144 Abs. 2 Nr. 3 BauGB. Die Eintragung einer Auflassungsvormerkung bedarf keiner Genehmigung, die Eintragung einer Verpfändung derselben jedoch schon.[116] 70

Nach § 22 BauGB kann die Begründung oder Teilung von Wohnungseigentum genehmigungspflichtig sein. Dies ist in Gebieten mit Fremdenverkehrsfunktion möglich und kann von der Gemeinde im Bebauungsplan oder einer sonstigen Gemeindesatzung festgelegt werden. 71

b) Genehmigungen nach dem GrdstVG. Nach § 2 Abs. 1, 2 GrdstVG sind die rechtsgeschäftliche **Veräußerung eines land- oder forstwirtschaftlichen Grundstücks** sowie die Einräumung oder Veräußerung eines Miteigentumsanteils an einem solchen genehmigungsbedürftig. Dabei ist unter einem Grundstück ein solches im Rechtssinn zu verstehen.[117] Außerdem sind die **Veräußerung eines Erbteils** an einen anderen als einen Miterben, wenn der Nachlass im Wesentlichen aus einem land- oder forstwirtschaftlichen Betrieb besteht sowie die Bestellung eines Nießbrauchs an einem land- oder forstwirtschaftlichen Grundstück genehmigungspflichtig. Landesrechtlich kann die Genehmigungspflicht nach § 2 Abs. 3 Nr. 1 GrdstVG auf die Veräußerung von grundstücksgleichen Rechten, die die land- oder forstwirtschaftliche Nutzung eines Grundstücks zum Gegenstand haben, sowie auf die Veräußerung von Fischereirechten ausgedehnt werden. Die Genehmigung des Verpflichtungsgeschäfts beinhaltet die Genehmigung des entsprechenden Verfügungsgeschäfts, § 2 Abs. 1 GrdstVG. Ist die Genehmigung uneingeschränkt erteilt, so ist sie unanfechtbar, § 22 GrdstVG. Enthält sie Auflagen oder Bedingungen, muss ihre Unanfechtbarkeit dem Grundbuchamt durch ein Zeugnis der Genehmigungsbehörde nachgewiesen werden. 72

Ausnahmen vom Genehmigungserfordernis können sich aus § 4 GrdstVG sowie aus landesrechtlichen Bestimmungen, nach denen aufgrund des § 2 Abs. 3 Nr. 2 GrdstVG eine Freigrenze vorgesehen ist, ergeben. 73

c) Genehmigungen nach dem BBergG. Nach § 23 BBergG ist zur rechtsgeschäftlichen Veräußerung von **Bergwerkseigentum** sowie zum schuldrechtlichen Vertrag darüber eine Genehmigung erforderlich. Die Zuständigkeit zur Erteilung der Genehmigung ist in § 142 BBergG geregelt. 74

d) Genehmigungen nach dem BVersG. Nach § 75 BVersG ist zur Veräußerung und Belastung eines mit einer Kapitalabfindung erworbenen Grundstücks, Erbbaurechts, Wohnungseigentums oder Wohnungserbbaurechts eine Genehmigung erforderlich, wenn ein entsprechender Vermerk im Grundbuch eingetragen ist. 75

---

114 BayObLG Rpfleger 1964, 215; OLG Celle Rpfleger 1965, 275; aA Eppig DNotZ 1960, 524.
115 BayObLG Rpfleger 1970, 25.
116 BGH FGPrax 2015, 150; OLG Nürnberg FGPrax 2013, 161.
117 OLG Schleswig RNotZ 2007, 210; OLG Jena Rpfleger 2010, 421.

76 **e) Genehmigungen nach der VO über Entschuldungsbetriebe.** Nach Art. 1 Abs. 1 der VO v. 6.1.1937 (RGBl. I 5) war zur Veräußerung eines Grundstücks, auf dem im Grundbuch ein Entschuldungsvermerk eingetragen war oder das einem mit einem Entschuldungsvermerk behafteten Grundstück nach Art. 3 der VO gleichstand eine Genehmigung erforderlich. Die VO v. 6.1.1937 wurde durch Gesetz vom 23.11.2007, BGBl. I 2614, aufgehoben.

77 **f) Genehmigungen nach der GVO.** Die GVO gilt neben dem Grundstücksverkehrsgesetz auf dem Gebiet der früheren DDR. Die Genehmigungspflicht soll verhindern, dass Rückübertragungsansprüche nach dem Vermögensgesetz durch Verfügungen vereitelt werden. Sie sichert das nur schuldrechtlich wirkende Unterlassungsgebot des § 3 Abs. 3 VermG verfahrensrechtlich ab.

78 Genehmigungspflichtig sind nach § 2 Abs. 1, § 3 GVO die Auflassung eines Grundstücks und der schuldrechtliche Vertrag darüber, die Bestellung und Übertragung eines Erbbaurechts und der schuldrechtliche Vertrag darüber, die Übertragung von Gebäuden und Rechten an Gebäuden oder Gebäudeteilen, die aufgrund von Rechtsvorschriften auf Gebäudegrundbuchblättern nachgewiesen werden können, die Einräumung oder Auflassung eines Miteigentumsanteils an einem Grundstück sowie die Auflassung von Wohnungs- und Teileigentum an einem Grundstück. Die Genehmigungspflicht erfasst alle Rechtsübertragungen, die der Auflassung bedürfen, somit auch die Erbauseinandersetzung oder Vermächtniserfüllung. Keiner Genehmigung bedarf aber die Übertragung eines Erbteils, wenn zum Nachlass ein Grundstück gehört. Dies gilt auch, wenn alle Erbteile veräußert werden und selbst dann, wenn der Grundbesitz das wesentliche oder ausschließliche Nachlassvermögen darstellt.[118] Die Belastung von Grundstücken (ausgenommen Belastung mit Erbbaurecht) bedarf keiner Genehmigung nach der GVO. Ausnahmen zur Genehmigungspflicht sind in § 2 Abs. 1 S. 2 GVO geregelt.

79 **g) Genehmigungen nach dem VermG.** Nach § 11c VermG kann über Vermögenswerte, die Gegenstand einer zwischenstaatlichen Vereinbarung der DDR sind, nur mit Zustimmung des Bundesamts zur Regelung offener Vermögensfragen verfügt werden. Dies gilt aber für Grundstücke, Gebäude und Grundpfandrechte nur, wenn im Grundbuch ein Zustimmungsvorbehalt eingetragen ist.

80 **3. Sonstige Eintragungsunterlagen.** Im Falle der Eigentumsübertragung von Grundstücken können noch andere Eintragungsunterlagen, insbesondere eine Unbedenklichkeitsbescheinigung des Finanzamts und eine Bescheinigung der Gemeinde über die Nichtausübung des Vorkaufsrechts erforderlich sein, → § 20 Rn. 45 ff.

§ 20 GBO   [Einigungsgrundsatz]

Im Falle der Auflassung eines Grundstücks sowie im Falle der Bestellung, Änderung des Inhalts oder Übertragung eines Erbbaurechts darf die Eintragung nur erfolgen, wenn die erforderliche Einigung des Berechtigten und des anderen Teils erklärt ist.

A. Allgemeines 1	3. Angabe des Gemeinschaftsverhältnisses 14
B. Regelungsgehalt 3	4. Bedingung und Befristung 15
I. Notwendigkeit des Nachweises der Einigung 3	III. Erwerbsfähigkeit 18
1. Übertragung des Eigentums an einem Grundstück 3	1. Allgemeines 18
2. Erbbaurecht 7	2. Sonderfall: Erwerb von Grundstücken durch Erbengemeinschaft 19
3. Entsprechende Anwendung 8	IV. Form der Auflassung 20
II. Inhalt der Auflassung 9	1. Form der Einigung bei Grundstücken . 20
1. Allgemeines 9	a) Erklärung der Auflassung 20
2. Bezeichnung des Grundstücks 12	b) Gleichzeitige Anwesenheit 21

---

[118] Böhringer DtZ 1993, 141; Frenz DtZ 1994, 57.

aa) Grundsatz	21
bb) Sonderfälle	22
(1) Verurteilung zur Abgabe der Einigungserklärung, § 894 ZPO	22
(2) Entziehung des Wohnungseigentums nach § 19 WEG aF	23
(3) Versteigerung durch Notar	24
c) Zuständige Stelle	25
aa) Notar	25
bb) Gericht	27
cc) Konsularbeamter	30
dd) Landesrechtliche Vorschriften Baden-Württemberg	31
d) Beurkundung der Auflassung	32
2. Form der Einigung beim Erbbaurecht	33
a) Nach dem BGB begründete Erbbaurechte	33
b) Nach dem ErbbauRG begründete Erbbaurechte	34
V. Wirksamkeit der Einigung	35
1. Bindung an die Einigung	35
2. Veränderungen zwischen Einigung und Grundbucheintragung	37
a) Wegfall der Geschäftsfähigkeit	37
b) Tod nach Einigungserklärung	38
aa) Tod des Veräußerers	38
bb) Tod des Erwerbers	39
VI. Berechtigung und Befugnis	40
VII. Gerichtliche Genehmigungen	43
VIII. Behördliche Genehmigungen	44
IX. Sonstige Eintragungsunterlagen	45
1. Negativzeugnis zum Vorkaufsrecht	45
2. Unbedenklichkeitsbescheinigung des Finanzamtes	53
C. Weitere praktische Hinweise	55
I. Sicherungsmittel für den Veräußerer	55
1. Allgemeines	55
2. Beurkundungsrechtlicher Weg	56
3. Materiellrechtlicher Weg	57
4. Grundbuchverfahrensrechtlicher Weg	58
II. Kosten	59

A. Allgemeines

Die Vorschrift regelt, dass dem Grundbuchamt in bestimmten Fällen neben der verfahrensrechtlichen Bewilligung die materiellrechtliche Einigung nachzuweisen ist. Das formelle Konsensprinzip wird somit durch das materielle durchbrochen. Diese Ausnahme begründet sich dadurch, dass mit dem Grundstückseigentum und Erbbaurecht wesentliche nicht nur privatrechtliche, sondern auch öffentlich-rechtliche Pflichten verbunden sind und daher ein besonderes Interesse an der Übereinstimmung zwischen materieller Rechtslage und Grundbucheintragung besteht.[1] Die Vorschrift stellt gleichwohl reines Grundbuchverfahrensrecht dar und ergänzt nicht die materiellrechtlichen Vorschriften in Bezug auf das Erfordernis einer Einigung.[2]

1

Die Einigung ist dem Grundbuchamt in der Form des § 29 nachzuweisen. Neben der Einigung ist aber immer noch zusätzlich eine verfahrensrechtliche **Eintragungsbewilligung erforderlich**.[3] In der sachenrechtlichen Einigung kann jedoch auch die verfahrensrechtliche Bewilligung enthalten sein.[4] Da dies reine Auslegungsfrage ist, empfiehlt es sich jedoch, die Bewilligung ausdrücklich zu erklären.

2

---

1 OLG Hamburg MittBayNot 2018, 163; KGJ 25, 102; Demharter GBO § 20 Rn. 2; Meikel/Böttcher GBO § 20 Rn. 2; BeckOK GBO/Hügel GBO § 20 Rn. 1; Schöner/Stöber GrundbuchR Rn. 108.
2 Meikel/Böttcher GBO § 20 Rn. 4; Bauer/v. Oefele/Kössinger GBO § 20 Rn. 2; BeckOK GBO/Hügel GBO § 20 Rn. 1.
3 BGH NJW 1988, 415; OLG Jena NotBZ 2012, 459; OLG Düsseldorf MittBayNot 2010, 307 = RNotZ 2010, 201; OLG Stuttgart NJW-RR 2008, 828 = DNotZ 2008, 456 = NotBZ 2008, 126 = RNotZ 2008, 162 = BWNotZ 2008, 55 = ZNotP 2008, 283; OLG Köln Rpfleger 1992, 299; BayObLG Rpfleger 1994, 344; OLG München NotBZ 2011, 61; Böttcher ZNotP 2008, 258; Weser MittBayNot 1993, 253; Behmer Rpfleger 1984, 306; Ertl DNotZ 1975, 647; BeckOK GBO/Hügel GBO § 20 Rn. 3; Demharter GBO § 20 Rn. 2; Bauer/v. Oefele/Kössinger GBO § 20 Rn. 14; aA RGZ 141, 376; JFG 15, 158; Kesseler ZNotP 2005, 176.
4 OLG Braunschweig RNotZ 2019, 464; OLG München RNotZ 2017, 449; OLG Düsseldorf MittBayNot 2010, 307 = RNotZ 2010, 201; OLG Köln FGPrax 2009, 6 = RNotZ 2009, 240; OLG Stuttgart NJW-RR 2008, 828 = DNotZ 2008, 456 NotBZ 2008, 126 = RNotZ 2008, 162 = BWNotZ 2008, 55 = ZNotP 2008, 283; OLG Köln MittRhNotK 1997, 325; BayObLG DNotZ 1975, 685; Meikel/Böttcher GBO § 20 Rn. 5; BeckOK GBO/Hügel GBO § 20 Rn. 3; Demharter GBO § 20 Rn. 2; Demharter MittBayNot 2008, 124.

B. Regelungsgehalt

I. Notwendigkeit des Nachweises der Einigung

1. Übertragung des Eigentums an einem Grundstück. Der Hauptanwendungsbereich des § 20 ist die Übertragung von Eigentum an Grundstücken. Die Einigung über den Eigentumsübergang an einem Grundstück wird im Gesetz als **Auflassung** bezeichnet, § 925 BGB.

Der Übertragung des Eigentums an Grundstücken steht die Übertragung des Eigentums an realen Grundstücksteilen, Miteigentum in Bruchteilen und Wohnungs- und Teileigentum gleich.[5]

Für den Eigentumswechsel ist immer dann eine Auflassung erforderlich, wenn ein Grundstück nicht kraft Gesetzes oder durch staatlichen Akt auf einen anderen übergeht. Erforderlich ist die Auflassung bspw. bei einer **Erbauseinandersetzung**, bei der ein Grundstück beteiligt ist. Dabei spielt es keine Rolle, ob ein Miterbe Alleineigentümer des Grundstücks werden soll oder ob die Erben Bruchteilseigentümer werden sollen.[6] Die Auflassung ist auch erforderlich, wenn ein Grundstück aus dem Nachlass auf eine aus den Mitgliedern der Erbengemeinschaft gebildete Gesellschaft bürgerlichen Rechts übertragen werden soll.[7] Wenn durch Grundstücksübertragung ein **Vermächtnis** erfüllt werden soll, ist ebenfalls Auflassung erforderlich, da die Vermächtnisanordnung keine dingliche Wirkung hat, sondern nur dem Vermächtnisnehmer einen schuldrechtlichen Anspruch, § 2174 BGB, auf Übertragung des Vermachten verschafft.

Eine Auflassung ist nicht erforderlich für die Eintragung der Erben als solcher, da die Erben das Eigentum an den Erbschaftsgegenständen kraft Gesetzes durch Universalsukzession erwerben. Ihre Eintragung ist Grundbuchberichtigung. Bei der Übertragung einer oder mehrerer Erbteile auf einen Miterben oder Dritten bedarf es nicht der Auflassung, auch wenn der Nachlass überwiegend oder nur aus Grundstücken besteht.[8] Nach hM ist auch das Ausscheiden eines Miterben aus der Erbengemeinschaft durch Abschichtung möglich, die zu einer Anwachsung des Erbteils bei den verbliebenen Miterben führt.[9] Dazu soll nach hM notarielle Beurkundung auch dann nicht erforderlich sein, wenn zum Nachlass ein Grundstück gehört.[10] Folgt man dieser Ansicht, kann dem Grundbuchamt die veränderte Rechtslage durch Berichtigungsbewilligung nachgewiesen werden.

2. Erbbaurecht. Bei der Bestellung, Übertragung oder Inhaltsänderung eines Erbbaurechts ist die nach § 11 Abs. 1 ErbbauRG, § 873 Abs. 1 BGB erforderliche **Einigung** nach § 20 dem Grundbuchamt nachzuweisen.

3. Entsprechende Anwendung. § 144 bestimmt, dass § 20, soweit er das Erbbaurecht betrifft, entsprechend auf Erbpachtrechte und auf Abbaurechte an nicht bergrechtlichen Mineralien anzuwenden ist. In Bayern gilt § 20 sinngemäß für die Übertragung von Bergwerkseigentum, selbstständigen Fischereirechten, realen nicht radizierten Gewerbeberechtigungen und Nutzungsrechten des älteren Rechts.

---

5 Demharter GBO § 20 Rn. 4.
6 RGZ 57, 432; 105, 246; Meikel/Böttcher GBO § 20 Rn. 32 ff.; BeckOK GBO/Hügel GBO § 20 Rn. 22.
7 KG DR 1944, 455.
8 OLG Köln Rpfleger 1993, 349; Bauer/V. Oefele/Kössinger GBO § 20 Rn. 114; BeckOK GBO/Hügel GBO § 20 Rn. 22; Demharter GBO § 20 Rn. 7.
9 BGH NJW 1998, 1557 = MDR 1998, 539 = FamRZ 1998, 673 = MittBayNot 1998, 188 = Rpfleger 1998, 287 = ZEV 1998, 141 = WM 1998, 1395 = MittRhNotK 1998, 248 = DNotZ 1999, 60; LG Köln NJW 2003, 2993 = Rpfleger 2004, 95 = NotBZ 2004, 75; Keim RNotZ 2003, 386; kritisch Rieger DNotZ 1999, 64.
10 BGH NJW 1998, 1557 = MDR 1998, 539 = FamRZ 1998, 673 = MittBayNot 1998, 188 = Rpfleger 1998, 287 = ZEV 1998, 141 = WM 1998, 1395 = MittRhNotK 1998, 248 = DNotZ 1999, 60; OLG Hamm DNotZ 2014, 695 = Rpfleger 2014, 479; LG Köln NJW 2003, 2993; BeckOK GBO/Hügel GBO § 20 Rn. 22; Weser/Saalfrank NJW 2003, 2939; Düming Rpfleger 2004, 96; aA Keim RNotZ 2003, 386; Schöner/Stöber GrundbuchR Rn. 976b.

II. Inhalt der Auflassung

1. Allgemeines. Die Auflassung besteht aus zwei übereinstimmenden Willenserklärungen, die auf die Übertragung von Eigentum an einem Grundstück gerichtet sind. Es gelten die allgemeinen Regelungen für Willenserklärungen, insbesondere zur Rechts- und Geschäftsfähigkeit. Bei der Einigung ist eine bestimmte Ausdrucksweise nicht vorgeschrieben, sie kann bspw. auch in der Form erklärt werden, dass der Veräußerer die Eigentumsumschreibung bewilligt und der Erwerber diese beantragt.[11] Entscheidend ist, dass die übereinstimmenden, **unmittelbar auf Eigentumsübergang gerichteten Willenserklärungen** erkennbar sind. Die Erklärungen der Beteiligten sind der Auslegung zugänglich.[12]

Die Auflassung muss dem **Bestimmtheitsgrundsatz** entsprechen. Insbesondere muss das Grundstück (→ Rn. 12 f.; → § 28 Rn. 5 ff.) und ein etwaiges Gemeinschaftsverhältnis (→ Rn. 14; s. auch § 47) genau bezeichnet sein.

Der Grundsatz „falsa demonstratio non nocet" kann für die Einigungserklärungen Anwendung finden.[13] Wenn der Auflassungsgegenstand **falsch bezeichnet** ist, ist der übereinstimmende Wille der Parteien maßgeblich und geht dem Wortlaut und der Auslegung vor.[14] Gleiches muss auch für das Gemeinschaftsverhältnis gelten. Dieser Wille muss jedoch zum Vollzug der Auflassung dem Grundbuchamt in Form des § 29 nachgewiesen werden. Soweit dies nicht möglich ist, muss erneute Auflassung erfolgen.[15]

2. Bezeichnung des Grundstücks. Die Einigung als materiellrechtliche Erklärung muss das Grundstück hinreichend **bestimmt bezeichnen**. Das kann auch bei Teilflächen der Fall sein.[16] Erreicht werden kann die hinreichend genaue Bezeichnung einer Teilfläche bspw. durch wörtliche Beschreibung oder durch eine Skizze oder einen Lageplan. Für den Vollzug der Auflassung im Grundbuch ist jedoch die Bezeichnung des Grundstücks gemäß § 28 erforderlich. Das Grundstück muss immer gem. § 28 bezeichnet werden, wenn die Einigung auch die verfahrensrechtliche Bewilligung enthalten soll.[17]

Ist die Bezeichnung des Grundstücks nach § 28 bei der Auflassung unterblieben, muss sie, um den Vollzug im Grundbuch zu ermöglichen, in der Form des § 29 **nachgeholt** werden. Dafür genügt die Erklärung eines der Beteiligten.[18] Der Notar kann, wenn er dazu ausdrücklich bevollmächtigt ist, die Erklärung in Eigenurkunde abgeben. Praktisch empfiehlt sich der Weg der sog. **Messungsanerkennung und Identitätserklärung**, bei dem die Beteiligten nach Vermessung der aufgelassenen Teilfläche bei Vorliegen des Fortführungsnachweises die Richtigkeit der Vermessung anerkennen und die Identität der aufgelassenen Fläche mit dem im Fortführungsnachweis

---

11 KG HRR 1936 Nr. 137; BayObLG Rpfleger 1984, 266.
12 OLG Rostock RNotZ 2019, 150; OLG München MittBayNot 2018, 456; RG 152, 192; BayObLG Rpfleger 1974, 222; Demharter GBO § 20 Rn. 31.
13 BGH NJW 2008, 1658 = MittBayNot 2008, 374 = MDR 2008, 498 = WM 2008, 1037 = ZfIR 2008, 372; BGH NJW 2002, 1038 = Rpfleger 2002, 255 = NotBZ 2002, 97 = ZNotP 2002, 149 = WM 2002, 763 = MDR 2002, 510 = ZfIR 2002, 485; BGH DNotZ 2001, 846 = ZNotP 2001, 348 = MDR 2001, 1046 = WM 2001, 1905 = NotBZ 2001, 388 = ZfIR 2002, 160; BGH Rpfleger 1984, 310; BayObLG JFG 3, 285; BayObLG Rpfleger 1963; 243; OLG München DNotZ 2012, 828 = MittBayNot 2012, 502; OLG Stuttgart NotBZ 2012, 235 = ZErb 2012, 128 = FamRZ 2012, 1419; OLG München MittBayNot 2021, 253; OLG Frankfurt aM NJW 2008, 1003 = FamRZ 2008, 542 = FGPrax 2008, 6 = RNotZ 2008, 229; BeckOK GBO/Hügel GBO Rn. 33; Demharter GBO § 20 Rn. 31.
14 OLG Frankfurt NJW 2008, 1003 = FamRZ 2008, 542 = FGPrax 2008, 6 = RNotZ 2008, 229.
15 OLG München DNotZ 2013, 139; FGPrax 2009, 11.
16 BGH DNotZ 2016, 115; BGH NJW 2008, 1658 = MittBayNot 2008, 374 = MDR 2008, 498 = WM 2008, 1037 = ZfIR 2008, 372; BGH NJW 1984, 1959; OLG Stuttgart NJW-RR 2008, 828 = DNotZ 2008, 456 = MittBayNot 2008, 122 = NotBZ 2008, 126 = RNotZ 2008, 162 = BWNotZ 2008, 55 = ZNotP 2008, 283; BeckOK GBO/Hügel GBO § 20 Rn. 10.
17 KG HRR 1930 Nr. 1507; OLG Hamm DNotZ 1958, 644; BayObLG Rpfleger 1988, 60.
18 BGH Rpfleger 1984, 310; BayObLG Rpfleger 1967, 177 mAnm Haegele; BayObLG Rpfleger 1974, 222; OLG Köln NJW-RR 1992, 1043 = Rpfleger 1992, 153 = DNotZ 1992, 371; aA Keller/Munzig/Munzig GBO § 20 Rn. 78, wonach nur der Veräußerer die Erklärung abgeben kann.

ausgewiesenen neuen Grundstück anerkennen. Die Erklärungen bedürfen der Form des § 29. Die Identitätserklärung hat keinen materiellrechtlichen Charakter.[19] Das Grundbuchamt muss auch bei Vorliegen einer solchen Erklärung die Identität zwischen der aufgelassenen Teilfläche und dem vermessenen Grundstück selbst prüfen.[20] Wenn keine Zweifel an der Identität bestehen, weil bspw. der der Auflassung zugrundeliegende Lageplan und die amtliche Karte nach Vermessung eindeutig übereinstimmen, kann das Grundbuchamt die Vorlage einer Identitätserklärung nicht verlangen.[21]

14 **3. Angabe des Gemeinschaftsverhältnisses.** Soll das Eigentum an einem Grundstück auf mehrere Erwerber übergehen, muss die Auflassung die nach § 47 Abs. 1 erforderliche Angabe des **Gemeinschaftsverhältnisses** enthalten. Fehlt die Angabe eines Gemeinschaftsverhältnisses und soll sie **nachgeholt** werden oder soll das Gemeinschaftsverhältnis **nachträglich geändert** werden, ist dazu Einigung erforderlich. Die Erwerber können die Angabe des Gemeinschaftsverhältnisses also grundsätzlich nicht einseitig nachholen oder ändern.[22] Regelmäßig liegt aber in der Auflassung eine stillschweigende Ermächtigung des Veräußerers nach § 185 BGB dahin gehend, dass die Erwerber das Gemeinschaftsverhältnis nachträglich bestimmen können.[23]

15 **4. Bedingung und Befristung.** Die Auflassung muss nach § 925 Abs. 2 BGB **unbedingt und unbefristet** sein. Sie darf auch nicht von der Wirksamkeit des Grundgeschäfts oder von einem möglichen Rücktritt abhängig gemacht werden.[24] Daher ist auch die Erklärung einer Auflassung in einem **Vergleich mit Widerrufsvorbehalt** nicht möglich.[25]

16 Möglich ist dagegen ein **Vorbehalt nach § 16 Abs. 2**. Es kann bspw. bestimmt werden, dass die Auflassung im Grundbuch nur vollzogen werden soll, wenn Lastenfreistellung erfolgt ist. Soweit nicht die Einigung über den Eigentumsübergang, sondern nur der Vollzug durch das Grundbuchamt von einer Bedingung oder Zeitbestimmung abhängig ist, ist die Auflassung wirksam.[26] Zur Zulässigkeit von Bedingungen und Befristungen bei Antrag und Bewilligung s. § 16. Eine **Rechtsbedingung**, bspw. wenn ein Nachlasspfleger die Auflassung von der nachlassgerichtlichen Genehmigung abhängig macht, ist unschädlich.[27]

17 Bei der Übertragung von Erbbaurechten sind Bedingungen und Befristungen ebenfalls nicht zulässig, § 11 Abs. 2 S. 2 ErbbauRG. Die Bestellung eines Erbbaurechts darf dagegen nur keine auflösende Bedingung enthalten, § 1 Abs. 4 S. 1 ErbbauRG.

III. Erwerbsfähigkeit

18 **1. Allgemeines.** Die an der Einigung beteiligten Personen müssen fähig sein, Träger von Rechten und Pflichten zu sein. Eine Einigung zugunsten eines Dritten analog § 328 BGB ist nicht möglich, da Verträge zugunsten Dritter nur mit schuldrechtlicher, nicht mit dinglicher Wirkung

---

19 OLG Hamm FGPrax 2007, 243 = MittBayNot 2008, 72 = JurBüro 2007, 540; OLG Köln NJW-RR 1992, 1043 = Rpfleger 1992, 153 = DNotZ 1992, 371; Demharter GBO § 20 Rn. 32; aA Bauer/v. Oefele/Kössinger GBO § 20 Rn. 52.

20 BayObLG NJW-RR 2003, 446 = FGPrax 2003, 57 = Rpfleger 2003, 289 = MittBayNot 2003, 202 = DNotZ 2003, 275 = RNotZ 2003, 129 = ZfIR 2003, 382; Demharter GBO § 20 Rn. 32; aA LG Saarbrücken MittRhNotK 1997, 364.

21 OLG Köln NJW-RR 1992, 1043 = Rpfleger 1992, 153 = DNotZ 1992, 371.

22 BayObLG Rpfleger 1975, 302.

23 OLG Köln Rpfleger 1980, 16 für die nachträgliche Änderung; LG Lüneburg Rpfleger 1994, 206 für das Nachholen einer fehlenden Angabe.

24 JFG 14, 221; OLG Düsseldorf JMBlNW 1957, 160.

25 OLG Celle DNotZ 1957, 660; aA BVerwG Rpfleger 1995, 497.

26 BGH LM § 925 Nr. 3; OLG Düsseldorf NJW 1954, 1041.

27 OLG Celle DNotZ 1957, 600.

möglich sind.[28] Auch eine Auflassung an eine noch nicht bestimmte oder nicht bestimmbare Person ist unwirksam.[29]

2. Sonderfall: Erwerb von Grundstücken durch Erbengemeinschaft. Eine Erbengemeinschaft kann Grundstücke nur im Wege der **Surrogation nach § 2041 BGB** erwerben.[30] Nach dieser Vorschrift gehört zum Nachlass, was durch ein Rechtsgeschäft erworben wird, das sich auf den Nachlass bezieht. Dazu ist erforderlich, dass das Rechtsgeschäft bei wirtschaftlicher Betrachtungsweise in einem inneren Zusammenhang zum Nachlass steht. Dies wurde von der Rechtsprechung bejaht bei Erwerb einer ideellen Grundstückshälfte, wenn die andere Hälfte bereits zum Nachlass gehört,[31] bei Erwerb eines Grundstücks, um ein bereits zum Nachlass gehörendes Grundstück zu vergrößern,[32] sowie bei Ersteigerung eines Grundstücks, um eine zum Nachlass gehörende Hypothek zu retten.[33] Streitig ist, ob bei der Surrogation der objektive Zusammenhang zwischen Erbschaft und Rechtsgeschäft genügt oder ob zusätzlich ein auf Surrogationserwerb gerichteter Wille der Erbengemeinschaft vorliegen muss.[34] Ein objektiver Zusammenhang zwischen Nachlass und Erwerb besteht insbesondere, wenn das Grundstück mit Mitteln erworben wird, die aus der Veräußerung eines anderen Nachlassgrundstücks stammen, auch wenn das nicht im Wege des Tauschs erfolgt und auch wenn zum Neuerwerb zusätzliche Mittel aus dem Nachlass aufgewendet werden müssen.[35] Ein innerer Zusammenhang fehlt, wenn ein Grundstück veräußert wurde, der Erlös im Wege der Teilerbauseinandersetzung unter den Erben verteilt wurde und dann aus diesen Mitteln ein neues Grundstück erworben werden soll.[36] Ist die Erbauseinandersetzung einmal erfolgt, so kann die Erbengemeinschaft nicht durch Vertrag wieder neu begründet werden, um dann Grundstücke im Wege der Surrogation erwerben zu können. Dies ist auch dann nicht möglich, wenn die Erben einen wirksam gewordenen Auseinandersetzungsvertrag wieder aufheben.[37] Das gilt auch, wenn der Nachlass nur teilweise auseinandergesetzt wurde.[38] Eine Anfechtung des Auseinandersetzungsvertrags wegen Irrtums, mit der Folge, dass die Erbengemeinschaft dann wieder besteht und auch wieder Grundstücke im Surrogationsweg erwerben kann, ist aber möglich.[39]

IV. Form der Auflassung

1. Form der Einigung bei Grundstücken. a) Erklärung der Auflassung. Nach § 925 Abs. 1 BGB muss die Auflassung **vor einer zuständigen Stelle bei gleichzeitiger Anwesenheit beider Teile** erklärt werden. Die Auflassung muss nicht zwingend mündlich erklärt werden, es genügt jede Art der Abgabe einer Erklärung, soweit für alle Beteiligten kein Zweifel am Einverständnis mit der Auflassung bestehen, so etwa Kopfnicken oder Unterzeichnung der Urkunde nach deren Verle-

---

28 RGZ 66, 97; 98, 279 (282); 124, 217 (221); BGH NJW 1993, 2617 = Rpfleger 1993, 503 = WM 1993, 1962 = MDR 1993, 1242 = DNotZ 1995, 494; BGH NJW-RR 1986, 848; BGH MDR 1965, 564; BGHZ 41, 95; BayObLG NJW 2003, 1402 = Rpfleger 2003, 177 = NotBZ 2003, 1402 = MittBayNot 2003, 126 = ZflR 2003, 158 = ZNotP 2002, 475; BayObLGZ 1958, 164 (168); OLG Düsseldorf MittRhNotK 1990, 52.
29 BayObLG Rpfleger 1984, 11.
30 JFG 15, 155; KG DNotZ 1944, 177; OLG Köln OLGZ 1965, 117.
31 KG DNotZ 1937, 641 = JW 1937, 2199.
32 KG DR 1944, 190.
33 RG 117, 163.
34 Für das genügen des objektiven Zusammenhangs: BGH NJW 1968, 1824; OLG München NJW 1956, 1880; LG Koblenz DNotZ 1950, 65; für die Erforderlichkeit des Surrogationswillens: RG 92, 139; OGH NJW 1949, 784; BGH MittBayNot 2000, 325 = WM 1999, 2412 = ZEV 2000, 62.
35 Schöner/Stöber GrundbuchR Rn. 3137.
36 BayObLGZ 1991, 390 = Rpfleger 1992, 62 = MittBayNot 1992, 148 = NJW-RR 1992, 328 = FamRZ 1992, 604 = DNotZ 1993, 400.
37 Haegele Rpfleger 1963, 396.
38 OLG Düsseldorf Rpfleger 1952, 244; KG DNotZ 1952, 84.
39 KG DRiZ 1952 Nr. 565.

sung.⁴⁰ Allein die Tatsache, dass der eine Teil die Auflassungserklärung des anderen Teils zur Kenntnis nimmt, genügt aber nicht für eine wirksame Einigung.⁴¹

21 **b) Gleichzeitige Anwesenheit. aa) Grundsatz.** Bei der Erklärung der Auflassung müssen Veräußerer und Erwerber gleichzeitig anwesend sein. Wird dagegen **verstoßen**, ist die Auflassung nach **§ 125 S. 1 BGB nichtig**.⁴² Gleichzeitige Anwesenheit bedeutet nicht zwingend persönliche Anwesenheit. Die Auflassungserklärung kann unproblematisch von einem Vertreter abgegeben werden.⁴³ Veräußerer und Erwerber können auch durch denselben von den Beschränkungen des § 181 BGB befreiten Bevollmächtigten vertreten werden.⁴⁴ Bei mehreren Veräußerern, bspw. einer Erbengemeinschaft, kann jeder Veräußerer die Auflassung in Gegenwart des Erwerbers, aber in Abwesenheit der anderen Veräußerer erklären.⁴⁵

22 **bb) Sonderfälle. (1) Verurteilung zur Abgabe der Einigungserklärung, § 894 ZPO.** Wenn ein Beteiligter zur Abgabe der Einigungserklärung nach § 894 ZPO verurteilt wurde, gilt die Erklärung mit Rechtskraft des Urteils als abgegeben.⁴⁶ Der andere Teil muss eine Erklärung unter Vorlage der Ausfertigung des rechtskräftigen Urteils vor einer zuständigen Stelle abgeben.⁴⁷ Eine schriftliche Erklärung des anderen Teils mit Beglaubigung der Unterschrift genügt nicht.⁴⁸ Eine an sich erforderliche Genehmigung des Familien-, Betreuungs- oder Nachlassgerichts wird durch das Urteil ersetzt,⁴⁹ nicht aber andere behördliche Genehmigungen.⁵⁰

23 **(2) Entziehung des Wohnungseigentums nach § 19 WEG aF.** Ein nach § 18 WEG ergangenes Urteil oder ein entsprechender gerichtlicher Vergleich ersetzte nach § 19 Abs. 1 S. 1 WEG aF die Auflassungserklärung an den Ersteher des zu versteigernden Wohnungseigentums. Erforderlich war nur noch die Annahmeerklärung, die wie im Fall der Verurteilung nach § 894 ZPO vor einer zuständigen Stelle abgegeben werden musste. Durch das Gesetz vom 26.3.2007 (BGBl. I 370) wurde die Bestimmung geändert. Nunmehr berechtigt das Urteil, durch das ein Wohnungseigentümer zur Veräußerung seines Wohnungseigentums verpflichtet wird, jeden Miteigentümer zur Zwangsvollstreckung entsprechend den Vorschriften des ZVG.

24 **(3) Versteigerung durch Notar.** Nach dem in Art. 143 Abs. 2 EGBGB enthaltenen Vorbehalt kann die gleichzeitige Anwesenheit beider Teile durch Landesrecht für entbehrlich erklärt werden, wenn ein Grundstück durch einen Notar versteigert wird und noch im Versteigerungstermin die Auflassung erfolgt.

25 **c) Zuständige Stelle. aa) Notar.** Jeder deutsche Notar ist eine zuständige Stelle iSv § 925 Abs. 1 S. 2 BGB. Vor ausländischen Notaren kann die Auflassung nicht erklärt werden.⁵¹ Die Zustän-

---

40 OLG Rostock NJW-RR 2006, 1162 = DNotZ 2007, 220 = MittBayNot 2006, 415 = NotBZ 2006, 367; Meikel/Böttcher GBO § 20 Rn. 64; Reithmann DNotZ 2001, 563; BeckOK GBO/Hügel GBO § 20 Rn. 41; aA BayObLG FGPrax 2001, 13 = DNotZ 2001, 557 = MittBayNot 2001, 202 = ZNotP 2001, 199 = MDR 2001, 501 = BWNotZ 2002, 155 = ZfIR 2001, 328; Demharter GBO § 20 Rn. 13.
41 OLG Zweibrücken RNotZ 2009, 654.
42 BGH NJW 1959, 626; OLG Braunschweig RNotZ 2019, 464; Demharter GBO § 20 Rn. 20; BeckOK GBO/Hügel GBO § 20 Rn. 42.
43 BayObLG Rpfleger 1984, 11; Demharter GBO § 20 Rn. 20; Bauer/v. Oefele/Kössinger GBO § 20 Rn. 193; BeckOK GBO/Hügel GBO § 20 Rn. 42.
44 OLG Hamm FGPrax 2010, 10.
45 OLG München Rpfleger 2009, 228 = FGPrax 2009, 59 = DNotZ 2009, 223 = NotBZ 2009, 30.
46 OLG München MittBayNot 2015, 129; OLG Düsseldorf NJOZ 2018, 1217.
47 OLG München MittBayNot 2015, 129; BayObLG Rpfleger 2005, 488 = FGPrax 2005, 178 = NotBZ 2005, 216 = ZNotP 2005, 277 = RNotZ 2005, 362; BayObLG DNotZ 1984, 628; OLG Düsseldorf NJOZ 2018, 1217; BeckOK GBO/Hügel GBO § 20 Rn. 44; Demharter GBO § 20 Rn. 24; Wolfsteiner MittBayNot 2015, 131; aA Staudinger/Pfeifer BGB § 925 Rn. 84; Meyer-Stolte Rpfleger 1983, 391; Existenz des Urteils sei ausreichend.
48 OLG Celle DNotZ 1979; 308; BeckOK GBO/Hügel GBO § 20 Rn. 44; Demharter GBO § 20 Rn. 24.
49 BayObLG MDR 1953, 561; str.
50 BGH NJW 1982, 881; Meikel/Böttcher GBO § 20 Rn. 68.
51 BGH NJW 2020, 1670 Rn. 12; OLG Köln Rpfleger 1972, 134; KG DNotZ 1987, 44; LG Ellwangen MittRhNotK 2000, 252; Kanzleiter DNotZ 2007, 224; Döbereiner ZNotP 2001, 465; Blumenwitz DNotZ 1968, 712 (736); aA Mann NJW 1955, 1177, Heinz ZNotP 2001, 460.

digkeit eines deutschen Notars hängt nicht davon ab, ob das aufzulassende Grundstück in seinem Amtsbereich oder Amtsbezirk liegt.[52]

Umstritten war, ob ein von einem staatlichen Notariat der **ehemaligen DDR** beurkundeter 26
Grundstückskaufvertrag Grundlage für eine ab dem 3.10.1990 beantragte Eigentumsumschreibung sein kann.[53] Durch die Einführung des Art. 233 § 7 Abs. 1 S. 3 EGBGB wurde dies gesetzlich bejaht. Nach Art. 231 § 7 EGBGB ist auch ein Vertrag über ein in der ehemaligen DDR gelegenes Grundstück, der in West-Berlin oder in der Bundesrepublik beurkundet wurde, wirksam.

bb) **Gericht.** Nach § 925 Abs. 1 S. 3 BGB kann die Auflassung in einem **gerichtlichen Vergleich** 27
vor jedem deutschen Gericht erklärt werden. In Betracht kommen dabei alle deutschen Gerichte, also nicht nur die ordentlichen Gerichte der freiwilligen und streitigen Gerichtsbarkeit, sondern auch Strafgerichte im Adhäsionsverfahren,[54] Vollstreckungsgerichte,[55] Landwirtschaftsgerichte,[56] Nachlassgerichte im Verfahren nach § 363 ff. FamFG und Verwaltungs-, Sozial- und Finanzgerichte.[57] Der Vergleich muss in einem anhängigen Gerichtsverfahren abgeschlossen werden und dieses ganz oder teilweise beenden. Nicht notwendig ist dabei, dass die Auflassung unmittelbar mit dem Streitgegenstand in Zusammenhang steht, der Vergleich darf auch über den Streitgegenstand hinausgehen.[58] Die Voraussetzungen des § 779 BGB müssen dabei nicht erfüllt sein.[59] Der Vergleich muss ordnungsgemäß protokolliert sein nach §§ 159 ZPO ff.[60] Wenn der Vermerk unterblieben ist, dass die Erklärungen vorgelesen oder sonst in gesetzlicher Form eröffnet und genehmigt worden sind, schadet dies aber nicht.[61] Ein **Widerrufsvorbehalt** darf in dem Vergleich nicht enthalten sein, ansonsten ist die Auflassung wegen § 925 Abs. 2 BGB unwirksam.[62] Der Vertretungsnachweis eines Prozessbevollmächtigten ist kein Erfordernis der Wirksamkeit der Auflassung.[63] Die Aufführung im Vergleichsprotokoll ist regelmäßig ausreichend.[64]

Ein Vergleich in Form eines **Schiedsspruchs** nach § 1053 ZPO kann eine wirksame Auflassung 28
nicht enthalten, da er nicht unter § 925 Abs. 1 S. 3 BGB fällt.[65]

Möglich ist die Erklärung der Auflassung auch in einem **Insolvenzplan** nach §§ 217 ff. InsO. 29
Die Erklärungen müssen dafür in den gestaltenden Teil des Plans, § 221 InsO, aufgenommen werden. Dabei ist gem. § 228 S. 2 InsO das Grundstück nach § 28 zu bezeichnen. Der Plan muss gerichtlich bestätigt, §§ 248, 252 InsO und der bestätigende Beschluss muss rechtskräftig sein, § 253 InsO. Beschluss und Rechtskraft müssen dem Grundbuchamt nach § 29 nachgewie-

---

52 Demharter GBO § 20 Rn. 15; Bauer/v. Oefele/Kössinger GBO § 20 Rn. 195; BeckOK GBO/Hügel GBO § 20 Rn. 45.
53 Ertl MittBayNot 1992, 102 (110).
54 OLG Stuttgart NJW 1964, 100; Bauer/v. Oefele/Kössinger GBO § 20 Rn. 199.
55 OLG Saarbrücken OLGZ 1969, 210.
56 BGH NJW 1999, 2806 = Rpfleger 1999, 483 = WM 1999, 1738 = MDR 1999, 1150 = DNotZ 1999, 985 = ZfIR 1999, 784.
57 BVerwG NJW 1995, 2179 = Rpfleger 1995, 497 = MDR 1996, 415; Meikel/Böttcher GBO § 20 Rn. 71; Bauer/v. Oefele/Kössinger GBO § 20 Rn. 200; BeckOK GBO/Hügel GBO § 20 Rn. 45; Demharter GBO § 20 Rn. 16; Walchshöfer NJW 1973, 1103; aA BayVGH BayVBl. 1972, 664.
58 BGH NJW 2011, 3451; BeckOK GBO/Hügel GBO § 20 Rn. 45; Adam NJW 2016, 3485.
59 Demharter GBO § 20 Rn. 16.
60 BGHZ 14, 309; BeckOK GBO/Hügel GBO § 20 Rn. 45; Demharter GBO § 20 Rn. 16.
61 BGH NJW 1999, 2806 = Rpfleger 1999, 483 = DNotZ 1999, 985 = WM 1999, 1738 = MDR 1999, 1150 = ZfIR 1999, 784.
62 OLG Düsseldorf NJW 2015, 1029; OLG Celle DNotZ 1957, 660; Bauer/v. Oefele/Kössinger GBO § 20 Rn. 201; Demharter GBO § 20 Rn. 16; BeckOK GBO/Hügel GBO § 10 Rn. 45; Adam NJW 2016, 3485; Walchshöfer NJW 1973, 1103 (1107); aA BVerwG NJW 1995, 2179 = Rpfleger 1995, 497 = MDR 1996, 415.
63 BeckOK GBO/Hügel GBO § 20 Rn. 45; Bauer/v. Oefele/Kössinger GBO § 20 Rn. 201.
64 JFG 1, 334; OLG Saarbrücken OLGZ 1969, 210; OLG Frankfurt Rpfleger 1980, 291; Demharter GBO § 20 Rn. 16; BeckOK GBO/Hügel GBO § 20 Rn. 45.
65 Demharter ZfIR 1998, 445.

sen werden.[66] Der Insolvenzplan ersetzt nicht die Eintragung des Erwerbers in das Grundbuch.[67]

30 cc) **Konsularbeamter.** Nach § 12 Nr. 1, §§ 19, 24 KonsularG v. 11.9.1974, BGBl. I 2317, ist der Konsularbeamte für die Entgegennahme der Auflassung zuständig.

31 dd) **Landesrechtliche Vorschriften Baden-Württemberg.** In Baden-Württemberg war bis 31.12.2017 nach § 61 Abs. 4 BeurkG, § 32 Abs. 3 LFGG der Ratsschreiber für die Entgegennahme der Auflassung zuständig, soweit es sich um die Erfüllung eines von ihm beurkundeten Vertrages handelte.

32 d) **Beurkundung der Auflassung.** Die Beurkundung ist **nicht Wirksamkeitsvoraussetzung** der Auflassung. Sie ist vielmehr auch dann wirksam, wenn ihre Beurkundung unterblieben ist oder nicht entsprechend den gesetzlichen Vorschriften durchgeführt wurde.[68] Die Tatsache, dass die Auflassung bei gleichzeitiger Anwesenheit vor einer zuständigen Stelle erklärt wurde, ist dem Grundbuchamt aber in Form des § 29 nachzuweisen, was ohne formgerechte Beurkundung nicht möglich ist.[69] Eine öffentlich beglaubigte Urkunde genügt dazu nicht, da damit die Zeit der Abgabe von Willenserklärungen nicht nachgewiesen werden kann.[70] Es genügt auch nicht, dass die Beteiligten ihre Willenserklärungen schriftlich abgeben und ihre notariell beglaubigten Unterschriften jeweils mit gleichlautenden Angaben zu Ort, Datum und Uhrzeit versehen.[71] Fehlt auf der Auflassungsurkunde die Unterschrift des Erwerbers, liegt keine formgerechte Auflassungsurkunde vor. Dieser Mangel kann nachträglich nicht durch Erklärungen von Erwerber und Notar geheilt werden.[72]

33 **2. Form der Einigung beim Erbbaurecht. a) Nach dem BGB begründete Erbbaurechte.** Soll ein vor dem 22.1.1919, also nach dem BGB begründetes Erbbaurecht übertragen werden, ist für die Einigung durch § 1017 BGB aF die Form der Auflassung vorgeschrieben. Dieses Formerfordernis gilt auch für die Inhaltsänderung eines solchen Erbbaurechts, da nach § 877 BGB für die Inhaltsänderung von Rechten die gleichen Vorschriften wie für die Bestellung gelten.

34 b) **Nach dem ErbbauRG begründete Erbbaurechte.** Bei der Bestellung, Inhaltsänderung oder Übertragung eines ab dem 22.1.1919, also nach dem ErbbauRG begründeten Erbbaurechts, ist eine Form nicht vorgeschrieben. Zur Grundbucheintragung ist aber der Nachweis der Einigung in Form des § 29 zu erbringen.

V. Wirksamkeit der Einigung

35 **1. Bindung an die Einigung.** Die Einigung wird wirksam mit Abgabe und Annahme der Erklärungen. Bindend wird sie nach § 873 Abs. 2 BGB, wenn die materielle Einigung notariell beur-

---

66 Bauer/v. Oefele/Kössinger GBO § 20 Rn. 202; Demharter GBO § 20 Rn. 16; BeckOK GBO/Hügel GBO § 20 Rn. 45.
67 BeckOK GBO/Hügel GBO § 20 Rn. 45; Bauer/v. Oefele/Kössinger GBO § 20 Rn. 204.
68 BGH NJW 1994, 2768; BGH NJW 1992, 1101 = Rpfleger 1992, 338 = DNotZ 1993, 55 = MittBayNot 1993, 78 = MDR 1992, 582; BayObLG NJW-RR 2001, 734 = FGPrax 2001, 57 = Rpfleger 2001, 228 = MittBayNot 2001, 200 = DNotZ 2001, 560 = BWNotZ 2002, 94 = MDR 2001, 559; BayObLG MittBayNot 1998, 339; OLG Hamm DNotZ 1996, 671 = MDR 1996, 391; OLG Rostock NJW-RR 2006, 1162; MittBayNot 2006, 415 = NotBZ 2006, 367 = DNotZ 2007, 220 = mAnm Volmer ZfIR 2006, 732; Kanzleiter DNotZ 2007, 224.
69 KG HRR 1934 Nr. 652; BayObLGZ 2001, 14 = NJW-RR 2001, 734 = Rpfleger 2001, 228 = FGPrax 2001, 57 = MittBayNot 2001, 200 = DNotZ 2001, 560 = MDR 2001, 559 = BWNotZ 2002, 94.
70 OLG München NJW-RR 2009, 738 = DNotZ 2009, 292 = RNotZ 2009, 245; BayObLGZ 2001, 14 = NJW-RR 2001, 734 = FGPrax 2001, 57 = Rpfleger 2001, 228 = NotBZ 2001, 111 = MittBayNot 2001, 220 = MDR 2001, 559 = DNotZ 2001, 560 = BWNotZ 2002, 94; Meikel/Böttcher GBO § 20 Rn. 77; Bauer/v. Oefele/Kössinger GBO § 20 Rn. 206; Schöner/Stöber GrundbuchR Rn. 3324; Demharter GBO § 20 Rn. 27; Reymann NJW 2008, 1774; aA OLG Celle MDR 1948, 258; Schmidt-Räntsch ZfIR 2005, 394.
71 KG NotBZ 2015, 387; OLG München FGPrax 2009, 62; Demharter GBO § 20 Rn. 27.
72 BayObLG Rpfleger 2001, 228; mit zust. Anm. Reithmann DNotZ 2001, 563.

kundet ist, die materielle Einigung beim Grundbuchamt eingereicht worden ist oder die notariell beglaubigte oder beurkundete Bewilligung vom Betroffenen an den Begünstigten ausgehändigt worden ist. Bevor die Einigung bindend wird, ist ein einseitiger Widerruf möglich.

Die Bindung an die Einigung bewirkt für den Veräußerer **keine Verfügungsbeschränkung**. Eine erneute Einigung mit einem anderen Erwerber ist daher vom Grundbuchamt zu vollziehen, auch wenn dieses Kenntnis von der ersten Einigung hat oder wenn für den ersten Erwerber bereits eine Auflassungsvormerkung im Grundbuch eingetragen ist.[73]

2. Veränderungen zwischen Einigung und Grundbucheintragung. a) Wegfall der Geschäftsfähigkeit. Die Beteiligten müssen lediglich zum Zeitpunkt der Abgabe der Auflassungserklärungen geschäftsfähig sein. Ein späterer Wegfall der Geschäftsfähigkeit hat auf die Wirksamkeit der bereits abgegebenen Einigungserklärung keine Auswirkungen, § 130 Abs. 2 BGB. Dies gilt auch im Fall der Anordnung eines Einwilligungsvorbehalts nach § 1825 BGB.[74]

b) Tod nach Einigungserklärung. aa) Tod des Veräußerers. Der Tod des Veräußerers nach Abgabe der Einigungserklärung ist auf die Wirksamkeit der Erklärung nach § 130 Abs. 2 BGB ohne Einfluss. Der oder die Erben desjenigen, der die Auflassung erklärt hat, müssen sich die Erklärung zurechnen lassen, sie sind daran gebunden.[75] Die Auflassung kann auch dann im Grundbuch vollzogen werden, wenn dieses inzwischen durch Eintragung der Erben berichtigt wurde.[76] Die Erben oder Erbeserben müssen dem Vollzug der vom Erblasser erklärten Auflassung nicht zustimmen.[77] Dies gilt auch für Erbteilerwerber, da diese in die Rechtsposition der Erben eintreten.[78] Auch wenn der Erbeserbe das Grundstück nach dessen Veräußerung an einen Dritten von diesem zurückerworben hatte, muss er der Auflassungserklärung des Erblassers nicht zustimmen.[79] Die Einigungserklärung des Erblassers kann aber nicht mehr vollzogen werden, wenn die Gesamtrechtsnachfolge nach ihm durch einen rechtsgeschäftlichen Eigentumserwerb eines Dritten unterbrochen wurde.[80] Dies gilt auch für den Fall, dass ein Miterbe durch Erbauseinandersetzung Alleineigentümer geworden ist.[81]

bb) Tod des Erwerbers. Der verstorbene Erwerber kann nicht mehr im Grundbuch eingetragen werden. Hat das Grundbuchamt aber keine Kenntnis vom Tod des Erwerbers und trägt ihn als Eigentümer ein, ist diese Eintragung nicht materiellrechtlich unwirksam oder inhaltlich unzulässig, sondern lediglich ordnungswidrig.[82] Die Erben des verstorbenen Auflassungsempfängers sind im Grundbuch einzutragen. Dazu muss dem Grundbuchamt die Erbfolge in Form des § 35 nachgewiesen werden.

VI. Berechtigung und Befugnis

Der Veräußerer eines Grundstücks kann die Auflassung nur wirksam erklären, wenn er die Verfügungsberechtigung und -befugnis über das Grundstück hat. Diese muss auch noch zum Zeitpunkt der Eintragung vorliegen, und zwar auch dann, wenn die Einigung bereits gem. § 873 Abs. 2 BGB bindend geworden ist.[83] Es gilt das bei → § 19 Rn. 20 ff. zur Bewilligungsberechtigung und -befugnis Ausgeführte entsprechend.

---

[73] BGHZ 49, 117; BayObLG Rpfleger 1983, 249; BeckOK GBO/Hügel GBO § 20 Rn. 58.
[74] OLG Celle NJW 2006, 3501 = DNotZ 2006, 923 = RNotZ 2006, 467 = NotBZ 2007, 217; BeckOK GBO/Hügel GBO Rn. 59.
[75] BayObLG NJW 1991, 361.
[76] OLG München FGPrax 2018, 67; Böhringer RpflJB1994, 224; BeckOK GBO/Hügel GBO § 20 Rn. 60.
[77] BGH Rpfleger 1968, 49; BayObLG Rpfleger 1990, 312.
[78] OLG Zweibrücken MittBayNot 1975, 177; BeckOK GBO/Hügel GBO § 20 Rn. 60; Demharter GBO § 20 Rn. 44.
[79] BayObLG Rpfleger 1973, 296.
[80] BayObLGZ 1999, 110 = NJW-RR 1999, 1362; Demharter GBO § 20 Rn. 44; Meikel/Böttcher GBO § 20 Rn. 95; BeckOK GBO/Hügel GBO § 20 Rn. 60.
[81] BayObLG NJW-RR 1998, 879 = Rpfleger 1998, 334 = MittRhNotK 1998, 133 = MittBayNot 1998, 257.
[82] Meikel/Böttcher GBO § 20 Rn. 96; Schöner/Stöber GrundbuchR Rn. 3347; BeckOK GBO/Hügel GBO § 20 Rn. 61.
[83] BayObLGZ 1999, 109 = NJW-RR 1999, 1392.

41 Hat der Veräußerer das Grundstück bereits an einen **anderen Erwerber aufgelassen**, liegt darin keine Verfügungsbeschränkung. Das Grundbuchamt hat diejenige Einigung zu vollziehen, welche ihr als erstes vorgelegt wird.

42 Regelmäßig liegt in der Einigung die **Einwilligung** des Veräußerers in eine Weiterveräußerung durch den Erwerber vor dessen Grundbucheintragung iSv **§ 185 Abs. 1 BGB**. Ob diese Einwilligung vorliegt, ist durch Auslegung zu ermitteln.[84] Eine Einwilligung in die Weiterveräußerung liegt bspw. dann nicht vor, wenn der Erwerb eines Dritten einer vertraglichen Zweckbestimmung zuwiderlaufen würde.[85]

VII. Gerichtliche Genehmigungen

43 Ist zur Auflassung eine Genehmigung des Nachlass-, Familien- oder Betreuungsgerichts erforderlich, gilt zunächst das in → § 19 Rn. 45 ff. Ausgeführte. Wegen des materiellen Konsensprinzips ist dem Grundbuchamt neben der rechtskräftigen Erteilung der Genehmigung an den gesetzlichen Vertreter auch die Einhaltung des § 1856 Abs. 1 S. 2 BGB, also die Mitteilung an den anderen Vertragsteil, in grundbuchmäßiger Form nachzuweisen.[86] Dies kann auch durch einen Doppelbevollmächtigten (→ § 29 Rn. 40) erfolgen.

VIII. Behördliche Genehmigungen

44 Zu den für die Eintragung der Auflassung erforderlichen behördlichen Genehmigungen → § 19 Rn. 64 ff.

IX. Sonstige Eintragungsunterlagen

45 **1. Negativzeugnis zum Vorkaufsrecht.** Privatrechtliche Vorkaufsrechte, wie das Vorkaufsrecht des Mieters nach § 577 BGB, das dingliche Vorkaufsrecht nach § 1094 BGB oder das Vorkaufsrecht der Miterben beim Erbteilskauf nach § 2034 BGB bleiben im Grundbuchverfahren unberücksichtigt. Öffentlich-rechtliche Vorkaufsrechte spielen jedoch im Grundbuchverfahren eine Rolle, soweit dem Grundbuchamt nach der jeweiligen gesetzlichen Regelung eine Prüfungspflicht obliegt. Infrage kommen sowohl Vorkaufsrechte nach Bundesrecht als auch solche nach Landesrecht.

46 Das im Grundbuchverfahren bedeutendste Vorkaufsrecht ist dasjenige nach §§ 24, 25 BauGB. Gemeinden steht danach zur Sicherung der Bauleitplanung, Steuerung der Stadtentwicklung und zur Umschichtung und Umverteilung von Grundeigentum durch Bereitstellung von Bauland ein Vorkaufsrecht zu.[87]

47 Voraussetzung für das Bestehen des Vorkaufsrechts nach dem BauGB ist als **Vorkaufsfall** ein Kaufvertrag über ein Grundstück. Das Vorkaufsrecht kann auch beim Kauf von Miteigentumsanteilen[88] oder Teilflächen an Grundstücken bestehen, nicht aber beim Kauf von Wohnungs- und Teileigentum, von Erbbaurechten oder von Gebäudeeigentum.[89] Beim Verkauf eines Gesamthandsanteils steht der Gemeinde kein Vorkaufsrecht zu, auch dann nicht, wenn das Gesamthandsvermögen nur aus einem Grundstück besteht.[90] Bei anderen Vertragstypen als

---

84 BGH NJW-RR 2011, 19 = FGPrax 2010, 223 = Rpfleger 2010, 651 = ZNotP 2010, 338 = NotBZ 2010, 375 = WM 2010, 1864 = RNotZ 2010, 534 = MDR 2010, 1242 = DNotZ 2011, 199.
85 BGH NJW 1997, 936 = Rpfleger 1997, 207 = ZIP 1997, 245 = WM 1997, 478 = MDR 1997, 340 = DNotZ 1998, 281.
86 BayObLG DNotZ 1983, 369; OLG Oldenburg DNotZ 1957, 543.
87 Mößle MittBayNot 1988, 214; BeckOK GBO/Hügel GBO § 20 Rn. 69.
88 OLG Frankfurt DNotZ 1996, 41 = Rpfleger 1996, 24 = FGPrax 1995, 139 = MDR 1995, 687; BeckOK GBO/Hügel GBO § 20 Rn. 70.
89 LG Erfurt NotBZ 2001, 470.
90 Keller/Munzig/Munzig GBO § 20 Rn. 182.

Kaufvertrag, bspw. bei Tauschverträgen,[91] Schenkungen, Erbauseinandersetzungen oder Übergaben[92] besteht kein Vorkaufsrecht.

Das Vorkaufsrecht ist nach § 26 BauGB gesetzlich ausgeschlossen, wenn der Grundstückseigentümer an seinen Ehegatten oder an eine Person, die mit ihm in gerader Linie verwandt oder verschwägert oder in der Seitenlinie bis zum dritten Grand verwandt ist, verkauft, § 26 Nr. 1 BauGB, wenn der Kauf durch einen bestimmten Bedarfsträger erfolgt, § 26 Nr. 2 BauGB, wenn auf dem betreffenden Grundstück Vorhaben errichtet werden sollen, für die ein Verfahren nach § 38 BauGB eingeleitet oder durchgeführt worden ist, § 26 Nr. 3 BauGB oder wenn das Grundstück bestimmten planerischen Festsetzungen entsprechend bebaut oder genutzt wird, § 26 Nr. 4 BauGB. 48

Weiter ist das Vorkaufsrecht nach § 28 Abs. 2 S. 2 BauGB, § 471 BGB ausgeschlossen, wenn der Verkauf im Wege der Zwangsvollstreckung oder aus einer Insolvenzmasse erfolgt. 49

Wenn ein Vorkaufsrecht nicht besteht oder nicht ausgeübt wird, hat die Gemeinde darüber gem. § 28 Abs. 1 S. 3 BauGB auf Antrag eines Beteiligten unverzüglich ein Zeugnis, das sog. **Negativzeugnis** auszustellen. Dieses gilt nach § 28 Abs. 1 S. 4 BauGB als Verzicht auf die Ausübung des Vorkaufsrechts. 50

Nach § 28 Abs. 1 S. 2 BauGB darf das Grundbuchamt bei Auflassungen, deren schuldrechtliche Grundlage ein Kaufvertrag ist, den Käufer nur dann als Eigentümer im Grundbuch eintragen, wenn das Negativzeugnis in Form des § 29 vorgelegt wird. Eine Auflassungsvormerkung kann ohne Vorkaufsrechtszeugnis eingetragen werden. Das Grundbuchamt muss, soweit möglich, selbstständig prüfen, ob ein Vorkaufsrecht überhaupt bestehen kann.[93] Wenn ein Ausschlussgrund nach § 26 Nr. 1 oder Nr. 2 BauGB vorliegt, darf es kein Negativattest verlangen.[94] 51

Weitere Vorkaufsrechte können nach Landesrecht bestehen, insbesondere im Bereich des Denkmalschutzes und des Naturschutzes. Sie sind unterschiedlich konzipiert und haben zT dingliche Wirkung. 52

2. Unbedenklichkeitsbescheinigung des Finanzamtes. § 22 Abs. 1 GrEStG bestimmt, dass das Grundbuchamt den Erwerber eines Grundstücks, Grundstücksteils, Miteigentumsanteils, einer Wohnungs- oder Teileigentumseinheit, eines Erbbaurechts oder eines Erbteils erst dann als Eigentümer bzw. Berechtigten eintragen darf, wenn eine Bescheinigung der nach § 17 GrEStG zuständigen Finanzbehörde darüber, dass der Eintragung steuerliche Bedenken nicht entgegenstehen, vorgelegt wird. Dies bewirkt im Ergebnis eine Grundbuchsperre.[95] Die Bescheinigung ist sowohl bei rechtsändernden als auch bei berichtigenden Eintragungen erforderlich.[96] 53

Das Grundbuchamt hat selbstständig zu prüfen, ob der zur Eintragung beantragte Eigentumsübergang seiner Art nach einer Steuerpflicht nach dem Grunderwerbsteuergesetz unterliegt.[97] Ist dies nicht der Fall, darf das Grundbuchamt die Vorlage der Unbedenklichkeitsbescheinigung nicht verlangen.[98] Ist der Erwerbsvorgang aber nach § 1 GrEStG steuerpflichtig, hat das Grundbuchamt die Vorlage der Unbedenklichkeitsbescheinigung zu verlangen, ohne den konkreten Erwerbsvorgang in steuerrechtlicher Hinsicht zu prüfen.[99] 54

---

91 OLG Düsseldorf NJW-RR 2011, 307 = FGPrax 2010, 275 = RNotZ 2010, 457.
92 Bauer/v. Oefele/Kössinger GBO § 20 Rn. 210.
93 BGH DNotZ 1979, 214.
94 OLG München FGPrax 2008, 13 = Rpfleger 2008, 252; LG Würzburg MittBayNot 1989, 217.
95 Böhringer Rpfleger 2000, 99.
96 OLG Celle FGPrax 2011, 218 = FamRZ 2012, 68 = ZEV 2012, 368; OLG Frankfurt NJW-RR 1995, 1168 = Rpfleger 1995, 346; BeckOK GBO/Hügel GBO § 20 Rn. 78.
97 OLG Frankfurt NJW-RR 1995, 1168 = Rpfleger 1995, 346.
98 OLG Celle FGPrax 2011, 218 = FamRZ 2012, 68 = ZEV 2012, 386; OLG Zweibrücken DNotZ 1987, 233; BeckOK GBO/Hügel GBO § 20 Rn. 80; Demharter GBO § 20 Rn. 48.
99 OLG Celle FGPrax 2011, 218 = FamRZ 2012, 68 = ZEV 2012, 386.

C. Weitere praktische Hinweise

I. Sicherungsmittel für den Veräußerer

55 **1. Allgemeines.** Regelmäßig ist es erforderlich, bei der Beurkundung eines Kaufvertrages über ein Grundstück den Vertrag so zu gestalten, dass der Veräußerer davor geschützt wird, das Eigentum an dem Grundstück ohne Sicherstellung der Gegenleistung zu verlieren. Dazu kommen die im Folgenden dargestellten Wege in Betracht.

56 **2. Beurkundungsrechtlicher Weg.** Die materiellrechtliche Auflassung und die formellrechtliche Bewilligung werden bereits im notariell beurkundeten Kaufvertrag erklärt. Die Beteiligten erteilen dem Notar eine Weisung, die Eintragung des Eigentumswechsels erst zu beantragen, wenn ihm die Zahlung des Kaufpreises nachgewiesen ist und vor diesem Zeitpunkt dem Käufer und dem Grundbuchamt keine Ausfertigung oder beglaubigte Abschrift der Urkunde zu erteilen.[100] Vorteil dieses Weges ist, dass die Beteiligten nur einmal vor dem Notar erscheinen müssen und damit nur einmal eine Beurkundungsgebühr anfällt, außerdem sind die Beteiligten nach § 873 Abs. 2, 1. Alt. BGB an die Einigung gebunden.[101] Allerdings bringt dieser Weg keine vollständige Sicherheit für den Verkäufer, da durch ein Büroversehen die Ausfertigung samt Auflassung trotzdem zum Grundbuchamt gelangen könnte und der daraufhin eingetragene Eigentumswechsel zum Übergang des Eigentums führen würde.

57 **3. Materiellrechtlicher Weg.** Eine weitere Möglichkeit zur Verhinderung des Eigentumswechsels vor Kaufpreiszahlung besteht darin, dass die Beteiligten in dem Kaufvertrag die Auflassung noch nicht erklären und die Bewilligung nicht abgeben. Die Beteiligten verpflichten sich, die Auflassung nach Kaufpreiszahlung zu erklären.[102] Dies ist der sicherste Weg für den Veräußerer, Komplikationen bei der Vertragsabwicklung auszuschließen.[103] Die Auflassung kann nach Kaufpreiszahlung auch von einem von den Beschränkungen des § 181 BGB befreiten Bevollmächtigten erklärt werden.

58 **4. Grundbuchverfahrensrechtlicher Weg.** Hier wird die Auflassung bereits in der Kaufvertragsurkunde erklärt, die Bewilligung zur Eigentumsumschreibung jedoch ausdrücklich nicht erklärt. Der Notar wird bevollmächtigt, die Bewilligung im Namen des Veräußerers zu erklären, sobald ihm die Kaufpreiszahlung nachgewiesen ist.[104] Trägt das Grundbuchamt den Eigentumswechsel ohne die Bewilligung des Veräußerers ein, ist dieser zwar wirksam, es kann aber für den Veräußerer ein Schadenersatzanspruch gegen den Staat nach Art. 34 GG iVm § 839 BGB bestehen.[105]

II. Kosten

59 Für die Eintragung eines Eigentumswechsels aufgrund Auflassung fällt nach KV GNotKG 14110 eine 1,0 Gebühr aus dem Grundstückswert an. Dazu kommen nochmals 30 % dieser Gebühr nach Art. 1 KatFortGebG.

60 Für die Beurkundung der Auflassung fällt grundsätzlich nach KV GNotKG 21100 eine 2,0 Gebühr aus dem Grundstückswert an. Die Gebühr vermindert sich auf 0,5 nach KV GNotKG 21101 bzw. 1,0 nach KV GNotKG 21102, wenn der schuldrechtliche Vertrag bereits beurkundet wurde.

---

[100] Meikel/Böttcher GBO § 20 Rn. 12; Keim MittBayNot 2003, 21.
[101] OLG Köln MittRhNotK 1997, 325 (328).
[102] Meikel/Böttcher GBO § 20 Rn. 13.
[103] BGH MittRhNotK 1997, 329, Bauer/v. Oefele/Kössinger GBO § 20 Rn. 33; Kanzleiter DNotZ 1996, 242; Wolfsteiner Rpfleger 1990, 505; Recker MittRhNotK 1997, 329.
[104] Meikel/Böttcher GBO § 20 Rn. 14.
[105] Meikel/Böttcher GBO § 20 Rn. 14 mwN.

§ 21 GBO [Bewilligung bei subjektiv-dinglichen Rechten]

Steht ein Recht, das durch die Eintragung betroffen wird, dem jeweiligen Eigentümer eines Grundstücks zu, so bedarf es der Bewilligung der Personen, deren Zustimmung nach § 876 Satz 2 des Bürgerlichen Gesetzbuchs zur Aufhebung des Rechtes erforderlich ist, nur dann, wenn das Recht auf dem Blatt des Grundstücks vermerkt ist.

A. Allgemeines

Die Vorschrift enthält eine Einschränkung des § 19, sie lässt die Bewilligung mittelbar Betroffener in bestimmten Fällen entfallen. § 21 bezieht sich auf subjektiv-dingliche Rechte, also auf solche Rechte, die dem jeweiligen Eigentümer eines anderen Grundstücks zustehen. Die Vorschrift soll den Grundbuchverkehr erleichtern.

B. Regelungsgehalt

Zu einer Eintragung ist nach § 19 auch die Bewilligung mittelbar Betroffener erforderlich. Wird ein subjektiv-dingliches Recht von einer Eintragung betroffen, wäre nach § 876 S. 2 BGB, §§ 877, 880 Abs. 3, 1109 Abs. 2 BGB, § 19 GBO auch die Bewilligung der an dem herrschenden Grundstück dinglich Berechtigten erforderlich. Nach § 21 fällt dieses Bewilligungserfordernis weg, es sei denn, das Recht ist auf dem Blatt des herrschenden Grundstücks nach § 9 vermerkt.

Die Vorschrift erfasst nur das verfahrensrechtliche Erfordernis der Eintragungsbewilligung und berührt nicht das materiellrechtliche Zustimmungserfordernis. Fehlt eine nach materiellem Recht erforderliche Zustimmung, so tritt keine Rechtsänderung ein und das Grundbuch wird durch die Eintragung unrichtig.[1]

§ 22 GBO [Berichtigung des Grundbuchs]

(1) ¹Zur Berichtigung des Grundbuchs bedarf es der Bewilligung nach § 19 nicht, wenn die Unrichtigkeit nachgewiesen wird. ²Dies gilt insbesondere für die Eintragung oder Löschung einer Verfügungsbeschränkung.

(2) Die Berichtigung des Grundbuchs durch Eintragung eines Eigentümers oder eines Erbbauberechtigten darf, sofern nicht der Fall des § 14 vorliegt oder die Unrichtigkeit nachgewiesen wird, nur mit Zustimmung des Eigentümers oder des Erbbauberechtigten erfolgen.

A. Allgemeines 1	IV. Berichtigungsbewilligung 23
B. Regelungsgehalt 4	1. Allgemeines 23
I. Grundbuchunrichtigkeit 4	2. Verhältnis der Berichtigungsbewilligung zum Unrichtigkeitsnachweis 24
1. Allgemeines 4	3. Inhalt 27
2. Vom Begriff der Unrichtigkeit umfasste Rechte 5	4. Bewilligungsberechtigung 29
3. Arten der Grundbuchunrichtigkeit 9	V. Zustimmungserfordernisse nach Abs. 2 30
a) Ursprüngliche Unrichtigkeit 9	C. Weitere praktische Hinweise 32
b) Nachträgliche Unrichtigkeit 10	I. Rechtsmittel 32
II. Nachweis der Unrichtigkeit 17	II. Kosten 33
III. Form des Unrichtigkeitsnachweises 22	

---

[1] BayObLG Rpfleger 1998, 468; Demharter GBO § 21 Rn. 3.

A. Allgemeines

1 Die Vorschrift stellt in Abs. 1 eine **Ausnahme zum Bewilligungsgrundsatz** des § 19 dar.[1] Wenn die Unrichtigkeit des Grundbuchs in der erforderlichen Form nachgewiesen wird, kann auf die Bewilligung des Betroffenen verzichtet werden, was den Grundbuchverkehr erleichtert. Bedeutung erlangt die Eintragung durch Unrichtigkeitsnachweis insbesondere bei der Eintragung der Erbfolge. § 22 Abs. 1 S. 2 hat nur klarstellende Funktion.[2]

2 Auch im Grundbuchberichtigungsverfahren müssen die übrigen Eintragungsvoraussetzungen, wie ein Antrag nach § 13 oder die Voreintragung nach § 39 vorliegen.

3 Abs. 2 der Vorschrift regelt die Zustimmungsbedürftigkeit bei Eintragung eines Eigentümers oder Erbbauberechtigten. Liegt kein Fall des § 14 vor und wird die Grundbuchunrichtigkeit nicht nachgewiesen, sondern die Eintragung auf Grundlage einer Berichtigungsbewilligung vorgenommen, muss der Eigentümer oder Erbbauberechtigte seiner Eintragung zustimmen. Dies erklärt sich dadurch, dass mit dem Eigentum an einem Grundstück auch öffentlich-rechtliche Pflichten verbunden sind. Deshalb ist in diesem Fall auf die Übereinstimmung zwischen Grundbuch und wahrer Rechtslage besonderer Wert zu legen.[3]

B. Regelungsgehalt

I. Grundbuchunrichtigkeit

4 **1. Allgemeines.** Voraussetzung für die Eintragung ohne Bewilligung des Betroffenen ist das Vorliegen einer **Grundbuchunrichtigkeit im Sinne des § 894 BGB**. Nach dieser Vorschrift ist das Grundbuch dann unrichtig, wenn sein Inhalt hinsichtlich eines Rechts an einem Grundstück, eines Rechts an einem solchen oder einer Verfügungsbeschränkung der in § 892 Abs. 1 BGB bezeichneten Art mit der materiellen Rechtslage nicht übereinstimmt.[4]

5 **2. Vom Begriff der Unrichtigkeit umfasste Rechte.** Möglich ist eine materielle Unrichtigkeit des Grundbuchs nur hinsichtlich Eintragungen, die dem **Gutglaubensschutz nach § 892 BGB** und den Vermutungen des § 891 BGB unterliegen, da die Anwendungsbereiche der §§ 891, 892 BGB und des § 894 BGB nach ganz herrschender Meinung deckungsgleich sind.[5] Eine Grundbuchunrichtigkeit kann daher nicht bei Eintragungen vorliegen, die keine Rechtsverhältnisse betreffen, also bei **rein tatsächlichen Angaben**.[6] Dazu gehören Eigenschaftsangaben eines Grundstücks,[7] bspw. die Größenangabe, oder die unzutreffende Bezeichnung eines Berechtigten, soweit dessen Identität unberührt bleibt.[8] Unrichtigkeiten dieser Art können durch Richtigstellung behoben werden, die vom Grundbuchamt von Amts wegen durch Eintragung eines Berichtigungsvermerks vorzunehmen ist, durch die Beteiligten aber angeregt werden kann. Auch ungenaue Fassungen und offensichtliche Schreibfehler werden durch Richtigstellung, nicht durch Grundbuchberichtigung korrigiert.[9] Die Beseitigung inhaltlich unzulässiger Eintragungen regelt sich ebenfalls nicht nach § 22, sondern nach § 53 Abs. 1 S. 2.[10] Relative Unrichtigkeiten, die durch vormerkungswidrige Verfügungen entstanden sind, werden nach § 888 Abs. 1 BGB beseitigt.[11]

---

1 BGH ZIP 2012, 1767; BGH Rpfleger 1976, 206.
2 Bauer/v. Oefele/Kohler GBO § 22 Rn. 4; BeckOK GBO/Hügel/Holzer GBO § 22 Rn. 6.
3 KGJ 25, 102; Demharter GBO § 22 Rn. 1.
4 BayObLG Rpfleger 1988, 254; BeckOK GBO/Hügel/Holzer GBO § 22 Rn. 25; Demharter GBO § 22 Rn. 4; Bauer/v. Oefele/Kohler GBO § 22 Rn. 37.
5 BayObLG Rpfleger 1988, 254.
6 BayObLG Rpfleger 1988, 254; OLG Oldenburg Rpfleger 1991, 412.
7 BayObLG 1969, 288.
8 OLG Frankfurt FGPrax 2011, 221; zur formwechselnden Umwandlung nach §§ 190 ff. UmwG OLG Köln Rpfleger 2003, 47; Böhringer Rpfleger 2001, 65; zur Umwandlung einer OHG in eine KG JFG 1, 371; BayObLG FGPrax 1998, 156; zur Umwandlung einer OHG in eine GbR BayObLG FGPrax 1995, 204; OLG Hamm MittBayNot 1996, 235.
9 KG DR 1942, 1796; KGJ 27, 248.
10 BayObLG Rpfleger 1973, 86.
11 JFG 5, 325; RGZ 132, 424.

§ 22 Abs. 1 S. 2 stellt klar, dass auch **Verfügungsbeschränkungen** unter den Begriff der „Rechte" im Sinne der Vorschrift fallen.[12] Erfasst sind sowohl relative Verfügungsbeschränkungen, die nur den Schutz bestimmter Personen bezwecken, als auch absolute.

Das Grundbuchberichtigungsverfahren ist auch für **Vormerkungen**, § 883 BGB und **Widersprüche**, § 866 BGB anwendbar. Vormerkungen sind zwar nach hM keine dinglichen Rechte, sondern „Sicherungsmittel eigener Art", die eine Mischung aus schuldrechtlichen und dinglichen Elementen darstellt.[13] §§ 892, 894 BGB sind aber auf Vormerkungen analog anzuwenden.[14] Damit ist das Grundbuch bei einer nicht entstandenen oder nach Eintragung erloschenen Vormerkung nicht unrichtig, wird aber so behandelt.[15] § 22 GBO ist auf diesen Fall direkt anwendbar.[16]

Auf den sog. **Rechtshängigkeitsvermerk**, der den Rechtsverkehr auf die Folgen einer Streitbefangenheit des Grundstücks oder eines Grundstücksrechts hinweist, ist das Grundbuchberichtigungsverfahren nicht anwendbar. Hier ist entweder Bewilligung des Betroffenen oder einstweilige Verfügung erforderlich.[17] Dies folgt daraus, dass der Rechtshängigkeitsvermerk kein dingliches Recht ist, sondern nur bekanntgebende Wirkung hat. Seine Eintragung zerstört den guten Glauben nach § 892 Abs. 1 BGB. Ist er nicht eingetragen, obwohl ein Rechtsstreit anhängig ist, ist das Grundbuch deshalb aber nicht in Ansehung eines dinglichen Rechts unrichtig.

3. Arten der Grundbuchunrichtigkeit. a) Ursprüngliche Unrichtigkeit. Ursprüngliche Grundbuchunrichtigkeit liegt vor, wenn eine Eintragung im Grundbuch vorgenommen wurde, deren **sachenrechtliche Voraussetzungen nicht vorlagen**.[18] Dies ist bspw. der Fall, wenn die dingliche Einigung nach § 873 Abs. 1 BGB fehlt oder unwirksam ist oder wenn sich Eintragung und Einigung inhaltlich nicht decken.[19] Auch die Eintragung einer Erbfolge führt zu ursprünglicher Grundbuchunrichtigkeit, wenn statt des wahren Erben ein anderer als Erbe eingetragen wurde.[20] Auch eine berichtigende Eintragung, die die bestehende Unrichtigkeit nicht vollständig beseitigt, hat erneut ursprüngliche Grundbuchunrichtigkeit zur Folge, bspw. wenn bei Eintragung einer Erbengemeinschaft die durch Erbteilspfändung entstandene Verfügungsbeschränkung eines Miterben nicht vermerkt wird[21] oder wenn die Eintragung eines Nacherben- oder Testamentsvollstreckervermerks unterbleibt.

b) Nachträgliche Unrichtigkeit. Nachträgliche Grundbuchunrichtigkeit entsteht, wenn sich **Rechtsänderungen außerhalb des Grundbuchs** vollzogen haben. Dies kann kraft Gesetzes, durch Hoheitsakt einer Behörde oder durch privatrechtliche Willenserklärungen geschehen.[22]

Eintragungsfähige Rechte können **außerhalb des Grundbuchs** entstehen, bspw. durch Verpfändung von Briefhypotheken, §§ 1274 Abs. 1 S. 1, 1154 Abs. 1 S. 1 BGB, oder bei Begründung dinglicher Rechte durch unanfechtbaren Bescheid des Amts zur Regelung offener Vermögenfra-

---

12 BayObLG Rpfleger 1960, 161.
13 BeckOK GBO/Hügel/Holzer GBO § 22 Rn. 33; RGZ 129, 184; RGZ 132, 419; BGHZ 28, 182; BGHZ 60, 46; BGH MittBayNot 2000, 104.
14 RGZ 129, 184; RGZ 132, 419 (424); RGZ 163, 62; OLG Hamm NJW-RR 1993, 529; KGJ 50, 171; KGJ 52, 162.
15 BGHZ 60, 46 (51); BeckOK GBO/Hügel/Holzer GBO § 22 Rn. 33.
16 BGH NJW 1973, 323; BayObLG Rpfleger 1972, 16; BayObLG DNotZ 1989, 363; OLG München FGPrax 2013, 259; KG Rpfleger 1969, 49; OLG Frankfurt Rpfleger 1994, 106; OLG Zweibrücken FGPrax 2005, 244; BeckOK GBO/Hügel/Holzer § 25 Rn. 20; Demharter GBO § 22 Rn. 4.
17 BHG NJW 2013, 2357; OLG München NJW 1966, 1030; OLG Stuttgart NJW 1960, 1109; OLG Köln FGPrax 2012, 57; OLG Nürnberg FGPrax 2012, 105; Schöner/Stöber GrundbuchR Rn. 1654; Wächter NJW 1966, 1366; Haegele Rpfleger 1966, 307; Löscher JurBüro 1966, 267; aA, wonach Eintragung durch Unrichtigkeitsnachweis möglich sei BayObLG NJW-RR 2003, 234; BayObLG NJW-RR 2004, 1461; OLG Frankfurt FGPrax 2009, 250 mAnm Krug; OLG Stuttgart DNotZ 1980, 106; OLG München NJW-RR 200, 384; OLG Schleswig DNotZ 1995, 83; OLG Zweibrücken DNotZ 1989, 580.
18 Demharter GBO § 22 Rn. 7; BeckOK GBO/Hügel/Holzer GBO § 22 Rn. 40.
19 BayObLGZ 1992, 204.
20 Demharter GBO § 22 Rn. 13.
21 RGZ 90, 232 (236).
22 Demharter GBO § 22 Rn. 14; BeckOK GBO/Hügel/Holzer GBO § 22 Rn. 46.

gen, § 34 Abs. 1 S. 1, 2 VermG, oder durch bestandskräftigen Sonderungsbescheid, § 13 Abs. 1 BoSoG.

12 Am häufigsten liegt Grundbuchunrichtigkeit vor, wenn ein Recht **außerhalb des Grundbuchs übergegangen** ist, wie bei der Erbfolge, § 1922 Abs. 1 BGB, bei der Übertragung von Erbteilen nach § 2033 Abs. 1 BGB,[23] bei der Begründung einer Gütergemeinschaft, § 1416 Abs. 1 S. 1 BGB, oder bei fortgesetzter Gütergemeinschaft, § 1483 Abs. 1 S. 1 BGB.

13 Ist ein **Gesellschafter einer Gesellschaft bürgerlichen Rechts ausgeschieden**, so wächst der Anteil nach § 738 Abs. 1 S. 1 BGB den anderen Gesellschaftern an. Das Ausscheiden eines Gesellschafters kann auch für den Fall seines Todes bestimmt werden, § 736 Abs. 1 BGB. Da der Anteil des ausscheidenden Gesellschafters unmittelbar kraft Gesetzes auf den oder die verbleibenden Gesellschafter übergeht, ohne dass eine Einzelübertragung der in das Gesellschaftsvermögen fallenden Gegenstände erforderlich ist, wird das Grundbuch in diesen Fällen unrichtig und kann berichtigt werden.[24]

14 Auch das **Ausscheiden eines Miterben** aus der Erbengemeinschaft durch Abschichtung führt zur Grundbuchunrichtigkeit, wenn Grundstücke zum Nachlass gehören. Das Rechtsgeschäft selbst ist dabei formlos möglich.[25] Dem Grundbuchamt gegenüber muss die Grundbuchunrichtigkeit jedoch stets in Form des § 29 nachgewiesen werden.

15 Das Grundbuch wird auch nachträglich unrichtig, wenn eingetragene Rechte außerhalb des Grundbuchs **erlöschen**. Dies ist bspw. bei Nießbrauch oder beschränkt persönlicher Dienstbarkeit beim Tod des Berechtigten nach §§ 1061, 1090 Abs. 2 BGB der Fall.

16 Die Entstehung einer eintragungsfähigen oder das Erlöschen einer eingetragenen **Verfügungsbeschränkung** führt ebenfalls zur Grundbuchunrichtigkeit. Darunter fällt bspw. die Pfändung oder Verpfändung von Miterbenanteilen.

II. Nachweis der Unrichtigkeit

17 Den Nachweis hat derjenige zu erbringen, der den Antrag auf Grundbuchberichtigung stellt. Dabei kommt es nicht darauf an, ob dieser bei einer auf § 894 BGB gestützten Klage die Beweislast zu tragen hätte.[26] Einwendungen und Einreden gegen den Berichtigungsanspruch, die im Zivilprozess zulässig sind, können im Grundbuchberichtigungsverfahren nicht berücksichtigt werden.[27]

18 Um zu vermeiden, dass Personen, die am Verfahren nicht beteiligt sind, geschädigt werden, werden an den Unrichtigkeitsnachweis **strenge Anforderungen** gestellt.[28] Es genügt nicht, dass

---

23 BGH DNotZ 1969, 623; BayObLG Rpfleger 1987, 110; BayObLG Rpfleger 1995, 103.
24 BayObLGZ 1975, 355; BayObLG MittRhNotK 1992, 274; BayObLG DNotZ 1992, 157; OLG München JFG 14, 498; OLG München FGPrax 2011, 66; KG FGPrax 2011, 217; KGR 1993, 62; OLG Frankfurt FGPrax 1996, 126; OLG Düsseldorf MittRhNotK 2000, 85; OLG Hamm Rpfleger 1985, 289; OLG Hamm WiB 1997, 442; OLG Hamm FGPrax 2011, 226; OLG Schleswig MittBayNot 1992, 139; OLG Jena FGPrax 2011, 226; BeckOK Hügel/Holzer GBO § 22 Rn. 49; aA OLG Zweibrücken NJW 2010, 384.
25 BGH Rpfleger 1998, 287 = NJW 1998, 1557 = MittBayNot 1998, 188 = MittRhNotK 1998, 248.
26 BayObLGZ 1985, 255; BayObLGZ 1988, 102 (107).
27 BayObLG Rpfleger 1960, 161; BayObLG DNotZ 1959, 543; aA OLG Braunschweig NdsRpfl 1962, 16.
28 BayObLGZ 1985, 225; BayObLG Rpfleger 1980, 347; OLG München FGPrax 2008, 52; OLG Hamm Rpfleger 1980, 347; OLG Hamm Rpfleger 1984, 312; OLG Düsseldorf Rpfleger 1967, 13; OLG Darmstadt JFG 11, 219, 221; OLG Schleswig FGPrax 2012, 157; OLG Stuttgart BWNotZ 2012, 136; OLG Rostock NJW-RR 2005, 604; OLG München DnotZ 2015, 159 = NJW-RR 2015, 1296; OLG München RNotZ 2016, 312; OLG Hamm FGPrax 2016, 8; OLG Hamm NJW-RR 2016, 340 = DNotZ 2016, 385 mAnm Serr; Bauer/v. Oefele/Kohler GBO § 22 Rn. 171; BeckOK GBO/Hügel/Holzer GBO § 22 Rn. 59; Demharter GBO § 22 Rn. 37.

die Unrichtigkeit wahrscheinlich erscheint.[29] Damit hat der Antragsteller in der Form des § 29 alle Möglichkeiten auszuräumen, die der beantragten Berichtigung entgegenstehen könnten.[30] Dazu gehört auch ein möglicher gutgläubiger Erwerb eines zu Unrecht eingetragenen Berechtigten.[31] Nicht widerlegt werden müssen ganz entfernt liegende, nur theoretische Möglichkeiten, die der gewünschten Eintragung entgegenstehen könnten.[32]

Wenn sich die Unrichtigkeit des Grundbuchs aus einer Eintragung selbst ergibt, ist ein weiterer Nachweis nicht erforderlich.[33] Die Beweisregel des § 139 BGB gilt im Grundbuchberichtigungsverfahren nicht.[34] Nicht nachgewiesen werden muss, was für das Grundbuchamt offenkundig ist.[35]

Die Unrichtigkeit kann durch ein rechtskräftiges rechtsgestaltendes[36] oder feststellendes[37] Zivilurteil nachgewiesen werden. Daran ist das Grundbuchamt gebunden.[38] Etwas anderes gilt nur, wenn das Urteil unter Verstoß gegen die guten Sitten erwirkt wurde.[39]

Beim **Tod eines BGB-Gesellschafters** ist zur Grundbuchberichtigung in jedem Fall der Gesellschaftsvertrag vorzulegen. Dies gilt sowohl für eine Berichtigung aufgrund eines Unrichtigkeitsnachweises als auch für eine Berichtigung, der eine Bewilligung zugrunde liegt.[40] Auch wenn die GbR wegen des Todes eines Gesellschafters aufgelöst wird, kann sein Rechtsnachfolger eingetragen werden, da die GbR als Liquidationsgesellschaft fortbesteht.[41]

III. Form des Unrichtigkeitsnachweises

Die Unrichtigkeit des Grundbuchs muss **in Form des § 29** nachgewiesen werden.[42] Dies gilt grds. auch dann, wenn im Einzelfall die Möglichkeit, einen formgerechten Nachweis abzugeben, erschwert, unzumutbar oder unmöglich ist.[43] Der Antragsteller muss in diesem Fall eine Berichtigungsbewilligung vom Betroffenen erwirken, notfalls auf dem Zivilrechtsweg. Nur wenn auch dies unmöglich ist, muss das Grundbuchamt ausnahmsweise auch einen nicht formgerechten Nachweis akzeptieren.[44] Auch im Falle des Todes eines Gesellschafters einer BGB-Ge-

---

29 BayObLGZ 1971, 336 (339); BayObLG Rpfleger 1982, 467; OLG München FGPrax 2019, 113; OLG Schleswig FGPrax 2012, 157; OLG München FGPrax 2008, 52 OLG Hamm NJW-RR 2016, 340 = DNotZ 2016, 385 mAnm Serr.
30 BayObLGZ 1985, 225 (228); BayObLGZ 1995, 413; BayObLG Rpfleger 1980, 347; BayObLG Rpfleger 1982, 141; BayObLG Rpfleger 1992, 19; BayObLG NotBZ 2004, 396; KGR 2004, 544; OLG Hamm Rpfleger 1989, 148; OLG München ZEV 2016, 708 = MittBayNot 2017, 59.
31 BayObLGZ 1995, 413; KG JFG 2, 401, 406; KG Rpfleger 1973, 21 (23); BeckOK GBO/Hügel/Holzer GBO § 22 Rn. 59; Demharter GBO § 22 Rn. 37.
32 BayObLG NJW-RR 1990, 722; KG HRR 1929 Nr. 231; OLG Stuttgart BWNotZ 2012, 340; OLG Schleswig FGPrax 2012, 157; OLG Frankfurt Rpfleger 1994, 106; OLG München FGPrax 2008, 52.
33 OLG München MittBayNot 2016, 319 = NJW-RR 2016, 340; BayObLG NJW-RR 1992, 722.
34 BayObLG Rpfleger 1997, 151; BeckOK GBO/Hügel/Holzer GBO § 22 Rn. 61; Demharter GBO § 22 Rn. 61.
35 OLG München FGPrax 2015, 159 = NJW-RR 2015, 1296; OLG Frankfurt Rpfleger 1994, 106.
36 OLG Darmstadt JFG 11, 219.
37 BayObLG Rpfleger 1995, 406.
38 BayObLG Rpfleger 1992, 101; OLG Jena FGPrax 2001, 56; BeckOK GBO/Hügel/Holzer GBO § 22 Rn. 62; Demharter GBO § 22 Rn. 37.
39 KG JFG 18, 267.
40 BayObLG Rpfleger 1992, 19; OLG Schleswig Rpfleger 1992, 149 = MittBayNot 1992, 140 mit Anm. Ertl; BayObLG Rpfleger 1993, 105; BayObLG DNotZ 1998, 811 mit krit. Anm. Schöner = ZEV 1998, 195 mit zust. Anm. Schaub; BayObLG MittBayNot 2001, 73; OLG Zweibrücken Rpfleger 1996, 192 mAnm Gerken.
41 OLG München FGPrax 2010, 279.
42 BayObLGZ 1971, 336; BayObLGZ 1985, 225; BayObLG Rpfleger 1979, 381; BayObLG Rpfleger 1980, 278; BayObLG Rpfleger 1982, 467; BayObLG Rpfleger 1988, 525; OLG Hamm Rpfleger 1984, 312.
43 BayObLG Rpfleger 1984, 463; BeckOK GBO/Hügel/Holzer GBO § 22 Rn. 65; Demharter GBO § 22 Rn. 42.
44 OLG München NJW-RR 2016, 83 = ZEV 2015, 670; OLG München OLGR 2005, 238; KGR 2004, 544 Demharter GBO § 22 Rn. 42; BeckOK GBO/Hügel/Holzer GBO § 22 Rn. 66.

sellschaft muss der Gesellschaftsvertrag ausnahmsweise nicht in Form des § 29 vorgelegt werden.[45]

IV. Berichtigungsbewilligung

23 **1. Allgemeines.** Die Berichtigungsbewilligung kann statt des Unrichtigkeitsnachweises Grundlage der Grundbuchberichtigung sein. Sie ist eine Unterart der Eintragungsbewilligung.[46] Es gilt grds. das zu § 19 Ausgeführte. Sie soll aber keine Rechtsänderung herbeiführen und kann deshalb nur Grundlage einer beurkundenden Eintragung sein.[47]

24 **2. Verhältnis der Berichtigungsbewilligung zum Unrichtigkeitsnachweis.** Ob die Grundbuchberichtigung aufgrund Unrichtigkeitsnachweises oder aufgrund Berichtigungsbewilligung erfolgt, steht grds. zur **Wahl der Beteiligten**.[48] Der Antragsteller wird in der Regel die Möglichkeit bevorzugen, bei der er am leichtesten zum Ziel gelangt.

25 Ist die Grundbuchunrichtigkeit aber **aufgrund eines Erbfalls eingetreten**, ist eine Berichtigungsbewilligung ausgeschlossen, da sie der von der Berichtigung betroffene Erblasser nicht mehr abgeben kann. Der Erbe ist zwar materiell Berechtigter, die Bewilligung muss aber vom Buchberechtigten abgegeben werden, → Rn. 29. Die Bewilligung des Erben ist selbst dann nicht ausreichend, wenn dieser eine über den Tod des Erblassers hinaus erteilte Vollmacht besitzt.[49]

26 Bei der **Löschung eines Testamentsvollstreckervermerks** ist die Berichtigungsbewilligung ebenfalls ausgeschlossen.[50] Bevor die Testamentsvollstreckung beendet ist, liegt keine Grundbuchunrichtigkeit vor, danach hat der Testamentsvollstrecker keine Verfügungsbefugnis mehr und kann deshalb auch keine Bewilligung abgeben.[51] Der Erbe kann die Berichtigungsbewilligung nicht abgeben, da er von der Eintragung nicht betroffen und damit nicht bewilligungsberechtigt ist.

27 **3. Inhalt.** Aus der Berichtigungsbewilligung muss grds. hervorgehen, dass das Grundbuch berichtigt werden soll und in welcher Weise es unrichtig ist.[52] Dies gilt nicht, wenn die Berichtigungsbewilligung auf die Löschung eines Rechts gerichtet ist.[53]

28 Ist die Berichtigungsbewilligung auf **Eintragung eines Eigentümers** gerichtet, ist wegen des materiellen Konsensprinzips des § 20 die Unrichtigkeit in der Bewilligung schlüssig darzulegen.[54] Dabei muss auch vorgetragen werden, dass das Grundbuch durch die beantragte Eintragung richtig wird.[55] Wird die Berichtigungsbewilligung nach § 894 ZPO durch ein rechtskräftiges Urteil ersetzt, ergeben sich die erforderlichen Darlegungen regelmäßig aus den Urteilsgründen.[56] Ist dies, bspw. bei einem Versäumnisurteil, nicht der Fall, müssen die notwendigen Angaben in Form des § 29 gemacht werden.

---

45 BayObLGZ 1997, 307; BayObLG Rpfleger 1992, 19; BayObLG Rpfleger 1993, 105; BayObLG ZfIR 2001, 504; OLG München FGPrax 2020, 64 (65); OLG Schleswig FGPrax 2012, 62; OLG Schleswig Rpfleger 1992, 149; OLG Zweibrücken Rpfleger 1996, 192; OLG Zweibrücken FGPrax 1995, 93; BeckOK GBO/Hügel/Holzer GBO § 22 Rn. 67; Demharter GBO § 22 Rn. 41; Ertl MittBayNot 1992, 11; aA KG FGPrax 2020, 251 (252); Niesse ZfIR 2015, 534.
46 KG NJW-RR 2015, 1252; OLG München FGPrax 2011, 69; Bauer/v. Oefele/Kohler GBO § 22 Rn. 8; Demharter GBO § 22 Rn. 31; BeckOK GBO/Hügel/Holzer GBO § 22 Rn. 69.
47 BayObLGZ 34, 179.
48 Meikel/Böttcher GBO § 22 Rn. 85; Bauer/v. Oefele/Kohler GBO § 22 Rn. 42.
49 LG Heidelberg BWNotZ 1975, 47.
50 Bauer/v. Oefele/Kohler GBO § 22 Rn. 28; Demharter § 52 Rn. 27; Böhringer Rpfleger 2003, 157; aA Keller/Munzig/Munzig § 52 Rn. 20.
51 Meikel/Böttcher GBO § 22 Rn. 89; Bauer/v. Oefele/Kohler GBO § 22 Rn. 28.
52 OLG München FGPrax 2013, 64; OLG München ZEV 2014, 217; BeckOK GBO/Hügel/Holzer GBO § 22 Rn. 70; Demharter GBO § 22 Rn. 31.
53 OLG München FGPrax 2011, 69.
54 BayObLG DNotZ 1991, 598; BayObLG Rpfleger 1994, 410; OLG Frankfurt FGPrax 1996, 8; OLG München FGPrax 2012, 104; Bauer/v. Oefele/Kohler GBO § 22 Rn. 13; Demharter GBO § 22 Rn. 31; BeckOK GBO/Hügel/Holzer GBO § 22 Rn. 71.
55 BayObLG Rpfleger 1994, 412; OLG Frankfurt FGPrax 1996, 8; OLG Jena Rpfleger 2001, 125.
56 OLG München FGPrax 2012, 104.

4. Bewilligungsberechtigung. Die Berichtigung muss von demjenigen bewilligt werden, dessen Recht von ihr betroffen wird.[57] Dies ist der **Buchberechtigte**.[58] Bei mehreren Betroffenen muss die Bewilligung aller vorliegen. Ist dem Rechtsinhaber die Verfügungsbefugnis entzogen, so muss nicht er, sondern der Verfügungsbefugte bewilligen.[59]

V. Zustimmungserfordernisse nach Abs. 2

§ 22 Abs. 2 fordert für die Eintragung eines Eigentümers oder Erbbauberechtigen im Wege der Grundbuchberichtigung dessen Zustimmung. Da die Eintragung aufgrund Unrichtigkeitsnachweises ausgenommen ist, findet die Vorschrift nur für die Eintragung aufgrund Berichtigungsbewilligung Anwendung. Das Zustimmungserfordernis soll davor schützen, ohne eigene Mitwirkung als Eigentümer oder Erbbauberechtigter eingetragen zu werden und damit die öffentlichen Lasten tragen zu müssen.[60]

Die Zustimmung ist vom wahren Eigentümer abzugeben.[61] Sollen mehrere Personen als Eigentümer oder Erbbauberechtigte eingetragen werden, ist die Zustimmung aller erforderlich.[62] Ist dem Einzutragenden die Verfügungsbefugnis entzogen, muss nicht er, sondern der Verfügungsbefugte zustimmen.

C. Weitere praktische Hinweise
I. Rechtsmittel

Gegen die Zurückweisung des Berichtigungsantrags ist die Beschwerde nach § 71 Abs. 1 statthaft. Gegen eine berichtigende Eintragung kann nur eine beschränkte Beschwerde nach § 71 Abs. 2 S. 2 mit dem Ziel eines Amtswiderspruchs oder einer Amtslöschung eingelegt werden.

II. Kosten

Die Eintragung eines Eigentümers im Wege der Grundbuchberichtigung löst eine 1,0 Gebühr aus dem Grundstückswert aus, Nr. 14110 KV GNotKG. Die Gebühr wird nach Nr. 14110 KV GNotKG Abs. 1 nicht erhoben, wenn der Erbe des eingetragenen Eigentümers den Eintragungsantrag innerhalb von zwei Jahren nach dem Erbfall beim Grundbuchamt einreicht. Die Frist ist eine Ausschlussfrist, maßgeblich ist der Eingang des Antrags beim Grundbuchamt.[63] Für die Eintragung eines anderen Berechtigten bei einem Grundstücksrecht wird nach Nr. 14130 KV GNotKG eine 0,5 Gebühr aus dem Wert des Rechts erhoben. Für die Löschung eines Rechts fällt nach Nr. 14140 KV GNotKG eine 0,5 Gebühr aus dem Wert des Rechts an.

§ 23 GBO   [Löschung von Rechten auf Lebenszeit]

(1) ¹Ein Recht, das auf die Lebenszeit des Berechtigten beschränkt ist, darf nach dessen Tod, falls Rückstände von Leistungen nicht ausgeschlossen sind, nur mit Bewilligung des Rechts-

---

[57] OLG München FGPrax 2013, 64; KGJ 42, 215; KG FGPrax 2011, 217; OLG Jena FGPrax 2011, 226.
[58] RGZ 133, 279; BayObLG DNotZ 1988, 781; OLG München FGPrax 2013, 64; OLG München ZEV 2015, 711; Schöner/Stöber GrundbuchR Rn. 362; Bauer/v. Oefele/Kohler GBO § 22 Rn. 15; BeckOK GBO/Hügel/Holzer GBO § 22 Rn. 74; aA, wonach in bestimmten Fällen der wahre Berechtigte bewilligungsberechtigt sei BGH NJW-RR 2006, 888; BayObLGZ 1992, 341; BayObLG MittBayNot 1998, 258; KGJ 40, 294; Demharter GBO § 22 Rn. 32.
[59] KGJ 40, 157, 159.
[60] RGZ 73, 154; KGJ 25, 98 (102); KGJ 40, 153 (156); BayObLG OLGE 27, 201 (204); BeckOK GBO/Hügel/Holzer GBO § 22 Rn. 80.
[61] RGZ 73, 154 (156); OLG Stuttgart DNotZ 1971, 478; OLG Brandenburg OLGR 2008, 184; BeckOK GBO/Hügel/Holzer GBO § 22 Rn. 82; Demharter GBO § 22 Rn. 56.
[62] KGJ 37, 273 (278); BeckOK GBO/Hügel/Holzer GBO § 22 Rn. 83; Demharter GBO § 22 Rn. 56.
[63] Korintenberg/Wilsch GNotKG KV 14110 Rn. 70.

nachfolgers gelöscht werden, wenn die Löschung vor dem Ablauf eines Jahres nach dem Tod des Berechtigten erfolgen soll oder wenn der Rechtsnachfolger der Löschung bei dem Grundbuchamt widersprochen hat; der Widerspruch ist von Amts wegen in das Grundbuch einzutragen. ²Ist der Berechtigte für tot erklärt, so beginnt die einjährige Frist mit dem Erlaß des die Todeserklärung aussprechenden Urteils.

(2) Der im Absatz 1 vorgesehenen Bewilligung des Rechtsnachfolgers bedarf es nicht, wenn im Grundbuch eingetragen ist, daß zur Löschung des Rechtes der Nachweis des Todes des Berechtigten genügen soll.

A. Allgemeines 1	d) Grundpfandrechte 24
B. Regelungsgehalt 2	e) Pfandrechte an Rechten 25
I. Auf Lebenszeit beschränkte Rechte 2	f) Reallast 26
1. Allgemeines 2	g) Altenteil, Leibgeding 27
2. Beschränkbarkeit von Rechten im Einzelnen 3	h) Vorkaufsrecht 28
a) Nießbrauch 3	i) Vormerkung 29
b) Grunddienstbarkeit 4	j) Widerspruch 30
c) Beschränkte persönliche Dienstbarkeit 5	k) Dauerwohn- und Dauernutzungsrecht 31
d) Grundpfandrechte 6	l) Erbbaurecht 32
e) Pfandrechte an Rechten 7	III. Löschung bei Nachweis des Todes des Berechtigten 33
f) Reallast 8	IV. Widerspruch des Rechtsnachfolgers 34
g) Altenteil, Leibgeding 10	V. Löschungserleichterungsvermerk 36
h) Vorkaufsrecht 11	VI. Mögliche Fallgestaltungen bei Rechten auf Lebenszeit des Berechtigten 39
i) Vormerkung 12	1. Rückstände sind nicht möglich 39
j) Widerspruch 13	2. Rückstände sind möglich; Löschungserleichterungsvermerk ist eingetragen 40
k) Dauerwohn- und Dauernutzungsrecht 14	3. Rückstände sind möglich; Löschungserleichterungsvermerk ist nicht eingetragen; Jahresfrist ist nicht abgelaufen 41
l) Erbbaurecht 15	4. Rückstände sind möglich; Löschungserleichterungsvermerk ist nicht eingetragen; Jahresfrist ist abgelaufen; Widerspruch ist nicht eingetragen 42
3. Juristische Personen als Berechtigte 16	
4. Mehrere Berechtigte 17	
II. Möglichkeit von Rückständen 18	5. Rückstände sind möglich; Löschungserleichterungsvermerk ist nicht eingetragen; Jahresfrist ist abgelaufen; Widerspruch ist eingetragen 43
1. Allgemeines 18	
2. Möglichkeit von Rückständen bei Rechten im Einzelnen 21	
a) Nießbrauch 21	
b) Grunddienstbarkeit 22	
c) Beschränkte persönliche Dienstbarkeit 23	

A. Allgemeines

1 § 23 ergänzt § 22 und betrifft die Berichtigung des Grundbuchs durch Löschung von Rechten, die auf die **Lebenszeit des Berechtigten beschränkt** sind. Nach Abs. 1 ist die Löschung solcher Rechte innerhalb einer Frist von einem Jahr nach dem Tod des Berechtigten nur mit **Bewilligung des Rechtsnachfolgers** des Berechtigten möglich, wenn bei dem Recht **Rückstände** nicht ausgeschlossen sind. Die Vorschrift schränkt also § 22 Abs. 1 ein. Sie soll den Rechtsnachfolger davor schützen, die dingliche Sicherung für bestehende Rückstände aus dem Recht zu verlieren. Die Bewilligung ist nach Abs. 2 nicht erforderlich, wenn ein sog. **Löschungserleichterungsvermerk** bei dem Recht im Grundbuch eingetragen ist. In diesem Fall reicht der Nachweis des Todes des Berechtigten auch dann aus, wenn aus dem Recht Rückstände möglich sind.

B. Regelungsgehalt

I. Auf Lebenszeit beschränkte Rechte

2 **1. Allgemeines.** Das zu löschende Recht muss auf **Lebenszeit des Berechtigten beschränkt** sein. Unter einem Recht versteht man dabei sowohl ein Recht an einem Grundstück als auch ein

Recht an einem solchen Grundstücksrecht. Auch ein Pfandrecht an einem Anspruch, der durch Vormerkung gesichert ist, fällt darunter.[1] Die Beschränkung kann sich aus dem Gesetz ergeben oder durch Rechtsgeschäft vereinbart sein.

2. Beschränkbarkeit von Rechten im Einzelnen. a) Nießbrauch. Der Nießbrauch ist kraft Gesetzes auf die Lebenszeit des Berechtigten beschränkt, § 1061 S. 1 BGB. Er kann nicht vertraglich als vererbbares Recht bestellt werden.[2] Es kann aber vereinbart werden, dass das Recht bereits zu einem bestimmten Zeitpunkt vor dem Tod des Berechtigten endet.[3]

b) Grunddienstbarkeit. Die Grunddienstbarkeit nach § 1018 BGB ist ein subjektiv-dingliches Recht und steht dem jeweiligen Eigentümer eines Grundstücks, nicht einem bestimmten Eigentümer zu.[4] Es kann daher nicht vertraglich vereinbart werden, dass das Recht mit dem Tod eines Berechtigten erlischt.[5]

c) Beschränkte persönliche Dienstbarkeit. Beschränkte persönliche Dienstbarkeiten sind nach §§ 1090 Abs. 2, 1061 BGB auf Lebenszeit des Berechtigten beschränkt. Eine abweichende Vereinbarung dahin gehend, dass das Recht vererblich sein soll, ist nicht möglich. Es kann aber ein Endzeitpunkt vor dem Tod des Berechtigten vereinbart werden.[6]

d) Grundpfandrechte. Bei Hypotheken, Grundschulden und Rentenschulden kann die Beschränkung auf Lebenszeit des Berechtigten vereinbart werden.[7] Ist bei einer Hypothek nicht diese selbst, sondern die zugrunde liegende Forderung beschränkt, so entsteht mit dem Tod des Berechtigten nach § 1163 Abs. 1 S. 2 BGB aus der Hypothek eine Eigentümergrundschuld.[8] § 23 ist in diesem Fall nicht anwendbar.[9]

e) Pfandrechte an Rechten. Pfandrechte an Rechten können vertraglich auf Lebenszeit des Berechtigten beschränkt werden.[10] Ist aber das verpfändete Recht auf Lebenszeit beschränkt, liegt ein Fall des § 24 vor.[11]

f) Reallast. Die subjektiv-dingliche Reallast steht dem jeweiligen Eigentümer eines Grundstücks, nicht einem bestimmten Berechtigten zu. Sie kann daher nicht auf Lebenszeit, sondern nur auf den Eintritt eines bestimmten Ereignisses oder Zeitpunktes beschränkt werden.[12]

Die subjektiv-persönliche Reallast kann dagegen vertraglich auf Lebenszeit beschränkt werden.[13] Sie erlischt jedoch nicht mit dem Tod, wenn mit ihr gesicherte Leistungen über den Tod

---

1 BayObLG FGPrax 1995, 139; Demharter GBO § 23 Rn. 3.
2 OLG Hamm DNotZ 1973, 615; Meikel/Böttcher GBO §§ 23, 24 Rn. 10; Bauer/v. Oefele/Kohler GBO §§ 23, 24 Rn. 9; BeckOK GBO/Hügel/Wilsch GBO § 23 Rn. 6; Böttcher MittRhNotK 1987, 219.
3 LG München DNotZ 1954, 260; Meikel/Böttcher GBO §§ 23, 24 Rn. 10; Keller/Munzig/Munzig GBO § 23 Rn. 7; Bauer/v. Oefele/Kohler GBO §§ 23, 24 Rn. 9; Demharter GBO § 23 Rn. 3.
4 Meikel/Böttcher GBO §§ 23, 24 Rn. 23; Bauer/v. Oefele/Kohler GBO §§ 23, 24 Rn. 10.
5 Bauer/v. Oefele/Kohler GBO §§ 23, 24 Rn. 10; BeckOK GBO/Hügel/Wilsch GBO § 23 Rn. 10; Meikel/Böttcher GBO §§ 23, 24 Rn. 11; Keller/Munzig/Munzig GBO § 23 Rn. 13; Böhringer ZfIR 2021, 201 (204).
6 LG Nürnberg DNotZ 194, 262; Keller/Munzig/Munzig GBO § 23 Rn. 11; Bauer/v. Oefele/Kohler GBO §§ 23, 24 Rn. 11; Meikel/Böttcher GBO §§ 23, 24 Rn. 12; Demharter GBO § 23 Rn. 4.
7 RGZ 68, 141; Bauer/v. Oefele/Kohler GBO §§ 23, 24 Rn. 4; Meikel/Böttcher GBO §§ 23, 24 Rn. 6, 23, 24; Demharter GBO § 23 Rn. 5; BeckOK GBO/Hügel/Wilsch GBO § 23 Rn. 27; Böhringer ZfIR 2021, 201 (206).
8 KGJ 33, 238, 242; Meikel/Böttcher GBO §§ 23, 24 Rn. 6; Bauer/v. Oefele/Kohler GBO §§ 23, 24 Rn. 5; Keller/Munzig/Munzig GBO § 23 Rn. 12.
9 Meikel/Böttcher GBO §§ 23, 24 Rn. 6; Keller/Munzig/Munzig GBO § 23 Rn. 6; v. Oefele/Kohler GBO §§ 23, 24 Rn. 5; Böttcher MittRhNotK 1987, 219; aA für die analoge Anwendung des § 23 Demharter GBO § 23 Rn. 8.
10 Meikel/Böttcher GBO §§ 23, 24 Rn. 6; Keller/Munzig/Munzig GBO § 23 Rn. 12; Bauer/v. Oefele/Kohler GBO §§ 23, 24 Rn. 6; BeckOK GBO/Hügel/Wilsch GBO § 23 Rn. 27; Demharter GBO § 23 Rn. 5.
11 Bauer/v. Oefele/Kohler GBO §§ 23, 24 Rn. 6.
12 Bauer/v. Oefele/Kohler GBO §§ 23, 24 Rn. 7; BeckOK GBO/Hügel/Wilsch GBO § 23 Rn. 22.
13 BayObLG DNotZ 1989, 567; OLG Düsseldorf Rpfleger 2002, 618; OLG Köln Rpfleger 1994, 292; Meikel/Böttcher GBO §§ 23, 24 Rn. 8; Demharter GBO § 23 Rn. 5; Bauer/v. Oefele/Kohler GBO §§ 23, 24 Rn. 8; BeckOK GBO/Hügel/Wilsch GBO § 23 Rn. 21; Böttcher MittRhNotK 1987, 219.

hinausgehen, was insbesondere bei **Beerdigungs- und Grabpflegekosten** der Fall ist.[14] Dann ist die Löschung der Reallast nach dem Tod des Berechtigten nur mit Bewilligung der Erben nach § 19 möglich.[15] Daran ändert auch ein nach § 23 Abs. 2 (zu Unrecht) eingetragener Löschungserleichterungsvermerk nichts, → Rn. 38.

10 **g) Altenteil, Leibgeding.** Altenteil und Leibgeding sind gleichbedeutende Begriffe für vertraglich zugesicherte oder durch letztwillige Verfügung zugewandte dinglich gesicherte Nutzungen und Leistungen zur persönlichen Versorgung des Berechtigten.[16] Dies ist kein eigenes dingliches Recht, sondern eine Zusammenfassung mehrerer Rechte. Die Möglichkeit der Beschränkbarkeit auf Lebenszeit richtet sich daher nach der Beschränkbarkeit der einzelnen in ihm enthaltenen Rechte. Gesichert sind mit einem Altenteil häufig beschränkte persönliche Dienstbarkeiten, insbesondere Wohnungsrechte und Reallasten.[17] Eine im Rahmen eines Altenteils bestellte subjektiv-persönliche Reallast gilt als auf Lebenszeit des Berechtigten beschränkt.[18] Sind jedoch in der Reallast Ansprüche auf Tragung der Beerdigungs- und Grabpflegekosten enthalten, ist sie nicht auf Lebenszeit beschränkt und kann nur mit Bewilligung des Berechtigten nach § 19 gelöscht werden, → Rn. 9, 38.

11 **h) Vorkaufsrecht.** Ein subjektiv-dingliches Vorkaufsrecht kann nicht auf Lebenszeit eines Berechtigten beschränkt werden.[19] Ein subjektiv-persönliches Vorkaufsrecht ist nach §§ 1098 Abs. 1, 473 BGB auf Lebenszeit des Berechtigten beschränkt. Durch vertragliche Vereinbarung kann aber Vererblichkeit bestimmt werden. Zur Wirksamkeit einer solchen Vereinbarung ist die Eintragung im Grundbuch erforderlich, was aber nicht direkt erfolgen muss, sondern durch Bezugnahme auf die Eintragungsbewilligung möglich ist.[20]

12 **i) Vormerkung.** Die Vormerkung selbst kann rechtsgeschäftlich auf Lebenszeit des Berechtigten beschränkt werden.[21] Ist der dinglich gesicherte Anspruch auf Lebenszeit beschränkt, gilt dies wegen der Akzessorietät auch für die Vormerkung.[22]

13 **j) Widerspruch.** Der Widerspruch kann auf Lebenszeit beschränkt werden.[23]

14 **k) Dauerwohn- und Dauernutzungsrecht.** Das Dauerwohn- und Dauernutzungsrecht ist nach § 33 Abs. 1 S. 1 WEG grundsätzlich vererblich. Die Beschränkung auf Lebenszeit ist aber nach hM möglich.[24]

---

14 KG HRR 1933 Nr. 1353; BayObLGZ 1983, 113 (115); BayObLG NJW-RR 1999, 1320; OLG Düsseldorf Rpfleger 2002, 618; OLG München NotBZ 2012, 470; LG Coburg Rpfleger 1983, 145; Bauer/v. Oefele/Kohler GBO §§ 23, 24 Rn. 8; Meikel/Böttcher GBO §§ 23, 24 Rn. 8.
15 BayObLGZ 1983, 113 (115) = DNotZ 1985, 41 = Rpfleger 1983, 308; OLG Düsseldorf Rpfleger 2002, 618; BayObLG Rpfleger 1988, 397; Meikel/Böttcher GBO §§ 23, 24 Rn. 8; Bauer/v. Oefele/Kohler GBO §§ 23, 24 Rn. 8; Demharter GBO § 23 Rn. 9.
16 RGZ 162, 52 (57); BGH NJW 1994, 1158; BGH Rpfleger 2007, 614; BayObLG Rpfleger 1993, 443; OLG Köln Rpfleger 1992, 431; Bauer/v. Oefele/Kohler GBO §§ 23, 24 Rn. 15; Demharter § 49 Rn. 3.
17 Bauer/v. Oefele/Kohler GBO §§ 23, 24 Rn. 15; Demharter § 49 Rn. 4; Meikel/Böttcher GBO §§ 23, 24 Rn. 17.
18 BayObLG Rpfleger 1988, 98; BayObLGZ 1983, 113; Bauer/v. Oefele/Kohler GBO §§ 23, 24 Rn. 15; Meikel/Böttcher GBO §§ 23, 24 Rn. 17.
19 Meikel/Böttcher GBO §§ 23, 24 Rn. 9; Keller/Munzig/Munzig GBO § 23 Rn. 16; Bauer/v. Oefele/Kohler GBO §§ 23, 24 Rn. 17.
20 OLG Hamm Rpfleger 1989, 148.
21 LG Bochum Rpfleger 1971, 314; Bauer/v. Oefele/Kohler GBO §§ 23, 24 Rn. 16; Demharter GBO § 23 Rn. 5; Streuer Rpfleger 1986, 245.
22 LG Kleve RNotZ 2004, 266; LG München MittBayNot 2002, 397; Bauer/v. Oefele/Kohler GBO §§ 23, 24 Rn. 16; Meikel/Böttcher GBO §§ 23, 24 Rn. 15.
23 Bauer/v. Oefele/Kohler GBO §§ 23, 24 Rn. 19; Meikel/Böttcher GBO §§ 23, 24 Rn. 16.
24 OLG Celle BeckRS 2014, 7371; Schöner/Stöber GrundbuchR Rn. 3002; Bauer/v. Oefele/Kohler GBO §§ 23, 24 Rn. 12; BeckOK GBO/Hügel/Wilsch GBO § 23 Rn. 34; Diester NJW 1963, 183; Klingenstein BWNotZ 1965, 228; Diester Rpfleger 1965, 216; Marshall DNotZ 1962, 381; aA OLG Neustadt DNotZ 1962, 221 = NJW 1987, 2032 = Rpfleger 1987, 102; Demharter GBO § 23 Rn. 5.

l) **Erbbaurecht.** Das Erbbaurecht kann nach § 1 Abs. 4 ErbbauRG analog nicht auf Lebenszeit des Berechtigten beschränkt werden.[25] Ein Heimfallanspruch für den Fall des Todes des Erbbauberechtigten ist möglich. Da dieser aber keine dingliche Wirkung hat, sondern nur einen schuldrechtlichen Anspruch auf Übertragung begründet, liegt dann kein Fall des § 23 vor.

3. Juristische Personen als Berechtigte. Eine Beschränkung eines Rechts auf das Bestehen einer juristischen Person ist sinngemäß wie eine Beschränkung auf Lebenszeit zu behandeln.[26] Für Nießbrauch und subjektiv-persönliche Dienstbarkeiten gilt als Besonderheit § 1059a BGB.

4. Mehrere Berechtigte. Steht ein Recht mehreren zu Bruchteilen zu und ist es auf die Lebenszeit eines der Berechtigten beschränkt, erlischt mit dessen Tod das Recht nur hinsichtlich seines Bruchteils.[27] Bei Gesamtberechtigten oder Gesamthändern bleibt das Recht beim Tod eines Berechtigten für die übrigen bestehen.[28]

II. Möglichkeit von Rückständen

1. Allgemeines. Damit die Rechtslöschung allein mit Todesnachweis des Berechtigten ausgeschlossen ist, müssen aus dem Recht Rückstände möglich sein. Es kommt also nicht darauf an, ob tatsächlich Rückstände bestehen, sondern nur darauf, ob im konkreten Fall nach Art und Inhalt des Rechts Rückstände bestehen könnten.

Rückstände liegen vor, wenn **fällige Leistungen nicht erbracht wurden,** die Leistungspflicht also nicht nach §§ 362 ff. BGB erloschen ist.[29] Mögliche Rückstände sind für die Anwendung von § 23 nur relevant, soweit sie vom Sicherungsbereich des eingetragenen Rechts umfasst sind.[30] Rückstände aus rein schuldrechtlichen Ansprüchen begründen also nicht die Anwendbarkeit des § 23.[31] Rückstände aus rein dinglichen Ansprüchen fallen immer unter die Vorschrift.[32] Nach hM fallen auch Rückstände aus verdinglichten schuldrechtlichen Ansprüchen, bspw. vertragliche Schuldverhältnisse zwischen Eigentümer und Erbbauberechtigten oder Gemeinschaftsordnungen, soweit sie im Grundbuch eingetragen sind, unter den Rückstandsbegriff des § 23.[33]

Sind Rückstände ausgeschlossen, so genügt zur Löschung der Nachweis des Todes des Berechtigten. Rückstände sind ausgeschlossen, wenn sie nach Art und Inhalt des Rechts nicht möglich sind oder wenn als Inhalt des Rechts vereinbart wurde, dass etwaige Rückstände mit dem Tod des Berechtigten erlöschen.[34]

2. Möglichkeit von Rückständen bei Rechten im Einzelnen. a) Nießbrauch. Der Nießbrauch gibt dem Berechtigten nach §§ 1030, 100 BGB das Recht, alle Nutzungen aus der Sache zu zie-

---

25 BGHZ 52, 269 (271) = NJW 1969, 2049 (2045) = Rpfleger 1969, 346; OLG Celle Rpfleger 1964, 213; Bauer/v. Oefele/Kohler GBO §§ 23, 24 Rn. 14; Meikel/Böttcher GBO §§ 23, 24 Rn. 14; BeckOK GBO/Hügel/Wilsch GBO § 23 Rn. 37.
26 Bauer/v. Oefele/Kohler GBO §§ 23, 24 Rn. 20; Keller/Munzig/Munzig GBO § 23 Rn. 9; Meikel/Böttcher GBO §§ 23, 24 Rn. 18.
27 Bauer/v. Oefele/Kohler GBO §§ 23, 24 Rn. 24; Meikel/Böttcher GBO §§ 23, 24 Rn. 21; Keller/Munzig/Munzig GBO § 23 Rn. 20.
28 BayObLGZ 1955, 155 (159); Meikel/Böttcher GBO §§ 23, 24 Rn. 22; Keller/Munzig/Munzig GBO § 23 Rn. 19; Bauer/v. Oefele/Kohler GBO §§ 23, 24 Rn. 24.
29 Bauer/v. Oefele/Kohler GBO §§ 23, 24 Rn. 31; Meikel/Böttcher GBO §§ 23, 24 Rn. 27.
30 Bauer/v. Oefele/Kohler GBO §§ 23, 24 Rn. 31.
31 OLG Düsseldorf Rpfleger 2003, 351 = FGPrax 2003, 111; OLG Hamm NJW-RR 2001, 1099; Bauer/v. Oefele/Kohler GBO §§ 23, 24 Rn. 31; Meikel/Böttcher GBO §§ 23, 24 Rn. 27.
32 OLG Hamm Rpfleger 2001, 402; Bauer/v. Oefele/Kohler GBO §§ 23, 24 Rn. 31; Keller/Munzig GBO § 23 Rn. 23; Meikel/Böttcher GBO §§ 23, 24 Rn. 27; Riedel JurBüro 1979, 155 (158).
33 OLG Hamm Rpfleger 2001, 402 (403); Meikel/Böttcher GBO §§ 23, 24 Rn. 27; Bauer/v. Oefele/Kohler GBO §§ 23, 24 Rn. 31; Böhringer Rpfleger 2003, 157 (167); aA Riedel JurBüro 1979, 155 (158).
34 BGHZ 117, 390; BGHZ 66, 341 (346); Demharter GBO § 23 Rn. 12; Bauer/v. Oefele/Kohler GBO §§ 23, 24 Rn. 31; Keller/Munzig/Munzig GBO § 23 Rn. 27; Meikel/Böttcher GBO §§ 23, 24 Rn. 27.

hen. Das sind bei einem Grundstücksnießbrauch bspw. Mietzinsen, bei einem Rechtsnießbrauch bspw. Hypothekenzinsen. Rückstände sind daher aus dem Nießbrauch möglich.[35]

22 **b) Grunddienstbarkeit.** Bei Grunddienstbarkeiten sind in der Regel keine Rückstände möglich. Etwas anderes gilt nur dann, wenn eine sich auf dem Grundstück befindliche Anlage, die zur Ausübung der Grunddienstbarkeit gehört, vom Eigentümer unterhalten werden soll.[36]

23 **c) Beschränkte persönliche Dienstbarkeit.** Rückstände sind auch hier in der Regel ausgeschlossen.[37] Ausnahmsweise sind sie möglich, wenn Nebenleistungen des Eigentümers dinglicher Inhalt des Rechts sind, etwa eine Unterhaltungspflicht.[38] Besonders beim **Wohnungsrecht** nach § 1093 BGB können bei bestimmter inhaltlicher Gestaltung Rückstände nicht ausgeschlossen werden.[39] Dies ist insbesondere der Fall, wenn die Pflicht des Eigentümers zur Erhaltung der guten Bewohn- und Beheizbarkeit zum dinglichen Rechtsinhalt gemacht wurde[40] oder wenn der Mietwert, falls die Wohnräume nicht zur Verfügung gestellt werden, in bar entrichtet werden soll.[41]

24 **d) Grundpfandrechte.** Aus Grundpfandrechten sind Rückstände immer möglich, bspw. Hypothekenzinsen.[42]

25 **e) Pfandrechte an Rechten.** Rückstände sind möglich, da nach Erlöschen des Pfandrechts eine dingliche Haftung des Pfandgegenstands fortbestehen kann.[43]

26 **f) Reallast.** Reallasten beinhalten eine wiederkehrende Leistungspflicht, weshalb Rückstände möglich sind.[44]

27 **g) Altenteil, Leibgeding.** Da hier mehrere, zur Versorgung des Berechtigten dienende dingliche Rechte zusammengefasst sind, sind die Einzelrechte getrennt auf die Möglichkeit von Rückständen zu überprüfen. Wenn, wie häufig der Fall, eine Reallast Teil des Altenteils ist, sind Rückstände regelmäßig möglich.[45]

28 **h) Vorkaufsrecht.** Hier ist zu unterscheiden, ob das Recht zum Vorkauf oder auch das Recht aus dem Vorkauf auf Lebenszeit des Berechtigten beschränkt sein soll. Im ersten Fall sind Rückstände ausgeschlossen, im zweiten Fall liegt keine Beschränkung auf Lebenszeit vor, so dass eine Löschung mit Todesnachweis nicht möglich ist.[46]

29 **i) Vormerkung.** Wenn nicht die Vormerkung selbst, sondern der gesicherte Anspruch auf Lebenszeit des Berechtigten beschränkt ist, sind Rückstände aus der Vormerkung nicht möglich,

---

[35] OLG München DNotZ 2013, 23; OLG Dresden ErbR 2022, 77; Meikel/Böttcher GBO §§ 23, 24 Rn. 32; Bauer/v. Oefele/Kohler GBO §§ 23, 24 Rn. 36; BeckOK GBO/Hügel/Wilsch GBO § 23 Rn. 8; Keller/Munzig/Munzig GBO § 23 Rn. 27; Schöner/Stöber GrundbuchR Rn. 1391; Riedel JurBüro 1979, 156 (161).

[36] Bauer/v. Oefele/Kohler GBO §§ 23, 24 Rn. 37.

[37] Meikel/Böttcher GBO §§ 23, 24 Rn. 33; Demharter GBO § 23 Rn. 12; Bauer/v. Oefele/Kohler GBO §§ 23, 24 Rn. 38; BeckOK GBO/Hügel/Wilsch GBO § 23 Rn. 12.

[38] OLG München RNotZ 2017, 104; LG Düsseldorf RNotZ 2005, 119; OLG Düsseldorf FGPrax 1995, 11; OLG Celle DNotI-Report 2013, 5.

[39] Bauer/v. Oefele/Kohler GBO §§ 23, 24 Rn. 38; Meikel/Böttcher GBO §§ 23, 24 Rn. 35; Schöner/Stöber GrundbuchR Rn. 1268; Keller/Munzig/Munzig GBO § 23 Rn. 27.

[40] BayObLGZ 1979, 372; OLG Düsseldorf Rpfleger 2003, 351 = FGPrax 2003, 111; Bauer/v. Oefele/Kohler GBO §§ 23, 24 Rn. 38; Meikel/Böttcher GBO §§ 23, 24 Rn. 35; Böhringer Rpfleger 2003, 157 (166 f.).

[41] LG Wuppertal MittBayNot 1977, 235.

[42] Bauer/v. Oefele/Kohler GBO §§ 23, 24 Rn. 33; Meikel/Böttcher GBO §§ 23, 24 Rn. 28; Keller/Munzig/Munzig GBO § 23 Rn. 27; Riedel JurBüro 1979, 155.

[43] BayObLG Rpfleger 1984, 144 = DNotZ 1985, 630 (632); Bauer/v. Oefele/Kohler GBO §§ 23, 24 Rn. 34; Meikel/Böttcher GBO §§ 23, 24 Rn. 29; Demharter GBO § 23 Rn. 10; BeckOK GBO/Hügel/Wilsch GBO § 23 Rn. 28; Riedel JurBüro 1979, 155 (161).

[44] LG Köln MittRhNotK 1982, 15; Bauer/v. Oefele/Kohler GBO §§ 23, 24 Rn. 35; Meikel/Böttcher GBO §§ 23, 24 Rn. 30; Demharter GBO § 23 Rn. 10; Keller/Munzig/Munzig GBO § 23 Rn. 27; BeckOK GBO/Hügel/Wilsch GBO § 23 Rn. 23.

[45] LG Aachen Rpfleger 1961, 440; LG Bremen Rpfleger 1970, 243; LG Wuppertal MittRhNotK 1978, 42; Bauer/v. Oefele/Kohler GBO §§ 23, 24 Rn. 43; Keller/Munzig/Munzig GBO § 23 Rn. 27; Meikel/Böttcher GBO §§ 23, 24 Rn. 40.

[46] Bauer/v. Oefele/Kohler GBO §§ 23, 24 Rn. 48.

da wegen der Akzessorietät die Vormerkung mit dem Anspruch erlischt.[47] Für den Fall, dass die Vormerkung selbst beschränkt ist, ist die Rückstandsmöglichkeit umstritten. Wenn nach dem Parteiwillen die Sicherungswirkung der Vormerkung tatsächlich mit dem Tod des Berechtigten entfallen soll, sind Rückstände aus der Vormerkung nicht möglich.[48]

j) **Widerspruch.** Beim Widerspruch richtet sich die Möglichkeit von Rückständen aus ihm danach, ob bei dem durch ihn geschützten Recht Rückstände möglich sind.[49]

k) **Dauerwohn- und Dauernutzungsrecht.** Rückstände sind bei Dauerwohn- und Dauernutzungsrechten regelmäßig ausgeschlossen. Ausnahmen können sich aus den als Inhalt des Rechts vereinbarten Pflichten des Eigentümers ergeben, bspw. aus der Pflicht zur Instandhaltung oder Instandsetzung oder der Pflicht zur Tragung von Grundstückslasten.[50]

l) **Erbbaurecht.** Die Möglichkeit von Rückständen richtet sich nach dem Erbbaurechtsvertrag. Ist der Grundstückseigentümer dem Erbbauberechtigten gegenüber verpflichtet, eine Entschädigung zu leisten, wenn das Erbbaurecht durch Zeitablauf erlischt, besteht die Möglichkeit von Rückständen.[51]

III. Löschung bei Nachweis des Todes des Berechtigten

Ist ein Recht auf Lebenszeit des Berechtigten beschränkt und sind daraus Rückstände nicht möglich oder ist die Jahresfrist ohne Widerspruch des Rechtsnachfolgers abgelaufen, kann die Löschung bei Nachweis des Todes des Berechtigten erfolgen. Der Nachweis ist durch **Sterbeurkunde** oder rechtskräftigen **Todeserklärungsbeschluss** zu führen.[52]

IV. Widerspruch des Rechtsnachfolgers

Der Widerspruch des Rechtsnachfolgers verhindert, dass ein auf Lebenszeit des Berechtigten beschränktes Recht, aus dem Rückstände möglich sind, nach Ablauf des Sperrjahres bei Todesnachweis gelöscht werden kann. Er ist ein **Sicherungsmittel eigener Art** und soll den behaupteten richtigen Grundbuchstand erhalten bzw. verhindern, dass das Grundbuch unrichtig wird.[53] Der Widerspruch kann erklärt werden, bis das Recht gelöscht ist.[54] Die Erklärung muss beim Grundbuchamt eingereicht werden und bedarf der Form des § 29.[55] Zum Widerspruch ist der Rechtsnachfolger des Berechtigten des Rechts, bei mehreren Rechtsnachfolgern jeder einzeln, berechtigt.[56] Rechtsnachfolger ist auch, wer durch Rechtsgeschäft oder im Wege der Zwangsvollstreckung das Recht oder ein Recht an einem Recht zu Lebzeiten des Berechtigten erworben hat.[57] Die Rechtsnachfolge muss in Form der §§ 29, 35 nachgewiesen werden.

Das Grundbuchamt trägt den wirksam erhobenen Widerspruch von Amts wegen in das Grundbuch ein. Seine Wirkungen entfaltet der Widerspruch aber nicht erst mit Eintragung, sondern

---

[47] Bauer/v. Oefele/Kohler GBO §§ 23, 24 Rn. 44; Meikel/Böttcher GBO §§ 23, 24 Rn. 38d; BeckOK GBO/Hügel/Wilsch GBO § 23 Rn. 32.
[48] BGHZ 117, 390 (394); LG Bonn NJW 1963, 819; Bauer/v. Oefele/Kohler GBO §§ 23, 24 Rn. 45 ff.; BeckOK GBO/Hügel/Wilsch GBO § 23 Rn. 31.
[49] Meikel/Böttcher GBO §§ 23, 24 Rn. 39; Keller/Munzig/Munzig GBO § 23 Rn. 27; Bauer/v. Oefele/Kohler GBO §§ 23, 24 Rn. 49.
[50] Bauer/v. Oefele/Kohler GBO §§ 23, 24 Rn. 39.
[51] OLG Celle NJW-RR 1995, 1420; Bauer/v. Oefele/Kohler GBO §§ 23, 24 Rn. 41.
[52] OLG Hamm Rpfleger 1989, 148; Demharter GBO § 23 Rn. 13; Bauer/v. Oefele/Kohler GBO §§ 23, 24 Rn. 25.
[53] Bauer/v. Oefele/Kohler GBO §§ 23, 24 Rn. 52; Keller/Munzig/Munzig GBO § 23 Rn. 32; Demharter GBO § 23 Rn. 20; Meikel/Böttcher GBO §§ 23, 24 Rn. 53; Schöner/Stöber GrundbuchR. 1355.
[54] Meikel/Böttcher GBO §§ 23, 24 Rn. 53; Bauer/v. Oefele/Kohler GBO §§ 23, 24 Rn. 53; Keller/Munzig/Munzig GBO § 23 Rn. 33; Schöner/Stöber GrundbuchR Rn. 1354; Demharter GBO § 23 Rn. 21; aA LG München DNotZ 1954, 260.
[55] Bauer/v. Oefele/Kohler GBO §§ 23, 24 Rn. 53; Demharter GBO § 23 Rn. 21; Meikel/Böttcher GBO §§ 23, 24 Rn. 52; Schöner/Stöber GrundbuchR Rn. 1355.
[56] Demharter GBO § 23 Rn. 21; Bauer/v. Oefele/Kohler GBO §§ 23, 24 Rn. 54; Meikel/Böttcher GBO §§ 23, 24 Rn. 52; Schöner/Stöber GrundbuchR Rn. 1354.
[57] KG JW 38, 2830; Bauer/v. Oefele/Kohler GBO §§ 23, 24 Rn. 54; Meikel/Böttcher GBO §§ 23, 24 Rn. 52.

bereits mit wirksamer Erhebung. Die Eintragung hat nur den Zweck zu verhindern, dass der Widerspruch übersehen wird.[58]

V. Löschungserleichterungsvermerk

36 Der Löschungserleichterungsvermerk nach § 23 Abs. 2 schränkt das Recht nicht in seinem materiellen Bestand ein, sondern erleichtert formellrechtlich die Löschbarkeit des Rechts bei Tod des Berechtigten.[59] Soll der Vermerk nach Eintragung des Rechts bei diesem eingetragen werden, ist dazu die Bewilligung des Berechtigten erforderlich.[60] Wenn der Vermerk, wie in der Praxis üblich, zugleich mit dem Recht eingetragen werden soll, reicht die Bewilligung des Eigentümers aus.[61]

37 Der Vermerk lautet üblicherweise „löschbar bei Todesnachweis" und muss direkt im Grundbuch eingetragen werden, eine Bezugnahme auf die Eintragungsbewilligung ist nicht möglich.[62]

38 Der Vermerk kann nur bei einem Recht, das auf die Lebenszeit des Berechtigten beschränkt ist und bei dem Rückstände möglich sind, eingetragen werden. Ist der Vermerk unzulässigerweise bei einem Recht eingetragen, das nicht mit dem Tod des Berechtigten erlischt, zB bei einer Reallast, die auch eine Grabpflegeverpflichtung umfasst, wird dadurch die Löschung durch Todesnachweis nicht ermöglicht, eine Bewilligung des Rechtsnachfolgers des Berechtigten ist erforderlich.[63] Eine Umdeutung einer solchen Eintragung in eine Vollmacht zur Abgabe der Löschungsbewilligung für den Eigentümer ist nicht möglich.[64]

VI. Mögliche Fallgestaltungen bei Rechten auf Lebenszeit des Berechtigten

39 **1. Rückstände sind nicht möglich.** Wenn aus dem Recht Rückstände nicht möglich sind, greift § 23 Abs. 1 nicht. Das Recht kann bei Nachweis des Todes des Berechtigten in Form der §§ 29, 35 nach § 22 gelöscht werden. Ein etwa (unzulässig) eingetragener Löschungserleichterungsvermerk ist ohne Bedeutung.

40 **2. Rückstände sind möglich; Löschungserleichterungsvermerk ist eingetragen.** Die Löschung des Rechts kann bei Todesnachweis erfolgen. Dies gilt jedoch nicht, wenn der Vermerk unzulässigerweise eingetragen wurde, weil das Recht gar nicht auf Lebenszeit beschränkt ist.[65] In diesem Fall liegt keine Grundbuchunrichtigkeit vor, es ist die Bewilligung des Rechtsnachfolgers erforderlich.

41 **3. Rückstände sind möglich; Löschungserleichterungsvermerk ist nicht eingetragen; Jahresfrist ist nicht abgelaufen.** Das Recht kann nicht durch Unrichtigkeitsnachweis gelöscht werden,

---

58 Bauer/v. Oefele/Kohler GBO §§ 23, 24 Rn. 55.
59 BGH Rpfleger 1976, 206; BayObLGZ 1983, 112; LG Saarbrücken ZfIR 2005, 470; Bauer/v. Oefele/Kohler GBO §§ 23, 24 Rn. 58; Meikel/Böttcher GBO §§ 23, 24 Rn. 42; Keller/Munzig/Munzig GBO § 23 Rn. 44; Demharter GBO § 23 Rn. 24.
60 BayObLG Rpfleger 1980, 20; Demharter GBO § 23 Rn. 24; Meikel/Böttcher GBO §§ 23, 24 Rn. 44; Keller/Munzig/Munzig GBO § 23 Rn. 47; Bauer/v. Oefele/Kohler GBO §§ 23, 24 Rn. 63; Böttcher MittRhNotK 1987, 219.
61 BGH Rpfleger 1976, 206 = NJW 1976, 962 = DNotZ 1976, 490; BayObLG DNotZ 1965, 406 = Rpfleger 1965, 180; BayObLG FGPrax 1997, 91; LG Köln MittRhNotK 1970, 149; Keller/Munzig/Munzig GBO § 23 Rn. 47; Meikel/Böttcher GBO §§ 23, 24 Rn. 43; Schöner/Stöber GrundbuchR Rn. 376; Bauer/v. Oefele/Kohler GBO §§ 23, 24 Rn. 62; Demharter GBO § 23 Rn. 24; Wehrens DNotZ 1963, 23 (30); Mikosch DNotZ 1971, 587; Gantzer MittBayNot 1972, 6; Böttcher MittRhNotK 1987, 219.
62 BayObLG Rpfleger 1984, 144.
63 OLG Düsseldorf RNotZ 2002, 454; Meikel/Böttcher GBO §§ 23, 24 Rn. 57; BeckOK GBO/Hügel/Wilsch GBO § 23 Rn. 47; Bauer/v. Oefele/Kohler GBO §§ 23, 24 Rn. 62; Böhringer Rpfleger 2003, 157 (167).
64 BayObLG FGPrax 1997, 91; OLG München FGPrax 2012, 250; für schuldrechtliche Vereinbarung der Löschungserleichterung: OLG Hamm ZEV 2020, 514; Meikel/Böttcher GBO §§ 23, 24 Rn. 57; BeckOK GBO/Hügel/Wilsch GBO § 23 Rn. 43; aA Schöner/Stöber GrundbuchR Rn. 1344a.
65 BayObLG Rpfleger 1983, 308; BayObLG DNotZ 1985, 41; Schöner/Stöber GrundbuchR Rn. 1344; BeckOK GBO/Hügel/Wilsch GBO § 23 Rn. 50.

§§ 22, 23 Abs. 1. Die Bewilligung des Rechtsnachfolgers des Berechtigten ist nach § 19 erforderlich. Die Rechtsnachfolge muss in Form der §§ 29, 35 nachgewiesen werden.

4. **Rückstände sind möglich; Löschungserleichterungsvermerk ist nicht eingetragen; Jahresfrist ist abgelaufen; Widerspruch ist nicht eingetragen.** Die Löschung kann nach §§ 22, 23 Abs. 1 aufgrund Todesnachweis erfolgen. Dies wird dadurch begründet, dass der Rechtsnachfolger des Berechtigten ausreichend Zeit hatte, Rückstände geltend zu machen oder einen Widerspruch gegen die Löschung beim Grundbuchamt einzureichen.[66]

5. **Rückstände sind möglich; Löschungserleichterungsvermerk ist nicht eingetragen; Jahresfrist ist abgelaufen; Widerspruch ist eingetragen.** Das Recht kann nur mit Bewilligung des Rechtsnachfolgers des Berechtigten gelöscht werden.

§ 24 GBO   [Löschung zeitlich beschränkter Rechte]

Die Vorschriften des § 23 sind entsprechend anzuwenden, wenn das Recht mit der Erreichung eines bestimmten Lebensalters des Berechtigten oder mit dem Eintritt eines sonstigen bestimmten Zeitpunkts oder Ereignisses erlischt.

A. Allgemeines

Die Vorschrift bestimmt, dass § 23 sinngemäß auf Rechte anzuwenden ist, die nicht auf Lebenszeit des Berechtigten, sondern in anderer Weise zeitlich beschränkt sind.

B. Regelungsgehalt

I. Zeitlich beschränkte Rechte

Die zeitliche Beschränkung kann auf einem Endtermin oder auf einer auflösenden Bedingung beruhen. Als Bedingung kommt bspw. die Verehelichung des Berechtigten in Betracht. Die beschränkten dinglichen Rechte des BGB können sowohl bedingt als auch befristet sein. Bei Erbbaurecht, Dauerwohn- und Dauernutzungsrecht sind nur Befristungen, nicht aber Bedingungen zulässig, § 1 Abs. 4 ErbbauRG, § 33 Abs. 1 S. 2 WEG.

II. Anwendung des § 23

§ 23 Abs. 1 und Abs. 2 sind entsprechend anzuwenden. Es darf auf die dortige Kommentierung verwiesen werden.

§ 25 GBO   [Löschung von Vormerkungen und Widersprüchen]

¹Ist eine Vormerkung oder ein Widerspruch auf Grund einer einstweiligen Verfügung eingetragen, so bedarf es zur Löschung nicht der Bewilligung des Berechtigten, wenn die einstweilige Verfügung durch eine vollstreckbare Entscheidung aufgehoben ist. ²Diese Vorschrift ist entsprechend anzuwenden, wenn auf Grund eines vorläufig vollstreckbaren Urteils nach den Vorschriften der Zivilprozeßordnung oder auf Grund eines Bescheides nach dem Vermögensgesetz eine Vormerkung oder ein Widerspruch eingetragen ist.

---

[66] Demharter GBO § 23 Rn. 15; BeckOK GBO/Hügel/Wilsch GBO § 23 Rn. 54.

A. Allgemeines

1 Die Vorschrift regelt einen Sonderfall der **Grundbuchberichtigung**.[1] Sie bestimmt, dass es zur Löschung einer Vormerkung oder eines Widerspruchs, die aufgrund einer einstweiligen Verfügung, § 935 ZPO, eines auf Abgabe einer Willenserklärung lautenden und vorläufig vollstreckbaren Urteils, §§ 894, 895 S. 1 ZPO, oder eines Bescheides nach § 34 Abs. 1 S. 8 VermG eingetragen worden sind, eine Bewilligung nach § 19 nicht erforderlich ist, wenn die Eintragungsgrundlage weggefallen ist. In Abweichung zu §§ 775, Nr. 1, 776 S. 1 ZPO kann die Vollstreckungsmaßnahme in diesen Fällen durch Unrichtigkeitsnachweis beseitigt werden.

B. Regelungsgehalt

I. Anwendungsbereich

2 **1. Vormerkung und Widerspruch.** Die Vorschrift ist nur auf Vormerkungen, § 883 Abs. 1 BGB, und Widersprüche, § 899 Abs. 1 BGB, anwendbar, die aufgrund einer einstweiligen Verfügung, eines vorläufig vollstreckbaren Urteils oder einem sofort vollziehbaren Bescheid nach § 34 Abs. 1 S. 8 VermG in das Grundbuch eingetragen wurden. Sie ist nicht anwendbar, wenn der Betroffene die Eintragung der Vormerkung oder des Widerspruchs bewilligt hat oder wenn das Grundbuchamt, zB nach § 18 Abs. 2, von Amts wegen eine Vormerkung oder einen Widerspruch eingetragen hat.

3 **2. Entsprechende Anwendung.** § 25 ist entsprechend anwendbar, wenn die einstweilige Verfügung analog § 269 Abs. 3 ZPO durch einen Beschluss des Prozessgerichts für wirkungslos erklärt wird[2] oder wenn die Eintragung eines Verfügungsverbots auf der Grundlage einer einstweiligen Verfügung erfolgte, die später durch eine vollstreckbare Entscheidung aufgehoben wurde.[3]

II. Voraussetzungen der Löschung

4 **1. Aufhebung der Eintragungsgrundlage.** Die Löschung der Vormerkung oder des Widerspruchs ist nach § 25 S. 1 möglich, wenn die einstweilige Verfügung durch eine vollstreckbare Entscheidung aufgehoben wurde. Ob die aufhebende Entscheidung durch Urteil oder in Beschlussform ergeht, ist unerheblich.[4] Nach § 25 S. 2 kann die Vormerkung oder der Widerspruch gelöscht werden, wenn das vorläufig vollstreckbare Urteil oder die vorläufige Vollstreckbarkeit nach § 985 S. 2 ZPO aufgehoben wird. Eine Vormerkung oder ein Widerspruch, die aufgrund eines Bescheides nach dem VermG eingetragen wurde, kann gelöscht werden, wenn der Bescheid aufgehoben wurde oder seine sofortige Vollziehbarkeit beseitigt wurde.

5 **2. Vollstreckbarkeit der Entscheidung.** Die Entscheidung, durch die die Eintragungsgrundlage aufgehoben wird, muss vollstreckbar sein. Nach § 704 Abs. 1 ZPO ist dies der Fall, wenn sie rechtskräftig ist oder für vorläufig vollstreckbar erklärt wurde. Ein Urteil, das eine einstweilige Verfügung aufhebt, ist nach § 708 Nr. 6 ZPO ohne Sicherheitsleistung für vorläufig vollstreckbar zu erklären.[5] Nach §§ 794 Abs. 1 Nr. 3, 717 Abs. 1 ZPO sind Beschlüsse, die eine einstweilige Verfügung aufheben und Urteile, die ein vorläufig vollstreckbares Urteil bzw. dessen Vollstreckbarkeitserklärung aufheben, ohne Weiteres vollstreckbar.[6]

---

[1] Bauer/v. Oefele/Kohler GBO § 25 Rn. 1 f.; Demharter GBO § 25 Rn. 1.
[2] BayObLGZ 1978, 15 (16); BayObLG FGPrax 2004, 209; OLG Frankfurt FGPrax 1995, 180 (181); BeckOK GBO/Hügel/Holzer GBO § 25 Rn. 10; Demharter GBO § 25 Rn. 3.
[3] OLG Düsseldorf FGPrax 2004, 59 (60); LG Frankfurt Rpfleger 1988, 407 (408); Demharter GBO § 25 Rn. 3; Schöner/Stöber GrundbuchR Rn. 1647; Bauer/v. Oefele/Kohler GBO § 25 Rn. 48; BeckOK GBO/Hügel/Holzer GBO § 25 Rn. 10.
[4] Demharter GBO § 25 Rn. 6; BeckOK GBO/Hügel/Holzer GBO § 25 Rn. 11.
[5] BayObLG Rpfleger 2001, 407 (408).
[6] Demharter GBO § 25 Rn. 7.

III. Nachweis der Unrichtigkeit

Der Nachweis der Unrichtigkeit wird durch Vorlage einer Ausfertigung der Aufhebungsentscheidung geführt.[7] Im Falle der Rechtsnachfolge muss die Entscheidung eine Vollstreckungsklausel enthalten. Bei anfechtbaren und nicht für vorläufig vollstreckbar erklärten Urteilen ist ein Rechtskraftzeugnis erforderlich, bei nicht verkündeten Beschlüssen muss die Zustellung nachgewiesen werden.[8] Wenn die Vollstreckbarkeit der Aufhebungsentscheidung von einer Sicherheitsleistung abhängt, ist deren Erbringung in Form des § 29 Abs. 1 S. 2 nachzuweisen.[9]

6

IV. Sonstige Eintragungsvoraussetzungen

Nach § 13 ist ein Antrag erforderlich, antragsberechtigt sind der Grundstückseigentümer und der Berechtigte der Vormerkung bzw. derjenige, zu dessen Gunsten der Widerspruch eingetragen ist. Voreintragung des von der Löschung Betroffenen ist erforderlich. Wenn die Vormerkung infolge Abtretung des gesicherten Anspruchs nach § 401 Abs. 1 BGB bzw. der Widerspruch durch Übertragung des geschützten dinglichen Rechts auf einen Dritten übergegangen ist, so muss dieser vor der Löschung voreingetragen werden. Ist der Betroffene Erbe des Eingetragenen, ist die Voreintragung des Erben nach § 40 entbehrlich.

7

§ 26 GBO [Übertragung und Belastung von Briefrechten]

(1) Soll die Übertragung einer Hypothek, Grundschuld oder Rentenschuld, über die ein Brief erteilt ist, eingetragen werden, so genügt es, wenn an Stelle der Eintragungsbewilligung die Abtretungserklärung des bisherigen Gläubigers vorgelegt wird.

(2) Diese Vorschrift ist entsprechend anzuwenden, wenn eine Belastung der Hypothek, Grundschuld oder Rentenschuld oder die Übertragung oder Belastung einer Forderung, für die ein eingetragenes Recht als Pfand haftet, eingetragen werden soll.

A. Allgemeines

Nach § 26 kann statt einer Bewilligung in bestimmten Fällen eine andere Erklärung genügen. Dies betrifft nach § 26 Abs. 1 die **Übertragung von Briefgrundpfandrechten** und nach Abs. 2 die Belastung von Briefgrundpfandrechten bzw. die Übertragung oder Belastung einer Forderung, für die ein eingetragenes Recht als Pfand haftet. Hintergrund der Regelung ist, dass Briefgrundpfandrechte nach §§ 1154 Abs. 1 S. 1, 1192 Abs. 1, 1199 Abs. 1 BGB außerhalb des Grundbuchs durch schriftliche Abtretungserklärung und Übergabe des Briefs übertragen werden können. Auch die Belastung von Briefgrundpfandrechten sowie die Übertragung und Belastung von Forderungen, denen ein eingetragenes Recht als Pfand haftet, erfolgt außerhalb des Grundbuchs durch schriftliche Abtretungs- bzw. Belastungserklärung, §§ 1154 Abs. 1 S. 1, 398 S. 1, 1274 Abs. 1 S. 1 BGB. Zur Grundbuchberichtigung nach § 22 Abs. 1 wäre der Nachweis der Unrichtigkeit, also der Abtretungs- oder Belastungsvertrag samt Nachweis der Übergabe des Briefes erforderlich. § 26 schafft hier eine Erleichterung, indem er statt eines Unrichtigkeitsnachweises die **Abtretungs- bzw. Belastungserklärung**, die die Berichtigungsbewilligung ersetzen, genügen lässt.[1]

1

---

7 LG Frankfurt Rpfleger 1988, 407 (408).
8 Demharter GBO § 25 Rn. 10; BeckOK GBO/Hügel/Holzer GBO § 25 Rn. 18.
9 BayObLG Rpfleger 2001, 407 (408).

1 OLG München NotBZ 2014, 306; BayObLG Rpfleger 1987, 363; Bauer/v. Oefele/Kohler GBO § 26 Rn. 2, 4; BeckOK GBO/Hügel/Holzer GBO § 26 Rn. 1.

2 Im erbrechtlichen Kontext hat die Vorschrift hauptsächlich für die Verpfändung von Erbteilen Bedeutung. Auch die in der GBO nicht konkret geregelte Eintragung der Pfändung von Erbteilen soll hier behandelt werden.

B. Regelungsgehalt

I. Verpfändung von Erbteilen

3 **1. Begründung des Pfandrechts.** Die Begründung des Pfandrechts richtet sich nach § 1274 Abs. 1 S. 1 BGB nach den für die Übertragung des Rechts geltenden Vorschriften. Das Rechtsgeschäft muss nach §§ 1274 Abs. 1, 2033 Abs. 1 S. 2 BGB **notariell beurkundet** werden. Der Vertrag muss den **Verpfändungswillen** zum Ausdruck bringen, den Miterbenanteil als **Pfandgegenstand** und die **gesicherte Forderung** bezeichnen.[2] Die Anzeige an die übrigen Miterben nach § 1280 BGB ist bei der Verpfändung des Erbanteils nicht Wirksamkeitserfordernis.[3] Praktisch gesehen ist jedoch die Benachrichtigung der Miterben unerlässlich, da die Verpfändung eine Verfügungsbeschränkung zugunsten des Gläubigers herbeiführt und die Miterben Kenntnis von der Verpfändung benötigen, damit sie den Gläubiger zu Verfügungen über Erbschaftsgegenstände und zur Auseinandersetzung hinzuziehen können.[4]

4 **2. Eintragung des Pfandrechts.** Die Verpfändung des Erbteils kann in das Grundbuch eines zum Nachlass gehörenden Grundstücks eingetragen werden, weil sich durch die Verpfändung die **Verfügungsbefugnis sämtlicher Miterben ändert**. Die Eintragung ist Grundbuchberichtigung. Erforderlich ist ein Antrag des Gläubigers oder des verpfändenden Miterben, § 13, und nach § 26 Abs. 2 iVm Abs. 1 die Vorlage der Verpfändungserklärung in öffentlich beglaubigter Form, § 29 Abs. 1 S. 1. Da der Verpfändungsvertrag nach §§ 1274 Abs. 1, 2033 Abs. 1 S. 2 BGB ohnehin der öffentlichen Beurkundung bedarf, empfiehlt es sich zur Vermeidung weiterer Beurkundungs- oder Beglaubigungskosten, eine beglaubigte Abschrift dieses Verpfändungsvertrags beim Grundbuchamt einzureichen. Der Miterbe muss nach § 39 Abs. 1 im Grundbuch voreingetragen sein.

II. Pfändung von Erbteilen

5 **1. Bewirkung und Wirkung der Pfändung.** Nach § 859 Abs. 2 ZPO ist der Anteil eines Miterben am Nachlass der Pfändung unterworfen. Die Pfändung wird mit **Zustellung des Pfändungsbeschlusses an den oder die (alle) Drittschuldner**, also an die übrigen Miterben bzw. an den Nachlassverwalter oder an den Testamentsvollstrecker, soweit ihm auch die Nachlassverwaltung obliegt,[5] wirksam, §§ 857, 829 Abs. 3 ZPO. Der betroffene Miterbe wird durch die Pfändung in seiner Mitberechtigung am Nachlass und damit in der Ausübung seiner Miterbenrechte, einschließlich der Verfügungsbefugnis über einzelne Nachlassgegenstände, zugunsten des Gläubigers beschränkt.[6] Dem Schuldner sind alle den Gläubiger benachteiligenden Verfügungen verboten. Damit kann ohne Zustimmung des Gläubigers das Miterbenrecht oder ein zum Nachlass gehörender einzelner Gegenstand, zB ein Grundstück, nicht mehr zum Nachteil des Gläubigers veräußert oder belastet werden.[7]

6 **2. Eintragung der Pfändung.** Die Pfändung eines Miterbenanteils kann in das Grundbuch eingetragen werden, weil sich durch sie die Verfügungsbefugnis des Miterben ändert. Die Eintragung ist Grundbuchberichtigung.[8] Dazu ist nach § 13 ein Antrag des Gläubigers erforderlich.

---

2 RGZ 148, 349 (351).
3 RGZ 83, 27 (28); BayObLGZ 1959, 50 (56).
4 BayObLGZ 1959, 50 (56) = NJW 1959, 1780 = Rpfleger 1960, 157; Schöner/Stöber GrundbuchR Rn. 974.
5 RGZ 86, 294; KG OLGZ 23, 221.
6 Schöner/Stöber GrundbuchR Rn. 1661.
7 BayObLGZ 1959, 50 = NJW 1959, 1780 = Rpfleger 1960, 157; OLG Frankfurt HRR 1937 Nr. 758 = JW 1937, 2129.
8 RGZ 90, 232; RG HRR 1934 Nr. 1055; BayObLGZ 1959, 50 = NJW 1959, 1780 = Rpfleger 1960, 157; KG JFG 17, 40.

Der Nachweis der Unrichtigkeit nach § 22 Abs. 1 wird durch die Vorlage des Pfändungsbeschlusses und den Nachweis der Zustellung an den oder die Drittschuldner geführt. Die Voreintragung der Erbengemeinschaft nach § 39 Abs. 1 ist erforderlich. Soweit noch der Erblasser eingetragen ist, kann der Pfändungsgläubiger die Eintragung der Erbengemeinschaft nach § 13 Abs. 1 S. 2 beantragen.[9] Die Eintragung erfolgt in Abteilung II, wenn das Grundstück Nachlassgegenstand ist. Ist Nachlassgegenstand ein im Grundbuch eingetragenes Recht, etwa ein Grundpfandrecht, erfolgt die Eintragung in der Veränderungsspalte zum jeweiligen Recht.

3. Wirkung der eingetragenen Pfändung. Durch die Eintragung der Pfändung wird der Gläubiger gegen nachteilige Verfügungen der Erben geschützt. Die Eintragung stellt jedoch **keine Grundbuchsperre** dar, Verfügungen der Erben können weiterhin eingetragen werden, sind jedoch dem Gläubiger gegenüber unwirksam.[10] Ein zum Nachlass gehörendes Recht kann jedoch nicht ohne Zustimmung des Gläubigers im Grundbuch gelöscht werden, da mit Löschung des Rechts auch die Schutzwirkung des eingetragenen Pfändungsvermerks untergehen würde.[11]

7

§ 27 GBO [Löschung von Grundpfandrechten]

¹Eine Hypothek, eine Grundschuld oder eine Rentenschuld darf nur mit Zustimmung des Eigentümers des Grundstücks gelöscht werden. ²Für eine Löschung zur Berichtigung des Grundbuchs ist die Zustimmung nicht erforderlich, wenn die Unrichtigkeit nachgewiesen wird.

A. Allgemeines 1	III. Zustimmung des Eigentümers 7
B. Regelungsgehalt 2	1. Rechtsnatur 7
I. Grundpfandrechte 2	2. Inhalt 8
II. Löschung 4	3. Form 9
1. Allgemeines 4	4. Ersetzung 10
2. Teillöschung 5	5. Gerichtliche Genehmigung 11
3. Verzicht 6	6. Zustimmungsberechtigung 12

A. Allgemeines

Die Vorschrift bestimmt, dass zur Löschung einer Hypothek, Grundschuld oder Rentenschuld die Zustimmung des Grundstückseigentümers erforderlich ist, es sei denn, die Löschung erfolgt aufgrund Unrichtigkeitsnachweises. Die Zustimmung des Eigentümers zu einer rechtsändernden Löschung ist materiellrechtlich nach §§ 1183, 1192 Abs. 1, 1200 Abs. 1 BGB erforderlich, so dass in diesen Fällen der Eigentümer als mittelbar Betroffener bereits nach § 19 bewilligen muss. § 27 fordert darüber hinaus auch die Zustimmung des Eigentümers für die auf einer Bewilligung des Gläubigers gestützte berichtigende Löschung. Sinn der Vorschrift ist der Schutz des Grundstückseigentümers vor einem Verlust der Anwartschaft auf den Erwerb eines Eigentümergrundpfandrechts.

1

---

9 Demharter GBO § 13 Rn. 48; Keller/Munzig/Volmer GBO § 14 Rn. 8; Bauer/v. Oefele/Wilke GBO § 14 Rn. 13; Schöner/Stöber GrundbuchR Rn. 1663; Stöber Rpfleger 1976, 197; aA OLG Zweibrücken Rpfleger 1976, 214.

10 BayObLGZ 1959, 50 = NJW 1959, 1780 = Rpfleger 1960, 157; OLG Hamm Rpfleger 1961, 201 mAnm Haegele; KG HRR 1934 Nr. 1095.

11 BayObLGZ 1959, 50 = NJW 1959, 1780 = Rpfleger 1960, 157; OLG Hamm Rpfleger 1961, 201 mAnm Haegele; Schöner/Stöber GrundbuchR Rn. 1665.

B. Regelungsgehalt

I. Grundpfandrechte

2 Die Vorschrift gilt nur für Hypotheken, Grundschulden und Rentenschulden. Auf andere Rechte, wie Reallasten, ist sie nicht anwendbar.[1] Sie gilt auch nicht für Vormerkungen und Widersprüche, auch wenn diese Grundpfandrechte betreffen.[2]

3 Die Vorschrift ist auf die Löschung einer am 3.10.1990 bestehenden Hypothek nach dem ZGB der DDR nicht anwendbar, auf die Löschung von Grundpfandrechten aus der Zeit vor dem Inkrafttreten des ZGB am 1.1.1976 jedoch schon.

II. Löschung

4 **1. Allgemeines.** Die Löschung kann rechtsändernder oder berichtigender Natur sein.[3] Wird das Grundpfandrecht aber aufgrund Unrichtigkeitsnachweises gelöscht, ist die Zustimmung des Eigentümers nach § 27 S. 2 nicht erforderlich, da er nicht betroffen sein kann, wenn feststeht, dass das Recht nicht besteht.

5 **2. Teillöschung.** § 27 gilt auch für Teillöschungen. Eine Teillöschung stellt auch die Eintragung einer Zinssenkung dar.[4] Nicht unter § 27 fällt aber die Pfandfreigabe, in der der Gläubiger auf einen Teil seiner Sicherheit verzichtet.[5]

6 **3. Verzicht.** Die Eintragung eines Verzichts nach § 1168 BGB oder nach § 1175 Abs. 1 S. 1 BGB fällt nicht unter § 27, da sie den Übergang des Grundpfandrechts auf den Eigentümer zur Folge hat und das Grundpfandrecht damit erst aufgrund Löschungsbewilligung des Eigentümers gelöscht werden kann. Die Eintragung eines Verzichts nach § 1175 Abs. 1 S. 2 BGB fällt ebenfalls nicht unter § 27.

III. Zustimmung des Eigentümers

7 **1. Rechtsnatur.** Die Zustimmung ist wie die Eintragungsbewilligung eine verfahrensrechtliche Erklärung und von der materiellrechtlichen Erklärung nach § 1183 BGB zu unterscheiden. Sie darf nicht bedingt oder befristet sein.

8 **2. Inhalt.** Die Zustimmung muss klar zum Ausdruck bringen, dass Einverständnis mit der Löschung des Grundpfandrechts besteht.[6] Sie kann auch durch Stellung des Antrags auf Löschung erklärt werden.[7]

9 **3. Form.** Die Zustimmung bedarf der Form des § 29 Abs. 1 S. 1, muss also notariell beurkundet oder beglaubigt sein.

10 **4. Ersetzung.** Wird ein Grundpfandrecht aufgrund eines behördlichen Ersuchens, zB des Zwangsversteigerungsgerichts, gelöscht, so ersetzt das Ersuchen die Eigentümerzustimmung.[8]

11 **5. Gerichtliche Genehmigung.** Erklärt ein nicht befreiter Vormund, Betreuer oder Pfleger die Zustimmung, bedarf dieser nach §§ 1812 Abs. 1 S. 1, Abs. 3, 1908i Abs. 1, 1915 Abs. 1 BGB der Genehmigung des Familien-, Betreuungs- oder Nachlassgerichts.

12 **6. Zustimmungsberechtigung.** Die Zustimmung muss vom wahren Eigentümer erklärt werden. Steht das Grundstück im Eigentum mehrerer Miterben in Erbengemeinschaft, so ist die Zustimmung sämtlicher Miterben erforderlich; eine mehrheitliche Entscheidung ist nicht möglich.[9] Ist

---

1 BayObLG MittBayNot 1981, 122.
2 Demharter GBO § 27 Rn. 4.
3 OLG München JFG 18, 204.
4 RGZ 72, 367; KG HRR 1932 Nr. 1657.
5 KG JW 1937, 1553; OLG München JFG 23, 322; OLG München FGPrax 2016, 150; Lotter MittBayNot 1985, 8.
6 OLG Köln 2014, 153.
7 OLG München JFG 18, 204; BayObLG Rpfleger 1974, 404; BayObLG Rpfleger 1980, 347.
8 Demharter GBO § 38 Rn. 63, § 27 Rn. 14.
9 OLG Hamm ZEV 2014, 419 = MittBayNot 2014, 447.

der im Grundbuch eingetragene nicht der wahre Eigentümer, so ist nach § 39 Abs. 1 dessen Voreintragung erforderlich.[10] Im Übrigen gilt das in → GBO § 19 Rn. 20 ff. zur Bewilligungsberechtigung und -befugnis Ausgeführte entsprechend.

§ 28 GBO [Bezeichnung des Grundstücks und der Geldbeträge]

[1]In der Eintragungsbewilligung oder, wenn eine solche nicht erforderlich ist, in dem Eintragungsantrag ist das Grundstück übereinstimmend mit dem Grundbuch oder durch Hinweis auf das Grundbuchblatt zu bezeichnen. [2]Einzutragende Geldbeträge sind in inländischer Währung anzugeben; durch Rechtsverordnung des Bundesministeriums der Justiz und für Verbraucherschutz im Einvernehmen mit dem Bundesministerium der Finanzen kann die Angabe in einer einheitlichen europäischen Währung, in der Währung eines Mitgliedstaats der Europäischen Union oder des Europäischen Wirtschaftsraums oder einer anderen Währung, gegen die währungspolitische Bedenken nicht zu erheben sind, zugelassen und, wenn gegen die Fortdauer dieser Zulassung währungspolitische Bedenken bestehen, wieder eingeschränkt werden.

A. Allgemeines

Die Vorschrift enthält zwei Bestimmungen über den Inhalt der Eintragungsbewilligung bzw. wenn eine solche nicht erforderlich ist, des Eintragungsantrags. In § 28 S. 1 kommt der im Grundbuchverfahren herrschende **Bestimmtheitsgrundsatz** zum Ausdruck. Er soll sicherstellen, dass Eintragungen bei dem richtigen Grundstück vorgenommen werden.[1] § 28 S. 2 engt die möglichen Währungen einzutragender Geldbeträge ein und schreibt vor, dass Geldbeträge grds. in Euro, nur ausnahmsweise in anderer Währung anzugeben sind. Beide Bestimmungen sind lediglich Ordnungsvorschriften,[2] so dass ein Verstoß die Eintragung nicht unwirksam macht. 1

B. Regelungsgehalt
I. Anwendungsbereich

1. Eintragungsbewilligung. Nach dem Wortlaut des § 28 ist dieser in erster Linie für die Eintragungsbewilligung anwendbar. Er gilt für **Bewilligungen jeder Art**, also auch für Löschungsbewilligungen,[3] Berichtigungsbewilligungen[4] und Bewilligungen mittelbar Betroffener, behördliche Genehmigungen[5] und auch für Zustimmungserklärungen nach § 22 Abs. 2 und § 27.[6] 2

2. Die Bewilligung ersetzende oder ergänzende Erklärungen. § 28 gilt auch für Erklärungen, die die Eintragungsbewilligung ersetzen oder ergänzen, mithin für alle zur Eintragung erforderlichen Erklärungen. Ausgenommen davon sind Urkunden, die in keiner Beziehung zu einem bestimmten Grundstück stehen, wie Erbscheine, Testamente oder auf Geldzahlung gerichtete Vollstreckungstitel.[7] Wird die Bewilligung nach §§ 894, 895 ZPO durch ein Urteil zur Abgabe der Bewilligung ersetzt, gilt § 28 auch für das Urteil.[8] 3

3. Eintragungsantrag. Soweit weder eine Eintragungsbewilligung noch eine sie ersetzende Urkunde erforderlich ist, gilt § 28 für den Eintragungsantrag. 4

---

10 OLG München JFG 18, 204.
1 BGH Rpfleger 1987, 452; BGH NJW 1984, 1959; BayObLG Rpfleger 1981, 147; OLG Zweibrücken Rpfleger 1988, 183; OLG Köln Rpfleger 1992, 153; Bauer/v. Oefele/Kössinger GBO § 28 Rn. 1; Demharter GBO § 28 Rn. 1.
2 BGH Rpfleger 1986, 210.
3 BayObLG DNotZ 1961, 591.
4 BGH Rpfleger 1986, 210; KG KGJ 34, 305.
5 KG JW 1937, 896.
6 Demharter GBO § 28 Rn. 3.
7 Demharter GBO § 28 Rn. 4.
8 KG JW 1937, 896.

II. Bezeichnung des Grundstücks

1. Zu bezeichnende Grundstücke. Es muss dasjenige Grundstück oder grundstücksgleiche Recht nach § 28 S. 1 bezeichnet werden, **auf dessen Blatt die Eintragung vorgenommen** werden soll. Ob die Eintragung das Eigentum, ein Recht an einem Grundstück oder ein Recht an einem solchen Recht betrifft, ist unerheblich.[9] Bei **mehreren** Grundstücken sind alle zu bezeichnen.[10] Betrifft die Eintragung eine einheitliche Änderung bei einem Gesamtrecht, so ist die Bezeichnung eines der belasteten Grundstücke ausreichend, da sich die anderen aus dem Grundbuch ergeben.[11] Besteht aber die Möglichkeit, dass bei einem Gesamtrecht die Änderung oder Löschung nur einzelne Grundstücke betrifft, so sind alle Grundstücke zu bezeichnen, bei denen eine Eintragung vorgenommen werden soll. Ein Grundpfandrecht kann bspw. nicht an allen mithaftenden Grundstücken gelöscht werden, wenn in der Löschungsbewilligung nur eines der belasteten Grundstücke angegeben ist.[12] Dies gilt auch dann, wenn die Löschung mit dem Zusatz „und allerorts" bewilligt wurde.[13]

2. Art der Bezeichnung. a) Übereinstimmend mit dem Grundbuch. Wird das Grundstück übereinstimmend mit dem Grundbuch bezeichnet, so sind die Bezeichnung der Gemarkung oder des sonstigen vermessungstechnischen Bezirks, die vermessungstechnische Bezeichnung des Grundstücks nach Buchstaben oder Nummern der Karte sowie die Wirtschaftsart, die Lage und die Größe anzugeben. Es müssen jedoch nicht zwingend alle Angaben gemacht werden, ausreichend sind diejenigen, die zweifelsfrei ergeben, welches Grundstück gemeint ist.[14] Dies sind in der Regel Gemarkung, ggf. Flur und Flurstücksnummer.[15]

b) Bezeichnung durch Hinweis auf das Grundbuchblatt. Wird das Grundstück durch Hinweis auf das Grundbuchblatt bezeichnet, so sind das das Grundbuch führende Amtsgericht, der Grundbuchbezirk, die Blattnummer und ggf. die Bandnummer anzugeben. Sind auf dem Grundbuchblatt mehrere Grundstücke eingetragen und betrifft die Eintragung nur eines davon, so ist auch die laufende Nummer des Grundstücks im Bestandsverzeichnis anzugeben.

III. Angabe der Geldbeträge

§ 28 S. 2 gilt für alle Geldbeträge, die in das Grundbuch eingetragen werden. Grds. sind Geldbeträge in inländischer Währung, also in Euro, anzugeben. Das Bundesministerium der Justiz kann jedoch durch Rechtsverordnung zulassen, dass Geldbeträge in einer anderen Währung eingetragen werden.

§ 29 GBO [Nachweis der Eintragungsunterlagen]

(1) ¹Eine Eintragung soll nur vorgenommen werden, wenn die Eintragungsbewilligung oder die sonstigen zu der Eintragung erforderlichen Erklärungen durch öffentliche oder öffentlich beglaubigte Urkunden nachgewiesen werden. ²Andere Voraussetzungen der Eintragung bedürfen, soweit sie nicht bei dem Grundbuchamt offenkundig sind, des Nachweises durch öffentliche Urkunden.

---

9 OLG Schleswig FGPrax 2010, 21.
10 OLG Düsseldorf DNotZ 1952, 35.
11 KG OLGZ 43, 181.
12 OLG München JFG 20, 132.
13 BayObLG 1961, 107 = Rpfleger 1962, 21 m. zust. Anm. Haegele = DNotZ 1961, 576 mit abl. Anm. Hieber; BayObLG FGPrax 1995, 221; OLG Neustadt Rpfleger 1962, 345 mit zust. Anm. Haegele; OLG Köln DNotZ 1976, 746 m. abl. Anm. Teubner.
14 Demharter GBO § 28 Rn. 12; Bauer/v. Oefele/Kössinger GBO § 28 Rn. 25.
15 Demharter GBO § 28 Rn. 12; Bauer/v. Oefele/Kössinger GBO § 28 Rn. 25; Schöner/Stöber GrundbuchR Rn. 130.

(2) (weggefallen)

(3) ¹Erklärungen oder Ersuchen einer Behörde, auf Grund deren eine Eintragung vorgenommen werden soll, sind zu unterschreiben und mit Siegel oder Stempel zu versehen. ²Anstelle der Siegelung kann maschinell ein Abdruck des Dienstsiegels eingedruckt oder aufgedruckt werden.

A. Allgemeines	1
B. Regelungsgehalt	4
I. Zur Eintragung erforderliche Erklärungen	4
1. Allgemeines	4
2. Eintragungsbewilligung	6
3. Einigung in den Fällen des § 20	8
4. Übertragungs- und Belastungserklärungen	9
5. Zustimmungserklärungen nach § 22 Abs. 2 und § 27	10
6. Vollmachten, Bestätigung von Vertreterhandeln	11
7. Deklaratorische Erklärungen	22
II. Andere Voraussetzungen der Eintragung	23
1. Allgemeines	23
2. Nachweis persönlicher Verhältnisse	25
a) Geburt, Lebensalter, Tod, Eheschließung, Scheidung	25
b) Rechtsfähigkeit	27
c) Geschäftsfähigkeit	28
3. Eintragungsfähigkeit des Rechts	29
4. Verfügungsrecht	30
a) Rechtsinhaberschaft	30
b) Verfügungs- und Bewilligungsbefugnis	31
5. Vertretungsrecht	32
a) Allgemeines	32
b) Vertretung Minderjähriger durch die Eltern	33
c) Vertretung durch Vormund, Pfleger oder Betreuer	35
d) Familien-, betreuungs- oder nachlassgerichtliche Genehmigung	36
e) Andere gesetzliche Vertreter	41
f) Verwalter einer Wohnungseigentümergemeinschaft	42
6. Behördliche Genehmigungen oder Bescheinigungen	43
7. Nichtausübung gesetzlicher Vorkaufsrechte	44
8. Voraussetzungen der Zwangsvollstreckung	45
III. Öffentliche Urkunden	46
1. Begriff	46
2. Urkunden von Personen öffentlichen Glaubens	47
a) Personen öffentlichen Glaubens	47
b) Zugewiesener Geschäftskreis	49
c) Vorgeschriebene Form	55
3. Urkunden von Behörden	59
a) Behördenbegriff	59
b) Grenzen der Amtsbefugnisse	62
c) Vorgeschriebene Form	65
4. Beweiskraft	68
IV. Öffentlich beglaubigte Urkunden	69
1. Begriff	69
2. Zuständigkeit	70
3. Form	71
4. Beweiskraft	72
V. Erklärungen und Ersuchen einer Behörde	73
1. Normzweck und Anwendungsbereich	73
2. Formerfordernisse	74
VI. Vorlage der Urkunden	77
1. Grundsatz	77
2. Nachweis des Besitzes der Urkunde	80
VII. Ausnahmen vom Formerfordernis	83
1. Offenkundigkeit, Aktenkundigkeit	83
2. Freie Beweiswürdigung	85

A. Allgemeines

Die Vorschrift bestimmt die **Form**, in der die Eintragungsunterlagen dem Grundbuchamt nachzuweisen sind. Sie **beschränkt** die im Grundbuchverfahren zulässigen **Beweismittel** auf öffentliche und öffentlich beglaubigte **Urkunden**. Sinn der Vorschrift ist die Sicherung der Richtigkeit des Grundbuchs. Auch hier findet das Legalitätsprinzip (→ Einführung Rn. 31) Ausdruck, wonach das Grundbuchamt die Aufgabe hat, den Inhalt des Grundbuchs möglichst mit der wahren Rechtslage in Einklang zu halten und nicht daran mitzuwirken, das Grundbuch unrichtig werden zu lassen.[1] Durch die Beschränkung auf den Urkundenbeweis sind andere Beweismittel des FamFG und der ZPO grds. ausgeschlossen.[2] Auch der **Beibringungsgrundsatz** findet in der Vorschrift Ausdruck. Der Antragsteller hat alle zur Eintragung erforderlichen Unterlagen dem

---

[1] BGHZ 35, 135 (140) = NJW 1961, 1301 (1302); BayObLGZ 1954, 286 (292); BayObLGZ 1959, 442 (444) = NJW 1960, 821; BayObLGZ 1967, 13 (17) = Rpfleger 1967, 145 mAnm Haegele = DNotZ 1967, 429 mAnm Ertl; BayObLGZ 1969, 144 (145); MittBayNot 1985, 25 (28); KG JFG 1, 379, 380; OLG Hamm Rpfleger 1973, 127; Bauer/v. Oefele/Knothe GBO § 29 Rn. 1; Nieder NJW 1984, 329 (336); Böttcher Rpfleger 1990, 486 (487).

[2] OLG Frankfurt NJW-RR 1988, 225; Bauer/v. Oefele/Knothe GBO § 29 Rn. 2.

Grundbuchamt vorzulegen. Eigene Ermittlungen des Grundbuchamts finden nicht statt, § 26 FamFG gilt für das Grundbuchverfahren nicht.[3]

2 Es handelt sich um eine **Ordnungsvorschrift**.[4] Wenn die materiellrechtlichen Voraussetzungen einer Rechtsänderung vorliegen, wird sie durch die Eintragung auch dann herbeigeführt, wenn die Eintragungsunterlagen nicht in Form des § 29 nachgewiesen wurden.[5]

3 Sondervorschriften gibt es für die Form des Antrags und der Antragsvollmacht, § 30, für die Rücknahme des Antrags, § 31, für Nachweise bei registerfähigen Personen und Gesellschaften, § 32, für den Nachweis des Güterrechts, § 33, für den Nachweis der Erbfolge, § 35, für Überweisungszeugnisse, §§ 36, 37 und für Eintragungen auf Behördenersuchen, § 38.

B. Regelungsgehalt

I. Zur Eintragung erforderliche Erklärungen

4 **1. Allgemeines.** Die zur Eintragung erforderlichen Erklärungen sind dem Grundbuchamt in der Form des § 29 Abs. 1 S. 1, also **öffentlich beurkundet oder öffentlich beglaubigt**, nachzuweisen. Welche Erklärungen zur Eintragung erforderlich sind, wird durch die GBO bestimmt. Zur Eintragung erforderlich sind alle Erklärungen, die das Grundbuchamt zur Eintragung verlangen kann. Sie sind entweder explizit genannt, wie die Eintragungsbewilligung in § 19 oder die Einigungserklärung in § 20, oder ergänzen oder begründen eine solche Erklärung.[6] Es kommt nur auf die verfahrensrechtlichen Vorschriften der GBO an. Ob eine Erklärung zur Rechtsänderung erforderlich ist, ist nicht ausschlaggebend. So muss die nach § 873 Abs. 1 BGB erforderliche Einigung dem Grundbuchamt (außer in den Fällen des § 20) nicht nachgewiesen werden, da § 19 nur die Bewilligung des Betroffenen verlangt. Die Einigung nach § 873 Abs. 1 BGB ist deshalb grds. keine zur Eintragung erforderliche Erklärung.[7]

5 **Gerichtliche Entscheidungen** und behördliche Verfügungen wie bspw. familien-, betreuungs- oder nachlassgerichtliche Genehmigungen sind keine Erklärungen im Sinne von § 29 Abs. 1 S. 1, sondern andere Voraussetzungen der Eintragung nach § 29 Abs. 1 S. 2.[8]

6 **2. Eintragungsbewilligung.** Die Eintragungsbewilligung nach § 19 ist in § 29 Abs. 1 S. 1 beispielhaft als zur Eintragung erforderliche Erklärung genannt. Unerheblich ist, ob die Bewilligung auf eine rechtsändernde oder berichtigende Eintragung gerichtet ist.

7 Ein Sonderfall liegt vor, wenn eine Eigentümergrundschuld, die nach §§ 1163 Abs. 1 S. 2, 1177 Abs. 1 S. 1 BGB durch Zahlung der gesicherten Forderung aus einer Hypothek entstanden ist, gelöscht werden soll. In diesem Fall kann der noch im Grundbuch eingetragene ursprüngliche Hypothekengläubiger eine sog. **löschungsfähige Quittung** ausstellen. Sie muss die Angabe enthalten, dass die Forderung beglichen wurde, die Person des Zahlenden und den Zeitpunkt der Zahlung. Liegt sie vor, wird dadurch nachgewiesen, dass die Hypothek auf den zahlenden Eigentümer übergegangen ist.[9] Damit kann die Eigentümergrundschuld dann allein auf Bewilligung des Eigentümers gelöscht werden. Streitig ist in diesem Zusammenhang, ob diese löschungsfähige Quittung eine zur Eintragung erforderliche Erklärung nach § 29 Abs. 1 S. 1 ist und damit auch in öffentlich beglaubigter Form ausreichend ist, oder ob es sich um eine andere Voraussetzung der Eintragung handelt, die unter § 29 Abs. 1 S. 2 fällt und damit nur durch öf-

---

3 OLG Brandenburg MittBayNot 2013, 76.
4 BGH DNotZ 1963, 313 (315); BayObLG Rpfleger 1984, 463 = MittBayNot 1985, 24; Bauer/v. Oefele/Knothe GBO § 29 Rn. 5; Demharter GBO § 29 Rn. 2; Haegele Rpfleger 1967, 33.
5 BayObLG Rpfleger 1984, 463.
6 Schöner/Stöber GrundbuchR Rn. 154; Keller/Munzig/Volmer GBO § 29 Rn. 39; Demharter GBO § 29 Rn. 10; BeckOK GBO/Hügel/Otto GBO § 29 Rn. 46; Bauer/v. Oefele/Knothe GBO § 29 Rn. 12.
7 OLG Karlsruhe Rpfleger 2001, 343 = BWNotZ 2002, 11; Bauer/v. Oefele/Knothe GBO § 29 Rn. 12.
8 Bauer/v. Oefele/Knothe GBO § 29 Rn. 51, 142; Demharter GBO § 29 Rn. 16; BeckOK GBO/Hügel/Otto GBO § 29 Rn. 53.
9 BGH NJOZ 2015, 725.

fentliche Urkunde nachgewiesen werden kann. Für letztere Ansicht spricht, dass die Zahlung durch den Eigentümer nachgewiesen werden muss, die eine Tatsache, keine Erklärung darstellt.[10] Die hM geht aber davon aus, dass die Erklärung des ursprünglichen Gläubigers, der Eigentümer habe die Forderung beglichen, überwiegt und damit öffentliche Beglaubigung genügt.[11] Dem ist zu folgen, da es zum einen keinen Anlass gibt, an einer solchen Erklärung des Gläubigers zu zweifeln und zum anderen eine öffentliche Beurkundung die Beweiskraft der Erklärung nicht erhöhen würde.[12]

3. Einigung in den Fällen des § 20. Die Einigung gehört, soweit sie nach § 20 dem Grundbuchamt nachzuweisen ist, zu den zur Eintragung erforderlichen Erklärungen. Die Einigung ist nach § 20 nachzuweisen bei der Übertragung des Eigentums an einem Grundstück, bei der Bestellung, Inhaltsänderung oder Übertragung eines Erbbaurechts, bei der Übertragung eines Miteigentumsanteils iSv § 1008 ff. BGB an einem Grundstück, bei der Übertragung eines Miteigentumsanteils an dem gemeinschaftlichen Eigentum, verbunden mit Sondereigentum an einer Wohnung bzw. an nicht zu Wohnzwecken dienenden Räumen nach dem WEG und bei der Einräumung oder Aufhebung von Sondereigentum nach § 3 WEG. Bei der Auflassung ist allerdings neben der Erklärung der **Einigung die Einhaltung der Form des § 925 Abs. 1 BGB**, also die gleichzeitige Anwesenheit vor einer zuständigen Stelle, nachzuweisen, was unter andere Voraussetzungen der Eintragungen iSv § 29 Abs. 1 S. 2 fällt und damit **nur durch öffentliche**, nicht durch öffentlich beglaubigte Urkunde nachgewiesen werden kann.[13]

4. Übertragungs- und Belastungserklärungen. Die **Abtretungserklärung** des bisherigen Gläubigers einer **Briefhypothek** nach § 26 Abs. 1 und die Übertragungs- oder Belastungserklärung zu einem Grundpfandrecht oder zu einer durch Recht gesicherten Forderung nach § 26 Abs. 2 sind ebenfalls zur Eintragung erforderliche Erklärungen und können in der Form des § 29 Abs. 1 S. 1 nachgewiesen werden.

5. Zustimmungserklärungen nach § 22 Abs. 2 und § 27. In Form des § 29 Abs. 1 S. 1 können auch die Zustimmungserklärung des Eigentümers oder Erbbauberechtigten zu einer berichtigenden Eintragung nach § 22 Abs. 2 und die nach § 27 erforderliche Zustimmung des Grundstückseigentümers zur Löschung einer Hypothek, Grundschuld oder Rentenschuld nachgewiesen werden, da sie zur Eintragung erforderliche Erklärungen sind.

6. Vollmachten, Bestätigung von Vertreterhandeln. Die Erteilung und Bestätigung von **Vollmachten** sowie die Genehmigung von Vertreterhandeln fallen unter zur Eintragung erforderliche Erklärungen und können damit nach § 29 Abs. 1 S. 1 sowohl durch öffentliche als auch durch öffentlich beglaubigte Urkunden nachgewiesen werden. **Gesetzliche Vertretung** muss jedoch nach § 29 Abs. 1 S. 2 durch öffentliche Urkunden oder nach § 32 nachgewiesen werden.

Wenn Grundbucherklärungen in einem gerichtlichen Vergleich enthalten sind, ist der Nachweis von **Prozessvollmachten** jedenfalls dann entbehrlich, wenn der Prozessbevollmächtigte im Protokoll als solcher aufgeführt ist.[14]

Das Grundbuchamt muss **Wirksamkeit und Umfang** der Vollmacht selbstständig prüfen.[15] Bestehen Zweifel über den Inhalt der Vollmacht, muss das Grundbuchamt diese selbstständig aus-

---

10 Meikel/Böttcher GBO GBO § 27 Rn. 61.
11 BayObLG Rpfleger 1995, 410 = DNotZ 1995, 627 = MittBayNot 1995, 283 = FGPrax 1995, 22; Demharter GBO GBO § 29 Rn. 10; Schöner/Stöber GrundbuchR Rn. 27, 29; Bauer/v. Oefele/Knothe § 29 Rn. 34; BeckOK GBO/Hügel/Otto GBO § 29 Rn. 66; Hoffmann MittRhNotK 1971, 605 (621).
12 BayObLG Rpfleger 1995, 410 = FGPrax 1995, 22 = NJW-RR 1995, 852 = DNotZ 1995, 627 = MittBayNot 1995, 283 = JMBl BY 1995, 71; BeckOK GBO/Hügel/Otto GBO § 29 Rn. 66.
13 KG HRR 1934 Nr. 652; Bauer/v. Oefele/Knothe GBO § 29 Rn. 15; Safferling Rpfleger 1978, 431 (433).
14 OLG Hamm FGPrax 2013, 59; BeckOK GBO/Hügel/Otto GBO § 29 Rn. 78.
15 BayObLG Rpfleger 1987, 357; OLG Hamm DNotZ 1954, 38; OLG Köln Rpfleger 1984, 182; BeckOK GBO/Hügel/Holzer GBO § 19 Rn. 99; BeckOK GBO/Hügel/Otto GBO § 29 Rn. 79.

legen.¹⁶ Die Prüfungspflicht des Grundbuchamts ist aber durch das System des Grundbuchverfahrens insoweit eingeschränkt, dass das Grundbuchamt keine wertenden Beurteilungen unter Berücksichtigung der tatsächlichen Umstände, wie bei der Prüfung Allgemeiner Geschäftsbedingungen und formularmäßig erteilter Vollmachten nach §§ 305–310 BGB erforderlich, vornehmen muss, weil es dazu gar nicht in der Lage ist. Die Inhaltskontrolle beschränkt sich in diesen Fällen auf offensichtliche Unwirksamkeitsgründe.¹⁷

14 Der Nachweis der **Erteilung** der Vollmacht erfolgt durch die Vorlage der öffentlich beglaubigten oder öffentlich beurkundeten Vollmachtsurkunde. Möglich ist auch die Vorlage einer Ausfertigung oder beglaubigten Abschrift davon (aber → Rn. 19, 81 f.).

15 Der Nachweis des zur Wirksamkeit der Vollmachtserteilung erforderlichen **Zugangs bei dem Vertreter** oder dem Geschäftsgegner kann nach allgemeiner Erfahrung vermutet werden, wenn der Vertreter von der Vollmacht Gebrauch macht. Verwendet der Vertreter jedoch eine Ausfertigung der Vollmacht, bei der der Aushändigungsvermerk ausdrücklich nicht auf den Vertreter oder Geschäftsgegner lautet, muss das Grundbuchamt an der Erteilung oder zumindest am Fortbestand der Vollmacht zweifeln und weitere Nachweise verlangen.¹⁸

16 Wurde die Vollmacht selbst durch einen Vertreter aufgrund gewillkürter oder gesetzlicher Vertretungsmacht erteilt, hat das Grundbuchamt diese nach den für sie geltenden Grundsätzen zu prüfen.¹⁹

17 Aus der Tatsache der Erteilung einer Vollmacht kann nicht ohne Weiteres deren **Fortbestand** geschlossen werden.²⁰ Fehlen Anhaltspunkte für einen Widerruf, kann davon ausgegangen werden, dass ein solcher nicht erfolgt ist.²¹ Wird dem Grundbuchamt ein Widerruf oder eine Anfechtung aber mitgeteilt, auch formlos, kann dies berechtigte Zweifel am Fortbestand der Vollmacht begründen.²² Das Grundbuchamt hat dann aber zu prüfen, ob die Vollmacht überhaupt widerruflich ist.²³ Der Widerruf ist aber unbeachtlich, wenn ein Rechtsscheinstatbestand vorliegt, nach dem vom Fortbestand der Vollmacht ausgegangen werden darf, §§ 170–173 BGB.²⁴

18 **Maßgeblicher Zeitpunkt** für die Geltung der Vollmacht ist das Wirksamwerden der Erklärung des Vertreters. War die Vollmacht bei Abgabe der Vertretererklärung wirksam, darf mangels anderer Anhaltspunkte davon ausgegangen werden, dass die Vollmacht zum Zeitpunkt des Zugangs beim Geschäftsgegner bzw. des Eingangs beim Grundbuchamt noch wirksam war.²⁵

19 Wird die Urschrift der Vollmachtsurkunde oder eine Ausfertigung davon dem Grundbuchamt vorgelegt und damit der **Besitz des Vertreters an der Urkunde** bzw. Ausfertigung nachgewiesen, darf das Grundbuchamt vom Bestehen der Vollmacht bei Abgabe der Erklärung ausgehen.²⁶ Eine beglaubigte Abschrift der Vollmachtsurkunde ist dazu nicht ausreichend. Möglich ist auch die **Bezugnahme** auf eine in anderen Akten desselben Grundbuchamts in Urschrift oder Ausfertigung vorhandene Vollmachtsurkunde.²⁷ Die Vorlage einer beglaubigten Abschrift der Voll-

---

16 BayObLG MittBayNot 1996, 287 = Rpfleger 1996, 332 = DNotZ 1997, 470 = MittRhNotK 1996, 287.
17 BayObLG RNotZ 2003, 183 = ZfIR 2003, 513 = Rpfleger 2003, 498; OLG München MittBayNot 2010, 129 = FGPrax 2009, 105 = RNotZ 2009, 329 = NotBZ 2009, 504; Zimmer NJW 2014, 338; BeckOK GBO/Hügel/Otto GBO § 29 Rn. 80.
18 OLG München NotBZ 2013, 169 = FGPrax 2013, 60; OLG Naumburg NJ 2017, 26; OLG München DNotZ 2008, 844 m. zust. Anm. Mehler/Branun DNotZ 2008, 810; Waldner Rpfleger 2002, 195; Helms RNotZ 2002, 235; BeckOK GBO Hügel/Otto GBO § 29 Rn. 83a; aA OLG Köln Rpfleger 2002, 197.
19 BeckOK GBO/Hügel/Otto GBO § 29 Rn. 84; zu den erforderlichen Nachweisen bei Untervollmach-

ten: KG Rpfleger 2016, 20; OLG Hamm NotBZ 2013, 143 mAnm Woinar; Wolf MittBayNot 1996, 266.
20 Bauer/v. Oefele/Staub AT VII Rn. 165; BeckOK GBO/Hügel/Reetz Vertretungsmacht Rn. 130 ff.; BeckOK GBO/Hügel/Otto GBO § 29 Rn. 85.
21 BeckOK GBO/Hügel/Otto GBO § 29 Rn. 85.
22 Schöner/Stöber GrundbuchR Rn. 3590.
23 OLG München MittBayNot 2010, 129 = FGPrax 2009, 105 = RNotZ 2009, 329 = NotBZ 2009, 504.
24 Schöner/Stöber GrundbuchR Rn. 3584 ff.
25 Bous Rpfleger 2006, 357.
26 BayObLG NJW 1959, 2119; KG DNotZ 1972, 18; OLG Karlsruhe BWNotZ 1992, 102.
27 Meikel/Hertel GBO § 29 Rn. 48, 413; BeckOK GBO/Hügel/Otto GBO § 29 Rn. 87.

macht genügt dann, wenn der Notar bei Aufnahme der Erklärung des Vertreters nach § 12 BeurkG feststellt, dass ihm die Vollmacht in Original oder Ausfertigung vorlag.[28] Auch wenn der Vertreter einen unbedingten eigenen Aushändigungsanspruch nach § 51 Abs. 1 BeurkG auf eine Ausfertigung der Vollmacht hat, genügt die Vorlage einer beglaubigten Abschrift unter Berufung auf die genau bezeichnete Vollmachtsurkunde desselben Notars.[29]

Das Grundbuchamt muss auch den **Inhalt** der Vollmacht prüfen. Materiellrechtliche Beschränkungen, zB § 181 BGB, müssen auch im Grundbuchverfahren beachtet werden.[30] Der Eintritt von Bedingungen, von denen die Wirksamkeit der Vollmacht nach außen abhängt, ist dem Grundbuchamt in Form des § 29 Abs. 1 S. 2, also in öffentlicher Urkunde, nachzuweisen.[31] Beschränkungen der Vollmacht im Innenverhältnis hat das Grundbuchamt aber nicht zu prüfen.[32]

Handelt ein **Vertreter ohne Vertretungsmacht**, ist ein von ihm geschlossener Vertrag schwebend unwirksam, § 177 Abs. 1 BGB, und wird durch Genehmigung des Vertretenen wirksam. Bei einseitigen Willenserklärungen gilt materiellrechtlich § 180 BGB. Verfahrensrechtlich können Bewilligungen und Anträge eines Vertreters ohne Vertretungsmacht aber bis zur Eintragung genehmigt werden.[33] Die Genehmigung des Vertreters kann dem Grundbuchamt in öffentlich beurkundeter oder öffentlich beglaubigter Form nachgewiesen werden.

7. Deklaratorische Erklärungen. Zur Eintragung erforderliche Erklärungen im Sinne des § 29 Abs. 1 S. 1 sind auch solche Erklärungen, die eine Eintragungsvoraussetzung nicht selbst begründen, sondern deren Vorliegen lediglich nachweisen. Eine zur Eintragung erforderliche Erklärung kann auch dadurch nachgewiesen werden, dass der Urheber der Erklärung nachträglich in Form des § 29 Abs. 1 S. 1 erklärt, er habe eine solche Erklärung seinerzeit abgegeben.[34] Dies ist insbesondere dann praxisrelevant, wenn die ursprünglich abgegebene materiellrechtlich formlos mögliche Erklärung nicht der Form des § 29 Abs. 1 S. 1 entsprach. Das Grundbuchamt kann von der Richtigkeit einer solchen Geständniserklärung ausgehen, wenn begründete Zweifel nicht entgegenstehen.[35]

II. Andere Voraussetzungen der Eintragung

1. Allgemeines. Andere Voraussetzungen der Eintragung sind solche zur Eintragung erforderlichen Umstände, die nicht in Erklärungen bestehen.[36] Die können Tatsachen wie Geburt, Tod oder Erreichen eines bestimmten Lebensalters, aber auch rechtliche Tatbestände wie Eheschließung, Ehescheidung, behördliche Genehmigungen oder gerichtliche Entscheidungen sein.

Während zur Eintragung erforderliche Erklärungen nach § 29 Abs. 1 S. 1 durch öffentliche oder öffentlich beglaubigte Urkunden nachgewiesen können, ist der Nachweis anderer Voraussetzungen der Eintragungen, wenn diese nicht offenkundig sind, **nur durch öffentliche Urkunden**, nicht durch öffentlich beglaubigte Urkunden, möglich.[37]

2. Nachweis persönlicher Verhältnisse. a) Geburt, Lebensalter, Tod, Eheschließung, Scheidung. Umstände, die den **Personenstand** begründen, können ua für die Eintragungsvorausset-

---

28 OLG Jena NotBZ 2012, 459; Schöner/Stöber GrundbuchR Rn. 3577; BeckOK GBO/Hügel/Otto GBO § 29 Rn. 87.
29 Schöner/Stöber GrundbuchR Rn. 3585; Meikel/Hertel GBO § 29 Rn. 49; BeckOK GBO/Hügel/Otto GBO § 29 Rn. 88.
30 BGH DNotZ 1982, 22; BayObLG Rpfleger 1974, 65.
31 KG FGPrax 2019, 99; OLG Köln FGPrax 2007, 102 = NotBZ 2007, 333; KG DNotZ 2009, 546 = FGPrax 2009, 55; OLG München MittBayNot 2015, 215 mAnm Grziwotz.
32 BeckOK GBO/Hügel/Otto GBO § 29 Rn. 91; Demharter GBO § 29 Rn. 76.
33 BayObLG DNotZ 1989, 779 (780); OLG Frankfurt FGPrax 1996, 212; Demharter GBO § 19 Rn. 74; BeckOK GBO/Hügel/Otto GBO § 29 Rn. 99; dies gilt nach BayObLG 1971, 45 nicht für die Unterwerfung unter die sofortige Zwangsvollstreckung nach §GBO § 794 Abs. 1 Nr. 5, 800 ZPO.
34 Bauer/v. Oefele/Knothe GBO § 29 Rn. 34.
35 BGHZ 29, 366 (368) = BGH NJW 1959, 883; Bauer/v. Oefele/Knothe GBO § 29 Rn. 34.
36 Bauer/v. Oefele/Knothe GBO § 29 Rn. 36.
37 BGH DNotZ 1985, 367.

zungen Identität, Rechtsfähigkeit, Geschäftsfähigkeit, Rechtsinhaberschaft und Verfügungsbefugnis von Bedeutung sein.[38] Zu diesen Umständen gehören Geburt, Erreichung eines bestimmten Lebensalters (insbes. im Zusammenhang mit § 24), Eheschließung, Eheauflösung, Tod, Todeserklärung oder Staatsangehörigkeit. Der Nachweis erfolgt durch die in §§ 61a ff. PStG genannten **Personenstandsurkunden**. Die Todeserklärung kann auch durch eine Ausfertigung des rechtskräftigen Todeserklärungsbeschlusses (§§ 23, 29 VerschG) nachgewiesen werden.[39] Möglich und ausreichend ist auch die **notarielle Tatsachenbescheinigung**, dass der entsprechende Nachweis dem Notar gegenüber geführt worden ist.[40] Dies kann als Feststellung im Urkundseingang der Niederschrift nach § 10 BeurkG oder als eigene Vermerkurkunde nach § 39 BeurkG erfolgen. Eine ausländische Staatsangehörigkeit wird durch Feststellung des Notars über seine Einsichtnahme in die Ausweispapiere nachgewiesen.[41]

26 Eine nachträgliche **Namensänderung**, etwa aufgrund Verheiratung, fällt nicht unter § 29 Abs. 1 S. 2, da an der Identität keine Zweifel bestehen. Ein Nachweis durch Heiratsurkunde nach § 63 PStG ist daher nicht zwingend erforderlich. Die Namensänderung kann durch Erklärung des Notars in der zu vollziehenden Urkunde, diesen Namen durch Einsicht in die Ausweispapiere festgestellt zu haben, nachgewiesen werden.[42]

27 b) **Rechtsfähigkeit.** Das Grundbuchamt hat sich zu vergewissern, dass der im Grundbuch als Rechtsinhaber Einzutragende rechtsfähig ist.[43] Der Nachweis der Rechtsfähigkeit inländischer Gesellschaften kann nach § 32 geführt werden. Bei Stiftungen erfolgt der Nachweis der Rechtsfähigkeit durch Verleihungsurkunde, § 80 BGB, eine im Landesrecht vorgesehene Bescheinigung der zuständigen Aufsichtsbehörde ist ebenfalls ausreichend.[44] Bei ausländischen Gesellschaften ist die Rechtsfähigkeit stets nach § 29 Abs. 1 S. 2 nachzuweisen.[45]

28 c) **Geschäftsfähigkeit.** Die Geschäftsfähigkeit des Erklärenden ist Voraussetzung für die Wirksamkeit der Erklärung und damit Eintragungsvoraussetzung.[46] Geschäftsfähigkeit muss zum **Zeitpunkt der Abgabe der Erklärung** vorliegen. § 878 BGB ist auf den Verlust der Geschäftsfähigkeit nicht anwendbar.[47] Die Volljährigkeit des Erklärenden wird durch die vom Urkundsnotar gem. §§ 10, 11 BeurkG, § 25 Abs. 2 S. 2 DNotO getroffene Feststellung des Geburtsdatums nachgewiesen. Ist der Erklärende volljährig, so kann das Grundbuchamt vom Nichtvorhandensein eines Zustandes nach § 104 Nr. 2 BGB mangels besonderer entgegenstehender Anhaltspunkte ausgehen.[48] Liegen allerdings begründete Zweifel vor, bspw. Aufenthalt des Erklärenden in einer Pflegeeinrichtung für Demenzkranke, hat das Grundbuchamt die Geschäftsfähigkeit be-

---

38 Bauer/v. Oefele/Knothe GBO § 29 Rn. 38.
39 Kuntze/Ertl/Herrmann/Eickmann/Herrmann GBO § 29 Rn. 29; Bauer/v. Oefele/Knothe GBO § 29 Rn. 38.
40 LG Wuppertal MittBayNot 1977, 38 zur Tatsache der Verheiratung; BeckOK GBO/Hügel/Otto GBO § 29 Rn. 104; einschränkend: KG DNotZ 2014, 698.
41 Meikel/Hertel GBO § 29 Rn. 132; BeckOK GBO/Hügel/Otto GBO § 29 Rn. 104; Bauer/v. Oefele/Knothe GBO § 29 Rn. 38.
42 LG Wuppertal MittRhNotK 1976, 597; LG Berlin Rpfleger 1963, 53 mAnm Haegele; Bauer/v. Oefele/Knothe GBO § 29 Rn. 38; BeckOK GBO/Hügel/Otto GBO § 29 Rn. 105; Meikel/Hertel GBO § 29 Rn. 104.
43 BayObLGZ 1972, 373 (375); OLG Hamm Rpfleger 1995, 153; OLG Frankfurt NJW-RR 1997, 401 = Rpfleger 1997, 105 = MittRhNotK 1997, 235; Bauer/v. Oefele/Knothe GBO § 29 Rn. 39.
44 OLG Frankfurt NJW-RR 1997, 401 = Rpfleger 1997, 105 = MittRhNotK 1997, 235; OLG Zweibrücken DNotZ 2011, 290.
45 OLG Hamm NJW-RR 1995, 469 = MittRhNotK 1994, 350 = WM 1995, 456 = Rpfleger 1995, 153 = MittBayNot 1995, 68 = FGPrax 1995, 5; s. dazu ausführlich BeckOK GBO/Hügel/Kral GesR Rn. 4; Niesse NotBZ 2015, 368; Reithmann NotBZ 2016, 129.
46 BayObLGZ 1974, 336 (340); Bauer/v. Oefele/Knothe GBO § 29 Rn. 40; aA OLG Karlsruhe DNotZ 1965, 476.
47 Bauer/v. Oefele/Knothe GBO § 29 Rn. 40; aA BayObLGZ 1974, 336 (340) unter Berufung auf Entscheidungen, die sich auf den Erlass von Verfügungsverboten, nicht auf den Verlust der Geschäftsfähigkeit beziehen.
48 OLG Hamm MittBayNot 2016, 32 mAnm Weser; BayObLG Rpfleger 1992, 152 = JurBüro 1992, 183; OLG Jena NotBZ 2012, 459; Bauer/v. Oefele/Knothe GBO § 29 Rn. 40; BeckOK GBO/Hügel/Otto GBO § 29 Rn. 5.

sonders zu prüfen.⁴⁹ Da ein Nachweis der Geschäftsfähigkeit in öffentlicher Urkunde regelmäßig nicht möglich ist, kann sie auch in anderer Weise, zB durch psychiatrisches Gutachten, nachgewiesen werden.⁵⁰

3. Eintragungsfähigkeit des Rechts. Die Eintragungsfähigkeit des Rechts, dessen Eintragung beantragt wird, gehört zu den Eintragungsvoraussetzungen.⁵¹ Es greift der Numerus Clausus des Sachenrechts. Nicht eintragungsfähig ist bspw. das rechtsgeschäftlich begründete Verfügungsverbot.⁵² Das tatsächliche Bestehen des einzutragenden Rechts ist dem Grundbuchamt wegen des Bewilligungsgrundsatzes (→ Einführung Rn. 25) regelmäßig nicht nachzuweisen. 29

4. Verfügungsrecht. a) Rechtsinhaberschaft. Die Rechtsinhaberschaft des Erklärenden ist Eintragungsvoraussetzung und nach § 29 Abs. 1 S. 2 nachzuweisen. Ist der Rechtsinhaber als solcher im Grundbuch eingetragen, ist ein gesonderter Nachweis nicht erforderlich, da auch für das Grundbuchamt die Vermutung des § 891 BGB gilt. Der Nachweis ist aber zu erbringen, wenn das Recht außerhalb des Grundbuchs, etwa durch Erbfolge oder durch Abtretung eines Briefgrundpfandrechts, übergegangen ist. Zum Nachweis der Erbfolge s. die Kommentierung zu § 35. Der Nachweis des Rechtserwerbs muss sich auch auf den Zeitpunkt des Erwerbs erstrecken, wenn dieser, etwa im Fall des § 878 BGB, für den Erwerb von Bedeutung ist.⁵³ 30

b) Verfügungs- und Bewilligungsbefugnis. Die Bewilligungsbefugnis (→ § 19 Rn. 38 ff.) bzw. Verfügungsbefugnis des Erklärenden ist Voraussetzung der Eintragung und nach § 29 Abs. 1 S. 2 nachzuweisen. Wenn keine entgegenstehenden Hinweise vorliegen, kann das Grundbuchamt bei Vorliegen der Rechtsinhaberschaft von der Bewilligungs- bzw. Verfügungsbefugnis ausgehen. Ein Nachweis ist aber erforderlich, wenn Rechtsinhaberschaft und Verfügungsbefugnis auseinanderfallen, wie im Fall der Zugehörigkeit des betroffenen Grundstücks oder Grundstücksrechts zur Insolvenzmasse des Rechtsinhabers, § 80 Abs. 1 InsO, oder zu einem der Testamentsvollstreckung unterliegenden Nachlass, § 2205 S. 2 BGB. Die Stellung des Insolvenzverwalters wird durch die ihm vom Insolvenzgericht nach § 56 Abs. 2 S. 1 InsO ausgestellte Bescheinigung nachgewiesen.⁵⁴ Der Testamentsvollstrecker weist sein Amt durch das Zeugnis des Nachlassgerichts gem. § 2368 BGB nach (auch → § 35 Rn. 80 ff.).⁵⁵ Zum Nachweis der Befugnis des Vorerben zur Verfügung über ein zum Nachlass gehörendes Grundstück oder Grundstücksrecht → Rn. 86 und → § 51 Rn. 40 ff. Zum Nachweis der Entgeltlichkeit von Verfügungen des Testamentsvollstreckers → Rn. 86 und → § 52 Rn. 38 f. 31

5. Vertretungsrecht. a) Allgemeines. Während die rechtsgeschäftliche Vertretung in der Regel auf Erklärung beruht und nach § 29 Abs. 1 S. 1 nachgewiesen werden kann, muss gesetzliche und organschaftliche Vertretung nach § 29 Abs. 1 S. 2 durch öffentliche Urkunden nachgewiesen werden. 32

b) Vertretung Minderjähriger durch die Eltern. Bei verheirateten Eltern ist von gemeinsamer elterlicher Sorge und somit von gemeinsamer Vertretung auszugehen.⁵⁶ Die alleinige Sorgeberechtigung weist ein Elternteil im Fall des § 1680 Abs. 1 BGB durch Sterbeurkunde des anderen Elternteils nach, in den Fällen der §§ 1671, 1672, 1680 Abs. 2, Abs. 3 BGB durch Ausfertigung des rechtskräftigen Beschlusses über die Sorgerechtsübertragung bzw. -entziehung, im Falle der alleinigen Sorge der unverheirateten Mutter gem. § 1626a Abs. 3 BGB durch schriftliche Aus- 33

---

49 BayObLGZ 14, 317, 319; BayObLGZ 1974, 336 (340); BayObLGZ 1989, 111; BayObLG NJW-RR 1990, 721; BayObLG Rpfleger 1992, 152 = JurBüro 1992, 183; KGJ 20 A 227, 281; OLGE 43, 210; OLG München JFG 17, 189, 190; OLG Karlsruhe DNotZ 1965, 476; Bauer/v. Oefele/Knothe GBO § 29 Rn. 40.
50 BayObLG NJW-RR 1990, 721; BayObLG Rpfleger 1992, 152 = JurBüro 1992, 183.
51 KGJ 20 A 277, 281; Bauer/v. Oefele/Knothe GBO § 29 Rn. 43.
52 OLG Rostock OLGE 21, 407 ff.
53 Bauer/v. Oefele/Knothe GBO § 29 Rn. 44.
54 LG Tübingen BWNotZ 1982, 168; LG Berlin Rpfleger 2004, 158; Bauer/v. Oefele/Knothe GBO § 29 Rn. 45.
55 Schaub ZEV 2000, 49; Bauer/v. Oefele/Knothe GBO § 29 Rn. 45.
56 Schöner/Stöber GrundbuchR Rn. 3616; BeckOK GBO/Hügel/Otto GBO § 29 Rn. 109.

kunft des Jugendamtes darüber, dass keine Sorgerechtserklärungen abgegeben wurden, § 58 SGB VIII.

34 Steht ein Vertretungsausschluss nach §§ 1629 Abs. 2, 1789 Abs. 2 S. 2, 1824, 181 BGB im Raum, muss, wenn kein Ergänzungspfleger für den Minderjährigen handelt, das Vorliegen einer Ausnahme, also der Erfüllung einer Verbindlichkeit oder ein lediglich rechtlicher Vorteil für den Minderjährigen, nachgewiesen werden.

35 **c) Vertretung durch Vormund, Pfleger oder Betreuer.** Die Vertretungsmacht von Vormund, Pfleger oder Betreuer muss dem Grundbuchamt durch Vorlage der durch das Familien-, Betreuungs- oder Nachlassgericht ausgestellten Bestellungsurkunde nachgewiesen werden. Auch hier ist bei Vorliegen eines Vertretungsausschlusstatbestands die Ausnahme Erfüllung einer Verbindlichkeit oder lediglich rechtlicher Vorteil nachzuweisen, soweit nicht ohnehin ein Ergänzungspfleger bzw. weiterer Betreuer handelt.

36 **d) Familien-, betreuungs- oder nachlassgerichtliche Genehmigung.** Soweit die Wirksamkeit einer Grundbucherklärung von der Genehmigung des Familien-, Betreuungs- oder Nachlassgerichts abhängt, ist die **rechtskräftige Erteilung** dieser Genehmigung eine Eintragungsvoraussetzung, die nach § 29 Abs. 1 S. 2 in öffentlicher Urkunde nachzuweisen ist. Obwohl es sich bei diesen Genehmigungen um Erklärungen des jeweiligen Gerichts handelt, ist nicht § 29 Abs. 1 S. 1 maßgeblich, da die Erklärungen außerhalb des Grundbuchverfahrens erfolgen und die abgebenden Gerichte am Grundbuchverfahren nicht beteiligt sind.[57]

37 Ob eine Grundbucherklärung der Genehmigung bedarf, bestimmt sich nach den Genehmigungsvorschriften des BGB. Ist eine Genehmigung zum materiellrechtlichen Rechtsgeschäft erforderlich, so muss diese Genehmigung auch zur nach § 19 erforderlichen Bewilligung dem Grundbuchamt vorgelegt werden.

38 Neben der Erteilung der Genehmigung durch das zuständige Gericht muss dem Grundbuchamt auch deren **Rechtskraft** nachgewiesen werden, da davon nach § 40 Abs. 2 FamFG die Wirksamkeit des Beschlusses abhängt. Der Nachweis der Rechtskraft erfolgt durch **Rechtskraftzeugnis** nach § 46 FamFG. Dieses Rechtskraftzeugnis ist eigene öffentliche Urkunde, es erfüllt alle Voraussetzungen des § 415 ZPO und hat Beweiskraft nach § 418 ZPO.[58] Dadurch ist das Grundbuchamt eigener Prüfung der Rechtskraft des Beschlusses enthoben.[59]

39 Nachzuweisen ist weiter, dass die Genehmigung gem. § 1855 BGB an den Vertreter erteilt wurde. Dies kann sich aus der Ausfertigung ergeben. Ist dies nicht der Fall, kann das Grundbuchamt ausnahmsweise auf Urkundenbeweis dieser Tatsache verzichten, wenn der Vertreter die Genehmigung eingereicht hat. Aus dem allgemeinen Erfahrungssatz ergibt sich dann, dass er die Genehmigung vom Gericht erhalten hat. Praktikabel ist eine Vollmacht an den Notar, die Genehmigung vom Gericht entgegenzunehmen.

40 Das Wirksamwerden des Rechtsgeschäfts nach § 1856 Abs. 1 S. 2 BGB ist dem Grundbuchamt nicht nachzuweisen, soweit das formelle Konsensprinzip greift. In diesem Fall ist zur Eintragung nur die Bewilligung des Betroffenen nach § 19 erforderlich, die Wirksamkeit des Rechtsgeschäfts als solches wird vom Grundbuchamt nicht geprüft. Wird das formelle Konsensprinzip aber im Fall des § 20 durch das materielle durchbrochen, ist dem Grundbuchamt die Wirksamkeit des materiellen Rechtsgeschäfts nachzuweisen. Damit ist auch die Mitteilung der Genehmigung an den anderen Vertragsteil nach § 1855 Abs. 1 S. 2 BGB in öffentlicher Urkunde nachzuweisen.[60] Praktisch kann dies durch den Notar erfolgen, indem er eine sog. **Doppelvollmacht**

---

57 Meikel/Hertel GBO § 29 Rn. 103; Bauer/v. Oefele/Knothe GBO § 29 Rn. 51.
58 BeckOK GBO/Hügel/Otto GBO § 29 Rn. 110.
59 BeckOK GBO/Hügel/Otto GBO § 29 Rn. 110; Böttcher NJW 2012, 822 (828); Kölmel NotBZ 2010, 2 (11).
60 OLG Oldenburg DNotZ 1957, 543; BayObLG DNotZ 1983, 369.

ausübt.⁶¹ Eine wirksame Doppelvollmacht muss die Bevollmächtigung des Notars durch den Vertreter (Eltern, Vormund, Betreuer, Pfleger) enthalten, die Genehmigung dem anderen Vertragsteil mitzuteilen. Sinnvoll ist hierbei auch die Vollmacht, die Genehmigung vom Gericht entgegenzunehmen, da damit zugleich die Voraussetzung des § 1855 BGB nachgewiesen wird. Außerdem muss der andere Vertragsteil den Notar bevollmächtigen, die Genehmigung für ihn entgegenzunehmen. § 181 BGB hindert die Doppelvollmacht auch dann nicht, wenn eine Befreiung nicht ausdrücklich erteilt wurde.⁶² Um die Einhaltung des § 1856 Abs. 1 S. 2 BGB nachzuweisen, genügt dann eine unterschriebene und gesiegelte Erklärung des Notars (sog. Eigenurkunde) darüber, dass der die Genehmigung in Vollmacht des Vertreters vom Gericht entgegengenommen und dem anderen Vertragsteil mitgeteilt und in Vollmacht des anderen Vertragsteils die Genehmigung entgegengenommen habe. Der Vermerk muss das Datum der Entgegennahme vom Gericht enthalten, damit geprüft werden kann, ob die Genehmigung zu diesem Zeitpunkt bereits rechtskräftig war. Der zT vertretenen Ansicht, dass bei Antragstellung durch den Notar gem. § 15 der konkludente Akt der Vorlage des entsprechend bevollmächtigten Notars an das Grundbuchamt genüge,⁶³ ist nicht zu folgen,⁶⁴ da konkludentes Verhalten im Grundbuchverfahren wegen des Grundsatzes des Urkundenbeweises nicht als Beweis einer Tatsache oder Erklärung akzeptiert werden kann, auch wenn die Erklärung, wie im Fall des § 1856 Abs. 1 S. 2 BGB, materiellrechtlich keiner Form bedarf.

e) **Andere gesetzliche Vertreter.** Die Vertretung registerfähiger Gesellschaften wird nach § 32 oder § 29 Abs. 1 S. 2 nachgewiesen. Andere gesetzliche Vertreter, zB solche nach § 11b VermG, weisen ihre Stellung durch Vorlage der Bestellungsurkunde nach.

41

f) **Verwalter einer Wohnungseigentümergemeinschaft.** Der Nachweis der Verwalterstellung bei Wohnungseigentumsgemeinschaften wird durch § 26 Abs. 4 WEG erleichtert. Das Protokoll der Eigentümerversammlung mit öffentlich beglaubigter Unterschrift des Versammlungsleiters, eines weiteren Miteigentümers und ggf. des Vorsitzenden des Verwaltungsbeirats⁶⁵ ist ausreichend, wobei die Funktionen der Unterzeichnenden erkennbar sein müssen.⁶⁶ Dies gilt jedoch nicht, wenn der Verwalter nicht in der Eigentümerversammlung, sondern in einem Beschluss im schriftlichen Verfahren bestellt wurde. Dann sind die Zustimmungen aller Miteigentümer in Form des § 29 Abs. 1 S. 1, also mindestens öffentlich beglaubigt, nachzuweisen.⁶⁷ Dies gilt auch dann, wenn eine an sich erforderliche Zustimmung durch den Verwalter durch die Zustimmung sämtlicher Miteigentümer ersetzt werden soll, weil ein Verwalter nicht bestellt ist.⁶⁸ In diesem Fall muss auch die Tatsache, dass ein Verwalter nicht bestellt wird, nachgewiesen werden, was durch eine in notarieller Form abgegebene eidesstattliche Versicherung der Wohnungseigentümer nachgewiesen werden kann.⁶⁹

42

6. Behördliche Genehmigungen oder Bescheinigungen. Ob zu einer Eintragung behördliche Genehmigungen (→ § 19 Rn. 64 ff.) erforderlich sind, hat das Grundbuchamt selbstständig zu prüfen. Soweit dies bejaht wird, ist die Genehmigung oder Bescheinigung in Form des § 29 Abs. 1 S. 2 vorzulegen. Ist eine erforderliche Genehmigung unter Auflagen erteilt, sind diese für

43

---

61 BayObLG DNotZ 1983, 369; RGZ 121, 30 = DNotZ 1928, 404 = JW 1928, 1498; RG 155, 179; BGH DNotZ 1955, 83; OLG Hamm JMBl NRW 1953, 125; OLG München JFG 1, 31; OLG Neustadt MDR 1957, 752 = MittRhNotK 1957, 856; OLG Zweibrücken DNotZ 1971, 731; BayObLG 1989, 242, 2444; BayObLG MittBayNot 1998, 107 = FamRZ 1998, 1325; LG München II DNotZ 1976, 607 = MittBayNot 1975, 229 = MittRhNotK 1975, 755; KG DNotZ 1977, 661; Meyer-Stolte Rpfleger 1996, 300; Weber DNotZ 1956, 292).
62 BayObLG 1989, 242 (247) mwN; Linde BWNotZ 1976, 144 mwN.
63 Demharter GBO § 20 Rn. 41 mwN.
64 OLG Hamm NotBZ 2017, 155; LG München II DNotZ 1976, 607 = MittBayNot 1975, 229 = MittRhNotK 1975, 755; Meikel/Hertel GBO § 29 GBO Rn. 162.
65 BayObLG NJW-RR 1991, 978 = MittBayNot 1991, 170 = WuM 1991, 363; OLG Oldenburg Rpfleger 1979, 266; Röll Rpfleger 1986, 4.
66 OLG München ZMR 2016, 717 = NZI 2016, 746 mAnm Schneider.
67 BayObLG NJW-RR 1986, 565.
68 BeckOK GBO/Hügel/Otto GBO § 29 Rn. 127.
69 OLG Zweibrücken MDR 1987, 326.

ihre Wirksamkeit unbeachtlich. Der Eintritt aufschiebender Bedingungen ist aber in öffentlicher Urkunde nachzuweisen.[70]

44 **7. Nichtausübung gesetzlicher Vorkaufsrechte.** Die Nichtausübung bzw. das Nichtbestehen gesetzlicher Vorkaufsrechte ist Eintragungsvoraussetzung und damit in Form des § 29 Abs. 1 S. 2 nachzuweisen. Dies erfolgt durch Zeugnis der zuständigen Stelle, zB der Gemeinde nach § 28 Abs. 1 S. 3 und 4 BauGB.

45 **8. Voraussetzungen der Zwangsvollstreckung.** Soll eine Eintragung durch eine Zwangsvollstreckungsmaßnahme erfolgen, zB bei Eintragung einer Zwangssicherungshypothek, sind dem Grundbuchamt die Vollstreckungsvoraussetzungen in Form des § 29 Abs. 1 S. 2 nachzuweisen. Dies gilt sowohl für die allgemeinen Zwangsvollstreckungsvoraussetzungen Titel, Klausel und Zustellung, als auch für besondere Zwangsvollstreckungsvoraussetzungen wie Zustellung qualifizierender Urkunden nach § 750 Abs. 2 ZPO oder die Sicherheitsleistung des Gläubigers nach § 751 Abs. 2 ZPO.

III. Öffentliche Urkunden

46 **1. Begriff.** Unter einer Urkunde versteht man die schriftliche Verkörperung eines rechtlich erheblichen Gedankens. Es wird zwischen bewirkenden und bezeugenden Urkunden unterschieden. Bewirkende Urkunden sind solche, die einen rechtlichen Vorgang konstitutiv herbeiführen. Der Tatbestand wird von der Urkunde gesetzt. Bezeugende Urkunden berichten lediglich über bestimmte Vorgänge. Der Begriff der öffentlichen Urkunde wird in § 415 Abs. 1 ZPO legaldefiniert. Danach sind öffentliche Urkunden solche Urkunden, die von einer öffentlichen Behörde innerhalb der Grenzen ihrer Amtsbefugnisse oder von einer mit öffentlichem Glauben versehenen Person innerhalb des ihr zugewiesenen Geschäftskreises in der vorgeschriebenen Form aufgenommen sind. Dieser in der ZPO definierte Urkundsbegriff ist auch für das Grundbuchverfahren und damit für § 29 maßgeblich.[71]

47 **2. Urkunden von Personen öffentlichen Glaubens. a) Personen öffentlichen Glaubens.** Personen öffentlichen Glaubens sind solche Personen, denen ihre amtliche Befugnis im Unterschied zu Behörden nicht unabhängig von der sie ausübenden natürlichen Person zuerkannt ist. Die Befugnis kommt nur der betreffenden konkreten Person als solcher zu.[72] Die Ausstattung mit öffentlichem Glauben muss durch das Gesetz ausdrücklich erfolgt sein.

48 Im Regelfall sind hauptsächlich **Notare** nach §§ 20 ff. BNotO Personen öffentlichen Glaubens.[73] In sachlich oder räumlich bestimmten Ausnahmefällen kommen **Konsularbeamte** (§§ 2–5, 10 ff. KonsularG), Urkundsbeamte der Geschäftsstelle (§ 153 GVG), Gerichtsvollzieher (§ 154 GVG), Gerichtswachtmeister, Beamte der Justizvollzugsanstalt, Postbedienstete (§§ 211, 212 ZPO), Öffentlich bestellte Vermessungsingenieure (Berufsordnung der Öffentlich bestellten Vermessungsingenieure vom 20.1.1938) oder bis 31.12.2017 Ratschreiber (in Baden-Württemberg nach § 32 LFGG vom 12.2.1975) in Betracht.

49 **b) Zugewiesener Geschäftskreis.** Personen öffentlichen Glaubens können nur in dem Umfang ihres ausdrücklich durch das Gesetz zugewiesenen Geschäftskreises öffentliche Urkunden erstellen. Für die Wirksamkeit der öffentlichen Urkunde kommt es nur auf die Einhaltung der sachlichen Zuständigkeit an. Wird eine nur örtlich unzuständige Urkundsperson tätig, ist die Beurkundung deshalb nicht unwirksam.[74] Eine im Ausland vorgenommene Beurkundung durch

---

70 BayObLGZ 1953, 173; OLG Frankfurt OLGZ 1980, 84.
71 BGHZ 25, 186 (188); BayObLGZ 1969, 89 (93); KGJ 40 A 114, 115; OLGE 25, 2 (4); OLG Köln Rpfleger 1980, 389 (390); Bauer/v. Oefele/Knothe GBO § 29 Rn. 74.
72 Bauer/v. Oefele/Knothe GBO § 29 Rn. 78.
73 BGHZ 78, 36 (39).
74 Bauer/v. Oefele/Knothe GBO § 29 Rn. 80.

einen deutschen Notar ist aber unwirksam, da die Beurkundungsgewalt als von der Staatsgewalt abgeleitete Gewalt auf das Territorium des betreffenden Staates beschränkt ist.[75]

Notare sind gem. § 20 Abs. 1 S. 1 BNotO zur Vornahme von Beurkundungen jeder Art zuständig.

Konsularbeamte sind gem. § 10 Abs. 1 KonsularG allgemein zur Beurkundung der von ihnen in Ausübung ihres Amtes wahrgenommenen Tatsachen und Vorgängen befugt. Von ihnen aufgenommene Urkunden stehen nach § 10 Abs. 2 KonsularG den von einem inländischen Notar aufgenommenen Urkunden gleich. Zu beachten sind aber völkerrechtliche Grundsätze, wonach Konsularbeamte nur Beurkundungen, die in der Rechtssphäre ihres Entsenderstaates ihre Wirkungen entfalten sollen, vornehmen dürfen. Auf Staatsbürger des Entsenderstaates ist die Beurkundungsbefugnis nicht beschränkt.[76] Konsularbeamte können ihre Beurkundungsbefugnis aber nur in dem ausländischen Empfangsstaat ausüben.

Gerichtsvollzieher sind hauptsächlich bei der Aufnahme von Zustellungsurkunden, § 190 ZPO, von Protokollen über vorgenommene Vollstreckungshandlungen, § 762 Abs. 1 ZPO und von Wechsel- und Scheckprotesten, Art. 79 WG, Art. 55 Abs. 3 ScheckG, beurkundungsbefugt.[77]

Öffentlich bestellte **Vermessungsingenieure** können nach § 1 Abs. 1 der Berufsordnung der öffentlich bestellten Vermessungsingenieure vom 20.1.1938 Tatbestände, die an Grund und Boden durch vermessungstechnische Ermittlungen festgestellt werden, sowie die räumliche Abgrenzung der Rechte an Grundstücken der Lage und Höhe nach beurkunden.

§ 32 LFGG, nach dem in Baden-Württemberg auch Ratschreiber Kauf- und Tauschverträge, Vollmachten hierzu, Bewilligungen, Zustimmungen und Anträge zur Eintragung oder Löschung von dinglichen Rechten und Auflassungen zu von ihnen beurkundeten Verträgen beurkunden konnten, ist zum 31.12.2017 weggefallen.

c) **Vorgeschriebene Form.** Die Form von Urkunden, die von Personen mit öffentlichem Glauben aufgenommen wurden, richtet sich grds. nach dem BeurkG. Dies gilt nicht für Beurkundungen, die zu einem besonderen Gerichts- oder Verwaltungsverfahren gehören.[78] Bei Beurkundungen durch den Gerichtsvollzieher gelten somit die besonderen Formvorschriften des § 762 Abs. 2 ZPO, Art. 82 ff. WG, Art. 55 Abs. 3 ScheckG.

Aus § 29 ergibt sich, dass das Grundbuchamt Eintragungen nur aufgrund wirksamer öffentlicher Urkunden vornehmen darf.[79] Unwirksam ist eine Beurkundung nach dem BeurkG, wenn die betreffende Vorschrift die Unwirksamkeit als Folge für ihre Nichtbeachtung ausdrücklich anordnet, zB § 6 Abs. 1 BeurkG, oder wenn bei der Beurkundung eine **Mussvorschrift des BeurkG** nicht eingehalten wurde. Verstöße gegen Sollvorschriften berühren die Wirksamkeit der Beurkundung nicht.

Der Notar darf nicht nach § 6 BeurkG ausgeschlossen sein. Bei Verstoß ist die gesamte Urkunde unwirksam. Nach § 7 BeurkG ist die Beurkundung von Willenserklärungen insoweit unwirksam, als sie darauf gerichtet sind, dem Notar oder bestimmten ihm nahe stehenden Personen einen rechtlichen Vorteil zu verschaffen. Mitwirkungsverbote nach § 3 BeurkG und Ablehnungspflichten nach § 4 BeurkG berühren die Wirksamkeit einer trotzdem errichteten Urkunde nicht.

---

75 BGHZ 138, 359 = NJW 1998, 2830 = WM 1998, 1275 = ZIP 1998, 1316 = MDR 1998, 991 = ZNotP 1998, 292 = DNotZ 1999, 346; Bauer/v. Oefele/Knothe GBO § 29 Rn. 80.
76 Bauer/v. Oefele/Knothe GBO § 29 Rn. 82; ausführlich zur Beurkundungsbefugnis von Konsularbeamten: Geimer DNotZ 1978, 3.
77 Bauer/v. Oefele/Knothe GBO § 29 Rn. 83.
78 BGHZ 88, 165 (172); OLG Schleswig DNotZ 1981, 562 ff.; Bauer/v. Oefele/Knothe GBO § 29 Rn. 86.
79 Meikel/Hertel GBO § 29 Rn. 164; Bauer/v. Oefele/Knothe GBO § 29 Rn. 87.

58 Die Niederschrift des Notars muss die **vorgeschriebenen zwingenden Inhalte** aufweisen. Dies sind bspw. die Bezeichnung des Notars und der formell Beteiligten nach §§ 9 Abs. 1, 6 Abs. 2 BeurkG. Die Niederschrift muss in Gegenwart des Notars den formell Beteiligten und etwaigen Zeugen vorgelesen, von ihnen genehmigt und von ihnen und dem Notar eigenhändig unterschrieben werden, § 13 Abs. 1 S. 1, Abs. 3 S. 1 BeurkG. Zu Einzelfragen des BeurkG s. die Kommentierung dort.

59 **3. Urkunden von Behörden. a) Behördenbegriff.** Eine Behörde im Sinne des § 415 ZPO ist ein in die Staatsverwaltung eingefügtes Organ der Staatsgewalt, das von der konkreten Person, dem Amtsträger, unabhängig besteht und dazu berufen ist, unter Inanspruchnahme der staatlichen Autorität für die Zwecke des Staates oder von diesem geförderte Zwecke tätig zu werden. Das Organ kann dabei unmittelbar vom Staat oder von einer diesem untergeordneten Körperschaft eingesetzt sein.[80]

60 Als Behörden sind beispielhaft zu nennen: mittelbare und unmittelbare Bundesbehörden, Landesbehörden, Organe der Selbstverwaltungskörperschaften der Gemeinde, Gemeindeverbände, Landkreise, Zweckverbände und Bezirksverbände nach Landesrecht, Gerichte, Vertretungsorgane der Bundesbank und der Landeszentralbanken, Landesbausparkassen, Sparkassenvorstände,[81] Vorstände von IHK und Handwerkskammer, vertretungsberechtigte Organe der Sozialversicherungsträger, Organe derjenigen Kirchen und Religionsgemeinschaften, denen nach Art. 144 GG, 137 Abs. 3 WeimRVerf der Status von Körperschaften des öffentlichen Rechts zukommt.[82]

61 Keine Behörden sind bspw. die Organe des Deutschen Roten Kreuzes[83] und anderer Hilfsgemeinschaften oder die Organe der Kreishandwerkerschaft.[84]

62 **b) Grenzen der Amtsbefugnisse.** Die Behörde muss bei der Aufnahme der Urkunde die **sachliche Zuständigkeit** gewahrt haben. Eine Verletzung der örtlichen Zuständigkeit berührt die Wirksamkeit der Urkunde nicht.[85] Hinsichtlich der sachlichen Zuständigkeit ist zwischen bewirkenden und bezeugenden Urkunden zu unterscheiden (→ Rn. 46).

63 Bewirkende Urkunden von Behörden sind hauptsächlich schriftlich niedergelegte gerichtliche Entscheidungen und Verwaltungsakte. Die Ausstellung einer bewirkenden Urkunde liegt grundsätzlich immer in den Grenzen der Amtsbefugnisse der Behörde, da diese damit die ihr obliegende Amtstätigkeit ausübt.[86] Die Behörde muss zum Erlass der betreffenden Entscheidungen oder Verwaltungsakte zuständig sein. Ob die konkreten Voraussetzungen zum Erlass vorgelegen haben, ist für das Vorliegen einer öffentlichen Urkunde nicht ausschlaggebend.[87] Innerhalb der Grenzen der Amtsbefugnisse handelt eine Behörde auch dann, wenn die Erklärung eine **privatrechtliche Angelegenheit** betrifft, soweit diese die öffentlich-rechtliche Funktion der Behörde betrifft.[88]

---

80 RG JW 1925, 361 mAnm Fürstenau; BGHZ 3, 110 (116) = NJW 1951, 799; BGHZ 25, 186 (188) = NJW 1957, 1673; BGH NJW 1964, 299; BayObLGZ 1954, 322 (325); BayObLGZ 1969, 89 (93); KG JFG 4, 255, 256; KG JFG 6, 244, 247; KG JFG 8, 258 (260); OLG München JFG 16, 133 (135); LG Berlin WM 1961, 614 (615); Bauer/v. Oefele/Knothe GBO § 29 Rn. 100; BeckOK GBO/Hügel/Otto GBO § 29 Rn. 184.
81 BGH NJW 1963, 1630; BayObLG NJW-RR 1997, 1173 = MittBayNot 1997, 102 = DNotZ 1997, 337.
82 BeckOK GBO/Hügel/Otto GBO § 29 Rn. 187; Meikel/Hertel GBO § 29 Rn. 334 f.; Bauer/v. Oefele/Knothe GBO § 29 Rn. 102 ff.; Bamberger RNotZ 2014, 1.
83 BayObLG Rpfleger 1969, 243.
84 LG Aachen Rpfleger 1991, 51.
85 Bauer/v. Oefele/Knothe GBO § 29 Rn. 105; Demharter GBO § 29 Rn. 33; BeckOK GBO/Hügel/Otto GBO § 29 Rn. 188.
86 BayObLGZ 1954, 322 (329); BayObLGZ 1969, 89 (93); BayObLG Rpfleger 1978, 141; KG OLGE 7, 365; KG Rpfleger 1974, 399; Haegele Rpfleger 1967, 33 (35); Bauer/v. Oefele/Knothe GBO § 29 Rn. 106.
87 BGHZ 19, 355 (357); BayObLGZ 12, 548 (551); BayObLGZ 19, 355 (357); BayObLGZ 1955, 314 (318); BayObLGZ 1970, 182 (184); BayObLGZ 1971, 336 (342); BayObLG NJW-RR 1986, 894.
88 BayObLG NJW-RR 1997, 1173 = DNotZ 1997, 337 = MittBayNot 1997, 102.

Zur Errichtung von bezeugenden Urkunden sind nach dem BeurkG grds. Notare zuständig. Behörden können bezeugende Urkunden nur in bestimmten besonderen Angelegenheiten errichten, wenn sie durch das Gesetz ausdrücklich ermächtigt sind.[89] Dies ist insbesondere bei Willenserklärungen in einem gerichtlichen Vergleich der Fall. Eine erforderliche notarielle Beurkundung wird durch die Aufnahme der Erklärungen in ein nach §§ 159–163 ZPO errichtetes Protokoll ersetzt.[90] 64

c) **Vorgeschriebene Form.** Auch bezüglich der vorgeschriebenen Form ist zwischen bewirkenden und bezeugenden Urkunden (→ Rn. 46) zu unterscheiden. 65

Bei **bewirkenden Urkunden** sind die für die ausstellende Behörde geltenden Formvorschriften des Verwaltungsrechts maßgeblich. Im Grundbuchverkehr wird dies durch § 29 Abs. 3 erleichtert, wonach eine **Unterschrift und Siegel oder Stempel** der Behörde ausreichend ist (Näheres → Rn. 73 ff.). Eine in dieser Form von einer Behörde ausgestellte Urkunde bedarf nicht zusätzlich der öffentlichen Beglaubigung.[91] Schreibt das materielle Recht aber notarielle Beurkundung vor, muss auch die Behörde ihre Erklärung von einem Notar beurkunden lassen.[92] 66

Für **bezeugende Urkunden** von Behörden sind gem. § 1 Abs. 2 BeurkG die Formvorschriften des BeurkG maßgeblich. Ausnahme hiervon ist § 127a BGB, wonach bei einem gerichtlichen Vergleich die notarielle Beurkundung durch ein nach den Vorschriften der ZPO aufgenommenes Protokoll ersetzt wird. Dieser Vergleich ist öffentliche Urkunde iSd § 415 ZPO. Wird im **gerichtlichen Vergleich** eine Auflassung erklärt, muss das Protokoll die Feststellung der gleichzeitigen Anwesenheit der Erklärenden enthalten.[93] 67

4. Beweiskraft. Genügt eine Urkunde den Anforderungen des § 415 ZPO, so ist sie als echt, also als von der als Ausstellerin bezeichneten Urkundsperson oder Behörde ausgestellt, anzusehen. Damit wird bewiesen, dass die in der Urkunde enthaltenen Erklärungen inhaltlich, örtlich und zeitlich von den in der Urkunde genannten Personen abgegeben wurden, § 418 ZPO. Nicht bewiesen wird die sachliche Richtigkeit der abgegebenen Erklärungen. 68

IV. Öffentlich beglaubigte Urkunden

1. Begriff. Zur Eintragung erforderliche **Erklärungen** (→ Rn. 4 ff.) können nach § 29 Abs. 1 S. 1 auch durch öffentlich beglaubigte Urkunden nachgewiesen werden. Die öffentliche Beglaubigung ist in § 129 Abs. 1 BGB geregelt. Danach sind eine schriftlich abgefasste Erklärung und die Beglaubigung der Unterschrift oder des Handzeichens durch einen Notar erforderlich. Dabei ist die Beglaubigung das Zeugnis des Notars, dass die im Beglaubigungsvermerk bezeichnete Person die Unterschrift unter der Erklärung vor ihm geleistet oder anerkannt hat.[94] 69

2. Zuständigkeit. Grundsätzlich sind die **Notare**, § 129 BGB, § 20 Abs. 1 S. 1 BNotO, §§ 39, 40 BeurkG und die **Konsularbeamten**, § 10 Abs. 1 Nr. 2 KonsularG (dazu → Rn. 51) für die öffentliche Beglaubigung zuständig. Nach § 63 BeurkG können die Länder die Zuständigkeit für die öffentliche Beglaubigung anderen Personen oder Stellen übertragen. Bedeutsam sind hierbei in Baden-Württemberg die Ratschreiber, § 32 Abs. 4 S. 1 LFGG (bis 31.12.2017), in Hessen die Ortsgerichtsvorsteher, § 17 OrtsgerichtsG und in Rheinland-Pfalz bestimmte kommunale Organe, § 2 RhPfBeglBefG.[95] Urkunden, die nach Landesrecht öffentlich beglaubigt wurden, sind im 70

---

89 OLG München FamRZ 2017, 1002.
90 BGHZ 142, 84 = NJW 1999, 2806 = WM 1999, 2806 = RdL 1999, 230 = MDR 1999, 1150 = Rpfleger 1999, 483 = DNotZ 1999, 985.
91 BayObLGZ 1975, 227 (230); KG JFG 23, 306 (309); Hesse DJ 1940, 585; Weber DJ 1940, 894; Römer DNotZ 1956, 359 (363); Rathgeber BWNotZ 1980, 133 (134).
92 RGZ 169, 65 (70); Demharter GBO § 29 Rn. 34; Bauer/v. Oefele/Knothe GBO § 29 Rn. 118; Weber
DJ 1940, 894 (895); Römer DNotZ 1956, 359 (364); aA Hesse DJ 1940, 585 (586).
93 OLG Düsseldorf NJW-RR 2006, 1609 = DNotZ 2007, 46 = RNotZ 2006, 614 = FGPrax 2007, 8 = NotBZ 2007, 61 = Rpfleger 2007, 25 = ZfIR 2007, 190; OLG Celle NotBZ 2007, 61; Böhringer Rpfleger 2009, 124 (125).
94 BayObLG Rpfleger 1985, 220 (222) mAnm Winkler.
95 Haegele Rpfleger 1972, 295 (296 ff.).

gesamten Bundesgebiet anzuerkennen.⁹⁶ Die Vermessungsbehörden haben nur gegenständlich eng begrenzte Beglaubigungsbefugnisse, bspw. für Vereinigungsanträge, § 61 Abs. 1 Nr. 6 BeurkG. Für Betreuungsbehörden besteht eine eigene Zuständigkeit zur Beglaubigung von Unterschriften und Handzeichen unter Vorsorgevollmachten und Betreuungsverfügungen, § 6 Abs. 2, 4 BtBG.

71 **3. Form.** Die Form der öffentlichen Beglaubigung ist in §§ 39, 40 BeurkG geregelt. Es muss nach § 129 Abs. 1 S. 1 BGB eine schriftlich abgefasste Erklärung, gleich welchen Inhalts, vorliegen. Unter dieser Erklärung muss eine Unterschrift oder ein Handzeichen folgen. Diese sind Gegenstand der Beglaubigung, die regelmäßig durch Beglaubigungsvermerk erfolgt. Der Beglaubigungsvermerk muss zwingend die Feststellung der Identität des Unterzeichners enthalten und durch Notarunterschrift und Siegel abgeschlossen sein. Die weiteren Bestimmungen des Beurkundungsverfahrensrechts sind Sollvorschriften. Ihre Verletzung berührt die Wirksamkeit der Beglaubigung nicht, kann aber den Beweiswert der Urkunde mindern.⁹⁷

72 **4. Beweiskraft.** Durch die öffentliche Beglaubigung wird bewiesen, dass die Unterschrift von einer bestimmten Person stammt und dass diese Person ihre Unterschrift vor dem Notar vollzogen oder anerkannt hat. Beweiskraft nach §§ 418, 415 ZPO hat nur der darüber vom Notar erstellte Beglaubigungsvermerk. Die Erklärung über der beglaubigten Unterschrift bleibt Privaturkunde und teilt nicht die Beweiskraft des Vermerks.

V. Erklärungen und Ersuchen einer Behörde

73 **1. Normzweck und Anwendungsbereich.** Die Vorschrift erleichtert für das Grundbuchamt die Prüfung von Urkunden, die durch Behörden ausgestellt wurden. § 29 Abs. 3 gilt nur im Grundbuchverfahren⁹⁸ und nur für Erklärungen oder Ersuchen (§ 38) von Behörden, aufgrund deren eine Eintragung vorgenommen werden soll. Unter die Vorschrift fallen damit nur die von Behörden über ihre eigenen Erklärungen oder Ersuchen aufgenommenen bewirkenden Urkunden.⁹⁹ Diese Urkunden genügen nach § 29 Abs. 3 dem Formerfordernis, wenn sie unterschrieben sind und Siegel oder Stempel aufweisen.

74 **2. Formerfordernisse.** Die Erklärung oder das Ersuchen muss unterschrieben sein. Es reicht in jedem Fall eine Unterschrift, unabhängig von der Zahl der nach den für die betreffende Behörde geltenden Formvorschriften erforderlichen Unterschriften.¹⁰⁰ In Verbindung mit Siegel oder Stempel wird durch die Unterschrift die Vermutung der Legitimation des Unterzeichnenden begründet, weitere Nachweise können nur verlangt werden, wenn auf Tatsachen gestützte Zweifel bestehen.¹⁰¹

75 Neben der Unterschrift muss die Urkunde Siegel oder Stempel der Behörde enthalten. Diese müssen ohne Weiteres als für den Gebrauch der betreffenden Behörde bestimmt erkennbar sein. Nach der Entscheidung des BGH,¹⁰² nach der drucktechnisch erzeugte Siegel nicht den Anforderungen der Formvorschrift entsprechen, wurde § 29 Abs. 3 dahin gehend ergänzt, dass anstelle der manuellen Siegelung auch maschinell ein Abdruck des Dienstsiegels eingedruckt werden kann.

---

96 LG Bonn Rpfleger 1983, 309.
97 Keller/Munzig/Volmer GBO § 29 Rn. 129.
98 BayObLGZ 1986, 86 (88); BayObLG Rpfleger 1978, 141.
99 LG Berlin WM 1961, 614 (615); Nauk JW 1937, 82 (83); Bauer/v. Oefele/Knothe GBO § 29 Rn. 142.
100 BayObLG Rpfleger 1978, 141; OLG Zweibrücken Rpfleger 2001, 71 = FGPrax 2001, 10 = ZNotP

2001, 32 = ZfIR 2001, 587; BeckOK GBO/Hügel/Otto GBO § 29 Rn. 193.
101 OLG Hamm Rpfleger 1996, 338; OLG Düsseldorf FGPrax 2004, 56; Bauer/v. Oefele/Knothe GBO § 29 Rn. 143; Demharter GBO § 29 Rn. 46.
102 NJW 2017, 1951 = FGPrax 2017, 56 = MittBayNot 2017, 243 = MDR 2017, 450 = RPfleger 2017, 439.

Durch eine mit Unterschrift und Siegel oder Stempel versehene Urkunde wird (bei Vorliegen der weiteren Voraussetzungen wie öffentliche Behörde, Einhaltung der Grenzen der Amtsbefugnisse) für das Grundbuchamt die Vermutung begründet, dass die Erklärung ordnungsgemäß sei.[103]

VI. Vorlage der Urkunden

1. Grundsatz. Die zur Eintragung erforderlichen Urkunden können in **Urschrift, Ausfertigung oder beglaubigter Abschrift** vorgelegt werden.[104] Die beglaubigte Abschrift einer Privaturkunde ohne Unterschriftsbeglaubigung ist nicht ausreichend, da die beglaubigte Abschrift keine stärkere Beweiskraft als die Ausgangsurkunde hat.[105]

Auszugsweise Ausfertigungen oder beglaubigte Abschriften sind ausreichend, soweit der Notar im Beglaubigungsvermerk bescheinigt, dass weitere, den Gegenstand der Ablichtung betreffende Bestimmungen nicht enthalten sind.

Sind Urkunden bereits zu anderen Grundakten desselben Gerichts vorgelegt worden, kann statt erneuter Vorlage auf die Grundakten **verwiesen** werden.[106] Dabei sind Urkunde und Fundstelle genau zu bezeichnen.[107]

2. Nachweis des Besitzes der Urkunde. In bestimmten Fällen muss nachgewiesen werden, dass die handelnde Person zum maßgeblichen Zeitpunkt im Besitz der Urkunde war. In diesen Fällen ist die **Urkunde in Original oder Ausfertigung vorzulegen.** Die Ausfertigung ersetzt die Urschrift im Rechtsverkehr. Die beglaubigte Abschrift bestätigt nur eine Übereinstimmung, daher kann durch sie der Besitz der Urkunde als solche nicht nachgewiesen werden.

In Ausfertigung vorzulegen sind Vollstreckungstitel, Vollmachten, die Bestellung eines gesetzlichen Vertreters nach § 11b VermG und Auseinandersetzungszeugnisse, § 36. Bei Bestellungsurkunden von Vormund, Pfleger oder Betreuer ist umstritten, ob die Ausfertigung vorzulegen ist oder ob beglaubigte Abschrift genügt. Für die Vorlegungspflicht der Ausfertigung spricht, dass die Urkunde bei Beendigung des Amtes zurückzugeben ist.[108] Für ein Genügen der beglaubigten Abschrift spricht, dass an den Besitz der Urkunde aus Gründen des Minderjährigenschutzes ein öffentlicher Glaube nicht geknüpft ist.[109] Der Meinungsstreit besteht entsprechend für die Bestellungsbescheinigung des Insolvenzverwalters nach § 56 Abs. 2 InsO. Da bei Vorlage der Ausfertigung eine höhere Wahrscheinlichkeit für den Fortbestand des Amtes spricht und das Grundbuchamt damit seltener an der Vertretungs- bzw. Verfügungsbefugnis zweifeln muss, sollten diese Urkunden immer in Ausfertigung vorgelegt werden.

In den genannten Fällen reicht es aus, wenn Ausfertigung oder Urschrift dem Notar bei Aufnahme der betreffenden Erklärung des Vertreters vorgelegt wurden, der Notar dies in der Niederschrift oder im Beglaubigungsvermerk nach § 12 BeurkG festgestellt hat und dem Grundbuchamt eine beglaubigte Abschrift zur inhaltlichen Prüfung vorgelegt wird.[110] Wegen der Möglichkeit der Einziehung sind **Erbscheine** und **Testamentsvollstreckerzeugnisse**, soweit es nicht ausschließlich um den Nachweis des Erlöschens des Amtes geht,[111] dem Grundbuchamt

---

103 BayObLGZ 1954, 322 (330); BayObLGZ 1986, 86 (88); BayObLG Rpfleger 1978, 141; KG Rpfleger 1974, 399; OLG Jena Rpfleger 2001, 22.
104 OLG Düsseldorf Rpfleger 1961, 48.
105 Kuntze/Ertl/Herrmann/Eickmann/Herrmann GBO § 29 Rn. 109; BeckOK GBO/Hügel/Otto GBO § 29 Rn. 137.
106 OLG Köln Rpfleger 1986, 298; OLG Karlsruhe Rpfleger 2002, 304.
107 BayObLG Rpfleger 1987, 451.
108 Demharter GBO § 29 Rn. 59; Bauer/v. Oefele/Knothe GBO § 29 Rn. 153; BeckOK GBO/Hügel/Otto GBO § 29 Rn. 143.
109 Schöner/Stöber GrundbuchR Rn. 3619, 3138.
110 BayObLG Rpfleger 2002, 197; OLG Köln Rpfleger 1984, 182; OLG Frankfurt FGPrax 1996, 208; KG ZIP 2012, 90; BeckOK GBO/Hügel/Otto GBO § 29 Rn. 144; Schöner/Stöber GrundbuchR Rn. 3577.
111 BayObLG Rpfleger 1990, 363.

immer in Ausfertigung vorzulegen.[112] Von europäischen Nachlasszeugnissen werden nur beglaubigte Abschriften erstellt, so dass deren Vorlage genügt.

VII. Ausnahmen vom Formerfordernis

83 **1. Offenkundigkeit, Aktenkundigkeit.** Der Nachweis einer anderen Voraussetzung der Eintragung iSv § 29 Abs. 1 S. 2 kann entbehrlich sein, wenn die maßgeblichen Tatsachen offenkundig sind. Offenkundig sind die allen lebenserfahrenen Menschen ohne Weiteres bekannten oder solche Tatsachen, deren Kenntnis sich jeder aus allgemein zugänglichen und zuverlässigen Quellen ohne besondere Sachkunde verschaffen kann.[113] Es genügt auch, wenn die Tatsachen für das Grundbuchamt offenkundig, also ihm zweifelsfrei bekannt, sind.[114] Es kommt dabei nicht auf die Art der Kenntniserlangung an (dienstlich oder außerdienstlich).[115]

84 Bereits beim Grundbuchamt vorliegende Nachweise wie zB Erbscheine, Testamentsvollstreckerzeugnisse, Vollmachtsausfertigungen oder Bestellungsurkunden sind **aktenkundig**. Sie werden offenkundig, wenn der Antragsteller unter genauer Bezeichnung der Urkunde und der Fundstelle (zB bestimmte andere Grundakte) auf sie verweist.[116] Befindet sich zB ein vorzulegender Erbschein bei den Nachlassakten desselben Amtsgerichts,[117] genügt zum Nachweis der Erbfolge die Bezugnahme auf diese Akten (unter genauer Bezeichnung dieser).[118]

85 **2. Freie Beweiswürdigung.** Da einige nicht offenkundige Tatsachen, die nach § 29 Abs. 1 S. 2 durch öffentliche Urkunden nachgewiesen werden müssten, sich in dieser Form nicht nachweisen lassen, gestattet die Rechtsprechung in solchen Fällen, bei der Würdigung der Eintragungsunterlagen Erfahrungssätze zu verwerten[119] und ausnahmsweise nicht in der Form des § 29 nachgewiesene Tatsachen frei zu würdigen.[120] Trotzdem bleibt es bei der Beschränkung auf vom Antragsteller vorzulegende Urkunden. Eigene Ermittlungen des Grundbuchamts oder eine Beweisaufnahme durch Vernehmung von Zeugen sind ausgeschlossen.[121] Besteht ein allgemeiner Erfahrungssatz, muss das Grundbuchamt nur begründeten, ernsthaften Zweifeln am Vorliegen der eintragungsrelevanten Tatsachen nachgehen. Dabei genügt es, wenn die Zweifel so weit ausgeräumt werden, dass wieder von dem allgemeinen Erfahrungssatz ausgegangen werden kann.[122]

86 Die freie Beweiswürdigung kommt besonders bei der Frage zum Tragen, ob ein Testamentsvollstrecker oder befreiter Vorerbe unentgeltlich verfügt hat. Der allgemeine Erfahrungssatz spricht dabei dafür, dass ein Kaufvertrag mit einem unbeteiligten Dritten entgeltlich ist, wenn der Kaufpreis an den Vorerben oder Testamentsvollstrecker erbracht wird.[123]

---

112 BayObLGZ 1990, 87; Demharter GBO § 35 Rn. 23, 60; Bauer/v. Oefele/Knothe GBO § 29 Rn. 153; BeckOK GBO/Hügel/Wilsch GBO § 35 Rn. 58; BeckOK GBO/Hügel/Otto GBO § 29 Rn. 145.
113 RGZ 147, 200; OLG München NJW-RR 2010, 1027; LG Traunstein DNotZ 1964, 123.
114 BayObLGZ 1952, 324; OLG Frankfurt Rpfleger 1972, 104.
115 BayObLG DNotZ 1957, 311; OLG Hamm RdL 1952, 77; Demharter GBO § 29 Rn. 60; BeckOK GBO/Hügel/Otto GBO § 29 Rn. 209.
116 BGH NJW 2014, 1593; BeckOK GBO/Hügel/Otto GBO § 29 Rn. 212; Demharter GBO § 29 Rn. 61.
117 OLG München ZEV 2016, 532.
118 LG Landau MittBayNot 1990, 114; BeckOK GBO/Hügel/Otto GBO § 29 Rn. 197.
119 OLG Köln Rpfleger 1987, 301.
120 KG FGPrax 1997, 212 = NJW-RR 1998, 447.
121 OLG Hamm FGPrax 2005, 239 = FamRZ 2005, 938 = JMBl NW 2005, 271.
122 OLG Hamm Rpfleger 1995, 153; BayObLG NJW-RR 1990, 271; BayObLG Rpfleger 1992, 152; Demharter GBO § 29 Rn. 63.
123 OLG München Rpfleger 2012, 250 = NotBZ 2012, 118 = ZErb 2012, 45 = RNotZ 2012, 175 = ZEV 2012, 328 = DNotZ 2012, 459 = MittBayNot 2012, 292 = FamRZ 2012, 1170; OLG München JFG 21, 242; KG Rpfleger 1968, 189; BayObLG Rpfleger 1970, 22; OLG München JFG 18, 173; KG Rpfleger 1968, 224; OLG Hamm Rpfleger 1969, 349; Demharter GBO § 29 Rn. 64.

§ 30 GBO [Form des Eintragungsantrages und der Vollmacht]

Für den Eintragungsantrag sowie für die Vollmacht zur Stellung eines solchen gelten die Vorschriften des § 29 nur, wenn durch den Antrag zugleich eine zu der Eintragung erforderliche Erklärung ersetzt werden soll.

A. Allgemeines 1	III. Vollmacht zur Stellung eines Eintragungs-
B. Regelungsgehalt 3	antrags 8
I. Reiner Antrag 3	1. Nachweis der Vollmacht bei reinem
1. Begriff 3	Antrag 8
2. Form 4	2. Nachweis der Vollmacht bei gemisch-
II. Gemischter Antrag 6	tem Antrag 10
1. Begriff 6	3. Nachweis der gesetzlichen Vertretung 11
2. Form 7	

A. Allgemeines

Die Vorschrift behandelt die Form des Eintragungsantrags und der Vollmacht zur Antragstellung. Beide bedürfen der Form des § 29, also der öffentlichen Beurkundung oder Beglaubigung nur, wenn durch den Antrag eine zur Eintragung erforderliche Erklärung ersetzt werden soll. Sinn der Vorschrift ist die Erleichterung des Grundbuchverkehrs. Nachteile für Grundbuchamt oder Beteiligte sind davon nicht zu befürchten, da Eintragungen nur vorgenommen werden, wenn eine Bewilligung und ggf. weitere Zustimmungen (nach § 22 Abs. 2 oder § 27) in der Form des § 29 vorliegen oder die Grundbuchunrichtigkeit nachgewiesen ist.[1]

Unter § 30 fallen nur Anträge nach § 13, also solche, die auf Vornahme einer Grundbucheintragung gerichtet sind, nicht Anträge auf Erteilung von Grundbuchabschriften, auf Gestattung der Grundbucheinsicht oder auf Brieferteilung.[2] Für die Rücknahme eines Eintragungsantrags gilt § 31.

B. Regelungsgehalt

I. Reiner Antrag

1. Begriff. Ein reiner Antrag, auch isolierter Antrag genannt, liegt vor, wenn der Antrag lediglich das Eintragungsverfahren in Gang setzen, nicht aber begründen soll. Dies ist dann der Fall, wenn der Antrag und die zur Eintragung erforderlichen Erklärungen (zB Bewilligung) getrennt voneinander abgegeben werden oder wenn zur Eintragung nur der Antrag erforderlich ist.[3] Letzteres ist bspw. beim Antrag auf Eintragung einer Zwangssicherungshypothek, auch wenn ein hinter der Höhe des titulierten Schuldbetrags zurückbleibender Betrag eingetragen werden soll,[4] beim Antrag auf Eintragung eines „Herrschvermerks" bei subjektiv-dinglichen Rechten (§ 9 Abs. 1 S. 1), beim Antrag auf Grundbuchberichtigung, wenn die Unrichtigkeit nachgewiesen ist, beim Antrag auf Anlegung eines Erbbaurechtsblatts (§ 8 Abs. 1 S. 1 aF) oder beim Antrag auf Anlegung eines Grundbuchblatts (§ 3 Abs. 2) der Fall.

2. Form. Die Form des § 29 ist für den reinen Antrag nicht erforderlich. Allerdings kann er nicht formlos gestellt werden, sondern muss, wie sich aus § 13 Abs. 2 S. 1 ergibt, in einem Schriftstück enthalten sein.[5] Schriftform iSv § 126 BGB wird aber nicht verlangt. Damit muss

---

[1] Bauer/v. Oefele/Schaub GBO § 30 Rn. 2; Meikel/Hertel GBO § 30 Rn. 2.

[2] Demharter GBO § 30 Rn. 2; BeckOK GBO/Hügel/Otto GBO § 30 Rn. 3; Keller/Munzig/Volmer GBO § 30 Rn. 1; Bauer/v. Oefele/Schaub GBO § 30 Rn. 3.

[3] Bauer/v. Oefele/Schaub GBO § 30 Rn. 6; Demharter GBO § 30 Rn. 3; Keller/Munzig/Volmer GBO § 30 Rn. 4; Meikel/Hertel GBO § 30 Rn. 6 ff.

[4] RGZ 71, 315; Demharter GBO § 30 Rn. 3; BeckOK GBO/Hügel/Otto GBO § 30 Rn. 5.

[5] KG Recht 11 Nr. 2460; KG KJ 44, 176; BayObLG Rpfleger 1977, 135; Keller/Munzig/Volmer GBO § 30 Rn. 6; Demharter GBO § 30 Rn. 5; BeckOK GBO/Hügel/Otto GBO § 30 Rn. 13.

der Antrag nicht zwingend eine Originalunterschrift des Antragstellers enthalten. Ausreichend ist, dass der Antragsteller als Urheber der Erklärung erkennbar ist.[6] Damit kann der Antrag auch per Telefax gestellt werden. Eine mechanische Unterschrift ist ebenfalls ausreichend.[7] Ist eine Unterschrift nicht vorhanden, kann der Text des Antrages selbst, der Absender oder der Briefkopf des Absenders zur Identifikation herangezogen werden.[8] Ein mündlich gestellter Antrag ist nur ausreichend, wenn darüber eine Niederschrift aufgenommen wird.[9] Zuständig zur Aufnahme sind der Urkundsbeamte der Geschäftsstelle (§ 25 FamFG) und der Rechtspfleger (§ 3 Nr. 1h RPflG).

5 Die Antragsberechtigung muss ebenfalls nicht in Form des § 29 nachgewiesen werden.[10]

II. Gemischter Antrag

6 **1. Begriff.** Ein gemischter Antrag liegt vor, wenn die Erklärung neben dem reinen Antrag auch noch mindestens eine zur Eintragung erforderliche Erklärung iSd § 29 Abs. 1 S. 1 enthalten soll. Dies kann vorkommen, da die Formulierung „ich beantrage" auch als Bewilligung ausgelegt werden kann (→ GBO § 19 Rn. 7). Dies ist bspw. der Fall bei Antrag des Eigentümers auf Vereinigung, Bestandteilszuschreibung oder Teilung von Grundstücken (§§ 5, 6), bei Antrag des Eigentümers auf Löschung eines Grundpfandrechts, wenn seine Zustimmung nach § 27 erforderlich ist oder bei Teilungserklärung nach § 8 WEG.[11] Eine zur Eintragung erforderliche Erklärung enthält der Antrag auch dann, wenn durch ihn in der Bewilligung fehlende notwendige Angaben, zB die Bezeichnung des Grundstücks nach § 28 S. 1 oder die Angabe eines Gemeinschaftsverhältnisses nach § 47 Abs. 1, nachgeholt werden.[12]

7 **2. Form.** Der gemischte Antrag bedarf der Form des § 29 Abs. 1 S. 1, kann also öffentlich beglaubigt oder öffentlich beurkundet vorgelegt werden.

III. Vollmacht zur Stellung eines Eintragungsantrags

8 **1. Nachweis der Vollmacht bei reinem Antrag.** Die rechtsgeschäftlich erteilte Vollmacht zur Stellung eines reinen Antrags (zum Begriff des reinen Antrags → Rn. 3) muss nicht nach § 29 nachgewiesen werden. Tritt als Bevollmächtigter ein Rechtsanwalt oder Notar auf, ist der Nachweis der Vollmacht entbehrlich, § 11 S. 3 FamFG. Stellt der Urkundsnotar den Antrag, wird seine Bevollmächtigung nach § 15 Abs. 2 vermutet. Bei anderen Bevollmächtigten muss die Vollmacht **schriftlich** zu den Gerichtsakten eingereicht werden.[13]

9 Unter § 30 fällt auch die **Prozessvollmacht**. Diese ermächtigt aber nur im Rahmen der §§ 81, 82 ZPO zur Antragstellung, für weitergehende Eintragungsanträge ist besondere Bevollmächtigung erforderlich.[14] Zum Nachweis der Prozessvollmacht eines Rechtsanwalts, der beim Grundbuchamt Antrag auf Eintragung einer Zwangssicherungshypothek stellt, genügt seine Nennung als Prozessbevollmächtigter im Schuldtitel. Dies gilt auch, wenn es sich um ein Urteil des Landge-

---

6 OLG Jena FGPrax 1998, 127; BeckOK GBO/Hügel/Otto GBO § 30 Rn. 14; Bauer/v. Oefele/Schaub GBO § 30 Rn. 10.
7 Demharter GBO § 30 Rn. 5; Bauer/v. Oefele/Schaub GBO § 30 Rn. 10.
8 OLG Jena FGPrax 1998, 127; Bauer/v. Oefele/Schaub GBO § 30 Rn. 10; Böhringer Rpfleger 1994, 449.
9 RG Recht 1911 Nr. 2460; Demharter GBO § 30 Rn. 5.
10 BGHZ 141, 347 = NJW 1999, 2369 = DNotZ 1999, 734 = Rpfleger 1999, 437 = FGPrax 1999, 169 = ZIP 1999, 1178 = MittBayNot 1999, 447 = BWNotZ 1999, 174 = ZfIR 1999, 553 = WM 1999, 1736 = NotBZ 1999, 171 = MDR 1999, 1057; Demharter NotBZ 1999, 172; anders noch KG JW 1936, 1543; OLG Frankfurt FGPrax 1997, 11.
11 BeckOK GBO/Hügel/Otto GBO § 30 Rn. 9; Demharter GBO § 30 Rn. 4.
12 Demharter GBO § 30 Rn. 4; BeckOK GBO/Hügel/Otto GBO § 30 Rn. 10.
13 OLG München BeckRS 2016, 21234; Meikel/Hertel GBO § 30 Rn. 12; Demharter GBO § 30 Rn. 8; BeckOK GBO/Hügel/Otto GBO § 30 Rn. 19; Weber NZFam 2017, 78.
14 KG DRR 39, 447 = HRR 1339 Nr. 510; Bauer/v. Oefele/Schaub GBO § 30 Rn. 13; Demharter GBO § 30 Rn. 7.

richts handelt.[15] Ausnahmen davon sind im Einzelfall bei besonderen Anhaltspunkten für das Fehlen der Vollmacht möglich.[16]

2. Nachweis der Vollmacht bei gemischtem Antrag. Die Vollmacht zur Stellung eines gemischten Antrags (zum Begriff → Rn. 6) ist nach § 29 Abs. 1 S. 1 in öffentlich beurkundeter oder öffentlich beglaubigter Form nachzuweisen. Zum Nachweis des Fortbestandes der Vollmacht sollte sie in Ausfertigung vorgelegt werden (→ GBO § 29 Rn. 80 f.). 10

3. Nachweis der gesetzlichen Vertretung. Die gesetzliche Vertretungsmacht bspw. von Vormund, Betreuer, Testamentsvollstrecker oder Insolvenzverwalter natürlicher Personen fällt nicht unter § 30, sie ist stets nach § 29 Abs. 1 S. 2, also in öffentlicher Urkunde, nachzuweisen (→ GBO § 29 Rn. 32 ff.). Bei Vertretung minderjähriger Kinder durch die Eltern wird in der Grundbuchpraxis regelmäßig kein Nachweis der Elterneigenschaft und des Sorgerechts verlangt.[17] Ob die gesetzliche Vertretungsmacht bei juristischen Personen stets nach §§ 29 Abs. 1 S. 2, 32 nachzuweisen ist, ist insbesondere bei reinem Antrag umstritten.[18] 11

§ 31 GBO [Form der Antragsrücknahme und des Widerrufs der Vollmacht]

¹Eine Erklärung, durch die ein Eintragungsantrag zurückgenommen wird, bedarf der in § 29 Abs. 1 Satz 1 und Abs. 3 vorgeschriebenen Form. ²Dies gilt nicht, sofern der Antrag auf eine Berichtigung des Grundbuchs gerichtet ist. ³Satz 1 gilt für eine Erklärung, durch die eine zur Stellung des Eintragungsantrags erteilte Vollmacht widerrufen wird, entsprechend.

A. Allgemeines 1	cc) Von Notar und Beteiligten gestellter Antrag 10
B. Regelungsgehalt 2	4. Form der Antragsrücknahme 11
I. Zurücknahme des Eintragungsantrags 2	a) Rücknahme durch den Notar 11
1. Begriff der Antragszurücknahme 2	b) Rücknahme durch den Antragsteller 12
2. Zulässigkeit der Zurücknahme 5	c) Vollmacht zur Antragsrücknahme . 13
3. Berechtigung zur Antragsrücknahme .. 6	5. Wirkung der Antragsrücknahme 14
a) Antragsteller 6	II. Widerruf der Vollmacht zur Antragstellung 17
b) Notar 8	III. Verletzung der Vorschrift 20
aa) Nur vom Notar gestellter Antrag 8	C. Weitere praktische Hinweise 21
bb) Nur von Beteiligten gestellter Antrag 9	

A. Allgemeines

Das Grundbuchamt soll sich aus Gründen der Rechtssicherheit einwandfrei davon überzeugen können, ob ein einmal gestellter Eintragungsantrag noch Gültigkeit hat.[1] Deshalb unterwirft § 31 Erklärungen, durch die ein Eintragungsantrag zurückgenommen wird oder die Vollmacht zur Stellung eines solchen widerrufen wird, der Nachweisform des § 29 Abs. 1 S. 1 bzw. Abs. 3. Vom Formzwang ausgenommen ist nach § 31 S. 2 die Zurücknahme eines Berichtigungsantrags. 1

---

15 KG HRR 1929 Nr. 510; OLG Naumburg OLG-NL 1998, 78 Keller/Munzig/Volmer GBO § 30 Rn. 8; Meikel/Hertel GBO § 30 Rn. 12; Bauer/v. Oefele/Schaub GBO § 30 Rn. 13; Demharter GBO § 30 Rn. 8.
16 BeckOK GBO/Hügel/Otto GBO § 30 Rn. 20.
17 Bauer/v. Oefele/Schaub GBO § 30 Rn. 15; BeckOK GBO/Hügel/Otto GBO § 30 Rn. 23; Meikel/Hertel GBO § 30 Rn. 13; Böhringer Rpfleger 1994, 449 (450).

18 Für die Nachweispflicht Bauer/v. Oefele/Schaub GBO § 30 Rn. 16 und wohl Demharter GBO § 30 Rn. 10; gegen die Nachweispflicht mit guter Begründung BeckOK GBO/Hügel/Otto GBO § 30 Rn. 24 f.; BeckOK GBO/Hügel/Kral GesR Rn. 1, 9; Böhringer Rpfleger 1994, 449 (450); Meikel/Hertel GBO § 30 Rn. 6.
1 Bauer/v. Oefele/Schaub GBO § 31 Rn. 1; Demharter GBO § 31 Rn. 1; Keller/Munzig/Volmer GBO § 31 Rn. 1.

B. Regelungsgehalt

I. Zurücknahme des Eintragungsantrags

1. Begriff der Antragszurücknahme. Die Vorschrift betrifft nur die Zurücknahme von Anträgen, mit denen die **Vornahme einer Eintragung begehrt** worden ist, unabhängig davon, ob es sich um einen reinen oder gemischten Antrag handelt (zur Unterscheidung zwischen reinem und gemischtem Antrag → § 30 Rn. 3 und 6).[2] Unerheblich ist auch, ob der Antrag von dem Antragsberechtigten selbst oder von einem Vertreter gestellt wurde.

Unter Zurücknahme ist die verfahrensrechtliche Erklärung, dass die beantragte Eintragung ganz oder zum Teil nicht erfolgen soll, zu verstehen.[3] Sie ist keine rechtsgeschäftliche Willenserklärung, sondern eine prozessuale Erklärung und damit nicht anfechtbar.[4] § 31 erfasst sowohl die vollständige als auch die teilweise Zurücknahme von Eintragungsanträgen. Eine teilweise Zurücknahme liegt auch bei jeder inhaltlichen Änderung des Antrags, insbes. bei einer Einschränkung, vor.[5] Eine Zurücknahme des Antrags liegt nicht vor, wenn der Antrag ergänzt wird, ohne dass dadurch sein Inhalt verändert wird, bspw. wenn die Bezeichnung des Grundstücks gem. § 28 nachgeholt wird oder nachträglich ein Vorbehalt nach § 16 Abs. 2 hinzugefügt wird. Soll ein solcher Vorbehalt zurückgenommen werden, liegt jedoch teilweise Antragsrücknahme vor. Keine Zurücknahme liegt vor, wenn der Antrag bereits vor seinem Eingang oder gleichzeitig mit Eingang beim Grundbuchamt widerrufen wird, da der Antrag in diesen Fällen noch nicht als gestellt anzusehen ist.[6]

Unter den Formzwang des § 31 S. 1 fällt nicht die Zurücknahme von Anträgen auf Grundbuchberichtigung nach § 22. Hier lässt § 31 S. 2 die formfreie Antragsrücknahme zu. Außerdem fallen unter die Vorschrift nicht die Zurücknahme von Anträgen, die nicht auf Eintragung gerichtet sind, zB Anträge auf Gestattung von Grundbucheinsicht oder auf Erteilung von Grundbuchblattabschriften[7] oder die Zurücknahme von Eintragungsbewilligungen und anderen zur Eintragung erforderlichen Erklärungen.[8]

2. Zulässigkeit der Zurücknahme. Die Zurücknahme ist bis zur Vollendung der Eintragung oder bis zur endgültigen Zurückweisung des Antrags zulässig.[9] Eine Zwischenverfügung nach § 18 Abs. 1 oder die Eintragung einer Vormerkung oder eines Widerspruchs nach § 18 Abs. 2 beeinträchtigt die Zulässigkeit der Antragsrücknahme nicht. In letzterem Fall hat das Grundbuchamt die Vormerkung bzw. den Widerspruch von Amts wegen zu löschen.[10] Da die Antragsrücknahme rein formeller Natur ist und von der materiellen Rechtslage nicht beeinflusst wird, ist sie unabhängig von der Bindung der Beteiligten an die materiellen Erklärungen zulässig.[11] Enthält die Eintragungsbewilligung einen Widerrufsverzicht, steht dies der Zurücknahme des Eintragungsantrags nicht entgegen.[12]

3. Berechtigung zur Antragsrücknahme. a) Antragsteller. Antragsteller ist, unter wessen Namen der Antrag gestellt wurde.[13] Jeder Antragsteller ist zur Rücknahme des durch ihn bzw. für ihn gestellten Antrags berechtigt.

---

[2] OLG Hamm Rpfleger 1985, 231; KG DNotZ 1929, 737; Bauer/v. Oefele/Schaub GBO § 31 Rn. 3; Demharter GBO § 31 Rn. 2.
[3] Bauer/v. Oefele/Schaub GBO § 31 Rn. 5.
[4] RGZ 105, 310; KG HRR 28 Nr. 587; Bauer/v. Oefele/Schaub GBO § 31 Rn. 5; Meikel/Hertel GBO § 31 Rn. 6.
[5] KG HRR 1934 Nr. 1056; OLG München JFG 22, 30, 32 = DNotZ 1941, 31; BayObLGZ 1955, 48 (53) = DNotZ 1956, 206; Bauer/v. Oefele/Schaub GBO § 31 Rn. 6.
[6] OLG Jena FGPrax 1998, 127; Keller/Munzig/Volmer GBO § 31 Rn. 4; Demharter GBO § 31 Rn. 5; Bauer/v. Oefele/Schaub GBO § 31 Rn. 9; Meikel/Hertel GBO § 31 Rn. 7.
[7] Bauer/v. Oefele/Schaub GBO § 31 Rn. 4; Demharter GBO § 31 Rn. 2.
[8] Keller/Munzig/Volmer GBO § 31 Rn. 2; Bauer/v. Oefele/Schaub GBO § 31 Rn. 4.
[9] OLG Hamm Rpfleger 1985, 231.
[10] Bauer/v. Oefele/Schaub GBO § 31 Rn. 12; Meikel/Hertel GBO § 31 Rn. 13.
[11] BayObLG DNotZ 1973, 298.
[12] Bauer/v. Oefele/Schaub GBO § 31 Rn. 14; Meikel/Hertel GBO § 31 Rn. 13.
[13] Meikel/Hertel GBO § 31 Rn. 14; Bauer/v. Oefele/Schaub GBO § 31 Rn. 15.

Ist der Antragsteller verstorben, geht sein Recht auf Rücknahme des Antrags auf seine Erben über. Bei Erbengemeinschaft ist ein Mehrheitsbeschluss ausreichend, weil die Antragsrücknahme eine Verwaltungsmaßnahme ist.[14]

b) Notar. aa) **Nur vom Notar gestellter Antrag.** Hat der Notar den Antrag aufgrund der Ermächtigung nach § 15 Abs. 2 gestellt, so kann er ihn auch zurücknehmen. Einen Vollmachtsnachweis muss er nicht vorlegen.[15] Hat der Notar den Antrag nicht aufgrund der Ermächtigung nach § 15 Abs. 2, sondern aufgrund einer speziellen Vollmacht gestellt, so hängt sein Recht auf Rücknahme des Antrags vom Inhalt der Vollmacht ab. Ist die Antragsrücknahme in der Vollmacht nicht geregelt, so ist regelmäßig davon auszugehen, dass der Notar dazu berechtigt sein soll.[16] Der Antragsberechtigte selbst kann den vom Notar für ihn gestellten Antrag ebenfalls zurücknehmen. Dabei ist allerdings zu beachten, dass der Notar Anträge, falls bei Antragstellung nichts anderes bestimmt ist, regelmäßig für alle Antragsberechtigten stellt. Ein solcher Antrag kann auch nur durch alle Antragsberechtigten bzw. durch den Notar zurückgenommen werden.

bb) **Nur von Beteiligten gestellter Antrag.** Wurde ein Antrag nur von den Beteiligten gestellt, kann der Notar diesen nicht ohne Weiteres zurücknehmen. Er muss dazu eine besondere Vollmacht nachweisen.[17]

cc) **Von Notar und Beteiligten gestellter Antrag.** Hat der Notar einen Antrag aufgrund der Ermächtigung nach § 15 Abs. 2 gestellt und liegen daneben noch Beteiligtenanträge, entweder in der vorgelegten Urkunde oder selbstständig von den Beteiligten gestellt, vor, so treten die Beteiligtenanträge hinter den Notarantrag zurück, so dass nur ein Antrag vorliegt.[18] Der Notar und die Antragsberechtigten können daher den Antrag zurücknehmen.

4. Form der Antragsrücknahme. a) **Rücknahme durch den Notar.** Die Rücknahmeerklärung des Notars ist von diesem zu unterzeichnen und zu siegeln. Damit ist die Form des § 29 gewahrt.[19] Soweit er den Antrag nicht aufgrund der Ermächtigung nach § 15 Abs. 2, sondern aufgrund besonderer Vollmacht gestellt hat, ist die erforderliche Vollmacht für die Antragsrücknahme in Form des § 29 Abs. 1 S. 1, also öffentlich beurkundet oder beglaubigt, nachzuweisen.

b) **Rücknahme durch den Antragsteller.** Die Rücknahmeerklärung des Antragstellers ist in Form des § 29 Abs. 1 S. 1, also öffentlich beurkundet oder beglaubigt, bzw. bei siegelführenden Behörden in Form des § 29 Abs. 3 vorzulegen. Dies gilt auch für die Rücknahme des Antrags auf Eintragung einer Zwangssicherungshypothek.[20]

c) **Vollmacht zur Antragsrücknahme.** Eine Vollmacht, die zur Rücknahme eines Eintragungsantrags ermächtigt, muss ebenso wie die Rücknahme des Antrags selbst in Form des § 29 Abs. 1 S. 1 bzw. Abs. 3 vorgelegt werden.[21]

---

14 OLG Düsseldorf NJW 1956, 877; BeckOK GBO/Hügel/Reetz GBO § 13 Rn. 128; BeckOK GBO/Hügel/Otto GBO § 31 Rn. 21; Meikel/Böttcher GBO § 13 Rn. 89; Rademacher MittRhNotK 1983, 81 (85).
15 Demharter GBO § 31 Rn. 7; Bauer/v. Oefele/Schaub GBO § 31 Rn. 17; Keller/Munzig/Volmer GBO § 31 Rn. 7.
16 Meikel/Hertel GBO § 31 Rn. 16; Bauer/v. Oefele/Schaub GBO § 31 Rn. 18; Keller/Munzig/Volmer GBO § 31 Rn. 9.
17 OLG Schleswig SchlHA 1959, 197; OLG Braunschweig NJW 1961, 1362 = DNotZ 1961, 413; OLG Hamm JMBlNRW 1961, 273; OLG Frankfurt Rpfleger 1958, 221 = DNotZ 1958, 614; BayObLGZ 1955, 48 (53); OLG Frankfurt Rpfleger 1973, 403; BayObLGZ 1957, 3.
18 OLG Braunschweig NJW 1961, 1362 = DNotZ 1961, 413; LG Oldenburg Rpfleger 1982, 172; Hieber DNotZ 1956, 172; Schöner/Stöber GrundbuchR Rn. 183; Bauer/v. Oefele/Schaub GBO § 31 Rn. 24; Ertl Rpfleger 1980, 41 (43); Rademacher MittRhNotK 1983, 81 (87); Winkler MittBayNot 1998, 141 (148); aA für das Vorliegen mehrere Anträge, mit der Folge, dass bei Antragsrücknahme durch den Notar die Beteiligtenanträge bestehen bleiben BayObLGZ 1955, 48 = DNotZ 1956, 206; BayObLG DNotZ 1989, 364; BayObLGZ 1988, 307 = DNotZ 1989, 366 = Rpfleger 1989, 147; OLG Hamm JMBlNRW 1961, 273; OLG Schleswig SchlHA 1959, 197; OLG Frankfurt Rpfleger 1948, 221; Bauch Rpfleger 1982, 457; Nieder NJW 1984, 329; Demharter GBO § 31 Rn. 9.
19 BGHZ 78, 36 = Rpfleger 1980, 465.
20 OLG Hamm FGPrax 2015, 114.
21 BayObLG NJW-RR 1999, 1320.

14 **5. Wirkung der Antragsrücknahme.** Der Antrag ist mit wirksamer Rücknahme **erledigt**, das Grundbuchamt hat keine Grundlage mehr für eine weitere Behandlung.[22] Wenn ein Antrag von mehreren Antragsberechtigten gestellt wurde, und nur einer davon seinen Antrag zurücknimmt, muss das Grundbuchamt über die restlichen Anträge entscheiden.[23]

15 Der zurückgenommene Antrag kann **jederzeit neu gestellt** werden.[24] Die Wirkungen der Antragstellung entfalten sich dann erst mit dem neuen Antrag. Tritt zwischen Antragsrücknahme und neuem Antrag eine Verfügungsbeschränkung ein, greift für den Antragsteller § 878 BGB nicht.[25]

16 Das Grundbuchamt hat die vom Antragsteller eingereichten **Eintragungsunterlagen** an diesen zurückzugeben.[26] Soweit sich nach der Antragsrücknahme noch Eintragungsunterlagen beim Grundbuchamt befinden, können diese nicht als Grundlage einer Eintragung aufgrund des Antrags eines anderen Antragsberechtigten dienen. Die Eintragungsunterlagen müssen erst wieder durch den neuen Antragsteller selbst in das Verfahren eingebracht werden.[27]

II. Widerruf der Vollmacht zur Antragstellung

17 § 31 S. 3 iVm S. 1 bestimmt, dass der Widerruf einer Vollmacht, die zur Antragstellung ermächtigt, der Form des § 29 Abs. 1 S. 1 bzw. Abs. 3 bedarf. Dies ist auch dann der Fall, wenn die Vollmacht nur zur Stellung eines Berichtigungsantrags ermächtigt, da § 31 S. 3 nur auf S. 1, nicht auf S. 2 verweist.[28] § 31 ist auf den Widerruf der Vollmacht zur Zurücknahme eines Antrags entsprechend anwendbar.[29]

18 Ein Widerruf iSd Vorschrift kann ein Widerruf gem. § 168 S. 3 BGB, ein Widerruf der Ermächtigung des Notars zur Antragstellung nach § 15 Abs. 2 oder die Kündigung einer Prozessvollmacht sein.

19 Der Widerruf der Vollmacht zur Antragstellung ist nur **bis zum Zeitpunkt der Antragstellung** zu beachten. Ein bereits beim Grundbuchamt gestellter Antrag kann nicht rückwirkend durch Widerruf der Vollmacht zur Antragstellung beseitigt werden, stattdessen kann aber der bereits gestellte Antrag zurückgenommen werden.[30]

III. Verletzung der Vorschrift

20 § 31 ist eine reine Ordnungsvorschrift und hat keine Auswirkungen auf die materielle Rechtslage. Wenn die materiellrechtlichen Voraussetzungen vorliegen, bewirkt eine trotz wirksamer Antragsrücknahme erfolgte Eintragung die Rechtsänderung. Das Grundbuch wird nicht unrichtig.

C. Weitere praktische Hinweise

21 Für die Antragsrücknahme fallen nach Nr. 14401 KV GNotKG 25 % der für die Eintragung anfallenden Gebühren, mindesten 15 EUR, höchstens 250 EUR an. Das Grundbuchamt kann von der Erhebung der Kosten absehen, wenn der Antrag auf unverschuldeter Unkenntnis der tatsächlichen oder rechtlichen Verhältnisse beruht hat.

---

22 OLG München JFG 22, 140; Bauer/v. Oefele/Schaub GBO § 31 Rn. 28; Demharter GBO § 31 Rn. 12; Meikel/Hertel GBO § 31 Rn. 22; Keller/Munzig/Volmer GBO § 31 Rn. 18.
23 KGJ 24, 95; Bauer/v. Oefele/Schaub GBO § 31 Rn. 28; Schöner/Stöber GrundbuchR Rn. 193.
24 KG HRR 1928, 587.
25 Bauer/v. Oefele/Schaub GBO § 31 Rn. 29.
26 KGJ 44, 171; KG JFG 8, 227.
27 BGHZ 84, 202 = NJW 1982, 2817 = Rpfleger 1982, 414 = DNotZ 1983, 309; OLG Hamm OLGZ 1989, 9 (13) = Rpfleger 1989, 148 = MittBayNot 1989, 27; Schöner/Stöber GrundbuchR Rn. 107; Demharter GBO § 31 Rn. 13; Bauer/v. Oefele/Schaub GBO § 31 Rn. 30.
28 Bauer/v. Oefele/Schaub GBO § 31 Rn. 33; Demharter GBO § 31 Rn. 15, 18.
29 Keller/Munzig/Volmer GBO § 31 Rn. 20; Bauer/v. Oefele/Schaub GBO § 31 Rn. 34; BeckOK GBO/Hügel/Otto GBO § 31 Rn. 11.
30 Bauer/v. Oefele/Schaub GBO § 31 Rn. 38; Demharter GBO § 31 Rn. 17.

§ 32 GBO [Nachweis rechtserheblicher Umstände]

(1) ¹Die im Handels-, Genossenschafts-, Partnerschafts- oder Vereinsregister eingetragenen Vertretungsberechtigungen, Sitzverlegungen, Firmen- oder Namensänderungen sowie das Bestehen juristischer Personen und Gesellschaften können durch eine Bescheinigung nach § 21 Absatz 1 der Bundesnotarordnung nachgewiesen werden. ²Dasselbe gilt für sonstige rechtserhebliche Umstände, die sich aus Eintragungen im Register ergeben, insbesondere für Umwandlungen. ³Der Nachweis kann auch durch einen amtlichen Registerausdruck oder eine beglaubigte Registerabschrift geführt werden.

(2) ¹Wird das Register elektronisch geführt, kann in den Fällen des Absatzes 1 Satz 1 der Nachweis auch durch die Bezugnahme auf das Register geführt werden. ²Dabei sind das Registergericht und das Registerblatt anzugeben.

A. Allgemeines

Die Vorschrift schafft gegenüber § 29 eine Erleichterung für die Nachweisführung hinsichtlich Existenz und Vertretungsbefugnissen von im Handels-, Genossenschafts-, Partnerschafts- oder Vereinsregister eingetragenen juristischen Personen und Gesellschaften. 1

B. Regelungsgehalt

I. Anwendungsbereich

Die Nachweiserleichterung gilt für alle registerfähigen Personen und Gesellschaften, die in einem inländischen öffentlichen Register eingetragen sind. Auf die BGB-Gesellschaft ist § 32 nicht anwendbar, da sie nicht im Register eingetragen werden kann. Bei ihr müssen erforderliche Nachweise nach § 29 erbracht werden. Die Vorschrift ist grds. auch nicht auf ausländische juristische Personen anwendbar, auch hier müssen Nachweise nach § 29 erbracht werden.[1] 2

II. Notwendige Nachweise

1. Notarbescheinigung. Der Nachweis kann durch eine Notarbescheinigung nach § 21 Abs. 1 BNotO geführt werden. Sie beweist im Grundbuchverfahren das Bestehen der Gesellschaft und die bezeugten Tatsachen. Aus der Bescheinigung über eine Vertretungsberechtigung muss hervorgehen, dass der Beteiligte nach dem Registereintrag als Vorstandsmitglied, Gesellschafter, Partner, Geschäftsführer, Liquidator oder Prokurist zur Vertretung einer bestimmten Gesellschaft befugt ist.[2] Es muss angegeben sein, an welchem Tag das Register eingesehen oder die dem Notar vorliegende Abschrift ausgestellt worden ist. Wie lange die Registereinsicht durch den Notar zurückliegen darf, damit die Vertretungsbefugnis noch als nachgewiesen anzusehen ist, hat das Grundbuchamt von Fall zu Fall zu prüfen.[3] 3

2. Amtlicher Registerausdruck. Nach § 32 Abs. 1 S. 2 kann der Nachweis auch durch einen amtlichen Registerausdruck oder eine beglaubigte Registerabschrift erbracht werden. Eine Eintragungsnachricht ist nicht ausreichend. Wie alt der Ausdruck bzw. die Abschrift sein darf, damit die Vertretungsbefugnis noch als nachgewiesen angesehen werden kann, ist auch hier von Fall zu Fall zu beurteilen. 4

3. Bezugnahme auf das Register. Nach § 32 Abs. 2 kann in allen Fällen, in denen das betreffende Register elektronisch geführt wird, der Nachweis durch eine Bezugnahme auf das Register 5

---

1 BayObLG FGPrax 2003, 59; OLG Hamm Rpfleger 1995, 153; OLG Brandenburg MittBayNot 2011, 22; Näheres zu Ausnahmen s. Demharter GBO § 32 Rn. 8; BeckOK GBO/Hügel/Otto GBO § 32 Rn. 29 ff.
2 Demharter GBO § 32 Rn. 13.
3 OLG Hamm Rpfleger 1990, 85; OLG Frankfurt Rpfleger 1995, 248.

unabhängig davon, bei welchem Gericht es geführt wird, erbracht werden. Diese Möglichkeit ist empfehlenswert, da so der Nachweis immer zu dem maßgeblichen Zeitpunkt erbracht wird. In der Bezugnahme sind das zuständige Registergericht und alle betroffenen Registerblätter zu bezeichnen.

6 **4. Andere Beweismittel.** Da § 32 eine Erleichterung des Grundbuchverkehrs darstellen soll, ist auch der Beweis durch Urkunden in Form des § 29 Abs. 1 S. 2 möglich.

§ 33 GBO   [Nachweis des Güterstandes][1]

(1) Der Nachweis, dass zwischen Ehegatten oder Lebenspartnern Gütertrennung oder ein vertragsmäßiges Güterrecht besteht oder dass ein Gegenstand zum Vorbehaltsgut eines Ehegatten oder Lebenspartners gehört, kann durch ein Zeugnis des Gerichts über die Eintragung des güterrechtlichen Verhältnisses im Güterrechtsregister geführt werden.

(2) Ist das Grundbuchamt zugleich das Registergericht, so genügt statt des Zeugnisses nach Absatz 1 die Bezugnahme auf das Register.

Art. 229 § 64 EGBGB   Übergangsvorschrift zum Gesetz zur Abschaffung des Güterrechtsregisters

(1) Abweichend von § 1412 des Bürgerlichen Gesetzbuchs können Ehegatten und Partner einer eingetragenen Lebenspartnerschaft auch aus Eintragungen im Güterrechtsregister Dritten gegenüber Einwendungen

1. gegen ein Rechtsgeschäft herleiten, das zwischen einem der Ehegatten und dem Dritten vorgenommen worden ist, wenn das Geschäft vor dem 1. Januar 2028 abgeschlossen oder die Rechtshandlung vorgenommen worden ist, oder
2. gegen ein rechtskräftiges Urteil herleiten, das zwischen einem der Ehegatten und dem Dritten ergangen ist, wenn der Rechtsstreit vor dem 1. Januar 2028 rechtshängig geworden ist.

(2) Haben die Ehegatten Gütergemeinschaft vereinbart und dies in das Güterrechtsregister eintragen lassen, kann jeder Ehegatte ab dem 1. Januar 2023 verlangen, dass die vertragliche Regelung wegen Wegfalls des Güterrechtsregisters nach den Grundsätzen des § 313 des Bürgerlichen Gesetzbuchs angepasst wird.

(3) ¹Wird eine bestehende Eintragung in dem Register in der Zeit vom 1. Januar 2023 bis 31. Dezember 2027 unrichtig oder verlegen beide Ehegatten in diesem Zeitraum ihren gewöhnlichen Aufenthalt in einen anderen Registerbezirk, so verliert die Eintragung ihre Wirkung. ²Eine nach Satz 1 unwirksame Eintragung ist auf Antrag eines Ehegatten zu löschen; die folgenden Vorschriften sind in der bis einschließlich 31. Dezember 2022 geltenden Fassung entsprechend anzuwenden:

1. die §§ 1558 und 1560 des Bürgerlichen Gesetzbuchs,
2. die auf der Grundlage des § 1558 Absatz 2 des Bürgerlichen Gesetzbuchs erlassenen Rechtsverordnungen,
3. das Gesetz über das Verfahren in Familiensachen und in den Angelegenheiten der freiwilligen Gerichtsbarkeit und
4. § 3 Nummer 1 Buchstabe e des Rechtspflegergesetzes.

(4) ¹Bis zum 31. Dezember 2037 ist jedem die Einsicht in das Register gestattet. ²Von den Eintragungen kann eine Abschrift angefordert werden. ³Die Abschrift ist auf Verlangen zu beglaubigen.

(5) Nach dem 31. Dezember 2037 können aus der Registereintragung keine Rechte mehr hergeleitet werden.

(6) ¹Die Rechte nach Artikel 15 der Verordnung (EU) 2016/679 des Europäischen Parlaments und des Rates vom 27. April 2016 zum Schutz natürlicher Personen bei der Verarbeitung personenbezogener Daten, zum Datenverkehr und zur Aufhebung der Richtlinie 95/46/EG (Datenschutz-Grundverordnung) (ABl. L 119 vom 4.5.2016, S. 1; L 314 vom 22.11.2016, S. 72; L 127 vom 23.5.2018, S. 2; L 74 vom 4.3.2021, S. 35) werden durch Einsicht in das Register nach Absatz 4 gewährt. ²Das Gericht ist nicht verpflichtet, Personen, deren personenbezogene Daten im Güterrechtsregister oder in den Registerakten gespeichert sind, über die Offenlegung dieser Daten an Dritte Auskunft zu erteilen. ³Im Übrigen gilt § 79a Absatz 2 und 3 des Bürgerlichen Gesetzbuchs entsprechend.

A. Allgemeines	....	1	II. Nachweis des Güterstandes	3
B. Regelungsgehalt	....	2	1. Zeugnis des Registergerichts	3
I. Erforderlichkeit des Nachweises	....	2	a) Zuständigkeit	3
			b) Form	4

---

[1] Aufgehoben mit Abschaffung des Güterrechtsregisters durch Ges. v. 31.10.2022 (BGBl. I 1966).

c) Inhalt 5	3. Auszug aus dem Güterrechtsregister ... 8
d) Beweiskraft 6	4. Vorlage eines Ehevertrages 9
2. Bezugnahme auf das Güterrechtsregister 7	5. Notarbescheinigung 10
	6. Bewilligung beider Ehegatten 11

A. Allgemeines

Die Vorschrift dient der Erleichterung des Grundbuchverkehrs. Soweit das zwischen Ehegatten bestehende Güterrecht nachzuweisen ist, kann dies durch ein gerichtliches Zeugnis über die Eintragung im Güterrechtsregister oder durch Bezugnahme auf das Register erfolgen. § 33 enthält keinen Nachweistypenzwang, dh der Güterstand kann auch durch andere der Form des § 29 entsprechende Urkunden nachgewiesen werden.[2]

B. Regelungsgehalt

I. Erforderlichkeit des Nachweises

Das in einer Ehe oder Lebenspartnerschaft bestehende Güterrecht ist dem Grundbuchamt nachzuweisen, wenn es Einfluss auf die Verfügungsbefugnis eines Ehegatten oder Lebenspartners hat oder wenn, wie bei Gütergemeinschaft, der Güterstand Einfluss auf die Eigentümer- oder Berechtigtenstellung hat.

II. Nachweis des Güterstandes

1. Zeugnis des Registergerichts. a) Zuständigkeit. Zuständig für die Erteilung des Zeugnisses aus dem Güterrechtsregister ist jedes Amtsgericht, in dessen Bezirk auch nur einer der Ehegatten seinen gewöhnlichen Aufenthalt hat, §§ 1558, 1559 BGB. Funktionell zuständig ist nach § 3 Nr. 1e RPflG der Rechtspfleger. Eintragungen eines unzuständigen Gerichts sind unwirksam.

b) Form. Das Zeugnis kann in Ausfertigung oder in beglaubigter Abschrift vorgelegt werden, da an den Besitz des Zeugnisses keine Rechtsscheinswirkungen geknüpft sind.[3]

c) Inhalt. Das Zeugnis bescheinigt, dass nach dem Eintrag im Güterrechtsregister Gütertrennung oder ein bestimmtes vertragsmäßiges Güterrecht besteht oder ein Gegenstand zum Vorbehaltsgut eines in Gütergemeinschaft verheirateten Ehegatten gehört. Das Zeugnis muss datiert sein.[4]

d) Beweiskraft. Das Zeugnis beweist den Güterstand und die Verfügungs- und Verwaltungsberechtigung der Ehegatten[5] und die Zugehörigkeit eines Grundstücks oder Rechts zum Vorbehaltsgut.[6] Außerdem wird das Bestehen der Ehe bewiesen, da Eintragungen im Güterrechtsregister erst nach Eheschließung erfolgen dürfen. Eine Heiratsurkunde ist neben dem Zeugnis nicht erforderlich.[7]

2. Bezugnahme auf das Güterrechtsregister. Der Güterstand kann nach § 33 Abs. 2 auch durch Bezugnahme auf das Güterrechtsregister nachgewiesen werden, soweit es sich bei demselben Amtsgericht befindet wie das Grundbuchamt.

---

2 OLG Colmar OLGE 4, 188; KGJ 30, 69.
3 Bauer/v. Oefele/Schaub GBO § 33 Rn. 48; Meikel/Roth GBO § 33 Rn. 43.
4 Demharter GBO § 33 Rn. 35; Bauer/v. Oefele/Schaub GBO § 33 Rn. 49; Meikel/Roth GBO § 33 Rn. 42.
5 Bauer/v. Oefele/Schaub GBO § 33 Rn. 54.
6 Keller/Munzig/Volmer GBO § 33 Rn. 18.
7 Demharter GBO § 33 Rn. 36; Bauer/v. Oefele/Schaub GBO § 33 Rn. 56.

8 **3. Auszug aus dem Güterrechtsregister.** Der Nachweis des Güterstandes ist auch durch eine beglaubigte Abschrift oder Ausfertigung eines Auszugs aus dem Güterrechtsregister möglich. Eine Eintragungsbenachrichtigung ist nicht ausreichend.[8]

9 **4. Vorlage eines Ehevertrages.** Durch Vorlage eines der Form des § 29 entsprechenden Ehevertrages kann der Güterstand ebenfalls nachgewiesen werden. Das Grundbuchamt hat mangels entgegenstehender Anhaltspunkte davon auszugehen, dass sich Änderungen im Güterstand nicht ergeben haben.[9]

10 **5. Notarbescheinigung.** Der Nachweis kann nach § 20 Abs. 1 S. 2 BNotO durch Bescheinigung des Notars, dass ihm ein gerichtliches Zeugnis mit wörtlich wiederzugebendem Inhalt vorgelegen hat, oder dass das Güterrechtsregister eine bestimmte Eintragung enthält, geführt werden.[10]

11 **6. Bewilligung beider Ehegatten.** Ein weiterer Nachweis des Güterrechts ist nicht erforderlich, wenn eine Eintragung durch beide Ehegatten bewilligt wird. Etwas anderes gilt nur, wenn ein zum Gesamtgut gehörender Gegenstand auf einen der Ehegatten übertragen werden soll. In diesem Fall muss dem Grundbuchamt ein Ehevertrag vorgelegt werden.[11]

§ 35 GBO [Nachweis der Erbfolge ua]

(1) ¹Der Nachweis der Erbfolge kann nur durch einen Erbschein oder ein Europäisches Nachlasszeugnis geführt werden. ²Beruht jedoch die Erbfolge auf einer Verfügung von Todes wegen, die in einer öffentlichen Urkunde enthalten ist, so genügt es, wenn an Stelle des Erbscheins oder des Europäischen Nachlasszeugnisses die Verfügung und die Niederschrift über die Eröffnung der Verfügung vorgelegt werden; erachtet das Grundbuchamt die Erbfolge durch diese Urkunden nicht für nachgewiesen, so kann es die Vorlegung eines Erbscheins oder eines Europäischen Nachlasszeugnisses verlangen.

(2) Das Bestehen der fortgesetzten Gütergemeinschaft sowie die Befugnis eines Testamentsvollstreckers zur Verfügung über einen Nachlaßgegenstand ist nur auf Grund der in den §§ 1507, 2368 des Bürgerlichen Gesetzbuchs vorgesehenen Zeugnisse oder eines Europäischen Nachlasszeugnisses als nachgewiesen anzunehmen; auf den Nachweis der Befugnis des Testamentsvollstreckers sind jedoch die Vorschriften des Absatzes 1 Satz 2 entsprechend anzuwenden.

(3) ¹Zur Eintragung des Eigentümers oder Miteigentümers eines Grundstücks kann das Grundbuchamt von den in den Absätzen 1 und 2 genannten Beweismitteln absehen und sich mit anderen Beweismitteln, für welche die Form des § 29 nicht erforderlich ist, begnügen, wenn das Grundstück oder der Anteil am Grundstück weniger als 3 000 Euro wert ist und die Beschaffung des Erbscheins, des Europäischen Nachlasszeugnisses oder des Zeugnisses nach § 1507 des Bürgerlichen Gesetzbuchs nur mit unverhältnismäßigem Aufwand an Kosten oder Mühe möglich ist. ²Der Antragsteller kann auch zur Versicherung an Eides Statt zugelassen werden.

A. Allgemeines 1	bb) Erbrechtliche Sonderfälle 10
B. Regelungsgehalt 2	(1) Reichsheimstätte 10
I. Nachweis der Erbfolge 2	(2) Höfeordnung 13
1. Anwendungsbereich 2	(3) Familienfideikommisse,
a) Zeitlich 2	Lehen, Stammgüter 17
b) Räumlich 3	2. Erbschein und Europäisches Nachlass-
c) Sachlich 6	zeugnis 18
aa) Erbfolge 6	a) Begriff 18

---

[8] Bauer/v. Oefele/Schaub GBO § 33 Rn. 59; Keller/Munzig/Volmer GBO § 33 Rn. 20; Meikel/Roth GBO § 33 Rn. 45.

[9] KGJ 39, 180, 183; OLG Colmar OLGE 4, 188; KGJ 30, 169; Bauer/v. Oefele/Schaub GBO § 33 Rn. 61; Meikel/Roth GBO § 33 Rn. 47.

[10] Demharter GBO § 33 Rn. 39; Bauer/v. Oefele/Schaub GBO § 33 Rn. 65; Meikel/Roth GBO § 33 Rn. 53.

[11] Meikel/Roth GBO § 33 Rn. 49; Bauer/v. Oefele/Schaub GBO § 33 Rn. 64.

	b)	Form	19	a) Geringwertiges Grundstück	63
	c)	Zuständigkeit	20	b) Löschung umgestellter Grundpfandrechte und Reallasten	68
	d)	Äußere Ordnungsgemäßheit	26	c) Überweisungszeugnisse	69
	e)	Inhalt	27	d) Vollmacht	70
	f)	Folgen eines unrichtigen Erbscheins im Grundbuchverfahren	37	e) Offenkundigkeit	71
	g)	Beweiskraft des Erbscheins	39	II. Fortgesetzte Gütergemeinschaft	72
3.	Öffentliche Verfügung von Todes wegen und Eröffnungsniederschrift		42	1. Begriff der fortgesetzten Gütergemeinschaft	72
	a)	Öffentliche Verfügung von Todes wegen	42	2. Nachweis der fortgesetzten Gütergemeinschaft	75
	b)	Eröffnungsniederschrift	45	3. Form und Inhalt des Zeugnisses	76
	c)	Form der Unterlagen	46	4. Nachweis des Nichteintritts der fortgesetzten Gütergemeinschaft	77
	d)	Prüfung des Inhalts der letztwilligen Verfügung durch das Grundbuchamt	47	5. Beweiskraft des Zeugnisses	78
	e)	Zusammentreffen öffentlicher und eigenhändiger Verfügungen des Erblassers	56	6. Ausnahmen von der Nachweispflicht .	79
				III. Nachweis der Verfügungsbefugnis eines Testamentsvollstreckers	80
	f)	Bindung des Grundbuchamts an Parteien, Nachlassgericht und eigene Entscheidungen	57	1. Allgemeines	80
				2. Testamentsvollstreckerzeugnis	82
				a) Begriff	82
	g)	Verhältnis zwischen Erbschein und öffentlicher Verfügung von Todes wegen	60	b) Form	83
				c) Inhalt	84
				d) Prüfung durch das Grundbuchamt	85
	h)	Beweiskraft der Verfügung von Todes wegen	61	e) Beweiskraft des Zeugnisses	87
				3. Öffentliche Verfügung von Todes wegen und Eröffnungsniederschrift	88
4.	Bezugnahme auf Nachlassakten desselben Amtsgerichts		62	4. Bezugnahme auf Akten desselben Amtsgerichts	90
5.	Ausnahmen von der Nachweispflicht .		63		

A. Allgemeines

Die Vorschrift regelt, wie die Erbfolge, die Verfügungsbefugnis des Testamentsvollstreckers und die fortgesetzte Gütergemeinschaft dem Grundbuchamt nachzuweisen ist. Sie ist Spezialvorschrift zu § 29.[1] Aus der Vorschrift resultiert ein Nachweistypenzwang, so dass andere Beweismittel für den Nachweis der Erbfolge ausgeschlossen sind.[2] Sinn der Regelung ist, dem Grundbuchamt die Prüfung der erbrechtlichen Verhältnisse zu ersparen und ihm eine klare Eintragungsunterlage zu geben.[3] Wenn aber die Erbfolge auf einer Verfügung von Todes wegen beruht, die in einer öffentlichen Urkunde enthalten ist, trifft das Grundbuchamt eine eigene Prüfungspflicht bzgl. der Erbfolge. Den Beteiligten sollen in diesem Fall die Kosten eines Erbscheins erspart werden.[4] Entsprechendes gilt, wenn sich die Verfügungsbefugnis des Testamentsvollstreckers aus einer öffentlichen Verfügung von Todes wegen ergibt. Die fortgesetzte Gütergemeinschaft kann nur durch ein Zeugnis nach § 1507 BGB nachgewiesen werden, da insoweit keine Bezugnahme auf § 35 Abs. 1 S. 2 vorliegt. 1

B. Regelungsgehalt

I. Nachweis der Erbfolge

1. Anwendungsbereich. a) Zeitlich. Die Vorschrift ist nur anwendbar, wenn der Erblasser **nach dem Inkrafttreten** des BGB (1.1.1900) gestorben ist. Für Erbfälle vor diesem Zeitpunkt bestimmen sich die erbrechtlichen Verhältnisse nach Art. 213 EGBGB nach dem bis dahin geltenden Recht, nach dem sich dann auch der Nachweis der Erbfolge richtet.[5] Ist der Erblasser nach dem Inkrafttreten des BGB gestorben, beruht die Erbfolge aber auf einer vor dem 1.1.1900 errichte- 2

---

1 BGHZ 84, 196 (199); BayObLGZ 89, 8 (10).
2 OLG Düsseldorf ErbR 2020, 590 = FGPrax 2020, 109.
3 Keller/Munzig/Volmer GBO § 35 Rn. 1; Bauer/v. Oefele/Schaub GBO § 35 Rn. 1.
4 Bauer/v. Oefele/Schaub GBO § 35 Rn. 2.
5 KGJ 23, 129; 25, 124.

ten Verfügung von Todes wegen, ist die Verfügung von Todes wegen nach Art. 214 Abs. 1 EGBGB nach bisherigem Recht zu beurteilen.[6]

3 **b) Räumlich.** § 35 umfasst nicht nur die Erbfolge nach deutschen Staatsangehörigen, sondern auch die nach Ausländern oder Staatenlosen.[7]

4 Im Gebiet der **ehemaligen DDR** gilt das Erbrecht des BGB uneingeschränkt für Erbfälle, die vor dem 1.1.1976 oder nach dem 2.10.1990 eingetreten sind (Art. 24, 25 EGBGB aF für Erbfälle vor dem 1.1.1976 und Art. 230 Abs. 2, Art. 235 § 1 Abs. 1 EGBGB für Erbfälle nach dem 2.10.1990). Auf vor dem 3.10.1990 erteilten allgemeinen Erbscheinen, die das Erbrecht nach BGB ausweisen, ist ein Vermerk des Inhalts, dass sich seine Wirkungen nun auch auf das Gebiet der früheren DDR erstrecken, nicht erforderlich.[8]

5 Bei BRD-Erblassern tritt für Erbfälle von 1.1.1976 bis 2.10.1990 wegen § 25 Abs. 2 des mit dem ZGB der DDR in Kraft getretenen Rechtsanwendungsgesetzes der DDR vom 5.12.1975 (GBl. DDR I Satz 748) **Nachlassspaltung** ein.[9] Die Erbfolge richtet sich in diesen Fällen bzgl. des gesamten in der alten BRD einschließlich West-Berlin gelegenen beweglichen und unbeweglichen Nachlasses und bzgl. des in der ehemaligen DDR einschließlich Ost-Berlin gelegenen beweglichen Nachlasses nach dem Recht des BGB, bezüglich des in der ehemaligen DDR einschließlich Ost-Berlin belegenen unbeweglichen Nachlasses nach dem Recht des ZGB der DDR. Bezüglich des in der ehemaligen DDR belegenen unbeweglichen Nachlasses kann in solchen Fällen ein Erbschein, der die Erbfolge nach dem Recht des BGB bezeugt, kein ausreichender Nachweis für die Grundbuchberichtigung sein. Das Grundbuchamt muss die Vorlage eines Erbscheins, der die Erbfolge bzgl. des im Gebiet der ehemaligen DDR belegenen Grundbesitzes bezeugt, verlangen.[10] Auch wenn DDR-Bürger nach dem 1.1.1976 und vor 2.10.1990 verstorben sind, ist zum Nachweis der Erbfolge ein Erbschein, der die Erbfolge nach dem Recht der DDR bezeugt, vorzulegen, da sich die Erbfolge nach Art. 235 § 1 Abs. 1 EGBGB nach dem materiellen Erbrecht der DDR richtet. Von Nachlassbehörden der ehemaligen DDR ausgestellte Erbscheine werden in der Bundesrepublik anerkannt.

6 **c) Sachlich. aa) Erbfolge.** Erbfolge ist nach § 1922 BGB der mit dem Tod einer Person eintretende Übergang ihres Vermögens auf eine oder mehrere andere Personen. Sie kann auf Gesetz (§§ 1924 bis 1936 BGB) oder auf Verfügung von Todes wegen, also Testament oder Erbvertrag, beruhen. Eine Todeserklärung nach dem Verschollenheitsgesetz steht dem Tode gleich.

7 Auch der Eintritt des **Nacherbfalls** fällt unter den Begriff der Erbfolge iSv § 35. Zur Berichtigung des Grundbuchs auf den Nacherben ist grds. ein Erbschein vorzulegen. Die Vorlage der Sterbeurkunde des Vorerben ist auch dann nicht ausreichend, wenn das Nacherbenrecht nach § 51 im Grundbuch eingetragen ist und der Nacherbfall mit Tod des Vorerben eintritt.[11] Der Erbschein des Vorerben weist nur dessen Erbrecht aus, die in ihm enthaltenen Angaben über die Nacherbfolge haben nur hinsichtlich der Verfügungsbefugnis des Vorerben Bedeutung.[12]

8 Der Anfall von **Vereins- oder Stiftungsvermögen** an den Fiskus nach §§ 45, 46 S. 1, 88 BGB oder an Körperschaften, Stiftungen und Anstalten des öffentlichen Rechts aufgrund fortbestehenden Landesrechts, Art. 85 EGBGB, wird wie eine Erbfolge behandelt.

---

6 RGZ 59, 80; 79, 32.
7 LG Aachen Rpfleger 1965, 233 (234); Bauer/v. Oefele/Schaub GBO § 35 Rn. 7.
8 Böhringer Rpfleger 1999, 110; Bauer/v. Oefele/Schaub GBO § 35 Rn. 8; Böhringer Besonderheiten des Liegenschaftsrechts in den neuen Bundesländern Rn. 1244.
9 BayObLGZ 1991, 105 = Rpfleger 1991, 205; Bauer/v. Oefele/Schaub GBO § 35 Rn. 9; Bestelmeyer Rpfleger 1992, 229 (230).
10 BayObLG Rpfleger 1994, 229; Bauer/v. Oefele/Schaub GBO § 35 Rn. 10; aA Bestelmeyer Rpfleger 1992, 229 (231); Köster Rpfleger 1991, 97; Böhringer NJW 1992, 292.
11 BGH NJW 1982, 2994; OLG Frankfurt Rpfleger 1977, 171; OLG Zweibrücken NJW-RR 2011, 525 = RNotZ 2011, 113 = FamRZ 2011, 1168; OLG München FGPrax 2011, 173 = Rpfleger 2011, 495; OLG München NotBZ 2012, 467; Meikel/Roth GBO § 35 Rn. 23; Bauer/v. Oefele/Schaub GBO § 35 Rn. 30; BeckOK GBO/Hügel/Wilsch GBO § 35 Rn. 34.
12 BGH NJW 1982, 2994.

Keine Erbfolge liegt vor, wenn das Vermögen eines aufgelösten Vereins im Wege der Liquidation an seine Mitglieder oder an Dritte fällt.[13] Auch bei Erwerb aufgrund eines Vermächtnisses, § 1939 BGB, oder eines Erbschaftskaufs, § 2371 BGB, bei Übertragung eines Erbanteils,[14] bei Übertragung des Nacherbenrechts auf den Vorerben,[15] bei einer Teilungsanordnung nach § 2048 BGB oder einer Vollmacht über den Tod hinaus liegt keine Erbfolge vor.[16] Das Schenkungsversprechen von Todes wegen fällt nur im Fall des § 2301 Abs. 1 BGB unter § 35.

9

bb) Erbrechtliche Sonderfälle. (1) Reichsheimstätte. Das Reichsheimstättengesetz, das Gesetz zur Änderung des Reichsheimstättengesetzes und die VO zur Ausführung des Reichsheimstättengesetzes wurden durch Gesetz vom 17.6.1993 (BGBl. I 912) mit Wirkung zum 1.10.1993 aufgehoben. Nach der Übergangsvorschrift des Art. 6 § 4 sind aber auf Erbfälle vor dem 1.10.1993 die hierzu ergangenen Vorschriften der VO zur Ausführung des Reichsheimstättengesetzes (RGBl. I S. 1027) weiter anzuwenden.[17] § 26 dieser VO enthält die Sondervorschrift, dass bei mehreren Miterben die Heimstätte, die im Allein- oder Bruchteilseigentum des Erblassers stand,[18] unter bestimmten Voraussetzungen einem der Erben, dem sog. Heimstättenfolger, zugewiesen wird. Dabei handelt es sich um einen Fall der Sondererbfolge. Nach § 29 Abs. 1 der VO zur Ausführung des Reichsheimstättengesetzes erwirbt der Heimstättenfolger das Eigentum an der Heimstätte mit dem Erbfall.

10

Die Grundbuchberichtigung erfolgt nach § 29 Abs. 2 VO zur Ausführung des Reichsheimstättengesetzes aufgrund eines sog. **Heimstättenfolgezeugnisses**. Dieses stellt keinen Erbausweis für den Rechtsverkehr, sondern lediglich eine Eintragungsgrundlage für das Grundbuchamt dar.

11

Wenn nach dem Heimstätter **Alleinerbfolge** eintritt, enthalten das RHeimstG sowie die VO zur Ausführung des RHeimstG keine Sondervorschriften. Ein Heimstättenfolgezeugnis kann in diesem Fall nicht erteilt werden.[19]

12

(2) Höfeordnung. Im Hinblick auf § 35 Abs. 1 S. 1 sind im Geltungsbereich der Höfeordnung, also in den Ländern Hamburg, Niedersachsen, Schleswig-Holstein und Nordrhein-Westfalen folgende Sondervorschriften zu beachten:

13

Wenn ein allgemeiner Erbschein nach § 2353 BGB erteilt wird, muss dieser nach § 18 Abs. 2 S. 2 Höfeordnung idF vom 26.7.1976 (BGBl. I 1933) den **Hoferben als solchen bezeichnen**. Der Nachweis der Hoferbfolge kann dem Grundbuchamt aber auch nach § 18 Abs. 2 S. 3 HöfeO durch ein sog. **Hoffolgezeugnis** erbracht werden, in dem nur die Erbfolge in den betreffenden Hof bezeugt wird.[20] Außerdem ist auch die Erteilung eines **Erbscheins über das hoffreie Vermögen** möglich. Als Eintragungsunterlage für das Grundbuchamt ist dieser aber nur geeignet, wenn die Eigenschaft der Hoffreiheit für das Grundbuchamt anhand der vorliegenden Unterlagen prüfbar ist.[21]

14

---

13 KGJ 25, 129; Bauer/v. Oefele/Schaub GBO § 35 Rn. 15; Meikel/Roth GBO § 35 Rn. 15.
14 RGZ 64, 173.
15 KG DNotZ 1933, 291.
16 Meikel/Roth GBO § 35 Rn. 17; Demharter GBO § 35 Rn. 3.
17 Bauer/v. Oefele/Schaub GBO § 35 Rn. 17; Demharter GBO § 35 Rn. 14.
18 OLG Frankfurt DNotZ 1961, 272; OLG Schleswig SchlHA 1972, 142; BayObLGZ 1967, 40 (45); OLG Hamm Rpfleger 1973, 360; Bauer/v. Oefele/Schaub GBO § 35 Rn. 18.
19 LG Hildesheim NdsRpfleger 1962, 17; Westphal Rpfleger 1981, 129; für eingeschränkte Geltung des Heimstättenrechts Hornung Rpfleger 1994, 277 (280).
20 OLG Köln MittRhNotK 1999, 282; Bauer/v. Oefele/Schaub GBO § 35 Rn. 22; Meikel/Roth GBO § 35 Rn. 182; Schöner/Stöber GrundbuchR Rn. 799.
21 OLG Köln MittRhNotK 1999, 282; OLG Hamm JMBlNRW 1953, 42; OLG Köln RdL 1953, 281; OLG Düsseldorf NJW 1953, 1870; OLG Celle RdL 1956, 113; OLG Hamburg RdL 1958, 186; Bauer/v. Oefele/Schaub GBO § 35 Rn. 22; Hense DNotZ 1952, 205; Firsching DNotZ 1960, 565 (566).

15 Wenn dem Grundbuchamt ein Hoferbenfeststellungsbeschluss nach § 11 Abs. 1 Höfeverfahrensordnung (BGBl. 1976 I 885) vorgelegt wird, kann es einen Erbschein oder ein Hoffolgezeugnis nicht verlangen.[22] Der Beschluss muss rechtskräftig sein.[23]

16 Ist der Hoferbe in einem öffentlichen Testament bestimmt und liegen die Voraussetzungen des § 35 Abs. 1 S. 2 im Übrigen vor, muss das Grundbuchamt trotzdem einen Erbschein oder ein Hoffolgezeugnis verlangen, wenn die Wirtschaftsfähigkeit des Hoferben, § 6 Abs. 1 S. 1, § 2, Abs. 6 HöfeO, beim Grundbuchamt nicht offenkundig oder durch eine feststellende Entscheidung der zuständigen Landwirtschaftsbehörde nachgewiesen ist.[24] Außerdem kann das Grundbuchamt trotz Vorliegens einer öffentlichen Verfügung von Todes wegen einen Erbschein oder ein Hoffolgezeugnis verlangen, wenn nicht ausgeschlossen werden kann, dass der Erblasser zu Lebzeiten eine **formlose Hoferbenbestimmung** vorgenommen hat, so dass eine Erbeinsetzung gegenstandslos wäre, § 7 Abs. 2 HöfeO.[25]

17 **(3) Familienfideikommisse, Lehen, Stammgüter.** Aufgrund der §§ 1 Abs. 1, 30 Abs. 1 FidErlG vom 6.7.1938, RGBl. I S. 825, sind Familienfideikommisse, Lehen, Stammgüter und sonstige gebundene Vermögen spätestens seit 1.1.1939 erloschen. Das Vermögen ist seitdem freies Vermögen des letzten Inhabers. Auch ein Nacherbenrecht, das im Zuge einer früheren Auflösung begründet wurde, ist in Wegfall geraten, sofern der Nacherbfall nicht schon vorher eingetreten war, § 14 FiderlG. Die für den Erbschein geltenden Vorschriften sind auf die Erteilung der Bescheinigung durch das Fideikommissgericht nach § 39 DVFidErlG vom 20.3.1939, RGBl. I 509, zum Nachweis der Folge nach Fideikommissrecht entsprechend anwendbar. Für früher gebundene Vermögen gilt demnach § 35 jetzt uneingeschränkt.[26]

18 **2. Erbschein und Europäisches Nachlasszeugnis. a) Begriff.** Der Nachweis der Erbfolge ist dem Grundbuchamt gegenüber grundsätzlich durch Erbschein oder Europäisches Nachlasszeugnis zu führen. Dabei ist der Begriff des Erbscheins nach § 35 im gleichen Sinne zu verstehen wie im BGB. Der Erbschein ist also ein aufgrund des § 2353 BGB oder § 2369 BGB von einem deutschen Gericht erteiltes Zeugnis über die Erbfolge.[27] Zum europäischen Nachlasszeugnis → EuErbVO Art. 69 Rn. 8 f.

19 **b) Form.** Der Erbschein muss dem Grundbuchamt in **Urschrift oder Ausfertigung** vorgelegt werden. Eine beglaubigte Abschrift ist nicht ausreichend,[28] da der Erbschein vom Nachlassgericht als unrichtig eingezogen werden kann, § 2361 BGB und nur Urschrift und Ausfertigung, nicht aber beglaubigte Abschriften der Einziehung unterliegen.[29] Es ist auch nicht ausreichend, wenn der Notar bestätigt, dass ihm die Ausfertigung vorgelegen habe und dem Grundbuchamt eine beglaubigte Abschrift vorgelegt wird, da die Einziehung durch das Nachlassgericht auch noch nach der Beurkundung erfolgen kann. Eine Versicherung des Notars, dass der Erbschein sich in seinem Besitz befinde, reicht auch dann nicht aus, wenn mehrere auf den Nachweis der Erbfolge gestützte Anträge bei verschiedenen Grundbuchämtern gestellt wurden, da der Erbe auf Antrag vom Nachlassgericht mehrere Ausfertigungen erhält.[30] Der Antragsteller kann die

---

22 OLG Köln MittRhNotK 1999, 282; OLG Hamm DNotZ 1962, 422; OLG Celle NdsRpfleger 1972, 214; Bauer/v. Oefele/Schaub GBO § 35 Rn. 23; Pritsch RdL 1955, 261.

23 Bauer/v. Oefele/Schaub GBO § 35 Rn. 23; Meikel/Roth GBO § 35 Rn. 185; aA, wonach seit Rechtskraft der Entscheidung noch weitere fünf Jahre vergangen sein müssen Keller/Munzig/Volmer GBO § 35 Rn. 62.

24 KG JFG 20, 217; OLG Oldenburg NJW 1958, 554; LG Krefeld RNotZ 2004, 265.

25 OLG Oldenburg Rpfleger 1984, 13.

26 Bauer/v. Oefele/Schaub GBO § 35 Rn. 26; Meikel/Roth GBO § 35 Rn. 186.

27 KG KGJ 36, 162; JFG 17, 342; KG Rpfleger 1997, 384; KG NJW 1954, 1331; BayObLGZ 1965, 377; Meikel/Roth GBO § 35 Rn. 42; Bauer/v. Oefele/Schaub GBO § 35 Rn. 56.

28 BGH NJW 1982, 170 = DNotZ 1982, 159 = Rpfleger 1982, 16; KG DNotZ 1972, 615.

29 BGH NJW 2021, 858 = ErbR 2021, 136 = ZEV 2020, 773.

30 Bauer/v. Oefele/Schaub GBO § 35 Rn. 64; Schöner/Stöber GrundbuchR Rn. 782; Meikel/Roth GBO § 35 Rn. 54; aA OLG Schleswig SchlHA 1949, 375.

Ausfertigung nach der Eintragung zurückverlangen. In diesem Fall fertigt das Grundbuchamt eine beglaubigte Abschrift des Erbscheins für die Grundakten.[31]

Das **Europäische Nachlasszeugnis** wird nur in **beglaubigter Abschrift** ausgestellt, nicht in Form einer Ausfertigung, Art. 70 Abs. 1 EuErbVO. Nach Art. 67 Abs. 1 S. 2, Art. 80, Art. 81 EuErbVO ist es zwingend in **Formblattform** auszustellen. Es ist nur für den Zeitraum von sechs Monaten gültig, Art. 70 Abs. 3 EuErbVO. Trägt das Zeugnis den Vermerk „unbefristet", so ist es als für die Dauer von sechs Monaten gültig anzusehen.[32] Wird dem Grundbuchamt ein nicht mehr gültiges Zeugnis vorgelegt, so hat es Zwischenverfügung mit dem Ziel, eine neue beglaubigte Abschrift oder eine Verlängerung der Gültigkeitsfrist zu erhalten, zu erlassen.[33] Läuft die Frist erst nach Antragseingang ab, ist die Vorlage als gültig anzusehen,[34] da die Bearbeitungsdauer des Grundbuchamts nicht zulasten des Antragstellers gehen kann. Der abweichenden Ansicht, wonach das Europäische Nachlasszeugnis zum Zeitpunkt der Eintragung noch gültig sein muss,[35] kann damit nicht mehr gefolgt werden.

19.1

c) **Zuständigkeit.** Das Grundbuchamt hat die sachliche Zuständigkeit der den Erbschein ausstellenden Behörde zu prüfen, da ein Verstoß dagegen den Erbschein unwirksam macht. Zuständig für die Erteilung von Erbscheinen und Europäischen Nachlasszeugnissen ist das Amtsgericht, Abteilung Nachlassgericht, § 2353 BGB, § 23a Abs. 2 Nr. 2 GVG. In Baden-Württemberg waren bis 31.12.2017 aufgrund Art. 147 EGBGB, § 1 Abs. 1 und 2, § 38 BWLFGG vom 12.2.1975 (GBl. 116) die staatlichen Notare Nachlassgericht.[36] Auch wenn die Erbfolge auf einer von dem dort amtierenden Notar beurkundeten Verfügung von Todes wegen beruht, konnte er den Erbschein erteilen, ohne als befangen zu gelten.[37]

20

Im Geltungsbereich der Höfeordnung sind die Landwirtschaftsgerichte für die Ausstellung eines Erbscheins ausschließlich zuständig, wenn zum Nachlass ein Hof gehört.

21

Funktionell zuständig für die Erteilung von Erbscheinen und Europäischen Nachlasszeugnissen ist innerhalb des Nachlassgerichts grundsätzlich der Rechtspfleger, § 3 Nr. 2c RPflG. Nach § 16 Abs. 1 Nr. 6 RPflG ist der Richter zuständig, wenn eine Verfügung von Todes wegen vorliegt. Dies gilt auch dann, wenn die Erbfolge letztendlich auf Gesetz beruht.[38] Auch wenn die Anwendung ausländischen Rechts in Betracht kommt, ist der Richter zuständig. Dies gilt auch dann, wenn das internationale Privatrecht eines ausländischen Staates, auf das Art. 25 Abs. 1 EGBGB nach Art. 4 Abs. 1 S. 1 EGBGB verweist, nach Art. 4 Abs. 1 S. 2 EGBGB auf deutsches materielles Recht zurückverweist. Die Länder haben aber zum Teil durch Rechtsverordnung die Zuständigkeit weitergehend auf den Rechtspfleger verlagert, was nach § 19 Abs. 1 Nr. 2 RPflG möglich ist.

22

Eine Missachtung der funktionellen Zuständigkeit lässt nach § 8 Abs. 1 RPflG die Wirksamkeit des Erbscheins unberührt, wenn anstelle des Rechtspflegers der Richter entscheidet. Der Erbschein ist auch nicht unwirksam, sondern vom Nachlassgericht nach § 2361 BGB einzuziehen, wenn der Rechtspfleger seine Zuständigkeit überschreitet.[39] In diesem Fall kann der Erbschein aber nicht als Eintragungsgrundlage im Grundbuchverfahren verwendet werden. Wird der Erb-

23

---

31 Bauer/v. Oefele/Schaub GBO § 35 Rn. 65; Röll MittBayNot 1958, 268.
32 EuGH NJW 2021, 2421 = ZfiR 2021, 579 mAnm Wilsch = ZEV 2021, 581 mAnm Zander = FamRZ 2021, 1480 mAnm Rademacher = Rpfleger 2021, 479 mAnm Lamberz.
33 BeckOK GBO/Hügel/Wilsch GBO § 35 Rn. 39; Wilsch ZEV 2012, 530.
34 EuGH NJW 2021, 2421 = ZfiR 2021, 579 mAnm Wilsch = ZEV 2021, 581 mAnm Zander = FamRZ 2021, 1480 mAnm Rademacher = Rpfleger 2021, 479 mAnm Lamberz.

35 KG NJW-RR 2019, 1413 = ErbR 2019, 696 mAnm Wachter = DNotZ 2020, 120 mAnm Weber = FamRZ 2020, 53 mAnm Rademacher; Dressler-Berlin FGPrax 2019, 193; Bergquist IPRax 2020, 232.
36 Zimmermann JuS 2009, 817.
37 LG Stuttgart BWNotZ 1979, 43.
38 Bauer/v. Oefele/Schaub GBO § 35 Rn. 74; Deubner JuS 1961, 66 (69).
39 MüKoBGB/J. Mayer BGB § 2353 Rn. 57.

schein aber weder vom Richter noch vom Rechtspfleger, sondern von einem anderen Beamten oder Arbeitnehmer des Nachlassgerichts erteilt, ist er nichtig.[40]

24 Die örtliche Zuständigkeit richtet sich nach § 343 FamFG. Ein Verstoß gegen die örtliche Zuständigkeit macht den Erbschein nicht unwirksam.[41]

25 Durch einen ausländischen Erbschein kann der Nachweis der Erbfolge gegenüber dem Grundbuchamt grundsätzlich nicht geführt werden.[42]

26 **d) Äußere Ordnungsgemäßheit.** Das Grundbuchamt prüft, ob der Erbschein bzw. das Europäische Nachlasszeugnis äußerlich ordnungsgemäß ist, dh ob er die Eigenschaften eines Erbscheins aufweist.[43] Maßgeblich dafür ist der Inhalt, nicht die Bezeichnung als Erbschein.[44] Ein Erbschein liegt nicht vor, wenn die Urkunde keinen Zeugnischarakter hat, weil bspw. lediglich Bestimmungen des Testaments wiedergegeben und eine Erbfolge nicht festgestellt wird.[45]

27 **e) Inhalt.** Das Grundbuchamt hat die inhaltliche Richtigkeit des Erbscheins bzw. Europäischen Nachlasszeugnisses nicht zu prüfen, soweit sich das **Erbrecht aus ihm klar und vollständig ergibt**.[46] Im Rahmen der Prüfung auf Klarheit und Vollständigkeit sind folgende Punkte zu beachten:

28 Der Erbschein muss den **gesetzlich vorgesehenen Inhalt** enthalten. Dies sind insbesondere die Namen des Erblassers und der Erben und das Bestehen oder Nichtbestehen einer Beschränkung des Erben. Ist der Erbschein dem Vorerben erteilt, muss nach § 2363 BGB angegeben werden, dass eine Nacherbfolge angeordnet ist, unter welchen Voraussetzungen sie eintritt und wer Nacherbe ist.[47] Wenn Testamentsvollstreckung besteht, ist die Ernennung des Testamentsvollstreckers im Erbschein nach § 2364 BGB anzugeben.[48]

28.1 Nach bisher herrschender Meinung hatten im Europäischen Nachlasszeugnis enthaltene **Vindikationslegate**, gesetzliche Nießbrauchsrechte und dingliche Teilungsanordnungen im deutschen Grundbuchverfahren keine Bedeutung.[49] Nunmehr hat der EuGH jedoch entschieden, dass ein Vindikationslegat auch dort volle Wirksamkeit nach dem Erbstatut entfaltet, wo die Rechtsordnung nur schuldrechtlich wirksame Vermächtnisse kennt.[50] Dem Erbstatut soll danach Vorrang vor dem Sachenrechtsstatut zukommen. Damit entfaltet das Vindikationslegat uneingeschränkte dingliche Wirkung ab dem Erbfall. Vindikationslegate sind in den Rechtsordnungen von Belgien, Frankreich, teilweise Griechenland, Italien, Luxemburg, Polen, Portugal, Rumänien, teilweise Spanien (insbesondere Katalonien) sowie Ungarn enthalten.

Das bedeutet, dass dort, wo ein Vindikationslegat im Europäischen Nachlasszeugnis enthalten ist, eine Auflassung nicht mehr erforderlich ist.[51] Die Vorlage des Europäischen Nachlasszeugnisses genügt zur Grundbuchberichtigung.

---

40 MüKoBGB/J. Mayer GBO § 2353 Rn. 58.
41 Bauer/v. Oefele/Schaub GBO § 35 Rn. 79; BeckOK GBO/Hügel/Wilsch GBO § 35 Rn. 31.
42 OLG Bremen NJW-RR 2011, 1099 = FGPrax 2011, 217 = FamRZ 2011, 1892 = NotBZ 2011, 337 = ZEV 2011, 481.
43 Bauer/v. Oefele/Schaub GBO § 35 Rn. 79; Meikel/Roth GBO § 35 Rn. 65.
44 BayObLGZ 1952, 67.
45 Bauer/v. Oefele/Schaub GBO § 35 Rn. 79; Meikel/Roth GBO § 35 Rn. 65.
46 BayObLGZ 1952, 67; BayObLGZ 1990, 53 = Rpfleger 1990, 363; KG OLGE 5, 430; 9, 333; 11, 255; 21, 346; 40, 156; KGJ 34, 227; 37, 249; 45, 252; OLG Frankfurt Rpfleger 1953, 35; 1979, 106; BayObLG Rpfleger 1989, 184; OLG Frankfurt Rpfleger 1979, 106; BayObLGZ 1990, 51 (53) = NJW-RR 1990, 906; BayObLGZ 1990, 83 (86) = NJW-RR 1990, 844; BayObLG BWNotZ 1991, 142 = MittBayNot 1991, 122; BayObLG Rpfleger 1997, 156 = MittBayNot 1997, 44; Bauer/v. Oefele/Schaub GBO § 35 Rn. 80; Demharter GBO § 35 Rn. 26; Schöner/Stöber GrundbuchR Rn. 784; Meikel/Roth GBO § 35 Rn. 59; Keller/Munzig/Volmer GBO § 35 Rn. 51.
47 Bauer/v. Oefele/Schaub GBO § 35 Rn. 84; Demharter GBO § 35 Rn. 18; Keller/Munzig/Volmer GBO § 35 Rn. 44 ff.
48 Demharter GBO § 35 Rn. 20; Bauer/v. Oefele/Schaub GBO § 35 Rn. 84; Meikel/Roth GBO § 35 Rn. 70.
49 BeckOK GBO/Hügel/Wilsch GBO § 35 Rn. 40.
50 EuGH NJW 2017, 3767 = DNotZ 2018, 41 = ErbR 2018, 84.
51 BeckOK Hügel/Wilsch GBO § 35 Rn. 40b; Dorth ZEV 2018, 11 (13); Wilsch ZfIR 2018, 253 (257).

Gleiches gilt, soweit im Europäischen Nachlasszeugnis ein **Legalnießbrauch** ausgewiesen ist.[52] Auch hier ist eine Bewilligung des Erben nicht mehr erforderlich, der Legalnießbrauch kann im Wege der Grundbuchberichtigung eingetragen werden. Bekannt ist ein Legalnießbrauch in den Rechtsordnungen von Frankreich, Luxemburg, Spanien und Ungarn.

Das selbe soll für **dingliche Teilungsanordnungen** gelten, die in den Rechtsordnungen von Italien und Tschechien bekannt sind.

Voraussetzung für die Eintragung von Vindikationslegat, Legalnießbrauch und dinglicher Teilungsanordnung ist neben dem durch das Europäische Nachlasszeugnis geführten Unrichtigkeitsnachweis stets, dass die sonstigen Voraussetzungen nach der Grundbuchordnung erfüllt sind. So muss das betroffene Grundstück im Europäischen Nachlasszeugnis entsprechend § 28 bezeichnet sein.[53] Sofern das Vindikationslegat an der Immobilie mehreren gemeinschaftlich zusteht, muss das Europäische Nachlasszeugnis auch das Gemeinschaftsverhältnis nach § 47 enthalten.[54]

Die **Größe der Erbteile** ist nach § 2353 BGB im Erbschein anzugeben. Diese wird zwar im Grundbuch nicht eingetragen, das Grundbuchamt muss aber feststellen können, ob das Erbrecht vollständig nachgewiesen ist.[55] Es ist nicht möglich, aufgrund eines oder mehrerer Teilerbscheine einen oder einige von mehreren Erben in das Grundbuch einzutragen, die anderen aber unerwähnt zu lassen.[56]

Das Grundbuchamt hat den Erbschein auf Klarheit und Verständlichkeit zu prüfen. Unklar ist ein Erbschein bspw. dann, wenn in ihm ausgeführt wird, dass eine Person einerseits Erbe sei, sie andererseits auf den 1/10 des Nachlasses ausmachenden Pflichtteil gesetzt sei und im Übrigen festgestellt wird, dass die Anteile der übrigen Erbstämme je 1/5 des Nachlasses nach Abzug des Pflichtteils ausmachten.[57] Unverständlich ist ein Erbschein bspw., wenn in ihm festgestellt wird, dass der überlebende Ehegatte des Erblassers und die vier Kinder des Erblassers zu Erben zu je 1/5 nach dem Erblasser seien, dem überlebenden Ehegatten daneben lebenslänglich das Recht der uneingeschränkten Verwaltung des Nachlasses und der Nießbrauch daran eingeräumt sei.[58] Das Grundbuchamt kann zwar den Erbschein, anders als das diesem zugrunde liegende Testament, auslegen,[59] doch auch dadurch lässt sich nicht eindeutig feststellen, ob die Anordnung des Verwaltungsrechts als Vorausvermächtnis, Anordnung einer Testamentsvollstreckung oder als Vor- und Nacherbschaft anzusehen ist.[60]

Die Auslegung des Erbscheins durch das Grundbuchamt ist nicht unbegrenzt möglich. Das Grundbuchamt ist bspw. nicht berechtigt, die Befreiung eines Vorerben von den gesetzlichen Verfügungsbeschränkungen der §§ 2104, 2213 BGB anzunehmen, wenn sie im Erbschein nicht festgestellt wird. Der betroffene Vorerbe müsste vielmehr beim Nachlassgericht einen neuen Erbschein erwirken, in dem die entsprechenden Befreiungen bezeugt werden.[61]

Das Grundbuchamt kann, wenn ein Erbschein vorgelegt wird, nicht auf die dem Erbschein zugrunde liegende letztwillige Verfügung zurückgreifen. Es ist weder berechtigt noch verpflichtet, Nachlassakten beizuziehen. Andernfalls würde dem Grundbuchamt eine sachliche Prüfung der inhaltlichen Richtigkeit des Erbscheins zukommen, obwohl diese Prüfungskompetenz allein

---

52 OLG Saarbrücken FGPrax 2019, 169.
53 OLG Saarbrücken RNotZ 2020, 45.
54 Wilsch ZFIR 2018, 253 (261).
55 KGJ 34, 227; Bauer/v. Oefele/Schaub GBO § 35 Rn. 85; Keller/Munzig/Volmer GBO § 35 Rn. 39.
56 AG Osterhofen NJW 1955, 467 (468) mAnm Thieme; Bauer/v. Oefele/Schaub GBO § 35 Rn. 85.
57 KG OLGE 21, 346; Bauer/v. Oefele/Schaub GBO § 35 Rn. 86; Meikel/Roth GBO § 35 Rn. 74.
58 KGJ 34, 227; Bauer/v. Oefele/Schaub GBO § 35 Rn. 87; Meikel/Roth GBO § 35 Rn. 75.
59 Meikel/Roth GBO § 35 Rn. 76; Bauer/v. Oefele/ Schaub GBO § 35 Rn. 87; Testamentsauslegung ist Sache des Nachlassgerichts: KGJ 34, 282, 288; OLG München JFG 16, 148; KG JFG 18, 44; OLG Celle NdsRpfleger 1958, 140; BayObLGZ 1990, 82 (86).
60 Bauer/v. Oefele/Schaub GBO § 35 Rn. 87.
61 OLG Dresden OLGE 5, 237, 238; Bauer/v. Oefele/ Schaub GBO § 35 Rn. 38; Meikel/Roth GBO § 35 Rn. 77.

beim Nachlassgericht liegt.[62] Dies gilt selbst dann, wenn das Grundbuchamt zu dem Ergebnis kommen sollte, dass das dem Erbschein zugrunde liegende Testament formnichtig sei.[63] Das Grundbuchamt hat dann jedoch die Pflicht, seine Auffassung dem Nachlassgericht mitzuteilen, das dann den Erbschein einziehen kann.[64]

33 Das Grundbuchamt ist an einen erteilten Erbschein auch gebunden, wenn dieser offensichtlich inhaltlich unrichtig ist. Es hat in diesem Fall dem Nachlassgericht gegenüber seine Bedenken zu äußern und anzuregen, dass der Erbschein eingezogen wird.[65] Eine Bindungswirkung der Entscheidung des Nachlassgerichts für das Grundbuchamt besteht auch, wenn der Erbschein angeblich unter Verstoß gegen eine gefestigte Rechtsauffassung erteilt wurde.[66]

34 Das Grundbuchamt darf den Erbschein nicht mehr als Eintragungsgrundlage verwenden, wenn ihm neue, vom Nachlassgericht offenbar nicht berücksichtigte Tatsachen bekannt geworden sind, die die sachliche Unrichtigkeit des Erbscheins begründen und wenn es annehmen kann, dass das Nachlassgericht deshalb den Erbschein einziehen oder für kraftlos erklären würde.[67]

35 Allein die Tatsache, dass die **Einziehung des Erbscheins beantragt** worden ist, nimmt dem Erbschein noch nicht seine Nachweisfunktion gegenüber dem Grundbuchamt.[68] Liegen aber besondere Umstände vor, die Grund zu der Annahme geben, dass der Erbschein bereits für kraftlos erklärt wurde, kann das Grundbuchamt die Vorlage eines **Negativzeugnisses** mit dem Inhalt, dass eine Kraftloserklärung nicht erfolgt ist, verlangen.[69]

36 Das Grundbuchamt haftet nicht, wenn der Erbschein sich nachträglich als unrichtig erweist und ihm diese Unrichtigkeit vor der Eintragung nicht bekannt geworden ist oder bei gehöriger Aufmerksamkeit hätte bekannt werden müssen.[70]

37 **f) Folgen eines unrichtigen Erbscheins im Grundbuchverfahren.** Wurde eine **Grundbucheintragung** aufgrund eines unrichtigen Erbscheins **vorgenommen**, ist zur Grundbuchberichtigung ein erneutes Zeugnis des Nachlassgerichts oder die Berichtigungsbewilligung der Beteiligten erforderlich.[71] Die Vorlage des Testaments ist nicht ausreichend.[72]

38 Wenn die **Grundbucheintragung noch nicht erfolgt** ist und das Grundbuchamt im Rahmen seiner Prüfung zur der Auffassung gelangt, der vorgelegte Erbschein sei unrichtig, kann es nicht ohne Weiteres den Eintragungsantrag zurückweisen,[73] da nicht sicher ist, ob das Nachlassgericht die Auffassung des Grundbuchamts teilt und durch eine selbstständige Zurückweisung durch das Grundbuchamt die Funktionsteilung zwischen Grundbuchamt und Nachlassgericht unzulässig verschoben würde.[74] Auch eine Zwischenverfügung des Inhalts, die Beteiligten müss-

---

62 OLG München JFG 16, 145; OLG Frankfurt Rpfleger 1979, 106; OLG Celle NdsRpfleger 1958, 140; OLG Frankfurt ZEV 2019, 176; Bauer/v. Oefele/Schaub GBO § 35 Rn. 89; Schöner/Stöber GrundbuchR Rn. 794; Keller/Munzig/Volmer GBO § 35 Rn. 51.
63 KGJ 37, 249, 253; KG JFG 18, 44; Demharter GBO § 35 Rn. 26; Bauer/v. Oefele/Schaub GBO § 35 Rn. 90.
64 Meikel/Roth GBO § 35 Rn. 80; Bauer/v. Oefele/Schaub GBO § 35 Rn. 90; aA LG Berlin JW 1933, 641.
65 Bauer/v. Oefele/Schaub GBO § 35 Rn. 91; Meikel/Roth GBO § 35 Rn. 80; aA LG Berlin JW 1933, 641.
66 LG Bamberg BayJMBl. 1954, 214; BayObLG MittBayNot 1997, 44 (45) = DNotZ 1998, 138 = Rpfleger 1997, 156 = FamRZ 1997, 110; Bauer/v. Oefele/Schaub GBO § 35 Rn. 92; Meikel/Roth GBO § 35 Rn. 81; aA OLG Frankfurt Rpfleger 1953, 35 mAnm Kessler.
67 KGJ 45, 252, 253; OLG München JFG 16, 328; OLG Frankfurt Rpfleger 1979, 106; OLG München JFG 18, 44; BayObLGZ 1990, 86 = Rpfleger 1990, 365; BayObLG MittBayNot 1997, 44 (45) = DNotZ 1998, 138 = Rpfleger 1997, 156 = FamRZ 1997, 110.
68 KG OLGE 40, 156; Bauer/v. Oefele/Schaub GBO § 35 Rn. 96.
69 Bauer/v. Oefele/Schaub GBO § 35 Rn. 95.
70 OLG Frankfurt Rpfleger 1979, 106; Bauer/v. Oefele/Schaub GBO § 35 Rn. 97; Keller/Munzig/Volmer GBO § 35 Rn. 51.
71 Meikel/Roth GBO § 35 Rn. 87; Bauer/v. Oefele/Schaub GBO § 35 Rn. 98.
72 BayObLG Recht 1908 Beilage, 600.
73 Bauer/v. Oefele/Schaub GBO § 35 Rn. 99; aA KG OLGE 6, 75; KGJ 45, 252; OLG Frankfurt Rpfleger 1953, 36.
74 Bauer/v. Oefele/Schaub GBO § 35 Rn. 99; Schöner/Stöber GrundbuchR Rn. 785; Meikel/Roth GBO § 35 Rn. 90.

ten einen neuen Erbschein beibringen, ist nicht möglich.[75] Das Grundbuchamt hat vielmehr die Pflicht, beim Nachlassgericht die Einziehung oder Kraftloserklärung des Erbscheins anzuregen.[76] Wenn aber das Nachlassgericht an seiner Rechtsauffassung festhält, ist das Grundbuchamt daran gebunden.[77]

g) **Beweiskraft des Erbscheins.** Der wirksam ausgestellte Erbschein hat **im Grundbuchverfahren nach § 35 volle Beweiskraft**.[78] Der Erbschein erbringt den vollen Beweis für den Tod des Erblassers, so dass ein weiterer Nachweis, etwa durch Sterbeurkunde, nicht erforderlich ist.[79] Außerdem erbringt der Erbschein den Beweis für das Bestehen des Erbrechts in dem im Erbschein bezeugten Umfang.[80] Weitere Nachweise, etwa dass die Erbschaft angenommen oder nicht ausgeschlagen wurde oder dass der Erbschein nicht für kraftlos erklärt wurde, müssen nicht vorgelegt werden.[81]

Ein Vermerk, wonach der Erbschein nur zur ausschließlichen Verwendung in einem anderen Verfahren gebührenfrei erteilt wird, berührt die Beweiskraft des Erbscheins nicht.[82] Für die Wiedereintragung eines Rückerstattungsberechtigten aufgrund einer Rückerstattungsentscheidung oder eines Rückerstattungsvergleichs ist auch ein Erbschein mit dem Vermerk „Nur für Zwecke der Rückerstattung" verwertbar.[83]

Das Erbrecht eines Nacherben kann mit einem dem Vorerben erteilten Erbschein nicht nachgewiesen werden. Dies gilt auch dann, wenn der Eintritt des Nacherbfalls durch andere öffentliche Urkunden nachgewiesen wird. Durch den dem Vorerben erteilten Erbschein wird nur dessen Erbrecht bezeugt.[84]

3. Öffentliche Verfügung von Todes wegen und Eröffnungsniederschrift. a) Öffentliche Verfügung von Todes wegen. Als in öffentlichen Urkunden enthaltene Verfügungen von Todes wegen kommen **Testamente und Erbverträge** in Betracht. Sie müssen zur **Niederschrift eines Notars oder Konsularbeamten** errichtet worden sein. Ein Erbvertrag kann, anders als ein Testament, auch in einem Prozessvergleich enthalten sein.[85] Ein gerichtlicher Vergleich, der einen Auslegungsvertrag über ein privatschriftliches Testament enthält, kann im Grundbuchverfahren aber wegen des Nachweistypenzwangs nicht als Nachweis verwendet werden.[86] Bei der Beurteilung der Frage, ob die Verfügung in einer öffentlichen Urkunde enthalten ist, ist auf den Urkundenbegriff des § 415 ZPO abzustellen.[87]

Auch **Nottestamente** zur Niederschrift des Bürgermeisters nach §§ 2249, 2250 BGB sind öffentliche Testamente. Nottestamente, die mündlich vor drei Zeugen nach §§ 2250, 2251 BGB errichtet wurden, sind jedoch keine öffentlichen Urkunden. Zu beachten ist § 2252 BGB, wonach Nottestamente unwirksam werden, wenn der Tod des Erblassers nicht innerhalb von drei Monaten nach ihrer Errichtung eintritt.

---

75 KG JFG 18, 42 (44); KGJ 34, 227; KG OLGE 9, 333.
76 KGJ 37, 349; BayObLGZ 1990, 51 (57); Demharter GBO § 35 Rn. 26; Bauer/v. Oefele/Schaub GBO § 35 Rn. 101.
77 Demharter GBO § 35 Rn. 26; Bauer/v. Oefele/Schaub GBO § 35 Rn. 101; Meikel/Roth GBO § 35 Rn. 93.
78 Keller/Munzig/Volmer GBO § 35 Rn. 48; Bauer/v. Oefele/Schaub GBO § 35 Rn. 103; Demharter GBO § 35 Rn. 27; aA Meikel/Roth GBO § 35 Rn. 10.
79 Bauer/v. Oefele/Schaub GBO § 35 Rn. 105; Demharter GBO § 35 Rn. 28; BeckOK GBO/Hügel/Wilsch GBO § 35 Rn. 50; Keller/Munzig/Volmer GBO § 35 Rn. 48.
80 BeckOK GBO/Hügel/Wilsch GBO § 35 Rn. 50; Keller/Munzig/Volmer GBO § 35 Rn. 48.
81 OLG München ZEV 2016, 667; Demharter GBO § 35 Rn. 28; Bauer/v. Oefele/Schaub GBO § 35 Rn. 106; Keller/Munzig/Volmer GBO § 35 Rn. 48; BeckOK GBO/Hügel/Wilsch GBO § 35 Rn. 49.
82 BayObLGZ 1952, 67 (71); BayObLGZ 1983, 180 = BayObLG Rpfleger 1983, 442; OLG Frankfurt Rpfleger 1994, 67 = FamRZ 1994, 179.
83 BayObLGZ 1952, 67 (71).
84 Bauer/v. Oefele/Schaub GBO § 35 Rn. 107.
85 Bauer/v. Oefele/Schaub GBO § 35 Rn. 116.
86 OLG München FamRZ 2013, 1071.
87 KG OLGE 3, 221; Meikel/Roth GBO § 35 Rn. 101.

44 Auch ausländische öffentliche Urkunden können grds. geeignet sein, die Erbfolge iSv § 35 Abs. 1 S. 2 nachzuweisen.[88] Das Grundbuchamt kann die Erbfolge nach dem ausländischen Recht selbst prüfen, es ist jedoch befugt, wegen der besonderen Schwierigkeiten, die mit der Ermittlung der Erbfolge verbunden sind, einen Erbschein zu verlangen.[89]

45 **b) Eröffnungsniederschrift.** Die Eröffnungsniederschrift des Nachlassgerichts ist dem Grundbuchamt zusätzlich zur öffentlichen Verfügung von Todes wegen vorzulegen. Bei gemeinschaftlichen Testamenten und Erbverträgen muss beim Tod des Letztversterbenden auch dann die Verfügung nochmals eröffnet werden, wenn dies nach dem Tod des Erstversterbenden bereits in vollem Umfang geschehen ist.[90] Ein einfacher Stempel auf dem Testament des Inhalts „Testament eröffnet am ..." ist als Eröffnungsniederschrift nicht ausreichend.[91]

46 **c) Form der Unterlagen.** Die Verfügung von Todes wegen und die Eröffnungsniederschrift sind dem Grundbuchamt in beglaubigter Abschrift vorzulegen. Es genügt auch, wenn die Abschrift der letztwilligen Verfügung durch das Nachlassgericht beglaubigt wurde.[92] Eine Verbindung mit Schnur und Siegel zwischen Verfügung von Todes wegen und Eröffnungsniederschrift ist nicht erforderlich.[93]

47 **d) Prüfung des Inhalts der letztwilligen Verfügung durch das Grundbuchamt.** Das Grundbuchamt hat die in einer öffentlichen Urkunde enthaltene Verfügung von Todes wegen nach ihrer **äußeren Form und nach ihrem Inhalt** zu prüfen.[94] Es hat kein Wahlrecht, ob es einen Erbschein verlangen will oder die öffentliche Verfügung von Todes wegen mit Eröffnungsniederschrift als Beweismittel akzeptiert.

48 Öffentliche Verfügung und Eröffnungsniederschrift sind als Eintragungsunterlagen nur dann nicht geeignet, wenn sich für das Grundbuchamt bei der Prüfung der Verfügung **hinsichtlich des behaupteten Erbrechts Zweifel** ergeben, zu deren Aufklärung es weiterer Ermittlungen bzgl. des Willens des Erblassers oder tatsächlicher Verhältnisse bedarf.[95] Das Grundbuchamt ist zu eigenen Ermittlungen über Umstände, die außerhalb der Urkunde liegen, nicht befugt, da § 26 FamFG im Antragsverfahren nicht gilt.[96]

49 Begründen sich Zweifel an der Erbfolge dadurch, dass das Nachlassgericht dem Grundbuchamt mitgeteilt hat, dass nach Testamentseröffnung Nachlasspflegschaft angeordnet wurde, hat das Grundbuchamt einen Erbschein zu verlangen.[97] Hat nach § 7 Abs. 1 S. 1 HöfeO im Geltungsbereich derselben der Erblasser in öffentlicher Verfügung von Todes wegen den Hoferben bestimmt, genügt deren Vorlage mit Eröffnungsniederschrift nicht zum Nachweis der Erbfolge

---

88 KG JFG 17, 343; Bauer/v. Oefele/Schaub GBO § 35 Rn. 120; Böhringer ZEV 2001, 387 ff.
89 BeckOK GBO/Hügel/Wilsch GBO § 35 Rn. 94 f.
90 RGZ 137, 228.
91 Schöner/Stöber GrundbuchR Rn. 786; Bauer/v. Oefele/Schaub GBO § 35 Rn. 124; BeckOK GBO/Hügel/Wilsch GBO § 35 Rn. 101; Böhringer ZEV 2001, 387.
92 KG JW 1938, 1411; Demharter GBO § 35 Rn. 45; Bauer/v. Oefele/Schaub GBO § 35 Rn. 121; Schöner/Stöber GrundbuchR Rn. 786.
93 OLG München FJG 20, 373; BayObLGZ 1974, 1 = NJW 1974, 945; OLG München JFG 23, 299; BayObLG Rpfleger 1987, 59; Bauer/v. Oefele/Schaub GBO § 35 Rn. 122; Demharter GBO § 35 Rn. 45; Westphal Rpfleger 1998, 214 (460); Bayer Rpfleger 1980, 459.
94 KG OLGE 6, 15; 10, 94; BayObLG Rpfleger 1974, 434; OLG Hamm DNotZ 1955, 76; BayObLG Rpfleger 1995, 249; OLG München JFG 22, 184; OLG Hamm DNotZ 1972, 96; OLG Stuttgart Rpfleger 1975, 135; OLG Hamm MDR 1968, 1021; OLG Stuttgart Rpfleger 1992, 154; OLG Hamm NJW 1969, 798; OLG Frankfurt Rpfleger 1978, 412; BayObLG MittBayNot 1981, 188; Meikel/Roth GBO § 35 Rn. 111; Bauer/v. Oefele/Schaub GBO § 35 Rn. 124; Demharter GBO § 35 Rn. 39.
95 OLG München RNotZ 2016, 683; OLG Hamm FamRZ 2014, 1953; OLG München FamRZ 2013, 1253; KG NJW-RR 2012, 847; KG FamRZ 2013, 1073; OLG Hamm MittBayNot 2000, 457 mit abl. Anm. Welskop; BayObLG Rpfleger 2000, 266 = FamRZ 2001, 42; OLG Hamm DNotZ 2001, 394; OLG Köln ZEV 2000, 232 = MittBayNot 2000, 238; Demharter GBO § 35 Rn. 39; Bauer/v. Oefele/Schaub GBO § 35 Rn. 126; Böhringer ZEV 2001, 387 mwN.
96 KG NJW-RR 2012, 847 = FamRZ 2012, 1517 = ZEV 2013, 94 = NotBZ 2012, 221; KG NotBZ 2013, 33; OLG München NotBZ 2013, 70; OLG Naumburg FD-ErbR 2020, 425608; Meikel/Roth GBO § 35 Rn. 110, 111; Bauer/v. Oefele/Schaub GBO § 35 Rn. 138; BeckOK GBO/Hügel/Wilsch GBO § 35 Rn. 113.
97 OLG Frankfurt Rpfleger 1978, 412.

bzgl. des Hofes, wenn nicht ausgeschlossen werden kann, dass der Erblasser zu Lebzeiten bereits eine formlose Hoferbenbestimmung vorgenommen hat.[98]

Das Grundbuchamt kann das Verlangen nach einem Erbschein nicht mit **entfernten, abstrakten Möglichkeiten**, die das aus der öffentlichen Verfügung von Todes wegen hervorgehende Erbrecht nur unter ganz bestimmten Umständen zweifelhaft erscheinen lassen, rechtfertigen.[99] Mit der Behauptung, der Erblasser sei bspw. bei der Errichtung der Verfügung **nicht testierfähig** gewesen oder durch Erbvertrag oder gemeinschaftliches Testament bereits **gebunden gewesen** oder er habe die **Verfügung später wieder aufgehoben**, könnte die Wirksamkeit jeder Verfügung von Todes wegen angezweifelt werden. Solange es keinen besonderen Anlass zu Bedenken dieser Art gibt, hat das Grundbuchamt **vom Regelfall der Wirksamkeit der Verfügung auszugehen**.[100] Allein die Möglichkeit, dass bspw. nach Testamentserrichtung noch weitere anfechtungsberechtigte Abkömmlinge (§ 2079 BGB) des Erblassers geboren sein könnten, genügt nicht, die Beweiskraft der öffentlichen letztwilligen Verfügung zu bezweifeln, es sei denn, die Tatsache, dass der Erblasser weitere nach Testamentserrichtung geborene anfechtungsberechtigte Abkömmlinge hinterlassen hat, ist aktenkundig. Nur dann kann das Grundbuchamt die Vorlage eines Erbscheins verlangen.[101] Behauptungen Dritter, die die Testierfähigkeit des Erblassers in Zweifel ziehen, sind ebenfalls nicht ausreichend. Ein Erbschein kann nur verlangt werden, wenn substantiierte Darlegungen Zweifel an der Testierfähigkeit begründen, da grds. von Testierfähigkeit des Erblassers auszugehen ist.[102] Auch die abstrakte Möglichkeit, der Erblasser könne nach der vorliegenden Verfügung von Todes wegen noch eine weitere errichtet haben, reicht nicht für das Verlangen nach einem Erbschein, auch dann nicht, wenn zwischen dem Zeitpunkt der Testamentserrichtung und dem Erbfall ein längerer Zeitraum liegt.[103] Nur bei Vorliegen konkreter Anhaltspunkte für eine neue Verfügung von Todes wegen kann ein Erbschein verlangt werden.[104]

Auch wenn in einem gemeinschaftlichen Testament oder Erbvertrag dem überlebenden Ehegatten ein **Abänderungsvorbehalt** eingeräumt wurde, kann das Grundbuchamt nur bei konkreten Anhaltspunkten für das Vorliegen einer Abänderung einen Erbschein verlangen. Die abstrakte Möglichkeit, dass der überlebende Ehegatte die Schlusserbeneinsetzung geändert haben könnte, genügt nicht.[105] Nach der Ehescheidung kann aber ein gemeinschaftliches Testament keine ausreichende Eintragungsgrundlage mehr sein, weil § 2268 BGB eine Unwirksamkeitsvermutung enthält. In diesem Fall muss das Grundbuchamt einen Erbschein verlangen.[106] Ein Erbschein ist regelmäßig auch dann zu verlangen, wenn das behauptete Erbrecht von einer Verwirkungsklausel oder Pflichtteilsstrafklausel abhängt.[107]

---

98 OLG Oldenburg Rpfleger 1984, 13.
99 OLG München JFG 22, 184; BayObLG Rpfleger 1983, 104; OLG Hamm JMBlNRW 1963, 180; OLG Stuttgart 1992, 154.
100 OLG München NotBZ 2017, 110; OLG Koblenz NJW-RR 2015, 917; OLG Düsseldorf FGPrax 2018, 252 (253); OLG München MittBayNot 2015, 221 mAnm Roth; Bauer/v. Oefele/Schaub GBO § 35 Rn. 129, 132; Schöner/Stöber GrundbuchR Rn. 788; BeckOK GBO/Hügel/Wilsch GBO § 35 Rn. 124; Böhringer ZEV 2001, 387 ff.
101 KG OLGE 6, 15; KGJ 29, 159; Bauer/v. Oefele/Schaub GBO § 35 Rn. 130.
102 OLG Hamm OLGZ 1969, 301; Meikel/Roth GBO § 35 Rn. 128; Bauer/v. Oefele/Schaub GBO § 35 Rn. 131; weitergehend OLG Celle NJW 1961, 562; Keller/Munzig/Volmer GBO § 35 Rn. 79, wonach das Grundbuchamt nur einen Erbschein verlangen kann, wenn bereits ein erstinstanzliches Urteil vorliegt, das die Nichtigkeit des Testaments wegen mangelnder Testierfähigkeit des Erblassers feststellt.
103 OLG Frankfurt MittBayNot 2000, 184; OLG Hamm JMBlNRW 1963, 180; KG OLGE 23, 344; Bauer/v. Oefele/Schaub GBO § 35 Rn. 132.
104 OLG Frankfurt MittBayNot 2000, 184; Meikel/Roth GBO § 35 Rn. 129.
105 AG Marl MittBayNot 1976, 180; Bauer/v. Oefele/Schaub GBO § 35 Rn. 133; Böhringer ZEV 2001, 387 (389).
106 OLG Frankfurt Rpfleger 1978, 412.
107 OLG Frankfurt Rpfleger 1994, 206; LG Kassel Rpfleger 1993, 397; Böhringer BWNotZ 1988, 155; Bauer/v. Oefele/Schaub GBO § 35 Rn. 134; aA LG Bochum Rpfleger 1992, 194 mAnm Meyer-Stolte; LG Koblenz MittRheinNotK 1995, 67.

52 Auch bei **rechtlichen Schwierigkeiten** kann das Grundbuchamt nicht ohne Weiteres einen Erbschein verlangen, sondern muss das Testament selbstständig rechtlich würdigen.[108]

53 Der Nachweis des behaupteten Erbrechts muss sich aus der vorgelegten Verfügung von Todes wegen ergeben. Eigene weitergehende Ermittlungen darf das Grundbuchamt nicht anstellen.[109] Können Bedenken, die sich bei der Auslegung des Inhalts der letztwilligen Verfügung ergeben, nur durch Feststellung über außerhalb der Verfügung liegende Tatsachen bzgl. des Erblasserwillens oder tatsächlicher Verhältnisse ausgeräumt werden, muss das Grundbuchamt einen Erbschein verlangen.[110] Dies gilt jedoch nicht, wenn der vollständige Nachweis der Erbfolge durch andere öffentliche Urkunden, bspw. Personenstandsurkunden, oder durch offenkundige Tatsachen bewiesen werden kann.[111] Würde das Nachlassgericht nach § 2356 Abs. 2 BGB eine eidesstattliche Versicherung ohne weitere Ermittlungen der Erbscheinserteilung zugrunde legen, kann das Grundbuchamt diese ebenfalls verwerten.[112] Dies gilt bspw. für den Nachweis, dass keine oder keine weiteren als die bekannten Kinder aus der Ehe des Erblassers hervorgegangen sind.[113]

54 Das Grundbuchamt muss die Verfügung von Todes wegen **auslegen**. Dazu hat es die Vorschriften heranzuziehen, die auch das Nachlassgericht der Testamentsauslegung zugrunde legen würde.[114] Eine Auslegung kommt jedoch nur dann in Betracht, wenn sie zu einem **eindeutigen Ergebnis** führt.[115]

55 Die inhaltliche Prüfung der Verfügung von Todes wegen muss ergeben, dass Erben, Nacherben und Ersatznacherben **zweifelsfrei in der Verfügung bezeichnet sind**.[116] Fehlt es daran, weil bspw. die Nacherben nicht namentlich bezeichnet werden, muss das Grundbuchamt einen Erbschein verlangen.[117] Dies gilt aber nicht, wenn auch durch Ermittlungen des Nachlassgerichts die Person der Nacherben nicht genauer als im Testament bezeichnet werden könnte,[118] weil Nacherben bspw. die zur Zeit des Eintritts des Nacherbfalls lebenden Abkömmlinge des Vorerben sein sollen.

56 **e) Zusammentreffen öffentlicher und eigenhändiger Verfügungen des Erblassers.** Liegt neben einer öffentlichen Verfügung von Todes wegen auch ein eigenhändiges Testament des Erblassers vor, muss das Grundbuchamt auch dieses mit den ihm zur Verfügung stehenden Mitteln in eigener Verantwortung prüfen. Vom Grundbuchamt kann aber nur geprüft werden, ob das eigenhändige Testament die in der öffentlichen letztwilligen Verfügung getroffenen Erbeinsetzungen ändert oder widerruft. Eintragungsgrundlage kann nur die öffentliche Verfügung von Todes wegen sein, Bedenken gegen deren Gültigkeit müssen aber nicht zwingend in öffentlich beurkundeter Form ausgeräumt werden.[119] Bei Zusammentreffen von öffentlichem und privatschriftlichem Testament muss kein Erbschein vorgelegt werden, wenn die Erbfolge auch oder ausschließlich auf der öffentlichen letztwilligen Verfügung beruht, wenn durch die öffentliche Verfügung von Todes wegen das privatschriftliche Testament wiederholt oder aufgehoben wor-

---

108 BayObLG Rpfleger 1983, 104; OLG Stuttgart Rpfleger 1975, 135; BayObLGZ 89, 8, 9; Bauer/v. Oefele/Schaub GBO § 35 Rn. 135; Demharter GBO § 35 Rn. 39.
109 KG OLGE 44, 88; BayObLG Rpfleger 1983, 104.
110 KG OLGE 37, 255; Bauer/v. Oefele/Schaub GBO § 35 Rn. 137; Meikel/Roth GBO § 35 Rn. 111.
111 KG JFG 11, 195, 197; 20, 217; Bauer/v. Oefele/Schaub GBO § 35 Rn. 138; aA Meikel/Roth GBO § 35 Rn. 137ff.
112 BayObLG Rpfleger 2000, 451; OLG Frankfurt OLGZ 1981, 30; OLG Zweibrücken DNotZ 1986, 240.
113 BayObLGZ 2000, 167 = DNotZ 2011, 385; BayObLG Rpfleger 2003, 353; OLG Schleswig Rpfleger 1999, 533 = MittBayNot 2000, 114; LG Bochum Rpfleger 1992, 194 mAnm Meyer-Stolte; Peißinger Rpfleger 1992, 427.
114 KG DNotV 1930, 479; OLG Stuttgart Rpfleger 1992, 154 mAnm Peißinger Rpfleger 1992, 427; OLG Stuttgart Rpfleger 1995, 330; LG Darmstadt MDR 1959, 48; Bauer/v. Oefele/Schaub GBO § 35 Rn. 144; Meikel/Roth GBO § 35 Rn. 112.
115 Bauer/v. Oefele/Schaub GBO § 35 Rn. 144; Demharter GBO § 35 Rn. 42.
116 OLG Dresden JFG 7, 269.
117 OLG Köln MittRheinNotK 1988, 44; OLG Frankfurt Rpfleger 1978, 412.
118 Bauer/v. Oefele/Schaub GBO § 35 Rn. 147; Meikel/Roth GBO § 35 Rn. 134; Schöner/Stöber GrundbuchR Rn. 790.
119 BayObLG Rpfleger 2000, 266; KG JFG 18, 332; Bauer/v. Oefele/Schaub GBO § 35 Rn. 156.

den ist, wenn das privatschriftliche Testament unwirksam ist oder die Erbfolge aus anderen Gründen nicht auf dem privatschriftlichen Testament beruht oder wenn die in der öffentlichen Verfügung enthaltene Erbeinsetzung in einem späteren privatschriftlichen Testament bestätigt oder wiederholt wird.[120] Wenn aber die Erbeinsetzung nur im privatschriftlichen Testament enthalten ist und ohne Inhaltswiederholung im öffentlichen Testament bestätigt wird, ist die Vorlage eines Erbscheins erforderlich.[121]

f) **Bindung des Grundbuchamts an Parteien, Nachlassgericht und eigene Entscheidungen.** Kommt das Grundbuchamt bei der Auslegung einer öffentlichen Verfügung von Todes wegen zu einer Rechtsauffassung, die von der des Antragstellers abweicht, kann es nicht auf Grundlage der letztwilligen Verfügung eintragen und muss einen Erbschein verlangen.[122]

Auch wenn dem Grundbuchamt bekannt ist, dass das Nachlassgericht zu einer anderen Rechtsauffassung gekommen ist, muss ein Erbschein verlangt werden.[123]

Wurde die vorliegende letztwillige Verfügung vom Grundbuchamt bereits ausgelegt und als Eintragungsgrundlage verwendet, ist das Grundbuchamt an das Ergebnis seiner einmal vorgenommenen Auslegung gebunden.[124]

g) **Verhältnis zwischen Erbschein und öffentlicher Verfügung von Todes wegen.** Werden dem Grundbuchamt sowohl ein Erbschein als auch eine öffentliche Verfügung von Todes wegen mit Eröffnungsniederschrift vorgelegt, hat der Erbschein als Eintragungsgrundlage Vorrang. Das Grundbuchamt hat die letztwillige Verfügung nicht mehr zu beachten.[125]

h) **Beweiskraft der Verfügung von Todes wegen.** Öffentliche Verfügung von Todes wegen mit Eröffnungsniederschrift beweisen das sich aus der Prüfung der Verfügung ergebende Erbrecht und den Tod des Erblassers. Ein weiterer Todesnachweis, etwa durch Sterbeurkunde, muss nicht erbracht werden. Auch ein Zeugnis des Nachlassgerichts über das Nichtvorhandensein weiterer Verfügungen von Todes wegen oder ein Nachweis der Annahme oder Nichtausschlagung der Erbschaft müssen nicht vorgelegt werden.[126]

4. Bezugnahme auf Nachlassakten desselben Amtsgerichts. Die Vorlage von Erbschein oder öffentlicher Verfügung von Todes wegen mit Eröffnungsniederschrift kann durch Bezugnahme auf die Nachlassakten desselben Amtsgerichts ersetzt werden, soweit sich in dieser Akte die entsprechenden Eintragungsunterlagen befinden.[127] Eine Bezugnahme auf Nachlassakten anderer Amtsgerichte ist nicht möglich.[128]

5. Ausnahmen von der Nachweispflicht. a) Geringwertiges Grundstück. Wenn das Grundstück oder der betreffende Anteil daran **weniger als 3.000 EUR wert** ist, kann das Grundbuchamt nach § 35 Abs. 3 ausnahmsweise andere, nicht der Form des § 29 entsprechende Beweismittel als Eintragungsgrundlage akzeptieren, wenn der Erbschein nur mit unverhältnismäßigem Aufwand an Kosten oder Mühe beschafft werden kann.

Dem Begriff des Grundstücks iSv § 35 Abs. 3 stehen grundstücksgleiche Rechte wie Erbbaurechte gleich.[129] Nicht unter die Vorschrift fallen aber Rechte an Grundstücken wie Grund-

---

120 OLG Oldenburg Rpfleger 1974, 434.
121 BayObLG Rpfleger 1983, 18.
122 OLG Stuttgart Rpfleger 1975, 135; OLG Düsseldorf NJOZ 2012, 1531; Bauer/v. Oefele/Schaub GBO § 35 Rn. 166.
123 Bauer/v. Oefele/Schaub GBO § 35 Rn. 167.
124 BayObLG Rpfleger 1982, 467; KG JW 1934, 2931; Bauer/v. Oefele/Schaub GBO § 35 Rn. 169; Demharter GBO § 35 Rn. 43.
125 KG RJA 10, 641; Bauer/v. Oefele/Schaub GBO § 35 Rn. 90, 170; Meikel/Roth GBO § 35 Rn. 148; BeckOK GBO/Hügel/Wilsch GBO § 35 Rn. 24.
126 LG Amberg Rpfleger 1991, 451; Bauer/v. Oefele/Schaub GBO § 35 Rn. 171; Demharter GBO § 35 Rn. 46.
127 BayObLGZ 1960, 501 = Rpfleger 1991, 437; KG Rpfleger 1981, 497; LG Freiburg BWNotZ 2004, 143; BeckOK GBO/Hügel/Otto GBO § 29 Rn. 197.
128 OLG München ZEV 2016, 532.
129 Keller/Munzig/Volmer GBO § 35 Rn. 8; Bauer/v. Oefele/Schaub GBO § 35 Rn. 33; Meikel/Roth GBO § 35 Rn. 32.

pfandrechte. Eigentümer iSd Vorschrift sind auch Gesamthandseigentümer. Unter Miteigentümer fallen auch Wohnungs- und Teileigentümer nach § 1 Abs. 2, Abs. 3 WEG.

65 Der Nachweis, dass das Grundstück weniger als 3.000 EUR wert ist, muss nicht in Form des § 29 geführt werden. Möglich sind auch Sachverständigengutachten oder Auskünfte des Gutachterausschusses.[130]

66 Ob der Erbschein nur mit **unverhältnismäßigem Aufwand an Mühe und Kosten** zu beschaffen ist, ist subjektiv unter Betrachtung des Einzelfalls, insbesondere unter Berücksichtigung der persönlichen Verhältnisse der Beteiligten zu beurteilen. Neben den Kosten der Erbscheinserteilung selbst sind auch die Kosten für die Beschaffung der dazu erforderlichen Unterlagen zu berücksichtigen. Ist zur Abwicklung des Nachlasses ohnehin ein Erbschein erforderlich, kann § 35 Abs. 3 nicht angewendet werden.[131]

67 Andere Beweismittel, durch die die Erbfolge im Fall des § 35 Abs. 3 nachgewiesen werden kann, können ausdrücklich zugelassene eidesstattliche Versicherungen des Antragstellers, privatschriftliche Testamente oder schriftliche und glaubwürdige Äußerungen der Beteiligten sein.[132]

68 **b) Löschung umgestellter Grundpfandrechte und Reallasten.** Bei der Löschung umgestellter Hypotheken oder Grundschulden, deren Geldbetrag 3.000 EUR (entspricht im Gebiet der alten Bundesländer weniger als 50.000 RM, GM, im Gebiet der neuen Bundesländer weniger als 10.000 RM, GM, Mark der DDR) nicht übersteigt und zur Löschung umgestellter Rentenschulden und Reallasten, deren Jahresleistung 15 EUR nicht übersteigt, kann das Grundbuchamt nach §§ 18, 19 GBMaßnG auch andere, nicht der Form des § 29 entsprechende Beweismitteln als Eintragungsgrundlage akzeptieren, wenn die Beschaffung des Erbscheins oder der Zeugnisse nur mit unverhältnismäßigem Aufwand an Kosten oder Mühe möglich ist.[133] Es gilt iÜ das zu → Rn. 66 f. Ausgeführte.

69 **c) Überweisungszeugnisse.** Die Erbfolge kann auch durch Überweisungszeugnis gem. §§ 36, 37 nachgewiesen werden. Die Vorlage eines Erbscheins oder einer öffentlichen Verfügung von Todes wegen mit Eröffnungsniederschrift ist dann nicht erforderlich. Wenn das Überweisungszeugnis aber erteilt worden ist, obwohl die Erbengemeinschaft bzgl. des Nachlassgrundstücks nicht aufgelöst werden soll, kann mit dem Überweisungszeugnis auch nicht die darin festgestellte Erbfolge nachgewiesen werden.[134]

70 **d) Vollmacht.** Wenn ein Bevollmächtigter aufgrund einer **über den Tod hinaus vom Erblasser erteilten Vollmacht** ein Grundstück oder Grundstücksrecht veräußert, muss die Erbfolge nicht nachgewiesen werden.[135] (Zum Fall, dass der Verfügende Erbe des Vollmachtgebers ist, → § 19 Rn. 56). Soll (oder muss wegen § 39) aber im Wege der Grundbuchberichtigung die Erbfolge eingetragen werden, muss gleichwohl ein Nachweis darüber in Form eines Erbscheins oder einer öffentlichen Verfügung von Todes wegen mit Eröffnungsniederschrift erbracht werden. Die Berichtigungsbewilligung des über den Tod hinaus Bevollmächtigten ist dazu nicht ausreichend.[136]

71 **e) Offenkundigkeit.** Die Erbfolge muss nicht nachgewiesen werden, wenn sie dem Grundbuchamt offenkundig ist.[137] Dies ergibt sich daraus, dass § 35 Abs. 1 S. 1 eine Spezialvorschrift zu § 29 ist, diesen aber nicht verdrängt, so dass auch beim Nachweis der Erbfolge § 29 Abs. 1 S. 2

---

130 Bauer/v. Oefele/Schaub GBO § 35 Rn. 34.
131 Meikel/Roth GBO § 35 Rn. 31; Bauer/v. Oefele/Schaub GBO § 35 Rn. 35.
132 Bauer/v. Oefele/Schaub GBO § 35 Rn. 36.
133 OLG Saarbrücken ZEV 2020, 651.
134 KG HRR 1939, 1363.
135 KG JFG 12, 276; Bauer/v. Oefele/Schaub GBO § 35 Rn. 47; Demharter GBO § 35 Rn. 9.
136 BayObLG Rpfleger 1994, 410 (412); LG Heidelberg NJW 1973, 1088; Meikel/Roth GBO § 35 Rn. 27; Bauer/v. Oefele/Schaub GBO § 35 Rn. 48.
137 BayObLGZ 1097, 414 (417); Bauer/v. Oefele/Schaub GBO § 35 Rn. 42; Demharter GBO § 35 Rn. 8; offengelassen: BGHZ 84, 196 (199) = NJW 1982, 2994; BayObLG NJW-RR 1989, 585 (586).

gilt.[138] Offenkundig idS sind die allen lebenserfahrenen Menschen ohne Weiteres bekannten Tatsachen und die dem Grundbuchamt zweifelsfrei bekannten Tatsachen. Dabei ist ohne Belang, ob die Kenntnis dienstlich oder außerdienstlich erlangt wurde.[139]

II. Fortgesetzte Gütergemeinschaft

1. Begriff der fortgesetzten Gütergemeinschaft. Ehegatten können, wenn sie durch Ehevertrag Gütergemeinschaft vereinbart haben, durch Ehevertrag die Fortsetzung der Gütergemeinschaft nach dem Tod eines Ehegatten vereinbaren, § 1483 Abs. 1 S. 1 BGB. Die Gütergemeinschaft wird dann zwischen dem überlebenden Ehegatten und den gemeinschaftlichen Abkömmlingen der Ehegatten fortgesetzt, § 1483 Abs. 1 S. 2 BGB. Für alleinige Abkömmlinge des verstorbenen Ehegatten ist § 1483 Abs. 2 BGB zu beachten. Der Anteil des verstorbenen Ehegatten am Gesamtgut gehört gem. § 1483 Abs. 1 S. 3 BGB nicht zum Nachlass. Die übrigen Vermögenswerte des Erblassers unterliegen der Erbfolge nach allgemeinen Vorschriften.

Ist vor dem 1.7.1958 allgemeine Gütergemeinschaft vereinbart worden, galt ihre Fortsetzung nach dem Tod eines Ehegatten als vereinbart, wenn die Ehegatten die Fortsetzung nicht ausgeschlossen hatten, Art. 8 I Nr. 6 Abs. 1 GleichberG vom 18.6.1957 (BGBl. I 609).

Ist vor dem 1.7.1958 Errungenschafts- oder Fahrnisgemeinschaft vereinbart worden, bleiben dafür grds. die vor dem 1.7.1953 geltenden Vorschriften maßgebend. Danach wird eine Errungenschaftsgemeinschaft niemals, eine Fahrnisgemeinschaft nur bei ausdrücklicher ehevertraglicher Vereinbarung fortgesetzt, Art. 8 I Nr. 7 GleichberG iVm §§ 1846, 1757 BGB aF.[140]

2. Nachweis der fortgesetzten Gütergemeinschaft. Die fortgesetzte Gütergemeinschaft ist grds. durch ein **Zeugnis nach § 1507 BGB** nachzuweisen. Dabei handelt es sich nicht, wie der Wortlaut des § 35 Abs. 2 vermuten lässt, um ein Zeugnis über das Bestehen der fortgesetzten Gütergemeinschaft, sondern um ein Zeugnis darüber, wer Rechtsnachfolger bzgl. des bisherigen Gesamtguts ist.[141] Das Zeugnis ist daher auch dann zu erteilen, wenn die fortgesetzte Gütergemeinschaft nach dem Tod des längerlebenden Ehegatten nicht mehr besteht und vor Auseinandersetzung über einen zum Gesamtgut gehörenden Gegenstand verfügt werden soll.[142]

3. Form und Inhalt des Zeugnisses. Zu Form und Inhalt des Zeugnisses über die fortgesetzte Gütergemeinschaft gilt das unter → Rn. 19 ff. zum Erbschein Ausgeführte entsprechend. Besonderheiten ergeben sich dadurch, dass das Zeugnis über die fortgesetzte Gütergemeinschaft anders als der Erbschein kein Zeugnis über das Erbrecht bestimmter Personen ist, sondern ein Zeugnis über die Erbfolge in eine bestimmte Vermögensmasse. Anzugeben sind im Zeugnis insbesondere die Namen des verstorbenen und des überlebenden Ehegatten und die Namen der Abkömmlinge, nicht aber die Größe der Anteile. Sind neben gemeinschaftlichen Abkömmlingen der Ehegatten auch einseitige Abkömmlinge vorhanden, muss im Zeugnis der Bruchteil des Gesamtguts bezeichnet werden, der Gesamtgut der fortgesetzten Gütergemeinschaft geworden ist.[143]

4. Nachweis des Nichteintritts der fortgesetzten Gütergemeinschaft. Ein Zeugnis darüber, dass die fortgesetzte Gütergemeinschaft nicht eingetreten ist, ist möglich.[144] Der Nichteintritt kann aber auch durch andere öffentliche Urkunden, insbesondere durch Vorlage öffentlicher Testa-

---

138 Bauer/v. Oefele/Schaub GBO § 35 Rn. 42; Demharter GBO § 35 Rn. 8; aA Meikel/Roth GBO § 35 Rn. 20.
139 Schöner/Stöber GrundbuchR Rn. 158; Bauer/v. Oefele/Schaub GBO § 35 Rn. 43.
140 Bauer/v. Oefele/Schaub GBO § 35 Rn. 174; Demharter GBO § 35 Rn. 48.
141 KGJ 41, 54; Meikel/Roth GBO § 35 Rn. 151; Bauer/v. Oefele/Schaub GBO § 35 Rn. 176; Keller/Munzig/Volmer GBO § 35 Rn. 111 ff.
142 KGJ 41, 52 (54); KG JFG 12, 198 (199); BayObLGZ 1954, 79; Bauer/v. Oefele/Schaub GBO § 35 Rn. 177; Keller/Munzig/Volmer GBO § 35 Rn. 111.
143 KGJ 34, 231; KG DNotZ 1934, 616; BGHZ 63, 40; Bauer/v. Oefele/Schaub GBO § 35 Rn. 181; Demharter GBO § 35 Rn. 50; Meikel/Roth GBO § 35 Rn. 154.
144 KGJ 40, 250, KGJ 45, 246.

mente oder Erbverträge, in denen sich die Ehegatten gegenseitig zu Alleinerben einsetzen, ohne dass diese Einsetzung auf das Vorbehalts- oder Sondergut beschränkt ist, nachgewiesen werden.[145] Der Nachweis, dass fortgesetzte Gütergemeinschaft nicht vereinbart wurde, kann auch durch Vorlage einer eidesstattlichen Versicherung in Form des § 29 erbracht werden.[146]

78 **5. Beweiskraft des Zeugnisses.** Das Zeugnis erbringt den vollen Beweis für den Übergang des Gesamtguts auf die in ihm genannten Personen. Ist das Zeugnis nicht auf einen Bruchteil des ehelichen Gesamtguts beschränkt, so ist damit auch bewiesen, dass einseitige Abkömmlinge nicht vorhanden sind.[147] Steht aber fest, dass auch einseitige Abkömmlinge vorhanden sind, muss durch einen Erbschein oder durch eine in öffentlicher Urkunde enthaltene Verfügung von Todes wegen nachgewiesen werden, dass ein Erbrecht der Kinder, zB aus früherer Ehe, nicht besteht.[148] Nicht bewiesen wird, dass ein Grundstück oder Grundstücksrecht zum Gesamtgut der Gütergemeinschaft gehört.[149] Dies muss dann nicht gesondert nachgewiesen werden, wenn sich die Gesamtguteigenschaft bereits aus dem Grundbuch ergibt.[150]

79 **6. Ausnahmen von der Nachweispflicht.** Ein Zeugnis über die fortgesetzte Gütergemeinschaft muss nicht vorgelegt werden, wenn ein Überweisungszeugnis, §§ 36, 37, oder ein Fall des § 35 Abs. 3 oder der §§ 18, 19 GBMaßnG vorliegt. Es gilt das in → Rn. 63 ff. Ausgeführte entsprechend.

III. Nachweis der Verfügungsbefugnis eines Testamentsvollstreckers

80 **1. Allgemeines.** Verfügt ein Testamentsvollstrecker über ein Grundstück oder Grundstücksrecht, ist dem Grundbuchamt gegenüber seine Verfügungsbefugnis nachzuweisen. Der Testamentsvollstrecker ist nicht Vertreter des Erben, sondern übt sein Amt zu eigenem Recht, aber in fremdem Interesse aus.[151] Das Amt des Testamentsvollstreckers beginnt erst mit dessen Annahme, die erst nach Eintritt des Erbfalls zulässig ist und durch formlose Erklärung gegenüber dem Nachlassgericht erfolgt, § 2202 BGB. Sowohl die Annahme als auch die Ablehnung des Amtes sind unwiderruflich.[152] Vor Annahme des Amtes sind weder der Testamentsvollstrecker noch der oder die Erben über den Nachlass verfügungsbefugt. Mehrere Testamentsvollstrecker führen das Amt nach § 2224 BGB grundsätzlich gemeinschaftlich. Wegen Einzelfragen zur Verfügungsbefugnis des Testamentsvollstreckers → § 52 Rn. 6 ff., 22 ff.

81 Die Verfügungsbefugnis des Testamentsvollstreckers kann dem Grundbuchamt durch **Testamentsvollstreckerzeugnis, Europäisches Nachlasszeugnis** oder, wenn sich die Stellung des Testamentsvollstreckers aus einer in öffentlicher Urkunde enthaltenen Verfügung von Todes wegen ergibt, durch Vorlage der **Verfügung und der Eröffnungsniederschrift** nachgewiesen werden. Nicht ausreichend ist die Eintragung des Testamentsvollstreckers im Grundbuch nach § 52. Dies folgt zum einen aus dem Wortlaut und Sinn des § 35 Abs. 2, zum anderen aus der Zielsetzung des § 52, der nur Verfügungen des Erben verhindern will.[153]

82 **2. Testamentsvollstreckerzeugnis. a) Begriff.** Die Verfügungsbefugnis des Testamentsvollstreckers ist grundsätzlich durch Testamentsvollstreckerzeugnis, § 2368 BGB, nachzuweisen. Auf dieses Zeugnis sind die Vorschriften über den Erbschein sinngemäß anzuwenden. Es hat zu bescheinigen, dass eine bestimmte Person Testamentsvollstrecker ist.

---

145 OLG Frankfurt Rpfleger 1978, OLG Posen DFG 1944, 21; 412; LG Marburg Rpfleger 2000, 70.
146 BayObLG NJW-RR 2003, 736 = MittBayNot 2003, 489 mAnm Trautner; Meikel/Roth GBO § 35 Rn. 152; Bauer/v. Oefele/Schaub GBO § 35 Rn. 178.
147 Meikel/Roth GBO § 35 Rn. 159; Bauer/v. Oefele/Schaub GBO § 35 Rn. 186.
148 KG HRR 1933 Nr. 763.
149 Bauer/v. Oefele/Schaub GBO § 35 Rn. 187; Demharter GBO § 35 Rn. 54.
150 Meikel/Roth GBO § 35 Rn. 159; Bauer/v. Oefele/Schaub GBO § 35 Rn. 187.
151 KGJ 41, 80; RGZ 138, 136; BGH NJW 1954, 1036; Demharter GBO § 35 Rn. 55.
152 KG OLGE 11, 242.
153 BayObLG Rpfleger 1999, 25 = NJW-RR 1999, 1463 = MittBayNot 1999, 82 = FamRZ 1999, 474; Meikel/Roth GBO § 35 Rn. 163; Schöner/Stöber GrundbuchR Rn. 3462 BeckOK GBO/Hügel/Wilsch GBO § 35 Rn. 139.

b) **Form.** Das Testamentsvollstreckerzeugnis ist dem Grundbuchamt in Urschrift oder Ausfertigung vorzulegen.[154] Es gilt das zur Form des Erbscheins in → Rn. 19 Ausgeführte sinngemäß.

c) **Inhalt.** Das Testamentsvollstreckerzeugnis bescheinigt, dass eine bestimmte Person Testamentsvollstrecker ist. Es muss die Namen des Erblassers und des Testamentsvollstreckers und ggf. Abweichungen von der gesetzlichen Verfügungsbefugnis enthalten.[155] Verwaltungsanordnungen, die nur im Innenverhältnis wirksam sind, hat das Zeugnis nicht zu enthalten.[156] Es kann nach § 2369 BGB gegenständlich beschränkt sein oder sich auf einen Bruchteil des Nachlasses beziehen.[157]

d) **Prüfung durch das Grundbuchamt.** Es gilt das in → Rn. 19 ff. zum Erbschein Ausgeführte sinngemäß. Nach § 3 Nr. 2c iVm § 16 Abs. 1 Nr. 6 RPflG ist aber vorbehaltlich einer Einschränkung des Richtervorbehalts nach § 19 RPflG der Richter für die Erteilung des Testamentsvollstreckerzeugnisses zuständig. § 18 Abs. 2 S. 1 HöfeO ist auf die Erteilung des Testamentsvollstreckerzeugnisses nicht anwendbar.[158]

Liegt dem Grundbuchamt ein Testamentsvollstreckerzeugnis vor, so muss es mangels anderer Anhaltspunkte vom Fortbestand des Amtes des Testamentsvollstreckers ausgehen, auch wenn das Testamentsvollstreckerzeugnis nach § 2368 Abs. 3 BGB ohne Weiteres kraftlos wird.[159]

e) **Beweiskraft des Zeugnisses.** Verfahrensrechtlich begründet nach § 35 das Testamentsvollstreckerzeugnis den vollen Beweis dafür, dass die in ihm genannte Person zum Testamentsvollstrecker ernannt wurde und das Amt angenommen hat. Eine Befreiung des Testamentsvollstreckers von den Beschränkungen des § 181 BGB kann durch das Testamentsvollstreckerzeugnis nicht nachgewiesen werden.[160]

3. Öffentliche Verfügung von Todes wegen und Eröffnungsniederschrift. Es gilt das in → Rn. 42 ff. zum Nachweis der Erbfolge durch öffentliche Verfügung von Todes wegen mit Eröffnungsniederschrift Ausgeführte entsprechend. Allerdings muss dem Grundbuchamt zusätzlich noch die Annahme des Amtes nachgewiesen werden.[161] Dies kann durch Zeugnis des Nachlassgerichts über die Annahme oder durch die Niederschrift über die Annahmeerklärung erfolgen.[162] Eine privatschriftliche Annahmeerklärung reicht nicht aus.[163]

Wurde der Testamentsvollstrecker in der Verfügung von Todes wegen nur mittelbar bestimmt, §§ 2198 bis 2200 BGB, muss dem Grundbuchamt die Bestimmung des Dritten oder die rechtskräftige Ernennung durch das Nachlassgericht in Form des § 29 nachgewiesen werden.

4. Bezugnahme auf Akten desselben Amtsgerichts. Die Vorlage von Nachweisen zur Verfügungsbefugnis des Testamentsvollstreckers kann durch Bezugnahme auf Nachlassakten desselben Amtsgerichts ersetzt werden, sofern die Akte die entsprechenden Nachweise enthält.

---

154 OLG Hamm ZEV 2016, 640; BayObLGZ 1990, 87; Meikel/Roth GBO § 35 Rn. 166; Demharter GBO § 35 Rn. 60; Schöner/Stöber GrundbuchR Rn. 3462; aA LG Köln Rpfleger 1977, 29; Haegele Rpfleger 1967, 33 (40).
155 KGJ 31, 97; RG HRR 1933 Nr. 138; BayObLG Rpfleger 1999, 25 = NJW-RR 1999, 1463 = MittBayNot 1999, 82 = FamRZ 1999, 474.
156 BayObLG Rpfleger 1999, 25 = NJW-RR 1999, 1463 = MittBayNot 1999, 82 = FamRZ 1999, 474.
157 KG KGJ 36, 112; Demharter GBO § 35 Rn. 59.
158 BGH Rpfleger 1972, 215; OLG Oldenburg RdL 1953, 281.
159 OLG München NJW 1951, 74; BayObLGZ 1953, 361; Demharter GBO § 35 Rn. 61; Meikel/Roth GBO § 35 Rn. 168.
160 OLG Köln FGPrax 2013, 105.
161 KG RJA 4, 265; KG OLGE 14, 316; KG KGJ 38, 136; OLG München HRR 1938 Nr. 1018; Meikel/Roth GBO § 35 Rn. 173; Demharter GBO § 35 Rn. 63; Schaub ZEV 1995, 361.
162 KGJ 28, 283; KGJ 38, 136; OLG München JFG 17, 284; Demharter GBO § 35 Rn. 63.
163 OLG München ZEV 2016, 439.

§ 36 GBO [Auseinandersetzung eines Nachlasses oder Gesamtgutes]

(1) ¹Soll bei einem zum Nachlass oder zu dem Gesamtgut einer Gütergemeinschaft gehörenden Grundstück oder Erbbaurecht einer der Beteiligten als Eigentümer oder Erbbauberechtigter eingetragen werden, so genügt zum Nachweis der Rechtsnachfolge und der zur Eintragung des Eigentumsübergangs erforderlichen Erklärungen der Beteiligten ein gerichtliches Zeugnis. ²Das Zeugnis erteilt

1. das Nachlassgericht, wenn das Grundstück oder das Erbbaurecht zu einem Nachlass gehört,
2. das nach § 343 des Gesetzes über das Verfahren in Familiensachen und in den Angelegenheiten der freiwilligen Gerichtsbarkeit zuständige Amtsgericht, wenn ein Anteil an dem Gesamtgut zu einem Nachlass gehört, und
3. im Übrigen das nach § 122 des Gesetzes über das Verfahren in Familiensachen und in den Angelegenheiten der freiwilligen Gerichtsbarkeit zuständige Amtsgericht.

(2) Das Zeugnis darf nur ausgestellt werden, wenn:

a) die Voraussetzungen für die Erteilung eines Erbscheins vorliegen oder der Nachweis der Gütergemeinschaft durch öffentliche Urkunden erbracht ist und
b) die Abgabe der Erklärungen der Beteiligten in einer den Vorschriften der Grundbuchordnung entsprechenden Weise dem nach Absatz 1 Satz 2 zuständigen Gericht nachgewiesen ist.

(2a) Ist ein Erbschein über das Erbrecht sämtlicher Erben oder ein Zeugnis über die Fortsetzung der Gütergemeinschaft erteilt, so ist auch der Notar, der die Auseinandersetzung vermittelt hat, für die Erteilung des Zeugnisses nach Absatz 1 Satz 1 zuständig.

(3) Die Vorschriften über die Zuständigkeit zur Entgegennahme der Auflassung bleiben unberührt.

A.	Allgemeines	1	II. Überweisungszeugnis	13
B.	Regelungsgehalt	3	1. Voraussetzungen der Erteilung	13
	I. Voraussetzungen	3	a) Zuständigkeit	13
	1. Grundstück oder Erbbaurecht	3	b) Voraussetzungen des Zeugnisses nach § 36 Abs. 2	16
	2. Zugehörigkeit zum Nachlass oder Gesamtgut	4	2. Inhalt	19
	3. Umschreibung auf einen Beteiligten	7	3. Form	20
	a) Umschreibung	7	4. Beweiskraft	22
	b) Beteiligte	8	C. Weitere praktische Hinweise	23
	4. Weitere Voraussetzungen der Eintragung	12		

A. Allgemeines

1 Die Vorschrift eröffnet die Möglichkeit, für den Fall einer Erbauseinandersetzung auf den nach § 35 grundsätzlich erforderlichen Erbschein zu verzichten und stattdessen den Nachweis der Erbfolge und der Auflassung durch ein **Überweisungszeugnis** zu führen. Bezweckt wird durch die Vorschrift die Erleichterung und Förderung der Auseinandersetzung von Erbengemeinschaften, ehelichen und fortgesetzten Gütergemeinschaften.[1] § 36 erleichtert die Arbeit des Grundbuchamts, das bei Vorlage eines Überweisungszeugnisses weder die Erbfolge bzw. sonstige Rechtsnachfolge noch die nötigen Erklärungen zu prüfen hat. Die Beteiligten selbst müssen dennoch alle notwendigen Erklärungen gegenüber dem Nachlassgericht nachweisen. Die Vorschrift **verlagert somit die Prüfungszuständigkeit** vom Grundbuchamt auf das Nachlassgericht.[2]

---

1 KG DNotZ 1940, 411; BayObLGZ 1986, 211 = Rpfleger 1986, 470 = MittBayNot 1986, 266; Keller/Munzig/Volmer GBO § 36 Rn. 1; Bauer/v. Oefele/Schaub GBO § 36 Rn. 1.

2 Bauer/v. Oefele/Schaub GBO § 36 Rn. 2; Meikel/Roth GBO § 36 Rn. 1.

Ob ein Überweisungszeugnis vorgelegt wird, steht zur **Disposition der Beteiligten**. Das Grundbuchamt darf die Vorlage nicht verlangen, um sich die Arbeit zu erleichtern.[3]

Die Vorschrift ist auch anwendbar, wenn bei einer eingetragenen Erbengemeinschaft durch den Tod eines Miterben eine weitere Erbengemeinschaft entsteht und diese in der Weise auseinandergesetzt werden soll, dass an die Stelle der **Untererbengemeinschaft** ein einzelner Beteiligter als Berechtigter tritt. Es steht nicht entgegen, dass die ursprüngliche Erbengemeinschaft weiterhin eingetragen bleibt.[4] § 36 ist auch anwendbar, wenn die Auseinandersetzung durch einen Testamentsvollstrecker vorgenommen wird.[5]

B. Regelungsgehalt
I. Voraussetzungen

1. Grundstück oder Erbbaurecht. Nach seinem Wortlaut ist § 36 nur anwendbar, wenn eine Gesamthandsgemeinschaft bzgl. eines Grundstücks oder Erbbaurechts auseinandergesetzt werden soll. Darüber hinaus fallen auch Wohnungs- und Teileigentum nach § 1 WEG, Miteigentumsanteile und Gesamthandsberechtigung unter die Vorschrift.[6] Andere grundstücksgleiche Rechte, wie Fischereirechte, fallen nicht unter die Vorschrift.[7]

2. Zugehörigkeit zum Nachlass oder Gesamtgut. Das Grundstück oder Erbbaurecht muss zum Nachlass oder Gesamtgut gehören. Zum Nachlass gehören nicht nur Gegenstände, die bereits dem Erblasser zustanden, sondern auch solche, die die Erben während des Bestehens der Erbengemeinschaft durch **Surrogation oder mit Mitteln des Nachlasses** nach §§ 2019, 2041, 2211 BGB erworben haben.[8]

Die Vorschrift ist nur anwendbar, wenn an dem Nachlass eine **Erbengemeinschaft beteiligt** ist. Sie gilt nicht, wenn ein unbeschränkter Alleinerbe oder ein alleiniger Vorerbe als Eigentümer eines Nachlassgrundstücks eingetragen werden soll.[9] In diesem Fall kann das Erbrecht nur nach § 35 nachgewiesen werden.[10] Die Vorschrift ist aber anwendbar, wenn der Vorerbe sich mit dem Nacherben auseinandersetzt und der Nachlassgegenstand infolgedessen aus dem Nachlass ausscheidet.[11]

Die Zugehörigkeit zum Gesamtgut einer ehelichen, lebenspartnerschaftlichen oder fortgesetzten Gütergemeinschaft bestimmt sich nach dem materiellen Recht, §§ 1416 ff. BGB.[12]

3. Umschreibung auf einen Beteiligten. a) Umschreibung. Das Grundstück oder Erbbaurecht muss **auf einen Beteiligten umgeschrieben** werden. Der Rechtsgrund, aus dem die Umschreibung erfolgt, ist unerheblich.[13] Vom Begriff der Umschreibung sind **sowohl Rechtsänderungen als auch Grundbuchberichtigungen** erfasst,[14] bspw. wenn Erbanteile nach § 2033 BGB übertra-

---

[3] Demharter GBO §§ 36, 37 Rn. 2; Meikel/Roth GBO § 36 Rn. 2; Bauer/v. Oefele/Schaub GBO § 36 Rn. 5.
[4] JFG 21, 235; Demharter GBO §§ 36, 37 Rn. 1.
[5] BayObLGZ 1986, 211 = Rpfleger 1986, 470 = MittBayNot 1986, 266; Bauer/v. Oefele/Schaub GBO § 36 Rn. 4; Demharter GBO §§ 36, 37 Rn. 1.
[6] KG JFG 21, 233; Demharter GBO §§ 36, 37 Rn. 3; Meikel/Roth GBO § 36 Rn. 16; Keller/Munzig/Volmer GBO § 36 Rn. 4; Bauer/v. Oefele/Schaub GBO § 36 Rn. 9; BeckOK GBO/Hügel/Zeiser GBO § 36 Rn. 1.
[7] BeckOK GBO/Hügel/Zeiser GBO § 36 Rn. 1; Demharter GBO §§ 36, 37 Rn. 3; Meikel/Roth GBO § 36 Rn. 16, 17; Bauer/v. Oefele/Schaub GBO § 36 Rn. 10.
[8] Bauer/v. Oefele/Schaub GBO § 36 Rn. 14; Demharter GBO §§ 36, 37 Rn. 4; BeckOK GBO/Hügel/Zeiser GBO § 36 Rn. 6; Meikel/Roth GBO § 36 Rn. 21.
[9] KG JFG 21, 233; Bauer/v. Oefele/Schaub GBO § 36 Rn. 11; Keller/Munzig/Volmer GBO § 36 Rn. 5; BeckOK GBO/Hügel/Zeiser GBO § 36 Rn. 3.
[10] KG JFG 14, 137.
[11] Bauer/v. Oefele/Schaub GBO § 36 Rn. 12; BeckOK GBO/Hügel/Zeiser GBO § 36 Rn. 3; Meikel/Roth GBO § 36 Rn. 19.
[12] BeckOK GBO/Hügel/Zeiser GBO § 36 Rn. 2; Bauer/v. Oefele/Schaub GBO § 36 Rn. 15; Demharter GBO §§ 36, 37 Rn. 5.
[13] Bauer/v. Oefele/Schaub GBO § 36 Rn. 16; Keller/Munzig/Volmer GBO § 36 Rn. 10.
[14] KG JFG 14, 134, 141; Demharter GBO §§ 36, 37 Rn. 6.

gen werden.¹⁵ Für andere Eintragungen als Veränderungen im Eigentum gilt § 36 grds. nicht. Eine Ausnahme besteht für die Eintragung von Änderungen, zB Änderung der Teilungserklärung, Grundpfandrechte zur Finanzierung, wenn diese gleichzeitig mit der Übertragung vereinbart werden und mit der Auseinandersetzung zusammenhängen.¹⁶ Auf die Eintragung der Gesamthandsgemeinschaft als solcher ist § 36 nicht anwendbar.¹⁷

8 **b) Beteiligte.** Die Vorschrift erfasst nur Fälle, in denen das Eigentum im Wege der Auseinandersetzung auf ein Mitglied der Gesamthandsgemeinschaft umgeschrieben wird.

9 Beteiligte am Nachlass sind nur **Erben, Erbeserben und Erbanteilserwerber**.¹⁸ § 36 ist nicht anwendbar, wenn die Umschreibung auf Vermächtnisnehmer, Nachlassgläubiger oder sonstige Dritte, die nicht zur Erbengemeinschaft gehören, erfolgen soll.¹⁹ Wenn ein Erbe gleichzeitig Vermächtnisnehmer ist und das Grundstück als Vermächtnisnehmer, nicht als Erbe, erhalten soll, genügt aber ein Überweisungszeugnis, weil damit auch in diesem Fall die Auseinandersetzung der Gesamthandsgemeinschaft gefördert werden kann.²⁰

10 Beteiligte an der ehelichen oder lebenspartnerschaftlichen **Gütergemeinschaft** sind die **Ehegatten bzw. Lebenspartner und ggf. deren Erben**. Beteiligte der fortgesetzten Gütergemeinschaft sind der überlebende Ehegatte bzw. Lebenspartner und ggf. seine Erben sowie die erbteilsberechtigten Abkömmlinge. Da sich wegen § 1482 Abs. 2 BGB auch einseitige Abkömmlinge mit den Beteiligten der fortgesetzten Gütergemeinschaft auseinandersetzen müssen, werden diese ebenfalls vom Beteiligtenbegriff des § 36 umfasst.²¹

11 Nach dem Gesetzeswortlaut ist § 36 nur anwendbar, wenn die Umschreibung **auf einen Beteiligten** erfolgen soll. Es genügt jedoch auch, wenn auf einige oder alle Beteiligte in Bruchteilsgemeinschaft umgeschrieben wird.²² Entscheidend ist, dass für das betreffende Grundstück die **Gesamthandsgemeinschaft aufgelöst** wird.²³

12 **4. Weitere Voraussetzungen der Eintragung.** Durch das Überweisungszeugnis werden der Nachweis der Erbfolge bzw. des Bestehens der Gütergemeinschaft und die zur Umschreibung erforderlichen Erklärungen, zB die Auflassung, ersetzt. Die weiteren Eintragungsvoraussetzungen wie Antrag nach § 13 oder steuerliche Unbedenklichkeitsbescheinigung sind dem Grundbuchamt vorzulegen.

II. Überweisungszeugnis

13 **1. Voraussetzungen der Erteilung. a) Zuständigkeit.** Für die Erteilung des Zeugnisses ist bei Erbauseinandersetzungen das **Amtsgericht**, Nachlassgericht nach § 342 Abs. 2 Nr. 2 FamFG zuständig. Örtlich zuständig ist das nach § 343 FamFG für das Nachlassverfahren zuständige Nachlassgericht. Funktionell zuständig ist nach § 16 Abs. 1 Nr. 6 RPflG der Richter, wenn eine Verfügung von Todes wegen vorliegt und das jeweilige Bundesland keine Übertragung auf den Rechtspfleger nach § 19 Abs. 1 RPflG vorgenommen hat, ansonsten der Rechtspfleger, § 3 Nr. 2c RPflG.

---

15 Bauer/v. Oefele/Schaub GBO § 36 Rn. 17; Meikel/Roth GBO § 36 Rn. 27.
16 Meikel/Roth GBO § 36 Rn. 27; Bauer/v. Oefele/Schaub GBO § 36 Rn. 17; Demharter GBO §§ 36, 37 Rn. 6; Keller/Munzig/Volmer GBO § 36 Rn. 10; BeckOK GBO/Hügel/Zeiser GBO § 36 Rn. 5.
17 KG HRR 1939 Nr. 1363.
18 KG JFG 22, 161; Bauer/v. Oefele/Schaub GBO § 36 Rn. 19.
19 KG JFG 22, 161; KG JFG 14, 137.
20 Bauer/v. Oefele/Schaub GBO § 36 Rn. 20; Meikel/Roth GBO § 36 Rn. 24; Demharter GBO §§ 36, 37 Rn. 8.
21 Demharter GBO §§ 36, 37 Rn. 9; Bauer/v. Oefele/Schaub GBO § 36 Rn. 21; Meikel/Roth GBO § 36 Rn. 25; Keller/Munzig/Volmer GBO § 36 Rn. 8.
22 KG JFG 14, 137; KG JFG 18, 32; KG JFG 21, 233; Bauer/v. Oefele/Schaub GBO § 36 Rn. 23; Keller/Munzig/Volmer GBO § 36 Rn. 9.
23 Bauer/v. Oefele/Schaub GBO § 36 Rn. 24.

Ausländische Gerichte oder Behörden oder deutsche Konsulate sind für die Erteilung von Überweisungszeugnissen nicht zuständig.[24]

Für die Erteilung des Zeugnisses bei Gesamtgutsauseinandersetzung ist das Amtsgericht, Nachlassgericht, zuständig. Die örtliche Zuständigkeit bestimmt sich nach § 344 Abs. 5 S. 1 FamFG oder nach § 344 Abs. 5 S. 2 iVm § 122 FamFG.

b) Voraussetzungen des Zeugnisses nach § 36 Abs. 2. § 36 Abs. 2 ist systematisch keine Vorschrift der Grundbuchordnung, sondern gehört ins FamFG als Vorschrift für das Nachlass- bzw. Auseinandersetzungsgericht.[25]

Das Zeugnis darf nur ausgestellt werden, wenn die **Voraussetzungen für die Erteilung des Erbscheins** vorliegen oder der **Nachweis der ehelichen oder lebenspartnerschaftlichen Gütergemeinschaft durch öffentliche Urkunden** erbracht ist und die **Abgabe der Erklärungen** der Beteiligten in einer den Vorschriften der GBO entsprechenden Weise nachgewiesen ist.

Auch erforderliche **Nebenerklärungen**, wie familiengerichtliche oder betreuungsgerichtliche Genehmigungen, sonstige behördliche Genehmigungen oder Vollmachts- und Zustimmungserklärungen sind dem Gericht in der nach § 29 erforderlichen Form vor Erteilung des Zeugnisses nachzuweisen.[26]

2. Inhalt. Das Zeugnis muss die Erbfolge bzw. das Bestehen und die Beteiligten der Gütergemeinschaft und vorausgegangene Auflassung, Berichtigungsbewilligung oder Übertragung des Grundstücks oder Erbbaurechts bezeugen.[27] Auch die etwaige Anordnung von Testamentsvollstreckung oder Nacherbfolge muss in dem Zeugnis enthalten sein, da das Grundbuchamt nur so die Eintragungen nach §§ 51, 52 von Amts wegen vornehmen kann.[28]

3. Form. Das Zeugnis muss dem Grundbuchamt in Urschrift oder Ausfertigung vorgelegt werden. Die Vorlage einer beglaubigten Abschrift ist nicht ausreichend,[29] da das Zeugnis entsprechend § 2361 BGB der Einziehung unterliegt[30] und sich diese nicht auf beglaubigte Abschriften erstreckt.

Die Vorlage kann durch Verweisung auf Akten desselben Amtsgerichts ersetzt werden, wenn diese das Zeugnis enthalten.[31]

4. Beweiskraft. Im Grundbuchverfahren beweist das Überweisungszeugnis die Erbfolge bzw. das Bestehen und die Beteiligten der Gütergemeinschaft und die wirksame Abgabe der zur Eintragung erforderlichen Erklärungen der Beteiligten. Das Grundbuchamt kann dafür keine weiteren Nachweise verlangen.[32] Das Grundbuchamt hat die inhaltliche Richtigkeit des Zeugnisses ebensowenig wie die des Erbscheins zu prüfen.[33] Das Zeugnis beweist nicht die Zugehörigkeit eines Grundstücks oder Erbbaurechts zum Nachlass oder Gesamtgut.[34]

---

24 KG OLGE 3, 112; Bauer/v. Oefele/Schaub GBO § 36 Rn. 25; BeckOK GBO/Hügel/Zeiser GBO § 36 Rn. 12; Meikel/Roth GBO § 36 Rn. 8; Keller/Munzig/Volmer GBO § 36 Rn. 11.
25 Meikel/Roth GBO § 36 Rn. 30; Demharter GBO §§ 36, 37 Rn. 11; Bauer/v. Oefele/Schaub GBO § 36 Rn. 31; BeckOK GBO/Hügel/Zeiser GBO § 36 Rn. 11.
26 Bauer/v. Oefele/Schaub GBO § 36 Rn. 32; Meikel/Roth GBO § 36 Rn. 30.
27 Bauer/v. Oefele/Schaub GBO § 36 Rn.
28 KGJ 44, 233, 237; Bauer/v. Oefele/Schaub GBO § 36 Rn. 36.
29 Demharter GBO §§ 36, 37 Rn. 14; Meikel/Roth GBO § 36 Rn. 10; Bauer/v. Oefele/Schaub GBO § 36 Rn. 40; Schöner/Stöber GrundbuchR Rn. 833; BeckOK GBO/Hügel/Zeiser GBO § 36 Rn. 9; Kersten JurBüro 1997, 231 (323); aA Keller/Munzig/Volmer GBO § 36 Rn. 12.
30 KG JFG 14, 137; HRR 1939 Nr. 1363.
31 OLG München JFG 20, 373; OLG München JFG 23, 299.
32 Demharter GBO §§ 36, 37 Rn. 17; Bauer/v. Oefele/Schaub GBO § 36 Rn. 44; Keller/Munzig/Volmer GBO § 36 Rn. 17; teilweise aA Meikel/Roth GBO § 36 Rn. 4.
33 OLG Frankfurt ZEV 2018, 398.
34 Bauer/v. Oefele/Schaub GBO § 36 Rn. 45; Demharter GBO §§ 36, 37 Rn. 17; Keller/Munzig/Volmer GBO § 36 Rn. 20.

C. Weitere praktische Hinweise

23 Seit Inkrafttreten des GNotKG am 1.8.2013 bringt das Überweisungszeugnis gegenüber dem üblichen Verfahren keine kostenrechtlichen Vorteile mehr, da nach Nr. 12210 KV GNotKG auch für das Überweisungszeugnis eine 1,0 Gebühr erhoben wird, während früher nach § 111 Abs. 1 Nr. 1 KostO nur eine Mindestgebühr von 10 EUR entstanden war.

§ 37 GBO [Auseinandersetzung bei Grundpfandrechten]

Die Vorschriften des § 36 sind entsprechend anzuwenden, wenn bei einer Hypothek, Grundschuld oder Rentenschuld, die zu einem Nachlaß oder zu dem Gesamtgut einer Gütergemeinschaft gehört, einer der Beteiligten als neuer Gläubiger eingetragen werden soll.

A. Allgemeines 1	2. Zugehörigkeit zum Nachlass oder Gesamtgut 4
B. Regelungsgehalt 2	3. Übertragung auf einen Beteiligten 6
I. Voraussetzungen 2	II. Überweisungszeugnis 9
1. Hypothek, Grundschuld oder Rentenschuld 2	C. Weitere praktische Hinweise 11

A. Allgemeines

1 Nach § 37 gelten die Beweiserleichterungen des § 36 auch für zum Nachlass gehörende Hypotheken, Grundschulden und Rentenschulden. Es gelten die gleichen Grundsätze wie für § 36.

B. Regelungsgehalt

I. Voraussetzungen

2 **1. Hypothek, Grundschuld oder Rentenschuld.** Die Vorschrift gilt für Hypotheken, Grundschulden und Rentenschulden unabhängig davon, ob ein Brief erteilt wurde oder nicht. Hypothekenvormerkungen werden ebenfalls von § 37 erfasst.[1]

3 Andere Rechte, wie Reallasten oder Pfandrechte an Hypotheken fallen nicht unter die Vorschrift.[2]

4 **2. Zugehörigkeit zum Nachlass oder Gesamtgut.** Hypotheken, Grundschulden und Rentenschulden gehören zum **Nachlass**, wenn sie bereits dem **Erblasser zustanden** oder wenn sie durch den Erben aufgrund eines zum Nachlass gehörenden Rechts oder als **Surrogat** für die Zerstörung, Beschädigung oder Entziehung eines Nachlassgegenstandes oder durch Rechtsgeschäft, das sich **auf den Nachlass bezieht oder aus Mitteln des Nachlasses erworben** wurden.[3]

5 Die Zugehörigkeit von Grundpfandrechten zum **Gesamtgut** einer Gütergemeinschaft bestimmt sich nach §§ 1416 ff. BGB.

6 **3. Übertragung auf einen Beteiligten.** Ein an der Erbengemeinschaft oder Gütergemeinschaft Beteiligter muss als neuer Gläubiger des zum Nachlass oder Gesamtgut gehörenden Grundpfandrechts eingetragen werden. Wegen Einzelfragen darf auf die entsprechend geltende Kommentierung zu § 36 verwiesen werden.

7 Die Neueintragung eines Grundpfandrechts oder die Verpfändung eines zum Nachlass gehörenden Grundpfandrechts fallen nicht unter § 37, auch wenn sie im Wege der Auseinandersetzung der Gesamthandsgemeinschaft vorgenommen werden und diese fördern.[4]

---

[1] Bauer/v. Oefele/Schaub GBO § 37 Rn. 2; Meikel/Roth GBO § 37 Rn. 2.

[2] Bauer/v. Oefele/Schaub GBO § 37 Rn. 3.

[3] Meikel/Roth GBO § 37 Rn. 3; Keller/Munzig/Volmer GBO § 37 Rn. 3; Bauer/v. Oefele/Schaub GBO § 37 Rn. 4.

[4] Bauer/v. Oefele/Schaub GBO § 37 Rn. 7; Meikel/Roth GBO § 37 Rn. 4.

Für die Anwendung des § 37 ist nicht erforderlich, dass der Beteiligte tatsächlich als neuer Gläubiger eingetragen wird. Nimmt er weitere Verfügungen vor, zu denen seine Voreintragung wegen § 39 Abs. 2 oder § 40 nicht erforderlich ist, kann er das Zeugnis zum Nachweis seiner Verfügungsmacht verwenden.[5]

II. Überweisungszeugnis

Es darf auf die entsprechend anwendbare Kommentierung zu § 36 verwiesen werden.

Inhaltlich müssen sich aus dem Überweisungszeugnis die Erbfolge bzw. das Bestehen und die Beteiligten der ehelichen, lebenspartnerschaftlichen oder fortgesetzten Gütergemeinschaft und die Abgabe der erforderlichen Erklärungen durch alle Beteiligten ergeben.

C. Weitere praktische Hinweise

Seit Inkrafttreten des GNotKG am 1.8.2013 bringt das Überweisungszeugnis gegenüber dem früheren Verfahren keine kostenrechtlichen Vorteile mehr, da nach Nr. 12210 KV GNotKG auch für das Überweisungszeugnis eine 1,0 Gebühr erhoben wird, während nach § 111 Abs. 1 Nr. 1 KostO nur eine Mindestgebühr von 10 EUR entstanden war.

§ 39 GBO [Voreintragung des Betroffenen]

(1) Eine Eintragung soll nur erfolgen, wenn die Person, deren Recht durch sie betroffen wird, als der Berechtigte eingetragen ist.

(2) Bei einer Hypothek, Grundschuld oder Rentenschuld, über die ein Brief erteilt ist, steht es der Eintragung des Gläubigers gleich, wenn dieser sich im Besitz des Briefes befindet und sein Gläubigerrecht nach § 1155 des Bürgerlichen Gesetzbuchs nachweist.

A.	Allgemeines	1	c) Zeitpunkt der Voreintragung	10
B.	Regelungsgehalt	2	d) Herbeiführung der Voreintragung	11
	I. Grundsatz der Voreintragung	2	II. Ausnahmen und Besonderheiten	12
	1. Betroffener	2	1. Veräußerung oder Übertragung durch Erben	12
	a) Allgemeines	2	2. Briefrechte	13
	b) Rechtsändernde Eintragung	3	3. Nachlassinsolvenz	14
	c) Berichtigende Eintragung	6	4. Eigentümergrundschuld	15
	2. Voreintragung	7	5. Kettenverfügungen	16
	a) Betroffene Person	7		
	b) Betroffenes Recht	9		

A. Allgemeines

Die Vorschrift macht die Eintragung im Grundbuch davon abhängig, dass der von der Eintragung Betroffene im Grundbuch eingetragen ist. Damit wird die Erleichterung der Legitimationsprüfung für das Grundbuchamt und folglich die Absicherung des eingetragenen Berechtigten gegen nachteilige Verfügungen bezweckt.[1] Auch soll das Grundbuch durch diesen Voreintragungsgrundsatz in seinen Änderungen nachvollziehbar bleiben.[2] Normzweck ist auch die Darstellung der einzelnen Entwicklungsschritte im Grundbuch.[3]

---

5 KG RJA 11, 149; Bauer/v. Oefele/Schaub GBO § 37 Rn. 8 f.; Meikel/Roth GBO § 37 Rn. 4 f.
1 Bauer/v. Oefele/Bauer GBO § 39 Rn. 3; Meikel/Böttcher GBO § 39 Rn. 2; Demharter GBO § 39 Rn. 1; Schöner/Stöber GrundbuchR Rn. 136; BeckOK GBO/Hügel/Zeiser GBO § 39 Rn. 1.
2 BGH NJW-RR 2008, 888.
3 KG Rpfleger 1992, 430; BayObLGZ 2002, 284 = NJW-RR 2003, 12 = Rpfleger 2003, 25 = DNotZ 2003, 49; Bauer/v. Oefele/Bauer GBO § 39 Rn. 3; Demharter GBO § 39 Rn. 1; BeckOK GBO/Hügel/Zeiser GBO § 39 Rn. 1; aA Meikel/Böttcher GBO § 39 Rn. 1; aA Schöner/Stöber GrundbuchR Rn. 136.

B. Regelungsgehalt

I. Grundsatz der Voreintragung

1. Betroffener. a) Allgemeines. Derjenige, der von der beabsichtigten Eintragung rechtlich betroffen ist, muss voreingetragen sein. Der Begriff der Betroffenheit ist derselbe wie in § 19.[4] Auf die wirtschaftliche Beeinträchtigung kommt es nicht an.[5] Der Grundsatz der Voreintragung gilt auch für mittelbar Betroffene.[6]

b) Rechtsändernde Eintragung. Bei rechtsändernden Eintragungen muss der **wahre Berechtigte** voreingetragen sein.[7] Anders als bei der Bewilligung kommt es bei § 39 nicht auf die Verfügungsbefugnis, sondern allein auf die Rechtsinhaberschaft an.[8]

Der wahre Berechtigte ist auch dann von der Verfügung eines Nichtberechtigten betroffen, wenn er seine Einwilligung oder Genehmigung erteilt hat.[9]

Da die Vermutung des § 891 BGB auch für das Grundbuchamt gilt, hat es zunächst davon auszugehen, dass der eingetragene auch der wahre Berechtigte ist. Nur wenn dem Grundbuchamt bekannt ist, dass das Grundbuch in Bezug auf den Berechtigten unrichtig ist, muss es dieses Wissen auch beachten.

c) Berichtigende Eintragung. Von einer berichtigenden Eintragung wird der **Buchberechtigte** betroffen.[10] § 39 ist hier also bereits erfüllt.[11] Liegt mehrfacher Rechtsübergang außerhalb des Grundbuchs, zB mehrfache Erbfolge, vor, so müssen nach § 39 nicht alle ehemaligen Berechtigten eingetragen werden. Eine solche Eintragung, zB eines ebenfalls bereits verstorbenen Erben des ehemaligen Berechtigten, würde das Grundbuch unrichtig machen.[12]

2. Voreintragung. a) Betroffene Person. Der Betroffene muss als Berechtigter des betroffenen Rechts eingetragen sein. Ungenauigkeiten oder nachträglich eingetretene Unrichtigkeit in der Bezeichnung des Berechtigten muss nicht berichtigt werden. Dies gilt bspw. bei Namensänderung des eingetragenen Berechtigten.[13] Auch wenn die Erben einer Person nicht namentlich, sondern als „Deszendenz" einer bestimmten Person eingetragen sind, ist dem Voreintragungsgrundsatz genügt, solange sie eindeutig bestimmbar sind.[14]

Steht ein betroffenes Recht mehreren Personen zu, muss auch das Gemeinschaftsverhältnis nach § 47 Abs. 1 voreingetragen sein.[15]

b) Betroffenes Recht. Neben der Person des Berechtigten muss auch das von der Eintragung betroffene Recht in allen seinen Rechtsbeziehungen so eingetragen sein, wie es der materiellen Rechtslage und der sich anschließenden neuen Eintragung entspricht.[16]

---

[4] Meikel/Böttcher GBO § 39 Rn. 12; BeckOK GBO/Hügel/Zeiser GBO § 39 Rn. 6.
[5] Demharter GBO § 39 Rn. 10; BeckOK GBO/Hügel/Zeiser GBO § 39 Rn. 6.
[6] Meikel/Böttcher GBO § 39 Rn. 12; Schöner/Stöber GrundbuchR Rn. 137.
[7] RGZ 133, 282; Bauer/v. Oefele/Bauer GBO § 39 Rn. 43; Meikel/Böttcher GBO § 39 Rn. 9; Demharter GBO § 39 Rn. 10; BeckOK GBO/Hügel/Zeiser GBO § 39 Rn. 7.
[8] BGH NJW-RR 2011, 19 = Rpfleger 2010, 651 = DNotZ 2011, 199 = FGPrax 2010, 223; Demharter GBO § 39 Rn. 10.
[9] BGH FGPrax 2010, 223; Demharter GBO § 39 Rn. 11.
[10] BayObLG DNotZ 1988, 881; Demharter GBO § 39 Rn. 12.
[11] Demharter GBO § 39 Rn. 12; Meikel/Böttcher GBO § 39 Rn. 9; Bauer/v. Oefele/Bauer GBO § 39 Rn. 41; BeckOK GBO/Hügel/Zeiser GBO § 39 Rn. 8.
[12] Demharter GBO § 39 Rn. 12; aA OLG München FGPrax 2006, 148 = MittBayNot 2006, 497 mit abl. Anm. Lautner.
[13] Bauer/v. Oefele/Bauer GBO § 39 Rn. 48; Meikel/Böttcher GBO § 39 Rn. 16; Demharter GBO § 39 Rn. 15; Schöner/Stöber GrundbuchR Rn. 138; BeckOK GBO/Hügel/Zeiser GBO § 39 Rn. 3.
[14] Bauer/v. Oefele/Bauer GBO § 39 Rn. 48; Meikel/Böttcher GBO § 39 Rn. 16; Demharter GBO § 39 Rn. 15; BeckOK GBO/Hügel/Zeiser GBO § 39 Rn. 3.
[15] KG KGJ 41, 54; OLG Hamm DNotZ 1965, 408.
[16] BayObLG DNotZ 1953, 133; BGH NJW 1955, 342.

c) **Zeitpunkt der Voreintragung.** Die Voreintragung muss zum Zeitpunkt der neuen Eintragung bestehen. Auf den Zeitpunkt der Bewilligung oder Beurkundung kommt es nicht an.[17] Ausreichend ist es auch, wenn die Voreintragung gleichzeitig mit der Eintragung der Rechtsänderung erfolgt.[18]

d) **Herbeiführung der Voreintragung.** Die Voreintragung des Betroffenen durch das Grundbuchamt erfolgt nicht von Amts wegen, sondern **nur auf Antrag**. Der Vollstreckungsgläubiger hat ein eigenes Antragsrecht nach § 14. Fehlt die Voreintragung, so hat das Grundbuchamt durch Zwischenverfügung, § 18 Abs. 1, auf sie hinzuwirken.[19]

II. Ausnahmen und Besonderheiten

1. **Veräußerung oder Übertragung durch Erben.** Ist ein Recht im Wege der Erbfolge auf den Verfügenden übergegangen, wird die Notwendigkeit der Voreintragung durch § 40 geregelt.

2. **Briefrechte.** § 39 Abs. 2 regelt eine Ausnahme vom Grundsatz der Voreintragung für Briefrechte, da diese außerhalb des Grundbuchs übertragen werden können.

3. **Nachlassinsolvenz.** Zur Eintragung eines Insolvenzvermerks aufgrund eines Nachlassinsolvenzverfahrens müssen die Erben nicht voreingetragen sein, die Voreintragung des Erblassers ist ausreichend.[20]

4. **Eigentümergrundschuld.** Verfügt der Eigentümer über eine verdeckte, also eine aus einem Fremdrecht hervorgegangene Eigentümergrundschuld, ist seine Voreintragung in Abt. III des Grundbuchs nicht erforderlich, wenn er in Abt. I als Eigentümer eingetragen ist.[21]

5. **Kettenverfügungen.** Wenn durch einen Auflassungsempfänger, der nicht als Eigentümer im Grundbuch eingetragen wurde, weiter über das Grundstück verfügt wird, gilt dieser regelmäßig als zur Weiterverfügung befugt (→ § 20 Rn. 42). Eine Eintragung des Zwischenerwerbers ist nicht erforderlich, da der ursprüngliche Eigentümer sein Eigentum nicht verloren hat und damit weiter Betroffener iSd § 39 bleibt.[22]

§ 40 GBO [Ausnahmen von der Voreintragung]

(1) Ist die Person, deren Recht durch eine Eintragung betroffen wird, Erbe des eingetragenen Berechtigten, so ist die Vorschrift des § 39 Abs. 1 nicht anzuwenden, wenn die Übertragung oder die Aufhebung des Rechts eingetragen werden soll oder wenn der Eintragungsantrag durch die Bewilligung des Erblassers oder eines Nachlaßpflegers oder durch einen gegen den Erblasser oder den Nachlaßpfleger vollstreckbaren Titel begründet wird.

(2) Das gleiche gilt für eine Eintragung auf Grund der Bewilligung eines Testamentsvollstreckers oder auf Grund eines gegen diesen vollstreckbaren Titels, sofern die Bewilligung oder der Titel gegen den Erben wirksam ist.

---

[17] RGZ 84, 105; Demharter GBO § 39 Rn. 17; BeckOK GBO/Hügel/Zeiser GBO § 39 Rn. 9.

[18] Bauer/v. Oefele/Bauer GBO § 39 Rn. 7; Meikel/Böttcher GBO § 39 Rn. 17; Demharter GBO § 39 Rn. 17; Schöner/Stöber GrundbuchR Rn. 139; BeckOK GBO/Hügel/Zeiser GBO § 39 Rn. 9.

[19] BayObLG Rpfleger 2003, 25.

[20] OLG Düsseldorf NJW-RR 1998, 1267 = Rpfleger 1998, 334 = MittRhNotK 1998, 1267; Meikel/Böttcher GBO § 39 Rn. 41; Demharter GBO § 39 Rn. 5; Schöner/Stöber GrundbuchR Rn. 1634; BeckOK GBO/Hügel/Zeiser § 39 Rn. 19.

[21] Bauer/v. Oefele/Bauer GBO § 39 Rn. 25, 28; Meikel/Böttcher GBO § 39 Rn. 19; Demharter GBO § 39 Rn. 19; BeckOK GBO/Hügel/Zeiser GBO § 39 Rn. 30.

[22] Bauer/v. Oefele/Bauer GBO § 39 Rn. 44; Meikel/Böttcher GBO § 39 Rn. 13; Demharter GBO § 39 Rn. 7, 11; BeckOK GBO/Hügel/Zeiser GBO § 39 Rn. 26.

24. Grundbuchordnung (GBO)

A. Allgemeines ... 1	3. Voreintragung des Erblassers ... 13
B. Regelungsgehalt ... 4	II. Eintragungsbewilligung des Erblassers ... 14
I. Übertragung oder Aufhebung eines Rechts durch Erben des eingetragenen Betroffenen ... 4	III. Eintragungsbewilligung des Nachlasspflegers ... 18
1. Erbe des eingetragenen Betroffenen ... 4	IV. Eintragungsbewilligung des Testamentsvollstreckers ... 20
2. Übertragung oder Aufhebung eines Rechts ... 8	V. Vollstreckbarer Titel gegen den Erblasser, den Nachlasspfleger oder den Testamentsvollstrecker ... 21
a) Aufhebung ... 8	
b) Übertragung ... 9	C. Weitere praktische Hinweise ... 26

A. Allgemeines

1 Die Vorschrift stellt eine **Ausnahme zum Grundsatz der Voreintragung** des § 39 für den Fall dar, dass der Betroffene Erbe des eingetragenen Berechtigten ist und das betroffene Recht aufgehoben oder übertragen werden soll. Die Voreintragung ist auch nicht erforderlich, wenn die Eintragung aufgrund Bewilligung des Erblassers oder eines Nachlasspflegers oder aufgrund eines gegen den Erblasser oder Nachlasspfleger vollstreckbaren Titels erfolgen soll. Dasselbe gilt bei Eintragungen, die aufgrund einer Bewilligung des Testamentsvollstreckers oder aufgrund eines vollstreckbaren Titels gegen diesen erfolgen soll.

2 Sinn der Vorschrift ist zum einen, dem Erben in Fällen, in denen seine persönliche Berechtigung oder das Recht selbst wegen Übertragung oder Aufhebung aus dem Grundbuch verschwindet, die Kosten für seine vorherige Eintragung zu ersparen. Zum anderen sollen Eintragungen, die gegen den Erben wirksam vorgenommen werden können, auch dann möglich sein, wenn der Nachweis der Erbfolge schwer zu führen ist.[1]

3 Ist die Voreintragung wegen § 40 nicht erforderlich, entfällt auch die mit der Voreintragung verbundene erleichterte Legitimationsprüfung durch das Grundbuchamt. Die Bewilligungs- bzw. Verfügungsberechtigung muss dem Grundbuchamt dann nach § 35 nachgewiesen werden.

B. Regelungsgehalt

I. Übertragung oder Aufhebung eines Rechts durch Erben des eingetragenen Betroffenen

4 **1. Erbe des eingetragenen Betroffenen.** Die Vorschrift gilt nur, wenn der Erbe des eingetragenen Berechtigten eine Erklärung abgibt. Neben dem Alleinerben und der Erbengemeinschaft fallen darunter auch Erbeserben,[2] Vorerben,[3] Nacherben und Ersatzerben.[4] Ob ein Vorerbe befreit ist, spielt keine Rolle. Auch die Frage, ob der Vorerbe zu einer Verfügung der Zustimmung des Nacherben bedarf, ist keine Frage der Voreintragung, sondern nach materiellem Recht zu beurteilen.[5] Ist die Zustimmung des Nacherben nach materiellem Recht erforderlich, kann auf die Voreintragung des verfügenden Vorerben nur verzichtet werden, wenn die Zustimmung dem Grundbuchamt nachgewiesen ist.[6] Andernfalls wäre der Nacherbe nicht vor Rechtsverlust geschützt, da die Eintragung des Nacherbenvermerks nur mit Eintragung des Vorerben zulässig ist. Bei mehreren Erben sind Erben im Sinne der Vorschrift immer die Erbengemeinschaft, dh die Voreintragung der Erben ist nur entbehrlich, wenn an der Verfügung sämtliche Miterben bzw. Erbteilserwerber beteiligt sind.[7] Bei Erbauseinandersetzung unter Übertragung des Grundbesitzes auf einen Miterben ist die Voreintragung nicht erforderlich.[8] Übertragen alle Miterben ihre Erbanteile vollständig auf einen Miterben oder Dritten, so kann dieser ohne Voreintragung

---

1 Demharter GBO § 40 Rn. 1.
2 RGZ 53, 298 (305); KG KGJ 49, 176.
3 RGZ 65, 217.
4 BeckOK GBO/Hügel/Zeiser GBO § 40 Rn. 1.
5 Meikel/Böttcher GBO § 40 Rn. 5 ff.; Demharter GBO § 40 Rn. 4 ff.; Schöner/Stöber GrundbuchR Rn. 142; Bauer/v. Oefele/Bauer GBO § 40 Rn. 1 ff.
6 OLG Hamm DNotZ 2020, 533.
7 KGJ 44, 240; KG OLG 4, 189.
8 OLG Hamm RPfleger 2017, 332; OLG Bamberg NJW-Spezial 2017, 264.

der Erbengemeinschaft als Alleineigentümer eingetragen werden.[9] Dies gilt auch, wenn ein Mitglied der Erbengemeinschaft seinen Erbteil auf einen anderen Miterben überträgt.[10]

§ 40 gilt nicht für Personen, die ihr Recht **aufgrund Rechtsgeschäfts** im Zusammenhang mit der Erbschaft erworben haben, also für Vermächtnisnehmer, Pflichtteilsberechtigte oder Erbschaftskäufer,[11] wohl aber für Erbanteilserwerber, da diese voll in die Rechtsstellung des Erben bzw. Miterben eintreten. Der Erbanteilserwerber kann aber nur gleichzeitig mit der Eintragung aller übrigen Miterben eingetragen werden.[12] Diese Eintragung ist nach § 40 nicht erforderlich, wenn die Erbengemeinschaft über das Recht weiterverfügt.[13]

Die Vorschrift gilt nicht für einzelne Erben, die den Nachlassgegenstand durch **Auseinandersetzung** erworben haben, da dann nicht mehr die Erbfolge, sondern ein Rechtsgeschäft den Erwerb begründet.[14]

Entsprechend angewendet wird die Vorschrift auf **erbgangsähnliche Fälle**, wenn der Rechtsübergang im Wege der Gesamtrechtsnachfolge auf gesetzlicher Grundlage erfolgt und deshalb ohne weiteren Übertragungsakt stattfindet, weil der eingetragene Rechtsnachfolger nicht mehr existiert.[15] Beispiele dafür sind der Eintritt der ehelichen oder fortgesetzten Gütergemeinschaft, der Anfall von Vereins- oder Stiftungsvermögen an den Fiskus[16] oder die Abschichtung aus einer Erbengemeinschaft.[17]

2. Übertragung oder Aufhebung eines Rechts. a) Aufhebung. Aufhebung eines Rechts ist Löschung, Verzicht oder Pfandfreigabe.[18] Der Grund der Eintragung ist unerheblich, sie kann aufgrund Bewilligung des Erblassers oder des Erben oder im Wege der Zwangsvollstreckung gegen den Erben oder im Wege der Grundbuchberichtigung erfolgen.[19]

b) Übertragung. Übertragung bedeutet vor allem Auflassung, Abtretung und Eintragung eines außerhalb des Grundbuchs erfolgten Rechtsübergangs. Dazu gehört auch die Überweisung an Zahlungs Statt, wobei unerheblich ist, ob sie gleichzeitig mit der Pfändung oder separat eingetragen wird.[20] Die Pfändung selbst bedarf dagegen immer der Voreintragung, da sie keinen Rechtsübergang begründet.[21]

Die Abschichtung stellt eine Übertragung iSv § 40 dar.[22]

Zur Übertragung iSd § 40 gehören auch **Vormerkungen und Widersprüche**, mit denen die Übertragung eines Rechts gesichert werden soll, insbes. Auflassungsvormerkungen.[23]

Keine Übertragung ist die Aufteilung in **Wohnungs- oder Teileigentum**, unerheblich ob sie nach § 3 WEG oder nach § 8 WEG erfolgt.[24] Bei der Eintragung einer Belastung, Inhaltsänderung

---

9 LG Nürnberg-Fürth Rpfleger 2007, 657 mAnm Simon; Demharter GBO § 40 Rn. 3; aA Bestelmeyer Rpfleger 2008, 563.
10 OLG Nürnberg ZEV 2013, 680.
11 Bauer/v. Oefele/Bauer GBO § 40 Rn. 7; BeckOK GBO/Hügel/Zeiser GBO § 40 Rn. 2.
12 OLG Hamm DNotZ 1966, 747; BayObLG Rpfleger 1995, 103.
13 KGJ 44, 240; Demharter GBO § 40 Rn. 3; Bauer/v. Oefele/Bauer GBO § 40 Rn. 9; Meikel/Böttcher GBO § 40 Rn. 6; Schöner/Stöber GrundbuchR Rn. 142.
14 Meikel/Böttcher GBO § 40 Rn. 14; Bauer/v. Oefele/Bauer GBO § 40 Rn. 8 f.; Demharter GBO § 40 Rn. 3; Schöner/Stöber GrundbuchR Rn. 142; BeckOK GBO/Hügel/Zeiser GBO § 40 Rn. 2.
15 KG Rpfleger 1992, 430.
16 BGH NJW 2011, 525.
17 BGH NJW 2011, 525 (527); OLG München NJW-RR 2018, 645.
18 Bauer/v. Oefele/Bauer GBO § 40 Rn. 18; Demharter GBO § 40 Rn. 19; BeckOK GBO/Hügel/Zeiser GBO § 40 Rn. 18.
19 Meikel/Böttcher GBO § 40 Rn. 21; Bauer/v. Oefele/Bauer GBO § 40 Rn. 16; Demharter GBO § 40 Rn. 16; Schöner/Stöber GrundbuchR Rn. 142; BeckOK GBO/Hügel/Zeiser GBO § 40 Rn. 18.
20 Meikel/Böttcher GBO § 40 Rn. 22; Bauer/v. Oefele/Bauer GBO § 40 Rn. 17; Demharter GBO § 40 Rn. 18; BeckOK GBO/Hügel/Zeiser GBO § 40 Rn. 19.
21 OLG Frankfurt Rpfleger 1979, 205.
22 OLG Köln MittBayNot 2019, 64 mAnm Ruhwinkel.
23 BGH NJW 2018, 3310 = DNotZ 2018, 914; KG JFG 7, 328, 333; NJOZ 2011, 1012; Bauer/v. Oefele/Bauer GBO § 40 Rn. 17; Demharter GBO § 40 Rn. 17; Schöner/Stöber GrundbuchR Rn. 142; aA Meikel/Böttcher GBO § 40 Rn. 26.
24 Meikel/Böttcher GBO § 40 Rn. 28; Bauer/v. Oefele/Bauer GBO § 40 Rn. 19; BeckOK GBO/Hügel/Zeiser GBO § 40 Rn. 19.

oder Rangänderung ist dann keine Voreintragung notwendig, wenn diese gleichzeitig mit der Eintragung einer Übertragung erfolgt.[25] Zur isolierten Eintragung von Belastungen, Rangänderungen oder Inhaltsänderungen ist aber die Voreintragung erforderlich.

12 Bei **teilweiser Übertragung** realer Teile von Rechten ist die Voreintragung entbehrlich.[26] Der Erbe muss bspw. nicht voreingetragen werden, wenn er einen Teil eines Grundpfandrechts abtritt oder eine Teilfläche eines Grundstücks veräußert. Die Übertragung ideeller Bruchteile bedarf aber immer der Voreintragung, da aufgrund §§ 741, 1008 BGB auch das dem bisherigen Berechtigten verbleibende Recht in seinem Inhalt geändert wird und zwischen Veräußerer und Erwerber ein Gemeinschaftsverhältnis entsteht, dessen Beteiligte ohne Voreintragung des Veräußerers nicht vollständig aus dem Grundbuch ersichtlich wären.[27]

13 3. **Voreintragung des Erblassers.** Der Erblasser muss im Grundbuch als Berechtigter voreingetragen sein.[28] Dies liegt bspw. nicht vor, wenn aufgrund eines inzwischen eingezogenen Erbscheins ein Nichtberechtigter als Erbe eingetragen ist. In diesem Fall ist das Grundbuch auf den wahren Erben zu berichtigen, bevor weitere Eintragungen vorgenommen werden.[29]

II. Eintragungsbewilligung des Erblassers

14 Eine Bewilligung oder Auflassungserklärung, die bereits der Erblasser abgegeben hat, gilt nach seinem Tod weiterhin, da der Erbe Gesamtrechtsnachfolger des Erblassers ist und somit voll in die Rechtsposition des Erblassers eintritt.[30] Im Übrigen gilt § 130 Abs. 2 BGB entsprechend.[31] Die Vorschrift ist auch auf Erbeserben anwendbar.[32]

15 Es muss eine Bewilligung des Erblassers vorliegen. Ausreichend ist auch eine aufgrund einer über den Tod hinaus geltenden Vollmacht (transmortale oder postmortale Vollmacht) für den Erblasser abgegebene Bewilligung.[33]

§ 40 gilt nicht für Bewilligungen, die aufgrund einer Auflage oder Ermächtigung abgegeben wurde.[34]

16 Der Erblasser muss als Berechtigter im Grundbuch voreingetragen sein.[35]

17 Bei Vorliegen der Voraussetzungen können aufgrund der Bewilligung des Erblassers Eintragungen jeder Art vorgenommen werden. Die Beschränkung auf Eintragungen, die die Übertragung oder Aufhebung eines Rechts zum Gegenstand haben, gilt hier nicht.[36]

III. Eintragungsbewilligung des Nachlasspflegers

18 Erfolgt eine Eintragung aufgrund Bewilligung des Nachlasspflegers, ist die Voreintragung der Erben entbehrlich. Die Bewilligung bzw. Auflassungserklärung muss sich im Rahmen der Vertretungsmacht des Nachlasspflegers bewegen, evtl. erforderliche nachlassgerichtliche Genehmigungspflichten sind zu beachten.

---

25 Meikel/Böttcher GBO § 40 Rn. 25; Demharter GBO § 40 Rn. 17; BeckOK GBO/Hügel/Zeiser GBO § 40 Rn. 19.
26 KG JFG 7, 372; Bauer/v. Oefele/Bauer GBO § 40 Rn. 17; BeckOK GBO/Hügel/Zeiser GBO § 40 Rn. 21.
27 Bauer/v. Oefele/Bauer GBO § 40 Rn. 17; Demharter GBO § 40 Rn. 17; BeckOK GBO/Hügel/Zeiser GBO § 40 Rn. 22.
28 OLG Düsseldorf ZIP 1998, 870 (871).
29 Bauer/v. Oefele/Bauer GBO § 40 Rn. 6.
30 Bauer/v. Oefele/Bauer GBO § 40 Rn. 22; Demharter GBO § 40 Rn. 21; BeckOK GBO/Hügel/Zeiser GBO § 40 Rn. 23.
31 Schöner/Stöber GrundbuchR Rn. 107a; Demharter GBO § 19 Rn. 21 ff.; BeckOK GBO/Hügel/Zeiser GBO § 40 Rn. 23.
32 KG KGJ 49, 176; Demharter GBO § 40 Rn. 21; BeckOK GBO/Hügel/Zeiser GBO § 40 Rn. 23; aA Bauer/v. Oefele/Bauer GBO § 40 Rn. 22.
33 OLG Frankfurt ErbR 2018, 157 mAnm Wendt; aA BeckOK Hügel/Zeiser GBO § 40 Rn. 25.
34 BeckOK GBO/Hügel/Zeiser GBO § 40 Rn. 25.
35 Meikel/Böttcher GBO § 40 Rn. 31; Bauer/v. Oefele/Bauer GBO § 40 Rn. 22; BeckOK GBO/Hügel/Zeiser GBO § 40 Rn. 25.
36 Meikel/Böttcher GBO § 40 Rn. 29; Bauer/v. Oefele/Bauer GBO § 40 Rn. 21; BeckOK GBO/Hügel/Zeiser GBO § 40 Rn. 24.

Die Vorschrift gilt auch für Eintragungsbewilligungen, die von einem **Nachlassverwalter**[37] oder **Nachlassinsolvenzverwalter**[38] abgegeben wurden.

IV. Eintragungsbewilligung des Testamentsvollstreckers

Nach § 40 Abs. 2 ist die Voreintragung des Erben entbehrlich, wenn die Eintragung aufgrund einer Bewilligung des Testamentsvollstreckers erfolgt, die dem Erben gegenüber nach §§ 2205 ff. BGB wirksam ist. Das Grundbuchamt prüft diese Frage bereits bei der Wirksamkeit der Bewilligung bzw. Auflassungserklärung.[39]

V. Vollstreckbarer Titel gegen den Erblasser, den Nachlasspfleger oder den Testamentsvollstrecker

Wenn die Rechtsnachfolge nach Rechtshängigkeit eingetreten ist, gilt nach § 325 Abs. 1 ZPO ein rechtskräftiger Titel auch gegenüber den Rechtsnachfolgern der Prozessparteien, also auch gegenüber den Erben. Die Voreintragung des Erben ist im Falle der Zwangsvollstreckung aus solchen Titeln entbehrlich. Titel in diesem Sinne können Urteile, Vergleiche, Arrestbeschlüsse, einstweilige Verfügungen, öffentlich-rechtliche Leistungsbescheide sowie Pfändungsbeschlüsse sein.[40]

Die allgemeinen Vollstreckungsvoraussetzungen müssen vorliegen, dh der Titel muss vollstreckbar sein, die Vollstreckungsklausel enthalten und zugestellt sein. Wenn die Vollstreckung bereits vor dem Tod des Erblassers begonnen hat, muss die Vollstreckungsklausel nicht umgeschrieben werden, § 779 Abs. 1 ZPO. In den sonstigen Fällen ist die Vollstreckungsklausel vor Beginn der Zwangsvollstreckung auf den Erben umzuschreiben, § 727 Abs. 1 ZPO, und diesem zuzustellen, § 750 Abs. 1 ZPO. Die Voreintragung des Erben ist auch entbehrlich, wenn lediglich Sicherungsvollstreckung erfolgt oder wegen fehlender Rechtskraft nach § 895 ZPO zunächst nur eine Vormerkung eingetragen werden soll.[41]

Bei Titeln, die sich **gegen den Erben selbst richten**, ist die Frage nach dem Erfordernis der Voreintragung nach § 40 Abs. 1 Alt. 1 zu beurteilen und nur bei Aufhebung oder Übertragung des Rechts entbehrlich.[42]

Für vollstreckbare Titel gegen den **Nachlasspfleger**, den **Nachlassverwalter** oder den **Nachlassinsolvenzverwalter** gilt das in → Rn. 21 ff. zum Titel gegen den Erblasser Ausgeführte entsprechend.

Für vollstreckbare Titel gegen den **Testamentsvollstrecker** gilt ebenfalls das in → Rn. 21 ff. zum Titel gegen den Erblasser Ausgeführte entsprechend. Der Titel wirkt nach § 327 ZPO für und gegen den Erben. Die Vollstreckung richtet sich nach § 748 Abs. 1 ZPO.

C. Weitere praktische Hinweise

Wenn § 40 anwendbar ist, ist die Voreintragung des Erben zwar nicht erforderlich, aber trotzdem zulässig. Das Grundbuchamt kann einen auf Zwischeneintragung der Erben gerichteten

---

[37] Meikel/Böttcher GBO § 40 Rn. 31; Bauer/v. Oefele/Bauer GBO § 40 Rn. 26; BeckOK GBO/Hügel/Zeiser GBO § 40 Rn. 26.
[38] LG Mainz NotBZ 2007, 226.
[39] Bauer/v. Oefele/Bauer GBO § 40 Rn. 27; Meikel/Böttcher GBO § 40 Rn. 36; Demharter GBO § 40 Rn. 21; BeckOK GBO/Hügel/Zeiser GBO § 40 Rn. 29.
[40] Bauer/v. Oefele/Bauer GBO § 40 Rn. 30; Meikel/Böttcher GBO § 40 Rn. 32; Demharter GBO § 40 Rn. 22; BeckOK GBO/Hügel/Zeiser GBO § 40 Rn. 31.
[41] Bauer/v. Oefele/Bauer GBO § 40 Rn. 24; Meikel/Böttcher GBO § 40 Rn. 33; BeckOK GBO/Hügel/Zeiser GBO § 40 Rn. 32.
[42] OLG München FamRZ 2013, 911; Meikel/Böttcher GBO § 40 Rn. 35; BeckOK GBO/Hügel/Zeiser GBO § 40 Rn. 33.

Antrag nicht unter Hinweis auf § 40 beanstanden.[43] Die Zwischeneintragung kann, insbes. wenn der Erbnachweis durch Testament erfolgt, sinnvoll sein, um einen **gutgläubigen Erwerb nach § 892 Abs. 1 BGB** möglich zu machen.[44]

§ 41 GBO [Vorlegung des Hypothekenbriefes]

(1) ¹Bei einer Hypothek, über die ein Brief erteilt ist, soll eine Eintragung nur erfolgen, wenn der Brief vorgelegt wird. ²Für die Eintragung eines Widerspruchs bedarf es der Vorlegung nicht, wenn die Eintragung durch eine einstweilige Verfügung angeordnet ist und der Widerspruch sich darauf gründet, daß die Hypothek oder die Forderung, für welche sie bestellt ist, nicht bestehe oder einer Einrede unterliege oder daß die Hypothek unrichtig eingetragen sei. ³Der Vorlegung des Briefes bedarf es nicht für die Eintragung einer Löschungsvormerkung nach § 1179 des Bürgerlichen Gesetzbuchs.

(2) ¹Der Vorlegung des Hypothekenbriefs steht es gleich, wenn in den Fällen der §§ 1162, 1170, 1171 des Bürgerlichen Gesetzbuchs auf Grund des Ausschließungsbeschlusses die Erteilung eines neuen Briefes beantragt wird. ²Soll die Erteilung des Briefes nachträglich ausgeschlossen oder die Hypothek gelöscht werden, so genügt die Vorlegung des Ausschlußurteils.

A. Allgemeines

1   Die Vorschrift regelt, dass Eintragungen bei Briefhypotheken grds. nur vorgenommen werden sollen, wenn der Hypothekenbrief vorgelegt wird. Dies ist aus zwei Gründen notwendig. Zum einen können Briefhypotheken außerhalb des Grundbuchs übertragen werden, so dass die Briefvorlage zum Nachweis der Rechtsinhaberschaft und damit Verfügungsbefugnis erforderlich ist. Zum anderen sollen Grundbuch und Brief immer übereinstimmen, was bei Änderungen an der Hypothek nur durch Berichtigung des vorgelegten Briefes erreicht werden kann.

B. Regelungsgehalt

I. Voraussetzungen der Vorlagepflicht

2   **1. Briefhypothek.** Die Eintragung, die vorgenommen werden soll, muss eine Briefhypothek betreffen. Ist zu einer Buchhypothek versehentlich ein Brief erteilt worden, so bleibt die Hypothek trotzdem Buchhypothek, eine Briefvorlage kann nicht verlangt werden.

3   **2. Bei der Hypothek vorzunehmende Eintragung.** Es kommen nur Eintragungen in Betracht, die in Abt. III des Grundbuchs unter der Nummer der Hypothek erfolgen.[1] Die Art der Eintragung ist unerheblich, es kommen sowohl rechtsändernde als auch berichtigende Eintragungen in Betracht. Damit ist der Hypothekenbrief auch vorzulegen, wenn die Erbfolge nach dem Gläubiger eingetragen werden soll. Unerheblich ist auch, ob die Eintragung aufgrund Bewilligung des Gläubigers, aufgrund Unrichtigkeitsnachweises, aufgrund eines gegen den Gläubiger erwirkten Titels[2] oder ob sie auf Antrag, von Amts wegen oder auf Ersuchen einer Behörde erfolgen soll.[3] Ob die Rechtstellung des Gläubigers verschlechtert oder verbessert wird oder ob sie unberührt bleibt, spielt ebenfalls keine Rolle.[4]

---

43 Meikel/Böttcher GBO § 40 Rn. 1; Demharter GBO § 40 Rn. 2; BeckOK GBO/Hügel/Zeiser GBO § 40 Rn. 41.
44 Schöner/Stöber GrundbuchR Rn. 142; Demharter GBO § 40 Rn. 2; BeckOK GBO/Hügel/Zeiser GBO § 40 Rn. 41; Vollhardt MittBayNot 1986, 115; Egerland NotBZ 2005, 286.

1 KGJ 36, 222.
2 OLG München Rpfleger 2010, 420.
3 OLG Düsseldorf Rpfleger 1995, 104; Demharter GBO § 41 Rn. 4.
4 BGH FGPrax 2013, 98; KGJ 44, 263.

3. Ausnahmen von der Vorlagepflicht. Nach § 41 Abs. 1 S. 2 ist die Briefvorlage nicht erforderlich, wenn die Eintragung eines Widerspruchs durch eine einstweilige Verfügung angeordnet ist und der Widerspruch sich darauf begründet, dass die Hypothek oder die ihr zugrunde liegende Forderung nicht besteht oder einer Einrede unterliegt oder dass die Hypothek unrichtig eingetragen ist. Nach § 41 Abs. 1 S. 3 ist die Briefvorlage nicht zur Eintragung von Löschungsvormerkungen erforderlich.

Nach §§ 131, 158 Abs. 2 ZVG ist die Briefvorlage nicht erforderlich, wenn auf Ersuchen des Vollstreckungsgerichts eine durch Zuschlag oder Zahlung im Zwangsverwaltungsverfahren erloschene Hypothek gelöscht oder der Vorrang einer Sicherungshypothek nach § 128 ZVG vor einer bestehengebliebenen Hypothek eingetragen werden soll.

Die Briefvorlage ist nicht erforderlich, wenn ein Briefgrundpfandrecht, das nach § 16 Abs. 2 VermG oder nach § 14 Abs. 6 S. 2 und 3 des 2. VermRÄndG als erloschen oder als nicht entstanden gilt.

II. Ersatz für die Briefvorlage

Wenn der Brief nach § 1162 BGB für kraftlos erklärt wurde oder infolge eines nach §§ 1170, 1171 BGB erwirkten Ausschließungsbeschlusses kraftlos wurde, steht es nach § 41 Abs. 2 der Briefvorlage gleich, wenn der rechtskräftige Ausschließungsbeschluss vorgelegt und die Erteilung eines neuen Briefes beantragt wird. Der Antrag auf Erteilung eines neuen Briefes muss nicht gestellt werden, wenn die Hypothek gelöscht werden soll oder die Erteilung des Briefs nachträglich nach § 1116 Abs. 2 BGB ausgeschlossen werden soll.

III. Beschaffung des Briefs

Der Antragsteller muss den Brief beschaffen. Das Grundbuchamt kann von der Briefvorlage nicht deshalb absehen, weil die Beschaffung dem Antragsteller tatsächliche Schwierigkeiten bereitet.[5]

§ 42 GBO [Vorlegung des Grundschuld- oder Rentenschuldbriefes]

¹Die Vorschriften des § 41 sind auf die Grundschuld und die Rentenschuld entsprechend anzuwenden. ²Ist jedoch das Recht für den Inhaber des Briefes eingetragen, so bedarf es der Vorlegung des Briefes nur dann nicht, wenn der Eintragungsantrag durch die Bewilligung eines nach § 1189 des Bürgerlichen Gesetzbuchs bestellten Vertreters oder durch eine gegen ihn erlassene gerichtliche Entscheidung begründet wird.

A. Allgemeines

Die Vorschrift bestimmt, dass § 41 entsprechend auf Grundschulden und Rentenschulden anwendbar ist, trifft aber eine Sonderbestimmung für den Fall, dass das Recht für den Inhaber des Briefes eingetragen ist.

B. Regelungsgehalt

I. Namensrechte

Ist die Grundschuld oder Rentenschuld für einen namentlich bezeichneten Berechtigten eingetragen, gilt § 41 entsprechend.

---

5 OLG Karlsruhe DNotZ 1926, 262; OLG München Rpfleger 2010, 420.

II. Inhaberrecht

3 Eine Grundschuld oder Rentenschuld kann nach § 1195 S. 1, § 1199 Abs. 1 BGB in der Weise bestellt werden, dass der Brief auf den Inhaber ausgestellt wird. Nach § 1195 S. 2 BGB finden auf einen solchen Brief die Vorschriften über Schuldverschreibungen auf den Inhaber, §§ 793 ff. BGB, entsprechende Anwendung.

4 Nach § 1189 Abs. 1 BGB kann für den jeweiligen Gläubiger ein Grundbuchvertreter bestellt werden. Die Bestellung muss in das Grundbuch mit dem Namen des Vertreters[1] und dem Umfang seiner Vertretungsmacht[2] eingetragen werden.

III. Briefvorlage

5 Es gilt zunächst das zu → § 41 Rn. 2 ff. Ausgeführte entsprechend. Bei Inhaberrechten ist die Ausnahmeregelung des § 41 Abs. 1 S. 2 nicht anwendbar. Die Briefvorlage ist nicht erforderlich, wenn ein Grundbuchvertreter bestellt ist und sich der Eintragungsantrag auf seine Bewilligung oder auf eine gegen ihn erlassene gerichtliche Entscheidung stützt.

§ 47 GBO [Eintragung gemeinschaftlicher Rechte bzw. von Rechten einer GbR]

(1) Soll ein Recht für mehrere gemeinschaftlich eingetragen werden, so soll die Eintragung in der Weise erfolgen, daß entweder die Anteile der Berechtigten in Bruchteilen angegeben werden oder das für die Gemeinschaft maßgebende Rechtsverhältnis bezeichnet wird.

(2) ¹Soll ein Recht für eine Gesellschaft bürgerlichen Rechts eingetragen werden, so sind auch deren Gesellschafter im Grundbuch einzutragen. ²Die für den Berechtigten geltenden Vorschriften gelten entsprechend für die Gesellschafter.

A. Allgemeines

1 Der Bestimmtheitsgrundsatz erfordert, dass Art und Inhalt eines Gemeinschaftsverhältnisses im Grundbuch angegeben werden.[1] Dem trägt § 47 Rechnung, indem er bestimmt, dass die Eintragung eines Rechts, das für mehrere gemeinschaftlich eingetragen werden soll, entweder unter Angabe der Anteile der Berechtigten in Bruchteilen oder unter Bezeichnung des für die Gemeinschaft maßgebenden Rechtsverhältnisses vorgenommen werden soll. Aus diesem Grund muss in Eintragungserklärungen wie Auflassungen und Bewilligungen stets das Gemeinschaftsverhältnis angegeben werden, wenn das Recht mehreren Berechtigten zustehen soll.

B. Regelungsgehalt

I. Anwendungsbereich

2 § 47 Abs. 1 gilt für alle Rechte im weitesten Sinn, bei denen ein Gemeinschaftsverhältnis möglich ist, auch für Vormerkungen,[2] Widersprüche[3] und Verfügungsbeschränkungen.[4] Ist das gemeinschaftliche Recht aber ein Leibgeding (Altenteil), das nach § 49 eingetragen wird, ist § 47 Abs. 1 nicht anzuwenden.[5] Auch bei gemeinschaftlichen Vorkaufsrechten ist die Vorschrift nicht

---

1 RG JFG 13, 283 (285).
2 BayObLG OLGZ 41, 182.
1 BGH NJW 1997, 3235; OLG Hamm Rpfleger 1973, 250.
2 BGH NJW 1997, 3235; OLG Frankfurt Rpfleger 1975, 177; OLG Zweibrücken Rpfleger 1985, 284.
3 KG KGJ 29, 236.
4 Demharter GBO § 47 Rn. 2.
5 OLG Frankfurt Rpfleger 1973, 394; BayObLG Rpfleger 1975, 300; BGH Rpfleger 1979, 56.

anzuwenden, da die Berechtigten in diesem Fall nach § 472 BGB in einem zwingenden Gesamtverhältnis stehen.[6]

II. Gemeinschaftsverhältnisse

1. Gemeinschaftliches Recht. Ein Recht ist gemeinschaftlich, wenn es mehreren in Bruchteilsgemeinschaft, in Gesamthandsgemeinschaft oder als Gesamtberechtigte nach § 428 BGB oder § 432 BGB zusteht.[7] Wenn Ehegatten eingetragen werden sollen, für die ein ausländisches Güterrecht gilt, kommt auch ein dem deutschen Recht nicht bekanntes Gemeinschaftsverhältnis in Betracht.

2. Bruchteilsgemeinschaft. Die Bruchteilsgemeinschaft ist hinsichtlich des Eigentums an einem Grundstück, bei einem Nießbrauch,[8] bei einer beschränkten persönlichen Dienstbarkeit[9] und bei Grundpfandrechten[10] möglich. Ausgeschlossen ist sie aber beim dinglichen Wohnungsrecht.[11]

3. Gesamthandsgemeinschaft. Als Gesamthandsgemeinschaften kommen insbes. die Erbengemeinschaft sowie die eheliche und die fortgesetzte Gütergemeinschaft in Betracht. Eine Erbengemeinschaft kann ein Grundstück oder Grundstücksrecht nur im Wege des Surrogationserwerbs erwerben (→ § 20 Rn. 19).

4. Gesamtberechtigung. Gesamtberechtigung nach § 428 BGB ist möglich bei einem Grundpfandrecht,[12] bei einem Nießbrauch,[13] einer beschränkten persönlichen Dienstbarkeit,[14] einem dinglichen Wohnungsrecht,[15] einer Reallast[16] oder einem Erbbaurecht.[17] Bei Grundstückseigentum kommt Gesamtberechtigung nach § 428 BGB nicht in Betracht, bei einer Auflassungsvormerkung jedoch schon.[18]

Gesamtberechtigung nach § 432 BGB kommt als Mitberechtigung bei einer unteilbaren Leistung in Betracht.

III. Eintragungsunterlagen

§ 47 bestimmt zwar die Eintragung von Gemeinschaftsverhältnissen, diese setzt jedoch voraus, dass die erforderlichen Angaben in den Eintragungsunterlagen, regelmäßig in der Eintragungsbewilligung, enthalten sind. Damit bestimmt die Vorschrift mittelbar den Inhalt der Eintragungsunterlagen.[19] Das gewollte Gemeinschaftsverhältnis muss nicht nach dem Gesetzeswortlaut bezeichnet werden, muss sich aber unzweideutig aus der Urkunde entnehmen lassen.[20]

Fehlt die Angabe des Gemeinschaftsverhältnisses in den maßgeblichen Eintragungsunterlagen, muss das Grundbuchamt Zwischenverfügung, § 18 Abs. 1, erlassen.[21] Die in der Eintragungsbewilligung fehlende Angabe kann nicht durch eine Erklärung der Berechtigten ersetzt werden.[22]

---

6 BGH NJW 2017, 1811 = FGPrax 2017, 54; BayObLGZ 1958, 203; OLG Frankfurt FGPrax 1998, 170.
7 BGH Rpfleger 1979, 56; OLG Köln DNotZ 1965, 686; BGH Rpfleger 1980, 464; KG Rpfleger 1985, 435.
8 KGJ 49, 194; KG HRR 1936 Nr. 1217.
9 KG JW 1935, 3564.
10 KGJ 31, 313 für die Hypothek.
11 OLG Köln DNotZ 1965, 686.
12 BGH Rpfleger 1975, 84; KG Rpfleger 1965, 366; OLG Frankfurt Rpfleger 1967, 403.
13 BGH Rpfleger 1980, 464; OLG Hamm Rpfleger 1980, 21.
14 KG JW 1935, 3564.
15 BGH Rpfleger 1967, 141.
16 OLG München JFG 18, 132.
17 LG Hagen DNotZ 1950, 381.
18 BayObLGZ 1963, 128; OLG Köln MittRhNotK 1974, 255.
19 BayObLG Rpfleger 1968, 220; OLG Frankfurt Rpfleger 1973, 394; OLG Hamm Rpfleger 1980, 21.
20 KG JW 1933, 617; BayObLG Rpfleger 1958, 88.
21 OLG Oldenburg Rpfleger 1991, 412.
22 OLG Jena OLG-NL 1998, 8.

§ 51 GBO [Vor- und Nacherbenvermerk]

Bei der Eintragung eines Vorerben ist zugleich das Recht des Nacherben und, soweit der Vorerbe von den Beschränkungen seines Verfügungsrechts befreit ist, auch die Befreiung von Amts wegen einzutragen.

A. Allgemeines	1
B. Regelungsgehalt	3
I. Vor- und Nacherbschaft	3
1. Allgemeines	3
2. Nachweis des Nacherbenrechts	4
a) Erbschein	4
b) Öffentliche Verfügung von Todes wegen mit Eröffnungsniederschrift	6
3. Umfang des Nacherbenrechts	7
a) Allgemeines	7
b) Erbschaft	8
c) Surrogation	11
4. Zusammentreffen von Nacherbfolge und Gesamthandsgemeinschaft	12
a) Erbengemeinschaft	12
b) Gütergemeinschaft	13
c) BGB-Gesellschaft	14
II. Nacherbenvermerk	15
1. Eintragung des Vorerben	15
2. Zeitpunkt der Eintragung	16
3. Ort der Eintragung	17
4. Inhalt des Nacherbenvermerks	18
5. Wirkung des eingetragenen Nacherbenvermerks	19
6. Rang des Nacherbenvermerks	25
7. Verzicht auf die Eintragung	26
III. Löschung des Nacherbenvermerks	31
1. Allgemeines	31
2. Löschungsbewilligung	32
3. Unrichtigkeitsnachweis	36
a) Nacherbenvermerk an nicht nachlasszugehörigem Gegenstand	36
b) Nacherbenrecht hat nie bestanden	38
c) Dem Nacherben gegenüber wirksame Verfügungen des Vorerben	40
aa) Grundsatz der freien Verfügung	40
bb) Verfügungen ohne Beeinträchtigung des Nacherben	42
cc) Verfügungen mit Zustimmung des Nacherben	49
dd) Entgeltliche Verfügungen des befreiten Vorerben	51
d) Eintritt des Nacherbfalls	55
e) Löschung eines zum Nachlass gehörenden Rechts	58
IV. Sonderfälle	60
1. Verfügungen über das Nacherbenrecht	60
2. Auseinandersetzung zwischen Vor- und Nacherbe	62

A. Allgemeines

1 Die Vorschrift ordnet an, dass zum Schutz der Rechtsstellung des Nacherben mit Eintragung des Vorerben von Amts wegen ein Nacherbenvermerk eingetragen wird. Der Vorerbe kann nach § 2112 BGB über Nachlassgegenstände verfügen, unterliegt aber nach §§ 2113 bis 2115 BGB verschiedenen Beschränkungen, insbesondere im Hinblick auf die Verfügung über zum Nachlass gehörende Grundstücke, grundstücksgleiche Rechte und Rechte an Grundstücken. Nach § 2113 Abs. 3 BGB kann aber eine Verfügung zugunsten eines gutgläubigen Dritten auch gegenüber dem Nacherben wirksam werden. Aus dem öffentlichen Glauben des Grundbuchs ergibt sich damit für den Nacherben die Gefahr des Rechtsverlusts. Um das Recht des Nacherben im Grundbuch erkennbar zu machen wird unter Durchbrechung des Antragsgrundsatzes das Recht des Nacherben von Amts wegen zugleich mit der Eintragung des Vorerben vermerkt.[1]

2 Der Nacherbenvermerk ist **keine Grundbuchsperre**. Er bezeugt nicht das Recht des Nacherben, sondern die Verfügungsbeschränkungen, denen der Vorerbe unterliegt.[2]

---

[1] Bauer/v. Oefele/Schaub GBO § 51 Rn. 3; Meikel/Böhringer GBO § 51 Rn. 1, 2; Demharter GBO § 51 Rn. 2; Schöner/Stöber GrundbuchR Rn. 3477; Keller/Munzig/Munzig GBO § 51 Rn. 1.

[2] BGHZ 94, 196 (201) = NJW 1982, 2499 = Rpfleger 1982, 333 = DNotZ 1983, 315.

B. Regelungsgehalt

I. Vor- und Nacherbschaft

1. Allgemeines. Zur allgemeinen Ausgestaltung von Vor- und Nacherbfolge und zu materiell-rechtlichen Fragen darf auf die Kommentierung in NK-BGB/*Gierl*, §§ 2100 ff. BGB verwiesen werden.

2. Nachweis des Nacherbenrechts. a) Erbschein. Der Nachweis der Nacherbfolge erfolgt grds. nach § 35 durch Vorlage des **Erbscheins in Ausfertigung**. Der Erbschein enthält die Tatsache der Anordnung der Nacherbfolge, die Voraussetzungen des Eintritts der Nacherbfolge, ggf. Bedingungen und Befristungen der Anordnung der Nacherbfolge, den bzw. die Nacherben ohne Nennung der Erbquoten, ggf. die Tatsache der weiteren Nacherbfolge, ggf. Nachnacherben und weitere Nacherben, ggf. die Tatsache der Anordnung von Ersatznacherbfolge und ggf. Bedingungen der Ersatznacherbeneinsetzung, Ersatznacherben, Befreiungen des Vorerben, Vorausvermächtnisse, die nicht der Nacherbfolge unterliegen und die Anordnung der Nacherben-Testamentsvollstreckung.[3]

Durch einen Erbschein, in dem keine Vor- und Nacherbfolge ausgewiesen ist, wird nachgewiesen, dass eine solche nicht besteht. Das Grundbuchamt kann, wenn kein Surrogationserwerb vorliegt, in Kenntnis eines nacherbfolgefreien Erbscheins nicht aufgrund Berichtigungsbewilligung einen Nacherbenvermerk eintragen.[4]

b) Öffentliche Verfügung von Todes wegen mit Eröffnungsniederschrift. Statt durch Erbschein kann die Erbfolge und damit auch die Vor- und Nacherbfolge nach § 35 Abs. 1 S. 2 auch durch öffentliche Verfügung von Todes wegen mit Eröffnungsniederschrift nachgewiesen werden, → § 35 Rn. 42 ff. Das Grundbuchamt muss die Verfügung von Todes wegen auch denn selbständig auslegen, wenn schwierige rechtliche Fragen zu klären sind.[5]

3. Umfang des Nacherbenrechts. a) Allgemeines. Der Umfang des Nacherbenrechts ist entscheidend bei der Frage, ob im Grundbuch ein Nacherbenvermerk eingetragen wird. Das Grundbuchamt muss die Eintragung des Vermerks unterlassen, wenn ihm bekannt ist, dass sich das Recht des Nacherben nicht auf das betreffende Grundstück, grundstücksgleiche Recht oder Recht an einem Grundstück erstreckt.[6] Ist die Nacherbfolge unter der Bedingung, dass der Vorerbe nicht letztwillig anderweitig über den ererbten Nachlass verfügt, angeordnet worden, muss ein Nacherbenvermerk eingetragen werden.[7]

b) Erbschaft. Das Recht des Nacherben erstreckt sich auf die Erbschaft, dh auf alle zum Nachlass gehörenden Vermögenswerte.

Ist dem alleinigen Vorerben ein Gegenstand als **Vorausvermächtnis** zugewandt worden, so hat dies nach § 2110 Abs. 2 BGB im Zweifel die Rechtsfolge, dass der Gegenstand nicht der Nacherbfolge unterliegt, also ins freie Vermögen des Vorerben fällt. In diesem Fall hat das Vermächtnis ausnahmsweise dingliche Wirkung.[8] Wurde einem Miterben ein Vorausvermächtnis zugewandt, ist die Erbengemeinschaft verpflichtet, diesem den vermachten Gegenstand zu verschaffen, im Zweifel zum freien Vermögen. Ein als Vorausvermächtnis einem Miterben vermachtes Grundstück oder Grundstücksrecht unterliegt daher auch in der Gesamthand der Erbengemeinschaft nicht der Nacherbfolge.[9] Damit ist die Eintragung eines Nacherbenvermerks an einem

---

[3] Bauer/v. Oefele/Schaub GBO § 51 Rn. 23; BeckOK GBO/Hügel/Zeiser GBO § 51 Rn. 32.
[4] OLG München ZErb 2012, 134 = RNotZ 2012, 286 = FamRZ 2012, 1174 = NJOZ 2012, 1534.
[5] BayObLG MittBayNot 1995, 58 mAnm Hohmann; OLG Hamm Rpfleger 1997, 210; BayObLGZ 1982, 449 (452) = DNotZ 1984, 501; BayObLGZ 1989, 8 (9) = DNotZ 1989, 574; OLG Frankfurt Rpfleger 1980, 434; OLG Stuttgart Rpfleger 1975, 135.
[6] KG JW 1933, 2776; OLG München JFG 22, 143.
[7] OLG Hamm FGPrax 2020, 57.
[8] BGHZ 32, 60 = NJW 1960, 959.
[9] Bauer/v. Oefele/Schaub GBO § 51 Rn. 36; Meikel/Böhringer GBO § 51 Rn. 35; Demharter GBO § 51 Rn. 11; Staudinger/Avenarius BGB § 2110 Rn. 8.

Grundstück oder Grundstücksrecht, das einem Erben als Vorausvermächtnis zugewandt wurde, unzulässig.[10]

10 Nachlassgegenstände können vom Vorerben außerhalb des § 2111 BGB nicht **ausgetauscht** werden. Eine Zuordnung von ursprünglich nicht zum Nachlass gehörenden Gegenständen scheidet also aus.[11] Der Vorerbe kann auch einen Gegenstand, der dem Recht des Nacherben unterliegt, nicht durch Austausch mit einem Gegenstand aus seinem freien Vermögen von der Nacherbfolge befreien.[12]

11 c) Surrogation. Gegenstände, die vom Vorerben im Wege der dinglichen Surrogation nach § 2111 BGB erworben wurden, gehören zum Nachlass. Es handelt sich dabei um Gegenstände, die aufgrund eines zur Erbschaft gehörenden Rechtes oder infolge Auseinandersetzung oder als Ersatz oder aufgrund eines Rechtsgeschäfts mit Mitteln der Erbschaft erworben wurden.[13]

12 **4. Zusammentreffen von Nacherbfolge und Gesamthandsgemeinschaft. a) Erbengemeinschaft.** Wenn einer von zwei bzw. mehreren Miterben durch den anderen zum Vorerben eingesetzt wird, kann der Überlebende nach dem Tod des anderen Miterben ohne die Beschränkungen des § 2113 BGB über ein Nachlassgrundstück verfügen.[14] Wenn aber durch Auseinandersetzung das Gesamthandseigentum durch Miteigentum ersetzt wird, so muss an diesem Surrogat ein Nacherbenvermerk eingetragen werden.[15]

13 b) **Gütergemeinschaft.** Ein Nacherbenvermerk ist nicht einzutragen, wenn der verstorbene Ehegatte einer Gütergemeinschaft unter Anordnung von Vor- und Nacherbfolge beerbt wird. Da nicht der Gesamthandsanteil, sondern nur der Anteil des Erblassers am Gesamtgut, über den nicht gesondert verfügt werden kann, zum Nachlass gehört, gilt § 2113 BGB nicht. Seine Anwendung würde eine unzumutbare Einschränkung der Verfügungsfreiheit des überlebenden Ehegatten bedeuten.[16]

14 c) **BGB-Gesellschaft.** Gegenstände, deren Eigentümer eine BGB-Gesellschaft ist, unterliegen nicht der Nacherbfolge, wenn ein Gesellschafter unter Anordnung von Vor- und Nacherbfolge beerbt wird.[17]

II. Nacherbenvermerk

15 **1. Eintragung des Vorerben.** Ein Nacherbenvermerk kann nur eingetragen werden, wenn der Vorerbe eingetragen wird.[18] Darunter fallen Eintragungen, die ein zur Erbschaft gehörendes Grundstück, ein zur Erbschaft gehörendes Recht an einem Grundstück oder an einem Grundstücksrecht betreffen, einschließlich Vormerkungen und Widersprüchen.[19] Stellt der Vorerbe keinen Antrag auf seine Eintragung, kann der Nacherbe die Eintragung notfalls über §§ 894, 895 BGB erzwingen.[20]

---

10 OLG München JFG 23, 300 = DNotZ 1942, 385 (386).
11 BGHZ 40, 125 = NJW 1963, 2320.
12 OLG Stuttgart DNotZ 1974, 365; OLG Köln Rpfleger 1987, 60; Roggendorff MittRheinNotV 1981, 29, 35 f.
13 Vgl. im Einzelnen NK-BGB/Gierl BGB § 2110 Rn. 1 ff.
14 BGH NJW 2007, 2114 = Rpfleger 2007, 383; BayObLG Rpfleger 1995, 105; BayObLGZ 2002, 148 = NJW-RR 2002, 1237; LG Aachen Rpfleger 1991, 301; Meikel/Böhringer GBO § 51 Rn. 63; Bauer/v. Oefele/Schaub GBO § 51 Rn. 58; Schöner/Stöber GrundbuchR Rn. 3487d; aA OLG Hamm Rpfleger 1985, 21; Ludwig Rpfleger 1987, 155.
15 OLG München FGPrax 2012, 103; BayObLG DNotZ 1989, 182 = Rpfleger 1988, 525; Bauer/v. Oefele/Schaub GBO § 51 Rn. 59; BeckOK GBO/Hügel/Zeiser GBO § 51 Rn. 17.
16 BGHZ 26, 382 = NJW 1958, 708; BGH NJW 1964, 768; BayObLG Rpfleger 1996, 150; OLG Köln NJW-RR 1987, 267; Meikel/Böhringer GBO § 51 Rn. 63; Bauer/v. Oefele/Schaub GBO § 51 Rn. 54 ff.; Demharter GBO § 51 Rn. 3.1; BeckOK GBO/Hügel/Zeiser GBO § 51 Rn. 14; aA LG Bremen NJW 1954, 477.
17 Bauer/v. Oefele/Schaub GBO § 51 Rn. 54 ff.; Meikel/Böhringer GBO § 51 Rn. 63; Demharter GBO § 51 Rn. 3.1; Schöner/Stöber GrundbuchR Rn. 3487f; BeckOK GBO/Hügel/Zeiser GBO § 51 Rn. 15; BeckOK GBO/Hügel/Kral Gesellschaftsrecht Rn. 97.
18 OLG Naumburg DNotZ 2021, 146.
19 Bauer/v. Oefele/Schaub GBO § 51 Rn. 66.
20 RGZ 61, 228 (231); KJG 52, 140 (144); LG Berlin Rpfleger 1974, 234 mAnm Meyer-Stolte.

2. Zeitpunkt der Eintragung. Die Eintragung des Nacherbenvermerks hat zu erfolgen, wenn der Vorerbe eingetragen wird.[21] Die isolierte Eintragung ohne Eintragung des Vorerben ist nicht möglich, da sie inhaltlich unzulässig wäre.[22] Ist die Eintragung unterblieben, kann sie jederzeit nachgeholt werden, solange das zum Nachlass gehörende Recht nicht auf einen Dritten übergegangen ist[23] und der Nacherbfall noch nicht eingetreten ist.[24] Wenn die Eintragung wegen des Übergangs des Rechts auf einen Dritten nicht mehr möglich ist, bleibt nur die Eintragung eines Amtswiderspruchs nach § 53.[25] Dies ist jedoch dann nicht möglich, wenn der Dritte gutgläubig erworben hat.[26]

3. Ort der Eintragung. Der Nacherbenvermerk wird in der Veränderungsspalte zu dem Recht eingetragen, auf das er sich bezieht, § 10 Abs. 5 GBV, § 11 Abs. 6 GBV. Wenn er sich auf den kompletten Grundstücksbestand des Bestandsverzeichnisses bezieht, wird er in Abt. II des Grundbuchs eingetragen, § 10 Abs. 1 GBV.

4. Inhalt des Nacherbenvermerks. Der Nacherbenvermerk hat alle Angaben zum Inhalt, die ein Erbschein hinsichtlich der Anordnung der Nacherbfolge beinhaltet bzw. beinhalten würde.[27]

5. Wirkung des eingetragenen Nacherbenvermerks. Durch den Nacherbenvermerk werden der Nacherbe und dessen Erben[28] vor Verfügungen des Vorerben geschützt, die ihm gegenüber unwirksam sind.[29] Er ist keine Grundbuchsperre, Verfügungen des Vorerben werden eingetragen, da ein gutgläubiger Erwerb ausgeschlossen ist, solange der Nacherbenvermerk eingetragen bleibt.[30] Löschungen von Rechten können damit aber nicht ohne Zustimmung des Nacherben eingetragen werden, da der Nacherbenvermerk bei Löschung des Rechts, bei dem er eingetragen ist, nicht bestehen bleiben kann (auch → Rn. 58 f.).[31] Eine auflösend bedingte Löschung von Rechten ist nicht möglich.[32]

Ein **Erbbaurecht** oder die Änderung eines Erbbaurechts kann nur eingetragen werden, wenn die Eintragung dem Nacherben gegenüber wirksam ist, da sonst wegen der relativen Unwirksamkeit ein Verstoß gegen § 1 Abs. 4 ErbbauRG vorliegen würde.[33]

Die Änderung einer **Teilungserklärung** kann nur eingetragen werden, wenn Nacherben, die nur bzgl. einzelner Einheiten eingetragen sind, zustimmen.

Der Nacherbenvermerk hat keine Wirkungen, wenn er **zu Unrecht eingetragen** wurde, weil das betreffende Grundstück, grundstücksgleiche Recht oder Grundstücksrecht nicht der Nacherbfolge unterliegt. Er hat keinen Einfluss auf den Abschluss eines schuldrechtlichen Rechtsgeschäfts, das der Verfügung zugrunde liegt.[34]

---

21 OLG München JFG 18, 109.
22 Bauer/v. Oefele/Schaub GBO § 51 Rn. 68; für Testamentsvollstreckervermerk: BayObLGZ ZEV 1996, 151 mAnm Schaub.
23 KG JFG 21, 251 (255); OLG Hamm Rpfleger 1976, 132.
24 OLG Hamm MittBayNot 1990, 361 = Rpfleger 1991, 59.
25 KG JFG 21, 251 (255); OLG Zweibrücken Rpfleger 1977, 305.
26 Bauer/v. Oefele/Schaub GBO § 51 Rn. 88.
27 Meikel/Böhringer GBO § 51 Rn. 97 ff.; Demharter GBO § 51 Rn. 16 ff.; Schöner/Stöber GrundbuchR Rn. 3498 ff.; BeckOK GBO/Hügel/Zeiser GBO § 51 Rn. 36 f.
28 Bergermann MittRhNotK 1972, 743 (778).
29 Bauer/v. Oefele/Schaub GBO § 51 Rn. 103; Demharter GBO § 51 Rn. 31; Schöner/Stöber GrundbuchR Rn. 3489; BeckOK GBO/Hügel/Zeiser GBO § 51 Rn. 43.
30 KG JFG 14, 340; OLG Düsseldorf Rpfleger 1957, 413; BayObLG Rpfleger 1968, 221.
31 RGZ 102, 337; KG JFG 15, 187 (188); OLG München JFG 21, 81, 84; OLG Düsseldorf Rpfleger 1957, 413; BayObLGZ 2001, 120 = Rpfleger 2001, 408 mAnm Gergaut NotBZ 2001, 304; aA Bestelmeyer Rpfleger 1994, 189 (191).
32 RGZ 102, 337; BayObLG Rpfleger 2001, 408; OLG Düsseldorf Rpfleger 1957, 413; OLG München JFG 21, 84; Bauer/v. Oefele/Schaub GBO § 51 Rn. 114, 165 ff.; Demharter GBO § 51 Rn. 33 ff.; Meikel/Böhringer GBO § 51 Rn. 128; BeckOK GBO/Hügel/Zeiser GBO § 51 Rn. 44; aA OLG Hamburg Rpfleger 2004, 618; Bestelmeyer Rpfleger 1994, 189; Bestelmeyer Rpfleger 2005, 80.
33 BGHZ 52, 269; OLG Hamm DNotZ 1990, 46; BeckOK GBO/Hügel/Zeiser GBO § 51 Rn. 46; Demharter GBO § 51 Rn. 32.
34 BGHZ 52, 269 = NJW 1969, 2043 = DNotZ 1970, 32 = Rpfleger 1969, 346.

23 Vereinbart der Vorerbe Gütergemeinschaft, hat der Nacherbenvermerk darauf keine Auswirkungen, da die Vereinbarung der Gütergemeinschaft keine Verfügung iSd § 2113 BGB darstellt.[35]

24 Wirkt eine Verfügung des Vorerben nur beschränkt auf die Vorerbenzeit, entfaltet der Nacherbenvermerk ebenfalls keine Wirkung. Dies ist bspw. der Fall, wenn der Nacherbfall mit dem Tod des Vorerben eintritt und der Vorerbe einen Nießbrauch an einem Nachlassgrundstück bestellt, der auf den Tod des Bestellers befristet ist.[36]

25 **6. Rang des Nacherbenvermerks.** Der Nacherbenvermerk ist **nicht rangfähig**.[37] Soll kenntlich gemacht werden, dass eine Eintragung dem Nacherben gegenüber wirksam geworden ist, geschieht dies durch Eintragung eines **Wirksamkeitsvermerks** beim Nacherbenvermerk.[38]

26 **7. Verzicht auf die Eintragung.** Ein Ausschluss der Eintragung eines Nacherbenvermerks **durch den Erblasser** ist nicht möglich, da eine Befreiung von der Verfügungsbeschränkung des § 2113 Abs. 2 BGB nicht möglich ist, und diese in jedem Fall zum Ausdruck gebracht werden muss.[39] Eine Anordnung des Erblassers dahin gehend, dass ein Nacherbenvermerk nicht eingetragen werden soll, kann aber möglicherweise als Vorausvermächtnis iSv § 2110 Abs. 2 BGB oder zumindest als Befreiung des Vorerben nach § 2136 BGB ausgelegt werden.[40]

27 Eine Eintragung des Vorerben ohne gleichzeitige Eintragung des Nacherbenvermerks ist nicht möglich, wenn der Nacherbe dem nicht zustimmt. Stellt der Vorerbe einen dahin gehenden Antrag, darf das Grundbuchamt den Nacherbenvermerk aber nicht von Amts wegen eintragen. Es muss, wenn ein Erbschein vorliegt, der die Nacherbfolge ausweist, den Antrag zurückweisen. Ergibt sich die Anordnung der Nacherbfolge aus der Auslegung einer öffentlichen Verfügung von Todes wegen, muss das Grundbuchamt eine Zwischenverfügung erlassen und einen Erbschein über das Vollerbenrecht des Antragstellers verlangen.[41]

28 Der Nacherbe kann in Form des § 29 auf die Eintragung des Nacherbenvermerks auch ohne Ausschlagung der Nacherbschaft **verzichten**.[42] Dazu müssen aber **alle Nacherben und Ersatznacherben** mitwirken.[43] Das gilt auch, wenn das Nacherbenanwartschaftsrecht auf den Vorerben übertragen wird. Verzichten nur einzelne von mehreren Nacherben auf die Eintragung des Vermerks, ist er für die übrigen einzutragen. War er bereits eingetragen, werden die Namen derjenigen, die verzichtet haben, gerötet.[44]

29 Eine Verzichtserklärung des Nacherben verändert nicht die Zugehörigkeit des Nachlassgegenstands zur Vorerbschaft.[45] Es entfällt nur der Schutz gegen gutgläubigen Erwerb eines Dritten.

30 Widerruft der Nacherbe seinen Verzicht auf den Nacherbenvermerk nach Eintragung des Vorerben, wird der Nacherbenvermerk nur auf Antrag, nicht von Amts wegen, eingetragen.[46]

---

35 BayObLG NJW-RR 1989, 836 = Rpfleger 1989, 328.
36 Bauer/v. Oefele/Schaub GBO § 51 Rn. 109.
37 KG JFG 16, 234; OLG Hamm DNotZ 1990, 46; OLG Hamburg DNotZ 1967, 376; Bauer/v. Oefele/Schaub GBO § 51 Rn. 98; Meikel/Böhringer GBO § 51 Rn. 106; BeckOK GBO/Hügel/Zeiser GBO § 51 Rn. 49; aA Hesse DFG 1938, 85 (88).
38 BayObLG MittBayNot 1997, 238 = DNotZ 1998, 206.
39 RGZ 61, 228 (232).
40 Bergermann MittRhNotK 1972, 743 (767).
41 OLG Hamm Rpfleger 1975, 134 (135); OLG Stuttgart Rpfleger 1975, 135; LG Hannover MittRheinNotV 1987, 167; Bauer/v. Oefele/Schaub GBO § 51 Rn. 81.
42 OLG München NJW-Spezial 2017, 135 = FamRZ 2017, 1268; KGJ 52, 166 (169); RGZ 151, 395 (397).
43 KG DNotZ 1940, 286; OLG Köln NJW 1955, 633; Bauer/v. Oefele/Schaub GBO § 51 Rn. 82; Haegele Rpfleger 1971, 121 (129).
44 Keller/Munzig/Munzig GBO § 51 Rn. 23; Bauer/v. Oefele/Schaub GBO § 51 Rn. 82.
45 OLG München NJW-Spezial 2017, 135 = FamRZ 2017, 1268; RGZ 151, 395 (397); KGJ 52, 166 (169); OLG Frankfurt Rpfleger 1980, 228; BayObLG DNotZ 1990, 56 = Rpfleger 1989, 412.
46 Bauer/v. Oefele/Schaub GBO § 51 Rn. 84; Schöner/Stöber GrundbuchR Rn. 3507.

III. Löschung des Nacherbenvermerks

1. Allgemeines. Der Nacherbenvermerk kann auf Antrag, § 13, gelöscht werden, wenn eine Löschungsbewilligung, § 19, vorliegt oder wenn die Unrichtigkeit nachgewiesen ist, § 22. 31

2. Löschungsbewilligung. Nach hM ist die Löschung des Nacherbenvermerks aufgrund Bewilligung möglich.[47] Wird die Löschung des Nacherbenvermerks vom dem oder den Nacherben bewilligt, wird damit auf den Schutz durch den Vermerk gegen gutgläubigen Erwerb verzichtet.[48] Es muss eine Bewilligung sämtlicher Nacherben,[49] Nachnacherben und Ersatznacherben[50] vorliegen. 32

Ist ein Nacherbe **beschränkt geschäftsfähig oder geschäftsunfähig**, wird die Löschungsbewilligung von seinem gesetzlichen Vertreter abgegeben. Problematisch wird dies, wenn der gesetzliche Vertreter gleichzeitig Vorerbe ist. § 181 BGB ist hier entsprechend anwendbar, da zwar das Rechtsgeschäft gegenüber dem Grundbuchamt vorgenommen wird, es materiell aber den Vertreter selbst betrifft.[51] Es ist ein Ergänzungspfleger nach § 1809 Abs. 1 S. 1 BGB bzw. ein weiterer Betreuer nach § 1817 Abs. 5 BGB erforderlich. Zur Abgabe der Löschungsbewilligung durch den gesetzlichen Vertreter ist außerdem eine familien- bzw. betreuungsgerichtliche Genehmigung nach § 1850 Abs. 1 Nr. 1 BGB erforderlich.[52] 33

Ist Nacherbentestamentsvollstreckung angeordnet, muss die Löschungsbewilligung durch den Testamentsvollstrecker abgegeben werden. 34

Ein Sonderfall liegt vor, wenn die Nacherben vollständig oder zum Teil noch **unbekannt** sind, etwa weil die Abkömmlinge des Vorerben zu Nacherben eingesetzt wurden. Für die noch nicht bekannten Nacherben ist ein Pfleger nach § 1882 BGB zu bestellen, der dann die Löschungsbewilligung abgeben kann.[53] Eine Bewilligung der derzeit lebenden bzw. bekannten Nacherben mit eidesstattlicher Versicherung, dass sie derzeit die einzigen Abkömmlinge des Vorerben sind, ist nicht ausreichend.[54] Zu Lebzeiten des Vorerben können jederzeit noch Nacherben hinzukommen, da auch adoptierte Kinder Abkömmlinge sein können.[55] Sind „leibliche Abkömmlinge" als Nacherben eingesetzt, sind biologische Grenzen, wie das 45. Lebensjahr bei Frauen, im Hinblick auf die Fortschritte der Medizin nicht mehr geeignet, das Hinzukommen weiterer Nacherben auszuschließen.[56] Etwas anderes gilt, wenn „die Kinder der Vorerbin aus deren Ehe mit dem Erblasser" als Nacherben eingesetzt sind und die überlebende Ehefrau als Vorerbin an Eides statt erklärt, dass aus ihrer Ehe mit dem Erblasser keine weiteren Kinder hervorgegangen sind. Soweit mindestens zehn Monate nach dem Erbfall vergangen sind, steht der Kreis der möglichen Nacherben fest, die Bestellung eines Pflegers für unbekannte Beteiligte ist nicht erforderlich.[57] 35

---

[47] OLG Düsseldorf FamRZ 2014, 874; BayObLG NJW-RR 2005, 956; Meikel/Böhringer GBO § 51 Rn. 112 ff., 162 ff.; Bauer/v. Oefele/Schaub GBO § 51 Rn. 116 ff.; Schöner/Stöber GrundbuchR Rn. 3506, 3512; Demharter GBO § 51 Rn. 38; Staudinger/Avenarius BGB § 2100 Rn. 112; aA BeckOK GBO/Hügel/Zeiser GBO § 51 Rn. 116; Bestelmeyer Rpfleger 1994, 189.

[48] KGJ 52, 166 (170); OLG Frankfurt Rpfleger 1980, 228.

[49] BayObLG Rpfleger 1982, 277 = DNotZ 1983, 318; OLG Hamm MittBayNot 1997, 240; OLG München DNotZ 2020, 347.

[50] OLG Hamm DNotZ 1955, 538; OLG Frankfurt Rpfleger 1971, 146 = DNotZ 1970, 691.

[51] BayObLGZ 1983, 213 (220) = Rpfleger 1983, 482; Bauer/v. Oefele/Schaub GBO § 51 Rn. 123; aA OLG Frankfurt FamRZ 1964, 154.

[52] OLG Düsseldorf FamRZ 2014, 874; Bauer/v. Oefele/Schaub GBO § 51 Rn. 127; Meikel/Böhringer GBO § 51 Rn. 115, 163; Schöner/Stöber GrundbuchR Rn. 3512, 3514; BeckOK GBO/Hügel/Zeiser GBO § 51 Rn. 122, 124.

[53] OLG Düsseldorf FamRZ 2014, 874; OLG Müchen NJW-RR 2014, 1161; OLG Hamm MittBayNot 1997, 240 = ZEV 1997, 208; BayObLG MittBayNot 1997, 238.

[54] BayObLG Rpfleger 1982, 270.

[55] OLG Stuttgart ZEV 2010, 94; BayObLGZ 1959, 501 = NJW 1960, 965.

[56] BeckOK GBO/Hügel/Zeiser GBO § 51 Rn. 93; aA OLG Hamm MittBayNot 1997, 240 = ZEV 1997, 208.

[57] OLG Frankfurt Rpfleger 1986, 51 mAnm Meyer-Stolte; BayObLGZ 2000, 167 = DNotZ 2001, 385; BayObLG Rpfleger 2003, 353; OLG Düsseldorf ZEV 2010, 98; Bauer/v. Oefele/Schaub GBO § 51 Rn. 119; Schöner/Stöber GrundbuchR Rn. 790; BeckOK GBO/Hügel/Zeiser GBO § 51 Rn. 93.

36 **3. Unrichtigkeitsnachweis. a) Nacherbenvermerk an nicht nachlasszugehörigem Gegenstand.** Das Grundbuch ist unrichtig, wenn ein Nacherbenvermerk an einem Gegenstand eingetragen wurde, der nicht zum Nachlass gehört. Dies kann insbes. dann der Fall sein, wenn vom Grundbuchamt fälschlich ein Nacherbenvermerk bei Bestehen einer Gesamthandsgemeinschaft entgegen der in → Rn. 12 ff. dargestellten Grundsätze eingetragen wurde.

37 Ein gesonderter Nachweis der Unrichtigkeit ist in diesem Fall nicht erforderlich, da sich die Zugehörigkeit des Gegenstands zum Nachlass aus dem Grundbuch ergibt und somit offenkundig ist, § 29 Abs. 1 S. 2.

38 **b) Nacherbenrecht hat nie bestanden.** Zu solchen Fällen kann es bspw. kommen, wenn die Anordnung der Nacherbfolge wegen § 2306 BGB unwirksam war oder wenn das Grundbuchamt den Nacherbenvermerk unter Nichtbeachtung von § 2110 Abs. 2 BGB eingetragen hat.[58] Weiterer Grund kann eine unrichtige Auslegung einer öffentlichen Verfügung von Todes wegen durch das Grundbuchamt oder ein unrichtiger Erbschein sein.

39 Der Unrichtigkeitsnachweis erfolgt durch Vorlage einer Ausfertigung eines neuen, die Nacherbfolge nicht mehr bezeugenden Erbscheins mit gleichzeitiger Einziehung des alten Erbscheins.[59]

40 **c) Dem Nacherben gegenüber wirksame Verfügungen des Vorerben. aa) Grundsatz der freien Verfügung.** Der Vorerbe kann, solange der Nacherbenvermerk im Grundbuch eingetragen bleibt, frei über die zum Nachlass gehörenden Gegenstände verfügen.[60] Die Verfügungen werden erst mit Eintritt des Nacherbfalls dem Nacherben gegenüber unwirksam, soweit sie sein Recht beeinträchtigen. Verfügungen des Vorerben können daher (mit Ausnahme von Löschungen, → Rn. 19, 58 f.) im Grundbuch eingetragen werden, ohne dass besondere Voraussetzungen erfüllt werden müssen. Soll aber der Nacherbenvermerk gelöscht werden, muss nachgewiesen werden, dass die Verfügung des Vorerben dem Nacherben gegenüber materiell voll wirksam ist.

41 Der Begriff der Verfügung ist rein rechtlich zu verstehen.[61] Eine Verfügung des Vorerben liegt nicht vor, wenn er mit seinem Ehegatten Gütergemeinschaft vereinbart.[62] Auch eine Übertragung des Erbteils durch den Vorerben ist keine Verfügung iSv § 2112 BGB, auch dann nicht, wenn ein Grundstück oder Grundstücksrecht einziger Bestandteil des Nachlasses ist.[63]

42 **bb) Verfügungen ohne Beeinträchtigung des Nacherben.** Verfügungen, die das Recht des Nacherben nicht beeinträchtigen, kann der Vorerbe vollwirksam vornehmen mit der Folge, dass der im Grundbuch eingetragene Nacherbenvermerk unrichtig wird und auf Antrag gelöscht werden kann. Bei der Frage der Beeinträchtigung des Vorerben sind nur rechtliche Gesichtspunkte in Betracht zu ziehen.[64]

43 Das Recht des Nacherben wird nicht beeinträchtigt, wenn der Vorerbe eine Verfügung in Erfüllung einer **Nachlassverbindlichkeit**, eines Vermächtnisses oder einer Teilungsanordnung vornimmt.[65] Ist allerdings in der letztwilligen Verfügung ein Zeitpunkt für die Verfügung des Vorerben bestimmt und erfolgt die Verfügung vorzeitig, ist eine Beeinträchtigung gegeben.[66]

44 Von einer Verfügung des Vorerben wird der Nacherbe nicht beeinträchtigt, wenn er **selbst Empfänger** der Leistung ist.[67] Wenn von mehreren Nacherben nicht alle etwas erhalten, sind diejenigen, die nichts erhalten haben aber beeinträchtigt.[68] Eine Zuwendung an einen von

---

58 Bauer/v. Oefele/Schaub GBO § 51 Rn. 130.
59 BayObLG MittBayNot 1970, 161.
60 KG JFG 1, 485; BayObLG Rpfleger 1970, 344; OLG Hamburg Rpfleger 2004, 617.
61 BayObLG NDR 1974, 59.
62 BayObLGZ 1989, 114 = NJW-RR 1989, 836 = Rpfleger 1989, 328.
63 BayObLG DNotZ 1983, 320 (325); LG Oldenburg Rpfleger 1979, 102 (103); Bauer/v. Oefele/Schaub GBO § 51 Rn. 132.
64 NK-BGB/Gierl BGB § 2113 Rn. 22; Staudinger/Avenarius BGB § 2113 Rn. 22.
65 BGH DNotZ 2001, 808 für Nachlassverbindlichkeit und Vermächtnis; LG Hanau Rpfleger 1986, 433 für Teilungsanordnung.
66 BayObLG Rpfleger 1974, 355; OLG Hamm NJW-RR 1996, 1230 = Rpfleger 1996, 504 = MittBayNot 1996, 381.
67 BGH DNotZ 2001, 392; BayObLG NJW-RR 2005, 956.
68 RGZ 159, 385.

mehreren Nacherben darf den Wert des Nacherbteils nicht übersteigen und muss auf den Nacherbteil angerechnet werden, da ansonsten eine unentgeltliche Verfügung vorliegt.[69]

Die Löschung einer an einem Nachlassgrundstück bestehenden Hypothek beeinträchtigt das Recht des Nacherben nicht, wenn die gesicherte Forderung vom Vorerben aus seinen Mitteln zurückgezahlt wurde[70] oder wenn die Löschung Nachlassverbindlichkeit ist.[71] Außerdem wird der Nacherbe von der Löschung eines letztrangigen Grundpfandrechts nicht berührt, da kein Rang aus einem potenziellen Eigentümerrecht verloren gehen kann.[72] 45

Die Löschung einer Hypothek, die zum Nachlass gehört, beeinträchtigt den Nacherben nicht, wenn die gesicherte Forderung an den Vorerben zurückgezahlt wurde, da in diesem Fall die Hypothek an den Zahlenden übergeht. Als Nachweis ist die löschungsfähige Quittung des Vorerben ausreichend, da diese lediglich den Erhalt von Geld bestätigt.[73] 46

Verzichtet der Vorerbe auf das Eigentum an einer wertlosen Sache oder auf ein wertloses Recht, wird das Recht des Vorerben dadurch nicht berührt.[74] 47

Der Nachweis, dass der Nacherbe von der Verfügung des Vorerben nicht beeinträchtigt ist, ist grds. in Form des § 29 zu führen. Allerdings kann ein eigenhändiges Testament ausreichend sein, zB bei Vermächtnis oder Teilungsanordnung.[75] 48

cc) Verfügungen mit Zustimmung des Nacherben. Alle Verfügungen des Vorerben sind wirksam, wenn der Nacherbe ihnen zugestimmt hat. Erforderlich ist die Zustimmung **aller Nacherben**, auch noch unbekannter.[76] Für unbekannte Nacherben muss ggf. ein nach § 1913 BGB zu bestellender Pfleger handeln.[77] Bedingt eingesetzte Nacherben[78] und weitere Nacherben (Nachnacherben)[79] müssen ebenfalls zustimmen, nicht aber Ersatznacherben, da diese erst bei Wegfall des Nacherben in dessen Rechtsstellung eintreten.[80] 49

Die Zustimmungserklärung ist dem Grundbuchamt in Form des § 29 nachzuweisen. Bei angeordneter Nacherbentestamentsvollstreckung muss der Testamentsvollstrecker die Zustimmung abgeben und es ist eine Ausfertigung des Testamentsvollstreckerzeugnisses (→ § 35 Rn. 82 ff.) vorzulegen. 50

dd) Entgeltliche Verfügungen des befreiten Vorerben. Der befreite Vorerbe kann **entgeltliche** Verfügungen ohne Zustimmung des Nacherben vollwirksam vornehmen mit der Folge, dass der im Grundbuch eingetragene Nacherbenvermerk unrichtig wird und auf Antrag zu löschen ist. Eine entgeltliche Verfügung liegt vor, wenn ein entsprechender Wert in den Nachlass fließt. Unentgeltlich ist eine Verfügung, wenn kein entsprechender Wert in den Nachlass fließt und der Vorerbe dies weiß oder hätte erkennen müssen.[81] Teilweise unentgeltliche Verfügungen sind unentgeltlichen Verfügungen gleichzusetzen.[82] 51

---

69 OLG Braunschweig FamRZ 1995, 443 (445); BeckOK GBO/Hügel/Zeiser GBO § 51 Rn. 65.
70 OLG München JFG 21, 81.
71 Bauer/v. Oefele/Schaub GBO § 51 Rn. 166; Demharter GBO § 51 Rn. 34; Schöner/Stöber GrundbuchR Rn. 3494; BeckOK GBO/Hügel/Zeiser GBO § 51 Rn. 69.
72 OLG Hamm ZEV 2012, 671 mwN; BeckOK GBO/Hügel/Zeiser GBO § 51 Rn. 65; aA BeckOK BGB Bamberger/Roth/Litzenburger BGB § 2113 Rn. 23.
73 BeckOK GBO/Hügel/Zeiser GBO § 51 Rn. 74.
74 BGH Rpfleger 1999, 331 für praktisch unveräußerliches, nur Kosten verursachendes Mietwohngrundstück.
75 OLG Hamm NJW-RR 1996, 1230 = Rpfleger 1996, 504 = MittBayNot 1996, 381; Bauer/v. Oefele/Schaub GBO § 51 Rn. 151; Schöner/
Stöber GrundbuchR Rn. 3520a; BeckOK GBO/Hügel/Zeiser GBO § 51 Rn. 72.
76 BayObLG Rpfleger 1982, 277; BayObLG DNotZ 1998, 206 = MittBayNot 1997, 238.
77 OLG Düsseldorf FamRZ 2014, 874; OLG München NJW-RR 2014, 1161; BayObLG Rpfleger 1982, 277; BayObLG DNotZ 1998, 206 = MittBayNot 1997, 238.
78 BayObLG Rpfleger 1982, 277; OLG Hamm Rpfleger 1975, 134.
79 OLG Hamm Rpfleger 1975, 134; OLG Zweibrücken FGPrax 2011, 174.
80 RGZ 145, 316; BGHZ 40, 115; BayObLG NJW-RR 2005, 956; OLG München ZEV 2012, 674.
81 OLG Karlsruhe FGPrax 2015, 248; OLG München NJW-RR 2014, 1161; OLG Stuttgart ZErb 2018, 191; BayObLG DNotZ 1989, 182.
82 BGH NJW 1985, 382; BayObLG DNotZ 1989, 182.

52 Die Veräußerung unter Nießbrauchsvorbehalt ist eine entgeltliche Verfügung, wenn die Kapitalisierung des Nießbrauchs und der Wert weiterer Gegenleistungen insgesamt ein angemessenes Entgelt darstellen.[83] Es muss eine angemessene dingliche Sicherung erfolgen.[84]

53 Für die Entgeltlichkeit kommt es auf den **Zeitpunkt der Verfügung** an.[85]

54 Die Entgeltlichkeit kann regelmäßig nicht in Form des § 29 nachgewiesen werden. Es ist daher ausnahmsweise der **Freibeweis** zugelassen (→ § 29 Rn. 85).[86] Bei einem Rechtsgeschäft zwischen dem Vorerben und einem unbeteiligten Dritten kann von Entgeltlichkeit ausgegangen werden, wenn entgegenstehende Hinweise nicht vorliegen.[87] Eine genauere Überprüfung muss vorgenommen werden, wenn zwischen dem Vorerben und dem Vertragspartner verwandtschaftliche Beziehungen bestehen.[88] Das Grundbuchamt ist aber weder berechtigt noch verpflichtet, eigene Ermittlungen und Beweiserhebungen anzustellen. Es muss die Beteiligten durch Zwischenverfügung zur Vorlage entsprechender Unterlagen anhalten.[89]

55 **d) Eintritt des Nacherbfalls.** Das Grundbuch wird mit Eintritt des Nacherbfalls unrichtig. Hat der Vorerbe keine Verfügung getroffen, kann auf Antrag und Vorlage der nach § 35 Abs. 1 erforderlichen Unterlagen im Wege der Grundbuchberichtigung der Nacherbe als Eigentümer bzw. Berechtigter eingetragen und der Nacherbenvermerk gelöscht werden.

56 Ist aber eine vom Vorerben bestellte **Grundstücksbelastung eingetragen**, kann zwar auf Antrag der Nacherbe als Eigentümer eingetragen werden, der Nacherbenvermerk wird aber noch nicht gelöscht, da er weiterhin vor dem Rechtsverlust schützt, der mit Verfügung über das eingetragene, wegen des Eintritts des Nacherbfalls unwirksamen Rechts durch gutgläubigen Erwerb entstehen könnte.[90]

57 Ist als neuer **Eigentümer des Nachlassgrundstücks ein Dritter** eingetragen, kann die Eintragung des Nacherben als Eigentümer nicht allein auf dessen Antrag hin erfolgen, da das Grundbuchamt nicht prüfen kann, ob die Buchposition des Erwerbers auch materiellrechtlich Bestand hat, zB wenn der Nacherbe der Verfügung des Vorerben zugestimmt hat. Erforderlich ist die Berichtigungsbewilligung des Dritten, auf die der Nacherbe ggf. einen Anspruch nach § 894 BGB hat. Theoretisch möglich wäre auch eine Berichtigung aufgrund Unrichtigkeitsnachweis nach § 22, dieser wird aber praktisch kaum zu führen sein.[91]

58 **e) Löschung eines zum Nachlass gehörenden Rechts.** Wenn ein der Nacherbfolge unterliegendes Recht gelöscht werden soll, gilt der Grundsatz der freien Verfügung des Vorerben nicht, da mit der Löschung eines Rechts der daran eingetragene Nacherbenvermerk und damit der Schutz des Nacherben untergeht.[92]

59 Ist der Vorerbe nicht befreit, ist nachzuweisen, dass die Verfügung des Vorerben das Recht des Nacherben nicht beeinträchtigt oder alle Nacherben und Nachnacherben zugestimmt haben. Es

---

83 OLG Frankfurt BeckRS 2019, 32271; Meikel/Böhringer GBO § 51 Rn. 141; Bauer/v. Oefele/Schaub GBO § 51 Rn. 144; BeckOK GBO/Hügel/Zeiser GBO § 51 Rn. 82.
84 OLG Hamm Rpfleger 1971, 147; BeckOK GBO/Hügel/Zeiser GBO § 51 Rn. 82.
85 BGH NJW 1977, 1631.
86 OLG München FamRZ 2015, 697; BayObLG DNotZ 1989, 182; OLG Hamm NJW-RR 1996, 1230 = Rpfleger 1996, 504 = MittBayNot 1996, 381; OLG Hamburg Rpfleger 2004, 618; OLG Frankfurt NJWZ 2012, 643.
87 OLG München FamRZ 2015, 697; BayObLG 1989, 182; KG Rpfleger 1968, 224; OLG Hamm Rpfleger 1991, 59; OLG Frankfurt Rpfleger 1980, 107; OLG Hamburg Rpfleger 2004, 618.
88 OLG Frankfurt Rpfleger 1977, 170; OLG München FGPrax 2005, 193; OLG Düsseldorf Rpfleger 2008, 299 = FGPrax 2008, 94.
89 KG Rpfleger 1968, 224; OLG Frankfurt Rpfleger 1980, 107; OLG Braunschweig Rpfleger 1991, 204; OLG München FGPrax 2005, 193 mAnm Demharter; Bauer/v. Oefele/Schaub GBO § 51 Rn. 150; Schöner/Stöber GrundbuchR Rn. 3491.
90 Bauer/v. Oefele/Schaub GBO § 51 Rn. 158; Schöner/Stöber GrundbuchR Rn. 3525b.
91 Bauer/v. Oefele/Schaub GBO § 51 Rn. 159; Schöner/Stöber GrundbuchR Rn. 3525c.
92 RGZ 102, 337; KG JFG 15, 187, 188; OLG München JFG 21, 84; OLG Düsseldorf Rpfleger 1957, 413; BayObLGZ 2001, 120 = NJW-RR 2001, 1665 = Rpfleger 2001, 408 = DNotZ 2001, 808 mAnm Gergaut = MittBayNot 2001, 403 = FamRZ 2002, 135.

gilt das zu → Rn. 40 ff. Ausgeführte entsprechend. Bei befreiter Vorerbschaft ist auch der Nachweis, dass die Verfügung des Vorerben entgeltlich ist, ausreichend.

IV. Sonderfälle

1. Verfügungen über das Nacherbenrecht. Der Nacherbe kann vor Eintritt des Nacherbfalls sein Anwartschaftsrecht auf die Nacherbschaft veräußern.[93] Zu einer Übertragung des Anwartschaftsrechts auf den Vorerben bedarf der Nacherbe nicht der Zustimmung des Ersatznacherben.[94] Da der Nacherbe aber nicht in die Rechtsstellung des Ersatznacherben eingreifen kann, verliert in diesem Fall der Vorerbe seine durch die Übertragung erworbene Rechtsstellung als Nacherbe in dem Zeitpunkt an den Ersatznacherben, zu dem sie der ursprüngliche Nacherbe verlieren würde.[95] 60

Damit kann ohne Zustimmung der Ersatznacherben und ggf. weiterer Nacherben der Nacherbenvermerk im Grundbuch nicht gelöscht werden. Die Rechtsposition der Ersatznacherben wird durch ihn weiterhin geschützt.[96] 61

2. Auseinandersetzung zwischen Vor- und Nacherbe. Zwischen Vorerben und Nacherben kann eine Erbauseinandersetzung stattfinden.[97] Ein Gegenstand, über den die Auseinandersetzung betrieben wurde, unterliegt in der Folge nicht mehr der Nacherbfolge, weil er vollständig aus dem Nachlass ausscheidet.[98] Die Zustimmung von Ersatznacherben ist zur Auseinandersetzung nicht erforderlich.[99] 62

§ 52 GBO [Testamentsvollstreckervermerk]

Ist ein Testamentsvollstrecker ernannt, so ist dies bei der Eintragung des Erben von Amts wegen miteinzutragen, es sei denn, daß der Nachlaßgegenstand der Verwaltung des Testamentsvollstreckers nicht unterliegt.

A. Allgemeines	1	
B. Regelungsgehalt	2	
I. Testamentsvollstreckung	2	
1. Allgemeines	2	
2. Nachweis	3	
a) Testamentsvollstreckerzeugnis	3	
b) Öffentliche Verfügung von Todes wegen mit Eröffnungsniederschrift und Amtsannahme	4	
3. Umfang und Arten der Testamentsvollstreckung	6	
a) Grundsatz	6	
b) Modifizierungen der Testamentsvollstreckung durch den Erblasser	7	
c) Surrogation	10	
4. Zusammentreffen von Testamentsvollstreckung und Gesamthandsgemeinschaft	13	
a) Erbengemeinschaft	13	
b) Gütergemeinschaft	14	
c) BGB-Gesellschaft	15	
II. Testamentsvollstreckervermerk	16	
1. Eintragung der Erbfolge	16	
2. Zeitpunkt der Eintragung	17	
3. Ort der Eintragung	19	
4. Inhalt des Testamentsvollstreckervermerks	20	
5. Wirkung des eingetragenen Testamentsvollstreckervermerks	21	
a) Verfügungsbeschränkung des Erben	21	
b) Verfügungsberechtigung des Testamentsvollstreckers	22	
aa) Grundsatz	22	
bb) Ausnahmen von der Verfügungsberechtigung des Testamentsvollstreckers	23	
cc) Verfügungsbeschränkungen des Testamentsvollstreckers	26	
(1) Unentgeltliche Verfügungen	26	

---

[93] RGZ 101, 185 (191); 139, 347; 170, 163, 168; KG JW 1937, 1553; BGHZ 76, 367 (367); BayObLG NJW 1970, 1794 (1795) = DNotZ 1970, 686; OLG Frankfurt Rpfleger 1980, 228; Haegele Rpfleger 1971, 121 (130).
[94] RGZ 145, 316; OLG Köln NJW 1955, 633.
[95] Bauer/v. Oefele/Schaub GBO § 51 Rn. 192; Schöner/Stöber GrundbuchR Rn. 3528.
[96] BayObLG NJW 1970, 1794 = DNotZ 1970, 686; OLG Hamm DNotZ 1970, 688; OLG Frankfurt DNotZ 1970, 691; Kanzleiter DNotZ 1970, 693; Bauer/v. Oefele/Schaub GBO § 51 Rn. 193; aA Becher NJW 1969, 1463.
[97] BGHZ 40, 115 (122); BGH NJW-RR 2001, 217; BayObLG NJW-RR 2005, 956.
[98] BGH NJW-RR 2001, 217.
[99] BayObLG NJW-RR 2005, 956.

(2) Insichgeschäfte des Testamentsvollstreckers 35	7. Kein Verzicht auf die Eintragung 45
c) Nachweis der Verfügungsbefugnis gegenüber dem Grundbuchamt 37	III. Löschung des Testamentsvollstreckervermerks 46
aa) Testamentsvollstreckerstellung 37	1. Allgemeines 46
bb) Nachweis der Entgeltlichkeit einer Verfügung 38	2. Unrichtigkeitsnachweis 47
cc) Nachweis der Wirksamkeit von Insichgeschäften 40	a) Testamentsvollstreckung hat nie bestanden 47
d) Handeln des Testamentsvollstreckers mit allen Erben und Vermächtnisnehmern 43	b) Testamentsvollstreckung ist beendet 48
6. Rang des Testamentsvollstreckervermerks 44	c) Gegenstand unterliegt nicht mehr der Verfügungsbefugnis des Testamentsvollstreckers 50

A. Allgemeines

1 Der Erbe kann über Nachlassgegenstände, die der Verwaltung des Testamentsvollstreckers unterliegen, nicht verfügen, § 2211 Abs. 1 BGB. Nach § 2211 Abs. 2 BGB ist zugunsten Dritter ein gutgläubiger Erwerb möglich. § 52 ordnet an, dass die Tatsache der Testamentsvollstreckung **von Amts wegen** im Grundbuch einzutragen ist, um das alleinige Verfügungsrecht des Testamentsvollstreckers gegen die Wirkungen des öffentlichen Glaubens des Grundbuchs zu schützen.

B. Regelungsgehalt

I. Testamentsvollstreckung

2 **1. Allgemeines.** Zur allgemeinen Ausgestaltung der Testamentsvollstreckung und zu materiellrechtlichen Fragen darf auf die Kommentierung in NK-BGB/*Weidlich*, §§ 2197 ff. BGB, verwiesen werden.

3 **2. Nachweis. a) Testamentsvollstreckerzeugnis.** Die Ernennung und Verfügungsbefugnis eines Testamentsvollstreckers wird grundsätzlich durch Testamentsvollstreckerzeugnis, § 2368 BGB, nachgewiesen, § 35 Abs. 2. Das Zeugnis ist in Urschrift oder Ausfertigung vorzulegen, alternativ kann auf die Akten des Nachlassgerichts am selben Amtsgericht verwiesen werden. Der Erbschein genügt zum Nachweis der Testamentsvollstreckung nicht, da er nach § 2364 BGB nur die Ernennung des Testamentsvollstreckers, nicht aber etwaige Beschränkungen seines Verwaltungsrechts enthält.[1] Das Testamentsvollstreckerzeugnis reicht umgekehrt nicht zum Nachweis der Erbfolge aus, so dass beide Zeugnisse vorzulegen sind.[2]

4 **b) Öffentliche Verfügung von Todes wegen mit Eröffnungsniederschrift und Amtsannahme.** Wurde der Testamentsvollstrecker in einer öffentlichen Verfügung von Todes wegen ernannt, kann statt des Testamentsvollstreckerzeugnisses nach § 35 Abs. 2 auch die Verfügung von Todes wegen mit Eröffnungsniederschrift **und die Amtsannahme** vorgelegt werden. Der Nachweis der Annahme des Amtes bedarf der Form des § 29 und kann durch Zeugnis des Nachlassgerichts über die Amtsannahme oder durch Niederschrift über die Annahmeerklärung erbracht werden.[3] Privatschriftliche Annahmeerklärungen sind nicht ausreichend.[4] Deshalb können die Nachweise nicht durch Bezugnahme auf die Akten desselben Amtsgerichts ersetzt werden, wenn diese nur die übliche privatschriftliche Annahmeerklärung enthalten.

---

[1] Demharter GBO § 52 Rn. 11; Bauer/v. Oefele/Schaub GBO § 52 Rn. 19; aA Schneider MittRhNotK 2000, 283, da gegenständliche Beschränkungen im Erbschein aufzunehmen seien; BeckOK GBO/Hügel/Zeiser GBO § 52 Rn. 26 f.

[2] KGJ 50, 167; Bauer/v. Oefele/Schaub GBO § 52 Rn. 19; Demharter GBO § 52 Rn. 11.

[3] KGJ 28, 283; 38, 136.

[4] OLG München ZEV 2016, 439.

Wird der Testamentsvollstrecker nach §§ 2198, 2199 BGB durch einen Dritten bestimmt oder nach § 2200 BGB durch das Nachlassgericht ernannt, muss die Bestimmung des Dritten bzw. die Ernennung durch das Nachlassgericht dem Grundbuchamt ebenfalls in Form des § 29 nachgewiesen werden.

3. Umfang und Arten der Testamentsvollstreckung. a) Grundsatz. Ist die Testamentsvollstreckung ohne Einschränkungen angeordnet, geht die Verfügungsbefugnis bzgl. **aller Nachlassgegenstände** nach § 2205 Abs. 1 BGB auf den Testamentsvollstrecker über. Das Grundbuchamt muss, wenn es keine entgegenstehenden sicheren Kenntnisse hat, von dieser uneingeschränkten Testamentsvollstreckung ausgehen.[5]

b) Modifizierungen der Testamentsvollstreckung durch den Erblasser. Der **Erblasser** kann die Testamentsvollstreckung **inhaltlich beschränken**. Er kann bspw. anordnen, dass nur bestimmte Gegenstände der Testamentsvollstreckung unterliegen sollen, § 2208 Abs. 1 S. 1 BGB, dass die Testamentsvollstreckung auf eine bestimmte Zeitdauer beschränkt sein soll, oder dass nur bestimmte Erbteile der Testamentsvollstreckung unterliegen sollen.[6]

Der Erblasser kann die Befugnisse des Testamentsvollstreckers auch **erweitern**, bspw. nach § 2209 S. 1 Hs. 2 BGB Dauervollstreckung anordnen.

Außerdem kann der Erblasser **Vermächtnisvollstreckung** oder Testamentsvollstreckung für den **Nacherben** anordnen.

c) Surrogation. Dem Verfügungsrecht des Testamentsvollstreckers unterliegt auch, was er **mit Mitteln des Nachlasses** erwirbt, § 2041 BGB entsprechend.[7] Die Surrogation tritt, wenn mit Mitteln aus dem Nachlass bspw. ein Grundstück erworben wird, selbst bei entgegenstehendem Willen des Testamentsvollstreckers oder der Erben ein. Die **objektive Beziehung zum Nachlass** ist hier ausreichend.[8] Die Mittel stammen selbst dann aus dem Nachlass, wenn zur Zwischenfinanzierung ein Kreditinstitut eingeschaltet war.[9]

Im Grundbuch müssen bei solchen erworbenen Rechten die Erben als Berechtigte mit der Verfügungsbeschränkung der Testamentsvollstreckung eingetragen werden. Eine Eintragung des Testamentsvollstreckers selbst ist auch unter dem Hinweis, dass ihm das Recht als Testamentsvollstrecker zustehe, nicht möglich.[10]

Keine Surrogation liegt vor, wenn der Erlös aus dem Verkauf eines Nachlassgegenstandes im Wege der Teilerbauseinandersetzung unter den Miterben aufgeteilt wird und mit diesem Erlösanteil sodann ein anderes Grundstück für einen Miterben erworben wird. Mit Vollzug der Auseinandersetzung ist der Erlösanteil aus dem Nachlass und damit aus dem der Testamentsvollstreckung unterliegenden Vermögen ausgeschieden.[11]

4. Zusammentreffen von Testamentsvollstreckung und Gesamthandsgemeinschaft. a) Erbengemeinschaft. Die Testamentsvollstreckung kann unproblematisch an einem Erbanteil bestehen, sie kann auch innerhalb einer Erbengemeinschaft nur für bestimmte Anteile angeordnet werden.[12]

---

5 BayObLG Rpfleger 2005, 247.
6 BGH NJW 1997, 1362.
7 RGZ 138, 132; BayObLG NJW-RR 1992, 62 = Rpfleger 1992, 604; Krug ZEV 1999, 381 (383).
8 BGH NJW 1968, 1824; OLG München NJW 1956, 1880; OLG Hamm ZEV 2001, 275; Bauer/v. Oefele/Schaub GBO § 52 Rn. 41.
9 BGH NJW 1990, 1237.
10 OLG Hamburg OLGE 20, 416; OLG Hamm Rpfleger 1989, 17; BeckOK GBO/Hügel/Zeiser GBO § 52 Rn. 17.
11 BayObLG Rpfleger 1992, 62 = FamRZ 1992, 604 mAnm Damrau = DNotZ 1993, 399 m. krit. Anm. Weidlich; Bauer/v. Oefele/Schaub GBO § 52 Rn. 43; aA Streuer Rpfleger 1992, 350; BeckOK GBO/Hügel/Zeiser GBO § 52 Rn. 16, wonach im Einzelfall zu prüfen sei, ob in der angeordneten Testamentsvollstreckung eine Abwicklungsvollstreckung oder Verwaltungsvollstreckung vorliegt und die Testamentsvollstreckung bei Verwaltungsvollstreckung am auseinandergesetzten Gegenstand oder Surrogat fortbestehe.
12 BGH NJW 1984, 2464.

14 **b) Gütergemeinschaft.** Die Testamentsvollstreckung kann an dem güterrechtlichen Anteil des Erblassers bestehen.[13] Es treten hier, anders als bei Vor- und Nacherbfolge, keine weiteren Personen hinzu, die einer Verfügung zustimmen müssten, vielmehr verlagert sich die Verfügungsbefugnis lediglich auf eine andere Person.[14]

15 **c) BGB-Gesellschaft.** An einem Gesellschaftsanteil kann ein Testamentsvollstreckervermerk im Grundbuch nicht eingetragen werden.[15]

II. Testamentsvollstreckervermerk

16 **1. Eintragung der Erbfolge.** Der Testamentsvollstreckervermerk kann nur mit Eintragung der Erbfolge eingetragen werden. Die Eintragung der Erbfolge kann vom Testamentsvollstrecker beantragt werden.[16] Auch die Erben haben aber ein eigenes Antragsrecht, da die Eintragung der Erbfolge im Grundbuch keine Verfügung darstellt und damit auch die Verfügungsbeschränkung keine Rolle spielen kann, → § 13 Rn. 14.[17]

17 **2. Zeitpunkt der Eintragung.** Der Testamentsvollstreckervermerk ist von Amts wegen **gleichzeitig mit Eintragung der Erbfolge** einzutragen.[18] Die Eintragung des Testamentsvollstreckervermerks ohne gleichzeitige Eintragung der Erben ist unzulässig, wenn nicht die Eintragung des Erben nach § 40 entbehrlich ist.[19] Auch wenn die Testamentsvollstreckung aufschiebend bedingt oder befristet angeordnet wurde, ist der Vermerk bereits bei Eintragung der Erben einzutragen.[20]

18 Ist die Eintragung des Testamentsvollstreckervermerks versehentlich unterblieben, kann sie jederzeit nachgeholt werden, solange kein Rechtsübergang an einen Dritten vorliegt.[21] Wurde das Recht bereits auf einen Dritten umgeschrieben, kommt nur noch die Eintragung eines Amtswiderspruchs nach § 53 Abs. 2 S. 1 in Betracht.[22] Die zwischenzeitliche Eintragung eines Rechts an einem zum Nachlass gehörenden Recht, zB eines Grundpfandrechts an einem Nachlassgrundstück, hindert das Nachholen der Eintragung des Testamentsvollstreckervermerks nicht, da sich das Nachlassrecht weiter in der der Testamentsvollstreckung unterliegenden Vermögensmasse befindet.[23]

19 **3. Ort der Eintragung.** Der Testamentsvollstreckervermerk wird in der Veränderungsspalte zu dem Recht eingetragen, auf das er sich bezieht, § 10 Abs. 5, § 11 Abs. 6 GBV. Bezieht er sich auf alle in einem Grundbuchblatt eingetragenen Grundstücke, wird er in Abt. II eingetragen, § 10 Abs. 1 GBV. Der Testamentsvollstreckervermerk wird nicht nur an Grundstücken, grundstücksgleichen Rechten und Rechten an Grundstücken eingetragen, sondern auch an Vormerkungen und Widersprüchen.[24]

20 **4. Inhalt des Testamentsvollstreckervermerks.** Als Inhalt des Testamentsvollstreckervermerks wird nur die Tatsache der Testamentsvollstreckung, nicht aber der Name des Testamentsvoll-

---

13 BGH NJW 1983, 2247.
14 BeckOK GBO/Hügel/Zeiser GBO § 52 Rn. 19.
15 BGH Rpfleger 1985, 240; LG Hamburg Rpfleger 1979, 26; Bestelmeyer Rpfleger 2010, 169 (188).
16 OLG München JFG 20, 273; Schneider MittRhNotK 2000, 283; Demharter § 13 Rn. 50; BeckOK GBO/Hügel/Zeiser GBO § 52 Rn. 29.
17 OLG Stttgart Rpfleger 2014, 76 = ZEV 2014, 97 = FamRZ 2014, 422; LG Stuttgart Rpfleger 1998, 243; Bertsch Rpfleger 1968, 178; Schneider MittRhNotK 2000, 283; aA KGJ 51, 216; OLG München JFG 20, 373; Becker Rpfleger 2014, 113.
18 KG DNotZ 1956, 195; BayObLGZ 1995, 363.
19 BayObLGZ 1995, 363.
20 BeckOK GBO/Hügel/Zeiser GBO § 52 Rn. 35; aA OLG Köln FGPrax 2015, 56.
21 Bauer/v. Oefele/Schaub GBO § 52 Rn. 31; Meikel/Böhringer GBO § 52 Rn. 38; Demharter § 51 Rn. 13; Schöner/Stöber GrundbuchR Rn. 3468; BeckOK GBO/Hügel/Zeiser GBO § 52 Rn. 37.
22 Bauer/v. Oefele/Schaub GBO § 52 Rn. 32; Meikel/Böhringer GBO § 52 Rn. 38; Demharter GBO § 52 Rn. 13; BeckOK GBO/Hügel/Zeiser GBO § 52 Rn. 37.
23 Bauer/v. Oefele/Schaub GBO § 52 Rn. 31; BeckOK GBO/Hügel/Zeiser GBO § 52 Rn. 37.
24 Bauer/v. Oefele/Schaub GBO § 52 Rn. 28; Demharter GBO § 52 Rn. 14; BeckOK GBO/Hügel/Zeiser GBO § 52 Rn. 31.

streckers und der Umfang seiner Vertretungsmacht eingetragen.[25] Wenn sich die Testamentsvollstreckung nur auf einen Teil eines Grundstücks oder Rechts bezieht, so ist dies anzugeben.[26]

5. Wirkung des eingetragenen Testamentsvollstreckervermerks. a) Verfügungsbeschränkung des Erben. Für den Erben bewirkt der Testamentsvollstreckervermerk eine **Grundbuchsperre**.[27] Das Grundbuchamt kann Verfügungen des Erben nicht mehr eintragen, weil diesem die Verfügungsbefugnis entzogen ist, § 2211 BGB. Eintragungsanträge, die auf eine Bewilligung des Erben gestützt sind, müssen zurückgewiesen werden, da der Erbe als Nichtberechtigter verfügt. Ausgenommen davon sind Verfügungen des Erben, die wirksam sind, etwa weil sie mit Einwilligung oder Genehmigung des Testamentsvollstreckers vorgenommen wurden, § 185 Abs. 1, 2 BGB, die Testamentsvollstreckung für den betreffenden Nachlassgegenstand infolge Freigabe nach § 2217 BGB erloschen ist oder die Testamentsvollstreckung insgesamt beendet ist.[28] Der Grund der Wirksamkeit ist dem Grundbuchamt in diesen Fällen in Form des § 29 nachzuweisen.

b) Verfügungsberechtigung des Testamentsvollstreckers. aa) Grundsatz. Grds. hat der Testamentsvollstrecker **umfassende und unbeschränkte Verfügungsbefugnis**. Wenn eine Verfügung im Einzelfall nicht den Grundsätzen ordnungsgemäßer Verwaltung entspricht, ist sie dennoch wirksam.[29] Die Pflichtwidrigkeit des Testamentsvollstreckers im Innenverhältnis zu den Erben ist vom Grundbuchamt nicht zu beachten.

bb) Ausnahmen von der Verfügungsberechtigung des Testamentsvollstreckers. Der Miterbe kann selbst nach § 2033 BGB über seinen Miterbenanteil als solchen verfügen, da sich das Verfügungsrecht des Testamentsvollstreckers nicht darauf bezieht.

Die Verfügungsbefugnis des Testamentsvollstreckers kann **durch Anordnungen des Erblassers** beschränkt sein. Hat dieser bspw. bei mehreren Erben die Art und Weise der Auseinandersetzung oder ein Auseinandersetzungsverbot in einer letztwilligen Verfügung angeordnet, so sind entgegenstehende Verfügungen des Testamentsvollstreckers unwirksam.[30] Ist das Verfügungsrecht des Testamentsvollstreckers gegenständlich auf einen gesamthänderisch gebundenen Anteil an einem zum Gesamthandsvermögen gehörenden einzelnen Gegenstand, bspw. einen Grundstücksanteil, beschränkt, gilt das Gleiche.[31]

Dem Testamentsvollstrecker kann die Verfügungsbefugnis durch den Erblasser in letztwilliger Verfügung auch **vollständig entzogen** werden. Dies ist dann der Fall, wenn er nach den Anordnungen des Erblassers nur die Ausführung der betreffenden Verfügung beaufsichtigen und verlangen soll.[32]

cc) Verfügungsbeschränkungen des Testamentsvollstreckers. (1) Unentgeltliche Verfügungen. Nach § 2205 S. 3 BGB ist der Testamentsvollstrecker zu unentgeltlichen Verfügungen nicht befugt, soweit nicht die Verfügung einer sittlichen Pflicht oder einer auf den Anstand zu nehmenden Rücksicht entspricht. Diese Verfügungsbeschränkung hat **unmittelbar dingliche Wirkung**. Der Erblasser kann den Testamentsvollstrecker von dieser Verfügungsbeschränkung nicht befreien, § 2207 S. 2 BGB.

Der Begriff der Unentgeltlichkeit erfordert eine **objektive und eine subjektive Komponente**. Objektiv ist eine Verfügung unentgeltlich, wenn keine gleichwertige Gegenleistung in den Nachlass

---

25 KGJ 36, 190; 50, 168; Bauer/v. Oefele/Schaub GBO § 52 Rn. 24; Meikel/Böhringer GBO § 52 f.; Schöner/Stöber GrundbuchR Rn. 3467; BeckOK GBO/Hügel/Zeiser GBO § 52 Rn. 32.
26 Bauer/v. Oefele/Schaub GBO § 52 Rn. 26; Meikel/Böhringer GBO § 52 Rn. 29; BeckOK GBO/Hügel/Zeiser GBO § 52 Rn. 33.
27 Bauer/v. Oefele/Schaub GBO § 52 Rn. 36.
28 Bauer/v. Oefele/Schaub GBO § 52 Rn. 38.
29 MüKoBGB/Zimmermann BGB § 2205 Rn. 59 f.; Bauer/v. Oefele/Schaub GBO § 52 Rn. 39.
30 BGH NJW 1984, 2464; BGH NJW 1971, 1805; BGH NJW 1963, 2320; Lehmann AcP 1963, 1 ff.; Bauer/v. Oefele/Schaub GBO § 52 Rn. 47.
31 BayObLG Rpfleger 1982, 262; OLG Zweibrücken Rpfleger 2001, 173 = DNotZ 2001, 399 mAnm Winkler.
32 Bauer/v. Oefele/Schaub GBO § 52 Rn. 48; Damrau JR 1985, 106.

fließt. Zusätzlich muss der Testamentsvollstrecker subjektiv wissen, dass eine gleichwertige Gegenleistung fehlt oder hätte dies bei ordnungsgemäßer Verwaltung erkennen müssen.[33]

28 Die Entgeltlichkeit ist zum Zeitpunkt der Vornahme der Verfügung zu beurteilen.[34]

29 Bei der **Erbauseinandersetzung** ist für die Prüfung der Entgeltlichkeit der Vergleich zwischen der jeweiligen Erbquote und des diesem Erben Zugewandten entscheidend.[35] Es sind auch Ausgleichsleistungen zu berücksichtigen, die ein Miterbe an einen anderen Miterben zu erbringen hat, die also nicht in den Nachlass fallen.[36]

30 Unentgeltliche Verfügungen des Testamentsvollstreckers sind **unwirksam**. Das gilt in vollem Umfang auch dann, wenn die Verfügungen nur **teilweise unentgeltlich** sind.[37]

31 Die Bestellung einer Eigentümergrundschuld durch den Testamentsvollstrecker an einem Nachlassgrundstück ist nicht unentgeltlich, da das neu entstandene Recht ein Entgelt darstellt.[38]

32 Die Bestellung eines Fremdgrundpfandrechts oder die Abtretung einer Eigentümergrundschuld ist entgeltlich, wenn das gesicherte Darlehen dem Nachlass zufließt. In der Bestellungs- bzw. Abtretungsurkunde hat der Testamentsvollstrecker die Beweggründe für die Verfügung und deren Zweck darzulegen. Das Grundbuchamt kann die Eintragung nicht ablehnen, wenn Beweggründe und Verfügungszweck verständlich erscheinen und ihm keine gegenteiligen Tatsachen bekannt sind.[39]

33 Die Löschung von Grundpfandrechten, die zum Nachlass gehören, ist nur unentgeltlich, wenn keine Verpflichtung dazu besteht, bspw. aus einem Löschungsanspruch nach § 1179a BGB oder aufgrund einer in einem Kaufvertrag übernommenen Verpflichtung.[40] Die Löschung letztrangiger Eigentümergrundschulden ist kein unentgeltliches Verfügungsgeschäft.[41]

34 Die Löschung von Rechten in Abt. II des Grundbuchs ist dann eine unentgeltliche Verfügung, wenn sie tatsächlich werthaltig sind und keine entsprechende Gegenleistung in den Nachlass fließt.[42]

35 **(2) Insichgeschäfte des Testamentsvollstreckers.** Der Testamentsvollstrecker unterliegt dem Verbot des Selbstkontrahierens entsprechend § 181 BGB.[43] Er kann Insichgeschäfte nur wirksam vornehmen, wenn ihm dies vom Erblasser in letztwilliger Verfügung ausdrücklich oder konkludent gestattet wurde. Hat der Erblasser den Testamentsvollstrecker zum Miterben bestimmt und ihn ohne Beschränkung mit der Auseinandersetzung unter den Miterben und der Verwaltung des Nachlasses betraut, liegt darin ein besonderer Vertrauensbeweis, der grds. die Annahme rechtfertigt, dass dem Testamentsvollstrecker Rechtsgeschäfte mit sich selbst gestattet sein sollen.[44]

36 Ausgenommen vom Verbot des Selbstkontrahierens sind solche Rechtsgeschäfte, die der Testamentsvollstrecker lediglich in **Erfüllung einer Verbindlichkeit**, die den Nachlass betrifft, vornimmt.[45] Dies sind bspw. die Erfüllung eines dem Testamentsvollstrecker zugewandten Grundstücksvermächtnisses durch Auflassung an sich selbst oder die Erfüllung einer Schuld des Erblassers.

---

33 BGH NJW 1991, 842.
34 BGH WM 1970, 1422.
35 OLG München FamRZ 2014, 1066.
36 KG DNotZ 1972, 176; Bauer/v. Oefele/Schaub GBO § 52 Rn. 54.
37 BGH NJW 1963, 1613 (1614); KG OLGZ 1968, 337; KG DNotZ 1972, 176; OLG Köln 9.7.2014 – 2 Wx 148/14.
38 Haegele BWNotZ 1969, 262; Bauer/v. Oefele/Schaub GBO § 52 Rn. 61; Schöner/Stöber GrundbuchR Rn. 3442; BeckOK GBO/Hügel/Zeiser GBO § 52 Rn. 74.
39 KG DNotZ 1938, 310; LG Aachen Rpfleger 1984, 98.
40 KG DNotZ 1968, 669.
41 Bauer/v. Oefele/Schaub GBO § 52 Rn. 63 mwN.
42 Bauer/v. Oefele/Schaub GBO § 52 Rn. 68.
43 BGHZ 30, 67 = NJW 1959, 1429; BGHZ 51, 210; BGHZ 56, 101.
44 BGH NJW 1959, 1429; Lübtow JZ 1960, 151; Bauer/v. Oefele/Schaub GBO § 52 Rn. 79.
45 OLG Frankfurt ZEV 2018, 522; Bauer/v. Oefele/Schaub GBO § 52 Rn. 80.

c) **Nachweis der Verfügungsbefugnis gegenüber dem Grundbuchamt. aa) Testamentsvollstreckerstellung.** Zum Nachweis der Testamentsvollstreckung und der Person des Testamentsvollstreckers gilt das in → Rn. 3 ff. und → § 35 Rn. 80 ff. Ausgeführte. 37

bb) **Nachweis der Entgeltlichkeit einer Verfügung.** Vom Grundbuchamt ist sorgfältig zu prüfen, ob der Testamentsvollstrecker im Rahmen seiner Verfügungsbefugnis gehandelt hat.[46] Die Entgeltlichkeit muss aber nicht in Form des § 29 nachgewiesen werden, da ein solcher Nachweis in aller Regel nicht zu führen ist. Eine entgeltliche Verfügung ist vom Grundbuchamt anzunehmen, wenn die dafür maßgebenden Beweggründe im Einzelnen angegeben werden und verständlich und der Wirklichkeit gerecht werdend erscheinen, und wenn begründete Zweifel an der Pflichtmäßigkeit der Handlung nicht ersichtlich sind.[47] Somit ist die freie Beweiswürdigung zulässig. 38

Diese Beweiserleichterungen gelten aber nicht, wenn ein Nachweis in der Form des § 29 möglich ist. Wenn die Entgeltlichkeit einer Verfügung des Testamentsvollstreckers davon abhängt, ob der Leistungsempfänger Miterbe zu einem bestimmten Anteil ist, so ist dies in Form des § 35 oder § 36 nachzuweisen.[48] Auch wenn die Frage der Entgeltlichkeit von Anordnungen des Erblassers abhängig ist, muss dies nur soweit möglich nach § 29 nachgewiesen werden.[49] 39

cc) **Nachweis der Wirksamkeit von Insichgeschäften.** Der Testamentsvollstrecker muss entweder nachweisen, dass ihm vom Erblasser Insichgeschäfte gestattet wurden oder dass es sich bei dem Geschäft um die Erfüllung einer den Nachlass treffenden Verbindlichkeit handelt. 40

Die Gestattung des Erblassers kann durch Vorlage der letztwilligen Verfügung, alternativ durch Bezugnahme auf die Nachlassakten desselben Amtsgerichts nachgewiesen werden. 41

Das Vorliegen der Erfüllung einer den Nachlass betreffenden Verbindlichkeit muss in Form des § 29 nachgewiesen werden, soweit es sich nicht, zB bei einem dem Testamentsvollstrecker zugewandten Grundstücksvermächtnis, aus einer privatschriftlichen Verfügung von Todes wegen ergibt, die das Grundbuchamt hier ausnahmsweise zu würdigen hat. 42

d) **Handeln des Testamentsvollstreckers mit allen Erben und Vermächtnisnehmern.** Handeln der Testamentsvollstrecker, alle Erben einschließlich aller Nacherben und Nachnacherben und alle Vermächtnisnehmer zusammen, können sie stets **Verfügungen jeder Art vornehmen**, auch wenn sie gegen den Willen des Erblassers oder trotz Verfügungsbeschränkungen des Erblassers erfolgen.[50] Dies folgt daraus, dass das Verbot der Verfügung entgegen dem Erblasserwillen und das Verbot der unentgeltlichen Verfügung die Erben und Vermächtnisnehmer schützen sollen. Vermächtnisnehmer spielen hier nur insoweit eine Rolle, als ihre Forderung noch nicht erfüllt ist. Auf die Frage, worauf sich das Vermächtnis richtet, kommt es aber nicht an.[51] 43

6. Rang des Testamentsvollstreckervermerks. Der Testamentsvollstreckervermerk ist als Verfügungsbeschränkung **nicht rangfähig**. Ein Wirksamkeitsvermerk, wie beim Nacherbenvermerk, kommt beim Testamentsvollstreckervermerk nicht in Betracht, da sich hier keine relative Unwirksamkeit ergeben kann.[52] 44

7. Kein Verzicht auf die Eintragung. Der Erblasser kann die Eintragung des Testamentsvollstreckervermerks nicht verbieten, ebenso wenig kann der Testamentsvollstrecker auf sie verzichten.[53] Nur wenn der Testamentsvollstrecker Nachlassgegenstände nach § 2217 BGB wirksam 45

---

46 Demharter GBO § 52 Rn. 23; Bauer/v. Oefele/Schaub GBO § 52 Rn. 84.
47 KG Rpfleger 1968, 189; BayObLG Rpfleger 1989, 200.
48 BayObLGZ 1986, 208 = Rpfleger 1986, 470; OLG Köln Rpfleger 1992, 342.
49 BayObLG NJW-RR 1986, 1070.
50 BGHZ 57, 84 = Rpfleger 1972, 49.
51 BeckOK GBO/Hügel/Zeiser GBO § 52 Rn. 88; Meikel/Böhringer GBO § 52 Rn. 58; Haegele Rpfleger 1972, 43 (45).
52 BeckOK GBO/Hügel/Zeiser GBO § 52 Rn. 42.
53 OLG München JFG 20, 294; Zahn MittRhNotK 2000, 89 (101).

freigegeben hat und dies dem Grundbuchamt in Form des § 29 nachgewiesen wird, kann die Eintragung des Testamentsvollstreckervermerks unterbleiben.[54]

III. Löschung des Testamentsvollstreckervermerks

46 **1. Allgemeines.** Die Löschung des Testamentsvollstreckervermerks erfolgt grds. auf **Antrag**. Die Löschung des Testamentsvollstreckervermerks aufgrund **Bewilligung** des Testamentsvollstreckers **ist nicht möglich**, da dieser auch nicht auf die Eintragung verzichten kann.[55]

47 **2. Unrichtigkeitsnachweis. a) Testamentsvollstreckung hat nie bestanden.** Wurde ein Testamentsvollstreckervermerk infolge unrichtig erteilten Testamentsvollstreckerzeugnisses oder unzutreffender Testamentsauslegung eingetragen, ist er wegen Unrichtigkeit zu löschen. Der Unrichtigkeitsnachweis wird durch einen Erbschein ohne Testamentsvollstreckervermerk geführt.[56]

48 **b) Testamentsvollstreckung ist beendet.** Die Testamentsvollstreckung endet, wenn die für sie bestimmte Zeit abgelaufen ist, zB wenn der Erbe ein bestimmtes Lebensalter erreicht. Außerdem endet sie, wenn sämtliche dem Testamentsvollstrecker zugewiesenen Aufgaben erledigt sind.[57] Der Nachweis ist üblicherweise in Form des § 29 durch neuen Erbschein zu erbringen, nur ausnahmsweise kann die Aufgabenerledigung offenkundig sein.[58] Die Testamentsvollstreckung kann nicht durch eine Vereinbarung zwischen dem Erben und dem Testamentsvollstrecker beendet werden.[59]

49 Das Grundbuchamt ist bei Prüfung des Nachweises des Endes der Testamentsvollstreckung nicht an einen zuvor erteilten Erbschein, der Testamentsvollstreckung ausweist, oder an ein Testamentsvollstreckerzeugnis gebunden.[60]

50 **c) Gegenstand unterliegt nicht mehr der Verfügungsbefugnis des Testamentsvollstreckers.** Ein Nachlassgegenstand, der durch den Testamentsvollstrecker **wirksam veräußert wurde**, scheidet aus dem Nachlass aus. Infolgedessen ist der Testamentsvollstreckervermerk wegen Unrichtigkeit auf Antrag zu löschen. Das Gleiche gilt, wenn der Testamentsvollstrecker einen Nachlassgegenstand **freigibt** und den Erben zur Verfügung überlässt.[61] Grundstücke, die in Vollzug eines vom Testamentsvollstrecker aufgestellten Teilungsplans zur **Auseinandersetzung** unter den Miterben oder durch einen Auseinandersetzungsvertrag mit den Erben einzelnen Miterben zugewiesen werden, scheiden ebenfalls aus dem Nachlass aus, der Testamentsvollstreckervermerk ist auf Antrag zu löschen. Dies gilt nicht, wenn der Erblasser in Bezug auf einzelne Miterben die Fortdauer der Testamentsvollstreckung angeordnet hat.[62]

§ 71 GBO [Zulässigkeit der Beschwerde]

(1) Gegen die Entscheidungen des Grundbuchamts findet das Rechtsmittel der Beschwerde statt.

(2) ¹Die Beschwerde gegen eine Eintragung ist unzulässig. ²Im Wege der Beschwerde kann jedoch verlangt werden, daß das Grundbuchamt angewiesen wird, nach § 53 einen Widerspruch einzutragen oder eine Löschung vorzunehmen.

---

54 KGJ 40, 212.
55 OLG München ZEV 2015, 246 = NJW 2015, 2271; OLG Hamm Rpfleger 1958, 15; AG Starnberg Rpfleger 1985, 57; Bauer/v. Oefele/Schaub GBO § 52 Rn. 96; Demharter GBO § 52 Rn. 27; Schöner/Stöber GrundbuchR Rn. 3473; aA Keller/Munzig/Munzig GBO § 52 Rn. 20.
56 Bauer/v. Oefele/Schaub GBO § 52 Rn. 103.
57 RGZ 81, 169; BayObLGZ 1953, 360; OLG Hamm Rpfleger 1958, 15.
58 OLG München ZEV 2015, 246 = NJW 2015, 2271.
59 OLG Hamm Rpfleger 1958, 15 (16).
60 OLG München Rpfleger 2005, 661.
61 BGHZ 56, 275; OLG Hamm Rpfleger 2002, 618; Bauer/v. Oefele/Schaub GBO § 52 Rn. 105; Demharter GBO § 52 Rn. 29.
62 OLG Hamm Rpfleger 2002, 618.

A.	Allgemeines	1	
B.	Regelungsgehalt	2	
	I. Zulässigkeit der unbeschränkten Beschwerde nach § 71 Abs. 1	2	
	1. Entscheidungen des Grundbuchamts	2	
	2. Sachentscheidungen	4	
	3. Unzulässigkeit der bedingten Beschwerde	9	
	4. Keine Beschwerde nach Rechtsmittelverzicht	10	
	5. Beschwerdefrist	11	
	II. Zulässigkeit der beschränkten Beschwerde nach § 71 Abs. 2	12	
	III. Einzelfälle der Zulässigkeit	13	
	1. Beschwerde gegen die Zurückweisung eines Eintragungsantrags	13	
	2. Beschwerde gegen eine Zwischenverfügung	14	
	IV. Beschwerdeberechtigung und -befugnis	17	
	V. Rechtsbehelfe anderer Art	23	
	1. Erinnerung gegen den Kostenansatz	23	
	2. Beschwerde gegen die Anordnung der Kostenvorauszahlung	25	
	3. Beschwerde gegen den Geschäftswert	26	
	4. Dienstaufsichtsbeschwerde	27	
C.	Weitere praktische Hinweise	28	

A. Allgemeines

Die Vorschrift regelt, dass jede Entscheidung des Grundbuchamts mit dem Rechtsmittel der Beschwerde angefochten werden kann. Die Zulässigkeit der Beschwerde wird jedoch in Abs. 2 bei Eintragungen beschränkt. In diesem Fall kann im Wege der Beschwerde nur erreicht werden, dass das Grundbuchamt einen Amtswiderspruch einträgt oder eine Amtslöschung vornimmt. Dies begründet sich damit, dass eine Beseitigung einer Eintragung, auf deren Grundlage bereits ein gutgläubiger Erwerb stattgefunden haben könnte, mit dem materiellen Recht nicht zu vereinbaren wäre.

B. Regelungsgehalt

I. Zulässigkeit der unbeschränkten Beschwerde nach § 71 Abs. 1

1. Entscheidungen des Grundbuchamts. Die Beschwerde ist statthaft gegen Entscheidungen des Grundbuchrichters und über § 11 Abs. 2 RPflG gegen Entscheidungen des Rechtspflegers.

Wird die Änderung der Entscheidung eines Urkundsbeamten der Geschäftsstelle verlangt, entscheidet zunächst der Rechtspfleger. Erst gegen dessen Entscheidung ist die Beschwerde statthaft.

2. Sachentscheidungen. Anfechtbar sind grds. nur **in der Sache ergangene Entscheidungen** des Grundbuchamts, also Zwischenverfügungen oder endgültige Entscheidungen wie Zurückweisung des Antrags.[1] Ob die Entscheidung als „Beschluss" oder „Verfügung" bezeichnet ist, spielt keine Rolle.[2] Die Entscheidung muss Außenwirkung entfalten.[3] Dies trifft auf Nichtabhilfeentscheidungen nicht zu, da das Beschwerdeverfahren damit nicht abgeschlossen wird.[4]

Die Entscheidung muss vom Grundbuchbeamten **unterschrieben** sein, da sonst keine wirksame Entscheidung, sondern nur ein Entwurf vorliegt.[5] Ausreichend ist es aber, wenn die Verfügung, durch die die Zustellung einer Zwischenverfügung angeordnet wird, unterschrieben ist.[6]

Nicht anfechtbar sind **vorläufige Meinungsäußerungen** des Grundbuchamts,[7] Entschließungen, die nur den inneren Geschäftsbetrieb des Grundbuchamts betreffen,[8] verfahrensleitende Maßnahmen,[9] Berichtigung offenbarer Unrichtigkeiten und Maßnahmen der Justizverwaltung.

---

1 OLG Köln FGPrax 2011, 172.
2 Meikel/Streck GBO § 71 Rn. 17.
3 OLG Brandenburg BeckRS 2009, 06375; OLG Hamm OLGZ 1975, 150.
4 OLG Köln FGPrax 2010, 229.
5 BGH Rpfleger 1998, 123; OLG Köln Rpfleger 2006, 646; BayObLG Rpfleger 1989, 188.
6 OLG Jena FGPrax 1997, 172; Demharter GBO § 71 Rn. 11; BeckOK GBO/Hügel/Kramer GBO § 71 Rn. 69; aA LG Frankfurt MDR 1996, 776.
7 OLG Karlsruhe Rpfleger 1993, 192; OLG Zweibrücken FGPrax 1997, 127; BayObLG 1993, 52; BayObLG 1994, 199; OLG München LSK 2019, 6009.
8 BayObLG Rpfleger 1989, 147; KG HRR 1928 Nr. 1875.
9 OLG Köln Rpfleger 1990, 353.

Auch bloßes Untätigsein des Grundbuchamts kann nicht mit Beschwerde angefochten werden.[10] In diesem Fall kommen nur Maßnahmen der Dienstaufsicht in Betracht (→ Rn. 27).

7 Einige Sachentscheidungen des Grundbuchamts sind nicht anfechtbar, so Entscheidungen in den Verfahren zur Löschung gegenstandsloser Eintragungen und zur Klarstellung der Rangverhältnisse, § 85 Abs. 2, § 81 Abs. 1, § 105 Abs. 1; § 109.

8 Eintragungen, an die sich ein gutgläubiger Erwerb anschließen könnte, können nur nach Maßgabe des § 71 Abs. 2 angefochten werden, also nur mit dem Ziel eines Amtswiderspruchs oder einer Amtslöschung.

9 **3. Unzulässigkeit der bedingten Beschwerde.** Die Beschwerde kann grds. nicht unter einer Bedingung oder Befristung eingelegt werden. Eine vorsorgliche Beschwerde für den Fall, dass einem Antrag nicht stattgegeben wird, ist nicht statthaft.[11] Möglich ist eine Beschwerde, die unter der Bedingung steht, dass das Grundbuchamt eine erlassene Entscheidung nicht ändert.[12]

10 **4. Keine Beschwerde nach Rechtsmittelverzicht.** Ein durch den Beschwerdeführer erklärter Rechtmittelverzicht steht der Zulässigkeit einer dennoch eingelegten Beschwerde entgegen.[13] Voraussetzung dafür ist aber eine eindeutige Erklärung nach Erlass der Entscheidung gegenüber einem zur Entgegennahme der Beschwerde zuständigem Gericht, auf Nachprüfung durch das Beschwerdegericht verzichten zu wollen.[14]

11 **5. Beschwerdefrist.** Grds. ist die Beschwerde in Grundbuchsachen **unbefristet** möglich. Eine Ausnahme gilt für Feststellungsbeschlüsse nach § 87c, bei der nach § 89 die Beschwerde nur innerhalb einer Frist von zwei Wochen seit Zustellung des Beschlusses zulässig ist.

II. Zulässigkeit der beschränkten Beschwerde nach § 71 Abs. 2

12 Gegen Eintragungen des Grundbuchamts, an die sich ein gutgläubiger Erwerb anschließen kann, ist nach § 71 Abs. 2 die beschränkte Beschwerde mit dem Ziel der Eintragung eines Amtswiderspruchs oder einer Amtslöschung statthaft. Dies folgt aus dem Gedanken, dass aufgrund einer Eintragung gutgläubiger Erwerb stattgefunden haben könnte und diesem mit Beseitigung der Eintragung der Boden entzogen würde.[15] Deshalb sind Eintragungen, an die sich kein gutgläubiger Erwerb anschließen kann, insbes. tatsächliche und sichernde Eintragungen, unbeschränkt nach § 71 Abs. 1 anfechtbar.[16]

III. Einzelfälle der Zulässigkeit

13 **1. Beschwerde gegen die Zurückweisung eines Eintragungsantrags.** Gegen die Zurückweisung eines Eintragungsantrags ist die unbeschränkte Beschwerde nach § 71 Abs. 1 statthaft. Es können **alle Gründe** vorgebracht werden, die gegen die Zurückweisung des Antrags sprechen, auch wenn mit diesen bereits erfolglos die der Zurückweisung vorangegangene Zwischenverfügung angegriffen wurde.[17] Die Beschwerde kann mit der Begründung erhoben werden, dass der angegebene Grund unrichtig sei. Es kann aber auch geltend gemacht werden, dass zunächst eine Zwischenverfügung zu erlassen gewesen wäre.[18]

---

10 BayObLGZ 1986, 123; BayObLG Rpfleger 1998, 67; OLG Stuttgart Justiz 1998, 171.
11 KG HRR 1929 Nr. 1945; OLG Hamm Rpfleger 1979, 461; OLG Koblenz NJW-RR 1986, 953; RGZ 46, 418.
12 KG HRR 1929 Nr. 1945; OLG München BeckRS 2013, 06376.
13 Demharter GBO § 73 Rn. 13; BeckOK GBO/Hügel/Kramer GBO § 71 Rn. 89.
14 BGH NJW 1989, 295 (296); BayObLGZ 1998, 62 (63); BeckOK GBO/Hügel/Kramer GBO § 71 Rn. 89.
15 BGHZ 25, 16 (22); Bauer/v. Oefele/Budde GBO § 71 Rn. 36; Meikel/Streck GBO § 71 Rn. 2; Demharter GBO § 71 Rn. 1; Keller/Munzig/Briesemeister GBO § 71 Rn. 1.
16 BGHZ 64, 194 (199).
17 Keller/Munzig/Briesemeister GBO § 71 Rn. 16; BeckOK GBO/Hügel/Kramer GBO § 71 Rn. 105.
18 KG OLGZ 1989, 385 (386); BayObLGZ 1984, 126 (127); OLG München DNotZ 2008, 934.

2. Beschwerde gegen eine Zwischenverfügung. Gegen die Zwischenverfügung ist die unbeschränkte Beschwerde nach § 71 Abs. 1 statthaft. Die Zwischenverfügung erledigt zwar die Sache nicht abschließend, entfaltet aber Wirkungen, die eine Überprüfung durch die Beschwerdeinstanz rechtfertigen.[19] Die Beschwerde ist nicht durch die in der Zwischenverfügung zur Mängelbehebung gesetzte Frist befristet, sie kann bis zur endgültigen Entscheidung des Grundbuchamts eingelegt werden.[20]

Die Beschwerde ist nur statthaft, wenn es sich um eine **echte Zwischenverfügung** nach § 18 Abs. 1, nicht bloß um eine Meinungsäußerung oder um die Gewährung rechtlichen Gehörs handelt. Nur wenn ein unterschriebenes Schreiben des Grundbuchamts ein oder mehrere rückwirkend behebbare Hindernisse, Mittel zur Behebung und eine Frist zur Hindernisbeseitigung enthält, stellt es eine echte Zwischenverfügung dar. Die Bezeichnung als Zwischenverfügung ist nicht ausschlaggebend.[21]

Jede einzelne in der Zwischenverfügung enthaltene Beanstandung bildet eine Entscheidung iSd § 71 Abs. 1, kann also für sich angefochten werden.

IV. Beschwerdeberechtigung und -befugnis

Es ist jeder beschwerdeberechtigt, der durch die Entscheidung des Grundbuchamts **unmittelbar oder mittelbar beeinträchtigt** ist.[22] Es genügt, dass der Beschwerdeführer ein rechtlich geschütztes Interesse an der Beseitigung der Entscheidung hat.[23] Sind nur wirtschaftliche oder sonstige, zB wissenschaftliche, Interessen beeinträchtigt, ist Beschwerdeberechtigung nicht gegeben.[24] Derjenige, der zu Unrecht als Eigentümer eingetragen wurde, ist durch diese Eintragung nicht nur wirtschaftlich beeinträchtigt.[25] Seine Beschwerde scheitert aber daran, dass zu seinen Gunsten der nach § 71 Abs. 2 S. 2 in Betracht kommende Amtswiderspruch nicht eingetragen werden kann und ihm ein Rechtsnachteil durch gutgläubigen Erwerb nicht droht. Er kann die Grundbuchberichtigung nur aufgrund eines den wirklichen Eigentümer rechtskräftig feststellenden Urteils erreichen.[26] Für die beschränkte Beschwerde nach § 71 Abs. 2 ist nur derjenige beschwerdeberechtigt, der als unmittelbar Beeinträchtigter einen Grundbuchberichtigungsanspruch nach § 894 BGB geltend machen kann.[27]

Nach dem Tod des Beschwerdeführers können regelmäßig die **Erben** das Verfahren fortsetzen.[28] Die Erbfolge muss nicht nach § 35 nachgewiesen werden, da es nicht um eine Eintragungsvoraussetzung, sondern lediglich um die Beschwerdeberechtigung geht.[29] Wird der Beschwerdeführer durch den Urkundsnotar vertreten, hat sein Tod nicht die Unterbrechung des Beschwerdeverfahrens zur Folge.[30]

Der Beschwerdeberechtigte ist grds. auch **beschwerdebefugt**. Die Beschwerdebefugnis kann aber eingeschränkt sein oder fehlen. Soweit der Beschwerdeberechtigte nicht verfügungsbefugt

---

19 OLG Frankfurt JurBüro 1980, 1565; Bauer/v. Oefele/Budde GBO § 71 Rn. 11; BeckOK GBO/Hügel/Kramer GBO § 71 Rn. 112.
20 Demharter GBO § 71 Rn. 34.
21 LG Mönchengladbach Rpfleger 2002, 201.
22 BGHZ 1980, 126; OLG Hamm FGPrax 1995, 181; OLG Köln Rpfleger 2002, 195; BayObLGZ 1994, 115 (117).
23 Demharter GBO § 71 Rn. 58; BeckOK GBO/Hügel/Kramer GBO § 71 Rn. 178.
24 BGHZ 80, 126 (127); BayObLG Rpfleger 1980, 63; OLG Hamm NJW-RR 1997, 593; OLG Köln Rpfleger 2002, 195.
25 OLG München Rpfleger 2010, 491; Meikel/Streck GBO § 71 Rn. 107; Bauer/v. Oefele/Budde GBO § 71 Rn. 63; aA OLG München FGPrax 2006, 202 mit abl. Anm. Dümig ZfIR 2007, 324.
26 OLG München Rpfleger 2010, 491; Demharter GBO § 71 Rn. 59.
27 RGZ 112, 260 (265); BGH NJW 1989, 1609; BayObLG NJW 1983, 1567 (1568); OLG Frankfurt ZWE 2012, 272; OLG Hamm NJW-RR 1997, 593.
28 KGJ 45, 146; OLG Köln FGPrax 2005, 103.
29 Demharter GBO § 71 Rn. 59; aA Meikel/Streck GBO § 71 Rn. 109; OLG Hamm JMBlNRW 1962, 284.
30 OLG Köln FGPrax 2005, 103.

ist, bspw. wegen eines Insolvenzverfahrens oder wegen angeordneter Testamentsvollstreckung, kann nur der Verfügungsbefugte im eigenen Namen kraft Amtes Beschwerde einlegen.[31]

Sind als Eigentümer im Grundbuch die Mitglieder einer Erbengemeinschaft als solche eingetragen, so sind nur alle gemeinsam beschwerdebefugt.[32]

20 Der Beschwerdeberechtigte kann die Beschwerde nur einlegen, wenn er **verfahrensfähig** ist.[33] Für Geschäftsunfähige oder beschränkt Geschäftsfähige muss der gesetzliche Vertreter handeln.

21 Die Beschwerdeberechtigung und -befugnis muss im **Zeitpunkt** der Beschwerdeentscheidung gegeben sein.[34]

22 Beschwerdeberechtigung und -befugnis müssen nicht nach § 29 nachgewiesen werden. Es genügt ein schlüssiger Sachvortrag.[35]

V. Rechtsbehelfe anderer Art

23 **1. Erinnerung gegen den Kostenansatz.** Wird der Ansatz der Gerichtskosten mit der Begründung angegriffen, dass er nicht den Vorschriften des GNotKG entspricht, ist die Erinnerung gegen den Kostenansatz nach § 81 GNotKG gegeben. Es entscheidet nach § 81 Abs. 1 S. 1 GNotKG das Gericht, bei dem die Kosten angesetzt sind. Gegen die Entscheidung über die Erinnerung ist nach § 81 Abs. 2 S. 1 GNotKG die Beschwerde statthaft, wenn der Wert des Beschwerdegegenstands 200 EUR übersteigt oder wenn das Gericht nach § 81 Abs. 2 S. 1 GNotKG die Beschwerde wegen der grundsätzlichen Bedeutung der Entscheidung zulässt.

24 Erinnerung und Beschwerde haben nach § 81 Abs. 7 GNotKG keine aufschiebende Wirkung, wenn nicht das Gericht die aufschiebende Wirkung anordnet.

25 **2. Beschwerde gegen die Anordnung der Kostenvorauszahlung.** Nach § 82 Abs. 1 S. 1 GNotKG ist gegen die Anordnung der Kostenvorauszahlung die Beschwerde statthaft.

26 **3. Beschwerde gegen den Geschäftswert.** Wenn der Beschwerdegegenstand 200 EUR übersteigt, ist gegen den Beschluss, durch den der Geschäftswert nach § 79 GNotKG festgesetzt wurde, die Beschwerde statthaft, § 83 Abs. 1 S. 1 GNotKG. Übersteigt der Beschwerdegegenstand 200 EUR nicht, ist die Beschwerde nach § 83 Abs. 1 S. 2 GNotKG statthaft, wenn das Gericht sie wegen der grundsätzlichen Bedeutung der Entscheidung zulässt.

27 **4. Dienstaufsichtsbeschwerde.** Die Dienstaufsichtsbeschwerde ist kein Rechtsmittel, sondern lediglich eine Anregung zum Einschreiten der Dienstaufsichtsbehörde. Mit ihr können Entschließungen des Grundbuchamts, die auf ausschließlich verwaltungsmäßigen Erwägungen beruhen, bspw. die Verweigerung der Auskunft über Stand und Zeitpunkt der Erledigung eines gestellten Antrags, angefochten werden.[36] Außerdem kann das persönliche Verhalten der mit Aufgaben des Grundbuchamts betrauten Personen zum Gegenstand der Dienstaufsichtsbeschwerde gemacht werden.

C. Weitere praktische Hinweise

28 Die **Kosten** für die Beschwerde betragen, soweit sie verworfen oder zurückgewiesen wird, nach KV GNotKG 14510 eine 1,0 Gebühr aus dem Beschwerdewert, höchstens 800 EUR. Wird die Beschwerde vor Entscheidung zurückgenommen, entsteht nach KV GNotKG 14511 eine 0,5 Gebühr aus dem Beschwerdewert, höchstens 400 EUR.

---

31 OLG München FamRZ 2021, 21; OLG Karlsruhe FGPrax 2005, 219 für den Fall der Testamentsvollstreckung; OLG Köln FGPrax 2009, 102 für den Fall des Insolvenzverfahrens.
32 OLG München FGPrax 2019, 60.
33 BayObLGZ 1996, 4 (5) = FGPrax 1996, 58.
34 BayObLGZ 1969, 248 (289).
35 BGH MDR 1963, 39; OLG Stuttgart Rpfleger 1970, 283; BayObLG NJW-RR 1992, 893.
36 KG DNotZ 1933, 372.

§ 72 GBO [Beschwerdegericht]

Über die Beschwerde entscheidet das Oberlandesgericht, in dessen Bezirk das Grundbuchamt seinen Sitz hat.

A. Allgemeines

Die Vorschrift bestimmt das zur Entscheidung über die Beschwerde sachlich und örtlich ausschließlich zuständige Gericht. 1

B. Regelungsgehalt

I. Sachliche Zuständigkeit

Über die Beschwerde entscheidet das Oberlandesgericht, nach § 81 Abs. 1 ein Zivilsenat. 2

In Baden-Württemberg wurden bis 31.12.2017 die Aufgaben des Grundbuchamts von Notaren, Notarvertretern und Ratschreibern wahrgenommen. Gegen Entscheidungen von Notaren und Notarvertretern war die Beschwerde zum Oberlandesgericht gegeben, gegen Entscheidungen der Ratschreiber war die Erinnerung gegeben, über die der Notar entschieden hat, § 33 LFGG (idF bis 31.12.2017). 3

II. Örtliche Zuständigkeit

Örtlich zuständig ist das Oberlandesgericht, in dessen Bezirk das Grundbuchamt, dessen Entscheidung angefochten wird, seinen Sitz hat. Bei Gesamtrechten an Grundstücken, die in Bezirken verschiedener Oberlandesgerichte liegen, können widersprechende Entscheidungen nur durch Rechtsbeschwerde beseitigt werden.[1] 4

§ 73 GBO [Einlegung der Beschwerde]

(1) Die Beschwerde kann bei dem Grundbuchamt oder bei dem Beschwerdegericht eingelegt werden.

(2) ¹Die Beschwerde ist durch Einreichung einer Beschwerdeschrift oder durch Erklärung zur Niederschrift des Grundbuchamts oder der Geschäftsstelle des Beschwerdegerichts einzulegen. ²Für die Einlegung der Beschwerde durch die Übermittlung eines elektronischen Dokuments, die elektronische Gerichtsakte sowie das gerichtliche elektronische Dokument gilt § 14 Absatz 1 bis 3 und 5 des Gesetzes über das Verfahren in Familiensachen und in den Angelegenheiten der freiwilligen Gerichtsbarkeit.

A. Allgemeines 1	2. Inhalt der Beschwerdeschrift 6
B. Regelungsgehalt 2	III. Rücknahme der Beschwerde 7
I. Adressat der Beschwerde 2	1. Zulässigkeit 7
II. Beschwerdeschrift 3	2. Form 8
1. Einreichung einer Beschwerdeschrift .. 3	3. Wirkung 9

A. Allgemeines

Die Vorschrift regelt die Einlegung der Beschwerde und ist Sondervorschrift zu § 64 FamFG. In Abs. 1 wird das Gericht, an das die Beschwerde zu richten ist, und in Abs. 2 die äußere Form der Rechtsmittelerklärung bestimmt. 1

---

1 Demharter GBO § 72 Rn. 3.

B. Regelungsgehalt

I. Adressat der Beschwerde

2 Die Beschwerde kann sowohl beim Grundbuchamt, das die angefochtene Entscheidung erlassen hat, als auch beim Beschwerdegericht, also beim Oberlandesgericht, eingereicht werden. Empfehlenswert ist es, die Beschwerde beim Grundbuchamt einzureichen, da dieses nach § 75 ein Abhilferecht hat.

II. Beschwerdeschrift

3 **1. Einreichung einer Beschwerdeschrift.** Die Beschwerdeschrift muss durch den Beschwerdeberechtigten oder in seinem Namen schriftlich abgefasst und unterzeichnet werden. Sie muss nicht der Form des § 29 entsprechen. Ein Rechtsanwalt ist nicht erforderlich. Eine nicht unterzeichnete Beschwerdeschrift kann ausreichend sein, wenn die Person des Beschwerdeführers, das Verlangen nach Abhilfe und deren Ernsthaftigkeit hinreichend aus dem Schreiben zu entnehmen sind.[1]

4 Die Beschwerdeschrift sollte auf dem Postweg übersandt werden. Die Übermittlung per Telefax oder mit ähnlichen technischen Mitteln ist jedoch ausreichend. Nach § 73 Abs. 2 S. 2 ist auch die Übermittlung in elektronischer Form nach Maßgabe des § 14 FamFG, § 130a Abs. 1, 3 ZPO möglich. Allerdings müssen nach § 81 Abs. 4 die Bundesländer die Einzelheiten zur elektronischen Form durch Rechtsverordnung regeln, was vielfach noch nicht erfolgt ist, so dass weiterhin zur Einreichung der Beschwerdeschrift auf dem Postweg zu raten ist, zumal es im Regelfall nicht auf die Einhaltung einer Frist ankommt.

5 Die Beschwerde kann nach § 73 Abs. 2 S. 1 zur Niederschrift des Grundbuchamts oder der Geschäftsstelle des Beschwerdegerichts erklärt werden. Beim Grundbuchamt soll die Beschwerde nach § 24 Abs. 2 RPflG vom Rechtspfleger aufgenommen werden, ein Tätigwerden des Urkundsbeamten schadet aber nicht der Wirksamkeit.

6 **2. Inhalt der Beschwerdeschrift.** Aus der Beschwerdeschrift müssen sich die Person des Beschwerdeführers und der Wille des Beschwerdeführers, die Entscheidung in sachlicher Hinsicht durch eine höhere Instanz überprüfen zu lassen, ergeben.[2] Eine Begründung der Beschwerde ist nach dem Gesetz nicht zwingend erforderlich,[3] jedoch ratsam.

III. Rücknahme der Beschwerde

7 **1. Zulässigkeit.** Die Beschwerde kann bis zum Erlass der Beschwerdeentscheidung ohne Weiteres zurückgenommen werden.

8 **2. Form.** Das Gesetz regelt die Form der Rücknahme der Beschwerde nicht. Um die Ernsthaftigkeit und den Urheber der Rücknahme feststellen zu können, wird man wohl eine schriftliche oder protokollierte Erklärung verlangen müssen.[4]

9 **3. Wirkung.** Mit der Rücknahme der Beschwerde ist regelmäßig kein Rechtsmittelverzicht verbunden, es sei denn, der Beschwerdeführer lässt erkennen, dass er die Entscheidung nunmehr

---

[1] OLG Frankfurt Rpfleger 1975, 306; OLG Köln Rpfleger 1980, 222; Meikel/Streck GBO § 73 Rn. 7; BeckOK GBO/Hügel/Kramer GBO § 73 Rn. 8.

[2] BayObLG Rpfleger 1988, 521; BeckOK GBO/Hügel/Kramer GBO § 73 Rn. 31.

[3] Schöner/Stöber GrundbuchR Rn. 498; BeckOK GBO/Hügel/Kramer GBO § 73 Rn. 32.

[4] Demharter GBO § 73 Rn. 11; Keller/Munzig/Briesemeister GBO § 73 Rn. 11; BeckOK GBO/Hügel/Kramer GBO § 73 Rn. 37; aA, wonach keine Form erforderlich sei: BayObLGZ 1958, 213; BayObLGZ 1967, 286; Meikel/Streck GBO § 73 Rn. 21; Bauer/v. Oefele/Budde GBO § 73 Rn. 17.

akzeptieren will.⁵ Das Beschwerdegericht darf nach der Rücknahme keine Sachentscheidung mehr erlassen.

Wird die Beschwerde zurückgenommen, fällt nach Nr. 14511 KV GNotKG eine 0,5 Gebühr aus dem Beschwerdewert, höchstens 400 EUR, an.

§ 74 GBO   [Neues Vorbringen]

Die Beschwerde kann auf neue Tatsachen und Beweise gestützt werden.

A. Allgemeines

Die GBO regelt den zwingenden Inhalt der Beschwerdeschrift nicht. § 74 stellt zum möglichen Inhalt klar, dass die Beschwerde auf neue Tatsachen und Beweise gestützt werden kann.

B. Regelungsgehalt

I. Notwendiger Inhalt der Beschwerdeschrift

Die Beschwerdeschrift muss die **Bezeichnung der angefochtenen Entscheidung** enthalten. Außerdem muss die **Person des Beschwerdeführers** erkennbar sein. Des Weiteren muss aus der Beschwerdeschrift hervorgehen, dass die angefochtene Entscheidung des Grundbuchamts durch die **nächsthöhere Instanz überprüft** werden soll.[1]

II. Antrag

Ein bestimmter **Antrag ist nicht zwingend notwendig**. Im Zweifel wird die Entscheidung des Grundbuchamts vollumfänglich angefochten. Die Stellung eines neuen Antrags als Haupt- oder Hilfsantrag,[2] insbes. die Stellung eines neuen Eintragungsantrages,[3] ist unzulässig. Zulässig ist aber eine Einschränkung des Eintragungsantrags,[4] bspw. durch Fallenlassen eines Vorbehalts nach § 16 Abs. 2.[5] Da dies aber eine teilweise Antragsrücknahme darstellt, bedarf eine solche Einschränkung, wenn der Antrag nicht bereits zurückgewiesen wurde, der Form des § 31.[6]

III. Begründung

Eine **Begründung der Beschwerde ist nicht erforderlich**. Wird durch den Beschwerdeführer eine Begründung angekündigt, kann das Beschwerdegericht ohne Fristsetzung nach angemessener Frist entscheiden, ohne den Eingang der Begründung abzuwarten.[7] Wurde die Beschwerde nicht begründet, muss das Beschwerdegericht die Entscheidung umfänglich auf die sachliche und verfahrensrechtliche Richtigkeit prüfen. Eine Beschwerdebegründung ist aber empfehlenswert, da sonst das Beschwerdegericht die Beschwerde durch bloße Bezugnahme auf die Entscheidung des Grundbuchamts zurückweisen könnte.[8]

---

5   BayObLG NJW 1965, 539; Bauer/v. Oefele/Budde GBO § 73 Rn. 17; BeckOK GBO/Hügel/Kramer GBO § 73 Rn. 42.
1   BayObLGZ 1999, 330.
2   KG FGPrax 1997, 87.
3   OLG Hamm NJW-RR 1994, 271; OLG Jena FGPrax 1996, 171.
4   BayObLG DNotZ 1999, 822; Bauer/v. Oefele/Budde GBO § 74 Rn. 2.

5   BayObLGZ 1974, 365 (367).
6   Demharter GBO § 74 Rn. 7; BeckOK GBO/Hügel/Kramer GBO § 74 Rn. 7.
7   BayObLG Rpfleger 2003, 361; OLG Köln Rpfleger 2001, 123; OLG Frankfurt NJW-RR 1995, 785; OLG Rostock FGPrax 2019, 10.
8   BeckOK GBO/Hügel/Kramer GBO § 74 Rn. 13; Demharter GBO § 77 Rn. 39.

IV. Vorbringen neuer Tatsachen und Beweise

5 Da die Beschwerde eine neue Tatsacheninstanz eröffnet, können nach § 74 in der Beschwerdebegründung ohne Einschränkung neue Tatsachen und Beweismittel vorgebracht werden. Die Folge daraus kann sein, dass eine ursprünglich richtige Entscheidung des Grundbuchamts wegen des neuen Vortrags durch die Abhilfe- oder Beschwerdeentscheidung aufgehoben werden muss.[9] Eine Beschwerde gegen die Zurückweisung eines Eintragungsantrags wegen Nichtzahlung des durch Zwischenverfügung unter Fristsetzung angeforderten Kostenvorschusses hat Erfolg, wenn sie auf die nachträgliche Einzahlung des Kostenvorschusses gestützt wird.[10]

6 Neue Beweismittel können nur insoweit vorgebracht werden, als sie im Grundbuchverfahren zulässig sind. In der Regel verbleibt es hier beim **Urkundenbeweis** nach § 29. Neue Tatsachen sind solche, die dem Grundbuchamt noch nicht bekanntgemacht wurden. Es spielt dabei keine Rolle, ob der Beschwerdeführer die Tatsachen bereits kannte.[11]

V. Wirkung des neuen Vorbringens

7 Richtet sich die Beschwerde gegen eine **Zwischenverfügung**, ist unerheblich, ob die Beschwerde aufgrund alten oder neuen Vorbringens Erfolg hat, da die Zwischenverfügung rangwahrend ist. Wird eine **Eintragung** angefochten, spielt es ebenfalls keine Rolle, ob die Begründung auf neues Vorbringen gestützt wurde, da Drittwirkung erst mit Eintragung des Amtswiderspruchs oder der Berichtigung entsteht.

8 Bei Anfechtung einer **Zurückweisung** eines Eintragungsantrags ist zu unterscheiden: Hat sich die Beschwerde nicht auf neue Tatsachen gestützt oder waren die vorgebrachten neuen Tatsachen nicht entscheidungserheblich, so lebt mit erfolgreicher Beschwerde die Ranganwartschaft des § 17 wieder auf. Die Eintragung erhält den Rang vor den Eintragungen, die zwischen Antragseingang und Beschwerdeentscheidung beantragt wurden.[12] Wurden Zwischeneintragungen aber bereits vollzogen, haben diese auch hinsichtlich ihres Ranges Bestand.[13] Wurde die Beschwerde auf neues Vorbringen gestützt, so wird dieses neue Vorbringen in Bezug auf den Rang der Eintragung wie ein neuer Eintragungsantrag behandelt. Die Eintragung erhält Rang nach den bis zum neuen Vorbringen beantragten Eintragungen.[14]

§ 78 GBO [Rechtsbeschwerde]

(1) Gegen einen Beschluss des Beschwerdegerichts ist die Rechtsbeschwerde statthaft, wenn sie das Beschwerdegericht in dem Beschluss zugelassen hat.

(2) ¹Die Rechtsbeschwerde ist zuzulassen, wenn

1. die Rechtssache grundsätzliche Bedeutung hat oder
2. die Fortbildung des Rechts oder die Sicherung einer einheitlichen Rechtsprechung eine Entscheidung des Rechtsbeschwerdegerichts erfordert.

²Das Rechtsbeschwerdegericht ist an die Zulassung gebunden.

---

9 BayObLG JurBüro 1989, 378; Demharter GBO § 74 Rn. 10; Keller/MunzigBriesemeister GBO § 74 Rn. 2; BeckOK GBO/Hügel/Kramer GBO § 74 Rn. 16.
10 OLG Braunschweig JFG 10, 220; LG Düsseldorf Rpfleger 1986, 175 mit krit. Anm. Meyer-Stolte; LG Chemnitz Rpfleger 2005, 422.
11 OLG Rostock FGPrax 2019, 10; BeckOK GBO/Hügel/Kramer GBO § 74 Rn. 19; Bauer/v. Oefele/Budde GBO § 74 Rn. 3.
12 Demharter GBO § 74 Rn. 12; BeckOK GBO/Hügel/Kramer GBO § 74 Rn. 26.
13 BGH NJW 1966, 1019 (1020) = DNotZ 1966, 673; BayObLG Rpfleger 1983, 101.
14 Demharter GBO § 74 Rn. 13; Meikel/Streck GBO § 74 Rn. 17; BeckOK GBO/Hügel/Kramer GBO § 74 Rn. 26.

(3) Auf das weitere Verfahren finden § 73 Absatz 2 Satz 2 dieses Gesetzes sowie die §§ 71 bis 74a des Gesetzes über das Verfahren in Familiensachen und in den Angelegenheiten der freiwilligen Gerichtsbarkeit entsprechende Anwendung.

A. Allgemeines	1	6. Nichtzulassungsbeschwerde	9
B. Regelungsgehalt	2	III. Einlegung der Rechtsbeschwerde	10
I. Statthaftigkeit der Rechtsbeschwerde	2	1. Adressat	10
II. Zulassung der Rechtsbeschwerde	4	2. Frist	11
1. Allgemeine Voraussetzungen	4	3. Beschwerdeschrift	12
2. Grundsätzliche Bedeutung der Rechtssache	5	4. Begründung der Rechtsbeschwerde	14
		IV. Anschlussrechtsbeschwerde	16
3. Fortbildung des Rechts	6	V. Verzicht und Zurücknahme	17
4. Sicherung einer einheitlichen Rechtsprechung	7	VI. Weiterer Verfahrensablauf	18
		C. Weitere praktische Hinweise	19
5. Bindung des Rechtsbeschwerdegerichts	8		

A. Allgemeines

Das Rechtsmittelverfahren der freiwilligen Gerichtsbarkeit wurde durch das am 1.9.2009 in Kraft getretene FGG-RG v. 17.12.2008 (BGBl. I 2586) neugestaltet. Anstelle der weiteren Beschwerde einschließlich der Divergenzvorlage zum BGH wurde in Grundbuchsachen die Rechtsbeschwerde nach dem Vorbild der §§ 574 ff. ZPO und der §§ 70 ff. FamFG eingeführt. § 78 regelt in Abs. 1 und 2 die von der Zulassung durch das Beschwerdegericht abhängige Statthaftigkeit der Rechtsbeschwerde und verweist in Abs. 3 wegen des weiteren Verfahrens auf die Vorschriften des § 73 Abs. 2 S. 2 GBO und der §§ 71 bis 74a FamFG. Für die Entscheidung über die Rechtsbeschwerde ist nach § 133 GVG der **BGH** zuständig.

1

B. Regelungsgehalt

I. Statthaftigkeit der Rechtsbeschwerde

Die Rechtsbeschwerde ist **gegen einen Beschluss des Beschwerdegerichts statthaft**. In Betracht kommen nur **endgültige Entscheidungen**, nicht einstweilige Anordnungen oder verfahrensleitende Maßnahmen durch Zwischenentscheidungen, bspw. Beweisanordnungen.[1] Angefochten werden kann nur die Entscheidung des Beschwerdegerichts selbst, nicht entscheidungserhebliche und das Grundbuchamt nicht bindende Ausführungen des Beschwerdegerichts in den Entscheidungsgründen.[2] Wenn sich die Rechtsbeschwerde gegen eine Eintragung richtet, ist sie nur mit der Einschränkung des § 71 Abs. 2 S. 2, also mit dem Ziel der Eintragung eines Amtswiderspruchs oder einer Amtslöschung, zulässig. Die Anordnung des Beschwerdegerichts, eine Eintragung vorzunehmen, kann aber mit der Rechtsbeschwerde so lange unbeschränkt angefochten werden, bis die Eintragung vorgenommen ist.[3]

2

Die Rechtsbeschwerde ist, soweit sie sich gegen eine Entscheidung des Oberlandesgerichts über eine Beschwerde richtet, **weitere Beschwerde**. Soweit sie eine anfechtbare Entscheidung des Oberlandesgerichts im Beschwerdeverfahren, zB die Versagung von Verfahrenskostenhilfe für das Beschwerdeverfahren, zum Gegenstand hat, ist sie **Erstbeschwerde**. Eine Sprungrechtsbeschwerde findet in Grundbuchsachen nicht statt.

3

II. Zulassung der Rechtsbeschwerde

1. Allgemeine Voraussetzungen. Das Oberlandesgericht darf die Rechtsbeschwerde nach § 78 Abs. 2 nur zulassen, wenn die Rechtssache grundsätzliche Bedeutung hat oder die Fortbildung

4

---

1 OLG Köln NJW-RR 1991, 85 = Rpfleger 1990, 353.
2 KGJ 48, 175; BayObLG HRR 1935 Nr. 128.
3 BayObLG NJW 1983, 1567.

des Rechts oder die Sicherung einer einheitlichen Rechtsprechung eine Entscheidung des Rechtsbeschwerdegerichts erforderlich macht. Bei Vorliegen einer der Voraussetzungen muss das Oberlandesgericht die Rechtsbeschwerde zulassen, es sei denn, sie kann wegen fehlender Beschwerdeberechtigung nicht eingelegt werden.[4] Ein Ermessen steht dem Beschwerdegericht nicht zu. Die Entscheidung über die Zulassung hat von Amts wegen zu ergehen, eines Antrags bedarf es nicht. Das Beschwerdegericht kann die Zulassung auf einen tatsächlich oder rechtlich selbstständigen Teil des Verfahrens, der einer gesonderten Entscheidung zugänglich ist und auf den die Rechtsbeschwerde beschränkt werden kann, beschränken.[5]

5 **2. Grundsätzliche Bedeutung der Rechtssache.** Die Rechtsbeschwerde ist wegen grundsätzlicher Bedeutung der Rechtssache zuzulassen, wenn eine klärungsbedürftige Rechtsfrage zu entscheiden ist, deren Auftreten in einer unbestimmten Vielzahl von Fällen denkbar ist. Die Frage nach der Statthaftigkeit genügt dafür nicht, ebenso nicht die Frage der Zuständigkeit des Beschwerdegerichts.[6]

6 **3. Fortbildung des Rechts.** Die Rechtsbeschwerde ist zur Fortbildung des Rechts zuzulassen, wenn der Einzelfall Veranlassung gibt, Leitsätze für die Auslegung von Gesetzesbestimmungen aufzustellen oder Gesetzeslücken auszufüllen.

7 **4. Sicherung einer einheitlichen Rechtsprechung.** Die Rechtsbeschwerde ist zur Sicherung einer einheitlichen Rechtsprechung zuzulassen, wenn die Entstehung oder das Fortbestehen von schwer erträglichen Unterschieden in der Rechtsprechung vermieden werden soll. Dabei ist auf die Bedeutung der angefochtenen Entscheidung für die Rechtsprechung als Ganzes abzustellen.

8 **5. Bindung des Rechtsbeschwerdegerichts.** Nach § 78 Abs. 2 S. 2 ist das Rechtsbeschwerdegericht an die Zulassung der Rechtsbeschwerde durch das Beschwerdegericht gebunden. Dies gilt auch dann, wenn ein Zulassungsgrund nicht angegeben und die Zulassung nicht begründet wurde.

9 **6. Nichtzulassungsbeschwerde.** Wird die Rechtsbeschwerde vom Beschwerdegericht nicht zugelassen, kann dies nicht angefochten werden.

III. Einlegung der Rechtsbeschwerde

10 **1. Adressat.** Die Rechtsbeschwerde ist nach § 71 Abs. 1 S. 1 FamFG beim Rechtsbeschwerdegericht, also beim BGH einzulegen. Dies dient der Beschleunigung des Verfahrens, da das Beschwerdegericht keine Abhilfebefugnis hat.

11 **2. Frist.** Die Rechtsbeschwerde ist innerhalb einer **Frist von einem Monat** nach schriftlicher Bekanntgabe des angefochtenen Beschlusses einzulegen, § 71 Abs. 1 S. 1 FamFG. Nach § 17 Abs. 1 FamFG kann **Wiedereinsetzung in den vorigen Stand** gewährt werden, wenn die Frist ohne Verschulden nicht eingehalten wurde. Nach § 18 Abs. 1, 3 S. 2 FamFG ist der Antrag auf Wiedereinsetzung binnen zwei Wochen nach Wegfall des Hindernisses zu stellen und die Einlegung der Rechtsbeschwerde innerhalb derselben Frist nachzuholen. Bei unterbliebener oder fehlerhafter Rechtsmittelbelehrung wird das Fehlen des Verschuldens vermutet, § 17 Abs. 2 FamFG.

12 **3. Beschwerdeschrift.** Die Rechtsbeschwerde wird nach § 71 Abs. 1 S. 1 FamFG durch Einreichen einer Beschwerdeschrift eingelegt. Nach § 71 Abs. 1 S. 4 FamFG soll mit der Beschwerdeschrift eine Ausfertigung oder beglaubigte Abschrift des angefochtenen Beschlusses vorgelegt werden. Die Rechtsbeschwerde muss eigenhändig von einem beim BGH zugelassenen Rechtsanwalt unterschrieben sein, § 71 Abs. 1 S. 3, § 10 Abs. 4 S. 1 FamFG. Eine Einlegung per Telefax

---

[4] OLG Düsseldorf NJW-RR 2011, 1456 = DNotZ 2011, 625 = FGPrax 2011, 220 = MittBayNot 2011, 484 = RNotZ 2011, 417.
[5] Vgl. BGH NJW 2007, 1466.
[6] OLG Schleswig FGPrax 2010, 109.

ist möglich, in diesem Fall muss die Kopiervorlage von einem beim BGH zugelassenen Rechtsanwalt unterschrieben sein.[7] Die Rechtsbeschwerde kann nicht von einem Notar eingelegt werden.

Die Rechtsbeschwerde kann auch als elektronisches Dokument eingereicht werden. Das Dokument muss mit der qualifizierten elektronischen Signatur eines beim BGH zugelassenen Rechtsanwalts versehen sein. 13

4. Begründung der Rechtsbeschwerde. Die Rechtsbeschwerde muss begründet werden. Wenn die Rechtsbeschwerdeschrift keine Begründung enthält, muss diese innerhalb der Frist von einem Monat für die Einlegung der Rechtsbeschwerde nachgeholt werden. Wiedereinsetzung in den vorigen Stand kann nach §§ 17, 18 Abs. 1 FamFG gewährt werden, wenn die Frist ohne Verschulden versäumt wurde, zu Einzelheiten → Rn. 11. 14

Der erforderliche Inhalt der Begründung wird durch § 73 Abs. 3 FamFG festgelegt. Der Rechtsbeschwerdeführer muss konkret bezeichnen, inwieweit die Beschwerdeentscheidung angefochten und ihre Abänderung beantragt wird. Außerdem müssen die Umstände, aus denen sich eine Rechtsverletzung ergibt, im Einzelnen bezeichnet werden. Die bloße Rüge, das materielle Recht sei verletzt, ist nicht ausreichend. 15

IV. Anschlussrechtsbeschwerde

Wenn ein Beteiligter Rechtsbeschwerde eingelegt hat, ist diese und die Begründungsschrift den anderen Beteiligten bekannt zu geben, § 71 Abs. 4 FamFG. Innerhalb einer Frist von einem Monat ab Bekanntgabe der Rechtsbeschwerde können sich die weiteren Beteiligten der Rechtsbeschwerde anschließen. Dazu muss eine Anschlussschrift, die von einem beim BGH zugelassenen Rechtsanwalt unterzeichnet ist, beim Rechtsbeschwerdegericht eingereicht werden. 16

V. Verzicht und Zurücknahme

Ist nach der Entscheidung des Beschwerdegerichts auf Rechtsmittel verzichtet worden, ist eine Rechtsbeschwerde nicht mehr möglich. Die eingelegte Rechtsbeschwerde kann ohne Mitwirkung eines beim BGH zugelassenen Rechtsanwalts zurückgenommen werden. Eine Anschlussrechtsbeschwerde verliert mit Rücknahme der Rechtsbeschwerde ihre Wirkung, § 73 S. 3 FamFG. 17

VI. Weiterer Verfahrensablauf

Weder das Grundbuchamt noch das Beschwerdegericht haben eine Abhilfebefugnis. Das Rechtsbeschwerdegericht prüft die Rechtsbeschwerde auf Statthaftigkeit und Zulässigkeit. Die Begründetheit prüft es nach § 74 Abs. 3 FamFG nur in den Grenzen der gestellten Anträge.[8] 18

C. Weitere praktische Hinweise

Für die Rechtsbeschwerde fällt, soweit sie verworfen oder zurückgewiesen wird, eine 1,5 Gebühr aus dem Beschwerdewert, höchstens 120 EUR nach Nr. 14520 KV GNotKG an. Wird die Rechtsbeschwerde vor Eingang der Begründungsschrift bei Gericht zurückgenommen, fällt eine 0,5 Gebühr, höchstens 400 EUR nach Nr. 14521 KV GNotKG an, bei Rücknahme vor Ablauf des Tages, an dem die Endentscheidung der Geschäftsstelle übermittelt wird, fällt nach Nr. 14522 KV GNotKG eine 1,0 Gebühr, höchstens 800 EUR an. 19

---

7   BGH NJW 1990, 188; BayObLGZ 1990, 73.
8   Zu Einzelheiten s. Demharter GBO § 78 Rn. 25 ff.; BeckOK GBO/Hügel/Kramer GBO § 78 Rn. 137 ff.

§ 82 GBO [Verpflichtung zur Antragstellung]

¹Ist das Grundbuch hinsichtlich der Eintragung des Eigentümers durch Rechtsübergang außerhalb des Grundbuchs unrichtig geworden, so soll das Grundbuchamt dem Eigentümer oder dem Testamentsvollstrecker, dem die Verwaltung des Grundstücks zusteht, die Verpflichtung auferlegen, den Antrag auf Berichtigung des Grundbuchs zu stellen und die zur Berichtigung des Grundbuchs notwendigen Unterlagen zu beschaffen. ²Das Grundbuchamt soll diese Maßnahme zurückstellen, solange berechtigte Gründe vorliegen. ³Ist eine Gesellschaft bürgerlichen Rechts als Eigentümerin eingetragen, gelten die Sätze 1 und 2 entsprechend, wenn die Eintragung eines Gesellschafters gemäß § 47 Absatz 2 unrichtig geworden ist.

A. Allgemeines 1	V. Verfahren des Grundbuchamts 14
B. Regelungsgehalt 2	1. Verfahrenseinleitung 14
I. Voraussetzungen des Berichtigungszwangs 2	2. Ausspruch der Verpflichtung 17
1. Unrichtige Eigentümereintragung 2	3. Durchsetzung der Verpflichtung 18
2. Rechtsübergang außerhalb des Grundbuchs ... 5	4. Verfahrensfortgang nach Antragstellung ... 21
II. Zum Berichtigungsantrag verpflichtete Personen ... 6	C. Weitere praktische Hinweise 22
III. Inhalt der Verpflichtung 10	I. Rechtsmittel 22
IV. Zurückstellungsgründe 11	II. Kosten 23
	III. Amtsberichtigung 24

A. Allgemeines

1 Die Vorschrift schafft einen beschränkten **Grundbuchberichtigungszwang**. Grds. erfolgt die Berichtigung des Grundbuchs im Antragsverfahren nach §§ 13, 22 und steht damit zur Disposition der Beteiligten. Der Berichtigungszwang des § 82 schränkt die Privatautonomie sowohl im privaten als auch im öffentlichen Interesse ein, wenn bzgl. der Eintragung des Eigentümers ein Rechtsübergang außerhalb des Grundbuchs stattgefunden hat.[1] Praktische Bedeutung hat die Vorschrift in erster Linie im Zusammenhang mit Erbfällen.

B. Regelungsgehalt

I. Voraussetzungen des Berichtigungszwangs

2 **1. Unrichtige Eigentümereintragung.** Die Vorschrift ist anwendbar, wenn die Eintragung des Eigentümers in Abt. I des Grundbuchs unrichtig ist. Davon werden auch Mitberechtigte am Eigentum erfasst, unabhängig von ihrem Berechtigungsverhältnis, zB Gesamthandseigentümer oder Bruchteilseigentümer. Für Erbbauberechtigte ist die Vorschrift nach Sinn und Zweck ebenfalls anwendbar.[2] Eintragungen in anderen Abteilungen des Grundbuchs werden nicht erfasst.

3 Die Eigentümereintragung muss **unrichtig iSv § 894 BGB** sein, Eintragung und materielle Rechtslage müssen also auseinanderfallen. Ist nur die namentliche Bezeichnung des Eigentümers, bspw. wegen Namensänderung durch Eheschließung, unrichtig eingetragen, ist die Vorschrift nicht anwendbar.[3]

---

[1] BayObLGZ 1994, 158 (162) = NJW-RR 1995, 272 (273); KG JFG 14, 448 (450); KG JR 1953, 184 (185); OLG Frankfurt Rpfleger 1997, 409; OLG Frankfurt Rpfleger 1978, 413; OLG Hamm OLGZ 1994, 257 (260) = NJW-RR 1994, 271 = Rpfleger 1994, 248 (250); Saage JW 1935, 996; Bauer/v. Oefele/Budde GBO § 82 Rn. 1; Keller/Munzig/Briesemeister GBO § 82 Rn. 1; BeckOK GBO/Hügel/Holzer GBO § 82 Rn. 1.

[2] OLG Hamm OLGZ 1994, 147 (148) = Rpfleger 1993, 282; Krieger DNotZ 1935, 853 (859); Bauer/v. Oefele/Budde GBO § 82 Rn. 2; Demharter GBO § 83 Rn. 11; Keller/Munzig/Briesemeister GBO § 82 Rn. 2.

[3] Demharter GBO § 83 Rn. 4; Bauer/v. Oefele/Budde GBO § 82 Rn. 3.

Die Unrichtigkeit des Grundbuchs muss **feststehen**. Bloße Zweifel des Grundbuchamts an der Richtigkeit genügen nicht. Regelmäßig erfährt das Grundbuchamt von der Unrichtigkeit des Grundbuchs aufgrund Erbfolge durch die Mitteilung des Nachlassgerichts nach § 83. 4

2. Rechtsübergang außerhalb des Grundbuchs. Die Unrichtigkeit des Grundbuchs muss durch einen Rechtsübergang außerhalb des Grundbuchs begründet sein. Auf ursprünglich unrichtige Eintragungen ist die Vorschrift nicht anwendbar. In Betracht kommen neben der **Erbfolge** die **Übertragung von Erbanteilen** nach § 2033 Abs. 1 BGB,[4] der Eintritt ehelicher oder fortgesetzter **Gütergemeinschaft**, die **Anwachsung** des Anteils eines Abkömmlings am Gesamtgut einer fortgesetzten Gütergemeinschaft nach §§ 1490 S. 3, 1491 Abs. 4 BGB oder die Entstehung von Bruchteilseigentum von Ehegatten wegen des Wechsels des gesetzlichen Güterstandes nach Art. 234 §§ 4, 4a EGBGB.[5] Der **Zuschlag in der Zwangsversteigerung** bewirkt nach § 90 ZVG zwar einen Eigentumsübergang außerhalb des Grundbuchs, § 82 ist aber hier nicht anwendbar, da die Grundbuchberichtigung nach § 130 ZVG auf Ersuchen des Vollstreckungsgerichts zu erfolgen hat.[6] 5

II. Zum Berichtigungsantrag verpflichtete Personen

Nach § 82 S. 1 sind der **Eigentümer** und der **Testamentsvollstrecker**, wenn ihm die Verwaltung über das Grundstück zusteht, zur Stellung des Berichtigungsantrages verpflichtet. Damit stimmen Antragsberechtigung nach § 13 Abs. 1 S. 2 und Antragsverpflichtung überein. Sind mehrere Testamentsvollstrecker vorhanden, führen sie ihr Amt nach § 2224 Abs. 1 S. 1 BGB grds. gemeinschaftlich, so dass sich die Antragsverpflichtung gegen alle richtet.[7] 6

Ist ein **Nachlassverwalter** bestellt, dem die Verwaltung des Grundstücks zusteht, richtet sich der Berichtigungszwang gegen ihn.[8] 7

Bei Rechtsnachfolge nach einem Gesellschafter einer **BGB-Gesellschaft** erstreckt sich die Verwaltungsbefugnis des Testamentsvollstreckers und des Nachlassverwalters aus gesellschaftsrechtlichen Gründen nicht auf die Geschäftsführungs- und Vertretungsbefugnis des Erben in Bezug auf das Gesellschaftsvermögen.[9] Obwohl Zwangsmaßnahmen nur gegen die Gesellschafter verhängt werden können, ist im Fall des § 82 S. 3 die Gesellschaft antragsverpflichtet.[10] 8

Sind **mehrere Personen** zur Stellung eines Berichtigungsantrags verpflichtet, können jeder einzeln oder alle gemeinsam in Anspruch genommen werden.[11] In einem solchen Fall kann das Grundbuchamt die Verpflichtung demjenigen Mitberechtigten auferlegen, von dem am ehesten erwartet werden kann, dass er ihr vollständig nachkommt.[12] 9

III. Inhalt der Verpflichtung

Die Verpflichtung besteht sowohl in der **Stellung des Berichtigungsantrages** als auch in der **Beschaffung der zur Berichtigung notwendigen Unterlagen**. Der Antrag bedarf keiner besonderen Form. Es sind alle Unterlagen vorzulegen, die zur Begründung der Grundbuchunrichtigkeit erforderlich sind, zB Erbschein, Unbedenklichkeitsbescheinigung des Finanzamts, behördliche 10

---

4 BGH DNotZ 1969, 623; BayObLGZ 1994, 158 (162) = NJW-RR 1995, 272 (273); BayObLG NJW-RR 1989, 398.
5 Bauer/v. Oefele/Budde GBO § 82 Rn. 4.
6 KG DJ 1936, 905; OLG Hamm FGPrax 2012, 149; Bauer/v. Oefele/Budde GBO § 82 Rn. 5; Demharter GBO § 83 Rn. 8; BeckOK GBO/Hügel/Holzer GBO § 82 Rn. 24.
7 OLG München JFG 17, 298 (299) = HRR 1938 Nr. 1019.
8 Demharter GBO § 83 Rn. 17; Bauer/v. Oefele/Budde GBO § 82 Rn. 8; BeckOK GBO/Hügel/Holzer GBO § 82 Rn. 24.
9 BGHZ 108, 187 (195) = NJW 1989, 3152; BGH NJW 1996, 12845 (1285); BayObLGZ 1990, 306 = NJW-RR 1991, 361; OLG Hamm OLGZ 1993, 147 (148); Bauer/v. Oefele/Budde GBO § 82 Rn. 8; Demharter GBO § 83 Rn. 17; BeckOK GBO/Hügel/Holzer GBO § 82 Rn. 24.
10 OLG Schleswig FGPrax 2010, 235 (236).
11 KG JFG 14, 418 (423) = JW 1937, 479 (480); OLG Frankfurt Rpfleger 1978, 413.
12 Bauer/v. Oefele/Budde GBO § 82 Rn. 9.

Genehmigungen. Einer Zustimmung des Eigentümers bedarf es nach § 22 Abs. 2 nicht, wenn die Berichtigung nicht aufgrund Berichtigungsbewilligung, sondern aufgrund Unrichtigkeitsnachweises vorgenommen wird.[13]

IV. Zurückstellungsgründe

11 Das Grundbuchamt soll nach § 82 S. 2 das Zwangsberichtigungsverfahren zurückstellen, wenn berechtigte Gründe für die Nichtberichtigung vorliegen. Als Zurückstellungsgrund kommt insbes. eine beabsichtigte Verfügung über das Grundstück, bei der die Voreintragung nach § 40 entbehrlich ist,[14] zB die Veräußerung des Grundstücks an einen Dritten oder im Rahmen der Erbauseinandersetzung an einen Miterben[15] in Betracht.[16] Möglicher Zurückstellungsgrund ist auch eine beabsichtigte Zwangsversteigerung zur Auseinandersetzung einer Erbengemeinschaft, die nach § 181 Abs. 2 S. 1 ZVG ohne vorherige Eintragung der Erbengemeinschaft im Grundbuch möglich ist. Auch die Absicht der Begründung von Wohnungseigentum stellt in der Regel einen Zurückstellungsgrund dar.[17]

12 Das Grundbuchamt hat in diesen Fällen zu überwachen, ob die Beteiligten ihre Absichten tatsächlich umsetzen.[18] Ist dies nicht der Fall, muss das Verfahren durchgeführt werden.

13 Ein Zurückstellungsgrund liegt auch vor, wenn die Beschaffung der zur Berichtigung erforderlichen Unterlagen dem Verpflichteten unverhältnismäßige Schwierigkeiten bereitet oder wenn ein Beteiligter als Mitverpflichteter in Anspruch genommen und durch Zwangsmaßnahmen gegenüber anderen Mitverpflichteten einseitig benachteiligt wird.[19]

V. Verfahren des Grundbuchamts

14 **1. Verfahrenseinleitung.** Wenn die Voraussetzungen des § 82 S. 1 vorliegen, muss das Grundbuchamt das Verfahren einleiten. Ein Ermessen steht ihm dabei nicht zu.[20] Soweit aber Zurückstellungsgründe vorliegen, die dem Grundbuchamt schon bekannt sind, kann es von der Einleitung des Verfahrens absehen.

15 Im Fall der Erbfolge ist es nicht geboten, sofort nach Bekanntwerden der Erben ein Verfahren nach § 82 einzuleiten. Vielmehr sollte das Grundbuchamt für einen gewissen Zeitraum vom Vorliegen berechtigter Gründe nach § 82 S. 2 ausgehen, da den Erben zunächst Zeit gegeben werden muss, um den Nachlass abzuwickeln und sich darüber klar zu werden, was mit dem Grundstück geschehen soll.[21] In Anbetracht der Parallelregelung der Nr. 14110 KV GNotKG, nach der für die Zeit von **zwei Jahren ab dem Erbfall** keine Gebühren für die Eintragung erhoben werden, ist es nicht gerechtfertigt, vor Ablauf dieser Zeit ein Zwangsberichtigungsverfahren einzuleiten.[22]

16 Tragen die Beteiligten nach Einleitung des Verfahrens Zurückstellungsgründe vor, soll das Grundbuchamt das Verfahren für die Zeit des Vorliegens der Gründe zurückstellen. Eine förmliche Verfahrensaussetzung ist nicht erforderlich.[23]

---

13 Bauer/v. Oefele/Budde GBO § 82 Rn. 10; Demharter GBO § 83 Rn. 19; BeckOK GBO/Hügel/Holzer GBO § 82 Rn. 28; Saage JW 1935, 3207.
14 LG Ellwangen JurBüro 1979, 759 (760); Demharter GBO § 83 Rn. 12; BeckOK GBO/Hügel/Holzer GBO § 82 Rn. 21.
15 KG JFG 14, 418 (422) = JW 1937, 479; JFG 22, 115 (117) = HRR 1941 Nr. 43; JR 1953, 184 (185); OLG Düsseldorf MDR 1959, 582; OLG Frankfurt Rpfleger 1977, 409 (410); Riedel JurBüro 1979, 659.
16 Bauer/v. Oefele/Budde GBO § 82 Rn. 11.
17 OLG Frankfurt Rpfleger 2002, 433.
18 KG JFG 14, 418 (422) = JW 1937, 479.
19 Bauer/v. Oefele/Budde GBO § 82 Rn. 12.
20 LG Ellwangen BWNotZ 1977, 177.
21 Bauer/v. Oefele/Budde GBO § 82 Rn. 11.
22 OLG Frankfurt Rpfleger 2002, 433; OLG Hamm FGPrax 2010, 276 = ZEV 2010, 596; jeweils für die früher geltende Regelung des § 60 Abs. 4 KostO mit gleichem Regelungsgehalt; Schöner/Stöber GrundbuchR Rn. 378.
23 BeckOK GBO/Hügel/Holzer GBO § 82 Rn. 19.

2. Ausspruch der Verpflichtung. Die Verpflichtung kann der oder den verpflichteten Personen (→ Rn. 6 ff.) durch Beschluss oder Verfügung auferlegt werden.[24] Da die Beschlussform nicht nach § 38 Abs. 1 S. 1 FamFG zwingend vorgeschrieben ist,[25] wird in der Praxis die Verfügung bevorzugt.[26] Dem Verpflichteten muss zur Erledigung der Verpflichtung eine angemessene, vom jeweiligen Einzelfall abhängige, Frist gesetzt werden. Das Grundbuchamt muss dabei beachten, dass die Beschaffung der Berichtigungsunterlagen, zB des Erbscheins, längere Zeit in Anspruch nehmen kann. Die Frist sollte deshalb einige Monate betragen.[27] Die Verpflichtung kann bereits mit der Androhung von Zwangsmitteln für den Fall der Nichterfüllung verbunden werden.[28] Dann ist vor Festsetzung des Zwangsgeldes nach § 35 Abs. 1 FamFG keine weitere Androhung mehr erforderlich. 17

3. Durchsetzung der Verpflichtung. Das Grundbuchamt muss die **Zwangsgeldfestsetzung** durch Beschluss nach § 35 Abs. 1 S. 1 FamFG einleiten, wenn die ausgesprochene Verpflichtung schuldhaft nicht erfüllt wird. Schuldhafte Nichterfüllung liegt vor, wenn das Grundbuchamt Zurückstellungsgründe sorgfältig geprüft hat, der Verpflichtete untätig geblieben ist und ausreichende Hinderungsgründe nicht vorgetragen hat.[29] 18

Die Höhe des Zwangsgeldes hat das Grundbuchamt nach pflichtgemäßem Ermessen unter Berücksichtigung der Lage des Einzelfalles nach § 35 Abs. 3 S. 1 FamFG iVm Art. 6 Abs. 1 S. 1 EGStGB zwischen 5 und 25.000 EUR festzusetzen. Die Festsetzung wird regelmäßig mit der Androhung eines weiteren, höheren Zwangsgeldes für den Fall der weiteren Nichterfüllung der Verpflichtung verbunden. 19

Eine bereits ausgesprochene Zwangsgeldfestsetzung ist, weil sie keine Strafe im strafrechtlichen Sinne sondern Beugemittel ist,[30] **aufzuheben**, wenn sich nachträglich ergibt, dass ihre Voraussetzungen nicht mehr vorliegen oder von Anfang an nicht vorgelegen haben.[31] 20

4. Verfahrensfortgang nach Antragstellung. Wird von dem Verpflichteten der Berichtigungsantrag gestellt, kann das Grundbuchamt diesen nicht nach § 18 durch **Zwischenverfügung** beanstanden.[32] Würde der Antragsteller die vom Grundbuchamt festgestellten Mängel nicht innerhalb der gesetzten Frist beheben, hätte dies nach § 18 Abs. 1 S. 2 die Zurückweisung des Antrags zur Folge, was dem Sinn des Zwangsberichtigungsverfahrens widersprechen würde.[33] Vielmehr kann die Behebung des Hindernisses durch einen mit der Verpflichtung nach § 82 S. 1 verbundenen rechtlichen Hinweis erreicht werden. 21

C. Weitere praktische Hinweise

I. Rechtsmittel

Gegen die Durchführung des Zwangsverfahrens nach § 82 ist die unbefristete **Beschwerde** nach § 71 Abs. 1 statthaft, da es sich um eine Sachentscheidung iSd Vorschrift handelt.[34] Beschwerdeberechtigt ist derjenige, dessen Rechtsstellung durch die Durchführung des Zwangsverfahrens beeinträchtigt wird.[35] Begründet werden kann die Beschwerde insbes. damit, dass Zurückstellungsgründe vorliegen. Auf diese Begründung kann ein Rechtsmittel gegen die Festsetzung von 22

---

24 Demharter GBO § 83 Rn. 21; BeckOK GBO/Hügel/Holzer GBO § 82 Rn. 29.
25 AA OLG Düsseldorf FGPrax 2021, 104, wonach ein Beschluss erforderlich sei.
26 Schöner/Stöber GrundbuchR Rn. 382 mit Muster.
27 BeckOK GBO/Hügel/Holzer GBO § 82 Rn. 29.
28 Demharter GBO § 83 Rn. 21.
29 BeckOK GBO/Hügel/Holzer GBO § 82 Rn. 31; Demharter GBO § 83 Rn. 22.
30 OLG Frankfurt Rpfleger 1977, 409 (410).
31 BeckOK GBO/Hügel/Holzer GBO § 82 Rn. 33.
32 Demharter GBO § 83 Rn. 22.
33 OLG München DNotZ 1942, 73 (74); Demharter GBO § 83 Rn. 22; BeckOK GBO/Hügel/Holzer GBO § 82 Rn. 30.
34 OLG München FGPrax 2020, 52; BayObLGZ 1994, 158 (163); KG JFG 14, 448 (449); KG JR 1953, 184 (185); Demharter GBO § 83 Rn. 23; BeckOK GBO/Hügel/Holzer GBO § 82 Rn. 34.
35 KG JFG 14, 448 (449).

Zwangsgeld auch dann gestützt werden, wenn die vom Grundbuchamt auferlegte Verpflichtung nicht angefochten wurde.[36]

II. Kosten

23 Die Kosten für die Grundbuchberichtigung betragen nach Nr. 14110 KV GNotKG eine 1,0 Gebühr aus dem Verkehrswert des Grundstücks, wenn die Grundbuchberichtigung nicht innerhalb von zwei Jahren nach dem Erbfall beantragt wird.

III. Amtsberichtigung

24 Scheitert das Zwangsberichtigungsverfahren nach § 82, kann das Grundbuchamt das Grundbuch nach § 82a **von Amts wegen berichtigen**. Zweck dieses Verfahrens ist es aber nicht, das Antragsverfahren zu verdrängen und einen Beteiligten der Verpflichtung zur Antragstellung und zur Beschaffung der notwendigen Unterlagen zu entheben.[37] Es kann vielmehr dann durchgeführt werden, wenn das Zwangsverfahren nicht zum Ziel führt, weil sich bspw. der Antragsverpflichtete im Ausland aufhält.[38]

---

36 OLG Frankfurt Rpfleger 2002, 433; OLG Hamm FGPrax 2010, 276 = ZEV 2010, 596.
37 OLG Jena FGPrax 1996, 170.
38 Demharter GBO § 83 Rn. 24.

25. Gerichts- und Notarkostengesetz (GNotKG)

Literatur:

Achilles/Strecker, Die Grundbuchordnung nebst den preußischen Ausführungsbestimmungen, 1901; *Bork/Jacoby/Schwab*, FamFG, 2. Aufl. 2013; *Bormann*, Kostenrechtsmodernisierung: Notarkosten im Erbrecht, ZEV 2013, 425; *Bormann/Diehn/Sommerfeldt*, GNotKG, 4. Aufl. 2021 (zitiert: BDS/Bearbeiter); *Burandt/Rojahn*, Erbrecht, 4. Aufl. 2022; *Diehn*, Notarkostenberechnungen, 4. Aufl. 2016; *Diehn*, Das neue Notarkostenrecht im GNotKG, DNotZ 2013, 406; *Diehn*, Das Zentrale Testamentsregister in der notariellen Praxis, DNotZ 2011, 676; *Diehn*, Kostenrechtsmodernisierung: Notarkosten im Erbrecht, ZEV 2013, 425; *Fackelmann*, Notarkosten nach dem neuen GNotKG, 2013; *Fackelmann/Heinemann*, HK-GNotKG, 2013 (zitiert: HK-GNotKG/Bearbeiter); *Felix*, Gerichtskosten in Nachlasssachen – Teil I, JurBüro 2016, 340; *Felix*, Gerichtskosten in Nachlasssachen – Teil II, JurBüro 2016, 403; *Gierl/Köhler/Kroiß/Wilsch*, Internationales Erbrecht, 3. Aufl. 2020 (zitiert: Gierl/Köhler/Kroiß/Wilsch IntErbR/Bearbeiter); *Gräßlin/Rastätter*, Handbuch der freiwilligen Gerichtsbarkeit in Baden-Württemberg, Bearb. Waldenberger, Sonderergänzungslieferung 2/2013; *Grziwotz*, Erbscheinsverfahren neu geregelt, notar 2016, 352; *Heinemann*, Aufgabenübertragung auf Notare, FGPrax 2013, 139; *Holzer*, Das Verfahren zur Auseinandersetzung des Nachlasses nach dem FamFG, ZEV 2013, 656; *Horn/Krätzschel*, Kosten im Erbscheinsverfahren, NJW 2016, 3350; *Hügel*, GBO, 2. Aufl. 2010;; *Klingsch/von Stralendorff*, Eidesstattliche Versicherungen und Eide in der notariellen Praxis, notar 2017, 3; *Kroiß*, Kostenrechtsmodernisierung: Die Gerichtskosten in Nachlasssachen nach dem neuen Gerichts- und Notarkostengesetz (GNotKG), ZEV 2013, S. 413; *Kroiß*, Das neue Nachlassverfahrensrecht, 2009; *Kroiß*, „Erben und Nachlass gesucht" Nachlasssicherung durch das Nachlassgericht, ErbR 2013, 110; *Kierig*, Das neue JVEG 2013, immobilien & bewerten, 2013, 107; *Korintenberg*, Kostenordnung, 18. Aufl. 2010; *Korintenberg*, Gerichts- und Notarkostengesetz, 22. Aufl. 2022 (zitiert: Korintenberg/Bearbeiter); *Krug/Daragan*, Die Immobilie im Erbrecht, 2010 (zitiert. Krug/Daragan Immobilie im ErbR); *Kuhn/Trappe*, Kostenrechtsmodernisierung: Die Kosten im Erbscheinsverfahren nach Inkrafttreten des FamFG und des 2. KostRMoG, ZEV 2013, 419; *Langel*, Kosten bei eigenhändigem und notariellem Testament und bei transmortaler/postmortaler Vollmacht, NJW 2017, 3617; *Ländernotarkasse*, Leipziger Kostenspiegel, 3. Aufl. 2021; *Lauk*, Der Nachlasspfleger als „Zechpreller" der Gerichtskosten?, NLPrax 2022, 53; *Notarkasse* (Hrsg.), Streifzug durch das GNotKG, 12. Aufl. 2017 (zitiert: Streifzug); *Otto/Klüsener/Fackelmann/Düspohl/Thamke*, Das neue Kostenrecht, 2013; *Otto/Klüsener/Fackelmann/Düspohl/Thamke Neues KostR*); *Otto/Reimann/Tiedtke*, Notarkosten nach dem neuen GNotKG, 2013 (zitiert: Otto/Reimann/Tiedtke Notarkosten); *Preuß*, Das Gesetz zur Übertragung von Aufgaben im Bereich der freiwilligen Gerichtsbarkeit auf Notare, DNotZ 2013, 740; *Renner/Otto/Heinze*, Leipziger Gerichts- & Notarkostenkommentar, 3. Aufl. 2021 (zitiert: LK-GNotKG/Bearbeiter); *Rißmann*, Die Erbengemeinschaft, 2. Aufl. 2013; *Rohr*, Offene Rechtsfragen zum quotenlosen Erbschein, DNotZ 2023, 179; *Rupp*, Erbschein für Grundbuchzwecke reloaded, notar 2014, 96; *H. Schneider*, Gerichtskosten nach dem neuen GNotKG, 2. Aufl. 2016; *Schneider/Volpert/Fölsch*, Gesamtes Kostenrecht, 3. Aufl. 2021 (zitiert: NK-GK/Bearbeiter); *N. Schneider*, Geschäftswert eines Verfahrens auf Entlassung eines Testamentsvollstreckers, ErbR 2013, 281; *N. Schneider*, Die Wertfestsetzung nach dem neuen GNotKG, ErbR 2014, 164; *N. Schneider*, Kosten/Gebühr für Negativauskunft über Nachlassvorgang?, ErbR 2017, 24; *N. Schneider*, Geschäftswert der Beschwerde in Erbscheinsverfahren, ErbR 2017, 549; *N. Schneider*, Der Geschäftswert in Erbscheinsverfahren, ErbR 2017, 654; *Schöner/Stöber*, Grundbuchrecht, 16. Aufl. 2020; *Wilsch*, Neuregelungen des Kostenrechts aus amtsgerichtlicher Sicht, FGPrax 2013, S. 47; *Wilsch*, Kostenrechtsmodernisierung: Verfahrenskosten nach dem GNotKG an der Schnittstelle von Grundbuch- und Nachlassrecht, ZEV 2013, S. 428; *Wilsch*, Optimierte Vertragsgestaltung und Vorlagepraxis im Hinblick auf Grundbuchkosten nach dem GNotKG, notar 2013, 308; *Wilsch*, Kostenrechtsmodernisierung: Die Gerichtskosten in Verfahren über die Ernennung oder Entlassung von Testamentsvollstreckern und über sonstige Anordnungen, RpflStud. 2015, 5; *Wudy*, Das neue Gebührenrecht für Notare, 2013; *Zimmermann*, GNotKG, Das neue Kostenrecht für Gerichte und Notare, 2013; *Zimmermann*, Die Gerichtskosten im GNotKG-E, RpflStud. 2013, 1.

A. Allgemeines 1	C. Aufbau, Struktur und Systematik des GNotKG 15
I. Kostenordnung (KostO) 1	D. Wertgebühren, § 34 GNotKG, und Höchstwerte, § 35 Abs. 2 GNotKG 20
II. Reform: GNotKG 2	E. Verjährung, Nachforderung, Nichterhebung von Kosten 24
B. Inkrafttreten des GNotKG und Übergangsrecht 5	
I. Inkrafttreten zum 1.8.2013 5	
II. Übergangsrecht, §§ 134, 136 GNotKG 6	I. Verjährung von Kosten, § 6 GNotKG 24

II. Nachforderung von Gerichtskosten, § 20 GNotKG 27
III. Nichterhebung von Kosten, § 21 GNotKG 29
F. Kostenschuldner und Kostenhaftung 30
G. Kostenfreiheit 36
   I. Geschlossener Gebührenkatalog: Kostenverzeichnis des GNotKG 36
   II. Kostenfreiheit nach § 2 GNotKG 37
   III. Gebührenbefreiung in Nr. 14110, Anm. 1 KV GNotKG 40
   IV. Wegfall der bisherigen Befreiung nach § 115 KostO 41
H. Annahme einer Verfügung von Todes wegen in besondere amtliche Verwahrung 42
   I. Allgemeines 42
   II. Alte KostO-Regelung: § 101 KostO 45
   III. Aktuelle Regelung in Nr. 12100 KV GNotKG 47
   IV. Dokumentenpauschale; Auslagen 53
   V. Annahme mehrerer Verfügungen von Todes wegen 55
   VI. Wiederverwahrung 56
   VII. Weiterverwahrung/erneute besondere amtliche Verwahrung 57
   VIII. Annahmeverweigerung 58
   IX. Fälligkeit der Gebühr 59
   X. Kostenschuldner, § 22 Abs. 1 GNotKG; Zahlung eines Kostenvorschusses 60
I. Eintragung im Zentralen Testamentsregister . 61
J. Eröffnung einer Verfügung von Todes wegen .. 65
   I. Allgemeines 65
   II. Alte KostO-Regelung: § 102 KostO 71
   III. Aktuelle Regelung in Nr. 12101 KV GNotKG 73
   IV. Dokumentenpauschale 80
   V. Eröffnung mehrerer Verfügungen von Todes wegen 81
   VI. Eröffnung durch verwahrendes Gericht und Kostenfolge, § 18 Abs. 2 GNotKG 83
   VII. Eröffnung eines gemeinschaftlichen Testaments bzw. Erbvertrages 85
   VIII. Anordnung von Zwangsmaßnahmen 86
   IX. Fälligkeit 89
   X. Kostenschuldner 90
K. Erbscheinsverfahren (einschl. Beschwerde und Rechtsbeschwerde) sowie Europäisches Nachlasszeugnisverfahren (ENZ) 91
   I. Allgemeines 91
   II. Alte KostO-Regelung 93
   III. Gebühr für die Eidesstattliche Versicherung, Nr. 23300 KV GNotKG 96
   IV. Gebühren für Erbscheinsverfahren bzw. Europäische Nachlasszeugnisverfahren, Nr. 12210, 12216 bis 12218 KV GNotKG; Gebühr für Negativauskunft über Nachlassvorgang 102
   V. Geschäftswertvorschriften für Erbscheins- und Europäische Nachlasszeugnisverfahren, § 40 GNotKG 112
   VI. Schuldenabzugsverbot und Firmenbewertung, §§ 54, 38 GNotKG 119
   VII. Verfahrensbeendigung, Nr. 12211 und 12212 KV GNotKG 125
   VIII. Einziehung oder Kraftloserklärung, Nr. 12215 Nr. 1 KV GNotKG 128
   IX. Erbschein nur für Grundbuch- oder Registerzwecke kostenrechtlich bedeutungslos .. 136
   X. Erbschein für Nachlassgläubiger 138
   XI. Erbschein für Miterben sowie quotenloser Erbschein nach § 352a Abs. 2 S. 2 FamFG 139
   XII. Erbschein für Fiskus 140
   XIII. Erbschein iSv § 64 SGB X 141
   XIV. Zeugenauslagen und Sachverständigenhonorare nach JVEG 142
   XV. Beschwerde gegen die Endentscheidung wegen des Hauptgegenstandes, Nr. 12220–12222 KV GNotKG 147
   XVI. Rechtsbeschwerde und Sprungrechtsbeschwerde gegen Endentscheidung, Nr. 12230–12232 bzw. 12240 KV GNotKG 151
L. Testamentsvollstreckerzeugnis bzw. ENZ in Form eines Europäischen Testamentsvollstreckerzeugnisses 155
   I. Allgemeines 155
   II. Alte KostO-Regelung, § 109 Abs. 1 Nr. 2 KostO 157
   III. Aktuelle Regelung im GNotKG: Nr. 12210, 23300 KV GNotKG; § 40 Abs. 5 GNotKG 160
   IV. Gebühr für die Erteilung eines zweiten oder weiteren TV-Zeugnisses, Nr. 12213 KV GNotKG 165
   V. Einziehung oder Kraftloserklärung eines TV-Zeugnisses, Nr. 12215 Nr. 3 KV GNotKG 168
   VI. Verfahren über Ernennung oder Entlassung eines TV, Nr. 12420 KV GNotKG 173
   VII. Amtsannahme 180
M. Überweisungszeugnis nach §§ 36, 37 GBO, §§ 42, 74 SchRegO, § 86 LuftFzgG 183
   I. Allgemeines 183
   II. Frühere Einordnung nach der KostO 187
   III. Aktuelle Regelung im GNotKG 189
   IV. Geschäftswert, § 41 GNotKG 190
   V. Einziehung oder Kraftloserklärung des Überweisungszeugnisses, Nr. 12215 Nr. 4 KV GNotKG 193
N. Zeugnis über die Fortsetzung der Gütergemeinschaft, § 1507 BGB 195
   I. Allgemeines 195
   II. Alte KostO-Regelung 197
   III. Aktuelle Regelung im GNotKG (einschließlich Geschäftswert, § 40 Abs. 4 GNotKG) . 200
   IV. Einziehung oder Kraftloserklärung des Zeugnisses, Nr. 12215 Nr. 2 KV GNotKG .. 206
O. Erbausschlagung und Anfechtung 208
   I. Allgemeines 208
   II. Alte KostO-Regelung 210
   III. Aktuelle Regelung im GNotKG 213
P. Sicherung des Nachlasses und Nachlasspflegschaft 218
   I. Allgemeines 218
   II. Alte KostO-Regelung, §§ 104, 106 KostO 220
   III. Besonderheit Übergangsrecht, § 136 Abs. 1 S. 1 Nr. 1 Hs. 2 GNotKG 225
   IV. Aktuelle Regelung der Nachlasspflegschaft, Nr. 12311 KV GNotKG, § 64 GNotKG ... 226
   V. Allgemeine Sicherungsmaßnahmen, Nr. 12310 KV GNotKG 235

- VI. Nachlasspflegschaft für einzelne Rechtshandlungen, Nr. 12312 KV GNotKG 240
- Q. Entgegennahme von Erklärungen, Verfahren über Fristbestimmungen, Verfahren zur Aufnahme eines Nachlassinventars, Verfahren zur Erteilung einer TV-Amtsannahmebescheinigung, Nr. 12410–12413 KV GNotKG 242
  - I. Allgemeines 242
  - II. Alte KostO-Regelungen, §§ 112, 114 KostO 243
  - III. Aktuelle Regelung: Entgegennahme von Erklärungen und Anzeigen, Nr. 12410 KV GNotKG 245
  - IV. Verfahren über Fristbestimmungen, Nr. 12411 KV GNotKG 249
  - V. Verfahren zur Aufnahme eines Nachlassinventars, Nr. 12412 KV GNotKG 251
  - VI. Verfahren über die Erteilung einer Amtsannahmebescheinigung, Nr. 12413 KV GNotKG 252.1
- R. Teilungssachen 253
  - I. Allgemeines 253
  - II. Alte KostO-Regelung sowie GNotKG-Regelung bis zum 1.9.2013 263
  - III. Aktuelle Regelung: Nr. 23900–23903 KV GNotKG 268
- S. Gerichtliche Stundung des Pflichtteils, Nr. 12520, 12521 KV GNotKG 275
  - I. Allgemeines 275
  - II. Alte KostO-Regelung 276
  - III. Aktuelle Regelung: Nr. 12520, 12521 KV GNotKG (incl. Geschäftswert, § 36 GNotKG) 277
- T. Schnittstelle Grundbuch- und Nachlassverfahren und Gerichtskosten 281
  - I. Grundbuchberichtigung nach dem Tod des Eigentümers, Nr. 14110 KV GNotKG 281
  - II. Gebührenfreiheit nach Anmerkung 1 der Nr. 14110 KV GNotKG 285
  - III. Erbanteilsübertragung und Grundbuch 297
  - IV. Exkurs: Sonderregelungen in § 70 Abs. 2–4 GNotKG 302
  - V. Amtsberichtigung nach § 82a GBO: Nr. 14111 KV GNotKG 305
- VI. Eintragung und Löschung von Nacherben- und Testamentsvollstreckervermerken 306
- VII. Löschung höchstpersönlicher dinglicher Rechte 308
- VIII. Eintragung eines Rechtshängigkeitsvermerks 310
- U. Schnittstelle Notariat und Kosten in erbrechtlichen Angelegenheiten 313
  - I. Erbauseinandersetzung 313
  - II. Erbanteilsübertragung 318
  - III. Abschichtungsvereinbarung 321
  - IV. Vermächtniserfüllung 326
  - V. Entwurf eines Testaments 329
  - VI. Beurkundung eines Einzeltestaments 331
  - VII. Beurkundung eines gemeinschaftlichen Testaments 333
  - VIII. Beurkundung eines Erbvertrages 336
  - IX. Aufhebung eines Erbvertrages 341
  - X. Rücktritt vom Erbvertrag 344
  - XI. Rückgabe eines Erbvertrages aus notarieller Verwahrung 345
  - XII. Erb- und Pflichtteilsverzicht 348
  - XIII. Änderung von Testamenten 350
  - XIV. Beurkundung eines Erbscheinantrags bzw. Antrags auf Ausstellung eines Europäischen Nachlasszeugnisses (ENZ) bzw. Antrags auf Erteilung eines Testamentsvollstreckerzeugnisses; ferner isolierte Anträge ohne eidesstattliche Versicherung 353
  - XV. Ausschlagung und Anfechtung 356
  - XVI. Beurkundung eines Auslegungsvertrages .. 359
  - XVII. Aufnahme eines Nachlassverzeichnisses ... 360
- V. Kostenerinnerung und -beschwerde, §§ 81–84 GNotKG 362
  - I. Kostenerinnerung, § 81 Abs. 1 GNotKG ... 362
  - II. Kostenbeschwerde, § 81 Abs. 2 GNotKG .. 373
- W. Wertfestsetzungsverfahren, §§ 77–80 GNotKG 378
  - I. Allgemeines 378
  - II. Das Verfahren im Einzelnen 379
- X. Exkurs: Gerichtskosten eines Genehmigungsbeschlusses 391

A. Allgemeines

I. Kostenordnung (KostO)

Die **Kostenordnung** (KostO), erlassen mit „Verordnung über die Kosten in Angelegenheiten der freiwilligen Gerichtsbarkeit und der Zwangsvollstreckung in das unbewegliche Vermögen" vom 25.11.1935, in Kraft getreten am 1.4.1936, beendete die Praxis 28 verschiedener Landesjustizkostengesetze und brachte eine **Vereinheitlichung** des Kostenrechts. Die „undemokratische Genese"[1] der KostO bedeutete einen Makel, dem nur durch die exakte Analyse des Gesetzes begegnet werden konnte. Das Ergebnis der Analyse erklärt auch, warum die KostO nach 1945 weiterbestehen konnte,[2] als völlig ideologiefreies Gesetz. Die KostO setzte die Tradition besten, preußischen Gerichtskostenrechts fort und enthielt zugleich einen Rekurs auf die preu-

---

[1] HK-GNotKG/Otto Rn. 9.
[2] Art. 123 Abs. 1 GG, vgl. HK-GNotKG/Otto GNotKG Rn. 10, der für die amerikanische Zone auf die Proklamation vom 19.9.1945 hinweist; zur Geschichte der KostO vgl. Korintenberg/Sikora GNotKG Vorb. Rn. 1 ff.

ßische Gebührenordnung für Notare.[3] Jedoch konnten auch die besten Einzelbestimmungen nicht über die eigentliche **Schwäche** hinweghelfen, die einseitige Konzeptionierung der KostO als Gerichtsgebührenordnung. In der Folge sahen sich die Notare gezwungen,[4] ihre eigenen Kosten aus den Gerichtskostenvorschriften herzuleiten.[5] Rufe nach einem eigenständigen Gebührenrecht für Notare sind dennoch nicht verstummt,[6] insbesondere nach Etablierung des Beurkundungsmonopols der Notare zum 1.1.1970.

II. Reform: GNotKG

2 Trotz der konzeptionellen Dysbalance der KostO ist dem Eindruck entgegenzutreten, den der Gesetzgeber zur Rechtfertigung seiner **Reformbestrebungen** erzeugte:

„*Die seit dem Inkrafttreten der (Reichs-)Kostenordnung am 1. April 1936 in ihrer Struktur unverändert gebliebene Kostenordnung bedarf einer grundlegenden Neugestaltung, um den Anforderungen der heutigen Zeit noch zu genügen. Das Zusammenwachsen Europas und die mit der Einführung der elektronischen Datenverarbeitung veränderten Arbeitsabläufe müssen auch im Kostenrecht Berücksichtigung finden. Die zum Teil sehr allgemein gefassten Regelungen in der Kostenordnung haben zu einer nicht mehr zu überschauenden, oft regional unterschiedlichen Rechtsprechung der Oberlandesgerichte geführt ... Durch eine prägnante und verständliche Formulierung soll dem Anwender eine einheitliche und transparente Handhabung ermöglicht werden.*"[7]

3 Die Kritik richtet sich gegen den Eindruck, bei der KostO habe es sich um ein antiquiertes, in die Jahre gekommenes und zuweilen unklares Gesetz gehandelt, überdies überlagert von einer dekonstruierenden Fülle an Rechtsprechung. Das Szenario erweist sich als zu düster gezeichnet, die KostO-Regelungsmaterie als völlig unzutreffend charakterisiert. Dass ein solches Szenario sich auch gegen den Reformgesetzgeber wenden kann, der an vielen Stellen des GNotKG lediglich zugunsten einer vollständigen Adaption[8] der KostO-Bestimmungen votierte, erschwert nur anfänglich den Zugang zur Reform des Kostenrechts in Gestalt des **Gesetzes über Kosten der freiwilligen Gerichtsbarkeit für Gerichte und Notare (Gerichts- und Notarkostengesetz- GNotKG)**.[9]

4 Die Initialzündung zur Reform ging von der Einberufung einer Expertenkommission[10] im November 2006 aus, deren Aufgabe darin bestand, einen Reformentwurf vorzulegen, was im Februar 2009[11] auch gelang. Im September 2011 folgte der Referentenentwurf,[12] im August 2012 der Regierungsentwurf,[13] der den parlamentarischen Reigen eröffnete.

B. Inkrafttreten des GNotKG und Übergangsrecht

I. Inkrafttreten zum 1.8.2013

5 Basierend auf der Empfehlung des Rechtsausschusses des Deutschen Bundestages vom 15.5.2013,[14] befasste sich der Deutsche Bundestag in seiner 240. Sitzung[15] in 2. und 3. Lesung mit dem Gesetzesentwurf und stimmte schließlich für die Gesetzesvorlage. Danach sollte

---

3 Der KostO dienten das Preußische Gerichtskostengesetz und die Preußische Gebührenordnung für Notare als Vorbild, vgl. Korintenberg/Sikora GNotKG Vorb. Rn. 4.
4 Siehe § 141 KostO.
5 Korintenberg/Sikora GNotKG Vorb. Rn. 11, derivative Ableitung der Notarkosten aus den Gerichtskosten.
6 Zimmermann RpflStud. 2013, 1: „Ein eigenes Notarkostengesetz wäre zweckmäßiger gewesen."
7 BT-Drs. 17/11471, 203.
8 Nur einige Beispiele: §§ 2, 20, 21, 27 Nr. 1 und 2, 23 Nr. 12 und 13, 27 Nr. 4, 32 Abs. 1, 47, 53, 81 Abs. 1, Vorbem. 1.4, Nr. 14110 erste Anmerkung, Nr. 14111 KV GNotKG.
9 Artikel 1 des 2.KostRMoG BGBl. 2013 I 2586 ff., Inkrafttreten am 1.8.2013.
10 Vgl. Otto/Reimann/Tiedtke NotarK Rn. 45 ff.
11 Otto/Reimann/Tiedtke NotarK Rn. 46.
12 Otto/Reimann/Tiedtke NotarK Rn. 47.
13 Otto/Reimann/Tiedtke NotarK Rn. 48.
14 BT-Drs. 17/13537.
15 16.5.2013.

das GNotKG als Teil des **2. KostRMoG** am 1.7.2013 in Kraft treten. Der Rechtsausschuss des Bundesrates empfahl jedoch die Einberufung des Vermittlungsausschusses.[16] In seiner Sitzung am 7.6.2013[17] folgte der Bundesrat dieser Empfehlung mit der Konsequenz, dass das Gesetz nicht bereits zum 1.7.2013 in Kraft treten konnte. Die Beweggründe hierfür sind in der Zusammenschau mit der Änderung des Prozesskostenhilfe- und Beratungshilferechts sowie den Überlegungen zum Kostendeckungsgrad in der Justiz zu suchen. Am 26.6.2013 tagte der Vermittlungsausschuss, um eine Beschlussempfehlung abzugeben,[18] der sich der Deutsche Bundestag[19] am darauffolgenden Tag anschließen konnte. Der Bundesrat votierte in seiner Sitzung am 5.7.2013[20] dafür, keinen Einspruch gegen das vom Deutschen Bundestag verabschiedete Gesetz einzulegen. Das Gesetz wurde am 23.7.2013 ausgefertigt und am 29.7.2013 im Bundesgesetzblatt verkündet.[21] Das GNotKG trat am **1.8.2013** in Kraft.[22]

II. Übergangsrecht, §§ 134, 136 GNotKG

Praktische Relevanz erlangt die Übergangsregelung in § 136 GNotKG, da die Bestimmung in § 134 GNotKG allein für künftige Änderungen des GNotKG gelten soll.[23]

Ob noch altes Kostenrecht, die KostO, oder bereits neues Kostenrecht, das GNotKG, heranzuziehen ist, entscheidet § 136 GNotKG aufgrund zweier Einzelbestimmungen. Gemeint sind die in § 136 Abs. 1 Nr. 1 und Nr. 5 GNotKG geschilderten Anwendungsfälle.

Abgestellt wird auf den Zeitpunkt der **Anhängigkeit** oder **Einleitung des gerichtlichen Verfahrens**, § 136 Abs. 1 Nr. 1 GNotKG. Liegt dieser Zeitpunkt vor dem 1.8.2013,[24] gilt die KostO, liegt dieser Zeitpunkt nach dem 1.8.2013, gilt das GNotKG.[25] In diesem Kontext ist auf das Zusammenwirken mit landesrechtlichen Vorschriften einzugehen, die eine amtliche Erbenermittlungspflicht statuieren, in Bayern Art. 37 Abs. 1 S. 1 AGGVG.[26] Die entsprechende Frage lautet: trat die Anhängigkeit bzw. die Einleitung bereits durch die Übersendung der **Todesanzeige** an das Nachlassgericht ein? Dies war zu verneinen, weil bei Geringfügigkeit oder Unterdeckung des Nachlasses die Erbenermittlung unterbleiben musste, die Regelungen demnach selbst eine Vorfrage postulierten. Die Anhängigkeit bzw. die Einleitung des Verfahrens war und ist gekoppelt an den Eintritt in die amtliche Erbenermittlung. Gleichwohl wurde auch dieses Ergebnis in Teilen der nachlassgerichtlichen Praxis verworfen und auf den Zeitpunkt des Todes des Erblassers abgestellt, obgleich dies im Gesetz keinen Anklang fand.

Die **Polyphonie** im Bereich des Übergangsrechts setzte sich in anderen Verfahrensbereichen fort, beispielsweise im Bereich der Annahme einer Verfügung von Todes wegen in die besondere amtliche Verwahrung. Während das Verfahrensrecht eindeutig auf den Zeitpunkt der gerichtlichen Annahmeanordnung abstellte, § 346 Abs. 1 FamFG, hielt eine Praxismeinung den Zeitpunkt der Ablieferung für maßgeblich, begründete dies aber nicht mit dem Übergangsrecht, sondern mit Aspekten der Nichterhebung von Kosten, § 21 GNotKG.

Bei der **Eröffnung einer Verfügung von Todes wegen** wiederum wurde thematisiert, ob sich die Verfügung von Todes wegen in amtlicher Verwahrung befand und die Todesanzeige vor dem

---

16 24.5.2013, BR-Drs. 381/13.
17 BR-Drs. 381/13.
18 BT-Drs. 17/14120.
19 27.6.2013, Drs. 541/13, 250. Sitzung des Deutschen Bundestages.
20 Drs. 541/13.
21 BGBl. 2013 I 2586 ff.
22 Zur Reformgeschichte vgl. Otto/Reimann/Tiedtke NotarK Rn. 47 ff.
23 BT-Drs. 17/11471, 295; HK-GNotKG/Röhl GNotKG § 134 Rn. 2, gilt nur für Gesetzesänderungen ab dem 1.8.2013; vgl. Wilsch notar 2013, 308 (310, 311).
24 Offensichtlicher Schreibfehler dagegen bei N. Schneider ErbR 2017, 654, der von dem 31.8.2013 spricht.
25 Vgl. Kuhn/Trappe ZEV 2013, 419.
26 Wilsch ZEV 2013, 428; in Baden-Württemberg wurde die amtliche Erbenermittlungspflicht mit Wirkung ab dem 9.5.2015 aufgehoben, vgl. Art. 4 des Gesetzes zur Anpassung landesrechtlicher Vorschriften an Bundesrecht im Bereich der Justiz.

1.8.2013 einging. Falls dies zu bejahen war, galt altes Kostenrecht (KostO), unabhängig vom Zeitpunkt der Eröffnung.

11 Im **Erbscheinsverfahren** drehte sich die übergangsrechtliche Praxisdiskussion darum, ob das Verfahren bereits mit der bloßen Mitteilung eines Angehörigen, ein Erbschein werde benötigt, als anhängig betrachtet werden konnte, oder auf einen konkreten Antrag abzustellen war. Teilweise forderten Teile der Praxis einen besonders konkreten Antrag, was im Gegensatz zur amtlichen Verpflichtung zur Auslegung von Erklärungen stand. Eine obergerichtliche Klärung ist nicht erfolgt.

12 Nichts anderes galt für die Konstellation, dass vor dem 1.8.2013 ein „**Grundbucherbschein**" erteilt wurde, der nach dem 1.8.2013 unbeschränkt erteilt werden sollte. Eine Praxismeinung hielt die KostO für anwendbar, da das Nachlassverfahren bereits vor dem 1.8.2013 anhängig war, eine andere Praxismeinung bevorzugte eine atomisierende Betrachtungsweise und ging von einer erstmaligen Anhängigkeit aus.

13 Übergangsrechtlich ungeklärt blieb die gerichtliche Entgegennahme einer notariell beurkundeten **Ausschlagungserklärung**, bei der die Praxis teilweise auf den Eingang bei Gericht abstellte, was befürwortet werden konnte, teilweise aber auch eine Gesamtbetrachtung vornahm und die Ausschlagungserklärung in den großen Verfahrenskontext einordnete. Danach sollte altes Kostenrecht einschlägig sein, falls das Nachlassverfahren insgesamt bereits vor dem 1.8.2013 anhängig gewesen ist. Diese Ansicht ließ die Notwendigkeit einer vereinzelnden Betrachtungsweise außer Acht. Bei gerichtlicher Beurkundung der Ausschlagungserklärung war unstrittig auf den Zeitpunkt der Beurkundung abzustellen.

14 Die KostO bleibt ferner in allen übrigen Fällen anwendbar, sofern die Kosten vor dem 1.8.2013 **fällig** geworden sind, § 136 Abs. 1 Nr. 5 GNotKG. Als Beispiel lassen sich die vor dem 1.8.2013 in Verwahrung genommenen Verfügungen von Todes wegen und die Kostennacherhebungspraxis nennen. Nach der KostO erhobene Kosten müssen auch nach der KostO beanstandet bzw. nacherhoben werden. Hierzu zählte eine Verwahrungsgebühr, der ein zu geringer Geschäftswert zugrunde gelegt wurde. Entsprechende Kenntnis erlangte das Nachlassgericht erst nach dem Tod des Erblassers, und die Kosten waren bereits vor dem 1.8.2013 fällig[27] geworden.

Zum besonderen Übergangsrecht für Nachlasspflegschaften → Rn. 222 und 225.

C. Aufbau, Struktur und Systematik des GNotKG

15 Im **Aufbau** des GNotKG zeigt sich nicht nur eine strikte Trennung zwischen Gerichtskosten, enthalten im Zweiten Kapitel,[28] und Notarkosten, siehe Drittes[29] Kapitel des GNotKG, sondern auch eine Aufteilung in zwei Bereiche, wie sie bereits das FamGKG kennt. Gemeint ist die Differenzierung zwischen **Paragrafenteil** und **Kostenverzeichnis** (KV),[30] die ihren Grund im gesetzgeberischen Bemühen nach „größerer Transparenz und klarere(r) Struktur"[31] findet.

16 Ob und welche Gebühr anfällt, beantwortet ein Blick in das **Kostenverzeichnis**, das alle normierten Kostentatbestände enthält und bewusst auf Auffangtatbestände verzichtet.[32] Der Gebührenkatalog erweist sich als geschlossenes System,[33] sodass all diejenigen Tatbestände gebührenfrei bleiben, für die im KV keine Gebührenziffer vorgesehen ist.[34]

17 Innerhalb des KV ist eine Unterscheidung zwischen dem Teil 1 anzutreffen, den **Gerichtsgebühren**, deren erste Ziffer eine „1" bildet, und dem Teil 2, den **Notargebühren**, wobei die erste

---

27 Siehe § 101 KostO, die Fälligkeit der Gebühr tritt bereits mit Annahme ein.
28 Siehe §§ 55–84 GNotKG.
29 Siehe §§ 85–131 GNotKG.
30 Siehe Anlage 1 zu § 3 Abs. 2 GNotKG, das Kostenverzeichnis, abgekürzt mit KV.
31 Schwarz FGPrax 2013, 1.
32 Schwarz FGPrax 2013, 1.
33 Wudy notar 2012, 277 sowie Fackelmann GNotKG § 2 Rn. 14.
34 Wudy notar 2012, 277.

Ziffer der Gebühren jeweils mit einer „2" beginnt, was als Navigationsmerkmal die Arbeit erheblich erleichtert.

Erschwerend wirken dagegen die **Vorbemerkungen** des Kostenverzeichnisses, in denen generelle Fragen zur Kostenfreiheit und zur Erhebung einer oder mehrerer Gebühren erörtert werden. Die Begründung hierfür ist in der Etablierung einer **Gebühren-Geschäftswert-Vorbemerkung-Trias** zu sehen, einer kostenrechtlichen Dreieckssituation, pendelnd zwischen dem eigentlichen Gebührenverzeichnis des KV, den Vorbemerkungen des KV und den Geschäftswert- bzw. Bewertungsvorschriften des GNotKG-Paragrafenteils. Um eine „gebührende" Antwort zu finden, ist die Konsultation aller Bereiche erforderlich. Im Bereich der Nachlasskosten existieren gleich mehrere Vorbemerkungen, siehe die Vorbem. 1.2, 1.2.2, 1.2.2.1 und 1.2.4.2.

Das **Kostenverzeichnis** listet die Gebühren- und Auslagentatbestände mit einer fünfstelligen Nummer auf, im Bereich der Nachlasssachen sind dies die Nr. 12100 bis 12550 KV GNotKG. Die richtige Zitierweise lautet „Nr. 12100 KV GNotKG", und die Gebührensätze werden als Dezimalzahlen, die Festgebühren mit dem zu zahlenden Betrag angegeben.[35]

D. Wertgebühren, § 34 GNotKG, und Höchstwerte, § 35 Abs. 2 GNotKG

Obgleich das GNotKG aus Vereinfachungsgründen an einigen Stellen Festgebühren etabliert, hält es am Grundsatz der **Wertgebühren** fest, wie ein Blick auf die Regelung in § 34 Abs. 1 GNotKG belegt. Im Fokus dieser Regelung stehen Gebühren, die sich nach dem Geschäftswert richten. Die Höhe der Gebühr bestimmt sich dann nach der **Tabelle A** oder der **Tabelle B**, so § 34 Abs. 1 GNotKG. Die Gebührentabellen sind dem Gesetz als Anlage 2 beigefügt, § 34 Abs. 3 GNotKG.

Welche **Gebührentabelle** zur Anwendung gelangt, ergibt sich aus der Überschrift der rechten Spalte des Kostenverzeichnisses.[36] Dabei entspricht die **Tabelle A** des GNotKG der Gebührentabelle des FamGKG, um dem Charakter derjenigen Verfahren Rechnung zu tragen, die dem FamGKG ähneln[37] bzw. „Streitentscheidungscharakter"[38] aufweisen. Die **Tabelle B** hingegen, „deutlich stärker degressiv ausgestaltet",[39] dominiert das Grundbuch-, Registersachen- und Notarkostenrecht. Im Bereich der Nachlasskosten reicht die Dominanz jedoch nicht so weit, dass von einer Einheitlichkeit gesprochen werden kann. Abhängig vom jeweiligen Gebührentatbestand, gilt jeweils die Tabelle A oder B. Seit dem 1.1.2021 gilt eine **neue Tabelle A**.

Die **Tabelle B** gilt für das Verfahren auf Erteilung eines Erbscheins, die Ausstellung eines Europäischen Nachlasszeugnisses (ENZ), die vorzeitige Beendigung des Erbscheinerteilungs- oder ENZ-Ausstellungverfahrens, für Verfahren zur Abnahme von Eiden und eidesstattlichen Versicherungen, für das Verfahren auf Erteilung eines Zeugnisses über die Fortsetzung der Gütergemeinschaft, das Verfahren auf Erteilung eines Überweisungszeugnisses nach §§ 36, 37 GBO, das Verfahren auf Erteilung eines Testamentsvollstreckerzeugnisses sowie in den Verfahren über die Einziehung oder Kraftloserklärung dieser Zeugnisse. Die Tabelle B gilt auch für „nahezu sämtliche Gebühren der Notare".[40] Für die Tabelle B beträgt der Geschäftswert höchstens **60 Mio. EUR**, § 35 Abs. 2 GNotKG.

Die **Tabelle A** gilt dagegen für die Verfahren zur Sicherung des Nachlasses einschließlich Nachlasspflegschaft (s. Nr. 12310 ff. KV GNotKG), für die Entgegennahme von Erklärungen, Fristbestimmungen und Nachlassinventaren, die Verfahren über die Ernennung oder Entlassung von Testamentsvollstreckern (s. Nr. 12420 ff. KV GNotKG) sowie in den übrigen Nachlasssachen.[41]

---

35 Etwa 100 EUR, 75 EUR, 50 EUR oder 25 EUR.
36 BT-Drs. 17/11471 (neu), 163.
37 So die BT-Drs. 17/11471 (neu), 163.
38 BT-Drs. 17/11471 (neu), 163 und 295, die Stellungnahme des Bundesrates.
39 BT-Drs. 17/11471 (neu), 163.
40 So LK-GNotKG/Otto GNotKG § 34 Rn. 2.
41 Zum Gebührenvolumen vgl. Korintenberg/Diehn GNotKG § 34 Rn. 26.

Für die Tabelle A beträgt der Geschäftswert höchstens **30 Mio. EUR**, § 35 Abs. 2 GNotKG. Seit dem 1.1.2021 gilt eine **neue Tabelle A** mit erhöhten Gebühren.

E. Verjährung, Nachforderung, Nichterhebung von Kosten

I. Verjährung von Kosten, § 6 GNotKG

24 In Fortführung der strikten Separierung von Gerichts- und Notargebühren unterscheidet die Regelung in § 6 GNotKG zwischen der Verjährung der Ansprüche auf Zahlung von Gerichtskosten (§ 6 Abs. 1 S. 1 GNotKG) und der Verjährung der Ansprüche auf Zahlung von Notarkosten (§ 6 Abs. 1 S. 3 GNotKG). Ohne Bedeutung ist, ob dem Kostenschuldner Verfahrenskostenhilfe bewilligt wurde, da dies die Fälligkeit nicht beeinflusst.[42]

25 Die Ansprüche auf Zahlung von **Gerichtskosten verjähren** in vier Jahren, beginnend[43] mit dem Ablauf des Kalenderjahres, in dem das Verfahren durch rechtskräftige Entscheidung über die Kosten, durch Vergleich oder in sonstiger Weise beendet ist, § 6 Abs. 1 S. 1 GNotKG. Bei Dauerbetreuungen, Dauerpflegschaften, Nachlasspflegschaften sowie Nachlass- oder Gesamtgutsverwaltungen beginnt die Verjährung am Tag vor deren Fälligkeit, § 6 Abs. 1 S. 2 GNotKG.[44] Die Ansprüche auf Rückzahlung von Kosten verjähren in vier Jahren nach Ablauf des Kalenderjahres, in dem die Zahlung erfolgt ist, § 6 Abs. 2 S. 1 GNotKG.[45] Die BGB-Vorschriften über die Verjährung kommen zur Anwendung, § 6 Abs. 3 GNotKG iVm §§ 194 ff. BGB, und die Verjährung wird unverändert nicht von Amts wegen berücksichtigt,[46] vielmehr muss sich der Kostenschuldner explizit auf die Einrede der Verjährung berufen, sei es im Vorfeld des Kostenansatzes, sei es im Wege der Kostenerinnerung bzw. Beschwerde. Eine Verzinsung der Ansprüche auf Zahlung und Rückzahlung von Gerichtskosten findet nicht statt, § 6 Abs. 4 GNotKG.[47]

26 Die Ansprüche auf Zahlung von **Notarkosten verjähren** in vier Jahren nach Ablauf des Kalenderjahres, in dem die Kosten fällig geworden sind, § 6 Abs. 1 S. 3 GNotKG. Weil das Kostenrecht die Verjährung an das Ende des Verfahrens stellt, nicht an die Beendigung des notariellen Geschäfts knüpft, tritt die Verjährung später ein.[48] Das Verzinsungsverbot nach § 6 Abs. 4 GNotKG gilt nicht für die Ansprüche auf Zahlung von Notarkosten. Die Regelung in § 88 S. 1 GNotKG ordnet die Verzinsung der Notarkostenforderungen an,[49] beginnend einen Monat nach Zustellung, § 88 S. 2 GNotKG, lautend auf fünf Prozentpunkte über dem Basiszinssatz nach § 247 BGB, so § 88 S. 3 GNotKG.

II. Nachforderung von Gerichtskosten, § 20 GNotKG

27 Die **Nachforderung von Gerichtskosten** bestimmt sich nach § 20 GNotKG. Danach ist die Nachforderung von Gerichtskosten wegen eines unrichtigen Kostenansatzes nur zulässig, sofern der berichtigte Ansatz dem Zahlungspflichtigen vor Ablauf des nächsten Kalenderjahres nach Absendung der abschließenden Kostenrechnung mitgeteilt worden ist, § 20 Abs. 1 S. 1 GNotKG. Ist der Kostenansatz noch nicht erfolgt, greift § 20 GNotKG nicht.[50] Die Nachforderungsfrist verlängert sich für den Fall, dass der Kostenschuldner vorsätzlich oder grob fahrlässig falsche Angaben gemacht hat, § 20 Abs. 1 S. 2 GNotKG. Den Nachweis hierüber zu führen, dürfte in praxi regelmäßig schwerfallen. Praxisnäher ist die Alternative, die Verlängerung der Nachforderungsfrist, die sich daraus ergibt, dass der ursprüngliche Kostenansatz unter einem

---

42 Korintenberg/Otto GNotKG § 6 Rn. 7.
43 Demnach am 1. Januar des Jahres, das auf die Beendigung folgt.
44 LK-GNotKG/Klingsch GNotKG § 6 Rn. 3, bezeichnet diese Regelung als „systemwidrig" und „verunglückt": Verjährungsfrist läuft vor Eintritt der Fälligkeit an.
45 Demnach am 1. Januar des Jahres, das auf die Zahlung folgt.
46 So bereits im alten Kostenrecht, vgl. § 17 Abs. 3 S. 1 KostO.
47 So auch das alte Kostenrecht, vgl. § 17 Abs. 4 KostO.
48 Otto/Reimann/Tiedtke Notarkosten Rn. 95.
49 HK-GNotKG/Fackelmann GNotKG § 6 Rn. 49.
50 LK-GNotKG/Zschach/Waber GNotKG § 20 Rn. 4.

bestimmten Vorbehalt erfolgt ist, § 20 Abs. 1 S. 2 GNotKG.[51] Dabei schließt das Wesensmerkmal der Bestimmtheit bereits einen Vorbehalt aus, der unspezifisch den gesamten Kostenansatz erfassen möchte.[52]

Ein wesentlicher Unterschied zur Verjährungsregelung ist schließlich darin zu sehen, dass das Nachforderungsverbot nicht erst durch den Kostenschuldner geltend gemacht, sondern bereits **von Amts wegen** durch das Gericht beachtet werden muss.[53] Ein Verstoß hiergegen kann im Wege der Kostenerinnerung geltend gemacht werden.[54] 28

III. Nichterhebung von Kosten, § 21 GNotKG

Evidenzfehler[55] des Gerichts oder Notars können dem Kostenschuldner nicht zum Nachteil gereichen. Die Regelung in § 21 Abs. 1 S. 1 GNotKG[56] ordnet deshalb die **Nichterhebung** derjenigen Kosten, die bei richtiger Sachbehandlung nicht entstanden wären. Unter unrichtiger Sachbehandlung versteht man ein offensichtliches Versehen bzw. einen offensichtlichen Verstoß gegen gesetzliche Vorschriften.[57] Ob ein solches Versehen bzw. ein solcher Verstoß vorliegt, ist aus objektiver Sicht zu beurteilen, nicht aber im Hinblick auf ein subjektives Verschulden.[58] Die Nichterhebung der Kosten, die durch unrichtige Sachbehandlung generiert wurden, erfolgt **von Amts wegen**. 29

F. Kostenschuldner und Kostenhaftung

Die GNotKG-Regelungen differenzieren zwischen der **Kostenhaftung**[59] in gerichtlichen Verfahren, §§ 22 ff. GNotKG, und der Kostenhaftung in Notarkostensachen, §§ 29 ff. GNotKG. 30

In **gerichtlichen Verfahren**, die nur durch Antrag eingeleitet werden, schuldet der **Antragsteller** die Kosten des Verfahrens, § 22 Abs. 1 GNotKG. Stellt der **Testamentsvollstrecker** einen Antrag auf Erteilung eines Testamentsvollstreckerzeugnisses, ist der Testamentsvollstrecker Kostenschuldner iSv § 22 Abs. 1 GNotKG.[60] Eine Gerichtskostenfreiheit der Erben schlägt nicht auf den Testamentsvollstrecker durch.[61] Während mit der Regelung in § 22 Abs. 1 GNotKG die Kostenhaftung allgemein an die Antragstellung geknüpft wird, normieren die §§ 23, 24 GNotKG[62] die kostenschuldnerische Haftung in bestimmten gerichtlichen Verfahren bzw. begründen die spezielle Kostenhaftung der Erben, vorbehaltlich einer abweichenden Kostenentscheidung des Gerichts nach § 81 Abs. 1 FamFG.[63] Zur Auferlegung der Kosten nach billigem Ermessen (§ 81 FamFG) auch → Rn. 109. Enthält die Endentscheidung keine Kostenregelung, bleibt es bei der gesetzlichen Regelung[64]. 31

Demnach sind, sofern das **Gericht** nichts anderes bestimmt, nur die **Erben** Kostenschuldner in den **gerichtlichen Verfahren** über die Eröffnung einer Verfügung von Todes wegen, über die Nachlasssicherung, über eine angeordnete Nachlasspflegschaft, über die Errichtung eines Nachlassinventars, über eine Nachlassverwaltung, über eine Pflegschaft für den Nacherben, über die Ernennung oder Entlassung eines Testamentsvollstreckers, über die Entgegennahme von Erklärungen im Rahmen der Bestimmung, Annahme, Ablehnung oder Kündigung des TV-Amtes und 32

---

51 Schneider GNotKG § 4 Rn. 60.
52 HK-GNotKG/Teubel GNotKG § 20 Rn. 16; allgemeine Hinweise wie „Einziehung weiterer Kosten vorbehalten" genügen daher den Anforderungen eines wirksamen Vorbehaltes nicht.
53 Schneider GNotKG § 4 Rn. 50.
54 Schneider GNotKG § 4 Rn. 50.
55 LK-GNotKG/Wudy GNotKG § 21 Rn. 4.
56 Vgl. zum früheren Kostenrecht die identische Regelung in § 16 KostO.
57 Vgl. Fackelmann GNotKG § 2 Rn. 104; LK-GNotKG/Wudy GNotKG § 21 Rn. 11; nicht anders die Kommentierung zum früheren Recht, vgl. Korintenberg/Bengel/Tiedtke GNotKG § 16 Rn. 2.
58 Verschulden ist nicht erforderlich, HK-GNotKG/Macht GNotKG § 21 Rn. 11; so auch bereits das frühere Kostenrecht, Verschulden des Notars oder Gerichts oder des mitwirkenden Beteiligten nicht erforderlich.
59 Also für Gebühren und Auslagen.
60 OLG Frankfurt aM BeckRS 2022, 8582.
61 OLG Frankfurt aM BeckRS 2022, 8582.
62 Vgl. Korintenberg/Wilsch GNotKG §§ 23, 24.
63 HK-GNotKG/Friedrich GNotKG § 24 Rn. 4.
64 OLG Köln FGPrax 2023, 48.

schließlich in gerichtlichen Verfahren zur Ermittlung der Erben.[65] Der **Haftungskatalog** nach § 24 GNotKG ist als geschlossenes Regelungssystem angelegt und einer Erweiterung nicht zugänglich.[66] Es handelt sich um eine ausschließliche Haftung, sodass weitere Kostenschuldner nicht in Betracht kommen.[67]

33 Die persönliche Kosten- oder Gebührenfreiheit (Bund, Länder, in einigen Bundesländern auch Gemeinden) steht der Inanspruchnahme nicht entgegen, wenn der Kostenschuldner als Erbe nach § 24 GNotKG für die Kosten haftet, **§ 2 Abs. 4 GNotKG**.[68] Zur weiteren Kostenfreiheit nach § 2 GNotKG auch → Rn. 36 und 140. Da die geschilderten Verfahrenskonstellationen zu den gemeinschaftlichen Nachlassverbindlichkeiten iSv § 1967 Abs. 2 BGB zählen, haften die Miterben als **Gesamtschuldner**, § 2058 BGB, auch nach der Teilung des Nachlasses, es sei denn, es liegt einer der Tatbestände iSv § 2060 Nr. 1 bis 3 BGB vor, die zu einer Bruchteilshaftung führen.[69] Die Haftung des **Zweitschuldners** darf nur geltend gemacht werden, sofern die Zwangsvollstreckung in das bewegliche Vermögen des Erstschuldners erfolglos geblieben ist oder aussichtslos erscheint, § 33 Abs. 1 S. 1 GNotKG.

34 Besonderheiten gelten dagegen für den **Kostenschuldner im Rechtsmittelverfahren**, § 25 GNotKG. Zum einen gilt die Regelung zur kostenschuldnerischen Haftung nach §§ 23, 24 GNotKG nicht im Rechtsmittelverfahren, wie § 25 Abs. 3 GNotKG ausdrücklich bestimmt. Zum anderen ordnet die Regelung in § 25 Abs. 1 GNotKG das **Erlöschen** der Antragstellerhaftung iSv § 22 Abs. 1 GNotKG für die Kosten des Rechtsmittelverfahrens an, sofern das Rechtsmittel ganz oder teilweise mit Erfolg eingelegt worden ist und das Gericht nicht über die Kosten entschieden hat oder die Kosten nicht von einem anderen Beteiligten übernommen worden sind.[70] Demzufolge erlischt die Kostenhaftung nicht, sofern das Gericht über die Kosten entschieden hat oder die Kosten von einem anderen Beteiligten übernommen worden sind, § 27 Nr. 1 und Nr. 2 GNotKG.[71] In solchen Konstellationen können die Kosten erhoben werden.[72] Vorrangig haftet jedoch der Kostenschuldner, dem das Gericht die Kosten auferlegt hat, § 33 GNotKG.

35 **Notarkosten** schuldet derjenige, der als **Veranlassungsschuldner**,[73] **Übernahmeschuldner**[74] oder als **Haftungsschuldner**[75] in Erscheinung getreten ist, § 29 GNotKG.[76] Die kostenschuldnerische Haftung umfasst nicht nur die Kosten des Beurkundungsverfahrens, sondern auch die weiteren Vollzugs- und Betreuungskosten,[77] die im Rahmen des Beurkundungsverfahrens anfallen.[78] Mehrere Kostenschuldner haften als **Gesamtschuldner**, § 32 Abs. 1 GNotKG.[79]

---

65 Vgl. den Regelungskatalog der Nr. 1 bis 9 des § 24 GNotKG, geschaffen in Anlehnung an § 6 KostO.
66 Schneider GNotKG § 14 Rn. 396.
67 Korintenberg/Wilsch GNotKG § 24 Rn. 1; Schneider GNotKG § 14 Rn. 394.
68 Vgl. Korintenberg/Wilsch GNotKG § 24 Rn. 15; Schneider GNotKG § 14 Rn. 405.
69 Ausschluss des Gläubigers im Aufgebotsverfahren, § 2060 Nr. 1 BGB; verspätetes Geltendmachen der Forderung, § 2060 Nr. 2 BGB; Nachlassinsolvenzverfahren, § 2060 Nr. 3 BGB.
70 Vgl. Kroiß ZEV 2013, 413 (418); Korintenberg/Wilsch GNotKG § 25 Rn. 2.
71 LK-GNotKG/Wortmann/Horsky GNotKG § 25 Rn. 4.
72 Kroiß ZEV 2013, 413 (418).
73 Korintenberg/Gläser GNotKG § 29 Rn. 18: Auftraggeber bzw. Antragsteller.
74 Korintenberg/Gläser GNotKG § 29 Rn. 25 ff.: einseitige Erklärung in oder außerhalb der Urkunde gegenüber dem Notar reicht aus.
75 Vgl. Korintenberg/Gläser GNotKG § 29 Rn. 32 ff.: Kostenschuldner kraft Gesetzes sind beispielsweise der Erbe, vgl. § 1967 BGB, oder der Testamentsvollstrecker, vgl. § 2213 BGB.
76 Wie bislang § 2 KostO.
77 Otto/Reimann/Tiedtke Notarkosten Rn. 499.
78 Vgl. hierzu § 30 Abs. 1 GNotKG, der „die im Zusammenhang mit dem Beurkundungsverfahren anfallenden Kosten des Vollzugs und der Betreuungstätigkeit" erwähnt.
79 Wie bislang § 5 Abs. 1 KostO.

G. Kostenfreiheit

I. Geschlossener Gebührenkatalog: Kostenverzeichnis des GNotKG

Eine **gesetzesimmanente Kostenfreiheit** zeigt sich bereits darin, dass nur diejenigen Gebühren und Auslagen in Rechnung gestellt werden können, die im Kostenverzeichnis des GNotKG normiert sind. Dies entspricht der gesetzgeberischen Suche nach mehr Transparenz und Einheitlichkeit,[80] was sich im Verzicht auf Auffangtatbestände niederschlägt. Konzeptioniert als geschlossener und umfassender Gebührenkatalog, soll sich die gesamte Summe gerichtlicher und notarieller Tätigkeiten im **Kostenverzeichnis** des GNotKG widerspiegeln- ein regelungstechnisches Unterfangen, das den rechtsmethodischen Weg zur Identifizierung einer planwidrigen Unvollständigkeit des Gesetzes erschwert, möglicherweise sogar den Ausweg zur Analogie versperrt.

36

II. Kostenfreiheit nach § 2 GNotKG

Anders als in ursprünglichen Überlegungen vorgesehen, nahm das GNotKG Abstand davon, die Systematik der bisherigen Kostenbefreiungen abzuschaffen. Der **Bund** und die **Länder** sowie die nach Haushaltsplänen des Bundes oder eines Landes verwalteten öffentlichen **Anstalten** und **Kassen** sind unverändert von der Zahlung der **Gerichtskosten** befreit, § 2 Abs. 1 S. 1 GNotKG. Die Kostenfreiheit ist **von Amts wegen** zu beachten.[81]

37

Für die Notarin bzw. den **Notar** gelten Sondervorschriften. Nach der Vorbem. 2 Anm. 2 S. 1 KV GNotKG sind bundes- oder landesrechtliche Vorschriften, die Gebühren- oder Auslagenbefreiung gewähren, auf den Notar nicht anzuwenden.[82] Eine Ausnahme bildet die Gebührenbefreiung nach § 64 Abs. 2 S. 3 Nr. 2 SGB X,[83] die auch für die Notarin bzw. den Notar gilt, vgl. Vorbem. 2 Anm. 2 S. 2 KV GNotKG.[84] Erfasst sind Beurkundungen und Beglaubigungen, die aus Anlass der Beantragung, Erbringung oder Erstattung einer Sozialleistung nötig werden. Dies gilt auch für die im GNotKG bestimmten Gebühren, vgl. § 64 Abs. 3 SGB X. Zur Inanspruchnahme, wenn der Kostenschuldner als Erbe nach § 24 GNotKG für die Kosten haftet, § 2 Abs. 4 GNotKG, → auch → Rn. 33 und 140.

38

Unberührt bleiben sonstige bundesrechtliche oder landesrechtliche Vorschriften, die eine sachliche oder persönliche Gerichtskostenfreiheit gewähren, § 2 Abs. 2 GNotKG, beispielsweise Art. 9 des Bayerischen Landesjustizkostengesetzes.[85]

39

III. Gebührenbefreiung in Nr. 14110, Anm. 1 KV GNotKG

Insoweit kann auf → Rn. 285 ff. verwiesen werden.

40

IV. Wegfall der bisherigen Befreiung nach § 115 KostO

Dagegen kennt das GNotKG die spezielle Form der Gebührenfreiheit nach **§ 115 KostO** nicht mehr. Die Regelung in § 115 KostO bezog sich auf Erklärungen gegenüber dem Nachlassgericht, ferner auf die Ernennung oder die Entlassung von Testamentsvollstreckern sowie die Nachlassinventarisierung und Fristbestimmungen, allesamt Verrichtungen nach den §§ 112- 114 KostO, die gebührenfrei blieben, sofern sie im Zusammenhang mit einem anderen gebührenpflichtigen Verfahren standen, etwa der anschließenden Erteilung eines Testamentsvollstre-

41

---

80 Fackelmann GNotKG Rn. 4, 14 und 106.
81 Schneider GNotKG § 7 Rn. 1.
82 Korintenberg/Tiedtke GNotKG Vorbem. 2 Rn. 8.
83 Korintenberg/Wilsch GNotKG Anhang, Stichwort „Sozialrechtliche Verfahren".
84 Wie im alten Kostenrecht die Regelung in § 143 Abs. 2 KostO.

85 Kostenfreiheit für Geschäfte, die aus Anlass einer unentgeltlichen Zuwendung an eine Körperschaft, Vereinigung oder Stiftung erforderlich werden, die ausschließlich und unmittelbar mildtätige oder wissenschaftliche Zwecke im Sinne des Steuerrechts verfolgt.

ckerzeugnisses oder eines Erbscheins. Die **Abschaffung** der bisherigen Gebührenbefreiung nach § 115 KostO beruht auf einer bewussten Entscheidung des Gesetzgebers, sodass die Einzelgebühren nach den Nr. 12410 bis 12412 KV GNotKG[86] nicht mehr in Wegfall geraten können. Die gerichtliche Kostenerhebungspraxis begrüßt den Wegfall des § 115 KostO.

H. Annahme einer Verfügung von Todes wegen in besondere amtliche Verwahrung
I. Allgemeines

42 Die Annahme einer Verfügung von Todes wegen in die **besondere amtliche Verwahrung** geschieht aufgrund einer gesetzlichen Ablieferungsverpflichtung[87] oder auf Initiative des Erblassers[88] und dient vor allem dem Bestandsschutz der Verfügung von Todes wegen, dem Schutz vor Verlust, Verfälschung und Vernichtung. Nach dem Tod des Erblassers garantiert die besondere amtliche Verwahrung die Auffindung und Eröffnung der Verfügung von Todes wegen.[89] Eine notariell beurkundete **Rücktrittserklärung von einem Erbvertrag** kann dagegen **nicht** in die amtliche Verwahrung gegeben werden,[90] ebenso wenig ein Widerruf wechselbezüglicher Verfügungen eines gemeinschaftlichen Testaments oder ein Aufhebungsvertrag zum Erbvertrag. Eine Manipulationsgefahr, die den Schutz vor Verlust nahelegt, besteht bei solchen Erklärungen nicht, weshalb eine amtliche Verwahrung nicht in Betracht kommt.[91] Die Gebühr nach der Nr. 12100 KV GNotKG gerät nicht in Wegfall, sollte sich später die Unwirksamkeit der Verfügung von Toden wegen herausstellen. Die besondere amtliche Verwahrung ist von der *einfachen* amtlichen Verwahrung abzugrenzen, die beispielsweise durch die bloße Aufbewahrung in der Nachlassakte entsteht, verursacht durch die Ablieferung der Verfügung von Todes wegen. Diese Aufbewahrungsform löst keine Annahmegebühr aus.[92] Nimmt der Erblasser später in Gegenwart eines Gerichtsbeamten **Einsicht** in seine Verfügung von Todes wegen, wird hierdurch keine Gebühr ausgelöst.[93] Mangels Gebührentatbestandes erfolgt die Einsichtnahme gebührenfrei. Da eine Herausgabe hiermit nicht verbunden ist, fällt anschließend keine neue Verwahrungsgebühr iSv Nr. 12100 KV GNotKG an. Vielmehr liegt ein Fall der gebührenfreien Weiterverwahrung vor.[94]

43 Die verfahrensrechtlichen Regelungen ergeben sich aus den §§ 346, 347 FamFG, die keinerlei Wirksamkeitsprüfung postulieren.[95] Nach Annahme der Verfügung von Todes wegen in die besondere amtliche Verwahrung erhält der hinterlegende Erblasser einen **Hinterlegungsschein**, § 346 Abs. 3 FamFG, überdies sind durch das Gericht **Mitteilungspflichten** zu erfüllen, § 347 FamFG.

44 Die **Rücknahme** eines öffentlichen Testaments aus der amtlichen Verwahrung gilt als Widerruf[96] und setzt Testierfähigkeit voraus.[97] In der Konsequenz kann die Rückgabe nur verweigert werden, sofern der Erblasser zweifelsfrei nicht testierfähig ist.[98]

---

86 Entgegennahme von Erklärungen und Anzeigen, Nr. 12410 KV GNotKG; Verfahren über Fristbestimmungen nach der Nr. 12411 KV GNotKG; Verfahren zur Aufnahme eines Nachlassinventars, Nr. 12412 KV GNotKG.
87 § 34 Abs. 1 S. 3 BeurkG; § 11 Abs. 2 KonsG; § 2249 Abs. 1 S. 4 BGB.
88 § 2248 BGB.
89 Sicherungs- und Geheimhaltungsinteressen des Erblassers BGH DNotZ 1990, 436.
90 OLG Brandenburg jurisPR-FamR 21/2021 mAnm Adamus.
91 OLG Brandenburg jurisPR-FamR 21/2021 mAnm Adamus.
92 Vgl. LK-GNotKG/Zimmermann GNotKG KV Nr. 12100 Rn. 4.
93 Korintenberg/Wilsch GNotKG KV Nr. 12100 Rn. 14; Schneider GNotKG § 14 Rn. 16 Burandt/Rojahn/Kilian/Heinemann GNotKG Rn. 15.
94 Korintenberg/Wilsch GNotKG KV Nr. 12100 Rn. 14.
95 Hinweis nur bei offensichtlichen Mängeln oder Fehlern; zum nobile officium vgl. Korintenberg/WilschGNotKG KV Nr. 12100 Rn. 1.
96 § 2256 Abs. 1 S. 1 BGB.
97 AG Aachen BeckRS 2013, 17370 sowie OLG Köln NJW-RR 2013, 1421.
98 OLG Köln NJW-RR 2013, 1421.

II. Alte KostO-Regelung: § 101 KostO

Die alte **Kostenregelung** in § 101 KostO sah eine 0,25 Wertgebühr vor, zu erheben aus dem vom Erblasser angegebenen Wert des reinen Vermögens, § 46 Abs. 5 S. 1 KostO, reduziert lediglich um die Erblasserschulden, nicht aber auch um die Erbfallschulden,[99] §§ 101, 103 Abs. 1, 46 Abs. 4 S. 1 und 2 KostO.[100]

Eine gravierende Abweichung zwischen der Wertangabe des Erblassers im Zeitpunkt der Annahme und der Höhe des tatsächlichen Nachlasses im Zeitpunkt des Erbfalls löste eine **Gebührennacherhebung** aus, §§ 103 Abs. 4, 101 KostO, wobei die Vorschriften des § 46 Abs. 5 KostO entsprechende Anwendung fanden.[101] Ob Anlass zur Nacherhebung bestand, prüfte der Kostenbeamte unmittelbar nach Eröffnung der Verfügung von Todes wegen, § 39 KostVfg.

III. Aktuelle Regelung in Nr. 12100 KV GNotKG

Die nach Auffassung des Gesetzgebers[102] zu aufwändige und häufig am Zeitmoment zerschellende Nacherhebungspraxis lieferte die Rechtfertigung dafür, sich vom bisherigen Modell der Wertgebühr abzuwenden und dem neuen Modell der **Festgebühr** zuzuwenden.[103]

Maßgeblich ist die Regelung in der Nr. 12100 KV GNotKG. Danach ist für die Annahme einer Verfügung von Todes wegen in die besondere amtliche Verwahrung eine **Festgebühr iHv 75 EUR** zu erheben. Die Gebühr fällt auch dann an, sollte sich später die Unwirksamkeit oder der Widerruf der letztwilligen Verfügung herausstellen. Die Wirksamkeit der Verfügung von Todes wegen ist nicht Voraussetzung der Norm. Die Gebühr kann demnach nicht in Wegfall geraten.

Mit der Gebühr wird auch die Verwahrung, die Erteilung eines Hinterlegungsscheins iSv § 346 Abs. 3 FamFG, die Mitteilung nach § 347 FamFG und die Herausgabe abgegolten, so ausdrücklich die Anmerkung zur Nr. 12100 KV GNotKG.[104] Ob ein oder mehrere **Hinterlegungsscheine** erteilt werden, spielt keine Rolle. Der Gebührentatbestand knüpft an die besondere amtliche Verwahrung an, nicht aber an die Erteilung eines Hinterlegungsscheins.[105]

Bis zur Zusammenkunft des Vermittlungsausschusses Ende Juni 2013[106] enthielt der Gesetzesentwurf an dieser Stelle eine Festgebühr iHv 50 EUR, was der Grund dafür ist, warum Teile der Literatur[107] eine geringere Festgebühr ausweisen. In der Stellungnahme des Bundesrates kursierte zuletzt sogar ein Betrag iHv 100 EUR.[108] Die **Endfassung** enthält eine Festgebühr iHv 75 EUR, womit der mit der Tätigkeit des Nachlassgerichts verbundene Aufwand abgegolten sein soll.[109] Zugleich entfällt die Notwendigkeit zur Wertermittlung bzw. Wertfestsetzung, daneben aber auch die bisherige, am System der Wertgebühr orientierte Nacherhebungspraxis.[110]

Die Gebühr entsteht mit der **Annahme** der Verfügung von Todes wegen (zur Fälligkeit → Rn. 59). Falls es nicht zur Annahme kommt, etwa infolge Todes des Erblassers, fällt keine

---

99 Vermächtnisse, Pflichtteilsrechte, Auflagen.
100 Korintenberg/Lappe KostO § 103 Rn. 5; Kroiß ZEV 2013, 413 (414).
101 Wilsch FGPrax 2013, 47 (49).
102 Otto/Klüsener/Fackelmann/Düspohl/Thamke Neues KostR, 209, Begründung Gesetzesentwurf BT-Drs. 17/1471 (neu), 196.
103 Wilsch FGPrax 2013, 47 (49).
104 Wilsch FGPrax 2013, 47 (49); Korintenberg/Wilsch GNotKG KV Nr. 12100 Rn. 6, 6a; Langel NJW 2017, 3617 (3618); Burandt/Rojahn/Kilian/Heinemann GNotKG Rn. 8.
105 Korintenberg/Wilsch GNotKG KV Nr. 12100 Rn. 10, im Hinterlegungsschein ist eine reine Empfangsbestätigung zu erblicken, keine gerichtliche Bescheinigung.
106 Der Vermittlungsausschuss tagte am 26.6.2013.
107 So HK-GNotKG/Jäckel KV Nr. 12100–12101 Rn. 2: „einmalig erhobene Pauschale von 50 EUR"; vgl. Wilsch FGPrax 2013, 47 (49).
108 Otto/Klüsener/Fackelmann/Düspohl/Thamke Neues KostR, 210, Stellungnahme des Bundesrates.
109 Otto/Klüsener/Fackelmann/Düspohl/Thamke Neues KostR, 210, Begründung Gesetzesentwurf BT-Drs. 17/1471 (neu), 196; vgl. auch Kroiß ZEV 2013, 413 (414); zur sozialen Unausgewogenheit der Neuregelung vgl. Wilsch FGPrax 2013, 47 (49).
110 Zum Übergangsrecht vgl. oben Rn. 6 ff., die Nacherhebungspraxis der bis zum 1.8.2013 verwahrten Verfügungen von Todes wegen; Wilsch FGPrax 2013, 47 (49).

Gebühr an, da die Festgebühr nach der Nr. 12100 KV GNotKG nicht als Verfahrens-, sondern als Aktgebühr ausgestaltet ist.[111]

52 Die Kosten trägt der Hinterlegende als **Antragsteller**, § 22 Abs. 1 GNotKG, nicht der Notar, der seiner Ablieferungspflicht[112] nachkommt.[113] Mehrere Erblasser haften als Gesamtschuldner, § 32 Abs. 1 GNotKG.

IV. Dokumentenpauschale; Auslagen

53 Die Erteilung eines Hinterlegungsscheins, die gerichtlichen Mitteilungen nach § 347 FamFG und die Herausgabe der Verfügung von Todes wegen aus der besonderen amtlichen Verwahrung lösen **keine Dokumentenpauschale** iSv Nr. 31000 KV GNotKG aus, zumal mit der Festgebühr nach Nr. 12100 KV GNotKG sämtliche Tätigkeiten des Gerichts abgegolten sind.[114]

54 Eine **Ausnahme** gilt nur für den Fall, dass der Erblasser das Gericht um Fertigung einer **Testamentsabschrift** ersucht.[115] Sofern eine Schwarz-Weiß-Kopie gefertigt wird, sind für die ersten 50 Seiten je Seite 0,50 EUR anzusetzen, im Falle einer Farbkopie für die ersten 50 Seiten in Farbe je Seite 1,00 EUR, vgl. Nr. 31000 Nr. 1 KV GNotKG.[116] Gleiches gilt für die **Versandauslagen**, die durch den Wechsel des Verwahrungsgerichts anfallen, initiiert durch den Erblasser, § 344 Abs. 1 S. 2 FamFG. Dann fällt nur eine **Pauschale iHv 12 EUR** an, Nr. 31003 KV GNotKG, nicht dagegen eine weitere bzw. neue Gebühr nach der Nr. 12100 KV GNotKG. Die Änderung der Aufbewahrung ist als besondere Form der gebührenfreien Weiterverwahrung zu klassifizieren, nicht aber als Begründung eines neuen Verwahrungsverfahrens.[117] Dass im Falle der Rücknahme aus der besonderen amtlichen Verwahrung die **Versandauslagen** in Rechnung gestellt werden können, lässt sich mittelbar der Regelung in Nr. 12100 KV GNotKG entnehmen. Danach fällt hierfür keine weitere Gebühr an, die Herausgabe ist mit der Annahmegebühr abgegolten. Eine Abgeltung auch der Auslagen sieht die Norm nicht vor, sie können daher erhoben werden.[118]

V. Annahme mehrerer Verfügungen von Todes wegen

55 Wie im Falle **mehrerer Verfügungen von Todes wegen** zu verfahren ist, die gleichzeitig in die besondere amtliche Verwahrung genommen werden, ging auch aus der KostO-Regelung nicht hervor. Die Materialien äußern sich hierzu nicht. Die KostO-Literatur[119] ging von einer kostenrechtlichen **Einheit** aus, sofern mehrere Verfügungen von Todes wegen desselben Erblassers **gleichzeitig** in die besondere amtliche Verwahrung gegeben werden. Zum Ansatz kam deshalb nur eine Gebühr.[120] Nichts anderes galt für das gemeinschaftliche Testament von Ehegatten.[121] Dass der Gesetzgeber dieser Kostenpraxis ein Ende setzen wollte, geht aus den Motiven nicht hervor. Auch die explizite Regelung der Thematik mehrerer Verfügungen von Todes wegen im Rahmen der Testamentseröffnungsgebühr[122] bedeutet kein anderes Ergebnis, da hierin eine

---

111 Schneider GNotKG § 14 Rn. 6: Entstehungsvoraussetzung ist die Annahme.
112 Zur Ablieferungspflicht für Testamente vgl. OLG Hamburg BeckRS 2021, 48801. Ziel ist der Schutz der Nachlassbeteiligten bzw. die Umsetzung des letzten Willens des Erblassers. Die Ablieferungspflicht liegt im öffentlichen Interesse.
113 Korintenberg/Wilsch GNotKG KV Nr. 12100 Rn. 17.
114 Schneider GNotKG § 14 Rn. 4.
115 Schneider GNotKG § 14 Rn. 22.
116 Für jede weitere Seite 0,15 EUR bzw. jede weitere Seite in Farbe 0,30 EUR, Nr. 31000 Nr. 1 KV GNotKG.
117 Korintenberg/Wilsch GNotKG KV Nr. 12100 Rn. 11; Bormann/Diehn/Sommerfeldt Nr. 12100 Rn. 3; aA dagegen Burandt/Rojahn/Kilian/Heinemann GNotKG Rn. 8: neues Verwahrungsverfahren begründet, die Gebühr nach der Nr. 12100 KV GNotKG werde erneut ausgelöst.
118 Korintenberg/Wilsch GNotKG KV Nr. 12100 Rn. 15; LK-GNotKG/Zimmermann GNotKG KV Nr. 12100 Rn. 8.
119 Korintenberg/Lappe KostO § 101 Rn. 16 (noch KostO).
120 Korintenberg/Lappe KostO § 101 Rn. 16 (noch KostO).
121 Korintenberg/Lappe KostO § 101 Rn. 17 (noch KostO).
122 Nr. 12101 KV GNotKG; dort Fortschreibung des § 103 Abs. 2 KostO.

Fortschreibung bisherigen Rechts zu erkennen ist. Zu konstatieren ist, dass der Wortlaut der Nr. 12100 KV GNotKG dem bisherigen Wortlaut des § 101 KostO entspricht, was den Schluss nahe legt, dass auch das **GNotKG** nur **eine Gebühr** vorsieht, sofern **gleichzeitig mehrere letztwillige Verfügungen** von Todes wegen **desselben Erblassers** in die besondere amtliche Verwahrung genommen werden.[123] **Gemeinschaftliche Testamente** und **Erbverträge**, die in die besondere amtliche Verwahrung gegeben werden, bilden ebenfalls eine kostenrechtliche Einheit, wenngleich in dieser Konstellation mehrere Hinterlegungsscheine erteilt werden. Die Gebühr nach der Nr. 12100 KV GNotKG ist nur **einmal** zu erheben.[124]

Im Umkehrschluss entsteht die Gebühr für **jede** Annahme gesondert, sofern die Verfügungen von Todes wegen zu **verschiedenen** Zeitpunkten in die besondere amtliche Verwahrung gegeben werden.[125]

VI. Wiederverwahrung

Falls der Erblasser die Verfügung von Todes wegen aus der besonderen amtlichen Verwahrung nimmt und später zurückbringt, um sie erneut verwahren zu lassen, liegt eine **Wiederverwahrung** vor, die eine neue Gebühr nach der Nr. 12100 KV GNotKG auslöst.[126] Die Herausgabe ist mit der Gebühr Nr. 12100 KV GNotKG abgegolten, vgl. Anmerkung zu Nr. 12100 KV GNotKG, nicht jedoch die erneute Verwahrung. Die Aktgebühr reicht nur bis zur Herausgabe.[127]

56

VII. Weiterverwahrung/erneute besondere amtliche Verwahrung

Davon zu trennen ist die **Weiterverwahrung**, die erneute besondere amtliche Verwahrung eines gemeinschaftlichen Testaments nach dem Tod eines Ehegatten. Nach § 349 Abs. 2 S. 2 FamFG ist das Testament wieder zu verschließen und erneut in die besondere amtliche Verwahrung zurückzubringen,[128] wofür keine weitere Verwahrungsgebühr in Rechnung zu stellen ist.[129] Dies stimmt nicht nur mit der bisherigen Kostenpraxis überein, sondern deckt sich auch mit dem Inhalt des GNotKG-Kostenverzeichnisses, das insoweit keinerlei Gebühr vorsieht.[130]

57

VIII. Annahmeverweigerung

Der Tod des hinterlegten Erblassers **vor** Erlass der Annahmeanordnung führt dazu, dass die Verfügung von Todes wegen nicht mehr in die besondere amtliche Verwahrung genommen werden kann, sondern sofort zu eröffnen ist. Der Gebührentatbestand der Nr. 12100 KV GNotKG ist nicht als Verfahrensgebühr, sondern als Aktgebühr konzipiert, sodass eine Gebühr iSv Nr. 12100 KV GNotKG nicht in Ansatz gebracht werden.[131]

58

---

123 LK-GNotKG/Zimmermann GNotKG KV Nr. 12100 Rn. 9; HK-GNotKG/Jäckel GNotKG KV Nr. 12100–12101 Rn. 3; Schneider GNotKG § 14 Rn. 7; Korintenberg/Wilsch GNotKG KV Nr. 12100 Rn. 7.
124 Korintenberg/Wilsch GNotKG KV Nr. 12100 Rn. 8.
125 Schneider GNotKG § 14 Rn. 7; Burandt/Rojahn/Kilian/Heinemann GNotKG Rn. 8; Korintenberg/Wilsch GNotKG KV Nr. 12100 Rn. 7.
126 LK-GNotKG/Zimmermann GNotKG KV Nr. 12100 Rn. 11; Korintenberg/Wilsch GNotKG KV Nr. 12100 Rn. 13; Schneider GNotKG § 14 Rn. 16.
127 Korintenberg/Wilsch GNotKG KV Nr. 12100 Rn. 13.
128 Zur gerichtlichen Zuständigkeit siehe § 344 Abs. 2 FamFG.
129 LK-GNotKG/Zimmermann GNotKG KV Nr. 12100 Rn. 10; Korintenberg/Wilsch GNotKG KV Nr. 12100 Rn. 12.
130 Schneider GNotKG § 14 Rn. 13.
131 Schneider GNotKG § 14 Rn. 6; Korintenberg/Wilsch GNotKG KV Nr. 12100 Rn. 9.

IX. Fälligkeit der Gebühr

59 Die **Fälligkeit** der Gebühr richtet sich nach § 9 Abs. 1 Nr. 5 GNotKG und ist an die Erledigung des Verfahrens geknüpft, demnach an den Erlass der gerichtlichen Annahmeanordnung iSv § 346 Abs. 1 FamFG.[132]

X. Kostenschuldner, § 22 Abs. 1 GNotKG; Zahlung eines Kostenvorschusses

60 Der hinterlegende Erblasser schuldet als **Antragsteller** die Kosten des gerichtlichen Verfahrens, § 22 Abs. 1 GNotKG. Mehrere Antragsteller haften als Gesamtschuldner, § 32 Abs. 1 GNotKG. Im Einzelfall kann die Annahme in die besondere amtliche Verwahrung von der Zahlung eines **Vorschusses** abhängig gemacht werden, § 13 GNotKG.[133] Falls jedoch der Vorschuss nicht entrichtet wird, kann und darf die Verfügung von Todes wegen nicht zurückgegeben oder zurückgesandt werden, weil sonst die Widerrufswirkung nach § 2256 Abs. 1 S. 1 BGB eintritt. Es kann auch keine gerichtliche Aufforderung des Inhalts ergehen, der Antragsteller möge sein Testament zurückzunehmen. Sofern noch keine Verjährung eingetreten ist, kann die Verwahrgebühr später den Erben in Rechnung gestellt werden.

I. Eintragung im Zentralen Testamentsregister

61 Bereits die Bundesregierung[134] wies in ihrer Gegenäußerung zur Stellungnahme des Bundesrates auf die Tatsache hin, „dass der Erblasser zusätzlich zu der Verwahrgebühr noch eine Gebühr für die Eintragung in das zentrale Testamentsregister in Höhe von 15 EUR zu entrichten hat".[135] Die Festgebühr nach der Nr. 12100 KV GNotKG gilt lediglich die gerichtlichen Tätigkeiten ab und lässt Registergebühren unberührt,[136] darunter die Gebühren, die die Bundesnotarkammer für die Aufnahme der Verwahrangaben in das **Zentrale Testamentsregister** erhebt.[137]

62 Maßgeblich ist die Testamentsregister-Gebührensatzung der Bundesnotarkammer (**ZTR-GebS**).[138] Je Registrierung beträgt die Gebühr 12,50 **EUR**, § 1 Abs. 2 S. 1 ZTR-GebS,[139] es sei denn, die Gebühr wird unmittelbar durch die Registerbehörde (Bundesnotarkammer) vom Kostenschuldner erhoben. Dann beträgt die Gebühr 15,50 **EUR**, § 1 Abs. 2 S. 2 ZTR-GebS.[140] Zu den **gebührenpflichtigen Vorgängen** zählen beispielsweise die Erstregistrierung eines notariellen Testaments, eines notariellen gemeinschaftlichen Testaments, eines Erbvertrags, eines eigenhändigen Testaments bzw. Gemeinschaftlichen Testaments, das in die besondere amtliche Verwahrung genommen wird, sowie die Erstregistrierung eines Nottestaments oder gerichtlichen Vergleichs. Eine Änderungs- oder Nachtragsurkunde hierzu wird als neue gebührenpflichtige Erstregistrierung behandelt. Eine Umsatzsteuer wird nicht erhoben, da die Gebühr einen durchlaufenden Posten darstellt.[141]

63 Die **Abfrage** aus dem Register erfolgt kostenfrei, ebenso die Berichtigung bzw. Ergänzung des Registers.[142]

---

132 Schneider GNotKG § 14 Rn. 5. Zuständig ist der Rechtspfleger bzw. der Urkundsbeamte der Geschäftsstelle (UdG), abhängig davon, ob eine landesrechtliche RechtsVO die Übertragung auf den UdG vorsieht, § 36b Abs. 1 S. 1 Nr. 1 RpflG.
133 Vgl. hierzu Schneider GNotKG § 14 Rn. 24.
134 BT-Drs. 17/11471 (neu), 337.
135 BT-Drs. 17/11471 (neu), 337.
136 Korintenberg/Wilsch GNotKG KV Nr. 12100 Rn. 16.
137 Zum Zentralen Testamentsregister in der notariellen Praxis vgl. Diehn DNotZ 2011, 676.
138 Die Gebührensatzung ist am 1.1.2012 in Kraft getreten, vgl. § 6 ZTR-GebS. Eine Änderung erfolgte zum 1.1.2022, die Neukalkulation führte zur einer Herabsetzung der Gebühren.
139 Vgl. Diehn DNotZ 2011, 676 (687, 688, die Gebühr unterliegt nicht der Umsatzsteuer). Eine Änderung erfolgte zum 1.1.2022, die Neukalkulation führte zur einer Gebührensenkung.
140 Grund ist der erhöhte Verwaltungsaufwand.
141 Langel NJW 2017, 3617 (3618).
142 Diehn DNotZ 2011, 676 (687).

Die Gebühr wird mit der Registrierung der Verwahrangaben **fällig**, § 2 Abs. 2 ZTR-GebS, und ist dem **Erblasser** als Kostenschuldner in Rechnung zu stellen, § 2 Abs. 1 S. 1 ZTR-GebS.

J. Eröffnung einer Verfügung von Todes wegen

I. Allgemeines

Aus § 348 Abs. 1 S. 1 FamFG ergibt sich die Verpflichtung des Nachlassgerichts, eine Verfügung von Todes wegen, die sich in der Verwahrung des Gerichts befindet, von Amts wegen zu **eröffnen**, sobald das Gericht sichere Kenntnis vom Tod des Erblassers erlangt. Zur Eröffnung gelangt jedes erblasserische Schriftstück, das sich äußerlich und inhaltlich als Verfügung von Todes wegen präsentiert.[143] Vom Nachlassgericht ist **jedes Schriftstück** zu eröffnen, bei dem auch nur die **entfernte Möglichkeit** besteht, dass es eine letztwillige Verfügung des Erblassers sein könnte.[144] Dazu zählen auch **formungültige, widerrufene** oder **unwirksame Testamente**.[145] Auch ihre Eröffnung löst die Festgebühr nach der Nr. 12101 KV GNotKG aus (→ Rn. 77).[146] Zu eröffnen ist grundsätzlich nur das **Original** (die Urschrift) der letztwilligen Verfügung,[147] nur ausnahmsweise[148] reicht die Eröffnung einer Kopie aus. Zu eröffnen ist das gesamte Schriftstück, es sei denn, es liegen trennbare Verfügungen von Ehepartnern vor, getroffen in einem gemeinschaftlichen Testament.[149] Ob eine Trennbarkeit zu bejahen ist, richtet sich nach der konkreten Ausgestaltung und sprachlichen Fassung des gemeinschaftlichen Testaments.[150]

Die Eröffnung iSv § 348 FamFG stellt sich als Vorgang dar, der in mehrere Teilakte zerfällt, beschrieben in den Absätzen 1 bis 3 der Bestimmung. In der gerichtlichen Praxis überwiegt die sog. „stille Eröffnung", die Eröffnung ohne Ladung und Anwesenheit der Beteiligten,[151] die ihren verfahrensrechtlichen Grund in § 348 Abs. 2 FamFG findet, einer bloßen Kann-Vorschrift. Danach gibt das Gericht den Beteiligten den sie betreffenden Inhalt der Verfügung von Todes wegen schriftlich bekannt, § 348 Abs. 3 S. 1 FamFG.

Die funktionelle Zuständigkeit liegt beim **Rechtspfleger**, § 3 Nr. 2 c RpflG.

Unabhängig davon, ob die gesetzlichen Erben sowie die sonstigen Beteiligten zum Eröffnungstermin geladen wurden oder die Eröffnung auf stillem Wege erfolgt ist, ist über die Eröffnung eine **Niederschrift** anzufertigen, § 348 Abs. 1 S. 2 FamFG.[152]

Die Eröffnung nimmt das **örtlich zuständige Nachlassgericht** vor, § 343 Abs. 1 bis 3 FamFG, es sei denn, ein anderes Gericht verwahrt[153] eine Verfügung von Todes wegen des Erblassers. Dann begründet die Regelung in § 344 Abs. 6 FamFG die Zuständigkeit des **Verwahrgerichtes**,[154] das insoweit an die Stelle des Nachlassgerichts tritt. Um einem etwaigen Verlust der Verfügung von Todes wegen vorzubeugen, ist das Verwahrgericht gehalten, das Original der Verfügung von Todes wegen samt beglaubigter Abschrift der Eröffnungsniederschrift dem Nachlassgericht zu übersenden und eine beglaubigte Abschrift der Verfügung samt Original der Eröffnungsniederschrift zurückzubehalten, § 350 FamFG.[155]

---

143 Korintenberg/Wilsch GNotKG KV Nr. 12101 Rn. 7.
144 OLG München BeckRS 2021, 33182.
145 Burandt/Rojahn/Kilian/Heinemann GNotKG Rn. 11; Korintenberg/Wilsch GNotKG KV Nr. 12101 Rn. 7.
146 Korintenberg/Wilsch GNotKG KV Nr. 12101 Rn. 7; Schneider GNotKG § 14 Rn. 32.
147 OLG München ZEV 2021, 575 = FGPrax 2021, 185.
148 OLG München ZEV 2021, 575 = FGPrax 2021, 185. Die Begründung hierfür ist darin zu sehen, dass die Erbfolge auch anhand von Kopien festgestellt werden kann, vgl. OLG München ZEV 2017, 634.
149 OLG München ZEV 2021, 575 = FGPrax 2021, 185.
150 OLG München ZEV 2021, 575 = FGPrax 2021, 185.
151 Korintenberg/Wilsch GNotKG KV Nr. 12101 Rn. 5.
152 Zur Bedeutung der Eröffnungsniederschrift vgl. § 35 Abs. 1 S. 2 GBO.
153 Amtliche und einfache Verwahrung.
154 Korintenberg/Wilsch GNotKG KV Nr. 12101 Rn. 11.
155 Vgl. Dutta/Jacoby/Schwab/Löhnig FamFG § 350 Rn. 1 FamFG.

70 Besonderheiten gelten für die Eröffnung von **gemeinschaftlichen Testamenten** und **Erbverträgen**, § 349 FamFG, da insoweit Geheimhaltungsbelange des überlebenden Ehegatten bzw. Vertragspartners zu berücksichtigen sind. Zu eröffnen ist das gesamte Schriftstück, es sei denn, es liegen trennbare Verfügungen von Ehepartnern vor, getroffen in einem gemeinschaftlichen Testament.[156] Vgl. → Rn. 65.

II. Alte KostO-Regelung: § 102 KostO

71 Die Regelung in § 102 **KostO** ordnete für die Eröffnung einer Verfügung von Todes wegen die Erhebung einer halben Gebühr (0,5) an, und zwar wiederum aus dem lediglich um die Erblasserschulden reduzierten Wert des Nachlasses, §§ 103 Abs. 1, 46 Abs. 4 KostO.[157]

72 Die **gleichzeitige Eröffnung** mehrerer Verfügungen von Todes wegen desselben Erblassers durch dasselbe Gericht führte zur Erhebung nur einer Gebühr aus dem zusammengerechneten Wert der Verfügungen, § 103 Abs. 2 KostO.[158] Der Kostenansatz lag stets beim Nachlassgericht, auch bei Eröffnung durch das Verwahrgericht, so explizit § 103 Abs. 3 KostO.[159]

III. Aktuelle Regelung in Nr. 12101 KV GNotKG

73 Motivisch geleitet durch das Bestreben, „eine aufwändige Ermittlung des Nachlasswertes zu vermeiden",[160] vollzog der Gesetzgeber auch im Falle der Eröffnungsgebühr einen Paradigmenwechsel, weg vom bisherigen Modell der Wertgebühr, hin zum neuen Modell der **Festgebühr**,[161] wenngleich die Praxis der Banken, das öffentliche Testament samt Eröffnungsniederschrift als Erbnachweis zu akzeptieren, für die Beibehaltung der Wertgebühr gesprochen hätte.[162]

74 Die politische Diskussion schwankte zwischen 75 EUR[163] und 150 EUR,[164] die Einigung erfolgte schließlich auf **100 EUR**, was der Grund dafür ist, warum Teile der Literatur eine geringere Festgebühr kommentierten.[165]

75 Maßgeblich ist nun die Regelung in der Nr. 12101 KV GNotKG. Danach ist für die Eröffnung einer Verfügung von Todes wegen eine **Festgebühr iHv 100 EUR** zu erheben. Das Gesetz sieht keine Ermäßigung oder gar einen Wegfall der Gebühr vor.[166]

76 Zur **gleichzeitigen** Eröffnung mehrerer Verfügungen von Todes wegen desselben Erblassers bei demselben Gericht → Rn. 81 sowie die Anmerkung zur Nr. 12101 KV GNotKG (nur eine Gebühr).

77 Die Festgebühr ist auch dann zu erheben, sofern sich die Verfügung von Todes wegen als unwirksam oder widerrufen erweisen sollte (→ Rn. 65).[167]

---

156 OLG München ZEV 2021, 575 = FGPrax 2021, 185.
157 Vermächtnisse, Pflichtteilsrechte und Auflagen wurden nicht abgezogen, vgl. § 46 Abs. 4 S. 2 KostO; vgl. auch Korintenberg/Lappe KostO § 103 Rn. 5 (noch KostO), lediglich Erblasserschulden abzugsfähig, nicht auch Erbfallschulden; Wilsch FGPrax 2013, 47 (49).
158 Im Umkehrschluss bedeutete die zeitlich versetzte Eröffnung die Erhebung von mehreren Gebühren, vgl. Korintenberg/Lappe KostO § 103 Rn. 21 (noch KostO).
159 Korintenberg/Lappe KostO § 103 Rn. 39 (noch KostO).
160 BT-Drs. 17/11471 (neu), 196, Begründung des Gesetzesentwurfes, abgedruckt bei Otto/Klüsener/Fackelmann/Düspohl/Thamke Neues KostR, 209.
161 Wilsch FGPrax 2013, 47 (49); Kroiß ZEV 2013, 413 (414).
162 So bereits die Begründung des Gesetzesentwurfs, BT-Drs. 17/11471 (neu), 196, abgedruckt bei Otto/Klüsener/Fackelmann/Düspohl/Thamke Neues KostR, 210; Wilsch FGPrax 2013, 47 (49).
163 So die ursprüngliche Fassung vor Anrufung des Vermittlungsausschusses.
164 So die Stellungnahme des Bundesrates BT-Drs. 17/11471 (neu), 300, abgedruckt bei Otto/Klüsener/Fackelmann/Düspohl/Thamke Neues KostR, 211.
165 HK-GNotKG/Jäckel KV Nr. 12100–12101 Rn. 5; Wilsch FGPrax 2013, 47 (49).
166 Schneider GNotKG § 14 Rn. 26.
167 HK-GNotKG/Jäckel KV Nr. 12100–12101 Rn. 7; LK-GNotKG/Zimmermann GNotKG KV Nr. 12101 Rn. 4; bloße Aktgebühr; auch nichtige oder widerrufene Testamente sind zu eröffnen, s. Dutta/Jacoby/Schwab/Löhnig FamFG § 348 Rn. 3 FamFG.

Weil eine Festgebühr zu Soll gestellt wird, besteht keinerlei Notwendigkeit mehr, eine **Wertermittlung** bzw. **Wertfestsetzung** zu initiieren.

Die Gebühr **entsteht** mit der Eröffnung der Verfügung von Todes wegen durch den zuständigen Rechtspfleger.[168] Die Eröffnung ist von Amts wegen vorzunehmen und kann nicht von der Zahlung eines **Vorschusses** abhängig gemacht werden.[169] Ob die Berufung als Erbe konkret aus der eröffneten Verfügung von Todes wegen hervorgeht, spielt keine Rolle, vielmehr haftet der Erbe auch für die **Eröffnungskosten** derjenigen Verfügungen von Todes wegen, die sein Erbrecht nicht tangieren.[170] Erreicht das Nachlassgericht keine Sterbefallmitteilung des Standesamtes, trägt es keine Schuld, sollte zwischen dem Tod des Erblassers und der Eröffnung ein **sehr langer Zeitraum** liegen.[171] Eine unrichtige Sachbehandlung des Nachlassgerichts kann nicht konstatiert werden.[172] Der verstrichene Zeitraum rechtfertigt keine Verwirkung der Gebühr, vielmehr ist die Festgebühr auch in dieser Konstellation zu erheben.

IV. Dokumentenpauschale

Die Festgebühr nach der Nr. 12101 KV GNotKG gilt alle gerichtlichen Tätigkeiten ab, die im Rahmen der Eröffnung der Verfügung von Todes wegen anfallen, etwa die Terminsbestimmung, die Ladung, die Niederschrift und die Bekanntgabe an die Beteiligten iSv § 348 Abs. 3 FamFG.[173] In der Folge kann neben der Eröffnungsgebühr nicht auch noch eine **Dokumentenpauschale** angesetzt werden,[174] es sei denn, ein Dritter iSv § 2264 BGB bittet um Übersendung einer Testamentsabschrift.[175]

V. Eröffnung mehrerer Verfügungen von Todes wegen

Fast wortgleich übernahm die Anmerkung zur Nr. 12101 KV GNotKG die Regelung in § 103 Abs. 2 KostO und ordnet die Erhebung nur **einer Gebühr** an, sofern **mehrere Verfügungen von Todes wegen** desselben Erblassers bei demselben Gericht **gleichzeitig** eröffnet werden.[176] Im Umkehrschluss bedeutet dies die Erhebung **mehrerer Eröffnungsgebühren** iSv Nr. 12101 KV GNotKG, sofern die Eröffnung an **unterschiedlichen Zeitpunkten** erfolgt,[177] etwa infolge späterer Auffindung eines weiteren Testaments.

Gleiches gilt für die Eröffnung durch **verschiedene Gerichte**.[178] Insoweit besteht Übereinstimmung mit der bisherigen KostO-Praxis.[179] Darin eine „unbillige Gebührenhäufung"[180] erkennen zu wollen, lässt den eindeutigen Gesetzeswortlaut und die gerichtliche Praxis außer Acht. Letztere ist bedacht, eine baldige Eröffnung herbeizuführen.

VI. Eröffnung durch verwahrendes Gericht und Kostenfolge, § 18 Abs. 2 GNotKG

Die Regelung in § 344 Abs. 6 FamFG begründet die Eröffnungszuständigkeit des **verwahrenden Gerichts** für alle Verfügungen von Todes wegen, die sich in der amtlichen Verwahrung des Gerichts befinden.[181] Dies stellt eine Abweichung vom sonstigen Inhalt der örtlichen Zuständig-

---

168 § 3 Nr. 2 c RpflG.
169 Schneider GNotKG § 14 Rn. 49 § 13 S. 1 GNotKG kann deshalb keine Anwendung finden; Korintenberg/Wilsch GNotKG KV Nr. 12101 Rn. 18.
170 HK-GNotKG/Friederich GNotKG § 24 Rn. 13.
171 OLG Naumburg NJOZ 2017, 394: fast 20 Jahre.
172 OLG Naumburg NJOZ 2017, 394.
173 Schneider GNotKG § 14 Rn. 28; LK-GNotKG/Zimmermann GNotKG KV Nr. 12101 Rn. 12.
174 Schneider GNotKG § 14 Rn. 45.
175 Dann kann die Dokumentenpauschale angesetzt werden, Schneider GNotKG § 14 Rn. 45 sowie LK-GNotKG/Zimmermann GNotKG KV Nr. 12101 Rn. 12.
176 Kroiß ZEV 2013, 413 (414); Korintenberg/Wilsch GNotKG KV Nr. 12101 Rn. 9; Schneider GNotKG § 14 Rn. 33; Burandt/Rojahn/Kilian/Heinemann GNotKG Rn. 11.
177 LK-GNotKG/Zimmermann GNotKG KV Nr. 12101 Rn. 5; Schneider GNotKG § 14 Rn. 34.
178 LK-GNotKG/Zimmermann GNotKG KV Nr. 12101 Rn. 5; Schneider GNotKG § 14 Rn. 34.
179 Schneider GNotKG § 14 Rn. 34; Wilsch FGPrax 2013, 47 (49).
180 So aber Zimmermann Rn. 240.
181 Dutta/Jacoby/Schwab/Löhnig FamFG § 350 Rn. 1 und 2, das Verwahrgericht tritt an die Stelle des Nachlassgerichts iSv § 343 FamFG.

keit nach § 343 FamFG dar. Nach der Eröffnung verfährt das verwahrende Gericht entsprechend § 350 FamFG und übersendet dem Nachlassgericht das Original der Verfügung von Todes wegen und eine beglaubigte Abschrift der Eröffnungsniederschrift.

84 Die Kosten für die Eröffnung der Verfügung von Todes wegen werden nicht durch das eröffnende Gericht erhoben, sondern durch das nach § 343 FamFG zuständige **Nachlassgericht**, § 18 Abs. 2 Nr. 1 GNotKG.[182] Die Bestimmung übernimmt den Regelungsgehalt des § 103 Abs. 3 KostO mit dem Ziel der Vermeidung gerichtlichen Verwaltungs- und Abstimmungsaufwandes.[183]

VII. Eröffnung eines gemeinschaftlichen Testaments bzw. Erbvertrages

85 Lediglich das Verfahrensrecht trifft mit § 349 FamFG eine Regelung darüber, wie bei der Eröffnung von **gemeinschaftlichen Testamenten** und **Erbverträgen** zu verfahren ist, nicht aber auch das Kostenrecht, weder die KostO noch das GNotKG. Bei der Eröffnung eines gemeinschaftlichen Testaments bzw. Erbvertrages verbietet § 349 FamFG die Bekanntgabe der Verfügungen des überlebenden Ehegatten oder Lebenspartners an die Beteiligten, soweit sich die Verfügungen voneinander trennen lassen. Einzig und allein die Verfügungen des verstorbenen Ehegatten oder Lebenspartners dürfen den Beteiligten mitgeteilt werden. Dass der Gesetzgeber die hierauf rekurrierende Kostenpraxis ändern wollte, geht aus den Motiven nicht hervor. Dies und die Eröffnungspraxis sprechen dafür, die bisherige Kostenregelung beizubehalten, nun allerdings mit Festgebühren. Dementsprechend fällt anlässlich des **ersten** und des **zweiten Todesfalles** jeweils eine Eröffnungsgebühr iSv Nr. 12101 KV GNotKG an.[184] Zwei Gebühren fallen auch an, sofern ein nach dem ersten Erbfall nicht eröffnetes gemeinschaftliches Testament nach dem Tod des Letztversterbenden eröffnet wird.[185] Die Begründung hierfür ist darin zu sehen, dass das Testament nach jedem Erblasser eröffnet wird. Die **Weiterverwahrung** nach dem Tod des Erstverstorbenen iSv § 349 Abs. 2 S. 2 FamFG löst mangels Gebührentatbestandes keine weitere Verwahrungsgebühr aus.[186]

VIII. Anordnung von Zwangsmaßnahmen

86 In weitgehender Übereinstimmung mit dem bisherigen Inhalt des § 119 Abs. 2 KostO regelt die Nr. 17006 KV GNotKG die Anordnung von **Zwangsmaßnahmen** durch Beschluss nach § 35 FamFG,[187] die mit **gesonderten Gebühren** behaftet und nicht bereits mit der Eröffnungsgebühr iSv Nr. 12101 KV GNotKG abgegolten sind.

87 Je Anordnung fällt eine gesonderte Festgebühr iHv 22 **EUR** an, Nr. 17006 KV GNotKG[188], sowie Zustellungskosten nach der Nr. 31002 KV GNotKG, gefolgt von etwaigen Kosten für die Zwangshaft, Nr. 31010 KV GNotKG.[189] Solche Anordnungen beziehen sich im nachlassgerichtlichen Bereich beispielsweise auf den Zwang zur **Ablieferung von Testamenten**,[190] festgehalten in § 2259 BGB und in der Anordnungsermächtigung nach § 358 FamFG.

---

182 OLG Köln FamRZ 2019, 731.
183 Otto/Klüsener/Fackelmann/Düspohl/Thamke Neues KostR, 60, Anm. zu § 18 GNotKG; Korintenberg/Wilsch GNotKG KV Nr. 12101 Rn. 3.
184 Schneider GNotKG § 14 Rn. 37; HK-GNotKG/Jäckel KV Nr. 12100–12101 Rn. 6; Korintenberg/Wilsch GNotKG KV Nr. 12101 Rn. 10.
185 Schneider GNotKG § 14 Rn. 39; LK-GNotKG/Zimmermann GNotKG KV Nr. 12101 Rn. 7: es gebe keine gemeinsame Eröffnung eines gemeinschaftlichen Testaments im Rechtssinne.
186 LK-GNotKG/Zimmermann GNotKG KV Nr. 12100 Rn. 10; Schneider GNotKG § 14 Rn. 13.
187 Korintenberg/Wilsch GNotKG KV Nr. 12101 Rn. 17.
188 Erhöht von 20 EUR auf 22 EUR, vgl. KostRÄG 2021.
189 Zum Regelungsvergleich siehe HK-GNotKG/Röhl KV Nr. 17006 Rn. 2 ff.; zu den Zustellauslagen vgl. Schneider GNotKG § 14 Rn. 41: Kosten der Zwangshaft in voller Höhe des Haftkostenbetrags, der nach Landesrecht von einem Gefangenen zu erheben ist.
190 Schneider GNotKG § 14 Rn. 41.

Zu nennen sind aber auch **Aufsichtsmaßnahmen**, die das Nachlassgericht gegenüber dem Nachlassverwalter[191] ergreifen muss und deren Vollstreckung sich nach § 35 FamFG richtet.

IX. Fälligkeit

Die **Fälligkeit** der Eröffnungsgebühr tritt mit Beendigung der Eröffnung ein, § 9 Abs. 1 Nr. 5 GNotKG.[192] Gemeint ist die Beendigung des Eröffnungsvorgangs, die im Falle der „stillen Eröffnung" bereits mit dem Öffnen der Verfügung von Todes wegen und der Kenntnisnahme durch das Gericht eintritt, im Falle eines Eröffnungstermins dagegen mit dem Öffnen der Verfügung von Todes wegen, der Kenntnisnahme durch das Gericht und der Bekanntgabe im Termin. Die Eröffnung ist von Amts wegen vorzunehmen und kann nicht von der Zahlung eines **Vorschusses** abhängig gemacht werden;[193] → Rn. 79.

X. Kostenschuldner

Kostenschuldner im gerichtlichen Verfahren über die Eröffnung einer Verfügung von Todes wegen sind nur die Erben, § 24 Nr. 1 GNotKG. Die Regelung begründet die Haftung **aller Erben**, nicht nur einzelner Erben, sodass es keine Rolle spielt, wessen Erbrecht die eröffnete Verfügung von Todes wegen begründet.[194] Kostenschuldner sind **verfügungsabstrakt** alle Erben.

Mehrere Erben haften als **Gesamtschuldner**, § 32 Abs. 1 GNotKG.

K. Erbscheinsverfahren (einschl. Beschwerde und Rechtsbeschwerde) sowie Europäisches Nachlasszeugnisverfahren (ENZ)

I. Allgemeines

§ 352d FamFG (ehemals § 2358 BGB) verpflichtet das Nachlassgericht zur Amtsermittlung auf der Basis der notwendigen **Angaben** der gesetzlichen bzw. gewillkürten Erben. Die örtliche Zuständigkeit des Nachlassgerichts ergibt sich aus § 343 FamFG. Wie die Angaben formell nachzuweisen sind, ist in § 352 Abs. 3 FamFG normiert. Die Antragsberechtigung liegt beim Alleinerben bzw. jedem Miterben, § 352a Abs. 1 FamFG. Die Bestimmung in § 352e FamFG trifft eine Regelung über das Verfahren zur Erteilung von Erbscheinen und sieht einen **Feststellungsbeschluss**[195] vor, der vor der Erbscheinerteilung zu fertigen ist und mit dem Antrag übereinstimmen muss.[196] Der **Berufungsgrund** ist im Erbschein nicht anzugeben,[197] ausgenommen ist der Fall mehrfacher Berufung.[198] Unterschieden wird zwischen dem Alleinerbschein, Gemeinschaftlichen Erbschein,[199] Teilerbschein, Gemeinschaftlichen Teilerbschein, Sammelerbschein und

---

[191] Der Nachlassverwalter untersteht der Aufsicht des Nachlassgerichts, §§ 1962, 1915 Abs. 1 S. 1, 1837 BGB.
[192] Schneider GNotKG § 14 Rn. 32.
[193] Schneider GNotKG § 14 Rn. 49, § 13 S. 1 GNotKG kann deshalb keine Anwendung finden; Korintenberg/Wilsch GNotKG KV Nr. 12101 Rn. 18.
[194] HK-GNotKG/Friederich GNotKG § 24 Rn. 2 sowie 13; Korintenberg/Wilsch GNotKG KV Nr. 12101 Rn. 18.
[195] § 352e Abs. 1 S. 2 FamFG.
[196] Anderenfalls Aussetzung der Wirksamkeit und Zurückstellung der Erbscheinserteilung bis zur Rechtskraft des Beschlusses, vgl. § 352 Abs. 2 FamFG.
[197] BGH NJW 2021, 3727 mAnm Horn = Rpfleger 2022, 76; OLG Bamberg ZEV 2022, 282 mAnm Osthold = Rpfleger 2022, 193.
[198] OLG Bamberg ZEV 2022, 282 (283) mAnm Osthold.
[199] Nun § 352a FamFG, ehemals § 2357 BGB.

dem Erbschein für den Nachlassgläubiger.[200] Neu hinzugekommen ist der sog. quotenlose Erbschein iSv § 352a Abs. 2 S. 2 FamFG[201] (auch → Rn. 139).

92 Seit dem 17.8.2015, dem Inkrafttreten des Gesetzes zum Internationalen Erbrecht,[202] sind nun auch die Verfahren über den Antrag[203] auf Ausstellung eines **Europäischen Nachlasszeugnisses** sowie die Verfahren über die Berichtigung, Änderung oder den Widerruf eines Europäischen Nachlasszeugnisses (ENZ) zu nennen, vgl. auch zweite Anmerkung zur Vorbem. 1.2.2 KV GNotKG. Erwähnung finden müssen ferner die Erteilung einer beglaubigten Abschrift eines ENZ, die Verlängerung der Gültigkeitsfrist einer beglaubigten Abschrift des ENZ sowie die Aussetzung der Wirkungen des ENZ.

II. Alte KostO-Regelung

93 Die Gebühren für die Erteilung des Erbscheins und die Beurkundung der eidesstattlichen Versicherung richteten sich nach **§ 107 KostO**. Der Gebührentatbestand nach § 107 Abs. 1 S. 1 KostO knüpfte an die Erteilung des Erbscheins an, „einschließlich des vorangegangenen Verfahrens[204]", und galt dies mit der Erhebung einer vollen Gebühr ab,[205] einer Aktgebühr, anzusetzen aus dem Wert des reinen Nachlasses nach Abzug der Nachlassverbindlichkeiten, § 107 Abs. 2 KostO. Demgemäß kamen Erblasser- und Erbfallschulden in Abzug.[206]

94 Daneben enthielten die Regelungen in den §§ 107 Abs. 1 S. 2, 49 KostO einen eigenständigen Gebührentatbestand für die **Beurkundung** der eidesstattlichen Versicherung,[207] ebenfalls belegt mit einer vollen Gebühr,[208] zu erheben aus dem Wert des reinen Nachlasses nach Abzug der Nachlassverbindlichkeiten, § 107 Abs. 2 KostO.[209]

95 Große Praxisrelevanz entfaltete das **Bewertungsprivileg** nach § 107 Abs. 3 KostO, das den Geschäftswert eines Erbscheins nur für **Grundbuchzwecke** oder nur für **Schiffe**[210] regelte. Danach richtete sich der Geschäftswert eines solchen bestimmungsmäßig eingeschränkten Erbscheins nach dem Wert der betroffenen Immobilie, § 107 Abs. 3 S. 1 KostO, überdies reduziert um die darauf lastenden dinglichen Rechte in Höhe ihrer Valutierung, § 107 Abs. 3 S. 3 KostO.[211] Die Literatur[212] dehnte dieses Bewertungsprivileg auf den **Nachlassgläubiger** aus, der einen Erb-

---

200 § 792 ZPO.
201 Die Angabe der Erbteile ist nicht erforderlich, wenn alle Antragsteller im Antrag auf die Aufnahme der Erbteile im Erbschein verzichten; problematisch war hier der Geschäftswert. Während die Praxis zum „regulären" Geschäftswert nach § 40 Abs. 1 GNotKG tendierte (Wert des Nachlasses minus Erblasserschulden), hielt dies eine Literaturmeinung für unbillig; in Betracht kommen sollte „regelmäßig ein Wert von 30–70 % des nach § 40 an sich maßgeblichen Werts". Dass der Erbschein das volle Erbrecht bezeugt, berücksichtigte diese Ansicht aber nicht. Zwischenzeitlich wurde diese Ansicht aufgegeben, vgl. Korintenberg/Sikora GNotKG § 40 Rn. 39a („keine Besonderheiten in kostenrechtlicher Hinsicht"). Zur Problematik des Fehlens erforderlicher Verzichtserklärungen vgl. OLG Frankfurt aM BeckRS 2022, 6350; OLG München NJW-RR 2019, 971; Rohr DNotZ 2023, 179.
202 Gesetz zum internationalen Erbrecht und zur Änderung von Vorschriften zum Erbschein sowie zur Änderung sonstiger Vorschriften vom 29.6.2015, BGBl. 2015 I 1042.
203 Strittig ist, ob den Antrag auf Ausstellung eines Europäischen Nachlasszeugnisses auch der Nachlassinsolvenzverwalter stellen kann, dagegen MüKoFamFG/Grziwotz Art. 63 Rn. 8, dafür nun OLG Frankfurt aM ZInsO 2021, 789. Dies ist die Frage danach, ob das Nachlassinsolvenzverfahren in den Anwendungsbereich der EuErbVO fällt.
204 So die Parenthese in § 107 Abs. 1 S. 1 KostO.
205 Zu Recht sprach die Literatur hier von „einer überflüssige(n) Regelung", Korintenberg/Lappe KostO § 107 Rn. 6 (noch KostO), da eine besondere Verfahrensgebühr nicht vorgesehen war.
206 Korintenberg/Lappe KostO § 107 Rn. 17 ff. (noch KostO).
207 Siehe den zwischenzeitlich aufgehobenen § 2356 Abs. 2 BGB.
208 Siehe § 49 Abs. 1 KostO.
209 Demnach Abzug von Erblasser- und Erbfallschulden, Korintenberg/Lappe KostO § 107 Rn. 17 ff. (noch KostO).
210 Siehe Verweisung in § 107 Abs. 4 KostO (Schiffe) auf die Regelung in § 107 Abs. 3 KostO.
211 Korintenberg/Lappe KostO § 107 Rn. 58 iVm Rn. 25, 30, 31, Kommentierung noch zur alten Kostenordnung (KostO).
212 Korintenberg/Lappe KostO § 107 Rn. 60; Zimmermann/Zimmermann § 107 Rn. 64, die Gebühr war nur aus dem Wert der Forderung des Nachlassgläubigers zu berechnen.

schein beantragte, um gegen den Erben vollstrecken zu können, § 792 ZPO.[213] Die Neuregelung im **GNotKG** verzichtet auf die Übernahme von Bewertungsprivilegien.[214]

III. Gebühr für die Eidesstattliche Versicherung, Nr. 23300 KV GNotKG

Das **GNotKG** greift den bisherigen KostO-**Gebührendualismus** für die Erteilung des Erbscheins bzw. die Ausstellung eines Europäischen Nachlasszeugnisses (ENZ) und die Beurkundung der eidesstattlichen Versicherung auf und macht dies zum Gegenstand einer umständlichen **Verweisung**, soweit die Gerichtsgebühr für die Abnahme der eidesstattlichen Versicherung betroffen ist. Auch im Rahmen eines ENZ-Ausstellungsverfahrens[215] kann das Nachlassgericht die Abgabe der eidesstattlichen Versicherung verlangen, § 352 Abs. 3 FamFG. 96

Eine eigenständige Regelung zur **gerichtlichen Beurkundung der eidesstattlichen Versicherung** fehlt im Gerichtskostenteil des Kostenverzeichnisses. Die erste Anmerkung zur Nr. 12210 KV GNotKG spricht davon, dass diese Gebühr gesondert erhoben wird.[216] Die dortige Regelung rekurriert auf die Vorbem. 1 Abs. 2,[217] die wiederum auf die Gebühren nach Teil 2 verweist, also auf die Notargebühren. Einschlägig ist die Regelung in der **Nr. 23300 KV GNotKG**,[218] und die Höhe der Gebühr bestimmt sich nach der Tabelle B zu § 34 GNotKG.[219] Für das Verfahren zur Abnahme von Eiden und eidesstattlichen Versicherungen fällt eine **1,0 Gebühr** an, zu erheben aus dem **lediglich um die Erblasserschulden**[220] reduzierten Wert des Nachlasses im Zeitpunkt des Erbfalls, § 40 Abs. 1 Nr. 1, S. 2 GNotKG (→ Rn. 112 ff.). In § 40 Abs. 1 Satz 1 Nr. 1 GNotKG ist die Abnahme der eidesstattlichen Versicherung zur Erlangung eines Europäischen Nachlasszeugnisses (ENZ) nunmehr ausdrücklich erwähnt.[221] Die Gebühren- und die Geschäftswertregelung laufen synchron mit den Bestimmungen für das Erbscheinsverfahren bzw. mit den Bestimmungen für die Ausstellung eines Europäischen Nachlasszeugnisses (→ Rn. 103 ff.). 97

Die Gebühr für die Abnahme der eidesstattlichen Versicherung ist als **Verfahrensgebühr** ausgestaltet und wird mit der Beendigung der Abnahme der eidesstattlichen Versicherung fällig, § 10 GNotKG.[222] Bei vorzeitiger Beendigung des Verfahrens ermäßigt sich die Gebühr auf eine 0,3 Verfahrensgebühr, vgl. Nr. 23301 KV GNotKG. Eine für **mehrere Erbfälle** abgegebene eidesstattliche Versicherung schlägt mit mehreren Gebühren nach der Nr. 23300 KV GNotKG zu Buche.[223] Nichts anderes gilt für eine eidesstattliche Versicherung, die sich sowohl auf den **Erbschein** als auch auf das gleichzeitig beantragte **Testamentsvollstreckerzeugnis** bezieht. In Ansatz zu bringen sind dann zwei Gebühren nach der Nr. 23300 KV GNotKG.[224] Falls **alle Miterben** die eidesstattliche Versicherung **gleichzeitig** abgeben, fällt nur eine Verfahrensgebühr aus dem zusammengerechneten Wert an. 98

---

213 Zur Grundbuchberichtigung auf Antrag des Gläubigers s. § 14 GBO.
214 Zur Kritik hieran vgl. Wilsch FGPrax 2013, 47 (50).
215 Gierl/Köhler/Kroiß/Wilsch IntErbR/Wilsch Teil 4 § 3 Rn. 17.
216 OLG Köln FamRZ 2019, 731 (732); Burandt/Rojahn/Kilian/Heinemann GNotKG Rn. 118.
217 Nicht aber Vorbem. 1.2 KV GNotKG.
218 Vgl. LK-GNotKG/Zimmermann GNotKG KV Nr. 12210 Rn. 86; falls die eidesstattliche Versicherung durch den Notar beurkundet wird, fällt dort die Gebühr nach der Nr. 23300 KV GNotKG an, ergänzt um 19 % Umsatzsteuer, Nr. 32014 KV GNotKG; vgl. auch Kroiß ZEV 2013, 413 (414); eine Hinweispflicht – eidesstattliche Versicherung, abgenommen durch das Nachlassgericht ist billiger –, trifft den Notar nicht, vgl. Grziwotz notar 2016, 352 (353); falsch dagegen Langel NJW 2017, 3617 (3619,3620), der nur eine 0,5 Verfahrensgebühr nach der Nr. 15212 KV GNotKG in Ansatz bringen möchte, → Rn. 99.
219 Vgl. die Spaltenüberschrift zur Nr. 23300 KV GNotKG, dort ist die Tabelle B genannt.
220 Es werden nur Erblasserschulden abgezogen, nicht die Erbfallschulden, vgl. Wilsch FGPrax 2013, 47 (50) sowie BT-Drs. 17/11471, 253.
221 Zur Ergänzung des § 40 Abs. 1 S. 1 Nr. 1 GNotKG vgl. LK-GNotKG/Zimmermann GNotKG KV Nr. 12210 Rn. 87.
222 Korintenberg/Wilsch GNotKG KV Nr. 12210–12212 Rn. 18a.
223 Korintenberg/Wilsch GNotKG KV Nr. 12210–12212 Rn. 18b.
224 Korintenberg/Wilsch GNotKG KV Nr. 12210–12212 Rn. 18b.

99 Dagegen betrifft die in der Vorbem. 1.2, zweiter Absatz KV GNotKG erwähnte eidesstattliche Versicherung lediglich die eidesstattliche Versicherung zur Bekräftigung des Nachlassinventars iSv § 2006 BGB, nicht aber die eidesstattliche Versicherung nach § 352 Abs. 3 FamFG (ehemals § 2356 Abs. 2 BGB). Dies berücksichtigt die Ansicht nicht, die nur für eine 0,5 Gebühr nach der Nr. 15212 KV GNotKG plädiert.[225] Richtigerweise setzt das Nachlassgericht eine volle Verfahrensgebühr an, → Rn. 97.

100 Die Kosten setzt das **Nachlassgericht** an, bei dem das Verfahren anhängig ist, § 18 Abs. 1 Nr. 1 GNotKG analog, und zwar auch für den Fall der Aufnahme der eidesstattlichen Versicherung durch ein anderes Gericht.[226]

101 **Kostenschuldner** ist derjenige, dessen Erklärung beurkundet worden ist, § 30 Abs. 1 GNotKG.[227]

IV. Gebühren für Erbscheinsverfahren bzw. Europäische Nachlasszeugnisverfahren, Nr. 12210, 12216 bis 12218 KV GNotKG; Gebühr für Negativauskunft über Nachlassvorgang

102 Die Nr. 12210 KV GNotKG übernahm das bisherige KostO-Wertgebührensystem und die Höhe der Gebühr, vollzog aber im Übrigen eine Umgestaltung zur **Verfahrensgebühr**.

103 Nach der Nr. 12210 KV GNotKG fällt für das **Verfahren** über den Antrag auf **Erteilung eines Erbscheins** oder auf Ausstellung eines **Europäischen Nachlasszeugnisses** (ENZ) eine **volle Gebühr** an,[228] die nach der Tabelle B zu erheben ist.[229] In der Konsequenz der Ausgestaltung als Verfahrensgebühr deckt die Regelung alle Tätigkeiten des Nachlassgerichts ab,[230] die im Erbscheins- bzw. ENZ-Ausstellungsverfahren anfallen, etwa die Erbenermittlung,[231] die Protokollierung des Antrags, den Erlass einer Zwischenverfügung, die Beiziehung anderer Akten, den Erlass eines Feststellungsbeschlusses (Erbschein) sowie die Benachrichtigung anderer Behörden. Falls ein Erbschein über **mehrere Erbfälle** erteilt wird, fallen **mehrere Verfahrensgebühren** an.[232] Die Zusammenfassung zu einem Sammelerbschein ändert an den verschiedenen Verfahrensgebühren nichts. Die Regelung in § 56 GNotKG greift nicht. Da verschiedene Erblasser gegeben sind, kann auch nicht von einem einheitlichen Verfahren gesprochen werden. Gleiches ist auch bei **mehreren Teilerbscheinsverfahren** anzutreffen. Es fallen mehrere Verfahrensgebühren an, und zwar aus dem jeweiligen Teilwert. Dass **mehrere gleichlautende Anträge** zugrunde liegen, wirkt sich auf die Verfahrensgebühr nicht aus, vielmehr wird auch in einer solchen Konstellation nur **eine Verfahrensgebühr** erhoben, § 55 Abs. 1 GNotKG. Bei **gegensätzlichen Anträgen** geht dagegen das OLG München[233] von mehreren selbstständigen Verfahren aus, sodass bei Zurückweisung eines der Anträge wie folgt zu bewerten sei: eine volle Verfahrensgebühr nach der Nr. 12210 KV GNotKG sowie eine 0,5 Zurückweisungsgebühr nach der Nr. 12212 KV GNotKG.[234]

104 Strittig ist, ob das Nachlassgericht eine Gebühr für eine sog. **Negativauskunft** erheben kann. In einer solchen Konstellation teilt das Nachlassgericht auf Anfrage lediglich mit, dass ein Nach-

---

225 So Langel NJW 2017, 3617 (3619, 3620), der nur eine 0,5 Verfahrensgebühr postuliert; richtigerweise erhebt das Nachlassgericht jedoch eine volle Verfahrensgebühr an, → Rn. 97. Die obergerichtliche Rechtsprechung hat diese Ansicht explizit verworfen, vgl. OLG Köln FamRZ 2019, 731.
226 So auch der bisherige Regelungsgehalt zu § 107 Abs. 1 S. 2 KostO.
227 Erklärungsschuldner, vgl. HK-GNotKG/Leiß GNotKG § 30 Rn. 6.
228 Völlig falsch hier die Darstellung bei Otto/Klüsener/Fackelmann/Düspohl/Thamke Neues KostR, 213 f., die für das Erbscheinsverfahren eine Festgebühr iHv 75 EUR ausweist, überdies zu erheben aus der Tabelle A.
229 Vgl. Spaltenüberschrift zur Nr. 12210 KV GNotKG.
230 Schneider GNotKG § 14 Rn. 56.
231 Bisher explizit gebührenfrei nach § 105 KostO, nunmehr gebührenfrei, da insoweit im Kostenverzeichnis kein Gebührentatbestand vorgesehen ist.
232 Vgl. Korintenberg/Sikora GNotKG § 40 Rn. 35.
233 OLG München BeckRS 2017, 117276.
234 OLG München BeckRS 2017, 117276; ebenso NK-GK/Jäckel Nr. 12210–12218 Rn. 2.

lassvorgang nicht vorhanden ist. **Eine Meinung** möchte hierfür eine Gebühr (15 EUR) nach der Nr. 1401 KV JVKostG in Ansatz bringen,[235] da in der Negativauskunft eine Tätigkeit der Justizverwaltung zu sehen sei.[236] Eine **abweichende Meinung**[237] bringt zu Recht vor, dass keine Angelegenheit der Justizverwaltung vorliegt und keine Auskunftsgebühr zu erheben ist. Einsichtnahme und Auskunftsverlangen folgen §§ 13, 357 FamFG und zählen zur freiwilligen Gerichtsbarkeit. Eine gesetzliche Klärung erscheint empfehlenswert und könnte mittelbar bevorstehen.

Der Gesetzgeber stellt das **Verfahren auf Ausstellung eines Europäischen Nachlasszeugnisses (ENZ)** dem Erbscheinsverfahren gleich,[238] vgl. auch zweite Anmerkung zur Vorbem. 1.2.2 KV GNotKG. Konsequenterweise fällt für ein ENZ-Ausstellungsverfahren die **volle Verfahrensgebühr** nach der Nr. 12210 KV GNotKG an. Dabei macht es keinen Unterschied, ob das Nachlassgericht oder das Beschwerdegericht[239] das ENZ ausstellt, vgl. Vorbem. 1.2.2.1 KV GNotKG. Eine **Sonderregelung** gilt für sog. **Anschluss-** bzw. **Parallelverfahren**, schließlich können Erbschein und ENZ auch nach- oder nebeneinander beantragt werden. In beiden Konstellationen[240] greift die **Anrechnungsregel** der zweiten Anmerkung zur Nr. 12210 KV GNotKG:[241] Ist die Gebühr bereits für ein Verfahren entstanden, wird sie mit 75 % auf die andere Verfahrensgebühr angerechnet. Erbschein und ENZ kosten dann regelmäßig eine 2,25 Gebühr, sofern im nachfolgenden bzw. parallelen Verfahren die eidesstattliche Versicherung erlassen wird. Es spielt keine Rolle, ob zuerst die Gebühr für das Erbscheins- oder die Gebühr für das ENZ-Ausstellungsverfahren angefallen ist, vgl. die Aussage im zweiten Satz zur zweiten Anmerkung zur Nr. 12210 KV GNotKG. Prämisse ist jedoch, dass sich der Erbschein und das ENZ nicht widersprechen, S. 1 der zweiten Anmerkung zur Nr. 12210 KV GNotKG. Die Anrechnungsbestimmung bezieht sich nur auf die **gerichtliche Verfahrensgebühr**, nicht auch auf die Gebühr für die Beurkundung der eidesstattlichen Versicherung oder die Kosten des Notars. Die Anrechnungsbestimmung kommt „nur im Fall der zweimaligen Erteilung"[242] zum Einsatz, nicht dagegen, sofern in einem Verfahren die Erteilung bzw. die Ausstellung abgelehnt oder zurückgenommen wurde. Mehrere Zeugnisse liegen dann nicht vor.[243]

Mehrere ENZ-Verfahrensgebühren sind in Ansatz zu bringen, dient das ENZ **mehreren Zwecken**, beispielsweise als Erbnachweis und als Nachweis der Befugnisse eines Testamentsvollstreckers.[244] Eine **Berichtigung des ENZ**, die sich gegen Schreibfehler, Abfassungsfehler und sonsti-

---

235 Zum Streitstand vgl. Korintenberg/Wilsch GNotKG KV Nr. 12210–12212 Rn. 5a.
236 LG Frankfurt aM BeckRS 2015, 07088; LG Köln BeckRS 2015, 18640; ebenso das Ministerium der Justiz Rheinland-Pfalz, Schreiben vom 25.7.2016; so nun auch OLG Düsseldorf ZEV 2017, 596 = BeckRS 2017, 123139: Justizverwaltungsangelegenheit iSv § 124 JustG NRW, wofür eine Gebühr iHv 15 EUR anfallen soll, Nr. 1401 KV JVKostG; OLG München Beschl. v. 22.11.2017 – 11 W 1162/17; OLG Bamberg Beschl. v. 9.1.2018 – 8 W 107/17: keine gerichtliche Tätigkeit des Nachlassgerichts, im entschiedenen Fall war aber ein Nachlassverfahren nicht anhängig, erteilt wurde eine Auskunft aus einem Vorgang, der allein auf eine Sterbefallbenachrichtigung entstanden ist; OLG Bremen FamRZ 2018, 783; OLG Oldenburg ErbR 2018, 113; OLG Hamm NJOZ 2018, 1942.
237 OLG Koblenz Beschl. v. 22.6.2016 – 14 W 295/16, NJW-RR 2016, 1277; bestätigt mit Beschl. v. 6.3.2017 – 14 W 60/17, BeckRS 2017, 105384; ihm folgend OLG Köln FGPrax 2017, 142 = ErbR 2017, 583; OLG München NZFam 2018, 1155 (anders noch OLG München 11 W 1397/18);
ebenso N. Schneider ErbR 2017, 24; Sporré ZEV 2019, 66; Burandt/Rojahn/Kilian/Heinemann GNotKG Rn. 15.
238 Vgl. BR-Drs. 644/14, S. 75; Korintenberg/Wilsch GNotKG KV Nr. 12210–12212 Rn. 1b.
239 Vgl. § 43 Abs. 4 S. 2 IntErbRVG.
240 Der Normzweck der Anrechnungsvorschrift gebietet die Anwendung auch bei gleichzeitigen, parallelen Verfahren, nicht nur für nachgeschaltete Verfahren, vgl. Seebach RNotZ 2015, 342 (345); Korintenberg/Wilsch GNotKG KV Nr. 12210–12212 Rn. 9e; Gierl/Köhler/Kroiß/Wilsch IntErbR/Wilsch Teil 4 § 3 Rn. 16; BDS/Sommerfeldt GNotKG KV Nr. 12210 Rn. 9.
241 Gierl/Köhler/Kroiß/Wilsch IntErbR/Wilsch Teil 4 § 3 Rn. 15.
242 Schneider Rpfleger 2015, 454 (456); Burandt/Rojahn/Kilian/Heinemann GNotKG Rn. 17.
243 Gierl/Köhler/Kroiß/Wilsch IntErbR/Wilsch Teil 4 § 3 Rn. 16; NK-GK/Jäckel Nr. 12210–12218 Rn. 8.
244 Seebach RNotZ 2015, 342 (345); Korintenberg/Wilsch GNotKG KV Nr. 12210–12212 Rn. 9b und 14.

ge formale Fehler richtet, ist gebührenfrei.[245] Das Kostenverzeichnis (KV GNotKG) enthält dafür keinen Kostentatbestand. Ggf. können Auslagen nach der Nr. 31000 KV GNotKG in Ansatz gebracht werden, allerdings erst nach Erlass einer Kostenentscheidung.[246] Die **Änderung eines ENZ** kommt einer Neuausstellung gleich,[247] weshalb das Gesetz hierfür eine volle Verfahrensgebühr nach der Nr. 12217 KV GNotKG, Tabelle B, vorsieht. Eine Deckelung oder Ermäßigung lässt sich der Regelung nicht entnehmen.[248] Weil der **Widerruf eines ENZ** an das Einziehungs- und Kraftloserklärungsverfahren angelehnt ist,[249] fällt in einem solchen Verfahren eine 0,5 Verfahrensgebühr nach der Nr. 12216 KV GNotKG an,[250] Tabelle B, höchstens jedoch ein Betrag iHv 400 EUR. Auch dieser Bestimmung lässt sich eine Ermäßigung oder Anrechnung auf die Verfahrensgebühr nach der Nr. 12210 KV GNotKG nicht entnehmen.[251]

107 In Verfahren auf **Erteilung einer beglaubigten Abschrift eines Europäischen Nachlasszeugnisses** nach[252] Beendigung des ENZ- Ausstellungsverfahrens ist eine Festgebühr iHv 20 EUR anzusetzen, Nr. 12218 KV GNotKG.[253] Grund hierfür ist der geringe gerichtliche Aufwand. Dabei ist darauf hinzuweisen, dass die Festgebühr nur für Erteilungsvorgänge *nach* Beendigung des ENZ-Ausstellungsverfahrens anfällt.[254] Die erstmalige Ausstellung einer oder mehrerer beglaubigter Abschriften wird von der Ausstellungsgebühr gedeckt, Nr. 12210 KV GNotKG.[255] Neben der Gebühr wird keine Dokumentenpauschale erhoben, vgl. Anmerkung zur Nr. 12218 KV GNotKG. Die Gebühr ist als **Aktgebühr** ausgestaltet, sodass sie nur nach Erteilung einer beglaubigten Abschrift gefordert werden kann (nicht dagegen nach Rücknahme oder Zurückweisung).[256] Die Festgebühr wird für jede Erteilung gesondert erhoben.[257] Werden **mehrere beglaubigte Abschriften** erteilt, werden auch mehrere Festgebühren erhoben. Dies ergibt sich bereits aus dem Wortlaut der Norm (vgl. Nr. 12218 KV GNotKG: Erteilung *einer* beglaubigten Abschrift … 20 EUR). Eine einheitliche Gebühr sieht das Gesetz nicht vor.[258] Die **Verlängerung der Gültigkeitsfrist einer beglaubigten Abschrift eines Europäischen Nachlasszeugnisses** kostet ebenfalls nur 20 EUR, Nr. 12218 KV GNotKG.[259] Neben der Gebühr wird keine Dokumentenpauschale erhoben, vgl. Anmerkung zur Nr. 12218 KV GNotKG. Für die **Aussetzung der Wirkungen eines Europäischen Nachlasszeugnisses** wird eine 0,3 Verfahrensgebühr erhoben, Nr. 16210 KV GNotKG, Tabelle B, wiederum ohne Möglichkeit der Ermäßigung oder Anrechnung auf die Gebühr nach der Nr. 12210 KV GNotKG.[260]

108 Als **Geschäftswert** ist der um die Erblasserschulden reduzierte Wert des Nachlasses im Zeitpunkt des Erbfalles zugrunde zu legen, § 40 Abs. 1 Nr. 2 GNotKG. Die Erbfallschulden finden keine Berücksichtigung mehr[261] (→ Rn. 115 ff.).

109 Das Gericht kann die Kosten des Verfahrens nach **billigem Ermessen** den Beteiligten ganz oder nur zum Teil auferlegen, § 81 Abs. 1 S. 1 FamFG (**Kostenentscheidung**). Die Entscheidung kann aber auch einen Kostenabstand vorsehen, § 81 Abs. 1 S. 2 FamFG.[262] Im Rahmen der Kosten-

---

[245] Vgl. BR-Drs. 644/14, S. 75; Seebach RNotZ 2015, 342 (346); Korintenberg/Wilsch GNotKG KV Nr. 12210–12212 Rn. 27a; Gierl/Köhler/Kroiß Wilsch IntErbR/Wilsch Teil 4 § 3 Rn. 21.
[246] Schneider Rpfleger 2015, 454 (456).
[247] BR-Drs. 644/14, 75.
[248] Korintenberg/Schneider GNotKG KV Nr. 12217 Rn. 5.
[249] Korintenberg/Schneider GNotKG KV Nr. 12216 Rn. 1.
[250] Gierl/Köhler/Kroiß/Wilsch IntErbR/Wilsch Teil 4 § 3 Rn. 25.
[251] Schneider Rpfleger 2015, 454 (457); Gierl/Köhler/Kroiß/Wilsch IntErbR/Wilsch Teil 4 § 3 Rn. 25; Korintenberg/Schneider GNotKG KV Nr. 12216 Rn. 3.
[252] Gierl/Köhler/Kroiß/Wilsch IntErbR/Wilsch Teil 4 § 3 Rn. 29.
[253] Gierl/Köhler/Kroiß/Wilsch IntErbR/Wilsch Teil 4 § 3 Rn. 28.
[254] Gierl/Köhler/Kroiß/Wilsch IntErbR/Wilsch Teil 4 § 3 Rn. 29.
[255] Korintenberg/Schneider GNotKG KV Nr. 12218 Rn. 3.
[256] Korintenberg/Schneider GNotKG KV Nr. 12218 Rn. 6.
[257] Korintenberg/Schneider GNotKG KV Nr. 12218 Rn. 7.
[258] In diesem Sinne auch Korintenberg/Schneider GNotKG KV Nr. 12218 Rn. 7.
[259] Gierl/Köhler/Kroiß/Wilsch IntErbR/Wilsch Teil 4 § 3 Rn. 31.
[260] Korintenberg/Wilsch GNotKG KV Nr. 12210–12212 Rn. 1g.
[261] Vgl. BT-Drs. 17/11471, 253; Wilsch FGPrax 2013, 47 (50).
[262] Vgl. Horn/Krätzschel NJW 2016, 3350 (3351).

entscheidung sind sämtliche in Betracht kommenden Umstände des Einzelfalles heranzuziehen.[263] Der **BGH** betont das weite Ermessen, das § 81 FamFG offeriert, und verwirft ein Regel-Ausnahme-Verhältnis, wonach die Kostenverteilung regelmäßig nach dem Maß des Obsiegens bzw. Unterliegens zu erfolgen hätte.[264] Im Maß des Obsiegens bzw. Unterliegens sieht der BGH[265] nur einen von mehreren Gesichtspunkten, die im Rahmen der Ermessensentscheidung Berücksichtigung finden müssen. Als weitere Kriterien nennt der BGH „die Art der Verfahrensführung, die verschuldete oder unverschuldete Unkenntnis der tatsächlichen oder rechtlichen Verhältnisse, die familiäre und persönliche Nähe zwischen Erblasser und Verfahrensbeteiligten etc".[266] Dass ein Regelbeispiel des § 81 Abs. 2 FamFG verwirklicht ist, ist nicht Voraussetzung dafür, die Kosten einem Beteiligten aufzuerlegen.[267] Die Ermessensentscheidung unterliegt nur einer eingeschränkten Überprüfung durch das Beschwerdegericht.[268] Die **Überprüfung** beschränkt sich darauf, ob das Gericht von dem eingeräumten **Ermessen** fehlerfrei Gebrauch gemacht hat.[269] Geprüft werden etwaige Ermessensfehler in Form eines Ermessensnichtgebrauchs, eines Ermessensfehlgebrauchs oder in Form einer Ermessensüberschreitung.[270] Ob eine Tenorierung mit dem Inhalt, dass der Antragsteller die **Kosten des Antrags** zu tragen hat, nur die Gerichtskosten oder auch die außergerichtlichen Aufwendungen der übrigen Beteiligten betrifft, ist strittig.[271] Die überwiegende Meinung geht davon aus, dass eine solche Tenorierung lediglich eine **Kostengrundentscheidung** über die **Gerichtskosten** enthält.[272]

Die **Fälligkeit** der Gebühr tritt mit Erledigung des gerichtlichen Verfahrens ein, § 9 Abs. 1 Nr. 5 GNotKG, demnach unverändert mit Erteilung des Erbscheins bzw. der Ausstellung des ENZ bzw. des Erlasses des Zurückweisungsbeschlusses.[273] **Kostenschuldner** des Verfahrens ist der Antragsteller, § 22 Abs. 1 GNotKG, mehrere Kostenschuldner haften als Gesamtschuldner, § 32 Abs. 1 GNotKG.

Zur **vorzeitigen Verfahrensbeendigung** → Rn. 125 ff.; zur Einziehung oder Kraftloserklärung eines Erbscheins → Rn. 128 ff.

V. Geschäftswertvorschriften für Erbscheins- und Europäische Nachlasszeugnisverfahren, § 40 GNotKG

Die Bestimmung in § 40 **GNotKG** behandelt die Geschäftswertvorschriften für Verfahren zur Abnahme der **eidesstattlichen Versicherung** zur Erlangung eines Erbscheins oder eines Europäischen Nachlasszeugnisses (§ 40 Abs. 1 S. 1 Nr. 1 GNotKG) und für **Erbscheinsverfahren** oder eines **ENZ-Ausstellungsverfahrens**[274] (§ 40 Abs. 1 S. 1 Nr. 2 GNotKG).

Maßgeblich ist der **Wert des Nachlasses im Zeitpunkt des Erbfalls**, § 40 Abs. 1 S. 1 GNotKG, was altem Kostenrecht (KostO) entspricht.[275] Wertveränderungen zwischen Erbfall und Erbscheinerteilung wirken sich auf den Wert nicht aus.[276] Im Falle eines **Erbscheins**, der für den Nacherben nach Eintritt des Nacherbfalls erteilt wird, ist dagegen auf den Nachlass im Zeit-

---

263 BGH ZEV 2016, 95 mAnm Kuhn.
264 BGH ZEV 2016, 95; OLG Köln BeckRS 2021, 14629.
265 BGH ZEV 2016, 95; ebenso Horn/Krätzschel NJW 2016, 3350 (3351); OLG Brandenburg FGPrax 2023, 34.
266 BGH ZEV 2016, 95 (96).
267 Horn/Krätzschel NJW 2016, 3350 (3351); OLG München ZEV 2012, 661.
268 BGH ZEV 2016, 95 (97); so bereits OLG Hamburg FGPrax 2014, 138; ebenso nun OLG Köln BeckRS 2021, 14629.
269 OLG Köln BeckRS 2021, 14629.
270 OLG Köln BeckRS 2021, 14629; OLG Düsseldorf FGPrax 2014, 44; OLG Hamm MDR 2013, 469.
271 Zum Streitstand vgl. OLG München ZEV 2022, 285 (286) mAnm Kroiß = Rpfleger 2022, 331.
272 OLG München ZEV 2022, 285 (286) mAnm Kroiß = Rpfleger 2022, 331; OLG Köln FGPrax 2012, 282; OLG Düsseldorf ZEV 2021, 263.
273 HK-GNotKG/Jäckel KV Nr. 12210–12215 Rn. 2; Schneider GNotKG § 14 Rn. 58.
274 Gierl/Köhler/Kroiß/Wilsch IntErbR/Wilsch Teil 4 § 3 Rn. 19.
275 § 107 Abs. 2 S. 1 KostO, Wert im Zeitpunkt des Erbfalls. Zum Wert des Nachlasses im Zeitpunkt des Erbfalls vgl. auch OLG Brandenburg ZEV 2022, 535; OLG Naumburg BeckRS 2022, 21847.
276 OLG Hamm BeckRS 2022, 13026; LK-GNotKG/Zimmer/Waber GNotKG § 40 Rn. 8.

punkt des Nacherbfalls abzustellen.[277] Wertsteigerungen zwischen Erbfall und Eintritt des Nacherbfalls fallen dann ins Gewicht. Nichts anderes kann für das Verfahren zur **Einziehung des Vorerben-Erbscheins** nach Eintritt des Nacherbfalls gelten, maßgeblich ist nicht der Nachlass zum Zeitpunkt der Erbscheinserteilung, sondern der **aktuelle Wert** des Nachlasses im Einziehungszeitpunkt. Wertänderungen fallen dann ins Gewicht. Auf diese Art und Weise kann auch dem **ersatzlosen Untergang von Erbschaftsgegenständen** Rechnung getragen werden.[278] Häufig teilen Nachlassgerichte diese Auffassung nicht, weshalb eine obergerichtliche Klärung sinnvoll erscheint. Dem wirtschaftlichen Wert des Einziehungsverfahrens wird nur die Ansicht gerecht, die auf den aktuellen, nicht den vergangenen Wert des Nachlasses abstellt.

Zur Geschäftswertproblematik des **quotenlosen Erbscheins** → Rn. 139.

Eine weitere Geschäftswertproblematik stellt sich dann, sofern der Antragsteller **keine Angaben zum Wert des Nachlasses** macht und auch **kein Nachlassverzeichnis** einreicht[279]. In einer solchen Konstellation ist das Nachlassgericht gehalten, den Geschäftswert zu schätzen, wobei „ansatzweise Schätzgrundlagen"[280] Beachtung finden müssen, beispielsweise die Aussage, zum Nachlass zähle kein Immobilienbestand. Dementsprechend muss die Schätzung im sich hieraus ergebenden **Bewertungsrahmen** verbleiben[281].

Das **Legatszeugnis**, ein Teil-ENZ, mit dem der Vindikationslegatar[282] seine unmittelbare Berechtigung am Nachlass nachweist, ist im Sinne von § 40 Abs. 1 S. 1 Nr. 2 GNotKG zu bewerten. Maßgeblich ist der Wert des Legats im Zeitpunkt des Erbfalls, reduziert um hierauf lastende Verbindlichkeiten des Erblassers. Hiermit korrespondiert der wirtschaftliche Wert des Legats.[283] Geschäftswert eines **ENZ-Änderungsverfahrens** ist der Wert des Nachlasses im Zeitpunkt des Erbfalls,[284] § 40 Abs. 1 S. 1 Nr. 4 GNotKG, allerdings unter der Prämisse, dass die Rechtsstellung und die Rechte der Erben und Vindikationslegatare am Nachlass betroffen sind. Erblasserschulden werden abgezogen, § 40 Abs. 1 S. 2 GNotKG[285]. Eine identische Regelung gilt für den Geschäftswert eines **ENZ-Widerrufsverfahrens**, wiederum unter der Prämisse, dass die Rechtsstellung und die Rechte der Erben und Vindikationslegatare am Nachlass betroffen sind, § 40 Abs. 1 S. 1 Nr. 4, S. 2 GNotKG. Maßgeblich ist der Wert des Nachlasses im Zeitpunkt des Erbfalls,[286] nicht der Zeitpunkt der Antragstellung oder der Zeitpunkt der Widerrufsentscheidung.[287] Erblasserschulden werden abgezogen, § 40 Abs. 1 S. 2 GNotKG.[288]

114 Unklar war der Geschäftswert für ein Verfahren über die **Aussetzung der Wirkungen eines ENZ**. Eine Praxismeinung hielt § 40 Abs. 1 GNotKG für anwendbar, also den Wert des Nachlasses im Zeitpunkt des Erbfalls, reduziert um die Erblasserschulden. Eine zweite Meinung wollte § 36 Abs. 1 GNotKG anwenden und den Geschäftswert nach billigem Ermessen bestimmen.[289] Seit der **Gesetzesänderung 2015** steht fest, dass **§ 62 GNotKG** heranzuziehen ist.[290] In

---

277 OLG Hamm ZEV 2015, 550 = BeckRS 2015, 14613 = ZErb 2015, 354; Korintenberg/Wilsch GNotKG KV Nr. 12210–12212 Rn. 19d; so bereits BayObLG MittBayNot 1997, 383; Kroiß NJW 2016, 453 (456); ebenso N. Schneider ErbR 2017, 654.
278 Vgl. OLG Hamm BeckRS 2022, 13026.
279 OLG Naumburg BeckRS 2022, 21847 = ZEV 2022, 622 = Rpfleger 2023, 44.
280 OLG Naumburg BeckRS 2022, 21847 = ZEV 2022, 622 = Rpfleger 2023, 44.
281 OLG Naumburg BeckRS 2022, 21847 = ZEV 2022, 622 = Rpfleger 2023, 44.
282 Vgl. EuGH DNotZ 2018, 33 = ZErb 2017, 352: Anerkennung der dinglichen Wirkungen eines Vindikationslegats auch in Deutschland, betont werden die Einheitlichkeit des Nachlasses, Art. 23 EuErbVO, und der 37. Erwägungsgrund.
283 Gierl/Köhler/Kroiß/Wilsch IntErbR/Wilsch Teil 4 § 3 Rn. 9.
284 Demnach nicht im Zeitpunkt der Antragstellung, gerichtet auf ENZ-Änderung, vgl. auch Korintenberg/Schneider GNotKG KV Nr. 12217 Rn. 11; Gierl/Köhler/Kroiß/Wilsch IntErbR/Wilsch Teil 4 § 3 Rn. 23.
285 OLG Brandenburg ZEV 2022, 535.
286 Gierl/Köhler/Kroiß/Wilsch IntErbR/Wilsch Teil 4 § 3 Rn. 23.
287 Korintenberg/Schneider GNotKG KV Nr. 12216 Rn. 10.
288 Gierl/Köhler/Kroiß/Wilsch IntErbR/Wilsch Teil 4 § 3 Rn. 23.
289 So Korintenberg/Schneider GNotKG KV Nr. 12216 Rn. 17.
290 Vgl. Korintenberg/Fackelmann GNotKG § 62 Rn. 10; Gierl/Köhler/Kroiß/Wilsch IntErbR/Wilsch Teil 4 § 3 Rn. 33.

Verfahren über die Aussetzung der ENZ-Wirkungen ist der Wert in der Regel unter Berücksichtigung der geringeren Bedeutung gegenüber der Hauptsache zu ermäßigen, § 62 S. 1 GNotKG. Regelmäßig ist vom hälftigen Nachlasswert auszugehen, § 62 S. 2 GNotKG.[291] In einem weiteren Schritt ist dann darüber zu befinden, ob der Wert individuell weiter anzupassen ist.[292]

Abgezogen werden nur noch **Erblasserschulden**, § 40 Abs. 1 S. 2 GNotKG, also Verbindlichkeiten, die vom Erblasser herrühren und ihm gegenüber bereits bestanden haben, § 1967 Abs. 2 BGB.[293] Zu den Erblasserschulden zählt eine vom Erblasser eingegangene, auf seinen Tod aufschiebend bedingte **Verpflichtung zur Rückübertragung** einer Immobilie, die der Erblasser zu Lebzeiten erhalten hat.[294] Die Rückübertragungsverpflichtung ist zu den Erblasserschulden iSv § 1967 Abs. 2 BGB zu rechnen.[295] Es genügt, dass der Verpflichtungsgrund in der Person des Erblassers bereits gegeben war, mag die Verpflichtung auch erst nach seinem Tod zu erfüllen sein.[296] Generell den Rückübertragungsanspruch in Ansatz zu bringen, wird jedoch dem Beschluss des OLG Düsseldorf[297] nicht gerecht. Denn im entschiedenen Fall ging es darum, einen **entstandenen** und **geltend gemachten Anspruch** zu erfüllen. Um den Anspruch als Erblasserschuld berücksichtigen zu können, ist das Nachlassgericht gehalten, **zwei Aspekte in Erfahrung** zu bringen. Zum einen ist der Frage nachzugehen, ob der Überlassungsvertrag überhaupt ein Rückforderungsrecht für den Fall des Vorversterbens vorsieht und ob der Anspruch überhaupt entstanden ist. Der Überlassungsvertrag gibt Aufschluss über die Rückforderungsrechte, üblich ist eine Rückforderung für den Fall, dass der Erwerber zu Lebzeiten über die Immobilie verfügt, sie veräußert oder belastet, oder über sein Vermögen das Insolvenzverfahren beantragt oder eröffnet wird. Zum anderen ist in Erfahrung zu bringen, ob das entstandene Rückforderungsrecht geltend gemacht wurde bzw. anlässlich des Todes des Erblassers geltend gemacht wird.

Nicht in Abzug gebracht werden können **Nießbrauchsrechte** oder **Auflassungsvormerkungen**, die **zugunsten von Erben an Nachlassimmobilien** eingetragen sind[298]. Entsprechende Belastungen schmälern den Nachlass nicht, da sie nicht zugunsten Dritter zu erfüllen sind[299].

Zu den Erblasserschulden zählt dagegen eine **Schenkung von Todes wegen**, die unter der Bedingung erfolgt, dass der Beschenkte den Schenker (Erblasser) überlebt. Auch hier ist der Entstehungstatbestand bereits vor dem Erbfall angelegt, weshalb es gerechtfertigt ist, eine solche Schenkung (beispielsweise Schenkung einer Immobilie) zu den Erblasserschulden zu rechnen. Dabei sind auch Schulden des Erblassers gegenüber dem Erben zu berücksichtigen, die durch Konfusion – Vereinigung von Forderung und Schuld in einer Person –, erlöschen.[300]

Erbfallschulden finden keine Berücksichtigung mehr, etwa Vermächtnisse, Pflichtteile, Auflagen,[301] Beerdigungskosten,[302] die Kosten des Erbscheinerteilungsverfahrens selbst,[303] Erbschaftsteuer,[304] der Anspruch auf Zugewinnausgleich,[305] Ausbildungsbeihilfen,[306] der Dreißigste[307] sowie die aus Rechtshandlungen von Erben[308] bzw. Nachlasspflegern oder Testamentsvollstreckern resultierenden Verbindlichkeiten. Mit diesem Paradigmenwechsel verband der Gesetzgeber die Hoffnung auf eine Reduzierung des Wertermittlungsaufwandes,[309] erzielte zugleich aber

---

291 Ebenso Burandt/Rojahn/Kilian/Heinemann GNotKG Rn. 29.
292 Korintenberg/Fackelmann GNotKG § 62 Rn. 15.
293 BT-Drs. 17/11471 (neu), 165. Zu den Erblasserschulden vgl. OLG Brandenburg ZEV 2022, 535.
294 Vgl. OLG Düsseldorf ZEV 2016, 382.
295 OLG Düsseldorf ZEV 2016, 382.
296 OLG Düsseldorf ZEV 2016, 382.
297 OLG Düsseldorf ZEV 2016, 382.
298 OLG Bamberg Beschl. v. 7.9.2020 – 8 W 51/20, nv.
299 OLG Bamberg Beschl. v. 7.9.2020 – 8 W 51/20, nv.
300 Zur Konfusion vgl. Korintenberg/Sikora GNotKG § 40 Rn. 26.
301 Ebenso N. Schneider ErbR 2017, 654 (655).
302 OLG Köln FGPrax 2014, 180 = ZEV 2014, 608.
303 Schneider GNotKG § 14 Rn. 130.
304 BT-Drs. 17/11471 (neu), 165.
305 Güterrechtliche Lösung durch den Ehegatten, vgl. LK-GNotKG/Zimmer/Waber GNotKG § 40 Rn. 14.
306 HK-GNotKG/Greipl GNotKG § 40 Rn. 7.
307 HK-GNotKG/Greipl GNotKG § 40 Rn. 7.
308 LK-GNotKG/Zimmer GNotKG § 40 Rn. 8.
309 BT-Drs. 17/11471 (neu), 165; identisch HK-GNotKG/Greipl GNotKG § 40 Rn. 3.

auch mehr Bewertungssicherheit, weil Erbfallschulden häufig dem Bereich der „unsicheren Abzugsposten"[310] zuzurechnen waren.

116 Falls sich das Verfahren zur Abnahme der eidesstattlichen Versicherung zur Erlangung eines Erbscheins und zur Erteilung eines Erbscheins oder zur Ausstellung eines Europäischen Nachlasszeugnisses (ENZ) nur auf das Erbrecht eines **Miterben**[311] beziehen, bestimmt sich der Geschäftswert nach dem Anteil dieses Miterben, § 40 Abs. 2 S. 1 GNotKG.[312] Nichts anderes gilt für den Fall, dass ein weiterer Miterbe einer bereits beurkundeten eidesstattlichen Versicherung beitritt, § 40 Abs. 2 S. 2 GNotKG.[313] Dabei werden Erblasserschulden quotal auf die Anteile der einzelnen Miterben verteilt.[314]

117 Eine Sonderregelung gilt für den **gegenständlich beschränkten Erbschein** iSv § 352c FamFG (ehemals § 2369 BGB),[315] der im Falle eines internationalen Nachlasses dazu dient, das Erbrecht nur für die inländischen Bestandteile des Nachlasses zu bezeugen. Gleiches gilt für den **Fremdrechtserbschein**.[316] Einschlägig ist die Regelung in § **40 Abs. 3 GNotKG**, wonach nur der Teil des Nachlasses zugrunde zu legen ist, der von der Erbscheinswirkung erfasst ist, § 40 Abs. 3 S. 1 GNotKG.[317] Denkbar ist auch ein Europäisches Nachlasszeugnis (ENZ), das sich nur auf einen Teil des Nachlasses erstreckt (**Teilzertifikat**). Diejenigen Gegenstände, die von der Erbscheinswirkung bzw. Wirkung des Teil-ENZ nicht erfasst werden, bleiben bei der Berechnung des Geschäftswertes außer Betracht, § 40 Abs. 3 S. 1 Hs. 1 GNotKG. Dass Nachlassverbindlichkeiten nicht abgezogen werden, ist in § 40 Abs. 3 S. 1 Hs. 2 GNotKG ausdrücklich festgehalten. Aus dem weiteren Inhalt der Regelung in § 40 Abs. 3 S. 2 GNotKG geht als Programmatik hervor, dass sich das Nachlassgericht kostenrechtliche *Scheuklappen* aufzusetzen und nicht von Amts wegen vergleichen muss, ob der gegenständlich beschränkte Erbschein bzw. das Teilzertifikat teurer wird als der Vollrechtserbschein bzw. das ENZ über den ganzen Nachlass iSv § 40 Abs. 1 GNotKG (also unter Abzug der Erblasserschulden). Eine Begrenzung des Geschäftswertes wird nicht von Amts wegen berücksichtigt.[318] Die Wertbegrenzung soll „nur beachtlich sein, wenn der Kostenschuldner glaubhaft macht, dass der Wert des gesamten Nachlasses nach Abzug der vom Erblasser herrührenden Verbindlichkeiten niedriger ist".[319] Im Rahmen des **erbrechtlichen Mandats** zur Erlangung eines gegenständlich beschränkten Erbscheins bzw. Fremdrechtserbscheins bzw. Teilzertifikats sollte daher rechtzeitig der **kostenrechtliche Vergleich** iSv § 40 Abs. 3 GNotKG angestellt werden:

- hier der Teil des Nachlasses, der von der Erbscheinswirkung bzw. ENZ-Wirkung erfasst wird, und zwar ohne jeglichen Abzug von Verbindlichkeiten, § 40 Abs. 3 GNotKG
- dort der Wert des gesamten Nachlasses unter Abzug von Erblasserschulden, § 40 Abs. 1 S. 1, S. 2 GNotKG.

118 Falls der Wert nach § 40 Abs. 1 GNotKG geringer ist, ist dies **sogleich** glaubhaft zu machen, § 40 Abs. 3 S. 2 GNotKG.

VI. Schuldenabzugsverbot und Firmenbewertung, §§ 54, 38 GNotKG

119 Das in § 38 S. 1 GNotKG statuierte **Schuldenabzugsverbot** entspricht im Wesentlichen der bisherigen Regelung in § 18 Abs. 3 KostO.[320] Verbindlichkeiten, die auf einer Sache oder auf

---

310 BT-Drs. 17/11471 (neu), 165.
311 Also Teilerbschein, gemeinschaftlicher Teilerbschein sowie Gruppen-Teilerbschein.
312 Dies entspricht der früheren Regelung in § 107 Abs. 2 S. 2 KostO.
313 Wie früher § 49 Abs. 2 S. 2 KostO.
314 LK-GNotKG/Zimmer/Waber GNotKG § 40 Rn. 20.
315 Kroiß ZEV 2013, 413 (415).

316 LK-GNotKG/Zimmer/Waber GNotKG § 40 Rn. 25.
317 Vgl auch § 40 Abs. 3 S. 3 GNotKG: die Sätze 1 und 2 finden auf die Ausstellung, die Änderung und den Widerruf eines Europäischen Nachlasszeugnisses entsprechende Anwendung.
318 BT-Drs. 17/11471, 165; Kroiß ZEV 2013, 413 (415); HK-GNotKG/Greipl GNotKG § 40 Rn. 9.
319 BT-Drs. 17/11471, 165.
320 BT-Drs. 17/11471, 252.

einem Recht lasten, werden bei der Ermittlung des Geschäftswertes nicht abgezogen, sofern nichts anderes bestimmt ist, § 38 S. 1 GNotKG.

Etwas anderes bestimmt ist beispielsweise in § 40 Abs. 1 S. 2 GNotKG, wonach in Verfahren zur Abnahme der eidesstattlichen Versicherung, in Verfahren zur Erteilung eines Erbscheins und in Verfahren zur Einziehung oder Kraftloserklärung eines Erbscheins die vom Erblasser herrührenden Verbindlichkeiten abgezogen werden.

Etwas anderes bestimmt ist aber auch in § 54 GNotKG, also bei der Bewertung von **Geschäftsanteilen von Kapitalgesellschaften** (AG, KGaA, GmbH) und **Kommanditbeteiligungen**.[321] Die Unterscheidung geht hier dahin, ob der Erblasser anteilsmäßig an einer operativ tätigen Kapitalgesellschaft oder einer überwiegend vermögensverwaltend tätigen Gesellschaft beteiligt war. Im Einzelnen gilt:

- Operativ tätige Kapitalgesellschaft, vgl. § 54 S. 1 GNotKG
  Anzusetzen ist der Anteil am Eigenkapital, der auf den betroffenen Anteil entfällt, § 54 S. 1 GNotKG. Dabei ist eine Korrektur der Immobilienwerte[322] vorzunehmen, § 54 S. 2 GNotKG. Denn die Immobilien sind in der Bilanz nicht mit ihrem Verkehrswert iSv § 46 GNotKG ausgewiesen, sondern mit ihrem Buchwert benannt. Nach § 54 S. 2 GNotKG sind Grundstücke, Gebäude und grundstücksgleiche Rechte nach den Bewertungsvorschriften des GNotKG zu berücksichtigen, was die Notwendigkeit einer Substitution[323] mit sich bringt. Die Buchwerte sind durch Verkehrswerte zu ersetzen. Das Bewertungsschema unter Berücksichtigung des § 54 S. 2 GNotKG lautet wie folgt:[324]
  - Aktiva
  - minus Buchwert der Immobilien[325]
  - plus Verkehrswert der Immobilien
  - minus sonstige Passiva.

  Eine weitere Modifizierung ist nicht vorgesehen, womit auch die Frage nach dem **Schuldenabzug** als geklärt betrachtet werden kann. Die lediglich im Hinblick auf § 46 GNotKG angepasste, im Übrigen aber unveränderte bilanzielle Betrachtungsweise bedeutet, dass die Schulden Berücksichtigung finden und in Abzug gebracht werden müssen.[326]

- Überwiegend vermögensverwaltende Gesellschaft, vgl. § 54 S. 3 GNotKG
  Anders stellt sich die Situation einer überwiegend vermögensverwaltend tätigen Gesellschaft dar. Maßgeblich ist der auf den jeweiligen Anteil oder die Beteiligung entfallende Wert des Vermögens der Gesellschaft, § 54 S. 3 GNotKG. Das Gesetz enthält keine abschließende Aufzählung derjenigen Gesellschaften, die als überwiegend vermögensverwaltend bezeichnet werden können.[327] Exemplarische Erwähnung finden lediglich die Immobilienverwaltungs-, Objekt-, Holding-, Besitz- oder sonstige Beteiligungsgesellschaften, § 54 S. 3 GNotKG. Maßgeblich ist die konkret entfaltete Geschäftstätigkeit, nicht der abstrakte Geschäftsgegenstand.[328] Gefordert wird, dass die Vermögensverwaltung die Tätigkeit der Gesellschaft überwiegend prägt.[329]

  Eine abweichende Regelung zum **Schuldenabzugsverbot** iSv § 38 GNotKG ist nicht getroffen, sodass Verbindlichkeiten der Gesellschaften nicht abgezogen werden können.[330] In der Folge sind auch Grundstücke nach ihrem Verkehrswert (§ 46 GNotKG) anzusetzen, nicht

---

321 Vgl. hierzu Diehn DNotZ 2013, 406 (426); Fackelmann Rn. 177 und 179. Keine Anwendung dagegen auf Genossenschaften, vgl. BDS/Diehn GNotKG § 54 R. 5.
322 Grundstücke, Gebäude und grundstücksgleiche Rechte.
323 HK-GNotKG/Leiß GNotKG § 54 Rn. 25; Fackelmann Rn. 177 und 179; Diehn DNotZ 2013, 406 (426).
324 So das Beispiel bei Fackelmannn Rn. 177 und 179.
325 Sonst doppelte Berücksichtigung der Immobilien, vgl. LK-GNotKG/Heinze GNotKG § 54 Rn. 21.
326 Fackelmann Rn. 179.
327 Vgl. BT-Drs. 17/11471 (neu), 172.
328 LG Düsseldorf NJOZ 2016, 455 (456).
329 So Korintenberg/Tiedtke GNotKG § 54 Rn. 9a; teilweise wird von mehr als 50 Prozent ausgegangen, vgl. BDS/Diehn GNotKG § 54 Rn. 9.
330 Vgl. BT-Drs. 17/11471 (neu), 172, Diehn DNotZ 2013, 406 (426).

nach ihrem Buchwert.³³¹ Die Buchwerte der Immobilien sind abzuziehen, die Verkehrswerte hinzuzuzählen. Dass in § 54 S. 3 GNotKG die Anwendung des ersten und des zweiten Satzes des § 54 GNotKG ausgenommen wird, steht dem nicht entgegen. Ausgeschlossen ist damit die Methode, nicht das Verkehrswertprinzip.³³²

124 ■ **Personengesellschaft (OHG, GbR)**
Das **Schuldenabzugsverbot** greift auch im Falle einer Beteiligung an einer Personengesellschaft, so der explizite Hinweis in § 38 S. 2 GNotKG.³³³ Zu ermitteln ist der Verkehrswert des betroffenen Anteils, dessen Höhe sich aus dem Gesellschaftsvertrag ergibt.

VII. Verfahrensbeendigung, Nr. 12211 und 12212 KV GNotKG

125 Falls das Erbscheins- oder ENZ-Ausstellungsverfahren **vorzeitig** zu Ende kommt, sehen die Nr. 12211 und 12212 KV GNotKG spezielle Ermäßigungsregelungen vor, abhängig davon, in welchem Stadium das Verfahren zu Ende gekommen ist. Ins Gewicht fallen soll der bereits geleistete gerichtliche Arbeitsaufwand.³³⁴ Das entscheidende Kriterium bildet die Endentscheidung.

126 Falls das Erbscheins- oder ENZ-Ausstellungsverfahren **ohne** Endentscheidung³³⁵ oder durch Antragsrücknahme zu Ende kommt, reduziert sich die Verfahrensgebühr auf eine 0,3 Gebühr,³³⁶ höchstens 200 EUR, vgl. Nr. 12211 KV GNotKG.

127 Im Falle der Beendigung des Verfahrens ohne Erteilung des Erbscheins oder des Zeugnisses oder ohne Ausstellung des Europäischen Nachlasszeugnisses ermäßigt sich die Verfahrensgebühr auf eine 0,5 Gebühr,³³⁷ höchstens 400 EUR, vgl. Nr. 12212 KV GNotKG.

VIII. Einziehung oder Kraftloserklärung, Nr. 12215 Nr. 1 KV GNotKG

128 Nicht mit der Erbscheinsverfahrensgebühr abgegolten ist das Verfahren über die **Einziehung** oder **Kraftloserklärung** eines Erbscheins, das gesondert in der Nr. 12215 KV GNotKG geregelt ist und eigenständige Bedeutung beanspruchen kann.³³⁸ **Mitumfasst**³³⁹ sind die Verfahren über die Einziehung oder Kraftloserklärung eines Zeugnisses über die Fortsetzung der Gütergemeinschaft, eines Testamentsvollstreckerzeugnisses und eines Zeugnisses nach § 36 oder § 37 GBO oder § 42 SchRegO.³⁴⁰ **Nicht eingezogen** werden dagegen die Bestallung eines Nachlasspflegers oder eines Nachlassverwalters³⁴¹ sowie das Fortsetzungszeugnis nach Beendigung der fortgesetzten Gütergemeinschaft.³⁴² Ebenso wenig eingezogen werden die Zeugnisse nach dem BSchuWG und den Landesschuldbüchern.³⁴³

129 Nach der **Nr. 12215 Nr. 1 KV GNotKG** schlägt das **Verfahren** über die **Einziehung** oder **Kraftloserklärung** mit einer 0,5-Gebühr nach der Tabelle B zu Buche, höchstens 400 EUR. Mit abgedeckt sind alle gerichtlichen Handlungen, die im Rahmen des Einziehungs- bzw. Kraftloserklä-

---

331 LG Düsseldorf NJOZ 2016, 455; Korintenberg/Tiedtke GNotKG § 54 Rn. 10.
332 LG Düsseldorf NJOZ 2016, 455.
333 BT-Drs. 17/11471 (neu) 165.
334 Wilsch FGPrax 2013, 47 (50); Kroiß ZEV 2013, 413 (414).
335 Vgl. § 22 Abs. 3 FamFG, die Beteiligten erklären das Verfahren für beendet.
336 Nach der Tabelle B zu § 34 GNotKG; falsch hier die Darstellung bei Otto/Klüsener/Fackelmann/Düspohl/Thamke Neues KostR, 215, die die Tabelle A anführen.
337 Nach der Tabelle B zu § 34 GNotKG; falsch hier wiederum die Darstellung bei Otto/Klüsener/Fackelmann/Düspohl/Thamke Neues KostR, 215, die die Tabelle A anführen.
338 Schneider GNotKG § 14 Rn. 148; Wilsch FGPrax 2013, 47 (50).
339 Korintenberg/Wilsch GNotKG KV Nr. 12215 Rn. 1b.
340 Schiffsregisterordnung.
341 Diese gerichtlichen Zeugnisse werden lediglich an das Nachlassgericht zurückgegeben, wofür keine Gebühr iSd Nr. 12215 KV GNotKG anfällt, Korintenberg/Wilsch GNotKG KV Nr. 12215 Rn. 4; ebenso Schneider GNotKG § 14 Rn. 147.
342 Das Fortsetzungszeugnis wird mit Beendigung der fortgesetzten Gütergemeinschaft automatisch kraftlos, Korintenberg/Wilsch GNotKG KV Nr. 12215 Rn. 5.
343 Korintenberg/Wilsch GNotKG KV Nr. 12215 Rn. 6; Schneider GNotKG § 14 Rn. 147.

rungsverfahrens anfallen. Für **Zwangsmaßnahmen**, wie die Anordnung von Zwangsgeld oder die Wegnahme durch den Gerichtsvollzieher, fallen eigene Gebühren an,[344] und zwar je Anordnung eine Festgebühr iHv 22 EUR, Nr. 18003 KV GNotKG.[345] Diese Anordnungen sind nicht bereits mit der Verfahrensgebühr der Nr. 12215 KV GNotKG abgedeckt. Eigenständig in Rechnung zu stellen sind auch **Bekanntmachungskosten**, die im Rahmen der Kraftloserklärung anfallen. Bekanntmachungskosten werden in voller Höhe erhoben, Nr. 31004 KV GNotKG.[346] Die Gebühr entsteht bereits mit **Einleitung** des Verfahrens, nicht erst mit Erreichung des Verfahrensziels.[347]

Der **Geschäftswert** ist der Wert des Nachlasses im **Zeitpunkt des Erbfalls** abzüglich Erblasserschulden, § 40 Abs. 1 S. 1 Nr. 3, S. 2 GNotKG.[348] Damit entspricht der Geschäftswert des Einziehungsverfahrens regelmäßig dem Geschäftswert des Erbscheinserteilungsverfahrens[349]. Eine **Abweichung** ist jedoch für den Fall des **ersatzlosen Untergangs von Erbschaftsgegenständen**[350] indiziert. Erbfall ist bei Nacherbfolge der Zeitpunkt des Eintritts der **Nacherbfolge**,[351] zumal der Nacherbe Erbe wird, nachdem zunächst ein anderer Erbe geworden ist, § 2100 BGB. 130

Sofern der Erbschein **gleichzeitig** oder **nacheinander** sowohl **eingezogen** als auch **kraftlos** erklärt wird, fällt in Übereinstimmung mit der bisherigen Regelung[352] nur eine **einheitliche Gebühr** an, § 55 Abs. 1 GNotKG. Die Materialien[353] plädieren für die Fortführung der bisherigen Verfahrensweise. Ein neuer Rechtszug wird nicht eröffnet. 131

Anders als die Regelung im alten Kostenrecht,[354] markiert das Verfahren über die Einziehung oder Kraftloserklärung nach GNotKG einen **eigenständigen Kostenrechtszug** iSv § 55 Abs. 1 GNotKG[355] mit der Folge, dass die entsprechende Gebühr nicht mehr in Wegfall geraten kann.[356] Die Anordnung einer gesonderten Gebühr für das Einziehungs- oder Kraftloserklärungsverfahren findet ihre Rechtfertigung im zusätzlichen Arbeitsaufwand des Gerichts.[357] 132

Überdies fällt die Verfahrensgebühr nach der Nr. 12210 KV GNotKG **erneut** an, sofern nach Erbscheineinziehung ein **neuer Erbschein** erteilt wird.[358] Verfahrensrechtlich liegt dann ein neues Verfahren vor, so der Umkehrschluss zu § 55 Abs. 1 GNotKG.[359] Häufigster Anwendungsfall in der Praxis ist der Erbschein, der nach Eintritt des Nacherbfalls erteilt wird. 133

Weil es sich bei dem Einziehungs- bzw. Kraftloserklärungsverfahren um ein **Amtsverfahren**[360] handelt, muss das Gericht von Amts wegen über die **Kosten befinden**, § 353 Abs. 2 FamFG.[361] 134

---

344 Vgl. Korintenberg/Wilsch GNotKG KV Nr. 12215 Rn. 10a, 12; Schneider GNotKG § 14 Rn. 145.
345 Ebenso LK-GNotKG/Zimmermann GNotKG KV Nr. 12215 Rn. 7. Im Zuge des KostRÄG 2021 wurde die Gebühr von 20 EUR auf 22 EUR angehoben.
346 Korintenberg/Wilsch GNotKG KV Nr. 12215 Rn. 21; Schneider GNotKG § 14 Rn. 155.
347 Korintenberg/Wilsch GNotKG KV Nr. 12215 Rn. 10; ebenso Schneider GNotKG § 14 Rn. 149.
348 Vgl. auch HK-GNotKG/Jäckel KV Nr. 12210–12215 Rn. 15; LK-GNotKG/Zimmermann GNotKG KV Nr. 12215 Rn. 9: es zählt „merkwürdigerweise, wie früher, der hohe Ursprungswert"; vgl. auch OLG Hamm BeckRS 2022, 13026.
349 OLG Hamm NJW-RR 2022, 1148.
350 OLG Hamm NJW-RR 2022, 1148, eine Teilauseinandersetzung ist damit jedoch nicht gemeint, sie führt nicht dazu, dass Erbschaftsgegenstände ersatzlos untergehen.
351 OLG Hamm ZEV 2015, 550 = ZErb 2015, 354; Korintenberg/Wilsch GNotKG KV Nr. 12215 Rn. 14.
352 Vgl. Korintenberg/Lappe KostO § 108 Rn. 2.

353 BT-Drs. 17/11471, 303; so auch HK-GNotKG/Jäckel KV Nr. 12210–12215 Rn. 14; Korintenberg/Wilsch GNotKG KV Nr. 12215 Rn. 18 sowie Schneider GNotKG § 14 Rn. 145.
354 § 108 S. 3 KostO: die Gebühr für die Einziehung oder Kraftloserklärung des Erbscheins bleibt außer Ansatz, wenn in demselben Verfahren ein neuer Erbschein erteilt wird.
355 Vgl. Schneider GNotKG § 14 Rn. 148; Korintenberg/Wilsch GNotKG KV Nr. 12215 Rn. 2.
356 Wilsch FGPrax 2013, 47 (50); LK-GNotKG/Zimmermann GNotKG KV Nr. 12215 Rn. 8; aA HK-GNotKG/Jäckel KV Nr. 12210–12215 Rn. 14, der noch für eine entsprechende Anwendung des § 108 S. 3 KostO plädiert und damit die Neuregelung außer Acht lässt.
357 BT-Drs. 17/11471 (neu), 338.
358 Wilsch FGPrax 2013, 47 (50); Kroiß ZEV 2013, 413 (415).
359 Schreiben des bayerischen Staatsministeriums der Justiz vom 12.7.2013, Az. B2-5600-VI-11111/11.
360 Kroiß ZEV 2013, 413 (416).
361 BT-Drs. 17/11471 (neu), 198.

Die Kostenentscheidung soll zugleich mit der Endentscheidung ergehen, § 353 Abs. 2 Nr. 2 FamFG.

135 Mangels Antragstellerhaftung[362] ist **Kostenschuldner** der in der gerichtlichen Entscheidung bestimmte Entscheidungs- bzw. Übernahmeschuldner iSv § 27 Nr. 1 bzw. Nr. 2 GNotKG.[363] Die Kosten des Verfahrens werden nach **billigem Ermessen** auferlegt, § 81 Abs. 1 S. 1 FamFG. Zur Verteilung nach billigem Ermessen → Rn. 109.

IX. Erbschein nur für Grundbuch- oder Registerzwecke kostenrechtlich bedeutungslos

136 Mit dem Verzicht auf **Wertbeschränkungen**[364] für diejenigen Erbscheine, die nur für bestimmte Zwecke erteilt werden, etwa Grundbuch- oder Handelsregisterzwecke, wollte der Gesetzgeber nicht nur zur „Vereinfachung des Kostenrechts[365]" beitragen, sondern auch einer empirisch nicht näher belegten „Missbrauchsanfälligkeit[366]" dieser Erbscheine begegnen, überdies mit dem Hinweis auf die privilegierte Grundbuchberichtigung binnen zwei Jahren ab Erbfall in der Anmerkung 1 zur Nr. 14110 KV GNotKG.[367] Die Regelung lässt die große Praxisrelevanz des „**Grundbuch-Erbscheins**" im Bereich der Löschung dinglicher Rechte außer Acht und berücksichtigt auch nicht die bisherige Praxis bei „überschießender" Verwendung des Erbscheins.[368] In der Literatur wird daher völlig zu Recht darauf hingewiesen, dass „selbst kleinste Grundbuch- oder Handelsregisterberichtigungen unangemessen teuer werden",[369] begleitet von dem Vorschlag an den Gesetzgeber, die Regelung in § 40 GNotKG um einen weiteren Absatz zu ergänzen.[370] Der Gesetzgeber ist diesem Vorschlag nicht gefolgt. Nach der Rechtsprechung[371] begegnet der Verzicht des Gesetzgebers auf **Wertbeschränkungen keinen verfassungsrechtlichen Bedenken**, verletzt sind weder das Gleichbehandlungsgebot noch das Rechtsstaatlichkeitsgebot.[372] Die Rechtsprechung attestiert dem Gesetzgeber einen weitreichenden Gestaltungsspielraum,[373] zumal keine übermäßige Belastung des Nachlasses[374] zu konstatieren sei.

137 In einigen Bereichen der nachlassgerichtlichen Praxis bestand die Tendenz, die Wertvorschrift des **§ 40 Abs. 3 GNotKG** heranzuziehen, um zum bisherigen Ergebnis zu gelangen. Denn nach § 40 Abs. 3 S. 1 GNotKG ist als Geschäftswert nur derjenige Teil des Nachlasses zugrunde zu legen, der von der Erbscheinswirkung erfasst ist (→ Rn. 117 ff.). Diejenigen Gegenstände, die von der Erbscheinswirkung nicht erfasst werden, bleiben bei der Berechnung des Geschäftswertes außer Betracht, § 40 Abs. 3 S. 1 Hs. 1 GNotKG. Ein Rekurs auf § 40 Abs. 3 GNotKG scheidet jedoch aus, weil diese Regelung nur für den gegenständlich beschränkten Erbschein gilt und eine erneute Privilegierung dem eindeutigen **Gesetzeszweck** zuwiderliefe, den „Grundbuch-Erbschein" nicht mehr zu begünstigen. Einschlägig ist daher nicht die Geschäftswertregelung in § 40 Abs. 3 GNotKG, sondern die allgemeine Regelung in **§ 40 Abs. 1 GNotKG**,[375] die den Geschäftswert nach dem Wert des gesamten Nachlasses im Zeitpunkt des Erbfalls bemisst, reduziert lediglich um die Erblasserschulden. Die obergerichtliche Rechtsprechung teilt diese Ansicht.[376] Eine Beschränkung des Geschäftswertes ist unter Geltung des § 40 GNotKG ausge-

---

362 Das Einziehungsverfahren ist ein Amtsverfahren.
363 Schneider GNotKG § 14 Rn. 157.
364 Im alten Kostenrecht vgl. § 107 Abs. 3 und 4 KostO.
365 BT-Drs. 17/11471 (neu), 165.
366 BT-Drs. 17/11471 (neu), 165.
367 Identisch HK-GNotKG/Greipl GNotKG § 40 Rn. 4.
368 Zur Kritik vgl. Kroiß ZEV 2013, 413 (415); Wilsch FGPrax 2013, 47 (50).
369 Kroiß ZEV 2013, 413 (415).
370 Kroiß ZEV 2013, 413 (415); der Vorschlag in Richtung § 40 lautete: „Wird dem Nachlassgericht glaubhaft gemacht, dass der Erbschein nur zum Zwecke der Berichtigung des Grundbuchs oder des Handelsregisters gebraucht wird, bemisst sich der Geschäftswert nach dem Wert der dort eingetragenen Rechte."
371 OLG München ZNotP 2021, 142 mAnm Kesten.
372 OLG München ZNotP 2021, 142 mAnm Kesten.
373 OLG München ZNotP 2021, 142 (143).
374 So explizit OLG München ZNotP 2021, 142 (143 f.).
375 So auch Kroiß ZEV 2013, 413 (415); Grziwotz notar 2016, 352 (353).
376 OLG Hamm ZEV 2014, 608 = ZErb 2014, 289; OLG München BeckRS 2020, 19215.

schlossen.³⁷⁷ Ob hierin eine „versteckte Steuer (zu sehen ist), die einer Überprüfung auf europäischer Ebene vielleicht nicht Stand hält",³⁷⁸ stand lage Zeit im Raum, wurde jedoch von der Praxis nicht aufgegriffen. Zu einer evtl. kostengünstigen Alternative → Rn. 183 ff., Überweisungszeugnis. Weil es kostenrechtlich bedeutungslos geworden ist, einen Erbschein nur für Grundbuchzwecke zu erwirken, werden entsprechende Erbscheine nicht mehr erteilt.³⁷⁹

X. Erbschein für Nachlassgläubiger

Identische Überlegungen (→ Rn. 136 ff.) gelten im Rahmen eines Erbscheins, der einem **Nachlassgläubiger** erteilt wird, damit dieser die Vollstreckung gegen den Erben ins Werk setzen kann. Die KostO- Begünstigung³⁸⁰ im Wert ist in Wegfall geraten, sodass der Geschäftswert nach der allgemeinen Bestimmung in **§ 40 Abs. 1 GNotKG** zu bilden ist (Nachlass abzüglich Erblasserschulden). Unter Geltung des § 40 GNotKG ist eine Beschränkung des Geschäftswertes ausgeschlossen.³⁸¹ Die Regelung in § 40 Abs. 3 GNotKG greift nicht, da sich der Erbschein nicht auf einen Teil des Nachlasses bezieht.³⁸² Allenfalls kann die Regelung nach § 40 Abs. 2 GNotKG zur Anwendung gelangen, falls nur gegen einen einzelnen Miterben vollstreckt werden soll.

138

XI. Erbschein für Miterben sowie quotenloser Erbschein nach § 352a Abs. 2 S. 2 FamFG

Der Geschäftswert eines Erbscheins, der sich nur auf das Erbrecht eines **Miterben** bezieht, bestimmt sich nur nach dem Anteil des **Miterben**, § 40 Abs. 2 S. 1 GNotKG. Die Erblasserschulden werden quotal auf die Anteile der einzelnen Miterben verteilt.³⁸³ Der **quotenlose Erbschein** nach § 352a Abs. 2 S. 2 FamFG³⁸⁴ zählt hingegen zu den gemeinschaftlichen Erbscheinen,³⁸⁵ behandelt wird schließlich der gesamte Nachlass.³⁸⁶ Die Angabe der Erbteile ist im Erbschein nicht erforderlich, sofern alle Antragsteller im Antrag auf die Aufnahme der Erbteile in den Erbschein verzichten. Der Verzicht ist gegenüber dem Gericht zu erklären, nicht gegenüber den anderen Miterben. In der Literatur³⁸⁷ wurde vertreten, der **Geschäftswert eines quotenlosen Erbscheins** solle nicht nach § 40 GNotKG richten, da dies unbillig sei. Der Wert richte sich vielmehr nach § 36 Abs. 1 GNotKG, weshalb „regelmäßig ein Wert von 30–70 % des nach § 40 an sich maßgeblichen Werts"³⁸⁸ anzusetzen sei. Zwischenzeitlich wurde diese Ansicht zu Recht aufgegeben. Als Gegenansicht kann ins Feld geführt werden, dass die Regelung in § 40 GNotKG lex specialis gegenüber § 36 GNotKG ist. Dies gilt umso mehr, als im Erbschein die ganze Erbfolge dargestellt und der gesamte Nachlass behandelt wird. Lediglich die Erbquoten fehlen. Um das Grundbuch zu berichtigen, reicht die Vorlage eines quotenlosen Erbscheins aus, da Erbquoten im Grundbuch nicht abgebildet werden. Eine Funktionsminderung lässt sich nicht feststellen, was auch der Grund dafür ist, zum **regulären Wert nach § 40 Abs. 1 GNotKG** zu greifen. Auf Antrag³⁸⁹ kann der quotenlose Erbschein überdies um die Quoten ergänzt wer-

139

---

377 OLG Hamm ZEV 2014, 608 = ZErb 2014, 289; Grziwotz notar 2016, 352 (353); Korintenberg/Sikora GNotKG § 40 Rn. 44.
378 Kroiß ZEV 2013, 413 (415).
379 Vgl. LK-GNotKG/Zimmermann GNotKG KV Nr. 12210 Rn. 53.
380 § 107 Abs. 3 KostO, vgl. Korintenberg/Lappe KostO § 107 Rn. 60.
381 OLG Hamm ZEV 2014, 608 = ZErb 2014, 289.
382 Ebenso Korintenberg/Sikora GNotKG § 40 Rn. 44; der Geschäftswert richtet sich nicht mehr nach der Gläubigerforderung. AA LK-GNotKG/Zimmermann GNotKG KV Nr. 12210 Rn. 52: Wert der Forderung, allerdings unter Bezugnahme auf das alte Kostenrecht.

383 LK-GNotKG/Zimmer/Waber GNotKG § 40 Rn. 20.
384 Musterantrag für einen quotenlosen gemeinschaftlichen Erbschein vgl. Grziwotz notar 2016, 352 (355). Zur Zustimmungsproblematik vgl. Rohr DNotZ 2023, 179, strittig ist, ob die Zustimmung aller Miterben erforderlich ist.
385 Ebenso Grziwotz notar 2016, 352 (355).
386 Grziwotz notar 2016, 352 (356).
387 So Korintenberg/Sikora GNotKG § 40 Rn. 39a.
388 Korintenberg/Sikora GNotKG § 40 Rn. 39a.
389 Hierzu ist eine ergänzende eidesstattliche Versicherung erforderlich § 352 Abs. 3 FamFG, vgl. Grziwotz notar 2016, 352 (357).

den. Eine Einziehung ist nicht veranlasst, da der Erbschein richtig ist.[390] Mangels Gebührentatbestandes löst die Ergänzung keine Gebühr aus.[391] Auch dies spricht dagegen, den Geschäftswert eines quotenlosen Erbscheins nur mit einem Teilwert zu veranschlagen, anderenfalls erhält der Antragsteller auf die beschriebene Art und Weise – zuerst quotenloser Erbschein, dann kostenfreie Ergänzung –, einen kostenprivilegierten Erbschein. Solchen Privilegierungen steht die Regelungsabsicht des GNotKG-Gesetzgebers entgegen (→ Rn. 136 ff., 138 ff.).

XII. Erbschein für Fiskus

140 Für das Verfahren zur Feststellung des **Fiskuserbrechts**[392] und der Erteilung eines Erbscheins sieht das Kostenrecht explizit zwar keine Gebührenbefreiung[393] mehr vor. Gebühren können dennoch nicht erhoben werden, weil § 2 Abs. 1 S. 1 GNotKG gilt, die unveränderte[394] Kostenfreiheit des Bundes und der Länder. Die persönliche Kosten- oder Gebührenfreiheit steht der Inanspruchnahme aber nicht entgegen, wenn der Kostenschuldner als Erbe nach § 24 GNotKG für die Kosten haftet, so explizit § 2 Abs. 4 GNotKG. Die entstandenen Kosten, beispielsweise die Auslagen für das Erbenaufgebot,[395] aber auch sonstige Erbenermittlungskosten, sind dann (ggf. unter Beachtung der Haushaltsvorschriften)[396] anzusetzen.[397]

XIII. Erbschein iSv § 64 SGB X

141 **Gebührenfreiheit** gilt auch weiterhin für die Erteilung eines Erbscheins oder die Ausstellung eines Europäischen Nachlasszeugnisses, beides Verfahren, die zum Anwendungsbereich des § 64 SGB X gezählt werden können, demnach der Beantragung, Erbringung oder Erstattung einer Sozialleistung dienen. Die letzte Änderung des § 64 SGB X weist lediglich redaktionelle Änderungen auf.[398] Nach § 64 Abs. 2 S. 1 SGB X sind Geschäfte und Verhandlungen, die aus Anlass der Beantragung, Erbringung oder der Erstattung einer Sozialleistung nötig werden, kostenfrei. Dies gilt auch für die im GNotKG bestimmten Gerichtskosten, so § 64 Abs. 2 S. 2 SGB X, beispielsweise Testamentseröffnungen, Erbscheinsverfahren zur Geltendmachung von Sozialleistungen,[399] TV- Zeugnis-Erteilungsverfahren oder ENZ-Ausstellungsverfahren.[400] Dient das Zeugnis nach der Geltendmachung auch anderen Zwecken, kann die Gebührenfreiheit dagegen nicht gewährt werden. Im Übrigen → Rn. 36.

XIV. Zeugenauslagen und Sachverständigenhonorare nach JVEG

142 Nach dem **JVEG** zu zahlende Beträge für Zeugen, Sachverständige, Dolmetscher und Übersetzer werden in voller Höhe erhoben, Nr. 31005 KV GNotKG.[401] Die Handhabung geht hier dahin, nur die nach JVEG zu zahlenden Beträge in Ansatz zu bringen, nicht aber die gezahlten Beträge[402] oder die zu Unrecht verauslagten Beträge.[403]

143 Über den Anspruch auf Vergütung oder Entschädigung und über die hierfür geltende Frist von drei Monaten ist der Berechtigte zu **belehren**, so § 2 Abs. 1 JVEG.

---

390 Grziwotz notar 2016, 352 (357).
391 Grziwotz notar 2016, 352 (357).
392 Für die Feststellung ist der Rechtspfleger des Nachlassgerichts zuständig, vgl. OLG Braunschweig Rpfleger 2022, 206 mAnm Bestelmeyer.
393 Im alten Kostenrecht: § 110 Abs. 1 und 2 KostO.
394 Im alten Kostenrecht: § 11 Abs. 1 KostO.
395 Vgl. § 24 Nr. 9 GNotKG: Kosten der Erbenermittlung.
396 In Bayern: VV Nr. 2.2 und 2.3 zu Art. 61 BayHO.
397 Vgl. OLG Naumburg FGPrax 2016, 93 = Rpfleger 2016, 248.
398 Siehe Art. 38 des 2.KostRMoG, statt „KostO" ist nun „GNotKG" zu lesen.
399 Korintenberg/Wilsch GNotKG Anhang Gerichtskostenbefreiungen nach fG-Nebengesetzen, Stichwort „Sozialrechtliche Verfahren".
400 Schneider GNotKG § 14 Rn. 79.
401 Im alten Kostenrecht § 137 Abs. 1 Nr. 5 KostO.
402 HK-GNotKG/Teubel GNotKG KV Nr. 31000–31016 Rn. 30.
403 HK-GNotKG/Teubel GNotKG KV Nr. 31000–31016 Rn. 30.

Die Anfertigung von **Kopien** und **Ausdrucken** wird nach § 7 Abs. 2 JVEG ersetzt (DIN A3: 0,50 EUR je Seite für die ersten 50 Seiten und 0,15 EUR für jede weitere Seite; größer als DIN A3: 3 EUR je Seite). 144

Besondere Bedeutung kommt § 8a JVEG zu, der den Wegfall oder Beschränkung des Vergütungsanspruchs bestimmt, sofern es der Berechtigte unterlässt, unverzüglich **Ablehnungsgründe** anzuzeigen. 145

Im Zuge der Änderungen des 2. KostRMoG änderten sich erstmals die **Stundensätze** iSv § 9 Abs. 1 JVEG. Das Honorar des Sachverständigen bemisst sich nach der Anlage 1 zum JVEG, vgl. § 9 Abs. 1 JVEG. Die Honorare für Übersetzungen richten sich nun nach dem veränderten § 11 JVEG, der als Grundhonorar 1,80 EUR für jeweils 55 Anschläge des schriftlichen Textes vorsieht, § 11 Abs. 1 S. 1 JVEG. Eine Erhöhung auf 1,95 EUR kann bei nicht elektronisch zur Verfügung gestellten editierbaren Texten eintreten, § 11 Abs. 1 S. 2 JVEG, bzw. bei besonders erschwerten Umständen sogar auf 2,10 EUR, § 11 Abs. 1 S. 3 JVEG. Zu den einzelnen Sachgebieten vgl. die Anlage 1 zum JVEG. 146

XV. Beschwerde gegen die Endentscheidung wegen des Hauptgegenstandes, Nr. 12220–12222 KV GNotKG

In Anlehnung an § 58 Abs. 1 FamFG[404] behandeln die Nr. 12220 bis 12222 KV GNotKG die Kosten des **Beschwerdeverfahrens**. Gemeint ist die Beschwerde gegen eine **Endentscheidung** des Nachlassgerichts, etwa gegen den Erlass einer Erbscheinerteilungsanordnung, gegen die Zurückweisung eines Erbscheinsantrages,[405] gegen die Kraftloserklärung eines Erbscheins oder eines anderen erbrechtlichen Zeugnisses, schließlich die Beschwerde gegen eine entsprechende Einziehungsanordnung.[406] **Nicht** gemeint ist dagegen die Beschwerde gegen eine **Nebenentscheidung** des Nachlassgerichts, die ihren Regelungsgegenstand in der Nr. 19116 KV GNotKG findet.[407] 147

Nach der Nr. 12220 KV GNotKG kostet das Beschwerdeverfahren eine **1,0 Verfahrensgebühr** nach der Tabelle B, **höchstens 800 EUR**. Ob die Beschwerde verworfen oder zurückgewiesen wird, spielt keine Rolle.[408] Die Fälligkeit richtet sich nach § 9 GNotKG, der Gebührenansatz nach § 18 Abs. 1 Nr. 2 GNotKG (Ansatz durch das Rechtsmittelgericht). Die Kosten schuldet der Antragsteller des Beschwerdeverfahrens, § 22 Abs. 1 GNotKG. 148

Der **Geschäftswert** orientiert sich nach **§ 61 GNotKG**, also nach den Anträgen des Beschwerdeführers, § 61 Abs. 1 S. 1 GNotKG, begrenzt durch den Geschäftswert des ersten Rechtszugs, § 61 Abs. 2 S. 1 GNotKG. **Strittig** ist, ob für das Beschwerdeverfahren noch auf das **wirtschaftliche Interesse** des Beschwerdeführers abzustellen ist. Einige Oberlandesgerichte[409] verneinen dies und rekurrieren auf den gesamten Reinnachlass, weil das GNotKG kein anderes Ergebnis mehr zulasse. Grund sei, dass § 61 GNotKG nicht mehr auf § 36 GNotKG verweise. Dem wirtschaftlichen Interesse des Beschwerdeführers komme keine Bedeutung mehr zu.[410] In der Folge 149

---

404 Statthaftigkeit der Beschwerde gegen die im ersten Rechtszug ergangenen Endentscheidungen der Amtsgerichte.
405 Schneider GNotKG § 14 Rn. 82.
406 Vgl. Kroiß Das neue Nachlassverfahrensrecht, 116.
407 Festgebühr iHv 66 EUR, so Nr. 19116 KV GNotKG; vgl. auch Schneider GNotKG § 14 Rn. 83; ebenso nun LK-GNotKG/Zimmermann GNotKG KV Nr. 12220 Rn. 4. Im Zuge des KostRÄG 2021 wurde die Gebühr von 60 EUR auf 66 EUR angehoben.
408 Vgl. BT-Drs. 17/11471 (neu), 198.
409 OLG Karlsruhe FGPrax 2016, 183; OLG Schleswig NJW-RR 2015, 767; OLG Köln Rpfleger 2017, 304; früher OLG Düsseldorf FGPrax 2015, 182; so nunmehr auch OLG Hamburg WKRS 2020, 60008; Korintenberg/H. Schneider GNotKG KV Nr. 12220 Rn. 17: keine Abweichung zu § 40 GNotKG, zum erstinstanzlichen Verfahren; LK-GNotKG/Zimmermann GNotKG KV Nr. 12220 Rn. 6; es komme nicht auf das wirtschaftliche Interesse an; Burandt/Rojahn/Kilian/Heinemann GNotKG Rn. 33, nicht der wirtschaftliche Wert des Beschwerdeführers; BDS/Sommerfeldt GNotKG § 61 Rn. 18.
410 Ebenso BDS/Sommerfeldt GNotKG § 61 Rn. 18.

bemesse sich der Wert nach § 40 Abs. 1 GNotKG, auch wenn der Beschwerdeführer lediglich eine höhere Quote anstrebe.[411] Sich widersprechende Anträge führen jedoch nicht zu einer Verdoppelung des Verfahrenswertes.[412] Die **abweichende Meinung**,[413] für die bereits das kostenrechtliche Äquivalenzprinzip spricht,[414] bringt zu Recht vor, dass der alte KostO-Bewertungsgrundsatz unverändert Geltung beanspruchen kann. Der Gesichtspunkt der Beschwer darf nicht außer Acht gelassen werden.[415] Die Anwendung des § 61 GNotKG darf nicht mit § 40 Abs. 1 GNotKG verwechselt werden. Maßgeblich bleibt das **wirtschaftliche Interesse** des Beschwerdeführers am Erfolg des Rechtsmittels, nicht der Gesamtwert des Nachlasses.[416] Bereits im Ausgangspunkt des § 61 GNotKG ist klar, dass der Wert des Beschwerdeverfahrens hinter dem Wert des Verfahrens erster Instanz zurückbleiben kann. Im Lichte dieser Rechtsprechung ist auch die Frage zu beantworten, ob der Beschwerdeführer, der durch die Beschwerde eine Erbenstellung erlangen will, auf seinen Pflichtteilsanspruch verweisen kann. Sein Interesse würde sich dann auf die Differenz zwischen möglichem Erbteilswert und Pflichtteilswert orientieren.

150 Nicht anders als im Erteilungsverfahren,[417] enthalten die Nr. 12221 und 12222 KV GNotKG spezielle Regelungen für die **vorzeitige Beendigung** des Beschwerdeverfahrens. Die Differenzierung geht insoweit dahin, ob das Beschwerdeverfahren noch vor Eingang der Beschwerdebegründung[418] zu Ende gekommen ist, dann reduziert sich die Gebühr auf eine 0,3 Verfahrensgebühr nach Tabelle B, höchstens 200 EUR, Nr. 12221 KV GNotKG, oder ob das Beschwerdeverfahren erst nach Eingang der Beschwerdebegründung beendigt worden ist. Dann fällt eine 0,5 Verfahrensgebühr nach der Tabelle B an, höchstens ein Betrag iHv 400 EUR, Nr. 12222 KV GNotKG. In letzterem Fall ermäßigt sich die Gebühr auch im Falle einer bereits ergangenen, aber noch nicht durch Verlesen der Entscheidungsformel bekannt gegebenen Beschwerdeentscheidung, sofern die Rücknahme der Beschwerde noch vor Ablauf des Tages erfolgt, an die die Endentscheidung der Geschäftsstelle übermittelt wird, so die erste Anmerkung zur Nr. 12222 KV GNotKG. Eine Entscheidung über die Kosten steht der Ermäßigung nicht entgegen, sofern die Entscheidung einer Einigung über die Kostentragung oder einer Kostenübernahme folgt, so die zweite Anmerkung zur Nr. 12222 KV GNotKG.

XVI. Rechtsbeschwerde und Sprungrechtsbeschwerde gegen Endentscheidung, Nr. 12230–12232 bzw. 12240 KV GNotKG

151 Die Vorschriften über die Kosten des Verfahrens der **Rechtsbeschwerde**[419] (Nr. 12230 bis 12232 KV GNotKG) ziehen die Parallele zum Beschwerdeverfahren und sehen eine allgemeine 1,5 Verfahrensgebühr nach der Tabelle B vor, Nr. 12230 KV GNotKG, höchstens 1.200 EUR, die uU reduziert werden kann.

152 Ob eine **Reduzierung** indiziert ist, bemisst sich danach, ob das Rechtsbeschwerdeverfahren vor Eingang der Beschwerdebegründung zurückgenommen worden ist, dann 0,5 Gebühr nach der Tabelle B, höchstens 400 EUR, Nr. 12231 KV GNotKG, oder nach Eingang der Beschwerdebegründung, aber noch am Tag der Übermittlung der gerichtlichen Entscheidung an die Ge-

---

411 OLG Karlsruhe FGPrax 2016, 183.
412 OLG Hamburg WKRS 2020, 60008.
413 OLG Hamm FGPrax 2015, 277; OLG Düsseldorf FGPrax 2016, 131, unter Aufgabe seiner früheren Rechtsprechung; OLG Dresden Beschl. v. 19.1.2016 – 17 W 1275/15, zitiert nach juris; OLG München ErbR 2017, 576; N. Schneider ErbR 2017, 549.
414 Ebenso N. Schneider ErbR 2017, 549: Grundsatz des Streitwertrechts, wonach stets auf das Interesse des Antragstellers bzw. des Rechtsmittelführers abzustellen ist.
415 OLG Düsseldorf FGPrax 2016, 131; Korintenberg/H. Schneider GNotKG KV Nr. 12220 Rn. 17.
416 OLG München ErbR 2017, 576.
417 Siehe Nr. 12211 und 12212 KV GNotKG, die reduzierten Gebühren für die vorzeitige Beendigung des Verfahrens auf Erteilung eines Erbscheins oder sonstigen erbrechtlichen Zeugnisses.
418 Siehe § 65 FamFG, die Pflicht („soll") zur Begründung der Beschwerde.
419 Statthaft gegen Beschwerdeentscheidungen des OLG, § 70 FamFG; die Rechtsbeschwerde muss ausdrücklich durch das Beschwerdegericht zugelassen werden, vgl. § 70 Abs. 1 FamFG.

schäftsstelle zu Ende gekommen ist. Dann reduziert sich die Gebühr auf eine 1,0 Gebühr nach der Tabelle B, höchstens 800 EUR, Nr. 12232 KV GNotKG.

Als **Geschäftswertvorschrift** ist § 61 GNotKG heranzuziehen (→ Rn. 149). Kostenschuldner ist der Rechtsbeschwerdeführer. 153

Das Verfahren über die Zulassung der **Sprungrechtsbeschwerde**[420] löst eine 0,5 Verfahrensgebühr nach der Tabelle B aus, höchstens 400 EUR, soweit der Antrag auf Zulassung abgelehnt wird, Nr. 12240 KV GNotKG. Gegenstandswert ist der für das Rechtsmittel maßgebende Wert, § 61 Abs. 3 GNotKG. 154

L. Testamentsvollstreckerzeugnis bzw. ENZ in Form eines Europäischen Testamentsvollstreckerzeugnisses

I. Allgemeines

Der Erblasser kann durch Testament oder Erbvertrag einen oder mehrere **Testamentsvollstrecker** (TV) ernennen, §§ 2197 Abs. 1, 2299 Abs. 1 BGB,[421] bzw. die Bestimmung der Person des TV einem Dritten überlassen, § 2198 Abs. 1 BGB.[422] Das Amt des TV **beginnt** erst mit Annahme des Amtes gegenüber dem zuständigen Nachlassgericht[423] oder einer sonstigen Abteilung des zuständigen Amtsgerichts,[424] wobei der Zugang der Annahmeerklärung entscheidend ist. Dass der TV ernannt und das Amt wirksam angenommen ist, kann auf Antrag durch Erteilung eines **Testamentsvollstreckerzeugnisses** nachgewiesen werden, § 2368 BGB, eines amtlichen Zeugnisses, das rechtsverbindlich Auskunft gibt über die Stellung und die Befugnisse des TV, über die Beschränkung oder die Erweiterung seiner Verfügungsbefugnis.[425] Unterschieden wird zwischen dem regulären TV-Zeugnis, dem Mitvollstreckerzeugnis, dem Teilvollstreckerzeugnis und dem gegenständlich beschränkten TV-Zeugnis. Zum **Europäischen Testamentsvollstreckerzeugnis** und dem **Europäischen Nachlasszeugnis**, das **mehrere Zwecke** erfüllt, → Rn. 161.[426] Stellt der Testamentsvollstrecker einen Antrag auf Erteilung eines Testamentsvollstreckerzeugnisses, ist der Testamentsvollstrecker **Kostenschuldner** iSv § 22 Abs. 1 GNotKG.[427] Eine Gerichtskostenfreiheit der Erben schlägt nicht auf den Testamentsvollstrecker durch.[428] 155

Die inhaltliche Nähe des Testamentsvollstreckerzeugnisses zum Erbschein zeigt sich in § 2368 S. 2 BGB (ehemals § 2368 Abs. 3 BGB), der die Erbscheinvorschriften für entsprechend anwendbar erklärt. Zur Anwendung kommen die Richtigkeitsvermutung nach § 2365 BGB, die Gutglaubensfunktion nach den §§ 2366, 2367 BGB, allerdings gekoppelt an die Beendigung des TV-Amtes, und das Einziehungsverfahren nach § 2361 BGB, falls sich das TV-Zeugnis als unrichtig erweisen sollte. 156

II. Alte KostO-Regelung, § 109 Abs. 1 Nr. 2 KostO

Passend hierzu ordnete die Regelung in § **109 Abs. 1 Nr. 2 KostO** die entsprechende Geltung der kostenrechtlichen Erbscheinvorschriften an. Die Erteilung des „ersten" TV-Zeugnisses löste 157

---

[420] Siehe § 75 FamFG.
[421] Vgl. Dutta/Jacoby/Schwab/Rellermeyer FamFG § 355 Rn. 1.
[422] Dutta/Jacoby/Schwab/Rellermeyer FamFG § 355 Rn. 2.
[423] Vgl. § 343 FamFG.
[424] NK-BGB/Weidlich BGB § 2202 Rn. 4.
[425] So bereits Achilles/Strecker Die Grundbuchordnung nebst den preußischen Ausführungsbestimmungen, Berlin, 1901, § 36 Anm. 3 b, 258.
[426] Korintenberg/Wilsch GNotKG KV Nr. 12210–12212 Rn. 9a und b sowie Seebach RNotZ 2015, 342 (345); gegen den Begriff des Europäischen Testamentsvollstreckerzeugnisses spricht sich LK-GNotKG/Zimmermann GNotKG KV Nr. 12210 Rn. 65, aus, da dieser Begriff in der EuErbVO nicht vorgesehen sei. Dies trifft aber nicht zu, da die EuErbVO verschiedene Erscheinungsformen des Europäischen Nachlasszeugnisses (ENZ) kennt: das Erbnachweis-ENZ, das Vindikations-ENZ und das Testamentsvollstrecker-ENZ, auch Europäisches Testamentsvollstreckerzeugnis genannt, in dem keinerlei Angaben zu den Erben aufscheinen müssen.
[427] OLG Frankfurt aM BeckRS 2022, 8582.
[428] OLG Frankfurt aM BeckRS 2022, 8582.

zwei Gebühren aus, eine volle Gebühr für die Beurkundung der eidesstattlichen Versicherung, §§ 109 Abs. 1 Nr. 2, 49 Abs. 1 und 2 KostO, und eine volle Gebühr für die Erteilung des TV-Zeugnisses, §§ 109 Abs. 1 Nr. 2, 107 Abs. 1 KostO.

158 Der **Geschäftswert** richtete sich nach § 30 Abs. 2 KostO und bewegte sich in einer Schwankungsbreite zwischen 10 Prozent und 50 Prozent des Bruttonachlasses,[429] abhängig von Art, Umfang und Schwierigkeit der Testamentsvollstreckung, überdies ausgerichtet an der Haftung des TV,[430] mindestens aber 3.000 EUR, höchstens 500.000 EUR, § 30 Abs. 2 KostO.

159 Für den Fall der Abwicklungsvollstreckung bedeutete dies einen Geschäftswert iHv 10 Prozent, im Falle der Verwaltungsvollstreckung weniger als 10 Prozent, ebenso im Falle der Vermächtnisvollstreckung bzw. der beschränkten TV[431] oder Erbteilsvollstreckung, im Falle der Dauervollstreckung dagegen einen Geschäftswert iHv 20 Prozent des Bruttonachlasses.[432]

III. Aktuelle Regelung im GNotKG: Nr. 12210, 23300 KV GNotKG; § 40 Abs. 5 GNotKG

160 Das GNotKG[433] übernahm den **Gebührendualismus** der KostO-Vorschriften und ordnet die Erhebung **zweier voller Gebühren** an. Das ist zum einen die **Gebühr für die Beurkundung der eidesstattlichen Versicherung**, Nr. 23300 KV GNotKG, Tabelle B, das ist zum anderen die **Verfahrensgebühr** für die Erteilung des ersten TV-Zeugnisses bzw. des Europäischen Testamentsvollstreckerzeugnisses (→ Rn. 161), Nr. 12210 KV GNotKG, ebenfalls Tabelle B. Eine Einschränkung gilt für den Fall des nachlassgerichtlichen Verzichts auf die Abgabe der eidesstattlichen Versicherung. Dann fällt nur eine volle Verfahrensgebühr nach der Nr. 12210 KV GNotKG an.

161 Mit dem Europäischen Nachlasszeugnis (ENZ) ist nun eine weitere Möglichkeit hinzugekommen, den Nachweis der Testamentsvollstreckung zu führen. Dafür spricht auch Art. 63 Abs. 1, 2 lit. c EuErbVO. Für das Verfahren auf Ausstellung eines ENZ in Form eines **Europäischen Testamentsvollstreckerzeugnisses** gelten die üblichen Gebühren, also die Gebühr für die Beurkundung der eidesstattlichen Versicherung und die Verfahrensgebühr.[434] Sofern das Europäische Nachlasszeugnis **mehreren Zwecken** dient, beispielsweise den Nachweis der Erbfolge und den Nachweis der Testamentsvollstreckung erbringt, fallen mehrere eigenständige Verfahrensgebühren nach der Nr. 12210 KV GNotKG an.[435] Dies gilt in gleicher Weise für die **gleichzeitige** Erteilung eines Erbscheins und eines Testamentsvollstreckerzeugnisses bzw. eines Europäischen Testamentsvollstreckerzeugnisses und eines Testamentsvollstreckerzeugnisses. Hierfür sind getrennte Verfahrensgebühren in Ansatz zu bringen.[436] Mehrere Verfahrensgebühren fallen ferner für **mehrere Teil-Testamentsvollstreckerzeugnisse** an, die beispielsweise mehreren Neben-Testamentsvollstreckern erteilt werden.[437]

162 Die Regelung in § 40 Abs. 5 GNotKG beendete die bisherige Teilwertbildungspraxis nach § 30 Abs. 2 KostO und normiert den **Geschäftswert** mit **20 Prozent** des Nachlasswertes im Zeitpunkt des Erbfalls, wobei Nachlassverbindlichkeiten nicht abgezogen werden.[438] Die wertmäßige Unterscheidung zwischen den einzelnen Arten der TV gehört damit der Vergangenheit an.[439] Konsequenterweise verweist die Bestimmung in § 40 Abs. 5 GNotKG nicht auf die Geschäftswertregelung in § 40 Abs. 1 GNotKG, wonach Erblasserschulden abzuziehen sind, sondern lediglich auf die Wertbestimmungen in § 40 Abs. 2 und 3 GNotKG. Die Regelung ist von der Geschäfts-

---

[429] Also ohne Schuldenabzug; Wilsch FGPrax 2013, 47 (51).
[430] Korintenberg/Lappe KostO § 109 Rn. 17–22.
[431] Korintenberg/Lappe KostO § 109 Rn. 24.
[432] Korintenberg/Lappe KostO § 109 Rn. 18.
[433] Siehe Vorbem. 1.2.2 Abs. 1 Nr. 4 KV GNotKG, der Abschnitt 2 gilt gleichermaßen für die Erteilung eines Erbscheins, eines Europäischen Nachlasszeugnisses oder eines Testamentsvollstreckerzeugnisses.
[434] Vgl. Korintenberg/Wilsch GNotKG KV Nr. 12210–12212 Rn. 9b.
[435] Seebach RNotZ 2015, 342 (345); Korintenberg/Wilsch GNotKG KV Nr. 12210–12212 Rn. 9b.
[436] Korintenberg/Wilsch GNotKG KV Nr. 12210–12212 Rn. 14.
[437] Korintenberg/Wilsch GNotKG KV Nr. 12210–12212 Rn. 12a.
[438] Nunmehr Bruttowert; Wilsch FGPrax 2013, 47 (51); Kroiß ZEV 2013, 413 (416).
[439] Korintenberg/Wilsch GNotKG KV Nr. 12210–12212 Rn. 22.

wertbestimmung des § 65 GNotKG abzugrenzen, die sich auf die Verfahren über die Ernennung oder Entlassung eines Testamentsvollstreckers bezieht (auch → Rn. 173 ff.).

Im Falle der **Erbteiltestamentsvollstreckung** beträgt der Geschäftswert nur 20 Prozent des von der Testamentsvollstreckung betroffenen Erbanteils, § 40 Abs. 5 iVm Abs. 2 GNotKG,[440] wiederum ohne Abzug von Nachlassverbindlichkeiten, höchstens allerdings 60 Mio. EUR, § 35 Abs. 2 GNotKG.

Gleiches gilt für das TV-Zeugnis, das sich nur auf einen **Teil des Nachlasses** bezieht, § 40 Abs. 5 iVm Abs. 3 GNotKG. Insoweit bleiben diejenigen Nachlassgegenstände, die von dem TV-Zeugnis nicht erfasst werden, bei der Berechnung des Geschäftswertes außer Betracht, § 40 Abs. 5 iVm Abs. 3 S. 1 GNotKG. In Ansatz zu bringen sind 20 Prozent des Wertes des Gegenstandes, auf den sich das TV-Zeugnis bezieht, höchstens 60 Mio. EUR, § 35 Abs. 2 GNotKG. Anwendungsbeispiele hierfür sind das TV-Zeugnis für den Vermächtnisvollstrecker nach § 2223 BGB,[441] das gegenständlich beschränkte TV-Zeugnis sowie das lediglich dem Auflagenvollzug dienende TV-Zeugnis. Ein Schuldenabzug findet nicht statt, § 40 Abs. 5 iVm Abs. 3 S. 1 GNotKG. Da das TV-Zeugnis stets ohne Abzug von Nachlassverbindlichkeiten berechnet wird, § 40 Abs. 3 S. 1 GNotKG, kann die Begrenzungsproblematik nach § 40 Abs. 3 S. 2 GNotKG nicht in Erscheinung treten. Die Bestimmung in § 40 Abs. 1 GNotKG ist ohnehin ausgenommen, vgl. § 40 Abs. 5 GNotKG. Eine Begrenzung des Geschäftswertes kommt folglich nicht in Betracht, ebenso wenig ein Wertvergleich mit dem Vollrechtszeugnis samt Glaubhaftmachung.

IV. Gebühr für die Erteilung eines zweiten oder weiteren TV-Zeugnisses, Nr. 12213 KV GNotKG

Die ratio legis der Nr. 12213 KV GNotKG liegt im geringeren gerichtlichen Aufwand begründet, der mit der **Erteilung eines zweiten oder weiteren TV-Zeugnisses** einhergeht.[442] Anlass für die Initiierung eines zweiten oder weiteren TV-Zeugnisses kann die Neuerteilung sein, nachdem das erste TV-Zeugnis wegen Unrichtigkeit eingezogen wurde. Möglich ist aber auch eine Initiierung, verursacht durch einen Wechsel in der Person des TV oder eine Änderung der Befugnisse des TV.[443] Abzugrenzen ist der Gebührentatbestand nach der Nr. 12213 KV GNotKG von der **Erteilung einer weiteren Ausfertigung oder Abschrift des TV-Zeugnisses**, die gebührenfrei[444] erfolgt und lediglich Auslagen (Nr. 31000 KV GNotKG) generiert.[445] Bei unrichtiger Sachbehandlung durch das Gericht ist § 21 Abs. 1 S. 2 GNotKG zu beachten. Diejenigen Kosten sind nicht zu erheben, die bei richtiger Sachbehandlung nicht angefallen wären.

Zum **Annahmezeugnis** → Rn. 252a.

Verglichen mit der alten KostO-Regelung, enthält das GNotKG in der Nr. 12213 KV GNotKG eine Gebührenerhöhung,[446] da eine **0,3 Verfahrensgebühr** nach der Tabelle B zum Ansatz kommt, Nr. 12213 KV GNotKG. Die Vergünstigung nach der Nr. 12213 KV GNotKG erfasst lediglich die Verfahrensgebühr und lässt die übrige Gebühr für die Beurkundung der eidesstattlichen Versicherung (Nr. 23300 KV GNotKG) unberührt. Insoweit ist keine Reduzierung vorgesehen, was der Regelungsabsicht des Gesetzgebers entspricht.[447]

Es gilt die allgemeine **Geschäftswertregelung** nach § 40 Abs. 5 GNotKG[448] (→ Rn. 162 ff.).

---

440 Zur Erbteiltestamentsvollstreckung vgl. HK-GNotKG/Greipl GNotKG § 40 Rn. 19.
441 HK-GNotKG/Greipl GNotKG § 40 Rn. 19.
442 BT-Drs. 17/11471 (neu), 198; ebenso HK-GNotKG/Jäckel GNotKG KV Nr. 12210–12215 Rn. 6.
443 LK-GNotKG/Zimmermann GNotKG KV Nr. 12213 Rn. 4.
444 Ein Gebührentatbestand ist im Kostenverzeichnis nicht enthalten.
445 Vgl. allgemein Korintenberg/Wilsch GNotKG KV Nr. 12213, 12214 Rn. 4.
446 Bislang nur 0,25 Gebühr nach § 109 Abs. 1 Nr. 2 KostO; vgl. Wilsch FGPrax 2013, 47 (51).
447 Korintenberg/Wilsch GNotKG KV Nr. 12213, 12214 Rn. 6.
448 Korintenberg/Wilsch GNotKG KV Nr. 12213, 12214 Rn. 8.

V. Einziehung oder Kraftloserklärung eines TV-Zeugnisses, Nr. 12215 Nr. 3 KV GNotKG

168 Mit der Regelung in Nr. 12215 Nr. 3 KV GNotKG setzt der Gesetzgeber die Parallelen zum Erbscheinsverfahren fort und ordnet für das Verfahren über die **Einziehung oder Kraftloserklärung eines TV-Zeugnisses** eine 0,5 Gebühr nach der Tabelle B an, höchstens 400 EUR.

169 Der **Geschäftswert** bemisst sich nach § 40 Abs. 5 GNotKG[449], beträgt also 20 **Prozent** des Nachlasswertes ohne Abzug von Nachlassverbindlichkeiten. Den Wertbezugspunkt bildet hier der Zeitpunkt des **Erbfalls**, nicht dagegen der Fälligkeitszeitpunkt der Einziehungs- oder Kraftloserklärungsgebühr iSv § 59 S. 2 GNotKG.[450] Lex specials, enthalten in § 40 GNotKG, geht § 59 GNotKG vor, weshalb auf den Zeitpunkt des Erbfalls abzustellen ist.[451]

170 Das Einziehung- bzw. Kraftloserklärungsverfahren gehört zum Bereich der **Amtsverfahren**, sodass sich das Gericht gezwungen sieht, über die Kosten des Verfahrens zu entscheiden, §§ 354, 353 Abs. 1 FamFG.[452] Dabei kann das Gericht die Kosten des Verfahrens nach billigem Ermessen den Beteiligten ganz oder nur zum Teil auferlegen, § 81 Abs. 1 S. 1 FamFG.[453] Die Umstände, die zur Einziehung- bzw. Kraftloserklärung führten, sind umfassend zu würdigen. Einfließen muss in die Entscheidung auch, wer für die falschen Angaben verantwortlich zeichnet, die zur Einziehung bzw. Kraftloserklärung führten.[454] Zur Verteilung nach billigem Ermessen auch → Rn. 109.

171 Entgegen der früheren Rechtslage, festgehalten in § 108 S. 3 KostO, kann die Verfahrensgebühr nach der Nr. 12215 Nr. 3 KV GNotKG **nicht mehr in Wegfall geraten**, sofern ein neues TV-Zeugnis erteilt wird. Um dem zusätzlichen Arbeitsaufwand des Gerichts Rechnung zu tragen,[455] sieht das GNotKG eine entsprechende Regelung nicht mehr vor. Diese Einschätzung des Gesetzgebers steht einer automatischen Anordnung nach § 81 Abs. 1 S. 2 FamFG entgegen, die darin mündet, von der Erhebung der Kosten abzusehen, weil ein neues Zeugnis erteilt wird.[456] Die Neuerteilung des Zeugnisses indiziert nicht mehr den Wegfall der Verfahrensgebühr für die Einziehung oder Kraftloserklärung.[457]

172 Die anschließende Erteilung eines neuen TV-Zeugnisses kostet eine 0,3 Verfahrensgebühr nach der Nr. 12213 KV GNotKG aus, Tabelle B (→ Rn. 165 ff.).

VI. Verfahren über Ernennung oder Entlassung eines TV, Nr. 12420 KV GNotKG

173 Die Regelung in § 2200 BGB offeriert dem Erblasser die Möglichkeit, das Nachlassgericht um **Bestimmung** der Person des TV zu ersuchen.[458] Demgegenüber enthält die Bestimmung in § 2227 BGB die Möglichkeit, den TV auf Antrag eines Beteiligten zu **entlassen**, sofern ein wichtiger Grund vorliegt.

174 Kostenrechtliche Berücksichtigung finden die Verfahren über die Ernennung oder Entlassung des TV in der Nr. 12420 KV GNotKG.[459] Danach ist eine **0,5 Verfahrensgebühr** anzusetzen, und zwar nach der **Tabelle A**. Die Bezugnahme auf die Tabelle A impliziert eine nicht unerheb-

---

[449] Die Regelung in § 40 Abs. 5 GNotKG gilt auch für das Verfahren über die Einziehung des Testamentsvollstreckerzeugnisses, vgl. KG BeckRS 2022, 35317.
[450] Korintenberg/Wilsch GNotKG KV Nr. 12215 Rn. 13.
[451] Korintenberg/Wilsch GNotKG KV Nr. 12215 Rn. 13.
[452] BT-Drs. 17/11471 (neu), 198.
[453] Korintenberg/Wilsch GNotKG KV Nr. 12215 Rn. 11a.
[454] Korintenberg/Wilsch GNotKG KV Nr. 12215 Rn. 11a.
[455] BT-Drs. 17/11471 (neu), 338.
[456] So aber HK-GNotKG/Jäckel GNotKG KV Nr. 12210–12215 Rn. 14, der § 108 S. 3 KostO wieder zur Geltung verhelfen möchte.
[457] AA HK-GNotKG/Jäckel KV Nr. 12210–12215 Rn. 14.
[458] Wilsch RpflStud. 2015, 5 (6).
[459] Zum früheren Recht vgl. § 113 KostO, danach war ebenfalls eine halbe Gebühr anzusetzen, der Wert richtete sich nach § 30 Abs. 2 KostO.

liche Steigerung der Gerichtsgebühr,[460] was mit dem gerichtlichen Aufwand und der „streitträchtigen" Natur der Verfahren begründet wird.[461] Mit der Verfahrensgebühr sind **alle gerichtlichen Handlungen** abgedeckt, die mit der Ernennung oder Entlassung des TV verbunden sind.[462] **Nicht mitabgedeckt** ist die Anordnung einer **Nachlasspflegschaft**[463] (auch → Rn. 218 ff.) oder das Verfahren über die **Einziehung** oder die **Kraftloserklärung** des Testamentsvollstreckerzeugnisses (Nr. 12215 Nr. 3 KV GNotKG,[464] → Rn. 168). Eine Reduzierung der Verfahrensgebühr ist nicht vorgesehen,[465] ebenso wenig ein Wegfall der Verfahrensgebühren.[466]

Im Falle der **Ernennung mehrerer Testamentsvollstrecker** ist zu differenzieren. Ersucht der Erblasser das Nachlassgericht um die Ernennung mehrerer Testamentsvollstrecker, liegt nur ein einheitliches Verfahren vor, sodass nur eine Verfahrensgebühr anfällt, § 55 Abs. 1 GNotKG.[467] Anders dagegen, sollte ein vom Nachlassgericht ernannter Testamentsvollstrecker oder Mitvollstrecker nachträglich weggefallen und dies vom Erblasser bereits bedacht worden sein. Dann liegt ein zweites, eigenständiges Ernennungsverfahren vor, für das eine neue Verfahrensgebühr in Rechnung zu stellen ist, § 55 Abs. 1 GNotKG.[468] Eine Reduzierung oder Anrechnung findet nicht statt.[469] Ob das Ernennungsverfahren beschlussmäßig oder stillschweigend **endet**, wirkt sich auf die Verfahrensgebühr nicht aus.[470] **Eigene Gebühren** nach den Nr. 12210, 23300 KV GNotKG sind neben der Ernennungsgebühr (Nr. 12420 KV GNotKG) in Ansatz zu bringen, sofern zusätzlich ein **Testamentsvollstreckerzeugnis** erteilt wird.[471]

175

Eine Entlastung[472] bedeutet die **Geschäftswertbestimmung** in § 65 GNotKG. Nach § 65 GNotKG beträgt der Geschäftswert nur **10 Prozent** des Nachlasswertes im Zeitpunkt des Erbfalls,[473] wobei Nachlassverbindlichkeiten nicht abgezogen werden.[474] Die Bestimmung in § 40 Abs. 5 GNotKG kommt dagegen zur Anwendung, sofern die erstmalige oder zweite bzw. weitere Erteilung eines TV-Zeugnisses beantragt ist (→ Rn. 160 ff., 165 ff.).

176

Besondere Bedeutung kommt der Differenzierung zu, die auf die Art des jeweiligen Verfahrens abstellt. In den Verfahren über die Ernennung oder Entlassung eines TV beträgt der Geschäftswert **jeweils** 10 Prozent des Aktivnachlasses. Falls zugleich die Entlassung des alten TV und konstruktiv die Ernennung eines neuen TV beantragt ist (**kombiniertes Verfahren**),[475] beläuft sich der Geschäftswert also auf **20 Prozent** des Aktivnachlasses.[476] In einem kombinierten Verfahren ist nur **eine Gebühr** anzusetzen.[477]

177

Die Regelungen über die **Erbteilsvollstreckung** nach § 40 Abs. 2 GNotKG und das TV-Zeugnis, das sich nur auf einen Teil des Nachlasses bezieht, finden auch in den Verfahren über die Ernennung oder Entlassung des TV analoge Anwendung.[478] Entsprechende Verfahren orientieren sich am Anteil des Miterben, auf den sich die TV bezieht, § 40 Abs. 2 GNotKG analog, bzw. am Wert des Nachlasses, auf den sich die TV erstreckt, § 40 Abs. 3 GNotKG analog.

178

---

460 Zum alten Kostenrecht nach § 113 KostO (0,5 Gebühr) und nach § 30 Abs. 2 KostO vgl. Schneider ErbR 2013, 281; Kroiß ZEV 2013, 413 (416).
461 BT-Drs. 17/11471 (neu), 200: „Die Ernennung des TV durch das Gericht kann im Einzelfall sehr aufwändig und streitträchtig sein. Tendenziell gilt dies in besonderem Maß bei sehr hohen Nachlasswerten."; Kroiß ZEV 2013, 413 (416); Wilsch RpflStud. 2015, 5 (6).
462 Wilsch RpflStud. 2015, 5 (6 f.).
463 Wilsch RpflStud. 2015, 5 (6).
464 Wilsch RpflStud. 2015, 5 (7); Korintenberg/Diehn GNotKG KV Nr. 12420 Rn. 9.
465 Ebenso Korintenberg/Diehn GNotKG KV Nr. 12420 Rn. 17.
466 Wilsch RpflStud. 2015, 5 (6).
467 Wilsch RpflStud. 2015, 5 (6).
468 Wilsch RpflStud. 2015, 5 (6); vgl. auch Burandt/Rojahn/Kilian/Heinemann GNotKG Rn. 64.

469 Ebenso Burandt/Rojahn/Kilian/Heinemann GNotKG Rn. 64.
470 Wilsch RpflStud. 2015, 5 (6).
471 Wilsch RpflStud. 2015, 5 (6); Burandt/Rojahn/Kilian/Heinemann GNotKG Rn. 64.
472 Vgl. bereits BT-Drs. 17/11471 (neu), 200.
473 So ausdrücklich § 65 GNotKG; nicht relevant dagegen der Tag der Ernennung oder Entlassung des TV, vgl. auch LK-GNotKG/Zimmermann GNotKG § 65 Rn. 3.
474 Wilsch RpflStud. 2015, 5 (7).
475 Wilsch RpflStud. 2015, 5 (7).
476 Je 10 % = 20 %; HK-GNotKG/Teubel GNotKG § 65 Rn. 8.
477 Wilsch RpflStud. 2015, 5 (7); ebenso Korintenberg/Diehn GNotKG KV Nr. 12420 Rn. 12.
478 HK-GNotKG/Teubel GNotKG § 65 Rn. 9.

179 **Kostenschuldner** sind nur die Erben, § 24 Nr. 7 GNotKG.[479]

VII. Amtsannahme

180 Gegenüber dem **Grundbuchamt** kann der **Nachweis der TV** auch nach § 35 Abs. 2, Abs. 1 S. 2 GBO geführt werden. Vorzulegen[480] sind das öffentliche Testament bzw. der Erbvertrag, die Eröffnungsniederschrift und der Nachweis, dass der TV gegenüber dem Nachlassgericht das Amt angenommen hat, sofern sich die Annahme nicht bereits aus der Eröffnungsniederschrift ergibt. Der Nachweis der Amtsannahme kann durch ein entsprechendes Zeugnis des Nachlassgerichts erbracht werden. Zur Bescheinigung → Rn. 252a.

181 Bereits in der Vergangenheit bereitete die **kostenrechtliche Einordnung des Annahmezeugnisses** Probleme. Einigkeit bestand darüber, eine volle Gebühr anzusetzen, entweder, so die eine Meinung, die Gebühr für eine Tatsachenbescheinigung nach § 50 Abs. 1 Nr. 1 KostO,[481] oder, so die andere Meinung, eine volle Gebühr nach § 109 Abs. 2 KostO,[482] weil ein Annahmezeugnis wie ein TV-Zeugnis zu behandeln sei.

182 Das **GNotKG** beendete diesen Zuordnungsstreit nicht, sondern brachte eine **Ausweitung der Zuordnungszone**, die durch den Gesetzgeber[483] geklärt werden musste.

Die Kostenpraxis variierte zwischen den Nr. 12410, 12210 und 12420 KV GNotKG.[484] Eine **Praxismeinung** stützte sich auf die Regelung in Nr. 12410 Nr. 4 KV GNotKG und setzte lediglich eine Festgebühr iHV 15 EUR an, weil das Zeugnis über die Amtsannahme nur bestätigender Natur sei und keinerlei Überprüfung erfordere. Eine **andere Praxismeinung** übernahm die bisherige KostO-Einordnung und setzte eine volle Gebühr nach der Nr. 12210 KV GNotKG an, Tabelle B. Das Annahmezeugnis kostete dann genauso viel wie das Testamentsvollstreckerzeugnis.[485] Eine **dritte Praxismeinung** rekurrierte auf Nr. 12420 KV GNotKG und hielt eine 0,5 Verfahrensgebühr nach der Tabelle A für einschlägig. Mit dem KostRÄG 2021[486] fand dieser Meinungsstreit ein Ende. Mit Art. 4 Nr. 9 des KostRÄG 2021, in Kraft seit dem 1.1.2021,[487] wurde ein **neuer Kostentatbestand** eingefügt, und zwar die neue Nr. 12413 KV GNotKG. Danach wird für das Verfahren über die Erteilung einer Bescheinigung, die die Annahme des Amtes als Testamentsvollstrecker bestätigt, eine **Festgebühr** iHv 50 EUR erhoben. Zur Bescheinigung → Rn. 252a.

M. Überweisungszeugnis nach §§ 36, 37 GBO, §§ 42, 74 SchRegO, § 86 LuftFzgG

I. Allgemeines

183 Das Überweisungszeugnis nach §§ 36, 37 GBO bzw. §§ 42, 74 SchRegO bzw. § 86 LuftFzgG führte und führt in der Praxis ein Nischendasein, was auf die Erteilungsvoraussetzungen[488] zurückzuführen ist.

---

479 Wilsch RpflStud. 2015, 5 (7).
480 Schaub ZEV 2000, 50.
481 So Korintenberg/Reimann KostO § 50 Rn. 4, Geschäftswert nach § 30 KostO.
482 So Zimmermann/Zimmermann § 109 Rn. 12, Geschäftswert nach § 30 KostO.
483 Die Einführung einer Gebühr für die Erteilung gerichtlicher Bescheinigungen über die Annahme des Testamentsvollstreckeramtes stand bereits auf der Tagesordnung der März-Konferenz der Kostenrechtsreferenten in Magdeburg (6.-8.3.2017).

484 Vgl. auch die Darstellung Korintenberg/Wilsch GNotKG KV Nr. 12213, 12214 Rn. 7a.
485 Korintenberg/Wilsch GNotKG KV Nr. 12213, 12214 Rn. 7a; ebenso LK-GNotKG/Zimmermann GNotKG KV Nr. 12213 Rn. 1a.
486 Kostenrechtsänderungsgesetz 2021 – KostRÄG 2021, BGBl. 2021 I 3229.
487 Vgl. Art. 13 Abs. 3 KostRÄG 2021, BGBl. 2021 I 3229 (3255).
488 Vgl. Hügel/Zeiser GBO § 36 Rn. 1 ff.

Bei einer Nachlass- bzw. Gesamtgutsimmobilie soll einer der Beteiligten im Wege der **Auseinandersetzung**[489] als Eigentümer oder Erbbauberechtigter eingetragen werden, § 36 Abs. 1 GBO.[490] Die Voraussetzungen für die Erteilung eines Erbscheins müssen vorliegen, § 36 Abs. 2 lit. a GBO, ebenso die Abgabe aller sonstigen Erklärungen, etwa Auflassung oder Erbanteilsübertragung, § 36 Abs. 2 lit. b GBO. Die Vorschriften über die Zuständigkeit zur Entgegennahme der Auflassung bleiben unberührt, § 36 Abs. 3 GBO.[491]

Zum **Nachweis** der Rechtsnachfolge und der zur Eintragung des Eigentumsübergangs erforderlichen Erklärungen reicht dann ein Zeugnis des Nachlassgerichts[492] bzw. des nach den §§ 343, 122 FamFG zuständigen Amtsgerichts aus, § 36 Abs. 1 S. 2 Nr. 2, 3 GBO. Sofern ein Erbschein über das Erbrecht sämtlicher Erben oder ein Zeugnis über die Fortsetzung der Gütergemeinschaft bereits erteilt ist, ist nach der Regelung[493] in **§ 36 Abs. 2a GBO** auch der **Notar**, der die Auseinandersetzung vermittelt hat, für die Erteilung des Überweisungszeugnisses zuständig. Die Neuregelung begründet dagegen keine Zuständigkeit des Notars zur Klärung der Rechtsnachfolge bzw. Fortsetzung der Gütergemeinschaft.[494] Vielmehr setzt die Neuregelung in § 36 Abs. 2a GBO voraus, dass das Rechtsnachfolgezeugnis bereits vorliegt. In einem solchen Fall löst die Erteilung eines Überweisungszeugnisses durch den Notar keine weitere Gebühr mehr aus, sondern gilt bereits als abgegolten.[495]

Das Zeugnis erbringt den **Doppelnachweis** der Erbfolge und der rechtsgeschäftlichen Erklärungen, enthält demnach zwei Rechtsakte, was die Relevanz des Zeugnisses erklärt. Bedingt durch die Schwierigkeiten und Probleme, die sich aus der Mehrheit der Erben ergeben, bevorzugt die Nachlasspraxis die zeitliche Entkoppelung beider Rechtsakte, zuerst das reguläre Erbscheinsverfahren, dann die Erbauseinandersetzung. Falls jedoch diese Schwierigkeiten und Probleme nicht bestehen, kann sich die Erteilung eines Überweisungszeugnisses nach § 36 GBO in geeigneten Konstellationen als echte „Sparfuchs-Lösung";[496] als „Erbschein für Grundbuchzwecke reloaded"[497] darstellen. Grund ist die Regelung in § 41 GNotKG (→ Rn. 190).

II. Frühere Einordnung nach der KostO

Für die Erteilung eines Überweisungszeugnisses nach §§ 36, 37 GBO sah die Regelung in § 111 Abs. 1 Nr. 1 KostO die Erhebung einer **Mindestgebühr** iHv 10 EUR vor, § 33 KostO,[498] begleitet von der Gebühr für die Abgabe der **eidesstattlichen Versicherung**, §§ 111 Abs. 2, 49 KostO.[499] Darin zeigte sich ein erheblicher Gebührenvorteil, wovon die Praxis allerdings kaum Kenntnis nahm.

Überdies löste die Einziehung und Kraftloserklärung eines Überweisungszeugnisses keine Gebühr aus, mangels eines eigenen Gebührentatbestandes hierfür in der KostO. Die Regelung in § 108 KostO beschränkte sich auf die Einziehung oder Kraftloserklärung eines Erbscheins und konnte auch nicht analog herangezogen werden.[500]

---

489 Hügel/Zeiser GBO § 36 Rn. 3–5, Mehrheit von Erben, ein weiterer Auseinandersetzungsakt ist notwendig.
490 Dies der Hauptanwendungsfall in der Praxis; die Ausführungen gelten auch für die Konstellationen nach §§ 42, 74 SchRegO bzw. § 86 LuftFzgG.
491 Deutsche Notare und Konsularbeamte, vgl. Hügel/Zeiser GBO § 36 Rn. 15.
492 Muster vgl. Hügel/Zeiser GBO § 36 Rn. 8: „Herr ..., geb. am ..., gest. am ..., wurde von ... und ... je zu ... beerbt. Die Erben haben hinsichtlich des Flurstücks ... der Gemarkung ... des Amtsgerichts ..., Blatt ..., zur Urkunde des Notars ... vom ... die Auflassung auf ... allein rechtswirksam erklärt und die Eintragung des Erwerbers bewilligt."

493 Inkrafttreten zum 1.9.2013, Gesetz zur Übertragung von Aufgaben im Bereich der freiwilligen Gerichtsbarkeit auf Notare BGBl. I 1800; vgl. auch Preuß DNotZ 2013, 740; Heinemann FGPrax 2013, 139 (140).
494 Preuß DNotZ 2013, 740 (746 f.).
495 Heinemann FGPrax 2013, 139 (140).
496 Rupp notar 2014, 96 (97).
497 Rupp notar 2014, 97 (97).
498 HK-GNotKG/Greipl GNotKG § 41 Rn. 1.
499 Zur gesonderten Erhebung der Gebühr nach § 49 KostO vgl. Korintenberg/Lappe KostO § 111 Rn. 5.
500 Korintenberg/Lappe KostO § 111 Rn. 5.

III. Aktuelle Regelung im GNotKG

189 Die Neuregelung in der Vorbem. 1.2.2 Nr. 3 und der Nr. 12210 KV GNotKG brachte eine **kostenrechtliche Gleichstellung** mit dem **Erbscheinverfahren**.[501] In der Folge ist in den Verfahren über den Antrag auf Erteilung eines Überweisungszeugnisses eine 1,0 Verfahrensgebühr nach der Tabelle B zu erheben, Nr. 12210 KV GNotKG, sekundiert wiederum von der Gebühr für die Abgabe der eidesstattlichen Versicherung, Vorbem. 1, zweiter Absatz, iVm Nr. 23300 KV GNotKG, Tabelle B. Weil das Überweisungszeugnis sowohl die Wirkungen eines Erbscheins ersetzt als auch den Nachweis des Verfügungsgeschäfts erbringt, hält der Gesetzgeber „eine dem gegenständlich beschränkten Erbschein entsprechende Regelung (für) angemessen".[502] Besonders deutlich wird dies im Bereich des Geschäftswertes nach § 41 GNotKG. Zur notariellen Zuständigkeit → Rn. 185 ff. Kostenschuldner ist der Antragsteller, § 22 Abs. 1 GNotKG.

IV. Geschäftswert, § 41 GNotKG

190 Nach § 41 GNotKG ist **Geschäftswert** der **Wert der Gegenstände**, auf die sich der Nachweis der Rechtsnachfolge erstreckt. Im Falle des Überweisungszeugnisses nach § 36 GBO bedeutet dies eine Anknüpfung an den Wert der Nachlass- bzw. Gesamtgutsimmobilie, bei der einer der Beteiligten als Eigentümer bzw. Erbbauberechtigter eingetragen werden soll, im Falle des Zeugnisses nach § 37 GBO dagegen eine Anknüpfung an den Wert des relevanten Grundpfandrechts.

191 Nicht anders als die Wertvorschrift für den gegenständlich beschränkten Erbschein nach § 40 Abs. 3 GNotKG, die als Vorbild diente, sieht die Regelung in **§ 41 GNotKG** keinerlei Abzug von Verbindlichkeiten vor.[503]

192 Im Hinblick auf den Regelungshalt des § 40 Abs. 3 GNotKG bedeutet dies aber auch, dass das Nachlassgericht nicht von Amts wegen den Vergleich mit der Regelung nach § 40 Abs. 1 GNotKG (Nachlass minus Erblasserschulden) suchen muss. Eine Begrenzung des Geschäftswertes wird nicht von Amts wegen berücksichtigt. Die Wertbegrenzung findet nur dann Eingang in die Bewertung des Überweisungszeugnisses, sofern dies glaubhaft gemacht wird.

V. Einziehung oder Kraftloserklärung des Überweisungszeugnisses, Nr. 12215 Nr. 4 KV GNotKG

193 Infolge der kostenrechtlichen Gleichstellung mit dem Erbscheinsverfahren löst nun auch das Verfahren über die Einziehung oder Kraftloserklärung eines Überweisungszeugnisses eine Gebühr aus, anzusetzen ist eine 0,5 **Verfahrensgebühr** nach der Nr. 12215 Nr. 4 KV GNotKG, Tabelle B, höchstens 400 EUR.[504]

194 Der **Geschäftswert** folgt wiederum aus § 41 GNotKG.

N. Zeugnis über die Fortsetzung der Gütergemeinschaft, § 1507 BGB

I. Allgemeines

195 Dass die **Gütergemeinschaft** nach dem Tod eines Ehegatten zwischen dem überlebenden Ehegatten und den gemeinschaftlichen Abkömmlingen **fortgesetzt** werden soll, können die Ehegatten nur durch Ehevertrag vereinbaren, § 1483 Abs. 1 S. 1 BGB. Die Regelungsabsicht besteht darin, die Zerschlagung des Gesamtguts bis zum Eintritt bestimmter Ereignisse zu verhindern, bei-

---

[501] BT-Drs. 17/11471 (neu), 197.
[502] Siehe BT-Drs. 17/11471 (neu), 197.
[503] Keine Aussage bei HK-GNotKG/Greipl GNotKG § 41 Rn. 3.
[504] HK-GNotKG/Greipl GNotKG § 41 Rn. 7.

spielsweise bis zum Tod oder der Wiederverheiratung des überlebenden Ehegatten, §§ 1493, 1494 BGB.[505]

Als **Nachweis** über die Fortsetzung der Gütergemeinschaft sieht die Regelung in § 1507 S. 1 BGB ein Zeugnis des Nachlassgerichts vor, das auf Antrag des überlebenden Ehegatten erteilt werden kann. Das Zeugnis findet als Nachweismittel Eingang in das Grundbuchverfahren[506] und kann auch noch nach Beendigung der fortgesetzten Gütergemeinschaft erteilt werden, sofern hierfür ein Bedürfnis besteht.[507] Weil die Vorschriften über den Erbschein entsprechende Anwendung finden, § 1507 S. 2 BGB iVm §§ 2365–2367 BGB, muss das Fortsetzungszeugnis im Grundbuchverfahren in Urschrift oder Ausfertigung vorgelegt werden.

II. Alte KostO-Regelung

Die entsprechende Anwendung der Erbscheinvorschriften fand sich auch im Kostenrecht, § 109 Abs. 1 S. 1 Nr. 1 KostO, an die Stelle des Nachlasses trat jedoch der halbe Wert des Gesamtguts der fortgesetzten Gütergemeinschaft, weil nur insoweit eine Rechtsnachfolge zu konstatieren war.[508]

Zum Ansatz kamen **zwei Gebühren** des Nachlassgerichts, zum einen die volle Gebühr für die Erteilung des Fortsetzungszeugnisses, § 109 Abs. 1 S. 1 iVm § 107 Abs. 1 S. 1 KostO, zum anderen die volle Gebühr für die Beurkundung der eidesstattlichen Versicherung,[509] § 109 Abs. 1 S. 1 iVm § 107 Abs. 1 S. 2 KostO (→ Rn. 96).[510]

Als **Bewertungszeitpunkt** galt der Tod des Ehegatten, gleichbedeutend mit dem Eintritt der fortgesetzten Gütergemeinschaft.[511]

III. Aktuelle Regelung im GNotKG (einschließlich Geschäftswert, § 40 Abs. 4 GNotKG)

Bereits der Vorbem. 1.2.2 Nr. 2 des KV zum GNotKG lässt sich entnehmen, dass der Gesetzgeber die bisherige **Gleichstellung** mit dem Erbscheinsverfahren beibehalten wollte.

In der Folge erwähnt die Vorbem. 1.2.2 nicht nur das Erbscheinsverfahren (Nr. 1), sondern auch das Verfahren auf Erteilung eines Fortsetzungszeugnisses (Nr. 2).[512]

Soweit die **Beurkundung der eidesstattlichen Versicherung** betroffen ist, fällt eine volle Verfahrensgebühr nach der Nr. 23300 KV GNotKG an, Tabelle B, siehe Verweisungen in der Nr. 12210 und der Vorbem. 1 Abs. 2 KV GNotKG.

Der **Geschäftswert** bemisst sich nach § 40 Abs. 4 GNotKG. Dabei tritt an die Stelle des Nachlasses der halbe[513] Wert des Gesamtguts der fortgesetzten Gütergemeinschaft und an die Stelle der Erblasserschulden der halbe Wert der Gesamtgutsverbindlichkeiten, § 1488 BGB.[514]

Daneben entsteht noch eine **weitere Verfahrensgebühr** nach der Nr. 12210 KV GNotKG, einschlägig ist wiederum die Tabelle B. Wird **neben** dem Fortsetzungszeugnis noch ein **Erbschein** oder ein **ENZ** erteilt, werden hierfür wiederum gesonderte Gebühren erhoben.[515]

---

505 Zur fortgesetzten Gütergemeinschaft und dem Nachweis im Grundbuchverfahren vgl. Hügel/Wilsch GBO § 35 Rn. 130 ff.
506 Siehe § 35 Abs. 2 GBO; daneben auch Schiffsregisterverfahren, s. § 41 Abs. 2 SchRegO.
507 OLG München FGPrax 2011, 181.
508 Korintenberg/Lappe KostO § 109 Rn. 2.
509 Inhalt: die Fortsetzung der Gütergemeinschaft ist nicht anderweitig ausgeschlossen, es ist auch kein Rechtsstreit über das Bestehen der fortgesetzten Gütergemeinschaft anhängig.
510 Geschäftswert jeweils Wert des reinen Nachlasses nach Abzug der Nachlassverbindlichkeiten, § 107 Abs. 2 KostO.
511 Korintenberg/Lappe KostO § 109 Rn. 7.
512 HK-GNotKG/Greipl GNotKG § 40 Rn. 16.
513 BT-Drs. 17/11471 (neu) 165; Schneider GNotKG § 14 Rn. 140.
514 Zu den Gesamtgutsverbindlichkeiten vgl. § 1488 BGB sowie HK-GNotKG/Greipl GNotKG § 40 Rn. 16.
515 Korintenberg/Sikora GNotKG § 40 Rn. 48.

205 Der **Bewertungszeitpunkt** ergibt sich aus der Verweisung in § 40 Abs. 4 GNotKG auf die Bestimmung in Absatz 1, maßgeblich ist demnach der Wert im Zeitpunkt des Erbfalls (Tod des Ehegatten), gleichbedeutend mit dem Eintritt der fortgesetzten Gütergemeinschaft.[516] Kostenschuldner ist der **Antragsteller**, § 22 Abs. 1 GNotKG, demnach der überlebende Ehegatte, dem das alleinige Verwaltungsrecht zusteht und der den Antrag auf Erteilung des Fortsetzungszeugnisses stellen kann, §§ 1507 S. 1, 1487 Abs. 1 BGB. Kostenschuldner kann aber auch ein Gläubiger sein, der sich im Besitz eines Vollstreckungstitels befindet, §§ 792, 896 ZPO.

IV. Einziehung oder Kraftloserklärung des Zeugnisses, Nr. 12215 Nr. 2 KV GNotKG

206 Als kostenrechtliche Parallele verläuft auch das Verfahren über die Einziehung oder Kraftloserklärung eines Fortsetzungszeugnisses. Es fällt eine **0,5 Verfahrensgebühr** nach der Nr. 12215 Nr. 2 KV GNotKG an, Tabelle B, höchstens 400 EUR.

207 Der **Geschäftswert** ist in § 40 Abs. 4 GNotKG normiert und mit dem halben Wert des Gesamtguts der fortgesetzten Gütergemeinschaft zu veranschlagen.[517]

O. Erbausschlagung und Anfechtung

I. Allgemeines

208 Die Regelung in § 1942 Abs. 1 BGB sieht den automatischen Übergang der Erbschaft auf den berufenen Erben vor, unbeschadet des Rechts, sich von der Erbschaft durch **Ausschlagung**[518] zu befreien. Die Ausschlagung kann nur binnen einer Frist von 6 Wochen[519] durch Erklärung[520] gegenüber dem Nachlassgericht erfolgen, entweder zur Niederschrift des Nachlassgerichts nach den Vorschriften des Beurkundungsgesetzes,[521] oder in öffentlich beglaubigter Form, § 1945 Abs. 1 BGB. Die Ausschlagung ist erst nach dem Tod des Erblassers möglich[522] und kann nicht unter einer Bedingung oder Zeitbestimmung erklärt werden, § 1947 BGB. Welche Wirkungen eine ordnungsgemäße Ausschlagung zeitigt, ist in § 1953 BGB festgehalten. Eine **doppelte Fiktionswirkung** tritt ein. Rückwirkend gilt der Erbschaftsanfall an den Ausschlagenden als nicht erfolgt, § 1953 Abs. 1 BGB, der Nächstberufene tritt an seine Stelle, ebenfalls rückwirkend, § 1953 Abs. 2 BGB.

209 Die **Anfechtung der Annahme** oder der **Ausschlagung** erfolgt durch Erklärung gegenüber dem Nachlassgericht, § 1955 S. 1 BGB, und zwar entweder zur Niederschrift des Nachlassgerichts nach den Vorschriften des Beurkundungsgesetzes,[523] oder in öffentlich beglaubigter Form, §§ 1955 S. 2, 1945 Abs. 1 BGB. Die Wirkung der Anfechtung ist in § 1957 Abs. 1 BGB festgehalten: die Anfechtung der Annahme gilt als Ausschlagung, und die Anfechtung der Ausschlagung gilt als Annahme. Pflichtgemäß teilt das Nachlassgericht die Anfechtung der Ausschlagung demjenigen mit, dem die Erbschaft infolge der Ausschlagung angefallen war, § 1957 Abs. 2 S. 1 BGB.

II. Alte KostO-Regelung

210 Die Empfangs- und Formbedürftigkeit der Ausschlagungserklärung führte im alten Kostenrecht zum Anfall **zweier Viertelgebühren**.

---

516 HK-GNotKG/Greipl GNotKG § 40 Rn. 16.
517 HK-GNotKG/Greipl GNotKG § 40 Rn. 16.
518 Eine Teilausschlagung ist jedoch unwirksam, vgl. § 1950 BGB; zur Vererblichkeit des Ausschlagungsrechts vgl. § 1952 BGB.
519 § 1944 Abs. 1 BGB, Fristbeginn mit Kenntnis des Erben vom Anfall und Berufungsgrund; bei Verfügung von Todes wegen Fristbeginn nicht vor Bekanntgabe der Verfügung von Todes wegen durch das Nachlassgericht.
520 § 1945 Abs. 1 BGB, einseitige, empfangsbedürftige Willenserklärung.
521 § 1945 Abs. 2 BGB.
522 § 1946 BGB.
523 § 1945 Abs. 2 BGB.

Die nachlassgerichtliche **Entgegennahme der Ausschlagungserklärung** generierte eine 0,25 Gebühr nach § 112 Abs. 1 Nr. 2 KostO, bei Überschuldung des Nachlasses nur eine Mindestgebühr iHv 10 EUR, §§ 112 Abs. 2 S. 1, 30 Abs. 2, 33 KostO. Im Falle einer gleichzeitig erklärten Ausschlagung mehrerer neben- oder nacheinander berufener Erben konnte die Gebühr nur einmal erhoben werden, § 112 Abs. 2 S. 3 KostO. Die Entgegennahme der Ausschlagung blieb gänzlich gebührenfrei, sofern sie im Zusammenhang mit der Erteilung eines Erbscheins stand, § 115 KostO. — 211

Für die **Beurkundung der Erklärung** kam die 0,25 Gebühr nach §§ 112 Abs. 3, 38 Abs. 3 KostO in Ansatz, bei Überschuldung des Nachlasses nur eine Mindestgebühr iHv 10 EUR, §§ 112 Abs. 2, 30 Abs. 2, 33 KostO. — 212

III. Aktuelle Regelung im GNotKG

Das GNotKG nahm insofern eine wesentliche Änderung vor, als es die **Entgegennahme der Ausschlagung** nicht mehr mit einer Gebühr belegt, wie ein Blick auf die Nr. 12410 KV GNotKG zeigt.[524] Kostenrechtliche Relevanz kommt der Entgegennahme der Erklärung nicht mehr zu. — 213

Gleiches gilt für die **Entgegennahme der Anfechtung der Annahme** oder der **Ausschlagung** der Erbschaft, die ebenfalls keine Gebühr mehr auslösen. Beide Tatbestände fanden keinen Eingang in die Nr. 12410 KV GNotKG.[525] — 214

Unberührt blieb jedoch die **gerichtliche Beurkundung der Ausschlagungserklärung**, die sich nun aus dem Zusammenspiel der Vorbem. 1, zweiter Absatz, mit der Regelung in der Nr. 21201 Nr. 7 KV GNotKG ergibt.[526] Unberührt blieb auch die **gerichtliche Beurkundung einer Anfechtung der Annahme** oder **Ausschlagung** der Erbschaft.[527] — 215

Für eine Niederschrift nach den Vorschriften des BeurkG erhebt das Gericht Gebühren nach dem Notarkostenteil, und zwar eine **0,5 Gebühr** nach der Nr. 21201 Nr. 7 KV GNotKG, Tabelle B, mindestens 30 EUR.[528] Falls mehrere Erben in einer Urkunde ausschlagen, fällt nur eine Gebühr an.

Der **Geschäftswert** orientiert sich am Wert des betroffenen Vermögens nach Abzug der Verbindlichkeiten, §§ 36 Abs. 4, 103 Abs. 1 GNotKG,[529] und zwar zum Zeitpunkt der Beurkundung (so explizit § 103 Abs. 1 GNotKG). Beides, der vollständige Abzug von Erblasser- und Erbfallschulden sowie die Festlegung auf den Zeitpunkt der Beurkundung, nicht des Erbfalls, grenzt die Geschäftswertregelung wesentlich von benachbarten Normen[530] ab und stellt die Bestimmung zugleich in den Nachfolgekontext früheren Kostenrechts.[531] Bei ungenügenden Anhaltspunkten ist auf den Hilfswert iHv 5.000 EUR zurückzugreifen, § 36 Abs. 3 GNotKG, bei **Überschuldung** ist der Mindestbetrag der Gebühr iHv 30 EUR anzusetzen. — 216

Die Kosten werden stets durch das nach § 343 FamFG zuständige **Nachlassgericht** erhoben, nicht durch das beurkundende Gericht, § 18 Abs. 2 Nr. 2 GNotKG. — 217

---

524 Nr. 12410 KV GNotKG befasst sich mit der Entgegennahme von Erklärungen und Anzeigen.
525 Schneider GNotKG § 14 Rn. 242.
526 Zu den verschlungenen Kostenpfaden, die zur gerichtlichen Beurkundung der Ausschlagungserklärung führen, vgl. Wilsch FGPrax 2013, 47 (51).
527 Schneider GNotKG § 14 Rn. 242.
528 Schneider GNotKG § 14 Rn. 245; Burandt/Rojahn/Kilian/Heinemann GNotKG Rn. 115.
529 Wert nach § 103 GNotKG; Burandt/Rojahn/Kilian/Heinemann GNotKG Rn. 115.
530 Siehe § 102 GNotKG.
531 Vgl. § 112 KostO, Fackelmann/Heinemann/Krause § 103 Rn. 13, voller Schuldenabzug und Zeitpunkt der Beurkundung der Erklärung, nicht des Erbfalls.

P. Sicherung des Nachlasses und Nachlasspflegschaft

I. Allgemeines

218 Für die **Sicherung des Nachlasses** zu sorgen, sofern ein Sicherungsanlass oder ein Sicherungsbedürfnis besteht, zählt zum Aufgabenbereich des Nachlassgerichts,[532] § 1960 Abs. 1 BGB. Das Arsenal der Sicherungsmittel umfasst ua die Anlegung von Siegeln, die Hinterlegung von Geld, Wertpapieren und Kostbarkeiten, die Kontensperrung, die Aufnahme eines Nachlassverzeichnisses sowie die Bestellung eines Nachlasspflegers, § 1960 Abs. 2 BGB.[533]

219 Die größte Bedeutung kommt der **Nachlasspflegschaft** zu, hauptsächlich in Gestalt der Sicherungspflegschaft[534] nach § 1960 BGB, die der Sicherung, Erhaltung, Verwaltung des Nachlasses und der Ermittlung des Erben dient,[535] daneben aber auch in Gestalt der Klagepflegschaft nach § 1961 BGB, etwa im Rahmen der Geltendmachung eines Pflichtteilsanspruchs gegen unbekannte Erben. Die örtliche Zuständigkeit richtet sich nach §§ 343, 344 Abs. 4 FamFG, die sachliche Zuständigkeit nach §§ 3 Nr. 2c, 16 Abs. 1 RpflG.[536]

II. Alte KostO-Regelung, §§ 104, 106 KostO

220 Der Gleichlauf von BGB- und KostO-Vorschriften manifestierte sich in den §§ 104, 106 KostO, in der Unterscheidung zwischen **allgemeinen Sicherungsmaßnahmen** (§ 104 KostO) und **spezieller Nachlasspflegschaft** (§ 106 KostO).[537]

221 Demnach ordnete § 104 Abs. 1 S. 1 KostO für die **Sicherung** eines Nachlasses durch Siegelung, die Anordnung der Hinterlegung von Geld und Kostbarkeiten oder die Erstellung eines Nachlassverzeichnisses die Erhebung einer 1,0 Gebühr an, fällig bereits mit der Anordnung der Sicherungsmaßnahme, § 104 Abs. 1 S. 2 KostO,[538] und zu zahlen durch die Erben, § 6 KostO. Hinzu kam die Gebühr für die Siegelung, Entsiegelung oder Aufnahme des Vermögensverzeichnisses, demnach eine 0,5 Gebühr nach dem Wert der betroffenen Gegenstände,[539] §§ 104 Abs. 2, 52 KostO.

222 Für die Anordnung einer **Nachlasspflegschaft** fiel im alten Kostenrecht eine 1,0 Gebühr nach § 106 Abs. 1 S. 1 KostO an, ebenfalls fällig bereits mit Anordnung, § 106 Abs. 1 S. 2 KostO, und zu zahlen einzig und allein durch die Erben, § 6 KostO. Zur kostenrechtlichen Implosion einer bereits nach § 104 KostO angefallenen Gebühr (für die Sicherung des Nachlasses) kam es aufgrund der Regelung in § 106 Abs. 2 KostO, die die Anrechnung der Gebühr nach § 104 KostO anordnete.[540]

223 Als **Geschäftswert** fungierte der Wert des von der Pflegschaft betroffenen Vermögens, § 106 Abs. 1 S. 3 KostO, allerdings ohne Abzug von Verbindlichkeiten.

224 Obgleich sich eine Nachlasspflegschaft wesensgemäß über einen längeren Zeitraum erstrecken konnte, sah das Gesetz keine Jahresgebühr vor, sondern beließ es bei einer einmaligen 1,0 Gebühr nach § 106 KostO. Dies wirkt sich immer noch auf das Übergangsrecht aus.

III. Besonderheit Übergangsrecht, § 136 Abs. 1 S. 1 Nr. 1 Hs. 2 GNotKG

225 Denn nach § 136 Abs. 1 S. 1 Nr. 1 Hs. 2 GNotKG wird in den **Altverfahren**, die vor dem 1.8.2013 eingeleitet bzw. anhängig geworden sind, die Jahresgebühr nach der Nr. 12311 KV

---

532 Zuständig ist das Amtsgericht, § 23a Abs. 2 Nr. 2 GVG iVm § 342 Abs. 1 Nr. 2 FamFG; zur Sonderzuständigkeit in Baden-Württemberg vgl. Kroiß ErbR 2013, 110.
533 Keine abschließende Aufzählung, vgl. Korintenberg/Wilsch GNotKG KV Nr. 12310 Rn. 1.
534 Kroiß ErbR 2013, 110 (111).
535 Formulierungsbeispiele und Muster liefert Kroiß ErbR 2013, 110 (112 f.).
536 Kroiß ErbR 2013, 110, Wohnsitz des Erblassers; sachlich ist der Rechtspfleger zuständig.
537 Zum alten und neuen Kostenrecht vgl. Wilsch FGPrax 2013, 47 (50).
538 Zum alten Recht vgl. Kroiß ErbR 2013, 110 (114).
539 Kroiß ErbR 2013, 110 (114).
540 Kroiß ZEV 2013, 413 (417).

GNotKG **nicht** erhoben. In entsprechenden **Altverfahren** verbleibt es bei der oben beschriebenen Kostenregelung in Gestalt einer singulären 1,0 Gebühr nach § 106 Abs. 1 KostO,[541] insbesondere tritt in Altverfahren kein Wechsel hin zum neuen System der Jahresgebühr nach der Nr. 12311 KV GNotKG ein.[542] Dies bringt Gewissheit für die Kostenschuldner, die bis zum Inkrafttreten des GNotKG nur mit einer vollen Gebühr, nicht aber mit einer periodischen Jahresgebühr rechnen mussten.[543]

IV. Aktuelle Regelung der Nachlasspflegschaft, Nr. 12311 KV GNotKG, § 64 GNotKG

Dass das GNotKG eine **Jahresgebühr** vorsieht, zählte zu den grundlegenden Neuerungen der Kostenreform 2013. Für sog. **Kurzzeitnachlasspflegschaften**, die nicht länger als drei Monate dauern, sieht das Gesetz seit dem 1.1.2021 eine Deckelung auf 100 EUR vor, vgl. dritte Anmerkung zur Nr. 12311 KV GNotKG. 226

Nach der Nr. 12311 KV GNotKG fällt bei einer **Nachlasspflegschaft**, die nicht auf einzelne Rechtshandlungen beschränkt ist, eine Jahresgebühr für jedes Kalenderjahr an, nämlich 10 EUR je angefangene 5.000 EUR des Nachlasswertes, mindestens 200 EUR.[544] Der Rekurs auf die Tabelle A erweist sich insofern als überflüssig.[545] Die Gebühr deckt alle gerichtlichen Handlungen ab, darunter auch die Erteilung nachlassgerichtlicher Genehmigungen, §§ 1915, 1962 BGB, ebenso die Prüfung der Rechnungslegung, die Schlussrechnung und die Aufhebung des Verfahrens.[546] Nicht abgedeckt sind dagegen **Zwangsmittel** iSv § 35 FamFG, für die das Nachlassgericht Gebühren nach der Nr. 17006 KV GNotKG (= Festgebühr iHv 22 EUR[547]) erhebt[548] (→ Rn. 230). Die Gebühren für **Kurzzeitnachlasspflegschaften**, die nicht länger als drei Monate dauern, sind seit dem 1.1.2021 auf 100 EUR gedeckelt, vgl. dritte Anmerkung zur Nr. 12311 KV GNotKG. Für **Nachlassverwaltungen** oder **Gesamtgutsverwaltungen** gilt diese Deckelung **nicht**,[549] sie gilt auch nicht für die Nachlasspflegschaft für einzelne Rechtshandlungen, vgl. Nr. 12312 KV GNotKG. 227

Wie im Falle der **Teil-Nachlasspflegschaft** (einzelne Erben sind unbekannt) vorzugehen ist, ergibt sich aus der ersten Anmerkung zur Nr. 12311 KV GNotKG. Zu berücksichtigen ist höchstens der betroffene Teil des Nachlasses, wobei Verbindlichkeiten nicht abgezogen werden. Ein Freibetrag fehlt.[550] Zur Nachlasspflegschaft für einzelne Rechtshandlungen vgl. dagegen Nr. 12312 KV GNotKG (→ Rn. 240 ff.). Dauert die Teil- Nachlasspflegschaft nicht länger als drei Monate, beträgt die Gebühr nur 100 EUR, vgl. die dritte Anmerkung zur Nr. 12311 KV GNotKG.

Der **Geschäftswert** ist in § 64 GNotKG festgehalten, maßgeblich ist der **Wert des von der Verwaltung betroffenen Vermögens**, § 64 Abs. 1 GNotKG[551], es sei denn, der Antrag wurde von einem Gläubiger[552] gestellt (dann Wertvergleich zwischen Forderung und Wert des von der Verwaltung betroffenen Vermögens, siehe § 64 Abs. 2 GNotKG). **Verbindlichkeiten** werden nicht abgezogen, Nr. 12311, Anmerkung 1 S. 2 KV GNotKG[553], und auch ein Vermögensfreibetrag sowie eine Ermäßigungsvorschrift fehlen.[554] Der Aktivnachlass bildet den Geschäftswert, § 38 GNotKG. In der Praxis orientiert sich das Gericht am oben beschriebenen Wert zum 1. Januar 228

---

541 Wilsch ZEV 2013, 428.
542 Wilsch ZEV 2013, 428.
543 Korintenberg/Wilsch GNotKG KV Nr. 12311 Rn. 3.
544 Kroiß ZEV 2013, 413 (417).
545 HK-GNotKG/Jäckel GNotKG KV Nr. 12310–12312 Rn. 8.
546 Schneider GNotKG § 14 Rn. 164; Korintenberg/Wilsch GNotKG KV Nr. 12311 Rn. 5.
547 Erhöht von 20 EUR auf 22 EUR, vgl. KostRÄG 2021.
548 Korintenberg/Wilsch GNotKG KV Nr. 12311 Rn. 5a; Schneider GNotKG § 14 Rn. 165.
549 Korintenberg/Wilsch GNotKGNr. 12311 Rn. 11c; ebenso BDS/Sommerfeldt GNotKGNr. 12311 Rn. 12a.
550 Korintenberg/Wilsch GNotKG KV Nr. 12311 Rn. 7.
551 Vgl. Lauk NLPrax 2022, 53.
552 Siehe § 1961 BGB, dort ist von der auf Antrag eingerichteten Nachlasspflegschaft die Rede.
553 Lauk NLPrax 2022, 53.
554 BT-Drs. 17/11471, 306; Wilsch FGPrax 2013, 47 (50); Korintenberg/Wilsch GNotKG KV Nr. 12311 Rn. 6 und 11a. Ebenso Lauk NLPrax 2022, 53.

des betroffenen Jahres, wie er sich im Bericht des Nachlasspflegers präsentiert. Nachlassverbindlichkeiten, die noch bestehen, sind nicht zu berücksichtigen, § 38 GNotKG. **Bereits beglichene Nachlassverbindlichkeiten** führen dagegen zu einer **Reduktion des Aktivnachlasses** und damit zu einem **reduzierten Geschäftswert**[555]. Abzustellen ist auf den Zeitpunkt der Fälligkeit der Gebühr, damit auf den aktuellen Aktivnachlass[556].

229 Der Grundgedanke der Regelung liegt in der Parallele zur gerichtlichen Tätigkeit bei Dauerbetreuungen und Dauerpflegschaften.[557] Einen prinzipiellen Unterschied zwischen den einzelnen Pflegschaftstypen sah der Gesetzgeber nicht mehr. Folge ist die Umgestaltung zu einer periodisch anfallenden Verfahrensgebühr. Folge ist nun auch die Deckelung für **Kurzzeitnachlasspflegschaften**, die nicht länger als drei Monate dauern, vgl. dritte Anmerkung zur Nr. 12311 KV GNotKG.

230 Nach der zweiten Anmerkung der Nr. 12311 KV GNotKG wird für das bei der **ersten Bestellung** laufende und das folgende Kalenderjahr nur eine Jahresgebühr erhoben. Die Verfahrensgebühr nach der Nr. 12311 KV GNotKG deckt aber nicht die nach § 35 FamFG verhängten Zwangsmittel ab (→ Rn. 227). Dafür sind Festgebühren iHv 22 EUR pro Anordnung vorgesehen, Nr. 17006 KV GNotKG.[558] Falls der Antrag auf Anordnung einer Nachlasspflegschaft, einer Nachlassverwaltung oder einer Gesamtgutsverwaltung abgelehnt wird, soll nach hM hilfsweise die Gebühr nach der Nr. 12310 KV GNotKG anfallen.[559]

231 Die **Fälligkeit** der Jahresgebühr tritt zu Beginn eines Kalenderjahres ein, § 8 S. 1 GNotKG.[560] Einen **Vorschuss** anzufordern, stellt keine Option dar, da keine Antragshaftung besteht, sondern nur die Erben haften[561] (→ Rn. 234).

232 Ob sich das Verfahren über das ganze Kalenderjahr oder nur einen bestimmten **Zeitraum** erstreckt, spielte keine Rolle. Eine anteilsmäßige Kürzung der Gebühr kommt nicht in Betracht.[562] Eine Einschränkung ist seit dem 1.1.2021 darin zu sehen, dass sog. **Kurzzeitnachlasspflegschaften** gedeckelt sind. Dauert die Nachlasspflegschaft nicht länger als drei Monate, beträgt die Gebühr nur 100 EUR, vgl. dritte Anmerkung zur Nr. 12311 KV GNotKG.

233 Als problematisch kann sich die normierte **Mindestgebühr** iHv 200 EUR erweisen, insbesondere bei überschuldeten Nachlässen.

234 Vorbehaltlich einer anderslautenden Entscheidung des Gerichts, schuldet der **Erbe** die Verfahrensgebühr, §§ 24 Nr. 2, 31 Abs. 2 GNotKG.[563] Der antragstellende **Gläubiger** haftet nach derzeitiger Rechtslage nicht, was unbillig erscheint. Das ist der Grund dafür, warum seit 2017 an eine Erweiterung der Kostenhaftung für Nachlassgläubiger als Antragsteller gedacht wird.[564] Fünf Jahre später liegt immer noch kein Ergebnis vor. Das Thema steht unverändert auf der kostenrechtlichen Agenda und ist auch im Jahr 2023 Gegenstand der kostenrechtlichen Diskussion.

V. Allgemeine Sicherungsmaßnahmen, Nr. 12310 KV GNotKG

235 Die **Verfahren im Allgemeinen**, demnach isolierte Sicherungsmaßnahmen, die nicht in einer Nachlasspflegschaft bestehen, sind in der Nr. 12310 KV GNotKG geregelt. Hierzu gehören die

---

[555] Lauk NLPrax 2022, 53 (54).
[556] Vgl. Lauk NLPrax 2022, 53 (54).
[557] BT-Drs. 17/11471, 306; Wilsch FGPrax 2013, 47 (50); Kroiß ZEV 2013, 413 (417).
[558] Korintenberg/Wilsch GNotKG KV Nr. 12311 Rn. 5a.
[559] Schneider GNotKG § 14 Rn. 201; aA LK-GNotKG/Zimmermann GNotKG KV Nr. 12310 Rn. 2 und 4, die Gebühr solle nicht hilfsweise anfallen. Im Zuge des KostRÄG 2021 wurde die Gebühr von 20 EUR auf 22 EUR angehoben.
[560] Also am 1. Januar des Jahres.
[561] Vgl. Schneider GNotKG § 14 Rn. 181; Korintenberg/Wilsch GNotKG KV Nr. 12311 Rn. 14.
[562] Schneider GNotKG § 14 Rn. 176.
[563] Schneider GNotKG § 14 Rn. 179 und 180.
[564] Vgl. die Tagesordnung der Konferenz der Kostenrechtsreferenten der Landesjustizverwaltungen und des BMJV vom März 2017, Konferenz in Magdeburg.

Anlegung von Siegeln, die Hinterlegung von Wertsachen sowie die Aufnahme eines Nachlassverzeichnisses,[565] wofür eine pauschale und einmalige **0,5 Verfahrensgebühr** nach der Tabelle A in Ansatz zu bringen ist. In Betracht kommen aber auch die Sperrung und Freigabe von Konten, die Anordnung des Verkaufs verderblicher Sachen und Maßnahmen zur Bewachung des Nachlassgrundstücks.[566] **Mehrere Sicherungsmaßnahmen**, die gleichzeitig ins Werk gesetzt werden, lösen nur eine Gebühr aus, § 55 Abs. 1 GNotKG, zu erheben aus den zusammengerechneten Teilwerten des gesicherten Gutes, § 35 Abs. 1 GNotKG.[567] Sollte der zu sichernde Gegenstand **mehreren Nachlässen** angehören, entstehen mehrere Gebühren, da die Gebühr nachlassbezogen ist.[568] Zeitversetzte Sicherungsmaßnahmen generieren in gleicher Weise je eine Gebühr, da jeweils ein neues Verfahren in Gang gesetzt wird.[569]

Die **Geschäftswertregelung** befindet sich in § 36 Abs. 1 GNotKG und orientiert sich am Wert des von der Sicherung betroffenen Vermögens, wiederum ohne Schuldenabzug.[570] Üblich ist ein Teilwert iHv 10 bis 20 Prozent des Sicherungsgutes.[571] Eine abweichende Meinung[572] möchte § 64 GNotKG bemühen, die jedoch nur für Nachlasspflegschaften, Nachlassverwaltungen und Gesamtgutsverwaltungen gilt. Richtigerweise ist auf § 36 Abs. 1 GNotKG zurückzugreifen.[573] 236

Zwar existiert keine Anrechnungsregelung iSv § 106 Abs. 2 KostO mehr, auch keine Ermäßigungsvorschrift iSv Nr. 12211–12212 KV GNotKG, allerdings entsteht nach Satz 1 der Anmerkung zur Nr. 12310 KV GNotKG die Gebühr nicht für Sicherungsmaßnahmen, die in den **Rahmen einer bestehenden Nachlasspflegschaft** oder Nachlass- oder Gesamtgutsverwaltung fallen. Entsprechende Konstellationen lösen dann nur die Gebühr nach der Nr. 12311 oder 12312 KV GNotKG aus. Die Nr. 12311 bzw. 12312 KV GNotKG genießen Vorrang vor der Nr. 12310 KV GNotKG, sind leges speciales. Nach Satz 2 der Anmerkung gilt dies auch für die Verfahren, die mit der Nachlasspflegschaft oder Nachlass- oder Gesamtgutsverwaltung enden. Sofern also ursprünglich nur eine allgemeine Sicherungsmaßnahme angeordnet war, später jedoch sich ein Sicherungsbedürfnis für die Anordnung einer Nachlasspflegschaft zeigte, wird die Gebühr nach der Nr. 12310 KV GNotKG nicht erhoben.[574] In Ansatz gebracht werden kann nur die Gebühr nach der Nr. 12311 KV GNotKG.[575] 237

Die **Fälligkeit** der Gebühr tritt mit der Beendigung der Sicherungsmaßnahme ein, § 9 Abs. 1 Nr. 5 GNotKG. 238

Vorbehaltlich einer anderslautenden Entscheidung des Gerichts, sind Kostenschuldner die **Erben**, §§ 24 Nr. 2, 27 Nr. 1 GNotKG. 239

VI. Nachlasspflegschaft für einzelne Rechtshandlungen, Nr. 12312 KV GNotKG

Die **Nachlasspflegschaft für einzelne Rechtshandlungen** findet in der Nr. 12312 KV GNotKG ihren Regelungsgegenstand, etwa im Falle der Vertretung unbekannter Erben bei einer Immobilienveräußerung, bei Geltendmachung eines Pflichtteilsanspruches gegen unbekannte Erben oder der Pflegerbestellung, die lediglich der Erbenermittlung dient. Hierzu zählt auch die Nachlasspflegschaft zur Abwicklung eines Mietverhältnisses oder zur Geltendmachung eines Ausein- 240

---

565 Schneider GNotKG § 14 Rn. 204.
566 Korintenberg/Wilsch GNotKG KV Nr. 12310 Rn. 4.
567 Korintenberg/Wilsch GNotKG KV Nr. 12310 Rn. 6; Schneider GNotKG § 14 Rn. 206.
568 Korintenberg/Wilsch GNotKG KV Nr. 12310 Rn. 6a; Burandt/Rojahn/Kilian/Heinemann GNotKG Rn. 34; Schneider GNotKG § 14 Rn. 206.
569 Korintenberg/Wilsch GNotKG KV Nr. 12310 Rn. 6b.
570 Vgl. auch § 38 S. 1 GNotKG; Korintenberg/Wilsch GNotKG KV Nr. 12310 Rn. 12; Burandt/Rojahn/Kilian/Heinemann GNotKG Rn. 37.

571 Schneider GNotKG § 14 Rn. 212; Korintenberg/Wilsch GNotKG KV Nr. 12310 Rn. 11; BDS/Sommerfeldt GNotKG KV Nr. 12310 Rn. 10; Burandt/Rojahn/Kilian/Heinemann GNotKG Rn. 37.
572 LK-GNotKG/Zimmermann GNotKG KV Nr. 12310 Rn. 14.
573 Korintenberg/Wilsch GNotKG KV Nr. 12310 Rn. 11.
574 Ebenso HK-GNotKG/Jäckel GNotKG KV Nr. 12310–12312 Rn. 6.
575 Schneider GNotKG § 14 Rn. 208 und 209.

andersetzungsanspruchs.[576] Anzusetzen ist eine **einmalige**[577] **0,5 Verfahrensgebühr** nach der Tabelle A, höchstens eine Gebühr nach der Nr. 12311 KV GNotKG,[578] mindestens 200 EUR.[579] Notwendig ist eine Vergleichsberechnung mit der Jahresgebühr nach der Nr. 12311 KV GNotKG. Abgedeckt sind **alle gerichtlichen Tätigkeiten**, die im Verlauf der Nachlasspflegschaft für einzelne Rechtshandlungen anfallen, gleichgültig, wie lange die Nachlasspflegschaft dauert. Mit der neu eingefügten zweiten Anmerkung ist klargestellt, dass die Nachlasspflegschaft für einzelne Rechtshandlungen, die nicht länger als drei Monate dauern, **nicht gedeckelt** ist. Der dritte Absatz der Anmerkung zur Nr. 12311 KV GNotKG ist nicht anzuwenden, so explizit die zweite Anmerkung zur Nr. 12312 KV GNotKG. Eine Deckelung auf 100 EUR tritt deshalb nicht ein, sofern die Nachlasspflegschaft für einzelne Rechtshandlungen nicht länger als drei Monate dauert.[580] Dies ist auch gerechtfertigt, da insoweit der Aufwand den Ausschlag gibt, nicht die Dauer des Verfahrens.

241 Der **Geschäftswert** folgt aus § 64 GNotKG, maßgeblich ist der Wert des von der Verwaltung betroffenen Vermögens, wiederum ohne Schuldenabzug.[581] Verbindlichkeiten werden nicht abgezogen, ebenso wenig kann ein Freibetrag berücksichtigt werden.[582] Falls der Gläubiger den Antrag gestellt hat, ist die Regelung in § 64 Abs. 2 GNotKG einschlägig (Betrag der Forderung, höchstens Wert des von der Verwaltung betroffenen Vermögens). **Kostenschuldner** ist allein der Erbe, § 24 Nr. 3 GNotKG.

Q. Entgegennahme von Erklärungen, Verfahren über Fristbestimmungen, Verfahren zur Aufnahme eines Nachlassinventars, Verfahren zur Erteilung einer TV-Amtsannahmebescheinigung, Nr. 12410–12413 KV GNotKG

I. Allgemeines

242 Mit der **Entgegennahme von Erklärungen**, die nach gesetzlicher Vorschrift dem Nachlassgericht gegenüber abzugeben sind, beschäftigt sich das Verfahrensrecht in § 342 Abs. 1 Nr. 5 FamFG. Das Gesetz ordnet diese Tätigkeit dem Bereich der Nachlassverfahren zu. Für das Nachlassgericht bedeutet die Entgegennahme von Erklärungen und Anzeigen keinen übermäßigen Verfahrensaufwand, zumal hiermit nur eingeschränkte Prüfungspflichten einhergehen. Im Kontrast dazu steht die Bedeutung der Entgegennahme für den Erklärenden bzw. Anzeigenden, da es sich häufig um empfangsbedürftige Willenserklärungen handelt, die erst mit dem Zugang bei dem zuständigen Nachlassgericht wirksam werden.[583] In einigen Fällen besteht sogar eine gesetzliche Verpflichtung zur Anzeige gegenüber dem Nachlassgericht, dem ohne schuldhaftes Zögern nachgekommen werden muss, um nicht schadensersatzpflichtig zu werden.[584]

---

576 Korintenberg/Wilsch GNotKG KV Nr. 12312 Rn. 4.
577 Also keine Jahresgebühr, Korintenberg/Wilsch GNotKG KV Nr. 12312 Rn. 5.
578 Kroiß ZEV 2013, 413 (417).
579 Ebenso Schneider GNotKG § 14 Rn. 190; Korintenberg/Wilsch GNotKG KV Nr. 12312 Rn. 5; aA LK-GNotKG/Zimmermann GNotKG KV Nr. 12312 Rn. 5, der Mindestbetrag gelte nicht.
580 Korintenberg/Wilsch GNotKG Nr. 12312 Rn. 5.
581 Korintenberg/Wilsch GNotKG Nr. 12312 Rn. 6b.

582 Korintenberg/Wilsch GNotKG KV Nr. 12312 Rn. 6b; Burandt/Rojahn/Kilian/Heinemann GNotKG Rn. 43.
583 Siehe beispielsweise die Anfechtungserklärung nach § 2081 BGB; ebenso die Annahme sowie die Ablehnung des Amtes des Testamentsvollstreckers, § 2202 Abs. 2 BGB; ebenso die Kündigung des TV-Amtes durch den Testamentsvollstrecker, siehe § 2226 BGB.
584 Siehe hierzu die Anzeigepflicht des Vorerben gegenüber Nachlassgläubigern, und zwar hinsichtlich des Eintritts der Nacherbfolge; siehe hierzu auch die Anzeigepflicht des Erbschaftsverkäufers gegenüber den Nachlassgläubigern nach § 2384 BGB.

II. Alte KostO-Regelungen, §§ 112, 114 KostO

Die **Kostenordnung**[585] belegte die Entgegennahme von Erklärungen mit einer **0,25 Wertgebühr**, sofern Erklärungen iSd Regelungskataloges nach § 112 KostO[586] abzugeben waren, bzw. mit einer **0,5 Wertgebühr**, sofern die Entgegennahme zum Anwendungsbereich nach § 114 KostO[587] zählte. 243

Als Damoklesschwert hing über der Gebührenfolge stets die Regelung des § **115 KostO**, der die gebührenfreie Erledigung anordnete, sofern die Verrichtungen im Zusammenhang mit einem anderen gebührenpflichtigen Verfahren standen, etwa der Erteilung eines Erbscheins oder eines TV-Zeugnisses. 244

III. Aktuelle Regelung: Entgegennahme von Erklärungen und Anzeigen, Nr. 12410 KV GNotKG

Einen **Systemwechsel** stellte die Neuregelung der Entgegennahme von Erklärungen und Anzeigen insofern dar, als sich die Nr. 12410 KV GNotKG[588] von der bisherigen Konzeptionierung als Wertgebühr[589] ab- und der Kategorisierung als **Festgebühr** zuwandte. Den gesetzgeberischen Hintergrund bildete die Einordnung als „standardisierte Verfahrensweisen mit in der Regel geringem Aufwand".[590] 245

Für die **Entgegennahme** entsprechender Erklärungen und Anzeigen fällt nur noch eine **Festgebühr** iHv **15 EUR** an, Nr. 12410 Abs. 1 KV GNotKG,[591] eine Aktgebühr, mit der alle gerichtlichen Handlungen abgegolten sind,[592] demnach auch eine anschließende Übermittlung der Erklärung an einen Beteiligten bzw. Dritten,[593] ebenso die Erteilung einer Eingangsbestätigung.[594] Die **Beurkundung** einer solchen Erklärung durch das Nachlassgericht löst eine Beurkundungsgebühr aus, Nr. 21201 Nr. 7 KV GNotKG.[595] 246

Für die **gleichzeitige Entgegennahme** mehrerer Erklärungen oder Anzeigen oder Forderungsanmeldungen nach derselben Nummer entsteht die Gebühr nur einmal, Nr. 12410 Abs. 2 KV GNotKG.[596] Im Umkehrschluss fallen für die nicht gleichzeitig, demnach **zeitlich versetzte Entgegennahme** von Erklärungen oder Anzeigen verschiedene Festgebühren an.[597] **Mehrere Festgebühren** fallen auch an, sofern gleichzeitig mehrere Erklärungen entgegengenommen werden, die **verschiedene Nummern** der Regelung betreffen.[598] 247

---

585 Zum alten Recht vgl. Korintenberg/Wilsch GNotKG KV Nr. 12410 Rn. 2.
586 Regelungskatalog nach § 112 Abs. 1 Nr. 1 bis 7 KostO, Entgegennahme folgender Erklärungen und Anzeigen: Ablehnung der fortgesetzten Gütergemeinschaft, Verzicht eines anteilsberechtigten Abkömmlings, Aufhebung der fortgesetzten Gütergemeinschaft; Ausschlagung der Erbschaft, Anfechtung der Annahme oder Ausschlagung der Erbschaft; Anmeldung von Forderungen im Falle des § 2061 BGB; Anfechtung eines Testaments oder Erbvertrags; Anzeige des Vorerben oder des Nacherben über Eintritt der Nacherbfolge; Bestimmung der Person des TV; Anzeigen des Verkäufers oder Käufers einer Erbschaft über deren Verkauf; zum alten Recht vgl. Kroiß ZEV 2013, 413 (417).
587 Regelungskatalog nach § 114 KostO: Entgegennahme eines Nachlassinventars; Bestimmung einer Inventarfrist oder einer neuen Inventarfrist und für die Verlängerung der Inventarfrist; ferner Fristbestimmungen nach §§ 2151, 2153 bis 2155, 2192 und 2193 BGB.
588 Kroiß ZEV 2013, 413 (417 f.).
589 Nach § 112 Abs. 1 Nr. 3 bis 7 KostO, vgl. BT-Drs. 17/11471 (neu), 200.
590 BT-Drs. 17/11471 (neu), 200; Kroiß ZEV 2013, 413 (417).
591 Irrelevant daher der Hinweis in der Spaltenüberschrift, die Festgebühr richte sich nach der Tabelle A, § 34 GNotKG; zur Festgebühr vgl. Schneider GNotKG § 14 Rn. 241.
592 Schneider GNotKG § 14 Rn. 241.
593 Siehe etwa § 2081 Abs. 2 S. 1 BGB, das Nachlassgericht soll die Anfechtungserklärung demjenigen mitteilen, dem die angefochtene Verfügung unmittelbar zustattenkommt, also dem Begünstigten der Verfügung; ebenso § 2281 Abs. 2 S. 2 BGB.
594 Korintenberg/Wilsch GNotKG KV Nr. 12410 Rn. 1, Eingangsbestätigung ist mit der Festgebühr abgegolten. Ausnahme: Nr. 12413 KV GNotKG, die Erteilung einer Amtsannahmebescheinigung für den Testamentsvollstrecker. Die neue Nr. 12413 KV GNotKG geht auf Art. 4 Nr. 9 des KostRÄG 2021 zurück und ist seit dem 1.1.2021 in Kraft.
595 Schneider GNotKG § 14 Rn. 243 und 245.
596 Schneider GNotKG § 14 Rn. 244.
597 Schneider GNotKG § 14 Rn. 244; Korintenberg/Wilsch GNotKG KV Nr. 12410 Rn. 12.
598 Korintenberg/Wilsch GNotKG KV Nr. 12410 Rn. 13; Schneider GNotKG § 14 Rn. 244.

248 Der **Anwendungsbereich** der Nr. 12410 KV GNotKG umfasst die Entgegennahme folgender Erklärungen und Anzeigen:

- die Entgegennahme einer **Forderungsanmeldung** iSv § 2061 BGB, also im Falle des Privataufgebots, das jeder Miterbe veranlassen kann, Nr. 12410 Abs. 1 Nr. 1 KV GNotKG[599]
- die Entgegennahme einer Erklärung über die **Anfechtung** eines Testaments oder Erbvertrages, §§ 2081, 2281 Abs. 2 BGB, Nr. 12410 Abs. 1 Nr. 2 KV GNotKG[600]
- die Entgegennahme einer **Anzeige** des Vorerben oder Nacherben über den Eintritt der Nacherbfolge, § 2146 BGB,[601] Nr. 12410 Abs. 1 Nr. 3 KV GNotKG
- die Entgegennahme einer Erklärung betreffend die **Bestimmung** der Person des Testamentsvollstreckers oder die Ernennung von Mitvollstreckern, §§ 2198 Abs. 1 S. 2, 2199 Abs. 3 BGB, die Annahme oder Ablehnung des Amtes des Testamentsvollstreckers, § 2202 BGB sowie die Kündigung dieses Amtes, § 2226 BGB,[602] Nr. 12410 Abs. 1 Nr. 4 KV GNotKG;[603] für das Ernennungsverfahren selbst fällt eine eigene Gebühr an, Nr. 12420 KV GNotKG (0,5 Gebühr aus 10 Prozent des Reinnachlasses, § 65 GNotKG)
- die Entgegennahme einer **Anzeige** des Verkäufers oder Käufers einer Erbschaft über den Verkauf, § 2384 BGB, sowie einer Anzeige iSv § 2385 BGB, Nr. 12410 Abs. 1 Nr. 5 KV GNotKG[604]
- die Entgegennahme eines **Nachlassinventars** oder einer Erklärung nach § 2004 BGB,[605] Nr. 12410 Abs. 1 Nr. 6 KV GNotKG;[606] der Notar stellt für die Aufnahme des Vermögensverzeichnisses eine 2,0 Gebühr in Rechnung, Nr. 23500 KV GNotKG[607]
- die Entgegennahme einer Erklärung eines **Hoferben** über die Wahl des Hofes gem. § 9 Abs. 2 S. 1 HöfeO,[608] Nr. 12410 Abs. 1 Nr. 7 KV GNotKG.[609]

Die **Fälligkeit** der Festgebühr tritt bereits mit der Entgegennahme der Erklärung bzw. Anzeige ein, § 9 Abs. 1 GNotKG.[610]

IV. Verfahren über Fristbestimmungen, Nr. 12411 KV GNotKG

249 Etwas höher fällt die Festgebühr in den Verfahren über **Fristbestimmungen**[611] aus, da das Nachlassgericht insoweit nicht passiv agiert, sondern einen eigenen **Beschluss** erlässt,[612] der mit

---

599 Kostenschuldner ist nach § 23 Nr. 3 GNotKG der Miterbe, der die Aufforderung erlassen hat; zur kostenschuldnerischen Haftung vgl. auch BT-Drs. 17/11471 (neu), 200.

600 Die Gebühr ist eine Aktgebühr, mit der alle gerichtlichen Handlungen abgegolten sind, demnach auch eine anschließende Übermittlung der Erklärung an einen Beteiligten oder Dritten, siehe §§ 2081 Abs. 2 S. 1, 2281 Abs. 2 S. 2 BGB; Kostenschuldner ist derjenige, der die Erklärung abgegeben hat, § 23 Nr. 4a GNotKG; zur kostenschuldnerischen Haftung vgl. BT-Drs. 17/11471 (neu), 200.

601 Insoweit besteht keine Verpflichtung des Nachlassgerichts zur Mitteilung gegenüber den Betroffenen; Kostenschuldner ist derjenige, der die Anzeige abgegeben hat, § 23 Nr. 4b GNotKG; zur kostenschuldnerischen Haftung vgl. auch BT-Drs. 17/11471 (neu), 200.

602 Nach § 2226 S. 2 BGB erfolgt die Kündigung durch Erklärung gegenüber dem Nachlassgericht.

603 Im Falle der Ausübung des Bestimmungsrechts wird eine anschließende Benachrichtigung durch das Nachlassgericht befürwortet, was bereits mit der Aktgebühr iHv 15 EUR abgegolten ist; Kostenschuldner sind nur die Erben, vgl. § 24 Nr. 7 und 8 GNotKG.

604 Im Anschluss an die Anzeige besteht keinerlei nachlassgerichtliche Verpflichtung dazu, die Nachlassgläubiger zu benachrichtigen; Kostenschuldner ist derjenige, der die Anzeige abgegeben hat, § 23 Nr. 4c GNotKG; zur kostenschuldnerischen Haftung vgl. BT-Drs. 17/11471 (neu), 200.

605 Bezugnahme auf ein bereits vorhandenes Inventar.

606 Daneben kann die 2,0 Verfahrensgebühr nach der Nr. 23500 KV GNotKG anfallen, sofern das Nachlassgericht das Inventar selbst aufnimmt, Tabelle B, § 34 GNotKG, vgl. Schneider GNotKG § 14 Rn. 261 und 262. Kostenschuldner ist derjenige, der die Erklärung bzw. das Nachlassinventar abgegeben hat, § 23 Nr. 4d GNotKG; zur kostenschuldnerischen Haftung vgl. auch BT-Drs. 17/11471 (neu), 200.

607 Vgl. Korintenberg/Wilsch GNotKG KV Nr. 12410 Rn. 10.

608 Gilt in Nordrhein-Westfalen, Hamburg, Niedersachsen und Schleswig-Holstein.

609 Kostenschuldner ist derjenige, der die Erklärung abgegeben hat, § 23 Nr. 4e GNotKG; zur kostenschuldnerischen Haftung vgl. BT-Drs. 17/11471 (neu), 200.

610 Schneider GNotKG § 14 Rn. 247.

611 Zu den Fristbestimmungsverfahren vgl. Schneider GNotKG § 14 Rn. 251 ff.

612 HK-GNotKG/Jäckel GNotKG KV Nr. 12410–12412 Rn. 7.

Beschwerde angegriffen werden kann.[613] Die Nr. 12411 KV GNotKG enthält eine **Festgebühr iHv 25 EUR**, sofern eines der folgenden Fristbestimmungsverfahren in Ansatz zu bringen ist:

- **Fristbestimmung** nach den §§ 2151,[614] 2153–2155,[615] 2192,[616] 2193 BGB, Nr. 12411 Nr. 1 KV GNotKG
- Bestimmung einer **Inventarfrist**,[617] Nr. 12411 Nr. 2 KV GNotKG
- Bestimmung einer **neuen Inventarfrist**,[618] Nr. 12411 Nr. 3 KV GNotKG
- **Verlängerung** der Inventarfrist, Nr. 12411 Nr. 4 KV GNotKG
- Fristbestimmung, die eine **Testamentsvollstreckung** betrifft,[619] Nr. 12411 Nr. 5 KV GNotKG.

Der Gesetzgeber erkennt hierin weitgehend standardisierte gerichtliche Tätigkeiten, die lediglich eine **Festgebühr iHv 25 EUR** rechtfertigen.[620] Ein Wegfall der Gebühr ist nicht vorgesehen,[621] ebenso wenig eine Ermäßigung.[622]

Die **Fälligkeit** der Gebühr, die der **Antragsteller** schuldet, § 22 Abs. 1 GNotKG,[623] tritt erst mit Erlass einer Kostenentscheidung bzw. Beendigung des Verfahrens ein.[624]

V. Verfahren zur Aufnahme eines Nachlassinventars, Nr. 12412 KV GNotKG

Insoweit gilt seit dem 1.9.2013 eine **neue** Gesetzesfassung, die auf die Änderungen im Zuge des Gesetzes zur Übertragung von Aufgaben im Bereich der freiwilligen Gerichtsbarkeit auf die Notare zurückzuführen ist.[625]

Das Nachlassgericht erhebt eine **Festgebühr iHv 40 EUR** in den Verfahren über den Antrag des Erben, einen Notar mit der amtlichen Aufnahme des Nachlassinventars zu beauftragen, vgl. Nr. 12412 KV GNotKG. Damit korrespondieren die Änderungen innerhalb des § 2003 BGB, wonach die amtliche Aufnahme des Inventars durch den Notar erfolgt, vorausgesetzt, ein Antrag des Erben und eine entsprechende nachlassgerichtliche Auftragserteilung liegen vor.[626] Die Gebühr findet ihre Rechtfertigung im leicht erhöhten Arbeitsaufwand des Gerichts.[627] Eine Ermäßigung sieht das Gesetz nicht vor.[628] Für die **Entgegennahme** des Inventars erhebt das Nachlassgericht noch eine Festgebühr iHv 15 EUR, vgl. Nr. 12410 Nr. 6 KV GNotKG, für eine etwaige **Inventarbestimmung** die Festgebühr iHv 25 EUR, vgl. Nr. 12411 KV GNotKG.[629] **Kostenschuldner** ist der Erbe, § 24 Nr. 4 GNotKG.[630]

---

613 Bei Bestimmung einer Inventarfrist vgl. etwa § 360 FamFG.
614 Fristbestimmung des Nachlassgerichts im Vermächtnisrecht s. § 2151 Abs. 3 S. 2 BGB, vgl. auch Bestimmung einer Erklärungsfrist durch das Nachlassgericht.
615 Verteilungsvermächtnis nach § 2153 BGB, hier findet die Vorschrift des § 2151 Abs. 3 S. 2 BGB entsprechende Anwendung, siehe Verweisung in § 2153 Abs. 2 S. 2 BGB.
616 Entsprechende Anwendung der Vermächtnisvorschriften auf Auflagen, darunter §§ 2154–2155 BGB, so § 2192 BGB; das gerichtliche Fristbestimmungsverfahren ergibt sich aus der Verweisung in § 2193 Abs. 3 S. 3 BGB auf § 2151 Abs. 3 S. 2 BGB.
617 Zur Inventarfrist siehe § 1994 BGB, Antragsverfahren, das Nachlassgericht hat dann dem Erben auf Antrag eines Nachlassgläubigers eine Frist zur Errichtung des Inventars zu bestimmen, § 1994 Abs. 1 S. 1 BGB. Vgl. im Übrigen § 2005 Abs. 2 BGB, neue Inventarfrist auf Antrag eines Gläubigers.
618 Zur Bestimmung einer neuen Frist, sofern unverschuldete Fristversäumung durch den Erben vorliegt, vgl. § 1996 BGB, eine Art Wiedereinsetzung in den vorigen Stand, allerdings nur auf Antrag des Erben.
619 Siehe § 2202 Abs. 3 BGB, auf Antrag eines Beteiligten kann das Nachlassgericht dem Ernannten eine Frist zur Erklärung über die Annahme des Amtes als Testamentsvollstrecker bestimmen.
620 BT-Drs. 17/11471 (neu), 200.
621 Korintenberg/Wilsch GNotKG KV Nr. 12410–12412 Rn. 15.
622 Schneider GNotKG § 14 Rn. 252.
623 Schneider GNotKG § 14 Rn. 257.
624 Schneider GNotKG § 14 Rn. 255.
625 Zum Gesetz vgl. Preuß DNotZ 2013, 740 ff.; zur Regelung vgl.HK-GNotKG/Jäckel GNotKG KV Nr. 12410–12412 Rn. 11.
626 Preuß DNotZ 2013, 740 (743).
627 BT-Drs. 17/11471 (neu), 200.
628 Schneider GNotKG § 14 Rn. 26.
629 Schneider GNotKG § 14 Rn. 264 und 265.
630 Vgl. Schneider GNotKG § 14 Rn. 270.

VI. Verfahren über die Erteilung einer Amtsannahmebescheinigung, Nr. 12413 KV GNotKG

252.1 Mit Art. 4 Nr. 9 des KostRÄG 2021, in Kraft seit dem 1.1.2021,[631] wurde ein neuer Kostentatbestand eingefügt. Für das gerichtliche Verfahren über die Erteilung einer **Bescheinigung**, die die **Annahme des Amtes als Testamentsvollstrecker** bestätigt, ist eine **Festgebühr iHv 50 EUR** in Ansatz zu bringen, Nr. 12413 KV GNotKG. Zum Werdegang → Rn. 182. Die Erteilung erfolgt durch den **Rechtspfleger**, nicht die Geschäftsstelle,[632] und zwar auf **Antrag**. Nach dem Willen des Gesetzgebers fällt die Gebühr nach der Nr. 12210 KV GNotKG nicht an.[633] Mitabgedeckt sind alle nachlassgerichtlichen Tätigkeiten, die im Rahmen der Bescheinigung anfallen. Die Regelung enthält **keine Ermäßigungs- oder Anrechnungsregelung**, was bei gleichzeitiger Erteilung eines Testamentsvollstreckerzeugnisses und einer Amtsannahmebescheinigung relevant werden kann. Die Regelung ist als **Verfahrensgebühr** ausgestaltet und entsteht damit bereits mit Antragseingang, unabhängig von der Erteilung der Bescheinigung.[634] Abzugrenzen ist die Amtsannahmebescheinigung von der **Eingangsbestätigung**, die mit der Gebühr nach der Nr. 12410 Abs. 1 Nr. 4 KV GNotKG bereits abgegolten ist.[635] Abzugrenzen ist die Annahmebescheinigung auch vom **Zeugnis über das erloschene Testamentsvollstreckeramt**, das mit der vollen Verfahrensgebühr nach der Nr. 12210 KV GNotKG zu Buche schlägt.[636] **Kostenschuldner** ist der Antragsteller, § 22 Abs. 1 GNotKG.

R. Teilungssachen

I. Allgemeines

253 Zu den **Teilungssachen** im engeren Sinn zählen nach § 342 Abs. 2 Nr. 1 FamFG die Aufgaben bei der **Auseinandersetzung** eines Nachlasses und des Gesamtguts, nachdem eine eheliche, lebenspartnerschaftliche oder fortgesetzte Gütergemeinschaft beendet wurde, im Einzelnen geregelt in den §§ 363–373 FamFG.[637]

254 Das FamFG-Verfahren offeriert mehreren Erben die Möglichkeit, unter Einschaltung eines **Mediators** zur **Vermittlung der Erbauseinandersetzung** zu gelangen. Intention ist es, auf neutralem Boden ein Ergebnis zu erzielen, um eine Erbauseinandersetzungsklage zu vermeiden.[638]

255 Die **sachliche Zuständigkeit** zur Vermittlung der Auseinandersetzung liegt nicht mehr bei den Amtsgerichten, sondern seit dem 1.9.2013 bei den **Notaren**,[639] § 23a Abs. 1 S. 1 Nr. 2, Abs. 3 GVG,[640] die insoweit als neutrale Vermittler agieren. Insoweit kann auf Art. 44 des 2. KostRMoG verwiesen werden, die kostenrechtlichen Veränderungen des GNotKG im Zuge des Gesetzes zur Übertragung von Aufgaben im Bereich der freiwilligen Gerichtsbarkeit auf Notare.[641] Die Aufgabenübertragung auf die Notare soll der Entlastung der Zivilgerichte dienen und dem spezifischen Verfahrenscharakter Rechnung tragen.[642] Die für das Amtsgericht geltenden Vorschriften sind entsprechend anwendbar, § 492 Abs. 1 S. 1 FamFG. Das Verfahren kommt nicht in Betracht, sollte ein zur Auseinandersetzung berechtigter Testamentsvollstrecker

---

631 Vgl. Art. 13 Abs. 3 KostRÄG 2021, BGBl. 2021 I 3229 (3255).
632 Korintenberg/Wilsch GNotKG KV Nr. 12413 Rn. 4.
633 Korintenberg/Wilsch GNotKG KV Nr. 12413 Rn. 5.
634 Korintenberg/Wilsch GNotKG KV Nr. 12413 Rn. 6.
635 Korintenberg/Wilsch GNotKG KV Nr. 12413 Rn. 8.
636 Korintenberg/Wilsch GNotKG KV Nr. 12413 Rn. 9.
637 Zum Verfahren vgl. Holzer ZEV 2013, 656 ff.
638 Holzer ZEV 2013, 656.
639 Gesetz zur Übertragung von Aufgaben im Bereich der freiwilligen Gerichtsbarkeit auf Notare BGBl. 2013 I 1800; vgl. Holzer ZEV 2013, 656 (657); Heinemann FGPrax 2013, 139.
640 Ausnahmeregelung für Baden-Württemberg, dort können auch andere Stellen zuständig sein, § 487 Abs. 1 Nr. 3 FamFG.
641 Siehe Otto/Klüsener/Fackelmann/Düspohl/Thamke Neues KostR, 792 ff.; Preuß DNotZ 2013, 740 (745 f.).
642 Holzer ZEV 2013, 656 (662).

vorhanden oder ein Nachlassinsolvenzverfahren oder ein Nachlassverwaltungsverfahren anhängig sein, § 363 Abs. 1 Hs. 2 FamFG.

Altverfahren, die vor dem 1.9.2013 bereits bei den Amtsgerichten beantragt waren, werden nach bisherigem Recht abgewickelt, § 493 FamFG, damit auch nach altem Kostenrecht. 256

Die Eröffnung des Vermittlungsverfahrens setzt einen **Antrag**[643] voraus, gestellt von einem Miterben,[644] einem Erbanteilserwerber oder einem Pfandrechtsinhaber bzw. Nießbrauchsberechtigten, dem ein Pfandrecht oder ein Nießbrauch an einen Erbanteil zusteht, § 363 Abs. 1, 2 FamFG.[645] 257

Als Sonderregelung für die **örtliche Zuständigkeit** ist die Regelung in § 344 Abs. 4a FamFG zu beachten, die eine Verbindung zum letzten **Wohnsitz** des **Erblassers** herstellt.[646] 258

In der Praxis wird die **Eröffnung** des Verfahrens durch einen **Vermerk** festgehalten, der informationshalber dem Nachlassgericht mitgeteilt wird, gefolgt von der förmlichen[647] Ladung zum Termin, § 365 Abs. 1 S. 1 FamFG.[648] Dabei weist der Notar insbesondere auf seine Rolle als Mediator hin, als unabhängiger und neutraler Vermittler, der die Beteiligten bei der Auseinandersetzung unterstützen möchte. Dies impliziert die Möglichkeit der Verfahrensaussetzung durch Beschluss, sofern sich im Rahmen der Verhandlungen Streitpunkte ergeben, §§ 370, 21 FamFG.[649] 259

Falls die Beteiligten **vor** der Auseinandersetzung eine **Vereinbarung** treffen, ist diese durch den Notar zu beurkunden, § 366 Abs. 1 S. 1 FamFG. 260

Anderenfalls fertigt der Notar einen **Auseinandersetzungsplan**,[650] einen Regelungsvorschlag, sobald dies die Sachlage gestattet, § 368 Abs. 1 S. 1 FamFG. In der Praxis enthalten manche Auseinandersetzungspläne bereits die dinglichen Rechtsgeschäfte, teilweise bleiben sie aber auch gesonderten notariellen Urkunden vorbehalten, und zwar unter Hinweis auf den Vorschlagscharakter des Auseinandersetzungsplans.[651] Letztere Meinung kann sich auf § 368 Abs. 1 S. 2 FamFG stützen, wonach der Notar die Auseinandersetzung zu beurkunden hat, sofern die zum Termin erschienenen Beteiligten mit dem Plan einverstanden sind. 261

Eine bestätigte Vereinbarung iSv § 366 FamFG sowie der Auseinandersetzungsplan nach § 368 FamFG werden mit **Rechtskraft** des Bestätigungsbeschlusses wirksam und können als **Vollstreckungstitel** fungieren, §§ 371, 86 FamFG.[652] Die Gebühren hierzu ergeben sich aus dem GKG.[653] 262

II. Alte KostO-Regelung sowie GNotKG-Regelung bis zum 1.9.2013

Die bislang gerichtliche Vermittlung der Auseinandersetzung fand in § 116 KostO Berücksichtigung, und zwar in Gestalt einer **4,0 Gebühr**, § 116 Abs. 1 S. 1 KostO, sofern das Verfahren durch Bestätigung des Auseinandersetzungsplans ein ordnungsgemäßes Ende fand. 263

Anderenfalls, bei Abschluss des Verfahrens ohne Bestätigung der Auseinandersetzung, reduzierte sich die zu erhebende Gebühr auf **2,0**, so § 116 Abs. 1 S. 2 Nr. 1 KostO. 264

---

643 Antragsmuster s. Holzer ZEV 2013, 656 (658).
644 Mehrheit von Erben ist zwingende Voraussetzung des Verfahrens, vgl. Holzer ZEV 2013, 656 (657).
645 Sowie Parteien kraft Amtes etwa ein Testamentsvollstrecker über den Erbanteil oder ein Insolvenzverwalter, dem die Verfügungsbefugnis über den Erbanteil zusteht; Gleiches gilt für einen Betreuer oder anderen gesetzlichen Vertreter, Holzer ZEV 2013, 656 (658).
646 Erblasser ohne Wohnsitz im Ausland: siehe § 344 Abs. 4a S. 2 FamFG, Ort der Nachlassgegenstände; mehrere örtliche zuständige Notare: s. § 344 Abs. 4a S. 3 FamFG, Zeitpunkt des Antragseingangs, Prioritätsprinzip; vgl. Holzer ZEV 2013, 656 (657) sowie Preuß DNotZ 2013, 740 (746).
647 Mit Postzustellungsurkunde, vgl. Holzer ZEV 2013, 656 (658).
648 Holzer ZEV 2013, 656 (658).
649 Holzer ZEV 2013, 656 (660).
650 Muster eines Auseinandersetzungsplans vgl. Holzer ZEV 2013, 656 (659).
651 Siehe Holzer ZEV 2013, 656 (659).
652 Holzer ZEV 2013, 656 (661).
653 Vgl. HK-GNotKG/Jäckel KV Vorbem. 1.2.5.1 Rn. 4.

265 Eine Reduzierung auf eine **0,5 Gebühr** trat ein, sobald sich das Verfahren vor Eintritt in die Verhandlung durch Rücknahme oder auf andere Weise erledigte, § 116 Abs. 1 S. 2 Nr. 2 KostO.

266 Die Gebühr bestimmte sich nach dem **Wert** der Auseinandersetzungsmasse ohne Abzug von Verbindlichkeiten, § 116 Abs. 5 KostO.

267 Bis zur Gesetzesänderung[654] zum 1.9.2013 richteten sich die Gebühren nach den Nr. 12510–12512 KV GNotKG, anzusetzen war eine 2,0 Verfahrensgebühr nach der Tabelle A, vgl. Nr. 12510 KV GNotKG, wiederum aus dem Wert der Auseinandersetzungsmasse ohne Abzug von Verbindlichkeiten, § 66 GNotKG.

III. Aktuelle Regelung: Nr. 23900–23903 KV GNotKG

268 Die kostenrechtliche Regelungsmaterie zur Vermittlung der Erbauseinandersetzung ist nun in den **Nr. 23900–23903 KV GNotKG** enthalten, begleitet von der **Vorbem. 2.3.9** des KV, deren zweiter Absatz bereits klarstellt, dass neben den Gebühren dieses Abschnitts **gesonderte Gebühren** erhoben werden für die Aufnahme von Vermögensverzeichnissen, Schätzungen, Versteigerungen und Beurkundungsverfahren, sofern Gegenstand ein Vertrag ist, der mit einem Dritten zum Zweck der Erbauseinandersetzung geschlossen wird.[655]

269 Daneben fallen **Auslagen** iSv Nr. 32000 ff. KV GNotKG an, vor allem die Auslagen für die Zustellung mittels Zustellungsurkunde, Nr. 32004, 31002 KV GNotKG.

270 Weiterhin können die Gebühren nach den Nr. 22130 ff. bzw. Nr. 22200 ff. KV GNotKG zu Buche schlagen, sofern der **Notar** den Vollzug der Urkunde betreibt bzw. **Betreuungstätigkeiten** übernimmt. Vor diesem Kostenhintergrund kann die Tätigkeit des Notars von der Zahlung eines Vorschusses abhängig gemacht werden, um eine ausreichende Kostendeckung zu gewährleisten, § 15 GNotKG.

271 Nach der Nr. 23900 KV GNotKG ist eine **6,0 Verfahrensgebühr**[656] zu erheben, und zwar nach der Tabelle B, da das Verfahren nun zum Zuständigkeitsbereich des Notars zählt. Abgegolten sind damit alle Verfahrensstadien, also Antragstellung, Eröffnungsvermerk, Ladung, Termin, evtl. Verfahrensaussetzung sowie die Bestätigung des Auseinandersetzungsplans. Die Gebühr wird mit wirksamer Bekanntgabe des Bestätigungsbeschlusses nach § 368 Abs. 2 FamFG **fällig**.

272 Alternativ kann nur eine reduzierte **1,5 Verfahrensgebühr** in Ansatz gebracht werden, sofern das Verfahren vor Eintritt in die Verhandlung durch Zurücknahme oder auf andere Weise endet, Nr. 23901 KV GNotKG. Die 6,0 Verfahrensgebühr ermäßigt sich dann auf eine 1,5 Verfahrensgebühr. Die Reduzierung ist auch gerechtfertigt, da noch überhaupt keine Verhandlung oder Protokollierung von Vorschlägen der Beteiligten stattgefunden hat.

273 Falls dagegen das Verfahren nach Eintritt in die Verhandlung[657] ohne Bestätigung der Auseinandersetzung abgeschlossen oder wegen einer Vereinbarung der Beteiligten über die Zuständigkeit an einen anderen Notar verwiesen wird, ermäßigt sich die Gebühr auf einen **3,0 Gebührensatz**, vgl. Nr. 23903 KV GNotKG.

274 Der **Geschäftswert** findet sich in § 118a GNotKG, das ist der Wert des den Gegenstand der Auseinandersetzung bildenden Nachlasses,[658] in Übereinstimmung mit der bisherigen Regelung in § 66 GNotKG demnach ohne Schuldenabzug, § 38 GNotKG.[659]

---

654 Siehe Art. 44 des 2. KostRMoG, die kostenrechtlichen Änderungen im Zuge des Gesetzes zur Übertragung von Aufgaben im Bereich der freiwilligen Gerichtsbarkeit auf Notare, Gesetz vom 26.6.2013, BGBl. 2013 I 1800.
655 Ebenso Leipziger Kostenspiegel Rn. 19.266.
656 Fehlerhaft insofern Holzer ZEV 2013, 656 (662), der von einer 5,0 Verfahrensgebühr spricht. Zur Gebühr vgl. Burandt/Rojahn/Kilian/Heinemann GNotKG Rn. 164; Leipziger Kostenspiegel Rn. 19.266.
657 Termin hat demnach stattgefunden.
658 Leipziger Kostenspiegel Rn. 19.266.
659 Burandt/Rojahn/Kilian/Heinemann GNotKG Rn. 166; Leipziger Kostenspiegel Rn. 19.266.

S. Gerichtliche Stundung des Pflichtteils, Nr. 12520, 12521 KV GNotKG

I. Allgemeines

Der Erbe kann die **gerichtliche Stundung des Pflichtteils** verlangen, falls die sofortige Erfüllung für den Erben eine unbillige Härte[660] darstellen würde, § 2331a Abs. 1 S. 1 BGB. Dabei gilt es, die Interessen des Pflichtteilsberechtigten[661] zu berücksichtigen, § 2331a Abs. 1 S. 2 BGB. Die gerichtliche Zuständigkeit ist beim **Nachlassgericht**[662] angesiedelt. Dieses zieht die Regelungen nach § 1382 Abs. 2 bis 6 BGB analog heran, § 2331a Abs. 2 S. 2 BGB. Das Verfahren richtet sich nach § 264 FamFG analog, so die Verweisung in § 362 FamFG. Ausgangspunkt des Verfahrens ist ein entsprechender **Antrag**, dessen Bearbeitung dem Rechtspfleger obliegt, § 3 Nr. 2c RpflG. Wirksamkeit erlangt der Stundungsbeschluss erst mit **Rechtskraft** der Entscheidung, §§ 362, 263 Abs. 1 FamFG.

II. Alte KostO-Regelung

In der Kostenordnung ordnete § **106a Abs. 1 KostO** die Erhebung einer vollen Gebühr an. Der Geschäftswert bestimmte sich nach § 30 KostO, so die Verweisung in § 106a Abs. 2 KostO. Uneinigkeit bestand darüber, ob die Gebühr nach § 106a KostO auch die Zurückweisung des Antrags umfasste.[663]

III. Aktuelle Regelung: Nr. 12520, 12521 KV GNotKG (incl. Geschäftswert, § 36 GNotKG)

Getragen von der Überlegung, das gerichtliche Verfahren über die Stundung des Pflichtteilsanspruchs gebührenmäßig dem Verfahren über die Stundung der Zugewinnausgleichsforderung gleichzustellen,[664] spricht die Nr. 12520 KV GNotKG von der Erhebung einer **2,0 Verfahrensgebühr**, Tabelle A. Die Gebühr entsteht bereits mit **Eingang** des Antrags bei Gericht, nicht erst mit Erlass oder Rechtskraft der Entscheidung.[665] Mit abgegolten sind **alle gerichtlichen Tätigkeiten** (beispielsweise die Bewilligung der Stundung oder etwaige Anhörungen),[666] nicht dagegen auch **Auslagen**, die eigenständig erhoben werden.[667] Ebenso wenig ist mit der Verfahrensgebühr der Erlass einer **einstweiligen Anordnung** abgegolten, → Rn. 280. Ein Verfahren liegt auch dann vor, sollten **mehrere Miterben** den Stundungsantrag stellen, § 55 Abs. 1 GNotKG.[668] Mehrere Verfahren sind dagegen gegeben, sollte der Antrag mehrere Pflichtteilsansprüche betreffen.[669] Die Gebühr **ermäßigt** sich auf eine 0,5 Verfahrensgebühr, sofern einer der Ermäßigungstatbestände der Nr. 12521 KV GNotKG erfüllt ist.[670] Der Katalog der Gebührenermäßigungen umfasst die Verfahrensbeendigung ohne Endentscheidung,[671] die Rücknahme am Tag der Beschlussübermittlung an die Geschäftsstelle,[672] die Endentscheidung ohne Begründung[673] sowie die Endentscheidung, die nur im Hinblick auf die Geltendmachung im Ausland eine Begründung enthält.[674]

---

660 Zur unbilligen Härte vgl. § 2331a Abs. 1 S. 1 BGB.
661 Umfassende Abwägung von Einkommens- und Vermögensverhältnissen des Pflichtteilsberechtigten, ebenso etwaige Unterhaltspflichten.
662 § 2331a Abs. 2 S. 1 BGB iVm § 343 FamFG.
663 Ablehnend insoweit Korintenberg/Lappe KostO § 106a Rn. 3, es gelte § 130 KostO; zustimmend dagegen Zimmermann/Zimmermann § 106a Rn. 1.
664 BT-Drs. 17/11471 (neu), 202.
665 Korintenberg/Wilsch GNotKG KV Nr. 12520, 12521 Rn. 3.
666 LK-GNotKG/Zimmermann GNotKG KV Nr. 12520 Rn. 4.
667 Korintenberg/Wilsch GNotKG KV Nr. 12520, 12521 Rn. 3.
668 Korintenberg/Wilsch GNotKG KV Nr. 12520, 12521 Rn. 4.
669 Korintenberg/Wilsch GNotKG KV Nr. 12520, 12521 Rn. 5.
670 Die Ermäßigung tritt auch dann ein, wenn mehrere Ermäßigungstatbestände realisiert sind, so die Anm. 2 zur Nr. 12521 KV GNotKG.
671 Nr. 12521 Nr. 1 KV GNotKG etwa infolge eines Vergleichsabschlusses.
672 Nr. 12521 Nr. 2 KV GNotKG.
673 Nr. 12521 Nr. 3 KV GNotKG, erste Variante.
674 Nr. 12521 Nr. 3 KV GNotKG, zweite Variante.

278 Der **Geschäftswert** ist in § 36 GNotKG[675] geregelt und richtet sich nach der Höhe des Pflichtteilsanspruchs und der Bedeutung der Stundung, beispielsweise bezogen auf einen Zinsvorteil, den der Antragsteller aus der Stundung zieht. Üblich sind **10 Prozent der Pflichtteilsforderung**.[676]

279 Der **Antragsteller** schuldet die Kosten des Verfahrens, § 22 Abs. 1 GNotKG. Die Gebühr wird bereits mit Eingang des Antrags beim Nachlassgericht **fällig**.[677]

280 Eine andere Fragestellung betrifft den Erlass einer **einstweiligen Anordnung** durch das Nachlassgericht, wofür eine gesonderte Gebühr entsteht Nr. 16111 KV GNotKG (1,5 Verfahrensgebühr, Tabelle A), ggf. ermäßigt auf eine 0,5 Verfahrensgebühr, vgl. 16112 KV GNotKG

T. Schnittstelle Grundbuch- und Nachlassverfahren und Gerichtskosten

I. Grundbuchberichtigung nach dem Tod des Eigentümers, Nr. 14110 KV GNotKG

281 Die Gebühr für die **Berichtigung** des Grundbuchs nach dem Tod des Eigentümers ist in der Nr. 14110 KV GNotKG enthalten.[678] Für die Eintragung eines Eigentümers oder von Miteigentümern oder von BGB-Gesellschaftern[679] im Wege der Grundbuchberichtigung fällt eine **1,0 Gebühr** an, Nr. 14110 Nr. 1 und Nr. 2 KV GNotKG[680], Tabelle B.[681]

282 Eine **Privilegierung** naher Familienangehöriger, wie sie im alten Kostenrecht noch in § 60 Abs. 2 KostO für die Eintragung von Abkömmlingen, Ehegatten oder Lebenspartnern normiert war, kennt das GNotKG nicht mehr.[682] Der Gesetzgeber sah keine Notwendigkeit mehr darin, den Immobilienerwerb sozialpolitisch zu begünstigen.[683]

283 Als **Geschäftswert** ist der **Verkehrswert**[684] der Immobilie bzw. des entsprechenden Miteigentumsanteils an der Immobilie zugrunde zu legen, § 46 Abs. 1 GNotKG. Spezialregelungen gelten für die Wertbestimmung land- und forstwirtschaftlichen Vermögens, § 48 GNotKG,[685] und den Geschäftswert eines bestehenden Erbbaurechts, § 49 Abs. 2 GNotKG.[686] Die Praxis dominiert das Sachwertverfahren, das Ertragswertverfahren kommt nur für Renditeimmobilien in Betracht[687], sofern der Kostenschuldner sich hierauf beruft und eine fundierte Ertragswertberechnung vorlegt.

---

675 Vgl. bereits BT-Drs. 17/11471 (neu), 202; ebenso LK-GNotKG/Zimmermann GNotKG KV Nr. 12520 Rn. 2.
676 Schneider GNotKG § 14 Rn. 331; Korintenberg/Wilsch GNotKG KV Nr. 12520, 12521 Rn. 6; HK-GNotKG/Jäckel GNotKG KV Nr. 12520–12521 Rn. 4; Burandt/Rojahn/Kilian/Heinemann GNotKG Rn. 73: 10 Prozent, höchstens 30 Prozent; anders dagegen LK-GNotKG/Zimmermann GNotKG KV Nr. 12520 Rn. 2: im Zweifel 5.000 Euro, § 36 Abs. 3 GNotKG.
677 AA Schneider GNotKG § 14 Rn. 325: Fälligkeit mit Erlass einer Kostenentscheidung oder mit vorzeitiger Verfahrensbeendigung.
678 Wilsch ZEV 2013, 428 ff.
679 Ab dem 1.1.2024 ohne BGB-Gesellschafter, weil diese dann nur noch im Gesellschaftsregister eingetragen werden, nicht aber mehr im Grundbuch, vgl. § 47 Abs 2 GBO (ebenfalls Neufassung ab dem 1.1.2024).
680 Ab dem 1.1.2024 nur noch Nr. 14110 KV GNotKG, nur noch Eintragung von Eigentümern oder Miteigentümern, die Nummerierung geraten in Wegfall, weil die BGB-Gesellschafter nicht mehr im Grundbuch verlautbart werden.
681 In Bayern und Bremen kommt die Katasterfortführungsgebühr hinzu.
682 BT-Drs. 17/11471, 315.
683 BT-Drs. 17/11471 (neu), 205: „… sozialpolitische Erwägungen machen ein Festhalten an dieser Vorschrift nicht erforderlich. Die hiermit bezweckte Familienförderung ist in erster Linie bei bedürftigen Familien geboten … Die Vermögenslage des Einzutragenden macht das Gebührenprivileg also in den meisten Fällen entbehrlich."
684 Zur Verkehrswertberechnung von Immobilien vgl. Wilsch RpflStud. 2017, 158.
685 Geschäftswert uU: vierfacher Einheitswert, § 48 Abs. 1 GNotKG.
686 Geschäftswert: 80 Prozent der Summe aus den Werten des belasteten Grundstücks und darauf errichteter Bauwerke, § 49 Abs. 2 GNotKG.
687 Insoweit unrichtig OLG Brandenburg ZEV 2022, 535, das den Gesamtwert einer Immobilie aus Bodenwert, Ertragswert und Sachwert bilden möchte. Sach- und Ertragswertverfahren sind unterschiedliche Bewertungsverfahren und nicht kombinierbar. Der Sachwert einer Immobilie besteht aus dem Boden- und dem Gebäudewert.

Kostenrechtlich stellt das GNotKG die Eintragung von **BGB-Gesellschaftern** der Eintragung von Miteigentümer gleich. Dementsprechend löst die Eintragung von BGB-Gesellschaftern im Wege der Grundbuchberichtigung eine volle Gebühr aus, Nr. 14110 Nr. 2 KV GNotKG, Tabelle B. Als Geschäftswertvorschriften gelangen die Bestimmungen in § 70 Abs. 4 und Abs. 1 GNotKG zur Anwendung, sodass der GbR-Anteil wertmäßig wie ein Bruchteil zu behandeln ist. Ab dem 1.1.2024 wird die Eintragung von BGB-Gesellschaftern der Vergangenheit angehören, da zu diesem Zeitpunkt das **MoPeG** in Kraft treten wird. Für eine **BGB-Gesellschaft** soll ein Recht nur eingetragen werden, wenn sie im **Gesellschaftsregister** eingetragen ist, so die künftige Fassung des § 47 Abs. 2 BGB. BGB-Gesellschaften werden im Grundbuch nur noch mit ihrem **Namen** und **Sitz** eingetragen, nicht mehr mit ihren Gesellschaftern. Gesellschafterwechsel werden dann nur noch im Gesellschaftsregister nachgezogen, nicht mehr im Grundbuch.

II. Gebührenfreiheit nach Anmerkung 1 der Nr. 14110 KV GNotKG

In Übereinstimmung mit bisherigem Kostenrecht[688] gewährt die Regelung in der ersten Anmerkung zur Nr. 14110 KV GNotKG **Gebührenfreiheit** für den Fall der Eintragung von **Erben** des eingetragenen **Eigentümers** oder von Erben des **Gesellschafters bürgerlichen Rechts**, sofern der Eintragungsantrag **binnen zwei Jahren ab Erbfall** bei dem Grundbuchamt eingereicht wird.[689] Als Grund hierfür gibt der Gesetzgeber das „öffentliche Interesse an der Richtigkeit der Grundbücher"[690] an, allerdings begrenzt auf einen Zeitraum von zwei Jahren. Die Vorschrift soll dem Erben des Immobilieneigentümers einen Anreiz dazu geben, die formelle Rechtslage mit der materiellen Rechtslage in Übereinstimmung zu bringen.[691] **Erben eines Grundpfandrechtsgläubigers** sind dagegen nicht privilegiert, vgl. Anmerkung zur Nr. 14110 KV GNotKG. Ihre Eintragung löst eine 0,5 Gebühr aus dem Wert des Grundpfandrechts aus, Nr. 14130 KV GNotKG; § 53 Abs. 1 GNotKG. Die Eintragung von **Erben des Vormerkungsberechtigten** ist ohnehin gebührenfrei, da die Auflassungsvormerkung in der Vorbem. 1.4.1.2 KV GNotKG nicht genannt ist. In der Folge kann eine Gebühr nach der Nr. 14130 KV GNotKG nicht entstehen. Zur Frage der Kostenbefreiung nach **Eintritt des Nacherbfalls** liegt ein Beschluss des OLG München vor.[692] Danach gilt die **Gebührenbefreiung** auch für die Eintragung von Nacherben, wobei es für die Zweijahresfrist auf den Zeitpunkt ankommt, in dem die Nacherbfolge eingetreten ist.[693] Voraussetzung der Privilegierung ist aber, dass das Grundbuch auch anlässlich des Vorerbfalls fristgerecht berichtigt worden ist oder diese Frist noch nicht abgelaufen ist.[694] Weil die Zweijahresfrist eine Ausschlussfrist ist, kommt es auf ein Verschulden des Nacherben nicht an.

Im Rahmen eines erbrechtlichen Mandats ist insbesondere darauf zu achten, dass der **Berichtigungsantrag** bei dem **Grundbuchamt eingereicht** wird. Die Einreichung bei einer anderen Abteilung desselben Amtsgerichts reicht nicht aus, um die Frist zu wahren.[695]

Nach **Fristablauf** ist die volle Gebühr nach der Nr. 14110 KV GNotKG in Ansatz zu bringen, Tabelle B, unabhängig davon, ob ein Fall verschuldeten oder unverschuldeten Fristablaufs[696] vorliegt. Verantwortlich hierfür zeichnet die unveränderte Ausgestaltung der Zweijahresfrist als **Ausschlussfrist** (zur Situation bei Eintritt des Nacherbfalls → Rn. 285).

---

688 § 60 Abs. 4 KostO, vgl. auch Wilsch ZEV 2013, 428.
689 Nr. 14110 Anmerkung 1 S. 1 KV GNotKG.
690 BT-Drs. 17/11471, 316; vgl. auch Wilsch ZEV 2013, 428.
691 So bereits BayObLG Rpfleger 1999, 509, zur identischen Situation im alten Kostenrecht, § 60 Abs. 4 KostO.
692 OLG München ZEV 2015, 245 = BeckRS 2015, 02063.
693 OLG München ZEV 2015, 245.
694 OLG München ZEV 2015, 245.
695 So das BayObLG BR 342/99, zum alten Kostenrecht, das sich jedoch im neuen Kostenrecht fortsetzt, vgl. OLG München ZEV 2015, 245 = BeckRS 2015, 02063.
696 Unverändert gültig daher BayObLG BeckRS 1999, 31029927 sowie OLG Köln NJW-RR 1999, 1230; vgl. Wilsch ZEV 2013, 428.

288 Eine evtl. Gebührenfreiheit bezieht sich lediglich auf die Eintragung von **Erben**, wozu auch Erbeserben und Nacherben zählen, **nicht** aber **Vermächtnisnehmer**.[697] Eine Ausnahme gilt für die Eintragung von **Vorausvermächtnisnehmern (§ 2150 BGB)**,[698] die ebenfalls binnen zwei Jahren ab Erbfall gebührenfrei eingetragen werden können.[699] Die Privilegierung nach der ersten Anmerkung zur Nr. 14110 KV GNotKG gilt auch für die Erfüllung eines Vorausvermächtnisses binnen Zweijahresfrist, allerdings wiederum nur ohne Voreintragung der Erbengemeinschaft, da sonst die Gebührenbefreiung bereits „verbraucht" ist (→ Rn. 295). Schlägt der Vorausvermächtnisnehmer die Erbschaft aus, zählt er nicht mehr zum Kreis der Miterben, womit er auch nicht mehr an der Gebührenbefreiung nach der ersten Anmerkung zur Nr. 14110 KV GNotKG partizipieren kann.[700] Ähnliche Überlegungen dürften für die Vindikationslegatare anzustellen sein, die die Grundbuchberichtigung auf der Grundlage eines Europäischen Nachlasszeugnisses (ENZ) betreiben.[701]

289 Das eigentliche Novum der ersten Anmerkung zur Nr. 14110 KV GNotKG ist in der Erweiterung des Anwendungsbereichs zu sehen. Die Norm erfasst nun auch auf die **Eintragung von Erben des BGB-Gesellschafters** im Wege der Grundbuchberichtigung,[702] Nr. 14110, erste Anmerkung S. 1 KV GNotKG. Die Gebühr für die Eintragung von Erben des BGB-Gesellschafters wird nicht erhoben, sofern der Berichtigungsantrag binnen zwei Jahren seit dem Erbfall bei dem Grundbuchamt eingereicht wird. Ab dem 1.1.2024 gerät die Regelung in Wegfall, da BGB-Gesellschafter dann nur noch im Gesellschaftsregister eingetragen werden, nicht aber mehr im Grundbuch.

290 In der bis zum 1.1.2024 gültigen Rechtssituation gerät die gesellschaftsvertragliche **Nachfolgeregelung** in den Blickpunkt des Interesses. Die Differenzierung geht dahin, ob im Gesellschaftsvertrag eine einfache bzw. qualifizierte erbrechtliche Nachfolgeklausel, eine Eintrittsklausel oder eine Fortsetzungsklausel vereinbart ist.[703]

291 Inhaltlich kann lediglich die **einfache** bzw. **qualifizierte erbrechtliche Nachfolgeklausel** das Kriterium erfüllen, das die Gebührenbefreiungsvorschrift vorgibt, nämlich die Eintragung von Erben.[704] Schließlich statuiert eine einfache bzw. qualifizierte[705] erbrechtliche Nachfolgeklausel den Übergang des Gesellschaftsanteils auf die Erben des Gesellschafters.[706] Eine gebührenfreie Eintragung iSd Befreiungsvorschrift kann in Betracht kommen, entsprechende Antragstellung binnen zwei Jahren ab Erbfall vorausgesetzt. Die Klärung der existentiellen Frage, ob der Gesellschaftsvertrag eine einfache bzw. qualifizierte erbrechtliche Nachfolgeklausel enthält, erfolgt bereits im grundbuchamtlichen Eintragungsverfahren, sodass das Kostenverfahren als Annexverfahren hierauf rekurrieren kann.

292 Im Falle der **Eintrittsklausel** findet kein automatischer Übergang des GbR-Anteils statt, stattdessen beruht die Eintragung auf der Ausübung eines Wahlrechts. Eine Eintragung von Erben des BGB-Gesellschafters, wie sie die Gebührenbefreiungsvorschrift in der ersten Anmerkung zur

---

697 So zutreffend HK-GNotKG/Drempetic GNotKG KV Nr. 14110–14112 Rn. 24; vgl. auch Korintenberg/Wilsch GNotKG KV Nr. 14110 Rn. 48 und 58.
698 Also Vermächtnisse, die einem Erben zugewandt werden, § 2150 BGB.
699 OLG München NJOZ 2016, 648; OLG Stuttgart BeckRS 2015, 14625.
700 Korintenberg/Wilsch GNotKG KV Nr. 14110 Rn. 59.
701 Vgl. zu den dinglichen Wirkungen eines Vindikationslegats in Deutschland das Urteil des EuGH NJW 2017, 3767 = FamRZ 2017, 2057 = DNotZ 2018, 33; ebenso Böhringer ZfIR 2018, 81 (86): ist der Vindikationslegatar zugleich Miterbe, kann die Gebührenbefreiung der ersten Anmerkung der Nr. 14110 KV GNotKG greifen. Zum Vindikationslegat vgl. Wilsch ZfEV 2018, 253.
702 Wilsch ZEV 2013, 428.
703 Wilsch ZEV 2013, 428.
704 Wilsch ZEV 2013, 428; HK-GNotKG/Drempetic GNotKG KV Nr. 14110–14112 Rn. 25; Nachfolger wird jeder Miterbe in Höhe seines Erbanteils (Sondererbfolge), nicht jedoch die Erbengemeinschaft.
705 Übergang nur im Rahmen eines bestimmten Personenkreises etwa Ehegatte oder Abkömmlinge.
706 Schöner/Stöber Rn. 4273, der Erbe des verstorbenen Gesellschafters wird Nachfolger in der Gesellschaft; ebenso bei der qualifizierten erbrechtlichen Nachfolgeklausel, die einen unmittelbaren Erwerb der Mitgliedschaft durch einen bestimmten Erben vorsieht.

Nr. 14110 KV GNotKG fordert, liegt **nicht** vor,[707] die Gebührenbefreiung kommt daher nicht in Betracht. Ob dies auch für die Eintrittsklausel gilt, die dem Erben eingeräumt ist, ist derzeit ungeklärt. Insoweit geht die Empfehlung dahin, eine obergerichtliche Klärung herbeizuführen.[708]

Etwas anderes gilt für die **Fortsetzungsklausel**, aufgrund derer lediglich das Ausscheiden des verstorbenen Gesellschafters im Grundbuch eingetragen wird, nicht aber die Erbfolge. Damit steht auch fest, dass die Gebührenbefreiung nach der ersten Anmerkung zur Nr. 14110 KV GNotKG nicht einschlägig sein kann. **Mangels Gebührentatbestandes** erfolgt die Eintragung **gebührenfrei**.[709]

293

Für den kostenrechtlichen Bereich der **Erbauseinandersetzung** bringt die Regelung in der ersten Anmerkung zur Nr. 14110 KV GNotKG die Lösung bisheriger Praxisprobleme.[710] Dies geht einher mit dem Wegfall der Gebührenprivilegierung für die Grundbucheintragung naher Familienangehöriger des Erblassers[711] im Wege der Auseinandersetzung, sodass nunmehr stets eine volle Eintragungsgebühr anzusetzen ist, Nr. 14110 KV GNotKG, Tabelle B.[712] Andererseits gibt die Bestimmung in § 70 Abs. 2 S. 1 GNotKG eine Pauschalisierung des Wertes vor, falls eine Erbengemeinschaft im Grundbuch eingetragen ist und einer der Miterben als Eigentümer der Immobilie eingetragen werden soll. Unabhängig von der Erbquote des Erwerbers, beträgt dann der Geschäftswert **pauschal** die Hälfte des Immobilienwertes, § 70 Abs. 2 S. 1 GNotKG, was als Anreiz dafür gedacht ist, „die Auseinandersetzung von Erbengemeinschaft über den Zweijahreszeitraum der Anmerkung zu Nr. 14110 KV GNotKG hinaus zu fördern".[713]

294

Darüber hinaus gilt die **Gebührenfreiheit** der ersten Anmerkung zur Nr. 14110 KV GNotKG auch dann, „wenn die Erben erst infolge der **Erbauseinandersetzung** eingetragen werden", so der Wortlaut der Norm. Die einhellige Meinung in Literatur[714] und Praxis geht davon aus, dass die **Gebührenfreiheit nur für den Fall der nicht im Grundbuch eingetragenen Erbengemeinschaft** zur Anwendung kommt. Anderenfalls- die Erbengemeinschaft ist bereits im Grundbuch eingetragen und möchte sich auseinandersetzen-, ist die Gebührenbefreiung nach der ersten Anmerkung zur Nr. 14110 KV GNotKG bereits verbraucht,[715] und zwar für die Eintragung der Erbengemeinschaft. Die **obergerichtliche**[716] **Rechtsprechung** teilt zwischenzeitlich diese Ansicht. Die Gebührenbefreiung gilt nur dann, wenn Miterben ohne Voreintragung der Erbengemeinschaft als Eigentümer eingetragen werden.

295

Im Rahmen eines **erbrechtlichen Mandats** ist daher danach zu differenzieren, welche Pläne die Erbengemeinschaft verfolgt. Falls die Immobilie an einen **Dritten** veräußert werden soll, ist die Voreintragung der Erbengemeinschaft binnen Zweijahresfrist ab Erbfall zu empfehlen, um dem Erwerber den Gutglaubensschutz des § 892 BGB zu sichern.[717] Falls jedoch die Erbengemeinschaft binnen zwei Jahren ab Erbfall die **Erbauseinandersetzung** ins Werk setzen möchte, ist aus *kostenrechtlicher* Sicht davon abzuraten, eine Voreintragung der Erbengemeinschaft herbeizu-

296

---

707 Wilsch ZEV 2013, 428; HK-GNotKG/Drempetic GNotKG KV Nr. 14110–14112 Rn. 25.
708 Wilsch ZEV 2013, 428.
709 Wilsch ZEV 2013, 428; HK-GNotKG/Drempetic GNotKG KV Nr. 14110–14112 Rn. 25; Korintenberg/Wilsch GNotKG KV Nr. 14110 Rn. 53.
710 Vgl. Wilsch ZEV 2013, 428 (429).
711 Im alten Kostenrecht § 60 Abs. 2 KostO, Eintragung von Abkömmlingen, des Ehegatten oder des Lebenspartners des Erblassers; bei der Eintragung infolge der Erbauseinandersetzung machte es überdies keinen Unterschied, ob inzwischen die Erben im Grundbuch eingetragen worden sind oder nicht, so § 60 Abs. 2 Hs. 2 KostO.
712 Wilsch ZEV 2013, 428 (429).
713 BT-Drs. 17/11471, 268.

714 Wilsch notar 2013, 308 (310); HK-GNotKG/Drempetic GNotKG KV Nr. 14110–14112 Rn. 23; so bereits das OLG München zum alten Kostenrecht, das insofern unverändert Gültigkeit beanspruchen kann, vgl. OLG München NJW-RR 2006, 648; so auch das JMS des bayerischen Justizministeriums vom 12.7.2013, Az. B2–5600-IV-1111/11, S. 4, 5; zu den anfänglichen Zweifeln hierzu vgl. Wilsch ZEV 2013, 428 (429).
715 Korintenberg/Wilsch GNotKG KV Nr. 14110 Rn. 65.
716 OLG Köln FGPrax 2014, 129 = ZErb 2014, 200 = BeckRS 2014, 10416 = notar 2014, 342 mAnm Rupp = RNotZ 2014, 455; OLG München BeckRS 2016, 03389 = ErbR 2016, 289 = ZEV 2016, 163 = RNotZ 2016, 269.
717 Wilsch notar 2013, 308 (310).

führen.[718] Denn die Gebührenbefreiung nach der ersten Anmerkung zur Nr. 14110 KV GNotKG gilt nur für die Eintragung von Erben des eingetragenen Eigentümers.[719] Diesen kostenrechtlichen Erwägungen stehen aber *sachenrechtliche* Erwägungen gegenüber, die mit dem Gutglaubensschutz nach § 892 BGB zusammenhängen, der Eintragungen im Grundbuch gewährt wird. Die Voreintragung kann bereits deshalb geboten sein, um dem Erwerber den Schutzbereich des § 892 BGB zu eröffnen und damit mehr Rechtssicherheit zu gewinnen.[720] Der kostenrechtliche Blick auf die Befreiungsvorschrift der ersten Anmerkung zur Nr. 14110 KV GNotKG sollte daher nicht den Blick auf die Wirkungen verstellen, die einer Eintragung im Grundbuch beigemessen werden. Die **Abschichtung** (→ Rn. 321 ff.) fällt ebenfalls unter die Gebührenbefreiung der ersten Anmerkung zur Nr. 14110 KV GNotKG, da Rechtsgrund die Erbschaft ist.[721]

III. Erbanteilsübertragung und Grundbuch

297 Als Berichtigung des Eigentums im Grundbuch löst die Eintragung einer **Erbanteilsübertragung** eine volle Gebühr nach der Nr. 14110 KV GNotKG aus, Tabelle B.[722] Bei der Berechnung des Geschäftswertes sind die Anteile an der Gesamthandsgemeinschaft wie **Bruchteile** zu behandeln, § 70 Abs. 1 S. 1 GNotKG.[723]

298 Einen Sonderfall stellt die **Anwachsung** infolge Erbanteilsübertragung an einen Miterben dar, die nicht als Berichtigung des Grundbuchs einzuordnen ist und **mangels Gebührentatbestandes** ohne Eintragungskosten bleibt.[724]

299 Ob der Erwerber zum **familiären Nahbereich**[725] zählt, wirkt sich im Kostenrecht nicht mehr aus, vielmehr ist stets eine volle Gebühr nach der Nr. 14110 KV GNotKG in Ansatz zu bringen.

300 In gleicher Weise spielt es keine Rolle mehr, ob die Berichtigung mit der Eintragung von **Verfügungsbeschränkungen** infolge bedingter Erbanteilsübertragung einhergeht, etwa nach § 161 BGB.[726] Das GNotKG stellt die Eintragung von Verfügungsbeschränkungen gänzlich **gebührenfrei**.[727]

301 Eine andere Einordnung betrifft dagegen den **Widerspruch**,[728] der bis zum Vollzug der Grundbuchberichtigung eingetragen werden kann.[729] Die Regelung in der Nr. 14151 KV GNotKG sieht für die Eintragung eines Widerspruchs eine Festgebühr iHv 50 EUR vor. Die spätere Löschung des Widerspruchs ist gebührenfrei, weil der Widerspruch nicht zum Katalog der Eintragungen gemäß der Vorbem. 1.4.1.4 zählt.[730]

IV. Exkurs: Sonderregelungen in § 70 Abs. 2–4 GNotKG

302 **Pauschal** beträgt der Geschäftswert die Hälfte des Immobilienwertes, sofern im Grundbuch eine Gesamthandsgemeinschaft eingetragen ist und nunmehr ein Mitberechtigter[731] als Eigentümer

---

718 OLG Köln FGPrax 2014, 129 = ZErb 2014, 200 = BeckRS 2014, 10416 = notar 2014, 342 mAnm Rupp = RNotZ 2014, 455; OLG München BeckRS 2016, 03389 = ErbR 2016, 289 = ZEV 2016, 163 = RNotZ 2016, 269.
719 So bereits OLG München NJW-RR 2006, 648, zum alten Kostenrecht; vgl. Wilsch notar 2013, 308 (310).
720 Wilsch notar 2013, 308 (310).
721 OLG Zweibrücken Rpfleger 2013, 57.
722 In Bayern und Bremen kommt die Katasterfortführungsgebühr hinzu.
723 Dies entspricht der Handhabung im alten Kostenrecht, § 61 KostO, vgl. BT-Drs. 17/11471 (neu), 174.
724 Wilsch ZEV 2013, 428 (429).
725 Vgl. § 60 Abs. 2 KostO, die Eintragung von Abkömmlingen, Ehegatten oder Lebenspartnern; zum alten Recht vgl. Wilsch ZEV 2013, 428 (429).
726 Wilsch ZEV 2013, 428 (429).
727 Wilsch ZEV 2013, 428 (429), die Regelung nach § 65 KostO findet im GNotKG keine Entsprechung mehr.
728 In der Grundbuchpraxis hauptsächlich der Widerspruch nach § 899 BGB.
729 Wilsch ZEV 2013, 428 (429).
730 HK-GNotKG/Drempetic GNotKG KV Nr. 14150–14151 Rn. 3.
731 Bzw. mehrere Mitberechtigte als Miteigentümer eingetragen werden soll, so die zweite Alternative, vgl. den Wortlaut der Regelung in § 70 Abs. 2 S. 1 GNotKG.

eingetragen werden soll, § 70 Abs. 2 S. 1 GNotKG. Eine identische Pauschalisierung tritt ein, falls das Eigentum zu einem Bruchteil auf an einen oder mehrere Mitberechtigte der Gesamthandsgemeinschaft übergeht, § 70 Abs. 2 S. 2 GNotKG.[732] Die Bestimmung in § 70 Abs. 2 GNotKG regelt demnach den vollständigen bzw. partiellen Übergang von der Gesamthand auf einen der Gesamthänder, somit auch den Fall der Auseinandersetzung einer Erbengemeinschaft. Die **Pauschalisierung** des Wertes (stets 50 Prozent des Immobilienwertes) bringt es mit sich, dass die Erbquote des Erwerbers wertmäßig nicht mehr ins Gewicht fällt. Die Praxis begrüßt die Pauschalierung, da sie von der zeitaufwendigen Recherche abzugsfähiger Erbquoten entbindet (Grundakten, Nachlassakten). In der Folge ist nicht mehr darauf abzustellen, mit welcher Erbquote der Gesamthänder bislang am Gemeinschaftsvermögen beteiligt war.[733] Die Motive sehen den Sinn und Zweck der Pauschalisierung darin, „insbesondere die Auseinandersetzung von Erbengemeinschaften über den Zweijahreszeitraum der Anmerkung zu Nummer 14110 KV GNotKG hinaus zu fördern".[734] Wesensgemäß bedeutet die Pauschalisierung mit 50 Prozent des Immobilienwertes eine Benachteiligung derjenigen Gesamthänder, die rechnerisch bereits mit einer höheren Erbquote beteiligt waren.[735]

Nach § 70 Abs. 3 GNotKG gilt die Pauschalisierung auch für grundstücksgleiche Rechte oder sonstige dingliche Rechte, etwa Grundpfandrechte, die der Gesamthandsgemeinschaft zustehen und auf einen Mitberechtigten übertragen werden sollen.[736] 303

Kraft der expliziten Regelung in § 70 **Abs. 4 GNotKG** gilt die Pauschalisierung jedoch **nicht** für **oHG, KG, Partnerschaften, Europäische wirtschaftliche Interessenvereinigungen** und **Gesellschaften bürgerlichen Rechts**.[737] 304

V. Amtsberichtigung nach § 82a GBO: Nr. 14111 KV GNotKG

§ 82a GBO bildet den Ausgangspunkt für die **Amtsberichtigung** des Grundbuchs, sofern das Berichtigungszwangsverfahren nach § 82 GBO nicht durchführbar ist oder keine Aussicht auf Erfolg bietet. Die Regelung bezieht sich auf die Eintragung des Eigentümers im Grundbuch und ist allgemein als Einschränkung der Privatautonomie zu verstehen.[738] Die Durchführung des Verfahrens erfolgt nach pflichtgemäßem Ermessen,[739] wobei das Grundbuchamt das Nachlassgericht um Ermittlung der Erben des Eigentümers ersuchen kann, § 82a S. 2 GBO. Kostenrechtlich greift die Regelung in der Nr. 14111 KV GNotKG die Amtsberichtigung des Grundbuchs auf und ordnet im Einklang mit bisherigem Kostenrecht[740] die Erhebung einer **2,0 Gebühr** an, Tabelle B. Daneben wird für das Verfahren vor dem Grundbuchamt oder dem Nachlassgericht keine weitere Gebühr erhoben, so die Anmerkung zur Nr. 14111 KV GNotKG. 305

VI. Eintragung und Löschung von Nacherben- und Testamentsvollstreckervermerken

Ein Schwerpunkt der Kostenreform lag im Bereich der Eintragung und Löschung von **Verfügungsbeschränkungen**, etwa eines Nacherben- bzw. Testamentsvollstreckervermerks. Das alte Kostenrecht sah für die Eintragung eines Nacherben- bzw. Testamentsvollstreckervermerks noch eine 0,50 Eintragungsgebühr vor, § 65 Abs. 1 KostO, für die Löschung eine 0,25 Gebühr, 306

---

[732] Geschäftswert ist dann die Hälfte des Bruchteils, § 70 Abs. 2 S. 2 GNotKG.
[733] Vgl. BT-Drs. 17/11471 (neu), 174.
[734] BT-Drs. 17/11471 (neu), 174.
[735] Beispiel: Erbquote beläuft sich auf ¾; nach bisherigen Recht, s. § 61 Abs. 1 S. 1 KostO, hätte sich der Geschäftswert nur auf 1/4 belaufen (die Anteile des Erwerbers blieben unberücksichtigt); nunmehr beträgt der Geschäftswert jedoch 1/2.

[736] HK-GNotKG/Teubel GNotKG § 70 Rn. 8.
[737] Dies entspricht einer Übernahme des Regelungsgehaltes zu § 61 Abs. 3 KostO, BT-Drs. 17/11471 (neu), 174.
[738] Hügel/Holzer GBO § 82a Rn. 1.
[739] Hügel/Holzer GBO § 82a Rn. 17.
[740] Siehe § 60 Abs. 6 KostO; vgl. Wilsch ZEV 2013, 428 (429).

§ 68 KostO, beide zu erheben aus einem Teilwert iHv 20[741] bzw. 10[742] Prozent der betroffenen Immobilie.

307 Anders dagegen das **GNotKG**, das keine korrespondierenden Vorschriften mehr enthält und vollständig auf Regelungen verzichtet, die sich auf Verfügungsbeschränkungen beziehen.[743] Mangels Gebührentatbestandes erfolgt daher die **Eintragung** bzw. **Löschung** eines Nacherben- oder Testamentsvollstreckervermerks **kostenfrei**.[744] Der Gesetzgeber[745] stellt darauf ab, dass entsprechende Eintragungen von Amts wegen erfolgen, vgl. §§ 51, 52 GBO, und in direktem Zusammenhang mit der Eintragung des Erben bzw. Vorerben stehen. Die Eintragungen sollen „mit der Gebühr für die Eintragung des (Vor-) Erben mitabgegolten sein, zumal dessen Interesse an der Eintragung dieser Vermerke gering ist".[746] Im Rahmen eines erbrechtlichen Mandats spielt daher die Frage, ob und welche Eintragungskosten zu erwarten sind, keine Rolle mehr. Resultat ist eine größere Kongruenz mit der materiellen Rechtslage, zumal in der Vergangenheit die Löschung der Vermerke oftmals unterblieben ist, um Gebühren zu vermeiden. In der **Grundbuchpraxis** wird nicht selten irrigerweise für die **Löschung** eines Nacherben- oder Testamentsvollstreckervermerks eine Löschungsgebühr iHv 25 EUR nach der Nr. 14143 KV GNotKG in Rechnung gestellt, was mit Erinnerung angegriffen werden kann. Die **Berichtigung** eines Nacherbenvermerks, ausgelöst durch die Übertragung eines Nacherbenrechts, ist ebenfalls gebührenfrei. Verfügungsbeschränkungen sind in der Vorbem. 1.4.1.2 KV GNotKG, auf die die Nr. 14130 KV GNotKG verweist, nicht genannt.

VII. Löschung höchstpersönlicher dinglicher Rechte

308 Dingliche Rechte, die auf die **Lebenszeit** des Berechtigten eingeräumt sind, darunter der Nießbrauch,[747] die beschränkte persönliche Dienstbarkeit[748] sowie die nicht vererblichen, subjektiv-persönlichen Vorkaufsrechte[749] und Reallasten,[750] erlöschen mit dem Tod des Berechtigten und können auf formlosen Antrag unter Vorlage einer Sterbeurkunde im Grundbuch gelöscht werden.[751] Einer Bewilligung des Rechtsnachfolgers bedarf es nicht, sofern im Grundbuch ein Löschungserleichterungsvermerk nach § 23 Abs. 2 GBO eingetragen ist („löschbar mit Todesnachweis").[752] Die Löschung kann aufgrund des Unrichtigkeitsnachweises vor Ablauf des Sperrjahres und ohne Rücksicht auf einen etwaigen Widerspruch des Rechtsnachfolgers ins Werk gesetzt werden.[753] Zwar beträgt der Wert eines durch Tod erloschenen Rechts 0 EUR, so § 52 Abs. 6 S. 4 GNotKG, dennoch fällt für die Löschung im Grundbuch nicht die Mindestgebühr iHv 15 EUR an, § 34 Abs. 5 GNotKG, sondern eine **Festgebühr iHv 25 EUR**, so lex specialis in der Nr. 14143 KV GNotKG.[754]

309 Eine Festgebühr iHv 25 EUR ist auch für die **Löschung** einer **Auflassungsvormerkung** anzusetzen, hier allerdings nach der Nr. 14152 KV GNotKG, die erst spät Eingang in das Gesetz gefunden hat.[755] Ob der zugrunde liegende Anspruch entstanden ist, noch entstehen kann oder die

---

741 So die Praxis im Falle der Eintragung eines Nacherbenvermerks, § 30 Abs. 1 KostO.
742 So die Praxis im Falle der Eintragung eines TV-Vermerks, vgl. zum Wertunterschied Korintenberg/Lappe KostO § 65 Rn. 8.
743 Wilsch ZEV 2013, 428 (429); BT-Drs. 17/11471, 322.
744 HK-GNotKG/Drempetic KV Nr. 14140–14143 Rn. 18; Korintenberg/Wilsch GNotKG KV Nr. 14110 Rn. 68.
745 BR-Drs. 517/12, 312.
746 BT-Drs. 17/11471 (neu), 209.
747 Siehe § 1061 S. 1 BGB, der Nießbrauch erlischt mit dem Tod des Nießbrauchers.
748 Siehe §§ 1090 Abs. 2, 1061 BGB, die beschränkte persönliche Dienstbarkeit etwa ein Wohnungsrecht, erlischt mit dem Tod des Berechtigten.
749 Siehe §§ 1098 Abs. 1, 473 S. 1 BGB, das Vorkaufsrecht ist nicht übertragbar und geht nicht auf die Erben des Berechtigten über.
750 Siehe § 1111 BGB; Wilsch ZEV 2013, 428 (429).
751 Vgl. Hügel/Wilsch GBO § 23 Rn. 3, 4.
752 Hügel/Wilsch GBO § 23 Rn. 5 sowie 41 ff.
753 Hügel/Wilsch GBO § 23 Rn. 41.
754 Wilsch ZEV 2013, 428 (429).
755 Und zwar erst im Vermittlungsausschuss von Bundestag und Bundesrat, vgl. Wilsch ZEV 2013, 428 (429).

Vormerkung faktisch gegenstandslos ist, so die bisherige KostO- Programmatik, spielt keine Rolle mehr.[756] Zu Soll gestellt wird eine Festgebühr iHv 25 EUR, Nr. 14152 KV GNotKG.

VIII. Eintragung eines Rechtshängigkeitsvermerks

Um die Gutglaubenswirkungen des Grundbuchs zu zerstören,[757] sieht das Verfahrensrecht die Eintragung eines **Rechtshängigkeitsvermerks** vor. Eintragungsgrundlage ist eine einstweilige Verfügung.[758]

310

Die bisherigen **KostO**-Einordnungen[759] bewegten sich zwischen der Erhebung einer 0,5 Gebühr nach § 65 Abs. 1 KostO,[760] einer 0,25 Gebühr nach § 67 Abs. 1 S. 1 KostO[761] oder einer 0,5 Gebühr nach § 66 Abs. 2 KostO.[762]

311

Das **GNotKG** löst dieses Zuordnungsproblem, indem es auf Gebührenvorschriften für die Eintragung von Verfügungsbeschränkungen verzichtet[763] und auch keine Auffangvorschriften iSv § 67 KostO mehr enthält. Dies legt es nahe, die Eintragung eines **Rechtshängigkeitsvermerks** im Grundbuch **gebührenfrei** vorzunehmen.[764] Die abweichende Ansicht möchte in der Eintragung eines Rechtshängigkeitsvermerks die Eintragung eines Widerspruchs erkennen, die im neuen Kostenrecht eine Festgebühr iHv 50 EUR auslöst, Nr. 14151 KV GNotKG. Die Klassifizierung als Widerspruch steht jedoch im Kontrast zu den Folgewirkungen der Rechtshängigkeit, die richtigerweise als „durch Rechtshängigkeit begründete Verfügungsbeschränkung"[765] bezeichnet werden. Überdies lässt sich die Einordnung als Widerspruch nicht mit dem Enumerationsprinzip[766] des GNotKG in Einklang bringen, das einen abgeschlossenen Gebührenkatalog vorsieht. Anderenfalls wird auch die gesetzgeberische Absicht unterlaufen, die Eintragung von Verfügungsbeschränkungen im Grundbuch **kostenfrei** zu stellen.

312

U. Schnittstelle Notariat und Kosten in erbrechtlichen Angelegenheiten

I. Erbauseinandersetzung

Die Praxis dominiert der **Auseinandersetzungsvertrag**, dessen Regelungsgegenstand in der einvernehmlichen Verteilung der Nachlassgegenstände besteht,[767] entweder in Gestalt der vollständigen Erbauseinandersetzung, mit der die Erbengemeinschaft zum Erlöschen gebracht wird, oder in Gestalt einer Teilerbauseinandersetzung, die sich nur auf einzelne Nachlassgegenstände bezieht.

313

Falls Immobilien übertragen werden, ist **notarielle Beurkundung** erforderlich, § 311b Abs. 1 BGB, wofür eine **2,0 Beurkundungsgebühr** nach der Nr. 21100 KV GNotKG entsteht,[768] Tabelle B, mindestens eine Gebühr iHv 120 EUR.[769]

314

Übernimmt der Erwerber daneben für den Eingang eines Betrages eines Grundpfandrechts die **volle persönliche Haftung**, begleitet von der **Unterwerfung unter die sofortige Zwangsvollstre-**

---

756 Wilsch ZEV 2013, 428 (429).
757 Krug/Daragan Immobilie im ErbR § 4 Rn. 216 ff.
758 Die Alternative, nämlich die Bewilligung des Buchberechtigten, kommt in der Praxis nicht vor; ein Unrichtigkeitsnachweis kommt dagegen nicht mehr in Betracht, vgl. BGH ZfIR 2013, 423 mAnm Wilsch.
759 Wilsch ZEV 2013, 428 (430).
760 So zu Recht Teile der Grundbuchpraxis unter Hinweis auf die Verfügungsbeschränkung, die mit der Eintragung eines Rechtshängigkeitsvermerks verlautbart wird.
761 So Krug/Daragan Immobilie im ErbR § 4 Rn. 231.
762 So Korintenberg/Lappe KostO § 66 Rn. 9a, der im Rechtshängigkeitsvermerk einen Widerspruch iSv § 66 Abs. 2 KostO erkennen wollte.
763 Wilsch ZEV 2013, 428 (430).
764 Wilsch ZEV 2013, 428 (430).
765 Güthe/Triebel, GBO, 5. Aufl. 1929, Vorbem. zum zweiten Abschnitt, S. 265; vgl. Wilsch ZfIR 2013, 425.
766 Fackelmann GNotKG § 2 Rn. 106.
767 Zum Auseinandersetzungsvertrag vgl. auch Leipziger Kostenspiegel Rn. 19.257 ff.
768 Vgl. Fackelmann GNotKG § 3 Rn. 707; Leipziger Kostenspiegel Rn. 19.258.
769 Ebenso Burandt/Rojahn/Kilian/Heinemann GNotKG Rn. 142.

ckung, ist hierfür eine eigenständige 1,0 Gebühr nach der Nr. 21200 KV GNotKG in Ansatz zu bringen, bemessen nach dem Betrag des übernommenen Grundpfandrechts.

Für die **Überwachung** des Vollzugs der Auflassung entsteht überdies eine 0,5 Betreuungsgebühr[770] nach der Nr. 22200 Nr. 3 KV GNotKG, deren Geschäftswert nach § 113 Abs. 1 GNotKG mit dem Wert des Beurkundungsverfahrens zu bestimmen ist.

315 Der **Geschäftswert** des Erbauseinandersetzungsvertrages bestimmt sich nach dem Wert des Rechtsverhältnisses, das Beurkundungsgegenstandes ist, § 97 Abs. 1 GNotKG, bei Sachen folglich nach dem **Verkehrswert**, § 46 GNotKG. Ein Abzug von Verbindlichkeiten findet nicht statt,[771] § 38 S. 2 GNotKG.

Falls gleichzeitig **Miteigentümervereinbarungen** getroffen werden, etwa eine Benutzungsregelung und ein Aufhebungsausschluss, ist der Wert dieser Regelungen nach § 51 Abs. 2 GNotKG zu berücksichtigen, und zwar **jeweils mit 30 Prozent des betroffenen Grundbesitzes**. Der Praxisstandard besteht darin, mehrere Miteigentümervereinbarungen zu treffen, eine Benutzungsregelung und einen Aufhebungsausschluss. Ein Bewertungsfehler geht dahin, insoweit nur 30 Prozent des Geschäftswertes des betroffenen Grundbesitzes in Ansatz zu bringen, obgleich die beiden Miteigentümerregelungen mit 60 Prozent zu Buche schlagen (2 x 30 Prozent, vgl. § 51 Abs. 2 GNotKG). In einer entsprechenden Konstellation setzt sich der notarielle Geschäftswert aus dem Verkehrswert der Immobilie und weiteren 60 Prozent des Verkehrswertes der betroffenen Immobilie zusammen.

Eine Besonderheit bedeutet die Erbauseinandersetzung, die mit der Gründung einer BGB-Gesellschaft einhergeht, auf die die Immobilie übertragen wird. Dann ist dem Geschäftswert des Erbauseinandersetzungsvertrages der Geschäftswert des Gesellschaftsvertrages hinzuzurechnen.

Beispiel: die Erbengemeinschaft setzt sich dahin gehend auseinander, dass die Immobilie (Verkehrswert 8 Mio. EUR) auf die eine neu gegründete BGB-Gesellschaft aufgelassen wird. Im Auseinandersetzungsvertrag findet sich auch der Gesellschaftsvertrag der neu gegründeten BGB-Gesellschaft. Geschäftswert demnach: 8 Mio. EUR für den Erbauseinandersetzungsvertrag plus 8 Mio. EUR für den Gesellschaftsvertrag = insg. 16 Mio. EUR. Demnach eine 2,0 Gebühr aus 16 Mio. EUR, Nr. 21100 KV GNotKG. Für den späteren grundbuchamtlichen Vollzug sorgt dieser zusammengesetzte Geschäftswert häufig für Verwirrung, sofern ihm keine Erläuterung beigegeben wird. Die Praxis kennt Fälle, in denen den grundbuchamtlichen Gebühren der addierte Wert (hier 16 Mio. EUR) zugrunde gelegt wurde, obgleich das Grundbuchamt die Gebühr nur nach dem Verkehrswert der Immobilie (8 Mio. EUR) berechnen darf.

316 Hinzukommen kann eine **0,5 Gebühr** nach der Nr. 22200 KV GNotKG, falls der Notar **Betreuungstätigkeiten** erbringt, etwa im Bereich der Fälligkeitsüberwachung und Vorlagesperre.[772] Übernimmt der Notar die Übernahme von Vollzugstätigkeiten (Genehmigungserklärung oder Schuldhaftentlassungs- oder Schuldübernahmegenehmigungen werden eingeholt), kann hierfür eine **0,5 Vollzugsgebühr** nach der Nr. 22110 KV GNotKG in Rechnung gestellt werden.[773] Der Geschäftswert der Betreuungsgebühr bestimmt sich nach dem Wert des zugrundeliegenden Beurkundungsverfahrens, §§ 113 Abs. 1, 112 GNotKG.

317 Zu berücksichtigen sind ferner die **Dokumentenpauschale** nach der Nr. 32001 KV GNotKG (15 Cent pro Seite), die **Auslagen** für die Post und Telekommunikation, Nr. 32005 KV GNotKG (höchstens 20 EUR), die **Auslagen** für den Abruf von Grundbuchdaten in voller Höhe, Nr. 32011 KV GNotKG (8 EUR pro Abruf, Nr. 701 des Gebührenverzeichnisses zur JVKostO)[774] sowie die **Umsatzsteuer** auf die Kosten iHv 19 Prozent, Nr. 32014 GNotKG.

---

770 Wird gelegentlich in der notariellen Praxis vergessen.
771 Burandt/Rojahn/Kilian/Heinemann GNotKG Rn. 143; Leipziger Kostenspiegel Rn. 19.259.
772 Fackelmann GNotKG § 3 Rn. 707.
773 Burandt/Rojahn/Kilian/Heinemann GNotKG Rn. 144.
774 Auch ein Folgeabruf kostet 8 EUR.

II. Erbanteilsübertragung

Als weitere Form der Auseinandersetzung kennt das BGB die **Übertragung sämtlicher Erbanteile auf einen Miterben**, § 2033 BGB, was zur Beendigung der Erbengemeinschaft führt. Das Verfügungsgeschäft bedarf der **notariellen Beurkundung**, § 2033 Abs. 1 S. 2 BGB, wofür eine **2,0 Gebühr** nach der Nr. 21100 KV GNotKG anzusetzen ist, Tabelle B, mindestens 120 EUR.[775]

Der **Geschäftswert** orientiert sich nach dem Anteil des Miterben am Aktivwert des Nachlasses, ohne Schuldenabzug iSv § 38 GNotKG.[776]

Zu einer evtl. anfallenden **0,5 Gebühr** nach der Nr. 22200 KV GNotKG für die Übernahme von **Betreuungstätigkeiten** durch den Notar und dessen Auslagen sowie Umsatzsteuer (→ Rn. 316, 317), Dokumentenpauschale nach der Nr. 32001 KV GNotKG, 15 Cent pro Seite; Auslagen für die Post und Telekommunikation, Nr. 32005 KV GNotKG, höchstens 20 EUR; Auslagen für den Abruf von Grundbuchdaten in voller Höhe, Nr. 32011 KV GNotKG, 8 EUR pro Abruf; Umsatzsteuer auf die Kosten iHv 19 Prozent, Nr. 32014 GNotKG).

III. Abschichtungsvereinbarung

Trotz einschlägiger BGH-Rechtsprechung[777] führt das **Abschichtungsmodell** in der Praxis noch ein Nischendasein. Die Abschichtung geht davon aus, dass der Miterbe durch formfreien Vertrag seine Mitgliedschaftsrechte an der Erbengemeinschaft mit der Folge aufgeben kann, dass sein Erbanteil den verbleibenden Erben kraft Gesetzes anwächst.[778] Weder das schuldrechtliche Grundgeschäft noch der dingliche Vollzugsteil erfordert notarielle Beurkundung,[779] eine etwaige Formbedürftigkeit gilt nur für den **Grundbuchvollzug**, der **notarielle Beglaubigung** erfordert, § 29 GBO.[780] Zu den Eintragungskosten → Rn. 296.

Welche Gebühr einschlägig ist, richtet sich danach, ob der Notar einen **Entwurf** gefertigt hat.

Ohne Entwurfsfertigung kann der Notar eine 0,2 Gebühr nach der Nr. 25100 KV GNotKG verlangen, Tabelle B, mindestens 20 EUR, höchstens 70 EUR. Der Geschäftswert für die Beglaubigung bestimmt sich nach dem Wert des Rechtsverhältnisses, das Beglaubigungsgegenstand ist, §§ 121, 97 Abs. 1 GNotKG. Für die Übermittlung des Antrags bzw. der Erklärung an das Gericht kann der Notar 20 EUR in Rechnung stellen, Nr. 22124 KV GNotKG.[781]

Falls dagegen die Beglaubigung unter einem vom **Notar gefertigten Entwurf** erfolgt, ist nur eine **Entwurfsgebühr** anzusetzen. Wie in Absatz 2 der Vorbem. 2.4.1 ausdrücklich festgehalten, löst dann die Beglaubigung keine weitere Gebühr aus.[782] Die Entwurfsgebühren des GNotKG sind als Rahmengebühren konzipiert, die darauf abstellen, welche Gebühren im fiktiven Beurkundungsverfahren zum Einsatz kämen.[783] Da ein Vertrag[784] vorliegt, wäre die 2,0 Gebühr iSv Nr. 21100 KV GNotKG heranzuziehen, sodass die Entwurfsgebühr nach der Nr. 24100 KV GNotKG einschlägig ist, ein Gebührenrahmen von 0,5 bis 2,0, mindestens 120 EUR.

Für die **Übermittlung** der Erklärung an das Gericht steht dem Notar eine Gebühr iHv 20 EUR zu, Nr. 22124 KV GNotKG. Hinsichtlich möglicher **Auslagen** → Rn. 317 ff.

---

[775] Burandt/Rojahn/Kilian/Heinemann GNotKG Rn. 146; Leipziger Kostenspiegel Rn. 19.283.
[776] Burandt/Rojahn/Kilian/Heinemann GNotKG Rn. 147.
[777] BGH NJW 1998, 1557.
[778] BGH NJW 1998, 1557; LG Köln NJW 2003, 2993; Böhringer BWNotZ 2009, 67.
[779] BGH NJW 1998, 1557.
[780] Siehe auch Weser/Saalfrank NJW 2003, 2940; keine Erörterung hingegen im Leipziger Kostenspiegel Rn. 19.261, dort ist nur die Beurkundung erwähnt.
[781] Siehe das Beispiel bei Fackelmann GNotKG Rn. 619.
[782] Fackelmann GNot KG Rn. 298.
[783] Modell der „fiktiven Beurkundungsgebühr", vgl. HK-GNotKG/Leiß GNotKG KV Nr. 24100–24103 Rn. 67.
[784] Abgewandeltes Beispiel eines GbR-Vertrages vgl. Fackelmann GNotKG Rn. 275.

IV. Vermächtniserfüllung

326 Im Rahmen der **Vermächtniserfüllung** geht die notarkostenrechtliche Differenzierung dahin, ob sich die Vermächtnisanordnung in einem **notariellen Testament** bzw. **Erbvertrag** oder in einer **privatschriftlichen Verfügung von Todes wegen** befindet, Nr. 21102, 21100 KV GNotKG.[785]

327 Falls die **Vermächtnisanordnung** in einer **privatschriftlichen Verfügung** von Todes wegen enthalten ist, setzt das Notariat für die Beurkundung der Auflassung eine **2,0 Verfahrensgebühr** nach der Nr. 21100 KV GNotKG an,[786] Tabelle B,[787] und zwar aus dem Verkehrswert der Immobilie, § 46 GNotKG.[788] Maßgeblich ist der Wert des vermachten Gegenstandes, und zwar ohne jeglichen Abzug von Verbindlichkeiten.[789] Als Auslagenpositionen kommen die Dokumentenpauschale (Nr. 32001 KV GNotKG), die Dokumentenpauschale (Nr. 32005 KV GNotKG) sowie die Grundbuchabrufgebühren (Nr. 32011 KV GNotKG) in Betracht. Sodann erhält der Notar Ersatz für die von ihm geschuldete Umsatzsteuer iHv 19 Prozent (Nr. 32014 KV GNotKG).

328 Falls die **Vermächtnisanordnung** in einem **notariell beurkundeten Testament** oder einem **Erbvertrag** enthalten ist, setzt das Notariat für die Beurkundung der **Auflassung** eine **1,0 Verfahrensgebühr** nach der Nr. 21102 Nr. 1 KV GNotKG an,[790] Tabelle B,[791] mindestens 60 EUR, und zwar aus dem Verkehrswert der Immobilie, § 46 GNotKG.[792] Die Kostenpraxis kennt Fälle, in denen hierfür eine 2,0 Gebühr nach der Nr. 21100 KV GNotKG in Ansatz gebracht wird, was mit Erinnerung anzugreifen ist. Die Nr. 21100 KV GNotKG ist nicht einschlägig, sondern die günstigere Regelung in der Nr. 21102 Nr. 1 KV GNotKG (sog. privilegierter Gebührensatz nach der Nr. 21102 Nr. 1 KV GNotKG). Hinzu kommt evtl. eine **0,3 Vollzugsgebühr** nach der Nr. 22111 KV GNotKG (falls beispielsweise eine Genehmigung eingeholt werden muss). Noch günstiger fällt das Ergebnis aus, falls in Erfüllung eines Vermächtnisses, angeordnet in einem notariell beurkundeten Testament oder einem Erbvertrag, lediglich ein dingliches Recht beurkundet wird, beispielsweise die **Bewilligung eines Nießbrauchs, eines Wohnungsrechts oder einer Reallast**. Da lediglich formell-rechtliche Erklärungen nach den §§ 19, 13 GBO beurkundet werden, kann das Notariat hierfür nur eine **0,5 Gebühr** nach der Nr. 21201 Nr. 4 KV GNotKG in Rechnung stellen. Eine etwaige Kostenrechnung, die von einer 2,0 Gebühr nach der Nr. 21100 KV GNotKG ausgeht, ist mit Erinnerung anzugreifen. Hinzu kommt evtl. eine 0,3 Vollzugsgebühr nach der Nr. 22111 KV GNotKG (beispielsweise für die Einholung einer Genehmigung). Als Auslagenpositionen sind die Dokumentenpauschale (Nr. 32001 KV GNotKG), die Dokumentenpauschale (Nr. 32005 KV GNotKG) sowie die Grundbuchabrufgebühren (Nr. 32011 KV GNotKG) zu beachten. Der Notar erhält Ersatz für die von ihm geschuldete Umsatzsteuer iHv 19 Prozent (Nr. 32014 KV GNotKG).

V. Entwurf eines Testaments

329 Sofern der Notar außerhalb eines Beurkundungsverfahrens einen Entwurf für eine bestimmte Erklärung im Auftrag eines Beteiligten fertigt, kann er hierfür eine Gebühr erheben, so die erste Anmerkung der Vorbem. 2.4.1 KV GNotKG. Im Falle des Entwurfs eines **gemeinschaftlichen Testaments** von Eheleuten ist dies eine 2,0 Entwurfsgebühr, vgl. Nr. 24100, 21100 KV GNotKG,[793] im Falle eines **einseitigen Testaments** eine 1,0 Entwurfsgebühr, vgl. Nr. 24101 KV GNotKG, jeweils Tabelle B.

---

785 Siehe Otto/Reimann/Tiedtke Notarkosten Pkt. C 12 ff., 384 ff.; Leipziger Kostenspiegel Rn. 19.287 ff.
786 Burandt/Rojahn/Kilian/Heinemann GNotKG Rn. 150; Leipziger Kostenspiegel Rn. 19.291.
787 Falsch insofern die Spaltenüberschrift bei HK-GNotKG/Fackelmann GNotKG, 1109, Tabelle A.
788 Vgl. Otto/Reimann/Tiedtke Notarkosten Pkt. C 12 ff., 384 ff.; Fackelmann GNotKG Rn. 708.
789 Burandt/Rojahn/Kilian/Heinemann GNotKG Rn. 151.
790 Burandt/Rojahn/Kilian/Heinemann GNotKG Rn. 150; Leipziger Kostenspiegel Rn. 19.288, 19.289.
791 Falsch insofern die Spaltenüberschrift bei HK-GNotKG/Fackelmann GNotKG, 1109, Tabelle A.
792 Vgl. Otto/Reimann/Tiedtke Notarkosten Pkt. C 13 ff., 386 ff.; Fackelmann GNotKG Rn. 708.
793 Siehe Leipziger Kostenspiegel Rn. 19.95 ff.

Geschäftswert ist der Wert des Vermögens, über den die Eheleute verfügen, § 102 Abs. 1 S. 1 GNotKG. Dies kann der ganze Nachlass oder nur ein Bruchteil des Nachlasses sein, § 102 Abs. 1 S. 1 GNotKG. Verbindlichkeiten der Erblasser werden abgezogen, allerdings nur bis zur Hälfte des Werts des Vermögens, § 102 Abs. 1 S. 2 GNotKG[794] (= hälftiger Schuldenabzug). Da jeder Ehegatte als Erblasser verfügt, gilt es, das modifizierte Reinvermögen getrennt zu berechnen, Ehegatten für Ehegatten. Vermächtnisse und Auflagen werden nur bei Verfügung über einen Bruchteil und nur mit dem Anteil ihres Werts hinzugerechnet, der dem Bruchteil entspricht, über den nicht verfügt wird, § 102 Abs. 1 S. 3 GNotKG. Im Umkehrschluss erfolgt keine Hinzurechnung, sofern über den ganzen Nachlass verfügt wird.[795]

330

VI. Beurkundung eines Einzeltestaments

Für die Beurkundung eines Einzeltestaments setzt der Notar eine **1,0 Verfahrensgebühr** nach der **Nr. 21200 KV GNotKG** an,[796] Tabelle B, mindestens 60 EUR (zum gemeinschaftlichen Testament → Rn. 333). Gebührenrechtlich spielt es keine Rolle, ob das Testament über den ganzen Nachlass oder nur einen Bruchteil des Nachlasses errichtet wird. Ebenso wenig wirkt sich die Testamentserrichtung durch **Übergabe einer verschlossenen Schrift** aus, die der Erblasser überreicht. Auch hierfür fällt eine 1,0 Verfahrensgebühr an, Nr. 21200 KV GNotKG.[797] Anders dagegen der **Geschäftswert** der Beurkundung eines Testaments. Vermächtnisse und Auflagen werden nur bei Verfügung über einen **Bruchteil** und nur mit dem Anteil ihres Werts hinzugerechnet, der dem Bruchteil entspricht, über den nicht verfügt wird, § 102 Abs. 1 S. 3 GNotKG.

331

Beispiel: Erbeinsetzung nur zu 1/3, daneben Vermächtnis iHv 50.000 EUR angeordnet; über 2/3 wurde nicht verfügt, daher Berücksichtigung des Vermächtnisses iHv 33.333 EUR (= 2/3 von 50.000 EUR), § 102 Abs. 1 S. 3 GNotKG.

Falls über den **gesamten Nachlass** verfügt wird, werden Vermächtnisse und Auflagen nicht hinzugerechnet.[798] **Verbindlichkeiten** des Erblassers werden abgezogen, allerdings nur bis zur Hälfte des Werts des Vermögens, § 102 Abs. 1 S. 2 GNotKG (= hälftiger Schuldenabzug = Begrenzung auf die Hälfte des Aktivvermögens).[799] Eine in der Urkunde enthaltene **Rechtswahl** stellt einen besonderen Beurkundungsgegenstand iSv § 111 Nr. 4 GNotKG dar und ist mit 30 Prozent des modifizierten Reinvermögens zu berücksichtigen[800] (dann Addition der Geschäftswerte für das Testament und für die Rechtswahl). Hinzu kommen die **Dokumentenpauschale**, Nr. 32001 KV GNotKG, die **Auslagenpauschale**, Nr. 32005 KV GNotKG (20 % der Gebühren, höchstens 20 EUR), die **Umsatzsteuer** iHv 19 % gem. Nr. 32014 KV GNotKG, die **Registrierungsgebühr** (Registrierung im Zentralen Testamentsregister) in voller Höhe (15 EUR), Nr. 32015 KV GNotKG sowie ggf. **Auswärts- und Unzeitgebühren**, Nr. 26003 Nr. 1, 26000 KV GNotKG, sofern der Notar außerhalb seiner Geschäftsstelle bzw. an Sonntagen und allgemeinen Feiertagen tätig wird.[801] Ggf. sind auch Reisekosten des Notars zu berücksichtigen, Nr. 32006 KV GNotKG.[802]

332

---

794 Leipziger Kostenspiegel Rn. 19.97.
795 Leipziger Kostenspiegel Rn. 19.97.
796 Burandt/Rojahn/Kilian/Heinemann GNotKG Rn. 81; Langel NJW 2017, 3617 (3618).
797 Leipziger Kostenspiegel Rn. 19.53.
798 Diehn Rn. 1663.
799 Der Gesetzgeber wollte hiermit einen unangemessen niedrigen Geschäftswert vermeiden, vgl. Bormann ZEV 2013, 425 (426), der sogar für ein vollständiges Schuldenabzugsverbot iSv § 38 GNotKG plädiert; vgl. zum modifizierten Reinvermögen auch Diehn Rn. 1662 ff.; Burandt/Rojahn/Kilian/Heinemann GNotKG Rn. 82.
800 Ebenso Burandt/Rojahn/Kilian/Heinemann GNotKG Rn. 99.
801 Vgl. das Beispiel im Leipziger Kostenspiegel Rn. 19.57.
802 Fahrtkosten des Notars für eine Geschäftsreise bei Benutzung des eigenen Kraftfahrzeugs; für jeden gefahrenen Kilometer ist ein Betrag iHv 0,42 EUR anzusetzen. Die Regelung wurde im Zuge des KostRÄG 2021 geändert (Anhebung von 0,30 EUR auf 0,42 EUR).

VII. Beurkundung eines gemeinschaftlichen Testaments

333 Die Vorbem. 2.1.1 Nr. 2 KV GNotKG ordnet die Beurkundung eines gemeinschaftlichen Testaments einem eigenen Abschnitt zu. Für die Beurkundung eines gemeinschaftlichen Testaments erhebt der Notar eine **2,0 Verfahrensgebühr**,[803] Nr. 21100 KV GNotKG, Tabelle B, mindestens jedoch 120 EUR.[804]

334 Der **Geschäftswert** richtet sich nach § 102 Abs. 1 GNotKG.[805] Geschäftswert bei der Beurkundung ist der Wert des Vermögens, über den die Eheleute verfügen, § 102 Abs. 1 S. 1 GNotKG. Abhängig vom Testierwillen und der Testierrichtung der Eheleute, kann dies der ganze Nachlass oder nur ein Bruchteil des Nachlasses sein, § 102 Abs. 1 S. 1 GNotKG. Die Geschäftswertvorschrift schreibt die Ermittlung des sog. „modifizierten Reinvermögens"[806] vor, § 102 Abs. 1 S. 2 GNotKG. Verbindlichkeiten des Erblassers werden abgezogen, allerdings nur bis zur Hälfte des Werts des Vermögens, § 102 Abs. 1 S. 2 GNotKG (= hälftiger Schuldenabzug).[807] Da jeder Ehegatte als Erblasser verfügt, gilt es, das modifizierte Reinvermögen getrennt zu berechnen, Ehegatte für Ehegatte. Vermächtnisse und Auflagen werden nur bei Verfügung über einen Bruchteil und nur mit dem Anteil ihres Werts hinzugerechnet, der dem Bruchteil entspricht, über den nicht verfügt wird, § 102 Abs. 1 S. 3 GNotKG. Eine in der Urkunde enthaltene Rechtswahl ist als besonderer Beurkundungsgegenstand jedoch gesondert[808] zu bewerten, §§ 111 Nr. 4, 104 Abs. 3 GNotKG (dann Addition der Geschäftswerte für das gemeinschaftliche Testament und für die Rechtswahl, § 35 Abs. 1 GNotKG).

Beispiel: Die Eheleute verfügen über den ganzen Nachlass, das Aktivvermögen der Ehefrau beträgt 250.000 EUR, ihre Verbindlichkeiten 150.000 EUR; das Aktivvermögen des Ehemannes beträgt 300.000 EUR, seine Verbindlichkeiten 200.000 EUR. Für die Schwester der Ehefrau und die Schwester des Ehemannes wird je ein Vermächtnis iHv 10.000 EUR angeordnet.

Ehefrau:

Aktivvermögen (250.000 EUR) minus Verbindlichkeiten (150.000 EUR) = 100.000 EUR

Mindestens ist jedoch der halbe Wert des Vermögens der Ehefrau anzusetzen, § 102 Abs. 1 S. 2 GNotKG = 125.000 EUR (= modifiziertes Reinvermögen)

Ehemann:

Aktivvermögen (300.000 EUR) minus Verbindlichkeiten (200.000 EUR) = 100.000 EUR

Mindestens jedoch halber Wert des Vermögens des Ehemannes, § 102 Abs. 1 S. 2 GNotKG = 150.000 EUR (= modifiziertes Reinvermögen).

Die Addition beider Werte (vgl. § 35 Abs. 1 GNotKG) ergibt einen Gesamtgeschäftswert iHv 275.000 EUR. Eine Hinzurechnung der Vermächtnisanordnungen (2x 10.000 EUR = 20.000 EUR) erfolgt nicht, weil nicht über Bruchteile des Nachlasses, sondern über den ganzen Nachlass verfügt wird, § 102 Abs. 1 S. 3 GNotKG.[809]

335 Zu berücksichtigen sind ferner die **Dokumentenpauschale**, Nr. 32001 KV GNotKG, die **Auslagenpauschale**, Nr. 32005 KV GNotKG (20 % der Gebühren, höchstens 20 EUR), die **Umsatzsteuer** iHv 19 % gem. Nr. 32014 KV GNotKG und die **Registrierungsgebühr** (Registrierung im Zentralen Testamentsregister) in voller Höhe (15 EUR), Nr. 32015 KV GNotKG.

---

803 Vgl. Langel NJW 2017, 3617 (3618).
804 Burandt/Rojahn/Kilian/Heinemann GNotKG Rn. 88.
805 Der „Dreh- und Angelpunkt der Geschäftswertbestimmung bei notariellen Amtsgeschäften", vgl. Bormann ZEV 2013, 425 (426).
806 Bormann ZEV 2013, 425 (426).
807 Gesetzeszweck: Vermeidung eines unangemessen niedrigen Geschäftswerts, vgl. Bormann ZEV 2013, 425 (426), der sogar für ein vollständiges Schuldenabzugsverbot iSv § 38 GNotKG plädiert.
808 Geschäftswert für die Rechtswahl: 30 Prozent des Wertes der zugrundeliegenden Verfügung, vgl. Streifzug Rn. 2893; Burandt/Rojahn/Kilian/Heinemann GNotKG Rn. 99.
809 Ebenso Bormann ZEV 2013, 425 (426).

VIII. Beurkundung eines Erbvertrages

Die Praxis kennt die Koppelung Ehe- und Erbvertrag, den sog. „Verpfründungsvertrag",[810] bei dem Pflegeleistungen mit der Einsetzung als Erbe verknüpft werden, die Kombination Ehevertrag/Verfügungsunterlassungsvertrag sowie die Kombination Erbvertrag- und Lebenspartnerschaftsvertrag.[811] Nicht selten gehen mit der Beurkundung des Erbvertrages andere Beurkundungsgegenstände einher, die zusätzlich zu bewerten sind, etwa der Ausschluss des Versorgungsausgleichs, gegenseitige Unterhalts- und Pflichtteilsverzichtserklärungen oder eine Pflegeverpflichtung.

336

Für die **Beurkundung** eines Erbvertrages fällt eine **2,0 Verfahrensgebühr** an,[812] Nr. 21100 KV GNotKG, Tabelle B, mindestens jedoch 120 EUR, und zwar unabhängig[813] vom Charakter der Verfügungen (einseitig oder vertragsmäßig) im Erbvertrag. Der Notar bringt überdies die **Dokumentenpauschale**, Nr. 32001 KV GNotKG, die **Auslagenpauschale**, Nr. 32005 KV GNotKG (20 % der Gebühren, höchstens 20 EUR), die **Umsatzsteuer** iHv 19 % gem. Nr. 32014 KV GNotKG und die **Registrierungsgebühr** (15 EUR, Nr. 32015 KV GNotKG) in Ansatz.

337

Welcher **Geschäftswert** heranzuziehen ist, regelt § 102 Abs. 1 GNotKG. Geschäftswert ist der Wert des Vermögens, über den verfügt wird,[814] § 102 Abs. 1 S. 1 GNotKG. Je nach dem Regelungsumfang des Erbvertrages, spielt entweder der ganze Nachlass oder nur ein Bruchteil des Nachlasses eine Rolle. Nicht anders als bei Beurkundung eines gemeinschaftlichen Testaments (→ Rn. 333 ff.), muss der Wert des „modifizierten Reinvermögens"[815] ermittelt werden, § 102 Abs. 1 S. 2 GNotKG. Verbindlichkeiten des Erblassers werden abgezogen, jedoch nur bis zur Hälfte des Werts des Vermögens, § 102 Abs. 1 S. 2 GNotKG (= hälftiger Schuldenabzug).[816] Weil jeder Verfügende als Erblasser agiert, muss das modifizierte Reinvermögen jedes Verfügenden gesondert berechnet werden.[817] Die Werte werden sodann addiert, § 35 Abs. 1 GNotKG.[818] Falls im Erbvertrag eine **Rechtswahl** enthalten ist, ist dies zusätzlich mit 30 % des beiderseitigen modifizierten Reinvermögens zu berücksichtigen,[819] § 104 Abs. 2 GNotKG (also Geschäftswert des Erbvertrags plus 30 % für Rechtswahl = Gesamtwert; hieraus 2,0 Gebühr nach Nr. 21100 KV GNotKG).

338

Vermächtnisse und **Auflagen** werden nur bei Verfügung über einen Bruchteil und nur mit dem Anteil ihres Werts hinzugerechnet, der dem Bruchteil entspricht, über den nicht verfügt wird, § 102 Abs. 1 S. 3 GNotKG.[820] Zu ermitteln ist der Anteil des Vermögens, über den nicht verfügt wurde. Im Umkehrschluss werden Vermächtnisse und Auflagen nicht hinzugerechnet,[821] sofern über den gesamten Nachlass verfügt wird.

339

Beispiel: Der Erblasser verfügt nur über 1/3 des Nachlasses (Wert: 150.000 EUR), setzt insoweit einen Erben ein und beschwert ihn mit einem Vermächtnis iHv 20.000 EUR. Über 2/3 des Nachlasses wurde nicht verfügt, mit diesem Anteil ist das Vermächtnis zu berücksichtigen = 2/3 von 20.000 EUR = 13.333 EUR.

Einen eigenständigen Bewertungsgegenstand[822] bildet die **Pflegeverpflichtung**, die einer der Beteiligten im Gegenzug zu seiner Erbeinsetzung übernimmt. Um die Pflegeverpflichtung bewerten zu können, wird eine Kapitalisierung der Pflegeverpflichtung nach § 52 GNotKG erforderlich, uU mit einem Bedingungsabschlag,[823] sofern die Pflegeleistungen erst mit Eintritt eines bestimmten Ereignisses zu erbringen sind, § 52 Abs. 6 GNotKG. Ein weiterer Bewertungsgegen-

---

810 Leipziger Kostenspiegel Rn. 19.107.
811 Leipziger Kostenspiegel Rn. 19.131.
812 Vgl. Burandt/Rojahn/Kilian/Heinemann GNotKG Rn. 92; Leipziger Kostenspiegel Rn. 19.103.
813 Strittig, wie hier Diehn Rn. 1700.
814 Leipziger Kostenspiegel Rn. 19.104.
815 Bormann ZEV 2013, 425 (426).
816 Leipziger Kostenspiegel Rn. 19.104.
817 Leipziger Kostenspiegel Rn. 19.110.
818 Leipziger Kostenspiegel Rn. 19.112.
819 Burandt/Rojahn/Kilian/Heinemann GNotKG Rn. 99.
820 Diehn Rn. 1672.
821 Leipziger Kostenspiegel Rn. 19.104.
822 Leipziger Kostenspiegel Rn. 19.109 bis 19.112.
823 UU bis zu 50 Prozent, Leipziger Kostenspiegel Rn. 19.111.

stand ist im **Verfügungsverbot** zu erkennen, das einer der Beteiligten gegenüber dem anderen Beteiligten eingeht, um dessen Position zu stärken. Das Verfügungsverbot schlägt mit 10 Prozent des Verkehrswertes der betroffenen Sache zu Buche, § 50 Nr. 1 GNotKG.[824] Ein **gegenseitiger Pflichtteilsverzicht** ist zusätzlich zu bewerten, anzusetzen ist der höherwertigere der beiden Verzichte, vgl. § 97 Abs. 3 GNotKG,[825] wobei sich der Geschäftswert des Pflichtteilsverzichts nach der entsprechenden Pflichtteilsquote am modifizierten Reinvermögen bemisst, § 102 Abs. 4, Abs. 1 S. 1 und 2 GNotKG. Grundlage sind die Vermögensverhältnisse zum Zeitpunkt des Verzichts, §§ 96, 10 GNotKG.

340 Für die Beurkundung einer **Vollmacht**, die im Rahmen des Erbvertrages den erbvertraglichen Regelungen zur Seite gestellt wird, etwa im Hinblick auf eine spätere Vermächtniserfüllung,[826] wird eine **1,0 Gebühr** nach der Nr. 21200 KV GNotKG generiert.[827] Die **Wertvorschrift** findet sich in § 98 Abs. 1 GNotKG. Maßgeblich ist die Hälfte des Geschäftswerts für die Beurkundung des Geschäfts, auf das sich die Vollmacht bezieht, § 98 Abs. 1 GNotKG. Weil für die einzelnen Beurkundungsgegenstände verschiedene Gebührensätze anzuwenden sind (hier 2,0 und 1,0), entstehen grundsätzlich gesondert berechnete Gebühren, jedoch nicht mehr als die nach dem höchsten Gebührensatz (hier 2,0 Gebühr, Nr. 21100 KV GNotKG) berechnete Gebühr aus dem Gesamtbetrag der Werte, § 94 Abs. 1 GNotKG.[828] Eine Vergleichsberechnung wird erforderlich.

IX. Aufhebung eines Erbvertrages

341 Eine Besonderheit zeigt sich in der **vollständigen Aufhebung eines Erbvertrags ohne Neuverfügung**, ohne Errichtung einer neuen Verfügung von Todes wegen, was gelegentlich in der notariellen Kostenpraxis mit einer 2,0 Gebühr nach der Nr. 21100 KV GNotKG bewertet wird, obgleich diese Vorschrift nicht zum Einsatz kommt. Richtigerweise schlägt die vollständige Aufhebung des Erbvertrags mit einer **1,0 Gebühr** nach der **Nr. 21102 Nr. 2 KV GNotKG** zu Buche,[829] Tabelle B, mindestens 60 EUR.

342 Der **Geschäftswert** richtet sich nach § 102 Abs. 5, Abs. 1–3 GNotKG.[830] Geschäftswert ist der Wert des Vermögens, über den verfügt wird, § 102 Abs. 1 S. 1 GNotKG (ganzer Nachlass oder nur der Bruchteil des Nachlasses, vgl. Regelungsumfang der Aufhebungsverfügung). Ermittelt werden muss der Wert des „modifizierten Reinvermögens",[831] § 102 Abs. 1 S. 2 GNotKG. Verbindlichkeiten des Erblassers werden abgezogen, jedoch nur bis zur Hälfte des Werts des Vermögens, § 102 Abs. 1 S. 2 GNotKG (= hälftiger Schuldenabzug).

Im Falle einer **vollständigen Aufhebung eines Erbvertrags mit Errichtung einer neuen Verfügung von Todes wegen** ist ein anderer Weg[832] zu beschreiten. Denn die Aufhebung eines Erbvertrags und die Errichtung einer neuen Verfügung von Todes wegen gelten als derselbe Beurkundungsgegenstand, vgl. § 109 Abs. 2 Nr. 2 GNotKG.[833] In Ansatz zu bringen ist eine 2,0-Verfahrensgebühr nach der Nr. 21100 KV GNotKG,[834] da auch eine neue Verfügung beurkundet wird. Der Geschäftswert bestimmt sich nach dem höchsten in Betracht kommenden Wert, § 109 Abs. 2 S. 2 GNotKG.[835] Es wird ein Vergleich zwischen dem Wert der Aufhebung und dem Wert der neuen Verfügung erforderlich.

343 Schließlich setzt der Notar noch an die **Dokumentenpauschale**, Nr. 32001 KV GNotKG, die **Auslagenpauschale**, Nr. 32005 KV GNotKG (20 % der Gebühren, höchstens 20 EUR), die **Um-**

---

[824] Leipziger Kostenspiegel Rn. 19.114 und 19.115a.
[825] Diehn Rn. 1704.
[826] Vgl. die Konstellation im Leipziger Kostenspiegel Rn. 19.113.
[827] Leipziger Kostenspiegel Rn. 19.115a.
[828] Leipziger Kostenspiegel Rn. 19.115a.
[829] Vgl. Burandt/Rojahn/Kilian/Heinemann GNotKG Rn. 101; Leipziger Kostenspiegel Rn. 19.140.
[830] Leipziger Kostenspiegel Rn. 19.141.
[831] Bormann ZEV 2013, 425 (426).
[832] Vgl. Leipziger Kostenspiegel Rn. 19.142 ff.
[833] Leipziger Kostenspiegel Rn. 19.144.
[834] Leipziger Kostenspiegel Rn. 19.143.
[835] Leipziger Kostenspiegel Rn. 19.144.

satzsteuer iHv 19 % gem. Nr. 32014 KV GNotKG und die **Registrierungsgebühr** (Registrierung im Zentralen Testamentsregister) in voller Höhe (15 EUR), Nr. 32015 KV GNotKG.

X. Rücktritt vom Erbvertrag

Eine explizite Regelung findet sich in der Nr. 21201 Nr. 2 KV GNotKG. Danach erhebt der Notar für die Beurkundung eines Rücktritts vom Erbvertrag[836] eine **0,5 Verfahrensgebühr**, Tabelle B, mindestens 30 EUR.[837] Die Bestimmung in § 102 Abs. 5 S. 1 GNotKG[838] erklärt die allgemeinen Regelungen in § 102 Abs. 1 bis 3 GNotKG für anwendbar, soweit der **Geschäftswert** der Verfahrensgebühr betroffen ist. Eine Besonderheit ist darin zu erkennen, dass auch der Wert der Verfügungen des anderen Vertragsteils hinzuzurechnen ist, die durch den Rücktritt unwirksam werden.[839] Geschäftswert ist der Wert des Vermögens, über den verfügt wird, § 102 Abs. 1 S. 1 GNotKG (vgl. Regelungsumfang des Erbvertrags). Ermittelt werden muss der Wert des modifizierten Reinvermögens, § 102 Abs. 1 S. 2 GNotKG. Verbindlichkeiten des Erblassers werden abgezogen, jedoch nur bis zur Hälfte des Werts des Vermögens, § 102 Abs. 1 S. 2 GNotKG (= hälftiger Schuldenabzug).[840] Für den Auftrag, den Rücktritt dem anderen Vertragsteil zustellen zu lassen und den Zugangserfolg zu überwachen, kann der Notar eine **0,5 Betreuungsgebühr** nach der Nr. 22200 Nr. 5 GNotKG beanspruchen,[841] zu erheben aus dem Wert des Beurkundungsverfahrens, § 113 Abs. 1 GNotKG. Das ist hier die oben geschilderte Beurkundung des Rücktritts vom Erbvertrag.

344

XI. Rückgabe eines Erbvertrages aus notarieller Verwahrung

Die Rückgabe eines Erbvertrags aus der notariellen Verwahrung ist eigenständig[842] in der Nr. 23100 KV GNotKG geregelt. Die Rückgabe generiert eine **0,3 Verfahrensgebühr** nach der **Nr. 23100 KV GNotKG**,[843] Tabelle B.

345

Der **Geschäftswert** für die Rückgabe bestimmt sich, so die Regelung in § 114 GNotKG, nach § 102 Abs. 1 bis 3 GNotKG.[844] Geschäftswert ist der Wert des Vermögens, über den verfügt wird, § 102 Abs. 1 S. 1 GNotKG (ganzer Nachlass oder nur Bruchteil des Nachlasses). Ermittelt werden muss der Wert des „modifizierten Reinvermögens",[845] § 102 Abs. 1 S. 2 GNotKG. Verbindlichkeiten des Erblassers werden abgezogen, jedoch nur bis zur Hälfte des Werts des Vermögens, § 102 Abs. 1 S. 2 GNotKG (= hälftiger Schuldenabzug.).[846] Dabei muss das modifizierte Reinvermögen jedes Verfügenden gesondert berechnet werden. Die Einzelwerte werden zu einem Gesamtwert zusammengerechnet, § 35 Abs. 1 GNotKG.[847]

346

Zu erwähnen sind noch die **Dokumentenpauschale** (Nr. 32000 KV GNotKG), die **Auslagenpauschale** (Nr. 32005 KV GNotKG, 20 % der Gebühren, höchstens 20 EUR) und die **Umsatzsteuer** (in voller Höhe, 19 %, Nr. 32014 KV GNotKG), nicht aber auch eine Registrierungsgebühr im Testamentsregister, da die Rücknahme des Erbvertrags gebührenfrei erfolgt.[848]

347

XII. Erb- und Pflichtteilsverzicht

Das Beurkundungsverfahren schlägt mit **einer 2,0 Verfahrensgebühr** nach der **Nr. 21100 KV GNotKG** zu Buche, mindestens 120 EUR, Tabelle B.[849]

348

---

836 Vgl. Leipziger Kostenspiegel Rn. 19.149.
837 Burandt/Rojahn/Kilian/Heinemann GNotKG Rn. 124.
838 Leipziger Kostenspiegel Rn. 19.150.
839 Leipziger Kostenspiegel Rn. 19.150.
840 Leipziger Kostenspiegel Rn. 19.150.
841 Leipziger Kostenspiegel Rn. 19.149.
842 Leipziger Kostenspiegel Rn. 19.137.
843 Diehn ZEV 2013, 425 (326).

844 Diehn Rn. 1749; Leipziger Kostenspiegel Rn. 19.137.
845 Bormann ZEV 2013, 425 (426).
846 Leipziger Kostenspiegel Rn. 19.137.
847 Leipziger Kostenspiegel Rn. 19.137.
848 Diehn Rn. 1748, 1752.
849 Burandt/Rojahn/Kilian/Heinemann GNotKG Rn. 134; Leipziger Kostenspiegel Rn. 19.126 und 19.164.

349 Der **Geschäftswert** richtet sich nach § 102 Abs. 4 GNotKG,[850] maßgeblich ist die modifizierte Erbquote bzw. Pflichtteilsquote des Verzichtenden am modifizierten Reinvermögen des Erblassers im Zeitpunkt des Verzichts.[851] Verbindlichkeiten des Erblassers werden abgezogen, allerdings nur bis zur Hälfte des Werts des Vermögens, § 102 Abs. 1 S. 2 GNotKG (= hälftiger Schuldenabzug).[852] Die Unterscheidung geht dahin, ob der **Pflichtteilsverzicht** mit Abfindung oder ohne Gegenleistung erfolgt. Der Pflichtteilsverzicht **gegen Abfindung** ist als Austauschvertrag nach § 97 Abs. 3 GNotKG zu werten, was den Vergleich von Wert des Verzichts (Pflichtteilsquote des Verzichtenden, § 2303 Abs. 1 S. 2 BGB) und Gegenleistung (Abfindungsbetrag) nach sich zieht. Heranzuziehen ist der höhere Betrag, § 97 Abs. 3 GNotKG.

Beispiel: Übertragungsvertrag zwischen Eltern und Sohn, der Verkehrswert der Immobilie beläuft sich auf 780.000 EUR, der Erwerber verzichtet zugleich auf seinen Pflichtteil einschließlich Pflichtteilsergänzungsanspruch.

Ein Austauschvertrag liegt vor, § 97 Abs. 3 GNotKG. Die Leistung der Veräußerer (Immobilie iHv 780.000 EUR) ist der Gegenleistung des Erwerbers (Pflichtteilsverzicht) gegenüberzustellen, maßgeblich ist der höhere Wert. Da die Gegenleistung des Erwerbers hinter dem Verkehrswert der Immobilie zurückbleibt, ist der Verkehrswert der Immobilie anzusetzen. Also 2,0 Gebühr aus 780.000 EUR, Nr. 21100 KV GNotKG.

Die Werte **mehrerer Pflichtteilsverzichte** werden zusammengerechnet, § 35 Abs. 1 GNotKG. Der Pflichtteilsverzicht **ohne Abfindung** orientiert sich an der Pflichtteilsquote des Verzichtenden, wobei Verbindlichkeiten bis zur Höhe des halben Vermögens abgezogen werden.[853] Eine Besonderheit stellt der **gegenständlich beschränkte Pflichtteilsverzicht** dar,[854] wobei der Verzicht nur bestimmte Gegenstände betrifft, beispielsweise einen GmbH-Geschäftsanteil und überlassenen Grundbesitz. Der Geschäftswert richtet sich dann nicht nach dem Restvermögen des Erblassers, sondern nach dem Pflichtteilsbruchteil am Wert des betroffenen Gegenstandes, §§ 102 Abs. 4, Abs. 3 GNotKG.[855] Verbindlichkeiten, die hierauf lasten, werden zur Hälfte des Gegenstandwertes abgezogen.

Für die **Aufhebung eines Erb- und Pflichtteilsverzichts** fällt eine 1,0 Gebühr nach der Nr. 21102 KV GNotKG an.

XIII. Änderung von Testamenten

350 Die Differenzierung zwischen Testament und gemeinschaftlichem Testament setzt sich im Änderungsbereich fort, im Bereich der Änderung von Testamenten. Die Rechtfertigung hierfür ist darin zu suchen, dass die Änderung nur durch neue Testierung, nur durch Errichtung einer neuen Verfügung von Todes wegen erfolgen kann, sodass bereits vorhandene Gebührenwege zu beschreiten sind. In der Folge ist für die **Änderung eines gemeinschaftlichen Testaments** durch Beurkundung eines neuen gemeinschaftlichen Testaments eine **2,0-Verfahrensgebühr** nach der Nr. 21100 KV GNotKG zu erheben,[856] Tabelle B, mindestens 120 EUR. Für die **Änderung eines Testaments** durch Beurkundung eines neuen Testaments ist dagegen eine **1,0-Verfahrensgebühr** nach der Nr. 21200 KV GNotKG in Ansatz zu bringen,[857] mindestens 60 EUR. Dies gilt auch für die Änderung eines Testaments, die mit einer Rechtswahl einhergeht.

351 Der **Geschäftswert** für die Beurkundung eines neuen gemeinschaftlichen Testaments bzw. Testaments richtet sich nach § 102 Abs. 1 GNotKG.[858] Geschäftswert bei der Beurkundung ist der

---

850 Vgl. Burandt/Rojahn/Kilian/Heinemann GNotKG Rn. 136; Leipziger Kostenspiegel Rn. 19.127.
851 Bormann ZEV 2013, 425 (427).
852 Burandt/Rojahn/Kilian/Heinemann GNotKG Rn. 136; Leipziger Kostenspiegel Rn. 19.127.
853 Leipziger Kostenspiegel Rn. 19.177.
854 Zum gegenständlich beschränkten Pflichtteilsverzicht vgl. Leipziger Kostenspiegel Rn. 19.171 ff.
855 Leipziger Kostenspiegel Rn. 19.173.
856 Leipziger Kostenspiegel Rn. 19.159; Burandt/Rojahn/Kilian/Heinemann GNotKG Rn. 102.
857 Leipziger Kostenspiegel Rn. 19.76 und 19.77 sowie 19.80.
858 Bormann ZEV 2013, 425 (426).

Wert des Vermögens, über den verfügt wird, § 102 Abs. 1 S. 1 GNotKG (s. Änderungsumfang: ganzer Nachlass oder Bruchteil des Nachlasses). Bei Änderung eines gemeinschaftlichen Testaments ist wiederum das modifizierte Reinvermögen zu ermitteln, § 102 Abs. 1 S. 2 GNotKG (→ Rn. 334 zur Errichtung eines gemeinschaftlichen Testaments). Weil jeder Ehegatte als Erblasser verfügt, gilt es, das modifizierte Reinvermögen getrennt zu berechnen, Ehegatte für Ehegatte (→ Rn. 334). Verbindlichkeiten des Erblassers werden abgezogen, allerdings nur bis zur Hälfte des Werts des Vermögens, § 102 Abs. 1 S. 2 GNotKG (= hälftiger Schuldenabzug). Vermächtnisse und Auflagen werden nur bei Verfügung über einen Bruchteil und nur mit dem Anteil ihres Werts hinzugerechnet, der dem Bruchteil entspricht, über den nicht verfügt wird, § 102 Abs. 1 S. 3 GNotKG. Betrifft die Verfügung von Todes wegen nur bestimmte Vermögenswerte, ist deren Wert maßgeblich, § 102 Abs. 3 GNotKG, beispielsweise ein neues Grundstücksvermächtnis, das mit dem Verkehrswert der Immobilie zu Buche schlägt.[859]

Die nachträgliche Anordnung einer **Testamentsvollstreckung** wird nach § 51 Abs. 2 GNotKG (30 Prozent des von der Beschränkung betroffenen Gegenstandes)[860] nur dann bewertet, sofern sie isoliert angeordnet wird, also nicht eingebettet ist in eine neue Erbeinsetzung (dann liegt derselbe Beurkundungsgegenstand vor, vgl. § 109 Abs. 1 S. 2 GNotKG). Ähnlich ist im Falle einer **isolierten Rechtswahl** vorzugehen, deren Geschäftswert mit 30 Prozent des Wertes nach § 102 Abs. 1 GNotKG zu bewerten ist (Wert des Vermögens abzüglich Verbindlichkeiten des Erblassers, allerdings nur bis zur Hälfte des Werts des Vermögens, § 102 Abs. 1 S. 2 GNotKG = Wert; davon dann 30 Prozent).[861]

XIV. Beurkundung eines Erbscheinantrags bzw. Antrags auf Ausstellung eines Europäischen Nachlasszeugnisses (ENZ) bzw. Antrags auf Erteilung eines Testamentsvollstreckerzeugnisses; ferner isolierte Anträge ohne eidesstattliche Versicherung

Häufig der Überlastung der Nachlassgerichte geschuldet, können die Erben auch den Notar aufsuchen, um die eidesstattliche Versicherung zur Erlangung des Erbscheins oder des Europäischen Nachlasszeugnisses (ENZ) oder eines Testamentsvollstreckerzeugnisses beurkunden und weitere Anträge protokollieren zu lassen.

Für das Verfahren zur Abnahme einer eidesstattlichen Versicherung erhebt der Notar eine **1,0-Verfahrensgebühr nach der Nr. 23300 KV GNotKG**, Tabelle B (→ Rn. 97, 99).[862] Die Gebühr wird aus dem lediglich um die Erblasserschulden[863] reduzierten **Wert** des Nachlasses im Zeitpunkt des Erbfalls erhoben, § 40 Abs. 1 Nr. 1, S. 2 GNotKG (→ Rn. 97). Abgezogen werden nur Erblasserschulden, nicht auch Erbfallschulden (→ Rn. 115).[864] Bezieht sich die eidesstattliche Versicherung auf **mehrere Erbfälle**, liegen verschiedene Verfahrensgegenstände vor, deren Werte zusammenzurechnen sind, § 35 Abs. 1 GNotKG,[865] da nur eine Verfahrensgebühr in Rechnung zu stellen ist. Mehrere Beurkundungsgegenstände liegen auch vor, sofern in einer Verhandlung **gleichzeitig** der **Erbscheinantrag** und der **Antrag** auf Erteilung eines **Testamentsvollstreckerzeugnisses** beurkundet wird, § 86 Abs. 2 GNotKG. Die Anträge beziehen sich auf unterschiedliche Zeugnisse. Zusammenzurechnen sind die Geschäftswerte des Erbscheinantrags (Wert des Nachlasses minus Erblasserschulden) und des TV-Zeugnisantrags (20 Prozent des Nachlasswertes ohne Abzug von Nachlassverbindlichkeiten, vgl. § 40 Abs. 5 GNotKG), vgl. § 35 Abs. 1 GNotKG. Aus dem Gesamtwert ist sodann eine Verfahrensgebühr nach der Nr. 23300 KV GNotKG zu erheben. Bei eidesstattlichen Versicherungen, die sich auf die Erlan-

---

859 Leipziger Kostenspiegel Rn. 19.81.
860 Leipziger Kostenspiegel Rn. 19.85; Verbindlichkeiten werden dann nicht abgezogen, § 38 GNotKG.
861 Burandt/Rojahn/Kilian/Heinemann GNotKG Rn. 99.
862 Leipziger Kostenspiegel Rn. 19.198.
863 Leipziger Kostenspiegel Rn. 19.199.
864 Siehe Leipziger Kostenspiegel Rn. 19.207.
865 Leipziger Kostenspiegel Rn. 19.207.

gung eines **gegenständlich beschränkten Erbscheins** (Fremdrechtserbschein) beziehen, ist § 40 Abs. 3 GNotKG einschlägig, wonach nur der Teil des Nachlasses zugrunde zu legen ist, der von der Erbscheinswirkung erfasst ist (→ Rn. 117 f.).[866] Nachlassverbindlichkeiten werden dann nicht abgezogen, § 40 Abs. 3 S. 1 Hs. 1 GNotKG (→ Rn. 117). Eine eidesstattliche Versicherung, die auf Erlangung eines **Teilerbscheins** gerichtet ist, ist dagegen nach dem Anteil des Miterben zu bewerten,[867] § 40 Abs. 2 GNotKG (→ Rn. 139).

354 **Abgegolten** ist ein Antrag an das Nachlassgericht, gerichtet auf Erteilung des Erbscheins bzw. des ENZ. Dies ist explizit in der zweiten Anmerkung zur Vorbem. 2.3.3 KV GNotKG festgehalten.[868] **Abgegolten** ist auch die Ausfüllung und Beifügung des ENZ-Formblattes,[869] wofür keine weitere Gebühr anfällt, auch keine Vollzugsgebühr. Schließlich ist auch ein Antrag auf Testamentseröffnung **mitabgegolten**.[870]

Nicht abgegolten ist dagegen ein **Grundbuchberichtigungsantrag**, der sich an das Grundbuchamt wendet.[871] Die zweite Anmerkung der Vorbem. 2.3.3 KV GNotKG spricht nur von Anträgen, die an das Nachlassgericht adressiert werden,[872] nicht auch von Grundbuchberichtigungsanträgen. In der Folge ist der Grundbuchberichtigungsantrag eigenständig zu bewerten. Hierfür setzt der Notar eine **0,5 Gebühr** nach der **Nr. 21201 Nr. 4 KV GNotKG** an, mindestens 30 EUR.[873] Der Geschäftswert richtet sich nach dem Verkehrswert der betroffenen Immobilie, §§ 97 Abs. 1, 46 GNotKG,[874] und zwar ohne Abzug von Schulden, § 38 GNotKG.[875] Da verschiedene Beurkundungsgegenstände zu bejahen sind (EV, Antrag Grundbuchberichtigung), werden die Gebühren getrennt erhoben, ohne Vergünstigung oder Addition.[876] Zwischen der Versicherung an Eides statt und dem Grundbuchberichtigungsantrag besteht Gegenstandsverschiedenheit, § 86 Abs. 2 GNotKG.

Ebenso **nicht abgegolten** ist die Anforderung **einer Personenstandsurkunde**, mit der der Notar beauftragt wird.[877] Für diese Vollzugstätigkeit setzt der Notar eine 0,3-Gebühr nach der Nr. 22111 KV GNotKG an, höchstens jedoch 50 EUR.

Isolierte Anträge, die ohne eidesstattliche Versicherung beurkundet werden und sich auf die Erteilung eines Erbscheins, eines Testamentsvollstreckerzeugnisses oder auf die Gültigkeitsverlängerung[878] eines Europäischen Nachlasszeugnisses beziehen, lösen eine 0,5 Gebühr nach der Nr. 21201 Nr. 6 KV GNotKG aus,[879] mindestens 30 EUR. Relevant wird dies beispielsweise in den Fällen, in denen das Nachlassgericht auf die Abgabe einer eidesstattlichen Versicherung verzichtet oder der Antragsteller an der Abgabe der eidesstattlichen Versicherung gehindert ist, da dies ein höchstpersönliches Geschäft[880] darstellt.

355 In Rechnung gestellt werden auch die **Dokumentenpauschale**, Nr. 32001 KV GNotKG, die **Auslagenpauschale**, Nr. 32005 KV GNotKG (20 % der Gebühren, höchstens 20 EUR) sowie die **Umsatzsteuer** iHv 19 % gem. Nr. 32014 KV GNotKG. Die **Fälligkeit** tritt mit Beendigung der Abnahme der eidesstattlichen Versicherung ein, § 10 GNotKG.

XV. Ausschlagung und Anfechtung

356 Die Ausschlagung oder die Anfechtung der Annahme erfolgt durch Erklärung gegenüber dem Nachlassgericht, § 1955 S. 1 BGB (→ Rn. 208), insbesondere durch Erklärung in öffentlich beglaubigter Form, §§ 1955 S. 2, 1945 Abs. 1 BGB. Für die Fertigung eines Ausschlagungs- bzw.

---

866 Leipziger Kostenspiegel Rn. 19.222.
867 Diehn Rn. 1817.
868 Ebenso Langel NJW 2017, 3617 (3619).
869 Leipziger Kostenspiegel Rn. 19.252.
870 Leipziger Kostenspiegel Rn. 19.199.
871 Leipziger Kostenspiegel Rn. 19.206.
872 Leipziger Kostenspiegel Rn. 19.208.
873 Leipziger Kostenspiegel Rn. 19.208.
874 Leipziger Kostenspiegel Rn. 19.208.
875 Leipziger Kostenspiegel Rn. 19.208.
876 Leipziger Kostenspiegel Rn. 19.208 und 19.214.
877 Leipziger Kostenspiegel Rn. 19.200 und 19.209.
878 Leipziger Kostenspiegel Rn. 19.255.
879 Leipziger Kostenspiegel Rn. 19.231.
880 Leipziger Kostenspiegel Rn. 19.230.

Anfechtungsentwurfs samt Unterschriftsbeglaubigung setzt der Notar eine **Rahmengebühr** nach der Nr. 24102 KV GNotKG an, die hier mit einem **0,5 Gebührensatz** zu veranschlagen ist, Nr. 21201 Nr. 7 KV GNotKG, Tabelle B, mindestens 30 EUR.[881] **Mehrere Erbausschlagungs- oder Anfechtungserklärungen** in derselben Urkunde lösen nur eine Gebühr aus, die Werte der einzelnen Erbausschlagungs- bzw. Anfechtungserklärungen werden jedoch zusammengerechnet, § 35 Abs. 1 GNotKG.[882]

Falls für die Ausschlagung eine **familien-, betreuungs- oder nachlassgerichtliche Genehmigung** erforderlich ist und der Notar mit der Einholung und Entgegennahme beauftragt wird, entsteht zusätzlich eine 0,3 **Vollzugsgebühr**, vgl. Nr. 22111 KV GNotKG iVm der Vorbem. 2.2.1.1 Abs. 1 S. 2 Nr. 4 KV GNotKG, Tabelle B, mindestens jedoch 15 EUR, § 34 Abs. 5 GNotKG.[883] Maßgeblich ist der Geschäftswert des zugrunde liegenden Beurkundungsverfahrens, § 112 Abs. 1 GNotKG, also der Wert des betroffenen Vermögens, hier der betroffene Nachlass, § 103 Abs. 1 GNotKG.[884] 357

Für die Fertigung des Entwurfs bestimmt sich der Geschäftswert[885] nach den für die Beurkundung geltenden Vorschriften, § 119 Abs. 1 GNotKG. **Geschäftswert** ist der Wert des betroffenen Vermögens, hier der Wert des Nachlasses nach Abzug der Verbindlichkeiten, § 103 Abs. 1 GNotKG,[886] bei überschuldeten Nachlässen ggf. Wert 0, bei unübersehbaren Nachlässen vorerst 5.000 EUR, § 36 Abs. 3 GNotKG.[887] 358

XVI. Beurkundung eines Auslegungsvertrages

Wenngleich als Unrichtigkeitsnachweis gegenüber dem Grundbuchamt nicht geeignet, da der Auslegungsvertrag nicht im Kanon des § 35 Abs. 1 GBO erscheint, kann der Auslegungsvertrag den Erben dienlich sein, um Streitigkeiten und Auslegungsdifferenzen zu bereinigen. Für die Beurkundung eines Auslegungsvertrages erhebt der Notar eine **2,0 Verfahrensgebühr** nach der Nr. 21100 KV GNotKG, Tabelle B, mindestens 120 EUR.[888] Der Wert der Auslegung liefert den **Geschäftswert**. 359

XVII. Aufnahme eines Nachlassverzeichnisses

Die Unterscheidung geht dahin, ob ein Notar oder ein Erbe das Nachlassverzeichnis aufnimmt. Für die Aufnahme des Nachlassverzeichnisses einschließlich Siegelung erhebt der **Notar** eine **2,0 Verfahrensgebühr** nach der **Nr. 23500 KV GNotKG**,[889] Tabelle B. Abgegolten ist damit die Fertigung einer Niederschrift, vgl. Vorbem. 2.3 KV GNotKG.[890] Die Gebühr ermäßigt sich auf eine 0,5 Verfahrensgebühr, sofern das Verfahren vorzeitig beendet wird, Nr. 23501 KV GNotKG.[891] Der **Geschäftswert** ist der Wert der verzeichneten Gegenstände, § 115 S. 1 GNotKG, und zwar ohne Abzug bzw. Hinzurechnung von Verbindlichkeiten, § 38 GNotKG.[892] Mit ihrem Verkehrswert aufzuführen sind die bereits veräußerten Gegenstände. Entscheidend ist der Wert im Zeitpunkt der Veräußerung. Daneben kann der Notar etwaige **Zusatzgebühren** (beispielsweise Unzeitgebühr nach Nr. 26000 KV GNotKG) sowie **Auslagen** (Nr. 32000 ff. KV GNotKG) in Ansatz bringen.[893] Wirkt der **Notar** lediglich bei der **Aufnahme** des Nachlassverzeichnisses einschließlich Siegelung mit, gilt eine andere Regelung.[894] Einschlägig ist dann die 360

---

881 Leipziger Kostenspiegel Rn. 19.182, 19.183 (Ausschlagung); für die Anfechtung der Annahme vgl. Rn. 19.190 ff.
882 Leipziger Kostenspiegel Rn. 19.184.
883 Leipziger Kostenspiegel Rn. 19.186.
884 Vgl. Leipziger Kostenspiegel Rn. 19.188.
885 Leipziger Kostenspiegel Rn. 19.183.
886 Leipziger Kostenspiegel Rn. 19.183.
887 So die Empfehlung im Leipziger Kostenspiegel Rn. 19.187.
888 Vgl. Leipziger Kostenspiegel Rn. 19.297, 19.298.

889 Burandt/Rojahn/Kilian/Heinemann GNotKG Rn. 155; Leipziger Kostenspiegel Rn. 15.23.
890 Burandt/Rojahn/Kilian/Heinemann GNotKG Rn. 155.
891 Burandt/Rojahn/Kilian/Heinemann GNotKG Rn. 155; Leipziger Kostenspiegel Rn. 15.63.
892 Burandt/Rojahn/Kilian/Heinemann GNotKG Rn. 158; Leipziger Kostenspiegel Rn. 15.26.
893 Leipziger Kostenspiegel Rn. 15.23.
894 Leipziger Kostenspiegel Rn. 15.31.

Regelung in der **Nr. 23502 KV GNotKG**, wonach der Notar eine 1,0 Gebühr erhebt. Anders verhält es sich, nimmt der **Erbe** das Nachlassverzeichnis selbst auf, um es danach vom Notar beurkunden zu lassen, wofür der Notar eine **1,0 Verfahrensgebühr** nach der **Nr. 21200 KV GNotKG** in Rechnung stellt,[895] mindestens 60 EUR. In der Praxis ist dies die häufigere Variante. Für die eidesstattliche Versicherung fällt keine Gebühr an, da die Nr. 23300 KV GNotKG nicht einschlägig ist.[896]

361 Aus den Geschäftswertvorschriften ergibt sich der Geschäftswert nicht, weshalb der **Geschäftswert** nach billigem Ermessen zu bestimmen ist, § 36 Abs. 1 GNotKG, regelmäßig 10 bis 30 Prozent des Nachlasses,[897] wiederum ohne Abzug von Verbindlichkeiten, § 38 GNotKG.[898] Ist der Nachlass überschuldet, spielt die Teilwertbestimmung keine Rolle, vielmehr ist auf den Mindestwert iHv 60 EUR zurückzugreifen, vgl. Nr. 21200 KV GNotKG.[899]

V. Kostenerinnerung und -beschwerde, §§ 81–84 GNotKG

I. Kostenerinnerung, § 81 Abs. 1 GNotKG

362 Welcher Rechtsbehelf gegen den Kostenansatz iSv § 18 GNotKG, also gegen die Kostenrechnung des Gerichts zulässig ist, regeln die §§ 81 ff. GNotKG, und zwar in Fortführung alten Kostenrechts.[900]

363 Nach § 81 Abs. 1 S. 1 GNotKG ist gegen den Kostenansatz die **Erinnerung** zulässig, über die das Gericht entscheidet, bei dem die Kosten angesetzt sind. Eine falsche Bezeichnung als „Einspruch" oder „Widerspruch", wie sie häufig in der Kostenpraxis anzutreffen ist, schadet nicht und berührt auch nicht die Zulässigkeit des Rechtsbehelfs.

364 Die **Erinnerungsberechtigung** liegt nicht nur beim **Kostenschuldner**, sondern auch bei der **Staatskasse**, § 81 Abs. 1 S. 1 GNotKG, vertreten durch den Bezirksrevisor.[901] Als Vertreter der Staatskasse soll er jedoch Erinnerungen gegen den Kostenansatz nur dann einlegen, sofern dies wegen der grundsätzlichen Bedeutung[902] der Sache angezeigt erscheint. Der Erinnerungsberechtigte muss **beschwert** sein, eine Mindestbeschwer sieht das Gesetz aber nicht vor.

365 Die Erinnerung kann auf alle denkbaren **Einwendungen** gegen den Kostenansatz gestützt werden, die eine Verletzung des Kostenrechts[903] implizieren, etwa Nichtbeachtung des Übergangsrechts, falsche Gebührenziffer, unrichtiger Kostenschuldner, Nichtbeachtung der gesetzesimmanenten Reihenfolge der Inanspruchnahme von Zweitschuldnern, falscher Zweitschuldner, unrichtige Sachbehandlung, Ablauf der Nachforderungsfrist nach § 20 Abs. 1 GNotKG, Verjährung, Verwirkung oder Kostenfreiheit.[904]

366 Eine Besonderheit gilt für die **Erinnerung gegen den Geschäftswert**, die nur dann erhoben werden kann, sofern noch keine gerichtliche Wertfestsetzung nach § 79 GNotKG vorliegt (dann Beschwerde gegen den Festsetzungsbeschluss nach § 83 GNotKG).[905] Eine entsprechende Erinnerung gegen den Geschäftswert setzt dann erst ein Wertfestsetzungsverfahren in Gang, die Erinnerung wird insoweit als Antrag auf Wertfestsetzung umgedeutet.[906] Zum Wertfestsetzungsverfahren → Rn. 378 ff.

---

895 Leipziger Kostenspiegel Rn. 15.35.
896 Leipziger Kostenspiegel Rn. 15.38 und 15.43: hier handelt es sich um die Aufnahme einer eidesstattlichen Versicherung, nicht die Abnahme einer eidesstattlichen Versicherung.
897 So das Wertspektrum im Leipziger Kostenspiegel Rn. 15.36.
898 Leipziger Kostenspiegel Rn. 15.41.
899 Vgl. Leipziger Kostenspiegel Rn. 15.40.
900 Früher § 14 KostO; vgl. HK-GNotKG/Jäckel GNotKG § 81 Rn. 1.
901 Schneider GNotKG § 9 Rn. 11; Korintenberg/Fackelmann GNotKG § 81 Rn. 31.
902 Vgl. Korintenberg/Fackelmann GNotKG § 81 Rn. 31.
903 Schneider GNotKG § 9 Rn. 23; Korintenberg/Fackelmann GNotKG § 81 Rn. 39 ff.
904 Zu möglichen Katalogen vgl. Schneider GNotKG § 9 Rn. 24 sowie Korintenberg/Fackelmann GNotKG § 81 Rn. 39–53, und HK-GNotKG/Jäckel GNotKG § 81 Rn. 12.
905 Vgl. HK-GNotKG/Jäckel GNotKG § 81 Rn. 13.
906 OLG Hamm FGPrax 2007, 287; OLG München Beschl. v. 29.8.2011 – Az. 34 Wx 335/11.

Die Erinnerung kann ohne Einhaltung einer besonderen **Form** eingelegt werden, § 81 Abs. 5 GNotKG, schriftlich, telefonisch oder, eher selten, zu Protokoll der Geschäftsstelle. Die Einlegung der Erinnerung per E-Mail (ohne elektronische Signatur) reicht jedoch nicht aus.[907] Anwaltszwang besteht nicht, vgl. § 81 Abs. 5 S. 1 GNotKG.

367

Die Erinnerung ist nicht an eine gesetzliche **Frist** gebunden, sodass die Erinnerung auch noch nach Begleichung der Kostenschuld eingelegt werden kann.[908] Empfehlenswert ist es jedoch nicht, einen längeren bzw. zu langen Zeitraum verstreichen zu lassen, um nicht in das Fahrwasser der Verwirkung zu geraten, die in Rechtsprechung und Literatur unterschiedlich interpretiert wird.[909] Eine Notwendigkeit, einen längeren Zeitraum verstreichen zu lassen, besteht auch deshalb nicht, weil die Erinnerung nicht begründet werden muss.[910] Zwar muss die Erinnerung **nicht begründet** werden,[911] es erscheint allerdings sachgerecht und zweckmäßig,[912] der Erinnerung eine Begründung beizufügen.

368

Im weiteren Verfahrenslauf muss der Kostenbeamte prüfen,[913] ob er der Erinnerung **abhelfen** kann und den Kostenansatz berichtigen muss. Falls der Kostenbeamte nicht abhelfen kann, legt er die Akte dem **Bezirksrevisor** vor, dem Vertreter der Staatskasse, der eine Stellungnahme erstellt, die dann wiederum im Rahmen der Gewährung rechtlichen Gehörs dem Erinnerungsführer zu übermitteln ist.[914]

369

Aufschiebende Wirkung kommt der Erinnerung nicht zu, § 81 Abs. 7 S. 1 GNotKG, es sei denn, das Gericht ordnet dies auf Antrag an, § 81 Abs. 7 S. 2 GNotKG. In der Kostenpraxis reicht die einstweilige Einstellung der Beitreibung iSv § 9 Abs. 1 JBeitrG,[915] wovon das Gericht regelmäßig Gebrauch macht, um das Ende des Erinnerungsverfahrens abwarten zu können, ohne dem Kostenschuldner wirtschaftlichen Schaden zuzufügen.[916]

370

Das Gericht entscheidet durch **Beschluss** über die Erinnerung, ob sie sich als zulässig, begründet oder unbegründet erweist, § 81 Abs. 2 S. 2 GNotKG.[917] Über die Erinnerung entscheidet nicht der Rechtspfleger, der bereits als Kostenbeamter gehandelt hat, sondern sein Vertreter laut Geschäftsverteilungsplan. Der Kostenbeamte ist von der Entscheidung über die Erinnerung **ausgeschlossen**, § 10 RpflG.[918] Der Beschluss muss **begründet** werden, eine **Rechtsbehelfsbelehrung** enthalten (vgl. § 7a GNotKG) und den Beteiligten **formlos mitgeteilt** werden. Zu verständigen sind der Erinnerungsführer und der Vertreter der Staatskasse.[919]

371

Das Erinnerungsverfahren ist **gebührenfrei**, § 81 Abs. 8 S. 1 GNotKG, auch **Kosten** werden **nicht erstattet**, § 81 Abs. 8 S. 2 GNotKG.

372

II. Kostenbeschwerde, § 81 Abs. 2 GNotKG

Gegen die Entscheidung über die Erinnerung ist die **Beschwerde** statthaft, sofern der Wert des Beschwerdegegenstandes **200 EUR** übersteigt,[920] § 81 Abs. 2 S. 1 GNotKG, es sei denn, das Gericht hat wegen der grundsätzlichen Bedeutung der zur Entscheidung stehenden Frage die Be-

373

---

907 OLG Hamm FGPrax 2013, 84; Korintenberg/Fackelmann GNotKG § 81 Rn. 36.
908 Oder nach Kostenlöschung, Schneider GNotKG § 9 Rn. 17.
909 HK-GNotKG/Jäckel GNotKG § 81 Rn. 10; Schneider GNotKG § 9 Rn. 17, Zeitablauf und besondere Gründe können zur Verwirkung der Erinnerung führen.
910 Schneider GNotKG § 9 Rn. 22.
911 Korintenberg/Fackelmann GNotKG § 81 Rn. 37.
912 So auch die Empfehlung bei Schneider GNotKG § 9 Rn. 22.
913 Vgl. Schneider GNotKG § 9 Rn. 32.
914 HK-GNotKG/Jäckel GNotKG § 81 Rn. 17.

915 Justizbeitreibungsgesetz, früherer Titel Justizbeitreibungsordnung.
916 So auch Schneider GNotKG § 9 Rn. 37, der dort erwähnte Hinweis ist als Hinweis auf § 9 JBeitrG zu verstehen, früherer Titel JustizbeitrO.
917 Korintenberg/Fackelmann GNotKG § 81 Rn. 90, Entscheidung durch Beschluss.
918 Vgl. OLG München BeckRS 2015, 12788 (zum Ausschluss beim Wertfestsetzungsverfahren); BayObLGZ 1974, 329.
919 Schneider GNotKG § 9 Rn. 35.
920 Also 200,01 EUR, vgl. auch Schneider GNotKG § 9 Rn. 45; Korintenberg/Fackelmann GNotKG § 81 Rn. 129.

schwerde zugelassen,⁹²¹ § 81 Abs. 2 S. 2 GNotKG. Das Gericht ist an die Zulassung der Beschwerde gebunden, die Nichtzulassung ist unanfechtbar, § 81 Abs. 3 S. 4 GNotKG.

374 Einzulegen ist die Beschwerde bei dem **Gericht**, dessen Entscheidung angefochten wird, § 81 Abs. 5 S. 4 GNotKG,⁹²² ohne Beachtung einer Frist⁹²³ oder einer besonderen Form.⁹²⁴ Da die **Form** dem Erinnerungsverfahren folgt,⁹²⁵ dürfte auch hier die Einlegung per E-Mail (ohne elektronische Signatur) nicht ausreichen.⁹²⁶ Eine **Begründung** muss nicht zwingend beigefügt werden,⁹²⁷ erscheint dennoch zweckmäßig. Die **Einlegung** beim **Beschwerdegericht** führt dazu, dass das Beschwerdegericht die Beschwerde an das Erinnerungsgericht zurückgibt,⁹²⁸ denn das Gericht muss über die Möglichkeit der Abhilfe befinden.⁹²⁹

375 Analog zum oben beschriebenen Erinnerungsverfahren, besteht seitens des Gerichts, das über die Erinnerung entschieden hat, die Möglichkeit der **Abhilfe**, sofern es die Beschwerde für zulässig und begründet hält, § 81 Abs. 3 S. 1 GNotKG. Hierbei sind die Grundsätze der Gewährung rechtlichen Gehörs zu beachten.⁹³⁰ Anderenfalls – das Gericht hält die Beschwerde für nicht begründet bzw. nicht zulässig –, legt das Gericht die Beschwerde dem Beschwerdegericht vor, § 81 Abs. 3 S. 1 Hs. 2 GNotKG. Das ist in gerichtlichen Nachlasskostensachen das **Oberlandesgericht** (OLG), § 81 Abs. 3 S. 2 GNotKG iVm § 119 Abs. 1 Nr. 1 b GVG.⁹³¹ In der Praxis wird zuweilen der Erlass einer Nichtabhilfeentscheidung übersehen und sofort dem OLG vorgelegt.

376 Aufschiebende **Wirkung** kommt auch der Beschwerde nicht zu, § 81 Abs. 7 S. 1 GNotKG, es sei denn, das Gericht ordnet dies auf Antrag an, § 81 Abs. 7 S. 2 GNotKG.

377 Das Beschwerdeverfahren ist gebührenfrei, § 81 Abs. 8 S. 1 GNotKG, auch **Kosten** werden **nicht** erstattet, § 81 Abs. 8 S. 2 GNotKG.

W. Wertfestsetzungsverfahren, §§ 77–80 GNotKG
I. Allgemeines

378 Das **Wertfestsetzungsverfahren** nach den §§ 77 ff. GNotKG zählt zum Bereich der besonders kontrovers diskutierten Vorschriften des GNotKG. Die Vorschriften des FamGKG⁹³² zum Wertfestsetzungsverfahren auf weitere FamFG-Verfahren zu übertragen, sorgt für unbekannte Verwerfungen und Probleme. Die im Gesetzgebungsverfahren vorgebrachten Bedenken⁹³³ der nachlassgerichtlichen Praxis fanden kein Gehör. Dass das Wertfestsetzungsverfahren nicht einheitlich praktiziert wird, trägt zur Anreicherung der Problemlage bei.

---

921 Die Zulassung ist nur in der Erinnerungsentscheidung zulässig, damit auch nachträglich, vgl. Schneider GNotKG § 9 Rn. 46; aA Korintenberg/Fackelmann GNotKG § 81 Rn. 133: eine vergessene Zulassung kann nicht auf Antrag, aber nach eingelegter Beschwerde mit der Abhilfe nachgeholt werden.
922 Iudex a quo, HK-GNotKG/Jäckel GNotKG § 81 Rn. 28.
923 Keine Frist in § 81 Abs. 3 und 5, vgl. Korintenberg/Fackelmann GNotKG § 81 Rn. 145.
924 HK-GNotKG/Jäckel GNotKG § 81 Rn. 29.
925 Korintenberg/Fackelmann GNotKG § 81 Rn. 144.
926 Zur Unzulässigkeit beim Erinnerungsverfahren vgl. OLG Hamm FGPrax 2013, 84; Korintenberg/Fackelmann GNotKG § 81 Rn. 144 iVm Rn. 36.
927 Korintenberg/Fackelmann GNotKG § 81 Rn. 144.
928 Korintenberg/Fackelmann GNotKG § 81 Rn. 144.
929 Korintenberg/Fackelmann GNotKG § 81 Rn. 144.
930 Zu gewähren dem Vertreter der Staatskasse und den anderen Beteiligten.
931 Korintenberg/Fackelmann GNotKG § 81 Rn. 153.
932 Siehe § 55 FamGKG.
933 Vgl. hierzu die Stellungnahme des Bundesrates, BT-Drs. 17/11471 (neu), 298: „Für eine ... verpflichtende Geschäftswertfestsetzung besteht im Bereich des GNotKG kein zwingendes Bedürfnis ... Durch eine verbindliche gerichtliche Wertfestsetzung erfahren die Beteiligten keinerlei Vorteil. Für die gerichtliche Praxis hingegen bedeutet die Festsetzung einen erheblichen Mehraufwand. Die zwingende Wertfestsetzung schränkt außerdem die Prüfungs- und Lenkungsmöglichkeiten von Bezirksrevisorinnen und Bezirksrevisoren unnötig ein."

II. Das Verfahren im Einzelnen

Bei jedem **Antrag** ist der Geschäftswert schriftlich oder zu Protokoll der Geschäftsstelle anzugeben, es sei denn, so die Regelung in § 77 S. 1 GNotKG weiter: 379
- der Geschäftswert ist eine bestimmte Geldsumme
- oder ein fester Wert ist gesetzlich bestimmt
- oder der Wert ergibt sich bereits aus früheren Anträgen.

Im Anschluss hieran folgt die **gerichtliche Wertfestsetzung**, § 79 GNotKG. Danach setzt das Gericht den Wert durch Beschluss fest, sobald eine Entscheidung über den gesamten Verfahrensgegenstand ergangen ist oder sich das Verfahren anderweitig erledigt hat, § 79 Abs. 1 S. 1 GNotKG. Teile der gerichtlichen bzw. administrativen Praxis und der Literatur[934] wollen hierin eine Verpflichtung zur obligatorischen und zwingenden Wertfestsetzung erkennen, sobald der Verfahrensfixpunkt erreicht ist.[935] Die Wertfestsetzung sei Regelfall, das Regelmodell und von Amts wegen vorzunehmen. Eine **abweichende Meinung** rekurriert auf die Motive und die Bestimmung in § 79 Abs. 1 S. 2 GNotKG, die die Fälle regelt, in denen keine Notwendigkeit zur gerichtlichen Wertfestsetzung besteht: 380
- Gegenstand des Verfahrens ist eine bestimmte Geldsumme, § 79 Abs. 1 S. 2 Nr. 1 GNotKG
- für den Regelfall ist ein fester Wert bestimmt, § 79 Abs. 1 S. 2 Nr. 2 GNotKG
- oder der Wert nach diesen Vorschriften ergibt sich unmittelbar aus einer öffentlichen Urkunde oder aus einer Mitteilung des Notars (§ 39 GNotKG), § 79 Abs. 1 S. 2 Nr. 3 GNotKG.

In diesen Fällen setzt das Gericht den Wert nur fest, sobald dies ein Zahlungspflichtiger oder die Staatskasse **beantragt** oder die Festsetzung **angemessen erscheint**, § 79 Abs. 1 S. 3 GNotKG. Die abweichende Meinung[936] sieht im Nachlasswert eine bestimmte Geldsumme bzw. einen festen Wert, der die Rechtfertigung dafür liefert, nicht automatisch in das Wertfestsetzungsverfahren einzutreten. Diese Ansicht kann für sich in Anspruch nehmen, dass der Nachlasswert wesentlich „bestimmter" ist als im alten Kostenrecht. Abzuziehen sind nunmehr nur noch die Erblasserschulden, nicht aber auch die Erbfallschulden, § 40 Abs. 1 S. 2 GNotKG. Gerade die Erbfallschulden bildeten häufig den Gegenstand kostenrechtlicher Kontroversen. Darüber hinaus stellen die Motive[937] auf die Situation ab, dass die Tätigkeit des Kostenbeamten dem mittleren Dienst übertragen ist. Eine andere Sicht sei daher geboten, falls die Tätigkeit des Kostenbeamten unverändert beim Rechtspfleger angesiedelt ist. Obligatorisch ist das Wertfestsetzungsverfahren dagegen, sofern sich der Kostenschuldner gegen den Geschäftswert richtet. Die Erinnerung des Kostenschuldners ist dann als Antrag auf Wertfestsetzung umzudeuten (→ Rn. 366). 381

Einigkeit besteht darüber, dass die Wertfestsetzung nicht erforderlich ist, sofern das Verfahren gebührenfrei ist oder **Festgebühren** in Ansatz zu bringen sind.[938] 382

Die Wertfestsetzung erfolgt in einem **Beschluss**, der zu begründen ist und alle relevanten Wertvorschriften enthalten muss.[939] Vor der Festsetzung ist rechtliches Gehör zu gewähren, Art. 103 Abs. 1 GG.[940] Ob dies auch bedeutet, vor der Festsetzung den Vertreter der Staatskasse anzuhören, wird derzeit in der Praxis unterschiedlich gehandhabt. Wer den Festsetzungsbeschluss erlässt, hängt von der Zuständigkeit im Hauptverfahren ab (Richter oder Rechtspfleger).[941] Weil die Wertfestsetzung einen untrennbaren Bestandteil des Kostenansatzes bildet, ist der **Rechtspfleger**, der zuvor als **Kostenbeamter** die Kostenrechnung erstellt hat, von der Festsetzung des 383

---

[934] HK-GNotKG/Otto GNotKG § 79 Rn. 7, Grundsatz der Wertfestsetzung.
[935] So auch die Bundesregierung im Gesetzgebungsverfahren, vgl. BT-Drs. 17/11471 (neu), 336.
[936] Schneider GNotKG § 12 Rn. 8.
[937] BT-Drs. 17/11471 (neu), 177 und 336, als Hintergrund wird stets die Verlagerung der Tätigkeit des Kostenbeamten auf den mittleren Dienst erwähnt.
[938] BT-Drs. 17/11471 (neu), 336; Schneider GNotKG § 12 Rn. 7.
[939] Schneider GNotKG § 12 Rn. 11 und 12.
[940] Schneider GNotKG § 12 Rn. 14.
[941] Schneider GNotKG § 12 Rn. 17.

Geschäftswertes **ausgeschlossen**.⁹⁴² Dies gilt bereits für den amtsgerichtlichen Beschluss, mit dem das Festsetzungsverfahren eingeleitet wird. Zuständig ist der nach dem Geschäftsverteilungsplan zuständige Vertreter des ausgeschlossenen Rechtspflegers, nicht der Richter.⁹⁴³ Das Festsetzungsverfahren weist die Besonderheit auf, dass das Verbot der Schlechterstellung (**reformatio in peius**) nicht gilt.⁹⁴⁴

384 Der Festsetzungsbeschluss ist an alle Beteiligten **bekanntzugeben**, da der Beschluss gegen alle Verfahrensbeteiligte wirkt, § 41 FamFG.⁹⁴⁵ Seit dem 1.1.2014 muss der Festsetzungsbeschluss auch eine **Rechtsbehelfsbelehrung** aufweisen, § 7a GNotKG.

385 Falls der Wert des Beschwerdegegenstandes **200 EUR** übersteigt oder wegen grundsätzlicher Bedeutung zugelassen ist, ist die **Geschäftswertbeschwerde** statthaft, § 83 Abs. 1 S. 1 GNotKG.⁹⁴⁶ Anderenfalls findet unverändert die **Erinnerung** nach § 11 Abs. 2 RpflG statt.⁹⁴⁷ Der Wert des Beschwerdegegenstandes entspricht dem Kosteninteresse des Beschwerdeführers.

386 Die Geschäftswertbeschwerde ist aber nur zulässig, sofern sie innerhalb der in § 79 Abs. 2 S. 2 GNotKG bestimmten **Frist** eingelegt wird, § 83 Abs. 1 S. 3 GNotKG. Daher kann die Beschwerde nur innerhalb von sechs Monaten eingelegt werden, nachdem die Entscheidung in der Hauptsache Rechtskraft erlangt oder das Verfahren sich anderweitig erledigt hat, §§ 83 Abs. 1 S. 3, 79 Abs. 2 S. 2 GNotKG.

387 Ferner gilt es zu beachten, dass die Beschwerde gegen die Wertfestsetzung bei dem **Gericht** einzulegen ist, dessen **Entscheidung** angefochten wird, §§ 83 Abs. 1 S. 5, 81 Abs. 5 S. 4 GNotKG.⁹⁴⁸ Eine entsprechende Bestimmung sah bereits das alte Kostenrecht vor.⁹⁴⁹

388 Eine **Beschwerde nach § 58 FamFG** reicht **nicht** aus, vielmehr ist eine eigene Festsetzungsbeschwerde einzureichen bzw. separat anzufechten.

389 Das Gericht kann der Beschwerde **abhelfen**, anderenfalls legt es die Beschwerde dem Beschwerdegericht vor, §§ 83 Abs. 1 S. 5, 81 Abs. 1 GNotKG, in Nachlasskostensachen ist dies wiederum das **Oberlandesgericht (OLG)**. Die **Nichtabhilfe** ergeht als förmliche **Entscheidung**, nicht durch bloße Vorlage an das Beschwerdegericht.⁹⁵⁰ Eine unterbliebene Abhilfe- bzw. Nichtabhilfeentscheidung stellt einen Verfahrensmangel dar, der zur Rückgabe der Akten führt.⁹⁵¹ Die Nichtabhilfeentscheidung ist zu begründen und den Beteiligten bekanntzugeben. Der Rechtspfleger kann der **Erinnerung** nach § 11 Abs. 2 RpflG abhelfen, vgl. § 11 Abs. 2 S. 5 RpflG.⁹⁵² Erinnerungen, denen er nicht abhelfen möchte, legt er dem Richter zur Entscheidung vor, § 11 Abs. 2 S. 6 RpflG. Die Nichtabhilfe ergeht durch begründeten Beschluss, der den Beteiligten bekanntzugeben ist.⁹⁵³ Im Falle einer Wertfestsetzung durch das OLG oder den BGH kann Gegenvorstellung gegen die endgültige Wertfestsetzung erhoben werden, nicht aber Beschwerde.⁹⁵⁴

390 Mangels Kostenverzeichnisnummer ist das Wertfestsetzungsverfahren **gebührenfrei**.⁹⁵⁵ Eine **Kostenerstattung** kommt nicht in Betracht, § 83 Abs. 3 S. 2 GNotKG.

---

942 OLG München NJW-RR 2015, 316; OLG München BeckRS 2015, 12788; Korintenberg/Wilsch GNotKG § 79 Rn. 10; Schneider GNotKG § 12 Rn. 17.
943 Schneider GNotKG § 12 Rn. 17.
944 BayObLG Rpfleger 1979, 398.
945 HK-GNotKG/Otto GNotKG § 79 Rn. 35.
946 N. Schneider ErbR 2014, 164.
947 Schneider GNotKG § 12 Rn. 34.
948 Schneider GNotKG § 12 Rn. 42.
949 Siehe § 31 Abs. 3 S. 5 KostO iVm § 14 Abs. 6 S. 4 KostO: „Die Beschwerde ist bei dem Gericht einzulegen, dessen Entscheidung angefochten wird."
950 Korintenberg/Wilsch GNotKG § 79 Rn. 25a.
951 Korintenberg/Wilsch GNotKG § 79 Rn. 25a.
952 Korintenberg/Wilsch GNotKG § 79 Rn. 25b.
953 Korintenberg/Wilsch GNotKG § 79 Rn. 25b.
954 N. Schneider ErbR 2014, 164 (165).
955 Fackelmann/Heinemann/Otto GNotKG § 79 Rn. 37.

X. Exkurs: Gerichtskosten eines Genehmigungsbeschlusses

Im Rahmen einer **Dauerbetreuung** mit vermögensrechtlichen Angelegenheiten deckt die Jahresgebühr der Nr. 11101 KV GNotKG[956] bereits alle gerichtlichen Tätigkeiten ab, die im Rahmen einer Dauerbetreuung anfallen können, darunter auch gerichtliche Genehmigungen.[957] Weitere Gerichtskosten fallen insoweit nicht an. 391

Nichts anderes gilt für eine **Einzelbetreuung**, Nr. 11103 KV GNotKG,[958] mit der ebenfalls alle gerichtlichen Tätigkeiten abgegolten sind.[959] Die Gebühr für die Einzelbetreuung wird ohnehin nicht erhoben,[960] sofern für den Betroffenen bereits eine Dauerbetreuung existiert. 392

Betreuungsgerichtliche Zuweisungssachen iSv § 340 FamFG, beispielsweise Pflegschaften für Volljährige in Form einer Pflegschaft für unbekannte oder abwesende Beteiligte, §§ 1913, 1911 BGB, werden kostenrechtlich ebenfalls als pauschale Verfahrensgebühr abgewickelt, vgl. Nr. 11100 KV[961] GNotKG. Mit der Erhebung dieser Gebühr sind alle gerichtlichen Handlungen abgegolten,[962] demnach auch die Kosten einer gerichtlichen Genehmigung. 393

Anders verhält es sich dagegen bei Eltern eines **Minderjährigen**, die im Namen des Kindes ein Rechtsgeschäft abschließen oder eine Erklärung abgeben, wofür eine familiengerichtliche Genehmigung erforderlich ist, §§ 1643 Abs. 1, 1850, 1854 BGB.[963] Das Gleiche gilt für die Ausschlagung einer Erbschaft oder eines Vermächtnisses sowie den Verzicht auf einen Pflichtteil, § 1851 Nr. 1 BGB[964] (seit dem 1.1.2023).[965] Soweit das gerichtliche Genehmigungsverfahren betroffen ist, ist die **0,5 Verfahrensgebühr** der Nr. 1310 KV FamGKG einschlägig. Der Geschäftswert bemisst sich nach dem **Wert des zugrunde liegenden Geschäfts**, § 36 Abs. 1 S. 1 FamGKG. Infolge der Verweisung in § 36 Abs. 1 S. 2 FamGKG auf § 38 GNotKG ist ausdrücklich hervorgehoben, dass Verbindlichkeiten nicht abgezogen werden, sofern nichts anderes bestimmt ist (→ Rn. 119 ff.). Im Übrigen gelten die besonderen Geschäftswert- und Bewertungsvorschriften des GNotKG, § 36 Abs. 1 S. 2 FamGKG. 394

---

[956] Jahresgebühr: 10 EUR je angefangene 5.000 EUR des zu berücksichtigenden Vermögens, mindestens 200 EUR; dauert die Betreuung nicht länger als drei Monate, beträgt die Gebühr 100 EUR, vgl. dritte Anmerkung zur Nr. 11101 KV GNotKG.
[957] Schneider GNotKG § 13 Rn. 3; BDS/Sommerfeldt GNotKG KV Nr. 11101 Rn. 18a.
[958] 0,5 Gebühr nach der Tabelle A, höchstens eine Gebühr Nr. 11101 KV GNotKG.
[959] Schneider GNotKG § 13 Rn. 44.
[960] Vgl. erste Anmerkung zur Nr. 11103 KV GNotKG.
[961] 0,5 Gebühr nach der Tabelle A.
[962] Schneider GNotKG § 13 Rn. 150.
[963] Vor dem 1.1.2023: §§ 1821, 1822 BGB.
[964] Vor dem 1.1.2023: § 1643 Abs. 2 S 1 BGB.
[965] Ausnahme jedoch s. § 1643 Abs. 3 S. 1 BGB, die Erbschaft fällt dem Kind erst nach Ausschlagung der Eltern ein, dann ist keine Genehmigung erforderlich.

26. Erbrechtliches Schiedsverfahren

Literatur:

Böckstiegel, Schiedsgerichtsbarkeit in gesellschaftsrechtlichen und erbrechtlichen Angelegenheiten, 1996; *Dawirs*, Das letztwillig angeordnete Schiedsgerichtsverfahren – Gestaltungsmöglichkeiten, 2014; Gleim, Letztwillige Schiedsverfügungen, 2020; *Hähn*, Pflichtteilsrecht im Schiedsverfahren, in: Krug, Pflichtteilsprozess, 3. Auflage, 2021 (zitiert: PHdB-Pflichtteilsprozess/Bearbeiter); *Harder*, Das Schiedsverfahren im Erbrecht, 2007; *Keim*, Die Grenzen letztwilliger Schiedsklauseln, NJW 2017,2652; *Lachmann*, Handbuch für die Schiedsgerichtspraxis, 4. Auflage, 2016; *Saenger/Ullrich/Siebert*, Zivilprozessordnung – Kommentiertes Prozessformularbuch, 5. Aufl. 2021 (zitiert: GForm-ZPO/Bearbeiter); *Schiffer*, Mandatspraxis – Schiedsverfahren und Mediation, 2. Auflage, 2005; Schulzweida, Schiedsvereinbarungen und Schiedsverfügungen im Erbrecht, 2020; *Schütze/Thümmel*, Schiedsgericht und Schiedsverfahren, 7. Aufl. 2021; *Siegel*, Mediation in Erbstreitigkeiten, 2009; Stallknecht, Schiedsklauseln in Verfügungen von Todes wegen, RNotZ 2019, 433; von Bary, Schiedsfähigkeit und Bindungswirkung bei einseitigen Schiedsanordnungen im Erbrecht unter Berücksichtigung der internationalen Perspektive; ZEV 2019,317; Zimmermann, Sind vom Erblasser angeordnete Schiedsgerichte zweckmäßig?, ErbR 2021, 181, *Zöller*, Zivilprozessordnung, 34. Aufl. 2022; *Ziegler*, Das private Schiedsgericht im antiken römischen Recht, 1971

§ 1066 ZPO Entsprechende Anwendung der Vorschriften des Buches 10

Für Schiedsgerichte, die in gesetzlich statthafter Weise durch letztwillige oder andere nicht auf Vereinbarung beruhende Verfügungen angeordnet werden, gelten die Vorschriften dieses Buches entsprechend.

	Rn.
A. Grundlagen des Schiedsverfahrens	1
I. Schiedsverfahren im System der erbrechtlichen Streitbeilegung	1
1. Schiedsgerichtsbarkeit	1
2. Staatliches Gericht	4
3. Schiedsgutachten	7
4. Mediation	9
II. Vor- und Nachteile des Schiedsverfahrens im Erbrecht	11
1. Vorteile	12
a) Vertraulichkeit	12
b) Kompetenz des Gerichts	14
c) Verfahrensgestaltung	17
d) Dauer des Verfahrens	19
e) Friedensstiftende Wirkung	20
f) Kosten	21
2. Nachteile	25
a) Akzeptanz	25
b) Gefahr von schiedsgerichtstypischen Verfahrenshindernissen	29
aa) Streit über die Wirksamkeit einer Schiedsanordnung	30
bb) Ablehnung eines Schiedsrichters	33
cc) Verarmung einer Partei	34
c) Fehlende Rechtsmittelinstanz	36
d) Vollstreckbarkeit	38
3. Fazit	39
III. Formen der Schiedsgerichtsbarkeit	41
1. Ad-hoc-Verfahren	42
2. Institutionalisiertes Verfahren	43
B. Einsetzung des Schiedsgerichts	45
I. Anordnung durch Schiedsklausel im Testament bzw. Erbvertrag	46
II. Schiedsvereinbarung	51
C. Praktische Hinweise	58
I. Schiedsfähigkeit erbrechtlicher Streitigkeiten	58
1. Grundsatz	58
2. Gültigkeit und Anfechtung letztwilliger Verfügungen	63
3. Auslegung letztwilliger Verfügungen	64
4. Auseinandersetzung des Nachlasses	65
5. Pflichtteilsansprüche	67
6. Streitigkeiten mit dem Testamentsvollstrecker	70
II. Ablauf des Schiedsverfahrens	73
1. Verfahrensgrundsätze	74
a) Parteiherrschaft	74
b) Prozessförderungspflicht	77
c) Nichtöffentlichkeit	79
2. Klageerhebung	80
a) Form und Inhalt	80
b) Zustellung	81
c) Bildung des Schiedsgerichtes	82
3. Schriftliches Vorverfahren	89
4. Mündliche Verhandlung	90
a) Ort des Verfahrens	91
b) Schlichtungsversuch	93
c) Bindung an materielles Recht oder Entscheidung nach Billigkeit	96
d) Beweisaufnahme	100
e) Klageänderung	108
f) Widerklage	110
g) Fristen	111
h) Vorläufiger Rechtsschutz	112
i) Verfahrenssprache	113
j) Säumnis	114
5. Beendigung des Verfahrens durch Schiedsspruch oder Vergleich	117
a) Allgemein	117
b) Schiedsspruch	118
c) Vergleich	120

6. Rechtsmittel 121
7. Vollstreckung von Schiedssprüchen 125
D. Anhang: Schiedsordnung der DSE 125

A. Grundlagen des Schiedsverfahrens
I. Schiedsverfahren im System der erbrechtlichen Streitbeilegung

1. Schiedsgerichtsbarkeit. Schiedsgerichte stehen in einer langen Tradition und bestanden zum Teil schon vor den staatlichen Gerichten. Bereits im antiken Rom kannte man Schiedsgerichte zur Lösung privater Streitigkeiten.[1] Dahinter steht der nach wie vor aktuelle Gedanke der Nachrangigkeit staatlichen Handelns. Wo es nicht nötig ist, soll sich der Staat zurückhalten, ein staatliches Rechtsprechungsmonopol gibt es in Zivilsachen grundsätzlich nicht.[2] Es ist Ausdruck der Privatautonomie, im gesetzlich vorgegebenen Rahmen auf den staatlichen Richter zugunsten eines selbst gewählten Richters zu verzichten. 1

Die Schiedsgerichtsbarkeit ist im 10. Buch der ZPO geregelt (§§ 1025–1066 ZPO). Die Zuständigkeit des Schiedsgerichts beruht regelmäßig auf einer Schiedsvereinbarung gem. § 1029 ZPO, im Erbrecht gilt aber die Besonderheit, dass der Erblasser einseitig die Zuständigkeit des Schiedsgerichts gem. § 1066 ZPO anordnen kann. Es handelt sich um einen besonderen Ausfluss der Testierfreiheit; der Erblasser kann also nicht nur bestimmen, wer sein Vermögen erhält, sondern auch wo im Konfliktfall darüber gestritten wird. Seit der Reform des Schiedsrechts im Jahr 1998 ist unstreitig, dass es sich bei der Schiedsgerichtsbarkeit um eine privatisierte Rechtsprechung handelt, die einem staatlichen Gericht in ihrer Funktion gleichwertig ist.[3] 2

Streitigkeiten, die aufgrund einer Schiedsvereinbarung oder einer Schiedsklausel einem privaten Schiedsgericht zugewiesen sind, sind den staatlichen Gerichten entzogen. Wird gleichwohl eine Klage vor dem ordentlichen Gericht erhoben, kann die gegnerische Partei die Schiedseinrede erheben, wodurch die Klage als unzulässig abzuweisen ist.[4] 3

2. Staatliches Gericht. Im Unterschied zum Familienrecht gibt es im Erbrecht keine einheitliche Gerichtsbarkeit, die bekannte Dualität von ordentlicher und freiwilliger Gerichtsbarkeit, die zu doppelten Erbverfahren führen kann, besteht nach wie vor.[5] 4

Immerhin sind seit dem 1.1.2021 sowohl Land- als auch Oberlandesgerichte verpflichtet, Sonderspruchkörper für erbrechtliche Streitigkeiten gemäß § 72a Abs. 1 Nr. 6 (bei den Landgerichten) bzw. § 119a Abs. 1 Nr. 6 GVG (bei den Oberlandesgerichten) einzurichten.

Staatliche Gerichte spielen aber auch im Schiedsverfahren eine wichtige Rolle, da das private Schiedsgericht nicht in der Lage ist, richterliche Handlungen in hoheitlicher Funktion selbst durchzuführen. Um die Gleichwertigkeit mit dem staatlichen Gericht zu gewährleisten, sieht § 1050 ZPO vor, dass staatliche Gerichte insoweit „Rechtshilfe" leisten. Hierzu gehören insbesondere 5

- die Vernehmung von Zeugen oder Sachverständigen, die freiwillig zu keiner Aussage bereit sind,
- die Vereidigung von Zeugen und Sachverständigen,
- die Anordnung von Beugehaft,
- die Einholung einer Aussagegenehmigung von Richtern, Notaren und Beamten, sowie

---

1 Vgl. Ziegler Das private Schiedsgericht im antiken römischen Recht, 1971.
2 Das Wirken muslimischer Friedensrichter in Deutschland wirft neuerdings die Frage auf, inwieweit der Staat unterschiedliche Rechtssysteme tolerieren muss, vgl. http:/www.sueddeutsche.de/politik/justiz-in-deutschland-wie-islamische-schiedsgerichte-fuer-mehr-frieden-sorgen-sollen-1.1274279.
3 Vgl. die Regierungsbegründung zum neuen Schiedsrecht, BT-Drs. 13/5274, 46.
4 BGH NJW 2001, 2176.
5 Zu den Forderungen nach einer Reform: https://anwaltverein.de/de/newsroom/sn-51-17-grosses-nachlassgericht.

- die Bestellung eines Vertreters für prozessunfähige Beteiligte (§ 57 ZPO), bzw. die Bestellung eines Zustellungsbevollmächtigten (§ 174 ZPO).

6 Nach § 1062 ZPO hat das Oberlandesgericht auf Antrag den ordnungsgemäßen Ablauf des Schiedsverfahrens zu überprüfen. So kann das staatliche Gericht einen inländischen Schiedsspruch aus den in § 1059 Abs. 2 ZPO genannten Gründen aufheben. Überdies kann das Gericht schon im laufenden Verfahren auf Antrag die Bestellung und Ablehnung eines Schiedsrichters überprüfen (§§ 1034, 1035, 1037 ZPO), Feststellungen über die Zulässigkeit oder Unzulässigkeit des Schiedsverfahrens treffen (§ 1032 ZPO) oder die Entscheidung des Schiedsgerichts, das im Rahmen der Kompetenz-Kompetenz seine Zuständigkeit bejaht hat (§ 1040 ZPO), überprüfen. Das staatliche Gericht ist somit einerseits Dienstleister, andererseits aber auch Kontrolleur des privaten Schiedsgerichts.

7 **3. Schiedsgutachten.** Während das Schiedsgericht die Aufgabe hat, einen Rechtsstreit durch eine verbindliche Entscheidung wird zu beenden, hat ein Schiedsgutachten nur eine Vorfrage des Rechtsstreits zu klären. Typischerweise hat der Schiedsgutachter wie ein Sachverständiger bestimmte Tatsachen zu ermitteln oder festzustellen.

8 In erbrechtlichen Streitigkeiten spielen Bewertungsfragen eine große Rolle, insbesondere bei Grundstücken und Gesellschaftsanteilen. Gerade bei letztwilligen Verfügungen, die ohne (kompetenten) Berater verfasst worden sind, kann die Auslegung ergeben, dass keine Schiedsgerichtsanordnung gewollt war, sondern nur eine Anordnung zur Erstellung eines Schiedsgutachtens. In Einzelfällen kann der Schiedsgutachter auch beauftragt sein, eine rechtliche Vorfrage zur Lösung des gesamten Rechtsstreits zu klären.[6]

9 **4. Mediation.** Die Mediation ist ein freiwilliges Verfahren zur Konfliktbeilegung, in dem die streitenden Parteien mit Unterstützung eines Mediators zu einer Vereinbarung gelangen sollen, die allen Interessen gerecht wird.[7] Der Mediator übernimmt die Aufgabe, Verhandlungsprozesse zu strukturieren und einen Rahmen für die Konfliktlösung zu bieten. Die Lösung des Konflikts selbst ist allein Sache der Parteien, auf die der Mediator inhaltlich keinen Einfluss nehmen darf, insbesondere hat er keine Entscheidungsmacht. Er soll lediglich die gefundene Lösung in einer Abschlussvereinbarung festhalten. Finden die Parteien keine Lösung, gilt die Mediation als gescheitert, die Parteien stehen prozessual wieder am Anfang. Dies ist der wesentliche Unterschied zwischen dem Schiedsverfahren und einer Mediation.

10 Es wäre indes verfehlt, Schiedsverfahren und Mediation als gegensätzliche Lösungsansätze zur Konfliktbeilegung anzusehen. Ein guter Schiedsrichter kann und wird wie ein Mediator auf eine gütliche Lösung des Konflikts hinwirken. In Erbstreitigkeiten sind die Beteiligten emotional und wirtschaftlich substantiell betroffen. Die Vertraulichkeit und die relativ freie Gestaltung des Mediationsverfahrens sind in dieser Situation besonders hilfreich. Eine gescheiterte Mediation birgt aber die Gefahr, dass die frustrierten Parteien den Streit mit aller Härte vor dem staatlichen Gericht in allen Instanzen fortsetzen. Daher kann das Schiedsverfahren ein weicheres Auffangnetz für gescheiterte Mediation bieten als das staatliche Gericht.

II. Vor- und Nachteile des Schiedsverfahrens im Erbrecht

11 Das Schiedsverfahren ist dem staatlichen Verfahren rechtlich völlig gleichgestellt, da beide Verfahren mit einem verbindlichen Ergebnis enden. In den Voraussetzungen und dem Verfahrensablauf gibt es im Einzelnen jedoch bedeutsame Unterschiede. In erbrechtlichen Streitigkeiten bietet das Schiedsverfahren gegenüber dem staatlichen Gericht gewichtige Vorteile, aber auch einige Nachteile.

---

6 Vgl. hierzu Dawirs, 30 mwN.

7 Hierzu ausführlich Siegel Mediation in Erbstreitigkeiten, 211 ff, auch mit einer Darstellung von sinnvollen letztwilligen Mediationsklauseln.

1. Vorteile. a) Vertraulichkeit. Erbstreitigkeiten sind fast immer Familienstreitigkeiten, die nicht allgemein bekannt werden sollen. Rechtsstreitigkeiten vor staatlichen Gerichten werden grundsätzlich öffentlich verhandelt. Die Ausnahme, die in Familien- und Betreuungssachen gem. § 170 Abs. 1 GVG den Parteien zum Schutz der Privatsphäre zugebilligt wird, kennt das Erbrecht nicht.[8] Es ist daher möglich, dass Nachbarn, Freunde und unbeteiligte Familienmitglieder dem Rechtsstreit beiwohnen. Hatte der Erblasser dem Finanzamt unbekannte Steuerschulden hinterlassen, ist der staatliche Richter verpflichtet, dem Finanzamt Tatsachen, die auf eine Steuerstraftat, eine Ordnungswidrigkeit, einen Subventionsbetrug und die Zuwendung von Vorteilen schließen lassen, mitzuteilen.[9]

Schiedsverfahren sind hingegen grundsätzlich nicht öffentlich, was zu einem größeren Maß an Vertraulichkeit führt. Der Schiedsrichter ist zur Verschwiegenheit verpflichtet,[10] es ist offenkundig, dass in dieser Atmosphäre offener, sachlicher und somit effektiver verhandelt werden kann.

b) Kompetenz des Gerichts. Wer ständig mit Erbrecht befasst ist, weiß um die Komplexität dieses Rechtsgebietes. Nicht nur das materielle Recht, die schwierigen Verfahrensfragen, sondern auch die emotionale Betroffenheit der Parteien stellen an den Richter besondere Anforderungen. Anders als in Familiensachen gibt es im Erbrecht bislang keine Fachgerichtsbarkeit, so dass die Parteien nicht mit einem spezialisierten und erfahrenen Richter rechnen dürfen.

Zudem sind staatliche Gerichte zuweilen so überlastet, dass trotz bestehender fachlicher und persönlicher Kompetenz des Richters kaum die Zeit bleibt, um den Parteien nicht nur rechtliches, sondern auch persönliches Gehör zu geben.

Anders liegt es beim Schiedsgericht, hier haben die Parteien grundsätzlich gem. § 1035 ZPO das Recht, den bzw. die Schiedsrichter selbst zu bestimmen. Soweit das Schiedsverfahren über eine institutionalisierte Schiedsgerichtsbarkeit organisiert wird, ist die Wahrscheinlichkeit groß, dass ein erfahrener Erbrechtsexperte zum Schiedsrichter bestimmt wird.

c) Verfahrensgestaltung. Die staatlichen Gerichte leiden unter einer mangelnden finanziellen und personellen Ausstattung. Zudem ist der staatliche Richter an die teilweise recht engen Vorgaben des ZPO-Verfahrens gebunden.

Der Vorteil des Schiedsverfahrens liegt in der Flexibilität und Effizienz der Verfahrensgestaltung. Die Parteien sind nur an wenige zwingende Bestimmungen des 10. Buches der ZPO gebunden. Insbesondere bei der Beweisaufnahme, die im Erbrecht eine große Rolle spielen kann (zB bei der Auslegung von Testamenten), können Schiedsgerichte sehr effizient arbeiten. Wichtig ist auch die Möglichkeit eines Mehrparteienschiedsgerichtes, in dem alle am Erbstreit Beteiligten sich einer einheitlichen Entscheidung des Gerichts unterwerfen können. Insbesondere bei einer Erbengemeinschaft, deren Auseinandersetzung oft mehrere Einzelprozesse voraussetzt, kann das schiedsgerichtliche Verfahren eine deutliche Entlastung für die Parteien bieten. In komplexen Erbrechtsfällen kann die in § 1051 Abs. 3 ZPO vorgesehene (fakultative) Ermächtigung des Gerichts, nach billigem Ermessen zu entscheiden, für eine zügige Gesamtauseinandersetzung sorgen.

d) Dauer des Verfahrens. Verfahren bei staatlichen Gerichten können sich in die Länge ziehen. Auch wenn es regionale Unterschiede in der Verfahrensdauer gibt, sorgt das System der Rechtsmittel dafür, dass Erbengemeinschaften über Jahre nicht auseinandergesetzt werden können. Dies hat neben der nervlichen Belastung auch wirtschaftliche Nachteile für alle Beteiligten. Die Schiedsgerichtsbarkeit ist schon ihrer Konzeption nach das schnellere Gericht, da es nur

---

8 Obwohl bei Erbrechtsstreitigkeiten auch pikante Details des Privatlebens eine Rolle spielen können, wird so gut wie nie der Ausschluss der Öffentlichkeit gem. § 171b Abs. 1 GVG beantragt.

9 Vgl. Anordnung über Mitteilungen in Zivilsachen (MiZi), Neufassung vom 1.6.1998, I Nr. 7.

10 Vgl. Dawirs, 21 mwN; auch klargestellt in § 15 SO-DSE.

eine Instanz gibt; ein Oberschiedsgericht wird nur in seltenen Fällen vereinbart. Auch hat der Schiedsrichter nur den einen Fall zu entscheiden, so dass zügig terminiert werden kann.

20 **e) Friedensstiftende Wirkung.** Schiedssprüche, die vom selbst gewählten Gericht stammen, werden eher akzeptiert als staatliche Urteile. Abgesehen davon, dass Schiedsverfahren eine (noch) höhere Vergleichsquote haben als staatliche Gerichtsverfahren, sind Schiedssprüche ausführlich formuliert und beruhen auf einer eingehenden Anhörung aller Parteien. Es ist ein Qualitätsmerkmal des Schiedsverfahrens, dass dort der Anspruch auf Gewährung rechtlichen Gehörs sehr ernst genommen wird[11] und – abgesehen von der juristischen Relevanz – die Beteiligten, die meist familiär verbunden sind, das Schiedsverfahren auch nutzen, um ihre persönlichen Befindlichkeiten zur Sprache zu bringen. Selbst wenn es dem Schiedsgericht nicht gelingt, eine Einigung herbeizuführen, werden Schiedssprüche von der unterlegenen Partei dann eher akzeptiert, wenn der Richter die Parteien zuvor ausführlich gehört hat.

Dies gilt in besonderem Maße, wenn der Schiedsrichter durch Vereinbarung oder letztwillige Klausel berufen ist, nach Billigkeit gem. § 1051 Abs. 3 ZPO zu entscheiden. Dies passt zu § 2048 S. 2 BGB, wonach der Erblasser einem Dritten die Erbteilung nach Billigkeit überlassen darf.

Je nach Ergebnis der Entscheidung kann dies von einem Beteiligten als Nachteil gewertet werden.[12]

21 **f) Kosten.** Schiedsverfahren sind nicht immer billiger als das staatliche Gericht – aber sie sind ihren Preis wert. Die Kosten des Schiedsverfahrens setzen sich zusammen aus der Schiedsrichtervergütung, den Auslagen und ggf. den Verfahrensgebühren, die an die institutionelle Schiedsgerichtsbarkeit zu zahlen ist. Die Höhe der Schiedsrichtervergütung hängt davon ab, ob ein Einzelschiedsrichter oder ein Schiedsgericht in Dreier-Besetzung entscheiden soll. Der statistisch häufigste Fall ist in Erbstreitigkeiten die Besetzung des Gerichts mit einem Einzelrichter, auch bei Streitigkeiten von erheblichem Umfang.

22 Bei nur geringerem Gegenstandswert dürfte der staatliche Instanzenzug regelmäßig preiswerter sein.[13] Bei hohen Streitwerten liegen die Kosten des Schiedsverfahrens fast immer über denen der staatlichen Gerichtsbarkeit erster Instanz. Wird ein Rechtsstreit über mehrere Instanzen ausgetragen, ist das staatliche Gericht deutlich teurer als ein Schiedsverfahren. Für das Schiedsverfahren spricht somit die Kalkulierbarkeit der Kosten, die grundsätzlich nur in einem Rechtszug entstehen. Wenngleich kaum eine Partei darauf verzichten wird, bleibt im Schiedsverfahren jedem Beteiligten die Entscheidung für oder gegen anwaltliche Vertretung selbst überlassen. Anders als beim staatlichen Gericht besteht aber keine Anwaltspflicht gem. § 78 ZPO.

23 Die Verfahrenskosten sind jedoch nur ein vordergründiges Argument für die Schiedsgerichtsbarkeit, zumal unterschiedliche Vergütungsmodelle für Schiedsrichter kaum zuverlässige Alternativberechnungen zulassen.[14]

24 Der wesentliche Kostenvorteil des Schiedsverfahrens hängt im Erbrecht vielmehr mit der kurzen Verfahrensdauer zusammen: ein ungeteilter Nachlass und die damit verbundene Handlungsunfähigkeit kann zu Wertverlusten führen, zB bei Immobilien, für die sich niemand zuständig fühlt, und Wertpapiervermögen, das im Krisenfall nicht verkauft werden kann. Ein kompetentes Schiedsgericht wird einen Rechtsstreit nicht nur zügiger, sondern auch überzeugender beilegen. Die Geduld bei Vergleichsverhandlungen und die sorgfältige Begründung eines Schiedsspruchs stellen einen weiteren Mehrwert dar, der den uU höheren Preis des Verfahrens rechtfertigt.

---

11 Da dem Schiedsrichter die staatliche Legitimität fehlt, muss er als Person überzeugen.
12 Kritisch insoweit Zimmermann ErbR 2021, 181 (186).
13 So auch Harder, 25.
14 So auch Schütze/Thümmel Rn. 22.

2. **Nachteile. a) Akzeptanz.** Im Wirtschaftsleben sind Schiedsgerichte akzeptiert und haben eine lange Tradition.[15] Unternehmen schätzen die zügige und kompetente Streitbelegung, die zu wirtschaftlich vernünftigen Ergebnissen führt, Unternehmensgeheimnisse schützt und langjährige Geschäftsbeziehungen schont.

In Erbstreitigkeiten darf man diese Akzeptanz nicht voraussetzen, wofür es verschiedene Gründe gibt:

Soweit die Zuständigkeit des Schiedsgerichts auf einer letztwilligen Schiedsklausel beruht, fühlen sich viele Erben in ihren Rechten beschnitten. Die objektive Gleichwertigkeit mit dem staatlichen Gericht läßt der Erbe nicht gelten, der sich vom „böswilligen" Erblasser um seinen Instanzenzug betrogen sieht.[16] Nicht zu unterschätzen ist in diesem Zusammenhang ein in Deutschland verbreitetes obrigkeitsstaatliches Denken, das jedem beamteten Richter, der in Robe auftritt und seine Entscheidungen im Namen des Volkes verkündet, mehr zutraut als einem privaten Schiedsrichter, der seine Autorität „nur" aus einer letztwilligen Schiedsanordnung ableitet, aber vielleicht kompetenter ist.

Hinzu kommt, dass viele Rechtsanwälte ihre Berührungsängste vor alternativen Methoden der Streitbeilegung pflegen, indem sie ihren Mandanten davon abraten. Die verbreitete Unsicherheit, die oft auf Unkenntnis beruht, ist ein Grund dafür, dass selten Schiedsvereinbarungen in Erbstreitigkeiten getroffen werden. Man bevorzugt das „Heimspiel" vor dem Landgericht. Eigene wirtschaftliche Interessen der Parteivertreter spielen ebenfalls eine Rolle, werden aber kaum offen angesprochen.[17] Trotz der klaren Rechtslage steht das Schiedsgericht gegenüber den Beteiligten unter faktischem Legitimationszwang, wenn es aufgrund einer letztwilligen Verfügung tätig wird.

b) Gefahr von schiedsgerichtstypischen Verfahrenshindernissen. Im erbrechtlichen Schiedsverfahren gibt es strukturimmanente Unwägbarkeiten, die im staatlichen Gerichtsverfahren nicht vorkommen können und sich auf den Verlauf und das Ergebnis des Schiedsverfahrens negativ auswirken können.

aa) Streit über die Wirksamkeit einer Schiedsanordnung. Hat ein Erblasser, dessen Testierfähigkeit strittig ist, eine letztwillige Schiedsklausel verfügt, stellt sich neben der materiellen Rechtsfrage der Wirksamkeit des Testaments zugleich die Frage der Zuständigkeit des Schiedsgerichts. In diesen Fällen hat das Schiedsgericht nach § 1040 ZPO die sog. „Kompetenz-Kompetenz", über seine eigene Zuständigkeit zu entscheiden.

Kommt das Schiedsgericht zu dem Ergebnis, dass der Erblasser testierunfähig war, weist es die Schiedsklage durch Endschiedsspruch als unzulässig ab, womit der Weg zu den staatlichen Gerichten eröffnet ist. Bejaht das Schiedsgericht die Testierfähigkeit und damit seine Zuständigkeit, entscheidet es durch Zwischenschiedsspruch gem. § 1040 Abs. 3 ZPO. Hiergegen kann binnen Monatsfrist gerichtliche Entscheidung beim Oberlandesgericht beantragt werden, § 1062 Abs. 1 Nr. 2 ZPO.[18]

Auch wenn nach einhelliger Meinung die „Kompetenz-Kompetenz" des Schiedsgerichts auch bei einer einseitigen Schiedsklausel gegeben ist, kann im Rahmen einer aufwändigen Beweisaufnahme die festgestellte Testierunfähigkeit des Erblassers dazu führen, dass ein vor dem

---

15 Das bedeutendste Schiedsgericht Europas wurde bereits 1923 bei der Internationalen Handelskammer Paris gegründet.
16 Hier ist es Aufgabe des Schiedsrichters, skeptische Prozessparteien „einzufangen" und das Verfahren neutral, kompetent und vor allem empathisch zu führen.
17 Der Rechtsanwalt, der ein Schiedsverfahren deshalb (innerlich) ablehnt, weil ihm die Vergütung für die Rechtsmittelinstanz entgeht, kann nicht rechnen: in der Summe mag die Vergütung niedriger sein, dafür ist sie mit deutlich weniger Aufwand verdient und schafft einen besonderen Mehrwert: zufriedene Mandanten.
18 Auch eine zwischenzeitlich ergangene Entscheidung des Schiedsgerichts lässt das Rechtsschutzbedürfnis für eine Rechtsbeschwerde bestehen, vgl. BGH NJW 2017, 488.

Schiedsgericht weit fortgeschrittenes oder sogar abgeschlossenes Verfahren erneut vor dem staatlichen Gericht durchgeführt werden muss. Das Argument der Zeit- und Kostenersparnis verkehrt sich dann ins Gegenteil. In solch einer Situation kann nur eine Vereinbarung der Parteien, die sich ungeachtet der eventuellen Unwirksamkeit der Schiedsklausel für den einen oder anderen Rechtsweg entscheidet, Abhilfe verschaffen. Besser noch sollte jeder Erblasser, der um die Konfliktbereitschaft seiner Erben weiß, seine Testierfähigkeit durch ein ärztliches Attest zu Lebzeiten nachweisen.

33 **bb) Ablehnung eines Schiedsrichters.** Befangenheitsanträge gegen staatliche Richter sind im Zivilprozess eine seltene Ausnahme. In Schiedsverfahren kommt es hingegen häufiger vor, dass sich staatliche Gerichte mit Ablehnungsverfahren im Rahmen der Schiedsrichterbestellung gem. § 1037 ZPO beschäftigen müssen.[19] Gerade wenn der Erblasser einen Schiedsrichter bestimmt hat, können sich Zweifel an der Unparteilichkeit und Unabhängigkeit ergeben, insbesondere wenn diese Person Miterbe, Angehöriger eines Miterben und/oder gleichzeitig Testamentsvollstrecker ist.

34 **cc) Verarmung einer Partei.** Nach einhelliger Meinung besteht im Rahmen von Schiedsverfahren kein Anspruch auf Prozesskostenhilfe.[20] Kann eine verarmte Partei keinen Kostenvorschuss leisten, wird das Schiedsverfahren undurchführbar, so dass wieder das staatliche Gericht zuständig ist. Die Problematik der verarmten Partei[21] dürfte bei Erbstreitigkeiten vor allem bei einer einseitig angeordneten Schiedsklausel bedeutsam werden, da nach dem Erbfall kaum jemand sehenden Auges mit einer armen Partei ein offenkundig undurchführbares Schiedsverfahren vereinbaren wird. Der BGH geht davon aus, dass bei Verarmung mindestens einer Partei das Schiedsverfahren undurchführbar ist und es insofern einer Kündigung nicht mehr bedarf.[22]

35 Um den Wegfall der Bindung an die Schiedsanordnung zu verhindern, könnte der Erblasser anordnen, dass sämtliche Prozesskosten im Streitfall aus dem Nachlass gezahlt werden.[23] Teilweise wird hier vertreten, dass der Nachlass zumindest für die Kosten des Schiedsverfahrens auch ohne besondere Anordnung haftet.[24] Die Frage, ob trotz fehlendem Anwaltszwang einer verarmten Partei gleichwohl zuzumuten ist, sich ohne anwaltliche Vertretung auf ein Schiedsverfahren einzulassen, ist damit aber noch nicht gelöst.

36 **c) Fehlende Rechtsmittelinstanz.** Der Vorteil des kurzen Verfahrens ist zugleich ein Nachteil, nämlich die eingeschränkte Überprüfungsmöglichkeit. Grundsätzlich entscheidet das Schiedsgericht in erster und letzter Instanz abschließend über den Erbstreit. Ein Antrag auf Aufhebung des Schiedsspruchs gem. § 1059 ZPO ist nur unter den dort genannten engen Voraussetzungen möglich.

37 Die Gefahr, dass ein Schiedsgericht eine fehlerhafte Entscheidung trifft, die nicht mehr korrigiert werden kann, ist nicht von der Hand zu weisen. Umso mehr ist darauf zu achten, dass die Person des Schiedsrichters sorgfältig ausgewählt wird.

38 **d) Vollstreckbarkeit.** Aus dem Urteil eines staatlichen Gerichts kann man ohne großen Aufwand vollstrecken, gegen Sicherheitsleistung sogar vorläufig. Ein Schiedsspruch ist nicht so leicht durchsetzbar, er bedarf zusätzlich einer Vollstreckbarkeitserklärung gem. § 1060 Abs. 1 ZPO. Zuständig hierfür ist das Oberlandesgericht gem. § 1062 Abs. 1 ZPO. Im Rahmen dieses Verfahrens kann die unterlegene Partei die Aufhebungsgründe gem. § 1059 Abs. 2 ZPO geltend machen, so dass es hier zumindest zu einer zeitlichen Verzögerung kommen kann, falls nicht

---

19 Vgl. Dawirs, 21 mwN.
20 Vgl. Zöller/Geimer ZPO § 1042 Rn. 39.
21 Hierzu ausführlich Dawirs, 149 ff.
22 BGH NJW 2000, 3720 ff., wobei fraglich ist, ob diese Rspr. auch für letztwillig angeordnete Schiedsverfahren gilt.

23 Zur Umsetzung dieser Idee, insbesondere durch Anordnung von Vermächtnissen, sei auf die interessanten Lösungsansätze von Dawirs, 167 ff. verwiesen.
24 Vgl. Zöller/Geimer ZPO § 1035 Rn. 27.

sogar Gründe vorliegen, die Vollstreckbarerklärung abzulehnen.[25] In der Praxis kommt es hierauf selten an, da die meisten Schiedssprüche freiwillig erfüllt werden.

3. Fazit. Im Unterschied zum staatlichen Gerichtsverfahren bietet ein Schiedsverfahren gerade im Erbrecht die Chance Streitigkeiten zügig und kompetent in einem diskreten Verfahren beizulegen. Die Eigenheiten des Schiedsverfahrens bergen andererseits Risiken, die zu einer Verzögerung und Rechtsunsicherheit führen können. 39

Die meisten Probleme können aber durch umsichtige Gestaltung des Erblassers ausgeräumt werden. Die Erfahrung zeigt, dass für das Gelingen eines Schiedsverfahrens die Besetzung des Schiedsgerichts entscheidend ist. Die vorhandenen Akzeptanzprobleme in der Anwaltschaft dürften zukünftig abnehmen, weil die Zahl der Schiedsverfahren zunimmt[26] und die (Fach-)Öffentlichkeit die positiven Effekte deutlicher wahrnehmen wird. 40

III. Formen der Schiedsgerichtsbarkeit

Ein Schiedsverfahren kann entweder vor einem Gelegenheitsschiedsgericht im sog. Ad-hoc-Verfahren geführt werden oder einem institutionellen Schiedsgericht übertragen werden. 41

1. Ad-hoc-Verfahren. Bei einem Ad-Hoc-Verfahren wird der Streitfall einem Schiedsgericht übertragen, dessen Zusammensetzung die Parteien oder der Erblasser durch letztwillige Verfügung angeordnet haben. In den weiten Grenzen des Schiedsverfahrensrechts der ZPO können die Parteien bzw. der Erblasser eigene Verfahrensregeln bestimmen. Für den Erblasser hat dies den Vorteil, dass er mit Rücksicht auf die gegebenen Vermögens- und Familienverhältnisse einen „juristischen Maßanzug" für zukünftige Streitfälle fertigen kann. Der Aufwand hierfür ist allerdings nicht zu unterschätzen, und es besteht die Gefahr, die Grenzen der Gestaltungsfreiheit zu überschreiten.[27] 42

Ad-Hoc-Verfahren sind in der erbrechtlichen Praxis relativ selten. Nach dem Erbfall sind zerstrittene Familienmitglieder kaum in der Lage, über individuelle Verfahrensregelungen zu verhandeln, sondern verlassen sich eher auf eine bestehende Schiedsordnung eines institutionalisierten Schiedsgerichts. Dies gilt in gleicher Weise für Erblasser, die selten so vorausschauend sind, sich mit allen möglichen Facetten zukünftiger Streitigkeiten zu befassen. Nur bei größeren Vermögen, insbesondere Familienunternehmen[28] lohnt der Aufwand, eine eigene Verfahrensordnung zu entwickeln.

2. Institutionalisiertes Verfahren. Institutionelle Schiedsgerichte nennt man auch „vorfabrizierte" Schiedsgerichte,[29] die den Parteien einen festen und neutralen Rahmen geben, um das Schiedsverfahren durchzuführen. Institutionelle Schiedsgerichte verfügen über eine eigene Verwaltung und organisieren das Schiedsverfahren, zB durch Entgegennahme der Schiedsklage, Ausführung von Zustellungen und insbesondere bei der Benennung von Schiedsrichtern. Auch haben institutionelle Schiedsgerichte feste Kostenregelungen, so dass diese Frage zwischen den Parteien und den Schiedsrichtern keiner Erörterung bedarf. Durch Übernahme einer Schiedsklausel, mit der die Zuständigkeit des institutionellen Schiedsgerichts begründet wird, sind 43

---

25 Zu den Fragen, die im Zusammenhang mit grenzüberschreitenden Sachverhalten auftreten können, vgl. von Bary ZEV 2019, 317 ff.
26 Die DSE verzeichnet seit Jahren steigende Eingangszahlen. Nach einer informellen Umfrage unter ihren Mitgliedern wurde allein die Schiedsklausel der DSE in mindestens 12.000 Testamenten verwendet. Es ist also mit zukünftiger Eröffnung der Testamente auch mit einer Zunahme von Schiedsverfahren zu rechnen.
27 Vgl. Dawirs,109, der zutreffend darauf hinweist, dass dann das Schiedsverfahren nach den gesetzlichen Vorgaben der §§ 1025 ff. ZPO zu führen ist.
28 So trugen zB die Inhaberfamilien von Haribo und Dr. Oetker ihre Differenzen vor hochkarätig besetzten Schiedsgerichten aus, vgl. http://www.juve.de/nachrichten/deals/2010/09/haribo-familienstamme-strukturieren-mit-flick-gocke-den-konzern-in-eine-holding; http:juve.de/nachrichten/verfahren/2014/01/machtkampf-bei-oetker-schiedsgericht-und-top-anwalte-konnen-familienstreit-kaum-schlichten.
29 Vgl. Schütze/Thümmel Rn. 28.

grundsätzliche alle Fragen geklärt, gleichwohl ist es den Parteien bzw. dem Erblasser möglich, abweichende Regelungen zu treffen, zB durch Bestimmung des Schiedsrichters.

44 In Deutschland ist die DIS Deutsche Institution für Schiedsgerichtsbarkeit eV[30] die größte branchenunabhängige Schiedsgerichtsorganisation. Im Bereich des Erbrechts ist die DSE Deutsche Schiedsgerichtsbarkeit für Erbstreitigkeiten eV[31] die mit über 70 Geschäftsstellen bundesweit bekannteste und größte Schiedsorganisation. Der Schlichtungs- und Schiedsgerichtshof Deutscher Notare (SGH)[32] bietet neben Schlichtung auch Schiedsverfahren an, wobei diese zumindest im Erbrecht kaum nachgefragt werden.

B. Einsetzung des Schiedsgerichts

45 Ein Schiedsverfahren in Erbstreitigkeiten kann nur geführt werden, wenn der Erblasser es in seiner letztwilligen Verfügung (Testament oder Erbvertrag) angeordnet hat oder sich die Beteiligten hierauf verständigt haben. Neben einer vorsorgenden Schiedsklausel im Vertrag kann man auch nach Eintritt des Erbfalls eine Schiedsvereinbarung treffen, mit der sich die Konfliktparteien dem Schiedsgericht unterwerfen.

I. Anordnung durch Schiedsklausel im Testament bzw. Erbvertrag

46 Entgegen einer früher verbreiteten und heute noch von einigen Anhängern[33] vertretenen Ansicht, handelt es sich bei der letztwilligen Schiedsklausel nicht um eine Auflage gem. § 1940 BGB. Nach heute herrschender Auffassung[34] ist die Schiedsgerichtsanordnung als Verfügung sui generis zu verstehen.

47 Daraus folgt, dass eine Schiedsanordnung den Erben nicht das Recht gibt, nach § 2306 BGB auszuschlagen und stattdessen den Pflichtteil zu verlangen. Bedeutsam ist dies auch für die Frage, ob in einem gemeinschaftlichen Testament eine Schiedsklausel wechselbezüglich nach § 2270 Abs. 3 BGB ist bzw. erbvertraglich bindend nach § 2078 Abs. 2 BGB getroffen werden kann. Dies wird überwiegend verneint. *Hähn*[35] weist zutreffend darauf hin, dass ggf. der einseitige Charakter einer Schiedsgerichtsanordnung durch eine klarstellende Aussage in der letztwilligen Verfügung zum Ausdruck gebracht werden sollte.

Unklar ist hingegen die Rechtslage in den Fällen, in denen der überlebende Vertragspartner bzw. Ehegatte nachträglich eine Schiedsanordnung trifft. Ob dies als unzulässige Beschwerung des vertragsmäßig bzw. wechselbezüglich eingesetzten Erben oder Vermächtnisnehmers zu sehen ist, wird obergerichtlich unterschiedlich beurteilt.[36]

48 Sofern der Erblasser ein institutionelles Schiedsgericht bestimmen will, reicht es aus, folgenden Satz in das Testament aufzunehmen:

▶ „Ich ordne an, dass alle Streitigkeiten, die durch meinen Erbfall hervorgerufen werden, unter Ausschluss der ordentlichen Gerichte der Deutschen Schiedsgerichtsbarkeit für Erbstreitigkeiten eV (Hauptstraße 18, 74918 Angelbachtal/Heidelberg) und ihrer jeweils gültigen Schiedsordnung unterworfen sind." ◀

49 In einem gemeinschaftlichen Testament oder einem Erbvertrag kann man diese Anordnung auch gemeinsam treffen:

▶ „Wir ordnen an, dass alle Streitigkeiten, die durch unsere Erbfälle hervorgerufen werden, unter Ausschluss der ordentlichen Gerichte der Deutschen Schiedsgerichtsbarkeit für Erbstreitigkeiten eV

---

30 www.disarb.org.
31 www.dse-erbrecht.de.
32 https:/sgh.dnotv.de/.
33 ZB Mayer ZEV 2000, 263 ff.
34 BGH NJW 1991,169, vgl. auch Harder, 62; Dawirs, 40 jeweils mwN.
35 PHdB-Pflichtteilsprozess/Hähn Rn. 38.
36 Für die Unwirksamkeit: OLG Hamm NJW-RR 1991, 455; dagegen: OLG Celle ZEV 2016, 337.

(Hauptstraße 18, 74918 Angelbachtal/Heidelberg) und ihrer jeweils gültigen Schiedsordnung unterworfen sind." ◄

Die Formwirksamkeit der Schiedsanordnung richtet sich den nach den erbrechtlichen Formvorschriften, also den §§ 2231 ff. BGB, §§ 2247 ff. BGB und 2267 ff. BGB.

50

Eine mögliche Klausel für ein letztwilliges Ad-hoc-Schiedsgericht könnte beispielsweise lauten:

▶ Streitigkeiten meiner Erben, Vermächtnisnehmer und der sonstigen durch mein Testament Bedachten unter sich oder mit dem Testamentsvollstrecker, welche sich bei der Auslegung oder Durchführung meiner Anordnungen ergeben, sind unter Ausschluss der staatlichen Gerichte durch einen Einzelrichter als Schiedsrichter zu entscheiden.[37]

Als Schiedsrichter benenne ich Herrn/Frau XY, ersatzweise soll der Präsident der Rechtsanwaltskammer XY einen Schiedsrichter benennen, der Fachanwalt für Erbrecht sein sollte. ◄

Der Schiedsrichter erhält für jeden Streitfall zwei Gebühren entsprechend der Gebührentabelle des RVG jeweils zuzüglich Auslagen und etwaiger Umsatzsteuer.

II. Schiedsvereinbarung

Soweit keine letztwillige oder vertragliche Schiedsklausel vorliegt, können sich die Parteien mit einer selbstständigen Vereinbarung, der sog. Schiedsabrede, dem Schiedsgericht unterwerfen. Dabei kann man einzelne oder sämtliche Streitigkeiten aus einem oder mehreren Erbfällen (zB den verstorbenen Eltern, die gemeinschaftliches Eigentum hinterlassen haben) dem Schiedsgericht zuweisen. Die Bezeichnung des konkreten Rechtsverhältnisses, aus dem gestritten wird, reicht als Inhalt einer Schiedsvereinbarung grundsätzlich aus.[38]

51

Auch ein zukünftiger Erbfall kann in einer Schiedsabrede gestaltet werden, zB können potenzielle Erben eine Schiedsvereinbarung treffen, die sich auf evtl. künftige Erbstreitigkeiten bezieht. Ein Verstoß gegen § 311b Abs. 4 BGB ist nicht gegeben, da eine Schiedsabrede kein Vertrag über den Nachlass eines noch Lebenden darstellt, sondern es sich nach herrschender Meinung[39] lediglich um einen materiellrechtlichen Vertrag über einen prozessrechtlichen Gegenstand handelt. Eine Änderung der materiellen Rechtslage im Sinne einer Verfügung ist damit folglich nicht verbunden.

52

Weitere Regelungen, insbesondere zum Verfahren oder zur Schiedsrichterbestellung sind nützlich, aber nicht vorgeschrieben. Fehlt zB eine Regelung über die Zahl der Schiedsrichter, müssen gem. § 1034 Abs. 1 S. 2 ZPO stets drei Schiedsrichter entscheiden, was in den meisten Fällen zu ungewollt hohen Verfahrenskosten führen wird.

53

Die Grenzen der Vertragsfreiheit sind neben der Schiedsfähigkeit die zwingenden Verfahrensregeln, insbesondere die Gleichbehandlung der Parteien und die Gewährung rechtlichen Gehörs gem. § 1042 Abs. 1 ZPO. Die Form gibt § 1031 ZPO vor; eine schriftliche Vereinbarung ist zwingend, denkbar ist sie auch durch gewechselte (auch elektronische) Schreiben, die einen Nachweis der Vereinbarung sicherstellen, vgl. § 1031 Abs. 1 S. 1 2. Alt. ZPO.

54

Hinzuweisen ist auch auf § 1031 Abs. 5 ZPO, wonach Schiedsvereinbarungen, an denen mindestens ein Verbraucher beteiligt ist, von diesem eigenhändig zu unterzeichnen sind. Weitere Vertragsgegenstände darf die Schiedsabrede nicht beinhalten. Ob der Schutz vor Klauselverträgen, die eine unbemerkte Unterwerfung unter ein Schiedsgericht verhindern sollen, auch bei erbrechtlichen Schiedsabreden gilt, ist zweifelhaft, aber bislang nicht entschieden. Daher sollten Bevollmächtigte im Schiedsverfahren die Parteien vorsorglich eine entsprechende Vereinbarung persönlich unterschreiben lassen.

55

---

37 Formulierung nach Stallknecht RNotZ 2019, 433 (449).
38 Vgl. GForm-ZPO/Eberl/Eberl ZPO § 1031 Rn. 2.
39 BGHZ 40, 320.

56 Bei Formmangel ist die Schiedsvereinbarung unwirksam, was einen Aufhebungsgrund gem. § 1059 Abs. 2 Nr. 1. a) ZPO darstellt. Der Formmangel kann aber über das Einlassen auf die schiedsgerichtliche Verhandlung geheilt werden, vgl. § 1031 Abs. 6 ZPO.

57 Den Schiedsparteien sind in den §§ 1042 ff. ZPO nur allgemeine Verfahrensregeln vorgegeben, innerhalb derer das Schiedsverfahren von den Parteien bzw. vom Schiedsgericht zu führen ist. Ein institutionelles Schiedsgericht wie die DSE bietet den Parteien einen festen Rahmen, in dem das Verfahren geführt wird. Neben der organisatorischen Durchführung über die Geschäftsstelle sind die meisten Verfahrensfragen und insbesondere die Besetzung und Bezahlung des Schiedsgerichts vorab geklärt. Die SO-DSE konkretisiert die Vorgaben der ZPO und passt sie unter Berücksichtigung der Besonderheiten bei erbrechtlichen Konflikten an. Gerade bei Erbstreitigkeiten, die typischerweise von Privatpersonen geführt werden, sind diese Vorgaben hilfreich, um keine zusätzlichen Konflikte um Verfahrensfragen zu eröffnen. In der Praxis werden daher Schiedsvereinbarungen meist unter Bezug auf ein institutionelles Schiedsgericht geschlossen.[40]

C. Praktische Hinweise

I. Schiedsfähigkeit erbrechtlicher Streitigkeiten

58 **1. Grundsatz.** Die Schiedsgerichtsbarkeit ist zwar der staatlichen Gerichtsbarkeit gleichgestellt, dennoch hat sie keinen unbegrenzten Anwendungsbereich. Gegenstand einer Schiedsvereinbarung kann gem. § 1030 ZPO jeder vermögensrechtliche Anspruch sein; nicht vermögensrechtlicher Ansprüche sind insoweit schiedsfähig, als die Parteien berechtigt sind über den Gegenstand des Streites einen Vergleich zu schließen. Da es in erbrechtlichen Streitigkeiten fast ausschließlich um Vermögensfragen geht, sind die meisten dieser Konflikte einem Schiedsverfahren zugänglich. Die nachfolgend behandelten Entscheidungsgebiete sind daher nicht abschließend.

59 Dabei macht es keinen Unterschied, ob die Zuständigkeit des Gerichtes durch Vereinbarung oder einseitige Bestimmung begründet wurde. Die Formulierung „in gesetzlich statthafter Weise" in § 1066 ZPO verweist darauf, dass der Erblasser keine Rechtsbeziehungen regeln kann, die außerhalb seiner Verfügungsmacht liegen.

60 So kann die Entscheidungsbefugnis des Schiedsgerichts nicht weiter gehen als die des Erblassers, daher sind Streitigkeiten über die Zugehörigkeit von Vermögensgegenständen zum Nachlass ausschließlich vor den staatlichen Gerichten zu verhandeln.[41] Auch Gläubiger des Erblassers sind durch den Tod nicht plötzlich der Schiedsgerichtsbarkeit unterworfen.

61 Die Frage der Schiedsfähigkeit bewegt sich im Spannungsverhältnis zwischen Vertragsfreiheit bzw. Testierfreiheit und dem staatlichen Rechtsprechungsmonopol. Folglich sind Schiedsverfahren im Rahmen der freiwilligen Gerichtsbarkeit nur schiedsfähig, wenn es sich um echte Parteistreitigkeiten handelt.[42] Das Erbscheinsverfahren und andere Verfahren nach dem FamFG bleiben daher dem staatlichen Gericht vorbehalten. Streitig ist in diesem Zusammenhang insbesondere, ob die Entlassung des Testamentsvollstreckers als echte Streitsache der freiwilligen Gerichtsbarkeit anzusehen ist, die herrschende Meinung[43] verneint dies.

62 Die Testierfreiheit ist ein höchstpersönliches Recht. Allein der Wille des Erblassers bildet die Arbeitsgrundlage des Schiedsgerichts. Daher wäre es nach einhelliger Meinung[44] unzulässig, dem Schiedsgericht die Entscheidung, wer bedacht werden soll und wer nicht, zu überlassen. Dies

---

40 Ein Vordruck für eine Schiedsvereinbarung nach den Regeln der DSE ist abrufbar unter: http://www.dse-erbrecht.de/PDF/Schiedsvereinbarung.pdf.
41 BayObLGZ 56, 186 (189); siehe auch Dawirs, 56 mwN.
42 Zöller/Geimer ZPO vor § 1025 Rn. 1; Dawirs, 58.
43 OLG Karlsruhe ZEV 2009, 446, unterstützt von Dawirs, 68 und Harder, 146; aA Muscheler ZEV 2009, 317 ff.
44 Vgl. Dawirs, 46, der die verschiedenen Begründungen darlegt.

wäre ein klarer Verstoß gegen § 2065 Abs. 1 BGB. Hingegen ist kein Verstoß gegen das Drittbestimmungsverbot anzunehmen, wenn das Schiedsgericht nach klaren Vorgaben des Erblassers feststellt, wer Erbe geworden ist.[45]

2. Gültigkeit und Anfechtung letztwilliger Verfügungen. Der Erblasser darf dem Schiedsgericht die Zuständigkeit zur Entscheidung über die Wirksamkeit der Anfechtung einer letztwilligen Verfügung geben.[46] Für die Entgegennahme der Anfechtungserklärung ist jedoch ausschließlich das Nachlassgericht zuständig, vgl. §§ 2081 Abs. 1, 2018 Abs. 2 BGB. Daher hat sich die Entscheidung des Schiedsgerichts nur auf die Begründetheit der Anfechtung zu beschränken. Der Folgestreit ist vor dem Prozessgericht – staatlich oder privat – auszutragen.

3. Auslegung letztwilliger Verfügungen. Dem Schiedsgericht darf auch die Aufgabe übertragen werden, eine letztwillige Verfügung des Erblassers auszulegen und den wirklichen Willen des Erblassers zu ermitteln.[47] Es handelt sich um ein in der Praxis sehr weitgehendes Betätigungsfeld für Schiedsgerichte. Auch eine ergänzende Auslegung des letzten Willens ist nach den allgemeinen Auslegungsgrundsätzen möglich, nicht aber die Ergänzung des Willens selbst. Die Entscheidungsmacht eines jeden Gerichts endet an der – im Einzelfall zuweilen ungenauen – Grenze des Drittbestimmungsverbots gem. § 2065 BGB.

4. Auseinandersetzung des Nachlasses. Nach einhelliger Meinung[48] darf vor dem Schiedsgericht auch die Auseinandersetzung des Nachlasses verhandelt werden. In der Praxis sind Erbteilungsklagen vor staatlichen Gerichten mit erheblichen Hürden verbunden, insbesondere unterliegen viele dieser Klagen der Abweisung mangels Teilungsreife. Oft geht der Erbteilungsklage, die fast immer im Vergleich endet, eine Reihe von Feststellungsklagen und/oder Teilungsversteigerungen voraus.

Der Erblasser hat durch eine entsprechende Gestaltung der letztwilligen Schiedsanordnung Möglichkeiten, streitenden Erben die Auseinandersetzung des Nachlasses zu erleichtern. Besonders die in § 1051 Abs. 3 ZPO vorgesehene Ermächtigung des Schiedsgerichts nach Billigkeit zu entscheiden, kann schnelle und sachgerechte Lösungen befördern.

5. Pflichtteilsansprüche. Mit großer Leidenschaft wurde über Jahrzehnte die Schiedsfähigkeit von Pflichtteils- und Pflichtteilsergänzungsansprüchen diskutiert. Der Streit[49] um die letztwillig angeordnete Schiedsgerichtsbarkeit zur Durchsetzung des Erbersatzanspruchs wurde allein im Schrifttum ausgetragen, was insofern verwunderlich war, als Streitigkeiten um den Pflichtteil relativ häufig bei Gericht ausgetragen werden.

Nach einigen unterinstanzlichen Urteilen[50] hat der BGH[51] nun in einer grundlegenden Entscheidung für Recht erkannt, dass der Pflichtteilsanspruch nicht einseitig durch letztwillige Verfügung der Schiedsgerichtsbarkeit unterworfen werden kann. Es fehle an der entsprechenden Dispositionsbefugnis des Erblassers, weil die Grenzen des materiellen Rechts nicht durch das Aufzwingen des Schiedsgerichts aufgeweicht werden dürften. Der Erblasser könne dem Schiedsgericht nicht mehr Macht einräumen als er selbst besitze.[52] Die Entscheidung des BGH ist bedauerlich, stellt sie doch eine unnötige Einschränkung der Testierfreiheit dar. Die Auffassung, der Pflichtteilsberechtigte werde durch ein Schiedsverfahren benachteiligt, erscheint spätestens seit der 1998 geschaffenen Gleichwertigkeit der Schiedsgerichtsbarkeit mit dem staatlichen Gerichtsverfahren überholt. Das Schiedsverfahren ist weder eine Auflage, noch ein rechtliches Minus, mit dem der Erblasser das Pflichtteilsrecht einschränken kann. Im Gegenteil: der Erbe, der die Zahlung eines berechtigten Pflichtteils hinauszögert, muss befürchten, dass der

---

45 OLG Celle NJW 1958, 953.
46 Vgl. Schiffer Rn. 676 mwN.
47 Vgl. Schulze MDR 2000, 317; Schiffer Rn. 666.
48 BGH NJW 1959, 1493.
49 Eine vorzügliche Übersicht über den aktuellen Meinungsstand bietet Dawirs, 98 ff.
50 ZB LG Heidelberg ErbR 2014, 400; OLG München ErbR 2016, 514.
51 BGH NJW 2017, 2115.
52 Zustimmend Wendt ErbR 2017, 470 ff.

Pflichtteilsberechtigte in einem Schiedsverfahren „kurzen Prozess" mit ihm macht. Die fehlende Anwaltspflicht und das einzügige Verfahren sind ein niederschwelliges Angebot.

69 Nicht zuletzt Praktikabilitätsgründe sprechen für die Einbeziehung von Pflichtteilsstreitigkeiten in das Schiedsverfahren, da zB in den Fällen des § 2318 BGB (Vermächtnisse und Auflagen) und § 2316 BGB (Ausgleichung) Fragen eine Rolle spielen, die eindeutig der Schiedsgerichtsbarkeit zugewiesen sind. In der Praxis wird man entweder mit einer Spaltung des Rechtsweges (und der damit verbundenen Gefahr widersprüchlicher Entscheidungen) leben müssen, oder aber versuchen, mit dem Pflichtteilsberechtigten zusätzlich eine Schiedsvereinbarung zu treffen.

70 **6. Streitigkeiten mit dem Testamentsvollstrecker.** Der Erblasser kann Testamentsvollstreckung anordnen, um die Verwaltung und Verteilung des Nachlassvermögens zu regeln. Kommt es hier zu Streitigkeiten zwischen Erben oder Vermächtnisnehmern einerseits und dem Testamentsvollstrecker andererseits (zB über die Frage der Höhe seiner Vergütung), handelt es sich folglich um vermögensrechtliche Ansprüche, die gemäß § 1030 Abs. 1 Satz 1 ZPO der Schiedsgerichtsbarkeit unterliegen.[53]

71 Auch wenn es Streit um die Berufung des Testamentsvollstreckers gibt, ist das Schiedsgericht anzurufen, um den Streit zwischen mehreren potenziellen Testamentsvollstreckern auszutragen.

72 Lange umstritten war die Frage, ob auch die Entlassung des Testamentsvollstreckers durch eine einseitige Anordnung der Schiedsgerichtsbarkeit zugewiesen sein kann. Nach einer ablehnenden Entscheidung des OLG Karlsruhe[54] kritisierte ein Teil der Literatur dies mit der Begründung, die Entlassung des Testamentsvollstreckers sei eine echte Streitsache der freiwilligen Gerichtsbarkeit, die auch ein Prozessgericht entscheiden könne.[55]

72.1 In einer vieldiskutierten Entscheidung hat der BGH[56] klargestellt, dass solche Streitigkeiten nicht einseitig in einer letztwilligen Verfügung dem Schiedsgericht unter Ausschluss des staatlichen Gerichts zugewiesen werden dürfen. Begründet wird dies mit der fehlenden materiellen Verfügungsbefugnis des Erblassers. Wenngleich die Entlassung des Testamentsvollstreckers gem. § 2227 BGB in § 2220 BGB nicht genannt sei, finde die Vorschrift entsprechende Anwendung, weil es nach dem Willen des Gesetzgebers nicht zulässig sei, dass ein Erblasser den Erben mit gebundenen Händen dem ausgedehnten Machtbereich des Testamentsvollstreckers ausliefert.[57] Das sei nur durch die Macht der staatlichen Gerichte zu erreichen; die Gleichwertigkeit der Schiedsgerichte vermag der BGH hier nicht anzuerkennen. Wie bei der Frage der Schiedsfähigkeit von Pflichtteilsansprüchen gilt auch hier: Roma locuta, causa finita.

72.2 Ein Schiedsverfahren, dessen Gegenstand die Beendigung des Amtes des Testamentsvollstreckers ist, ist gleichwohl möglich, aber nur als Schiedsvereinbarung zwischen den Erben und dem Testamentsvollstrecker.[58] Wer als Erblasser auch in dieser Frage nicht auf die Vorzüge eines Schiedsgerichts verzichten will, hat die Möglichkeit, seine Erben mit der Auflage zu belegen, mit dem Testamentsvollstrecker eine Schiedsvereinbarung des Inhalts zu treffen, dass Entlassungsgründe vor einem Schiedsgericht verhandelt werden und im Falle einer Verurteilung der Testamentsvollstrecker verpflichtet ist, gegenüber dem Nachlassgericht sein Amt aufzugeben.[59]

II. Ablauf des Schiedsverfahrens

73 Die Gleichwertigkeit mit dem Verfahren vor den ordentlichen Gerichten bedingt, dass ein Schiedsverfahren im Wesentlichen so durchgeführt wird wie ein Klageverfahren erster Instanz vor einem staatlichen Gericht. Teilweise gelten Besonderheiten, auf die nachfolgend einzugehen

---

53 BayOLGZ 1953, 357.
54 NJW 2010, 688 ff.
55 Vgl. Muscheler ZEV 2009, 317 (318 f.).
56 NJW 2017, 2112.
57 Grundlegend hierzu RGZ 133, 128 (135).
58 So auch Dawirs, 68.
59 In diesem Sinne Harder, 146 mwN.

ist. Die häufige Verwendung der DSE-Schiedsklausel lässt es sinnvoll erscheinen, in diesem Rahmen zusätzlich auf spezielle Regelungen die Schiedsordnung DSE (SO-DSE)[60] einzugehen.

1. Verfahrensgrundsätze. a) Parteiherrschaft. Bei dem Schiedsverfahren bestimmen grundsätzlich die Parteien den Gang des Verfahrens (§ 1042 Abs. 3 ZPO). Ihre Regelungsbefugnis ist durch einige Normen der ZPO und internationale Verträge begrenzt.[61] Zum einen haben die Parteien einen Anspruch auf rechtliches Gehör (§ 1042 Abs. 1 S. 2 ZPO; Art. 103 Abs. 1 GG) und zum anderen muss eine überparteiliche Rechtspflege durch das Schiedsgericht gewährleistet sein, da die Parteien gleich zu behandeln sind (§ 1042 Abs. 1 S. 1 ZPO). Innerhalb dieses Bereiches sind die Parteien frei und können das Schiedsverfahren frei gestalten. Hierzu gehören insbesondere das anwendbare materielle Recht, die Verfahrensmaximen, Art und Umfang der Beweisaufnahme, Fristen- und Formregelungen für schiedsrichterliche Entscheidungen und Durchführungen von Zustellungen.

All diese Regelungen können die Parteien in vielfacher Art und Weise treffen. So können Bestimmungen im Laufe des Schiedsverfahrens von den Parteien selber vereinbart werden. Auch können die Parteien vor Verfahrensbeginn einen Schiedsvertrag aushandeln. Falls die Parteien von ihrer Parteiherrschaft keinen Gebrauch machen, so kann das Schiedsgericht nach seinem Ermessen den Gang des Verfahrens vorgeben (§ 1042 Abs. 4 S. 1 ZPO).

In Erbsachen wird hingegen vorzugsweise ein institutionelles Schiedsgericht vereinbart, so dass die entsprechende Schiedsordnung der jeweilgen Institution Anwendung findet, so werden die Besonderheiten erbrechtlicher Streitigkeiten besser berücksichtigt, zumal die ein branchenspezifisches Schiedsgericht wie die DSE über langjährige Erfahrungen in diesem Bereich verfügt.

b) Prozessförderungspflicht. Um das Verfahren in Gang zu bringen und es zu fördern, sind die Parteien verpflichtet, Gebühren, Honorare, Auslagen und Vorschüsse fristgerecht an das Schiedsgericht zu zahlen. Diese Verpflichtung ergibt sich unmittelbar aus der Schiedsvereinbarung zwischen den Parteien.[62] Im Speziellen folgt dies auch aus § 3 Abs. 2 bis 4 SO-DSE, nach der die Schiedsklageschrift erst nach Zahlung der Gebühren an die DSE an den Beklagten zugestellt wird – wie bei einem Prozess vor einem staatlichen Gericht.

Die Zahlungspflicht ist aber nur ein Ausdruck der allgemeinen Pflicht der Parteien, das Verfahren zu fördern. So umfasst diese allgemeine Förderungspflicht auch, am Verfahren im Rahmen der aufgestellten Regeln mitzuwirken und wahrheitsgemäß vorzutragen.

c) Nichtöffentlichkeit. Das Schiedsverfahren ist im Gegensatz zum ordentlichen Verfahren nur parteiöffentlich. Berechtigt an der mündlichen Verhandlung teilzunehmen sind zunächst die Parteien persönlich, deren Rechtsanwälte und der bzw. die Schiedsrichter. Sofern weitere Personen, wie Sachbearbeiter oder andere Hilfspersonen teilnehmen, entscheidet das Schiedsgericht im Falle des Widerspruches einer Partei über deren Teilnahme. Familieninterna, die erbrechtliche Konflikte bedingen, können so nicht nach außen gelangen. Die Schweigepflicht der Schiedsrichter ergibt sich aus § 15 SO-DSE.

2. Klageerhebung. a) Form und Inhalt. Notwendige Voraussetzung eines Schiedsspruches ist die Schiedsklage. Der Kläger muß die Klage „einreichen" (§ 1048 Abs. 1 ZPO, § 2 SO-DSE). Bezüglich des Inhaltes der Klage hat der Kläger seinen Anspruch und die Tatsachen, auf die er sich stützt, darzulegen (§ 1046 Abs. 1 S. 1 ZPO). In der Klageschrift sind daher die Parteien, das Gericht, die bestimmte Angabe des Gegenstandes und des Grundes des erhobenen Anspruches aufzuführen und natürlich ein bestimmter Antrag enthalten (entsprechend § 253 Abs. 2 ZPO). Ist das Gericht gem. § 2051 Abs. 3 ZPO zur Entscheidung nach Billigkeit ermächtigt,

---

60 Vollständig abgedruckt in Teil D am Ende dieser Kommentierung.
61 Vgl. Schütze/Thümmel Rn. 153.
62 Vgl. Schütze/Thümmel Rn. 155.

reicht ein Antrag aus, eben dies zu tun.[63] In einer Erbteilungsklage muss im Antrag nur der Nachlassbestand enthalten sein.

81 **b) Zustellung.** Im Gegensatz zum Verfahren vor den staatlichen Gerichten bedarf es im Schiedsverfahren nicht der förmlichen Zustellung (vgl. § 1054 Abs. 4 ZPO). Der Nachweis des Zuganges kann auch anderweitig gewährleistet werden (vgl. § 2 Abs. 3 SO-DSE). Dies ist insbesondere dann von Vorteil, wenn eine Partei im Ausland wohnt.

82 **c) Bildung des Schiedsgerichtes.** Mit der Besetzung des Schiedsgerichts steht und fällt der Erfolg des Schiedsverfahrens. Daher ist auf die Bildung des Schiedsgerichts durch Auswahl der Schiedsrichter größte Sorgfalt zu legen.

83 Grundsätzlich kann jede Person zum Schiedsrichter bestellt werden.[64] Allerdings gibt es Einschränkungen. Ist beispielsweise ein Erblasser bei der Errichtung seiner Verfügung von Todes wegen von einem Anwalt oder Notar beraten worden, dann kann die Ernennung eines vorbefassten Beraters zum Schiedsrichter nicht erfolgen. Für den Rechtsanwalt ergeben sich Konsequenzen aus § 45 Abs. 2 Nr. 2 BRAO und für den Notar ergibt sich aus § 3 Abs. 1 Nr. 1 BeurkG ein Verbot.[65]

84 Auch kann die Personalunion von Schiedsrichter und Testamentsvollstrecker zu einer Interessenkollision führen. Dies ist vor allem dann der Fall, wenn der Testamentsvollstrecker selbst Partei ist. Hier gilt der allgemeine Grundsatz, dass niemand Richter in eigener Sache sein darf. Dies ist insbesondere bei Streitigkeiten über die Rechtsfortwirkung des Testamentes, von dessen Bestand auch eine Bestellung des Testamentsvollstreckers abhängt und bei Streitigkeiten über die Auslegung des Testamentes, soweit diese das Amt und die Aufgaben des Testamentsvollstreckers selbst betrifft der Fall. Aber auch bei von dem Testamentsvollstrecker geführten Aktiv- und Passivprozessen (§§ 2212, 2213 BGB) und bei Streitigkeiten über den von ihm nach § 2204 BGB vorgelegten Auseinandersetzungsplan ist eine Personalunion von Schiedsrichter und Testamentsvollstrecker unmöglich. Im Grundsatz ist es aber zulässig[66] und sinnvoll, den Testamentsvollstrecker auch zum Schiedsrichter zu bestellen, soweit er nicht selbst betroffen ist.

85 Vor dem Hintergrund der möglichen Befangenheit ist es grundsätzlich nicht ratsam, in einer testamentarischen Schiedsgerichtsanordnung einen Miterben zum Schiedsrichter zu benennen. Es ist in allen Fällen sinnvoll, einen Ersatzschiedsrichter benennen, wenn die Auswahl nicht ohnehin einem Dritten übertragen wurde.

86 So sieht die Schiedsordnung vor, dass der Vorstand der DSE den oder die Schiedsrichter für das Verfahren ernennt. Diese Schiedsrichter werden auf einer Liste geführt und vom DSE-Vorstand nach pflichtgemäßem Ermessen ernannt (§§ 4f. SO-DSE). Neben der besonderen erbrechtlichen Kompetenz der Schiedsrichter,[67] die mit der Verfahrensordnung der DSE vertraut sind, ist dadurch eine absolute Neutralität der Schiedsrichter gewährleistet. Dies sorgt für ein höheres Vertrauen der Parteien auf ein faires Verfahren. Je stärker das Schiedsgericht akzeptiert wird, desto größer ist die Akzeptanz durch die Parteien dem Gericht gegenüber und damit auch die Chance auf eine für alle befriedigende Streitbeilegung, eventuell auch durch einen Vergleich. Es ist auch möglich, dass sich die Parteien auf einen oder mehrere Schiedsrichter einigen, die nicht auf der Liste der DSE stehen. Daran ist der Vorstand der DSE gebunden (§ 5 Abs. 2 SO-DSE), so dass eine Einflussnahme des Vorstandes insoweit ausgeschlossen ist.

---

63 Vgl. Zöller/Geimer ZPO § 1051 Rn. 6.
64 Wie auch jede Person zum Testamentsvollstrecker bestimmt werden kann, womit sich manchmal der Satz bewahrheitet, dass der letzte Wille nicht immer auf den besten Ideen beruht.
65 Vgl. Harder, 166 ff.
66 BGHZ 41, 23 ff.

67 Die DSE ist die einzige Institution, die Schiedsrichter im Erbrecht aus- und fortbildet. Neben der vorausgesetzten fachlichen Kompetenz sind Schiedsrichter der DSE auch in Verfahrensfragen und der ausgewogenen Verhandlungsführung besonders geschult.

Im Übrigen sind die Schiedsparteien dadurch geschützt, dass ein Schiedsrichter wegen der Besorgnis der Befangenheit abgelehnt werden kann und insoweit §§ 41, 42, 43, 48 ZPO entsprechend gelten (§ 6 SO-DSE). Die drastische Folge einer zuunrecht verweigerten Ablehnung eines Richters besteht darin, dass ein Schiedsspruch gem. § 1059 Abs. 2 Nr. 1 lit. d ZPO aufgehoben werden kann.

Sofern die Parteien sich weder auf eine institutionelle Schiedsgerichtsbarkeit noch auf einen Schiedsrichter geeinigt haben, sieht das Gesetz ein sog. Dreierschiedsgericht vor: nach Eröffnung des Schiedsverfahrens ernennt jede Partei einen Schiedsrichter. Diese beiden Schiedsrichter einigen sich sodann auf einen dritten Schiedsrichter (§§ 1034 ff. ZPO).

3. Schriftliches Vorverfahren. Nachdem die Gebühren bezahlt sind, wird das Schiedsgericht im Regelfall ist ein schriftliches Vorverfahren anordnen, um den Sach- und Streitstand auszutauschen. Das Schiedsgericht fordert entsprechend § 273 ZPO die Parteien zu Erklärungen, Stellungnahmen, Beweisantritten, Vorlage von Urkunden auf, vgl. § 8 Abs. 6 SO-DSE. Dabei wird das Gericht auch schon Hinweise geben und verfahrensleitende Verfügungen treffen, damit das Verfahren zügig betrieben wird.

4. Mündliche Verhandlung. In aller Regel findet im Laufe des Schiedsverfahrens eine mündliche Verhandlung statt. Hiervon geht auch die Schiedsordnung der DSE aus, jedoch können die Parteien eine hiervon abweichende Vereinbarung treffen, § 8 Abs. 7 SO-DSE. Diese bietet zahlreiche Vorteile gegenüber einem rein schriftlichen Verfahren. Der Aufklärungswert ist meist höher, weil Argumente ausgetauscht und Mißverständnisse aus dem Weg geräumt werden können. Die Chancen der Parteien, eine gütliche Einigung oder Beilegung des Streites zu erreichen, erhöhen sich deutlich. Zumindest aber wird das Vertrauen der Parteien zum Schiedsgericht und so auch deren Akzeptanz gefördert. Die Parteien fühlen sich, wenn sich alle Beteiligten an einem Ort versammeln und austauschen, besser verstanden, als wenn sie nur einen Schiedsspruch erhalten ohne den Verfasser je gesehen zu haben. Somit sollte von einer mündlichen Verhandlung nur dann abgesehen werden, wenn alle Fragen, die den Sachverhalt und die Motivationen der Parteien betreffen, geklärt sind.

a) Ort des Verfahrens. Den Ort des Verfahrens bestimmen grundsätzlich die Parteien.[68] Treffen sie keine Wahl, entscheidet das Schiedsgericht, wo das Verfahren geführt wird, vgl. § 8 Abs. 5 SO-DSE.

Auch hier erweist sich das Schiedsverfahren als flexible Alternative zum staatlichen Gericht, wo bei Streitigkeiten meist der Wohnort des Beklagten (oder der des Erblassers) den Gerichtsstand mehr oder weniger zufällig bestimmt. Die Verhandlung findet auch nicht in der meist wenig ansprechenden Atmosphäre eines Gerichtssaals statt, sondern in einem privaten Besprechungsraum, zB in einer DSE-Geschäftsstelle, den Räumen des Schiedsrichters oder im Tagungsraum eines Hotels.

b) Schlichtungsversuch. Es ist Ziel jedes Schiedsverfahrens, zwischen den Parteien Einigkeit und letztlich auch Rechtsfrieden herzustellen. Die DSE fördert dieses Ziel, indem § 10 Abs. 1 SO-DSE dies ausdrücklich vorschreibt. Zudem ist klargestellt, dass ein Schiedsvergleich dieselbe Wirkung entfaltet wie ein Schiedsspruch, § 10 Abs. 2 SO-DSE.

Gerade aufgrund der speziellen Gegebenheiten im Schiedsverfahren, wie der Parteiöffentlichkeit, der Professionalität der Schiedsrichter und der hohen Flexibilität des Verfahrens kommt es häufig zu Einigungen während des Verfahrens, mit denen sich ein mit Mehrkosten verbundener Schiedsspruch erübrigt. Zuvor wird das Schiedsgericht aber den Sachverhalt weitestmöglich klären und nicht der Unsitte folgen, unreflektierte Vergleichsvorschläge („50:50") zur Arbeitsersparnis zu unterbreiten.

---

68 Hierzu ausführlich Schütze/Thümmel Rn. 160 ff.

95 Das Schiedsverfahren endet dann regelmäßig, indem sich die Parteien in Form eines Schiedsspruches mit vereinbartem Inhalt vergleichen, dem sogenannten Schiedsvergleich § 1053 ZPO.[69] Auf Antrag der Parteien hält das Schiedsgericht den Vergleich in der Form eines Schiedsspruches mit vereinbartem Inhalt fest, vgl. § 10 Abs. 2 SO-DSE.

96 **c) Bindung an materielles Recht oder Entscheidung nach Billigkeit.** Die Bestimmung des anwendbaren Rechts hat im Schiedsverfahren eine größere Bedeutung für die Rechtsfindung als im Verfahren vor den staatlichen Gerichten. Auch hier herrscht der Vorrang der Privatautonomie. Das Gericht hat die Streitigkeit in Übereinstimmung mit den Rechtsvorschriften zu klären, die von den Parteien als auf den Inhalt des Rechtsstreites anwendbar erklärt wurden (§ 1051 Abs. 1 S. 1 ZPO).

97 Eine Besonderheit des Schiedsverfahrens besteht darin, dass das Schiedsgericht auch nach Billigkeit entscheiden kann (§ 1053 Abs. 3 ZPO). Gerade bei Erbteilungsverfahren kann dies eine interessante Alternative zur ansonsten unumgänglichen Versteigerung von Immobilien und beweglicher Habe zur Herstellung der Teilungsreife darstellen.

98 Wenn die Parteien das Schiedsgericht hierzu ermächtigen, lässt das Schiedsgericht geltendes materielles Recht außen vor und entscheidet, welche Lösung im Einzelfall für alle Parteien die beste ist. Die Schiedsordnung der DSE verweist in § 8 Abs. 1 SO-DSE ausdrücklich auf diese Möglichkeit.

99 Auch der Erblasser kann letztwillig anordnen, dass in Streitfällen das Schiedsgericht nach Billigkeit zu entscheiden hat. Das Gericht wird dann allerdings die Grenzen des § 2065 BGB, wonach nur der Erblasser und nicht Dritte über die Person des Erben entscheiden dürfen, zu beachten haben.[70]

100 **d) Beweisaufnahme.** Die Lösung von Erbstreitigkeiten liegt im meist „im Fall" und nicht im Recht. Die genaue Sachverhaltsermittlung ist daher auch in einem Schiedsverfahren geboten. Dazu stehen die gleichen Beweismittel wie in einem Zivilprozess vor einem staatlichen Gericht zur Verfügung. Liegt keine abweichende Vereinbarung der Schiedsparteien vor, entscheidet das Schiedsgericht über die Zulässigkeit einer Beweiserhebung durch Beschluss, führt sie durch und würdigt das Ergebnis (§ 1042 Abs. 4 ZPO). Zuvor erhalten die Parteien rechtliches Gehör.

101 Zu beachten ist, dass das Schiedsgericht über keine Zwangsmittel verfügt und so auf die Hilfe der staatlichen Gerichte angewiesen ist (§ 1050 ZPO), wenn zB ein Zeuge nicht freiwillig bei Gericht erscheint. Bei der Durchführung der Beweisaufnahme ist grundsätzlich Parteiöffentlichkeit zu wahren, damit sachdienliche Fragen gestellt und Hinweise gegeben werden können. Wie auch im Zivilprozess, existieren im Schiedsverfahren die Beweismittel Sachverständiger, Augenschein, Parteivernehmung, Urkunde, Zeuge und amtliche Auskunft. Es dürfen nur zulässige Beweismittel in die Beweiserhebung und seine Entscheidung einbezogen werden.

102 Das Schiedsgericht kann einen Sachverständigen zur Klärung eines bestimmten Komplexes bestellen (§ 1049 Abs. 1 ZPO), was gerade bei den im Erbrecht typischen Bewertungsfragen häufig der Fall ist. Grundsätzlich ergeben sich hier keine Unterschiede zum Sachverständigenbeweis vor dem staatlichen Gericht. Insbesondere kann auch der Sachverständige wegen Befangenheit abgelehnt werden, wenn er in derselben Angelegenheit schon ein Gutachten für eine der Schiedsparteien erstellt hat (§ 1049 Abs. 3 ZPO). Andererseits können auch die Parteien die Möglichkeit, eigene Sachverständige zu benennen.[71]

---

69 Formulierungsbeispiel: GForm-ZPO/Eberl/Eberl ZPO § 1053 Rn. 7.

70 Die Grenzen, in denen eine Entscheidung nach Billigkeit getroffen werden kann, beleuchtet eingehend Harder, 82 ff.

71 Vgl. hierzu Dawirs, 185 ff.

Zum Mitwirken der Parteien sind diese nach § 8 Abs. 6 SO-DSE verpflichtet. So haben die Schiedsparteien dem Sachverständigen alle notwendigen Schriftstücke, Urkunden, Unterlagen und sonstige Sachen vorzulegen und auch bei Immobilien freien Zugang zu gewähren.

Neben dem Beweismittel des Sachverständigen kann im Schiedsverfahren auch der Beweis durch Augenschein Bedeutung erlangen. Der Schiedsrichter kann sich also auch selbst einen Streitgegenstand oder ein Beweisstück ansehen, notfalls auch vor Ort.

Weiter ist auch eine Parteivernehmung zulässig. Zum einen kann sie von der anderen Partei beantragt und im Einverständnis durchgeführt werden, zum anderen ist es auch möglich, dass das Schiedsgericht in Fällen diese auch ohne Beweisnot gem. § 448 ZPO vornimmt. Dies beruht auf der großen Freiheit des schiedsgerichtlichen Verfahrens (§ 1042 Abs. 4 S. 2 ZPO).

Der Beweis durch Urkunden, dem zuverlässigsten Beweismittel, geschieht wie auch vor den staatlichen Gerichten durch Vorlage. Das Schiedsgericht kann den Parteien die Vorlage aufgeben und diese auch von Dritten anfordern. Zwangsmittel hat das Schiedsgericht wieder nicht und ist so auf die Hilfe der staatlichen Gerichte angewiesen.

Gleiches gilt auch für den Zeugenbeweis. Hier ist das Schiedsgericht auf das freiwillige Erscheinen und Aussagen des Zeugen angewiesen. In der Praxis aber stellt die beweisbelastete Partei „ihren" Zeugen. Wichtig ist, dass ein Zeuge vor dem Schiedsgericht seine Aussage grundlos verweigern kann. Somit sind hier im Gegensatz zum staatlichen Gericht die gesetzlichen Zeugnisverweigerungsrechte ohne Bedeutung. Folglich ist der Zeuge nur darüber zu belehren, dass er nicht zur Aussage gezwungen ist, zumindest vor dem Schiedsgericht. Aussageunwillige, aber wichtige Zeugen kann man aber gem. § 1050 ZPO mit „Amtshilfe" des staatlichen Gerichts vor mit allen Zwangsmitteln zur Aussage bewegen.

e) Klageänderung. Generell muss zwischen der objektiven Änderung der Klage, der Angriffs- und Verteidigungsmittel betrifft, und der subjektiven Klageänderung, dem Parteiwechsel, differenziert werden.

Die objektive Klageänderung ist vorbehaltlich anderweitiger Parteivereinbarungen möglich, es sei denn, das Schiedsgericht lässt dies wegen nicht genügend entschuldigter Verspätung nicht zu (§ 1046 Abs. 2 ZPO). Wie auch im staatlichen Verfahren ist eine Klageänderung zulässig, wenn entweder der Beklagte zustimmt oder das Schiedsgericht dies für sachdienlich hält, § 263 ZPO gilt entsprechend. Jedoch muss die Schiedsvereinbarung auch die geänderte Klage umfassen und sich auch die Bestellung des Schiedsgerichtes hierauf erstrecken. Ein Mangel diesbezüglich wird aber geheilt, wenn der Beklagte der Klageänderung zustimmt oder diese nicht rügt.

f) Widerklage. Eine Widerklage ist im Schiedsverfahren immer möglich, sofern das Schiedsgericht auch zuständig ist. Der Gegenstand der Widerklage muss also auch von der Schiedsvereinbarung bzw. der letztwilligen Schiedsklausel erfasst sein. Für die Widerklage ergeben sich gegenüber der Klage in der Hauptsache keine Änderungen (§ 1046 Abs. 3 ZPO). Auch ist die Zustimmung des Schiedsgerichts nicht erforderlich. Denn mit der Übernahme des Schiedsrichteramtes haben die Schiedsrichter die Prüfung und Beurteilung aller Einwendungen und all dessen, was an Vorbringungen durch diesen Anspruch veranlasst wird, übernommen. Anders ist dies, wenn hierdurch eine dritte Partei in das Verfahren einbezogen wird. Dann ist die Zustimmung des Schiedsgerichtes erforderlich, das die Zulässigkeit zu prüfen hat.

g) Fristen. Den Parteien obliegt es, Fristen für Klage, Klageerwiderung und andere Akte verbindlich festzulegen. Geschieht dies nicht, erfolgt die Fristsetzung durch das Schiedsgericht (§ 1046 Abs. 1 ZPO). So sieht es auch die Schiedsordnung der DSE vor, die es dem Schiedsgericht überlässt angemessene Fristen festzusetzen und einen Zeitplan für das Schiedsverfahren aufzustellen (§ 8 Abs. 6 SO-DSE).

h) Vorläufiger Rechtsschutz. Soweit die Parteien nichts anderes vereinbart haben, hat das Schiedsgericht das Recht, auf Antrag einer Partei vorläufige oder sichernde Maßnahmen anzuordnen und von jeder Schiedspartei im Zusammenhang mit einer solchen Maßnahme ausreichende Sicherheiten zu verlangen (§ 1041 ZPO). Da die Schiedsgerichte nicht zur Abnahme eines Eides befugt sind, kommt ihnen gegenüber auch keine eidesstattliche Versicherung als Mittel der Glaubhaftmachung in Frage. Dies ist ein Nachteil gegenüber den staatlichen Gerichten. Ansonsten aber besteht kein Unterschied zu den Erfordernissen für den Erlass von Arresten und einstweiligen Verfügungen. Somit stehen staatliche Gerichte und Schiedsgerichte parallel nebeneinander. Der praktische Vorrang staatlicher Gerichte besteht aber darin, dass diese jederzeit erreichbar sind und so schneller auf dringliche Situationen reagieren können. Ein weiterer Grund besteht darin, dass eine Vollziehung dann nicht zuzulassen ist, wenn eine entsprechende Maßnahme schon bei einem staatlichen Gericht beantragt worden ist (§ 1041 Abs. 2 ZPO). Zudem ist das Schiedsgericht, falls die Partei die Entscheidung des Gerichts bezüglich des vorläufigen Rechtsschutzes nicht befolgt, auf die Vollziehungsanordnung des staatlichen Gerichtes angewiesen. Die Parteien können in der Schiedsvereinbarung festlegen, dass allein das Schiedsgericht, nur das staatliche Gericht oder aber beide Gerichte parallel zum Erlass einstweiliger Maßnahmen befugt sind. Die Schiedsordnung der DSE lässt es den Parteien offen, an welche Gerichtsbarkeit sie sich wenden (§ 9 Abs. 3 SO-DSE). Das hat den Vorteil, dass es den Parteien obliegt, je nach Interessenlage das staatliche oder aber das Schiedsgericht zu bemühen. Für das staatliche Gericht spricht der Zeitfaktor und die Effizienz, wohingegen das Schiedsgericht mit dem Sachverhalt und den Parteiinteressen vertraut ist und so eine bessere und meistens auch schnelle Entscheidung fällen kann.

113 **i) Verfahrenssprache.** Anders als im staatlichen Verfahren, in dem die Gerichtssprache deutsch ist (§ 184 GVG), können die Schiedsparteien selbstständig über die Verfahrenssprache entscheiden (§ 1045 Abs. 1 1 ZPO). Unterbleibt dies, so bestimmt hierüber das Schiedsgericht. Hierbei hat es den Willen der Parteien zu erforschen und zu berücksichtigen. Institutionelle Schiedsgerichte legen die Verfahrenssprache oftmals in der Schiedsordnung fest, so auch § 8 Abs. 4 SO-DSE. Falls ein Dolmetscher erforderlich ist, wird dieser durch die Geschäftsführung der DSE gestellt. Die Kosten gelten als Auslagen und werden von den Parteien getragen.

114 **j) Säumnis.** Bei einer Klage vor dem staatlichen Gericht kommt es bei Säumnis einer Partei zum Erlass eines Versäumnisurteils nach den §§ 330 ff. ZPO. Wer nicht rechtzeitig innerhalb der kurzen gesetzlichen Fristen reagiert, kann den Prozess schon allein deshalb verlieren.

115 Im Schiedsverfahren tritt hingegen diese Folge nicht automatisch ein. Wenn der Beklagte nicht fristgemäß auf die Schiedsklage erwidert, führt das Schiedsgericht das Verfahren fort, ohne die Säumnis als Eingeständnis des Beklagten zu werten (§ 1048 Abs. 2 ZPO). Ebenso setzt das Schiedsgericht das Verfahren fort, wenn eine Partei nicht zur mündlichen Verhandlung erscheint oder ein Beweisstück nicht vorlegt. Das Schiedsgericht kann auf Basis der bis dahin vorliegenden Erkenntnisse einen Schiedsspruch erlassen (§ 1048 Abs. 3 ZPO). Auch hier ist es, wie in allen Fällen der Säumnis im Schiedsverfahren, möglich, bei genügender Entschuldigung die Säumnis zu vermeiden (§ 1048 Abs. 4 ZPO).

116 Die Schiedsordnung der DSE macht den Beginn des Verfahrens übrigens von der Zahlung von Schiedsrichtergebühren, deren Höhe sich nach der Gebührentabelle des DSE richtet, abhängig (§ 3 Abs. 4 SO-DSE). Dies soll die Zahlung der Gebühren garantieren und verhindern, dass es im Anschluss an das Verfahren Zahlungsprobleme der Beteiligten gibt. Es ist auch möglich, dass der Beklagte die Gebühren zahlt, wenn er an der Schiedsentscheidung Interesse hat (§ 3 Abs. 4 u. 5 SO-DSE). Diese Zahlung hat innerhalb einer zweiwöchigen Frist zu erfolgen (§ 3 Abs. 3 SO-DSE). Falls jedoch keine Partei die Gebühren erbringt, so wird das Verfahren nicht eröffnet und die klagende Partei hat eine Gebühr für die bis dahin geleistete Arbeit des Schiedsgerichtes zu entrichten (§ 3 Abs. 4 SO-DSE).

117 **5. Beendigung des Verfahrens durch Schiedsspruch oder Vergleich. a) Allgemein.** Für das Schiedsverfahren gilt wie für jeden Rechtsstreit, dass nicht immer streitig entschieden werden

muss. Wenn nicht zuvor die Klage zurückgenommen oder übereinstimmend für erledigt erklärt wurde, wird in über 70 % der Verfahren ein Vergleich geschlossen. Die hohe Vergleichsquote hängt auch damit zusammen, dass die Schiedsrichter nicht nur wegen der fehlenden Rechtsmittelinstanz, sondern vor allem aufgrund ihrer intensiven Befassung mit der Sache und ihrer Fachkompetenz den Boden für eine Einigung bereiten. Die meisten vereinbarten Schiedsverfahren werden mit der offenen Ansage geführt, dass man sich einigen will. Der Schiedsspruch, den das Gesetz als Regelfall vorsieht, ist statistisch gesehen die Ausnahme.

b) **Schiedsspruch.** Kommt es vor Abschluss der mündlichen Verhandlung nicht zu einer Einigung, trifft das Schiedsgericht eine Entscheidung und beendet hierdurch das Verfahren (§ 1056 Abs. 1 ZPO). Der Schiedsspruch gleicht formal einem erstinstanzlichen Urteil mit Rubrum und Tenor, vgl. § 12 Abs. 5 SO-DSE. Bei der Begründung muss das Schiedsgericht den Sachverhalt und die tragenden rechtlichen Gründe darlegen, soweit die Parteien nicht gem. § 1054 Abs. 2 ZPO darauf verzichtet haben. In der Entscheidungsfindung durch Beweiswürdigung ist das Schiedsgericht frei. Es ist also insbesondere nicht an bestimmte Beweisregeln gebunden (§ 1042 Abs. 4 S. 2 ZPO). 118

Der Schiedsspruch enthält auch eine Kostenentscheidung sowie eine Bestimmung des Gegenstandswertes. Das Schiedsgericht kann je nach den Umständen des Falles die Kosten des Verfahrens einer Partei ganz oder teilweise aufgeben bzw. die Kosten gegeneinander aufheben, vgl. § 12 Abs. 6 SO-DSE, § 1057 ZPO. Den Parteien wird über die DSE-Bundesgeschäftsstelle je ein Exemplar des Schiedsspruchs zugestellt, § 12 Abs. 7 SO-DSE. 119

c) **Vergleich.** Haben sich die Parteien geeinigt, reicht es nicht aus, diesen etwa in Form eines Anwaltsvergleichs zu Protokoll zu nehmen. Um die ggf. notwendige Vollstreckbarkeit zu gewährleisten, sieht das Gesetz vor, dass der Vergleich in Form eines Schiedsspruchs (allerdings ohne Begründung) niedergelegt wird als sog. Schiedsspruch mit vereinbartem Wortlaut gem. § 1053 I ZPO. 120

6. Rechtsmittel. Als Rechtsmittel gegen die Entscheidung des staatlichen Gerichtes kommen Berufung und Revision in Betracht. Im Unterschied hierzu sieht das Gesetz im Schiedsverfahren grundsätzlich keinen Instanzenzug vor. Dennoch können die Parteien auch im Schiedsverfahren eine Rechtsmittelinstanz in Form eines Oberschiedsgerichtes vereinbaren. Dies ist eher ungewöhnlich, da hierdurch dem Schiedsverfahren die Vorteile gegenüber dem staatlichen Gericht bezüglich der Kostenvorteile und der Schnelligkeit des Verfahrens genommen würden. 121

Abgesehen von diesem Sonderfall sind in engen Grenzen auch Rechtsmittel gegen einen unrechtmäßigen Schiedsspruch des Schiedsgerichtes möglich.[72] Gegen einen Schiedsspruch kann zum einen ein Antrag auf gerichtliche Aufhebung gestellt werden (§ 1059 ZPO). Demnach hebt das Gericht den Schiedsspruch auf, wenn schwerwiegende Gründe vorliegen. Hierzu zählen zB die Ungültigkeit der Schiedsvereinbarung, fehlendes rechtliches Gehör, fehlende Schiedsfähigkeit des Streitgegenstandes oder dass Fehler bei der Bestellung des Schiedsgerichtes unterlaufen sind. Der Aufhebungsantrag ist an eine Frist von drei Monaten gebunden, die mit dem Tag beginnt, an dem der Antragsteller den Schiedsspruch empfangen hat (§ 1059 Abs. 3 ZPO). 122

Auch hier steht es den Parteien wieder frei, abweichende Regelungen zu treffen. Falls jedoch der Schiedsspruch bereits für vollstreckbar erklärt wurde, kann kein Antrag mehr auf Aufhebung gestellt werden (§ 1059 Abs. 3 S. 4 ZPO). Der Grund liegt in der Rechtssicherheit, da bereits im Vollstreckbarerklärungsverfahren etwaige Aufhebungsgründe vorzutragen wären. Im Falle der Begründetheit des Aufhebungsantrages hebt das Gericht den Schiedsspruch auf und verweist in geeigneten Fällen die Sache an das Schiedsgericht zurück (§ 1059 Abs. 4 ZPO). Dann ergeht eine neue Entscheidung durch das bisherige Schiedsgericht. Das hat den Vorteil, dass das Schiedsgericht bereits mit dem Sachverhalt vertraut ist und die Entscheidung zeitnah 123

---

72 Vgl. Schütze/Thümmel, Rn. 237.

revidieren kann. Allerdings hat die Aufhebung im Zweifel, wenn das Gericht die Sache als ungeeignet zur Zurückweisung ansieht, die Folge, dass die Schiedsvereinbarung wiederauflebt (§ 1059 Abs. 5 ZPO) und das Schiedsgericht in neuer Besetzung entscheiden muss.

124 Zusammenfassend ist festzuhalten, dass ein Rechtsmittel im Schiedsverfahren zwar grundsätzlich nicht vorgesehen ist, die Beteiligten aber „groben Schnitzern" des Schiedsgerichts nicht schutzlos ausgeliefert sind.

125 **7. Vollstreckung von Schiedssprüchen.** Die Gleichwertigkeit des Schiedsverfahrens mit dem staatlichen Verfahren ist nicht zuletzt deswegen gegeben, weil man aus Schiedssprüchen oder Schiedsvergleichen vollstrecken kann. Das Schiedsgericht selbst kann jedoch keine vollstreckbare Ausfertigung erteilen, dies fällt in die Zuständigkeit des Oberlandesgerichts, in dessen Bezirk der Ort des schiedsrichterlichen Verfahrens liegt. Dem Gericht ist der Schiedsspruch im Original oder in beglaubigter Kopie vorzulegen. Das Gericht prüft in erster Linie die Formalien des Schiedsspruchs, eine materielle Rechtmäßigkeitsprüfung findet nur im Hinblick auf etwaige Aufhebungsgründe statt, die Einzelheiten ergeben sich aus §§ 1060 ZPO.

D. Anhang: Schiedsordnung der DSE

Schiedsordnung der Deutschen Schiedsgerichtsbarkeit für Erbstreitigkeiten eV (DSE)

Stand 1. Februar 2010

§ 1 Anwendungsbereich

(1) Diese DSE-Schiedsordnung findet Anwendung auf alle Streitigkeiten, für die sie letztwillig verfügt oder in einer, in der Form des § 1031 ZPO von den Schiedsparteien vorab oder nach Eintritt des Streitfalles getroffenen Schiedsvereinbarung, verabredet worden ist – und dabei insbesondere auf Streitigkeiten, die sich aus und im Zusammenhang mit einer Verfügung von Todes wegen, einer vorweggenommenen Erbfolge, gesellschaftsrechtlichen Nachfolgefragen oder einer Vorsorgevollmacht ergeben.
(2) Es gilt die jeweils zum Zeitpunkt der Verfahrenseröffnung gemäß § 2 Abs: 2 aktuelle Fassung der DSE-Schiedsordnung, es sei denn die Schiedsparteien haben ausdrücklich etwas anderes vereinbart.
(3) Die Vorschriften der Zivilprozessordnung (ZPO), insbesondere die §§ 1025 ff. gelten ergänzend.

§ 2 Eröffnung des Schiedsverfahrens und Übersendung von Schriftstücken

(1) Der Schiedskläger hat die Schiedsklageschrift bei der Bundesgeschäftsstelle der Deutschen Schiedsgerichtsbarkeit für Erbstreitigkeiten e.V. (DSE-Bundesgeschäftsstelle) einzureichen.
(2) Das schiedsgerichtliche Verfahren beginnt mit dem Tag, an dem der Schiedsbeklagte oder die Schiedsbeklagten den Antrag, die Streitigkeit einem Schiedsgericht vorzulegen, empfangen hat. Ab diesem Tage ist das Verfahren schiedshängig.
(3) Schiedsklage, Sachanträge und Klagerücknahmen, Ladungen, fristsetzende Verfügungen und Entscheidungen des Schiedsgerichts, auch verfahrensbeendende Entscheidungen, insbesondere Schiedssprüche, sowie sonstige Mitteilungen im Zusammenhang mit einem Schiedsverfahren, sind den Beteiligten auf angemessene Weise kundzugeben. Hierbei muss der Nachweis des Zugangs gewährleistet sein. In der Wahl der Übersendungsart sind die Schiedsparteien, das Schiedsgericht und die DSE-Bundesgeschäftsstelle frei.
(4) Ist der Aufenthalt oder der Sitz einer Schiedspartei unbekannt, gelten Schriftstücke mit dem Tag als empfangen, an dem sie bei ordnungsgemäßer Übermittlung an der von den Adressaten zuletzt bekannt gegebenen Postanschrift hätten empfangen werden können. Bei Zusendung durch einfachen Brief oder Zustellung mittels Einschreiben durch Übergabe gilt der Empfang mit dem dritten Tag nach Aufgabe zur Post als bewirkt.

§ 3 Inhalt der Klageschrift und Kosten des Verfahrens

(1) Die Schiedsklage muss enthalten:
a) die Bezeichnung der Parteien (Name, Anschrift),
b) eine beglaubigte Kopie der die Schiedsordnung enthaltenden Verfügung von Todes wegen samt nachlassgerichtlichem Eröffnungsprotokoll oder das Original des Schiedsvertrages,
c) die Angabe des Streitgegenstandes und des Grundes des erhobenen Anspruchs,
d) einen bestimmten Antrag.

(2) Die Schiedsklage soll enthalten:

a) Angabe zur Höhe des vorläufigen Streitwertes,
b) Geburtsdaten der Parteien, deren Staatsangehörigkeit, Verwandtschafts- und Familienverhältnisse,
c) erforderliche Anzahl von Abschriften der Schriftsätze und deren Anlagen.

(3) Der Schiedskläger hat mit Einreichung der Schiedsklage die gemäß § 13 (7) zu zahlenden Vorschüsse an die Bundesgeschäftsstelle zu entrichten.
(4) Nach Zahlungseingang wird die Schiedsklageschrift von der DSE-Bundesgeschäftsstelle an den Schiedsbeklagten nach § 2 III der Schiedsordnung, übersandt.
(5) Soweit der Schiedskläger die Gebühren gemäß Absatz 3 nicht gezahlt hat, hat die DSE-Bundesgeschäftsstelle die den Schiedskläger und den Schiedsbeklagten- den oder die Schiedsbeklagten unter formloser Übersendung einer Abschrift der Klageschrift – aufzufordern, den erforderlichen Betrag innerhalb einer von der DSE-Bundesgeschäftsstelle zu setzenden Zwei-Wochen-Frist zu bezahlen. Die Zahlungsfrist kann angemessen verlängert werden.
(6) Jede Schiedspartei hat das Recht, die Gebühren auch gegen den Willen einer anderen Schiedspartei zu erbringen.
(7) Werden die Gebühren nicht fristgerecht gezahlt, erfolgt keine Übersendung der Schiedsklageschrift an den Beklagten. Für das bisherige Verfahren wird eine ¼ Gebühr fällig, die von der klagenden Partei zu entrichten ist.
(8) Die Bundesgeschäftsstelle ist in jeder Lage des Verfahrens berechtigt, Vorschüsse anzufordern, sofern eine Erhöhung des Streitwertes absehbar ist.

§ 4   DSE-Schiedsrichter und Zusammensetzung des Schiedsgerichtes

(1) Die DSE führt eine Liste, in der die DSE-Schiedsrichter eingetragen sind. Aus dieser Liste ernennt der DSE-Vorstand jeweils nach pflichtgemäßem Ermessen den oder die Schiedsrichter für das betreffende Schiedsverfahren. Über die Aufnahme und Löschung der DSE-Schiedsrichter in die Liste, entscheidet der DSE-Vorstand abschließend und nach pflichtgemäßem Ermessen. Bei der Entscheidung sind die Grundsätze zu beachten, die vom Vorstand in einer Geschäftsordnung zur Berufung von Schiedsrichtern festgelegt sind.
(2) Jeder DSE-Schiedsrichter hat sein Amt nach bestem Wissen und Gewissen unabhängig von Weisungen auszuüben. Er muss insbesondere unabhängig und unparteilich sein. Zum Schiedsrichter in einer konkreten Streitigkeit kann daher nicht ernannt werden, wer als Interessenvertreter oder Partei in irgendeiner Form an der zu entscheidenden Angelegenheit beteiligt ist oder war oder wer ein unmittelbares wirtschaftliches Interesse am Ausgang des Schiedsverfahrens haben könnte. Das umfasst auch die Fälle, in denen ein potentieller Schiedsrichter für eine der Schiedsparteien, auch unabhängig von der zu entscheidenden Angelegenheit, bereits zu einem früheren Zeitpunkt beratend oder gestaltend tätig gewesen ist.

§ 5   Schiedsgericht und dessen Ernennung

(1) Das Schiedsgericht besteht aus dem Vorsitzenden (Grundsatz der Einzelrichterentscheidung).
(2) Absatz (1) findet keine Anwendung, wenn der Erblasser in seiner letztwilligen Verfügung oder die Parteien durch Schiedsvereinbarung eine hiervon abweichende Regelung (Entscheidung durch ein Kollegialgericht) getroffen haben.
(3) Der oder die Schiedsrichter werden von dem DSE-Vorstand, nach pflichtgemäßem Ermessen ernannt. Hat der Erblasser in seiner letztwilligen Verfügung oder haben die Schiedsparteien durch Schiedsvereinbarung einen oder mehrere Schiedsrichter bestimmt, so ist der Vorstand hieran gebunden und hat die betreffenden Schiedsrichter zu ernennen, auch wenn sie nicht der Schiedsrichterliste der DSE angehören.
(4) Fällt ein vom Erblasser ernannter Schiedsrichter weg oder erklärt sich dieser zur Übernahme des Schiedsrichteramtes nicht bereit oder legt er dieses nach Übernahme nieder so hat der Vorstand einen Ersatzschiedsrichter zu benennen, es sei denn, dass der Erblasser in seiner letztwilligen Verfügung für diesen Fall Vorsorge getroffen hat.
Das Vorstehende gilt entsprechend für den Fall, dass ein von den Schiedsparteien berufener Schiedsrichter das Schiedsrichteramt nicht annehmen will oder kann oder aus welchen Gründen auch immer nicht mehr im Amt ist und die Schiedsparteien sich nicht binnen angemessener Frist von einem Monat auf die Person eines Ersatzschiedsrichters einigen. Die Frist beginnt mit dem Zugang einer dementsprechenden Aufforderung zur Benennung eines Ersatzschiedsrichters durch den DSE Vorstand.
(5) Sofern ein Mitglied des DSE-Vorstands selbst in irgendeiner Form von dem zu entscheidenden Rechtsstreit betroffen sein sollte, sei es insbesondere als Parteivertreter, Testamentsvollstrecker etc., so steht ihm ein Ernennungsrecht nicht zu. Das Ernennungsrecht geht dann ausschließlich auf die beiden anderen Vorstandsmitglieder über, es sei denn, dass eines der verbleibenden Vorstandsmitglieder ebenfalls im Sinne von § 5 Abs. 5 betroffen sein sollte. § 5 Ziffer 4 findet auch dann Anwendung, wenn auf ein Mitglied des DSE-Vorstandes in Bezug auf den konkreten, zu entscheidenden Fall die Vorschrift des § 4 Ziffer 2 anwendbar wäre. In diesem Fall verbleibt das Ernennungsrecht bei dem nicht betroffenen Vorstandsmitglied.
Die jeweilige Ernennung wird den Schiedsrichtern von der DSE-Bundesgeschäftsstelle unverzüglich mitgeteilt. Jeder ernannte Schiedsrichter hat unverzüglich mitzuteilen, ob er das Amt annimmt oder dieses, unter Nennung der Gründe seiner Verhinderung, ablehnt. Als außerordentliche Gründe sind hierbei insbesondere anzusehen:

a) Ein Schiedsrichter hat eine der Parteien vor Beginn des Verfahrens im Zusammenhang mit dem der Schiedsklage zugrunde liegenden Streitstoff bereits beraten oder vertreten bzw. auf ihn trifft § 4 Ziffer 2 dieser Schiedsordnung zu.
b) Ein Schiedsrichter ist nicht in der Lage, das Schiedsverfahren innerhalb angemessener Frist durchzuführen.
c) Ein Schiedsrichter ist vom Ausgang des Schiedsverfahrens materiell betroffen.

Jeder Schiedsrichter ist darüber hinaus verpflichtet, alle Umstände offen zu legen, die Zweifel an seiner Unparteilichkeit oder Unabhängigkeit wecken könnten.
(6) Zeigt der von der DSE-Bundesgeschäftsstelle ernannte Schiedsrichter trotz zweimaliger schriftlicher Aufforderung an seine von ihm bekannte Anschrift und innerhalb einer gesetzten, angemessenen Frist die Annahme des Amtes nicht an, wird von einer Verhinderung zur Amtsübernahme ausgegangen. Der DSE-Vorstand wird dann, vorbehaltlich der Regelung gemäß § 5 Abs. 4, unverzüglich einen Ersatzschiedsrichter ernennen. Gleiches gilt bei Ausscheiden eines Schiedsrichters durch Tod und im Fall der Ablehnung nach § 6.
(7) Die DSE-Bundesgeschäftsstelle teilt den Schiedsparteien die Zusammensetzung des Schiedsgerichtes unverzüglich mit.

§ 6 Ablehnung und Entbindung von Schiedsrichtern

(1) Die Schiedsparteien können den Schiedsrichter wegen der Besorgnis der Befangenheit ablehnen. Insoweit gelten die §§ 41, 42, 43, 48 ZPO entsprechend. Die DSE-Bundesgeschäftsstelle der DSE unterrichtet, nach Eingang eines dementsprechenden Antrages einer Schiedspartei, sämtliche Schiedsparteien sowie sämtliche Schiedsrichter des betreffenden Schiedsverfahrens und setzt ihnen eine angemessene Erklärungsfrist. Stimmt eine Schiedspartei der Ablehnung nicht zu oder legt der Schiedsrichter sein Amt nicht nieder, so entscheidet der DSE-Vorstand nach pflichtgemäßem Ermessen. Die Entscheidung ist nicht anfechtbar.
(2) Scheidet ein Schiedsrichter nach diesem Paragraphen aus, so ernennt der DSE- Vorstand einen Ersatzschiedsrichter. Insoweit gilt § 4 entsprechend.
(3) Der DSE-Vorstand kann darüberhinaus den Schiedsrichter auch von seinem Amt entbinden, wenn dieser seine Tätigkeit nicht innerhalb von drei Monaten nach Eröffnung des Schiedsverfahrens aufgenommen hat oder wenn er nicht innerhalb von 3 Monaten nach Abschluss der mündlichen Schiedsverhandlung einen schriftlich begründeten Schiedsspruch erlassen hat.
(4) Ein Schiedsrichter, der vom DSE Vorstand in den Fällen von § 6 (3) von seinem Amt entbunden wurde, hat keinen Anspruch auf Vergütung.
(5) Diese Kosten eines Schiedsrichterablehnungs- und/oder -abberufungsverfahrens sind solche des Schiedsverfahrens.

§ 7 Mehrheit von Parteien

(1) Auch in einem Mehrparteischiedsgericht nominiert der DSE-Vorstand den oder die Schiedsrichter gem. § 5.
(2) Das Schiedsgericht entscheidet nach pflichtgemäßem Ermessen über die Zulässigkeit des Mehrparteienverfahrens. Die Vorschrift des § 5 dieser Schiedsordnung (Ernennung des Schiedsrichters bzw. der Schiedsrichter) gilt auch für den Fall der Durchführung eines Mehrparteienschiedsverfahrens.

§ 8 Das Schiedsverfahren

(1) Das Schiedsgericht entscheidet die Streitigkeit in Übereinstimmung mit den Rechtsvorschriften (Sachvorschriften), die die Schiedsparteien als ausdrücklich oder stillschweigend anwendbar vereinbart haben. Fehlt nach Auffassung des Schiedsgerichts eine solche Vereinbarung, so entscheidet es nach den Sachvorschriften des Staates, zu denen die Streitigkeit nach seinem pflichtgemäßen Ermessen die engste Verbindung hat. Nur wenn der Erblasser oder die Schiedsparteien das Schiedsgericht ausdrücklich dazu ermächtigt haben, entscheidet es nach Billigkeit.
(2) Das Schiedsgericht hat den dem Streit zugrunde liegenden Sachverhalt zu ermitteln. Vorbehaltlich der Vorschriften dieser Schiedsordnung sowie gegebenenfalls der Vereinbarungen der Schiedsparteien, bestimmt das Schiedsgericht das Verfahren nach pflichtgemäß freiem Ermessen.
(3) Den Schiedsparteien ist in jedem Stand des Verfahrens rechtliches Gehör zu gewähren. Die Schiedsparteien können sich anwaltlich vertreten lassen und vor dem Schiedsgericht mit fachlichem Beistand erscheinen.
(4) Die Sprache des Schiedsverfahrens ist deutsch. Sind an dem Verfahren Personen beteiligt, die der deutschen Sprache nicht mächtig sind, wird die DSE-Bundesgeschäftsstelle dazu einen Dolmetscher stellen.
(5) Das Schiedsgericht bestimmt den Ort des Schiedsverfahrens, es sei denn die Schiedsparteien haben vorher einvernehmlich einen Schiedsort bestimmt. In diesem Fall gilt dieser für die Durchführung des Schiedsverfahrens.
(6) Der Vorsitzende des Schiedsgerichts oder der Einzelschiedsrichter leitet das Schiedsverfahren. Er stellt einen Zeitplan für das Schiedsverfahren auf und setzt dem/den Schiedsbeklagten eine angemessene Frist zur Klageerwiderung. Er hat darauf hinzuwirken, dass die Schiedsparteien sich über alle erheblichen Tatsachen vollständig und wahrheitsgemäß erklären und sachdienliche Anträge zu stellen. Das Schiedsgericht kann auf Antrag der Schiedsparteien Zeugen vernehmen und die Vorlage von Urkunden anordnen. Es kann auch, vorbehaltlich einer anderen Vereinbarung der Parteien, einen oder mehrere Sachverständige bestellen. Die Schiedsparteien haben dem Sachverständigen alle notwendigen Urkunden, Schriftstücke und Unterlagen sowie etwaige Sachen vorzulegen

und insbesondere bei Immobilien einen freien Zugang zu ermöglichen. Nach Erhalt des schriftlichen Gutachtens des Sachverständigen hat der Vorsitzende des Schiedsgerichts den Schiedsparteien Abschriften des Gutachtens zu übersenden und ihnen unter angemessener Fristsetzung die Möglichkeit zur Stellungnahme zu gewähren.
(7) Die Verhandlung der Schiedsparteien ist mündlich, es sei denn, die Schiedsparteien treffen eine andere Vereinbarung. Die mündliche Verhandlung ist nicht öffentlich, es sei denn es wurde zwischen den Schiedsparteien eine abweichende Vereinbarung getroffen.
(8) Versäumt es der Schiedsbeklagte ohne genügende Entschuldigung, innerhalb der von dem Vorsitzenden des Schiedsgerichts gesetzten Frist die Schiedsklageerwiderung einzureichen, so hat das Schiedsgericht die Fortsetzung des Verfahrens anzuordnen, ohne die Säumnis als Zugeständnis der beklagten Partei zu werten. Gleiches gilt, wenn eine Schiedspartei ohne genügende Entschuldigung innerhalb einer vom Vorsitzenden gesetzten Frist schriftliche Beweise nicht vorlegt oder einer Auflage des Schiedsgerichtes nicht nachgekommen ist.
(9) Ist trotz ordnungsgemäßer Ladung eine Schiedspartei ohne genügende Ent-schuldigung in einem Termin zur mündlichen Verhandlung nicht erschienen und auch nicht anwaltlich vertreten, so setzt das Gericht nach Anhörung der erschienenen Schiedspartei das Schiedsverfahren fort und entscheidet nach Lage der Akten. Darauf sind die Schiedsparteien in den Ladungen zur mündlichen Verhandlung ausdrücklich hinzuweisen.
(10) Über die mündliche Verhandlung und Beweisaufnahme ist ein Protokoll zu fertigen. Es ist vom Vorsitzenden des Schiedsgerichts zu unterzeichnen. Art und Umfang der Protokollierung bestimmt das Schiedsgericht nach pflichtgemäßem Ermessen.

§ 9   Vorläufiger Rechtsschutz

(1) Das Schiedsgericht kann auf Antrag einer Partei in Bezug auf den Streitgegenstand vorläufige oder sichernde Maßnahmen anordnen, soweit die Schiedsparteien nichts anderes vereinbart haben.
(2) Das Schiedsgericht kann von jeder Schiedspartei für diese vorläufigen Maßnahmen angemessene Sicherheiten verlangen.
(3) Die letztwillige Anordnung und/oder die Vereinbarung eines Schiedsverfahrens schließt nicht aus, dass eine der Schiedsparteien vor oder nach Beginn des Schiedsverfahrens vorläufige und/oder sichernde Maßnahmen bezogen auf den Streitgegenstand bei einem staatlichen Gericht beantragt.

§ 10   Vergleich

(1) Das Schiedsgericht soll die Einigungsbereitschaft der Schiedsparteien während des gesamten Schiedsverfahrens fördern. Es soll in jeder Lage des Verfahrens auf eine einvernehmliche Beilegung des Streites oder einzelner Streitpunkte hinwirken.
(2) Das Schiedsgericht beendet das Verfahren, wenn sich die Parteien während des Verfahrens vergleichen. Es erlässt auf Antrag einer Partei den Vergleich in der Form eines Schiedsspruchs mit vereinbartem Wortlaut, sofern der Inhalt des Vergleiches nicht gegen die öffentliche Ordnung (ordre public) verstößt. Dieser Schiedsspruch ist nach § 12 zu erlassen. In ihm ist anzugeben, dass es sich um einen Schiedsspruch handelt. Dieser Schiedsspruch hat dieselbe Wirkung wie jeder Schiedsspruch zur Sache.
(3) Der Schiedsspruch kann auch vor einem Notar für vollstreckbar erklärt werden.

§ 11   Beendigung des Erkenntnisverfahrens

(1) Hatten die Schiedsparteien nach Überzeugung des Schiedsgerichtes ausrei-chend Gelegenheit zum Sachvortrag, kann es eine Frist setzen, nach deren Ablauf neuer Sachvortrag zurückgewiesen werden kann.
(2) Als Beendigung des Erkenntnisverfahrens gilt die Frist bis zu welcher Schriftsätze eingereicht werden können.

§ 12   Schiedsentscheidung

(1) Das Schiedsgericht hat auf die zügige Durchführung des Verfahrens hinzuwirken. Ein Schiedsspruch soll im Regelfall im Anschluss an die letzte mündliche Verhandlung erfolgen.
(2) Der Schiedsspruch ist, vorbehaltlich anderer Vereinbarung der Parteien, in angemessener Frist sowie in angemessenem Umfang schriftlich zu begründen, soweit die Schiedsparteien nichts anderes vereinbart haben. Als angemessene Frist gilt im Regelfall ein Monat.
(3) Das Schiedsgericht ist bei Erlass des Schiedsspruchs an die Anträge der Parteien gebunden.
(4) In einem Verfahren mit mehr als einem Schiedsrichter ist jede Entscheidung des Schiedsrichters, vorbehaltlich einer anderen Vereinbarung der Parteien, mehrheitlich zu treffen. Sofern die Schiedsparteien nichts anderes vereinbart haben, können, wenn sich ein Schiedsrichter weigert an der Abstimmung mitzuwirken, die übrigen Schiedsrichter allein entscheiden.
(5) Der Schiedsspruch muss mindestens enthalten:
a) die Bezeichnung der Parteien (und sofern vorhanden ihrer Prozessbevollmächtigten) des Schiedsverfahrens
b) die Bezeichnung der Schiedsrichter, die den Schiedsspruch erlassen haben,
c) den Sitz des Schiedsgerichtes,
d) den Tag des Schiedsspruchs,

e) den Inhalt des Schiedsspruchs einschließlich der Kostenentscheidung
f) die Unterschriften des Schiedsrichters/der Schiedsrichter

(6) Das Schiedsgericht hat in dem Schiedsspruch auch über die Kosten des Verfahrens nach Grund und Höhe zu entscheiden.
Grundsätzlich hat die unterliegende Partei die Kosten des Verfahrens zu tragen. Das Schiedsgericht kann unter Berücksichtigung der Umstände des Falles, insbesondere wenn jede Partei teils obsiegt, teils unterliegt, die Kosten gegeneinander aufheben oder verhältnismäßig teilen. Entsprechendes gilt, wenn sich das Verfahren ohne Schiedsspruch erledigt hat, sofern die Parteien sich nicht anderweitig über die Kosten geeinigt haben. Das Schiedsgericht hat den Gegenstandswert des Schiedsverfahrens nach pflichtgemäßem Ermessen abschließend zu bestimmen.
(7) Der Schiedsspruch ist den Parteien durch die DSE-Bundesgeschäftsstelle in je einer Urschrift zu übersenden. Ein Exemplar verbleibt bei der DSE- Bundesgeschäftsstelle.
(8) Der Schiedsspruch ist endgültig und hat unter den Parteien die Wirkung eines rechtskräftigen gerichtlichen Urteils.

§ 13   Kosten des schiedsrichterlichen Verfahrens

(1) Die Kosten setzen sich zusammen aus:
– der Verfahrensgebühr
– der Schiedsrichtervergütung und
– den Auslagen.

(2) Die Höhe der Verfahrenskosten richtet sich nach dem Streitwert der vom Schiedsgericht bzw. vom DSE-Vorstand festgesetzt wird.
(3) Die DSE erhält für die Abwicklung des Verfahrens eine Gebühr in Höhe einer Verfahrensgebühr entsprechend Anlage 1 zum GKG einschließlich Umsatzsteuer.
(4) Eine Schiedsrichtergebühr entspricht einer 1,3 Verfahrensgebühr nach Nr. 3200 VV RVG zzgl. der gesetzlichen Umsatzsteuer, soweit der Schiedsrichter umsatzsteuerpflichtig ist. Das Schiedsgericht kann die Gebühr bei einer vorzeitigen Erledigung des Verfahrens entsprechend dem Verfahrensstand nach billigem Ermessen ermäßigen.
(5) Die Höhe der zu erstattenden Auslagen des Richters (Fahrtkosten, Postentgelte, etc.) richtet sich nach den Vorschriften des RVG.
(6) Jeder Beisitzer erhält bei einem Dreierschiedsgericht 1,0 Gebühren, unabhängig davon, ob eine Verhandlung stattgefunden hat, ein Vergleich geschlossen wurde oder ein Schiedsspruch ergangen ist. Bei Antragsrücknahme erhält jeder Beisitzer 0,5 Gebühren. Erfolgt die Antragsrücknahme nach einer mündlichen Verhandlung, erhält jeder Beisitzer 0,75 Gebühren. Wird das Verfahren durch Vergleich beendet, erhält der Schiedsrichter bzw. der Vorsitzende eines Dreierschiedsgerichtes zwei Gebühren. Bei Beendigung des Verfahrens durch Schiedsspruch erhält der Schiedsrichter bzw. der Vorsitzende eines Dreierschiedsgerichtes 2,5 Gebühren. Bei Antragsrücknahme durch die klagende Partei hat der Schiedsrichter bzw. der Vorsitzende eines Dreierschiedsgerichtes Anspruch auf eine Gebühr. Bei Antragsrücknahme nach mündlicher Verhandlung erhöht sich diese auf 1,5 Gebühren.
(7) Mit Einreichung der Schiedsklage werden folgende Vorschüsse fällig:
– die Verfahrensgebühr gemäß Abs. 3,
- 2,5 Schiedsrichtergebühren gemäß Abs. 4 bei Anrufung eines Einzelschiedsgerichts
  oder
- 4,5 Schiedrichtergebühren gem. Abs. 4 bei Anrufung eines Dreierschiedsgerichts

Für den Fall, dass die eingezahlten Vorschüsse nicht ausreichen sollten, ist der Schiedskläger verpflichtet, offenstehende Gebühren und Auslagen auf Anforderung der Bundesgeschäftsstelle zu begleichen. Soweit der Schiedskläger den angeforderten Betrag nicht bezahlt, ist der Schiedsbeklagte aufzufordern, den entsprechenden Betrag innerhalb einer von der DSE-Bundesgeschäftsstelle zu setzenden zwei-Wochen-Frist zu bezahlen. Die Zahlungsfrist kann angemessen verlängert werden.
Nicht verbrauchte Vorschüsse snd nach Maßgabe des Schiedsspruchs zu erstatten.
Zudem kann das Schiedsgericht jederzeit einen angemessenen Auslagenvorschuss für Sachverständigen oder Dolmetscher gem. § 8 Abs. 4 zur Zahlung an die Bundesgeschäftsstelle anfordern.
(8) Die Parteien haften gegenüber der Bundesgeschäftsstelle für die Kosten des Verfahrens als Gesamtschuldner ungeachtet eines etwaigen Erstattungsanspruches gegen die andere Partei.
(9) Die Schiedsrichter haben nur gegenüber der DSE einen Anspruch auf Zahlung der Schiedsrichtervergütung sowie auf Erstattung von Auslagen zuzüglich gesetzlicher Umsatzsteuer, wobei die Zahlung durch die DSE auf dasjenige begrenzt ist, was diese tatsächlich von den Parteien eingenommen hat. Etwaige, nicht entrichtete Vergütungen und / Oder Auslagen der Schiedsrichter sind von der DSE gegenüber den Parteien geltend zu machen und im Falle der Realisierung nachträglich an die Schiedsrichter auszukehren.

§ 14   Veröffentlichung

(1) Der Vorsitzende übersendet der Bundesgeschäftsstelle eine Ausfertigung des Schiedsspruchs und teilt ihr mit, ob die Parteien der Veröffentlichung des Schiedsspruchs zugestimmt haben.

(2) Die DSE darf den Schiedsspruch nur mit Zustimmung aller Parteien veröffentlichen. Die Namen der Parteien und der Schiedsrichter sowie sonstige identifizierende Angaben dürfen nicht veröffentlicht werden.

§ 15 Verschwiegenheit

(1) Die Schiedsrichter haben, soweit der Schiedsspruch nicht veröffentlicht wird, über das Verfahren und insbesondere über die beteiligten Parteien, Zeugen und Sachverständige Verschwiegenheit gegenüber jedermann zu wahren.
(2) Die Schiedsrichter haben auch die von ihnen für die Abwicklung des Verfahrens hinzugezogenen Personen und Mitarbeiter der DSE zur Verschwiegenheit zu verpflichten.

§ 16 Haftungsausschluss

Die Haftung des Schiedsrichters, der DSE, ihrer Organe und ihrer Mitarbeiter ist ausgeschlossen, soweit nicht eine vorsätzliche oder grob fahrlässige Pflichtverletzung vorliegt.

27. Zivilprozessordnung

In der Fassung der Bekanntmachung vom 5. Dezember 2005
(BGBl. I S. 3202, ber. 2006 I S. 431 und 2007 I S. 1781)
(FNA 310-4)
zuletzt geändert durch Art. 2 G zur Durchführung des Haager Übereinkommens über die Anerkennung und Vollstreckung ausländischer Entscheidungen in Zivil- und Handelssachen sowie zur Änd. der ZPO, des BGB, des WohnungseigentumsG und des G zur Modernisierung des Strafverfahrens vom 7. November 2022 (BGBl. I S. 1982)

§ 3 ZPO Wertfestsetzung nach freiem Ermessen

Der Wert wird von dem Gericht nach freiem Ermessen festgesetzt; es kann eine beantragte Beweisaufnahme sowie von Amts wegen die Einnahme des Augenscheins und die Begutachtung durch Sachverständige anordnen.

A. Normzweck 1	V. Leistungen an den Nachlass 7
B. Regelungsgehalt 2	VI. Ansprüche der Nachlassgläubiger 10
I. Feststellung des Erbrechts 3	VII. Testamentsvollstreckung 14
II. Erbunwürdigkeitsklage 4	VIII. Herausgabe des (unrichtigen) Erbscheins .. 16
III. Pflichtteilsrecht 5	IX. Sonstige Ansprüche 17
IV. Erbauseinandersetzung 6	C. Sonstige praktische Hinweise 21

A. Normzweck

1 Die Vorschrift ist lex generalis für die Streitwertfestsetzung,[1] sofern nicht die spezielleren §§ 6–9 ZPO einschlägig sind. Wertfestsetzung nach freiem Ermessen bedeutet nicht Willkür, wohl aber, dass bei der Streitwertfestsetzung eine Schätzung zugelassen wird, jedoch auch eine Beweisaufnahme möglich ist.[2]

B. Regelungsgehalt

2 Bei Erbstreitigkeiten kommt regelmäßig § 3 ZPO, nicht § 6 ZPO zur Anwendung.[3]

I. Feststellung des Erbrechts

3 1. Der Wert der **positiven Feststellungsklage**, gerichtet auf **Feststellung des Erbrechts**, ist mit einem Abschlag in Höhe von 20 % des Wertes einer entsprechenden Leistungsklage zu bemessen.[4] Der Abschlag rechtfertigt sich deswegen, weil der Kläger aus dem Titel nicht die Zwangsvollstreckung betreiben kann. Begehrt der Kläger Feststellung des Erbrechts mit der Behauptung, er sei gesetzlicher Erbe gegen den Beklagten, der das Erbrecht aufgrund gewillkürter Erbfolge in Anspruch nimmt, sind die dem Kläger zustehenden **unstreitigen Pflichtteilsansprüche** vom Wert des Streitgegenstandes in Abzug zu bringen.[5] Soll die Nichtigkeit des Testaments festgestellt werden, ist maßgeblich der Anteil des Nachlasses, der dann aufgrund gesetzlicher Erbfolge verlangt werden könnte.[6]
Bei der Feststellungsklage des **Vorerben** (§§ 2100 ff. BGB) ist nach Ansicht des BGH ein größerer Abschlag gerechtfertigt, um der insgesamt schwächeren (wirtschaftlichen) Stellung

---

1 MüKoZPO/Wöstmann ZPO § 3 Rn. 1.
2 Thomas/Putzo/Hüßtege ZPO § 3 Rn. 2.
3 BGH BeckRS 1975, 31126923; Prütting/Gehrlein/Beumers ZPO § 3 Rn. 116.
4 Thomas/Putzo/Hüßtege ZPO § 3 Rn. 61.
5 Grundlegend: BGH BeckRS 1975, 31126923.
6 HK-RVG/Kroiß Anhang I/III Rn. 17.

des Vorerben Rechnung zu tragen.⁷ Im zu entscheidenden Streitfall ergab sich ein Abschlag von ca. 30 % des geltend gemachten (erheblichen) Erbteils.
2. Bei der **negativen Feststellungsklage** (zB darauf gerichtet festzustellen, der Beklagte sei kein Erbe geworden) wird kein Abschlag vorgenommen, maßgeblich ist der volle Wert des Nachlasses.⁸ Berühmt sich der Beklagte aber (nur) eines geringeren Erbteils, ist für die Streiwertberechnung nur dieser Anteil maßgeblich.⁹

II. Erbunwürdigkeitsklage

Umstritten ist der Wert der Klage, die auf Feststellung der **Erbunwürdigkeit** gerichtet ist. Nach Ansicht der Rechtsprechung bemisst sich der Wert nach dem Anteil des (erbunwürdigen) Beklagten am Nachlass,¹⁰ nach anderer Ansicht soll die sich durch die Feststellung der Erbunwürdigkeit ergebende Besserstellung des Klägers maßgeblich sein.¹¹

III. Pflichtteilsrecht

Bei der Klage des Pflichtteilsberechtigten gegen den Erben ist maßgeblich der mit der Leistungsklage geforderte Betrag; geht es um die **Feststellung des Pflichtteilsrechts** ist davon ein 20 %iger Abschlag vorzunehmen.¹² Will der Erblasser feststellen lassen, dass er zur Entziehung des Pflichtteils berechtigt ist, liegt eine nichtvermögensrechtliche Streitigkeit vor.¹³ Da für diese Streitigkeit die ZPO in den §§ 3–9 keine Regelung bereithält, ist der Wert über § 48 Abs. 2 GKG zu bestimmen.¹⁴ Für die pflichtteilsrechtliche Stufenklage (§ 254 ZPO) (→ § 254 Rn. 13, 31).

Wird lediglich eine Auskunftsklage erhoben, bemisst sich der Streitwert nach dem wirtschaftlichen Interesse des Klägers zu Beginn der Instanz, in der Regel zwischen 10 % und 25 % vom Auskunftsgegenstand.¹⁵ Dasselbe gilt, wenn – isoliert – die Abgabe der eidesstattlichen Versicherung begehrt wird.¹⁶

IV. Erbauseinandersetzung

- Bei der Klage auf **Zustimmung zur Erbauseinandersetzung** ist maßgeblich das wirtschaftliche Interesse des Klägers am geltend gemachten Erbteil,¹⁷ so dass regelmäßig die Erbquote des Klägers maßgebend ist,¹⁸ wobei unstreitige Pflichtteile wiederum ohne Ansatz bleiben.¹⁹ Das gilt auch, wenn Erbauseinandersetzung durch Übertragung eines Grundstücks gegen Zahlung einer Abfindung begehrt wird; maßgeblich ist dann der Wert des Grundstücks unter Abzug des Miterbenanteils.²⁰ Begehrt der Kläger den gesamten Nachlass für sich vom einzigen möglichen Miterben, ist ausnahmsweise (nur) der Wert des streitigen Beklagtenanteils maßgeblich.²¹
- Sind nur einzelne Punkte des Auseinandersetzungsplans streitig, ist für die Streitwertbemessung der wirtschaftliche Vorteil maßgebend, den sich der Kläger bezüglich dieser Punkte

---

7 BGH BeckRS 1989, 31073358.
8 BGH ZEV 2007, 134.
9 BGH ZEV 2007, 134; bestätigt durch Beschluss vom 13.12.2011 – IV ZR 146/10 – BeckRS 2012, 02995; HK-RVG/Kroiß Anhang I/III Rn. 17.
10 BGH NJW 1970, 197; OLG Frankfurt/M. BeckRS 2010, 28987; vgl. zur Kostenentscheidung bei der Erbunwürdigkeitsklage Unberath ZEV 2008, 465.
11 Thomas/Putzo/Hüßtege ZPO § 3 Rn. 61; HK-RVG/Kroiß Anhang I/III Rn. 14.
12 HK-RVG/Kroiß Anhang I/III Rn. 25.
13 HK-RVG/Kroiß Anhang I/III Rn. 25.
14 HK-RVG/Kroiß Anhang I/III Rn. 25.
15 BGH NJW 2011, 926.
16 Zöller/Herget ZPO § 3 Rn. 16.58.
17 BGH ZEV 2016, 573.
18 OLG Koblenz JurBüro 2011, 30; Zöller/Herget ZPO § 3 Rn. 16.65.
19 BGH NJW 1975, 1415.
20 OLG Koblenz JurBüro 2011, 30; Zöller/Herget ZPO § 3 Rn. 16.65 (erbrechtliche Ansprüche).
21 OLGR Celle 2001, 142.

verspricht.[22] Soll die Unzulässigkeit der Auseinandersetzungsversteigerung festgestellt werden, ist maßgeblich das klägerische Interesse am Fortbestand der Erbengemeinschaft.[23]

V. Leistungen an den Nachlass

7 Klagt ein Mitglied der Erbengemeinschaft gegen einen Dritten, der nicht Erbe ist, auf Leistung an die Erbengemeinschaft (§ 2039 BGB), ist für die Wertberechnung der Wert der gesamten Leistung, nicht nur der Anteil des Klägers daran maßgeblich.[24] Richtet sich die Klage gegen einen Miterben, ist der Anteil des Beklagten abzuziehen.

8 Der volle Wert der streitigen Leistung ist auch dann maßgeblich, wenn gegen einen Dritten auf Feststellung geklagt wird, ein Vertrag mit der Erbengemeinschaft sei nichtig.

9 Richtet sich die Klage auf Leistung an den Nachlass hingegen gegen einen Miterben, ist dessen Anteil abzuziehen. Das gilt ebenso, wenn ein Miterbe auf Berichtigung des Grundbuchs durch Eintragung der Erbengemeinschaft in Anspruch genommen wird.[25] Umgekehrt entspricht der Streitwert dem Quotenanteil des Klägers, wenn dieser von einem Miterben verlangt, die Eigentumsumschreibung im Grundbuch zu unterlassen.[26]

VI. Ansprüche der Nachlassgläubiger

10 Ansprüche von Nachlassgläubigern sind problematisch, wenn nicht alle Erben bereit sind, an der Befriedigung der Ansprüche mitzuwirken. Der BGH war ursprünglich davon ausgegangen, dass maßgeblich in diesen Fällen der Wert der Sache bzw. des Grundstücks sei.[27] Davon ist das Gericht später abgerückt und stellt nun das wirtschaftliche Interesse der Beteiligten in den Vordergrund.[28]

11 Nimmt ein Erbe die anderen Miterben auf Mitwirkung an der Erfüllung einer Verbindlichkeit gegenüber Nachlassgläubigern in Anspruch, ist maßgeblich das klägerische Interesse an der Schuldbefreiung.[29] Das gilt auch dann, wenn es um die Genehmigung eines notariellen Vertrages zur Erfüllung eines Vermächtnisses geht.[30] Nimmt ein Erbe den anderen auf Mitwirkung bei der Auflassung eines zum Nachlass gehörenden Grundstücks in Anspruch, begrenzt die Erbquote des Beklagten den Streitwert.[31]

12 Klagt ein Nachlassgläubiger (im Streitfall der Vermächtnisnehmer) gegen einen oder mehrere Miterben auf Auflassung des durch das Vermächtnis zugewendeten Grundstücks, ist nach Ansicht des *OLG Nürnberg* der volle Grundstückswert als Streitwert anzusetzen, nach anderer Ansicht nur der Wert, der sich aus dem entsprechenden Anteil des verklagten Miterben ergibt.

13 Klagt ein Miterbe als Nachlassgläubiger gegen die übrigen Erben, ist sein Anteil vom Wert abzuziehen.[32]

VII. Testamentsvollstreckung

14 Sind die **Befugnisse des Testamentsvollstreckers** streitig, ist sein unter wirtschaftlichen Gesichtspunkten zu bewertendes Interesse an der Ausübung der konkreten Befugnis maßgeblich. Das sind allenfalls 10 % des Nachlasswertes, über dessen Verwaltung Streit besteht.[33] Nach Auffas-

---

22 Prütting/Gehrlein/Beumers ZPO § 3 Rn. 116 unter Bezugnahme auf OLG Bremen OLGR 04, 134.
23 OLG Hamm JurBüro77, 1616; Prütting/Gehrlein/Beumers ZPO § 3 Rn. 116.
24 HK-ZPO/Bendtsen ZPO § 3 Rn. 15 (erbrechtliche Ansprüche.).
25 Zöller/Herget ZPO § 3 Rn. 16.65 (erbrechtliche Ansprüche).
26 Zöller/Herget ZPO § 3 Rn. 16.65 (erbrechtliche Ansprüche).
27 BGH NJW 1956, 1071.
28 BGH NJW 1975, 1415.
29 Prütting/Gehrlein/Beumers ZPO § 3 Rn. 118.
30 Zöller/Herget ZPO § 3 Rn. 16 (erbrechtliche Ansprüche).
31 Zöller/Herget ZPO § 3 Rn. 16 (erbrechtliche Ansprüche).
32 Thomas/Putzo/Hüßtege ZPO § 3 Rn. 58.
33 BGH ZEV 1996, 35; BGH NJW-RR 2004, 724.

sung des BayObLG ist derselbe Wert anzusetzen, wenn es um die **Entlassung des Testamentsvollstreckers** geht.[34] Sind die Befugnisse des Testamentsvollstreckers am verwaltenden Nachlass geringer, können auch nur 0,5 % des verwalteten Vermögens angesetzt werden.[35]

Soll die Unwirksamkeit eines vom Testamentsvollstrecker aufgestellten Teilungsplans festgestellt werden, ist nicht die Erbquote maßgeblich, da es (nur) um die Erlangung oder Nichterlangung der Verfügungsbefugnis über bestimmte, dem Erbanteil wertmäßig entsprechende Nachlassgegenstände geht.[36] Das OLG München hat dafür 50 % des Erbanteils angesetzt. 15

VIII. Herausgabe des (unrichtigen) Erbscheins

Bei der Klage auf Herausgabe des **unrichtigen Erbscheins** ist das wirtschaftliche Interesse an der Verhinderung der nach §§ 3366, 2367 BGB drohenden Nachteile maßgeblich.[37] Aufgrund dieser vom unrichtigen Erbschein ausgehenden Gefahren kann es deswegen jedoch gerechtfertigt sein, den Wert des gesamten Nachlasses anzusetzen. (Beispiel: Es soll durch den Erbscheinserben ein Grundstück veräußert werden, das im Wesentlichen den gesamten Nachlass ausmacht.) 16

IX. Sonstige Ansprüche

Der Auskunftsanspruch des Vermächtnisnehmers gegen den Erben ist mit dem Wert des tatsächlichen Aufwands an der Auskunftserteilung durch den Verpflichteten anzusetzen.[38] 17

Bei der Ausgleichung von zu Lebzeiten des Erblassers erhaltenen Gegenständen unter Miterben ist das wirtschaftliche Interesse an der Ausgleichung maßgeblich.[39] 18

Die Beschränkung der Erbenhaftung gemäß §§ 780 bis 786 ZPO vermindert den Streitwert nicht.[40] 19

Für die Zuständigkeits- und Gebührenstreitwerte bei der Stufenklage siehe bei → § 254 Rn. 13, 31 ff. 20

C. Sonstige praktische Hinweise

Die unter B) dargestellten Streitwerte sind nicht nur für die sachliche Zuständigkeit des angerufenen Gerichts (Zuständigkeitsstreitwert) sondern regelmäßig auch für die Gerichtskosten und die Gebühren der Rechtsanwälte maßgeblich (Gebührenstreitwert). Für den Wert des jeweiligen Beschwerdegegenstandes im Rechtsmittelverfahren siehe insbesondere auch die Kommentierung zu § 254 ZPO. 21

§ 27 ZPO Besonderer Gerichtsstand der Erbschaft

(1) Klagen, welche die Feststellung des Erbrechts, Ansprüche des Erben gegen einen Erbschaftsbesitzer, Ansprüche aus Vermächtnissen oder sonstigen Verfügungen von Todes wegen, Pflichtteilsansprüche oder die Teilung der Erbschaft zum Gegenstand haben, können vor dem Gericht erhoben werden, bei dem der Erblasser zur Zeit seines Todes den allgemeinen Gerichtsstand gehabt hat.

(2) Ist der Erblasser ein Deutscher und hatte er zur Zeit seines Todes im Inland keinen allgemeinen Gerichtsstand, so können die im Absatz 1 bezeichneten Klagen vor dem Gericht erhoben

---

34 BayObLG FamRZ 2004, 1304.
35 BGH NJW-RR 2004, 724 (726).
36 OLGR München 1995, 142.
37 HK-RVG/Kroiß Anhang I/III Rn. 12; Prütting/Gehrlein/Beumers ZPO § 3 Rn. 118.
38 BGH NJW-RR 2009, 80.
39 BGH Rpfleger 1957, 247; Prütting/Gehrlein/Beumers ZPO § 3 Rn. 116.
40 Thomas/Putzo/Hüßtege ZPO § 3 Rn. 58.

werden, in dessen Bezirk der Erblasser seinen letzten inländischen Wohnsitz hatte; wenn er einen solchen Wohnsitz nicht hatte, so gilt die Vorschrift des § 15 Abs. 1 Satz 2 entsprechend.

A. Allgemeines	1	III. Ansprüche aus Vermächtnis und sonstigen Verfügungen von Todes wegen	9
B. Regelungsgehalt	3	IV. Pflichtteilsansprüche	11
I. Klage auf Feststellung des Erbrechts	4	V. Teilung der Erbschaft	12
II. Ansprüche des Erben gegen den Erbschaftsbesitzer	7	C. Sonstige praktische Hinweise	14

A. Allgemeines

1 § 27 Abs. 1 begründet einen besonderen, keinen ausschließlichen Gerichtsstand am letzten (inländischen) Wohnsitz des Erblassers. Absatz 2 ergänzt die Regelung für Fälle, in denen der Erblasser zum Zeitpunkt seines Todes keinen Wohnsitz im Inland hatte, durch einen Hilfsgerichtsstand. Für erbrechtliche Streitigkeiten vor dem Erbfall gilt § 27 ZPO nicht.[1]

2 Mit diesem besonderen Gerichtsstand sollen Prozesse über einen Erbfall an einem sachnahen Gericht zusammengefasst werden,[2] das zudem leicht feststellbar ist.[3] Es ist jedoch nicht Anwendungsvoraussetzung, dass sich Nachlassgegenstände im Gerichtsbezirk befinden oder befunden haben. Sollte der Erblasser zum Zeitpunkt seines Todes über mehrere allgemeine inländische Gerichtsstände verfügt haben, besteht ein Wahlrecht gemäß § 35 ZPO. Um das gesetzgeberische Ziel, Prozesse über einen Erbfall an einem sachnahen Gericht zu konzentrieren, zu erreichen, ist die Vorschrift weit auszulegen.[4]

B. Regelungsgehalt

3 Die Klage (Streitgegenstand) muss sich nach materiellem bürgerlichem Recht auf einen in der Vorschrift genannten Gegenstände beziehen. Dabei spielt es grundsätzlich keine Rolle, ob es sich um eine Leistungs-, Feststellungs- oder Gestaltungsklage handelt.[5] Ebenso ist die Parteirolle grundsätzlich ohne Bedeutung. (Aktiv- oder Passivprozess)

I. Klage auf Feststellung des Erbrechts

4 Hierunter fällt jede von § 1922 BGB erfasste Gesamtrechtsnachfolge einschließlich des Nacherbrechts gemäß § 2100 BGB. Streitig ist, ob auch die Nachfolge bei fortgesetzter Gütergemeinschaft (§ 1483 Abs. 1 BGB) umfasst wird. Dies wird überwiegend abgelehnt,[6] weil es sich dabei um eine güterrechtliche Regelung unter Ehegatten handelt; es findet gerade keine Auseinandersetzung über das Gesamtgut statt.[7] Ebenfalls nicht erfasst wird der nur schuldrechtliche Anspruch des Erbschaftskäufers gemäß § 2374 BGB.[8]

5 Regelmäßig wird die Feststellung des Erbrechts durch Erhebung einer Feststellungsklage (§ 256) erfolgen. Ebenso erfasst werden jedoch auch die Geltendmachung einer Testamentsanfechtung gemäß 2078 BGB, zB durch Klage auf Feststellung der Nichtigkeit der angefochtenen Verfügung,[9] die Feststellung des Erbverzichts gemäß § 2346 BGB oder die Erbunwürdigkeits-

---

1 Zöller/Schultzky ZPO § 27 Rn. 1; Stein/Jonas/Roth ZPO § 27 Rn. 1.
2 Zöller/Schultzky ZPO § 27 Rn. 1. Ist für das Verfahren die Zuständigkeit der Nachlassgerichte begründet, kommt eine Anwendung von § 27 ZPO (ersichtlich) nicht in Betracht (OLG Bremen ZEV 2021, 691).
3 OLG Naumburg ZEV 2006, 33; Stein/Jonas/Roth ZPO § 27 Rn. 1.
4 OLG Schleswig BeckRS 2022, 10276; Prütting/Gehrlein/Bey ZPO § 27 Rn. 3.
5 HK-ZPO/Bendtsen ZPO § 27 Rn. 3.
6 Thomas/Putzo/Hüßtege ZPO § 27 Rn. 1; Prütting/Gehrlein/Bey ZPO § 27 Rn. 2; aA Anders/Gehle/Bünnigmann ZPO § 27 Rn. 5.
7 MüKoBGB/Münch BGB § 1483 Rn. 1.
8 HK-ZPO/Bendtsen ZPO § 27 Rn. 3.
9 NK-BGB/Kroiß/Fleindl BGB § 2078 Rn. 46.

klage nach § 2342 BGB.[10] Diese Klagen können im Wege der objektiven Klagenhäufung (§ 260) mit der Klage auf Feststellung des Erbrechts verbunden werden.

Das Landgericht Traunstein hat die Anwendbarkeit auch in einem Fall bejaht, in dem vor Eintritt des Todes des Erblassers Klage auf Feststellung der Unwirksamkeit der Verfügung von Todes wegen Testierunfähigkeit erhoben wurde.[11]

II. Ansprüche des Erben gegen den Erbschaftsbesitzer

Hierunter fallen alle Klagen, die auf §§ 2018–2027 BGB beruhen. Erbschaftsbesitzer ist dabei, wer Nachlassgegenstände aufgrund eines vermeintlichen oder angemaßten Erbrechts besitzt. Streitig ist, ob auch die Auskunftsklage nach § 2028 BGB erfasst wird.[12] Nicht erfasst werden jedoch (Einzel-)klagen auf die Herausgabe einzelner Sachen gemäß § 985 BGB, sowie die Klage auf Herausgabe eines zu Unrecht ausgestellten Erbscheins bzw. Testamentsvollstreckerzeugnisses,[13] denn diese richten sich nicht gegen den Erbschaftsbesitzer *als solchen*.[14] Dem Erbschaftsbesitzer gleichgestellt ist sein Erbe.[15]

Wird jedoch der Anspruch auf Herausgabe des unrichtigen Erbscheins gemäß § 2362 Abs. 1 BGB mit der Klage aus § 2018 Abs. 1 BGB verbunden, ist auch für die Klage aus § 2362 BGB der Gerichtsstand des § 27 ZPO eröffnet.[16]

III. Ansprüche aus Vermächtnis und sonstigen Verfügungen von Todes wegen

Die Ansprüche aus Vermächtnis erfassen die Verfügungen, durch die der Erblasser einer Person eine Zuwendung von Todes wegen gemacht hat, ohne diese zum Erben zu berufen. (§§ 1932, 1939, 1941, 1969, 2150, 2174, 2279, 2299 BGB) Die Klage richtet sich grundsätzlich gegen den mit dem Vermächtnis Beschwerten, also in der Regel den Erben oder dessen Rechtsnachfolger. Erfasst wird aber auch die Klage auf Feststellung, dass das Vermächtnis nicht besteht oder wirksam angefochten wurde[17] sowie der Streit über Umfang und Inhalt der Vermächtnisanordnung.[18]

Sonstige Verfügungen von Todes wegen sind die Auflage gemäß § 2192 BGB sowie die Schenkung von Todes wegen, § 2301 BGB.

IV. Pflichtteilsansprüche

Diese umfassen die Klage auf Zahlung des Pflichtteils gemäß § 2303 BGB gegen den Erben, auf Pflichtteilsergänzung gemäß § 2329 BGB sowie auf Feststellung der Pflichtteilsunwürdigkeit, § 2345 Abs. 2 BGB.[19]

V. Teilung der Erbschaft

Zu den Klagen auf Teilung der Erbschaft gehört die Auseinandersetzungsklage der Miterben gemäß § 2042 BGB, ebenfalls erfasst wird der Anspruch auf Ausgleichung gemäß § 2057 a BGB.[20] Eine Stufenklage gegen den Testamentsvollstrecker durch ein Mitglied einer Erbenge-

---

10 NK-BGB/Kroiß BGB § 2342 Rn. 1. Das ist zwar insoweit zweifelhaft, als es sich bei der Erbunwürdigkeitsklage nach hM gerade nicht um eine Feststellungsklage handelt, im Ergebnis aber richtig: Allein aus der Möglichkeit, die Erbunwürdigkeitsklage mit einer Feststellungsklage im Wege der objektiven Klagenhäufung zu verbinden, ergibt sich ein Bedürfnis, auch die Erbunwürdigkeitsklage unter § 27 ZPO zu erfassen.
11 LG Traunstein BeckRS 2013, 02873.
12 Dafür: Zöller/Schultzky ZPO § 27 Rn. 5; HK-ZPO/Bendtsen ZPO § 27 Rn. 5; MüKoZPO/Patzina ZPO § 27 Rn. 7; dagegen Thomas/Putzo/Hüßtege ZPO § 27 Rn. 2.
13 Zöller/Schultzky ZPO § 27 Rn. 5.
14 MüKoZPO/Patzina ZPO § 27 Rn. 8.
15 OLG Nürnberg OLGZ 81, 116 f.
16 Staudinger/Herzog BGB § 2362 Rn. 7.
17 HK-ZPO/Bendtsen ZPO § 27 Rn. 5.
18 OLG Schleswig BeckRS 2022, 10276.
19 Zöller/Schultzky ZPO § 27 Rn. 8.
20 BGH NJW 1992, 364.

meinschaft im Wege der Prozessstandschaft kann nur am Wohnsitz des Beklagten (§§ 12, 13 ZPO), aber nicht am besonderen Gerichtsstand der Erbschaft erhoben werden.[21]

13 **(Hilfsgerichtsstand)** Nach Abs. 2 kann bei deutschen Erblassern, die zum Zeitpunkt ihres Todes keinen Wohnsitz (auch nicht nach § 16 ZPO) im Inland hatten, die Klage bei dem Gericht erhoben werden, bei dem der Erblasser seinen letzten inländischen Wohnsitz hatte (§ 13 ZPO). Fehlt ein solcher Wohnsitz, greift § 15 Abs. 1 S. 2 ein.[22] Damit stellt der Hilfsgerichtsstand nach Abs. 2 sicher, dass in allen Fällen, in denen deutsches Erbrecht anwendbar ist (Art. 25 EGBGB), auch ein inländischer Gerichtsstand zur Verfügung steht. Über § 27 wird mithin auch die internationale Zuständigkeit deutscher Gerichte begründet.

C. Sonstige praktische Hinweise

14 Gemäß § 36 Abs. 1 Nr. 3 scheidet bei der Existenz eines besonderen Gerichtsstandes (wie § 27) eine gerichtliche Bestimmung der Zuständigkeit aus.[23] Sollen also mehrere Personen mit unterschiedlichen allgemeinen Gerichtsständen als Streitgenossen verklagt werden, kommt § 27 ZPO zur Anwendung. Das ist vor allem bei der Erhebung einer Klage gegen notwendige Streitgenossen zu beachten, um einer Klageabweisung als unzulässig zu entgehen. (→ § 62 Rn. 19, 20)

15 Die Vorschriften der EuGVVO sind gemäß Art. 1 Abs. 2 lit. a EuGVVO nicht anwendbar. Das gilt auch für die Herausgabeklage zwischen **Erbprätendenten**.[24]

16 Eine analoge Anwendung der Vorschrift wird für Fälle befürwortet, in denen der Erblasser zwar ausländischer Staatsangehöriger war, kraft Rückverweisung deutsches Sachrecht anwendbar ist und mangels internationaler Zuständigkeit anderer Staaten ansonsten eine Rechtsschutzlücke besteht.[25]

§ 28 ZPO Erweiterter Gerichtsstand der Erbschaft

In dem Gerichtsstand der Erbschaft können auch Klagen wegen anderer Nachlassverbindlichkeiten erhoben werden, solange sich der Nachlass noch ganz oder teilweise im Bezirk des Gerichts befindet oder die vorhandenen mehreren Erben noch als Gesamtschuldner haften.

A. Normzweck

1 § 28 erweitert den Anwendungsbereich des § 27 für den Fall des Bestehens bestimmter Nachlassverbindlichkeiten und dient damit der Erleichterung der Rechtsverfolgung.[1]

B. Regelungsgehalt

2 Bei der bürgerlich-rechtlichen Haftung für Nachlassverbindlichkeiten ist grundsätzlich zwischen den Erbfallschulden, die Erblasserschulden und die Nachlasserbenschulden zu unterscheiden, um zu klären, mit welchem Vermögen für die jeweiligen Verbindlichkeiten gehaftet wird.[2] Für die Frage der Anwendbarkeit des § 28 ZPO spielt jedoch die Frage nach der Haftungsmasse keine Rolle mit der Folge, dass auch für alle nicht von § 27 ZPO erfassten Nachlassverbindlichkeiten der besondere Gerichtsstand der Erbschaft begründet ist.

3 Die *Erbfallschulden* sind in der Regel schon von § 27 ZPO erfasst. Es sind jene Schulden, die den Erben *als solchen* treffen, insbesondere die **Pflichtteils-, Pflichtteilsergänzungs-** oder Ver-

---

21 LG Nürnberg-Fürth ZEV 2019, 587.
22 Thomas/Putzo/Hüßtege ZPO § 27 Rn. 6.
23 OLG Naumburg ZEV 2006, 33; OLG München MDR 2011, 1068.
24 Thomas/Putzo/Hüßtege EuGVVO Art. 1 Rn. 6.
25 Stein/Jonas/Roth ZPO § 27 Rn. 7.
1 MüKoZPO/Patzina ZPO § 28 Rn. 1.
2 Ausführlich: NK-BGB/Krug BGB § 1967 Rn. 4.

mächtnisansprüche sowie die Erfüllung von **Auflagen**.³ Des Weiteren fallen hierunter die Kosten einer standesgemäßen **Beerdigung** des Erblassers gemäß § 1968 BGB, der **Voraus** des Ehegatten gemäß § 1932 BGB und der **Dreißigste** gemäß § 1969 BGB.⁴

Die Erblasserschulden sind vom Erblasser herrührende Schulden, das heißt solche, die zum Zeitpunkt des Erbfalls bereits vom Erblasser begründet waren, gleich aus welchem Rechtsgrund,⁵ einschließlich **öffentlich-rechtlicher Verbindlichkeiten**.⁶ 4

Nachlasserbenschulden sind Verbindlichkeiten, die aus der (ordnungsgemäßen) Verwaltung des Nachlasses herrühren.⁷ Hierunter können insbesondere auch **Rückforderungsansprüche des Rententrägers** wegen überzahlter Rente fallen, für die der Weg zu den ordentlichen Gerichten nach § 13 GVG eröffnet ist.⁸ Ebenfalls Nachlasserbenschulden können die Ansprüche des Vermieters aus einem **fortgesetzten Mietverhältnis** darstellen (vergleiche §§ 563 ff. BGB). Bei Ansprüchen wegen eines Wohnraummietverhältnisses wird § 28 jedoch vom ausschließlichen Gerichtsstand des § 29 a verdrängt. 5

Bei Forderungen ist § 23 S. 2 entsprechend anzuwenden.⁹ 6

Nach der **1. Alternative** sind Klagen insoweit zulässig, als sich noch Nachlassgegenstände – unabhängig vom Wert – im Bezirk des Gerichts (§ 27) befinden. 7

In zeitlicher Hinsicht ist der maßgebliche Zeitpunkt für die Anwendung der Vorschrift die Rechtshängigkeit der Klage. (§ 261 Abs. 2) Wird der Gegenstand anschließend aus dem Gerichtsbezirk entfernt, ist dies wegen § 261 Abs. 3 Nr. 2 unbeachtlich.¹⁰ Der Gerichtsstand wird jedoch nicht begründet, wenn ein zum Nachlass gehörender Gegenstand in den Gerichtsbezirk verbracht wird, um die Zuständigkeit des Gerichts zu erschleichen (prozessuale Arglisteinrede).¹¹ 8

Nach der 2. Alt ist der erweiterte Gerichtsstand des § 28 begründet, solange die Erbengemeinschaft nach § 2058 BGB noch gesamtschuldnerisch (für die streitgegenständliche Forderung)¹² haftet. Dabei steht der Anwendung des § 28 ZPO nicht entgegen, dass die Erbengemeinschaft bereits auseinandergesetzt worden ist,¹³ solange nicht die Voraussetzungen der §§ 2061, 2062 BGB vorliegen.¹⁴ Für die 2. Alt ist nicht Anwendungsvoraussetzung, dass sich ein Teil des Nachlasses im Gerichtbezirk befindet oder befunden hat.¹⁵ Allerdings muss die gesamtschuldnerische Haftung der Erbengemeinschaft gerade im Hinblick auf die streitgegenständliche Forderung bestehen.¹⁶ 9

C. Sonstige praktische Hinweise

Für die Anwendbarkeit der Vorschrift ist es ausreichend, wenn das Bestehen einer Nachlassverbindlichkeit durch die Klagepartei schlüssig vorgetragen wird. Das gilt selbst dann, wenn die vorgetragenen Tatsachen auch für das materielle Recht von Bedeutung sind (= doppelrelevante 10

---

3 Grüneberg/Weidlich BGB § 1967 Rn. 7.
4 NK-BGB/Krug BGB § 1967 Rn. 4.
5 Nach Ansicht des OLG Naumburg ZEV 2014, 205 fallen darunter auch die Ansprüche eines Lebenspartners wegen zugunsten des Eigentums des anderen Lebenspartners erbrachter Leistungen, die mit dessen Tod ihren Zweck verfehlen und dann nach § 812 BGB ausgeglichen werden sollen. Nach Ansicht des OLG Celle ZEV 2021, 442 fällt darunter auch der Anspruch der ausschlagenden Ehefrau auf Zugewinnausgleich gemäß § 1372 Abs. 2 BGB.
6 Grüneberg/Weidlich BGB BGB § 1967 Rn. 2 mit weiteren Nachweisen.
7 NK-BGB/Krug BGB § 1967 Rn. 56.
8 BGH NJW 1978, 1385; aA AG Kassel NJW-RR 1992, 585.
9 Zöller/Schultzky ZPO § 28 Rn. 3.
10 HK-ZPO/Bendtsen ZPO § 28 Rn. 3.
11 MüKoZPO/Patzina ZPO § 28 Rn. 3; Thomas/Putzo/Hüßtege ZPO § 28 Rn. 4.
12 BeckOK ZPO/Toussaint, Stand: 1.7.2022, ZPO § 28 Rn. 6.
13 BGH NJW 1978, 1385.
14 BayObLG NJW-RR 2004, 994; Thomas/Putzo/Hüßtege ZPO § 28 Rn. 3.
15 BGH NJW-RR 2008, 1516; Zöller/Schultzky ZPO § 28 Rn. 4; MüKoZPO/Patzina ZPO § 28 Rn. 4; Prütting/Gehrlein/Bey ZPO§ 28 Rn. 4; aA HK-ZPO/Bendtsen ZPO § 28 Rn. 4 ohne nähere Begründung.
16 BayObLG NJW-RR 2004, 944; Prütting/Gehrlein/Bey ZPO § 28 Rn. 4.

Tatsachen).[17] Ob also tatsächlich eine Nachlassverbindlichkeit besteht, wird erst im Rahmen der Begründetheitsprüfung geklärt, die über den schlüssigen Vortrag begründete Zuständigkeit bleibt in jedem Falle bestehen. Solange der erweiterte Gerichtsstand der Erbschaft als besonderer Gerichtsstand besteht, ist eine Bestimmung der gerichtlichen Zuständigkeit gemäß § 36 Abs. 1 Nr. 3 ZPO nicht möglich.[18]

§ 62 ZPO Notwendige Streitgenossenschaft

(1) Kann das streitige Rechtsverhältnis allen Streitgenossen gegenüber nur einheitlich festgestellt werden oder ist die Streitgenossenschaft aus einem sonstigen Grund eine notwendige, so werden, wenn ein Termin oder eine Frist nur von einzelnen Streitgenossen versäumt wird, die säumigen Streitgenossen als durch die nicht säumigen vertreten angesehen.

(2) Die säumigen Streitgenossen sind auch in dem späteren Verfahren zuzuziehen.

A. Normzweck 1	6. Klage mehrerer Testamentsvollstrecker 13
B. Gesetzliche Regelung 4	III. Wirkungen 14
I. Voraussetzungen 6	1. Säumnis 15
II. Einzelfälle 7	2. Fristen 16
1. Aktivprozesse der Erbengemeinschaft . 7	3. Klageerhebung 17
2. Passivprozesse der Erbengemeinschaft und Gesamthandsklage, § 2059 Abs. 2 BGB 8	4. Klagerücknahme 18
	5. Zulässigkeitsprüfung 19
3. Feststellung des Erbrechts 9	6. Unterschiedliches Prozessverhalten 21
4. Feststellung des Pflichtteilsrechts 11	7. Rechtsmittel 22
5. Erbunwürdigkeitsklage 12	C. Weitere praktische Hinweise 23

A. Normzweck

1 Durch das Prinzip der Gesamtrechtsfolge und des damit verbundenen Übergangs des Vermögens des Erblassers auf (häufig) mehrere Personen kommt es bei erbrechtlichen Auseinandersetzungen oft zu Situationen, in denen Personenmehrheiten an dem Verfahren beteiligt sind. Beerben mehrere Personen denselben Erblasser, bilden diese eine Erbengemeinschaft nach §§ 2032 ff. BGB. Die Erbengemeinschaft ist als Gesamthandsgemeinschaft nach herrschender Meinung selbst weder rechtsfähig[1] noch parteifähig.[2] Daher kann sie (als solche) auch weder klagen noch verklagt werden. Wegen der fehlenden Rechtsfähigkeit müssen stattdessen die Mitglieder klagen oder verklagt werden, es sei denn, einzelne Erben können für die Erbengemeinschaft allein tätig werden (Einzelprozessführungsbefugnis). Ob alle Erben gemeinsam klagen oder verklagt werden müssen oder ob einzelne Miterben allein prozessführungsbefugt sind, richtet sich grundsätzlich nach den Vorgaben des materiellen Rechts. §§ 59 ff. ZPO regeln daher nur, was gilt, wenn am Verfahren auf Kläger- oder Beklagtenseite mehrere Personen beteiligt sind oder beteiligt sein müssten. Die Streitgenossenschaft ist mithin eine subjektive Klagenhäufung.[3]

2 Bei der **einfachen Streitgenossenschaft** nach §§ 59, 60 ZPO bleiben die Prozessrechtsverhältnisse voneinander unabhängig.[4] Es kann daher zu divergierenden Prozessverläufen und Entscheidungen kommen. Die Voraussetzungen der §§ 59, 60 ZPO (Rechtsgemeinschaft, selber tatsächlicher oder rechtlicher Grund, gleichartige Ansprüche oder Verpflichtungen) sind in aller Regel

---

17 BGH NJW-RR 2008, 516.
18 BayObLG NJW 2004, 944; im Streitfall hat das Gericht jedoch trotzdem eine Zuständigkeitsbestimmung vorgenommen, weil das vorlegende Gericht erhebliche Zweifel an seiner Zuständigkeit hatte.

1 BGH NZM 2006, 944; BGH NJW 2002, 3389; NK-BGB/Roth/Gerhardt/Ann § 2032 Rn. 14.
2 BGH NZM 2006, 944.
3 Thomas/Putzo/Hüßtege ZPO Vorb. § 59 Rn. 1.
4 BGH FamRZ 2003, 1175.

unproblematisch erfüllt; die Rechtsprechung legt die Vorschriften aus Gründen der Prozessökonomie weit aus.

In Abgrenzung dazu regelt § 62 ZPO die **notwendige Streitgenossenschaft** und durchbricht die grundsätzliche Selbstständigkeit einzelner Prozessrechtsverhältnisse. Eine notwendige Streitgenossenschaft liegt dann vor, wenn der Rechtsstreit gegenüber allen Parteien einheitlich entschieden werden *muss*. Dabei ist die gesetzliche Regelung der notwendigen Streitgenossenschaft nur unvollkommen: Über die im Wortlaut des § 62 Abs. 2 ZPO geregelte Vertretungsfunktion bei Frist- oder Terminversäumung hinaus gelten weitere Besonderheiten im Verhältnis zur einfachen Streitgenossenschaft (siehe dazu unten → Rn. 15 ff). 3

B. Gesetzliche Regelung

Ob die Streitgenossenschaft eine notwendige ist, ist vom materiellen Recht aus zu beurteilen.[5] Die Rechtsprechung des BGH scheint insoweit von Pragmatismus[6] geprägt, in der Tendenz wird die notwendige Streitgenossenschaft eher verneint, als dass sie angenommen wird. Eine klare Linie ist nicht immer ersichtlich, weswegen dem BGH teilweise auch vorgeworfen wird, er lehne (mitunter) die notwendige Streitgenossenschaft aus Pragmatismus ab, obwohl sie vorläge.[7] Deshalb ist auch das Meinungsbild im Schrifttum ausgesprochen differenziert. 4

§ 62 ZPO unterscheidet zwei Fälle: Die notwendige einheitliche Sachentscheidung (Abs. 1. Alt) und die notwendige gemeinschaftliche Klage (Abs. 1 2. Alt).[8] 5

I. Voraussetzungen

Während bei der einfachen Streitgenossenschaft die Prozessrechtsverhältnisse nur äußerlich miteinander verbunden sind,[9] ist die Verknüpfung bei der notwendigen eine engere. Dies dient dem Zweck, eine einheitliche Sachentscheidung zu erreichen. 6

a) Eine notwendige Streitgenossenschaft nach § 62 Abs. 1 1. Alt ZPO liegt vor, wenn sich die Rechtskraft des Urteils gegen einen Streitgenossen auf die anderen Streitgenossen erstrecken würde oder wenn Gestaltungswirkung gegenüber allen eintritt.[10]

b) Demgegenüber liegt die notwendige Streitgenossenschaft aus materiellrechtlichen Gründen (Abs. 1 2. Alt) dann vor, wenn die Streitgenossen nur gemeinsam verfügungsbefugt sind und die Klage deshalb von allen oder gegen alle Streitgenossen erhoben werden muss. Gerade bei Prozessen von Gesamthandsgemeinschaften stellt sich die Frage der notwendigen Streitgenossenschaft aus materiellrechtlichen Gründen regelmäßig.

II. Einzelfälle

1. Aktivprozesse der Erbengemeinschaft. Bei nicht parteifähigen Gesamthandsgemeinschaften müssen grundsätzlich alle Mitglieder gemeinsam klagen, so dass bei Aktivprozessen der Erbengemeinschaft grundsätzlich deren Mitglieder gemeinsam klagen müssten.[11] Allerdings machen §§ 2038 Abs. 1 S. 2 letzter Hs., 2039 BGB davon wichtige Ausnahmen, indem einzelnen Mitgliedern der Erbengemeinschaft die **Prozessführungsbefugnis** verliehen wird, so dass Einzelkla- 7

---

5 Thomas/Putzo/Hüßtege ZPO § 62 Rn. 3.
6 [...] „und dem Streben nach Einzelfallgerechtigkeit" Thomas/Putzo/Hüßtege ZPO § 62 Rn. 5.
7 Thomas/Putzo/Hüßtege ZPO § 62 Rn. 5.
8 Thomas/Putzo/Hüßtege ZPO § 62 Rn. 7 bzw. 11. Die Terminologie ist nicht einheitlich. Gebräuchlich ist ebenfalls die Bezeichnung der notwendige Streitgenossenschaft aus prozessualen oder aus ma-

teriellrechtlichen Gründen, zB HK-ZPO/Bendtsen ZPO § 62 Rn. 3 und 7; Zöller/Althammer ZPO § 62 Rn. 1.
9 Thomas/Putzo/Hüßtege ZPO § 61 Rn. 1.
10 Baumfalk/Gierl Rn. 243.
11 Thomas/Putzo/Hüßtege ZPO § 62 Rn. 13; HK-ZPO/Bendtsen ZPO § 62 Rn. 8.

gen möglich sind. Klagen trotzdem mehrere Erben gemeinsam, bilden diese eine notwendige Streitgenossenschaft nach § 62 Abs. 1 1. Alt BGB.[12]

2. Passivprozesse der Erbengemeinschaft und Gesamthandsklage, § 2059 Abs. 2 BGB. Bei Passivprozessen von Gesamthandsgemeinschaften liegt grundsätzlich nur eine einfache Streitgenossenschaft vor. Etwas anderes gilt, wenn die Mitglieder der Gemeinschaft nach materiellem Recht nur gemeinsam verfügen können. Ist dies der Fall (zB bei der Auflassung, Zustimmung zur Grundbuchberichtigung) oder begehrt der Nachlassgläubiger vollständige Befriedigung aus dem **ungeteilten Nachlass** bei der Gesamthandsklage nach § 2059 Abs. 2 BGB, liegt eine notwendige Streitgenossenschaft nach § 62 Abs. 1 Alt. 2 BGB vor. In diesen Fällen ist die Klage nur zulässig, wenn sie gegen sämtliche Erben erhoben wird.[13] Passivprozesse von Gesamthandsgemeinschaften (also auch der Erbengemeinschaft) begründen aber nur eine einfache Streitgenossenschaft, wenn ein Miterbe gemäß § 2058 BGB als Gesamtschuldner verklagt wird.[14]

3. Feststellung des Erbrechts. Bei der Klage auf **Feststellung des Erbrechts** gegen mehrere mögliche Miterben nimmt der BGH nur eine einfache Streitgenossenschaft an.[15] Dies wird darauf gestützt, dass durch den Rechtsstreit gerade erst geklärt werden solle, wer Erbe ist. Es könne daher nicht Zulässigkeitsvoraussetzung einer Klage sein, dass diese gegen alle Erben erhoben wird. Darüber hinaus sieht der BGH auch die Schwierigkeiten, die aus getrennten Prozessen resultieren könnten, nicht als ausreichenden Grund für die Annahme einer notwendigen Streitgenossenschaft an. Vielmehr ordnet er das Risiko sich widersprechender Entscheidungen der Sphäre des Erbprätendenten zu, der es unterlässt, sämtliche Miterben, die sein Erbrecht bestreiten, in einem Prozess zu verklagen.[16]

In der Tat ist die Gefahr sich widersprechender Entscheidungen nicht von der Hand zu weisen. Wird Klage nur gegen einen Erbprätendenten erhoben und obsiegt der Kläger in diesem Rechtsstreit, erscheint es wenig einleuchtend, dass in einem späteren Verfahren gegen einen weiteren Erbprätendenten ein anderes Ergebnis möglich sein sollte.[17] Es erscheint daher in jedem Falle angezeigt, alle möglichen Miterben in einem Prozess zu verklagen.

4. Feststellung des Pflichtteilsrechts. Bei der Klage auf Feststellung des Pflichtteilsrechts liegt hingegen eine notwendige Streitgenossenschaft nach § 62 Abs. 1 2. Alt. ZPO vor mit der Folge, dass alle Miterben gemeinsam auf Feststellung verklagt werden müssen.[18]

5. Erbunwürdigkeitsklage. Bei der **Erbunwürdigkeitsklage**, §§ 2342, 2344 BGB nimmt die hM zutreffend einen Fall der notwendigen Streitgenossenschaft nach § 62 Abs. 1 1. Alt an.[19] Ob der Beklagte erbunwürdig ist oder nicht, kann allen Erben gegenüber – in der Sache – nur einheitlich entschieden werden.[20] Deshalb sind mehrere Erben notwendige Streitgenossen, wenn sie gemeinsam Klage auf Feststellung der Erbunwürdigkeit erheben. Allerdings ist eine gemeinsame Klage nicht erforderlich, dh erhebt nur ein (Mit-)erbe die Klage nach § 2342 BGB gegen den Erbunwürdigen, ist die Klage dennoch zulässig.

---

12 Streitig, zusammenfassend: MüKoBGB/Gergen BGB § 2032 Rn. 36 mwN; Thomas/Putzo/Hüßtege ZPO § 62 Rn. 13; Burandt/Rojahn/Flechtner BGB § 2032 Rn. 19.
13 BGH NJW 1959, 1683 (1684); Thomas/Putzo/Hüßtege ZPO § 62 Rn. 22; aA offenbar Schellhammer Rn. 1616, der bei der Gesamthandsklage die Klageabweisung nur gegen einen Miterben als unzulässig für möglich hält.
14 MüKoBGB/Gergen BGB § 2032 Rn. 36; Thomas/Putzo/Hüßtege ZPO § 62 Rn. 14; HK-ZPO/Bendtsen ZPO § 62 Rn. 9.
15 BGH ZEV 2010, 468 (470).
16 BGH ZEV 2010, 468 (470).
17 Wieser weist darauf hin, dass bei einer Klage gegen B und C und Verneinung einer notwendigen Streitgenossenschaft es sogar möglich ist, dass – bei Vorliegen der weiteren Voraussetzungen – gegen B ein Versäumnisurteil und gegen C ein streitiges Endurteil, jeweils in unterschiedliche Richtungen, ergehen könnte. (Wieser NJW 2000, 1163 ff.).
18 Prütting/Gehrlein/Gehrlein ZPO § 62 Rn. 16; Musielak/Weth ZPO § 62 Rn. 11; MüKoZPO/Schultes ZPO § 62 Rn. 37.
19 Zöller/Althammer ZPO § 62 Rn. 19; Thomas/Putzo/Hüßtege ZPO § 62 Rn. 10; wohl auch MüKoBGB/Helms BGB § 2342 Rn. 1; BeckOGK/Rudy, Stand: 1.3.2022, BGB § 2342 Rn. 5.
20 Allerdings sind die Ähnlichkeiten zur Klage auf Feststellung des Erbrechts (einfache Streitgenossenschaft) nicht von der Hand zu weisen.

6. Klage mehrerer Testamentsvollstrecker. Bei der Klage mehrerer Testamentsvollstrecker, die 13
den Nachlass gemeinsam verwalten, liegt ebenfalls eine notwendige Streitgenossenschaft nach
§ 62 Abs. 1 2. Alt. vor.[21]

III. Wirkungen

Der BGH beurteilt die Wirkungen der notwendigen Streitgenossenschaft, die über die Regelung 14
in § 62 Abs. 2 ZPO hinausgehen „unter Berücksichtigung des Zwecks der notwendigen Streitgenossenschaft und des Grundsatzes der Selbstständigkeit der Streitgenossen."[22]

1. Säumnis. Zunächst gilt zur gesetzlich angeordneten Vertretungs- und Fristwahrungsfiktion: 15
Wird ein Termin nur von einem (notwendigen) Streitgenossen versäumt, von einem anderen
aber wahrgenommen, hindert dies den Erlass eines Versäumnisurteils (auch) gegen den abwesenden Streitgenossen.[23] (**Vertretungsfiktion**) Erscheint oder verhandelt keiner der notwendigen
Streitgenossen zur Sache, kann ein Versäumnisurteil nur dann ergehen, wenn zuvor alle Streitgenossen ordnungsgemäß geladen worden sind (§ 335 Abs. 1 Nr. 2 ZPO); ein *Ladungsmangel*
bei nur einem Streitgenossen hindert den Erlass des Versäumnisurteils gegen alle Streitgenossen.[24]

2. Fristen. Zwar laufen auch im Prozess gegen notwendige Streitgenossen die Fristen für alle 16
Streitgenossen getrennt, jedoch gilt die Besonderheit, dass die Fristwahrung durch einen Streitgenossen die Fristwahrung durch die anderen Streitgenossen fingiert. Wird einem notwendigen
Streitgenossen eine Fristverlängerung bewilligt, kommt diese auch den übrigen zugute.[25]

3. Klageerhebung. Erfolgt die Klageerhebung nicht gegenüber allen notwendigen Streitgenos- 17
sen, entfaltet diese auch keine Wirkung gegenüber den anderen. Der notwendige Streitgenosse,
gegen den nicht rechtzeitig Klage erhoben wurde, ist daher nicht gehindert, die **Einrede der
Verjährung** zu erheben. Geschieht dies, wirkt dies auch für die anderen notwendigen Streitgenossen, selbst dann, wenn diesen gegenüber ein – an sich unzulässiges – Teilurteil ergangen ist.
Dieses entfaltet dann keine Wirkung, da anderenfalls die Wirkung der notwendigen Streitgenossenschaft (einheitliche Sachentscheidung) in ihr Gegenteil verkehrt würde.[26]

4. Klagerücknahme. Darüber hinaus gelten noch weitere Besonderheiten, um das Ziel der ein- 18
heitlichen Sachentscheidung zu erreichen: Bei der notwendigen Streitgenossenschaft nach **Alt. 1**
muss *nur* die Sachentscheidung einheitlich ergehen. Das bedeutet, dass die Prozesse davon abgesehen einen unterschiedlichen Verlauf nehmen können mit der Folge, dass die Klagerücknahme (§ 269 ZPO) durch einen Streitgenossen möglich ist,[27] der damit aus dem Prozess ausscheidet, während dieser mit den anderen Streitgenossen fortgeführt wird. Bei der notwendigen
Streitgenossenschaft nach Alt. 2 ist dies nicht möglich.

5. Zulässigkeitsprüfung. Die Zulässigkeitsprüfung ist für jedes Prozessrechtsverhältnis geson- 19
dert vorzunehmen.[28] Ist die Klage eines oder gegen einen notwendigen Streitgenossen unzulässig, kann diese Klage durch Prozessurteil abgewiesen werden, wenn es sich um eine notwendige
Streitgenossenschaften aus prozessualen Gründen handelt.[29]

---

21 MüKoZPO/Gottwald ZPO § 327 Rn. 3 ohne Benennung der Alternative; Damrau ZEV 2013, 475 (476).
22 BGH NJW 1996, 1060 (1061).
23 HK-ZPO/Bendtsen ZPO § 62 Rn. 15.
24 Ebenso: Thomas/Putzo/Hüßtege ZPO § 62 Rn. 21.
25 HK-ZPO/Bendtsen ZPO § 62 Rn. 17.
26 BGH NJW 1996, 1060 (1062): Obwohl gegen mehrere Streitgenossen bereits (rechtskräftige) Teilurteile vorlagen, ließ der BGH die Einrede der Verjährung des (nicht rechtzeitig verklagten) Streitgenossen durchdringen. Da der Anspruch auf Übertragung des Eigentums an einem Grundstück gegen einen notwendigen Streitgenossen verjährt war, blieben die anderen Teilurteile ohne Wirkung.
27 Thomas/Putzo/Hüßtege ZPO § 62 Rn. 17.
28 HK-ZPO/Bendtsen ZPO § 62 Rn. 19.
29 HK-ZPO/Bendtsen ZPO § 62 Rn. 19.

20 Bei der notwendigen Streitgenossenschaft nach **Alt. 2** ist dies nicht möglich, denn hier steht allen Streitgenossen die Prozessführungsbefugnis nur gemeinschaftlich zu.[30] Ist die Klage eines oder gegen einen notwendigen Streitgenossen unzulässig, ist sie mithin **gegen alle Streitgenossen unzulässig**.[31] Teilurteile sind dann unzulässig.[32] Zu beachten ist dies insbesondere bei der Klageerhebung, wenn nicht alle Streitgenossen denselben allgemeinen Gerichtsstand haben. Hier muss die Klageerhebung am besonderen Gerichtsstand erfolgen, um der Klageabweisung als unzulässig zu entgehen. Eine Zuständigkeitsbestimmung nach § 36 Abs. 1 Nr. 3 ZPO ist wegen des bestehenden besonderen Gerichtsstands nicht möglich.[33]

21 **6. Unterschiedliches Prozessverhalten.** Schwierig zu beurteilen ist ferner die Frage, wie sich ein unterschiedliches Prozessverhalten der Streitgenossen auswirkt: *Beispiel: A und B sind notwendige Streitgenossen auf Beklagtenseite, A möchte den Anspruch anerkennen, B den Anspruch bestreiten und eine Sachentscheidung bewirken.*[34] Da die Sachentscheidung in beiden Alternativen der Vorschrift einheitlich ergehen muss, ist die Dispositionsmaxime der Parteien eingeschränkt: **Anerkenntnis, Verzicht; Geständnis und Klageänderung** sind nur dann wirksam, wenn sie von allen Streitgenossen erklärt werden.[35] Verhandeln die notwendigen Streitgenossen unterschiedlich zur Sache, ist dies jedoch grundsätzlich möglich und vom Gericht (lediglich) nach § 286 ZPO zu würdigen.[36] Letztlich setzt sich der Streitgenosse durch, dessen Angriffs- oder Verteidigungsverhalten am weitesten reicht.

7. Rechtsmittel

22 a) Auch bei der Einlegung eines Rechtsmittels gelten Besonderheiten: Zwar gilt auch hier die Trennung der einzelnen Prozessrechtsverhältnisse, so dass bei der Einlegung des Rechtsmittels Rechtsmittelführer nur der Streitgenosse ist, der das Rechtsmittel eingelegt hat.[37] Jedoch führt die notwendige Streitgenossenschaft dazu, dass das Urteil dann gegenüber allen Streitgenossen nicht rechtskräftig wird und alle Prozesse in die nächste Instanz gebracht werden. Der – nicht rechtsmittelführende – Streitgenosse wird dennoch Partei des Rechtsmittelverfahrens;[38] er ist deswegen zu allen Terminen zu laden und kann selbst Prozesshandlungen vornehmen.[39] Legt ein Streitgenosse verspätet ein Rechtsmittel ein oder nimmt er es zurück, ist dies unbeachtlich, solange überhaupt ein zulässiges Rechtsmittel eingelegt ist. Die Parteistellung der untätigen Streitgenossenschaft ändert jedoch nichts daran, dass gemäß § 97 ZPO die Kosten des Rechtsmittels gegebenenfalls nur den Rechtsmittelführer treffen. Das möglicherweise unzulässige Rechtsmittel eines notwendigen Streitgenossen ist nicht gesondert zu verwerfen.[40]

b) Der Gegner muss das Urteil gegen alle notwendigen Streitgenossen anfechten, um zu verhindern, dass es auch nur gegenüber einem Streitgenossen rechtskräftig wird und wegen der auch den übrigen Streitgenossen zugutekommenden Rechtskraft das Rechtsmittel dann als unzulässig verworfen wird.[41]

---

30 BGH NJW 2009, 2132 (2134); ebenso: Zöller/Althammer ZPO § 62 Rn. 25; HK-ZPO/Bendtsen ZPO § 62 Rn. 21; aA Thomas/Putzo/Hüßtege ZPO § 62 Rn. 17.
31 BGH NJW 1959, 1683 (1684); Zöller/Althammer ZPO § 62 Rn. 30; differenzierend MüKoZPO/Schultes ZPO § 62 Rn. 47.
32 BGH NJW 1999, 1638; Thomas/Putzo/Hüßtege ZPO § 62 Rn. 22.
33 AA offenbar Schellhammer Rn. 1616.
34 Hier zeigen sich die Vorteile des „Pragmatismus der Rechtsprechung". Läge nur eine einfache Streitgenossenschaft vor, würde gegen A ein (Teil-)anerkenntnisurteil und gegen B ein streitiges Endurteil ergehen.
35 HK-ZPO/Bendtsen ZPO § 62 Rn. 20; Zöller/Althammer ZPO § 62 Rn. 26.
36 BGH NJW 2001, 1056 (1057).
37 Thomas/Putzo/Hüßtege ZPO § 62 Rn. 24.
38 BGH BeckRS 2012, 05523 = NJW 2016, 716.
39 Zöller/Althammer ZPO § 62 Rn. 32.
40 MüKoZPO/Schultes ZPO § 62 Rn. 52; teilweise anders: Thomas/Putzo/Hüßtege ZPO § 62 Rn. 27, der eine unterschiedliche Entscheidung über die Zulässigkeit der Rechtsmittel für möglich hält.
41 BGHZ 23, 73; Zöller/Althammer ZPO § 62 Rn. 31; Thomas/Putzo/Hüßtege ZPO § 62 Rn. 29.

c) Rechtskraft tritt daher erst dann ein, wenn keiner der Streitgenossen oder ihr Gegner das Urteil mehr anfechten kann.[42] Ist ein unzulässiges Teilurteil gegen einzelne Streitgenossen ergangen, wirkt ein obsiegendes Urteil des rechtsmittelführenden Streitgenossen auch dann zu ihren Gunsten, wenn das Teilurteil in formelle und materielle Rechtskraft erwachsen ist. Anderenfalls würde die Wirkung der notwendigen Streitgenossenschaft in ihr Gegenteil verkehrt.[43] Die entsprechenden Teilurteile sind dann zwar nicht nichtig, entfalten aber keine Wirkung.

C. Weitere praktische Hinweise

Auch in anderen Verfahrensordnungen ist die Frage nach dem Vorliegen einer notwendigen Streitgenossenschaft regelmäßig zu beantworten, auch hier erscheint die Linie nicht einheitlich: Der *VGH Mannheim* hat entschieden, dass ein einzelner Erbe einer Erbengemeinschaft kein Rechtsmittel gegen eine dem Grundstücksnachbarn erteilte **Baugenehmigung** einlegen darf, weil es sich bei der Erhebung der Anfechtungsklage um eine notwendige Streitgenossenschaft handelt.[44] Das *VG Würzburg* hat sich dem angeschlossen und die Anfechtung eines **Verwaltungsaktes** als Ausübung eines Gestaltungsrechts eingeordnet und eine notwendige Streitgenossenschaft der Anfechtungskläger angenommen.[45] Der *Bundesfinanzhof* hat hingegen entschieden, dass die Anfechtung eines **Steuerbescheides** (hier: aus der ehemaligen DDR) die Ausübung eines Gestaltungsrechts darstelle mit der Folge, dass die Erben, die Klage gegen den Steuerbescheid erheben, die nicht klagenden Erben vertreten.[46]

23

§ 254 ZPO Stufenklage

Wird mit der Klage auf Rechnungslegung oder auf Vorlegung eines Vermögensverzeichnisses oder auf Abgabe einer eidesstattlichen Versicherung die Klage auf Herausgabe desjenigen verbunden, was der Beklagte aus dem zugrunde liegenden Rechtsverhältnis schuldet, so kann die bestimmte Angabe der Leistungen, die der Kläger beansprucht, vorbehalten werden, bis die Rechnung mitgeteilt, das Vermögensverzeichnis vorgelegt oder die eidesstattliche Versicherung abgegeben ist.

A. Allgemeines 1	2. Wert des Beschwerdegegenstandes bei der Auskunfts- und Versicherungsstufe 20
B. Regelungsgehalt 5	a) Rechtsmittel der Klagepartei 21
I. Die Klage des Pflichtteilsberechtigten 7	b) Rechtsmittel der beklagten Partei . 25
1. Auskunft und Wertermittlung 7	IV. Auskunftsanspruch des Erben gegen den Erbschaftsbesitzer 29
2. Eidesstattliche Versicherung 9	C. Weitere praktische Hinweise: 31
3. Wertermittlung 10	I. Gebühren der an der Stufenklage beteiligten Rechtsanwälte 31
4. Leistung 11	
II. Verfahren 13	II. Prozesskostenhilfe 33
1. Zuständigkeit 13	III. Zwischenfeststellungsklage 34
2. Gang des Verfahrens 14	
3. Entscheidung, insbesondere über die Kosten 17	
III. Rechtsmittelverfahren 18	
1. Prüfungs- und Entscheidungsumfang .. 18	

A. Allgemeines

Die Stufenklage stellt einen Sonderfall der objektiven Klagenhäufung dar, auf den § 260 ZPO jedoch keine Anwendung findet.[1] Mit ihr kann der Kläger zunächst einen Auskunftsanspruch

1

---

42 HK-ZPO/Bendtsen ZPO § 62 Rn. 25; Zöller/Althammer ZPO § 62 Rn. 31.
43 BGH NJW 1996, 1060 (1062).
44 VGH Mannheim NJW 1992, 388.
45 VG Würzburg BeckRS 2012, 49355.
46 BFH ZEV 2007, 281 (282) mwN.
1 Thomas/Putzo/Seiler ZPO § 254 Rn. 1.

verfolgen. Dies soll ihm ermöglichen, die auf der Leistungsstufe erforderliche Bezifferung des Antrags gemäß § 253 Abs. 2 Nr. 2 ZPO vornehmen zu können.

2 Im Erbrecht spielt die Stufenklage vor allem bei der Durchsetzung der Ansprüche des Pflichtteilsberechtigten gegen den Erben oder des Erben gegen den Erbschaftsbesitzer eine wichtige Rolle. Daneben kommt sie auch bei der Rechnungslegung des Testamentsvollstreckers und der anschließenden Herausgabe von Gegenständen zum Tragen.[2]

3 **Ausgangspunkt:** Häufig ist im Erbrecht der Berechtigte im Zweifel darüber, in welchem Umfang tatsächlich (Zahlungs-)Ansprüche bestehen; sei es, weil er als Pflichtteilsberechtigter keine Kenntnis über die Zusammensetzung des Nachlasses hat oder weil er als Erbe nicht weiß, welche Gegenstände der Erbschaftsbesitzer in Besitz genommen hat. Daher ist es erforderlich, sich zunächst das für die Bezifferung der zu stellenden Anträge erforderliche Wissen zu verschaffen. Dies ermöglicht die Stufenklage nach § 254 ZPO.[3] Bei dieser wird der Beklagte zunächst auf Auskunft, gegebenenfalls auf Wertermittlung hinsichtlich einzelner Nachlassgegenstände,[4] sodann auf die eidesstattliche Versicherung der Richtigkeit der erteilten Auskunft und schließlich auf Zahlung des sich aus der Auskunft ergebenden Betrages bzw. Herausgabe der Gegenstände in Anspruch genommen. Nachteil dieses Vorgehens ist allerdings, dass es regelmäßig zeitintensiv ist und häufig Streit auf einer der Zahlung/Herausgabe vorgelagerten Stufe besteht, der das Verfahren insgesamt in die Länge zieht. Wird statt der Stufenklage direkt auf Leistung geklagt, trägt der Kläger hingegen das Risiko, dass bei einer Zuvielforderung die Klage (mit nachteiliger Kostenfolge) abgewiesen wird. Verlangt der Kläger weniger, als ihm eigentlich zustünde, hindert § 308 Abs. 1 ZPO eine über den Antrag hinausgehende Verurteilung.

4 Trotz des (zunächst) unbestimmten Antrags auf der letzten Stufe führt dieser auch zur Hemmung der Verjährung des Zahlungsanspruchs gemäß § 204 Abs. 1 Nr. 1 BGB.[5] Das ist ein entscheidender Unterschied und Vorteil zur isolierten Auskunftsklage, die die Verjährung hinsichtlich des Leistungsanspruchs nicht hemmt.[6] Bei Erhebung einer reinen Auskunftsklage riskiert der Kläger die Verjährung seiner Ansprüche, weil diese die Verjährung des Zahlungsanspruchs nicht hindert.

B. Regelungsgehalt

5 Kann der Berechtigte seine Ansprüche nicht von Anfang an beziffern, wie von § 253 Abs. 2 Nr. 2 ZPO gefordert, bietet die Stufenklage die Möglichkeit, vom Verpflichteten zunächst Auskunft zu verlangen, die Richtigkeit der gegebenen Auskünfte gegebenenfalls eidesstattlich versichern zu lassen und dann auf der letzten Stufe eine Bezifferung der Ansprüche vorzunehmen.

6 Auskunftserteilung, Wertermittlung und gegebenenfalls die eidesstattliche Versicherung haben dabei nur helfenden Charakter insoweit, als sie der (späteren) Bezifferung des Anspruchs dienen.[7] Wird mit einer Klage neben einer Auskunft auch ein *davon unabhängiger* Zahlungsanspruch verfolgt, unterfällt dieser deshalb nicht dem Privileg des § 254 ZPO.

---

2 Klingelhöffer ZEV 2009, 379 (380).
3 BGH NJW 2011, 1815 (1816).
4 OLG München ZEV 2023, 107: Auskunfts- und der Wertermittlungsanspruch können auf derselben Stufe geltend gemacht werden, wenn der Kläger den Gegenstand, dessen Wert ermittelt werden soll, bereits benennen kann. Erlangt der Kläger allerdings erst durch die Auskunft Kenntnis von bestimmten Gegenständen, erfolgt die diesbezügliche Wertermittlung auf einer gesonderten Stufe.
5 BGH NJW 2012, 2180.
6 BGH NJW 1975, 1409; NJW 2019, 234 (Vorlage des notariellen Nachlassverzeichnisses wurde als verjährungshemmendes Anerkenntnis angenommen; NJW 2019, 1219 (bloßes Anerkenntnis bezüglich der Auskunft stellt kein Anerkenntnis hinsichtlich des Pflichtteilsanspruchs dar; OLG Zweibrücken NJW-RR 2001, 865; OLG Naumburg BeckRS 2005, 10052.
7 BGH NJW 2011, 1815 (1816).

I. Die Klage des Pflichtteilsberechtigten

1. Auskunft und Wertermittlung. Über seinen Wortlaut hinaus ist § 254 ZPO weit auszulegen.[8] Auf der ersten Stufe können nicht auf Rechnungslegung oder die Vorlage eines Vermögensverzeichnisses verlangt werden, vielmehr können alle materiellrechtlichen Informationsansprüche geltend gemacht werden.[9]

Zentral für den nicht erbenden Pflichtteilsberechtigten ist der Anspruch auf Auskunft und der vom Auskunftsanspruch zu trennende Wertermittlungsanspruch gemäß § 2314 Abs. 1 BGB.

a) **Anspruchberechtigt** ist der nichterbende Pflichtteilsberechtigte,[10] **Anspruchsgegner** sind der oder die Erben. Der Antrag ist darauf zu richten, dem Kläger Auskunft über den Bestand des Nachlasses zum Zeitpunkt des Todes des Erblassers durch Vorlage eines einfachen oder notariellen **Bestandsverzeichnisses** zu erteilen.[11] Der Anspruch auf Auskunftserteilung geht sehr weit, er bezieht sich auf alle Tatsachen und Rechtsverhältnisse, die für den Pflichtteilsanspruch von Bedeutung sind.[12] Der zur Auskunft verpflichtete Erbe muss sich gegebenenfalls auch Kenntnisse verschaffen, die über seinen eigenen Wissenstand hinausgehen; gegebenenfalls ist er gehalten, eigene Auskunftsansprüche gegen Dritte geltend zu machen.[13] Bei der begehrten Auskunft ist darauf zu achten, dass der zu stellende Antrag den **Anforderungen des § 253 Abs. 2 Nr. 2 ZPO** entspricht, dh die vom Beklagten vorzunehmende Handlung ist so exakt zu bezeichnen, dass dieser im Falle seiner Verurteilung genau weiß, was von ihm verlangt wird.[14]

b) **Umfang des Anspruchs:** Der Anspruch auf **Auskunft**serteilung beinhaltet im Wesentlichen die Vorlage eines geordneten Bestandsverzeichnisses im Sinne des § 260 Abs. 1 BGB, dh eine nach Aktiva und Passiva geordnete Zusammenstellung,[15] die Wertangaben nicht enthalten muss. Nach wohl herrschender Meinung gewährt der Auskunftsanspruch kein Recht, vom Auskunftsverpflichteten auch die Vorlage von Belegen zu verlangen.[16] Begründet wird dies damit, dass § 2314 BGB lediglich auf § 260 BGB, nicht aber auf § 259 BGB verweist; nur bei letzterem sei aber die Vorlage von Belegen durch das Gesetz vorgesehen. Im Übrigen habe der Gesetzgeber bei der Reform des § 1379 BGB in Kenntnis dieser Fragestellung in § 1379 Abs. 2 S. 1 BGB bei Beendigung des Güterstandes eine Belegvorlage angeordnet, dies aber bei § 2314 Abs. 1 BGB unterlassen, woraus ebenso der Schluss zu ziehen sei, dass der Pflichtteilsberechtigte keinen Anspruch auf Vorlage von Belegen im Rahmen des Auskunftsverlangens haben soll.[17]

Etwas anderes gilt nach Ansicht des BGH lediglich dann, wenn zum Nachlass ein Unternehmen gehört. Dann soll auch die Vorlage von Belegen verlangt werden können, damit der Anspruchsberechtigte die Möglichkeit hat, eine Bewertung des Unternehmens und damit des Nachlasses vornehmen (lassen) zu können.[18]

In der Literatur wird diese Einschränkung teilweise kritisch beurteilt. Zutreffend wird darauf hingewiesen, dass der Pflichtteilsberechtigte regelmäßig Schwierigkeiten haben dürfte, eine unzureichende Auskunftserteilung durch den Verpflichteten überhaupt darzulegen, was aber überhaupt erst Voraussetzung für eine spätere Kontrolle durch Abgabe der eidesstattli-

---

8 Schäuble JuS 2011, 507 (508).
9 HK-ZPO/Saenger ZPO § 254 Rn. 4.
10 Voraussetzung ist grundsätzlich nur, dass der Kläger pflichtteils**berechtigt** ist. Ob ein Pflichtteils**anspruch** besteht, soll im Verfahren gerade erst geklärt werden; Einzelheiten siehe: Krätzschel/Falkner/Döbereiner Nachlassrecht/Krätzschel § 17 Rn. 1.
11 Gesetzesformulare ZPO/Siebert ZPO § 254 Rn. 14; HK-ZPO/Saenger ZPO § 254 Rn. 4; Fleischer/Horn ZErb 2013, 105 ff. mit umfangreichen Formulierungsvorschlägen für diverse Konstellationen für die zu erteilende Auskunft.
12 BGH NJW 1961, 602 (603).
13 BGH NJW 1989, 1601 im konkreten Fall musste der Erbe Auskunftsansprüche gegenüber dem Kreditinstitut des Erblassers geltend machen.
14 Fleischer/Horn ZErb 2013, 105 (107).
15 BGH NJW 2019, 231; Burandt/Rojahn/Horn Erbrecht BGB § 2314 Rn. 19.
16 BGH NJW 1985, 1693; OLG Koblenz BeckRS 2012, 20029; OLG München NJW-RR 2021, 1376.
17 OLG Düsseldorf ZEV 2019, 90.
18 BGH NJW 1975, 1774 (1776).

chen Versicherung ist.[19] Vorgeschlagen wird daher, dem Auskunftsberechtigten – gestützt auf § 242 BGB – im Einzelfall ein Recht auf Vorlage von Belegen einzuräumen.[20] Jedenfalls soll ein derartiger Anspruch bestehen, wenn nach dem schlüssigen Vortrag des Pflichtteilsberechtigten mehr Vermögen des Erblassers vorhanden sein müsste, als der Erbe seinerseits angegeben hat.[21] Will der Auskunftsberechtigte bei der Erstellung des Verzeichnisses anwesend sein, wozu er grundsätzlich berechtigt ist (§ 2314 Abs. 1 S. BGB), muss dies beantragt werden und Gegenstand des Titels sein.[22]

c) **Vollstreckung:** Die Verurteilung zur Auskunftserteilung wird gemäß § 888 ZPO als unvertretbare Handlung vollstreckt.[23] Ist der Auskunftsschuldner prozessunfähig, kommt die Verhängung von Zwangshaft nicht in Betracht, da dieser mangels hinreichender Einsichts- und Steuerungsfähigkeit nicht in der Lage ist, einen natürlichen Willen zur Vornahme der von ihm geschuldeten Handlung zu bilden.[24] Ebenso wenig darf in diesem Fall die Zwangshaft gegen den Bevollmächtigten des Schuldners erfolgen.[25] Allerdings kommt die Verhängung von Zwangsgeld in Betracht; dieses wird gegen den Schuldner, nicht gegen den Vertreter verhängt.[26]

2. Eidesstattliche Versicherung

9 a) **Streitgegenstand** auf der zweiten Stufe ist die Abgabe der eidesstattlichen Versicherung. Geht es um die Erteilung der Auskunft gemäß § 2314 BGB, ergibt sich die Verpflichtung zur Abgabe aus § 260 Abs. 2 BGB.[27] Tatbestandlich verlangt der Anspruch regelmäßig die Besorgnis, dass die geschuldete Auskunft nicht mit der nötigen Sorgfalt erteilt worden ist.[28] Diese Besorgnis kann beispielsweise dann bestehen, wenn der Auskunftsverpflichtete unterschiedliche Angaben im Laufe des Verfahrens über den Auskunftsgegenstand macht oder sein Berufen auf Erinnerungslücken nicht glaubwürdig ist.[29] Nach Ansicht des *OLG Frankfurt* soll sich eine entsprechende Besorgnis auch dann ergeben, wenn der Verpflichtete vorprozessual versucht hat, die Auskunftserteilung mit allen Mitteln zu verweigern oder zumindest zu verzögern.[30] Nach Ansicht des *OLG München* reicht es aus, wenn die Angaben nur sukzessive auf Nachfrage gemacht worden sind.[31] Insgesamt ist in der obergerichtlichen Rechtsprechung eine Tendenz zu erkennen, die Hürden für die eidesstattliche Versicherung nicht zu hoch zu legen.

In der Literatur wird jedoch zu Recht darauf hingewiesen, dass diese Rechtsprechung aber letztlich den Erben privilegiert, der „ohne weiteres Aufsehen widerspruchs- und fehlerlos lügt", denn bei diesem können keine Tatsachen vorgelegt werden, die eine Versicherung an Eides statt rechtfertigen würden.[32]

Die erteilten Auskünfte sind deshalb mit der größten Sorgfalt zu überprüfen.

Nach Ansicht des BGH ist die eidesstattliche Versicherung auch dann abzugeben, wenn zuvor ein notarielles Nachlassverzeichnis vorgelegt wurde.[33]

b) **Zwangsvollstreckung:** Die Abgabe der eidesstattlichen Versicherung wird nach §§ 888, 889 ZPO vollstreckt.[34]

---

19 Ausführlich zum Ganzen: van der Auwera ZEV 2008, 359 ff.
20 Grüneberg/Weidlich BGB § 2314 Rn. 8.
21 Klingelhöffer Pflichtteilsrecht Rn. 37.
22 OLG München ZEV 2021, 580; Burandt/Rojahn/Horn Erbrecht BGB § 2314 Rn. 62.
23 Thomas/Putzo/Seiler ZPO § 888 Rn. 2.
24 BGH NJW 2022, 393.
25 BGH NJW 2022, 393.
26 BGH NJW 2022, 393.
27 Grüneberg/Weidlich BGB § 2314 Rn. 11.
28 HK-ZPO/Saenger ZPO § 254 Rn. 6; Grüneberg/Weidlich BGB BGB § 2314 Rn. 11.
29 OLG Düsseldorf OLGR 1998, 304.
30 BGH NJW-RR 1993, 1483.
31 OLG München ZErb 2012, 135 (137).
32 Van der Auwera ZEV 2008, 359 (363).
33 BGH NJW 2022, 695; Burandt/Rojahn/Horn Erbrecht BGB § 2314 Rn. 60; aA BeckOGK/Blum/Heuser, Stand: 15.6.2021, BGB § 2314 Rn. 84; jurisPK-BGB/Birkenheier, 9. Aufl., Stand: 2.11.2021, BGB § 2314 Rn. 102; NK-BGB/Bock, 5. Aufl., BGB § 2314 Rn. 27 a; MüKoBGB/Lange, 8. Aufl., BGB § 2314 Rn. 29.
34 Einzelheiten: Thomas/Putzo/Seiler ZPO § 889 Rn. 1 ff.

3. Wertermittlung. Soll der Erbe (auch) auf Wertermittlung in Anspruch genommen werden, ist dies gesondert zu beantragen, da der Wertermittlungs- vom Auskunftsanspruch unabhängig ist. Letztlich handelt es sich bei der Natur des Anspruchs um einen Duldungsanspruch, darauf gerichtet, die durch einen Sachverständigen vorzunehmende Wertermittlung zu dulden. Ist schon bei Klageerhebung bekannt, hinsichtlich welcher Gegenstände die Wertermittlung beantragt werden soll (zB ein zum Nachlass gehörendes Grundstück), kann über die Wertermittlung **zeitgleich mit der mit der Auskunftsstufe** entschieden werden.[35] Soll hingegen erst durch die Auskunftserteilung geklärt werden, welche Gegenstände überhaupt vorhanden sind, kann die Wertermittlung nicht sogleich pauschal für alle Nachlassgegenstände mit der Auskunftsstufe begehrt werden.[36] Vielmehr ist die Wertermittlung nach erteilter Auskunft, also auf der nächsten Stufe, hinsichtlich bestimmter Gegenstände zu beantragen. Bei der Formulierung dieses Antrages ist wiederum darauf zu achten, dass die zu bewertenden Gegenstände so genau bezeichnet werden, dass die Anträge vollstreckbar sind.[37] Unzulässig ist ein Antrag, der darauf gerichtet ist, „den Wert der Gegenstände im Nachlass zu ermitteln", da der Anspruch stets nur auf die Begutachtung bestimmter Gegenstände gerichtet sein kann.

Dass der zu bewertende Gegenstand veräußert wurde, steht dem Wertermittlungsanspruch ebenso wenig entgegen wie der Umstand, dass vorprozessual bereits mehrere Gutachten vorgelegt worden sind.[38] Da der Pflichtteilsberechtigte nach der hM keinen Anspruch auf das Gutachten eines öffentlich bestellten und vereidigten Sachverständigen hat,[39] sollte ein solches auch nicht mit in den Antrag aufgenommen werden.[40]

4. Leistung. Auf der dritten Stufe ist der Antrag auf Herausgabe gerichtet. (sog. Betragsverfahren) Der BGH legt den Begriff der Herausgabe weit aus. Verlangt werden kann danach nicht nur die Herausgabe, sondern auch Zahlung eines Geldbetrags, Übereignung beweglicher Sachen oder Grundstücke, Besitzverschaffung an Sachen, Abtretung von Forderungen, die Übertragung sonstiger Rechte oder auch die Erteilung einer Gutschrift im Bankverkehr.[41]

Die Klagepartei muss, nachdem in der ersten Stufe die Auskünfte erteilt und deren Richtigkeit auf der zweiten Stufe gegebenenfalls eidesstattlich versichert worden ist, den zunächst unbestimmten Antrag nunmehr dergestalt präzisieren, dass dieser jetzt den Anforderungen des § 253 Abs. 2 Nr. 2 ZPO entspricht. Um eine Klageänderung handelt es sich dabei nicht, denn der Anspruch ist in der nun bezifferten Höhe bereits mit Klageerhebung rechtshängig geworden.[42]

II. Verfahren

1. Zuständigkeit

a) Die örtliche Zuständigkeit des angerufenen Gerichts richtet sich nach den allgemeinen Vorschriften. Sofern es um die Geltendmachung von Pflichtteilsansprüchen oder um Ansprüche gegen den Erbschaftsbesitzer geht, greift neben dem allgemeinen Gerichtsstand nach §§ 12, 13 ZPO auch der besondere Gerichtsstand gemäß § 27 ZPO ein (siehe dort → Rn. 11).

b) Die sachliche Zuständigkeit richtet sich nach dem **Zuständigkeitsstreitwert**, §§ 23 Nr. 1, 71 GVG. Dabei sind nach herrschender Meinung die Gegenstandswerte der einzelnen Stufen zu

---

35 OLG München ZEV 2023, 107; Fleischer/Horn ZErb 2013, 105 (108).
36 OLG Koblenz BeckRS 2013, 2065.
37 Formulierungsbeispiel bei: Fleischer/Horn ZErb 2013, 105 (109).
38 BGH ZEV 2021, 762.
39 BGH NJW 1975, 258; 2022, 192; MüKoBGB/Lange BGB § 2314 Rn. 21.
40 Anders: BeckPFormB/Klinger/Lahn II L 20. Dabei wird jedoch übersehen, dass der Kläger insoweit stets eine Teilklageabweisung riskiert, hinsichtlich derer zwar die Anwendung von § 92 Abs. 2 ZPO naheliegt, aber nicht zwingend ist. Ob der verurteilte Beklagte gegen eine entsprechende Verurteilung Berufung einlegen kann, hängt wiederum davon ab, ob der Wert des Beschwerdegegenstandes im Sinne des § 511 Abs. 2 ZPO erreicht wird, was davon abhängen dürfte, ob das Gutachten des öffentlich bestellten und vereidigen Sachverständigen entsprechend teurer ist.
41 BGH NJW 2003, 2748 (2749).
42 HK-ZPO/Saenger ZPO § 254 Rn. 9.

addieren.⁴³ Nach anderer Ansicht hindert die wirtschaftliche Identität der verfolgten Ansprüche eine Addition der Gegenstandswerte, maßgeblich soll – wie beim Gebührenstreitwert (§ 44 GKG) – nur der höchste Gegenstandswert sein.⁴⁴

Erhebt der Kläger Klage zum Amtsgericht, weil er den Wert des Nachlasses nur gering einschätzt und ergibt die erteilte Auskunft später, dass entgegen der ursprünglichen Erwartung ein Leistungsanspruch besteht, der zur Zuständigkeit der Landgericht gehörte, verbleibt es dennoch bei der Zuständigkeit des Amtsgerichts. Ein Fall des § 506 ZPO liegt nicht vor, weil der Anspruch insgesamt mit Klageerhebung rechtshängig geworden ist, so dass kein Fall *nachträglicher* sachlicher Unzuständigkeit gegeben sein kann.

aa) Für den **Auskunftsanspruch** ist dessen Wert gemäß § 3 ZPO zu schätzen.⁴⁵ Er ist nicht identisch mit dem Wert der Hauptsache. In der Regel dürfte er sich in der Größenordnung von 10 % bis 25 % des Hauptsachewertes bewegen.⁴⁶

bb) Der Wert für die abzugebende eidesstattliche Versicherung bemisst sich ebenfalls nach dem konkreten Interesse des Klägers, dh an den Vorteilen, die er sich durch die eidesstattliche Versicherung verspricht. Regelmäßig wird dieser Wert mit einem Bruchteil der Leistungsstufe zu bemessen sein, der nicht höher liegt als der der Auskunftsstufe.⁴⁷

cc) Für die 3. Stufe ist maßgeblich die Erwartung der Klagepartei bei der Erhebung der Klage. Diese ist vom Gericht unter Berücksichtigung des bisherigen Verfahrensstoffes zu schätzen. Dabei kann auch auf das vorprozessuale Verhalten Bezug genommen zu werden, beispielsweise wenn die Klagepartei in einer bestimmten Höhe gemahnt hat.

2. Gang des Verfahrens

14 a) Aus dem Wesen der Stufenklage folgt, dass über die einzelnen Stufen jeweils sukzessive zu verhandeln und zu entscheiden ist.⁴⁸ Die Zulässigkeit der Stufenklage setzt aber nicht voraus, dass stets alle Stufen durchlaufen werden. Aus der Dispositionsbefugnis der Parteien folgt vielmehr, dass auch Stufen ausgelassen bzw. übersprungen werden können. So ist es möglich, auf die Auskunftsstufe zu verzichten, wenn Auskunft vorprozessual erteilt worden ist und jetzt nur noch die Richtigkeit der Angaben eidesstattlich versichert werden soll. Ebenso ist ein Verzicht auf die Stufe der eidesstattlichen Versicherung möglich, wenn sich die Klagepartei davon zum Beispiel keine anderen oder besseren Auskünfte verspricht. Auskunfts- und Wertermittlungsanspruch können parallel verfolgt werden, wenn die zu bewertenden Gegenstände von Anfang an bekannt sind. Erfährt der Kläger erst durch die Auskunft von zu bewertenden Gegenständen, handelt es sich um separate Stufen (→ Rn. 10).⁴⁹ Wird von der Auskunftsstufe (ohne Auskunftserteilung) direkt zur Leistungsstufe übergegangen, weil zB die ursprünglich für erforderlich gehaltene Auskunft doch nicht mehr benötigt wird, handelt es sich insoweit nach herrschender Meinung um eine jederzeit zulässige Klageänderung bzw. Klageerweiterung nach § 264 Nr. 2 ZPO.⁵⁰

Ebenso steht es der Zulässigkeit der Klage nicht entgegen, dass die Ansprüche bei Klageerhebung bereits beziffert worden sind,⁵¹ zB im Sinne eines verlangten Mindestbetrages, auch wenn dies keine Vorteile bringt.

---

43 Thomas/Putzo/Hüßtege ZPO § 3 Rn. 141, § 5 Rn. 2; Zöller/Hergert ZPO § 3 Rn. 16 (Stufenklage), ZPO § 5 Rn. 7; OLG Brandenburg NJOZ 2002, 181 (182).
44 MüKoZPO/Wöstmann ZPO § 5 Rn. 21; Lappe NJW 2004, 2412.
45 BGH MDR 2011, 559.
46 BGH NJW 1997, 1016; HK-ZPO/Bendtsen ZPO § 3 Rn. 15 (Auskunft).
47 HK-ZPO/Bendtsen ZPO § 3 Rn. 15 (eidesstattliche Versicherung).
48 BGH NJW 2001, 883; HK-ZPO/Saenger ZPO § 254 Rn. 13.
49 OLG München ZEV 2023, 107; OLG Koblenz BeckRS 2013, 2065; Fleischer/Horn ZErb 2013, 105 (108).
50 BGH NJW 2001, 833; OLG München ZEV 2013, 86, das sogar eine Rückkehr von der Leistungs- zur Auskunftsstufe für möglich hält; HK-ZPO/Saenger ZPO § 254 Rn. 12; Zöller/Greger ZPO § 254 Rn. 4; aA MüKoZPO/Becker-Eberhard ZPO § 254 Rn. 8.
51 Thomas/Putzo/Seiler ZPO § 254 Rn. 5.

b) Erweist sich die Klage **insgesamt als unzulässig oder unbegründet**, kann sie das Gericht ausnahmsweise sogleich insgesamt – bei Vorliegen der Voraussetzungen auch durch **Versäumnisurteil**[52] – abweisen.[53] Ein derartiges Vorgehen ist nach Ansicht des BGH jedenfalls dann möglich, wenn schon die Prüfung des Auskunftsanspruchs ergibt, dass dem Leistungsanspruch die materiellrechtliche Grundlage fehlt.[54] Das ist beispielsweise beim Fehlen der Aktivlegitimation der Fall.[55]

Anderenfalls ist über die einzelnen Stufen sukzessive zu verhandeln und durch **Teilurteil ohne Kostenentscheidung** zu entscheiden. Gegen den Beklagten kann daher bei dessen Säumnis ein **Versäumnisurteil** jeweils nur über die jeweilige Stufe ergehen.[56]

Erst nach dem rechtskräftigen Abschluss der jeweiligen Stufe findet eine Verhandlung über die nächste Stufe statt.[57] Erforderlich ist dafür ein **Antrag der Parteien**, wobei auch ein Antrag des Beklagten ausreichen kann.[58]

3. Entscheidung, insbesondere über die Kosten. Da über die einzelnen Stufen nur sukzessive verhandelt und entschieden werden darf, bleibt die abschließende Entscheidung über den Leistungsantrag und die Kosten dem Schlussurteil vorbehalten, auch wenn die Kosten für jede Stufe gesondert nach §§ 91 ff. ZPO zu beurteilen sind.[59] Das soll auch dann gelten, wenn das Schlussurteil in einer anderen Instanz ergeht.[60]

a) **Obsiegen bzw. Unterliegen** die Parteien auf den einzelnen Stufen unterschiedlich, muss dennoch eine einheitliche Kostenentscheidung ergehen. Zur Ermittlung der Kostenquote gemäß § 92 ZPO ist dann zunächst ein fiktiver Streitwert zu bilden, indem die für die jeweilige Stufe entstandenen Kosten errechnet und für alle Stufen addiert werden. Sodann ist der jeweilige Obsiegens- bzw. Unterliegensanteil zu diesem fiktiven Streitwert in Relation zu setzen. Das sich daraus errechnende Verhältnis entspricht der Kostenquote.[61] Ergibt die Auskunftsstufe, dass ein Anspruch besteht und wird dieser sodann auf der Leistungsstufe geltend gemacht, hat der Beklagte die Möglichkeit, diesen Anspruch mit der Kostenfolge des § 93 ZPO anzuerkennen, wenn er vorher nicht zur Leistung aufgefordert worden war.[62]

b) **Nichtbestehen des Zahlungsanspruchs**: Umstritten ist, was geschieht, wenn die auf der ersten Stufe erteilte Auskunft ergibt, dass ein Leistungsanspruch der Klagepartei nicht besteht. Hier wurden ursprünglich verschiedene Ansätze vertreten mit dem Ziel, die Klagepartei von den Kosten der – materiell betrachtet – erfolglosen Klage freizustellen.[63]

Nach der Entscheidung des BGH vom 5.5.1994 – III ZR 98/93 – handelt es sich insoweit nicht um eine Erledigung der Hauptsache, weil der Leistungsanspruch, der mit Klageerhebung rechtshängig wurde, damit auch von Anfang an unbegründet war.[64] Folglich finden weder § 93 ZPO noch § 91 a ZPO (analoge) Anwendung. Allerdings geht der BGH davon aus, dass der Klagepartei in aller Regel ein **Kostenerstattungsanspruch nach materiellem Recht** zustehen wird, gestützt auf § 286 Abs. 1 BGB. Diesen Anspruch kann sie dann sogleich im Wege einer stets zulässigen, weil sachdienlichen Klageänderung gemäß § 263 ZPO feststellen lassen. Er ist auf die Feststellung gerichtet, dass die beklagte Partei die Kosten der

---

52 MüKoZPO/Becker-Eberhard ZPO § 254 Rn. 28.
53 BGH NJW 2002, 1042 (1044); NJW-RR 2011, 189 (191); OLG Koblenz BeckRS 2007, 03449; Zöller/Greger ZPO § 254 Rn. 9, 14; HK-ZPO/Saenger ZPO § 254 Rn. 15; Fleischer/Horn ZErb 2013, 133 (134).
54 BGH NJW 2002, 1042 (1044).
55 BGH NJW 1991, 1893.
56 MüKoZPO/Becker-Eberhard ZPO § 254 Rn. 29.
57 BGH NJW 2002, 1042; NJW 2012, 2180 (2183); allgemeine Meinung; aA MüKoZPO/Becker-Eberhard ZPO § 254 Rn. 23.
58 BGH NJW 2012, 2180; OLG Stuttgart NJW 2012, 2289.
59 HK-ZPO/Saenger ZPO § 254 Rn. 21.
60 HK-ZPO/Saenger ZPO § 254 Rn. 21.
61 Die Notwendigkeit der Bildung eines fiktiven Streitwerts folgt daraus, dass der für die Kostenentscheidung tatsächlich maßgebliche Streitwert gemäß § 44 GKG nur den höchsten der einzelnen Streitwerte widerspiegelt mit der Folge, dass daraus allein kein Wertverhältnis gebildet werden kann, wenn die Parteien unterschiedlich erfolgreich sind.
62 Grüneberg/Weidlich BGB § 2314 Rn. 19.
63 Zum Streitstand: Kassebohm NJW 1994, 2728 ff.
64 BGH NJW 1994, 2895; Thomas/Putzo/Seiler ZPO § 254 Rn. 6.

(insgesamt) unbegründeten Klage zu tragen hat. Die Annahme eines solchen Anspruchs ist im Ergebnis zutreffend, denn hätte die beklagte Partei rechtzeitig und vollständig Auskunft erteilt, hätte gar keine Klage erhoben werden müssen.[65] Voraussetzung ist allerdings, dass die beklagte Partei vorprozessual zur Erteilung der Auskunft aufgefordert worden ist, da anderenfalls kein Verzug vorliegt.

Soweit vor dieser Entscheidung andere Lösungsansätze vertreten worden sind,[66] um den Kläger von der grundsätzlichen Kostentragungspflicht zu befreien, dürften diese durch die Entscheidung des BGH obsolet geworden sein. Wird der Rechtsstreit entgegen der Ansicht des BGH dennoch (fehlerhaft) übereinstimmend für erledigt erklärt, soll der materiellrechtliche Kostenerstattungsanspruch bei der nach § 91 ZPO zu treffenden Kostenentscheidung berücksichtigt werden.[67] Dies dürfte dann wohl auch in dem Fall gelten, in dem die Klagepartei ihre Klage nach erteilter Auskunft (fehlerhaft) zurücknimmt. Auch hier kann der materiellrechtliche Anspruch im Rahmen der nach § 269 Abs. 3 Satz 3 ZPO vorzunehmenden Billigkeitsentscheidung berücksichtigt werden.[68]

c) Befindet sich der Beklagte bei Erhebung der Stufenklage in Verzug, muss der Kläger vor dem Übergang auf die Zahlungsstufe den Beklagten nicht erneut zur Leistung auffordern. Selbst wenn der Beklagte den Zahlungsanspruch auf der Leistungsstufe sofort anerkennt, handelt es sich nicht um ein sofortiges Anerkenntnis im Sinne des § 93 ZPO. Insoweit ist das Verhalten des Beklagten vor Klageerhebung maßgeblich, nicht vor dem Übergang zur Zahlungsstufe.[69]

d) Die **Kosten eines Privatgutachtens**, das eine der Parteien erholt hat, um entweder ein gerichtliches Sachverständigengutachten oder ein Privatgutachten des Prozessgegners zu widerlegen, können im Kostenfestsetzungsverfahren erstattungsfähig sein, wenn dies zur zweckentsprechenden Rechtsverfolgung oder -verteidigung notwendig ist. Die Kosten sind in dem Umfang zu ersetzen, in dem die Tätigkeit des Privatgutachters prozessbezogen war, dh eine Förderung des Gesamtrechtsstreits zu erwarten war.[70]

III. Rechtsmittelverfahren

18 **1. Prüfungs- und Entscheidungsumfang.** Ebenso wie im erstinstanzlichen Verfahren darf auch die Rechtsmittelinstanz nur über die jeweilige Stufe entscheiden, derentwegen das Urteil angefochten wurde.[71] Daher darf das Berufungsgericht, wenn die 1. Instanz nur über die erste Stufe entschieden hat, nicht über die 2. Stufe verhandeln und entscheiden.[72]

19 Hat das Ausgangsgericht die Stufenklage jedoch *insgesamt* abgewiesen, weil es einen von der Rechtsprechung anerkannten Ausnahmefall angenommen hat, ist das Verfahren vom Berufungsgericht insgesamt in die 1. Instanz zurückzuverweisen, wenn das Berufungsgericht einen Anspruch auf Auskunft bejaht.[73]

20 **2. Wert des Beschwerdegegenstandes bei der Auskunfts- und Versicherungsstufe.** Maßgeblich für die Frage, ob im Rahmen der Stufenklage zulässigerweise ein Rechtsmittel wegen der Auskunfts- oder Versicherungsstufe eingelegt werden kann, ist neben dem Vorliegen der allgemeinen Voraussetzungen der §§ 511, 542 ZPO vor allem das Erreichen des Wertes des Beschwerdegegenstandes gemäß § 511 Abs. 2 Nr. 1 ZPO (600 EUR) bzw. – bei Nichtzulassung der Revision – gemäß § 544 Abs. 2 Nr. 1 ZPO für die Zulässigkeit der Nichtzulassungsbeschwerde

---

65 Fleischer/Horn ZErb 2013, 133 (137); Graf, Erb- und Nachlassrecht Rn. 572.
66 Nachweise bei HK-ZPO/Saenger ZPO § 254 Rn. 24.
67 OLG Stuttgart NJW-RR 2007, 1580 (1581); damit bliebe das Ergebnis dann dasselbe.
68 Ebenso: Zöller/Althammer ZPO § 91 a Rn. 58 (Stufenklage), anders aber Zöller/Greger ZPO § 254 Rn. 15; ausführlich: Kassebohm NJW 1994, 2728.
69 OLG Bremen ErbR 2023, 149.
70 OLG Stuttgart ZEV 2007, 536.
71 Thomas/Putzo/Seiler ZPO § 254 Rn. 9.
72 Thomas/Putzo/Seiler ZPO § 254 Rn. 9.
73 BGH NJW 1985, 862; OLG München ZEV 2023, 107; OLG Düsseldorf ErbR 2022, 1120; Thomas/Putzo/Seiler ZPO § 254 Rn. 9.

(20.000 EUR). Das ist bei der Auskunftsstufe und bei Abgabe der eidesstattlichen Versicherung regelmäßig fraglich.

a) **Rechtsmittel der Klagepartei.** Wird die Klage auf der Auskunftsstufe abgewiesen, ist die konkrete Bedeutung der begehrten Auskunft für die Verfolgung des Leistungsanspruchs maßgeblich.[74] Dieser Wert wird mit 10 % bis 25 % vom Wert der Leistungsstufe zu bemessen sein.[75] Er ist dabei umso höher anzusetzen, je geringer die Kenntnis der Klagepartei ist.[76] 21

Beispiel: In der Entscheidung vom 25.1.2006 – IV ZR 195/04 –[77] stellt der BGH bei unterschiedlichen Vorstellungen der Parteien über den Wert eines Grundstücks für die Wertermittlung zunächst nur auf die Wertdifferenz in den Vorstellungen der Parteien ab. Dies waren im konkreten Fall ca. 100.000 EUR. Da die vom Kläger behauptete Pflichtteilsquote bei 1/6 lag, war für die Ermittlung der Beschwer also auch (nur) auf 1/6 von 100.000 EUR abzustellen und – da es „nur" um die Wertermittlungsstufe ging – diese mit maximal 25 % zu bewerten. Im konkreten Fall wurde die Wertgrenze des damaligen § 26 Nr. 8 EGZPO daher nicht erreicht, die Beschwerde gegen die Nichtzulassung der Revision folgerichtig als unzulässig verworfen.[78] 22

Um den für die Berufung erforderlichen Wert der Beschwer gemäß § 511 Abs. 2 Nr. 1 ZPO (600 EUR) zu erreichen, reicht in jedem Fall ein behaupteter Leistungsanspruch in Höhe von mehr als 6.000 EUR aus. (unter Zugrundelegung der oben genannten Prozentsätze zwischen 10 % und 25 %, bei nur geringer Kenntnis der Klagepartei und einer Bewertung der Auskunftsstufe mit 25 % reicht sogar ein solcher von mehr als 2.400 EUR) 23

Schwieriger ist es vor dem Hintergrund der genannten Entscheidung, bei „normalen Nachlässen" den Beschwerdewert gemäß § 544 Abs. 2 Nr. 1 ZPO zu erreichen.[79] 24

Wurde der Antrag des Klägers auf Abgabe der eidesstattlichen Versicherung abgewiesen, bemisst sich seine Beschwer an dem Interesse, eine wahrheitsgemäße Auskunft zu erlangen.

b) **Rechtsmittel der beklagten Partei.** Wird die beklagte Partei zur Auskunft verurteilt, kommt es für die Zulässigkeit ihres Rechtsmittels ebenfalls auf den Wert der Beschwer an. 25

Der BGH stellt nach einer Entscheidung des Großen Senats vom 24.11.1994 – GSZ 1/94 – darauf ab, dass sich der Wert der Beschwer nach dem **Aufwand und den Kosten** bemisst, die der Verpflichtete für die Erfüllung des Anspruchs aufwenden muss.[80] Unberücksichtigt bleiben Aufwendungen, die bereits in der Vergangenheit angefallen sind,[81] ebenso das Interesse an der Vermeidung einer nachteiligen Kostenentscheidung. 26

Bei der Berechnung der konkreten Beschwer orientiert sich die Rechtsprechung daran, welche Entschädigung der Auskunftspflichtige für seinen Zeitaufwand erhielte, wenn er als Zeuge nach den Regeln nach dem JVEG entschädigt würde.[82] Nach den dortigen §§ 20, 22 JVEG erhält der Zeuge 4 EUR je Stunde als Entschädigung für seine Zeitversäumnis und bis zu weitere 25 EUR/Stunde, wenn er in der fraglichen Zeit einen Verdienstausfall erlitten hat. Angesichts dieser Sätze erscheint es nur bei außerordentlich umfangreichen Auskunftsverpflichtungen denkbar, dass der Wert der Beschwer erreicht wird. Kosten für Hilfspersonen (Rechtsanwalt/Steuerberater) dürfen nur dann berücksichtigt werden, wenn ihre Einschaltung unerlässlich erscheint.[83] Das ist insbesondere bei umfangreichen Nachlässen, zu denen beispielsweise Unternehmen gehören, aber jedenfalls der Fall. 27

---

74 BeckOK ZPO/Wulf ZPO § 511 Rn. 18.5.
75 BeckOK ZPO/Wulf ZPO § 511 Rn. 18.5; Klingelhöffer ZEV 2009, 379 (380).
76 BGH ZEV 2006, 265; Klingelhöffer ZEV 2009, 379 (380).
77 BGH ZEV 2006, 265.
78 Nunmehr: § 544 Abs. 2 Nr. 1 ZPO.
79 Ebenso: Klingelhöffer ZEV 2009, 379 (380).
80 BGHZ 128, 85 = NJW 1995, 664; BGH BeckRS 2011, 11778.
81 BGH NJW-RR 2020, 189.
82 BGH NJW-RR 2009, 80; NJW-RR 2013, 257.
83 BGH NJW-RR 2011, 998 (999): „Hinzuziehung muss zwangsläufig sein".

Umfasst die Verurteilung zur Auskunftserteilung hingegen auch die Verpflichtung zur Belegvorlage, kann letztere der Berufung zur Zulässigkeit verhelfen, da dann auch der Aufwand der Kosten zu berücksichtigen ist, den der Verpflichtete für die Beschaffung der Belege hat.[84] Insbesondere bei der Verpflichtung zur Vorlage von Kontoauszügen für die letzten 10 Jahre (vgl. § 2325 Abs. 3 BGB) dürfte die Berufung regelmäßig zulässig – und da die Rechtsprechung einen Anspruch auf Vorlage von Belegen grundsätzlich nicht anerkennt – auch erfolgreich sein.

Dieselben Grundsätze gelten bei der Verpflichtung zur Abgabe der eidesstattlichen Versicherung. Auch insoweit werden nur die Kosten berücksichtigt, die durch die Abgabe der eidesstattlichen Versicherung entstehen (Zeitaufwand).[85]

28 Vor diesem Hintergrund muss das Ausgangsgericht dann über die Zulassung der Berufung nach § 511 Abs. 4 S. 1 Nr. 1 ZPO entscheiden, wenn es von einem Wert des Beschwerdegegenstandes von weniger als 600 EUR ausgeht. Fehlt eine Entscheidung des Ausgangsgerichts, ist sie vom Berufungsgericht nachzuholen.[86]

IV. Auskunftsanspruch des Erben gegen den Erbschaftsbesitzer

29 Ebenfalls von besonderer Bedeutung ist der Anspruch des Erben gegen den Erbschaftsbesitzer gemäß § 2027 Abs. 1 BGB. Der Erbschaftsbesitzer ist gemäß § 260 BGB verpflichtet, dem Erben ein Verzeichnis der zur Erbschaft gehörenden Gegenstände vorzulegen und dessen Richtigkeit gegebenenfalls durch eidesstattliche Versicherung zu bestätigen.

30 Bei der Geltendmachung des Erbschaftsanspruchs handelt es sich zwar um einen Gesamtanspruch, dennoch sind die herauszugebenden Gegenstände gemäß § 253 Abs. 2 Nr. 2 ZPO so genau zu bezeichnen, dass der Beklagte weiß, was er schuldet und dass gegebenenfalls die Zwangsvollstreckung gemäß § 883 ZPO betrieben werden kann. Im Übrigen ergeben sich keine verfahrensrechtlichen Besonderheiten zur Klage des Pflichtteilsberechtigten gegen den Erben.

C. Weitere praktische Hinweise:

I. Gebühren der an der Stufenklage beteiligten Rechtsanwälte

31 a) Für die Gerichtskosten und die Gebühren des Rechtsanwalts ist der Gebührenstreitwert maßgeblich.
Für den **Gebührenstreitwert** kommt es nach § 44 GKG auf den **höchsten Streitwert** der einzelnen Stufen an,[87] das wird regelmäßig der Wert der Leistungsstufe sein.
Umstritten ist in diesem Zusammenhang, ob es dabei für die Wertfestsetzung (allein) auf die ursprünglichen Erwartungen der Klagepartei zu Beginn des Verfahrens ankommt,[88] oder ob auch im Laufe des Verfahrens gewonnene Erkenntnisse Berücksichtigung finden,[89] wobei grundsätzlich sowohl eine Reduzierung als auch eine Erhöhung des Gegenstandswertes denkbar erscheinen.
Bleibt der Wert des zunächst unbezifferten Zahlungsantrages hinter den ursprünglichen Erwartungen zurück, soll nach der überwiegenden Ansicht allein der nach objektiven Anhaltspunkten zu ermittelnde Wert der Leistungsstufe maßgeblich sein, von dem der Kläger bei Klageeinreichung ausging.[90]
Nach Ansicht des *KG Berlin* sollen jedoch im Laufe des Verfahrens gewonnene Erkenntnisse zu einer Erhöhung des Gegenstandswertes führen können, wenn die Klagepartei diese ge-

---

84 OLG München NJW-RR 2021, 1376.
85 BGH NJW-RR 2013, 1033.
86 BGH NJW-RR 2011, 998.
87 Thomas/Putzo/Hüßtege ZPO § 3 Rn. 141.
88 BGH NJW 1997, 1016; Thomas/Putzo/Hüßtege ZPO § 3 Rn. 141.
89 KG NJW-RR 1998, 1615.
90 OLG Hamm BeckRS 2013, 10384; OLG Dresden BeckRS 1997, 10769 mit Nachweisen zur Gegenansicht; OLG Rostock BeckRS 2007, 19012; Mayer/Kroiß/Kroiß RVG Streitwerte im Erbrecht, Rn. 27; aA OLG Stuttgart OLGR 2009, 267.

radedurch die Auskunftsstufe im Laufe des Verfahrens gewonnen hat.[91] Maßgeblich sei danach nicht der Wert zu Beginn, sondern am Ende der Instanz. Dieser Ansicht ist zuzugeben, dass sie verhindert, dass die Kosten durch die Verfahrensbeteiligten „billig" gerechnet werden. Die regelmäßig angeführte Entscheidung des BGH vom 8.1.1997 – XII ZR 307/95 – steht dem zumindest nicht entgegen. Ihr kann nicht entnommen werden, dass es für den Gebührenstreitwert (allein) auf den Beginn des Verfahrens ankommt. Vielmehr ist die Entscheidung ausdrücklich (nur) zum Rechtsmittelstreitwert ergangen (siehe dazu oben → Rn. 20–28).

b) Bei den einzelnen Gebühren des Rechtsanwalts ist zu differenzieren: Die **Verfahrensgebühr** (VV 3100) entsteht für das gesamte Verfahren nur einmal und errechnet sich aus dem nach § 44 GKG zu bestimmenden Streitwert.[92]

Die **Terminsgebühr** (VV 3104) fällt hingegen bei jeder Stufe gesondert an, da es sich jeweils um einen anderen Gegenstand handelt. Maßgeblich für deren Berechnung ist dann der Wert der einzelnen Stufe.[93] Wegen § 15 Abs. 3 RVG ist aber die Terminsgebühr (VV 3104) im Ergebnis auf eine Gebühr aus dem höchsten Wert begrenzt.[94]

II. Prozesskostenhilfe

Wird der Partei Prozesskostenhilfe für die Stufenklage gewährt, erfasst diese Bewilligung die ganze Stufenklage.[95] Die Bewilligung ist jedoch insoweit vorläufig, als die Erfolgsaussichten der Rechtsverfolgung auf der Leistungsstufe nach Erteilung der Auskunft durch den Beklagten vom Gericht noch einmal geprüft werden. Es kann hier zu Beschränkungen kommen, wenn keine oder nur geringere Erfolgsaussichten auf der Leistungsstufe bestehen.[96]

III. Zwischenfeststellungsklage

Für die Parteien kann es sich anbieten, parallel zu den einzelnen Stufen eine Entscheidung des Gerichts über den Anspruchsgrund herbeizuführen.

Da die einzelnen Teilurteile über die vorbereitenden bezüglich der in ihnen geklärten Vorfragen keine Bindungswirkung entfalten,[97] besteht die Gefahr, dass es zu widersprechenden Entscheidungen kommt. Es ist denkbar, dass auf der Auskunftsstufe das Gericht einen Anspruch dem Grunde nach für gegeben erachtet, weil es zB die Pflichtteilsberechtigung bejaht, ihn aber auf der Leistungsstufe verneint, weil es nunmehr die Pflichtteilsberechtigung anders beurteilt. Deshalb empfiehlt es sich, eine für das weitere Verfahren bindende Klärung der entscheidenden Vorfrage der Pflichtteilsberechtigung herbeizuführen. Dies geschieht durch die Erhebung einer Zwischenfeststellungsklage gemäß § 256 ZPO mit dem Antrag festzustellen, dass der Kläger pflichtteilsberechtigt nach dem Erblasser mit einer bestimmten Quote ist.[98]

Auch der beklagten Partei steht dieser Weg grundsätzlich offen durch die Erhebung einer Feststellungswiderklage mit dem Antrag festzustellen, dass die Klagepartei keinen Pflichtteilsanspruch nach dem Tode des Erblassers hat, zB weil ein solcher verjährt ist.[99]

Diese Zwischenfeststellungsklage führt nicht zu einer Erhöhung des Gebührenstreitwertes, da sich das Gericht über das präjudizielle Rechtsverhältnis vor seiner Entscheidung ohnehin Klarheit verschaffen muss. Der bloße (rechtskraftfähige) Ausspruch darüber rechtfertigt keine Addition der Streitwerte. Insoweit ist § 39 GKG teleologisch zu reduzieren.[100]

---

91 KG NJW-RR 1998, 1615.
92 HK-RVG/Kroiß Streitwerte im Erbrecht Rn. 27.
93 OLG Frankfurt BeckRS 2013, 05192.
94 Zöller/Greger ZPO § 254 Rn. 18.
95 OLG München ErbR 2022, 254.
96 OLG München BeckRS 2010, 25801 mwN; aA KG Berlin BeckRS 2004, 09367.
97 BGH NJW-RR 2011, 189 (191).
98 Fleischer/Horn ZErb 2013, 105 (110).
99 Klingelhöffer ZEV 2009, 379 (381).
100 OLG Düsseldorf BeckRS 2014, 09326.

§ 256 ZPO Feststellungsklage

(1) Auf Feststellung des Bestehens oder Nichtbestehens eines Rechtsverhältnisses, auf Anerkennung einer Urkunde oder auf Feststellung ihrer Unechtheit kann Klage erhoben werden, wenn der Kläger ein rechtliches Interesse daran hat, dass das Rechtsverhältnis oder die Echtheit oder Unechtheit der Urkunde durch richterliche Entscheidung alsbald festgestellt werde.

(2) Bis zum Schluss derjenigen mündlichen Verhandlung, auf die das Urteil ergeht, kann der Kläger durch Erweiterung des Klageantrags, der Beklagte durch Erhebung einer Widerklage beantragen, dass ein im Laufe des Prozesses streitig gewordenes Rechtsverhältnis, von dessen Bestehen oder Nichtbestehen die Entscheidung des Rechtsstreits ganz oder zum Teil abhängt, durch richterliche Entscheidung festgestellt werde.

A. Normzweck 1	e) Testierfähigkeit 31
B. Regelungsgehalt 6	2. Feststellungsinteresse 32
I. Allgemeine Verfahrensvoraussetzungen 7	C. Weitere praktische Hinweise – Erbscheinsverfahren oder Feststellungsklage 33
II. Besondere Prozessvoraussetzungen 8	I. Wirkung von Erbschein und Feststellungsurteil 37
1. Gegenwärtiges Rechtsverhältnis 9	II. Verfahrensgang 38
a) Erbrecht nach einer noch lebenden Person 12	III. Bindungswirkung und Bestand der Entscheidung 39
b) Pflichtteilsrecht 17	IV. Kosten 40
c) Beeinträchtigende Schenkungen ... 24	
d) Ergänzungsansprüche 30	

A. Normzweck

1 Durch die Feststellungsklage kann das Bestehen oder das Nichtbestehen eines streitigen Rechtsverhältnisses geklärt werden. Im Gegensatz zur Leistungsklage hat das ergehende Urteil in der Hauptsache keinen vollstreckungsfähigen Inhalt, vielmehr regelt es die Rechtsbeziehungen der Parteien allein durch seine Existenz. Die Feststellungsklage ist subsidiär zu Leistungs- und Gestaltungsklagen.[1]

2 Wesentliche Anwendungsfälle im Erbrecht sind die Klage auf **Feststellung der Erbenstellung** einschließlich einer bestimmten Erbquote und die Klage auf **Feststellung der Pflichtteilsberechtigung** (zu weiteren Anwendungsfällen → Rn. 24, zur Testamentsvollstreckung → Rn. 41).

3 Da Gegenstand der Feststellungsklage auch das Nichtbestehen eines Rechtsverhältnisses sein kann, kommt bezogen auf die genannten Streitgegenstände ebenso eine negative Feststellungsklage in Betracht.

4 Nicht in den Anwendungsbereich des § 256 Abs. 1 ZPO fällt die **Erbunwürdigkeitsklage** gemäß § 2342 BGB. Bei dieser handelt es sich nach herrschender Meinung um eine prozessuale Gestaltungsklage, die die materielle Rechtslage mit Wirkung für und gegen jedermann ändert,[2] auch wenn das Urteil nur deklaratorische, keine konstitutive Wirkung hat.

5 Soweit es um die Feststellung des Erbrechts geht, ergeben sich Konkurrenzfragen zum Erbscheinsverfahren nach dem FamFG (→ Rn. 33 ff.).

B. Regelungsgehalt

6 Für die Zulässigkeit der Feststellungsklage müssen zunächst die allgemeinen Prozessvoraussetzungen vorliegen. Insbesondere muss der Klageantrag den Anforderungen des § 253 Abs. 2

---

[1] Prütting/Gehrlein/Geisler ZPO § 256 Rn. 1.
[2] Grüneberg/Weidlich BGB § 2342 Rn. 3; aA Muscheler ZEV 2009, 101, der „aus dem Wortlaut der einschlägigen Norm" den Schluss zieht, bei der Erbunwürdigkeitsklage handele es sich um eine Feststellungsklage. Unterschiede bestehen nur insoweit, als bei einer reinen Leistungsklage das von § 256 ZPO geforderte Feststellungsinteresse keine Zulässigkeitsvoraussetzung der Klage ist.

Nr. 2 ZPO entsprechen. Deswegen muss das festzustellende Rechtsverhältnis so genau bezeichnet werden, dass es durch das Gericht bejaht oder verneint werden kann. Über den Umfang der Rechtskraft dürfen keine Zweifel bestehen.[3] Im Einzelnen:

I. Allgemeine Verfahrensvoraussetzungen

1. Die örtliche Zuständigkeit des angerufenen Gerichts ergibt sich grundsätzlich aus den allgemeinen Regelungen (§§ 12, 13 ff. ZPO). Daneben besteht auch der besondere Gerichtsstand der Erbschaft gemäß § 27 ZPO für die dort genannten Streitgegenstände, so dass die Klage auch am Gericht des letzten inländischen Wohnsitzes des Erblassers erhoben werden kann (→ § 27 Rn. 4 ff.).
Wird eine negative Feststellungsklage erhoben, ist auch das Gericht örtlich zuständig, bei dem im Fall der (umgekehrten) Leistungsklage geklagt werden könnte.[4]

2. Die sachliche Zuständigkeit folgt ebenfalls den allgemeinen Regeln. Maßgeblich ist gemäß §§ 23 Abs. 1, 71 Abs. 1 GVG der Streitwert, der nach §§ 3 ff. ZPO zu bestimmen ist. Entscheidend ist dabei das wirtschaftliche Interesse des Klägers an der begehrten Feststellung, wie es sich aus der Klageschrift ergibt.[5] Nach Ansicht des OLG Karlsruhe ist das auch dann der Fall, wenn die Vorstellungen der Klagepartei deutlich überzogen sind.[6]
Dabei ist anerkannt, dass für die **positive** Feststellungsklage regelmäßig ein Abschlag von 20 % vom Wert einer entsprechenden Leistungsklage vorzunehmen ist, um der fehlenden Vollstreckbarkeit des Urteils Rechnung zu tragen.[7] Ein höherer Abschlag kann dann gerechtfertigt sein, wenn von vornherein die Realisierung des Anspruchs deutlich erschwert erscheint.[8]
Bei der **negativen** Feststellungsklage wird hingegen kein Abschlag vorgenommen, dh sie ist mit dem Wert einer entsprechenden Leistungsklage zu bemessen.[9] Das ist deshalb gerechtfertigt, weil bei einem Erfolg dieser Klage die entsprechende Forderung vollständig aberkannt ist.[10]

3. **Prozessführungsbefugnis**: Bei der Klage auf Feststellung des Erbrechts oder des Pflichtteilsrechts ist es nach Auffassung des BGH unschädlich, wenn die Klage nicht gegen alle potenziellen Erben erhoben wird, denn ein Fall der notwendigen Streitgenossenschaft im Sinne des § 62 Abs. 1 2. Alt ZPO wird nicht angenommen.[11] Begründet wird dies damit, dass im streitigen Verfahren gerade erst die Erbenstellung geklärt werden soll. Deswegen könne schon nicht gefordert werden, die Klage gegen alle Erben zu erheben, da diese (noch) nicht bekannt seien (ausführlich → § 62 Rn. 8). Umgekehrt bedeutet dies aber auch, dass ein Urteil, dass nur gegen einen von mehreren Miterben erstritten wird, auch nur diesem gegenüber in Rechtskraft erwachsen kann, § 325 Abs. 1 ZPO. Es ist deshalb möglich, dass die inter partes festgestellte Erbenstellung im Verhältnis zu anderen Miterben später anders beurteilt wird (→ ZPO → § 62 Rn. 10 f.).

II. Besondere Prozessvoraussetzungen

Neben den unter → Rn. 7 dargestellten allgemeinen Prozessvoraussetzungen verlangt § 256 Abs. 1 ZPO als besondere Prozessvoraussetzung außerdem, dass der Kläger ein rechtliches Interesse an der alsbaldigen Feststellung eines gegenwärtigen Rechtsverhältnisses (oder der Echtheit oder Unechtheit einer Urkunde) hat.

---

3 BGH NJW 2001, 445.
4 OLG München NJW-RR 2010, 645; Thomas/Putzo/Seiler ZPO § 256 Rn. 2; Beispiel: Der Kläger beantragt die Feststellung, dass der Beklagte nicht Erbe des Erblassers geworden ist. Diese Klage kann sowohl am allgemeinen Gerichtsstand des Beklagten oder des Klägers oder dem besonderen Gerichtsstand der Erbschaft erhoben werden.
5 Thomas/Putzo/Hüßtege ZPO § 3 Rn. 65.
6 OLG Karlsruhe BeckRS 2012, 22941.
7 HK-ZPO/Saenger ZPO § 256 Rn. 35.
8 BGH NJW-RR 2009, 156.
9 Thomas/Putzo/Hüßtege ZPO § 3 Rn. 65.
10 HK-ZPO/Saenger ZPO § 256 Rn. 35.
11 BGH ZEV 2010, 468 (470).

9 **1. Gegenwärtiges Rechtsverhältnis.** Ein *Rechtsverhältnis* im Sinne des § 256 Abs. 1 ZPO ist die aus dem geltend gemachten Sachverhalt abgeleitete rechtliche Beziehung einer Person zu einer anderen Person oder zu einer Sache.[12]

10 Das Rechtsverhältnis muss so konkret bezeichnet werden, dass keine Ungewissheit an seiner Identität und damit am Umfang der Rechtskraft der zu treffenden Entscheidung bestehen kann.[13] Nicht erfasst sind jedoch rechtliche Vorfragen und einzelne Elemente eines Rechtsverhältnisses[14] oder nur gedachte rechtliche Beziehungen.[15] Das Rechtsverhältnis muss ein *gegenwärtiges* sein. Das ist dann der Fall, wenn es noch oder schon Auswirkungen auf die Rechtsbeziehungen der Parteien hat. Vergangene oder zukünftige Rechtsverhältnisse sind daher grundsätzlich nicht feststellungsfähig.[16] Ob das Rechtsverhältnis tatsächlich besteht, ist eine Frage der Begründetheit der Klage.[17]

11 Im Bereich der erbrechtlichen Feststellungsklagen kann das Vorliegen eines Rechtsverhältnisses, aber auch dessen Gegenwärtigkeit zweifelhaft sein. Unproblematisch handelt es sich bei den Beziehungen der Erben untereinander – zB vor der Auseinandersetzung der Erbengemeinschaft – um ein Rechtsverhältnis. Umstritten ist dies jedoch bei dem Verhältnis des Pflichtteilsberechtigten zum Erben oder zum künftigen Erblasser, insbesondere zu dessen Lebzeiten.

12 **a) Erbrecht nach einer noch lebenden Person.** Zweifelhaft ist das Vorliegen eines feststellungsfähigen Rechtsverhältnisses, wenn es darum geht, das Erbrecht einer noch lebenden Person zum Gegenstand einer Feststellungsklage zu machen. Die Zweifel resultieren einerseits daraus, dass vor dem Erbfall weder der von Gesetzes wegen als künftiger Erbe berufene noch der in einer Verfügung von Todes wegen eingesetzte Erbe eine gesicherte Rechtsposition innehaben.[18] Jeder der Berufenen kann sein künftiges Recht allein schon dadurch verlieren, dass er vor dem Erbfall stirbt, § 1923 Abs. 1 BGB.

13 Nach herrschender Meinung fehlt es deshalb grundsätzlich an einem gegenwärtigen Rechtsverhältnis, wenn das Erbrecht nach einer noch lebenden Person festgestellt werden soll.[19] Das ist schon deshalb richtig, weil zu Lebzeiten *ein Recht als solches* noch nicht besteht und allein die Unsicherheit, ob ein solches Recht (möglicherweise) entstehen wird, keine rechtlichen Beziehungen zum künftigen Erblasser zu begründen vermag. Dies gilt auch dann, wenn die Erbaussicht der Partei der Lebenserfahrung entspricht.[20]

14 Etwas anderes gilt jedoch dann, wenn bereits zu Lebzeiten des künftigen Erblassers eine **Bindungswirkung über das Erbrecht** eingetreten ist, von der dieser sich nicht mehr einseitig lösen kann.[21] Das ist namentlich beim gemeinschaftlichen Testament und Erbvertrag der Fall, wenn der künftige Erblasser wechselbezügliche oder vertragsmäßige Verfügungen getroffen hat, §§ 2270, 2271, 2290 ff. BGB. Maßgeblich ist hier, dass sich aus der eingegangenen Verpflichtung rechtlich geregelte Beziehungen zwischen den Parteien ergeben. Bei diesen Verpflichtungen handelt es sich mithin um ein lebzeitiges, feststellungsfähiges Rechtsverhältnis.[22]

15 Soweit gegen diese Rechtsprechung eingewendet wird, sie zwinge den künftigen Erblasser aufzudecken, ob und wie er von Todes wegen verfügt hat,[23] vermag diese Kritik nicht zu überzeugen. Selbstverständlich ist ein grundsätzliches Bedürfnis des künftigen Erblassers anzuerkennen, zu Lebzeiten nicht in Auseinandersetzungen über ein künftiges Erbrecht verstrickt zu werden. Wenn aber der Kläger ausreichend substantiiert vorträgt, dass einerseits eine bindende, ihn

---

12 BGH NJW 2009, 751; MüKoZPO/Becker-Eberhard § 256 Rn. 10; Thomas/Putzo/Seiler ZPO § 256 Rn. 5.
13 BGH NJW 2001, 445; Thomas/Putzo/Seiler ZPO § 256 Rn. 5.
14 BGH NJW 2011, 1624; BGH NJW 2011, 2195; HK-ZPO/Saenger ZPO § 256 Rn. 5.
15 MüKoZPO/Becker-Eberhard ZPO § 256 Rn. 22.
16 MüKoZPO/Becker-Eberhard ZPO § 256 Rn. 28.
17 Baumfalk/Gierl ZPO Rn. 338.
18 Grüneberg/Weidlich BGB § 1922 Rn. 3.
19 BGH NJW 1962, 1723; Zöller/Greger ZPO § 256 Rn. 3.
20 BGH NJW 1962, 1723; MüKoZPO/Becker-Eberhard ZPO § 256 Rn. 32.
21 BGH NJW 1962, 1913.
22 BGH NJW 1962, 1913.
23 Lange/Kuchinke ErbR § 37 III 1 b.

begünstigende Verfügung von Todes wegen vorliege und andererseits der künftige Erblasser behaupte, der Kläger werde nicht Erbe, ist es vom künftigen Erblasser hinzunehmen, dass er seine getroffenen Verfügungen von Todes wegen offenbaren (und verteidigen) muss. Die Interessen des künftigen Erblassers werden hinreichend dadurch geschützt, dass das Feststellungsinteresse nur angenommen werden kann, wenn der Kläger ausreichend substantiiert vorträgt, woraus er die Kenntnis einer entsprechenden Verfügung von Todes wegen nimmt. Dies kann regelmäßig dadurch der Fall sein, dass er bei der Eröffnung eines gemeinschaftlichen Testament oder Erbvertrages selbst von der Verfügung erfahren hat,[24] aber auch dadurch, dass der künftige Erblasser öffentlich derartiges verlautbart hat. Nicht ausreichend wäre die vom Kläger ins Blaue hinein aufgestellte Behauptung, der künftige Erblasser habe entsprechend testiert.

Für die Zulässigkeit der Klage reicht dabei aus, wenn der Kläger substantiiert behauptet, es läge eine Verfügung von Todes wegen vor und es bestehe bereits eine Bindungswirkung. Ob dies tatsächlich der Fall ist, bleibt der Begründetheitsprüfung der Klage vorbehalten. Insoweit handelt es sich bei der behaupteten Bindungswirkung um eine doppelrelevante Tatsache. 16

b) Pflichtteilsrecht. Ebenfalls ist das bestehende oder fehlende Recht zur Pflichtteilsentziehung grundsätzlich feststellungsfähig.[25] Ursprünglich hatte der BGH in Fortsetzung der Rechtsprechung des RG[26] nur die Klage auf Feststellung der Berechtigung zur Entziehung des Pflichtteils anerkannt.[27] Maßgeblich wurde dies damit begründet, dass ein künftiger Erblasser – gerade wenn ein Unternehmen zum Nachlass gehört – ein lebzeitiges Interesse an der Klärung haben kann, welchen Ansprüchen der Nachlass nach seinem Tode ausgesetzt sein wird. 17

Aus dieser Rechtsprechung war vereinzelt der Schluss gezogen worden, dass im umgekehrten Falle, nämlich dass der Pflichtteilsberechtigte zu Lebzeiten des künftigen Erblassers festgestellt haben möchte, dass dieser nicht berechtigt sei, den Pflichtteil zu entziehen, eine Klage unzulässig sei. Begründet wurde dies (auch) damit, dass der Berechtigte zu Lebzeiten keine Möglichkeit habe, über sein Recht zu verfügen und auch keinen Einfluss darauf habe, ob im Todeszeitpunkt überhaupt ein Nachlass vorhanden ist. 18

Der BGH hat sich dieser Ansicht nicht angeschlossen und jedenfalls für einzelne Konstellationen auch eine negative Feststellungsklage des Berechtigten gegen den Pflichtteilsverpflichteten für zulässig erachtet. In der Entscheidung vom 6.12.1989 – IVa ZR 249/88 – hat er es aus Gründen der Prozessökonomie gebilligt, dass der Kläger nach dem Tode seines Vaters die erfolgte Pflichtteilsentziehung durch beide Eltern in einem gemeinschaftlichen Testament auch sogleich gegen seine – noch lebende – Mutter angreift.[28] 19

Mit Entscheidung vom 10.3.2004 – IV ZR 123/03 – hat der BGH eine negative Feststellungsklage des Pflichtteilsberechtigten zu Lebzeiten des künftigen Erblassers dann als zulässig angesehen, wenn der Pflichtteil durch letztwillige Verfügung entzogen worden war.[29] Begründet wurde dies damit, dass der Pflichtteilsberechtigte schon zu Lebzeiten einen Vertrag mit anderen gesetzlichen Erben über seinen Pflichtteil abschließen könne, § 311 b Abs. 5 BGB.[30] Außerdem könne er auch einen Vertrag mit dem Erblasser über sein Pflichtteilsrecht gemäß § 2346 Abs. 2 BGB schließen, weil letzterer, gerade wenn möglicherweise Gründe für die Entziehung des Pflichtteils im Raume stünden, meistens zu Zugeständnissen bereit sei.[31] Das Interesse des Erblassers, zu seinen Lebzeiten vor Auseinandersetzungen über den Nachlass geschützt zu werden, bewertet das Gericht demgegenüber nicht so hoch.[32] Insgesamt geht der BGH davon aus, dass „das rechtliche Interesse auch des Pflichtteilsberechtigten an einer alsbaldigen negativen Feststellung 20

---

24 Kummer ZEV 2009, 274 (275).
25 BGH NJW 2004, 1874; Krätzschel/Falkner/Döbereiner NachlassR/Krätzschel § 17 Rn. 1.
26 RGZ 92, 1.
27 BGH NJW 1974, 1084.
28 BGH NJW 1990, 911.
29 BGH NJW 2004, 1874.
30 BGH NJW 2004, 1874 (1875).
31 BGH NJW 2004, 1874 (1875).
32 So aber: Staudinger/Kunz BGB § 1922 Rn. 646, 648 mit dem Argument, die Testierfreiheit sei höher zu bewerten als ein „wie auch immer geartetes Feststellungsinteresse".

noch zu Lebzeiten des Erblassers, dass ein Recht zur Pflichtteilsentziehung nicht bestehe, in aller Regel zu bejahen [ist]."[33] Aus der gewählten Formulierung folgt mithin, dass sich der BGH zumindest die Möglichkeit offengehalten hat, ein Feststellungsinteresse auch (ausnahmsweise) zu verneinen.[34] Zutreffend wird deshalb in der Literatur darauf hingewiesen, dass höchstrichterlich noch nicht abschließend geklärt ist, ob das *„Pflichtteilsrecht im Allgemeinen"* ein Feststellungsinteresse begründet.[35] Aus der Tendenz der Rechtsprechung des BGH wird man jedoch schließen können, dass, außer in Fällen von Rechtsmissbrauch, ein feststellungsfähiges Rechtsverhältnis gegeben ist. Diese Rechtsprechung ist im Ergebnis wohl zutreffend. Die lebzeitigen rechtlichen Beziehungen des Pflichtteilsberechtigten zum künftigen Erblasser – von Gesetzes wegen bestehendes Pflichtteilsrecht, nur beschränkte Möglichkeiten, dieses zu entziehen – stellen ein feststellungsfähiges Rechtsverhältnis dar. Das wird auch von der Kritik anerkannt, wenn von einem „wie auch immer gearteten Rechtsverhältnis"[36] die Rede ist.

21 Auch hier wird jedoch für die Zulässigkeit der Klage zu fordern sein, dass der Pflichtteilsberechtigte schlüssig darlegt, aus welchen Gründen er meint folgern zu können, dass ihm der künftige Erblasser den Pflichtteil entzogen hat. Bloße Behauptungen ins Blaue hinein genügen, wie schon oben bei der Feststellungsklage über das Erbrecht, nicht.[37]

22 An der **Beweislast** ändert die negative Feststellungsklage jedoch nichts.[38] Deshalb muss der künftige Erblasser darlegen und gegebenenfalls beweisen, dass Gründe vorhanden sind, die eine Entziehung des Pflichtteils gemäß § 2333 BGB rechtfertigen. Ein non liquet geht zu seinen Lasten.[39]

23 Stirbt der künftige Erblasser während des Feststellungsverfahrens, geht das Feststellungsinteresse verloren, die Klage wird unzulässig.[40] Der Kläger wird mit der Feststellungsklage abgewiesen, wenn er den Rechtsstreit nicht für erledigt erklärt. Darüber hinaus hat er die Möglichkeit, gemäß §§ 263 ff. ZPO eine Klageänderung vorzunehmen und die Rechtsnachfolger des Erblassers nunmehr auf Zahlung des Pflichtteils in Anspruch zu nehmen.[41]

24 **c) Beeinträchtigende Schenkungen.** Umstritten ist ebenfalls, ob zu Lebzeiten des künftigen Erblassers ein feststellungsfähiges Rechtsverhältnis zwischen dem Vertragserben[42] und dem Beschenkten im Sinne des § 2287 Abs. 1 BGB besteht. Ein Anspruch gegen den Beschenkten auf Herausgabe der erlangten Gegenstände besteht jedenfalls erst nach dem Anfall der Erbschaft.

25 Das OLG Koblenz hat in einer Entscheidung vom 14.7.1987 – 3 U 919/86 – das Vorliegen eines feststellungsfähigen Rechtsverhältnisses zu Lebzeiten des künftigen Erblassers allerdings bejaht.[43] Begründet wurde dies damit, dass der Vertragserbe ein einer Anwartschaft gleichkommendes Recht habe.

26 Nach Auffassung des OLG München (Urteil vom 24.4.1995 – 30 U 913/94)[44] ist die Feststellungsklage für Ansprüche aus § 2287 Abs. 1 BGB zu Lebzeiten des künftigen Erblassers jedoch auf seltene Ausnahmefälle beschränkt.[45] Wann ein solcher Ausnahmefall vorliegt, kann nach Ansicht des Gerichts wegen der „Vielfältigkeit der denkbaren Konstellationen" nicht generell gesagt werden.

---

33 BGH NJW 2004, 1874 (1875).
34 NK-BGB/Herzog § 2333 Rn. 45.
35 Kummer ZEV 2004, 274; NK-BGB/Herzog BGB § 2333 Rn. 45.
36 Staudinger/Kunz BGB § 1922 Rn. 646.
37 Kummer ZEV 2004, 274 (275).
38 BGH NJW 2012, 3294; Thomas/Putzo/Seiler ZPO § 256 Rn. 21.
39 Kummer ZEV 2004, 274 (275).
40 BGH NJW-RR 1993, 391; OLG Frankfurt BeckRS 2005, 00683; Kummer ZEV 2004, 274 (276).
41 NK-BGB/Herzog § 2333 Rn. 47 aE.
42 Über den Wortlaut des § 2287 BGB hinaus ist die Vorschrift auch auf bindend gewordene wechselbezügliche Verfügungen in gemeinschaftlichen Testamenten anwendbar. (BGHZ 82, 274 (276); MüKo-BGB/Musielak BGB § 2287 Rn. 2; NK-BGB/Horn § 2287 Rn. 4).
43 OLG Koblenz BeckRS 1987, 30840689; Krätzschel/Falkner/Döbereiner NachlassR/Krätzschel § 13 Rn. 20.
44 OLG München NJW-RR 1996, 328.
45 OLG München NJW-RR 1996, 328 (329).

In der Literatur wird die Zulässigkeit der Feststellungsklage zum Teil mit dem Argument verneint, dem künftigen Erblasser müsse zu Lebzeiten ein seine Würde verletzendes „Gefeilsche und Gezerre um sein Hab und Gut" erspart bleiben.[46] Die Feststellung *zukünftiger* Ansprüche scheitere daran, dass es dann an einem *gegenwärtigen* Rechtsverhältnis fehle.[47]

27

Zuzugeben ist der letztgenannten Ansicht, dass ein lebzeitiges Verfahren über beeinträchtigende Schenkungen für den künftigen Erblasser eine Belastung darstellen kann, obwohl er nicht selbst als Partei am Verfahren beteiligt ist. Auf der anderen Seite ist seine Situation nicht gänzlich verschieden zu der des künftigen Erblassers, der sich einer Feststellungsklage über ein Erb- oder Pflichtteilsrecht ausgesetzt sieht (→ Rn. 12 ff., → Rn. 17 ff.). Maßgeblich erscheint letztlich, dass zwar der Anspruch auf Herausgabe der durch die beeinträchtigende Schenkung erlangten Gegenstände gegen den Beschenkten erst mit dem Erbfall entsteht,[48] aber unter Zugrundelegung der Entscheidung des BGH vom 10.3.2004 – IV ZR 123/03 – wird man auch in diesem Falle schon vor der Entstehung des Anspruchs das Vorliegen eines Rechts des Vertragserben bejahen können.[49] Aus diesem Recht kann dann die Feststellung einzelner Berechtigungen verlangt werden, so dass die Feststellungsklage gegen den Beschenkten auch schon zu Lebzeiten des Erblassers zulässig ist.[50]

28

Eine lebzeitige Sicherung des Vertragserben gegen beeinträchtigende Schenkungen des künftigen Erblassers durch Arrest, einstweilige Verfügung oder Vormerkung ist jedoch nicht möglich.[51] Allerdings hat der Vertragserbe die Möglichkeit, seine Rechtsposition dadurch abzusichern, dass er mit dem Erblasser einen Verfügungsunterlassungsvertrag abschließt, der für den Fall, dass gegen ihn verstoßen wird, eine Pflicht zur Auflassung des Grundstücks begründet. Diese Verpflichtung ist dann wiederum durch eine Auflassungsvormerkung sicherbar.[52]

29

d) **Ergänzungsansprüche.** Nach dem soeben unter → Rn. 17 ff., → Rn. 24 ff. Gesagten wird man ein feststellungsfähiges Rechtsverhältnis zu Lebzeiten des Erblassers auch bei Schenkungen, die Pflichtteilsergänzungsansprüche gemäß § 2325 Abs. 1 BGB auslösen können, annehmen dürfen mit der Folge, dass sowohl der künftige Erblasser als auch der Beschenkte auf Feststellung in Anspruch genommen werden können.

30

e) **Testierfähigkeit.** Das Landgericht Traunstein hat eine Feststellungsklage ebenfalls für zulässig gehalten, wenn vor Eintritt des Todes des Erblassers Klage auf Feststellung der Unwirksamkeit der Verfügung von Todes wegen Testierunfähigkeit erhoben wird, wenn dafür erhebliche Anhaltspunkte bestehen und keine andere rechtliche Möglichkeit besteht, das (unwirksame) Testament zu widerrufen.[53] Zu beachten ist einem solchen Falle aber, dass ein entsprechendes Feststellungsurteil nur Rechtskraft zwischen den Parteien entfaltet. Ändert der Erblasser seine Verfügung von Todes wegen später noch einmal und tauscht dabei die Person des bzw. der Erben aus, besteht dieser gegenüber keine Rechtskrafterstreckung. Außerdem sagt das frühere Feststellungsurteil nichts darüber aus, ob auch zum späteren Zeitpunkt noch Testierunfähigkeit vorlag, zB wenn zum früheren Zeitpunkt eine Erkrankung vorlag, die später wieder abgeklungen war.

31

Hinzu kommt, dass selbst dann, wenn man die Klage als zulässig ansehen wollte, damit nicht viel gewonnen ist, denn an einer Begutachtung gegen seinen Willen muss der zukünftige Erblasser sicher nicht teilnehmen.

31.1

---

46 MüKoBGB/Musielak § 2287 Rn. 20; ebenso OLG München NJW-RR 1996, 328 (329).
47 MüKoBGB/Musielak § 2287 Rn. 20.
48 NK-BGB/Horn § 2287 Rn. 1.
49 Krätzschel/Falkner/Döbereiner NachlassR/Krätzschel § 17 Rn. 1.
50 Ebenso: BeckOK BGB/Litzenburger, Stand 1.5.2022, BGB § 2287 Rn. 31; Grüneberg/Weidlich BGB § 2287 Rn. 17; aA Jauernig/Stürner BGB § 2287 Rn. 9, jeweils ohne Begründung.
51 BayObLGZ 1952, 289 (290); Grüneberg/Weidlich BGB § 2287 Rn. 17; NK-BGB/Horn BGB § 2287 Rn. 74 und 75 mit Hinweisen zur Gegenansicht.
52 BGH NJW 1997, 861.
53 LG Traunstein BeckRS 2013, 02873.

2. Feststellungsinteresse

32 a) Darüber hinaus muss auch ein Feststellungsinteresse bestehen. Bei diesem handelt es sich um eine besondere Ausprägung des allgemeinen Rechtsschutzbedürfnisses.[54] Es liegt vor, wenn dem klägerischen Recht eine gegenwärtige Gefahr der Unsicherheit droht und das erstrebte Urteil geeignet ist, diese Unsicherheit zu beseitigen.[55] Fehlt es, ist die Klage als unzulässig abzuweisen.[56] Maßgeblicher Zeitpunkt für das Vorliegen des Feststellungsinteresses ist – wie auch für die anderen Sachurteilsvoraussetzungen – der Schluss der letzten mündlichen Verhandlung.[57] Jedoch soll nach Ansicht der Rechtsprechung die Prüfung des Feststellungsinteresses dann entbehrlich sein, wenn die Unbegründetheit der Klage bereits feststeht.[58] Jedenfalls sei das in § 256 Abs. 1 ZPO geforderte rechtliche Interesse „keine Prozessvoraussetzung, ohne dessen Vorliegen dem Gericht eine Sachprüfung und ein Sachurteil überhaupt verwehrt ist."[59] Diese Rechtsprechung wird teilweise kritisiert, da ansonsten grundsätzlich ein Vorrang der Prüfung der Prozessvoraussetzungen angenommen wird mit der Folge, dass die Frage nach dem Vorliegen der Prozessvoraussetzungen auch dann nicht offengelassen werden darf, wenn die Klage offensichtlich unbegründet ist.[60] Der Kritik ist zuzugeben, dass sie mit dem Wortlaut des § 256 Abs. 1 ZPO nicht recht vereinbar ist[61] und auch ansonsten Konstellationen denkbar sind, in denen eine Klage ersichtlich unbegründet ist, ihre Zulässigkeit aber dennoch nicht offengelassen werden darf. Tatsächlich dürften diese Fälle in der Praxis darauf beschränkt sein, dass das Rechtsmittelgericht eine Klage sogleich als unbegründet abweisen will, wenn die Vorinstanz sie (nur) als unzulässig abgewiesen hat.[62]

b) Das Feststellungsinteresse besteht bei der Klage gerichtet auf Feststellung des Erbrechts immer schon dann, wenn die Erbenstellung des Klägers ernsthaft bestritten wird. Nach Ansicht des OLG Koblenz reicht dafür aus, dass auf außergerichtliche Versuche des Klägers, das Erbrecht mit den Miterben zu regeln, durch diese keine Reaktion erfolgt.[63] Das OLG Brandenburg bejaht ein Feststellungsinteresse auch dann noch, wenn die beklagten Erbprätendenten das Bestreiten des klägerischen Erbrechts im Prozess aufgeben, solange dies aus Gründen der Rechtsklarheit und Rechtssicherheit aufgrund des Vorverhaltens der Beklagten erforderlich erscheint.[64]

c) Das Feststellungsinteresse (und damit das **Rechtsschutzbedürfnis**) fehlt hingegen, wenn dem Kläger ein einfacherer, zumindest ein gleich effektiver Weg zur Erreichung seines Rechtsschutzziels zur Verfügung steht.[65] Das ist regelmäßig dann der Fall, wenn sogleich eine Leistungsklage erhoben könnte.[66] Nach der Entscheidung des BGH vom 3.4.1996 – VIII ZR 3/95 – ist daher die Feststellungsklage wegen Fehlen des Feststellungsinteresses unzulässig, wenn eine Leistungsklage in Form der Stufenklage erhoben werden könnte, weil sich dadurch ein weiterer Prozess vermeiden ließe.[67] Das ist zutreffend. Der Kläger erleidet auch insoweit keinen prozessualen Nachteil. Zwar erwächst bei der Entscheidung über die Stufenklage das dem Anspruch zugrundeliegende Rechtsverhältnis grundsätzlich nicht in Rechtskraft, jedoch ist in jedem Falle anzuraten, dieses Rechtsverhältnis (Erbrecht,

---

[54] BGH NJW-RR 2001, 957; HK-ZPO/Saenger ZPO § 256 Rn. 9; Musielak/Foerste ZPO § 256 Rn. 7.
[55] BGH NJW 2010, 1877 (1878); HK-ZPO/Saenger ZPO § 256 Rn. 9.
[56] Thoms/Putzo/Seiler ZPO § 256 Rn. 3; HK-ZPO/Saenger ZPO § 256 Rn. 18.
[57] Thomas/Putzo/Seiler ZPO vor § 253 Rn. 11.
[58] BGH NJW 1996, 193 (195); BGH NJW 2012, 1209 [Rn. 45]; MüKoZPO/Becker-Eberhard ZPO § 256 Rn. 36; Musielak/Foerste ZPO § 256 Rn. 7; kritisch Thomas/Putzo/Seiler ZPO § 256 Rn. 4.
[59] BGH NJW 1954, 1159 (1160); BGH NJW 1978, 2031 (2032); OLG Dresden NZI 2012, 153 (155); MüKoZPO/Becker-Eberhard ZPO vor § 253 Rn. 19 und § 256 Rn. 36.
[60] BGH NJW-RR 2008, 1484 (1487); HK-ZPO/Saenger ZPO vor § 253 Rn. 9; Thomas/Putzo/Seiler ZPO vor § 253 Rn. 8.
[61] So ausdrücklich Thomas/Putzo/Seiler ZPO § 256 Rn. 4.
[62] So in BGH NJW 1978, 2031 und OLG Dresden NZI 2012, 153 (155).
[63] OLG Koblenz BeckRS 2013, 04201.
[64] OLG Brandenburg ZEV 2010, 143.
[65] BGH NJW 1958, 1293 (1294).
[66] HK-ZPO/Saenger ZPO § 256 Rn. 16.
[67] BGH NJW 1996, 2097 (2098).

Pflichtteilsrecht) durch Erhebung einer **Zwischenfeststellungsklage** rechtskräftig feststellen zu lassen.

d) Der Zulässigkeit der Feststellungsklage steht jedoch in Fällen, in denen das Erbrecht festgestellt werden soll, nicht entgegen, dass ein **Erbscheinsverfahren** betrieben wird oder betrieben werden könnte.[68] Bei diesem handelt es sich nicht um ein einfacheres Verfahren, die Entscheidung des Nachlassgerichts erwächst nicht in materielle Rechtskraft.[69] Selbst ein bereits erteilter Erbschein nimmt der Klage nicht das Feststellungsinteresse.[70] Das Verfahren kann auch nicht nach § 148 ZPO ausgesetzt werden, denn es liegt kein vorgreifliches Rechtsverhältnis vor.[71] Der Erbschein hat für das Zivilgericht auch keine Bindungswirkung, da er jederzeit wieder eingezogen werden kann, § 2361 BGB.[72]

e) Umgekehrt entspricht es jedoch der herrschenden Meinung, dass bei anhängiger Feststellungsklage das Erbscheinsverfahren analog § 148 ZPO ausgesetzt werden kann.[73] Dies folgt daraus, dass die Entscheidung des Zivilgerichts in Rechtskraft erwächst und damit das Nachlassgericht im parallel oder künftig anhängigen Nachlassverfahren grundsätzlich bindet[74] (zum Umfang der Bindungswirkung → Rn. 39).

f) Schließlich muss ein Interesse an alsbaldiger Feststellung bestehen. Das ist dann der Fall, wenn die Rechtslage in – jedenfalls nicht ferner – Zukunft klärungsbedürftig ist.[75]

g) Das Landgericht Tübingen[76] sah bei einer Klage des Erben gegen den Testamentsvollstrecker gerichtet auf Feststellung, dass die Testamentsvollstreckung nicht wirksam angeordnet sei, kein Feststellungsinteresse, weil die Feststellungsklage subsidiär sei und der Gesetzgeber die Klärung der Frage, wer Testamentsvollstrecker ist, dem Nachlassgericht zugewiesen habe. Diese Argumentation überzeugt schon deswegen nicht, weil sie dann nicht zur Abweisung der Klage als unzulässig hätte führen dürfen, vielmehr gemäß § 17a Abs. 6 GVG über die Zulässigkeit des Rechtswegs zu entscheiden gewesen wäre.[77] Im Übrigen kann der Erbe gemäß §§ 2368, 2362 BGB die Herausgabe des Testamentsvollstreckerzeugnisses bei dessen Unrichtigkeit verlangen.[78] Dass der Erbe erst abwarten sollen muss, bis das unrichtige Testamentsvollstreckerzeugnis im Umlauf ist, um dann Klage auf Herausgabe zu erheben, überzeugt nicht.

h) Bei der **Zwischenfeststellungsklage** im Sinne des § 256 Abs. 2 ZPO tritt an die Stelle des rechtlichen Interesses an der Feststellung die Vorgreiflichkeit. Diese ist dann gegeben, wenn die Entscheidung eines Rechtsstreits vom Bestehen oder Nichtbestehen des zugrundeliegenden streitigen Rechtsverhältnisses abhängt.[79] Die Erhebung einer Zwischenfeststellungsklage kommt namentlich dann in Betracht, wenn das Bestehen des Erbrechts eine Vorfrage für die Entscheidung eines anderen Rechtsstreits darstellt, auch bei der Stufenklage.

C. Weitere praktische Hinweise – Erbscheinsverfahren oder Feststellungsklage

Aus der grundsätzlich möglichen Parallelität des Erbscheinsverfahren nach dem FamFG und der Feststellungsklage gerichtet auf Feststellung des Bestehens des Erbrechts ergibt sich die Frage, ob eines der Verfahren dem anderen grundsätzlich vorzuziehen ist. Welches der beiden Verfahren, wenn überhaupt, vorzugswürdig ist, lässt sich nicht sagen, schon gar nicht für alle denkbaren Konstellationen. Nach Ansicht von *Kroiß* geht die Tendenz dahin, dass das Erb-

---

[68] OLG Frankfurt ZEV 2012, 542; NK-BGB/Kroiß BGB § 2353 Rn. 7; Zimmermann ZEV 2010, 457 (459).
[69] NK-BGB/Kroiß BGB § 2353 Rn. 10.
[70] BGH NJW 1983, 277; NK-BGB/Kroiß BGB § 2353 Rn. 22.
[71] BayObLG BeckRS 1998, 31029862; Thomas/Putzo/Seiler ZPO § 148 Rn. 9.
[72] BGH NJW 1967, 1126 (1128); BayObLG BeckRS 1998, 31029862; NK-BGB/Kroiß BGB § 2353 Rn. 9.
[73] BayObLG BeckRS 1998, 31029862; OLG München NJW 2016, 2512.
[74] NK-BGB/Kroiß BGB § 2353 Rn. 10.
[75] HK-ZPO/Saenger ZPO § 256 Rn. 13.
[76] LG Tübingen BeckRS 2019, 31583.
[77] MüKoZPO/Pabst GVG § 17a Rn. 15.
[78] MüKoBGB/Grziwotz BGB § 2368 Rn. 54.
[79] Thomas/Putzo/Seiler ZPO § 256 Rn. 32.

scheinsverfahren zunehmend die Feststellungsklage verdrängt.[80] Bei unkomplizierten Nachlässen spricht tatsächlich einiges dafür, das Erbscheinsverfahren nach dem FamFG zu durchlaufen. Das gilt umso mehr, als bei einem einfachen Nachlass häufig schon kein Widerpart vorhanden sein wird, der im Wege einer Feststellungsklage in Anspruch genommen werden könnte. In letzter Zeit wird über ein sogenanntes Großes Nachlassgericht[81] diskutiert, um die Schwächen des derzeitigen Verfahrens zu überwinden.

34 Für die Feststellungsklage kann jedenfalls sprechen, dass die Entscheidung der Rechtskraft fähig und damit grundsätzlich geeignet ist, Streit zwischen Erbprätendenten *endgültig* zu befrieden. Darüber hinaus bietet die Feststellungsklage den Vorteil, dass Ansprüche auch im Wege der Eventualhäufung geltend gemacht werden können (§ 260 ZPO). Klagt der Kläger zum Beispiel auf Feststellung seines Erbrechts gegen den Beklagten, kann ein möglicherweise bestehender Pflichtteilsanspruch jedenfalls hilfsweise gleich mit geltend gemacht werden. Vor dem Hintergrund dieser Möglichkeit lässt sich durchaus vermuten, dass das zivilgerichtliche Verfahren dann insgesamt schneller geht.

35 Das gilt umso mehr, als das Erbscheinsverfahren nach herrschender Meinung keine Bindungswirkung für das zivilgerichtliche Verfahren hat (→ Rn. 31). Folge ist, dass die im Erbscheinsverfahren unterlegene Partei nach erfolglosem Erbscheinsverfahren Feststellungsklage vor dem Zivilgericht erheben kann, um das Erbrecht auf diesem Wege feststellen zu lassen.

36 Hinzu kommt, dass nach der Rechtsprechung des BVerfG gegen die das Erbscheinsverfahren beendende Entscheidung der Weg zum BVerfG nicht eröffnet ist: Nach ständiger Rechtsprechung[82] steht einer Verfassungsbeschwerde in diesen Fällen § 90 Abs. 2 BVerfGG entgegen.[83] Die Beschreitung des ordentlichen Rechtswegs nach der Durchführung des Erbscheinverfahrens sei jedenfalls nicht aus zeitlichen Gründen unzumutbar. Daher muss jedenfalls aus Gründen anwaltlicher Sorgfalt eine erheblich zeitliche Ausdehnung des Verfahrens insgesamt durch die Durchführung des Erbscheinverfahrens mit der möglichen Notwendigkeit einer anschließenden Klage mit in die Überlegungen einbezogen werden.

I. Wirkung von Erbschein und Feststellungsurteil

37 Der Erbschein ermöglicht seinem Inhaber im Rechtsverkehr, in geeigneter Weise sein Erbrecht zu dokumentieren. Regelmäßig verlangen Banken die Vorlage eines Erbscheins, bevor über die Konten des Erblassers verfügt werden darf.[84] Ebenso können mithilfe des Erbscheins Änderungen im Handelsregister oder im Grundbuch initiiert werden. Ein nur inter partes wirkendes Zivilurteil würde vom Rechtsverkehr wohl nicht in gleichem Maße anerkannt. Andererseits kann die Feststellungsklage für den im Erbscheinsverfahren unterlegenen Beteiligten eine Möglichkeit sein, „sein Glück" noch einmal vor den Zivilgerichten zu versuchen.

---

80 NK-BGB/Kroiß BGB § 2353 Rn. 10.
81 ErbR 2017 Heft 6 a (Sonderbeilage).
82 Zuletzt BVerfG ZEV 2017, 48; ZEV 2020, 379; ZEV 2020, 489.
83 BVerfG NJW-RR 2005, 1600; StGH Hessen BeckRS 2020, 21302; BayVerfGH BeckRS 2021, 22606.
84 Ob Banken nach ihren AGB die Vorlage eines Erbscheins zum Nachweis der Erbenstellung verlangen dürfen, wird unterschiedlich beurteilt. Der BGH hat mit Urteil vom 7.6.2005 – XI ZR 311/04 – entschieden, dass ein eröffnetes öffentliches Testament ein geeignetes Mittel zum Nachweis des Erbrechts ist und die Bank daher nicht die Vorlage eines Erbscheins verlangen dürfe. (BGH NJW 2005, 2779) Nach der Entscheidung vom 8.10.2013 – XI ZR 401/12 (BeckRS 2013, 18986) wurde die grundsätzliche Vorlagepflicht eines Erbscheins nach den AGB der Sparkassen wegen Verstoßes gegen § 307 Abs. 1 und 2 BGB für unwirksam erklärt. Bei privatschriftlichen Testamenten wird hingegen das Verlangen der Vorlage eines Erbscheins allgemein für zulässig erachtet (Palandt/Weidlich BGB § 2353 Rn. 22; AG Mannheim FamRZ 2008, 727).

II. Verfahrensgang

a) In verfahrensrechtlicher Hinsicht liegen wohl die größten Unterschiede zwischen dem Erbscheinverfahren und dem streitigen Verfahren: Während im Verfahren nach dem FamFG der Amtsermittlungsgrundsatz gilt, herrscht im Verfahren nach der ZPO der Beibringungsgrundsatz.

Das bedeutet, dass das Nachlassgericht von Amts wegen ermitteln muss, wer Erbe geworden ist, wenn ein Erbschein beantragt wird. Dabei hat es gemäß §§ 29, 30 FamFG auch bei der Beweiserhebung mehr Möglichkeiten als das Zivilgericht: Während letzteres für die Beweiserhebung auf den Vortrag der Parteien und das Strengbeweisverfahren angewiesen ist, kann bzw. muss das Nachlassgericht vom Amts wegen ermitteln und kann bestimmte Beweiserhebungen auch im Freibeweisverfahren durchführen. Das dürfte das Verfahren insgesamt etwas schneller und elastischer machen als bei Durchführung einer förmlichen Beweisaufnahme, andererseits kann das Zivilgericht ohne ausreichenden Vortrag der Parteien die Erbrechtslage auch nicht umfassend beurteilen. Soweit der Amtsermittlungsgrundsatz reicht, trifft die Beteiligten keine **Beweislast**.[85] Dies entbindet die Beteiligten zwar grundsätzlich davon, Beweismittel zu benennen. Allerdings wird schon aus Gründen der Sachnähe die Benennung von Beweismitteln durch die Beteiligten der Regel entsprechen, da sie diese kennen.[86]

Das Fehlen der Beweisführungslast ändert allerdings nichts daran, dass auch das Erbscheinsverfahren eine objektive Beweislast (= Feststellungslast) kennt. Diese ist im Ergebnis nichts anderes als die Beweislast im Zivilprozess: Wer eine für sich günstige Entscheidung erstrebt, trägt die Feststellungslast für das Vorliegen ihrer Voraussetzungen.[87] Es lässt sich insoweit zur Beweislast im Zivilprozess kein relevanter Unterschied ausmachen.

b) Auf der anderen Seite kann für das Erbscheinsverfahren sprechen, dass bei den Nachlassgerichten eine größere Sachnähe und mitunter auch Sachkunde vorherrscht als bei den ordentlichen Gerichten. Durch die Schaffung von Spezialkammern bzw. Spezialsenaten zum 1.1.2021 soll eine entsprechende Expertise auch bei den Zivilgerichten aufgebaut werden. Inwieweit dies erfolgreich werden wird, muss sich zeigen.

c) Ein wesentlicher Vorteil im Erbscheinsverfahren ist für die Beteiligten jedoch, dass für die von Amts wegen durchzuführende Beweisaufnahme keine Vorschusspflicht besteht. Gerade wenn es um die Klärung der Frage der Testierfähigkeit oder der Urheberschaft eines Testaments geht, kann dies ein entscheidender Gesichtspunkt sein, da die einzuholenden Gutachten regelmäßig teuer sind. Hinzu kommt, dass § 81 FamFG flexible Kostenentscheidungen ermöglicht; allein der Umstand, dass der gestellte Antrag erfolglos geblieben ist, führt nicht zwangsläufig zur Kostentragungspflicht.[88]

III. Bindungswirkung und Bestand der Entscheidung

Im Gegensatz zum Erbschein, der nach herrschender Meinung der Rechtskraft nicht fähig ist, erwächst das Feststellungsurteil in formelle und vor allem materielle Rechtskraft. Deshalb bindet die Entscheidung des Zivilgerichts im Feststellungsurteil grundsätzlich auch das Nachlassgericht, denn bei dem Erbrecht handelt es sich um eine vorgreifliches Rechtsverhältnis im Sinne des § 322 ZPO.[89]

a) Hat das Zivilgericht die Klage auf Feststellung des Erbrechts **rechtskräftig abgewiesen**, darf das Nachlassgericht dem Kläger auch keinen Erbschein erteilen.[90] Etwas anderes gilt nur dann, wenn später zB ein Testament aufgefunden wird, das eine andere rechtliche Beurteilung nach sich zieht. Das widerspricht auch nicht dem Grundsatz der formellen Rechtskraft

---

85 Sternal/Sternal FamFG § 29 Rn. 39.
86 NK-BGB/Kroiß BGB § 2353 Rn. 79.
87 NK-BGB/Kroiß BGB § 2353 Rn. 80.
88 Grundlegend BGH ZEV 2016, 95 mAnm Kuhn.
89 OLG München NJW 2016, 2512.
90 BayObLGZ 1969, 184 (186).

des Urteils, denn bei dieser Sachlage wäre auch die Aufhebung des Zivilurteils im Wegen der Restitutionsklage gemäß § 580 S. 1 Nr. 7 lit. b ZPO möglich.[91]

Bei einem **obsiegenden Urteil** ist das Nachlassgericht grundsätzlich gebunden und muss dem Titelgläubiger einen Erbschein erteilen, wenn Dritte, die am streitigen Verfahren nicht beteiligt waren, nicht ernsthaft als Erben in Betracht kommen.[92] Wurde die Klage allerdings nur gegen einen von mehreren potenziellen Erben erhoben, bindet das in diesem Verfahren ergangene Urteil das Nachlassgericht nicht in seiner Entscheidung über Erbscheinsanträge potenzieller, am zivilgerichtlichen Verfahren nicht beteiligter Erben.[93] Dies folgt aus den subjektiven Grenzen der Rechtskraft.[94]

b) Umstritten ist, ob sich eine solche Bindungswirkung auch aus einem Anerkenntnis- oder Versäumnisurteil ergeben kann. Das wird teilweise mit dem Argument verneint, aus einem derartigen Urteil könne sich das Nachlassgericht keine hinreichende Überzeugung bilden.[95] Diese Ansicht ist jedoch abzulehnen, denn dann läge es in der Hand des Beklagten, durch sein Verhalten im Prozess eine Bindungswirkung des Urteils für ein nachfolgendes Nachlassverfahren herbeizuführen oder zu verhindern. Merkt der Beklagte zum Beispiel im streitigen Verfahren, dass dieses – beispielsweise nach einer durchgeführten Beweisaufnahme – sich für ihn ungünstig entwickelt und erkennt er daraufhin den Anspruch an oder lässt ein Versäumnisurteil gegen sich ergehen, käme nach der genannten Ansicht keine Bindungswirkung in Betracht. Man wird jedoch sagen müssen, dass das Gegenteil richtig ist: Diejenige Partei, die ein Versäumnis- oder Anerkenntnisurteil gegen sich ergehen lässt und damit eine (eindeutige) Disposition über den Streitgegenstand trifft, muss sich deswegen erst recht an diesem Urteil festhalten lassen. Die Rechtsprechung hat dies mittlerweile für das Anerkenntnis-[96] und das Versäumnisurteil bestätigt.[97] Angesichts der Notwendigkeit, im Erbscheinsverfahren Ermittlungen von Amts wegen anzustellen, liegt der Widerspruch auf der Hand: Einerseits muss das Gericht allen Anhaltspunkten nachgehen, zum Beispiel zur Klärung der Frage der Testierfähigkeit ein Sachverständigengutachten einholen und in diesem Zusammenhang die gesamten Behandlungsunterlagen des Erblassers beiziehen, andererseits kann über eine im streitigen Verfahren erhobene Klage ohne mündliche Verhandlung allein nach dem – auch unzureichenden – Sachvortrag der Parteien (Beibringungsgrundsatz) entschieden werden.

c) Der Erbschein kann jederzeit, auch nach längerer Zeit, eingezogen werden, wenn das Nachlassgericht ihn für unrichtig hält. Eine Unrichtigkeit aus materiellen Gründen kann sich beispielsweise dann ergeben, dass später ein jüngeres Testament widersprechenden Inhalts aufgefunden wird oder eine Testamentsanfechtung erfolgreich ist. Zwar wird darauf hingewiesen, dass derartige Konstellationen selten seien, nur in 1 % der Fälle würden erteilte Erbscheine nachträglich nach § 2361 BGB wegen erkannter Unrichtigkeit wieder eingezogen.[98] Letztlich kommt es darauf jedoch gar nicht an, denn auch in einem solchen Fall schützt ein rechtskräftiges Feststellungsurteil den Titelgläubiger nicht: Das nachträglich aufgefundene Testament stellt eine Urkunde im Sinne des § 580 Nr. 7 lit. b ZPO dar, die die Möglichkeit der Restitutionsklage eröffnet.[99]

---

91 MüKoZPO/Braun ZPO § 580 Rn. 51.
92 BayObLG BeckRS 1998, 31029862; Zimmermann ZEV 2010, 457 (461).
93 BayObLG BeckRS 1998, 31029862; NK-BGB/Kroiß BGB § 2353 Rn. 10; Zimmermann ZEV 2010, 457 (461).
94 Ausführlich dazu OLG München NJW 2016, 2512.
95 Zimmermann ZEV 2010, 457 (461).
96 KG FGPrax 2015, 52.
97 OLG Frankfurt/M. ZEV 2016, 275 mAnm Zimmermann.
98 Zimmermann ZEV 2010, 457 (461).
99 MüKoZPO/Braun/Heiß ZPO § 580 Rn. 48; Zimmermann ZEV 2010, 457 (461).

IV. Kosten

a) Auch hinsichtlich der Kosten der beiden Verfahren bestehen Unterschiede: Das Verfahren nach dem FamFG ist gemäß § 10 FamFG in der ersten und zweiten Instanz auch ohne Vertretung durch einen Rechtsanwalt möglich, Kosten fallen zwingend daher nur für die Tätigkeit des Nachlassgerichts an. Da für die Feststellungsklage gemäß §§ 23 Abs. 1, 71 Abs. 1 GVG eine streitwertabhängige Zuständigkeit der Zivilgerichte besteht, entstehen hier zwangsläufig neben den Gerichtskosten auch Kosten für Rechtsanwälte auf beiden Seiten, wenn der Zuständigkeitsstreitwert der Landgerichte erreicht wird – was regelmäßig der Fall sein dürfte – und deswegen gemäß § 78 Abs. 1 ZPO anwaltliche Vertretung erforderlich ist. 40

b) Berechnungsbeispiel: Angenommener Nachlasswert: 50.000 EUR

    aa) Für die Erteilung des Erbscheins fällt gemäß §§ 34, 40 GNotKG eine volle Gebühr nach Gebührentatbestand 12210 KV GNotKG in Höhe von 601 EUR an.

    bb) Bei einer zivilgerichtlichen Feststellungsklage werden zunächst Gerichtskosten gemäß §§ 12 Abs. 1, 34 GKG in Höhe von 1.575 EUR fällig. (Gebührenstreitwert: 40.000 EUR wegen des Abschlags in Höhe von 20 %, → Rn. 2).
Für die für beide Parteien nötigen Anwälte (§ 78 Abs. 1 ZPO) werden gemäß § 13 Abs. 1 RVG in Verbindung mit Anlage 2 mindestens Kosten in Höhe von 6.693,76 EUR fällig. (Gebührenstreitwert 40.000 EUR, jeweils Verfahrens- und Terminsgebühr [Nr. 3100, 3104 VV RVG] sowie die Auslage für Post- und Telekommunikation [Nr. 7002 VV RVG] zuzüglich gesetzlicher Umsatzsteuer [Nr. 7008 VV RVG] für zwei Rechtsanwälte).[100]

    cc) Allerdings nivelliert sich dieser Unterschied dann, wenn sich die antragstellende Partei im Nachlassverfahren durch einen Rechtsanwalt vertreten lässt. Das wird regelmäßig der Fall sein, wenn es sich um komplizierte Auseinandersetzungen handelt. Hier entstehen wertmäßig dieselben Gebühren für die beteiligten Rechtsanwälte wie in bürgerlichen Rechtsstreitigkeiten nach Teil 3 des Gebührenverzeichnisses zum RVG.[101] Bei diesen Gebühren handelt es sich bei schwierigen erbrechtlichen und tatsächlichen Fragen dann regelmäßig auch um Kosten im Sinne des § 80 FamFG,[102] die im Rahmen der Kostenentscheidung ausgeglichen werden können.[103] Durch die Regelung in § 81 Abs. 1 S. 1 FamFG ist für das Gericht jedoch die Möglichkeit eröffnet, den Beteiligten die Kosten nach billigem Ermessen aufzuerlegen oder von der Kostenauferlegung ganz absehen, § 81 Abs. 1 S. 2 FamFG. Diese Regelung ist damit deutlich flexibler als §§ 91 ff. ZPO. Insbesondere erlaubt § 81 FamFG deutlich mehr Gesichtspunkte im Rahmen der Kostenentscheidung zu berücksichtigen als dies bei § 91 ZPO, der sich am Verhältnis des Obsiegens zum Unterliegen orientiert, der Fall ist (→ FamFG § 81 Rn. 2 ff.)[104]

Im Bereich der Testamentsvollstreckung kommen ebenfalls Feststellungsklagen in Betracht. Der Testamentsvollstrecker kann beispielsweise gegen die Erben auf Feststellung klagen, dass er zur Durchführung bestimmter Maßnahmen berechtigt ist (zB die Erfüllung eines Vermächtnisses). Darüber hinaus kommt eine Klage auf Feststellung der angemessenen Vergütung des Testa- 41

---

100 Ein Berechnungsbeispiel für einen Nachlasswert in Höhe von 100.000 EUR findet sich bei Zimmermann ZEV 2010, 457 ff., noch unter Geltung der Kostenordnung.
101 Einzelheiten bei NK-BGB/Kroiß BGB § 2353 Rn. 58.
102 MüKoFamFG/Schindler FamFG § 80 Rn. 11; Bumiller/Harders FamFG § 80 Rn. 5.
103 Trifft das Nachlassgericht gar keine Kostenentscheidung, trägt der Antragsteller die gerichtlichen Kosten des Verfahrens kraft Gesetzes, § 22 Abs. 1 GNotKG. Eine Kostenerstattung für die (gegnerischen) Anwaltskosten findet in diesem Fall nicht statt.
104 Zu den Kriterien einer Kostenentscheidung nach § 81 FamFG s. BGH ZEV 2016, 95; zu den Grundsätzen der Kostenentscheidung nach FamFG s. Horn/Krätzschel NJW 2016, 3350.

mentsvollstreckers in Betracht.¹⁰⁵ Zur Feststellungsklage des Erben gegen den (vermeintlichen) Testamentsvollstrecker → Rn. 32.

42 Darüber hinaus ist denkbar, dass der Testamentsvollstrecker auf Feststellung der Wirksamkeit des Teilungsplanes oder auf Feststellung seiner Entlastung klagt.

43 Insoweit gelten die oben gemachten Ausführungen (→ Rn. 7), dh für die sachliche Zuständigkeit ist ein 20 %iger Abschlag vom Wert der Leistungsklage vorzunehmen; für die örtliche Zuständigkeit ist nicht auf §§ 27, 28 ZPO, sondern auf § 31 ZPO oder den allgemeinen Gerichtsstand der Erben abzustellen. Für die genannten Klagen sind immer die ordentlichen Gerichte, niemals die Nachlassgerichte zuständig.

§ 305 ZPO Urteil unter Vorbehalt erbrechtlich beschränkter Haftung

(1) Durch die Geltendmachung der dem Erben nach den §§ 2014, 2015 des Bürgerlichen Gesetzbuchs zustehenden Einreden wird eine unter dem Vorbehalt der beschränkten Haftung ergehende Verurteilung des Erben nicht ausgeschlossen.

(2) Das Gleiche gilt für die Geltendmachung der Einreden, die im Falle der fortgesetzten Gütergemeinschaft dem überlebenden Ehegatten oder Lebenspartner nach dem § 1489 Abs. 2 und den §§ 2014, 2015 des Bürgerlichen Gesetzbuchs zustehen.

A. Normzweck

1 Die Vorschrift stellt klar, dass im **Passiv**prozess gegen den Erben die Geltendmachung der (aufschiebenden) Einreden gemäß §§ 2014, 2015 BGB eine Klage gegen den Erben und seine Verurteilung wegen einer Nachlassverbindlichkeit nicht ausschließen.[1] Ergeht ein Urteil unter dem *Vorbehalt der beschränkten erbrechtlichen Haftung* und beruft sich der Erbe in der Zwangsvollstreckung dann auf diesen Vorbehalt, dürfen allerdings keine anderen Vollstreckungsmaßnahmen als beim Arrestvollzug ergriffen werden.[2] Die Zwangsvollstreckung beschränkt sich dann auf reine Sicherungsmaßnahmen.

B. Regelungsgehalt
I. Anwendbarkeit

2 Für die (zeitliche) Anwendbarkeit des § 305 ZPO gilt folgendes:

1. Handelt es sich um einen Prozess, der schon zu Lebzeiten des Erblassers begonnen wurde, ergeben sich die dafür maßgeblichen Regelungen aus § 239 ZPO: Das Verfahren ist gemäß § 239 Abs. 1 ZPO mit dem Tode des Erblassers unterbrochen, jedoch ist § 246 ZPO zu beachten. Erst nach der Aufnahme des Rechtsstreits durch den Erben kann § 305 ZPO zur Anwendung kommen.
2. Die Klage eines Nachlassgläubigers gegen den Erben *vor* der Annahme der Erbschaft ist unzulässig, § 1958 BGB.[3] Etwas anderes gilt nur dann, wenn gemäß § 1961 BGB auf Antrag

---

105 Die Klage kommt insbesondere dann in Betracht, wenn der Testamentsvollstrecker den Erben seine Vergütung mitgeteilt hat, diese aber die Berechtigung zur Entnahme aus dem Nachlass verweigert haben, beispielsweise weil sie die Vergütung für überhöht halten.
1 G-Form-ZPO/Boeckh ZPO § 305 Rn. 2.
2 Thomas/Putzo/Seiler ZPO § 782 Rn. 2.

3 Grüneberg/Weidlich BGB § 1958 Rn. 1; NK-BGB/Krug BGB § 2014 Rn. 1; NK-BGB/Ivo BGB § 1958 Rn. 8; schlägt der Beklagte nach Zustellung der Klage die Erbschaft aus, treffen den Kläger die Kosten des Rechtsstreits, da der Beklagte zu keinem Zeitpunkt passivlegitimiert war (LG Bonn ZEV 2009, 575).

des Berechtigten ein Nachlasspfleger bestellt wird.[4] Die Klage richtet sich dann gegen die unbekannten Erben, diese vertreten durch den Nachlasspfleger.[5]
3. Eine Klage des Nachlassgläubigers *nach* der Annahme der Erbschaft ist möglich, jedoch kann sich der Erbe dann auf die Einreden nach §§ 2014, 2015 BGB berufen. Damit trägt § 305 ZPO dem Interesse des Klägers an zügiger Rechtsdurchsetzung einerseits und dem Interesse des Beklagten, die zeitlich beschränkte Erbenhaftung geltend zu machen, Rechnung.[6] Der Beklagte erhält so Gelegenheit zu prüfen, ob er haftungsbeschränkende Maßnahmen einleiten soll.[7]

II. Verfahren

1. **In der ersten Instanz:** Beruft sich der Erbe im Prozess auf die Einreden nach §§ 2014, 2015 BGB, kann er zwar unbedingt verurteilt werden, es ist jedoch der Vorbehalt der Haftungsbeschränkung auszusprechen.[8] Dabei bedarf es für die Aufnahme des Vorbehalts keines Sachvortrags des Erben, es reicht aus, dass sich der Erbe auf die Einrede(n) beruft.[9] Eines förmlichen Antrags bedarf es ebenfalls nicht.[10] Die Einrede kann bis zum Schluss der letzten mündlichen Verhandlung in der Tatsacheninstanz erhoben werden, eine sachliche Prüfung durch das Gericht muss dabei nicht, kann aber erfolgen.[11] Ist der Beklagte säumig, so wird kein Vorbehalt aufgenommen, es sei denn, der Kläger beantragt dies[12] oder hat die Einrede des Beklagten bereits in seinen eigenen Sachvortrag mitaufgenommen.[13] Dies kann aus Kostengründen sinnvoll sein, wenn mit einem Einspruch des Beklagten und der Geltendmachung der Einrede zu rechnen ist(→ Rn. 7).

2. **In der Berufungsinstanz** ist die Erhebung und Berücksichtigung der Einrede trotz § 531 Abs. 2 ZPO möglich, wenn die Voraussetzungen der Einrede unstreitig sind.[14] Der BGH stützt dies darauf, dass unter den Begriff „neue Angriffs- und Verteidigungsmittel" im Sinne des § 531 Abs. 2 ZPO nur solche zu verstehen seien, die streitig (und entscheidungserheblich) sind.[15] Da sich die Klagepartei aber regelmäßig auf den Erbfall und die eingetretene Rechtsnachfolge auf Beklagtenseite stützen wird, dürfte der insoweit maßgebliche Vortrag immer unstreitig sein.[16]

3. **In der Revisionsinstanz** ist die Geltendmachung der Einrede dann möglich, wenn der Erblasser nach der Einlegung der Revision stirbt, sein Erbe den Prozess aufnimmt (§ 239 Abs. 1 ZPO) und sich in der Revisionsinstanz auf die Einrede beruft.[17] Allerdings darf sich die eingelegte Revision nach der Entscheidung des V. Zivilsenats des BGH vom 26.6.1970 – V ZR 156/69 – nicht darauf beschränken, den Vorbehalt der beschränkten Erbenhaftung ins Urteil aufzunehmen, vielmehr muss mit der Revision das Urteil auch sachlich angegriffen werden.[18] Anderenfalls wird der Erbe auf die Erhebung der Vollstreckungsabwehrklage verwiesen, ohne dass der Einwand der beschränkten Haftung nach § 767 Abs. 2 ZPO präkludiert wäre.

In der Zwangsvollstreckung muss die Beschränkung der Erbenhaftung geltend gemacht werden, § 780 Abs. 1 ZPO. Ist der Vorbehalt ins Urteil aufgenommen, richtet sich die Zwangsvollstre-

---

4 MüKoZPO/Musielak ZPO § 305 Rn. 1.
5 MüKoBGB/Leipold BGB § 1960 Rn. 72.
6 Prütting/Gehrlein/Thole ZPO § 305 Rn. 1.
7 BeckOK ZPO/Elzer ZPO § 305 Rn. 2.
8 Thomas/Putzo/Seiler ZPO § 305 Rn. 2. Das Berufen auf die Einreden kann zugleich die (konkludente) Annahme der Erbschaft bedeuten (Prütting/Gehrlein/Thole ZPO § 305 Rn. 1).
9 BGH NJW 1993, 1851 (1853).
10 MüKoZPO/Musielak ZPO § 305 Rn. 4.
11 Thomas/Putzo/Seiler ZPO § 305 Rn. 2.
12 Zöller/Vollkommer ZPO § 305 Rn. 3.
13 G-Form-ZPO/Boeckh ZPO § 305 Rn. 2.
14 HK-ZPO/Saenger ZPO § 305 Rn. 3.
15 BGH NJW-RR 2010, 664; MüKoZPO/Rimmelspacher ZPO § 531 Rn. 30.
16 BGH NJW-RR 2010, 664.
17 BGH NJW 1955, 788; HK-ZPO/Saenger ZPO § 305 Rn. 43.
18 BGH NJW 1970, 1742 (1743); MüKoZPO/Musielak ZPO § 305 Rn. 4.

ckung nach § 782 ZPO. Der Erbe kann durch Klage nach § 785 ZPO erreichen, dass die Zwangsvollstreckung einstweilen auf Sicherungsmaßnahmen beschränkt wird.[19]

C. Weitere praktische Hinweise
I. Fehlender Ausspruch

5   Hat sich der Erbe im Prozess auf die Einreden nach §§ 2014, 2015 BGB berufen, enthält aber der Tenor des Urteils keinen Vorbehalt, kommt eine Ergänzung des Urteils nach § 321 ZPO in Betracht. Diese muss vom Erben innerhalb von zwei Wochen nach Zustellung des Urteils beim Ausgangsgericht beantragt werden, § 321 Abs. 2 ZPO. Auch eine Berichtigung des Urteils ist unter den Voraussetzungen des § 319 ZPO möglich.

6   Hat das Gericht jedoch den Vorbehalt deswegen nicht aufgenommen, weil es die Voraussetzungen für nicht gegeben ansieht, ist das Urteil mit dem Rechtsmittel anzugreifen.

II. Kosten

7   Beantragt der Kläger die vorbehaltlose Verurteilung des Erben, wird dieser aber nur unter Vorbehalt verurteilt, liegt ein Teilunterliegen des Klägers vor. Es ist deswegen über die Kosten nach § 92 ZPO zu entscheiden. Hatte der Kläger zunächst ein Versäumnisurteil ohne Vorbehalt erwirkt, gilt das gleiche, wenn nach Einspruch des Beklagten ein Vorbehalt in das Urteil aufgenommen wird. Deshalb kann es aus Kostengründen für die Klagepartei sinnvoll sein, bei Säumnis des Beklagten sogleich eine Verurteilung unter Vorbehalt zu beantragen, um später nach einem möglichen Einspruch des Beklagten der ungünstigen Kostenquote nach § 92 ZPO zu entgehen. Einiges spricht allerdings dafür, in diesen Fällen einen Fall des § 92 Abs. 2 Nr. 1 ZPO anzunehmen, da es sich angesichts des (nur) aufschiebenden Charakters der Einreden lediglich um eine geringfügige Zuvielforderung seitens des Klägers handeln dürfte.

8   Macht der Beklagte die Haftungsbeschränkung geltend und erkennt den Anspruch im Übrigen sofort an, ergeht Anerkenntnisurteil nach § 307 ZPO und die Klagepartei treffen dann nach § 93 ZPO die gesamten Kosten des Rechtsstreits.[20]

9   Werden die Kosten des Rechtsstreits dem beklagten Erben auferlegt, haftet dieser für diese Kosten mit seinem gesamten Vermögen, auch wenn in der Hauptsache der Vorbehalt der Haftung ausgesprochen wurde,[21] die Kostenentscheidung wird von dem Vorbehalt der beschränkten Erbenhaftung nicht erfasst, für diese Kosten haftet der Beklagte persönlich.[22] Deshalb wird der Vorbehalt auch nicht im Kostenfestsetzungsverfahren berücksichtigt.[23]

§ 326 ZPO Rechtskraft bei Nacherbfolge

(1) Ein Urteil, das zwischen einem Vorerben und einem Dritten über einen gegen den Vorerben als Erben gerichteten Anspruch oder über einen der Nacherbfolge unterliegenden Gegenstand ergeht, wirkt, sofern es vor dem Eintritt der Nacherbfolge rechtskräftig wird, für den Nacherben.

(2) Ein Urteil, das zwischen einem Vorerben und einem Dritten über einen der Nacherbfolge unterliegenden Gegenstand ergeht, wirkt auch gegen den Nacherben, sofern der Vorerbe befugt ist, ohne Zustimmung des Nacherben über den Gegenstand zu verfügen.

---

19 Thomas/Putzo/Seiler ZPO § 782 Rn. 2.
20 MüKoZPO/Musielak ZPO § 305 Rn. 4; G-Form-ZPO/Boeckh ZPO § 305 Rn. 2.
21 OLG Köln NJW 1952, 1145.
22 HK-ZPO/Saenger ZPO § 305 Rn. 4; MüKoZPO/Musielak ZPO § 305 Rn. 7.
23 OLG Frankfurt BeckRS 1977, 01643.

A. Allgemeines

§ 326 ZPO ergänzt die in § 325 ZPO geregelte Rechtskrafterstreckung von Zivilurteilen in den Fällen der Nacherbfolge: § 325 Abs. 1 ZPO ordnet an, dass das rechtskräftige Urteil zwischen den Parteien (Wirkung inter partes) und den Personen wirkt, die nach Eintritt der Rechtshängigkeit Rechtsnachfolger der Parteien geworden sind. Der Nacherbe wird jedoch nicht Rechtsnachfolger des Vorerben, sondern des Erblassers; §§ 2100, 2139 BGB.[1]

§ 326 ZPO regelt, unter welchen Voraussetzungen Rechtskrafterstreckung auch im Verhältnis vom Vor- zum Nacherben eintritt. Zudem soll durch die Einschränkungen bei der eintretenden Rechtskrafterstreckung sichergestellt werden, dass der Vorerbe die (materiellrechtlichen) Beschränkungen der Erbschaft nicht durch eine bestimmte Prozessführung unterläuft.

Ist der Nacherbe an die Prozessführung des Vorerben gebunden, kann gemäß §§ 727, 728 Abs. 1 ZPO für und gegen ihn eine Vollstreckungsklausel ereilt werden.[2]

B. Regelungsgehalt

1. Wird der Rechtsstreit durch den Vorerben über **Nachlassverbindlichkeiten (§§ 1967, 1968 BGB)** geführt, wirkt ein vom Vorerben erstrittenes **günstiges** Urteil auch für den Nacherben, sofern es vor dem Eintritt der Nacherbfolge ergeht, § 326 Abs. 1 ZPO.[3] Der Nacherbe wird hingegen nicht gebunden, wenn die Nacherbfolge schon während des Prozesses eintritt oder aber vor dem Eintritt der Rechtskraft.[4] Ein **ungünstiges** Urteil wirkt nicht gegen den Nacherben. Ist das Urteil sowohl günstig als auch ungünstig für den Nacherben, können die für ihn getroffenen günstigen Feststellungen nur dann berücksichtigt werden, wenn über sie ein Teilurteil (§ 301 ZPO) hätte ergehen können.[5]
2. Ergeht das Urteil über einen **Gegenstand, der der Nacherbfolge unterliegt**, wirkt das **günstige** Urteil ebenfalls zugunsten des Nacherben.[6] Das für den Nacherben **ungünstige** Urteil wirkt jedoch nur dann gegen diesen, wenn der Vorerbe materiellrechtlich über den Gegenstand verfügen durfte, §§ 2112 ff. BGB.[7]
3. Umstritten ist, ob die Vorschrift analog angewendet werden kann, wenn der zunächst als Erbe Berufene die Erbschaft ausschlägt, vorher aber einen Prozess geführt und noch vor der Ausschlagung rechtskräftig abgeschlossen hat.[8] In diesem Falle wird der vorläufige Erbe nicht Erbe, auf den endgültigen Erben kann jedoch § 325 BGB keine Anwendung finden, da dieser Rechtsnachfolger des Erblassers, nicht des vorläufigen Erben ist.[9] Jedoch ist die Situation der in § 326 ZPO geregelten so ähnlich, dass eine analoge Anwendung gerechtfertigt erscheint. Richtigerweise wird man dies jedoch auf die Fälle beschränken, in denen die Prozessführung dringend war,[10] denn es bedarf insoweit eines Gleichlaufs mit dem materiellen Recht gemäß § 1959 Abs. 2 BGB.[11] Wird die Erbschaft noch vor der Rechtskraft des Urteils ausgeschlagen, wird die Klage unzulässig und ist abzuweisen.[12]

---

1 HK-ZPO/Saenger ZPO § 326 Rn. 1; Musielak/Musielak ZPO § 326 Rn. 1; MüKoZPO/Gottwald ZPO § 326 Rn. 1.
2 MüKoZPO/Gottwald ZPO § 326 Rn. 2; Thomas/Putzo/Seiler ZPO § 728 Rn. 2.
3 BeckOK ZPO/Gruber ZPO § 326 vor Rn. 1.
4 BeckOK ZPO/Gruber ZPO § 326 Rn. 3.
5 Zöller/Vollkommer ZPO § 326 Rn. 2.
6 Nicht umfasst sind die Prozesskosten: HK-ZPO/Saenger ZPO § 326 Rn. 2.
7 HK-ZPO/Saenger ZPO § 326 Rn. 2.
8 HK-ZPO/Saenger § 326 Rn. 4; MüKoZPO/Gottwald ZPO § 326 Rn. 4; aA BeckOK BGB Siegmann/Höger BGB § 1959 Rn. 17; Grüneberg/Weidlich BGB § 1959 Rn. 3.
9 BGH NJW 1989, 2885; HK-ZPO/Saenger § 326 Rn. 4.
10 Ebenso: MüKoZPO/Gottwald ZPO § 326 Rn. 4; MüKoBGB/Leipold BGB § 1959 Rn. 12, aA Prütting/Gehrlein/Völzmann-Stickelbrock ZPO § 326 Rn. 4.
11 Wohl ohne Einschränkung für eine analoge Anwendung: HK-ZPO/Saenger ZPO § 326 Rn. 4; Musielak/Musielak ZPO § 326 Rn. 4.
12 BGH NJW 1989, 2885 (2886).

C. Sonstige praktische Hinweise

5 1. Tritt die Nacherbfolge schon während des Prozesses des Vorerben ein, verliert der Vorerbe die Klagebefugnis, diese geht auf den Nacherben über.[13] Konnte der Vorerbe ohne Zustimmung des Nacherben über den Gegenstand der Klage verfügen, wird das Verfahren gemäß § 242 ZPO unterbrochen.[14] War der Vorerbe durch einen Prozessbevollmächtigten vertreten, gilt § 246 Abs. 1 ZPO.[15]

2. Betrifft der Rechtsstreit einen Gegenstand, über den der Vorerbe nur mit Zustimmung des Nacherben verfügen durfte, ist dieser an die Prozessführung des Vorerben nicht gebunden. Der Gegner kann dem Vorerben nunmehr dessen mangelnde Aktivlegitimation entgegenhalten. Der Nacherbe kann jedoch der Prozessführung des Vorerben zustimmen.[16] Erfolgt dies nicht, ist die Klage wegen der fehlenden Sachlegitimation abzuweisen, dem Vorerben bleibt jedoch die Möglichkeit, den Rechtsstreit für erledigt zu erklären.[17]

§ 327 ZPO   Rechtskraft bei Testamentsvollstreckung

(1) Ein Urteil, das zwischen einem Testamentsvollstrecker und einem Dritten über ein der Verwaltung des Testamentsvollstreckers unterliegendes Recht ergeht, wirkt für und gegen den Erben.

(2) Das Gleiche gilt von einem Urteil, das zwischen einem Testamentsvollstrecker und einem Dritten über einen gegen den Nachlass gerichteten Anspruch ergeht, wenn der Testamentsvollstrecker zur Führung des Rechtsstreits berechtigt ist.

A. Allgemeines

1 Bei der Vorschrift handelt es sich um die verfahrensrechtliche Umsetzung des § 2213 BGB, wonach ein der Verwaltung des Testamentsvollstreckers unterliegendes Recht nur von diesem gerichtlich geltend gemacht werden kann.[1] Bedurft hätte es dieser Regelung nicht: Da der Testamentsvollstrecker nach hM Partei kraft Amtes ist, ergäbe sich dieselbe Folge aus § 325 ZPO, denn er führt den Prozess als Rechtsinhaber.[2]

B. Regelungsgehalt
I. Prozesse des Testamentsvollstreckers

2 1. Aktivprozesse. Bei den **Aktivprozessen** des Testamentsvollstreckers gemäß Abs. 1 sind alle Streitigkeiten über positive Nachlassbestandteile erfasst; darüber hinaus auch der Einzelanspruch gemäß § 2029 BGB und der Erbschaftsanspruch gemäß § 2018 BGB.[3] Dabei ist es unerheblich, in welcher Parteirolle der Testamentsvollstrecker agiert; Abs. 1 ist auch dann einschlägig, wenn der Testamentsvollstrecker als Beklagter im Rahmen einer negativen Feststellungsklage in Anspruch genommen wird.[4]

a) Von der Prozessführungsbefugnis nicht erfasst sind Verfahren zur Klärung der Erbenstellung, der Wirksamkeit oder der Unwirksamkeit eines Testaments, die persönlichen Ansprüche des Erben gemäß § 2287 Abs. 1 BGB und die Anfechtung von Verfügungen des Erblassers.[5]

---

13 BeckOK BGB/Litzenburger BGB § 2113 Rn. 7.
14 MüKoBGB/Lieder BGB § 2100 Rn. 45.
15 Thomas/Putzo/Hüßtege ZPO § 246 Rn. 1.
16 MüKoBGB/Gursky BGB § 2100 Rn. 28, die Zustimmung kann auch noch nach Eintritt des Nacherbfalls erklärt werden.

17 MüKoBGB/Gursky BGB § 2100 Rn. 28.
1 HK-ZPO/Saenger ZPO § 327 Rn. 1.
2 MüKoZPO/Gottwald ZPO § 327 Rn. 1.
3 MüKoZPO/Gottwald ZPO § 237 Rn. 3.
4 BeckOK ZPO/Gruber ZPO § 327 Rn. 3.
5 MüKoZPO/Gottwald ZPO § 237 Rn. 3.

b) Ebenfalls sind von der Prozessführungsbefugnis des Testamentsvollstreckers die Verfahren nicht umfasst, die den Testamentsvollstrecker in seinem Amt betreffen, so die Klage des Testamentsvollstreckers auf Vergütung oder Aufwendungsersatz.[6] Klagt der Testamentsvollstrecker in seiner Eigenschaft als Partei kraft Amtes und macht gleichzeitig eigene Ansprüche geltend, reicht die Rechtskrafterstreckung nur soweit, wie das Amt reicht.[7]

2. Passivprozess. Bei den **Passivprozessen** ist zu unterscheiden, ob dem Testamentsvollstrecker die Verwaltung des gesamten Nachlasses oder nur die Verwaltung einzelner Gegenstände obliegt.

a) Unterliegt der *gesamte Nachlass* der Testamentsvollstreckung, kann der Nachlassgläubiger sowohl den Erben, als auch den Testamentsvollstrecker verklagen, § 2213 Abs. 1 BGB. Ein gegen den Testamentsvollstrecker ergehendes Urteil wirkt gemäß § 327 Abs. 2 ZPO für und gegen den Erben.[8] Sollte während des gegen den Testamentsvollstrecker gerichteten Verfahrens die Testamentsvollstreckung enden, erlischt auch die Prozessführungsbefugnis, diese geht dann auf den Erben über.[9]

b) Steht dem Testamentsvollstrecker gemäß §§ 2208 Abs. 1 S. 2 BGB nur die Verwaltung einzelner Gegenstände zu, kann die Klage nur gegen den Erben gerichtet werden, § 2213 Abs. 1 S. 2 BGB. Daneben muss der Testamentsvollstrecker auf Duldung der Zwangsvollstreckung in Anspruch genommen werden, wenn die Zwangsvollstreckung in einen Gegenstand erfolgen soll, der der Testamentsvollstreckung unterfällt.[10] Eine Rechtskrafterstreckung von dem einen auf das andere Verfahren findet nicht statt.[11] Um einander widersprechende Entscheidungen zu vermeiden, empfiehlt es sich daher für den Nachlassgläubiger, Erben und Testamentsvollstrecker gleichzeitig zu verklagen.
Die Leistungsklage gegen den Testamentsvollstrecker ist bei der Verwaltung nur einzelner Gegenstände unzulässig.

c) Die **Geltendmachung von Pflichtteilsansprüchen** erfolgt nicht gegenüber dem Testamentsvollstrecker, sondern gegenüber dem Erben; § 2213 Abs. 1 S. 3 BGB.[12] Der Testamentsvollstrecker ist für diese Verfahren nicht prozessführungsbefugt, obwohl es sich um eine Nachlassverbindlichkeit handelt.[13] Um den Pflichtteilsanspruch vollstrecken zu können, bedarf es jedoch eines Duldungstitels gegen den Testamentsvollstrecker, § 748 Abs. 3 ZPO.[14] Praktische Schwierigkeiten können auftreten, wenn der Pflichtteilsanspruch gegen die Erben geltend gemacht wird, diese jedoch wegen der angeordneten Testamentsvollstreckung nicht die nach § 2314 BGB geschuldeten Auskünfte erteilen können bzw. auch nicht in der Lage sind, das geschuldete Verzeichnis zu erstellen. Vorgeschlagen wird, § 2213 BGB nur auf den eigentlichen Zahlungsanspruch anzuwenden und dem Pflichtteilsberechtigten ansonsten zu erlauben, wegen des Anspruchs nach § 2314 BGB den Testamentsvollstrecker in Anspruch zu nehmen.[15]

II. Prozesse der Erben

1. Aktivprozesse. Aktivprozesse des Erben über ein der Verwaltung des Testamentsvollstreckers unterliegendes Recht sind unzulässig, da die Prozessführung ausschließlich dem Testamentsvollstrecker vorbehalten ist.[16] Die Klage ist daher (als unzulässig) abzuweisen. Ergeht dennoch ein Sachurteil, wirkt dieses weder für noch gegen den Testamentsvollstrecker. Möglich wäre

---

6 BeckOK ZPO/Gruber ZPO § 327 Rn. 8.
7 BeckOK ZPO/Gruber ZPO § 327 Rn. 8.
8 MüKoZPO/Gottwald ZPO § 237 Rn. 6.
9 Staudinger/Dutta BGB § 2213 Rn. 10.
10 Staudinger/Dutta BGB § 2213 Rn. 12.
11 MüKoZPO/Gottwald ZPO § 237 Rn. 7.
12 Thomas/Putzo/Seiler ZPO § 748 Rn. 4.
13 MüKoZPO/Gottwald ZPO § 237 Rn. 9; HK-ZPO/Saenger ZPO § 327 Rn. 4.
14 Thomas/Putzo/Seiler ZPO § 327 Rn. 4.
15 Klingelhöffer ZEV 2000, 261 (262).
16 HK-ZPO/Saenger ZPO § 327 Rn. 3; MüKoZPO/Gottwald ZPO § 237 Rn. 11.

jedoch, dass ein Erbe den Prozess im Wege gewillkürter Prozessstandschaft führt, wenn er vom Testamentsvollstrecker dazu ermächtigt wurde.[17]

3.1 **2. Passivprozesse und Zwangsvollstreckung.** Bei Passivprozessen wegen Nachlassverbindlichkeiten ist auch der Erbe grundsätzlich prozessführungsbefugt; § 2213 Abs. 1 BGB. Ein im Verfahren gegen den Erben ergangenes **ungünstiges** (dh verurteilendes) Urteil wirkt jedoch nicht gegen den Testamentsvollstrecker.[18] Das folgt aus § 748 ZPO, der anordnet, dass in den Nachlass, der der Testamentsvollstreckung unterliegt, nur vollstreckt werden kann, wenn ein Urteil gegen den Testamentsvollstrecker vorliegt.[19] Ein **zugunsten** des Erben ergangenes (klageabweisendes) Urteil wirkt hingegen auch für den Testamentsvollstrecker, denn damit steht fest, dass der Dritte aus dem Nachlass nichts zu fordern hat. Erhebt der Dritte dennoch später Klage gegen den Testamentsvollstrecker wegen dieser Forderung, ist die Klage wegen entgegenstehender Rechtskraft als unzulässig abzuweisen.

4 Wird Klage gegen den Erben erhoben, ist zu beachten, dass dieser sich nicht mit einer Gegenforderung des Nachlasses im Wege von Widerklage, Aufrechnung oder Einrede zur Wehr setzen kann, weil ihm dafür die Prozessführungsbefugnis fehlt.[20] Allerdings wird man annehmen können, dass ihn der Testamentsvollstrecker zu entsprechenden Maßnahmen ermächtigen kann.

C. Weitere praktische Hinweise

5 Im Aktivprozess des Testamentsvollstreckers ist der Erbe Zeuge, auch sind Haupt- und Nebenintervention oder eine Streitverkündung möglich.[21]

6 Der Passivprozess kann – trotz Vorliegens der sonstigen Voraussetzungen – dann nicht gegen den Testamentsvollstrecker geführt werden, wenn § 2213 BGB durch eine speziellere Norm verdrängt wird. Dies soll bei § 81 Abs. 1 S. 2 PatG der Fall sein, so dass die Patentnichtigkeitsklage nicht gegen den Testamentsvollstrecker gerichtet werden soll sondern die in der Patentrolle eingetragenen Erben.[22]

Vor § 916 ZPO

A. Allgemeines 1	IV. Verfahren, Beweisführung und Entscheidung 7
B. Regelungsgehalt 2	V. Rechtsbehelfe 8
I. Systematik und Abgrenzung 2	C. Sonstige praktische Hinweise: 12
II. Anspruchsvoraussetzungen 5	
III. Zuständigkeit 6	

A. Allgemeines

1 Der einstweilige Rechtsschutz spielt im Erbrecht bei der Sicherung von Ansprüchen nach dem Erbfall – insbesondere im Zusammenhang mit den Wirkungen, die von einem unrichtigen Erbschein im Rechtsverkehr ausgehen – eine gewisse Rolle. Die Sicherung etwaiger erbrechtlicher Ansprüche mit den Mitteln des einstweiligen Rechtsschutzes ist dabei nicht nur eine Frage des Prozessrechts, sondern auch des materiellen Rechts, denn gerade die Sicherung möglicher Ansprüche zu Lebzeiten des künftigen Erblassers ist hier zweifelhaft (siehe dazu → ZPO §§ 935, 940 Rn. 12).

---

17 BeckOK ZPO/Gruber ZPO § 237 Rn. 10.
18 Staudinger/Dutta BGB § 2213 Rn. 6; Grüneberg/Weidlich BGB § 2213 Rn. 1; Zöller/Vollkommer ZPO § 237 Rn. 4.
19 Thomas/Putzo/Seiler ZPO § 748 Rn. 2.
20 Staudinger/Dutta BGB § 2213 Rn. 5; MüKo-BGB/Zimmermann BGB § 2213 Rn. 6.
21 Grüneberg/Weidlich BGB § 2212 Rn. 5.
22 Staudinger/Dutta BGB § 2213 Rn. 8.

B. Regelungsgehalt

I. Systematik und Abgrenzung

Der einstweilige Rechtsschutz nach der ZPO ist ein summarisches Verfahren zur Sicherung des Gläubigers.[1] Die Vorschriften sind im 8. Buch der ZPO (Zwangsvollstreckung) angesiedelt. Tatsächlich handelt es sich jedoch um ein abgekürztes, summarisches Erkenntnisverfahren; nur die Durchsetzung der einstweiligen Verfügung oder des Arrests sind letztlich Fragen der Zwangsvollstreckung.[2]

Während die einstweilige Verfügung gemäß §§ 935, 940 ZPO die vorläufige Sicherung eines Individualanspruchs zum Gegenstand hat, dient der dingliche Arrest (§§ 916 ff. ZPO) der Sicherung der Zwangsvollstreckung wegen einer Geldforderung.[3] Der persönliche Arrest dient ebenfalls der Zwangsvollstreckung wegen einer Geldforderung, spielt jedoch in der Rechtsanwendung nur eine geringe Rolle.

In beiden Verfahren ist Streitgegenstand des Verfahrens nur die Sicherung des Anspruchs, nicht jedoch der Anspruch selbst;[4] einstweilige Verfügung und dinglicher Arrest schließen dabei einander aus.[5]

II. Anspruchsvoraussetzungen

Der Erlass einer einstweiligen Verfügung bzw. die Anordnung eines dinglichen Arrests setzen voraus, dass der Antragssteller (= Verfügungs- bzw. Arrestgläubiger) den zu sichernden Anspruch (= Verfügungs- bzw. Arrestanspruch) und die Eilbedürftigkeit (Verfügungs- bzw. Arrestgrund) glaubhaft macht.

III. Zuständigkeit

Die Zuständigkeit der Gerichte im Verfahren des einstweiligen Rechtsschutzes folgt in der Regel der Zuständigkeit für das Hauptsacheverfahren.

1. Für den Erlass einer **einstweiligen Verfügung** ist gemäß § 937 Abs. 1 ZPO das Gericht der Hauptsache zuständig. Gemäß § 942 Abs. 1 ZPO ist darüber hinaus auch das Amtsgericht zuständig, in dessen Bezirk sich der Streitgegenstand befindet. Soll mittels einstweiliger Verfügung eine Vormerkung oder ein Widerspruch gegen die Richtigkeit des Grundbuchs eingetragen werden, kann die einstweilige Verfügung auch von dem Amtsgericht erlassen werden, in dessen Bezirk das Grundstück liegt.
2. Für die Anordnung eines **dinglichen Arrests** ist ebenfalls gemäß § 919 ZPO das Gericht der Hauptsache zuständig; darüber hinaus auch das Amtsgericht, in dessen Bezirk sich der mit dem Arrest zu belegende Gegenstand befindet.
3. Ist ein Hauptsacheverfahren noch nicht anhängig, ist jedes Gericht zuständig, wo die Hauptsache nach den allgemeinen Zuständigkeitsvorschriften eingeklagt werden kann.[6] § 943 Abs. 1 ZPO ordnet an, dass das Gericht der Hauptsache das Gericht des ersten Rechtszugs ist, es sei denn, das Verfahren ist bereits in der Berufungsinstanz anhängig, dann ist das Berufungsgericht das Gericht der Hauptsache.
4. Bei den Gerichtsständen gemäß §§ 919, 937 Abs. 1, 942 ZPO handelt es sich um **ausschließliche** Gerichtsstände, § 802 ZPO.

---

1 Thomas/Putzo/Seiler ZPO vor § 916 Rn. 1.
2 Wieczorek/Schütze/Thümmel ZPO, 5. Aufl. 2020, Vorb. § 916 Rn. 4.
3 Zöller/Vollkommer ZPO Vorb. § 916 Rn. 1; Thomas/Putzo/Seiler ZPO Vorb. § 916 Rn. 6, 7.
4 HK-ZPO/Kemper ZPO Vorb. § 916 Rn. 1; Thomas/Putzo/Seiler ZPO Vorb. § 916 Rn. 2.
5 BeckOK ZPO/Mayer, Stand: 1.7.2022, ZPO Vorb. § 916 Rn. 6; HK-ZPO/Kemper ZPO Vorb. § 916 Rn. 2.
6 Thomas/Putzo/Seiler ZPO § 919 Rn. 2.

IV. Verfahren, Beweisführung und Entscheidung

1. *Verfahren:* Die mit dem Antrag auf Erlass einer einstweiligen Verfügung oder dinglichen Arrests befassten Gerichte entscheiden über den jeweiligen Antrag nach freigestellter mündlicher Verhandlung.[7] Regelmäßig wird das Gericht auf eine mündliche Verhandlung dann verzichten, wenn der Erlass der einstweiligen Verfügung dringend im Sinne des § 937 Abs. 2 ZPO ist. Das setzt voraus, dass über die normale Dringlichkeit hinaus allein durch das Abwarten einer mündlichen Verhandlung die Gefahr besteht, dass der Zweck der Maßnahme nicht mehr erreicht werden kann.
2. *Beweisführung:* Im Gegensatz zum normalen Zivilprozess ist das für die Beweisführung erforderliche Maß an Überzeugung für die Entscheidungsfindung reduziert: Gemäß § 920 Abs. 2, 936 ZPO sind Arrestanspruch und Arrestgrund bzw. Verfügungsanspruch und Verfügungsgrund **glaubhaft** zu machen, § 294 Abs. 1 ZPO. Somit reicht eine **überwiegende Wahrscheinlichkeit** für die richterliche Überzeugungsbildung aus.[8] Nicht erforderlich ist die ansonsten erforderliche volle Überzeugung des Gerichts.[9] Andererseits ist die Beweisaufnahme gemäß § 294 Abs. 2 ZPO auf **präsente Beweismittel** beschränkt.[10]
3. *Entscheidung:* Entscheidet das Gericht ohne mündliche Verhandlung, ergeht die Entscheidung durch Beschluss, anderenfalls durch Urteil. Das Gericht ist bei Erlass einer einstweiligen Verfügung freier als im normalen streitigen Verfahren, denn es kann nach § 938 Abs. 1 ZPO Maßnahmen nach seinem freien Ermessen anordnen, § 308 ZPO steht dem nicht entgegen.

V. Rechtsbehelfe

Hat das Ausgangsgericht den Antrag auf Erlass einer einstweiligen Verfügung oder eines dinglichen Arrests *durch Beschluss* zurückgewiesen, steht dem Antragsteller dagegen gemäß § 567 Abs. 1 ZPO die **sofortige Beschwerde** zu.

Wurde der Antrag durch das Ausgangsgericht *durch Urteil* zurückgewiesen,[11] ist gegen dieses die **Berufung** nach den allgemeinen Vorschriften zulässig; § 531 ZPO gilt jedoch nicht.

Hat das Ausgangsgericht dem Antrag *durch Beschluss* stattgegeben, steht dem Antrags**gegner** dagegen nur der Widerspruch gemäß § 924 BGB zu.[12] Bei der nach § 942 Abs. 1 ZPO erlassenen einstweiligen Verfügung findet (nur) das in § 942 ZPO vorgesehene Rechtfertigungsverfahren statt.

Wurden einstweilige Verfügung oder der dingliche Arrest durch Urteil vom Ausgangsgericht erlassen, kann es mit der Berufung nach den allgemeinen Vorschriften angegriffen werden.

C. Sonstige praktische Hinweise:

Die Zustellung des Beschlusses, mit dem der Arrest angeordnet wurde, ist gemäß § 922 Abs. 2 ZPO vom Gläubiger im Parteibetrieb zustellen zu lassen; wurde durch Urteil entschieden, genügt die Amtszustellung.[13]

Der Arrest muss innerhalb der Frist des § 929 Abs. 2 ZPO vollzogen werden, wobei es ausreichend ist, wenn die Zwangsvollstreckung begonnen wurde, abgeschlossen sein muss sie nicht.[14]

Die einstweilige Verfügung ist dem Schuldner im Parteibetrieb zuzustellen, da die bloße Amtszustellung einen (ausreichenden) Vollziehungswillen des Gläubigers nicht erkennen lässt,

---

7 HK-ZPO/Kemper ZPO Vorb. § 916 Rn. 4; Thomas/Putzo/Seiler ZPO Vorb. § 916 Rn. 4.
8 Musielak/Huber ZPO § 294 Rn. 3.
9 HK-ZPO/Saenger ZPO § 294 Rn. 2.
10 Thomas/Putzo/Seiler ZPO § 920 Rn. 4.
11 Thomas/Putzo/Seiler ZPO § 922 Rn. 6.
12 BGH NJW 2003, 1531; Thomas/Putzo/Seiler ZPO § 922 Rn. 6.
13 BeckOK ZPO/Mayer ZPO § 929 Rn. 23.
14 Thomas/Putzo/Seiler ZPO § 929 Rn. 3; BeckOK ZPO/Mayer ZPO § 929 Rn. 9.

§§ 936, 929 Abs. 2 ZPO.[15] Wurde die einstweilige Verfügung von Amts wegen zugestellt, reicht für die Vollziehung einer Unterlassungsverfügung die Zustellung einer einfachen Urteilsabschrift im Parteibetrieb.[16] Eine Handlungsverfügung ist erst dann vollzogen, wenn fristgerecht (§ 929 Abs. 2) ein Antrag nach §§ 887, 888 ZPO gestellt wird.[17]

§ 916 ZPO   Arrestanspruch

(1) Der Arrest findet zur Sicherung der Zwangsvollstreckung in das bewegliche oder unbewegliche Vermögen wegen einer Geldforderung oder wegen eines Anspruchs statt, der in eine Geldforderung übergehen kann.

(2) Die Zulässigkeit des Arrestes wird nicht dadurch ausgeschlossen, dass der Anspruch betagt oder bedingt ist, es sei denn, dass der bedingte Anspruch wegen der entfernten Möglichkeit des Eintritts der Bedingung einen gegenwärtigen Vermögenswert nicht hat.

§ 917 ZPO   Arrestgrund bei dinglichem Arrest

(1) Der dingliche Arrest findet statt, wenn zu besorgen ist, dass ohne dessen Verhängung die Vollstreckung des Urteils vereitelt oder wesentlich erschwert werden würde.

(2) ¹Als ein zureichender Arrestgrund ist es anzusehen, wenn das Urteil im Ausland vollstreckt werden müsste und die Gegenseitigkeit nicht verbürgt ist. ²Eines Arrestgrundes bedarf es nicht, wenn der Arrest nur zur Sicherung der Zwangsvollstreckung in ein Schiff stattfindet.

A. Allgemeines

Der Arrest findet zur Sicherung der Zwangsvollstreckung in das bewegliche oder unbewegliche Vermögen des Schuldners wegen einer Geldforderung oder wegen eines Anspruchs, der in eine Geldforderung übergehen kann, statt, § 916 Abs. 1 ZPO. Der in § 918 ZPO geregelte persönliche Arrest (Verhaftung des Schuldners) spielt in der Praxis eine geringe Rolle.   1

B. Regelungsgehalt

Zweck des Arrests ist es zu verhindern, dass sich die Vermögenslage des Schuldners gegenüber den Gläubigern verschlechtert und damit die spätere Zwangsvollstreckung erschwert wird, § 917 Abs. 1 ZPO.[1] Eine allgemein schlechte Vermögenslage reicht als Arrestgrund nicht aus, hinzukommen muss aus der Sicht eines *verständigen, gewissenhaft prüfenden Menschen die Gefahr der Verschlechterung*.[2] Insbesondere kommen dafür in Betracht: Verschwendungssucht, leichtfertige Geschäftsführung, Belastung oder Veräußerung des Vermögens etc.[3]   2

Im Erbrecht können der **Anspruch des Pflichtteilsberechtigten** (§§ 2303 ff. BGB) oder des **Vermächtnisnehmers** (§ 2174 BGB), wenn das Vermächtnis auf die Zahlung eines Geldbetrages gerichtet ist, gegen den Erben durch dinglichen Arrest gesichert werden. In diesen Fällen folgen Erlass und Vollzug des dinglichen Arrests den allgemeinen Vorschriften (siehe Vor § 916 ZPO).   3

Sollen hingegen bestimmte Handlungen erzwungen oder – im Erbrecht wohl häufiger – verhindert werden, (zB die Veräußerung von Gegenständen) kommt nicht der Arrest, sondern die einstweilige Verfügung als Sicherungsmittel in Betracht. Jedoch kann im Arrestwege auch der   4

---

15 BGH NJW 1993, 1076; OLG München BeckRS 2010, 17363.
16 OLG München BeckRS 2013, 04096.
17 Thomas/Putzo/Seiler ZPO § 936 Rn. 9; BeckOK ZPO/Mayer ZPO § 929 Rn. 20 mwN.

1 Thomas/Putzo/Seiler ZPO § 917 Rn. 1.
2 Thomas/Putzo/Seiler ZPO § 917 Rn. 1.
3 Thomas/Putzo/Seiler ZPO § 917 Rn. 1.

Anspruch des Nacherben gegen den Vorerben gemäß § 2138 BGB gesichert werden.[4] Für die Abgrenzung zur einstweiligen Verfügung ist hier maßgeblich, ob der Zugriff auf das Vermögen des Schuldners zum Zwecke der späteren Zwangsvollstreckung ermöglicht werden soll, so wenn der Nacherbe seinen Schadenersatzanspruch nach § 2138 Abs. 2 BGB sichern will, oder ob die – später zum Schadenersatz verpflichtende Verfügung – noch verhindert werden soll (dann einstweilige Verfügung).

C. Sonstige praktische Hinweise

5 Ein Arrestgrund besteht nicht, wenn der Gläubiger anderweitig gesichert ist.[5]

6 Im Arrestgesuch und im Arrestbeschluss muss die zu sichernde Forderung dem Grunde und der Höhe nach genau bezeichnet werden.[6]

---

[4] NK-BGB/Gierl BGB § 2138 Rn. 19; Grüneberg/Weidlich BGB § 2138 Rn. 2.
[5] Zöller/Vollkommer ZPO § 917 Rn. 11.
[6] G-Form-ZPO/Jäckel ZPO § 923 Rn. 6 mit Muster.

28. Zwangsvollstreckung (ZPO)
Zivilprozessordnung

In der Fassung der Bekanntmachung vom 5. Dezember 2005
(BGBl. I S. 3202, ber. 2006 S. 431 und 2007 S. 1781)
(FNA 310-4)
zuletzt geändert durch Art. 2 Gesetz zur Einführung einer zivilprozessualen
Musterfeststellungsklage vom 12. Juli 2018 (BGBl. I S. 1151)
– Auszug –

Einführung

I. Anspruch gegen den Erblasser ist bei dessen Ableben nicht rechtshängig 3	V. Zielrichtung der Vollstreckungsmaßnahmen 12
II. Anspruch gegen den Erblasser ist bei dessen Ableben bereits rechtshängig 4	1. Vollstreckung in das Eigenvermögen des Erben 13
III. Titel liegt bei Tod des Erblassers noch nicht vor 5	2. Vollstreckung in das Nachlassvermögen 14
IV. Titel liegt bei Tod des Erblassers bereits vor 7	

Die Annahme, dass die Durchführung von Vollstreckungsmaßnahmen nach dem Tod des Titelschuldners in den §§ 778–786 abschließend geregelt ist, ist zu kurz gegriffen. Es finden sich sowohl innerhalb als auch außerhalb der allg. Vorschriften des 8. Buches wie auch im 2. Buch der ZPO (vgl. § 305) weitere Vorschriften, die das Ob und Wie der Durchführung der Vollstreckung durch den Titelgläubiger und deren Abwehr durch den dadurch Betroffenen regeln. Zudem enthält das materielle Erbrecht Vorschriften, die Einfluss auf die Zwangsvollstreckung in den Nachlass des Erblassers und das Eigenvermögen des Erben haben (vgl. § 1958; § 1961; §§ 1967–2017 BGB). Im Hinblick auf diese Aufsplitterung der maßgebenden Vorschriften stellt sich die Regelung der Zwangsvollstreckung bei Tod des Titelschuldners auf den ersten Blick unübersichtlich dar. 1

Die vom Gesetzgeber vorgesehene **Konzeption der Zwangsvollstreckung** nach Tod des Titelschuldners lässt sich aufgrund folgender **Leitfragen** erschließen: 2
1. Ist der Anspruch gegen den Erblasser bei dessen Ableben rechtshängig?
2. Hat der in Frage kommende Erbe die Erbschaft angenommen?
3. Liegt bereits ein Titel gegen den Erblasser vor?
4. Wurden bereits zu Lebzeiten des Erblassers mit Vollstreckungsmaßnahmen begonnen?
5. In welches Vermögen (Nachlass- oder Eigenvermögen des Erben) wird vollstreckt?
6. Haftet der Erbe auf das Nachlassvermögen beschränkt und wurde diese Beschränkung materiell wirksam und in verfahrensrechtlicher Hinsicht rechtzeitig geltend gemacht?

I. Anspruch gegen den Erblasser ist bei dessen Ableben nicht rechtshängig

Ist der **Anspruch gegen den Erblasser bei dessen Ableben (noch) nicht rechtshängig**, so bedarf es zu seiner Titulierung einer gerichtlichen Geltendmachung gegen den Erben. Hierbei ist **§ 1958 BGB** zu beachten: Vor der Annahme der Erbschaft kann ein Anspruch, der sich gegen den Nachlass richtet, nicht gegen den Erben gerichtlich geltend gemacht werden. Soll die Geltendmachung im Zeitraum der Ausschlagungsfrist iSd § 1944 Abs. 1 BGB erfolgen (vgl. § 1943 BGB) bzw. ist der Erbe unbekannt oder ist es ungewiss, ob er die Erbschaft angenommen hat (vgl. § 1960 Abs. 1 S. 2 BGB), kann/muss der Gläubiger/Kläger nach **§ 1961 BGB einen Antrag auf Bestellung eines Nachlasspflegers** zum Zwecke der (gerichtlichen) Geltendmachung des gegen den Nachlass gerichteten Anspruchs beim Nachlassgericht beantragen. 3

Praxistipp:
Die im Zusammenhang mit der Bestellung des Nachlasspflegers entstehenden Kosten stellen vom Erben zu tragende Nachlassverbindlichkeiten dar (§ 24 Nr. 6 GNotKG).[1]

II. Anspruch gegen den Erblasser ist bei dessen Ableben bereits rechtshängig

4 Ist der **Anspruch gegen den Erblasser bei dessen Ableben bereits rechtshängig**, so tritt bei Tod des Erblassers eine Unterbrechung des Verfahrens bis zu dessen Aufnahme durch den Rechtsnachfolger ein. Insofern sind die **§§ 239 ff., 242, 243** zu beachten.

III. Titel liegt bei Tod des Erblassers noch nicht vor

5 Liegt **bei Tod des Erblassers noch kein Titel vor** bzw. wird dieser **erst gegen den Erben erwirkt**, hat der SchuldnerErbe im Erkenntnisverfahren eine etwaige **Beschränkung seiner Haftung** zu bedenken.

6 Insoweit sind die **materiellrechtlichen Voraussetzungen** einer Haftungsbeschränkung iSd §§ 1970 ff., 1975 ff., 1993 ff., 2014–2017 BGB zu prüfen, die in **verfahrensrechtlicher Hinsicht** bereits im Erkenntnisverfahren geltend zu machen sind (vgl. § 305 [§§ 2014, 2015 BGB]; § 780 Abs. 1).

IV. Titel liegt bei Tod des Erblassers bereits vor

7 Sofern **bei Tod des Erblassers** (bereits) ein **Titel gegen diesen vorliegt** und der Titelgläubiger beabsichtigt, **Vollstreckungsmaßnahmen gegen den SchuldnerErben** zu ergreifen, hat er zunächst zu prüfen, ob **die Zwangsvollstreckung zur Zeit des Todes des Erblassers gegen diesen bereits begonnen** hatte:

8 Ist dies der Fall, kann die Vollstreckung **in dessen Nachlass** fortgesetzt werden (**§ 779 Abs. 1**). Hatte die Vollstreckung noch nicht begonnen, bedarf es hingegen der Umschreibung des Titels auf den SchuldnerErben (§ 727).

9 Zum anderen hat der Titelgläubiger in Bezug auf zu bewirkende Vollstreckungsmaßnahmen zu prüfen, ob der **SchuldnerErbe die Erbschaft angenommen** hat:

10 Ist dies nicht der Fall, so ist die Zwangsvollstreckung wegen einer Nachlassschuld nur in den Nachlass, nicht aber in das Eigenvermögen des Erben zulässig (§ 778 Abs. 1). Sofern die Vollstreckung aber bereits zu Lebzeiten des Erblassers begonnen hatte, kann sie gem. § 779 Abs. 1 fortgesetzt werden, wobei bei der Notwendigkeit einer Hinzuziehung des Schuldners bei einer Vollstreckungshandlung gem. § 779 Abs. 2 ein sog. „einstweiliger bes. (Vollstreckungs-)Vertreter bestellt werden kann. Andernfalls bedarf es zum Zwecke der Vollstreckung einer Umschreibung des Titels gegen den Vollstreckungsschuldner (= Erbe).

11 Ist aber der Erbe unbekannt bzw. dessen Annahme ungewiss, muss gem. § 1961 BGB die Bestellung eines Nachlasspflegers als Vertreter des Erben beim Nachlassgericht beantragt werden. Insofern ist der gegen den Erblasser erwirkte Titel umzuschreiben (näher → § 727 Rn. 18).

V. Zielrichtung der Vollstreckungsmaßnahmen

12 Bei Durchführung von Vollstreckungsmaßnahmen ist danach zu unterscheiden, ob sich der der Vollstreckung zugrunde liegende **Anspruch gegen den Nachlass** richtet oder **eine Eigenschuld des Erben** betrifft.

---

1 Grüneberg/*Weidlich* § 1961 Rn. 3.

1. Vollstreckung in das Eigenvermögen des Erben. In das **Eigenvermögen des Erben** kann wegen einer Nachlassverbindlichkeit **vor** Annahme der Erbschaft nicht vollstreckt werden (vgl. § 778 Abs. 1). Auch **nach Annahme der Erbschaft** kann der Erbe den Zugriff auf sein Eigenvermögen durch Gläubiger einer Nachlassverbindlichkeit abwehren, sofern die materiellen und die verfahrensrechtlichen Voraussetzungen einer Haftungsbeschränkung iSd §§ 1970 ff., 1975 ff., 1993 ff., 2014–2017 BGB; §§ 305, 780 Abs. 1 vorliegen. 13

2. Vollstreckung in das Nachlassvermögen. In das **Nachlassvermögen** kann der **Gläubiger des Erblassers** vollstrecken, sofern er einen Titel wegen eines Anspruchs, der sich gegen den Nachlass richtet, erwirkt hat (§ 778 Abs. 1) und die verfahrensrechtlichen Voraussetzungen für die Vollstreckung in den Nachlass vorliegen. Ein **Eigengläubiger des SchuldnerErben** kann erst nach dessen Annahme der Erbschaft in den Nachlass vollstrecken (§ 778 Abs. 2). 14

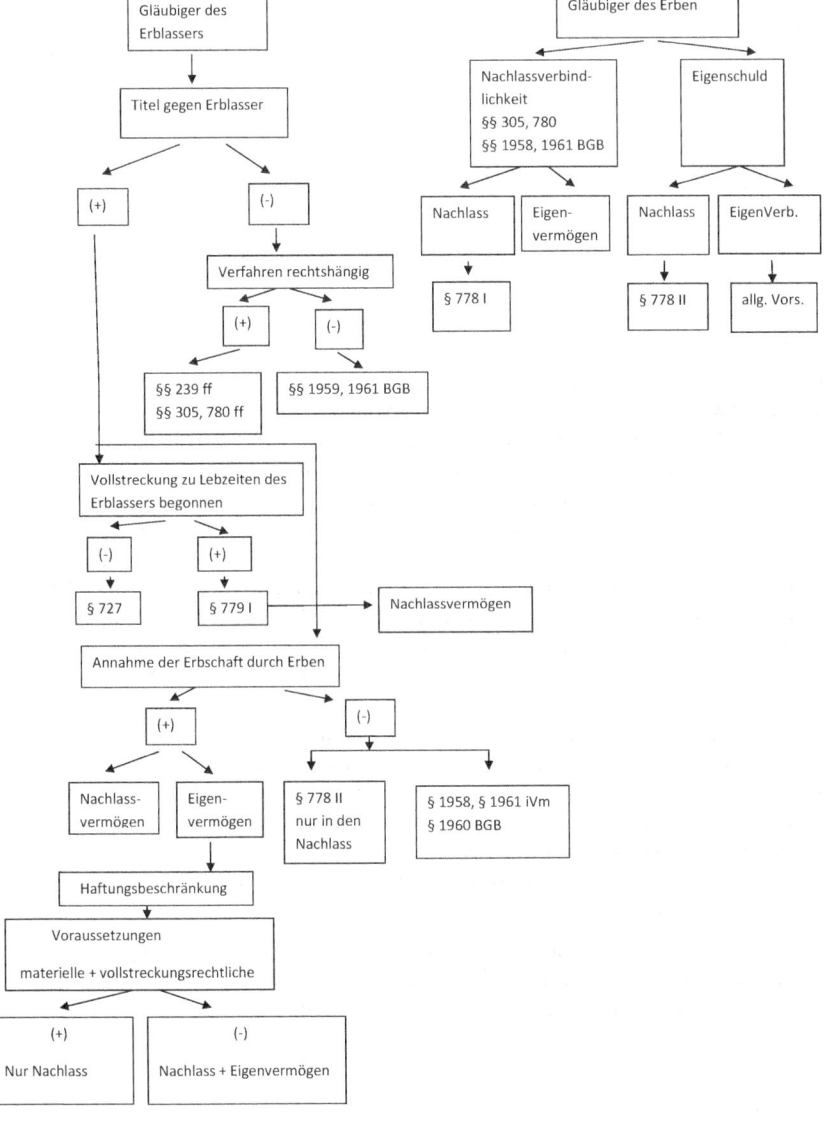

§ 727 ZPO Vollstreckbare Ausfertigung für und gegen Rechtsnachfolger

(1) Eine vollstreckbare Ausfertigung kann für den Rechtsnachfolger des in dem Urteil bezeichneten Gläubigers sowie gegen denjenigen Rechtsnachfolger des in dem Urteil bezeichneten Schuldners und denjenigen Besitzer der in Streit befangenen Sache, gegen die das Urteil nach § 325 wirksam ist, erteilt werden, sofern die Rechtsnachfolge oder das Besitzverhältnis bei dem Gericht offenkundig ist oder durch öffentliche oder öffentlich beglaubigte Urkunden nachgewiesen wird.

(2) Ist die Rechtsnachfolge oder das Besitzverhältnis bei dem Gericht offenkundig, so ist dies in der Vollstreckungsklausel zu erwähnen.

A. Allgemeines 1	bb) Einzelfälle 20
B. Regelungsgehalt 3	III. Verfahren 21
I. Anwendungsbereich 3	1. Voraussetzungen 21
II. Rechtsnachfolge 5	a) Zuständigkeit 21
1. Begriff 5	b) Antrag des Gläubigers 23
a) Grundsatz 5	c) Vollstreckungsreife eines wirksamen Titels – Vollstreckbarer Inhalt des Titels 24
b) Abgrenzung 7	
2. Zeitpunkt 10	d) Verfahren ieS 25
3. Rechtsnachfolger in erbrechtlicher Hinsicht 12	2. Erteilung der Klausel 29
a) Auf Gläubigerseite 12	3. Rechtsbehelfe 30
aa) Grundsatz 12	a) Gläubiger 30
bb) Einzelfälle 14	b) Schuldner 32
b) Auf Schuldnerseite 15	C. Weitere Praxishinweise 36
aa) Grundsatz 15	

A. Allgemeines

1 Die Vorschrift ist im Zusammenhang mit § 750 **Abs. 1** zu sehen. Danach ist ua Voraussetzung für den Beginn der Zwangsvollstreckung, dass die **Personen**, für und gegen die sie stattfinden soll, in dem Urteil oder in der ihm beigefügten Vollstreckungsklausel **namentlich bezeichnet** sind. Das Rubrum des zu vollstreckenden Urteils legt insoweit für das Vollstreckungsorgan verbindlich die Parteien des Vollstreckungsverfahrens fest (vgl. § 313 Abs. 1 Nr. 1). Dem Vollstreckungsorgan obliegt dabei allein die Prüfung, ob eine Identität zwischen den Parteien des Zwangsvollstreckungsverfahrens und den im Rubrum bezeichneten Personen besteht. Es gilt insofern der Grundsatz der „**Formalisierung der Zwangsvollstreckungsvoraussetzungen**".[1] § 727 trägt dabei dem Umstand Rechnung, dass sich nach Rechtshängigkeit des Verfahrens (§ 261 Abs. 1 und 2) eine Rechtsnachfolge in Bezug auf die Person der Prozessparteien bzw. in dem Besitz der streitbefangenen Sache vollzogen hat. Für diesen Fall sieht die Vorschrift grds. die Möglichkeit vor, den bereits vorliegenden Titel **zugunsten** des Rechtsnachfolgers des Titelgläubigers bzw. **gegen** den Rechtsnachfolger des Titelschuldners umzuschreiben. Dadurch wird eine neue Klage aufgrund des Eintritts der Rechtsnachfolge vermieden. Insofern dient die Vorschrift der **Prozessökonomie**. Voraussetzung ist nach dem Wortlaut, dass eine Rechtskrafterstreckung iSd § **325** eingetreten ist. Zwischen § 325 und § 727 besteht insoweit eine Wechselwirkung, wobei jedoch der Regelungsgehalt der Vorschriften voneinander abzugrenzen ist: während § 325 die subjektiven Grenzen der materiellen Rechtskraft bestimmt, zieht § 727 die subjektiven Grenzen der Vollstreckungswirkung des Urteils.[2]

2 Die Vorschrift stellt betreffend die Zwangsvollstreckung gegen nicht im Titel aufgeführte Dritte die **Grundnorm für die Erteilung der Vollstreckungsklausel**[3] gegen diese Personen dar, auf die in § 728, § 729, § 738, §§ 742, 744, 745 und § 749 verwiesen wird.

---

1 MüKoZPO/*Heßler* § 750 Rn. 3.
2 MüKoZPO/*Wolfsteiner* § 727 Rn. 1.
3 HK-ZV/*Giers/Haas* § 727 Rn. 2.

B. Regelungsgehalt

I. Anwendungsbereich

Die Vorschrift findet vorrangig auf Urteile – auch wenn sie nur vorläufig vollstreckbar sind[4] – Anwendung, gilt aber gem. § 794 für **sämtliche Vollstreckungstitel**. 3

Wenngleich der Wortlaut des § 727 auf die **Rechtskrafterstreckung** iSd § 325 Bezug nimmt, ist deren Eintritt keine zwingende Voraussetzung, dass der Anwendungsbereich der Vorschrift eröffnet ist. **Ausreichend** ist, dass sich die Wirkungen einer Entscheidung auf den betreffenden „Dritten" in gleicher Weise wie bei einem Rechtsnachfolger iSd § 325 erstrecken.[5] Demzufolge gilt die Vorschrift auch für Titel im einstweiligen Rechtsschutz (Arrest [vgl. § 929 Abs. 1]; einstweilige Verfügung).[6] 4

II. Rechtsnachfolge

1. Begriff. a) Grundsatz. Der **Begriff** des Rechtsnachfolgers iS des § 767 wird wie bei § 325 grds. im Interesse der Prozesswirtschaftlichkeit weit verstanden, weil die Vorschrift der Vermeidung neuer Prozesse dient (→ Rn. 1).[7] Die Art der Rechtsnachfolge ist insofern unmaßgeblich; sie kann gesetzlich, hoheitlich oder vertraglich begründet sein,[8] im Wege der Gesamt- oder Sondernachfolge erfolgen,[9] wobei auch eine weitere und mehrfache Rechtsnachfolge erfasst wird.[10] 5

Maßgeblich ist, ob ein **Wechsel** der im Vollstreckungstitel als Gläubiger oder Schuldner des zu vollstreckenden Anspruchs bezeichneten **Person** stattgefunden hat,[11] also eine andere Person die im Titel bezeichnete Rechtsstellung eingenommen hat. 6

b) Abgrenzung. Die Vorschrift greift hingegen nicht, wenn zwar Änderungen in Bezug auf die Bezeichnungen der im Vollstreckungstitel benannten Personen eintreten, die aber nicht zu einem „Austausch der hinter den Parteien stehenden Identität" führen. 7

Dies ist zB bei einem **Wechsel von Namen** infolge Heirat, Ehescheidung, Adoption oder Namensänderung der Fall. Die Änderung in der gesetzlichen Vertretung,[12] der Firma einer Partei (§§ 31, 107 HGB),[13] oder der Haftungsform einer Personengesellschaft (Wechsel von oHG zu KG und umgekehrt)[14] bzw. der Übergang einer Vor-GmbH in die GmbH,[15] die Auflösung einer Personengesellschaft (oHG; KG) bzw. einer Kapitalgesellschaft (AG, GmbH) führen nicht zu einer Rechtsnachfolge. Grund hierfür ist, dass die identische Einheit der von den Änderungen betroffenen Partei gewahrt bleibt. Dies gilt grds. auch in Bezug auf einen Wechsel von Gesellschaftern bei einer GbR (lediglich im Hinblick auf §§ 47 Abs. 2, 82 S. 3 GBO ist im Falle der Immobiliarzwangsvollstreckung ein Wechsel im Gesellschafterbestand analog § 727 nachzuweisen).[16] 8

In diesen Fällen bedarf es daher **keiner Klausel iSd § 727**. Der neue, nachzuweisende Name kann bei Erteilung der Vollstreckungsklausel **vermerkt** werden; ist die Vollstreckungsklausel bereits erteilt, kann der neue Name als klarstellender Zusatz „**beigeschrieben**" werden.[17] Zwingend erforderlich ist dies aber nicht, da der Nachweis betreffend die Änderung grds. auch im 9

---

4 BGH NJW-RR 2001, 1362.
5 MüKoZPO/*Wolfsteiner* § 727 Rn. 2.
6 AllgM: Thomas/Putzo/*Seiler* ZPO § 727 Rn. 1; Hk-ZPO/*Kindl* § 727 Rn. 2; MüKoZPO/*Wolfsteiner* § 727 Rn. 2, 5.
7 OLG Frankfurt a.M. NJW-RR 2006, 155 (156).
8 OLG Frankfurt a.M. NJW-RR 2006, 155 (156); Thomas/Putzo/*Seiler* ZPO § 727 Rn. 10.
9 Thomas/Putzo/*Seiler* ZPO § 727 Rn. 10.
10 OLG Brandenburg FamRZ 2007, 62; Thomas/Putzo/*Seiler* ZPO § 727 Rn. 3.
11 Zöller/*Seibel* ZPO § 727 Rn. 2; Hk-ZPO/*Kindl* § 727 Rn. 3.

12 HK-ZV/*Giers*/*Haas* ZPO § 727 Rn. 13, 41; Thomas/Putzo/*Seiler* ZPO § 727 Rn. 4.
13 BGH NJW-RR 2011, 1335; NJW 2017, 2917 (2918).
14 Zöller/*Seibel* ZPO § 727 Rn. 35.
15 OLG Stuttgart NJW-RR 189, 637, 638; BayObLG MDR 1987, 446; vgl. auch BGHZ 80, 129 = NJW 1981, 1373.
16 BGH NJW 2011, 615; vgl. dazu auch *K. Schmidt* JuS 2011, 364.
17 BGH NZG 2011, 1073; BayObLG DNotZ 1979, 55; Musielak/Voit/*Lackmann* ZPO § 727 Rn. 1a; Zöller/*Seibel* ZPO § 727 Rn. 31.

Rahmen der Zwangsvollstreckung geführt werden kann,[18] so dass eine solche Beischreibung verzichtbar ist, wenn die Identität des Vollstreckungsgläubigers mit der im Titel bezeichneten Person für das Vollstreckungsorgan durch entsprechende Urkunden zweifelsfrei nachgewiesen wird.[19] Es besteht jedoch die Gefahr, dass das zuständige Vollstreckungsorgan die Durchführung der Zwangsvollstreckung mit der Begründung verweigert, die Parteiidentität lasse sich nicht zweifelsfrei feststellen. Das zuständige Vollstreckungsorgan ist zwar zu eigenen Ermittlungen bzgl. der Parteiidentität berechtigt, hierzu aber nicht verpflichtet.[20]

10 **2. Zeitpunkt.** Ist der Vollstreckungstitel im Klageverfahren erstritten, muss der Wechsel der Anspruchsinhaberschaft **nach Eintritt der Rechtshängigkeit** des Anspruchs (§ 261 Abs. 1, 2; § 696 Abs. 3, § 700 Abs. 2) erfolgt sein (vgl. Verweis auf § 325). Bei Vollstreckungstiteln, etwa den vollstreckbaren Urkunden, denen keine Rechtshängigkeit vorausgegangen ist (zB vollstreckbare Urkunden iSd § 794 Abs. 1 Nr. 5), ist maßgebender Zeitpunkt frühestens der ihrer Errichtung. Gleiches gilt für einen gerichtlichen Vergleich, wenn der in ihm geregelte Anspruch nicht Gegenstand des Rechtsstreits war, der durch den Vergleich beendet wurde.[21] Bei einer einstweiligen Anordnung ist grds. maßgeblicher Zeitpunkt die Zustellung des Antrags; ist letztere vorab nicht erfolgt, der Zeitpunkt des Erlasses der Entscheidung.[22] Der maßgebende Zeitpunkt gilt sowohl für die Rechtsnachfolge auf **Schuldner-** wie auch auf **Gläubiger**seite (Argument: § 265 Abs. 2).[23]

11 Ist also ein Wechsel vor Rechtshängigkeit eingetreten, ist die Entscheidung unzutreffend und kann nicht mehr im Wege des § 727 geändert werden. Demgemäß kann ein Vollstreckungsbescheid nicht im Rahmen des § 727 umgeschrieben werden, wenn bereits im Mahnbescheid der Schuldner falsch bezeichnet wurde[24] oder dieser vor dessen Erlass verstorben war.[25]

12 **3. Rechtsnachfolger in erbrechtlicher Hinsicht. a) Auf Gläubigerseite. aa) Grundsatz.** Rechtsnachfolger des Gläubigers iSd § 727 ZPO ist derjenige, der an Stelle des im Titel genannten Gläubigers den nach dem Titel zu vollstreckenden Anspruch selbst oder jedenfalls die Berechtigung erworben hat, den Anspruch geltend zu machen. Demgemäß folgt die Rechtsnachfolge dem materiellrechtlichen Übertragungstatbestand.

13 In erbrechtlicher Hinsicht ist daher der **Erbe** (§ 1922 BGB) des Gläubigers dessen Rechtsnachfolger. Maßgeblicher Zeitpunkt hierfür ist **der Anfall der Erbschaft**, der mit dem Tod des Erblassers eintritt. Insoweit ist die Annahme der Erbschaft zwar nicht Voraussetzung für die Rechtsnachfolge (vgl. § 1942 Abs. 1 BGB), ein Nachweis der Erbenstellung ist aber nicht möglich.[26]

bb) Einzelfälle

14 ■ Im Falle der **Vor- und Nacherbfolge** (§§ 2100 ff. BGB) ist der Vorerbe wahrer Erbe des Erblassers und bis zum Eintritt des Nacherbfalls dessen Rechtsnachfolger (vgl. § 2139 BGB). Ab diesem Zeitpunkt ist der Nacherbe Rechtsnachfolger des Erblassers; er ist aber nicht Rechtsnachfolger des Vorerben.[27] Surrogate iSd § 2111 BGB, die durch den Vorerben erworben sind, fallen direkt in den Nachlass. Bei einem Verkauf eines Nachlassgegenstandes durch den Vorerben gehört auch der Kaufpreisanspruch zum Nachlass.[28] Ist gegenüber dem

---

18 HK-ZV/*Giers/Haas* ZPO § 727 Rn. 42.
19 BGH NZG 2017, 822 (823) mwN.
20 BGH NZG 2011, 1073 (1074).
21 BGHZ 120, 387 (392) = NJW 1993, 1396 (1397); Zöller/*Seibel*, Rn. 19; Thomas/Putzo/*Seiler* Rn. 11; zur Problematik der Bindungswirkung eines Vergleichs für Rechtsnachfolger bei Veräußerung eines streitbefangenen Grundstücks, sofern diese im Laufe des Rechtsstreits erfolgt, und zur Anwendung des §§ 795, 727 vgl. BGH MDR 2019, 121.
22 KG Rpfleger 2009, 251; Thomas/Putzo/*Seiler* ZPO § 727 Rn. 11.
23 MüKoZPO/*Wolfsteiner* § 727 Rn. 7; Thomas/Putzo/*Seiler* ZPO § 727 Rn. 10.
24 LG Gießen JurBüro 1982, 1093.
25 LG Oldenburg JurBüro 1979, 1718.
26 HK-ZV/*Giers/Haas* ZPO § 727 Rn. 7; Zöller/*Stöber* ZPO § 727 Rn. 4; Musielak/Voit/*Lackmann* ZPO § 727 Rn. 7.
27 HM: vgl. NK-Erbrecht/*Gierl* § 2100 Rn. 5 mwN; aA MüKoZPO/*Wolfsteiner* § 727 Rn. 15 betreffend Nachlass bezogene Ansprüche, die von dem Vorerben begründet wurden.
28 NK-Erbrecht/*Gierl* § 2111 Rn. 18.

Vorerben bereits ein Urteil ergangen, dass nach § 326 dem Nacherben gegenüber wirksam ist, gilt § 727 entsprechend (vgl. § 728 Abs. 1).

- Bei einer **Erbengemeinschaft** (§ 2032 BGB) können **bis zu deren Auseinandersetzung** die Miterben die Klausel iSd § 727 an sich nur gemeinsam erhalten (vgl. §§ 2032, 2039 BGB); ein einzelner Miterbe kann aber mit der Maßgabe, dass die Leistung nur an alle bewirkt werden kann, auch eine vollstreckbare Ausfertigung des Titels verlangen, die nur ihn als Vollstreckungsgläubiger ausweist (§ 2039 BGB).[29] **Nach Auseinandersetzung** ist derjenige (frühere) Miterbe Rechtsnachfolger iSd § 727, dem die Nachlassforderung zugewiesen wurde.[30] Befriedigt ein **Miterbe** als Gesamtschuldner den Gläubiger könnte diesem **als Rechtsnachfolger des Gläubigers** aufgrund gesetzlichen Forderungsübergangs die Klausel nur dann erteilt werden, wenn zugleich die Höhe des Ausgleichsanspruchs gegenüber die anderen Miterben (§ 426 Abs. 2 BGB) offenkundig oder urkundlich nachgewiesen wird. Hierfür reicht der Erbschein nicht aus.[31] IdR wird der Nachweis des Umfangs der Ausgleichspflicht nicht zu führen sein.[32] Hintergrund hierfür ist, dass bei Befriedigung des Gläubigers durch einen Miterben ein Fall der Rechtsnachfolge im eigentlichen Sinn des § 727 nicht vorliegt. Tituliert ist lediglich die Forderung gegen die Gesamtschuldner, so dass sich die Rechtskraftwirkung des Titels nicht auf den Ausgleichsanspruch gegenüber die übrigen Mitschuldner erstreckt.[33] Dies hat zur Folge, dass ein Nachweis des Umfangs der Ausgleichspflicht erforderlich ist.[34]
- Der **Nachlasspfleger** ist gesetzlicher Vertreter des (unbekannten) Erben,[35] nicht aber Partei kraft Amtes[36] und daher nicht Rechtsnachfolger des Erblassers. Ein von dem Erblasser erwirkter Titel ist daher „für den unbekannten Erben, vertreten durch den Nachlasspfleger XY ..." umzuschreiben.[37] § 727 gilt insofern nicht.
- Der **Nachlassverwalter** wie auch der **Nachlassinsolvenzverwalter** werden als Partei kraft Amtes wie Gesamtrechtsnachfolger behandelt.[38]
- Trotz Rechtsnachfolgerschaft ist eine Klauselerteilung **ausgeschlossen**, sofern der Anspruch mit dem Tod des Erblassers erlischt (vgl. § 1615 Abs. 1).[39]
- Bei **Tod eines Nießbrauchberechtigten** wird der Eigentümer eines Nießbrauchsgrundstück mit dem Erlöschen des Nießbrauchs durch Tod des Nießbrauchers nicht Rechtsnachfolger des Nießbrauchers. Demgemäß führt die Beendigung des Nießbrauchs grundsätzlich auch zu einem Erlöschen der gegen einen Dritten gestehenden Ansprüche des Nießbrauchers iSd § 1065 BGB i.V.m. §§ 985, 1004 BGB. Für eine Anwendung des § 727 Abs. 1 ist insofern kein Raum.
- Eine **Ausnahme** von diesem Grundsatz besteht aber betreffend solche Ansprüche, wenn der ehemalige Nießbraucher durch die Einwirkung des Dritten an der Erfüllung seiner aus dem gesetzlichen Rückabwicklungsschuldverhältnis gegenüber dem Eigentümer bestehenden Pflichten gehindert wird; jedenfalls dann, wenn die Ansprüche gegen den Dritten vor der Beendigung des Nießbrauchs bereits rechtshängig geworden oder tituliert sind.[40]

---

29 BGH NJW 2021, 634.
30 Zöller/*Seibel* ZPO § 727 Rn. 4.
31 BayObLGZ 1970, 125 (126) = NJW 1970, 1800 (1801).
32 OLG Düsseldorf DNotZ 1996, 539 (541).
33 RGZ 69, 422 (424); OLG Düsseldorf DNotZ 1996, 539 (541); BayObLG NJW 1970, 1800 (1801).
34 KG NJW 1955, 913; BayObLG NJW 1970, 1800 (1801); OLG Düsseldorf DNotZ 1996, 539 (541); Zöller/*Seibel* ZPO § 727 Rn. 7; Thomas/Putzo/*Seiler* ZPO § 727 Rn. 12; Musielak/Voit/*Lackmann* ZPO § 727 Rn. 8; aA MüKoZPO/*Wolfsteiner* § 727 Rn. 23.
35 BGHZ 49, 1 (5) = NJW 1968, 353; BGHZ 94, 312 (314).
36 OLG Schleswig ErbR 2022, 419 (421).
37 Zöller/*Seibel* ZPO § 727 Rn. 18; HK-ZV/*Giers/Haas* ZPO § 727 Rn. 17; Musielak/Voit/*Lackmann* ZPO § 727 Rn. 10; MüKoZPO/*Wolfsteiner* § 727 Rn. 21; aA AG Hamburg DGVZ 1992, 43.
38 HK-ZV/*Giers/Haas* ZPO § 727 Rn. 6; HK-ZPO/*Kindl* § 727 Rn. 6; MüKoZPO/*Wolfsteiner* § 727 Rn. 21; Musielak/Voit/*Lackmann* ZPO § 727 Rn. 10, 11.
39 Zöller/*Seibel* ZPO § 727 Rn. 4.
40 BGH NJW 2016, 1953 (1955).

15 **b) Auf Schuldnerseite. aa) Grundsatz.** Rechtsnachfolger des Schuldners iSd § 727 ist jeder, der an die Stelle des im Titel genannten Schuldners tritt und gegen den sich der im Titel zu vollstreckende Anspruch richtet. Dies kann auch der Fiskus sein (vgl. § 1936 BGB; § 882a).

16 In erbrechtlicher Hinsicht ist daher der **Erbe des Schuldners** (§ 1922 BGB) dessen Rechtsnachfolger.

17 Maßgeblicher **Zeitpunkt** ist hier – entgegen der Rechtsnachfolger auf Gläubigerseite – nicht der Anfall der Erbschaft (Tod des Erblassers), sondern die **Annahme** der Erbschaft bzw. Ablauf der Ausschlagungsfrist (§§ 1958, 1943 f.),[41] was der Gläubiger nachzuweisen hat.[42] Der Nachweis kann durch Erbschein oder durch ein öffentlich beurkundetes Testament mit der Niederschrift über die Eröffnung,[43] nicht aber durch ein privatschriftliches Testament geführt werden.[44]

18 Im **Zeitraum zwischen Erbfall und Annahme der Erbschaft** bzw. Ablauf der Ausschlagungsfrist gilt § 778 Abs. 1: Solange der Erbe die Erbschaft nicht angenommen hat, ist eine Zwangsvollstreckung wegen eines Anspruchs, der sich gegen den Nachlass richtet, nur in den Nachlass zulässig. Da ein Titel gegen den Erben nicht vorliegt und der gegen den Erblasser ergangene Titel nicht auf den „Erben" umgeschrieben werden kann, setzt eine Zwangsvollstreckung in diesem Zeitraum voraus, dass eine Partei kraft Amtes (Testamentsvollstrecker, § 2213 BGB; Nachlassverwalter, §§ 1975, 1984 BGB) bzw. ein Nachlasspfleger (§ 1960 BGB) vorhanden ist, der auch auf Antrag des Gläubigers bestellt werden kann (§ 1961 BGB). Die Klausel ist entspr. umzustellen.[45]

19 Hatte die **Zwangsvollstreckung gegen den Erblasser/Schuldner** bereits **zu dessen Lebzeiten begonnen** und tritt der Erbfall nach diesem Zeitpunkt ein, gilt § **779**: der Gläubiger kann ohne Umschreibung der gegen den Erblasser/Schuldner lautenden Ausfertigung die Zwangsvollstreckung in den Nachlass fortsetzen (§ 778 Abs. 1).

bb) Einzelfälle

20 ■ Vom **Umfang** her erfasst die erbrechtliche Gesamtrechtnachfolge iSd § 727 auch einen **nachehelichen Unterhaltstitel** (vgl. § 1586b BGB). Durch die Möglichkeit der Umschreibung des Titels kommt das Bestreben des Gesetzgebers zum Ausdruck, eine dauerhafte Sicherung des unterhaltsberechtigten geschiedenen Ehegatten über den Tod des Unterhaltspflichtigen hinaus zu schaffen.[46] Da der Unterhalt eine Nachlassverbindlichkeit ist, kann der Erbe des Schuldners seine Haftung dem Unterhaltsgläubiger gegenüber beschränken (§ 780 Abs. 1).[47] Hingegen greift § 727 nicht, wenn die Witwe eines Beamten die Erbschaft ausgeschlagen hat und die Titelumschreibung nur im Hinblick darauf begehrt wird, dass die Witwe Witwenpension bezieht. Diese hat einen eigenständigen beamtenrechtlichen Anspruch inne, so dass keine „Rechtsnachfolge" in Bezug auf einen gegen ihren verstorbenen Ehemann ergangenen Titel gegeben ist.[48] Die Rechtsfolge umfasst auch die Verpflichtung zur Abgabe einer **Willenserklärung** (§ 894) sowie die Erfüllung der **Pflichten iSd §§ 259–261**.[49]

■ Schlägt der „**vorläufige**" Erbe nach Anfall der Erbschaft diese wirksam aus, ist der „endgültige" Erbe nicht dessen Rechtsnachfolger. Im Hinblick auf § 1953 Abs. 1 BGB gilt der „vorläufige" Erbe materiellrechtlich von Anfang an als Nichterbe bzw. gem. § 1953 Abs. 2 BGB der Nächstberufene vom Erbfall an rückwirkend als unmittelbarer Rechtsnachfolger des

---

41 Zöller/*Seibel* ZPO § 727 Rn. 14; Thomas/Putzo/*Seiler* ZPO § 727 Rn. 13; aA MüKoZPO/*Wolfsteiner* § 727 Rn. 34.
42 Zöller/*Seibel* ZPO § 727 Rn. 14; Thomas/Putzo/*Seiler* ZPO § 727 Rn. 13; aA MüKoZPO/*Wolfsteiner* § 727 Rn. 34.
43 Musielak/Voit/*Lackmann* ZPO § 727 Rn. 7; Hk-ZPO/*Kindl* § 727 Rn. 5.
44 Hk-ZPO/*Kindl* ZPO § 727 Rn. 5.
45 Thomas/Putzo/*Seiler* ZPO § 778 Rn. 3; vgl. auch BayObLG Rpfleger 1992, 28.
46 BGH NJW 2004, 2896.
47 BGH NJW 2001, 828 (829); Grüneberg/*von Pückler* BGB § 1586b Rn. 10; MüKoZPO/*Wolfsteiner* § 727 Rn. 34.
48 OLG München NJW-RR 1988, 576.
49 BGHZ 104, 369 = NJW 1988, 2729; OLG München NJW-RR 1987, 649; vgl. dazu näher Zöller/*Seibel* ZPO § 727 Rn. 14.

Erblassers.⁵⁰ Ist die Klausel bereits auf den „vorläufigen" Erben umgeschrieben, kann sie nicht (weiter) auf den wirklichen Erben umgeschrieben werden.⁵¹

- Bei einer **Erbengemeinschaft** (§ 2032 BGB) hat der Gläubiger die Möglichkeit, zum Zwecke der Vollstreckung in den Nachlass (§ 747) die Klausel gegen alle Miterben umschreiben zu lassen; er kann aber auch die Klausel gegen einzelne Miterben erwirken, wodurch er in das gesamte Vermögen des Miterben vollstrecken und insoweit auch auf dessen Miterbenanteil (§ 2033 BGB) zugreifen kann.⁵² Die Haftungsbeschränkung iSd § 780 Abs. 1 wie auch die Rechte iSd §§ 2059, 2060 BGB sind von dem einzelnen Miterben geltend zu machen.⁵³
- Für den **Nachlasspfleger** bzw. den **Nachlassverwalter** und **Nachlassinsolvenzverwalter** sowie **Vor- und Nacherbfolge** gelten die Ausführungen auf Gläubigerseite (→ Rn. 12 ff.) entspr.
- Bei der Vollstreckung in das **Grundstück einer Gesellschaft bürgerlichen Rechts** gelten die (noch) im Grundbuch eingetragenen (bisherigen) Gesellschafter grds. auch dann in entspr. Anwendung von § 1148 S. 1, § 1192 Abs. 1 BGB als Gesellschafter der Schuldnerin, wenn diese durch den Tod eines eingetragenen Gesellschafters aufgelöst wurde.⁵⁴
- Bei einer **Räumungsvollstreckung** bedarf es einer Rechtsnachfolgeklausel nur, wenn sich aus den Gesamtumständen klar und eindeutig ergibt, dass die Rechtsnachfolger des Schuldners tatsächlichen (Mit-)Besitz an den Räumen haben. Insofern ist „Besitz" iSd „Gewahrsam" gem. § 886 ZPO zu verstehen, der seinerseits dem unmittelbaren Besitz iSd § 854 Abs. 1 BGB entspricht. Darunter fällt nicht der „fiktive" Eigenbesitz iSd § 857 BGB, soweit und solange Gewahrsam eines Dritten besteht. Das Wegschaffen von Gegenständen nach § 885 Abs. 1, 3, die früher im (Mit)Eigentum des Erblassers gestanden haben, stellt keine Vollstreckung in den Nachlass dar.⁵⁵

III. Verfahren

1. Voraussetzungen. a) Zuständigkeit. Es gilt nicht § 797 Abs. 1 (Urkundsbeamte der Geschäftsstelle), sondern § 20 Nr. 12 RpflG: zuständig für die Erteilung der Klausel ist der **Rechtspfleger**, für notarielle Urkunden (§ 794 Abs. 1 Nr. 5) der **Notar** (§ 797 Abs. 2). 21

Sofern der **Urkundsbeamte anstelle des Rechtspflegers** die Klausel erteilt hat, führt dies zur **Nichtigkeit der Klausel**, die das Vollstreckungsorgan zu beachten hat. Die Rechtsprechung des BGH⁵⁶ zu § 726, wonach die Klausel lediglich anfechtbar, aber nicht nichtig ist, wenn der Rechtspfleger im Wege der Auslegung zu dem Ergebnis gelangt ist, dass lediglich eine „einfache" Klausel iSd § 724 vorliegt, für deren Erteilung er gem. § 797 Abs. 1 zuständig ist, greift vorliegend nicht. Denn die Erteilung einer vollstreckbaren Ausfertigung für und gegen Rechtsnachfolger bedarf des Nachweises durch entspr. Urkunden (→ Rn. 28), so dass von vornherein offensichtlich ist, dass dem Urkundsbeamten die Erteilung der „Nachfolgeklausel" obliegt. Insofern liegt es auf der Hand, dass der Urkundsbeamte bewusst anstelle des Rechtspflegers die Klausel iSd § 727 erteilt hat.⁵⁷ 22

b) Antrag des Gläubigers. Dieser kann formlos durch den im Titel bezeichneten Gläubiger oder dessen Erben gestellt werden.⁵⁸ 23

c) Vollstreckungsreife eines wirksamen Titels – Vollstreckbarer Inhalt des Titels. Es gelten die allg. Grundsätze für die Erteilung der Klausel. Insoweit muss das Urteil rechtskräftig bzw. vorläufig vollstreckbar (§ 704) sein und einen vollstreckbaren Inhalt (insbes. inhaltlich bestimmt sein) haben. 24

---

50 BGH NJW 1989, 2885 (2886).
51 *Scheel* NotBZ 2000, 146; aA MüKoZPO/*Wolfsteiner* ZPO § 727 Rn. 34.
52 Zöller/*Seibel* ZPO § 727 Rn. 14; Musielak/Voit/*Lackmann* ZPO § 727 Rn. 7.
53 Zöller/*Seibel* ZPO § 727 Rn. 14; Musielak/Voit/*Lackmann* ZPO § 727 Rn. 7.
54 BGH ZEV 2016, 98 (99).
55 BGH NJW 2020, 3376 (3379f.) mAnm *Würdinger und Herberger*.
56 BGH NJW-RR 2012, 1146 (1147); 2012, 1148; 2013, 437.
57 Musielak/Voit/*Lackmann* ZPO § 726 Rn. 4.
58 Zur Formulierung vgl. GF-ZPO/*Gierl* § 727 Rn. 1.

25 **d) Verfahren ieS.** Entgegen dem Wortlaut der Vorschrift („kann") **hat** der Rechtspfleger die Klausel zu erteilen, wenn die allg. Voraussetzungen für die Erteilung der einfachen Klausel (§ 724) und die Rechtsnachfolge iSd § 727 nachgewiesen ist.

26 Ob dem Schuldner **rechtliches Gehör** vor Erteilung der Klausel zu gewähren ist, liegt im pflichtgemäßen Ermessen des Rechtspflegers (vgl. § 730).[59] Hat der Gläubiger die erforderlichen urkundlichen Nachweise, insbes. öffentliche Urkunden (zB Erbschein) vorgelegt, besteht idR kein Anlass den Schuldner vor Umschreibung anzuhören.[60]

27 Ob ein **gutgläubiger Erwerb iSd § 325 Abs. 2** vorliegt, ist nicht Prüfungsgegenstand im Klauselerteilungsverfahren. Der Schuldner ist darauf verwiesen, seinen „guten Glauben" im Rahmen der Klage gem. § 768 geltend zu machen.[61]

28 Für die Umschreibung des Titels bedarf es des **Nachweis**es der Rechtsnachfolge durch öffentliche bzw. öffentlich beglaubigte (vgl. § 129 BGB) Urkunden, sofern diese bei dem Gericht nicht offenkundig ist (zB wenn der Nachfolger Erklärungen über den Nachlass abgibt).[62] In erbrechtlicher Hinsicht kann dieser durch Vorlage eines **Erbscheins** geführt werden. Bei Rechtsnachfolge auf Schuldnerseite verschafft § 792 dem Gläubiger durch Einräumung eines eigenen Antragrechts im Nachlassverfahren die Möglichkeit, den für einen Nachweis der Rechtsnachfolge benötigten Erbschein zu erhalten. Zu beachten ist, dass auch **ohne Vorlage einer öffentlichen Urkunde** der nach § 727 geforderte Nachweis mittels eines **Geständnisses des Schuldners** (§ 288) geführt werden kann, welches dieser im Rahmen einer Anhörung (§ 730) erklären kann. Ein Nichtbestreiten der Rechtsnachfolge (§ 138 Abs. 3) ist insofern nicht ausreichend, da § 138 Abs. 3 im Verfahren des § 727 keine Anwendung findet.[63] Ist ein Geständnis des Schuldners im Klauselerteilungsverfahren zu erwarten, sollte aus Kostenersparnisgründen die Anhörung des Schuldners iSd § 730 beantragt werden. Die grds. Möglichkeit der Erklärung eines Geständnisses im Klauselerteilungsverfahren führt noch nicht zu einer Pflicht des Rechtspflegers, den Schuldner anzuhören. Eine solche besteht nur dann, wenn der Gläubiger substanziiert darlegt, dass und aus welchen nachvollziehbaren Gründen zu erwarten ist, dass der Schuldner die Rechtsnachfolge zugestehen werde.[64]

29 **2. Erteilung der Klausel.** Die Klausel kann zB wie folgt lauten:[65]

Bei Wechsel auf Klägerseite:

▶ Vorstehende Ausfertigung wird dem ... [neuer Gläubiger] als Rechtsnachfolger des Klägers zum Zwecke der Zwangsvollstreckung erteilt. Die Rechtsnachfolge ist offenkundig/durch den Beklagten zugestanden/nachgewiesen durch den Erbschein des Amtsgerichts ... vom ... ◀

Bei Wechsel auf Beklagtenseite:

▶ Vorstehende Ausfertigung wird dem Kläger zum Zwecke der Zwangsvollstreckung gegen ... [neuer Schuldner] als Rechtsnachfolger des Beklagten erteilt. Die Rechtsnachfolge ist offenkundig/durch den ... [neuen Schuldner] zugestanden/nachgewiesen durch Erbschein des Amtsgerichts ... vom ... ◀

30 **3. Rechtsbehelfe. a) Gläubiger.** Bei Verweigerung durch den **Rechtspfleger** kann der Gläubiger – § 793 ist nicht einschlägig[66] – sofortige Beschwerde einlegen (§ 567 Abs. 1 iVm § 11 Abs. 1 RpflG),[67] wobei die Beschwerdefrist **zwei Wochen** beträgt (§ 569 Abs. 1 S. 1); bei Verweigerung

---

[59] BGH DNotZ 2005, 917 = MDR 2006, 52 = NJOZ 2005, 3307 (3308); Münzberg NJW 1992, 201 (204).
[60] Zöller/*Seibel* ZPO § 730 Rn. 1; Hk-ZPO/*Kindl* § 730 Rn. 2.
[61] MüKoZPO/*Wolfsteiner* § 727 Rn. 52; Hk-ZPO/*Kindl* § 727 Rn. 11; HK-ZV/*Giers/Haas* ZPO § 727 Rn. 8; Thomas/Putzo/*Seiler* ZPO § 727 Rn. 15; Zöller/*Seibel* ZPO § 727 Rn. 26.
[62] OLG München NJW-Spezial 2014, 168.
[63] BGH DNotZ 2005, 917 = MDR 2006, 52 = NJOZ 2005, 3307 (3308).
[64] BGH DNotZ 2005, 917 = MDR 2006, 52 = NJOZ 2005, 3307 (3309); Zöller/*Seibel*, § 730 Rn. 1.
[65] Zöller/*Seibel* ZPO § 727 Rn. 28; Hk-ZPO/*Kindl* Rn. 8; HK-ZV/*Giers/Haas* ZPO § 727 Rn. 38; GF-ZPO/*Gierl* § 727 Rn. 12, 16.
[66] Musielak/Voit/*Lackmann* ZPO § 726 Rn. 8.
[67] BGH MDR 2020, 1337; KG Rpfleger 1998, 65 mWN; LG Stuttgart Rpfleger 2000, 537; Thomas/Putzo/*Seiler* ZPO § 727 Rn. 9a iVm § 724 Rn. 14a.

durch den **Notar** Beschwerde nach § 54 Abs. 1 BeurkG, auf die die Vorschriften des FamFG Anwendung finden (§ 54 Abs. 2 S. 2 BeurkG).[68] Damit beträgt die Beschwerdefrist – im Gegensatz zu der der sofortigen Beschwerde iSd § 567 Abs. 1 – **1 Monat** (§ 63 FamFG).[69] Zuständig ist das Landgericht, in dessen Bezirk die Stelle, gegen die sich die Beschwerde richtet, ihren Sitz hat, wobei zu beachten ist, dass im Gegensatz zur sofortigen Beschwerde iSd § 567 Abs. 1 die Beschwerde nicht bei dem Landgericht (vgl. § 569 Abs. 1 S. 1 Alt. 2) eingelegt werden kann, sondern beim Notar einzulegen ist (vgl. § 64 Abs. 1 FamFG)!

Sofern der Gläubiger den nach § 727 erforderlichen Nachweis nicht führen kann, steht ihm die Klage nach § **731** offen. 31

b) **Schuldner.** Einwendungen gegen die **Zulässigkeit der Vollstreckungsklausel** kann der Schuldner im Wege der Erinnerung iSd § 732 geltend machen. Diese betreffen **Fehler formeller Art** (fehlender Antrag des Gläubigers, keine Vollstreckungsreife bzw. kein vollstreckungsfähiger Inhalt oder allg. Verletzungen von Verfahrensvorschriften), worunter auch der Einwand fällt, dass der **Nachweis** der Rechtsnachfolge durch die nach § 727 erforderlichen Urkunden nicht erbracht ist. 32

Bestreitet der Schuldner den **Eintritt** der Rechtsnachfolge als solche, ist der Anwendungsbereich der Klauselgegenklage[70] iSd § 768 eröffnet.[71] Sofern die (einfache) Klausel im Erinnerungsverfahren iSd § 732 erteilt wurde, ist der Schuldner – auch wenn die Erteilung auf Anweisung des Erinnerungs- bzw. Beschwerdegerichts erfolgt ist – nicht daran gehindert, die Klage nach § 768 zu erheben.[72] 33

Will der Schuldner sowohl **formelle Einwendungen wie auch solche iSd § 727** geltend machen, kann er diese sowohl mit der Klauselgegenklage als auch mit der Klauselerinnerung (vgl. § 768) verfolgen; dh der eine Rechtsbehelf lässt das Rechtsschutzinteresse für den anderen bestehen. Zu beachten ist aber, dass mit der **Klauselerinnerung** iSd § 732 nur Fehler formeller Art geltend gemacht werden können.[73] Insoweit besteht eine Beweismittelbeschränkung, da Prüfgegenstand nur ist, ob die eingereichten Urkunden der geforderten Form genügen und geeignet sind, den erforderlichen Beweis zu erbringen. Mit der Behebung des formellen Fehlers kann die Klausel erneut erteilt werden kann. Kann der Schuldner sowohl formelle Einwendungen wie auch solche iSd § 768 geltend machen, ist daher die Klageerhebung anzuraten.[74] Demgegenüber können bei der **Klauselgegenklage** iSd § 768 auch Einwendungen vorgebracht werden, die nicht auf im Klauselverfahren vorgelegte Urkunden gestützt sind. Insoweit besteht keine Beweismittelbeschränkung.[75] Die Klage kann zwar nicht auf formelle Fehler gestützt werden – diese sind allein im Klauselerinnerungsverfahren geltend zu machen[76] –, dem Schuldner steht aber die Möglichkeit offen, im Wege der **Vollstreckungsgegenklage** iSd § 767 weitere materielle Einwendung gegen den zu vollstreckenden Anspruch geltend zu machen und beide Klagen zu verbinden (§ 260).[77] 34

Werden Klauselerinnerung und Klauselgegenklage gleichzeitig betrieben, empfiehlt sich ein **Antrag auf Einstellung der Zwangsvollstreckung** gem. § 732 Abs. 2 bzw. § 768, da idR das Verfahren betreffend die Klauselgegenklage gem. § 148 ausgesetzt werden wird.[78] 35

---

68 Hk-ZPO/*Kindl* ZPO § 724 Rn. 13 iVm § 726 Rn. 71.
69 BeckOK BeurkG/*Kleba* BeurkG § 54 Rn. 18.
70 Zum Begriff vgl. Musielak/Voit/*Lackmann* ZPO § 768 Rn. 2.
71 Vgl. dazu BGH NJW 2011, 2806.
72 Zöller/Seibel ZPO § 724 Rn. 13.
73 HM: BGH NJW-RR 2006, 567; MDR 2005, 1432; Zöller/*Seibel*, § 732 Rn. 12; Musielak/Voit/*Lackmann* ZPO § 732 Rn. 4 und 6; § 768 Rn. 2.
74 Musielak/Voit/*Lackmann* ZPO § 732 Rn. 6; Hk-ZPO/*Kindl* § 732 Rn. 3.
75 Zöller/*Seibel* ZPO § 732 Rn. 12.
76 Musielak/Voit/*Lackmann* ZPO § 768 Rn. 2; Thomas/Putzo/*Seiler* ZPO § 768 Rn. 2; Zöller/*Seibel* ZPO § 768 Rn. 1; aA Hk-ZPO/*Kindl* § 732 Rn. 3: dem Schuldner sollte im Rahmen der Klauselgegenklage gestattet sein, nachprüfen zu lassen, ob die Tatsachen, deren Eintritt bestritten wird, ordnungsgemäß nachgewiesen sind.
77 KG MDR 2008, 591; Musielak/Voit/*Lackmann* ZPO § 768 Rn. 2; MüKoZPO/*Karsten Schmidt/Brinkmann* § 768 Rn. 5.
78 Vgl. Zöller/*Seibel* ZPO § 768 Rn. 1.

C. Weitere Praxishinweise

36 Gerichtsgebühren fallen keine an. Wird der Antrag zur Umschreibung durch den **Prozessbevollmächtigten** des bisherigen Gläubigers gestellt, fällt keine Verfahrensgebühr an.[79] Anders ist es aber, wenn der **Rechtsanwalt des neuen Gläubigers** den Antrag stellt. Dies stellt eine besondere Angelegenheit dar, wodurch die Gebühr iSd Nr. 3009 VV RVG erwächst.[80]

§ 728 ZPO Vollstreckbare Ausfertigung bei Nacherbe oder Testamentsvollstrecker

(1) Ist gegenüber dem Vorerben ein nach § 326 dem Nacherben gegenüber wirksames Urteil ergangen, so sind auf die Erteilung einer vollstreckbaren Ausfertigung für und gegen den Nacherben die Vorschriften des § 727 entsprechend anzuwenden.

(2) ¹Das Gleiche gilt, wenn gegenüber einem Testamentsvollstrecker ein nach § 327 dem Erben gegenüber wirksames Urteil ergangen ist, für die Erteilung einer vollstreckbaren Ausfertigung für und gegen den Erben. ²Eine vollstreckbare Ausfertigung kann gegen den Erben erteilt werden, auch wenn die Verwaltung des Testamentsvollstreckers noch besteht.

A. Allgemeines 1	(3) Maßgebender Zeitpunkt für den Eintritt der Rechtskrafterstreckung 8
B. Regelungsgehalt 2	
I. Voraussetzungen 2	
1. Bei Vor-/Nacherbschaft (Abs. 1) 2	bb) In Bezug auf die erforderlichen Nachweise 9
a) Materielle Voraussetzung 2	
b) Formelle Voraussetzungen 3	2. Bei Testamentsvollstreckung (Abs. 2) .. 13
aa) In Bezug auf das Urteil 3	a) Grundsatz 13
(1) Rechtskrafterstreckung zugunsten des Nacherben (§ 326 Abs. 1) 5	b) Klauselerteilung zugunsten des Erben 14
	c) Klauselerteilung gegen den Erben . 15
(2) Rechtskrafterstreckung zulasten des Nacherben (§ 326 Abs. 2) 7	II. Verfahren, Rechtsbehelfe und Rechtsfolge . 16

A. Allgemeines

1 Hintergrund der Vorschrift ist, dass nach § 326 (vgl. Abs. 1) bzw. § 327 (vgl. Abs. 2) ein zwischen dem Vorerben bzw. dem Testamentsvollstrecker und einem Dritten ergangenes Urteil unter den dort genannten Voraussetzungen auch gegenüber dem (Nach-)Erben wirkt. Der Nacherbe ist aber nicht Rechtsnachfolger des Vorerben, sondern des Erblassers, wie auch der Testamentsvollstrecker nicht Rechtsnachfolger des Erben ist. Demgemäß kann § 727 keine (direkte) Anwendung finden. Im Hinblick auf die Rechtskrafterstreckung iSd § 326 auf den nicht am Prozess beteiligten (Nach-)Erben, entspricht die Interessenslage bei Vorliegen eines Titels bei Vorerbschaft bzw. bei Testamentsvollstreckung derjenigen bei Eintritt von Rechtsnachfolge. Demgemäß ordnet § 728 die entspr. Anwendung des § 727 an und **ermöglicht** so die **Umschreibung des Titels** in Bezug auf den Nacherben bzw. den Erben.

---

[79] HM: OLG Hamm JurBüro 2001, 29; OLG Karlsruhe JurBüro 1990, 349; Mayer/Kroiß/*Ebert* RVG § 19 Rn. 112.

[80] *Enders* JurBüro 2000, 225 f.; Zöller/*Seibel* ZPO § 727 Rn. 40; Hk-ZPO/*Kindl* § 727 Rn. 14, HK-ZV/*Giers/Haas* ZPO § 727 Rn. 45.

B. Regelungsgehalt
I. Voraussetzungen

1. Bei Vor-/Nacherbschaft (Abs. 1). a) Materielle Voraussetzung. Zwingende Voraussetzung für die Erteilung der Klausel ist der **Eintritt der Nacherbfolge iSd §§ 2100, 2139 BGB**. Insofern ist maßgebend, an welches Ereignis bzw. Zeitpunkt der Erblasser den Eintritt geknüpft hat. Hat der Erblasser einen Nacherben ohne nähere Bestimmung des Eintritts des Nacherbfalls eingesetzt, so fällt die Erbschaft dem Nacherben mit dem Tod des Vorerben an (vgl. § 2106 Abs. 1).

b) Formelle Voraussetzungen. aa) In Bezug auf das Urteil. Insoweit verweist Abs. 1 auf § 326. Es muss also ein **Urteil** vorliegen, das **gegen den Vorerben** ergangen ist und das für bzw. gegen den Nacherben wirkt (vgl. § 326 BGB). Ist also das Urteil (bereits) gegen den Erblasser ergangen, so findet § 727 unmittelbare Anwendung.[1]

Desweiteren ist danach **zu unterscheiden**, ob das Urteil einen gegen den Vorerben als Erben gerichteten **Anspruch** (= Nachlassverbindlichkeit iSd §§ 1967, 1968 BGB) oder einen der Nacherbfolge unterliegenden **Gegenstand** betrifft. Insofern gilt:

(1) Rechtskrafterstreckung zugunsten des Nacherben (§ 326 Abs. 1). § 326 Abs. 1 ordnet Rechtskrafterstreckung eines zwischen dem Vorerben und einem Dritten ergangenen Urteils **zugunsten des Nacherben** an, so dass bei einer Verurteilung des Vorerben zu einer Leistung von vornherein keine Klausel gegen den Nacherben erteilt werden kann.[2] Insoweit tritt Rechtskrafterstreckung im Fall eines die Klage gegen den Vorerben **abweisenden Urteils in Bezug auf eine Nachlassverbindlichkeit iSd §§ 1967, 1968 BGB (Alt. 1)** ein.[3] Ein klageabweisendes Urteil hat aber keinen vollstreckungsfähigen Inhalt, da die Kostenentscheidung iSd §§ 91 ff. lediglich eine (Kosten-)Grundentscheidung darstellt.[4] Grundlage für die Vollstreckung der konkret zu erstattenden Kosten ist der Kostenfestsetzungsbeschluss (vgl. § 794 Abs. 1 Nr. 2). Insofern betrifft der Anwendungsbereich des § 728 Abs. 1 die Umschreibung eines aufgrund eines Urteils ergangenen Kostenfestsetzungsbeschlusses zugunsten des Nacherben.[5]

Erging das Urteil über **einen der Nacherbfolge unterliegenden Gegenstand (Alt. 2)**, wirkt es dann zugunsten des Nacherben, sofern das Urteil vor Eintritt der Nacherbfolge rechtskräftig wird. Zu dessen Gunsten kann daher die vollstreckbare Ausfertigung erteilt werden, wenn der **Vorerbe im Aktivprozess obsiegt** hat.

(2) Rechtskrafterstreckung zulasten des Nacherben (§ 326 Abs. 2). Ein zwischen dem Vorerben und einem Dritten ergangenes Urteil kann nur dann zulasten des Nacherben wirken, sofern es über einen der Nacherbfolge unterliegenden Gegenstand ergangen ist. Die Rechtskraftwirkung zulasten des Nacherben tritt aber nur dann ein, wenn der Vorerbe befugt ist, ohne Zustimmung des Nacherben über den der Nacherbfolge unterliegenden Gegenstand zu verfügen. Ob dies der Fall ist, bestimmt sich nach den §§ 2112 ff., 2136 BGB.

(3) Maßgebender Zeitpunkt für den Eintritt der Rechtskrafterstreckung. Voraussetzung ist in allen Fällen, dass das **Urteil vor Eintritt der Nacherbfolge rechtskräftig** wird.[6] Tritt Nacherbfolge hingegen vor Rechtskraft des Urteils ein, ist für eine Rechtskrafterstreckung kein Raum. Für Aktivprozesse des Vorerben gilt insofern §§ 242, 239.

bb) In Bezug auf die erforderlichen Nachweise. Der Gläubiger muss den **Eintritt des Nacherbfalls** wie auch die **einzelnen Voraussetzungen des § 326**, sofern sie nicht offenkundig sind, durch öffentliche bzw. öffentlich beglaubigte Urkunden nachweisen:

---

1 MüKoZPO/*Wolfsteiner* § 728 Rn. 1.
2 MüKoZPO/*Wolfsteiner* § 728 Rn. 2.
3 MüKoZPO/*Wolfsteiner* § 728 Rn. 2; HK-ZV/ *Giers/Haas* ZPO § 728 Rn. 2.
4 HK-ZV/*Giers/Haas* ZPO § 728 Rn. 2.
5 HK-ZV/*Giers/Haas* ZPO § 728 Rn. 2.
6 Zöller/G. *Vollkommer* ZPO § 728 § 326 Rn. 3; Thomas/Putzo/*Reichold* ZPO § 728 § 326 Rn. 3; aA HK-ZV/*Giers/Haas* ZPO § 728 Rn. 2 in Bezug auf § 326 Abs. 2: unerheblich, wann die Rechtskraft eingetreten ist.

10 Es bedarf insoweit der **Vorlage eines Erbscheins**, der den **Nacherben** aufgrund des Eintritts des Nacherbfalls **als Erben** ausweist. Ein Erbschein, der zugunsten des Vorerben erteilt wurde, und dessen Sterbeurkunde ist insofern nicht ausreichend.[7]

11 Desweitern (§ 326) muss der Eintritt der Rechtskraft vor dem Nacherbfall, dass das Urteil einen der Nacherbfolge unterliegenden Gegenstand betrifft, sowie grds. die Verfügungsbefugnis des Vorerben nachgewiesen werden. Letzteres bedarf es jedoch nicht im Falle der befreiten Vorerbschaft (§ 2136 BGB). Hier obliegt es dem Nacherben den Nachweis zu führen (§ 768), dass die Verfügung des Vorerben ein unentgeltliches Geschäft zum Gegenstand hatte (§§ 2113 Abs. 2, 2136 BGB) und insofern nicht gegen ihn wirkt.[8]

12 Grundlage der **Prüfung** durch den **Rechtspfleger** (vgl. § 20 Nr. 12 RpflG) ist insofern der Urteilsinhalt (§§ 2112 ff., 2136 BGB) samt **Testament**.[9]

13 **2. Bei Testamentsvollstreckung (Abs. 2). a) Grundsatz.** Voraussetzung ist, dass ein **Urteil gegenüber dem Testamentsvollstrecker** ergangen ist, das gem. § 327 gegenüber dem Erben wirkt. Erfasst sind insofern Prozesse des Testamentsvollstreckers betreffend ein seiner Verwaltung unterliegendem Recht (§ 327 Abs. 1 iVm § 2212 BGB) bzw. einen gegen den Nachlass gerichteten Anspruch, sofern der Testamentsvollstrecker zur Führung des Rechtsstreits berechtigt ist (vgl. § 327 Abs. 2 iVm § 2213 Abs. 2 BGB: Verwaltung des gesamten Nachlasses). Abs. 2 ermöglicht eine **Umschreibung des Urteils für und gegen den Erben**.

14 **b) Klauselerteilung zugunsten des Erben.** Diese kann erst erfolgen, **wenn die Testamentsvollstreckung beendet ist**, denn bis zu diesem Zeitpunkt hat die ausschließliche Prozessführungsbefugnis der Testamentsvollstrecker inne (§ 2212 BGB). Sofern nicht offenkundig, bedarf es eines **Nachweises der Beendigung der Testamentsvollstreckung** (insoweit ausreichend eine auf die Rückseite der mit einem Testamentsvollstreckervermerk versehenen Erbscheinsausfertigung gesetzte Ausfertigung eines Beschlusses des Nachlassgerichts, dass die Testamentsvollstreckung beendet ist),[10] wie auch des Vorliegens der **Voraussetzungen iSd § 327** (Erbenstellung in Bezug auf den Anspruch/Recht, der/das dem Urteil zugrunde liegt).

15 **c) Klauselerteilung gegen den Erben.** Eine solche Klausel kann **jederzeit** erteilt werden, also auch wenn die Testamentsvollstreckung noch nicht beendet ist (**Abs. 2 S. 2**). Dem Erbe verbleibt die Möglichkeit, seine beschränkte Erbenhaftung gem. § 767 iVm § 780 Abs. 2 geltend machen.[11] Insofern bedarf es keines Vorbehalts der beschränkten Erbenhaftung in dem Urteil. Der Nachweis der Erbenstellung wird – sofern nicht offenkundig – durch die Vorlage eines Erbscheins (vgl. dazu § 792) geführt.

II. Verfahren, Rechtsbehelfe und Rechtsfolge

16 Es gelten die Ausführungen zu § 727 (→ Rn. 21 ff. und 30 ff.).[12] Wie in § 727 bescheinigt die Klausel dem Vollstreckungsorgan mit bindender Wirkung die Vollstreckbarkeit des Titels für/gegen den Nacherben bzw. den Erben selbst.[13]

§ 737 ZPO Zwangsvollstreckung bei Vermögens- oder Erbschaftsnießbrauch

(1) Bei dem Nießbrauch an einem Vermögen ist wegen der vor der Bestellung des Nießbrauchs entstandenen Verbindlichkeiten des Bestellers die Zwangsvollstreckung in die dem Nießbrauch

---

7   BGHZ 84, 196 = NJW 1982, 2499.
8   MüKoZPO/*Wolfsteiner* § 728 Rn. 5; Hk-ZPO/*Kindl*, Rn. 2.
9   Zöller/*Seibel* ZPO § 728 Rn. 2.
10 KG NJW-RR 1987, 3.
11 Zöller/*Seibel* ZPO § 728 Rn. 3.
12 Zur Formulierung vgl. GF-ZPO/*Gierl* § 728 Rn. 1.
13 Hk-ZPO/*Kindl* § 728 Rn. 1.

unterliegenden Gegenstände ohne Rücksicht auf den Nießbrauch zulässig, wenn der Besteller zu der Leistung und der Nießbraucher zur Duldung der Zwangsvollstreckung verurteilt ist.

(2) Das Gleiche gilt bei dem Nießbrauch an einer Erbschaft für die Nachlassverbindlichkeiten.

A. Allgemeines 1	3. Erforderliche Vollstreckungstitel 8
B. Regelungsgehalt 2	a) Grundsatz 8
I. Voraussetzungen 2	b) Ausnahme 9
1. Verbindlichkeit, die vor Bestellung des Nießbrauchs entstanden war 2	II. Rechtsfolge 10
2. Bestellung eines Nießbrauchs an einer Erbschaft (Abs. 2) 5	C. Weitere Praxishinweise 11

A. Allgemeines

Die Vorschrift knüpft an § 1085 iVm § 1086 S. 1 bzw. § 1089 BGB an. Hintergrund der Regelungen ist, dass das Befriedigungsrecht des Gläubigers an dem Vermögen des Schuldners nicht dadurch beschränkt sein soll, dass der Schuldner nach Entstehung der Forderung des Gläubigers einem Dritten (= Nießbraucher) das Recht einräumt, Nutzungen des Vermögens zu ziehen. § 737 setzt diese materielle Rechtslage vollstreckungsrechtlich um.[1] Insofern dient die Vorschrift wie auch die materiellrechtlichen Regelungen dem **Gläubigerschutz**. Dieser erhält jedoch in vollstreckungsrechtlicher Hinsicht erst dann Zugriff auf die dem Nießbrauch unterliegenden Gegenstände, wenn er neben einem Leistungstitel gegenüber dem Besteller (= Schuldner) zudem einen Titel gegen den Nießbraucher zur Duldung der Zwangsvollstreckung erwirkt hat. Letzterer dient der **Wahrung der Rechte des Nießbrauchers**. Materiellrechtliche Grundlage für den Duldungstitel ist § 1086 S. 1 BGB. Ein solcher Duldungstitel führt in vollstreckungsrechtlicher Hinsicht dazu, dass der **Nießbraucher Vollstreckungsschuldner** ist. Dies hat die Konsequenz, dass dieser zum einen nicht mehr Dritter iSd § 809 ZPO ist und zum anderen sein Nießbrauchsrecht an dem Gegenstand kein Recht iSd § 771 ZPO darstellen kann.[2] 1

B. Regelungsgehalt

I. Voraussetzungen[3]

1. Verbindlichkeit, die vor Bestellung des Nießbrauchs entstanden war. Hierfür ist ausreichend, dass der **Rechtsgrund** der Forderung zu diesem Zeitpunkt **entstanden** war. Insofern gelten die Grundsätze zu § 38 InsO.[4] Das Befriedigungsrecht des Gläubigers erfasst daher aufschiebend bedingte bzw. anfangsbefristete Forderungen[5] wie auch solche, deren Fälligkeit noch nicht eingetreten ist.[6] 2

In zeitlicher Hinsicht ist **bei Mobiliarvollstreckung** in Bezug auf den Anwendungsbereich des § 737 wie folgt zu unterscheiden:[7] 3

- Bestellung des Nießbrauchs – nachfolgende Entstehung der Forderung: – (ggf. Eingreifen von AnfG)
- Forderung entstanden – nachfolgende Bestellung des Nießbrauchs, aber vor Rechtshängigkeit der Forderung: § 737
- Forderung entstanden – nachfolgende Bestellung des Nießbrauchs, aber nach Rechtshängigkeit der Forderung und vor Eintritt der Rechtskraft: § 737

---

1 BGH NJW 2003, 2164 (2165); Musielak/Voit/Lackmann Rn. 1.
2 HK-ZPO/Kindl Rn. 1; HK-ZV/Giers/Haas Rn. 1.
3 Zur Formulierung entspr. Anträge vgl. GF-ZPO/Gierl ZPO § 738 Rn. 1, 7.
4 Grüneberg/Herrler BGB § 1086 Rn. 1.
5 RGZ 69, 421; Grüneberg/Herrler BGB § 1086 Rn. 1; Zöller/Seibel Rn. 9; HK-ZPO/Kindl Rn. 2; HK-ZV/Giers/Haas Rn. 2; Musielak/Voit/Lackmann Rn. 3.
6 Zöller/Seibel Rn. 9; HK-ZPO/Kindl Rn. 2; HK-ZV/Giers/Haas Rn. 2; Musielak/Voit/Lackmann Rn. 3.
7 Zöller/Seibel Rn. 3–5; HK-ZPO/Kindl Rn. 2.

Ausnahme: Veräußerung einer in Streit befangenen Sache mit Urteilswirkung nach § 325: § 727

- Forderung entstanden – rechtskräftige Feststellung – nachfolgende Bestellung des Nießbrauchs: § 738
Ausnahme: Veräußerung einer in Streit befangenen Sache mit Urteilswirkung nach § 325: § 727[8]

4 Als **Forderungen**, wegen derer in die dem Nießbrauch an einer Erbschaft unterliegenden Gegenstände vollstreckt werden soll, kommen nach Abs. 2 **nur Nachlassverbindlichkeiten** in Betracht. Gläubiger iSd § 1089 BGB iVm §§ 1086–1088 BGB bzw. § 737 können daher nur Nachlassgläubiger iSd §§ **1967–1969 BGB** sein.

5 **2. Bestellung eines Nießbrauchs an einer Erbschaft (Abs. 2).** Abs. 2 stellt insofern die **vollstreckungsrechtliche Ergänzung zu § 1089 BGB** dar. Die Vorschrift erfasst insofern den Nießbrauch an dem Sondervermögen „Nachlass",[9] nicht aber den **Nießbrauch an einem Erbteil**, der ein Rechtsnießbrauch ist, und auf den die §§ 2033, 1068 ff., 1066 BGB Anwendung finden; die §§ 1086–1088 BGB gelten nicht entspr.[10] Eine entspr. Anwendung kommt jedoch dann in Betracht, wenn alle Miterben ihre Erbteile zugunsten derselben Person mit einem Nießbrauch belasten.[11]

6 Ob ein Nießbrauch an einer Erbschaft vorliegt, ist ggf. im Wege der Auslegung des Kausalgeschäfts festzustellen.[12] IdR ergibt sich der Bestellungsanspruch **aufgrund der Anordnung eines Vermächtnisses** durch den Erblasser. Dabei ist zu beachten, dass der Nießbrauch an einer Erbschaft iSd § 1089 BGB ein dingliches Recht ist und der Vermächtnisanspruch iSd § 2174 BGB lediglich einen schuldrechtlichen Anspruch auf Erfüllung des Vermächtnisses, also auf die Leistung des vermachten Vermögensvorteils, begründet. Demgemäß führt die Anordnung des Vermächtnisses als solches noch nicht dazu, dass der vermachte Vermögenswert von selbst und mit dinglicher Wirkung auf den Bedachten übergeht. Insoweit bedarf es einer (dinglichen) Nießbrauchsbestellung an den einzelnen Nachlassgegenständen.[13] Hinsichtlich des beweglichen Nachlasses gilt für das sachenrechtliche Verfügungsgeschäft § 1032 BGB; soweit zum Nachlass Grundstücke gehören, entsteht der Nießbrauch durch Einigung und Eintragung im Grundbuch gem. § 873 BGB.[14] Insofern ist auch der Nießbrauch an der Erbschaft ein **Nießbrauch an den einzelnen Gegenständen**.[15]

7 Der Begriff „Bestellung" entspricht demgemäß dem in § 1085 BGB (Erwerb des dinglichen Rechts).[16] Sofern die Bestellung **sukzessive** erfolgt, ist fraglich, ob die Rechtsfolgen iSd §§ 1086 ff. BGB bzw. § 737 bereits bei Belastung des ersten Gegenstandes eintreten, selbst wenn dieser nicht den wesentlichen Teil des Vermögens des Bestellers darstellt.[17] Richtigerweise wird man im Hinblick auf den Normzweck der Vorschriften der §§ 1085 ff. BGB/§ 737 darauf abzustellen haben, ob der Einzelgegenstand bereits den Kern des Vermögens des Bestellers darstellt und insofern Gläubigerinteressen beeinträchtigt sein können. Nur in diesem Fall erscheint es gerechtfertigt, dass die Rechtsfolgen der §§ 1085 ff. BGB/737 eintreten.[18] Demgemäß genügt auch bei einem Nießbrauch an einer Erbschaft grds. nicht, dass dieser an einem einzelnen Nachlassgegenstand bestellt wurde.[19]

---

8 HK-ZPO/Kindl Rn. 2; Zöller/Seibel ZPO § 738 Rn. 1; vgl. OLG Dresden Rpfleger 2006, 92.
9 NK-BGB/Lemke BGB § 1089 Rn. 1.
10 Grüneberg/Herrler BGB § 1089 Rn. 2; NK-BGB/Lemke BGB § 1089 Rn. 3.
11 Musielak/Voit/Lackmann Rn. 1.
12 NK-BGB/Lemke BGB § 1089 Rn. 2.
13 NK-BGB/Lemke BGB § 1089 Rn. 6.
14 OLG Zweibrücken Rpfleger 2005, 612 = JurBüro 2005, 499; Grüneberg/Herrler BGB Einf. v. § 1030 Rn. 5; NK-BGB/Lemke BGB § 1089 Rn. 6.
15 NK-BGB/Lemke Rn. 1.
16 Grüneberg/Herrler BGB § 1085 Rn. 2.
17 IdS Staudinger/Heinze BGB § 1085 Rn. 23; vgl. dazu auch Erman/Bayer BGB § 1085 Rn. 3.
18 NK-BGB/Lemke BGB § 1085 Rn. 11; Grüneberg/Herrler BGB § 1085 Rn. 2; MüKoBGB/Pohlmann BGB § 1085 Rn. 3.
19 NK-BGB/Lemke BGB § 1089 Rn. 8.

3. **Erforderliche Vollstreckungstitel. a) Grundsatz.** Grds. bedarf es sowohl eines **Leistungstitels gegen den Besteller** als auch eines **Duldungstitels gegen den Nießbraucher** (Abs. 1), der sich nach § 794 Abs. 2 der sofortigen Zwangsvollstreckung unterwerfen kann. Die Herausgabebereitschaft des Nießbrauchers iSd § 809 bzw. das Vorliegen eines Leistungstitels gegen ihn wie auch ein Leistungstitel gegen den Besteller allein ist für die Vollstreckung nicht ausreichend.[20] Der auf den Nießbraucher lautende Titel muss dabei schon zu Beginn der Zwangsvollstreckung vorliegen.[21] Dass der Gläubiger einen materiellrechtlichen Anspruch gegen den Nießbraucher hat oder dass dieser die Zwangsvollstreckung zu dulden hat (zB Grundschuldgläubiger nach §§ 1192 Abs. 1, 1147, 880 Abs. 1, 879 Abs. 3 BGB), führt noch nicht dazu, dass der Nießbraucher zum Vollstreckungsschuldner wird. Der materielle Anspruch ist ohne entspr. Titel vollstreckungsrechtlich nicht durchsetzbar, da die Zwangsvollstreckung nur gegen denjenigen betrieben werden kann, der im Titel oder in der Klausel als Vollstreckungsschuldner namentlich benannt ist.[22]

b) **Ausnahme.** Eines Duldungstitels bedarf es aber dann nicht, wenn das Nießbrauchsrecht durch die Vollstreckung nicht beeinträchtigt wird. Dies ist bei der **Zwangsversteigerung eines Grundstückes** im Wege der **Immobiliarvollstreckung** der Fall. Hier bleibt das dem Anspruch des betreibenden Gläubigers vorgehende Nießbrauchsrecht von der Zwangsversteigerung unberührt (vgl. §§ 44 Abs. 1, 52 Abs. 1 ZVG), während das rangschlechtere mit dem Zuschlag erlischt (vgl. §§ 52 Abs. 1 S. 2, 91 Abs. 1 ZVG), wobei dem Nießbraucher ein – nachrangiger – Anspruch auf eine aus dem Versteigerungserlös zu zahlende Geldrente (§§ 92 Abs. 2, 121 Abs. 1 ZVG) verbleibt.[23] Hingegen bedarf es im Falle der Vollstreckung durch unbeschränkte Anordnung der Zwangsverwaltung auch bei einem als nachrangig eingetragenen Nießbrauchsrecht eines auf den Nießbraucher lautenden Duldungstitels.[24]

II. Rechtsfolge

Haftungsobjekt sind lediglich die dem Nießbrauchsrecht unterliegende Gegenstände. Darunter fallen nicht Erzeugnisse (insbes. Früchte iSd § 99 BGB) sowie sonstige Bestandteile, die mit der Trennung Eigentum des Nießbrauchers werden (§ 954 BGB).[25] Verbrauchbare Sachen (§ 92 BGB) gehen ebenfalls in dessen Eigentum über (§ 1067 BGB), wobei jedoch gem. § 1086 S. 2 BGB an deren Stelle der Anspruch des Bestellers auf Ersatz des Wertes der Sachen entsteht, den dessen Gläubiger aufgrund eines Titels pfänden können.[26]

C. Weitere Praxishinweise

Einer Vollstreckung ohne Duldungstitel gegen ihn kann der **Nießbraucher** im Falle des § 809 widersprechen. Zudem hat er stets die Möglichkeit Erinnerung iSd § 766 einzulegen. Materielle Einwendungen in Bezug auf sein Recht kann er im Wege der Drittwiderspruchsklage (§ 771) erheben. Sofern er aber zur Duldung der Zwangsvollstreckung verpflichtet ist (vgl. § 1086 S. 1 BGB), ist die Klage unbegründet.[27] Sofern der Besteller mit dem Eigentümer nicht identisch ist, kann auch letzterer die Drittwiderspruchsklage erheben.[28]

---

20 Zöller/Seibel Rn. 2; HK-ZV/Giers/Haas Rn. 4.
21 BGH NJW 2003, 2164 (2165).
22 BGH NJW 2003, 2164 (2165) mwN.
23 BGH NJW 2003, 2164 (2165); vgl. dazu näher Zöller/Seibel Rn. 2.
24 BGH NJW 2003, 2164 (2165).
25 Zöller/Seibel Rn. 6; Musielak/Voit/Lackmann Rn. 5.
26 Zöller/Seibel. Rn. 6; Musielak/Voit/Lackmann Rn. 5.
27 Musielak/Voit/Lackmann Rn. 6.
28 HK-ZV/Giers/Haas Rn. 6.

§ 738 ZPO Vollstreckbare Ausfertigung gegen Nießbraucher

(1) Ist die Bestellung des Nießbrauchs an einem Vermögen nach der rechtskräftigen Feststellung einer Schuld des Bestellers erfolgt, so sind auf die Erteilung einer in Ansehung der dem Nießbrauch unterliegenden Gegenstände vollstreckbaren Ausfertigung des Urteils gegen den Nießbraucher die Vorschriften der §§ 727, 730 bis 732 entsprechend anzuwenden.

(2) Das Gleiche gilt bei dem Nießbrauch an einer Erbschaft für die Erteilung einer vollstreckbaren Ausfertigung des gegen den Erblasser ergangenen Urteils.

A. Allgemeines

1   Die Vorschrift betrifft wie § 737 die Haftung des Nießbrauchers gegenüber dem Gläubiger des Bestellers des Rechts. Der **Unterschied zu § 737** liegt darin, dass der Anwendungsbereich des § 738 allein den Fall erfasst, dass die **Bestellung des Nießbrauchs** an dem Vermögen (Abs. 1) bzw. an einer Erbschaft (Abs. 2) **nach Eintritt der Rechtskraft** eines gegen den Besteller bzw. den Erblasser ergangenen **Leistungsurteils** erfolgt ist. Hingegen greift § 737 dann, wenn der Nießbrauch nach Entstehung der Forderung, aber vor Rechtskraft bestellt worden ist. Die **Bedeutung des § 738** liegt damit darin, dass bei einer Bestellung des Nießbrauchs nach Rechtskraft die Pflicht des Nießbrauchers zur Duldung der Vollstreckung im Klauselerteilungsverfahren geprüft wird. Ein Duldungstitel muss also im Gegensatz zu § 737 nicht erwirkt werden, da dieser durch die Klausel ersetzt wird.[1]

B. Regelungsgehalt

I. Voraussetzungen

2   **Abs. 2** setzt voraus, dass ein **Leistungsurteil gegen den Erblasser** ergangen ist und der **Nießbrauch** an den der Erbschaft unterfallenden einzelnen Gegenstände **in dinglicher Hinsicht bestellt** worden ist. Insoweit ist die Anordnung eines Nießbrauchvermächtnisses iSd § 2174 BGB iVm § 1089 BGB und deren Annahme durch den Bedachten nicht ausreichend.[2]

3   Zu beachten ist, dass für eine Anwendung des § 738 dann **kein Raum** ist, wenn die Vollstreckungsklausel nach § 727 erteilt werden kann. Dies ist dann der Fall, wenn der Nießbrauch an einer streitbefangenen Sache iSv § 265 Abs. 1 bestellt wurde und die Rechtskraftwirkungen iSd § 325 eintreten.

II. Verfahren – Rechtsbehelfe

4   Es gelten (aufgrund Verweisung; vgl. Abs. 1) die **Verfahrensvorschriften des § 727**. Zuständig für die Erteilung der Klausel ist der **Rechtspfleger** (§ 20 Nr. 12 RpflG). Die Klausel ist zu erteilen, wenn neben den **allg. Voraussetzungen iSd § 724** auch die **bes. Voraussetzungen des § 738** erfüllt sind.

5   Insoweit bedarf es des **Nachweises** durch öffentliche bzw. öffentlich beglaubigte Urkunden in Bezug auf die **Bestellung des Nießbrauchs** (also iSd des dinglichen Rechts,; der Nachweis des Kausalgeschäfts, zB Vermächtnisanpruch iSd § 2174 BGB, ist nicht ausreichend),[3] dessen **Zeitpunkt** sowie den **Zeitpunkt der Rechtskraft**, sofern nicht die Tatsachen offenkundig sind (§ 291).[4] § 138 Abs. 3 gilt nicht.[5] Kann der Nachweis nicht geführt werden, verbleibt dem

---

1   Musielak/Voit/Lackmann Rn. 1.
2   OLG Zweibrücken JurBüro 2005, 499 = Rpfleger 2005, 612.
3   OLG Zweibrücken JurBüro 2005, 499 = Rpfleger 2005, 612.
4   Thomas/Putzo/Seiler Rn. 2.
5   OLG Zweibrücken JurBüro 2005, 499 = Rpfleger 2005, 612.

Gläubiger die Klage iSd § 731. Ob der Nießbraucher bei der Bestellung gutgläubig war, ist unmaßgeblich (vgl. § 1086 S. 1 BGB), so dass § 325 Abs. 2 keine Anwendung findet.[6]

Die Prüfung, **welche Einzelgegenstände** dem Nießbrauch unterfallen, obliegt nicht dem Rechtspfleger, sondern dem Vollstreckungsorgan.[7] Insoweit bedarf es nicht der konkreten Benennung der Gegenstände in der Klausel.

Gegen die Klauselerteilung hat der **Nießbraucher** die **Rechtsbehelfe** nach §§ 732, 768. Sofern die Vollstreckung in einen Gegenstand erfolgt, der nicht dem Nießbrauch unterliegt, kann er die Drittwiderspruchsklage iSd § 771 erheben.

C. Weitere Praxishinweise

Formulierungsbeispiele zur Antragstellung bzw. zur Formulierung der Klausel vgl. GF-ZPO/ *Gierl* § 738 Rn. 7, 12.

§ 747 ZPO Zwangsvollstreckung in ungeteilten Nachlass

Zur Zwangsvollstreckung in einen Nachlass ist, wenn mehrere Erben vorhanden sind, bis zur Teilung ein gegen alle Erben ergangenes Urteil erforderlich.

A. Allgemeines 1	2. Leistungstitel gegen alle Erben 11
B. Regelungsgehalt 3	a) Grundsatz 11
I. Voraussetzungen 3	b) Einzelheiten 14
1. Anwendungsbereich 3	II. Vollstreckung 17
a) In sachlicher Hinsicht 3	III. Rechtsbehelfe 19
b) In zeitlicher Hinsicht 5	C. Praxishinweise 20
c) In persönlicher Hinsicht 8	

A. Allgemeines

Die Vorschrift knüpft an die materiellrechtliche **gesamthänderische Bindung des ungeteilten Nachlasses** mehrerer Erben an (vgl. § 2032 Abs. 1 BGB, § 2033 Abs. 2 BGB; § 2040 Abs. 1 BGB, § 2059 Abs. 2 BGB). Diese rechtliche Ausgestaltung findet ihre vollstreckungsrechtliche Entsprechung darin, dass zur **Zwangsvollstreckung in den (ungeteilten) Nachlass** ein gegen alle Erben ergangenes Urteil erforderlich ist.

Ungeachtet dessen hat der Gläubiger nach **§ 859 Abs. 2** die Möglichkeit der **Pfändung des Anteils** eines Miterben an dem Nachlass bzw. an den einzelnen Nachlassgegenständen. Dadurch entsteht aber nur ein Pfandrecht an dem Miterbenanteil, nicht aber an den einzelnen zu dem Nachlass gehörenden Gegenständen.[1] Insoweit kann der Gläubiger aber nach der Überweisung des Anteils die Auseinandersetzung der Miterbengemeinschaft betreiben (§ 363 FamFG) bzw. die Auseinandersetzungsklage iSd § 2042 BGB erheben. Bedeutsam wird eine solche Vorgehensweise bei einer persönlichen Schuld des einzelnen Miterben.

---

[6] AllgM HK-ZV/Giers/Haas Rn. 3; HK-ZPO/Kindl Rn. 3; Zöller/Seibel Rn. 2; Musielak/Voit/Lackmann Rn. 2.

[7] AllgM HK-ZV/Giers/Haas Rn. 4; HK-ZPO/Kindl Rn. 3; Zöller/Seibel Rn. 3.

[1] BGH NJW 1967, 200.

B. Regelungsgehalt

I. Voraussetzungen

3 **1. Anwendungsbereich. a) In sachlicher Hinsicht.** Die Vorschrift gilt für **jede Art der Zwangsvollstreckung**[2] und ist daher nicht nur auf die Vollstreckung von Geldforderungen beschränkt. Sie erfasst daher auch die Herausgabevollstreckung iSd §§ 883 ff.,[3] die Verurteilung zur Abgabe einer sich auf einen Nachlassgegenstand beziehenden Willenserklärung (§ 894), wobei für den Eintritt der Fiktion des § 894 die Verurteilung des Miterben ausreichend ist, der diese nicht abgegeben hat,[4] sowie für die Vollziehung von Arrest und einstweiliger Verfügung (§§ 928 ff., 936).[5]

4 Erfasst werden **Urteile** sowie **alle sonstigen Schuldtiteln** iSd §§ 794, 795, die gegen Miterben gerichtet sind.

5 **b) In zeitlicher Hinsicht.** Der Anwendungsbereich der Vorschrift ist nur dann eröffnet, wenn der **Beginn** der Zwangsvollstreckung **nach dem Tod des Erblassers** erfolgt ist. Sofern die Vollstreckung bereits zu Lebzeiten des Erblassers begonnen hat, greift § 779 Abs. 1: die Vollstreckung wird in den Nachlass fortgesetzt.

6 **Vor Annahme der Erbschaft** durch den (Mit-)Erben kann die Regelung grds. nicht greifen, da nach § 1958 BGB bis dahin ein Anspruch, der sich gegen den Nachlass richtet, gegen den Erben nicht gerichtlich geltend gemacht werden kann (vgl. § 1958 Abs. 1 BGB) wie auch in vollstreckungsrechtlicher Hinsicht, eine Zwangsvollstreckung wegen einer eigenen Verbindlichkeit des Erben in den Nachlass nicht zulässig ist (vgl. § 778 Abs. 2). Eine **Ausnahme** von dem Grundsatz gilt dann, wenn Nachlasspflegschaft angeordnet ist (vgl. §§ 1961, 1960 iVm § 1958 Abs. 3 BGB). Hierfür bedarf es eines entspr. Antrags des Gläubigers (vgl. § 1961 BGB).

7 Die Vorschrift kann nur solange greifen, als der **Nachlass noch ungeteilt** ist. Nach der Teilung, also nach vollständiger Verteilung des Nachlassvermögens, erfolgt die Zwangsvollstreckung in das Eigenvermögen des einzelnen (vormaligen Mit-)Erben aufgrund eines gegen ihn gerichteten Titels.[6]

8 **c) In persönlicher Hinsicht.** Die Vorschrift setzt voraus, dass Rechtsnachfolger des Erblassers **mehrere Erben** sind, also eine Erbengemeinschaft iSd § 2032 Abs. 1 BGB vorliegt. Bei einem Alleinerben bedarf es lediglich eines Titels gegen ihn, um neben in sein eigenes Vermögen auch in das Nachlassvermögen vollstrecken zu können.

9 Bei Bestellung eines **Nachlassverwalters** findet die Vorschrift **keine Anwendung**. Gem. § 1984 Abs. 1 BGB verliert der Erbe nämlich mit der Anordnung der Nachlassverwaltung die Befugnis, den Nachlass zu verwalten und über ihn zu verfügen (S. 1) wie auch ein Anspruch, der sich gegen den Nachlass richtet, nur gegen den Nachlassverwalter geltend gemacht werden kann. Insofern bedarf es bei Anordnung von Nachlassverwaltung eines Titels gegen den Nachlassverwalter. Sofern bereits ein gegen den Erblasser ergangener Titel vorliegt, bedarf es für die Vollstreckung dessen Umschreibung auf den Nachlassverwalter.[7] Bei **Testamentsvollstreckung** greifen §§ 748, 749.

10 Im Falle der **Nachlassinsolvenz** können nur bevorrechtigte Gläubiger (also Masse-, aus- oder absonderungsberechtigte Nachlassgläubiger) aufgrund eines gegen den Insolvenzverwalter er-

---

2 Thomas/Putzo/Seiler Rn. 2; HK-ZPO/Kindl Rn. 2; Musielak/Voit/Lackmann Rn. 1.
3 Musielak/Voit/Lackmann Rn. 1; HK-ZPO/Kindl Rn. 2; MüKoZPO/Heßler Rn. 2.
4 MüKoZPO/Heßler Rn. 2 mwN; Musielak/Voit/Lackmann Rn. 1; aA Stein/Jonas/Münzberg Rn. 2 in Fn. 2: keine Verurteilung in den Nachlass.
5 Musielak/Voit/Lackmann Rn. 1.
6 Zöller/Seibel Rn. 4.
7 MüKoZPO/Heßler Rn. 4; aA Loritz ZZP 1982, 310 (313).

wirkten bzw. umgeschriebenen Titel in den Nachlass vollstrecken (vgl. §§ 317 Abs. 1, 325 ff., 89 Abs. 1 InsO).[8]

2. Leistungstitel gegen alle Erben. a) Grundsatz. Voraussetzung für eine Zwangsvollstreckung ist das Vorliegen eines Urteils oder eines weiteren Schuldtitels iSd § 794 (vgl. § 795) gegen **alle** Erben; ein Leistungstitel gegen einen einzelnen Miterben allein ist für eine Vollstreckung in den ungeteilten Nachlass nicht ausreichend.[9] Maßgebender **Zeitpunkt** ist der Vollstreckungsbeginn (Pfändung). Die Verurteilung der Erben muss nicht notwendigerweise in einem Urteil erfolgt sein wie es auch nicht eines einheitlichen Titels bedarf.[10] § 747 greift daher auch dann ein, wenn die Vollstreckung bei dem einen Erben auf ein Urteil oder einen Vollstreckungsbescheid, bei dem anderen auf einen Vergleich oder einer vollstreckbaren Urkunde usw gestützt wird.[11] Es bedarf aber eines **Leistungstitel gegen alle Miterben** (ein Duldungstitel ist nicht ausreichend),[12] in dem deren gesamtverbindliche Haftung zum Ausdruck kommt.[13]

Grundlage der Vollstreckung kann sowohl ein aufgrund einer Gesamthandsklage (vgl. § 2059 Abs. 2 BGB) ergangener **Gesamthandstitel** als ein **Gesamtschuldtitel** gegen alle Miterben (vgl. § 2058 BGB) sein.[14] Insoweit hat der Gläubiger die Wahlmöglichkeit, auf welche Weise er seine Befriedigung sucht. Zu beachten ist aber, dass seine Vorgehensweise unterschiedliche vollstreckungsrechtliche Folgen hat: aufgrund des Gesamthandstitels ist lediglich eine Vollstreckung in das Nachlassvermögen möglich, während der Gesamtschuldtitel auch die Möglichkeit eröffnet, in das Eigenvermögen des Miterben zu vollstrecken, wobei dieser jedoch seine Haftungsbeschränkung iSd § 780 Abs. 1 geltend machen kann, dass er nur mit seinem Anteil am (ungeteilten) Nachlass hafte (§ 2059 Abs. 1 BGB).[15]

Rechtsgrund für die Vollstreckung in das Nachlassvermögen kann eine Nachlassverbindlichkeit wie auch jeder sonstige einheitliche Rechtsgrund sein, aus dem die Erben **gesamtschuldnerisch** haften, so zB § 840 Abs. 1 BGB, § 25 HGB.[16] Es genügt aber nicht, dass ein Titel gegen alle Miterben vorliegt; § 747 setzt voraus, dass die gesamtschuldnerische Haftung im Titel ausgewiesen ist.[17] Es ist aber nicht erforderlich, dass im Titel der Vollstreckungsschuldner als Miterbe bzw. der Anspruch als Nachlassverbindlichkeit bezeichnet ist.[18]

b) Einzelheiten. Liegt bereits ein **Titel gegen den Erblasser** vor, wird die bei Lebzeiten des Erblassers begonnene Zwangsvollstreckung fortgesetzt (§ 779 Abs. 1). Beginnt diese erst nach dessen Tod, so bedarf es einer Umschreibung des Titels auf sämtliche Miterben (§ 727). Insofern ist zu beachten, dass dies erst nach Annahme der Erbschaft bzw. Ablauf der Ausschlagungsfrist (vgl. § 1943, 1944 BGB) möglich ist; insofern → Rn. 6.

Ist der **Gläubiger zugleich Miterbe**, ist es unschädlich, dass er im Titel nicht ausgewiesen ist. Insoweit genügt ein Titel gegen die übrigen Miterben.[19]

Bei **Übertragung eines Miterbenanteils** (vgl. § 2033 Abs. 1 BGB)[20] bedarf es zur Vollstreckung in den (ungeteilten) Nachlass einer Umschreibung des Titels gegen den Erwerber. Insoweit gilt § 729 entspr.[21] Voraussetzung für die Vollstreckung ist daher ein rechtskräftiger Titel gegen den veräußernden Miterben. Solange die Übertragung nicht offengelegt ist (zB Eintragung im Grundbuch; Anzeige beim Nachlassgericht iSd § 2384 BGB), ist ein Titel gegen alle Miterben

---

8 MüKoZPO/Heßler Rn. 4; HK-ZPO/Kindl Rn. 2.
9 OLG München FGPrax 17, 208 (209).
10 Thomas/Putzo/Seiler Rn. 2.
11 Zöller/Seibel Rn. 5; MüKoZPO/Heßler Rn. 13.
12 AllgM: MüKoZPO/Heßler Rn. 11; Zöller/Seibel Rn. 5.
13 BGHZ 53, 110 (113) = NJW 1970, 473 (475); Zöller/Seibel Rn. 5.
14 Vgl. auch BGH NJW 1963, 1611.
15 BGH NJW-RR 1988, 710 = MDR 1988, 653.
16 AllgM: BGHZ 53, 110 (115) = NJW 1970, 473 (475); MüKoZPO/Heßler Rn. 12; HK-ZPO/Kindl Rn. 3; HK-ZV/Giers/Haas Rn. 4; Zöller/Seibel Rn. 7.
17 BGHZ 53, 110 (115) = NJW 1970, 473 (475); MüKoZPO/Heßler Rn. 12; HK-ZPO/Kindl Rn. 3; HK-ZV/Giers/Haas Rn. 4; Zöller/Seibel Rn. 7.
18 MüKoZPO/Heßler Rn. 15.
19 BGH NJW-RR 1988, 710 = MDR 1988, 653.
20 Vgl. dazu auch BGH NJW 2016, 493.
21 HK-ZPO/Kindl Rn. 3; HK-ZV/Giers/Haas Rn. 5; Musielak/Voit/Lackmann Rn. 3; MüKoZPO/Heßler Rn. 15; aA Zöller/Seibel Rn. 5: § 727.

ausreichend ("Rechtsscheinshaftung").[22] Vereinigen sich alle Miterbenanteil in der Hand eines Miterben, ist ein Titel gegen ihn (wie bei einem Alleinerben) erforderlich.[23]

II. Vollstreckung

17 Da jeder Miterbe Vollstreckungsschuldner ist, müssen **sämtliche Voraussetzungen** für die Vollstreckung gegenüber **jedem Miterben** vorliegen, also neben Titel auch Klausel und Zustellung,[24] wie sich auch die einzelnen **Vollstreckungsmaßnahmen** gegen alle Miterben zu richten haben.[25] Die Vollstreckung in den Nachlass ist solange möglich, als dieser noch nicht auseinandergesetzt ist. Ob der Einzelgegenstand (noch) Gegenstand des Nachlasses ist oder bereits in das Eigenvermögen eines einzelnen Miterben übergeführt ist, hat das Vollstreckungsorgan zu prüfen.[26]

18 **Nach Durchführung der Auseinandersetzung** iSd §§ 2042 ff. BGB (dinglicher Vollzug) ist nur mehr die Vollstreckung in das Eigenvermögen des einzelnen Miterben möglich. Insoweit kann aber die Haftungsbeschränkung iSd §§ 2060, 2061 BGB greifen. Liegt bereits ein Titel gegen die Miterben vor, ist die Haftungsbeschränkung gem. § 767 geltend zu machen,[27] ansonsten erfolgt eine anteilige Verurteilung ohne besonderen Vorbehalt.[28]

III. Rechtsbehelfe

19 Bei Vollstreckung **ohne Titel gegen alle Miterben**, kann jeder Miterbe Erinnerung iSd § 766 einlegen; derjenigen **Miterbe, gegen den kein Titel vorliegt**, hat daneben die Möglichkeit Widerspruchsklage iSd § 771 zu erheben, die aber unbegründet ist, sofern er für die Verbindlichkeit haftet (§§ 2058, 2059 Abs. 2 BGB).[29]

C. Praxishinweise

20 Bei einer ungeteilten Erbengemeinschaft ist anzuraten, **stets die Gesamtschuldklage gegen die einzelnen Miterben zu erheben**. Zum einen ist für den Gläubiger idR nicht feststellbar, ob der Nachlass bereits auseinandergesetzt ist.[30] Zum anderen bietet der aufgrund dieser Klage ergangene Titel auch die Möglichkeit auf den Miterbenanteil des einzelnen Erben zuzugreifen (→ Rn. 12).

§ 748 ZPO Zwangsvollstreckung bei Testamentsvollstrecker

(1) Unterliegt ein Nachlass der Verwaltung eines Testamentsvollstreckers, so ist zur Zwangsvollstreckung in den Nachlass ein gegen den Testamentsvollstrecker ergangenes Urteil erforderlich und genügend.

(2) Steht dem Testamentsvollstrecker nur die Verwaltung einzelner Nachlassgegenstände zu, so ist die Zwangsvollstreckung in diese Gegenstände nur zulässig, wenn der Erbe zu der Leistung, der Testamentsvollstrecker zur Duldung der Zwangsvollstreckung verurteilt ist.

(3) Zur Zwangsvollstreckung wegen eines Pflichtteilanspruchs ist im Falle des Absatzes 1 wie im Falle des Absatzes 2 ein sowohl gegen den Erben als gegen den Testamentsvollstrecker ergangenes Urteil erforderlich.

---

22 Zöller/Seibel Rn. 5; HK-ZV/Giers/Haas Rn. 5; Musielak/Voit/Lackmann Rn. 3.
23 Zöller/Seibel Rn. 5.
24 HK-ZPO/Kindl Rn. 4.
25 Zöller/Seibel Rn. 5.
26 MüKoZPO/Heßler Rn. 17.
27 MüKoZPO/Heßler Rn. 18.
28 Grüneberg/Weidlich BGB § 2060 Rn. 1.
29 HK-ZPO/Kindl Rn. 4; HK-ZV/Giers/Haas Rn. 9; MüKoZPO/Heßler Rn. 25; Musielak/Voit/Lackmann Rn. 5.
30 HK-ZV/Giers/Haas Rn. 9.

A. Allgemeines	1	2. Konsequenzen	8
B. Regelungsgehalt	3	III. Verwaltung einzelner Nachlassgegenstände (Abs. 2)	11
I. Anwendungsbereich	3	IV. Pflichtteilsansprüche (Abs. 3)	13
1. In sachlicher Hinsicht	3	V. Rechtsbehelfe	14
2. In persönlicher Hinsicht	5	1. Testamentsvollstrecker	14
II. Verwaltung des Gesamtnachlass durch den Testamentsvollstrecker (Abs. 1)	7	2. Erbe	15
1. Grundsatz	7	C. Weitere Praxishinweise	17

A. Allgemeines

Die Vorschrift ist in **Zusammenhang mit § 2213 BGB** zu sehen. Danach kann ein Anspruch, der sich gegen den Nachlass richtet, sowohl gegen den Erben als auch gegen den Testamentsvollstrecker gerichtlich geltend gemacht werden (§ 2213 Abs. 1 S. 1 BGB). Dies gilt jedoch dann nicht, wenn der Testamentsvollstrecker die Verwaltungsbefugnis in Bezug auf den Gesamtnachlass nicht inne hat bzw. nur einzelne Nachlassgegenstände seiner Verwaltung unterliegen (vgl. § 2208 Abs. 1 S. 2 BGB). Dann ist lediglich eine Klage gegen den Erben zulässig (§ 2213 Abs. 1 S. 2 BGB). Der Testamentsvollstrecker hat insofern keine passive Prozessführungsbefugnis, so dass eine gegen ihn erhobene Klage unzulässig wäre. Dies bedeutet, dass bei Anordnung einer Testamentsvollstreckung eine **Klage gegen den Erben stets zulässig** ist. Ein Urteil gegen den Erben entfaltet aber keine Rechtskraft gegen den Testamentsvollstrecker.[1] Insofern ist zur Vollstreckung in den Nachlass grds. ein weiterer (Duldungs-)Titel gegen den Testamentsvollstrecker erforderlich. 1

Die **Bedeutung des § 748** liegt nun darin, zu bestimmen, ob in vollstreckungsrechtlicher Hinsicht neben einem Leistungstitel noch ein Duldungstitel gegen den Testamentsvollstrecker erforderlich ist. Dabei wird danach **unterschieden**, ob die Verwaltungsbefugnis des Testamentsvollstreckers den Gesamtnachlass umfasst (Abs. 1), auf einzelne Nachlassgegenstände beschränkt ist (Abs. 2) oder der dem Leistungstitel zugrunde liegende materielle Anspruch einen Pflichtteilsanspruch betrifft (Abs. 3). 2

B. Regelungsgehalt

I. Anwendungsbereich

1. In sachlicher Hinsicht. § 748 gilt für alle **Vollstreckungsarten**. Erfasst werden **Urteile** sowie die **weiteren Vollstreckungstitel iSd § 794** (§ 795), die **nach dem Erbfall** erwirkt wurden. Voraussetzung ist aber, dass der Titel auf eine **Leistung aus dem Nachlass** gerichtet ist. Soweit eine persönliche Schuld des Testamentsvollstreckers (zB § 2219 BGB, § 823 BGB) tituliert ist, ist der Anwendungsbereich des § 748 nicht eröffnet.[2] 3

Liegt bereits ein Titel gegen den **Erblasser** vor, so gilt § 749. Stirbt dieser während eines gegen ihn gerichteten Prozesses, kann der Kläger nach Aufnahme des unterbrochenen Prozesses durch den Erben den Testamentsvollstrecker auch gegen dessen Willen durch Anzeige seiner Fortsetzungsabsicht in den Prozess hineinziehen.[3] Hat die Vollstreckung bei Tod des Erblassers bereits begonnen, greift § 779 Abs. 1. 4

2. In persönlicher Hinsicht. Die Vorschrift betrifft nur die **Vollstreckung durch Nachlassgläubiger**. Gem. § 2214 BGB ist persönlichen Gläubigern des Erben der Zugriff auf das Nachlassvermögen verwehrt. Für eine Vollstreckung in das Eigenvermögen des Erben bedarf es (nur) eines Titels gegen ihn. 5

---

1 RGZ 109, 166.
2 MüKoZPO/Heßler Rn. 9; Musielak/Voit/Lackmann Rn. 2; HK-ZPO/Kindl Rn. 2.
3 BGHZ 104, 1 = NJW 1988, 1390.

6 Ausreichend für die Anwendung des § 748 ist die **Anordnung der Testamentsvollstreckung** als solche. Eine Ernennung bzw. Annahme des Amtes (§ 2202 Abs. 1 BGB) durch den Testamentsvollstrecker ist insofern nicht erforderlich, da gem. § 2211 Abs. 1 BGB die Beschränkung der Verfügungsbefugnis des Erben bereits durch die Anordnung der Testamentsvollstreckung als solche eintritt.[4]

II. Verwaltung des Gesamtnachlasss durch den Testamentsvollstrecker (Abs. 1)

7 **1. Grundsatz.** Unterliegt der **Gesamtnachlass** der Verwaltung des Testamentsvollstreckers, so „kann" gem. § 2213 Abs. 3 BGB neben der Leistungsklage gegen den Erben (§ 2213 Abs. 1 BGB) auch eine Klage gegen den Testamentsvollstrecker erhoben werden, dass dieser die Zwangsvollstreckung in die der Verwaltung des Testamentsvollstreckers unterliegenden Nachlassgegenstände zu dulden habe. Die Erwirkung eines solchen Duldungstitels ist aber im Hinblick auf § 748 Abs. 1 (zwingend) erforderlich, da insofern die Zwangsvollstreckung in den der Verwaltung des Testamentsvollstreckers unterliegenden Nachlasses nur möglich ist, wenn ein Duldungstitel vorliegt.

8 **2. Konsequenzen.** Ein **Leistungstitel gegen den Erben** ist in vollstreckungsrechtlicher Hinsicht im Hinblick auf Abs. 1 nicht ausreichend, um in das Nachlassvermögen vollstrecken zu können. Insoweit bedarf es zusätzlich eines **Duldungstitels gegen den Testamentsvollstrecker** (bei mehreren ein Titel gegen alle). Beide müssen spätestens bei Beginn der Zwangsvollstreckung vorliegen. Sie müssen aber nicht in einem Verfahren (§ 260) erwirkt worden sein, was aber prozess- bzw. vollstreckungsökonomisch sinnvoll ist.[5]

9 Liegt **kein Leistungstitel gegen den Erben** vor, so kann ein Duldungstitel gegen den Testamentsvollstrecker allein keine Grundlage für eine Vollstreckung in das Nachlassvermögen sein.[6] Hierfür bedarf es entweder eines Leistungstitels gegen den Erben bzw. gegen den Testamentsvollstrecker. Insoweit hat der Gläubiger die Wahl (vgl. § 2213 Abs. 1 S. 1 BGB).

10 Ein **gegen den Testamentsvollstrecker ergangenes Leistungsurteil**[7] ist für die Vollstreckung in das Nachlassvermögen stets ausreichend, aber auch erforderlich.[8]

III. Verwaltung einzelner Nachlassgegenstände (Abs. 2)

11 Umfasst die Verwaltungsbefugnis des Testamentsvollstreckers nicht den Gesamtnachlass, sondern ist diese auf einzelne Nachlassgegenstände beschränkt (vgl. § 2208 Abs. 1 S. 2 BGB), so ist stets ein **Leistungstitel gegen den Erben** erforderlich; eine Leistungsklage gegen den Testamentsvollstrecker wäre im Hinblick auf § 2212 Abs. 1 S. 2 BGB unzulässig. Daneben bedarf es aber für eine Vollstreckung in den der Testamentsvollstreckung unterliegenden Einzelgegenstand (zusätzlich) eines **Duldungstitels gegen den Testamentsvollstrecker** (Abs. 2). Insoweit räumt § 2213 Abs. 3 BGB dem Gläubiger die Möglichkeit zur Erhebung der Duldungsklage ein.[9] Einer Bezeichnung der betreffenden Einzelgegenstände ist hierbei nicht notwendig, aber zweckmäßig.[10] Bei mehreren Testamentsvollstreckern ist nur ein Duldungstitel gegen den- bzw. diejenigen Testamentsvollstrecker erforderlich, die die Verwaltungsbefugnis über den betreffenden Einzelgegenstand inne haben. Statt einer Verurteilung ist aber auch die Vorlage einer Urkunde genügend, in der sich der Testamentsvollstrecker der sofortigen Zwangsvollstreckung in den Einzelgegenstand unterwirft (§ 795 Abs. 1 Nr. 5, 794 Abs. 2).

---

4 Zöller/Seibel Rn. 2; MüKoZPO/Heßler Rn. 10.
5 MüKoZPO/Heßler Rn. 21.
6 HK-ZPO/Kindl Rn. 3; HK-ZV/Giers/Haas Rn. 3; Zöller/Seibel Rn. 3; MüKoZPO/Heßler Rn. 2; aA Stein/Jonas/Münzberg Rn. 2: Duldungstitel immer ausreichend.
7 Vgl. Formulierungsmuster für Klageantrag: GF-ZPO/Gierl Rn. 1.
8 HK-ZPO/Kindl Rn. 3.
9 Zur Formulierung des Klageantrags vgl. GF-ZPO/Gierl Rn. 4.
10 Zöller/Seibel Rn. 4.

Für die Zwangsvollstreckung in diejenige **Einzelgegenstände des Nachlasses**, die **nicht der Verwaltung durch den Testamentsvollstrecker unterliegen** (vgl. § 2208 Abs. 1 BGB), ist ein Titel gegen den Erben ausreichend, eines Duldungstitels gegen den Testamentsvollstrecker bedarf es nicht.

IV. Pflichtteilsansprüche (Abs. 3)

Ist Streitgegenstand der Klage ein **Pflichtteilsanspruch**, so ist – auch wenn der Testamentsvollstrecker die Verwaltungsbefugnis innehat – die **Leistungsklage stets gegen den Erben** zu erheben (§ 2213 Abs. 1 S. 3 BGB). **Zur Vollstreckung** in den der Verwaltung des Testamentsvollstreckers unterliegenden Gesamtnachlass bzw. Einzelnachlassgegenstände muss aber (auch) ein **Duldungstitel** gegen den Testamentsvollstrecker vorgelegt werden (§ 748 Abs. 3).[11] Insofern genügt auch die Unterwerfung des Testamentsvollstreckers unter die sofortige Zwangsvollstreckung gem. § 794 Abs. 2.[12] Ein Duldungstitel ist auch dann erforderlich, wenn der Erbe den Pflichtteilsanspruch anerkannt hat.[13] Die Zwangsvollstreckung des Pflichtteilsberechtigten gemäß § 888 aus einem Auskunftstitel gegen den Erben setzt keinen Duldungstitel gegen den Testamentsvollstrecker voraus.[14]

V. Rechtsbehelfe

1. Testamentsvollstrecker. Fehlt der Titel gegen ihn, kann der Testamentsvollstrecker die Erinnerung (§ 766)[15] oder die Widerspruchsklage iSd § 771 erheben. Letztere ist aber unbegründet, wenn der Testamentsvollstrecker die Vollstreckung zu dulden hat.[16]

2. Erbe. Fehlt der Leistungstitel gegen den Erben, kann er dies mit der Erinnerung (§ 766)[17] rügen wie auch die Widerspruchsklage iSd § 771 erheben, wobei auch hier die Klage unbegründet ist, wenn er die Vollstreckung zu dulden hat.[18]

Bei einem **Fehlen des Titels gegen den Testamentsvollstrecker** kann dies der Erbe jedoch nicht rügen.[19]

C. Weitere Praxishinweise

Die Frage, ob der einzelne Miterbe der Vollstreckung widersprechen kann, wenn lediglich ein gegen den Testamentsvollstrecker ergangener Titel vorliegt und sich der einzelne Nachlassgegenstand, in den der Gläubiger vollstreckt, in seinem Gewahrsam befindet (vgl. §§ 809, 886), ist strittig. Die (noch) hM[20] lehnt ein solches Widerspruchsrecht ab, da der Testamentsvollstrecker den Nachlass verkörpere bzw. der eigentliche Schuldner der Erbe sei.[21] Gegen diese Ansicht spricht aber, dass eine § 739 vergleichbare Vorschrift in Bezug auf eine Vollstreckung bei Anordnung der Testamentsvollstreckung nicht vorhanden ist[22] wie auch die formalisierte Ausgestaltung der Zwangsvollstreckung.[23] Ist also der Erbe nicht im Titel als Vollstreckungsschuldner ausgewiesen, besteht für ihn das Widerspruchsrecht als Gewahrsamsinhaber. Will daher der Gläubiger dieses von vornherein ausschließen, ist er gehalten, einen Leistungstitel gegen den Erben zu erwirken!

---

11 BGH BGHZ 51, 125 (130); BGHZ 167, 352 (359).
12 HK-ZV/Giers/Haas Rn. 6.
13 OLG Celle MDR 1967, 46; MüKoZPO/Heßler Rn. 6; Zöller/Seibel Rn. 5.
14 OLG Dresden ZEV 2003, 289.
15 Vgl. dazu Garlichs Rpfleger 1999, 60.
16 HK-ZV/Giers/Haas Rn. 7; HK-ZPO/Kindl Rn. 6; MüKoZPO/Heßler Rn. 28; Musielak/Voit/Lackmann Rn. 8; aA Anders/Gehle/Gehle Rn. 8.
17 Vgl. dazu Garlichs Rpfleger 1999, 60; Zöller/Seibel; aA HK-ZV/Giers/Haas Rn. 8.
18 HK-ZPO/Kindl Rn. 6; MüKoZPO/Heßler Rn. 29; aA HK-ZV/Giers/Haas Rn. 8.
19 HK-ZPO/Kindl Rn. 6; HK-ZV/Giers/Haas Rn. 8; Anders/Gehle/Gehle Rn. 8; MüKoZPO/Heßler Rn. 30; aA Thomas/Putzo/Seiler Rn. 5; Zöller/Seibel Rn. 10; Musielak/Voit/Lackmann Rn. 8.
20 Vgl. auch Thomas/Putzo/Seiler Rn. 2; Musielak/Voit/Lackmann Rn. 7.
21 Musielak/Voit/Lackmann Rn. 7; Anders/Gehle/Gehle Rn. 8.
22 HK-ZPO/Kindl Rn. 3; MüKoZPO/Heßler Rn. 23; Stein/Jonas/Münzberg Rn. 3.
23 IdS auch Stein/Jonas/Münzberg Rn. 3.

18 Musteranträge zur Formulierung entspr. Klageanträge vgl. GF-ZPO/*Gierl* § 748

§ 749 ZPO Vollstreckbare Ausfertigung für und gegen Testamentsvollstrecker

¹Auf die Erteilung einer vollstreckbaren Ausfertigung eines für oder gegen den Erblasser ergangenen Urteils für oder gegen den Testamentsvollstrecker sind die Vorschriften der §§ 727, 730 bis 732 entsprechend anzuwenden. ²Auf Grund einer solchen Ausfertigung ist die Zwangsvollstreckung nur in die der Verwaltung des Testamentsvollstreckers unterliegenden Nachlassgegenstände zulässig.

A. Allgemeines 1	2. Mehrere Testamentsvollstrecker 7
B. Regelungsgehalt 3	III. Umschreibung des Titels zugunsten des
I. Anwendungsbereich der Vorschrift 3	Testamentsvollstreckers 8
1. Titel zu Lebzeiten des Erblassers 3	1. Grundsatz 8
2. Eintritt des Erbfalls – Anordnung von	2. Mehrere Testamentsvollstrecker 9
Testamentsvollstreckung 4	C. Weitere Praxishinweise 10
3. Verwaltungsbefugnis des Testaments-	I. Verfahren 10
vollstreckers 5	II. Rechtsbehelfe 13
II. Umschreibung des Titels gegen den Testa-	
mentsvollstrecker 6	
1. Grundsatz 6	

A. Allgemeines

1 Bei Anordnung von Testamentsvollstreckung treten die Verfügungsbeschränkungen des Erben mit Eintritt des Erbfalls ein. Ob der Testamentsvollstrecker das Amt angenommen hat, ist dabei unerheblich.[1] Die passive Prozessführungsbefugnis hat der Erbe gem. § 2213 BGB zwar inne, zur Vollstreckung in das der Testamentsvollstreckung unterliegenden Nachlassvermögen bedarf es jedoch stets eines Duldungstitels gegenüber dem Testamentsvollstrecker (vgl. § 2213 Abs. 3 BGB). Für Titel die nach dem Erbfall erwirkt werden und vollstreckt werden, greift insofern § 748 ein, der an § 2213 BGB anknüpft. Liegt aber bereits ein gegen den Erblasser ergangener Titel vor, so ist nach dem Erbfall der in dem Titel ausgewiesene Vollstreckungsschuldner weggefallen. Dessen Erbe ist zwar sein Rechtsnachfolger, er hat aber nicht die Verfügungsbefugnis über die der Testamentsvollstreckung unterliegenden Gegenstände. Insofern wäre der Gläubiger gehalten, eine erneute Klage gegen den Testamentsvollstrecker zu erheben. Im umgekehrten Fall (der Erblasser hat ein Urteil zu seinen Gunsten erwirkt) müsste auch der Testamentsvollstrecker zum Zwecke der Vollstreckung gegen den unterlegen Beklagten als Vollstreckungsschuldner einen Titel für sich erwirken, da nicht er, sondern der Erbe Rechtsnachfolger des Erblassers ist, und daher § 727 nicht zu seinen Gunsten greifen kann.

2 § 749 ermöglicht infolge entspr. Anwendung der §§ 727, 730 bis 732 die Umschreibung des bereits **zu Lebzeiten des Erblassers ergangenen Titels** für und gegen den Testamentsvollstrecker. Insofern dient die Vorschrift der **Beschleunigung der Zwangsvollstreckung** und – da dem Gläubiger bzw. dem Testamentsvollstrecker ein erneuter Prozess mit dem gleichen Streitgegenstand erspart wird – der **Kostenersparnis**. Dies führt zugleich zur **Entlastung der Gerichte**, da das Klagebegehren nicht erneut materiellrechtlich geprüft werden muss.

B. Regelungsgehalt

I. Anwendungsbereich der Vorschrift

3 **1. Titel zu Lebzeiten des Erblassers.** Die Vorschrift erfasst **Urteile**, die aber nicht rechtskräftig sein müssen, sowie die **sonstigen Vollstreckungstitel iSd § 794 Abs. 1** (vgl. § 795), die **zu Lebzei-**

---

1 BGHZ 48, 220.

ten des Erblassers ergangenen sind. Auf Titel für oder gegen den Erben findet die Regelung keine Anwendung.[2] Sie gilt aber bei **Nachlassverwaltung** entsprechend.[3]

2. Eintritt des Erbfalls – Anordnung von Testamentsvollstreckung. Die **Umschreibung des Titels** setzt nicht die Annahme der Erbschaft durch den Erben (vgl. § 2213 Abs. 2 BGB) – so dass sie in zeitlicher Hinsicht **ab Eintritt des Erbfalls** möglich ist –, jedoch die **Annahme des Amts** durch den Testamentsvollstrecker (§§ 2213, 2202 Abs. 1 BGB) voraus.

3. Verwaltungsbefugnis des Testamentsvollstreckers. Für eine Anwendung der Vorschrift ist nur Raum, wenn die Vollstreckung den Nachlass betrifft, der der **Verwaltungsbefugnis des Testamentsvollstreckers** unterliegt. Bezieht sich seine Verwaltungsbefugnis lediglich auf einzelne Nachlassgegenstände, kann § 749 daher nur dann greifen, wenn die Vollstreckung auf diese Gegenstände gerichtet ist. In Bezug auf die Nachlassgegenstände, die nicht der Verwaltungsbefugnis unterliegen, gilt § 727.

II. Umschreibung des Titels gegen den Testamentsvollstrecker

1. Grundsatz. Der zu Lebzeiten des Erblassers gegen diesen ergangene Titel kann auf den Testamentsvollstrecker umgeschrieben werden, sofern dieser die Verwaltungsbefugnis innehat. Hierbei ist danach zu unterscheiden, ob diese den ganzen Nachlass umfasst oder nur einzelne Nachlassgegenstände betrifft:

- unterliegt der ganze Nachlass seiner Verwaltungsbefugnis, bedarf es zur Vollstreckung in das Nachlassvermögen allein einer Klausel gegen den Testamentsvollstrecker (§ 749 Abs. 1, § 748 Abs. 1)
- beschränkt sich seine Verwaltungsbefugnis auf einzelne Nachlassgegenstände (§ 2213 Abs. 1 S. 2 BGB), setzt die Vollstreckung in diese Gegenstände eine auf Leistung gerichtete **Klausel gegen den Erben** gem. § 727 und eine auf Duldung gerichtete Klausel **gegen den Testamentsvollstrecker** gem. § 749 voraus.[4]

2. Mehrere Testamentsvollstrecker. Üben sie das Amt **gemeinschaftlich** (§§ 2197 Abs. 1, 2224 BGB) aus, ist eine Klausel gegen alle erforderlich.[5] Verwalten sie selbstständig einen Teil des Nachlasses, so bedarf es lediglich der Umschreibung in Bezug auf den Testamentsvollstrecker, der den zu pfändenden bzw. herauszugebenden Gegenstand verwaltet.[6]

III. Umschreibung des Titels zugunsten des Testamentsvollstreckers

1. Grundsatz. Zur Umschreibung des zu Lebzeiten des Erblassers zu seinen Gunsten ergangenen Titels zum Zwecke der Vollstreckung nach dessen Ableben ist allein der Testamentsvollstrecker berechtigt (vgl. §§ 2211, 2212 BGB). Ist eine vollstreckungsfähige Ausfertigung bereits dem Erblasser oder dem Erben erteilt worden, kann er eine weitere Ausfertigung (lediglich) unter den Voraussetzungen des § 733 erhalten. Ansonsten hat der Erbe den (ggf. auf ihn umgeschriebenen) Titel an den Testamentsvollstrecker herauszugeben. Sofern der Erbe dies verweigert, muss der Vollstrecker die (materielle) Herausgabeklage iSd § 2205 BGB gegen diesen erheben.[7]

2. Mehrere Testamentsvollstrecker. Üben sie das Amt **gemeinschaftlich** (§§ 2197 Abs. 1, 2224 BGB) aus, sind alle in die Klausel aufzunehmen. Verwalten sie selbstständig einen Teil des

---

2 MüKo/Heßler Rn. 6.
3 HK-ZPO/Kindl Rn. 2; HK-ZV/Giers/Haas Rn. 1; Musielak/Voit/Lackmann Rn. 1; MüKoZPO/ Heßler Rn. 7; aA Anders/Gehle/Gehle ZPO § 727 Rn. 18; ZPO § 727.
4 HK-ZV/Giers/Haas Rn. 6; MüKoZPO/Heßler Rn. 9; Zöller/Seibel Rn. 10.

5 MüKoZPO/Heßler Rn. 11.
6 HK-ZV/Giers/Haas Rn. 5; MüKoZPO/Heßler Rn. 11.
7 HK-ZV/Giers/Haas Rn. 2; Zöller/Seibel Rn. 11; MüKoZPO/Heßler Rn. 15; aA HK-ZPO/Kindl Rn. 4; Stein/Jonas/Münzberg Rn. 5; ZPO § 727 Rn. 57: entspr. Anwendung der §§ 732, 768 ZPO.

Nachlasses, so kann derjenige, der das zuerkannte Recht verwaltet, die Umschreibung auf sich beantragen.[8]

C. Weitere Praxishinweise

I. Verfahren

10 Zuständig für die Klauselerteilung ist der **Rechtspfleger** (§ 20 Nr. 12 RpflG). Es kommen die §§ 727, 730 bis 732 zur Anwendung:

11 Der von dem **Gläubiger** durch öffentliche bzw. öffentlich beglaubigte Urkunden zu führende **Nachweis** bezieht sich auf das Bestehen der Testamentsvollstreckung und dessen Umfang, also auf den Eintritt des Erbfalls, Anordnung der Testamentsvollstreckung, Annahme des Amtes sowie den Gegenstand der Testamentsvollstreckung (Gesamtnachlass; einzelne Nachlassgegenstände), sofern diese Tatsachen bei Gericht nicht offenkundig sind.[9] Der Nachweis wird durch das **Testamentsvollstreckerzeugnis** geführt, da darin auch der Umfang der Verwaltungsbefugnis vermerkt ist (vgl. § 2368 BGB).[10] Ein solches kann der Gläubiger gem. § 792 erlangen. Sofern der Testamentsvollstrecker die Verwaltungsbefugnis über den ganzen Nachlass hat, ist die gegen ihn gerichtete Ausfertigung der Klausel ausreichend. Eine nähere Bezeichnung der Nachlassgegenstände als Gegenstand der Vollstreckung bedarf es nicht. Beschränkt sich die Verwaltungsbefugnis auf einzelne Nachlassgegenstände, ist die Beschränkung durch die Bezeichnung der Nachlassgegenstände auch in der Klausel zu vermerken.[11] Die Prüfung, ob die Zwangsvollstreckung tatsächlich in Nachlassgegenstände erfolgt (vgl. S. 2), obliegt dem Vollstreckungsorgan.[12]

12 Beantragt der **Testamentsvollstrecker** die Umschreibung des Titels zu seinen Gunsten, muss er durch Vorlage des Testamentsvollstreckerzeugnisses (§ 2368 BGB) nachweisen, dass das Recht seiner Verwaltungsbefugnis unterliegt.

II. Rechtsbehelfe

13 Sofern der Antrag des Gläubigers bzw. des Testamentsvollstreckers zur Umschreibung der Klausel zu ihren Gunsten zurückgewiesen wird, können diese **sofortige Beschwerde** (§ 567 Abs. 1, § 11 Abs. 1 RpflG) einlegen. Gegen dessen Erteilung kann **Erinnerung** gem. § 732 bzw. **Klauselgegenklage** iSd § 768 erhoben werden. Die Dreimonatseinrede iSd § 2014 BGB kann auch der Testamentsvollstrecker geltend machen (§ 782).[13]

§ 773 ZPO Drittwiderspruchsklage des Nacherben

¹Ein Gegenstand, der zu einer Vorerbschaft gehört, soll nicht im Wege der Zwangsvollstreckung veräußert oder überwiesen werden, wenn die Veräußerung oder die Überweisung im Falle des Eintritts der Nacherbfolge nach § 2115 des Bürgerlichen Gesetzbuchs dem Nacherben gegenüber unwirksam ist. ²Der Nacherbe kann nach Maßgabe des § 771 Widerspruch erheben.

A. Allgemeines

1 Die Vorschrift dient dem **vollstreckungsrechtlichen Schutz des Nacherben** vor dem Zugriff der Eigengläubiger des Vorerben. Sie ergänzt insofern den bereits im materiellen Recht vorgesehen Schutz des Nacherben vor Schmälerung des Nachlasses: Nach § 2115 S. 1 BGB sind nämlich

---

[8] MüKoZPO/Heßler Rn. 16.
[9] MüKoZPO/Heßler Rn. 13; HK-ZPO/Kindl Rn. 3; HK-ZV/Giers/Haas Rn. 3.
[10] NK-BGB/Kroiß BGB § 2368 Rn. 9.
[11] Zöller/Seibel Rn. 10.
[12] Thomas/Putzo/Seiler Rn. 3.
[13] HK-ZPO/Kindl Rn. 4; Zöller/Seibel Rn. 9.

Verfügungen über einen Nachlassgegenstand, die im Wege der Zwangsvollstreckung, der Arrestvollziehung oder durch einen Insolvenzverwalter insoweit unwirksam, als sie im Falle des Eintritts des Nacherbfolge das Recht des Nacherben vereiteln oder beeinträchtigen würden. S. 1 ergänzt diesen materiellrechtlichen Schutz in vollstreckungsrechtlicher Hinsicht dergestalt, dass solche Nachlassgegenstände nicht im Rahmen der Zwangsvollstreckung gegen den Vorerben verwertet werden dürfen.

B. Regelungsgehalt
I. Anwendungsbereich

Der gegenständliche Anwendungsbereich des § 773 entspricht dem des § 2115 BGB. Er betrifft allein die Vollstreckung **zur Befriedigung einer Geldforderung** in das bewegliche und das unbewegliche Nachlassvermögen (vgl. §§ 803–871).[1] 2

Die Vorschrift greift nur dann, wenn eine **Vor- und Nacherbschaft iSd §§ 2100 ff. BGB** durch den Erblasser angeordnet ist, **Eigengläubiger des Vorerben** Maßnahmen iSd § 2115 BGB iVm § 773 in Nachlassgegenstände betreiben und diese das **Recht des Nacherben beeinträchtigen oder vereiteln**. Dies ist nach § 2115 S. 2 BGB nicht der Fall, wenn der Anspruch des Nachlassgläubigers im Falle des Eintritts der Nacherbfolge dem Nacherben gegenüber wirksam ist.[2] 3

II. Rechtsfolge

Aus S. 1 ergibt sich, dass Maßnahmen der Vollstreckung in die der Nacherbfolge unterliegenden Nachlassgegenstände nicht grds. unzulässig sind („nicht ... veräußert oder überwiesen werden"). Unzulässig ist nur die **Verwertung des Nachlassgegenstandes** (zB Überweisung der gepfändeten Forderung), nicht aber die Pfändung oder die Eintragung einer Zwangshypothek.[3] 4

III. Widerspruch des Nacherben (S. 2)

Das Recht des Nacherben iSd S. 2 bezieht sich auf den Regelungsgehalt des S. 1. Demgemäß ist der Anwendungsbereich des S. 2 dann eröffnet, wenn Eigengläubiger des Vorerben die **Verwertung**[4] des der Nacherbfolge unterliegenden Nachlassgegenständen betreiben und dabei das Recht des Nacherben an diesem Gegenstand beeinträchtigen bzw. vereiteln. Nur in diesem Fall hat der Nacherbe also die Möglichkeit, die **Drittwiderspruchsklage iSd § 711** zu erheben.[5] Daneben kann er – neben dem Vorerben – **Vollstreckungserinnerung** (§ 766) einlegen, sofern der Eigengläubiger des Vorerben die Verwertung (!) betreibt. 5

C. Weitere Praxishinweise

Hat der Erblasser **mehrere Nacherben** bestimmt, stellen diese bei Klageerhebung keine notwendige Streitgenossen iSd § 62 dar, da vor Eintritt des Nacherbfalls keine Erbengemeinschaft besteht.[6] 6

Nach Eintritt des Nacherbfalls kann sich der Nacherbe auch gegen die Pfändung des Nachlassgegenstandes im Wege des § 771 (in unmittelbarer Anwendung) zur Wehr setzen.[7] 7

---

1 Vgl. dazu NK-BGB/Gierl § 2115 Rn. 4 ff.
2 Vgl. dazu NK-BGB/Gierl BGB § 2115 Rn. 18 ff.
3 Vgl. dazu näher NK-BGB/Gierl BGB § 2115 Rn. 12–17.
4 RGZ 80, 33.
5 Vgl. dazu Formulierungsbeispiel in GF-ZPO/Gierl Rn. 1.
6 BGH NJW 1990, 1582 (1583).
7 Zu den Rechten des Nacherben nach Eintritt des Nacherbfalls bei Verstoß gegen § 773 bzw. § 2115 BGB vgl. NK-BGB/Gierl BGB § 2115 Rn. 24.

§ 778 ZPO Zwangsvollstreckung vor Erbschaftsannahme

(1) Solange der Erbe die Erbschaft nicht angenommen hat, ist eine Zwangsvollstreckung wegen eines Anspruchs, der sich gegen den Nachlass richtet, nur in den Nachlass zulässig.

(2) Wegen eigener Verbindlichkeiten des Erben ist eine Zwangsvollstreckung in den Nachlass vor der Annahme der Erbschaft nicht zulässig.

Literatur:
Behr, Zwangsvollstreckung in den Nachlass, Rpfleger 2002, 1.

A. Allgemeines 1	b) Gegenstand der Vollstreckung 9
B. Regelungsgehalt 3	c) Vollstreckung 10
I. Voraussetzungen 3	aa) Vor Annahme der Erbschaft .. 10
1. Anwendungsbereich 3	bb) Nach Annahme der Erbschaft .. 11
a) In sachlicher Hinsicht 3	3. Eigenverbindlichkeiten des Erben
b) In zeitlicher Hinsicht 4	(Abs. 2) 12
c) In persönlicher Hinsicht 6	a) Vor Annahme der Erbschaft 12
2. Zwangsvollstreckung wegen einer	b) Nach Annahme der Erbschaft 13
Nachlassverbindlichkeit (Abs. 1) 8	II. Rechtsbehelfe 14
a) Zu vollstreckender Anspruch 8	C. Weitere Praxishinweise 16

A. Allgemeines

1 Gemäß § 1922 BGB geht mit dem Erbfall das Vermögen des Erblassers als Ganzes auf den Erben über, wobei der berufene Erbe nach § 1942 Abs. 1 BGB das Recht hat, die Erbschaft binnen der Frist iSd § 1944 BGB auszuschlagen. Insoweit kann die Vereinigung von Nachlassvermögen und Eigenvermögen nur vorläufig sein, da nach Ausschlagung der Anfall an den Ausschlagenden als nicht erfolgt gilt (§ 1953 Abs. 1 BGB). Demgemäß bestimmt § 1958 BGB, dass vor der Annahme der Erbschaft – die zu einer endgültigen Vereinigung der Vermögensmassen führt (vgl. § 1943 BGB) – ein Anspruch, der sich gegen den Nachlass richtet, nicht gegen den Erben gerichtlich geltend gemacht werden kann. Eine gegen ihn erhobene Klage aufgrund einer Nachlassverbindlichkeit wäre unzulässig. Insofern wird der vorläufige Erbe vor einer gerichtlichen Inanspruchnahme geschützt.

2 § 778 trägt dieser materiellen Ausgestaltung der (vorläufigen) Erbenstellung insofern Rechnung, dass bis zur endgültigen Klärung, ob der Anfall der Erbschaft iSd § 1942 Abs. 1 BGB erfolgt ist, die Vermögensmassen des Erben (Eigenvermögen) und des Erblassers (Nachlassvermögen) auch in Bezug auf die Zwangsvollstreckung getrennt sind. **Abs. 1** knüpft insoweit an § 1958 BGB an und schützt den vorläufigen Erben vor einer Zwangsvollstreckung der Gläubiger des Erblassers in sein Eigenvermögen. **Abs. 2** wiederum beschränkt den Zugriff der Gläubiger des Erben auf dessen Eigenvermögen.

B. Regelungsgehalt

I. Voraussetzungen

3 **1. Anwendungsbereich. a) In sachlicher Hinsicht.** Die Vorschrift gilt für **jede Art der Zwangsvollstreckung** einschließlich der Arrestvollziehung (§ 928).[1]

4 **b) In zeitlicher Hinsicht.** § 778 greift nur in dem **Zeitraum zwischen Erbfall und der Annahme der Erbschaft** (§§ 1942 Abs. 1, 1943 BGB).

5 Abs. 1 setzt dabei voraus, dass die Zwangsvollstreckung zu Lebzeiten des Erblassers noch nicht begonnen hat. War dies der Fall greift § 779 Abs. 1 ein: die bereits begonnene Zwangsvollstre-

---

[1] AllgM: HK-ZPO/Kindl Rn. 1; HK-ZV/Handke Rn. 2; MüKoZPO/K. Schmidt/Brinkmann Rn. 3; Zöller/Geimer Rn. 2; Thomas/Putzo/Seiler Rn. 1.

ckung wird in das Nachlassvermögen fortgesetzt. In das Eigenvermögen des Erben kann der Gläubiger aber erst dann vollstrecken, wenn dieser die Erbschaft angenommen hat und damit beide Vermögensmassen verschmolzen sind.

c) **In persönlicher Hinsicht.** Hat der **vorläufige Erbe** fristgerecht die Erbschaft ausgeschlagen, gilt der Anfall an den Ausschlagenden als nicht erfolgt (§ 1953 Abs. 1 BGB). Die Erbschaft fällt gem. § 1953 Abs. 2 BGB demjenigen an, welcher berufen sein würde, wenn der Ausschlagende zur Zeit des Erbfalls nicht gelebt hätte, wobei der Anfall als mit dem Erbfall (§ 1922 BGB) erfolgt gilt (§ 1953 Abs. 2 Hs. 2 BGB). Für den **Nächstberufenen** besteht nun ebenfalls die Möglichkeit, die Erbschaft gem. den Voraussetzungen der §§ 1943 ff. BGB auszuschlagen, so dass § 778 nunmehr auch zu seinen Gunsten Anwendung findet. 6

Bei **mehreren Erben** (§§ 2032 ff. BGB) sind die Voraussetzungen des **Abs. 1** für jeden Miterben gesondert zu prüfen, da für jeden Miterben eine eigene Ausschlagungsfrist iSd § 1944 BGB läuft.[2] Insofern kann für den einen Miterben der Schutz des Abs. 1 noch greifen, während er für einen nicht mehr gilt, da dieser die Erbschaft bereits iSd § 1943 BGB angenommen hat. Bei einer Zwangsvollstreckung wegen einer Nachlassverbindlichkeit in das (ungeteilte) Nachlassvermögen (**Abs. 1**) ist in Bezug auf diejenigen Erben, die die Erbschaft noch nicht angenommen haben, ein Nachlasspfleger zu bestellen.[3] Eine Zwangsvollstreckung wegen einer Eigenverbindlichkeit von Miterben in den Nachlass (**Abs. 2**) ist bereits deswegen nicht möglich, weil eine solche Vollstreckung einen Titel gegen alle Miterben erfordert (§ 747).[4] 7

2. Zwangsvollstreckung wegen einer Nachlassverbindlichkeit (Abs. 1). a) Zu vollstreckender Anspruch. Die Vorschrift betrifft die Zwangsvollstreckung aufgrund eines **Anspruchs, der sich gegen den Nachlass** richtet. Unter diesen Begriff sind die Nachlassverbindlichkeiten iSd § 1967 Abs. 2 BGB zu verstehen, also Erblasserschulden, Erbfallschulden und die sog. Nachlasskostenschulden,[5] nicht aber Nachlasserbenschulden, für die sowohl der Nachlass als auch das Eigenvermögen des Erben haftet.[6] Insoweit bezieht sich Abs. 1 nicht auf die Eigenschuld des Erben. Hingegen liegt eine Nachlassverbindlichkeit in Bezug auf einen für eine persönliche Schuld des Erben dinglich mithaftenden Nachlassgegenstand vor, so dass Abs. 1 greift.[7] Insofern kann in den Nachlassgegenstand nur bei Bestellung eines Nachlasspflegers vollstreckt werden,[8] während ein Zugriff auf das Eigenvermögen des Erben uneingeschränkt möglich ist. 8

b) **Gegenstand der Vollstreckung.** Die Vollstreckung kann nach Abs. 1 allein in den **Nachlass** erfolgen, also in das beim Tod des Erblassers iSd § 1922 BGB ererbte Gesamtvermögen einschließlich dessen Surrogate.[9] Darunter fällt nicht der Miterbenanteil, der zum Eigenvermögen des Miterben zählt.[10] 9

c) **Vollstreckung. aa) Vor Annahme der Erbschaft.** Da nach Abs. 1 eine Zwangsvollstreckung nur in das Nachlassvermögen möglich ist und somit ein **Titel** gegen den (vorläufigen) Erben gem. § 1958 BGB nicht erwirkt werden kann, bedarf es insoweit der Bestellung eines Nachlasspflegers iSd §§ 1961, 1960 BGB, sofern nicht ein Testamentsvollstrecker oder Nachlassverwalter vorhanden ist.[11] Liegt bereits ein **Titel gegen den Erblasser** vor und hat die Zwangsvollstreckung noch nicht zu dessen Lebzeiten begonnen (dann gilt § 779 Abs. 1), ist der Titel auf die unbekannten Erben vertreten durch den Nachlasspfleger gem. § 727 (bzw. bei Vorhandensein eines Testamentsvollstreckers: § 749) umzuschreiben.[12] 10

---

2 MüKoZPO/K. Schmidt/Brinkmann Rn. 5.
3 Zöller/Geimer Rn. 10.
4 Zöller/Geimer Rn. 10; MüKoZPO/K. Schmidt/Brinkmann Rn. 5.
5 Musielak/Voit/Lackmann Rn. 3; MüKoZPO/K. Schmidt/Brinkmann Rn. 6.
6 HM: HK-ZPO/Kindl Rn. 2; MüKoZPO/K. Schmidt/Brinkmann Rn. 6; Zöller/Geimer Rn. 8.
7 HK-ZPO/Kindl Rn. 2; Zöller/Geimer Rn. 8.
8 Zöller/Geimer Rn. 8.
9 MüKoZPO/K. Schmidt/Brinkmann Rn. 7; Musielak/Voit/Lackmann Rn. 3.
10 HK-ZPO/Kindl Rn. 2.
11 Thomas/Putzo/Seiler Rn. 3.
12 Zöller/Geimer Rn. 6; Musielak/Voit/Lackmann Rn. 3.

11 **bb) Nach Annahme der Erbschaft.** Nunmehr ist eine Vollstreckung sowohl in das **Nachlassvermögen** als auch in das **Eigenvermögen** des Erben möglich, wobei dieser jedoch die Haftungsbeschränkung iSd §§ 781 – 786 geltend machen kann. Eines Vorbehaltes iSd § 780 bedarf es lediglich dann bzw. ist nur dann möglich, wenn der Erbe (selbst) verurteilt wird.[13] Voraussetzung für eine Vollstreckung gegen den Erben ist aber, dass die auf den Erblasser ausgestellte vollstreckbare Ausfertigung auf ihn als dessen Rechtsnachfolger umgeschrieben (§ 727) und die sonstigen Vollstreckungsvoraussetzungen iSd § 750 gegeben sind.

12 **3. Eigenverbindlichkeiten des Erben (Abs. 2). a) Vor Annahme der Erbschaft.** Wegen persönlicher Verbindlichkeiten des (vorläufigen) Erben ist eine Zwangsvollstreckung in das Nachlassvermögen nicht möglich. Insofern wird der endgültige Erbe vor einer Schmälerung der Erbschaft durch Fremdschulden geschützt.

13 **b) Nach Annahme der Erbschaft.** Nunmehr ist auch eine Vollstreckung in den Nachlass des (jetzt endgültigen) Erben zulässig, sofern eine auf den Erben lautende Klausel vorliegt und sowohl die allgemeinen Vollstreckungsvoraussetzungen wie auch die besonderen betreffend die einzelnen Vollstreckungsmaßnahmen vorliegen.

II. Rechtsbehelfe

14 Verstöße gegen **Abs. 1** kann nach hM der Erbe sowie jeder beeinträchtigte Dritte (zB Nachlassgläubiger nach Pfändung)[14] durch **Erinnerung** (§ 766) geltend gemacht werden.[15] Daneben kann der Erbe auch die **Drittwiderspruchsklage** (§ 771) bei Vollstreckung in sein Privatvermögen erheben.

15 Wird entgegen **Abs. 2** in den Nachlass vollstreckt, steht dem Erben, dem Testamentsvollstrecker, Nachlassverwalter oder Nachlasspfleger die **Drittwiderspruchsklage** (§ 771) zur Verfügung.

C. Weitere Praxishinweise

16 Sofern durch den Vollstreckungsgläubiger Vermögen entgegen § 778 verwertet wurde, besteht ein **Bereicherungsanspruch** (§ 812 Abs. 1 S. 1 Alt. 2 BGB) gegen ihn, dessen Inhaber im Falle des Abs. 1 der vorläufige Erbe, im Fall des Abs. 2 der endgültige Nächstberufene ist.[16]

17 Die Annahme der Erbschaft durch den Erben während der Rechtshängigkeit der Drittwiderklage (§ 771) stellt ein **erledigendes Ereignis** iSd § 91a dar.[17]

§ 779 ZPO Fortsetzung der Zwangsvollstreckung nach dem Tod des Schuldners

(1) Eine Zwangsvollstreckung, die zur Zeit des Todes des Schuldners gegen ihn bereits begonnen hatte, wird in seinen Nachlass fortgesetzt.

(2) ¹Ist bei einer Vollstreckungshandlung die Zuziehung des Schuldners nötig, so hat, wenn die Erbschaft noch nicht angenommen oder wenn der Erbe unbekannt oder es ungewiss ist, ob er die Erbschaft angenommen hat, das Vollstreckungsgericht auf Antrag des Gläubigers dem Erben einen einstweiligen besonderen Vertreter zu bestellen. ²Die Bestellung hat zu unterbleiben, wenn ein Nachlasspfleger bestellt ist oder wenn die Verwaltung des Nachlasses einem Testamentsvollstrecker zusteht.

---

13 Thomas/Putzo/Seiler Rn. 4.
14 Zöller/Geimer Rn. 11.
15 HM: HK-ZPO/Kindl Rn. 5; HK-ZV/Handke Rn. 7; Musielak/Voit/Lackmann Rn. 5; Zöller/Geimer Rn. 11; Thomas/Putzo/Seiler Rn. 7; kritisch aber im Ergebnis zustimmend MüKoZPO/K. Schmidt/Brinkmann Rn. 12.
16 MüKoZPO/K. Schmidt/Brinkmann Rn. 13.
17 HK-ZV/Handke Rn. 7.

Literatur:
Behr, Zwangsvollstreckung in den Nachlass, Rpfleger 2002, 2.

A. Normzweck 1	a) Verfahren 14
B. Regelungsgehalt 2	b) Rechtsbehelfe 16
I. Anwendungsbereich der Vorschrift 2	4. Stellung des einstweiligen besonderen
1. In sachlicher Hinsicht 2	Vertreters 17
2. In zeitlicher Hinsicht 3	C. Weitere Praxishinweise 19
II. Beginn der Zwangsvollstreckung 4	I. Bestellung eines Nachlasspflegers iSd
III. Fortsetzung der Zwangsvollstreckung	§ 1961 BGB oder Bestellung eines besonde-
(Abs. 1) 6	ren (Vollstreckungs-)Vertreters 19
1. Verfahren 6	1. Hintergrund 19
2. Rechtsbehelfe 8	2. Bestellung eines Nachlasspflegers trotz
IV. Bestellung eines einstweiligen besonderen	Beginn der Zwangsvollstreckung zu
Vertreters (Abs. 2) 9	Lebzeiten des Erblassers, sofern dem
1. Regelungszweck 9	Gläubiger keine Nachlassgegenstände
2. Voraussetzungen 10	bekannt sind (Abs. 1)? 20
a) Grundsatz 10	3. Bestellung eines Nachlasspflegers iSd
b) Person des Erben steht nicht (ein-	§ 1961 anstelle eines Vertreters iSd
deutig) fest 11	Abs. 2? 21
c) Zuziehung des Schuldners 13	II. Gebühren 23
3. Bestellung 14	

A. Normzweck

Die Vorschrift ermöglicht dem Gläubiger trotz Tod des Vollstreckungsschuldners die bereits begonnene Zwangsvollstreckung in dessen Vermögen fortzusetzen. Die **Bedeutung des § 779 Abs. 1** besteht dabei darin, dass eine Umschreibung der auf den Erblasser (= Schuldner) lautenden Ausfertigung für den weiteren Verfahrensfortgang der Zwangsvollstreckung nicht erforderlich ist. Insoweit ist die Person des Erben für die Durchführung der Zwangsvollstreckung unmaßgeblich, so dass es auch nicht darauf ankommt, ob der Bedachte bis zur Annahme der Erbschaft (vgl. § 1943 BGB) nur vorläufiger Erbe ist oder der Nächstberufene bzw. der Ersatzerbe Rechtsnachfolger des Erblassers geworden ist. Bedarf es im Rahmen der Zwangsvollstreckung die Hinzuziehung des Schuldners, so kann dessen Vakanz durch die Bestellung eines einstweiligen besonderen Vollstreckungsvertreters (**Abs. 2**) behoben werden. Die Regelung führt daher zu einer Verfahrensbeschleunigung und dient insofern dem **Vollstreckungsinteresse des Gläubigers**. Die Fortsetzung der Zwangsvollstreckung findet seine Rechtfertigung darin, dass bereits zu Lebzeiten des Erblassers der Zugriff auf dessen Vermögen erfolgt ist und insofern nach der Wertung des Gesetzes keine schützenswerten Interessen seines Rechtsnachfolgers vorhanden sind, die einer (weiteren) Durchführung der Zwangsvollstreckung entgegenstehen.

B. Regelungsgehalt

I. Anwendungsbereich der Vorschrift

1. In sachlicher Hinsicht. Die Vorschrift findet auf **jede Art der Zwangsvollstreckung**[1] einschließlich der Zwangsversteigerung (vgl. § 869)[2] Anwendung, nicht aber betreffend die Zwangsvollstreckung zur Erwirkung von Handlungen (§ 888)[3] und Unterlassungen (§ 890).[4] In letzteren Fällen hat die Zwangsvollstreckung gegen den Erben neu zu beginnen. Str. ist, ob dies auch für vertretbare Handlungen iSd § 887 gilt. Die hM unterscheidet insofern nicht nach der Art der zu erwirkenden Handlung, so dass die Zwangsvollstreckung zum Zwecke der Erwir-

---

1 Zöller/Geimer Rn. 2; MüKoZPO/K. Schmidt/Brinkmann Rn. 2.
2 BGH NJW 2008, 3363.
3 OLG Köln OLGR 2002, 188.
4 Insoweit hM: Zöller/Geimer Rn. 2; HK-ZPO/Kindl Rn. 1; HK-ZV/Handke Rn. 2; Thomas/Putzo/Seiler Rn. 1; aA MüKoZPO/K. Schmidt/Brinkmann Rn. 2.

kung von Handlungen nach dem Tod des Erblassers stets neu zu beginnen hat.[5] Dies überzeugt jedoch nicht. Zu Recht wird darauf hingewiesen, dass die Vollstreckung einer vertretbaren Handlung Ähnlichkeiten mit einem Zahlungstitel aufweist und ein sachlicher Grund für eine unterschiedliche Behandlung der Vollstreckungstitel nicht erkennbar ist.[6] Die Vollstreckung betreffend den Kostenvorauszahlungsbeschluss iSd § 887 Abs. 2 stellt aber nach allgM eine Forderungsvollstreckung dar, auf die § 779 Anwendung findet.[7]

3   **2. In zeitlicher Hinsicht.** Die Vorschrift findet Anwendung, wenn die **Zwangsvollstreckung** bereits **zu Lebzeiten des Schuldners** (= Erblasser) begonnen hat, vor dessen Abschluss aber der Schuldner verstorben ist. Liegt der Vollstreckungsbeginn nach dem Tod des Schuldners, ist § 778 einschlägig. Zur Vollstreckung in den Nachlass ist eine Titelumschreibung iSd § 727 erforderlich.

II. Beginn der Zwangsvollstreckung

4   Die Zwangsvollstreckung beginnt mit der **Einleitung der ersten Zwangsvollstreckungsmaßnahme gegen den Schuldner**.[8] Insofern gelten die allg. Grundsätze. Demgemäß ist in Bezug auf den Vollstreckungsbeginn danach zu unterscheiden, welches Vollstreckungsorgan tätig geworden ist:[9] so beginnt die Zwangsvollstreckung zB bei Zuständigkeit des **Gerichtsvollziehers** mit dessen ersten gegen den Schuldner gerichteten Vollstreckungshandlung, also spätestens wenn der Gerichtsvollzieher erscheint und pfänden will[10] (es genügt also nicht, dass zu Lebzeiten des Schuldners noch die vollstreckbare Ausfertigung erteilt und ihm zugestellt wurde);[11] bei Zuständigkeit des **Vollstreckungsgerichts** mit der Erlass der Entscheidung (also bereits mit Unterzeichnung, nicht erst mit deren Zustellung).[12]

5   Unmaßgeblich ist, dass die konkrete Zwangsvollstreckungsmaßnahme bei Tod des Schuldners (= Erblassers) bereits beendet ist.[13]

III. Fortsetzung der Zwangsvollstreckung (Abs. 1)

6   **1. Verfahren**[14] Die bereits begonnene Zwangsvollstreckung kann nach dem Wortlaut des Abs. 1 auch nach dem Tod des Erblassers (= Schuldner) in dessen **Nachlass**, also in sein **Gesamtvermögen** (!) fortgesetzt werden. Dies bedeutet zum einen, dass nicht nur die einzelne bereits zu Lebzeiten des Schuldners begonnene **Vollstreckungsmaßnahme** in Bezug auf einen **konkreten Vermögensgegenstand** fortgesetzt werden kann, sondern auch weitere, bisher bzw. noch zu Lebzeiten des Schuldners **noch nicht ergriffene** Vollstreckungsmaßnahmen bewirkt und dabei auch **auf andere Vermögensgegenstände des Nachlasses** erstreckt werden können.[15]

7   **Voraussetzung** ist aber, dass die Zwangsvollstreckung **in den Nachlass des Schuldners** erfolgt und der Fortsetzung der Vollstreckung gerade der **Titel** zugrunde liegt, aufgrund dessen die Zwangsvollstreckung zu Lebzeiten des Schuldners begonnen hat. Da Vollstreckungskosten iSd § 788 Abs. 1 zugleich mit dem Anspruch beigetrieben werden, kann die diesbezügliche Zwangsvollstreckung auch nach dem Tod des Schuldners fortgesetzt werden, wenn die Vollstreckung in

---

5   Zöller/Geimer Rn. 2; HK-ZPO/Kindl Rn. 1; HK-ZV/Handke Rn. 1; Thomas/Putzo/Seiler Rn. 1.
6   Musielak/Voit/Lackmann Rn. 1; MüKoZPO/ K. Schmidt/Brinkmann Rn. 2.
7   Zöller/Geimer Rn. 2; HK-ZPO/Kindl Rn. 1; MüKoZPO/K. Schmidt/Brinkmann Rn. 2; Stein/Jonas/Münzberg Rn. 5.
8   AllgM: BGH NJW 2008, 3363; HK-ZPO/Kindl Rn. 2; Zöller/Geimer Rn. 4.
9   HK-ZPO/Kindl ZPO Vorb. §§ 704–945 Rn. 20; Zöller/Seibel ZPO Vorb. § 704 Rn. 33; Musielak/Voit/Lackmann Vorb. § 704 Rn. 30, 31.
10 Vgl. BGH NJW-RR 2004, 1220 (1221).
11 Zöller/Geimer Rn. 3.
12 Vgl. dazu näher HK-ZPO/Kindl ZPO Vorb. §§ 704–945 Rn. 20; Zöller/Seibel ZPO Vorb. § 704 Rn. 33; Musielak/Voit/Lackmann ZPO Vorb. § 704 Rn. 30, 31; Thomas/Putzo/Seiler ZPO Vorb. § 704 Rn. 28.
13 HK-ZPO/Kindl Rn. 2.
14 Vgl. dazu Formulierungsmuster in GF-ZPO/Gierl ZPO § 779 Rn. 1.
15 AllgM: HK-ZPO/Kindl Rn. 3; HK-ZV/Handke Rn. 4; Zöller/Geimer Rn. 4; MüKoZPO/ K. Schmidt/Brinkmann Rn. 6.

Bezug auf den Hauptanspruch zu dessen Lebzeiten begonnen hat. Dabei werden auch solche Vollstreckungskosten erfasst, die nach dem Tod des Schuldners bzw. aufgrund weiterer Zwangsvollstreckungsmaßnahmen entstanden sind.[16] Fußt die vom Gläubiger betriebene Zwangsvollstreckung in den Nachlass auf einem anderen Titel, ist für § 779 kein Raum, so dass § 778 gilt. Insoweit kann bei einer Zwangsvollstreckung aus einem Kostenfestsetzungsbeschluss iSd § 104, die erst nach dem Tod des Schuldners begonnen hat, § 779 selbst dann nicht greifen, wenn die Vollstreckung in Bezug auf den Leistungstitel zu Lebzeiten des Schuldners begonnen hat.[17]

2. Rechtsbehelfe. Weigert sich das Vollstreckungsorgan die Zwangsvollstreckung fortzusetzen bzw. liegen die Voraussetzungen für deren Fortsetzung nicht vor, können Gläubiger bzw. Erbe Erinnerung iSd § 766 einlegen. Sofern im Rahmen des Abs. 1 in einen Gegenstand vollstreckt wird, der nicht zum Nachlassvermögen gehört, kann der Rechtsinhaber (zB Erbe bei Vollstreckung in sein Eigenvermögen) die Drittwiderspruchklage iSd § 771 erheben. 8

IV. Bestellung eines einstweiligen besonderen Vertreters (Abs. 2)

1. Regelungszweck. Sofern im Rahmen der einzelnen Vollstreckungsmaßnahme in den Nachlass des Schuldners dessen Zuziehung erforderlich ist, würde die Zwangsvollstreckung zum Stillstand kommen, sofern der Rechtsnachfolger des Schuldners noch nicht endgültig feststeht, da dessen Person unbekannt ist bzw. ungewiss ist, ob er die Erbschaft angenommen hat. Abs. 2 schafft insofern die Voraussetzung für den Fortgang der Zwangsvollstreckung, als die vakante Stelle des Erben durch die Bestellung eines (einstweiligen besonderen) Vertreters besetzt werden kann, der die an sich dem Schuldner zustehenden Rechte wahrnehmen kann. 9

2. Voraussetzungen. a) Grundsatz. Die Zwangsvollstreckung erfolgt in den Nachlass des verstorbenen Schuldners, wobei im Zeitpunkt der konkreten Vollstreckungsmaßnahme zum einen die Person des Erben unbekannt bzw. ungewiss ist, zum anderen die Zuziehung des Schuldners zur Durchführung der Maßnahme erforderlich ist. 10

b) Person des Erben steht nicht (eindeutig) fest. Die Vorschrift greift in dem Zeitraum zwischen Anfall der Erbschaft (§ 1942 Abs. 1 BGB) und endgültiger Erbenstellung infolge Annahme iSd § 1943 BGB (**Alt. 1**) wie auch in den Fällen, in denen der wahre Erbe zB nach Ausschlagungen zunächst Bedachter (noch) nicht feststeht (**Alt. 2**) oder unklar ist, ob die Annahme wirksam ist (**Alt. 3**). All diesen Varianten ist gemeinsam, dass die nach dem Gesetz erforderliche Einbeziehung des Schuldners nicht möglich ist, da dessen Person nicht bekannt ist (**Abs. 2 S. 1**). Für eine Bestellung eines besonderen Vertreters ist daher kein Raum, wenn ein Nachlasspfleger, ein Nachlassverwalter[18] oder ein Testamentsvollstrecker vorhanden sind, da diese an die Stelle des Erben kraft Amtes treten und für diesen handeln können (**Abs. 2 S. 2**). Die Erteilung einer postmortalen Vollmacht ist insofern nicht ausreichend und steht einer Bestellung iSd Abs. 2 nicht entgegen.[19] Es erscheint aber sachgerecht, den Bevollmächtigten als Vertreter iSd Abs. 2 zu bestellen.[20] 11

Ist aber nicht die **Person des Erben**, sondern dessen **Aufenthalt unbekannt**, ist der Anwendungsbereich der Vorschrift nicht eröffnet. In diesem Fall bedarf es der Bestellung eines Abwesenheitspflegers iSd § 1911 BGB bzw. die gebotene Einbeziehung des Schuldners/Erben ist mittels öffentlicher Zustellung iSd §§ 185 ff. zu bewirken.[21] 12

c) Zuziehung des Schuldners. Die Bestellung eines Vertreters ist nur dann erforderlich, wenn nach dem Gesetz der Schuldner bei Durchführung der konkreten Vollstreckungsmaßnahme per- 13

---

16 Zöller/Geimer Rn. 5.
17 AllgM: HK-ZPO/Kindl Rn. 3; Zöller/Geimer Rn. 5.
18 Thomas/Putzo/Seiler Rn. 3; Zöller/Geimer Rn. 6.
19 MüKoZPO/K. Schmidt/Brinkmann Rn. 9; Stein/Jonas/Münzberg Rn. 7.
20 MüKoZPO/K. Schmidt/Brinkmann Rn. 9.
21 Zöller/Geimer Rn. 6.

sönlich miteinzubeziehen ist. Dies betrifft die Fälle, in denen eine Handlung dem Schuldner gegenüber zu bewirken ist, dieser anzuhören bzw. zu benachrichtigen ist oder eine Zustellung an ihn zu erfolgen hat (vgl. §§ 808 Abs. 3,[22] 826 Abs. 3, 829 Abs. 2, 835 Abs. 3, 844 Abs. 2, 875, 885 Abs. 2).[23]

14 3. **Bestellung. a) Verfahren.** Diese erfordert einen **Antrag** des Gläubigers,[24] der schriftlich oder zu Protokoll der Geschäftsstelle gestellt werden kann. Anwaltszwang besteht nicht. Zuständig ist der Rechtspfleger (§ 20 Nr. 17 RpflG). Bis zu seiner Bestellung ruht das Zwangsvollstreckungsverfahren (vgl. auch § 52 Abs. 1 GVGA).

15 Die Bestellung erfolgt durch **Beschluss**,[25] der dem Gläubiger und dem einstweiligen besonderen Vertreter mitzuteilen ist (§ 329 Abs. 2). Bei Ablehnung ist der Beschluss lediglich dem Gläubiger zuzustellen (§ 329 Abs. 3).

16 b) **Rechtsbehelfe.** Bei **Ablehnung** der beantragten Vertreterbestellung kann der Gläubiger sofortige Beschwerde gem. § 793 einlegen. Mit diesem Rechtsbehelf können sich auch der Erbe bzw. der Testamentsvollstrecker und der Nachlasspfleger gegen die **Bestellung** des Vertreters mit der Begründung wehren, dass die Voraussetzungen hierfür nicht gegeben sind,[26] nicht aber der Vertreter.[27] Dieser ist nicht verpflichtet, das Amt anzunehmen. Insoweit braucht er nur das Amt nicht anzutreten, wenn er mit seiner Bestellung nicht einverstanden ist.

17 4. **Stellung des einstweiligen besonderen Vertreters.** Dieser ist gesetzlicher Vertreter des unbekannten Schuldners (in Person des noch nicht feststehenden bzw. nicht bekannten Erben) kraft Bestellung. Seine Stellung ähnelt somit der eines Pflegers für unbekannte Beteiligte (§ 1913 BGB), nicht aber der eines Pflegers nach § 57 ZPO.[28] In dieser Funktion ist er zu allen **Handlungen** befugt, die der Schuldner während der fortgesetzten Zwangsvollstreckung vornehmen könnte,[29] wobei die Zulässigkeit des Vertreterhandelns nicht auf diejenige Vollstreckungshandlung beschränkt ist, welche Anlass für die Vertreterbestellung war. Er kann jedoch nur die **Rechte** in Bezug auf solche Vollstreckungsmaßnahmen wahrnehmen, bei denen seine Zuziehung für den Schuldner notwendig ist.[30] Die Rechtstellung des Vertreters erschöpft sich daher nicht (passiv) in der Entgegennahme von Zustellungen, Benachrichtigungen usw (→ Rn. 13), sondern er ist auch (aktiv) berechtigt, Rechtsbehelfe gegen Vollstreckungsmaßnahmen (§§ 732, 793) einzulegen,[31] nicht aber Vollstreckungsabwehrklage iSd § 767 zu erheben, da insofern ein materielles Recht geltend gemacht wird.[32] Zur Abgabe der eidesstattlichen Versicherung ist der Vertreter nicht verpflichtet, da er mit der Bestellung nicht zum Schuldner wird;[33] seine Bestellung dient im Kern der Wahrung der Rechte des Schuldners, so dass mit ihr nicht die Auferlegung vollstreckungsrechtlicher Pflichten für seine Person verbunden ist.

18 Die Bestellung **endet** erst mit Widerruf mittels Beschlusses des Vollstreckungsgerichts, also **nicht automatisch**, wenn der Erbe die Erbschaft angenommen hat oder mit dem tatsächlichen Eintritt des Erben in das Verfahren. Insofern können von vornherein keine Zweifel auftreten, in welchem Zeitpunkt Handlungen des Vertreters noch wirksam sind.[34] Erhält der Vertreter – vor förmlicher Aufhebung seiner Bestellung – Kenntnis von der Erbenstellung, darf er aber von

---

22 Insofern zweifelnd: MüKoZPO/K. Schmidt/Brinkmann Rn. 9.
23 Zöller/Geimer Rn. 6.
24 Vgl. Formulierungsbeispiel in: GF-ZPO/Gierl MusterNr. 841.
25 Vgl. Fourmulierungsbeispiel in: GF-ZPO/Gierl MusterNr. 842.
26 HK-ZPO/Kindl Rn. 6; HK-ZV/Handke Rn. 11; MüKoZPO/K. Schmidt/Brinkmann Rn. 11; Musielak/Voit/Lackmann Rn. 6.
27 AllgM: HK-ZPO/Kindl Rn. 6; HK-ZV/Handke Rn. 11; MüKoZPO/K. Schmidt/Brinkmann Rn. 11;
Musielak/Voit/Lackmann Rn. 6; Zöller/Geimer Rn. 11.
28 BGH NJW 2010, 157 (159).
29 HK-ZPO/Kindl Rn. 5; HK-ZV/Handke Rn. 7; MüKoZPO/K. Schmidt/Brinkmann Rn. 10; Musielak/Voit/Lackmann Rn. 5; Thomas/Putzo/Seiler Rn. 5; Zöller/Geimer Rn. 8.
30 BGH NJW 2010, 157 (158).
31 AllgM: HK-ZPO/Kindl Rn. 5; HK-ZV/Handke Rn. 7; Zöller/Geimer Rn. 8.
32 MüKoZPO/K. Schmidt/Brinkmann Rn. 10.
33 Zöller/Stöber Rn. 8.
34 BGH NJW 2010, 157 (158).

seiner formell weiter bestehenden Vertretungsmacht keinen Gebrauch mehr machen, sondern hat sich mit dem Erben unter Beachtung von dessen Interessen über das weitere Vorgehen abzustimmen. Ansonsten macht er sich dem Erben gegenüber schadensersatzpflichtig.[35]

C. Weitere Praxishinweise

I. Bestellung eines Nachlasspflegers iSd § 1961 BGB oder Bestellung eines besonderen (Vollstreckungs-)Vertreters

1. Hintergrund. Kostenschuldner der im Rahmen der Zwangsvollstreckung anfallenden Kosten ist grds. der Schuldner (§ 788 Abs. 1). Für diese hat aber der Gläubiger idR einen Kostenvorschuss zu leisten. Hingegen stellen bei Bestellung eines Nachlasspflegers die dabei anfallenden Kosten Erbfallschulden dar, für die der Erbe haftet (vgl. § 24 Nr. 3 GNotKG). Einen Kostenvorschuss hat der Gläubiger insofern nicht zu erbringen,[36] so dass bei Bestellung eines Nachlasspflegers letztendlich die Staatskasse die nicht durch den Nachlass gedeckten Kosten zu tragen hat.[37]

2. Bestellung eines Nachlasspflegers trotz Beginn der Zwangsvollstreckung zu Lebzeiten des Erblassers, sofern dem Gläubiger keine Nachlassgegenstände bekannt sind (Abs. 1)? Der Gläubiger hat grds. die Möglichkeit, zum Zweck der gerichtlichen Geltendmachung eines Anspruchs, der sich gegen den Nachlass richtet, die Bestellung eines Nachlasspflegers iSd § 1961 BGB beim Nachlassgericht zu beantragen. Statt eines Fürsorgebedürfnisses iSd § 1960 Abs. 1 BGB erfordert die Bestellung eines Nachlasspflegers ein Rechtsschutzbedürfnis des Gläubigers, das sich grds. bereits aus der Tatsache ergibt, dass er einen Anspruch gegen den Nachlass geltend machen will. Auch das Betreiben der Zwangsvollstreckung stellt insofern eine gerichtliche Geltendmachung in diesem Sinne dar. Dabei ist zu beachten, dass es bei einer zu Lebzeiten des Erblassers begonnenen Zwangsvollstreckung im Hinblick auf § 779 Abs. 1 keiner Klausel bedarf, so dass auch für eine Bestellung eines Nachlasspflegers grds. kein Erfordernis besteht. Für die Bestellung eines Nachlasspflegers für die unbekannten Erben zum Zweck der Fortsetzung der zu Lebzeiten des Erblassers begonnenen Zwangsvollstreckung in das Nachlassvermögen ist aber auch dann kein Raum, wenn dem Gläubiger Nachlassgegenstände, in die er vollstrecken könnte, nicht bekannt sind.[38] Denn er hatte es bereits zu Lebzeiten des Erblassers selbst in der Hand, sich Kenntnis über dessen verwertbares Vermögen zu verschaffen (vgl. §§ 802c, 807 Abs. 1 iVm § 802f ZPO).[39]

3. Bestellung eines Nachlasspflegers iSd § 1961 anstelle eines Vertreters iSd Abs. 2? Besteht bereits eine Nachlasspflegschaft iSd § 1961 BGB (zB wenn der Gläubiger einen Vollstreckungstitel gegen den Nachlasspfleger erwirkt hat), wird die Klagepflegschaft bis zum Ende der Zwangsvollstreckung fortgesetzt.[40] Insofern bedarf es nach Abs. 2 S. 2 keiner Bestellung eines Vertreters.

Wurde der Vollstreckungstitel noch zu Lebzeiten des Erblassers erwirkt und erfordert die nach dessen Tod durchzuführende Zwangsvollstreckungsmaßnahme die Hinzuziehung des Schuldners, so hat der Gläubiger die **Wahl**, ob er die Bestellung eines Nachlasspflegers iSd § 1961 BGB oder eines besonderen (Vollstreckungs-)Vertreters gem. Abs. 2 beantragt.[41] Insoweit wird die Erwirkung einer Nachlasspflegschaft angeraten,[42] wofür auch der kostenrechtliche Hintergrund (→ Rn. 19) ein gewichtiges Argument darstellen dürfte.

---

35 BGH NJW 2010, 157 (158).
36 OLG Schleswig FamRZ 2012, 814.
37 OLG Hamm FamRZ 2010, 1112; OLG Dresden FamRZ 2010, 1114.
38 So Behr Rpfleger 2002, 2 (4).
39 OLG München NJW-Spezial 2014, 7 = NJW-RR 2014, 394; OLG Hamburg ErbR 2019, 587; vgl. auch AG Achim JurBüro 2019, 105.
40 Burandt/Rojahn/Trimborn von Landenberg, 1. Aufl. 2011, BGB § 1961 Rn. 6.
41 Zöller/Geimer Rn. 6.
42 NK-BGB/Krug BGB § 1962 Rn. 9.

II. Gebühren

23 **Gerichtsgebühren** für die Bestellung fallen nicht an; Auslagen iSd Nr. 9000 KV GKG werden angesetzt.

24 Für den **Anwalt** des Gläubigers stellt seine Tätigkeit im Rahmen des Bestellungsverfahrens keine besondere Angelegenheit dar (vgl. § 19 Abs. 1 S. 2 Nr. 3 RVG) bzw. wird im Rahmen des Zwangsvollstreckungsverfahrens mit der Gebühr iSd Nr. 3009 VV RVG abgegolten. Die Vergütung des **Vertreters** wird vom Vollstreckungsgericht festgesetzt; ein zum Vertreter bestellte Anwalt erhält die Gebühr iSd Nr. 3009 bzw. Nr. 3111 VV RVG.

25 Für die anfallenden **Kosten der Bestellung des Vertreters** iSd Abs. 2 haftet die Staatskasse nicht. Sie fallen dem Gläubiger zur Last, die er als Vollstreckungskosten gegenüber dem Schuldner geltend machen kann.

§ 780 ZPO Vorbehalt der beschränkten Erbenhaftung

(1) Der als Erbe des Schuldners verurteilte Beklagte kann die Beschränkung seiner Haftung nur geltend machen, wenn sie ihm im Urteil vorbehalten ist.

(2) Der Vorbehalt ist nicht erforderlich, wenn der Fiskus als gesetzlicher Erbe verurteilt wird oder wenn das Urteil über eine Nachlassverbindlichkeit gegen einen Nachlassverwalter oder einen anderen Nachlasspfleger oder gegen einen Testamentsvollstrecker, dem die Verwaltung des Nachlasses zusteht, erlassen wird.

A. Allgemeines 1	b) Prüfung durch das Gericht 16
B. Regelungsgehalt 3	c) Entscheidung 18
I. Haftungsvorbehalt (Abs. 1) 3	aa) Vorbehalt der Haftungsbe-
1. Anwendungsbereich 3	schränkung 18
a) In persönlicher Hinsicht 3	bb) Über die Haftungsbeschrän-
b) In sachlicher Hinsicht 6	kung in der Sache 20
aa) Grundsatz 6	d) Rechtsmittel 20.1
bb) Im Einzelnen 7	II. Entbehrlichkeit des Haftungsvorbehalts
2. Begriff 8	(Abs. 2) 21
a) Haftungsbeschränkung 8	C. Weitere Praxishinweise 22
b) Verbindlichkeiten 10	I. Zwangsvollstreckung gegen den Erben 22
c) Verlust der Haftungsbeschrän-	II. Geltendmachung der Einrede als Anwalts-
kung 12	pflicht 24
3. Verfahren 13	
a) Erheben der Einrede durch den	
Erben 13	

A. Allgemeines

1 Die Vorschrift ist im Lichte der §§ 1967 Abs. 1, 1975 ff. BGB zu sehen, wonach der Erbe für die Nachlassverbindlichkeiten vorläufig unbeschränkt, jedoch beschränkbar haftet.[1] Als Gesamtrechtsnachfolger des Erblassers (= Schuldner) hat er nach § 1967 Abs. 1 BGB (auch) für dessen Verbindlichkeiten einzustehen, da diese als Erblasserschulden iSd § 1967 Abs. 2 Alt. 1 BGB eine Nachlassverbindlichkeit darstellen.[2] Das Gesetz sieht jedoch in §§ 1975 ff. BGB die Möglichkeit für den Erben vor, seine Haftung auf den Nachlass zu beschränken. Die Haftungsbeschränkung tritt jedoch nicht von sich aus ein, sondern der Erbe muss sich auf diese berufen (vgl. Abs. 1: „geltend machen"). Insofern sieht **Abs. 1** vor, dass eine Geltendmachung nur mög-

---

[1] HK-BGB/Hoeren BGB Vorb. §§ 1967–2017 Rn. 5; BGB § 1967 Rn. 1.
[2] Der Frage, ob der Übergang der Passiva bereits aufgrund des Vermögensbegriffs des § 1922 BGB (BGHZ 32, 369: Vermögensbegriff umfasst auch die Passiva) oder erst durch § 1967 Abs. 1 BGB (so Kipp/Coing § 91 II 2) erfolgt, kommt lediglich dogmatische Bedeutung zu; vgl. HK-BGB/Hoeren BGB § 1922 Rn. 2.

lich ist, wenn die Haftungsbeschränkung dem Erben im Zivilurteil vorbehalten wurde, wie auch § 781 bestimmt, dass die Haftungsbeschränkung in der Zwangsvollstreckung nur dann berücksichtigt wird, wenn der Erbe sich auf diese beruft.

Die **Bedeutung des § 780** liegt zum einen darin, dass das **Prozessgericht** die (rechtzeitig) geltend gemachte Haftungsbeschränkung (als solche → Rn. 16) inhaltlich nicht zu prüfen braucht, sondern diese lediglich in dem Urteil per Ausspruch vorbehalten kann. Ob die Voraussetzungen für die **Haftungsbeschränkung iSd §§ 1975 ff.** BGB tatsächlich vorliegen, ist erst **im Rahmen der Zwangsvollstreckung**, und nur dann **zu klären**, wenn der Erbe die Einwendung gem. § 781 erhebt. Dies führt zum einen zu einer **Verfahrensbeschleunigung vor dem Prozessgericht** in Bezug auf die Erwirkung eines vollstreckungsfähigen Titels, da insofern nur die Verbindlichkeit des Erblassers als solche, nicht aber die Haftung des Erben für diese Verfahrensgegenstand ist. Zum andern führt die Vorschrift zu einer **Präklusion** betreffend die Einwendung einer Haftungsbeschränkung auf den Nachlass, sofern der Erbe dessen Vorbehalt nicht vor dem Prozessgericht im Urteil erwirkt hat.[3] Insoweit stellt die Vorschrift sowohl eine **Verfahrensnorm** (für das Prozessgericht) als auch eine **Präklusionsnorm** (für die Zwangsvollstreckung) dar.[4] Insofern bewirkt die Rechtskraft eines Urteils mit Ausspruch der Haftungsbeschränkung im Verhältnis zum Nachfolgeverfahren (= Vollstreckungsabwehrklage) zum einen eine sog. **Präjudizialität** in Bezug auf das Vorliegen einer Nachlassverbindlichkeit wie auch eine sog. **Tatsachenpräklusion** hinsichtlich etwaiger (neuer) Einwände des Klägers gegen die Einordnung der Schuld als reine Nachlassverbindlichkeit. Im Hinblick darauf muss der Beklagte die Einrede selbst dann erheben, wenn er noch nicht in der Lage ist, die Voraussetzungen darzulegen, oder wenn er nicht weiß, ob sie überhaupt eintreten.[5]

B. Regelungsgehalt

I. Haftungsvorbehalt (Abs. 1)

1. Anwendungsbereich. a) In persönlicher Hinsicht. Die Vorschrift gilt **für jeden Erben**, also für den Alleinerben, Miterben (vgl. § 2059 BGB) und Nacherben (vgl. § 2144 BGB), ebenso für den Erbschaftskäufer (vgl. § 2383 BGB).

Dabei ist im Einzelnen Folgendes zu beachten:

- der **Miterbe** hat **bis zur Teilung des Nachlasses** die Haftungsbeschränkung iSd § 780 in Bezug auf seinen Anteil (selbst) zu bewirken, während **nach der Teilung** des Nachlasses seine Verurteilung auf den seinem Erbteil entspr. Teil in der Urteilsformel nach § 2060 BGB in materiellrechtlicher Hinsicht unmittelbar zum Ausdruck zu kommen hat.[6] Der Einwand, dass ein solcher Ausspruch in dem Urteil nicht enthalten ist, stellt insofern eine Einwendung iSd § 767 Abs. 2 dar, die nach Rechtskraft des Leistungsurteils nur dann berücksichtigt werden kann, wenn die Teilhaftung nachträglich eingetreten ist.[7]
- Der **Vorerbe** kann nach Eintritt des Nacherbfalls (§ 2139 BGB) den nunmehrigen Wegfall seiner Haftung bzw. seine Haftungsbeschränkung – sofern nicht § 2145 Abs. 1 BGB greift – im Wege der Vollstreckungsabwehrklage (§ 767) geltend machen;[8] der Vorbehalt einer Haftungsbeschränkung iSd § 780 ist insoweit nicht erforderlich.[9] Eines solchen bedarf es jedoch im Fall des § 2145 Abs. 2 BGB.[10]

---

3 MüKoZPO/K. Schmidt/Brinkmann Rn. 1.
4 BGH NJW 2021, 701 mAnm Tolani; MüKoZPO/K. Schmidt/Brinkmann Rn. 1; HK-ZV/Handke Rn. 1; Musielak/Voit/Lackmann Rn. 1.
5 BGH NJW 2021, 701 (702, 703 f.) mAnm Tolani.
6 Vgl. HK-ZPO/Kindl Rn. 3; Zöller/Geimer Rn. 11.
7 Stein/Jonas/Münzberg Rn. 18.
8 AllgM: NK-BGB/Gierl § 2145 Rn. 2; HK-ZPO/Kindl Rn. 3; MüKoZPO/K. Schmidt/Brinkmann Rn. 2; Musielak/Voit/Lackmann Rn. 2.
9 HK-ZPO/Kindl Rn. 3; Stein/Jonas/Münzberg Rn. 16; Zöller/Geimer Rn. 11; Musielak/Voit/Lackmann Rn. 2.
10 Zöller/Geimer Rn. 11; Stein/Jonas/Münzberg Rn. 16; MüKoZPO/K. Schmidt/Brinkmann Rn. 2; Musielak/Voit/Lackmann Rn. 2.

5 Der **Erbe** muss als **Schuldner** zugleich **selbst Prozesspartei** sein, sei es, dass er selbst in seiner Eigenschaft als Erbe des Erblassers verklagt wurde, sei es, dass er während eines gegen den Erblasser geführten Prozesses nach dessen Tod in den Prozess eingetreten ist (§§ 239, 246). Nur in diesen Fällen kann die Voraussetzung iSd Abs. 1 seiner Verurteilung als Beklagter erfüllt sein. Demgemäß ist für eine Anwendung der Vorschrift kein Raum, wenn die Zwangsvollstreckung nach dem Tod des Erblassers fortgesetzt wird (§ 779) oder der Titel nach § 727 umgeschrieben wird.[11] Insoweit gelten in Bezug auf die Geltendmachung seiner Haftungsbeschränkung die §§ 785, 767.[12]

6 b) **In sachlicher Hinsicht. aa) Grundsatz.** Die Vorschrift betrifft **Urteile** sowie grds. die **weiteren Vollstreckungstitel** iSd §§ 794, 795, also Vollstreckungsbescheide (§§ 699, 700 Abs. 1), Prozessvergleiche,[13] vollstreckbare Urkunden und Schiedssprüche usw[14] Erfasst ist also **jeder vollstreckbare Leistungstitel**, grds. aber nicht Feststellungsurteile (aber → Rn. 7). § 780 findet auch im Verfahren des § 731 Anwendung. Sie findet auf die Annahme der Erbschaft mit Vorbehalt der Inventarerrichtung nach italienischem Recht (Art. 470 Abs. 1 Hs. 2 Codice Civile), die zu einer gegenständlichen, der Nachlassverwaltung nach § 1975 BGB ähnlichen Haftungsbeschränkung führt, entsprechende Anwendung.[15]

bb) Im Einzelnen

7 ■ Bei **Leistungsklagen** muss im Falle einer Vorabentscheidung über den Grund der Vorbehalt bereits im **Grundurteil** (§ 304) enthalten sein. Bei **ausländischen Urteilen** bedarf es der Aufnahme des Vorbehalts im Vollstreckungsurteil iSd § 722, die selbst dann möglich ist, wenn im ausländischen Recht der Vorbehalt nicht vorgesehen ist.[16] Auch in einem **Anerkenntnis- und Versäumnisurteil** ist die Aufnahme des Vorbehalts möglich.[17] Gleiches gilt bei einer Verurteilung zur **Abgabe einer Willenserklärung**, sofern der Eintritt der Wirkungen iSd §§ 894, 895 ausgeschlossen sein soll.[18]
■ Im **Schiedsverfahren** muss der Vorbehalt in dem Schiedsspruch enthalten sein.
■ Im **Mahnverfahren** bedarf es des Widerspruchs (§ 694) samt Antrag auf Durchführung des streitigen Verfahrens (§ 696 Abs. 1 S. 1) bzw. des Einspruchs (§ 700) zur Aufnahme des Vorbehalts, wobei bei miterklärtem sofortigem Anerkenntnis (§ 93) kein Kostenrisiko entsteht.[19]
■ Bei **Vergleichen** ist der Vorbehalt in den Vergleichstext mit aufzunehmen; die Bezeichnung als Erbe im Protokoll ist nicht ausreichend.[20]
■ Die Vorschrift gilt auch für die **Prozesskosten**, gleich ob über sie in einem Urteil oder in einem Beschluss (§ 269 Abs. 4) entschieden wird. Demgemäß ist der Vorbehalt in der **Kostengrundentscheidung** aufzunehmen, da ansonsten die Haftungsbeschränkung weder im Kostenfestsetzungsverfahren noch im Erinnerungsverfahren betreffend den Kostenansatz[21] berücksichtigt werden kann.[22] Insoweit ist auch bei **Feststellungsurteilen** (→ Rn. 6) in Bezug auf die Kostenentscheidung der Ausspruch des Vorbehalts grds. möglich. Der Vorbehalt der Haftung im Hinblick auf die Kosten muss dann auch im Kostenfestsetzungsbeschluss (vgl. §§ 794 Abs. 1 Nr. 2, 795) aufgenommen werden. Die Haftungsbeschränkung erstreckt sich

---

11 MüKoZPO/K. Schmidt/Brinkmann Rn. 4; Musielak/Voit/Lackmann Rn. 2; HK-ZV/Handke Rn. 2.
12 HK-ZV/Handke Rn. 2.
13 BGH NJW 1991, 2839.
14 MüKoZPO/K. Schmidt/Brinkmann Rn. 3.
15 BGH NJW-RR 2015, 521.
16 Zöller/Geimer Rn. 12.
17 HK-ZPO/Kindl Rn. 4; Zöller/Geimer Rn. 12; MüKoZPO/K. Schmidt/Brinkmann Rn. 17, 18.
18 Zöller/Geimer Rn. 12; RGZ 49, 415 (417); vgl. dazu auch K. Schmidt JR 1989, 45; für eine Prüfung bereits im Erkenntnisverfahren: MüKoZPO/K. Schmidt/Brinkmann Rn. 22.
19 Vgl. dazu HK-ZPO/Gierl ZPO § 93 Rn. 24; Zöller/Geimer Rn. 6; OLG Naumburg Beschl. v. 5.5.2015 – 12 W 92/14 (KE), BeckRS 2015, 19775.
20 BGH NJW 1991, 2839 (2840).
21 OLG München JurBüro 1994, 112.
22 AllgM: HK-ZPO/Kindl Rn. 4; Musielak/Voit/Lackmann Rn. 2; Zöller/Geimer Rn. 13; MüKoZPO/K. Schmidt/Brinkmann Rn. 2; vgl. auch BGH NJW-RR 2015, 521 Rn. 32.

dabei lediglich auf die Kosten, die Nachlassverbindlichkeiten iSd § 1967 Abs. 2 BGB sind. Für die Kosten seiner eigenen Prozessführung haftet der Erbe mit seinem Eigenvermögen. Einer Kostentrennung in der Entscheidungsformel[23] bedarf es jedoch nicht, da der Vorbehalt als solcher noch nicht die Haftungsbeschränkung herbeiführt und über diese erst im Rahmen des § 785 entschieden wird.[24]

■ Für einen Vorbehalt der beschränkten Erbenhaftung in der nachlassgerichtlichen Entscheidung über einen **Vergütungsfestsetzungsantrag des Nachlasspflegers** ist von vornherein kein Raum, da der Vorbehalt eine materiellrechtliche Einrede darstellt, die in diesem Verfahren nicht berücksichtigungsfähig ist, sondern in einem nachfolgenden Zivilprozess geltend gemacht werden muss.[25]

2. Begriff. a) Haftungsbeschränkung. Der Vorbehalt iSd § 780 knüpft an **die Haftungsbeschränkungen** des materiellen Rechts **in §§ 1975 ff. BGB** an, die eine **gegenständlich beschränkte Erbenhaftung** zur Folge haben. Die Vorschrift betrifft also die Nachlassverwaltung und das Nachlassinsolvenzverfahren (§ 1975 BGB), die Erschöpfungseinrede (§ 1989 BGB), die Dürftigkeitseinrede (§ 1990 BGB),[26] die Einrede der Überschwerung (§ 1992 BGB),[27] den Ausschluss von Gläubigern mittels Aufgebotsverfahren (§ 1973 BGB) bzw. Verschweigungseinrede (§ 1974 BGB) sowie das Verweisungsrecht des Miterben nach § 2059 BGB.

§ 780 erfasst nicht (mangels gegenständlicher Beschränkung der Haftung)[28] die aufschiebenden Einreden iSd §§ 2014, 2015 BGB, für die die §§ 305 Abs. 1, 782 gelten.[29] Dies gilt auch für die Haftung des Miterben nach Teilung des Nachlasses (§ 2060 BGB),[30] die beschränkte Haftung bei Firmenfortführung gem. § 27 Abs. 2 HGB[31] und einer Vereinbarung zwischen Gläubiger und Erben bzgl. einer Haftungsbeschränkung,[32] da in diesen Fällen das Prozessgericht die Haftungsbeschränkung im Rahmen seiner Sachentscheidung unmittelbar zu prüfen hat.[33]

b) Verbindlichkeiten. Die Haftungsbeschränkung erfasst (lediglich) **Nachlassverbindlichkeiten** iSd § 1967 Abs. 2 BGB, also die vom Erblasser herrührenden Schulden (= Erblasserschulden, Alt. 1), die den Erben als solchen treffenden Verbindlichkeiten (= Erbfallschulden; Alt. 2), nicht aber sog. Nachlasserbenschulden, für deren Erfüllung sowohl der Nachlass als auch das Eigenvermögen des Erben haftet. Insoweit erfordert die Beschränkung der Haftung auf den Nachlass eine Vereinbarung zwischen Gläubiger und Erbe,[34] die das Prozessgericht im Rahmen seiner Entscheidung zu berücksichtigen hat (→ Rn. 20).

Die Vorschrift betrifft **jede Art von Verbindlichkeit**. Sie beschränkt sich nicht auf Geldforderungen und umfasst auch die Abgabe einer Willenserklärung (→ Rn. 7).

c) Verlust der Haftungsbeschränkung. Der Erbe haftet unbeschränkt bei Versäumung der Inventarfrist (1994 Abs. 1 S. 2 BGB), absichtlich unrichtiger Inventarerrichtung (§ 2005 Abs. 1), Verweigerung der Abgabe der eidesstattlichen Versicherung (§ 2006 Abs. 3 BGB) und Verzicht auf die Haftungsbeschränkung.

---

23 So Zöller/Geimer Rn. 13.
24 So zutreffend MüKoZPO/K. Schmidt/Brinkmann Rn. 21; Stein/Jonas/Münzberg ZPO § 780 Rn. 12 Fn. 51; HK-ZPO/Kindl Rn. 4.
25 OLG Hamm ZEV 2017, 41 = FGPrax 2017, 38 mAnm Bestelmeyer gegen OLG Celle Rpfleger 2017, 96, wonach nur der Nachlass für die Nachlasspflegervergütung hafte; vgl. aber auch OLG Oldenburg NJW-RR 2015, 1314.
26 BGH NJW 1991, 2839 (2840).
27 OLG Koblenz NJW-RR 2006, 377.
28 HK-ZV/Handke Rn. 5; MüKoZPO/K. Schmidt/Brinkmann Rn. 8; Musielak/Voit/Lackmann Rn. 3.
29 HK-ZPO/Kindl Rn. 2; MüKoZPO/K. Schmidt/Brinkmann Rn. 8; Musielak/Voit/Lackmann Rn. 3; Thomas/Putzo/Seiler Rn. 4/5.
30 Zöller/Geimer Rn. 11.
31 HK-ZPO/Kindl Rn. 2; Musielak/Voit/Lackmann Rn. 3.
32 BGH ZZP 68 (1955), 101, 102; Musielak/Voit/Lackmann Rn. 3.
33 RGZ 88, 218 (219 f.); HK-ZPO/Kindl Rn. 2; MüKoZPO/K. Schmidt/Brinkmann Rn. 3, 8.
34 Vgl. HK-BGB/Hoeren BGB § 1967 Rn. 7.

13 **3. Verfahren. a) Erheben der Einrede durch den Erben.** Der Vorbehalt der beschränkten Erbenhaftung wird von dem Prozessgericht **nicht von Amts wegen** berücksichtigt, sondern **nur auf Einrede des verklagten Erben.**

14 Die **Erhebung der Einrede**[35] kann dadurch erfolgen, dass der Erbe eine in den Anwendungsbereich des § 780 Abs. 1 fallende Haftungsbeschränkung geltend macht oder (nur) allgemein die Aufnahme des Vorbehalts iSd § 780 Abs. 1 begehrt.[36] Für die Aufnahme des Vorbehalts der beschränkten Erbenhaftung bedarf es weder eines besonderen Antrags noch eines Sachvortrags bzw. einer Begründung oder einer Substantiierung.[37] Es genügt, dass sich der Erbe im Erkenntnisverfahren (allgemein) auf die Haftungsbeschränkung iSd § 780 Abs. 1 beruft.[38] Hingegen soll der bloße Sachvortrag, aus dem sich die Haftungsbeschränkung ergibt, nicht ausreichend sein.[39] IdR wird aber in dem Vortrag die konkludente Geltendmachung der Haftungsbeschränkung liegen; bei Zweifel ist das Gericht im Rahmen seiner Pflicht iSd § 139 gehalten abzuklären, welchem Zweck der Sachvortrag dient.

15 Die Erhebung der Einrede kann grds. **nur in der Tatsacheninstanz bis zum Schluss der mündlichen Verhandlung** geltend gemacht werden. Im Mahnverfahren bedarf es des Widerspruchs und des Antrags auf Durchführung des streitigen Verfahrens (§ 696 Abs. 1) bzw. des Einspruchs (vgl. § 700 Abs. 5), damit der Schuldner den Vorbehalt geltend machen kann. Sofern er diesen mit einem sofortigen Anerkenntnis verbindet, entsteht für ihn kein Kostenrisiko (→ Rn. 7). Der erstmals **im Berufungsrechtszug** erhobene Vorbehalt der beschränkten Erbenhaftung ist unabhängig von § 531 Abs. 2 zuzulassen.[40] Insoweit ist die gegenteilige obergerichtliche Rechtsprechung obsolet.[41] Die Aufnahme des Vorbehalts kann das einzige Ziel des Rechtsmittels sein.[42] **In der Revisionsinstanz** kann die Einrede grds. nicht mehr geltend gemacht werden, es sei denn, dass die Voraussetzungen bzgl. der Haftungsbeschränkung erst in der Revisionsinstanz eingetreten sind,[43] so zB wenn der Erblasser während des Revisionsverfahren verstirbt.[44] Hat die Tatsacheninstanz die Einrede übergangen, kann das Revisionsgericht den Vorbehalt nachholen, ohne dass es einer entspr. Revisionsrüge bedarf.[45] Ist die Revision allein darauf gerichtet, die in der Tatsacheninstanz unterbliebene Einrede zu erheben, ist das Rechtsmittel unzulässig.[46] Greift hingegen der Kläger allein den Ausspruch des Vorbehalts der beschränkten Erbenhaftung an, ist die Revision mangels Beschwer jedenfalls dann unzulässig, wenn der Vorbehalt nach Abs. 2 entbehrlich war.[47]

16 **b) Prüfung durch das Gericht.** Das Prozessgericht prüft idR die materiellen Voraussetzungen der von § 780 Abs. 1 erfassten Haftungsbeschränkungen also solche nicht, sondern es kann sich damit begnügen, den Vorbehalt in der Urteilsformel auszusprechen und die sachliche Klärung der Beschränkung dem besonderen Verfahren gem. § 785 zu überlassen. Es ist aber auch befugt, den Haftungsumfang sachlich aufzuklären und darüber zu entscheiden.[48] Eine Pflicht zur Sachentscheidung besteht für das Prozessgericht selbst dann nicht, wenn die Sache spruchreif ist.[49] Wie das Gericht mit der geltend gemachten Einrede verfährt, steht in dessen **Ermessen.**[50]

---

35 Formulierungsmuster in: GF-ZPO/Gierl Rn. 1.
36 BGH NJW 1983, 2378 (2379).
37 BGH NJW 1964, 2300; 1983, 2378; NJW-RR 2010, 664; OLG München Urt. v. 1.12.16 – 23 U 2755/13, BeckRS 2016, 20512.
38 BGHZ 122, 297 (305) = NJW 1993,1851.
39 OLG Hamm OLGR 1995, 35; MüKoZPO/K. Schmidt/Brinkmann Rn. 15; HK-ZV/Handke Rn. 8.
40 BGH NJW-RR 2010, 664.
41 OLG Hamm MDR 2006, 695; OLG Düsseldorf FamRZ 2004, 1222.
42 BGH NJW-RR 2010, 664.
43 BGH NJW 1962, 1250; MüKoZPO/K. Schmidt/Brinkmann Rn. 16 mwN.
44 BAG NJW 2014, 413 = NJW-Spezial 2014, 135.
45 BGH NJW 1983, 2378 (2379).
46 BGHZ 54, 204 = NJW 1970, 1742.
47 BGH ZEV 2017, 453 (454).
48 BGH NJW 1983, 2378 (2379).
49 HK-ZPO/Kindl Rn. 8; HK-ZV/Handke Rn. 9; Zöller/Geimer Rn. 22; BGH 2018, 267; aA KG NJW-RR 2003, 941 (942); K. Schmidt JR 1989, 45; Anders/Gehle/Hunke Rn. 5; abschwächend MüKoZPO/K. Schmidt/Brinkmann Rn. 17.
50 HM: BGH NJW 2021, 701 (702 Rn. 19) mAnm Tolani; 1954, 636; ZEV 2018, 267; NJW-RR 1983, 2378 (2379); 1989, 1226; ZEV 2017, 453 (454); HK-ZPO/Kindl Rn. 8; Zöller/Geimer Rn. 22; MüKoZPO/K. Schmidt/Brinkmann Rn. 17 mwN.

Die Prüfungspflicht des Gerichts umfasst aber, ob der Erbe aus einer (reinen) Nachlassverbindlichkeit in Anspruch genommen wird. Haftet dieser auch aufgrund einer Eigenverbindlichkeit mit seinem Privatvermögen, ist für einen Ausspruch der Haftungsbeschränkung kein Raum. Demgemäß bedingt allein die Erhebung der Einrede nicht bereits den Ausspruch der Beschränkung.[51]

Eine **sachliche Prüfung** empfiehlt sich nicht, wenn die Klärung der Haftungsbeschränkung zu einer erheblichen Verfahrensverzögerung führen würde oder die Abgabe einer Willenserklärung Streitgegenstand ist, denn bei letzterer kann bei Versagung der Haftungsbeschränkung die Wirkung des § 894 erreicht werden (auch → Rn. 7).[52] 17

c) **Entscheidung. aa) Vorbehalt der Haftungsbeschränkung.** Voraussetzung für die **Aufnahme des Vorbehalts in den Entscheidungstenor** ist allein **die Verurteilung des Beklagten als Erbe des Schuldners** und die **Erhebung der Einrede der Haftungsbeschränkung** (→ Rn. 13 ff.). Zu beachten ist, dass bei Ausspruch des Vorbehalts auch eine Entscheidung zu treffen ist, ob dieser die Prozesskosten erfasst.[53] Ausführungen in den Entscheidungsgründen des Urteils, es handele sich um Nachlassverbindlichkeiten und nicht um Nachlasserbenschulden oder Eigenverbindlichkeiten, entfalten weder aus § 318 ZPO noch aus § 322 Abs. 1 ZPO eine Bindungswirkung für die sachliche Klärung des Haftungsumfangs des Beklagten im Verfahren nach den §§ 785, 767.[54] 18

Bei **Ablehnung** sind lediglich entspr. Ausführungen in den Entscheidungsgründen veranlasst. 19

bb) Über die Haftungsbeschränkung in der Sache. Soweit das Prozessgericht den Haftungsvorbehalt in der Sache selbst prüft, ist nach dem Ergebnis der Prüfung zu differenzieren: 20

- Bei **Versagung des Vorbehalts**[55] bedarf es keines besonderen Ausspruchs im Entscheidungstenor. Kommt das Gericht nach sachlicher Prüfung zu dem Ergebnis, dass die Voraussetzungen der Haftungsbeschränkungen iSd § 780 nicht gegeben sind, so ist die Versagung **in den Entscheidungsgründen** darzustellen. Will der Erbe die Haftungsbeschränkung weiter geltend machen, muss er Rechtsmittel gegen die Entscheidung des Prozessgerichts einlegen, damit der Ausspruch des Vorbehalts durch das Rechtsmittelgericht erfolgt (→ Rn. 15). Bei Übergehen der Einrede kann Urteilsergänzung (§ 321) beantragt werden.
- Ergibt die **inhaltliche Prüfung**, dass die Voraussetzungen einer **Haftungsbeschränkung iSd § 780** gegeben sind, hat die **Verurteilung aus dem Nachlass**[56] zu erfolgen. Sofern die aus dem Nachlass zu leistenden Gegenstände feststehen, sind diese im Entscheidungstenor konkret zu bezeichnen.[57,58] Ergibt die Prüfung der Haftungsbeschränkung, dass deren Voraussetzungen vorliegen, aber keine Nachlassgegenstände vorhanden sind, aus denen sich der Gläubiger befriedigen kann, so ist die Klage abzuweisen.[59,60]

d) **Rechtsmittel.** Durch den Ausspruch ist der Kläger idR beschwert, da dem Vorbehalt mit Rechtskraft des Urteils präjudizielle Wirkung dergestalt zukommt, dass das nachfolgende Gericht bei Erhebung einer Vollstreckungsabwehrklage des Beklagten an diese Beurteilung gebunden ist und der Kläger mit (erneuten) Einwänden gegen die Einordnung der Schuld als reine Nachlassverbindlichkeit ausgeschlossen ist (= sog. Tatsachenpräklusion).[61] 20.1

---

51 BGH NJW 2021, 701 (702) Rn. 20 mAnm Tolani.
52 HK-ZPO/Kindl Rn. 8.
53 Vgl. Formulierungsmuster in: GF-ZPO/Gierl Rn. 6.
54 BGH ZEV 2017, 453 (455).
55 Vgl. Formulierungsmuster in: GF-ZPO/Gierl Rn. 12.
56 BayObLG NJW-RR 2000, 306 (308); HK-ZPO/Kindl Rn. 9.
57 Zöller/Geimer Rn. 22.
58 Vgl. Formulierungsmuster in: GF-ZPO/Gierl Rn. 15.
59 BayObLG NJW-RR 2000, 306 (308); HK-ZPO/Kindl Rn. 9.
60 Vgl. Formulierungsmuster in: GF-ZPO/Gierl Rn. 16.
61 BGH NJW 2021, 701 (703 Rn. 30 f.) mAnm Tolani.

II. Entbehrlichkeit des Haftungsvorbehalts (Abs. 2)

21 In den in Abs. 2 genannten Fällen bedarf es keines Ausspruchs der Haftungsbeschränkung, weil von vornherein feststeht, dass nur der Nachlass haftet.[62] Gleiches gilt, sofern der streitgegenständliche Anspruch einen Nachlassgegenstand betrifft sowie bei Herausgabe- und Duldungsansprüchen (§§ 1147, 1192 BGB), die auf einen Nachlassgegenstand gerichtet sind,[63] oder das Prozessgericht über die Haftungsbeschränkung in der Sache entscheidet. In diesen Fällen kann sich der Verurteilte im Nachhinein unabhängig davon, ob ein Vorbehalt in das Urteil aufgenommen wurde, stets auf die Einrede der beschränkten Erbenhaftung berufen.[64]

21.1 Sofern in diesen Fällen gleichwohl ein Vorbehalt ausgesprochen wird, stellt dies lediglich die Wiedergabe der Gesetzeslage dar und hat damit deklaratorischen Charakter. Die Aufnahme des Vorbehalts in den Tenor entgegen der Fassung des Klageantrags kann daher keine Beschwer des Klägers für ein Rechtsmittel begründen.[65]

C. Weitere Praxishinweise

I. Zwangsvollstreckung gegen den Erben

22 Der Ausspruch des Vorbehalts als solcher steht der Durchführung der Zwangsvollstreckung gegen den als Schuldner verurteilten Erben nicht entgegen (vgl. § 781). Dieser kann aber gem. § 785 mittels Vollstreckungsabwehrklage (§ 767) seine auf den Nachlass beschränkte Haftung geltend machen, so dass die Präklusionswirkung des § 767 Abs. 2 nicht gilt. Wurde die Einrede der Haftungsbeschränkung vor dem Prozessgericht nicht geltend gemacht, kann sie nicht mehr nachgeholt werden und bleibt in der Zwangsvollstreckung unberücksichtigt.[66]

23 Wurde der **Vollstreckungstitel noch zu Lebzeiten des Erblassers** durch den Gläubiger erwirkt, kann der Erbe auch ohne Ausspruch des Vorbehalts im Entscheidungstenor die Haftungsbeschränkung in der Zwangsvollstreckung geltend machen.[67]

II. Geltendmachung der Einrede als Anwaltspflicht

24 Der Mandant, der als Erbe wegen Nachlassverbindlichkeiten in Anspruch genommen wird, ist über Bedeutung und Wirkung einer Haftungsbeschränkung sowie die Möglichkeiten zu ihrer Realisierung zu belehren.[68] IdR entspricht es dem wohlverstandenen Interesse der Partei, den Vorbehalt infolge der erheblichen damit verbundenen rechtlichen Vorteile vorsorglich geltend zu machen.[69] Bei Abschluss eines Prozessvergleichs zu einer Leistung besteht die Pflicht zur Belehrung über die Aufnahme des Vorbehalts der beschränkten Erbenhaftung auch dann, wenn der Titel sich gleichzeitig gegen einen als Gesamtschuldner haftenden Streitgenossen richtet, jener im Innenverhältnis die Verbindlichkeit allein tragen soll und der Mandant ihn als zahlungsfähig und -bereit bezeichnet.[70]

§ 781 ZPO Beschränkte Erbenhaftung in der Zwangsvollstreckung

Bei der Zwangsvollstreckung gegen den Erben des Schuldners bleibt die Beschränkung der Haftung unberücksichtigt, bis auf Grund derselben gegen die Zwangsvollstreckung von dem Erben Einwendungen erhoben werden.

---

62 Vgl. dazu auch OLG Oldenburg NJW-RR 2015, 1341.
63 HK-ZPO/Kindl Rn. 6; Zöller/Geimer Rn. 14.
64 BGH NJW 2021, 701 (703) Rn. 47 mAnm Tolani.
65 BGH NJW 2021, 701 (702) Rn. 48 mAnm Tolani; BGH ZEV 2017, 453.
66 BGH NJW 2021, 701 (702) Rn. 16 mAnm Tolani.
67 Zöller/Geimer Rn. 15.
68 BGH NJW 1992, 2694.
69 BGH NJW 1991, 2839 (2840).
70 BGH NJW 1991, 2839 (2841).

A. Allgemeines

Nach Annahme der Erbschaft kann ein Anspruch, der sich gegen den Nachlass richtet, gegen den Erben geltend gemacht werden (vgl. § 1958 BGB; § 778 Abs. 1). Damit haftet grds. auch dessen Eigenvermögen für eine Nachlassverbindlichkeit iSd § 1967 BGB. Der Erbe hat jedoch die Möglichkeit, seine Haftung auf den Nachlass zu beschränken (vgl. §§ 1975 ff. BGB). In verfahrensrechtlicher Hinsicht bedarf es hierzu die Geltendmachung der Haftungsbeschränkung im Erkenntnisverfahren vor dem Prozessgericht (§ 780). Die demgemäß erfolgende Verurteilung des Erben unter Vorbehalt der Beschränkung der Haftung kommt erst im Rahmen der Zwangsvollstreckung gegen den Erben zum Tragen und auch erst dann, wenn der Erbe bei einer Vollstreckung in sein Eigenvermögen Einwendungen erhebt. Für eine Einstellung der Zwangsvollstreckung ist es aber nicht ausreichend, dass der Schuldner der Vollstreckung (zB Pfändung) widerspricht, sondern er wird durch § 781 darauf verwiesen, seine Einwendungen nach §§ 785, 767 gerichtlich geltend zu machen (vgl. auch § 53 GVGA). Dadurch kommt die Intention des Gesetzgebers zum Ausdruck, dass die **beschränkte Haftung des Erben kein Vollstreckungshindernis** darstellt. 1

Der Erbe ist durch die **verfahrensrechtliche Konzeption der beschränkten Haftung des Erben** gehalten, sowohl im Erkenntnis- als auch im Zwangsvollstreckungsverfahren sich auf die Haftungsbeschränkung zu berufen („**zweimalige Geltendmachung der Haftungsbeschränkung durch den Erben**"), wobei deren endgültige Klärung in das Zwangsvollstreckungsverfahren verlagert wird. Diese Konzeption dient der **Beschleunigung der Zwangsvollstreckung** und somit dem Gläubigerinteresse. 2

B. Regelungsgehalt

I. Grundsatz

Die Vorschrift setzt den Ausspruch der Haftungsbeschränkung in dem Titel voraus. Ist dieser unterblieben, besteht im Zwangsvollstreckungsverfahren keine Möglichkeit mehr, die Beschränkung geltend zu machen (→ § 780 Rn. 2). 3

II. Verfahren

1. Vollstreckung gegen den Schuldner/Erben. Trotz Aufnahme des Vorbehalts der beschränkten Haftung kann die Vollstreckung wegen einer Nachlassverbindlichkeit in das Eigenvermögen des Schuldners erfolgen. Die Vermögensauskunft des Schuldners (§ 802c) umfasst daher grds. neben dem Nachlass auch dieses Vermögen. 4

Der **Gläubiger** kann jedoch den Vollstreckungsauftrag von vornherein auf das Nachlassvermögen beschränken. Hierzu ist er verpflichtet, sofern die Haftungsbeschränkung materiellrechtlich besteht, verfahrensrechtlich nur dann, wenn diese unstreitig oder durch Urteil festgestellt ist.[1] 5

Berücksichtigt wird die Haftungsbeschränkung durch das Vollstreckungsorgan nur dann, wenn der Erbe mittels Vollstreckungsabwehrklage (§ 767 iVm §§ 785, 781) die Feststellung der Unzulässigkeit der Vollstreckung in die betreffenden Gegenstände seines Eigenvermögens erwirkt hat (vgl. auch § 53 GVGA). Dass diese gerichtsbekannt ist, reicht nicht aus.[2] 6

2. Feststellung der Unzulässigkeit der Vollstreckung in das Eigenvermögen des Schuldners/ Erben. Hierzu bedarf es der Geltendmachung der Haftungsbeschränkung (§ 781), wobei der alleinige Widerspruch für die Einstellung der Vollstreckung nicht ausreichend ist (vgl. auch § 53 GVGA). Insoweit ist der Schuldner gehalten, **Vollstreckungsabwehrklage iSd § 767 zu erheben** 7

---

[1] MüKoZPO/K. Schmidt/Brinkmann Rn. 5; Musielak/Voit/Lackmann Rn. 2.

[2] MüKoZPO/K. Schmidt/Brinkmann Rn. 5; Musielak/Voit/Lackmann Rn. 2; aA HK-ZPO/Kindl Rn. 2.

(vgl. § 785). Voraussetzung dafür ist, dass der Vorbehalt der Haftungsbeschränkung in dem Titel ausgewiesen ist. Lediglich dann, wenn die Voraussetzungen hierfür erst nach Rechtskraft der Entscheidung eingetreten sind, oder in den Fällen des § 780 Abs. 2 kann der Erbe die Haftungsbeschränkung im Zwangsvollstreckungsverfahren auch ohne Vorbehalt geltend machen.

8 Ist bereits in der Entscheidungsformel der konkrete Nachlassgegenstand bezeichnet, so kann der Erbe bei einer Vollstreckung in sein Eigenvermögen die **Erinnerung iSd § 766** einlegen.

§ 782 ZPO Einreden des Erben gegen Nachlassgläubiger

[1]Der Erbe kann auf Grund der ihm nach den §§ 2014, 2015 des Bürgerlichen Gesetzbuchs zustehenden Einreden nur verlangen, dass die Zwangsvollstreckung für die Dauer der dort bestimmten Fristen auf solche Maßregeln beschränkt wird, die zur Vollziehung eines Arrestes zulässig sind. [2]Wird vor dem Ablauf der Frist die Eröffnung des Nachlassinsolvenzverfahrens beantragt, so ist auf Antrag die Beschränkung der Zwangsvollstreckung auch nach dem Ablauf der Frist aufrechtzuerhalten, bis über die Eröffnung des Insolvenzverfahrens rechtskräftig entschieden ist.

A. Allgemeines 1	2. Aufrechterhaltung der beschränkten Vollstreckungsmaßnahmen über die Fristen der §§ 2014, 2015 BGB hinaus (S. 2) 9
B. Regelungsgehalt 2	
I. Anwendungsbereich 2	
1. In persönlicher Hinsicht 2	
2. In sachlicher Hinsicht 3	C. Weitere Praxishinweise 12
II. Verfahren 6	
III. Wirkungen 7	
1. Zeitliche Befristung von beschränkten Vollstreckungsmaßnahmen (S. 1) 7	

A. Allgemeines

1 Die Vorschrift dient der **verfahrensrechtlichen Umsetzung der aufschiebenden Einreden der §§ 2014, 2015 BGB**, die dem Schutz des Erben nach Annahme der Erbschaft dienen. Durch sie erhält er die Möglichkeit, sich über die Werthaltigkeit des Nachlasses zu informieren und ggf. Maßnahmen zur Herbeiführung einer Haftungsbeschränkung ergreifen zu können.[1] Voraussetzung hierfür ist aber, dass der Erbe bereits vor dem Prozessgericht die Einreden geltend gemacht hat und der Vorbehalt der (erbrechtlich) beschränkten Haftung im Titel ausgewiesen ist (§ 305).

B. Regelungsgehalt

I. Anwendungsbereich

2 **1. In persönlicher Hinsicht.** Die Vorschrift gilt zugunsten des Erbens, des Testamentsvollstreckers (§§ 2212 ff. BGB), des Nachlassverwalters (§ 1984 BGB) und des Nachlasspflegers (vgl. bzgl. § 2017 BGB)[2] bei Vollstreckung durch Nachlassgläubiger (erfolgt diese durch die persönlichen Gläubiger des Erben findet § 783 Anwendung).

3 **2. In sachlicher Hinsicht.** § 782 betrifft nur **Nachlassverbindlichkeiten** iSd § 1967 BGB und setzt grds. voraus, dass der **Vorbehalt der Haftungsbeschränkung** in dem Vollstreckungstitel (§ 305) aufgenommen ist. Eine Ausnahme gilt für § 779 Abs. 1 (Fortsetzung der zu Lebzeiten des Erblassers begonnen Zwangsvollstreckung) und für § 727 (Umschreibung des gegen den

---

[1] HK-BGB/Hoeren BGB Vorb. zu §§ 2014– 2017 Rn. 2.

[2] Musielak/Voit/Lackmann Rn. 1; Zöller/Geimer Rn. 4; MüKoZPO/K. Schmidt/Brinkmann Rn. 3.

Erblasser erwirkten Titels auf den Erben), da in diesen Fällen die Voraussetzungen für die Aufnahme des Vorbehalts erst nach Existenz des Titels eingetreten sind.

Die Vorschrift findet sowohl für die Vollstreckung in das **Nachlass-** wie auch in das **Eigenvermögen** des Erben Anwendung.[3]

Sie gilt aber nur für die **aufschiebenden Einreden der §§ 2014, 2015 BGB** und damit in Bezug auf solche **Forderungen,** denen gegenüber die Einreden geltend gemacht werden können. Darunter fallen dinglich gesicherte Forderungen von Realgläubiger nicht, sofern sich diese auf die Durchsetzung des dinglichen Anspruchs beschränken.[4]

II. Verfahren

Die Einreden können nur dann Berücksichtigung finden, wenn sie **im Rahmen eines Prozesses** geltend gemacht wurden. Hierfür sieht § 785 nach dem Wortlaut (allg.) die Vollstreckungsabwehrklage iSd § 767 vor. **Klageantrag** und **Tenor**[5] bestimmen sich aber danach, ob die Klage gegen die Zwangsvollstreckung als solche oder in einen bestimmten Gegenstand gerichtet ist (näher → § 785 Rn. 3).[6]

III. Wirkungen

1. **Zeitliche Befristung von beschränkten Vollstreckungsmaßnahmen (S. 1).** Hat der Erbe die Möglichkeit der **Haftungsbeschränkung** bereits **verloren** (vgl. § 2016 Abs. 1 BGB), ist dessen Klage abzuweisen.

Wird die **Klage** stattgeben, sind für die Dauer der Fristen iSd §§ 2015, 2016 BGB lediglich **Arrestmaßnahmen (§§ 930–932)** zulässig (S. 1). Insoweit gilt:

- bei einer **Zwangsvollstreckung wegen einer Geldforderung** ist insofern zwar die Pfändung möglich, nicht aber deren Verwertung (§§ 814 ff.) bzw. Überweisung (§ 835);
- bei einer **Herausgabevollstreckung** iSd § 883 kann die Wegnahme der Sache erfolgen (nicht aber Räumung bei § 885),[7] deren Herausgabe hat jedoch zu unterbleiben;
- bei einer **Immobiliarzwangsvollstreckung** ist die Beschlagnahme des Grundstücks aufzuheben und (stattdessen) eine Sicherungshypothek einzutragen, die jedoch nicht den Rang der aufgehobenen Beschlagnahme wahrt.[8]

2. **Aufrechterhaltung der beschränkten Vollstreckungsmaßnahmen über die Fristen der §§ 2014, 2015 BGB hinaus (S. 2).** Diese setzt voraus, dass **vor Ablauf der Fristen** iSd §§ 2014, 2015 BGB der **Antrag auf Eröffnung des Nachlassinsolvenzverfahrens** gestellt worden ist, aber vor Ablauf der Fristen noch keine Entscheidung ergangen ist.

Die Fristverlängerung iSd S. 2 setzt einen **Antrag** des Erben voraus, der durch eine (gesonderte) **Klageerhebung** (vgl. § 785) geltend zu machen ist.

Nach **Eröffnung des Insolvenzverfahrens** findet § 784 Anwendung.

C. Weitere Praxishinweise

Die praktische Bedeutung der Vorschrift ist gering. IdR wird der Erbe vorab eine außergerichtliche Einigung über einen Aufschub der Vollstreckung versuchen, da ansonsten bei einer (voreili-

---

[3] MüKoZPO/K. Schmidt/Brinkmann Rn. 6.
[4] HK-BGB/Hoeren BGB § 2016 Rn. 2.
[5] Vgl. Formulierungsmuster in: GF-ZPO/Gierl Rn. 1.
[6] MüKoZPO/K. Schmidt/Brinkmann Rn. 9; HK-ZPO/Kindl ZPO § 785 Rn. 3.
[7] Zöller/Geimer Rn. 2; HK-ZPO/Kindl Rn. 3.
[8] HM: Zöller/Geimer Rn. 2; Musielak/Voit/Lackmann Rn. 2; Stein/Jonas/Münzberg Rn. 5; aA MüKoZPO/K. Schmidt/Brinkmann Rn. 8; HK-ZPO/Kindl Rn. 3.

gen) Klage nach §§ 782, 785 das Kostenrisiko des § 93 bei einem (sofortigen) Anerkenntnis des Gläubigers droht.[9]

13 Sinnvoll ist die Geltendmachung der Einreden aber **zur Vorbereitung der beabsichtigten Haftungsbeschränkung.**[10] Treten deren Voraussetzung während der Klage iSd §§ 782, 785 ein, so kann nunmehr die Haftungsbeschränkung (vgl. §§ 781, 785) im Wege einer Klageänderung (§ 263) geltend gemacht werden.[11]

14 Die **Beweislast** für das Vorliegen der Voraussetzungen des § 2016 (Ausschluss der Einreden bei unbeschränkter Erbenhaftung) trägt der Gläubiger.

§ 783 ZPO   Einreden des Erben gegen persönliche Gläubiger

In Ansehung der Nachlassgegenstände kann der Erbe die Beschränkung der Zwangsvollstreckung nach § 782 auch gegenüber den Gläubigern verlangen, die nicht Nachlassgläubiger sind, es sei denn, dass er für die Nachlassverbindlichkeiten unbeschränkt haftet.

A. Allgemeines

1 Hat der Erbe die Erbschaft angenommen bzw. ist die Ausschlagungsfrist iSd § 1944 BGB verstrichen, kommt es grds. zur Verschmelzung der Vermögensmassen von Nachlass und Eigenvermögen, so dass nunmehr auch Eigengläubiger des Erben auf Nachlassgegenstände im Rahmen der gegen diesen betriebene Zwangsvollstreckung zugreifen können. Mittels Geltendmachung der aufschiebenden Einreden der §§ 2014, 2015 BGB im Wege der Klageerhebung nach § 782 iVm § 785 kann der Erbe jedoch den Zugriff der Nachlassgläubiger auf das Vermögen des Erblassers für die Dauer der Fristen iSd §§ 2014 ff. BGB aufschieben. Dies würde zu einer Bevorzugung der Eigengläubiger des Erben führen, da diese im Gegensatz zu den Nachlassgläubigern Zugriff auf die Nachlassgegenstände hätten. Damit nicht insofern der durch § 782 bewirkte Schutz des Nachlassvermögens unterlaufen wird, sieht § 783 die Möglichkeit vor, dass der Erbe die in § 782 zu seinen Gunsten vorgesehene Beschränkung seiner Haftung in der Zwangsvollstreckung auch gegenüber Eigengläubiger im Wege der Klageerhebung gem. §§ 781, 782, 785 geltend machen kann.

B. Regelungsgehalt

I. Voraussetzungen

2 Die Vorschrift kann nur dann eingreifen, wenn der **Vollstreckungsschuldner** als **Erbe** einer Zwangsvollstreckung durch **Eigengläubiger ausgesetzt ist**, also der Vollstreckung keine Nachlassverbindlichkeit zugrunde liegt (hierfür gilt § 782), und er für die Nachlassverbindlichkeiten nicht bereits unbeschränkt haftet (Hs. 2). Letzteres ist nur dann der Fall, wenn der Erbe generell unbeschränkt haftet, nicht aber, wenn er die Haftungsbeschränkung nur bzgl. einzelner Gläubiger (zB durch vorbehaltslose Verurteilung) verloren hat.[1]

II. Verfahren

3 Die Beschränkung der Zwangsvollstreckung (= allein Maßnahmen der Arrestvollziehung iSd §§ 930–932 sind zulässig) kann der Erbe seinen Eigengläubigern gegenüber nur mittels Klageer-

---

9 MüKoZPO/K. Schmidt/Brinkmann Rn. 2.
10 HK-ZV/Handke Rn. 2.
11 MüKoZPO/K. Schmidt/Brinkmann Rn. 13.
1 MüKoZPO/K. Schmidt/Brinkmann Rn. 2.

hebung geltend machen (vgl. §§ 781, 782, 785).[2] Hierfür ist ein Vorbehalt der Haftung nicht erforderlich und in § 305 auch nicht vorgesehen. IÜ gelten die Ausführungen zu § 782.

C. Weitere Praxishinweise

Im Hinblick auf das auch hier bestehende **Kostenrisiko iSd § 93** (dazu → § 782 Rn. 12), ist es für den Erben angezeigt, vor Klageerhebung eine gütliche Einigung in Bezug auf einen Vollstreckungsaufschub zu versuchen.

Die **Darlegungs- und Beweislast** für die Zugehörigkeit des Gegenstandes, auf den hin die Zwangsvollstreckung seines Eigengläubigers gerichtet ist, zum Nachlassvermögen sowie dass der zeitliche Rahmen der Fristen iSd §§ 2014, 2015 BGB gegeben ist, trägt der klagende **Erbe**, die Voraussetzungen für den Verlust der Einreden der beklagte **Gläubiger**.[3]

§ 784 ZPO Zwangsvollstreckung bei Nachlassverwaltung und -insolvenzverfahren

(1) Ist eine Nachlassverwaltung angeordnet oder das Nachlassinsolvenzverfahren eröffnet, so kann der Erbe verlangen, dass Maßregeln der Zwangsvollstreckung, die zugunsten eines Nachlassgläubigers in sein nicht zum Nachlass gehörendes Vermögen erfolgt sind, aufgehoben werden, es sei denn, dass er für die Nachlassverbindlichkeiten unbeschränkt haftet.

(2) Im Falle der Nachlassverwaltung steht dem Nachlassverwalter das gleiche Recht gegenüber Maßregeln der Zwangsvollstreckung zu, die zugunsten eines anderen Gläubigers als eines Nachlassgläubigers in den Nachlass erfolgt sind.

A. Allgemeines 1	2. Persönlicher Anwendungsbereich 9
B. Regelungsgehalt 2	C. Weitere Praxishinweise 10
I. Aufhebung von Maßnahmen der Zwangsvollstreckung in das Eigenvermögen des Erben (Abs. 1) 2	I. Beweislast 10
1. Voraussetzungen 2	II. Zwangsvollstreckung in den Nachlass nach Anordnung der Nachlassverwaltung 11
2. Verfahren 4	III. Nachlassinsolvenzverfahren 12
II. Aufhebung von Maßnahmen der Zwangsvollstreckung in den Nachlass durch Eigengläubiger des Erben im Falle der Nachlassverwaltung (Abs. 2) 7	
1. Sachlicher Anwendungsbereich 7	

A. Allgemeines

Die Anordnung der Nachlassverwaltung bzw. die Eröffnung des Nachlassinsolvenzverfahrens führt zur **Trennung der Haftungsmassen** in **Eigenvermögen des Erben** und **Nachlassvermögen**: die Haftung des Erben für Nachlassverbindlichkeiten beschränkt sich auf den Nachlass, sofern er nicht die Möglichkeit der Haftungsbeschränkung (vgl. §§ 1994 Abs. 1. S. 2, 2005 ff., 2006 Abs. 3, 2013 Abs. 1 BGB) verloren hat. § 784 setzt diese Trennung in vollstreckungsrechtlicher Hinsicht in Bezug auf bereits erfolgte Vollstreckungsmaßnahmen um.[1] Insoweit dient die Vorschrift dem Schutz des Eigenvermögens des Erben vor dem Zugriff durch Nachlassgläubiger (**Abs. 1**) bzw. dem Schutz des Nachlassvermögens vor dem Zugriff durch Eigengläubiger des Erben (**Abs. 2**). Abs. 2 knüpft insoweit an § 1984 Abs. 2 BGB an: Danach sind mit der Anordnung der Nachlassverwaltung Zwangsvollstreckungen und Arreste in den Nachlass zugunsten

---

2 Vgl. Formulierungsmuster in: GZ-ZPO/Gierl Rn. 1.

3 HK-ZPO/Kindl Rn. 2; Zöller/Geimer Rn. 1; Thomas/Putzo/Seiler Rn. 1.

1 MüKoZPO/K. Schmidt/Brinkmann Rn. 1.

eines Gläubigers, der nicht Nachlassgläubiger ist, ausgeschlossen. Insoweit wird das Nachlassvermögen materiellrechtlich vor dem Zugriff der Eigengläubiger des Erben geschützt. Diese materiellrechtliche Regelung wird vollstreckungsrechtlich dergestalt umgesetzt, dass sie als Einwendung im Wege der Vollstreckungsabwehrklage iSd § 785 iVm §§ 767 ff. von dem **Nachlassverwalter** geltend gemacht werden kann bzw. muss.

B. Regelungsgehalt

I. Aufhebung von Maßnahmen der Zwangsvollstreckung in das Eigenvermögen des Erben (Abs. 1)

2 **1. Voraussetzungen.** Der **Anwendungsbereich** der Vorschrift betrifft den Fall, dass Nachlassgläubiger bereits **vor Eintritt** der endgültigen Haftungsbeschränkung auf das Nachlassvermögen wegen einer Nachlassverbindlichkeit (§ 1967 BGB) **in das Eigenvermögen des Erben** vollstreckt haben. Über den Wortlaut der Vorschrift (Nachlassverwaltung; Nachlassinsolvenzverfahren) hinaus, gilt § 783 auch bei der Erschöpfungseinrede iSd §§ 1973 f. BGB und für die Dürftigkeitseinrede iSd §§ 1990, 1992 BGB in entspr. Anwendung.[2] Für die Anwendung der Regelung ist aber kein Raum, wenn der Erbe generell bzw. allein dem betreffenden vollstreckenden Gläubiger gegenüber unbeschränkt haftet[3] oder die betreffende Zwangsvollstreckungsmaßnahme bereits beendet ist.

3 Voraussetzung ist, dass der Vorbehalt der beschränkten Haftung in dem Titel ausgewiesen ist (§ 780), sofern die Aufnahme nicht entbehrlich ist (→ § 780 Rn. 21).

4 **2. Verfahren.** Das „**Verlangen**" des Erben zielt darauf ab, dass bereits erfolgte Maßnahmen der Zwangsvollstreckung in sein Eigenvermögen aufgehoben werden. Die Aufhebung kann nur durch **Klageerhebung** iSd §§ 785, 767 erreicht werden (vgl. § 781).

5 Die Abfassung des **Klageantrags**[4] hat sich an § 775 Nr. 1 auszurichten, also dass die (erfolgte) Zwangsvollstreckung in den betreffenden Gegenstand des Eigenvermögens des Erben für unzulässig erklärt wird. Eines gesonderten Antrags zur Aufhebung der betreffenden Zwangsvollstreckungsmaßnahme bedarf es nicht (vgl. § 776 S. 1).

6 Gibt der Gläubiger den inmitten stehenden Gegenstand frei, erledigt sich die Klage in der Hauptsache.[5]

II. Aufhebung von Maßnahmen der Zwangsvollstreckung in den Nachlass durch Eigengläubiger des Erben im Falle der Nachlassverwaltung (Abs. 2)

7 **1. Sachlicher Anwendungsbereich.** Die Vorschrift betrifft dabei den Fall, dass bereits **vor Anordnung der Nachlassverwaltung** (§§ 1981, 1984 Abs. 2 BGB) **Vollstreckungsmaßnahmen** in das Nachlassvermögen erfolgt sind. Der Nachlassverwalter erhält insoweit die **Möglichkeit**, durch Klageerhebung die Aufhebung der – noch nicht beendeten – Vollstreckungsmaßnahmen zu erreichen, ohne die die Zwangsvollstreckung in den Nachlassgegenstand fortgesetzt wird (vgl. § 785).[6]

8 Gegen **Vollstreckungsmaßnahmen nach Anordnung der Nachlassverwaltung** kann der Nachlassverwalter Vollstreckungserinnerung (§ 766) einlegen, sofern die Vollstreckung gegen ihn ohne Titel bzw. Klausel erfolgt, bzw. betreffend eine gegen ihn lautende Klausel nach §§ 732, 768 vorgehen.[7]

---

2 AllgM HK-ZPO/Kindl Rn. 2; HK-ZV/Handke Rn. 2; Zöller/Geimer Rn. 2; Musielak/Voit/Lackmann Rn. 2; MüKoZPO/K. Schmidt/Brinkmann Rn. 2.
3 Zöller/Geimer Rn. 2.
4 Formulierungsmuster vgl. in: GF-ZPO/Gierl Rn. 1.
5 MüKoZPO/K. Schmidt/Brinkmann Rn. 4.
6 MüKoZPO/K. Schmidt/Brinkmann Rn. 3; Stein/Jonas/Münzberg Rn. 4.
7 HK-ZV/Handke Rn. 5; Zöller/Geimer Rn. 4.

2. Persönlicher Anwendungsbereich. Nach ihrem Wortlaut gilt die Vorschrift lediglich zugunsten des **Nachlassverwalters** bei Vollstreckung eines Eigengläubigers des Erbens in den Nachlass. Sie kann aber auch im Falle der §§ 1990, 1992 BGB entspr. Anwendung zugunsten des **Erben** finden,[8] da hier der Erbe selbst als Verwalter tätig wird.[9]

C. Weitere Praxishinweise

I. Beweislast

Im Fall des **Abs. 1** obliegt dem klagenden Erben die **Darlegungs- und Beweislast** in Bezug auf die Anordnung der Nachlassverwaltung bzw. die Eröffnung des Nachlassinsolvenzverfahrens, dass die von dem Vollstreckungsgläubiger betriebene Vollstreckung wegen einer Nachlassverbindlichkeit erfolgt wie auch dass der betreffende Gegenstand in das Eigenvermögen fällt, während der beklagte Gläubiger den Eintritt der unbeschränkten Haftung des Erben nachzuweisen hat. Zur Vermeidung des Kostenrisikos iSd § 93 ist es ratsam, dass der Erbe vor Klageerhebung außergerichtlich um Freigabe des betreffenden Gegenstandes durch den Gläubiger nachsucht.[10]

II. Zwangsvollstreckung in den Nachlass nach Anordnung der Nachlassverwaltung

Nach Anordnung der Nachlassverwaltung ist das Nachlassvermögen die einzige Zugriffsmöglichkeit für die Nachlassgläubiger. Für die Zwangsvollstreckung bedarf es eines Titels gegen den Nachlassverwalter bzw. einer vollstreckbaren Ausfertigung gegen den Nachlassverwalter (§ 727).

III. Nachlassinsolvenzverfahren

Bei Eröffnung des Nachlassinsolvenzverfahrens gilt **§ 321 InsO**. Danach gewähren Maßnahmen der Zwangsvollstreckung in den Nachlass, die nach dem Eintritt des Erbfalls erfolgt sind, grds. kein Recht zur abgesonderten Befriedigung. Insoweit kann der Nachlassinsolvenzverwalter gegen die Fortsetzung einer Einzelvollstreckungsmaßnahme in den Nachlass (= Verwertung des Nachlassgegenstandes)[11] Vollstreckungserinnerung (§ 766) erheben.[12] Für eine Klage iSd § 785 ist kein Raum; sie ist bei Erhebung unzulässig.[13]

§ 785 ZPO Vollstreckungsabwehrklage des Erben

Die auf Grund der §§ 781 bis 784 erhobenen Einwendungen werden nach den Vorschriften der §§ 767, 769, 770 erledigt.

A. Allgemeines 1	2. Begründetheit der Klage 11
B. Regelungsgehalt 2	3. Rechtsfolge 14
I. Grundsatz 2	IV. Klage zur Abwendung von Zwangsvollstreckungsmaßnahmen in bestimmte Gegenstände (iSd Drittwiderspruchsklage, § 771) 16
II. Allg. Zulässigkeitsfragen 5	
1. Abgrenzung der Klageziele des SchuldnerErben 5	
2. Zuständigkeit 6	1. Bes. Zulässigkeitsvoraussetzungen 16
3. Klageantrag 7	2. Begründetheit der Klage 20
III. Klage auf Haftungsbeschränkung in das Nachlassvermögen (iSd Vollstreckungsabwehrklage, § 767) 8	C. Weitere Praxishinweise 22
1. Bes. Zulässigkeitsvoraussetzungen 8	

---

[8] Stein/Jonas/Münzberg Rn. 5; MüKo/K. Schmidt/Brinkmann Rn. 3; Lange/Kuchinke § 49 VIII 8e Fn. 230.
[9] Brox/Walker Rn. 712.
[10] MüKoZPO/K. Schmidt/Brinkmann Rn. 4.
[11] Stein/Jonas/Münzberg Rn. 5 Fn. 11.
[12] HK-ZV/Handke Rn. 6.
[13] Stein/Jonas/Münzberg Rn. 5; MüKoZPO/K. Schmidt/Brinkmann Rn. 3.

A. Allgemeines

1 Die Vorschrift stellt die **Grundnorm** für die nach §§ 781–785 zu erhebenden Einwendungen des Erben in sein Eigenvermögen dar. Darin wird der Erbe zum Zwecke der Geltendmachung der Einwendungen auf die Erhebung der **Vollstreckungsabwehrklage iSd § 767** verwiesen. Dies bedeutet, dass der Vorbehalt der beschränkten Haftung des Erben im Rahmen der Zwangsvollstreckung nicht von Amts wegen berücksichtigt wird, auch wenn dieser im Titel ausgewiesen wird. Hintergrund hierfür ist, dass nach der gesetzlichen Konzeption eine inhaltliche Prüfung der Haftungsbeschränkung idR nicht im Erkenntnisverfahren erfolgt, sondern erst im Rahmen der Zwangsvollstreckung und auch dann nur, wenn der Erbe als Schuldner von sich aus tätig wird (vgl. § 781). Diese gesetzliche Konzeption führt zu einer Beschleunigung des Erkenntnisverfahrens und dazu, dass der Gläubiger zügig einen Vollstreckungstitel erwirken kann (auch → § 780 Rn. 2).

B. Regelungsgehalt

I. Grundsatz

2 Die Verweisung auf die Vorschriften der Vollstreckungsabwehrklage führt dazu, dass das **Prozessgericht des ersten Rechtszuges** (§ 767 Abs. 1) über die Einwendungen des Schuldners zu entscheiden hat. Insoweit wird das Gericht im Erkenntnisverfahren bei der Entscheidung betreffend die Aufnahme des Vorbehalts der beschränkten Haftung mit zu berücksichtigen haben, ob es nicht (auch) die Einrede inhaltlich prüft, da ansonsten das Verfahren im Rahmen der Zwangsvollstreckung erneut zur Entscheidung steht. Maßgebendes Kriterium hierfür ist, ob der Erbe sich allg. auf die Haftungsbeschränkung beruft oder eine konkrete Einwendung geltend macht, und inwieweit die Entscheidungsreife diesbezüglich gegeben ist.

3 Wenngleich nach dem Wortlaut des § 785 allein auf die Vorschriften der Vollstreckungsabwehrklage (vgl. §§ 767, 769, 770) verwiesen wird, sind in der zu erhebenden Klage **zwei Klageziele** des SchuldnerErben gebündelt:
- Abwehr der Zwangsvollstreckung in den Nachlass als solchen
- Abwehr der Zwangsvollstreckung in einen konkreten Nachlassgegenstand

4 Im ersten Fall entspricht sie in der Zielrichtung der **Vollstreckungsabwehrklage iSd § 767**, hingegen im zweiten Fall typischerweise der **Drittwiderspruchsklage iSd § 771**.

II. Allg. Zulässigkeitsfragen

5 **1. Abgrenzung der Klageziele des SchuldnerErben.** Maßgebende Kriterien hierfür sind, ob der Erbe die zeitweise Unzulässigkeit der Zwangsvollstreckung begehrt bzw. sich allg. gegen die Zulässigkeit der Zwangsvollstreckung in sein Eigenvermögen wendet (dann iSd § 767) oder sein Klageziel darauf gerichtet ist, eine konkrete Zwangsvollstreckungsmaßnahme in einen in seinem Eigenvermögen befindlichen Einzelgegenstand zu verhindern (dann iSd § 771). Diese Abgrenzung ist für die **Fassung der Klageanträge** bedeutsam, da diese entspr. den verfolgten Klagezielen auszurichten sind.[1] Hierfür kommt auch der **Zeitpunkt der Klageerhebung** maßgebende Bedeutung zu, da die Klage in der Zielrichtung des § 771 erst dann zulässig ist, wenn die Vollstreckung in einen bestimmten Gegenstand bereits begonnen hat bzw. unmittelbar droht.

6 **2. Zuständigkeit.** Die Verweisung begründet die Zuständigkeit des Prozessgerichts des ersten Rechtszugs (§ 767 Abs. 1 iVm § 785). Damit ist das erstinstanzliche Gericht in dem Verfahren zuständig, in dem der Vollstreckungstitel geschaffen wurde, und zwar selbst dann, wenn das Gericht seine Zuständigkeit zu Unrecht bejaht hat.[2] Demgemäß kann zuständiges Gericht auch

---

1 Vgl. Formulierungsmuster in: GF-ZPO/Gierl Rn. 1; HK-ZV/Handke Rn. 4.
2 HK-ZPO/Kindl § 767 Rn. 16.

das Familien- oder das Arbeitsgericht sein.[3] Die Verweisung auf § 767 erfasst die Begründung sowohl der örtlichen als auch der sachlichen Zuständigkeit.

3. Klageantrag[4] Der Klageantrag bestimmt sich nach dem von dem SchuldnerErben verfolgten Klageziel (→ Rn. 3). Beide Klageziele können **in einer Klage** verfolgt werden (Klagehäufung iSd § 260);[5] der Wechsel der Anträge stellt eine Klageänderung iSd § 263 dar.[6]

III. Klage auf Haftungsbeschränkung in das Nachlassvermögen (iSd Vollstreckungsabwehrklage, § 767)

1. Bes. Zulässigkeitsvoraussetzungen. Es muss entweder ein **Titel**, der **gegen den Erblasser** gerichtet ist (dass er gegen den Erben (bereits) umgeschrieben ist, ist für die Zulässigkeit der Klage nicht Voraussetzung),[7] oder ein **Titel** vorliegen, in welchem **der Erbe selbst** unter Aufnahme des Vorbehalts der Haftungsbeschränkung verurteilt wurde. Ist der Vorbehalt unterblieben, fehlt das Rechtsschutzinteresse für die Erhebung der Klage.[8] Dies gilt auch, wenn der Erbe nur zur Leistung aus dem Nachlass verurteilt worden ist.

Der **Klageantrag** hat sich an dem verfolgten Klageziel des SchuldnerErben auszurichten (**zeitlicher Aufschub** im Fall des §§ 782, 783:

▶ die Zwangsvollstreckung ist bis zum ... hin zu beschränken, dass ...[9] ◀

bzw. allg. Unzulässigkeitserklärung im **Fall des § 784 Abs. 2**:

▶ Die Zwangsvollstreckung in den Nachlass ... wird für unzulässig erklärt[10] ◀

bzw. im **Fall des §§ 781, 784 Abs. 1**:

▶ Die Zwangsvollstreckung aus dem ... (Titel) ... in das nicht zum Nachlass des Erblassers ... gehörenden Vermögen wird für unzulässig erklärt.[11] ◀

Die Klage kann nur vom Vollstreckungsschuldner selbst erhoben werden. Eine gewillkürte Prozessstandschaft ist nicht zulässig, und zwar selbst dann nicht, wenn der Anspruch, der Grundlage der mit der Vollstreckungsabwehrklage geltend gemachten Einwendung sein soll, an den gewillkürten Prozessstandschafter abgetreten wurde.[12]

In **zeitlicher Hinsicht** ist nicht Voraussetzung für die Klage, dass die Vollstreckung in bestimmte Gegenstände begonnen hat oder droht.[13] Demgemäß kann die Klage bereits vor Beginn der Zwangsvollstreckung zu deren Abwendung erhoben werden. Insoweit besteht aber ein Kostenrisiko, da der Gläubiger ein sofortiges Anerkenntnis mit der Kostenfolge iSd § 93 erklären kann.[14] Andererseits können die Parteien abredegemäß die Zulässigkeit der Vollstreckung vor deren Durchführung mittels Klage des SchuldnerErben klären lassen.[15]

2. Begründetheit der Klage. Die Klage ist begründet, wenn für die titulierte Forderung lediglich der Nachlass, nicht aber das Eigenvermögen des Erben haftet.

Maßgebend sind dabei die von dem SchuldnerErben vorgetragenen **Einwendungen**. Für diesen Vortrag kommt dem Einwendungsausschluss iSd **§ 767 Abs. 2** keine Bedeutung zu (dieser bezieht sich auf die Aufnahme des Vorbehalts in den Titel!).[16] Da im Erkenntnisverfahren der Vorbehalt ohne inhaltliche Prüfung aufgenommen wird, wird auch der Vortrag des Gläubigers

---

3 Vgl. HK-ZPO/Kindl § 767 Rn. 16; MüKoZPO/K. Schmidt/Brinkmann Rn. 8 mwN.
4 Vgl. Formulierungsmuster in: GF-ZPO/Gierl Rn. 1.
5 HK-ZPO/Kindl Rn. 3; Musielak/Voit/Lackmann Rn. 3; MüKoZPO/K. Schmidt/Brinkmann Rn. 7.
6 MüKoZPO/K. Schmidt/Brinkmann Rn. 7.
7 HK-ZPO/Kindl Rn. 4; Musielak/Voit/Lackmann Rn. 5; MüKoZPO/K. Schmidt/Brinkmann Rn. 12 sowie Fn. 19.
8 MüKoZPO/K. Schmidt/Brinkmann Rn. 12.
9 Vgl. HK-ZV/Handke Rn. 4.
10 HK-ZV/Handke Rn. 4.
11 Vgl. GF-ZPO/Gierl Rn. 1.
12 BGH NJW-RR 2014, 653 (654) mwN.
13 Musielak/Voit/Lackmann Rn. 5.
14 AllgM: HK-ZPO/Kindl Rn. 4; Musielak/Voit/Lackmann Rn. 5; Zöller/Geimer Rn. 3.
15 OLG Celle NJW-RR 1988, 133.
16 Musielak/Voit/Lackmann Rn. 6.

betreffend die unbeschränkte Haftung des Erben auch dann berücksichtigt, wenn deren Voraussetzungen vor Schluss der mündlichen Hauptverhandlung eingetreten sind.[17] In Bezug auf die Einwendungen findet jedoch § 767 Abs. 3 Anwendung: der SchuldnerErbe muss also sämtliche Einwendungen geltend machen, die er im Zeitpunkt der Klageerhebung vorbringen konnte. Ansonsten ist er bei einer erneuten Klage mit den nicht vorgetragenen Einwendungen präkludiert.

13 Im Rahmen seiner Prüfung, ob die Voraussetzungen der geltend gemachten Haftungsbeschränkung tatsächlich vorliegen, hat das Prozessgericht etwaige **Bindungswirkungen anderer gerichtlicher Entscheidungen** zu beachten. So ist es zB bei der Entscheidung über die Dürftigkeitseinrede des Erben (§ 1990 BGB) an die Ablehnung des Nachlassgerichts betreffend die Anordnung der Nachlassverwaltung mangels einer den Kosten entsprechenden Masse gebunden[18] wie auch an die Anordnung der Nachlassverwaltung bzw. die Eröffnung des Nachlassinsolvenzverfahrens.[19]

14 **3. Rechtsfolge.** Die **Abweisung der Klage** führt dazu, dass der Vorbehalt der Haftungsbeschränkung für die Zukunft entfällt und der Erbe (endgültig) auch mit seinem Eigenvermögen haftet.

15 Bei **Erfolg der Klage** hat das Urteil die gleiche Wirkung wie wenn der Erbe (von vornherein) zur Leistung aus dem Nachlass verurteilt worden wäre.[20]

IV. Klage zur Abwendung von Zwangsvollstreckungsmaßnahmen in bestimmte Gegenstände (iSd Drittwiderspruchsklage, § 771)

16 **1. Bes. Zulässigkeitsvoraussetzungen.** Es muss entweder ein **Titel** vorliegen, der **gegen den Erblasser** gerichtet ist (dass er gegen den Erben (bereits) umgeschrieben ist, ist für die Zulässigkeit der Klage nicht Voraussetzung) oder in dem der Erbe selbst unter Aufnahme des Vorbehalts der Haftungsbeschränkung verurteilt wurde. Insofern gelten die Ausführungen zu der Klageform iSd Vollstreckungsabwehrklage (→ Rn. 8 ff.). Die Vorschrift erfasst auch die Vollstreckung in das Eigenvermögen des SchuldnerErben aufgrund eines Titels, bei dem das Prozessgericht bereits über die Haftungsbeschränkung entschieden hat und lediglich „zur Leistung aus dem Nachlass"[21] verurteilt hat, wie auch eine solche, bei der trotz erfolgreicher Klage iSd der Vollstreckungsabwehrklage in das Privatvermögen vollstreckt wird.[22] Insoweit ist für eine (direkte) Anwendung von § 771 kein Raum. Dies ist insofern bedeutsam, als aufgrund der Verweisung in § 785 auf § 767 auch der Einwendungsausschluss gem. **§ 767 Abs. 3** gilt! Es sind also im Zeitpunkt der Erhebung der Klage alle Einwendungen in Bezug auf die Vollstreckung in den betreffenden Gegenstand vorzubringen, zu der der SchuldnerErbe in der Lage ist.

17 Ist ein Haftungsvorbehalt unterblieben, fehlt das **Rechtsschutzinteresse** für die Erhebung der Klage.[23]

18 Der **Klageantrag** bestimmt sich nach dem hier verfolgten Klageziel des SchuldnerErben, nämlich die Abwehr der Zwangsvollstreckung in sein Eigenvermögen durch einen Gläubiger des Erblassers („Die Zwangsvollstreckung in den ... (bestimmten) ... Gegenstand wird für unzulässig erklärt"). Dieser entspricht daher im Kern der sog. Drittwiderspruchsklage iSd § 771. Die Klage kann mit einer solchen iSd der Vollstreckungsabwehrklage verbunden werden (→ Rn. 9).[24]

19 **In zeitlicher Hinsicht** besteht ein **Rechtsschutzinteresse** für die Erhebung der Klage erst dann, wenn **Zwangsvollstreckungsmaßnahmen** in den betreffenden Gegenstand des Eigenvermögens des Erben **begonnen** haben bzw. **unmittelbar bevorstehen**.

---

17 HK-ZV/Handke Rn. 7.
18 Vgl. BGH NJW-RR 1989, 1226 (1227) mwN.
19 HK-ZV/Handke Rn. 8.
20 HK-ZV/Handke Rn. 9.
21 Vgl. Zöller/Geimer Rn. 2.
22 Zöller/Geimer Rn. 2; aA BayObLGZ 1999, 323 (329) = Rpfleger 2000, 216 m abl. Anm. Münzberg: § 766.
23 AA MüKoZPO/K. Schmidt/Brinkmann Rn. 19 und FN. 29: Frage der Begründetheit.
24 Vgl. Formulierungsmuster in: GF-ZPO/Gierl Rn. 1.

2. Begründetheit der Klage. Die Klage hat Erfolg, wenn der **Kläger** 20
- seine Aktivlegitimation (also seine Stellung als Erbe, Nachlassverwalter usw),
- die Passivlegitimation des Beklagten als Titelgläubiger einer Nachlassschuld,
- den Eintritt der Haftungsbeschränkung auf den Nachlass (also Eröffnung des Nachlassinsolvenzverfahrens, Anordnung der Nachlassverwaltung, die Voraussetzungen der Dürftigkeitseinrede usw; vgl. §§ 1975, 1989, 1972, 1990 BGB) und
- die Zugehörigkeit des betreffenden Gegenstandes zu seinem Eigenvermögen

nachweisen kann. Für den Vortrag gilt § 767 Abs. 3 entspr. (→ Rn. 12). Auch im Rahmen dieser Klage ist eine etwaige Bindung des Prozessgerichts aufgrund **Entscheidungen anderer Gerichte** zu berücksichtigen (→ Rn. 13).

Die **Klage** des Erben ist **trotz Haftungsbeschränkung abzuweisen**, wenn der Erbe dem Nachlassgläubiger mit seinem Eigenvermögen haftet (zB aufgrund Verwalterhaftung, §§ 1991 Abs. 1; 1978 Abs. 1 BGB). Grundlage hierfür ist die allg. Arglisteinrede. In diesem Fall ist der Nachlassgläubiger nicht darauf verwiesen, den Anspruch gegen den Erben im Wege einer besonderen Klage zu verfolgen.[25] 21

C. Weitere Praxishinweise

Die einstweilige Einstellung der Zwangsvollstreckung kann mittels Antrags auf Erlass einer Anordnung (§ 769) bzw. im Urteil erwirkt werden. Die Einstellung der Zwangsvollstreckung bzw. die Aufhebung von Zwangsvollstreckungsmaßnahmen erfolgt gem. §§ 775, 776. 22

§ 786 ZPO Vollstreckungsabwehrklage bei beschränkter Haftung

(1) Die Vorschriften des § 780 Abs. 1 und der §§ 781 bis 785 sind auf die nach § 1489 des Bürgerlichen Gesetzbuchs eintretende beschränkte Haftung, die Vorschriften des § 780 Abs. 1 und der §§ 781, 785 sind auf die nach den §§ 1480, 1504, 1629a, 2187 des Bürgerlichen Gesetzbuchs eintretende beschränkte Haftung entsprechend anzuwenden.

(2) Bei der Zwangsvollstreckung aus Urteilen, die bis zum Inkrafttreten des Minderjährigenhaftungsbeschränkungsgesetzes vom 25. August 1998 (BGBl. I S. 2487) am 1. Juli 1999 ergangen sind, kann die Haftungsbeschränkung nach § 1629a des Bürgerlichen Gesetzbuchs auch dann geltend gemacht werden, wenn sie nicht gemäß § 780 Abs. 1 dieses Gesetzes im Urteil vorbehalten ist.

A. Allgemeines 1	2. Verfahren 5
B. Regelungsgehalt 2	II. Haftung des Hauptvermächtnisnehmers
I. Persönliche Haftung für die Gesamtgutsverbindlichkeiten (§ 1489 BGB) 2	(§ 2187 BGB) 8
1. Materiellrechtliche Grundsätze 2	1. Materiellrechtliche Grundsätze 8
	2. Verfahren 9

A. Allgemeines

Die Regelung ordnet die entspr. Anwendung der Vorschriften der beschränkten Erbenhaftung auf andere Fälle der gegenständlichen Haftungsbeschränkung an.[1] In erbrechtlicher Hinsicht sind dabei § 1489 BGB sowie § 2187 BGB bedeutsam. 1

---

25 BGH NJW-RR 1989, 1226 (1229).
1 MüKoZPO/K. Schmidt/Brinkmann Rn. 1.

B. Regelungsgehalt

I. Persönliche Haftung für die Gesamtgutsverbindlichkeiten (§ 1489 BGB)

2 **1. Materiellrechtliche Grundsätze.** Die Gütergemeinschaft wird an sich durch den Tod eines der Ehegatten beendet. Für dessen Rechtsnachfolge gelten die allg. Vorschriften (vgl. § 1482 S. 2 BGB). In Bezug auf die Zusammensetzung des Nachlasses bestimmt 1482 BGB, dass der Anteil des verstorbenen Ehegatten am Gesamtgut in den Nachlass fällt. Dies führt dazu, dass sich der überlebende Ehegatte mit den Erben des erstversterbenden auseinandersetzen muss.

3 Durch die Regelungen in den §§ 1483–1518 BGB erhalten die Ehegatten die Möglichkeit, durch Ehevertrag zu vereinbaren, dass die Gütergemeinschaft nach dem Tod eines Ehegatten zwischen dem überlebenden Ehegatten und den gemeinschaftlichen Abkömmlingen fortgesetzt wird (§ 1483 Abs. 1 S. 1 BGB). Dabei gehört der Anteil des verstorbenen Ehegatten am Gesamtgut nicht zum Nachlass, wobei im Übrigen der Ehegatte nach den allg. Vorschriften beerbt wird (§ 1483 Abs. 1 S. 3 BGB). Für Gesamtgutverbindlichkeiten der fortgesetzten Gütergemeinschaft, die sich aus den Verbindlichkeiten des überlebenden Ehegatten sowie solchen Verbindlichkeiten des verstorbenen Ehegatten zusammensetzen, die Gesamtgutsverbindlichkeiten der ehelichen Gütergemeinschaft waren (vgl. § 1488 BGB), haftet der überlebende Ehegatte grds. persönlich, dh mit seinem Vorbehalts- und Sondergut (§ 1489 Abs. 1 BGB), während eine persönliche Haftung der anteilsberechtigten Abkömmlinge für die Verbindlichkeiten des verstorbenen oder des überlebenden Ehegatten durch die fortgesetzte Gütergemeinschaft nicht begründet wird (§ 1489 Abs. 3 BGB).

4 § 1489 Abs. 2 BGB sieht die Möglichkeit einer Haftungsbeschränkung des überlebenden Ehegatten vor, sofern diesen die persönliche Haftung nur deswegen trifft, da der Eintritt der fortgesetzten Gütergemeinschaft erfolgt ist. Voraussetzung ist also, dass der überlebende Ehegatte nicht bereits zu Lebzeiten des Verstorbenen persönlich für die Verbindlichkeit haftete.

5 **2. Verfahren.** Die in § 1489 Abs. 2 BGB vorgesehene materiellrechtliche Haftungsbeschränkung wird in vollstreckungsrechtlicher Hinsicht durch die in § 786 Abs. 1 angeordnete Verweisung auf §§ 780 Abs. 1, 781–785 umgesetzt:

6 Ausgehend davon, dass das **Gesamtgut an die Stelle des Nachlasses** tritt (Stichtag: Eintritt der fortgesetzten Gütergemeinschaft), kann der überlebende Ehegatte die Haftungsbeschränkung auf das Gesamtgut grds. nur dann geltend machen, wenn sie **im Urteil vorbehalten** ist (§ 780 Abs. 1). Die Haftungsbeschränkung erfolgt in Form der **Gesamtgutsverwaltung** (§§ 1975, 1981–1988 BGB analog), **Gesamtgutinsolvenz** (vgl. §§ 1975, 1980 BGB, § 37 Abs. 3, § 332 iVm §§ 315–331 InsO) und der **Erhebung der Einreden** iSd § 1990 BGB (Dürftigkeitseinrede) und der §§ 2014–2017 BGB (aufschiebende Einreden).

7 Die Geltendmachung der **Haftungsbeschränkung** erfolgt grds. mittels Erhebung der **Vollstreckungsabwehrklage** iSd § 785 (vgl. § 786 Abs. 1) und kann nur dann Berücksichtigung finden, wenn die Klage Erfolg hat (vgl. § 781). Ist bereits im Titel der vollstreckungsrechtliche Zugriff auf bestimmte Gegenstände beschränkt, kann der Ehegatte neben § 785 auch nach § 766 vorgehen, sofern die Vollstreckung in andere Gegenstände erfolgt.[2]

II. Haftung des Hauptvermächtnisnehmers (§ 2187 BGB)

8 **1. Materiellrechtliche Grundsätze.** § 2187 BGB regelt die Haftung des Hauptvermächtnisnehmers, der mit einem Vermächtnis oder einer Auflage beschwert ist. Nach § 2187 Abs. 1 BGB kann dieser die Erfüllung auch nach der Annahme des ihm zugewendeten Vermächtnisses insoweit verweigern, als dasjenige, was er aus dem Vermächtnis erhält, zur Erfüllung nicht aus-

---

[2] HK-ZV/Handke Rn. 3; MüKoZPO/K. Schmidt/Brinkmann Rn. 4.

reicht. Insoweit haftet der Hauptvermächtnisnehmer nur mit dem, was er infolge des Vermächtnisses selbst erlangt hat, also grds. nicht mit seinem Eigenvermögen. Insoweit ordnet § 2187 Abs. 3 BGB die entspr. Anwendung der für die Haftung des Erben geltenden Vorschriften des § 1992 BGB an. Demgemäß ist der Hauptvermächtnisnehmer berechtigt, die Beschränkung der ihm auferlegten Beschwerungen nach den §§ 1990, 1991 BGB zu erwirken.

2. Verfahren. Die in § 2187 Abs. 3 BGB iVm § 1992 BGB vorgesehene Haftungsbeschränkung des Hauptvermächtnisnehmers auf das durch die Zuwendung des Erblassers „Erlangte"[3] wird in vollstreckungsrechtlicher Hinsicht durch die in § 786 Abs. 1 angeordnete Verweisung auf §§ 781, 785 umgesetzt. Für eine Verweisung auf §§ 782–785 besteht keine Notwendigkeit, da § 1990 BGB mittelbar gem. § 2187 Abs. 3 BGB iVm § 1992 BGB Anwendung findet und insoweit von vornherein ein Sondervermögen vorhanden ist, auf das die Haftung mit der Erhebung der Einrede beschränkt werden kann.[4] 9

Die Einrede iSd § 2187 Abs. 3 BGB kann nur im Wege der Erhebung der **Vollstreckungsabwehrklage iSd §§ 767 ff.** geltend gemacht werden und in der Zwangsvollstreckung nur bei Erfolg der Klage Berücksichtigung finden (vgl. Abs. 1 iVm § 781). Insoweit muss die Haftungsbeschränkung im Titel vorbehalten sein (vgl. § 780 Abs. 1). 10

§ 792 ZPO   Erteilung von Urkunden an Gläubiger

Bedarf der Gläubiger zum Zwecke der Zwangsvollstreckung eines Erbscheins oder einer anderen Urkunde, die dem Schuldner auf Antrag von einer Behörde, einem Beamten oder einem Notar zu erteilen ist, so kann er die Erteilung an Stelle des Schuldners verlangen.

A. Allgemeines	1	II. Verfahren	12
B. Regelungsgehalt	2	1. Allgemeines	12
I. Voraussetzungen	2	2. Antrag des Gläubigers	13
1. Anwendungsbereich	2	3. Rechtsschutzinteresse an der Erteilung des Erbscheins (Urkunde)	15
2. Bedarf zum Zwecke der Zwangsvollstreckung	5	4. Erteilungsverfahren	18
3. Erbschein und andere Urkunden	7	III. Weitere Praxishinweise	21
4. Erteilung von Urkunden	8	1. Gerichtsgebühren	21
a) An sich auf Antrag des Schuldners	8	2. Rechtsanwaltsgebühren	25
b) Begriff	10	3. Kostenerstattung	26

A. Allgemeines

Die Vorschrift begründet für den Gläubiger **ein eigenes Antragsrecht** zur Erlangung solcher Urkunden, die er zur Durchführung der Zwangsvollstreckung gegen den Schuldner benötigt, die dieser aber (bisher noch) nicht in Händen hat. Dadurch wird vermieden, dass der Schuldner durch Untätigkeit bzw. Weigerung, diejenigen Urkunden zu beschaffen, die der Gläubiger zum Zwecke der Durchführung der Zwangsvollstreckung benötigt, die Vollstreckung gegen ihn verhindert. Die Einräumung eines eigenen Antragsrechts zugunsten des Gläubigers dient insofern der **Erleichterung der Zwangsvollstreckung**[1] und damit dem Gläubigerinteresse. 1

---

3   Vgl. NK-BGB/J. Mayer, 4. Aufl., BGB § 2187 Rn. 2.

4   MüKoZPO/K. Schmidt/Brinkmann Rn. 6; Musielak/Voit/Lackmann Rn. 3.

1   HK-ZPO/Kindl Rn. 1.

B. Regelungsgehalt

I. Voraussetzungen

1. Anwendungsbereich. Die Vorschrift findet für **jede Zwangsvollstreckungsmaßnahme**[2] Anwendung, und zwar sowohl für deren Vorbereitung als auch zu ihrer Durchführung.[3]

Sie gilt grds. auch im Rahmen der **öffentlich-rechtlichen Verwaltungsvollstreckung**,[4] so zB in steuerrechtlichen Vollstreckungsverfahren, in denen dem Steuerfiskus lediglich die Stellung des Zwangsvollstreckungsgläubigers eingeräumt wird (vgl. § 322 Abs. 1 S. 2, Abs. 3 AO: Vollstreckung in das unbewegliche Vermögen des Geldleistungsschuldners).[5]

Analoge Anwendung findet die Vorschrift auf die Durchführung der Teilungsversteigerung (§ 180 ZVG) einer Bruchteilsgemeinschaft (§ 753 BGB) oder einer Erbengemeinschaft (§ 2042 BGB), so dass ein Mitberechtigter zu deren Durchführung einen Erbschein zugunsten eines anderen Miterben bzw. Bruchteilseigentümer beantragen kann,[6] wobei es nicht erforderlich ist, dass das Teilungsverfahren bereits eingeleitet ist.[7]

2. Bedarf zum Zwecke der Zwangsvollstreckung. Ein solcher ist immer dann gegeben, wenn die erstrebte Urkunde die Zwangsvollstreckung gegen den **Schuldner** (Titelschuldner wie auch jeder, gegen den nach erfolgter Titelumschreibung die Vollstreckung betrieben wird)[8] fördert.[9] Dies setzt voraus, dass überhaupt ein vollstreckbarer Titel vorliegt[10] und der Gläubiger die Urkunde zur Durchführung der Zwangsvollstreckung benötigt (auch → Rn. 15 ff.).

Dies ist zB im Rahmen der **Immobiliarvollstreckung** gegen den nicht als Eigentümer in das Grundbuch eingetragenen Schuldner (vgl. § 867, § 17 ZVG; §§ 14, 39 GBO), bei Pfändung einer Hypothek, wenn der Schuldner nicht als Berechtigter eingetragen ist (§§ 830 Abs. 1 S. 3, 837 Abs. 1 S. 2), oder im **Titelumschreibungsverfahren iSd § 727** der Fall.[11]

3. Erbschein und andere Urkunden. Außer dem namentlich bezeichneten **Erbschein**, der Hauptanwendungsfall der Vorschrift ist, kommen als **andere Urkunden** das Testamentsvollstreckerzeugnis (§ 2368), das Zeugnis über die Fortsetzung der Gütergemeinschaft (§ 1507 BGB), Grundschuld- und Hypothekenbriefe sowie standesamtliche Urkunden[12] (zB Sterbeurkunde sowie Urkunden über Namensänderungen, sofern die sog. erweiterte Auskunft aus dem Melderegister nicht genügend ist)[13] in Betracht.

4. Erteilung von Urkunden. a) An sich auf Antrag des Schuldners. Die Vorschrift erfasst nur die Fälle, in denen die benötigen Urkunden an sich durch ein auf Antrag des Schuldners eingeleitetes förmliches „Erteilungsverfahren" ausgestellt werden (Hauptanwendungsfall: Erbscheinserteilungsverfahren iSd §§ 2353 ff. BGB iVm § 342 ff. FamFG).

§ 792 betrifft daher **nicht** solche Verfahren bzw. Urkunden, in denen der Gläubiger aufgrund des Nachweises eines rechtlichen Interesses eine Ausfertigung der Urkunden erhalten kann, so zB die „Erteilung" von Auszügen aus Registern (Güterrechtsregister, § 1563 BGB; dem Handelsregister, § 9 Abs. 2 HGB, § 10 HRV; Genossenschaftsregister, § 156 Abs. 1 GenG iVm § 9 Abs. 2 HGB; Personenstandsregister, § 3 iVm §§ 61 Abs. 1 S. 2, 62 Abs. 1 S. 2 PStG bzw. dem

---

[2] Zöller/Geimer Rn. 1.
[3] Thomas/Putzo/Seiler Rn. 1.
[4] Zöller/Geimer Rn. 1; Thomas/Putzo/Seiler Rn. 1.
[5] BayObLG NJW-RR 2002, 440 (441); OLG Zweibrücken DNotZ 2006, 929 (930) = Rpfleger 2006, 606 = FamRZ 2007, 160: Vollstreckung einer Kommune von Gewerbesteuerrückständen.
[6] BayObLG NJW-RR 1995, 272 (273); OLG Hamm MDR 1960, 1018; LG Essen Rpfleger 1986, 387; HK-ZPO/Kindl Rn. 1; MüKoZPO/Schmidt-Brinkmann Rn. 3; Zöller/Geimer Rn. 1.
[7] KG NJW-RR 2018, 1226.
[8] MüKoZPO/K. Schmidt/Brinkmann Rn. 5; Musielak/Voit/Lackmann Rn. 2.
[9] MüKoZPO/K. Schmidt/Brinkmann Rn. 4; Musielak/Voit/Lackmann Rn. 1.
[10] MüKoZPO/K. Schmidt/Brinkmann Rn. 9 f.; Musielak/Voit/Lackmann Rn. 2.
[11] AllgM: HK-ZPO/Kindl Rn. 2; MüKoZPO/ K. Schmidt/Brinkmann Rn. 4; Zöller/Geimer Rn. 1; Musielak/Voit/Lackmann Rn. 2.
[12] HK-ZV/Handke Rn. 4; Zöller/Geimer Rn. 1.
[13] MüKoZPO/K. Schmidt/Brinkmann Rn. 6.

Grundbuch (§ 12 Abs. 2 GBO), sowie Auszüge aus Akten des Gerichts (vgl. § 13 Abs. 3 FamFG).[14]

b) **Begriff.** Vom Wortlaut her werden nur die **Erstausstellung** der Urkunde und die Erteilung einer **Ausfertigung** einer bereits vorhandenen Urkunde erfasst.

Hindert eine erteilte Urkunde die Durchführung der Zwangsvollstreckung, so kann der Gläubiger in analoger Anwendung der Vorschrift anstelle des Schuldners deren **Einziehung** bzw. die **Außerkraftsetzung** beantragen (zB Anregung der Einziehung eines einem Dritten zu Unrecht erteilten Erbscheins; Einleitung des Aufgebotsverfahrens iSd §§ 433, 434 ff. FamFG).[15]

II. Verfahren

1. Allgemeines. § 792 räumt dem Gläubiger zum Zwecke der Durchführung der Zwangsvollstreckung im Rahmen der jeweiligen Verfahrensordnung ein eigenes Antragsrecht ein, das dort an sich nicht vorgesehen ist (vgl. § 345 Abs. 1 FamFG). In dessen Ausübung nimmt der Gläubiger die **verfahrensrechtliche Stellung des Schuldners** ein, so dass sich die Verfahrensvorschriften, die sich an sich auf die Person des Schuldners beziehen, auf ihn Anwendung finden. IdR sind dies diejenigen des FamFG.[16]

2. Antrag des Gläubigers[17] Der Antrag auf Erteilung eines Erbscheins muss grds. den gleichen Voraussetzungen genügen **wie ein Antrag durch den Erben** (= Schuldner) **selbst**.[18] Demgemäß muss der Gläubiger auch die dem Schuldner obliegenden Erklärungen und Nachweise iSd §§ 2354–2356 BGB erbringen. Einer eidesstattlichen Versicherung iSd § 2356 Abs. 2 BGB bedarf es aber nicht, wenn die Person des Erben zweifelsfrei feststeht.[19]

Da dem Gläubiger das Antragsrecht lediglich zum Zweck der Durchführung der Zwangsvollstreckung eingeräumt ist, muss er diese mittels **Vorlage des Vollstreckungstitels** nachweisen; einer vollstreckbaren Ausfertigung iSd § 724 bedarf es jedoch nicht,[20] so dass die Vorlage einer Ablichtung des Titels genügt.[21]

3. Rechtsschutzinteresse an der Erteilung des Erbscheins (Urkunde). Ein Antragsrecht des Gläubigers besteht nur, sofern die Durchführung des Erteilungsverfahrens zwingend erforderlich ist, um den erstrebten Erbschein bzw. Urkunde zu erhalten. Dies ist aber dann nicht der Fall, wenn der Gläubiger die benötigten Urkunden bzw. gleichwertige **auf einfacherem Weg** erlangen kann.[22]

Ein solcher ist zB dann gegeben, wenn der Gläubiger bereits durch **Nachweis seines rechtlichen Interesses** die für die Durchführung der Zwangsvollstreckung benötigen Urkunden erhalten kann und daher für die Durchführung eines förmlichen Erteilungsverfahren (anstelle des Schuldners) kein Raum ist bzw. es hierfür keinen Bedarf gibt (→ Rn. 9). So kann für den Nachweis einer **Namensänderung** die erweiterte Meldeauskunft ausreichend sein, andernfalls kommt die Erteilung von Personenstandsurkunden gem. § 62 Abs. 1 S. 1 PStG in Betracht (Grundsatz: Glaubhaftmachung eines rechtlichen Interesses).[23]

---

14 MüKoZPO/K. Schmidt/Brinkmann Rn. 6.
15 AllgM: MüKoZPO/K. Schmidt/Brinkmann Rn. 8; Musielak/Voit/Lackmann Rn. 3; HK-ZV/Handke Rn. 6.
16 HK-ZPO/Kindl Rn. 4; OLG Düsseldorf ErbR 2020, 579.
17 Formulierungsbeispiel in: GF-ZPO/Gierl ZPO § 792 Rn. 1.
18 HK-ZPO/Kindl Rn. 4.
19 LG Kassel FamRZ 2010, 1016; vgl. dazu auch LG Ansbach Rpfleger 2009, 568.
20 Thomas/Putzo/Seiler Rn. 5.
21 AllgM MüKoZPO/K. Schmidt/Brinkmann Rn. 9; HK-ZPO/Kindl Rn. 4; HK-ZV/Handke Rn. 7; Zöller/Geimer Rn. 1; Musielak/Voit/Lackmann Rn. 3.
22 Thomas/Putzo/Seiler Rn. 6; HK-ZPO/Kindl Rn. 5; MüKoZPO/K. Schmidt/Brinkmann Rn. 10.
23 LG Braunschweig NJW 1995, 1971; HK-ZPO/Kindl Rn. 5; MüKoZPO/K. Schmidt/Brinkmann Rn. 6, 10.

17 Ist dem **Erben** (= Schuldner) **bereits** ein **Erbschein erteilt** worden, kann der Gläubiger gem. § 357 Abs. 2 FamFG eine Ausfertigung des Erbscheins erhalten.[24] Für die Durchführung eines weiteren Erbscheinserteilungsverfahrens ist insofern keine Notwendigkeit.

18 **4. Erteilungsverfahren.** Die **Verfahrensvorschriften** bestimmen sich nach dem jeweiligen Verfahren, in dessen Rahmen die Urkunde an sich dem Schuldner erteilt wird. In Bezug auf Erbscheine und Testamentsvollstreckerzeugnisse ist dies das FamFG iVm §§ 2353 ff. BGB.

19 Die **Prüfung des Nachlassgerichts** erstreckt sich daher darauf, ob die Voraussetzungen iSd § 792 (Begründung des Antragsrechts des Gläubigers) und ob die formellen und materiellen Voraussetzungen für die Erteilung der erstrebten Urkunden vorliegen, nicht aber darauf, ob die Voraussetzungen der Zwangsvollstreckung gegeben sind bzw. die einzelne Zwangsvollstreckungsmaßnahme zulässig ist.[25] Die Prüfung dieser Fragen hat im Rahmen der Zwangsvollstreckung zu erfolgen.

20 Das **Rechtsmittel** gegen die Versagung der beantragten Urkunden bzw. gegen deren Erteilung bestimmt sich ebenfalls nach dem jeweiligen Verfahren, dem ein Antrag des Schuldners unterliegen würde. Dies ist die Beschwerde gem. §§ 58 ff. FamFG bzw. bei notariellen Urkunden § 54 BeurkG. Der Beschwerdegegenstand ist auf den Prüfungsumfang des Nachlassgerichts beschränkt, so dass das Beschwerdevorbringen nicht auf Fragen des Zwangsvollstreckungsrechts gestützt werden kann.

III. Weitere Praxishinweise

21 **1. Gerichtsgebühren.** Die **Gerichtsgebühren** richten sich nach den jeweiligen Verfahrensvorschriften.

22 Für die Erteilung des **Erbscheins/Testamentsvollstreckerzeugnisses** beträgt die Verfahrensgebühr 1,0 (Nr. 12210 KV GNotKG); für die Abnahme der **eidesstattlichen Versicherung** wird eine gesonderte Gebühr iHv 1,0 erhoben (Nr. 12210 KV GNotKG iVm Vorb. 1 Abs. 2 iVm Nr. 23300 KV GNotKG).

23 Der **Geschäftswert** bestimmt sich nach § 40 Abs. 1 GNotKG. Nachlassverbindlichkeiten werden nur dann abgezogen, wenn es sich um Erblasserschulden handelt; Erbfallschulden kommen hingegen nicht zum Abzug.

24 **Kostenschuldner** ist der Gläubiger (§ 22 Abs. 1 GNotKG).

25 **2. Rechtsanwaltsgebühren.** Für die Stellung des Erbscheinsantrags beim Nachlassgericht erhält der Anwalt an sich die Gebühren, die er auch bei einer Antragstellung für den Schuldner erhalten würde, also die Verfahrensgebühr iSd Nr. 3101 Nr. 3 VV RVG (0,8),[26] sofern sich dessen Tätigkeit allein darauf beschränkt, den Antrag zu stellen. Erfordert die Antragstellung eine Begründung – was im Rahmen des § 792 idR der Fall ist – kann er hingegen die Verfahrensgebühr iSd Nr. 3100 VV RVG (1,3) geltend machen.[27]

26 **3. Kostenerstattung.** Die im Rahmen des § 792 anfallenden Kosten stellen Kosten der Zwangsvollstreckung dar und sind daher gem. § 788 durch den Schuldner zu erstatten,[28] es sei denn, der Antrag bleibt erfolglos. In diesem Fall hat der Gläubiger die Kosten zu tragen.[29]

---

24 KG JurBüro 1978, 759 = Rpfleger 1978, 140.
25 OLG München NJW 2014, 3254; MüKoZPO/K. Schmidt/Brinkmann Rn. 10; Stein/Jonas/Münzberg Rn. 3.
26 So zutreffend Musielak/Voit/Lackmann Rn. 4; aA Zöller/Geimer Rn. 1; HK-ZPO/Kindl Rn. 6.
27 Mayer/Kroiß/Mayer Nr. 3101 Rn. 59; aA Gerold/Schmid/Müller-Rabe, VV Nr. 3101 Rn. 128 ff.
28 MüKoZPO/K. Schmidt/Brinkmann Rn. 12.
29 MüKoZPO/K. Schmidt/Brinkmann Rn. 12.

§ 896 ZPO Erteilung von Urkunden an Gläubiger

Soll auf Grund eines Urteils, das eine Willenserklärung des Schuldners ersetzt, eine Eintragung in ein öffentliches Buch oder Register vorgenommen werden, so kann der Gläubiger an Stelle des Schuldners die Erteilung der im § 792 bezeichneten Urkunden verlangen, soweit er dieser Urkunden zur Herbeiführung der Eintragung bedarf.

A. Allgemeines

Die Vorschrift dient **der Umsetzung der** in §§ 894, 895 geregelten **Fiktion der Abgabe einer Willenserklärung** und findet ihren Regelungszweck darin, dass die daran anknüpfende Eintragung in ein öffentliches Buch bzw. Register keine Vollstreckungsmaßnahme darstellt.[1] Insofern soll für den Gläubiger mittel Verweis auf § 792 die Möglichkeit geschaffen werden, die Rechtsfolge der Fiktionswirkung in Bezug auf die Eintragung bewirken zu können.   1

B. Regelungsgehalt

I. Anwendungsbereich

Die Vorschrift erfasst die Fälle, in denen **durch Urteil** die für eine Eintragung erforderliche **Willenserklärung** ersetzt wird. Sie knüpft demgemäß an die §§ 894, 895 an.   2

Zur Umsetzung der Fiktion der Abgabe der Willenserklärung bedarf es des Weiteren einer **Eintragung** in ein **öffentliches Buch** oder in ein **Register**, also insbes. in Grundbuch, Handelsregister, Genossenschaftsregister, Schiffs- und Schiffsbauregister, Patentrolle usw, wobei hierfür die entspr. Urkunden vorzulegen sind. Bedeutsam wird § 896 insbes. in den Fällen, wenn der Verurteilte nicht als Berechtigter in dem öffentlichen Buch oder Register eingetragen ist (vgl. §§ 14, 39 GBO).   3

II. Rechtsfolge

Der Gläubiger erhält durch die Vorschrift einen **eigenen Anspruch** auf Erteilung der für die zu bewirkende Eintragung erforderlichen Urkunden in dem Umfang, wie ihn der verurteilte Schuldner an sich („an Stelle des Schuldners") gegenüber einer Behörde, Beamten oder Notar (vgl. § 792) innehätte.   4

C. Praxishinweise

Da die Vorschrift dem Gläubiger einen eigenen Anspruch auf Erteilung der Urkunden gegenüber den Ausstellern einräumt, ist eine Klage gegen den Schuldner sowie Zwangsvollstreckungsmaßnahmen gegen ihn zur Beschaffung der Urkunden unzulässig.[2]   5

Die **Kosten** der Beschaffung der Urkunden trägt demgemäß der Gläubiger.[3]   6

---

1 HM: Thomas/Putzo/Seiler Rn. 1; HK-ZV/Bendtsen Rn. 1; MüKoZPO/Gruber Rn. 1; Musielak/Voit/Lackmann Rn. 1; Anders/Gehle/Schmidt Rn. 1; aA Stein/Jonas/Bartels Rn. 1.

2 AllgM HK-ZV/Bendtsen Rn. 1; Zöller/Seibel Rn. 1; MüKoZPO/Gruber Rn. 4.

3 HK-ZPO/Kießling Rn. 2; HK-ZV/Bendtsen Rn. 3.

29. Teilungsversteigerung

Literatur:
Bartels, Erfordert der Beitritt durch Teilhaber eine Missbrauchskontrolle?, ZfIR 2013, 609; *Becker*, Teilungsversteigerung auf Antrag gesetzlicher Vertreter – gerichtliche Genehmigung nach § 181 Abs. 2 Satz 2 ZVG, ZfIR 2016, 302; *Bothe*, Die Teilungsversteigerung, 2. Aufl. 2020; *Böttcher*, Teilungsversteigerung auf Antrag eines Pfändungsgläubigers, RpflStud. 2012, 124; *Böttcher*, Teilungsversteigerung von Grundstücken, FPR 2012, 502; *Böttcher*, Der Ablauf eines Teilungsversteigerungsverfahrens, FPR 2013, 345; *Böttcher*, ZVG, 7. Aufl. 2022; *Böttcher*, Aktuelle Rechtsprechung zur Zwangsversteigerung im Jahr 2022, ZfIR 2023, 53; *Dassler/Schiffhauer/Hintzen/Engels/Rellermeyer*, ZVG, 16. Aufl. 2020 (zitiert: Dassler/Schiffhauer/Hintzen/Engels/Rellermeyer/Bearbeiter); *Depré*, ZVG, 2. Aufl. 2019 (zitiert: Depré ZVG/Bearbeiter); *Grandel/Stockmann*, Stichwort Kommentar Familienrecht, 2. Aufl. 2014; *Hamme*, Die Teilungsversteigerung, 5. Aufl. 2015; *Hock/Bohner/Christ/Steffen*, Immobiliarvollstreckung, 6. Aufl. 2018; *Hügel*, GBO, 4. Aufl. 2020 (zitiert: Hügel/Bearbeiter); *Kiderlen*, Ausgewählte Probleme der Teilungsversteigerung bei Nachlassgrundstücken, ZEV 2018, 385; *Kindl/Meller-Hannich*, Gesamtes Recht der Zwangsvollstreckung, 4. Aufl. 2021; *Klinger*, Münchener Prozessformularbuch Erbrecht, 5. Aufl. 2021; *Kogel*, Strategien bei der Teilungsversteigerung des Familienheims, 5. Aufl. 2021; *Kogel*, Über Risiken und Nebenwirkungen der Niedrigstgebotstheorie in der Teilungsversteigerung des Familienheims, FamRB 2017, 106; *Kogel*, Sechs Kardinalfehler bei der Einreichung eines Antrags auf Teilungsversteigerung des Familienheims, FamRB 2018, 195; *Kogel*, Teilungsversteigerung des Familienheims vor der Ehescheidung – ein verfahrensrechtliches No-Go?, FamRB 2019, 411; *Lenz*, Schutz der Ehewohnung und Teilungsversteigerung, NJW-Spezial 2018, 452; *Martinek/Ittenbach*, Die Erbengemeinschaft und das Vorkaufsrecht in der Teilungsversteigerung, BB 1993, 519; *Mes*, Beck'sches Prozessformularbuch, 15. Aufl. 2022 (zitiert: BeckPFormB/Bearbeiter); *Mock*, Immobiliarvollstreckung: voreiliger Antrag auf Teilungsversteigerung: Finanzamt kann mitkassieren, VE 2018, 116; *Münch*, Die Scheidungsimmobilie, 3. Aufl. 2019; *Ringena*, Nicht valutierte Grundschulden in der Teilungsversteigerung, ZfIR 2021, 318; *Roth*, Klippen bei der Einleitung der Teilungsversteigerung, NJW-Spezial 2016, 295; *Roßmann*, Die Auseinandersetzung einer Ehegattengemeinschaft nach Bruchteilen, FuR 2019, 558; *Roth*, Praktische Aspekte der Teilungsversteigerung, NJW-Spezial 2018, 679; *Saenger/Ullrich/Siebert*, Zivilprozessordnung, 9. Aufl. 2021 (zitiert: GForm-ZPO/Bearbeier); *Schäfer* (Hrsg.), Das neue Personengesellschaftsrecht, 2022; *Schiffhauer*, Besonderheiten der Teilungsversteigerung (TeilungsZV) – das Verfahren vom Antrag bis zur Terminsbestimmung, ZIP 1982, 526; *Schlamann*, Die Teilungsversteigerung – Teil 1, InsbürO 2018, 101; *Schlamann*, Die Teilungsversteigerung – Teil 2, InsbürO 2018, 172; *Schneider/Thiel*, Kosten in der Teilungsversteigerung Teil I, NZFam 2018, 64; *Schneider/Thiel*, Kosten in der Teilungsversteigerung Teil II, NZFam 2018, 118; *Schöner/Stöber*, Grundbuchrecht, 16. Aufl. 2020; *Schramm*, Betretungsrechte im Rahmen der Teilungsversteigerung, NJW-Spezial 2021, 516; *Servatius*, GbR, 2023; *Storz*, Die einstweilige Einstellung der Teilungsversteigerung, FPR 2013, 356; *von Bary*, Auseinandersetzung einer Erben- oder Gütergemeinschaft nach ausländischem Recht in Deutschland, DNotZ 2021, 323; *Wilsch*, Das Sanktionsdurchsetzungsgesetz II im Grundbuchverfahren, ZfIR 2023, 68.

A. Allgemeines	1
B. Zuständigkeiten	2
I. Sachliche Zuständigkeit	2
II. Örtliche Zuständigkeit	3
III. Funktionelle Zuständigkeit	4
C. Gemeinschaften in der Teilungsversteigerung	5
I. Allgemeines; Zweck; Gemeinschaft	5
II. Erbengemeinschaft	6
III. Bruchteilsgemeinschaft	7
IV. Gütergemeinschaft	8
V. Gemeinschaften ausländischen Rechts	9
VI. Gesellschaft bürgerlichen Rechts	10
VII. OHG, KG sowie Mitglieder juristischer Personen	11
VIII. Wohnungs- und Teileigentum	12
D. Gegenstand der Teilungsversteigerung	13
E. Antrag	14
I. Antragserfordernis	14
II. Form des Antrags bzw. der Antragsrücknahme; Vertretung bei Antragstellung	15
III. Antragsberechtigung	16
IV. Großes und kleines Antragsrecht	17
V. Inhalt des Antrags	18
VI. Antragstellung in der Trennungszeit	19
VII. Antragsbegründung nicht erforderlich	20
VIII. Vollstreckungstitel nicht erforderlich, § 181 Abs. 1 ZVG	21
IX. Nachweis Miteigentum, Nachweis Erbfolge	22
X. Zustimmung des anderen Ehegatten nach § 1365 BGB	24
XI. Familien-, betreuungs- bzw. nachlassgerichtliche Genehmigung für Antragstellung, § 181 Abs. 2 S. 2 ZVG	25
F. Anhörung des Antragsgegners vor Verfahrensanordnung bzw. vor Beitritt	26
G. Entgegenstehende Rechte, § 28 ZVG	27
I. Bruchteilsgemeinschaft und im Grundbuch eingetragener Aufhebungsausschluss, § 1010 BGB	27
II. Erbengemeinschaft, §§ 2043–2045 BGB	28
III. Bestehende Testamentsvollstreckung	29
H. Anordnung der Teilungsversteigerung	30
I. Anordnung durch Beschluss	30

II. Inhalt des Anordnungsbeschlusses	31
III. Wirkungen des Anordnungsbeschlusses	32
IV. Zustellung des Anordnungsbeschlusses	33
V. Rechtsbehelf der Vollstreckungserinnerung, § 766 ZPO	34
I. Beitritt	35
I. Allgemeines	35
II. Gerichtlicher Beitrittsbeschluss	36
III. Vorlage eines Vollstreckungstitels nicht erforderlich	37
IV. Grundbuch; Folgen des Beitritts; Empfehlung	38
V. Beitritt und Versteigerungstermin	39
VI. Rechtsbehelf gegen den Beitritt	40
J. Beteiligte	41
K. Beschlagnahme	42
I. Wirksamwerden der Beschlagnahme	42
II. Beschlagnahme und Abgrenzung laufender und rückständiger Beträge	43
III. Beschlagnahme und Verfügungsverbot	44
L. Bestehenbleibende Rechte in der Teilungsversteigerung, § 182 Abs. 1 ZVG	45
M. Geringstes Gebot in der Teilungsversteigerung	46
I. Allgemeines	46
II. Bestehenbleibender Teil des geringsten Gebotes	47
III. Bar zu zahlender Teil des geringsten Gebotes, § 49 Abs. 1 ZVG	48
N. Eintragung der Verfahrensanordnung im Grundbuch	49
I. Ersuchen	49
II. Eintragung des Teilungsversteigerungsvermerks	50
III. Mitteilungspflicht	51
O. Vermietung oder Verpachtung in der Teilungsversteigerung, § 183 ZVG	52
P. Einstweilige Einstellungen (§ 180 Abs. 1 ZVG; § 180 Abs. 2 ZVG; § 180 Abs. 3 ZVG; § 765a ZPO; § 30 ZVG)	53
I. Einstellungsbewilligung nach §§ 180 Abs. 1, 30 ZVG	53
II. Einstellung nach § 180 Abs. 2 ZVG	54
III. Einstellung nach § 180 Abs. 3 ZVG	55
IV. Vollstreckungsschutz nach § 765a ZPO	56
Q. Verkehrswertfestsetzung, § 74a ZVG	57
I. Erstellung eines Gutachtens; Verwendung eines bereits erstellten Gutachtens	57
II. Besichtigungstermine	58
III. Einwendungen gegen das Gutachten	59
IV. Festsetzung durch gerichtlichen Beschluss	60
V. Anfechtung des Festsetzungsbeschlusses mit sofortiger Beschwerde	61
R. Bestimmung des Versteigerungstermins	62
I. Bestimmung des Versteigerungstermins erst nach Beschlagnahme und nach Eingang der grundbuchamtlichen Mitteilung	62
II. Terminsbestimmung durch gerichtlichen Beschluss; Zustellung an die Beteiligten	63
III. Zwingender Inhalt der Terminsbestimmung, §§ 180 Abs. 1, 37 ZVG	64
IV. Fakultativer Inhalt der Terminsbestimmung, §§ 180 Abs. 1, 38 ZVG	65
V. Bekanntmachung des Versteigerungstermins; Anheftung an Gerichtstafel; Mitteilungen	66
VI. Rechtsbehelf gegen die Terminsbestimmung	67
S. Anmeldungen	68
I. Allgemeines	68
II. Berücksichtigung von Amts wegen: im Zeitpunkt der Eintragung des Versteigerungsvermerks bereits grundbuchersichtliche Rechte	69
III. Berücksichtigung von Amts wegen: Kosten des Verfahrens	70
IV. Anmeldepflichtige Rechte und Ansprüche	71
V. Form, Inhalt, Zeitpunkt und Glaubhaftmachung der Anmeldung	72
VI. Wirkungsdauer, Rücknahme und die sog. Minderanmeldung	73
T. Der Versteigerungstermin	74
I. Allgemeines zum Versteigerungstermin	74
II. Bekanntmachungsteil des Versteigerungstermins, § 66 ZVG	75
III. Die Bietzeit im Versteigerungstermin	76
IV. Form der Gebote; Legitimation im Termin; Gemeinschaftsverhältnis	77
V. Bietervollmacht	78
VI. Unterbrechung des Termins	79
VII. Sicherheitsleistung im Versteigerungstermin	80
1. Antrag, Antragsrecht, Antragszeitpunkt	80
2. Höhe der Sicherheitsleistung	81
3. Arten der Sicherheitsleistung	82
4. Risikozuordnung und Nachweis	83
5. Entscheidung über die Sicherheitsleistung	84
6. Besonderheit für Miteigentümer	85
VIII. Ende des Versteigerungstermins	86
U. Entscheidung über den Zuschlag	87
I. Zuschlag, Eigentumswechsel	87
II. Muster eines Zuschlagsbeschlusses	88
III. Zuschlagsbeschluss als Vollstreckungstitel	89
IV. Schutzvorschriften	90
V. Anfechtung der Zuschlagsentscheidung mit sofortiger Beschwerde	91
V. Verteilung des Erlöses	92
W. Nichtzahlung des Bargebots und Wiederversteigerung	93
X. Eintragung des Erstehers im Grundbuch	94
I. Ersuchen des Vollstreckungsgerichts	94
II. Unbedenklichkeitsbescheinigung des Finanzamtes; weitere Genehmigungen	95
III. Eintragung des Erstehers im Grundbuch	96
IV. Grundbuchamtliche Eintragungskosten	97
Y. Gerichtskosten	98
I. Allgemeines	98
II. Entscheidung über den Antrag auf Anordnung der Teilungsversteigerung oder über den Beitritt zum Verfahren, Nr. 2210 KV GKG	99
III. Verfahren im Allgemeinen, Nr. 2211 KV GKG	100
IV. Abhaltung eines Versteigerungstermins, Nr. 2213 KV GKG	101
V. Erteilung des Zuschlags, Nr. 2214 KV GKG	102
VI. Verteilungsverfahren, Nr. 2215 KV GKG	103
VII. Beschwerdeverfahren	104
VIII. Rechtsbeschwerdeverfahren	105

A. Allgemeines

1 Große **Ambivalenzen** prägen das Bild der **Teilungsversteigerung**, der Zwangsversteigerung zum Zwecke der Aufhebung der Gemeinschaft. Zwiespältig fällt das Votum aus, weil sich **häufig keine Prognose** darüber treffen lässt, wie das Teilungsversteigerungsverfahren endet. Dass die Immobilie einem der Miteigentümer verbleibt, ist keineswegs gesichert, was die Grundlage für die Einschätzung liefert, „das Verfahren der Teilungsversteigerung (vereinige) alle Vor- und Nachteile der Glücks- und Geschicklichkeitsspiele auf sich".[1] Verfahren als **Vabanquespiel**. Ein Grund, der gegen die Teilungsversteigerung spricht, ist in § 182 ZVG zu sehen, der Sonderregelung für bestehenbleibende Rechte. Die Regelung wird als Begründung für die mangelhafte **Wirtschaftlichkeit** der Teilungsversteigerung ins Feld geführt. Denn es besteht die Möglichkeit, dass das geringste Gebot der Teilungsversteigerung höher als das geringste Gebot der Vollstreckungsversteigerung ausfällt.[2] Als weiterer Ablehnungsgrund werden die mit dem Verfahren verbundenen **Gerichts- und Sachverständigenkosten** sowie die **beträchtliche Dauer** ins Feld geführt, regelmäßig mindestens ein Jahr. In den Zeiten der Pandemie, der Stagflation bzw. im Schatten der Rezession und der galoppierenden Inflation wiegt dies umso schwerer. Deshalb werden andere, „freihändige" Verwertungsoptionen empfohlen. Abschreckend wirkt darüber hinaus, dass der Erlös möglicherweise nicht sofort aufgeteilt, sondern **hinterlegt** werden muss, sofern dem Versteigerungsgericht keine Erklärung der Miteigentümer über die Erlösverteilung präsentiert wird.[3] Hinderlich kann die Belastungssituation der betroffenen Immobilie sein, gekennzeichnet durch eine Vielzahl von Belastungen.[4] Soweit die Negativa. Positiv fällt dagegen die Möglichkeit ins Gewicht, mit der Teilungsversteigerung **Druck** auf den oder die anderen Miteigentümer aufzubauen. Verfahren als echte „Scheidungsfolgesache".[5] Als Beleg hierfür möge das erste Pandemiejahr 2020 dienen, geprägt durch einen **Boom** an Teilungsversteigerungsverfahren.[6] Für das zweite Pandemiejahr 2021 wurde ebenfalls eine Bedeutungszunahme attestiert.[7] Die Verfahrenspraxis der Vergangenheit zeichnet kein anderes Bild,[8] zwischenzeitlich ist die Teilungsversteigerung sogar ein Thema für ballonseidene Berühmtheiten,[9] die ihre Fehde öffentlichkeitswirksam austragen. Abhängig vom Erfolg des Modells **Teilverkauf**, der allseits beworben und angepriesen wird, wird künftig auch die Zahl der Teilungsversteigerungsverfahren ansteigen, worauf die Werbung wohlweislich nicht hinweist. Im Modell wird ein Miteigentumsanteil an der Immobilie zur Altersabsicherung verkauft, alternativ zur Deckung eines akuten Finanzierungsbedarfs. Für den veräußerten Miteigentumsanteil zahlt der Verkäufer eine Nutzungsgebühr, bleibt aber „Haupteigentümer". Am veräußerten Miteigentumsanteil behält sich der Verkäufer häufig einen Nießbrauch vor. Folge ist eine höchst unterschiedliche Miteigentümergemeinschaft, die Gegenstand einer Teilungsversteigerung werden kann. Die Teilungsversteigerung richtet sich nach den §§ 180 ff. ZVG[10] und soll die Vermögensauseinandersetzung vorbereiten.[11]

---

1 Bothe § 1 Rn. 1.
2 Münch Abschn. D Rn. 935.
3 Kogel FamRB 2018, 195 (196); Böttcher FPR 2012, 502 (503).
4 Zur „hochproblematischen" Situation stark belasteter Immobilien vgl. Kogel FamRB 2018, 195 (197).
5 Schiffbauer ZIP 1982, 526.
6 Barchewitz AnwBl. 2020, 531; Schmidberger ZfIR 2021, 300 (302); Mock EE 2020, 178; Mock VE 2018, 116.
7 Ringena ZfIR 2021, 318.
8 Zur Statistik der 1980er Jahre vgl. Schiffbauer ZIP 1982, 526: „etwa jedes 6. bis 8. Versteigerungsverfahren eine Teilungsversteigerung".
9 Vgl. „Der Tagesspiegel" vom 17.2.2020, Abruf 14.6.2022, die Versteigerung des Villengrundstücks des Rappers Bushido und seines ehemaligen Geschäftspartners Abou-Chaker, wobei es sich um eine Teilungsversteigerung handelte. Zur Streitsache „Clan-Villa" vgl. die Welt am Sonntag vom 10.7.2022, 10.
10 Böttcher FPR 2012, 502; Böttcher FPR 2013, 345.
11 BGH NJW 2017, 2768 (2771).

B. Zuständigkeiten

I. Sachliche Zuständigkeit

Sachlich zuständig ist **ausschließlich** das **Amtsgericht** als Vollstreckungsgericht, § 1 Abs. 1 ZVG,[12] weshalb eine Gerichtsstandsvereinbarung nicht in Betracht kommt.[13]

2

II. Örtliche Zuständigkeit

Die **örtliche Zuständigkeit** liegt beim Amtsgericht als Vollstreckungsgericht, in dessen **Bezirk** das Grundstück belegen ist, § 1 Abs. 1 ZVG, unabhängig von der Buchung im Grundbuch.[14] Die **Landesregierungen** sehen sich ermächtigt, durch Rechtsverordnung die Zwangsversteigerungssachen einem Amtsgericht für die Bezirke mehrerer Amtsgerichte zuzuweisen, sofern dies sachdienlich und verfahrenseffizienter erscheint, § 1 Abs. 2 S. 1 ZVG. Entsprechende Verordnungen kennen die Bundesländer Baden-Württemberg, Bayern, Brandenburg, Nordrhein-Westfalen, Rheinland-Pfalz, Sachsen und Thüringen.[15] Die Ermächtigung zur Zuständigkeitskonzentration kann auf die jeweilige Landesjustizverwaltung übertragen werden, § 1 Abs. 2 S. 2 ZVG. Liegt das Grundstück in den **Bezirken verschiedener Amtsgerichte**, hat zunächst das höhere Gericht eines der Amtsgerichte zum Vollstreckungsgericht zu bestellen, § 2 Abs. 1 ZVG. Dies gilt auch für den Fall, dass mehrere Grundstücke in demselben Verfahren versteigert werden sollen und die Grundstücke in den Bezirken verschiedener Amtsgerichte liegen, § 2 Abs. 2 S. 1 ZVG.

3

Welcher **Zeitpunkt** die örtliche Zuständigkeit des Vollstreckungsgerichts determiniert, ist strittig, im Meinungsspektrum wird zum einen auf den Erlass des Anordnungsbeschlusses, zum anderen auf den Zeitpunkt der ersten Beschlagnahme abgestellt.[16] Da der Vollstreckungsakt eines **örtlich unzuständigen Vollstreckungsgerichts** lediglich **anfechtbar**[17] ist, nicht aber unwirksam, kommt der Frage keine existenzielle Bedeutung zu.

III. Funktionelle Zuständigkeit

Funktionell sind die Zwangsversteigerungsverfahren dem **Rechtspfleger** in vollem Umfang übertragen, § 3 Nr. 1 i RpflG, wogegen keine verfassungsmäßigen Bedenken bestehen.[18] Richtervorbehalte kennt das Verfahren nicht.[19]

4

C. Gemeinschaften in der Teilungsversteigerung

I. Allgemeines; Zweck; Gemeinschaft

Die gesetzliche Ausrichtung der **Teilungsversteigerung** ist in § 180 Abs. 1 ZVG festgehalten: die Zwangsversteigerung zum Zwecke der Aufhebung der Gemeinschaft, die **Umwandlung unteilbarer Immobilien in teilbaren Erlös**.[20] In den Worten des BGH: „Zweck der Teilungsversteigerung ist es, einen unteilbaren durch einen teilbaren Gegenstand zu ersetzen, das heißt einen unter den Miteigentümern verteilungsfähigen Erlös in Geld zu schaffen".[21] In der Praxis dominie-

5

---

12 Zu den Zuständigkeiten vgl. Münch Abschn. D Rn. 859.
13 Dassler/Schiffhauer/Hintzen/Engels/Rellermeyer ZVG § 1 Rn. 2.
14 Dassler/Schiffhauer/Hintzen/Engels/Rellermeyer ZVG § 1 Rn. 3; Böttcher ZVG § 1 Rn. 4.
15 Dassler/Schiffhauer/Hintzen/Engels/Rellermeyer ZVG § 1 Rn. 5; ebenso Böttcher ZVG § 1 Rn. 5. Betroffen sind ländliche Regionen, vgl. Bothe § 2 Rn. 1.
16 Böttcher ZVG § 1 Rn. 4.
17 Ebenso Böttcher ZVG § 1 Rn. 6.
18 OLG Celle Rpfleger 1979, 390.
19 Dassler/Schiffhauer/Hintzen/Engels/Rellermeyer ZVG § 1 Rn. 8.
20 Schiffbauer ZIP 1982, 526; Kogel FamRB 2018, 195 (196); Roth NJW-Spezial 2018, 679.
21 BGH NJW 2017, 2768 (2771); ähnlich bereits BGH MDR 2005, 112: „ein grundsätzlich unteilbares Grundstück oder grundstücksgleiches Recht in teilbares Geld zu verwandeln"; bestätigt durch BGH ZfIR 2016, 759 (760), ein unteilbarer Gegenstand wird durch einen teilbaren Gegenstand ersetzt.

ren Erben- und Bruchteilsgemeinschaften das Feld der Teilungsversteigerungen.[22] Dabei bezweckt die Teilungsversteigerung die **Auseinandersetzung im Ganzen**, bezieht sich demnach **nicht auf einzelne Immobilien** und auch **nicht auf das Ausscheiden einzelner Mitglieder**.[23] Eine Teilungsversteigerung, die darauf abzielt, *ein* Grundstück der Gemeinschaft zur Versteigerung zu bringen und allein den Erlös zu teilen, kann den Erfordernissen der Teilungsversteigerung nicht genügen[24] und ist unzulässig. Gleiches gilt für eine Teilungsversteigerung, die den Erlös ungeteilt in der fortbestehenden Gemeinschaft belassen möchte.[25]

Ohne Gemeinschaft kann die Teilungsversteigerung **nicht** ins Werk gesetzt werden,[26] demnach nicht mehr bei bereits beendeten Gemeinschaften,[27] etwa bereits aufgehobenen Erbengemeinschaften oder aufgehobenen Bruchteilsgemeinschaften[28]. Maßgeblich ist die Regelung in § 180 Abs. 1 ZVG, wonach die Teilungsversteigerung zum **Zwecke der Aufhebung einer Gemeinschaft** erfolgt, einer Mehrheit von Personen[29]. Besteht an der Immobilie **Alleineigentum, belastet mit einer Rückauflassungsvormerkung**, kommt die Regelung **nicht** in Betracht und kann die Teilungsversteigerung nicht erfolgen, auch nicht in analoger Anwendung des § 180 Abs. 1 ZVG[30]. Die Aussicht auf künftiges Miteigentum, gesichert durch eine Rückauflassungsvormerkung, reicht nicht aus und liefert auch keine Handhabe für eine Fiktion[31]. Eine entsprechende Teilungsversteigerung ist unzulässig[32].

Eine **Gemeinschaft** ist dagegen **noch gegeben**, sofern sich die Bruchteile in einer Hand vereinigen und ein Bruchteil dem Inhaber nur als **Vorerben** zusteht.[33] Obgleich es an einer Mehrheit von Berechtigten fehlt, führt die Vereinigung aller Anteile in einer Hand nicht zur Beendigung der Bruchteilsgemeinschaft,[34] zumal die Verfügungsmacht hinsichtlich der einzelnen Bruchteile unterschiedlich ausgestaltet ist,[35] zum einen unbeschränkt, zum anderen beschränkt durch die Vor- und Nacherbfolge, §§ 2113 ff. BGB. Deshalb ist es gerechtfertigt, ausnahmsweise den Fortbestand der Bruchteilsgemeinschaft[36] zu fingieren und die Teilungsversteigerung zu ermöglichen, obgleich nur ein Immobilieneigentümer im Grundbuch eingetragen ist. Was der Nacherfolge unterliegt, wird als Sondervermögen[37] betrachtet.

II. Erbengemeinschaft

6 Als Gemeinschaft von Dauer ist die **Erbengemeinschaft** nicht konzipiert,[38] sondern als auf Auseinandersetzung angelegte Zwangsgemeinschaft, als Liquidationsgemeinschaft,[39] bestehend aus den **Miterben**, von denen jeder zu jeder Zeit die Auseinandersetzung verlangen und gegenüber den anderen Miterben geltend machen kann, § 2042 Abs. 1 BGB,[40] und zwar ohne Zustimmung der anderen Miterben. Nach § 2042 Abs. 2 BGB findet § 753 BGB Anwendung, sodass die **Aufhebung** der Gemeinschaft durch Zwangsversteigerung und Teilung des Erlöses erfolgt, §§ 2042 Abs. 2, 753 Abs. 1 S. 1 BGB.[41] Zum Teilungsausschluss sowie zur Teilungserschwerung vgl. das folgende Kapitel G über entgegenstehende Rechte, → Rn. 27.

---

22 Ebenso Martinek/Ittenbach BB 1993, 519 (520).
23 Roßmann FuR 2019, 558 (562).
24 KG BeckRS 2019, 49370.
25 KG BeckRS 2019, 49370.
26 BGH NJW-RR 2022, 1365 = NZM 2022, 809; Dassler/Schiffhauer/Hintzen/Engels/Rellermeyer/ Hintzen ZVG § 181 Rn. 2.
27 Schiffbauer ZIP 1982, 526 (528).
28 BGH NJW-RR 2022, 1365 = NZM 2022, 809, dort ging es um eine zwischenzeitlich aufgehobene Bruchteilsgemeinschaft, eingetragen war nur noch ein Alleineigentümer, der sich zur Rückübertragung eines Miteigentumsanteils verpflichtet hatte.
29 BGH NJW-RR 2022, 1365 = NZM 2022, 809.
30 BGH NJW-RR 2022, 1365 = NZM 2022, 809.
31 BGH NJW-RR 2022, 1365 (1366) = NZM 2022, 809.
32 BGH NJW-RR 2022, 1365 = NZM 2022, 809. Vgl. auch Böttcher ZfIR 2023, 53 (61).
33 BGH MDR 2005, 112.
34 BGH MDR 2005, 112.
35 BGH MDR 2005, 112.
36 BGH MDR 2005, 112.
37 BGH MDR 2005, 112.
38 KG BeckRS 2019, 49370.
39 Martinek/Ittenbach BB 1993, 519.
40 Martinek/Ittenbach BB 1993, 519; OLG Karlsruhe BeckRS 2022, 6162; KG BeckRS 2019, 49370; Schlamann InsbürO 2018, 101.
41 Martinek/Ittenbach BB 1993, 519.

III. Bruchteilsgemeinschaft

Die Bruchteilsgemeinschaft teilt das auf Auseinandersetzung gerichtete Konzept der Erbengemeinschaft und ist in gleicher Weise nicht in Stein gemeißelt. Die **Aufhebung** der Gemeinschaft kann **jederzeit** von **jedem Teilhaber** verlangt werden, § 749 Abs. 1 BGB,[42] weshalb die Bruchteilsgemeinschaft nicht auf Dauer bestimmt ist.[43] Der BGH stellt das „jederzeitige (…) Recht zur Beendigung der beengenden Situation"[44] in den Vordergrund und sieht „kein(en) Anlass, das Fortbestehen der Gemeinschaft zu befördern".[45] Konsequenterweise sieht sich die Teilung bzw. die Teilungsversteigerung eingewoben in die gesetzliche Konzeption der Bruchteilsgemeinschaft, die keine Bindung für die Zukunft enthält, um dem Teilhaber den Zugriff auf den Erlös[46] zu ermöglichen.

Das Recht auf Aufhebung der Bruchteilsgemeinschaft kann durch **Vereinbarung** für immer oder auf Zeit **ausgeschlossen** werden, § 749 Abs. 2 S. 1 BGB. Sofern ein wichtiger Grund vorliegt, kann dennoch die Aufhebung verlangt werden. § 748 Abs. 2 S. 1 BGB.

IV. Gütergemeinschaft

Einen anderen Weg geht die **Gütergemeinschaft**, eine Gemeinschaft zur gesamten Hand, die während ihres Bestehens eine Verfügung des Ehegatten über den Anteil am Gesamtgut nicht zulässt, ebenso wenig eine Verfügung über den Anteil an einzelnen Gegenständen, die zum Gesamtgut gehören. Der Ehegatte ist nicht berechtigt, Teilung zu verlangen, § 1419 Abs. 1 BGB. Erst **nach Beendigung der Gütergemeinschaft**, etwa durch Scheidung oder Tod eines Ehegatten, setzen sich die Ehegatten über das Gesamtgut auseinander, § 1471 Abs. 1 BGB.[47]

V. Gemeinschaften ausländischen Rechts

Ob die Auseinandersetzung der **Gemeinschaft ausländischen Rechts** möglich ist, richtet sich nach dem jeweils einschlägigen Recht, was das Vollstreckungsgericht von Amts[48] wegen eruieren muss. Ergibt die Recherche, dass im relevanten ausländischem Recht die Teilungsversteigerung bzw. ein Äquivalent nicht vorgesehen ist, kann die Teilungsversteigerung nicht angeordnet werden.[49]

VI. Gesellschaft bürgerlichen Rechts

Gemeinschaftliches Eigentum liegt nicht mehr vor, sondern Alleineigentum der GbR. Dennoch hält der BGH[50] die Auseinandersetzung des Vermögens einer **gekündigten GbR** für zulässig, da insoweit die Regelungen für Gemeinschaften gelten und die **Teilung durch Teilungsversteigerung** zu erfolgen hat, §§ 731 S. 2, 753 Abs. 1 BGB.[51] In der Folge können auch **Immobilien einer GbR** den Gegenstand einer **Teilungsversteigerung** bilden, §§ 180 ff. ZVG analog,[52] woran die Anerkennung der GbR-Rechtsfähigkeit nichts zu verändern vermochte. Gleiches gilt für die Wiederversteigerung der Immobilie einer gekündigten GbR für den Fall, dass der Ersteher das Bargebot nicht erbringt.[53] Die Anwendung des Gemeinschaftsrechts besteht trotz GbR-Rechts-

---

42 Ringena ZfIR 2021, 318 (319).
43 BGH NJW 2017, 2768 (2771); Schiffbauer ZIP 1982, 526 (527).
44 BGH NJW 2017, 2768 (2771).
45 BGH NJW 2017, 2768 (2771).
46 BGH NJW 2017, 2768 (2771).
47 Zur Auseinandersetzung vgl. Schlamann InsbürO 2018, 101.
48 Böttcher ZVG § 180 Rn. 12c; von Bary DNotZ 2021, 323 (336).
49 Böttcher ZVG § 180 Rn. 12c; von Bary DNotZ 2021, 323 (336); eine Prüfung des materiellrechtlichen Anspruchs findet jedoch nicht statt und ist nach § 771 ZPO geltend zu machen, von Bary DNotZ 2021, 323 (336).
50 BGH DB 2013, 2201; bestätigt durch BGH ZfIR 2016, 759 sowie BGH ZfIR 2022, 140; aA Becker ZfIR 2013, 314.
51 BGH DB 2013, 2201; BGH Rpfleger 2018, 26; Bothe § 2 Rn. 2.
52 BGH DB 2013, 2201; OLG Frankfurt aM Beck-RS2009, 89277; Böttcher ZVG § 180 Rn. 9.
53 BGH ZfIR 2022, 140 mAnm Ringena.

fähigkeit fort, §§ 731 S. 2, 753 Abs. 1 S. 1 BGB.[54] Die **Antragsbefugnis** ordnet der BGH[55] nicht allen Gesellschaftern gemeinschaftlich zu, sondern **jedem einzelnen Gesellschafter**,[56] der überdies nicht gehalten ist, seinen Anspruch gegen die übrigen Gesellschafter oder gegen die GbR zuvor gerichtlich geltend zu machen.[57] Ein vollstreckbarer Titel ist nicht erforderlich, § 181 Abs. 1 ZVG, vorausgesetzt wird lediglich eine **wirksame Kündigung der GbR**, die Abgabe und der Zugang, beides in Form einer **öffentlichen Urkunde**,[58] nicht jedoch die Wirksamkeit.[59] Etwaige Einwände aus dem Gesellschaftsvertrag müssen die übrigen Gesellschafter (alternativ die GbR) im Wege der Widerspruchsklage analog § 771 ZPO geltend machen.[60] Ab dem **1.1.2024**, der Modernisierung des Personengesellschaftsrechts (MoPeG[61]), wird die **Verweisung** in § 731 S. 2 BGB auf die Vorschriften über die Teilung der Gemeinschaft **entfallen**[62]. Die Liquidation erfolgt dann nach den §§ 736 bis 739 BGB, also im Wege der **gesellschaftsrechtlichen Abwicklung rechtsfähiger GbR**[63], sofern sich nicht aus dem Gesellschaftsvertrag etwas anderes ergibt, so die Neuregelung in § 735 Abs. 3 BGB. Die Änderung ist im Lichte der Modernisierung des Personengesellschaftsrechts zu sehen, mit der eine **Gleichstellung**[64] mit der OHG und KG intendiert ist. Zur OHG und KG vgl. → Rn. 11. Ab dem 1.1.2024 wird der gesetzliche Regelfall in der **freihändigen Veräußerung**[65] bestehen, nicht mehr in der Teilungsversteigerung. Maßgeblich ist insoweit die Regelung in § 736d Abs. 2 S. 1 BGB, die es den Liquidatoren zur Pflicht macht, das Vermögen in Geld umzusetzen. Bei **nicht rechtsfähigen GbR**, die beendet sind, erfolgt die Auseinandersetzung nach § 740b BGB, nicht dagegen nach einem strukturierten Liquidationsverfahren[66]. An die Stelle der Liquidation tritt die Beendigung der nicht rechtsfähigen GbR[67]. Vermögen kann die nicht rechtsfähige GbR ohnehin nicht besitzen, § 740 Abs. 1 BGB.

VII. OHG, KG sowie Mitglieder juristischer Personen

11 In der Praxis der Teilungsversteigerungen treten die **OHG** oder **KG** nicht in Erscheinung, wenngleich die Teilungsversteigerung als andere Art der Auseinandersetzung vorgesehen werden kann.[68] In der Regel findet eine Liquidation statt, sodass eine Teilungsversteigerung nicht mehr erforderlich ist.[69]

Anderes gilt hingegen für die **Mitglieder juristischer Personen**, die nicht über einen Anspruch auf Auseinandersetzung der Gemeinschaft verfügen,[70] weshalb ihnen der Weg der Teilungsversteigerung versperrt und der Weg der Liquidation durch Liquidatoren gewiesen ist.

VIII. Wohnungs- und Teileigentum

12 **Wohnungseigentümer** können die Aufhebung der Gemeinschaft nicht verlangen, § 11 Abs. 1 S. 1 WEG, auch nicht aus wichtigem Grund, § 11 Abs. 1 S. 2 WEG. Der **Ausnahmeregelung** in § 11 Abs. 1 S. 3 WEG für den Fall, dass das Gebäude ganz oder teilweise zerstört wird und keine Verpflichtung zum Wiederaufbau besteht, kommt keine praktische Bedeutung zu. Ausge-

---

54 BGH DB 2013, 2201 (2202); aA Becker ZfIR 2013, 314, sowie Becker ZfIR 2013, 738: § 731 S. 2 BGB regle nicht die Auflösung, sondern das Verfahren nach Auflösung der Gesellschaft.
55 BGH DB 2013, 2201 (2202).
56 Bestätigt durch BGH ZfIR 2016, 759, die Teilungsversteigerung ist auf Antrag jedes einzelnen Gesellschafters zulässig. Ebenso bei Wiederversteigerung der Immobilie einer gekündigten GbR, vgl. BGH ZfIR 2022, 140.
57 BGH DB 2013, 2201 (2202 ff.), die Teilungsversteigerung ist ohne vorherigen Rechtsstreit möglich.
58 Dassler/Schiffhauer/Hintzen/Engels/Rellermeyer/Hintzen ZVG § 180 Rn. 26.
59 BGH DB 2013, 2201 (2203); zum Kündigungserfordernis vgl. Schlamann InsbürO 2018, 101.
60 BGH DB 2013, 2201 (2204).
61 Gesetz zur Modernisierung des Personengesellschaftsrechts vom 10.8.2021, BGBl. I S. 3436.
62 Vgl. auch BR-Drs. 59/21, S. 207.
63 Servatius, GbR, 2023, § 735 Rn. 1.
64 Servatius, GbR, 2023, § 735 Rn. 1.
65 Schäfer/Noack, Das neue Personengesellschaftsrecht, 2022, § 9 Rn. 25.
66 Servatius, GbR, 2023, § 740a Rn. 3a.
67 BR-Drs. 59/21, S. 217.
68 Böttcher ZVG § 180 Rn. 10.
69 Hamme Rn. 19.
70 BGH Rpfleger 2018, 163.

schlossen ist auch das Teilungsverlangen eines Pfändungsgläubigers oder Insolvenzverwalters, § 11 Abs. 2 WEG.

D. Gegenstand der Teilungsversteigerung

Den **Gegenstand einer Teilungsversteigerung** bilden Grundstücke, Schiffe, Schiffsbauwerke oder Luftfahrzeuge, an denen gemeinschaftliches Eigentum besteht, § 181 Abs. 2 S. 1 ZVG. Gleiches gilt für Immobilien, die nicht explizit in § 181 Abs. 2 S. 1 ZVG genannt sind, etwa grundstücksgleiche Rechte, darunter das Erbbaurecht, oder besonders ausgestaltetes Miteigentum in Form von Wohnungs- und Teileigentum oder in Form von Wohnungs- und Teilerbbaurechten, ferner Bruchteile an Immobilien.[71] **Einzelausgebote** einzelner Miteigentumsanteile sind bei der Teilungsversteigerung **unzulässig**, versteigert wird die ganze Immobilie.[72]

E. Antrag

I. Antragserfordernis

Von Amts wegen findet die Teilungsversteigerung nicht statt, erforderlich ist stets ein **Antrag, gerichtet an das Vollstreckungsgericht**. Dies ergibt sich aus der Verweisung in § 180 Abs. 1 ZVG auf § 15 ZVG. Ohne Antrag kann die Teilungsversteigerung nicht angeordnet werden. Richtet der Antragsteller seinen Antrag an ein **unzuständiges Vollstreckungsgericht**, gibt dieses den Antrag formlos ab oder verweist per Beschluss an das zuständige Gericht.[73]

II. Form des Antrags bzw. der Antragsrücknahme; Vertretung bei Antragstellung

Eine besondere **Form** muss der **Antrag** nicht wahren,[74] der Antrag kann **schriftlich oder zu Protokoll der Geschäftsstelle** gestellt werden, §§ 180 Abs. 1, 15 ZVG,[75] ohne Anwaltszwang.[76] Gleiches gilt für die **Rücknahme** des Antrags, §§ 180 Abs. 1, 29 ZVG.[77]

Der Antragsteller kann sich durch einen **Rechtsanwalt** vertreten lassen, wobei § 88 ZPO zur Anwendung gelangt. Das Vollstreckungsgericht hat den Mangel der **Vollmacht** von Amts wegen zu berücksichtigen, wenn nicht als Bevollmächtigter ein Rechtsanwalt auftritt, § 88 Abs. 2 ZPO. Nach der überwiegenden Meinung[78] muss der Rechtsanwalt seine Vollmacht dem Vollstreckungsgericht nicht präsentieren.

III. Antragsberechtigung

Die **Antragsberechtigung** liegt

- bei **jedem einzelnen Mitglied der Rechtsgemeinschaft**, die zur Aufhebung gebracht werden soll (Bruchteils- oder Gesamthandsgemeinschaft), gleichgültig, wie groß oder klein der Anteil an der Rechtsgemeinschaft ist[79] oder ob der Anteilserwerb originär oder im Wege der Abtretung[80] erlangt wurde. In gleicher Weise spielt es keine Rolle, ob Verhandlungen über die Auseinandersetzung bereits in Gang gesetzt oder erst für die Zukunft angekündigt sind. Dadurch wird das Antragsrecht nicht eingeschränkt[81] und die Rechtsausübung nicht unzu-

---

71 Dassler/Schiffhauer/Hintzen/Engels/Rellermeyer/Hintzen ZVG § 180 Rn. 6.
72 Roßmann FuR 2019, 558 (562); Münch Abschn. D Rn. 865; Böttcher ZVG § 180 Rn. 94.
73 Dassler/Schiffhauer/Hintzen/Engels/Rellermeyer ZVG § 1 Rn. 7.
74 Kiderlen ZEV 2018, 385 (386); Schlamann InsbürO 2018, 101 (102).
75 Roßmann FuR 2019, 558 (562); Münch Abschn. D Rn. 858; Depré ZVG/Popp ZVG § 181 Rn. 2 und 15; Bothe § 2 Rn. 27.
76 Bothe § 2 Rn. 27.
77 Bothe § 2 Rn. 28.
78 Böttcher ZVG § 180 Rn. 35.
79 Ebenso Roth NJW-Spezial 2016, 295; Bothe § 2 Rn. 2. Zum Einzelantragsrecht einer gekündigten GbR vgl. BGH ZfIR 2016, 759; zum Einzelantragsrecht der Miterben vgl. Kiderlen ZEV 2018, 385.
80 Zum Antragsrecht des Erbanteilserwerbers vgl. Bothe § 2 Rn. 4.
81 Roth NJW-Spezial 2016, 295.

lässig oder rechtsmissbräuchlich. Eine wirtschaftliche Aushöhlung des Erbanteils durch ausgleichungspflichtige Zuwendungen (sog. „hohler Erbanteil"[82]) nimmt dem Erben ebenso wenig das Antragsrecht,[83] da das Antragsrecht an die Mitgliedschaft gekoppelt ist, nicht an die Wirtschaftlichkeit des Erbanteils. Die Zustimmung der anderen Mitglieder der Rechtsgemeinschaft ist zur Antragstellung nicht erforderlich, vielmehr ist das Antragsrecht **autonom** ausgestaltet (Ausnahme: Gütergemeinschaft mit gemeinsamer Verwaltung). Während der **Trennungszeit** ist ein Teilungsversteigerungsantrag nicht generell ausgeschlossen[84] und auch nicht geboten. Die **Pfändung der Ansprüche auf Aufhebung der Gemeinschaft** steht der **Antragstellung nicht entgegen**,[85] hindert den Antrag nach § 180 ZVG nicht. Der Antrag des Schuldners verstößt insbesondere nicht gegen § 829 Abs. 1 S. 2 ZPO, zumal der Pfändungsgläubiger und der Schuldner, der antragstellende Mit- bzw. Gesamthandseigentümer, dasselbe Ziel verfolgen, die Auseinandersetzung der Gemeinschaft.[86] Das Pfändungspfandrecht des Gläubigers wird durch die Teilungsversteigerung nicht beeinträchtigt,[87] ebenso wenig verliert der Mit- bzw. Gesamthandseigentümer das ihm zustehende Recht, die Teilungsversteigerung nach §§ 180 ff. ZVG zu beantragen.[88] Eine Zustimmung des Pfändungsgläubigers benötigt der Mit- bzw. Gesamthandseigentümer nicht.[89] Das Pfändungspfandrecht des Gläubigers sieht sich auf den Weg der Surrogation verwiesen und setzt sich am Erlösüberschuss fort.[90] Auch die **Beschlagnahme eines Miteigentumsanteils im Rahmen einer Forderungsvollstreckung** steht dem Antrag eines Miteigentümers auf Teilungsversteigerung nicht entgegen.[91] Beide, die Teilungsversteigerung und die „reguläre" Zwangsversteigerung, schließen sich nicht aus[92] und liefern keinen Untersagungsgrund und keine Maßgabe für eine Rangfolge der Versteigerungsarten.

- beim **Gläubiger**, der den **Aufhebungsanspruch des Miteigentümers gepfändet hat.**[93] Der Pfändungsgläubiger ist kraft Gesetzes berechtigt, die Aufhebung der Gemeinschaft zu verlangen,[94] § 181 Abs. 2 S. 1 ZVG, allerdings nur, sofern **Pfändung** und **Überweisung** vorliegen. Eine Zustimmung des Miteigentümers benötigt der Pfändungsgläubiger zur Antragstellung nicht.[95] Umgekehrt sieht sich auch der **Miteigentümer** unverändert in der Lage, die Teilungsversteigerung ohne Mitwirkung des Pfändungsgläubigers zu beantragen.[96] Die Begründung hierfür ist darin zu sehen, dass der Pfändungsgläubiger ausreichend geschützt ist. Zur Erlösverteilung ist die Zustimmung des Pfändungsgläubigers erforderlich. Zum Nachweis seines Antragsrechts muss der Gläubiger den **Pfändungs- und Überweisungsbeschluss** in Ausfertigung[97] vorlegen, auf die Grundbucheintragung kommt es dagegen nicht an,[98] da die Wirksamkeit der Pfändung nicht von der Eintragung abhängt, sondern von der Zustellung an den Drittschuldner.
- bei **Gütertrennung** liegt das Antragsrecht bei jedem einzelnen Miteigentümer allein;[99]
- bei **Gütergemeinschaft mit gemeinsamer Verwaltung** ist nur gemeinschaftliche Antragstellung möglich, §§ 1450 bis 1452 BGB;[100]

---

82 Bothe § 2 Rn. 3.
83 Bothe § 2 Rn. 3.
84 OLG Stuttgart NZFam 2021, 280 mAnm Schuldei; OLG Jena NJW-RR 2019, 515; Lenz NJW-Spezial 2018, 452; Kogel FamRB 2019, 411 (412), 413; Böttcher ZVG § 180 Rn. 17a; aA OLG Hamburg NZFam 2018, 32.
85 BGH NJW 2017, 2768 (2770).
86 BGH NJW 2017, 2768 (2770).
87 BGH NJW 2017, 2768 (2770).
88 BGH NJW 2017, 2768 (2770); OLG Hamm NJOZ 2002, 928; Becker ZfIR 2016, 521.
89 BGH NJW 2017, 2768 (2771).
90 BGH NJW 2017, 2768 (2771).
91 BGH NJW 2017, 2768 (2772).
92 BGH NJW 2017, 2768 (2772); Hamme Rpfleger 2002, 248 (249).

93 BGH NJW 2017, 2768 (2772); BGH ZfIR 2016, 759 (760); Lenz NJW-Spezial 2018, 452 (453); Schiffbauer ZIP 1982, 526 (530); Böttcher FPR 2013, 345 (346); Böttcher RpflStud. 2012, 124.
94 BGH NJW 2017, 2768 (2772); Bothe § 2 Rn. 10.
95 BGH NJW 2017, 2768 (2772).
96 Strittig, die abweichende Meinung verlangt die Mitwirkung des Pfändungsgläubigers zur Antragstellung durch den Miteigentümer. Vgl. auch Böttcher RpflStud. 2012, 124 (125).
97 Bothe § 2 Rn. 30.
98 Bothe § 2 Rn. 11.
99 Böttcher FPR 2012, 502 (504); Böttcher ZVG § 180 Rn. 47.
100 Bothe § 2 Rn. 25; Böttcher FPR 2012, 502 (504); Böttcher ZVG § 180 Rn. 48.

- bei **Gütergemeinschaft mit alleiniger Gesamtgutsverwaltung** reicht der Antrag durch den verwaltenden Ehegatten aus;[101]
- im Falle einer **Testamentsvollstreckung** steht dem Testamentsvollstrecker das Antragsrecht zu, nicht den Erben;[102] dem Antrag eines Erben seht § 28 ZVG entgegen.[103] Den Legitimationsnachweis führt der Testamentsvollstrecker beispielsweise durch Vorlage des Testamentsvollstreckerzeugnisses;
- bei Vor- und Nacherbfolge kann der **Vorerbe** den Antrag stellen; ob hierzu die Zustimmung des Nacherben erforderlich ist, da insoweit von einer Verfügung analog § 2113 BGB ausgegangen werden kann, ist strittig;[104]
- bei Insolvenz eines Miteigentümers oder aller Miteigentümer steht das Antragsrecht nur dem **Insolvenzverwalter** zu;[105] ein etwaiger Teilungsausschluss hat im Insolvenzverfahren keine Wirkung, vgl. § 88 Abs. 2 S. 1 InsO;
- bei Belastung des Anteils des Miteigentümers, der den Antrag auf Teilungsversteigerung stellt (**Nießbrauch am Anteil eines Miteigentümers**), kann der **Miteigentümer nur gemeinsam mit dem Nießbraucher** der Antrag stellen, § 1066 Abs. 2 BGB;[106] dies hält die Regelung in § 1066 Abs. 2 BGB ausdrücklich fest, die Aufhebung der Gemeinschaft kann nur von dem Miteigentümer und dem Nießbraucher **gemeinschaftlich** verlangt werden.[107]

IV. Großes und kleines Antragsrecht

In einer eindimensionalen Gemeinschaft, bestehend aus zwei Berechtigten, weist das Antragsrecht keine Besonderheiten auf. Jedem Teilhaber steht ein autonomes, auf die Aufhebung gerichtetes Antragsrecht zu. Anders präsentiert sich hingegen die Situation **mehrdimensionaler Gemeinschaften**, bestehend aus **einer Ober- und einer oder mehreren Untergemeinschaften**. Den Hauptanwendungsfall stellt die mehrdimensionale Gemeinschaft dar: ein verwitweter Bruchteilseigentümer (½) und eine Erbengemeinschaft (½). Zu konstatieren ist eine Obergemeinschaft, die seit Anbeginn bestehende Bruchteilsgemeinschaft, und eine Untergemeinschaft, die spätere entstandene Erbengemeinschaft, die an die Stelle des verstorbenen Miteigentümers getreten ist. Das **große Antragsrecht** bedeutet insoweit, dass jedes einzelne Mitglied der Untergemeinschaft auch auf Aufhebung der übergeordneten Bruchteilsgemeinschaft drängen und einen entsprechenden, auf Aufhebung beider Gemeinschaften gerichteten Antrag stellen kann,[108] einen Antrag auf Versteigerung der ganzen Immobilie, und zwar ohne Zustimmung der anderen Miterben.[109] Weitere Teilungsversteigerungsverfahren werden dadurch überflüssig, worin ein großer Praxisvorteil[110] zu erkennen ist. Das **kleine Antragsrecht** bedeutet dagegen, dass lediglich die Untergemeinschaft, die Erbengemeinschaft, zur Aufhebung gebracht werden soll. Die Existenz der Obergemeinschaft, der Bruchteilsgemeinschaft, ändert sich dagegen nicht.

17

---

101 Böttcher FPR 2012, 502 (504).
102 Roth NJW-Spezial 2016, 295; Schiffbauer ZIP 1982, 526 (528); Bothe § 2 Rn. 5; Böttcher FPR 2013, 345 (346); Böttcher RpflStud. 2012, 124 (125); Böttcher ZVG § 180 Rn. 41; Kiderlen ZEV 2018, 385 (386).
103 Böttcher FPR 2013, 345 (346).
104 Für Zustimmung des Nacherben Roth NJW-Spezial 2016, 295; dagegen: Böttcher ZVG § 180 Rn. 43; Bothe § 2 Rn. 9: keine analoge Anwendung des § 2113 Abs. 1 BGB.
105 Zum Antragsrecht vgl. Bothe § 2 Rn. 8; Schiffbauer ZIP 1982, 526 (530); Böttcher ZVG § 180 Rn. 40.
106 Ebenso Bothe § 2 Rn. 7; Schiffbauer ZIP 1982, 526 (528); aA Böttcher FPR 2013, 345 (346), sowie Böttcher ZVG § 180 Rn. 44: keine Mitwirkung des Nießbrauchers erforderlich, da der Nießbrauch nach Zuschlag am ehemaligen Anteil fortbesteht. Danach benötigt der Miteigentümer zur Antragstellung nicht die Mitwirkung des Nießbrauchers.
107 Bothe § 2 Rn. 7.
108 Zum großen Antragsrecht vgl. KG BeckRS 2019, 49370; Schlamann InsbürO 2018, 101 (102); Dassler/Schiffhauer/Hintzen/Engels/Rellermeyer/Hintzen ZVG § 181 Rn. 13; BeckPFormB/Nickel Nr. 26, Teilungsversteigerungsantrag, Anm. 4; Böttcher FPR 2013, 345 (346).
109 KG BeckRS 2019, 49370.
110 Schiffbauer ZIP 1982, 526 (529).

Die **Empfehlung** geht dahin,[111] im Antrag an das Vollstreckungsgericht unmissverständlich darzulegen, worauf sich die Teilungsversteigerung beziehen soll, auf die Untergemeinschaft oder die Obergemeinschaft. Das ist die Frage danach, **ob das große oder das kleine Antragsrecht zur Ausübung gelangt.** Regelmäßig wird die Teilungsversteigerung auf die Obergemeinschaft gerichtet sein, auf die Versteigerung der ganzen Immobilie, weil dies wirtschaftlicher erscheint, mag auch die Einschätzung, ein Markt für Miteigentumsanteile würde „so gut wie nicht"[112] existieren, nicht mehr aktuell sein. Das Modell des Teilverkaufs erhält mehr und mehr Resonanz.

V. Inhalt des Antrags

18 Der **Antrag** muss folgenden **Inhalt** aufweisen:[113]
- das zuständige Amtsgericht, dort die Abteilung Vollstreckungsgericht;
- die Bezeichnung der betroffenen Immobilie, §§ 180 Abs. 1, 16 Abs. 1 ZVG,[114] demnach das Amtsgericht, die Gemarkung, die Blattstelle (nicht dagegen die alte Bandstelle[115]) sowie die Flurstücksnummer, hilfsweise sonstige Kennzeichnungsmerkmale;
- den Nachweis des betroffenen Gemeinschaftsverhältnisses, das aufgehoben werden soll (Miteigentum, Gesamthandseigentum);[116]
- die Bezeichnung des betroffenen Antragsgegners (= Miteigentümers) mit ladungsfähiger Anschrift,[117] §§ 180 Abs. 1, 16 Abs. 1 ZVG;[118]
- die Bezeichnung des Antragstellers mit ladungsfähiger Anschrift,[119] §§ 180 Abs. 1, 16 Abs. 1 ZVG;[120]
- ggf. die Bezeichnung des Pfändungsgläubigers mit ladungsfähiger Anschrift,[121] überdies ist das Antragsrecht des Pfändungsgläubigers darzulegen;
- schließlich das Verfahrensziel, hier die Zwangsversteigerung zum Zwecke der Aufhebung der Gemeinschaft.[122]

VI. Antragstellung in der Trennungszeit

19 Auch während der **Trennungszeit** ist der Antrag auf Teilungsversteigerung **nicht generell ausgeschlossen**,[123] eine gesetzliche „Sperrvorschrift" existiert nicht. Zugleich bleibt es dem anderen Miteigentümer, der in der Ehewohnung verblieben ist, **unbenommen**, einen **Antrag auf Zuweisung der Ehewohnung nach § 1361b BGB** zu stellen.[124] Der Antrag auf Teilungsversteigerung „sperrt" den Antrag auf Zuweisung der Ehewohnung nach § 1361b BGB nicht. Das Familiengericht muss im Wege der Einzelfallabwägung darüber entscheiden, ob eine unbillige Härte iSv § 1361b Abs. 1 S. 1 BGB vorliegt. Falls seit der Zustellung des Scheidungsantrags bereits meh-

---

111 Vgl. Klinger/Flechtner, Formular Antrag auf Teilungsversteigerung, dort ist eine ausdrückliche „Feststellung" enthalten, wonach „das Gesamtgrundstück zur Versteigerung zu bringen" ist, nicht bloß ein halber Miteigentumsanteil; ähnlich Bothe § 2 Rn. 25.
112 Klinger/Flechtner, Formular Antrag auf Teilungsversteigerung, Anm. 2.
113 Böttcher FPR 2012, 502 (503); Münch Abschn. D R. 860, 1018 (Muster für Antrag auf Teilungsversteigerung); Martinek/Ittenbach BB 1993, 519 (520); Dassler/Schiffhauer/Hintzen/Engels/Rellermeyer/Hintzen ZVG § 181 Rn. 7.
114 Martinek/Ittenbach BB 1993, 519 (520).
115 So aber noch das Muster bei GForm-ZPO/Sievers § 181 Rn. 1 („Band").
116 Martinek/Ittenbach BB 1993, 519 (520); Kiderlen ZEV 2018, 385 (386).
117 Genaue Adresse erforderlich, die Angabe eines Postfachs reicht nicht aus.
118 Martinek/Ittenbach BB 1993, 519 (520); Kiderlen ZEV 2018, 385 (386).
119 Genaue Adresse erforderlich, die Angabe eines Postfachs reicht nicht aus.
120 Dassler/Schiffhauer/Hintzen/Engels/Rellermeyer/Hintzen ZVG § 181 Rn. 7.
121 Genaue Adresse erforderlich, die Angabe eines Postfachs reicht nicht aus.
122 Martinek/Ittenbach BB 1993, 519 (520).
123 OLG Stuttgart NZFam 2021, 280 mAnm Schuldei; OLG Jena NJW-RR 2019, 515; Lenz NJW-Spezial 2018, 452; aA OLG Hamburg NZFam 2018, 32. Eine Rechtsbeschwerde wurde nicht zugelassen, obgleich dies sinnvoll gewesen wäre, vgl. Roßmann FuR 2019, 558 (563).
124 OLG Stuttgart NZFam 2021, 280 mAnm Schuldei.

rere Jahre vergangen sind, soll der drohende Verlust der bisherigen Umgebung und der Verlust des Freundeskreises des Kindes keine unbillige Härte darstellen.[125] Die Rede ist in diesem Zusammenhang von einer „*trennungsbedingte(n) Unannehmlichkeit*".[126]

VII. Antragsbegründung nicht erforderlich

Begründet werden muss der Antrag auf Eröffnung des Verfahrens **nicht**, insbesondere muss im Antrag nicht dargelegt werden, warum die Gemeinschaft aufgehoben werden soll. Einen entsprechenden Sachvortrag („*Zwischen den Parteien kam es in der Vergangenheit zu Schwierigkeiten (…) Abrechnungs-fragen (…) Verpflichtungen aus der Gemeinschaft nicht nachgekommen (…) Der Grundbesitz muss daher zur Aufhebung der Gemeinschaft versteigert werden (…)*") kann das Vollstreckungsgericht nicht verlangen, zur Anordnung des Verfahrens ist **keine Begründung** erforderlich.[127]

VIII. Vollstreckungstitel nicht erforderlich, § 181 Abs. 1 ZVG

Für die Anordnung der Teilungsversteigerung ist ein vollstreckbarer Titel **nicht erforderlich**, § 181 Abs. 1 ZVG,[128] weil die Zulässigkeit der Teilung regelmäßig außer Frage bzw. außer Streit[129] steht.[130] Eine Titulierung des Aufhebungsanspruchs würde „*einen letztlich unnötigen Aufwand an Kosten und Zeit*"[131] generieren. Etwas anderes gilt für einen **im Grundbuch eingetragenen Aufhebungsausschluss** nach § 1010 BGB, über den die Regelung in § 749 Abs. 2 BGB (wichtiger Grund) hinweghelfen soll, was nur mithilfe der Vorlage eines **rechtskräftigen Duldungstitels** gelingen kann.[132] In dieser Konstellation ist dem Antrag auf Eröffnung des Teilungsversteigerungsverfahrens der Duldungstitel beizufügen.[133]

IX. Nachweis Miteigentum, Nachweis Erbfolge

Die Teilungsversteigerung darf nur angeordnet werden, wenn der Antragsteller als **Miteigentümer im Grundbuch eingetragen** oder **Erbe eines eingetragenen Eigentümers** ist[134] oder das **Recht** des Eigentümers oder des Erben auf Aufhebung der Gemeinschaft **ausübt**, § 181 Abs. 2 S. 1 ZVG.

Dass der **Antragsteller als Miteigentümer im Grundbuch eingetragen** ist, kann durch ein höchstens 6 Wochen altes Zeugnis des Grundbuchamtes nachgewiesen werden, §§ 180 Abs. 1, 17 Abs. 2 S. 1 ZVG. Gehören Vollstreckungsgericht und Grundbuchamt **demselben Amtsgericht** an, genügt die **Bezugnahme** auf das Grundbuch, §§ 180 Abs. 1, 17 Abs. 2 S. 2 ZVG,[135] wobei das Grundbuch unter Hinweis auf die Gemarkung und die Blattstelle zu bezeichnen ist. Eine alternative Nachweisform besteht in der Vorlage eines höchstens 6 Wochen alten Grundbuchausdrucks, aus dem das Miteigentum des Antragstellers hervorgeht.

---

125 OLG Stuttgart NZFam 2021, 280 mAnm Schuldei.
126 OLG Stuttgart NZFam 2021, 280 mAnm Schuldei.
127 Überflüssig daher die Begründungen („Da eine Einigung (…) nicht erfolgte und Realteilung nicht in Betracht kommt") im Muster BeckPFormB/Nickel Nr. 26, Teilungsversteigerungsantrag. Wie hier auch Kiderlen ZEV 2018, 385 (386); Bothe § 2 Rn. 26. Eine überflüssige Begründung enthält auch das Formular des Beck'schen Online-Formulare Prozess Nr. 11.5.1, Antrag auf Teilungsversteigerung nach §§ 180 ff. ZVG.
128 Das Gesetz folgt an dieser Stelle dem alten preußischen Recht, das bis zum 1.1.1900 Anwendung fand, vgl. BGH ZfIR 2018, 26 = Rpfleger 2018, 163: „Der Gesetzgeber entschied sich mit dem heutigen § 181 Abs. 1 ZVG dafür, nach preußischem Vorbild auf das Titelerfordernis zu verzichten."; vgl. Schiffbauer ZIP 1982, 526 (527); Münch Abschn. D R. 861.
129 Depré ZVG/Popp ZVG § 181 Rn. 1.
130 BGH ZfIR 2022, 140 (141), der von „niedrige(n) Anforderungen" spricht.
131 BGH ZfIR 2018, 26 = Rpfleger 2018, 163.
132 Münch Abschn. D R. 861; Dassler/Schiffhauer/Hintzen/Engels/Rellermeyer/Hintzen ZVG § 181 Rn. 2.
133 Depré ZVG/Popp ZVG § 181 Rn. 1.
134 Schlamann InsbürO 2018, 101 (102).
135 Bothe § 2 Rn. 29.

23 Dass der **Antragsteller Erbe eines eingetragenen Miteigentümers** ist, ist dem Vollstreckungsgericht **glaubhaft** zu machen. Nach § 181 Abs. 4 ZVG findet die Regelung in § 17 Abs. 3 ZVG auf die Erbfolge des Antragstellers Anwendung. Danach ist die Erbfolge durch Urkunden glaubhaft zu machen, sofern sie nicht bei dem Vollstreckungsgericht offenkundig ist. In Betracht kommen die Vorlage eines Erbscheins in Urschrift oder Ausfertigung,[136] die Vorlage eines Europäischen Nachlasszeugnisses in beglaubigter Abschrift oder die Vorlage eines öffentlichen, mit Eröffnungsniederschrift versehenen Testaments. Ob die Vorlage eines privatschriftlichen Testaments ausreicht, ist strittig. Eine Meinung rekurriert darauf, dass die Regelung in § 17 Abs. 3 ZVG nicht zwingend die Vorlage öffentlicher Urkunden gebietet.[137] Teilweise stößt dies unter Hinweis auf § 35 GBO auf Ablehnung[138] mit der Folge, dass der Urkundsbeweis anzutreten sei.[139] Der Rekurs auf fremdes Verfahrensrecht, hier § 35 GBO, überzeugt jedoch nicht, da lex specialis, manifest in § 17 Abs. 3 ZVG, eine andere Verfahrensweise vorgibt: die Glaubhaftmachung der Erbfolge, sofern diese nicht ohnehin offenkundig ist. Hinzu kommt der Nachweis der originären Eintragung des Erblassers. Der Antragsteller selbst muss dagegen nicht im Grundbuch eingetragen sein, da die Glaubhaftmachung ausreicht. Die Berichtigung des Grundbuchs bildet keine Verfahrensvoraussetzung und kann dem Antragsteller nicht aufgegeben werden.[140]

X. Zustimmung des anderen Ehegatten nach § 1365 BGB

24 Bei Gesamtvermögensgeschäften ist die Zustimmung des anderen Ehegatten zur Antragstellung erforderlich, § 1365 Abs. 1 BGB analog,[141] demnach wird der **Antrag** auf Teilungsversteigerung als **zustimmungspflichtige Verfügung** über das Vermögen im Ganzen gesehen.[142] Der Antrag auf Anordnung der Teilungsversteigerung lässt sich mit der Veräußerung der Immobilie vergleichen.[143] Der BGH[144] hält eine Analogie für zulässig und geboten, da § 181 Abs. 2 S. 2 ZVG eine planwidrige Lücke enthält. Die Zustimmung muss bereits bei der **Antragstellung** vorliegen,[145] nicht erst bei Erteilung des Zuschlags. In der Folge ist dem Antrag auf Anordnung der Teilungsversteigerung die Einwilligung des Ehegatten beizufügen. Bis zur Erstellung des Verkehrswertgutachtens ist für das Vollstreckungsgericht allerdings nicht evident, dass ein Gesamtvermögensgeschäft vorliegen könnte. Bei größeren Vermögen dürfen nicht weniger als 10 Prozent des ursprünglichen Gesamtvermögens verbleiben,[146] bei kleinen Vermögen mindestens 15 Prozent,[147] erst dann liegt ein Gesamtvermögensgeschäft vor. Eine **generelle, amtswegige Prüfung des § 1365 BGB erfolgt allerdings nicht**, vielmehr muss der Antragsgegner den Sachverhalt **geltend machen**,[148] beispielsweise durch Klageerhebung, § 771 ZPO.[149] Eine Ausnahme gilt dann, sollte der Antragsteller erfolgreich **Prozesskostenhilfe** ohne Raten beantragen. Dann ist für das Vollstreckungsgericht **ersichtlich** bzw. **offenkundig**[150] (vgl. Erklärung über die wirtschaftlichen und persönlichen Verhältnisse des Antragstellers), dass weiteres Vermögen nicht vorhanden ist. Zur Durchführung des Verfahrens ist die Zustimmung des Ehegatten erforder-

---

136 Bothe § 2 Rn. 30.
137 Schiffbauer ZIP 1982, 526 (529); Böttcher FPR 2013, 345 (346).
138 Bothe § 2 Rn. 31.
139 Bothe § 2 Rn. 31.
140 Dassler/Schiffbauer/Hintzen/Engels/Rellermeyer/Hintzen ZVG § 181 Rn. 10.
141 OLG Hamm NJW-RR 2006, 1442 = FamRZ 2006, 1557; Böttcher FPR 2012, 502 (504); Münch Abschn. D Rn. 996 ff.
142 BGH NJW 2007, 3124; Becker ZfIR 2016, 302 (304); Roßmann FuR 2019, 558 (562); Böttcher FPR 2012, 502 (504); Kogel FamRB 2018, 195 (199).
143 BGH NJW 2007, 3124; BayObLG FamRZ 1996, 1013 (1014); OLG Celle FamRZ 1961, 30; Münch Abschn. D Rn. 999; vgl. auch BeckPFormB/Nickel Nr. 26, Teilungsversteigerungsantrag Anm. 10; Roth NJW-Spezial 2016, 295.
144 BGH NJW 2007, 3124.
145 BGH NJW 2007, 3124, nicht erst bei Erteilung des Zuschlags; ebenso Münch Abschn. D Rn. 1000.
146 BGH NJW 1991, 1739; Lenz NJW-Spezial 2018, 452.
147 Kogel FamRB 2018, 195 (200).
148 Ebenso Münch Abschn. D Rn. 1004; Schiffbauer ZIP 1982, 526 (529); Böttcher FPR 2012, 502 (504).
149 Kogel FamRB 2018, 195 (200); Böttcher FPR 2012, 502 (504).
150 Münch Abschn. D Rn. 1004.

lich. Das Zustimmungserfordernis gilt nur **für die Dauer der Ehe und nur für den Güterstand der Zugewinngemeinschaft**.[151] Sollten die Beteiligten bereits rechtskräftig geschieden sein, kann auf § 1365 BGB nicht mehr rekurriert werden.[152] Nach Beendigung des Güterstandes, **nach Rechtskraft der Scheidung** besteht das Zustimmungserfordernis **nicht mehr**,[153] sodass der Antrag auf Eröffnung des Teilungsversteigerungsverfahrens unbeschränkt gestellt werden kann. Das Einwilligungserfordernis nach § 1365 BGB besteht nicht fort, die obergerichtliche Rechtsprechung[154] konnte auch keine Notwendigkeit erkennen, warum nach Rechtskraft der Scheidung das Einwilligungserfordernis fortwirken und eine Teilungsversteigerung unmöglich machen soll. **Strittig** ist, ob das Zustimmungserfordernis nach § 1365 BGB auch **für den Pfändungsgläubiger** gilt, der den Anspruch eines Ehegatten auf Aufhebung der Gemeinschaft gepfändet hat.[155] **Die herrschende Meinung** betont, dass der Schutzzweck des § 1365 BGB insoweit nicht greifen soll, insbesondere soll der Zugriff des Gläubigers nicht verhindert werden.[156] Die **Zustimmung** des anderen Ehegatten sei **nicht erforderlich**. Dem Gläubiger steht das ungeschmälerte Recht zu, die Teilungsversteigerung zu beantragen. Die **abweichende Meinung**[157] hält eine analoge Anwendung des § 1365 BGB geboten.[158]

XI. Familien-, betreuungs- bzw. nachlassgerichtliche Genehmigung für Antragstellung, § 181 Abs. 2 S. 2 ZVG

Stellt ein **Betreuer** oder ein **Vormund** den Antrag auf Teilungsversteigerung, ist hierzu die **rechtskräftige Genehmigung des Familien- bzw. des Betreuungsgerichts** erforderlich, § 181 Abs. 2 S. 2 ZVG.[159] Nach dieser Vorschrift gilt: von dem **Vormund** eines Miteigentümers kann der Antrag nur mit Genehmigung des Familiengerichts, von dem **Betreuer** eines Miteigentümers nur mit Genehmigung des Betreuungsgerichts gestellt werden. Gleichgestellt sind der **Nachlasspfleger** und der **Nachlassverwalter**, wobei an die Stelle des Familien- bzw. Vormundschaftsgerichts das Nachlassgericht tritt. Zur Antragstellung benötigen der Nachlasspfleger[160] bzw. der Nachlassverwalter[161] die **Genehmigung des Nachlassgerichts**,[162] §§ 1883 Abs. 1, 1975 BGB iVm § 181 Abs. 2 S. 2 ZVG. Geschützt[163] werden soll das Vermögen des betroffenen Miteigentümers, der unter Vormundschaft oder Betreuung steht. Das Gericht prüft die Genehmigungsfähigkeit des Antrags, nimmt Anhörungen vor und führt das Verfahren nach den Vorschriften des FamFG[164] durch. Über den Genehmigungsantrag wird durch Beschluss entschieden, § 38 FamFG.

Die Regelung in § 181 Abs. 2 S. 2 ZVG spricht von Betreuern und Vormündern, **nicht von Eltern**, sodass diese zur Antragstellung keine Genehmigung benötigen.[165]

Davon unabhängig sind die **allgemeinen Vertretungsausschlüsse** nach den früheren § **1795 BGB** bzw. §§ **1629 Abs. 2 S. 1, 1795 BGB** zu beachten.[166] Nach der **Reform** des Vormundschafts- und Betreuungsrechts zum 1.1.2023 ergeben sich die Vertretungsausschlüsse aus den § **1824 BGB** (Betreuer), §§ **1789 Abs. 2 S. 2, 1824 BGB** (Vormund) und §§ **1629 Abs. 2 S. 1, 1824 BGB** (Eltern). Eine inhaltliche Änderung erfuhren die Vertretungsausschlüsse durch die Reform

---

151 OLG Jena NJW-RR 2019, 264 (265).
152 OLG Hamm NJW-RR 2006, 1442 = FamRZ 2006, 1557; Lenz NJW-Spezial 2018, 452; Böttcher FPR 2012, 502 (504).
153 OLG Hamm NJW-RR 2006, 1442 = FamRZ 2006, 1557.
154 OLG Hamm NJW-RR 2006, 1442 = FamRZ 2006, 1557. Roßmann FuR 2019, 558 (562).
155 Münch Abschn. D Rn. 1003; BeckPFormB/Nickel Nr. 26, Teilungsversteigerungsantrag Anm. 10.
156 Münch Abschn. D Rn. 1003.
157 Böttcher RpflStud. 2012, 124 (125).
158 Böttcher RpflStud. 2012, 124 (125).
159 Münch Abschn. D Rn. 862; Becker ZfIR 2016, 302 (304); Dassler/Schiffhauer/Hintzen/Engels/Rellermeyer/Hintzen ZVG § 181 Rn. 28.
160 Becker ZfIR 2016, 302 (305); Bothe § 2 Rn. 2.
161 Becker ZfIR 2016, 302 (305), vgl. auch § 1975 BGB, wonach die Nachlassverwaltung eine Nachlasspflegschaft zum Zwecke der Befriedigung der Nachlassgläubiger darstellt; ebenso Bothe § 2 Rn. 2.
162 Bothe § 2 Rn. 2; Becker ZfIR 2016, 302 (305).
163 Becker ZfIR 2016, 302 (305).
164 Becker ZfIR 2016, 302 (305 f.).
165 Bothe § 2 Rn. 2; Becker ZfIR 2016, 302 (305); Böttcher FPR 2013, 345 (346).
166 Becker ZfIR 2016, 302 (303).

des Vormundschafts- und Betreuungsrechts nicht. Der **Vormund** kann den Mündel nicht vertreten bei einem Rechtsstreit zwischen Ehegatten, Lebenspartnern oder einem seiner Verwandten in gerader Linie einerseits und dem Mündel anderseits,[167] §§ 1789 Abs. 2 S. 2, 1824 Abs. 1 Nr. 3 BGB. Der **Vater** und die **Mutter** können das Kind insoweit nicht vertreten, als nach §§ 1629 Abs. 2 S. 1, 1824 BGB ein Vormund von der Vertretung des Kindes ausgeschlossen ist. Relevanz entfalten diese Regelungen bei **Eigentümergemeinschaften**, an denen der **Vormund und das Mündel** bzw. die **Eltern und das Kind** beteiligt sind. Der Interessenkollision begegnet das Gesetz durch den Vertretungsausschluss des Vormunds bzw. der Eltern, sodass die Notwendigkeit einer **Ergänzungspflegschaft**[168] besteht, um einen Antrag auf Teilungsversteigerung zu initiieren.

Strittig ist,[169] ob der Vormund bzw. Betreuer die **rechtskräftige Genehmigung selbst vorlegen muss** oder die **Übermittlung durch das Familien- bzw. Betreuungsgericht** ausreicht. Um Verfahrensverzögerungen zu vermeiden, sollte der Vormund bzw. Betreuer die Genehmigung selbst dem Vollstreckungsgericht vorlegen.

F. Anhörung des Antragsgegners vor Verfahrensanordnung bzw. vor Beitritt

26 Vor Anordnung des Teilungsversteigerungsverfahrens ist dem Antragsgegner **rechtliches Gehör** zu gewähren.[170] Gleiches gilt für die Zulassung eines Beitritts.[171] Denn vor Gericht hat jedermann Anspruch auf rechtliches Gehör, Art. 103 Abs. 1 GG. Gesetzliche Abweichungen hält das Verfahrensrecht nicht parat, ebenso wenig kann der verfahrensrechtliche Vorteil[172] von der Hand gewiesen werden, der sich aus der Anhörung des Antragsgegners ergibt. Gemeint sind die entgegenstehenden Rechte, die einen Hinderungsgrund darstellen.[173] Dies gilt insbesondere für die entgegenstehenden Rechte, die nicht aus dem Grundbuch[174] hervorgehen.

G. Entgegenstehende Rechte, § 28 ZVG

I. Bruchteilsgemeinschaft und im Grundbuch eingetragener Aufhebungsausschluss, § 1010 BGB

27 Die **Auseinandersetzung** kann durch Vereinbarung **ausgeschlossen** oder beschränkt sein, § 749 Abs. 2 S. 1 BGB. Die Teilungsversteigerung ist unzulässig, sofern ein **Aufhebungsausschluss** nach § 1010 BGB im Grundbuch eingetragen ist. Dann liegt ein **Verfahrenshindernis** iSv § 28 ZVG vor,[175] das vom Vollstreckungsgericht von Amts wegen zu beachten ist.[176] Um dennoch die Teilungsversteigerung initiieren zu können, ist ein wichtiger Grund iSv § 749 Abs. 2 BGB erforderlich.[177] Dem Vollstreckungsgericht ist ein **rechtskräftiger Duldungstitel**[178] vorzulegen, nur auf diese Art und Weise ist dargelegt, dass die Teilungsversteigerung zulässig ist.

II. Erbengemeinschaft, §§ 2043–2045 BGB

28 Ein **Ausschluss bzw. ein Aufschub der Auseinandersetzung** besteht in den Konstellationen, die in den §§ 2043 bis 2045 BGB geregelt sind, vgl. § 2042 Abs. 1 BGB. Größte Praxisrelevanz

---

167 Becker ZfIR 2016, 302 (304).
168 Becker ZfIR 2016, 302 (303 f.).
169 Depré ZVG/Popp ZVG § 181 Rn. 4.
170 Strittig, wie hier Böttcher ZVG § 180 Rn. 23; aA Schlamann InsbürO 2018, 101 (103): Anordnung ohne vorherige Anhörung.
171 Vgl. Böttcher FPR 2013, 345 (346 f.); aA Depré ZVG/Popp ZVG § 180 Rn. 18: eine Maßnahme der Zwangsvollstreckung liege vor.
172 Schiffbauer ZIP 1982, 526 (529).
173 Schiffbauer ZIP 1982, 526 (529).
174 Schiffbauer ZIP 1982, 526 (529).
175 Böttcher FPR 2012, 502 (503); Münch Abschn. D Rn. 950; Böttcher ZVG § 180 Rn. 18.
176 Dassler/Schiffhauer/Hintzen/Engels/Rellermeyer/Hintzen ZVG § 181 Rn. 14.
177 Münch Abschn. D Rn. 951.
178 Vgl. Münch Abschn. D Rn. 861 und 951; Bothe § 3 Rn. 4.

kommt dabei dem **Teilungsverbot** zu, § 2044 Abs. 1 BGB,[179] ausgesprochen vom Erblasser, gerichtet auf den gesamten Nachlass oder auf nur einzelne Nachlassgegenstände, abhängig von der letztwilligen Verfügung des Erblassers. Schließt der Erblasser die Auseinandersetzung aus, kann die Aufhebung nur verlangt werden, sofern ein wichtiger Grund vorliegt, §§ 2044 Abs. 1 S. 2, 749 Abs. 2 S. 1 BGB.[180]

Eine weitere Variante zeigt sich in der **Teilungserschwerung**, die ebenfalls in die erblasserische Gestaltungskompetenz fällt,[181] etwa in Gestalt einer Anordnung des Erblassers, wonach die Teilung nur einstimmig vorgenommen werden kann.[182] Ein **Aufschub** der Auseinandersetzung kann aus der **Unbestimmtheit der Erbanteile (§ 2043 BGB)**,[183] **einem laufenden Aufgebotsverfahren**[184] oder dem **Ablauf der Anmeldungsfrist (§ 2045 BGB)** resultieren.

III. Bestehende Testamentsvollstreckung

Die Verwaltung des Nachlasses obliegt dem **Testamentsvollstrecker**, § 2205 S. 1 BGB. Nur der Testamentsvollstrecker ist berechtigt, über Nachlassgegenstände zu verfügen, § 2205 S. 2 BGB, nicht dagegen der Erbe, § 2211 Abs. 1 BGB. Verfahrensrechtlich bedeutet dies, dass der Erbe nicht in der Lage ist, einen Antrag auf Teilungsversteigerung zu stellen.[185] Denn die Antragstellung kommt einer Verfügung gleich.[186] **Nur der Testamentsvollstrecker** kann den **Antrag** auf Teilungsversteigerung stellen.[187]

29

H. Anordnung der Teilungsversteigerung

I. Anordnung durch Beschluss

Die allgemeinen Verfahrensregelungen zur Versteigerung treffen zwar Aussagen über die Notwendigkeit (§ 15 ZVG) und den Inhalt des Antrags (§ 16 ZVG), nicht aber über die **gerichtliche Entscheidungsform**, die mithilfe der ZPO zu beantworten ist. Nach § 764 Abs. 3 ZPO ergehen die Entscheidungen des Vollstreckungsgerichts durch **Beschluss**, der die inhaltlichen Maßgaben des § 16 ZVG aufgreifen und die Besonderheiten der Teilungsversteigerung berücksichtigen muss.[188]

30

II. Inhalt des Anordnungsbeschlusses

Im **Anordnungsbeschluss** finden sich folgende Punkte:

31

- der Antragsteller,
- der Antragsgegner
- deren Vertreter
- das aufzuhebende Gemeinschaftsverhältnis
- die Gemarkung
- die Blattstelle
- die Flurstücksnummer mit Lage und Größe
- die Zwangsversteigerung zum Zwecke der Aufhebung der Gemeinschaft

---

179 OLG Karlsruhe BeckRS 2022, 6162; Roth NJW-Spezial 2016, 295; KG BeckRS 2019, 49370; Bothe § 3 Rn. 3.
180 OLG Karlsruhe BeckRS 2022, 6162.
181 Grüneberg/Weidlich BGB § 2044 Rn. 1.
182 OLG Karlsruhe BeckRS 2022, 6162.
183 Soweit die Erbanteile wegen der zu erwartenden Geburt eines Miterben noch unbestimmt sind, vgl. § 2043 Abs. 1 BGB; Gleiches gilt für eine noch ausstehende Entscheidung über einen Antrag auf Annahme als Kind, über die Aufhebung des Annahmeverhältnisses oder über die Anerkennung einer vom Erblasser errichteten Stiftung § 2043 Abs. 2 BGB. Vgl. auch Bothe § 3 Rn. 2.
184 Zum laufenden Aufgebotsverfahren vgl. Bothe § 3 Rn. 5.
185 Dassler/Schiffhauer/Hintzen/Engels/Rellermeyer/Hintzen ZVG § 181 Rn. 22.
186 Dassler/Schiffhauer/Hintzen/Engels/Rellermeyer/Hintzen ZVG § 181 Rn. 22.
187 Ebenso Bothe § 3 Rn. 6.
188 Zum Anordnungsbeschluss vgl. Schlamann InsbürO 2018, 101 (102 f.).

- die Beschlagnahme der Immobilie[189]
- darüber hinaus wird der Antragsgegner über Einstellungsmöglichkeiten belehrt.[190]

III. Wirkungen des Anordnungsbeschlusses

32 Der Anordnungsbeschluss gilt als **Beschlagnahme** der Immobilie, §§ 180 Abs. 1, 20 Abs. 1 ZVG, wobei in der Teilungsversteigerung ein **Verfügungsverbot** nach § 23 ZVG **nicht entsteht**.[191] Ein solches ist auch nicht erforderlich, da sich die Veräußerung oder Belastung des Miteigentumsanteils nicht negativ auswirkt.[192] Dies gilt auch für den Fall, dass ein Pfändungsgläubiger das Verfahren betreibt.[193]

IV. Zustellung des Anordnungsbeschlusses

33 Dem **Antragsteller** wird der Anordnungsbeschluss **formlos** mitgeteilt, dem **Antragsgegner zugestellt**.[194]

V. Rechtsbehelf der Vollstreckungserinnerung, § 766 ZPO

34 Gegen den Anordnungsbeschluss findet die **Vollstreckungserinnerung** gem. § 766 ZPO statt.[195]

I. Beitritt

I. Allgemeines

35 Geht nach der Anordnung des Verfahrens ein weiterer Antrag auf Zwangsversteigerung der Immobilie ein, erfolgt keine weitere Verfahrensanordnung, sondern eine **Beitrittszulassung** des Antragstellers, §§ 180 Abs. 1, 27 Abs. 1 S. 1 ZVG. Dem Beitritt kommt eine kaum zu unterschätzende verfahrensrechtliche Wirkung zu, weshalb die allgemeine **Empfehlung** dahin geht, dem Verfahren beizutreten. Beitreten kann jeder **antragsberechtigte Antragsgegner**.[196] Nicht anders als der Antrag, bedarf der Beitritt **keiner Begründung**.[197] Ohne Verfahrensanhängigkeit ist der Beitrittsantrag als neuer Anordnungsantrag zu werten.[198]

II. Gerichtlicher Beitrittsbeschluss

36 Die Zulassung erfolgt in der Form eines gerichtlichen **Beitrittsbeschlusses**,[199] §§ 180 Abs. 1, 27 Abs. 1 S. 1 ZVG, worin der Antragsgegner auch über **Einstellungsmöglichkeiten** belehrt wird.[200]

III. Vorlage eines Vollstreckungstitels nicht erforderlich

37 Auch für den **Beitritt**[201] zum Verfahren ist die Vorlage eines vollstreckbaren **Titels nicht erforderlich**, § 181 Abs. 1 ZVG.[202]

---

189 Böttcher FPR 2013, 345 (347); Böttcher ZVG § 180 Rn. 60, Entscheidung durch Beschluss.
190 Schlamann InsbürO 2018, 101 (103).
191 BGH ZfIR 2016, 759 (760); Schlamann InsbürO 2018, 101 (103); Böttcher FPR 2013, 345 (347); Böttcher RpflStud. 2012, 124 (126).
192 Böttcher RpflStud. 2012, 124 (126).
193 BGH ZfIR 2016, 759 (760).
194 Schlamann InsbürO 2018, 101 (103); Böttcher ZVG § 180 Rn. 60.

195 Schlamann InsbürO 2018, 172 (175).
196 Bothe § 2 Rn. 36.
197 Bothe § 2 Rn. 41.
198 Bothe § 2 Rn. 40.
199 Ebenso Schlamann InsbürO 2018, 101 (103).
200 Schlamann InsbürO 2018, 101 (103).
201 Böttcher FPR 2013, 345.
202 Böttcher FPR 2013, 345.

IV. Grundbuch; Folgen des Beitritts; Empfehlung

Der Beitritt wird **nicht** im Grundbuch eingetragen, § 27 Abs. 1 S. 2 ZVG. Folge des Beitritts ist, dass alle Antragsteller gesamtschuldnerisch für die gerichtlichen Auslagen haften,[203] darunter die Kosten des Sachverständigen. Dennoch wird der **Beitritt** zum Verfahren allgemein **empfohlen**, um **Einfluss** auf das Verfahren nehmen zu können,[204] denn durch den Beitritt erlangt der Beitretende die Rechte, die auch dem Antragsteller des Verfahrens zustehen, §§ 180 Abs. 1, 27 Abs. 2 ZVG. Überdies wird durch den Beitritt ausgeschlossen, dass das Verfahren einseitig zu Ende gebracht werden kann. Die Literatur spricht deshalb vom Beitritt als einer „sehr wichtige(n) Schutzmaßnahme in der Teilungsversteigerung",[205] dem Beitritt „aus Verteidigungsgründen"[206] bzw. von der „absolute(n) Notwendigkeit (…) im Rahmen eines Teilungsversteigerungsverfahrens den Beitritt zu erklären",[207] um eine wirtschaftliche Schädigung des Antragsgegners zu verhindern.[208] Den Beitritt nicht zu erklären, kann zum Bereich der „gravierendste(n) anwaltlichen Beratungsfehler"[209] gezählt werden. Eine Zustimmung zum Teilungsversteigerungsverfahren ist mit dem Beitritt nicht verbunden und kann explizit im Beitrittsantrag festgehalten werden.[210] Wichtig ist in diesem Zusammenhang, dass der Beitritt **fristgebunden** ist. Der auf den Beitrittsantrag ergangene Anordnungsbeschluss muss allen Beteiligten vier Wochen vor dem Versteigerungstermin zugestellt werden, §§ 43 Abs. 2, 44 Abs. 2 ZVG.[211]

38

V. Beitritt und Versteigerungstermin

Große Bedeutung kommt der in §§ 180 Abs. 1, 44 Abs. 2 ZVG statuierten **Frist** von vier Wochen zu.[212] Um der Feststellung des geringsten Gebotes zugrunde gelegt werden zu können, ist es erforderlich, dass der Beitrittsbeschluss **vier Wochen vor dem Versteigerungstermin** den Verfahrensbeteiligten **zugestellt** wird, §§ 180 Abs. 1, 44 Abs. 2 ZVG.

39

VI. Rechtsbehelf gegen den Beitritt

Gegen den Beitritt findet die **Vollstreckungserinnerung** nach § 766 ZPO statt.

40

J. Beteiligte

Gläubiger und Schuldner existieren in der Teilungsversteigerung nicht, weshalb die Beteiligtenregelung in § 9 ZVG zu modifizieren ist, gemünzt auf **Antragsteller** und **Antragsgegner**, die anderen Miteigentümer.[213] Hinzukommen als **weitere Beteiligte** diejenigen, für die zur Zeit der Eintragung des Teilungsversteigerungsvermerks ein Recht im Grundbuch eingetragen oder durch Eintragung gesichert ist, §§ 180 Abs. 1, 9 Nr. 1 ZVG[214], sowie diejenigen, die ein der Teilungsversteigerung entgegenstehendes Recht bei dem Vollstreckungsgericht anmelden und auf Verlangen des Gerichts oder eines Beteiligten glaubhaft machen können, §§ 180 Abs. 1, 9 Nr. 2 ZVG. Nach Ansicht des **BGH** genügt der bloße Miteigentumsanteil noch nicht, um den Eigentümer zum Beteiligten nach § 9 Nr. 1 ZVG zu machen[215]. Die **übrigen Miteigentümer** sind Beteiligte nach § 9 Nr. 1 ZVG, wenn für sie oder ihren jeweiligen Bruchteil ein Recht an dem zu versteigernden Miteigentumsanteil eingetragen ist[216]. Die übrigen Miteigentümer sind auch

41

---

203 Ebenso Bothe § 2 Rn. 43; zur Möglichkeit einer drohenden „Verwertungsblockade" vgl. Bartels ZfIR 2013, 609.
204 Münch Abschn. D Rn. 870 und 939.
205 Kiderlen ZEV 2018, 385 (387).
206 Kiderlen ZEV 2018, 385 (387); ähnlich Kogel FamRB 2017, 106 (111): „wichtigste Verteidigungshandlung".
207 Kogel FamRB 2017, 106 (111).
208 Schiffbauer ZIP 1982, 526 (532).
209 Kogel FamRB 2017, 106 (112).
210 So das Muster bei Kiderlen ZEV 2018, 385 (387).
211 Kiderlen ZEV 2018, 385 (387); Münch Abschn. D Rn. 871.
212 Zur Fristgebundenheit vgl. Münch Abschn. D Rn. 871.
213 Vgl. Münch Abschn. D Rn. 867, kein Gläubiger-Schuldner-Verhältnis.
214 Vgl. BGH NZM 2023, 180.
215 BGH NZM 2023, 180 (181).
216 BGH NZM 2023, 180 (181).

dann Beteiligte iSv § 9 Nr. 1 ZVG, wenn dies ihre grundbuchersichtlichen Interessen gebieten[217], etwa im Falle einer Gesamtgrundschuld an allen Miteigentumsanteilen[218].

K. Beschlagnahme
I. Wirksamwerden der Beschlagnahme

42 Das zuständige Vollstreckungsgericht erlässt einen **Anordnungsbeschluss**, mit dessen Zustellung, adressiert an den Antragsgegner, die Beschlagnahme wirksam wird, §§ 180 Abs. 1, 22 Abs. 1 S. 1 ZVG. Die Beschlagnahme wird auch mit dem Zeitpunkt wirksam, in dem das Ersuchen um Eintragung des Versteigerungsvermerks beim Grundbuchamt eingeht, §§ 180 Abs. 1, 22 Abs. 1 S. 2 ZVG. Entscheidend ist der frühere Zeitpunkt,[219] der im Übrigen für die Abgrenzung laufender und rückständiger Leistungen verantwortlich zeichnet,[220] §§ 180 Abs. 1, 13 Abs. 1 ZVG.

II. Beschlagnahme und Abgrenzung laufender und rückständiger Beträge

43 **Laufende Beträge** wiederkehrender Leistungen sind der letzte vor der Beschlagnahme fällig gewordene Betrag sowie die später fällig werdenden Beträge, §§ 180 Abs. 1, 13 Abs. 1 S. 1 ZVG. Ältere Beträge zählen zu den **Rückständen**, §§ 180 Abs. 1, 13 Abs. 1 S. 2 ZVG.

III. Beschlagnahme und Verfügungsverbot

44 Eine **Besonderheit** der Teilungsversteigerung liegt darin, dass **kein Verfügungsverbot iSv § 23 Abs. 1 S. 1 ZVG zulasten des Antragsgegners** entsteht.[221] Die Begründung hierfür ist darin zu sehen, dass eine etwaige Veräußerung oder Belastung des Miteigentumsanteils nicht schadet.[222] Ein Schutzbedürfnis besteht nicht.[223] Dem Miteigentümer bleibt es unbenommen,[224] seinen Miteigentumsanteil zu veräußern oder zu belasten.

L. Bestehenbleibende Rechte in der Teilungsversteigerung, § 182 Abs. 1 ZVG

45 Welche **Rechte** bei einer **Bruchteilsgemeinschaft**[225] bestehen bleiben, regelt § 182 Abs. 1 ZVG.[226] Es sind dies die folgenden Rechte:
- Rechte, die den Anteil des Antragstellers belasten (Einzelrechte);
- Rechte, die den Anteil des Antragstellers mitbelasten (Gesamtrechte);
- sowie alle Rechte, die einem dieser Rechte (Einzel- oder Gesamtrechte) im Rang *vorgehen* oder *gleichstehen*, § 182 Abs. 1 ZVG.[227] Insoweit sind auch die Belastungen ins Visier zu nehmen, die vor- oder gleichrangig mit Gesamtbelastungen nur auf dem Anteil des Antragsgegners lasten.

In der Konsequenz bleibt eine Vielzahl von Rechten bestehen, was Teile der Literatur dazu veranlasst, die Teilungsversteigerung als „wirtschaftlich sinnlos"[228] zu erachten. Im Standardfall der gleichmäßigen Belastung der Anteile der Ehegatten bleiben alle Rechte bestehen und müssen übernommen werden. Im Falle divergierender Anteilsbelastung hängt der Fortbestand

---

217 BGH NZM 2023, 180 (182).
218 BGH NZM 2023, 180 (182).
219 Insoweit unverständlich Roßmann FuR 2019, 558 (563), der nur auf die Zustellung des Anordnungsbeschlusses abstellt.
220 Zur Abgrenzung vgl. Schiffbauer ZIP 1982, 526 (532).
221 Schiffbauer ZIP 1982, 526 (532); Münch Abschn. D Rn. 876; Böttcher ZVG § 180 Rn. 63.
222 Böttcher FPR 2013, 345 (347).
223 Münch Abschn. D Rn. 876.
224 Ebenso Schiffbauer ZIP 1982, 526 (532).
225 Bei einer Gesamthandsgemeinschaft bleiben alle Rechte bestehen und müssen vom Ersteher übernommen werden.
226 Böttcher FPR 2012, 502 (505); Münch Abschn. D Rn. 887.
227 Böttcher FPR 2013, 345 (351); Böttcher FPR 2012, 502 (505).
228 Ring/Grziwotz/Keukenschrijver/Keller Anh. 3 Rn. 146f.

der Belastungen davon ab, ob der betroffene Miteigentümer als Antragsteller agiert. **Andere Rechte**, die an den Anteilen der übrigen Miteigentümer lasten, **erlöschen** hingegen durch Zuschlagserteilung[229] und werden bei der Zuteilung des Erlöses berücksichtigt, sofern die Masse ausreicht.[230]

M. Geringstes Gebot in der Teilungsversteigerung

I. Allgemeines

Der in § 44 ZVG enthaltene **Deckungsgrundsatz** kann in Versteigerungsverfahren universelle Geltung beanspruchen und ist auch im Verfahren zum Zwecke der Aufhebung der Gemeinschaft zu beachten. Das geringste Gebot erfasst im Teilungsversteigerungsverfahren[231] den **bestehenbleibenden Teil** und den **bar zu zahlenden Teil**. Die Teilungsversteigerung soll dem Antragsteller keine Gelegenheit zur Befreiung von Belastungen offerieren.[232] In der Praxis wird nicht selten das geringste Gebot mit dem **Verkehrswert** der Immobilie **verwechselt**, womit weitere Missverständnisse einhergehen können. Richtigerweise sind geringstes Gebot und Verkehrswert auseinanderzuhalten.[233] Um die wirtschaftlichen Dimensionen abschätzen zu können, sind bei der Abgabe von Geboten die bestehenbleibenden Rechte im Sinn zu behalten.

II. Bestehenbleibender Teil des geringsten Gebotes

Welche **Rechte bestehen bleiben**, regelt § 182 Abs. 1 ZVG.[234] Im Einzelnen sind dies die folgenden Rechte:

- die den Anteil des Antragstellers belastenden Rechte an der Immobilie (Einzelrechte);
- die den Anteil des Antragstellers mitbelastenden Rechte an der Immobilie (Gesamtrechte);
- sowie alle Rechte, die einem dieser Rechte (Einzel- oder Gesamtrechte) vorgehen oder gleichstehen.[235]

Verschiedene Lösungsmöglichkeiten standen bereit,[236] um der **Belastungssituation mehrerer Antragsteller** gerecht zu werden, darunter die sog. Totalbelastungs-,[237] die Korrealbelastungs-[238] und daneben die Zustimmungswegfall-Theorie.[239] Der **BGH** teilt die sog. **Niedrigstgebots-Lösung**,[240] mit der einer rechtsmissbräuchlichen Belastung des Miteigentumsanteils entgegengewirkt werden soll. Bei unterschiedlich belasteten Miteigentumsanteilen ist demnach für die Feststellung des geringsten Gebots von dem Antragsteller **auszugehen, dessen Anteil am geringsten belastet ist**.[241] Abzustellen ist auf die Person des Miteigentümers mit dem am geringsten belasteten Anteil, um ein Äquivalent zur Vollstreckungsversteigerung zu schaffen, das auf den besten Rang abstellt.[242] In der Fortführung dieser Lösung kann der Antragsteller mit dem am geringsten belasteten Anteil eine Übernahme der Belastungen durch den Ersteher erreichen, worin der BGH einen Vorteil erkennt, der durch einen Ausgleichsbetrag nach § 182 Abs. 2

ZVG abgeschöpft werden kann, „um eine anteilsgerechte Erlösverteilung sicherzustellen".[243] Eine „Erhöhung des geringsten Gebots um einen Ausgleichsbetrag"[244] findet statt, bei ungleicher Anteilsbelastung liegt dies in der Natur der Sache.[245] Nicht anders als der Erlösüberschuss, wird der Ausgleichsbetrag hinterlegt.[246] Entbehrlich ist der Ausgleichsbetrag jedoch dann, sofern gleich hohe Rechte auf den anderen Anteilen lasten und diese bei der Feststellung des geringsten Gebotes berücksichtigt werden.[247]

III. Bar zu zahlender Teil des geringsten Gebotes, § 49 Abs. 1 ZVG

48 Einen weiteren Bestandteil des geringsten Gebots bildet der **bar zu zahlende Teil**, § 49 Abs. 1 ZVG,[248] bestehend aus:
- den Verfahrenskosten, die dem Versteigerungserlös vorab zu entnehmen sind, § 109 Abs. 1 ZVG;[249]
- den angemeldeten öffentlichen Lasten nach § 10 Abs. 1 Nr. 3 ZVG, etwa die Grundsteuer;[250]
- den Kosten und Zinsen bestehenbleibender Rechte;[251]
- den Ansprüchen aus den Rangklassen der § 10 Abs. 1 Nr. 3 und 4 ZVG;[252]
- und einem etwaigen Ausgleichsbetrag unter den Miteigentümern, vgl. § 182 Abs. 2 ZVG, sofern die Miteigentumsanteile unterschiedlich belastet sind.[253]

Um den bestehenbleibenden Teil möglichst gering zu halten, geht die **Empfehlung** dahin,[254] für die **Löschung von Grundpfandrechten zu sorgen**, sei es, weil die Rechte ohnehin löschungsreif sind, sei es, weil die vorgezogene Löschung erst die Teilungsversteigerung wirtschaftlich ermöglicht bzw. wesentliche Erschwernisse beseitigt. Dafür spricht ferner, dass die Ehegatten verpflichtet sind, die Zustimmung zur Löschung bzw. Teillöschung zu erteilen, um der Teilungsversteigerung den Weg zu bereiten.[255]

N. Eintragung der Verfahrensanordnung im Grundbuch

I. Ersuchen

49 Nach Anordnung der Teilungsversteigerung hat das **Vollstreckungsgericht** das Grundbuchamt um **Eintragung der Verfahrensanordnung zu ersuchen**, §§ 180 Abs. 1, 19 Abs. 1 ZVG. Die Eintragung erfolgt aufgrund des Ersuchens der Behörde, § 38 GBO, wobei die sog. „Behördenform" nach § 29 Abs. 3 GBO zu wahren ist. Das Ersuchen muss **unterschrieben** und mit **Siegel** oder **Stempel** versehen sein, § 29 Abs. 3 S. 1 GBO. Anstelle der Siegelung kann **maschinell** ein Abdruck des Dienstsiegels eingedruckt oder aufgedruckt werden, § 29 Abs. 3 S. 2 GBO.

II. Eintragung des Teilungsversteigerungsvermerks

50 Der Teilungsversteigerungsvermerk wird in der **Zweiten Abteilung** des Grundbuchs eingetragen, und zwar unter **Hinweis** auf die Besonderheit der Zwangsversteigerung „zum Zwecke der Aufhebung der Gemeinschaft".[256] Die Eintragung folgt normierten Textbausteinen der grundbuchamtlichen Praxis, sodass eine Eintragung, die lediglich auf Anordnung der Zwangs-

---

243 BGH ZfIR 2017, 251 (254).
244 BGH ZfIR 2017, 251 (254).
245 Zur Zwangsläufigkeit vgl. Böttcher FPR 2012, 502 (506).
246 Böttcher ZVG § 182 Rn. 9.
247 BGH ZfIR 2017, 251 (254).
248 Schlamann InsbürO 2018, 172 (176).
249 Zur Situation einer lastenfreien Immobilie, bei der nur die Verfahrenskosten zu berücksichtigen sind, vgl. Kogel FamRB 2017, 106 (107).
250 Schlamann InsbürO 2018, 101 (104).
251 Kogel FamRB 2017, 106; zu den Zinsen einer nicht mehr valutierten Grundschuld vgl. OLG München ZfIR 2023, 40 mAnm Chermiti = jurisPR-FamR 25/2022 Nr. 2.
252 Böttcher FPR 2012, 502 (506).
253 Münch Abschn. D Rn. 900; Kogel FamRB 2017, 106 (108).
254 Münch Abschn. D Rn. 895.
255 Münch Abschn. D Rn. 895.
256 Ebenso Böttcher FPR 2013, 345 (347).

versteigerung lautet, ohne Hinweis auf die Aufhebung der Gemeinschaft, kaum in Erscheinung tritt. Ggf. kann die gewählte Eintragungsweise mit **Fassungsbeschwerde**[257] angegriffen werden, sollte die Aufhebung der Gemeinschaft nicht zum Ausdruck kommen. Der **Eintragungsvermerk** lautet wie folgt:

Amtsgericht München **Grundbuch von XY-Dorf Blatt 1235 Zweite Abteilung**

Lfd. Nummer der Eintragungen	Lfd. Nummer der betroffenen Grundstücke im Bestandsverzeichnis	Lasten und Beschränkungen
1	2	3
8	1	Die Zwangsversteigerung zum Zwecke der Aufhebung der Gemeinschaft ist angeordnet (Amtsgericht München, Az. 1540 K 489/2024); eingetragen am 20.11.2024. Lausmann

III. Mitteilungspflicht

Nach Eintragung des Teilungsvermerks trifft das Grundbuchamt eine spezielle, in § 19 Abs. 2 ZVG festgehaltene **Mitteilungspflicht**, bestehend in der Erteilung einer beglaubigten Grundbuchblattabschrift und der Erteilung beglaubigter Abschriften der Urkunden, auf die im Grundbuch Bezug genommen wird, §§ 180 Abs. 1, 19 Abs. 2 S. 1 ZVG. Regelmäßig votiert die Grundbuchpraxis jedoch zur **Übersendung der Grundakte**, um nicht aufwäundig Urkundsabschriften fertigen zu müssen. Zu dieser Verfahrensweise liefern die §§ 180 Abs. 1, 19 Abs. 2 S. 2 ZVG die gesetzliche Handhabe. Darüber hinaus soll das Grundbuchamt die bei ihm bestellten Zustellungsbevollmächtigten bezeichnen und Auskunft über den Wohnort eingetragener Beteiligter geben, §§ 180 Abs. 1, 19 Abs. 2 S. 1 ZVG. Gleiches gilt für die Vertreter eingetragener Beteiligter.

51

O. Vermietung oder Verpachtung in der Teilungsversteigerung, § 183 ZVG

Während der Ersteher in der Vollstreckungsversteigerung berechtigt ist, das Miet- oder Pachtverhältnis unter Einhaltung der gesetzlichen Frist zu kündigen, § 57a S. 1 ZVG, schließt die **Sonderregelung in § 183 ZVG** dieses außerordentliche Kündigungsrecht für die Teilungsversteigerung aus.[258] Die in § 57a ZVG vorgesehenen Maßgaben finden in der Teilungsversteigerung keine Anwendung, § 183 ZVG.[259] Hintergrund ist, dass **Mieter** oder **Pächter** durch die Teilungsversteigerung **nicht tangiert** und in ihren Besitzrechten nicht gestört werden sollen. Eine **Kündigung** kann nur zu den üblichen Bedingungen[260] und Konditionen erfolgen. Darüber hinaus gelten die in § 57b ZVG enthaltenen Bestimmungen für die Wirksamkeit von Vorausverfügungen und für die Rechtsgeschäfte über Miete oder Pacht nicht, vgl. § 183 ZVG. Für die Wirkung von Verfügungen über Miete und Pacht gilt somit nicht der Beschlagnahmezeitpunkt des § 57b Abs. 1 S. 1 ZVG, sondern der Zuschlagszeitpunkt,[261] der allgemeine Zeitpunkt des Eigentumsübergangs.

52

---

257 Zur Fassungsbeschwerde gegen unklare bzw. unvollständige Eintragungen vgl. Schöner/Stöber GrundbuchR Rn. 485 ff.
258 Depré ZVG/Popp ZVG § 183 Rn. 1.

259 Schlamann InsbürO 2018, 172 (173).
260 Ebenso Schlamann InsbürO 2018, 172 (173).
261 Depré ZVG/Popp ZVG § 183 Rn. 3.

P. Einstweilige Einstellungen (§ 180 Abs. 1 ZVG; § 180 Abs. 2 ZVG; § 180 Abs. 3 ZVG; § 765a ZPO; § 30 ZVG)

I. Einstellungsbewilligung nach §§ 180 Abs. 1, 30 ZVG

53 Das Teilungsversteigerungsverfahren ist einstweilen einzustellen, wenn der **Antragsteller** die **Einstellung bewilligt**,[262] §§ 180 Abs. 1, 30 Abs. 1 S. 1 ZVG. Bewilligt werden kann die einstweilige Einstellung in beliebiger Weise, auch mehrfach, §§ 180 Abs. 1, 30 Abs. 1 S. 2 ZVG, überdies noch nach Schluss der Bietzeit und noch vor Erteilung des Zuschlags.[263] Allerdings bedeutet die **dritte Einstellungsbewilligung** die **Aufhebung des Verfahrens**, §§ 180 Abs. 1, 30 Abs. 1 S. 3 ZVG, denn eine dritte Einstellungsbewilligung gilt als Rücknahme des Versteigerungsantrags. Besondere **Fristen** erfordert die Einstellungsbewilligung nicht, **auch keine Begründung** und **keine Mitwirkung** Dritter.[264] Andererseits kann die Einstellungsbewilligung **nicht mit Bedingungen** oder **Auflagen** versehen werden,[265] da eine Prozesshandlung vorliegt. Das Verfahren darf nur auf **Antrag** fortgesetzt werden, §§ 180 Abs. 1, 31 Abs. 1 S. 1 ZVG. Wird der Antrag nicht binnen sechs Monaten gestellt, ist das Verfahren aufzuheben, §§ 180 Abs. 1, 31 Abs. 1 S. 2 ZVG. Die Frist von sechs Monaten beginnt mit der Einstellung des Verfahrens, §§ 180 Abs. 1, 31 Abs. 2 lit. a ZVG.

II. Einstellung nach § 180 Abs. 2 ZVG

54 Die **einstweilige Einstellung** des Teilungsversteigerungsverfahrens auf **Antrag eines Miteigentümers**[266] kommt auf die **Dauer von längstens 6 Monaten** in Betracht, sofern dies bei **Abwägung der widerstreitenden Interessen** der Miteigentümer angemessen erscheint, **§ 180 Abs. 2 S. 1 ZVG**.[267] Der Einstellungsantrag nach § 180 Abs. 2 ZVG ist an das zuständige Vollstreckungsgericht zu richten. Die einmalige Wiederholung der Einstellung ist zulässig, § 180 Abs. 2 S. 2 ZVG,[268] insgesamt darf das Verfahren auf nicht mehr als fünf Jahre einstweilig eingestellt werden, § 180 Abs. 4 ZVG. **Strittig** ist, ob auch der **Pfändungsgläubiger** einen Einstellungsantrag nach § 180 Abs. 2 ZVG stellen kann.[269] Die hM gesteht dem Pfändungsgläubiger das Recht zu, um dem Schutzzweck der Norm gerecht zu werden.[270]

Anwendungsbereiche der einstweiligen Einstellung nach § 180 Abs. 2 ZVG sind beispielsweise:

- eine sich demnächst realisierende Wertsteigerung der Immobilie[271] (Baurecht wird demnächst ausgewiesen; Sanierung der Immobilie);[272]
- eine Versteigerung „zur Unzeit";[273]
- eine akute Gefährdung der wirtschaftlichen Existenz;[274]
- eine konkrete Darlegung, dass die Beschaffung von Ersatzwohnraum schwierig ist, aber vor dem Abschluss steht;[275] der Nachweis[276] kann durch Mietgesuche in Tageszeitungen oder durch Beauftragung eines Maklers geführt werden;
- ein baldiger Zufluss von Geldmitteln, sodass die Teilungsversteigerung abgewendet werden kann;
- ernsthafte Vergleichsverhandlungen der Beteiligten;[277]

---

262 Storz FPR 2013, 356 (357); Münch Abschn. D Rn. 975.
263 Storz FPR 2013, 356 (357).
264 Storz FPR 2013, 356 (357); Münch Abschn. D Rn. 975.
265 Storz FPR 2013, 356 (358).
266 Einem anderen Beteiligten, der nicht zu den Miteigentümern zählt, steht dieses Recht nicht zu, vgl. Münch Abschn. D Rn. 958.
267 Zum Ausnahmecharakter der Regelung vgl. Kiderlen ZEV 2018, 385 (386).
268 Zu § 180 Abs. 2 ZVG vgl. Schlamann InsbürO 2018, 101 (103).
269 Vgl. Böttcher RpflStud. 2012, 124 (126).
270 Böttcher RpflStud. 2012, 124 (126).
271 Storz FPR 2013, 356 (358); Böttcher FPR 2013, 345 (347).
272 Münch Abschn. D Rn. 962.
273 Storz FPR 2013, 356 (358); LG Detmold BeckRS 2021, 19479.
274 Storz FPR 2013, 356 (358); Böttcher FPR 2013, 345 (347); Böttcher FPR 2012, 502 (504).
275 Münch Abschn. D Rn. 962.
276 Vgl. Münch Abschn. D Rn. 1020.
277 Storz FPR 2013, 356 (358).

- die Anhängigkeit einer Herausgabeklage,[278] deren Erfolg wahrscheinlich ist;
- oder der Nachweis von Kreditverhandlungen, die kurz vor dem Abschluss stehen.

Der wirtschaftlich Schwächere soll vor dem wirtschaftlich Stärkerem geschützt werden,[279] allerdings nur temporär, weil dies **vorübergehend**[280] notwendig ist. Der Tod eines Beteiligten oder jahrelange Auseinandersetzungen[281] reichen nicht aus, um einen Einstellungsantrag nach § 180 Abs. 2 ZVG zu rechtfertigen.

Da § 30 b ZVG entsprechend gilt, vgl. die Verweisung in § 180 Abs. 2 S. 3 ZVG, ist die einstweilige Einstellung binnen einer **Notfrist von zwei Wochen** zu beantragen,[282] §§ 180 Abs. 2 S. 3, 30b Abs. 1 S. 1 ZVG. Die Frist beginnt mit der **Zustellung der Belehrungsverfügung**, §§ 180 Abs. 2 S. 3, 30b Abs. 1 S. 2 ZVG.[283] Das Vollstreckungsgericht entscheidet nach vorheriger Anhörung durch **Beschluss**, §§ 180 Abs. 2 S. 3, 30b Abs. 2 S. 1 und 2 ZVG, wobei es von seinem Ermessen Gebrauch machen kann.[284] Der Beschluss wird allen Miteigentümern zugestellt, §§ 180 Abs. 1, 32 ZVG.

III. Einstellung nach § 180 Abs. 3 ZVG

Eine weitere Möglichkeit der **einstweiligen Einstellung** offeriert § **180 Abs. 3 ZVG** (sog. **Kinderschutzklausel**).[285] Das Teilungsversteigerungsverfahren ist auf Antrag einzustellen, sofern dies zur **Abwendung einer ernsthaften Gefährdung des Wohls eines gemeinschaftlichen Kindes**[286] erforderlich ist, § 180 Abs. 3 S. 1 ZVG. Auf die gemeinschaftlichen Kinder einer nichtehelichen Lebensgemeinschaft ist die Regelung nicht anwendbar.[287] Besondere Umstände müssen „eine begründete gegenwärtige Gefährdung des körperlichen, geistigen oder seelischen Kindeswohls"[288] nahelegen. Eine ernsthafte **Gefährdung** ist zu bejahen, sofern das Kind durch die Teilungsversteigerung in seinen Lebensverhältnissen erheblich benachteiligt wird und damit Gefahr läuft, in seiner Entwicklung erheblich beeinträchtigt zu werden.[289] Eine nur allgemeine Beeinträchtigung reicht nicht aus.[290] Der Einstellungsantrag nach § 180 Abs. 3 ZVG ist an das zuständige Vollstreckungsgericht[291] zu richten.

Eine **ernsthafte Kindeswohlgefährdung** ist zu **bejahen**[292] sofern die **schulische Entwicklung** des Kindes dies nahelegt.[293] Als Nachweise kommen Schulzeugnisse[294] in Betracht. Eine ernsthafte Kindeswohlgefährdung ist auch indiziert, sofern die Immobilie nach den **Bedürfnissen des beeinträchtigten Kindes** gebaut ist oder eine anderweitige Unterbringung nicht zumutbar ist.[295] Der Nachweis kann durch ärztliche Atteste eines Kinderarztes oder eines Psychotherapeuten geführt werden.[296]

Von einer **ernsthaften Gefährdung des Kindeswohls** ist in gleicher Weise auszugehen, sofern ein zwölfjähriges Kind den antragstellenden Elternteil für den Verlust des Familienheims ver-

---

278 Münch Abschn. D Rn. 962.
279 Münch Abschn. D Rn. 959; Böttcher FPR 2013, 345 (347).
280 Zu den „vorübergehende(n) Umständen" vgl. Schiffbauer ZIP 1982, 526 (535); Münch Abschn. D Rn. 960.
281 Münch Abschn. D Rn. 964.
282 Böttcher FPR 2012, 502 (504); Münch Abschn. D Rn. 965.
283 Schiffbauer ZIP 1982, 526 (535); Böttcher FPR 2012, 502 (504).
284 Storz FPR 2013, 356 (358).
285 Münch Abschn. D Rn. 956 und 968 ff., Muster unter Rn. 1022.
286 Nicht dagegen gemeinschaftliche Pflegekinder, so auch Böttcher FPR 2012, 502 (505).
287 LG Dessau-Roßlau BeckRS 2020, 11833; Böttcher FPR 2013, 345 (347).
288 LG Dessau-Roßlau BeckRS 2020, 11833.
289 LG Detmold BeckRS 2021, 19479.
290 LG Detmold BeckRS 2021, 19479.
291 Dass dort die Rechtspflegerin bzw. der Rechtspfleger entscheidet, wird teilweise kritisiert, vgl. Böttcher ZVG § 180 Rn. 77; danach sei der Gesetzgeber aufgerufen, im Rahmen der Entscheidung nach § 180 Abs. 3 ZVG einen Richtervorbehalt zu installieren, um den Gleichlauf mit dem Familienrecht zu schaffen.
292 Zur Einstellung nach § 180 Abs. 3 ZVG vgl. LG Bremen FamRZ 2017, 1334.
293 Storz FPR 2013, 356 (358); Böttcher FPR 2013, 345 (347).
294 Münch Abschn. D Rn. 1022.
295 Storz FPR 2013, 356 (358); Münch Abschn. D Rn. 971.
296 Münch Abschn. D Rn. 1022.

antwortlich macht und deshalb den **Kontakt möglicherweise endgültig abbrechen** möchte.[297] Die Gefährdung des Kindeswohls ist dann evident.

Keine ernsthafte Kindeswohlgefährdung liegt dagegen in folgenden Konstellationen vor, eine einstweilige Einstellung scheidet demnach aus:

- bei Schulwechsel[298] oder Verlust des Freundeskreises;[299]
- bei Verlust von Spielgefährten;[300]
- bei Verlust von Betreuungspersonen in der Nachbarschaft;[301]
- bei Verlust der Umgebungsvertrautheit;[302]
- ebenso wenig bei dem Wunsch, den bisherigen Lebensstandard beizubehalten;[303]
- oder bei Verlust des Familienheims.[304]

In diesen Konstellationen überwiegt das wirtschaftliche Interesse des Antragstellers.[305]

Das Recht, die einstweilige Einstellung zu beantragen, steht dem Ehegatten zu, gegen den die Versteigerung betrieben wird,[306] daneben auch dem **Kind**, sofern es Miteigentümer ist.[307] Da § 30b ZVG entsprechend gilt, vgl. die Verweisung in § 180 Abs. 3 S. 3 ZVG, ist die einstweilige Einstellung binnen einer **Notfrist von zwei Wochen** zu beantragen,[308] was häufig der Grund dafür ist, warum die Schutzklausel nicht zur Anwendung gelangt.[309] Die **Frist** beginnt mit der Zustellung der Belehrungsverfügung, §§ 180 Abs. 3 S. 3, 30 b Abs. 1 ZVG.[310] Die Regelung nach § 180 Abs. 3 ZVG kann nicht greifen, sofern nicht nur die Ehegatten die Gemeinschaft bilden, sondern auch noch andere Personen zur Gemeinschaft gehören.[311] Der Schutzzweck der Norm ist dann nicht eröffnet. Durch Anordnungen nach § 180 Abs. 3 ZVG darf das Verfahren nicht auf mehr als **fünf Jahre** insgesamt einstweilen eingestellt werden, § 180 Abs. 4 ZVG.

IV. Vollstreckungsschutz nach § 765a ZPO

56 Schließlich kommt auch die Anwendbarkeit des § 765a ZPO in Betracht,[312] und zwar **ohne Fristen**[313] und **ohne Wiederholungsbeschränkungen**. Danach kann auf **Antrag**[314] des Schuldners **Vollstreckungsschutz** gewährt und eine Maßnahme der Zwangsvollstreckung ganz oder teilweise aufgehoben, untersagt oder einstweilen eingestellt werden, wenn die Maßnahme eine Härte bedeutet, die mit den guten Sitten nicht vereinbar ist, § 765a Abs. 1 S. 1 ZPO. Gemeint sind die **Fälle ernsthafter Gesundheits- oder Lebensgefahr, Suizidgefahr**[315] oder **fortgeschrittene Schwangerschaft**.[316] Besonders schwer wiegen die Fälle, in denen ein beteiligter Miteigentümer einen Antrag auf einstweilige Einstellung des Verfahrens stellt, weil eine konkrete Gefahr für das Leben des Betroffenen oder eines nahen Angehörigen besteht.[317] Im Raum steht die akute Gefahr, dass sich der betroffene Miteigentümer das Leben nimmt (**Suizidgefahr**), sollte der Miteigentümer infolge der Zuschlagserteilung den Miteigentumsanteil verlieren.[318] Der BGH schreibt in entsprechenden Konstellationen eine **sorgfältige Abwägung der Grundrechte** vor, pendelnd zwi-

---

297 LG Bremen FamRZ 2017, 1334.
298 LG Detmold BeckRS 2021, 19479.
299 LG Dessau-Roßlau BeckRS 2020, 11833; Storz FPR 2013, 356 (358); Böttcher FPR 2013, 345 (347); Böttcher FPR 2012, 502 (505); Münch Abschn. D Rn. 972.
300 LG Dessau-Roßlau BeckRS 2020, 11833 LG Detmold BeckRS 2021, 19479.
301 LG Dessau-Roßlau BeckRS 2020, 11833.
302 LG Dessau-Roßlau BeckRS 2020, 11833.
303 Storz FPR 2013, 356 (358); LG Detmold FuR 2021, 382; Münch Abschn. D Rn. 972.
304 LG Detmold FuR 2021, 382.
305 LG Detmold FuR 2021, 382.
306 Böttcher FPR 2012, 502 (505).
307 Böttcher FPR 2012, 502 (505).
308 Vgl. Böttcher FPR 2013, 345 (347); Böttcher ZVG § 180 Rn. 75.
309 Münch Abschn. D Rn. 956.
310 Böttcher FPR 2012, 502 (504); Böttcher FPR 2013, 345 (347).
311 Böttcher FPR 2012, 502 (504).
312 Storz FPR 2013, 356 (358); Münch Abschn. D Rn. 980; Böttcher FPR 2013, 345 (348); Böttcher ZVG § 180 Rn. 84.
313 Storz FPR 2013, 356 (358).
314 Von Amts wegen wird § 765a ZPO nicht beachtet, Storz FPR 2013, 356 (358).
315 Münch Abschn. D Rn. 983: das Vollstreckungsgericht muss dann das Betreuungsgericht informieren, damit Schutzmaßnahmen in die Wege geleitet werden können.
316 Böttcher FPR 2012, 502 (505).
317 BGH NZM 2020, 476= FamRZ 2020, 1025.
318 BGH NZM 2020, 476= FamRZ 2020, 1025.

schen dem Recht auf Lebensschutz, Art. 2 Abs. 2 S. 1 GG, und dem Recht auf Eigentumsschutz, Art. 14 GG.[319] Zugleich gilt es zu prüfen, ob der Selbsttötungsgefahr „auf andere Weise als durch Einstellung der Teilungsversteigerung wirksam begegnet werden kann",[320] etwa durch Unterbringung oder andere Lebensschutzmaßnahmen.[321] Das Vollstreckungsgericht sieht sich in die Rolle eines Akteurs gedrängt, der den **Interessenkonflikt** nicht lösen, sondern nur durch einstweilige Einstellung begleiten kann.[322] Die Versteigerungsvorschriften liefern **keine Handhabe für die Lösung des Konflikts**, gestatten dem Versteigerungsgericht deshalb nicht, eine Unterbringung anzuordnen.[323] Dabei muss die Entscheidung über die einstweilige Einstellung mit **Auflagen** versehen werden, die sich am Lebensschutz orientieren und dem Betroffenen den Weg in die ärztliche Obhut aufzeigen. Zwang steht dem Versteigerungsgericht nicht zur Verfügung,[324] Adressat der Auflagen sind der Betroffene und sein persönliches Umfeld. Für ein Verfahren nach § 765a ZPO wird keine Gerichtsgebühr erhoben, vgl. Vorbemerkung 2.2 S. 3 KV GKG.

Q. Verkehrswertfestsetzung, § 74a ZVG

I. Erstellung eines Gutachtens; Verwendung eines bereits erstellten Gutachtens

Von Amts wegen beauftragt das Vollstreckungsgericht einen **Sachverständigen** mit der Erstellung eines Verkehrswertgutachtens, in der Praxis regelmäßig erst nach Leistung eines Verfahrenskostenvorschusses, § 17 Abs. 1, Abs. 3 GKG, erbracht durch den Antragsteller.[325] Taktisch ergibt es Sinn, den **Beitritt erst nach der Erstellung des Gutachtens** zu beantragen, da der Vorschuss dann bereits von den bisherigen Antragstellern[326] entrichtet ist. Die Beauftragung des Sachverständigen erfolgt **ohne förmlichen Beweisbeschluss**.[327] Ggf. kann auf ein aktuelles,[328] von einem vereidigten, geprüften Gutachter oder dem Gutachterausschuss **bereits erstelltes Gutachten** zurückgegriffen werden,[329] was es mit dem Vollstreckungsgericht zu erörtern gilt.[330] Auf diese Art und Weise kann die Erstellung eines weiteren Gutachtens vermieden werden. Ob ein bereits erstelltes Gutachten noch Verwendung finden kann, hängt von der regionalen Entwicklung des Immobilienmarktes ab. Regelmäßig wird dies gebieten, dass das Gutachten **nicht älter als ein Jahr** sein darf.[331] Die **ImmoWertV 2021** bildet die Richtschnur für die Erstellung des Gutachtens, das sich an der Art der Immobilie orientiert, um den Verkehrswert abzubilden. Zur Verfügung stehen das Sachwert-, das Vergleichswert- und das Ertragswertverfahren, wobei das Sachwertverfahren dominiert und das Ertragswertverfahren nur für Renditeimmobilien in Betracht kommt. Das Gutachten liegt auf der Geschäftsstelle des Vollstreckungsgerichts zur kostenfreien Einsichtnahme bereit, daneben existieren häufig auch Bildschirmplätze, die den Interessenten die Einsichtnahme in das Gutachten ermöglichen.

II. Besichtigungstermine

Die Empfehlung[332] geht dahin, an etwaigen **Besichtigungsterminen teilzunehmen**, die der Sachverständige absolviert, um Einfluss auf die Verkehrswertfindung zu nehmen, ggf. unter Hinzuziehung des mandatierten Rechtsanwalts (Kooperation mit dem Sachverständigen).[333] Es

---

319 BGH NZM 2020, 476= FamRZ 2020, 1025.
320 BGH NZM 2020, 476= FamRZ 2020, 1025.
321 BGH NZM 2020, 476= FamRZ 2020, 1025.
322 BGH NZM 2020, 476= FamRZ 2020, 1025.
323 BGH NZM 2020, 476= FamRZ 2020, 1025.
324 Vgl. BGH NZM 2020, 476= FamRZ 2020, 1025: „Erzwingen kann das Vollstreckungsgericht aber beides nicht."
325 Roth NJW-Spezial 2018, 679.
326 Kiderlen ZEV 2018, 385 (387); ebenso Roth NJW-Spezial 2018, 679.
327 Böttcher FPR 2013, 345 (348).
328 Nicht älter als ein Jahr, vgl. Kiderlen ZEV 2018, 385 (387); zu weitreichend dagegen Roth NJW-Spezial 2018, 679, der von einem Zeitraum von drei bis vier Jahren spricht.
329 Zur Verwendung eines bereits erstellten Gutachtens vgl. Schiffbauer ZIP 1982, 526 (535, 536); Roth NJW-Spezial 2018, 679.
330 Kiderlen ZEV 2018, 385 (387).
331 Schlamann InsbürO 2018, 101 (104).
332 Münch Abschn. D Rn. 878.
333 Münch Abschn. D Rn. 941.

gilt, den objektiven Wert der Immobilie abzubilden, wozu dem Sachverständigen **Zutritt zur Immobilie** einzuräumen ist. Dem Sachverständigen den **Zutritt** zu verwehren, ist zwar möglich, jedoch nicht zu empfehlen, da bei verwehrtem Zutritt mit Sicherheitsabschlägen[334] operiert wird. Folge ist eine Schätzung, evtl. ein zu geringer Wert.

III. Einwendungen gegen das Gutachten

59 **Einwendungen** gegen das Verkehrswertgutachten ist häufig kein Erfolg beschieden, da es sich wesensgemäß um eine fundierte Annäherung an den Verkehrswert handelt, nicht um eine absolute Größe. Die Margen können nicht unbeträchtlich sein, weshalb erst der Versteigerungstermin Aufschluss über den Verkehrswert geben kann. Das ist auch der Grund dafür, warum die Erstellung von Gegengutachten keine sinnvolle Option bildet.[335] Gegengutachten werden nicht selten unter Hinweis auf den Näherungswert und die üblichen Wertkorridore verworfen. Rechenfehler oder logische Brüche können hingegen mit Erfolg moniert werden.

IV. Festsetzung durch gerichtlichen Beschluss

60 Das Vollstreckungsgericht setzt den Verkehrswert durch **begründeten Beschluss** fest, notwendigerweise **nach Anhörung**[336] der Beteiligten und noch **vor dem Versteigerungstermin**. Dem begründeten Beschluss[337] muss sich entnehmen lassen, auf welchen Zeitpunkt sich die Festsetzung bezieht. Vorgesehen ist überdies, dass der Beschluss allen Beteiligten zugestellt wird. Wegen der Begründungspflicht reicht es nicht aus, sich den Ausführungen des Gutachters lediglich anzuschließen.[338]

V. Anfechtung des Festsetzungsbeschlusses mit sofortiger Beschwerde

61 Der Beschluss über die Verkehrswertfestsetzung ist mit der **sofortigen Beschwerde** anfechtbar, § 74a Abs. 5 S. 3 ZVG,[339] nicht mit Vollstreckungserinnerung nach § 766 ZPO. Bedeutung erlangt die Festsetzung für die Ermittlung der 7/10- und der 5/10-Grenze und für die Berechnung der Gerichtsgebühren. Angefochten werden kann der Festsetzungsbeschluss nur von **Beteiligten** iSv § 9 ZVG, nicht dagegen von Mietern oder Pächtern der Immobilie.

R. Bestimmung des Versteigerungstermins

I. Bestimmung des Versteigerungstermins erst nach Beschlagnahme und nach Eingang der grundbuchamtlichen Mitteilung

62 Die Regelung in §§ 180 Abs. 1, 36 Abs. 1 ZVG sieht eine Bestimmung des Versteigerungstermins **erst nach der Beschlagnahme** und **nach dem Eingang der grundbuchamtlichen Mitteilungen** vor. Der Zeitraum zwischen der Anberaumung des Versteigerungstermins und dem Versteigerungstermin soll nicht mehr als sechs Monate betragen, §§ 180 Abs. 1, 36 Abs. 2 S. 1 ZVG.[340]

II. Terminsbestimmung durch gerichtlichen Beschluss; Zustellung an die Beteiligten

63 Die **Terminsbestimmung**, die in die Form eines **Beschlusses** gekleidet wird, muss sechs Wochen vor dem Termin bekannt gemacht sein, §§ 180 Abs. 1, 43 Abs. 1 ZVG, und enthält die Auffor-

---

334 Siehe Münch Abschn. D Rn. 880.
335 Kiderlen ZEV 2018, 385 (387).
336 Schlamann InsbürO 2018, 101 (104); Böttcher FPR 2013, 345 (348).
337 Zum Beschluss vgl. Schlamann InsbürO 2018, 101 (104).
338 Böttcher FPR 2013, 345 (348).
339 Schlamann InsbürO 2018, 172 (175); Schlamann InsbürO 2018, 101 (104).
340 Roßmann FuR 2019, 558 (563).

derung an die Verfahrensbeteiligten zur Anmeldung ihrer Ansprüche.[341] Die Terminsbestimmung ist den **Beteiligten zuzustellen**, §§ 180 Abs. 1, 41 Abs. 1 ZVG.

III. Zwingender Inhalt der Terminsbestimmung, §§ 180 Abs. 1, 37 ZVG

Der gerichtliche Beschluss, mit dem der Versteigerungstermin bestimmt wird, muss **zwingend** die **folgenden Bestandteile** enthalten, §§ 180 Abs. 1, 37 ZVG: 64

- die **Bezeichnung der betroffenen Immobilie**, §§ 180 Abs. 1, 37 Nr. 1 ZVG, orientiert am Inhalt des betroffenen Grundbuchs und ergänzt um weitere Zusätze bzw. Hinweise zur tatsächlichen Nutzungsart, zur Wohnfläche sowie zum Baujahr der Immobilie.[342] Dabei hat das Vollstreckungsgericht besondere Sorge dafür zu tragen, in der Terminsbestimmung die tatsächliche Situation[343] der Immobilie wiederzugeben. Eine unzutreffende, obsolete oder unvollständige Bezeichnung der Immobilie in der Terminsbestimmung führt zur Aufhebung des Termins, §§ 180 Abs. 1, 43 ZVG. Die Immobilieneigentümer dürfen nicht genannt werden.[344]
- die **Zeit und den Ort des Versteigerungstermins**, §§ 180 Abs. 1, 37 Nr. 2 ZVG, demnach den konkreten, kalendermäßigen Tag mit Uhrzeit und genauer Straßenbezeichnung;
- die **Angabe**, dass die **Versteigerung zum Zwecke der Aufhebung der Gemeinschaft** erfolgt, §§ 180 Abs. 1, 37 Nr. 3 ZVG;[345]
- die **Aufforderung**, Rechte, soweit sie zur Zeit der Eintragung des Versteigerungsvermerks aus dem Grundbuch nicht ersichtlich waren, spätestens im Versteigerungstermin vor der Aufforderung zur Abgabe von Geboten anzumelden und ggf. glaubhaft zu machen sind, §§ 180 Abs. 1, 37 Nr. 4 ZVG, anderenfalls Rechtsnachteile drohen, und zwar die Nichtberücksichtigung der Rechte bei der Feststellung des geringsten Gebotes. Betroffen sind beispielsweise nach dem Versteigerungsvermerk eingetragene Rechte, etwa Zwangssicherungshypotheken, nicht eingetragene Rechte[346] oder Ansprüche der Rangklassen 1 bis 3 des § 10 Abs. 1 ZVG;
- schließlich die **Aufforderung** an diejenigen, die ein der Versteigerung entgegenstehendes Recht haben,[347] vor der Erteilung des Zuschlags die Aufhebung oder einstweilige Einstellung des Verfahrens herbeizuführen, §§ 180 Abs. 1, 37 Nr. 5 ZVG

IV. Fakultativer Inhalt der Terminsbestimmung, §§ 180 Abs. 1, 38 ZVG

Zum **Soll-Inhalt** einer gerichtlichen Terminsbestimmung zählen die Angabe des Grundbuchblattes, die Größe des Grundstücks sowie der Verkehrswert der Immobilie, §§ 180 Abs. 1, 38 Abs. 1 S. 1 ZVG.[348] 65

V. Bekanntmachung des Versteigerungstermins; Anheftung an Gerichtstafel; Mitteilungen

Die Bekanntmachung erfolgt unter www.zvg-portal.de. Darüber hinaus soll die Terminsbestimmung an die **Gerichtstafel** angeheftet werden, §§ 180 Abs. 1, 40 Abs. 1 S. 1 ZVG.[349] Im Laufe der **vierten Woche vor dem Termin** hat das Vollstreckungsgericht den Beteiligten mitzuteilen, auf wessen Antrag und Beitritt die Versteigerung wegen welchen Anspruchs erfolgt, §§ 180 66

---

341 Münch Abschn. D Rn. 929.
342 Dassler/Schiffhauer/Hintzen/Engels/Rellermeyer/Hintzen ZVG § 37 Rn. 6.
343 Dassler/Schiffhauer/Hintzen/Engels/Rellermeyer/Hintzen ZVG § 37 Rn. 7.
344 Bothe § 2 Rn. 113.
345 Zur Versteigerungsart vgl. Dassler/Schiffhauer/Hintzen/Engels/Rellermeyer/Hintzen ZVG § 37 Rn. 13; Bothe § 2 Rn. 112.
346 Dassler/Schiffhauer/Hintzen/Engels/Rellermeyer/Hintzen ZVG § 37 Rn. 16.
347 Zu den entgegenstehenden Rechten vgl. Dassler/Schiffhauer/Hintzen/Engels/Rellermeyer/Hintzen ZVG § 37 Rn. 22 ff.
348 Zur Soll-Bestimmung vgl. Böttcher FPR 2013, 345 (348).
349 Vgl. Bothe § 2 Rn. 112.

Abs. 1, 41 Abs. 2 ZVG. Das Vollstreckungsgericht kann[350] Wertgutachten im Internet bekanntmachen, § 38 Abs. 2 ZVG.

VI. Rechtsbehelf gegen die Terminsbestimmung

67 Eine unvollständige bzw. unrichtige Terminsbestimmung ist mit **Vollstreckungserinnerung** nach § 766 ZPO anzufechten[351] und führt zur Zuschlagsversagung.[352]

S. Anmeldungen
I. Allgemeines

68 Welche Rechte, Ansprüche und Kosten bei der Feststellung des geringsten Gebots **Berücksichtigung** finden, regelt § 45 ZVG. Ergänzt wird diese Regelung durch die Aussage in § 109 Abs. 1 ZVG zu den Verfahrenskosten.

II. Berücksichtigung von Amts wegen: im Zeitpunkt der Eintragung des Versteigerungsvermerks bereits grundbuchersichtliche Rechte

69 Rechte und Rangänderungen,[353] die im Zeitpunkt der Eintragung des Versteigerungsvermerks bereits ersichtlich, also bereits eingetragen waren, werden **von Amts wegen berücksichtigt** und bedürfen keiner weiteren Anmeldung oder Glaubhaftmachung,[354] § 45 Abs. 1 ZVG. Dies gilt sogar bei Eintragung eines Widerspruchs gegen den Bestand des Rechts.[355] Berücksichtigt werden das Stammrecht und die laufenden wiederkehrenden Leistungen,[356] §§ 45 Abs. 2, 13 Abs. 1 S. 1 ZVG,[357] **nicht** dagegen **nichtige, erloschene** oder **löschungsreife Rechte**,[358] die im geringsten Gebot keine Berücksichtigung finden können, trotz Grundbucheintragung.[359] Im eingeschränkten Umfang überprüft das **Vollstreckungsgericht**, ob das Recht oder die Auflassungsvormerkung noch besteht, etwa der zugrunde liegende Anspruch noch nicht erloschen ist.[360] Ein aus dem Grundbuch ersichtliches Recht ist bei der Feststellung des geringsten Gebots nicht mehr zu berücksichtigen, falls die zur Löschung erforderlichen **Unterlagen** spätestens im Versteigerungstermin vorgelegt werden oder die **Voraussetzungen für die Löschung „liquid"** vorliegen.[361] Als „liquid" und damit beweissicher sind die Voraussetzungen dann einzuordnen, sofern sich das Erlöschen aus öffentlichen oder öffentlich beglaubigten Urkunden ergibt und diese Urkunden dem Vollstreckungsgericht den Rückschluss erlauben, dass das eingetragene Recht nicht mehr besteht.[362] Die Feststellung kann sich auch aus den zu den **Grundakten** eingereichten öffentlichen oder öffentlich beglaubigten **Urkunden** ergeben.[363] Ein Unrichtigkeitsnachweis (rechtskräftiges Urteil;[364] bei beschränkten persönlichen Dienstbarkeiten, Nießbräuchen oder Reallasten auf Lebenszeit: Sterbeurkunde) oder die Vorlage der Löschungsbewilligung reichen aus, um die Einstellung des Nominalbetrags und der laufenden Zinsen zu verhindern.[365] Zu den **laufenden Beträgen wiederkehrender Leistungen** zählen der letzte vor der Beschlagnahme fällig gewordene Betrag sowie die später fällig werdenden Beträge, §§ 180 Abs. 1, 13 Abs. 1 S. 1 ZVG. Ältere Beträge zählen zu den Rückständen, §§ 180 Abs. 1, 13 Abs. 1 S. 2 ZVG.

---

350 Zum Charakter einer Ordnungsvorschrift vgl. Bothe § 2 Rn. 112.
351 Dassler/Schiffhauer/Hintzen/Engels/Rellermeyer/Hintzen ZVG § 37 Rn. 34; Bothe § 2 Rn. 114.
352 Bothe § 2 Rn. 112.
353 Zu den Rangänderungen vgl. Bothe § 2 Rn. 73.
354 Depré ZVG/Bachmann ZVG § 45 Rn. 18.
355 Dassler/Schiffhauer/Hintzen/Engels/Rellermeyer/Hintzen ZVG § 45 Rn. 3.
356 Depré ZVG/Bachmann § 45 Rn. 2 und 6.
357 Vgl. auch Böttcher FPR 2013, 345 (349).
358 Depré ZVG/Bachmann ZVG § 45 Rn. 21 ff.
359 BGH NJW 2012, 2664.
360 BGH NJW 2012, 2654.
361 BGH NJW 2012, 2654; RGZ 57, 209 (211); OLG Hamm OLGZ 1967, 57 (59).
362 BGH NJW 2012, 2654.
363 BGH NJW 2012, 2654; OLG Hamm OLGZ 1967, 57 (59).
364 Dassler/Schiffhauer/Hintzen/Engels/Rellermeyer/Hintzen ZVG § 45 Rn. 6.
365 Die §§ 23, 24 GBO gelten nur für das Grundbuchverfahren, vgl. Dassler/Schiffhauer/Hintzen/Engels/Rellermeyer/Hintzen ZVG § 45 Rn. 6.

III. Berücksichtigung von Amts wegen: Kosten des Verfahrens

Von Amts wegen werden ferner die **Kosten des Verfahrens** berücksichtigt, die vorweg dem Versteigerungserlös zu entnehmen sind, § 109 Abs. 1 ZVG, also ohne Weiteres, ohne Anmeldung.[366] **Ausgenommen** hiervon sind die Kosten, die ihren Entstehungsgrund in der Anordnung des Verfahrens, im Beitritt eines Gläubigers, im Zuschlag oder in nachträglichen Verteilungsverhandlungen haben, § 109 Abs. 1 ZVG. Entsprechende Positionen müssen angemeldet werden.[367]

70

IV. Anmeldepflichtige Rechte und Ansprüche

Im Umkehrschluss müssen die **nach dem Versteigerungsvermerk eingetragenen Rechte** und **Rangänderungen**[368] angemeldet werden,[369] um im Rahmen der Feststellung des geringsten Gebotes eine Rolle spielen zu können. **Widerspricht** ein Gläubiger, muss der anmeldende Gläubiger sein Recht bzw. seinen Anspruch glaubhaft machen, § 45 Abs. 1 ZVG, jedoch nicht die rückständigen, grundbuchersichtlichen Leistungen, die nach § 45 Abs. 2 ZVG von der Glaubhaftmachung befreit sind.[370] Der Widerspruch bedarf keiner bestimmten Form und auch keiner Begründung.[371]

71

Ansprüche von Wohnungseigentümern nach § 10 Abs. 1 Nr. 2 ZVG müssen in gleicher Weise angemeldet werden,[372] wobei § 45 Abs. 3 ZVG weitere Erfordernisse statuiert. Die Anmeldepflicht trifft den Verwalter,[373] was sich aus § 27 Abs. 1 WEG ergibt und dem Forderungsausfall entgegenwirkt.[374] Erforderlich ist eine besondere Form der Glaubhaftmachung, entweder durch Vorlage eines entsprechenden Vollstreckungstitels,[375] alternativ durch Vorlage der Beschlussniederschrift,[376] die nicht öffentlich beglaubigt werden muss,[377] oder durch Glaubhaftmachung in sonstiger Weise, § 45 Abs. 2 S. 1 ZVG. Aus dem Vortrag müssen sich die Zahlungspflicht, die Art und der Bezugszeitraum des Anspruchs sowie die Fälligkeit des Anspruchs ergeben, § 45 Abs. 3 S. 2 ZVG.[378] Anderenfalls kann die Zuordnung[379] zur Rangklasse 2 nicht belegt werden.

Weiterhin müssen **öffentliche Grundstückslasten** gem. § 10 Abs. 1 Nr. 3 ZVG **und rückständige Zinsen** derjenigen Grundstücksrechte angemeldet werden, die bereits vor dem Versteigerungsvermerk im Grundbuch eingetragen waren, § 13 Abs. 1 S. 2 ZVG.[380]

V. Form, Inhalt, Zeitpunkt und Glaubhaftmachung der Anmeldung

Als Prozesshandlung[381] erfordert die Anmeldung **keine bestimmte Form**,[382] kann demnach schriftlich (Antrag auf Anordnung des Verfahrens oder Beitritt)[383] oder mündlich im Termin erfolgen,[384] **inhaltlich** jedoch dahin gehend strukturiert, dass der Rechtsgrund, der Rang und ein bestimmter Betrag ersichtlich sind.[385] Die Anmeldung kann **spätestens** im Versteigerungstermin

72

---

366 Dassler/Schiffhauer/Hintzen/Engels/Rellermeyer/Hintzen ZVG § 45 Rn. 10.
367 Depré ZVG/Bachmann ZVG § 45 Rn. 4.
368 Bothe § 2 Rn. 73; Böttcher FPR 2013, 345 (349).
369 Zur Anmeldung der erst nach dem Versteigerungsvermerk eingetragenen Rechte vgl. Kogel Rn. 507.
370 Depré ZVG/Bachmann ZVG § 45 Rn. 18.
371 Depré ZVG/Bachmann ZVG § 45 Rn. 19.
372 Ebenso Bothe § 2 Rn. 73; Böttcher FPR 2013, 345 (349).
373 BGH ZfIR 2018, 232; Dassler/Schiffhauer/Hintzen/Engels/Rellermeyer/Hintzen ZVG § 45 Rn. 18.
374 BGH ZfIR 2018, 232 (233).
375 Ein Vollstreckungstitel ist nicht zwingend erforderlich BGH ZfIR 2018, 232 (233).
376 BGH ZfIR 2018, 232 (233).
377 Dassler/Schiffhauer/Hintzen/Engels/Rellermeyer/Hintzen ZVG § 45 Rn. 19, die öffentliche Beglaubigung ist unerheblich, der Anspruch kann durch die Vorlage der bloßen Beschlussniederschrift glaubhaft gemacht werden.
378 Ebenso BGH ZfIR 2018, 232 (233).
379 Depré ZVG/Bachmann ZVG § 45 Rn. 28; Dassler/Schiffhauer/Hintzen/Engels/Rellermeyer/Hintzen ZVG § 45 Rn. 9.
380 Böttcher FPR 2013, 345 (349).
381 Bothe § 2 Rn. 77.
382 Bothe § 2 Rn. 78.
383 Dassler/Schiffhauer/Hintzen/Engels/Rellermeyer/Hintzen ZVG § 45 Rn. 16.
384 Depré ZVG/Bachmann ZVG § 45 Rn. 10, 11.
385 Depré ZVG/Bachmann ZVG § 45 Rn. 12.

vor der Aufforderung zur Abgabe von Geboten erfolgen, § 37 Nr. 4 ZVG.[386] Eine danach erfolgte Anmeldung wird nicht mehr berücksichtigt[387] und erleidet einen Rangverlust.[388] Verlangt werden kann eine Glaubhaftmachung des angemeldeten Rechts, wobei sich der Anmeldende aller Beweismittel bedienen darf, darunter Urkunden, Zeugen und die Abgabe einer eidesstattlichen Versicherung[389] § 294 Abs. 1 ZPO. Unstatthaft ist eine Beweisaufnahme, die nicht sofort erfolgen kann, § 294 Abs. 2 ZPO.

VI. Wirkungsdauer, Rücknahme und die sog. Minderanmeldung

73 Die Wirkungsdauer der Anmeldung ist nicht beschränkt, sondern gilt für die **gesamte Dauer** des Verfahrens.[390]

Als Prozesshandlung[391] kann die Anmeldung auch wieder zurückgenommen[392] oder in die Gestalt einer sog. **Minderanmeldung** gekleidet werden, deren Merkmal darin zu sehen ist, dass der Gläubiger weniger anmeldet, als ihm zusteht.[393] Ein sonst von Amts wegen zu berücksichtigender größerer Anspruch wird dadurch **begrenzt**.[394] Die Entscheidung darüber, ob eine Minderanmeldung abgegeben wird, trifft der Gläubiger des Anspruchs bzw. des Rechts, und zwar ohne Rücksprache mit den Eigentümern der Immobilie. Das Bestreben geht dahin, mit der Minderanmeldung etwaigen Schadensersatzansprüchen bzw. Regressansprüchen aus dem Weg zu gehen und Streitigkeiten zu vermeiden. Der Sinn einer Minderanmeldung kann auch darin bestehen, die Teilungsabsicht der Eigentümer nicht zu blockieren. Wegen der formellen Ausgestaltung des Verfahrens prüft das Vollstreckungsgericht nicht, welche Motivation der Minderanmeldung zugrunde liegt.[395]

T. Der Versteigerungstermin

I. Allgemeines zum Versteigerungstermin

74 Im öffentlichen Versteigerungstermin selbst[396] werden das geringste Gebot und die Versteigerungsbedingungen festgehalten sowie die **Bietzeit** (mind. 30 Minuten) eröffnet,[397] §§ 180 Abs. 1, 73 Abs. 1 S. 1 ZVG. Der zuständigen Vollstreckungsrechtspflegerin bzw. dem zuständigen Vollstreckungsrechtspfleger steht die Ausübung der **sitzungspolizeilichen Gewalt** zu, wozu der Ausschluss von Personen oder die Verhängung von Ordnungsgeld bis 1.000 EUR zählen.[398] Die **Protokollierung** obliegt idR einem hinzugezogenen Protokollführer bzw. einer Protokollführerin. Für die **Ausschließung** und **Ablehnung** des Versteigerungsrechtspflegers[399] sind die für den Richter[400] geltenden Vorschriften entsprechend anzuwenden, § 10 S. 1 RpflG.[401] Über die Ablehnung des Versteigerungsrechtspflegers entscheidet die Richterin bzw. der Richter des Vollstreckungsgerichts, § 10 S. 2 RpflG.

II. Bekanntmachungsteil des Versteigerungstermins, § 66 ZVG

75 Im **Bekanntmachungsteil**[402] des Versteigerungstermins gibt das Vollstreckungsgericht nach dem Aufruf der Sache alle relevanten Verfahrensdaten bekannt, darunter die Angaben zur Immobi-

---

386 Zur Wirkung als Aufgebot vgl. Bothe § 2 Rn. 82; zum Zeitpunkt vgl. auch Böttcher FPR 2013, 345 (349).
387 Depré ZVG/Bachmann ZVG § 45 Rn. 13.
388 Dassler/Schiffhauer/Hintzen/Engels/Rellermeyer/ Hintzen ZVG § 45 Rn. 17; Bothe § 2 Rn. 82: Rangklasse 9.
389 Bothe § 2 Rn. 79.
390 Depré ZVG/Bachmann ZVG § 45 Rn. 14; Bothe § 2 Rn. 80; Böttcher FPR 2013, 345 (349).
391 Bothe § 2 Rn. 77.
392 Bothe § 2 Rn. 81.
393 Depré ZVG/Bachmann ZVG § 45 Rn. 16; Böttcher FPR 2013, 345 (349).
394 OLG Oldenburg NdsRpfl 1988, 8.
395 OLG Oldenburg NdsRpfl 1988, 8.
396 Vgl. zur Öffentlichkeit § 169 GVG.
397 Ebenso Roßmann FuR 2019, 558 (564).
398 Depré ZVG/Bachmann ZVG § 66 Rn. 7.
399 Vollstreckungsrechtspflegerin bzw. Vollstreckungsrechtspfleger.
400 Richterin bzw. Richter.
401 Vgl. Depré ZVG/Bachmann ZVG § 66 Rn. 13.
402 Schlamann InsbürO 2018, 101 (104); Böttcher FPR 2013, 345 (349).

lie, zum Inhalt des Grundbuchs, zur Wertfestsetzung, zum geringsten Gebot und zu den Anmeldungen, §§ 180 Abs. 1, 66 Abs. 1 ZVG. Danach hat das Vollstreckungsgericht auf die bevorstehende Ausschließung weiterer Anmeldungen hinzuweisen und zur Abgabe von Geboten aufzufordern, §§ 180 Abs. 1, 66 Abs. 2 ZVG.

III. Die Bietzeit im Versteigerungstermin

Zwischen der Aufforderung zur Abgabe von Geboten und dem Zeitpunkt, in welchem die Versteigerung geschlossen wird, müssen **mindestens 30 Minuten** liegen,[403] §§ 180 Abs. 1, 73 Abs. 1 S. 1 ZVG.

76

IV. Form der Gebote; Legitimation im Termin; Gemeinschaftsverhältnis

Die Abgabe von Geboten kann **nur** in **mündlicher Form** geschehen, nicht durch die Übergabe von Schriftstücken. Bieter müssen sich im Termin ausweisen, weshalb die Empfehlung dahin geht, zur Vorbereitung des Versteigerungstermins sich der **gültigen Ausweisdokumente** (Personalausweis oder Pass) zu vergewissern.[404] Bieter müssen geschäftsfähig sein und können auch gemeinschaftlich erwerben, wobei das **Gemeinschaftsverhältnis** darzulegen ist.

77

V. Bietervollmacht

Eine **Bietervollmacht** muss durch **öffentlich beglaubigte Urkunde** nachgewiesen werden, §§ 180 Abs. 1, 71 Abs. 2 ZVG.[405] Dies gilt für alle Vertretenen, auch für Eheleute, Abkömmlinge oder nahe Verwandte, für die geboten werden soll. In der Praxis sehen Bietervollmachten regelmäßig die umfassende Vertretung im konkreten Teilungsversteigerungsverfahren vor, darunter die Abgabe von wertmäßig beschränkten oder unbeschränkten Geboten, der Abschluss von Vereinbarungen über bestehenbleibende Rechte, die Bestimmung des Gemeinschaftsverhältnisses bei mehreren Erwerbern sowie die Befreiung von den Beschränkungen des § 181 BGB.

78

VI. Unterbrechung des Termins

Der Termin kann nach pflichtgemäßem Ermessen **unterbrochen** werden, um über einen Ablehnungsantrag oder die Neuberechnung des geringsten Gebotes befinden zu können,[406] nicht hingegen zur Erlangung einer Sicherheitsleistung.[407]

79

VII. Sicherheitsleistung im Versteigerungstermin

1. Antrag, Antragsrecht, Antragszeitpunkt. Auf **Antrag** kann im Versteigerungstermin Sicherheitsleistung verlangt werden,[408] §§ 180 Abs. 1, 67 Abs. 1 S. 1 ZVG.[409] Das **Antragsrecht** steht einem Beteiligten zu, dessen Recht durch Nichterfüllung des Gebots beeinträchtigt werden würde, § 67 Abs. 1 S. 1 ZVG. Die Sicherheitsleistung kann **nur sofort nach Abgabe des Gebots** verlangt werden, nicht davor und auch nicht zu einem späteren Zeitpunkt, § 67 Abs. 1 S. 1 ZVG.[410]

80

2. Höhe der Sicherheitsleistung. Die Sicherheitsleistung beläuft sich regelmäßig auf **10 Prozent** des festgesetzten Verkehrswertes, §§ 180 Abs. 1, 68 Abs. 1 S. 1 ZVG, die sofort geleistet werden müssen, mindestens jedoch die Verfahrenskosten nach § 109 Abs. 1 ZVG.[411]

81

---

403 Zur Bietzeit vgl. Schlamann InsbürO 2018, 101 (105), 106; Böttcher FPR 2013, 345 (349).
404 Kiderlen ZEV 2018, 385 (388).
405 Kiderlen ZEV 2018, 385 (388).
406 Depré ZVG/Bachmann ZVG § 66 Rn. 10 und 11.
407 Depré ZVG/Bachmann ZVG § 66 Rn. 11.
408 Zum Antragserfordernis vgl. Schlamann InsbürO 2018, 101 (106); Böttcher FPR 2013, 345 (350).
409 Böttcher FPR 2013, 345 (351).
410 Vgl. auch Böttcher FPR 2013, 345 (351).
411 Böttcher FPR 2013, 345 (351).

82 **3. Arten der Sicherheitsleistung.** Die **Sicherheitsleistung** kann im Versteigerungstermin **nicht** durch einfache Schecks, Kreditkarten, Sparbücher, Bankbestätigungen, Wertpapiere oder durch Barzahlung[412] erbracht werden, §§ 180 Abs. 1, 69 Abs. 1 ZVG,[413] sondern durch **Bundesbankschecks** oder im **Inland zahlbare Bankverrechnungsschecks**, deren Ausstellungsdatum frühestens am dritten Werktag vor dem Versteigerungstermin liegen darf, vgl. §§ 180 Abs. 1, 69 Abs. 2 S. 1 ZVG.[414]

Auch eine **unbefristete, unbedingte** und selbstschuldnerische **Bürgschaft** eines Kreditinstituts kommt als Sicherheitsleistung in Betracht, sofern die Verpflichtung aus der Bürgschaft im Inland zu erfüllen ist, §§ 180 Abs. 1, 69 Abs. 3 S. 1 ZVG. Ein privater Bürge[415] kann nicht berücksichtigt werden.

Schließlich kann die Sicherheitsleistung durch **Überweisung auf ein Konto der Gerichtskasse** bewirkt werden, §§ 180 Abs. 1, 69 Abs. 4 ZVG,[416] allerdings mit einer bestimmten **Vorlaufzeit**, etwa 10 bis 14 Tage vor dem Versteigerungstermin, was einkalkuliert werden muss. Nicht selten wird deshalb von dieser Form der Sicherheitsleistung abgeraten.[417]

83 **4. Risikozuordnung und Nachweis.** Das Risiko wird ausschließlich der **Verantwortungssphäre des Bieters** zugeordnet,[418] weshalb der Bieter Sorge dafür tragen muss, dass die Sicherheitsleistung rechtzeitig eingeht. Der Betrag muss vor dem Versteigerungstermin gutgeschrieben werden, worüber im Versteigerungstermin der **Nachweis** zu führen ist. Der Nachweis der Sicherheitsleistung wird durch die **Zahlungsanzeige der Gerichtskasse** erbracht,[419] woraus sich ergibt, dass der Zahlungseingang die Sicherheitsleistung deckt. Dabei muss zweifelsfrei aus der Zahlungsanzeige hervorgehen, dass der Betrag als Sicherheitsleistung für das Gebot des Bieters bestimmt ist.[420] Abbuchungsmitteilungen oder Kontoauszüge reichen zum Nachweis nicht aus.[421] Die Formalisierung des Vollstreckungsrechts ist der Grund dafür, warum das Vollstreckungsgericht nicht zur Prüfung verpflichtet ist, ob der Gerichtskasse weitere Informationen vorliegen, die den überwiesenen Betrag betreffen.[422] Wird in der **Zahlungsanzeige**, dort der Punkt über den **Verwendungszweck**, eine von dem Einzahler abweichende Person genannt, ist dies so zu verstehen, dass diese Person im Versteigerungstermin als Bieter auftreten und die Sicherheitsleistung verwenden wird.[423] Soll die Sicherheitsleistung nur für eine bestimmte Person eingesetzt werden, muss dies im Rahmen des Verwendungszweckes unmissverständlich angegeben werden.[424]

84 **5. Entscheidung über die Sicherheitsleistung.** Das Vollstreckungsgericht hat über die Sicherheitsleistung **sofort zu entscheiden**, §§ 180 Abs. 1, 70 Abs. 1 ZVG.[425]

85 **6. Besonderheit für Miteigentümer.** Eine Besonderheit gilt für den **Miteigentümer**, der für sein Gebot keine Sicherheit zu leisten braucht, wenn **ihm** eine durch das Gebot ganz oder teilweise gedeckte **Hypothek**, **Grundschuld** oder **Rentenschuld** zusteht, § 184 ZVG.

VIII. Ende des Versteigerungstermins

86 Das Vollstreckungsgericht hat das **letzte Gebot** und den **Schluss** der Versteigerung zu verkünden, §§ 180 Abs. 1, 73 Abs. 2 S. 2 ZVG. Die Verkündung des letzten Gebots soll in Form eines

---

412 Vgl. § 69 Abs. 1 ZVG sowie Schlamann InsbürO 2018, 101 (106), Bargeld darf als Sicherheitsleistung nicht mehr angenommen werden.
413 § 69 Abs. 1 ZVG: eine Sicherheitsleistung durch Barzahlung ist ausgeschlossen; vgl. auch Roth NJW-Spezial 2018, 679.
414 Münch Abschn. D Rn. 948; Schlamann InsbürO 2018, 101 (106); Böttcher FPR 2013, 345 (351).
415 Böttcher FPR 2013, 345 (351).
416 Zum Nachweis der Sicherheitsleistung durch Zahlungsanzeige vgl. BGH MDR 2017, 667; zur Sicherheitsleistung vgl. Schlamann InsbürO 2018, 101 (106).
417 Vgl. Bothe § 2 Rn. 170.
418 Schlamann InsbürO 2018, 101 (106).
419 BGH MDR 2017, 667.
420 BGH MDR 2017, 667.
421 Schlamann InsbürO 2018, 101 (106).
422 BGH MDR 2017, 667.
423 BGH MDR 2017, 667.
424 BGH MDR 2017, 667.
425 Böttcher FPR 2013, 345 (351).

dreimaligen Aufrufs erfolgen, §§ 180 Abs. 1, 73 Abs. 2 S. 2 ZVG. Die **Entscheidung über den Zuschlag** ist im Termin oder in einem sofort zu bestimmenden Termin zu verkünden,[426] §§ 180 Abs. 1, 87 Abs. 1 ZVG. Den Regelfall bildet die Entscheidung im Versteigerungstermin.

U. Entscheidung über den Zuschlag

I. Zuschlag, Eigentumswechsel

Der **Zuschlag** ist dem **Meistbietenden** durch **Beschluss** zu erteilen,[427] §§ 180 Abs. 1, 81 Abs. 1 ZVG. **Anzugeben** sind im Zuschlagsbeschluss 87

- das Grundstück übereinstimmend mit dem Grundbuch;
- der Ersteher mit seinem Namen und Geburtsdatum bzw. die Firma mit ihrer gesetzlichen Bezeichnung;
- der bar zu zahlende Betrag;
- die Versteigerungsbedingungen;
- darunter die bestehenbleibenden Rechte,[428] §§ 180 Abs. 1, 82 ZVG;
- ggf. Zuzahlungen, sofern die bestehenbleibenden Rechte im Zeitpunkt des Wirksamwerdens des Zuschlags ganz oder teilweise nicht mehr bestehen;
- darüber hinaus trifft der Zuschlagsbeschluss Aussagen über die Kostentragungspflicht des Erstehers und die Verzinsung des Bargebots.

II. Muster eines Zuschlagsbeschlusses

Durch den **Zuschlag**, der mit seiner **Verkündung** wirksam wird,[429] wird der Ersteher kraft Gesetzes **Eigentümer** der Immobilie, §§ 180 Abs. 1, 90 Abs. 1 ZVG. Die Gemeinschaft erlischt am Grundstück und setzt sich im Wege der dinglichen **Surrogation** am Erlös fort.[430] Zu konstatieren ist ein originärer **Erwerb kraft hoheitlichen Aktes**, kein derivativer, von den bisherigen Miteigentümern abgeleiteter Erwerb. Kraft öffentlich-rechtlichen Eigentumsübergangs[431] wird der Ersteher Eigentümer, sodass der Ersteher **nicht Rechtsnachfolger** des bisherigen Eigentümers ist.[432] Persönliche Beziehungen werden durch den Zuschlagsbeschluss bedeutungslos[433] und gehen mit dem Eigentum des alten Eigentümers unter. 88

▶ Muster für einen Zuschlagsbeschluss in der Teilungsversteigerung:

Amtsgericht XY-Dorf

Abteilung für Zwangsvollstreckung in das unbewegliche Vermögen

Az.1510 K 69/19

Im Zwangsversteigerungsverfahren zum Zwecke der Aufhebung der Gemeinschaft

Huber Sophie, geb. Maier, geboren am 19.1.1969, Seestraße 20, 81243 München

– Antragstellerin –

Prozessbevollmächtigter:

Rechtsanwalt Franzen Heinrich, Schleißheimerstraße 345, 80007 München

gegen

Gangl Richard, geb. 19.5.1969, Pfitznerstraße 5, 80123 München

– Antragsgegner –

---

426 Schlamann InsbürO 2018, 101 (104).
427 Zum Zuschlag vgl. Schlamann InsbürO 2018, 172.
428 Schlamann InsbürO 2018, 172.
429 Vgl. Schlamann InsbürO 2018, 172 (175).
430 Böttcher FPR 2013, 345 (351); Münch Abschn. D Rn. 920 und 931.
431 BGH ZfIR 2005, 33.
432 OLG Düsseldorf NJW-RR 2001, 861.
433 BayObLG Rpfleger 1996, 129; Wilsch ZfIR 2016, 247.

29. Teilungsversteigerung

Rechtsanwälte Warnowski, Wendt, Lankowski, Prinzenstraße 9, 80356 München

Versteigerungsobjekte:
- eingetragen im Grundbuch des Amtsgerichts XY-Dorf von Daglföhring Blatt 2205, Miteigentumsanteil iHv 67,45/1000, verbunden mit dem Sondereigentum an der Wohnung und dem Keller Nr. 3 lt. Aufteilungsplan, Flurstück 36, Gebäude- und Freifläche, Seestraße 20, 81243 München, 1520 qm,
- eingetragen im Grundbuch des Amtsgerichts XY-Dorf von Daglföhring Blatt 2206, Miteigentumsanteil iHv 87,45/1000, verbunden mit dem Sondereigentum an der Wohnung und dem Keller Nr. 4 lt. Aufteilungsplan, Flurstück 36, Gebäude- und Freifläche, Seestraße 20, 81243 München, 1520 qm,
- eingetragen im Grundbuch des Amtsgerichts XY-Dorf von Daglföhring Blatt 2207, Miteigentumsanteil iHv 57,45/1000, verbunden mit dem Sondereigentum an der Wohnung und dem Keller Nr. 5 lt. Aufteilungsplan, Flurstück 36, Gebäude- und Freifläche, Seestraße 20, 81243 München, 1520 qm,

erlässt das Amtsgericht XY-Dorf am 3.11.2022 folgenden

Zuschlagsbeschluss:

Die vorgenannten Beschlagnahmeobjekte werden im Gesamtausgebot zugeschlagen an

Frau Krull Felicitas, geb. 19.2.1972, Mariannenstraße 2, 80333 München,

für den bar zu zahlenden Betrag von 472.500 Euro

unter folgenden Versteigerungsbedingungen:

Es bleiben folgende Rechte als Teil des geringsten Gebots bestehen:

Abteilung II des Grundbuchs:

Nr. 1:

Geh- und Fahrtrecht

für Landeshauptstadt XY-Dorf,

Zuzahlungsbetrag gemäß §§ 50, 51 ZVG: 0 Euro

Nr. 2:

Gasrohrleitungsrecht

für Landeshauptstadt XY-Dorf

Zuzahlungsbetrag gemäß §§ 50, 51 ZVG: 0 Euro

Abteilung III des Grundbuchs:

Nr. 5:

Grundschuld ohne Brief 1.050.000 Euro

für Volksbank Raiffeisenbank Fürstenhausen eG

mit Zinsen wie im Grundbuch eingetragen

ab dem Tag des Zuschlags

Gesamtsumme der bestehenbleibenden Rechte: 1.050.000 Euro

Sofern die bestehenbleibenden Rechte im Zeitpunkt des Wirksamwerdens des Zuschlags ganz oder teilweise nicht bestehen, hat die Erwerberin Zuzahlung zu leisten. Bei bedingten Rechten oder Gesamtrechten kann die Zuzahlungspflicht auch im Falle des Erlöschens nach dem Zuschlag eintreten, §§ 50, 51 ZVG.

Die Kosten des Zuschlags trägt die Ersteherin, § 58 ZVG.

Das Bargebot ist vom Zuschlag an bis zum Verteilungstermin bzw. bis zur wirksamen Hinterlegung mit 4 % jährlich zu verzinsen (§ 49 ZVG) und mit diesen Zinsen von der Ersteherin vor dem Verteilungstermin zu zahlen. Das Bargebot ist so rechtzeitig durch Überweisung oder Einzahlung auf ein

Konto der Landesjustizkasse XY-Dorf zu entrichten, dass der Betrag der Landesjustizkasse vor dem Verteilungstermin gutgeschrieben ist und ein Nachweis hierüber im Termin vorliegt.

Im Übrigen gelten die gesetzlichen Versteigerungsbedingungen, §§ 49 ff. ZVG.

Gründe

Frau Krull Felicitas, geb. 19.2.1972, Mariannenstraße 2, 80333 München, hat im Versteigerungstermin am 3.11.2022 das Meistgebot in Höhe von 472.500 Euro abgegeben.

Die Verfahrensvorschriften sind beachtet. Zuschlagsversagungsgründe nach §§ 83, 85 und 85a ZVG waren nicht erkennbar und wurden in der Verhandlung über den Zuschlag auch nicht vorgetragen.

Auf Antrag erfolgte die Versteigerung nur im Gesamtausgebot. Alle anwesenden Beteiligten haben auf Einzelausgebote verzichtet, § 63 Abs. 4 ZVG.

Der vorgenannten Ersteherin war daher der Zuschlag zu erteilen, §§ 81, 83, 84 ZVG.

Rechtsbehelfsbelehrung:

Gegen die Entscheidung kann die sofortige Beschwerde eingelegt werden.

Die Beschwerde ist binnen einer Notfrist von zwei Wochen bei dem

Amtsgericht XY-Dorf

Gerichtsstraße 19

80325 München

oder bei dem

Landgericht XY-Dorf

Obergerichtsstraße 1a,

80335 München

einzulegen.

Die Frist beginnt für diejenigen Beteiligten, die im Versteigerungs- oder einem Verkündungstermin erschienen sind oder vertreten wurden, mit der Verkündung der Entscheidung, für alle Übrigen mit deren Zustellung, spätestens mit dem Ablauf von fünf Monaten nach der Verkündung der Entscheidung.

Die Beschwerde ist schriftlich einzulegen oder durch Erklärung zu Protokoll der Geschäftsstelle eines der oben genannten Gerichte. Die Beschwerde kann auch vor der Geschäftsstelle jedes Amtsgerichts zu Protokoll erklärt werden. Dabei wird die Frist jedoch nur gewahrt, sofern das Protokoll rechtzeitig bei einem der oben genannten Gerichte eingeht. Eine anwaltliche Mitwirkung ist nicht vorgeschrieben. Die Beschwerdeschrift muss die Bezeichnung der angefochtenen Entscheidung sowie die Erklärung enthalten, dass Beschwerde gegen diese Entscheidung eingelegt wird. Rechtsbehelfe können auch als elektronisches Dokument eingereicht werden, nicht jedoch durch einfache E-Mail, die den gesetzlichen Anforderungen nicht genügt. Das elektronische Dokument muss mit einer qualifizierten elektronischen Signatur der verantwortenden Person versehen sein oder von der verantwortenden Person signiert und auf einem sicheren Übermittlungsweg eingereicht werden. Ein elektronisches Dokument, das mit einer qualifizierten elektronischen Signatur der verantwortenden Person versehen ist, darf wie folgt übermittelt werden:

– auf einem sicheren Übermittlungsweg oder
– an das für den Empfang elektronischer Dokumente eingerichtete Elektronische Gerichts- und Verwaltungspostfach (EGVP) des Gerichts.

Wegen der sicheren Übermittlungswege wird auf § 130a Abs. 4 ZPO verwiesen. Die weiteren Voraussetzungen zur elektronischen Kommunikation mit den Gerichten ergeben sich aus der Verordnung über die technischen Rahmenbedingungen des elektronischen Rechtsverkehrs und über das besondere elektronische Behördenpostfach (Elektronischer-Rechtsverkehr-Verordnung – ERVV) in der jeweils gültigen Fassung. Darauf und auf die Internetseite www.justiz.de wird verwiesen.

gez. Rechtspflegerin/Rechtspfleger
Verkündet am 3.11.2022
Siegel und Hinweis auf maschinelle Bearbeitung ◀

III. Zuschlagsbeschluss als Vollstreckungstitel

89 Der mit einer **einfachen Klausel** nach § 724 ZPO[434] versehene und dem früheren Eigentümer **zugestellte Zuschlagsbeschluss**[435] fungiert als **Vollstreckungstitel**, mit dem die Räumung und Herausgabe der Immobilie betrieben werden kann.[436] Der Erlösüberschuss steht den bisherigen Miteigentümern im bisherigen Berechtigungsverhältnis zu.[437]

IV. Schutzvorschriften

90 Der Zuschlag ist **von Amts wegen** zu versagen, sofern das abgegebene Meistgebot einschließlich des Kapitalwertes der bestehenbleibenden Rechte die **Hälfte des Verkehrswertes (5/10)** nicht erreicht, §§ 180 Abs. 1, 85a Abs. 1 ZVG, womit der Verschleuderung[438] von Eigentum entgegengewirkt werden soll. Diese Einschränkung gilt allerdings nicht für das gesamte Verfahren, sondern nur für den **ersten Termin,**[439] nicht für den Wiederholungstermin.

Eine weitere Grenze, die **7/10 Grenze**, ist nur auf **Antrag** zu prüfen und gilt ebenfalls nur im ersten Termin. Der Antrag ist im Versteigerungstermin zu stellen. In der Teilungsversteigerung kommt dieser Vorschrift keine Bedeutung zu, da kein zu schützender Gläubiger agiert. Die Teilungsversteigerung dient der Aufhebung der Gemeinschaft, nicht der Befriedigung eines Gläubigers.

V. Anfechtung der Zuschlagsentscheidung mit sofortiger Beschwerde

91 Gegen die Zuschlagsentscheidung ist die **sofortige Beschwerde** eröffnet, §§ 180 Abs. 1, 96 ZVG, wobei die **ZPO-Regelungen** zur Anwendung gelangen, darunter

- die **Notfrist von zwei Wochen**, § 569 Abs. 1 S. 1 ZPO;
- die **Einreichung** der Beschwerde beim Vollstreckungs- oder dem Beschwerdegericht, § 569 Abs. 1 S. 1 ZPO; Beschwerdegericht ist das Landgericht;
- die Einreichung einer **Beschwerdeschrift**, § 569 Abs. 2 S. 1 ZPO;
- die **Bezeichnung der angefochtenen Entscheidung** in der Beschwerdeschrift, § 569 Abs. 2 S. 2 ZPO;
- sowie die **Erklärung**, dass Beschwerde gegen die Entscheidung eingelegt wird, § 569 Abs. 2 S. 2 ZPO.

Ab welchem **Zeitpunkt** die Notfrist von zwei Wochen zu laufen beginnt, hängt davon ab, ob die Beteiligten im **Versteigerungs- oder Verkündungstermin** erschienen sind oder vertreten wurden. Für diejenigen Beteiligten, die im Versteigerungs- oder einem Verkündungstermin erschienen sind oder vertreten wurden, beginnt die Notfrist mit der Verkündung der Entscheidung, für alle Übrigen mit deren Zustellung, spätestens mit dem Ablauf von fünf Monaten nach der Verkündung der Entscheidung.

---

434 Schlamann InsbürO 2018, 172.
435 Münch Abschn. D Rn. 921.
436 Schlamann InsbürO 2018, 172; Münch Abschn. D Rn. 921.
437 Zur Verteilung des Erlösüberschusses nach Teilungsversteigerung vgl. BGH FamRZ 2010, 449 mAnm Hintzen; LG Frankenthal BeckRS 2010, 2017.
438 Schlamann InsbürO 2018, 101 (105); Roth NJW-Spezial 2018, 679.
439 Münch Abschn. D Rn. 915; Böttcher FPR 2012, 502 (507); Roth NJW-Spezial 2018, 679.

V. Verteilung des Erlöses

Der **Zweck** der Teilungsversteigerung ist erreicht, die Ersetzung eines unteilbaren Gegenstandes, eine Immobilie, durch einen teilbaren Gegenstand, den **verteilungsfähigen Erlös in Geld**.[440] Zur Teilung des Versteigerungserlöses hat das Vollstreckungsgericht nach der Erteilung des Zuschlags **einen nicht öffentlichen Verteilungstermin** zu bestimmen, §§ 180 Abs. 1, 105 Abs. 1 ZVG,[441] regelmäßig vier bis acht Wochen[442] nach dem Versteigerungstermin. Voraussetzung ist, dass das **Bargebot bereits bezahlt** und der Betrag auf dem Konto der Gerichtskasse **gutgeschrieben** ist. Das Bargebot ist rechtzeitig durch **Überweisung** auf ein Konto der Gerichtskasse zu entrichten, § 49 Abs. 3 ZVG. Die Möglichkeit sofortiger Einzahlung ist mit dem Sanktionsdurchsetzungsgesetz II entfallen, das Bargebot ist durch Überweisung auf ein Konto der Gerichtskasse zu erbringen. Dem Vollstreckungsgericht muss hierüber ein **Nachweis** vorliegen, anderenfalls kann der Verteilungstermin nicht stattfinden. Entsprechende Überweisungen müssen daher rechtzeitig und ohne weiteres Zögern erfolgen. **Keine** Voraussetzung ist jedoch, dass der Zuschlagsbeschluss bereits **Rechtskraft** erlangt hat.[443] Aufgestellt wird im Verteilungstermin der **Teilungsplan**, mit welchem die Teilungs- und die Schuldenmasse festgestellt werden.[444] **Vorweg** sind aus dem Versteigerungserlös **die Kosten des Verfahrens** zu entnehmen, §§ 180 Abs. 1, 109 Abs. 1 ZVG. Nicht außer Acht gelassen werden darf eine im Versteigerungstermin entrichtete **Sicherheitsleistung**, die auf das Meistgebot anzurechnen ist.[445] Der **Übererlös** ist unter den bisherigen Miteigentümern so zu verteilen, wie dies in der **übereinstimmenden Erklärung** der Miteigentümer festgehalten ist.[446] Ohne diese Erklärung muss der Übererlös **hinterlegt** werden,[447] und zwar bei der **Hinterlegungsstelle**[448] des Amtsgerichts. Die Begründung hierfür ist darin zu sehen, dass dem Vollstreckungsgericht nicht die Aufteilung obliegt,[449] sondern der Privatautonomie der Beteiligten unterliegt. Gegen den Teilungsplan findet der **Widerspruch** statt, §§ 180 Abs. 1, 115 Abs. 1 ZVG.

W. Nichtzahlung des Bargebots und Wiederversteigerung

Die **Wiederversteigerung** ist als eigenständiges Zwangsversteigerungsverfahren konzipiert, versehen mit **Verfahrenserleichterungen**,[450] die in § 133 ZVG vorgesehen sind. Die Zwangsvollstreckung gegen den Ersteher ist ohne Zustellung des vollstreckbaren Titels und ohne Zustellung der nach § 132 ZVG erteilten Vollstreckungsklausel zulässig, § 133 S. 1 ZVG. Ebenso wenig bedarf es der Vorlage eines Zeugnisses nach § 17 Abs. 2 ZVG, solange das Grundbuchamt noch nicht um die Eintragung ersucht ist, § 133 S. 2 ZVG. Eine Eintragung des Erstehers im Grundbuch ist nicht erforderlich, um die Wiederversteigerung ins Werk setzen zu können, § 133 S. 1 ZVG. Die **Grundlage** der Wiederversteigerung kann in der Forderung gegen den Ersteher oder in der Sicherungshypothek nach § 128 ZVG liegen.[451] Eine Besonderheit gilt für die Wiederversteigerung, die auf eine Teilungsversteigerung folgt.[452]

---

440 BGH NJW 2017, 2768 (2771); ähnlich bereits BGH MDR 2005, 112: „ein grundsätzlich unteilbares Grundstück oder grundstücksgleiches Recht in teilbares Geld zu verwandeln"; bestätigt durch BGH ZfIR 2016, 759 (760), ein unteilbarer Gegenstand wird durch einen teilbaren Gegenstand ersetzt.
441 Roßmann FuR 2019, 558 (564); Böttcher FPR 2012, 502 (507); Münch Abschn. D Rn. 928.
442 Zum Zeitraum vgl. Schlamann InsbürO 2018, 172 (173), dort vier bis sechs Wochen.
443 Schlamann InsbürO 2018, 172 (173).
444 Schlamann InsbürO 2018, 172 (173).
445 Schlamann InsbürO 2018, 172 (173).
446 Schlamann InsbürO 2018, 172 (173).
447 Böttcher FPR 2013, 345 (352); Böttcher ZVG § 180 Rn. 113.
448 Schlamann InsbürO 2018, 172 (173); Böttcher FPR 2012, 502 (508).
449 Böttcher FPR 2013, 345 (352); Böttcher ZVG § 180 Rn. 113.
450 BGH ZfIR 2022, 140.
451 BGH ZfIR 2022, 140.
452 BGH ZfIR 2022, 140.

X. Eintragung des Erstehers im Grundbuch

I. Ersuchen des Vollstreckungsgerichts

94 Nach **Ausführung des Teilungsplans** und **Rechtskraft des Zuschlags** ersucht das Vollstreckungsgericht das Grundbuchamt um **Eintragung des Erstehers als Eigentümer**, § 130 Abs. 1 S. 1 ZVG[453] iVm § 38 GBO.[454] Für einen Eintragungsantrag eines Beteiligten ist kein Raum,[455] da die Eintragung **ausschließlich** im Wege des **gerichtlichen Ersuchens** erfolgen kann.[456] Für das Grundbuchamt bildet einzig und allein das Ersuchen die Eintragungsgrundlage, nicht der Zuschlagsbeschluss oder der Verteilungsplan,[457] § 130 Abs. 1 S. 1 ZVG iVm § 38 GBO.

II. Unbedenklichkeitsbescheinigung des Finanzamtes; weitere Genehmigungen

95 Dem Ersuchen an das Grundbuchamt ist die **Unbedenklichkeitsbescheinigung des Finanzamtes** beizufügen,[458] woraus hervorgeht, dass gegen die Eintragung des Erstehers keine steuerlichen Bedenken bestehen. **Nicht** beizufügen sind hingegen die **Verwalterzustimmung** nach § 12 WEG, die **Eigentümerzustimmung** nach § 5 Abs. 1 ErbbauRG oder die **Vorkaufsrechtsbescheinigung** nach § 28 Abs. 1 BauGB.[459] Ob insoweit die Genehmigungen vorliegen, obliegt der Prüfung des Vollstreckungsgerichts, nicht des Grundbuchamtes.[460]

III. Eintragung des Erstehers im Grundbuch

96 Die Eintragung des Erstehers lautet wie folgt:

Amtsgericht München **Grundbuch von XY-Dorf Blatt 1367 Erste Abteilung**

Laufende Nummer der Eintragungen	Eigentümer	Laufende Nummer der Grundstücke im Bestandsverzeichnis	Grundlage der Eintragung
1	2	3	4
5	Franz Huber, geb. 25.8.1967	1	Zuschlagsbeschluss vom 2.3.2024, Az. 1540 K 48/19, Amtsgericht München; eingetragen am 2.7.2024. Konnetschke

IV. Grundbuchamtliche Eintragungskosten

97 Die Auffassung, für die Berechnung der grundbuchamtlichen **Eigentumsumschreibungsgebühr** (Nr. 14110 KV GNotKG) sei nur ein Teilwert maßgeblich, weil der Ersteher bereits Miteigentümer gewesen sei,[461] kann nicht geteilt werden. Grund ist der **originäre Erwerb** des neuen Eigentümers durch hoheitlichen Zuschlagsbeschluss, § 90 Abs. 1 ZVG. Der originäre Erwerb liefert

---

453 Zur Eintragung vgl. Schöner/Stöber GrundbuchR Rn. 996 ff.
454 Hügel/Zeiser GBO § 38 Rn. 32 ff.
455 OLG München FGPrax 2022, 6 = NJOZ 2022, 492; Hügel/Zeiser GBO § 38 R. 32, kein eigenes Antragsrecht des Erstehers.
456 OLG München FGPrax 2022, 6 = NJOZ 2022, 492; OLG Frankfurt aM NJOZ 2014, 128; OLG Hamm FGPrax 2012, 149.
457 OLG München FGPrax 2022, 6 = NJOZ 2022, 492; OLG Frankfurt aM NJOZ 2014, 128 (129).
458 Schöner/Stöber GrundbuchR Rn. 997; Schlamann InsbürO 2018, 172 (175).
459 Schöner/Stöber GrundbuchR Rn. 998.
460 Hügel/Zeiser GBO § 38 Rn. 32; Böttcher ZVG § 180 Rn. 95.
461 So zu Unrecht OLG Karlsruhe FGPrax 2016, 90; vgl. ablehnende Anmerkung Wilsch ZfIR 2016, 245 ff.

die Begründung dafür, warum der **volle Verkehrswert** der betroffenen Immobilie heranzuziehen ist. Durch den Zuschlag wird der Ersteher Eigentümer, und zwar kraft öffentlich-rechtlichen Eigentumsübertragungsaktes. Der Ersteher erwirbt nicht abgeleitet vom Schuldner, sondern **originär**.[462] Der Ersteher ist **nicht Rechtsnachfolger** des bisherigen Eigentümers. Das Eigentum des alten Eigentümers geht mit dem Zuschlag unter, persönliche Beziehungen sind durch den Zuschlagsbeschluss bedeutungslos geworden.[463] Mit dem früheren Eigentum hat der Ersteher nichts mehr gemeinsam.[464] Im kostenrechtlichen Annexverfahren kann dieses Eigentum nicht wieder auftauchen, zumal Kostenrecht Folgerecht darstellt. Die Privilegierung des § 70 Abs. 2 GNotKG kommt nicht zur Anwendung. Das OLG Nürnberg teilt diese Ansicht.[465] Dem Wesen des originären Erwerbs, der mit dem Versteigerungserwerb einhergeht, ist Rechnung zu tragen. Die Grundbucheintragung greift den originären Erwerb dadurch auf, dass der Ersteher nicht unter Hinweis auf eine bisherige Eigentumsstellung verlautbart (*„wie vor 3.1 sowie…"*) wird, *vielmehr* wird der Ersteher ohne Bezug auf seine vorherige Miteigentümerstellung eingetragen. In der Folge ist der **gesamte Verkehrswert** maßgeblich, nicht nur ein Teilwert.

Y. Gerichtskosten

I. Allgemeines

Im Rahmen eines Teilungsversteigerungsverfahrens fallen verschiedene **Gerichtskosten** an,[466] die teilweise als Verfahrens-, teilweise als Entscheidungsgebühren ausgestaltet sind. Hinzu kommen Auslagen für das **Sachverständigengutachten** (Nr. 9005 KV GKG: nach dem JVEG in voller Höhe zu bezahlen), **Bekanntmachungskosten** (Nr. 9004 KV GKG)[467] sowie **Zustellungsauslagen** (Nr. 9002 KV GNotKG), für die der Antragsteller haftet, § 7 Abs. 1 GKG. Die Verfahrenskosten sind **vorweg dem Versteigerungserlös zu entnehmen**, § 109 Abs. 1 S. 1 ZVG.[468] Mehrere Kostenschuldner haften als **Gesamtschuldner**, § 31 Abs. 1 GKG.

II. Entscheidung über den Antrag auf Anordnung der Teilungsversteigerung oder über den Beitritt zum Verfahren, Nr. 2210 KV GKG

Für die Entscheidung über den Antrag auf Anordnung der Teilungsversteigerung oder über den Beitritt[469] zum Verfahren fällt eine **Festgebühr iHv 110 EUR** an, Nr. 2210 KV GKG.[470] Die Entscheidung kann stattgebender oder zurückweisender Natur sein, in beiden Konstellationen fällt die Entscheidungsgebühr an.[471] Die Gebühr wird **für jeden Antragsteller gesondert** erhoben, Vorbemerkung 2.2 S. 1 KV GKG, jedoch werden mehrere Miteigentümer, die einen Antrag gemeinsam stellen, als ein Antragsteller behandelt, Vorbemerkung 2.2 S. 2 KV GKG. In der Praxis stellt regelmäßig nur ein Miteigentümer den Antrag bzw. stellen Miteigentümer gesonderte Anträge, so dass die Vergünstigung nicht greifen kann.[472] Die Gebühr schuldet der **Antragsteller**, § 26 Abs. 1 GKG. Das Vollstreckungsgericht sieht sich nicht in der Lage, seine Entscheidung von der vorherigen Begleichung eines **Vorschusses** abhängig zu machen.[473]

---

[462] BGH ZfIR 2005, 33.
[463] BayObLG Rpfleger 1996, 129; Wilsch ZfIR 2016, 247.
[464] OLG Düsseldorf NJW-RR 2001, 861.
[465] OLG Nürnberg BeckRS 2020, 19126; Wilsch ZfIR 2016, 245 ff.
[466] Zu den Gerichtskosten vgl. N. Schneider/Thiel NZFam 2018, 64; Schlamann InsbürO 2018, 172 (174).
[467] Vgl. Schlamann InsbürO 2018, 172 (174).
[468] Ebenso Schlamann InsbürO 2018, 172 (174).
[469] Noch mit alter Festgebühr iHv 100 EUR: Bothe § 2 Rn. 41.
[470] Schlamann InsbürO 2018, 172 (174).
[471] N. Schneider/Thiel NZFam 2018, 64.
[472] Ebenso N. Schneider/Thiel NZFam 2018, 64, allerdings noch mit alter Festgebührenhöhe (100 EUR); ebenso insoweit überholt Schlamann InsbürO 2018, 172 (174); Bothe § 2 Rn. 41.
[473] N. Schneider/Thiel NZFam 2018, 64 (65).

III. Verfahren im Allgemeinen, Nr. 2211 KV GKG

100 Für das Verfahren im Allgemeinen, also ab Anordnung bis zum Versteigerungstermin, sieht die Nr. 2211 KV GKG eine **0,5 Verfahrensgebühr** vor, die aus dem **festgesetzten Verkehrswert der betroffenen Immobilie** zu erheben ist, § 54 Abs. 1 S. 1 GKG iVm § 74a Abs. 5 ZVG.[474] Die Verfahrensgebühr schuldet der **Antragsteller**, § 26 Abs. 1 GKG. Ggf. tritt eine Reduzierung des Gebührensatzes (= 0,25 Gebühr) ein, sofern das Verfahren vor Ablauf des Tages endet, an dem die Verfügung mit der Bestimmung des ersten Versteigerungstermins unterschrieben ist, vgl. Nr. 2212 KV GKG. Der Regelung in § 15 Abs. 1 GKG lässt sich entnehmen, dass die Erhebung eines **Vorschusses** möglich ist.[475]

IV. Abhaltung eines Versteigerungstermins, Nr. 2213 KV GKG

101 Für die Abhaltung eines Versteigerungstermins mit Aufforderung zur Abgabe von Geboten setzt das Vollstreckungsgericht eine **0,5 Gebühr** an, Nr. 2213 KV GKG,[476] und zwar aus dem **festgesetzten Verkehrswert der betroffenen Immobilie**,[477] § 54 Abs. 1 S. 1 GKG iVm § 74a Abs. 5 ZVG. Kostenschuldner ist der **Antragsteller**, § 26 Abs. 1 GKG. Bei Zuschlagsversagung nach § 74a oder § 85a ZVG entfällt die Gebühr, vgl. Anmerkung zur Nr. 2213 KV GKG.

V. Erteilung des Zuschlags, Nr. 2214 KV GKG

102 Für die Erteilung des Zuschlags ist eine **0,5 Gebühr** in Ansatz zu bringen, Nr. 2214 KV GKG,[478] zu erheben aus dem **Gebot ohne Zinsen**, für welches der Zuschlag erteilt wird, **einschließlich der nach den Versteigerungsbedingungen bestehenbleibenden Rechte**, § 54 Abs. 2 S. 1 GKG. Der Geschäftswert **verringert** sich um den Anteil des Erstehers, der zu den bisherigen Mit- oder Gesamthandseigentümern der versteigerten Immobilie zählt,[479] § 54 Abs. 2 S. 2 GKG. Bei **Zuschlägen an verschiedene Ersteher** wird die Gebühr von jedem Ersteher nach dem Wert der auf ihn entfallenden Gegenstände erhoben,[480] § 54 Abs. 5 S. 1 GKG. Eine **Bietergemeinschaft** gilt als **ein Ersteher**, § 54 Abs. 5 S. 2 GKG.[481] Wird der Zuschlagsbeschluss aufgehoben, entfällt die Gebühr, vgl. Anmerkung zur Nr. 2214 KV GKG. Die Kosten für die Erteilung des Zuschlags schuldet der **Ersteher**, § 26 Abs. 2 S. 1 GKG, im Fall der Abtretung der Rechte aus dem Meistgebot oder der Erklärung, für einen Dritten geboten zu haben, haften der Ersteher und der Meistbietende als Gesamtschuldner, § 26 Abs. 2 S. 2 GKG.

VI. Verteilungsverfahren, Nr. 2215 KV GKG

103 Das Verteilungsverfahren schlägt mit einer **0,5 Verfahrensgebühr** zu Buche, Nr. 2215 KV GKG,[482] optional mit einer **Reduzierung auf einen 0,25 Gebührensatz**, vgl. Nr. 2216 KV GKG, falls keine oder eine nur eingeschränkte Verteilung des Versteigerungserlöses durch das Vollstreckungsgericht stattfindet, §§ 143, 144 ZVG. Die Gebühr bestimmt sich nach dem zuschlagsrelevanten Gebot ohne Zinsen, jedoch einschließlich des Wertes der nach den Versteigerungsbedingungen bestehenbleibenden Rechte,[483] § 54 Abs. 3 S. 1 GKG. Eine Ermäßigung sieht die Regelung nicht vor,[484] insbesondere nicht für ehemalige Miteigentümer, die die Immobilie ersteigerten.

---

474 Schlamann InsbürO 2018, 172 (174); N. Schneider/Thiel NZFam 2018, 64 (65).
475 N. Schneider/Thiel NZFam 2018, 64 (65).
476 Schlamann InsbürO 2018, 172 (174).
477 Vgl. N. Schneider/Thiel NZFam 2018, 64 (65).
478 Schlamann InsbürO 2018, 172 (174); N. Schneider/Thiel NZFam 2018, 64 (65 f.).
479 N. Schneider/Thiel NZFam 2018, 64 (66).
480 N. Schneider/Thiel NZFam 2018, 64 (65).
481 Schlamann InsbürO 2018, 172 (174).
482 N. Schneider/Thiel NZFam 2018, 64 (66); unvollständig insoweit Schlamann InsbürO 2018, 172 (174).
483 N. Schneider/Thiel NZFam 2018, 64 (66).
484 N. Schneider/Thiel NZFam 2018, 64 (66).

VII. Beschwerdeverfahren

Verfahren über **Beschwerden** gegen Entscheidungen, für die eine Festgebühr bestimmt ist, etwa die Beschwerde gegen den Anordnungs- oder Beitrittsbeschluss,[485] lösen eine **Festgebühr iHv 132 EUR** aus, Nr. 2240 KV GKG,[486] soweit die Beschwerde verworfen oder zurückgewiesen wird. Wird die Beschwerde nur teilweise verworfen oder zurückgewiesen, kann das Gericht die Gebühr nach **billigem Ermessen** auf die Hälfte ermäßigen oder bestimmen, dass eine Gebühr nicht zu erheben ist, so die Anmerkung zur Nr. 2240 KV GKG. Die Kosten des Beschwerdeverfahrens schuldet der **Beschwerdeführer**, § 26 Abs. 3 GKG.

104

VIII. Rechtsbeschwerdeverfahren

Eine vergleichbare Regelung findet sich für die Rechtsbeschwerde. Verfahren über Rechtsbeschwerden gegen Entscheidungen, für die eine Festgebühr bestimmt ist, etwa die Rechtsbeschwerde gegen den Anordnungs- oder Beitrittsbeschluss, lösen eine **Festgebühr iHv 264 EUR** aus,[487] Nr. 2242 KV GKG, soweit die Rechtsbeschwerde verworfen oder zurückgewiesen wird. Wird die Rechtsbeschwerde nur teilweise verworfen oder zurückgewiesen, kann das Gericht die Gebühr nach **billigem Ermessen** auf die Hälfte ermäßigen oder bestimmen, dass eine Gebühr nicht zu erheben ist, so die Anmerkung zur Nr. 2242 KV GKG. Die Kosten des Rechtsbeschwerdeverfahrens schuldet der **Rechtsbeschwerdeführer**, § 26 Abs. 3 GKG.[488]

105

---

485 N. Schneider/Thiel NZFam 2018, 64 (66).
486 Insoweit überholt: N. Schneider/Thiel NZFam 2018, 64 (66), dort noch mit 120 EUR ausgewiesen.
487 Insoweit überholt: N. Schneider/Thiel NZFam 2018, 64 (66), dort noch mit 240 EUR ausgewiesen.
488 N. Schneider/Thiel NZFam 2018, 64 (67).

30. Mediationsgesetz (MediationsG)

Vom 21. Juli 2012 (BGBl. I S. 1577)
(FNA 302-7)
zuletzt geändert durch Art. 135 Zehnte ZuständigkeitsanpassungsVO vom 31. August 2015
(BGBl. I S. 1474)
– Auszug –

Literatur:
Dörk, Das deutsche Mediationsgesetz, 2015; *Greger*, das neue Güterichterverfahren MDR 2012, 3 ff; *Frieser/Sarres/Stückemann/Tschichoflos*, Handbuch des Fachanwalts Erbrecht, 5. Aufl. 2013; *Greger/Unberath*, Mediationsgesetz – Recht der alternativen Konfliktlösung, 2. Aufl. 2016; *Tochtermann*, Die Unabhängigkeit und Unparteilichkeit des Mediators, 2008; *Unberath/Fischer*, Das neue Mediationsgesetz, rechtliche Rahmenbedingungen der Mediation, Tagung vom 7./8. Oktober 2011 in Jena, 2013.

Einführung

I. Aufbau 3	2. Privatautonome Regelungen 13
1. Eröffnung 4	a) Mediationsvereinbarung 14
2. Bestandaufnahme 5	aa) Mediationsabrede 14
3. Interessenserforschung 6	bb) Verschwiegenheitsverpflichtung 15
4. Lösungsoptionen 7	
5. Abschluss des Verfahrens 8	cc) Hemmung/Verjährung/Verfristung 16
II. Vorteile einer Mediation 9	
III. Anwendungsbereiche 11	dd) Klagehinderungsgrund 16.1
IV. Rechtsrahmen 12	b) Mediatorenvertrag 17
1. Mediationsgesetz 12	c) Abschlussvereinbarung 18

1 Die Mediation unterscheidet sich vom Zivil- und Verwaltungsprozess durch das eigenständige Erarbeiten einer Lösung für den Konflikt. Der Konflikt wird nicht durch einen Dritten entschieden. Ebenso erfolgt kein Lösungsvorschlag von dritter Seite. In der Mediation obliegt es **ausschließlich den Parteien** den Konflikt beizulegen.

2 Gerade in erbrechtlichen Streitigkeiten, in denen nicht nur um wirtschaftliche Werte gestritten wird, sondern auch familiäre Entwicklungen aufgearbeitet werden, zeigt die Mediation eine Möglichkeit auf, emotionsbehaftete Streitigkeiten beizulegen. Sowohl Urteile als auch Vergleiche, die im Rahmen eines Gerichtverfahrens geschlossen werden, können nur selten die Konflikte, die abseits der wirtschaftlichen Werte existieren, auf Dauer lösen.

I. Aufbau

3 Einen stringent, gesetzlich vorgeschriebenen Aufbau sieht das Mediationsverfahren nicht vor, dennoch hat sich eine Struktur im Rahmen des Verfahrens bewährt. Als Empfehlung kann ein Aufbau in fünf Phasen angeraten werden. Die Phasen der Mediation lassen sich daher in eine Eröffnungsphase, in eine Phase der Bestandsaufnahme, eine Phase der Interessenserforschung, eine Phase der Lösungserarbeitung und eine Abschlussphase gliedern.

4 **1. Eröffnung.** Zu Beginn einer Mediation sollte der Ablauf und die Struktur des Verfahrens erklärt werden. Auch Kommunikationsregeln, Verschwiegenheitsklauseln können und sollen vereinbart werden sowie die gemäß dem MediationsG vorgeschriebenen Informationen sollen erfolgen.

5 **2. Bestandaufnahme.** Im Rahmen der Bestandsaufnahme werden die Beziehungen der Parteien zueinander, der status quo und der Sachverhalt dargestellt. In dieser Phase besteht die wesentliche Aufgabe der Parteien, den Sachverhalt dem Mediator zu vermitteln. Auch Rechtspositionen der Parteien werden in dieser Verfahrensphase aufgearbeitet und zusammengefasst. Kurzum: Alles mehr oder weniger Relevante, das den Konflikt ausmacht, sollte in dieser Phase angesprochen werden. Letztlich auch, um den Parteien die Möglichkeit und das Gefühl zu geben, alles für sie Wichtige darlegen zu können.

3. Interessenserforschung. Dem Mediator obliegt es in dieser Phase, Streitpunkte zusammenzufassen, auf wenige Kerne zu reduzieren sowie die Interessen der jeweiligen Partei zu erforschen. Die Parteien müssen dazu übergehen, das Anspruchsdenken durch ein Denken in Interessen abzulösen. In dieser Phase kann sich bereits eine Lösungsoption abzeichnen, mit welcher der Konflikt interessensgerecht und zur Zufriedenheit der Parteien beigelegt werden kann. Der Erforschung der Interessen sollte dennoch große Aufmerksamkeit geschenkt und intensiv behandelt werden, um nicht vorschnell optimalere und interessensgerechtere Lösungsoptionen abzuschneiden.

4. Lösungsoptionen. Der Übergang von der Phase der Interessenserforschung zur Lösungsfindung wird zumeist fließend von statten gehen. Bei einer Vielzahl von Lösungsalternativen bedarf es einer Bewertung der gefunden Möglichkeiten, wobei die Erfüllung der Interessen beider Parteien das Ziel der Lösung sein sollte. Der Mediator hat in diesem Stadium des Verfahrens die Aufgabe, das Gespräch zu moderieren und die Parteien zu motivieren, kreative Lösungsalternativen anzudenken.

5. Abschluss des Verfahrens. In der fünften Verfahrensphase wird die Abschlussvereinbarung getroffen. Diese muss den rechtlichen Formvorschriften genügen und rechtlich einwandfrei sein. Ggf. bedarf es der notariellen Beurkundung der Vereinbarung, bspw. bei Erb- und Pflichtteilsverzicht oder dem Abschluss eines Erbvertrags. Weitere Möglichkeiten, die Vereinbarung vollstreckbar zu machen, sind der Anwaltsvergleich nach §§ 796a ff. ZPO oder der Abschluss der Vereinbarung vor einer staatlich anerkannten Gütestelle, wodurch die Vereinbarung nach § 794 Abs. 1 S. 1 ZPO vollstreckbar wird. Im Rahmen einer gerichtsnahen Mediation durch einen Güterichter steht die Abschlussvereinbarung einem gerichtlich geschlossenen Vergleich gleich.

II. Vorteile einer Mediation

Die Mediation unterliegt bis heute großen Vorurteilen und es bedarf oftmals Überzeugungsleistung, zerstrittene Parteien zu einer Mediation zu bewegen. Dabei bietet die Mediation gerade erbrechtlichen Auseinandersetzungen ein probates Mittel, Konflikte zu lösen, ohne bleibenden Vertrauensverlust und Kränkungen in der Familie zu hinterlassen. Die größte Überwindung ist wohl die Bereitschaft, zusammen mit dem „Gegner" eine Lösung zu erarbeiten und sich mit dem Konflikt aus der Sicht des anderen auseinanderzusetzen. Dabei liegt hierin der größte Vorteil der Mediation. Die Parteien haben das Verfahren selbst in der Hand. Sie bestimmen maßgeblich den Ausgang des Verfahrens und legen diesen nicht in die Hand eines Richters. Gleichsam bietet die Mediation die Möglichkeit, eine für beide Parteien interessensgerechte Lösung zu erarbeiten, die sich sodann als „win-win"-Lösung darstellen kann. Ein vom Richter, oftmals fernab von den Parteiinteressen vorgeschlagener Vergleich, kann nur selten eine für die Parteien zufriedenstellende Lösung bieten.

Wesentlicher Vorteil der Mediation ist die Schonung der Beziehung untereinander, nicht zuletzt auch wegen der fehlenden Öffentlichkeit des Verfahrens. Zudem ist eine Mediation oftmals kostengünstiger und führt zu einer schnelleren Konfliktlösung. Die Vorteile in Stichpunkten:

- Geringere Kosten
- Interessensgerechte Lösung, da diese von den Parteien selbst erarbeitet wurde
- Die Parteien bleiben Herrscher über das Verfahren, somit Herr über Anfang, Ende, Kosten und das Ergebnis
- Mediationsverfahren unterliegen nicht der Öffentlichkeit, wodurch die Vertraulichkeit bewahrt wird

- Beziehungen zwischen den Parteien bleiben erhalten
- Schnellere Verfahrensbeendigung

III. Anwendungsbereiche

11 Ein Mediationsverfahren ist vor allem wegen der Schonung der familiären Beziehungen für erbrechtliche Auseinandersetzungen prädestiniert. Das Verfahren eignet sich sowohl bei der Auseinandersetzung einer Erbengemeinschaft, als auch bei Übergabeverträge und Erbteils- und Pflichtteilsverzichtsvereinbarungen.

IV. Rechtsrahmen

12 **1. Mediationsgesetz.** Anders als der Zivil- und Verwaltungsgerichtsprozess gibt es für ein Mediationsverfahren keine Prozessordnung. Das im Juli 2012 in Kraft getretene MediationsG enthält ebenfalls keine Regelungen zur Verfahrensordnung. Das Mediationsgesetz beschränkt sich auf grundlegende Verhaltenspflichten und Aufgaben der Mediatoren, auf Tätigkeitsbeschränkungen sowie auf Aus- und Fortbildungen für Mediatoren.[1]

12.1 Kritik am Mediationsgesetz bezieht sich überwiegend auf die Kostenfrage, welche das Gesetz unbeantwortet lässt. Für eine außergerichtliche Meditation fehle eine Mediationskostenhilfe, so die Kritiker. Die in § 7 MediationsG getroffene Regelung ist hierfür nicht ausreichend und schafft auch keine Rechtsgrundlage für den Bürger.[2] Eine solche würde jedoch zur verstärkten Nutzung der außergerichtlichen Mediation beitragen. Eine gewährte Prozesskostenhilfe bezieht sich allerdings auch auf das Verfahren vor dem Güterichter, jedoch nicht auf eine außergerichtliche Mediation.[3] Der finanzschwache Ratsuchende wird daher primär den gerichtlichen Weg wählen. Wird die Ausweitung der Prozesskostenhilfe auf das Güterichterverfahren verwehrt, so wird das Verfahren überwiegend beim zuständigen Richter verbleiben. Die fehlende Regelung in der außergerichtlichen Mediation, widerspricht der vom Gesetzgeber gewünschten Förderung der einvernehmlichen Streitbeilegung.[4]

13 **2. Privatautonome Regelungen.** Im Übrigen beruht das Verfahren auf den Vereinbarungen der Parteien, welche sich in drei Verträge aufteilen lassen.

14 **a) Mediationsvereinbarung. aa) Mediationsabrede.** Haben die Parteien vereinbart, eine Mediation durchzuführen, ist im Rahmen der Auslegung deren Rechtsverbindlichkeit zu klären. Eine solche Vereinbarung kann formlos sowie konkludent geschlossen werden und unterliegt der AGB-Kontrolle.[5] Mögliche Inhalte einer Mediationsabrede können der Gegenstand der Mediation, die Person des Mediators, ein zeitweiser Klageverzicht, eine Vertraulichkeits- und Verschwiegenheitsverpflichtung und detaillierte Verfahrensregelungen sein. Jedenfalls wird mit der Mediationsabrede vereinbart, eine Mediation durchzuführen.

14.1 Weigert sich eine Partei, eine Mediation durchzuführen, obwohl die Mediationsabrede die Durchführung eine solchen vor Klageerhebung beinhaltet, stellt die Nichtdurchführung der Mediation prozessual eine Einrede (und keine Einwendung) dar.[6] Die Rechtsprechung sieht in der Durchführung einer Mediation **keine Zulässigkeitsvoraussetzung**. Die Verpflichtung zur

---

1 BT-Drs. 17/5335, 11.
2 Greger/Unberath/Steffek/Greger § 7 Rn. 5.
3 OLG Bamberg BeckRS 2018, 22753 Rn. 3; HessLSG BeckRS 2015, 72889 Rn. 21; Greger/Weber MDR 2019, S. 1 Rn. 367; Windau jM 2019, 52 (56); a. A.OLG Köln ZKM 2012, 29.
4 Dörk Deutsches Mediationsgesetz, 63; Greger Stellungnahme zum Entwurf eines Gesetzes zur Förderung der Mediation und anderer Verfahren der außergerichtlichen Konfliktbeilegung, 3.
5 Fischer/Unberath/Fischer Das neue Mediationsgesetz, 63.
6 Unberath NJW 2011, 1320.

Mediation vor Klageerhebung wird von einigen Gerichten als bloße Förmelei bezeichnet werden, da es jeder Partei freisteht, unmittelbar nach Beginn die Mediation abzubrechen.[7]

bb) Verschwiegenheitsverpflichtung. Die Medianten sollten sich vor der Mediation auf eine 15 Verschwiegenheitsregelung verständigen. Erklärungen, Informationen und Unterlagen, die in der Mediation erteilt werden, dürfen von den Medianten ausschließlich im Rahmen der Mediation verwandt werden. Über die Einführung dieser mündlichen und schriftlichen Erklärungen, Unterlagen und Informationen in einem gerichtlichen Verfahren kann ein Einführungsverbot vereinbart werden, welches unter Zustimmung beider Parteien aufgehoben werden kann. Ebenso kann die Benennung des Mediators als Zeugen nur mit Zustimmung beider Parteien vereinbart werden (→ MediationsG § 4 Rn. 7 f.).

cc) Hemmung/Verjährung/Verfristung. § 203 S. 1 BGB regelt die Verjährung und ist auch im 16 Falle eines Mediationsverfahren anwendbar. Problematisch erscheint hier, den Beginn und das Ende der Hemmung zu präzisieren. Als Orientierung wird vorgeschlagen,[8] die Rechtsprechung des BGH zu Güterichterverfahren heranzuziehen. Demnach tritt die Hemmung nach Stellung der entsprechenden Anträge gemäß den formalen Mindestanforderungen und einer Individualisierung der zu hemmenden Ansprüche ein.[9] Die Hemmung endet, sobald eine Partei zu erkennen gibt, dass sie kein Mediationsverfahren durchführen möchte.[10] Trotz dieser gesetzlichen Regelung erscheint eine Vereinbarung, die sämtliche Ausschluss- und Verjährungsfristen für den Streitgegenstand hemmt und den Beginn der Mediation zur Sicherung von Ansprüchen festhält, sinnvoll. Beachtet werden sollte, dass für den Fall des Scheiterns der Mediation den Parteien noch ausreichend Zeit verbleibt, den Anspruch/das Recht gerichtlich geltend zu machen.

dd) Klagehinderungsgrund. Bisher ist umstritten, ob die Mediationsabrede rechtliche Wirkung 16.1 entfaltet und einen Klagehinderungsgrund darstellt. Während einige Gerichte[11] vor der Einführung des Mediationsgesetzes in der Mediationsabrede keinen Klagehinderungsgrund sahen, wird seitens der Literatur eingewandt, dass hier die Rechtsprechung des BGH zu Schlichtungsvereinbarungen herangezogen werden könne, wonach eine solche Vereinbarung einen konkludenten Klageverzicht begründet.[12]

Außerdem wird eine Parallele zu Schlichtungsvereinbarungen gezogen, die nach der Rechtsprechung des BGH stets einen konkludenten Klageverzicht begründen. In der neueren Literatur erfolgt auch der Hinweis auf das Ziel des Mediationsgesetzes, die Konfliktbeilegung in außergerichtlichen Verfahren zu fördern. Im Ergebnis soll die kündbare Mediationsabrede daher einen dilatorischen Klageverzicht begründen.

b) Mediatorenvertrag. Das Vertragsverhältnis zwischen den Parteien und dem Mediator lässt 17 sich als entgeltliche Geschäftsbesorgung in Form eines Dienstvertrages kategorisieren, gemäß §§ 675, 611 ff. BGB. Die Vereinbarung sollte die Pflichten und das Honorar des Mediators regeln.[13] Insbesondere sollte eine unwiderrufliche Verschwiegenheitspflicht des Mediators geregelt werden.

c) Abschlussvereinbarung. Die Wirksamkeit der Abschlussvereinbarung, die den Konflikt zu- 18 mindest teilweise beilegt, unterliegt den allgemeinen Vertragsregelungen, Der Vertrag unterliegt

---

7 OLG Frankfurt NJW RR 2010, 788; LG Heilbronn ZKM 2011, 29; aA Fischer/Unberath Das neue Mediationsgesetz/Tochtermann, 114 ff., wonach Gerichte den verbindlichen Charakter einer obligatorischen Mediationsvereinbarung ignorieren.
8 Bericht der Bundesregierung über die Auswirkungen des Mediationsgesetzes auf die Entwicklung der Mediation in Deutschland und über die Situation der Aus- und Fortbildung der Mediatoren, 36.
9 BGH NJW 2015, 2407 f.; NJW 2015, 3297 ff.
10 BT-Drs. 17/5335, 11.
11 OLG Frankfurt NJW-RR 2010, 788 ff. 40;LG ZKM 2011, 29.
12 Unberath NJW 2011, 1320 (1321 f.); Tochtermann ZKM 2008, 89 (91); ausführlich hierzu Bericht der Bundesregierung über die Auswirkungen des Mediationsgesetzes auf die Entwicklung der Mediation in Deutschland und über die Situation der Aus- und Fortbildung der Mediatoren, 32.
13 FA ErbR/Stückemann Kap. 1 Rn. 536.

daher ebenso den Anfechtungsregelungen gemäß §§ 119 ff. BGB und der Regelung zum Wegfall der Geschäftsgrundlage.[14] Die Vollstreckbarkeit der Abschlussvereinbarung ergibt sich aus den §§ 794 ff. ZPO. Im Mediationsgesetz wurde hierzu keine Sonderregelung getroffen.

§ 1 MediationsG Begriffsbestimmungen

(1) Mediation ist ein vertrauliches und strukturiertes Verfahren, bei dem Parteien mithilfe eines oder mehrerer Mediatoren freiwillig und eigenverantwortlich eine einvernehmliche Beilegung ihres Konflikts anstreben.

(2) Ein Mediator ist eine unabhängige und neutrale Person ohne Entscheidungsbefugnis, die die Parteien durch die Mediation führt.

A. Allgemeines

1 § 1 MediationsG enthält Begriffsbestimmungen zu „Mediation" und „Mediator". Die Regelungen lassen – vom Gesetzgeber bewusst – die Anzahl der Teilnehmer offen. Der Begriff „Partei" soll nach dem Willen des Gesetzgebers untechnisch verstanden werden. Er bezeichnet die teilnehmenden Personen (Medianten) und kann daher auch für Verfahrensordnungen verwendet werden, die den Begriff „Partei" nicht kennen.[1]

2 Das Mediationsgesetz gilt nur für die vertraglich vereinbarte Mediation und nicht für Verfahren vor dem **Güterichter**. Die Rechtsfolgen des Gesetzes ergeben sich für den Güterichter bereits aus seiner Stellung als Organ der Rechtspflege und der Verschwiegenheitspflicht aus § 46 DRiG iVm beamtenrechtlichen Vorschriften. Rechtsgrundlage für die gerichtliche Mediation ist § 278 Abs. 5 ZPO. Der Unterschied zur privatrechtlichen Mediation liegt im Mediator bzw. Güterichter. Letzterer bleibt Richter mit hoheitlichen Aufgaben, richterlicher Kompetenz und Beurteilungsvermögen. Er hat rechtsstaatliche Vorgaben zu beachten, ihm obliegt jedoch im Güterichterverfahren keine Entscheidungszuständigkeit.[2]

B. Regelungsgehalt

I. Das Mediationsverfahren

3 **1. Struktur.** Das Gesetz macht keine Vorgaben über die Struktur und den Ablauf eines Mediationsverfahrens. Starre Regelungen vergleichbar mit der der ZPO oder VwGO werden nicht geregelt. Der Ablauf und die Struktur können variieren. Eine strukturierte Durchführung einer Mediation ist jedoch empfehlenswert (→ MediationsG Einf. Rn. 3 ff.).

4 **2. Vertraulichkeit.** Die Vertraulichkeit des Verfahrens bildet die Basis der Konfliktlösung. Nur mit der Sicherheit der Verschwiegenheit der Parteien und des Mediators können Interna offengelegt werden und dadurch interessensgerechte Lösungen gefunden werden. Die Parteien können daher selbst bestimmen, inwieweit sie die Öffentlichkeit zulassen. Auch im Rahmen einer **gerichtsinternen Mediation** obliegt es den Parteien, dies zu bestimmen. Daher bedarf es keiner ausdrücklichen Regelung in den §§ 169 ff. GVG über die Nichtöffentlichkeit des Verfahrens.[3]

5 **3. Freiwilligkeit und Einvernehmlichkeit.** Die Parteien entscheiden selbst, ob sie eine Mediation durchführen wollen, wann diese beginnt und endet. Sie erarbeiten selbst ihre Lösung, die in einer Abschlussvereinbarung niedergelegt wird.

---

14 Fischer/Unberath/Härting Das neue Mediationsgesetz, 148 ff.
1 BT-Drs. 17/5335, 13.
2 Greger/Unberath Teil 4 Rn. 35 ff.; Greger/Weber MDR 2012, 3 ff.; Ahrens NJW 2012, 2465 (2471); Francken NZA 2012, 836 (840).
3 Greger/Weber MDR 2012, 5.

II. Der Mediator

Die Begriffsbestimmung des Mediators verzichtet bewusst auf ein klar umgrenztes Berufsbild, um klarzustellen, dass der Mediator diese Tätigkeit nicht ausschließlich hauptberuflich ausüben wird. Vielmehr kann der Mediator einen Grundberuf ausüben und im Anschluss daran Mediatorentätigkeiten übernehmen, wie beispielsweise Notare, Rechtsanwälte, Steuerberater, Psychologen, Banker und Unternehmensberater.[4]

1. Anforderungen. Der Mediator muss unabhängig und neutral seine Aufgabe erfüllen. Die geforderte Neutralität ist die persönliche Unabhängigkeit des Mediators. Er darf nicht den Weisungen einer Partei unterliegen. Ein Rechtsanwalt, der in der Sache für eine Partei bereits tätig war, scheidet daher als Mediator aus. Möglich ist es jedoch, dass ein Partner einer Sozietät die Aufgabe des Mediators übernimmt, soweit beide Parteien damit einverstanden sind. Ebenso sollte der Mediator keine zu starke Bindung im Hinblick auf den Verfahrensgegenstand haben. Der Mediator hat jede Partei gleich zu behandeln und insoweit auch für ausgeglichenen Informationsfluss zu sorgen (→ MediationsG § 2 Rn. 3 f.).

2. Aufgabe. Der Mediator übernimmt die Gesprächsleitung und trägt die Verantwortung für eine funktionierende Kommunikation zwischen den Parteien. Er kontrolliert die Einhaltung der Verfahrensverfahrensregeln und darf bei deren Verstoß auch eingreifen. Ihm obliegt jedoch keine Entscheidungskompetenz in der Sache.

C. Weitere Praktische Hinweise

Unter www.eucon-institut.de finden sich empfehlenswerte Musterverträge und Musterklauseln.

§ 2 MediationsG Verfahren; Aufgaben des Mediators

(1) Die Parteien wählen den Mediator aus.

(2) Der Mediator vergewissert sich, dass die Parteien die Grundsätze und den Ablauf des Mediationsverfahrens verstanden haben und freiwillig an der Mediation teilnehmen.

(3) ¹Der Mediator ist allen Parteien gleichermaßen verpflichtet. ²Er fördert die Kommunikation der Parteien und gewährleistet, dass die Parteien in angemessener und fairer Weise in die Mediation eingebunden sind. ³Er kann im allseitigen Einverständnis getrennte Gespräche mit den Parteien führen.

(4) Dritte können nur mit Zustimmung aller Parteien in die Mediation einbezogen werden.

(5) ¹Die Parteien können die Mediation jederzeit beenden. ²Der Mediator kann die Mediation beenden, insbesondere wenn er der Auffassung ist, dass eine eigenverantwortliche Kommunikation oder eine Einigung der Parteien nicht zu erwarten ist.

(6) ¹Der Mediator wirkt im Falle einer Einigung darauf hin, dass die Parteien die Vereinbarung in Kenntnis der Sachlage treffen und ihren Inhalt verstehen. ²Er hat die Parteien, die ohne fachliche Beratung an der Mediation teilnehmen, auf die Möglichkeit hinzuweisen, die Vereinbarung bei Bedarf durch externe Berater überprüfen zu lassen. ³Mit Zustimmung der Parteien kann die erzielte Einigung in einer Abschlussvereinbarung dokumentiert werden.

---

[4] BT-Drs. 17/5335, 14.

A. Allgemeines

1 Die Regelung normiert die wesentlichen Pflichten und Aufgaben des Mediators. Sie konkretisiert die Verantwortung des Mediators für die Durchführung eines strukturierten Verfahrens und stellt klar, dass er nicht zur Streitentscheidung berufen ist.

B. Regelungsgehalt

I. Selbstbestimmungsrecht

2 Abs. 1 normiert das Selbstbestimmungsrecht der Parteien in einem Mediationsverfahren. Sie bestimmen ob und worüber ein Mediationsverfahren stattfindet. Auch die Bestimmung der Person des Mediators obliegt den Parteien. Dabei reicht es aus, wenn sie konkludent einen Vorschlag zur Person des Mediators annehmen.

II. Pflichten des Mediators

3 In den Abs. 2 und 3 sind die wesentlichen Aufgaben des Mediators genannt. Er hat zunächst den Ablauf des Mediationsverfahrens zu erklären und sich zu versichern, dass die Parteien an dem Verfahren freiwillig teilnehmen und eine eigenverantwortliche Entscheidung für und gegen eine Mediation treffen. Er ist verpflichtet, den Parteien alle notwendigen Informationen zukommen zu lassen. § 1 wird durch § 2 Abs. 3 ergänzt und hebt die Neutralität und „Allparteilichkeit" des Mediators hervor. Da die Parteien auch die Kommunikations- und Verhaltensregeln festlegen können, kann auch vereinbart werden, ob der Mediator Einzelgespräche mit den Parteien führen darf und unter welchen Voraussetzungen Einzelgespräche stattfinden.

4 Gemäß Abs. 6 hat der Mediator auch die Aufgabe und Pflicht, sich zu vergewissern, ob die Parteien die Einigung in Kenntnis der Sachlage treffen, den Inhalt und die daraus entstehenden Konsequenzen verstehen. Insbesondere bei nicht anwaltlich vertretenen Parteien, kommt dieser Aufgabe besondere Bedeutung zu. Im Falle einer Einigung sollte der Mediator darauf hinwirken, die zu treffende Abschlussvereinbarung einer rechtlichen Prüfung zu unterziehen. Auch die Prüfung durch einen Sachverständigen oder einen psychologischen Berater kann je nach Einzelfall angezeigt sein.[1] Sofern die Parteien nicht zu einem eigenverantwortlichen Handeln in der Lage sind, muss der Mediator das Verfahren beenden.

5 Bei einer Pflichtverletzung des Mediators kommen Haftungsansprüche gegen den Mediator in Betracht, gemäß §§ 311a, 241 Abs. 2 BGB und §§ 280 ff. BGB.

III. Nichtöffentlichkeit

6 Die Vorschrift unterstreicht ein weiteres Mal die Privatautonomie der Parteien in dem Verfahren. Diese entscheiden, ob Dritte an dem Verfahren beteiligt werden. Einhergehend mit der Entscheidung, ob Dritte einbezogen werden, steht es zur Disposition der Parteien, die Öffentlichkeit zuzulassen.

IV. Beendigung

7 Die Mediation zu beenden, liegt in der Befugnis der Parteien oder des Mediators. Die Parteien können das Verfahren ohne Angabe von Gründen jederzeit beenden. Der Mediator kann das Verfahren ebenfalls beenden, sollte eine Einigung nicht zu erwarten oder die Parteien zu einem konstruktiven Verfahren nicht in der Lage sein.[2] Auch die Fortsetzung des Verfahrens mit einem anderen Mediator kann in geeigneten Fällen in Betracht kommen, um eine Einigung zu erzielen.

---

[1] BT-Drs. 17/5335, 15.
[2] BT-Drs. 17/5335, 15.

Ziel der Mediation ist die Beilegung eines Streites durch eine interessensgerechte Einigung. Eine 8
Dokumentationspflicht dieser Einigung/Abschlussvereinbarung besteht nicht. Die schriftliche
Niederlegung der Vereinbarung wird jedoch empfohlen, nicht zuletzt im Hinblick auf die Vollstreckbarerklärung im Rahmen von § 796d ZPO (→ MediationsG Einf. Rn. 18).

C. Weitere praktischen Hinweise

Der Mediator sollte abwägen, ob es sinnvoll erscheint, die rechtliche Lage eines Sachverhalts 9
darzustellen. In einem Mediationsverfahren sollten die Interessen der Parteien in den Vordergrund gerückt werden, um dadurch – fern vom Anspruchsdenken – eine interessensgerechte einvernehmliche Lösung zu erarbeiten. Eine rechtliche Darstellung birgt die Gefahr, dass die Parteien auf rechtliche Ansprüche beharren. Anderseits kann die rechtliche Darstellung des Sachverhalts zu einer Beschleunigung des Verfahrens führen.

§ 3 MediationsG   Offenbarungspflichten; Tätigkeitsbeschränkungen

(1) ¹Der Mediator hat den Parteien alle Umstände offenzulegen, die seine Unabhängigkeit und Neutralität beeinträchtigen können. ²Er darf bei Vorliegen solcher Umstände nur als Mediator tätig werden, wenn die Parteien dem ausdrücklich zustimmen.

(2) ¹Als Mediator darf nicht tätig werden, wer vor der Mediation in derselben Sache für eine Partei tätig gewesen ist. ²Der Mediator darf auch nicht während oder nach der Mediation für eine Partei in derselben Sache tätig werden.

(3) ¹Eine Person darf nicht als Mediator tätig werden, wenn eine mit ihr in derselben Berufsausübungs- oder Bürogemeinschaft verbundene andere Person vor der Mediation in derselben Sache für eine Partei tätig gewesen ist. ²Eine solche andere Person darf auch nicht während oder nach der Mediation für eine Partei in derselben Sache tätig werden.

(4) Die Beschränkungen des Absatzes 3 gelten nicht, wenn sich die betroffenen Parteien im Einzelfall nach umfassender Information damit einverstanden erklärt haben und Belange der Rechtspflege dem nicht entgegenstehen.

(5) Der Mediator ist verpflichtet, die Parteien auf deren Verlangen über seinen fachlichen Hintergrund, seine Ausbildung und seine Erfahrung auf dem Gebiet der Mediation zu informieren.

A. Allgemeines	1	III. Informationspflicht	5
B. Regelungsgehalt	2	IV. Rechtsfolgen	6
I. Offenlegungspflicht	2	C. Praktische Hinweise	10
II. Tätigkeitsverbot	3		

A. Allgemeines

Die Vorschrift dient der Neutralität und Unabhängigkeit des Mediators. Die Aufgabe des 1
Mediators ist diesbezüglich mit der eines Richters zu vergleichen. Jegliche persönliche, wirtschaftliche und persönliche Verbindung zu den Parteien, finanzielle Abhängigkeit sowie ein persönlicher Bezug zum Konfliktgegenstand oder ein sonstiges Interesse am Ergebnis des Verfahrens beeinflussen die Neutralität des Mediators.[1]

---

[1] BT-Drs. 17/5335, 16.

B. Regelungsgehalt

I. Offenlegungspflicht

2 Der Mediator hat sämtliche Umstände offenzulegen, die seine Neutralität beeinflussen. Da er dem **Gebot der Neutralität** unterliegt, ist er zudem verpflichtet, alle Parteien gleichzubehandeln. Die Neutralität bewertet sich aus objektiven Gesichtspunkten, die aus vernünftiger Betrachtung und vom Standpunkt des Ablehnenden die Befürchtung der Voreingenommenheit erwecken können. Die rein theoretische Möglichkeit, dass ein Umstand die Unabhängigkeit beeinträchtigen kann, wird nicht ausreichen.[2] Ist mit dem Mediator ein **Erfolgshonorar** im Falle einer Einigung vereinbart, muss dieser Umstand, da beidseitig bekannt, nicht erneut offengelegt werden.

II. Tätigkeitsverbot

3 Für den Fall, dass sich die Tätigkeit, in der ein Rechtsanwalt in einer anderen Sache bereits tätig war oder ist, auch nur teilweise mit dem Streitstoff überschneidet, die Gegenstand der Mediation ist, darf der Rechtsanwalt die Mediatorentätigkeit nicht übernehmen. Dieses Tätigkeitsverbot ist unabhängig von der Zustimmung der Parteien. Ebenso besteht ein Tätigkeitsverbot des Mediators als Rechtsanwalt für eine der Parteien bei Scheitern der Mediation in einem **späteren Rechtsstreit**.[3]

4 In Abs. 3 wurde das Tätigkeitsverbot auf die **Mitglieder einer Sozietät** ausgeweitet. Diese erstreckt sich im Fall des Scheiterns der Mediation auf eine spätere anwaltliche Vertretung durch einen Sozius. In Abs. 4 sind Ausnahmen von diesem Verbot geregelt, welche den Ausnahmen des § 3 Abs. 2 BORA entsprechen.[4]

III. Informationspflicht

5 Die Parteien haben einen Anspruch auf Information über Studium, Beruf, Art und Dauer der Mediationsausbildung und Umfang der praktischen Erfahrung des Mediators. Damit soll dem Umstand Rechnung getragen werden, dass keine gesetzliche Mindestqualifikation eingeführt wurde (→ Rn. 10).[5]

IV. Rechtsfolgen

6 Täuscht der Mediator arglistig über seine Neutralität kommt eine **Anfechtung** des Mediatorenvertrags gemäß § 123 **BGB** in Betracht. Mit der wirksamen Anfechtung des Mediatorenvertrags erhält der Mediator für seine Tätigkeit keine Vergütung, gleichsam kann er seine Tätigkeit einstellen.[6]

7 Auch kommt eine **Anfechtung** des Mediatorenvertrags gemäß § 119 **Abs. 2 BGB** in Betracht, wenn der Mediator nicht die Qualifikation zur Mediation aufweist, welche die Mediatoren wünschen. Zur Anfechtung der Abschlussvereinbarung bedarf es zusätzlich der Kausalität zwischen einer verkehrswesentlichen Eigenschaft des Mediators (zB mangels Qualifikation oder Erfahrung) und der Abschlussvereinbarung.

---

[2] Fischer/Unberath/Greger Das neue Mediationsgesetz, 83.
[3] BT-Drs. 17/5335, 16; aA Tochtermann Die Unabhängigkeit und Unparteilichkeit des Mediators, 141 ff., wonach mit Zustimmung beider Parteien, der rechtsanwaltschaftliche Vertreter einer Partei die Mediatorentätigkeit ausüben kann.
[4] BT-Drs. 17/5335, 16.
[5] BT-Drs. 17/5335, 16.
[6] Tochtermann Die Unabhängigkeit und Unparteilichkeit des Mediators, 141 ff.

Ein **Schadensersatzanspruch** gemäß §§ 280 Abs. 1, 311 BGB gegen den Mediator kommt ebenfalls in Betracht, sofern einer Partei ein Schaden aus der Unterlassung der Aufklärung entstanden ist und der Mediator sich gemäß § 280 Abs. 1 S. 2 BGB nicht entlasten kann.[7]

Die im Rahmen der Mediation herbeigeführte **Einigung** kann nur unter den engen Voraussetzungen des kollusiven Zusammenwirkens gemäß **§ 138 BGB** angegriffen werden oder gemäß **§ 123 Abs. 2 S. 1 BGB** angefochten werden, wenn der Mediator über die Unabhängigkeit arglistig getäuscht und die Gegenseite dies wusste oder grob fahrlässig nicht gewusst hat.[8]

C. Praktische Hinweise

Den Parteien und/oder deren Rechtsbeiständen wird empfohlen, sich bereits vor Abschluss eines Mediatorenvertrags zu erkundigen, welche Erfahrung und Referenzen dieser aufweisen kann. Die Offenlegung von Umständen, die die Neutralität beeinflussen können, sollte in ein Protokoll aufgenommen werden oder anderweitig schriftlich niedergelegt und von den Parteien unterschrieben werden. Ebenso sollte der Mediator schriftlich festhalten, welche Informationen er über seinen fachlichen Hintergrund, seine Ausbildung und Erfahrung gegeben hat.

Im Rahmen des Mediatorenvertrags sollte von der Vereinbarung einer „Einigungsprämie" abgesehen werden, da diese die Neutralität des Mediators gefährdet.

§ 4 MediationsG   Verschwiegenheitspflicht

¹Der Mediator und die in die Durchführung des Mediationsverfahrens eingebundenen Personen sind zur Verschwiegenheit verpflichtet, soweit gesetzlich nichts anderes geregelt ist. ²Diese Pflicht bezieht sich auf alles, was ihnen in Ausübung ihrer Tätigkeit bekannt geworden ist. ³Ungeachtet anderer gesetzlicher Regelungen über die Verschwiegenheitspflicht gilt sie nicht, soweit

1. die Offenlegung des Inhalts der im Mediationsverfahren erzielten Vereinbarung zur Umsetzung oder Vollstreckung dieser Vereinbarung erforderlich ist,
2. die Offenlegung aus vorrangigen Gründen der öffentlichen Ordnung (ordre public) geboten ist, insbesondere um eine Gefährdung des Wohles eines Kindes oder eine schwerwiegende Beeinträchtigung der physischen oder psychischen Integrität einer Person abzuwenden, oder
3. es sich um Tatsachen handelt, die offenkundig sind oder ihrer Bedeutung nach keiner Geheimhaltung bedürfen.

⁴Der Mediator hat die Parteien über den Umfang seiner Verschwiegenheitspflicht zu informieren.

A. Allgemeines

§ 4 MediationsG dient der Umsetzung des Art. 7 der Mediations-RL, der die Vertraulichkeit des Mediationsverfahrens durch ein **Zeugnisverweigerungsrecht** gemäß § 383 Abs. 1 Nr. 6 ZPO für den Mediator und alle am Mediationsverfahren beteiligten Personen sicherstellen soll. Um einen einheitlichen Schutz der Vertraulichkeit herzustellen, verdrängt die Regelung als lex specialis andere berufsrechtliche Verschwiegenheitsregelungen. Folglich unterliegen alle Mediatoren der Verschwiegenheit gemäß § 4 MediationsG.[1]

---

7   Fischer/Unberath/Greger Das neue Mediationsgesetz, 84.

8   Tochtermann Die Unabhängigkeit und Unparteilichkeit des Mediators, 227 ff.
1   BT-Drs. 17/5335, 17.

B. Regelungsgehalt

2 Die Regelung gewährt den Mediatoren und allen in die Durchführung der Mediation eingebundenen Personen ein Zeugnisverweigerungsrecht gemäß § 383 Abs. 1 Nr. 6 ZPO und verpflichtet sie gleichzeitig zur Verschwiegenheit.[2]

3 Der Umfang der Verschwiegenheitspflicht ergibt sich aus § 383 Abs. 1 Nr. 1 ZPO. Sie umfasst alles, was dem Mediator im Rahmen der Mediation in Ausübung seiner Tätigkeit als Mediator bekannt geworden ist.

4 Der Kreis der „in die Durchführung der Mediation eingebundenen Personen" ist restriktiv zu verstehen. Es werden lediglich die Hilfspersonen des Mediators erfasst (Bürokräfte, Übersetzer, deren Hilfe sich der Mediator im Vorfeld bedient). Bei Verletzung der Verschwiegenheitspflicht können Schadensersatzansprüche gegen den Mediator gemäß § 823 BGB oder §§ 278, 831 BGB entstehen. Personen, die durch die Parteien nach § 2 Abs. 4 MediationsG eingebunden werden, bspw. **Sachverständige** oder **Familienangehörige** unterliegen der Verschwiegenheitspflicht nicht.[3]

5 Die Parteien können die zur Verschwiegenheit Verpflichteten im allseitigen Einvernehmen davon entbinden. Die Entbindung von der Verschwiegenheitspflicht kann sich auch auf einzelne Umstände und Tatsachen beziehen.[4] § 4 S. 3 MediationsG normiert Ausnahmen von der Verschwiegenheitspflicht:

- Nr. 1 wird den Bedürfnissen der Vollstreckung der Abschlussvereinbarung gerecht.
- Nr. 2 enthält zwei Voraussetzungen für den Wegfall der Verschwiegenheitspflicht. Neben dem Vorliegen einer der genannten Gründe muss die Offenbarung der Tatsachen „geboten sein". Eine Gebotenheit wird nur gegeben sein, wenn die endgültige und effektive Abwendung der Beeinträchtigung nicht auf andere Weise, insbesondere durch die Mediation oder den Hinweis auf eine bestehende Gefährdungslage beendet werden kann.[5]

6 Gemäß S. 4 müssen die Parteien über die Verschwiegenheitspflicht und deren Umfang informiert werden.

C. Praktische Hinweise

7 Für den Erfolg eines Mediationsverfahrens kann es von Bedeutung sein, dass sich auch die Parteien der Verschwiegenheit verpflichten. Eine solche Verschwiegenheitsverpflichtung kann im Mediationsvertrag vereinbart werden und sollte insbes. die Verschwiegenheit über alle Tatsachen, Abläufe, Geschehnisse und die Verpflichtung zur Nichteinführung dieser Tatsache oder dieser Dokumente in einem späteren oder anhängigen Rechtsstreit, beinhalten. Im Falle eines Verstoßes gegen diese Pflicht, kann die Nichtbeachtlichkeit des Vortrags aufgrund der Verschwiegenheitserklärung im Verfahren vorgetragen werden.[6] Als Formulierungshilfe wird auf die Schiedsregeln Art. 20 UNCITRAL Conciliation Rules und Art. 7 der ADR-Regeln der Internationalen Handelskammer verwiesen. Auch in **Verfahren vor einem Güterichter** sollte eine Verschwiegenheitsverpflichtung der Parteien vereinbart werden:

▶ Die Beteiligten verpflichten sich, über den Ablauf der Güterichterverhandlung Verschwiegenheit zu wahren. Dies gilt insbesondere für Vorschläge, Zugeständnisse, Vergleichsangebote und ähnliche Äußerungen eines Beteiligten sowie die Reaktion hierauf. Auch in einem etwaigen gerichtlichen oder schiedsgerichtlichen Verfahren dürfen diese Vorgänge nicht vorgetragen werden. Die Beteiligten verzichten ausdrücklich darauf, den Güterichter oder einen anderen Verhandlungsteilnehmer als Zeugen zu benennen.[7] ◀

---

2 BT-Drs. 17/5335, 17.
3 BT-Drs. 17/5335, 17.
4 BT-Drs. 17/5335, 17.
5 BT-Drs. 17/5335, 17.
6 Greger/Weber MDR 2012, 3 (16).
7 Greger/Weber MDR 2012, 3 (16).

Sollte es für das Verfahren erforderlich und förderlich sein, einen besonderen Geheimnisschutz zu vereinbaren, kann auch eine Verschwiegenheitsverpflichtung über bestimmte Tatsachen vereinbart werden: 8

▶ Herr X ist bereit, Frau K im Rahmen der Mediation Auskunft über Betriebsergebnisse und Vermögenswerte des sich im Nachlass befindlichen Betriebes. Frau K verpflichtet sich, über den Inhalt dieser Auskünfte absolutes Stillschweigen zu bewahren und die erlangte Kenntnis außerhalb des Mediationsverfahrens nicht zu verwerten. Für jeden Fall der Zuwiderhandlung verpflichtet sich Frau K zur Zahlung einer Vertragsstrafe in Höhe von 100.000 EUR.[8] ◀

§ 5 MediationsG   Aus- und Fortbildung des Mediators; zertifizierter Mediator

(1) ¹Der Mediator stellt in eigener Verantwortung durch eine geeignete Ausbildung und eine regelmäßige Fortbildung sicher, dass er über theoretische Kenntnisse sowie praktische Erfahrungen verfügt, um die Parteien in sachkundiger Weise durch die Mediation führen zu können. ²Eine geeignete Ausbildung soll insbesondere vermitteln:
1. Kenntnisse über Grundlagen der Mediation sowie deren Ablauf und Rahmenbedingungen,
2. Verhandlungs- und Kommunikationstechniken,
3. Konfliktkompetenz,
4. Kenntnisse über das Recht der Mediation sowie über die Rolle des Rechts in der Mediation sowie
5. praktische Übungen, Rollenspiele und Supervision.

(2) Als zertifizierter Mediator darf sich bezeichnen, wer eine Ausbildung zum Mediator abgeschlossen hat, die den Anforderungen der Rechtsverordnung nach § 6 entspricht.

(3) Der zertifizierte Mediator hat sich entsprechend den Anforderungen der Rechtsverordnung nach § 6 fortzubilden.

A. Allgemeines

Die Gesetzgeber waren sich einig, dass Mediatoren Kernkompetenzen aufweisen müssen. Bis heute gibt es jedoch keine **Regelungen zur Mediatorenausbildung**. Ein Mediator unterliegt auch nicht dem RDG, solange er keine Rechtsberatung erteilt.[1] Die Berufsbezeichnung „Mediator" ist gesetzlich nicht geschützt. Lediglich eine Zertifizierung nach § 6 MediationsG ist möglich. Dies setzt jedoch eine derzeit nicht vorhandene Rechtsverordnung voraus. An gemeinsamen Standards für die Mediatorenausbildung wird seitens der Verbände gearbeitet. 1

B. Regelungsgehalt

§ 5 Abs. 1 MediationsG nennt die Grundkenntnisse, die im Rahmen einer Mediatorenausbildung erlangt werden sollen. Der Mediator unterliegt dem **Prinzip der Eigenverantwortlichkeit**. Statt gesetzlicher Vorgaben über seine Aus- und Fortbildung wird dies dem Mediator eigenverantwortlich überlassen. 2

Abs. 2 und 3 nennen den zertifizierten Mediator. Eine einheitliche **Zertifizierung** mit Regelungen zu Aus- und Fortbildung wurde im August 2016 mit dem Inkrafttreten der ZMediatAusbV[2] geregelt. 3

---

8 Greger/Weber MDR 2012, 3 (16).
1 BT-Drs. 17/8058, 18.

2 Verordnung über die Aus- und Fortbildung von zertifizierten Mediatoren (Zertifizierte-Mediatoren-Ausbildungsverordnung - ZMediatAusbV) v. 21.8.2016 (BGBl. I 1994).

C. Praktische Hinweise

4 Im Rahmen der Ausbildung sollten Mediatoren ohne juristische Ausbildung auf juristische Fallkonstellationen sensibilisiert werden. Die Ausbildung von Juristen zu Mediatoren sollte den Schwerpunkt beim Erwerb der Kommunikationstechniken und Konfliktkompetenzen liegen.

Teil 3
Internationales Erbrecht

30a. Überblick: Internationales Erbrecht

Maßgebliche **Rechtsgrundlage** des Internationalen Erbrechts stellt die seit dem 17.8.2015 geltende 1

- **EU-Erbrechtsverordnung** (Verordnung (EU) Nr. 650/2012, EuErbVO, EuErbVO – im Folgenden: EuErbVO (→ Nr. 31 EuErbVO)

dar, welche den Bereich des Internationalen Erbrechts auf europäischer Ebene umfassend vereinheitlicht. Sie sieht neben kollisionsrechtlichen Bestimmungen zugleich umfangreiche Regelungen hinsichtlich der internationalen Zuständigkeit in Erbsachen, der Anerkennung, Vollstreckbarkeit und Vollstreckbarerklärung mitgliedstaatlicher Entscheidungen, der Annahme öffentlicher Urkunden sowie der Einführung eines Europäischen Nachlasszeugnisses vor. Die für die Durchführung der EuErbVO im Einzelnen erforderlichen Formblätter wurden in der

- **Durchführungsverordnung (EU) Nr. 1329/2014**
  (→ EuErbVO Nr. 31, Anhang zu Art. 80 EuErbVO)

geregelt.

Zeitgleich mit der EuErbVO trat in Deutschland das **Gesetz zum Internationalen Erbrecht und** 2 **zur Änderung von Vorschriften zum Erbschein sowie zur Änderung sonstiger Vorschriften** in Kraft, das – neben zahlreichen Anpassungsregelungen für den gesamten Bereich des Erbrechts – als wesentliche Neuerung ein eigenständiges Internationales Erbrechtsverfahrensgesetz, das

- **IntErbRVG** (→ Nr. 31a IntErbRVG),

enthält, in welchem die zur Durchführung der EuErbVO erforderlichen (überwiegend prozessualen) Bestimmungen auf nationaler Ebene kodifiziert wurden.

Aufgrund der Öffnungsklausel des Art. 75 Abs. 1 UAbs. 1 EuErbVO weiterhin vorrangig zu berücksichtigen sind indes insbesondere 3

- das **deutsch-iranische Niederlassungsübereinkommen**
  (→ EuErbVO Vor Art. 20–38 Rn. 43–48),
- der **deutsch-türkische Konsularvertrag** (→ EuErbVO Vor Art. 20–38 Rn. 49–54) sowie
- der **deutsch-sowjetische Konsularvertrag** (→ EuErbVO Vor Art. 20–38 Rn. 55–60).

Zu beachten bleiben zudem die – in ihrem Anwendungsbereich sehr beschränkten – nationalen 4 Regelungen der

- **Art. 25, Art. 26 EGBGB** (insoweit → EuErbVO Vor Art. 20–38 Rn. 67–71),

welche die EuErbVO ergänzen.

Auf die 5

- allgemeine **Einführung zum Internationalen Privatrecht** (→ EuErbVO Art. Vor 20–38 → Rn. 1 ff.), die
- **Darstellung der bis zum 16.8.2015 geltenden, für Altfälle weiterhin beachtlichen nationalen Regelungen des EGBGB** (→ EuErbVO Vor Art. 20–38 Rn. 72–84) sowie auf das
- **Prüfungsschema zur Lösung internationaler Erbrechtsfälle**
  (→ EuErbVO Vor Art. 20–38 Rn. 85)

wird an dieser Stelle gesondert hingewiesen.

31. EuErbVO

Verordnung (EU) Nr. 650/2012 des Europäischen Parlaments und des Rates vom 4. Juli 2012 über die Zuständigkeit, das anzuwendende Recht, die Anerkennung und Vollstreckung von Entscheidungen und die Annahme und Vollstreckung öffentlicher Urkunden in Erbsachen sowie zur Einführung eines Europäischen Nachlasszeugnisses

(ABl. L 201 S. 107, ber. L 344 S. 3, 2013 L 41 S. 16, L 60 S. 140, 2014 L 363 S. 186)
(Celex-Nr. 3 2012 R 0650)

DAS EUROPÄISCHE PARLAMENT UND DER RAT DER EUROPÄISCHEN UNION –

gestützt auf den Vertrag über die Arbeitsweise der Europäischen Union, insbesondere auf Artikel 81 Absatz 2,

auf Vorschlag der Europäischen Kommission,

nach Stellungnahme des Europäischen Wirtschafts- und Sozialausschusses[1],

gemäß dem ordentlichen Gesetzgebungsverfahren[2],

in Erwägung nachstehender Gründe:

(1) Die Union hat sich zum Ziel gesetzt, einen Raum der Freiheit, der Sicherheit und des Rechts, in dem der freie Personenverkehr gewährleistet ist, zu erhalten und weiterzuentwickeln. Zum schrittweisen Aufbau eines solchen Raums hat die Union im Bereich der justiziellen Zusammenarbeit in Zivilsachen, die einen grenzüberschreitenden Bezug aufweisen, Maßnahmen zu erlassen, insbesondere wenn dies für das reibungslose Funktionieren des Binnenmarkts erforderlich ist.

(2) Nach Artikel 81 Absatz 2 Buchstabe c des Vertrags über die Arbeitsweise der Europäischen Union können zu solchen Maßnahmen unter anderem Maßnahmen gehören, die die Vereinbarkeit der in den Mitgliedstaaten geltenden Kollisionsnormen und der Vorschriften zur Vermeidung von Kompetenzkonflikten sicherstellen sollen.

(3) Auf seiner Tagung vom 15. und 16. Oktober 1999 in Tampere hat der Europäische Rat den Grundsatz der gegenseitigen Anerkennung von Urteilen und anderen Entscheidungen von Justizbehörden als Eckstein der justiziellen Zusammenarbeit in Zivilsachen unterstützt und den Rat und die Kommission ersucht, ein Maßnahmenprogramm zur Umsetzung dieses Grundsatzes anzunehmen.

(4) Am 30. November 2000 wurde ein gemeinsames Maßnahmenprogramm der Kommission und des Rates zur Umsetzung des Grundsatzes der gegenseitigen Anerkennung gerichtlicher Entscheidungen in Zivil- und Handelssachen[3] verabschiedet. In diesem Programm sind Maßnahmen zur Harmonisierung der Kollisionsnormen aufgeführt, die die gegenseitige Anerkennung gerichtlicher Entscheidungen vereinfachen sollen; ferner ist darin die Ausarbeitung eines Rechtsinstruments zum Testaments- und Erbrecht vorgesehen.

(5) Am 4. und 5. November 2004 hat der Europäische Rat auf seiner Tagung in Brüssel ein neues Programm mit dem Titel „Haager Programm zur Stärkung von Freiheit, Sicherheit und Recht in der Europäischen Union"[4] angenommen. Danach soll ein Rechtsinstrument zu Erbsachen erlassen werden, das insbesondere Fragen des Kollisionsrechts, der Zustän-

---

[1] **Amtl. Anm.:** ABl. C 44 vom 11.2.2011, S. 148.
[2] **Amtl. Anm.:** Standpunkt des Europäischen Parlaments vom 13. März 2012 (noch nicht im Amtsblatt veröffentlicht) und Beschluss des Rates vom 7. Juni 2012.
[3] **Amtl. Anm.:** ABl. C 12 vom 15.1.2001, S. 1.
[4] **Amtl. Anm.:** ABl. C 53 vom 3.3.2005, S. 1.

digkeit, der gegenseitigen Anerkennung und Vollstreckung von Entscheidungen in Erbsachen sowie die Einführung eines Europäischen Nachlasszeugnisses betrifft.

(6) Der Europäische Rat hat auf seiner Tagung vom 10. und 11. Dezember 2009 in Brüssel ein neues mehrjähriges Programm mit dem Titel „Das Stockholmer Programm – Ein offenes und sicheres Europa im Dienste und zum Schutz der Bürger"[5] angenommen. Darin hat der Europäische Rat festgehalten, dass der Grundsatz der gegenseitigen Anerkennung auf Bereiche ausgeweitet werden sollte, die bisher noch nicht abgedeckt sind, aber den Alltag der Bürger wesentlich prägen, z.B. Erb- und Testamentsrecht, wobei gleichzeitig die Rechtssysteme einschließlich der öffentlichen Ordnung (ordre public) und die nationalen Traditionen der Mitgliedstaaten in diesem Bereich zu berücksichtigen sind.

(7) Die Hindernisse für den freien Verkehr von Personen, denen die Durchsetzung ihrer Rechte im Zusammenhang mit einem Erbfall mit grenzüberschreitendem Bezug derzeit noch Schwierigkeiten bereitet, sollten ausgeräumt werden, um das reibungslose Funktionieren des Binnenmarkts zu erleichtern. In einem europäischen Rechtsraum muss es den Bürgern möglich sein, ihren Nachlass im Voraus zu regeln. Die Rechte der Erben und Vermächtnisnehmer sowie der anderen Personen, die dem Erblasser nahestehen, und der Nachlassgläubiger müssen effektiv gewahrt werden.

(8) Um diese Ziele zu erreichen, bedarf es einer Verordnung, in der die Bestimmungen über die Zuständigkeit, das anzuwendende Recht, die Anerkennung – oder gegebenenfalls die Annahme –, Vollstreckbarkeit und Vollstreckung von Entscheidungen, öffentlichen Urkunden und gerichtlichen Vergleichen sowie zur Einführung eines Europäischen Nachlasszeugnisses zusammengefasst sind.

(9) Der Anwendungsbereich dieser Verordnung sollte sich auf alle zivilrechtlichen Aspekte der Rechtsnachfolge von Todes wegen erstrecken, und zwar auf jede Form des Übergangs von Vermögenswerten, Rechten und Pflichten von Todes wegen, sei es im Wege der gewillkürten Erbfolge durch eine Verfügung von Todes wegen oder im Wege der gesetzlichen Erbfolge.

(10) Diese Verordnung sollte weder für Steuersachen noch für verwaltungsrechtliche Angelegenheiten öffentlich-rechtlicher Art gelten. Daher sollte das innerstaatliche Recht bestimmen, wie beispielsweise Steuern oder sonstige Verbindlichkeiten öffentlich-rechtlicher Art berechnet und entrichtet werden, seien es vom Erblasser im Zeitpunkt seines Todes geschuldete Steuern oder Erbschaftssteuern jeglicher Art, die aus dem Nachlass oder von den Berechtigten zu entrichten sind. Das innerstaatliche Recht sollte auch bestimmen, ob die Freigabe des Nachlassvermögens an die Berechtigten nach dieser Verordnung oder die Eintragung des Nachlassvermögens in ein Register nur erfolgt, wenn Steuern gezahlt werden.

(11) Diese Verordnung sollte nicht für Bereiche des Zivilrechts gelten, die nicht die Rechtsnachfolge von Todes wegen betreffen. Aus Gründen der Klarheit sollte eine Reihe von Fragen, die als mit Erbsachen zusammenhängend betrachtet werden könnten, ausdrücklich vom Anwendungsbereich dieser Verordnung ausgenommen werden.

(12) Dementsprechend sollte diese Verordnung nicht für Fragen des ehelichen Güterrechts, einschließlich der in einigen Rechtsordnungen vorkommenden Eheverträge, soweit diese keine erbrechtlichen Fragen regeln, und des Güterrechts aufgrund von Verhältnissen, die mit der Ehe vergleichbare Wirkungen entfalten, gelten. Die Behörden, die mit einer bestimmten Erbsache nach dieser Verordnung befasst sind, sollten allerdings je nach den Umständen des Einzelfalls die Beendigung des ehelichen oder sonstigen Güterstands des Erblassers bei der Bestimmung des Nachlasses und der jeweiligen Anteile der Berechtigten berücksichtigen.

---

5   Amtl. Anm.: ABl. C 115 vom 4.5.2010, S. 1.

(13) Fragen im Zusammenhang mit der Errichtung, Funktionsweise oder Auflösung von Trusts sollten auch vom Anwendungsbereich dieser Verordnung ausgenommen werden. Dies sollte nicht als genereller Ausschluss von Trusts verstanden werden. Wird ein Trust testamentarisch oder aber kraft Gesetzes im Rahmen der gesetzlichen Erbfolge errichtet, so sollte im Hinblick auf den Übergang der Vermögenswerte und die Bestimmung der Berechtigten das nach dieser Verordnung auf die Rechtsnachfolge von Todes wegen anzuwendende Recht gelten.

(14) Rechte und Vermögenswerte, die auf andere Weise als durch Rechtsnachfolge von Todes wegen entstehen oder übertragen werden, wie zum Beispiel durch unentgeltliche Zuwendungen, sollten ebenfalls vom Anwendungsbereich dieser Verordnung ausgenommen werden. Ob unentgeltliche Zuwendungen oder sonstige Verfügungen unter Lebenden mit dinglicher Wirkung vor dem Tod für die Zwecke der Bestimmung der Anteile der Berechtigten im Einklang mit dem auf die Rechtsnachfolge von Todes wegen anzuwendenden Recht ausgeglichen oder angerechnet werden sollten, sollte sich jedoch nach dem Recht entscheiden, das nach dieser Verordnung auf die Rechtsnachfolge von Todes wegen anzuwenden ist.

(15) Diese Verordnung sollte die Begründung oder den Übergang eines Rechts an beweglichen oder unbeweglichen Vermögensgegenständen im Wege der Rechtsnachfolge von Todes wegen nach Maßgabe des auf die Rechtsnachfolge von Todes wegen anzuwendenden Rechts ermöglichen. Sie sollte jedoch nicht die abschließende Anzahl (Numerus Clausus) der dinglichen Rechte berühren, die das innerstaatliche Recht einiger Mitgliedstaaten kennt. Ein Mitgliedstaat sollte nicht verpflichtet sein, ein dingliches Recht an einer in diesem Mitgliedstaat belegenen Sache anzuerkennen, wenn sein Recht dieses dingliche Recht nicht kennt.

(16) Damit die Berechtigten jedoch die Rechte, die durch Rechtsnachfolge von Todes wegen begründet worden oder auf sie übergegangen sind, in einem anderen Mitgliedstaat geltend machen können, sollte diese Verordnung die Anpassung eines unbekannten dinglichen Rechts an das in der Rechtsordnung dieses anderen Mitgliedstaats am ehesten vergleichbare dingliche Recht vorsehen. Bei dieser Anpassung sollten die mit dem besagten dinglichen Recht verfolgten Ziele und Interessen und die mit ihm verbundenen Wirkungen berücksichtigt werden. Für die Zwecke der Bestimmung des am ehesten vergleichbaren innerstaatlichen dinglichen Rechts können die Behörden oder zuständigen Personen des Staates, dessen Recht auf die Rechtsnachfolge von Todes wegen anzuwenden war, kontaktiert werden, um weitere Auskünfte zu der Art und den Wirkungen des betreffenden dinglichen Rechts einzuholen. In diesem Zusammenhang könnten die bestehenden Netze im Bereich der justiziellen Zusammenarbeit in Zivil- und Handelssachen sowie die anderen verfügbaren Mittel, die die Erkenntnis ausländischen Rechts erleichtern, genutzt werden.

(17) Die in dieser Verordnung ausdrücklich vorgesehene Anpassung unbekannter dinglicher Rechte sollte andere Formen der Anpassung im Zusammenhang mit der Anwendung dieser Verordnung nicht ausschließen.

(18) Die Voraussetzungen für die Eintragung von Rechten an beweglichen oder unbeweglichen Vermögensgegenständen in einem Register sollten aus dem Anwendungsbereich dieser Verordnung ausgenommen werden. Somit sollte das Recht des Mitgliedstaats, in dem das Register (für unbewegliches Vermögen das Recht der belegenen Sache (lex rei sitae)) geführt wird, bestimmen, unter welchen gesetzlichen Voraussetzungen und wie die Eintragung vorzunehmen ist und welche Behörden wie etwa Grundbuchämter oder Notare dafür zuständig sind zu prüfen, dass alle Eintragungsvoraussetzungen erfüllt sind und die vorgelegten oder erstellten Unterlagen vollständig sind bzw. die erforderlichen Angaben enthalten. Insbesondere können die Behörden prüfen, ob es sich bei dem Recht des Erblassers an dem Nachlassvermögen, das in dem für die Eintragung vorgelegten Schriftstück erwähnt ist, um ein Recht handelt, das als solches in dem Register eingetragen ist

oder nach dem Recht des Mitgliedstaats, in dem das Register geführt wird, anderweitig nachgewiesen wird. Um eine doppelte Erstellung von Schriftstücken zu vermeiden, sollten die Eintragungsbehörden diejenigen von den zuständigen Behörden in einem anderen Mitgliedstaat erstellten Schriftstücke annehmen, deren Verkehr nach dieser Verordnung vorgesehen ist. Insbesondere sollte das nach dieser Verordnung ausgestellte Europäische Nachlasszeugnis im Hinblick auf die Eintragung des Nachlassvermögens in ein Register eines Mitgliedstaats ein gültiges Schriftstück darstellen. Dies sollte die an der Eintragung beteiligten Behörden nicht daran hindern, von der Person, die die Eintragung beantragt, diejenigen zusätzlichen Angaben oder die Vorlage derjenigen zusätzlichen Schriftstücke zu verlangen, die nach dem Recht des Mitgliedstaats, in dem das Register geführt wird, erforderlich sind, wie beispielsweise Angaben oder Schriftstücke betreffend die Zahlung von Steuern. Die zuständige Behörde kann die Person, die die Eintragung beantragt, darauf hinweisen, wie die fehlenden Angaben oder Schriftstücke beigebracht werden können.

(19) Die Wirkungen der Eintragung eines Rechts in einem Register sollten ebenfalls vom Anwendungsbereich dieser Verordnung ausgenommen werden. Daher sollte das Recht des Mitgliedstaats, in dem das Register geführt wird, dafür maßgebend sein, ob beispielsweise die Eintragung deklaratorische oder konstitutive Wirkung hat. Wenn also zum Beispiel der Erwerb eines Rechts an einer unbeweglichen Sache nach dem Recht des Mitgliedstaats, in dem das Register geführt wird, die Eintragung in einem Register erfordert, damit die Wirkung erga omnes von Registern sichergestellt wird oder Rechtsgeschäfte geschützt werden, sollte der Zeitpunkt des Erwerbs dem Recht dieses Mitgliedstaats unterliegen.

(20) Diese Verordnung sollte den verschiedenen Systemen zur Regelung von Erbsachen Rechnung tragen, die in den Mitgliedstaaten angewandt werden. Für die Zwecke dieser Verordnung sollte der Begriff „Gericht" daher breit gefasst werden, so dass nicht nur Gerichte im eigentlichen Sinne, die gerichtliche Funktionen ausüben, erfasst werden, sondern auch Notare oder Registerbehörden in einigen Mitgliedstaaten, die in bestimmten Erbsachen gerichtliche Funktionen wie Gerichte ausüben, sowie Notare und Angehörige von Rechtsberufen, die in einigen Mitgliedstaaten in einer bestimmten Erbsache aufgrund einer Befugnisübertragung durch ein Gericht gerichtliche Funktionen ausüben. Alle Gerichte im Sinne dieser Verordnung sollten durch die in dieser Verordnung festgelegten Zuständigkeitsregeln gebunden sein. Der Begriff „Gericht" sollte hingegen nicht die nichtgerichtlichen Behörden eines Mitgliedstaats erfassen, die nach innerstaatlichem Recht befugt sind, sich mit Erbsachen zu befassen, wie in den meisten Mitgliedstaaten die Notare, wenn sie, wie dies üblicherweise der Fall ist, keine gerichtlichen Funktionen ausüben.

(21) Diese Verordnung sollte es allen Notaren, die für Erbsachen in den Mitgliedstaaten zuständig sind, ermöglichen, diese Zuständigkeit auszuüben. Ob die Notare in einem Mitgliedstaat durch die Zuständigkeitsregeln dieser Verordnung gebunden sind, sollte davon abhängen, ob sie von der Bestimmung des Begriffs „Gericht" im Sinne dieser Verordnung erfasst werden.

(22) Die in den Mitgliedstaaten von Notaren in Erbsachen errichteten Urkunden sollten nach dieser Verordnung verkehren. Üben Notare gerichtliche Funktionen aus, so sind sie durch die Zuständigkeitsregeln gebunden, und die von ihnen erlassenen Entscheidungen sollten nach den Bestimmungen über die Anerkennung, Vollstreckbarkeit und Vollstreckung von Entscheidungen verkehren. Üben Notare keine gerichtliche Zuständigkeit aus, so sind sie nicht durch die Zuständigkeitsregeln gebunden, und die öffentlichen Urkunden, die von ihnen errichtet werden, sollten nach den Bestimmungen über öffentliche Urkunden verkehren.

(23) In Anbetracht der zunehmenden Mobilität der Bürger sollte die Verordnung zur Gewährleistung einer ordnungsgemäßen Rechtspflege in der Union und einer wirklichen Verbindung zwischen dem Nachlass und dem Mitgliedstaat, in dem die Erbsache abgewickelt wird, als allgemeinen Anknüpfungspunkt zum Zwecke der Bestimmung der Zuständigkeit

und des anzuwendenden Rechts den gewöhnlichen Aufenthalt des Erblassers im Zeitpunkt des Todes vorsehen. Bei der Bestimmung des gewöhnlichen Aufenthalts sollte die mit der Erbsache befasste Behörde eine Gesamtbeurteilung der Lebensumstände des Erblassers in den Jahren vor seinem Tod und im Zeitpunkt seines Todes vornehmen und dabei alle relevanten Tatsachen berücksichtigen, insbesondere die Dauer und die Regelmäßigkeit des Aufenthalts des Erblassers in dem betreffenden Staat sowie die damit zusammenhängenden Umstände und Gründe. Der so bestimmte gewöhnliche Aufenthalt sollte unter Berücksichtigung der spezifischen Ziele dieser Verordnung eine besonders enge und feste Bindung zu dem betreffenden Staat erkennen lassen.

(24) In einigen Fällen kann es sich als komplex erweisen, den Ort zu bestimmen, an dem der Erblasser seinen gewöhnlichen Aufenthalt hatte. Dies kann insbesondere der Fall sein, wenn sich der Erblasser aus beruflichen oder wirtschaftlichen Gründen – unter Umständen auch für längere Zeit – in einen anderen Staat begeben hat, um dort zu arbeiten, aber eine enge und feste Bindung zu seinem Herkunftsstaat aufrechterhalten hat. In diesem Fall könnte – entsprechend den jeweiligen Umständen – davon ausgegangen werden, dass der Erblasser seinen gewöhnlichen Aufenthalt weiterhin in seinem Herkunftsstaat hat, in dem sich in familiärer und sozialer Hinsicht sein Lebensmittelpunkt befand. Weitere komplexe Fälle können sich ergeben, wenn der Erblasser abwechselnd in mehreren Staaten gelebt hat oder auch von Staat zu Staat gereist ist, ohne sich in einem Staat für längere Zeit niederzulassen. War der Erblasser ein Staatsangehöriger eines dieser Staaten oder hatte er alle seine wesentlichen Vermögensgegenstände in einem dieser Staaten, so könnte seine Staatsangehörigkeit oder der Ort, an dem diese Vermögensgegenstände sich befinden, ein besonderer Faktor bei der Gesamtbeurteilung aller tatsächlichen Umstände sein.

(25) In Bezug auf die Bestimmung des auf die Rechtsnachfolge von Todes wegen anzuwendenden Rechts kann die mit der Erbsache befasste Behörde in Ausnahmefällen – in denen der Erblasser beispielsweise erst kurz vor seinem Tod in den Staat seines gewöhnlichen Aufenthalts umgezogen ist und sich aus der Gesamtheit der Umstände ergibt, dass er eine offensichtlich engere Verbindung zu einem anderen Staat hatte – zu dem Schluss gelangen, dass die Rechtsnachfolge von Todes wegen nicht dem Recht des gewöhnlichen Aufenthalts des Erblassers unterliegt, sondern dem Recht des Staates, zu dem der Erblasser offensichtlich eine engere Verbindung hatte. Die offensichtlich engste Verbindung sollte jedoch nicht als subsidiärer Anknüpfungspunkt gebraucht werden, wenn sich die Feststellung des gewöhnlichen Aufenthaltsorts des Erblassers im Zeitpunkt seines Todes als schwierig erweist.

(26) Diese Verordnung sollte ein Gericht nicht daran hindern, Mechanismen gegen die Gesetzesumgehung wie beispielsweise gegen die fraude à la loi im Bereich des Internationalen Privatrechts anzuwenden.

(27) Die Vorschriften dieser Verordnung sind so angelegt, dass sichergestellt wird, dass die mit der Erbsache befasste Behörde in den meisten Situationen ihr eigenes Recht anwendet. Diese Verordnung sieht daher eine Reihe von Mechanismen vor, die dann greifen, wenn der Erblasser für die Regelung seines Nachlasses das Recht eines Mitgliedstaats gewählt hat, dessen Staatsangehöriger er war.

(28) Einer dieser Mechanismen sollte darin bestehen, dass die betroffenen Parteien eine Gerichtsstandsvereinbarung zugunsten der Gerichte des Mitgliedstaats, dessen Recht gewählt wurde, schließen können. Abhängig insbesondere vom Gegenstand der Gerichtsstandsvereinbarung müsste von Fall zu Fall bestimmt werden, ob die Vereinbarung zwischen sämtlichen von dem Nachlass betroffenen Parteien geschlossen werden müsste oder ob einige von ihnen sich darauf einigen könnten, eine spezifische Frage bei dem gewählten Gericht anhängig zu machen, sofern die diesbezügliche Entscheidung dieses Gerichts die Rechte der anderen Parteien am Nachlass nicht berühren würde.

(29) Wird ein Verfahren in einer Erbsache von einem Gericht von Amts wegen eingeleitet, was in einigen Mitgliedstaaten der Fall ist, sollte dieses Gericht das Verfahren beenden, wenn die Parteien vereinbaren, die Erbsache außergerichtlich in dem Mitgliedstaat des gewählten Rechts einvernehmlich zu regeln. Wird ein Verfahren in einer Erbsache nicht von einem Gericht von Amts wegen eröffnet, so sollte diese Verordnung die Parteien nicht daran hindern, die Erbsache außergerichtlich, beispielsweise vor einem Notar, in einem Mitgliedstaat ihrer Wahl einvernehmlich zu regeln, wenn dies nach dem Recht dieses Mitgliedstaats möglich ist. Dies sollte auch dann der Fall sein, wenn das auf die Rechtsnachfolge von Todes wegen anzuwendende Recht nicht das Recht dieses Mitgliedstaats ist.

(30) Um zu gewährleisten, dass die Gerichte aller Mitgliedstaaten ihre Zuständigkeit in Bezug auf den Nachlass von Personen, die ihren gewöhnlichen Aufenthalt im Zeitpunkt ihres Todes nicht in einem Mitgliedstaat hatten, auf derselben Grundlage ausüben können, sollte diese Verordnung die Gründe, aus denen diese subsidiäre Zuständigkeit ausgeübt werden kann, abschließend und in einer zwingenden Rangfolge aufführen.

(31) Um insbesondere Fällen von Rechtsverweigerung begegnen zu können, sollte in dieser Verordnung auch eine Notzuständigkeit (forum necessitatis) vorgesehen werden, wonach ein Gericht eines Mitgliedstaats in Ausnahmefällen über eine Erbsache entscheiden kann, die einen engen Bezug zu einem Drittstaat aufweist. Ein solcher Ausnahmefall könnte gegeben sein, wenn ein Verfahren sich in dem betreffenden Drittstaat als unmöglich erweist, beispielsweise aufgrund eines Bürgerkriegs, oder wenn von einem Berechtigten vernünftigerweise nicht erwartet werden kann, dass er ein Verfahren in diesem Staat einleitet oder führt. Die Notzuständigkeit sollte jedoch nur ausgeübt werden, wenn die Erbsache einen ausreichenden Bezug zu dem Mitgliedstaat des angerufenen Gerichts aufweist.

(32) Im Interesse der Erben und Vermächtnisnehmer, die ihren gewöhnlichen Aufenthalt in einem anderen als dem Mitgliedstaat haben, in dem der Nachlass abgewickelt wird oder werden soll, sollte diese Verordnung es jeder Person, die nach dem auf die Rechtsnachfolge von Todes wegen anzuwendenden Recht dazu berechtigt ist, ermöglichen, Erklärungen über die Annahme oder Ausschlagung einer Erbschaft, eines Vermächtnisses oder eines Pflichtteils oder zur Begrenzung ihrer Haftung für Nachlassverbindlichkeiten vor den Gerichten des Mitgliedstaats ihres gewöhnlichen Aufenthalts in der Form abzugeben, die nach dem Recht dieses Mitgliedstaats vorgesehen ist. Dies sollte nicht ausschließen, dass derartige Erklärungen vor anderen Behörden dieses Mitgliedstaats, die nach nationalem Recht für die Entgegennahme von Erklärungen zuständig sind, abgegeben werden. Die Personen, die von der Möglichkeit Gebrauch machen möchten, Erklärungen im Mitgliedstaat ihres gewöhnlichen Aufenthalts abzugeben, sollten das Gericht oder die Behörde, die mit der Erbsache befasst ist oder sein wird, innerhalb einer Frist, die in dem auf die Rechtsnachfolge von Todes wegen anzuwendenden Recht vorgesehen ist, selbst davon in Kenntnis setzen, dass derartige Erklärungen abgegeben wurden.

(33) Eine Person, die ihre Haftung für die Nachlassverbindlichkeiten begrenzen möchte, sollte dies nicht durch eine entsprechende einfache Erklärung vor den Gerichten oder anderen zuständigen Behörden des Mitgliedstaats ihres gewöhnlichen Aufenthalts tun können, wenn das auf die Rechtsnachfolge von Todes wegen anzuwendende Recht von ihr verlangt, vor dem zuständigen Gericht ein besonderes Verfahren, beispielsweise ein Verfahren zur Inventarerrichtung, zu veranlassen. Eine Erklärung, die unter derartigen Umständen von einer Person im Mitgliedstaat ihres gewöhnlichen Aufenthalts in der nach dem Recht dieses Mitgliedstaats vorgeschriebenen Form abgegeben wurde, sollte daher für die Zwecke dieser Verordnung nicht formell gültig sein. Auch sollten die verfahrenseinleitenden Schriftstücke für die Zwecke dieser Verordnung nicht als Erklärung angesehen werden.

(34) Im Interesse einer geordneten Rechtspflege sollten in verschiedenen Mitgliedstaaten keine Entscheidungen ergehen, die miteinander unvereinbar sind. Hierzu sollte die Verordnung

allgemeine Verfahrensvorschriften nach dem Vorbild anderer Rechtsinstrumente der Union im Bereich der justiziellen Zusammenarbeit in Zivilsachen vorsehen.

(35) Eine dieser Verfahrensvorschriften ist die Regel zur Rechtshängigkeit, die zum Tragen kommt, wenn dieselbe Erbsache bei verschiedenen Gerichten in verschiedenen Mitgliedstaaten anhängig gemacht wird. Diese Regel bestimmt, welches Gericht sich weiterhin mit der Erbsache zu befassen hat.

(36) Da Erbsachen in einigen Mitgliedstaaten von nichtgerichtlichen Behörden wie z.B. Notaren geregelt werden können, die nicht an die Zuständigkeitsregeln dieser Verordnung gebunden sind, kann nicht ausgeschlossen werden, dass in derselben Erbsache eine außergerichtliche einvernehmliche Regelung und ein Gerichtsverfahren beziehungsweise zwei außergerichtliche einvernehmliche Regelungen in Bezug auf dieselbe Erbsache jeweils in verschiedenen Mitgliedstaaten parallel eingeleitet werden. In solchen Fällen sollte es den beteiligten Parteien obliegen, sich, sobald sie Kenntnis von den parallelen Verfahren erhalten, untereinander über das weitere Vorgehen zu einigen. Können sie sich nicht einigen, so müsste das nach dieser Verordnung zuständige Gericht sich mit der Erbsache befassen und darüber befinden.

(37) Damit die Bürger die Vorteile des Binnenmarkts ohne Einbußen bei der Rechtssicherheit nutzen können, sollte die Verordnung ihnen im Voraus Klarheit über das in ihrem Fall anwendbare Erbstatut verschaffen. Es sollten harmonisierte Kollisionsnormen eingeführt werden, um einander widersprechende Ergebnisse zu vermeiden. Die allgemeine Kollisionsnorm sollte sicherstellen, dass der Erbfall einem im Voraus bestimmbaren Erbrecht unterliegt, zu dem eine enge Verbindung besteht. Aus Gründen der Rechtssicherheit und um eine Nachlassspaltung zu vermeiden, sollte der gesamte Nachlass, d.h. das gesamte zum Nachlass gehörende Vermögen diesem Recht unterliegen, unabhängig von der Art der Vermögenswerte und unabhängig davon, ob diese in einem anderen Mitgliedstaat oder in einem Drittstaat belegen sind.

(38) Diese Verordnung sollte es den Bürgern ermöglichen, durch die Wahl des auf die Rechtsnachfolge von Todes wegen anwendbaren Rechts ihren Nachlass vorab zu regeln. Diese Rechtswahl sollte auf das Recht eines Staates, dem sie angehören, beschränkt sein, damit sichergestellt wird, dass eine Verbindung zwischen dem Erblasser und dem gewählten Recht besteht, und damit vermieden wird, dass ein Recht mit der Absicht gewählt wird, die berechtigten Erwartungen der Pflichtteilsberechtigten zu vereiteln.

(39) Eine Rechtswahl sollte ausdrücklich in einer Erklärung in Form einer Verfügung von Todes wegen erfolgen oder sich aus den Bestimmungen einer solchen Verfügung ergeben. Eine Rechtswahl könnte als sich durch eine Verfügung von Todes wegen ergebend angesehen werden, wenn z.B. der Erblasser in seiner Verfügung Bezug auf spezifische Bestimmungen des Rechts des Staates, dem er angehört, genommen hat oder das Recht dieses Staates in anderer Weise erwähnt hat.

(40) Eine Rechtswahl nach dieser Verordnung sollte auch dann wirksam sein, wenn das gewählte Recht keine Rechtswahl in Erbsachen vorsieht. Die materielle Wirksamkeit der Rechtshandlung, mit der die Rechtswahl getroffen wird, sollte sich jedoch nach dem gewählten Recht bestimmen, d.h. ob davon auszugehen ist, dass die Person, die die Rechtswahl trifft, verstanden hat, was dies bedeutet, und dem zustimmt. Das Gleiche sollte für die Rechtshandlung gelten, mit der die Rechtswahl geändert oder widerrufen wird.

(41) Für die Zwecke der Anwendung dieser Verordnung sollte die Bestimmung der Staatsangehörigkeit oder der Mehrfachstaatsangehörigkeit einer Person vorab geklärt werden. Die Frage, ob jemand als Angehöriger eines Staates gilt, fällt nicht in den Anwendungsbereich dieser Verordnung und unterliegt dem innerstaatlichen Recht, gegebenenfalls auch internationalen Übereinkommen, wobei die allgemeinen Grundsätze der Europäischen Union uneingeschränkt zu achten sind.

(42) Das zur Anwendung berufene Erbrecht sollte für die Rechtsnachfolge von Todes wegen vom Eintritt des Erbfalls bis zum Übergang des Eigentums an den zum Nachlass gehörenden Vermögenswerten auf die nach diesem Recht bestimmten Berechtigten gelten. Es sollte Fragen im Zusammenhang mit der Nachlassverwaltung und der Haftung für die Nachlassverbindlichkeiten umfassen. Bei der Begleichung der Nachlassverbindlichkeiten kann abhängig insbesondere von dem auf die Rechtsnachfolge von Todes wegen anzuwendenden Recht eine spezifische Rangfolge der Gläubiger berücksichtigt werden.

(43) Die Zuständigkeitsregeln dieser Verordnung können in einigen Fällen zu einer Situation führen, in der das für Entscheidungen in Erbsachen zuständige Gericht nicht sein eigenes Recht anwendet. Tritt diese Situation in einem Mitgliedstaat ein, nach dessen Recht die Bestellung eines Nachlassverwalters verpflichtend ist, sollte diese Verordnung es den Gerichten dieses Mitgliedstaats, wenn sie angerufen werden, ermöglichen, nach einzelstaatlichem Recht einen oder mehrere solcher Nachlassverwalter zu bestellen. Davon sollte eine Entscheidung der Parteien, die Rechtsnachfolge von Todes wegen außergerichtlich in einem anderen Mitgliedstaat gütlich zu regeln, in dem dies nach dem Recht dieses Mitgliedstaates möglich ist, unberührt bleiben. Zur Gewährleistung einer reibungslosen Abstimmung zwischen dem auf die Rechtsnachfolge von Todes wegen anwendbaren Recht und dem Recht des Mitgliedstaats, das für das bestellende Gericht gilt, sollte das Gericht die Person(en) bestellen, die berechtigt wäre(n), den Nachlass nach dem auf die Rechtsnachfolge von Todes wegen anwendbaren Recht zu verwalten, wie beispielsweise den Testamentsvollstrecker des Erblassers oder die Erben selbst oder, wenn das auf die Rechtsnachfolge von Todes wegen anwendbare Recht es so vorsieht, einen Fremdverwalter. Die Gerichte können jedoch in besonderen Fällen, wenn ihr Recht es erfordert, einen Dritten als Verwalter bestellen, auch wenn dies nicht in dem auf die Rechtsnachfolge von Todes wegen anzuwendenden Recht vorgesehen ist. Hat der Erblasser einen Testamentsvollstrecker bestellt, können dieser Person ihre Befugnisse nicht entzogen werden, es sei denn, das auf die Rechtsnachfolge von Todes wegen anwendbare Recht ermöglicht das Erlöschen seines Amtes.

(44) Die Befugnisse, die von den in dem Mitgliedstaat des angerufenen Gerichts bestellten Verwaltern ausgeübt werden, sollten diejenigen Verwaltungsbefugnisse sein, die sie nach dem auf die Rechtsnachfolge von Todes wegen anwendbaren Recht ausüben dürfen. Wenn also beispielsweise der Erbe als Verwalter bestellt wird, sollte er diejenigen Befugnisse zur Verwaltung des Nachlasses haben, die ein Erbe nach diesem Recht hätte. Reichen die Verwaltungsbefugnisse, die nach dem auf die Rechtsfolge von Todes wegen anwendbaren Recht ausgeübt werden dürfen, nicht aus, um das Nachlassvermögen zu erhalten oder die Rechte der Nachlassgläubiger oder anderer Personen zu schützen, die für die Verbindlichkeiten des Erblassers gebürgt haben, kann bzw. können der bzw. die in dem Mitgliedstaat des angerufenen Gerichts bestellte bzw. bestellten Nachlassverwalter ergänzend diejenigen Verwaltungsbefugnisse ausüben, die hierfür in dem Recht dieses Mitgliedstaates vorgesehen sind. Zu diesen ergänzenden Befugnissen könnte beispielsweise gehören, die Liste des Nachlassvermögens und der Nachlassverbindlichkeiten zu erstellen, die Nachlassgläubiger vom Eintritt des Erbfalls zu unterrichten und sie aufzufordern, ihre Ansprüche geltend zu machen, sowie einstweilige Maßnahmen, auch Sicherungsmaßnahmen, zum Erhalt des Nachlassvermögens zu ergreifen. Die von einem Verwalter aufgrund der ergänzenden Befugnisse durchgeführten Handlungen sollten im Einklang mit dem für die Rechtsnachfolge von Todes wegen anwendbaren Recht in Bezug auf den Übergang des Eigentums an dem Nachlassvermögen, einschließlich aller Rechtsgeschäfte, die die Berechtigten vor der Bestellung des Verwalters eingingen, die Haftung für die Nachlassverbindlichkeiten und die Rechte der Berechtigten, gegebenenfalls einschließlich des Rechts, die Erbschaft anzunehmen oder auszuschlagen, stehen. Solche Handlungen könnten beispielsweise nur dann die Veräußerung von Vermögenswerten oder die Begleichung von Verbindlichkeiten

nach sich ziehen, wenn dies nach dem auf die Rechtsnachfolge von Todes wegen anwendbaren Recht zulässig wäre. Wenn die Bestellung eines Fremdverwalters nach dem auf die Rechtsnachfolge von Todes wegen anwendbaren Recht die Haftung der Erben ändert, sollte eine solche Änderung der Haftung respektiert werden.

(45) Diese Verordnung sollte nicht ausschließen, dass Nachlassgläubiger, beispielsweise durch einen Vertreter, gegebenenfalls weitere nach dem innerstaatlichen Recht zur Verfügung stehende Maßnahmen im Einklang mit den einschlägigen Rechtsinstrumenten der Union treffen, um ihre Rechte zu sichern.

(46) Diese Verordnung sollte die Unterrichtung potenzieller Nachlassgläubiger in anderen Mitgliedstaaten, in denen Vermögenswerte belegen sind, über den Eintritt des Erbfalls ermöglichen. Im Rahmen der Anwendung dieser Verordnung sollte daher die Möglichkeit in Erwägung gezogen werden, einen Mechanismus einzurichten, gegebenenfalls über das Europäische Justizportal, um es potenziellen Nachlassgläubigern in anderen Mitgliedstaaten zu ermöglichen, Zugang zu den einschlägigen Informationen zu erhalten, damit sie ihre Ansprüche anmelden können.

(47) Wer in einer Erbsache Berechtigter ist, sollte sich jeweils nach dem auf die Rechtsnachfolge von Todes wegen anzuwendenden Erbrecht bestimmen. Der Begriff „Berechtigte" würde in den meisten Rechtsordnungen Erben und Vermächtnisnehmer sowie Pflichtteilsberechtigte erfassen; allerdings ist beispielsweise die Rechtsstellung der Vermächtnisnehmer nicht in allen Rechtsordnungen die gleiche. In einigen Rechtsordnungen kann der Vermächtnisnehmer einen unmittelbaren Anteil am Nachlass erhalten, während nach anderen Rechtsordnungen der Vermächtnisnehmer lediglich einen Anspruch gegen die Erben erwerben kann.

(48) Im Interesse der Rechtssicherheit für Personen, die ihren Nachlass im Voraus regeln möchten, sollte diese Verordnung eine spezifische Kollisionsvorschrift bezüglich der Zulässigkeit und der materiellen Wirksamkeit einer Verfügung von Todes wegen festlegen. Um eine einheitliche Anwendung dieser Vorschrift zu gewährleisten, sollte diese Verordnung die Elemente auflisten, die zur materiellen Wirksamkeit zu rechnen sind. Die Prüfung der materiellen Wirksamkeit einer Verfügung von Todes wegen kann zu dem Schluss führen, dass diese Verfügung rechtlich nicht besteht.

(49) Ein Erbvertrag ist eine Art der Verfügung von Todes wegen, dessen Zulässigkeit und Anerkennung in den Mitgliedstaaten unterschiedlich ist. Um die Anerkennung von auf der Grundlage eines Erbvertrags erworbenen Nachlassansprüchen in den Mitgliedstaaten zu erleichtern, sollte diese Verordnung festlegen, welches Recht die Zulässigkeit solcher Verträge, ihre materielle Wirksamkeit und ihre Bindungswirkungen, einschließlich der Voraussetzungen für ihre Auflösung, regeln soll.

(50) Das Recht, dem die Zulässigkeit und die materielle Wirksamkeit einer Verfügung von Todes wegen und bei Erbverträgen die Bindungswirkungen nach dieser Verordnung unterliegen, sollte nicht die Rechte einer Person berühren, die nach dem auf die Rechtsnachfolge von Todes wegen anzuwendenden Recht pflichtteilsberechtigt ist oder ein anderes Recht hat, das ihr von der Person, deren Nachlass betroffen ist, nicht entzogen werden kann.

(51) Wird in dieser Verordnung auf das Recht Bezug genommen, das auf die Rechtsnachfolge der Person, die eine Verfügung von Todes wegen errichtet hat, anwendbar gewesen wäre, wenn sie an dem Tag verstorben wäre, an dem die Verfügung errichtet, geändert oder widerrufen worden ist, so ist diese Bezugnahme zu verstehen als Bezugnahme entweder auf das Recht des Staates des gewöhnlichen Aufenthalts der betroffenen Person an diesem Tag oder, wenn sie eine Rechtswahl nach dieser Verordnung getroffen hat, auf das Recht des Staates, dessen Staatsangehörigkeit sie an diesem Tag besaß.

(52) Diese Verordnung sollte die Formgültigkeit aller schriftlichen Verfügungen von Todes wegen durch Vorschriften regeln, die mit denen des Haager Übereinkommens vom 5. Oktober 1961 über das auf die Form letztwilliger Verfügungen anzuwendende Recht in Ein-

klang stehen. Bei der Bestimmung der Formgültigkeit einer Verfügung von Todes wegen nach dieser Verordnung sollte die zuständige Behörde ein betrügerisch geschaffenes grenzüberschreitendes Element, mit dem die Vorschriften über die Formgültigkeit umgangen werden sollen, nicht berücksichtigen.

(53) Für die Zwecke dieser Verordnung sollten Rechtsvorschriften, welche die für Verfügungen von Todes wegen zugelassenen Formen mit Beziehung auf bestimmte persönliche Eigenschaften der Person, die eine Verfügung von Todes wegen errichtet, wie beispielsweise ihr Alter, beschränken, als zur Form gehörend angesehen werden. Dies sollte nicht dahin gehend ausgelegt werden, dass das nach dieser Verordnung auf die Formgültigkeit einer Verfügung von Todes wegen anzuwendende Recht bestimmten sollte, ob ein Minderjähriger fähig ist, eine Verfügung von Todes wegen zu errichten. Dieses Recht sollte lediglich bestimmen, ob eine Person aufgrund einer persönlichen Eigenschaft, wie beispielsweise der Minderjährigkeit, von der Errichtung einer Verfügung von Todes wegen in einer bestimmten Form ausgeschlossen werden sollte.

(54) Bestimmte unbewegliche Sachen, bestimmte Unternehmen und andere besondere Arten von Vermögenswerten unterliegen im Belegenheitsmitgliedstaat aufgrund wirtschaftlicher, familiärer oder sozialer Erwägungen besonderen Regelungen mit Beschränkungen, die die Rechtsnachfolge von Todes wegen in Bezug auf diese Vermögenswerte betreffen oder Auswirkungen auf sie haben. Diese Verordnung sollte die Anwendung dieser besonderen Regelungen sicherstellen. Diese Ausnahme von der Anwendung des auf die Rechtsnachfolge von Todes wegen anzuwendenden Rechts ist jedoch eng auszulegen, damit sie der allgemeinen Zielsetzung dieser Verordnung nicht zuwiderläuft. Daher dürfen weder Kollisionsnormen, die unbewegliche Sachen einem anderen als dem auf bewegliche Sachen anzuwendenden Recht unterwerfen, noch Bestimmungen, die einen größeren Pflichtteil als den vorsehen, der in dem nach dieser Verordnung auf die Rechtsnachfolge von Todes wegen anzuwendenden Recht festgelegt ist, als besondere Regelungen mit Beschränkungen angesehen werden, die die Rechtsnachfolge von Todes wegen in Bezug auf bestimmte Vermögenswerte betreffen oder Auswirkungen auf sie haben.

(55) Um eine einheitliche Vorgehensweise in Fällen sicherzustellen, in denen es ungewiss ist, in welcher Reihenfolge zwei oder mehr Personen, deren Rechtsnachfolge von Todes wegen verschiedenen Rechtsordnungen unterliegen würde, gestorben sind, sollte diese Verordnung eine Vorschrift vorsehen, nach der keine der verstorbenen Personen Anspruch auf den Nachlass der anderen hat.

(56) In einigen Fällen kann es einen erbenlosen Nachlass geben. Diese Fälle werden in den verschiedenen Rechtsordnungen unterschiedlich geregelt. So kann nach einigen Rechtsordnungen der Staat – unabhängig davon, wo die Vermögenswerte belegen sind – einen Erbanspruch geltend machen. Nach anderen Rechtsordnungen kann der Staat sich nur die Vermögenswerte aneignen, die in seinem Hoheitsgebiet belegen sind. Diese Verordnung sollte daher eine Vorschrift enthalten, nach der die Anwendung des auf die Rechtsnachfolge von Todes wegen anzuwendenden Rechts nicht verhindern sollte, dass ein Mitgliedstaat sich das in seinem Hoheitsgebiet belegene Nachlassvermögen nach seinem eigenen Recht aneignet. Um sicherzustellen, dass diese Vorschrift nicht nachteilig für die Nachlassgläubiger ist, sollte jedoch eine Bestimmung hinzugefügt werden, nach der die Nachlassgläubiger berechtigt sein sollten, aus dem gesamten Nachlassvermögen, ungeachtet seiner Belegenheit, Befriedigung ihrer Forderungen zu suchen.

(57) Die in dieser Verordnung festgelegten Kollisionsnormen können dazu führen, dass das Recht eines Drittstaats zur Anwendung gelangt. In derartigen Fällen sollte den Vorschriften des Internationalen Privatrechts dieses Staates Rechnung getragen werden. Falls diese Vorschriften die Rück- und Weiterverweisung entweder auf das Recht eines Mitgliedstaats oder aber auf das Recht eines Drittstaats, der sein eigenes Recht auf die Erbsache anwenden würde, vorsehen, so sollte dieser Rück- und Weiterverweisung gefolgt werden, um den

internationalen Entscheidungseinklang zu gewährleisten. Die Rück- und Weiterverweisung sollte jedoch in den Fällen ausgeschlossen werden, in denen der Erblasser eine Rechtswahl zugunsten des Rechts eines Drittstaats getroffen hatte.

(58) Aus Gründen des öffentlichen Interesses sollte den Gerichten und anderen mit Erbsachen befassten zuständigen Behörden in den Mitgliedstaaten in Ausnahmefällen die Möglichkeit gegeben werden, Bestimmungen eines ausländischen Rechts nicht zu berücksichtigen, wenn deren Anwendung in einem bestimmten Fall mit der öffentlichen Ordnung (ordre public) des betreffenden Mitgliedstaats offensichtlich unvereinbar wäre. Die Gerichte oder andere zuständige Behörden sollten allerdings die Anwendung des Rechts eines anderen Mitgliedstaats nicht ausschließen oder die Anerkennung – oder gegebenenfalls die Annahme – oder die Vollstreckung einer Entscheidung, einer öffentlichen Urkunde oder eines gerichtlichen Vergleichs aus einem anderen Mitgliedstaat aus Gründen der öffentlichen Ordnung (ordre public) nicht versagen dürfen, wenn dies gegen die Charta der Grundrechte der Europäischen Union, insbesondere gegen das Diskriminierungsverbot in Artikel 21, verstoßen würde.

(59) Diese Verordnung sollte in Anbetracht ihrer allgemeinen Zielsetzung, nämlich der gegenseitigen Anerkennung der in den Mitgliedstaaten ergangenen Entscheidungen in Erbsachen, unabhängig davon, ob solche Entscheidungen in streitigen oder nichtstreitigen Verfahren ergangen sind, Vorschriften für die Anerkennung, Vollstreckbarkeit und Vollstreckung von Entscheidungen nach dem Vorbild anderer Rechtsinstrumente der Union im Bereich der justiziellen Zusammenarbeit in Zivilsachen vorsehen.

(60) Um den verschiedenen Systemen zur Regelung von Erbsachen in den Mitgliedstaaten Rechnung zu tragen, sollte diese Verordnung die Annahme und Vollstreckbarkeit öffentlicher Urkunden in einer Erbsache in sämtlichen Mitgliedstaaten gewährleisten.

(61) Öffentliche Urkunden sollten in einem anderen Mitgliedstaat die gleiche formelle Beweiskraft wie im Ursprungsmitgliedstaat oder die damit am ehesten vergleichbare Wirkung entfalten. Die formelle Beweiskraft einer öffentlichen Urkunde in einem anderen Mitgliedstaat oder die damit am ehesten vergleichbare Wirkung sollte durch Bezugnahme auf Art und Umfang der formellen Beweiskraft der öffentlichen Urkunde im Ursprungsmitgliedstaat bestimmt werden. Somit richtet sich die formelle Beweiskraft einer öffentlichen Urkunde in einem anderen Mitgliedstaat nach dem Recht des Ursprungsmitgliedstaats.

(62) Die „Authentizität" einer öffentlichen Urkunde sollte ein autonomer Begriff sein, der Aspekte wie die Echtheit der Urkunde, die Formerfordernisse für die Urkunde, die Befugnisse der Behörde, die die Urkunde errichtet, und das Verfahren, nach dem die Urkunde errichtet wird, erfassen sollte. Der Begriff sollte ferner die von der betreffenden Behörde in der öffentlichen Urkunde beurkundeten Vorgänge erfassen, wie z.B. die Tatsache, dass die genannten Parteien an dem genannten Tag vor dieser Behörde erschienen sind und die genannten Erklärungen abgegeben haben. Eine Partei, die Einwände mit Bezug auf die Authentizität einer öffentlichen Urkunde erheben möchte, sollte dies bei dem zuständigen Gericht im Ursprungsmitgliedstaat der öffentlichen Urkunde nach dem Recht dieses Mitgliedstaats tun.

(63) Die Formulierung „die in einer öffentlichen Urkunde beurkundeten Rechtsgeschäfte oder Rechtsverhältnisse" sollte als Bezugnahme auf den in der öffentlichen Urkunde niedergelegten materiellen Inhalt verstanden werden. Bei dem in einer öffentlichen Urkunde beurkundeten Rechtsgeschäft kann es sich etwa um eine Vereinbarung zwischen den Parteien über die Verteilung des Nachlasses, um ein Testament oder einen Erbvertrag oder um eine sonstige Willenserklärung handeln. Bei dem Rechtsverhältnis kann es sich etwa um die Bestimmung der Erben und sonstiger Berechtigter nach dem auf die Rechtsnachfolge von Todes wegen anzuwendenden Recht, ihre jeweiligen Anteile und das Bestehen eines Pflichtteils oder um jedes andere Element, das nach dem auf die Rechtsnachfolge von Todes wegen anzuwendenden Recht bestimmt wurde, handeln. Eine Partei, die Einwände mit

Bezug auf die in einer öffentlichen Urkunde beurkundeten Rechtsgeschäfte oder Rechtsverhältnisse erheben möchte, sollte dies bei den nach dieser Verordnung zuständigen Gerichten tun, die nach dem auf die Rechtsnachfolge von Todes wegen anzuwendenden Recht über die Einwände entscheiden sollten.

(64) Wird eine Frage mit Bezug auf die in einer öffentlichen Urkunde beurkundeten Rechtsgeschäfte oder Rechtsverhältnisse als Vorfrage in einem Verfahren bei einem Gericht eines Mitgliedstaats vorgebracht, so sollte dieses Gericht für die Entscheidung über diese Vorfrage zuständig sein.

(65) Eine öffentliche Urkunde, gegen die Einwände erhoben wurden, sollte in einem anderen Mitgliedstaat als dem Ursprungsmitgliedstaat keine formelle Beweiskraft entfalten, solange die Einwände anhängig sind. Betreffen die Einwände nur einen spezifischen Umstand mit Bezug auf die in einer öffentlichen Urkunde beurkundeten Rechtsgeschäfte oder Rechtsverhältnisse, so sollte die öffentliche Urkunde in Bezug auf den angefochtenen Umstand keine Beweiskraft in einem anderen Mitgliedstaat als dem Ursprungsmitgliedstaat entfalten, solange die Einwände anhängig sind. Eine öffentliche Urkunde, die aufgrund eines Einwands für ungültig erklärt wird, sollte keine Beweiskraft mehr entfalten.

(66) Wenn einer Behörde im Rahmen der Anwendung dieser Verordnung zwei nicht miteinander zu vereinbarende öffentliche Urkunden vorgelegt werden, so sollte sie die Frage, welcher Urkunde, wenn überhaupt, Vorrang einzuräumen ist, unter Berücksichtigung der Umstände des jeweiligen Falls beurteilen. Geht aus diesen Umständen nicht eindeutig hervor, welche Urkunde, wenn überhaupt, Vorrang haben sollte, so sollte diese Frage von den gemäß dieser Verordnung zuständigen Gerichten oder, wenn die Frage als Vorfrage im Laufe eines Verfahrens vorgebracht wird, von dem mit diesem Verfahren befassten Gericht geklärt werden. Im Falle einer Unvereinbarkeit zwischen einer öffentlichen Urkunde und einer Entscheidung sollten die Gründe für die Nichtanerkennung von Entscheidungen nach dieser Verordnung berücksichtigt werden.

(67) Eine zügige, unkomplizierte und effiziente Abwicklung einer Erbsache mit grenzüberschreitendem Bezug innerhalb der Union setzt voraus, dass die Erben, Vermächtnisnehmer, Testamentsvollstrecker oder Nachlassverwalter in der Lage sein sollten, ihren Status und/oder ihre Rechte und Befugnisse in einem anderen Mitgliedstaat, beispielsweise in einem Mitgliedstaat, in dem Nachlassvermögen belegen ist, einfach nachzuweisen. Zu diesem Zweck sollte diese Verordnung die Einführung eines einheitlichen Zeugnisses, des Europäischen Nachlasszeugnisses (im Folgenden „das Zeugnis"), vorsehen, das zur Verwendung in einem anderen Mitgliedstaat ausgestellt wird. Das Zeugnis sollte entsprechend dem Subsidiaritätsprinzip nicht die innerstaatlichen Schriftstücke ersetzen, die gegebenenfalls in den Mitgliedstaaten für ähnliche Zwecke verwendet werden.

(68) Die das Zeugnis ausstellende Behörde sollte die Formalitäten beachten, die für die Eintragung von unbeweglichen Sachen in dem Mitgliedstaat, in dem das Register geführt wird, vorgeschrieben sind. Diese Verordnung sollte hierfür einen Informationsaustausch zwischen den Mitgliedstaaten über diese Formalitäten vorsehen.

(69) Die Verwendung des Zeugnisses sollte nicht verpflichtend sein. Das bedeutet, dass die Personen, die berechtigt sind, das Zeugnis zu beantragen, nicht dazu verpflichtet sein sollten, dies zu tun, sondern dass es ihnen freistehen sollte, die anderen nach dieser Verordnung zur Verfügung stehenden Instrumente (Entscheidung, öffentliche Urkunde und gerichtlicher Vergleich) zu verwenden. Eine Behörde oder Person, der ein in einem anderen Mitgliedstaat ausgestelltes Zeugnis vorgelegt wird, sollte jedoch nicht verlangen können, dass statt des Zeugnisses eine Entscheidung, eine öffentliche Urkunde oder ein gerichtlicher Vergleich vorgelegt wird.

(70) Das Zeugnis sollte in dem Mitgliedstaat ausgestellt werden, dessen Gerichte nach dieser Verordnung zuständig sind. Es sollte Sache jedes Mitgliedstaats sein, in seinen innerstaatlichen Rechtsvorschriften festzulegen, welche Behörden – Gerichte im Sinne dieser Verord-

nung oder andere für Erbsachen zuständige Behörden wie beispielsweise Notare – für die Ausstellung des Zeugnisses zuständig sind. Es sollte außerdem Sache jedes Mitgliedstaats sein, in seinen innerstaatlichen Rechtsvorschriften festzulegen, ob die Ausstellungsbehörde andere zuständige Stellen an der Ausstellung beteiligen kann, beispielsweise Stellen, vor denen eidesstattliche Versicherungen abgegeben werden können. Die Mitgliedstaaten sollten der Kommission die einschlägigen Angaben zu ihren Ausstellungsbehörden mitteilen, damit diese Angaben der Öffentlichkeit zugänglich gemacht werden.

(71) Das Zeugnis sollte in sämtlichen Mitgliedstaaten dieselbe Wirkung entfalten. Es sollte zwar als solches keinen vollstreckbaren Titel darstellen, aber Beweiskraft besitzen, und es sollte die Vermutung gelten, dass es die Sachverhalte zutreffend ausweist, die nach dem auf die Rechtsnachfolge von Todes wegen anzuwendenden Recht oder einem anderen auf spezifische Sachverhalte anzuwendenden Recht festgestellt wurden, wie beispielsweise die materielle Wirksamkeit einer Verfügung von Todes wegen. Die Beweiskraft des Zeugnisses sollte sich nicht auf Elemente beziehen, die nicht durch diese Verordnung geregelt werden, wie etwa die Frage des Status oder die Frage, ob ein bestimmter Vermögenswert dem Erblasser gehörte oder nicht. Einer Person, die Zahlungen an eine Person leistet oder Nachlassvermögen an eine Person übergibt, die in dem Zeugnis als zur Entgegennahme dieser Zahlungen oder dieses Vermögens als Erbe oder Vermächtnisnehmer berechtigt bezeichnet ist, sollte ein angemessener Schutz gewährt werden, wenn sie im Vertrauen auf die Richtigkeit der in dem Zeugnis enthaltenen Angaben gutgläubig gehandelt hat. Der gleiche Schutz sollte einer Person gewährt werden, die im Vertrauen auf die Richtigkeit der in dem Zeugnis enthaltenen Angaben Nachlassvermögen von einer Person erwirbt oder erhält, die in dem Zeugnis als zur Verfügung über das Vermögen berechtigt bezeichnet ist. Der Schutz sollte gewährleistet werden, wenn noch gültige beglaubigte Abschriften vorgelegt werden. Durch diese Verordnung sollte nicht geregelt werden, ob der Erwerb von Vermögen durch eine dritte Person wirksam ist oder nicht.

(72) Die zuständige Behörde sollte das Zeugnis auf Antrag ausstellen. Die Ausstellungsbehörde sollte die Urschrift des Zeugnisses aufbewahren und dem Antragsteller und jeder anderen Person, die ein berechtigtes Interesse nachweist, eine oder mehrere beglaubigte Abschriften ausstellen. Dies sollte einen Mitgliedstaat nicht daran hindern, es im Einklang mit seinen innerstaatlichen Regelungen über den Zugang der Öffentlichkeit zu Dokumenten zu gestatten, dass Abschriften des Zeugnisses der Öffentlichkeit zugängig gemacht werden. Diese Verordnung sollte Rechtsbehelfe gegen Entscheidungen der ausstellenden Behörde, einschließlich der Entscheidungen, die Ausstellung eines Zeugnisses zu versagen, vorsehen. Wird ein Zeugnis berichtigt, geändert oder widerrufen, sollte die ausstellende Behörde die Personen unterrichten, denen beglaubigte Abschriften ausgestellt wurden, um eine missbräuchliche Verwendung dieser Abschriften zu vermeiden.

(73) Um die internationalen Verpflichtungen, die die Mitgliedstaaten eingegangen sind, zu wahren, sollte sich diese Verordnung nicht auf die Anwendung internationaler Übereinkommen auswirken, denen ein oder mehrere Mitgliedstaaten zum Zeitpunkt der Annahme dieser Verordnung angehören. Insbesondere sollten die Mitgliedstaaten, die Vertragsparteien des Haager Übereinkommens vom 5. Oktober 1961 über das auf die Form letztwilliger Verfügungen anzuwendende Recht sind, in Bezug auf die Formgültigkeit von Testamenten und gemeinschaftlichen Testamenten anstelle der Bestimmungen dieser Verordnung weiterhin die Bestimmungen jenes Übereinkommens anwenden können. Um die allgemeinen Ziele dieser Verordnung zu wahren, muss die Verordnung jedoch im Verhältnis zwischen den Mitgliedstaaten Vorrang vor ausschließlich zwischen zwei oder mehreren Mitgliedstaaten geschlossenen Übereinkommen haben, soweit diese Bereiche betreffen, die in dieser Verordnung geregelt sind.

(74) Diese Verordnung sollte nicht verhindern, dass die Mitgliedstaaten, die Vertragsparteien des Übereinkommens vom 19. November 1934 zwischen Dänemark, Finnland, Island,

Norwegen und Schweden mit Bestimmungen des Internationalen Privatrechts über Rechtsnachfolge von Todes wegen, Testamente und Nachlassverwaltung sind, weiterhin spezifische Bestimmungen jenes Übereinkommens in der geänderten Fassung der zwischenstaatlichen Vereinbarung zwischen den Staaten, die Vertragsparteien des Übereinkommens sind, anwenden können.

(75) Um die Anwendung dieser Verordnung zu erleichtern, sollten die Mitgliedstaaten verpflichtet werden, über das mit der Entscheidung 2001/470/EG des Rates[6] eingerichtete Europäische Justizielle Netz für Zivil- und Handelssachen bestimmte Angaben zu ihren erbrechtlichen Vorschriften und Verfahren zu machen. Damit sämtliche Informationen, die für die praktische Anwendung dieser Verordnung von Bedeutung sind, rechtzeitig im Amtsblatt der Europäischen Union veröffentlicht werden können, sollten die Mitgliedstaaten der Kommission auch diese Informationen vor dem Beginn der Anwendung der Verordnung mitteilen.

(76) Um die Anwendung dieser Verordnung zu erleichtern und um die Nutzung moderner Kommunikationstechnologien zu ermöglichen, sollten Standardformblätter für die Bescheinigungen, die im Zusammenhang mit einem Antrag auf Vollstreckbarerklärung einer Entscheidung, einer öffentlichen Urkunde oder eines gerichtlichen Vergleichs und mit einem Antrag auf Ausstellung eines Europäischen Nachlasszeugnisses vorzulegen sind, sowie für das Zeugnis selbst vorgesehen werden.

(77) Die Berechnung der in dieser Verordnung vorgesehenen Fristen und Termine sollte nach Maßgabe der Verordnung (EWG, Euratom) Nr. 1182/71 des Rates vom 3. Juni 1971 zur Festlegung der Regeln für die Fristen, Daten und Termine[7] erfolgen.

(78) Um einheitliche Bedingungen für die Durchführung dieser Verordnung gewährleisten zu können, sollten der Kommission in Bezug auf die Erstellung und spätere Änderung der Bescheinigungen und Formblätter, die die Vollstreckbarerklärung von Entscheidungen, gerichtlichen Vergleichen und öffentlichen Urkunden und das Europäische Nachlasszeugnis betreffen, Durchführungsbefugnisse übertragen werden. Diese Befugnisse sollten im Einklang mit der Verordnung (EU) Nr. 182/2011 des Europäischen Parlaments und des Rates vom 16. Februar 2011 zur Festlegung der allgemeinen Regeln und Grundsätze, nach denen die Mitgliedstaaten die Wahrnehmung der Durchführungsbefugnisse durch die Kommission kontrollieren[8], ausgeübt werden.

(79) Für den Erlass von Durchführungsrechtsakten zur Erstellung und anschließenden Änderung der in dieser Verordnung vorgesehenen Bescheinigungen und Formblätter sollte das Beratungsverfahren nach Artikel 4 der Verordnung (EU) Nr. 182/2011 herangezogen werden.

(80) Da die Ziele dieser Verordnung, nämlich die Sicherstellung der Freizügigkeit und der Möglichkeit für europäische Bürger, ihren Nachlass in einem Unions-Kontext im Voraus zu regeln, sowie der Schutz der Rechte der Erben und Vermächtnisnehmer, der Personen, die dem Erblasser nahestehen, und der Nachlassgläubiger auf Ebene der Mitgliedstaaten nicht ausreichend verwirklicht werden können und daher wegen des Umfangs und der Wirkungen dieser Verordnung besser auf Unionsebene zu verwirklichen sind, kann die Union im Einklang mit dem in Artikel 5 des Vertrags über die Europäische Union niedergelegten Subsidiaritätsprinzip tätig werden. Entsprechend dem in demselben Artikel genannten Grundsatz der Verhältnismäßigkeit geht diese Verordnung nicht über das für die Erreichung dieser Ziele erforderliche Maß hinaus.

(81) Diese Verordnung steht im Einklang mit den Grundrechten und Grundsätzen, die mit der Charta der Grundrechte der Europäischen Union anerkannt wurden. Bei der Anwendung

---

6 **Amtl. Anm.:** ABl. L 174 vom 27.6.2001, S. 25.
7 **Amtl. Anm.:** ABl. L 124 vom 8.6.1971, S. 1.
8 **Amtl. Anm.:** ABl. L 55 vom 28.2.2011, S. 13.

dieser Verordnung müssen die Gerichte und anderen zuständigen Behörden der Mitgliedstaaten diese Rechte und Grundsätze achten.

(82) Gemäß den Artikeln 1 und 2 des dem Vertrag über die Europäische Union und dem Vertrag über die Arbeitsweise der Europäischen Union beigefügten Protokolls Nr. 21 über die Position des Vereinigten Königreichs und Irlands hinsichtlich des Raums der Freiheit, der Sicherheit und des Rechts beteiligen sich diese Mitgliedstaaten nicht an der Annahme dieser Verordnung und sind weder durch diese gebunden noch zu ihrer Anwendung verpflichtet. Dies berührt jedoch nicht die Möglichkeit für das Vereinigte Königreich und Irland, gemäß Artikel 4 des genannten Protokolls nach der Annahme dieser Verordnung mitzuteilen, dass sie die Verordnung anzunehmen wünschen.

(83) Gemäß den Artikeln 1 und 2 des dem Vertrag über die Europäische Union und dem Vertrag über die Arbeitsweise der Europäischen Union beigefügten Protokolls Nr. 22 über die Position Dänemarks beteiligt sich Dänemark nicht an der Annahme dieser Verordnung und ist weder durch diese Verordnung gebunden noch zu ihrer Anwendung verpflichtet –

HABEN FOLGENDE VERORDNUNG ERLASSEN:

Literatur zur EuErbVO:

Kommentierungen und Handbücher: *Bergquist/Damascelli/Frimston/Lagarde/ Odersky/Reinhartz*, EU-Erbrechtsverordnung, 2015; *Bonomi/Wautelet*, Le droit européen des successions – Commentaire du Réglement n° 650/2012 du 4 juillet 2012, 2. Aufl. 2016; *Deixler-Hübner/Schauer*, EuErbVO – Kommentar zur EU-Erbverordnung, 2. Aufl. 2020; *Dutta*, in: Säcker/Rixecker/Oetker/Limperg, Münchener Kommentar zum BGB, 8. Aufl. 2020 (zitiert: MüKoBGB/Bearbeiter); *Dutta/Weber*, Internationales Erbrecht, 2. Aufl. 2021; *Gierl/Köhler/Kroiß/Wilsch*, Internationales Erbrecht – EuErbVO, IntErbRVG, DurchfVO, Länderberichte, 3. Aufl. 2020; *Geimer/Schütze*, Internationaler Rechtsverkehr in Zivil- und Handelssachen, Band III, 64. Ergänzungslieferung 2022; *Herberger/Martinek/Rüßmann/Weth*, juris PraxisKommentar BGB (Band 6), 9. Aufl. 2020; *Hüßtege/Mansel*, NomosKommentar BGB – Rom-Verordnungen, EuErbVO, HUP (Band 6), 3. Aufl. 2019 (zitiert: NK-BGB/Bearbeiter); *Loyal*: in: Hau/Poseck (Hrsg.), Beck´scher Online-Kommentar BGB, EuErbVO (zitiert: BeckOK BGB/Bearbeiter); *Pamboukis*, EU Succession Regulation No 650/2012: A Commentary, 2017; *Müller-Lukoschek*, Die neue EU-Erbrechtsverordnung – Leitfaden mit Erläuterungen für die notarielle Praxis, 2. Aufl. 2015; *Rauscher*, Europäisches Zivilprozess- und Kollisionsrecht (Band V), 5. Aufl. 2020; *Rechberger/Zöchling-Jud*, Die EU-Erbrechtsverordnung in Österreich, 2015; *Schmidt*, in: Budzikiewicz/Weller/Wurmnest, Beck´scher Online-Großkommentar ZivilR, Internationales Privatrecht (zitiert: BeckOGK/Bearbeiter); *Süß*, Erbrecht in Europa, 4. Auflage 2020; *Thorn*, in: Grüneberg, Bürgerliches Gesetzbuch, 81. Auflage 2022 (zitiert: Grüneberg/Bearbeiter).

Sonstige Literatur:

de Barros Fritz, Die Qualifikation von Pflichtteilsverzichten unter Geltung der EuErbVO, ZEV 2020, 199; *de Barros Fritz*, Die Auswirkungen eines Statutenwechsels auf Pflichtteilsverzichte unter Geltung der EuErbVO, ZEV 2020, 596; *von Bary*, Gerichtsstands- und Schiedsvereinbarungen im internationalen Erbrecht, 2018; *von Bary*, Auseinandersetzung einer Erben- oder Gütergemeinschaft nach ausländischem Recht in Deutschland – Ausgewählte Probleme zwischen materiellem Recht und Verfahrensrecht, DNotZ 2021, 323; *Bauer*, Art. 59 EuErbVO: Verfahrensrechtliche Kollisionsnorm zur Sicherung des freien Verkehrs öffentlicher Urkunden, in: Arnold /Lorenz, Gedächtnisschrift für Hannes Unberath, 19; *Bonomi*, Choice-of-Law Aspects of the Future EC Regulation in Matters of Succession – A First Glance at the Commission's Proposal, in: FS Siehr 2010, 157; *Bonomi*, La compétence des juridictions des Etats membres de l'Union Européenne dans les relations avec les Etats tiers à l'aune des récentes propositions en matière de droit de la famille et des successions, in: FS Schwander 2011, 665; *Bonomi*, Prime considerazioni sulla proposta di regolamento sulle successioni, Riv. dir. int. priv. proc. 2010, 875; *Bonomi/Öztürk*, Auswirkungen der Europäischen Erbrechtsverordnung auf die Schweiz unter besonderer Berücksichtigung deutsch-schweizerischer Erbfälle, ZVglRWiss 2015, 4; *Bonomi/Wautelet*, Le droit européen des successions – Commentaire du Réglement n°650/2012 du 4 juillet 2012, 2013; *Buschbaum/Kohler*, Vereinheitlichung des Erbkollisionsrechts in Europa (Teil 1), GPR 2010, 106; *Buschbaum/Kohler*, Vereinheitlichung des Erbkollisionsrechts in Europa (Teil 2), GPR 2010, 162; *Buschbaum/Simon*, Beantragung und Erteilung eines Europäischen Nachlasszeugnisses in Deutschland. Rpfleger 2015, 444; *Buschbaum/Simon*, EuErbVO: Das Europäische Nachlasszeugnis, ZEV 2012, 525; *Buschbaum/Simon*, Les propositions de la Commission européenne relatives à l'harmonisation des règles de conflit de lois sur les biens patrimoniaux des couples mariés et des partenariats enregistrés, Rev. crit. d. i.p. 2011, 801; *Coester*, Das Erbrecht registrierter Lebenspartner unter der EuErbVO, ZEV 2013, 115; *Dorsel*, Europäische Erbrechtsverordnung und Europäisches Nachlasszeugnis, ZErb 2014, 212; *Dorsel/Schall*, Die Umsetzung der ErbVO durch die Europäische Kommission – Ein erster Überblick unter besonderer Berücksichtigung des Europäischen Nachlasszeugnisses, GPR 2015, 36; *Döbereiner*, Das Gesetz zum Internationalen Erbrecht und zur Änderung von Vorschriften zum Erbschein, NJW 2015, 2449; *Döbereiner*, Das internationale Erbrecht nach der EU-Erbrechtsverordnung (Teil 1), MittBayNot 2013, 358; *Döbereiner*, Das internationale Erbrecht nach der EU-Erbrechtsverordnung (Teil 2), MittBayNot 2013, 437; *Döbereiner*, Vindikationslegate unter Geltung der EU-Erbrechtsverordnung – Praktische Anmerkungen aus notarieller Sicht, GPR 2014, 42; *Dörner*, Die internationale Zuständigkeit zur Ausstellung eines deutschen Erbscheins, DNotZ 2017, 407; *Dörner*, Erbauseinandersetzung und Bestellung eines Minderjährigenpflegers nach Inkrafttreten der EuErbVO, ZEV 2016, 117; *Dörner*, Der Entwurf einer europäischen Verordnung zum Internationalen Erb- und Erbverfahrensrecht – Überblick und ausgewählte Probleme, ZEV 2010, 221; *Dörner*, EuErbVO: Die Verordnung zum Internationalen Erb- und Erbverfahrensrecht ist in Kraft!, ZEV 2012, 505; *Dutta*, Die europäische Erbrechtsverordnung vor ihrem Anwendungsbeginn: Zehn ausgewählte Streitstandsminiaturen, IPRax 2015, 32; *Dutta*, Das neue internationale Erbrecht der Europäischen Union – Eine erste Lektüre der Erbrechtsverordnung, FamRZ 2013, 4; *Dutta*, Die Rechtswahlfreiheit im künftigen internationalen Erbrecht der Europäischen Union, in: Reichelt/Rechberger, Europäisches Erb- und Erbverfahrensrecht: Zum Verordnungsvorschlag der Europäischen Kommission zum Erb- und Testamentsrecht, 2011, 57; *Dutta*, Succession and Wills in the Conflict of Laws on the Eve of Europeanisation, RabelsZ 73 (2009), 547; *Dutta/Wurmnest* (Hrsg.), European private international law and Member State treaties with third states, 2019; *Eichel*, Die Grenzen der Ersetzung inländischer Ausschlagungserklärungen durch ihre Abgabe im Ausland gem. Art. 13 EuErbVO, ZEV 2017, 545; *Egidy/Volmer*, ErbVO und IntErbRVG in der Anwendung durch die Nachlassgerichte, Rpfleger 2015, 433; *Emmerich*, Probleme der Anknüpfung im Rahmen der EuErbVO – zugleich ein Beitrag zur Kohärenz des europäischen IPR, 2015; *Everts*, Neue Perspektiven zur Pflichtteilsdämpfung aufgrund der EuErbVO?, ZEV 2013, 124; *Faber*, Der aktuelle Vorschlag einer EU-Verordnung für Erbsachen – ein Überblick, JEV 2010, 42; *Fetsch*, Die Rechtswahlfiktion in Art. 83 Abs. 4 EuErbVO: „Alte Testamente" und „neues Recht" bei Erbscheinsanträgen und Ausschlagungserklärungen, RNotZ 2015, 626; *Fitchen*, „Recognition", Acceptance and Enforcement of Authentic Instruments in the Succession Regulation, JPIL 2012, 323; *Franzina/Leandro*, Il diritto internazionale privato europeo delle successioni mortis causa, 2013; *Geimer*, Die geplante Europäische Erbrechtsverordnung, in: Reichelt/Rechberger, Europäisches Erb- und Erbverfahrensrecht: Zum Verordnungsvorschlag der Europäischen Kommission zum Erb- und Testamentsrecht, 2011, 1; *Hausmann*, Verfügungen von Todes wegen im deutsch-italienischen Rechtsverkehr unter Geltung der Europäischen Erbrechtsverordnung, Jahrbuch für Italienisches Recht, Band 27, 21; *Hager*, Die neue europäische Erbrechtsverordnung, 2013; *Harris*, The Proposed EU Regulation on Succession and Wills: Prospects and Challenges, Trust Law International 2008, 181–235; *Heinemann*, Die Wahl des Erbstatuts nach Art. 22 EuErbVO, MDR 2015, 928; *Hertel*, Nachweis der Erbfolge im Grundbuchverfahren – bisher und nach der EuErbVO, ZEV 2013, 539; *Janzen*, Die EU-Erbrechtsverordnung, DNotZ 2012, 484; *Jayme*, Zur Formunwirksamkeit von Testamenten im Internationalen Privatrecht, in: Hilbig-Lugani/Jakob/Mäsch/Reuß/Schmid, Zwischenbilanz – Festschrift für Dagmar Coester-Waltjen zum 70. Geburtstag, 461; *Jayme*, Zur Reichweite des Erbstatuts, in: Reichelt/Rechberger, Europäisches Erb- und Erbverfahrensrecht: Zum Verordnungsvorschlag der Europäischen Kommission zum Erb- und Testamentsrecht, 2011, 27; *John*, Der Begriff des gewöhnlichen Aufenthaltes und seine Bedeutung im europäischen Privat- und Zivilverfahrensrecht, GPR 2018, 70 (Teil 1), 136 (Teil 2); *Kanzleiter*, Die Reform des Internationalen Erbrechts in der Europäischen Union – Bedenken gegen den „gewöhnlichen Aufenthalt" als Kriterium für das anwendbare Erbrecht, in: FS Zimmermann 2010, 165; *Kindler*, From Nationality to Habitual Residence: Some Brief Remarks on the Future EU Regulation on International Successions and Wills, in: FS Siehr 2010, 251; *Kindler*, Vom Staatsangehörigkeits- zum Domizilprinzip: Das künftige internationale Erbrecht der Europäischen Union, IPRax 2010, 44; *Kleinschmidt*, Optionales Erbrecht: Das Europäische Nachlasszeugnis als Herausforderung an das Kollisionsrecht, RabelsZ 77 (2013), 723; *Kohler*, Die künftige Erbrechtsverordnung der Europäischen Union und die Staatsverträge mit Drittstaaten, in: Reichelt/Rechberger, Europäisches Erb- und Erbverfahrensrecht: Zum Verordnungsvorschlag der Europäischen Kommission zum Erb- und Testamentsrecht, 2011, 109; *Kohler*, Le Droit International Privé de l'Union européenne et les accords bilatéraux conclus avec des États tiers: l'example du futur règlement en matière de successions, in: Liber amicorum Walter Pintens 2012, 789; *Köhler*, Agreements as to succession under the new European Private International Law, Revija za evropsko pravo (REP) [Review for European Law] XVII (2015) 2–3, 25; *Köhler*, General Private International Law Institutes in the EU Succession Regulation – Some Remarks, in: Anali Pravnog Fakulteta Univerziteta u Zenici (Annals of the Faculty of Law University of Zenica) 2016, issue 18, 169; *Kohler/Pintens*, Entwicklungen im europäischen Familien- und Erbrecht 2011–2012, FamRZ 2012, 1425; *Konvalin*, Das Europäische Nachlasszeugnis ohne europäischen Entscheidungseinklang – Ein Beitrag zur Effektuierung der Europäischen Erbrechtsverordnung und zur Veranschaulichung der Grenzen der Kollisionsrechtsvereinheitlichung, 2018; *Kowalczyk*, Spannungsverhältnis zwischen Güterrechtsstatut und Erbstatut nach den Kommissionsvorschlägen für das Internationale Ehegüter- und Erbrecht (Teil I), GPR 2012, 212; *Kowalczyk*, Spannungsverhältnis zwischen Güterrechtsstatut und Erbstatut nach den Kommissionsvorschlägen für das Internationale Ehegüter- und Erbrecht (Teil II), GPR 2012, 258; *Kunz*, Die neue Europäische Erbrechtsverordnung – ein Überblick (Teil I), GPR 2012, 208; *Kunz*, Die neue Europäische Erbrechtsverordnung – ein Überblick (Teil II), GPR 2012, 253; *Kunz*, Nachlassspaltung durch die registerrechtliche Hintertür. Zur Koordination des Erb-, Sach- und Registerstatuts in der EuErbVO, GPR 2013, 293; *Kurth*, Der gewöhnliche Aufenthalt in Art. 4, 21 Abs. 1 EuErbVO, 2017; *Lagarde*, Les principes de base du nouveau règlement européen sur les successions, Rev. crit. d. i.p. 2012, 691; *Lange*, Europäisches Nachlasszeugnis – Antragsverfahren und Verwendung im deutschen Grundbuchverkehr, DNotZ 2016, 103; *Lange*, Das Erbkollisionsrecht im neuen Entwurf einer EuErbVO, ZErb 2012, 160; *Lange*, Das geplante Europäische Nachlasszeugnis, DNotZ 2012, 168; *Lange*, Die geplante Harmonisierung des Internationalen Erbrechts in Europa, ZVglRWiss 110 (2011), 426; *Lechner*, Die EuErbVO im Spannungsfeld zwischen Erbstatut und Sachstatut, IPRax 2013, 497; *Lange*, Erbverträge und gemeinschaftliche Testamente in der neuen EU-Erbrechtsverordnung, NJW 2013, 26; *T. Lechner*, Die Reichweite des Erbstatuts in Abgrenzung zum Sachenrechtsstatut anhand der Europäischen Erbrechtsverordnung 650/2012, 2017; *Lehmann*, Erhöhter Druck auf Erbvertrag, gemeinschaftliches Testament sowie Vor- und Nacherbfolge durch die EuErbVO, ZEV 2015, 309; *Lehmann*, Die EuErbVO: Babylon in Brüssel und Berlin – Ein Beitrag zur Auflösung der geradezu babylonischen Sprachverwirrung um die EU-Erbrechtsverordnung, ZErb 2013, 25; *Lehmann*, Die EU-Erbrechtsverordnung zur Abwicklung grenzüberschreitender Nachlässe, DStR 2012, 2085; *Lehmann*, Stellungnahme zum Grünbuch der Kommission der Europäischen Gemeinschaften zum Erb- und Testamentsrecht, ZErb 2005, 320; *Lein*, A Further Step Towards a European Code of Private International Law: The Commission Proposal for a Regulation on Succession, Yearb. Priv. Int. L. 2009, 107; *Leipold*, Gerichtsstandsvereinbarungen nach der Europäischen Erbrechtsverordnung, in: Muscheler/Zimmermann, FS Meincke 2015, 219; *Leipold*, Die internationale Zuständigkeit für die Ausschlagung der Erbschaft nach EuErbVO und IntErbRVG, ZEV 2015, 553; *Leitzen*, Die Rechtswahl nach der EuErbVO, ZEV 2013, 128; *Leitzen*, EuErbVO: Praxisfragen an der Schnittstelle zwischen Erb- und Gesellschaftsrecht, ZEV 2012, 520; *Lokin*, Choice-of-Law Rules in the European Regulation on Succession: A Familiar System for the Netherlands?, ZVglRWiss 2015, 75; *Looschelders*, Qualifikations- und Anpassungsprobleme bei deutsch-italienischen Erbfällen (zu OLG Düsseldorf, 10.3.2015 – I-3 Wx 196/14), IPRax 2016, 349; *Looschelders*, Die allgemeinen Lehren des Internationalen Privatrechts im Rahmen der Europäischen Erbrechtsverordnung, in: Hilbig-Lugani/Jakob/Mäsch/Reuß/Schmid, Festschrift Coester-Waltjen 2015, 531; *Lorenz*, Ehegattenerbrecht bei gemischt-nationalen Ehen – Der Einfluss des Ehegüterrechts auf die Erbquote (BGH, NJW 2015, 2185), NJW 2015, 2157; *Lurger*, Der Europäische Erbschein – ein neues Rechtsinstrument für Notare und Rechtspraktiker in Europa, in: Rechberger, Brücken im Europäischen Rechtsraum – Europäische öffentliche Urkunde und Europäischer Erbschein, 2010, 45; *Lübcke*, EuErbVO: Problemfelder im Rahmen der internationalen Zuständigkeit bei Vorliegen einer Rechtswahl durch den Erblasser, GPR 2015, 111; *Mansel*, Gesamt- und Einzelstatut: Die Koordination von Erb- und Sachstatut nach der EuErbVO, in: Hilbig-Lugani/Jakob/Mäsch/Reuß/Schmid, Zwischenbilanz – Festschrift für Dagmar Coester-Waltjen zum 70. Geburtstag, 587; *Magnus*, Gerichtsstandsvereinbarungen im Erbrecht?, IPRax 2013, 393; *Majer*, Die Geltung der EU-Erbrechtsverordnung für reine Drittstaatensachverhalte, ZEV 2011, 445; *Mankowski*, Das erbrechtliche Viertel nach § 1371 Abs. 1 BGB im deutschen und europäischen Internationalen Privatrecht, ZEV 2014, 121; *Mankowski*, Gelten die bilateralen Staatsverträge der Bundesrepublik Deutschland im Internationalen Erbrecht nach dem Wirksamwerden der EuErbVO weiter?, ZEV 2013, 529; *Margonski*, Ausländische Vindikationslegate nach der EU-Erbrechtsverordnung, GPR 2013, 106; *Max-Planck-Institut für ausländisches und internationales Privatrecht*, Comments on the European Commission's Proposal for a Regulation of the European Parliament and of the Council on jurisdiction, applicable law, recognition and enforcement of decisions and authentic instruments in matters of succession and the creation of a European Certificate of Succession, RabelsZ 74 (2010), 524; *Müller-Bromley*, Die Abwicklung deutsch-portugiesischer Erbfälle unter Berücksichtigung des Entwurfs der EuErbVO, ZEV 2011, 120; *Nietner*, Erbrechtliche Nachlassspaltung durch Rechtswahl – Schicksal nach der EuErbVO? IPRax 2015, 79; *Nordmeier*, Erbenlose Nachlässe im Internationalen Privatrecht – versteckte Rückverweisung, § 29 öst. IPRG und Art. 33 EuErbVO (zu OLG München, 26.5.2011 – 31 Wx 78/11), IPRax 2013, 418; *Nordmeier*, Erbverträge in der neuen EU-Erbrechtsverordnung: zur Ermittlung des hypothetischen Erbstatuts nach Art. 25 EuErbVO, ZErb 2013, 112; *Nordmeier*, Erbverträge und nachlassbezogene Rechtsgeschäfte in der EuErbVO – eine Begriffsklärung. ZEV 2013, 117; *Nordmeier*, EuErbVO: Neues Kollisionsrecht für gemeinschaftliche Testamente, ZEV 2012, 513; *Nordmeier*, Grundfragen der Rechtswahl in der neuen EU-Erbrechtsverordnung – eine Untersuchung des Art. 22 ErbRVO, GPR 2013, 148; *Odersky*, Die Europäische Erbrechtsverordnung in der

Gestaltungspraxis, notar 2013, 3; *Omlor*, Gutglaubensschutz durch das Europäische Nachlasszeugnis, ErbR 2015, 286; *Oppermann*, Die Unteranknüpfung nach der EuErbVO im Mehrrechtsstaat Spanien, 2016; *Perscha*, Der Europäische Erbschein aus dem Blickwinkel der Rechtspraxis, in: Rechberger, Brücken im Europäischen Rechtsraum – Europäische öffentliche Urkunde und Europäischer Erbschein, 2010, 65; *Peter*, Die Anwendung der ErbVO und ihrer Durchführungsvorschriften ab 17.8.2015, MDR 2015, 309; *Pfeiffer*, Ruhestandsmigration und EU-Erbrechtsverordnung, IPRax 2016, 310; *Picht*, „Wo die Liebe Wohnsitz nimmt" – Schlaglichter auf deutsch-schweizerische Ehegattenerbfälle in Zeiten der EuErbVO, in: Hilbig-Lugani/Jakob/Mäsch/Reuß/Schmid, Zwischenbilanz – Festschrift für Dagmar Coester-Waltjen zum 70. Geburtstag, 619; *Rauscher*, in: Schütze, Fairness Justice Equity – Festschrift für Reinhold Geimer zum 80. Geburtstag, 2017, 529; *Rechberger*, Das Europäische Nachlasszeugnis und seine Wirkungen, ÖJZ 2012, 14; *Reich/Assan*, Das anwendbare Erbrecht in deutsch-israelischen Erbfällen: Veränderungen durch die EU-Erbrechtsverordnung, ZEV 2015, 145; *Remde*, Die Europäische Erbrechtsverordnung nach dem Vorschlag der Kommission vom 14. Oktober 2009, RNotZ 2012, 65; *Reymann*, Auswirkungen der EU-Erbrechtsverordnung auf das Fürstentum Liechtenstein, ZVglRWiss 114 (2015), 40; *Richters*, Anwendungsprobleme der EuErbVO im deutsch-britischen Rechtsverkehr, ZEV 2012, 576; *Rieck*, Senioren aus Deutschland in Frankreich, NZFam 2017, 390; *Roth*, Der Vorschlag einer Verordnung zur Regelung des internationalen Erbrechts, in: Schmoeckel/Otte, Europäische Testamentsformen, 2011, 13; *Roth*, Europäische Kollisionsrechtsvereinheitlichung: Überblick – Kompetenzen – Grundfragen, in: Kieninger/Remien, Europäische Kollisionsrechtsvereinheitlichung, 2012, 11; *Rudolf*, EU-Erbrechtsverordnung – Übergangsvorschriften für die Wirksamkeit einer Rechtswahl und letztwilliger Verfügungen, ZfRV 2015, 212; *Rudolf*, Vorschlag einer EU-Verordnung zum Internationales Erb- und Erbverfahrensrecht, ÖstNotZ 2010, 353; *Schaub*, Die EU-Erbrechtsverordnung, in: Muscheler, Hereditare – Jahrbuch für Erbrecht und Schenkungsrecht (Band 3), 2013, 91; *Schauer/Scheuba*, Europäische Erbrechtsverordnung, 2012; *Schlitt/Müller*, Handbuch Pflichtteilsrecht, 2. Aufl. 2017; *Schmidt*, Ausländische Vindikationslegate über im Inland belegene Immobilien – zur Bedeutung des Art. 1 Abs. 2 lit. l EuErbVO, ZEV 2014, 133; *Schmidt*, Die kollisionsrechtliche Behandlung dinglich wirkender Vermächtnisse – Ein Prüfstein für Grundfragen des internationalen und des materiellen Privatrechts, RabelsZ 77 (2013), 1; *Schmitz*, Das Europäische Nachlasszeugnis, RNotZ 2017, 269; *Schnyder/Capaul*, Anerkennung erbrechtlicher Entscheidungen und Urkunden im Verhältnis Deutschland/Schweiz, in: Schütze, Fairness Justice Equity – Festschrift für Reinhold Geimer zum 80. Geburtstag, 2017, 628; *Schoppe*, Die Übergangsbestimmungen zur Rechtswahl im internationalen Erbrecht, IPRax 2014, 27; *Schurig*, Das internationale Erbrecht wird europäisch – Bemerkungen zur kommenden europäischen Verordnung, in: FS Spellenberg 2010, 343; *Seibl*, Objektive und subjektive Anknüpfungen im Internationalen Erbrecht: ein Vergleich der bisherigen Rechtslage und der ErbVO, in: Spickhoff, Symposium Parteiautonomie im Europäischen Internationalen Privatrecht, 2013, 123; *Simon/Buschbaum*, Die neue EU-Erbrechtsverordnung, NJW 2012, 2393; *Sonnentag*, Das Europäische Internationale Erbrecht im Spannungsfeld zwischen der Anknüpfung an die Staatsangehörigkeit und den gewöhnlichen Aufenthalt, EWS 2012, 457; *Soutier*, Die Geltung deutscher Rechtsgrundsätze im Anwendungsbereich der Europäischen Erbrechtsverordnung, 2015; *Stein*, US-Trusts im deutschen Zivil- und Erbschaftsteuerrecht – zugleich zum einheitlichen Begriffsverständnis des Trusts als Vermögensmasse im deutschen Steuerrecht, ZVglRWiss 120 (2021), 321; *Steiner*, Einstweiliger Rechtsschutz gegen das Europäische Nachlasszeugnis?, ZEV 2016, 487; *Steinmetz*, EU-Erbrechtsverordnung: Voraussichtliche Rechtsänderungen für den Erbfall von in Spanien ansässigen deutschen Staatsangehörigen, ZEV 2010, 234; *Steinmetz*, Die EuErbVO und ihre Anwendbarkeit im Mehrrechtsstaat Spanien, ZEV 2013, 535; *Steinmetz/Alcázar*, Spanien: Direkte oder indirekte Berufung eines spanischen Foralrechts bei ausländischem Erblasser mit gewöhnlichem Aufenthalt in Spanien?, ZEV 2016, 145; *Strauß*, Der notleidende Nachlass bei Auslandsberührung – zugleich ein Beitrag zur Abgrenzung zwischen EuErbVO und EuInsVO, 2015; *Stürner*, Die Bedeutung des ordre public in der EuErbVO, GPR 2014, 317; *Süß*, Auf dem Weg zum Einheitlichen Europäischen Erbrecht – Die Konferenz „Harmonisierung des internationalen Erbrechts in der Europäischen Union" am 10. und 11. Mai 2004 in Brüssel, ZErb 2005, 28; *Süß*, Das Europäische Nachlasszeugnis, ZEuP 2013, 725; *Süß*, Der Vorschlag der EG-Kommission zu einer Erbrechtsverordnung (Rom IV-Verordnung) vom 14. Oktober 2009, ZErb 2009, 342; *Torfs/van Soest*, Le réglement européen concernant les successions: D.I.P., reconnaissance et certificat successoral, in: Liber amicorum Walter Pintens 2012, 1443; *Traar*, Der Verordnungsvorschlag aus österreichischer Sicht, in: Reichelt/Rechberger, Europäisches Erb- und Erbverfahrensrecht: Zum Verordnungsvorschlag der Europäischen Kommission zum Erb- und Testamentsrecht, 2011, 85; *Trakman*, Domicile of choice in English law: an Achilles heel? J. Priv. Int. L., 2015, 317; *Traut*, Das Wirkungskonzept des Europäischen Nachlasszeugnisses, ZVglRWiss 2016, 358; *Vassilakakis*, Das auf die Vererblichkeit von Anteilen an einer Kapitalgesellschaft anzuwendende Recht (im Hinblick auf die EuErbVO), ZfRV 2016, 75; *Vékás*, Objektive Anknüpfung des Erbstatus, in: Reichelt/Rechberger, Europäisches Erb- und Erbverfahrensrecht: Zum Verordnungsvorschlag der Europäischen Kommission zum Erb- und Testamentsrecht, 2011, 41; *Voll-*

mer, Die neue Europäische Erbrechtsverordnung – ein Überblick, ZErb 2012, 227; *Volmer*, Erbschein und ENZ nach der EuErbVO, notar 2016, 323; *Volmer*, Die EU-Erbrechtsverordnung – erste Fragen an Dogmatik und Forensik, Rpfleger 2013, 421; *Wall*, Richtet sich die internationale Zuständigkeit zur Erbscheinserteilung künftig ausschließlich nach Artt. 4 ff EuErbVO?, ZErb 2015, 9; *Walther*, Das deutsche Pflichtteilsrecht in Europa – eine (un)endliche Geschichte?, GPR 2016, 128; *Weber*, Interdependenzen zwischen Europäischer Erbrechtsverordnung und Ehegüterrecht – de lege lata und de lege ferenda, DNotZ 2016, 424; *Weber/Schall*, Internationale Zuständigkeit für die Erteilung deutscher Erbscheine: (k)eine Frage der Europäischen Erbrechtsverordnung?, NJW 2016, 3564; *Wilke*, Das internationale Erbrecht nach der neuen EU-Erbrechtsverordnung, RIW 2012, 601; *Wilsch*, EuErbVO: Die Verordnung in der deutschen Grundbuchpraxis, ZEV 2012, 530; *Windeknecht*, Ausdrücklich, konkludent oder doch Fiktion: die Rechtswahl nach Art. 83 EuErbVO, ZEV 2021, 284; *Wurmnest/Wössner*, Kollisionsrechtliche Staatsverträge mit Drittstaaten in Europa: Ein Blick auf die „Achillesferse" der EuErbVO, ZVglRWiss 118 (2019), 449; *Zimmer/Oppermann*, Geschäftsunfähigkeit, „Demenztourismus" und gewöhnlicher Aufenthalt nach der EuErbVO am Beispiel der Schweiz, ZEV 2016, 126.

Allgemeine Literatur:

Baetge, Auf dem Weg zu einem gemeinsamen europäischen Verständnis des gewöhnlichen Aufenthalts – Ein Beitrag zur Europäisierung des Internationalen Privat- und Verfahrensrechts, in: FS Kropholler 2008; *von Bar*, Grundfragen des Internationalen Deliktsrechts, JZ 1985, 961; *von Bar/Mankowski*, Internationales Privatrecht – Allgemeine Lehren (Band 1), 2. Aufl. 2003; *von Bar/Mankowski*, Internationales Privatrecht – Besonderer Teil (Band 2), 2. Aufl. 2019; *Burandt/Rojahn*, Erbrecht, 4. Aufl. 2022; *Calliess/Ruffert*, EUV/AEUV – Das Verfassungsrecht der Europäischen Union mit Europäischer Grundrechtecharta, 6. Aufl. 2022; *Cheshire/North/Fawcett*, Private International Law, 15. Auflage 2017; *Coester*, Die Berücksichtigung fremden zwingenden Rechts neben dem Vertragsstatut – Rechtsmethodische und -politische Überlegungen zu Art. 7 Abs. 1 des europäischen Vertragsübereinkommens vom 19.6.1980, ZVglRWiss 82 (1983), 1; *Conti*, Grenzüberschreitende Durchsetzung von Unterhaltsansprüchen in Europa, 2011; *Dörner*, Das deutsch-türkische Nachlaßabkommen, ZEV 1996, 90; *Eichel*, Die Revisibilität ausländischen Rechts nach der Neufassung von § 545 Abs. 1 ZPO, IPRax 2009, 389; *Eichel*, Interlokale und interpersonale Anknüpfungen, in: Leible/Unberath; Brauchen wir eine Rom 0-Verordnung? Überlegungen zu einem Allgemeinen Teil des europäischen IPR, 2013, 397; *Erman*, Bürgerliches Gesetzbuch, 16. Aufl. 2020; *Falter/Geks*, Die Übertragung eines deutschen GmbH-Anteils auf einen amerikanischen testamentary trust, NZG 2017, 1251; *Ferid/Firsching/Dörner/Hausmann*, Internationales Erbrecht, Stand: 2022 (121. Ergänzungslieferung); *Fetsch*, Auslandsvermögen im Internationalen Erbrecht – Testamente und Erbverträge, Erbschein und Ausschlagung bei Auslandsvermögen, RNotZ 2006, 77; *Firsching*, Joint tenancy im internationalen Erbrecht – Erbscheinsverfahren nach einem ausländischen (hier US-)Erblasser, IPRax 1982, 98; *Gebauer*, Das Prorogationsstatut im Europäischen Zivilprozessrecht, in: FS von Hoffmann 2011, 577; *Gebauer/Wiedmann*, Europäisches Zivilrecht, 3. Auflage 2021; *Geimer*, Internationales Zivilprozessrecht, 7. Auflage 2014; *Geimer/Schütze*, Europäisches Zivilverfahrensrecht, 4. Auflage 2020; *Großfeld/Rogers*, A shared value approach to jurisdictional conflicts in international economic law, Int.Comp.L.Q. 32 (1983), 931; *Haratsch/Koenig/Pechstein*, Europarecht, 12. Auflage 2020; *Hau*, Das Internationale Zivilverfahrensrecht im FamFG, FamRZ 2009, 821; *Hau*, Grundlagen der internationalen Notzuständigkeit im Europäischen Zivilverfahrensrecht, in: FS Kaissis 2012, 355; *von Hein*, Der Renvoi im europäischen Kollisionsrecht, in: Leible/Unberath; Brauchen wir eine Rom 0-Verordnung? Überlegungen zu einem Allgemeinen Teil des europäischen IPR, 2013, 341; *Henrich*, Die Behandlung von joint tenancies bei der Abwicklung von Nachlässen in Deutschland, in: FS Riesenfeld 1983, 103; *Heß/Hub*, Die vorläufige Vollstreckbarkeit ausländischer Urteile im Binnenmarktprozess, IPRax 2003, 93; *Hilbig-Lugani*, Divergenz und Transparenz: Der Begriff des gewöhnlichen Aufenthalts der privat handelnden natürlichen Person im jüngeren EuIPR und EuZVR, GPR 2014, 8; *von Hoffmann/Thorn*, Internationales Privatrecht einschließlich der Grundzüge des Internationalen Zivilverfahrensrechts, 9. Auflage 2007; *Jansen/Michaels*, Die Auslegung und Fortbildung ausländischen Rechts, ZZP 116 (2003), 3; *Jänterä-Jareborg*, Inter-Nordic Exceptions in EU Regulations on Matters of Family and Inheritance Law – Legal ‚Irritants' or Necessary Concessions in the Citizens' Interest?, Liber amicorum Walter Pintens 2012, 733; *Jayme*, Das neue IPR-Gesetz – Brennpunkte der Reform, IPRax 1986, 265; *Jayme/Hausmann*, Internationales Privat- und Verfahrensrecht, 18. Auflage 2016; *Jülicher*, Die Joint Tenancy, ZEV 2001, 469; *Kahn*, Die Lehre vom ordre public (Prohibitivgesetze), in: Lenel/Lewald: Abhandlungen zum internationalen Privatrecht (Band 1), 1928, 161; *Kahn*, Über Inhalt, Natur und Methode des internationalen Privatrechts, in: Lenel/Lewald, Abhandlungen zum internationalen Privatrecht (Band 1), 1928, 255; *Kegel*, Begriffs- und Interessenjurisprudenz im Internationalen Privatrecht, in: FS Lewald 1953, 259; *Kegel*, Vaterhaus und Traumhaus – Herkömmliches internationales Privatrecht und Hauptthesen der amerikanischen Reformer, in: FS Beitzke 1979, 551; *Kegel/Schurig*, Internationales Privatrecht, 9. Auflage 2004; *Köhler*, Examinatorium Internationales Privatrecht, 2. Aufl. 2020; *Köhler*, Eingriffsnormen – Der „unfertige Teil" des europäischen IPR, 2013; *Köhler*, Die Berücksichtigung ausländischer Eingriffsnormen im Europäischen Internationalen Vertragsrecht, in: Binder/Eichel, Internationale Dimensionen s Wirtschaftsrechts, 2013, 199–222; *Köhler*, Der sachliche Anwendungsbereich der Güterrechtsverordnungen und der Umfang des Güterrechtsstatuts, in: Dutta/Weber, Die Europäischen Güterrechtsverordnungen, 147–162; *Kropholler*, Internationales Privatrecht einschließlich der Grundbegriffe des Internationalen Zivilverfahrensrechts, 6. Aufl. 2006; *Kropholler/von Hein*, Europäisches Zivilprozessrecht, 10. Aufl. 2022; *Kühne*, Die außerschuldvertragliche Parteiautonomie im neuen Internationalen Privatrecht, IPRax 1987, 69; *Kühne*, Die Entsavignysierung des Internationalen Privatrechts insbesondere durch sog. Eingriffsnormen, in: FS Heldrich 2005, 815–830; *Lange*, Neuere Entwicklungen des IPR auf den Gebieten des Erbrechts und der Vermögensnachfolge, ZEV 2000, 469; *Linke/Hau*, Internationales Zivilverfahrensrecht, 8. Aufl. 2021; *Looschelders*, Internationales Privatrecht – Art. 3–46 EGBGB, 2004; *Lorenz*, Zur Struktur des internationalen Privatrechts – Ein Beitrag zur Reformdiskussion, 1977; *Lorenz*, Zum neuen internationalen Vertragsrecht aus versicherungsvertraglicher Sicht, in: FS Kegel 1987, 303; *Lüderitz*, Internationales Privatrecht im Übergang – Theoretische und praktische Aspekte der deutschen Reform, in: FS Kegel 1987, 343; *Majer*, Das deutsch-türkische Nachlassabkommen: ein Anachronismus, ZEV 2012, 182; *Mann*, Sonderanknüpfung und zwingendes Recht im internationalen Privatrecht, in: FS Beitzke 1979, 607; *Maultzsch*, Rechtswahl und ius cogens im Internationalen Schuldvertragsrecht, RabelsZ 75 (2011), 60; Münchener Kommentar zum Bürgerlichen Gesetzbuch (zitiert: MüKoBGB/Bearbeiter); Münchener Kommentar zur Zivilprozessordnung mit Gerichtsverfassungsgesetz und Nebengesetzen (zitiert: MüKoZPO/Bearbeiter); *Neuhaus*, Die Grundbegriffe des Internationalen Privatrechts, 2. Aufl. 1976; *NK-BGB*, NomosKommentar BGB, Band 1 (Allgemeiner Teil, EGBGB) – Band 5 (Erbrecht); *Grüneberg*, Bürgerliches Gesetzbuch, 81. Aufl. 2022; *Pfeiffer*, Eingriffsnormen und ihr sachlicher Regelungsgegenstand, in: FS Geimer 2002, 821; *Prütting/Helms*, FamFG – Kommentar mit FamGKG, 6. Aufl. 2022; *PWW*, BGB Kommentar, Prütting/Wegen/Weinreich, 17. Aufl. 2022; *Raape*, Internationales Privatrecht, 5. Aufl. 1961; *Raape/Sturm*, Internationales Privatrecht – Band 1: Allgemeine Lehren, 6. Aufl. 1977; *Rauscher*, Europäisches Zivilprozess- und Kollisionsrecht, 5. Aufl. 2020; *Rauscher*, Internationales Privatrecht, 5. Aufl. 2017; *RGRK*, Das Bürgerliche Gesetzbuch mit besonderer Berücksichtigung der Rechtsprechung des Reichsgerichtes und des Bundesgerichtshofes, Band 6 (Internationales Privatrecht, Teilband 1 und 2), 12. Aufl. 1981; *Roth*, Savigny, Eingriffsnormen und die Rom I-Verordnung, in: FS Kühne 2009, 859; *Schack*, Internationales Zivilverfahrensrecht, 8. Aufl. 2021; *Schlosser/Hess*, EU-Zivilprozessrecht, 5. Aufl. 2021; *Schotten/Johnen*, Probleme hinsichtlich der Anerkennung, der Erteilung und des Inhalts von Erbscheinen im deutsch-deutschen Verhältnis, DtZ 1991, 257; *Schotten/Schmellenkamp*, Das Internationale Privatrecht in der notariellen Praxis, 2. Aufl. 2007; *Schotten/Wittkowski*, Das deutsch-iranische Niederlassungsabkommen im Familien- und Erbrecht, FamRZ 1995, 264; *Schurig*, Kollisionsnorm und Sachrecht – Zu Struktur, Standort und Methode des internationalen Privatrechts, 1981; *Schurig*, Ererbte Kommanditanteile und US-amerikanischer Trust, IPRax 2001, 446; *Schurig*, „Ingmar" und die „international zwingende" Handelsvertreter-Richtlinie oder: die Urzeugung einer Kollisionsnorm, in: Festschrift Jayme 2004, 837; *Schurig*, Zwingendes Recht, „Eingriffsnormen" und neues IPR, RabelsZ 54 (1990), 217; *Siehr*, Grundrecht der Eheschließungsfreiheit und Internationales Privatrecht – Zugleich ein Beitrag zur Lehre vom ordre public, RabelsZ 36 (1972), 93; *Soergel*, Bürgerliches Gesetzbuch mit Einführungsgesetz und Nebengesetzen: Band 10 (Einführungsgesetz), 12. Aufl. 1996 – Band 8 (Einführungsgesetz), 11. Aufl. 1984; *Solomon*, Der Anwendungsbereich von Art. 3 Abs. 3 EGBGB – dargestellt am Beispiel des internationalen Erbrechts, IPRax 1997, 81; *Solomon*, Die Anknüpfung von Vorfragen im Europäischen Internationalen Privatrecht, in: FS Spellenberg 2010, 355; *Solomon*, Die Renaissance des Renvoi im Europäischen Internationalen Privatrecht, in: Liber Amicorum Schurig 2012, 237; *Solomon*, Erbfolge und Erbgang in deutsch-österreichischen Erbfällen, ZVglRWiss 99 (2000), 170; *Spellenberg*, Der Konsens in Art. 23 EuGVVO, IPRax 2010, 464; *Spickhoff*, Grenzpendler als Grenzfälle: Zum „gewöhnlichen Aufenthalt" im IPR, IPRax 1995, 185; *Staudinger*, Kommentar zum Bürgerlichen Gesetzbuch: EGBGB/IPR: Internationales Privatrecht (Einleitung zum IPR), Neubearb. 2012 – EGBGB/IPR Art. 3–6 EGBGB (IPR – Allgemeiner Teil), Neubearb. 2013 – EGBGB/IPR Art. 25, 26; Anhang zu Art. 25, 26, Neubearb. 2007 – EGBGB/IPR IntVerfREhe (Internationales Verfahrensrecht in Ehesachen), Neubearb. 2005 – Internationales Privatrecht, Band IV (Art. 24–26 a. F., Art. 5, 6 n. F. EGBGB), 12. Aufl. 1990; *Süß*, Das Vindikationslegat im Internationalen Privatrecht, RabelsZ 65 (2001), 245; *Süß*, Reform des Erbrechts in Frankreich, ZErb 2002, 62; *Thomas/Putzo*, Zivilprozessordnung, 34. Aufl. 2013, 42. Aufl. 2021; *Tiedemann*, Die Rechtswahl im deutschen Internationalen Erbrecht, RabelsZ 55 (1991), 17; *Weller*, Der „gewöhnliche Aufenthalt" – Plädoyer für einen willenszentrierten Aufenthaltsbegriff, in: Leible/Unberath; Brauchen wir eine Rom 0-Verordnung? Überlegungen zu einem Allgemeinen Teil des europäischen IPR, 2013, 293; *Wurmnest*, Der Anwendungsbereich des deutsch-iranischen Niederlassungsabkommens bei erbrechtlichen Streitigkeiten und deutscher ordre public, IPRax 2016, 447; *Zimmermann* (Hrsg.), Praxiskommentar Erbrechtliche Nebengesetze, 2017.

Einführung

A. Allgemeines 1
B. Überblick über die Regelungen der EuErbVO 4
C. Auslegung der EuErbVO 6
I. Europarechtlich-autonome Auslegung, Rechtsfortbildung 6
II. Auslegungskompetenz des EuGH 8

A. Allgemeines

1 Die Verordnung (EU) Nr. 650/2012 des Europäischen Parlaments und des Rates vom 4.7.2012 über die Zuständigkeit, das anzuwendende Recht, die Anerkennung und Vollstreckung von Entscheidungen und die Annahme und Vollstreckung öffentlicher Urkunden in Erbsachen sowie zur Einführung eines Europäischen Nachlasszeugnisses (EuErbVO, EuErbVO – im Folgenden: EuErbVO) stellt einen weiteren wichtigen Schritt zum Aufbau eines gemeinsamen europäischen Rechtsraums dar. Sie vereinheitlicht den Bereich des **Internationalen Erbrechts** umfassend und sieht neben verfahrens- und kollisionsrechtlichen Bestimmungen mit der Einführung eines Europäischen Nachlasszeugnisses auch materiellrechtliche Regelungen vor, welche die grenzüberschreitende Abwicklung von Nachlassangelegenheiten innerhalb der Europäischen Union erleichtern sollen.

2 Als Maßnahme der justiziellen Zusammenarbeit in Zivilsachen wurde die EuErbVO auf die Kompetenznorm des Art. 81 Abs. 1, Abs. 2 lit. a, c, f. AEUV[1] gestützt. Diese ermächtigt das Europäische Parlament und den Rat zu umfassenden Gesetzesvorhaben auf dem Gebiet des Internationalen Privat- und Verfahrensrechts unter Einschluss sog. Drittstaatenfälle,[2] so dass die EuErbVO im Rahmen ihres Anwendungsbereichs auf **alle erbrechtlichen Streitigkeiten mit grenzüberschreitendem Bezug**[3] anzuwenden ist. Sie trat für alle EU-Mitgliedstaaten – mit Ausnahme von Dänemark, Irland und (schon damals) des Vereinigten Königreichs (vgl. Erwägungsgrund 82 und 83) – am 16.8.2012 in Kraft und gilt in ihren wesentlichen Teilen **seit dem 17.8.2015** (Art. 83, 84 EuErbVO, zu intertemporalen Fragen vgl. im Einzelnen dort). Von diesem Zeitpunkt an verdrängt die – gem. Art. 288 AEUV unmittelbar in jedem teilnehmenden Mitgliedstaat geltende – Verordnung kraft ihres **Anwendungsvorrangs** ggf. entgegenstehendes, in den Anwendungsbereich der Verordnung fallendes nationales Recht.

3 Der endgültigen Fassung der EuErbVO ging eine lange Entwicklungsgeschichte voraus. Bereits im Wiener Aktionsplan von 1998[4] und im Maßnahmenprogramm zur Umsetzung des Grundsatzes der gegenseitigen Anerkennung gerichtlicher Entscheidungen in Zivil- und Handelssachen von 2000[5] als Projekt vorgesehen, legte die Europäische Kommission – nach Vorarbeiten des Deutschen Notarinstituts unter Beteiligung von *Dörner* und *Lagarde* (sog. DNotI-Studie)[6] – 2005 ein Grünbuch zum Erb- und Testamentsrecht[7] vor, dem 2009 ein konkreter Vorschlag für eine Verordnung über die Zuständigkeit, das anzuwendende Recht, die Anerkennung und die

---

1 Vertrag über die Arbeitsweise der Europäischen Union, ABl. EU 2008 C 115,13, zuletzt geändert durch Art. 2 ÄndBeschl. 2012/419/EU vom 11.7.2012 (ABl. EU L 204, 131).
2 Vgl. etwa Calliess/Ruffert/Rossi AEUV Art. 81 Rn. 14. Zur EuErbVO vgl. auch Dutta/Weber/ Weber Einl. Rn. 26; aA jedoch Majer ZEV 2011, 445 (449 f.).
3 Hierzu nunmehr EuGH NJW 2020, 2947.
4 ABl. EG 1999 C 19, 1, 10; abrufbar unter http://eur-lex.europa.eu/legal-content/DE/TXT/PDF/?uri=CELEX:31999Y0123(01)&from=DE.
5 ABl. EG 2001 C 12, 1, 3; abrufbar unter http://eur-lex.europa.eu/legal-content/DE/TXT/PDF/?uri=CELEX:32001Y0115(01)&from=DE.
6 Rechtsvergleichende Studie der erbrechtlichen Regelungen des Internationalen Verfahrensrechtes und Internationalen Privatrechts der Mitgliedstaaten der Europäischen Union für die Europäische Kommission von 18.9./8.11.2002; abrufbar unter http://ec.europa.eu/civiljustice/publications/docs/testaments_successions_de.pdf.
7 KOM(2005) 65 endg.; abrufbar unter http://eur-lex.europa.eu/legal-content/DE/TXT/PDF/?uri=CELEX:52005DC0065&from=DE.

Vollstreckung von Entscheidungen und öffentlichen Urkunden in Erbsachen sowie zur Einführung eines Europäischen Nachlasszeugnisses folgte (EuErbVO-Entwurf 2009).[8] Nachdem am 8.12.2011 eine revidierte Fassung des Rates der Europäischen Union zur EuErbVO ergangen war,[9] die bereits im Wesentlichen den nunmehr geltenden Regelungen entsprach, wurde die EuErbVO in ihrer endgültigen Fassung vom 4.7.2012 verabschiedet und am 27.7.2012 im Amtsblatt der EU veröffentlicht.[10]

B. Überblick über die Regelungen der EuErbVO

Die EuErbVO gliedert sich in sieben einzelne Kapitel. **Kapitel I** legt zunächst den sachlichen Anwendungsbereich der EuErbVO fest (Art. 1 EuErbVO) und sieht in Art. 3 EuErbVO eine Begriffsbestimmung wesentlicher, im Rahmen der Verordnung verwendeter Rechtsbegriffe vor, welche deren gebotene autonome Auslegung (→ Rn. 6) erleichtern sollen. Im Rahmen des **Kapitels II** wird die internationale Zuständigkeit in Erbsachen geregelt, **Kapitel III** sieht umfangreiche, alle Bereiche der Rechtsnachfolge von Todes wegen betreffende Kollisionsnormen vor, mittels derer das in Nachlasssachen anzuwendende Recht zu bestimmen ist. Besonders hervorzuheben ist insoweit die primäre Anknüpfung an den letzten **gewöhnlichen Aufenthalt** des Erblassers bei der Bestimmung der internationalen Zuständigkeit (Art. 4 EuErbVO) und des anwendbaren Rechts (Art. 21 Abs. 1 EuErbVO), welche in Anbetracht der zunehmenden Mobilität der Bürger eine „wirkliche [...] Verbindung zwischen dem Nachlass und dem Mitgliedstaat, in dem die Erbsache abgewickelt wird", gewährleisten soll (vgl. Erwägungsgrund 23). Auf die **Staatsangehörigkeit** des Erblassers kommt es hingegen – in rechtspolitischer Abkehr zu Art. 25 Abs. 1 EGBGB aF – bei der Bestimmung des auf die Rechtsnachfolge von Todes wegen anzuwendenden Rechts nur noch an, wenn der Erblasser dieses Anknüpfungsmoment im Wege der Rechtswahl für maßgeblich erklärt hat (Art. 22 EuErbVO); hat der Erblasser eine Rechtswahl zugunsten eines mitgliedstaatlichen Rechts getroffen, kann zudem eine internationale Zuständigkeit dieses Mitgliedstaates unter den Voraussetzungen des Art. 7 EuErbVO begründet werden. Das Regelungssystem der internationalen Zuständigkeit und des Kollisionsrechts ist darauf gerichtet, einen **Gleichlauf zwischen gerichtlicher Zuständigkeit und anwendbarem Recht** zu erreichen, so dass in Nachlasssachen deutlich häufiger als bisher deutsches Recht angewandt werden kann. Zudem ist die EuErbVO um **Nachlasseinheit** bemüht, da Art. 21, 22 EuErbVO – entsprechend Art. 25 Abs. 1 EGBGB – die *gesamte* Rechtsnachfolge von Todes wegen grundsätzlich nur einer Rechtsordnung unterstellt. Durchbrochen wird dieser Grundsatz – abgesehen von dem seltenen Fall einer prozessualen Nachlassspaltung gem. Art. 10 Abs. 2 EuErbVO oder gem. Art. 12 EuErbVO – nur durch Art. 30 EuErbVO, der eine gesonderte Anknüpfung zugunsten besonderer *materieller*, insbesondere Sondervermögen aufgrund wirtschaftlicher, familiärer und sozialer Gründe konstituierender Sachnormen vorsieht, und von Art. 34 Abs. 1 EuErbVO, der unter eingeschränkten Voraussetzungen die Beachtlichkeit ausländischer, ggf. auch zu Nachlassspaltung führender (→ EuErbVO Art. 34 Rn. 12) Kollisionsnormen anordnet. Darüber hinaus enthält **Kapitel IV** Regelungen im Hinblick auf die Anerkennung, Vollstreckbarkeit und Vollstreckung von mitgliedstaatlichen Entscheidungen, die im Wesentlichen derjenigen der EuGVVO[11] entsprechen und wohl alleine im Hinblick auf deren Revision eine eigenständige Kodifikation erfahren haben.[12] Ergänzt werden diese Bestimmungen durch **Kapitel V**, welches

---

8 KOM(2009) 154 endg.; abrufbar unter http://ec.europa.eu/civiljustice/news/docs/succession_proposal_for_regulation_de.pdf.
9 18320/11 ADD 1, Interinstitutionelles Dossier: 2009/0157 (COD), JUSTCIV 350, CODEC 2362; abrufbar unter http://register.consilium.europa.eu/doc/srv?l=DE&f.=ST%2018320%202011%20ADD%201.
10 ABl. EU L 201,107; abrufbar unter http://eur-lex.europa.eu/LexUriServ/LexUriServ.do?uri=OJ:L:2012:201:0107:0134:DE:PDF.
11 Verordnung (EU) Nr. 1215/2012 des Europäischen Parlaments und des Rates vom 12.12.2012 über die gerichtliche Zuständigkeit und die Anerkennung und Vollstreckung von Entscheidungen in Zivil- und Handelssachen; ABl. EU L 351, 1.
12 Simon/Buschbaum NJW 2012, 2393 (2397).

spezielle Vorschriften für die Annahme und Vollstreckbarkeit von öffentlichen Urkunden und die Vollstreckbarkeit gerichtlicher Vergleiche vorsieht, die in einem anderen Mitgliedstaat errichtet wurden bzw. ergangen sind. Eine wesentliche Neuerung bringt **Kapitel VI**, das die Einführung eines **Europäischen Nachlasszeugnisses** (ENZ) zum Gegenstand hat. Dieses Zeugnis wird zur Verwendung in einem anderen Mitgliedstaat ausgestellt und tritt ergänzend neben den deutschen Erbschein (vgl. Art. 62 Abs. 3 EuErbVO). Das Europäische Nachlasszeugnis dient insbesondere dem Nachweis der Rechtsstellung der durch den Erbfall berechtigten Personen (Art. 63 EuErbVO) und ist – ebenso wie der Erbschein nach deutschem Recht – mit öffentlichem Glauben ausgestattet (Art. 69 EuErbVO). Zuletzt enthält **Kapitel VII** einzelne Schlussbestimmungen, die neben dem Verhältnis der EuErbVO zu bestehenden internationalen Übereinkommen (Art. 75 EuErbVO) insbesondere intertemporale Anwendungsfragen (Art. 83 EuErbVO) und den Geltungszeitpunkt der EuErbVO (Art. 84 EuErbVO) betreffen.

5 Ergänzt wird die EuErbVO durch die **Durchführungsverordnung (EU) Nr. 1329/2014 der Kommission vom 9.12.2014** zur Festlegung der Formblätter nach Maßgabe der Verordnung (EU) Nr. 650/2012 des Europäischen Parlaments und des Rates über die Zuständigkeit, das anzuwendende Recht, die Anerkennung und Vollstreckung von Entscheidungen und die Annahme und Vollstreckung öffentlicher Urkunden in Erbsachen sowie zur Einführung eines Europäischen Nachlasszeugnisses[13] (abgedruckt im Anhang zu Art. 80 EuErbVO), welche die für die Durchführung der EuErbVO erforderlichen Bescheinigungen und Formblätter nach Art. 46, 59, 60, 61, 65 und 67 EuErbVO enthält; diese dienen gem. Erwägungsgrund 1 der VO der „ordnungsgemäßen Anwendung" der EuErbVO.

5.1 Insbesondere im Hinblick auf das Zuständigkeits- und Verfahrensrecht bedurfte es weiterer, die EuErbVO konkretisierender *nationaler* Durchführungsbestimmungen, welche der deutsche Gesetzgeber mit dem **Gesetz zum Internationalen Erbrecht und zur Änderung von Vorschriften zum Erbschein sowie zur Änderung sonstiger Vorschriften** erlassen hat. Dieses Gesetz enthält – neben zahlreichen Anpassungsregelungen für den gesamten Bereich des Erbrechts – als wesentliche Neuerung ein eigenständiges **Internationales Erbrechtsverfahrensgesetz** (IntErbRVG), in welchem alle zur Durchführung der EuErbVO erforderlichen Bestimmungen kodifiziert wurden (→ Nr. 31 a IntErbRVG).

C. Auslegung der EuErbVO

I. Europarechtlich-autonome Auslegung, Rechtsfortbildung

6 Als europäischer Rechtsakt ist die EuErbVO **europarechtlich-autonom** auszulegen. Mit diesem Postulat geht in erster Linie die Notwendigkeit einer einheitlichen europäischen Begriffsbildung einher, welche unabhängig von dem jeweiligen nationalen Begriffsverständnis der einzelnen Mitgliedstaaten zu erfolgen hat, damit eine für alle Mitgliedstaaten *einheitliche* Auslegung gewährleistet werden kann.[14] Insoweit lassen sich jedoch grundsätzlich die aus dem nationalen Recht vertrauten Auslegungsmethoden heranziehen, wenngleich gewisse Besonderheiten zu beachten sind.[15] So muss eine am **Wortlaut** der einzelnen Bestimmungen orientierte Auslegung, die den Bedeutungssinn des jeweils verwendeten Rechtsterminus erschließen will, *jegliche* Sprachfassung der EuErbVO[16] berücksichtigen, da diese in Ermangelung einer einheitlichen Amtssprache allesamt verbindlich und damit für eine grammatikalische Auslegung gleichermaßen zugrunde zu legen sind.[17] Im Rahmen einer **systematischen Auslegung** ist – neben der Binnenstruktur der EuErbVO selbst, die Aufschluss über den Bedeutungsgehalt der einzelnen Vor-

---

13 ABl. EU L 359, 30.
14 Näher hierzu Gebauer/Wiedmann/Gebauer Kap. 3 Rn. 12.
15 Gebauer/Wiedmann/Gebauer Kap. 3 Rn. 8.
16 Andere Sprachfassungen der EuErbVO sind abrufbar unter http://eur-lex.europa.eu.
17 Für einen Vorrang der deutschen, englischen und französischen Sprachfassung bei Zweifelsfällen Dutta/Weber/Weber Einl. Rn. 43.

schriften zu geben vermag – insbesondere der Auslegungszusammenhang zu anderen, bislang erlassenen europäischen Rechtsakten aus dem Bereich des Internationalen Privat- und Verfahrensrechts (vor allem die Rom I-VO, Rom II-VO, Rom III-VO, die – in wesentlichen Teilen der EuErbVO inhaltsgleiche – EuGüVO sowie EuPartnerVO, zudem aus dem rein prozessualen Bereich die EuGVVO und die EuEheVO) zu beachten; soweit diese Rechtsakte gleichlautende Rechtsbegriffe verwenden, kann deren – möglicherweise bereits seitens des EuGH konkretisierter – Bedeutungsgehalt im Wege einer einheitlichen Auslegung auf die EuErbVO übertragen werden, sofern die dem Rechtsbegriff zugrundeliegende spezifische Interessenlage vergleichbar ist[18] (zum Begriff des gewöhnlichen Aufenthalts → EuErbVO Art. 21 Rn. 4–11). Darüber hinaus ist die **teleologische Auslegung** auch bei der Auslegung europäischer Rechtsakte von **zentraler Bedeutung**. Zu beachten ist hier insbesondere, dass diese Rechtsakte auf eine weitestmögliche Rechtsvereinheitlichung gerichtet ist; Ausprägung hiervon ist der seitens des EuGH kreierte Auslegungsgrundsatz des *effet utile*, nach dem unionsrechtlichen Vorschriften bei Auslegungszweifeln die größtmögliche Wirkung zukommen soll.[19] Sinn und Zweck der einzelnen Normen der EuErbVO lassen sich zudem auch den zahlreichen, der Verordnung vorangestellten Erwägungsgründen entnehmen, die jedoch für sich genommen nicht verbindlich sind[20] und daher nur Anhaltspunkte für eine teleologische Interpretation liefern können. Zuletzt kommt auch der **historischen Auslegung** gewisse Bedeutung zu.[21] Für eine historische Auslegung der EuErbVO herangezogen werden können etwa die veröffentlichten Vorarbeiten der beteiligten europäischen Institutionen, also insbesondere das Grünbuch der Europäischen Kommission zum Erb- und Testamentsrecht von 2005, der erste Vorschlag der Europäischen Kommission über einen Verordnungstext von 2009 sowie der Änderungsvorschlag des Europäischen Rates aus dem Jahr 2012 (→ Rn. 3).

Auch im europäischen Recht bildet der – ggf. unter Hinzuziehung anderer Sprachfassungen zu ermittelnde (→ Rn. 6) – Wortlaut einer Regelung die methodische Grenze der Auslegung. Wird dieser bei der Anwendung einer Bestimmung überschritten, handelt es sich methodisch daher nicht (mehr) um eine Auslegung der fraglichen Bestimmung, sondern um **Rechtsfortbildung**. Eine solche erfordert – herkömmlichen Grundsätzen entsprechend – eine Regelungslücke sowie eine Vergleichbarkeit der Interessenlage; liegen diese Voraussetzungen vor, ist die **Regelungslücke mittels systeminterner, also der Verordnung selbst zugrundeliegender Grundsätze kohärent, dh system- und methodenkonform zu schließen**. Zu beachten ist indes, dass eine *europäische* Rechtsfortbildung nur dann in Betracht kommt, wenn eine „interne", also innerhalb des Anwendungs- und damit Regelungsbereiches der Verordnung zu verortende Regelungslücke vorliegt; nur eine solche unterliegt der (letztverbindlichen) **Prüfungskompetenz des EuGH** (→ Rn. 8–10). Handelt es sich demgegenüber um eine „externe" Regelungslücke, muss diese Rechtsfrage nach Maßgabe des nationalen Rechts seitens der jeweiligen nationalen Gerichte letztverbindlich entschieden werden.

7

II. Auslegungskompetenz des EuGH

Eine einheitliche europäische Auslegungsmethode kann alleine nicht gewährleisten, dass vereinheitlichtes europäisches Recht auch *in praxi* einheitlich angewandt wird. Hierfür bedarf es einer judikativen Instanz, die letztverbindlich über strittige Auslegungsfragen entscheidet und auf diese Weise eine Rechtszersplitterung aufgrund divergierender Anwendung der gemeinsamen Rechtsgrundlage verhindert. Für das vereinheitlichte europäische Unionsrecht nimmt diese Aufgabe der EuGH wahr, dem im Rahmen des **Vorabentscheidungsverfahrens** gem. Art. 267 AEUV

8

---

18 Vgl. auch Rauscher/Hertel EuErbVO Einl. Rn. 34.
19 Vgl. hierzu etwa Gebauer/Wiedmann/Gebauer Kap. 3 Rn. 19: „Dieser Effektivitätsgrundsatz verlangt also ein Normverständnis, das eine Umgehung oder Aufweichung der Norm verhindert und ihr zur praktischen Durchsetzung verhilft".
20 Regelmäßig wird dies bereits durch deren Formulierung deutlich („sollen").
21 Gebauer/Wiedmann/Gebauer Kap. 3 Rn. 13.

(234 Abs. 1 EGV aF) nicht nur Fragen zur Auslegung der europäischen Verträge (insbesondere Grundfreiheiten), sondern auch zur Gültigkeit und Auslegung (ggf. auch Rechtsfortbildung) von Sekundärrechtsakten vorgelegt werden können bzw. – bei einem letztinstanzlichen, im konkreten Fall mit innerstaatlichen Rechtsbehelfen nicht mehr angreifbaren Urteil eines Mitgliedstaates – sogar vorgelegt werden *müssen*.[22]

9 **Vorlageberechtigt** ist gem. Art. 267 AEUV jedes mitgliedstaatliche Gericht, das Zweifel an der Gültigkeit oder Auslegung von EU-Recht geltend macht. Der Gerichtsbegriff wird vom EuGH – in europarechtlich-autonomer Auslegung – funktional dahin gehend bestimmt, dass das fragliche Organ eine „Entscheidung mit Rechtsprechungscharakter" (in Abgrenzung zu einer Verwaltungsbehörde) zu treffen hat;[23] maßgebliche Kriterien eines Gerichtes iSv Art. 267 AEUV sind insbesondere „gesetzliche Grundlage der Einrichtung, ständiger Charakter, obligatorische Gerichtsbarkeit, streitiges Verfahren, Anwendung von Rechtsnormen durch die Einrichtung sowie deren Unabhängigkeit",[24] wobei es unerheblich ist, „ob das Verfahren, in dem das nationale Gericht eine Vorlagefrage abfasst, streitigen Charakter hat".[25] Der Gerichtsbegriff des EuGH entspricht der Sache nach der nunmehr von Art. 3 Abs. 2 EuErbVO vorgesehenen Definition eines Gerichts (im Einzelnen → EuErbVO Art. 3 Rn. 10); soweit ein Gericht iS dieser Bestimmung vorliegt, ist die entsprechende Stelle daher vorlageberechtigt.[26]

10 Ist eine Entscheidung mit innerstaatlichen Rechtsbehelfen nicht mehr angreifbar, besteht für das zur Entscheidung berufene Gericht gem. Art. 267 Abs. 3 AEUV eine **Pflicht zur Vorlage** an den EuGH; diese entfällt alleine in **drei Ausnahmesituationen**:[27]

(1) wenn der EuGH die konkrete Rechtsfrage in einem identischen Fall bereits zuvor entschieden hat,

(2) wenn zu der vorgelegten Rechtsfrage bereits eine gefestigte Rechtsprechung des EuGH besteht („acte éclairé") oder

(3) wenn die vorgelegte Rechtsfrage ohne jeglichen Zweifel beantwortet werden kann („acte clair").

Wird die sich aus Art. 267 Abs. 3 AEUV ergebende Vorlagepflicht verletzt, stellt dies zugleich eine Verletzung von Art. 101 Abs. 1 S. 2 GG dar, welche mit der Verfassungsbeschwerde vor dem BVerfG angegangen werden kann.[28]

Kapitel I
Anwendungsbereich und Begriffsbestimmungen

Artikel 1 EuErbVO   Anwendungsbereich

(1) ¹Diese Verordnung ist auf die Rechtsnachfolge von Todes wegen anzuwenden. ²Sie gilt nicht für Steuer- und Zollsachen sowie verwaltungsrechtliche Angelegenheiten.

(2) Vom Anwendungsbereich dieser Verordnung ausgenommen sind:

a) der Personenstand sowie Familienverhältnisse und Verhältnisse, die nach dem auf diese Verhältnisse anzuwendenden Recht vergleichbare Wirkungen entfalten;

---

22 Zum Vorabentscheidungsverfahren ausführlich Haratsch/Koenig/Pechstein EuropaR Rn. 562 ff.; Vgl. auch Dutta/Weber/Weber Einl. Rn. 47 ff.

23 Vgl. hierzu EuGH 27.4.2006 – C-96/04 Rn. 13; vgl. hierzu auch Dutta FamRZ 2013, 4.

24 EuGH 27.4.2006 – C-96/04 Rn. 12; ebenso bereits EuGH 27.4.1994 – C-393/92 Rn. 21; EuGH 17.9.1997 – C-54/96 (Dorsch Consult) Rn. 23; EuGH 15.1.2002 – C-182/00 Rn. 12.

25 EuGH 27.4.2006 – C-96/04 Rn. 13; ebenso bereits EuGH 17.5.1994 – C-18/93 (Corsica Ferries) Rn. 12.

26 Zur Vorlageberechtigung deutscher Notare vgl. Dutta FamRZ 2013, 4 f. mit Fn. 8.

27 Grundlegend EuGH 6.10.1982 – 283/81 (CILFIT). Vgl. hierzu Haratsch/Koenig/Pechstein EuropaR Rn. 564 mwN.

28 Vgl. etwa BVerfG NJW 2001, 1267 (1268).

b) die Rechts-, Geschäfts- und Handlungsfähigkeit von natürlichen Personen, unbeschadet des Artikels 23 Absatz 2 Buchstabe c und des Artikels 26;
c) Fragen betreffend die Verschollenheit oder die Abwesenheit einer natürlichen Person oder die Todesvermutung;
d) Fragen des ehelichen Güterrechts sowie des Güterrechts aufgrund von Verhältnissen, die nach dem auf diese Verhältnisse anzuwendenden Recht mit der Ehe vergleichbare Wirkungen entfalten;
e) Unterhaltspflichten außer derjenigen, die mit dem Tod entstehen;
f) die Formgültigkeit mündlicher Verfügungen von Todes wegen;
g) Rechte und Vermögenswerte, die auf andere Weise als durch Rechtsnachfolge von Todes wegen begründet oder übertragen werden, wie unentgeltliche Zuwendungen, Miteigentum mit Anwachsungsrecht des Überlebenden (joint tenancy), Rentenpläne, Versicherungsverträge und ähnliche Vereinbarungen, unbeschadet des Artikels 23 Absatz 2 Buchstabe i;
h) Fragen des Gesellschaftsrechts, des Vereinsrechts und des Rechts der juristischen Personen, wie Klauseln im Errichtungsakt oder in der Satzung einer Gesellschaft, eines Vereins oder einer juristischen Person, die das Schicksal der Anteile verstorbener Gesellschafter beziehungsweise Mitglieder regeln;
i) die Auflösung, das Erlöschen und die Verschmelzung von Gesellschaften, Vereinen oder juristischen Personen;
j) die Errichtung, Funktionsweise und Auflösung eines Trusts;
k) die Art der dinglichen Rechte und
l) jede Eintragung von Rechten an beweglichen oder unbeweglichen Vermögensgegenständen in einem Register, einschließlich der gesetzlichen Voraussetzungen für eine solche Eintragung, sowie die Wirkungen der Eintragung oder der fehlenden Eintragung solcher Rechte in einem Register.

A. Allgemeines 1	4. Güterrecht (lit. d) 10
B. Regelungsgehalt 3	5. Unterhaltspflichten (lit. e) 12
I. Eröffnung des Anwendungsbereiches (Abs. 1) 4	6. Formgültigkeit mündlicher Verfügungen von Todes wegen (lit. f) 13
II. Bereichsausnahmen (Abs. 2) 6	7. Rechtsgeschäfte unter Lebenden (lit. g) ... 14
1. Personenstand, familienrechtliche und ähnliche Verhältnisse (lit. a) 7	8. Gesellschaftsrecht, Vereinsrecht, Recht der juristischen Personen (lit. i, j) 16
2. Rechts-, Geschäfts- und Handlungsfähigkeit von natürlichen Personen (lit. b) ... 8	9. Trusts (lit. j) 17
3. Verschollenheit, Todesvermutung (lit. c) 9	10. Dingliche Rechte (lit. k) 19
	11. Registerrecht (lit. l) 22

A. Allgemeines

Art. 1 EuErbVO regelt den **sachlichen Anwendungsbereich** der EuErbVO und begrenzt damit deren regulative Reichweite. Als Abgrenzungsnorm zu anderen, nicht dem Regelungsbereich der EuErbVO unterfallenden Rechtsgebieten kommt ihr zentrale Bedeutung zu.   1

Art. 1 EuErbVO präjudiziert zugleich die Prüfungskompetenz des EuGH: Soweit die betreffende Rechtsmaterie *innerhalb* der regulativen Reichweite der EuErbVO zu verorten ist, obliegt diesem die letztverbindliche Auslegung bzw. – im Falle von „**internen**" Lücken – Rechtsfortbildung, soweit sie *außerhalb* des Regelungsbereichs der Verordnung zu verorten ist („**externe Lücken**"), der Beurteilung durch das jeweilige nationale Recht (→ EuErbVO Einl. Rn. 7).   2

B. Regelungsgehalt

Art. 1 Abs. 1 EuErbVO beschränkt den Anwendungsbereich der EuErbVO zunächst auf **zivilrechtliche Aspekte der Rechtsnachfolge von Todes wegen** (vgl. Erwägungsgrund 9), Art. 1 Abs. 2 EuErbVO nimmt sodann eine weitergehende Konkretisierung vor, indem einzelne, im   3

Zusammenhang mit Erbsachen stehende zivilrechtliche Regelungsbereiche – teilweise aus Klarstellungsgründen, vgl. Erwägungsgrund 11 – explizit aus dem Anwendungsbereich der VO ausgenommen werden.

I. Eröffnung des Anwendungsbereiches (Abs. 1)

4 Unter den vom sachlichen Anwendungsbereich der EuErbVO gem. Art. 1 Abs. 1 EuErbVO erfassten zivilrechtlichen Aspekten der **Rechtsnachfolge von Todes wegen** ist nach der diesbezüglichen Legaldefinition des Art. 3 Abs. 1 lit. a EuErbVO jegliche Form des Übergangs von Vermögenswerten, Rechten und Pflichten von Todes wegen, sei es im Wege der gewillkürten Erbfolge durch eine Verfügung von Todes wegen oder im Wege der gesetzlichen Erbfolge, zu verstehen. Eine weitergehende, jedoch nicht abschließende Konkretisierung nimmt Art. 23 Abs. 2 EuErbVO vor (vgl. im Einzelnen dort), darüber hinaus erfasst die EuErbVO zudem Fragen der Zulässigkeit sowie der formellen und materiellen Wirksamkeit von Verfügungen von Todes wegen (Art. 24–27 EuErbVO).

5 Demgegenüber sind – ebenso wie in allen anderen bislang erlassenen europäischen Verordnungen des internationalen Privat- und Verfahrensrechts – **öffentlich-rechtliche Streitigkeiten** aus dem Anwendungsbereich der Verordnung ausgenommen. Eine solche liegt nach der – auf die EuErbVO übertragbare, ursprünglich zu Art. 1 EuGVÜ ergangene – LTU/Eurocontrol-Entscheidung des EuGH vor, wenn ein in „Ausübung hoheitlicher Befugnisse"[1] handelnder Hoheitsträger beteiligt ist, so dass **Steuer- und Zollsachen sowie sonstige verwaltungsrechtliche Angelegenheiten** (Art. 1 Abs. 1 S. 2 EuErbVO) weiterhin dem nationalen Recht der einzelnen Mitgliedstaaten unterliegen; dies gilt insbesondere auch für die – steuerrechtlich zu qualifizierende – Frage, ob die Freigabe des Nachlassvermögens oder die Eintragung des Nachlassvermögens in ein Register die Begleichung einer mit dem Nachlass zusammenhängenden Steuerschuld zur Voraussetzung hat (vgl. Erwägungsgrund 10). Von Bedeutung ist die Bereichsausnahme zudem für die Sonderrechtsnachfolge in **sozialrechtliche Leistungsansprüche** (etwa §§ 56 ff. SGB I), die – da öffentlich-rechtlich ausgestaltet – ebenfalls aus dem Anwendungsbereich der EuErbVO ausgenommen sind.[2] Im erbrechtlichen Kontext relevante **Eingriffsnormen** sind hingegen nicht als öffentlich-rechtliche Bestimmungen zu qualifizieren, da sie *zivilrechtliche Rechtsfolgen* vorsehen und daher jedenfalls insoweit dem Zivilrecht zuzuordnen sind;[3] sie fallen damit in den Anwendungsbereich der EuErbVO, so dass die auf solche Normen bezogenen Kollisionsnormen ggf. modo legislatoris *innerhalb* des Regelungsbereichs der EuErbVO zu entwickeln sind („interne Lücke", vgl. hierzu im Einzelnen Art. 30 EuErbVO).

II. Bereichsausnahmen (Abs. 2)

6 Art. 1 Abs. 2 EuErbVO nimmt einzelne, mit Erbsachen in Zusammenhang stehende Rechtsfragen aus dem Anwendungsbereich aus und stellt damit ausdrücklich klar, dass diese nicht von der EuErbVO geregelt werden („externe Lücken"); ihre rechtliche Beurteilung unterliegt damit grundsätzlich weiterhin dem **nationalen Recht der Mitgliedstaaten**, sofern diese ausgenommenen Bereiche nicht in den Anwendungsbereich einer anderen europäischen Verordnung (Rom I-VO, Rom II-VO, Rom III-VO, EuUnthVO sowie – seit dem 29.1.2019 (→ Rn. 10) – EuGüVO und EuPartVO) fallen. Da sich die Bereichsausnahmen des Art. 1 Abs. 2 EuErbVO ausschließlich im kollisionsrechtlichen Kontext stellen (dies regelmäßig als **selbstständig anzuknüpfende Vorfragen**, → EuErbVO Vor → Art. 20–38 Rn. 20–23), ist insoweit ein spezifisch kollisionsrechtliches Verständnis angezeigt,[4] so dass die einzelnen Ausnahmeregelungen ggf. mittels einer

---

1 EuGH 14.10.1976 – C-29/76 (LTU/Eurocontrol) Ls. 2.
2 MüKoBGB/Dutta EuErbVO Art. 1 Rn. 13; NK-BGB/Looschelders EuErbVO Art. 1 Rn. 12; Deixler-Hübner/Schauer/Mankowski EuErbVO Art. 1 Rn. 24.
3 Köhler, 46–49.
4 Ebenso Deixler-Hübner/Schauer/Mankowski EuErbVO Art. 1 Rn. 2.

teleologischen kollisionsrechtlichen Interessenanalyse zu konkretisieren sind (→ EuErbVO Vor Art. 20–38 Rn. 6–9). Hervorzuheben ist jedoch, dass mit den Bereichsausnahmen **keine Beschränkung der Kognitionsbefugnis** der nach der EuErbVO für Erbsachen (international) zuständigen Gerichte einhergeht (→ EuErbVO Vor Art. 4–19 Rn. 3); diese haben die Erbsache daher **unter allen in Betracht kommenden rechtlichen Gesichtspunkten** (bei nichtvereinheitlichtem Recht unter Rückgriff auf die entsprechenden nationalen Kollisionsnormen) zu entscheiden.[5]

1. Personenstand, familienrechtliche und ähnliche Verhältnisse (lit. a). Vom Anwendungsbereich der EuErbVO ausgenommen sind zunächst der Personenstand sowie Familienverhältnisse und Verhältnisse, die nach dem auf diese Verhältnisse anzuwendenden Recht vergleichbare Wirkungen entfalten (lit. a). Hierunter fallen alle Fragen nach dem Bestehen oder Nichtbestehen einer Ehe bzw. Lebenspartnerschaft sowie abstammungs- und adoptionsrechtliche Fragen (zur Abgrenzung des Erbstatuts im Hinblick auf das Adoptionsstatut → EuErbVO Art. 23 Rn. 21). Mit Ausnahme der Scheidung (Rom III-VO) unterliegen diese Rechtsbereiche in Ermangelung europäischer Rechtsakte allesamt *nationalem* Recht, so dass in kollisionsrechtlicher Hinsicht weiterhin auf Art. 13 EGBGB (materielle Voraussetzungen der Eheschließung), Art. 11 EGBGB (formelle Voraussetzungen der Eheschließung), Art. 19 EGBGB (Abstammung) und Art. 22 f. EGBGB (Annahme als Kind) abzustellen ist.

2. Rechts-, Geschäfts- und Handlungsfähigkeit von natürlichen Personen (lit. b). Von dem Anwendungsbereich der EuErbVO ebenfalls ausgenommen sind Fragen nach der Rechts-, Geschäfts- und Handlungsfähigkeit natürlicher Personen, die dem weiterhin gem. Art. 7 EGBGB zu bestimmenden Personalstatut unterliegen. Wie Art. 1 Abs. 1 lit. a EuErbVO ausdrücklich klarstellt, erfasst die Bereichsausnahme nicht die **Erb- und Testierfähigkeit**; Erstere unterliegt dem gem. Art. 21 f. EuErbVO zu bestimmenden Erbstatut (Art. 23 Abs. 2 lit. c EuErbVO), Letztere dem gem. Art. 24, 25 EuErbVO zu bestimmenden Errichtungsstatut (Art. 26 Abs. 1 lit. a, Abs. 2 EuErbVO).

3. Verschollenheit, Todesvermutung (lit. c). Auch Fragen betreffend die Verschollenheit, die Abwesenheit einer natürlichen Person oder die Todesvermutung sind aus dem Anwendungsbereich der Verordnung ausgenommen, so dass im Hinblick auf die diesbezügliche Bestimmung des anwendbaren Rechts weiterhin die nationale Kollisionsnorm des Art. 9 EGBGB maßgeblich ist. Kommt es aufgrund unterschiedlicher Überlebensvermutungen der für die rechtliche Beurteilung maßgeblichen Rechtsordnungen zu einem Normwiderspruch, sieht die EuErbVO mit Art. 31 EuErbVO jedoch nunmehr eine eigene, also innerhalb ihres regulativen Anwendungsbereichs zu verortende, (sachrechtliche) Anpassungsregelung vor (im Einzelnen dort sowie allgemein zu Anpassungsproblematik → EuErbVO Vor Art. 20–38 Rn. 27–29).

4. Güterrecht (lit. d). Eine weitere Bereichsausnahme sieht Art. 1 Abs. 2 lit. d EuErbVO für Fragen des ehelichen **Güterrechts** sowie des Güterrechts aufgrund von Verhältnissen, die nach dem auf diese Verhältnisse anzuwendenden Recht mit der Ehe vergleichbare Wirkungen entfalten (eingetragene Lebenspartnerschaften), vor. Diese sind Gegenstand zweier nunmehr in Kraft getretener, seit dem 29.1.2019[6] anzuwendender europäischer Verordnungen – der **EuGüVO**[7] für Fragen des ehelichen Güterstands sowie der **EuPartVO**[8] für Fragen güterrechtlicher Wirkungen eingetragener Partnerschaften –, so dass die Bereichsausnahme des Art. 1 Abs. 2 lit. d Eu-

---

[5] Vgl. auch Dutta/Weber/Schmidt EuErbVO Art. 1 Rn. 11.
[6] Vgl. Art. 70 Abs. 2 S. 2 EuGüVO bzw. EuPartVO.
[7] Verordnung (EU) 2016/1103 des Rates vom 24.6.2016 zur Durchführung einer Verstärkten Zusammenarbeit im Bereich der Zuständigkeit, des anzuwendenden Rechts und der Anerkennung und Vollstreckung von Entscheidungen in Fragen des ehelichen Güterstands. Instruktiv Weber DNotZ 2016, 659; vgl. auch Gebauer/Wiedmann/Köhler EuGüVO Kap. 43.
[8] Verordnung (EU) 2016/1104 des Rates vom 24.6.2016 zur Durchführung der Verstärkten Zusammenarbeit im Bereich der Zuständigkeit, des anzuwendenden Rechts und der Anerkennung und Vollstreckung von Entscheidungen in Fragen güterrechtlicher Wirkungen eingetragener Partnerschaften. Instruktiv Weber DNotZ 2016, 659; vgl. auch Gebauer/Wiedmann/Köhler EuPartVO Kap. 43.

ErbVO im Wege einer rechtsaktübergreifenden systematischen Auslegung im Hinblick auf diese Verordnungen zu konkretisieren ist. Sie erfasst damit sämtliche **vermögensrechtliche Regelungen** (auch im Rahmen eines Ehevertrages, vgl. Erwägungsgrund 12), die im Verhältnis der Ehegatten bzw. Lebenspartner untereinander sowie zwischen ihnen und Dritten **aufgrund der Ehe bzw. Partnerschaft oder ihrer Auflösung** gelten (vgl. Art. 1 Abs. 1 S. 1, Art. 3 Abs. 1 lit. a EuGüVO bzw. Art. 1 Abs. 1 S. 1, Art. 3 Abs. 1 lit. b EuPartVO jeweils iVm mit der unselbstständigen Kollisionsnorm des Art. 27 EuGüVO bzw. EuPartVO, welche die Reichweite des Güterstatuts näher konkretisiert).[9]

10.1 Zu beachten ist, dass die Kollisionsnormen der EuGüVO bzw. EuPartVO („Kapitel III") gem. Art. 69 Abs. 3 EuGüVO bzw. EuPartVO **intertemporal nur anwendbar** sind, wenn die Ehegatten am 29.1.2019 oder danach die Ehe eingegangen sind oder – bei vorheriger Eingehung – eine Rechtswahl des auf ihren Güterstand anzuwendenden Rechts getroffen haben. Ist die EuGüVO bzw. EuPartVO intertemporal nicht anwendbar – was zum aktuellen Zeitpunkt eher der Regelfall sein dürfte – bestimmt sich das Güterstatut bei Zuständigkeit deutscher Gerichte nach der Übergangsvorschrift des Art. 229 § 47 Abs. 2 EGBGB weiterhin nach Art. 15 EGBGB (güterrechtliche Wirkungen der Ehe) bzw. nach Art. 17 b Abs. 1 S. 1 EGBGB (güterrechtliche Wirkungen eingetragener Partnerschaften) in der jeweils bis zum 28.1.2019 geltenden Fassung. Hat das hiernach zu bestimmende Güterstatut Einfluss auf die dem Erbstatut unterliegenden Erbquoten, ist dies von den mitgliedstaatlichen Gerichten bei der rechtlichen Beurteilung des Nachlasses zu berücksichtigen (vgl. Erwägungsgrund 12 S. 2). Eine Beschränkung der Kognitionsbefugnis auf rein erbrechtliche Aspekte kommt bei einer auf die EuErbVO gestützten Zuständigkeit nicht in Betracht (→ Rn. 6).

11 Im Rahmen dieser Bereichsausnahme ist aus Sicht des deutschen Rechts insbesondere die kollisionsrechtliche Qualifikation des **§ 1371 Abs. 1 BGB** zweifelhaft. Der EuGH hat sich nunmehr – entgegen der herrschenden Ansicht in der Literatur – für eine erbrechtliche Qualifikation ausgesprochen;[10] nach vorzugswürdiger Ansicht ist diese den gesetzlichen Erbteil des überlebenden Ehegatten erhöhende Bestimmung indes **güterrechtlich** zu qualifizieren und somit nicht dem gem. Art. 21, 22 EuErbVO zu bestimmenden Erbstatut zu unterstellen (→ EuErbVO Art. 23 Rn. 18–20). Unabhängig von der konkreten Streitentscheidung bleibt festzuhalten, dass ein deutsches Gericht bei einer Entscheidung über die Erbbeteiligung des Ehegatten – mangels Beschränkung der Kognitionsbefugnis (→ Rn. 10) – stets über eine güterrechtliche Erhöhung der Erbquote gem. § 1371 Abs. 1 BGB zu befinden hat, sei es im Rahmen eines Urteils, bei der Ausstellung eines – richtigerweise dem Anwendungsbereich der EuErbVO unterfallenden (→ EuErbVO Vor Art. 4–19 Rn. 3) – Erbscheins oder bei der Ausstellung eines ENZ (→ EuErbVO Art. 68 Rn. 2).

12 **5. Unterhaltspflichten** (lit. e). Unterhaltspflichten, die auf einem Familien-, Verwandtschafts- oder eherechtlichen Verhältnis oder auf Schwägerschaft beruhen, unterliegen der seit dem 18.6.2011 geltenden EuUnthVO;[11] gem. Art. 15 EuUnthVO bestimmt sich das auf Unterhaltspflichten anwendbare Recht nach dem diesbezüglichen **Haager Protokoll vom 23.11.2007**.[12]

12.1 Das **Haager Protokoll über das auf Unterhaltspflichten anzuwendende Recht v. 23.11.2007 (HUP)** wurde seitens der EU ratifiziert und gilt für alle Mitgliedstaaten mit Ausnahme von Dänemark und (schon damals) des Vereinigten Königreichs seit dem 18.6.2011. Nach vorzugswürdiger Ansicht[13] ersetzt das HUP vollständig das *Haager Übereinkommen über das auf Unterhaltspflichten anzuwendende Recht v. 2.10.1973* (HUntÜ)[14] sowie das *Haager Übereinkommen über das auf Unterhaltsverpflichtungen gegenüber Kindern anzuwendende Recht v.*

---

9 Zum europäischen Güterrechtsbegriff näher Dutta/Weber, 147, 148 ff.; Gebauer/Wiedmann/Köhler EuGüVO Art. 1 Rn. 4 ff.
10 EuGH ZEV 2018, 205 mAnm Bandel.
11 Abgedruckt bei Jayme/Hausmann Nr. 161.
12 Abgedruckt bei Jayme/Hausmann Nr. 42.
13 Ebenso Rauscher Rn. 899. Ausführlich hierzu Kroll-Ludwigs IPRax 2016, 34.
14 Abgedruckt bei Jayme/Hausmann Nr. 41.

24.10.1956,[15] nach anderer Ansicht ist zumindest das HUntÜ weiterhin im Verhältnis zu Japan, der Schweiz und der Türkei anzuwenden.[16] Neben dem HUP zu beachten bleibt jedoch das *deutsch-iranische Niederlassungsübereinkommen v. 17.2.1929*,[17] das aufgrund der Öffnungsklausel des Art. 19 Abs. 1 HUP weiterhin für Unterhaltsansprüche zwischen Iranern vorrangig anzuwenden ist.

6. Formgültigkeit mündlicher Verfügungen von Todes wegen (lit. f). Eine weitere Bereichsausnahme besteht für die Formgültigkeit *mündlicher* Verfügungen von Todes wegen. Da Deutschland Vertragsstaat des (gem. Art. 75 Abs. 1 Unterabs. 2 EuErbVO auch unter Geltung der EuErbVO weiterhin beachtlichen) HTestformÜ[18] ist und von der Vorbehaltsmöglichkeit des Art. 10 HTestformÜ bezüglich der Anerkennung mündlicher Testamente keinen Gebrauch gemacht hat, unterliegt die rechtliche Beurteilung solcher Verfügungen weiterhin Art. 1 HTestformÜ. Bedeutung entfaltet die Bereichsausnahme des Art. 1 Abs. 2 lit. f EuErbVO hingegen für solche Mitgliedstaaten, die *nicht* Vertragsstaat des HTestformÜ sind oder einen Vorbehalt gem. Art. 10 dieses Übereinkommens eingelegt haben: Diesen soll die Vorbehaltsmöglichkeit erhalten bleiben, auch wenn für solche Staaten im Übrigen nunmehr das HTestformÜ (aufgrund dessen Inkorporation in Art. 27 EuErbVO) gilt. Vor diesem Hintergrund ist die Bereichsausnahme des Art. 1 Abs. 2 lit. f EuErbVO im Sinne von Art. 10 HTestformÜ zu verstehen, so dass mündliche Testamente, die unter außergewöhnlichen Umständen errichtet wurden, von Art. 1 Abs. 2 lit. f EuErbVO nicht erfasst werden.

7. Rechtsgeschäfte unter Lebenden (lit. g). Rechte und Vermögenswerte, die auf *andere Weise als durch Rechtsnachfolge von Todes wegen* begründet oder übertragen werden, unterliegen gem. Art. 1 Abs. 2 lit. g EuErbVO ebenfalls nicht der EuErbVO. Hierunter sind jegliche – schuld- oder auch sachenrechtliche – Rechtsgeschäfte zu verstehen, die sich außerhalb des Erbrechts vollziehen und dem Erblasser selbst zuzurechnen sind, also sog. **Rechtsgeschäfte unter Lebenden**, die insbesondere für die vermögensrechtliche Zuordnung zum Nachlassvermögen von Relevanz sind (das Bestehen einer Forderung, Eigentumsrechte etc). In kollisionsrechtlicher Hinsicht unterliegen sie (als selbstständig anzuknüpfende Vorfrage) dem für diese Rechtsgeschäfte maßgeblichen Recht, wenngleich sich ihr **Übergang** kraft Rechtsnachfolge von Todes wegen nach dem Erbstatut bemisst (Art. 23 Abs. 2 lit. e EuErbVO). Als – nicht abschließende – Beispiele erwähnt Art. 1 Abs. 2 lit. g EuErbVO in diesem Zusammenhang **unentgeltliche Zuwendungen** (Art. 3 ff. Rom I-VO), die (lebzeitige) Begründung einer aus dem anglo-amerikanischen Rechtskreis stammenden **joint tenancy** (eine gesamthänderische Berechtigung an Vermögensgegenständen durch Einräumung eines Miteigentumsanteils mit einem Anwachsungsrecht des Überlebenden,[19] dessen kollisionsrechtliche Behandlung Art. 43 EGBGB unterliegt),[20] **Rentenpläne, Versicherungsverträge** und ähnliche Vereinbarungen (Art. 7 Rom I-VO). Inwieweit solche Rechtsgeschäfte unter Lebenden indes im Rahmen der Rechtsnachfolge von Todes wegen *auszugleichen* oder – bei der Bestimmung der Anteile der aufgrund des Erbgangs Berechtigten – *anzurechnen* sind, unterliegt demgegenüber gem. Art. 23 Abs. 2 lit. i EuErbVO dem Erbstatut, so dass diese Fragen innerhalb des Anwendungsbereichs der EuErbVO zu verorten sind.

Schwierigkeiten bereitet hingegen die Behandlung **von Rechtsgeschäften unter Lebenden auf den Todesfall**, da mit solchen eine Umgehung der erbrechtlichen Bestimmungen einhergehen kann; insoweit unterliegt zumindest die Frage nach der **Zulässigkeit** solcher Rechtsgeschäfte neben den erbrechtlichen Bestimmungen dem Erbstatut, im Einzelnen → EuErbVO Art. 23 Rn. 11–15.

---

15 Abgedruckt bei Jayme/Hausmann Nr. 40.
16 Zum Meinungsstand ausführlich Kroll-Ludwigs IPRax 2016, 34 ff.
17 RGBl. II 1930, 1006; teilweise abgedruckt bei Jayme/Hausmann Nr. 22.
18 BGBl. II 1965, 1145 (abgedruckt im Anhang zu Art. 27 EuErbVO).

19 Näher zu dieser Rechtsfigur Jülicher ZEV 2001, 469–474; auch Firsching IPRax 1982, 98–100; Henrich FS Riesenfeld 1983, 103–116.
20 Dörner ZEV 2012, 505 (508); Geimer/Schütze/Schall/Simon EuErbVO Art. 1 Rn. 33.

16 **8. Gesellschaftsrecht, Vereinsrecht, Recht der juristischen Personen (lit. i, j).** Aus dem Anwendungsbereich der EuErbVO ausgenommen sind Fragen des Gesellschaftsrechts, des Vereinsrechts und des Rechts der juristischen Personen (lit. i und j), welche dem – weiterhin nach nationalem IPR zu bestimmenden – **Gesellschaftsstatut** unterliegen. Dieses hat damit nicht nur Fragen hinsichtlich der Auflösung, des Erlöschens oder der Verschmelzung von Gesellschaften, Vereinen oder juristischen Personen zu beantworten (lit. i), sondern etwa auch das Bestehen eines Gesellschaftsanteils sowie dessen Vererblichkeit (etwa aufgrund einer Nachfolgeklausel); die konkrete Rechtsnachfolge in einen vom Gesellschaftsstatut vererblich gestellten Gesellschaftsanteil unterliegt indes gem. Art. 23 Abs. 2 lit. e EuErbVO dem Erbstatut, unterfällt also dem Regelungsbereich der EuErbVO; im Einzelnen → EuErbVO Art. 23 Rn. 22–24.

17 **9. Trusts (lit. j).** Eine Bereichsausnahme sieht die EuErbVO darüber hinaus für die Errichtung, Funktionsweise und Auflösung eines Trusts[21] vor. Ausweislich des Erwägungsgrunds 13 geht hiermit indes kein genereller Ausschluss von – testamentarisch oder kraft Gesetzes im Rahmen der gesetzlichen Erbfolge entstandenen – Trustverhältnissen einher, sondern alleine ihrer *nicht* als erbrechtlich zu qualifizierender Elemente;[22] der erbrechtliche Übergang der Vermögenswerte und die Bestimmung der Berechtigten unterliegen dem Erbstatut, Art. 23 Abs. 2 lit. e bzw. lit. b EuErbVO, die hiermit einhergehenden Anpassungsprobleme sind Gegenstand von Art. 31 EuErbVO, → EuErbVO Art. 31 Rn. 8.

18 Soweit ein Trust durch Rechtsgeschäft unter Lebenden begründet wird *(inter vivos trust)*, ist dieser vom Anwendungsbereich der Verordnung bereits gem. Art. 1 Abs. 2 lit. g EuErbVO ausgenommen; über etwaige Fragen der Anrechnung und Ausgleichung entscheidet hingegen das Erbstatut, vgl. Art. 23 Abs. 2 lit. i EuErbVO. Wurde der Trust zwar unter Lebenden, jedoch *auf den Todesfall* begründet, unterliegt auch die Frage nach seiner Zulässigkeit neben den erbrechtlichen Bestimmungen dem Erbstatut, im Einzelnen → EuErbVO Art. 23 Rn. 11–15.

19 **10. Dingliche Rechte (lit. k).** Eine wichtige – in ihrer konkreten Reichweite bislang stark umstrittene – Bereichsausnahme sieht Art. 1 Abs. 2 lit. k EuErbVO für die **„Art der dinglichen Rechte"** vor, welche – im Unterschied zu dem (auch sachenrechtliche Vorfragen betreffenden, → Rn. 14) Ausnahmetatbestand des lit. g – alleine die *dingliche Wirkung solcher Rechte* zum Gegenstand hat, die *durch das Erbstatut selbst* begründet werden. Angesichts des insoweit eindeutigen Wortlauts der – auch im Hinblick auf den Auslegungsgrundsatz des effet utile grundsätzlich restriktiv auszulegenden – Ausnahmeregelung ist diese auf die **Art der dinglichen Rechte** beschränkt[23] und erfasst damit gerade nicht die Fragen, ob und insbesondere unter welchen Voraussetzungen ein solches Recht besteht (**Erwerbsmodalitäten**); diese unterliegen als Frage des Nachlassübergangs gem. Art. 23 Abs. 2 lit. e EuErbVO dem Erbstatut (bislang streitig),[24] wie zudem der Wortlaut von Art. 31 EuErbVO (Geltendmachung eines *kraft Erbstatuts entstandenen* dinglichen Rechts) sowie der Erwägungsgrund 15 S. 2, nach dem die Verordnung die Begründung dinglicher Rechte ermöglichen soll, verdeutlichen (zum speziellen Fall eines staatli-

---

21 Zum testamentary trust im anglo-amerikanischen Rechtsraum vgl. etwa Falter/Geks NZG 2017, 1251 ff.; ausführlich Geimer/Schütze/Schall/Simon EuErbVO Art. 1 Rn. 58 ff. Allgemein hierzu auch BeckOGK/Köhler Rom I-VO Art. 4 Rn. 422 ff.

22 Vgl. auch NK-BGB/Looschelders EuErbVO Art. 1 Rn. 56; Deixler-Hübner/Schauer/Mankowski EuErbVO Art. 1 Rn. 106; Grüneberg/Thorn EuErbVO Art. 1 Rn. 14.

23 Vgl. hierzu auch die englische („the nature of rights in rem"), französische („la nature des droits réels") oder spanische („a naturaleza de los derechos reales") Sprachfassung der EuErbVO.

24 Wie hier jurisPK-BGB/Eichel EuErbVO Art. 1 Rn. 44; BeckOGK/Schmidt EuErbVO Art. 1 Rn. 44; Dutta/Weber/Schmidt EuErbVO Art. 1 Rn. 129; Deixler-Hübner/Schauer/Mankowski EuErbVO Art. 1 Rn. 118; Grüneberg/Thorn EuErbVO Art. 1 Rn. 15; NK-BGB/Looschelders EuErbVO Art. 1 Rn. 60 f.; T. Lechner Die Reichweite des Erbstatuts, 2017, 72 ff.; Dutta FamRZ 2013, 4 (12); Schmidt RabelsZ 77 (2013), 1 (22); Margonski GPR 2013, 106 (108 ff.); für nicht in Register einzutragende Rechte auch Rauscher/Hertel EuErbVO Art. 1 Rn. 39; Hertel ZEV 2013, 539 (540); Lechner IPrax 2013, 497 (499); Döbereiner MittBayNot 2013, 358 (360 f.); Döbereiner GPR 2014, 42 (43). AA (Erwerbsmodalitäten unterliegen dem gem. Art. 43 EGBGB zu bestimmenden Sachstatut) Dörner ZEV 2012, 505 (509).

chen Aneignungsrechts bei erbenlosen Nachlässen → EuErbVO → Art. 33 Rn. 3). Dieser Auffassung hat sich nunmehr auch der EuGH in seiner grundlegenden Entscheidung *Kubicka* v. 12.10.2017[25] angeschlossen. Sog. **Vindikationslegate** sind daher auch in ihrer dinglichen Wirkung anzuerkennen, soweit ein solches nach dem Erbstatut vorgesehen ist;[26] näher → EuErbVO Art. 31 Rn. 10.

Zweifelhaft erscheint allenfalls noch, ob die von Art. 1 Abs. 2 lit. k EuErbVO vorgesehene Bereichsausnahme bereits die konkrete inhaltliche Ausgestaltung einer – nach dem Erbstatut dann nur erworbenen – dinglichen Rechtsposition erfasst, also bereits auf der Ebene des (grundsätzlich dem Erbstatut obliegenden) Rechtserwerbs eingreift, oder diesen unangetastet lässt und ausschließlich die **Wirkungen** eines (dann nach ausländischem Erbstatut wirksam *begründeten*) dinglichen Rechts beschränkt.[27] Da der Wortlaut des Ausnahmetatbestandes keinerlei Einschränkungen vorsieht, müsste man jedenfalls bei dessen isolierter Betrachtung Ersteres annehmen, so dass der konkrete Inhalt einer dinglichen Rechtsposition nicht dem Erbstatut unterläge, sondern dem – weiterhin gem. Art. 43 EGBGB zu bestimmenden – Sachstatut; Folge hiervon wäre damit die Maßgeblichkeit der *jeweiligen* lex rei sitae für den konkreten Rechtsinhalt, so dass deutsche Gerichte aufgrund des allseitig formulierten Art. 43 EGBGB zur Bestimmung des jeweiligen Rechtsinhalts auch ausländisches Belegenheitsrecht zur Anwendung bringen müssten, sofern sich Nachlassgegenstände in mehreren Staaten befinden. Eine solche Sichtweise ist jedoch **abzulehnen**: Wenn das Erbstatut über die **Begründung einer dinglichen Rechtsposition** entscheidet, muss dies auch für deren **konkreten Inhalt** gelten, da sich die Frage nach der dinglichen Ausgestaltung einer Rechtsposition schwerlich von ihrem konkreten Inhalt trennen lässt.[28] Der Sinn und Zweck der Bereichsausnahme liegt nach dem insoweit maßgeblichen Erwägungsgrund 15 alleine darin, den **numerus clausus** der mitgliedstaatlichen Sachenrechte zu gewährleisten; hierfür bedarf es jedoch ausschließlich eines Vorbehalts zugunsten der jeweiligen (insoweit kumulativ anzuknüpfenden) lex rei sitae im Hinblick auf die konkreten *Wirkungen*, die einer nach ausländischem Recht wirksam begründeten dinglichen Rechtsposition bei Ausübung in dem jeweiligen Belegenheitsstaat zukommen (entsprechend Art. 43 Abs. 2 EGBGB, vgl. hierzu im Einzelnen → EuErbVO Art. 31 Rn. 1–10). Besonders deutlich wird dies zudem vor dem Hintergrund des Art. 31 EuErbVO, in dessen Lichte die Bereichsausnahme des Art. 1 Abs. 2 lit. k EuErbVO auszulegen ist:[29] Eine – vom Regelungsbereich dieser Vorschrift erfasste – Anpassungslage kann überhaupt nur entstehen, wenn die inhaltliche Ausgestaltung des dinglichen Rechts mit derjenigen von der lex rei sitae vorgesehenen *kollidiert*; dies setzt jedoch gerade voraus, dass sich der Rechtsinhalt *nicht* nach der lex rei sitae bestimmt (da sonst kein Widerspruch bestünde), sondern nach dem Erbstatut – erst dann besteht ein Anpassungsbedarf.[30] Würde man anders verfahren, führte dies der Sache nach zu einer Transposition ex lege, die jedoch nach Art. 31 EuErbVO nur hilfsweise („soweit erforderlich") erfolgen soll – nämlich alleine dann, wenn dies die lex rei sitae auch verlangt; dies ist nach dem Wortlaut des Art. 31 EuErbVO wiederum nur dann der Fall, wenn die dingliche Rechtsposition in dem Belegenheitsstaat *geltend gemacht wird*, so dass alleine die *Rechtswirkungen* eines – nach dem Erbstatut wirksam entstandenen – dinglichen Rechts durch die lex rei sitae begrenzt werden sollen.

Nach alledem ist festzuhalten: Die Bereichsausnahme des Art. 1 Abs. 2 lit. k EuErbVO betrifft alleine die **sachenrechtlichen Wirkungen**, die eine nach einem ausländischen Recht begründete dingliche Rechtsposition in dem jeweiligen Belegenheitsstaat entfaltet; sie erfasst hingegen **nicht**

---

25 EuGH NJW 2017, 3767.
26 Aus der deutschen Rspr.: OLG Saarbrücken ErbR 2019, 645 = ZEV 2019, 640 mAnm Leitzen 642; OLG Köln ZEV 2020, 218; OLG München FGPrax 2020, 265 (266).
27 Vgl. hierzu auch T. Lechner Die Reichweite des Erbstatuts, 73 f.
28 Ebenso T. Lechner Die Reichweite des Erbstatuts, 74.
29 Vgl. auch Schmidt RabelsZ 77 (2013), 1 (17).
30 Ebenso Schmidt RabelsZ 77 (2013), 1 (16). Vgl. auch Dutta/Weber/Schmidt EuErbVO Art. 1 Rn. 130 (Art. 31 EuErbVO würde sonst „vollständig leerlaufen").

den **erbrechtlichen Erwerbsvorgang** als solchen, so dass nicht nur die Frage nach einer dinglichen Ausgestaltung des erbrechtlichen Übergangs, sondern auch der konkrete Inhalt einer solchen dinglichen Rechtsposition dem Erbstatut unterliegen und damit innerhalb des Anwendungsbereiches der EuErbVO zu verorten sind.

11. Registerrecht (lit. l). Aus dem Anwendungsbereich der EuErbVO ausgenommen sind zuletzt gem. Art. 1 Abs. 2 lit. l EuErbVO jede Eintragung von Rechten an beweglichen oder unbeweglichen Vermögensgegenständen in einem **Register** (in Deutschland insbesondere das Grundbuch) einschließlich der gesetzlichen Voraussetzungen für eine solche Eintragung sowie die Wirkungen der Eintragung oder der fehlenden Eintragung solcher Rechte in einem Register. Die Ausnahmevorschrift bezieht sich indes *alleine* auf das Registerrecht sowie auf die an dieses anknüpfenden materiellrechtlichen Folgen (gutgläubiger Erwerb etc), jedoch **nicht auf den materiellrechtlichen Erwerbstatbestand** als solchen; dieser unterliegt, wie nunmehr der EuGH in seiner grundlegenden Entscheidung v. 12.10.2017 geklärt hat,[31] auch für in Register einzutragende Rechte vollständig dem **Erbstatut**,[32] so dass das nationale Registerrecht insoweit nur über die Eintragungsfähigkeit solcher kraft Erbstatuts entstandenen Rechte sowie über die Folgen der Unrichtigkeit eines Registers zu entscheiden vermag. Ist beispielsweise ein in Deutschland belegenes Grundstück kraft ausländischen Vindikationslegats unmittelbar auf den Vermächtnisnehmer übergegangen, ist dieser – bei entsprechendem Nachweis seiner erbrechtlichen Berechtigung etwa durch ein Europäisches Nachlasszeugnis (→ EuErbVO Art. 69 Rn. 9) – im Grundbuch nach den maßgeblichen Vorschriften der GBO als Eigentümer einzutragen, ohne dass es hierfür eines gesonderten Übertragungsaktes seitens der Erben bedürfte.[33] Unterbleibt die Eintragung, ist das Grundbuch unrichtig;[34] die hiermit eingehenden materiellen Folgen (etwa §§ 891 ff. BGB) unterliegen der jeweiligen lex rei sitae. **Nicht anders zu verstehen ist im Übrigen auch Erwägungsgrund 19 S. 3,** nach welchem der Zeitpunkt des Erwerbs weiterhin der lex rei sitae unterliegen soll, soweit der Registereintragung nach diesem Recht *konstitutiver* Charakter zukommt: Relevant wird der konstitutive Charakter einer Eintragung nur bei der *Ausübung* der dinglichen Rechtsposition, etwa einer Weiterveräußerung. Diese unterfällt als neuer sachenrechtlicher Erwerbsvorgang indes nicht mehr dem Anwendungsbereich der EuErbVO, sondern dem – weiterhin in nationaler Kompetenz liegenden – Sachstatut; ist hiernach die Eintragung des zu übertragenden Rechts zwingende Erwerbsvoraussetzung, muss diese zunächst herbeigeführt werden (bei Rechten, welche der lex fori unbekannt sind, hilfsweise durch Transposition; vgl. hierzu näher Art. 31 EuErbVO), so dass erst ab diesem Zeitpunkt der der lex rei sitae unterliegende (neue) Erwerbsvorgang abgeschlossen ist. Der Zeitpunkt des *erbrechtlichen* Erwerbs registerrechtlich einzutragender Rechte unterliegt hingegen dem Erbstatut.

Artikel 2 EuErbVO Zuständigkeit in Erbsachen innerhalb der Mitgliedstaaten

Diese Verordnung berührt nicht die innerstaatlichen Zuständigkeiten der Behörden der Mitgliedstaaten in Erbsachen.

---

31 EuGH 12.10.2017 – C-218/16 (Kubicka).
32 Ebenso BeckOGK/Schmidt EuErbVO Art. 1 Rn. 51; Grüneberg/Thorn EuErbVO Art. 1 Rn. 16; NK-BGB/Looschelders EuErbVO Art. 1 Rn. 63 f.; Dutta FamRZ 2013, 4 (12); Margonski GPR 2013, 106 (109 f.); vgl. auch Schmidt ZEV 2014, 133 ff.; grundsätzlich auch Dutta/Weber/Schmidt EuErbVO Art. 1 Rn. 136 ff.; aA (Maßgeblichkeit der jeweiligen lex rei sitae) Hertel ZEV 2013, 539 (540); Lechner IPrax 2013, 497 (499); Döbereiner MittBayNot 2013, 358 (360 f.); Döbereiner GPR 2014, 42 (43); Kunz GPR 2013, 293 f.; Simon/Buschbaum NJW 2012, 2393 (2394); Vollmer Rpfleger 2013, 421 (426 f.); Odersky Notar 2013, 3 (4). Eine gesonderte Behandlung von im Register nach der lex rei sitae einzutragender Rechte ist indes angesichts des eindeutigen, gerade nicht differenzierenden Wortlauts von Art. 23 Abs. 2 lit. e EuErbVO, der alle Fragen des Nachlassübergangs dem Erbstatut unterstellt, nicht gerechtfertigt.
33 OLG Saarbrücken ErbR 2019, 645 = ZEV 2019, 640 mAnm Leitzen 642; OLG ZEV 2020, 218; OLG München FGPrax 2020, 265 (266).
34 Vgl. nunmehr auch OLG München FGPrax 2020, 265 (266).

Art. 2 EuErbVO stellt fest, dass die zuständigkeitsrechtlichen Bestimmungen der EuErbVO 1
(Art. 4 ff. EuErbVO) nur die *internationale* Zuständigkeit der mitgliedstaatlichen Gerichte regeln. Die **innerstaatliche Zuständigkeit** bleibt von der EuErbVO grundsätzlich unberührt, so dass die Bestimmung der funktionellen, sachlichen und örtlichen Zuständigkeit dem nationalen Recht unterliegt.[1] Allerdings bestehen Ausnahmen: So wird die örtliche Zuständigkeit – entgegen dem von Art. 2 EuErbVO aufgestellten Grundsatz – etwa von Art. 5 EuErbVO (vgl. dort), zudem von Art. 45 Abs. 2 EuErbVO geregelt; diese Normen gehen daher als leges speciales Art. 2 EuErbVO vor.[2] Im Rahmen des deutschen Rechts wurde die innerstaatliche Zuständigkeit überwiegend im Rahmen des IntErbRVG geregelt.

Artikel 3 EuErbVO   Begriffsbestimmungen

(1) Für die Zwecke dieser Verordnung bezeichnet der Ausdruck

a) „Rechtsnachfolge von Todes wegen" jede Form des Übergangs von Vermögenswerten, Rechten und Pflichten von Todes wegen, sei es im Wege der gewillkürten Erbfolge durch eine Verfügung von Todes wegen oder im Wege der gesetzlichen Erbfolge;
b) „Erbvertrag" eine Vereinbarung, einschließlich einer Vereinbarung aufgrund gegenseitiger Testamente, die mit oder ohne Gegenleistung Rechte am künftigen Nachlass oder künftigen Nachlässen einer oder mehrerer an dieser Vereinbarung beteiligter Personen begründet, ändert oder entzieht;
c) „gemeinschaftliches Testament" ein von zwei oder mehr Personen in einer einzigen Urkunde errichtetes Testament;
d) „Verfügung von Todes wegen" ein Testament, ein gemeinschaftliches Testament oder einen Erbvertrag;
e) „Ursprungsmitgliedstaat" den Mitgliedstaat, in dem die Entscheidung ergangen, der gerichtliche Vergleich gebilligt oder geschlossen, die öffentliche Urkunde errichtet oder das Europäische Nachlasszeugnis ausgestellt worden ist;
f) „Vollstreckungsmitgliedstaat" den Mitgliedstaat, in dem die Vollstreckbarerklärung oder Vollstreckung der Entscheidung, des gerichtlichen Vergleichs oder der öffentlichen Urkunde betrieben wird;
g) „Entscheidung" jede von einem Gericht eines Mitgliedstaats in einer Erbsache erlassene Entscheidung ungeachtet ihrer Bezeichnung einschließlich des Kostenfestsetzungsbeschlusses eines Gerichtsbediensteten;
h) „gerichtlicher Vergleich" einen von einem Gericht gebilligten oder vor einem Gericht im Laufe eines Verfahrens geschlossenen Vergleich in einer Erbsache;
i) „öffentliche Urkunde" ein Schriftstück in Erbsachen, das als öffentliche Urkunde in einem Mitgliedstaat förmlich errichtet oder eingetragen worden ist und dessen Beweiskraft
   i) sich auf die Unterschrift und den Inhalt der öffentlichen Urkunde bezieht und
   ii) durch eine Behörde oder eine andere vom Ursprungsmitgliedstaat hierzu ermächtigte Stelle festgestellt worden ist.

(2) Im Sinne dieser Verordnung bezeichnet der Begriff „Gericht" jedes Gericht und alle sonstigen Behörden und Angehörigen von Rechtsberufen mit Zuständigkeiten in Erbsachen, die gerichtliche Funktionen ausüben oder in Ausübung einer Befugnisübertragung durch ein Gericht oder unter der Aufsicht eines Gerichts handeln, sofern diese anderen Behörden und Angehörigen von Rechtsberufen ihre Unparteilichkeit und das Recht der Parteien auf rechtliches Gehör gewährleisten und ihre Entscheidungen nach dem Recht des Mitgliedstaats, in dem sie tätig sind,

---

[1] Vgl. auch NK-BGB/Looschelders EuErbVO Art. 2 Rn. 1.
[2] Ebenso MüKoBGB/Dutta EuErbVO Art. 2 Rn. 2.

a) vor einem Gericht angefochten oder von einem Gericht nachgeprüft werden können und
b) vergleichbare Rechtskraft und Rechtswirkung haben wie eine Entscheidung eines Gerichts in der gleichen Sache.

Die Mitgliedstaaten teilen der Kommission nach Artikel 79 die in Unterabsatz 1 genannten sonstigen Behörden und Angehörigen von Rechtsberufen mit.

A. Allgemeines

1 Art. 3 EuErbVO enthält eine Reihe von Legaldefinitionen wesentlicher Rechtsbegriffe der Verordnung. Zweck dieser Bestimmung ist es, deren gebotene **europarechtlich-autonome Auslegung** (→ EuErbVO Einl. Rn. 6) sicherzustellen. Soweit den einzelnen Legaldefinitionen eine kollisionsrechtliche Bedeutung zukommt (so Art. 3 Abs. 1 lit. a–c EuErbVO, welche die Anknüpfungsmomente einzelner Kollisionsnormen zum Gegenstand haben), sind diese spezifisch kollisionsrechtlich zu verstehen und ggf. mittels einer teleologischen kollisionsrechtlichen Interessenanalyse zu konkretisieren (→ EuErbVO Vor → Art. 20–38 Rn. 6–9).

2 Bemerkenswert ist vorab zweierlei. Entgegen den bislang erlassenen europäischen Rechtsakten auf dem Gebiet des internationalen Privat- und Verfahrensrechts lässt sich Art. 3 EuErbVO keinerlei Aussagegehalt dahin gehend entnehmen, *welche* europäischen Staaten als **Mitgliedstaaten iSd EuErbVO** anzusehen sind. Soweit die Bestimmungen der EuErbVO diesen Rechtsbegriff verwenden (relevant insbesondere im Rahmen von Art. 34 Abs. 1 EuErbVO oder der Anerkennung mitgliedstaatlicher Entscheidungen und Urkunden), stellt sich daher die Frage, ob dieser auf alle Mitgliedstaaten der EU (also auch auf Dänemark, Irland und ehemals das Vereinigte Königreich) bezogen oder nur auf die an der EuErbVO partizipierenden Mitgliedstaaten beschränkt ist. Alleine letztere Annahme kann indes überzeugen: Abgesehen davon, dass im Rahmen aller anderen kollisions- und verfahrensrechtlichen Schwesterverordnungen der EuErbVO der Begriff des Mitgliedstaates stets auf die jeweils *teilnehmenden* Mitgliedstaaten beschränkt ist[1] und daher bereits aufgrund einer systematischen, rechtsaktübergreifenden Auslegung ein entsprechendes Verständnis geboten ist, enthält die EuErbVO ein geschlossenes System von verfahrens- und kollisionsrechtlichen Bestimmungen, deren Anwendung alleine dann ohne Wertungsbrüche[2] erfolgen kann, wenn unter dem Begriff eines Mitgliedstaates ausschließlich die an der EuErbVO teilnehmenden Staaten verstanden werden. Mitgliedstaaten iSd EuErbVO stellen daher alle Mitgliedstaaten mit Ausnahme von Dänemark, Irland sowie (schon damals) des Vereinigten Königreichs dar. Für die nationale Durchführungsgesetzgebung wird dies von § 1 Abs. 2 IntErbRVG (deklaratorisch) festgestellt.

3 Als zweite Besonderheit ist hervorzuheben, dass der sowohl für die Zuständigkeit (Art. 4 EuErbVO) als auch für die Bestimmung des anwendbaren Rechts (Art. 21 EuErbVO) zentrale Rechtsbegriff des **gewöhnlichen Aufenthalts** auch im Rahmen der EuErbVO nicht legaldefiniert wurde. Dieser Umstand verdeutlicht zugleich, dass dessen (europarechtlich-autonome) Konkretisierung weiterhin Rechtsprechung und Lehre überlassen bleiben soll; zum Begriff des gewöhnlichen Aufenthalts ausführlich → EuErbVO Art. 21 Rn. 4–11.

---

1 Vgl. etwa Art. 1 Abs. 3 EuGVVO, Art. 2 Nr. 3 EuEheVO, Art. 1 Abs. 2 EuUnthVO, Art. 1 Abs. 4 Rom I-VO, Art. 1 Abs. 4 Rom II-VO, zudem auch Art. 3 Nr. 1 Rom III-VO, der jedoch erstmalig die Terminologie „teilnehmender Mitgliedstaat" verwendet.
2 Vgl. hierzu Lehmann ZErb 2013, 25.

B. Regelungsgehalt

Die vorgesehenen Legaldefinitionen werden in ihrem jeweiligen Rechtskontext behandelt. Im Einzelnen ist anzumerken:

Die **Rechtsnachfolge von Todes wegen** (Art. 3 Abs. 1 lit. a EuErbVO) beschreibt den Anknüpfungsgegenstand von Art. 22, 23 EuErbVO; der spezifisch kollisionsrechtliche Rechtsbegriff wird in Art. 23 EuErbVO weiter konkretisiert; vgl. dort.

Zum Begriff des **Erbvertrags** (Art. 3 Abs. 1 lit. b EuErbVO) → EuErbVO Art. 25 Rn. 4.

Ein **gemeinschaftliches Testament** (Art. 3 Abs. 1 lit. c EuErbVO) stellt ein von zwei oder mehr Personen in einer einzigen Urkunde errichtetes Testament dar. Die Begriffsbestimmung folgt damit ausschließlich anhand *formaler* Kriterien, nämlich dem äußeren Zusammenschluss in einer Urkunde. Art. 3 Abs. 1 lit. c EuErbVO inkorporiert Art. 4 HTestformÜ und hat damit alleine Bedeutung für Art. 27 EuErbVO; nach vorzugswürdiger Ansicht steht sie in keinem Ausschließlichkeitsverhältnis zu Art. 3 Abs. 1 lit. b EuErbVO, so dass bspw. ein gemeinschaftliches Ehegattentestament iSd deutschen Rechts (§§ 2265 ff. BGB) zwar ein gemeinschaftliches Testament iSv Art. 3 Abs. 1 lit. c EuErbVO darstellt, soweit es in einer einzigen Urkunde errichtet wurde, zusätzlich aber auch ein – Art. 25 EuErbVO unterfallender – Erbvertrag, soweit dieses wechselbezügliche Verfügungen mit Bindungswirkungen enthält; hierzu im Einzelnen → EuErbVO Art. 25 Rn. 5.

Der Begriff der **Verfügung von Todes wegen** (Art. 3 Abs. 1 lit. d EuErbVO) ist im Rahmen der EuErbVO weit zu verstehen; er erfasst sowohl herkömmliche Testamente, gemeinschaftliche Testamente als auch Erbverträge; ihre Zulässigkeit, materielle Wirksamkeit und ggf. Bindungswirkung unterliegen dem von Art. 24, 25 EuErbVO bestimmten Recht, ihre Formwirksamkeit unterliegt dem gem. Art. 27 EuErbVO (bzw. den maßgeblichen Bestimmungen des HTestformÜ) bestimmten Formstatut.

Die spezifisch verfahrensrechtlichen Termini **Ursprungsmitgliedstaat** (Art. 3 Abs. 1 lit. e EuErbVO), **Vollstreckungsmitgliedstaat** (Art. 3 Abs. 1 lit. f. EuErbVO), **Entscheidung** (Art. 3 Abs. 1 lit. g EuErbVO), **gerichtlicher Vergleich** (Art. 3 Abs. 1 lit. h EuErbVO) und **öffentliche Urkunde** (Art. 3 Abs. 1 lit. i EuErbVO) sind im Rahmen des Kapitel IV und V der EuErbVO von Bedeutung (vgl. dort).

Eine umfassende Begriffsklärung sieht Art. 3 Abs. 2 EuErbVO hinsichtlich des Terminus „Gericht" vor. Eine solche ist erforderlich, da die funktionelle Zuständigkeit in Erbsachen in den einzelnen Mitgliedstaaten höchst unterschiedlich ausgestaltet ist (vgl. auch Erwägungsgrund 20) und somit den vielfältigen Erscheinungsformen Rechnung getragen werden muss. Der Begriff des Gerichts ist vor diesem Hintergrund weit zu verstehen: Er erfasst nicht nur Gerichte im eigentlichen Sinne, sondern auch Behörden und Angehörige von Rechtsberufen (etwa Notare und Registerbehörden, vgl. Erwägungsgrund 20), denen nach dem jeweiligen nationalen Recht der Mitgliedstaaten Zuständigkeiten in Erbsachen zugewiesen sind und die insoweit **Gerichtstätigkeit im materiellen Sinne** ausüben.[3] Soweit die zuständigen Stellen eine *übertragene* Gerichtstätigkeit ausüben, stellen diese gem. Art. 3 Abs. 2 EuErbVO ein Gericht iSd EuErbVO dar, wenn ihre Unparteilichkeit sowie das Recht der Parteien auf rechtliches Gehör gewährleistet ist; darüber hinaus müssen ihre Entscheidungen von einem Gericht (im eigentlichen Sinne) nachgeprüft bzw. aufgehoben werden können sowie mit vergleichbarer Rechtskraft und Rechtswirkungen ausgestattet sein, die einer herkömmlichen gerichtlichen Entscheidung in der gleichen Sache zukommen würde. Keine Gerichtstätigkeit im materiellen Sinne stellt es nach der Rspr. des EuGH dar, wenn ein Notar nach dem mitgliedstaatlichen Recht nur unstreitige sub-

---

[3] Vgl. hierzu auch EuGH ZEV 2021, 720; Dutta/Weber/Schmidt EuErbVO Art. 3 Rn. 16.

jektive Rechte festzustellen hat, also gerade nicht über streitige Tatsachen entscheiden kann.⁴ Zur Vorlageberechtigung von Gerichten iSv Art. 3 Abs. 2 EuErbVO an den EuGH → EuErbVO Einl. Rn. 9.

11 Die neben herkömmlichen Gerichten in Erbsachen zuständigen sonstigen Behörden und Angehörigen von Rechtsberufen haben die einzelnen Mitgliedstaaten der Europäischen Kommission nach Art. 79 EuErbVO mitzuteilen; diese Informationen sollen der Öffentlichkeit – voraussichtlich auf der im Aufbau befindlichen Website des europäischen Justizportals⁵ (→ EuErbVO Art. 79 Rn. 1) – zur Verfügung gestellt werden.

Kapitel II
Zuständigkeit

Vor Artikel 4–19 EuErbVO: Überblick über den Regelungsgehalt des Kapitels II der EuErbVO

A. Allgemeines

1 Kapitel II der EuErbVO regelt die **internationale Zuständigkeit** in Erbsachen. Seit dem Geltungszeitpunkt der EuErbVO (17.8.2015, vgl. Art. 84 EuErbVO) verdrängen Art. 4 ff. EuErbVO kraft ihres Anwendungsvorrangs die Regelungen des nationalen Zuständigkeitsrechts, soweit diese die *internationale* Zuständigkeit zum Gegenstand haben. Weiterhin von Bedeutung ist das nationale Recht jedoch hinsichtlich der Bestimmung der **örtlichen Zuständigkeit** (§§ 2, 3, 34, 47 IntErbRVG), da diese gem. Art. 2 EuErbVO nicht Regelungsgegenstand der EuErbVO ist (allerdings insbesondere mit Ausnahme von Art. 5 EuErbVO, vgl. dort). Die dem deutschen Verfahrensrecht zugrundeliegende **Unterteilung in streitige und freiwillige Gerichtsbarkeit** hat auf europäischer Ebene keine Entsprechung gefunden, so dass Art. 4 ff. EuErbVO auf *alle* erbrechtlichen Verfahren – sei es im Rahmen der streitigen oder freiwilligen Gerichtsbarkeit – anzuwenden sind.

2 Die Zuständigkeitsbestimmungen der EuErbVO binden alle **Gerichte iSd EuErbVO**. Der Begriff des Gerichts ist in Art. 3 Abs. 2 EuErbVO legaldefiniert; er erfasst nicht nur Gerichte im eigentlichen Sinne, sondern gerade auch Behörden und Angehörige von Rechtsberufen, denen nach den internen Zuständigkeitsregelungen der Mitgliedstaaten Zuständigkeiten in Erbsachen zugewiesen sind und die insoweit Gerichtstätigkeit im materiellen Sinne ausüben (→ EuErbVO Art. 3 Rn. 10).

3 Art. 4 ff. EuErbVO beziehen sich ausschließlich auf **Erbsachen**, also auf solche Verfahren, welche die *Nachlassabwicklung* zum Gegenstand haben; sie gelten nach zutreffender, nunmehr auch seitens des EuGH bestätigter Ansicht auch bei der Ausstellung eines deutschen Erbscheins.¹ Soweit ein **ererbter Anspruch** Verfahrensgegenstand ist, bestimmt sich die internationale Zuständigkeit demgegenüber nicht nach der EuErbVO, sondern nach den für den Anspruch selbst maßgeblichen Zuständigkeitsregelungen,² im Falle eines **ererbten Kaufpreisanspruchs** etwa nach den Regelungen der EuGVVO. Der – im Rahmen der EuErbVO nicht legaldefinierte – Begriff einer Erbsache ist weiter gefasst als der (den Anwendungsbereich gem.

---

4 EuGH NJW 2020, 2947 (2949) hinsichtlich litauischer Notare, denen nach Art. 1 des Gesetzes über das Notariat das Recht verliehen wird, die unstreitigen subjektiven Rechte festzustellen.
5 https://e-justice.europa.eu/home.do?action=home&plang=de.
1 Vgl. nunmehr auch EuGH 21.6.2018 – C-20/17. Ebenso Leipold ZEV 2015, 553 (557 ff.); Dutta IPRax 2015, 32 (37 f.); Volmer ZEV 2014, 129 (130 ff.) AA (Maßgeblichkeit von § 343 iVm § 105 FamFG) etwa Dörner DNotZ 2017, 407 (412); Dorsel ZErb 2014, 212 (220); Wall ZErb 2015, 9; Döbereiner NJW 2015, 2449 (2453); Weber/Schall NJW 2016, 3564.
2 Vgl. auch Dutta FamRZ 2013, 4 (5) mit Verweis auf ein obiter dictum des EuGH 17.9.2009 – C-347/08 Rn. 44; aA wohl Volmer Rpfleger 2013, 421 (427).

Art. 1 Abs. 1 iVm Art. 3 Abs. 1 lit. a EuErbVO begrenzende) Terminus der „Rechtsnachfolge von Todes wegen"; damit kommt hinreichend zum Ausdruck, dass die **Kognitionsbefugnis** der nach der EuErbVO zuständigen Gerichte nicht auf den Regelungsgegenstand der EuErbVO beschränkt ist, sondern auch andere Rechtsbereiche erfassen kann. Die nach Art. 4 ff. EuErbVO zuständigen Gerichte können daher über *alle* mit dem Nachlass in Zusammenhang stehenden Fragen entscheiden, so etwa auch über einen pauschalisierten Zugewinnausgleich (§ 1371 Abs. 1 BGB), der – bis zum 29.1.2019 (→ EuErbVO Art. 1 Rn. 10 f.) – weiterhin dem seitens der nationalen Kollisionsnormen (Art. 15 EGBGB) bestimmten Recht unterliegt; → EuErbVO Art. 1 Rn. 10.

Hinweis:

Ob der Anwendungsbereich der EuErbVO auch die **Eröffnung von Verfügungen von Todes wegen** (§ 348 FamFG) erfasst, ist umstritten[3] und für die Praxis bislang nicht abschließend geklärt. Da die Testamentseröffnung dem öffentlichen Interesse an einer geordneten Nachlassabwicklung dient[4] und damit nach herkömmlichen Grundsätzen erbrechtlich zu qualifizieren ist, ist der Anwendungsbereich der EuErbVO nach vorzugswürdiger Auffassung eröffnet, so dass eine **Testamentseröffnung die internationale Zuständigkeit nach Art. 4 ff. EuErbVO** voraussetzt. Verwahrt ein deutsches Gericht das Testament eines Erblassers mit letztem gewöhnlichem Aufenthalt im Ausland, kommt der **Notzuständigkeit nach Art. 11 EuErbVO** besondere Bedeutung zu: Diese kann gegeben sein, wenn ohne Bekanntgabe des Testaments an die Erben nicht zu erwarten ist, dass die Nachlassbehörden am letzten gewöhnlichen Aufenthalt tätig werden.[5]

Besteht **keine internationale Zuständigkeit nach Art. 4 ff. EuErbVO**, kommt eine Testamentseröffnung seitens des die Verfügung von Todes wegen verwahrenden Gerichts nach hier vertretener Auffassung indes nicht in Betracht.[6] Vielmehr hat dieses die testamentarische Verfügung an das für die Erbsache (international und örtlich) zuständige Gericht weiterzuleiten; eine entsprechende Ablieferungspflicht lässt sich bereits aus der EuErbVO selbst (rechtsfortbildend) herleiten, ggf. aber auch materiellrechtlich – nach Maßgabe des jeweiligen Erbstatuts – begründen.[7]

B. Das Zuständigkeitssystem der EuErbVO

Nach dem komplizierten **Regelungssystem der Art. 4 ff. EuErbVO** ist für die Bestimmung der internationalen Zuständigkeit danach zu differenzieren, ob der Erblasser eine **Rechtswahl** hinsichtlich seiner (gesamten) Rechtsnachfolge von Todes wegen (entweder nach Art. 22 EuErbVO oder nach dem intertemporal weiterhin anwendbaren nationalen Kollisionsrecht, → EuErbVO Art. 83 Rn. 2) zugunsten eines *mitgliedstaatlichen* Rechts iSd EuErbVO (also nicht das Recht von Dänemark, Irland und des Vereinigten Königreichs) getroffen hat oder nicht (im Einzelnen → EuErbVO Art. 7 Rn. 2).

Liegt **keine** derartige **Rechtswahl** vor (entweder weil eine solche gänzlich unterlassen oder das Recht eines Drittstaates gewählt wurde), kann sich die internationale Zuständigkeit mitgliedstaatlicher Gerichte ausschließlich aus Art. 4, Art. 10 oder Art. 11 EuErbVO ergeben. Diese Bestimmungen unterscheiden danach, ob der Erblasser seinen **letzten gewöhnlichen Aufenthalt** (zum Begriff → EuErbVO Art. 21 Rn. 4–11) **in einem Mitgliedstaat** oder in einem Drittstaat (wozu auch Dänemark, Irland und das Vereinigten Königreich zu zählen sind, → EuErbVO Art. 3 Rn. 2) hatte: Soweit Ersteres der Fall ist, sind nach der allgemeinen Zuständigkeitsbe-

---

3 Dies bejahend MüKoBGB/Dutta EuErbVO Vor Art. 4 Rn. 9. – AA jurisPK/Eichel EuErbVO Art. 4 Rn. 23; Link BWNotZ 2018, 66 (71); offenlassend OLG Frankfurt aM NJW-RR 2020, 954.
4 Vgl. nur MüKoFamFG/Muscheler FamFG § 348 Rn. 1.
5 OLG Frankfurt aM NJW-RR 2020, 954.
6 So auch MüKoBGB/Dutta EuErbVO Vor Art. 4 Rn. 9. – AA jurisPK-BGB/Eichel EuErbVO Art. 4 Rn. 23; Link BWNotZ 2018, 66 (71).
7 Für Letzteres MüKoBGB/Dutta EuErbVO Vorb. Art. 4 Rn. 9 (§ 2259 BGB analog bei deutschem Erbstatut).

stimmung des Art. 4 EuErbVO die Gerichte dieses Mitgliedstaates für die Entscheidung der Erbsache international zuständig; soweit der **gewöhnliche Aufenthalt in einem Drittstaat** lag, kann sich eine internationale Zuständigkeit mitgliedstaatlicher Gerichte alleine aus der subsidiären Zuständigkeit des Art. 10 EuErbVO sowie aus der Notzuständigkeit des Art. 11 EuErbVO ergeben.

6 Hatte der Erblasser hingegen eine **wirksame Rechtswahl** zugunsten eines mitgliedstaatlichen Rechts getroffen, führt dies grundsätzlich zu einer Zuständigkeit der Gerichte *dieses* Mitgliedstaates (Art. 7 EuErbVO). Voraussetzung hierfür ist jedoch, dass die durch den Nachlass berechtigten Verfahrensparteien gem. Art. 5 EuErbVO entweder eine Gerichtsstandsvereinbarung zugunsten dieser Gerichte getroffen (Art. 7 lit. b EuErbVO) oder deren Zuständigkeit ausdrücklich anerkannt haben (Art. 7 lit. c EuErbVO). Fehlt es hieran, bleibt es grundsätzlich bei einer nach Art. 4, Art. 10 oder Art. 11 EuErbVO begründeten Zuständigkeit. Wird jedoch in dieser Konstellation ein gem. Art. 4 oder Art. 10 EuErbVO zuständiges mitgliedstaatliches Gericht angerufen, *kann* sich dieses gem. Art. 6 lit. a EuErbVO auf Antrag einer der Verfahrensparteien für unzuständig erklären, soweit seines Erachtens die gem. Art. 7 EuErbVO zuständigen Gerichte „in der Erbsache besser entscheiden können" (→ EuErbVO Art. 6 Rn. 2 f.); in diesem Falle sind die mitgliedstaatlichen Gerichte des gewählten Rechts gem. Art. 7 lit. a EuErbVO ausschließlich zuständig.

7 Darüber hinaus sieht Art. 13 EuErbVO eine spezielle Zuständigkeitsregelung hinsichtlich der Abgabe einer **Annahme- oder Ausschlagungserklärung** vor, die insoweit – neben den gem. Art. 4, 7 EuErbVO gewährten Zuständigkeiten – einen *weiteren* besonderen Gerichtsstand am Ort des gewöhnlichen Aufenthalts des Erklärenden begründet. Zudem existiert mit Art. 19 EuErbVO eine besondere Zuständigkeit im Hinblick auf **einstweilige Maßnahmen einschließlich Sicherungsmaßnahmen**, die unter bestimmten Voraussetzungen auch dann vor den Gerichten eines Mitgliedstaates beantragt werden können, wenn diese nicht in der Hauptsache zuständig sind (vgl. näher dort).

8 Auch unter Geltung der EuErbVO sind bestehende **Staatsverträge** vorrangig anzuwenden, Art. 75 Abs. 1 EuErbVO (vgl. dort sowie → EuErbVO Art. 20–38 Rn. 13). Für Deutschland im Bereich der internationalen Zuständigkeit einzig relevant Vor ist der **deutsch-türkische Konsularvertrag**, der mit § 15 S. 1 der Anlage zu Art. 20 des Übereinkommens eine diesbezügliche Regelung enthält (→ EuErbVO Vor Art. 20–38 Rn. 54).

Überblickschema: Die internationale Zuständigkeit in Erbsachen

Weiterhin vorrangig zu beachten: § 15 S. 1 der Anlage zu Art. 20 des deutsch-türkischen Konsularvertrages (→ EuErbVO Vor Art. 20–38 Rn. 54)	
unterbliebene Rechtswahl oder Rechtswahl zugunsten eines drittstaatlichen Rechts	Rechtswahl zugunsten des Rechts eines Mitgliedstaates
■ Art. 4 EuErbVO (allgemeine Zuständigkeit bei letztem gewöhnlichem Aufenthalt des Erblassers in diesem *Mitgliedstaat*) ■ Art. 10 EuErbVO (subsidiäre Zuständigkeit bei letztem gewöhnlichem Aufenthalt des Erblassers in einem *Drittstaat*) ■ Art. 11 EuErbVO (Notzuständigkeit bei letztem gewöhnlichem Aufenthalt des Erblassers in einem *Drittstaat*)	■ Art. 7 EuErbVO (setzt voraus: entweder Gerichtsstandsvereinbarung gem. Art. 5 EuErbVO, formlose Gerichtsstandsanerkennung gem. Art. 7 lit. c EuErbVO oder Unzuständigkeitserklärung des nach Art. 4 oder Art. 10 EuErbVO zuständigen Gerichts gem. Art. 6 EuErbVO) ■ Art. 4, Art. 10, Art. 11 EuErbVO (soweit die Voraussetzungen des Art. 7 EuErbVO nicht vorliegen)

> Daneben: Besondere Zuständigkeitsregelungen hinsichtlich der Abgabe einer Annahme- oder Ausschlagungserklärung (Art. 13 EuErbVO) sowie hinsichtlich einstweiliger Maßnahmen einschließlich Sicherungsmaßnahmen (Art. 19 EuErbVO).

C. Sonstige Regelungen

Ist ein mitgliedstaatliches Gericht nach der EuErbVO zuständig, hat dieses grundsätzlich über den **gesamten Nachlass** zu entscheiden; eine prozessuale Beschränkung auf den in diesem Mitgliedstaat belegenen Nachlass kommt – mit Ausnahme von Art. 10 Abs. 2 EuErbVO – grundsätzlich nicht in Betracht, sie kann jedoch auf Antrag der Parteien entweder nach Art. 12 Abs. 1 EuErbVO oder nach – gem. Art. 12 Abs. 2 EuErbVO weiterhin beachtlichem – nationalem Verfahrensrecht (etwa § 352 c FamFG) erfolgen (vgl. dort). 9

Darüber hinaus enthält Kapitel 2 der EuErbVO weitere verfahrensrechtliche Bestimmungen, die nahezu inhaltsgleich der EuGVVO entnommen wurden und daher diesen entsprechend ausgelegt werden können (zum Auslegungszusammenhang allgemein → EuErbVO Einl. Rn. 6). Zu nennen sind hier insbesondere die **autonome Bestimmung der Anhängigkeit** (Art. 14 EuErbVO), **Vorschriften zur Vermeidung sich widersprechender Entscheidungen** (Art. 17, 18 EuErbVO) sowie **Bestimmungen hinsichtlich der Prüfung der Zuständigkeit und Zulässigkeit des Verfahrens** (Art. 15, 16 EuErbVO). 10

Artikel 4 EuErbVO   Allgemeine Zuständigkeit

Für Entscheidungen in Erbsachen sind für den gesamten Nachlass die Gerichte des Mitgliedstaats zuständig, in dessen Hoheitsgebiet der Erblasser im Zeitpunkt seines Todes seinen gewöhnlichen Aufenthalt hatte.

A. Allgemeines

Art. 4 EuErbVO regelt die **allgemeine Zuständigkeit mitgliedstaatlicher Gerichte in Erbsachen**. Zuständigkeitsbegründendes Anknüpfungsmoment stellt der **letzte gewöhnliche Aufenthalt des Erblassers** (zum Begriff → EuErbVO Art. 21 Rn. 4–11) dar. Da dies dem kollisionsrechtlichen Anknüpfungsmoment des Art. 21 Abs. 1 EuErbVO entspricht, kommt es bei Anwendbarkeit beider Bestimmungen zu einem **Gleichlauf zwischen gerichtlicher Zuständigkeit und anwendbarem Recht**. 1

B. Regelungsgehalt

Art. 4 EuErbVO begründet eine **Zuständigkeit in Erbsachen**, so dass die hiernach zuständigen Gerichte über *alle* mit dem Nachlass in Zusammenhang stehenden Fragen entscheiden können (→ EuErbVO Vor Art. 4–19 Rn. 3); dies gilt auch für die Ausstellung eines nationalen Erbscheins.[1] Zudem sind die nach Art. 4 EuErbVO zuständigen Gerichte zur **Entscheidung über den gesamten (also sowohl in den einzelnen Mitgliedstaaten als auch in Drittstaaten belegenen) beweglichen und unbeweglichen Nachlass** berufen; eine prozessuale Beschränkung auf die in dem jeweiligen Mitgliedstaat oder auch in anderen Mitgliedstaaten belegenen Vermögenswerte kommt alleine unter den Voraussetzungen des Art. 12 EuErbVO in Betracht (vgl. dort). Hat der Erblasser eine **Rechtswahl** zugunsten des Rechts eines Mitgliedstaates getroffen (→ EuErbVO Art. 7 Rn. 2) und wurde ein nach Art. 4 EuErbVO zuständiges Gericht angerufen (vgl. Art. 14 EuErbVO), *kann* sich dieses auf Antrag einer der Verfahrensparteien gem. Art. 6 lit. a EuErbVO 2

---

1 Vgl. EuGH 21.6.2018 – C-20/17.

für unzuständig erklären, soweit seines Erachtens die gem. Art. 7 EuErbVO zuständigen Gerichte „in der Erbsache besser entscheiden können" (→ EuErbVO Art. 6 Rn. 2 f.). Es hat zudem ein von Amts wegen eingeleitetes Verfahren gem. Art. 8 EuErbVO wiederum von Amts wegen zu beenden, wenn die Verfahrensparteien eine einvernehmliche außergerichtliche Regelung der Erbsache in dem Mitgliedstaat des gewählten Rechts vereinbart haben (vgl. dort).

Artikel 5 EuErbVO Gerichtsstandsvereinbarung

(1) Ist das vom Erblasser nach Artikel 22 zur Anwendung auf die Rechtsnachfolge von Todes wegen gewählte Recht das Recht eines Mitgliedstaats, so können die betroffenen Parteien vereinbaren, dass für Entscheidungen in Erbsachen ausschließlich ein Gericht oder die Gerichte dieses Mitgliedstaats zuständig sein sollen.

(2) [1]Eine solche Gerichtsstandsvereinbarung bedarf der Schriftform und ist zu datieren und von den betroffenen Parteien zu unterzeichnen. [2]Elektronische Übermittlungen, die eine dauerhafte Aufzeichnung der Vereinbarung ermöglichen, sind der Schriftform gleichgestellt.

A. Allgemeines

1 Hat der Erblasser hinsichtlich seiner Rechtsnachfolge von Todes wegen das Recht eines Mitgliedstaates gewählt (→ EuErbVO Art. 7 Rn. 2), gestattet Art. 5 EuErbVO den Parteien, die Zuständigkeit der Gerichte dieses Mitgliedstaates zu vereinbaren, jedoch *nur* dieses Mitgliedstaates; die Prorogation eines anderen mitgliedstaatlichen Gerichtes ist damit nicht möglich. Wurde eine Gerichtsstandsvereinbarung gem. Art. 5 EuErbVO getroffen, führt dies zur *ausschließlichen* Zuständigkeit der nach Art. 7 EuErbVO international zuständigen Gerichte (vgl. Art. 5 Abs. 1, Art. 6 lit. b, Art. 7 lit. b EuErbVO). Nach dem insoweit eindeutigen Wortlaut des Art. 5 Abs. 1 EuErbVO können die Parteien nicht nur die Zuständigkeit mitgliedstaatlicher Gerichte, sondern auch die *eines bestimmten mitgliedstaatlichen Gerichts* vereinbaren, so dass sich die den Parteien eingeräumte Rechtsmacht sowohl auf die internationale als auch – entgegen Art. 2 EuErbVO – auf die örtliche Zuständigkeit beziehen kann (daher ist § 2 Abs. 1 IntErbRVG rein deklaratorisch).[1]

B. Regelungsgehalt

2 Zulässigkeitsvoraussetzung für eine Gerichtsstandsvereinbarung ist zunächst eine wirksame Rechtswahl seitens des Erblassers zugunsten des Rechts eines Mitgliedstaates gem. Art. 22 EuErbVO *oder* nach dem – gem. Art. 84 EuErbVO – in der Übergangszeit weiterhin beachtlichen nationalen Kollisionsrecht (→ EuErbVO Art. 7 Rn. 2); liegt eine solche nicht vor, entfaltet somit auch eine im Übrigen wirksame Gerichtsstandsvereinbarung keine Wirkung. Eine Gerichtsstandsvereinbarung kann allein von den *betroffenen Parteien* geschlossen werden; hierunter sind alle *von dem Nachlass* betroffenen (vgl. Erwägungsgrund 28) Personen zu verstehen, also Erben, Vermächtnisnehmer oder Pflichtteilsberechtigte, denen aus dem Nachlass Rechte oder Pflichten erwachsen. Sind nicht alle betroffenen Personen in die Gerichtsstandsvereinbarung einbezogen, entfaltet diese ebenfalls keine zuständigkeitsbegründenden Wirkungen.

3 Welche **formellen Anforderungen** für eine wirksame Gerichtsstandsvereinbarung eingehalten werden müssen, regelt Art. 5 Abs. 2 EuErbVO: Hiernach bedarf eine solche Vereinbarung der Schriftform; gleichgestellt sind ihr elektronische Übermittlungen (etwa per E-Mail oder Tele-

---

[1] Ebenso Döbereiner NJW 2015, 2449 (2450); Rauscher/Hertel EuErbVO Art. 5 Rn. 13. AA MüKo-BGB/Dutta EuErbVO Art. 5 Rn. 11; jurisPK-BGB-BGB/Eichel EuErbVO Art. 5 Rn. 8.

fax), die eine dauerhafte Aufzeichnung der Vereinbarung ermöglichen. Die Vereinbarung ist darüber hinaus zu datieren und von allen betroffenen Parteien zu unterzeichnen.

Hinsichtlich der **materiellen Anforderungen** an eine Gerichtsstandsvereinbarung sieht Art. 5 EuErbVO keine ausdrücklichen Regelungen vor. Dies wirft – ebenso wie im Rahmen von Art. 23 EuGVVO in der bis zum 9.1.2015 geltenden Fassung[2] – die Frage auf, ob der EuErbVO neben der Zulässigkeit, Form und Wirkungen einer solchen Vereinbarung auch die diesbezüglichen materiellen Voraussetzungen (Zustandekommen und Wirksamkeit der Vereinbarung, daneben aber auch Fragen nach Willensmängeln, Geschäftsfähigkeit und Stellvertretung etc) unmittelbar entnommen bzw. – mangels ausdrücklicher Regelung – innerhalb ihres regulativen Anwendungsbereichs modo legislatoris entwickelt werden können.[3] Sieht man einmal von der Frage nach dem schlichten Konsens der Parteien im Hinblick auf den Abschluss einer solchen Vereinbarung ab,[4] stellen sich bei der Beurteilung der materiellen Wirksamkeit einer Gerichtsstandsvereinbarung jedoch – wie die obigen Beispiele zeigen – regelmäßig sehr komplexe materiellrechtliche Fragen, deren **Beantwortung alleine anhand differenzierter sachrechtlicher Regelungen** erfolgen kann. Solche Regelungen lassen sich indes schwerlich ex nihilo im Rahmen der EuErbVO entwickeln, **so dass die materielle Beurteilung der Gerichtsstandsvereinbarung einer *existierenden* Rechtsordnung unterstellt werden muss**.[5] Welche dies sein soll, ist jedoch unklar. Teilweise wird schlicht die Maßgeblichkeit des Erbstatuts vorgeschlagen,[6] da dieses aufgrund des bezweckten Gleichlaufs von forum und ius regelmäßig die lex fori darstelle[7] und diesem auch im Übrigen die Beziehungen der Verfahrensparteien zueinander unterlägen;[8] zudem wird zur Begründung dieses Ergebnisses darauf abgestellt, dass eine Gerichtsstandsvereinbarung nach Art. 5 EuErbVO eine Rechtswahl nach Art. 22 EuErbVO voraussetzt.[9] Allerdings handelt es sich bei einer Gerichtsstandsvereinbarung nach zutreffender hM um einen materiellrechtlichen Vertrag über prozessrechtliche Beziehungen,[10] der daher *vertraglich* zu qualifizieren und hinsichtlich seiner materiellen Wirksamkeit den *vertraglichen* Kollisionsnormen zu unterstellen ist.[11] Problematisch ist insoweit, dass Gerichtsstandsvereinbarungen gem. Art. 1 Abs. 2 lit. d Rom I-VO aus dem Anwendungsbereich der Rom I-VO ausgeschlossen sind und im Rahmen des deutschen Rechts aufgrund der Aufhebung der Art. 27 ff. EGBGB aF keine einschlägigen kodifizierten Regelungen zur Verfügung stehen; die insoweit auftretende Regelungslücke im nationalen IPR ist jedoch mit einer **entsprechenden Anwendung der Art. 3, 4 Rom I-VO** zu schließen, da dem deutschen Gesetzgeber aufgrund der Aufhebung der Art. 27 ff. EGBGB aF einerseits und der gleichzeitig erfolgten Anerkennung der Rom I-VO als nunmehr geltendes „deut-

---

2 Anders Art. 25 Abs. 1 S. 1 EuGVVO in der seit dem 10.1.2015 geltenden Fassung, der hinsichtlich der materiellen Voraussetzungen einer Gerichtsstandsvereinbarung auf das (Kollisions-)Recht des prorogierten Gerichtes verweist.
3 Das Haager Übereinkommen über Gerichtsstandsvereinbarungen vom 30.6.2006 (ABl. EU L 133, 3, abgedruckt bei Jayme/Hausmann Nr. 151) ist im Rahmen der EuErbVO nicht beachtlich, da gem. Art. 2 Abs. 2 lit. d dieses Übereinkommens eine Bereichsausnahme für das Erbrecht besteht.
4 Im Rahmen der EuGVVO wird verbreitet davon ausgegangen, dass wenigstens die materielle Konsensfrage anhand von autonomen, im Rahmen von Art. 25 EuGVVO bzw. Art. 23 EuGVVO aF zu entwickelnden Kriterien zu beantworten sei, vgl. etwa Rauscher/Mankowski EuGVVO Art. 25 Rn. 44 ff.; Magnus FS Martiny 2014, 785 (791 f.). Dies zu Recht ablehnend Schlosser EuGVVO Art. 23 Rn. 3; vgl. hierzu ausführlich Spellenberg IPRax 2010, 464 (466 ff.).
5 Lässt man die Frage nach dem Konsens im Hinblick auf eine solche Vereinbarung außer Betracht, entspricht dies im Rahmen der EuGVVO wohl allgemeiner Auffassung, vgl. etwa Kropholler/von Hein Art. 23 EuGVVO aF Rn. 28, Rauscher/Mankowski EuGVVO Art. 25 Rn. 39; Gebauer FS von Hoffmann 2011, 577 (579). Diesen Weg beschreitet nun auch Art. 25 Abs. 1 S. 1 EuGVVO in der seit dem 10.1.2015 geltenden Fassung.
6 So Kunz GPR 2012, 208 (210); ebenso Dutta FamRZ 2013, 4 (6); NK-BGB/Makowsky EuErbVO Art. 5 Rn. 26. Im Ergebnis auch Rauscher/Hertel EuErbVO Art. 5 Rn. 16.
7 Kunz GPR 2012, 208 (210).
8 Dutta FamRZ 2013, 4 (6).
9 Rauscher/Hertel EuErbVO Art. 5 Rn. 16.
10 So die hM: grundlegend BGH NJW 1968, 1233; vgl. auch MüKoBGB/Martiny Vorb. Art. 1 Rom I-VO Rn. 42 von Hoffmann/Thorn § 3 Rn. 73. AA etwa Geimer IntZivilProzR/Geimer Rn. 1677 (Prozessvertrag, der diesen im Ergebnis jedoch ebenfalls den vertraglichen Kollisionsnormen unterstellt).
11 Vgl. auch MüKoBGB/Martiny Vorb. Art. 1 Rom I-VO Rn. 71. Hierzu auch BeckOGK/Köhler Rom I-VO Art. 4 Rn. 567.

sches" IPR für vertragliche Schuldverhältnisse gem. Art. 3 Nr. 1 lit. b EGBGB andererseits unterstellt werden kann, dass nunmehr entstandene Regelungslücken im nationalen Recht iSd Rom I-VO zu schließen sind;[12] zu beachten ist indes, dass es sich hierbei um Rechtsfortbildung im Rahmen des *nationalen* IPR handelt, auf welche sich die Prüfungskompetenz des EuGH nicht erstreckt (→ EuErbVO Einl. Rn. 7). Ob die **materiellen Wirksamkeitsvoraussetzungen einer Gerichtsstandsvereinbarung** erfüllt sind, unterliegt daher nach vorzugswürdiger Ansicht dem von Art. 3, 4 Rom I-VO bestimmten Recht.[13] Wurde keine vorrangig zu beachtende Rechtswahl gem. Art. 3 Rom I-VO getroffen, muss das für die Gerichtsstandsvereinbarung maßgebliche Recht – mangels charakteristischer Leistung – nach Art. 4 Abs. 4 Rom I-VO bestimmt werden;[14] insoweit kommt in Betracht, entweder akzessorisch an das Hauptstatut[15] oder mittels selbstständiger Schwerpunktbetrachtung[16] an das Recht des prorogierten Gerichts anzuknüpfen; da in beiden Fällen das insoweit anzuwendende Recht die lex fori des gem. Art. 7 EuErbVO zuständigen Gerichts darstellt, bedarf dieser Streit jedenfalls im Rahmen der EuErbVO keiner Entscheidung. Wurde eine Gerichtsstandsvereinbarung getroffen, unterliegt deren materielle Wirksamkeit daher primär dem von den Parteien für diese gewählten Recht; soweit keine Rechtswahl getroffen wurde, ist die lex fori des gem. Art. 7 EuErbVO zuständigen Gerichts maßgeblich.[17]

Artikel 6 EuErbVO   Unzuständigerklärung bei Rechtswahl

Ist das Recht, das der Erblasser nach Artikel 22 zur Anwendung auf die Rechtsnachfolge von Todes wegen gewählt hat, das Recht eines Mitgliedstaats, so verfährt das nach Artikel 4 oder Artikel 10 angerufene Gericht wie folgt:

a) Es kann sich auf Antrag einer der Verfahrensparteien für unzuständig erklären, wenn seines Erachtens die Gerichte des Mitgliedstaats des gewählten Rechts in der Erbsache besser entscheiden können, wobei es die konkreten Umstände der Erbsache berücksichtigt, wie etwa den gewöhnlichen Aufenthalt der Parteien und den Ort, an dem die Vermögenswerte belegen sind, oder

b) es erklärt sich für unzuständig, wenn die Verfahrensparteien nach Artikel 5 die Zuständigkeit eines Gerichts oder der Gerichte des Mitgliedstaats des gewählten Rechts vereinbart haben.

1   Wird ein nach Art. 4 oder Art. 10 EuErbVO zuständiges Gericht angerufen (Art. 14 EuErbVO) und hat der Erblasser eine Rechtswahl zugunsten eines mitgliedstaatlichen Rechts getroffen (→ EuErbVO Art. 7 Rn. 2), *muss* sich das Gericht von Amts wegen für unzuständig erklären, sofern die Verfahrensparteien eine wirksame Gerichtsstandsvereinbarung gem. Art. 5 EuErbVO getroffen haben (Art. 6 lit. b EuErbVO). Liegt eine solche Vereinbarung nicht vor, *kann* sich das Gericht auf Antrag *einer* der Verfahrensparteien für unzuständig erklären, wenn nach seiner

---

12   Vgl. hierzu Köhler, 110 Fn. 31; ebenso jurisPK-BGB-BGB/Eichel EuErbVO Art. 5 Rn. 20; zurückhaltender Bamberger/Roth/Spickhoff Rom I-VO Art. 1 Rn. 30 („vorsichtige Analogie der Regeln von Rom I-VO denkbar"). – Nach MüKoBGB/Martiny Vorb. Art. 1 Rom I-VO Rn. 71 sind – jedoch ohne nähere Erläuterung – Art. 3 ff. Rom I-VO mittelbar auf die Gerichtsstandsvereinbarung anzuwenden.

13   Ebenso jurisPK-BGB-BGB/Eichel EuErbVO Art. 5 Rn. 20. AA (Erbstatut) Kunz GPR 2012, 208 (210); Dutta FamRZ 2013, 4 (6); NK-BGB/Makowsky EuErbVO Art. 5 Rn. 26; Rauscher/Hertel EuErbVO Art. 5 Rn. 16.

14   Vgl. auch jurisPK-BGB/Eichel EuErbVO Art. 5 Rn. 20.

15   So die wohl hM hinsichtlich einer Gerichtsstandsvereinbarung im Rahmen von Art. 23 EuGGVO aF (nunmehr Art. 25 EuGVVO), vgl. etwa BGH NJW 1972, 1622 (1623); BGH NJW 1989, 1431 (1432); BGH NJW 1997, 2885 (2886); auch MüKoBGB/Martiny Vorb. Art. 1 Rom I-VO Rn. 71 (der aus diesem Grunde zu einer „mittelbaren Anwendung" von Art. 3 ff. Rom I-VO gelangt).

16   So etwa von Hoffmann/Thorn § 3 Rn. 77. Vgl. auch BeckOGK/Köhler Rom I-VO Art. 4 Rn. 567.

17   Demgegenüber wohl ohne Rechtswahlmöglichkeit stets an das Erbstatut anknüpfend MüKoBGB/Dutta EuErbVO Art. 5 Rn. 18; BeckOGK/Schmidt EuErbVO Art. 5 Rn. 17.

Auffassung die nach Art. 7 EuErbVO ebenfalls zuständigen Gerichte in der Erbsache besser entscheiden können (Art. 6 lit. a EuErbVO).

Prima facie scheint Art. 6 lit. a EuErbVO – ebenso wie Art. 15 EuEheVO – „jedenfalls in homöopathischen Dosen"[1] von dem anglo-amerikanischen Grundsatz des *forum non conveniens* beeinflusst. Nach vorzugswürdiger Ansicht räumt diese Bestimmung dem Richter jedoch kein echtes diskretionäres Ermessen bei der Zuständigkeitsentscheidung ein,[2] sondern ist als – durch Fallgruppenbildung konkretisierungsbedürftige – **Generalklausel** zu verstehen, deren Anwendung der Revision zugänglich und insbesondere der Letztauslegungskompetenz des EuGH unterliegt.[3]

In welchen Fällen das Gericht seine nach Art. 4 oder Art. 10 EuErbVO begründete Zuständigkeit ablehnen darf, ist bislang offen. Dem Wortlaut von Art. 6 lit. a EuErbVO lässt sich entnehmen, dass hierfür insbesondere der gewöhnliche Aufenthalt der Parteien sowie der Ort, an dem Vermögenswerte des Erblassers belegen sind, ausschlaggebend sein können. Maßgebliche Leitlinien scheinen daher einerseits die Verfahrenserleichterung für die Parteien, andererseits die besondere Sach- und Beweisnähe im Hinblick auf die in dem Staat des gewählten Rechts belegenen Vermögenswerte zu sein. Für eine Entscheidung gem. Art. 6 lit. a EuErbVO stets erforderlich ist jedoch, dass das nach Art. 7 EuErbVO zuständige Gericht *wesentlich* besser zur Entscheidung in der Sache geeignet ist; dies wird sich nur annehmen lassen, wenn alle (oder zumindest fast alle) betroffenen Parteien ihren gemeinsamen gewöhnlichen Aufenthalt in dem Mitgliedstaat des gewählten Rechts haben oder wenn sich die *wesentlichen* Vermögenswerte in diesem Staat befinden. Die Generalklausel des Art. 6 lit. a EuErbVO ist daher **restriktiv zu handhaben**; keinesfalls darf sie nur darauf gestützt werden, dass das nach Art. 7 EuErbVO ebenfalls zuständige Gericht aufgrund der Anwendung seiner lex fori zur Entscheidung besser geeignet ist.

Artikel 7 EuErbVO Zuständigkeit bei Rechtswahl

Die Gerichte eines Mitgliedstaats, dessen Recht der Erblasser nach Artikel 22 gewählt hat, sind für die Entscheidungen in einer Erbsache zuständig, wenn

a) sich ein zuvor angerufenes Gericht nach Artikel 6 in derselben Sache für unzuständig erklärt hat,
b) die Verfahrensparteien nach Artikel 5 die Zuständigkeit eines Gerichts oder der Gerichte dieses Mitgliedstaats vereinbart haben oder
c) die Verfahrensparteien die Zuständigkeit des angerufenen Gerichts ausdrücklich anerkannt haben.

A. Allgemeines	1	II. Weitere Voraussetzungen		3
B. Regelungsgehalt	2	1. Unzuständigkeitserklärung (Art. 7 lit. a		
I. Rechtswahl zugunsten eines mitgliedstaatlichen Rechts	2	EuErbVO)		3

---

1 Dutta FamRZ 2013, 4 (6).
2 Trotz anderen Ausgangspunkts im Ergebnis wohl ebenso BeckOGK/Schmidt EuErbVO Art. 6 Rn. 8 f. – AA Burandt/Rojahn/Burandt/Schmuck EuErbVO Art. 6 Rn. 1; MüKoBGB/Dutta EuErbVO Art. 6 Rn. 8 f.; Dutta FamRZ 2013, 4 (6); vgl. auch Wilke RIW 2012, 601 (603); zumindest für ein „intendiertes Ermessen" auch jurisPK-BGB/Eichel EuErbVO Art. 6 Rn. 21. Die forum non conveniens-Doktrin wurde hinsichtlich der EuGVVO seitens des EuGH bereits abgelehnt, vgl. EuGH 1.3.2005 – C-281/02.
3 So in der Sache dann wohl auch MüKoBGB/Dutta EuErbVO Art. 6 Rn. 8 mit Fn. 12. Sieht man in dieser Diskussion indes nur einen „Streit um Worte" (so Dutta aaO), weil Einigkeit darüber besteht, dass die Entscheidung des Gerichts stets der vollständigen Nachprüfung (insbesondere des EuGH) unterworfen ist, sollte man sich auch terminologisch von der – dem kontinentaleuropäischen Recht fremden – forum non conveniens-Doktrin lösen und nicht von einer „Ermessensentscheidung" sprechen.

2. Gerichtsstandsvereinbarung (Art. 7 lit. b EuErbVO) 4
3. Gerichtsstandsanerkennung (Art. 7 lit. c EuErbVO) 5
III. Kognitionsbefugnis 6

A. Allgemeines

1 Soweit der Erblasser ein mitgliedstaatliches Recht gewählt hat, begründet Art. 7 EuErbVO eine Zuständigkeit der Gerichte dieses Mitgliedstaates. Voraussetzung hierfür ist jedoch, dass sich entweder

- ein zuvor angerufenes Gericht, das seine Zuständigkeit auf Art. 4 oder Art. 10 EuErbVO stützen kann, **gem. Art. 6 EuErbVO für unzuständig erklärt hat** (Art. 7 lit. a EuErbVO),
- die Verfahrensparteien eine **förmliche Gerichtsstandsvereinbarung gem. Art. 5 EuErbVO** zugunsten *dieses* Gerichtes geschlossen haben (Art. 7 lit. b EuErbVO) oder
- die **Zuständigkeit des angerufenen Gerichts ausdrücklich anerkannt** haben (Art. 7 lit. c EuErbVO).

Liegen diese Voraussetzungen *nicht* vor, kann sich die internationale Zuständigkeit mitgliedstaatlicher Gerichte alleine aus Art. 4, 10 oder 11 EuErbVO ergeben.

1.1 Ebenso wie Art. 4 EuErbVO begründet Art. 7 EuErbVO eine Zuständigkeit in **Erbsachen**, so dass die hiernach zuständigen Gerichte über *alle* mit dem Nachlass in Zusammenhang stehenden Fragen entscheiden können (→ EuErbVO Vor Art. 4–19 Rn. 3). Die nach Art. 7 EuErbVO zuständigen Gerichte sind zur Entscheidung über den **gesamten Nachlass** berufen; eine prozessuale Beschränkung auf bestimmte Vermögenswerte kommt alleine unter den Voraussetzungen des Art. 12 EuErbVO in Betracht. Zur örtlichen Zuständigkeit vgl. § 2 Abs. 1, 2 IntErbRVG.

B. Regelungsgehalt

I. Rechtswahl zugunsten eines mitgliedstaatlichen Rechts

2 Voraussetzung für den Gerichtsstand des Art. 7 EuErbVO ist zunächst eine wirksame Rechtswahl des Erblassers zugunsten eines *mitgliedstaatlichen* Rechts iSd EuErbVO, so dass eine Wahl des Rechts von Dänemark, Irland oder vormals des Vereinigten Königreichs *keine* Zuständigkeit zu begründen vermag, da in diesen Staaten die EuErbVO nicht gilt (→ EuErbVO Einl. Rn. 2). Wie der (alleinige) Verweis auf Art. 22 EuErbVO hinreichend deutlich macht, muss sich diese Rechtswahl auf die *gesamte* Rechtsnachfolge von Todes wegen, also auf das Erbstatut beziehen, so dass eine nach Art. 24 Abs. 2 bzw. Art. 25 Abs. 3 EuErbVO ebenfalls gestattete Wahl des Errichtungsstatuts (vgl. hierzu jeweils dort) für die Begründung eines Gerichtsstands nach Art. 7 EuErbVO *nicht* ausreicht.[1] Einer Rechtswahl gem. Art. 22 EuErbVO gleichgestellt ist jedoch eine Rechtswahl des Erbstatuts nach – gem. Art. 83 Abs. 2 EuErbVO in der Übergangszeit weiterhin beachtlichem – nationalem Kollisionsrecht[2] (→ EuErbVO Art. 83 Rn. 2), zudem die Fälle einer **fiktiven Rechtswahl gem. Art. 83 Abs. 4 EuErbVO**.[3] Liegt keine wirksame Rechtswahl iSv Art. 7 EuErbVO vor, kann sich die internationale Zuständigkeit mitgliedstaatlicher Gerichte alleine aus Art. 4, Art. 10 oder Art. 11 EuErbVO ergeben.

II. Weitere Voraussetzungen

3 **1. Unzuständigkeitserklärung (Art. 7 lit. a EuErbVO).** Eine Zuständigkeit nach Art. 7 EuErbVO liegt zunächst vor, wenn sich ein zuvor in derselben Sache (vgl. hierzu Art. 17 EuErbVO) angerufenes, gem. Art. 4 oder Art. 10 EuErbVO zuständiges Gericht **unter den Voraussetzungen**

---

[1] Ebenso Janzen DNotZ 2012, 484 (491) Fn. 22. – AA Dutta FamRZ 2013, 4 (6 f.).
[2] So auch Schoppe IPRax 2014, 27 (32).
[3] EuGH ZEV 2021, 710.

des Art. 6 EuErbVO für unzuständig erklärt hat. Eine ausdrückliche Unzuständigkeitserklärung des erstangerufenen Gerichtes ist insoweit nicht erforderlich, vielmehr genügt, dass die Absicht des erstangerufenen Gerichtes, sich für unzuständig zu erklären, eindeutig aus der Entscheidung, die es in dieser Hinsicht erlassen hat, hervorgeht.[4] Ist dies der Fall, *muss* das nach Art. 7 EuErbVO ebenfalls zuständige Gericht in der Sache entscheiden; die Unzuständigkeitserklärung ist bindend.[5] Eine **Nachprüfung der Unzuständigkeitserklärung** seitens des nach Art. 7 EuErbVO zuständigen Gerichts **kommt nicht in Betracht**, da es sich bei einer auf Art. 6 lit. a oder lit. b EuErbVO gestützten Unzuständigkeitserklärung um eine – gem. Art. 39 Abs. 1 EuErbVO unmittelbar, also ohne besonderes Verfahren anzuerkennende – Entscheidung (Art. 3 Abs. 1 lit. g EuErbVO) eines mitgliedstaatlichen Gerichtes handelt.[6]

Fraglich ist indes, ob das nach Art. 7 lit. a EuErbVO angerufene Gericht seine Zuständigkeit deswegen ablehnen kann, weil seiner Auffassung nach **keine (wirksame) Rechtswahl** des Erblassers vorliegt. Möglich wäre dies, wenn man die – von Art. 7 Hs. 1 EuErbVO vorausgesetzte – Rechtswahl als eigenständiges Tatbestandsmerkmal für eine Zuständigkeitsbegründung nach Art. 7 lit. a EuErbVO begreift; denn auch wenn über das Vorliegen einer wirksamen Rechtswahl bereits seitens des nach Art. 4, Art. 10 EuErbVO angerufenen Gerichts inzidenter entschieden worden ist, erwächst diese Rechtsfrage – als Teil der Entscheidungsbegründung – regelmäßig (nach den jeweiligen nationalen Verfahrensrechten) nicht in Rechtskraft, so dass die gem. Art. 7 lit. a EuErbVO zuständigen Gerichte über das Vorliegen einer Rechtswahl eigenständig befinden können. Ein derartiges Ergebnis ist indes **abzulehnen**: Könnte ein nach Art. 7 lit. a EuErbVO angerufenes Gericht seine Zuständigkeit trotz einer Unzuständigkeitserklärung nach Art. 6 EuErbVO ablehnen, entstünde ein negativer Kompetenzkonflikt,[7] der auch nicht mittels der Notzuständigkeit des Art. 11 EuErbVO (→ Rn. 32 ff.) behoben werden könnte. Die Unzuständigkeitserklärung eines nach Art. 4, Art. 10 EuErbVO angerufenen Gerichts muss daher unmittelbar, also **ohne weitere Voraussetzungen** zu einer Zuständigkeitsbegründung nach Art. 7 lit. a EuErbVO führen.[8] Dies hat nunmehr auch der **EuGH** bestätigt.[9]

3.1

Anmerkung:

Eine andere Frage ist indes, ob ein nach Art. 7 lit. a EuErbVO zuständiges Gericht das Vorliegen einer Rechtswahl im Hinblick auf die **kollisionsrechtliche Anwendungsentscheidung** abweichend von dem nach Art. 4, Art. 10 EuErbVO zunächst angerufenen Gericht beurteilen kann; dies ist – soweit die einzelnen Entscheidungsgründe nach dem nationalen Verfahrensrecht des Ursprungsmitgliedstaates nicht ausnahmsweise doch in Rechtskraft erwachsen – zu bejahen, so dass ein nach Art. 7 lit. a EuErbVO zuständiges Gericht die Rechtsnachfolge von Todes wegen ggf. auch nach Art. 21 EuErbVO beurteilen kann.

Wird gegen die Unzuständigkeitserklärung in dem Ursprungsmitgliedstaat ein **Rechtsbehelf** eingelegt, kann ein nach Art. 7 lit. a EuErbVO zuständiges Gericht das Verfahren unter den herkömmlichen Voraussetzungen des Art. 42 EuErbVO aussetzen; eine pauschale, vom Wortlaut des Art. 7 lit. a EuErbVO nicht gedeckte Beschränkung der Zuständigkeitsbegründung auf sol-

3.2

---

4   EuGH ZEV 2021, 710. – Freilich muss es sich um eine Entscheidung eines Gerichts iSd EuErbVO handeln: Die formlose Mitteilung eines (nicht als Gericht zu qualifizierenden) ausländischen Notars auf die Anwendbarkeit deutschen Erbrechts und der fehlenden eigenen Kenntnis des deutschen Erbrechts stellt keine wirksame Unzuständigkeitserklärung dar, vgl. OLG Köln ZEV 2020, 230.
5   So auch MüKoBGB/Dutta EuErbVO Art. 7 Rn. 3; jurisPK-BGB/Eichel EuErbVO Art. 6 Rn. 24.
6   Ebenso jurisPK-BGB/Eichel EuErbVO Art. 6 Rn. 24; vgl. auch BeckOGK/Schmidt EuErbVO Art. 7 Rn. 5; Rauscher/Hertel EuErbVO Art. 7 Rn. 6. Hinsichtlich Gerichtsstandsvereinbarungen im Rahmen der EuGVVO vgl. EuGH 15.11.2012 – C-456/11 Rn. 22–32; die Entscheidung stellt darüber hinaus klar (aaO Rn. 33–43), dass das kraft Gerichtsstandsvereinbarung prorogierte Gericht an die Entscheidung des seine Zuständigkeit aufgrund der Gerichtsstandsvereinbarung ablehnenden Gerichts auch im Hinblick auf die Wirksamkeit der Gerichtsstandsvereinbarung gebunden ist, so dass eine diesbezügliche Nachprüfung nicht erfolgen kann; → EuErbVO Art. 39 Rn. 3.
7   MüKoBGB/Dutta EuErbVO Art. 7 Rn. 3.
8   Ebenso MüKoBGB/Dutta EuErbVO Art. 7 Rn. 3.
9   EuGH ZEV 2021, 710.

che Fälle, in denen eine endgültige Unzuständigkeitsentscheidung vorliegt,[10] scheidet nach vorzugswürdiger Ansicht aus, zumal Art. 42 EuErbVO eine sachgerechte, den Einzelfall berücksichtigende (Ermessens-)Entscheidung ermöglicht.

3.3 Stellt sich bei einem auf Art. 7 lit. a EuErbVO iVm Art. 6 lit. b EuErbVO gestützten Verfahren heraus, **dass nicht alle Verfahrensparteien der Gerichtsstandsvereinbarung angehören**, ist die Regelung des Art. 9 EuErbVO zu beachten (vgl. dort).

4 **2. Gerichtsstandsvereinbarung (Art. 7 lit. b EuErbVO).** Haben die Verfahrensparteien eine Gerichtsstandsvereinbarung iSv Art. 5 EuErbVO geschlossen, ist das Gericht gem. Art. 7 lit. b EuErbVO zuständig und kann von den Verfahrensparteien unmittelbar angerufen werden. Die **Wirksamkeit der Gerichtsstandsvereinbarung** (→ EuErbVO Art. 5 Rn. 2–4) ist von dem Gericht – anders als von einem nach Art. 7 lit. a EuErbVO zuständigen Gericht, → Rn. 3) vollständig **in formeller und materieller Hinsicht zu prüfen**; stellt sich im Rahmen des Verfahrens heraus, dass nicht alle von dem Nachlass betroffenen Parteien der Gerichtsstandsvereinbarung angehören, bleibt es bei der Zuständigkeit des Gerichts, soweit sich die Verfahrensparteien, die der Vereinbarung nicht angehören, **rügelos** auf das Verfahren einlassen (Art. 9 EuErbVO). Alternativ kommt eine formlose Anerkennung des Gerichtsstands durch sämtliche Verfahrensparteien in Betracht (Art. 7 lit. c EuErbVO), anderenfalls ist nach Art. 15 EuErbVO zu verfahren.

5 **3. Gerichtsstandsanerkennung (Art. 7 lit. c EuErbVO).** Liegt keine förmliche Gerichtsstandsvereinbarung vor, kann ein mitgliedstaatliches Gericht seine Zuständigkeit auf Art. 7 EuErbVO auch dann stützen, wenn die Verfahrensparteien die Zuständigkeit dieses Gerichts durch formlose[11] Erklärung ausdrücklich anerkannt haben. Als Verfahrenshandlung unterliegt die Gerichtsstandsanerkennung im Übrigen dem nationalen Prozessrecht,[12] das durch die EuErbVO nicht berührt wird. Art. 9 EuErbVO ist entsprechend anzuwenden.

III. Kognitionsbefugnis

6 Ebenso wie Art. 4 EuErbVO begründet Art. 7 EuErbVO eine Zuständigkeit in **Erbsachen**, so dass die hiernach zuständigen Gerichte über *alle* mit dem Nachlass in Zusammenhang stehenden Fragen entscheiden können (→ EuErbVO Vor Art. 4–19 Rn. 3). Ebenfalls sind die nach Art. 7 EuErbVO zuständigen Gerichte zur Entscheidung über den **gesamten Nachlass** berufen; eine prozessuale Beschränkung auf bestimmte Vermögenswerte kommt alleine unter den Voraussetzungen des Art. 12 EuErbVO in Betracht (vgl. dort).

Artikel 8 EuErbVO   Beendigung des Verfahrens von Amts wegen bei Rechtswahl

Ein Gericht, das ein Verfahren in einer Erbsache von Amts wegen nach Artikel 4 oder nach Artikel 10 eingeleitet hat, beendet das Verfahren, wenn die Verfahrensparteien vereinbart haben, die Erbsache außergerichtlich in dem Mitgliedstaat, dessen Recht der Erblasser nach Artikel 22 gewählt hat, einvernehmlich zu regeln.

1 Sofern die Verfahrensparteien im Falle einer Rechtswahl des Erblassers (→ EuErbVO Art. 7 Rn. 2) eine einvernehmliche außergerichtliche Regelung der Erbsache in dem Mitgliedstaat des gewählten Rechts vereinbart haben (womit wohl insbesondere §§ 363 ff. FamFG vergleichbare Verfahren gemeint sind,[1] vgl. insoweit auch Erwägungsgrund 29), ist ein von Amts wegen ein-

---

10 So jedoch MüKoBGB/Dutta EuErbVO Art. 7 Rn. 4; auch jurisPK-BGB/Eichel EuErbVO Art. 7 Rn. 9.
11 Vgl. auch Dutta FamRZ 2013, 4 (6).
12 Ebenso Rauscher/Hertel EuErbVO Art. 7 Rn. 10.

1 Ob Art. 8 EuErbVO darüber hinaus auch im Falle von Schiedsvereinbarungen oder letztwilligen Schiedsverfügungen anzuwenden ist, erscheint bislang ungeklärt; vgl. hierzu Magnus IPRax 2013, 393 (398).

geleitetes Verfahren des nach Art. 4 oder Art. 10 EuErbVO zuständigen Gerichts ebenfalls von Amts wegen zu beenden, auch wenn das nationale Recht eine einvernehmliche Beendigung des Verfahrens nicht gestattet.[2] Welche Voraussetzungen an eine derartige Vereinbarung zu stellen sind, ist bislang offen. Der Wortlaut von Art. 8 EuErbVO sowie ein Vergleich mit Art. 5 EuErbVO lässt darauf schließen, dass es sich hierbei um eine *rechtsgeschäftliche* Vereinbarung handeln muss, so dass bloße Absichtserklärungen der Parteien nicht ausreichen dürften. Hinsichtlich ihrer formellen und materiellen Voraussetzungen sollte man solche Vereinbarungen wie eine Gerichtsstandsvereinbarung behandeln, so dass in formeller Hinsicht Art. 5 Abs. 2 EuErbVO entsprechend anzuwenden ist; in materieller Hinsicht ist das Vertragsstatut maßgeblich (näher → EuErbVO Art. 5 Rn. 4).

Wird das Verfahren *nicht* von Amts wegen eingeleitet, steht es den Parteien gem. Erwägungsgrund 29 S. 2 (auch im Falle einer Wahl drittstaatlichen Rechts, vgl. Erwägungsgrund 29 S. 3) frei, die Erbsache außergerichtlich – etwa vor einem Notar – in einem *Mitgliedstaat ihrer Wahl* zu regeln, sofern dies nach dem Recht dieses Mitgliedstaates möglich ist; für solche Fälle enthält die EuErbVO demnach keinerlei Vorgaben, so dass die Zulässigkeit einer außergerichtlichen Einigung ebenso wie das Schicksal eines ggf. bereits seitens der Parteien eingeleiteten Verfahrens der jeweiligen nationalen Rechtsordnung unterliegt. 2

Artikel 9 EuErbVO   Zuständigkeit aufgrund rügeloser Einlassung

(1) Stellt sich in einem Verfahren vor dem Gericht eines Mitgliedstaats, das seine Zuständigkeit nach Artikel 7 ausübt, heraus, dass nicht alle Parteien dieses Verfahrens der Gerichtstandsvereinbarung angehören, so ist das Gericht weiterhin zuständig, wenn sich die Verfahrensparteien, die der Vereinbarung nicht angehören, auf das Verfahren einlassen, ohne den Mangel der Zuständigkeit des Gerichts zu rügen.

(2) Wird der Mangel der Zuständigkeit des in Absatz 1 genannten Gerichts von Verfahrensparteien gerügt, die der Vereinbarung nicht angehören, so erklärt sich das Gericht für unzuständig. In diesem Fall sind die nach Artikel 4 oder Artikel 10 zuständigen Gerichte für die Entscheidung in der Erbsache zuständig.

Art. 9 EuErbVO greift ein, wenn sich bei der rechtlichen Beurteilung einer Erbsache durch ein gem. Art. 7 lit. a, b EuErbVO zuständiges Gericht herausstellt, dass nicht alle von dem Nachlass betroffenen Parteien der Gerichtsstandsvereinbarung angehören. Soweit sich diese Parteien auf das Verfahren **rügelos einlassen**, bleibt das angerufene Gericht zuständig (Art. 9 Abs. 1 EuErbVO). Geschieht dies nicht, erklärt sich das Gericht von Amts wegen für unzuständig (Art. 9 Abs. 2 S. 1 EuErbVO). In diesem Falle ist alleine das gem. Art. 4 bzw. Art. 10 EuErbVO zuständige Gericht für die Entscheidung in Erbsachen berufen (Art. 9 Abs. 2 S. 2 EuErbVO). 1

Entsprechend anzuwenden ist Art. 9 EuErbVO, wenn sich während des Verfahrens vor einem gem. Art. 7 lit. c EuErbVO zuständigen Gericht herausstellt, dass nicht alle Verfahrensparteien die Zuständigkeit des angerufenen Gerichts ausdrücklich anerkannt haben.[1] 2

---

2 Vgl. Dutta FamRZ 2013, 4 (6), der § 22 Abs. 4 FamFG zum Beispiel gibt.

1 JurisPK-BGB/Eichel EuErbVO Art. 9 Rn. 1; MüKoBGB/Dutta EuErbVO Art. 9 Rn. 4; BeckOGK/Schmidt EuErbVO Art. 9 Rn. 5; vgl. auch Rauscher/Hertel EuErbVO Art. 7 Rn. 3.

Artikel 10 EuErbVO Subsidiäre Zuständigkeit

(1) Hatte der Erblasser seinen gewöhnlichen Aufenthalt im Zeitpunkt seines Todes nicht in einem Mitgliedstaat, so sind die Gerichte eines Mitgliedstaats, in dem sich Nachlassvermögen befindet, für Entscheidungen in Erbsachen für den gesamten Nachlass zuständig, wenn

a) der Erblasser die Staatsangehörigkeit dieses Mitgliedstaats im Zeitpunkt seines Todes besaß, oder, wenn dies nicht der Fall ist,
b) der Erblasser seinen vorhergehenden gewöhnlichen Aufenthalt in dem betreffenden Mitgliedstaat hatte, sofern die Änderung dieses gewöhnlichen Aufenthalts zum Zeitpunkt der Anrufung des Gerichts nicht länger als fünf Jahre zurückliegt.

(2) Ist kein Gericht in einem Mitgliedstaat nach Absatz 1 zuständig, so sind dennoch die Gerichte des Mitgliedstaats, in dem sich Nachlassvermögen befindet, für Entscheidungen über dieses Nachlassvermögen zuständig.

A. Allgemeines

1 Soweit der Erblasser seinen letzten gewöhnlichen Aufenthalt (zum Begriff → EuErbVO Art. 21 Rn. 4–11) *nicht* in einem Mitgliedstaat iSd EuErbVO (→ EuErbVO Art. 3 Rn. 2) hatte, können mitgliedstaatliche Gerichte dennoch für die Entscheidung in Erbsachen gem. Art. 10 EuErbVO international zuständig sein, sofern sich Nachlassvermögen in diesem Mitgliedstaat befindet. Die subsidiäre Zuständigkeit ist **von Amts wegen** insbesondere auch dann zu prüfen, soweit eine Zuständigkeit nicht auf Art. 4 EuErbVO gestützt werden kann.[1]

Zur **örtlichen Zuständigkeit** in diesen Fällen vgl. § 2 Abs. 4 IntErbRVG.

B. Regelungsgehalt

I. Abs. 1

2 Eine Zuständigkeit gem. Art. 10 Abs. 1 EuErbVO setzt neben vorhandenem Nachlassvermögen in dem Mitgliedstaat voraus, dass der Erblasser entweder im Zeitpunkt seines Todes Staatsangehöriger dieses Mitgliedstaats war (lit. a) oder dass er seinen vorhergehenden gewöhnlichen Aufenthalt in dem betreffenden Mitgliedstaat hatte und der Aufenthaltswechsel zum Zeitpunkt der Anrufung des Gerichts (Art. 14 EuErbVO) nicht länger als fünf Jahre zurückliegt (lit. a). Insoweit muss es sich jedoch nicht zwingend um den unmittelbar vorangehenden, also vorletzten gewöhnlichen Aufenthalt handeln; für eine Zuständigkeit nach Art. 10 Abs. 1 lit. b EuErbVO dürfte genügen, dass der Erblasser innerhalb der letzten fünf Jahre seinen gewöhnlichen Aufenthalt in diesem Staat begründet hatte, mögen zwischenzeitlich auch mehrere Aufenthaltswechsel eingetreten sein.[2]

3 Liegen diese Voraussetzungen vor, hat das zuständige Gericht über den *gesamten* Nachlass, also nicht nur über die in diesem Staate belegenen Vermögenswerte, zu entscheiden.

II. Abs. 2

4 Liegen die Voraussetzungen des Art. 10 Abs. 1 EuErbVO nicht vor, kann eine Entscheidung eines Mitgliedstaates gem. Art. 10 Abs. 2 EuErbVO dennoch ergehen, wenn sich in diesem Staat Nachlassvermögen befindet; in diesem Falle ist die Kognitionsbefugnis der Gerichte jedoch auf die sich in diesem Staate befindlichen Nachlassgegenstände beschränkt, so dass über das restli-

---

[1] EuGH LMK 2022, 807461 mAnm Makowsky.
[2] Ebenso jurisPK-BGB/Eichel EuErbVO Art. 10 Rn. 16. AA BeckOGK/Schmidt EuErbVO Art. 10 Rn. 20; vgl. auch Rauscher/Hertel EuErbVO Art. 10 Rn. 7 (letzter gewöhnlicher Aufenthalt in einem EU-Staat, in welchem die EuErbVO gilt).

che Vermögen keine Entscheidung ergehen kann. Eine auf Art. 10 Abs. 2 EuErbVO gestützte Zuständigkeit führt daher zu einer **prozessualen Nachlassspaltung**.

III. Vorliegen einer Rechtswahl

Hat der Erblasser eine wirksame Rechtswahl zugunsten des Rechts eines Mitgliedstaates getroffen (→ EuErbVO Art. 7 Rn. 2), kann sich das angerufene, nach Art. 10 EuErbVO zuständige Gericht gem. Art. 6 EuErbVO für unzuständig erklären; soweit die Verfahrensparteien vereinbart haben, die Erbsache außergerichtlich zu regeln, ist gem. Art. 8 EuErbVO zu verfahren.

Artikel 11 EuErbVO Notzuständigkeit (forum necessitatis)

Ist kein Gericht eines Mitgliedstaats aufgrund anderer Vorschriften dieser Verordnung zuständig, so können die Gerichte eines Mitgliedstaats in Ausnahmefällen in einer Erbsache entscheiden, wenn es nicht zumutbar ist oder es sich als unmöglich erweist, ein Verfahren in einem Drittstaat, zu dem die Sache einen engen Bezug aufweist, einzuleiten oder zu führen.

Die Sache muss einen ausreichenden Bezug zu dem Mitgliedstaat des angerufenen Gerichts aufweisen.

A. Allgemeines

Art. 11 EuErbVO sieht – ebenso wie bereits Art. 7 EuUntVO[1] – in Ausnahmefällen eine **Notzuständigkeit mitgliedstaatlicher Gerichte** vor, um Fällen von Rechtsverweigerung (aus Sicht der EuErbVO grundsätzlich zuständiger drittstaatlicher Gerichte) begegnen (vgl. Erwägungsgrund 31 S. 1) und damit dem Justizgewährungsanspruch (Art. 47 EU-Grundrechtscharta, Art. 6 EMRK)[2] Rechnung tragen zu können; als Ausnahmevorschrift (vgl. Erwägungsgrund 31 S. 1) ist diese **restriktiv auszulegen**, um keinen exorbitanten Gerichtsstand zu schaffen.

Zur **örtlichen Zuständigkeit** in diesem Falle vgl. § 2 Abs. 4 IntErbRVG.

B. Regelungsgehalt

Voraussetzung für die Annahme einer Notzuständigkeit ist zunächst, dass mitgliedstaatliche Gerichte nicht bereits aufgrund anderer Bestimmungen der EuErbVO (Art. 4, Art. 7, Art. 10 EuErbVO) zur Entscheidung der Erbsache berufen sind.

Des Weiteren muss ein Verfahren in einem Drittstaat, zu dem die Sache einen engen Bezug aufweist, nicht zumutbar sein oder es sich als unmöglich erweisen. Dies ist etwa der Fall, wenn in dem betreffenden Drittstaat Bürgerkrieg (vgl. Erwägungsgrund 31 S. 2) oder ähnliche Umstände herrschen, welche eine Entscheidung in der konkreten Erbsache seitens der Gerichte dieses Staates in einem tatsächlichen Sinne unmöglich machen; ob ein **konkreter Versuch** hinsichtlich der Einleitung eines Verfahrens in dem Drittstaat seitens der an dem Nachlass Berechtigten zu verlangen ist, muss einer Einzelfallprüfung vorbehalten bleiben; regelmäßig wird es jedoch ausreichen, wenn die in dem Drittstaat herrschenden Umstände (nach Maßgabe des nationalen Verfahrensrechts) festgestellt werden können und diese tatsächlichen Umstände eine Undurchführbarkeit des Verfahrens vor dessen Gerichten vermuten lassen.

Auch wenn diese Voraussetzung erfüllt ist, bedarf es für eine auf Art. 11 EuErbVO gestützte Zuständigkeit darüber hinaus eines **ausreichenden Bezugs zu dem Mitgliedstaat** des angerufe-

---

[1] Vgl. hierzu etwa Conti, S. 118–121.
[2] JurisPK-BGB/Eichel EuErbVO Art. 11 Rn. 1. Hinsichtlich Art. 7 EuErbVO Prütting/Helms/Hau FamFG Anh. § 110 Rn. 63; Hau FS Kaissis 2012, 355 (359); Conti, 120.

nen Gerichts. Da die Belegenheit von Nachlassvermögen in einem Mitgliedstaat bereits eine (Art. 11 EuErbVO vorrangige) Zuständigkeit nach Art. 10 EuErbVO begründet, wird man insoweit auf einen Bezug der an dem Nachlass Berechtigten oder des Erblassers selbst zu dem nach Art. 11 EuErbVO zuständigen Mitgliedstaates abzustellen haben; ein ausreichender Inlandsbezug dürfte insoweit jedenfalls dann zu bejahen sein, wenn die an dem Nachlass Berechtigten ihren gewöhnlichen Aufenthalt in diesem Mitgliedstaat oder dessen Staatsangehörigkeit haben, zudem auch, wenn der Erblasser seinen vorletzten oder weiter zurückliegenden gewöhnlichen Aufenthalt in diesem Mitgliedstaat oder dessen Staatsangehörigkeit hatte.

5 Sind die geschilderten Voraussetzungen erfüllt, ist eine internationale Zuständigkeit zwingend zu bejahen, da dem zuständigen mitgliedstaatlichen Gericht- entgegen dem missverständlichen Wortlaut von Art. 11 EuErbVO – **kein Ermessensspielraum** bei der Zuständigkeitsentscheidung zukommt;[3] Art. 11 EuErbVO stellt keine Ausprägung der *forum non conveniens*-Doktrin dar, sondern ist – ebenso wie Art. 6 EuErbVO (→ EuErbVO Art. 6 Rn. 2) – als eine durch Fallgruppenbildung konkretisierungsbedürftige **Generalklausel** zu verstehen, deren Anwendung der Revision zugänglich und insbesondere der Letztauslegungskompetenz des EuGH unterliegt.

Artikel 12 EuErbVO Beschränkung des Verfahrens

(1) Umfasst der Nachlass des Erblassers Vermögenswerte, die in einem Drittstaat belegen sind, so kann das in der Erbsache angerufene Gericht auf Antrag einer der Parteien beschließen, über einen oder mehrere dieser Vermögenswerte nicht zu befinden, wenn zu erwarten ist, dass seine Entscheidung in Bezug auf diese Vermögenswerte in dem betreffenden Drittstaat nicht anerkannt oder gegebenenfalls nicht für vollstreckbar erklärt wird.

(2) Absatz 1 berührt nicht das Recht der Parteien, den Gegenstand des Verfahrens nach dem Recht des Mitgliedstaats des angerufenen Gerichts zu beschränken.

A. Allgemeines

1 Soweit ein mitgliedstaatliches Gericht gem. Art. 4, Art. 7, Art. 10 oder Art. 11 Abs. 1 EuErbVO zuständig ist,[1] hat dieses grundsätzlich über den *gesamten* Nachlass zu entscheiden. Auf Antrag einer der Parteien kommt jedoch gem. Art. 12 Abs. 1 EuErbVO eine Beschränkung des Verfahrens auf solche Nachlassgegenstände in Betracht, die sich in den einzelnen Mitgliedstaaten befinden. Eine anderweitige Beschränkung des Verfahrens (insbesondere im Hinblick auf Nachlassgegenstände, welche in dem für die Erbsache zuständigen Mitgliedstaat belegen sind) kann sich zudem aus dem jeweiligen nationalen Prozessrecht ergeben, welches gem. Art. 12 Abs. 2 EuErbVO insoweit unberührt bleibt.

B. Regelungsgehalt

2 Art. 12 Abs. 1 EuErbVO ermöglicht zunächst eine Beschränkung des Verfahrens auf solche Nachlassgegenstände, die in den einzelnen Mitgliedstaaten belegen sind. Sofern die Parteien einen entsprechenden Antrag gestellt haben, hat das zuständige mitgliedstaatliche Gericht daher nicht über in einem *Drittstaat* belegene Nachlassgegenstände zu entscheiden; ein auf *einzelne* Nachlassgegenstände beschränkter Antrag ist nach dem insoweit eindeutigen Wortlaut des Art. 12 Abs. 1 EuErbVO möglich. Voraussetzung hierfür ist jedoch stets, dass nach den konkre-

---

3 Ebenso jurisPK-BGB/Eichel EuErbVO Art. 11 Rn. 2; hinsichtlich Art. 7 EuErbVO auch Prütting/Helms/Hau FamFG Anh. § 110 Rn. 63; Hau FS Kaissis 2012, 355 (359 f.); Conti, 120. AA Rauscher/Andrae EG-UntVO Art. 7 Rn. 13.

1 Eine Ausnahme bildet allein Art. 11 Abs. 2 EuErbVO, der bereits ex lege zu einer prozessualen Nachlassspaltung führt.

ten Umständen mit einer Anerkennung und insbesondere Vollstreckbarerklärung einer über diese Nachlassgegenstände ergangenen Entscheidung nicht zu rechnen ist, weil die diesbezüglichen Voraussetzungen nach dem Recht dieses Drittstaates nicht vorliegen.

Darüber hinaus enthält Art. 12 Abs. 2 EuErbVO eine Öffnungsklausel zugunsten solcher Verfahrensbestimmungen der lex fori, welche den Parteien die Beschränkung des Verfahrensgegenstands ermöglichen. Für deutsche Gerichte beachtlich ist daher § 352 c FamFG, nach welchem auf Antrag der Parteien ein (nationaler) gegenständlich beschränkter Erbschein ergehen kann. 3

Artikel 13 EuErbVO   Annahme oder Ausschlagung der Erbschaft, eines Vermächtnisses oder eines Pflichtteils

Außer dem gemäß dieser Verordnung für die Rechtsnachfolge von Todes wegen zuständigen Gericht sind die Gerichte des Mitgliedstaats, in dem eine Person ihren gewöhnlichen Aufenthalt hat, die nach dem auf die Rechtsnachfolge von Todes wegen anzuwendenden Recht vor einem Gericht eine Erklärung über die Annahme oder Ausschlagung der Erbschaft, eines Vermächtnisses oder eines Pflichtteils oder eine Erklärung zur Begrenzung der Haftung der betreffenden Person für die Nachlassverbindlichkeiten abgeben kann, für die Entgegennahme solcher Erklärungen zuständig, wenn diese Erklärungen nach dem Recht dieses Mitgliedstaats vor einem Gericht abgegeben werden können.

Einen besonderen Gerichtsstand sieht Art. 13 EuErbVO hinsichtlich der Erklärung der Annahme oder Ausschlagung der Erbschaft, eines Vermächtnisses oder eines Pflichtteils vor (zur Regelung der **örtlichen Zuständigkeit** vgl. § 31 S. 1 IntErbRVG). Eine solche Erklärung kann zunächst vor den entweder nach Art. 4, Art. 7, Art. 10 oder Art. 11 EuErbVO zuständigen Gerichten abgegeben werden, sie kann jedoch darüber hinaus (**konkurrierende Zuständigkeit**) auch vor den Gerichten desjenigen Mitgliedstaates abgegeben werden, in welchem der Erklärende seinen gewöhnlichen Aufenthalt hat. In kollisionsrechtlicher Hinsicht wird Art. 13 EuErbVO durch Art. 28 EuErbVO ergänzt, der hinsichtlich der Formgültigkeit einer solchen Erklärung auch die lex fori des nach Art. 13 EuErbVO zuständigen Gerichts für maßgeblich erklärt (vgl. im Einzelnen Art. 28 EuErbVO). 1

Artikel 14 EuErbVO   Anrufung eines Gerichts

Für die Zwecke dieses Kapitels gilt ein Gericht als angerufen
a) zu dem Zeitpunkt, zu dem das verfahrenseinleitende Schriftstück oder ein gleichwertiges Schriftstück bei Gericht eingereicht worden ist, vorausgesetzt, dass der Kläger es in der Folge nicht versäumt hat, die ihm obliegenden Maßnahmen zu treffen, um die Zustellung des Schriftstücks an den Beklagten zu bewirken,
b) falls die Zustellung vor Einreichung des Schriftstücks bei Gericht zu bewirken ist, zu dem Zeitpunkt, zu dem die für die Zustellung verantwortliche Stelle das Schriftstück erhalten hat, vorausgesetzt, dass der Kläger es in der Folge nicht versäumt hat, die ihm obliegenden Maßnahmen zu treffen, um das Schriftstück bei Gericht einzureichen, oder
c) falls das Gericht das Verfahren von Amts wegen einleitet, zu dem Zeitpunkt, zu dem der Beschluss über die Einleitung des Verfahrens vom Gericht gefasst oder, wenn ein solcher Beschluss nicht erforderlich ist, zu dem Zeitpunkt, zu dem die Sache beim Gericht eingetragen wird.

Art. 14 EuErbVO sieht – ebenso wie Art. 32 EuGVVO (Art. 30 EuGVVO aF) – eine autonome Bestimmung der **Anhängigkeit** vor. Insofern ist zu differenzieren: Soweit nach dem nationalen Prozessrecht die Zustellung des verfahrenseinleitenden Schriftstücks *nach dessen Einreichung* 1 bei Gericht zu erfolgen hat (so gem. § 253 ZPO), erklärt Art. 14 lit. a EuErbVO den Zeitpunkt der Einreichung für maßgeblich; soweit die Zustellung *vor Einreichung* des Schriftstücks bei Gericht zu bewirken ist, kommt es gem. Art. 14 lit. b EuErbVO auf den Zeitpunkt an, zu dem die für die Zustellung verantwortliche Stelle das Schriftstück erhalten hat. Die Anhängigkeit setzt in beiden Fällen jedoch voraus, dass der Kläger seinen diesbezüglichen Mitwirkungsobliegenheiten (Angabe der richtigen Adresse, Einzahlung eines Kostenvorschusses, ordnungsgemäßer PKH-Antrag[1] etc) nachgekommen ist;[2] verletzt er diese, treten die von Art. 14 EuErbVO vorgesehenen Wirkungen nicht ein.

2 Handelt es sich um ein **von Amts wegen** einzuleitendes Verfahren, gilt das zuständige Gericht zu dem Zeitpunkt als angerufen, zu dem der Beschluss über die Einleitung des Verfahrens vom Gericht gefasst wurde oder – soweit es nach dem nationalen Recht eines solchen Beschlusses nicht bedarf – zu demjenigen Zeitpunkt, zu dem die Sache bei Gericht eingetragen wird.

Artikel 15 EuErbVO   Prüfung der Zuständigkeit

Das Gericht eines Mitgliedstaats, das in einer Erbsache angerufen wird, für die es nach dieser Verordnung nicht zuständig ist, erklärt sich von Amts wegen für unzuständig.

1 Soweit ein nach der EuErbVO unzuständiges mitgliedstaatliches Gericht in einer Erbsache angerufen wird, hat sich dieses Gericht gem. Art. 15 EuErbVO von Amts wegen für unzuständig zu erklären. Sind die Voraussetzungen von Art. 16 EuErbVO erfüllt, muss das Gericht jedoch vorrangig nach dieser Vorschrift verfahren.

Artikel 16 EuErbVO   Prüfung der Zulässigkeit

(1) Lässt sich der Beklagte, der seinen gewöhnlichen Aufenthalt im Hoheitsgebiet eines anderen Staates als des Mitgliedstaats hat, in dem das Verfahren eingeleitet wurde, auf das Verfahren nicht ein, so setzt das zuständige Gericht das Verfahren so lange aus, bis festgestellt ist, dass es dem Beklagten möglich war, das verfahrenseinleitende Schriftstück oder ein gleichwertiges Schriftstück so rechtzeitig zu empfangen, dass er sich verteidigen konnte oder dass alle hierzu erforderlichen Maßnahmen getroffen wurden.

(2) Anstelle des Absatzes 1 des vorliegenden Artikels findet Artikel 19 der Verordnung (EG) Nr. 1393/2007 des Europäischen Parlaments und des Rates vom 13. November 2007 über die Zustellung gerichtlicher und außergerichtlicher Schriftstücke in Zivil- oder Handelssachen in den Mitgliedstaaten (Zustellung von Schriftstücken)[1] Anwendung, wenn das verfahrenseinleitende Schriftstück oder ein gleichwertiges Schriftstück nach der genannten Verordnung von einem Mitgliedstaat in einen anderen zu übermitteln war.

(3) Ist die Verordnung (EG) Nr. 1393/2007 nicht anwendbar, so gilt Artikel 15 des Haager Übereinkommens vom 15. November 1965 über die Zustellung gerichtlicher und außergerichtlicher Schriftstücke im Ausland in Zivil- und Handelssachen, wenn das verfahrenseinleitende Schriftstück oder ein gleichwertiges Schriftstück nach Maßgabe dieses Übereinkommens ins Ausland zu übermitteln war.

1 Hat der Beklagte seinen gewöhnlichen Aufenthalt im Ausland und lässt sich dieser nicht auf das Verfahren ein, ordnet Art. 16 Abs. 1 EuErbVO die **Aussetzung des Verfahrens** so lange an, bis

---

1   Zu Art. 32 EuGVVO: Thomas/Putzo/Hüßtege EuGVVO Art. 32 Rn. 4.

2   Ebenso Burandt/Rojahn/Burandt/Schmuck EuErbVO Art. 14 Rn. 1.

1   **Amtl. Anm.:** ABl. L 324 vom 10.12.2007, S. 79.

festgestellt ist, dass dem Beklagten der Empfang des verfahrenseinleitenden (oder gleichwertigen) Schriftstücks möglich war und damit seine Verteidigungsrechte gewahrt wurden.

Soweit der Beklagte seinen gewöhnlichen Aufenthalt in einem Mitgliedstaat (mit Ausnahme von Dänemark) hat, wird Art. 16 Abs. 1 von der spezielleren Bestimmung des Art. 19 EuZVO[2] verdrängt, deklaratorisch Art. 16 Abs. 2 EuErbVO.

Ebenfalls verdrängt wird Art. 16 Abs. 1 EuErbVO von Art. 15 HZÜ,[3] der als staatsvertragliche Regelung weiterhin vorrangig zu beachten ist (deklaratorisch Art. 16 Abs. 3 EuErbVO). Diese Bestimmung ist anwendbar, wenn der Beklagte seinen gewöhnlichen Aufenthalt in einem Vertragsstaat des HZÜ hat; im Verhältnis der Mitgliedstaaten untereinander tritt Art. 15 HZÜ jedoch hinter den (inhaltsgleichen) Art. 19 EuZVO zurück, vgl. Art. 20 Abs. 1 EuZVO.

Anhang Artikel 16 EuErbVO

Verordnung (EG) Nr. 1393/2007 des Europäischen Parlaments und des Rates vom 13. November 2007 über die Zustellung gerichtlicher und außergerichtlicher Schriftstücke in Zivil- oder Handelssachen in den Mitgliedstaaten („Zustellung von Schriftstücken") und zur Aufhebung der Verordnung (EG) Nr. 1348/2000 des Rates

(ABl. L 324 vom 10.12.2007, S. 79)
geändert durch Art. 1 Abs. 1 Buchst. k) ÄndVO (EU) 517/2013 vom 13. Mai 2013
(ABl. L 158 vom 10.6.2013, S. 1)
– Auszug –

Artikel 1   Anwendungsbereich

(1) ¹Diese Verordnung ist in Zivil- oder Handelssachen anzuwenden, in denen ein gerichtliches oder außergerichtliches Schriftstück von einem in einen anderen Mitgliedstaat zum Zwecke der Zustellung zu übermitteln ist. ²Sie erfasst insbesondere nicht Steuer- und Zollsachen, verwaltungsrechtliche Angelegenheiten sowie die Haftung des Staates für Handlungen oder Unterlassungen im Rahmen der Ausübung hoheitlicher Rechte („acta iure imperii").
(2) Diese Verordnung findet keine Anwendung, wenn die Anschrift des Empfängers des Schriftstücks unbekannt ist.
(3) Im Sinne dieser Verordnung bezeichnet der Begriff „Mitgliedstaat" alle Mitgliedstaaten mit Ausnahme Dänemarks.

Artikel 19   Nichteinlassung des Beklagten

(1) War ein verfahrenseinleitendes Schriftstück oder ein gleichwertiges Schriftstück nach dieser Verordnung zum Zweck der Zustellung in einen anderen Mitgliedstaat zu übermitteln und hat sich der Beklagte nicht auf das Verfahren eingelassen, so hat das Gericht das Verfahren auszusetzen, bis festgestellt ist,
a) dass das Schriftstück in einem Verfahren zugestellt worden ist, das das Recht des Empfangsmitgliedstaats für die Zustellung der in seinem Hoheitsgebiet ausgestellten Schriftstücke an dort befindliche Personen vorschreibt, oder
b) dass das Schriftstück tatsächlich entweder dem Beklagten persönlich ausgehändigt oder nach einem anderen in dieser Verordnung vorgesehenen Verfahren in seiner Wohnung abgegeben worden ist,

und dass in jedem dieser Fälle das Schriftstück so rechtzeitig zugestellt oder ausgehändigt bzw. abgegeben worden ist, dass der Beklagte sich hätte verteidigen können.
(2) Jeder Mitgliedstaat kann nach Artikel 23 Absatz 1 mitteilen, dass seine Gerichte ungeachtet des Absatzes 1 den Rechtsstreit entscheiden können, auch wenn keine Bescheinigung über die Zustellung oder die Aushändigung bzw. Abgabe eingegangen ist, sofern folgende Voraussetzungen gegeben sind:

---

2   Verordnung (EG) Nr. 1393/2007 des Europäischen Parlaments und des Rates vom 13.11.2007 über die Zustellung gerichtlicher und außergerichtlicher Schriftstücke in Zivil- oder Handelssachen in den Mitgliedstaaten (Zustellung von Schriftstücken), ABl. EU L 324, 79; abrufbar unter http://eur-lex.europa.eu/LexUriServ/LexUriServ.do?uri=OJ:L:2007:324:0079:0120:DE:PDF.

3   Haager Übereinkommen über die Zustellung gerichtlicher und außergerichtlicher Schriftstücke im Ausland in Zivil- und Handelssachen vom 15.11.1965, BGBl. 1977 II 1453 (abgedruckt bei Jayme/Hausmann Nr. 211).

a) Das Schriftstück ist nach einem in dieser Verordnung vorgesehenen Verfahren übermittelt worden.
b) Seit der Absendung des Schriftstücks ist eine Frist von mindestens sechs Monaten verstrichen, die das Gericht nach den Umständen des Falles als angemessen erachtet.
c) Trotz aller zumutbaren Schritte bei den zuständigen Behörden oder Stellen des Empfangsmitgliedstaats war eine Bescheinigung nicht zu erlangen.

(3) Unbeschadet der Absätze 1 und 2 kann das Gericht in dringenden Fällen einstweilige Maßnahmen oder Sicherungsmaßnahmen anordnen.

(4) War ein verfahrenseinleitendes Schriftstück oder ein gleichwertiges Schriftstück nach dieser Verordnung zum Zweck der Zustellung in einen anderen Mitgliedstaat zu übermitteln und ist eine Entscheidung gegen einen Beklagten ergangen, der sich nicht auf das Verfahren eingelassen hat, so kann ihm das Gericht in Bezug auf Rechtsmittelfristen die Wiedereinsetzung in den vorigen Stand bewilligen, sofern

a) der Beklagte ohne sein Verschulden nicht so rechtzeitig Kenntnis von dem Schriftstück erlangt hat, dass er sich hätte verteidigen können, und nicht so rechtzeitig Kenntnis von der Entscheidung erlangt hat, dass er sie hätte anfechten können, und
b) die Verteidigung des Beklagten nicht von vornherein aussichtslos scheint.

Ein Antrag auf Wiedereinsetzung in den vorigen Stand kann nur innerhalb einer angemessenen Frist, nachdem der Beklagte von der Entscheidung Kenntnis erhalten hat, gestellt werden.

Jeder Mitgliedstaat kann nach Artikel 23 Absatz 1 erklären, dass dieser Antrag nach Ablauf einer in seiner Mitteilung anzugebenden Frist unzulässig ist; diese Frist muss jedoch mindestens ein Jahr ab Erlass der Entscheidung betragen.

(5) Absatz 4 gilt nicht für Entscheidungen, die den Personenstand betreffen.

Artikel 20   Verhältnis zu von den Mitgliedstaaten geschlossenen Übereinkünften oder Vereinbarungen

(1) Die Verordnung hat in ihrem Anwendungsbereich Vorrang vor den Bestimmungen, die in den von den Mitgliedstaaten geschlossenen bilateralen oder multilateralen Übereinkünften oder Vereinbarungen enthalten sind, insbesondere vor Artikel IV des Protokolls zum Brüsseler Übereinkommen von 1968 und vor dem Haager Übereinkommen vom 15. November 1965.

(2) Die Verordnung hindert einzelne Mitgliedstaaten nicht daran, Übereinkünfte oder Vereinbarungen zur weiteren Beschleunigung oder Vereinfachung der Übermittlung von Schriftstücken beizubehalten oder zu schließen, sofern sie mit dieser Verordnung vereinbar sind.

(...)

Haager Übereinkommen über die Zustellung gerichtlicher und außergerichtlicher Schriftstücke im Ausland in Zivil- und Handelssachen vom 15. November 1965

– Auszug –

Artikel 1

Dieses Übereinkommen ist in Zivil- oder Handelssachen in allen Fällen anzuwenden, in denen ein gerichtliches oder außergerichtliches Schriftstück zum Zweck der Zustellung in das Ausland zu übermitteln ist.
Das Übereinkommen gilt nicht, wenn die Anschrift des Empfängers des Schriftstücks unbekannt ist.

Artikel 15

War zur Einleitung eines gerichtlichen Verfahrens eine Ladung oder ein entsprechendes Schriftstück nach diesem Übereinkommen zum Zweck der Zustellung in das Ausland zu übermitteln und hat sich der Beklagte nicht auf das Verfahren eingelassen, so hat der Richter das Verfahren auszusetzen, bis festgestellt ist,

a) daß das Schriftstück in einer der Formen zugestellt worden ist, die das Recht des ersuchten Staates für die Zustellung der in seinem Hoheitsgebiet ausgestellten Schriftstücke an dort befindliche Personen vorschreibt, oder
b) daß das Schriftstück entweder dem Beklagten selbst oder aber in seiner Wohnung nach einem anderen in diesem Übereinkommen vorgesehenen Verfahren übergeben worden ist

und daß in jedem dieser Fälle das Schriftstück so rechtzeitig zugestellt oder übergeben worden ist, daß der Beklagte sich hätte verteidigen können.

Jedem Vertragsstaat steht es frei zu erklären, daß seine Richter ungeachtet des Absatzes 1 den Rechtsstreit entscheiden können, auch wenn ein Zeugnis über die Zustellung oder die Übergabe nicht eingegangen ist, vorausgesetzt,

a) daß das Schriftstück nach einem in diesem Übereinkommen vorgesehenen Verfahren übermittelt worden ist,
b) daß seit der Absendung des Schriftstücks eine Frist verstrichen ist, die der Richter nach den Umständen des Falles als angemessen erachtet und die mindestens sechs Monate betragen muß, und

c) daß trotz aller zumutbaren Schritte bei den zuständigen Behörden des ersuchten Staates ein Zeugnis nicht zu erlangen war.

Dieser Artikel hindert nicht, daß der Richter in dringenden Fällen vorläufige Maßnahmen einschließlich solcher, die auf eine Sicherung gerichtet sind, anordnet.

Artikel 17 EuErbVO Rechtshängigkeit

(1) Werden bei Gerichten verschiedener Mitgliedstaaten Verfahren wegen desselben Anspruchs zwischen denselben Parteien anhängig gemacht, so setzt das später angerufene Gericht das Verfahren von Amts wegen aus, bis die Zuständigkeit des zuerst angerufenen Gerichts feststeht.

(2) Sobald die Zuständigkeit des zuerst angerufenen Gerichts feststeht, erklärt sich das später angerufene Gericht zugunsten dieses Gerichts für unzuständig.

A. Allgemeines

Art. 17 EuErbVO regelt – ebenso wie die identische Vorschrift des Art. 29 EuGVVO (Art. 27 EuGVVO aF) – Fälle der doppelten Rechtshängigkeit: Soweit bei Gerichten verschiedener Staaten Verfahren in Erbsachen wegen *desselben Anspruchs* zwischen *denselben Parteien* anhängig gemacht werden (Art. 14 EuErbVO), hat das später angerufene Gericht das Verfahren von Amts wegen auszusetzen, bis die Zuständigkeit des zuerst angerufenen Gerichts festgestellt ist (Art. 17 Abs. 1 EuErbVO). Ist dies der Fall, erklärt sich das später angerufene Gericht ebenfalls von Amts wegen für unzuständig (Art. 17 Abs. 2 EuErbVO). Art. 17 EuErbVO folgt damit dem **Prioritätsgrundsatz**;[1] er dient dem Interesse einer geordneten Rechtspflege in der Gemeinschaft und hat zum Ziel, „Parallelverfahren vor Gerichten verschiedener [Mitglied]staaten und daraus möglicherweise resultierende gegensätzliche Entscheidungen zu verhindern"[2] und damit auch Anerkennungshindernisse iSv Art. 40 lit. c EuErbVO zu vermeiden.[3] Vor diesem Hintergrund ist Art. 17 EuErbVO grundsätzlich *weit* auszulegen.[4]

B. Regelungsgehalt

Voraussetzung für eine Aussetzung des Verfahrens bzw. einer Unzuständigkeitserklärung des später angerufenen Gerichts ist, dass die jeweils anhängigen Verfahren *denselben Anspruch zwischen denselben Parteien* betreffen. Diese beiden – autonom auszulegenden[5] – Begriffe sind vor dem Hintergrund des sub → Rn. 1 geschilderten Zwecks dieser Vorschrift in einem weiten Sinne zu verstehen,[6] insbesondere müssen sie auch den Besonderheiten eines Verfahrens der freiwilligen Gerichtsbarkeit Rechnung tragen.

---

1 Vgl. auch BeckOGK/Schmidt EuErbVO Art. 17 Rn. 1; Dutta/Weber/Weber EuErbVO Art. 17 Rn. 1; NK-BGB/Makowsky EuErbVO Art. 17 Rn. 1.
2 EuGH 9.12.2003 – C-116/02 Rn. 41; EuGH 8.12.1987 – C-144/86 (Gubisch Maschinenfabrik) Rn. 8 (jeweils hinsichtlich des inhaltsgleichen Art. 21 EuGVÜ).
3 EuGH 9.12.2003 – C-116/02 Rn. 41; EuGH 8.12.1987 – C-144/86 (Gubisch Maschinenfabrik) Rn. 8 (jeweils hinsichtlich des inhaltsgleichen Art. 21 EuGVÜ). Vgl. auch Dutta/Weber/Weber EuErbVO Art. 17 Rn. 1.
4 EuGH 9.12.2003 – C-116/02 Rn. 41 (hinsichtlich des inhaltsgleichen Art. 21 EuGVÜ).
5 EuGH 8.12.1987 – C-144/86 (Gubisch Maschinenfabrik) Rn. 11. Vgl. auch BeckOGK/Schmidt EuErbVO Art. 17 Rn. 8.
6 Zu Art. 29 EuGVVO Thomas/Putzo/Hüßtege EuGVVO Art. 29 Rn. 5.

3 **Derselbe Anspruch** liegt vor, wenn der „Kernpunkt beider Rechtsstreitigkeiten derselbe ist",[7] auf die bloße formale Identität der Klage kommt es hingegen nicht an.[8] Unter Verweis auf andere Sprachfassungen[9] stellt der EuGH im Rahmen der EuGVVO (bzw. des EuGVÜ) zur Bestimmung der Kernpunkte einer Rechtsstreitigkeit auf die *Grundlage* des Anspruchs, der den Sachverhalt *und* die maßgeblichen Rechtsvorschriften erfasst,[10] sowie auf seinen *Gegenstand* ab, der nach dem „Zweck der Klage", also nach dem konkreten Klagebegehren zu bestimmen ist.[11] **Nicht** denselben Anspruch betreffen daher Verfahren im Rahmen des einstweiligen Rechtsschutzes,[12] wie zudem Art. 19 EuErbVO deutlich macht.

3.1 Der Begriff „Anspruch" ist im Hinblick auf Verfahren der freiwilligen Gerichtsbarkeit freilich etwas unglücklich gewählt; er ist jedoch nach dem bislang Ausgeführten in einem *materiellen* Sinne zu verstehen und in diesem Sinne auf Verfahren der freiwilligen Gerichtsbarkeit zu übertragen. Allgemeiner formuliert meint er den jeweiligen **Verfahrensgegenstand**.[13]

4 Darüber hinaus muss der Anspruch zwischen *denselben* Parteien bestehen, also **Parteiidentität** gegeben sein; ein Wechsel der jeweiligen Partei*rollen* ist insoweit unerheblich.[14] Auch der – ersichtlich auf das *streitige* Verfahren zugeschnittene – Begriff der Partei ist nicht in einem technischen, sondern vielmehr in einem materiellen Sinne zu verstehen: Wer Partei (oder besser: Beteiligter) ist, bestimmt sich nach dem jeweiligen Verfahrensgegenstand, also danach, mit „welchem Zweck und welchem Umfang das Gericht das Verfahren eröffnet hat".[15] Maßgeblich ist insoweit das jeweilige mitgliedstaatliche Verfahrensrecht.[16]

5 Liegen die genannten Voraussetzungen vor, hat das später angerufene Gericht das Verfahren gem. Art. 17 Abs. 1 EuErbVO von Amts wegen **auszusetzen**, bis das zuerst angerufene Gericht rechtskräftig über seine Zuständigkeit entschieden hat; dem später angerufenen Gericht ist es verwehrt, die Zuständigkeit des zuerst angerufenen Gerichts eigenständig zu prüfen,[17] eine Anerkennungsprognose hat daher keine Bedeutung für eine Aussetzung des Verfahrens.[18] Soweit das zuerst angerufene Gericht seine Zuständigkeit bejaht, muss sich das später angerufene Gericht gem. Art. 17 Abs. 2 EuErbVO für unzuständig erklären.

---

7 BGH NJW 2002, 2795 (2796) unter Berufung auf EuGH 8.12.1987 – C-144/86 (Gubisch Maschinenfabrik) Rn. 16 f.; ausführlich hierzu Kropholler/von Hein, Art. 27 EuGVVO aF Rn. 6–14.
8 EuGH 8.12.1987 – C-144/86 (Gubisch Maschinenfabrik) Rn. 17; vgl. auch BGH NJW 2002, 2795 (2796). Ebenso jurisPK-BGB/Eichel EuErbVO Art. 17 Rn. 8; NK-BGB/Makowsky EuErbVO Art. 17 Rn. 9 f.; Dutta/Weber/Weber EuErbVO Art. 17 Rn. 10.
9 Die gleiche Ausgangssituation besteht auch im Rahmen von Art. 17 EuErbVO, der Art. 29 EuGVVO – auch in anderen Sprachfassungen – entspricht; vgl. insoweit etwa die französische Sprachfassung: „demandes ayant le même objet et la même cause".
10 EuGH 6.12.1994 – C-406/92 Rn. 39.
11 Vgl. EuGH 6.12.1994 – C-406/92 Rn. 37–45; vgl. bereits EuGH 8.12.1987 – C-144/86 (Gubisch Maschinenfabrik) Rn. 14.
12 Ebenso NK-BGB/Makowsky EuErbVO Art. 17 Rn. 12; Dutta/Weber/Weber EuErbVO Art. 17 Rn. 12; vgl. auch BeckOGK/Schmidt EuErbVO Art. 17 Rn. 18. Zu Art. 29 EuGVVO Thomas/Putzo/Hüßtege EuGVVO Art. 29 Rn. 6.
13 Vgl. auch Rauscher/Hertel EuErbVO Art. 17 Rn. 3; Dutta/Weber/Weber EuErbVO Art. 17 Rn. 17.
14 Vgl. auch BeckOGK/Schmidt EuErbVO Art. 17 Rn. 10; NK-BGB/Makowsky EuErbVO Art. 17 Rn. 6; Rauscher/Hertel EuErbVO Art. 17 Rn. 3. Zu Art. 27 EuGVVO aF bzw. Art. 29 EuGVVO Kropholler/von Hein EuGVVO Art. 27 Rn. 4; Thomas/Putzo/Hüßtege EuGVVO Art. 29 Rn. 7.
15 So zutreffend Rauscher/Hertel EuErbVO Art. 17 Rn. 3.
16 NK-BGB/Makowsky EuErbVO Art. 17 Rn. 7.
17 Vgl. EuGH 9.12.2003 – C-116/02 Rn. 44–54 (hinsichtlich des inhaltsgleichen Art. 21 EuGVÜ). Ebenso BeckOGK/Schmidt EuErbVO Art. 17 Rn. 21; Dutta/Weber/Weber EuErbVO Art. 17 Rn. 5.
18 Ebenso BeckOGK/Schmidt EuErbVO Art. 17 Rn. 12; NK-BGB/Makowsky EuErbVO Art. 17 Rn. 13, vgl. auch Dutta/Weber/Weber EuErbVO Art. 17 Rn. 23 f. – Zu Art. 29 EuGVVO Thomas/Putzo/Hüßtege EuGVVO Art. 29 Rn. 2.

Artikel 18 EuErbVO   Im Zusammenhang stehende Verfahren

(1) Sind bei Gerichten verschiedener Mitgliedstaaten Verfahren, die im Zusammenhang stehen, anhängig, so kann jedes später angerufene Gericht das Verfahren aussetzen.

(2) Sind diese Verfahren in erster Instanz anhängig, so kann sich jedes später angerufene Gericht auf Antrag einer Partei auch für unzuständig erklären, wenn das zuerst angerufene Gericht für die betreffenden Verfahren zuständig ist und die Verbindung der Verfahren nach seinem Recht zulässig ist.

(3) Verfahren stehen im Sinne dieses Artikels im Zusammenhang, wenn zwischen ihnen eine so enge Beziehung gegeben ist, dass eine gemeinsame Verhandlung und Entscheidung geboten erscheint, um zu vermeiden, dass in getrennten Verfahren widersprechende Entscheidungen ergehen.

A. Allgemeines

Soweit bestimmte, vor unterschiedlichen mitgliedstaatlichen Gerichten anhängige Verfahren in einem rechtlichen Zusammenhang stehen, gestattet – der mit Art. 30 EuGVVO (Art. 28 EuGVVO aF) identische – Art. 18 EuErbVO dem später angerufenen Gericht, das bei diesem anhängige Verfahren auszusetzen (Art. 18 Abs. 1 EuErbVO) oder sich diesbezüglich auf Antrag einer Partei für unzuständig zu erklären (Art. 18 Abs. 2 EuErbVO), damit – im Falle von Abs. 2 – das zuerst angerufene Gericht die Verfahren verbinden und über die im Zusammenhang stehenden Klagen entscheiden kann. Ebenso wie Art. 17 EuErbVO verfolgt Art. 18 EuErbVO den **Zweck, gegensätzliche Entscheidungen zu vermeiden** und auf diese Weise die Sicherung einer geordneten Rechtspflege in der Union zu gewährleisten;[1] Art. 18 EuErbVO soll darüber hinaus eine bessere Koordinierung der Rechtsprechungstätigkeit innerhalb der Union verwirklichen.[2]   1

B. Regelungsgehalt

Der Tatbestand des Art. 18 EuErbVO setzt – anders als Art. 17 EuErbVO – weder Anspruchs- noch Parteiidentität voraus; er ist anwendbar, wenn die Voraussetzungen des Art. 17 EuErbVO zwar nicht erfüllt sind,[3] die Verfahren aber dennoch in einem **solchen Zusammenhang stehen, dass eine gemeinsame Verhandlung und Entscheidung zur Vermeidung sich widersprechender Entscheidungen geboten erscheint** (Art. 18 Abs. 3 EuErbVO). Liegen diese Voraussetzungen vor, *kann* das später angerufene Gericht das bei diesem anhängige Verfahren gem. Art. 18 Abs. 1 EuErbVO aussetzen und die Entscheidung des zuerst angerufenen Gerichts abwarten; soweit die in Zusammenhang stehenden Verfahren jeweils in erster Instanz anhängig sind, kann sich das später angerufene Gericht auf Antrag einer Partei gem. Art. 18 Abs. 2 EuErbVO für unzuständig erklären, soweit das zuerst angerufene Gericht auch für dieses Verfahren zuständig und die Verbindung der Verfahren nach seinem Recht zulässig ist. Art. 18 EuErbVO gewährt demnach *keinen* besonderen Gerichtsstand des Sachzusammenhangs;[4] im Zusammenhang stehende Klagen können nur dann gemeinsam vor einem mitgliedstaatlichen Gericht anhängig gemacht werden, wenn bei deren isolierter Betrachtung jeweils die (internationale) Zuständigkeit dieses Gerichts gegeben ist. Eine Anwendung von Art. 18 EuErbVO setzt daher voraus, dass die im Zusammenhang stehenden Klagen **bereits vor den Gerichten mindestens zweier Mitgliedstaaten anhängig gemacht** worden sind.[5]   2

---

1   EuGH 6.12.1994 – C-406/92 Rn. 52 (hinsichtlich Art. 22 EuGVÜ). Vgl. auch BeckOGK/Schmidt EuErbVO Art. 18 Rn. 3; Dutta/Weber/Weber EuErbVO Art. 18 Rn. 1.
2   EuGH 6.12.1994 – C-406/92 Rn. 55 (hinsichtlich Art. 22 EuGVÜ).
3   EuGH 6.12.1994 – C-406/92 Rn. 50 (hinsichtlich Art. 22 EuGVÜ).
4   EuGH 24.6.1981 – C-150/80 (Elefanten Schuh) Rn. 19; EuGH 27.10.1998 – C-51/97 Rn. 39; EuGH 5.10.1999 – C-420/97 Rn. 22 (jeweils hinsichtlich Art. 22 EuGVÜ).
5   Kropholler/von Hein EuGVVO aF Art. 28 Rn. 2.

3 In welchen Fällen die in mehreren Mitgliedstaaten isoliert erhobenen Klagen in einem rechtlichen Zusammenhang stehen, regelt **Art. 18 Abs. 3 EuErbVO**, der ebenfalls europarechtlich-autonom auszulegen ist.[6] Nach dieser Legaldefinition stehen die Klagen im Zusammenhang, wenn zwischen ihnen eine so enge Beziehung gegeben ist, dass eine gemeinsame Verhandlung und Entscheidung geboten erscheint, um zu vermeiden, dass in getrennten Verfahren widersprechende Entscheidungen ergehen. Nach Ansicht des EuGH ist diese Legaldefinition **weit zu verstehen** und erfasst alle Fälle, „in denen die Gefahr einander widersprechender Entscheidungen besteht, selbst wenn die Entscheidungen getrennt vollstreckt werden können und sich ihre Rechtsfolgen nicht gegenseitig ausschließen".[7] Ein enger Zusammenhang iSv Art. 18 Abs. 3 EuErbVO setzt daher **keine Unvereinbarkeit der Entscheidungen** iSv Art. 40 lit. c EuErbVO voraus;[8] es genügt bereits, dass sich die Entscheidungen *inhaltlich* widersprechen könnten.[9]

4 Ob das später angerufene Gericht das Verfahren gem. Art. 18 Abs. 1 EuErbVO aussetzt bzw. sich gem. Art. 18 Abs. 2 EuErbVO für unzuständig erklärt, liegt in seinem **pflichtgemäßen Ermessen**.[10] Maßgebliche Kriterien hierfür sind insbesondere die Intensität des Zusammenhangs und der Grad der Gefahr einander widersprechender Entscheidungen, daneben aber auch Aspekte der Verfahrensökonomie (etwa Sach- und Beweisnähe) sowie Stand und Dauer beider Verfahren.[11]

Artikel 19 EuErbVO Einstweilige Maßnahmen einschließlich Sicherungsmaßnahmen

Die im Recht eines Mitgliedstaats vorgesehenen einstweiligen Maßnahmen einschließlich Sicherungsmaßnahmen können bei den Gerichten dieses Staates auch dann beantragt werden, wenn für die Entscheidung in der Hauptsache nach dieser Verordnung die Gerichte eines anderen Mitgliedstaats zuständig sind.

A. Allgemeines

1 Die internationale Zuständigkeit im Hinblick auf einstweilige Maßnahmen bestimmt sich grundsätzlich nach den herkömmlichen Zuständigkeitsbestimmungen der EuErbVO (Art. 4, 7, 10, 11 EuErbVO). Soweit eine internationale Zuständigkeit hiernach nicht begründet ist, kann eine solche jedoch auch auf (den mit Art. 35 EuGVVO – Art. 31 EuGVVO aF – inhaltsgleichen) Art. 19 EuErbVO gestützt werden, der hinsichtlich solcher Maßnahmen auf die innerstaatlichen Normen des angerufenen Gerichts verweist.

B. Regelungsgehalt

2 Unter **einstweiligen Maßnahmen** einschließlich Sicherungsmaßnahmen sind nach der Rspr. des EuGH „solche Maßnahmen zu verstehen, die auf in den Anwendungsbereich [der Verordnung] fallenden Rechtsgebieten eine Veränderung der Sach- und Rechtslage verhindern sollen, um Rechte zu sichern, deren Anerkennung im Übrigen bei dem in der Hauptsache zuständigen Ge-

---

6 EuGH 6.12.1994 – C-406/92 Rn. 52 (hinsichtlich Art. 22 EuGVÜ). Vgl. auch BeckOGK/Schmidt EuErbVO Art. 18 Rn. 8.
7 EuGH 6.12.1994 – C-406/92 Rn. 53 (hinsichtlich Art. 22 EuGVÜ).
8 EuGH 6.12.1994 – C-406/92 Rn. 55 (hinsichtlich Art. 22 bzw. Art. 27 Nr. 3 EuGVÜ). Ebenso BeckOGK/Schmidt EuErbVO Art. 18 Rn. 9; NK-BGB/Makowsky EuErbVO Art. 18 Rn. 7.
9 Vgl. EuGH 6.12.1994 – C-406/92 Rn. 55, der insoweit auf die Inkohärenz von Entscheidungen abstellt.
10 Ebenso BeckOGK/Schmidt EuErbVO Art. 18 Rn. 22. Zu Art. 28 EuGVVO aF Kropholler/von Hein, Art. 28 EuGVVO aF Rn. 10.
11 Kriterien von Kropholler/von Hein, Art. 28 EuGVVO aF Rn. 10. Ebenso BeckOGK/Schmidt EuErbVO Art. 18 Rn. 23; NK-BGB/Makowsky EuErbVO Art. 18 Rn. 17.

richt beantragt wird".[1] Entscheidend ist somit, dass die Maßnahme der *vorläufigen Sicherung* von – im Rahmen der Hauptsache abschließend zu klärenden – Rechtspositionen dient, so dass von Art. 19 EuErbVO aus deutscher Sicht der Arrest und die einstweilige Verfügung (§§ 916 ff. ZPO) bzw. die einstweilige Anordnung (§§ 49 ff. FamFG) erfasst werden,[2] daneben aber etwa auch Maßnahmen nach §§ 1960 f. BGB[3] oder nach § 1913 S. 2 BGB.[4] Soweit die Zuständigkeit auf Art. 19 EuErbVO gestützt wird, sind folgende Anwendungsvoraussetzungen zu beachten: Zunächst muss die einstweilige Maßnahme Rechtsbereiche betreffen, die in den **Anwendungsbereich der EuErbVO** fallen (vgl. Art. 1 EuErbVO) und daher auf die Sicherung der Rechtsnachfolge von Todes wegen gerichtet sind; anderenfalls ist Art. 19 EuErbVO nicht anwendbar.[5] Als ungeschriebenes Tatbestandsmerkmal fordert der EuGH darüber hinaus, „dass zwischen dem Gegenstand der beantragten Maßnahmen und der gebietsbezogenen Zuständigkeit des Vertragsstaats des angerufenen Gerichts eine **reale Verknüpfung** besteht".[6] Der EuGH rechtfertigt dieses Erfordernis insbesondere mit der Sachnähe des die Maßnahme treffenden Gerichts,[7] es dient jedoch darüber hinaus auch der *Beschränkung* weiterbestehender mitgliedstaatlicher Befugnisse und hat damit ebenfalls eine Kontrollfunktion. Eine „reale Verknüpfung" liegt vor, wenn das zu sichernde **Nachlassvermögen in dem Mitgliedstaat liegt**, dessen Gerichte sich auf Art. 19 EuErbVO stützen wollen.[8] Zuletzt darf mit der auf Art. 19 EuErbVO gestützten Maßnahme keine Vorwegnahme der Hauptsache einhergehen, da dies zu einer Umgehung der von der EuErbVO vorgesehenen Zuständigkeitsnormen führen würde;[9] eine einstweilige Maßnahme kann nach nationalem Recht daher nur getroffen werden, wenn dieses zugleich dafür Sorge trägt, dass die Maßnahme – etwa durch Sicherheitsleistungen – rückgängig gemacht werden kann.[10]

Wird die einstweilige Maßnahme seitens des auf die Hauptsache zuständigen Gerichts getroffen, kommt es auf die genannten Einschränkungen – mangels Beeinträchtigung des von der EuErbVO vorgesehenen Zuständigkeitssystems – nicht an; es kann daher alle einstweiligen oder sichernden Maßnahmen anordnen, die erforderlich sind[11] und im Rahmen des nationalen Verfahrensrechtes zur Verfügung stehen. 3

Artikel 20 EuErbVO   Universelle Anwendung

Das nach dieser Verordnung bezeichnete Recht ist auch dann anzuwenden, wenn es nicht das Recht eines Mitgliedstaats ist.

Die Kollisionsnormen der EuErbVO berufen mitgliedstaatliches sowie drittstaatliches Recht gleichermaßen, sind also als **loi uniforme** ausgestaltet. Mit dem Geltungszeitpunkt der EuErbVO traten Art. 21 ff. EuErbVO damit im Bereich des internationalen Erbrechts vollständig an die Stelle des in den einzelnen Mitgliedstaaten (ggf. zu diesem Zeitpunkt noch geltenden) nationalen IPR (eine Ausnahme bildet insoweit alleine Art. 27 EuErbVO, → EuErbVO Art. 27 1

---

1   EuGH 24.4.2005 – 104–03 Rn. 13; EuGH 26.3.1992 – C-261/90 Rn. 34 (hinsichtlich Art. 24 EuGVÜ). – Vgl. etwa auch BeckOGK/Schmidt EuErbVO Art. 19 Rn. 5.
2   Ebenso BeckOGK/Schmidt EuErbVO Art. 19 Rn. 17; auch NK-BGB/Makowsky EuErbVO Art. 18 Rn. 6.
3   OLG Köln Beschl. v. 9.12.2020 – 2 Wx 293/20 = ZEV 2021, 95.
4   JurisPK-BGB/Eichel EuErbVO Art. 19 Rn. 3.
5   Zustimmend NK-BGB/Makowsky EuErbVO Art. 19 Rn. 5.
6   EuGH 17.11.1998 – C-391/95 Rn. 40 (Hervorhebung hinzugefügt; Entscheidung erging hinsichtlich Art. 24 EuGVÜ). Ebenso BeckOGK/Schmidt EuErbVO Art. 19 Rn. 15; auch NK-BGB/Makowsky EuErbVO Art. 19 Rn. 12; zu Art. 31 EuGVVO aF vgl. Kropholler/von Hein EuGVVO Art. 31 Rn. 15.
7   Vgl. hierzu EuGH 17.11.1998 – C-391/95 Rn. 39 (hinsichtlich Art. 24 EuGVÜ).
8   Ebenso NK-BGB/Makowsky EuErbVO Art. 19 Rn. 12.
9   EuGH 17.11.1998 – C-391/95 Rn. 46 (hinsichtlich Art. 24 EuGVÜ).
10 Vgl. hinsichtlich eines Zahlungsanspruchs EuGH 17.11.1998 – C-391/95 Rn. 47.
11 Vgl. EuGH 17.11.1998 – C-391/95 Rn. 19 (hinsichtlich des EuGVÜ).

Rn. 1 f.). Die universelle Ausgestaltung der europäischen Kollisionsnormen ist unter Berücksichtigung des Zwecks der europäischen Kollisionsrechtsakte, ein *vereinheitlichtes* europäisches Kollisionsrecht zu schaffen, letztlich eine Selbstverständlichkeit, sie wurde jedoch – der Tradition der Haager Kollisionsrechtsverträge folgend[1] – mit Art. 20 EuErbVO an prominenter Stelle noch einmal ausdrücklich festgehalten. Vergleichbare Regelungen finden sich mit Art. 2 Rom I-VO, Art. 3 Rom II-VO, Art. 4 Rom III-VO, Art. 20 EuGüVO sowie Art. 20 EuPartVO in sämtlichen bislang erlassenen europäischen Kollisionsrechtsverordnungen.

Kapitel III
Anzuwendendes Recht

Vor Artikel 20–38 EuErbVO: Einleitung IPR

A. Grundlagen des IPR	1
I. Begriff	1
II. Theoretische Grundlagen	2
III. Internationalprivatrechtliche Gerechtigkeit	4
IV. Aufbau, Struktur und Reichweite einer allseitigen Kollisionsnorm	10
B. Die Bestimmung des anwendbaren Rechts	13
I. Rechtsquellen	13
II. Auffinden der einschlägigen Kollisionsnormen; Bestimmung des anwendbaren Rechts	15
III. Gesamt- oder Sachnormverweisung	16
IV. Anknüpfung bei Mehrrechtsstaaten	19
V. Vorfrage	20
1. Allgemeines	20
2. Teil- und Erstfragen	24
VI. Ergebniskorrektur	26
1. Anpassung	27
2. Ordre public	30
3. Gesetzesumgehung (fraus legis)	31
VII. Problem des Auslandssachverhaltes; Handeln unter falschem Recht; Substitution	34
VIII. Ermittlung ausländischen Rechts	37
C. Überblick über die kollisionsrechtlichen Bestimmungen des internationalen Erbrechts	41
I. Vorrangige Staatsverträge	41
1. Deutsch-iranisches Niederlassungsabkommen	43
a) Maßgebliche Bestimmungen	44
b) Überblick	45
2. Deutsch-türkischer Konsularvertrag	49
a) Maßgebliche Bestimmungen	50
b) Überblick	51
3. Deutsch-sowjetischer Konsularvertrag	55
a) Maßgebliche Bestimmung	56
b) Überblick	57
4. Staatsvertragliche Regelungen hinsichtlich des Personalstatuts	61
a) New Yorker UN-Übereinkommen über die Rechtsstellung der Staatenlosen vom 28.9.1954	62
b) Genfer UN-Abkommens über die Rechtsstellung der Flüchtlinge vom 28.7.1951	63
II. Überblick über die kollisionsrechtlichen Regelungen der EuErbVO	64
III. Überblick über die kollisionsrechtlichen Regelungen des nationalen Rechts	67
1. Neues Recht	67
a) Artikel 25 EGBGB nF – Rechtsnachfolge von Todes wegen	67.1
b) Artikel 26 EGBGB nF – Form von Verfügungen von Todes wegen	67.3
2. Rechtslage vor Inkrafttreten der EuErbVO	67.7
a) Maßgebliche Bestimmungen	68
b) Überblick	69
aa) Grundanknüpfung (Art. 25 Abs. 1 EGBGB aF)	69
bb) Rechtswahl (Art. 25 Abs. 2 EGBGB aF)	73
cc) Besondere Bestimmungen iSv Art. 3 a Abs. 2 EGBGB aF	75
dd) Verfügungen von Todes wegen (Art. 26 EGBGB aF)	78

A. Grundlagen des IPR

I. Begriff

1 Das IPR ist von Amts wegen[1] zu beachtendes **Geltungsrecht** und bestimmt, welche privatrechtlichen Normen einer geltenden staatlichen Rechtsordnung für die Beurteilung eines Sachverhaltes anzuwenden sind. **International** ist die Aufgabenstellung des IPR, nicht jedoch zwingend auch die Rechtsqualität seiner Normen selbst. Als Bestandteil der von jedem souveränen Staat in eigener rechtspolitischer Verantwortung zu treffenden zivilrechtlichen Gerechtigkeitsentschei-

---

[1] Vgl. nur Art. 6 HTestformÜ (abgedruckt im Anhang zu Art. 27 EuErbVO).

[1] Vgl. nur BGH NJW 2009, 916 (917); BGH NJW 1998, 1321; BGH NJW 1996, 54.

dung stellt das IPR auch heute noch grundsätzlich nationales Recht dar, wenngleich die Kompetenzübertragung dieser Materie auf die EU und die Ratifikation zahlreicher, auf Rechtsvereinheitlichung gerichteter Staatsverträge diesen Grundsatz freilich umzukehren scheinen (zur insoweit zu beachtenden Normhierarchie → Rn. 13). IPR ist **Privatrecht** und damit – ebenso wie das materielle Zivilrecht – dem gerechten Interessenausgleich inter partes verpflichtet; dieses Ziel kann das IPR entsprechend seiner Funktion jedoch nur dadurch verwirklichen, dass es die für die Beurteilung eines zivilrechtlichen Sachverhaltes *angemessene* Rechtsordnung bestimmt (näher → Rn. 4–9). Diese Aufgabe erfüllt das IPR regelmäßig mittels allseitiger Kollisionsnormen, die in- und ausländisches Recht gleichermaßen, also unter denselben Voraussetzungen berufen. Anknüpfungsgegenstand des IPR bilden ausschließlich Normen einer **geltenden staatlichen Rechtsordnung**,[2] so dass etwa **religiöse Rechte** vor deutschen Gerichten nur dann zur Anwendung gebracht werden können, wenn diese *zugleich* auch staatliches Recht darstellen.

II. Theoretische Grundlagen

Die **notwendige Existenz** des IPR[3] (nicht jedoch seine Ausgestaltung, → Rn. 3) ergibt sich aus der formalen Anerkennung ausländischen Rechts als „Recht":[4] Weil unsere Rechtsordnung dem Recht anderer Staaten ebenfalls Rechtsqualität zuspricht,[5] stehen unseren Sachnormen eine Vielzahl ausländischer Sachnormen gegenüber, die den in Frage stehenden Lebenssachverhalt ebenfalls beurteilen könnten. Damit erfolgt – jedenfalls analytisch betrachtet – *jede* Normanwendung vor dem Hintergrund inhaltlich konkurrierender Bestimmungen anderer Rechtsordnungen, so dass jede Anwendung eines materiellen Rechtssatzes zugleich eine kollisionsrechtliche Entscheidung erfordert.[6] Dies gilt insbesondere auch bei der rechtlichen Beurteilung eines *reinen Inlandssachverhaltes*, so dass die Anwendung des eigenen Sachrechts ebenfalls stets eine kollisionsrechtliche Entscheidung zugunsten dieser Normen voraussetzt, mag diese regelmäßig auch unbewusst erfolgen, weil deren Ergebnis (Anwendung der materiellen lex fori) von vornherein unzweifelhaft feststeht.[7]

Die konkrete **Ausgestaltung** des geltenden IPR als mehrseitiges, dh in- und ausländisches Recht gleichermaßen berufendes Kollisionsrecht folgt demgegenüber keinen heteronomen, etwa dem Völkerrecht zu entnehmenden Vorgaben, sondern stellt schlicht eine „praktische Notwendig-

2 MüKoBGB/Sonnenberger, 5. Aufl., Einl. IPR Rn. 231; Grüneberg/Thorn EGBGB Vorb. Art. 3 Rn. 1.
3 Vgl. zum Folgenden bereits Köhler, 6–8.
4 Vgl. hierzu Schurig, 56, der diesen formalen Grund des IPR wohl am deutlichsten herausstellt. Anders etwa Lorenz, 60 ff. (ihm folgend etwa MüKoBGB/Sonnenberger, 5. Aufl., Einl. IPR Rn. 1 mwN) im Anschluss an Wengler (RGRK/Wengler (Band VI 1), 62 iVm (Band VI 2) 768 Fn. 2), der den Grund des Kollisionsrechts aus dem Gleichheitsprinzip (Art. 3 GG) herleitet. Abgesehen davon, dass zumindest Art. 3 GG nicht als Begründung für das europäische IPR herangezogen werden kann, betrifft der Gleichheitssatz allenfalls die Frage nach der Ausgestaltung des Kollisionsrechts, nicht aber seinen Grund, da man der festgestellten Ungleichbehandlung auch mit anderen Mitteln begegnen könnte etwa durch Ausbildung von Sonderrecht. Näher hierzu Schurig, 56, ablehnend ebenso von Bar/Mankowski § 4 Rn. 37–39; Coester ZVglRWiss 82 (1983), 1, 8 Fn. 28 mwN.
5 Diese rechtspolitische Grundentscheidung kann nicht ernsthaft in Zweifel gezogen werden. Abgesehen davon, dass ein – wie Schurig es nennt – „juristischer Solipsismus" sicher völkerrechtswidrig wäre (dies stellt bereits Kahn, in: Lenel/Lewald Abhandlungen zum internationalen Privatrecht (Band 1), 255, 286 f. heraus; ebenso Schurig, 52; Kegel/Schurig § 1 III, 6; Raape/Sturm § 3 II 1, 44), geht de lege lata sowohl das nationale als auch das europäische Kollisionsrecht davon aus, dass wir ausländisches „Recht" anwenden, so dass diesem selbstverständlich Rechtsqualität beigemessen wird.
6 Schurig, 54, 57; Kegel/Schurig § 1 III, 6 f.
7 Kegel/Schurig § 1 III, 7; Schurig, 57: „Auch eine selbstverständliche Entscheidung ist eine Entscheidung"; MüKoBGB/Sonnenberger, 5. Aufl., EGBGB Art. 3 Rn. 8; Kropholler § 1 IV, 7; von Hoffmann/Thorn § 1 Rn. 21–22; aA Lorenz, 56, Lorenz FS Kegel 1987, 303, 310 f. (was jedoch wohl aus der abzulehnenden Prämisse folgt, dass sich die notwendige Existenz des IPR aus Art. 3 GG ergebe und somit allein für einen „heterogen verknüpften Sachverhalt" legislatorischer Handlungsbedarf besteht; näher zu diesem Ansatz Lorenz, 56 f.); ebenso ablehnend (und den Gleichheitsgrundsatz zugrunde legend) Looschelders EGBGB Art. 3 Rn. 3; ablehnend auch Lüderitz FS Kegel 1987, 343, 345.

keit"⁸ dar, um einen zivilrechtlichen Sachverhalt mit Auslandsbezug „gerecht" zu entscheiden.⁹ Denn die lex fori trägt regelmäßig alleine den sozialen, ökonomischen und kulturellen Besonderheiten des jeweiligen Erlassstaates Rechnung und ist deswegen für die rechtliche Beurteilung jeglichen, von deutschen Gerichten aufgrund ihrer internationalen Zuständigkeit zu entscheidenden Sachverhalts mit Auslandsbezug ungeeignet (sog. **räumliche Relativität des Rechts**).¹⁰ Diese dem materiellen Recht immanente Selbstbeschränkung macht es erforderlich, auch *andere*, von der herkömmlichen lex fori verschiedene Normen anzuwenden, welche den tatsächlichen Gegebenheiten des zu entscheidenden Sachverhaltes Rechnung tragen können. Welcher Art diese Normen sein sollen, ist zumindest im Ausgangspunkt offen. Theoretisch vorstellbar wäre etwa die Ausbildung materiellen Sonderrechts für Auslandssachverhalte,¹¹ allerdings ist die Leistungsfähigkeit eines solchen Systems beschränkt und es würde angesichts der heute denkbaren Fälle den Rahmen dessen sprengen, was eine Kodifikation zu leisten im Stande ist.¹² Eine solche Lösung scheidet daher aus, es bedarf ihrer auch nicht, da außerhalb der Grenzen eines Staates bereits „Recht" existiert, das den jeweiligen sozialen und kulturellen Gegebenheiten Rechnung tragen kann. Hierfür bedarf es nur eines kollisionsrechtlichen Systems, das in der Lage ist, unter der Vielzahl inhaltlich konkurrierender Sachrechtssätze verschiedener Rechtsordnungen diejenigen zu bestimmen, die für die Beurteilung des in Frage stehenden Sachverhaltes *angemessen* sind.

III. Internationalprivatrechtliche Gerechtigkeit

4 Bei der Bewältigung der beschriebenen Aufgabe folgt das IPR seinem eigenen Gerechtigkeitsideal, der **internationalprivatrechtlichen Gerechtigkeit**, die darauf gerichtet ist, das aus der Relativität der eigenen Rechtsordnung resultierende „Gerechtigkeitsdefizit" am besten auszugleichen.¹³ Aus der Erkenntnis, dass das jeweils geltende Recht grundsätzlich nur für einen Inlandssachverhalt angemessen ist, folgt, dass das „beste" Recht dasjenige ist, das mit dem Sachverhalt am engsten verbunden ist und somit am ehesten einem Inlandssachverhalt gleichsteht. Seit *Savigny* sieht man die Aufgabe des IPR daher darin,

*„dass bei jedem Rechtsverhältniß dasjenige Rechtsgebiet aufgesucht werde, welchem dieses Rechtsverhältniß seiner eigenthümlichen Natur nach angehört oder unterworfen ist".*¹⁴

Da jedoch zweifelsfreie Anknüpfungsmomente, die jedem Rechtsverhältnis a priori seinen „Sitz" unbestreitbar zuordnen, fehlen, bedarf es einer rechtspolitischen, normativen Entscheidung, die jeder kollisionsrechtliche Gesetzgeber autonom treffen kann und auch muss.¹⁵ Dieser Entscheidung liegen als „Abwägungstopoi",¹⁶ als „*Vektoren der Rechtsbildung*"¹⁷ bestimmte Rechts*anwendungs*interessen zugrunde, die für oder gegen die Anwendung einer bestimmten

---

8 Von Bar/Mankowski § 6 Rn. 93; vgl. auch MüKo-BGB/Sonnenberger, 5. Aufl., Einl. IPR Rn. 1.
9 Treffend Cheshire/North/Fawcett, 5: „The fact is, of course, that the application of a foreign law implies no act of courtesy, no sacrifice of sovereignty. It merely derives from a desire to do justice". Vgl. hierzu und zum Folgenden Köhler, 62–67.
10 Vgl. hierzu etwa MüKoBGB/Sonnenberger, 5. Aufl., Einl. IPR Rn. 1; Looschelders Übersicht Rn. 17.
11 Ein solches Sonderrecht könnte mit dem ius gentium und dem law merchant auf historische Vorbilder zurückblicken, vgl. hierzu etwa von Bar/Mankowski § 2 Rn. 1–18; ein spezielles materielles Sonderrecht für den internationalen Warenkauf bildet etwa das CISG.
12 Vgl. hierzu von Bar/Mankowski § 6 Rn. 93: „das Unterfangen wäre aber zum Scheitern verurteilt". Wie sollte man auch jegliche denkbare Interessenlage in einer Kodifikation berücksichtigen können?
13 Vgl. hierzu und zum Folgenden bereits Köhler, 68–84.
14 Savigny System des heutigen römischen Rechts, 1849, Bd. VIII, 28.
15 Insoweit bedeutet der Übergang vom „Sitz des Rechtsverhältnisses" zum Prinzip der engsten Verbindung einen Wandel von einer (undurchführbaren) faktischen zu einer normativen Betrachtung; vgl. hierzu etwa Kropholler § 4 II 1 (25 f.); Kühne FS Heldrich 2005, 815, 816. Zur Verdeutlichung findet man heute deswegen auch den Zusatz: „Suche nach der engsten Verbindung unter Berücksichtigung der maßgebenden kollisionsrechtlichen Interessen", so etwa bei Roth FS Kühne 2009, 859, 860.
16 MüKoBGB/Sonnenberger, 5. Aufl., Einl. IPR Rn. 86.
17 Kegel/Schurig § 2 I, 133.

Rechtsordnung sprechen; sie lassen sich mit *Kegel* insbesondere[18] in Partei-, Verkehrs-, Gemein[19]- und Ordnungsinteressen unterteilen, wobei letztere sowohl das dem IPR seit *Savigny* zugrunde liegende „formale Ideal" des äußeren Entscheidungseinklangs als auch des inneren Entscheidungseinklangs umfassen.[20] Diese Rechtsanwendungsinteressen konstituieren die internationalprivatrechtliche Gerechtigkeit, die aufgrund ihres abweichenden rechtspolitischen Ziels von der materiellprivatrechtlichen Gerechtigkeit unterschieden werden kann: Erstere umfasst nur die rechtspolitischen Beweggründe, die für die Anwendung einer bestimmten Rechtsordnung sprechen,[21] letztere alleine die Beweggründe, die zur konkreten Lösung eines zu beurteilenden sozialen Konflikts geführt haben. Die internationalprivatrechtliche Gerechtigkeit bewertet daher *nicht unmittelbar* Sachinteressen, sondern trifft die denknotwendig vorher zu treffende Teilentscheidung, welche materielle Gerechtigkeit in casu die „gerechte" ist. Hierbei handelt es sich jedoch alleine um eine funktionale Untergliederung der zivilrechtlichen Gerechtigkeit,[22] ohne dass mit dieser eine *qualitative* Gewichtung einherginge: Beide Teilentscheidungen sind gleichwertig und konstituieren gemeinsam die (insoweit unteilbare) zivilrechtliche Gerechtigkeit. Die internationalprivatrechtliche Gerechtigkeit ist der materiellprivatrechtlichen Gerechtigkeit daher nicht über-, sondern vielmehr nur (funktional auf gleicher Ebene) vorgeordnet.[23]

Die funktionale Trennung zwischen international- und materiellrechtlicher Gerechtigkeit wirft die Frage auf, inwieweit erstere gegenüber letzterer zu **verselbstständigen** ist. Neigt man einer universalistischen Sichtweise zu – sei es, dass man dem IPR die Funktion eines „Überrechts" zugestehen will, welches die Abgrenzung der Kompetenzbereiche einzelner Staaten zum Gegenstand hat,[24] sei es aber auch, dass man dem Ideal des Entscheidungseinklangs höchste Priorität zukommen lässt[25] –, läuft man Gefahr, das IPR in „höhere Gerechtigkeitsdimensionen"[26] zu verlegen und es von den Wertungen des Sachrechts vollständig zu lösen. Wenn man sich jedoch das → Rn. 3 skizzierte Grundbedürfnis einer Rechtsordnung vergegenwärtigt, das *materiellrechtliche* „Gerechtigkeitsdefizit" der eigenen lex fori im Hinblick auf Sachverhalte mit Auslandsbezug auszugleichen, und gleichzeitig feststellt, dass das IPR dieses – mangels heteronomer Vorgaben (→ Rn. 3) – auch als Ziel verfolgt, so ergibt sich aus dieser Aufgabenstellung, dass dem IPR die materielle Gerechtigkeit nicht gleichgültig sein kann, ja sogar anders gewendet, dass es sich gerade *in ihrem Dienst* stellen will, wenn es deren Unzulänglichkeiten auszugleichen 5

---

18 Es handelt sich hierbei keinesfalls um einen abschließenden Katalog der beteiligten Interessen, wie Kegel mehrmals – etwa Kegel FS Lewald 1953, 259, 279; Kegel (7. Aufl.), § 2 II, 108 – herausstellt. Insoweit ist auch die Kritik von Neuhaus § 5 II 1, 45 unberechtigt, der selbst nicht abschließende „Maximen" postuliert.

19 Kegel selbst bezeichnet diese als Macht- oder Staatsinteressen, vgl. etwa Kegel FS Lewald 1953, 259, 279; Kegel (7. Auflage), § 2 IV, 118 f.; hierzu Köhler, 77 mit Fn. 391.

20 Vgl. insbesondere den zentralen Aufsatz von Kegel FS Lewald 1953, 259, 259–288, mit dem er die Interessenjurisprudenz im IPR begründete; ebenso Kegel/Schurig § 2 II, 134 ff.

21 Man kann mit Kegel in Abgrenzung zu den amerikanischen Ansätzen, insbesondere dem better law approach (vgl. hierzu von Bar/Mankowski § 6 Rn. 87), formulieren: Kollisionsnormen dienen der internationalprivatrechtlichen Gerechtigkeit, die darauf gerichtet ist, das räumlich beste Recht zur Anwendung zu bringen, privatrechtliche Sachnormen der materiellprivatrechtlichen Gerechtigkeit, die darauf gerichtet ist, die materiell beste Entscheidung zu treffen; vgl. Kegel/Schurig § 2 I, 131; MüKoBGB/Sonnenberger, 5. Aufl., Einl. IPR Rn. 76 („räumlich gerechten Rechts").

22 Kegel/Schurig § 2 I, 131; Schurig, 60 insbes. Fn. 50: Die internationalprivatrechtliche Gerechtigkeit wird – wie die materiellrechtliche Gerechtigkeit – „durch ihren Gegenstand bestimmt und abgegrenzt (ähnlich wie bei der ‚strafrechtlichen', ‚verwaltungsrechtlichen', ‚verfahrensrechtlichen' Gerechtigkeit)"; ebenso Coester ZVglRWiss 82 (1983), 1, 8: „Natürlich ist Gerechtigkeit unteilbar […]. Nur: Als undifferenzierte Gesamtidee leistet sie nichts für eine rationale und unserem Rechtsempfinden entsprechende Rechtsfindung. Die Ausdifferenzierung der Gerechtigkeitsidee in sachlicher und funktioneller Hinsicht […] ist […] Voraussetzung ihrer Verwirklichung". Ebenso von Bar/Mankowski § 6 Rn. 95.

23 Schurig, 72; Kegel/Schurig § 2 I, 131.

24 Vgl. hierzu Köhler, 63–65 mit Fn. 310.

25 Hierzu Schurig, 189 f.

26 Begriff von von Bar/Mankowski § 6 Rn. 94; so deutlich etwa Mann FS Beitzke 1979, 607, 620: Das IPR sei „neutral"; es „ist mit der Bestimmung des für den gegebenen Sachverhalt relevanten Rechtssystems, nicht mit seinem Inhalt befaßt".

bezweckt.²⁷ Die internationalprivatrechtliche Gerechtigkeit wird daher maßgeblich von der materiellrechtlichen Gerechtigkeit beeinflusst:²⁸ Beide dienen der zivilrechtlichen Gerechtigkeit und verfolgen den gerechten Interessenausgleich inter partes allein mit unterschiedlichen Mitteln: Während Sachnormen unmittelbar die materielle Gerechtigkeit verwirklichen, kann das Kollisionsrecht dieser nur *mittelbar* Rechnung tragen, indem es den jeweiligen Sachnormen eine angemessene, dh ihrer materiellen Zwecksetzung entsprechende und verwirklichende kollisionsrechtliche Anknüpfung zur Verfügung stellt.

6 Ausgangspunkt für die **Bestimmung der maßgeblichen Rechtsanwendungsinteressen**, welche die Grundlage für eine teleologische Normanwendung und ggf. notwendige Rechtsfortbildung darstellen, bilden deswegen die *materiellen Sachnormzwecke* der in Frage stehenden Normen selbst, die daraufhin zu untersuchen sind, anhand welcher Anknüpfung diesen hinsichtlich ihrer räumlichen Relativität am besten Rechnung getragen werden kann, diese am besten verwirklicht werden.²⁹ Von den auf diese Weise gewonnenen Argumentationstopoi sind diejenigen Erwägungen aufgrund der Systembindung an das geltende Recht auszusondern, denen der Gesetzgeber de lege lata keine Beachtung zukommen lässt und die deswegen nicht „legitim" sind.³⁰ Übrig bleiben dann die „legitimen" Argumentationstopoi, *Kegels* kollisionsrechtliche Interessen, die insoweit von der zugrunde liegenden Sachnorm *„impliziert"*³¹ werden – es handelt sich hierbei insbesondere um Partei-, Verkehrs- und Gemeininteressen. Diese anhand einer Sachnorm gewonnenen kollisionsrechtlichen Anwendungsinteressen legen bestimmte Anknüpfungsmomente nahe, ohne dass sich jedoch streng deduktiv eine konkrete, über jeglichen Zweifel erhabene Anknüpfung herleiten ließe.³² Implizieren Sachnormen Parteiinteressen (etwa das Personen-, Erb- und Familienrecht), so legt dies die Anwendung eines Rechts nahe, mit dem die Person eng verbunden ist – als Anknüpfungsmomente in Betracht kommen daher grund-

---

27 Ähnlich Lorenz, 62; Kropholler § 4 III 3, 29: Die „internationalprivatrechtliche Gerechtigkeit [dient] stets der materiellrechtlichen". Vgl. auch Hohloch Das Deliktsstatut: Grundlagen und Grundlinien des internationalen Deliktsrechts, 1984, 237, der eine „Sachrechtsbezogenheit" des Kollisionsrechts konstatiert und als Funktion des Kollisionsrechts die „Bestimmung des internationalen Anwendungsbereichs des Sachrechts im Lichte des Zweckes der Normen des Sachrechts" bezeichnet; ihm zustimmend von Bar JZ 1985, 961 (969).
28 Vgl. hierzu Köhler, 70–79.
29 Roth, Internationales Sicherungsvertragsrecht: Das Versicherungsverhältnis im internationalen Vertragsrecht, 1985, 160 spricht von „sachnormzweck-gerechten" Anknüpfungen, RGRK/Wengler (Band VI 1), 226 von einem „sachnormgerecht[en]" Anknüpfungsmoment. Fetsch, Eingriffsnormen und EG-Vertrag, 2002, 9 geht im Anschluss an Roth von einer „Fortschreibung der Sachnormzwecke für die Lösung international verknüpfter Fälle" aus. Pfeiffer FS Geimer 2002, 821, 827 ist dahin gehend zuzustimmen, dass „ein zwingender Schluss vom sachrechtlichen Gehalt auf den räumlich-territorialen Anwendungsbereich [...] nur in eingeschränktem Maße möglich" ist. Er gibt für einen solchen Fall treffend als Beispiel, dass „bestimmte sachrechtliches Regelungsziel nur erreichbar ist, wenn einer Vorschrift ein bestimmter, zwingender räumlich-territorialer Anwendungsbereich zukommt". Darüber hinaus ist zwar regelmäßig kein zwingender Schluss hinsichtlich des angemessenen Anknüpfungsmomentes möglich, jedoch schränkt der Sachnormzweck die in Betracht kommenden Möglichkeiten ein, so dass man von einem implizierten „sachnormgerechten" Rahmen für die kollisionsrechtliche Anwendungsentscheidung sprechen kann; ähnlich RGRK/Wengler (Band VI 1), 226.
30 Diese müssen jedoch nicht zwangsläufig bereits im kodifizierten System „verarbeitet" sein, da ansonsten eine Rechtsfortbildung des Öfteren nicht möglich wäre. Es reicht aus, dass „neu entdeckte" kollisionsrechtliche Interessen mit den vorhandenen vergleichbar sind und sich in das kodifizierte System einfügen können. Als nicht systemkonform auszusondern wären insoweit etwa Rechtsanwendungsinteressen, die sich unmittelbar am Inhalt der zu berufenden Sachnorm iSd better law approach (vgl. hierzu von Bar/Mankowski § 6 Rn. 87) orientierten.
31 So der Terminus von Schurig etwa Schurig RabelsZ 54 (1990), 217 (231) und passim.
32 Insoweit ist MüKoBGB/Sonnenberger, 5. Aufl., Einl. IPR Rn. 85 zuzustimmen, wenn er meint, dass kollisionsrechtliche Interessen außerstande sind, „unmittelbar zum räumlich angemessenen Recht im Sinn kollisionsrechtlicher Gerechtigkeit zu führen"; ebenso RGRK/Wengler Bd. IV 1, 226. Hierfür bedarf es einer rechtspolitischen Entscheidung des Gesetzgebers, also einer Normierung gewisser Anknüpfungsmomente. Hat er diese getroffen, lässt sich aber deduktiv ableiten, welche kollisionsrechtliche Interessen durch welches Anknüpfungsmoment zu verwirklichen sind. Insoweit kann jedoch erforderlich werden, die grobe Einteilung der Interessen Kegels weiter zu differenzieren.

sätzlich das Recht der Staatsangehörigkeit oder das Recht des gewöhnlichen Aufenthalts.[33] Sind Verkehrsinteressen im Spiel, wird man fragen müssen, welchen Verkehr die fraglichen Sachnormen schützen wollen – insoweit liegt eine territoriale Anknüpfung nahe, die jedoch je nach Ausprägung der fraglichen Sachnormen weiter zu verfeinern ist (etwa der Belegenheitsort im Sachenrecht, der Erfolgsort im Deliktsrecht etc). Das Gleiche gilt dann, wenn Sachnormen öffentlichen Interessen Rechnung tragen – diese implizieren Gemeininteressen, die auf die Anwendung des Rechts desjenigen Staates gerichtet sind, dessen öffentliche Interessen durch die fraglichen Normen geschützt werden sollen – insoweit bietet sich wiederum eine territoriale[34] oder ggf. auch personale[35] Anknüpfung an.

Anmerkung:
Eine Sachnorm dient allerdings selten nur einem Zweck. Wenn der Gesetzgeber mit einer Norm verschiedene materielle Zwecke verfolgt, ergibt sich aus dem beschriebenen sachnormbezogenen Ansatz, dass die *Gewichtung* der einzelnen materiellen Sachnormzwecke zugleich die Gewichtung der durch diese implizierten kollisionsrechtlichen Interessen präjudiziert; der dominierende Sachnormzweck gibt damit regelmäßig den Ausschlag für die kollisionsrechtliche Interessenlage, untergeordnete Sachnormzwecke, die demnach auch untergeordnete kollisionsrechtliche Interessen implizieren, bleiben bei der Bestimmung des Anknüpfungsmomentes regelmäßig unberücksichtigt.[36] Sind die verfolgten Zwecke und die damit implizierten kollisionsrechtlichen Interessen gleichwertig und können sie nicht in Einklang gebracht werden, so besteht die Möglichkeit einer Mehrfachanknüpfung.[37]

Von denjenigen kollisionsrechtlichen Anwendungsinteressen, die durch den konkreten Sachnormzweck impliziert werden, sind diejenigen kollisionsrechtlichen Interessen zu scheiden, die sich aus der spezifischen Aufgabe des IPR ergeben und erstere begrenzen. Hierzu zählt nicht nur das Interesse am äußeren Entscheidungseinklang, sondern auch das Interesse am inneren Entscheidungseinklang. Diese „begrenzenden Kräfte" lassen sich mit *Kegel* als Ordnungsinteressen zusammenfassen und können dazu führen, dass die durch einzelne Sachnormzwecke indizierten kollisionsrechtlichen Anwendungsinteressen im Rahmen der Abwägung zurückgedrängt werden und die Sachnorm einer anderen Anknüpfung zu unterstellen ist.

Beispiel: So mag das Interesse am *äußeren* Entscheidungseinklang (insbesondere zur Vermeidung hinkender Rechtsverhältnisse) etwa dafür sprechen, bei der Bildung einer Kollisionsnorm international gebräuchliche – und damit akzeptanzfähige – Anknüpfungsmomente zu wählen.[38] Im Hinblick auf das Interesse am *inneren* Entscheidungseinklang[39] liegt es demgegenüber etwa nahe, zur Verhinderung einer dépeçage, die zu Normwidersprüchen führen kann, möglichst umfassende „Gesamt"statute zu bilden und insoweit die materiellrechtlich indizierten kollisionsrechtlichen Interessen einzelner Normen zurückzudrängen.

Hinsichtlich der der materiellen Gerechtigkeit dienenden Funktion des IPR kann den Ordnungsinteressen jedoch *kein* Selbstzweck zugesprochen werden – als Ausprägung des Spannungsverhältnisses von Einzelfallgerechtigkeit und Rechtssicherheit sind solche Interessen auf die rechtstechnische Durchführbarkeit des inhaltlichen Gerechtigkeitsideals gerichtet, so dass *dessen* Verwirklichung im Vordergrund steht. Hieraus folgt, dass Ordnungsinteressen als

---

33 Hierzu etwa Kegel/Schurig § 2 II 1, 135; zu den beiden Anknüpfungsmomenten im Rahmen der EuErbVO ausführlich Sonnentag EWS 2012, 457–469.
34 Schurig FS Jayme 2004, 837, 840.
35 Köhler, 92 Fn. 449.
36 Im Idealfall ist jedoch zu versuchen, allen implizierten Interessen mit einer einheitlichen Anknüpfung Rechnung zu tragen. Nur wenn dies nicht gelingt, ist dem dominierenden kollisionsrechtlichen Interesse der Vorrang einzuräumen.
37 Hierzu etwa Schurig, 204–209; vgl. auch Köhler, 240 f.
38 Kegel/Schurig § 2 II 3 a, 140.
39 Hierzu etwa Kegel/Schurig § 2 II 3 b, 141 f.

begrenzende „Kräfte" zumindest keine *eindeutig* materiellrechtlich implizierte Interessenlage überwinden können.[40]

Anmerkung:

Dies gilt in besonderem Maße für das (allgemeine) Interesse an äußerem Entscheidungseinklang, zumal es für die *konkrete* Rechtsanwendungsfrage regelmäßig unergiebig ist:[41] Denn solange andere, inhaltlich divergierende nationale Kollisionsrechte existieren (was auf absehbare Zeit freilich nicht zu bezweifeln ist), kann Entscheidungseinklang maximal mit mehreren, niemals jedoch mit allen Staaten verwirklicht werden,[42] so dass zumindest *vollständiger* Entscheidungseinklang auf der Grundlage eines autonom ausgestalteten Kollisionsrechts niemals erreicht werden kann. Damit bleibt jedoch die Frage bestehen, mit *welchem* Staat Entscheidungseinklang hergestellt werden soll, und *diese* ist nur anhand weiterer Anwendungskriterien zu beantworten. Die insoweit maßgeblichen Kriterien gehen indes regelmäßig über das schlichte Faktum des Entscheidungseinklangs hinaus und stellen herkömmliche kollisionsrechtliche Erwägungen dar (die jedoch im Hinblick auf die Systembindung „legitim" sein müssen, → Rn. 6). Der *alleinige* Verweis auf den Entscheidungseinklang mit einem Staat zur Begründung einer kollisionsrechtlichen Anknüpfung ist daher regelmäßig zirkulär. Etwas anderes gilt jedoch hinsichtlich rechtsvereinheitlichender Kollisionsrechtsakte, insbesondere im Hinblick auf das hier interessierende europäische Kollisionsrecht: Da dieses nach seinem primären Zweck auf eine *einheitliche* Rechtsanwendung gerichtet ist, hat das insoweit *konkrete* Interesse an europäischem Entscheidungseinklang entscheidende Bedeutung für die Anwendung des europäischen IPR, wenngleich auch dieses Interesse keine eindeutig materiellrechtlich implizierte Interessenlage zurückzudrängen vermag (so etwa hinsichtlich der Vorfrageanknüpfung, → Rn. 20–23).

IV. Aufbau, Struktur und Reichweite einer allseitigen Kollisionsnorm

10 Ein materielle Wertungen verwirklichendes Kollisionsrecht erfordert ein differenziertes System an Kollisionsnormen, das für einzelne Normgruppen spezifische, ihren Sachnormzwecken entsprechende Anknüpfungen zur Verfügung stellt. Auf Tatbestandsebene einer herkömmlichen Kollisionsnorm lassen sich daher insoweit zwei zentrale Elemente ausmachen: Zum einen der **Anknüpfungsgegenstand**, der die von der Kollisionsnorm erfassten Sachnormen regelmäßig anhand allgemeiner Systembegriffe beschreibt (zB Rechtsnachfolge von Todes wegen), zum anderen das **Anknüpfungsmoment**, welches die für die durch den Anknüpfungsgegenstand bezeichnete Normgruppe angemessene kollisionsrechtliche Anknüpfung bestimmt (zB gewöhnlicher Aufenthalt) und damit die Bestimmung der anzuwendenden Rechtsordnung ermöglicht.

11 Die Struktur einer allseitigen Kollisionsnorm lässt sich am eindrücklichsten anhand des von *Schurig* entwickelten **Bündelungsmodells** darstellen:[43] Nach diesem lässt sich jede allseitige Kollisionsnorm gedanklich als Bündel einzelner vertikal und horizontal zusammengefasster Element- oder Individualkollisionsnormen begreifen, die jeweils auf *einen* Rechtssatz bezogen sind und die dessen Anwendungsbereich einseitig festlegen. So lassen sich etwa die kollisionsrechtlichen Aussagen – § 1923 BGB ist anwendbar, wenn der Erblasser im Zeitpunkt seines Todes seinen gewöhnlichen Aufenthalt in Deutschland hatte, § 1924 BGB ist anwendbar, wenn der Erblasser im Zeitpunkt seines Todes seinen gewöhnlichen Aufenthalt in Deutschland hatte usw – insoweit zusammenfassen, dass die Gesamtheit der deutschen erbrechtlichen Vorschriften anzuwenden ist, wenn der Erblasser im Zeitpunkt seines Todes seinen gewöhnlichen Aufenthalt in Deutschland hatte – die gedanklichen Elementkollisionsnormen lassen sich „sachlich" oder

---

40 Hinsichtlich Eingriffsnormen vgl. Köhler, 90 f.
41 Vgl. etwa Kropholler § 6 II, 38: „Ideal der Entscheidungsgleichheit ist kein inhaltlich eindeutiger Gesichtspunkt" (Hervorhebung im Original).
42 Kegel/Schurig § 2 II 3 a, 140.
43 Grundlegend Schurig, 89–106 (Zusammenfassung 106–108); Schurig RabelsZ 54 (1990), 217 (231); Kegel/Schurig § 6 II, 313–316; dem Bündelungsmodell folgend etwa von Bar/Mankowski § 4 Rn. 5 f., § 7 Rn. 139 ff. Vgl. zum Folgenden bereits Köhler, 84–86.

„vertikal" bündeln und berufen in ihrer Gesamtheit das jeweilige Statut. Erweitert man diese einseitige Bündelung auf andere Rechtsordnungen, indem österreichisches Recht zur Anwendung gebracht wird, wenn der Erblasser im Zeitpunkt seines Todes seinen gewöhnlichen Aufenthalt in Österreich hatte, französisches Recht, wenn der Erblasser im Zeitpunkt seines Todes seinen gewöhnlichen Aufenthalt in Frankreich hatte usw, so erfolgt eine „internationale" oder „horizontale" Bündelung, wie sie Art. 21 Abs. 1 EuErbVO vornimmt: Die Rechtsnachfolge von Todes wegen unterliegt dem Recht des Staates, in dem der Erblasser im Zeitpunkt seines Todes seinen gewöhnlichen Aufenthalt hatte. Damit stellt sich jede allseitige Kollisionsnorm als Zusammenfassung oder Bündelung einzelner, rechtssatzbezogener Elementkollisionsnormen dar. Da jede Kollisionsnorm das Ergebnis einer Abwägung der tangierten kollisionsrechtlichen Interessen durch den Gesetzgeber *für* eine spezielle Gruppe von Sachnormen darstellt, bedeutet dies zugleich, dass alle in einer allseitigen Kollisionsnorm zusammengefassten Elementkollisionsnormen „*auf einer vergleichbaren kollisionsrechtlichen Interessenabwägung* [für jeden einzelnen statutszugehörigen Rechtssatz] *beruhen, welche stets zu demselben Ergebnis (zu derselben abstrakten Anknüpfung) führt*".[44] Jede statutszugehörige Sachnorm impliziert damit dieselben kollisionsrechtlichen Interessen, die zum selben Anknüpfungsmoment führen, was wiederum die Zusammenfassung in einer allseitigen Kollisionsnorm ermöglicht. Damit sind die kollisionsrechtlichen Interessen nicht nur für die Bestimmung des Anknüpfungsmomentes relevant, sie bilden auch die Kriterien der Bündelung selbst[45] – sie sind nach *Schurig* der „Kitt", der die allseitige Kollisionsnorm als Bündel von Individualkollisionsnormen zusammenhält.[46]

Aus dieser strukturell-teleologischen Überlegung folgt, dass die **Reichweite einer Kollisionsnorm** von den in einer Kollisionsnorm verwerteten und konkret gewichteten kollisionsrechtlichen Interessen bestimmt wird – sie grenzen das Bündel nach innen und nach außen ab.[47] Daraus ergibt sich wiederum, dass der in einer Kollisionsnorm vorausgesetzte Systembegriff (etwa Rechtsnachfolge von Todes wegen) dem Anknüpfungsgegenstand nach *Schurig* allenfalls den „äußeren Rahmen" setzen kann, quasi als „sprachliche[s.] Hilfsmittel der Bündelung".[48] Er dient als Bezeichnung einer bestimmten Normgruppe, die es in einem ersten Schritt ermöglicht, die jeweils einschlägigen Sachnormen aufzufinden – ob diese jedoch auch in concreto vom Anknüpfungsgegenstand umfasst sind, muss eine teleologische Interessenanalyse ergeben. Somit ist eine **Qualifikation** anhand einer rein begrifflichen Auslegung des Anknüpfungsgegenstandes von vornherein zum Scheitern verurteilt: Orientiert man sich (zumindest im nationalen Recht) zur Bestimmung der Reichweite einer Kollisionsnorm an den **Systembegriffen der (sachrechtlichen) lex fori** (etwa weil sich diese auch im Wortlaut einer nationalen Kollisionsnorm wiederfinden und daher eine einheitliche Auslegung prima facie indiziert zu sein scheint) oder gar an den **Systembegriffen der lex causae**, so können diese keinesfalls den speziellen teleologischen Erwägungen der kollisionsrechtlichen Interessenabwägung Rechnung tragen und sind daher als rein „begriffliche Operation" zu ungenau. Die Qualifikation des Anknüpfungsgegenstandes muss daher die Systembegriffe der lex fori oder der lex causae überwinden und teleologisch anhand der der jeweiligen Kollisionsnorm zugrunde liegenden Interessen erfolgen.[49] Bildlich kann man mit *Schurig* den so verstandenen Qualifikationsvorgang dahin gehend beschreiben, dass zu prüfen ist, „ob die eine gewisse Sachnorm berufende Element-Kollisionsnorm Bestandteil der

---

44 Schurig, 103 (Hervorhebung im Original).
45 Kegel/Schurig § 6 II 2, 315; ebenso von Bar/Mankowski § 4 Rn. 5, § 7 Rn. 139.
46 Kegel/Schurig § 7 III 3 b bb, 348; § 6 II 2, 315: „So ist in Bezug auf alle Vorschriften, die unter das ‚Erbstatut' fallen, die kollisionsrechtliche Interessenabwägung zu dem Ergebnis gelangt, daß die Parteiinteressen des Erblassers den Ausschlag geben müssen: alle diese Bestimmungen werden angewandt, wenn der Erblasser [nunmehr: seinen letzten gewöhnlichen Aufenthalt in dem betreffenden Staat] hatte; daher ist eine vertikale Bündelung in diesem weiten Umfang möglich" (Hervorhebung im Original; Aussage ursprünglich auf Art. 25 EGBGB bezogen).
47 Von Bar/Mankowski § 4 Rn. 5, § 7 Rn. 141.
48 Kegel/Schurig § 6 II 2, 315 f.; ebenso von Bar/Mankowski § 7 Rn. 139 ff.
49 Soergel/Kegel EGBGB Vorb. Art. 3 Rn. 120; ausführlich Kegel/Schurig § 7 III 3 b, 346–355; von Bar/Mankowski § 7 Rn. 139–141; ähnlich von Hoffmann/Thorn § 6 Rn. 30.

einen oder der anderen allseitigen Bündelung ist oder ob man sie etwa außerhalb der etablierten Bündelung anzusiedeln hat".[50]

Anmerkung:
Zumindest bei der Bestimmung der Reichweite einer nationalen Kollisionsnorm haben die mit der sachrechtlichen lex fori gleichlaufenden Systembegriffe aber durchaus eine Bedeutung über ein „sprachliches Hilfsmittel" hinaus; denn hier liegt die Vermutung nahe, dass der Gesetzgeber bei Schaffung der Kollisionsnorm auch diese sachrechtlichen Vorschriften als Anknüpfungsgegenstand „vor Augen" hatte.[51] Als „Rohstoff",[52] der kollisionsrechtliche Interessen impliziert, lassen diese „Modellnormen" somit Schlussfolgerungen auf die vom Gesetzgeber in dieser Kollisionsnorm vorgenommenen Gewichtung der kollisionsrechtlichen Interessen zu, so dass man anhand dieser Überlegung leichter die Reichweite der Kollisionsnorm bestimmen kann. Dies – und *nur* dies[53] – ist im Rahmen des vereinheitlichten europäischen IPR anders, weil es weitgehend an einer einheitlichen europäischen lex fori fehlt, die solche Rückschlüsse und erste „Orientierungshilfe" erlaubt. Insoweit besteht die zentrale Aufgabe in der konsequenten Sichtbarmachung der einzelnen kollisionsrechtlichen Interessen, die eine Begrenzung des Anknüpfungsgegenstandes erlauben und damit eine Qualifikation erst ermöglichen.

B. Die Bestimmung des anwendbaren Rechts
I. Rechtsquellen

13 Die rechtliche Beurteilung von Sachverhalten mit Auslandsbezug wird dadurch erschwert, dass das IPR eine Vielzahl von Rechtsquellen kennt, die entweder völkerrechtlicher, europäischer oder nationaler Herkunft sind. Für das Auffinden der in casu einschlägigen Kollisionsnormen ist daher die Beachtung der Normhierarchie essenziell. Vorrangig zu berücksichtigen sind stets **europäische Kollisionsrechtsakte**, da diese mit Anwendungsvorrang ausgestattet sind und deswegen jeglichem nationalen Recht vorgehen (deklaratorisch Art. 3 Nr. 1 EGBGB). Vom Anwendungsbereich des europäischen Rechts betroffen sind grundsätzlich auch **völkerrechtliche Verträge**, weil diese zur innerstaatlichen Wirksamkeit stets eines nationalen Transformationsgesetzes bedürfen (Art. 59 Abs. 2 S. 1 GG) und daher ihrer Rechtsqualität nach nur einfaches Bundesrecht darstellen. Um den einzelnen Mitgliedstaaten die Wahrung ihrer völkerrechtlichen Verpflichtungen zu ermöglichen, sehen die europäischen Kollisionsrechtsakte indes regelmäßig Öffnungsklauseln zugunsten bestehender völkerrechtlicher Übereinkommen vor (Art. 25 Rom I-VO, Art. 28 Rom II-VO, Art. 19 Rom III-VO, Art. 75 EuErbVO), so dass diese *im Ergebnis* dennoch europäischem Recht vorgehen (→ EuErbVO Art. 75 Rn. 1). Soweit einzelne Rechtsbereiche europaweit noch nicht vereinheitlicht sind – sei es, weil es an einem solchen Rechtsakt generell fehlt (bspw. im internationalen Sachenrecht, Eherecht sowie – noch[54] – im Güterrecht) oder weil die fragliche Materie explizit aus dem Anwendungsbereich einer europäischen Kollisionsrechtsverordnung ausgenommen wurde –, ist zuletzt auf das **nationale IPR** zurückzugreifen; völkerrechtliche Verträge gehen diesem als leges speciales vor (deklaratorisch wiederum Art. 3 Nr. 2 EGBGB).

14 Demnach ergibt sich für das IPR folgende Prüfungsreihenfolge:
1. **Völkerrechtliche Verträge** (soweit diese aufgrund von Öffnungsklauseln in grundsätzlich vorrangigen europäischen Rechtsakten weiterhin anzuwenden sind; → Rn. 41–61)

---

50 Schurig, 224; Kegel/Schurig § 7 III 3 b bb, 348; sich anschließend von Bar/Mankowski § 7 Rn. 140: „Zu qualifizieren heißt, die einzelne Elementkollisionsnorm dem in Rede stehenden Bündel zuzuordnen oder nicht".
51 Hierzu etwa Kegel/Schurig § 7 III, 339.
52 So anschaulich Schurig, 99.
53 Ein Unterschied in der Methode besteht indes nicht.
54 Zu den geplanten Vorhaben → EuErbVO Art. 1 Rn. 10.

2. **Europäisches Sekundärrecht** (im Bereich des IPR regelmäßig in Form einer unmittelbar anwendbaren Verordnung: Rom I-VO, Rom II-VO, Rom III-VO, EuErbVO)
3. **Nationales IPR** (EGBGB)

II. Auffinden der einschlägigen Kollisionsnormen; Bestimmung des anwendbaren Rechts

Ist die maßgebliche Rechtsgrundlage ermittelt, muss die für die rechtliche Beurteilung des Sachverhaltes maßgebliche Kollisionsnorm aufgefunden werden. Der Anknüpfungsgegenstand der kodifizierten Kollisionsnormen bedient sich regelmäßig bestimmter Systembegriffe (Rechtsnachfolge von Todes wegen etc), so dass der in Frage stehende Sachverhalt mittels dieser einzuordnen und die insoweit maßgeblichen Kollisionsnormen zu ermitteln sind. Welche konkreten Sachnormen von der aufgefundenen Kollisionsnorm erfasst werden, ist Gegenstand der **Qualifikation** (→ Rn. 12; zudem → EuErbVO Art. 23 Rn. 1). Die angemessene räumliche Verknüpfung der für die vom Anknüpfungsgegenstand erfassten Sachnormen definiert das **Anknüpfungsmoment**, so dass mittels diesem die maßgebliche Rechtsordnung zu bestimmen ist. Als **Rechtsfolge** stattet eine Kollisionsnorm die durch Anknüpfungsgegenstand und Anknüpfungsmoment bestimmten Normen mit einem eigenen imperativen Anwendungsbefehl aus, so dass diese unmittelbar auf den zu beurteilenden Sachverhalt **anzuwenden** sind.

III. Gesamt- oder Sachnormverweisung

Ist *ausländisches* Recht zur Anwendung berufen,[55] ist die Frage zu klären, ob sich der Anwendungsbefehl alleine auf das materielle Recht dieses Staates bezieht (**Sachnormverweisung**) oder das jeweilige ausländische IPR miteinbezieht (**Gesamtverweisung**); ist Letzteres der Fall, muss einer seitens dieser Rechtsordnung ausgesprochenen Rück- oder Weiterverweisung gefolgt werden. Das **europäische IPR** spricht regelmäßig Sachnormverweisungen aus (vgl. Art. 20 Rom I-VO, Art. 24 Rom II-VO, Art. 11 Rom III-VO), alleine die EuErbVO ordnet mit Art. 34 Abs. 1 EuErbVO jedenfalls eine partielle Beachtlichkeit ausländischen IPR an (vgl. im Einzelnen dort).

Bei den seitens des **nationalen IPR** ausgesprochenen Verweisungen handelt es sich demgegenüber grundsätzlich um **Gesamtverweisungen**. Die insoweit maßgebliche Bestimmung lautet:

Artikel 4 EGBGB Verweisung

(1) ¹Wird auf das Recht eines anderen Staates verwiesen, so ist auch dessen Internationales Privatrecht anzuwenden, sofern dies nicht dem Sinn der Verweisung widerspricht. ²Verweist das Recht des anderen Staates auf deutsches Recht zurück, so sind die deutschen Sachvorschriften anzuwenden..
(2) (...) ²Soweit die Parteien das Recht eines Staates wählen können, können sie nur auf die Sachvorschriften verweisen.
(3) [...]

Im Rahmen des deutschen IPR ist ein seitens des mitberufenen ausländischen IPR angeordneter Renvoi somit grundsätzlich beachtlich. Eine Rückverweisung auf deutsches Recht wird gem. Art. 4 Abs. 1 S. 2 EGBGB abgebrochen, so dass dieses anzuwenden ist. Eine Sachnormverweisung (vgl. Art. 3 a Abs. 1 EGBGB) liegt demgegenüber alleine in den Fällen einer Rechtswahl

---

55 Bei Verweisungen auf das deutsche Recht handelt es sich stets um Sachnormverweisungen; dies ergibt sich freilich aus der Natur der Sache, diese „Selbstverständlichkeit" lässt sich aber auch mit einem Umkehrschluss aus Art. 4 Abs. 1 S. 1 EGBGB begründen, nach welchem ausschließlich Verweisungen auf das Recht eines anderen Staates Gesamtverweisungen darstellen (von Hoffmann/Thorn § 6 Rn. 76); für die EuErbVO ergibt sich dieses Ergebnis aus Art. 34 Abs. 1 EuErbVO, nach welchem nur bei einer Verweisung auf das Recht eines Drittstaates dessen IPR anzuwenden ist.

(Art. 4 Abs. 2 EGBGB)[56] sowie dann vor, wenn die Annahme einer Gesamtverweisung dem *Sinn der Verweisung* widerspricht (Art. 4 Abs. 1 S. 2 aE EGBGB). Letzteres ist der Fall, wenn die vorgesehene Verweisung ein bestimmtes materielles Interesse zu fördern bezweckt, welches bei der Annahme einer Gesamtverweisung vereitelt werden würde.[57] So dienen etwa **alternative Anknüpfungen** (bspw. Art. 11 EGBGB) regelmäßig der Förderung eines bestimmten materiellen Zwecks (im Falle von Art. 11 EGBGB der Begünstigung der Formwirksamkeit durch Zurverfügungstellung möglichst zahlreicher Rechtsordnungen, sog. „favor negotii"), der jedenfalls dann durchkreuzt wird, wenn die Annahme einer Gesamtverweisung konkret[58] die Anzahl der anzuwendenden Rechtsordnungen reduzieren würde; in diesen Fällen spricht Art. 11 EGBGB daher Sachnormverweisungen aus. Weitere diskutierte Fallgruppen stellen **akzessorische Anknüpfungen**[59] (bspw. Art. 41 Abs. 2 Nr. 1, Art. 44, Art. 45 Abs. 2 S. 1 EGBGB), **Ausweichklauseln**[60] (bspw. Art. 41 Abs. 1, Art. 46 EGBGB) und teilweise auch **Hilfsanknüpfungen**[61] (bspw. Art. 14 Abs. 1 Nr. 3 EGBGB) dar; nach vorzugswürdiger Ansicht widersprechen alle diese Konstellationen indes *nicht* dem Sinn der Verweisung, so dass es sich hierbei – entsprechend dem von Art. 4 Abs. 1 S. 1 EGBGB aufgestellten Grundsatz – um Gesamtverweisungen handelt.[62]

IV. Anknüpfung bei Mehrrechtsstaaten

19 Verweist eine Kollisionsnorm auf das Recht eines Mehrrechtsstaates (etwa USA, Großbritannien, Spanien), ist dessen interlokales bzw. interpersonales Kollisionsrecht mitberufen, so dass *dieses* über die anzuwendende Teilrechtsordnung zu befinden hat, vgl. Art. 36 Abs. 1, Art. 37 S. 1 EuErbVO (in Abkehr zu Art. 22 Abs. 1 Rom I-VO, Art. 25 Abs. 1 Rom II-VO und Art. 14 Rom III-VO, die insoweit autonome Hilfsanknüpfungen vorsehen) bzw. für das nationale IPR Art. 4 Abs. 3 S. 1 EGBGB (der jedoch sog. „durchschlagende Anknüpfungen" ausnimmt, die – wie etwa Art. 43 Abs. 1 EGBGB – die maßgebliche Teilrechtsordnung unmittelbar anhand des verwendeten kollisionsrechtlichen Anknüpfungsmoments – bei Art. 43 Abs. 1 EGBGB der Belegenheitsort – bestimmt). Sieht die anzuwendende Mehrrechtsordnung selbst keine eigenen interlokalen bzw. interpersonalen Kollisionsnormen vor, ist die maßgebliche Teilrechtsordnung hilfsweise mittels autonomer Unteranknüpfungen zu bestimmen (Art. 36 Abs. 2, Art. 37 S. 2 S. EuErbVO bzw. Art. 4 Abs. 3 S. 2 EGBGB). Vgl. hierzu im Einzelnen Art. 36, 37 EuErbVO.

V. Vorfrage

20 **1. Allgemeines.** Ist über eine konkrete Rechtsfrage (bspw. Rechtsnachfolge von Todes wegen) zu entscheiden, berufen die hierfür maßgeblichen Kollisionsnormen alle unter diese zu qualifizierenden Sachnormen einer Rechtsordnung, und *nur* diese (→ Rn. 11 f.). Setzen die demnach anwendbaren Sachnormen nach ihrem Tatbestand jedoch ihrerseits wiederum präjudizielle Rechtsverhältnisse voraus (bspw. das Bestehen einer Ehe als Voraussetzung für ein Ehegattenerbrecht, ein wirksamer sachenrechtlicher Erwerb als Voraussetzung für einen Erwerb kraft

---

56 Nach vorzugswürdiger Ansicht konstituiert Art. 4 Abs. 2 EGBGB indes kein Verbot, die Kollisionsnormen eines bestimmten Staates zu wählen. Sofern die Parteien ausdrücklich das Kollisionsrecht eines bestimmten Staates gewählt haben sollten (was freilich kaum vorkommen dürfte), wäre eine derartige Rechtswahl daher (nach Maßgabe des gewählten Rechts) dahin gehend auszulegen, dass die nach den gewählten Kollisionsnormen anzuwendenden Sachvorschriften gewählt wurden; so zu Recht Kegel/Schurig § 10 V, 404.
57 Vgl. Kegel/Schurig § 10 V, 405.
58 Kegel/Schurig § 10 V, 405; Kropholler § 24 II 2 c, 171 f.; Grüneberg/Thorn EGBGB Art. 4 Rn. 6; NK-BGB/Freitag EGBGB Art. 4 Rn. 26; aA (abstrakte Möglichkeit für die Annahme einer Sachnormverweisung ausreichend, so dass bei alternativen Anknüpfungen stets Sachnormverweisungen anzunehmen sind) etwa von Hoffmann/Thorn § 6 Rn. 113.
59 Eine Sachnormverweisung annehmend etwa Grüneberg/Thorn EGBGB Art. 4 Rn. 8; NK-BGB/Freitag EGBGB Art. 4 Rn. 28; Kropholler § 24 II 2 d, 172; von Hoffmann/Thorn § 6 Rn. 114.
60 Eine Sachnormverweisung annehmend etwa Grüneberg/Thorn EGBGB Art. 4 Rn. 7; NK-BGB/Freitag EGBGB Art. 4 Rn. 27; Kropholler § 24 II 2 a, 170; von Hoffmann/Thorn § 6 Rn. 116.
61 Eine Sachnormverweisung annehmend Erman/Hohloch EGBGB Art. 4 Rn. 18; aA die hM, vgl. nur Grüneberg/Thorn EGBGB Art. 4 Rn. 7; NK-BGB/Freitag EGBGB Art. 4 Rn. 27.
62 So zu Recht Kegel/Schurig § 10 V, 405 f.

Erbgang etc), können die hierfür maßgeblichen Sachnormen nicht einfach der – *alleine* für die ursprüngliche (Haupt-)Frage berufenen – lex causae entnommen werden, weil (und freilich soweit) diese Sachnormen *abweichende* kollisionsrechtliche Interessen implizieren und daher *nicht* unter die zunächst maßgebliche Kollisionsnorm qualifiziert werden können; sie sind daher nicht zugleich „mitberufen". Für solche materiellrechtlichen **Vorfragen**, die sich im Rahmen der rechtlichen Beurteilung einer sog. „Hauptfrage" stellen und insoweit „vorab" zu beantworten sind, muss die Frage nach der anwendbaren Rechtsordnung daher stets *erneut* gestellt werden.

Bildet die lex causae *deutsches* Recht, sind unzweifelhaft die in Deutschland geltenden Kollisionsnormen (völkerrechtlicher, europäischer oder nationaler Herkunft) anzuwenden (für die Frage nach dem Bestehen einer Ehe Art. 13, 11 EGBGB, für die Frage nach einem wirksamen sachenrechtlichen Erwerb Art. 43 EGBGB etc). Stellt die lex causae hingegen *ausländisches* Recht dar, ist im nationalen wie im europäischen IPR umstritten, ob für die kollisionsrechtliche Beurteilung der Vorfrage auf die Kollisionsnormen der lex fori oder auf diejenigen der lex causae abzustellen ist.[63] Vertreten werden folgende Lösungsansätze: 21

- **selbstständige Vorfragenanknüpfung** (hM):[64] Vorfragen sind grundsätzlich[65] nach dem IPR der lex fori zu beantworten (Grund: Förderung des **inneren Entscheidungseinklangs**, so dass dieselbe Rechtsfrage in jedem rechtlichen Kontext unabhängig von der jeweiligen lex causae gleich entschieden werden kann).
- **unselbstständige Vorfragenanknüpfung**:[66] Vorfragen sind grundsätzlich nach dem IPR der lex causae zu beantworten (Grund: Förderung des **äußeren Entscheidungseinklangs** mit der für die Hauptfrage maßgeblichen Rechtsordnung; im Rahmen des europäischen IPR zudem: Förderung des europäischen Entscheidungseinklangs, da auch nicht vereinheitlichte Rechtsbereiche europaweit einheitlich angeknüpft werden können).
- **vermittelnder Ansatz**:[67] Bei überwiegendem Auslandsbezug sind Vorfragen unselbstständig, bei überwiegendem Inlandsbezug selbstständig anzuknüpfen.

Stellungnahme: Vorfragen sind im nationalen wie im europäischen IPR **selbstständig** anzuknüpfen. Einer unselbstständigen Vorfragenanknüpfung ist entgegenzuhalten, dass sie *kodifizierte* Kollisionsnormen der lex fori außer Betracht lässt, indem sie modo legislatoris eigenständige, die herkömmlichen Kollisionsnormen *umgehende* Kollisionsgrundnormen[68] für Vorfragen entwickelt,[69] die diesbezügliches ausländisches Kollisionsrecht unmittelbar berufen und sich somit deren kollisionsrechtliche Gerechtigkeitsentscheidung zu eigen machen. Für eine derartige Rechtsfortbildung fehlt es jedoch regelmäßig bereits an einer Regelungslücke, da den existierenden Kollisionsnormen keinerlei Einschränkungen dahin gehend zu entnehmen sind, dass sie ausschließlich auf sog. Hauptfragen anzuwenden wären (insbesondere, da manche Kollisionsnormen – etwa Art. 7, 11 EGBGB – solche Rechtsverhältnisse erfassen, die sich regelmäßig nur als Vorfragen stellen). Aber auch in der Sache kann eine unselbstständige Vorfragenanknüpfung nicht überzeugen. Die kollisionsrechtliche Gerechtigkeitsentscheidung muss der jeweils kompetente Gesetzgeber grundsätzlich in *eigener* rechtspolitischer Verantwortung, also autonom treffen, die systemwidrige Übernahme der kollisionsrechtlichen Gerechtigkeitsentscheidung eines ausländischen Staates bedarf daher einer besonderen Rechtfertigung.[70] Der (alleinige) Verweis 22

---

63 Vgl. hierzu ausführlich Kegel/Schurig § 9, 373–386; von Bar/Mankowski § 7 Rn. 182–213; Kropholler § 32, 221–230, von Hoffmann/Thorn § 6 Rn. 56–72.
64 Soergel/Kegel EGBGB Vorb. Art. 3 Rn. 130; Staudinger/Sturm/Sturm Einl. zum IPR Rn. 279; Kegel/Schurig § 9 II 1, 379–381; von Bar/Mankowski § 7 Rn. 192–206; Rauscher Rn. 509; Looschelders EGBGB Vorb. zu Art. 3–6 Rn. 38; auch die Rechtsprechung knüpft überwiegend selbstständig an, vgl. etwa BGH NJW 1981, 1900 (1901).

65 Eine Ausnahme besteht insoweit für Vorfragen, die sich bei der Ermittlung der Staatsangehörigkeit stellen; vgl. hierzu EuErbVO Art. 22 Rn. 7.
66 Von Hoffmann/Thorn § 6 Rn. 71–72.
67 Vgl. etwa Kropholler § 32 IV 2, 226 f. (grundsätzlich selbstständige Anknüpfung, bei überwiegendem Auslandsbezug allerdings ausnahmsweise unselbstständige Anknüpfung).
68 Vgl. hierzu ausführlich Schurig, 73–77; auch Köhler, 193.
69 Kegel/Schurig § 9 II 1, 379.
70 Vgl. hierzu Köhler, 208 mit Fn. 176.

auf den äußeren Entscheidungseinklang genügt insoweit nicht (auch → Rn. 6), da eine unselbstständige Vorfragenanknüpfung zwar Entscheidungseinklang mit der für die Hauptfrage maßgeblichen Rechtsordnung gewährleisten kann, jedoch gerade nicht mit demjenigen Staat, dessen Recht *wir* aufgrund unserer autonomen kollisionsrechtlichen Gerechtigkeitsentscheidung für die Beurteilung des Sachverhaltes für angemessen halten. Warum man dennoch so verfahren sollte, entzieht sich regelmäßig einer systemkonformen Begründung, insbesondere besteht kein gesteigertes (Ordnungs-)Interesse an einer realen Entscheidung, dem man mit einer abhängigen Vorfragenanknüpfung Rechnung tragen müsste (anders nur im öffentlich-rechtlich geprägten Recht der Staatsangehörigkeit, → EuErbVO Art. 22 Rn. 7). Eine unselbstständige Vorfragenanknüpfung beeinträchtigt demgegenüber den **inneren Entscheidungseinklang** auf nicht hinnehmbare Weise: Unterstellt man die Entscheidung über eine Vorfrage (etwa hinsichtlich der Wirksamkeit einer Ehe) den Kollisionsnormen der jeweiligen lex causae, so sind hierfür stets *unterschiedliche* Kollisionsnormen maßgeblich (je nachdem, welcher Staat die lex causae stellt). Dies kann dazu führen, dass ein und dieselbe Rechtsfrage – je nach rechtlichem Kontext – unterschiedlich zu beantworten ist, weil beispielsweise eine Ehe nach deutscher Sicht (Art. 13 EGBGB) besteht, im konkreten Rechtskontext (etwa bei der Frage nach dem Bestehen eines Ehegattenerbrechts) jedoch verneint werden muss, weil die Kollisionsnormen der ausländischen lex causae zu einem Recht führen, nach dem die Ehevoraussetzungen nicht vorliegen – ein im Hinblick auf das Gebot einer wertungsmäßig widerspruchsfreien Rechtsordnung untragbares Ergebnis,[71] das den Parteien zudem (ungewollt) Gestaltungsspielraum einräumen würde, weil sie im Hinblick auf das präjudizielle Rechtsverhältnis ein ihnen genehmes, für die Hauptfrage präjudizierendes Feststellungsurteil beantragen könnten. Kohärente, wertungsmäßig stimmige Ergebnisse lassen sich daher nur erreichen, wenn für alle (Haupt- und Vor-)Fragen die kodifizierten Kollisionsnormen der lex fori angewandt werden.

23 Gleiches gilt für das **europäische IPR**.[72] Dieses misst dem Interesse an äußerem Entscheidungseinklang zunächst weit weniger Bedeutung zu als das deutsche IPR, wie der Verzicht auf eine (jedenfalls umfassende) Anerkennung des Renvoi zeigt. Wertungsmäßig wäre es daher kaum überzeugend, würde man einerseits die Beachtlichkeit ausländischen Kollisionsrechts (unter Inkaufnahme hinkender Rechtsverhältnisse) zugunsten Ordnungsinteressen erheblich einschränken (so Art. 34 EuErbVO, → EuErbVO Art. 34 Rn. 1), andererseits jedoch ausländisches Kollisionsrecht bei der Beurteilung einer Vorfrage (unter Inkaufnahme der hiermit einhergehenden Beeinträchtigung des inneren Entscheidungseinklangs, → Rn. 22) heranziehen. Einzuräumen ist, dass sich für eine unselbstständige Vorfragenanknüpfung im Rahmen des europäischen IPR zusätzlich auf das (grundsätzlich durchaus beachtliche, → Rn. 9) Interesse an *europäischem* Entscheidungseinklang abstellen lässt, da mittels einer solchen auch *nichtvereinheitlichte* Rechtsbereiche europaweit einheitlich angeknüpft werden und damit sowohl Urteile als auch

---

71 Vgl. Kegel/Schurig § 9 II, 379–381 Ein solches Ergebnis, das auf „juristische Schizophrenie" hinausläuft, widerspricht der Ordnungsaufgabe des Rechts".
72 So auch Süß Erbrecht in Europa § 1 Rn. 72; Schurig FS Spellenberg 2010, 343, 350 f.; Solomon FS Spellenberg 2010, 355, 369 f.; ebenso Rauscher/Hertel EuErbVO Art. 1 Rn. 44; Nordmeier ZEV 2012, 513 (515); Döbereiner MittBayNot 2013, 358 (361); Köhler General Private International Law Institutes in the EU Succession Regulation – Some Remarks, in: Annals of the Faculty of Law University of Zenica, 2016, Band 18, 169, 173 f.; vgl. auch Kropholler § 32 VI 2, 230. – Ablehnend Dörner ZEV 2012, 505 (512 f.) („unselbstständige Vorfragenanknüpfung jedenfalls im [Rahmen der EuErbVO] unabweisbar, um die Funktionsfähigkeit des Europäischen Nachlasszeugnisses zu gewährleisten"); ebenso Dutta/Weber/Weber Einl. Rn. 100; Grüneberg/Thorn EuErbVO Art. 1 Rn. 5; MüKoBGB/Dutta EuErbVO Vorb. Art. 20 Rn. 28; Dutta IPRax 2015, 32 (36).

Europäische Nachlasszeugnisse[73] in jedem Mitgliedstaat auf Grundlage desselben materiellen Rechts ergehen könnten. Aber auch diese Erwägung kann letztlich zu keiner abweichenden Beurteilung führen. Denn die Beeinträchtigung des europäischen Entscheidungseinklangs liegt alleine in dem Umstand begründet, dass noch nicht *alle* kollisionsrechtlichen Rechtsbereiche vereinheitlicht sind; *dieses* Defizit vermag das europäische IPR jedoch nicht aus sich selbst heraus überwinden (zumal dies mittels eines methodisch und sachlich nicht überzeugenden Ansatzes erfolgen müsste), sondern kann alleine seitens des insoweit kompetenten europäischen Gesetzgebers durch Erlass weiterer Kollisionsrechtsakte beseitigt werden. Dass der europäische Gesetzgeber selbst von dem Konzept einer unselbstständigen Vorfragenanknüpfung ausgeht, verdeutlicht bereits der Ausschluss einzelner, sich regelmäßig als Vorfrage stellender Rechtsbereiche aus dem Anwendungsbereich der europäischen Verordnungen (jeweils Art. 1 Abs. 2 Rom I/II/III-VO, EuErbVO, EuGüVO, EuPartVO): Wenn diese Bereiche aus dem regulativen Anwendungsbereich der Verordnungen ausgenommen sind, gilt dies auch für solche Kollisionsgrundnormen, die auf die Anwendung entsprechender Kollisionsnormen der lex causae gerichtet sind. Ausdrücklich stellt dies nun der Ausschlusstatbestand des Art. 1 Abs. 2 Rom III-VO klar, der expressis verbis auch Vorfragen miteinbezieht und damit eine Entscheidung zugunsten der selbstständigen Vorfragenanknüpfung trifft (vgl. insoweit auch Erwägungsgrund 10 S. 5 Rom III-VO); er ist nach dem zuvor Gesagten als Bestätigung eines allgemeinen, *allen* europäischen Kollisionsrechtsakten zugrundeliegenden Prinzips zu verstehen und daher im Wege einer rechtsaktübergreifenden Auslegung auf andere europäische Kollisionsrechtakte zu übertragen. Vorfragen sind daher im Europäischen IPR *selbstständig* anzuknüpfen.

2. Teil- und Erstfragen. Von der soeben beschriebenen Vorfrage, die sich auf der Ebene des kollisionsrechtlich berufenen materiellen Rechts stellt (auch Vorfrage im engeren Sinne genannt), sind sog. Teil- und Erstfragen terminologisch abzugrenzen. Bedeutung hat diese Abgrenzung indes alleine für die Lehre der unselbstständigen Anknüpfung, da es sich hierbei um Ausnahmen von ihrem postulierten Grundsatz handelt. 24

Unter einer **Teilfrage** sind typische Vorfragen zu verstehen, die eigenständig kodifiziert wurden, bspw. Art. 7 EGBGB (Rechts- und Geschäftsfähigkeit), Art. 11 EGBGB (Form von Rechtsgeschäften), Art. 26 EGBGB aF (Testamentsform); diese sind auch nach der Lehre der unselbstständigen Vorfragenanknüpfung stets *selbstständig* anzuknüpfen.[74] Gleiches gilt für **Erstfragen**; hierunter versteht man Vorfragen, die bereits im Tatbestand einer inländischen Kollisionsnorm vorausgesetzt werden und daher zwangsläufig zur Bestimmung der Anknüpfung beantwortet werden müssen, bspw. Art. 19 Abs. 1 S. 3 und Art. 22 Abs. 1 S. 1 EGBGB.[75] 25

VI. Ergebniskorrektur

Ist das auf den Sachverhalt anzuwendende Recht bestimmt, können im Einzelfall Korrekturen des insoweit gefundenen Ergebnisses erforderlich werden. Kollisionsrechtliche Korrekturmechanismen stellen die **Anpassung,** der **ordre public-Vorbehalt** und die **Gesetzesumgehung (fraus legis)** dar. 26

---

73 Dies insbesondere betonend Dörner ZEV 2012, 505 (512 f.); ebenso Dutta FamRZ 2013, 4 (13); Zimmermann/Grau EGBGB Anhang zu Art. 25, 26: EuErbVO, Rn. 64; Grüneberg/Thorn EuErbVO Art. 1 Rn. 5. Allerdings kann aus der Einführung des Europäischen Nachlasszeugnisses gerade kein besonderes Argument für die unselbstständige Vorfragenanknüpfung hergeleitet werden. Zwar gehen mit dem Europäischen Nachlasszeugnis bestimmte materielle Wirkungen einher (vgl. Art. 69 EuErbVO), diese beeinträchtigen den europäischen Entscheidungseinklang jedoch keinesfalls stärker als die Wirkungen eines mit Rechtskraft ausgestatteten und (in allen Mitgliedstaaten anzuerkennenden) Urteils. Die Diskussion über die selbstständige oder unselbstständige Vorfragenanknüpfung muss sich daher im Hinblick auf eine kohärente Systembildung innerhalb des europäischen IPR darauf beschränken, ob man generell (also für alle europäischen Kollisionsrechtsakte) eine selbstständige Vorfragenanknüpfung annehmen soll oder nicht.
74 Hierzu etwa von Hoffmann/Thorn § 6 Rn. 43–46.
75 Hierzu etwa von Hoffmann/Thorn § 6 Rn. 47–55.

27 **1. Anpassung.** Die analytische Methode des IPR, nach der für jede aufgeworfene Rechtsfrage die für sie (kollisionsrechtlich) angemessene Rechtsordnung zu bestimmen ist, führt nicht selten dazu, dass bei der rechtlichen Beurteilung eines Sachverhaltes mit Auslandsbezug mehrere Rechtsordnungen nebeneinander zur Anwendung zu bringen sind (sog. depeçage). Da die jeweiligen nationalen Rechtsordnungen nicht aufeinander abgestimmt sind, kann deren kombinierte Anwendung zu Normwidersprüchen (in Form eines „Normenmangels" oder einer „Normenhäufung") führen, also zu einem Ergebnis, welches *keine* der beteiligten Rechtsordnungen so vorsehen würde, wären sie jeweils isoliert zur Entscheidung des gesamten Rechtsstreits berufen. In solchen Fällen muss das Ergebnis korrigiert werden. Methodisches Mittel hierfür ist die sog. **Anpassung (Angleichung)**, die zum einen auf der Ebene des Kollisionsrechts, zum anderen auf der Ebene des Sachrechts erfolgen kann.[76] Bei der **kollisionsrechtlichen Anpassung** erfolgt eine Korrektur des zunächst gefundenen Ergebnisses auf der Ebene des Kollisionsrechts dahin gehend, dass der Anwendungsbereich einer bestehenden Kollisionsnorm neu gefasst oder auch eine völlig neue Anknüpfung entwickelt wird;[77] auf diese Weise wird die fragliche Rechtsbeziehung nunmehr alleine *einem* Recht unterstellt und die Ursache des Normwiderspruchs damit unmittelbar beseitigt.[78] Bei der **sachrechtlichen Anpassung** erfolgt die Ergebniskorrektur hingegen ausschließlich auf der Ebene des materiellen Rechts durch Modifikation der anzuwendenden Sachnormen; deren Regelungsgehalt ist im Hinblick auf Beseitigung des Normwiderspruchs abzuändern, ggf. sind auch völlig neue Sachnormen modo legislatoris zu entwickeln.[79]

28 Welcher dieser beiden Wege im Rahmen der EuErbVO zu beschreiten ist, wird durch diese – ebenso wie durch die anderen bislang kodifizierten europäischen Kollisionsrechtsakte – *nicht* präjudiziert: Zwar enthalten Art. 31, 32 EuErbVO sachrechtlich zu verortende Anpassungsregelungen (vgl. hierzu im Einzelnen dort), allerdings beziehen sich diese nur auf spezielle Einzelfälle und können daher nicht als verallgemeinerungsfähige Entscheidung zugunsten einer sachrechtlichen Anpassung verstanden werden; Erwägungsgrund 17 stellt insoweit ausdrücklich klar, dass Art. 31 EuErbVO andere Formen der Anpassung im Zusammenhang mit der Anwendung dieser Verordnung nicht ausschließt, so dass deren Entwicklung weiterhin Rechtsprechung und Lehre überlassen bleibt. Zu betonen ist indes, dass die Anpassung als **systemimmanenter Korrekturmechanismus des IPR** innerhalb des regulativen Anwendungsbereichs der EuErbVO zu verorten ist (wie auch die Kodifikation von Art. 31, 32 EuErbVO hinreichend deutlich macht) und insoweit der **vollständigen Prüfungskompetenz des EuGH** unterliegt.

29 Welcher Anpassungsmethode außerhalb der kodifizierten Fälle der Art. 31–33 EuErbVO der Vorzug zu geben ist (etwa im Falle von Normwidersprüchen bei einer güterrechtlichen Erhöhung einer nach ausländischem Recht bestimmten Erbquote, → EuErbVO Art. 23 Rn. 18 ff.), ist bislang umstritten und richtigerweise kontextabhängig zu entscheiden.[80] Jegliche Form der Anpassung stellt einen erheblichen Eingriff in das kollisions- bzw. sachrechtliche Regelungsgefüge und damit in die zivilrechtliche Gerechtigkeitsentscheidung selbst dar; dieser Eingriff rechtfertigt sich alleine aus der *konkreten* Notwendigkeit, eine widerspruchsfreie und damit „gerechte" Entscheidung zu treffen (Ordnungsinteresse), so dass dieses Ziel mit dem – in casu – **geringsten Eingriff in die rechtlichen Strukturen** zu erreichen ist.[81] Regelmäßig ist das geeignete Mittel hierfür die sachrechtliche Anpassung, da das materielle Recht differenziertere Korrekturen zulässt als die kollisionsrechtliche Grundentscheidung hinsichtlich der Anwendbarkeit einer

---

[76] Vgl. hierzu ausführlich Kegel/Schurig § 8, 357–371; von Bar/Mankowski § 7 Rn. 249–257; Kropholler § 34, 234–240, von Hoffmann/Thorn § 6 Rn. 31–39.

[77] Diese muss sich jedoch stets an kollisionsrechtlichen Wertungen orientieren und damit systemkonform (etwa mittels Hilfsanknüpfungen iSd Kegelschen Leiter) erfolgen.

[78] Vgl. etwa Kegel/Schurig § 8 III 1, 361.

[79] Vgl. etwa Kegel/Schurig § 8 III 1, 361.

[80] Vgl. etwa Kegel/Schurig § 8 III 1, 361 f.; Kropholler § 34 IV, 237–240, von Hoffmann/Thorn § 6 Rn. 31–39 (die jeweiligen Aussagen sind stets auf das nationale Recht bezogen; die Problematik wurde für das europäische IPR – soweit ersichtlich – noch nicht diskutiert).

[81] Kegel/Schurig § 8 III 1, 361 f.; Kropholler § 34 IV 2, 238.

Rechtsordnung, die im Rahmen einer kollisionsrechtlichen Anpassung vollständig übergangen wird; insoweit ergibt sich ein **Vorrang der sachrechtlichen vor einer kollisionsrechtlichen Anpassung**,[82] der auch von der EuErbVO mit Art. 31, 32 EuErbVO angedeutet wird. Um die kollisionsrechtliche Entscheidung, eine bestimmte Rechtsordnung anzuwenden, weitestgehend zur Geltung zu verhelfen, hat sich eine sachrechtliche Anpassung stets an den materiellen Wertungen der beteiligten (also kollisionsrechtlich berufenen) Rechtsordnungen zu orientieren – dem Regelungsgehalt der sich widersprechenden Sachnormen ist weitestmöglich Rechnung zu tragen und daher geringstmöglich zu korrigieren. Kommt eine derartige Korrektur nicht in Betracht, weil der Normwiderspruch nur unter vollständiger Außerachtlassung des sachrechtlichen Regelungsgehalts einer der berufenen Sachnormen erfolgen kann (so etwa im Falle sich widersprechender Todesvermutungen, vgl. hierzu Art. 32 EuErbVO), müssen *eigenständige* Sachnormen ohne Anbindung an eine beteiligte Rechtsordnung ausgebildet werden, die sich mit *Steindorff* als „Sachnormen im IPR"[83] bezeichnen lassen – ein Weg, der im speziellen Fall sich widersprechender Todesvermutungen auch von Art. 32 EuErbVO beschritten wird. In vergleichbaren Fällen müssen solche Sachnormen nunmehr – für alle Mitgliedstaaten einheitlich – im Rahmen des europäischen IPR modo legislatoris anhand gemeinsamer *europäischer* Wertungen ausgebildet (und mittels eines eigenständigen, ebenfalls europäischem Recht entstammenden kollisionsrechtlichen Anwendungsbefehls berufen) werden, damit der europäische Entscheidungseinklang nicht beeinträchtigt wird. Da sich solche „Sachnormen im *europäischen* IPR" jedoch alleine mittels eines materiellrechtlichen Bezugssystems entwickeln lassen, bedarf es hierfür regelmäßig eines Rückgriffs auf bereits europäisch-vereinheitlichtes materielles Recht, das allerdings (insbesondere im Bereich des Erbrechts) nicht stets vorhanden ist. Können die für die Lösung des Normwiderspruchs erforderlichen materiellen Kriterien auch nicht rechtsvergleichend ermittelt werden (was regelmäßig schwierig sein dürfte, da sich diese zumeist auf einen bestimmten Regelungsgehalt konkretisieren müssen), kommt nur eine – den europäischen Entscheidungseinklang wahrende – *kollisionsrechtliche* Anpassung in Betracht. Ein denkbarer, jedoch den europäischen Entscheidungseinklang beeinträchtigender Rückgriff auf die lex fori als materielles Bezugssystem ist abzulehnen.

Anzumerken ist, dass auch die Entwicklung von „Sachnormen im europäischen IPR" der vollständigen Prüfungskompetenz des EuGH unterliegt, da es sich hierbei (trotz des Rückgriffs auf *materielle* Wertungen) um einen – von der Kompetenzbestimmung des Art. 81 AEUV grundsätzlich erfassten – Regelungsmechanismus zur Lösung zivilrechtlicher Sachverhalte mit grenzüberschreitendem Bezug handelt. Wie bereits erwähnt (→ Rn. 3), können zur Lösung eines *Sachverhalts mit Auslandsbezug* grundsätzlich zwei Wege beschritten werden:[84] zum einen die Kodifikation eines kollisionsrechtlichen Systems, welches zum Ausgleich des aufgrund der räumlichen Relativität eines jeden Rechtssatzes auftretenden „Gerechtigkeitsdefizits" der lex fori auf die Anwendung existierender, für die Beurteilung des Sachverhaltes angemessener ausländischer Normen zurückgreift, zum anderen die Ausbildung eines autonomen materiellen Sonderrechts für Auslandssachverhalte, das jedoch – jedenfalls als grundsätzlicher Lösungsmechanismus – regelmäßig an den komplexen Anforderungen, welche die rechtliche Beurteilung eines solchen Sachverhaltes stellt, scheitert. Führt jedoch das kodifizierte kollisionsrechtliche Regelungssystem zu keiner Lösung (wie in den beschriebenen Fällen), kann auf die (partielle) Ausbildung materiellen Sonderrechts als subsidiärer Korrekturmechanismus zurückgegriffen werden; als

---

82 So auch von Bar/Mankowski § 7 Rn. 257 (kollisionsrechtliche Anpassung „enthält zu starke Eingriffe in das kollisionsrechtliche Gesamtgefüge"); ebenso Looschelders Die Anpassung im Internationalen Privatrecht, 1995, 210 f.; Looschelders EGBGB Vorb. zu Art. 3–6, Rn. 60; für einen Vorrang der kollisionsrechtlichen Anpassung hingegen Kropholler § 34 IV 2 d, 240; von Hoffmann/Thorn § 6 Rn. 36 f. (Schaffung neuer Sachnormen „ultima ratio").

83 Vgl. Steindorff Sachnormen im IPR, 1958; kritisch hierzu Kegel/Schurig § 8 III 3, 370 f.

84 Vgl. hierzu auch Köhler, 67, 208 Fn. 176.

solcher ist er von dem Anwendungsbereich der europäischen Kollisionsrechtsakte erfasst und fällt damit in deren regulativen Anwendungsbereich.

30 **2. Ordre public.** Die Anwendung einer ausländischen Rechtsordnung ist nach den bekannten Worten von *Raape* stets „Sprung ins Dunkle",[85] da das ausländische Recht – jedenfalls im Hinblick auf seinen *konkreten* Regelungsgehalt – „unbesehen" zur Anwendung gebracht wird. Verstößt die Anwendung ausländischen Rechts indes *im Ergebnis* gegen **wesentliche Grundsätze des deutschen Rechts** (insbesondere gegen Grundrechte), kann dessen Anwendung nicht in Betracht kommen; der in nahezu allen kollisionsrechtlichen Rechtsakten ausdrücklich vorgesehene Vorbehalt zugunsten des inländischen ordre public (im europäischen Recht: Art. 35 EuErbVO, daneben Art. 21 Rom I-VO, Art. 26 Rom II-VO, Art. 12 Rom III-VO; im nationalen Recht: Art. 6 EGBGB) ermöglicht in diesen Fällen eine entsprechende Ergebniskorrektur zur Wahrung dieser wesentlichen Grundsätze (vgl. hierzu im Einzelnen Art. 35 EuErbVO). Die insoweit maßgebliche, auch für die Konkretisierung in anderen kollisionsrechtlichen Rechtsakten heranzuziehende Bestimmung des deutschen Rechts stellt Art. 6 EGBGB dar.

Artikel 6 EGBGB   Öffentliche Ordnung (ordre public)
¹Eine Rechtsnorm eines anderen Staates ist nicht anzuwenden, wenn ihre Anwendung zu einem Ergebnis führt, das mit wesentlichen Grundsätzen des deutschen Rechts offensichtlich unvereinbar ist. ²Sie ist insbesondere nicht anzuwenden, wenn die Anwendung mit den Grundrechten unvereinbar ist.

31 **3. Gesetzesumgehung** (fraus legis). Das IPR eröffnet den Parteien zahlreiche Gelegenheiten, auf die Anknüpfungsentscheidung einzuwirken. Teilweise räumt ihnen das IPR selbst die Rechtsmacht ein, das zur Anwendung auf den Sachverhalt maßgebliche Recht zu wählen (insbesondere Art. 3 Rom I-VO, aber etwa auch Art. 22 EuErbVO), die Parteien können jedoch auch eigenmächtig die für die Anknüpfung maßgeblichen tatsächlichen Umstände beeinflussen (Begründung eines neuen gewöhnlichen Aufenthalts, Wechsel der Staatsangehörigkeit etc) und auf diese Weise die Anwendung einer ihnen genehmen Rechtsordnung herbeiführen. In derartigen Fällen fragt sich, ob die Umgehung des ohne die beeinflussende Handlung gegebenen Anknüpfungsmoments eine zulässige Ausnutzung der seitens des Gesetzes selbst gewährten Gestaltungsmöglichkeiten darstellt oder als rechtsmissbräuchliche **Gesetzesumgehung** (fraus legis) zu korrigieren ist. Das Rechtsinstitut der Gesetzesumgehung[86] stellt einen *systemimmanenten* Korrekturmechanismus dar, der nicht alleine im IPR, sondern auch im materiellen Recht von Bedeutung ist. Voraussetzung für die Annahme einer solchen sind:[87]

1. ein *umgangener* Rechtssatz (also eine Rechtsnorm, die ohne die Umgehungshandlung erfüllt wäre),
2. ein *ergangener* Rechtssatz (also eine Rechtsnorm, die aufgrund der Umgehungshandlung erfüllt ist),
3. eine *Umgehungshandlung*,
4. eine *Umgehungsabsicht* und – als zentrale Voraussetzung –
5. die *Unangemessenheit* des konkreten Vorgehens (Rechtsmissbrauch).

32 Letzteres ist unter Berücksichtigung des Sinns und Zwecks sowohl des ergangenen als auch umgangenen Rechtssatzes zu bestimmen, so dass es sich bei der Korrektur mittels des Rechtsinstituts der Gesetzesumgehung letztlich um *teleologische* Rechtsanwendung handelt.[88] Wann eine unzulässige Gesetzesumgehung zu bejahen ist, muss mittels einer **Einzelfallprüfung** festgestellt werden.[89] Ihre Annahme ist auf **krasse Ausnahmefälle** beschränkt;[90] sie greift insbesondere

---

85 Raape/Sturm § 13 I 1, 199.
86 Vgl. hierzu ausführlich Kegel/Schurig § 14, 475–494; von Bar/Mankowski § 7 Rn. 128–137; Kropholler § 23, 156–162, von Hoffmann/Thorn § 6 Rn. 122–135.
87 Vgl. Kegel/Schurig § 14 II, 478, § 14 III, 480–482.
88 MüKoBGB/Sonnenberger, 5. Aufl., Einl. IPR Rn. 752; Kropholler § 23 II 3, 160–162.; vgl. auch Kegel/Schurig § 14 III, 480–482, § 14 IV, 482 f.
89 Hierzu Kegel/Schurig § 14 II, 480–482.
90 Vgl. auch Dutta/Weber/Weber, Einl. Rn. 112.

nicht in den Fällen, in denen der Gesetzgeber selbst den Parteien Gestaltungsraum eingeräumt hat (so etwa im Falle der Rechtswahl)[91] oder ein bestimmtes materielles Ergebnis fördern will (so etwa in den Fällen des Art. 11 EGBGB;[92] der mittels alternativer Anknüpfungen gewährte *favor negotii* schließt es etwa aus, den Parteien die bewusste Wahl eines bestimmten Abschlussortes entgegenzuhalten). Die Annahme einer Gesetzesumgehung ist regelmäßig auch in den Fällen eines **bewussten Wechsels der Staatsangehörigkeit**[93] oder des **gewöhnlichen Aufenthalts**[94] ausgeschlossen, da die (in der Regel strengen) Anforderungen an die Begründung einer Staatsangehörigkeit sowie die umfassende Einzelfallfeststellung des gewöhnlichen Aufenthalts (→ EuErbVO Art. 21 Rn. 7–11) und die diesbezügliche Korrekturmöglichkeit über Art. 21 Abs. 2 EuErbVO (Ausweichklausel zugunsten einer engeren Verbindung) keinen Raum für missbräuchliches Vorgehen lassen. Ein möglicher Anwendungsfall stellt demgegenüber der in der Literatur diskutierte und von französischen Gerichten entschiedene *Leslie Caron*-Fall[95] dar, in welchem der amerikanische Erblasser in Frankreich belegenes Vermögen in eine nach amerikanischem Recht gegründete *corporation* überführte, um (nach französischem Recht bestehende) Pflichtteilsansprüche der Kinder zu verhindern; aber auch dieser Fall wird – jedenfalls bei Zuständigkeit deutscher Gerichte – im Rahmen des (kollisionsrechtlichen oder anerkennungsrechtlichen) ordre public ohne Rückgriff auf eine Gesetzesumgehung zu lösen sein.

Nach alledem ergibt sich jedenfalls für die **EuErbVO** nur ein sehr kleiner, auf extreme Ausnahmefälle beschränkter Anwendungsbereich für dieses Rechtsinstitut; sie ist den Mitgliedstaaten jedoch freilich weiterhin gestattet, wie Erwägungsgrund 26 ausdrücklich klarstellt. Als **systeminterner, auf teleologischer Rechtsanwendung basierender Korrekturmechanismus** fällt die Gesetzesumgehung in den regulativen Anwendungsbereich der europäischen Rechtsakte und unterliegt damit der vollständigen **Prüfungskompetenz des EuGH**. 33

VII. Problem des Auslandssachverhaltes; Handeln unter falschem Recht; Substitution

Auch wenn die maßgebliche Rechtsordnung bestimmt ist, kann ein Sachverhalt mit Auslandsbezug **Besonderheiten tatsächlicher Art** aufweisen, die möglicherweise eine – im Hinblick auf einen „reinen" Inlandssachverhalt – modifizierte Anwendung des materiellen Rechts erforderlich werden lassen.[96] So hängt etwa die Bemessung des Bedarfs einer unterhaltsberechtigten Person auch von den tatsächlichen Lebenshaltungskosten ab; lebt der Anspruchsberechtigte indes nicht in Deutschland, sondern in einem Land mit einem (deutlich) geringeren Lebenshaltungskostenindex, ist dieser (tatsächlichen) Besonderheit eines Auslandssachverhaltes auch bei Anwendbarkeit deutschen Rechts Rechnung zu tragen und ein (im Vergleich zu einem „reinen" Inlandssachverhalt) geringerer Betrag zuzusprechen.[97] In manchen Fällen sieht das materielle Recht auch selbst besondere Regelungen für einen Auslandssachverhalt vor: So verlängert bspw. § 1944 Abs. 3 BGB die Ausschlagungsfrist für eine Erbschaft mit Auslandsbezug auf sechs Monate, um den insoweit erschwerten Umständen bei der Ermittlung der Verhältnisse Rechnung zu tragen.[98] In **methodischer Hinsicht** wirft das Problem des Auslandssachverhaltes somit *keine* besonderen Schwierigkeiten auf; dem rechtlich zu beurteilenden Sachverhalt liegen alleine besondere, in einem reinen Inlandssachverhalt regelmäßig nicht gegebene tatsächliche 34

---

91 Etwa Grüneberg/Thorn EGBGB Vorb. Art. 3 Rn. 26.
92 Etwa Grüneberg/Thorn EGBGB Vorb. Art. 3 Rn. 26.
93 Dutta/Weber/Weber Einl. Rn. 112, vgl. auch Grüneberg/Thorn EGBGB Vorb. Art. 3 Rn. 26; Kegel/Schurig § 14 IV, 485; von Hoffmann/Thorn § 6 Rn. 128.
94 Ebenso Dutta/Weber/Weber Einl. Rn. 112.
95 Cour de cassation Rev.crit.dr.i. p. 1986, 66; hierzu Kegel/Schurig § 1 I 5, 4, § 14 II, 480.
96 Vgl. hierzu Kegel/Schurig § 1 VIII 2 b, 61–63; von Hoffmann/Thorn § 1 Rn. 129.
97 Grüneberg/von Pückler BGB § 1610 Rn. 2.
98 NK-BGB/Ivo BGB § 1944 Rn. 20.

Umstände zugrunde, die im Rahmen des anwendbaren Rechts – nach *dessen* Grundsätzen – zu bewerten sind.[99]

35 Für das internationale Erbrecht von besonderer Relevanz ist in diesem Zusammenhang die Fallgruppe des sog. **„Handelns unter falschem Recht"**, in welcher der Erblasser inhaltlich nach kollisionsrechtlich nicht anwendbarem Recht testiert hat;[100] in diesen Fällen ist nach Maßgabe des auf die Rechtsnachfolge von Todes wegen anzuwendenden Rechts dem (auch anhand der fälschlicherweise für anwendbar gehaltenen Rechtsordnung zu ermittelnden) Erblasserwillen so weit wie möglich Rechnung zu tragen.[101] Wurde etwa ein Vindikationslegat nach französischem Recht bei Anwendbarkeit deutschen Rechts verfügt, ist dieses als herkömmliches (nur schuldrechtlich wirkendes) Vermächtnis iSv §§ 2147, 2174 BGB auszulegen (§ 2084 BGB). Da die EuErbVO die Möglichkeit einer **konkludenten Rechtswahl** des Erbstatuts kennt (Art. 22 Abs. 2 EuErbVO), ist in solchen Fällen jedoch stets zu prüfen, ob die Errichtung eines inhaltlich auf eine bestimmte Rechtsordnung bezogenen Testaments nicht eine **Rechtswahl** zugunsten dieses Rechts darstellt;[102] zu den diesbezüglichen Voraussetzungen → EuErbVO Art. 22 Rn. 8, 10.

36 Eine weitere Erscheinungsform des Auslandssachverhaltes stellt das Problemfeld der **Substitution** dar.[103] In diesem Rahmen ist die Frage zu klären, ob ein von einer Sachnorm vorausgesetzter Rechtsbegriff durch Rechtserscheinungen bzw. Rechtsverhältnisse einer anderen Rechtsordnung ausgefüllt werden kann,[104] also etwa ob eine nach deutschem Recht wirksame notarielle Beurkundung auch durch einen ausländischen Notar erfolgen oder ob ein ausländischem Recht unterliegendes Erbrecht mit § 1371 Abs. 1 BGB kombiniert werden kann (→ EuErbVO Art. 23 Rn. 19). Methodisch handelt es sich insoweit um ein Problem der **Auslegung**[105] der in Frage stehenden Sachnorm, welches nach den Auslegungsgrundsätzen des (anwendbaren) materiellen Rechts zu lösen ist. Für das deutsche Sachrecht lässt sich regelmäßig eine Substituierbarkeit inländischer durch ausländische Rechtsbegriffe bejahen;[106] Voraussetzung für eine Substitution ist jedoch stets, dass der ausländische Rechtsbegriff dem inländischen **funktionell vergleichbar** und damit **gleichwertig** ist.[107]

VIII. Ermittlung ausländischen Rechts

37 Den konkreten Inhalt des anzuwendenden ausländischen Rechts hat ein deutsches Gericht nach ständiger Rechtsprechung **von Amts wegen** festzustellen[108] (§ 293 ZPO, § 26 FamFG); das Gericht ist insoweit nicht auf die von den Parteien beigebrachten Nachweise beschränkt, sondern hat nach pflichtgemäßem Ermessen alle zugänglichen Erkenntnisquellen zu seiner Ermittlung auszuschöpfen (§ 293 S. 2 ZPO). Der Umfang und die Intensität der tatrichterlichen Ermittlungspflicht bestimmen sich nach dem konkreten Einzelfall;[109] die diesbezüglichen Anforderungen korrelieren mit der Komplexität des anzuwendenden ausländischen Rechts oder seiner Unterschiedlichkeit zum deutschen Recht.[110] Das Gericht darf sich indes nicht mit der Ermittlung des ausländischen Gesetzestextes begnügen, sondern muss im Hinblick auf das Gebot einer originalgetreuen Anwendung ausländischen Rechts dessen konkrete *Auslegung* durch die ausländische Rechtspraxis, insbesondere durch die ausländische Rechtsprechung, ermitteln.[111] Die Ver-

---

99 Hinsichtlich faktischer Wirkungen (kollisionsrechtlich nicht anwendbarer) ausländischer Eingriffsnormen vgl. Köhler, 175–180.
100 Vgl. etwa Soergel/Kegel EGBGB Vorb. Art. 3 Rn. 165; Kegel/Schurig § 1 VIII 2 d, 66.
101 Kegel/Schurig § 1 VIII 2 d, 66.
102 Ebenso Dutta/Weber/Weber Einl. Rn. 111.
103 Vgl. hierzu Kegel/Schurig § 1 VIII 2 e, 66 f.; von Bar/Mankowski § 7 Rn. 239–245; Kropholler § 33, 231–234; von Hoffmann/Thorn § 6 Rn. 40 f.
104 Vgl. Kegel/Schurig § 1 VIII 2 e, 66 f.; Kropholler § 33 I 1, 231; von Hoffmann/Thorn § 6 Rn. 40.

105 Kegel/Schurig § 1 VIII 2 e, 67; von Bar/Mankowski § 7 Rn. 240; Kropholler § 33 I 1, 231.
106 Vgl. auch Kropholler § 33 II, 231; von Bar/Mankowski § 7 Rn. 243.
107 Von Bar/Mankowski § 7 Rn. 239; Kropholler § 33 II, 232 f.; von Hoffmann/Thorn § 6 Rn. 41.
108 Vgl. nur BGH WM 2013, 1225 (1228 f.); NJW 2003, 2685 (2686); NJW-RR 2002, 1359 (1360).
109 BGH NJW 1992, 2026 (2029).
110 BGH NJW-RR 2002, 1359 (1360); NJW 1992, 2026 (2029).
111 BGH WM 2013, 1225 (1229); NJW 2003, 2685 (2686); NJW-RR 2002, 1359 (1360).

letzung der tatrichterlichen Ermittlungspflicht kann einen Revisionsgrund darstellen (→ Rn. 40).

Als **praktische Hilfsmittel** zur Ermittlung ausländischen Rechts stehen – neben der oft schwer zugänglichen ausländischen Literatur – in deutscher Sprache verfasste **Länderberichte**[112] zur Verfügung; einen Überblick und ersten Zugriff auf das nationale Erbrecht der europäischen Mitgliedstaaten bietet zudem die Website des Rats der Notariate der Europäischen Union,[113] die in den nächsten Jahren sukzessive ausgebaut werden soll. In der Praxis üblich ist die Einholung von **Rechtsgutachten** zum ausländischen Recht, die etwa das Hamburger Max-Planck-Institut für ausländisches und internationales Privatrecht und bestimmte Universitätsinstitute erstellen.[114] Zudem besteht die Möglichkeit, Auskünfte zum Inhalt ausländischen Rechts auf Grundlage des **Europäischen Übereinkommens betreffend Auskünfte über ausländisches Recht v. 7.6.1968**[115] einzuholen.

Soweit die in casu relevante **Rechtsfrage** seitens der ausländischen Gerichte **noch nicht entschieden** wurde, hat das für deren Entscheidung zuständige deutsche Gericht das ausländische Recht nach dessen methodischen Grundsätzen auszulegen und entsprechend anzuwenden; eventuell bestehende Regelungslücken sind durch Rechtsfortbildung zu schließen,[116] die sich ebenfalls nach den der lex causae zu entnehmenden diesbezüglichen Grundsätzen richtet. Kann der Inhalt des ausländischen Rechts indes trotz pflichtgemäßer Ausschöpfung aller Erkenntnisquellen **nicht zweifelsfrei festgestellt** werden, ist der wahrscheinlichste Inhalt der ausländischen Rechtsordnung (ggf. unter Hinzuziehung verwandter Rechtsordnungen des entsprechenden Rechtskreises) zu ermitteln; erst wenn dies misslingt, kann auf die lex fori als Ersatzrecht zurückgegriffen werden.[117]

Außerhalb der Arbeitsgerichtsbarkeit[118] ist die Anwendung ausländischen Rechts jedenfalls nach Ansicht des BGH weiterhin **nicht revisibel**,[119] auch wenn der jeweilige Wortlaut der insoweit maßgeblichen Bestimmungen der § 545 Abs. 1 ZPO und § 72 Abs. 1 FamFG ein anderes Verständnis zulässt. Eine Revision kann demnach alleine auf die **Verletzung der tatrichterlichen Ermittlungspflicht** gestützt werden. Eine solche liegt vor, wenn das Gericht die sich anbietenden Erkenntnisquellen unter Berücksichtigung der Umstände des Einzelfalls nicht hinreichend ausgeschöpft hat;[120] von einer Verletzung der Ermittlungspflicht ist insbesondere dann auszugehen,

---

112 Für das Erbrecht insbesondere Gierl/Köhler/Kroiß/Wilsch Internationales Erbrecht – EuErbVO, IntErbRVG, DurchfVO, Länderberichte; Kroiß/Ann/Mayer NK-BGB Erbrecht; Burandt/Rojahn Erbrecht; Ferid/Firsching/Dörner/Hausmann Internationales Erbrecht; Flick/Piltz Der internationale Erbfall; Ivens Internationales Erbrecht; Süß Erbrecht in Europa; systematische Nachweise der in deutscher Sprache erschienenen Literatur sowie ergangener Rechtsprechung zu ausländischem Privat- und Verfahrensrecht (hinsichtlich aller Rechtsgebiete): von Bar Ausländisches Privat- und Verfahrensrecht in deutscher Sprache.
113 http://www.successions-europe.eu/de/home.
114 Eine Auflistung einzelner Sachverständige für ausländisches und internationales Privatrecht (Stand 2003) findet sich bei Hetger DNotZ 2003, 310–320.
115 BGBl. 1974 II 938 (abgedruckt bei Jayme/Hausmann Nr. 200); mit Zusatzprotokoll vom 15.3.1978 (BGBl. 1987 II 58) und Ausführungsgesetz vom 5.7.1974 (BGBl. 1974 I 1433, abgedruckt bei Jayme/Hausmann Nr. 200 a).
116 Kegel/Schurig § 15 III, 504–507; Kropholler § 31 I, 213 f.
117 Ebenso Soergel/Kegel EGBGB Vorb. Art. 3 Rn. 215; Grüneberg/Thorn EGBGB Vorb. Art. 3 Rn. 36; Kegel/Schurig § 15 V 2, 512 f.; aA BGH NJW 1982, 1215 (1216): Bei nicht zweifelsfreier Feststellbarkeit ausländischen Rechts sei grundsätzlich auf die lex fori als Ersatzrecht zurückzugreifen; allein in den Fällen, „in denen die Anwendung des inländischen Rechts äußerst unbefriedigend wäre, kann auch die Anwendung des dem an sich berufenen Recht nächstverwandten oder des wahrscheinlich geltenden Rechts gerechtfertigt sein". Zu weitgehend indes BGH NJW 1978, 496 (497 f.): „Ist das an sich berufene ausländische Recht nicht oder nur mit unverhältnismäßigem Aufwand und erheblicher Verfahrensverzögerung feststellbar, dann können, jedenfalls bei starken Inlandsbeziehungen und mangelndem Widerspruch der Beteiligten, die Sachnormen des deutschen Rechts angewendet werden."
118 Im Rahmen von § 73 Abs. 1 S. 1 ArbGG wird demgegenüber eine Revisibilität ausländischen Rechts bejaht, vgl. BAG NJW 1975, 2160.
119 BGH NJW 2013, 3656 (3657 f.); mit beachtlichen Gründen aA Eichel IPRax 2009, 389–393; Hau FamRZ 2009, 821 (824); vgl. auch Grüneberg/Thorn EGBGB Vorb. Art. 3 Rn. 37.
120 BGH WM 2013, 1225 (1229).

wenn die angefochtene Entscheidung keinerlei Aufschluss darüber zulässt, dass der Tatrichter seiner Pflicht nachgekommen ist.[121] Ausnahmen von der grundsätzlichen Nichtrevisibilität ausländischen Rechts erkannte die Rechtsprechung jedenfalls unter Geltung des alten Rechts etwa an, wenn die Anwendbarkeit deutschen Rechts von einer Rückverweisung seitens des ausländischen IPR abhängt.[122] Angesichts der Abgrenzungsschwierigkeiten zwischen einem (revisiblen) Verstoß gegen § 293 ZPO, § 26 FamFG und einer (nicht revisiblen) Verletzung ausländischen Rechts[123] sowie des weiten, gerade keine Einschränkung auf inländisches Recht vornehmenden Wortlauts der §§ 545 Abs. 1 ZPO, 72 Abs. 1 FamFG erscheint die Annahme einer vollständigen Revisibilität ausländischen Rechts indes vorzugswürdig.

C. Überblick über die kollisionsrechtlichen Bestimmungen des internationalen Erbrechts

I. Vorrangige Staatsverträge

41 Bei der Bestimmung des auf die Rechtsnachfolge von Todes wegen anzuwendenden Rechts sind aus deutscher Sicht insbesondere drei bilaterale Staatsverträge (auch unter Geltung der EuErbVO, vgl. Art. 75 Abs. 1 Unterabs. 1 EuErbVO) vorrangig zu beachten: das **Niederlassungsabkommen zwischen dem Deutschen Reich und dem Kaiserreich Persien vom 17.2.1929** (→ Rn. 43–48), der **deutsch-türkische Konsularvertrag vom 28.5.1929** (→ Rn. 49–54) und der **deutsch-sowjetische Konsularvertrag vom 25.4.1958** (→ Rn. 55–60). Auswirkungen auf die Anknüpfung des Erbstatuts haben zudem das **New Yorker UN-Übereinkommen über die Rechtsstellung der Staatenlosen vom 28.9.1954** (→ Rn. 62) und das **Genfer UN-Abkommens über die Rechtsstellung der Flüchtlinge vom 28.7.1951** (→ Rn. 63).

42 Hinsichtlich der Form testamentarischer Verfügungen gilt weiterhin das **Haager Übereinkommen über das auf die Form letztwilliger Verfügungen anzuwendende Recht vom 5.10.1961**;[124] Art. 27 EuErbVO wird insoweit verdrängt, vgl. Art. 75 Abs. 1 Unterabs. 2 EuErbVO (näher → EuErbVO Art. 27 Rn. 1 f.).

43 **1. Deutsch-iranisches Niederlassungsabkommen.** Der am 17.2.1929 zwischen dem Deutschen Reich und dem Kaiserreich Persien geschlossene Staatsvertrag[125] trat zusammen mit seinem erläuternden Schlussprotokoll[126] am 11.1.1931 in Kraft; seine Weitergeltung wurde nach dem Zweiten Weltkrieg durch Protokoll vom 4.11.1954[127] bestätigt.[128] Das deutsch-iranische Niederlassungsübereinkommen gilt auch heute weiterhin fort.

44 a) **Maßgebliche Bestimmungen.** Artikel 8 des Niederlassungsabkommens:

Artikel 8
[…]
(3) In Bezug auf das Personen-, Familien- und Erbrecht bleiben die Angehörigen jedes der vertragschließenden Staaten im Gebiet des anderen Staates jedoch den Vorschriften ihrer heimischen Gesetze unterworfen. Die Anwendung dieser Gesetze kann von dem anderen vertragschließenden Staat nur ausnahmsweise und nur insoweit ausgeschlossen werden, als ein solcher Ausschluss allgemein gegenüber jedem anderen fremden Staat erfolgt.

---

121 BGH WM 2013, 1225 (1229); NJW-RR 2002, 1359 (1360).
122 Zu den einzelnen Fallgruppen ausführlich Soergel/Kegel EGBGB Vorb. Art. 3 Rn. 218–231; Kegel/Schurig § 15 IV, 509 f.
123 Vgl. hierzu etwa Jansen/Michaels ZZP 116 (2003), 3, 44 ff. (treffende Kritik 46 f.).
124 BGBl. 1965 II 1145 (abgedruckt im Anhang zu Art. 27 EuErbVO).
125 RGBl. 1930 II 1006.
126 RGBl. 1930 II 1012.
127 BGBl. 1955 II 829.
128 Zur intertemporalen Anwendbarkeit des Übereinkommens im Zeitraum vom 9.9.1943 bis zum 3.11.1954 vgl. Staudinger/Dörner EGBGB Vorb. zu Art. 25 f. Rn. 149.

Schlussprotokoll [des Niederlassungsabkommens]

Bei der Unterzeichnung des heute zwischen dem Deutschen Reich und dem Kaiserreich Persien abgeschlossenen Niederlassungsabkommens haben die unterzeichneten Bevollmächtigten folgende Erklärung abgegeben, die einen wesentlichen Teil des Abkommens selbst bildet:

I. [...]

Zu Artikel 8 Abs. 3

Die vertragschließenden Staaten sind sich darüber einig, dass das Personen-, Familien- und Erbrecht, das heißt das Personalstatut, die folgenden Angelegenheiten umfasst: Ehe, eheliches Güterrecht, Scheidung, Aufhebung der ehelichen Gemeinschaft, Mitgift, Vaterschaft, Abstammung, Annahme an Kindes Statt, Geschäftsfähigkeit, Volljährigkeit, Vormundschaft und Pflegschaft, Entmündigung, testamentarische und gesetzliche Erbfolge, Nachlassabwicklungen und Erbauseinandersetzungen, ferner alle anderen Angelegenheiten des Familienrechts unter Einschluss aller den Personenstand betreffenden Fragen.

b) Überblick. Aus deutscher Sicht ist das – staatsvertraglich autonom auszulegende[129] – deutsch-iranische Niederlassungsübereinkommen anwendbar, wenn der Erblasser zum Zeitpunkt seines Todes iranischer Staatsangehöriger war. Ob **Mehrrechtsstaater** in den Anwendungsbereich des Abkommens fallen, ist streitig. Teilweise wird dies ganz verneint,[130] richtigerweise ist zu differenzieren: Zweck des bilateralen Übereinkommens ist es, die jeweiligen Staatsbürger den Rechten und Pflichten ihrer Heimatrechtsordnung zu unterstellen, um diesen ua auch den Schutz durch die eigene Rechtsordnung zukommen zu lassen.[131] Dieser Schutzzweck läuft bei **deutsch-iranischen Doppelstaater** in Leere, da diesen die mit beiden Staatsangehörigkeiten jeweils verbundene Rechtsstellung ohnehin zukommt,[132] nicht jedoch bei Personen, die neben der iranischen Staatsangehörigkeit diejenige eines **Drittstaates** haben. Folglich fallen alleine deutsch-iranische Doppelstaater aus dem Anwendungsbereich des Übereinkommens, nicht jedoch andere Mehrrechtsstaater.[133] War der iranische Erblasser indes **Flüchtling** iSd (für beide Vertragsstaaten verbindlichen und daher vorrangig zu beachtenden) **Genfer UN-Abkommens über die Rechtsstellung der Flüchtlinge vom 28.7.1951**,[134] scheidet eine Anwendung des Niederlassungsübereinkommens aus.[135] Soweit der Anwendungsbereich des Niederlassungsübereinkommens nicht eröffnet ist, unterliegt die rechtliche Beurteilung der Rechtsnachfolge von Todes wegen dem nach Art. 21 f. EuErbVO bzw. Art. 25 EGBGB aF bestimmten Recht.

In kollisionsrechtlicher Hinsicht unterstellt das Niederlassungsübereinkommen die gesamte Rechtsnachfolge von Todes wegen einheitlich dem Recht des Staates, dem der Erblasser angehörte. Der Anknüpfungsgegenstand erfasst **alle erbrechtlich zu qualifizierenden Rechtsfragen**, er ist also nicht auf die im Schlussprotokoll erwähnte testamentarische und gesetzliche Erbfolge, Nachlassabwicklungen und Erbauseinandersetzungen beschränkt;[136] die Frage nach der Staatsangehörigkeit ist in Übereinstimmung mit dem Recht des jeweiligen Staates zu entscheiden (→ EuErbVO Art. 22 Rn. 7).

---

129 Vgl. hierzu allgemein MüKoBGB/Sonnenberger, 5. Aufl., Einl. IPR Rn. 307–309; Kropholler § 9 V 1, 69 f.
130 Soergel/Kegel EGBGB Vorb. Art. 3 Rn. 46; deutlich auch Soergel/Kegel, 11. Aufl., EGBGB Vorb. Art. 24 Rn. 132.
131 Etwas undeutlich auch BVerfG FamRZ 2007, 615 unter Berufung auf Schotten/Wittkowski FamRZ 1995, 264 (265 f.); dem folgend OLG München ZEV 2010, 255–257. Vgl. auch Wurmnest IPRax 2016, 447 (448 f.).
132 BVerfG FamRZ 2007, 615 unter Berufung auf Schotten/Wittkowski FamRZ 1995, 264 (265 f.); dem folgend OLG München ZEV 2010, 255–257.
133 Deutlich Schotten/Wittkowski FamRZ 1995, 264 (265 f., dort insbesondere Fn. 27); Wurmnest IPRax 2016, 447 (448); im Ergebnis auch die hM vgl. etwa BVerfG FamRZ 2007, 615; OLG München ZEV 2010, 255–257; Erman/Hohloch EGBGB Art. 25 Rn. 4; Bamberger/Roth/Lorenz EGBGB Art. 25 Rn. 11; Zimmermann/Grau EGBGB Art. 25 Rn. 10. Für eine Beschränkung des Anwendungsbereichs für Mehrstaater mit effektiver iranischer Staatsangehörigkeit hingegen MüKoBGB/Dutta EuErbVO Art. 75 Rn. 10; vgl. auch Staudinger/Dörner EGBGB Vorb. zu Art. 25 f. Rn. 157.
134 BGBl. 1953 II 560 (teilweise abgedruckt Rn. 63).
135 Dutta/Herrler/Süß EuErbVO 181, 182; ebenso MüKoBGB/Dutta EuErbVO Art. 75 Rn. 10.
136 Ebenso Staudinger/Dörner EGBGB Vorb. zu Art. 25 f. Rn. 155; vgl. auch MüKoBGB/Dutta EuErbVO Art. 75 Rn. 11.

Hinweis:

Da das Übereinkommen auch güterrechtliche Fragen erfasst (und dieses in seinem Anwendungsbereich auch der EuGüVO vorgeht), kommt es zu einem Gleichlauf von Erb- und Güterstatut, etwaige Abgrenzungsprobleme (→ Rn. 53) stellen sich insoweit nicht.

Wie bei (in den Anwendungsbereich des Übereinkommens fallenden) **Mehrrechtsstaatern** zu verfahren ist, regelt das Übereinkommen nicht ausdrücklich. Ein (unmittelbarer) Rückgriff auf die nationale Vorschrift des Art. 5 Abs. 1 S. 1 EGBGB scheidet zwar aus,[137] da insoweit eine *interne* Regelungslücke vorliegt, die staatsvertraglich autonom zu schließen ist; dennoch kann der dieser Vorschrift zugrundeliegende Rechtsgedanke als Ausprägung der „engsten Verbindung" (der auch das kollisionsrechtliche Überkommen verpflichtet ist) auf das deutsch-iranische Niederlassungsübereinkommen übertragen werden, so dass in diesen Fällen das Recht der *effektiven* Staatsangehörigkeit zur Anwendung gelangt.[138]

47 Regelmäßig wird (meist ohne Begründung) davon ausgegangen, bei Art. 8 Abs. 3 des Niederlassungsübereinkommens handle es sich um eine **Sachnormverweisung**.[139] Hieran ist richtig, dass bei Staatsverträgen, die ausschließlich die Anwendbarkeit der jeweiligen Rechtsordnungen im Verhältnis der Vertragsstaaten untereinander zum Gegenstand haben, die Annahme einer Gesamtverweisung überflüssig ist, weil auch ein Rückgriff auf das – inter partes ja gerade vereinheitlichte – Kollisionsrecht zu demselben Ergebnis führt. Da das Niederlassungsübereinkommen jedoch auch zu der Anwendung einer *drittstaatlichen* Rechtsordnung führen kann (etwa dann, wenn der iranische Erblasser eine andere, nicht-deutsche *effektive* Staatsangehörigkeit hatte, → Rn. 45 f.), sollte in diesen Fällen eine **Gesamtverweisung** angenommen werden, um Entscheidungseinklang mit dem Drittstaat zu erreichen. Die allgemeine Erwägung der hM, dass Staatsverträge aufgrund des von ihnen bezweckten Entscheidungseinklangs generell Renvoi-feindlich sind,[140] kann nicht überzeugen, da Entscheidungseinklang ebenso bei Annahme einer (dann eben für alle teilnehmenden Staaten verbindlichen) Gesamtverweisung erreicht werden kann.[141] Wird auf das Recht des Irans verwiesen, erfolgt dies **unter Einschluss seines interpersonalen Kollisionsrechts**, so dass mittels diesem Recht die maßgebliche Teilrechtsordnung zu bestimmen ist.[142]

48 Das Übereinkommen geht in seinem Anwendungsbereich **europäischem sowie nationalem IPR vor** (vgl. Art. 75 Abs. 1 EuErbVO bzw. – deklaratorisch – Art. 3 Nr. 2 EGBGB), so dass neben Art. 8 Abs. 3 Niederlassungsübereinkommen weder Art. 21 f. EuErbVO noch Art. 25 Abs. 2 EGBGB aF[143] sowie Art. 3 a Abs. 2 EGBGB aF[144] (im Hinblick auf eine kollisionsrechtliche Nachlassspaltung, wie sie von der überwiegenden Ansicht vertreten wird; → Rn. 80–82) zur Anwendung gebracht werden können. Handelt es sich indes um „besondere" *materielle* **Bestimmungen** iSv Art. 3 a Abs. 2 EGBGB aF bzw. Art. 30 EuErbVO (Eingriffsnormen), kommt deren gesonderte Anwendung in Betracht,[145] da diese *nicht* erbrechtlich zu qualifizieren sind

---

137 Zutreffend MüKoBGB/Dutta, 6. Aufl., EGBGB Art. 25 Rn. 295. – AA Staudinger/Dörner EGBGB Vorb. Art. 25 f. Rn. 157.
138 So auch MüKoBGB/Birk, 5. Aufl., EGBGB Art. 25 Rn. 295, der jedoch auf diese Weise auch bei deutsch-iranischen Doppelstaatern verfahren will.
139 Staudinger/Dörner EGBGB Vorb. Art. 25 f. Rn. 158; Bamberger/Roth/Lorenz EGBGB Art. 25 Rn. 11. – Im Ergebnis auch MüKoBGB/Dutta EuErbVO Art. 75 Rn. 14.
140 Vgl. hierzu etwa MüKoBGB/Sonnenberger, 5. Aufl., EGBGB Art. 4 Rn. 66 f.; von Bar/Mankowski § 3 Rn. 115; Kropholler § 24 III, 177–179; von Hoffmann/Thorn § 6 Rn. 107.
141 Vgl. hierzu ausführlich Solomon, in: Liber Amicorum Schurig 2012, 237, 242–244; eine Differenzierung zwischen Verweisungen auf Vertragsstaaten und Drittstaaten erwägend, jedoch im Ergebnis ablehnend Kropholler § 24 III, 178 f.
142 Staudinger/Dörner EGBGB Vorb. Art. 25 f. Rn. 158.
143 So auch Bamberger/Roth/Lorenz EGBGB Art. 25 Rn. 11; Schotten/Wittkowski FamRZ 1995, 264 (269); aA Staudinger/Dörner EGBGB Vorb. Art. 25 f. Rn. 151.
144 So auch MüKoBGB/Dutta, 6. Aufl., EGBGB Art. 25 Rn. 297; Schotten/Wittkowski FamRZ 1995, 264 (266); aA Staudinger/Dörner EGBGB Vorb. Art. 25 f. Rn. 152.
145 Jedenfalls insoweit auch Staudinger/Dörner EGBGB Vorb. Art. 25 f. Rn. 152. – AA MüKoBGB/Dutta EuErbVO Art. 75 Rn. 13.

und daher auch nicht vom Anknüpfungsgegenstand des Art. 8 Abs. 3 S. 1 Niederlassungsübereinkommen erfasst werden (näher → EuErbVO Art. 30 Rn. 2, 7). Ein Rückgriff auf den (in Fällen mit Bezug zum Iran besonders relevanten) nationalen **ordre public** gestattet Art. 8 Abs. 3 S. 2 Niederlassungsübereinkommen ausdrücklich. **Vorfragen** sind nach vorzugswürdiger, freilich umstrittener Ansicht – wie stets (→ Rn. 20–23) – selbstständig anzuknüpfen,[146] das Interesse an äußerem Entscheidungseinklang ändert hieran nichts (hierzu ausführlich → Rn. 22). Die **Frage nach der Formwirksamkeit** unterliegt – auch unter Geltung der EuErbVO, → EuErbVO Art. 27 Rn. 1) – dem HTestformÜ.[147]

2. Deutsch-türkischer Konsularvertrag. Der am 28.5.1929 zwischen dem Deutschen Reich und der Türkischen Republik geschlossene Staatsvertrag[148] trat samt Anlage am 18.11.1931 in Kraft; er wurde nach dem Zweiten Weltkrieg mit Wirkung vom 1.3.1952 wieder angewandt[149] und gilt bis heute fort.

49

a) Maßgebliche Bestimmungen

Anlage zu Art. 20 des Konsularvertrages (Nachlassabkommen)

50

§ 12

[...]

(3) Das Recht des Staates, in dem sich der Nachlass befindet, entscheidet darüber, was zum beweglichen und unbeweglichen Nachlass gehört.

§ 14

(1) Die erbrechtlichen Verhältnisse bestimmen sich in Ansehung des beweglichen Nachlasses nach den Gesetzen des Landes, dem der Erblasser zum Zeitpunkt seines Todes angehörte.
(2) Die erbrechtlichen Verhältnisse in Ansehung des unbeweglichen Nachlasses bestimmen sich nach den Gesetzen des Landes, in dem dieser Nachlass liegt, und zwar in der gleichen Weise, wie wenn der Erblasser zur Zeit seines Todes Angehöriger dieses Landes gewesen wäre.

§ 15

Klagen, welche die Feststellung des Erbrechts, Erbschaftsansprüche, Ansprüche aus Vermächtnissen sowie Pflichtteilsansprüche zum Gegenstand haben, sind, soweit es sich um beweglichen Nachlass handelt, bei den Gerichten des Staates anhängig zu machen, dem der Erblasser zur Zeit seines Todes angehörte, soweit es sich um unbeweglichen Nachlass handelt, bei den Gerichten des Staates, in dessen Gebiet sich der unbewegliche Nachlass befindet. Ihre Entscheidungen sind von dem anderen Staate anzuerkennen.

§ 16

(1) Verfügungen von Todes wegen sind, was ihre Form anbelangt, gültig, wenn die Gesetze des Landes beachtet sind, wo die Verfügungen errichtet sind, oder die Gesetze des Staates, dem der Erblasser zur Zeit der Errichtung angehörte.
(2) Das gleiche gilt für den Widerruf solcher Verfügungen von Todes wegen.

§ 17

Ein Zeugnis über ein erbrechtliches Verhältnis, insbesondere über das Recht des Erben oder eines Testamentsvollstreckers, das von der zuständigen Behörde des Staates, dem der Erblasser angehörte, nach dessen Gesetzen ausgestellt ist, genügt, soweit es sich um beweglichen Nachlass handelt, zum Nachweis dieser Rechtsverhältnisse auch für das Gebiet des anderen Staates. Zum Beweise der Echtheit genügt die Beglaubigung durch einen Konsul oder einen diplomatischen Vertreter des Staates, dem der Erblasser angehörte.

---

146 So auch Zimmermann/Grau EGBGB Art. 25 Rn. 11; allgemein Kropholler § 32 VI 2, 230; aA etwa von Hoffmann/Thorn § 6 Rn. 55, 64.
147 BGBl. 1965 II 1145 (abgedruckt im Anhang zu Art. 27 EuErbVO).
148 RGBl. 1931 II 538 (teilweise abgedruckt bei Jayme/Hausmann Nr. 62). – Vgl. hierzu auch Gebauer, Das deutsch-türkische Nachlassabkommen im Sog des Europäischen Kollisionsrechts IPRax 2018 (im Erscheinen).
149 BGBl. 1952 II 608.

§ 18

Die Bestimmungen der §§ 1 bis 17 finden entsprechende Anwendung auf bewegliches oder unbewegliches Vermögen, das sich im Gebiet des einen Teils befindet und zu dem Nachlass eines außerhalb dieses Gebietes verstorbenen Angehörigen des anderen Teils gehört.

51 **b) Überblick.** Inhaltlich enthält der – ebenfalls staatsvertraglich autonom auszulegende[150] – deutsch-türkische Konsularvertrag nicht nur **kollisionsrechtliche Bestimmungen** (§ 14 Nachlassabkommen), sondern auch solche betreffend der **internationalen Zuständigkeit** (§ 15 S. 1 Nachlassabkommen), der **Anerkennung** der auf Grundlage des Übereinkommens ergangenen gerichtlichen Entscheidungen (§ 15 S. 2 Nachlassabkommen) sowie von Erbscheinen und Zeugnissen von Testamentsvollstreckern (§ 17 Nachlassabkommen),[151] welche der EuErbVO gem. Art. 75 Abs. 1 Unterabs. 1 EuErbVO allesamt vorgehen.

52 Aus deutscher Sicht ist der Konsularvertrag **anwendbar**, wenn der Erblasser zum Zeitpunkt seines Todes türkischer Staatsangehöriger war oder wenn ein deutscher Erblasser Vermögen in der Türkei hinterlässt.[152] Ob **Mehrrechtsstaater** in den Anwendungsbereich des Abkommens fallen, ist wiederum streitig, richtigerweise ist grundsätzlich entsprechend den Ausführungen sub → Rn. 45 zu verfahren, so dass alleine **deutsch-türkische Doppelstaater** aus dem Anwendungsbereich des Übereinkommens ausgenommen sind;[153] soweit diese indes **unbewegliches Vermögen** in der Türkei hinterlassen, ist der Anwendungsbereich des Übereinkommens jedenfalls insoweit ebenfalls eröffnet,[154] so dass hinsichtlich dieser Vermögenswerte türkisches Recht (§ 14 Abs. 2 Nachlassabkommen), hinsichtlich des restlichen (beweglichen und unbeweglichen) Nachlasses das über Art. 21, 22 EuErbVO bzw. Art. 25 EGBGB aF bestimmte Recht anzuwenden ist. Gleichfalls umstritten ist, ob das Übereinkommen alleine das in den beiden Vertragsstaaten belegene unbewegliche Vermögen erfasst[155] oder auch solches, das sich in einem **Drittstaat** befindet.[156] Für Ersteres spricht der Wortlaut des Art. 20 Konsularvertrag sowie §§ 14 Abs. 2, 18 Nachlassabkommen,[157] zudem die mit diesem völkerrechtlichen Vertrag verfolgten hoheitlichen Interessen,[158] welche nach traditioneller Ansicht nicht nur eine personale, sondern auch territoriale Beschränkung erfahren. Der deutsch-türkische Konsularvertrag erfasst daher *keine* in Drittstaaten belegenen unbeweglichen Nachlassgegenstände, so dass die rechtliche Beurteilung der diesbezüglichen Rechtsnachfolge dem von Art. 21, 22 EuErbVO bzw. Art. 25 EGBGB aF bestimmten Recht unterliegt.

53 In kollisionsrechtlicher Hinsicht führt die Anwendung des Konsularvertrages zu einer **Nachlassspaltung**: Die Rechtsnachfolge von Todes wegen in bewegliches Vermögen unterliegt dem Recht der Staatsangehörigkeit (§ 14 Abs. 1 Nachlassabkommen), die Rechtsnachfolge von Todes wegen in unbewegliches, nicht in einem Drittstaat belegenes Vermögen der lex rei sitae (§ 14 Abs. 2 Nachlassabkommen), wobei die Abgrenzung zwischen beweglichem und unbeweglichem Vermögen gem. § 12 Abs. 3 Nachlassabkommen dem Belegenheitsrecht unterliegt.

Hinweis:

Der Anknüpfungsgegenstand des § 14 Nachlassübereinkommens erfasst **alle erbrechtlich zu qualifizierenden Rechtsfragen**. Nach herkömmlicher, bislang herrschender und auch seitens des

---

150 Vgl. hierzu allgemein MüKoBGB/Sonnenberger, 5. Aufl., Einl. IPR Rn. 307–309; Kropholler § 9 V 1, 69 f.
151 Zur Entstehungsgeschichte vgl. Gebauer IPRax 2018 sub I 1.
152 Vgl. hierzu auch Gebauer IPRax 2018 sub I 2, 3.
153 Im Ergebnis auch Staudinger/Dörner EGBGB Vorb. Art. 25 f. Rn. 173; Schotten/Schmellenkamp § 7 Rn. 264; vgl. auch Bauer FamRZ 2007, 1252 (1255). Für eine Beschränkung des Anwendungsbereichs für Mehrstaater mit effektiver türkischer Staatsangehörigkeit hingegen MüKoBGB/Dutta EuErbVO Art. 75 Rn. 19.
154 Staudinger/Dörner EGBGB Vorb. Art. 25 f. Rn. 173; Schotten/Schmellenkamp § 7 Rn. 264.
155 Staudinger/Dörner EGBGB Vorb. Art. 25 f. Rn. 163, 171; Dörner ZEV 1996, 90 (94); Schotten/Schmellenkamp § 7 Rn. 264; Dutta/Herrler/Süß EuErbVO 181, 187 f.
156 So MüKoBGB/Dutta EuErbVO Art. 75 Rn. 20.
157 Zimmermann/Grau EGBGB Art. 25 Rn. 15; Dörner ZEV 1996, 90 (94); Schotten/Schmellenkamp § 7 Rn. 264.
158 Hierzu etwa Bauer FamRZ 2007, 1252 (1255).

BGH bestätigter Auffassung sind Regelungen, welche einen pauschalisierten Zugewinnausgleich im Todesfalle vorsehen (§ 1371 Abs. 1 BGB), güterrechtlich zu qualifizieren und werden daher nicht von dem Nachlassabkommen erfasst. Hält man an dieser – zutreffenden (→ EuErbVO Art. 23 Rn. 18 ff.) – Auffassung trotz der nunmehr seitens des **EuGH** vorgenommenen erbrechtlichen Qualifikation (die freilich nur für die EuErbVO Geltung beansprucht) fest, führt dies zu dem prima facie eigentümlichen Ergebnis, dass § 1371 Abs. 1 BGB zwar – im Verhältnis zu dem Nachlassabkommen – güterrechtlich zu qualifizieren ist, jedoch nunmehr der EuErbVO zu unterstellen ist, soweit man der Rspr. des EuGH folgt; folglich obliegt die kollisionsrechtliche Behandlung derartiger Regelungen nicht den güterrechtlichen Kollisionsnormen, sondern dem von Art. 21 f. EuErbVO bestimmten Recht. Aus pragmatischen, nicht jedoch aus sachlich gebotenen Gründen (→ EuErbVO Art. 23 Rn. 18 ff.) erscheint es daher erwägenswert, derartige Regelungen auch im Verhältnis zu dem Abkommen erbrechtlich zu qualifizieren und diese damit einheitlich dem nach dem Nachlassabkommen bestimmten Recht zu unterstellen.

Ein **Renvoi** ist beachtlich, soweit dieser seitens des Rechts eines **Drittstaats** ausgesprochen wird (→ Rn. 47).[159] Ein Rückgriff auf den nationalen **ordre public** ist entgegen der hM trotz Fehlens einer ausdrücklichen Regelung möglich,[160] da es sich hierbei um einen allgemeinen, daher auch im Rahmen des Übereinkommens zu beachtenden Grundsatz handelt. **Vorfragen** sind nach vorzugswürdiger Ansicht selbstständig anzuknüpfen (→ Rn. 20–23).[161] Die Frage nach der **Formwirksamkeit testamentarischer Verfügungen** unterliegt trotz der Regelung des § 16 Nachlassabkommen dem HTestformÜ,[162] das in beiden Staaten gilt und daher als lex specialis vorrangig zu beachten ist;[163] § 16 Nachlassabkommen ist damit alleine für die **Formwirksamkeit von Erbverträgen** anwendbar, die nicht vom Anwendungsbereich des Haager Übereinkommens erfasst sind.[164]

Eine **ausschließliche**[165] internationale Zuständigkeit für Klagen, welche die Feststellung des Erbrechts, Erbschaftsansprüche, Ansprüche aus Vermächtnissen sowie Pflichtteilsansprüche zum Gegenstand haben, ergibt sich aus § 15 S. 1 Nachlassabkommen: Hiernach sind für den **beweglichen Nachlass** die Gerichte des Staates zuständig, dem der Erblasser zur Zeit seines Todes angehörte, für den **unbeweglichen Nachlass** die Gerichte des Belegenheitsstaates. Ihre Entscheidungen sind jeweils **anzuerkennen** (§ 15 S. 2 Nachlassabkommen). Gleiches gilt für Zeugnisse über ein erbrechtliches Verhältnis (insbesondere Erbschein und Testamentsvollstreckerzeugnisse), soweit sie sich auf den unbeweglichen Nachlass beziehen (§ 17 S. 1 Nachlassabkommen).

3. Deutsch-sowjetischer Konsularvertrag. Der zwischen der Bundesrepublik Deutschland und der Union der Sozialistischen Sowjetrepubliken geschlossene Staatsvertrag[166] trat am 25.4.1958

---

159 AA etwa Staudinger/Dörner EGBGB Vorb. Art. 25 f. Rn. 177.
160 Vgl. insoweit Kropholler § 36 VI, 256 f. (es muss „im Wege der Auslegung ermittelt werden, ob und in welchem Umfang eine Berufung auf den nationalen ordre public zulässig ist"); aA indes die hM, vgl. etwa Staudinger/Dörner EGBGB Vorb. Art. 25 f. Rn. 180 (der jedoch eine Ausnahme bei Verstoß gegen die sowohl von der Türkei als auch von Deutschland ratifizierten Europäischen Menschenrechtskonvention zulässt); Dörner ZEV 1996, 90 (91); allgemein MüKoBGB/Sonnenberger, 5. Aufl., EGBGB Art. 6 Rn. 29.
161 So auch Zimmermann/Grau EGBGB Art. 25 Rn. 17; allgemein Kropholler § 32 VI 2, 230; aA etwa Staudinger/Dörner EGBGB Vorb. Art. 25 f. Rn. 179, allgemein auch von Hoffmann/Thorn § 6 Rn. 55, 64.
162 BGBl. 1965 II 1145 (abgedruckt im Anhang zu Art. 27 EuErbVO).
163 Staudinger/Dörner EGBGB Vorb. Art. 25 f. Rn. 185.
164 Staudinger/Dörner EGBGB Vorb. Art. 25 f. Rn. 185.
165 LG München I FamRZ 2007, 1250 (1251) m. zust. Anm. Bauer 1252; für die Annahme einer konkurrierenden Zuständigkeit, sofern einer der am Nachlass berechtigten Personen nicht die türkische Staatsangehörigkeit hat etwa Staudinger/Dörner EGBGB Vorb. Art. 25 f. Rn. 182; für eine einschränkende Auslegung auch Erman/Hohloch EGBGB Art. 25 Rn. 57.
166 BGBl. 1959 II 233.

in Kraft; er gilt noch heute im Verhältnis zu den meisten sowjetischen Nachfolgestaaten mit Ausnahme der EU-Mitgliedstaaten Estland, Lettland und Litauen sowie Turkmenistan.[167]

56 **a) Maßgebliche Bestimmung.** Artikel 28 des Konsularvertrags:

Artikel 28
[...]
(3) Hinsichtlich der unbeweglichen Nachlassgegenstände finden die Rechtsvorschriften des Staates Anwendung, in dessen Gebiet diese Gegenstände belegen sind.

57 **b) Überblick.** Der – wiederum staatsvertraglich autonom auszulegende[168] – deutsch-sowjetische Konsularvertrag ist anwendbar, wenn der Erblasser zum Zeitpunkt seines Todes Staatsangehöriger eines der Vertragsstaaten war und sich **unbewegliches** Vermögen in dem anderen Vertragsstaat befindet.[169] Eine Anwendbarkeit scheidet bei **Mehrstaatern**, die zugleich die deutsche Staatsangehörigkeit haben, aus (→ Rn. 45),[170] ebenso bei **Flüchtlingen** iSd Genfer UN-Abkommens über die Rechtsstellung der Flüchtlinge vom 28.7.1951;[171] ebenfalls unanwendbar ist das Übereinkommen für *nicht* in einem der Vertragsstaaten belegene unbewegliche Vermögensgegenstände sowie bewegliches Vermögen.

58 Sind die Anwendungsvoraussetzungen erfüllt, unterliegt die Rechtsfolge von Todes wegen im Hinblick auf die unbeweglichen Vermögensgegenstände der jeweiligen **lex rei sitae**, die zugleich auch über die Qualifikation als unbeweglicher Gegenstand befindet.[172]

Hinweis:
Der Anknüpfungsgegenstand des Art. 28 Abs. 3 Konsularvertrag erfasst ebenfalls **alle erbrechtlich zu qualifizierenden Rechtsfragen**. Die unter → Rn. 53 beschriebene Problematik bezüglich der Qualifikation von § 1371 Abs. 1 BGB entsprechenden Regelungen stellt sich auch im Rahmen des Konsularvertrages und sollte entsprechend gelöst werden.

Bei der von Art. 28 Abs. 3 Konsularvertrag ausgesprochenen Verweisung handelt es sich um eine **Sachnormverweisung**,[173] da aufgrund des engen Anwendungsbereichs des Übereinkommens kein drittstaatliches Recht zur Anwendung gebracht werden kann, → Rn. 47.

59 Ein Rückgriff auf den nationalen **ordre public** ist entgegen der hM trotz Fehlens einer ausdrücklichen Regelung möglich (→ Rn. 53),[174] **Vorfragen** sind nach vorzugswürdiger Ansicht selbstständig anzuknüpfen (→ Rn. 20–23).[175] Die **Frage nach der Formwirksamkeit** unterliegt – auch unter Geltung der EuErbVO – dem HTestformÜ.[176]

60 Das für die Rechtsnachfolge von Todes wegen in **bewegliche Vermögensgegenstände** sowie in **einem Drittstaat belegene unbewegliche Vermögensgegenstände** maßgebliche Recht bestimmt sich – mangels Eröffnung des Anwendungsbereichs des Übereinkommens – nach dem IPR der lex fori (Art. 21 f. EuErbVO bzw. Art. 25 EGBGB aF), so dass die Anwendung des Konsularvertrages zu einer kollisionsrechtlichen **Nachlassspaltung** führt.

---

167 Vgl. hierzu Staudinger/Dörner EGBGB Vorb. Art. 25 f. Rn. 194 f.
168 Vgl. hierzu allgemein MüKoBGB/Sonnenberger, 5. Aufl., Einl. IPR Rn. 307–309; Kropholler § 9 V 1, 69 f.
169 Schotten/Schmellenkamp § 7 Rn. 265, 282.
170 AA Schotten/Schmellenkamp § 7 Rn. 265, 282; dem folgend Fetsch RNotZ 2006, 77 (91).
171 BGBl. 1953 II 560 (teilweise abgedruckt Rn. 63); ebenso Schotten/Schmellenkamp § 7 Rn. 265, 282; Zimmermann/Grau EGBGB Art. 25 Rn. 21.
172 Staudinger/Dörner EGBGB Vorb. Art. 25 f. Rn. 197; ebenso Schotten/Schmellenkamp § 7 Rn. 265, 282; Zimmermann/Grau EGBGB Art. 25 Rn. 21.
173 Ebenso Zimmermann/Grau EGBGB Art. 25 Rn. 21.
174 Vgl. insoweit Kropholler § 36 VI, 256 f. (es muss „im Wege der Auslegung ermittelt werden, ob und in welchem Umfang eine Berufung auf den nationalen ordre public zulässig ist)"; vgl. auch auch MüKoBGB/von Hein EGBGB Art. 6 Rn. 40 ff. – Zurückhaltender MüKoBGB/Sonnenberger, 5. Aufl., EGBGB Art. 6 Rn. 29.
175 Allgemein Kropholler § 32 VI 2, 230; aA etwa von Hoffmann/Thorn § 6 Rn. 55, 64.
176 BGBl. 1965 II 1145 (abgedruckt im Anhang zu Art. 27 EuErbVO).

4. Staatsvertragliche Regelungen hinsichtlich des Personalstatuts. Besondere Regelungen hinsichtlich der Bestimmung des Personalstatuts enthalten Art. 12 Abs. 1 des **New Yorker UN-Übereinkommen über die Rechtsstellung der Staatenlosen vom 28.9.1954** und Art. 12 Abs. 1 des **Genfer UN-Abkommens über die Rechtsstellung der Flüchtlinge vom 28.7.1951**. Diese sind auch unter Geltung der EuErbVO weiterhin beachtlich und erweitern die gem. Art. 22, 24, 25 EuErbVO gestattete Rechtswahlmöglichkeit (→ EuErbVO Art. 22 Rn. 6). 61

– Auszug – 62

Artikel 1   Definition des Begriffs „Staatenloser"

(1) Im Sinne dieses Übereinkommens ist ein „Staatenloser" eine Person, die kein Staat auf Grund seines Rechtes als Staatsangehörigen ansieht.
(2) Dieses Übereinkommen findet keine Anwendung

i)   auf Personen, denen gegenwärtig ein Organ oder eine Organisation der Vereinten Nationen mit Ausnahme des Hohen Flüchtlingskommissars der Vereinten Nationen Schutz oder Beistand gewährt, solange sie diesen Schutz oder Beistand genießen;
ii) auf Personen, denen von den zuständigen Behörden des Landes, in dem sie ihren Aufenthalt genommen haben, die Rechte und Pflichten zuerkennen, die mit dem Besitz der Staatsangehörigkeit dieses Landes verknüpft sind;
iii) auf Personen, bei denen aus schwerwiegenden Gründen die Annahme gerechtfertigt ist,
    a) daß sie ein Verbrechen gegen den Frieden, ein Kriegsverbrechen oder ein Verbrechen gegen die Menschlichkeit im Sinne der internationalen Übereinkünfte begangen haben, die abgefaßt wurden, um Bestimmungen hinsichtlich derartiger Verbrechen zu treffen;
    b) daß sie ein schweres nichtpolitisches Verbrechen außerhalb ihres Aufenthaltslands begangen haben, bevor sie dort Aufnahme fanden;
    c) daß sie sich Handlungen zuschulden kommen ließen, die den Zielen und Grundsätzen der Vereinten Nationen zuwiderlaufen.

Artikel 12   Personalstatut

(1) Das Personalstatut eines Staatenlosen bestimmt sich nach den Gesetzen des Landes seines Wohnsitzes oder, wenn er keinen Wohnsitz hat, nach den Gesetzen seines Aufenthaltslands.
(2) Die von einem Staatenlosen früher erworbenen, sich aus seinem Personalstatut ergebenden Rechte, insbesondere die aus der Eheschließung, werden von jedem Vertragsstaat vorbehaltlich der nach seinen Gesetzen gegebenenfalls zu erfüllenden Förmlichkeiten geachtet; hierbei wird vorausgesetzt, daß es sich um ein Recht handelt, das nach den Gesetzen dieses Staates anerkannt worden wäre, wenn der Berechtigte nicht staatenlos geworden wäre.

b)   Genfer UN-Abkommens über die Rechtsstellung der Flüchtlinge vom 28.7.1951[178]

– Auszug – 63

Artikel 1   Definition des Begriffs „Flüchtling"

A.
Im Sinne dieses Abkommens findet der Ausdruck „Flüchtling" auf jede Person Anwendung:
1. Die in Anwendung der Vereinbarungen vom 12. Mai 1926 und 30. Juni 1928 oder in Anwendung der Abkommen vom 28. Oktober 1933 und 10. Februar 1938 und des Protokolls vom 14. September 1939 oder in Anwendung der Verfassung der Internationalen Flüchtlingsorganisation als Flüchtling gilt.
Die von der Internationalen Flüchtlingsorganisation während der Dauer ihrer Tätigkeit getroffenen Entscheidungen darüber, daß jemand nicht als Flüchtling im Sinne ihres Statuts anzusehen ist, stehen dem Umstand nicht entgegen, daß die Flüchtlingseigenschaft Personen zuerkannt wird, die die Voraussetzungen der Ziffer 2 dieses Artikels erfüllen.
2. Die infolge von Ereignissen, die vor dem 1. Januar 1951 eingetreten sind, und aus der begründeten Furcht vor Verfolgung wegen ihrer Rasse, Religion, Nationalität, Zugehörigkeit zu einer bestimmten sozialen Gruppe oder wegen ihrer politischen Überzeugung sich außerhalb des Landes befindet, dessen Staatsangehörigkeit sie besitzt, und den Schutz dieses Landes nicht in Anspruch nehmen kann oder wegen dieser Befürchtungen nicht in Anspruch nehmen will, oder die sich als staatenlose infolge solcher Ereignisse außerhalb des Landes befindet,

---

[178] BGBl. 1953 II 560. Authentisch und damit für die Auslegung maßgeblich sind die englische und französische Sprachfassung; abrufbar unter https://treaties.un.org/doc/Treaties/1954/04/19540422%2000-23%20AM/Ch_V_2p.pdf.

in welchem sie ihren gewöhnlichen Aufenthalt hatte, und nicht dorthin zurückkehren kann oder wegen der erwähnten Befürchtungen nicht dorthin zurückkehren will. Für den Fall, daß eine Person mehr als eine Staatsangehörigkeit hat, bezieht sich der Ausdruck „das Land, dessen Staatsangehörigkeit sie besitzt" auf jedes der Länder, dessen Staatsangehörigkeit diese Person hat. Als des Schutzes des Landes, dessen Staatsangehörigkeit sie hat, beraubt gilt nicht eine Person, die ohne einen stichhaltigen, auf eine begründete Befürchtung gestützten Grund den Schutz eines der Länder nicht in Anspruch genommen hat, deren Staatsangehörigkeit sie besitzt.

B.
1. Im Sinne dieses Abkommens können die im Artikel 1 Abschnitt A enthaltenen Worte „Ereignisse, die vor dem 1. Januar 1951 eingetreten sind" in dem Sinne verstanden werden, daß es sich entweder um
   a) „Ereignisse, die vor dem 1. Januar 1951 in Europa eingetreten sind" oder
   b) „Ereignisse, die vor dem 1. Januar 1951 in Europa oder anderswo eingetreten sind" handelt. Jeder vertragschließende Staat wird zugleich mit der Unterzeichnung, der Ratifikation oder dem Beitritt eine Erklärung abgeben, welche Bedeutung er diesem Ausdruck vom Standpunkt der von ihm aufgrund dieses Abkommens übernommenen Verpflichtungen zu geben beabsichtigt.
2. Jeder vertragschließende Staat der die Formulierung zu a) angenommen hat, kann jederzeit durch eine an den Generalsekretär der Vereinten Nationen gerichtete Notifikation seine Verpflichtungen durch Annahme der Formulierung b) erweitern.

C.
Eine Person, auf die die Bestimmungen des Absatzes A zutreffen, fällt nicht mehr unter dieses Abkommen,
1. wenn sie sich freiwillig erneut dem Schutz des Landes, dessen Staatsangehörigkeit sie besitzt, unterstellt; oder
2. wenn sie nach dem Verlust ihrer Staatsangehörigkeit diese freiwillig wiedererlangt hat; oder
3. wenn sie eine neue Staatsangehörigkeit erworben hat und den Schutz des Landes, dessen Staatsangehörigkeit sie erworben hat, genießt; oder
4. wenn sie freiwillig in das Land, das sie aus Furcht vor Verfolgung verlassen hat oder außerhalb dessen sie sich befindet, zurückgekehrt ist und sich dort niedergelassen hat; oder
5. wenn sie nach Wegfall der Umstände, aufgrund deren sie als Flüchtling anerkannt worden ist, es nicht mehr ablehnen kann, den Schutz des Landes in Anspruch zu nehmen, dessen Staatsangehörigkeit sie besitzt.
Hierbei wird jedoch unterstellt, daß die Bestimmung dieser Ziffer auf keinen Flüchtling im Sinne der Ziffer 1 des Abschnittes A dieses Artikels Anwendung findet, der sich auf zwingende, auf früheren Verfolgungen beruhende Gründe berufen kann, um die Inanspruchnahme des Schutzes des Landes abzulehnen, dessen Staatsangehörigkeit er besitzt,
6. wenn es sich um eine Person handelt, die keine Staatsangehörigkeit besitzt, falls sie nach Wegfall der Umstände, aufgrund deren sie als Flüchtling anerkannt worden ist, in der Lage ist, in das Land zurückzukehren, in dem sie ihren gewöhnlichen Wohnsitz hat.
Dabei wird jedoch unterstellt, daß die Bestimmung dieser Ziffer auf keinen Flüchtling im Sinne der Ziffer 1 des Abschnittes A dieses Artikels Anwendung findet, der sich auf zwingende, auf früheren Verfolgungen beruhende Gründe berufen kann, um die Rückkehr in das Land abzulehnen, in dem er seinen gewöhnlichen Aufenthalt hatte.

D.
Dieses Abkommen findet keine Anwendung auf Personen, die zur Zeit den Schutz oder Beistand einer Organisation oder einer Institution der Vereinten Nationen mit Ausnahme des Hohen Kommissars der Vereinten Nationen für Flüchtlinge genießen. Ist dieser Schutz oder diese Unterstützung aus irgendeinem Grunde weggefallen, ohne daß das Schicksal dieser Personen endgültig gemäß den hierauf bezüglichen Entschließungen der Generalversammlung der Vereinten Nationen geregelt worden ist, so fallen diese Personen ipso facta unter die Bestimmungen dieses Abkommens.

E.
Dieses Abkommen findet keine Anwendung auf eine Person, die von den zuständigen Behörden des Landes, in dem sie ihren Aufenthalt genommen hat, als eine Person anerkannt wird, welche die Rechte und Pflichten hat, die mit dem Besitz der Staatsangehörigkeit dieses Landes verknüpft sind.

F.
Die Bestimmungen dieses Abkommens finden keine Anwendung auf Personen, in Bezug auf die aus schwerwiegenden Gründen die Annahme gerechtfertigt ist,

a) daß sie ein Verbrechen gegen den Frieden, ein Kriegsverbrechen oder ein Verbrechen gegen die Menschlichkeit im Sinne der internationalen Vertragswerke begangen haben, die ausgearbeitet worden sind, um Bestimmungen bezüglich dieser Verbrechen zu treffen;
b) daß sie ein schweres nichtpolitisches Verbrechen außerhalb des Aufnahmelandes begangen haben, bevor sie dort als Flüchtling aufgenommen wurden;
c) daß sie sich Handlungen zuschulden kommen ließen, die den Zielen und Grundsätzen der Vereinten Nationen zuwiderlaufen.

Artikel 12   Personalstatut
1. Das Personalstatut jedes Flüchtlings bestimmt sich nach dem Recht des Landes seines Wohnsitzes oder, in Ermangelung eines Wohnsitzes, nach dem Recht seines Aufenthaltslandes.
2. Die von einem Flüchtling vorher erworbenen und sich aus seinem Personalstatut ergebenden Rechte, insbesondere die aus der Eheschließung, werden von jedem vertragschließenden Staat geachtet, gegebenenfalls vorbehaltlich der Formalitäten, die nach dem in diesem Staat geltenden Recht vorgesehen sind. Hierbei wird jedoch unterstellt, daß das betreffende Recht zu demjenigen gehört, das nach den Gesetzen dieses Staates anerkannt worden wäre, wenn die in Betracht kommende Person kein Flüchtling geworden wäre.

II. Überblick über die kollisionsrechtlichen Regelungen der EuErbVO

Das für die Rechtsnachfolge von Todes wegen maßgebliche IPR ist im Rahmen der EuErbVO umfassend in Art. 20–38 EuErbVO geregelt. Die einzelnen Kollisionsnormen sind als **loi uniforme** ausgestaltet (Art. 20 EuErbVO) und berufen daher mitgliedstaatliches wie nicht-mitgliedstaatliches Recht gleichermaßen, wobei zu betonen ist, dass der von der EuErbVO bezweckte Gleichlauf zwischen gerichtlicher Zuständigkeit und anwendbarem Recht im Vergleich zum nationalen Recht zukünftig häufiger zur Anwendung der lex fori führen wird (→ EuErbVO Einl. Rn. 4). Das für die rechtliche Beurteilung der *gesamten* Rechtsnachfolge von Todes wegen maßgebliche Recht (Erbstatut) bestimmen die **allgemeinen Kollisionsnormen** der Art. 21, 22 EuErbVO, deren konkrete Reichweite mittels der unselbstständigen Kollisionsnorm des Art. 23 EuErbVO näher festgelegt wird. Primär knüpft Art. 21 Abs. 1 EuErbVO die Rechtsnachfolge von Todes wegen an den letzten gewöhnlichen Aufenthalt des Erblassers an, Art. 21 Abs. 2 EuErbVO sieht zudem eine – restriktiv zu handhabende (→ EuErbVO Art. 21 Rn. 13) – Ausweichklausel zugunsten des Rechts desjenigen Staates vor, zu welchem der Erblasser im Zeitpunkt seines Todes eine offensichtlich engere Verbindung als zu dem Staat seines gewöhnlichen Aufenthalts hatte. Art. 22 EuErbVO gewährt dem Erblasser darüber hinaus eine Rechtswahlmöglichkeit zugunsten des Rechts seiner Staatsangehörigkeit, von welcher dieser insbesondere im Hinblick auf eine frühzeitige Nachlassplanung Gebrauch machen kann.

Gesonderte Anknüpfungen sieht die EuErbVO insbesondere für **Verfügungen von Todes wegen** vor. Im Hinblick auf ihre materiellen Wirksamkeitsvoraussetzungen unterliegen diese dem hypothetischen Erbstatut zum Zeitpunkt ihrer Errichtung (Errichtungsstatut), wobei die EuErbVO insoweit zwischen Erbverträgen (Art. 25 EuErbVO) und sonstigen Verfügungen von Todes wegen (Art. 24 EuErbVO) differenziert; die Reichweite des Errichtungsstatuts wird in beiden Fällen durch die unselbstständige Kollisionsnorm des Art. 26 EuErbVO näher konkretisiert. Im Hinblick auf ihre Formwirksamkeit sieht die EuErbVO ebenfalls eine eigenständige Kollisionsnorm vor (Art. 27 EuErbVO), welche das HTestformÜ inkorporiert. Für Deutschland hat diese Bestimmung jedenfalls bei strenger Betrachtung nur einen sehr kleinen Anwendungsbereich, da Art. 75 Abs. 1 Unterabs. 2 EuErbVO den Vorrang des für Deutschland weiterhin verbindlichen HTestformÜ anordnet, welches somit für die Frage nach der Formwirksamkeit letztwilliger Verfügungen vorrangig anzuwenden ist (→ EuErbVO Art. 27 Rn. 1 f.). Weitere gesonderte Anknüpfungen enthält die EuErbVO in Art. 28 EuErbVO hinsichtlich der **Formgültigkeit einer Annahme- oder Ausschlagungserklärung**, in Art. 29 EuErbVO hinsichtlich der **Bestellung und Befugnisse eines Nachlassverwalters** und in Art. 30 EuErbVO hinsichtlich solcher Bestimmungen (**Eingriffsnormen**), welche aus wirtschaftlichen, familiären oder sozialen Gründen etwa eine von den herkömmlichen erbrechtlichen Regelungen *abweichende* Sonderrechtsnachfolge anordnen (bspw. das **Höferecht**; hierzu im Einzelnen → EuErbVO Art. 30 Rn. 5).

Darüber hinaus regelt die EuErbVO zahlreiche Fragen des Allgemeinen Teils des IPR. Besonders hervorzuheben ist zunächst die gem. Art. 34 Abs. 1 EuErbVO im Rahmen des europäischen IPR erstmalig angeordnete, allerdings auf wenige Konstellationen beschränkte **Beachtlichkeit ausländischen IPR**, welche im Rahmen von Art. 21 Abs. 1 EuErbVO (und den auf diese Bestimmungen verweisenden Kollisionsnormen) zu einer Rück- oder Weiterverweisung auf eine ausländische Rechtsordnung führen kann. Zudem nahm sich der europäische Gesetzgeber erstmals ausdrücklich der Anpassungsproblematik an (→ Rn. 27–29), indem er spezielle (sachrechtlich zu verortende) **Anpassungsregeln** hinsichtlich der Anpassung (nach dem Erbstatut bestehender) dinglicher Rechte bei Geltendmachung in dem Belegenheitsstaat (Art. 31 EuErbVO) sowie hinsichtlich der Auflösung eines durch sich widersprechende Todesvermutungen entstandenen Normwiderspruchs (Art. 32 EuErbVO) kodifizierte. Darüber hinaus enthält die EuErbVO eine spezielle Bestimmung hinsichtlich **erbenloser Nachlässe** (Art. 33 EuErbVO), Regelungen hinsichtlich kollisionsrechtlicher **Verweisungen auf einen Mehrrechtsstaat** (Art. 36, 37 EuErbVO) sowie einen – bislang in allen europäischen Kollisionsrechtsakten vorgesehenen – Vorbehalt zugunsten des nationalen **ordre public** (Art. 35 EuErbVO).

III. Überblick über die kollisionsrechtlichen Regelungen des nationalen Rechts

67 **1. Neues Recht.** Mit Art. 15 des Gesetzes zum Internationalen Erbrecht und zur Änderung von Vorschriften zum Erbschein sowie zur Änderung sonstiger Vorschriften vom 29.6.2015 wurde das nationale Kollisionsrecht an die EuErbVO angepasst und in diesem Zuge Art. 25, 26 EGBGB neu gefasst; Art. 17 b Abs. 1 S. 2 EGBGB wurde gestrichen.[179]

a) Artikel 25 EGBGB nF – Rechtsnachfolge von Todes wegen

67.1 **Artikel 25 EGBGB   Rechtsnachfolge von Todes wegen**
Soweit die Rechtsnachfolge von Todes wegen nicht in den Anwendungsbereich der Verordnung (EU) Nr. 650/2012 fällt, gelten die Vorschriften des Kapitels III dieser Verordnung entsprechend.

67.2 Um einen „möglichst weitgehenden Gleichlauf [...] des erbrechtlichen Kollisionsrechts"[180] erzielen zu können, ordnet Art. 25 EGBGB für (nach autonomen Maßstäben) erbrechtlich zu qualifizierende Fragen, die nicht in den Anwendungsbereich der EuErbVO fallen, eine entsprechende Anwendung der Regelungen der EuErbVO an.[181] Wenngleich angesichts des weiten, sämtliche erbrechtlich zu qualifizierende Fragen erfassenden (→ EuErbVO Art. 1) Anwendungsbereichs der EuErbVO schwer vorstellbar erscheint, dass für Art. 25 EGBGB überhaupt ein relevanter Anwendungsbereich verbleibt, ist diese Auffangregelung aufgrund ihrer klarstellenden Funktion dennoch zu begrüßen, zumal eine vergleichbare, der Sache nach gebotene Regelung in anderen kollisionsrechtlichen Rechtsbereichen fehlt. Dies gilt allen voran für den Bereich des Internationalen Schuldrechts, in dem eine – der Rom I-VO entsprechende – kollisionsrechtliche Behandlung der aus ihrem Anwendungsbereich ausgenommenen Rechtsfragen (insbesondere Gerichts- und Schiedsvereinbarungen) zumindest gewissen Begründungsaufwand verursacht (für Gerichtsstandsvereinbarungen → EuErbVO Art. 5 Rn. 4).

b) Artikel 26 EGBGB nF – Form von Verfügungen von Todes wegen

67.3 **Artikel 26   Form von Verfügungen von Todes wegen**
(1) ¹In Ausführung des Artikels 3 des Haager Übereinkommens vom 5. Oktober 1961 über das auf die Form letztwilliger Verfügungen anzuwendende Recht (BGBl. 1965 II S. 1144, 1145) ist eine letztwillige Verfügung, auch wenn sie von mehreren Personen in derselben Urkunde errichtet wird oder durch sie eine frühere letztwillige Verfügung widerrufen wird, hinsichtlich ihrer Form gültig, wenn sie den Formerfordernissen des Rechts entspricht, das auf die Rechtsnachfolge von Todes wegen anzuwenden ist oder im Zeitpunkt der Verfügung anzuwenden wäre. ²Die weiteren Vorschriften des Haager Übereinkommens bleiben unberührt.
(2) Für die Form anderer Verfügungen von Todes wegen ist Artikel 27 der Verordnung (EU) Nr. 650/2012 maßgeblich.

---

179 Vgl. hierzu auch Gierl/Köhler/Kroiß/Wilsch Internationales Erbrecht, Teil 3 § 10.
180 BT-Drs. 18/4201 66.
181 Vgl. nunmehr auch OLG Schleswig NJW-RR 2016, 1229 (1230).

Art. 26 EGBGB sieht eine besondere Regelung im Hinblick auf die kollisionsrechtliche Behandlung von Verfügungen von Todes wegen vor; vgl. hierzu im Einzelnen die Kommentierung zu Art. 27 EuErbVO. Hintergrund von Art. 26 Abs. 1 EGBGB ist der Umstand, dass Art. 3 HTestformÜ den einzelnen Vertragsstaaten den Erlass weiterer, formbegünstigender Alternativanknüpfungen gestattet, die *zusätzlich* zu dem von dem HTestformÜ bestimmten Recht zu beachten sind. Von dieser Möglichkeit hat der deutsche Gesetzgeber mit Art. 26 Abs. 1 EGBGB (Art. 26 Abs. 1 S. 1 Nr. 5 EGBGB aF) Gebrauch gemacht. Bei der von 26 Abs. 1 EGBGB vorgesehenen Anknüpfung handelt es sich gem. Art. 4 Abs. 1 S. 1 EGBGB um eine **Gesamtverweisung**.[182]   67.4

Entgegen seinem insoweit missverständlich Wortlaut erfasst Art. 26 Abs. 1 EGBGB **keine schriftlichen Verfügungen von Todes wegen**. Zwar gestattet Art. 3 HTestformÜ den einzelnen Vertragsstaaten den Erlass weiterer Alternativanknüpfungen auch für solche Verfügungen, jedoch sind diese – das HTestformÜ alleine *ergänzende* – Kollisionsnormen **von nationaler Provenienz**, so dass sie die Öffnungsklausel des – sich expressis verbis ausschließlich auf **Bestimmungen des HTestformÜ** beziehenden – Art. 75 Abs. 1 Unterabs. 2 nicht „passieren" können.[183] Art. 26 Abs. 1 EGBGB wird daher insoweit teilweise von Art. 27 EuErbVO derogiert.   67.5

Von Art. 26 Abs. 2 EGBGB erfasst werden – mangels Eröffnung des Anwendungsbereichs des HTestformÜ und der EuErbVO – **mündliche Erbverträge und Erbverzichte**; diese werden als „andere Verfügungen von Todes wegen" gem. Art. 26 Abs. 2 EGBGB dem Regelungsgehalt des Art. 27 EuErbVO unterstellt, die Alternativanknüpfung des Art. 26 Abs. 1 EGBGB ist insoweit nicht beachtlich.   67.6

2. Rechtslage vor Inkrafttreten der EuErbVO. Für Altfälle bleibt weithin das vor Inkrafttreten der EuErbVO geltende nationale internationale Erbrecht maßgeblich. Dieses war in Art. 25, 26 EGBGB aF geregelt. Eine Sonderregelung für die Anknüpfung gesetzlicher Erbansprüche eingetragener Lebenspartner enthielt Art. 17 b Abs. 1 S. 2 EGBGB aF, konkretisierende (Hilfs-)Kollisionsnormen fanden sich insbesondere in Art. 3 a Abs. 2 EGBGB aF (Einzelstatut), Art. 4 Abs. 1 S. 1 EGBGB (Gesamtverweisung), Art. 5 Abs. 1 EGBGB (Personalstatut) sowie Art. 6 EGBGB (ordre public). Im Folgenden soll ein kurzer Überblick über die nationalen Regelungen gegeben werden, die bis zum 16.8.2015 galten (Art. 83, 84 EuErbVO, zu intertemporalen Fragen vgl. im Einzelnen Art. 83 EuErbVO). Für eine ausführliche Darstellung wird auf einschlägige Kommentierungen verwiesen.   67.7

a) Maßgebliche Bestimmungen

Artikel 25 EGBGB aF Rechtsnachfolge von Todes wegen   68

(1) Die Rechtsnachfolge von Todes wegen unterliegt dem Recht des Staates, dem der Erblasser im Zeitpunkt seines Todes angehörte.
(2) Der Erblasser kann für im Inland belegenes unbewegliches Vermögen in der Form einer Verfügung von Todes wegen deutsches Recht wählen.

Artikel 26 EGBGB aF Verfügungen von Todes wegen

(1) Eine letztwillige Verfügung ist, auch wenn sie von mehreren Personen in derselben Urkunde errichtet wird, hinsichtlich ihrer Form gültig, wenn diese den Formerfordernissen entspricht
1. des Rechts eines Staates, dem der Erblasser ungeachtet des Artikels 5 Abs. 1 im Zeitpunkt, in dem er letztwillig verfügt hat, oder im Zeitpunkt seines Todes angehörte,
2. des Rechts des Ortes, an dem der Erblasser letztwillig verfügt hat,
3. des Rechts eines Ortes, an dem der Erblasser im Zeitpunkt, in dem er letztwillig verfügt hat, oder im Zeitpunkt seines Todes seinen Wohnsitz oder gewöhnlichen Aufenthalt hatte,

---

[182] Zum alten Recht vgl. Staudinger/Dörner EGBGB Art. 26 Rn. 48; Soergel/Schurig EGBGB Art. 26 Rn. 13.

[183] Vgl. auch MüKoBGB/Dutta EuErbVO Art. 27 Rn. 7; aA BeckOGK/Schmidt EuErbVO Art. 27 Rn. 14.

4. des Rechts des Ortes, an dem sich unbewegliches Vermögen befindet, soweit es sich um dieses handelt, oder
5. des Rechts, das auf die Rechtsnachfolge von Todes wegen anzuwenden ist oder im Zeitpunkt der Verfügung anzuwenden wäre. Ob der Erblasser an einem bestimmten Ort einen Wohnsitz hatte, regelt das an diesem Ort geltende Recht.

(2) Absatz 1 ist auch auf letztwillige Verfügungen anzuwenden, durch die eine frühere letztwillige Verfügung widerrufen wird. Der Widerruf ist hinsichtlich seiner Form auch dann gültig, wenn diese einer der Rechtsordnungen entspricht, nach denen die widerrufene letztwillige Verfügung gemäß Absatz 1 gültig war.
(3) Die Vorschriften, welche die für letztwillige Verfügungen zugelassenen Formen mit Beziehung auf das Alter, die Staatsangehörigkeit oder andere persönliche Eigenschaften des Erblassers beschränken, werden als zur Form gehörend angesehen. Das gleiche gilt für Eigenschaften, welche die für die Gültigkeit einer letztwilligen Verfügung erforderlichen Zeugen besitzen müssen.
(4) Die Absätze 1 bis 3 gelten für andere Verfügungen von Todes wegen entsprechend.
(5) Im übrigen unterliegen die Gültigkeit der Errichtung einer Verfügung von Todes wegen und die Bindung an sie dem Recht, das im Zeitpunkt der Verfügung auf die Rechtsnachfolge von Todes wegen anzuwenden wäre. Die einmal erlangte Testierfähigkeit wird durch Erwerb oder Verlust der Rechtsstellung als Deutscher nicht beeinträchtigt.

Artikel 17b EGBGB aF   Eingetragene Lebenspartnerschaft

(1) Die Begründung, die allgemeinen und die güterrechtlichen Wirkungen sowie die Auflösung einer eingetragenen Lebenspartnerschaft unterliegen den Sachvorschriften des Register führenden Staates. Auf die erbrechtlichen Folgen der Lebenspartnerschaft ist das nach den allgemeinen Vorschriften maßgebende Recht anzuwenden; begründet die Lebenspartnerschaft danach kein gesetzliches Erbrecht, so findet insoweit Satz 1 entsprechende Anwendung.
[...]

Artikel 3a EGBGB aF   [...] Einzelstatut

[...]
(2) Soweit Verweisungen im Dritten und Vierten Abschnitt das Vermögen einer Person dem Recht eines Staates unterstellen, beziehen sie sich nicht auf Gegenstände, die sich nicht in diesem Staat befinden und nach dem Recht des Staates, in dem sie sich befinden, besonderen Vorschriften unterliegen.

Artikel 5 EGBGB   Personalstatut

(1) ¹Wird auf das Recht des Staates verwiesen, dem eine Person angehört, und gehört sie mehreren Staaten an, so ist das Recht desjenigen dieser Staaten anzuwenden, mit dem die Person am engsten verbunden ist, insbesondere durch ihren gewöhnlichen Aufenthalt oder durch den Verlauf ihres Lebens. ²Ist die Person auch Deutscher, so geht diese Rechtsstellung vor.
(2) Ist eine Person staatenlos oder kann ihre Staatsangehörigkeit nicht festgestellt werden, so ist das Recht des Staates anzuwenden, in dem sie ihren gewöhnlichen Aufenthalt oder, mangels eines solchen, ihren Aufenthalt hat.
[...]

69 **b) Überblick. aa) Grundanknüpfung (Art. 25 Abs. 1 EGBGB aF).** Art. 25 Abs. 1 EGBGB aF unterstellte die **gesamte Rechtsnachfolge von Todes wegen** dem Recht des Staates, dem der Erblasser zum Zeitpunkt seines Todes angehörte. War dieser **Mehrrechtsstaater**, kam es grundsätzlich auf die „effektive" Staatsangehörigkeit an (Art. 5 Abs. 1 S. 1 EGBGB), eine deutsche Staatsangehörigkeit ging jedoch stets vor (Art. 5 Abs. 1 S. 2 EGBGB). Bei **Flüchtlingen** galt Art. 12 Abs. 1 des Genfer UN-Abkommens über die Rechtsstellung der Flüchtlinge vom 28.7.1951 (→ Rn. 63), bei Staatenlosen Art. 12 Abs. 1 des New Yorker UN-Übereinkommens über die Rechtsstellung der Staatenlosen vom 28.9.1954 (→ Rn. 62).

70 Die von Art. 25 Abs. 1 EGBGB aF ausgesprochene Verweisung stellte gem. Art. 4 Abs. 1 S. 1 EGBGB eine **Gesamtverweisung** dar, so dass Rück- und Weiterverweisungen seitens des berufenen ausländischen Rechts zu beachten waren (näher → Rn. 16–18). Soweit die Anwendung ausländischen IPR zu einer **Nachlassspaltung** führte, widersprach dies nicht dem Sinn der Verweisung; eine Rückverweisung wurde gem. Art. 4 Abs. 1 S. 1 EGBGB autonom abgebrochen, so dass deutsches Recht Anwendung fand. Bei Verweisungen auf das Recht von Mehrrechtsstaaten war die maßgebliche (Teil-)Rechtsordnung gem. Art. 4 Abs. 3 EGBGB zu bestimmen (→ Rn. 19).

Art. 25 Abs. 1 EGBGB aF bildete ein **Gesamtstatut**, so dass der ganze Erbgang grundsätzlich 71
einem Recht unterstellt wurde (Prinzip der Nachlasseinheit). Zu einer Nachlassspaltung konnte
es nach alter Rechtslage jedoch in drei Fällen kommen:[184]

1. durch **ausländisches IPR**, welches selbst eine Nachlassspaltung anordnet (→ EuErbVO Art. 34 Rn. 12),
2. durch eine partielle **Wahl des deutschen Rechtes** für das im Inland belegene unbewegliche Vermögen (Art. 25 Abs. 2 EGBGB aF; → Rn. 73 f.) sowie
3. durch den *Vorrang des Einzelstatuts* (Art. 3 a Abs. 2 EGBGB aF; → Rn. 75–77).

Eine erbrechtliche **Sonderregelung für eingetragene Lebenspartner** enthielt Art. 17 b Abs. 1 S. 2 72
EGBGB aF Nach dieser Vorschrift bestimmte sich das Erbstatut zwar grundsätzlich nach der
allgemeinen Regel des Art. 25 EGBGB aF Gewährte das hiernach berufene Recht dem Lebenspartner jedoch *kein* gesetzliches Erbrecht, berief Art. 17 b Abs. 1 S. 2 EGBGB aF alternativ die
Vorschriften des Register führenden Staates zur Anwendung; hierbei handelte es sich gem.
Art. 17 b Abs. 1 S. 1 EGBGB ausdrücklich um eine Sachnormverweisung. Die Sonderregelung
des Art. 17 b Abs. 1 S. 2 EGBGB aF findet in der EuErbVO keine unmittelbare Entsprechung;
soweit das nach dieser Verordnung anzuwendende Recht kein gesetzliches Erbrecht für den eingetragenen Lebenspartner vorsieht, kommt jedoch eine Korrektur über den ordre public in Betracht (→ EuErbVO Art. 35 Rn. 8).

bb) **Rechtswahl (Art. 25 Abs. 2 EGBGB aF)**. Art. 25 Abs. 2 EGBGB aF ermöglichte dem Erb- 73
lasser, deutsches Recht für in Deutschland belegenes unbewegliches Vermögen zu wählen (Sachnormverweisung gem. Art. 4 Abs. 2 EGBGB). Die Rechtswahl war demnach **gegenständlich beschränkt**, ein allseitiger Ausbau (im Hinblick auf in anderen Staaten belegene Vermögenswerte)
kam nach wohl einhelliger Auffassung nicht in Betracht.[185] Was unter **unbeweglichem Vermögen** zu verstehen ist, bestimmt sich nach deutschem Recht; hierunter fallen alle dinglichen
Rechte an Sachen, also nicht nur Volleigentum, sondern auch beschränkte dingliche Rechte
(Hypothek-, Grund- und Rentenschuld etc).[186]

Hinsichtlich der **Formwirksamkeit** einer solchen Rechtswahl verwies Art. 25 Abs. 2 EGBGB aF 74
auf die Vorschriften für Verfügungen von Todes wegen (Art. 26 Abs. 1–4 EGBGB aF), die **materiellen Wirksamkeitsvoraussetzungen** unterlag demgegenüber – allgemeinen Grundsätzen entsprechend – dem gewählten Recht, also deutschem Sachrecht. Eine **Teilrechtswahl** dergestalt,
dass nur ein beweglicher Gegenstand (von mehreren) nach deutschem Recht vererbt wird, sollte
nach hM möglich sein.[187] Wählte der Erblasser hingegen ausländisches Recht oder hinterließ er
trotz Wahl deutschen Rechts keine unbeweglichen Gegenstände in Deutschland, entfaltete die
Rechtswahl im Rahmen von Art. 25 Abs. 2 EGBGB aF keine Wirkung; sie war indes nicht nichtig und konnte daher etwa im Rahmen des dann über Art. 25 Abs. 1 EGBGB aF berufenen ausländischen IPR ggf. beachtlich sein.[188] Wurde für den gesamten Erbgang deutsches Recht gewählt, war diese im Zweifel (entsprechend § 2085 BGB) als gegenständlich beschränkte Rechtswahl iSv Art. 25 Abs. 2 EGBGB aF zu behandeln.[189]

---

184 Vgl. Kropholler § 51 II 2, 436.
185 Vgl. etwa Staudinger/Dörner EGBGB Art. 25 Rn. 500; Soergel/Schurig EGBGB Art. 25 Rn. 3 f.; Grüneberg/Thorn, 74. Aufl. 2015, EGBGB Art. 25 Rn. 7.
186 Ausführlich hierzu Staudinger/Dörner EGBGB Art. 25 Rn. 516–520; vgl. auch Grüneberg/Thorn, 74. Aufl. 2015, EGBGB Art. 25 Rn. 7.
187 Staudinger/Dörner EGBGB Art. 25 Rn. 537; Soergel/Schurig EGBGB Art. 25 Rn. 11; Grüneberg/Thorn, 74. Aufl. 2015, EGBGB Art. 25 Rn. 8; aA jedoch Kühne IPRax 1987, 69 (73).

188 Vgl. etwa Staudinger/Dörner EGBGB Art. 25 Rn. 504.
189 Kropholler § 51 III 2 d, 440; von Hoffmann/Thorn § 9 Rn. 29–30; Jayme IPRax 1986, 265 (270); im Ergebnis auch Erman/Hohloch Art. 25 EGBGG Rn. 19; Tiedemann RabelsZ 55 (1991), 17 (24); aA Soergel/Schurig EGBGB Art. 25 Rn. 8 (Anwendung der allgemeinen Regel der Teilnichtigkeit – § 139 BGB –, so dass Rechtswahl im Zweifel unwirksam); ebenso Staudinger/Dörner EGBGB Art. 25 Rn. 524 f.

75 **cc) Besondere Bestimmungen iSv Art. 3 a Abs. 2 EGBGB aF.** Gem. Art. 3 a Abs. 2 EGBGB aF bezogen sich die von Art. 25 Abs. 1 EGBGB aF ausgesprochenen Verweisungen nicht auf Gegenstände, die in einem anderen Staat belegen sind und dort *besonderen Vorschriften* unterliegen. Hierunter waren zweifelsfrei solche Bestimmungen zu verstehen, die aus besonderen *materiellrechtlichen* Erwägungen die Rechtsnachfolge im Hinblick auf die betreffenden Gegenstände beschränken oder berühren, also insbesondere Bestimmungen, die aus wirtschafts- oder gesellschaftspolitischen Gründen eine von den herkömmlichen erbrechtlichen Regelungen *abweichende* Sonderrechtsnachfolge anordnen (bspw. das Höferecht; im Einzelnen → EuErbVO Art. 30 Rn. 5). Nach herrschender, auch von der Rechtsprechung geteilter Auffassung[190] konnten solche besonderen Bestimmungen hingegen auch **Nachlassspaltung anordnende Kollisionsnormen** darstellen.

76 **Beispiel:** Ein deutscher Erblasser hinterlässt ua unbewegliches Vermögen in Florida, das bewegliches und unbewegliches Vermögen kollisionsrechtlich unterschiedlich anknüpft (Recht des letzten domicile für bewegliches Vermögen, lex rei sitae für unbewegliches Vermögen).[191] Die Rechtsnachfolge von Todes wegen unterliegt gem. Art. 25 Abs. 1 EGBGB aF grundsätzlich deutschem Recht, nach hM jedoch nicht bezüglich der in Florida belegenen unbeweglichen Gegenstände, da die in diesem Staat geltenden kollisionsrechtlichen Regelungen besondere Vorschriften iSv Art. 3 a Abs. 2 EGBGB aF darstellen; demnach bestimmt sich die Rechtsnachfolge von Todes wegen hinsichtlich *dieser* Gegenstände nach dem Recht von Florida.

77 Die hM kann indes nicht überzeugen.[192] Das Ordnungsinteresse an realer und damit durchsetzbarer Entscheidung, auf das die hM regelmäßig zur Begründung ihres Ansatzes rekurriert,[193] vermag eine eindeutig implizierte Interessenlage nicht zurückdrängen (→ Rn. 9), so dass Nachlassspaltung anordnende Kollisionsnormen des Belegenheitsstaates *keine* von Art. 25 Abs. 1 EGBGB aF abweichende kollisionsrechtliche Entscheidung rechtfertigen.[194] Nach vorzugswürdiger Ansicht entspricht der Regelungsgehalt des Art. 3 a Abs. 2 EGBGB aF daher dem nunmehr von Art. 30 EuErbVO vorgesehenen, so dass alleine besondere Sachnormen einer Sonderanknüpfung zugänglich sind (vgl. im Einzelnen dort).

78 **dd) Verfügungen von Todes wegen (Art. 26 EGBGB aF).** Hinsichtlich der **materiellen Voraussetzungen und etwaigen Bindungswirkungen** unterlag eine Verfügung von Todes wegen nach altem Recht dem hypothetischen Vertragsstatut zum Zeitpunkt ihrer Errichtung (Errichtungsstatut, Art. 26 Abs. 5 S. 1 EGBGB aF).

79 Die **Formwirksamkeit** von Verfügungen von Todes wegen unterlag als gesondert anzuknüpfende Teilfrage dem von Art. 26 EGBGB aF bestimmten Recht. Art. 26 Abs. 1–3 EGBGB aF ging (mit Ausnahme von Art. 26 Abs. 1 Nr. 5 EGBGB aF; → EuErbVO Art. 27 Rn. 2) auf das Haager Übereinkommen über das auf die Form letztwilliger Verfügungen anzuwendende Recht vom 5.10.1961[195] zurück; es handelte sich somit um einen **inkorporierten Staatsvertrag**, auf den unmittelbar (jedoch unter Berücksichtigung der insoweit zu beachtenden Besonderheiten bei der Auslegung) abgestellt werden konnte (→ EuErbVO Art. 27 Rn. 2). Entgegen dem nur Testamente und gemeinschaftliche Testamente erfassenden HTestformÜ (vgl. Art. 4 HTestformÜ) bezog Art. 26 Abs. 4 EGBGB aF auch *andere* Verfügungen von Todes wegen (insbesondere Erbverträge) mit ein. Aufgrund seiner völkerrechtlichen Herkunft handelte es sich bei den

---

190 Vgl. etwa Staudinger/Dörner EGBGB Art. 25 Rn. 570; MüKoBGB/Sonnenberger, 5. Aufl., EGBGB Art. 3 a Rn. 12; Grüneberg/Thorn EGBGB Art. 3 a Rn. 6; NK-BGB/Freitag EGBGB Art. 3 a Rn. 8; BGH NJW 2004, 3558 (3560).
191 Vgl. Ferid/Firsching/Dörner/Hausmann/Lundmark Länderbericht USA (Florida) Rn. 2.
192 Ablehnend auch Soergel/Schurig EGBGB Art. 25 Rn. 89; Kegel/Schurig § 12 II, 423–435; Solomon IPRax 1997, 81 (84–86), 87; Köhler, 231 f.

193 Vgl. nur Grüneberg/Thorn EGBGB Art. 3 Rn. 3; Looschelders EGBGB Art. 3 Rn. 22; auch MüKoBGB/Sonnenberger, 5. Aufl., EGBGB Art. 3 a Rn. 5; von Hoffmann/Thorn § 9 Rn. 61; BGHZ 131, 22 (29).
194 Ausführlich hierzu Solomon IPRax 1997, 81 ff.
195 BGBl. 1965 II 1145 (abgedruckt im Anhang zu Art. 27 EuErbVO).

von Art. 26 Abs. 1–3 EGBGB aF angeordneten Verweisungen (mit Ausnahme des auf das Erbstatut abstellenden Art. 26 Abs. 1 Nr. 5 aF) um Sachnormverweisungen, vgl. Art. 1 Abs. 1 HTestformÜ.

▶ **Prüfungsschema für die Praxis** 80

A. Internationale Zuständigkeit deutscher Gerichte

Voraussetzung für die Anwendung der Kollisionsnormen der lex fori ist stets die internationale Zuständigkeit deutscher Gerichte (vgl. hierzu das Überblickschema → EuErbVO Vor Art. 4–19 Rn. 8). Diese ist daher stets vorab zu prüfen.

B. Bestimmung des anwendbaren Rechts

I. Vorrangige Staatsverträge

Auch unter Geltung der EuErbVO sind bereits bestehende Staatsverträge auf dem Gebiet des internationalen Erbrechts gem. Art. 75 Abs. 1 EuErbVO vorrangig anzuwenden (→ Rn. 13). Im Hinblick auf die Rechtsnachfolge von Todes wegen kommen insoweit in Betracht:

– das **Niederlassungsabkommen zwischen dem Deutschen Reich und dem Kaiserreich Persien** vom 17.2.1929 (→ Rn. 43–48)
– der **deutsch-türkische Konsularvertrag** vom 28.5.1929 (→ Rn. 49–54) und
– der **deutsch-sowjetische Konsularvertrag** vom 25.4.1958 (→ Rn. 55–60).

Hinsichtlich der Form testamentarischer Verfügungen ist weiterhin das **Haager Übereinkommen über das auf die Form letztwilliger Verfügungen anzuwendende Recht** vom 5.10.1961 zu beachten (näher → EuErbVO Art. 27 Rn. 1 f.).

II. EuErbVO

Zum intertemporalen Anwendungsbereich vgl. Art. 83, 84 EuErbVO.

1. IPR

a) Rechtsnachfolge von Todes wegen (Erbstatut)

Maßgebliche Kollisionsnormen: Art. 21, 22 EuErbVO; bei Vorliegen einer wirksamen Rechtswahl gem. Art. 22 EuErbVO geht diese vor, Reichweite des Erbstatuts wird durch Art. 23 EuErbVO näher bestimmt; bei Art. 21 Abs. 1 EuErbVO handelt es sich in den Fällen von Art. 34 Abs. 1 EuErbVO um eine Gesamtverweisung, bei Art. 21 Abs. 2, Art. 22 EuErbVO um Sachnormvereisungen (Art. 34 Abs. 2 EuErbVO); bei Verweisungen auf das Recht eines Mehrrechtsstaates sind Art. 37, 38 EuErbVO zu beachten (→ Rn. 19).

b) Verfügung von Todes wegen (Errichtungsstatut und Formstatut)

Maßgebliche Kollisionsnormen hinsichtlich deren Zulässigkeit, materielle Wirksamkeit und ggf. Bindungswirkung: Art. 24, 25 EuErbVO; Reichweite des Errichtungsstatuts wird durch Art. 26 EuErbVO näher bestimmt.

Maßgebliche Kollisionsnormen hinsichtlich der Formwirksamkeit letztwilliger Verfügungen: Art. 27 EuErbVO bzw. das (weiterhin gem. Art. 75 Abs. 1 Unterabs. 2 EuErbVO vorrangig zu beachtende HTestformÜ; im Einzelnen → EuErbVO Art. 27 Rn. 1 f.)

c) Weitere gesonderte Anknüpfungen

– Art. 28 EuErbVO (Formgültigkeit einer Annahme- oder Ausschlagungserklärung)
– Art. 29 EuErbVO (Bestellung und Befugnisse eines Nachlassverwalters)
– Art. 30 EuErbVO (Eingriffsnormen)

2. Ergebniskorrektur

a) **Anpassung** (→ Rn. 27–29)
b) **Ordre public** (→ Rn. 30)
c) **Gesetzesumgehung** (→ Rn. 31–33)

3. Anwendung des berufenen Sachrechts

Insbesondere zu beachten:

a) Vorfragen

Sofern das berufene Sachrecht **Vorfragen** aufwirft (bspw. das Bestehen einer Ehe als Voraussetzung für ein Ehegattenerbrecht), muss die Frage nach dem anwendbaren Recht stets *erneut* gestellt werden; nach vorzugswürdiger Ansicht sind insoweit stets die Kollisionsnormen der lex fori (staatsvertraglicher, europäischer oder nationaler Herkunft) anzuwenden (sog. selbstständige Anknüpfung, → Rn. 20–25)

b) Problem des Auslandssachverhalts (bspw. „Handeln unter falschem Recht", vgl. → Rn. 35), Substitution (→ Rn. 36)

III. Nationales Recht aF

Zum intertemporalen Anwendungsbereich vgl. Art. 83, 84 EuErbVO.

1. IPR

a) Rechtsnachfolge von Todes wegen (Erbstatut)

Maßgebliche Kollisionsnorm: Art. 25 EGBGB aF (Gesamtverweisung gem. Art. 4 Abs. 1 S. 1 EGBGB; bei Verweisungen auf ein Mehrrechtsstaat ist Art. 4 Abs. 3 EGBGB zu beachten, → Rn. 19)

b) Verfügung von Todes wegen (Errichtungsstatut und Formstatut)

Maßgebliche Kollisionsnormen hinsichtlich deren Zulässigkeit, materielle Wirksamkeit und ggf. Bindungswirkung: Art. 26 Abs. 5 S. 1 EGBGB aF (→ Rn. 83).

Maßgebliche Kollisionsnormen hinsichtlich der Formwirksamkeit letztwilliger Verfügungen: Art. 26 Abs. 1–4 EGBGB aF (→ Rn. 84)

c) Weitere gesonderte Anknüpfungen

Art. 3 a Abs. 2 EGBGB (Eingriffsnormen, → Rn. 80–82)

2. Ergebniskorrektur (vgl. oben II 2)

3. Anwendung des berufenen Sachrechts (vgl. oben II 3) ◄

Artikel 21 EuErbVO   Allgemeine Kollisionsnorm

(1) Sofern in dieser Verordnung nichts anderes vorgesehen ist, unterliegt die gesamte Rechtsnachfolge von Todes wegen dem Recht des Staates, in dem der Erblasser im Zeitpunkt seines Todes seinen gewöhnlichen Aufenthalt hatte.

(2) Ergibt sich ausnahmsweise aus der Gesamtheit der Umstände, dass der Erblasser im Zeitpunkt seines Todes eine offensichtlich engere Verbindung zu einem anderen als dem Staat hatte, dessen Recht nach Absatz 1 anzuwenden wäre, so ist auf die Rechtsnachfolge von Todes wegen das Recht dieses anderen Staates anzuwenden.

A. Allgemeines 1	2. Bestimmung des gewöhnlichen Aufenthalts nach der EuErbVO 7
B. Regelungsgehalt 3	III. Ausweichklausel des
I. Anknüpfungsgegenstand 3	Art. 21 Abs. 2 EuErbVO 12
II. Grundanknüpfung an den gewöhnlichen Aufenthalt (Art. 21 Abs. 1 EuErbVO) 4	IV. Fragen des Allgemeinen Teils 14
1. Allgemeines 4	C. Hinweise für die Praxis 15
a) Einheitliche europäische Begriffsbildung 5	I. Internationale Zuständigkeit 15
b) Einheitliche Begriffsbildung im Rahmen der EuErbVO 6	II. Sonstiges 16

A. Allgemeines

Liegt keine vorrangig zu beachtende Rechtswahl zugunsten des Rechts der Staatsangehörigkeit vor (Art. 22 EuErbVO), bestimmt sich das auf die gesamte Rechtsnachfolge von Todes wegen anzuwendende Recht objektiv nach der allgemeinen Kollisionsnorm des Art. 21 EuErbVO. Diese knüpft – in rechtspolitischer Abkehr zu Art. 25 Abs. 1 EGBGB[1] – primär an den **letzten gewöhnlichen Aufenthalt des Erblassers** an und schafft damit regelmäßig Gleichlauf zwischen gerichtlicher Zuständigkeit (Art. 4 EuErbVO) und anwendbarem Recht. Art. 21 Abs. 2 EuErbVO enthält zudem erstmals eine (den Gleichlauf allerdings wieder durchbrechende) **Ausweichklausel** zugunsten des Rechts eines solchen Staates, zu dem der Erblasser „eine offensichtlich engere Verbindung" hatte; sie dient als (restriktiv zu handhabendes) Korrektiv der mit der primären Anknüpfung an den gewöhnlichen Aufenthalt einhergehenden Defizite (insbesondere im Hinblick auf seine „Flüchtigkeit") und gewährleistet die Bestimmung einer – von der implizierten kollisionsrechtlichen Interessenlage geforderten – hinreichend engen und festen Anknüpfung (→ Rn. 12 f.).

Art. 21 EuErbVO geht – wie bereits Art. 25 Abs. 1 EGBGB aF – vom **Prinzip der Nachlasseinheit** aus, so dass die **gesamte Rechtsnachfolge** von Todes wegen grundsätzlich nur *einer* Rechtsordnung zu unterstellen ist; durchbrochen wird dieses Prinzip – einmal abgesehen von dem Fall einer prozessualen Nachlassspaltung gem. Art. 10 Abs. 2 EuErbVO bzw. Art. 12 EuErbVO – allein von Art. 30 EuErbVO (vgl. im Einzelnen dort) und von Art. 34 Abs. 1 EuErbVO, der im Rahmen der Anknüpfung des Art. 21 Abs. 1 EuErbVO zur Anwendung Nachlassspaltung anordnenden ausländischen Kollisionsrechts führen kann (näher → EuErbVO Art. 34 Rn. 12).

B. Regelungsgehalt

I. Anknüpfungsgegenstand

Der Anknüpfungsgegenstand von Art. 21 Abs. 1 *und* Abs. 2 EuErbVO bildet die **gesamte Rechtsnachfolge von Todes wegen**, so dass dem Erbstatut jedwede Form des Übergangs von Vermögenswerten, Rechten und Pflichten von Todes wegen, sei es im Wege der gewillkürten Erbfolge durch eine Verfügung von Todes wegen oder im Wege der gesetzlichen Erbfolge, unterliegt (Art. 3 Abs. 1 lit. a EuErbVO); der Anknüpfungsgegenstand wird durch die unselbstständige Kollisionsnorm des Art. 23 EuErbVO weiter konkretisiert, vgl. im Einzelnen dort.

II. Grundanknüpfung an den gewöhnlichen Aufenthalt (Art. 21 Abs. 1 EuErbVO)

1. Allgemeines. Der Begriff des **gewöhnlichen Aufenthalts** privat handelnder natürlicher Personen wurde weder im Rahmen der Begriffsbestimmungen des Art. 3 EuErbVO noch in anderen europäischen Rechtsakten legaldefiniert. Dieser Umstand erscheint zunächst verwunderlich, da es sich hierbei um einen zentralen Rechtsbegriff nicht nur der EuErbVO, sondern auch anderer europäischer Rechtsakte (etwa Rom I-VO, Rom II-VO, Rom III-VO, EuGüVO, EuPartVO, EuGVVO, EuEheVO)[2] handelt, er verdeutlicht jedoch auch zugleich, dass dessen (europarechtlich-autonome) Auslegung weiterhin Rechtsprechung und Lehre überlassen bleiben soll.[3] Bis diese seitens des EuGH abschließend geklärt ist, wird insoweit noch eine gewisse Rechtsunsicherheit bestehen.

a) Einheitliche europäische Begriffsbildung. Vor dem Hintergrund der vielfältigen Verwendung des gewöhnlichen Aufenthalts als zentrales Anknüpfungsmoment in zahlreichen, sehr unterschiedliche Rechtsmaterien betreffenden europäischen Sekundärrechtsakten wird die Frage vi-

---

1 Ausführlich zu diesem Paradigmenwechsel im internationalen Erbrecht Sonnentag EWS 2012, 457 ff.

2 Einen ausführlichen Überblick gibt Hilbig-Lugani GPR 2014, 8 f.

3 Vgl. auch jurisPK-BGB/Sonnentag EuErbVO Art. 21 Rn. 4.

rulent, ob diesbezüglich eine **einheitliche Begriffsbildung** aufrechterhalten werden kann[4] oder eine **kontextabhängige, nach einzelnen Rechtsmaterien differenzierende Auslegung** erfolgen muss.[5] Für eine einheitliche Auslegung als Grundsatz spricht freilich zunächst der (regelmäßig auch in den Erwägungsgründen der einzelnen europäischen Verordnungen postulierte) Gedanke der Einheit der (europäischen) Rechtsordnung sowie der Rechtssicherheit,[6] er wird jedoch immer zweifelhafter, je stärker die einzelnen Materien inhaltlich differieren.[7] In einer neueren Entscheidung hat der EuGH möglicherweise den Weg für eine nach dem jeweils maßgeblichen Kontext differenzierender Auslegung des gewöhnlichen Aufenthalts den Weg geebnet, indem er entschied, dass seine Rechtsprechung „zum Begriff des gewöhnlichen Aufenthalts in anderen Bereichen des Rechts der Europäischen Union [...] nicht unmittelbar auf die Feststellung des gewöhnlichen Aufenthalts von Kindern im Sinne von Art. 8 Abs. 1 der [Ehe-]Verordnung übertragen werden" kann[8] und daher ein eigenes Verständnis zu entwickeln sei. Auch scheint Erwägungsgrund 23 S. 3 von einem spezifisch erbrechtlichen Verständnis des gewöhnlichen Aufenthalts für die EuErbVO auszugehen, da dieses Anknüpfungsmoment „unter Berücksichtigung der spezifischen Ziele [der EuErbVO] eine besonders enge und feste Bindung zu dem betreffenden Staat erkennen" lasse. Dennoch sollte zum jetzigen Zeitpunkt der Versuch einer einheitlichen Begriffsbildung nicht vorschnell aufgegeben werden, zumal die EuErbVO für eine solche auch maßgebliche Impulse setzen kann. Inwieweit sich ein derartiges Unterfangen als aussichtslos erweist, muss damit der weiteren Rechtsentwicklung überlassen bleiben.

6 **b) Einheitliche Begriffsbildung im Rahmen der EuErbVO.** Demgegenüber ist ein **einheitliches Verständnis des gewöhnlichen Aufenthalts** jedenfalls **innerhalb der EuErbVO** zu bejahen, auch wenn dieser Rechtsbegriff sowohl im Rahmen der internationalen Zuständigkeit als auch im Rahmen des Kollisionsrechts Verwendung findet.[9] Zwar dienen diese Rechtsbereiche unterschiedlichen Interessen,[10] so dass in methodischer Hinsicht durchaus eine differierende Auslegung in Betracht käme, jedoch ist die Förderung des Gleichlaufs von gerichtlicher Zuständigkeit und anwendbarem Recht wesentlicher Zweck der EuErbVO (vgl. Erwägungsgrund 27); gleichlautende Begriffe, die diesen Gleichlauf sicherstellen sollen, müssen daher auch einheitlich ausgelegt werden.[11] Erfordern kollisionsrechtliche Interessen eine engere und festere Verbindung zu der anzuwendenden Rechtsordnung, als sie durch eine einheitliche Begriffsbestimmung des gewöhnlichen Aufenthalts zum Ausdruck gebracht werden kann, lässt sich diesen über die Ausweichklausel des Art. 21 Abs. 2 EuErbVO Rechnung tragen; insoweit ermöglicht Art. 21

---

4 In diesem Sinne insbesondere Dutta/Herrler/Solomon EuErbVO Rn. 33–39; Dörner ZEV 2010, 221 (226); Dörner ZEV 2012, 505 (510); Spickhoff/Seibl Symposium Parteiautonomie im Europäischen Internationalen Privatrecht, 123, 134; Grüneberg/Thorn EuErbVO Art. 21 Rn. 5; für eine einheitliche Begriffsbildung bereits Soergel/Kegel EGBGB Art. 5 Rn. 43.

5 Ausführlich hierzu Hilbig-Lugani GPR 2014, 8 ff.; Gössl IPRrax 2022, 489 ff.; so etwa PflichtteilR-HdB/Lehmann § 14 Rn. 156 f.; Geimer/Schütze/Odersky EuErbVO Art. 21 Rn. 4; Lehmann DStR 2012, 2085 (2086); Simon/Buschbaum NJW 2012, 2393 (2395); Schaub Hereditare, 91, 112; auch Leible/Unberath Rom0 VO/Weller, 293, 312: „die Europäischen Kollisionsrechtsakte [sind] inzwischen so zahlreich und disparat in ihrer Zielsetzung, dass eine Einheitsdefinition zu unterkomplex wäre und damit der kollisionsrechtlichen Gerechtigkeit zuwiderliefe"; Baetge FS Kropholler 2008, 77, 82; für eine differenzierende Begriffsbildung bereits Neuhaus § 29, 227 f. und Kropholler § 39 Abs. 2 S. 5, 285 ff.; vgl. auch Staudinger/Spellenberg EheGVO Art. 3 Rn. 42: Auslegung muss „vom jeweiligen Zweck der Regelung abhängen" (Hervorhebung im Original).

6 So MüKoBGB/Sonnenberger, 5. Aufl., Einl. IPR Rn. 721; auch Spickhoff/Seibl Symposium Parteiautonomie im Europäischen Internationalen Privatrecht, 123, 134; Grüneberg/Thorn EuErbVO Art. 21 Rn. 5.

7 Pointiert Leible/Unberath Rom 0-VO/Weller, 293, 296: „Das Wohl des Kindes macht ein anderes Verständnis vom gewöhnlichen Aufenthalt erforderlich als das Interesse der Gläubiger an der Befriedigung ihrer Forderungen".

8 EuGH 2.4.2009 – C-523/07 Rn. 36.

9 Vgl. auch jurisPK-BGB/Eichel EuErbVO Art. 4 Rn. 44; jurisPK-BGB/Sonnentag EuErbVO Art. 21 Rn. 7.

10 Hierzu allgemein Schack Rn. 24, 229 ff.; vgl. auch Köhler, 219 f.

11 Ebenso MüKoBGB/Dutta EuErbVO Art. 21 Rn. 4; zweifelnd indes Schaub, Die EU-Erbrechtsverordnung, in: Muscheler, Hereditare – Jahrbuch für Erbrecht und Schenkungsrecht (Band 3), 2013, 91, 113.

Abs. 2 EuErbVO gerade eine einheitliche Begriffsbildung des gewöhnlichen Aufenthalts innerhalb der EuErbVO.[12]

2. Bestimmung des gewöhnlichen Aufenthalts nach der EuErbVO. Wenngleich die EuErbVO keine Legaldefinition des Begriffs des gewöhnlichen Aufenthalts kennt, enthalten die (allerdings für eine Auslegung nicht verbindlichen, → EuErbVO Einl. Rn. 6) Erwägungsgründe 23–25 (teilweise unter Rückgriff auf EuGH-Entscheidungen) zahlreiche Hinweise, die für eine europarechtlich-autonome Konkretisierung dieses Anknüpfungsmomentes herangezogen werden können.[13] Hiernach soll die allgemeine Anknüpfung an den gewöhnlichen Aufenthalt des Erblassers in Anbetracht der zunehmenden Mobilität der Bürger eine „wirkliche", zudem besonders enge und feste Verbindung zu dem jeweiligen Aufenthaltsstaat darstellen (Erwägungsgrund 23, 1, 3). Der gewöhnliche Aufenthalt ist daher als **tatsächlicher Lebensmittelpunkt** einer natürlichen Person zu verstehen (Erwägungsgrund 24 S. 3), der mittels einer „Gesamtbeurteilung der Lebensumstände des Erblassers in den Jahren vor seinem Tod und im Zeitpunkt seines Todes" festzustellen ist (Erwägungsgrund 23 S. 2);[14] bei dieser wertenden Bestimmung sind alle relevanten Tatsachen zu berücksichtigen, so „insbesondere die Dauer und die Regelmäßigkeit des Aufenthalts des Erblassers in dem betreffenden Staat sowie die damit zusammenhängenden Umstände und Gründe" (Erwägungsgrund 23 S. 2),[15] die berufliche, familiäre und soziale Integration des Erblassers in dem betreffenden Staat (Erwägungsgrund 24 S. 2, 3)[16] sowie dessen Staatsangehörigkeit und die Belegenheit wesentlicher Vermögensgegenstände (Erwägungsgrund 24 S. 5).

Für die Bestimmung des gewöhnlichen Aufenthalts des Erblassers sind demnach **sowohl objektive als auch subjektive Kriterien** maßgeblich.[17] In objektiver Hinsicht muss zumindest ein **tatsächlicher Aufenthalt** („körperliche Anwesenheit")[18] gegeben sein, auf eine konkrete Dauer (etwa ein halbes Jahr)[19] oder die Rechtmäßigkeit des Aufenthalts[20] kommt es hingegen nicht an; unschädlich ist auch eine vorübergehende Abwesenheit, soweit ein Rückkehrwille bestand.[21] In subjektiver Hinsicht ist das Vorliegen eines **animus manendi** (Bleibewille) erforderlich,[22] also der nach außen manifestierte[23] Wille, seinen Lebensmittelpunkt am Ort des tatsächlichen Aufenthaltes auf Dauer zu begründen.[24] Eines *rechtsgeschäftlichen* Willens bedarf es insoweit nicht,[25] bei (einer eigenen Willensbildung nicht fähigen) Säuglingen kommt es auf den Bleibewillen der Eltern an, sofern sich das Kind in deren Obhut befindet.[26]

---

12 Ebenso Dörner ZEV 2012, 505 (510).
13 EuGH 16.7.2020 – C-80/19 = NJW 2020, 2947 = ZEV 2020, 628.
14 Vgl. zudem EuGH 2.4.2009 – C-523/07, EuGH 22.12.2010 – C-497/10.
15 Vgl. zudem EuGH 2.4.2009 – C-523/07, EuGH 22.12.2010 – C-497/10.
16 Vgl. zudem EuGH 2.4.2009 – C-523/07, EuGH 22.12.2010 – C-497/10.
17 Ebenso OLG München ZEV 2017, 333 f. = FamRZ 2017, 1251; OLG Hamm NJW 2018, 2061; vgl. auch jurisPK-BGB/Sonnentag EuErbVO Art. 21 Rn. 10, 15.
18 EuGH 2.4.2009 – C-523/07 Rn. 37.
19 EuGH 22.12.2010 – C-497/10 Rn. 51; Dörner ZEV 2012, 505 (510); Lehmann DStR 2012, 2085 f.; Döbereiner MittBayNot 2013, 358 (362); Odersky notar 2013, 3 (4); Grüneberg/Thorn EuErbVO Art. 21 Rn. 6; jurisPK-BGB/Sonnentag EuErbVO Art. 21 Rn. 11; vgl. hierzu Baetge FS Kropholler 2008, 77, 81 f.
20 Hierzu Baetge FS Kropholler 2008, 77, 83 f.; vgl. auch jurisPK-BGB/Sonnentag EuErbVO Art. 21 Rn. 11; Deixler-Hübner/Schauer/Schauer EuErbVO Art. 21 Rn. 15.

21 Grüneberg/Thorn EuErbVO Art. 21 Rn. 6; jurisPK-BGB/Sonnentag EuErbVO Art. 21 Rn. 14.
22 Ebenso OLG München ZEV 2017, 333 f. = FamRZ 2017, 1251; OLG München FGPrax 2022, 231; OLG Hamm NJW 2018, 2061; vgl. auch jurisPK-BGB/Sonnentag EuErbVO Art. 21 Rn. 10, 15; Schlitt/Müller PflichtteilsR-HdB/Lehmann § 14 Rn. 159; BeckOGK/Schmidt EuErbVO Art. 4 Rn. 22.
23 Grüneberg/Thorn EuErbVO Art. 21 Rn. 6; Leible/Unberath Rom 0-VO/Weller, 293, 317.
24 EuGH 22.12.2010 – C-497/10 Rn. 51: „Maßgebend für die Verlagerung des gewöhnlichen Aufenthalts in den Aufnahmestaat ist nämlich vor allem der Wille des Betreffenden, dort den ständigen oder gewöhnlichen Mittelpunkt seiner Interessen in der Absicht zu begründen, ihm Beständigkeit zu verleihen".
25 Zutreffend Dörner ZEV 2012, 505 (510); ebenso jurisPK-BGB/Sonnentag EuErbVO Art. 21 Rn. 13; Schlitt/Müller PflichtteilsR-HdB/Lehmann § 14 Rn. 156; Wachter ZNotP 2014, 2 (4); Lehmann DStR 2012, 2085 (2086 f.).
26 EuGH 22.12.2010 – C-497/10. Vgl. auch jurisPK-BGB/Sonnentag EuErbVO Art. 21 Rn. 13 Fn. 36.

9 Zweifelhaft ist jedoch das **Verhältnis zwischen objektiven und subjektiven Kriterien**. Da der gewöhnliche Aufenthalt Ausdruck einer besonders engen und festen Bindung des Erblassers zu dem betreffenden Staat darstellen soll (vgl. Erwägungsgrund 23), dürfte den objektiven Kriterien wohl das zentrale Gewicht zukommen; je weniger stark diese ausgeprägt sind (bspw. nur tatsächlicher Aufenthalt), desto größere Bedeutung kommt jedoch dem Bleibewillen zu, wobei dieser andererseits *allein* keinen (erstmals begründeten) gewöhnlichen Aufenthalt zu begründen vermag, da insoweit nur ein *zukünftiger* gewöhnlicher Aufenthalt beabsichtigt ist.[27] Streitig ist indes, ob – stets oder nur in bestimmten Konstellationen (etwa lebenslange Freiheitsstrafe) – auf eine subjektive Komponente gänzlich verzichtet werden kann;[28] richtigerweise ist dies zu **verneinen**, da sich eine den Interessen des Erblassers Rechnung tragende und deswegen auf seine tatsächliche Integration abstellende Anknüpfung zu einer bestimmten Rechtsordnung nicht ohne einen entsprechenden Willen der Person begründen lässt.[29] **Ob ein animus mandendi in casu gegeben ist, bedarf daher der richterlichen Feststellung**; soweit hinreichend objektive Kriterien (langjähriger freiwilliger Aufenthalt, berufliche, familiäre und soziale Integration) gegeben sind, kann indes regelmäßig (allerdings nur nach den **Grundsätzen des jeweiligen** *nationalen* **Beweisrechts**) auf des Vorliegen eines animus mandendi geschlossen werden.[30]

10 **Einzelfälle**: Zieht eine Person dauerhaft in einen anderen Staat, wird ein neuer gewöhnlicher Aufenthalt bereits mit abgeschlossenem **Umzug** und körperlicher Anwesenheit vor Ort begründet;[31] dem Umstand einer (noch) vorhandenen Integration in dem Wegzugsstaat ist über Art. 21 Abs. 2 EuErbVO Rechnung zu tragen (→ Rn. 12). Bei a priori nicht auf Dauer angelegten Auslandsaufenthalten (**Auslandsstudium**,[32] **beruflich bedingte Aufenthalte**,[33] **Krankenhausaufenthalt**,[34] Aufenthalt in einem **Sterbehospiz**[35] etc) fehlt es demgegenüber an einem animus manendi als konstitutive Voraussetzung für die Begründung eines neuen gewöhnlichen Aufenthalts; dies gilt grundsätzlich auch bei **mehrjährigen Auslandsaufenthalten mit Rückkehrabsicht**, wobei insoweit zu berücksichtigen ist, dass bei Vorliegen gewichtiger objektiver Kriterien (insbesondere bei beruflicher, familiärer und sozialer Integration in dem betreffenden Staat) ein Bleibewille vermutet werden kann (→ Rn. 9);[36] im Falle eines (weithin positiv feststellbaren) Rückkehrwil-

---

27 Vgl. auch jurisPK-BGB/Sonnentag EuErbVO Art. 21 Rn. 15. Anders wohl Grüneberg/Thorn EuErbVO Art. 21 Rn. 6.
28 Odersky notar 2013, 3 (5); vgl. auch Staudinger/Spellenberg EheGVO Art. 3 Rn. 79 („animus manendi ist nicht nötig"); BGH NJW 1975, 1068: „Wille, den Aufenthaltsort zum Mittelpunkt oder Schwerpunkt der Lebensverhältnisse zu machen, nicht erforderlich". – Ebenso OLG Celle ZEV 2020, 229.
29 Ebenso OLG München ZEV 2017, 333 f. = FamRZ 2017, 1251; OLG München FGPrax 2022, 231; OLG Hamm NJW 2018, 2061; vgl. auch jurisPK-BGB/Sonnentag EuErbVO Art. 21 Rn. 10, 15; zudem Leible/Unberath Rom0 VO/Weller, 293, 317: „der nach außen erkennbare Wille, sich an einem Ort auf Dauer sozial zu integrieren, [hat] konstitutive Bedeutung für die Annahme des gewöhnlichen Aufenthalts"; ebenso BeckOGK/Schmidt EuErbVO Art. 4 Rn. 22; wohl auch BeckOK BGB/Loyal EuErbVO Art. 21 Rn. 18; Döbereiner MittBayNot 2013, 358 (362); Lehmann DStR 2012, 2085 (2086 f.); Grüneberg/Thorn EuErbVO Art. 21 Rn. 6. – AA. etwa Deixler-Hübner/Schauer/Schauer EuErbVO Art. 21 Rn. 15 mwN; Burandt/Rojahn/Burandt/Schmuck EuErbVO Art. 21 Rn. 6.
30 Ebenso jurisPK-BGB/Sonnentag EuErbVO Art. 21 Rn. 20; ähnlich Leible/Unberath Rom0 VO/Weller, 293, 317, 321 f. – Mustergültig etwa OGH Beschl. v. 26.5.2021 – 2Ob48/21d.

31 Ebenso jurisPK-BGB/Sonnentag EuErbVO Art. 21 Rn. 20; Dörner ZEV 2012, 505 (510); Odersky notar 2013, 3 (4); vgl. auch EuGH 22.12.2010 – C-497/10 Rn. 51; Lehmann DStR 2012, 2085 f.; Baetge FS Kropholler 2008, 77, 85; wohl auch Leible/Unberath Rom0 VO/Weller, 293, 322; weitergehend Grüneberg/Thorn EuErbVO Art. 21 Rn. 6 (bloße Absicht, den Daseinsmittelpunkt zu verlagern, genügt für Begründung eines neuen gewöhnlichen Aufenthalts); ablehnend Staudinger/Spellenberg EheGVO Art. 3 Rn. 75 (notwendig sei die „tatsächliche Integration", die es abzuwarten gilt).
32 Ebenso Döbereiner MittBayNot 2013, 358 (362); jurisPK-BGB/Sonnentag EuErbVO Art. 21 Rn. 17; Grüneberg/Thorn EuErbVO Art. 21 Rn. 6; Dutta/Herrler/Solomon EuErbVO 19, 26 f.; Leible/Unberath Rom0 VO/Weller, 293, 322; im Ergebnis auch Odersky notar 2013, 3 (5).
33 Grüneberg/Thorn EuErbVO Art. 21 Rn. 6; Dutta/Herrler/Solomon EuErbVO, 19, 27 f.; vgl. auch Odersky notar 2013, 3 (5).
34 OGH, Beschl. v. 26.5.2021 – 2Ob48/21d; vgl. auch OGH Beschl. v. 25.9.2018 – 2Nc23/18g; OLG Köln ZEV 2019, 352.
35 KG ZEV 2021, 182.
36 Im Ergebnis ebenso Grüneberg/Thorn EuErbVO Art. 21 Rn. 6; Odersky notar 2013, 3 (5); Dutta/Herrler/Solomon EuErbVO Rn. 20.

lens ist eine Korrektur über Art. 21 Abs. 2 EuErbVO in Erwägung zu ziehen (→ Rn. 12). Bei *unfreiwilligen* Aufenthalten in einem fremden Staat (**Strafhaft**) kommt die Begründung eines gewöhnlichen Aufenthalts hingegen mangels autonom gefassten Bleibewillens nicht in Betracht,[37] mag der tatsächliche Aufenthalt auch zeitlich unbegrenzt (etwa bei lebenslanger Freiheitsstrafe) sein. Werden **pflegebedürftige Personen** in ausländischen Pflegeheimen untergebracht, kommt es ebenfalls grundsätzlich auf deren Bleibewillen an.[38] Können diese zum Zeitpunkt des Aufenthaltswechsels keinen eigenen Willen mehr bilden, fehlt es indes an dem für die Begründung eines neuen gewöhnlichen Aufenthalts erforderlichen animus manendi,[39] so dass der *ursprünglich begründete gewöhnliche Aufenthalt erhalten bleibt*;[40] ein Abstellen auf den Bleibewillen eines Betreuers kommt in diesen Fällen – entsprechend der in → Rn. 8 erwähnten Rechtsprechung des EuGH hinsichtlich des gewöhnlichen Aufenthalts von Säuglingen – allenfalls dann in Betracht, wenn sich die pflegebedürftige Person in der *Obhut* des Betreuers befindet, was jedoch wiederum voraussetzt, dass dieser selbst seinen gewöhnlichen Aufenthalt in demjenigen Staat, in dem sich das Pflegeheim befindet, begründet haben muss.[41] Besonderheiten bestehen indes, wenn die tatsächlichen Umstände eine soziale Integration in den neuen Heimatstaat von vornherein ausschließen, dies etwa deswegen, weil die pflegebedürftige Person gesundheitsbedingt in ihrer Mobilität eingeschränkt ist und ein Pflegeheim bewohnt, das seinen Bewohnern ein dem Heimatstaat entsprechendes Umfeld bietet (deutsches Personal für deutsche Heimbewohner, ausschließliche Verwendung der deutschen Sprache etc – „deutscher Binnenkosmos auf ausländischem Boden"). Da der gewöhnliche Aufenthalt Ausdruck einer besonders engen und festen Verbindung zu dem jeweiligen Aufenthaltsstaat darstellen soll (vgl. Erwägungsgrund 23), wird man für dessen Begründung zumindest die *Möglichkeit* einer sozialen Integration in dem Aufenthaltsstaat verlangen müssen, so dass in genannten Fällen das Entstehen eines neuen gewöhnlichen Aufenthaltes abzulehnen ist.

Streitig ist, ob ein **mehrfacher gewöhnlicher Aufenthalt** bestehen kann. Verbreitet wird dies mit Hinweis auf die für die Bestimmung des gewöhnlichen Aufenthalts erforderliche umfassende Gesamtbetrachtung, die *stets* zu einem Ergebnis führen müsse, abgelehnt.[42] Dieser Auffassung hat sich nunmehr auch der **EuGH** angeschlossen,[43] so dass dieser Rechtsstreit zumindest für die Praxis einstweilen entschieden ist. Zuzugeben ist, dass die Einzelfallprüfung zur Bestimmung des gewöhnlichen Aufenthalts jedenfalls *im Regelfall* zu *einer* bestimmten Rechtsordnung führt – so etwa in dem von Erwägungsgrund 24 erwähnten Fall eines sog. „Berufspendlers", der zwar in einem anderen Staat – auch für längere Zeit – arbeitet, die „enge und feste Bindung zu seinem Herkunftsstaat" indes – etwa durch das Unterhalten einer Wohnung, regelmäßige Besuche, daneben aber auch aufgrund entsprechender Staatsangehörigkeit und der Belegenheit wesentliche Vermögenswerte in diesem Staat – aufrechterhalten hat, so dass *kein* neuer 11

---

37 Ebenso Grüneberg/Thorn EuErbVO Art. 21 Rn. 6; jurisPK-BGB/Sonnentag EuErbVO Art. 21 Rn. 19; BeckOGK/Schmidt EuErbVO Art. 4 Rn. 22; Döbereiner MittBayNot 2013, 358 (362); Leible/Unberath Rom0 VO/Weller, 293, 323; wohl auch BeckOK BGB/Loyal EuErbVO Art. 21 Rn. 18. – AA Lehmann DStR 2012, 2085 (2087); ablehnend auch Staudinger/Spellenberg EheGVO Art. 3 Rn. 65; Deixler-Hübner/Schauer/Schauer EuErbVO Art. 21 Rn. 22 (jedoch Fall der Ausweichklausel).
38 Ebenso jurisPK-BGB/Sonnentag EuErbVO Art. 21 Rn. 19; OLG München ZEV 2017, 333 f. = FamRZ 2017, 1251; OLG München FGPrax 2022, 231; OLG Hamm ZEV 2018, 343 = NJW 2018, 2061. – AA OLG Celle ZEV 2020, 229.
39 Ebenso jurisPK-BGB/Sonnentag EuErbVO Art. 21 Rn. 18; Zimmer/Oppermann ZEV 2016, 126 (130); im Ergebnis auch Odersky notar 2013, 3 (5) (nur hilfsweise Fall des Art. 21 Abs. 2 EuErbVO); Grüneberg/Thorn EuErbVO Art. 21 Rn. 6; ähnlich BeckOGK/Schmidt EuErbVO Art. 4 Rn. 32.2.
40 Ebenso OLG München Beschl. v. 22.3.2017 – 31 AR 47/17 Rn. 5, ZEV 2017, 333 f. = FamRZ 2017, 1251.
41 Weitergehend Dutta/Herrler/Solomon EuErbVO Rn. 25; Kunz GPR 2012, 208 (210); wohl auch Lehmann DStR 2012, 2085 (2087).
42 Dörner ZEV 2012, 505 (510); Döbereiner MittBayNot 2013, 358 (362); Odersky notar 2013, 3 (4); Wachter ZNotP 2014, 2 (4); Grüneberg/Thorn EuErbVO Art. 21 Rn. 6; vgl. auch Mankowski IPRax 2015, 39 (45); Deixler-Hübner/Schauer/Schauer EuErbVO Art. 21 Rn. 16; allgemein verneinend auch Staudinger/Spellenberg EheGVO Art. 3 Rn. 44; MüKoBGB/Sonnenberger, 5. Aufl., IPR Vorb. Rn. 724. – AA John GPR 2018, 136 (138 f.).
43 EuGH Urt. v. 16.7.2020 – C-80/19 (EE ua); vgl. hierzu auch OGH, Beschl. v. 26.5.2021 – 2Ob48/21d.

gewöhnlicher Aufenthalt begründet wurde.[44] Gleiches gilt regelmäßig auch bei sog. **„Mallorca-Rentnern"**, also bei Personen, die aus *privaten* Gründen jährlich mehrere Monate in einem anderen Staat verbringen, den Rest des Jahres jedoch weiterhin in ihrem Herkunftsstaat.[45]

Anmerkung:
Denktheoretisch ausgeschlossen (wenngleich freilich sehr selten) ist jedoch – **entgegen der Auffassung des EuGH** – keineswegs, dass die umfassende Einzelfallprüfung tatsächlich zu einem „absolute[n] Patt"[46] zwischen zwei oder gar mehr Rechtsordnungen führt;[47] so etwa bei einem deutsch-spanischen Doppelstaater, der stets die erste Hälfte eines Jahres in Spanien, die zweite Hälfte in Deutschland verbringt, in beiden Ländern vergleichbar integriert ist und dort jeweils auch vergleichbare Vermögenswerte hat. Ist dies der Fall, liegen daher nach vorzugswürdiger Auffassung zwei (oder ggf. auch mehr) gewöhnliche Aufenthalte vor, was im Rahmen der internationalen Zuständigkeit (Art. 4 EuErbVO) zu einer *konkurrierenden* Zuständigkeit führt. Problematisch ist die Annahme eines mehrfachen gewöhnlichen Aufenthalts allein in kollisionsrechtlicher Hinsicht, da insoweit eine Auswahlentscheidung getroffen werden *muss*. Wie diese zu erfolgen hat, ist offen. Grundsätzlich in Betracht käme die Entwicklung hilfsweiser objektiver Anknüpfungen (iSd „Kegelschen Leiter"),[48] sie dürfte jedoch keinen Erfolg versprechen, da die hierfür anzulegenden differenzierenden Kriterien allesamt bereits bei der Bestimmung des gewöhnlichen Aufenthaltes berücksichtigt worden sind. Zur Auflösung des kollisionsrechtlichen „Patts" muss daher wohl die Parteiautonomie als „Verlegenheitslösung"[49] bemüht werden. Angesichts der Seltenheit solcher Fälle dürfte der Erblasser selbst jedoch regelmäßig keine derartige Auswahlentscheidung treffen, so dass es vorzugswürdig erscheint, die Auswahl eines der (konkurrierend zuständigen) Forumgerichte – seitens der durch den Nachlass Berechtigten – zugleich für die notwendig zu treffende kollisionsrechtliche Auswahlentscheidung wirken zu lassen;[50] mit einem solchen Vorgehen lässt sich zudem das von der EuErbVO vorgesehene Gleichlaufprinz wahren und damit dem von der EuErbVO besonders betonten (→ EuErbVO Art. 34 Rn. 1) Ordnungsinteresse an einer schnellen und sicheren Entscheidung Rechnung tragen. Wird daher ein im Falle eines mehrfachen gewöhnlichen Aufenthalts konkurrierend zuständiges Gericht angerufen, ist *dessen lex fori* (als Recht *eines* gewöhnlichen Aufenthalts) für die Beurteilung der Rechtsnachfolge von Todes wegen maßgeblich.

III. Ausweichklausel des Art. 21 Abs. 2 EuErbVO

12 Neben der Grundanknüpfung an den gewöhnlichen Aufenthalt sieht Art. 21 Abs. 2 EuErbVO eine Ausweichklausel vor; sie greift ein, wenn der Erblasser zum Zeitpunkt seines Todes mit einem anderen Staat „offensichtlich" enger verbunden war als mit demjenigen seines gewöhnlichen Aufenthalts. Ausweislich des Erwägungsgrunds 25 sollen hiermit insbesondere Fälle erfasst werden, in denen der Erblasser erst kurz vor seinem Tode einen neuen, jedoch **noch nicht hinreichend verfestigten gewöhnlichen Aufenthalt** begründet hat; in diesen Konstellationen ermöglicht Art. 21 Abs. 2 EuErbVO eine Anknüpfung der gesamten Rechtsnachfolge von Todes wegen an das Recht des vorletzten oder gar noch weiter zurückliegenden gewöhnlichen Aufenthalts, sofern der Erblasser mit diesem Staat zum Zeitpunkt seines Todes (noch) enger verbun-

---

44 So auch jurisPK-BGB/Sonnentag EuErbVO Art. 21 Rn. 22.
45 JurisPK-BGB/Sonnentag EuErbVO Art. 21 Rn. 15; vgl. hierzu auch Lehmann DStR 2012, 2085 (2086); Dutta/Herrler/EuErbVO, 19, 30 f.
46 MüKoBGB/Sonnenberger, 5. Aufl., IPR Vorb. Rn. 724.
47 Ebenso Spickhoff/Seibl, 123, 135; Seibl Die Beweislast bei Kollisionsnormen, 2009, 83–85; zum alten Recht bereits Soergel/Kegel EGBGB Art. 5 Rn. 75; Spickhoff IPRax 1995, 185 (189).

48 Die Bestimmung eines „effektiven" gewöhnlichen Aufenthalts in solchen Fällen erwägend Spickhoff/Seibl Symposium Parteiautonomie im Europäischen Internationalen Privatrecht, 123, 135; der Sache nach auch jurisPK-BGB/Sonnentag EuErbVO Art. 21 Rn. 28. Demgegenüber auf die letzte Präsenz vor dem Zeitpunkt des Todes abstellend jurisPK-BGB/Eichel EuErbVO Art. 4 Rn. 52.
49 Begriff von Kegel, vgl. Kegel/Schurig § 19 I 1 c, 653.
50 Ablehnend jurisPK-BGB/Sonnentag EuErbVO Art. 21 Rn. 27.

den war als mit dem seines letzten gewöhnlichen Aufenthalts. Maßgebliches Kriterium dürfte insoweit die *tatsächliche Integration* des Erblassers in dem betreffenden Staat sein, welcher bei der Bestimmung des gewöhnlichen Aufenthalts – jedenfalls in dieser Fallgruppe – nicht ausreichend Rechnung getragen wurde (→ Rn. 10). Ein Eingreifen der Ausweichklausel ist daher auch in den Fällen eines **mehrjährigen Auslandsaufenthalts mit (positiv feststellbarer) Rückkehrabsicht** (→ Rn. 10) vorstellbar,[51] wenn in dem Aufenthaltsstaat mangels (dauerhaften) Bleibewillens zwar (noch) kein gewöhnlicher Aufenthalt begründet wurde, eine tatsächliche Integration des Erblassers in diesem Staat jedoch stattgefunden hat; diese muss diejenige in dem Staat des gewöhnlichen Aufenthalts jedoch *wesentlich* überwiegen, was schwierige Einzelfallfeststellungen zur Folge haben kann. Zuletzt wird ein Eingreifen der Ausweichklausel auch in Fällen **gescheiterter Nachlassplanungen** (im Hinblick auf eine nicht berücksichtige Änderung des gewöhnlichen Aufenthaltes oder im Falle einer unwirksamen Rechtswahl) diskutiert.[52]

Art. 21 Abs. 2 dient damit letztlich der **Korrektur** der der Grundanknüpfung an den gewöhnlichen Aufenthalt immanenten Unzulänglichkeiten: Nicht in jedem Fall stellt der (uU bereits mit tatsächlichem Aufenthalt und Bleibewille begründeten) gewöhnliche Aufenthalt ein angemessenes, dh den implizierten kollisionsrechtlichen Interessen entsprechendes Anknüpfungsmoment dar, so dass diesen über die Ausweichklausel Rechnung getragen werden muss.[53] Freilich geht mit einem solchen Regelungskonzept eine Einbuße an Rechtssicherheit einher, die allein durch eine – bereits vom Wortlaut des Art. 21 Abs. 2 EuErbVO angemahnte – **restriktive Handhabung** der Ausweichklausel abgeschwächt werden kann;[54] sie darf nach Erwägungsgrund 25 insbesondere nicht als Hilfsanknüpfung gebraucht werden, wenn sich Feststellung des letzten gewöhnlichen Aufenthalts als schwierig erweist.

IV. Fragen des Allgemeinen Teils

Verweist Art. 21 Abs. 1 EuErbVO auf das Recht eines ausländischen Staates, liegt eine **Gesamtverweisung** vor, so dass etwaige Rück- und Weiterverweisungen seitens des ausländischen IPR in dem von Art. 34 Abs. 1 EuErbVO gesteckten Rahmen beachtlich sind; dies gilt indes **nicht** für die von Art. 21 Abs. 2 EuErbVO ausgesprochene Verweisung, bei der es sich gem. Art. 34 Abs. 2 EuErbVO – rechtspolitisch wenig überzeugend[55] – explizit um eine **Sachnormverweisung** handelt. Ist das Recht eines **Mehrrechtsstaates** anzuwenden, obliegt die Bestimmung der maßgeblichen Teilrechtsordnung im Falle einer von Art. 21 Abs. 1 iVm Art. 34 Abs. 1 EuErbVO ausgesprochenen Gesamtverweisung dem drittstaatlichen IPR (→ EuErbVO Art. 36 Rn. 2), im Rahmen der von Art. 21 Abs. 2 EuErbVO angeordneten Sachnormverweisung ist Art. 36 bzw. Art. 37 EuErbVO zu beachten (vgl. dort). **Vorfragen** sind stets selbstständig anzuknüpfen (→ EuErbVO Vor Art. 20–38 Rn. 20–23); beruft Art. 21 EuErbVO ausländisches Recht zur Anwendung, steht dieses unter dem Vorbehalt des **ordre public** (Art. 35 EuErbVO).

C. Hinweise für die Praxis

I. Internationale Zuständigkeit

Die **internationale Zuständigkeit** kann sich in den Fällen des Art. 21 EuErbVO aus Art. 4 EuErbVO (allgemeine Zuständigkeit), Art. 10 EuErbVO (subsidiäre Zuständigkeit) oder Art. 11 EuErbVO (Notzuständigkeit) ergeben. Soweit die Zuständigkeit – wie regelmäßig – auf Art. 4 EuErbVO gestützt wird, kommt es zum **Gleichlauf** zwischen Zuständigkeit und anwendbarem

---

51 Vgl. auch Dörner ZEV 2012, 505 (511).
52 Dutta/Weber/Bauer/Fornasier EuErbVO Art. 21 Rn. 10. – Zurückhaltend Deixler-Hübner/Schauer/Schauer EuErbVO Art. 21 Rn. 24.
53 Ähnlich Dutta FamRZ 2013, 4 (8): Gerichte können „über die Ausweichklausel Stabilitätsinteressen des Erblassers wahren"; auch Grüneberg/Thorn EuErbVO Art. 21 Rn. 7.
54 Ebenso jurisPK-BGB/Sonnentag EuErbVO Art. 21 Rn. 33.
55 Liber Amicorum Schurig/Solomon 2012, 237, 257 ff.

Recht, sofern nicht die Ausweichklausel des Art. 21 Abs. 2 EuErbVO zur Anwendung einer ausländischen Rechtsordnung führt.

II. Sonstiges

16 Angesichts der weiterhin bestehenden Unsicherheiten im Hinblick auf die Bestimmung des gewöhnlichen Aufenthalts bzw. das Eingreifen der Ausweichklausel dürfte im Rahmen der Rechtsberatung regelmäßig eine **Rechtswahl zugunsten des Heimatrechtes** zu empfehlen sein, wenn eine frühzeitige Nachlassplanung gewünscht ist und ein späterer Wohnsitzwechsel in einen anderen Staat nicht ausgeschlossen werden kann (Formulierungsvorschlag für eine Rechtswahl → EuErbVO Art. 22 Rn. 1).

Artikel 22 EuErbVO Rechtswahl

(1) Eine Person kann für die Rechtsnachfolge von Todes wegen das Recht des Staates wählen, dem sie im Zeitpunkt der Rechtswahl oder im Zeitpunkt ihres Todes angehört.

Eine Person, die mehrere Staatsangehörigkeiten besitzt, kann das Recht eines der Staaten wählen, denen sie im Zeitpunkt der Rechtswahl oder im Zeitpunkt ihres Todes angehört.

(2) Die Rechtswahl muss ausdrücklich in einer Erklärung in Form einer Verfügung von Todes wegen erfolgen oder sich aus den Bestimmungen einer solchen Verfügung ergeben.

(3) Die materielle Wirksamkeit der Rechtshandlung, durch die die Rechtswahl vorgenommen wird, unterliegt dem gewählten Recht.

(4) Die Änderung oder der Widerruf der Rechtswahl muss den Formvorschriften für die Änderung oder den Widerruf einer Verfügung von Todes wegen entsprechen.

A. Allgemeines 1	4. Änderung oder Widerruf der Rechtswahl 11
B. Regelungsgehalt 3	III. Übergangsrecht; Rechtswahl vor dem 17.8.2015 14
I. Anknüpfungsgegenstand 3	IV. Fragen des Allgemeinen Teils 18
II. Rechtswahl 4	C. Hinweise für die Praxis 19
1. Rechtswahl zugunsten des Rechts der Staatsangehörigkeit 4	I. Internationale Zuständigkeit 19
2. Formelle Wirksamkeit der Rechtswahl 8	II. Sonstiges 20
3. Materielle Wirksamkeit der Rechtswahl 9	

A. Allgemeines

1 Art. 22 EuErbVO gestattet dem Erblasser, für die Rechtsnachfolge von Todes wegen das Recht desjenigen Staates zu wählen, dem er im Zeitpunkt der Rechtswahl oder im Zeitpunkt seines Todes angehört; liegt eine wirksame Rechtswahl vor, verdrängt sie die objektive Anknüpfung des Art. 21 EuErbVO, so dass die *gesamte* Rechtsnachfolge von Todes wegen dem gewählten Recht unterliegt. Die von Art. 22 EuErbVO gewährte, jedoch **stark limitierte Parteiautonomie** trägt in Anbetracht der zunehmenden Mobilität der Bürger dem Bedürfnis einer frühzeitigen Nachlassplanung Rechnung (vgl. Erwägungsgrund 23, 38 S. 1) und dient damit der Rechtssicherheit,[1] welche die primäre Anknüpfung an den gewöhnlichen Aufenthalt nicht stets gewährleisten kann; sie hat insoweit auch eine **Korrekturfunktion**.[2]

2 Die Beschränkung der Rechtswahl auf das Recht eines Staates, dem eine Person angehört, macht zugleich deutlich, dass es sich bei der Anknüpfung an die Staatsangehörigkeit und der

---

[1] Ebenso jurisPK-BGB/Sonnentag EuErbVO Art. 22 Rn. 3.

[2] Grüneberg/Thorn EuErbVO Art. 22 Rn. 1; vgl. auch jurisPK-BGB/Sonnentag EuErbVO Art. 22 Rn. 3.

Anknüpfung an den gewöhnlichen Aufenthalt letztlich um **kollisionsrechtlich gleichwertige Anknüpfungsmomente** handelt;³ die von Art. 22 EuErbVO gewährte Privatautonomie begründet damit (anders als im Rahmen von Art. 3 Rom I-VO) nicht die „engste Verbindung" als solche,⁴ sondern überlässt dem Erblasser alleine die Auswahl (also den „Stichentscheid") zwischen diesen beiden, im Hinblick auf die implizierte kollisionsrechtliche Interessenlage grundsätzlich gleichwertigen Anknüpfungsmomente. Der Anknüpfung an den gewöhnlichen Aufenthalt wurde lediglich *regelungstechnisch* der Vorzug gegeben, um im Falle einer unterlassenen Rechtswahl eine anwendbare Rechtsordnung bestimmen zu können; die Regelungskonzeption ähnelt daher stark der von Art. 40 Abs. 1 EGBGB gewählten.

B. Regelungsgehalt

I. Anknüpfungsgegenstand

Der Anknüpfungsgegenstand des Art. 22 EuErbVO bildet – ebenso wie derjenige von Art. 21 EuErbVO – die **gesamte Rechtsnachfolge von Todes wegen**, die durch die unselbstständige Kollisionsnorm des Art. 23 EuErbVO weiter konkretisiert wird, vgl. im Einzelnen dort. Eine **Teilrechtswahl**, wie sie etwa Art. 25 Abs. 2 EGBGB im Hinblick auf im Inland belegenes unbewegliches Vermögen vorsieht, ist damit **nicht möglich**.

II. Rechtswahl

1. Rechtswahl zugunsten des Rechts der Staatsangehörigkeit. Art. 22 Abs. 1 S. 1 EuErbVO beschränkt die Rechtswahl auf das Recht der Staatsangehörigkeit. Wählbar ist *alleine* eine **Gesamtrechtsordnung** (zB Recht der USA), nicht jedoch zugleich auch eine Teilrechtsordnung (zB Recht von Florida) eines Mehrrechtsstaates;⁵ zur Bestimmung der anzuwendenden Teilrechtsordnung sind insoweit alleine Art. 36 Abs. 1 bzw. Abs. 2 lit. b EuErbVO sowie Art. 37 EuErbVO maßgeblich,⁶ eine Rechtswahl zugunsten einer Teilrechtsordnung ist jedoch nicht unwirksam, sondern als Wahl der Gesamtrechtsordnung auszulegen (allerdings nach Maßgabe des hypothetischen Erbstatuts, → Rn. 9).⁷

Der Erblasser muss zum **Zeitpunkt der Rechtswahl oder zum Zeitpunkt seines Todes** die Staatsangehörigkeit desjenigen Staates innehaben, dessen Recht er gewählt hat. Ändert der Erblasser nach einer wirksamen Rechtswahl seine Staatsangehörigkeit, so bleibt diese wirksam; fehlt es zum Zeitpunkt der Rechtswahl hingegen an einer entsprechenden Staatsangehörigkeit, wird die Rechtswahl nur wirksam, wenn die Staatsangehörigkeit später erworben wurde *und* noch zum

---

3 Vgl. auch Schlitt/Müller PflichtteilsR-HdB/Lehmann § 14 Rn. 131.
4 Anders als im Bereich des internationalen Schuldrechts wäre die Gewährung weitreichender Parteiautonomie im internationalen Erbrecht angesichts der – regelmäßig als ius cogens ausgestalteten – erbrechtlichen Sachnormen auch verfehlt, da dies keine „sachnormzweckgerechte" Anknüpfung darstellen würde; vgl. hierzu auch Erwägungsgrund 38: Beschränkung der Rechtswahl soll ua Entzug des Pflichtteils verhindern, welche durch die Gewährung einer umfassenden Rechtswahl erfolgen könnte – diese widerspricht daher der durch die erbrechtlichen Sachnormen implizierten kollisionsrechtlichen Interessenlage. Vgl. hierzu allgemein auch → EuErbVO Vor Art. 20–38 Rn. 4–9; ausführlich Köhler, 62–84.
5 Ebenso jurisPK-BGB/Sonnentag EuErbVO Art. 22 Rn. 10; BeckOGK/Schmidt EuErbVO Art. 22 Rn. 10; Rauscher/Hertel EuErbVO Art. 22 Rn. 12; Leitzen ZEV 2013, 128; Döbereiner MittBayNot 2013, 358 (362); Nordmeier GPR 2013, 148 (151); Dutta/Herrler/Solomon EuErbVO, 19, 40. – AA NK-BGB/Looschelders EuErbVO Art. 22 Rn. 22; BeckOK BGB/Loyal EuErbVO Art. 22 Rn. 5.
6 Ebenso jurisPK-BGB/Sonnentag EuErbVO Art. 22 Rn. 10; Rauscher/Hertel EuErbVO Art. 22 Rn. 12; Eichel, in: Leible/Unberath Rom0-VO, 397, 419; Leitzen ZEV 2013, 128; Döbereiner MittBayNot 2013, 358 (362); Nordmeier GPR 2013, 148 (151); Dutta/Herrler/Solomon EuErbVO, 19, 40. AA wohl Grüneberg/Thorn EuErbVO Art. 22 Rn. 3 (gem. Art. 36 Abs. 2 lit. b sei nur die Teilrechtsordnung wählbar, zu welcher der Erblasser die engste Verbindung hatte).
7 Ebenso jurisPK-BGB/Sonnentag EuErbVO Art. 22 Rn. 11; Rauscher/Hertel EuErbVO Art. 22 Rn. 12. – AA BeckOK BGB/Loyal EuErbVO Art. 22 Rn. 5.

Todeszeitpunkt bestand.[8] Zweifelhaft ist indes, ob eine allgemein gehaltene („dynamische") **Rechtswahl** zugunsten des Rechts der Staatsangehörigkeit ohne Bezeichnung derselben zulässig ist.[9] Teilweise wird dies mit Verweis auf Art. 22 Abs. 2 EuErbVO[10] oder auf die Rechtssicherheit[11] verneint, jedoch zu Unrecht, da der Wortlaut des Art. 22 EuErbVO insoweit keinerlei Anforderungen stellt[12] und die Rechtssicherheit aufgrund der – zweifellos gegebenen – *Bestimmbarkeit* der maßgeblichen Rechtsordnung nicht tangiert ist; dem Interesse des Erblasser an der Maßgeblichkeit seiner (zukünftigen, jedoch möglicherweise noch nicht bekannten) Heimatrechtsordnung ist daher Rechnung zu tragen und eine entsprechende Rechtswahl anzuerkennen.[13]

6 Gehört der Erblasser mehreren Staaten an (**Mehrstaater**), erstreckt sich die Rechtswahlmöglichkeit gem. Art. 22 Abs. 1 S. 2 EuErbVO auf alle Staatsangehörigkeiten, die der Erblasser besitzt; einer Beschränkung auf die „effektive" Staatsangehörigkeit wurde somit ausdrücklich eine Absage erteilt.[14] Ist der Erblasser ein **Staatenloser**, greift die von Art. 22 Abs. 1 EuErbVO vorgesehene Anknüpfung prima facie ins Leere; eine alleinige Anwendung des Art. 21 EuErbVO kommt indes – jedenfalls für Deutschland – nicht in Betracht,[15] da das Personalstatut in diesen Fällen nach dem (auch unter Geltung der EuErbVO gem. Art. 75 Abs. 1 Unterabs. 1 EuErbVO weiterhin vorrangig zu beachtenden) **New Yorker UN-Übereinkommen über die Rechtsstellung der Staatenlosen vom 28.9.1954**[16] zu ermitteln ist; dieses bestimmt sich gem. Art. 12 Abs. 1 dieses Übereinkommens nach dem Recht des Wohnsitzes oder – bei Nichtvorhandensein eines solchen – nach dem Aufenthaltsrecht. Ist der Erblasser ein Staatenloser iSd Art. 1 des genannten Übereinkommens, kann dieser daher das nach Art. 12 Abs. 1 maßgebliche Recht wählen.[17] Entsprechendes gilt für **Flüchtlinge** iSd (ebenfalls der EuErbVO vorgehenden) **Genfer UN-Abkommens über die Rechtsstellung der Flüchtlinge vom 28.7.1951**,[18] deren Personalstatut sich ebenfalls gem. Art. 12 Abs. 1 dieses Übereinkommens nach dem Recht des Wohnsitzes oder – bei Nichtvorhandensein eines solchen – nach dem Aufenthaltsrecht bestimmt und das somit im Rahmen von Art. 22 Abs. 1 EuErbVO wählbar ist; um den Regelungsgehalt des Art. 22 Abs. 1 EuErbVO im Hinblick auf den Auslegungsgrundsatz des effet utile nicht zu beeinträchtigen, bleibt es jedoch (alternativ) bei der Wahlmöglichkeit zugunsten des Rechts der Staatsangehörigkeit,[19] sofern eine solche zu den von Art. 22 Abs. 1 EuErbVO für maßgeblich erklärten Zeitpunkten vorhanden ist.

---

8 Vgl. auch jurisPK-BGB/Sonnentag EuErbVO Art. 22 Rn. 5; NK-BGB/Looschelders EuErbVO Art. 22 Rn. 14.
9 Diesbezügliches Beispiel von Dörner ZEV 2012, 505 (511) (Fn. 37) „Ich will nach dem Recht beerbt werden, das bei meinem Tod mein Heimatrecht sein wird".
10 Janzen DNotZ 2012, 484 (486).
11 Dörner ZEV 2012, 505 (511); ohne Begründung ablehnend auch Leitzen ZEV 2013, 128; Döbereiner MittBayNot 2013, 358 (363); Grüneberg/Thorn EuErbVO Art. 22 Rn. 3; NK-BGB/Looschelders EuErbVO Art. 22 Rn. 18; Burandt/Rojahn/Burandt/Schmuck EuErbVO Art. 22 Rn. 6.
12 Dies teilweise einräumend Dörner ZEV 2012, 505 (511): „Gesetzeswortlaut [erlaubt] in diesem Punkt Zweifel".
13 Ebenso MüKoBGB/Dutta EuErbVO Art. 22 Rn. 11; jurisPK-BGB/Sonnentag EuErbVO Art. 22 Rn. 8; BeckOK BGB/Loyal EuErbVO Art. 22 Rn. 9; Schlitt/Müller PflichtteilsR-HdB/Lehmann § 14 Rn. 132; Volmer Rpfleger 2013, 421 (423); Nordmeier GPR 2013, 148 (151); Dutta/Herrler/Solomon EuErbVO, 19, 38; wohl auch Wilke RIW 2012, 601 (605 f.) – AA Janzen DNotZ 2012, 484 (486); Dörner ZEV 2012, 505 (511); Leitzen ZEV 2013, 128; Döbereiner MittBayNot 2013, 358 (363); Grüneberg/Thorn EuErbVO Art. 22 Rn. 3; NK-BGB/Looschelders EuErbVO Art. 22 Rn. 18; Burandt/Rojahn/Burandt/Schmuck EuErbVO Art. 22 Rn. 6.
14 Vgl. auch Rauscher/Hertel EuErbVO Art. 22 Rn. 11; NK-BGB/Looschelders EuErbVO Art. 22 Rn. 20; MüKoBGB/Dutta EuErbVO Art. 22 Rn. 3.
15 AA Rauscher/Hertel EuErbVO Art. 22 Rn. 13; zudem (ohne Begründung) Leitzen ZEV 2013, 128; auch Schaub Hereditare – Jahrbuch für Erbrecht und Schenkungsrecht (Band 3), 91, 115.
16 BGBl. 1976 II 474 (teilweise abgedruckt Vor Art. 20–38 EuErbVO Rn. 62).
17 Ebenso NK-BGB/Looschelders EuErbVO Art. 22 Rn. 12 f.; Grüneberg/Thorn EuErbVO Art. 22 Rn. 4; jurisPK-BGB/Sonnentag EuErbVO Art. 22 Rn. 13; Nordmeier GPR 2013, 148 (149 f.); Döbereiner MittBayNot 2013, 358 (362 f.); Dutta/Herrler/Solomon EuErbVO, 19, 39.
18 BGBl. 1953 II 560 (teilweise abgedruckt EuErbVO Vorb. Art. 20–38 Rn. 63).
19 Ebenso MüKoBGB/Dutta EuErbVO Art. 22 Rn. 5; NK-BGB/Looschelders EuErbVO Art. 22 Rn. 15; in diese Richtung auch jurisPK-BGB/Sonnentag EuErbVO Art. 22 Rn. 14. AA Grüneberg/Thorn EuErbVO Art. 22 Rn. 4.

Ob der Erblasser **Staatsgehöriger eines bestimmten Staates** ist, hat dieser Staat selbst zu entscheiden;[20] liegt keine (anerkennungsfähige) Entscheidung hierüber vor, ist die Frage nach der Staatsangehörigkeit – sofern sie sich ex lege ergeben kann – als (selbstständig anzuknüpfende) Vorfrage nach dem Recht dieses Staates zu bestimmen;[21] stellen sich *in diesem Kontext* wiederum einzelne Vorfragen (wirksame Ehe, Abstammung, Adoption etc), sind diese ausnahmsweise *unselbstständig* anzuknüpfen, da die Frage nach der Staatszugehörigkeit zu einem bestimmten Staat in voller Übereinstimmung mit seinen Gesetzen zu erfolgen hat, um eine „aufgedrängte", also real nicht bestehende Staatsangehörigkeit zu verhindern.[22]

2. Formelle Wirksamkeit der Rechtswahl. Gem. Art. 22 Abs. 2 EuErbVO muss eine Rechtswahl in der **Form einer Verfügung von Todes wegen** erfolgen, so dass die Formwirksamkeit einer solchen dem gem. Art. 27 EuErbVO bzw. nach den Kollisionsnormen des – für Deutschland aufgrund von Art. 75 Abs. 1 Unterabs. 2 EuErbVO weiterhin vorrangig zu beachtenden – **HTestformÜ**[23] zu bestimmenden Recht unterliegt. Dies gilt insbesondere auch für die Frage nach der Formwirksamkeit einer **konkludenten Rechtswahl**, deren Wirksamkeit sich im Übrigen nach dem gewählten Erbstatut bemisst (→ Rn. 10); es obliegt daher dem auf die Form einer letztwilligen Verfügung anzuwendenden Recht, ob und unter welchen Voraussetzungen eine konkludente Rechtswahl formwirksam ist (etwa im Sinne der „Andeutungstheorie"[24] des deutschen Rechts).[25]

3. Materielle Wirksamkeit der Rechtswahl. Die materielle Wirksamkeit der Rechtswahl (nicht jedoch deren Zulässigkeit als solche, die sich unmittelbar aus Art. 22 Abs. 1 EuErbVO ergibt)[26] unterliegt gem. Art. 22 Abs. 3 EuErbVO – wie stets – dem jeweils **gewählten Recht**, so dass dieses insbesondere über die Auslegung und die Folgen etwaiger Willensmängel zu befinden hat.[27]

Diesem Recht obliegt nach vorzugswürdiger Auffassung insbesondere auch die Frage, ob in einer Verfügung von Todes wegen eine **konkludente Rechtswahl** getroffen wurde.[28] Ein – den europäischen Entscheidungseinklang beeinträchtigender – Rückgriff auf die lex fori oder ein **verordnungsautonomer Ansatz**, der gemeineuropäische Kriterien für die Annahme einer solchen entwickeln müsste und dem nunmehr auch der **BGH** folgt (dies jedoch ohne klare Benennung der insoweit maßgeblichen gemeineuropäischen Kriterien und freilich ohne – gebotene – Vorlagen an den EuGH),[29] ist **abzulehnen**, da die von Art. 22 Abs. 2, 3 EuErbVO ausgesprochenen Verweisungen hinreichend deutlich machen, dass die Frage nach der (formellen und materiellen) Wirksamkeit einer Rechtswahl seitens *existierender, kollisionsrechtlich berufener* materiel-

---

20 Kegel/Schurig § 9 Abs. II 2a, S. 382; von Hoffmann/Thorn § 6 Rn. 63.
21 MüKoBGB/Sonnenberger IPR Einl. Rn. 571; Kegel/Schurig § 9 II 2 a, S. 382; Kropholler § 32 Abs. 4 S. 2 b, 227; von Hoffmann/Thorn § 6 Rn. 63.
22 Kegel/Schurig § 9 II 2 a, S. 382; Soergel/Kegel EGBGB Art. 5 Rn. 3; vgl. auch NK-BGB/Looschelders EuErbVO Art. 22 Rn. 10; Rauscher/Hertel EuErbVO Art. 22 Rn. 14; MüKoBGB/Dutta EuErbVO Art. 22 Rn. 4; jurisPK-BGB/Sonnentag EuErbVO Art. 22 Rn. 6; Schlitt/Müller PflichtteilsR-HdB/Lehmann § 14 Rn. 139.
23 BGBl. 1965 II 1145 (abgedruckt im Anhang zu EuErbVO Art. 27).
24 Vgl. hierzu NK-BGB/Fleindl BGB § 2085 Rn. 15.
25 Insoweit aA Burandt/Rojahn/Burandt/Schmuck, 3. Aufl., EuErbVO Art. 22 Rn. 6, welche die „Andeutungstheorie" wohl als materielles Wirksamkeitserfordernis verstehen. Wie hier Schlitt/Müller PflichtteilsR-HdB/Lehmann § 14 Rn. 144.
26 Nordmeier GPR 2013, 148 (153); jurisPK-BGB/Sonnentag EuErbVO Art. 22 Rn. 24. Daher ist eine Rechtswahl auch dann wirksam, wenn nach dem gewählten Recht eine Rechtswahl nicht zulässig ist (vgl. Erwägungsgrund 40 S. 1).
27 Dörner ZEV 2012, 505 (511); BeckOGK/Schmidt EuErbVO Art. 22 Rn. 30; jurisPK-BGB/Sonnentag EuErbVO Art. 22 Rn. 23; Schlitt/Müller PflichtteilsR-HdB/Lehmann § 14 Rn. 145; Nordmeier GPR 2013, 148 (153) („im Kern Regeln der allgemeinen Rechtsgeschäftslehre"); vgl. auch Erwägungsgrund 40 S. 2.
28 Ebenso jurisPK-BGB/Sonnentag EuErbVO Art. 22 Rn. 20; Leitzen ZEV 2013, 128 (129); Schaub Hereditare – Jahrbuch für Erbrecht und Schenkungsrecht (Band 3), 91 (115); wohl auch Dörner ZEV 2012, 505 (511).
29 BGH NJW 2021, 1159; ebenso MüKoBGB/Dutta EuErbVO Art. 22 Rn. 14; BeckOGK/Schmidt EuErbVO Art. 22 Rn. 21; NK-BGB/Looschelders EuErbVO Art. 22 Rn. 28; Grüneberg/Thorn EuErbVO Art. 22 Rn. 6; Burandt/Rojahn/Burandt/Schmuck EuErbVO Art. 22 Rn. 6; Nordmeier GPR 2013, 148 (151 f.), 153; Dutta/Herrler/Solomon EuErbVO 19, 40 f.

ler Rechtsordnungen beantwortet werden soll. Eine unterschiedliche Behandlung von ausdrücklicher und konkludenter Rechtswahl ist nicht zu rechtfertigen, die Erwähnung der konkludenten Rechtswahl im Rahmen von Art. 22 Abs. 2 EuErbVO ist vielmehr alleine als Hinweis auf das mögliche Vorliegen einer solchen zu verstehen, deren Rechtswirksamkeit anhand der insoweit maßgeblichen, also kollisionsrechtlich berufenen Rechtsordnungen zu prüfen ist. Nimmt der Erblasser somit in seiner Verfügung von Todes wegen Bezug auf bestimmte Vorschriften seiner Heimatrechtsordnung,[30] obliegt dieser die Frage nach den **materiellen Voraussetzungen für eine konkludente Willenserklärung**;[31] das auf die Form einer letztwilligen Verfügung anzuwendende Recht hat demgegenüber darüber zu entscheiden, ob und unter welchen Voraussetzungen eine konkludente Rechtswahl **formwirksam** ist.

Hinweis:

Ein sog. „Handeln unter falschem Recht" (→ EuErbVO Vor Art. 20–38 Rn. 35) dürfte unter Geltung der EuErbVO seltener eintreten, da solche Fallkonstellationen des Öfteren als konkludente Rechtswahl angesehen werden können, soweit freilich die diesbezüglichen Voraussetzungen gegeben sind.[32]

11 **4. Änderung oder Widerruf der Rechtswahl.** Die Wirksamkeit der Änderung oder des Widerrufs einer bereits getroffenen Rechtswahl unterliegt als erneute Ausübung der gewährten Parteiautonomie grundsätzlich den gleichen Anforderungen wie eine erstmals ausgeübte Rechtswahl, allerdings bestehen – von Art. 22 Abs. 4 EuErbVO nur hinsichtlich ihrer Formwirksamkeit ausdrücklich geregelte – Besonderheiten.

12 Im Hinblick auf die **formelle Wirksamkeit** verweist Art. 22 Abs. 4 EuErbVO auf die spezielle, weitere alternative Anknüpfungen gewährende Kollisionsnorm des Art. 27 Abs. 2 EuErbVO (bzw. Art. 2 HTestformÜ), die insoweit entsprechend anzuwenden ist. Die Änderung oder der Widerruf einer bereits getroffenen Rechtswahl ist demnach formwirksam, wenn die Erklärung den Formvorschriften entweder einer der nach Maßgabe des Art. 27 Abs. 1 EuErbVO (bzw. Art. 1 Abs. 1 Art. 2 HTestformÜ) bestimmten Rechtsordnungen (Art. 27 Abs. 2 S. 1 EuErbVO bzw. Art. 2 Abs. 1 HTestformÜ) oder – darüber hinausgehend – einer derjenigen Rechtsordnungen entspricht, nach denen die geänderte oder widerrufene Rechtswahl formgültig war (Art. 27 Abs. 2 S. 2 EuErbVO bzw. Art. 2 Abs. 2 HTestformÜ).

13 Hinsichtlich der **materiellen Wirksamkeit** enthält Art. 22 Abs. 4 EuErbVO keinerlei Regelungen, so dass jedenfalls bei einem **einfachen Widerruf** Art. 22 Abs. 3 EuErbVO entsprechend anzuwenden ist und daher insoweit das *widerrufene*, also das für die ursprüngliche Rechtswahl maßgebliche Recht berufen wird.[33] Problematisch ist indes die Behandlung einer **Änderung der Rechtswahl**, da sich diese analytisch betrachtet aus einem Widerruf der ursprünglichen Rechtswahl *und* einer neuen Rechtswahl zusammensetzt. Konsequent erscheint es daher, die materielle Wirksamkeit der Änderung einer Rechtswahl sowohl den Voraussetzungen des widerrufenen als auch des neugewählten Rechts zu unterstellen[34] – ein Ergebnis, das auch bei zeitlichem Auseinanderfallen der beiden Rechtshandlungen eintreten würde. Dennoch ist ein solcher Weg abzulehnen: Bei der Abänderung einer bereits getroffenen Rechtswahl durch eine erneute Rechtswahl handelt es sich – wie auch Erwägungsgrund 40 S. 3 deutlich macht – um *eine einzige Rechtshandlung*. Eine kumulative Anknüpfung ihrer materiellen Wirksamkeitsvoraussetzungen kann methodisch nur in Betracht gezogen werden, wenn auf diese Weise ein besonderes materi-

---

30 Vgl. insoweit Erwägungsgrund 39 S. 2.
31 Vgl. auch jurisPK-BGB/Sonnentag EuErbVO Art. 22 Rn. 20.
32 Vgl. auch Grüneberg/Thorn EuErbVO Art. 22 Rn. 6; jurisPK-BGB/Sonnentag EuErbVO Art. 22 Rn. 21; NK-BGB/Looschelders EuErbVO Art. 22 Rn. 28.

33 Ebenso jurisPK-BGB/Sonnentag EuErbVO Art. 22 Rn. 27; Dutta/Herrler/Solomon EuErbVO 19, 43; Döbereiner MittBayNot 2013, 358 (363); Leitzen ZEV 2013, 128 (129); Dutta FamRZ 2013, 4 (9); Grüneberg/Thorn EuErbVO Art. 22 Rn. 8.
34 So insbesondere Leitzen ZEV 2013, 128 (129); vgl. auch MüKoBGB/Dutta EuErbVO Art. 22 Rn. 20 f.; NK-BGB/Looschelders EuErbVO Art. 22 Rn. 31.

elles Interesse gefördert werden soll,[35] das jedoch nicht besteht. Denn gerade im Hinblick auf die subjektive Bestimmung des Errichtungsstatuts für Testamente (Art. 24 Abs. 2 EuErbVO) und Erbverträge (Art. 25 Abs. 3 EuErbVO), in dessen Rahmen die Bindungswirkung an eine bereits getroffene Rechtswahl von Relevanz wäre, ist der (isolierte) Widerruf bzw. die Änderung einer einmal ausgeübten Rechtswahl ausgeschlossen (→ EuErbVO Art. 24 Rn. 5 bzw. → EuErbVO Art. 25 Rn. 10). Darüber hinaus ist kein Grund ersichtlich, warum die Wirksamkeit einer erneuten Rechtswahl von der Billigung der derogierten Rechtswahl abhängig gemacht werden soll, zumal auch die Derogation des objektiven Erbstatuts durch eine Rechtswahl nicht der Billigung Ersteres bedarf (Art. 23 Abs. 3 EuErbVO).[36] Erwägungsgrund 40 S. 3 geht ausdrücklich davon aus, dass für die materielle Wirksamkeit einer Änderung oder eines Widerrufs jeweils nur *ein* Recht maßgeblich ist, nämlich dasjenige, auf das die jeweilige Rechtshandlung gerichtet ist. **Daher unterliegen die materiellen Wirksamkeitsvoraussetzungen einer erneuten Rechtswahl** *ausschließlich* **der neu gewählten Rechtsordnung.**[37]

III. Übergangsrecht; Rechtswahl vor dem 17.8.2015

Die EuErbVO findet gem. Art. 83 Abs. 1 EuErbVO auf die Rechtsnachfolge von Personen Anwendung, die am 17.8.2015 oder später verstorben sind. Hat der Erblasser eine **Rechtswahl vor diesem Zeitpunkt** getroffen, ist diese gem. Art. 83 Abs. 2 EuErbVO wirksam, wenn sie entweder den diesbezüglichen Voraussetzungen der EuErbVO (Alt. 1) oder des – zu dem Zeitpunkt der Rechtswahl geltenden – nationalen IPR des Staates entspricht, in welchem der Erblasser seinen gewöhnlichen Aufenthalt hatte (Alt. 2) oder dessen Staatsangehörigkeit er besaß (Alt. 3). Der Erblasser konnte damit in der Übergangszeit selbst entscheiden, ob er den ihm durch die EuErbVO gewährten Gestaltungsspielraum nutzt oder weiterhin denjenigen des bis zum 16.8.2015 geltenden nationalen Rechts. Eine vor dem Geltungszeitpunkt der EuErbVO getroffene **Teilrechtswahl gem. Art. 25 Abs. 2 EGBGB aF**, die ein Deutscher oder eine Person mit gewöhnlichem Aufenthalt in Deutschland vor dem 17.8.2015 getroffen hat, bleibt damit auch unter Geltung der EuErbVO **wirksam**[38] und kann zu einer Nachlassspaltung im Hinblick auf die in Deutschland belegenen unbeweglichen Vermögenswerte führen.[39]

14

Fraglich ist jedoch, ob auch eine *vor* **Inkrafttreten der EuErbVO** (16.8.2012) getroffene Rechtswahl im Rahmen von Art. 22 EuErbVO beachtlich ist.[40] Dagegen spricht, dass dem Erblasser der Regelungsgehalt der EuErbVO noch nicht bekannt war und er daher schwerlich von dieser Rechtsmacht Gebrauch machen konnte bzw. vielleicht sogar auch gar nicht wollte, weil er bewusst eine (etwa im Hinblick auf Art. 25 Abs. 2 EGBGB) unwirksame (Gesamt-)Rechtswahl herbeizuführen bezweckte. Dennoch muss auch eine vor Inkrafttreten der EuErbVO getroffene Rechtswahl im Rahmen von Art. 22 EuErbVO beachtlich sein,[41] da der Wortlaut von Art. 83 Abs. 2 EuErbVO diesbezüglich keinerlei Einschränkungen enthält. Der der Rechtsnachfolge von Todes wegen zugrundeliegende Sachverhalt ist erst mit dem Tod des Erblassers abgeschlossen, so dass zu dessen rechtlicher Beurteilung die zu diesem Zeitpunkt geltende Rechtslage maßgeblich ist. Schutzwürdige Interessen des Erblassers werden mit einer solchen Ausweitung nicht

15

---

35 Vgl. hierzu Schurig, 204–209; Köhler, 241.
36 So zu Recht Dutta/Herrler/Solomon EuErbVO 19, 43.
37 Ebenso jurisPK-BGB/Sonnentag EuErbVO Art. 22 Rn. 28; Dutta/Herrler/Solomon EuErbVO 19, 43; Döbereiner MittBayNot 2013, 358 (363). Für die Maßgeblichkeit der derogierten Rechtsordnung indes Nordmeier GPR 2013, 148 (154), der jedoch jedenfalls für Erbverträge von einer Widerruflichkeit bzw. Abänderbarkeit einer einmal getroffenen Wahl des Errichtungsstatuts im Rahmen von Art. 25 Abs. 3 EuErbVO ausgeht (vgl. Nordmeier ZErb 2013, 117 f.); ebenso BeckOGK/Schmidt EuErbVO Art. 22 Rn. 40.
38 Dies über Art. 83 Abs. 2 Alt. 2 und 3 EuErbVO, **nicht** jedoch über Art. 83 Abs. 2 Alt. 1 EuErbVO, da eine Teilrechtswahl hiernach unzulässig wäre.
39 Vgl. auch Leitzen ZEV 2013, 128 (131); Grüneberg/Thorn EuErbVO Art. 83 Rn. 5.
40 Vgl. hierzu Leitzen ZEV 2013, 128 (130 f.).
41 Ebenso Nordmeier GPR 2013, 148 (154); Odersky notar 2013, 3 (5); Grüneberg/Thorn EuErbVO Art. 83 Rn. 4; Schoppe IPRax 2014, 27 (29); kritisch Dutta/Herrler/Solomon EuErbVO, 19, 45. – Vgl. nunmehr auch BGH NJW 2021, 1159.

tangiert, es liegt vielmehr in seinem Interesse, seine ggf. unter Geltung der alten Rechtslage unwirksame Rechtswahl wirken zu lassen, wenn – und soweit – diese nach der EuErbVO als wirksam betrachtet werden kann. Fälle, in denen eine Rechtswahl nur zum Schein oder unter geheimem Vorbehalt mit der Erwartung ihrer Nichtigkeit abgegeben werden, sind im Rahmen des auf die Rechtswahl anzuwendenden materiellen Rechts (Art. 22 Abs. 3 EuErbVO) zu lösen.

16 Stirbt der Erblasser indes **vor dem 17.8.2015**, ist seine – nach den Bestimmungen der EuErbVO grundsätzlich wirksame – Rechtswahl ohne Wirkung, da Art. 22 EuErbVO gem. Art. 83 Abs. 1 EuErbVO alleine auf die Rechtsnachfolge von Personen Anwendung findet, die am 17.8.2015 oder später verstorben sind.[42] Eine Korrektur dieses Ergebnisses kommt angesichts des klaren Wortlauts von Art. 83 Abs. 1 EuErbVO nicht in Betracht,[43] so dass in einem solchen Falle weiterhin nationales IPR Anwendung findet. Sind unbewegliche Vermögenswerte in Deutschland belegen, kommt indes eine Umdeutung der im Hinblick auf die EuErbVO getroffenen Rechtswahl in eine Teilrechtswahl iSd Art. 25 Abs. 2 EGBGB in Betracht (→ EuErbVO Vor Art. 20–38 Rn. 74); eine solche ist im Zweifel als wirksam anzusehen (§ 2085 BGB).[44]

17 *Keine* Rechtswahl iSv Art. 22 EuErbVO stellt die sog. „**fiktive Rechtswahl**" nach Art. 83 Abs. 4 EuErbVO dar. Diese Übergangsvorschrift erfasst solche Fälle, in denen der Erblasser vor dem 17.8.2015 eine Verfügung von Todes wegen nach einem Recht errichtet hat, welches er gem. Art. 22 EuErbVO *hätte* wählen können, eine Rechtswahl also gerade *unterblieben* ist. Aus Gründen des Vertrauensschutzes *gilt* dieses Recht als das für die gesamte Rechtsnachfolge von Todes wegen *gewählte* Recht unabhängig davon, ob die materiellen und formellen Voraussetzungen einer Rechtswahl vorliegen; näher → EuErbVO Art. 83 Rn. 5.

IV. Fragen des Allgemeinen Teils

18 Bei der von Art. 22 EuErbVO ausgesprochenen Verweisung handelt es sich gem. Art. 34 Abs. 2 EuErbVO explizit um eine **Sachnormverweisung**, so dass etwaige Rück- und Weiterverweisungen seitens eines ausländischen IPR unbeachtlich sind. Wird auf das Recht eines **Mehrrechtsstaates** verwiesen, bestimmt sich die maßgebliche Teilrechtsordnung gem. Art. 36 Abs. 1, 2 lit. b, Art. 37 EuErbVO (vgl. dort). **Vorfragen** sind stets selbstständig anzuknüpfen (→ EuErbVO Vor Art. 20–38 Rn. 20–23); beruft Art. 21 EuErbVO ausländisches Recht zur Anwendung, steht dieses unter dem Vorbehalt des **ordre public** (Art. 35 EuErbVO).

C. Hinweise für die Praxis

I. Internationale Zuständigkeit

19 Die **internationale Zuständigkeit** mitgliedstaatlicher Gerichte kann sich in den Fällen des Art. 22 EuErbVO – neben den von Art. 4, Art. 10 EuErbVO oder Art. 11 EuErbVO gewährten Zuständigkeiten – insbesondere aus Art. 7 EuErbVO (Zuständigkeit bei Rechtswahl) ergeben; nach dieser Bestimmung sind die Gerichte des Mitgliedstaates, dessen Recht der Erblasser gewählt hat, zuständig, wenn (a) sich ein zuvor angerufenes, gem. Art. 4 oder Art. 10 EuErbVO zuständiges Gericht nach Art. 6 EuErbVO in derselben Sache für unzuständig erklärt hat, (b) die Verfahrensparteien nach Art. 5 EuErbVO die Zuständigkeit eines Gerichts oder der Gerichte dieses Mitgliedstaats vereinbart haben oder (c) die Verfahrensparteien die Zuständigkeit

---

[42] Dörner ZEV 2012, 505 (506); Leitzen ZEV 2013, 128 (130); Schaub Hereditare – Jahrbuch für Erbrecht und Schenkungsrecht (Band 3), 91, 129; BeckOK BGB/Loyal EuErbVO Art. 22 Rn. 11. AA Dutta/Herrler/Solomon EuErbVO 19, 45 (bei ausgeübter Rechtswahl Anwendbarkeit der EuErbVO auch vor dem 17.8.2015).

[43] AA Dutta/Herrler/Solomon EuErbVO, 19, 45.

[44] Kropholler § 51 III 2 d, S. 440; von Hoffmann/Thorn § 9 Rn. 29–30; Jayme IPRax 1986, 265 (270); im Ergebnis auch Erman/Hohloch EGBGG Art. 25 Rn. 19; Tiedemann RabelsZ 55 (1991), 17 (24); aA Soergel/Schurig EGBGB Art. 25 Rn. 8 (Anwendung der allgemeinen Regel der Teilnichtigkeit – § 139 BGB –, so dass Rechtswahl im Zweifel unwirksam); ebenso Staudinger/Dörner EGBGB Art. 25 Rn. 524 f.

des angerufenen Gerichts ausdrücklich anerkannt haben (vgl. hierzu im Einzelnen Art. 7 EuErbVO).

II. Sonstiges

Im Rahmen einer frühzeitigen Nachlassgestaltung sollte die Rechtsberatung auch bei einem Deutschen mit gewöhnlichem Aufenthalt in Deutschland auf eine ausdrückliche Rechtswahl hinwirken, sofern ein späterer Aufenthaltswechsel in einen anderen Staat nicht ausgeschlossen werden kann. Bei der Formulierung einer Rechtswahl ist zu beachten, dass angesichts der Möglichkeit einer Teilrechtswahl des Errichtungsstatuts (vgl. hierzu Art. 24, 25 EuErbVO) der Umfang der Rechtswahl ausdrücklich festgehalten wird.

▶ **Formulierungsvorschlag:**[45]

Ich bin ausschließlich deutscher Staatsangehöriger und habe meinen derzeitigen gewöhnlichen Aufenthalt in Deutschland. Für meine gesamte Rechtsnachfolge von Todes wegen einschließlich Fragen der Rechtswirksamkeit dieses Testaments wähle ich deutsches Recht, auch wenn ich meinen gewöhnlichen Aufenthalt zu einem späteren Zeitpunkt in einem anderen Staat begründen sollte. ◀

Sofern die Rechtsnachfolge von Todes wegen zum Zeitpunkt der Rechtsberatung zwei Rechtsordnungen unterliegen kann (die zu beratende Person ist Deutscher mit gewöhnlichem Aufenthalt in einem anderen Staat), muss im Rahmen der Nachlassplanung der Regelungsgehalt der ausländischen Rechtsordnung in die Beratung miteinbezogen werden; da die Ermittlung ausländischen Rechts (→ EuErbVO Vor Art. 20–38 Rn. 37–40) teilweise schwierig und auch fehleranfällig ist, bietet sich für die Praxis eine diesbezügliche Haftungsbeschränkung an.[46]

Insbesondere bei Ausländern mit gewöhnlichem Aufenthalt in Deutschland ist an die Gefahr einer konkludenten Rechtswahl durch ein „Handeln unter fremdem Recht" (→ Rn. 10) zu denken; dieses Problem sollte im Rahmen der Rechtsberatung angesprochen und ggf. durch eine ausdrückliche Erklärung beseitigt werden.[47]

Artikel 23 EuErbVO   Reichweite des anzuwendenden Rechts

(1) Dem nach Artikel 21 oder Artikel 22 bezeichneten Recht unterliegt die gesamte Rechtsnachfolge von Todes wegen.

(2) Diesem Recht unterliegen insbesondere:
a) die Gründe für den Eintritt des Erbfalls sowie dessen Zeitpunkt und Ort;
b) die Berufung der Berechtigten, die Bestimmung ihrer jeweiligen Anteile und etwaiger ihnen vom Erblasser auferlegter Pflichten sowie die Bestimmung sonstiger Rechte an dem Nachlass, einschließlich der Nachlassansprüche des überlebenden Ehegatten oder Lebenspartners;
c) die Erbfähigkeit;
d) die Enterbung und die Erbunwürdigkeit;
e) der Übergang der zum Nachlass gehörenden Vermögenswerte, Rechte und Pflichten auf die Erben und gegebenenfalls die Vermächtnisnehmer, einschließlich der Bedingungen für die Annahme oder die Ausschlagung der Erbschaft oder eines Vermächtnisses und deren Wirkungen;
f) die Rechte der Erben, Testamentsvollstrecker und anderer Nachlassverwalter, insbesondere im Hinblick auf die Veräußerung von Vermögen und die Befriedigung der Gläubiger, unbeschadet der Befugnisse nach Artikel 29 Absätze 2 und 3;

---

45 Nach Odersky notar 2013, 3 (7) und Leitzen ZEV 2013, 128 (131); vgl. auch Kroll-Ludwigs notar 2016, 75 (76).

46 Entsprechender Formulierungsvorschlag bei Odersky notar 2013, 3 (7).

47 Vgl. auch Odersky notar 2013, 3 (7).

g) die Haftung für die Nachlassverbindlichkeiten;
h) der verfügbare Teil des Nachlasses, die Pflichtteile und andere Beschränkungen der Testierfreiheit sowie etwaige Ansprüche von Personen, die dem Erblasser nahe stehen, gegen den Nachlass oder gegen den Erben;
i) die Ausgleichung und Anrechnung unentgeltlicher Zuwendungen bei der Bestimmung der Anteile der einzelnen Berechtigten und
j) die Teilung des Nachlasses.

A. Allgemeines 1	2. Abgrenzung Erbstatut und Vertragsstatut 11
B. Regelungsgehalt 2	a) Allgemeines 11
I. Ausdrücklich erfasste Bereiche 2	b) Schenkungen von Todes wegen 13
1. Gründe, Zeitpunkt und Ort des Erbfalls (lit. a) 2	c) Verträge zugunsten Dritter auf den Todesfall 15
2. Berechtigung am Nachlass (lit. b) 3	3. Abgrenzung Erbstatut und Sachenstatut 16
3. Erbfähigkeit, Enterbung und Erbunwürdigkeit (lit. c, d) 4	4. Abgrenzung Erbstatut und Güterstatut 18
4. Erbgang, Annahme und Ausschlagung der Erbschaft (lit. e) 5	5. Abgrenzung Erbstatut und Adoptionsstatut 21
5. Erbberechtigung (lit. f) 7	6. Abgrenzung Erbstatut und Gesellschaftsstatut 22
6. Haftung für Nachlassverbindlichkeiten (lit. g) 8	7. Besondere Bestimmungen (Eingriffsnormen) 25
7. Pflichtteilsrecht, Ausgleichung und Anrechnung, Nachlassteilung (lit. h-j) 9	
II. Einzelne Abgrenzungsfragen 10	
1. Abgrenzung Erbstatut und Errichtungsstatut bzw. Formstatut 10	

A. Allgemeines

1 Die Reichweite des – sowohl subjektiv als auch objektiv ermittelten – Erbstatuts wird durch die **unselbstständige Kollisionsnorm des Art. 23 EuErbVO** näher bestimmt: Gem. Art. 23 Abs. 1 EuErbVO unterliegt dem nach Art. 21 EuErbVO oder Art. 22 EuErbVO bezeichneten Recht die gesamte Rechtsnachfolge von Todes wegen, worunter nach der Legaldefinition des Art. 3 Abs. 1 lit. a EuErbVO jedwede Form des Übergangs von Vermögenswerten, Rechten und Pflichten von Todes wegen, sei es im Wege der gewillkürten Erbfolge durch eine Verfügung von Todes wegen oder im Wege der gesetzlichen Erbfolge, zu verstehen ist. Art. 23 Abs. 2 EuErbVO konkretisiert den Umfang des Erbstatuts darüber hinaus mittels zahlreicher, jedoch **nicht abschließender**[1] Beispiele, so dass bereits regelmäßig anhand des detaillierten Wortlauts die Reichweite des Erbstatuts bestimmt werden kann. Zu betonen ist indes, dass auch der Wortlaut des Art. 23 EuErbVO dem erbrechtlichen Anknüpfungsgegenstand alleine den „**äußeren Rahmen**" zu setzen vermag; ob die von Art. 23 EuErbVO bezeichnete Sachnorm in concreto als erbrechtliche Bestimmung zu qualifizieren ist, lässt sich abschließend alleine mittels einer teleologischen, den Sinn und Zweck der fraglichen Sachnorm berücksichtigenden kollisionsrechtlichen Interessenanalyse beurteilen[2] (ausführlich → EuErbVO Vor Art. 20–38 Rn. 6–9, 12).

B. Regelungsgehalt

I. Ausdrücklich erfasste Bereiche

2 **1. Gründe, Zeitpunkt und Ort des Erbfalls (lit. a).** Dem Erbstatut unterliegen zunächst die **Gründe für den Eintritt des Erbfalls** (regelmäßig der Tod des Erblassers, grundsätzlich aber auch der heute wohl kaum mehr relevante, jedenfalls ordre-public-widrige[3] sog. bürgerliche

---

[1] Vgl. auch Grüneberg/Thorn EuErbVO Art. 23 Rn. 1; MüKoBGB/Dutta EuErbVO Art. 23 Rn. 5.
[2] Ähnlich Deixler-Hübner/Schauer/Mankowski EuErbVO Art. 23 Rn. 2.
[3] Soergel/Schurig EGBGB Art. 25 Rn. 23.

Tod oder Klostertod, zudem der Eintritt eines Nacherbfalls),[4] der für den Eintritt des Erbfalls maßgebliche **Zeitpunkt** (Hirntod, Zeitpunkt der richterlichen Todesfeststellung etc;[5] jedoch unter Ausschluss der aufgrund von Art. 1 Abs. 2 lit. c EuErbVO weiterhin Art. 9 EGBGB unterfallenden Todesvermutungen)[6] sowie der für den Eintritt des Erbfalls maßgebliche **Ort**, soweit das Erbstatut diesbezüglich irgendwelche Regelungen vorsieht.

2. Berechtigung am Nachlass (lit. b). Darüber hinaus unterliegt dem Erbstatut die Bestimmung des Kreises der **an dem Nachlass Berechtigten** (zur erbrechtlichen Berechtigung des Fiskus vgl. Art. 33 EuErbVO), die **Art ihrer Berechtigung** (Erbe, Vermächtnisnehmer oder Pflichtteilsberechtigter), die **Bestimmung ihrer jeweiligen Anteile** (Erbquoten, Höhe der Pflichtteilsberechtigung) und etwaiger ihnen **vom Erblasser auferlegter Pflichten** (bspw. Vermächtnisse, Auflagen, Bedingungen)[7] sowie die Bestimmung **sonstiger Rechte an dem Nachlass**, einschließlich der Nachlassansprüche des überlebenden Ehegatten oder Lebenspartners, soweit diese nicht güterrechtlich zu qualifizieren sind (zu § 1371 BGB → Rn. 18–20).

Hinweis:

Da erbrechtliche Ansprüche des Lebenspartners seitens des nach den Kollisionsnormen der EuErbVO zu bestimmenden Erbstatuts erfasst werden, wurde die diesbezügliche Regelung des deutschen Rechts (Art. 17 b Abs. 1 S. 2 EGBGB aF) gestrichen (zur Korrekturmöglichkeit im Rahmen des ordre public → EuErbVO Art. 35 Rn. 8).

3. Erbfähigkeit, Enterbung und Erbunwürdigkeit (lit. c, d). Das Erbstatut entscheidet zudem über die **Erbfähigkeit** natürlicher Personen (etwa eines nasciturus, eines nondum conceptus) sowie von Gesellschaften, Vereinen und juristischen Personen. Setzt die Erbfähigkeit hingegen ihrerseits wiederum Rechtsfähigkeit voraus, ist diese (selbstständig anzuknüpfende) Vorfrage aufgrund der Bereichsausnahme des Art. 1 Abs. 2 lit. b EuErbVO nach dem von Art. 7 EGBGB bestimmten Recht zu entscheiden.[8] Auch die Frage nach einer **Enterbung** oder nach der **Erbunwürdigkeit** einer grundsätzlich durch den Erbgang berechtigten Person unterliegt dem Erbstatut.

4. Erbgang, Annahme und Ausschlagung der Erbschaft (lit. e). Dem Regelungsbereich des Erbstatuts ausdrücklich zugeordnet wird der **Übergang der zum Nachlass gehörenden Vermögenswerte, Rechte und Pflichten** auf die Erben und gegebenenfalls die Vermächtnisnehmer. Dem Erbstatut unterfällt damit nicht nur die Frage nach der Ausgestaltung des Erbgangs (Universal- oder Singularsukzession, unmittelbarer Rechtserwerb oder – wie etwa im Falle der Einantwortung nach österreichischem Recht – weitere Erwerbsvoraussetzungen), sondern insbesondere auch die **Erwerbsmodalitäten** im Hinblick auf die vom Erbstatut selbst geschaffenen Rechte, so dass dem Erbstatut die vollständige Vermögenszuordnung einschließlich ihrer – relativen oder auch dinglichen – Wirkungen unterliegt[9] (bislang streitig, → Rn. 16 f.); daher sind insbesondere Vindikationslegate auch in ihrer dinglichen Wirkung anzuerkennen (→ EuErbVO Art. 31 Rn. 10). Eine Beschränkung der durch das Erbstatut selbst geschaffenen dinglichen Rechte erfolgt durch das Sachstatut alleine im Hinblick auf deren konkrete sachenrechtliche Wirkungen, wenngleich auch insoweit eine Transposition in ein der lex fori bekanntes Rechtsinstitut nur in Ausnahmefällen in Betracht kommt (→ EuErbVO Art. 31 Rn. 3, 7–10).

---

4 MüKoBGB/Dutta EuErbVO Art. 23 Rn. 6; jurisPK/Sonnentag EuErbVO Art. 23 Rn. 4.

5 Für die Maßgeblichkeit des Personalstatus hingegen Deixler-Hübner/Schauer/Mankowski EuErbVO Art. 23 Rn. 9; für die Maßgeblichkeit des jeweiligen Ortsrechts Erman/Hohloch EuErbVO Art. 23 Rn. 2.

6 Ebenso NK-BGB/Looschelders EuErbVO Art. 23 Rn. 3. AA MüKoBGB/Dutta EuErbVO Art. 23 Rn. 7.

7 MüKoBGB/Dutta EuErbVO Art. 23 Rn. 15; vgl. auch jurisPK/Sonnentag EuErbVO Art. 23 Rn. 7.

8 Ebenso Deixler-Hübner/Schauer/Mankowski EuErbVO Art. 23 Rn. 30; jurisPK/Sonnentag EuErbVO Art. 23 Rn. 9; BeckOK BGB/Loyal EuErbVO Art. 23 Rn. 13.

9 Vgl. nunmehr EuGH NJW 2017, 3767 (Kubicka).

6 Zudem unterliegen sowohl die Voraussetzungen als auch die konkreten Wirkungen einer **Annahme** oder einer **Ausschlagung** der Erbschaft, eines Vermächtnisses oder eines Pflichtteils dem Erbstatut (in **formeller Hinsicht** gilt insoweit der alternativ an das Erbstatut oder an den gewöhnlichen Aufenthalt des An- oder Ausschlagenden anknüpfende Art. 28 EuErbVO, vgl. dort).

7 **5. Erbberechtigung (lit. f).** Die Rechte der Erben, Testamentsvollstrecker und anderer Nachlassverwalter, insbesondere im Hinblick auf die Veräußerung von Vermögen und die Befriedigung der Gläubiger, unterliegen grundsätzlich dem Erbstatut, soweit Art. 29 EuErbVO insoweit keine kumulative (Abs. 2) oder Art. 21 f. EuErbVO verdrängende (Abs. 3) Anknüpfung zugunsten der lex fori des für die Bestellung des Verwalters zuständigen mitgliedstaatlichen Gerichts vorsieht; diese kommt insbesondere dann in Betracht, wenn die seitens des Erbstatuts gewährten Befugnisse zur Erhaltung des Nachlassvermögens oder zum Schutz der Nachlassgläubiger nicht ausreichen (vgl. hierzu Art. 29 EuErbVO).

8 **6. Haftung für Nachlassverbindlichkeiten (lit. g).** Fragen im Zusammenhang mit der **Haftung für die Nachlassverbindlichkeiten** unterfallen ebenfalls dem Erbstatut, ua auch die Rangfolge der Nachlassgläubiger im Rahmen ihrer Befriedigung (Erwägungsgrund 42 S. 3) oder die materiellen Voraussetzungen einer Erklärung zur Beschränkung der Nachlasshaftung. Hinsichtlich ihrer **Form** unterliegt eine solche Erklärung grundsätzlich der alternativen Anknüpfung des Art. 28 EuErbVO, vgl. dort. Soweit das Erbstatut jedoch ein **besonderes Verfahren** zur Beschränkung der Nachlasshaftung vorsieht (beispielsweise ein Verfahren zur Inventarerrichtung), ist dieses (als materielle Voraussetzung der Nachlassbeschränkung) nach den insoweit maßgeblichen Bestimmungen vor den gem. Art. 13 EuErbVO zuständigen mitgliedstaatlichen Gerichten durchzuführen;[10] etwaige Formerfordernisse für Erklärung im Rahmen eines solchen Verfahrens unterliegen daher ebenfalls dem Erbstatut, so dass Art. 28 EuErbVO in diesen Fällen nicht anwendbar ist (vgl. hierzu Erwägungsgrund 33).

9 **7. Pflichtteilsrecht, Ausgleichung und Anrechnung, Nachlassteilung (lit. h-j).** Ebenfalls erbrechtlich zu qualifizieren sind Fragen nach dem **Umfang des Nachlasses** (wenngleich die Frage nach dem Bestehen eines zum Nachlass gehörenden Rechts – als selbstständig anzuknüpfende Vorfrage – dem jeweiligen Geschäftsstatut unterliegt), das **Pflichtteilsrecht** und diesem vergleichbare Beschränkungen der Testierfreiheit sowie etwaige **Ansprüche von dem Erblasser nahestehender Personen** gegen den Nachlass bzw. die Erben, zudem die **Ausgleichung und Anrechnung** unentgeltlicher Zuwendungen bei der Bestimmung der Anteile der einzelnen Berechtigten und die **Teilung des Nachlasses** (etwa die Auseinandersetzung der Erbengemeinschaft gem. § 2042 BGB).[11]

II. Einzelne Abgrenzungsfragen

10 **1. Abgrenzung Erbstatut und Errichtungsstatut bzw. Formstatut.** Zulässigkeit, materielle Wirksamkeit und ggf. Bindungswirkungen einer Verfügung von Todes unterliegen dem **Errichtungsstatut** (zu dessen Reichweite vgl. Art. 26 EuErbVO), das gem. Art. 24 bzw. Art. 25 EuErbVO zu bestimmen ist. Die formelle Wirksamkeit einer Verfügung von Todes wegen unterliegt demgegenüber dem von Art. 27 EuErbVO (bzw. den entsprechenden Vorschriften des HTestformÜ) bestimmten Recht, vgl. im Einzelnen Art. 27 EuErbVO.

11 **2. Abgrenzung Erbstatut und Vertragsstatut. a) Allgemeines.** Im Hinblick auf die Abgrenzung zur Rom I-VO problematisch sind (schuldrechtliche) **Rechtsgeschäfte unter Lebenden auf den Todesfall**, also solche, die zwar vom Erblasser selbst zu seinen Lebzeiten abgeschlossen werden,

---

10 Ebenso jurisPK/Sonnentag EuErbVO Art. 23 Rn. 17; vgl. auch Deixler-Hübner/Schauer/Mankowski EuErbVO Art. 23 Rn. 77.

11 Zur Auseinandersetzung einer Erben- oder Gütergemeinschaft nach ausländischem Recht in Deutschland vgl. von Bary DNotZ 2021, 323.

deren Wirkungen jedoch gerade mit dessen Tod eintreten sollen. Soweit es um Fragen geht, die den schuldrechtlichen Vertrag als solchen betreffen (Wirksamkeit des Vertrages nach schuldrechtlichen Gesichtspunkten, Vertragsinhalt etc), unterliegen diese Rechtsgeschäfte grundsätzlich dem durch die maßgeblichen Kollisionsnormen der Rom I-VO bestimmten Rechtsordnung (Art. 1 Abs. 2 lit. g EuErbVO). Im Hinblick auf die **erbrechtlichen Auswirkungen** solcher Rechtsgeschäfte ist jedoch wenigstens *zugleich* das Erbstatut maßgeblich: Dies gilt nicht nur für die Frage, ob und in welchem Maße solche Rechtsgeschäfte **anzurechnen bzw. auszugleichen** sind (Art. 23 Abs. 1 lit. i EuErbVO), sondern insbesondere auch für die Frage, ob und – wenn ja – **unter welchen Voraussetzungen** solche Rechtsgeschäfte *neben* dem erbrechtlichen Vermögensübergang **zulässig** sind, weil diese zu einer Umgehung der – ausschließlich dem Erbstatut unterliegenden (Art. 23 Abs. 1 lit. e EuErbVO) – erbrechtlichen Vermögenszuordnung führen können.[12]

Da die Bereichsausnahme von Art. 1 Abs. 2 lit. g EuErbVO nur für eine Vermögensübertragung *auf andere* Weise als durch Rechtsnachfolge von Todes wegen greift, muss das Erbstatut zunächst (jedenfalls als negative Voraussetzung) darüber befinden, ob eine solche vorliegt oder nicht. Stellt das Erbstatut Rechtsgeschäfte unter Lebenden einer Verfügung von Todes wegen *gleich* (wie beispielsweise § 2301 BGB für die Schenkung von Todes wegen, → Rn. 13 f.), vollziehen sich diese bei Lichte betrachtet nach dem Erbrecht, so dass ausschließlich eine **erbrechtliche Qualifikation** in Betracht kommt.[13] Im Ergebnis unterliegt daher auch die **Abgrenzung** von Erbstatut und Vertragsstatut bei Rechtsgeschäften auf den Todesfall dem Erbstatut (→ Rn. 14).[14]

b) Schenkungen von Todes wegen. Probleme wirft in diesem Zusammenhang die Qualifikation sog. **Schenkungen von Todes wegen** auf. Nach deutschem materiellem Recht handelt es sich hierbei gem. § 2301 BGB um ein Schenkungsversprechen, das unter einer Überlebensbedingung abgegeben wird. Sofern die Schenkung vor dem Tod des Schenkenden noch **nicht vollzogen** wurde (Abs. 2), gelten für diese die Vorschriften über Verfügungen von Todes wegen (Abs. 1). Der Zweck dieser Bestimmung ist darauf gerichtet, eine Umgehung zwingender erbrechtlicher Vorschriften durch formlose Rechtsgeschäfte zu verhindern, so dass diese einer Verfügung von Todes wegen gleichgestellt und deren Regelungen unterworfen werden; § 2301 BGB dient somit spezifisch erbrechtlichen Interessen, ist daher **erbrechtlich zu qualifizieren** und folglich anwendbar, wenn deutsches Recht für die Rechtsnachfolge von Todes wegen maßgeblich ist. Soweit für das Schenkungsversprechen selbst schuldrechtliche Bestimmungen maßgeblich sind, unterliegen diese (als selbstständig anzuknüpfende Vorfrage) dem Vertragsstatut; im Übrigen gelten aufgrund des von § 2301 Abs. 1 BGB vorgesehenen Verweises die Vorschriften über Verfügungen von Todes wegen, die (wiederum als selbstständig anzuknüpfende Vorfrage) gem. Art. 24 bzw. Art. 25 EuErbVO (je nach Verständnis des von § 2301 Abs. 1 BGB vorgesehenen Verweises)[15] zu bestimmen sind. Zuletzt unterliegt die für den Vollzug der Schenkung (§ 2301 Abs. 2 BGB) relevante Frage nach der dinglichen Erfüllung dem für diese anwendbaren Recht (Art. 43 EGBGB bei Eigentumsübertragung, Art. 14 Rom I-VO bei Übertragung einer Forderung). Wurde die Schenkung indes vollzogen, liegt gem. § 2301 Abs. 1 BGB eine **Schenkung unter Lebenden** vor, welche den Kollisionsnormen der Rom I-VO unterliegt.

Da die Zulässigkeitsvoraussetzungen von Rechtsgeschäften auf den Todesfall dem Erbstatut unterfallen (→ Rn. 11), hat dieses auch über die **Abgrenzung** einer (dem Erbstatut unterfallenden)

---

12 Ebenso Deixler-Hübner/Schauer/Mankowski EuErbVO Art. 23 Rn. 100.
13 So nunmehr auch EuGH ZEV 2021, 717.
14 AA wohl Dutta/Weber/Schmidt EuErbVO Art. 1 Rn. 65.
15 Vgl. hierzu NK-BGB/Müßig BGB § 2301 Rn. 65 ff.; Grüneberg/Weidlich BGB § 2301 Rn. 6. Nach vorzugswürdiger Ansicht bezieht sich der Verweis von § 2301 Abs. 1 S. 1 BGB ausschließlich auf Vorschriften für Testamente, nicht auf diejenigen für Erbverträge (so zu Recht MüKoBGB/Musielak BGB § 2301 Rn. 13), so dass insoweit Art. 24 EuErbVO maßgeblich ist. Für die Anwendung von Art. 25 EuErbVO hingegen Dörner ZEV 2013, 505 (508); Nordmeier ZEV 2013, 117 (121).

Schenkung von Todes wegen und einer (dem Vertragsstatut unterfallenden) Schenkung unter Lebenden zu entscheiden[16] (nur relevant bei ausländischem Erbstatut). Eine generelle Abgrenzung anhand des von § 2301 Abs. 2 BGB vorgesehenen Kriteriums des schenkungsrechtlichen Vollzugs, wie es im Rahmen von Art. 25 EGBGB überwiegend vertreten wird,[17] begegnet bereits im Hinblick auf das Gebot einer europarechtlich-autonomen Auslegung der europäischen Rechtsakte Bedenken,[18] sie ist jedoch auch der Sache nach unangemessen, da eine ausländische Rechtsordnung ebenso eine hiervon abweichende, dann jedoch ggf. nicht berücksichtigungsfähige Abgrenzung vornehmen könnte.

15 **c) Verträge zugunsten Dritter auf den Todesfall.** Liegt ein Vertrag zugunsten Dritter vor, bei dem einem Dritten schenkungsweise Vermögen bei Tod des Schenkenden zugewandt werden soll, unterliegt das vertragliche Deckungsverhältnis zwischen Versprechendem und Versprechensempfänger dem nach den Kollisionsnormen der Rom I-VO bestimmten Recht.[19] Im Rahmen des Valutaverhältnisses zwischen Versprechensempfänger und begünstigtem Dritten ist demgegenüber die Frage zu klären, ob eine Schenkung von Todes wegen (Erbstatut) oder unter Lebenden (Vertragsstatut) vorliegt;[20] jedenfalls hierüber entscheidet das Erbstatut (→ Rn. 13 f.).

16 **3. Abgrenzung Erbstatut und Sachenstatut.** Höchst streitig war bislang die Abgrenzung des Erbstatuts von dem weiterhin mittels nationaler Kollisionsnormen zu ermittelnden Sachenstatut (Art. 43 ff. EGBGB); ausführlich → EuErbVO Art. 1 Rn. 19–22, → EuErbVO Art. 31 Rn. 1. Da die Regelungen der EuErbVO den nationalen Bestimmungen kraft Anwendungsvorrangs vorgehen, hängt die genaue Grenzziehung davon ab, welche Reichweite dem nach Art. 23 EuErbVO zu bestimmenden Erbstatut zuzusprechen ist; die letztverbindliche Entscheidung obliegt daher insoweit dem EuGH.

17 Nach vorzugswürdiger, nunmehr seitens des EuGH[21] bestätigter Ansicht unterliegt dem Erbstatut nicht nur die vermögensrechtliche Zuordnung der zum Nachlass gehörenden Rechte, sondern auch die **Frage nach deren (dinglicher oder relativer) Ausgestaltung sowie deren Erwerbsmodalitäten** (→ EuErbVO Art. 1 Rn. 19–22). Art. 43 ff. EGBGB (und die entsprechenden Vorschriften anderer Mitgliedstaaten) werden daher insoweit verdrängt, als es um die **Begründung einer durch ausländisches Erbstatut geschaffenen dinglichen Rechtsposition** geht (zum speziellen Fall eines staatlichen Aneignungsrechts bei erbenlosen Nachlässen → EuErbVO Art. 33 Rn. 3). Sog. **Vindikationslegate** sind daher auch in ihrer dinglichen Wirkung anzuerkennen, soweit ein solches nach dem Erbstatut vorgesehen ist; näher → EuErbVO Art. 31 Rn. 10. Von dem Regelungsgehalt der EuErbVO gem. Art. 1 Abs. 2 lit. k EuErbVO (→ EuErbVO Art. 1 Rn. 19–22) unberührt bleiben hingegen die sachenrechtlichen **Wirkungen**, die dem nach ausländischem Erbrecht begründeten dinglichen Recht bei dessen Ausübung in dem jeweiligen Mitgliedstaat zukommen; diese Frage unterliegt weiterhin dem jeweiligen Belegenheitsrecht, der damit einhergehende **Anpassungsbedarf** ist Gegenstand von Art. 31 EuErbVO, vgl. dort. Gleiches gilt im Übrigen auch für in ein **Register** (zB Grundbuch) einzutragende Rechte, da sich die Bereichsausnahme des Art. 1 Abs. 2 lit. l EuErbVO jedenfalls nach vorzugswürdiger, bislang jedoch ebenfalls umstrittener Ansicht nicht auf den materiellrechtlichen Erwerbstatbestand be-

---

16 Ebenso jurisPK/Eichel EuErbVO Art. 1 Rn. 38 ff.; im Ergebnis auch Dörner ZEV 2013, 505 (508); Döbereiner MittBayNot 2013, 437 (439). Zum nationalen Recht bereits Soergel/Schurig EGBGB Art. 26 Rn. 44.

17 Vgl. nur MüKoBGB/Dutta, 6. Aufl., EGBGB Art. 26 Rn. 154; Grüneberg/Thorn EGBGB Art. 25 Rn. 15. AA Soergel/Schurig EGBGB Art. 26 Rn. 44; Staudinger/Dörner EGBGB Art. 25 Rn. 375.

18 Döbereiner MittBayNot 2013, 437 (439); vgl. auch Dörner ZEV 2012, 505 (508). AA Nordmeier ZEV 2013, 117 (121 f.); Grüneberg/Thorn EuErbVO Art. 1 Rn. 11.

19 Vgl. auch Vollmer ZErb 2012, 227 (229); Döbereiner MittBayNot 2013, 437 (439); Grüneberg/Thorn EuErbVO Art. 1 Rn. 11.

20 Ebenso Vollmer ZErb 2012, 227 (229); Döbereiner MittBayNot 2013, 437 (439); Grüneberg/Thorn EuErbVO Art. 1 Rn. 11. AA Normeier ZEV 2013, 117 (122 f.) (akzessorische Anknüpfung an das Statut des Deckungsverhältnisses). Zum Streitstand vgl. auch Werkmüller ZEV 2016, 123 (124 f.).

21 EuGH NJW 2017, 3767 (Kubicka).

zieht[22] (→ EuErbVO Art. 1 Rn. 22). Demgegenüber unterfallen **sachenrechtliche Rechtsgeschäfte unter Lebenden**, welche für die Nachlasszugehörigkeit von Bedeutung sind und daher regelmäßig als (selbstständig anzuknüpfende) Vorfrage geklärt werden müssen, unstreitig aus dem Anwendungsbereich der EuErbVO (Art. 1 Abs. 1 lit. g EuErbVO), so dass diese weiterhin anhand des von Art. 43 ff. EGBGB zu bestimmenden Rechtes zu beurteilen sind (auch → EuErbVO Art. 1 Rn. 14).

4. Abgrenzung Erbstatut und Güterstatut. Abgrenzungsprobleme im Hinblick auf das aus dem Anwendungsbereich der Verordnung gem. Art. 1 Abs. 2 lit. d EuErbVO ausgenommene, nunmehr grundsätzlich der EuGüVO bzw. der EuPartVO (zum intertemporalen Anwendungsbereich → EuErbVO Art. 1 Rn. 10) unterliegende Güterrecht bestehen insbesondere im Hinblick auf die Qualifikation des **§ 1371 Abs. 1 BGB**. Stirbt einer der im gesetzlichen Güterstand der Zugewinngemeinschaft lebenden Ehegatten (§ 1363 BGB), wird der Ausgleich des Zugewinns nach dieser Vorschrift dadurch verwirklicht, dass sich der gesetzliche Erbteil des überlebenden Ehegatten (§ 1931 BGB) um ein Viertel der Erbschaft erhöht (**pauschalisierter Zugewinnausgleich**). Bildet deutsches Recht sowohl das Güterstatut als auch das Erbstatut, kommt es auf eine genaue kollisionsrechtliche Einordnung dieser Vorschrift nicht an. Ist hingegen ausländisches Recht als Erbstatut neben einem deutschen Güterstatut berufen, muss diese – bislang stark umstrittene – Frage geklärt werden. Als Möglichkeiten kommen in Betracht: 18

- eine **güterrechtliche Qualifikation**[23] (so dass § 1371 Abs. 1 BGB nur bei deutschem Güterstatut anwendbar ist, Art. 15 EGBGB),
- eine **erbrechtliche Qualifikation**[24] (so dass § 1371 Abs. 1 BGB nur bei deutschem Erbstatut anwendbar ist, Art. 21 f. EuErbVO) oder
- eine **Doppelqualifikation**[25] (so dass die Anwendbarkeit von § 1371 Abs. 1 BGB sowohl deutsches Güterstatut als auch deutsches Erbstatut voraussetzt; bei ausländischem Erbstatut erfolgt der Zugewinnausgleich daher über § 1371 Abs. 2 BGB).

Für das nationale Kollisionsrecht entschied der BGH diese Streitfrage im Jahr 2015 zugunsten einer güterrechtlichen Qualifikation,[26] nicht einmal drei Jahre später beschritt der EuGH – entgegen der herrschenden Auffassung in der Literatur – für das europäische Kollisionsrecht den gegenteiligen Weg und sprach sich für eine **erbrechtliche Qualifikation** aus.[27] Damit ist der Streit jedenfalls für die Praxis einstweilen entschieden.

Stellungnahme: Die nunmehr seitens des EuGH zugunsten einer erbrechtlichen Qualifikation des § 1371 Abs. 1 BGB getroffene Entscheidung (→ Rn. 18) überzeugt nicht, vielmehr ist diese Vorschrift nach vorzugswürdiger Auffassung **güterrechtlich** zu qualifizieren.[28] Denn auch wenn es im Ergebnis um die Bestimmung des Erbteils eines Ehegatten geht, bezweckt § 1371 Abs. 1 BGB bereits ausweislich seines Wortlauts sowie seiner systematischen Stellung im Güterrecht alleine die *Verwirklichung* des Zugewinnausgleiches; die gewählte Form eines *pauschalisierten* 19

---

22 EuGH NJW 2017, 3767 (Kubicka).
23 Staudinger/Dörner EGBGB Art. 25 Rn. 34; Dutta/Herrler/Dörner EuErbVO, 73, 77 f.; Soergel/Schurig EGBGB Art. 15 Rn. 38; MüKoBGB/Dutta, 6. Aufl., EGBGB Art. 25 Rn. 157; NK-BGB/Kroiß EGBGB Art. 25 Rn. 101; Grüneberg/Thorn EGBGB Art. 15 Rn. 26; OLG Schleswig ZEV 2014, 93 (94). So nunmehr auch BGH NJW 2015, 2185; zuvor etwa OLG München ZEV 2012, 591 (593) LG Mosbach ZEV 1998, 489. Ausführlich hierzu Mankowski ZEV 2014, 121 ff.
24 Staudinger/Firsching (12. Auflage), Vorbem zu Art. 24–26 Rn. 227; Raape (5. Auflage), 336 f.
25 MüKoBGB/Birk, 5. Aufl., EGBGB Art. 25 Rn. 158; Schotten MittRhNotK 1987, 18 (19); Schotten/Johnen DtZ 1991, 257 (259); OLG Düsseldorf MittRhNotK 1988, 68 f. („jedenfalls im Ergebnis"); der Sache nach auch OLG Stuttgart ZEV 2005, 443 (444) mAnm Dörner 444.
26 BGH NJW 2015, 2185 = FamRZ 2015, 1180 mit Anm. Mankowski.
27 EuGH 1.3.2018 – C-558/16 (Mahnkopf) = ZEV 2018, 205 mAnm Bandel.
28 Dörner ZEV 2010, 221 (223); Dörner ZEV 2012, 505 (507 f.), Schurig FS Spellenberg 2010 343, 351 f.; Odersky notar 2013, 3 f.; Döbereiner MittBayNot 2013, 358 (359); Rauscher FS Geimer 2017, 529, 535 f.; Rauscher/Hertel EuErbVO Art. 1 Rn. 21; wohl auch Grüneberg/Thorn EuErbVO Art. 1 Rn. 8; ebenfalls in diese Richtung tendierend Dutta FamRZ 2013, 4 (9). Ausführlich hierzu Mankowski ZEV 2014, 121 (125 ff.); Weber DNotZ 2016, 424 (431 ff.); Dutta/Herrler/Dörner EuErbVO, 74, 77 ff.

Ausgleichs folgt keinen spezifisch erbrechtlichen Erwägungen, sondern soll eine konkrete Berechnung des Zugewinnausgleichs gem. §§ 1372 ff. BGB im Interesse des Familienfriedens verhindern.[29] § 1371 Abs. 1 BGB liegen daher ausschließlich güterrechtliche Interessen zugrunde, so dass diese Bestimmung güterrechtlich zu qualifizieren ist. Auch eine güter- *und* erbrechtliche Doppelqualifikation kommt vor diesem Hintergrund nicht in Betracht; die von dieser Ansicht letztlich aufgeworfene Frage nach der **Kombinierbarkeit** des § 1371 Abs. 1 BGB mit einem nach ausländischem Erbstatut begründeten Erbrecht des überlebenden Ehegatten ist methodisch richtigerweise als **Substitutionsproblem** einzuordnen,[30] so dass es insoweit alleine auf eine **funktionelle Gleichwertigkeit** der ausländischen Erbberechtigung ankommt (→ EuErbVO Vor Art. 20–38 Rn. 36). Eine solche ist zumindest dann gegeben, wenn die ausländischen Sachnormen eine spezifisch erbrechtliche Beteiligung an dem Nachlass gewähren, die aus der ehelichen Verbundenheit resultiert und damit jedenfalls im Schwerpunkt[31] weder unterhaltsrechtliche noch güterrechtliche Zwecke verfolgt[32] (sonst unterhaltsrechtliche bzw. güterrechtliche Qualifikation). Ist dies der Fall, kann auch ein ausländischem Recht unterliegendes Erbrecht mit § 1371 Abs. 1 BGB kombiniert werden;[33] hiermit ggf. einhergehende Normwidersprüche sind im Wege der **Anpassung** zu lösen.

20 **Beispiel:**[34] Erblasser hinterlässt Frau und zwei Kinder. Güterstatut ist deutsches Recht, Erbstatut gem. Art. 21 Abs. 2 EuErbVO österreichisches Recht, eine Zuständigkeit deutscher Gerichte ergibt sich aus Art. 4 EuErbVO.

Lösung bei güterrechtlicher Qualifikation von § 1371 Abs. 1 BGB:

Nach österreichischem Recht erbt der Ehegatte neben den beiden Kindern zu 1/3 (§ 757 Abs. 1 ABGB), die restlichen 2/3 teilen sich die beiden Kinder (§ 732 S. 3 ABGB). Lebten die Ehegatten im Güterstand der Zugewinngemeinschaft, ist die österreichischem Recht unterliegende Erbquote gem. § 1371 Abs. 1 BGB um 1/4 zu erhöhen, so dass der Ehegatte 7/12, die Kinder jeweils 5/24 erhalten würden. Problematisch ist indes, dass bei diesem Ergebnis dem überlebenden Ehegatten ein Erbteil zugesprochen wird, den die beiden beteiligten Rechtsordnungen bei jeweils isolierter Entscheidung so nicht zusprechen würden: Nach deutschem Recht ergäbe sich für diesen eine erbrechtliche Beteiligung zu 1/2 (§§ 1931 Abs. 1, 3, § 1371 Abs. 1 BGB), nach österreichischem Recht zu 1/3 (da eine güterrechtliche Erhöhung nicht vorgesehen ist, vgl. §§ 1233, 1237 ABGB). Dieser Fall der Normenhäufung ist methodisch im Wege der Anpassung zu beseitigen, nach vorzugswürdiger Ansicht (→ EuErbVO Vor Art. 20–38 Rn. 29) im Rahmen des Sachrechts,[35] so dass eine quotale Beteiligung des überlebenden Ehegatten an dem Nachlass zwischen 1/3 und 1/2 in Betracht kommt. Um dem ursprünglichen Ergebnis von 7/12 am

---

29 Grüneberg/Brudermüller BGB § 1371 Rn. 1; vgl. auch NK-BGB/Löhnig BGB § 1371 Rn. 1; deutlich nunmehr auch OLG Schleswig ZEV 2014, 93 (94 f.).

30 BGH NJW 2015, 2185 (2187); OLG Schleswig ZEV 2014, 93 (95). Vgl. auch Soergel/Schurig EGBGB Art. 15 Rn. 40; Mankowski ZEV 2016, 479 (483).

31 Dass der ausländischen Regelung ggf. untergeordnete unterhalts- bzw. güterrechtliche Zwecke zugrunde liegen, ist unerheblich, solange diese nicht überwiegen (so treffend Staudinger/Dörner EGBGB Art. 25 Rn. 36 mwN). Erst wenn solche Normzwecke überwiegen, impliziert die fragliche Norm abweichende kollisionsrechtliche Interessen, die zu einer „Disqualifikation" im Hinblick auf die erbrechtlichen Kollisionsnormen führen (auch → EuErbVO Vor Art. 20–38 Rn. 6).

32 BGH NJW 2015, 2185 (2187); LG Mosbach ZEV 1998, 489 (489). Vgl. auch Staudinger/Dörner EGBGB Art. 25 Rn. 36; Grüneberg/Thorn EGBGB Art. 15 Rn. 26; Soergel/Schurig EGBGB Art. 15 Rn. 40 (mit Fn. 69); enger MüKoBGB/Birk, 5. Aufl., EGBGB Art. 25 Rn. 158 (und der Sache nach auch die anderen Vertreter einer „Doppelqualifikation"): Substitution nur, wenn ausländische Erbquote auch der Höhe nach der deutschen Erbquote des gesetzlichen Ehegatten entspricht.

33 Ablehnend MüKoBGB/Birk, 5. Aufl., EGBGB Art. 25 Rn. 158 (nur bei gleichen Erbquoten der Höhe nach); ebenso die anderen Vertreter einer „Doppelqualifikation". Folge dieser Ansicht ist in diesen Fällen ein realer Zugewinnausgleich gem. §§ 1373 ff. BGB, vgl. etwa OLG Stuttgart ZEV 2005, 443 (444).

34 Nach LG Mosbach ZEV 1998, 489; vgl. jedoch andererseits OLG Stuttgart ZEV 2005, 443 (mangels Kombinierbarkeit des § 1371 Abs. 1 mit dem österreichischen Erbstatut realer Zugewinnausgleich über §§ 1373 ff. BGB).

35 Ebenso LG Mosbach ZEV 1998, 489 (490).

weitesten entgegenzukommen (Prinzip des „geringsten Eingriffs", → EuErbVO Vor → Art. 20–38 Rn. 29),[36] ist eine Herabsetzung der Erbquote auf 1/2 vorzuziehen.[37] Im Ergebnis erbt der überlebende Ehegatte daher zu 1/2, die Kinder jeweils zu 1/4.

Lösung bei erbrechtlicher Qualifikation von § 1371 Abs. 1 BGB:

Folgt man demgegenüber dem EuGH und nimmt eine **erbrechtliche Qualifikation von § 1371 Abs. 1 BGB** an, wäre alleine österreichisches Erbrecht zur Bestimmung der Erbquote berufen; der überlebende Ehegatte sowie die beiden Kindern erben damit zu je 1/3. Offen bleibt nach der Entscheidung des EuGH indes die Frage, ob neben der erbrechtlichen Beteiligung zudem ein – dann wiederum deutschem Recht unterliegenden – **Zugewinnausgleich** durchzuführen ist, dies – mangels Anwendbarkeit von § 1371 Abs. 1 BGB – jedoch nicht pauschalisiert, sondern *konkret* im Rahmen einer – aufgrund des Bestehens einer Anpassungslage erforderlichen – **erweiterten Anwendung von § 1371 Abs. 2 Hs. 2 BGB**.[38] Dies wird man zumindest in denjenigen Fällen bejahen müssen, in denen die ausländischem Recht unterliegende Erbquote von keinerlei güterrechtlichen Erwägungen getragen ist. Berücksichtigt die Erbquote indes bereits güterrechtliche Aspekte (sei es, dass diese – entsprechend § 1371 Abs. 1 BGB – bereits erhöht ist, sei es, dass der fraglichen Norm explizit zu entnehmen ist, dass neben der erbrechtlichen Beteiligung kein – pauschaler oder konkreter – Zugewinnausgleich erfolgen soll), wird man dem aufgrund der Entscheidung des EuGH Rechnung tragen, die – somit dem Erbstatut zu entnehmende – „güterrechtliche Sperrwirkung" also beachten und einen konkreten Zugewinnausgleich verwehren müssen. Letzteres dürfte bei § 757 Abs. 1 ABGB (vgl. §§ 1233, 1237 ABGB) der Fall sein, so dass eine (erweiterte) Anwendung von § 1371 Abs. 2 Hs. 2 BGB neben der Anwendung österreichischen Erbrechts auszuscheiden hat. Es bleibt damit in dem Beispielsfall bei dem Ergebnis, dass der überlebende Ehegatte zu 1/3 als Erbe berufen ist; ein (konkreter) Zugewinnausgleich ist nicht durchzuführen.

Folgt man der Auffassung des EuGH und legt eine erbrechtliche Qualifikation zu Grunde, sind nunmehr sämtliche güterrechtliche Bestimmungen, welche die Erbquote pauschalisiert erhöhen, erbrechtlich zu qualifizieren. Folglich können entsprechende Regelungen **ausschließlich über das Erbstatut** zur Anwendung gebracht werden, eine **kumulative Anwendung** entsprechender Vorschriften **über die güterrechtlichen Kollisionsnormen** scheidet a priori aus. Für das **praktische Vorgehen** bedeutet dies zunächst, dass das auf die Rechtsnachfolge von Todes wegen anwendbare Recht nunmehr daraufhin zu untersuchen ist, ob dieses – § 1371 Abs. 1 BGB entsprechende – Vorschriften kennt; ist dies der Fall, sind diese über die erbrechtlichen Kollisionsnormen berufen und folglich anwendbar, unabhängig von dem konkret anwendbaren Güterstatut.

20.1

§ 1371 Abs. 1 BGB kommt demzufolge nur noch zur Anwendung, wenn deutsches Recht Erbstatut ist. Zu beachten ist in diesem Falle, dass die Anwendung von § 1371 Abs. 1 BGB das **Bestehen einer Zugewinngemeinschaft** voraussetzt, so dass **bei Maßgeblichkeit eines ausländischen Güterstatuts geprüft werden muss**, ob der nach ausländischem Recht begründete Güterstand einer Zugewinngemeinschaft iSd deutschen Rechts entspricht. Auch bei dieser Frage handelt es sich um eine Frage der **Substitution**; sie ist zu bejahen, wenn der ausländische Güterstand einer Zugewinngemeinschaft iSd deutschen Rechts funktionell gleichwertig ist. Im Falle einer **Errungenschaftsgemeinschaft** ist dies jedenfalls zu verneinen,[39] so dass in einem solchen Falle kein pauschalisierter Zugewinnausgleich gem. § 1371 Abs. 1 BGB erfolgen kann.

---

36 Vgl. auch Soergel/Schurig EGBGB Art. 15 Rn. 40.
37 LG Mosbach ZEV 1998, 489 (490).
38 Vgl. hierzu auch Bendel ZEV 2018, 207 (208), der jedoch den Zugewinn bei Anwendung ausländischen Erbrechts weiterhin pauschal iHv 1/4 gewähren will, dies „allerdings nicht als Nachlasbeteiligung, sondern als Zahlungsanspruch in dieser Höhe und damit als Nachlassverbindlichkeit für die Erben".
39 OLG Frankfurt ErbR 2021, 47 (56); OLG Hamm ZEV 2019, 343 (346).

21 **5. Abgrenzung Erbstatut und Adoptionsstatut.** Dem Erbstatut obliegt gem. Art. 23 Abs. 2 lit. b EuErbVO die Bestimmung des Kreises der an dem Nachlass berechtigten Personen, so dass dieses auch über die Voraussetzungen eines gesetzlichen Erbrechts des Adoptivkindes zu befinden hat; werden hiernach bestimmte Anforderungen an die rechtliche Ausgestaltung an das durch die Adoption begründete Verwandtschaftsverhältnis gestellt, das als (selbstständig anzuknüpfende) Vorfrage dem nach Art. 22 EGBGB zu bestimmenden Adoptionsstatut unterliegt,[40] stellt sich ggf. ein Substitutionsproblem,[41] das nach den diesbezüglichen Grundsätzen des Erbstatuts zu lösen ist.

22 **6. Abgrenzung Erbstatut und Gesellschaftsstatut.** Abgrenzungsfragen zu dem vom Anwendungsbereich der EuErbVO ebenfalls ausgenommenen Gesellschaftsstatut (Art. 1 Abs. 2 lit. h, j EuErbVO) ergeben sich im Hinblick auf die Vererbung von Gesellschaftsanteilen. **Grundsätzlich gilt:** Das Gesellschaftsstatut entscheidet über das Bestehen und die inhaltliche Ausgestaltung des Anteils sowie über dessen Vererblichkeit (etwa aufgrund einer Fortsetzungs- bzw. Nachfolgeklausel), das Erbstatut hingegen über den Übergang des zu dem Nachlass gehörenden und vom Gesellschaftsstatut vererblich gestellten Gesellschaftsanteils (Art. 23 Abs. 2 lit. e EuErbVO).[42]

23 Besonderheiten bestehen indes bei der Vererbung von Gesellschaftsanteilen an **Personengesellschaften** (GbR, OHG, KG). Die deutsche Rspr. hat diesbezüglich – mittlerweile zu Gewohnheitsrecht erstarkte[43] – materiellrechtliche Grundsätze entwickelt, die unter bestimmten Voraussetzungen zu einer **Sonderrechtsnachfolge** in den Gesellschaftsanteil des Erblassers führen.[44] Die hiermit einhergehende Bildung von – außerhalb des Erbrechts übergehendem – Sondervermögen liegen spezifisch gesellschaftsrechtliche Interessen zugrunde, da einerseits der persönlichkeitsbezogenen Rechtsstellung der Gesellschafter Rechnung getragen wird, andererseits dem gesellschaftsrechtlichen Haftungssystem (unbeschränkte Haftung des persönlich haftenden Gesellschafters, § 128 HGB), das sich mit der Möglichkeit einer vom Erbrecht vorgesehenen Haftungsbeschränkung (§ 2059 BGB) nicht verträgt; diese Grundsätze sind daher ebenfalls unter Geltung der EuErbVO **gesellschaftsrechtlich** zu qualifizieren,[45] auch wenn die Ausgestaltung der Erbfolge grundsätzlich dem Erbstatut unterliegt (→ Rn. 5). Art. 30 EuErbVO stellt insoweit klar, dass Sondervermögen konstituierende Bestimmungen, die aufgrund ihrer spezifischen Sachnormzwecke nicht unter die erbrechtlichen Kollisionsnormen qualifiziert werden können, *neben* dem Erbstatut zur Anwendung zu bringen sind; dass besondere *gesellschaftsrechtliche* Bestimmungen nicht von dieser Kollisionsnorm erfasst werden, liegt alleine in der Herausnahme des Gesellschaftsrechts aus dem Anwendungsbereich der EuErbVO begründet, weswegen diese nicht – wie im Rahmen von Art. 30 EuErbVO – über die kollisionsrechtliche Anwendbarkeit solcher Bestimmungen entscheiden kann (→ EuErbVO Art. 30 Rn. 13).

24 **Beispiel:** Tod eines (persönlich haftenden) Gesellschafters einer Personengesellschaft; Gesellschaftsstatut bildet deutsches Recht, Erbstatut ausländisches Recht.

---

40 Zum alten Recht vgl. etwa MüKoBGB/Helms EGBGB Art. 22 Rn. 37; Soergel/Schurig EGBGB Art. 25 Rn. 28; Soergel/Lüderitz EGBGB Art. 22 Rn. 28 ff.; Kegel/Schurig § 20 XIII 2 c, 974; Kropholler § 51 IV 2 b, 442; BGH NJW 1989, 2197 f.
41 MüKoBGB/Helms EGBGB Art. 22 Rn. 37; Kropholler § 51 IV 2 b, 442.
42 Vgl. auch jurisPK/Eichel EuErbVO Art. 1 Rn. 42; Dörner ZEV 2012, 505 (508); Döbereiner MittBayNot 2013, 358 (360); ausführlich zur Abgrenzung von Gesellschaftsstatut und Erbstatut Leitzen ZEV 2012, 520 ff.
43 Wiedemann JZ 1977, 689 (690 f.).
44 BGH NJW 1957, 180 f.; vgl. hierzu Grüneberg/Weidlich BGB § 1922 Rn. 17; NK-BGB/Kroiß BGB § 1922 Rn. 26.
45 Ebenso Dutta FamRZ 2013, 4 (11); Döbereiner MittBayNot 2013, 358 (364); BeckOK BGB/Loyal EuErbVO Art. 1 Rn. 32; unklar Leitzen ZEV 2012, 520 (521). Zum alten Recht MüKoBGB/Sonnenberger, 5. Aufl., EGBGB Art. 3 a Rn. 23; Soergel/Schurig EGBGB Art. 25 Rn. 76, 89 Fn. 63; Staudinger/Dörner EGBGB Art. 25 Rn. 66; Grüneberg/Thorn EGBGB Art. 25 Rn. 15; Kegel/Schurig § 12 II 2 b aa bbb, 430; aA wohl Erman/Hohloch EGBGB Art. 3 a Rn. 9.

Dem **Gesellschaftsstatut** unterliegt zunächst die Frage, ob eine Gesellschaft bei Tod eines Gesellschafters weiter **besteht bleibt** (bei der GbR grundsätzlich Auflösung der Gesellschaft, sofern keine Fortsetzungsklausel im Gesellschaftsvertrag vereinbart wurde, §§ 727 Abs. 1, 736 BGB; bei der OHG gem. § 131 Abs. 3 Nr. 1 HGB bzw. bei der KG gem. §§ 161 Abs. 2, 131 Abs. 3 Nr. 1 HGB nur Ausscheiden des Gesellschafter), zudem die Frage, welche **weiteren Folgen** mit dem Tod eines Gesellschafters verbunden sind (Anwachsungen und Ausgleichsansprüche gem. § 738 Abs. 1 BGB, Vererblichkeit der Anteile aufgrund von Nachfolgeklauseln im Gesellschaftsvertrag).[46] **Wer Erbe geworden ist,** unterliegt indes dem Erbstatut, die Frage nach einer etwaigen Sonderrechtsnachfolge wiederum dem Gesellschaftsstatut (→ Rn. 23). Sieht der Gesellschaftsvertrag hingegen eine **rechtsgeschäftliche Nachfolgeklausel** vor, liegt ein Vertrag zugunsten Dritter auf den Todesfall vor, dessen Zulässigkeit in erbrechtlicher Hinsicht dem Erbstatut unterliegt (→ Rn. 15); inwieweit eine solche Klausel gesellschaftsrechtlich zulässig ist, entscheidet indes wiederum das Gesellschaftsstatut.

7. Besondere Bestimmungen (Eingriffsnormen). Nicht dem Erbstatut unterfallen sog. Eingriffsnormen, also zivilrechtliche Rechtsfolgen setzende Sachnormen, die überwiegend *öffentlichen* Normzwecken Rechnung tragen, deswegen kollisionsrechtliche Gemeininteressen implizieren und daher nicht unter die herkömmlichen (erbrechtlichen) Kollisionsnormen qualifiziert werden können (näher → EuErbVO Art. 30 Rn. 2). Soweit solche Normen zivilrechtliche Rechtsfolgen vorsehen, welche die Rechtsnachfolge von Todes wegen betreffen, fallen sie in den Anwendungsbereich der EuErbVO (Art. 1 Abs. 1 EuErbVO, → EuErbVO Art. 1 Rn. 5), so dass diese über deren kollisionsrechtliche An- oder Nichtanwendbarkeit entscheiden muss. Sehen solche Bestimmungen Regelungen vor, welche die Rechtsnachfolge von Todes wegen im Hinblick auf bestimmte Vermögenswerte berühren, erfolgt dies im Rahmen von Art. 30 EuErbVO (→ EuErbVO Art. 30 Rn. 3, 5, 14), ansonsten muss eine den konkreten Sachnormzwecken der fraglichen Sachnorm entsprechende Kollisionsnorm modo legislatoris ausgebildet werden. Dies gilt insbesondere für § 14 HeimG, der neben dem Erbstatut anzuwenden ist (→ EuErbVO Art. 30 Rn. 14).

Artikel 24 EuErbVO Verfügungen von Todes wegen außer Erbverträgen

(1) Die Zulässigkeit und die materielle Wirksamkeit einer Verfügung von Todes wegen mit Ausnahme eines Erbvertrags unterliegen dem Recht, das nach dieser Verordnung auf die Rechtsnachfolge von Todes wegen anzuwenden wäre, wenn die Person, die die Verfügung errichtet hat, zu diesem Zeitpunkt verstorben wäre.

(2) Ungeachtet des Absatzes 1 kann eine Person für die Zulässigkeit und die materielle Wirksamkeit ihrer Verfügung von Todes wegen das Recht wählen, das sie nach Artikel 22 unter den darin genannten Bedingungen hätte wählen können.

(3) ¹Absatz 1 gilt für die Änderung oder den Widerruf einer Verfügung von Todes wegen mit Ausnahme eines Erbvertrags entsprechend. ²Bei Rechtswahl nach Absatz 2 unterliegt die Änderung oder der Widerruf dem gewählten Recht.

A. Allgemeines

Art. 24 EuErbVO kodifiziert eine **gesonderte Anknüpfung** hinsichtlich der Zulässigkeit und materiellen Wirksamkeit einer Verfügung von Todes wegen (legaldefiniert in Art. 3 Abs. 1 lit. d EuErbVO), jedoch mit ausdrücklicher Ausnahme von Erbverträgen, die aufgrund ihrer Bindungswirkung der speziellen Kollisionsnorm des Art. 25 EuErbVO unterliegen. Soweit gemeinschaft-

---

46 Leitzen ZEV 2012, 520.

lichen Testamenten eine Bindungswirkung zukommt, unterfallen sie ebenfalls Art. 25 EuErbVO (str., → EuErbVO Art. 25 Rn. 5). Die **formelle Wirksamkeit** einer Verfügung von Todes wegen unterliegt demgegenüber dem nach Art. 27 EuErbVO (bzw. nach Art. 1 HTestformÜ) bestimmten Recht, vgl. dort. Das gem. Art. 24 EuErbVO bestimmte Recht ist **unwandelbar** (auch → Rn. 3, 5); die gesonderte Anknüpfung dient damit in besonderem Maße der Nachlassplanung (vgl. auch Erwägungsgrund 48 S. 1).

B. Regelungsgehalt

I. Anknüpfungsgegenstand

2 Den Anknüpfungsgegenstand von Art. 24 EuErbVO bilden Fragen der **Zulässigkeit und der materiellen Wirksamkeit** einer Verfügung von Todes wegen; welche konkreten Rechtsfragen zur materiellen Wirksamkeit zu zählen sind, konkretisiert die unselbstständige Kollisionsnorm des Art. 26 EuErbVO, vgl. im Einzelnen dort.

II. Anknüpfungen

3 **1. Allgemeine Anknüpfung (Abs. 1).** Art. 24 Abs. 1 EuErbVO knüpft an das **hypothetische Erbstatut** des die Verfügung von Todes wegen errichtenden Erblassers **zum Zeitpunkt der Errichtung** an (sog. Errichtungsstatut);[1] verwiesen wird damit auf Art. 21, 22 EuErbVO, so dass gem. Art. 21 Abs. 1 EuErbVO primär das Recht des gewöhnlichen Aufenthalts (ggf. Gesamtverweisung, Art. 34 Abs. 1 EuErbVO), in Ausnahmefällen auch das über die Ausweichklausel des Art. 21 Abs. 2 EuErbVO bestimmte Recht der engsten Verbindung oder das nach Art. 22 Abs. 1 EuErbVO maßgebliche Recht (soweit eine – zum Errichtungszeitpunkt – wirksame Rechtswahl vorliegt) anzuwenden ist (beides Sachnormverweisungen gem. Art. 34 Abs. 2 EuErbVO).

4 **2. Rechtswahl (Abs. 2).** Art. 24 Abs. 2 EuErbVO gestattet zudem eine **Wahl des Errichtungsstatuts** unter den von Art. 22 EuErbVO aufgestellten Voraussetzungen; gewählt werden kann daher alleine das Recht desjenigen Staates, dem der Erblasser zum Zeitpunkt der Testamentserrichtung angehörte (im Einzelnen → EuErbVO Art. 22 Rn. 4–10). Eine **Teilrechtswahl** hinsichtlich einzelner Aspekte des Errichtungsstatuts ist nach dem Wortlaut des Art. 24 Abs. 2 EuErbVO ausgeschlossen. Die Reichweite einer Rechtswahl (nur Erbstatut, nur Errichtungsstatut oder beides) ergibt sich durch Auslegung derselben, welche nach den Grundsätzen des jeweils gewählten Rechts zu erfolgen hat (Art. 22 Abs. 3 EuErbVO); Unklarheiten sollten indes von vornherein durch eine eindeutige Erklärung des Erblassers beseitigt werden (→ EuErbVO Art. 22 Rn. 20; Formulierungsvorschlag → Rn. 9).

5 Ein **isolierter Widerruf** bzw. eine **isolierte Änderung** einer bereits ausgeübten Wahl des Errichtungsstatuts kommt demgegenüber nach vorzugswürdiger Ansicht nicht in Betracht.[2] Art. 24 Abs. 2 EuErbVO – der die Zulässigkeit einer subjektiven Bestimmung des Errichtungsstatuts abschließend und autonom bestimmt – gestattet nach seinem eindeutigen Wortlaut alleine eine *Rechtswahl*, die gem. Art. 22 EuErbVO terminologisch von einem nachträglichen Widerruf bzw. einer Änderung derselben zu unterscheiden ist, so dass sich die Verweisung des Art. 24 Abs. 2 EuErbVO alleine auf Art. 22 Abs. 1–3 EuErbVO bezieht. Einmal gewählt, ist das Errichtungsstatut daher **unwandelbar** und bestimmt abschließend über die Zulässigkeit und materielle Wirksamkeit der Verfügung von Todes wegen (→ EuErbVO Art. 25 Rn. 10); *deren* Abänderung bzw. Widerruf unterliegt dem nach Art. 24 Abs. 3 EuErbVO bestimmten Recht (→ Rn. 6), wobei ein isolierter Widerruf bzw. eine Änderung der Rechtswahl ggf. – jedoch nach Maßgabe des

---

[1] Vgl. hierzu anschaulich Nordmeier ZErb 2013, 112.

[2] Ebenso Döbereiner MittBayNot 2013, 358 (366). AA Deixler-Hübner/Schauer/Fischer-Czermak EuErbVO Art. 24 Rn. 21.

insoweit anzuwendenden Rechts – als materielle Änderung bzw. Widerruf *des Testaments selbst* zu behandeln ist, soweit ein diesbezüglicher Wille festgestellt werden kann.

III. Änderung oder Widerruf einer Verfügung von Todes wegen (Abs. 3)

Die Zulässigkeit und materielle Wirksamkeit einer Änderung bzw. eines Widerrufs der ursprünglichen Verfügung von Todes wegen unterliegt als neue Verfügung von Todes wegen ebenfalls dem nach Maßgabe der Abs. 1 bzw. 2 bestimmten Rechtsordnung zum Zeitpunkt ihrer jeweiligen Erklärung (Art. 24 Abs. 3 EuErbVO); ob indes die ursprüngliche Verfügung von Todes wegen wirksam abgeändert oder widerrufen werden kann, unterliegt als Frage *ihrer* materiellen Wirksamkeit weiterhin dem auf diese Verfügung von Todes wegen anzuwendenden Recht.[3] Hinsichtlich der Testierfähigkeit ist insoweit Art. 26 Abs. 2 EuErbVO zu beachten, → EuErbVO Art. 26 Rn. 4.

IV. Übergangsrecht

Wurde die Verfügung von Todes wegen vor dem 17.8.2015 errichtet, ist die Übergangsvorschrift des Art. 83 Abs. 3 EuErbVO zu beachten. Nach dieser unterliegt die Beurteilung einer solchen letztwilligen Verfügung nicht alleine den Kollisionsnormen der EuErbVO, sondern alternativ auch den zum Errichtungszeitpunkt geltenden nationalen Kollisionsnormen desjenigen Staates, in welchem der Erblasser seinen letzten gewöhnlichen Aufenthalt hatte, dessen Staatsangehörigkeit er besaß oder dessen Gerichte bzw. Behörden mit der Erbsache befasst sind; näher → EuErbVO Art. 83 Rn. 4.

C. Hinweise für die Praxis

Ist von dem letztwillig Verfügenden ausdrücklich eine isolierte, dh nur die Rechtswirksamkeit der letztwilligen Verfügung betreffende Rechtswahl gewünscht, so kommt folgende Formulierung in Betracht:

▶ Ich bin ausschließlich deutscher Staatsangehöriger und habe meinen derzeitigen gewöhnlichen Aufenthalt in Frankreich. Für Fragen der Rechtswirksamkeit dieses Testaments wähle ich deutsches Recht; eine weitergehende Rechtswahl im Hinblick auf die übrige Rechtsnachfolge von Todes wegen geht mit dieser Erklärung nicht einher. ◀

Artikel 25 EuErbVO   Erbverträge

(1) Die Zulässigkeit, die materielle Wirksamkeit und die Bindungswirkungen eines Erbvertrags, der den Nachlass einer einzigen Person betrifft, einschließlich der Voraussetzungen für seine Auflösung, unterliegen dem Recht, das nach dieser Verordnung auf die Rechtsnachfolge von Todes wegen anzuwenden wäre, wenn diese Person zu dem Zeitpunkt verstorben wäre, in dem der Erbvertrag geschlossen wurde.

(2) Ein Erbvertrag, der den Nachlass mehrerer Personen betrifft, ist nur zulässig, wenn er nach jedem der Rechte zulässig ist, die nach dieser Verordnung auf die Rechtsnachfolge der einzelnen beteiligten Personen anzuwenden wären, wenn sie zu dem Zeitpunkt verstorben wären, in dem der Erbvertrag geschlossen wurde.

Die materielle Wirksamkeit und die Bindungswirkungen eines Erbvertrags, der nach Unterabsatz 1 zulässig ist, einschließlich der Voraussetzungen für seine Auflösung, unterliegen demjenigen unter den in Unterabsatz 1 genannten Rechten, zu dem er die engste Verbindung hat.

---

3 Vgl. auch Grüneberg/Thorn EuErbVO Art. 24 Rn. 5; Nordmeier ZEV 2012, 513 (517f.); Dutta FamRZ 2013, 4 (10).

(3) Ungeachtet der Absätze 1 und 2 können die Parteien für die Zulässigkeit, die materielle Wirksamkeit und die Bindungswirkungen ihres Erbvertrags, einschließlich der Voraussetzungen für seine Auflösung, das Recht wählen, das die Person oder eine der Personen, deren Nachlass betroffen ist, nach Artikel 22 unter den darin genannten Bedingungen hätte wählen können.

A. Allgemeines	1	II. Anknüpfungen	6
B. Regelungsgehalt	3	1. Allgemeine Anknüpfung (Abs. 1, 2)	6
I. Anknüpfungsgegenstand; Begriff des Erbvertrages	3	2. Rechtswahl (Abs. 3)	8
		III. Übergangsrecht	11

A. Allgemeines

1 Art. 25 EuErbVO sieht – in Ergänzung zu Art. 24 EuErbVO – eine weitere **gesonderte Anknüpfung für Erbverträge** im Hinblick auf ihre Zulässigkeit, materielle Wirksamkeit und Bindungswirkung einschließlich der Voraussetzungen für ihre Auflösung vor; hinsichtlich ihrer **Formwirksamkeit** unterliegen Erbverträge dem nach Art. 27 EuErbVO (bzw. nach Art. 1 HTestformÜ) bestimmten Recht, vgl. dort.

2 Inhaltlich differenziert Art. 25 EuErbVO zwischen **einseitigen**, alleine den Nachlass einer einzigen Person betreffenden Erbverträgen (Abs. 1) sowie **mehrseitigen**, den Nachlass mehrerer Personen betreffenden **Erbverträgen** (Abs. 2) und knüpft diese im Hinblick auf ihre materielle Wirksamkeit und Bindungswirkung im Rahmen der objektiven Anknüpfung unterschiedlich an. Art. 25 Abs. 3 EuErbVO gewährt zudem wiederum eine beschränkte, für beide Erbvertragstypen eröffnete Rechtswahlmöglichkeit. Das gem. Art. 25 EuErbVO bestimmte Recht ist **unwandelbar** (auch → Rn. 10); die Anknüpfung dient damit wiederum in besonderem Maße der frühzeitigen Nachlassplanung (vgl. auch Erwägungsgrund 48 S. 1).

B. Regelungsgehalt

I. Anknüpfungsgegenstand; Begriff des Erbvertrages

3 Den Anknüpfungsgegenstand von Art. 25 EuErbVO bilden Fragen der **Zulässigkeit, der materiellen Wirksamkeit und der Bindungswirkung** von Erbverträgen sowie die Voraussetzungen für ihre Auflösung; welche konkreten Rechtsfragen zur materiellen Wirksamkeit zu zählen sind, konkretisiert die unselbstständige Kollisionsnorm des Art. 26 EuErbVO, vgl. im Einzelnen dort.

4 Unter einem **Erbvertrag** sind gem. der Legaldefinition des Art. 3 Abs. 1 lit. b EuErbVO Vereinbarungen, einschließlich einer Vereinbarung aufgrund gegenseitiger Testamente, zu verstehen, die mit oder ohne Gegenleistung *Rechte am künftigen Nachlass* oder künftigen Nachlässen einer oder mehrerer an dieser Vereinbarung beteiligter Personen *begründen, ändern oder entziehen*. Der kollisionsrechtliche Begriff des Erbvertrages ist damit weiter als derjenige des deutschen Sachrechts, er erfasst nicht nur **Erbverträge iSv §§ 2274 BGB**, sondern auch einen **Erb- bzw. Pflichtteilsverzicht**[1] sowie in Ausnahmefällen auch **Schenkungen von Todes** wegen,[2] soweit das jeweilige Erbstatut diese als solche behandelt wissen lassen will (vgl. hierzu und zur – vorzugswürdigen Behandlung von § 2301 BGB – → EuErbVO Art. 23 Rn. 13 mit Fn. 14). Ein Erbvertrag liegt stets dann vor, wenn dieser **Auswirkungen auf die Rechtsnachfolge von Todes wegen** zumindest einer der beteiligten Personen hat; korrespondiert mit einem solchen eine **nichterbrechtlich zu qualifizierende Gegenleistung** („entgeltlicher Erbvertrag"), die (wie im deutschen Recht) Gegenstand eines *eigenständigen* (regelmäßig schuldrechtlich zu qualifizierenden) Vertrags darstellt, unterliegt dieser den insoweit maßgeblichen Kollisionsnormen[3] (bei schuld-

---

1 Grüneberg/Thorn EuErbVO Art. 25 Rn. 2; NK-BGB/Looschelders EuErbVO Art. 25 Rn. 3; vgl. hierzu auch Kroll-Ludwigs notar 2016, 75 (81 f.); ausführlich Weber ZEV 2015, 503 ff.; differenzierend de Barros Fritz ZEV 2020, 199.

2 So nunmehr auch EuGH ZEV 2021, 717.

3 AA wohl Grüneberg/Thorn EuErbVO Art. 25 Rn. 2.

rechtlichen Verträgen also Art. 3 ff. Rom I-VO, wobei – jedenfalls bei unterlassener Rechtswahl – wohl regelmäßig gem. Art. 4 Abs. 3 Rom I-VO akzessorisch an Art. 25 EuErbVO angeknüpft werden kann).[4]

Problematisch ist die kollisionsrechtliche Behandlung von **gemeinschaftlichen Testamenten**, soweit diesen (wie im deutschen Recht gem. §§ 2265 ff. BGB) **Bindungswirkung** zukommen kann. Prima facie scheinen solche Testamente Art. 24 EuErbVO zu unterfallen,[5] welcher alle Verfügungen von Todes wegen mit Ausnahme von Erbverträgen erfasst, gem. Art. 3 Abs. 1 lit. d EuErbVO also gerade auch gemeinschaftliche Testamente, die im Rahmen von Art. 3 Abs. 1 lit. c EuErbVO eigenständig ausschließlich anhand formaler Kriterien (äußere Zusammenfassung ansonsten eigenständiger Testamente in einer Urkunde) definiert werden; eine gesonderte Anknüpfung der Bindungswirkung käme demnach nicht in Betracht, so dass diese Frage dem (wandelbaren) Erbstatut unterläge. Eine solche Ansicht vermag indes nicht zu überzeugen. Die – jeweils europarechtlich-autonom auszulegenden, daher nicht an den deutschen sachrechtlichen Kategorien zu orientierenden[6] – Rechtsbegriffe des gemeinschaftlichen Testaments und des Erbvertrags stehen *nicht* in einem Ausschließlichkeitsverhältnis, sondern überschneiden sich,[7] wie insbesondere das deutsche **Ehegattentestament** gem. §§ 2265 ff. BGB zeigt: Dieses kann ein gemeinschaftliches Testament iSv Art. 3 Abs. 1 lit. c EuErbVO darstellen, soweit es in einer einzigen Urkunde verfasst ist, muss es aber nicht (§ 2267 BGB stellt insoweit nur eine Formerleichterung dar);[8] es kann zusätzlich auch einen (ausdrücklich auch Vereinbarungen aufgrund gegenseitiger Testamente miteinbeziehenden) Erbvertrag iSv Art. 3 Abs. 1 lit. b EuErbVO darstellen (soweit es wechselbezügliche, also auf dem gemeinsamen Willen der Ehegatten basierende korrespektive Verfügungen vorsieht,[9] die zu einer Bindungswirkung führen und damit den Nachlass betreffen),[10] muss es aber ebenso wenig (§ 2270 BGB). Dies macht deutlich: Für eine Abgrenzung der Art. 24, 25 EuErbVO, die ausschließlich materielle Aspekte einer Verfügung von Todes wegen zum Gegenstand haben, taugt das Begriffspaar Erbvertrag/gemeinschaftliches Testament nicht und sollte es wohl auch nicht: Denn zu Recht wird darauf hingewiesen, dass der Begriff des gemeinschaftlichen Testaments im Rahmen der EuErbVO alleine im Zusammenhang mit dem (in Art. 27 EuErbVO inkorporierten) HTestformÜ Erwähnung findet (Art. 75 Abs. 1 Unterabs. 2),[11] so dass es sich bei Art. 3 Abs. 1 lit. c EuErbVO wohl schlicht um eine **Inkorporation** des (inhaltsgleichen) Art. 4 HTestformÜ handelt, welche keinerlei Bedeutung für die im Rahmen von Art. 24, 25 EuErbVO zu entscheidende Qualifikationsfrage entfalten sollte.[12] Diese Frage ist daher – wie stets – ausschließlich anhand einer kollisionsrechtlichen Interessenanalyse zu entscheiden (näher → EuErbVO Vor Art. 20–38 Rn. 6–12): Soweit gemeinschaftlichen Testamenten Bindungswirkung zukommen kann, implizieren die insoweit maßgeblichen Sachnormen *dieselben* kollisionsrechtlichen Interessen, die im Rahmen von Art. 25 EuErbVO zu einer gesonderten Anknüpfung der Bindungswirkungen (Abs. 1) und – bei Auswirkungen auf die Rechtsnachfolge mehrerer beteiligter Personen – zu einer kumulativen Anknüpfung der Zulässigkeitsvoraussetzungen sowie zu einer einheitlichen Anknüpfung der materiellen Wirksamkeitsvoraussetzungen und Bindungswirkungen führen. Maßgebliches Qualifikationskriterium ist damit stets die **Bindungswirkung** gegenseitiger, auf einem gemeinschaftlichen Willen beruhender Verfügungen von Todes wegen: Soweit eine solche zu bejahen ist, sind die insoweit maßgeblichen Sachnormen unter Art. 25 EuErbVO zu qualifizieren, unabhängig davon, ob

---

4 Ähnlich Nordmeier ZEV 2013, 117 (119) (anscheinend jedoch einschränkend auf solche Fälle, in denen die Gegenleistung des Erbvertrages nur von geringer Bedeutung ist).
5 So etwa Nordmeier ZEV 2013, 117 (120); Nordmeier ZEV 2012, 513 (514); ebenso Simon/Buschbaum NJW 2012, 2393 (2396).
6 Dies in dem Zusammenhang besonders betonend Lechner NJW 2013, 26 f.; ebenso Dutta FamRZ 2013, 4 (9) Fn. 50; Grüneberg/Thorn EuErbVO Art. 25 Rn. 3.
7 Ausführlich Lehmann ZErb 2013, 25 (26 f.); Dutta FamRZ 2013, 4 (9) Fn. 50; Grüneberg/Thorn EuErbVO Art. 25 Rn. 3.
8 NK-BGB/Radlmayr BGB § 2267 Rn. 1.
9 NK-BGB/Müßig BGB § 2270 Rn. 4.
10 So insbesondere Lechner NJW 2013, 26 f.
11 Wilke RIW 2012, 601 (606) Fn. 63; Grüneberg/Thorn EuErbVO Art. 25 Rn. 3.
12 Grüneberg/Thorn EuErbVO Art. 25 Rn. 3.

die Verfügungen von Todes wegen formal in einer Testamentsurkunde zusammengefasst sind oder nicht; fehlt es an einer materiellen Bindungswirkung, bleibt es bei der Anwendung der allgemeinen Kollisionsnorm des Art. 24 EuErbVO.[13]

II. Anknüpfungen

6   **1. Allgemeine Anknüpfung (Abs. 1, 2).** Soweit ein **einseitiger**, also nur den Nachlass einer einzigen Person betreffender **Erbvertrag** vorliegt, erklärt Art. 25 Abs. 1 EuErbVO das **hypothetische Erbstatut** dieser Person **zum Zeitpunkt des Vertragsschlusses** für maßgeblich; verwiesen wird damit – ebenso wie im Rahmen von Art. 24 Abs. 1 EuErbVO – auf Art. 21 Abs. 1, 2[14] sowie Art. 22 EuErbVO, vgl. im Einzelnen → EuErbVO Art. 24 Rn. 3.

7   Betrifft der Erbvertrag hingegen den Nachlass mehrerer am Erbvertrag beteiligter Personen (**mehrseitiger Erbvertrag**), so ist zu differenzieren: Hinsichtlich der Frage nach der **Zulässigkeit des Erbvertrags** beruft Art. 25 Abs. 2 UnterAbs. 1 EuErbVO aus Schutzgründen **kumulativ** das hypothetische Erbstatut (wiederum zum Zeitpunkt des Vertragsschlusses) eines jeden Beteiligten zur Anwendung, dessen Nachlass durch den Erbvertrag *betroffen* ist;[15] ist der Erbvertrag nur nach einer der insoweit anzuwendenden Rechtsordnungen unzulässig, ist dieser als Ganzes unwirksam. Demgegenüber unterliegen die Fragen nach der **materiellen Wirksamkeit und Bindungswirkung** des Erbvertrages einschließlich der **Voraussetzungen seiner Auflösung** gemäß Art. 25 Abs. 2 UnterAbs. 2 EuErbVO nur *einer* der gem. UnterAbs. 1 zu bestimmenden Rechtsordnungen, nämlich derjenigen Rechtsordnung, zu welcher der *Erbvertrag* die engste Verbindung hat. Für die im Rahmen von UnterAbs. 2 ggf. zu treffende Auswahlentscheidung dürften daher – neben einem *gemeinsamen* gewöhnlichen Aufenthalt oder einer *gemeinsamen* Staatsangehörigkeit – in erster Linie die mit dem Vertragsschluss einhergehenden Umstände maßgeblich sein (allen voran der Ort des Vertragsschlusses, insbesondere bei beurkundungsbedürftigen letztwilligen Verfügungen),[16] zudem auch Umstände, die sich aus dem Vertragsinhalt selbst ergeben (Umfang der jeweiligen Verpflichtung, Belegenheit durch den Erbvertrag ausschließlich betroffener Nachlassgegenstände etc).

8   **2. Rechtswahl (Abs. 3).** Ebenso wie Art. 24 Abs. 2 EuErbVO gewährt auch Art. 25 Abs. 3 EuErbVO eine **beschränkte Rechtswahlmöglichkeit** unter den von Art. 22 EuErbVO genannten Bedingungen (vgl. im Einzelnen dort), unabhängig davon, ob ein einseitiger oder mehrseitiger Erbvertrag geschlossen wurde. Gewählt werden kann aufgrund des Verweises auf Art. 22 EuErbVO alleine das **Heimatrecht** derjenigen Person, deren Nachlass von dem Erbvertrag betroffen wird; liegt ein mehrseitiger Erbvertrag vor, erstreckt sich die Rechtswahlmöglichkeit auf das Heimatrecht einer *jeden* Person, deren Nachlass durch die Verfügung von Todes wegen betroffen wird, was bei Mehrstaatern zu einer großen Auswahlmöglichkeit führen kann; maßgeblich ist wiederum stets der Zeitpunkt des Vertragsschlusses.

---

13 Ebenso Lechner NJW 2013, 26 (27); BGH NJW 2021, 1159 (1160); OLG München FGPrax 2020, 283 (285). – Für eine erbvertragliche Qualifikation gemeinschaftlicher Testamente auch Grüneberg/Thorn, EuErbVO Art. 25 Rn. 3; NK-BGB/Looschelders EuErbVO Art. 25 Rn. 3; Burandt/Rojahn/Burandt, EuErbVO Art. 25 Rn. 2; Döbereiner MittBayNot 2013, 437 (439); ausführlich Kroll-Ludwigs notar 2016, 75 (79 ff.); in diese Richtung tendierend ebenso Odersky notar 2013, 3 (8); vgl. auch Dutta FamRZ 2013, 4 (9) (entsprechende Anwendung von Art. 25 EuErbVO, „wenn man eine wechselbezügliche Verfügung nach deutschem Recht nicht ohnehin als Erbvertrag im Sinne der Verordnung [...] qualifiziert").

14 Angesichts des eindeutigen Wortlauts von Art. 25 Abs. 1 EuErbVO findet selbstverständlich auch die Ausweichklausel des Art. 21 Abs. 2 EuErbVO Anwendung; dies problematisierend, im Ergebnis jedoch ebenfalls bejahend Nordmeier ZErb 2013, 112 (113 f.).

15 Vgl. zu dieser Einschränkung auch Nordmeier ZErb 2013, 112 (113).

16 Simon/Buschbaum NJW 2012, 2393 (2396); ebenso NK-BGB/Looschelders EuErbVO Art. 25 Rn. 15; Grüneberg/Thorn EuErbVO Art. 25 Rn. 6; Nordmeier ZErb 2013, 112 (115).

Die Rechtswahl im Rahmen von Art. 25 Abs. 3 EuErbVO ist ausweislich seines Wortlauts stets eine **gemeinsame Rechtswahl**[17] („können die Parteien [...] wählen"), so dass das für die Beurteilung der materiellen Wirksamkeit einer solchen maßgebliche (gewählte) Recht auch (abweichend von Art. 22 Abs. 3 EuErbVO) darüber befinden muss, ob eine *gemeinsame* Rechtswahl (ggf. konkludent)[18] getroffen wurde. Sofern die Rechtswahl wirksam ist, bezieht sie sich stets auf *alle* von Art. 25 EuErbVO erfassten materiellen Aspekte des Erbvertrages, also auf seine Zulässigkeit, seine materielle Wirksamkeit, seine Bindungswirkung sowie auf die Voraussetzungen seiner Auflösung; eine diesbezügliche **Teilrechtswahl** ist folglich **ausgeschlossen**.[19] 9

Ein **isolierter Widerruf** bzw. eine **isolierte Änderung** der gemeinsamen Rechtswahl kommt hingegen – ebenso wie im Rahmen von Art. 24 Abs. 2 EuErbVO (→ EuErbVO Art. 24 Rn. 5) – *nicht* in Betracht:[20] Auch Art. 25 Abs. 3 EuErbVO gestattet nach seinem eindeutigen Wortlaut[21] alleine eine *Rechtswahl*, nicht jedoch zugleich einen (gem. Art. 22 EuErbVO terminologisch hiervon zu unterscheidenden) Widerruf bzw. eine Änderung einer bereits ausgeübten Wahl des Errichtungsstatuts,[22] so dass die Verweisung des Art. 25 Abs. 3 EuErbVO ebenfalls alleine auf Art. 22 Abs. 1–3 EuErbVO bezogen ist. Eine Auslegung gegen diesen Wortlaut kommt bereits deswegen nicht in Betracht, da die Zulässigkeit einer (isolierten) nachträglichen Abänderung der Rechtswahl nicht nur zu einer (nachträglichen) Unwirksamkeit des wirksam errichteten Erbvertrages führen kann (bspw. bei nunmehriger Maßgeblichkeit einer Rechtsordnung mit diesbezüglichen materiellen Verbotsnormen), sondern auch die wirksam entstandenen Bindungswirkungen untergehen lassen könnte. Ein solches Ergebnis lässt sich auch nicht mit dem dahin gehenden Hinweis rechtfertigen, dass ein derartiger Widerruf bzw. eine Änderung von den beteiligten Parteien *gemeinsam* getroffen werden müsste:[23] Zumindest eine Partei ist durch den wirksamen Abschluss eines Erbvertrages in ihrer Privatautonomie (Testierfreiheit) beschränkt, so dass ein *sachrechtliche Wertungen verwirklichendes* IPR (→ EuErbVO Vor Art. 20–38 Rn. 5) diese materiellrechtliche Entscheidung durch Gewährung von Parteiautonomie nicht konterkarieren kann. Ein einmal gewähltes Errichtungsstatut ist daher **unwandelbar** und bestimmt abschließend über die Zulässigkeit, materielle Wirksamkeit, Bindungswirkung sowie die Auflösungsvoraussetzungen eines Erbvertrages. 10

III. Übergangsrecht

Wurde der Erbvertrag vor dem 17.8.2015 errichtet, ist die Übergangsvorschrift des Art. 83 Abs. 3 EuErbVO zu beachten. Nach dieser unterliegt die Beurteilung einer solchen letztwilligen Verfügung nicht alleine den Kollisionsnormen der EuErbVO, sondern alternativ auch den zum Errichtungszeitpunkt geltenden nationalen Kollisionsnormen desjenigen Staates, in welchem der Erblasser seinen letzten gewöhnlichen Aufenthalt hatte, dessen Staatsangehörigkeit er besaß oder dessen Gerichte bzw. Behörden mit der Erbsache befasst sind; näher → EuErbVO Art. 83 Rn. 4. 11

---

17 Grüneberg/Thorn EuErbVO Art. 25 Rn. 7; Nordmeier ZErb 2013, 112 (115 f.).
18 Vgl. hierzu Nordmeier ZErb 2013, 112 (117).
19 Ebenso Grüneberg/Thorn EuErbVO Art. 25 Rn. 7; Nordmeier ZErb 2013, 112 (116 f.).
20 AA Nordmeier ZErb 2013, 117 f.; Leitzen ZEV 2013, 128 (130); vgl. auch Odersky notar 2013, 3 (8) (Frage nach der Bindungswirkung einer Rechtswahl „ist wohl nicht autonom aus der Verordnung zu entwickeln, sondern wird man für die materielle Wirksamkeit gewählten Recht unterstellen, da dieses auch über den Umfang der Bindungswirkung entscheidet".
21 Anders Nordmeier ZErb 2013, 117 f. Fn. 53, der jedoch einräumt, dass der Wortlaut des Art. 25 Abs. 3 EuErbVO wenigstens „höchst andeutungsweise" durch Verwendung des – auch in anderen Sprachfassungen gebrauchten – grammatikalischen Irrealis („hätte wählen können") auf den Errichtungszeitpunkt als maßgeblichen Zeitpunkt für die Rechtswahl abstellt. Da eine nachträgliche Rechtswahl somit ausgeschlossen ist, findet sie aus diesem Grund – anders als im Rahmen der Rom I-VO (vgl. Art. 3 Abs. 2 Rom I-VO) – keine Erwähnung in der EuErbVO.
22 Vgl. insoweit auch die anderen Sprachfassungen der EuErbVO.
23 Insoweit zutreffend Nordmeier ZErb 2013, 117 f.

Artikel 26 EuErbVO Materielle Wirksamkeit einer Verfügung von Todes wegen

(1) Zur materiellen Wirksamkeit im Sinne der Artikel 24 und 25 gehören:
a) die Testierfähigkeit der Person, die die Verfügung von Todes wegen errichtet;
b) die besonderen Gründe, aufgrund deren die Person, die die Verfügung errichtet, nicht zugunsten bestimmter Personen verfügen darf oder aufgrund deren eine Person kein Nachlassvermögen vom Erblasser erhalten darf;
c) die Zulässigkeit der Stellvertretung bei der Errichtung einer Verfügung von Todes wegen;
d) die Auslegung der Verfügung;
e) Täuschung, Nötigung, Irrtum und alle sonstigen Fragen in Bezug auf Willensmängel oder Testierwillen der Person, die die Verfügung errichtet.

(2) Hat eine Person nach dem nach Artikel 24 oder 25 anzuwendenden Recht die Testierfähigkeit erlangt, so beeinträchtigt ein späterer Wechsel des anzuwendenden Rechts nicht ihre Fähigkeit zur Änderung oder zum Widerruf der Verfügung.

A. Allgemeines

1 Die unselbstständige Kollisionsnorm des Art. 26 Abs. 1 EuErbVO bestimmt, welche Rechtsfragen zu der **materiellen Wirksamkeit** iSd Art. 24 und 25 EuErbVO zu zählen sind; sie ist *nicht abschließend* und muss ggf. mittels einer kollisionsrechtlichen Interessenprüfung näher konkretisiert werden (→ EuErbVO Vor Art. 20–38 Rn. 6–9, 12). Zudem enthält Art. 26 Abs. 2 EuErbVO eine Sonderregelung hinsichtlich der Testierfähigkeit bei Änderung oder Widerruf der letztwilligen Verfügung im Falle eines **Statutenwechsels**.

B. Regelungsgehalt

I. Materielle Wirksamkeit (Abs. 1)

2 Zur materiellen Wirksamkeit iSd Art. 24 und 25 EuErbVO gehören insbesondere
- gem. lit. a die **Testierfähigkeit** der letztwillig verfügenden Person (bei Statutenwechsel ist Abs. 2 zu beachten),
- gem. lit. b die besonderen Gründe, aufgrund derer die letztwillig verfügende Person nicht zugunsten bestimmter Personen verfügen oder aufgrund derer eine Person kein Nachlassvermögen vom Erblasser erhalten darf, also **Testier- und Erbverbote** (etwa §§ 2249 Abs. 1 S. 3, 2250 Abs. 3 S. 2 BGB), soweit sie nicht (wie § 14 HeimG, → EuErbVO Art. 30 Rn. 14) aufgrund überwiegend öffentlicher Zwecksetzung als Eingriffsnormen zu qualifizieren sind,
- gem. lit. c die **Zulässigkeit der Stellvertretung** bei der Errichtung einer Verfügung von Todes wegen, soweit die entsprechenden Normen *materielle*, nicht nur *formelle* Anforderungen stellen,
- gem. lit. d die **Auslegung der Verfügung** sowie
- gem. lit. e alle Fragen hinsichtlich des Vorhandenseins des **Testierwillens** sowie etwaiger **Willensmängel**, mögen sie auf Täuschung, Nötigung, Irrtum oder sonstigen Gründen beruhen.

3 Soweit einzelne Rechtsordnungen ein **Verbot gemeinschaftlicher Testamente oder Erbverträge** anordnen (so insbesondere die romanischen Rechtsordnungen),[1] das sich nicht gegen die for-

---

[1] So etwa in Italien Art. 458, Art. 589, Art. 635 Cc (vgl. NK-BGB/Frank Länderbericht Italien Rn. 60; auch Grüneberg/Thorn EGBGB Art. 25 Rn. 14; Soergel/Schurig EGBGB Art. 26 Rn. 23); in Frankreich möglicherweise Art. 968, Art. 1130 Cc (vgl. NK-BGB/Frank Länderbericht Frankreich Rn. 75 ff.; als Formvorschrift qualifizierend demgegenüber Grüneberg/Thorn EGBGB Art. 25 Rn. 14; in diese Richtung auch Soergel/Schurig EGBGB Art. 26 Rn. 23 jeweils mwN).

male Zusammenfassung in einer Urkunde (diese unterfallen als Formfrage dem Formstatut, → EuErbVO Art. 27 Rn. 11), sondern gegen die *Bindungswirkung* als solche richtet, handelt es sich nach der von Art. 24, 25 EuErbVO gewählten Terminologie um eine Frage der **Zulässigkeit** einer letztwilligen Verfügung, die ohne Rückgriff auf Art. 26 EuErbVO unmittelbar von den genannten Kollisionsnormen erfasst wird (vgl. den jeweiligen Wortlaut von Art. 24, 25 EuErbVO).

II. Testierfähigkeit bei Statutenwechsel (Abs. 2)

Art. 26 Abs. 2 EuErbVO bestimmt, dass eine einmal erlangte Testierfähigkeit trotz späteren Wechsels des anzuwendenden Rechts erhalten bleibt, soweit es um die **Änderung** oder den **Widerruf** einer *bereits errichteten* Verfügung von Todes wegen geht. Diese unterliegt als neue Verfügung von Todes wegen dem *zum Zeitpunkt ihrer Errichtung* gem. Art. 24, 25 EuErbVO maßgeblichen Recht (→ EuErbVO Art. 24 Rn. 3, → EuErbVO Art. 25 Rn. 6), so dass bei einem zwischenzeitlichen Statutenwechsel eine (seitens des ursprünglichen Errichtungsstatuts gestattete) Abänderung der früheren Verfügung von Todes wegen ohne die Regelung des Art. 26 Abs. 2 EuErbVO nicht möglich wäre, wenn das neue Errichtungsstatut die Testierfähigkeit verneint. Voraussetzung für den Erhalt einer einmal erlangten Testierfähigkeit ist jedoch stets, dass von dieser *konkret Gebrauch gemacht* worden ist; anders als Art. 26 Abs. 5 S. 2 EGBGB aF[2] schützt Art. 26 Abs. 2 EuErbVO somit nur das *konkrete Vertrauen* in die Abänderbarkeit einer errichteten Verfügung von Todes wegen im Hinblick auf die Testierfähigkeit.[3]

4

Artikel 27 EuErbVO Formgültigkeit einer schriftlichen Verfügung von Todes wegen

(1) Eine schriftliche Verfügung von Todes wegen ist hinsichtlich ihrer Form wirksam, wenn diese:

a) dem Recht des Staates entspricht, in dem die Verfügung errichtet oder der Erbvertrag geschlossen wurde,

b) dem Recht eines Staates entspricht, dem der Erblasser oder mindestens eine der Personen, deren Rechtsnachfolge von Todes wegen durch einen Erbvertrag betroffen ist, entweder im Zeitpunkt der Errichtung der Verfügung bzw. des Abschlusses des Erbvertrags oder im Zeitpunkt des Todes angehörte,

c) dem Recht eines Staates entspricht, in dem der Erblasser oder mindestens eine der Personen, deren Rechtsnachfolge von Todes wegen durch einen Erbvertrag betroffen ist, entweder im Zeitpunkt der Errichtung der Verfügung oder des Abschlusses des Erbvertrags oder im Zeitpunkt des Todes den Wohnsitz hatte,

d) dem Recht des Staates entspricht, in dem der Erblasser oder mindestens eine der Personen, deren Rechtsnachfolge von Todes wegen durch einen Erbvertrag betroffen ist, entweder im Zeitpunkt der Errichtung der Verfügung oder des Abschlusses des Erbvertrags oder im Zeitpunkt des Todes seinen/ihren gewöhnlichen Aufenthalt hatte, oder

e) dem Recht des Staates entspricht, in dem sich unbewegliches Vermögen befindet, soweit es sich um dieses handelt.

Ob der Erblasser oder eine der Personen, deren Rechtsnachfolge von Todes wegen durch einen Erbvertrag betroffen ist, in einem bestimmten Staat ihren Wohnsitz hatte, regelt das in diesem Staat geltende Recht.

---

2 Vgl. nur MüKoBGB/Dutta EGBGB Art. 26 Rn. 19; Soergel/Schurig EGBGB Art. 26 Rn. 29 jeweils mwN.

3 Für eine extensive Auslegung hingegen Grüneberg/Thorn EuErbVO Art. 26 Rn. 2.

(2) ¹Absatz 1 ist auch auf Verfügungen von Todes wegen anzuwenden, durch die eine frühere Verfügung geändert oder widerrufen wird. ²Die Änderung oder der Widerruf ist hinsichtlich ihrer Form auch dann gültig, wenn sie den Formerfordernissen einer der Rechtsordnungen entsprechen, nach denen die geänderte oder widerrufene Verfügung von Todes wegen nach Absatz 1 gültig war.

(3) ¹Für die Zwecke dieses Artikels werden Rechtsvorschriften, welche die für Verfügungen von Todes wegen zugelassenen Formen mit Beziehung auf das Alter, die Staatsangehörigkeit oder andere persönliche Eigenschaften des Erblassers oder der Personen, deren Rechtsnachfolge von Todes wegen durch einen Erbvertrag betroffen ist, beschränken, als zur Form gehörend angesehen. ²Das Gleiche gilt für Eigenschaften, welche die für die Gültigkeit einer Verfügung von Todes wegen erforderlichen Zeugen besitzen müssen.

A. Allgemeines	1	4. Belegenheitsort bei unbeweglichem Vermögen (Art. 27 Abs. 1 UAbs. 1 lit. d EuErbVO, Art. 1 Abs. 1 lit. d HTestformÜ)	8
B. Regelungsgehalt	3		
I. Formwirksamkeit schriftlicher Verfügungen von Todes wegen (Abs. 1)	3		
1. Errichtungsort (Art. 27 Abs. 1 UAbs. 1 lit. a EuErbVO, Art. 1 UAbs. 1 lit. a HTestformÜ)	4	II. Änderung oder Widerruf einer Verfügung von Todes wegen (Abs. 2)	9
2. Staatsangehörigkeit des Erblassers (Art. 27 Abs. 1 UAbs. 1 lit. b EuErbVO, Art. 1 Abs. 1 lit. b HTestformÜ)	6	III. Reichweite des Formstatuts (Art. 27 Abs. 3 EuErbVO, Art. 5 HTestformÜ)	11
		IV. Fragen des Allgemeinen Teils	12
3. Wohnsitz und gewöhnlicher Aufenthalt des Erblassers (Art. 27 Abs. 1 UAbs. 1 lit. c, d EuErbVO, Art. 1 Abs. 1 lit. c, d HTestformÜ)	7	C. Mündliche Verfügungen von Todes wegen	13

A. Allgemeines

1 Das für die Formgültigkeit einer schriftlichen Verfügung von Todes wegen (einschließlich ihres Widerrufs bzw. ihrer Änderung) maßgebliche Recht bestimmt Art. 27 EuErbVO; mündliche Verfügungen von Todes wegen sind aus dem Anwendungsbereich der EuErbVO gem. Art. 1 Abs. 2 lit. f. EuErbVO ausgenommen und unterliegen damit den Kollisionsnormen der jeweiligen lex fori (→ EuErbVO Art. 1 Rn. 13). Da Art. 75 Abs. 1 UAbs. 2 EuErbVO indes den Vorrang des ebenfalls Formfragen betreffenden **Haager Übereinkommens über das auf die Form letztwilliger Verfügungen anzuwendende Recht vom 5.10.1961** anordnet, ergibt sich *formal* betrachtet folgende Gemengelage der maßgeblichen Rechtsquellen:

- Soweit der Anwendungsbereich des **HTestformÜ** greift (schriftliche und mündliche¹ Verfügungen von Todes wegen sowie gemeinschaftliche Testamente, vgl. Art. 1 Abs. 1, Art. 4 HTestformÜ), geht dieses der EuErbVO vor, so dass
- **Art. 27 EuErbVO** aus deutscher Sicht letztlich alleine für Formfragen *schriftlicher* Erbverträge sowie Erbverzichte anzuwenden ist.
- Für *mündliche* Erbverträge und Erbverzichte bleibt es hingegen mangels Eröffnung des Anwendungsbereichs des HTestformÜ und der EuErbVO bei der Geltung des **nationalen Kollisionsrechts**, welches diese jedoch ebenfalls – kraft autonomer Verweisung – der Regelung des Art. 27 EuErbVO unterstellt (Art. 26 Abs. 2 EGBGB).

2 In *materieller* Hinsicht inkorporiert Art. 27 EuErbVO die maßgeblichen Bestimmungen des HTestformÜ, so dass Art. 27 EuErbVO bereits nach seinem Sinn und Zweck (vgl. Erwägungsgrund 52 S. 1) entsprechend dem Haager Übereinkommen auszulegen, also diesem letztlich in-

---

1 Einen Vorbehalt gem. Art. 10 HTestformÜ hat Deutschland nicht eingelegt.

haltsgleich ist. Da die Vorrangfrage *inhaltsgleicher* Bestimmungen bei Lichte betrachtet reine Formalität darstellt, kann bei der Rechtsanwendung daher jedenfalls aus Vereinfachungsgründen unmittelbar auf Art. 27 EuErbVO zurückgegriffen werden.[2] Zu beachten ist jedoch, dass für Verfügungen von Todes wegen, die nicht in den Anwendungsbereich der EuErbVO fallen – also *mündliche* Verfügungen von Todes wegen – zusätzlich die besondere (nationale) Regelung des Art. 26 Abs. 1 EGBGB greift, die eine weitere, neben Art. 27 EuErbVO tretende alternative Anknüpfung des Formstatuts für letztwillige Verfügungen (jedoch mit Ausnahme von *mündlichen* Erbverträgen sowie Erbverzichten, die von Art. 26 Abs. 2 EGBGB erfasst werden) vorsieht (→ Rn. 13 f.; zudem → EuErbVO Vor Art. 20–38 Rn. 70). Daher werden **von dem Regelungsgehalt des Art. 27 EuErbVO vorbehaltslos nur Verfügungen von Todes wegen mit Ausnahme mündlicher letztwilliger Verfügungen erfasst.**

B. Regelungsgehalt
I. Formwirksamkeit schriftlicher Verfügungen von Todes wegen (Abs. 1)

Art. 27 Abs. 1 UAbs. 1 EuErbVO sieht *alternative* Anknüpfungen des Formstatuts vor, um die Formwirksamkeit testamentarischer Verfügungen zu begünstigen (sog. favor testamenti); eine Verfügung von Todes wegen (gem. der Legaldefinition des Art. 3 Abs. 1 lit. d EuErbVO: Testamente, gemeinschaftliche Testamente sowie Erbverträge) ist daher bereits dann formwirksam, wenn eine der gem. Art. 27 Abs. 1 UAbs. 1 EuErbVO anwendbaren Rechtsordnungen zur Formwirksamkeit einer solchen gelangt.

1. Errichtungsort (Art. 27 Abs. 1 UAbs. 1 lit. a EuErbVO, Art. 1 UAbs. 1 lit. a HTestformÜ). Art. 27 Abs. 1 UAbs. 1 lit. a EuErbVO (Art. 1 Abs. 1 lit. a HTestformÜ) sieht zunächst eine Anknüpfung an denjenigen Ort vor, an welchem die Verfügung errichtet oder der Erbvertrag geschlossen wurde. Unter dem **Errichtungsort** ist der Ort zu verstehen, an dem das Testament angefertigt wurde, bei sukzessiver Testamentserrichtung mit Berührung zu mehreren Staaten (Beginn der Anfertigung des Testaments in Staat X, Vollendung des Testaments durch Unterzeichnung in Staat Y) ist der Ort maßgeblich, an dem das Testament (regelmäßig durch Unterschrift) abgeschlossen, also vollendet wurde.[3]

Hinsichtlich Erbverträge knüpft Art. 27 Abs. 1 UAbs. 1 lit. a EuErbVO an den **Abschlussort des Erbvertrages** an; soweit die insoweit beteiligten Personen ihre rechtserhebliche Erklärung in verschiedenen Staaten abgegeben, ist der Erbvertrag im Hinblick auf die von Art. 27 Abs. 1 UAbs. 1 EuErbVO bezweckte Formerleichterung (entsprechend Art. 27 Abs. 1 UAbs. 1 lit. b EuErbVO) bereits dann als formwirksam zu betrachten, wenn er den Formerfordernissen *einer* der beteiligten Rechtsordnungen genügt.[4]

2. Staatsangehörigkeit des Erblassers (Art. 27 Abs. 1 UAbs. 1 lit. b EuErbVO, Art. 1 Abs. 1 lit. b HTestformÜ). Eine schriftliche Verfügung von Todes wegen ist zudem dann formwirksam, wenn sie dem Recht desjenigen Staates entspricht, dem der Erblasser oder mindestens eine der Personen, deren Rechtsnachfolge von Todes wegen durch einen Erbvertrag betroffen ist, entweder im **Zeitpunkt** der Errichtung der Verfügung bzw. des Abschlusses des Erbvertrags oder im Zeitpunkt des Todes angehörte. Maßgebliches Anknüpfungskriterium ist somit die **Staatsangehörigkeit des Erblassers** oder – im Rahmen mehrseitiger erbvertraglicher Verfügungen – die

---

[2] Für das Verhältnis der Kollisionsnormen des HTestformÜ und seiner deutschen Umsetzungsnorm Art. 26 EGBGB auch Soergel/Schurig EGBGB Art. 26 Rn. 3; Kegel/Schurig, § 1 IV 1 a, 12 f.; Grüneberg/Thorn EGBGB Art. 26 Rn. 1. AA MüKoBGB/Dutta, 6. Aufl., EGBGB Art. 26 Rn. 2.

[3] Ebenso BeckOK BGB/Loyal EuErbVO Art. 27 Rn. 9.

[4] AA jedenfalls im Rahmen von Art. 26 EGBGB aF Staudinger/Dörner EGBGB Art. 26 Rn. 43 (Maßgeblichkeit allein des Rechts desjenigen Ortes, an welchem die zum Vertragsschluss führende Annahmeerklärung abgegeben und ggf. beurkundet wurde); noch anders Soergel/Schurig EGBGB Art. 26 Rn. 16 (kumulative Berufung der beteiligten Rechte).

Staatsangehörigkeit jeder an dem Erbvertrag beteiligten Personen (alternative Anknüpfung aufgrund des bezweckten favor testamenti, → Rn. 3). Ist die insoweit maßgebliche Person **staatenlos**, tritt an die Stelle der Staatsangehörigkeit das Recht des schlichten Aufenthalts (vgl. Art. 12 Abs. 1 des weiterhin beachtlichen New Yorker UN-Übereinkommen über die Rechtsstellung der Staatenlosen vom 28.9.1954);[5] handelt es sich bei der betreffenden Person um einen **Flüchtling** iSd Genfer UN-Abkommens über die Rechtsstellung der Flüchtlinge vom 28.7.1951,[6] sind aufgrund des bezweckten favor testamenti sowohl dessen Staatsangehörigkeit als auch dessen schlichter Aufenthalt (vgl. Art. 12 Abs. 1 dieses Übereinkommens) maßgebliche Anknüpfungsmomente iSv Art. 27 Abs. 1 UAbs. 1 lit. b EuErbVO.[7] War die für die jeweilige Anknüpfung relevante Person **Mehrrechtsstaater**, ist alternativ auf jede vorhandene Staatsangehörigkeit abzustellen; eine Beschränkung auf die „effektive" Staatsangehörigkeit kommt vor dem Hintergrund des mit Art. 27 Abs. 1 UAbs. 1 EuErbVO verfolgten favor testamenti ebenfalls nicht in Betracht.[8] Hinsichtlich der Bestimmung der Staatsangehörigkeit → EuErbVO Art. 22 Rn. 7.

7   3. **Wohnsitz und gewöhnlicher Aufenthalt des Erblassers (Art. 27 Abs. 1 UAbs. 1 lit. c, d EuErbVO, Art. 1 Abs. 1 lit. c, d HTestformÜ).** Darüber hinaus ist eine schriftliche Verfügung von Todes wegen formwirksam, wenn sie dem Recht desjenigen Staates entspricht, in dem der Erblasser oder mindestens eine der Personen, deren Rechtsnachfolge von Todes wegen durch einen Erbvertrag betroffen ist, entweder im **Zeitpunkt** der Errichtung der Verfügung oder des Abschlusses des Erbvertrags oder im Zeitpunkt des Todes den **Wohnsitz** (lit. c) oder den **gewöhnlichen Aufenthalt** (lit. d) hatte. Ob ein Wohnsitz in einem bestimmten Staat besteht, unterliegt gem. Art. 27 Abs. 1 UAbs. 2 EuErbVO (Art. 1 Abs. 3 HTestformÜ) dem in diesem Staat geltenden Recht; zum Begriff des gewöhnlichen Aufenthalts → EuErbVO Art. 21 Rn. 4–11.

8   4. **Belegenheitsort bei unbeweglichem Vermögen (Art. 27 Abs. 1 UAbs. 1 lit. d EuErbVO, Art. 1 Abs. 1 lit. d HTestformÜ).** Formgültig sind zuletzt Verfügungen von Todes wegen, welche dem Recht des Belegenheitsstaates von unbeweglichen Vermögensgütern entsprechen, jedoch *nur* hinsichtlich dieser Gegenstände; die Verfügung von Todes wegen kann daher im Hinblick auf anderes Nachlassvermögen unwirksam sein. Art. 27 Abs. 1 S. 1 lit. d EuErbVO (Art. 1 Abs. 1 lit. d HTestformÜ) spricht ebenfalls eine **alternative Anknüpfung** aus, sie darf nicht als (abschließende) lex specialis für unbewegliche Vermögensgegenstände missverstanden werden.[9] Welche Nachlassgegenstände als unbewegliches Vermögen zu qualifizieren sind, unterliegt der lex rei sitae.[10]

II. Änderung oder Widerruf einer Verfügung von Todes wegen (Abs. 2)

9   Soweit eine frühere Verfügung von Todes wegen geändert oder widerrufen wird, unterliegt die Frage nach der **Formwirksamkeit der Änderung bzw. des Widerrufs** ebenfalls der nach Maßgabe des Art. 27 Abs. 1 EuErbVO (Art. 1 UAbs. 1 HTestformÜ) bestimmten Rechtsordnung (Art. 27 Abs. 2 S. 1 EuErbVO, Art. 2 Abs. 1 HTestformÜ). Darüber hinaus ist insoweit zusätzlich das Recht derjenigen Rechtsordnung maßgeblich, nach der die geänderte oder widerrufene

---

5   BGBl. 1976 II 474 (teilweise abgedruckt → EuErbVO Art. 20–38 Rn. 62); bei Vorhandensein eines (nach diesem Übereinkommen gem. dessen Art Vor. 12 Abs. 1 vorrangig zu beachtenden) gewöhnlichen Aufenthalts kann (da inhaltsgleich, → Rn. 2) auch unmittelbar auf Art. 27 Abs. 1 S. 1 lit. d EuErbVO abgestellt werden.

6   BGBl. 1953 II 560 (teilweise abgedruckt → EuErbVO Vor Art. 20–38 Rn. 63); bei Vorhandensein eines (nach diesem Übereinkommen gem. dessen Art. 12 Abs. 1 vorrangig zu beachtenden) gewöhnlichen Aufenthalts kann ebenfalls unmittelbar auf Art. 27 Abs. 1 S. 1 lit. d EuErbVO abgestellt werden.

7   Zu Art. 1 HTestformÜ auch Staudinger/Dörner EGBGB Vorb. Art. 25 f. Rn. 49.

8   Zu Art. 26 EGBGB aF auch Staudinger/Dörner EGBGB Vorb. Art. 25 f. Rn. 49, Art. 26 Rn. 41.

9   BeckOGK/Schmidt EuErbVO Art. 27 Rn. 70; bereits Soergel/Schurig EGBGB Art. 26 Rn. 12; Staudinger/Dörner EGBGB Art. 26 Rn. 46; MüKoBGB/Dutta, 6. Aufl., EGBGB Art. 26 Rn. 58.

10 Soergel/Schurig EGBGB Art. 26 Rn. 12; Staudinger/Dörner EGBGB Art. 26 Rn. 46; MüKoBGB/Dutta, 6. Aufl., EGBGB Art. 26 Rn. 59. AA BeckOGK/Schmidt EuErbVO Art. 27 Rn. 64.

Verfügung von Todes wegen nach Art. 27 Abs. 1 EuErbVO (Art. 1 HTestformÜ) gültig war (Art. 27 Abs. 2 S. 2 EuErbVO, Art. 2 Abs. 2 HTestformÜ).

Beispiel: Ein Deutscher mit gewöhnlichem Aufenthalt in Österreich errichtete dort ein allografes Testament (ein in Anwesenheit von Zeugen von einem Dritten geschriebenes, sodann vom Erblasser eigenhändig unterschriebenes Testament) gem. § 579 ABGB. Begründet der Erblasser sodann seinen neuen gewöhnlichen Aufenthalt in Deutschland, kann der Widerruf des Testaments gem. Art. 27 Abs. 2 S. 2 EuErbVO in § 579 ABGB entsprechender Form erklärt werden. 10

III. Reichweite des Formstatuts (Art. 27 Abs. 3 EuErbVO, Art. 5 HTestformÜ)

Art. 27 Abs. 3 EuErbVO (Art. 5 HTestformÜ) sieht eine das Formstatut konkretisierende (Hilfs-)Kollisionsnorm vor (inhaltsgleich mit Art. 5 HTestformÜ), deren Detailgenauigkeit indes nicht an Art. 23, 26 EuErbVO heranragt und nur einige problematische Fälle ausdrücklich erfasst; die konkrete Qualifikationsfrage muss daher regelmäßig mittels einer teleologischen, den Sinn und Zweck der fraglichen Sachnorm berücksichtigenden kollisionsrechtlichen Interessenanalyse beantwortet werden (→ EuErbVO Vor Art. 20–38 Rn. 6–9, 12). Als **Formvorschriften zu qualifizieren** sind demnach regelmäßig solche Bestimmungen, die eine bestimmte äußere Gestaltung des Rechtsgeschäfts vorschreiben und mit dieser insbesondere eine Warn-, Beweis-, Beratungs- oder Kontrollfunktion verfolgen;[11] sie sind samt ihrer konkreten Rechtsfolgen anzuwenden.[12] Art. 27 Abs. 3 EuErbVO (Art. 5 HTestformÜ) konkretisiert insoweit, dass Bestimmungen, welche die Form letztwilliger Verfügungen von Todes wegen aus Gründen des Alters, der Staatsangehörigkeit oder anderer persönlicher Eigenschaften (Analphabetismus, Blind-, Stumm- oder Taubheit, Geistesschwäche[13] etc) beschränken, grundsätzlich als Formvorschriften qualifiziert werden können, unabhängig davon, ob diese Eigenschaften bei dem Erblasser bzw. einer Person, deren Rechtsnachfolge von Todes wegen durch einen Erbvertrag betroffen ist, oder bei den (für die Gültigkeit einer Verfügung von Todes wegen möglicherweise erforderlichen) Zeugen vorliegen. Die **Testierfähigkeit** einer Person ist demgegenüber materiellrechtlich zu qualifizieren (vgl. Art. 26 Abs. 1 lit. a EuErbVO) und unterliegt damit *nicht* dem Formstatut. **Verbote gemeinschaftlicher Testamente oder Erbverträge** fallen unter das Formstatut, soweit sie zumindest *überwiegend* Formzwecke verfolgen,[14] wie etwa das niederländische Verbot gemeinschaftlicher Testamente (Art. 4:4 Abs. 2 B.W.);[15] richtet sich das Verbot indes gegen die materielle Bindungswirkung als solche (so insbesondere im romanischen Rechtskreis),[16] handelt es sich um eine Frage der materiellen Wirksamkeit, welche dem gem. Art. 25, 26 EuErbVO zu bestimmenden Errichtungsstatut unterliegt. Vgl. hierzu und zu weiteren Abgrenzungsfragen → EuErbVO Art. 26 Rn. 3. 11

IV. Fragen des Allgemeinen Teils

Bei den von Art. 27 EuErbVO ausgesprochenen Verweisungen handelt es sich allesamt gem. Art. 34 Abs. 2 EuErbVO explizit um **Sachnormverweisungen**, so dass etwaige Rück- oder Weiterverweisungen seitens eines ausländischen IPR unbeachtlich sind. Wird auf das Recht eines 12

---

11 Vgl. Staudinger/Dörner EGBGB Vorb. zu Art. 25 f. Rn. 85; ebenso BeckOK BGB/Loyal EuErbVO Art. 27 Rn. 4.
12 Staudinger/Dörner EGBGB Art. 26 Rn. 36, Vorbem. zu Art. 25 f. Rn. 86; Soergel/Schurig EGBGB Art. 26 Rn. 25; vgl. hierzu auch Köhler, 261 f. AA MüKoBGB/Dutta, 6. Aufl., EGBGB Art. 26 Rn. 47 (Erbstatut).
13 Beispiele von Staudinger/Dörner EGBGB Vorb. Art. 25 f. Rn. 87; vgl. auch BeckOGK/Schmidt EuErbVO Art. 27 Rn. 32.
14 Soergel/Schurig EGBGB Art. 26 Rn. 23.

15 Vgl. hierzu NK-BGB/Süß Länderbericht Niederlande Rn. 46 f.
16 So etwa in Italien Art. 458, Art. 589, Art. 635 Cc (vgl. NK-BGB/Frank Länderbericht Italien Rn. 60; auch Grüneberg/Thorn EGBGB Art. 25 Rn. 14; Soergel/Schurig EGBGB Art. 26 Rn. 23); in Frankreich möglicherweise Art. 968, Art. 1130 Cc (vgl. NK-BGB/Frank Länderbericht Frankreich Rn. 75 ff.; als Formvorschrift qualifizierend demgegenüber Grüneberg/Thorn EGBGB Art. 25 Rn. 14; in diese Richtung auch Soergel/Schurig EGBGB Art. 26 Rn. 23 jeweils mwN).

Mehrrechtsstaates verwiesen, ist die maßgebliche Teilrechtsordnung mittels des speziell für die Verweisungen des Art. 27 EuErbVO vorgesehenen, Art. 1 Abs. 2 HTestformÜ inkorporierenden Art. 36 Abs. 3 EuErbVO zu bestimmen. **Vorfragen** sind stets selbstständig anzuknüpfen (→ EuErbVO Vor Art. 20–38 Rn. 20–23); beruft Art. 27 EuErbVO ausländisches Recht zur Anwendung, steht dieses unter dem Vorbehalt des **ordre public** (Art. 35 EuErbVO).

C. Mündliche Verfügungen von Todes wegen

13 Wie bereits sub → Rn. 1 f. ausgeführt, können alle Verfügungen von Todes wegen zumindest mittelbar der Regelung des Art. 27 EuErbVO unterstellt werden. Dies gilt grundsätzlich auch für **mündliche letztwillige Verfügungen von Todes wegen**, wenngleich Art. 26 Abs. 1 EGBGB (Art. 26 Abs. 1 S. 1 Nr. 5 EGBGB aF) insoweit eine **weitere alternative Anknüpfung des Formstatuts** an das Erb- bzw. Errichtungsstatut vorsieht, die *zusätzlich* zu dem von Art. 27 EuErbVO bestimmten Recht zu beachten ist. Bei dieser Anknüpfung handelt es sich gem. Art. 4 Abs. 1 S. 1 EGBGB um eine **Gesamtverweisung**.[17]

14 **Anmerkung:**

Art. 26 Abs. 1 EGBGB erfasst – trotz seines insoweit missverständlichen Wortlauts – **keine schriftlichen Verfügungen von Todes wegen**. Zwar gestattet Art. 3 HTestformÜ den einzelnen Vertragsstaaten den Erlass weiterer, formbegünstigender Alternativanknüpfungen, jedoch sind diese – das HTestformÜ alleine ergänzende – Kollisionsnormen **von nationaler Provenienz**, so dass diese die Öffnungsklausel des – sich expressis verbis ausschließlich auf **Bestimmungen des HTestformÜ** beziehenden – Art. 75 Abs. 1 UAbs. 2 nicht „passieren" können;[18] Art. 26 Abs. 1 EGBGB wird daher insoweit teilweise von Art. 27 EuErbVO derogiert. Ebenso wenig von Art. 26 Abs. 1 EGBGB erfasst werden **mündliche Erbverträge und Erbverzichte**, die als „andere Verfügungen von Todes wegen" gem. Art. 26 Abs. 2 EGBGB ausschließlich dem Regelungsgehalt des Art. 27 EuErbVO unterstellt werden.

Anhang zu Art. 27 EuErbVO: Haager Testamentsformübereinkommen

15 Haager Übereinkommen über das auf die Form letztwilliger Verfügungen anzuwendende Recht[1]

Vom 5. Oktober 1961
(BGBl. 1965 II S. 1145)
– Übersetzung –

DIE UNTERZEICHNERSTAATEN DIESES ÜBEREINKOMMENS –
IN DEM WUNSCHE, gemeinsame Regeln zur Lösung der Frage des auf die Form letztwilliger Verfügungen anzuwendenden Rechtes aufzustellen –
HABEN BESCHLOSSEN; ZU DIESEM ZWECK EIN ÜBEREINKOMMEN ZU SCHLIEßEN; UND DIE FOLGENDEN BESTIMMUNGEN VEREINBART:

Artikel 1 [Gültigkeit der Verfügung]

[1]Eine letztwillige Verfügung ist hinsichtlich ihrer Form gültig, wenn diese dem innerstaatlichen Recht entspricht:

---

17 Zum alten Recht vgl. Staudinger/Dörner EGBGB Art. 26 Rn. 48; Soergel/Schurig EGBGB Art. 26 Rn. 13.
18 Vgl. auch MüKoBGB/Dutta EuErbVO Art. 27 Rn. 7. – AA BeckOGK/Schmidt EuErbVO Art. 27 Rn. 14.

1 Das Übereinkommen ist für Deutschland am 1.1.1966 in Kraft getreten. Authentisch und damit für die Auslegung maßgeblich ist jedoch alleine die französische Sprachfassung, abrufbar unter http://www.hcch.net/upload/conventions/txt11fr.pdf.

a) des Ortes, an dem der Erblasser letztwillig verfügt hat, oder
b) eines Staates, dessen Staatsangehörigkeit der Erblasser im Zeitpunkt, in dem er letztwillig verfügt hat, oder im Zeitpunkt seines Todes besessen hat, oder
c) eines Ortes, an dem der Erblasser im Zeitpunkt, in dem er letztwillig verfügt hat, oder im Zeitpunkt seines Todes seinen Wohnsitz gehabt hat, oder
d) des Ortes, an dem der Erblasser im Zeitpunkt, in dem er letztwillig verfügt hat, oder im Zeitpunkt seines Todes seinen gewöhnlichen Aufenthalt gehabt hat, oder
e) soweit es sich um unbewegliches Vermögen handelt, des Ortes, an dem sich dieses befindet.

²Ist die Rechtsordnung, die auf Grund der Staatsangehörigkeit anzuwenden ist, nicht vereinheitlicht, so wird für den Bereich dieses Übereinkommens das anzuwendende Recht durch die innerhalb dieser Rechtsordnung geltenden Vorschriften, mangels solcher Vorschriften durch die engste Bindung bestimmt, die der Erblasser zu einer der Teilrechtsordnungen gehabt hat, aus denen sich die Rechtsordnung zusammensetzt.
Die Frage, ob der Erblasser an einem bestimmten Ort einen Wohnsitz gehabt hat, wird durch das an diesem Orte geltende Recht geregelt.

Artikel 2 [Gültigkeit bei Widerruf]

¹Artikel 1 ist auch auf letztwillige Verfügungen anzuwenden, durch die eine frühere letztwillige Verfügung widerrufen wird. ²Der Widerruf ist hinsichtlich seiner Form auch dann gültig, wenn diese einer der Rechtsordnungen entspricht, nach denen die widerrufene letztwillige Verfügung gemäß Artikel 1 gültig gewesen ist.

Artikel 3 [Unberührbarkeit bestehender Vorschriften]

Dieses Übereinkommen berührt bestehende oder künftige Vorschriften der Vertragsstaaten nicht, wodurch letztwillige Verfügungen anerkannt werden, die der Form nach entsprechend einer in den vorangehenden Artikeln nicht vorgesehenen Rechtsordnung errichtet worden sind.

Artikel 4 [Anwendbarkeit]

Dieses Übereinkommen ist auch auf die Form letztwilliger Verfügungen anzuwenden, die zwei oder mehrere Personen in derselben Urkunde errichtet haben.

Artikel 5 [Eigenschaften des Erblassers, der Zeugen]

¹Für den Bereich dieses Übereinkommens werden die Vorschriften, welche die für letztwillige Verfügungen zugelassenen Formen mit Beziehung auf das Alter, die Staatsangehörigkeit oder andere persönliche Eigenschaften des Erblassers beschränken, als zur Form gehörend angesehen. ²Das gleiche gilt für Eigenschaften, welche die für die Gültigkeit einer letztwilligen Verfügung erforderlichen Zeugen besitzen müssen.

Artikel 6 [Anwendung bei Nichtstaatsangehörigkeit]

¹Die Anwendung der in diesem Übereinkommen aufgestellten Regeln über das anzuwendende Recht hängt nicht von der Gegenseitigkeit ab. ²Das Übereinkommen ist auch dann anzuwenden, wenn die Beteiligten nicht Staatsangehörige eines Vertragsstaates sind oder das auf Grund der vorangehenden Artikel anzuwendende Recht nicht das eines Vertragsstaates ist

Artikel 7 [Ablehnung der Anwendung bei Unvereinbarkeit mit der öffentlichen Ordnung]

Die Anwendung eines durch dieses Übereinkommen für maßgebend erklärten Rechtes darf nur abgelehnt werden, wenn sie mit der öffentlichen Ordnung offensichtlich unvereinbar ist.

Artikel 8 [Zeitpunkt der Gültigkeit]

Dieses Übereinkommen ist in allen Fällen anzuwenden, in denen der Erblasser nach dem Inkrafttreten des Übereinkommens gestorben ist.

Artikel 9 [Bestimmbarkeit des Wohnsitzes]

Jeder Vertragsstaat kann sich, abweichend von Artikel 1 Absatz 3, das Recht vorbehalten, den Ort, an dem der Erblasser seinen Wohnsitz gehabt hat, nach dem am Gerichtsort geltenden Rechte zu bestimmen.

Artikel 10 [Ablehnung der Anerkennung mündlich errichteter Verfügungen]

Jeder Vertragsstaat kann sich das Recht vorbehalten, letztwillige Verfügungen nicht anzuerkennen, die einer seiner Staatsangehörigen, der keine andere Staatsangehörigkeit besaß, ausgenommen den Fall außergewöhnlicher Umstände, in mündlicher Form errichtet hat.

Artikel 11 [Ablehnung der Anerkennung außerstaatlich errichteter Verfügungen]

¹Jeder Vertragsstaat kann sich das Recht vorbehalten, bestimmte Formen im Ausland errichteter letztwilliger Verfügungen auf Grund der einschlägigen Vorschriften seines Rechtes nicht anzuerkennen, wenn sämtliche der folgenden Voraussetzungen erfüllt sind:
a) Die letztwillige Verfügung ist hinsichtlich ihrer Form nur nach einem Rechte gültig, das ausschließlich aufgrund des Ortes anzuwenden ist, an dem der Erblasser sie errichtet hat,
b) der Erblasser war Staatsangehöriger des Staates, der den Vorbehalt erklärt hat,
c) der Erblasser hatte in diesem Staat einen Wohnsitz oder seinen gewöhnlichen Aufenthalt und
d) der Erblasser ist in einem anderen Staate gestorben als in dem, wo er letztwillig verfügt hatte.

²Dieser Vorbehalt ist nur für das Vermögen wirksam, das sich in dem Staate befindet, der den Vorbehalt erklärt hat.

Artikel 12 [Ausschluss der Anwendung letztwilliger Verfügungen nicht erbrechtlicher Art]

Jeder Vertragsstaat kann sich das Recht vorbehalten, die Anwendung dieses Übereinkommens auf Anordnungen in einer letztwilligen Verfügung auszuschließen, die nach seinem Rechte nicht erbrechtlicher Art sind.

Artikel 13 [Anwendung nach Inkrafttreten im jeweiligen Vertragsstaat]

Jeder Vertragsstaat kann sich, abweichend von Artikel 8, das Recht vorbehalten, dieses Übereinkommen nur auf letztwillige Verfügungen anzuwenden, die nach dessen Inkrafttreten errichtet worden sind.

Artikel 14 [Ratifizierung]

Dieses Übereinkommen liegt für die bei der Neunten Tagung der Haager Konferenz für internationales Privatrecht vertretenen Staaten zur Unterzeichnung auf.
Es bedarf der Ratifizierung; die Ratifikationsurkunden sind beim Ministerium für Auswärtige Angelegenheiten der Niederlande zu hinterlegen.

Artikel 15 [Inkrafttreten]

Dieses Übereinkommen tritt am sechzigsten Tage nach der gemäß Artikel 14 Abs. 2 vorgenommenen Hinterlegung der dritten Ratifikationsurkunde in Kraft.
Das Übereinkommen tritt für jeden Unterzeichnerstaat, der es später ratifiziert, am sechzigsten Tage nach Hinterlegung seiner Ratifikationsurkunde in Kraft.

Artikel 16 [Beitritt]

¹Jeder bei der Neunten Tagung der Haager Konferenz für Internationales Privatrecht nicht vertretene Staat kann diesem Übereinkommen beitreten, nachdem es gemäß Artikel 15 Abs. 1 in Kraft getreten ist. ²Die Beitrittsurkunde ist beim Ministerium für Auswärtige Angelegenheiten der Niederlande zu hinterlegen.
Das Übereinkommen tritt für den beitretenden Staat am sechzigsten Tage nach Hinterlegung seiner Beitrittsurkunde in Kraft.

Artikel 17 [Erklärung der Ausdehnung des Übereinkommens]

¹Jeder Staat kann bei der Unterzeichnung, bei der Ratifizierung oder beim Beitritt erklären, daß dieses Übereinkommen auf alle oder auf einzelne der Gebiete ausgedehnt werde, deren internationale Beziehungen er wahrnimmt. ²Eine solche Erklärung wird wirksam, sobald das Übereinkommen für den Staat, der sie abgegeben hat, in Kraft tritt.
Später kann dieses Übereinkommen auf solche Gebiete durch eine an das Ministerium für Auswärtige Angelegenheiten der Niederlande gerichtete Notifikation ausgedehnt werden.
Das Übereinkommen tritt für die Gebiete, auf die sich die Ausdehnung erstreckt, am sechzigsten Tage nach der in Absatz 2 vorgesehenen Notifikation in Kraft.

Artikel 18 [Erklärung, Zurückziehung von Vorbehalten]

¹Jeder Staat kann spätestens bei der Ratifizierung oder beim Beitritt einen oder mehrere der in den Artikeln 9, 10, 11, 12 und 13 vorgesehenen Vorbehalte erklären. Andere Vorbehalte sind nicht zulässig.
Ebenso kann jeder Vertragsstaat bei der Notifikation einer Ausdehnung des Übereinkommens gemäß Artikel 17 einen oder mehrere dieser Vorbehalte für alle oder einzelne der Gebiete, auf die sich die Ausdehnung erstreckt, erklären.
Jeder Vertragsstaat kann einen Vorbehalt, den er erklärt hat, jederzeit zurückziehen. Diese Zurückziehung ist dem Ministerium für Auswärtige Angelegenheiten der Niederlande zu notifizieren.
Die Wirkung des Vorbehalts erlischt am sechzigsten Tage nach der in Absatz 3 vorgesehenen Notifikation.

Artikel 19 [Geltungsdauer]

Dieses Übereinkommen gilt für die Dauer von fünf Jahren, gerechnet von seinem Inkrafttreten gemäß Artikel 15 Abs. 1, und zwar auch für Staaten, die es später ratifiziert haben oder ihm später beigetreten sind.
Die Geltungsdauer des Übereinkommens verlängert sich, ausser im Falle der Kündigung, stillschweigend um jeweils fünf Jahre.
Die Kündigung ist spätestens sechs Monate, bevor der Zeitraum von fünf Jahren jeweils abläuft, dem Ministerium für Auswärtige Angelegenheiten der Niederlande zu notifizieren.
Sie kann sich auf bestimmte Gebiete, auf die das Übereinkommen anzuwenden ist, beschränken.
[1]Die Kündigung wirkt nur für den Staat, der sie notifiziert hat. [2]Für die anderen Vertragsstaaten bleibt das Übereinkommen in Kraft.

Artikel 20 [Notifizierung]

Das Ministerium für Auswärtige Angelegenheiten der Niederlande notifiziert den in Artikel 14 bezeichneten Staaten sowie den Staaten, die gemäß Artikel 16 beigetreten sind:
a) die Unterzeichnungen und Ratifikationen gemäß Artikel 14;
b) den Tag, an dem dieses Übereinkommen gemäß Artikel 15 Abs. 1 in Kraft tritt;
c) die Beitrittserklärungen gemäß Artikel 16 sowie den Tag, an dem sie wirksam werden;
d) die Erklärungen über die Ausdehnung gemäß Artikel 17 sowie den Tag, an dem sie wirksam werden;
e) die Vorbehalte und Zurückziehungen von Vorbehalten gemäß Artikel 18;
f) die Kündigungen gemäß Artikel 19 Abs. 3.

ZU URKUND DESSEN haben die gehörig bevollmächtigten Unterzeichneten dieses Übereinkommen unterschrieben.
GESCHEHEN in Den Haag, am 5. Oktober 1961, in französischer und englischer Sprache, wobei im Falle von Abweichungen der französische Wortlaut massgebend ist, in einer Urschrift, die im Archiv der Regierung der Niederlande hinterlegt und von der jedem bei der Neunten Tagung der Haager Konferenz für Internationales Privatrecht vertretenen Staat eine beglaubigte Abschrift auf diplomatischem Weg übermittelt wird.
(*Es folgen die Unterschriften*)

Artikel 28 EuErbVO   Formgültigkeit einer Annahme- oder Ausschlagungserklärung

Eine Erklärung über die Annahme oder die Ausschlagung der Erbschaft, eines Vermächtnisses oder eines Pflichtteils oder eine Erklärung zur Begrenzung der Haftung des Erklärenden ist hinsichtlich ihrer Form wirksam, wenn diese den Formerfordernissen entspricht
a) des nach den Artikeln 21 oder 22 auf die Rechtsnachfolge von Todes wegen anzuwendenden Rechts oder
b) des Rechts des Staates, in dem der Erklärende seinen gewöhnlichen Aufenthalt hat.

Art. 28 EuErbVO sieht eine spezielle Kollisionsnorm hinsichtlich der **Formgültigkeit** von Annahme- oder Ausschlagungserklärungen sowie Erklärung zur Beschränkung der Nachlasshaftung vor. Art. 28 lit. a EuErbVO knüpft insoweit akzessorisch an das gem. Art. 21, 22 EuErbVO zu bestimmende **Erbstatut** an, so dass diesem sowohl formelle als auch materielle (→ EuErbVO Art. 23 Rn. 8) Fragen hinsichtlich solcher Erklärungen unterliegen. *Alternativ* erklärt Art. 28 lit. b EuErbVO für Formfragen zudem das Recht des Staates für anwendbar, in dem der Erklärende seinen **gewöhnlichen Aufenthalt** hat (Sachnormverweisung gem. Art. 34 Abs. 2 EuErbVO). Als Formfrage zu qualifizieren ist nach Auffassung des EuGH auch die Ausschlagungsfrist, so dass eine nach dem von Art. 28 lit. b EuErbVO bestimmten Recht fristgemäß abgegebene Erklärung auch dann (form-)wirksam ist, wenn die Ausschlagungsfrist nach dem Erbstatut bereits abgelaufen ist.[1] 1

Besonderheiten bestehen zudem bei einer **Erklärung zur Beschränkung der Nachlasshaftung**: Soweit das Erbstatut diesbezüglich ein **besonderes Verfahren** anordnet (etwa ein Verfahren zur Inventarerrichtung), unterliegen auch die formellen Voraussetzungen für im Rahmen eines sol-

---

1   EuGH ZEV 2022, 521 mAnm Leipold.

chen Verfahrens abzugebende Erklärungen ausschließlich dem Erbstatut, → EuErbVO Art. 23 Rn. 8.

2 Art. 28 EuErbVO ergänzt in kollisionsrechtlicher Hinsicht die Zuständigkeitsbestimmung des Art. 13 EuErbVO und gewährleistet, dass die erfassten Erklärungen stets *auch* nach denjenigen Formvorschriften abgegeben werden können, die in dem Staat des für die Entgegennahme solcher Erklärungen zuständigen Gerichts gelten (vgl. auch Erwägungsgrund 32).

Artikel 29 EuErbVO Besondere Regelungen für die Bestellung und die Befugnisse eines Nachlassverwalters in bestimmten Situationen

(1) Ist die Bestellung eines Verwalters nach dem Recht des Mitgliedstaats, dessen Gerichte nach dieser Verordnung für die Entscheidungen in der Erbsache zuständig sind, verpflichtend oder auf Antrag verpflichtend und ist das auf die Rechtsnachfolge von Todes wegen anzuwendende Recht ausländisches Recht, können die Gerichte dieses Mitgliedstaats, wenn sie angerufen werden, einen oder mehrere Nachlassverwalter nach ihrem eigenen Recht unter den in diesem Artikel festgelegten Bedingungen bestellen.

¹Der/die nach diesem Absatz bestellte(n) Verwalter ist/sind berechtigt, das Testament des Erblassers zu vollstrecken und/oder den Nachlass nach dem auf die Rechtsnachfolge von Todes wegen anzuwendenden Recht zu verwalten. ²Sieht dieses Recht nicht vor, dass eine Person Nachlassverwalter ist, die kein Berechtigter ist, können die Gerichte des Mitgliedstaats, in dem der Verwalter bestellt werden muss, einen Fremdverwalter nach ihrem eigenen Recht bestellen, wenn dieses Recht dies so vorsieht und es einen schwerwiegenden Interessenskonflikt zwischen den Berechtigten oder zwischen den Berechtigten und den Nachlassgläubigern oder anderen Personen, die für die Verbindlichkeiten des Erblassers gebürgt haben, oder Uneinigkeit zwischen den Berechtigten über die Verwaltung des Nachlasses gibt oder wenn es sich um einen aufgrund der Art der Vermögenswerte schwer zu verwaltenden Nachlasses handelt.

Der/die nach diesem Absatz bestellte(n) Verwalter ist/sind die einzige(n) Person(en), die befugt ist/sind, die in den Absätzen 2 oder 3 genannten Befugnisse auszuüben.

(2) ¹Die nach Absatz 1 bestellte(n) Person(en) üben die Befugnisse zur Verwaltung des Nachlasses aus, die sie nach dem auf die Rechtsnachfolge von Todes wegen anzuwendenden Recht ausüben dürfen. ²Das bestellende Gericht kann in seiner Entscheidung besondere Bedingungen für die Ausübung dieser Befugnisse im Einklang mit dem auf die Rechtsnachfolge von Todes wegen anzuwendenden Recht festlegen.

Sieht das auf die Rechtsnachfolge von Todes wegen anzuwendende Recht keine hinreichenden Befugnisse vor, um das Nachlassvermögen zu erhalten oder die Rechte der Nachlassgläubiger oder anderer Personen zu schützen, die für die Verbindlichkeiten des Erblassers gebürgt haben, so kann das bestellende Gericht beschließen, es dem/den Nachlassverwalter(n) zu gestatten, ergänzend diejenigen Befugnisse, die hierfür in seinem eigenen Recht vorgesehen sind, auszuüben und in seiner Entscheidung besondere Bedingungen für die Ausübung dieser Befugnisse im Einklang mit diesem Recht festlegen.

Bei der Ausübung solcher ergänzenden Befugnisse hält/halten der/die Verwalter das auf die Rechtsnachfolge von Todes wegen anzuwendende Recht in Bezug auf den Übergang des Eigentums an dem Nachlassvermögen, die Haftung für die Nachlassverbindlichkeiten, die Rechte der Berechtigten, gegebenenfalls einschließlich des Rechts, die Erbschaft anzunehmen oder auszuschlagen, und gegebenenfalls die Befugnisse des Vollstreckers des Testaments des Erblassers ein.

(3) Ungeachtet des Absatzes 2 kann das nach Absatz 1 einen oder mehrere Verwalter bestellende Gericht ausnahmsweise, wenn das auf die Rechtsnachfolge von Todes wegen anzuwendende Recht das Recht eines Drittstaats ist, beschließen, diesen Verwaltern alle Verwaltungsbefugnisse zu übertragen, die in dem Recht des Mitgliedstaats vorgesehen sind, in dem sie bestellt werden.

Bei der Ausübung dieser Befugnisse respektieren die Nachlassverwalter jedoch insbesondere die Bestimmung der Berechtigten und ihrer Nachlassansprüche, einschließlich ihres Anspruchs auf einen Pflichtteil oder ihres Anspruchs gegen den Nachlass oder gegenüber den Erben nach dem auf die Rechtsnachfolge von Todes wegen anzuwendenden Recht.

A. Allgemeines

Ist die Bestellung eines Nachlassverwalters nach der lex fori des für die Entscheidung in Erbsachen zuständigen mitgliedstaatlichen Gerichts – ggf. auf Antrag – verpflichtend vorgeschrieben und unterliegt die Rechtsnachfolge von Todes wegen einem ausländischen Recht, gewährt Art. 29 EuErbVO eine **gesonderte Anknüpfung** der für die Bestellung und die Befugnisse des Nachlassverwalters maßgeblichen Regelungen der lex fori. Bedeutung entfaltet Art. 29 EuErbVO allen voran für Mitgliedstaaten des englischen Rechtskreises, die zwingende Nachlassverwaltung durch einen sog. *personal representative* (entweder einen vom Erblasser selbst eingesetzten *executor* oder ein seitens des Gerichts ernannter *administrator*) anordnen[1] und deren besonderes Verfahren durch die EuErbVO nicht berührt werden sollte.[2] Da Großbritannien und Irland indes an der Verordnung nicht teilnehmen, entfaltet Art. 29 EuErbVO nur für Zypern seine vollständige Bedeutung.[3] Ob Art. 29 EuErbVO im Rahmen des Verlassenschaftsverfahrens nach österreichischem Recht angewandt werden kann, ist streitig,[4] für Deutschland dürfte die besondere Kollisionsnorm hingegen nur im Hinblick auf die – auf Antrag seitens des Gerichts anzuordnende – Nachlassverwaltung gem. § 1981 BGB von Relevanz sein.[5]

B. Regelungsgehalt

I. Bestellung des Nachlassverwalters (Abs. 1)

Art. 29 Abs. 1 EuErbVO gestattet den nach der EuErbVO zuständigen Gerichten die Bestellung eines oder auch mehrerer Nachlassverwalter nach der lex fori unter bereits geschilderten Voraussetzungen (→ Rn. 1); der Nachlassverwalter ist berechtigt, das Testament des Erblassers zu vollstrecken und den Nachlass nach Maßgabe des auf die Rechtsnachfolge von Todes wegen anzuwendenden Rechts zu verwalten.

II. Befugnisse des Nachlassverwalters (Abs. 2, 3)

Die Rechte des Nachlassverwalters insbesondere im Hinblick auf die Veräußerung von Vermögen und die Befriedigung der Gläubiger unterliegen grundsätzlich dem Erbstatut, Art. 23 Abs. 2 lit. f EuErbVO. Soweit die von dem Erbstatut gewährten Befugnisse zur Erhaltung des Nachlassvermögens oder dem Schutz der Nachlassgläubiger nicht ausreichen, gestattet Art. 29 Abs. 2 EuErbVO eine **kumulative Anknüpfung** solcher Bestimmungen der lex fori, die geeignete, das Erbstatut insoweit **ergänzende Befugnisse** vorsehen; im Übrigen gilt das Erbstatut (Unterabs. 3).

---

1 Vgl. hierzu NK-BGB/Odersky Länderbericht Großbritannien Rn. 60 ff.; Burandt/Rojahn/Solomon Länderbericht Großbritannien Rn. 132.
2 Vgl. auch MüKoBGB/Dutta EuErbVO Art. 29 Rn. 1; Dutta FamRZ 2013, 4 (11); Grüneberg/Thorn EuErbVO Art. 29 Rn. 1.
3 Dutta FamRZ 2013, 4 (11); Grüneberg/Thorn EuErbVO Art. 29 Rn. 1; jurisPK-BGB/Ludwig EuErbVO Art. 29 Rn. 9.
4 Bei Bestellung eines Verlassenschaftskurators gem. § 173 AußStrG bejahend Vollmer ZErb 2012, 227 (232); ebenso jurisPK-BGB/Ludwig EuErbVO Art. 29 Rn. 10. Ablehnend MüKoBGB/Dutta EuErbVO Art. 29 Rn. 6; Dutta FamRZ 2013, 4 (11); Grüneberg/Thorn EuErbVO Art. 29 Rn. 1.
5 Dutta FamRZ 2013, 4 (11); vgl. auch jurisPK-BGB/Ludwig EuErbVO Art. 29 Rn. 11.

Soweit das **Erbstatut drittstaatliches Recht** darstellt, können gem. Art. 29 Abs. 3 EuErbVO darüber hinausgehend sämtliche von der lex fori vorgesehenen Befugnisse auf den bestellten Nachlassverwalter übertragen werden; ausweislich des Wortlauts („ausnahmsweise") ist diese das Erbstatut im Hinblick auf die Verwaltungsbefugnisse vollständig **verdrängende Anknüpfung** indes restriktiv zu handhaben.

Artikel 30 EuErbVO Besondere Regelungen mit Beschränkungen, die die Rechtsnachfolge von Todes wegen in Bezug auf bestimmte Vermögenswerte betreffen oder Auswirkungen auf sie haben

Besondere Regelungen im Recht eines Staates, in dem sich bestimmte unbewegliche Sachen, Unternehmen oder andere besondere Arten von Vermögenswerten befinden, die die Rechtsnachfolge von Todes wegen in Bezug auf jene Vermögenswerte aus wirtschaftlichen, familiären oder sozialen Erwägungen beschränken oder berühren, finden auf die Rechtsnachfolge von Todes wegen Anwendung, soweit sie nach dem Recht dieses Staates unabhängig von dem auf die Rechtsnachfolge von Todes wegen anzuwendenden Recht anzuwenden sind.

A. Allgemeines 1	a) Allgemeine Anwendungsvoraussetzungen 7
B. Regelungsgehalt 2	b) Besondere Anwendungsvoraussetzungen für drittstaatliche Eingriffsnormen 9
I. Grundlagen der Eingriffsnormenproblematik 2	
II. Anwendung von Eingriffsnormen im Rahmen von Art. 30 EuErbVO 4	3. Rechtsfolge 12
1. Besondere Bestimmungen iSv Art. 30 EuErbVO 5	III. Andere „besondere Bestimmungen" 13
2. Kollisionsrechtliche Interessenprüfung 6	C. Hinweise für die Praxis 15

A. Allgemeines

1 Art. 30 EuErbVO kodifiziert einen Teilbereich der Eingriffsnormenproblematik[1] und enthält eine – konkretisierungsbedürftige – kollisionsrechtliche **Generalklausel** zugunsten solcher Sachnormen, welche die Rechtsnachfolge von Todes wegen in Bezug auf unbewegliche Sachen, Unternehmen oder andere besondere Arten von Vermögenswerten aus wirtschaftlichen, familiären oder sozialen Erwägungen beschränken oder berühren. Diese besonderen Regelungen sind *unabhängig* von dem regulär über Art. 21 bzw. Art. 22 EuErbVO bestimmten Erbstatut im Wege einer **gesonderten Anknüpfung** zur Anwendung zu bringen, so dass der Erbgang bezüglich der von Art. 30 EuErbVO erfassten Vermögenswerte einem von dem Erbstatut verschiedenen Recht – nämlich der lex rei sitae – unterliegt. Art. 30 EuErbVO führt damit zu einer **kollisionsrechtlichen Nachlassspaltung** und durchbricht – als zweiter Fall neben der im Rahmen von Art. 34 Abs. 1 EuErbVO beachtlichen kollisionsrechtlichen Nachlassspaltung (→ EuErbVO Art. 34 Rn. 12) – das von Art. 21, 22 EuErbVO grundsätzlich vorgesehene Prinzip der Nachlasseinheit.

B. Regelungsgehalt

I. Grundlagen der Eingriffsnormenproblematik

2 Die Problematik der Behandlung in- und ausländischer Eingriffsnormen gehört zu den umstrittensten Bereichen des IPR, die hier nicht im Einzelnen wiedergegeben werden kann.[2] Für das

---

1 Vgl. etwa MüKoBGB/Dutta EuErbVO Art. 30 Rn. 1; ders., FamRZ 2013, 4 (11); BeckOGK/Schmidt EuErbVO Art. 30 Rn. 4, 13; Grüneberg/Thorn, EuErbVO Art. 30 Rn. 1; jurisPK-BGB/Ludwig, EuErbVO Art. 30 Rn. 1; Döbereiner MittBayNot 2013, 358 (364).

2 Vgl. hierzu ausführlich Köhler, 5–102.

Verständnis von Art. 30 EuErbVO ist jedoch Folgendes vorwegzuschicken: **Eingriffsnormen** gehören – auch wenn dies gelegentlich angenommen wird – nicht dem Öffentlichen Recht an.[3] Sie entstammen zwar dessen „Dunstkreis", weil sie überwiegend öffentlichen Interessen Rechnung tragen, sie sehen jedoch *zivilrechtliche* Rechtsfolgen vor, so dass sie nach allen gängigen Abgrenzungstheorien jedenfalls insoweit dem Zivilrecht zuzuordnen sind.[4] Daher unterfällt die kollisionsrechtliche Behandlung der Eingriffsnormen nicht etwa dem – aus dem Anwendungsbereich der europäischen Verordnungen stets ausgenommenen – Internationalen Öffentlichen Recht,[5] sondern dem Internationalen Privatrecht, so dass sich dieses originär mit deren kollisionsrechtlicher Behandlung auseinandersetzen muss. Soweit solche Normen zivilrechtliche Rechtsfolgen vorsehen, welche die **Rechtsnachfolge von Todes wegen betreffen**, fallen sie in den regulativen Anwendungsbereich der EuErbVO (Art. 1 Abs. 1 EuErbVO, → EuErbVO Art. 1 Rn. 5),[6] so dass diese auch – systemkonform im Rahmen der herkömmlichen kollisionsrechtlichen Methodik – über deren kollisionsrechtliche An- oder Nichtanwendbarkeit entscheiden muss.[7] **Charakteristikum einer Eingriffsnorm** sind ihre besonderen, überwiegend öffentlichen Interessen Rechnung tragenden **Sachnormzwecke** (nach dem Wortlaut von Art. 30 EuErbVO: wirtschaftliche, familiäre oder soziale Sachnormzwecke), so dass solche Normen kollisionsrechtliche **Gemeininteressen** implizieren, welche eine Qualifikation unter die herkömmlichen (erbrechtlichen) Kollisionsnormen regelmäßig verhindern; diese insoweit „disqualifizierten"[8] Sachnormen bedürfen vor dem Hintergrund konkurrierender Rechtsordnungen einer gesonderten, ihren Sachnormzwecken entsprechenden kollisionsrechtlichen Anknüpfung,[9] die Art. 30 EuErbVO ausdrücklich sicherstellen will und daher vor diesem Hintergrund zu verstehen ist.

Art. 30 EuErbVO sieht insoweit zwei bemerkenswerte Besonderheiten vor: Zum einen **beschränkt** Art. 30 EuErbVO die einer gesonderten Anknüpfung potenziell zugänglichen Eingriffsnormen auf solche, die ein Sondervermögen konstituieren und besondere Regelungen hinsichtlich der Rechtsnachfolge von Todes wegen vorsehen; *andere* Eingriffsnormen, die diese Voraussetzungen nicht erfüllen, sind daher grundsätzlich außerhalb des Regelungsbereichs von Art. 30 EuErbVO zur Anwendung zu bringen (→ Rn. 14).[10] Zum anderen ist Art. 30 EuErbVO **allseitig formuliert**, so dass nicht nur inländische, sondern auch ausländische Eingriffsnormen zur Anwendung gebracht werden können. Eine Beschränkung auf mitgliedstaatliche Eingriffsnormen, wie sie Art. 22 des EuErbVO-Entwurf von 2009[11] vorsah und noch in Erwägungsgrund 54 S. 1 angedeutet wird, kommt vor dem eindeutigen, nicht differenzierenden Wortlaut nicht in Betracht,[12] zumal eine solche auch nicht von den bisher kodifizierten europäischen Regelungen für Eingriffsnormen (Art. 9 Rom I-VO bzw. Art. 16 Rom II-VO) vorgenommen wird; bei der Anwendung drittstaatlicher Eingriffsnormen bestehen jedoch gewisse Besonderheiten, → Rn. 9–11.

3

---

3   Vgl. hierzu Köhler, 40–49; Binder/Eichel/Köhler Internationale Dimensionen des Wirtschaftsrechts, 199, 207.
4   Köhler, 46–49.
5   So aber etwa Kegel/Schurig § 2 IV 1, 148, § 23, 1090 ff.; zurückhaltender, aber im Ergebnis ebenso MüKoBGB/Sonnenberger, 5. Aufl., Einl. IPR Rn. 36, 388; deutlich Maultzsch RabelsZ 75 (2011), 60 (90 f.).
6   Zustimmend Deixler-Hübner/Schauer/Schwartze EuErbVO Art. 30 Rn. 21; vgl. auch Dutta/Weber/Schmidt EuErbVO Art. 30 Rn. 12.
7   Vgl. Köhler, 50–88.
8   Begriff von Kuckein Die „Berücksichtigung" von Eingriffsnormen im deutschen und englischen internationalen Vertragsrecht, 2008, 41; näher hierzu Köhler, 92–97.
9   Näher hierzu Köhler, 88–101. Vgl. auch Deixler-Hübner/Schauer/Schwartze EuErbVO Art. 30 Rn. 2.
10 Ebenso Deixler-Hübner/Schauer/Schwartze EuErbVO Art. 30 Rn. 2.
11 Vorschlag für eine Verordnung des europäischen Parlaments und des Rates über die Zuständigkeit, das anzuwendende Recht, die Anerkennung und die Vollstreckung von Entscheidungen und öffentlichen Urkunden in Erbsachen sowie zur Einführung eines Europäischen Nachlasszeugnisses vom 14.10.2009, KOM (2009) 154 endg.
12 Ebenso jurisPK-BGB/Ludwig EuErbVO Art. 30 Rn. 12; NK-BGB/Looschelders EuErbVO Art. 30 Rn. 2; MüKoBGB/Dutta EuErbVO Art. 30 Rn. 7.

II. Anwendung von Eingriffsnormen im Rahmen von Art. 30 EuErbVO

4 Ebenso wie die bislang kodifizierten europäischen Regelungen für Eingriffsnormen (Art. 9 Rom I-VO bzw. Art. 16 Rom II-VO) stellt Art. 30 EuErbVO die Rechtsanwendungsfrage technisch gesehen „vom Gesetz her",[13] so dass anhand dessen Wortlauts zunächst diejenigen Bestimmungen zu identifizieren sind, die einer gesonderten Anknüpfung im Rahmen dieser Bestimmung potenziell zugänglich sind (sub 1). Aber auch hier kann der Wortlaut nur den „äußeren Rahmen" bilden (vgl. hierzu → EuErbVO Vor Art. 20–38 Rn. 12) und folglich alleine eine „heuristische Vorauswahl" potenziell berufbarer Eingriffsnormen ermöglichen – ob diese dann in concreto gesondert anzuknüpfen sind, lässt sich ausschließlich anhand einer – anschließend durchzuführenden (sub 2) – autonomen kollisionsrechtlichen Interessenbewertung für diese Normen beantworten.[14]

5 **1. Besondere Bestimmungen iSv Art. 30 EuErbVO.** Nach dem Wortlaut von Art. 30 EuErbVO sind unter „besonderen Bestimmungen" solche Regelungen zu verstehen, welche die Rechtsnachfolge von Todes wegen in Bezug auf unbewegliche Sachen, Unternehmen oder andere besondere Arten von Vermögenswerten aus wirtschaftlichen, familiären oder sozialen Erwägungen beschränken oder berühren. Zunächst sind damit **ausschließlich Sachnormen** gemeint; Nachlassspaltung anordnende ausländische Kollisionsnormen stellen damit – in ausdrücklicher Abkehr von der zu Art. 3 a Abs. 2 EGBGB vertretenen, jedoch nicht überzeugenden herrschenden Meinung (→ EuErbVO Vor Art. 20–38 Rn. 80–82) – *keine* besonderen Bestimmungen iSv Art. 30 EuErbVO dar, wie auch Erwägungsgrund 54 ausdrücklich klarstellt. Zudem müssen diese Sachnormen für bestimmte Vermögenswerte besondere **Regelungen im Hinblick auf deren Rechtsnachfolge** vorsehen; prominentestes Beispiel hierfür sind Bestimmungen, die ein Sondervermögen konstituieren und dieses außerhalb der regulären Erbfolge im Wege der Singularsukzession übergehen lassen, wie insbesondere das **Höferecht** (in Deutschland die HöfeO, in Österreich etwa das **Kärntner Erbhöfegesetz**, das **Tiroler Höfegesetz** sowie das für die anderen österreichischen Bundesländer geltende **Anerbengesetz**)[15] oder – heute weniger relevant – Fideikommisse, Lehen-, Renten-, Stamm- und andere Güter konstituierende Regelungen.[16] Der Wortlaut des Art. 30 EuErbVO ist jedoch weit gefasst, so dass hierunter nicht nur Sondervermögen konstituierende Bestimmungen zu verstehen sind, sondern *jegliche* Regelungen, welche die Rechtsnachfolge von Todes wegen „berühren", also irgendwelche zusätzliche, insoweit kumulativ anzuknüpfende Voraussetzungen für einen Erwerb von Todes wegen aufstellen.[17] Notwendig ist jedoch stets, dass der die herkömmlichen erbrechtlichen Bestimmungen beeinträchtigende Regelungsgehalt von einer besonderen materiellrechtlichen Zwecksetzung getragen wird, also (insbesondere) wirtschaftlichen, familiären oder sozialen Interessen dient und sich insoweit von den herkömmlichen erbrechtlichen Bestimmungen unterscheidet.

6 **2. Kollisionsrechtliche Interessenprüfung.** Sind diejenigen ausländischen Sachnormen identifiziert, die nach dem Wortlaut des Art. 30 EuErbVO zumindest potenziell für eine von den herkömmlichen Kollisionsnormen unabhängige Anknüpfung in Betracht zu ziehen sind, muss die konkrete Entscheidung über ihre Anwendbarkeit anhand spezifisch kollisionsrechtlicher Erwägungen getroffen werden. Hierfür ist zunächst eine Prüfung der durch die fragliche Norm implizierten kollisionsrechtlichen Interessenlage anhand der europäisch „legitimen" Abwägungstopoi erforderlich, wobei die kollisionsrechtliche Interessenlage maßgeblich von den der fragli-

---

13 Hierzu Kropholler § 3 II, 18, wenngleich dieses Vorgehen keine methodische Abweichung von der herkömmlichen kollisionsrechtlichen Fragestellung darstellt, vgl. Köhler, 50–62, 99, 210 ff.
14 Köhler, 231 ff.
15 Vgl. auch BeckOGK/Schmidt EuErbVO Art. 30 Rn. 15; Dutta/Weber/Schmidt EuErbVO Art. 30 Rn. 13; zudem NK-BGB/Süß Länderbericht Österreich Rn. 42 f.; Burandt/Rojahn/Solomon Länderbericht Österreich Rn. 45.
16 Staudinger/Hausmann EGBGB Art. 3 a Rn. 24; Staudinger/Dörner EGBGB Art. 25 Rn. 568; Soergel/Kegel EGBGB Art. 3 Rn. 12; Soergel/Schurig EGBGB Art. 25 Rn. 89; Kegel/Schurig § 12 II 2 b, 427; Kropholler § 26 II 2 a, 184.
17 Vgl. auch BeckOGK/Schmidt EuErbVO Art. 30 Rn. 12.

chen Sachnorm zugrunde liegenden Sachnormzwecken bestimmt wird (→ EuErbVO Vor Art. 20–38 Rn. 5–9). Sodann ergeben sich aus der in → Rn. 2 geschilderten Struktur der Eingriffsnormenproblematik folgende **Anwendungsvoraussetzungen**:

a) **Allgemeine Anwendungsvoraussetzungen.** Zunächst müssen die vom Wortlaut des Art. 30 EuErbVO erfassten Sachnormen aufgrund ihrer besonderen wirtschaftlichen, familiären oder sozialen Sachnormzwecke *andere* als die Art. 21, 22 EuErbVO zugrundeliegenden kollisionsrechtlichen Interessen implizieren, so dass diese nicht unter die herkömmlichen erbrechtlichen Kollisionsnormen qualifiziert werden können („**Disqualifikation**"). Diese erste Anwendungsvoraussetzung kommt im maßgeblichen Erwägungsgrund 54 – etwas undeutlich – dadurch zum Ausdruck, dass die von Art. 30 EuErbVO angeordnete, restriktiv zu handhabende gesonderte Anknüpfung der allgemeinen Zielsetzung der EuErbVO nicht zuwiderlaufen darf, den Regelungsgehalt der kodifizierten Bestimmungen also nicht beeinträchtigen soll. Folglich sind *jegliche* vom Erbstatut erfassten Bestimmungen (vgl. Art. 23 EuErbVO) einer gesonderten Anknüpfung *nicht* zugänglich, so auch die vom Erwägungsgrund 54 ausdrücklich erwähnten pflichtteilsrechtlichen Bestimmungen des Belegenheitsstaates, weil diese aufgrund ihrer spezifisch erbrechtlichen Normzwecke ausschließlich kollisionsrechtliche Parteiinteressen implizieren, welche eine Qualifikation unter Art. 21, 22 EuErbVO erlaubt (Art. 23 Abs. 2 lit. h EuErbVO).

7

Da Art. 30 EuErbVO jedenfalls das **Anknüpfungsmoment** (Ort der Belegenheit) präjudiziert, müssen die nach dieser Vorschrift zur Anwendung zu bringenden Vorschriften zudem solche kollisionsrechtlichen Interessen implizieren, die eine solche Anknüpfung nahelegen.[18] Diese zweite Anwendungsvoraussetzung ist indes regelmäßig erfüllt, weil die zur „Disqualifikation" führenden kollisionsrechtlichen Gemeininteressen eine territoriale Anknüpfung indizieren (→ EuErbVO Vor Art. 20–38 Rn. 6), die mit dem Belegenheitsort gegeben ist. Soweit die von Art. 30 EuErbVO erfassten Vermögenswerte in demjenigen Staat, der diese besonderen Regelungen unterwirft, belegen sind, können diese Regelungen folglich angewandt werden.

8

b) **Besondere Anwendungsvoraussetzungen für drittstaatliche Eingriffsnormen.** Aus dem Umstand, dass im Rahmen des allseitig formulierten Art. 30 EuErbVO Normen zur Anwendung gebracht werden können, die dem öffentlichen Interesse eines *ausländischen* Staates Rechnung tragen, folgt allgemeinen Grundsätzen entsprechend, dass diese nur dann anzuwenden sind, wenn ein diesbezügliches **Anwendungsinteresse** besteht.[19] Dieses zusätzliche Anwendungskriterium rechtfertigt sich daraus, dass typisches Eingriffsrecht Domäne „egoistischer"[20] Staatspolitik ist; sie konterkarieren damit regelmäßig nicht nur Privat-, sondern auch Staatsinteressen,[21] so dass **drittstaatliches**[22] Eingriffsrecht gerade *wegen* seines besonderen *materiellen Regelungsgehalts* nicht einfach unbesehen anhand einer engen Verbindung zur Anwendung gebracht werden kann, sondern ein – positiv festzustellendes – Interesse an der Anwendung solcher Bestimmungen bestehen muss. Ein solches ist unter **zwei Voraussetzungen** zu bejahen:

9

---

18 Vgl. insoweit auch die parallele Situation im Rahmen von Art. 9 Abs. 3 Rom I-VO, näher Köhler, 231–235.

19 Vgl. hierzu ausführlich Köhler, 235–261; Binder/Eichel/Köhler Internationale Dimensionen des Wirtschaftsrechts, 199, 208–218. Für einen strengen Prüfungsmaßstab im Hinblick auf drittstaatliche Eingriffsnormen auch Dutta/Weber/Schmidt EuErbVO Art. 30 Rn. 10.

20 Hierzu Kegel/Schurig § 2 IV 1, 149: „Staatseingriffe in private Rechtsverhältnisse dienen dem Leben und Gedeih oder, anders ausgedrückt, dem Wohl des Staates. Staaten sind egoistisch. Sie haben kein primäres Interesse daran, das Wohl anderer Staaten zu fördern".

21 Köhler, 242–245; Binder/Eichel/Köhler Internationale Dimensionen des Wirtschaftsrechts, 199, 208 f.

22 Für die Anwendung mitgliedstaatlicher Eingriffsnormen gilt diese Einschränkung nicht, da für diese die Anwendungsvoraussetzungen für inländische Eingriffsnormen gelten, vgl. hierzu Köhler, 292–320, insbes. 309–313; eine materiellrechtliche Kontrolle erfolgt insoweit bereits durch das Erfordernis der Primärrechtskonformität mitgliedstaatlicher Normen (vgl. Fetsch, Eingriffsnormen und EG-Vertrag, 2002, 87), zudem besteht in Ausnahmefällen eine Abwehrmöglichkeit über den ordre public des jeweiligen Forumstaates, vgl. Köhler, 317 f.

10 In materieller Hinsicht ist **zunächst erforderlich**, dass die fraglichen Normen mit den Wertungen der eigenen Rechtsordnung kompatibel sind (sog. **shared value approach**).[23] Hierfür bedarf es einer *materiellrechtlichen* „Sympathieprüfung", anhand derer sich ermitteln lässt, ob wir die mit der ausländischen Bestimmung verfolgten Zwecke *teilen*, weil wir in entsprechenden Fällen ebenso unsere – vergleichbaren – öffentlichen Interessen zulasten privater Interessen durchsetzen.[24] Nach vorzugswürdiger Ansicht ist diese nicht anhand nationaler, sondern allen europäischen Mitgliedstaaten *gemeinsamer* Wertungen vorzunehmen,[25] wobei sich das Anwendungsinteresse bei Regelungen, die den unter → Rn. 5 genannten entsprechen, regelmäßig bejahen lässt.

11 Als **zweite Voraussetzung** ist zudem zu verlangen, dass der Erlassstaat die in Frage stehende Norm selbst in casu kollisionsrechtlich anwenden würde, da eine Durchsetzung seiner (legitimen) Interessen dann nicht in Betracht kommen kann, wenn diese überhaupt nicht tangiert sind.[26] Der von Art. 30 EuErbVO ausgesprochene kollisionsrechtliche Anwendungsbefehl ist daher (trotz der expliziten Anordnung einer Sachnormverweisung gem. Art. 34 Abs. 2 EuErbVO) **bedingt ausgesprochen**, „bedingt nämlich dadurch, dass der betreffende Staat die Durchsetzung selbst (kollisionsrechtlich) will".[27] Etwas unglücklich kommt dies im (sich an Art. 7 Abs. 1 EVÜ anlehnenden) Wortlaut des Art. 30 EuErbVO dadurch zum Ausdruck, dass ausländische Eingriffsnormen nur dann zur Anwendung zu bringen sind, soweit sie nach dem Recht dieses Staates *unabhängig* von dem auf die Rechtsnachfolge von Todes wegen anzuwendenden Recht anzuwenden sind.

12 **3. Rechtsfolge.** Die unter Art. 30 EuErbVO zu qualifizierenden Bestimmungen sind bei Vorliegen der geschilderten Voraussetzungen – mitsamt ihrer Rechtsfolgen[28] – **anzuwenden**. Diese von Art. 30 EuErbVO nunmehr gewählte Formulierung schafft – anders als der Art. 22 EuErbVO-Entwurf 2009 – begrüßenswerte Klarheit darüber, dass der im Rahmen dieser Vorschrift zu entwickelnde kollisionsrechtliche Anwendungsbefehl **europäischem Recht** entstammt und damit der **vollständigen Prüfungskompetenz des EuGH** unterliegt.[29]

III. Andere „besondere Bestimmungen"

13 Vom Regelungsbereich des Art. 30 EuErbVO nicht erfasst werden zunächst

- **gesellschaftsrechtliche Regelungen**,[30] die eine Sonderrechtsnachfolge begründen, da diese gesellschaftsrechtlich zu qualifizieren sind und damit dem aus dem Anwendungsbereich der EuErbVO ausgenommenen Gesellschaftsstatut unterfallen (→ EuErbVO Art. 23 Rn. 23),

---

23 Kropholler § 52 X 3, 506 f.: „gewisse[r] Interessen- oder Wertegleichklang"; Schurig RabelsZ 54 (1990), 217 (239 f.): „Interessengleichheit" und „internationale Interessensympathie"; vgl. auch Kegel/Schurig § 23 I 3, 1096 f.; PWW/Remien, Art. 9 Rom I-VO Rn. 10: „Interessenidentität". Zum „shared values approach" insbesondere Großfeld/Rogers Int.Comp.L.Q. 32 (1983), 931 (939 ff.); Großfeld/Junker Das CoCom im Internationalen Wirtschaftsrecht, 1991, 131 ff., 152 f.
24 Ausführlich hierzu Köhler, 235–258; Binder/Eichel/Köhler Internationale Dimensionen des Wirtschaftsrechts, 199, 213–217.
25 Köhler, 246–256; Binder/Eichel/Köhler Internationale Dimensionen des Wirtschaftsrechts, 199, 215–217.
26 Vgl. nur MüKoBGB/Sonnenberger, 5. Aufl., Einl. IPR Rn. 60; MüKoBGB/Martiny Rom I-VO Art. 9 Rn. 115; hierzu Köhler, 258–261; Binder/Eichel/Köhler Internationale Dimensionen des Wirtschaftsrechts, 199, 217 f.
27 Näher hierzu Schurig, 329 f.; Schurig RabelsZ 54 (1990), 217 (238); ebenso MüKoBGB/Sonnenberger, 5. Aufl., Einl. IPR Rn. 60.
28 Köhler, 261–263.
29 Zustimmend Deixler-Hübner/Schauer/Schwartze EuErbVO Art. 30 Rn. 21; ebenso Dutta/Weber/Schmidt EuErbVO Art. 30 Rn. 23; wohl auch MüKoBGB/Dutta EuErbVO Art. 30 Rn. 10; NK-BGB/Looschelders EuErbVO Art. 30 Rn. 15. Zur Prüfungskompetenz des EuGH hinsichtlich der Anwendung von Eingriffsnormen vgl. näher Köhler, 325–328.
30 Ebenso jurisPK-BGB/Ludwig, EuErbVO Art. 30 Rn. 14; NK-BGB/Looschelders EuErbVO Art. 30 Rn. 10; MüKoBGB/Dutta EuErbVO Art. 30 Rn. 2.

- **§§ 563, 563 a, 563 b BGB**,[31] da diese schuldrechtlich zu qualifizieren sind und damit dem aus dem Anwendungsbereich der EuErbVO ebenfalls ausgenommenen Vertragsstatut unterfallen,[32] sowie
- **Versorgungsanwartschaften**,[33] da sie keine Regelungen hinsichtlich eines bestimmten Vermögensgegenstands treffen und zudem dem nach den Kollisionsnormen der Rom III-VO bestimmten Recht unterliegen (Art. 17 Abs. 1 EGBGB).

Andere (in- und ausländische) Eingriffsnormen, welche die Rechtsnachfolge von Todes wegen betreffen, jedoch nicht auf einen bestimmten Vermögenswert bezogen sind, werden nach dem Wortlaut des Art. 30 EuErbVO ebenfalls nicht erfasst, sie sind jedoch – allgemeinen Grundsätzen entsprechend – **anzuwenden**, sofern die für sie maßgeblichen Anwendungsvoraussetzungen (→ Rn. 7–11) erfüllt sind;[34] Art. 30 EuErbVO entfaltet – ebenso wie Art. 9 Rom I-VO bzw. Art. 16 Rom II-VO[35] – **keine Sperrwirkung**.[36] Daher kann insbesondere § 14 HeimG, der aus öffentlichen Interessen ein Testierverbot für Verfügungen zugunsten Heimen bzw. deren Mitarbeiter anordnet,[37] weiterhin im Wege einer – modo legislatoris nunmehr im Rahmen der EuErbVO auszubildenden – gesonderten Anknüpfung *neben* dem nach Art. 24, 25 EuErbVO zu bestimmenden Errichtungsstatut zur Anwendung gebracht werden.[38] Maßgebliches Anknüpfungsmoment dieser ungeschriebenen Kollisionsnorm ist der Ort, an welchem sich das Heim befindet,[39] so dass diese auf alle (in- und ausländischen) Bewohner deutscher Heime anzuwenden ist. Nach vorzugswürdiger Ansicht ist dieser europäische Anwendungsbefehl *allseitig* zu erweitern,[40] so dass auch entsprechende ausländische Bestimmungen anzuwenden sind (bei drittstaatlichen Bestimmungen freilich unter der Einschränkung ihrer Kompatibilität mit europäischen Wertungen und im Rahmen einer bedingten Verweisung, → Rn. 9–11). Zu eingriffsrechtlich zu qualifizierenden staatlichen Aneignungsrechten erbenloser Nachlässe → EuErbVO Art. 33 Rn. 6.

C. Hinweise für die Praxis

Zur **Reduzierung von Pflichtteilsansprüchen** war in der Praxis vor Inkrafttreten der EuErbVO das Vorgehen verbreitet, Immobilien in Ländern zu erwerben, die zum einen kollisionsrechtli-

---

31 Ebenso NK-BGB/Looschelders EuErbVO Art. 30 Rn. 9; Dutta/Weber/Schmidt EuErbVO Art. 30 Rn. 19; zum österreichischen Recht Deixler-Hübner/Schauer/Schwartze EuErbVO Art. 30 Rn. 6. Zum alten Recht vgl. auch Staudinger/Dörner EGBGB Art. 25 Rn. 62, 558, 585; MüKoBGB/Sonnenberger, 5. Aufl., EGBGB Art. 3 a Rn. 23. AA (im Rahmen von Art. 3 a EGBGB) Grüneberg/Thorn EGBGB Art. 3 a Rn. 5; Erman/Hohloch, EGBGB Art. 3 a Rn. 9 (diese Einordnung sei jedoch nicht „zwingend").

32 Zur kollisionsrechtlichen Behandlung von Bestimmungen des sozialen Mietrechts vgl. BeckOGK/Köhler Art. 4 Rom I-VO Rn. 298 f.; Köhler, 135–148, 290 f.

33 MüKoBGB/Sonnenberger, 5. Aufl., EGBGB Art. 3 a Rn. 23; Grüneberg/Thorn EGBGB Art. 3 a Rn. 5; Erman/Hohloch EGBGB Art. 3 a Rn. 9.

34 Allgemein hierzu Köhler, 286–289.

35 Vgl. hierzu Köhler, 264–278.

36 Zustimmend NK-BGB/Looschelders EuErbVO Art. 30 Rn. 6; jurisPK-BGB/Ludwig EuErbVO Art. 30 Rn. 10. AA Kunz GPR 2012, 253 (255) (die jedoch mit gewissen Bedenken § 14 HeimG über die positive Funktion der ordre public-Klausel durchsetzen will, was der hier vertretenen Ansicht entspricht); ähnlich MüKoBGB/Dutta EuErbVO Art. 30 Rn. 11 (der jedoch zumindest Eingriffsnormen des Forumstaates „kraft ihres eigenen Anwendungsbefehls oder jedenfalls über den ordre public-Vorbehalt des Art. 35 EuErbVO" durchsetzen will; eine „Sperrwirkung" ebenfalls annehmend BeckOGK/Schmidt EuErbVO Art. 30 Rn. 21; Dutta/Weber/Schmidt EuErbVO Art. 30 Rn. 7.

37 Vgl. hierzu BVerfG NJW 1998, 2964 („Das Testierverbot dient legitimen Gemeinwohlzielen"); so bereits OLG Oldenburg NJW 1999, 2448 (das insoweit insbesondere auf den öffentlich-rechtlichen Regelungszusammenhang abstellt); ebenso Kunz GPR 2012, 253 (254).

38 Ebenso NK-BGB/Looschelders EuErbVO Art. 30 Rn. 6; jurisPK-BGB/Ludwig EuErbVO Art. 30 Rn. 10; im Ergebnis auch Kunz GPR 2012, 253 (254 f.); im Rahmen des nationalen Rechts ebenso Staudinger/Dörner EGBGB Art. 25 Rn. 131; dem folgend OLG Oldenburg NJW 1999, 2448; Lange ZEV 2000, 469 (470); Mankowski FamRZ 1999, 1313 f. AA (erbrechtliche Qualifikation) MüKoBGB/Dutta, 6. Aufl., EGBGB Art. 25 Rn. 208; hierzu tendierend auch Kegel/Schurig § 7 II 3, 335 Fn. 52.

39 Vgl. nur Staudinger/Dörner EGBGB Art. 25 Rn. 131; dem folgend OLG Oldenburg NJW 1999, 2448; vgl. auch Mankowski FamRZ 1999, 1314; ferner Kunz GPR 2012, 253 (254 f.).

40 Hierzu Köhler, 286–289.

che Nachlassspaltung für bewegliches und unbewegliches Vermögen vorsehen und zum anderen keine Pflichtteilsansprüche gewähren (so insbesondere in den USA, Großbritannien und Australien);[41] unter der Geltung des alten nationalen IPR waren diese unbeweglichen Vermögensgegenstände – wenigstens nach herrschender, auch von der Rspr. geteilter Meinung – gem. Art. 3 a Abs. 2 EGBGB der lex rei sitae zu unterstellen, da kollisionsrechtliche Nachlassspaltung anordnende Kollisionsnormen „besondere Vorschriften" iSv Art. 3 a Abs. 2 EGBGB darstellen sollten (zweifelhaft, → EuErbVO Vor Art. 20–38 Rn. 80–82). Mit dem Geltungszeitpunkt der EuErbVO wurde diese Praxis gegenstandslos: Eine gesonderte Anknüpfung von Kollisionsnormen kommt nicht in Betracht, Sondervermögen bildende materielle Bestimmungen können nur unter den in → Rn. 4–12 genannten Voraussetzungen zur Anwendung gebracht werden, die jedoch für eine derartige Nachlassgestaltung keinen Spielraum lassen. Nunmehr sind daher auch Auslandsimmobilien in den genannten Ländern zur Berechnung etwaiger, nach dem Erbstatut bestehender Pflichtteilsansprüche miteinzubeziehen.

Artikel 31 EuErbVO Anpassung dinglicher Rechte

Macht eine Person ein dingliches Recht geltend, das ihr nach dem auf die Rechtsnachfolge von Todes wegen anzuwendenden Recht zusteht, und kennt das Recht des Mitgliedstaats, in dem das Recht geltend gemacht wird, das betreffende dingliche Recht nicht, so ist dieses Recht soweit erforderlich und möglich an das in der Rechtsordnung dieses Mitgliedstaats am ehesten vergleichbare Recht anzupassen, wobei die mit dem besagten dinglichen Recht verfolgten Ziele und Interessen und die mit ihm verbundenen Wirkungen zu berücksichtigen sind.

A. Allgemeines	1	II. Einzelne Beispiele		5
B. Regelungsgehalt	2	1. Zum Nachlass gehörende unbekannte dingliche Rechte		6
I. Anwendungsvoraussetzungen und Rechtsfolge	2	2. Durch das Erbstatut selbst geschaffene unbekannte dinglichen Rechte		7

A. Allgemeines

1 Ob und mit welchem Inhalt eine dingliche Rechtsposition kraft erbrechtlichen Übergangs erworben wurde, unterliegt nach vorzugswürdiger, jedoch bislang umstrittener Ansicht dem Erbstatut (→ EuErbVO Art. 1 Rn. 19–22); ein der lex fori unbekanntes Recht ist in den Grenzen des ordre public anzuerkennen, wobei zu berücksichtigen ist, dass aus der neueren deutschen Rechtsprechung keine Fälle bekannt sind, in denen einem dem deutschen Recht unbekannten Rechtsinstitut die Anerkennung versagt worden ist.[1] Der Ausschlussgrund des Art. 1 Abs. 2 lit. k EuErbVO bezieht sich demgegenüber alleine auf die *Rechtswirkungen* einer nach ausländischem Recht begründeten dinglichen Rechtsposition, welche in dem Belegenheitsstaat geltend gemacht wird; nur *insoweit* wird – entsprechend Art. 43 Abs. 2 EGBGB – der lex rei sitae Vorrang eingeräumt (→ EuErbVO Art. 1 Rn. 20). Die hiermit einhergehende **Anpassungsproblematik** ist Gegenstand von Art. 31 EuErbVO.[2] Demnach erfasst diese Regelung die besondere Konstellation, dass das **Erbstatut selbst** ein dingliches Recht an dem Nachlass schafft, welches der lex rei sitae unbekannt ist; solche dinglichen Rechte können nach Art. 31 EuErbVO – soweit erforderlich und möglich – im Wege der **Transposition** an ein der lex fori „am ehesten vergleichbaren" Rechtsinstitut angepasst werden, so dass der sachenrechtliche numerus clausus

---

41 Vgl. hierzu etwa Lehmann ZErb 2013, 25 (30).
1 Vgl. von Hoffmann/Thorn IPR § 12 Rn. 32; auch MüKoBGB/Wendehorst EGBGB Art. 43 Rn. 159; Looschelders EGBGB Art. 43 Rn. 52; Kropholler § 54 III 1 a, 560.

2 Ebenso NK-BGB/Looschelders EuErbVO Art. 31 Rn. 1 f.; Deixler-Hübner/Schauer/Schwartze EuErbVO Art. 31 Rn. 5; Dutta/Weber/Schmidt EuErbVO Art. 31 Rn. 1.

des Mitgliedstaats, in welchem die dingliche Rechtsposition geltend gemacht wird, durch die EuErbVO nicht beeinträchtigt wird (vgl. hierzu Erwägungsgrund 15 und 16).

B. Regelungsgehalt
I. Anwendungsvoraussetzungen und Rechtsfolge

Art. 31 EuErbVO setzt zunächst voraus, dass das Erbstatut ein dingliches Recht an dem Nachlass gewährt, welches der lex fori **unbekannt** ist (→ Rn. 5–10). Wird ein solches Recht in einem Mitgliedstaat **geltend gemacht** – worunter jegliche Ausübung der dinglichen Rechtsposition zu verstehen ist (Herausgabeansprüche, Verwertungsrechte, Grundbucheintragungen etc)[3] –, obliegt es insoweit (aufgrund von Art. 1 Abs. 2 lit. k EuErbVO) weiterhin der materiellen *lex fori*, ob und inwieweit die ihm unbekannte dingliche Rechtsposition in ihren Rechtswirkungen anzuerkennen ist. Voraussetzung dafür ist jedoch ihre **kollisionsrechtliche Anwendbarkeit**, so dass – aus deutscher Sicht – gem. Art. 43 Abs. 1 EGBGB die fragliche Sache in Deutschland belegen sein muss; ist sie es nicht, kommt eine Anpassung an das *deutsche* Recht a priori nicht in Betracht.[4] Angesichts des klaren Wortlauts muss eine Anpassung an ein *ausländisches* Belegenheitsrecht ebenfalls ausscheiden, da Art. 31 EuErbVO insoweit alleine auf denjenigen Mitgliedstaat abstellt, in welchem das Recht geltend gemacht wird; nur insoweit greift der Ausschlusstatbestand des Art. 1 Abs. 2 lit. k EuErbVO, so dass eine **allseitige Anwendung** von Art. 43 Abs. 1 EGBGB – insbesondere im Rahmen eines Nachlassverfahrens – nicht in Betracht kommt. Damit obliegt es weiterhin jedem Belegenheitsstaat selbst, zum Zeitpunkt der konkreten Geltendmachung der (ggf. bereits durch ein mitgliedstaatliches Urteil festgestellten oder durch ein ENZ ausgewiesenen) dinglichen Rechtsposition vor seinen Gerichten bzw. anderen zuständigen Stellen über deren Anerkennung in dem jeweiligen Rechtskontext (beispielsweise bei der Eintragung des Rechtes in ein Register, bei dessen Verwertung etc) zu entscheiden und auf diese Weise seinen sachenrechtlichen numerus clausus in den von Art. 31 EuErbVO gezogenen Grenzen zu wahren.

Als – zwingende[5] – **Rechtsfolge** sieht Art. 31 EuErbVO die Anpassung des der lex fori unbekannten dinglichen Rechts vor. Angesichts des eindeutigen Wortlauts („soweit erforderlich") kommt eine **Transposition** im klassischen Sinne – also die formelle Überleitung eines ausländischen Sachenrechts in funktionsäquivalente Typen der lex fori[6] – jedenfalls bei **beweglichen Sachen** regelmäßig nicht in Betracht,[7] da ein solches Vorgehen zur Wahrung des sachenrechtlichen numerus clausus nicht erforderlich ist:[8] Es genügt, wenn das fremde, nach seinem Inhalt anzuerkennende Recht im Sinne der **Hinnahmetheorie**[9] alleine in seinen *Wirkungen* einem funktionsäquivalenten inländischen Sachenrechtstyp gleichgestellt wird;[10] nur diese Vorgehensweise stellt sicher, dass ein durch das Erbstatut wirksam begründetes Recht erhalten bleibt und ggf.

---

3   Zustimmend NK-BGB/Looschelders EuErbVO Art. 31 Rn. 16; BeckOGK/Schmidt EuErbVO Art. 31 Rn. 9; jurisPK-BGB/Ludwig EuErbVO Art. 31 Rn. 13.
4   Ebenso Deixler-Hübner/Schauer/Schwartze EuErbVO Art. 31 Rn. 15.
5   Genau gesehen enthält Art. 31 EuErbVO für die einzelnen Mitgliedstaaten nicht nur das Recht, sondern auch die Pflicht, die Wahrung ihres sachenrechtlichen numerus clausus durch Anpassung der unbekannten Rechtsposition (und nicht durch deren Nichtanerkennung) sicherzustellen (ebenso jurisPK-BGB/Ludwig EuErbVO Art. 31 Rn. 30) Eine vollständige Versagung der nach einem ausländischen Recht wirksam begründeten, der lex fori jedoch unbekannten Rechtsposition kommt daher allenfalls in den Grenzen des ordre public in Betracht.
6   Looschelders EGBGB Art. 43 Rn. 50; Soergel/Lüderitz EGBGB Art. 38 Anh. II Rn. 50.
7   Ebenso Geimer/Schütze/Odersky EuErbVO Art. 31 Rn. 8.
8   Vgl. hierzu ausführlich MüKoBGB/Wendehorst EGBGB Art. 43 Rn. 147–159; Looschelders EGBGB Art. 43 Rn. 51.
9   So etwa MüKoBGB/Wendehorst EGBGB Art. 43 Rn. 152 f.; Grüneberg/Thorn EGBGB Art. 43 Rn. 5; von Hoffmann/Thorn IPR § 12 Rn. 31; Kropholler § 54 III 1 a, S. 560–562; aA Kegel/Schurig § 19 III, 772 f. (sog. Theorie des „Reinigungseffekts", „effet de purge").
10 Vgl. auch NK-BGB/Looschelders EuErbVO Art. 31 Rn. 10; Deixler-Hübner/Schauer/Schwartze EuErbVO Art. 31 Rn. 16.

zukünftig – bei einem erneuten Statutenwechsel – seine volle Rechtswirkung entfalten kann (etwa durch Verbringung der Sache in den Staat, nach dessen Recht die dingliche Rechtsposition begründet wurde). Sind indes unbekannte dingliche Rechtspositionen an **unbeweglichen Sachen** entstanden, ist ein erneuter Statutenwechsel, der eine zukünftige Ausübung der dinglichen Rechtsposition ermöglichen könnte, a priori ausgeschlossen; in diesen Fällen kann den Verkehrsinteressen des Belegenheitsstaates daher durch eine Transposition im klassischen Sinne Rechnung getragen werden.

4 Wie Art. 31 EuErbVO aE ausdrücklich klarstellt, sind bei der Anpassung die mit dem ausländischen dinglichen Recht verfolgten Ziele und Interessen und die mit ihm verbundenen Wirkungen zu *berücksichtigen* – freilich eine Selbstverständlichkeit, wenn man ein ausländisches dingliches Recht einem funktionsäquivalenten inländischen Sachenrechtstyp zuordnen will.

II. Einzelne Beispiele

5 Im Rahmen von Art. 31 EuErbVO sind drei verschiedene Konstellationen zu unterscheiden, bei denen der Rechtsanwender im Rahmen einer Nachlasssache mit unbekannten dinglichen Rechten oder Erwerbsformen konfrontiert werden kann.

6 **1. Zum Nachlass gehörende unbekannte dingliche Rechte.** Möglich ist zunächst, dass zum Nachlass selbst ein der lex fori unbekanntes dingliches Recht gehört, aus deutscher Sicht etwa ein (besitzloses) französisches Registerpfandrecht an einem Kfz,[11] eine Autohypothek nach italienischem Recht[12] oder ein Lösungsrecht des gutgläubigen Käufers nach schweizerischem Recht.[13] Ob ein solches Recht wirksam begründet wurde bzw. bei einem Statutenwechsel weiterhin besteht, obliegt (als selbstständig anzuknüpfende Vorfrage) aufgrund der Bereichsausnahme des Art. 1 Abs. 2 lit. g EuErbVO dem weiterhin nach nationalem Kollisionsrecht zu bestimmenden Sachstatut (Art. 43 ff. EGBGB) und fällt damit aus dem Regelungsbereich der EuErbVO; allenfalls lässt sich Art. 31 EuErbVO diesbezüglich für die einzelnen Mitgliedstaaten die Vorgabe entnehmen, dass solche, weiterhin dem Sachstatut unterliegenden Rechte grundsätzlich im Rahmen eines Nachlassverfahrens zugesprochen werden *müssen* (vgl. insoweit auch Erwägungsgrund 42 S. 1 und Fn. 2), wenigstens mit dem von der lex fori vorgesehenen Inhalt (Transposition). Für deutsche Gerichte wäre diese Vorgabe indes unerheblich, da unbekannte ausländische Rechte grundsätzlich anerkannt werden (→ Rn. 1; anders etwa in Österreich im Hinblick auf einen nach deutschem Recht erworbenen Eigentumsvorbehalt oder ein Sicherungseigentum).[14]

7 **2. Durch das Erbstatut selbst geschaffene unbekannte dinglichen Rechte.** Der eigentliche Anwendungsbereich von Art. 31 EuErbVO ist eröffnet, wenn das über den Nachlassübergang entscheidende Erbstatut selbst dingliche Rechte an dem Nachlass kreiert, die der lex rei sitae unbekannt sind. Zu nennen sind hier aus deutscher Sicht insbesondere **Trusts, joint tenancies**, kraft Gesetzes entstandene **Nießbrauchrechte, dinglich wirkende Teilungsanordnungen** sowie **Vindikationslegate**.

8 Im Hinblick auf einen – testamentarisch oder ex lege entstandenen – **Trust** des anglo-amerikanischen Rechtskreises (der nur im Hinblick auf seine Errichtung, Funktionsweise oder Auflösung aus dem Anwendungsbereich der EuErbVO ausgenommen ist, Art. 1 Abs. 2 lit. j EuErbVO) geht die bisher überwiegende Auffassung davon aus, dass ein solcher *nicht* an inländischen Vermögenswerten begründet werden kann; die mit einem solchen einhergehende Aufteilung der

---

11 BGH NJW 1963, 1200; vgl. auch Kropholler § 54 III 1 a, 560; von Hoffmann/Thorn IPR § 12 Rn. 31.

12 BGH NJW 1991, 1415; vgl. auch Kropholler § 54 III 1 a, S. 560; von Hoffmann/Thorn IPR § 12 Rn. 31.

13 Kropholler § 54 III 1 a, 560.

14 Vgl. OGH IPRax 1985, 165.

Eigentümerstellung zwischen beneficiary und trustee[15] verstoße gegen den numerus clausus des deutschen Sachenrechts,[16] so dass die Einsetzung eines trustee in eine Einsetzung als Treuhänder[17] oder Testamentsvollstrecker[18] umgedeutet werden müsse; hinsichtlich des nach englischem Recht vorgesehenen life interest, das dem überlebenden Ehegatten ein durch einen Trust verwirklichtes lebenslanges Nutzungsrecht am halben Restnachlass gewährt,[19] kommt eine Umdeutung in eine (befreite) Vor- und Nacherbschaft in Betracht.[20] Gleiches soll zudem bei einer kraft Erbstatuts begründeten **joint tenancy** an inländischen Vermögenswerten gelten;[21] indes stellt die Begründung eines Miteigentumsanteils als solches *kein* Verstoß gegen den numerus clausus des deutschen Sachenrechts dar,[22] Bedenken bestehen alleine im Hinblick auf das mit diesem einhergehenden (automatischen) Anwachsungsrecht zugunsten des überlebenden Miteigentümers („right of survivorship"). Daher sollte eine **joint tenancy** zumindest als *Gesamthand ohne Anwachsungsrecht* anerkannt werden.[23]

Ein Verstoß gegen den numerus clausus des deutschen Sachenrechts soll zudem auch dann gegeben sein, wenn das Erbstatut ein – insbesondere im romanischen Rechtskreis verbreitetes – **ex lege entstandenes Nießbrauchrecht** vorsieht, da ein solches nach der deutschen Rechtsordnung nur kraft Rechtsgeschäfts entstehen kann; soweit in Deutschland belegene Vermögensgegenstände betroffen sind, sei dieses in eine Verpflichtung des Erben zur Nießbrauchbestellung umzudeuten.[24] Nach vorzugswürdiger Ansicht liegt in solchen Fällen jedoch **kein Verstoß** gegen die deutsche Sachenrechtsordnung vor: Die Erwerbsmodalitäten eines dinglichen Rechts unterliegen dem Erbstatut (streitig, → EuErbVO Art. 1 Rn. 19–22), alleine über deren sachenrechtliche Wirkungen vermag die lex rei sitae (mit) zu entscheiden – da die deutsche Rechtsordnung indes Nießbrauchrechte als solche kennt, kann das ausländische Rechtsinstitut (jedenfalls bei funktional vergleichbarer Ausgestaltung) nicht gegen den deutschen numerus clausus der Sachenrechte verstoßen;[25] eine Anpassung kommt damit nicht in Betracht.

Gleiches gilt im Übrigen für **dinglich wirkende Teilungsanordnungen** und – ebenfalls im romanischen Rechtskreis verbreitete[26] – **Vindikationslegate**, also ein Vermächtnis mit unmittelbar dinglicher Wirkung.[27] Da die Frage nach dem Bestehen eines dinglichen Rechts seitens des Erbstatuts zu beantworten ist (bislang streitig, → EuErbVO Art. 1 Rn. 19–22), kommt es auch hier wiederum nur auf die Verträglichkeit des entstandenen dinglichen Rechts mit der jeweiligen Belegenheitsrechtsordnung an; da die genannten Rechtsinstitute jedoch regelmäßig zum *Volleigen-*

---

15 Näher hierzu Burandt/Rojahn/Solomon Länderbericht Großbritannien Rn. 111–113; vgl. auch Schurig IPRax 2001, 446.
16 Grundlegend hierzu BGH IPRax 1985, 221 (223 f.); vgl. auch Staudinger/Dörner EGBGB Art. 25 Rn. 51, 431 mwN; NK-BGB/Looschelders EuErbVO Art. 31 Rn. 15; BeckOGK/Schmidt EuErbVO Art. 31 Rn. 25; jurisPK-BGB/Ludwig EuErbVO Art. 31 Rn. 32. AA Soergel/Schurig EGBGB Art. 25 Rn. 43; ders., IPRax 2001, 446 (447): „Die Aufspaltung in ein ‚legal' und ein ‚equitable' Eigentum ist dem deutschen Recht zwar fremd. Die einzelnen Wirkungen sind aber drittwirksamen Verfügungsbeschränkungen und beschränkten dinglichen Rechten im Allgemeinen so ähnlich, dass von der Tätigkeit eines trustee in Deutschland keine unerträglich störenden Einflüsse auf die Vermögensrechtsordnung ausgehen, die man generell eliminieren müsste". Differenzierend Dutta/Weber/Schmidt EuErbVO Art. 31 Rn. 20 ff.
17 So BGH IPRax 1985, 221 (224).
18 LG München I IPRax 2001, 459 (461).
19 Vgl. hierzu Burandt/Rojahn/Solomon Länderbericht Großbritannien Rn. 34.
20 Dutta FamRZ 2013, 4 (12).
21 NK-BGB/Looschelders EuErbVO Art. 31 Rn. 16; ebenso Dutta/Weber/Schmidt EuErbVO Art. 31 Rn. 39. Zum alten Recht vgl. auch Staudinger/Dörner EGBGB Art. 25 Rn. 52; MüKoBGB/Dutta, 6. Aufl., EGBGB Art. 25 Rn. 170.
22 Vgl. auch Henrich FS Riesenfeld 1983, 103, 109 (wenn auch mit anderem Ergebnis, nämlich sachenrechtlicher Qualifikation).
23 So auch Soergel/Lüderitz EGBGB Art. 38 Anh. II Rn. 20.
24 Staudinger/Dörner EGBGB Art. 25 Rn. 49, 148, 757.
25 Ebenso NK-BGB/Looschelders EuErbVO Art. 31 Rn. 14. Zum alten Recht auch Soergel/Schurig EGBGB Art. 25 Rn. 24; MüKoBGB/Dutta, 6. Aufl., EGBGB Art. 25 Rn. 337; Kegel/Schurig § 21 IV 4, 1023; differenzierend Dutta/Weber/Schmidt EuErbVO Art. 31 Rn. 29 ff.
26 So etwa in Frankreich (hierzu NK-BGB/Frank Länderbericht Frankreich Rn. 97), Italien (hierzu NK-BGB/Frank Länderbericht Italien Rn. 76) und Portugal (hierzu NK-BGB/Müller-Bromley Länderbericht Portugal Rn. 175); Überblick bei Süß RabelsZ 65 (2001), 245 (246 f.).
27 Vgl. hierzu ausführlich Schmidt RabelsZ 77 (2013), 1–29; Süß RabelsZ 65 (2001), 245 ff.; Staudinger/Dörner EGBGB Art. 25 Rn. 284 ff.

tum des fraglichen Gegenstandes führen, welches der deutschen Rechtsordnung freilich bekannt ist, liegt **kein Verstoß** gegen den numerus clausus des deutschen Sachenrechts vor.[28] Eine Anpassung in eine nur relativ wirkende Teilungsanordnung oder in ein nur schuldrechtliche Wirkungen entfaltendes Vermächtnis nach deutschem Recht (Damnationslegat nach Thorn § 2174 BGB) kommt daher – auch wenn es sich um ein in ein Register einzutragendes Recht handelt, → EuErbVO Art. 1 Rn. 22 – *nicht* in Betracht,[29] wie nunmehr auch der EuGH in seiner grundlegenden Entscheidung Kubicka v. 12.10.2017[30] bestätigt hat. Die Anerkennung dieser beiden Rechtsinstitute verstößt im Übrigen auch nicht gegen den deutschen ordre public, da jedenfalls *im Ergebnis* kein wesentlicher Grundsatz des deutschen Rechts verletzt wird (→ EuErbVO Art. 35 Rn. 3–7); denn diesem ist die Singularsukzession als solche keineswegs fremd, darüber hinaus besteht auch nach deutschem Erbrecht die Möglichkeit, eine (dann unmittelbar dinglich wirkende) Erbeinsetzung auf einen bestimmten Gegenstand kraft letztwilliger Verfügung herbeizuführen.

Artikel 32 EuErbVO Kommorienten

Sterben zwei oder mehr Personen, deren jeweilige Rechtsnachfolge von Todes wegen verschiedenen Rechten unterliegt, unter Umständen, unter denen die Reihenfolge ihres Todes ungewiss ist, und regeln diese Rechte diesen Sachverhalt unterschiedlich oder gar nicht, so hat keine der verstorbenen Personen Anspruch auf den Nachlass des oder der anderen.

A. Allgemeines

1 Hängt die rechtliche Beurteilung der Rechtsnachfolge von Todes wegen von der zeitlichen Reihenfolge des Versterbens zweier oder mehrerer Personen ab, die jedoch aufgrund tatsächlicher Umstände (etwa bei einem gemeinsamen Verkehrsunfall)[1] nicht mehr aufgeklärt werden kann, muss diese Frage mittels gesetzlicher Vermutungsregelungen gelöst werden (sog. Kommorientenvermutungen, für das deutsche Recht § 11 VerschG); die Ermittlung der insoweit maßgeblichen Rechtsordnung unterliegt als selbstständig[2] (→ EuErbVO Vor Art. 20–38 Rn. 20–23) anzuknüpfende Vorfrage – mangels Eröffnung des Anwendungsbereichs der EuErbVO (Art. 1 Abs. 2 lit. c EuErbVO) – weiterhin nationalem Kollisionsrecht, so dass gem. Art. 9 EGBGB insoweit das jeweilige Heimatrecht maßgeblich ist.

2 Da die gesetzlichen Regelungen der Kommorientenvermutung in den einzelnen nationalen Rechtsordnungen teilweise sehr unterschiedlich ausgestaltetet sind, kann die kumulierte Beru-

---

28 Ebenso NK-BGB/Looschelders EuErbVO Art. 31 Rn. 12; BeckOGK/Schmidt EuErbVO Art. 31 Rn. 29; vgl. auch Schmidt RabelsZ 77 (2013), 1, 19 (21 f.).

29 Ebenso NK-BGB/Looschelders EuErbVO Art. 31 Rn. 12; BeckOGK/Schmidt EuErbVO Art. 31 Rn. 30; Grüneberg/Thorn EuErbVO Art. 1 Rn. 15, EuErbVO Art. 31 Rn. 2; Dutta/Weber/Schmidt EuErbVO Art. 31 Rn. 13 ff.; Schmidt RabelsZ 77 (2013), 1, 19 (21 f.); Margonski GPR 2013, 106 (108 ff.); in diese Richtung tendierend auch Dutta FamRZ 2013, 4 (12); nur für nicht in ein Register einzutragende Rechte Hertel ZEV 2013, 539 (540); Lechner IPRax 2013, 497 (499); Döbereiner MittBayNot 2013, 358 (360 f.); Döbereiner GPR 2014, 42 (43). Für eine generelle Anpassung des Vindikationslegat in ein Damnationslegat hingegen: Dörner ZEV 2012, 505 (509); auch jurisPK-BGB/Ludwig EuErbVO Art. 31 Rn. 27, 29; jedenfalls im Hinblick auf Rechte, die in ein Register einzutragen sind (und ohne Aussage hinsichtlich anderer Rechte) ebenso Simon/Buschbaum NJW 2012, 2393 (2394); Volmer Rpfleger 2013, 421 (426); Odersky notar 2013, 3 (4). Für eine generelle Anpassung auch die hM zum nationalen Recht, insbesondere: Staudinger/Dörner EGBGB Art. 25 Rn. 50, 284 ff.; MüKoBGB/Birk, 5. Aufl., Art. 25 Rn. 170; NK-BGB/Kroiß EGBGB Art. 25 Rn. 75; grundlegend BGH NJW 1995, 58 (59); BayObLGZ 1995, 366 (376); anders jedoch zu Recht Soergel/Schurig EGBGB Art. 25 Rn. 24 mwN.

30 EuGH NJW 2017, 3767 (Kubicka).

1 Grüneberg/Thorn EuErbVO Art. 32 Rn. 1.

2 Ebenso NK-BGB/Looschelders EuErbVO Art. 32 Rn. 5. AA Grüneberg/Thorn EuErbVO Art. 32 Rn. 2, so dass insoweit die entsprechende Kollisionsnorm der lex causae anzuwenden wäre und Art. 9 EGBGB daher alleine bei deutschem Erbstatut zur Anwendung gelangte.

fung von Todesvermutungen verschiedener Rechtsordnungen im Rahmen ein und desselben Sachverhaltes indes zu einem **Normwiderspruch** führen, den Art. 32 EuErbVO – in Anlehnung an Art. 13 des von Deutschland nicht gezeichneten Haager Übereinkommens über das auf die Rechtsnachfolge von Todes wegen anzuwendende Recht vom 1.8.1989[3] – mittels einer weiteren, ebenfalls **sachrechtlich zu verortenden Anpassungsregel** aufzulösen bezweckt.[4] Art. 32 EuErbVO trägt dem Umstand Rechnung, dass im Bereich der Todesvermutung keine europäischvereinheitlichte *materielle* Rechtsgrundlage existiert, auf welche im Rahmen einer sachrechtlichen Anpassung zurückgegriffen werden kann; zur Gewährleistung des europäischen Entscheidungseinklangs bedarf es daher insoweit einer eigenen *materiellrechtlichen* Regelung, die sich in Anlehnung an *Steindorff*[5] als „Sachnorm im europäischen IPR" bezeichnen lässt (→ EuErbVO Vor Art. 20–38 Rn. 29); kompetenzrechtliche Probleme bestehen insoweit nicht (ebenfalls → EuErbVO Vor Art. 20–38 Rn. 29 aE).

B. Regelungsgehalt

Anwendungsvoraussetzung für Art. 32 EuErbVO ist eine **Anpassungslage**, die konkret aus der kumulierten Anwendung **sich widersprechender**[6] Todesvermutungen verschiedener Rechtsordnungen resultiert. Entgegen dem Wortlaut ist daher *nicht* entscheidend, dass die Rechtsnachfolge von Todes wegen unterschiedlichen Rechtsordnungen unterliegt, **alleine die Frage nach der Todesvermutung muss *verschiedenen* Rechtsordnungen zugewiesen sein**,[7] da nur in diesem Falle ein entsprechender Normwiderspruch auftreten kann. Ausweislich seines Wortlauts soll Art. 32 EuErbVO zudem auch dann anwendbar sein, wenn die im Rahmen von Art. 9 EGBGB bestimmte Rechtsordnung **keinerlei Vermutungsregeln** vorsieht;[8] Voraussetzung für einen Rückgriff auf Art. 32 EuErbVO als Ersatzrecht ist jedoch, dass eine entsprechende ausländische Regelung – trotz Wahrung der diesbezüglichen richterlichen Ermittlungspflicht – nicht auffindbar ist und auch nicht rechtsfortbildend – nach Maßgabe der Grundsätze des ausländischen Rechts – ausgebildet werden kann (→ EuErbVO Vor Art. 20–38 Rn. 39). Als **Rechtsfolge** sieht Art. 32 EuErbVO (entsprechend der deutschen Sachnorm des § 11 VerschG) vor, dass *keiner* der verstorbenen Personen einen Anspruch auf den Nachlass des jeweils anderen hat.

Beispiel:[9] Vater und Tochter (er Franzose, sie Engländerin, beide mit gewöhnlichem Aufenthalt in Deutschland) sterben bei einem gemeinsamen Verkehrsunfall; der konkrete Todeszeitpunkt lässt sich in beiden Fällen nicht feststellen. Beide bestimmten in Form einer Verfügung von Todes wegen den jeweils anderen zum Alleinerben und setzten je einen Ersatzerben ein – der Vater Freund A, die Tochter Freundin B.

Gemeinsames Erbstatut ist gem. Art. 21 Abs. 1 EuErbVO deutsches Recht, nach welchem nur derjenige erben kann, der den Erblasser überlebt (§ 1923 Abs. 1 BGB). Da der jeweilige Todeszeitpunkt im Beispielsfall nicht feststellbar ist, muss insoweit auf gesetzliche Vermutungsregelungen zurückgegriffen werden; *diese* Vorfrage unterliegt gem. Art. 9 EGBGB im Hinblick auf den Vater französischem Recht (das gem. Art. 725-1 Cc – entsprechend § 11 VerschG – den

---

3 Vgl. Dutta FamRZ 2013, 4 (11); auch Dutta/Weber/Weber EuErbVO Art. 32 Rn. 1. Text des Übereinkommens abgedruckt bei Staudinger/Dörner EGBGB Vorb. Art. 25 f. Rn. 120.
4 Ebenso Dutta/Weber/Weber EuErbVO Art. 32 Rn. 2; jurisPK-BGB/Ludwig EuErbVO Art. 32 Rn. 7.
5 Steindorff Sachnormen im IPR, 1958.
6 Ebenso Grüneberg/Thorn EuErbVO Art. 32 Rn. 2; Deixler-Hübner/Schauer/Fischer-Czermak EuErbVO Art. 32 Rn. 5. AA Dutta FamRZ 2013, 4 (11) (unterschiedliche, also sich nicht notwendigerweise widersprechende Todesvermutungen für Anwendung des Art. 32 EuErbVO ausreichend); ebenso NK-BGB/Looschelders EuErbVO Art. 32 Rn. 6.
7 Vgl. auch NK-BGB/Looschelders EuErbVO Art. 32 Rn. 5; im Ergebnis zudem Grüneberg/Thorn EuErbVO Art. 32 Rn. 2 (jedoch vom Standpunkt einer unselbstständigen Vorfragenanknüpfung). AA jedoch MüKoBGB/Dutta EuErbVO Art. 32 Rn. 1; BeckOGK/Schmidt EuErbVO Art. 32 Rn. 8; auch jurisPK-BGB/Ludwig EuErbVO Art. 32 Rn. 2 (Todesvermutungen unterlägen dem Erbstatut).
8 So auch Grüneberg/Thorn EuErbVO Art. 32 Rn. 2; Dutta FamRZ 2013, 4 (11); jurisPK-BGB/Ludwig EuErbVO Art. 32 Rn. 12.
9 Fall von Kegel/Schurig § 8 III 3, S. 370 f.

gleichzeitigen Tod vermutet),[10] im Hinblick auf die Tochter englischem Recht (das gem. Sec. 184 Law of Property Act 1995 ein Überleben des jeweils Jüngeren und damit der Tochter vermutet). Da sich beide in casu anzuwendenden Todesvermutungen *inhaltlich widersprechen* (der vorverstorbene Vater kann nicht zugleich zeitgleich mit seiner Tochter verstorben sein),[11] liegt ein *Normwiderspruch* vor, der gem. Art. 32 EuErbVO sachrechtlich dahin gehend aufzulösen ist, dass keiner der beiden verstorbenen Personen Anspruch auf den Nachlass des jeweils anderen hat. Damit liegen die Anwendungsvoraussetzungen von § 2096 BGB vor, so dass A den Vater und B die Tochter jeweils als Ersatzerben beerben können.

Artikel 33 EuErbVO   Erbenloser Nachlass

Ist nach dem nach dieser Verordnung auf die Rechtsnachfolge von Todes wegen anzuwendenden Recht weder ein durch Verfügung von Todes wegen eingesetzter Erbe oder Vermächtnisnehmer für die Nachlassgegenstände noch eine natürliche Person als gesetzlicher Erbe vorhanden, so berührt die Anwendung dieses Rechts nicht das Recht eines Mitgliedstaates oder einer von diesem Mitgliedstaat für diesen Zweck bestimmten Einrichtung, sich das im Hoheitsgebiet dieses Mitgliedstaates belegene Nachlassvermögen anzueignen, vorausgesetzt, die Gläubiger sind berechtigt, aus dem gesamten Nachlass Befriedigung ihrer Forderungen zu suchen.

A. Allgemeines

1   Art. 33 EuErbVO enthält eine besondere – auf kollisionsrechtlicher Ebene zu verortende – Anpassungsregelung für **erbenlose Nachlässe**.[1] Hintergrund der Bestimmung ist die teils sehr unterschiedliche Behandlung solcher Fälle in den nationalen Sachrechtsordnungen[2] (vgl. hierzu Erwägungsgrund 56): Teils sehen diese ein subsidiäres gesetzliches **Erbrecht des Staates** vor (so etwa gem. § 1936 BGB die deutsche oder gem. Art. 956 Cc die spanische Rechtsordnung), teils besteht ein **sachenrechtliches Aneignungsrecht des Staates** hinsichtlich solcher Nachlässe (so etwa gem. s. 46 (1) (vi) Administration of Estates Act 1925 die englische oder gem. § 760 ABGB die österreichische Rechtsordnung;[3] vgl. nunmehr auch § 32 IntErbRVG, → Rn. 5). Daher ist es möglich, dass ein (erbrechtlich zu qualifizierendes, daher dem Erbstatut gem. Art. 23 Abs. 2 lit. b EuErbVO unterliegendes) gesetzliches Erbrecht eines Staates mit einem (sachenrechtlich zu qualifizierenden, daher dem gem. Art. 43 Abs. 1 EGBGB bestimmten Sachenstatut unterliegenden)[4] staatlichen Aneignungsrecht *zusammentrifft*; in diesen Fällen ordnet Art. 33 EuErbVO ausnahmsweise (in Abweichung zu Art. 23 Abs. 2 lit. e EuErbVO) den *Vorrang des Sachensta-*

---

10 Hierzu Süß ZErb 2002, 62 (66) (mit Verweis auf die Änderung der Rechtslage im Jahr 2002; vor diesem Zeitpunkt wurde gem. Art. 721 Cc das Überleben des jeweils Jüngeren vermutet).
11 AA wohl Dutta/Weber/Weber EuErbVO Art. 32 Rn. 15.
1   Vgl. etwa MüKoBGB/Dutta EuErbVO Art. 33 Rn. 1.
2   Überblick bei jurisPK-BGB/Ludwig, EuErbVO Art. 33 Rn. 5.
3   So zutreffend Soergel/Schurig EGBGB Art. 25 Rn. 29 f. mit Fn. 41 (jedoch im Ergebnis erbrechtlich qualifizierend). Für eine öffentlich-rechtliche und damit eingriffsrechtliche Qualifikation hingegen Grüneberg/Thorn, EuErbVO Art. 33 Rn. 2; ebenso MüKoBGB/Dutta EuErbVO Art. 33 Rn. 1; Dutta FamRZ 2013, 4 (11) („öffentliche[s.] Aneignungsrecht"); NK-BGB/Looschelders EuErbVO Art. 33 Rn. 2; vgl. auch Staudinger/Dörner EGBGB Art. 25 Rn. 205. Hinsichtlich § 760 ABGB auch OLG München IPRax 2013, 443 f. Gerade im Hinblick auf § 760 ABGB wird stets betont, dass diese Bestimmung ein „besonderes öffentlich-rechtliches Aneignungsrecht" darstellt, vgl. OLG München IPRax 2013, 443 f. mwN Worin jedoch die besondere – und im Hinblick auf § 1936 BGB abweichende – öffentliche Zwecksetzung liegen soll, ist nicht ersichtlich: Beide Bestimmungen dienen der geordneten Abwicklung des Nachlasses, sie unterscheiden sich alleine in ihrer (erbrechtlichen bzw. sachenrechtlichen) Ausgestaltung, die für die Qualifikation den Ausschlag gibt.
4   Für eine öffentlich-rechtliche Qualifikation hingegen Grüneberg/Thorn EuErbVO Art. 33 Rn. 2; MüKoBGB/Dutta EuErbVO Art. 33 Rn. 1; Dutta FamRZ 2013, 4 (11); NK-BGB/Looschelders EuErbVO Art. 33 Rn. 2. Für eine erbrechtliche Qualifikation Dutta/Weber/Weber EuErbVO Art. 33 Rn. 8; unter Geltung des alten Rechts Soergel/Schurig EGBGB Art. 25 Rn. 29 f.; MüKoBGB/Birk, 5. Auflage, EGBGB Art. 25 Rn. 173.

tuts vor dem Erbstatut an, soweit Gläubigerrechte nicht beeinträchtigt werden. Entgegen dem restriktiv anmutenden Wortlaut ist die Anwendung des Art. 33 EuErbVO nicht auf mitgliedstaatliche Aneignungsrechte beschränkt, so dass auch **drittstaatliches Recht** zu beachten ist.[5]

B. Regelungsgehalt

Die Anwendung von Art. 33 EuErbVO setzt stets voraus, dass nach dem Erbstatut ein **gesetzliches Erbrecht** eines Staates besteht. Soweit der Fiskus seitens des Erblassers testamentarisch zum Erbe bzw. zum Vermächtnisnehmer (im Hinblick auf den betreffenden Gegenstand) eingesetzt wurde oder natürliche Personen als (gesetzliche oder testamentarische) Erben oder Vermächtnisnehmer vorhanden sind,[6] unterliegt die dingliche Zuordnung des Nachlasses vollständig dem Erbstatut[7] (→ EuErbVO Art. 1 Rn. 19–22, → EuErbVO Art. 23 Rn. 16 f.); etwaige *sachenrechtlich* zu qualifizierende Aneignungsrechte sind in diesem Falle a priori *nicht* beachtlich.

Weitere Anwendungsvoraussetzung für Art. 33 EuErbVO ist das gleichzeitige Bestehen eines **sachenrechtlich zu qualifizierenden staatlichen Aneignungsrechts**, was nach dem – weiterhin anhand der nationalen Kollisionsnorm des Art. 43 Abs. 1 EGBGB zu bestimmenden – Sachenstatut zu beurteilen ist. Soweit dieses Gläubigerrechte an dem betreffenden Nachlassgegenstand unberührt lässt, unterliegt ihre dingliche Zuordnung *ausnahmsweise* gem. Art. 33 EuErbVO dem Sachenstatut; das Erbstatut tritt somit zurück. Zu beachten ist jedoch, dass das anzuwendende Sachrecht selbst den Vorrang des Erbstatuts anordnen kann.

Beispiel: Hinterlässt ein erbenloser Erblasser mit gewöhnlichem Aufenthalt in Deutschland unbewegliches Vermögen in England und Österreich, ist der deutsche Staat grundsätzlich als Erbe berufen (Erbstatut ist gem. Art. 21 Abs. 1 EuErbVO deutsches Recht, so dass § 1936 BGB Anwendung findet). Neben dem deutschen Recht ist aufgrund von Art. 33 EuErbVO auch englisches und österreichisches Sachrecht im Hinblick auf die dort belegenen Vermögensgüter berufen (Art. 43 Abs. 1 EGBGB, die Gesamtverweisung wird jeweils angenommen); nach englischem und österreichischem Recht setzt das jeweilige staatliche Aneignungsrecht indes voraus, dass *kein* Erbe vorhanden ist. Diese Frage obliegt als selbstständig anzuknüpfende Vorfrage wiederum gem. Art. 21 Abs. 1 EuErbVO deutschem Recht, nach dem jedoch ein Erbe (nämlich der deutsche Staat) vorhanden ist, so dass die sachrechtlichen Tatbestandsvoraussetzungen des jeweiligen Aneignungsrechts nicht erfüllt sind;[8] der Nachlass wäre in diesem Falle daher trotz der Regelung des Art. 33 EuErbVO vollständig dem deutschen Staat zuzusprechen.

Soweit sich ein gem. Art. 33 EuErbVO beachtliches staatliches Aneignungsrecht nicht nur auf die in diesem Staate belegenen Gegenstände beschränkt, sondern auch auf in anderen Staaten belegene Vermögenswerte bezogen ist (so etwa Kapitel 5 § 1 des schwedischen Erbgesetzes), kommt eine Anwendung nicht in Betracht (insoweit deklaratorisch Art. 33 EuErbVO); gem. Art. 43 Abs. 1 EGBGB ist für die Frage der dinglichen Zuordnung alleine das jeweilige Belegenheitsrecht berufen, so dass dieses stets nur über die *in diesem Staate belegenen* Vermögenswerte entscheiden kann.

Sieht das Erbstatut hingegen **kein gesetzliches Erbrecht** eines bestimmten Staates vor, unterliegt die dingliche Zuordnung der einzelnen Nachlassgegenstände von vornherein ausschließlich dem

---

5   Ebenso BeckOGK/Schmid EuErbVO Art. 33 Rn. 5; Dutta/Weber/Weber EuErbVO Art. 33 Rn. 11; Nordmeier IPRax 2013, 418 (424); MüKoBGB/Dutta EuErbVO Art. 33 Rn. 8; im Ergebnis auch jurisPK-BGB/Ludwig EuErbVO Art. 33 Rn. 19.
6   Vgl. auch BeckOGK/Schmid EuErbVO Art. 33 Rn. 6 ff.
7   So auch jurisPK-BGB/Ludwig EuErbVO Art. 33 Rn. 10.

8   Etwas anderes gilt nur, wenn sich die entsprechenden sachrechtlichen Vorschriften gegen eine Substituierbarkeit im Hinblick auf ein ausländisches Erbrecht eines Staates sperrten, also ein solches nicht akzeptieren würden; dies dürfte indes bei den genannten Bestimmungen des englischen und österreichischen Rechts nicht der Fall sein.

gem. Art. 43 Abs. 1 EGBGB bestimmten Sachenstatut.[9] Gewährt die lex rei sitae demnach dem Belegenheitsstaat ein sachenrechtliches Aneignungsrecht, kann dieses zugesprochen werden; soweit ein solches nicht besteht, ist zu differenzieren: Liegt in der maßgeblichen Rechtsordnung diesbezüglich eine schlichte **Regelungslücke** vor, da der staatliche Erwerb erbenloser Nachlässe entsprechend dem deutschen oder spanischen Recht erbrechtlich ausgestaltet ist, kann diese Regelungslücke regelmäßig (jedoch stets nach Maßgabe der lex causae, → EuErbVO Vor Art. 20–38 Rn. 39) durch Annahme eines Aneignungsrechtes geschlossen (für das deutsche Recht wurde diese Regelungslücke mit § 32 IntErbRVG beseitigt, so dass es nunmehr keiner analogen Anwendung des § 958 Abs. 2 BGB[10] mehr bedarf) und dem fraglichen Staat die dort belegenen Nachlassgegenstände zugesprochen werden.[11] Liegt in dem Verzicht auf eine Regelung jedoch eine bewusste gesetzgeberische Entscheidung (was kaum vorstellbar ist, da sich der betreffende Staat in diesem Falle einer geordneten Nachlassabwicklung bewusst entziehen würde), ist diese – jedenfalls im Rahmen des ordre public – zu respektieren, so dass eine Zuordnung der betreffenden Vermögensgegenstände durch die zuständigen Gerichte ausgeschlossen ist.

6 Der eigentliche Anwendungsbereich des Art. 33 EuErbVO ist nach den vorherigen Ausführungen nur eröffnet, wenn ein *erbrechtlich* zu qualifizierendes staatliches Erbrecht mit einem *sachenrechtlich* zu qualifizierenden staatlichen Aneignungsrecht zusammentrifft. Auch wenn staatliche Aneignungsrechte – mangels besonderer öffentlicher Zwecksetzung – regelmäßig sachenrechtlich zu qualifizieren sind, ist es freilich nicht ausgeschlossen, dass einem solchen überwiegend öffentliche Normzwecke zugrunde liegen (was jedoch positiv festgestellt werden muss und jedenfalls in den oben genannten Beispielen nach vorzugswürdiger Ansicht nicht der Fall ist).[12] **Sofern eine überwiegend öffentliche Zwecksetzung des in Frage stehenden Aneignungsrechts festgestellt wird**, implizieren die entsprechenden Sachnormen kollisionsrechtliche Gemeininteressen, die sowohl eine erbrechtliche als auch eine sachenrechtliche Qualifikation ausschließen („Disqualifikation", → EuErbVO Art. 30 Rn. 2, 7). Solche sachrechtlichen Bestimmungen stellen daher **Eingriffsnormen** dar, welche stets *neben* dem Erb- und Sachenstatut zur Anwendung gebracht werden müssen (ausführlich → EuErbVO Art. 30 Rn. 14, 7–11); auf den von Art. 33 EuErbVO angeordneten Vorrang des Sachenstatuts vor dem Erbstatut kommt es daher – ebenso wie auf die von Art. 33 EuErbVO vorgesehene Beschränkung auf ein *gesetzliches* staatliches Erbrecht – nicht an. Ob und unter welchen Voraussetzungen solche Eingriffsnormen zur Anwendung zu bringen sind, bestimmt sich nach den insoweit geltenden allgemeinen Grundsätzen, so dass neben einer angemessenen *räumlichen Verknüpfung* (die in diesen Fällen ebenfalls durch die Belegenheit des fraglichen Gegenstands in dem Aneignungsstaat erfüllt ist) insbesondere ein *Anwendungsinteresse* an (drittstaatlichen) Bestimmungen bestehen muss (vgl. hierzu ausführlich → EuErbVO Art. 30 Rn. 9–11). Diesbezüglich ist Art. 33 EuErbVO jedoch wenigstens die Vorgabe zu entnehmen, dass solche Bestimmungen nur zur Anwen-

---

9 Im Ergebnis ebenso die hM (zum alten Recht), auch wenn die diesbezüglichen Begründungen stark variieren; vgl. etwa MüKoBGB/Birk, 5. Aufl., EGBGB Art. 25 Rn. 175 (Anwendung der lex rei sitae über § 3 a Abs. 2 EGBGB); Staudinger/Dörner EGBGB Art. 25 Rn. 214 (Anwendung der lex rei sitae aufgrund versteckter Rückverweisung, sofern der das Erbstatut stellende Staat ein Aneignungsrecht kennt – was unter Geltung der EuErbVO bereits deswegen problematisch ist, weil ein Renvoi nur unter bestimmten Bedingungen anerkannt wird); ebenso Soergel/Schurig EGBGB Art. 25 Rn. 31. Grenzt man indes mit der hier vertretenen Ansicht Erb- und Sachenstatut streng voneinander ab, bedarf es solcher Begründungsversuche nicht, da das zuständige Gericht den Sachverhalt unter allen rechtlichen Gesichtspunkten – erbrechtlichen wie sachenrechtlichen – zu würdigen hat.

10 So von Hoffmann/Thorn § 9 Rn. 57; Looschelders EGBGB Art. 25 Rn. 5, Looschelders Die Anpassung im Internationalen Privatrecht, 1995, 363 f.; aA (jedoch im Ergebnis ähnlich) Staudinger/Dörner EGBGB Art. 25 Rn. 202 (Anwendung von § 1936 BGB, der in diesen Fällen jedoch ebenfalls teleologisch modifiziert werden müsste).

11 Demgegenüber sieht Nordmeier IPRax 2013, 418 (423) in diesen Fällen eine Anpassungsproblematik (Normmangel), die im Wege einer kollisionsrechtlichen Anpassung (Anwendung des Belegenheitsrechts) zu lösen sei; vgl. auch Grüneberg/Thorn EuErbVO Art. 33 Rn. 3 („negative[r] Anwendungskonflikt[]").

12 So zum alten Recht Soergel/Schurig EGBGB Art. 25 Rn. 29 f.; aA Staudinger/Dörner EGBGB Art. 25 Rn. 205 jeweils mwN.

dung gebracht werden können, wenn diese zugleich bestehende Gläubigerrechte an dem Nachlassgegenstand wahren; nur in diesen Fällen lässt sich daher überhaupt das erforderliche Anwendungsinteresse bejahen. Da die in den einzelnen staatlichen Rechtsordnungen vorgesehenen Aneignungsrechte nach vorzugswürdiger Ansicht regelmäßig *sachenrechtlich* zu qualifizieren sind, kommt dieser Fallgruppe indes kaum Bedeutung zu.

Artikel 34 EuErbVO Rück- und Weiterverweisung

(1) Unter dem nach dieser Verordnung anzuwendenden Recht eines Drittstaats sind die in diesem Staat geltenden Rechtsvorschriften einschließlich derjenigen seines Internationalen Privatrechts zu verstehen, soweit diese zurück- oder weiterverweisen auf:

a) das Recht eines Mitgliedstaats oder
b) das Recht eines anderen Drittstaats, der sein eigenes Recht anwenden würde.

(2) Rück- und Weiterverweisungen durch die in Artikel 21 Absatz 2, Artikel 22, Artikel 27, Artikel 28 Buchstabe b und Artikel 30 genannten Rechtsordnungen sind nicht zu beachten.

A. Allgemeines 1	a) Nachlassspaltung 12
B. Regelungsgehalt 2	b) Verweisung kraft abweichender Qualifikation, „Qualifikationsverweisungen" 13
I. Gesamtverweisung (Abs. 1) 4	
1. Rück- und Weiterverweisung auf das Recht eines Mitgliedstaates (lit. a) 6	c) „Versteckte" Verweisungen 15
2. Weiterverweisung auf Recht eines anderen (zweiten) Drittstaates (lit. b) .. 9	d) Nichtermittelbarkeit ausländischen Kollisionsrechts 19
3. Überblick über die im Rahmen von Art. 34 Abs. 1 EuErbVO möglichen Verweisungskonstellationen 11.1	II. Sachnormverweisungen (Abs. 2) 20
	III. Verweisungen auf mitgliedstaatliche Rechtsordnungen mit vorrangig zu beachtenden Staatsverträgen 21
4. Besonderheiten bei der Anwendung ausländischen Kollisionsrechts 12	

A. Allgemeines

Entgegen den bislang erlassenen europäischen Kollisionsrechtsakten und auch entgegen dem Vorentwurf der EuErbVO[1] ordnet deren endgültige Fassung mit Art. 34 Abs. 1 EuErbVO nunmehr wiederum eine – allerdings auf wenige Konstellationen beschränkte (→ Rn. 4 f.) – Beachtlichkeit ausländischen IPR an, so dass in diesen Fällen einer seitens der lex causae vorgesehenen Rück- oder Weiterverweisung auf eine andere Rechtsordnung Folge zu leisten ist. Ausweislich des Erwägungsgrundes 57 trägt die Regelung des Art. 34 EuErbVO dem **internationalen Entscheidungseinklang** Rechnung, die restriktive Fassung dieser Vorschrift macht jedoch deutlich, dass dieser nicht vollumfänglich verwirklicht werden soll, sondern alleine dann, wenn dies zugleich die Rechtsanwendung erleichtert (lit. a, → Rn. 6–8) oder jedenfalls nicht erschwert (lit. b, → Rn. 9–11); dem Interesse an äußerem Entscheidungseinklang wird somit nur dann Rechnung getragen, wenn der Renvoi zugleich von *anderen* Ordnungsinteressen (insbesondere an einer schnellen und sicheren Entscheidung) gestützt wird.

1

---

[1] Vgl. Art. 26 des Vorschlags für eine Verordnung des europäischen Parlaments und des Rates über die Zuständigkeit, das anzuwendende Recht, die Anerkennung und die Vollstreckung von Entscheidungen und öffentlichen Urkunden in Erbsachen sowie zur Einführung eines Europäischen Nachlasszeugnisses vom 14.10.2009, KOM (2009) 154 endg.; diese Regelung stieß in der Literatur teils auf heftige Kritik, vgl. nur Schurig FS Spellenberg 2010, 343, 349: „Der Ausschluss des Renvoi ist ein schwerwiegender rechtspolitischer Fehler".

B. Regelungsgehalt

2 Gem. Art. 34 Abs. 1 EuErbVO schließen die von den Kollisionsnormen der EuErbVO ausgesprochenen Verweisungen auf das Recht eines Drittstaates dessen IPR mit ein, soweit die in lit. a oder lit. b näher bezeichneten Voraussetzungen (→ Rn. 5) erfüllt sind. Die allgemein gehaltene Fassung dieser Vorschrift suggeriert die Gesamtverweisung als Grundsatz der EuErbVO, allerdings ordnet Abs. 2 so weitreichende Ausnahmen an (im Einzelnen → Rn. 20), dass letztlich alleine Art. 21 Abs. 1 EuErbVO – und damit die auf diese Vorschrift verweisenden Art. 24 Abs. 1, Abs. 3 S. 1, Art. 25, Art. 28 lit. a EuErbVO – eine Gesamtverweisung auszusprechen vermag.

3 Voraussetzung für die Beachtlichkeit eines drittstaatlichen Renvoi ist somit von vornherein, dass der **Erblasser seinen gewöhnlichen Aufenthalt in diesem Drittstaat** hat. Da sich in einem solchen Fall die internationale Zuständigkeit der mitgliedstaatlichen Gerichte alleine über Art. 10 EuErbVO (subsidiäre Zuständigkeit) und Art. 11 EuErbVO (Notzuständigkeit) begründen lässt, ist die praktische Relevanz dieser Vorschrift jedenfalls in Nachlasssachen gering;[2] im Rahmen von (selbstständig anzuknüpfenden, → EuErbVO Vor Art. 20–38 Rn. 20–23) *erbrechtlichen Vorfragen*, die unabhängig von den restriktiven Zuständigkeitsregelungen der EuErbVO zu beurteilen sind, kommt ihr jedoch eine weitergehende Bedeutung zu.

Hinweis:

In Nachlassverfahren, deren internationale Zuständigkeit auf die allgemeine Regelung des Art. 4 EuErbVO gestützt wird, kommt die Beachtlichkeit eines Renvoi insbesondere bei der kollisionsrechtlichen Beurteilung von Verfügungen von Todes wegen in Betracht, soweit das gem. Art. 24 Abs. 1, Abs. 3 S. 1 bzw. Art. 25 EuErbVO (objektiv) bestimmte hypothetische Erbstatut das Recht eines Drittstaates darstellt.

I. Gesamtverweisung (Abs. 1)

4 Die Annahme einer Gesamtverweisung setzt nach dem Wortlaut des Art. 34 Abs. 1 EuErbVO zunächst voraus, dass auf das Recht eines **Drittstaates** verwiesen wird. Hierunter sind neben allen Nicht-Mitgliedstaaten insbesondere auch diejenigen Mitgliedstaaten zu verstehen, die an der EuErbVO nicht beteiligt sind (Irland, Dänemark und ehemals auch das Vereinigte Königreich);[3] → EuErbVO Art. 3 Rn. 2. Den Fall, dass auf das Recht eines *anderen* Mitgliedstaates verwiesen wird, regelt Art. 34 Abs. 1 EuErbVO nicht, allerdings besteht insoweit regelmäßig auch keine Notwendigkeit, da jedenfalls in *Nachlasssachen* die Zuständigkeitsregeln der Art. 4 ff. EuErbVO iVm den in Art. 34 Abs. 2 EuErbVO ausdrücklich angeordneten Sachnormverweisungen eine *Gesamtverweisung* auf das Recht eines anderen Mitgliedstaates von vorneherein ausschließen (zu Ausnahmen, insbesondere im Rahmen von Vorfragen, → Rn. 21 f.).

5 Darüber hinaus ist die von Art. 34 Abs. 1 EuErbVO angeordnete Verweisung auf ein drittstaatliches Kollisionsrecht stets **bedingt**: Sie ist nur zu beachten, soweit das drittstaatliche IPR

- auf das Recht eines Mitgliedstaates (lit. a) oder
- auf das Recht eines anderen (zweiten) Drittstaates, der sein eigenes Recht anwenden würde (lit. b),

rück- oder weiterverweist. Nimmt der Drittstaat hingegen die Verweisung an, erfolgt die Berufung seines Sachrechts – etwas umständlich – nunmehr anhand der Kollisionsnormen der EuErbVO, die in diesem Falle (mangels Vorliegens der von Art. 34 Abs. 1 EuErbVO aufgestellten Bedingungen) eine *Sachnorm*verweisung auf dessen Recht aussprechen.

---

[2] Dörner ZEV 2012, 505 (511 f.); Staudinger/Hausmann EGBGB Art. 4 Rn. 164; Grüneberg/Thorn EuErbVO Art. 34 Rn. 1; vgl. auch Dutta/Weber/Bauer EuErbVO Art. 34 Rn. 3.

[3] BeckOGK/Schmidt EuErbVO Art. 34 Rn. 4; Staudinger/Hausmann EGBGB Art. 4 Rn. 163.

1. Rück- und Weiterverweisung auf das Recht eines Mitgliedstaates (lit. a). Im Rahmen von Art. 34 Abs. 1 lit. a EuErbVO müssen zwei Konstellationen unterschieden werden: Handelt es sich bei der drittstaatlichen Verweisung um eine **Sachnormverweisung** auf eine mitgliedstaatliche Rechtsordnung, sind (unstreitig) dessen Sachnormen anzuwenden, da das berufene ausländische Recht – allgemeinen Grundsätzen entsprechend – so anzuwenden ist, wie dies durch den jeweiligen Erlassstaat erfolgt. Spricht das drittstaatliche Kollisionsrecht hingegen eine **Gesamtverweisung** aus, entsteht ein Verweisungszirkel („Ping-Pong-Spiel"),[4] der mittels einer **Abbruchregelung** durchbrochen werden muss. Eine solche sieht die EuErbVO indes nicht vor,[5] so dass insoweit eine interne Regelungslücke besteht, die im Wege *unionsrechtlicher* Rechtsfortbildung zu schließen ist. Auf welche Weise dies zu erfolgen hat, ist bislang offen und kann letztverbindlich alleine seitens des EuGH geklärt werden. Vorstellbar sind jedoch grundsätzlich drei Lösungsansätze:[6]

1. ein **autonomer Abbruch der Verweisung bei der mitgliedstaatlichen Rechtsordnung**,[7] so dass stets diese anzuwenden ist,
2. ein **autonomer Abbruch bei der drittstaatlichen Rechtsordnung**, so dass deren Sachrecht zur Anwendung berufen ist, oder
3. eine **Anwendung der Abbruchregelung des Drittstaates** iSd im anglo-amerikanischen Rechtskreis verbreiteten „foreign-court-Theorie",[8] so dass die Entscheidung über das konkret anwendbare Sachrecht dem Kollisionsrecht des Drittstaates überlassen wird.

Bei der Lösung dieser Problematik ist zu beachten, dass die Beachtlichkeit des Renvoi in der EuErbVO nach den einleitenden Bemerkungen nicht zu einer vollumfänglichen Verwirklichung des internationalen Entscheidungseinklangs führen soll, sondern insbesondere Praktikabilitätsinteressen bei der Rechtsanwendung geschuldet ist, denen am besten Rechnung getragen wird, wenn die zuständigen Gerichte die ihnen vertraute lex fori anwenden können („Heimwärtsstreben" als Ausfluss des Ordnungsinteresses an schneller und sicherer Entscheidung).[9] **Lösung 2** wird dieser Interessenlage nicht gerecht, da die Durchsetzung der eigenen, durch die Verweisung der EuErbVO konkretisierte kollisionsrechtliche Gerechtigkeitsentscheidung weder den Entscheidungseinklang mit dem Drittstaat gewährleistet (eben weil wir dessen eigene Abbruchregelung unbeachtet lassen) noch die Anwendung der lex fori begünstigt, da ein solches Vorgehen *stets* zur Anwendung einer von der lex fori verschiedenen Rechtsordnung führt. Demgegenüber kann **Lösung 3** für sich in Anspruch nehmen, den Entscheidungseinklang mit dem Drittstaat vollumfänglich zu verwirklichen, jedoch geht auch dieser Ansatz zulasten des (Ordnungs-)Interesses an der Anwendung der eigenen Rechtsordnung, da im Falle einer Rückverweisung auf die lex fori das drittstaatliche Recht angewandt werden müsste, wenn dessen Kollisionsrecht dies verlangt. Die Beachtung einer derartigen Abbruchregelung erscheint zweifelhaft,[10] da diese ihrerseits bezweckt, die Rechtsanwendung durch die eigenen Gerichte zu erleichtern, und dieser Zweck in sein Gegenteil verkehrt wird, wenn mitgliedstaatliche Gerichte diese beachten und *ihretwegen* ausländisches Recht anwenden müssten.[11] Die Anwendung der eigenen lex fori wird indes am besten durch **Lösung 1** gefördert, da jegliche Rückverweisung

---

4 Kegel/Schurig, § 10 III 1, 393.
5 Vgl. auch Solomon Liber amicorum Schurig 2012, 237, 242; Staudinger/Hausmann EGBGB Art. 4 Rn. 165; Deixler-Hübner/Schauer/Schwartze EuErbVO Art. 34 Rn. 11.
6 Vgl. hierzu Kegel/Schurig § 10 III 1, 393 f.
7 So auch MüKoBGB/Dutta EuErbVO Art. 34 Rn. 3; NK-BGB/Looschelders EuErbVO Art. 34 Rn. 9 f.; Deixler-Hübner/Schauer/Schwartze EuErbVO Art. 34 Rn. 11 f.; BeckOGK/Schmidt EuErbVO Art. 34 Rn. 9; Dutta/Weber/Bauer EuErbVO Art. 34 Rn. 14; in diesem Sinne (jedoch zurückhaltend) auch Solomon Liber amicorum Schurig 2012, 237, 242 f., 253; Leible/Unberath/von Hein,
341, 374. – Aus der Rspr.: Hanseat. OLG Bremen DNotZ 2020, 833 (jedoch ohne weitere Begründung).
8 So Staudinger/Hausmann EGBGB Art. 4 Rn. 165. Zur foreign-court-Theorie vgl. von Bar/Mankowski § 7 Rn. 216 f.; von Hoffmann/Thorn IPR § 6 Rn. 89; Kegel/Schurig § 10 III 1, 394.
9 Vgl. Kegel/Schurig § 2 II 3 b, 143.
10 Sie könnte nur zu rechtfertigen sein, wenn der Zweck von Art. 34 Abs. 1 lit. a EuErbVO – entsprechend lit. b – alleine darauf gerichtet wäre, keine weitere Rechtsordnung eines anderen Staates prüfen zu müssen; dies erscheint indes zweifelhaft.
11 Solomon Liber amicorum Schurig 2012, 237, 253.

auf die lex fori zu einer Anwendung derselben führt, so dass dieser im Ergebnis zu folgen ist. Allerdings erfasst der Wortlaut des Art. 34 Abs. 1 lit. a EuErbVO nicht alleine diese, ebenfalls von Art. 4 Abs. 1 EGBGB geregelte Konstellation der *Rück*verweisung, sondern auch solche Fälle, in denen der Drittstaat auf eine andere mitgliedstaatliche Rechtsordnung *weiter*verweist. Ein autonomer Abbruch bei dieser mitgliedstaatlichen Rechtsordnung und ein damit einhergehender Verzicht auf die Verwirklichung des Entscheidungseinklangs mit dem Drittstaat lässt sich allerdings nicht anhand des Art. 34 EuErbVO zugrundeliegenden *Ordnungsinteresses an schneller und sicherer Entscheidung* rechtfertigen, weil sich bei der Anwendung einer mitgliedstaatlichen Rechtsordnung qualitativ *dieselben* Schwierigkeiten stellen, die auch mit der Anwendung einer drittstaatlichen Rechtsordnung verbunden sind.

Hinweis:

Vor diesem Hintergrund ließe sich ein **differenziertes Vorgehen** erwägen: Verweist die gem. Art. 34 Abs. 1 lit. a EuErbVO beachtliche kollisionsrechtliche Verweisung des Drittstaates auf eine mitgliedstaatliche Rechtsordnung zurück, die *zugleich* die lex fori bildet, könnte man die **Rückverweisung** aus Praktikabilitätsgründen autonom abbrechen und die lex fori anwenden. Verweist der Drittstaat hingegen im Wege einer Gesamtverweisung auf eine andere, von der lex fori verschiedene mitgliedstaatliche Rechtsordnung (**Weiterverweisung**), wäre – da die Förderung des Ordnungsinteresses an schneller und sicherer Entscheidung im konkreten Fall nicht verwirklicht werden kann – dem internationalen Entscheidungseinklang mit dem *Drittstaat* Rechnung zu tragen und dessen kollisionsrechtliche Abbruchregelung zu beachten.

8 Dennoch ist eine solche Differenzierung abzulehnen. Auch wenn ein genereller Abbruch bei dem Recht (irgend)eines Mitgliedstaates nicht auf das Ordnungsinteresse an schneller und sicherer Entscheidung gestützt werden kann, gewährleistet allein die Gleichbehandlung von solchen Rück- und Weiterverweisungen den *europäischen Entscheidungseinklang*, da nur in diesem Falle die Rechtsanwendungsfrage vor *allen* mitgliedstaatlichen Gerichten gleich, also unabhängig von deren internationaler Zuständigkeit entschieden werden kann[12] (was insbesondere bei der Beurteilung erbrechtlicher *Vorfragen*, die sich nunmehr ebenfalls nach der EuErbVO richten, von Relevanz ist). Da der europäische Entscheidungseinklang *Hauptzweck* der europäischen Vereinheitlichung des Internationalen Privat- und Verfahrensrechts darstellt, muss das von Art. 34 Abs. 1 EuErbVO sowieso nur nachrangig verfolgte Interesse an äußerem Entscheidungseinklang zurücktreten, so dass *jede* im Rahmen von Art. 34 Abs. 1 lit. a EuErbVO beachtliche drittstaatliche Kollisionsnormverweisung auf das Recht (irgend)eines Mitgliedstaates zur Anwendung von *dessen* Sachrecht führt.

9 **2. Weiterverweisung auf Recht eines anderen (zweiten) Drittstaates (lit. b).** Gem. Art. 34 Abs. 1 lit. b EuErbVO ist eine Weiterverweisung auf das Recht eines weiteren (zweiten) Drittstaates unter der Bedingung beachtlich, dass dieser Staat sein eigenes Recht anwendet, also seinerseits nicht noch auf einen dritten Drittstaat verweist. Hinter dieser Einschränkung des internationalen Entscheidungseinklangs stehen wohl wiederum Gründe der Praktikabilität, da unabsehbare Verweisungsketten auf mehrere Staaten und damit einhergehend ein erhöhter Rechtsermittlungsaufwand verhindert werden sollten.[13] Diese Regelung ist rechtspolitisch fragwürdig,[14] da die in Betracht kommenden Anknüpfungsmomente im Erbrecht a priori beschränkt sind (international gebräuchlich ist letztlich nur die Anknüpfung an den gewöhnlichen Aufenthalt, an die Staatsangehörigkeit oder – für unbewegliches Vermögen – eine Anknüpfung an das Belegenheitsrecht), so dass unüberschaubare Verweisungsketten in der Praxis nicht vorkommen, jedoch ist der Rechtsanwender angesichts des klaren Wortlauts der Regelung an diese Entscheidung de lege lata gebunden.

---

12 Vgl. hierzu Solomo nLiber amicorum Schurig 2012, 237, 243.
13 Vgl. hierzu etwa Kropholler, § 24 II 4, 175 (Ausführung zu Art. 4 EGBGB).

14 Vgl. auch Solomon Liber amicorum Schurig 2012 237, 254 ff.

Eine **Weiterverweisung** des ersten Drittstaates auf das Recht eines zweiten Drittstaates ist damit **nur beachtlich**, wenn dieser selbst sein Recht für anwendbar erklärt. Ist dies nicht der Fall, weil der zweite Drittstaat auf einen dritten Drittstaat weiterverweist, tritt die von Art. 34 Abs. 1 lit. b EuErbVO aufgestellte Bedingung nicht ein, so dass es sich bei der ursprünglichen, von der EuErbVO ausgesprochenen Verweisung nunmehr um eine Sachnormverweisung handelt, die zur Anwendung des Sachrechts des ersten Drittstaates führt.

10

Über den Wortlaut von Art. 34 Abs. 1 lit. b EuErbVO sind zwei Ausnahmen zu machen: Verweist das Kollisionsrecht des zweiten Drittstaates auf ein *mitgliedstaatliches* Recht, entspricht dies der von lit. a erfassten Konstellation, so dass es im Hinblick auf eine wertungsmäßig kohärente Auslegung dieser Regelung geboten erscheint, die Fälle gleich zu behandeln und somit eine Weiterverweisung des zweiten Drittstaates auf ein *mitgliedstaatliches* Recht ebenfalls für beachtlich zu erklären, um die Anwendung des eigenen Rechts zu fördern;[15] insoweit kann auf → Rn. 6–8 verwiesen werden. Eine teleologische Korrektur des Art. 34 Abs. 1 lit. b EuErbVO sollte **zudem dann erfolgen**, wenn der zweite Drittstaat auf den ersten Drittstaat zurückverweist, dieser jedoch das Recht des zweiten Drittstaates für maßgeblich erklärt (also oben beschriebener Lösung 2 folgt).[16][17] In diesem Falle sind die den internationalen Entscheidungseinklang einschränkenden Erwägungen (→ Rn. 9) nicht tangiert, da keine *weitere* Rechtsordnung zu prüfen ist, so dass mit dem ersten Drittstaat möglichst umfangreich Entscheidungseinklang hergestellt werden kann. Eine wortlautgetreue Anwendung des Art. 34 Abs. 1 lit. b EuErbVO würde demgegenüber dazu führen, dass von vorneherein nur eine Sachnormverweisung auf das Recht des Drittstaates angenommen werden müsste, unabhängig davon, welches Recht dieser in casu berufen würde.

11

3. Überblick über die im Rahmen von Art. 34 Abs. 1 EuErbVO möglichen Verweisungskonstellationen

1. Unmittelbare Verweisung auf das Recht eines *Mitgliedstaates* (aufgrund der Zuständigkeitsregelungen nur im Falle erbrechtlicher Vorfragen relevant, → Rn. 4):
Nicht explizit geregelt; wohl Sachnormverweisung, kann aber stets offengelassen werden, weil auch die Annahme einer Gesamtverweisung zur Anwendung dieser mitgliedstaatlichen Rechtsordnung führt (in diesem Staat gilt die EuErbVO, so dass eine entsprechende Verweisung stets angenommen wird; → Rn. 9).

11.1

2. Unmittelbare Verweisung auf das Recht eines *Drittstaates*:
   - Situation 1: *Annahme* der kollisionsrechtlichen Verweisung durch Drittstaat
     → unproblematisch, da wir Verweisung folgen; damit Anwendung des Sachrechts des Drittstaates (→ Rn. 5).
   - Situation 2: *Rückverweisung* auf das Recht eines Mitgliedstaates
     (Art. 34 Abs. 1 lit. a EuErbVO):
     - Möglichkeit 1: Drittstaat ordnet Sachnormverweisung an
       → unproblematisch, da wir Verweisung folgen; damit Anwendung des Sachrechts des Mitgliedstaates, auf den der Drittstaat verweist (→ Rn. 6).
     - Möglichkeit 2: Drittstaat ordnet Gesamtverweisung an.

---

15 Zustimmend Deixler-Hübner/Schauer/Schwartze EuErbVO Art. 34 Rn. 15; Süß Erbrecht in Europa § 2 Rn. 82; ebenso MüKoBGB/Dutta EuErbVO Art. 34 Rn. 5; NK-BGB/Looschelders EuErbVO Art. 34 Rn. 12; vgl. auch Solomon Liber amicorum Schurig 2012, 237, 255 f.; Leible/Unberath/von Hein, 341, 375. AA jurisPK/Ludwig EuErbVO Art. 34 Rn. 52.

16 Zustimmend Deixler-Hübner/Schauer/Schwartze EuErbVO Art. 34 Rn. 15. AA MüKoBGB/Dutta EuErbVO Art. 34 Rn. 5; NK-BGB/Looschelders EuErbVO Art. 34 Rn. 11; ablehnend auch jurisPK/Ludwig EuErbVO Art. 34 Rn. 49; wohl auch Leible/Unberath/von Hein, 341, 375; kritisch Solomon Liber amicorum Schurig 2012, 237, 254 f.

17 AA wohl Leible/Unberath/von Hein, 341, 375; kritisch Solomon Liber amicorum Schurig 2012, 237, 254 f.

→ **Problem**, da Art. 34 Abs. 1 lit. a EuErbVO keine Abbruchregelung enthält; vorzugswürdige Lösung: autonomer Abbruch der Verweisung bei dem entsprechenden Mitgliedstaat, so dass dessen Sachrecht anzuwenden ist (→ Rn. 6 ff.).
- Situation 3: *Weiterverweisung* auf das Recht eines zweiten Drittstaates
  - Möglichkeit 1: Annahme der Verweisung durch diesen Drittstaat
    → unproblematisch, da wir Verweisung folgen (Art. 34 Abs. 1 lit. b EuErbVO); damit Anwendung des Sachrechts des zweiten Drittstaates (→ Rn. 9).
  - Möglichkeit 2: zweiter Drittstaat ordnet Gesamtverweisung an
    → grundsätzlich Anwendung des Rechts des *ersten* Drittstaates, da die von Art. 34 Abs. 1 lit. b EuErbVO aufgestellte Bedingung nicht erfüllt ist und die ursprüngliche Verweisung auf den ersten Drittstaat daher als Sachnormverweisung ausgestaltet ist. Nach vorzugswürdiger Ansicht muss von diesem Grundsatz jedoch in zwei Fällen abgewichen werden:
    – Zweiter Drittstaat verweist auf das Recht eines Mitgliedstaates zurück.
      → Diese Situation entspricht wertungsmäßig der von Art. 34 Abs. 1 lit. a EuErbVO erfassten Konstellation, so dass entgegen dem Wortlaut des Art. 34 Abs. 1 lit. b EuErbVO das Sachrecht des entsprechenden Mitgliedstaates anzuwenden ist (→ Rn. 11).
    – Zweiter Drittstaat verweist auf das Recht des ersten Drittstaates zurück.
      → Auch in diesen Fällen ist eine teleologische Korrektur geboten und der Verweisung entgegen dem Wortlaut des Art. 34 Abs. 1 lit. b EuErbVO zu folgen (→ Rn. 11); spricht der zweite Drittstaat eine Sachnormverweisung auf das Recht des ersten Drittstaates aus, ist dieser zu folgen; verweist er im Wege einer Gesamtverweisung zurück, kommt es nach vorzugswürdiger Ansicht auf die Abbruchregelung des ersten Drittstaates an: Bricht dieser die Rückverweisung autonom ab, ist dessen Recht zur Anwendung berufen, setzt er seine ursprüngliche kollisionsrechtliche Entscheidung durch, kommt das Sachrecht des zweiten Drittstaates zur Anwendung.

12 **4. Besonderheiten bei der Anwendung ausländischen Kollisionsrechts. a) Nachlassspaltung.** Knüpft das von den Kollisionsnormen der EuErbVO berufene drittstaatliche Kollisionsrecht einzelne Nachlassgegenstände unterschiedlich an (häufigster Fall: unterschiedliche kollisionsrechtliche Behandlung von beweglichen und unbeweglichen Gegenständen), kann es – trotz der von Art. 21, 22 EuErbVO grundsätzlich vorgesehenen einheitlichen Anknüpfung des Nachlasses – zu einer für uns beachtlichen kollisionsrechtlichen **Nachlassspaltung** kommen, der Nachlass also unterschiedlichen Rechtsordnungen unterliegt. Diese Konsequenz aus der Anerkennung des Renvoi ergibt sich bereits aus dem Wortlaut des Art. 34 Abs. 1 EuErbVO, der eine Rück- und Weiterverweisung in dem Umfang für beachtlich erklärt, *soweit* der Drittstaat eine solche anordnet, und entspricht dem Interesse an einem möglichst umfangreichen Entscheidungseinklang mit dem Drittstaat. Eine Korrektur dieses Ergebnisses dahin gehend, dass eine Beachtlichkeit des Renvoi alleine dann anzunehmen ist, wenn die von Art. 21 EuErbVO angeordnete Nachlasseinheit erhalten bleibt,[18] kommt nicht in Betracht, zumal die EuErbVO selbst mit Art. 30 EuErbVO eine zur Nachlassspaltung führende Bestimmung kennt und den Grundsatz der Nachlasseinheit damit selbst relativiert.

13 **b) Verweisung kraft abweichender Qualifikation, „Qualifikationsverweisungen".** Wird ausländisches Kollisionsrecht berufen, ist dieses so anzuwenden, wie dies durch die Gerichte des Erlassstaates erfolgen würde (→ EuErbVO Vor Art. 20–38 Rn. 37). Qualifiziert das berufene ausländische IPR die ihm überantwortete Rechtsfrage abweichend von den Systembegriffen der

---

18 Dies erwägend, jedoch im Ergebnis insbesondere im Hinblick auf die Normgenese ablehnend Leible/Unberath/von Hein, 341, 378 f.

EuErbVO (bspw. güterrechtliche statt erbrechtliche Qualifikation), ist dem Verständnis des ausländischen Rechts daher zu folgen und die aus dessen Sicht einschlägige Kollisionsnorm anzuwenden.[19] Spricht diese Kollisionsnorm wiederum eine Rück- oder Weiterverweisung aus, ist eine solche **Verweisung kraft abweichender Qualifikation** – herkömmlichem Vorgehen entsprechend – im Rahmen der von Art. 34 Abs. 1 EuErbVO aufgestellten Bedingungen beachtlich.

Gleiches gilt für sog. „**Qualifikationsverweisungen**". Hierunter versteht man Konstellationen, in denen die berufene ausländische Kollisionsnorm alleine die Auslegung bestimmter Tatbestandsmerkmale einer anderen Rechtsordnung überlässt (häufigstes Beispiel: Abgrenzung von beweglichem und unbeweglichem Vermögen nach der lex rei sitae; so etwa im englischen Recht),[20] der konkrete Regelungsgehalt der berufenen ausländischen Kollisionsnorm also (jedenfalls partiell) mittels einer weiteren Rechtsordnung bestimmt wird. Auch in diesen Fällen ist – dem Gebot der „originalgetreuen" Anwendung ausländischen Rechts folgend – der Verweisung zu folgen.

c) „**Versteckte" Verweisungen**. Bei der Anwendung drittstaatlichen Kollisionsrechts kann zudem das Problem der sog. „**versteckten**" – oder allgemeiner: „**hypothetischen**" – **Verweisung** auftreten.[21] Dieses stellt sich immer dann, wenn die im Wege der Gesamtverweisung berufene ausländische Rechtsordnung zwar keine herkömmlichen allseitigen Kollisionsnormen kennt, jedoch bei gegebener internationaler Zuständigkeit seiner eigenen Gerichte *stets* die eigene lex fori für anwendbar erklärt (so insbesondere im anglo-amerikanischen Rechtskreis in Familien- und Erbsachen; „lex-fori-Prinzip"). Da jegliche Rechtsanwendung – auch der jeweiligen lex fori – vor dem Hintergrund konkurrierender Rechtsordnung einer kollisionsrechtlichen Entscheidung bedarf, liegt auch in diesen Fällen funktional eine – allerdings einseitige und „zuständigkeitsrechtlich determiniert[e]"[22] – drittstaatliche Kollisionsnorm zugunsten seiner lex fori vor,[23] die entweder ausdrücklich kodifiziert sein kann[24] oder anderenfalls in den prozessrechtlichen Bestimmungen der ausländischen Rechtsordnung „versteckt" ist. Zu einer seitens des drittstaatlichen Kollisionsrechts explizit angeordneten Rück- oder Weiterverweisung auf eine andere Rechtsordnung kann es in diesen Fällen von vorneherein nicht kommen, weil der ausländische Staat *keinerlei* Entscheidung über die Anwendbarkeit *anderer*, von der lex fori verschiedener Rechtsordnungen getroffen hat, so dass die von Art. 34 Abs. 1 lit. a und lit. b EuErbVO aufgestellten Bedingungen nicht erfüllt sind; bei wortlautgetreuer Anwendung dieser Vorschrift müsste folglich eine *Sachnorm*verweisung auf das drittstaatliche Recht angenommen werden, auch wenn dieser Drittstaat – mangels eigener internationaler Zuständigkeit – niemals in der Sache entscheiden würde.

Ein solches Ergebnis erscheint indes zweifelhaft. Denn der Grund für die ausschließliche Anwendung des eigenen Rechts liegt in diesen Fällen regelmäßig nicht in einer einseitigen Bevorzugung desselben begründet,[25] sondern in der rechtspolitischen Überzeugung, dass die Anwendung der lex fori nicht nur für die eigenen, sondern auch für andere *ausländische* Gerichte die angemessene Entscheidungsgrundlage bei gegebener internationaler Zuständigkeit darstellt;[26] die kollisionsrechtliche Abgrenzung der einzelnen Rechtsordnungen erfolgt damit ausschließlich über die Bestimmungen der internationalen Zuständigkeiten, was wiederum dazu führt, dass

---

19 Vgl. nur Staudinger/Hausmann EGBGB Art. 4 Rn. 66; von Bar/Mankowski § 7 Rn. 220; von Hoffmann/Thorn IPR § 6 Rn. 82.
20 Vgl. hierzu NK-BGB/Odersky Länderbericht Großbritannien Rn. 6; Burandt/Rojahn/Solomon Länderbericht Großbritannien Rn. 9.
21 Ausführlich hierzu MüKoBGB/Sonnenberger, 5. Aufl., EGBGB Art. 4 Rn. 42–55; NK-BGB/Freitag EGBGB Art. 4 Rn. 10–12; Staudinger/Hausmann EGBGB Art. 4 Rn. 79–87; Kegel/Schurig § 10 VI, 409 ff.; von Bar/Mankowski § 7 Rn. 218 f.; Kropholler § 25, 179 ff.
22 Von Bar/Mankowski § 7 Rn. 218.
23 Vgl. auch NK-BGB/Freitag EGBGB Art. 4 Rn. 11.
24 So etwa § 28 Abs. 2 des österreichischen IPRG.
25 Wäre dies der Fall, weil der fragliche Staat (kaum vorstellbar) die Rechtsqualität ausländischen Rechts generell leugnete („juristischer Solipsismus", vgl. Schurig, 51 f., Fn. 4), wäre sein Recht anzuwenden, weil er unsere autonome kollisionsrechtliche Entscheidung jedenfalls der Sache nach teilt, unsere Verweisung also annimmt.
26 Kegel/Schurig § 10 VI, 410.

Entscheidungen ausländischer Gerichte seitens des dem lex-fori-Prinzip folgenden Staates anerkannt werden, wenn jene nach seiner Sicht international zuständig sind.[27] Bei Lichte betrachtet handelt es sich hierbei somit alleine um einen andersartigen, funktional *prozessual* zu verortenden Regelungsmechanismus zur Lösung internationaler Sachverhalte. Diese Erkenntnis lässt Raum für folgende Überlegung: Wenn der dem lex-fori-Prinzip folgende Staat grundsätzlich bereit ist, auch ausländisches Recht (wenn auch nur im Rahmen seiner Anerkennungsvorschriften) zur Wirkung zu verhelfen, lässt sich der einseitigen Festlegung des kollisionsrechtlichen Anwendungsbereichs seiner lex fori (→ Rn. 15) der verallgemeinerungsfähige Gedanke entnehmen,[28] dass ausländisches Recht unter *denselben* Voraussetzungen zur Anwendung gebracht werden kann; anhand der die internationale Zuständigkeit des Drittstaates begründenden Umstände (etwa Staatsangehörigkeit oder gewöhnlicher Aufenthalt des Erblassers, Belegenheitsort von Nachlasssachen etc) lässt sich daher in den genannten Fallkonstellationen jedenfalls *hypothetisch* eine (nach unserem funktionalen Verständnis) allseitige Kollisionsnorm ausbilden, welche die mutmaßliche kollisionsrechtliche Haltung des Drittstaates zum Ausdruck bringt.[29] Weist die auf diese Weise fingierte Kollisionsnorm auf das Recht des Forumstaates zurück, wird diese **hypothetische Rückverweisung** jedenfalls im Rahmen von Art. 4 Abs. 1 EGBGB nach zutreffender, ganz herrschender Ansicht[30] für beachtlich erklärt (eine Verweisung bei deutschem Recht somit abgebrochen), da der – zumindest konkretisierbare – kollisionsrechtliche Gehalt der ausländischen Rechtsordnung einer explizit angeordneten Rückverweisung entspricht und einer solchen daher gleichzustellen ist; dem „Heimwärtsstreben" kann daher in diesen Fällen Rechnung getragen werden.[31] Diese Erwägungen gelten erst recht im Rahmen von Art. 34 Abs. 1 EuErbVO, der dem (Ordnungs-)Interesse an einer schnellen und sicheren Entscheidung weit größere Bedeutung einräumt als Art. 4 Abs. 1 EGBGB, so dass die **Rechtsfigur der hypothetischen Rückverweisung auch im Anwendungsbereich der EuErbVO anzuerkennen ist.**[32] Zu betonen ist jedoch, dass diese rein hypothetische Erwägung in methodischer Hinsicht keine Rechtsfortbildung drittstaatlichen Rechts darstellt[33] (dieses weist überhaupt keine Regelungslücke auf, weil sich das Problem aus Sicht des Drittstaates mangels eigener Zuständigkeit nicht stellt), sondern zu einer **teleologischen Korrektur**[34] des Art. 34 Abs. 1 lit. a EuErbVO führt (Analogie aufgrund identischer Interessenlage), die als solche der vollen **Prüfungskompetenz des für die letztverbindliche Auslegung von Sekundärrecht zuständigen EuGH** unterliegt.

17 Streitig sind indes die konkreten **Voraussetzungen** für die Beachtlichkeit einer „versteckten" Rückverweisung.[35] Teilweise wird verlangt, dass das mitgliedstaatliche Forumgericht aus Sicht des Drittstaates in casu international **ausschließlich zuständig** sein muss,[36] da der drittstaatli-

---

27 Auf die Bedeutung des Anerkennungsrechts zu Recht hinweisend MüKoBGB/Sonnenberger, 5. Aufl., EGBGB Art. 4 Rn. 50.
28 Dies wäre nur dann nicht möglich, wenn die Anwendung der lex fori auf einer einseitigen Bevorzugung derselben beruhte, die einseitige Kollisionsnorm also eine Exklusivnorm (hierzu von Hoffmann/Thorn IPR § 4 Rn. 13) darstellte, welche den Anwendungsbereich des eigenen Rechts systemwidrig ausdehnt; vgl. von Bar/Mankowski § 7 Rn. 218; Solomon ZVglRWiss 99 (2000), 170 (196). Dies ist etwa bei § 28 Abs. 2 des österreichischen IPRG der Fall, so dass diese Regelung keine „versteckte" Rückverweisung aussprechen kann; vgl. Burandt/Rojahn/Solomon Länderbericht Österreich Rn. 12; Solomon ZVglRWiss 99 (2000), 170, 193 ff.
29 Vgl. von Bar/Mankowski § 7 Rn. 218 („allseitige ausländische Kollisionsnorm interpolier[en]").
30 Vgl. nur Soergel/Kegel EGBGB Art. 4 Rn. 16; NK-BGB/Freitag EGBGB Art. 4 Rn. 10–12; Staudinger/Hausmann EGBGB Art. 4 Rn. 83–87; Kegel/Schurig § 10 VI, S. 409 ff.; von Bar/Mankowski § 7 Rn. 218 f.; Kropholler § 25, 179 ff.; abweichend MüKoBGB/Sonnenberger, 5. Aufl., EGBGB Art. 4 Rn. 42–55 (Entwicklung ersatzweiser Anknüpfungen).
31 Kegel/Schurig § 10 VI, 410; Staudinger/Hausmann EGBGB Art. 4 Rn. 83.
32 Ebenso MüKoBGB/Dutta EuErbVO Art. 34 Rn. 7; wohl auch Nordmeier IPRax 2013, 418 (423). – Offenlassend Dutta/Weber/Bauer EuErbVO Art. 34 Rn. 22.
33 So zu Recht MüKoBGB/Sonnenberger, 5. Aufl., EGBGB Art. 4 Rn. 50.
34 Vgl. hierzu (jedoch jeweils auf Art. 4 EGBGB bezogen) MüKoBGB/Sonnenberger, 5. Aufl., EGBGB Art. 4 Rn. 51 (jedoch mit anderem Ergebnis); NK-BGB/Freitag EGBGB Art. 4 Rn. 11; Grüneberg/Thorn EGBGB Art. 4 Rn. 2; von Hoffmann/Thorn § 6 Rn. 85.
35 Vgl. hierzu Kegel/Schurig § 10 VI, 412 f.; von Bar/Mankowski § 7 Rn. 219.
36 Beitzke NJW 1960, 251.

chen Rechtsordnung alleine in diesem Falle ein hinreichend konkreter kollisionsrechtlicher Gehalt entnommen werden kann, der die Gleichbehandlung von realer und hypothetischer Rückverweisung rechtfertigt. Rechtsprechung[37] und der überwiegende Teil der Literatur[38] lassen es demgegenüber genügen, wenn der Drittstaat eine **konkurrierende Zuständigkeit** unserer Gerichte anerkennt. Letzteres ist vorzuziehen, da eine konkurrierende Zuständigkeit im Rahmen der oben angestellten funktionalen Erwägung eine *alternative* Anknüpfung der drittstaatlichen lex fori darstellt; weist eine solche kollisionsrechtliche Verweisung auf unser Recht zurück, entspricht die Annahme derselben durch unsere Gerichte herkömmlichem Vorgehen,[39] so dass auch insoweit eine Gleichbehandlung geboten ist.[40]

Demgegenüber kann einer **hypothetischen Weiterverweisung** jedenfalls im Rahmen der EuErbVO nicht gefolgt werden.[41] Denn die Beachtlichkeit einer (herkömmlichen) Weiterverweisung dient im System der EuErbVO alleine der Herstellung des Entscheidungseinklangs mit dem durch die Kollisionsnormen der EuErbVO bestimmten Drittstaat; kann dieser von vornherein nicht hergestellt werden, weil der Drittstaat in dieser Sache aufgrund seiner Zuständigkeitsregeln unter keinen Umständen entscheiden wird, wird dieses Ziel verfehlt, so dass damit auch die Rechtfertigung für eine Weiterverweisung entfällt. Eine teleologische Korrektur von Art. 34 Abs. 1 EuErbVO mittels hypothetischen Fortentwickelns der ausländischen Rechtsordnung kommt daher insoweit nicht in Betracht. 18

d) **Nichtermittelbarkeit ausländischen Kollisionsrechts.** Kann bei der Ermittlung drittstaatlichen Kollisionsrechts rein *faktisch* nicht festgestellt werden, ob der von den Kollisionsnormen der EuErbVO bezeichnete Drittstaat unsere Verweisung annimmt oder rück- bzw. weiterverweist, ist streitig, wie zu verfahren ist. Teilweise wird in diesen Fällen eine (autonome) Sachnormverweisung auf das drittstaatliche Recht angenommen,[42] richtigerweise ist – herkömmlichem Vorgehen entsprechend (→ EuErbVO Vor Art. 20–38 Rn. 39) – zunächst zu versuchen, die insoweit vorhandene Regelungslücke im Sinne der drittstaatlichen Rechtsordnung zu schließen (etwa durch Vergleich mit anderen kollisionsrechtlichen Regelungsbereichen, ggf. auch unter Hinzuziehung verwandter Rechtsordnungen des entsprechenden Rechtskreises).[43] Erst wenn diese Bemühungen misslingen, der Rechtsinhalt also auch rechtsfortbildend nicht mit hinreichender Sicherheit festgestellt werden kann, ist von einer autonomen Sachnormverweisung auszugehen. 19

II. Sachnormverweisungen (Abs. 2)

Gem. Art. 34 Abs. 2 EuErbVO handelt es sich bei den Verweisungen der Art. 21 Abs. 2 (Ausweichklausel), Art. 22 (Rechtswahl), Art. 27 (Formgültigkeit von Verfügungen von Todes wegen), Art. 28 lit. a (Formgültigkeit einer Annahme- oder Ausschlagungserklärung) und Art. 30 EuErbVO (Eingriffsnormen; aber → EuErbVO Art. 30 Rn. 11) explizit um **Sachnormverweisungen**, so dass in diesen Fällen eine abweichende kollisionsrechtliche Entscheidung des berufenen ausländischen Rechts unbeachtlich ist; auf die Herstellung des Entscheidungseinklangs mit dem betreffenden Staat wird damit von vornherein verzichtet. Dieser sehr weitgehende Ausschluss 20

---

37 KG NJW 1960, 248 (250 f.) m. abl. Anm. Beitzke 251; implizit auch OLG Stuttgart FamRZ 1986, 687; OLG Hamburg FamRZ 2001, 916 (917); KG FamRZ 2007, 1561 (1563); FamRZ 2007, 1564 (1565).
38 Staudinger/Hausmann EGBGB Art. 4 Rn. 85; NK-BGB/Freitag EGBGB Art. 4 Rn. 11 f.; Kegel/Schurig § 10 VI, 412 f.; von Bar/Mankowski § 7 Rn. 219; Kropholler § 25 III, 182.
39 Allein die – bei Vorliegen einer realen ausländischen alternativen Anknüpfung sonst zwingend gebotene – Beachtung einer (hypothetischen) Weiterverweisung kommt nicht in Betracht (hierzu Rn. 18).
40 Ebenso Staudinger/Hausmann EGBGB Art. 4 Rn. 85; vgl. auch Rauscher Rn. 386.
41 Zum alten Recht ebenso Rauscher Rn. 388; Staudinger/Hausmann EGBGB Art. 4 Rn. 84; aA Kegel/Schurig § 10 VI, 413.
42 MüKoBGB/Sonnenberger, 5. Aufl., EGBGB Art. 4 Rn. 71.
43 Kegel/Schurig § 10 VI, 413 f.; Soergel/Kegel EGBGB Art. 4 Rn. 36.

des Renvoi begegnet in rechtspolitischer Hinsicht Bedenken,[44] angesichts des klaren Wortlauts der Bestimmung ist eine teleologische Korrektur de lege lata jedoch – jedenfalls bei einer Verweisung auf drittstaatliches Recht – ausgeschlossen. Zur Verweisung auf ein mitgliedstaatliches Recht → Rn. 21 f.

III. Verweisungen auf mitgliedstaatliche Rechtsordnungen mit vorrangig zu beachtenden Staatsverträgen

21 Wie bereits erwähnt, enthält Art. 34 EuErbVO keine ausdrückliche Regelung hinsichtlich der Ausgestaltung einer auf das Recht eines anderen Mitgliedstaats bezogenen Verweisung. Prima facie besteht hierfür auch keine Notwendigkeit, da in **Nachlasssachen** jegliche von der EuErbVO angeordnete Verweisung auf das Recht eines anderen Mitgliedstaates eine Sachnormverweisung darstellt (Art. 4 ff. iVm Art. 34 Abs. 2 EuErbVO; → Rn. 4). Sind die Kollisionsnormen der EuErbVO hingegen bei der Beurteilung **erbrechtlicher Vorfragen** anzuwenden, könnte Art. 21 Abs. 1 EuErbVO zwar theoretisch eine Gesamtverweisung aussprechen, da sich Vorfragen in einem *anderen* Rechtskontext stellen und daher nicht den Zuständigkeitsvorschriften der EuErbVO unterworfen sind, die Frage nach der diesbezüglichen Ausgestaltung als Gesamt- oder Sachnormverweisung erscheint jedoch regelmäßig unnötig, da auch ein Rückgriff auf das – inter partes ja gerade vereinheitlichte – Kollisionsrecht zu demselben Ergebnis führt.[45]

22 Eine Besonderheit besteht jedoch, wenn in demjenigen Mitgliedstaat, auf den die Kollisionsnormen der EuErbVO verweisen, **staatsvertragliche Kollisionsregeln** gelten, die auch unter Geltung der EuErbVO gem. Art. 75 Abs. 1 Unterabs. 1 EuErbVO weiterhin vorrangig zu beachten sind. In einem solchen Falle würde dieser mitgliedstaatliche Vertragsstaat bei eigener Zuständigkeit die für ihn maßgeblichen staatsvertraglichen Regelungen anwenden (und damit zu einer von der EuErbVO abweichenden Entscheidung gelangen), jeglicher andere Mitgliedstaat jedoch bei eigener Zuständigkeit *dessen Sachrecht* – ein Ergebnis, das nicht nur den europäischen Entscheidungseinklang (als Hauptziel der EuErbVO) beeinträchtigt, sondern auch das *forum shopping* begünstigt, dem mit der europäischen Kollisionsrechtsvereinheitlichung der Boden entzogen werden sollte. Vor diesem Hintergrund erscheint eine **teleologische Korrektur erwägenswert**: Die beiden Ziele der EuErbVO, einerseits europäischen Entscheidungseinklang herzustellen, andererseits den einzelnen Mitgliedstaaten völkerrechtskonformes Verhalten im Hinblick auf bereits *geschlossene* Staatsverträge zu ermöglichen, lassen sich nur vereinbaren (und – im Hinblick auf den Auslegungsgrundsatz des effet utile – „effektiv" durchsetzen), wenn die seitens der EuErbVO angeordnete Beachtlichkeit eines Staatsvertrages für *alle* Mitgliedstaaten gleichermaßen verbindlich ist. Verweisen die Kollisionsnormen der EuErbVO daher – im Wege einer Gesamt- oder Sachnormverweisung – auf das Recht eines Mitgliedstaates, der aufgrund von Art. 75 EuErbVO bei eigener Zuständigkeit staatsvertragliches Kollisionsrecht zur Anwendung bringen würde, erscheint es vorzugswürdig, die von der EuErbVO angeordnete Verweisung auf diese Kollisionsnormen zu beziehen,[46] so dass *jeder* Mitgliedstaat in der Sache gleich entscheiden kann.[47] Im Rahmen von Art. 21 Abs. 1 EuErbVO lässt sich dieses Ergebnis mit einer analogen Anwendung des Art. 34 Abs. 1 EuErbVO begründen, da insoweit eine ausfüllungsbedürftige Regelungslücke besteht. Problematischer ist dies jedoch bei Verweisungen auf ein anderes mitgliedstaatliches Recht, die von Art. 21 Abs. 2 und Art. 22 EuErbVO ausgesprochen werden: Da es sich bei diesen gem. Art. 34 Abs. 1 EuErbVO explizit um Sachnormverweisungen handelt, bedürfte es insoweit einer teleologischen Reduktion, die sich jedoch mE mit den

---

44 Ausführlich hierzu Solomon Liber Amicorum Schurig 2012, 237, 256 ff.

45 Vgl. etwa Staudinger/Hausmann EGBGB Art. 4 Rn. 163; Schurig FS Spellenberg 2010, 343, 347; Solomon Liber Amicorum Schurig 2012, 237, 241 Fn. 29.

46 AA MüKoBGB/Dutta EuErbVO Art. 34 Rn. 12 f.; jurisPK/Ludwig EuErbVO Art. 34 Rn. 26; Dutta/Weber/Bauer EuErbVO Art. 34 Rn. 5.

47 Vgl. hierzu auch Köhler Examinatorium Internationales Privatrecht Rn. 77 ff.

obigen Erwägungen begründen ließe.⁴⁸ Letztverbindlich kann das hier aufgeworfene Problem indes alleine seitens des EuGH geklärt werden, dem insoweit eine originäre Prüfungskompetenz zukommt.

Artikel 35 EuErbVO Öffentliche Ordnung (ordre public)

Die Anwendung einer Vorschrift des nach dieser Verordnung bezeichneten Rechts eines Staates darf nur versagt werden, wenn ihre Anwendung mit der öffentlichen Ordnung (ordre public) des Staates des angerufenen Gerichts offensichtlich unvereinbar ist.

A. Allgemeines	1	II. Einzelfälle	8
B. Regelungsgehalt	3	III. Verortung des kollisionsrechtlichen Anwendungsbefehls; Prüfungskompetenz des EuGH	11
I. Zweck des ordre public, Methodik und Anwendungsvoraussetzungen	3		

A. Allgemeines

Führt die Anwendung ausländischen (also mitgliedstaatlichen *und* drittstaatlichen) Rechts im Ergebnis zu einer Verletzung **wesentlicher materieller Grundsätze** der lex fori (ordre public), gestattet Art. 35 EuErbVO eine – diese Grundsätze wahrende – Ergebniskorrektur. Vorbehalte zugunsten des jeweiligen nationalen ordre public sehen alle bislang erlassenen europäischen Kollisionsrechtsakte vor (vgl. Art. 21 Rom I-VO, Art. 26 Rom II-VO, Art. 12 Rom III-VO, Art. 31 EuGüVO bzw. EuPartVO); da es sich hierbei um ein allgemeines, also *kontextunabhängiges* Rechtsprinzip handelt, bestehen keine Unterschiede hinsichtlich der Bestimmung des nationalen ordre public, gleich ob dieser im Rahmen des staatsvertraglichen, europäischen oder nationalen Kollisionsrechts zu konkretisieren ist.

Ein **Verstoß gegen den deutschen ordre public** liegt nach der Rechtsprechung des BGH vor, wenn „das Ergebnis der Anwendung des ausländischen Rechts zu den Grundgedanken der deutschen Regelungen und den in ihnen enthaltenen Gerechtigkeitsvorstellungen in so starkem Widerspruch steht, dass es nach inländischer Vorstellung untragbar erscheint"¹ (vgl. insoweit auch den auf dieser Rechtsprechung beruhenden Wortlaut des Art. 6 EGBGB).

B. Regelungsgehalt

I. Zweck des ordre public, Methodik und Anwendungsvoraussetzungen

Wesentliche Grundsätze einer Rechtsordnung stellen **fundamentale Gerechtigkeitsprinzipien** dar, die sich zwar nicht notwendig, jedoch regelmäßig aus höherrangigen Rechtssätzen – insbesondere Grundrechte, EMRK, Charta der Grundrechte der Europäischen Union (vgl. insoweit Erwägungsgrund 58) oder auch europäische Grundfreiheiten² – ergeben. Diese vorrangig zu beachtenden Rechtssätze stellen bestimmte *Anforderungen* an die Ausgestaltung der Zivilrechtsordnung (zivilrechtliche Reflexwirkung, mittelbare „Drittwirkung"), die sich jedoch zumeist nicht in *einer* konkreten zivilrechtlichen Sachnorm manifestieren, sondern als allgemeine Wertungsprinzipien der gesamten Zivilrechtsordnung zugrunde liegen. Da Ausgangspunkt der kolli-

---

48 Dies gilt auch für eine von Art. 22 EuErbVO ausgesprochenen Verweisung, da die Rechtswahl iSv Art. 22 EuErbVO allein ein Auswahlrecht zwischen zwei grundsätzlich gleichwertigen Anknüpfungsmomenten darstellt und – anders als im Rahmen von Art. 3 Rom I-VO – daher nicht die „engste Verbindung" als solche zu begründen vermag (vgl. hierzu EuErbVO Art. 22 Rn. 2); die Gründe, die herkömmlicherweise gegen eine Gesamtverweisung im Falle einer Rechtswahl angeführt werden, greifen daher insoweit nicht (vgl. hierzu auch Solomon Liber Amicorum Schurig 2012, 237, 259 f.).

1 Vgl. nur BGH NJW 1993, 3269; grundlegend BGH NJW 1996, 369 (370) zu Art. 30 EGBGB aF.
2 Vgl. auch Deixler-Hübner/Schauer/Schwartze EuErbVO Art. 35 Rn. 3.

sionsrechtlichen Rechtsanwendungsfrage stets die kollisionsrechtlichen Interessen bilden, die durch die *dominierenden* Sachnormzwecke impliziert werden (→ EuErbVO Vor Art. 20–38 Rn. 6), werden die einer konkreten zivilrechtlichen Sachnorm (eben nur „auch") zugrunde liegenden allgemeinen Gerechtigkeitsprinzipien bei der Bestimmung des anwendbaren Rechts regelmäßig ausgeblendet; die Anwendung der herkömmlichen Kollisionsnormen kann *deswegen* im Ergebnis zu ihrer Verletzung führen. **Zweck** des ordre public-Vorbehalts ist es daher, die durch die allgemeinen Kollisionsnormen nicht berücksichtigten fundamentalen Gerechtigkeitsprinzipien abzusichern und im *konkreten Fall* zur Anwendung zu verhelfen.[3]

4 Auf welchem methodischen Wege dies erfolgt, ist indes umstritten. Nach überwiegendem Verständnis stellen die einzelnen Vorbehaltsklauseln des ordre public **unselbstständige Kollisionsnormen** dar, welche die kollisionsrechtliche Berufung eines jeden ausländischen Rechts unter die (auflösende) Bedingung ihrer Vereinbarkeit mit wesentlichen materiellen Grundsätzen des nationalen Rechts stellen: Liegt ein ordre public-Verstoß vor, entfällt der auf die ausländischen Sachnormen bezogene kollisionsrechtliche Anwendungsbefehl, so dass die insoweit entstehende „Lücke" hinsichtlich der für die Beurteilung des Sachverhaltes erforderlichen Rechtsgrundlage im Sinne des nationalen ordre public geschlossen werden muss[4] – dies entweder durch Modifikation des ausländischen[5] oder des inländischen[6] Rechts (streitig), was jedoch im Ergebnis regelmäßig keinen Unterschied machen dürfte. Der ordre public erfüllt demnach eine rein **negative Funktion**:[7] Er wehrt die Anwendung ausländischen Rechts ab und durchbricht die internationalprivatrechtliche Gerechtigkeit zugunsten der materiellen Gerechtigkeit.[8] Einem solchen Verständnis begegnen indes Bedenken. Auch materielle, nicht weiter ausgeformte Rechtsgrundsätze einer Rechtsordnung sind vor dem Hintergrund konkurrierender Rechtsordnung nur zu beachten, wenn sie *kollisionsrechtlich* berufen sind (→ EuErbVO Vor Art. 20–38 Rn. 2). Um die von der überwiegenden Auffassung betonte negative Funktion erfüllen zu können, müssen die maßgeblichen Rechtssätze daher zunächst *positiv* berufen sein.[9] Für ihre Beachtlichkeit notwendig ist somit stets ein kollisionsrechtlicher Anwendungsbefehl, der – mangels Berücksichtigung der Grundsätze im Rahmen der herkömmlichen Kollisionsnormen (→ Rn. 3) und in Ermangelung spezieller Kollisionsnormen des ordre public (etwa Art. 13 Abs. 2, Abs. 3 S. 1, Art. 17 b Abs. 4, Art. 40 Abs. 3 EGBGB) – *modo legislatoris* anhand der herkömmlichen Methodik zu entwickeln ist.[10] Die Problematik des ordre public entspricht damit der Eingriffsnormenproblematik: Es geht um die kollisionsrechtliche Anwendbarkeit (allerdings zunächst nicht weiter konkretisierter) Rechtsprinzipien, die von den herkömmlichen Kollisionsnormen nicht erfasst werden und denen daher vor dem Hintergrund konkurrierender Rechtsordnung eine ihren materiellen Zwecken entsprechende Anknüpfung modo legislatoris zur Verfügung gestellt werden muss[11] (vgl. hierzu auch Art. 30 EuErbVO). Der einzige Unterschied besteht darin, dass der Gegenstand der Anknüpfung im Rahmen des ordre public zunächst nicht weiter bestimmt ist, sondern erst durch einen Vergleich des anhand der herkömmlichen Kollisionsnormen gefundenen Ergebnisses mit den Rechtsvorstellungen unserer Rechtsordnung ermittelt werden kann;

---

3 Vgl. auch BGH NJW 2022, 2547 (2548).
4 Vgl. etwa Staudinger/Voltz EGBGB Art. 6 Rn. 21, 204; Grüneberg/Thorn EGBGB Art. 6 Rn. 1, 3, 13; Kegel, 7. Auflage, § 16 XI, 385; Kropholler § 36 I, 244 f.; von Hoffmann/Thorn § 6 Rn. 154.
5 BGH NJW 1993, 848 (850); OLG München ZEV 2012, 591 (593); KG ZEV 2008, 440 (442); ebenso Grüneberg/Thorn EGBGB Art. 6 Rn. 13; Kropholler § 36 V, 255; von Hoffmann/Thorn § 6 Rn. 154.
6 Von Bar/Mankowski § 7 Rn. 285.
7 Vgl. hierzu ausführlich Staudinger/Voltz EGBGB Art. 6 Rn. 8–21; auch Kropholler § 36, 244 f.; von Hoffmann/Thorn § 6 Rn. 142 f.
8 So insbesondere Kegel, 7. Aufl., § 16 XI, 385; Kegel FS Lewald 1953, 259, 278; Kegel FS Beitzke 1979, 551, 572; vgl. auch Kropholler § 36, 244 f.; von Hoffmann/Thorn § 6 Rn. 136 ff.
9 Vgl. hierzu ausführlich Kegel/Schurig § 16 I, 516–520, Schurig, 251–255.
10 Vgl. hierzu ausführlich Kegel/Schurig § 16, 516–524, Schurig, 248–269; Siehr RabelsZ 36 (1972), 93 (98 ff.); ebenso Mankowski RIW 1996, 8 (10); Epe Die Funktion des ordre public im deutschen Internationalen Privatrecht 1983, 139–149; bereits Lenel/Lewald/Kahn, 161, 251.
11 Vgl. hierzu Köhler, 88–101 (die Aussagen sind zwar primär auf Eingriffsnormen, also den „positiven" ordre public, bezogen, sie sind aber entsprechend übertragbar).

"stören" wir uns im hermeneutischen Sinne[12] an dem **konkreten Ergebnis der Rechtsanwendung**[13] (daher nicht: an dem abstrakten Norminhalt des ausländischen Rechtssatzes), kommt eine Verletzung wesentlicher deutscher Grundsätze in Betracht; dies gibt Anlass, das insoweit maßgebliche Rechtsprinzip zu ermitteln, seine konkreten zivilrechtlichen Vorgaben festzustellen, um *im Anschluss daran* über die kollisionsrechtliche Anwendbarkeit des Grundsatzes mittels der herkömmlichen kollisionsrechtlichen Dogmatik zu entscheiden. Zusammen mit den (regelmäßig als positiver ordre public bezeichneten) Eingriffsnormen bildet der ordre public daher *den noch unerkannten und den noch unfertigen Teil des internationalen Privatrechts*.[14]

Ein Eingreifen des ordre public setzt nach einhelliger Auffassung zweierlei voraus: zum einen eine **Verletzung wesentlicher Grundsätze** der lex fori (die selbstverständlich auch nationaler, staatsvertraglicher oder europäischer Herkunft sein können), zum anderen einen bestimmten **Inlandsbezug**,[15] der je nach Art des materiellen Rechtsgrundsatzes unterschiedlich beschaffen sein muss. Regelmäßig wird in diesem Zusammenhang von einer Wechselwirkung zwischen materiellem Grundsatz und Inlandsbezug gesprochen: Je „wichtiger" Ersterer ist, desto geringere Anforderungen sind an den Inlandsbezug zu stellen, je weniger bedeutend er ist, desto stärker muss der Inlandsbezug sein (sog. **Relativität des ordre public**).[16] Diese Formulierung ist – wenngleich richtig – unpräzise: Der maßgebliche Inlandsbezug bestimmt sich als herkömmliches Anknüpfungsmoment[17] anhand der durch den in Frage stehenden materiellen Grundsatz implizierten kollisionsrechtlichen Interessen, so dass eine diesem Grundsatz *angemessene* kollisionsrechtliche Anknüpfung entwickelt werden muss;[18] je „wichtiger" ein Grundsatz ist, desto *mehr* Anknüpfungspunkte kommen in Betracht, an die uU geringere Anforderungen (ggf. bereits ausreichend: Zuständigkeit eines deutschen Gerichts) zu stellen sind.[19] Mit dem *BVerfG* lässt sich hinsichtlich des kollisionsrechtlichen Anwendungsbereichs deutscher Grundrechte (Entsprechendes gilt für Bestimmungen der EMRK, der europäischen Grundrechtscharta und Grundfreiheiten)[20] daher formulieren, dass sich der (im Rahmen des ordre public zu bestimmende) räumliche Anwendungsbereich dieser Normen (hinsichtlich ihrer zivilrechtlichen Reflexwirkung) „nicht allgemein bestimmen" lässt; „[v.]ielmehr ist jeweils durch Auslegung[21] der entsprechenden Verfassungsnorm festzustellen, ob sie nach Wortlaut, Sinn und Zweck für jede denkbare Anwendung hoheitlicher Gewalt innerhalb der Bundesrepublik gelten will oder ob sie bei Sachverhalten mit mehr oder weniger intensiver Auslandsbeziehung eine Differenzierung zulässt oder verlangt".[22]

---

12 Hierzu treffend Siehr RabelsZ 36 (1972), 93 (109).
13 Vgl. auch BGH NJW 2022, 2547 (2549).
14 So bereits Lenel/Lewald/Kahn, 161, 251. So führt Kahn, aaO, 251 f. aus: „Was man unter den ‚Gesetzen der öffentlichen Ordnung', der ‚Vorbehaltsklausel' und ähnlichem zusammenzufassen pflegt, ist im allgemeinen der noch unerkannte und der noch unfertige Teil des internationalen Privatrechts. Jede Ausnahme von einer sonst geltenden Regel, jede speziellere, neu sich bildende Kollisionsnorm, jede Abänderung, Umformung einer bestehenden pflegt eingeführt zu werden mit jenem passe-partout des ordre public. Diese Ausnahmen und Schranken der geltenden Kollisionsnormen, diese ihre Umbildungen, Neubildungen, Ergänzungen heißt es zu erkennen und festzustellen. Und es hat dies für jede Einzelmaterie besonders zu geschehen, ist nur möglich auf der Basis von Spezialuntersuchungen. Eine Vorbehaltsklausel allgemeiner Art zugunsten streng-zwingender, positiver Gesetze, zugunsten von lois d'ordre public etc gibt es nicht". Vgl. heute insbesondere Kegel/Schurig § 16 II, 524: „Hinter dem ordre-public-Begriff verbirgt sich also ein zweites, kumulatives, noch unausgeformtes kollisionsrechtliches Anknüpfungssystem für die elementaren Rechtsprinzipien der eigenen Rechtsordnung".
15 BGH NJW 2022, 2547 (2551); Staudinger/Voltz EGBGB Art. 6 Rn. 156 ff.; MüKoBGB/Sonnenberger EGBGB Art. 6 Rn. 79 ff.; Grüneberg/Thorn EGBGB Art. 6 Rn. 6; Kegel/Schurig § 16 II, 521; von Bar/Mankowski § 7 Rn. 263 f.; Kropholler § 36 II 2, 246; von Hoffmann/Thorn § 6 Rn. 152.
16 Staudinger/Voltz EGBGB Art. 6 Rn. 161; von Bar/Mankowski § 7 Rn. 264; Kropholler § 36 II 2, 246; von Hoffmann/Thorn § 6 Rn. 152.
17 Vgl. hierzu Kegel/Schurig § 16 II, 521.
18 Der Sache nach aus Kropholler § 36 II 2, 246.
19 Kegel/Schurig § 16 III 2 b, 527.
20 Vgl. hierzu Köhler 164 f.
21 Auch wenn es hierbei nicht um Auslegung, sondern um die Entwicklung spezieller, auf die fragliche Norm bezogener einseitiger Kollisionsnormen, also um Rechtsfortbildung geht. Vgl. hierzu allgemein Köhler, 13, 18–20.
22 So BVerfG NJW 1971, 1509 (1512) („Spanierentscheidung").

6 Nach den vorangegangenen Ausführungen lässt sich das im Rahmen der ordre public-Kontrolle durchzuführende **Prüfungsprogramm** folgendermaßen präzisieren:
1. **Feststellung**, dass das *konkrete*, durch die Anwendung der herkömmlichen Kollisionsnormen gefundene **Ergebnis** (*nicht* die ausländische Rechtsnorm als solche) zu einem **Verstoß gegen wesentliche materielle Grundsätze** des deutschen Rechts führt
2. **Konkretisierung des verletzten Grundsatzes**, also Bestimmung seiner konkreten zivilrechtlichen Vorgaben (als „gedachte" Sachnorm)
3. Entscheidung über dessen **kollisionsrechtliche Anwendbarkeit** anhand der herkömmlichen kollisionsrechtlichen Methodik (kollisionsrechtliche Interessenprüfung hinsichtlich des materiellen Grundsatzes, hiernach Bestimmung des maßgeblichen Anknüpfungsmoments, also des maßgeblichen Inlandsbezugs)

7 Ist der in Frage stehende Grundsatz demnach in casu anwendbar, ist er *kumulativ* neben dem durch die herkömmlichen Kollisionsnormen bestimmten Recht berufen und setzt sich daher als „strengeres" Recht im Ergebnis gegen die entsprechende Regelung der lex causae durch.[23]

II. Einzelfälle

8 Besondere Bedeutung hat der ordre public-Vorbehalt im Bereich des Erbrechts, da diese Materie stark verfassungsrechtlich geprägt und Ausdruck fundamentaler gesellschafts- und sozialpolitischer Wertungen ist. Ordre public-Verstöße kommen insbesondere in Betracht, wenn das berufene ausländische Recht

- **kein gesetzliches Erbrecht** bei **Religionsverschiedenheit** (etwa Art. 6 des ägyptischen Gesetzes Nr. 77/1943: keine Erbfolge zwischen einem Muslim und Nichtmuslim)[24] oder bei **nichtehelichen Kindern**[25] vorsieht: Ein wesentlicher Grundsatz des deutschen Rechts ist jeweils zu bejahen (bezüglich Religionsverschiedenheit: Art. 3 Abs. 3 S. 1 GG als absolutes Differenzierungsverbot,[26] daneben auch Art. 21 EU-Grundrechtscharta, Art. 14 EMRK; hinsichtlich Diskriminierung von nichtehelichen Kindern: Art. 6 Abs. 1 GG, Art. 21 EU-Grundrechtscharta, Art. 14 EMRK);[27] Voraussetzung für einen ordre public-Verstoß ist jedoch stets eine Verletzung dieses Grundsatzes im konkreten Einzelfall, was beispielsweise dann nicht der Fall ist, wenn der Ausschluss von dem – allerdings positiv festzustellenden – Willen des Erblassers getragen wird, da auch nach deutschem Recht in diesem Sinne hätte *testiert* werden können;[28] ein maßgeblicher Inlandsbezug ist in diesen Fällen jedenfalls dann gegeben, wenn der von der Erbfolge Ausgeschlossene Deutscher ist oder seinen gewöhnlichen Aufenthalt in Deutschland hat. Ein Inlandsbezug ist auch dann anzunehmen, wenn der von der Erbfolge Ausgeschlossene seinen gewöhnlichen Aufenthalt in einem Staat hat, in dem entweder die EU-Grundrechtscharta oder die EMRK gilt.[29]
- **kein gesetzliches Erbrecht des Lebenspartners** vorsieht: Dieser Problematik kommt unter Geltung der EuErbVO besondere Relevanz zu, da die (in den Anwendungsbereich der EuErbVO fallende)[30] spezielle Kollisionsnorm des Art. 17 b Abs. 1 S. 2 EGBGB aF aufgehoben wurde; das gesetzliche Erbrecht des Lebenspartners stellt einen wesentlichen Grundsatz des deutschen Rechts dar (Art. 6 Abs. 1 iVm Art. 3 Abs. 1 GG, daneben Art. 21 EU-Grundrechtscharta[31] und Art. 14 EMRK), der im konkreten Einzelfall verletzt sein muss (vgl.

---

23 Kegel/Schurig, § 16 II, 524; Schurig, 259–261.
24 Hierzu OLG Hamm ZEV 2005, 436 mAnm Lorenz 440; OLG Frankfurt ZEV 2011, 135.
25 Vgl. hierzu KG ZEV 2008, 440 mAnm Patter 442 und Dörner 442.
26 OLG Hamm ZEV 2005, 436 (437).
27 EGMR 7.2.2013 – 16574/08.
28 So OLG Hamm ZEV 2005, 436 (439) im Anschluss an Staudinger/Dörner EGBGB Art. 25 Rn. 717; Bamberger/Roth/Lorenz EGBGB Art. 25 Rn. 59. AA MüKoBGB/Dutta EuErbVO Art. 35 Rn. 9.
29 Vgl. hierzu etwa Staudinger/Voltz EGBGB Art. 6 Rn. 160; ebenso NK-BGB/Schulze EGBGB Art. 6 Rn. 41; MüKoBGB/Martiny Art. 21 Rom I-VO Rn. 5; zurückhaltender MüKoBGB/v. Hein EGBGB Art. 6 Rn. 193 f.
30 Vgl. hierzu etwa Coester ZEV 2013, 115 (116).
31 Vgl. Coester ZEV 2013, 115 (117).

oben). Ein maßgeblicher Inlandsbezug ist jedenfalls dann zu bejahen, wenn der von dem Erbe ausgeschlossene Lebenspartner Deutscher ist oder seinen gewöhnlichen Aufenthalt in Deutschland bzw. in einem Staat hat, in dem entweder die EU-Grundrechtscharta oder die EMRK gilt (vgl. oben).

- **kein Pflichtteilsrecht** vorsieht: Ein wesentlicher Grundsatz des deutschen Rechts ist ebenfalls grundsätzlich zu bejahen, da die Erbrechtsgarantie des Art. 14 Abs. 1 S. 1 iVm Art. 6 Abs. 1 GG eine „grundsätzlich unentziehbare und bedarfsunabhängige wirtschaftliche Mindestbeteiligung der Kinder des Erblassers an dessen Nachlass" gewährleistet;[32] der maßgebliche Inlandsbezug ist wiederum jedenfalls dann zu bejahen, wenn das nicht pflichtteilsberechtigte Kind Deutscher ist oder seinen gewöhnlichen Aufenthalt in Deutschland hat.
- **geringere gesetzliche Erbquoten für weibliche Erben**[33] vorsieht: Ein wesentlicher Grundsatz des deutschen Rechts ist auch insoweit grundsätzlich zu bejahen (Art. 3 Abs. 2 GG, daneben auch Art. 21, 23 EU-Grundrechtscharta, Art. 14 EMRK); Voraussetzung für einen ordre public-Verstoß ist jedoch wiederum eine Verletzung dieses Grundsatzes im konkreten Einzelfall (was wiederum nicht der Fall ist, wenn der Ausschluss von dem – positiv festzustellenden – Willen des Erblassers getragen wird, da auch nach deutschem Recht in diesem Sinne hätte testiert werden können;[34] ebenso wenig, wenn a priori *nur* weibliche Erben in Betracht kommen). Auch in diesen Fällen ist ein maßgeblicher Inlandsbezug jedenfalls dann gegeben, wenn die Erbin Deutsche[35] ist oder ihren gewöhnlichen Aufenthalt in Deutschland bzw. in einem Staat hat, in dem entweder die EU-Grundrechtscharta oder die EMRK gilt[36] (vgl. oben).

Kein Verstoß gegen den ordre public liegt demgegenüber vor, wenn das ausländische Recht entfernten Verwandten kein gesetzliches Erbrecht zukommen lässt (verfassungsrechtlich garantiert ist nur die gesetzliche Erbfolge der *engeren* Familie)[37] oder wenn das ausländische Recht auch ein gesetzliches Erbrecht für *nichteheliche* Lebensgefährten vorsieht.[38] 9

Fragen des ordre public können sich auch im Rahmen von **Vorfragen** stellen. 10

Beispiel:[39] Ein irakischer Moslem, der im Irak mehrere Irakerinnen – nach irakischem Recht wirksam – geheiratet und mit diesen dort lange gelebt hat, zieht mit seiner Familie nach Deutschland und verstirbt nach einiger Zeit. Nach irakischem Recht erben alle Ehefrauen zu gleichen Teilen.

Soweit gewöhnlicher Aufenthalt zu bejahen ist, unterliegt die Rechtsnachfolge von Todes wegen deutschem Recht (Art. 21 Abs. 1 EuErbVO). Im Rahmen der Prüfung der gesetzlichen Erbrechte der Ehefrauen (§ 1931 Abs. 1 BGB) ist die Wirksamkeit der jeweiligen Ehe als (selbstständig anzuknüpfende) Vorfrage zu beurteilen, die am ordre public scheitern könnte: Der Grundsatz der Einehe als „Ausprägung eines als unantastbar empfundenen kulturellen Besitzes"[40] (konkretisiert in § 1306 BGB) stellt einen wesentlichen Grundsatz des deutschen Rechts dar, der vor-

---

32 BVerfG ZEV 2005, 301. – So nunmehr auch BGH NJW 2022, 2547 (2549 ff.); vgl. auch OLG Köln ZEV 2021, 698 (700) (Vorinstanz); zudem bereits KG ZEV 2008, 440 (441). – Anders noch BGH NJW 1993, 1920 (1921) (die Entscheidung erging indes vor dem genannten Urteil des BVerfG); zudem (für österreichisches Recht) OGH Wien ZEV 2021, 722. – Ausführlich zum Problemfeld Staudinger/Voltz EGBGB Art. 6 Rn. 190; vgl. auch Stürner GPR 2014, 317 (323).
33 Hierzu OLG Düsseldorf ZEV 2009, 190; OLG München ZEV 2012, 591; OLG Hamburg FamRZ 2015, 1232 mAnm Köhler 1235; OLG München NJW-RR 2021, 138.
34 OLG Düsseldorf ZEV 2009, 190 (191); ebenso OLG Hamm ZEV 2005, 436 (439); OLG München NJW-RR 2021, 138 (139).
35 OLG Frankfurt aM ZEV 2011, 135 (136).
36 Hinsichtlich einer Erweiterung des Inlandsbezuges in den Fällen, in denen die Erbin ihren gewöhnlichen Aufenthalt in einem Staat hat (im konkreten Fall Frankreich), dessen Rechtsordnung ebenfalls Diskriminierung verbietet, vgl. OLG Frankfurt aM ZEV 2011, 135 (136) (wenngleich der Inlandsbezug in diesem Falle bereits aufgrund der deutschen Staatsangehörigkeit der Erbin zu bejahen war).
37 KG ZEV 2011, 132 (133 f.).
38 BayObLG NJW 1976, 2076.
39 Fall nach von Hoffmann/Thorn § 6 Rn. 153.
40 Gernhuber/Coester-Waltjen Familienrecht, 6. Auflage 2010, § 10 Rn. 10; ebenfalls wörtlich zitierend Bamberger/Roth/Hahn BGB § 1306 Rn. 1.

liegend auch im konkreten Einzelfall verletzt wurde. Allerdings fehlt es insoweit an dem *maßgeblichen Inlandsbezug*: Die einzelnen Eheschließungen fanden im Irak statt, so dass ein Inlandsbezug hinsichtlich dieser *konkreten* Vorfrage nicht vorliegt. Ein Eingreifen des ordre public kommt daher nicht in Betracht,[41] so dass allen Ehefrauen ein gesetzliches Erbrecht gem. § 1931 Abs. 1 BGB zusteht (und die Erbquoten entsprechend anzupassen sind).

III. Verortung des kollisionsrechtlichen Anwendungsbefehls; Prüfungskompetenz des EuGH

11 Das hier vertretene Verständnis des ordre public als Generalklausel für ungeschriebene Kollisionsnormen (→ Rn. 4) wirft die Frage auf, ob der jeweilige kollisionsrechtliche Anwendungsbefehl **im Rahmen des nationalen oder europäischen IPR** zu entwickeln ist.[42] Dies hängt wiederum davon ab, welchen Regelungsgehalt man Art. 35 EuErbVO – bzw. auch Art. 21 Rom I-VO, Art. 26 Rom II-VO, Art. 12 Rom III-VO – entnehmen will: Sieht man in diesen alleine Öffnungsklauseln zugunsten nationaler Kollisionsnormen des ordre public, könnte der maßgebliche kollisionsrechtliche Anwendungsbefehl trotz vereinheitlichten europäischen Rechts weiterhin dem nationalen Recht entnommen werden; Folge hiervon wäre, dass das europäische IPR alleine den Rahmen zur Durchsetzung des (dann vollständig in nationaler Kompetenz verbleibenden) ordre public vorgeben würde[43] und sich eine Prüfungskompetenz des EuGH grundsätzlich nur auf materielle Rechtsgrundsätze erstrecken könnte, die ihm im Rahmen von Art. 267 AEUV (insbesondere Charta der Grundrechte der Europäischen Union, Grundfreiheiten) sowieso zugewiesen sind.[44]

12 Ein solches Verständnis ist jedoch keineswegs zwingend. Ein Vorbehalt zugunsten des nationalen ordre public bedeutet nur, dass wesentliche *sachrechtliche* Grundsätze einer nationalen Rechtsordnung auch unter Geltung des vereinheitlichten europäischen IPR weiterhin durchgesetzt werden können, nicht jedoch zugleich, dass hiermit auch ein Verzicht auf die (unionsrechtliche) Festlegung der *kollisionsrechtlichen* Voraussetzungen einhergehen müsste, unter denen diese nationalen sachrechtlichen Grundsätze weiterhin beachtlich sind. Die Kodifikation der Öffnungsklauseln zugunsten des ordre public in den einzelnen europäischen Rechtsakten sowie die grundsätzliche Eröffnung des Anwendungsbereiches der einzelnen Verordnungen bezüglich dieser Materie[45] legt demgegenüber eine Verortung der Problematik *innerhalb des regulativen Anwendungsbereichs* der einzelnen Verordnungen nahe, ebenso der Umstand, dass für die Bestimmungen des kollisionsrechtlichen Anwendungsbereichs zentrale kollisionsrechtliche Wertungen des nunmehr vereinheitlichten europäischen IPR maßgeblich sind[46] (insbesondere für die Bestimmung des insoweit maßgeblichen Inlandsbezugs, → Rn. 5). Die Diskussion um die

---

41 Im Ergebnis ebenso von Hoffmann/Thorn § 6 Rn. 153; Kegel/Schuri, § 16 III 2 b, 528; vgl. allgemein auch MüKoBGB/Sonnenberger EGBGB Art. 6 Rn. 85; Grüneberg/Thorn EGBGB Art. 6 Rn. 6; Kropholler § 36 II 2, 246.
42 Vgl. zu dieser Fragestellung Köhler, 106–127 (die Aussagen sind zwar wiederum primär auf Eingriffsnormen, also auf den „positiven" ordre public bezogen, sie gelten aber für den herkömmlichen ordre public entsprechend).
43 Vgl. hierzu die – allerdings vor Inkrafttreten der europäischen Kollisionsrechtsakte ergangene – „Krombach"-Rechtsprechung des EuGH bzgl. Art. 27 EuGVÜ aF (Art. 34 Nr. 1 EuGVVO), nach welcher die Mitgliedstaaten zwar die Anforderungen, die „sich nach ihren innerstaatlichen Anschauungen aus ihrer öffentlichen Ordnung ergeben", selbst festlegen können, der Gerichtshof jedoch „über die Grenzen zu wachen [hat], innerhalb deren sich das Gericht eines Vertragsstaats auf diesen Begriff stützen darf, um der Entscheidung eines Gerichts eines anderen Vertragsstaats die Anerkennung zu versagen" – EuGH 28.3.2000 – Rs. C-7/98 (Krombach) Rn. 22 f.; bestätigt mit EuGH 11.5.2000 – Rs. C-38/98 (Renault SA/Maxicar SpA) Rn. 27 f.; EuGH 6.9.2012 – Rs. C-619/10 Rn. 49; für die EuInsVO EuGH 2.5.2006 – Rs. C-341/04 (Eurofood IFSC Ltd.) Rn. 63 f.
44 Vgl. insoweit auch Köhler, 322–325.
45 Der sachliche Anwendungsbereich der europäischen IPR-Verordnungen erstreckt sich jeweils gem. Art. 1 Abs. 1 Rom I-VO/Rom II-VO/Rom III-VO/EuErbVO auf alle zivilrechtlichen Aspekte, damit auch auf zivilrechtliche Reflexwirkungen höherrangiger Bestimmungen; eine diesbezügliche ausdrückliche Beschränkung des Anwendungsbereiches findet sich in keiner Verordnung; vgl. auch Köhler, 113 f.
46 Vgl. hierzu auch Köhler, 109 f.

vollständige Abschaffung des ordre public-Vorbehalts, welche insbesondere im prozessualen Bereich im Rahmen der EuVTVO, EuBagatellVO und EuMahnVO bereits realisiert wurde, macht darüber hinaus deutlich, dass auch insoweit (jedenfalls aus Sicht des europäischen Gesetzgebers) keine *kompetenzrechtlichen* Probleme bestehen, so dass nach vorzugswürdiger Ansicht von einem **europäischen Anwendungsbefehl** auszugehen ist.[47]

Diese Annahme hat Folgen für die **Prüfungskompetenz des EuGH** hinsichtlich der Durchsetzung des nationalen ordre public:[48] Seine *sachrechtliche* Konkretisierung bleibt weiterhin originäre Aufgabe der einzelnen nationalen Gerichte, eine Ausnahme besteht alleine dann, wenn die wesentlichen Grundsätze des ordre public europäischen Normen entstammen, für welche dem EuGH eine originäre Prüfungskompetenz zukommt (Art. 267 AEUV; → Rn. 3). Demgegenüber obliegt die *kollisionsrechtliche Frage* der Anwendbarkeit des sachrechtlichen Grundsatzes der vollständigen Prüfungskompetenz des EuGH, da der modo legislatoris zu entwickelnde kollisionsrechtliche Anwendungsbefehl nach hier vertretener Ansicht europäischem (Sekundär-)Recht entstammt (Art. 267 AEUV). Es lässt sich daher zusammenfassen:[49] Widerstreitet ein anzuwendender ausländischer Rechtssatz elementaren Grundsätzen der lex fori (was grundsätzlich die *nationalen* Gerichte letztverbindlich festzustellen haben), dann muss deren räumlicher Anwendungsbereich bestimmt werden (den der EuGH letztverbindlich festzustellen hat). 13

Artikel 36 EuErbVO   Staaten mit mehr als einem Rechtssystem – Interlokale Kollisionsvorschriften

(1) Verweist diese Verordnung auf das Recht eines Staates, der mehrere Gebietseinheiten umfasst, von denen jede eigene Rechtsvorschriften für die Rechtsnachfolge von Todes wegen hat, so bestimmen die internen Kollisionsvorschriften dieses Staates die Gebietseinheit, deren Rechtsvorschriften anzuwenden sind.

(2) In Ermangelung solcher internen Kollisionsvorschriften gilt:

a) jede Bezugnahme auf das Recht des in Absatz 1 genannten Staates ist für die Bestimmung des anzuwendenden Rechts aufgrund von Vorschriften, die sich auf den gewöhnlichen Aufenthalt des Erblassers beziehen, als Bezugnahme auf das Recht der Gebietseinheit zu verstehen, in der der Erblasser im Zeitpunkt seines Todes seinen gewöhnlichen Aufenthalt hatte;

b) jede Bezugnahme auf das Recht des in Absatz 1 genannten Staates ist für die Bestimmung des anzuwendenden Rechts aufgrund von Bestimmungen, die sich auf die Staatsangehörigkeit des Erblassers beziehen, als Bezugnahme auf das Recht der Gebietseinheit zu verstehen, zu der der Erblasser die engste Verbindung hatte;

c) jede Bezugnahme auf das Recht des in Absatz 1 genannten Staates ist für die Bestimmung des anzuwendenden Rechts aufgrund sonstiger Bestimmungen, die sich auf andere Anknüpfungspunkte beziehen, als Bezugnahme auf das Recht der Gebietseinheit zu verstehen, in der sich der einschlägige Anknüpfungspunkt befindet.

(3) Ungeachtet des Absatzes 2 ist jede Bezugnahme auf das Recht des in Absatz 1 genannten Staates für die Bestimmung des anzuwendenden Rechts nach Artikel 27 in Ermangelung interner Kollisionsvorschriften dieses Staates als Bezugnahme auf das Recht der Gebietseinheit zu verstehen, zu der der Erblasser oder die Personen, deren Rechtsnachfolge von Todes wegen durch den Erbvertrag betroffen ist, die engste Verbindung hatte.

---

47 Für Eingriffsnormen als positiven ordre public vgl. Köhler, 113–127.
48 Vgl. Köhler, 325–328.
49 In Anlehnung an Schurig, 259.

A. Allgemeines

1 Soweit die Kollisionsnormen der EuErbVO im Wege einer **Sachnormverweisung** das Recht eines **Mehrrechtsstaates** (etwa Großbritannien, USA, Spanien) für anwendbar erklären, muss die Frage beantwortet werden, *welche* der in Betracht kommenden Teilrechtsordnungen für die Beurteilung des Sachverhaltes heranzuziehen ist. Bei einer **interlokalen Rechtsspaltung** bestimmt dies Art. 36 EuErbVO, bei einer interpersonalen Rechtsspaltung Art. 37 EuErbVO (siehe dort).

2 Spricht die europäische Kollisionsnorm hingegen eine **Gesamtverweisung** aus (Art. 21 Abs. 1 iVm Art. 32 Abs. 1 EuErbVO), wird die maßgebliche Teilrechtsordnung durch das insoweit berufene *ausländische* IPR bestimmt, so dass Entscheidungseinklang mit diesem Staat hergestellt wird; ein Rückgriff auf die autonome Bestimmung des Art. 36 EuErbVO kommt in diesem Falle nur dann in Betracht, wenn der betreffende ausländische Staat über kein *einheitliches* (gesamtstaatliches) Kollisionsrecht verfügt[1] oder das anzuwendende gesamtstaatliche IPR keine Regelungen bezüglich einer Rechtsspaltung kennt.[2]

B. Regelungsgehalt

3 Existiert in dem Staat, auf dessen Recht verwiesen wird, ein **eigenes interlokales Kollisionsrecht**, erklärt Art. 36 Abs. 1 EuErbVO *dieses* für maßgeblich; jegliche seitens der Kollisionsnormen der EuErbVO ausgesprochene Sachnormverweisung erfolgt damit (in Abkehr zu Art. 22 Abs. 1 Rom I-VO, Art. 25 Abs. 1 Rom II-VO und Art. 14 Rom III-VO) *stets* unter Einschluss des jeweils geltenden nationalen interlokalen Kollisionsrechts. Nur soweit ein solches *nicht* vorhanden ist (und auch nicht rechtsfortbildend entwickelt werden kann, → EuErbVO Vor → Art. 20–38 Rn. 39),[3] erfolgt eine unmittelbare Bestimmung der maßgeblichen Teilrechtsordnung nach den von Art. 36 Abs. 2 EuErbVO vorgesehenen **autonomen Hilfsanknüpfungen**. Diese differenzieren nach dem jeweiligen Anknüpfungsmoment: Soweit die Kollisionsnorm der EuErbVO an den **gewöhnlichen Aufenthalt** anknüpft (insbesondere Art. 21 Abs. 1 EuErbVO, sofern keine Gesamtverweisung angeordnet wird, → Rn. 2),[4] bezieht sich deren Verweisung gem. Art. 36 Abs. 2 lit. a EuErbVO auf diejenige Teilrechtsordnung, in welcher der Erblasser seinen letzten gewöhnlichen Aufenthalt hatte („durchschlagende Anknüpfungen"). Wird an die **Staatsangehörigkeit** angeknüpft, ist – mangels unmittelbarer Bestimmbarkeit der maßgeblichen Teilrechtsordnung durch dieses Anknüpfungsmoment – gem. Art. 36 Abs. 2 lit. b EuErbVO diejenige Teilrechtsordnung anzuwenden, zu welcher der Erblasser die engste Verbindung hatte; maßgeblich sind insoweit insbesondere Dauer und Art des Aufenthaltes, familiäre Beziehungen, Belegenheit des Vermögens etc[5] Bei **sonstigen Anknüpfungsmomenten** (insbesondere Belegenheit iSv Art. 30 EuErbVO, engste Verbindung iSv Art. 21 Abs. 2 EuErbVO) erklärt Art. 36 Abs. 2 lit. c EuErbVO zuletzt allgemein diejenige Teilrechtsordnung für maßgeblich, in der sich der einschlägige Anknüpfungspunkt befindet (bei Art. 30 EuErbVO der Ort der Belegenheit, bei Art. 21 Abs. 2 EuErbVO der Ort, an dem die die engste Verbindung begründenden Umstände zu lokalisieren sind).[6]

4 Art. 36 Abs. 3 EuErbVO sieht demgegenüber eine **spezielle Regelung** für das gem. Art. 27 EuErbVO Formstatut vor, die der Inkorporation des Art. 1 Abs. 2 HTestformÜ (→ EuErbVO Art. 27 Rn. 2) geschuldet ist: In Ermanglungen interlokaler Kollisionsverschriften der gem. Art. 27 EuErbVO berufenen Mehrrechtsordnung ist diejenige Teilrechtsordnung anzuwenden,

---

1 Deixler-Hübner/Schauer/Schwartze EuErbVO Art. 36 Rn. 10; vgl. auch NK-BGB/Looschelders EuErbVO Art. 36 Rn. 4; Dutta/Weber/Bauer/Fornasier EuErbVO Art. 36 Rn. 4.
2 Ebenso Deixler-Hübner/Schauer/Schwartze EuErbVO Art. 36 Rn. 10.
3 Ebenso Deixler-Hübner/Schauer/Schwartze EuErbVO Art. 36 Rn. 6; Dutta/Weber/Bauer/Fornasier EuErbVO Art. 36 Rn. 7.
4 Deixler-Hübner/Schauer/Schwartze EuErbVO Art. 36 Rn. 9 f.
5 Vgl. auch Deixler-Hübner/Schauer/Schwartze EuErbVO Art. 36 Rn. 11.
6 Ebenso Deixler-Hübner/Schauer/Schwartze EuErbVO Art. 36 Rn. 13.

zu welcher der Erblasser oder die Person, deren Rechtsnachfolge von Todes wegen durch einen Erbvertrag betroffen ist, die engste Verbindung hatte; herangezogen werden können insoweit ebenfalls die unter → Rn. 3 erwähnten Kriterien.

Artikel 37 EuErbVO   Staaten mit mehr als einem Rechtssystem – Interpersonale Kollisionsvorschriften

¹Gelten in einem Staat für die Rechtsnachfolge von Todes wegen zwei oder mehr Rechtssysteme oder Regelwerke für verschiedene Personengruppen, so ist jede Bezugnahme auf das Recht dieses Staates als Bezugnahme auf das Rechtssystem oder das Regelwerk zu verstehen, das die in diesem Staat geltenden Vorschriften zur Anwendung berufen. ²In Ermangelung solcher Vorschriften ist das Rechtssystem oder das Regelwerk anzuwenden, zu dem der Erblasser die engste Verbindung hatte.

In Ergänzung zu Art. 36 EuErbVO enthält Art. 37 EuErbVO eine Regelung hinsichtlich der Anwendung von (wiederum nur im Wege einer *Sachnorm*verweisung berufenen, → EuErbVO Art. 36 Rn. 1 f.) nationalen Rechtsordnungen, die unterschiedliche Regelungsregime für (meist ethnisch oder religiös) verschiedene Personengruppen vorsehen. Soweit der betreffende Staat insoweit ein eigenes **interpersonales Kollisionsrecht** erlassen hat, entscheidet dieses gem. Art. 37 S. 1 EuErbVO über die anwendbare Teilrechtsordnung. Nur wenn ein solches fehlt (was indes kaum vorstellbar ist, da der Grund der interpersonalen Rechtsspaltung – Ethnie, Religion etc – zugleich das maßgebliche Anknüpfungsmoment für das interpersonale Kollisionsrecht darstellt), ist die kollisionsrechtliche Entscheidung gem. Art. 37 S. 2 EuErbVO *autonom* zu treffen und diejenige Teilrechtsordnung anzuwenden, zu welcher der Erblasser die engste Verbindung hatte (Art. 37 S. 2 EuErbVO).

Artikel 38 EuErbVO   Nichtanwendung dieser Verordnung auf innerstaatliche Kollisionen

Ein Mitgliedstaat, der mehrere Gebietseinheiten umfasst, von denen jede ihre eigenen Rechtsvorschriften für die Rechtsnachfolge von Todes wegen hat, ist nicht verpflichtet, diese Verordnung auf Kollisionen zwischen den Rechtsordnungen dieser Gebietseinheiten anzuwenden.

Art. 38 EuErbVO stellt fest, dass ein mitgliedstaatlicher Mehrrechtsstaat in einem **reinen Inlandssachverhalt** nicht verpflichtet ist, die kollisionsrechtlichen Regelungen der EuErbVO anstelle seines eigenen interlokalen Kollisionsrechts anzuwenden. Diese Vorschrift hat freilich nur deklaratorischen Charakter, da die Kollisionsnormen der EuErbVO alleine das inter*nationale* Kollisionsrecht regeln und daher das inter*lokale* Kollisionsrecht eines Mitgliedstaates überhaupt nicht verdrängen *können* (ganz abgesehen davon, dass der EU für eine entsprechende Regelung die diesbezüglich Kompetenz fehlen würde, weil Art. 81 Abs. 1 AEUV einen *grenzüberschreitenden* Bezug verlangt).[1] Art. 28 EuErbVO hat somit keinerlei Bedeutung für die Beurteilung eines Sachverhalts mit Auslandsbezug: Soweit die Kollisionsnormen der EuErbVO auf das Recht eines mitgliedstaatlichen Mehrrechtsstaats (etwa Spanien) verweisen, ist gem. Art. 36 Abs. 1 EuErbVO dessen nationales interlokales Kollisionsrecht anzuwenden.

---

[1] Vgl. auch Deixler-Hübner/Schauer/Schwartze EuErbVO Art. 38 Rn. 2.

Kapitel IV
Anerkennung, Vollstreckbarkeit und Vollstreckung von Entscheidungen

Vor Artikel 39–58 EuErbVO: Überblick über den Regelungsgehalt des Kapitels IV der EuErbVO

A. Anerkennung, Vollstreckbarkeit und Vollstreckung mitgliedstaatlicher Entscheidungen

1 Kapitel IV der EuErbVO regelt die Anerkennung, Vollstreckbarkeit und Vollstreckbarerklärung mitgliedstaatlicher Entscheidungen in einem anderen Mitgliedstaat. Die dort kodifizierten Bestimmungen (Art. 39–58 EuErbVO) übernehmen im Wesentlichen die diesbezüglichen Regelungen der EuGVVO (aF) und können daher diesen entsprechend ausgelegt werden (allgemein zum Auslegungszusammenhang → EuErbVO Einl. Rn. 6). Wenngleich Art. 39 ff. EuErbVO ersichtlich auf das *streitige* Verfahren zugeschnitten sind, sind diese Vorschriften sowohl im Rahmen des streitigen als auch im Rahmen des nichtstreitigen Verfahrens anzuwenden (vgl. Erwägungsgrund 59),[1] was zu Friktionen führen kann.[2] Die für die Konkretisierung der Art. 39–58 EuErbVO erforderlichen nationalen verfahrensrechtlichen Bestimmungen sind in Abschnitt 3 des IntErbRVG geregelt.

2 Unter einer Entscheidung iSd EuErbVO ist gem. der Legaldefinition des Art. 3 Abs. 1 lit. g EuErbVO *jegliche* seitens eines mitgliedstaatlichen (→ EuErbVO Art. 3 Rn. 2) Gerichts in einer Erbsache erlassene Entscheidung zu verstehen,[3] dies ungeachtet ihrer konkreten Bezeichnung und unter Einschluss von Kostenfestsetzungsbeschlüssen eines Gerichtsbediensteten. Solche Entscheidungen werden in einem anderen Mitgliedstaat ohne ein besonderes Verfahren, also ipso jure, **anerkannt** (Art. 39 Abs. 1 EuErbVO), die Anerkennung kann jedoch auch gem. Art. 39 Abs. 2 EuErbVO Gegenstand eines eigenständigen Verfahrens sein, das sich nach Art. 45–58 EuErbVO richtet. Die Anerkennung einer Entscheidung eines Mitgliedstaates darf nur aus den in Art. 40 EuErbVO genannten Gründen versagt werden, eine Nachprüfung in der Sache (révision au fond) kommt nicht in Betracht (Art. 41 EuErbVO).

3 Die in einem Mitgliedstaat (sog. Ursprungsmitgliedstaat gem. Art. 3 Abs. 1 lit. e EuErbVO) ergangenen und in diesem Staat vollstreckbaren Entscheidungen können gem. Art. 43 EuErbVO in einem anderen Mitgliedstaat (sog. Vollstreckungsmitgliedstaat gem. Art. 3 Abs. 1 lit. f EuErbVO) vollstreckt werden, wenn sie in dem Vollstreckungsmitgliedstaat nach dem von Art. 45–58 EuErbVO vorgesehenen Verfahren für **vollstreckbar erklärt** worden sind. Eingeleitet wird dieses sog. **Exequaturverfahren** auf Antrag eines Berechtigten (Art. 43 EuErbVO). Anders als im nationalen Recht (§ 723 Abs. 2 S. 2 ZPO) sind die Anerkennungsvoraussetzungen (Art. 40 EuErbVO) im Rahmen dieses Verfahrens *nicht* nachzuprüfen (Art. 48 S. 1 EuErbVO), auch wird dem Vollstreckungsschuldner kein rechtliches Gehör gewährt (Art. 48 S. 2 EuErbVO); der Prüfungsumfang erstreckt sich gem. Art. 40 EuErbVO alleine auf die von Art. 46 EuErbVO vorgesehenen Förmlichkeiten (dh eine Ausfertigung der Entscheidung des Ursprungsmitgliedstaats sowie eine Bescheinigung des Ursprungsgerichts gem. Art. 80 EuErbVO,[4] die unter den Voraussetzungen des Art. 47 EuErbVO durch eine gleichwertige Urkunde ersetzt werden kann). Sind diese

---

[1] Ebenso Dutta/Weber/Weber EuErbVO Art. 39 Rn. 20.
[2] Vgl. Dutta FamRZ 2013, 4 (13) mit Beispielen. Zudem Dutta/Weber/Weber EuErbVO Art. 39 Rn. 20.
[3] Siehe auch Schnyder/Capaul FS Geimer 2017, 628, 633.
[4] Vgl. hierzu das Formblatt I (Anhang 1) der Durchführungsverordnung (EU) Nr. 1329/2014 der Kommission vom 9.12.2014 zur Festlegung der Formblätter nach Maßgabe der Verordnung (EU) Nr. 650/2012 des Europäischen Parlaments und des Rates über die Zuständigkeit, das anzuwendende Recht, die Anerkennung und Vollstreckung von Entscheidungen und die Annahme und Vollstreckung öffentlicher Urkunden in Erbsachen sowie zur Einführung eines Europäischen Nachlasszeugnisses (ABl. EU L 359 S. 30), abgedruckt im Anhang zu Art. 46 EuErbVO.

Förmlichkeiten erfüllt, ist die Entscheidung gem. Art. 48 EuErbVO unverzüglich für vollstreckbar zu erklären. Eine Prüfung der von Art. 40 EuErbVO vorgesehenen Anerkennungsvoraussetzungen kommt demgegenüber alleine im Rahmen des **Rechtsbehelfsverfahrens** (Art. 50 EuErbVO) oder gegen die Entscheidung über diesen Rechtsbehelf (Art. 51 EuErbVO) in Betracht (vgl. Art. 52 EuErbVO); auch diese Verfahren können nur auf Antrag eingeleitet werden.

Sofern eine Entscheidung gem. Art. 39 EuErbVO anzuerkennen ist, können auf diese Entscheidung gestützte **einstweilige Maßnahmen einschließlich Sicherungsmaßnahmen** auch ohne Vollstreckbarerklärung gem. Art. 48 EuErbVO angeordnet werden, Art. 54 Abs. 1 EuErbVO. 4

B. Anerkennung, Vollstreckbarkeit und Vollstreckung drittstaatlicher Entscheidungen

Soweit eine **drittstaatliche Entscheidung** anzuerkennen und für vollstreckbar zu erklären ist, sind grundsätzlich die nationalen Vorschriften (§§ 328, 722, 723 ZPO bzw. §§ 108–110 FamFG) anzuwenden.[5] Diesen vorrangig sind jedoch wiederum staatsvertragliche Regelungen (hierzu allgemein → EuErbVO Vor Art. 20–38 Rn. 13 f.). Auf dem Gebiet der Anerkennung und Vollstreckung ausländischer Entscheidungen in Erbsachen sind insoweit zu beachten: 5

- das **deutsch-britische Abkommen** über die gegenseitige Anerkennung und Vollstreckung von gerichtlichen Entscheidungen in Zivil- und Handelssachen vom 14.7.1960,[6]
- das **deutsch-schweizerische Abkommen** über die gegenseitige Anerkennung und Vollstreckung von gerichtlichen Entscheidungen und Schiedssprüchen vom 2.11.1929[7] sowie
- der **deutsch-türkische Konsularvertrag** vom 28.5.1929
  (→ EuErbVO Vor Art. 20–38 Rn. 49–54).

Neben diesen beiden Abkommen bestehen weitere bilaterale Übereinkommen mit einzelnen Mitgliedstaaten, die jedoch mit Geltung der EuErbVO **gegenstandslos** wurden (Art. 75 Abs. 2 EuErbVO). Zu nennen sind insoweit: 6

- das **deutsch-belgische Abkommen** über die gegenseitige Anerkennung und Vollstreckung von gerichtlichen Entscheidungen, Schiedssprüchen und öffentlichen Urkunden in Zivil- und Handelssachen vom 30.6.1958,[8]
- der **Vertrag zwischen der Bundesrepublik Deutschland und dem Königreich Griechenland** über die gegenseitige Anerkennung und Vollstreckung von gerichtlichen Entscheidungen, Vergleichen und öffentlichen Urkunden in Zivil- und Handelssachen vom 4.11.1961,[9]
- das **deutsch-italienische Abkommen** über die Anerkennung und Vollstreckung gerichtlicher Entscheidungen in Zivil- und Handelssachen vom 9.3.1936,[10]
- der **deutsch-niederländische Vertrag** über gegenseitige Anerkennung und Vollstreckung gerichtlicher Entscheidungen und anderer Schuldtitel in Zivil- und Handelssachen vom 30.8.1962,[11]
- der **deutsch-österreichische Vertrag** über die gegenseitige Anerkennung und Vollstreckung von gerichtlichen Entscheidungen, Vergleichen und öffentlichen Urkunden in Zivil- und Handelssachen vom 6.6.1959[12] und

---

5 Vgl. etwa Dutta/Weber/Weber EuErbVO Art. 39 Rn. 6.
6 BGBl. 1961 II 302. Das Abkommen trat am 15.7.1961 in Kraft (BGBl. 1961 II 1025); vgl. hierzu das deutsche Ausführungsgesetz vom 28.3.1961 (BGBl. 1961 I 301).
7 RGBl. 1930 II 1066 (abgedruckt bei Jayme/Hausmann, Nr. 190). Das Abkommen trat am 1.12.1930 in Kraft (RGBl. 1930 II 1270). Es gilt alleine für diejenigen Rechtsgebiete, die nicht vom Anwendungsbereich des LugÜ 2007 (ABl. EU 2009 Nr. L 147, 5; abgedruckt bei Jayme/Hausmann, Nr. 152) erfasst werden (vgl. Art. 1 Abs. 2 lit. a iVm Art. 65 LugÜ 2007).
8 BGBl. 1959 II 766.
9 BGBl. 1963 II 110.
10 RGBl. 1937 II 145.
11 BGBl. 1965 II 27.
12 BGBl. 1960 II 1246.

- der **deutsch-spanische Vertrag** über die Anerkennung und Vollstreckung von gerichtlichen Entscheidungen und Vergleichen sowie vollstreckbaren öffentlichen Urkunden in Zivil- und Handelssachen vom 14.11.1983.[13]

Artikel 39 EuErbVO Anerkennung

(1) Die in einem Mitgliedstaat ergangenen Entscheidungen werden in den anderen Mitgliedstaaten anerkannt, ohne dass es hierfür eines besonderen Verfahrens bedarf.

(2) Bildet die Frage, ob eine Entscheidung anzuerkennen ist, als solche den Gegenstand eines Streites, so kann jede Partei, welche die Anerkennung geltend macht, in dem Verfahren nach den Artikeln 45 bis 58 die Feststellung beantragen, dass die Entscheidung anzuerkennen ist.

(3) Wird die Anerkennung in einem Rechtsstreit vor dem Gericht eines Mitgliedstaats, dessen Entscheidung von der Anerkennung abhängt, verlangt, so kann dieses Gericht über die Anerkennung entscheiden.

1 Art. 39 EuErbVO regelt die **Anerkennung mitgliedstaatlicher Entscheidungen** (Art. 3 Abs. 1 lit. g EuErbVO; → EuErbVO Vor Art. 39–58 Rn. 2). Diese werden – soweit die Anerkennungsvoraussetzungen des Art. 40 EuErbVO vorliegen – **ipso jure** anerkannt, bedürfen also keines besonderen Verfahrens (Art. 39 Abs. 1 EuErbVO). Sie können jedoch Gegenstand eines solchen sein (Art. 39 Abs. 2 EuErbVO), soweit ein Bedürfnis hierfür besteht (so etwa bei nicht vollstreckungsfähigen Entscheidungen).[1] Soweit die anzuerkennende mitgliedstaatliche Entscheidung eine Vorfrage im Rahmen des konkret anhängigen Rechtsstreits präjudiziert, kann das für die Hauptsache zuständige Gericht über deren Anerkennung entscheiden (sog. Inzidentanerkennung gem. Art. 39 Abs. 3 EuErbVO).

2 Die EuErbVO folgt – ebenso wie die EuGVVO[2] – der **Wirkungserstreckungslehre**, so dass mitgliedstaatlichen Entscheidungen dieselben Wirkungen beizumessen sind, die ihnen in dem Ursprungsmitgliedstaat zukommen.[3] Die Urteilswirkungen richten sich daher stets nach dem Recht des Ursprungsmitgliedstaates, unabhängig davon, ob diese Wirkungen hinter denjenigen des deutschen Rechts zurückstehen oder über dieses hinausgehen. Erstreckt sich etwa die materielle Rechtskraft eines Urteils nach dem Recht des Ursprungsmitgliedstaates auch auf materielle Vorfragen, sind solche Wirkungen daher – in den Grenzen des ordre public – hinzunehmen.[4]

3 Ein einheitlicher **europäischer Rechtskraftbegriff** existiert demgegenüber bislang nicht.[5] Nach der Rechtsprechung des EuGH besteht nur dann eine Ausnahme, wenn sich ein mitgliedstaatliches Gericht aufgrund einer Gerichtsstandsvereinbarung zugunsten eines anderen mitgliedstaatlichen Gerichts für unzuständig erklärt; an die Feststellung bezüglich der Wirksamkeit einer solchen Vereinbarung sind die prorogierten Gerichte gebunden, da der Begriff der Rechtskraft im Unionsrecht – jedenfalls in diesen Fällen – „nicht nur den Tenor der fraglichen gerichtlichen Entscheidung, sondern auch deren Gründe, die den Tenor tragen und von ihm daher nicht

---

13 BGBl. 1987 II 35.
1 Ebenso NK-BGB/Makowsky EuErbVO Art. 39 Rn. 9. Zu Art. 36 EuGVVO Thomas/Putzo/Hüßtege EuGVVO Art. 36 Rn. 5.
2 Vgl. hierzu etwa Kropholler/von Hein EuGVVO aF Vorb. Art. 33 Rn. 9.
3 EuGH 4.2.1988 – C- 145/86 (Hoffmann) Rn. 10; EuGH 15.11.2012 – C-456/11 Rn. 34 (hinsichtlich EuGVÜ Art. 26 bzw. EuGVVO aF Art. 33). Vgl. auch MüKoBGB/Dutta EuErbVO Art. 39 Rn. 2; BeckOGK/Schmidt EuErbVO Art. 39 Rn. 9; Dutta/Weber/Weber EuErbVO Art. 39 Rn. 11; NK-BGB/Makowsky EuErbVO Art. 39 Rn. 8.
4 Ebenso NK-BGB/Makowsky EuErbVO Art. 39 Rn. 8; BeckOGK/Schmidt EuErbVO Art. 39 Rn. 9; vgl. auch Dutta/Weber/Weber EuErbVO Art. 39 Rn. 11; zudem Linke/Hau Rn. 12.7.
5 Vgl. aber auch MüKoZPO/Gottwald EuGVVO Art. 36 Rn. 12 mit Fn. 22.

zu trennen sind",[6] umfasst. Diese Rechtsprechung hat daher **ausschließlich zuständigkeitsrechtliche Bedeutung**.[7]

Artikel 40 EuErbVO   Gründe für die Nichtanerkennung einer Entscheidung

Eine Entscheidung wird nicht anerkannt, wenn

a) die Anerkennung der öffentlichen Ordnung (ordre public) des Mitgliedstaats, in dem sie geltend gemacht wird, offensichtlich widersprechen würde;

b) dem Beklagten, der sich auf das Verfahren nicht eingelassen hat, das verfahrenseinleitende Schriftstück oder ein gleichwertiges Schriftstück nicht so rechtzeitig und in einer Weise zugestellt worden ist, dass er sich verteidigen konnte, es sei denn, der Beklagte hat die Entscheidung nicht angefochten, obwohl er die Möglichkeit dazu hatte;

c) sie mit einer Entscheidung unvereinbar ist, die in einem Verfahren zwischen denselben Parteien in dem Mitgliedstaat, in dem die Anerkennung geltend gemacht wird, ergangen ist;

d) sie mit einer früheren Entscheidung unvereinbar ist, die in einem anderen Mitgliedstaat oder in einem Drittstaat in einem Verfahren zwischen denselben Parteien wegen desselben Anspruchs ergangen ist, sofern die frühere Entscheidung die notwendigen Voraussetzungen für ihre Anerkennung in dem Mitgliedstaat, in dem die Anerkennung geltend gemacht wird, erfüllt.

A. Allgemeines 1	III. Unvereinbarkeit mit einer Entscheidung aus dem Anerkennungsstaat (lit. c) 8
B. Regelungsgehalt 2	
I. Ordre public (lit. a) 2	IV. Unvereinbarkeit mit einer früheren ausländischen Entscheidung (lit. d) 10
II. Wahrung der Verteidigungsrechte (lit. b) .. 4	

A. Allgemeines

Art. 40 EuErbVO regelt die Anerkennungshindernisse für eine mitgliedstaatliche Entscheidung in Erbsachen; dieser ist *abschließend*, so dass die Anerkennung nur aus den von Art. 40 lit. a–d EuErbVO genannten Gründen versagt werden darf. 1

B. Regelungsgehalt

I. Ordre public (lit. a)

Die Anerkennung einer mitgliedstaatlichen Entscheidung kann zunächst aufgrund eines Verstoßes gegen den ordre public des Anerkennungsstaates versagt werden. Der **anerkennungsrechtliche Begriff des ordre public ist weiter als derjenige des Kollisionsrechts (Art. 35 EuErbVO):** Er schließt diesen zwar mit ein, er erfasst jedoch darüber hinaus **auch verfahrensrechtliche Aspekte** (insbesondere Art. 103 Abs. 1 GG, Art. 47 EU-Grundrechtscharta, Art. 6 EMRK),[1] so dass die Anerkennung einer Entscheidung auch dann versagt werden kann, wenn diese unter Verletzung fundamentaler Verfahrensprinzipien zustande gekommen ist.[2] Da jedoch die EU-Grundrechtscharta sowie die EMRK für alle Mitgliedstaaten gleichermaßen verbindlich ist und Gegenstand der Anerkennung im Rahmen der EuErbVO alleine *mitgliedstaatliche* Entscheidungen bilden, 2

---

6   EuGH 15.11.2012 – C-456/11 Rn. 40 unter Berufung auf EuGH 19.4.2012 – C-221/10 P Rn. 87; EuGH 1.6.2006 – C-442/03 P und C-471/03 P, C-442/03 P, C-471/03 P Rn. 44.

7   Ebenso Dutta/Weber/Weber EuErbVO Art. 39 Rn. 13.

1   Vgl. auch NK-BGB/Makowsky EuErbVO Art. 40 Rn. 6; ebenso BeckOGK/Schmidt EuErbVO Art. 40 Rn. 20 ff.; Dutta/Weber/Weber EuErbVO Art. 40 Rn. 13 f.

2   Vgl. auch jurisPK-BGB/Schärtl EuErbVO Art. 40 Rn. 8; Dutta/Weber/Weber EuErbVO Art. 40 Rn. 10 ff. Zu EuGVVO aF Art. 34 etwa Kropholler/von Hein EuGVVO aF Art. 34 Rn. 12–21; Thomas/Putzo/Hüßtege, 34. Aufl. 2013, EuGVVO aF Art. 34 Rn. 2.

ist die Bedeutung von Art. 40 lit. a EuErbVO (jedenfalls bei Beachtung dieser geltenden Grundsätze durch die jeweiligen mitgliedstaatlichen Gerichte)[3] gering.

3 Hinsichtlich der Konkretisierung des anerkennungsrechtlichen ordre public gelten die Ausführungen zu Art. 35 EuErbVO entsprechend,[4] so dass auf diese verwiesen werden kann. Besonderheiten ergeben sich im Rahmen des anerkennungsrechtlichen ordre public alleine aus dem Umstand, dass den mitgliedstaatlichen Gerichten eine *révision au fond* verwehrt ist, diese also die **Entscheidung weder rechtlich noch tatsächlich nachprüfen können** (Art. 41 EuErbVO); zu einer Verletzung wesentlicher Grundsätze des deutschen Rechts kann es daher *im Ergebnis* (→ EuErbVO Art. 35 Rn. 3–6) nur dann kommen, wenn die *anzuerkennenden Wirkungen* des Urteils – und damit allein der in Rechtskraft erwachsende Teil der Entscheidung – gegen diese Grundsätze verstoßen,[5] nicht bereits dann, wenn die konkrete *Rechtsanwendung* als solche zu einem ordre public-widrigen Ergebnis führt. Dieser Umstand wird in der Literatur – etwas blumig – als *effet atténué de l'ordre public* beschrieben,[6] er ist jedoch rein phänomenologischer Natur und **resultiert aus der herkömmlichen Methodik zur Konkretisierung des ordre public**, stellt also gerade keine Abweichung hiervon dar.

II. Wahrung der Verteidigungsrechte (lit. b)

4 Die Anerkennung eines mitgliedstaatlichen Urteils ist des Weiteren ausgeschlossen, wenn sich der Beklagte im Hinblick auf das anzuerkennende Urteil nicht wirksam verteidigen konnte. Art. 40 lit. b EuErbVO schützt damit das **rechtliche Gehör**, soweit dieses **im Rahmen der Verfahrenseinleitung** verletzt wurde; kam es zu einer Verletzung dieses Grundsatzes im weiteren Verfahren, kann sich ein Anerkennungshindernis alleine aus Art. 40 lit. a EuErbVO ergeben.[7]

5 Ein Anerkennungshindernis nach Art. 40 lit. b EuErbVO setzt voraus, dass sich der Beklagte *nicht* auf das Verfahren eingelassen hat. Unter einer – autonom auszulegenden[8] – Einlassung im Sinne von Art. 40 lit. b EuErbVO ist **jedes Verhandeln** zu verstehen, „aus dem sich ergibt, dass der Beklagte von dem gegen ihn eingeleiteten Verfahren Kenntnis erlangt und die Möglichkeit der Verteidigung gegen den Angriff des Klägers erhalten hat";[9] unschädlich ist jedoch, wenn der Beklagte ausschließlich die fehlende Zuständigkeit des Gerichts oder die fehlerhafte Zustellung rügt.[10]

6 Weitere Anwendungsvoraussetzung ist, dass der Beklagte aufgrund der fehlerhaften Zustellung des verfahrenseinleitenden (oder gleichwertigen) Schriftstücks **tatsächlich** nicht in der Lage war, sich zu verteidigen.[11] Eine **rein formal fehlerhafte Zustellung** verletzt die Verteidigungsrechte des Beklagten daher nicht; sie gelten in diesem Falle als gewahrt, wenn der Beklagte ander-

---

3 Hierin lag die Besonderheit in der zentralen Krombach-Entscheidung des EuGH (EuGH 28.3.2000 – C-7/98). Nach dieser ist die Anwendung des ordre public-Vorbehalts „in den Ausnahmefällen für zulässig zu erachten […], in denen die durch die Rechtsvorschriften des Ursprungsstaats und das Übereinkommen selbst verbürgten Garantien nicht genügt haben, um den Beklagten vor einer offensichtlichen Verletzung seines in der EMRK anerkannten Rechts […] zu schützen" (aaO Rn. 44).
4 Vgl. auch Dutta/Weber/Weber EuErbVO Art. 40 Rn. 11; BeckOGK/Schmidt EuErbVO Art. 40 Rn. 10.
5 Ebenso BeckOGK/Schmidt EuErbVO Art. 40 Rn. 12.
6 So etwa Kropholler § 60 IV 2, 667; vgl. auch Geimer Rn. 27 (der dem anerkennungsrechtlichen ordre public eine geringere „Angriffsintensität" als dem kollisionsrechtlichen ordre public attestiert);

auch BGH NJW1998, 2358 („großzügigere[r] anerkennungsrechtliche[r] ordre public").
7 Vgl. auch NK-BGB/Makowsky EuErbVO Art. 40 Rn. 7; ebenso BeckOGK/Schmidt EuErbVO Art. 40 Rn. 25.
8 JurisPK-BGB/Schärtl EuErbVO Art. 40 Rn. 21; vgl. auch Dutta/Weber/Weber EuErbVO Art. 40 Rn. 29.
9 BGH NJW 2011, 3103 (3104) (hinsichtlich EuGVVO aF Art. 34) im Anschluss an Kropholler/von Hein EuGVVO aF Art. 34 Rn. 27; Geimer/Schütze/Geimer EuGVVO aF Art. 34 Rn. 109–115.
10 BGH NJW 2011, 3103 (3104) (hinsichtlich EuGVVO aF Art. 34); Kropholler/von Hein EuGVVO aF Art. 34 Rn. 27; vgl. auch Dutta/Weber/Weber EuErbVO Art. 40 Rn. 29; NK-BGB/Makowsky EuErbVO Art. 40 Rn. 8.
11 Vgl. auch Dutta/Weber/Weber EuErbVO Art. 40 Rn. 28.

weitig Kenntnis von dem laufenden Verfahren erlangt hat und sich aus diesem Grunde hätte verteidigen können.[12]

Liegen die Voraussetzungen von Art. 40 lit. b EuErbVO vor, ist das **Anerkennungshindernis von Amts wegen** zu berücksichtigen.[13]

III. Unvereinbarkeit mit einer Entscheidung aus dem Anerkennungsstaat (lit. c)

Ein weiteres Anerkennungshindernis besteht, wenn die **anzuerkennende Entscheidung mit einer Entscheidung des *Anerkennungsstaates*** unvereinbar ist, die in einem Verfahren zwischen denselben Parteien ergangen ist. Grundsätzlich sollen solche Fälle durch die Regelung des Art. 17 EuErbVO vermieden werden; werden dennoch zwei miteinander unvereinbare Entscheidungen erlassen, setzt sich gem. Art. 40 lit. c EuErbVO stets die Entscheidung des Anerkennungsstaates durch, und dies (anders als im Rahmen von Art. 40 lit. d EuErbVO) unabhängig davon, welche Entscheidung zuerst ergangen ist.[14]

Unvereinbarkeit iSv Art. 40 lit. c EuErbVO liegt vor, wenn die „betreffenden Entscheidungen Rechtsfolgen haben, die sich gegenseitig ausschließen".[15]

IV. Unvereinbarkeit mit einer früheren ausländischen Entscheidung (lit. d)

Ist die anzuerkennende Entscheidung mit einer mitgliedstaatlichen Entscheidung oder auch mit einer drittstaatlichen Entscheidung, die aufgrund autonomen Rechts in einem Mitgliedstaat anzuerkennen ist, unvereinbar (→ Rn. 9), löst Art. 40 lit. d EuErbVO die insoweit entstehende Kollision (anders als Art. 40 lit. c EuErbVO) mittels des **Prioritätsprinzips**:[16] Die zuerst ergangene Entscheidung ist anzuerkennen, zeitlich nachfolgenden Entscheidungen ist die Anerkennung zu versagen.

Artikel 41 EuErbVO   Ausschluss einer Nachprüfung in der Sache

Die in einem Mitgliedstaat ergangene Entscheidung darf keinesfalls in der Sache selbst nachgeprüft werden.

Art. 41 EuErbVO untersagt eine **révision au fond**; die in einem Mitgliedstaat ergangene Entscheidung darf daher weder in rechtlicher noch in tatsächlicher Weise nachgeprüft werden.[1]

Artikel 42 EuErbVO   Aussetzung des Anerkennungsverfahrens

Das Gericht eines Mitgliedstaats, vor dem die Anerkennung einer in einem anderen Mitgliedstaat ergangenen Entscheidung geltend gemacht wird, kann das Verfahren aussetzen, wenn im Ursprungsmitgliedstaat gegen die Entscheidung ein ordentlicher Rechtsbehelf eingelegt worden ist.

---

12 BGH NJW 3103, 3104 (hinsichtlich EuGVVO aF Art. 34). Vgl. auch NK-BGB/Makowsky EuErbVO Art. 40 Rn. 8; Dutta/Weber/Weber EuErbVO Art. 40 Rn. 28.
13 Zu EuGVVO aF Art. 34: Kropholler/von Hein EuGVVO aF Art. 34 Rn. 45; Thomas/Putzo/Hüßtege 34. Aufl. 2013, EuGVVO aF Art. 34 Rn. 4; aA Geimer/Schütze/Geimer EuGVVO aF Art. 34 Rn. 101.
14 Vgl. auch NK-BGB/Makowsky EuErbVO Art. 40 Rn. 9.
15 EuGH 6.6.2002 – C-80/00 Rn. 40; EuGH 4.2.1988 – C-145/86 Rn. 22 (Hoffmann); jeweils hinsichtlich EuGVÜ Art. 27; vgl. auch jurisPK-BGB/Schärtl EuErbVO Art. 40 Rn. 24; Dutta/Weber/Weber EuErbVO Art. 40 Rn. 39; BeckOGK/Schmidt EuErbVO Art. 40 Rn. 40; NK-BGB/Makowsky EuErbVO Art. 40 Rn. 10.
16 Ebenso BeckOGK/Schmidt EuErbVO Art. 40 Rn. 44; NK-BGB/Makowsky EuErbVO Art. 40 Rn. 12.
1   Vgl. auch NK-BGB/Makowsky EuErbVO Art. 41 Rn. 1; BeckOGK/Schmidt EuErbVO Art. 41 Rn. 6; Dutta/Weber/Weber EuErbVO Art. 41 Rn. 1.

1 Art. 42 EuErbVO gestattet dem mitgliedstaatlichen Gericht eine Aussetzung des Verfahrens, wenn gegen die anzuerkennende Entscheidung im Ursprungsmitgliedstaat ein ordentlicher Rechtsbehelf eingelegt worden ist. Art. 42 EuErbVO ist alleine im Rahmen einer **Inzidentanerkennung** (Art. 39 Abs. 3 EuErbVO) anwendbar, im Rahmen des selbstständigen Anerkennungsverfahrens gem. Art. 39 Abs. 2 EuErbVO (aufgrund des dort vorgesehenen Verweises auf Art. 45–58 EuErbVO) und der Vollstreckung gilt hingegen Art. 53 EuErbVO.[1] Ein ordentlicher Rechtsbehelf bezeichnet jeden Rechtsbehelf, „der Teil des gewöhnlichen Verlaufs eines Rechtsstreits ist und als solcher eine verfahrensrechtliche Entwicklung darstellt, mit deren Eintritt jede Partei vernünftigerweise zu rechnen hat";[2] maßgeblich ist insoweit, dass der Rechtsbehelf nach dem Recht des Ursprungsstaates „an eine bestimmte Frist gebunden ist, welche durch die Entscheidung selbst […] in Gang gesetzt wird".[3]

Artikel 43 EuErbVO   Vollstreckbarkeit

Die in einem Mitgliedstaat ergangenen und in diesem Staat vollstreckbaren Entscheidungen sind in einem anderen Mitgliedstaat vollstreckbar, wenn sie auf Antrag eines Berechtigten dort nach dem Verfahren der Artikel 45 bis 58 für vollstreckbar erklärt worden sind.

1 Die in dem Ursprungsmitgliedstaat ergangenen und dort vollstreckbaren Entscheidungen können in einem anderen Mitgliedstaat vollstreckt werden; **Voraussetzung** hierfür ist gem. Art. 43 EuErbVO, dass sie in dem Vollstreckungsmitgliedstaat nach dem Verfahren gem. Art. 45–58 EuErbVO für vollstreckbar erklärt worden sind (vgl. im Einzelnen dort).

Artikel 44 EuErbVO   Bestimmung des Wohnsitzes

Ist zu entscheiden, ob eine Partei für die Zwecke des Verfahrens nach den Artikeln 45 bis 58 im Hoheitgebiet des Vollstreckungsmitgliedstaats einen Wohnsitz hat, so wendet das befasste Gericht sein eigenes Recht an.

1 Soweit im Rahmen des Exequaturverfahrens gem. Art. 45–58 EuErbVO über den Wohnsitz einer Partei zu entscheiden ist (Art. 45 Abs. 2, Art. 50 Abs. 4, 5, Art. 57 EuErbVO), wird dieser Begriff gem. Art. 44 EuErbVO nicht autonom, sondern **anhand der jeweiligen lex fori** bestimmt. Aus deutscher Sicht sind damit §§ 7 ff. BGB (ggf. iVm § 3 Abs. 2 S. 2 IntErbRVG) anzuwenden.[1]

Artikel 45 EuErbVO   Örtlich zuständiges Gericht

(1) Der Antrag auf Vollstreckbarerklärung ist an das Gericht oder die zuständige Behörde des Vollstreckungsmitgliedstaats zu richten, die der Kommission von diesem Mitgliedstaat nach Artikel 78 mitgeteilt wurden.

(2) Die örtliche Zuständigkeit wird durch den Ort des Wohnsitzes der Partei, gegen die die Vollstreckung erwirkt werden soll, oder durch den Ort, an dem die Vollstreckung durchgeführt werden soll, bestimmt.

---

1 Vgl. auch NK-BGB/Makowsky EuErbVO Art. 42 Rn. 2; Dutta/Weber/Weber EuErbVO Art. 42 Rn. 1.
2 EuGH 22.11.1977 – 43/77 Rn. 35/48 (hinsichtlich EuGVÜ).
3 EuGH 22.11.1977 – 43/77 Rn. 35/48 (hinsichtlich EuGVÜ). Vgl. auch Dutta/Weber/Weber EuErbVO Art. 42 Rn. 2.
1 Ebenso NK-BGB/Makowsky EuErbVO Art. 44 Rn. 4; BeckOGK/Schmidt EuErbVO Art. 44 Rn. 8.1.

Der Antrag einer Partei auf Vollstreckbarerklärung ist gem. Art. 45 Abs. 1 EuErbVO im Vollstreckungsstaat an das Gericht oder die Behörde zu richten, die dieser Staat hierfür bestimmt hat (für Deutschland das Landgericht, vgl. § 3 Abs. 1 IntErbRVG). Die jeweils zuständigen Stellen müssen die einzelnen Mitgliedstaaten der Kommission gem. Art. 78 Abs. 1 lit. a EuErbVO bis zum 16.1.2014 mitteilen; diese Informationen werden der Öffentlichkeit – auf der Website des europäischen Justizportals[1] (→ EuErbVO Art. 78 Rn. 1) – zur Verfügung gestellt.

Art. 45 Abs. 2 EuErbVO enthält eine Regelung hinsichtlich der **örtlichen Zuständigkeit**: Diese wird zum einen durch den Ort des Wohnsitzes (hierzu → EuErbVO Art. 44 Rn. 1) des Vollstreckungsschuldners, zum anderen durch den Ort der Vollstreckungshandlung bestimmt (insoweit deklaratorisch § 3 Abs. 2 S. 1 IntErbRVG).[2]

Artikel 46 EuErbVO Verfahren

(1) Für das Verfahren der Antragstellung ist das Recht des Vollstreckungsmitgliedstaats maßgebend.

(2) Von dem Antragsteller kann nicht verlangt werden, dass er im Vollstreckungsmitgliedstaat über eine Postanschrift oder einen bevollmächtigten Vertreter verfügt.

(3) Dem Antrag sind die folgenden Schriftstücke beizufügen:

a) eine Ausfertigung der Entscheidung, die die für ihre Beweiskraft erforderlichen Voraussetzungen erfüllt;

b) die Bescheinigung, die von dem Gericht oder der zuständigen Behörde des Ursprungsmitgliedstaats unter Verwendung des nach dem Beratungsverfahren nach Artikel 81 Absatz 2 erstellten Formblatts ausgestellt wurde, unbeschadet des Artikels 47.

Das Exequaturverfahren wird auf Antrag eines Berechtigten eingeleitet (Art. 43 EuErbVO). Hinsichtlich der **Antragstellung** erklärt Art. 46 Abs. 1 EuErbVO das Recht des Vollstreckungsmitgliedstaats für maßgeblich (vgl. im Einzelnen § 4 IntErbRVG); der Antragsteller bedarf in diesem Rahmen indes gem. Art. 46 Abs. 2 EuErbVO keiner Postanschrift oder eines bevollmächtigten Vertreters im Vollstreckungsmitgliedstaat, so dass entgegenstehendes nationales Prozessrecht von dem vorrangigen Art. 46 Abs. 2 EuErbVO verdrängt wird.

Dem Antrag sind gem. Art. 46 Abs. 3 EuErbVO sowohl eine **Ausfertigung der Entscheidung des Ursprungsmitgliedstaates** als auch eine **Bescheinigung gem. Art. 80 EuErbVO** beizufügen, welche das jeweils nach nationalem Recht zuständige Gericht des Ursprungsmitgliedstaates (für inländische Titel vgl. § 27 IntErbRVG) auszustellen hat; bei Nichtvorlage der Bescheinigung verfährt das Gericht nach Art. 47 EuErbVO.

Das für die Bescheinigung zu verwendende Formblatt findet sich als **Formblatt I** in Anhang 1 der EuErbVO-Durchführungsverordnung.[1]

---

1 https://e-justice.europa.eu/content_succession-538-de.do?init=true, letzter Abruf am 25.2.2018.
2 Ebenso NK-BGB/Makowsky EuErbVO Art. 45 Rn. 3.
1 Durchführungsverordnung (EU) Nr. 1329/2014 der Kommission vom 9.12.2014 zur Festlegung der Formblätter nach Maßgabe der Verordnung (EU) Nr. 650/2012 des Europäischen Parlaments und des Rates über die Zuständigkeit, das anzuwendende Recht, die Anerkennung und Vollstreckung von Entscheidungen und die Annahme und Vollstreckung öffentlicher Urkunden in Erbsachen sowie zur Einführung eines Europäischen Nachlasszeugnisses (ABl. EU L 359, 30). Abgedruckt im Anhang zu Art. 46 EuErbVO.

Anhang zu Art. 46 EuErbVO: Durchführungsverordnung (EU) Nr. 1329/2014[1]

Artikel 1

(1) Für die Bescheinigung betreffend eine Entscheidung in einer Erbsache gemäß Artikel 46 Absatz 3 Buchstabe b der Verordnung (EU) Nr. 650/2012 ist das Formblatt I in Anhang 1 zu verwenden.
[…]

---

[1] Durchführungsverordnung (EU) Nr. 1329/2014 der Kommission vom 9.12.2014 zur Festlegung der Formblätter nach Maßgabe der Verordnung (EU) Nr. 650/2012 des Europäischen Parlaments und des Rates über die Zuständigkeit, das anzuwendende Recht, die Anerkennung und Vollstreckung von Entscheidungen und die Annahme und Vollstreckung öffentlicher Urkunden in Erbsachen sowie zur Einführung eines Europäischen Nachlasszeugnisses (ABl. EU L 359, 30).

Anhang zu Art. 46 EuErbVO: Durchführungsverordnung (EU) Nr. 1329/2014

Formblatt I

FORMBLATT I

BESCHEINIGUNG
über eine Entscheidung in einer Erbsache

(Artikel 46 Absatz 3 Buchstabe b der Verordnung (EU) Nr. 650/2012 des Europäischen Parlaments und des Rates über die Zuständigkeit, das anzuwendende Recht, die Anerkennung und Vollstreckung von Entscheidungen und die Annahme und Vollstreckung öffentlicher Urkunden in Erbsachen sowie zur Einführung eines Europäischen Nachlasszeugnisses ([1]))

---

1. **Ursprungsmitgliedstaat (*)**

   ☐ Belgien ☐ Bulgarien ☐ Tschechische Republik ☐ Deutschland ☐ Estland ☐ Griechenland
   ☐ Spanien ☐ Frankreich ☐ Kroatien ☐ Italien ☐ Zypern ☐ Lettland ☐ Litauen ☐ Luxemburg
   ☐ Ungarn ☐ Malta ☐ Niederlande ☐ Österreich ☐ Polen ☐ Portugal ☐ Rumänien ☐ Slowenien
   ☐ Slowakei ☐ Finnland ☐ Schweden

---

2. **Gericht oder zuständige Behörde, das/die die vorliegende Bescheinigung ausgestellt hat**

2.1. Name und Bezeichnung des Gerichts bzw. der Behörde (*): ....

2.2. Anschrift

2.2.1. Straße und Hausnummer/Postfach (*): ....

2.2.2. Ort und Postleitzahl (*): ....

2.3. Telefon (*): ....

2.4. Fax: ....

2.5. E-Mail: ....

2.6. Sonstige relevante Informationen (bitte angeben): ....

---

3. **Gericht ([2]), das die Entscheidung erlassen hat (NUR auszufüllen, falls abweichend von der unter 2. genannten Behörde)**

3.1. Name und Bezeichnung des Gerichts (*): ....

3.2. Anschrift

3.2.1. Straße und Hausnummer/Postfach (*): ....

3.2.2. Ort und Postleitzahl (*): ....

3.3. Telefon (*): ....

3.4. Fax: ....

3.5. E-Mail: ....

4.	**Entscheidung**

4.1. Datum (TT.MM.JJJJ) der Entscheidung (*): ....
4.2. Aktenzeichen der Entscheidung (*): ....

4.3. Parteien der Entscheidung ([3])

4.3.1. *Partei A*
4.3.1.1. Name und Vorname(n) oder Name der Organisation (*): ....
....

4.3.1.2. Geburtsdatum (TT.MM.JJJJ) und -ort bzw., im Falle einer Organisation, Datum (TT.MM.JJJJ) und Ort der Registrierung sowie Bezeichnung des Registers/der Registerbehörde: ....

4.3.1.3. Identifikationsnummer ([4])
4.3.1.3.1. Identitätsnummer: ....
4.3.1.3.2. Sozialversicherungsnummer: ....
4.3.1.3.3. Registriernummer: ....
4.3.1.3.4. Sonstige (bitte angeben): ....

4.3.1.4. Anschrift
4.3.1.4.1. Straße und Hausnummer/Postfach: ....
....
....

4.3.1.4.2. Ort und Postleitzahl: ....
4.3.1.4.3. Land
☐ Belgien ☐ Bulgarien ☐ Tschechische Republik ☐ Deutschland ☐ Estland ☐ Griechenland ☐ Spanien ☐ Frankreich ☐ Kroatien ☐ Italien ☐ Zypern ☐ Lettland ☐ Litauen ☐ Luxemburg ☐ Ungarn ☐ Malta ☐ Niederlande ☐ Österreich ☐ Polen ☐ Portugal ☐ Rumänien ☐ Slowenien ☐ Slowakei ☐ Finnland ☐ Schweden
☐ Sonstiges (bitte ISO-Code angeben): ....

4.3.1.5. E-Mail:
....

4.3.1.6. Rolle im Verfahren (*)
4.3.1.6.1. ☐ Kläger
4.3.1.6.2. ☐ Beklagter
4.3.1.6.3. ☐ Sonstige (bitte angeben): ....

4.3.1.7. Rechtsstellung in der Erbsache (Sie können gegebenenfalls mehr als ein Kästchen ankreuzen) (*)
4.3.1.7.1. ☐ Erbe
4.3.1.7.2. ☐ Vermächtnisnehmer
4.3.1.7.3. ☐ Testamentsvollstrecker
4.3.1.7.4. ☐ Verwalter
4.3.1.7.5. ☐ Sonstiges (bitte angeben): ....

4.3.2.	**Partei B**
4.3.2.1.	Name und Vorname(n) oder Name der Organisation (*): ....
	....
4.3.2.2.	Geburtsdatum (TT.MM.JJJJ) und -ort bzw., im Falle einer Organisation, Datum (TT.MM.JJJJ) und Ort der Registrierung sowie Bezeichnung des Registers/der Registerbehörde: ....
4.3.2.3.	Identifikationsnummer ([4])
4.3.2.3.1.	Identitätsnummer: ....
4.3.2.3.2.	Sozialversicherungsnummer: ....
4.3.2.3.3.	Registriernummer: ....
4.3.2.3.4.	Sonstige (bitte angeben): ....
4.3.2.4.	Anschrift
4.3.2.4.1.	Straße und Hausnummer/Postfach: ....
4.3.2.4.2.	Ort und Postleitzahl: ....
4.3.2.4.3.	Land
	☐ Belgien ☐ Bulgarien ☐ Tschechische Republik ☐ Deutschland ☐ Estland ☐ Griechenland ☐ Spanien ☐ Frankreich ☐ Kroatien ☐ Italien ☐ Zypern ☐ Lettland ☐ Litauen ☐ Luxemburg ☐ Ungarn ☐ Malta ☐ Niederlande ☐ Österreich ☐ Polen ☐ Portugal ☐ Rumänien ☐ Slowenien ☐ Slowakei ☐ Finnland ☐ Schweden
	☐ Sonstiges (bitte ISO-Code angeben): ....
4.3.2.5.	E-Mail: ....
4.3.2.6.	Rolle im Verfahren (*)
4.3.2.6.1.	☐ Kläger
4.3.2.6.2.	☐ Beklagter
4.3.2.6.3.	☐ Sonstige (bitte angeben): ....
4.3.2.7.	Rechtsstellung in der Erbsache (Sie können gegebenenfalls mehr als ein Kästchen ankreuzen) (*)
4.3.2.7.1.	☐ Erbe
4.3.2.7.2.	☐ Vermächtnisnehmer
4.3.2.7.3.	☐ Testamentsvollstrecker
4.3.2.7.4.	☐ Verwalter
4.3.2.7.5.	☐ Sonstige (bitte angeben): ....
4.4.	Die Entscheidung ist in einem Versäumnisurteil ergangen (*)
4.4.1.	☐ Ja (bitte das Datum (TT.MM.JJJJ) angeben, zu dem der betroffenen Partei das verfahrenseinleitende Schriftstück oder ein gleichwertiges Schriftstück zugestellt wurde): ....
4.4.2.	☐ Nein
4.5.	Wird die Eintragung in ein öffentliches Register beantragt?
4.5.1.	☐ Ja
4.5.2.	☐ Nein
4.6.	Wenn JA (4.5.1): Gegen die Entscheidung kann kein ordentlicher Rechtsbehelf mehr eingelegt werden, einschließlich Rechtsbehelfen beim Gericht letzter Instanz:
4.6.1.	☐ Ja
4.6.2.	☐ Nein

5.		**Vollstreckbarkeit der Entscheidung**
5.1.		Wird die Bescheinigung zum Zwecke der Vollstreckung der Entscheidung in einem anderen Mitgliedstaat beantragt? (*)
5.1.1.		☐ Ja
5.1.2.		☐ Nein
5.1.3.		☐ Nicht bekannt
5.2.		Wenn JA (5.1.1): Die Entscheidung ist im Ursprungsmitgliedstaat vollstreckbar, ohne dass weitere Bedingungen erfüllt werden müssen (*)
5.2.1.		☐ Ja (bitte vollstreckbare Verpflichtung(en) angeben): ....
		....
		....
		....
5.2.2.		☐ Ja, aber nur in Bezug auf einen Teil/Teile der Entscheidung (bitte vollstreckbare Verpflichtung(en) angeben):
		....
		....
		....
5.2.3.		Die Verpflichtung(en) ist/sind gegen folgende Person(en) vollstreckbar:
5.2.3.1.		☐ Partei A
5.2.3.2.		☐ Partei B
5.2.3.3.		☐ Sonstige (bitte angeben): ....
6.		**Zinsen**
6.1.		Wird eine Zinsrückerstattung beantragt? (*)
6.1.1.		☐ Ja
6.1.2.		☐ Nein
6.2.		Wenn JA (6.1.1) (*)
6.2.1.		Zinsen
6.2.1.1.		☐ Nicht in der Entscheidung festgelegt
6.2.1.2.		☐ Ja, folgendermaßen in der Entscheidung festgelegt
6.2.1.2.1.		Zinsen fällig ab: .... (Datum (TT.MM.JJJJ) oder Ereignis) bis: .... (Datum (TT.MM.JJJJ) oder Ereignis) ([5])
6.2.1.2.2.		☐ Erstattungsbetrag: ....
6.2.1.2.3.		☐ Methode zur Zinsberechnung
6.2.1.2.3.1.		☐ Zinssatz: .... %
6.2.1.2.3.2.		☐ Zinssatz: .... % über Referenzzinssatz (der EZB oder der nationalen Zentralbank: ....)
		gültig ab: .... (Datum (TT.MM.JJJJ) oder Ereignis)

6.2.2.	Gesetzliche Zinsen, zu berechnen gemäß (bitte entsprechendes Gesetz angeben): ....
6.2.2.1.	Zinsen fällig ab: .... (Datum (TT.MM.JJJJ) oder Ereignis) bis: .... (Datum (TT.MM.JJJJ) oder Ereignis) ([5])
6.2.2.2.	Methode zur Zinsberechnung
6.2.2.2.1.	☐ Zinssatz: .... %
6.2.2.2.2.	☐ Zinssatz: .... % über Referenzzinssatz (der EZB oder der nationalen Zentralbank: ....)
	gültig ab: .... (Datum (TT.MM.JJJJ) oder Ereignis)
6.2.2.2.2.1.	☐ Erster Tag des jeweiligen Halbjahres, in dem der Schuldner im Verzug ist
6.2.2.2.2.2.	☐ Sonstiges Ereignis (bitte angeben): ....
6.2.3.	Kapitalisierung der Zinsen (bitte angeben): ....
6.2.4.	Währung ☐ Euro (EUR) ☐ Lew (BGN) ☐ Tschechische Krone (CZK) ☐ Kuna (HRK) ☐ Forint (HUF) ☐ Zloty (PLN) ☐ Rumänischer Leu (RON) ☐ Krone (SEK) ☐ Sonstige (bitte ISO-Code angeben)): ....
7.	**Kosten und Gebühren**
7.1.	Folgenden Parteien wurde vollständige oder teilweise Prozesskostenhilfe gewährt
7.1.1.	☐ Partei A
7.1.2.	☐ Partei B
7.1.3.	☐ Sonstige Partei (bitte angeben): ....
7.2.	Folgenden Parteien wurde Kosten- oder Gebührenbefreiung gewährt
7.2.1.	☐ Partei A
7.2.2.	☐ Partei B
7.2.3.	☐ Sonstige Partei (bitte angeben): ....

7.3.	Wird eine Kosten- oder Gebührenrückerstattung beantragt? (*)
7.3.1.	☐ Ja ([6])
7.3.2.	☐ Nein

7.4.	Wenn JA (7.3.1): Folgende Person(en), gegen die die Vollstreckung beantragt wird, trägt/tragen die Kosten oder Gebühren (*)
7.4.1.	☐ Partei A
7.4.2.	☐ Partei B
7.4.3.	☐ Sonstige Partei (bitte angeben): ....
7.4.4.	☐ Wenn mehr als eine Person die Kosten oder Gebühren zu tragen hat, darf jede von ihnen für den gesamten Betrag in Anspruch genommen werden?
7.4.4.1.	☐ Ja
7.4.4.2.	☐ Nein

7.5.	Wenn JA (7.3.1): Für folgende Kosten oder Gebühren wird eine Rückerstattung beantragt (falls mehrere Personen in Anspruch genommen werden können, fügen Sie bitte die notwendige Aufschlüsselung für jede Person gesondert bei) (*)
7.5.1.	☐ Die Kosten oder Gebühren wurden in der Entscheidung in Form eines Gesamtbetrags festgelegt (bitte Betrag angeben): ....
7.5.2.	☐ Die Kosten oder Gebühren wurden in der Entscheidung in Form eines Prozentsatzes der Gesamtkosten festgelegt (bitte Prozentsatz der Gesamtkosten angeben): .... %.
7.5.3.	☐ Die Übernahme der Kosten oder Gebühren wurde in der Entscheidung geregelt. Es handelt sich um folgende Beträge:
7.5.3.1.	☐ Gerichtsgebühren: ....
7.5.3.2.	☐ Rechtsanwaltsgebühren: ....
7.5.3.3.	☐ Zustellungskosten: ....
7.5.3.4.	☐ Sonstige (bitte angeben): ....
7.5.4.	☐ Sonstige (bitte angeben): ....

7.6.	Wenn JA (7.3.1) (*)
7.6.1.	Zinsen auf Kosten oder Gebühren
7.6.1.1.	☐ Nicht in der Entscheidung festgelegt
7.6.1.2.	☐ Ja, folgendermaßen in der Entscheidung festgelegt
7.6.1.2.1.	Zinsen fällig ab: .... (Datum (TT.MM.JJJJ) oder Ereignis)
	bis: .... (Datum (TT.MM.JJJJ) oder Ereignis) ([5])
7.6.1.2.2.	☐ Erstattungsbetrag: ....
7.6.1.2.3.	☐ Methode zur Zinsberechnung
7.6.1.2.3.1.	☐ Zinssatz: .... %
7.6.1.2.3.2.	☐ Zinssatz: .... % über Referenzinssatz (der EZB oder der nationalen Zentralbank: ....) gültig ab: .... (Datum (TT.MM.JJJJ) oder Ereignis

7.6.2.	Gesetzliche Zinsen, zu berechnen gemäß (bitte entsprechendes Gesetz angeben):	
7.6.2.1.	Zinsen fällig ab: .... (Datum (TT.MM.JJJJ) oder Ereignis) bis: .... (Datum (TT.MM.JJJJ) oder Ereignis) ([5])	
7.6.2.2.	Methode zur Zinsberechnung	
7.6.2.2.1.	☐ Zinssatz: ..... %	
7.6.2.2.2.	☐ Zinssatz: .... % über Referenzzinssatz (der EZB oder der nationalen Zentralbank ....) gültig ab: .... (Datum (TT.MM.JJJJ) oder Ereignis)	
7.6.3.	Kapitalisierung der Zinsen (bitte angeben):	
7.6.4.	Währung ☐ Euro (EUR) ☐ Lew (BGN) ☐ Tschechische Krone (CZK) ☐ Kuna (HRK) ☐ Forint (HUF) ☐ Zloty (PLN) ☐ Rumänischer Leu (RON) ☐ Krone (SEK) ☐ Sonstige (bitte ISO-Code angeben)):	

Falls weitere Blätter beigefügt wurden, Gesamtzahl der Blätter (*): ....
Ort (*): .... **Datum (*):** .... (TT.MM.JJJJ)
Stempel und/oder Unterschrift des ausstellenden Gerichts oder der zuständigen ausstellenden Behörd (*): ....
....
....

(*) Obligatorische Angaben.
([1]) ABl. L 201 vom 27.7.2012, S. 107.
([2]) Gemäß Artikel 3 Absatz 2 der Verordnung (EU) Nr. 650/2012 umfasst der Begriff „Gericht" unter bestimmten Bedingungen neben gerichtlichen auch andere Behörden sowie Angehörige von Rechtsberufen mit Zuständigkeiten in Erbsachen, die gerichtliche Funktionen ausüben oder in Ausübung einer Befugnisübertragung durch ein Gericht oder unter der Aufsicht eines Gerichts handeln. Die Liste dieser anderen Behörden und Angehörigen von Rechtsberufen wird im *Amtsblatt der Europäischen Union* veröffentlicht.
([3]) Betrifft die Entscheidung mehr als zwei Parteien, fügen Sie bitte ein weiteres Blatt bei.
([4]) Bitte geben Sie gegebenenfalls die relevanteste Nummer an.
([5]) Sie können gegebenenfalls mehrere Zeiträume angeben.
([6]) Dieser Punkt umfasst auch Fälle, in denen ein gesonderter Kostenfestsetzungsbeschluss ergangen ist.

1 Für eine detaillierte Erläuterung des Formblatts I wird auf *Wilsch* in: Gierl/Köhler/Kroiß/Wilsch, Internationales Erbrecht, 3. Aufl. 2020, Teil 3 § 2 verwiesen.

Artikel 47 EuErbVO Nichtvorlage der Bescheinigung

(1) Wird die Bescheinigung nach Artikel 46 Absatz 3 Buchstabe b nicht vorgelegt, so kann das Gericht oder die sonst befugte Stelle eine Frist bestimmen, innerhalb deren die Bescheinigung vorzulegen ist, oder sich mit einer gleichwertigen Urkunde begnügen oder von der Vorlage der Bescheinigung absehen, wenn kein weiterer Klärungsbedarf besteht.

(2) ¹Auf Verlangen des Gerichts oder der zuständigen Behörde ist eine Übersetzung der Schriftstücke vorzulegen. ²Die Übersetzung ist von einer Person zu erstellen, die zur Anfertigung von Übersetzungen in einem der Mitgliedstaaten befugt ist.

1 Reicht der Antragsteller bei Antragstellung die gem. Art. 46 Abs. 3 lit. b EuErbVO erforderliche Bescheinigung nicht ein, ermöglicht Art. 47 Abs. 1 EuErbVO dem Gericht des Vollstreckungsstaates drei Vorgehensweisen. Das Gericht kann

- eine diesbezügliche **Frist bestimmen**, innerhalb derer die Bescheinigung vorzulegen ist,
- sich eine der **Bescheinigung gleichwertige Urkunde** vorlegen lassen oder
- von der **Vorlage gänzlich absehen**, wenn kein weiterer Klärungsbedarf besteht (dies insbesondere dann, wenn die – gem. Art. 46 Abs. 3 lit. a EuErbVO ebenfalls vorzulegende – Ausfertigung der Entscheidung alle wesentlichen Informationen enthält).

Diese **drei Handlungsoptionen** liegen im pflichtgemäßen Ermessen des Gerichts.¹

2 Aus Art. 47 Abs. 2 EuErbVO ergibt sich, dass sämtliche im Antragsverfahren vorzulegende Schriftstücke (Art. 46 Abs. 3 EuErbVO) in der jeweiligen **Originalsprache** vorgelegt werden können.² Soweit das Gericht des Vollstreckungsstaates dies jedoch für erforderlich erachtet, kann dieses gem. Art. 47 Abs. 2 EuErbVO von dem Antragsteller eine **Übersetzung** der gem. Art. 46 Abs. 3 EuErbVO vorzulegenden Schriftstücke verlangen; diese Übersetzung ist von einer hierzu in einem der Mitgliedstaaten befugten Person zu erstellen, muss jedoch nicht beglaubigt werden.³

Artikel 48 EuErbVO Vollstreckbarerklärung

¹Sobald die in Artikel 46 vorgesehenen Förmlichkeiten erfüllt sind, wird die Entscheidung unverzüglich für vollstreckbar erklärt, ohne dass eine Prüfung nach Artikel 40 erfolgt. ²Die Partei, gegen die die Vollstreckung erwirkt werden soll, erhält in diesem Abschnitt des Verfahrens keine Gelegenheit, eine Erklärung abzugeben.

1 Sind die in Art. 46 EuErbVO vorgesehenen Förmlichkeiten gewahrt, ist die mitgliedstaatliche Entscheidung gem. Art. 48 EuErbVO **unverzüglich für vollstreckbar zu erklären**, ohne dass dem Vollstreckungsschuldner rechtliches Gehör gewährt wird. Eine Prüfung der Anerkennungsvoraussetzungen gem. Art. 40 EuErbVO findet im Exequaturverfahren (anders als im nationalen Recht, vgl. § 723 Abs. 2 S. 2 ZPO) *nicht* statt, sie erfolgt alleine im Rahmen des – auf Antrag einer der Parteien einzuleitenden – **Rechtsbehelfsverfahrens** gegen die Entscheidung über den Antrag auf Vollstreckbarerklärung (Art. 50 EuErbVO) oder gegen die Entscheidung über diesen

---

1 NK-BGB/Makowsky EuErbVO Art. 47 Rn. 2.
2 Vgl. BeckOGK/Schmidt EuErbVO Art. 47 Rn. 12 f.; NK-BGB/Makowsky EuErbVO Art. 47 Rn. 6; Dutta/Weber/Weber EuErbVO Art. 47 Rn. 5.
3 NK-BGB/Makowsky EuErbVO Art. 47 Rn. 7; BeckOGK/Schmidt EuErbVO Art. 47 Rn. 15; Dutta/Weber/Weber EuErbVO Art. 47 Rn. 5.

Rechtsbehelf (Art. 51 EuErbVO), vgl. Art. 52 EuErbVO. Konkretisierende Regelungen finden sich im nationalen Recht in §§ 4–9 IntErbRVG.

Artikel 49 EuErbVO Mitteilung der Entscheidung über den Antrag auf Vollstreckbarerklärung

(1) Die Entscheidung über den Antrag auf Vollstreckbarerklärung wird dem Antragsteller unverzüglich in der Form mitgeteilt, die das Recht des Vollstreckungsmitgliedstaats vorsieht.

(2) Die Vollstreckbarerklärung und, soweit dies noch nicht geschehen ist, die Entscheidung werden der Partei, gegen die die Vollstreckung erwirkt werden soll, zugestellt.

Das Gericht des Vollstreckungsstaates hat dem Antragsteller gem. Art. 49 Abs. 1 EuErbVO die Entscheidung über den Antrag auf Vollstreckbarerklärung unverzüglich mitzuteilen; für die Form dieser Mitteilung verweist Art. 49 Abs. 1 EuErbVO auf die lex fori (vgl. hierzu § 9 IntErbRVG). Demgegenüber hat die entsprechende Mitteilung gegenüber dem Antragsgegner gem. Art. 49 Abs. 2 EuErbVO durch förmliche Zustellung zu erfolgen.

Artikel 50 EuErbVO Rechtsbehelf gegen die Entscheidung über den Antrag auf Vollstreckbarerklärung

(1) Gegen die Entscheidung über den Antrag auf Vollstreckbarerklärung kann jede Partei einen Rechtsbehelf einlegen.

(2) Der Rechtsbehelf wird bei dem Gericht eingelegt, das der betreffende Mitgliedstaat der Kommission nach Artikel 78 mitgeteilt hat.

(3) Über den Rechtsbehelf wird nach den Vorschriften entschieden, die für Verfahren mit beiderseitigem rechtlichem Gehör maßgebend sind.

(4) Lässt sich die Partei, gegen die die Vollstreckung erwirkt werden soll, auf das Verfahren vor dem mit dem Rechtsbehelf des Antragstellers befassten Gericht nicht ein, so ist Artikel 16 auch dann anzuwenden, wenn die Partei, gegen die die Vollstreckung erwirkt werden soll, ihren Wohnsitz nicht im Hoheitsgebiet eines Mitgliedstaats hat.

(5) ¹Der Rechtsbehelf gegen die Vollstreckbarerklärung ist innerhalb von 30 Tagen nach ihrer Zustellung einzulegen. ²Hat die Partei, gegen die die Vollstreckung erwirkt werden soll, ihren Wohnsitz im Hoheitsgebiet eines anderen Mitgliedstaats als dem, in dem die Vollstreckbarerklärung ergangen ist, so beträgt die Frist für den Rechtsbehelf 60 Tage und beginnt mit dem Tag, an dem die Vollstreckbarerklärung ihr entweder in Person oder in ihrer Wohnung zugestellt worden ist. ³Eine Verlängerung dieser Frist wegen weiter Entfernung ist ausgeschlossen.

Das **Rechtsbehelfsverfahren** gem. Art. 50 EuErbVO ist **statthaft**, wenn sich eine Partei gegen die Entscheidung über den Antrag auf Vollstreckbarerklärung wendet (Art. 50 Abs. 1 EuErbVO); es kann von jeder beteiligten Partei eingeleitet werden. **Zuständig** ist gem. Art. 50 Abs. 2 EuErbVO dasjenige Gericht, das die einzelnen Mitgliedstaaten bestimmen (für Deutschland das Oberlandesgericht, vgl. § 10 Abs. 1 IntErbRVG). Es handelt sich hierbei um ein **kontradiktorisches Verfahren**, so dass beiden Parteien rechtliches Gehör gewährt wird und die insoweit maßgeblichen nationalen Verfahrensvorschriften (§§ 10 ff. IntErbRVG) anzuwenden sind (Art. 50 Abs. 3 EuErbVO). Lässt sich der Vollstreckungsschuldner nicht auf das Verfahren gem. Art. 50 EuErbVO ein, ist nach Art. 16 EuErbVO zu verfahren, unabhängig davon, ob der Vollstreckungsschuldner seinen Wohnsitz (→ EuErbVO Art. 44 Rn. 1) in einem Mitgliedstaat oder Drittstaat hat (Art. 50 Abs. 4 EuErbVO).

2 Der **Rechtsbehelf gegen die Vollstreckbarerklärung** muss gem. Art. 50 Abs. 5 S. 1 **innerhalb von 30 Tagen** nach deren Zustellung (Art. 49 Abs. 2 EuErbVO) erfolgen; die 30-Tages-Frist greift indes nur, wenn der Vollstreckungsschuldner seinen Wohnsitz (→ EuErbVO Art. 44 Rn. 1) in dem Vollstreckungsmitgliedstaat oder in einem Drittstaat[1] hat. Liegt der Wohnsitz indes in einem anderen Mitgliedstaat, verlängert sich die Rechtsbehelfsfrist auf **60 Tage**; sie beginnt mit dem Tag, an dem die Vollstreckbarerklärung dem Vollstreckungsschuldner entweder in Person oder in ihrer Wohnung zugestellt worden ist (Art. 50 Abs. 5 S. 2 EuErbVO). Eine Verlängerung dieser Frist aufgrund einer weiteren Entfernung ist ausgeschlossen (Art. 50 Abs. 5 S. 3 EuErbVO). Für die **Fristberechnung** ist das jeweilige **nationale Prozessrecht** maßgeblich (für deutsche Gerichte also § 222 ZPO iVm §§ 187 ff. BGB),[2] nach der Gegenauffassung die europäische Fristenverordnung.[3]

3 Zum **Prüfungsumfang** im Rechtsbehelfsverfahren vgl. Art. 52 EuErbVO.

Artikel 51 EuErbVO   Rechtsbehelf gegen die Entscheidung über den Rechtsbehelf

Gegen die über den Rechtsbehelf ergangene Entscheidung kann nur der Rechtsbehelf eingelegt werden, den der betreffende Mitgliedstaat der Kommission nach Artikel 78 mitgeteilt hat.

1 Gegen die Entscheidung im Rechtsbehelfsverfahren kann ein **weiterer Rechtsbehelf** eingelegt werden, der sich nach dem jeweiligen nationalen Verfahrensrecht richtet; der insoweit statthafte Rechtsbehelf ist der Kommission seitens der Mitgliedstaaten gem. Art. 78 EuErbVO mitzuteilen.

2 Statthafter Rechtsbehelf gegen Entscheidungen nach Art. 50 EuErbVO ist gem. § 12 Abs. 1, § 13 Abs. 1 IntErbRVG die **Rechtsbeschwerde zum BGH**; die diesbezüglichen Voraussetzungen sowie das Verfahren regeln im Einzelnen §§ 12–14 IntErbRVG.

Artikel 52 EuErbVO   Versagung oder Aufhebung einer Vollstreckbarerklärung

¹Die Vollstreckbarerklärung darf von dem mit einem Rechtsbehelf nach Artikel 50 oder Artikel 51 befassten Gericht nur aus einem der in Artikel 40 aufgeführten Gründe versagt oder aufgehoben werden. ²Das Gericht erlässt seine Entscheidung unverzüglich.

1 Art. 52 S. 1 EuErbVO regelt den **Prüfungsumfang** im Rahmen des Rechtsbehelfsverfahrens gem. Art. 50 oder Art. 51 EuErbVO. Dieser beschränkt sich ausschließlich auf die Anerkennungsvoraussetzungen gem. Art. 40 EuErbVO, alle weiteren Einwendungen sind – jedenfalls im Rahmen des Exequaturverfahrens – ausgeschlossen[1] und können alleine im Wege der Vollstreckungsabwehrklage gem. § 767 ZPO geltend gemacht werden (vgl. § 23 IntErbRVG). Die Vollstreckbar-

---

1 Vgl. hierzu Kropholler/von Hein EuGVVO aF Art. 43 Rn. 21 f. Ebenso Dutta/Weber/Weber EuErbVO Art. 50 Rn. 12, NK-BGB/Makowsky EuErbVO Art. 50 Rn. 6.
2 Ebenso MüKoFamFG/Rauscher EuErbVO Art. 50 Rn. 10; Geimer/Schütze/Franzmann/Schwerin EuErbVO Art. 50 Rn. 6.
3 Verordnung (EWG, Euratom) Nr. 1182/71 des Rates vom 3.6.1971 zur Festlegung der Regeln für die Fristen, Daten und Termine (ABl. L 124, 1). – Für deren Anwendbarkeit MüKoBGB/Dutta EuErbVO Art. 50 Rn. 1; Dutta/Weber/Weber EuErbVO Art. 50 Rn. 11; Burandt/Rojahn/Burandt/Schmuck EuErbVO Art. 50 Rn. 3; nunmehr auch NK-BGB/Makowsky EuErbVO Art. 50 Rn. 6 (anders noch die Vorauflage).

1 Thomas/Putzo/Hüßtege, 34. Aufl. 2013, EuGVVO aF Art. 45 Rn. 3. Dies gilt insbesondere auch für den Einwand zwischenzeitlicher Erfüllung, vgl. EuGH 13.10.2011 – C-139/10 (Prism Investments); ausführlich hierzu Geimer/Schütze/Eichel Internationaler Rechtsverkehr in Zivil- und Handelssachen, 2014 (47. Ergänzungslieferung), Nr. 708, AVAG § 12 Rn. 15–17.

erklärung kann daher **nur aus den von Art. 40 EuErbVO genannten Gründen** versagt oder aufgehoben werden.

Artikel 53 EuErbVO Aussetzung des Verfahrens

Das nach Artikel 50 oder Artikel 51 mit dem Rechtsbehelf befasste Gericht setzt das Verfahren auf Antrag des Schuldners aus, wenn die Entscheidung im Ursprungsmitgliedstaat wegen der Einlegung eines Rechtsbehelfs vorläufig nicht vollstreckbar ist.

Art. 53 EuErbVO sieht eine – Art. 42 EuErbVO entsprechende – Regelung für das Rechtsbehelfsverfahren gem. Art. 50, 51 EuErbVO vor; nach dieser Vorschrift ist das **Rechtsbehelfsverfahren auszusetzen**, wenn die Entscheidung aufgrund eines im Ursprungsmitgliedstaat eingelegten Rechtsbehelfs (zum Begriff → EuErbVO Art. 42 Rn. 1) vorläufig nicht vollstreckbar ist. 1

Aufgrund des von Art. 39 Abs. 2 EuErbVO vorgesehenen Verweises auf Art. 45–58 EuErbVO ist Art. 53 EuErbVO ebenfalls im Rahmen des selbstständigen Anerkennungsverfahrens nach Art. 39 Abs. 2 EuErbVO anzuwenden. 2

Artikel 54 EuErbVO Einstweilige Maßnahmen einschließlich Sicherungsmaßnahmen

(1) Ist eine Entscheidung nach diesem Abschnitt anzuerkennen, so ist der Antragsteller nicht daran gehindert, einstweilige Maßnahmen einschließlich Sicherungsmaßnahmen nach dem Recht des Vollstreckungsmitgliedstaats in Anspruch zu nehmen, ohne dass es einer Vollstreckbarerklärung nach Artikel 48 bedarf.

(2) Die Vollstreckbarerklärung umfasst von Rechts wegen die Befugnis, Maßnahmen zur Sicherung zu veranlassen.

(3) Solange die in Artikel 50 Absatz 5 vorgesehene Frist für den Rechtsbehelf gegen die Vollstreckbarerklärung läuft und solange über den Rechtsbehelf nicht entschieden ist, darf die Zwangsvollstreckung in das Vermögen des Schuldners nicht über Maßnahmen zur Sicherung hinausgehen.

Art. 54 EuErbVO sieht – entsprechend Art. 47 EuGVVO – eine **besondere Regelung im Hinblick auf einstweilige Maßnahmen einschließlich Sicherungsmaßnahmen** vor. Insoweit ist zu unterscheiden: Wurde eine Entscheidung noch nicht gem. Art. 48 EuErbVO für vollstreckbar erklärt, ist sie jedoch gem. Art. 39 EuErbVO *anzuerkennen* (was nach vorzugswürdiger Auffassung eine inzidente Prüfung der Anerkennungsvoraussetzungen erforderlich werden lässt),[1] kann der Antragsteller gem. Art. 54 Abs. 1 EuErbVO bereits zu diesem Zeitpunkt einstweilige Maßnahmen einschließlich Sicherungsmaßnahmen nach dem Recht des Vollstreckungsmitgliedstaats einleiten; insoweit bedarf es keiner Vollstreckbarerklärung gem. Art. 48 EuErbVO, die Voraussetzungen für solche Maßnahmen unterliegen jedoch ausschließlich dem jeweiligen *nationalen* Recht. 1

Wurde die fragliche Entscheidung hingegen gem. Art. 48 EuErbVO für vollstreckbar erklärt, ergibt sich bereits aus der Vollstreckbarerklärung – und damit (anders als im Rahmen von Art. 54 2

---

[1] Zustimmend NK-BGB/Makowsky EuErbVO Art. 54 Rn. 4; aA Dutta/Weber/Weber EuErbVO Art. 54 Rn. 3. Auch im Rahmen von Art. 47 EuGVVO aF, der Art. 50 EuErbVO entspricht, ist dies streitig: wie hier etwa Kropholler/von Hein EuGVVO aF Art. 47 Rn. 5; Thomas/Putzo/Hüßtege, 34. Aufl. 2013, EuGVVO aF Art. 47 Rn. 2 c; aA Gebauer/Wiedmann/Gebauer EuGVVO aF Art. 47 Rn. 229; Heß/Hub IPRax 2003, 93 (94).

Abs. 1 EuErbVO) unmittelbar aus dem *Unionsrecht*[2] – die Befugnis, Maßnahmen zur Sicherung zu veranlassen (Art. 54 Abs. 2 EuErbVO); auf die Vollstreckbarerklärung gem. Art. 48 EuErbVO können daher unabhängig von den Voraussetzungen des nationalen Rechts Sicherungsmaßnahmen gestützt werden.[3] Soweit gegen die Vollstreckbarerklärung ein Rechtsbehelf eingelegt wurde, über den noch keine Entscheidung ergangen ist, sind innerhalb der Frist des Art. 50 Abs. 5 EuErbVO alleine Maßnahmen zur *Sicherung* zulässig (Art. 54 Abs. 3 EuErbVO). Eine unbeschränkte Zwangsvollstreckung in das Vermögen des Schuldners kann erst nach Ablauf dieser Frist erfolgen.

Artikel 55 EuErbVO   Teilvollstreckbarkeit

(1) Ist durch die Entscheidung über mehrere Ansprüche erkannt worden und kann die Vollstreckbarerklärung nicht für alle Ansprüche erteilt werden, so erteilt das Gericht oder die zuständige Behörde sie für einen oder mehrere dieser Ansprüche.

(2) Der Antragsteller kann beantragen, dass die Vollstreckbarerklärung nur für einen Teil des Gegenstands der Entscheidung erteilt wird.

1   Bilden mehrere selbstständige, im Wege einer objektiven Klagehäufung geltend gemachte Ansprüche den Gegenstand einer Entscheidung, kann eine Vollstreckbarerklärung gem. Art. 55 EuErbVO auch nur für einzelne Ansprüche erfolgen. Eine derartige Teilvollstreckbarerklärung (vgl. insoweit § 8 Abs. 2 IntErbVG) ist zwingend, wenn einzelne Ansprüche nicht gem. Art. 48 EuErbVO für vollstreckbar erklärt werden können (Art. 55 Abs. 1 EuErbVO). Sie kann jedoch auch seitens des Antragstellers beantragt werden (Art. 55 Abs. 2 EuErbVO).

Artikel 56 EuErbVO   Prozesskostenhilfe

Ist dem Antragsteller im Ursprungsmitgliedstaat ganz oder teilweise Prozesskostenhilfe oder Kosten- und Gebührenbefreiung gewährt worden, so genießt er im Vollstreckbarerklärungsverfahren hinsichtlich der Prozesskostenhilfe oder der Kosten- und Gebührenbefreiung die günstigste Behandlung, die das Recht des Vollstreckungsmitgliedstaats vorsieht.

1   Soweit der Antragsteller im Ursprungsmitgliedstaat Prozesskostenhilfe oder eine Kosten- und Gebührenbefreiung erhalten hat, kommt ihm gem. Art. 56 EuErbVO die gleiche Art von Unterstützung auch im Rahmen des Vollstreckbarerklärungsverfahrens zu, ohne dass das Gericht des Vollstreckungsmitgliedstaats hierüber erneut im Rahmen eines eigenständigen PKH-Verfahrens zu befinden hat;[1] eine Nachprüfung der Entscheidung des Ursprungsmitgliedstaats ist ebenfalls ausgeschlossen.[2] Der Antragsteller genießt im Vollstreckbarerklärungsverfahren gem. Art. 56 EuErbVO die **günstigste** Behandlung, die das Recht des Vollstreckungsmitgliedstaats vorsieht; daher kann diesem auch bei nur teilweise gewährter Prozesskostenhilfe im Ursprungsmitgliedstaat vollständige Prozesskostenhilfe gewährt werden.[3] Da Art. 56 EuErbVO dem Antragsteller alleine Vorteile gewähren will, schließt dieser eine Prozesskostenhilfe oder anderweitige Vergünstigungen nach dem nationalen Recht des Vollstreckungsstaates nicht aus.[4]

---

2   Vgl. Kropholler/von Hein EuGVVO aF Art. 47 Rn. 9.
3   Zum Verhältnis von Art. 54 EuErbVO und dem autonomen Recht vgl. Kropholler/von Hein EuGVVO aF Art. 47 Rn. 10–13 (Aussagen auf Art. 47 EuGVVO aF bezogen, sie gelten jedoch entsprechend); ebenso Burandt/Rojahn/Burandt/ Schmuck EuErbVO Art. 54 Rn. 3.

1   Thomas/Putzo/Hüßtege, 34. Aufl. 2013, EuGVVO aF Art. 50 Rn. 2; vgl. auch Kropholler/von Hein EuGVVO aF Art. 50 Rn. 4.
2   Kropholler/von Hein EuGVVO aF Art. 50 Rn. 2.
3   Kropholler/von Hein EuGVVO aF Art. 50 Rn. 3.
4   Kropholler/von Hein EuGVVO aF Art. 50 Rn. 6.

Nach dem Wortlaut bezieht sich Art. 56 EuErbVO – anders als Art. 50 EuGVVO aF – allein auf 2
das Vollstreckbarerklärungsverfahren, was ein Redaktionsversehen darstellen dürfte;[5] vielmehr
erfasst Art. 56 EuErbVO **sämtliche von Kapitel IV vorgesehene Verfahren**, also insbesondere
auch die Rechtsbeschwerde gem. Art. 50 EuErbVO, die weitere Beschwerde gem. Art. 51 Eu-
ErbVO sowie Verfahren gem. Art. 54 EuErbVO.[6]

Artikel 57 EuErbVO Keine Sicherheitsleistung oder Hinterlegung

Der Partei, die in einem Mitgliedstaat die Anerkennung, Vollstreckbarerklärung oder Vollstreckung einer in einem anderen Mitgliedstaat ergangenen Entscheidung beantragt, darf wegen
ihrer Eigenschaft als Ausländer oder wegen Fehlens eines inländischen Wohnsitzes oder Aufenthalts im Vollstreckungsmitgliedstaat eine Sicherheitsleistung oder Hinterlegung, unter welcher
Bezeichnung es auch sei, nicht auferlegt werden.

Art. 57 EuErbVO befreit den Antragsteller von dem (nach nationalem Recht bestehenden) **Er-** 1
fordernis einer Sicherheitsleistung für die Kosten des in dem Vollstreckungsmitgliedstaat durchzuführenden Anerkennungs-, Vollstreckbarerklärungs- oder Vollstreckungsverfahrens, soweit
die Sicherheitsleistung an seine Eigenschaft als Ausländer, an das Fehlens eines Wohnsitzes oder
Aufenthalts in dem Vollstreckungsmitgliedstaat anknüpft. Art. 57 EuErbVO greift alleine für
das Vollstreckungsverfahren, nicht jedoch für das Urteilsverfahren;[1] er gilt ebenfalls für Staatsangehörige von Drittstaaten.[2]

Artikel 58 EuErbVO Keine Stempelabgaben oder Gebühren

Im Vollstreckungsmitgliedstaat dürfen in Vollstreckbarerklärungsverfahren keine nach dem
Streitwert abgestuften Stempelabgaben oder Gebühren erhoben werden.

Art. 58 EuErbVO dient der **Reduzierung der mit dem Vollstreckbarerklärungsverfahren einher-** 1
gehenden Verfahrenskosten.[1] In einem solchen Verfahren sind nach dem Streitwert abgestufte
Stempelabgaben oder Gebühren untersagt, dem das deutsche Kostenrecht mit Nr. 1510
und 1520 KV Rechnung trägt.[2]

---

5 Vgl. Dutta/Weber/Weber EuErbVO Art. 56 Rn. 2.
6 Vgl. BeckOGK/Schmidt EuErbVO Art. 56 Rn. 5; ebenso NK-BGB/Makowsky EuErbVO Art. 56 Rn. 3; Dutta/Weber/Weber EuErbVO Art. 56 Rn. 2.
1 Vgl. auch NK-BGB/Makowsky EuErbVO Art. 57 Rn. 2; vgl. auch BeckOGK/Schmidt EuErbVO Art. 57 Rn. 6. – Zu Art. 51 EuGVVO aF auch Kropholler/von Hein EuGVVO aF Art. 51 Rn. 1; Thomas/Putzo/Hüßtege, 34. Aufl. 2013, EuGVVO aF Art. 51 Rn. 1.
2 Ebenso BeckOGK/Schmidt EuErbVO Art. 57 Rn. 7; vgl. auch NK-BGB/Makowsky EuErbVO Art. 57 Rn. 3; Dutta/Weber/Weber EuErbVO Art. 57 Rn. 2. Zu Art. 51 EuGVVO aF Kropholler/von Hein EuGVVO aF Art. 51 Rn. 2; Thomas/Putzo/Hüßtege, 34. Aufl. 2013, EuGVVO aF Art. 51 Rn. 1.
1 Ebenso BeckOGK/Schmidt EuErbVO Art. 58 Rn. 4; vgl. auch NK-BGB/Makowsky EuErbVO Art. 58 Rn. 1; vgl. auch Dutta/Weber/Weber EuErbVO Art. 58 Rn. 1. Zu Art. 51 EuGVVO aF Kropholler/von Hein EuGVVO aF Art. 52 Rn. 1.
2 Thomas/Putzo/Hüßtege, 34. Aufl. 2013, Art. 52 EuGVVO aF Rn. 1.

Kapitel V
Öffentliche Urkunden und gerichtliche Vergleiche

Vor Artikel 59–61 EuErbVO: Überblick über den Regelungsgehalt des Kapitels V der EuErbVO

1   Kapitel V sieht spezielle Vorschriften für die Annahme und Vollstreckbarkeit von öffentlichen Urkunden sowie die Vollstreckbarkeit gerichtlicher Vergleiche vor, die in einem anderen Mitgliedstaat errichtet bzw. geschlossen wurden. Eine Neuerung bringt Art. 59 EuErbVO, der erstmalig die „Annahme" mitgliedstaatlicher Urkunden regelt; im Hinblick auf deren formelle Beweiskraft führt diese Bestimmung zu einer **Wirkungserstreckung**, so dass solche Urkunden in jedem Mitgliedstaat die ihr in dem Ursprungsmitgliedstaat (Art. 3 Abs. 1 lit. e EuErbVO) zukommende Beweiskraft entfalten (näher → EuErbVO Art. 59 Rn. 2 f.). Art. 60 und Art. 61 EuErbVO übernehmen demgegenüber im Wesentlichen die maßgeblichen Bestimmungen der EuGVVO (Art. 58 ff. EuGVVO) und können daher diesen entsprechend ausgelegt werden (allgemein zum Auslegungszusammenhang → EuErbVO Einl. Rn. 6).

Artikel 59 EuErbVO Annahme öffentlicher Urkunden

(1) Eine in einem Mitgliedstaat errichtete öffentliche Urkunde hat in einem anderen Mitgliedstaat die gleiche formelle Beweiskraft wie im Ursprungsmitgliedstaat oder die damit am ehesten vergleichbare Wirkung, sofern dies der öffentlichen Ordnung (ordre public) des betreffenden Mitgliedstaats nicht offensichtlich widersprechen würde.

Eine Person, die eine öffentliche Urkunde in einem anderen Mitgliedstaat verwenden möchte, kann die Behörde, die die öffentliche Urkunde im Ursprungsmitgliedstaat errichtet, ersuchen, das nach dem Beratungsverfahren nach Artikel 81 Absatz 2 erstellte Formblatt auszufüllen, das die formelle Beweiskraft der öffentlichen Urkunde in ihrem Ursprungsmitgliedstaat beschreibt.

(2) ¹Einwände mit Bezug auf die Authentizität einer öffentlichen Urkunde sind bei den Gerichten des Ursprungsmitgliedstaats zu erheben; über diese Einwände wird nach dem Recht dieses Staates entschieden. ²Eine öffentliche Urkunde, gegen die solche Einwände erhoben wurden, entfaltet in einem anderen Mitgliedstaat keine Beweiskraft, solange die Sache bei dem zuständigen Gericht anhängig ist.

(3) ¹Einwände mit Bezug auf die in einer öffentlichen Urkunde beurkundeten Rechtsgeschäfte oder Rechtsverhältnisse sind bei den nach dieser Verordnung zuständigen Gerichten zu erheben; über diese Einwände wird nach dem nach Kapitel III anzuwendenden Recht entschieden. ²Eine öffentliche Urkunde, gegen die solche Einwände erhoben wurden, entfaltet in einem anderen als dem Ursprungsmitgliedstaat hinsichtlich des bestrittenen Umstands keine Beweiskraft, solange die Sache bei dem zuständigen Gericht anhängig ist.

(4) Hängt die Entscheidung des Gerichts eines Mitgliedstaats von der Klärung einer Vorfrage mit Bezug auf die in einer öffentlichen Urkunde beurkundeten Rechtsgeschäfte oder Rechtsverhältnisse in Erbsachen ab, so ist dieses Gericht zur Entscheidung über diese Vorfrage zuständig.

A. Allgemeines

1   Art. 59 EuErbVO regelt die Annahme einer in einem anderen Mitgliedstaat errichteten öffentlichen Urkunde.

B. Regelungsgehalt

I. Annahme öffentlicher Urkunden (Abs. 1)

Eine öffentliche Urkunde ist gem. Art. 3 Abs. 1 lit. i EuErbVO ein Schriftstück in Erbsachen, das in einem Mitgliedstaat nach dessen Recht als öffentliche Urkunde förmlich errichtet bzw. eingetragen wurde und dessen *Beweiskraft* sich zum einen sowohl auf die Unterschrift als auch den Inhalt der öffentlichen Urkunde bezieht und zum anderen durch eine Behörde oder eine andere vom Ursprungsmitgliedstaat hierzu ermächtigte Stelle festgestellt worden ist. Solche Urkunden (bspw. ein **Erbschein nach deutschem Recht** oder vergleichbare mitgliedstaatliche Zeugnisse)[1] entfalten in einem anderen Mitgliedstaat gem. Art. 59 Abs. 1 Unterabs. 1 EuErbVO grundsätzlich die gleiche **formelle Beweiskraft** wie in dem Ursprungsstaat, so dass sich diese in allen Mitgliedstaaten nach dem Recht des Ursprungsstaates richtet (vgl. auch Erwägungsgrund 61 S. 3).[2] Der Sache nach ordnet Art. 59 Abs. 1 Unterabs. 1 EuErbVO daher eine *Wirkungserstreckung* an,[3] die sich jedoch *ausschließlich* auf die formelle Beweiskraft der Urkunde bezieht; eine solche wird daher nicht anerkannt, sondern – in terminologischer Abgrenzung hierzu – angenommen. Der genaue Umfang der formellen Beweiskraft nach dem Recht des Ursprungsmitgliedstaats ergibt sich aus dem (nach dem Beratungsverfahren gem. Art. 81 Abs. 2 EuErbVO erstellten) **Formblatt II (Anhang 2) der EuErbVO-Durchführungsverordnung**[4] (abgedruckt im **Anhang zu Art. 59, 60 EuErbVO**), welches von der die Urkunde ausstellenden Behörde des Ursprungsmitgliedstaats auf Antrag ausgefüllt wird (Art. 59 Abs. 1 UAbs. 2 EuErbVO). 2

Steht die nach dem Recht des Ursprungsmitgliedstaates vorgesehene formelle Beweiskraft hinter derjenigen des deutschen Rechts zurück, bleibt es bei den seitens der Ursprungsrechtsordnung vorgesehenen Wirkungen;[5] eine **automatische „Gleichstellung" mit inländischen Urkunden kommt in diesen Fällen nicht in Betracht,** sie kann sich jedoch aus dem jeweiligen nationalen Recht ergeben (so etwa aus § 438 Abs. 2 ZPO iVm Art. 74 EuErbVO im Hinblick auf die Echtheit der Urkunde; vgl. dort). Geht die formelle Beweiskraft der mitgliedstaatlichen Urkunde indes über diejenige des deutschen Rechts hinaus, wird teilweise eine absolute Gleichstellung mit inländischen Urkunden angenommen, so dass die Wirkungen mitgliedstaatlicher Urkunden nicht über diejenigen inländischer Urkunden hinausgehen können.[6] Der Wortlaut von Art. 59 Abs. 1 Unterabs. 1 EuErbVO verlangt dies indes nicht,[7] so dass nach vorzugswürdiger Ansicht im Rahmen von Art. 59 Abs. 1 Unterabs. 1 EuErbVO entsprechend der Anerkennung mitgliedstaatlicher Urteile zu verfahren ist (→ EuErbVO Art. 39 Rn. 2): **Auch über das deutsche Recht** 3

---

1 Ebenso NK-BGB/Makowsky EuErbVO Art. 59 Rn. 4; jurisPK-BGB/Schärtl EuErbVO Art. 59 Rn. 3; BeckOGK/Schmidt EuErbVO Art. 59 Rn. 12; auch Schaub, Die EU-Erbrechtsverordnung, in: Muscheler, Hereditare – Jahrbuch für Erbrecht und Schenkungsrecht (Band 3), 2013, 91, 109; Kleinschmidt RabelsZ 77 (2013), 723 (737ff.); zum EuErbVO-Entwurf 2009 bereits Schurig FS Spellenberg 2010, 343 (352) mit Fn. 35. AA indes MüKoBGB/Dutta EuErbVO Art. 59 Rn. 5 (Erbnachweise sind – soweit sie als gerichtliche Entscheidungen ergehen – gem. Art. 39 EuErbVO anzuerkennen); Dutta IPRax 2015, 32 (37); ablehnend auch Dörner ZEV 2012, 505 (512); Hertel ZEV 2013, 539 (541). – Zu notariellen Erbnachweisen EuGH NJW 2019, 2293; EuGH NJW 2020, 2947 (beide Entscheidungen zu notariellen Erbnachweisen nach polnischem Recht).
2 Zustimmend NK-BGB/Makowsky EuErbVO Art. 59 Rn. 8; vgl. auch BeckOGK/Schmidt EuErbVO Art. 59 Rn. 17.
3 Ebenso NK-BGB/Makowsky EuErbVO Art. 59 Rn. 7; Kleinschmidt RabelsZ 77 (2013), 723 (736). Demgegenüber sieht Dutta FamRZ 2013, 4 (13) in Art. 53 Abs. 1 Unterabs. 2 EuErbVO eine „verfahrensrechtliche Kollisionsnorm"; vgl. auch MüKoBGB/Dutta EuErbVO Art. 59 Rn. 1.
4 Durchführungsverordnung (EU) Nr. 1329/2014 der Kommission vom 9.12.2014 zur Festlegung der Formblätter nach Maßgabe der Verordnung (EU) Nr. 650/2012 des Europäischen Parlaments und des Rates über die Zuständigkeit, das anzuwendende Recht, die Anerkennung und Vollstreckung von Entscheidungen und die Annahme und Vollstreckung öffentlicher Urkunden in Erbsachen sowie zur Einführung eines Europäischen Nachlasszeugnisses (ABl. EU L 359, 30).
5 So auch Kleinschmidt RabelsZ 77 (2013), 723 (742); vgl. auch jurisPK-BGB/Schärtl EuErbVO Art. 59 Rn. 1; NK-BGB/Makowsky EuErbVO Art. 59 Rn. 12; BeckOGK/Schmidt EuErbVO Art. 59 Rn. 21 f.; Dutta/Weber/Bauer EuErbVO Art. 59 Rn. 39.
6 So Simon/Buschbaum NJW 2012, 2393 (2397); auch Kleinschmidt RabelsZ 77 (2013), 723 (739).
7 Vgl. hierzu Dutta FamRZ 2013, 4 (14).

hinausgehende Wirkungen der formellen Beweiskraft sind – in den Grenzen des ordre public – auf das Inland zu erstrecken, so dass alleine der deutschen Rechtsordnung wesensfremde verfahrensrechtliche Beweiswirkungen versagt werden können;[8] dies etwa dann, wenn nach dem Recht des Ursprungsmitgliedstaates ein Entkräften der Beweiswirkung durch den Nachweis des Gegenteils generell unzulässig wäre.[9] In einem solchen Falle ist die mitgliedstaatliche Urkunde alleine mit den für uns vertretbaren Wirkungen auszustatten, wobei dem mitgliedstaatlichen Recht weitestmöglich Rechnung zu tragen ist.

II. Einwände gegen die öffentliche Urkunde (Abs. 2, 3)

4 Für **Einwände gegen die Authentizität** einer öffentlichen Urkunde sind gem. Art. 59 Abs. 2 S. 1 EuErbVO die Gerichte des Ursprungsmitgliedstaats zuständig, die hierüber nach ihrem Recht zu befinden haben (§ 46 IntErbRVG); wird ein solches Verfahren in einem anderen Mitgliedstaat eröffnet, kann ein inländisches Verfahren gem. § 45 IntErbRVG bis zur Erledigung des ausländischen Verfahrens ausgesetzt werden. Der Begriff **Authentizität** ist autonom auszulegen; er erfasst nach Erwägungsgrund 62 S. 1 „Aspekte wie die Echtheit der Urkunde, die Formerfordernisse für die Urkunde, die Befugnisse der Behörde, die die Urkunde errichtet, und das Verfahren, nach dem die Urkunde errichtet wird", darüber hinaus „die von der betreffenden Behörde in der öffentlichen Urkunde beurkundeten Vorgänge [...], wie zB die Tatsache, dass die genannten Parteien an dem genannten Tag vor dieser Behörde erschienen sind und die genannten Erklärungen abgegeben haben".

5 Über **Einwände gegen die in einer öffentlichen Urkunde beurkundeten Rechtsgeschäfte oder Rechtsverhältnisse** haben demgegenüber gem. Art. 59 Abs. 3 S. 1 EuErbVO die nach Art. 4 ff. EuErbVO zuständigen Gerichte nach Maßgabe der nach Art. 20 ff. EuErbVO anzuwendenden Rechtsordnung zu entscheiden. Art. 59 Abs. 3 S. 1 EuErbVO erfasst – entgegen Art. 59 Abs. 2 EuErbVO – ausschließlich Einwände gegen den in der öffentlichen Urkunde niedergelegten **Inhalt** (Erwägungsgrund 63 S. 1);[10] bei einem in einer öffentlichen Urkunde beurkundeten **Rechtsgeschäft** kann es sich nach Erwägungsgrund 63 S. 2 „etwa um eine Vereinbarung zwischen den Parteien über die Verteilung des Nachlasses, um ein Testament oder einen Erbvertrag oder um eine sonstige Willenserklärung handeln", bei einem **Rechtsverhältnis** „etwa um die Bestimmung der Erben und sonstiger Berechtigter nach dem auf die Rechtsnachfolge von Todes wegen anzuwendenden Recht, ihre jeweiligen Anteile und das Bestehen eines Pflichtteils oder um jedes andere Element, das nach dem auf die Rechtsnachfolge von Todes wegen anzuwendenden Recht bestimmt wurde".

6 Solange ein Verfahren gem. Art. 59 Abs. 2 oder Abs. 3 EuErbVO anhängig ist, kommt der angefochtenen Urkunde *keine* formelle Beweiskraft zu (Art. 59 Abs. 2 S. 2, Abs. 3 S. 2 EuErbVO). Werden Einwände gegen ein beurkundetes Rechtsgeschäft oder Rechtsverhältnis erhoben (Abs. 3) soll sich dieser **Suspensiveffekt** gem. Art. 59 Abs. 3 S. 2 EuErbVO auf den konkret angefochtenen Umstand beschränken, so dass im Übrigen die von Art. 59 Abs. 1 EuErbVO vorgesehenen Wirkungen eintreten können; allerdings wird man dies nur dann annehmen können, wenn die nicht angefochtenen Umstände auch bei erfolgreicher Anfechtung bestehen bleiben können, die Urkunde also in diesem Falle nicht in toto aufzuheben ist. Wird die öffentliche Urkunde in dem Verfahren für ungültig erklärt, entfaltet sie – mangels Wirkungen, die „erstreckt" werden können – keine Beweiskraft mehr (vgl. Erwägungsgrund 65 S. 3).

---

8 Zustimmend NK-BGB/Makowsky EuErbVO Art. 59 Rn. 12; vgl. auch jurisPK-BGB/Schärtl EuErbVO Art. 59 Rn. 1; im Ergebnis zudem Dutta FamRZ 2013, 4 (14); kritisch Dutta/Herrler/Geimer EuErbVO 143, 152 f.

9 Beispiel von Dutta FamRZ 2013, 4 (14).; ebenso NK-BGB/Makowsky EuErbVO Art. 59 Rn. 13.

Zurückhaltender BeckOGK/Schmidt EuErbVO Art. 59 Rn. 26.2; vgl. auch Dutta/Weber/Bauer, EuErbVO Art. 59 Rn. 80.

10 Vgl. auch BeckOGK/Schmidt EuErbVO Art. 59 Rn. 54.

III. Zuständigkeit hinsichtlich Vorfragen (Abs. 4)

Soweit sich ein in einer öffentlichen Urkunde beurkundetes Rechtsgeschäft oder Rechtsverhältnis iSv Art. 59 Abs. 3 EuErbVO als Vorfrage im Rahmen eines vor einem mitgliedstaatlichen Gericht anhängigen Verfahrens stellt, ist dieses Gericht gem. Art. 59 Abs. 4 EuErbVO zur Entscheidung über diese Vorfrage zuständig. Eine diesbezügliche Zuständigkeit folgt indes bereits aus den allgemeinen Zuständigkeitsnormen (je nach Verfahrensgegenstand entweder der EuErbVO, der EuGVVO etc), so dass Art. 59 Abs. 4 EuErbVO insoweit rein deklaratorischen Charakter hat. Die Bestimmung mag daher allenfalls der (wiederholten) Klarstellung dienen, dass öffentliche Urkunden keine materielle Rechtskraft, sondern alleine formelle Beweiskraft (nach Maßgabe der Ursprungsrechtsordnungen) entfalten, so dass der beurkundete Inhalt im Rahmen eines (ggf. nicht auf die Zuständigkeitsbestimmungen der EuErbVO gestützten) Verfahrens durch den Beweis des Gegenteils widerlegt werden kann und im Übrigen der uneingeschränkten rechtlichen Würdigung durch das konkret zuständige Gericht unterliegt. Eine Zuständigkeit hinsichtlich einer etwaigen Kraftloserklärung oder Einziehung der öffentlichen Urkunde (etwa eines ausländischen Erbscheins) begründet Art. 59 Abs. 4 EuErbVO hingegen nicht; eine solche kann daher alleine vor den gem. Art. 4 ff. EuErbVO zuständigen Gerichten erwirkt werden.

7

IV. Sich widersprechende Urkunden

Wie ein mitgliedstaatliches Gericht zu verfahren hat, wenn diesem zwei oder mehr nicht miteinander vereinbare, jedoch allesamt gem. Art. 59 Abs. 1 EuErbVO anzunehmende **öffentliche Urkunden** vorgelegt werden, regelt Art. 59 EuErbVO nicht ausdrücklich. Erwägungsgrund 66 S. 1 ist insoweit zu entnehmen, dass die Frage, welcher der vorgelegten Urkunden der Vorrang einzuräumen ist, anhand einer Einzelfallprüfung zu erfolgen hat, die sich nach dem jeweiligen nationalen Prozessrecht des für diese Frage zuständigen mitgliedstaatlichen Gerichts richten muss. Soweit eine gem. Art. 59 Abs. 1 EuErbVO anzunehmende öffentliche Urkunde mit einer **gerichtlichen Entscheidung** unvereinbar ist, sollen nach Erwägungsgrund 66 S. 3 darüber hinaus „die Gründe für die Nichtanerkennung von Entscheidungen nach dieser Verordnung berücksichtigt werden", so dass wohl an eine entsprechende Anwendung von Art. 40 lit. c, d EuErbVO gedacht ist. Sobald indes eine (ggf. anzuerkennende) mitgliedstaatliche Entscheidung über das in der öffentlichen Urkunde beurkundete Rechtsgeschäft oder Rechtsverhältnis rechtskräftig ergangen ist, setzt sich diese stets gegen eine nur formelle Beweiskraft entfaltende Urkunde durch; auf eine entsprechende Anwendung der Anerkennungsvoraussetzungen des Art. 40 EuErbVO kommt es daher nicht an.[11]

8

Artikel 60 EuErbVO Vollstreckbarkeit öffentlicher Urkunden

(1) Öffentliche Urkunden, die im Ursprungsmitgliedstaat vollstreckbar sind, werden in einem anderen Mitgliedstaat auf Antrag eines Berechtigten nach dem Verfahren der Artikel 45 bis 58 für vollstreckbar erklärt.

(2) Für die Zwecke des Artikels 46 Absatz 3 Buchstabe b stellt die Behörde, die die öffentliche Urkunde errichtet hat, auf Antrag eines Berechtigten eine Bescheinigung unter Verwendung des nach dem Beratungsverfahren nach Artikel 81 Absatz 2 erstellten Formblatts aus.

(3) Die Vollstreckbarerklärung wird von dem mit einem Rechtsbehelf nach Artikel 50 oder Artikel 51 befassten Gericht nur versagt oder aufgehoben, wenn die Vollstreckung der öffentlichen

---

11 Zustimmend NK-BGB/Makowsky EuErbVO Art. 59 Rn. 16.

Urkunde der öffentlichen Ordnung (ordre public) des Vollstreckungsmitgliedstaats offensichtlich widersprechen würde.

1 Soweit öffentliche Urkunden (zum Begriff → EuErbVO Art. 59 Rn. 2) nach dem Recht des Ursprungsmitgliedstaats vollstreckbar sind, können diese in einem anderen Mitgliedstaat auf Antrag eines Berechtigten gem. Art. 60 EuErbVO nach dem von Art. 45–58 EuErbVO vorgesehenen Verfahren für vollstreckbar erklärt werden. Die Vollstreckbarkeit einer Urkunde liegt vor, wenn mit dieser im Ursprungsmitgliedstaat ohne Weiteres die Zwangsvollstreckung durchgeführt werden könnte.[1] Die für die Einleitung des Vollstreckungsverfahrens gem. Art. 46 Abs. 3 lit. b EuErbVO erforderliche Bescheinigung stellt – auf Antrag eines Berechtigten – diejenige Behörde aus, welche die öffentliche Urkunde errichtet hat (Art. 60 Abs. 2 EuErbVO); sie verwendet hierfür das **Formblatt II (Anhang 2) der Durchführungsverordnung**.[2]

Anhang zu Art. 59, 60 EuErbVO: Durchführungsverordnung (EU) Nr. 1329/2014[1]

Artikel 1

[...]
(2) Für die Bescheinigung betreffend eine öffentliche Urkunde in einer Erbsache gemäß Artikel 59 Absatz 1 und Artikel 60 Absatz 2 der Verordnung (EU) Nr. 650/2012 ist das Formblatt II in Anhang 2 zu verwenden.
[...]

---

1   Ebenso jurisPK-BGB/Schärtl EuErbVO Art. 60 Rn. 1; NK-BGB/Makowsky EuErbVO Art. 60 Rn. 2.
2   Durchführungsverordnung (EU) Nr. 1329/2014 der Kommission vom 9.12.2014 zur Festlegung der Formblätter nach Maßgabe der Verordnung (EU) Nr. 650/2012 des Europäischen Parlaments und des Rates über die Zuständigkeit, das anzuwendende Recht, die Anerkennung und Vollstreckung von Entscheidungen und die Annahme und Vollstreckung öffentlicher Urkunden in Erbsachen sowie zur Einführung eines Europäischen Nachlasszeugnisses (ABl. EU L 359, 30), abgedruckt im Anhang zu Art. 59, 60 EuErbVO.

1   Durchführungsverordnung (EU) Nr. 1329/2014.der Kommission vom 9.12.2014 zur Festlegung der Formblätter nach Maßgabe der Verordnung (EU) Nr. 650/2012 des Europäischen Parlaments und des Rates über die Zuständigkeit, das anzuwendende Recht, die Anerkennung und Vollstreckung von Entscheidungen und die Annahme und Vollstreckung öffentlicher Urkunden in Erbsachen sowie zur Einführung eines Europäischen Nachlasszeugnisses (ABl. EU L 359, 30).

Anhang zu Art. 59, 60 EuErbVO: Durchführungsverordnung (EU) Nr. 1329/2014

Formblatt II

FORMBLATT II

BESCHEINIGUNG
über eine öffentliche Urkunde in einer Erbsache
(Artikel 59 Absatz 1 und Artikel 60 Absatz 2 der Verordnung (EU) Nr. 650/2012 des Europäischen Parlaments und des Rates über die Zuständigkeit, das anzuwendende Recht, die Anerkennung und Vollstreckung von Entscheidungen und die Annahme und Vollstreckung öffentlicher Urkunden in Erbsachen sowie zur Einführung eines Europäischen Nachlasszeugnisse ([1]))

1. **Ursprungsmitgliedstaat (*)**

   ☐ Belgien ☐ Bulgarien ☐ Tschechische Republik ☐ Deutschland ☐ Estland ☐ Griechenland
   ☐ Spanien ☐ Frankreich ☐ Kroatien ☐ Italien ☐ Zypern ☐ Lettland ☐ Litauen ☐ Luxemburg
   ☐ Ungarn ☐ Malta ☐ Niederlande ☐ Österreich ☐ Polen ☐ Portugal ☐ Rumänien ☐ Slowenien
   ☐ Slowakei ☐ Finnland ☐ Schweden

2. **Behörde, die die öffentliche Urkunde errichtet hat und die Bescheinigung ausstellt**

   2.1. Name und Bezeichnung der Behörde (*): ....
   2.2. Anschrift
   2.2.1. Straße und Hausnummer/Postfach (*): ....
   ....
   ....
   2.2.2. Ort und Postleitzahl (*): ....
   2.3. Telefon (*): ....
   2.4. Fax ....
   2.5. E-Mail: ....
   2.6. Sonstige relevante Informationen (bitte angeben): ....
   ....

3. **Öffentliche Urkunde**

   3.1. Datum (TT.MM.JJJJ) der Errichtung der öffentlichen Urkunde (*): ....

   3.2. Aktenzeichen der öffentlichen Urkunde: ....

   3.3. Datum (TTT.MM.JJJJ), zu dem die öffentliche Urkunde
   3.3.1. im Register des Ursprungsmitgliedstaats registriert wurde .... ODER
   3.3.2. beim Register des Ursprungsmitgliedstaats hinterlegt wurde ....
   (3.3.1 oder 3.3.2 sind NUR auszufüllen, falls abweichend von dem unter 3.1 angegebenen Datum und falls das Datum der Registrierung/Hinterlegung beim Register für die Rechtswirkung der Urkunde maßgebend ist)
   3.3.3. Aktenzeichen im Register: ....
   3.4. Parteien der öffentlichen Urkunde ([2])

3.4.1. **Partei A**
3.4.1.1. Name und Vorname(n) oder Name der Organisation (*): ....
....

3.4.1.2. Geburtsdatum (TT.MM.JJJJ) und -ort bzw., im Falle einer Organisation, Datum (TT.MM.JJJJ) und Ort der Registrierung sowie Bezeichnung des Registers/der Registerbehörde: ....

3.4.1.3. Identifikationsnummer (³)
3.4.1.3.1. Identitätsnummer: ....
3.4.1.3.2. Sozialversicherungsnummer: ....
3.4.1.3.3. Registriernummer: ....
3.4.1.3.4. Sonstige (bitte angeben): ....

3.4.1.4. Anschrift
3.4.1.4.1. Straße und Hausnummer/Postfach: ....
....

3.4.1.4.2. Ort und Postleitzahl: ....
3.4.1.4.3. Land
☐ Belgien ☐ Bulgarien ☐ Tschechische Republik ☐ Deutschland ☐ Estland ☐ Griechenland
☐ Spanien ☐ Frankreich ☐ Kroatien ☐ Italien ☐ Zypern ☐ Lettland ☐ Litauen ☐ Luxemburg
☐ Ungarn ☐ Malta ☐ Niederlande ☐ Österreich ☐ Polen ☐ Portugal ☐ Rumänien ☐ Slowenien
☐ Slowakei ☐ Finnland ☐ Schweden
☐ Sonstiges (bitte ISO-Code angeben): ....

3.4.1.5. Rechtsstellung der Partei A (Sie können gegebenenfalls mehr als ein Kästchen ankreuzen)*
3.4.1.5.1. ☐ Erbe
3.4.1.5.2. ☐ Vermächtnisnehmer
3.4.1.5.3. ☐ Testamentsvollstrecker
3.4.1.5.4. ☐ Verwalter
3.4.1.5.5. ☐ Erblasser
3.4.1.5.6. ☐ Sonstige (bitte ausführen): ....

3.4.2. **Partei B**
3.4.2.1. Name und Vorname(n) oder Name der Organisation (*): ....
....

3.4.2.2. Geburtsdatum (TT.MM.JJJJ) und -ort bzw., im Falle einer Organisation, Datum (TT.MM.JJJJ) und Ort der Registrierung sowie Bezeichnung des Registers/der Registerbehörde: ....
3.4.2.3. Identifikationsnummer
3.4.2.3.1. Identitätsnummer (³): ....
3.4.2.3.2. Sozialversicherungsnummer: ....
3.4.2.3.3. Registriernummer: ....
3.4.2.3.4. Sonstige (bitte angeben): ....
3.4.2.4. Anschrift
3.4.2.4.1. Straße und Hausnummer/Postfach: ....
....

3.4.2.4.2.	Ort und Postleitzahl: ....
3.4.2.4.3.	Land
	☐ Belgien ☐ Bulgarien ☐ Tschechische Republik ☐ Deutschland ☐ Estland ☐ Griechenland ☐ Spanien ☐ Frankreich ☐ Kroatien ☐ Italien ☐ Zypern ☐ Lettland ☐ Litauen ☐ Luxemburg ☐ Ungarn ☐ Malta ☐ Niederlande ☐ Österreich ☐ Polen ☐ Portugal ☐ Rumänien ☐ Slowenien ☐ Slowakei ☐ Finnland ☐ Schweden
	☐ Sonstiges (bitte ISO-Code angeben): ....
3.4.2.5.	Rechtsstellung der Partei B (Sie können gegebenenfalls mehr als ein Kästchen ankreuzen)*
3.4.2.5.1.	☐ Erbe
3.4.2.5.2.	☐ Vermächtnisnehmer
3.4.2.5.3.	☐ Testamentsvollstrecker
3.4.2.5.4.	☐ Verwalter
3.4.2.5.5.	☐ Erblasser
3.4.2.5.6.	☐ Sonstige (bitte ausführen): ....
4.	**Annahme der öffentlichen Urkunde** (Artikel 59 der Verordnung (EU) Nr. 650/2012)
4.1.	Wird die Annahme der öffentlichen Urkunde beantragt? (*)
4.1.1.	☐ Ja
4.1.2.	☐ Nein
4.2.	*Authentizität der öffentlichen Urkunde ((*)falls JA (4.1.1.))*
4.2.1.	☐ Nach den Rechtsvorschriften des Ursprungsmitgliedstaats hat die öffentliche Urkunde im Vergleich zu anderen Schriftstücken eine besondere Beweiskraft (*).
4.2.1.1.	Die besondere Beweiskraft betrifft folgende Punkte: (*)
4.2.1.1.1.	☐ das Datum der Errichtung der öffentlichen Urkunde
4.2.1.1.2.	☐ den Ort der Errichtung der öffentlichen Urkunde
4.2.1.1.3.	☐ die Echtheit der Unterschriften der Parteien der öffentlichen Urkunde
4.2.1.1.4.	☐ den Inhalt der Erklärungen der Parteien
4.2.1.1.5.	☐ die Tatsachen, die in Anwesenheit der Behörde bestätigt wurden
4.2.1.1.6.	☐ die Handlungen, die die Behörde ausgeführt hat
4.2.1.1.7.	☐ Sonstiges (bitte ausführen): ....
4.2.2.	Nach den Rechtsvorschriften des Ursprungsmitgliedstaats verliert die öffentliche Urkunde ihre besondere Beweiskraft aufgrund (bitte angeben, falls zutreffend):
4.2.2.1.	☐ einer richterlichen Entscheidung, die ergangen ist in einem
4.2.2.1.1.	☐ ordentlichen Gerichtsverfahren

4.2.2.1.2.	☐	besonderen Gerichtsverfahren, das für diesen Zweck von Rechts wegen vorgesehen ist (bitte Bezeichnung und/oder betreffende Rechtsgrundlagen angeben): ....
4.2.2.2.	☐	Sonstiges (bitte ausführen): ....
4.2.3.	☐	Nach Kenntnis der Behörde wurden im Ursprungsmitgliedstaat keine Einwände bezüglich der Authentizität der öffentlichen Urkunde erhoben (*).
4.3.		**In der öffentlichen Urkunde beurkundete Rechtsgeschäfte und -verhältnisse ((*)falls JA (4.1.1))**
4.3.1.		Nach Kenntnis der Behörde (*):
4.3.1.1.	☐	wurden keine Einwände bezüglich der beurkundeten Rechtsgeschäfte und/oder -verhältnisse erhoben
4.3.1.2.	☐	wurden Einwände bezüglich einiger Aspekte der beurkundeten Rechtsgeschäfte und/oder -verhältnisse erhoben, die nicht in dieser Bescheinigung berücksichtigt sind (bitte angeben): ....
4.3.2.	☐	Sonstige relevante Informationen (bitte angeben): ....

5.	**Sonstige Angaben**
5.1.	Die öffentliche Urkunde stellt im Ursprungsmitgliedstaat ein gültiges Schriftstück zum Zwecke der Eintragung von Rechten an beweglichen oder unbeweglichen Vermögensgegenständen in ein Register dar (⁴).
5.1.1.	☐ Ja (bitte ausführen): ....
5.1.2.	☐ Nein

6.	**Vollstreckbarkeit der öffentlichen Urkunde** (Artikel 60 der Verordnung (EU) Nr. 650/2012)
6.1.	Wird die Vollstreckbarkeit der öffentlichen Urkunde beantragt? (*)
6.1.1.	☐ Ja
6.1.2.	☐ Nein
6.2.	Wenn JA (6.1.1): Ist die öffentliche Urkunde im Ursprungsmitgliedstaat vollstreckbar, ohne dass weitere Bedingungen erfüllt werden müssen? (*)

6.2.1.	☐ Ja (bitte vollstreckbare Verpflichtung(en) angeben):	

6.2.2. ☐ Ja, aber nur in Bezug auf einen Teil/Teile der öffentlichen Urkunde (bitte vollstreckbare Verpflichtung(en) angeben): ....

6.2.3. ☐ Die Verpflichtung(en) ist/sind gegen folgende Person(en) vollstreckbar: (*)
6.2.3.1. ☐ Partei A
6.2.3.2. ☐ Partei B
6.2.3.3. ☐ Sonstige (bitte angeben): ....

7. Zinsen

7.1. Wird eine Zinsrückerstattung beantragt? (*)
7.1.1. ☐ Ja
7.1.2. ☐ Nein

7.2. Wenn JA (7.1.1): (*)
7.2.1. Zinsen
7.2.1.1. ☐ Nicht in der öffentlichen Urkunde festgelegt
7.2.1.2. ☐ Ja, folgendermaßen in der öffentlichen Urkunde festgelegt
7.2.1.2.1. Zinsen fällig ab: .... (Datum (TT.MM.JJJJ) oder Ereignis)
bis: .... (Datum (TT.MM.JJJJ) oder Ereignis) ([5])
7.2.1.2.2. ☐ Erstattungsbetrag: ....
7.2.1.2.3. ☐ Methode zur Zinsberechnung
7.2.1.2.3.1. ☐ Zinssatz: .... %
7.2.1.2.3.2. ☐ Zinssatz: .... % über Referenzzinssatz (der EZB/der nationalen Zentralbank: ....)
gültig ab: .... (Datum (TT.MM.JJJJ) oder Ereignis)

7.2.2. Gesetzliche Zinsen, zu berechnen gemäß (bitte entsprechendes Gesetz angeben): ....

7.2.2.1. Zinsen fällig ab: .... (Datum (TT.MM.JJJJ) oder Ereignis)
bis: .... (Datum (TT.MM.JJJJ) oder Ereignis) ([5])
7.2.2.2. Methode zur Zinsberechnung
7.2.2.2.1. ☐ Zinssatz: .... %

```
7.2.2.2.2.  ☐  Zinssatz: .................................................... % über Referenzinssatz (der EZB/der
                nationalen Zentralbank: ........................................)
                gültig ab: ....................................................(Datum (TT.MM.JJJJ) oder Ereignis)

7.2.3.      Kapitalisierung der Zinsen (bitte angeben): ..............................................................
            ..............................................................................................................
            ..............................................................................................................
            ..............................................................................................................

7.2.4.      Währung
                ☐ Euro (EUR) ☐ Lew (BGN)
                ☐ Tschechische Krone (CZK) ☐ Kuna (HRK)
                ☐ Forint (HUF) ☐ Zloty (PLN)
                ☐ Rumänischer Leu (RON) ☐ Krone (SEK)
                ☐ Sonstige (bitte ISO-Code angeben)): ..........................................
```

Falls weitere Blätter beigefügt wurden, Gesamtzahl der Blätter (*): ....
Ort (*): .... **Datum (*):** .... **(TT.MM.JJJJ)**
Stempel und/oder Unterschrift der Ausstellungsbehörde (*): ....
....
....

(*) Obligatorische Angaben.
(¹) ABl. L 201 vom 27.7.2012, S. 107.
(²) Betrifft die öffentliche Urkunde mehr als zwei Parteien, fügen Sie bitte ein weiteres Blatt bei.
(³) Bitte geben Sie gegebenenfalls die relevanteste Nummer an.
(⁴) Die Eintragung eines Rechts an beweglichen oder unbeweglichen Vermögensgegenständen in ein Register unterliegt dem Recht des Mitgliedstaats, in dem das Register geführt wird.
(⁵) Stempel und/oder Unterschrift der Ausstellungsbehörde.

Für eine detaillierte Erläuterung des Formblatts II wird auf *Wilsch* in: Gierl/Köhler/Kroiß/Wilsch, Internationales Erbrecht, 3. Aufl. 2020, Teil 3 § 3 verwiesen.

Artikel 61 EuErbVO Vollstreckbarkeit gerichtlicher Vergleiche

(1) Gerichtliche Vergleiche, die im Ursprungsmitgliedstaat vollstreckbar sind, werden in einem anderen Mitgliedstaat auf Antrag eines Berechtigten nach dem Verfahren der Artikel 45 bis 58 für vollstreckbar erklärt.

(2) Für die Zwecke des Artikels 46 Absatz 3 Buchstabe b stellt das Gericht, das den Vergleich gebilligt hat oder vor dem der Vergleich geschlossen wurde, auf Antrag eines Berechtigten eine Bescheinigung unter Verwendung des nach dem Beratungsverfahren nach Artikel 81 Absatz 2 erstellten Formblatts aus.

(3) Die Vollstreckbarerklärung wird von dem mit einem Rechtsbehelf nach Artikel 50 oder Artikel 51 befassten Gericht nur versagt oder aufgehoben, wenn die Vollstreckung des gerichtlichen Vergleichs der öffentlichen Ordnung (ordre public) des Vollstreckungsmitgliedstaats offensichtlich widersprechen würde.

Auch gerichtliche Vergleiche können in anderen Mitgliedstaaten für vollstreckbar erklärt werden. Unter einem gerichtlichen Vergleich ist gem. der Legaldefinition des Art. 3 Abs. 1 lit. h EuErbVO ein von einem Gericht (zum Begriff → EuErbVO Art. 3 Rn. 10) gebilligter oder vor einem Gericht im Laufe eines Verfahrens geschlossener Vergleich in einer Erbsache zu verstehen. Soweit dieser in dem Ursprungsmitgliedstaat vollstreckbar ist (→ EuErbVO Art. 60 Rn. 1), kann der Vergleich in einem anderen Mitgliedstaat auf Antrag eines Berechtigten nach dem Verfahren gem. Art. 45–58 EuErbVO für vollstreckbar erklärt werden. Die nach Art. 46 Abs. 3 lit. b EuErbVO insoweit erforderliche Bescheinigung stellt das Ursprungsgericht auf Antrag eines Berechtigten unter Verwendung des **Formblatts III (Anhang 3) der Durchführungsverordnung**[1] aus (Art. 61 Abs. 2 EuErbVO).

Anhang zu Art. 61 EuErbVO: Durchführungsverordnung (EU) Nr. 1329/2014[1]

Artikel 1

[...]

(3) Für die Bescheinigung betreffend einen gerichtlichen Vergleich in einer Erbsache gemäß Artikel 61 Absatz 2 der Verordnung (EU) Nr. 650/2012 ist das Formblatt III in Anhang 3 zu verwenden.

[...]

---

[1] Durchführungsverordnung (EU) Nr. 1329/2014 der Kommission vom 9.12.2014 zur Festlegung der Formblätter nach Maßgabe der Verordnung (EU) Nr. 650/2012 des Europäischen Parlaments und des Rates über die Zuständigkeit, das anzuwendende Recht, die Anerkennung und Vollstreckung von Entscheidungen und die Annahme und Vollstreckung öffentlicher Urkunden in Erbsachen sowie zur Einführung eines Europäischen Nachlasszeugnisses (ABl. EU L 359, 30), abgedruckt im Anhang zu Art. 61 EuErbVO.

[1] Durchführungsverordnung (EU) Nr. 1329/2014 der Kommission vom 9.12.2014 zur Festlegung der Formblätter nach Maßgabe der Verordnung (EU) Nr. 650/2012 des Europäischen Parlaments und des Rates über die Zuständigkeit, das anzuwendende Recht, die Anerkennung und Vollstreckung von Entscheidungen und die Annahme und Vollstreckung öffentlicher Urkunden in Erbsachen sowie zur Einführung eines Europäischen Nachlasszeugnisses (ABl. EU L 359, 30).

Formblatt III

FORMBLATT III

BESCHEINIGUNG
über einen gerichtlichen Vergleich in einer Erbsache

(Artikel 61 Absatz 2 der Verordnung (EU) Nr. 650/2012 des Europäischen Parlaments und des Rates über die Zuständigkeit, das anzuwendende Recht, die Anerkennung und Vollstreckung von Entscheidungen und die Annahme und Vollstreckung öffentlicher Urkunden in Erbsachen sowie zur Einführung eines Europäischen Nachlasszeugnisses ([1]))

1. **Ursprungsmitgliedstaat** (*)

   ☐ Belgien ☐ Bulgarien ☐ Tschechische Republik ☐ Deutschland ☐ Estland ☐ Griechenland
   ☐ Spanien ☐ Frankreich ☐ Kroatien ☐ Italien ☐ Zypern ☐ Lettland ☐ Litauen ☐ Luxemburg
   ☐ Ungarn ☐ Malta ☐ Niederlande ☐ Österreich ☐ Polen ☐ Portugal ☐ Rumänien ☐ Slowenien
   ☐ Slowakei ☐ Finnland ☐ Schweden

2. **Gericht, das den Vergleich gebilligt hat bzw. vor dem der Vergleich geschlossen wurde und das die Bescheinigung ausstellt**

   2.1. Name und Bezeichnung des Gerichts ([2]) (*): ....
   2.2. Anschrift
   2.2.1. Straße und Hausnummer/Postfach (*): ....
   2.2.2. Ort und Postleitzahl (*): ....
   2.3. Telefon (*): ....
   2.4. Fax ....
   2.5. E-Mail: ....
   2.6. Sonstige relevante Informationen (bitte angeben): ....

3. **Gerichtlicher Vergleich**

   3.1. Datum (TT.MM.JJJJ) des gerichtlichen Vergleichs (*): ....
   3.2. Aktenzeichen des gerichtlichen Vergleichs (*)
   3.3. Parteien des gerichtlichen Vergleichs ([3]): ....
   3.3.1. *Partei A*
   3.3.1.1. Name und Vorname(n) oder Name der Organisation (*): ....
   3.3.1.2. Geburtsdatum (TT.MM.JJJJ) und -ort bzw., im Falle einer Organisation, Datum (TT.MM.JJJJ) und Ort der Registrierung sowie Bezeichnung des Registers/der Registerbehörde: ....

3.3.1.3. Identifikationsnummer (⁴)
3.3.1.3.1. Identitätsnummer: ....
3.3.1.3.2. Sozialversicherungsnummer: ....
3.3.1.3.3. Registriernummer: ....
3.3.1.3.4. Sonstige (bitte angeben): ....

3.3.1.4. Anschrift
3.3.1.4.1. Straße und Hausnummer/Postfach: ....
....
3.3.1.4.2. Ort und Postleitzahl: ....
3.3.1.4.3. Land:
☐ Belgien ☐ Bulgarien ☐ Tschechische Republik ☐ Deutschland ☐ Estland ☐ Griechenland ☐ Spanien ☐ Frankreich ☐ Kroatien ☐ Italien ☐ Zypern ☐ Lettland ☐ Litauen ☐ Luxemburg ☐ Ungarn ☐ Malta ☐ Niederlande ☐ Österreich ☐ Polen ☐ Portugal ☐ Rumänien ☐ Slowenien ☐ Slowakei ☐ Finnland ☐ Schweden

☐ Sonstiges (bitte ISO-Code angeben): ....

3.3.1.5. E- Mail: ....

3.3.1.6. Rolle im Verfahren (*)
3.3.1.6.1. ☐ Kläger
3.3.1.6.2. ☐ Beklagter
3.3.1.6.3. ☐ Sonstige (bitte angeben): ....

3.3.1.7. Rechtsstellung in der Erbsache (Sie können gegebenenfalls mehr als ein Kästchen ankreuzen) (*)
3.3.1.7.1. ☐ Erbe
3.3.1.7.2. ☐ Vermächtnisnehmer
3.3.1.7.3. ☐ Testamentsvollstrecker
3.3.1.7.4. ☐ Verwalter
3.3.1.7.5. ☐ Sonstige (bitte angeben): ....

3.3.2. *Partei B*
3.3.2.1. Name und Vorname(n) oder Name der Organisation (*): ....
....

3.3.2.2. Geburtsdatum (TT.MM.JJJJ) und -ort bzw., im Falle einer Organisation, Datum (TT.MM.JJJJ) und Ort der Registrierung sowie Bezeichnung des Registers/der Registerbehörde: ....
3.3.2.3. Identifikationsnummer (⁴)
3.3.2.3.1. Identitätsnummer: ....
3.3.2.3.2. Sozialversicherungsnummer: ....
3.3.2.3.3. Registriernummer: ....
3.3.2.3.4. Sonstige (bitte angeben): ....

3.3.2.4. Anschrift
3.3.2.4.1. Straße und Hausnummer/Postfach: ....
....

3.3.2.4.2. Ort und Postleitzahl: ....
3.3.2.4.3. Land

☐ Belgien ☐ Bulgarien ☐ Tschechische Republik ☐ Deutschland ☐ Estland ☐ Griechenland
☐ Spanien ☐ Frankreich ☐ Kroatien ☐ Italien ☐ Zypern ☐ Lettland ☐ Litauen ☐ Luxemburg
☐ Ungarn ☐ Malta ☐ Niederlande ☐ Österreich ☐ Polen ☐ Portugal ☐ Rumänien ☐ Slowenien
☐ Slowakei ☐ Finnland ☐ Schweden

☐ Sonstiges (bitte ISO-Code angeben): ....

3.3.2.5. E- Mail: ....

3.3.2.6. Rolle im Verfahren (*)
3.3.2.6.1. ☐ Kläger
3.3.2.6.2. ☐ Beklagter
3.3.2.6.3. ☐ Sonstige (bitte angeben): ....
3.3.2.7. Rechtsstellung in der Erbsache (Sie können gegebenenfalls mehr als ein Kästchen ankreuzen) (*)
3.3.2.7.1. ☐ Erbe
3.3.2.7.2. ☐ Vermächtnisnehmer
3.3.2.7.3. ☐ Testamentsvollstrecker
3.3.2.7.4. ☐ Verwalter
3.3.2.7.5. ☐ Sonstige (bitte angeben): ....
....

4. Vollstreckbarkeit des gerichtlichen Vergleichs

4.1. Ist der gerichtliche Vergleich im Ursprungsmitgliedstaat vollstreckbar, ohne dass weitere Bedingungen erfüllt werden müssen? (*)
4.1.1. ☐ Ja (bitte vollstreckbare Verpflichtung(en) angeben): ....
....
....

4.1.2. ☐ Ja, aber nur in Bezug auf einen Teil/Teile des gerichtlichen Vergleichs (bitte vollstreckbare Verpflichtung(en) angeben): ....
....
....

4.2. Die Verpflichtung ist gegen folgende Person(en) vollstreckbar (*)
4.2.1. ☐ Partei A
4.2.2. ☐ Partei B
4.2.3. ☐ Sonstige (bitte angeben): ....
....

5. **Zinsen**

5.1. Wird eine Zinsrückerstattung beantragt? (*)
5.1.1. ☐ Ja
5.1.2. ☐ Nein

5.2. Wenn JA (5.1.1): (*)

5.2.1. Zinsen
5.2.1.1. ☐ Nicht im gerichtlichen Vergleich festgelegt
5.2.1.2. ☐ Ja, folgendermaßen im gerichtlichen Vergleich festgelegt:
5.2.1.2.1. Zinsen fällig ab: .... (Datum (TT.MM.JJJJ) oder Ereignis)
bis: .... (Datum (TT.MM.JJJJ) oder Ereignis) (^{5})
5.2.1.2.2. ☐ Erstattungsbetrag: ....
5.2.1.2.3. ☐ Methode zur Zinsberechnung
5.2.1.2.3.1. ☐ Zinssatz: .... %
5.2.1.2.3.2. ☐ Zinssatz: .... % über Referenzzinssatz (der EZB/der nationalen Zentralbank: ....)
gültig ab: .... (Datum (TT.MM.JJJJ) oder Ereignis)

5.2.2. Gesetzliche Zinsen, zu berechnen gemäß (bitte entsprechendes Gesetz angeben): ....
....
....

5.2.2.1. Zinsen fällig ab: .... (Datum (TT.MM.JJJJ) oder Ereignis)
bis: .... (Datum (TT.MM.JJJJ) oder Ereignis) (^{5})
5.2.2.2. Methode zur Zinsberechnung
5.2.2.2.1. ☐ Zinssatz: .... %
5.2.2.2.2. ☐ Zinssatz: .... % über Referenzzinssatz (der EZB/der nationalen Zentralbank: ....)
gültig ab: .... (Datum (TT.MM.JJJJ) oder Ereignis)

5.2.3. Kapitalisierung der Zinsen (bitte angeben): ....
....
....

5.2.4. Währung
☐ Euro (EUR) ☐ Lew (BGN)
☐ Tschechische Krone (CZK) ☐ Kuna (HRK)
☐ Forint (HUF) ☐ Zloty (PLN)
☐ Rumänischer Leu (RON) ☐ Krone (SEK)
☐ Sonstige (bitte ISO-Code angeben): ....

Falls weitere Blätter beigefügt wurden, Gesamtzahl der Blätter (*): ....
Ort (*): .... Datum (*): .... (TT.MM.JJJJ)
Stempel und/oder Unterschrift des ausstellenden Gerichts (*): ....

(*) Obligatorische Angaben.
(¹) ABl. L 201 vom 27.7.2012, S. 107.
(²) Gemäß Artikel 3 Absatz 2 der Verordnung (EU) Nr. 650/2012 umfasst der Begriff „Gericht" unter bestimmten Bedingungen neben gerichtlichen auch andere Behörden sowie Angehörige von Rechtsberufen mit Zuständigkeiten in Erbsachen, die gerichtliche Funktionen ausüben oder in Ausübung einer Befugnisübertragung durch ein Gericht oder unter der Aufsicht eines Gerichts handeln. Die Liste dieser anderen Behörden und Angehörigen von Rechtsberufen wird im *Amtsblatt der Europäischen Union* veröffentlicht.
(³) Betrifft der gerichtliche Vergleich mehr als zwei Parteien, fügen Sie bitte ein weiteres Blatt bei.
(⁴) Bitte gegebenenfalls die relevanteste Nummer angeben.
(⁵) Sie können gegebenenfalls mehrere Zeiträume angeben.

2 Für eine detaillierte Erläuterung des Formblatts III wird auf *Wilsch* in: Gierl/Köhler/Kroiß/ Wilsch Internationales Erbrecht, 3. Aufl. 2020, Teil 3 § 4 verwiesen.

Kapitel VI
Europäisches Nachlasszeugnis

Vor Artikel 62–73 EuErbVO: Überblick über den Regelungsgehalt des Kapitels VI der EuErbVO

1 Kapitel VI bringt für das internationale Erbrecht eine wesentliche Neuerung: Es führt das **Europäische Nachlasszeugnis** (ENZ) ein, welches in Art. 62–73 EuErbVO eine umfangreiche Regelung erfährt. Dieses Zeugnis wird zur Verwendung in einem anderen Mitgliedstaat ausgestellt und soll ausweislich des Erwägungsgrunds 67 S. 1 eine „zügige, unkomplizierte und effiziente Abwicklung einer Erbsache mit grenzüberschreitendem Bezug innerhalb der Union" ermöglichen; wird es ausgestellt, entfaltet es gem. Art. 62 Abs. 3 S. 2 EuErbVO ebenfalls seine Wirkungen in dem Ursprungsmitgliedstaat (Art. 3 Abs. 1 lit. e EuErbVO). Mit dem in allen Mitgliedstaaten nunmehr vorgesehenen ENZ soll den durch den Erbfall berechtigten Personen (Erben, Vermächtnisnehmer, Testamentsvollstrecker oder Nachlassverwalter) ein **Nachweis ihrer jeweiligen Rechtsstellung** in anderen Mitgliedstaaten ermöglicht werden; es stellt also keinen vollstreckbaren Titel dar, besitzt aber Beweiskraft (Erwägungsgrund 71 S. 2 EuErbVO). Darüber hinaus kommt dem ENZ – ebenso wie dem Erbschein nach deutschem Recht – **öffentlicher Glauben** zu (vgl. hierzu im Einzelnen Art. 69 EuErbVO). Das ENZ tritt *nicht* an die Stelle eines nationalen Erbscheins, es handelt sich hierbei vielmehr um ein **fakultatives Instrument** zur grenzüberschreitenden Nachlassabwicklung innerhalb der Union, dessen sich der Antragsteller bedienen kann, jedoch nicht muss (im Einzelnen → EuErbVO Art. 62 Rn. 3 f.).

2 Die **internationale Zuständigkeit** hinsichtlich der Ausstellung eines ENZ (ebenso wie für die Ausstellung eines nationalen Erbscheins)[1] unterliegt – da es sich um eine Erbsache handelt – den allgemeinen Regelungen (vgl. Art. 64 EuErbVO), damit also Art. 4, Art. 7, Art. 10 oder Art. 11 EuErbVO (→ EuErbVO Vor Art. 4–19 Rn. 4–8). Die **Ausstellung eines ENZ** kann nur

---

1 EuGH 21.6.2018 – C-20/17. – Ebenso Leipold ZEV 2015, 553 (557 ff.); Dutta IPRax 2015, 32 (37 f.); Volmer ZEV 2014, 129 (130 ff.) – AA (Maßgeblichkeit von § 343 iVm § 105 FamFG) etwa Dörner DNotZ 2017, 407 (412); Dorsel ZErb 2014, 212 (220); Wall ZErb 2015, 9; Döbereiner NJW 2015, 2449 (2453); Weber/Schall NJW 2016, 3564.

auf Antrag bei der zuständigen Ausstellungsbehörde erfolgen (Art. 65 EuErbVO); diese hat den Antrag in tatsächlicher und rechtlicher Hinsicht zu prüfen (Art. 66 EuErbVO) und ggf. das Nachlasszeugnis mit dem von Art. 68 EuErbVO vorgesehenen Inhalt auszustellen (Art. 67 EuErbVO). Eine Besonderheit besteht darin, dass der Antragsteller bzw. andere Personen, die ein berechtigtes Interesse an der Ausstellung eines ENZ nachweisen können, *keine* Urschrift des Zeugnisses erhalten, sondern ausschließlich – anders als bei einer Erteilung eines Erbscheins nach deutschem Recht – **beglaubigte Abschriften**; die Urschrift des Zeugnisses verbleibt hingegen bei der Ausstellungsbehörde und ist von dieser aufzubewahren (vgl. Art. 70 EuErbVO).

Spätere **Berichtigungen, Änderungen oder** auch ein vollständiger **Widerruf** eines unrichtigen ENZ können seitens der Ausstellungsbehörde gem. Art. 71 EuErbVO vorgenommen werden, zudem steht mit Art. 72 EuErbVO ein spezieller **Rechtsbehelf** gegen Entscheidungen der Ausstellungsbehörde zur Verfügung. Sind Verfahren gem. Art. 71 oder Art. 72 EuErbVO anhängig, können die jeweils mit der Sache befassten Stellen zudem die **Wirkungen** des Zeugnisses (insbesondere im Hinblick auf dessen öffentlichen Glauben) zum Schutz der tatsächlich durch den Erbgang berechtigten Personen gem. Art. 73 EuErbVO vorläufig **aussetzen**, bis eine endgültige Entscheidung in dem jeweiligen Verfahren ergangen ist. 3

Verfahrensrechtlich konkretisiert werden die Regelungen der Art. 62–73 EuErbVO mittels §§ 33–44 IntErbRVG. 4

Artikel 62 EuErbVO   Einführung eines Europäischen Nachlasszeugnisses

(1) Mit dieser Verordnung wird ein Europäisches Nachlasszeugnis (im Folgenden „Zeugnis") eingeführt, das zur Verwendung in einem anderen Mitgliedstaat ausgestellt wird und die in Artikel 69 aufgeführten Wirkungen entfaltet.

(2) Die Verwendung des Zeugnisses ist nicht verpflichtend.

(3) ¹Das Zeugnis tritt nicht an die Stelle der innerstaatlichen Schriftstücke, die in den Mitgliedstaaten zu ähnlichen Zwecken verwendet werden. ²Nach seiner Ausstellung zur Verwendung in einem anderen Mitgliedstaat entfaltet das Zeugnis die in Artikel 69 aufgeführten Wirkungen jedoch auch in dem Mitgliedstaat, dessen Behörden es nach diesem Kapitel ausgestellt haben.

A. Allgemeines

Art. 62 EuErbVO konstituiert das Europäische Nachlasszeugnis; er enthält eine wesentliche Begriffsbestimmung des ENZ und regelt dessen Verhältnis zu nationalen Zeugnissen mit vergleichbaren Wirkungen. 1

B. Regelungsgehalt

I. Ausstellungsvoraussetzung

Art. 62 Abs. 1 EuErbVO stellt – anders als Art. 36 Abs. 1 EuErbVO-Entwurf 2009 – fest, dass das ENZ zur Verwendung in einem anderen Mitgliedstaat ausgestellt wird. Mit dieser Formulierung wird deutlich, dass die Ausstellung eines ENZ einen **grenzüberschreitenden Bezug** zu einem anderen Mitgliedstaat voraussetzt,[1] der sich unter Rückgriff auf Art. 63 EuErbVO dahin gehend konkretisieren lässt, dass sich der Antragsteller als durch den Nachlass berechtigte Person in einem anderen Mitgliedstaat auf seine Rechtsstellung berufen muss; eine solche Situation ist jedenfalls dann gegeben, wenn sich Nachlassvermögen in anderen Mitgliedstaaten befindet. 2

---

[1] Vgl. auch Kleinschmidt RabelsZ 77 (2013), 723 (746); Schaub Hereditare 2013, 91, 124.

Der grenzüberschreitende Bezug muss seitens des Antragstellers gem. Art. 65 Abs. 3 lit. f. EuErbVO im Rahmen der Antragstellung angegeben werden und kann seitens des zuständigen Gerichts gem. Art. 66 Abs. 1 S. 1 EuErbVO nachgeprüft werden.

II. Verhältnis zu vergleichbaren nationalen Zeugnissen

3 Die Verwendung des ENZ ist gem. Art. 62 Abs. 2 EuErbVO nicht verpflichtend. Soweit ein solches beantragt werden kann (→ Rn. 2), tritt es gem. Art. 62 Abs. 3 S. 1 EuErbVO *nicht* an die Stelle vergleichbarer nationaler Zeugnisse (etwa eines Erbscheins nach deutschem Recht), sondern stellt eine *Alternative* zu diesen dar (vgl. hierzu auch Erwägungsgrund 67 S. 3, der die gewählte Konzeption mit dem Subsidiaritätsprinzip begründet); vor den gem. Art. 4 ff. EuErbVO zuständigen Gerichten kann daher entweder die Ausstellung eines ENZ oder die Ausstellung eines nationalen Zeugnisses verlangt werden. Liegt hingegen kein grenzüberschreitender Bezug iSv Art. 63 Abs. 1 EuErbVO vor, kommt ausschließlich die Ausstellung eines *nationalen* Zeugnisses in Betracht.

4 Soweit nationale Zeugnisse – entsprechend dem ENZ – mit öffentlichem Glauben ausgestattet sind[2] (so etwa der Erbschein nach deutschem Recht), stellen beide Arten von Zeugnissen grundsätzlich *gleichwertige* Alternativen zur grenzüberscheitenden Nachlassabwicklung innerhalb der EU dar: Denn beide Zeugnisse entfalten in ihrem Ausstellungsstaat ihre jeweiligen Wirkungen (für das ENZ vgl. Art. 62 Abs. 3 S. 2 EuErbVO), ebenfalls eignen sich beide für eine Verwendung in anderen Mitgliedstaaten, da auch nationalen Zeugnissen – jedenfalls nach vorzugswürdiger Ansicht (→ EuErbVO Art. 59 Rn. 2) – im Hinblick auf ihre formelle Beweiskraft gem. Art. 59 Abs. 1 EuErbVO in jedem Mitgliedstaat dieselben Wirkungen zukommen, die sie in dem Ursprungsmitgliedstaat entfalten.[3] Für die Rechtspraxis wird jedoch der Umstand zu berücksichtigen sein, dass die Akzeptanz eines ENZ, das jede mitgliedstaatliche Rechtsordnung nunmehr mit Geltungszeitpunkt der EuErbVO vorsieht, in den einzelnen Mitgliedstaaten ausgeprägter sein dürfte als die Akzeptanz eines – nur gem. Art. 59 Abs. 1 EuErbVO anzunehmenden – Nachlasszeugnisses einer nationalen Rechtsordnung. Vor diesem Hintergrund dürfte die Einführung des ENZ die grenzüberschreitende Nachlassabwicklung innerhalb der EU in der Tat wesentlich erleichtern.

Artikel 63 EuErbVO Zweck des Zeugnisses

(1) Das Zeugnis ist zur Verwendung durch Erben, durch Vermächtnisnehmer mit unmittelbarer Berechtigung am Nachlass und durch Testamentsvollstrecker oder Nachlassverwalter bestimmt, die sich in einem anderen Mitgliedstaat auf ihre Rechtsstellung berufen oder ihre Rechte als Erben oder Vermächtnisnehmer oder ihre Befugnisse als Testamentsvollstrecker oder Nachlassverwalter ausüben müssen.

(2) Das Zeugnis kann insbesondere als Nachweis für einen oder mehrere der folgenden speziellen Aspekte verwendet werden:

a) die Rechtsstellung und/oder die Rechte jedes Erben oder gegebenenfalls Vermächtnisnehmers, der im Zeugnis genannt wird, und seinen jeweiligen Anteil am Nachlass;
b) die Zuweisung eines bestimmten Vermögenswerts oder bestimmter Vermögenswerte des Nachlasses an die in dem Zeugnis als Erbe(n) oder gegebenenfalls als Vermächtnisnehmer genannte(n) Person(en);

---

2 Einen Überblick über die Vielfalt der Erbnachweise in den einzelnen Mitgliedstaaten gibt Kleinschmidt RabelsZ 77 (2013), 723, 727 ff.

3 Ebenso Dutta/Weber/Fornasier EuErbVO Vorb. Art. 62 Rn. 2.

c) die Befugnisse der in dem Zeugnis genannten Person zur Vollstreckung des Testaments oder Verwaltung des Nachlasses.

Art. 63 EuErbVO gibt über den Zweck des ENZ näher Auskunft: Dieses ist gem. Art. 63 Abs. 1 EuErbVO zur Verwendung durch die am Nachlass Berechtigten (Erben, Vermächtnisnehmer, Testamentsvollstrecker, Nachlassverwalter) bestimmt, wenn sie sich auf ihre jeweilige Rechtsposition in einem anderen Mitgliedstaat berufen müssen; das ENZ dient gem. Art. 63 Abs. 2 EuErbVO insbesondere als **Nachweis** über die Rechtsstellung bzw. Rechte der an dem Nachlass Berechtigten, über die Zuweisung einzelner Vermögensgegenstände an die Erben (etwa dinglich wirkende Teilungsanordnungen) oder Vermächtnisnehmer (etwa Vindikationslegate)[1] sowie über die Befugnisse eines Testamentsvollstreckers oder Nachlassverwalters.

Der konkrete Inhalt des ENZ wird von Art. 68 EuErbVO festgelegt, seine Wirkungen bestimmen sich nach Art. 69 EuErbVO.

Artikel 64 EuErbVO   Zuständigkeit für die Erteilung des Zeugnisses

¹Das Zeugnis wird in dem Mitgliedstaat ausgestellt, dessen Gerichte nach den Artikeln 4, 7, 10 oder 11 zuständig sind. ²Ausstellungsbehörde ist
a) ein Gericht im Sinne des Artikels 3 Absatz 2 oder
b) eine andere Behörde, die nach innerstaatlichem Recht für Erbsachen zuständig ist.

Die internationale Zuständigkeit für die Erteilung des ENZ bestimmt sich gem. Art. 64 S. 1 EuErbVO nach den **allgemeinen Bestimmungen der EuErbVO**, also nach Art. 4, Art. 7, Art. 10 oder Art. 11 EuErbVO (vgl. hierzu im Einzelnen jeweils dort). Für die sachliche Zuständigkeit verweist Art. 64 S. 2 EuErbVO auf das nationale Recht der Mitgliedstaaten, das ebenfalls für die Bestimmung der örtlichen sowie der funktionellen Zuständigkeit maßgeblich ist (Art. 2 EuErbVO).

Für Deutschland sind die – als Nachlassgerichte entscheidenden – Amtsgerichte sachlich ausschließlich zuständig (§ 34 Abs. 4 IntErbRVG), die örtliche Zuständigkeit ergibt sich aus § 34 Abs. 1–3 IntErbRVG. Funktionell zuständig ist gem. § 3 Nr. 2 lit. i RPflG grundsätzlich der Rechtspfleger; liegt indes eine Verfügung von Todes wegen vor oder unterliegt die Rechtsnachfolge ausländischem Recht, verbleibt die funktionelle Zuständigkeit gem. § 16 Abs. 1 Nr. 8, Abs. 2 S. 1 RPflG bei dem Richter.

Artikel 65 EuErbVO   Antrag auf Ausstellung eines Zeugnisses

(1) Das Zeugnis wird auf Antrag jeder in Artikel 63 Absatz 1 genannten Person (im Folgenden „Antragsteller") ausgestellt.

(2) Für die Vorlage eines Antrags kann der Antragsteller das nach dem Beratungsverfahren nach Artikel 81 Absatz 2 erstellte Formblatt verwenden.

(3) Der Antrag muss die nachstehend aufgeführten Angaben enthalten, soweit sie dem Antragsteller bekannt sind und von der Ausstellungsbehörde zur Beschreibung des Sachverhalts, dessen Bestätigung der Antragsteller begehrt, benötigt werden; dem Antrag sind alle einschlägigen Schriftstücke beizufügen, und zwar entweder in Urschrift oder in Form einer Abschrift, die die erforderlichen Voraussetzungen für ihre Beweiskraft erfüllt, unbeschadet des Artikels 66 Absatz 2:

---

1 Kammergericht FGPrax 2022, 196 = NJW-RR 2023, 80.

a) Angaben zum Erblasser: Name (gegebenenfalls Geburtsname), Vorname(n), Geschlecht, Geburtsdatum und -ort, Personenstand, Staatsangehörigkeit, Identifikationsnummer (sofern vorhanden), Anschrift im Zeitpunkt seines Todes, Todesdatum und -ort;
b) Angaben zum Antragsteller: Name (gegebenenfalls Geburtsname), Vorname(n), Geschlecht, Geburtsdatum und -ort, Personenstand, Staatsangehörigkeit, Identifikationsnummer (sofern vorhanden), Anschrift und etwaiges Verwandtschafts- oder Schwägerschaftsverhältnis zum Erblasser;
c) Angaben zum etwaigen Vertreter des Antragstellers: Name (gegebenenfalls Geburtsname), Vorname(n), Anschrift und Nachweis der Vertretungsmacht;
d) Angaben zum Ehegatten oder Partner des Erblassers und gegebenenfalls zu(m) ehemaligen Ehegatten oder Partner(n): Name (gegebenenfalls Geburtsname), Vorname(n), Geschlecht, Geburtsdatum und -ort, Personenstand, Staatsangehörigkeit, Identifikationsnummer (sofern vorhanden) und Anschrift;
e) Angaben zu sonstigen möglichen Berechtigten aufgrund einer Verfügung von Todes wegen und/oder nach gesetzlicher Erbfolge: Name und Vorname(n) oder Name der Körperschaft, Identifikationsnummer (sofern vorhanden) und Anschrift;
f) den beabsichtigten Zweck des Zeugnisses nach Artikel 63;
g) Kontaktangaben des Gerichts oder der sonstigen zuständigen Behörde, das oder die mit der Erbsache als solcher befasst ist oder war, sofern zutreffend;
h) den Sachverhalt, auf den der Antragsteller gegebenenfalls die von ihm geltend gemachte Berechtigung am Nachlass und/oder sein Recht zur Vollstreckung des Testaments des Erblassers und/oder das Recht zur Verwaltung von dessen Nachlass gründet;
i) eine Angabe darüber, ob der Erblasser eine Verfügung von Todes wegen errichtet hatte; falls weder die Urschrift noch eine Abschrift beigefügt ist, eine Angabe darüber, wo sich die Urschrift befindet;
j) eine Angabe darüber, ob der Erblasser einen Ehevertrag oder einen Vertrag in Bezug auf ein Verhältnis, das mit der Ehe vergleichbare Wirkungen entfaltet, geschlossen hatte; falls weder die Urschrift noch eine Abschrift des Vertrags beigefügt ist, eine Angabe darüber, wo sich die Urschrift befindet;
k) eine Angabe darüber, ob einer der Berechtigten eine Erklärung über die Annahme oder die Ausschlagung der Erbschaft abgegeben hat;
l) eine Erklärung des Inhalts, dass nach bestem Wissen des Antragstellers kein Rechtsstreit in Bezug auf den zu bescheinigenden Sachverhalt anhängig ist;
m) sonstige vom Antragsteller für die Ausstellung des Zeugnisses für nützlich erachtete Angaben.

1 Art. 65 EuErbVO hat den **Antrag auf Ausstellung eines ENZ** zum Gegenstand und regelt detailliert, welche Angaben ein solcher enthalten muss (Art. 65 Abs. 3 EuErbVO). Für die Vorlage eines Antrags bei der Ausstellungsbehörde des ENZ *kann* der Antragsteller das **Formblatt IV (Anhang 4) der EuErbVO-Durchführungsverordnung**[1] (abgedruckt im **Anhang zu Art. 65 EuErbVO**) verwenden (Art. 65 Abs. 2 EuErbVO); eine Pflicht zur Verwendung des Formblatts besteht hingegen nicht,[2] vielmehr handelt es sich bei der Formulierung in Art. 1 Abs. 4 der EuErbVO-Durchführungsverordnung (*„ist [...] zu verwenden"*) um ein Redaktionsversehen, da der Durchführungsverordnung kein auf die Änderung von Art. 65 Abs. 2 EuErbVO gerichteter Wil-

---

[1] Durchführungsverordnung (EU) Nr. 1329/2014 der Kommission vom 9.12.2014 zur Festlegung der Formblätter nach Maßgabe der Verordnung (EU) Nr. 650/2012 des Europäischen Parlaments und des Rates über die Zuständigkeit, das anzuwendende Recht, die Anerkennung und Vollstreckung von Entscheidungen und die Annahme und Vollstreckung öffentlicher Urkunden in Erbsachen sowie zur Einführung eines Europäischen Nachlasszeugnisses (ABl. EU L 359, 30).

[2] Vgl. auch EuGH 17.1.2019 – Rs. C-102/18. – Zum Problemfeld vgl. das Vorabentscheidungsersuchen des OLG Köln ZEV 2018 m. zutr. Anm. von Dörner ZEV 2018, 342 f.

le entnommen werden kann. Dem Antrag sind gem. Art. 65 Abs. 3 EuErbVO alle erforderlichen Schriftstücke (entweder in Urschrift oder in Form einer Abschrift, welche die erforderlichen Voraussetzungen für ihre Beweiskraft erfüllt; zu beachten bleibt jedoch Art. 66 Abs. 2 EuErbVO) beizufügen.

Anhang zu Art. 65 EuErbVO: Durchführungsverordnung (EU) Nr. 1329/2014[1]

Artikel 1
[...]
(4) Für den Antrag auf Ausstellung eines Europäischen Nachlasszeugnisses gemäß Artikel 65 Absatz 2 der Verordnung (EU) Nr. 650/2012 ist das Formblatt IV in Anhang 4 zu verwenden.
[...]

---

1 Durchführungsverordnung (EU) Nr. 1329/2014 der Kommission vom 9.12.2014 zur Festlegung der Formblätter nach Maßgabe der Verordnung (EU) Nr. 650/2012 des Europäischen Parlaments und des Rates über die Zuständigkeit, das anzuwendende Recht, die Anerkennung und Vollstreckung von Entscheidungen und die Annahme und Vollstreckung öffentlicher Urkunden in Erbsachen sowie zur Einführung eines Europäischen Nachlasszeugnisses (ABl. EU L 359, 30).

Formblatt IV

FORMBLATT IV

Antrag auf Ausstellung eines Europäischen Nachlasszeugnisses

(Artikel 65 der Verordnung (EU) Nr. 650/2012 des Europäischen Parlaments und des Rates über die Zuständigkeit, das anzuwendende Recht, die Anerkennung und Vollstreckung von Entscheidungen und die Annahme und Vollstreckung öffentlicher Urkunden in Erbsachen sowie zur Einführung eines Europäischen Nachlasszeugnisses ([1]))

MITTEILUNG AN DEN ANTRAGSTELLER

Dieses nicht verbindliche Formblatt soll Ihnen die Zusammenstellung der für die Ausstellung eines Europäischen Nachlasszeugnisses erforderlichen Angaben erleichtern. In den Anlagen zu diesem Formblatt können Sie gegebenenfalls zusätzliche relevante Informationen angeben.

Bitte prüfen Sie im Voraus, welche Angaben für die Ausstellung des Zeugnisses benötigt werden.

Dem Antragsformblatt beigefügte Anlagen ([2])

☐ Anlage I — Angaben zum Gericht oder zur sonstigen zuständigen Behörde, das bzw. die mit der Erbsache als solcher befasst ist oder war (OBLIGATORISCH, falls abweichend von der unter 2. des Antragsformblatts genannten Behörde)

☐ Anlage II — Angaben zum/zu den Antragsteller(n) (OBLIGATORISCH, falls es sich um (eine) juristische Person(en) handelt)

☐ Anlage III — Angaben zum Vertreter des/der Antragsteller(s) (OBLIGATORISCH, falls der/die Antragsteller vertreten wird/werden)

☐ Anlage IV — Angaben zum/zu den (ehemaligen) Ehegatten oder (ehemaligen) Lebenspartner(n) des Erblassers (OBLIGATORISCH, falls es einen oder mehrere (ehemalige) Ehegatten oder (ehemalige) Lebenspartner gibt)

☐ Anlage V — Angaben zu möglichen Berechtigten (OBLIGATORISCH, falls abweichend von dem Antragsteller oder dem/den (ehemaligen) Ehegatten oder (ehemaligen) Lebenspartner(n))

☐ Keine Anlage beigefügt

1. Mitgliedstaat der Behörde, an die der Antrag gerichtet ist ([3]) (*)

☐ Belgien ☐ Bulgarien ☐ Tschechische Republik ☐ Deutschland ☐ Estland ☐ Griechenland
☐ Spanien ☐ Frankreich ☐ Kroatien ☐ Italien ☐ Zypern ☐ Lettland ☐ Litauen ☐ Luxemburg
☐ Ungarn ☐ Malta ☐ Niederlande ☐ Österreich ☐ Polen ☐ Portugal ☐ Rumänien ☐ Slowenien
☐ Slowakei ☐ Finnland ☐ Schweden

2. Behörde, an die der Antrag gerichtet ist ([4])

2.1. Bezeichnung (*): ....
2.2. Anschrift
2.2.1. Straße und Hausnummer/Postfach (*): ....
....
2.2.2. Ort und Postleitzahl (*): ....
2.3. Sonstige relevante Informationen (bitte angeben): ....
....

Anhang zu Art. 65 EuErbVO: Durchführungsverordnung (EU) Nr. 1329/2014

3.	**Angaben zum Antragsteller (natürliche Person)**
3.1.	Name und Vorname(n) (*): ....
3.2.	Geburtsname (falls abweichend von 3.1): ....
3.3.	Geschlecht (*)
3.3.1.	☐ M
3.3.2.	☐ F
3.4.	Geburtsdatum (TT.MM.JJJJ) und -ort (*): ....
3.5.	Familienstand
3.5.1.	☐ Ledig
3.5.2.	☐ Verheiratet
3.5.3.	☐ Eingetragener Partner
3.5.4.	☐ Geschieden
3.5.5.	☐ Verwitwet
3.5.6.	☐ Sonstiges (bitte angeben): ....
3.6.	Staatsangehörigkeit (*)
	☐ Belgien ☐ Bulgarien ☐ Tschechische Republik ☐ Deutschland ☐ Estland ☐ Griechenland ☐ Spanien ☐ Frankreich ☐ Kroatien ☐ Italien ☐ Zypern ☐ Lettland ☐ Litauen ☐ Luxemburg ☐ Ungarn ☐ Malta ☐ Niederlande ☐ Österreich ☐ Polen ☐ Portugal ☐ Rumänien ☐ Slowenien ☐ Slowakei ☐ Finnland ☐ Schweden
	☐ Sonstige (bitte ISO-Code angeben): ....
3.7.	Identifikationsnummer ([6]): ....
3.7.1.	Nationale Identitätsnummer: ....
3.7.2.	Sozialversicherungsnummer: ....
3.7.3.	Steuernummer: ....
3.7.4.	Sonstige (bitte angeben): ....
3.8.	Anschrift
3.8.1.	Straße und Hausnummer/Postfach (*): ....
3.8.2.	Ort und Postleitzahl (*): ....
3.8.3.	Land (*)
	☐ Belgien ☐ Bulgarien ☐ Tschechische Republik ☐ Deutschland ☐ Estland ☐ Griechenland ☐ Spanien ☐ Frankreich ☐ Kroatien ☐ Italien ☐ Zypern ☐ Lettland ☐ Litauen ☐ Luxemburg ☐ Ungarn ☐ Malta ☐ Niederlande ☐ Österreich ☐ Polen ☐ Portugal ☐ Rumänien ☐ Slowenien ☐ Slowakei ☐ Finnland ☐ Schweden
	☐ Sonstiges (bitte ISO-Code angeben): ....

3.9. Telefon: ....
3.10. Fax ....
3.11. E- Mail: ....
3.12. Verhältnis zum Erblasser (*):
☐ Sohn ☐ Tochter ☐ Vater ☐ Mutter ☐ Enkelsohn ☐ Enkeltochter ☐ Großvater ☐ Großmutter ☐ Ehegatte (^{7}) ☐ eingetragener Partner (^{7}) ☐ De-*facto*-Partner (^{8}) (^{9}) ☐ Bruder ☐ Schwester ☐ Neffe ☐ Nichte ☐ Onkel ☐ Tante ☐ Cousin/Cousine ☐ Sonstiges (bitte angeben): ....

4. **Zweck des Zeugnisses** (^{9})

4.1. ☐ *Erbe*

Das Zeugnis wird in einem anderen Mitgliedstaat als Nachweis der Rechtsstellung und/oder der Rechte des Erben benötigt (bitte ausführen): ....
....
....
....

4.2. ☐ *Vermächtnisnehmer*

Das Zeugnis wird in einem anderen Mitgliedstaat als Nachweis der Rechtsstellung und/oder der Rechte des Vermächtnisnehmers, der unmittelbare Ansprüche aus dem Nachlass hat, benötigt (bitte ausführen): ....
....
....
....
....

4.3. ☐ *Befugnisse des Testamentsvollstreckers*

Das Zeugnis wird in einem anderen Mitgliedstaat für die Ausübung der Befugnisse des Testamentsvollstreckers benötigt (bitte die Befugnisse und gegebenenfalls die Vermögenswerte, auf die sie sich beziehen, angeben): ....
....
....
....
....
....
....
....
....
....

4.4. ☐ *Befugnisse des Nachlassverwalters*

Das Zeugnis wird in einem anderen Mitgliedstaat für die Ausübung der Befugnisse des Nachlassverwalters benötigt (bitte die Befugnisse und gegebenenfalls die Vermögenswerte, auf die sie sich beziehen, angeben):
....
....
....
....
....
....
....
....
....
....
....
....

5. **Angaben zum Erblasser**

5.1. Name und Vorname(n) (*): ....
....

5.2. Geburtsname (falls abweichend von 5.1): ....
....

5.3. Geschlecht (*)
5.3.1. ☐ M
5.3.2. ☐ F
5.4. Geburtsdatum (TT.MM.JJJJ) und -ort (Stadt/Land (ISO-Code)) (*): ....
....

5.5. Todesdatum (TT.MM.JJJJ) und -ort (Stadt/Land (ISO-Code)) (*): ....
....

5.6. Familienstand zum Zeitpunkt des Todes ([10]) (*)
5.6.1. ☐ Ledig
5.6.2. ☐ Verheiratet
5.6.3. ☐ Eingetragener Partner
5.6.4. ☐ Geschieden
5.6.5. ☐ Verwitwet
5.6.6. ☐ Sonstiges (bitte ausführen): ....
5.7. Staatsangehörigkeit (*)
☐ Belgien ☐ Bulgarien ☐ Tschechische Republik ☐ Deutschland ☐ Estland ☐ Griechenland
☐ Spanien ☐ Frankreich ☐ Kroatien ☐ Italien ☐ Zypern ☐ Lettland ☐ Litauen ☐ Luxemburg
☐ Ungarn ☐ Malta ☐ Niederlande ☐ Österreich ☐ Polen ☐ Portugal ☐ Rumänien ☐ Slowenien
☐ Slowakei ☐ Finnland ☐ Schweden
☐ Sonstige (bitte ISO-Code angeben): ....

5.8. Identifikationsnummer (^{6})
5.8.1. Nationale Identitätsnummer: ....
5.8.2. Nummer der Geburtsurkunde: ....
5.8.3. Nummer der Sterbeurkunde: ....
5.8.4. Sozialversicherungsnummer: ....
5.8.5. Steuernummer: ....
5.8.6. Sonstige (bitte angeben): ....
5.9. Anschrift zum Zeitpunkt des Todes (^{11})
5.9.1. Straße und Hausnummer/Postfach (*): ....
5.9.2. Ort und Postleitzahl (*): ....
5.9.3. Land (*)   ☐ Belgien ☐ Bulgarien ☐ Tschechische Republik ☐ Deutschland ☐ Estland ☐ Griechenland   ☐ Spanien ☐ Frankreich ☐ Kroatien ☐ Italien ☐ Zypern ☐ Lettland ☐ Litauen ☐ Luxemburg   ☐ Ungarn ☐ Malta ☐ Niederlande ☐ Österreich ☐ Polen ☐ Portugal ☐ Rumänien ☐ Slowenien   ☐ Slowakei ☐ Finnland ☐ Schweden   ☐ Sonstiges (bitte ISO-Code angeben): ....

6. **Weitere Angaben**
6.1. Grundlage für Ihren Anspruch am Nachlass (**)
6.1.1. ☐ Ich bin ein Berechtigter aufgrund einer Verfügung von Todes wegen
6.1.2. ☐ Ich bin ein Berechtigter nach der gesetzlichen Erbfolge
6.2. Grundlage für Ihre Befugnis zur Testamentsvollstreckung (***)
6.2.1. ☐ Ich wurde durch eine Verfügung von Todes wegen als Testamentsvollstrecker benannt
6.2.2. ☐ Ich wurde gerichtlich als Testamentsvollstrecker bestellt
6.2.3. ☐ Sonstiges (bitte ausführen): ....
6.3. Grundlage für Ihre Befugnis zur Nachlassverwaltung (***)
6.3.1. ☐ Ich wurde durch eine Verfügung von Todes wegen als Nachlassverwalter benannt
6.3.2. ☐ Ich wurde gerichtlich als Nachlassverwalter bestellt
6.3.3. ☐ Ich wurde in einer außergerichtlichen Einigung zwischen den Berechtigten als Nachlassverwalter benannt.
6.3.4. ☐ Ich habe von Gesetzes wegen die Befugnis zur Nachlassverwaltung
6.4. Hat der Erblasser eine oder mehrere Verfügungen von Todes wegen hinterlassen? (*)
6.4.1. ☐ Ja
6.4.2. ☐ Nein
6.4.3. ☐ Nicht bekannt

6.5. Hat der Erblasser Anordnungen bezüglich des Rechts, dem der Nachlass unterliegen soll, getroffen (Rechtswahl)? (*)
6.5.1. ☐ Ja
6.5.2. ☐ Nein
6.5.3. ☐ Nicht bekannt

6.6. War der Erblasser zum Zeitpunkt seines Todes zusammen mit einer anderen Person außer dem in Anlage IV genannten (ehemaligen) Ehegatten oder (ehemaligen) Lebenspartner gemeinsamer Eigentümer von Vermögenswerten, die Teil des Nachlasses sind? (*)
6.6.1. ☐ Ja (geben Sie bitte die betroffene(n) Person(en) und Vermögenswerte an): ....

6.6.2. ☐ Nein
6.6.3. ☐ Nicht bekannt

6.7. Gibt es (weitere) mögliche Berechtigte? (*)
6.7.1. ☐ Ja ([12])
6.7.2. ☐ Nein
6.7.3. ☐ Nicht bekannt

6.8. Hat einer der Berechtigten die Erbschaft ausdrücklich angenommen? (*)
6.8.1. ☐ Ja (bitte ausführen): ....

6.8.2. ☐ Nein
6.8.3. ☐ Nicht bekannt

6.9. Hat einer der Berechtigten die Erbschaft ausdrücklich ausgeschlagen? (*)
6.9.1. ☐ Ja (bitte ausführen): ....

6.9.2. ☐ Nein
6.9.3. ☐ Nicht bekannt

6.10. Weitere Angaben, die Sie für die Ausstellung des Zeugnisses für nützlich erachten (zusätzlich zu den Angaben unter Punkt 4. des Antragsformblatts oder in den Anlagen):

7. **Dem Antragsformblatt beigefügte Schriftstücke**

Der Antragsteller hat alle einschlägigen Schriftstücke beizufügen, die die Angaben in diesem Formblatt belegen. Fügen Sie daher bitte — wenn möglich und sofern die unter 2. genannte Behörde noch nicht in deren Besitz ist — die Urschrift oder eine Abschrift des Schriftstücks bei, welches die für ihre Beweiskraft erforderlichen Voraussetzungen erfüllt.

☐ Sterbeurkunde oder Bescheinigung der Todeserklärung
☐ Gerichtsentscheidung
☐ Gerichtsstandsvereinbarung
☐ (gemeinschaftliches) Testament ([13]): ....
....

☐ Bescheinigung des Testamentsregisters
☐ Erbvertrag ([13]): ....

☐ Erklärung bezüglich der Rechtswahl ([13]): ....

☐ Ehevertrag oder Vertrag in Bezug auf ein Verhältnis, das mit der Ehe vergleichbare Wirkungen entfaltet ([13]):
....

☐ Erklärung über die Annahme der Erbschaft
☐ Erklärung über die Ausschlagung der Erbschaft
☐ Schriftstück in Bezug auf die Benennung eines Nachlassverwalters
☐ Schriftstück in Bezug auf das Nachlassinventar
☐ Schriftstück in Bezug auf die Nachlassverteilung
☐ Vollmacht
☐ Sonstiges (bitte angeben): ....
....
....
....

Falls weitere Blätter und Anlagen beigefügt wurden, Gesamtzahl der Blätter (*): ....

Gesamtzahl der dem Antragsformblatt beigefügten Schriftstücke (*): ....

Ort (*): .... Datum (*) .... (TT.MM.JJJJ)

Unterschrift (*): ....

Hiermit erkläre ich, dass nach meinem besten Wissen kein Rechtsstreit in Bezug auf einen der durch dieses Zeugnis zu beurkundenden Sachverhalte anhängig ist.

Ort (*): .... Datum (*) .... (TT.MM.JJJJ)

Unterschrift (*): ....

Anhang zu Art. 65 EuErbVO: Durchführungsverordnung (EU) Nr. 1329/2014

FORMBLATT IV — ANLAGE I

Gericht oder sonstige zuständige Behörde, das bzw. die mit der Erbsache als solcher befasst ist oder war (NUR auszufüllen, falls abweichend von Punkt 2 des Antragsformblatts)

1. Name und Bezeichnung des Gerichts bzw. der zuständigen Behörde (*): ....

2. Anschrift
2.1. Straße und Hausnummer/Postfach (*): ....

2.2. Ort und Postleitzahl (*): ....
2.3. Land (*)

☐ Belgien ☐ Bulgarien ☐ Tschechische Republik ☐ Deutschland ☐ Estland ☐ Griechenland
☐ Spanien ☐ Frankreich ☐ Kroatien ☐ Italien ☐ Zypern ☐ Lettland ☐ Litauen ☐ Luxemburg
☐ Ungarn ☐ Malta ☐ Niederlande ☐ Österreich ☐ Polen ☐ Portugal ☐ Rumänien ☐ Slowenien
☐ Slowakei ☐ Finnland ☐ Schweden

☐ Sonstiges (bitte ISO-Code angeben): ....

3. Telefon (*): ....

4. Fax ....

5. E-Mail: ....

6. Aktenzeichen: ....

7. Sonstige relevante Informationen (bitte ausführen): ....

FORMBLATT IV — ANLAGE II

Angaben zum/zu den Antragsteller(n)
(NUR auszufüllen, falls es sich bei dem/den Antragsteller(n) um (eine) juristische Person(en) handelt) (¹⁴)

1. Name der Organisation (*): ....
   ....
   ....

2. Eintragung der Organisation
2.1. Registriernummer: ....
2.2. Bezeichnung des Registers/der Registerbehörde (*): ....
2.3. Datum (TT.MM.JJJJ) und Ort der Eintragung: ....

3. Anschrift der Organisation
3.1. Straße und Hausnummer/Postfach (*): ....
   ....

3.2. Ort und Postleitzahl (*): ....
3.3. Land (*):
   ☐ Belgien ☐ Bulgarien ☐ Tschechische Republik ☐ Deutschland ☐ Estland ☐ Griechenland
   ☐ Spanien ☐ Frankreich ☐ Kroatien ☐ Italien ☐ Zypern ☐ Lettland ☐ Litauen ☐ Luxemburg
   ☐ Ungarn ☐ Malta ☐ Niederlande ☐ Österreich ☐ Polen ☐ Portugal ☐ Rumänien ☐ Slowenien
   ☐ Slowakei ☐ Finnland ☐ Schweden

   ☐ Sonstiges (bitte ISO-Code angeben): ....

4. Telefon (*): ....

5. Fax ....

6. E-Mail: ....

7. Name und Vorname(n) der für die Organisation zeichnungsberechtigten Person (*): ....

8. Sonstige relevante Informationen (bitte ausführen): ....
   ....
   ....
   ....
   ....

Anhang zu Art. 65 EuErbVO: Durchführungsverordnung (EU) Nr. 1329/2014

FORMBLATT IV — ANLAGE III

Angaben zum/zu den Vertreter(n) des/der Antragsteller(s) ([15])

(NUR auszufüllen, falls der/die Antragsteller vertreten wird/werden)

1. Name und Vorname(n) oder Name der Organisation (*): ....
   ....
   ....

2. Eintragung der Organisation
   2.1. Registriernummer: ....
   2.2. Bezeichnung des Registers/der Registerbehörde (*): ....
   2.3. Datum (TT.MM.JJJJ) und Ort der Eintragung: ....

3. Anschrift
   3.1. Straße und Hausnummer/Postfach (*): ....
   ....
   3.2. Ort und Postleitzahl (*): ....
   3.3. Land (*)
   ☐ Belgien ☐ Bulgarien ☐ Tschechische Republik ☐ Deutschland ☐ Estland ☐ Griechenland ☐ Spanien ☐ Frankreich ☐ Kroatien ☐ Italien ☐ Zypern ☐ Lettland ☐ Litauen ☐ Luxemburg ☐ Ungarn ☐ Malta ☐ Niederlande ☐ Österreich ☐ Polen ☐ Portugal ☐ Rumänien ☐ Slowenien ☐ Slowakei ☐ Finnland ☐ Schweden

   ☐ Sonstiges (bitte ISO-Code angeben): ....

4. Telefon: ....

5. Fax ....

6. E- Mail: ....

7. Vertretungsmacht aufgrund der Eigenschaft als (*)
   ☐ Vormund ☐ Elternteil ☐ Für eine juristische Person zeichnungsberechtigte Person ☐ Bevollmächtigte Person

   ☐ Sonstiges (bitte ausführen): ....

FORMBLATT IV — ANLAGE IV

Angaben zum/zu den (ehemaligen) Ehegatten oder (ehemaligen) Lebenspartner(n) des Erblassers ([16])

(NUR auszufüllen, falls es einen oder mehrere (ehemalige(n)) Ehegatten oder (ehemalige(n)) Lebenspartner des Erblassers gibt)

1. Ist der (ehemalige) Ehegatte oder (ehemalige) Lebenspartner der Antragsteller? (*)

1.1. ☐ Ja (siehe Angaben unter Punkt 3 des Antragsformblatts — geben Sie gegebenenfalls an, um welchen Antragsteller es sich handelt): ....

1.2. ☐ Nein
1.2.1. Name und Vorname(n) (*): ....
....
1.2.2. Geburtsname (falls abweichend von 1.2.1): ....
1.2.3. Geschlecht (*)
1.2.3.1. ☐ M
1.2.3.2. ☐ F
1.2.4. Geburtsdatum (TT.MM.JJJJ) und -ort (*): ....
1.2.5. Familienstand
1.2.5.1. ☐ Ledig
1.2.5.2. ☐ Verheiratet
1.2.5.3. ☐ Eingetragener Partner
1.2.5.4. ☐ Geschieden
1.2.5.5. ☐ Verwitwet
1.2.5.6. ☐ Sonstiges (bitte angeben): ....

1.2.6. Staatsangehörigkeit (*)
☐ Belgien ☐ Bulgarien ☐ Tschechische Republik ☐ Deutschland ☐ Estland ☐ Griechenland ☐ Spanien ☐ Frankreich ☐ Kroatien ☐ Italien ☐ Zypern ☐ Lettland ☐ Litauen ☐ Luxemburg ☐ Ungarn ☐ Malta ☐ Niederlande ☐ Österreich ☐ Polen ☐ Portugal ☐ Rumänien ☐ Slowenien ☐ Slowakei ☐ Finnland ☐ Schweden

☐ Sonstige (bitte ISO-Code angeben): ....

1.2.7. Identifikationsnummer6 ([6])
1.2.7.1. Nationale Identitätsnummer: ....
1.2.7.2. Sozialversicherungsnummer: ....
1.2.7.3. Steuernummer: ....
1.2.7.4. Sonstige (bitte angeben): ....

1.2.8.	Anschrift
1.2.8.1.	Straße und Hausnummer/Postfach (*): ....
	....
1.2.8.2.	Ort und Postleitzahl (*): ....
1.2.8.3.	Land (*)

☐ Belgien ☐ Bulgarien ☐ Tschechische Republik ☐ Deutschland ☐ Estland ☐ Griechenland ☐ Spanien ☐ Frankreich ☐ Kroatien ☐ Italien ☐ Zypern ☐ Lettland ☐ Litauen ☐ Luxemburg ☐ Ungarn ☐ Malta ☐ Niederlande ☐ Österreich ☐ Polen ☐ Portugal ☐ Rumänien ☐ Slowenien ☐ Slowakei ☐ Finnland ☐ Schweden

☐ Sonstige (bitte ISO-Code angeben): ....

1.2.9.	Telefon: ....
1.2.10.	E-Mail: ....
1.2.11.	Verhältnis zum Erblasser zum Zeitpunkt des Todes (*)
1.2.11.1.	☐ Mit dem Erblasser verheiratet
1.2.11.2.	☐ Eingetragener Partner des Erblassers
1.2.11.3.	☐ Vom Erblasser geschieden
1.2.11.4.	☐ Vom Erblasser rechtlich getrennt
1.2.11.5.	☐ Sonstiges (bitte angeben): ....
2.	Anschrift des Paares zum Zeitpunkt der Eheschließung oder Eintragung der Partnerschaft
2.1.	Straße und Hausnummer/Postfach: ....
	....
2.2.	Ort und Postleitzahl: ....
2.3.	Land

☐ Belgien ☐ Bulgarien ☐ Tschechische Republik ☐ Deutschland ☐ Estland ☐ Griechenland ☐ Spanien ☐ Frankreich ☐ Kroatien ☐ Italien ☐ Zypern ☐ Lettland ☐ Litauen ☐ Luxemburg ☐ Ungarn ☐ Malta ☐ Niederlande ☐ Österreich ☐ Polen ☐ Portugal ☐ Rumänien ☐ Slowenien ☐ Slowakei ☐ Finnland ☐ Schweden

☐ Sonstiges (bitte ISO-Code angeben): ....

3.	Anschrift des Ehegatten oder Lebenspartners zum Zeitpunkt des Todes des Erblassers (falls abweichend von 5.9 des Antragsformblatts)
3.1.	Straße und Hausnummer/Postfach: ....
	....
3.2.	Ort und Postleitzahl: ....
3.3.	Land

☐ Belgien ☐ Bulgarien ☐ Tschechische Republik ☐ Deutschland ☐ Estland ☐ Griechenland ☐ Spanien ☐ Frankreich ☐ Kroatien ☐ Italien ☐ Zypern ☐ Lettland ☐ Litauen ☐ Luxemburg ☐ Ungarn ☐ Malta ☐ Niederlande ☐ Österreich ☐ Polen ☐ Portugal ☐ Rumänien ☐ Slowenien ☐ Slowakei ☐ Finnland ☐ Schweden

☐ Sonstiges (bitte ISO-Code angeben): ....

4.	Staatsangehörigkeit des Erblassers zum Zeitpunkt der Eheschließung oder Eintragung der Partnerschaft: ☐ Belgium ☐ Bulgarien ☐ Tschechische Republik ☐ Deutschland ☐ Estland ☐ Griechenland ☐ Spanien ☐ Frankreich ☐ Kroatien ☐ Italien ☐ Zypern ☐ Lettland ☐ Litauen ☐ Luxemburg ☐ Ungarn ☐ Malta ☐ Niederlande ☐ Österreich ☐ Polen ☐ Portugal ☐ Rumänien ☐ Slowenien ☐ Slowakei ☐ Finnland ☐ Schweden ☐ Sonstiges (bitte ISO-Code angeben): ....
5.	Staatsangehörigkeit des Ehegatten oder Lebenspartners zum Zeitpunkt der Eheschließung/Eintragung der Partnerschaft mit dem Erblasser: ☐ Belgium ☐ Bulgarien ☐ Tschechische Republik ☐ Deutschland ☐ Estland ☐ Griechenland ☐ Spanien ☐ Frankreich ☐ Kroatien ☐ Italien ☐ Zypern ☐ Lettland ☐ Litauen ☐ Luxemburg ☐ Ungarn ☐ Malta ☐ Niederlande ☐ Österreich ☐ Polen ☐ Portugal ☐ Rumänien ☐ Slowenien ☐ Slowakei ☐ Finnland ☐ Schweden ☐ Sonstiges (bitte ISO-Code angeben): ....
6.	Datum (TT.MM.JJJJ) und Ort der Eheschließung/Eintragung der Partnerschaft mit dem Erblasser: ....
7.	Behörde, die die Ehe geschlossen/die Partnerschaft eingetragen hat: ....
8.	Hatten der Ehegatte/Lebenspartner und der Erblasser festgelegt, welches Güterrecht für ihre Ehe/eingetragene Partnerschaft maßgebend ist (Rechtswahl)? (*)
8.1.	☐ Ja
8.2.	☐ Nein
8.3.	☐ Nicht bekannt
9.	Hatten der Ehegatte/Lebenspartner und der Erblasser einen Ehevertrag oder einen Vertrag in Bezug auf ein Verhältnis, das mit der Ehe vergleichbare Wirkungen entfaltet, geschlossen? (*)
9.1.1.	☐ Ja
9.1.2.	☐ Nein
9.1.3.	☐ Nicht bekannt
10.	Falls bekannt, Angaben zum ehelichen Güterstand oder zu einem anderen gleichwertigen Güterstand des Erblassers (geben Sie insbesondere an, ob der Güterstand aufgelöst und auseinandergesetzt wurde): ....

Anhang zu Art. 65 EuErbVO: Durchführungsverordnung (EU) Nr. 1329/2014

FORMBLATT IV — ANLAGE V

Angaben zu möglichen Berechtigten

(ohne den Antragsteller, (ehemaligen) Ehegatten oder (ehemaligen) Lebenspartner) ([17])

1. **Berechtigte Person A**

   1.1. Name und Vorname(n) oder Name der Organisation (*): ....

   1.2. Geburtsname (falls abweichend von 1.1): ....

   1.3. Identifikationsnummer ([6])
   1.3.1. Nationale Identitätsnummer: ....
   1.3.2. Sozialversicherungsnummer: ....
   1.3.3. Steuernummer: ....
   1.3.4. Registriernummer: ....
   1.3.5. Sonstige (bitte angeben): ....

   1.4. Anschrift
   1.4.1. Straße und Hausnummer/Postfach (*): ....

   1.4.2. Ort und Postleitzahl (*): ....
   1.4.3. Land (*)
   ☐ Belgien ☐ Bulgarien ☐ Tschechische Republik ☐ Deutschland ☐ Estland ☐ Griechenland ☐ Spanien ☐ Frankreich ☐ Kroatien ☐ Italien ☐ Zypern ☐ Lettland ☐ Litauen ☐ Luxemburg ☐ Ungarn ☐ Malta ☐ Niederlande ☐ Österreich ☐ Polen ☐ Portugal ☐ Rumänien ☐ Slowenien ☐ Slowakei ☐ Finnland ☐ Schweden

   ☐ Sonstiges (bitte ISO-Code angeben): ....

   1.5. Telefon: ....

   1.6. E-Mail: ....

1.7. Verhältnis zum Erblasser

☐ Sohn ☐ Tochter ☐ Vater ☐ Mutter ☐ Enkel ☐ Enkelin ☐ Großvater ☐ Großmutter ☐ Bruder ☐ Schwester ☐ Neffe ☐ Nichte ☐ Onkel ☐ Tante ☐ Cousin/Cousine ☐ Sonstiges (bitte angeben): ....

1.8. Berechtigt kraft (*)

1.8.1. ☐ Verfügung von Todes wegen

1.8.2. ☐ gesetzlicher Erbfolge

2. **Berechtigte Person B**

2.1. Name und Vorname(n) oder Name der Organisation (*): ....
....

2.2. Geburtsname (falls abweichend von 2.1): ....

2.3. Identifikationsnummer (^{6})

2.3.1. Nationale Identitätsnummer: ....

2.3.2. Sozialversicherungsnummer: ....

2.3.3. Steuernummer: ....

2.3.4. Registriernummer: ....

2.3.5. Sonstige (bitte angeben): ....

2.4. Anschrift

2.4.1. Straße und Hausnummer/Postfach (*): ....
....
....

2.4.2. Ort und Postleitzahl (*): ....

2.4.3. Land (*)

☐ Belgien ☐ Bulgarien ☐ Tschechische Republik ☐ Deutschland ☐ Estland ☐ Griechenland ☐ Spanien ☐ Frankreich ☐ Kroatien ☐ Italien ☐ Zypern ☐ Lettland ☐ Litauen ☐ Luxemburg ☐ Ungarn ☐ Malta ☐ Niederlande ☐ Österreich ☐ Polen ☐ Portugal ☐ Rumänien ☐ Slowenien ☐ Slowakei ☐ Finnland ☐ Schweden

☐ Sonstiges (bitte ISO-Code angeben): ....

2.5. Telefon: ....

2.6. E-Mail: ....

2.7. Verhältnis zum Erblasser
☐ Sohn ☐ Tochter ☐ Vater ☐ Mutter ☐ Enkel ☐ Enkelin ☐ Großvater ☐ Großmutter ☐ Bruder ☐ Schwester ☐ Neffe ☐ Nichte ☐ Onkel ☐ Tante ☐ Cousin/Cousine ☐ Sonstiges (bitte angeben): ....

2.8. Berechtigt kraft (*)
2.8.1. ☐ Verfügung von Todes wegen
2.8.2. ☐ gesetzlicher Erbfolge

(*) Obligatorische Angaben.
(**) Obligatorische Angabe, falls mit dem Zeugnis Ansprüche am Nachlass bescheinigt werden sollen.
(***) Obligatorische Angaben, falls mit dem Zeugnis die Befugnis zur Testamentsvollstreckung oder zur Nachlassverwaltung bescheinigt werden soll.
[1] ABl. L 201 vom 27.7.2012, S. 107.
[2] Bitte kreuzen Sie die zutreffenden Kästchen an.
[3] Dies sollte der Mitgliedstaat sein, dessen Gerichte gemäß der Verordnung (EU) Nr. 650/2012 zuständig sind.
[4] Falls eine andere Behörde mit der Erbsache befasst ist/war, fügen Sie bitte Anlage I ausgefüllt bei.
[5] Bei juristischen Personen ist Anlage II ausgefüllt beizufügen.
Bei mehreren Antragstellern ist ein weiteres Blatt beizufügen.
Bei Vertretern ist Anlage III ausgefüllt beizufügen.
[6] Bitte geben Sie gegebenenfalls die relevanteste Nummer an.
[7] Bitte Anlage IV ausgefüllt beifügen.
[8] Der Begriff des De-facto-Partners schließt die in einigen Mitgliedstaaten für Lebensgemeinschaften bestehenden Rechtsinstitute ein wie „sambo" (Schweden) oder „avopuoliso" (Finnland).
[9] Sie können gegebenenfalls mehr als ein Kästchen ankreuzen.
[10] Wenn der Erblasser verheiratet war oder in einem Verhältnis gelebt hat, das mit der Ehe vergleichbare Wirkungen entfaltet, fügen Sie bitte Anlage IV ausgefüllt bei.
[11] Wenn der Erblasser zum Zeitpunkt seines Todes mehrere private Anschriften hatte, geben Sie bitte die relevanteste an.
[12] Für Berechtigte, die weder Antragsteller noch ein (ehemaliger) Ehegatte oder (ehemaliger) Lebenspartner sind, ist Anlage V ausgefüllt beizufügen.
[13] Falls weder die Urschrift noch eine Abschrift beigefügt ist, geben Sie bitte an, wo sich die Urschrift befinden könnte.
[14] Wenn der Antrag von mehr als einer juristischen Person gestellt wird, geben Sie bitte ein weiteres Blatt bei.
[15] Wenn es mehr als einen Vertreter gibt, fügen Sie bitte ein weiteres Blatt bei.
[16] Bei mehr als einer Person fügen Sie bitte ein weiteres Blatt bei.
[17] Vgl. Punkt 3 des Antragsformblatts, Anlagen II oder IV.
Geben Sie insbesondere alle Verwandten des Erblassers in gerader absteigender Linie an, von denen Sie Kenntnis haben.
Haben Sie von mehr als zwei möglichen Berechtigten Kenntnis, fügen Sie bitte ein weiteres Blatt bei.

Für eine detaillierte Erläuterung des Formblatts IV wird auf *Wilsch* in: Gierl/Köhler/Kroiß/Wilsch, Internationales Erbrecht, 3. Auflage 2020, Teil 3 § 5 verwiesen.

Artikel 66 EuErbVO   Prüfung des Antrags

(1) ¹Nach Eingang des Antrags überprüft die Ausstellungsbehörde die vom Antragsteller übermittelten Angaben, Erklärungen, Schriftstücke und sonstigen Nachweise. ²Sie führt von Amts wegen die für diese Überprüfung erforderlichen Nachforschungen durch, soweit ihr eigenes Recht dies vorsieht oder zulässt, oder fordert den Antragsteller auf, weitere Nachweise vorzulegen, die sie für erforderlich erachtet.

(2) Konnte der Antragsteller keine Abschriften der einschlägigen Schriftstücke vorlegen, die die für ihre Beweiskraft erforderlichen Voraussetzungen erfüllen, so kann die Ausstellungsbehörde entscheiden, dass sie Nachweise in anderer Form akzeptiert.

(3) Die Ausstellungsbehörde kann – soweit ihr eigenes Recht dies vorsieht und unter den dort festgelegten Bedingungen – verlangen, dass Erklärungen unter Eid oder durch eidesstattliche Versicherung abgegeben werden.

(4) ¹Die Ausstellungsbehörde unternimmt alle erforderlichen Schritte, um die Berechtigten von der Beantragung eines Zeugnisses zu unterrichten. ²Sie hört, falls dies für die Feststellung des zu bescheinigenden Sachverhalts erforderlich ist, jeden Beteiligten, Testamentsvollstrecker oder Nachlassverwalter und gibt durch öffentliche Bekanntmachung anderen möglichen Berechtigten Gelegenheit, ihre Rechte geltend zu machen.

(5) Für die Zwecke dieses Artikels stellt die zuständige Behörde eines Mitgliedstaats der Ausstellungsbehörde eines anderen Mitgliedstaats auf Ersuchen die Angaben zur Verfügung, die insbesondere im Grundbuch, in Personenstandsregistern und in Registern enthalten sind, in denen Urkunden oder Tatsachen erfasst werden, die für die Rechtsnachfolge von Todes wegen oder den ehelichen Güterstand oder einen vergleichbaren Güterstand des Erblassers erheblich sind, sofern die zuständige Behörde nach innerstaatlichem Recht befugt wäre, diese Angaben einer anderen inländischen Behörde zur Verfügung zu stellen.

1 Das zur Ausstellung eines ENZ führende Verfahren regelt Art. 66 EuErbVO. Sobald der **Antrag** auf Ausstellung eines ENZ (Art. 65 EuErbVO) bei der zuständigen Ausstellungsbehörde (Art. 64 EuErbVO) eingegangen ist, hat diese gem. Art. 66 Abs. 1 S. 1 EuErbVO die vom Antragsteller übermittelten Angaben, Erklärungen, Schriftstücke und sonstigen Nachweise zu überprüfen; die für diese **Überprüfung** erforderlichen Nachforschungen sind **von Amts wegen** durchzuführen, soweit das nationale Recht dies – wie § 26 FamFG (iVm § 35 Abs. 1 IntErbRVG) – vorsieht (Art. 66 Abs. 1 S. 2 EuErbVO).

2 Hat der Antragsteller – entgegen Art. 65 Abs. 3 Hs. 2 EuErbVO – keine Abschriften der einschlägigen Schriftstücke mit hinreichender Beweiskraft vorgelegt, kann sich die Ausstellungsbehörde gem. Art. 66 Abs. 2 EuErbVO auf einen Nachweis in anderer Form beschränken; sie kann gem. Art. 66 Abs. 3 EuErbVO – ebenfalls nach Maßgabe des nationalen Rechts (§ 36 Abs. 2 IntErbRVG) – verlangen, dass Erklärungen unter Eid oder durch eidesstattliche Versicherung abgegeben werden.

3 Gem. Art. 66 Abs. 4 S. 1 EuErbVO ist die Ausstellungsbehörde verpflichtet, alle erforderlichen Schritte zu unternehmen, um die Berechtigten von der Beantragung eines Zeugnisses zu unterrichten; sie hat gem. Art. 66 Abs. 4 S. 2 EuErbVO ggf. jeden Beteiligten (vgl. insoweit § 37 Abs. 1 IntErbRVG), Testamentsvollstrecker oder Nachlassverwalter anzuhören und durch öffentliche Bekanntmachung (vgl. § 35 Abs. 3 IntErbRVG) anderen möglichen Berechtigten die Gelegenheit zu geben, ihre Rechte geltend zu machen.

Aus Art. 66 Abs. 5 EuErbVO ergibt sich eine **Mitwirkungspflicht anderer mitgliedstaatlicher Behörden**:[1] Auf Ersuchen des das ENZ ausstellenden Gerichts haben diese Behörden für die Rechtsnachfolge von Todes wegen sowie für den Güterstand des Erblassers relevante Auskünfte aus Grundbüchern, Personenstandsregistern oder anderen Registern zu erteilen, soweit diese nach dem innerstaatlichen Recht auch zur Auskunft an eine andere inländische Behörde befugt sind.

4

Artikel 67 EuErbVO Ausstellung des Zeugnisses

(1) ¹Die Ausstellungsbehörde stellt das Zeugnis unverzüglich nach dem in diesem Kapitel festgelegten Verfahren aus, wenn der zu bescheinigende Sachverhalt nach dem auf die Rechtsnachfolge von Todes wegen anzuwendenden Recht oder jedem anderen auf einen spezifischen Sachverhalt anzuwendenden Recht feststeht. ²Sie verwendet das nach dem Beratungsverfahren nach Artikel 81 Absatz 2 erstellte Formblatt.

Die Ausstellungsbehörde stellt das Zeugnis insbesondere nicht aus,
a) wenn Einwände gegen den zu bescheinigenden Sachverhalt anhängig sind oder
b) wenn das Zeugnis mit einer Entscheidung zum selben Sachverhalt nicht vereinbar wäre.

(2) Die Ausstellungsbehörde unternimmt alle erforderlichen Schritte, um die Berechtigten von der Ausstellung des Zeugnisses zu unterrichten.

Steht der gem. Art. 66 EuErbVO zu ermittelnde Sachverhalt fest und ergibt dessen rechtliche Würdigung eine im ENZ auszuweisende Berechtigung des Antragstellers, ist diesem gem. Art. 67 Abs. 1 EuErbVO ein entsprechendes ENZ auszustellen; hierzu hat die Ausstellungsbehörde das – nach dem Beratungsverfahren nach Art. 81 Abs. 2 erstellte – **Formblatt V (Anhang 5) der EuErbVO-Durchführungsverordnung**[1] zu verwenden. Zu beachten ist jedoch, dass dem Antragsteller gem. Art. 70 EuErbVO – anders als im deutschen Recht – nur eine **beglaubigte Abschrift des ENZ** ausgestellt wird, deren Gültigkeit zudem zeitlich befristet ist; die Urschrift hat die Ausstellungbehörde aufzubewahren, → EuErbVO Art. 70 Rn. 1 f.

1

Eine Ausstellung des ENZ kommt jedoch gem. Art. 67 Abs. 1 S. 3 EuErbVO **nicht in Betracht**, wenn Einwände gegen den zu bescheinigenden Sachverhalt – also Einwände gegen die zur Begründung des Antrags gemachten Angaben oder gegen die zu bescheinigende Rechtsstellung, Rechte und Befugnisse[2] – anhängig sind oder wenn eine (ggf. anzuerkennende) Entscheidung vorliegt, die dem gem. Art. 66 EuErbVO festgestellten Sachverhalt widerspricht.[3] **Anhängige Einwände** im Sinne des Art. 67 Abs. 1 S. 3 lit. a EuErbVO stellen nach vorzugswürdiger Ansicht nur solche Einwände dar, die anderweitig, also in einem anderen Verfahren in Bezug auf den zu bescheinigenden Sachverhalt anhängig sind.[4] Demgegenüber sind Einwände, die ein Berechtigter unmittelbar gegenüber der Ausstellungsbehörde geltend macht, im Rahmen des Erteilungsverfahrens zu würdigen; sie stehen nicht per se der Erteilung des Zeugnisses entgegen,[5] so dass das Erteilungsverfahren keineswegs nur auf einvernehmliche Verfahren beschränkt ist.

2

---

1 Vgl. auch NK-BGB/Nordmeier EuErbVO Art. 66 Rn. 11.
1 Durchführungsverordnung (EU) Nr. 1329/2014.der Kommission vom 9.12.2014 zur Festlegung der Formblätter nach Maßgabe der Verordnung (EU) Nr. 650/2012 des Europäischen Parlaments und des Rates über die Zuständigkeit, das anzuwendende Recht, die Anerkennung und Vollstreckung von Entscheidungen und die Annahme und Vollstreckung öffentlicher Urkunden in Erbsachen sowie zur Einführung eines Europäischen Nachlasszeugnisses (ABl. EU L 359, 30). – Abgedruckt im Anhang zu Art. 67 EuErbVO.
2 OLG Stuttgart FGPrax 2021, 33.
3 Zustimmend NK-BGB/Nordmeier EuErbVO Art. 67 Rn. 12.
4 OLG Stuttgart FGPrax 2021, 33 mwN – AA etwa MüKoBGB/Dutta EuErbVO Art. 67 Rn. 5 mwN mit der Folge, dass ein ENZ in streitigen Verfahren nicht ausgestellt werden kann.
5 OLG Stuttgart = FGPrax 2021, 33 mwN.

3 Gegen eine Entscheidung gem. Art. 67 EuErbVO kann der **Rechtsbehelf** des Art. 72 EuErbVO erhoben werden.

Anhang zu Art. 67 EuErbVO: Durchführungsverordnung (EU) Nr. 1329/2014[1]

Artikel 1

[...]

(5) Für das Europäische Nachlasszeugnis gemäß Artikel 67 Absatz 1 der Verordnung (EU) Nr. 650/2012 ist das Formblatt V in Anhang 5 zu verwenden.

---

[1] Durchführungsverordnung (EU) Nr. 1329/2014.der Kommission vom 9.12.2014 zur Festlegung der Formblätter nach Maßgabe der Verordnung (EU) Nr. 650/2012 des Europäischen Parlaments und des Rates über die Zuständigkeit, das anzuwendende Recht, die Anerkennung und Vollstreckung von Entscheidungen und die Annahme und Vollstreckung öffentlicher Urkunden in Erbsachen sowie zur Einführung eines Europäischen Nachlasszeugnisses (ABl. EU L 359, 30).

Formblatt V

FORMBLATT V

Europäisches Nachlasszeugnis
(Artikel 67 der Verordnung (EU) Nr. 650/2012 des Europäischen Parlaments und des Rates über die Zuständigkeit, das anzuwendende Recht, die Anerkennung und Vollstreckung von Entscheidungen und die Annahme und Vollstreckung öffentlicher Urkunden in Erbsachen sowie zur Einführung eines Europäischen Nachlasszeugnisses (^{1}))
Das Original dieses Zeugnisses bleibt in Händen der Ausstellungsbehörde
Beglaubigte Abschriften dieses Zeugnisses sind bis zu dem im entsprechenden Feld angegebenen Datum am Ende dieses Formblatts gültig
Dem Nachlasszeugnis beigefügte Anlagen (*)
☐ Anlage I — Angaben zum/zu den Antragsteller(n) (OBLIGATORISCH, falls es sich um (eine) juristische Person(en) handelt)
☐ Anlage II — Angaben zum/zu den Vertreter(n) des/der Antragsteller(s) (OBLIGATORISCH, falls der/die Antragsteller vertreten wird/werden)
☐ Anlage III — Angaben zum ehelichen Güterstand oder zu einem anderen gleichwertigen Güterstand des Erblassers (OBLIGATORISCH, falls für den Erblasser zum Zeitpunkt seines Todes ein solcher Güterstand galt)
☐ Anlage IV — Stellung und Rechte des/der Erben (OBLIGATORISCH, falls diese durch das Zeugnis bestätigt werden sollen)
☐ Anlage V — Stellung und Rechte des/der Vermächtnisnehmer(s) mit unmittelbarer Berechtigung am Nachlass (OBLIGATORISCH, falls diese durch das Zeugnis bestätigt werden sollen)
☐ Anlage VI — Befugnis zur Testamentsvollstreckung oder Nachlassverwaltung (OBLIGATORISCH, falls diese durch das Zeugnis bestätigt werden soll)
☐ Keine Anlage beigefügt

1. **Mitgliedstaat der Ausstellungsbehörde (*)**

   ☐ Belgien ☐ Bulgarien ☐ Tschechische Republik ☐ Deutschland ☐ Estland ☐ Griechenland
   ☐ Spanien ☐ Frankreich ☐ Kroatien ☐ Italien ☐ Italien ☐ Lettland ☐ Litauen ☐ Luxemburg
   ☐ Ungarn ☐ Malta ☐ Niederlande ☐ Österreich ☐ Polen ☐ Portugal ☐ Rumänien ☐ Slowenien
   ☐ Slowakei ☐ Finnland ☐ Schweden

2. **Ausstellungsbehörde**

2.1. Name und Bezeichnung der Behörde (*): ....
2.2. Anschrift
2.2.1. Straße und Hausnummer/Postfach (*): ....
   ....
   ....
2.2.2. Ort und Postleitzahl (*): ....

2.3. Telefon: ....
2.4. Fax ....
2.5. E- Mail: ....

3.	**Angaben zur Akte**
3.1.	Aktenzeichen (*): ....
3.2.	Datum (TT.MM.JJJJ) des Zeugnisses (*): ....

4.	**Zuständigkeit der Ausstellungsbehörde** (Artikel 64 der Verordnung (EU) Nr. 650/2012)
4.1.	Die Ausstellungsbehörde befindet sich in dem Mitgliedstaat, dessen Gerichte für die Entscheidung über die Erbsache zuständig sind gemäß (*)
	☐ Artikel 4 der Verordnung (EU) Nr. 650/2012 (Allgemeine Zuständigkeit)
	☐ Artikel 7 Buchstabe a der Verordnung (EU) Nr. 650/2012 (Zuständigkeit bei Rechtswahl)
	☐ Artikel 7 Buchstabe b der Verordnung (EU) Nr. 650/2012 (Zuständigkeit bei Rechtswahl)
	☐ Artikel 7 Buchstabe c der Verordnung (EU) Nr. 650/2012 (Zuständigkeit bei Rechtswahl)
	☐ Artikel 10 der Verordnung (EU) Nr. 650/2012 (Subsidiäre Zuständigkeit)
	☐ Artikel 11 der Verordnung (EU) Nr. 650/2012 (Notzuständigkeit — *forum necessitatis*)
4.2.	Zusätzliche Umstände, aus denen die Ausstellungsbehörde ihre Zuständigkeit für die Ausstellung des Zeugnisses herleitet (^{2}): ....

5.	**Angaben zum Antragsteller** (natürliche Person (^{3}))
5.1.	Name und Vorname(n) (*): ....
5.2.	Geburtsname (falls abweichend von 5.1): ....
5.3.	Geschlecht (*)
5.3.1.	☐ M
5.3.2.	☐ F
5.4.	Geburtsdatum (TT.MM.JJJJ) und -ort (Stadt/Land (ISO-Code)) (*): ....
5.5.	Familienstand (*)
5.5.1.	☐ Ledig
5.5.2.	☐ Verheiratet
5.5.3.	☐ Eingetragener Partner
5.5.4.	☐ Geschieden
5.5.5.	☐ Verwitwet
5.5.6.	☐ Sonstiges (bitte angeben): ....

5.6.	Staatsangehörigkeit (*)
	☐ Belgien ☐ Bulgarien ☐ Tschechische Republik ☐ Deutschland ☐ Estland ☐ Griechenland ☐ Spanien ☐ Frankreich ☐ Kroatien ☐ Italien ☐ Zypern ☐ Lettland ☐ Litauen ☐ Luxemburg ☐ Ungarn ☐ Malta ☐ Niederlande ☐ Österreich ☐ Polen ☐ Portugal ☐ Rumänien ☐ Slowenien ☐ Slowakei ☐ Finnland ☐ Schweden
	☐ Sonstige (bitte ISO-Code angeben): ....
5.7.	Identifikationsnumme ([4])
5.7.1.	Nationale Identitätsnummer: ....
5.7.2.	Sozialversicherungsnummer: ....
5.7.3.	Steuernummer: ....
5.7.4.	Sonstige (bitte angeben): ....
5.8.	Anschrift
5.8.1.	Straße und Hausnummer/Postfach (*): ....
5.8.2.	Ort und Postleitzahl (*): ....
5.8.3.	Land (*)
	☐ Belgien ☐ Bulgarien ☐ Tschechische Republik ☐ Deutschland ☐ Estland ☐ Griechenland ☐ Spanien ☐ Frankreich ☐ Kroatien ☐ Italien ☐ Zypern ☐ Lettland ☐ Litauen ☐ Luxemburg ☐ Ungarn ☐ Malta ☐ Niederlande ☐ Österreich ☐ Polen ☐ Portugal ☐ Rumänien ☐ Slowenien ☐ Slowakei ☐ Finnland ☐ Schweden
	☐ Sonstige (bitte ISO-Code angeben): ....
5.9.	Telefon: ....
5.10.	Fax ....
5.11.	E- Mail: ....
5.12.	Verhältnis zum Erblasser
	☐ Sohn ☐ Tochter ☐ Vater ☐ Mutter ☐ Enkel ☐ Enkelin ☐ Großvater ☐ Großmutter ☐ Ehegatte ☐ Eingetragener Partner ☐ *De-facto*-Partner ([5]) ☐ Bruder ☐ Schwester ☐ Neffe ☐ Nichte ☐ Onkel ☐ Tante ☐ Cousin/Cousine ☐ Sonstiges (bitte angeben): ....

6.	**Angaben zum Erblasser**
6.1.	Name und Vorname(n) (*): ....
6.2.	Geburtsname (falls abweichend von 6.1): ....
6.3.	Geschlecht (*)
6.3.1.	☐ M
6.3.2.	☐ F

6.4. Geburtsdatum (TT.MM.JJJJ) und -ort (Stadt/Land (ISO-Code)) (*): ....
....

6.5. Familienstand zum Zeitpunkt des Todes (*)

6.5.1. ☐ Ledig

6.5.2. ☐ Verheiratet

6.5.3. ☐ Eingetragener Partner

6.5.4. ☐ Geschieden

6.5.5. ☐ Verwitwet

6.5.6. ☐ Sonstiges (bitte angeben): ....

6.6. Staatsangehörigkeit (*)

☐ Belgien ☐ Bulgarien ☐ Tschechische Republik ☐ Deutschland ☐ Estland ☐ Griechenland ☐ Spanien ☐ Frankreich ☐ Kroatien ☐ Italien ☐ Zypern ☐ Lettland ☐ Litauen ☐ Luxemburg ☐ Ungarn ☐ Malta ☐ Niederlande ☐ Österreich ☐ Polen ☐ Portugal ☐ Rumänien ☐ Slowenien ☐ Slowakei ☐ Finnland ☐ Schweden

☐ Sonstige (bitte ISO-Code angeben): ....

6.7. Identifikationsnummer ([4])

6.7.1. Nationale Identitätsnummer: ....

6.7.2. Sozialversicherungsnummer: ....

6.7.3. Steuernummer: ....

6.7.4. Nummer der Geburtsurkunde: ....

6.7.5. Sonstige (bitte angeben): ....

6.8. Anschrift zum Zeitpunkt des Todes

6.8.1. Straße und Hausnummer/Postfach (*): ....
....

6.8.2. Ort und Postleitzahl (*): ....

6.8.3. Land (*)

☐ Belgien ☐ Bulgarien ☐ Tschechische Republik ☐ Deutschland ☐ Estland ☐ Griechenland ☐ Spanien ☐ Frankreich ☐ Kroatien ☐ Italien ☐ Zypern ☐ Lettland ☐ Litauen ☐ Luxemburg ☐ Ungarn ☐ Malta ☐ Niederlande ☐ Österreich ☐ Polen ☐ Portugal ☐ Rumänien ☐ Slowenien ☐ Slowakei ☐ Finnland ☐ Schweden

☐ Sonstige (bitte ISO-Code angeben): ....

6.9. Datum (TT.MM.JJJJ) und Ort des Todes (*): ....
....

6.9.1. Nummer, Datum und Ort der Ausstellung der Sterbeurkunde: ....
....

Anhang zu Art. 67 EuErbVO: Durchführungsverordnung (EU) Nr. 1329/2014

7.	**Gewillkürte/gesetzliche Erbfolge**
7.1.	Für die Rechtsnachfolge von Todes wegen gilt (*):
7.1.1.	☐ die gewillkürte Erbfolge
7.1.2.	☐ die gesetzliche Erbfolge
7.1.3.	☐ zum Teil die gewillkürte und zum Teil die gesetzliche Erbfolge
7.2.	Im Fall einer gewillkürten oder teilweise gewillkürten Erbfolge stützt sich das Zeugnis auf die folgende(n) gültige(n) Verfügung(en) von Todes wegen ([6])
7.2.1.	Art: ☐ Testament ☐ Gemeinschaftliches Testament ☐ Erbvertrag
7.2.2.	Datum (TT.MM.JJJJ) der Errichtung der letztwilligen Verfügung (*): ....
7.2.3.	Ort der Errichtung (Stadt/Land (ISO-Code)): ....
7.2.4.	Name und Bezeichnung der Behörde, vor der die letztwillige Verfügung errichtet wurde: ....
7.2.5.	Datum (TT.MM.JJJJ) der Eintragung oder Hinterlegung der letztwilligen Verfügung: ....
7.2.6.	Bezeichnung des Registers oder der Verwahrstelle (*): ....
7.2.7.	Aktenzeichen der letztwilligen Verfügung im Register oder bei der Verwahrstelle: ....
7.2.8.	Sonstiges Aktenzeichen: ....
7.3.	Nach Kenntnis der Ausstellungsbehörde hat der Erblasser folgende weitere Verfügungen von Todes wegen errichtet, die widerrufen oder für nichtig erklärt wurden ([6])
7.3.1.	Art: ☐ Testament ☐ Gemeinschaftliches Testament ☐ Erbvertrag
7.3.2.	Datum (TT.MM.JJJJ) der Errichtung der letztwilligen Verfügung (*): ....
7.3.3.	Ort der Errichtung (Stadt/Land (ISO-Code)): ....
7.3.4.	Name und Bezeichnung der Behörde, vor der die letztwillige Verfügung errichtet wurde: ....
7.3.5.	Datum (TT.MM.JJJJ) der Eintragung oder Hinterlegung der letztwilligen Verfügung: ....
7.3.6.	Bezeichnung des Registers oder der Verwahrstelle: ....
7.3.7.	Aktenzeichen der letztwilligen Verfügung im Register oder bei der Verwahrstelle: ....
7.3.8.	Sonstiges Aktenzeichen: ....
7.4.	Sonstige relevante Angaben zu Artikel 68 Buchstabe j der Verordnung (EU) Nr. 605/2012 (bitte ausführen): ....

8.	**Auf die Rechtsnachfolge von Todes wegen anzuwendendes Recht**
8.1.	Auf die Rechtsnachfolge von Todes wegen ist das Recht des folgenden Staates anzuwenden (*) ☐ Belgien ☐ Bulgarien ☐ Tschechische Republik ☐ Deutschland ☐ Estland ☐ Griechenland ☐ Spanien ☐ Frankreich ☐ Kroatien ☐ Italien ☐ Zypern ☐ Lettland ☐ Litauen ☐ Luxemburg ☐ Ungarn ☐ Malta ☐ Niederlande ☐ Österreich ☐ Polen ☐ Portugal ☐ Rumänien ☐ Slowenien ☐ Slowakei ☐ Finnland ☐ Schweden ☐ Sonstiges (bitte ISO-Code angeben): ....
8.2.	Das anzuwendende Recht wurde auf der Grundlage folgender Umstände bestimmt (*)
8.2.1.	☐ Zum Zeitpunkt seines Todes hatte der Erblasser seinen gewöhnlichen Aufenthalt in diesem Staat (Artikel 21 Absatz 1 der Verordnung (EU) Nr. 650/2012).
8.2.2.	☐ Der Erblasser hatte das Recht des Staates gewählt, dessen Staatsangehörigkeit er besaß (Artikel 22 Absatz 1 der Verordnung (EU) Nr. 650/2012) (siehe 7.2).
8.2.3.	☐ Der Erblasser hatte eine offensichtlich engere Verbindung zu diesem Staat als zu dem Staat seines gewöhnlichen Aufenthalts (Artikel 21 Absatz 2 der Verordnung (EU) Nr. 650/2012). Bitte ausführen: ....
8.2.4.	☐ Das nach Artikel 21 Absatz 1 der Verordnung (EU) Nr. 650/2012 anzuwendende Recht verweist auf das Recht dieses Staates (Artikel 34 Absatz 1 der Verordnung (EU) Nr. 650/2012). Bitte ausführen: ....
8.3.	☐ Anzuwendendes Recht ist das Recht eines Staates mit mehr als einem Rechtssystem (Artikel 36 und 37 der Verordnung (EU) Nr. 650/2012). Es gelten folgende Rechtsvorschriften (geben Sie bitte gegebenenfalls die Gebietseinheit an): ....
8.4.	☐ Es gelten besondere Regelungen mit Beschränkungen, die die Rechtsnachfolge von Todes wegen in Bezug auf bestimmte Vermögenswerte des Erblassers betreffen oder Auswirkungen auf sie haben (Artikel 30 der Verordnung (EU) Nr. 650/2012). Geben Sie bitte die betreffenden Regelungen und Vermögenswerte an): ....

Anhang zu Art. 67 EuErbVO: Durchführungsverordnung (EU) Nr. 1329/2014

Die Behörde bestätigt, dass sie alle erforderlichen Schritte unternommen hat, um die Berechtigten von der Beantragung eines Zeugnisses zu unterrichten, und dass zum Zeitpunkt der Erstellung des Zeugnisses keine der darin enthaltenen Angaben von den Berechtigten bestritten worden ist.

Die nachstehenden Punkte wurden nicht ausgefüllt, weil sie für den Zweck, für den das Zeugnis ausgestellt wurde, nicht als relevant angesehen wurden (*): ....
....
....

Gesamtzahl der Seiten, falls weitere Blätter beigefügt wurden (*): ....
....

Ort (*) .... Datum (*) .... (TT.MM.JJJJ)

Unterschrift und/oder Stempel der Ausstellungsbehörde (*): ....
....

BEGLAUBIGTE ABSCHRIFT

Diese beglaubigte Abschrift des Europäischen Nachlasszeugnisses wurde ausgestellt
für (*): ....
....
....

(Name des/der Antragsteller(s) oder der Person(en), die ein berechtigtes Interesse nachgewiesen hat/haben (Artikel 70 der Verordnung (EU) Nr. 650/2012)

Gültig bis (*): .... (TT.MM.JJJJ)

Ausstellungsdatum (*): .... (TT.MM.JJJJ)

Unterschrift und/oder Stempel der Ausstellungsbehörde (*): ....
....

FORMBLATT V — ANLAGE I

Angaben zum/zu den Antragsteller(n) (juristische Person(en (⁷))

1. Name der Organisation (*): ....
   ....
   ....

2. Eintragung der Organisation (*)
2.1. Registriernummer (⁴): ....
   ....

2.2. Bezeichnung des Registers/der Registerbehörde (*): ....
   ....

2.3. Bezeichnung des Registers/der Registerbehörde (*): ....
   ....

3. Anschrift der Organisation
3.1. Straße und Hausnummer/Postfach (*): ....
   ....
   ....

3.2. Ort und Postleitzahl (*): ....
3.3. Land (*)
   ☐ Belgien ☐ Bulgarien ☐ Tschechische Republik ☐ Deutschland ☐ Estland ☐ Griechenland
   ☐ Spanien ☐ Frankreich ☐ Kroatien ☐ Italien ☐ Zypern ☐ Lettland ☐ Litauen ☐ Luxemburg
   ☐ Ungarn ☐ Malta ☐ Niederlande ☐ Österreich ☐ Polen ☐ Portugal ☐ Rumänien ☐ Slowenien
   ☐ Slowakei ☐ Finnland ☐ Schweden
   ☐ Sonstiges (bitte ISO-Code angeben): ....

4. Telefon (*): ....

5. Fax ....

6. E-Mail: ....

7. Name und Vorname(n) der für die Organisation zeichnungsberechtigten Person (*): ....
   ....
   ....

8. Sonstige relevante Informationen (bitte ausführen): ....
   ....
   ....

Anhang zu Art. 67 EuErbVO: Durchführungsverordnung (EU) Nr. 1329/2014

FORMBLATT V — ANLAGE II

Angaben zum/zu den Vertreter(n) des/der Antragsteller(s) ([8])

1. Name und Vorname(n) oder Name der Organisation (*): ....

2. Eintragung der Organisation
2.1. Registriernummer: ....
2.2. Bezeichnung des Registers/der Registerbehörde (*): ....
2.3. Datum (TT.MM.JJJJ) und Ort der Eintragung (*): ....

3. Anschrift
3.1. Straße und Hausnummer/Postfach (*): ....

3.2. Ort und Postleitzahl (*):
3.3. Land (*)
☐ Belgien ☐ Bulgarien ☐ Tschechische Republik ☐ Deutschland ☐ Estland ☐ Griechenland ☐ Spanien ☐ Frankreich ☐ Kroatien ☐ Italien ☐ Zypern ☐ Lettland ☐ Litauen ☐ Luxemburg ☐ Ungarn ☐ Malta ☐ Niederlande ☐ Österreich ☐ Polen ☐ Portugal ☐ Rumänien ☐ Slowenien ☐ Slowakei ☐ Finnland ☐ Schweden

☐ Sonstiges (bitte ISO-Code angeben): ....

4. Telefon: ....

5. Fax ....

6. E- Mail: ....

7. Vertretungsmacht aufgrund der Eigenschaft als (*): ....
☐ Vormund ☐ Elternteil ☐ Für eine juristische Person zeichnungsberechtigte Person ☐ Bevollmächtigte Person

☐ Sonstiges (bitte ausführen): ....

FORMBLATT V — ANLAGE III

Angaben zum ehelichen Güterstand oder zu einem anderen gleichwertigen Güterstand des Erblassers (⁹)

1. Name und Vorname(n) des (ehemaligen) Ehegatten oder (ehemaligen) Lebenspartners (*): ....
   ....

2. Geburtsname des (ehemaligen) Ehegatten oder (ehemaligen) Lebenspartners (falls abweichend von 1.): ....
   ....
   ....

3. Datum und Ort der Eheschließung oder der Begründung eines anderen Verhältnisses, das mit der Ehe vergleichbare Wirkungen entfaltet: ....
   ....

4. Hatte der Erblasser mit der unter 1. genannten Person einen Ehevertrag geschlossen?

4.1. ☐ Ja

4.1.1. Datum (TT.MM.JJJJ) des Ehevertrags (*): ....

4.2. ☐ Nein

5. Hatte der Erblasser mit der unter 1. genannten Person im Rahmen eines Verhältnisses, das mit der Ehe vergleichbare Wirkungen entfaltet, einen güterrechtlichen Vertrag geschlossen?

5.1. ☐ Ja

5.1.1. Datum (TT.MM.JJJJ) des Vertrags: ....

5.2. ☐ Nein

6. Für den Güterstand galt das Recht des folgenden Staates (*):

   ☐ Belgien ☐ Bulgarien ☐ Tschechische Republik ☐ Deutschland ☐ Estland ☐ Griechenland
   ☐ Spanien ☐ Frankreich ☐ Kroatien ☐ Italien ☐ Zypern ☐ Lettland ☐ Litauen ☐ Luxemburg
   ☐ Ungarn ☐ Malta ☐ Niederlande ☐ Österreich ☐ Polen ☐ Portugal ☐ Rumänien ☐ Slowenien
   ☐ Slowakei ☐ Finnland ☐ Schweden

   ☐ Sonstiges (bitte ISO-Code angeben): ....

6.1. Dieses Recht basierte auf einer Rechtswahl (*):

6.1.1. ☐ Ja

6.1.2. ☐ Nein

6.2. Hat der Staat, dessen Recht maßgebend war, mehr als ein Rechtssystem, geben Sie bitte die Gebietseinheit an: ....

7.	Es galt folgender Güterstand:
7.1.	☐ Gütertrennung
7.2.	☐ Allgemeine Gütergemeinschaft
7.3.	☐ Gütergemeinschaft
7.4.	☐ Zugewinngemeinschaft
7.5.	☐ Aufgeschobene Gütergemeinschaft
7.6.	☐ Sonstiges (bitte ausführen): ....
8.	Geben Sie bitte die Bezeichnung des Güterstands in der Originalsprache an und die diesbezüglichen Rechtsvorschriften ([10]): ....
9.	Der zwischen dem Erblasser und der unter 1. genannten Person bestehende eheliche oder andere gleichwertige Güterstand wurde aufgelöst und auseinandergesetzt:
9.1.	☐ Ja
9.2.	☐ Nein

FORMBLATT V — ANLAGE IV

Stellung und Rechte des/der Erben ([11])
1. Ist der Erbe der Antragsteller? (*)
1.1. ☐ Ja
1.1.1. ☐ Angegeben unter Punkt 5 des Zeugnisformblatts (geben Sie gegebenenfalls an, um welchen Antragsteller es sich handelt): ....
1.1.2. ☐ Angegeben in Anlage I (geben Sie gegebenenfalls an, um welchen Antragsteller es sich handelt): ....
1.2. ☐ Nein
1.2.1. Name und Vorname(n) oder Name der Organisation (*): ....
1.2.2. Geburtsname (falls abweichend von 1.2.1): ....
1.2.3. Identifikationsnummer ([4])
1.2.3.1. Nationale Identitätsnummer: ....
1.2.3.2. Sozialversicherungsnummer: ....
1.2.3.3. Steuernummer: ....
1.2.3.4. Registriernummer: ....
1.2.3.5. Sonstige (bitte angeben): ....
1.2.4. Anschrift
1.2.4.1. Straße und Hausnummer/Postfach: ....
1.2.4.2. Ort und Postleitzahl: ....
1.2.4.3. Land
☐ Belgien ☐ Bulgarien ☐ Tschechische Republik ☐ Deutschland ☐ Estland ☐ Griechenland ☐ Spanien ☐ Frankreich ☐ Kroatien ☐ Italien ☐ Zypern ☐ Lettland ☐ Litauen ☐ Luxemburg ☐ Ungarn ☐ Malta ☐ Niederlande ☐ Österreich ☐ Polen ☐ Portugal ☐ Rumänien ☐ Slowenien ☐ Slowakei ☐ Finnland ☐ Schweden
☐ Sonstiges (bitte ISO-Code angeben): ....
1.2.5. Telefon: ....
1.2.6. Fax: ....
1.2.7. E-Mail: ....
1.2.8. Geburtsdatum (TT.MM.JJJJ) und -ort — bzw. bei einer Organisation — Datum (TT.MM.JJJJ) und Ort der Eintragung sowie Bezeichnung des Registers/der Registerbehörde: ....

2.	Der Erbe hat die Erbschaft angenommen.
2.1.	☐ Ja, ohne Vorbehalt
2.2.	☐ Ja, unter dem Vorbehalt der Inventarerrichtung (bitte führen Sie aus, welche Wirkungen damit verbunden sind): ....
2.3.	☐ Ja, mit anderen Vorbehalten (bitte führen Sie aus, welche Wirkungen damit verbunden sind): .. ..
2.4.	☐ Eine Annahme ist nach dem auf die Rechtsnachfolge von Todes wegen anzuwendenden Recht nicht erforderlich
3.	Die Erbenstellung ergibt sich aus ([12]) (*):
3.1.	☐ einer Verfügung von Todes wegen
3.2.	☐ der gesetzlichen Erbfolge
4.	☐ Der Erbe hat die Erbschaft ausgeschlagen.
5.	☐ Der Erbe hat einen Pflichtteil akzeptiert.
6.	☐ der Erbe hat auf seinen Pflichtteil verzichtet.
7.	☐ Der Erbe wurde von der Erbschaft ausgeschlossen:
7.1.	☐ durch Verfügung von Todes wegen
7.2.	☐ aufgrund der gesetzlichen Erbfolge
7.3.	☐ durch gerichtliche Entscheidung
8.	Der Erbe hat Anspruch auf folgenden Teil des Nachlasses (bitte angeben): ....
9.	Dem Erben zugewiesene(r) Vermögenswert(e), für den/die eine Bescheinigung beantragt wurde (geben Sie bitte die betreffenden Werte und alle für deren Identifizierung relevanten Angaben an) ([13]): ....
10.	Bedingungen und Beschränkungen in Bezug auf die Rechte des Erben (geben Sie bitte an, ob die Rechte des Erben nach dem auf die Rechtsnachfolge von Todes wegen anzuwendenden Recht und/oder nach Maßgabe der Verfügung von Todes wegen Beschränkungen unterliegen): .. ..
11.	Sonstige relevante Informationen oder weitere Erläuterungen: ....

FORMBLATT V — ANLAGE V

Stellung und Rechte des/der Vermächtnisnehmer(s) mit unmittelbarer Berechtigung am Nachlass ([14])

1.	Ist der Vermächtnisnehmer der Antragsteller? (*)
1.1.	☐ Ja
1.1.1.	☐ Angegeben unter Punkt 5 des Zeugnisformblatts (geben Sie gegebenenfalls an, um welchen Antragsteller es sich handelt): ....
1.1.2.	☐ Angegeben in Anlage I (geben Sie gegebenenfalls an, um welchen Antragsteller es sich handelt): ....
1.2.	☐ Nein
1.2.1.	Name und Vorname(n) oder Name der Organisation (*): ....
1.2.2.	Geburtsname (falls abweichend von 1.2.1): ....
1.2.3.	Identifikationsnummer ([4]):
1.2.3.1.	Nationale Identitätsnummer: ....
1.2.3.2.	Sozialversicherungsnummer: ....
1.2.3.3.	Steuernummer: ....
1.2.3.4.	Registriernummer: ....
1.2.3.5.	Sonstige (bitte angeben): ....
1.2.4.	Anschrift
1.2.4.1.	Straße und Hausnummer/Postfach: ....
1.2.4.2.	Ort und Postleitzahl: ....
1.2.4.3.	Land: ☐ Belgien ☐ Bulgarien ☐ Tschechische Republik ☐ Deutschland ☐ Estland ☐ Griechenland ☐ Spanien ☐ Frankreich ☐ Kroatien ☐ Italien ☐ Zypern ☐ Lettland ☐ Litauen ☐ Luxemburg ☐ Ungarn ☐ Malta ☐ Niederlande ☐ Österreich ☐ Polen ☐ Portugal ☐ Rumänien ☐ Slowenien ☐ Slowakei ☐ Finnland ☐ Schweden ☐ Sonstiges (bitte ISO-Code angeben): ....
1.2.5.	Telefon: ....
1.2.6.	Fax: ....
1.2.7.	E- Mail: ....
1.2.8.	Geburtsdatum (TT.MM.JJJJ) und -ort — bzw. bei einer Organisation — Datum (TT.MM.JJJJ) und Ort der Eintragung sowie Bezeichnung des Registers/der Registerbehörde: ....

2. Der Vermächtnisnehmer hat das Vermächtnis angenommen.
2.1. ☐ Ja, ohne Vorbehalt
2.2. ☐ Ja, mit Vorbehalt (bitte ausführen): ....
....
....
....

2.3. ☐ Eine Annahme ist nach dem auf die Rechtsnachfolge von Todes wegen anzuwendenden Recht nicht erforderlich

3. ☐ Der Vermächtnisnehmer hat das Vermächtnis ausgeschlagen.

4. Der Vermächtnisnehmer hat Anspruch auf folgenden Teil des Nachlasses (bitte angeben): ....
....
....
....

5. Dem Vermächtnisnehmer zugewiesene(r) Vermögenswert(e), für den/die eine Bescheinigung beantragt wurde (geben Sie bitte die betreffenden Werte und alle für deren Identifizierung relevanten Angaben an) (^{15}): ....
....
....
....
....
....
....

6. Bedingungen und Beschränkungen in Bezug auf die Rechte des Vermächtnisnehmers (geben Sie bitte an, ob die Rechte des Vermächtnisnehmers nach dem auf die Rechtsnachfolge von Todes wegen anzuwendenden Recht und/oder nach Maßgabe der Verfügung von Todes wegen Beschränkungen unterliegen) (*): ....
....
....
....
....
....
....

7. Sonstige relevante Informationen oder weitere Erläuterungen: ....
....
....
....
....
....

FORMBLATT V — ANLAGE VI

Befugnis zur Testamentsvollstreckung oder Nachlassverwaltung ([16])

1. Befugnisse der nachstehenden Person (*):

1.1. ☐ Antragsteller
1.1.1. ☐ Angegeben unter Punkt 5 des Zeugnisformblatts (geben Sie gegebenenfalls an, um welchen Antragsteller es sich handelt): ....

1.1.2. ☐ Angegeben in Anlage I (geben Sie gegebenenfalls an, um welchen Antragsteller es sich handelt): ....

1.2. ☐ Der in Anlage IV genannte Erbe (geben Sie gegebenenfalls an, um welchen Erben es sich handelt): ....

1.3. ☐ Der in Anlage V genannte Vermächtnisnehmer (geben Sie gegebenenfalls an, um welchen Vermächtnisnehmer es sich handelt): ....

1.4. ☐ Sonstige Personen
1.4.1. Name und Vorname(n) oder Name der Organisation: ....
1.4.2. Geburtsname (falls abweichend von 1.4.1): ....
1.4.3. Identifikationsnummer ([4]): ....
1.4.3.1. Nationale Identitätsnummer: ....
1.4.3.2. Sozialversicherungsnummer: ....
1.4.3.3. Steuernummer: ....
1.4.3.4. Registriernummer: ....
1.4.3.5. Sonstige (bitte angeben): ....
1.4.4. Anschrift
1.4.4.1. Straße und Hausnummer/Postfach: ....

1.4.4.2. Ort und Postleitzahl: ....
1.4.4.3. Land:
☐ Belgien ☐ Bulgarien ☐ Tschechische Republik ☐ Deutschland ☐ Estland ☐ Griechenland ☐ Spanien ☐ Frankreich ☐ Kroatien ☐ Italien ☐ Zypern ☐ Lettland ☐ Litauen ☐ Luxemburg ☐ Ungarn ☐ Malta ☐ Niederlande ☐ Österreich ☐ Polen ☐ Portugal ☐ Rumänien ☐ Slowenien ☐ Slowakei ☐ Finnland ☐ Schweden
☐ Sonstiges (bitte ISO-Code angeben): ....

Anhang zu Art. 67 EuErbVO: Durchführungsverordnung (EU) Nr. 1329/2014

1.4.5.	Telefon: ....
1.4.6.	Fax ....
1.4.7.	E- Mail: ....
1.4.8.	Geburtsdatum (TT.MM.JJJJ) und -ort — bzw. bei einer Organisation — Datum (TT.MM.JJJJ) und Ort der Eintragung sowie Bezeichnung des Registers/der Registerbehörde: ....
2.	Befugnis zur (*)
2.1.	☐ Testamentsvollstreckung
2.2.	☐ Verwaltung des Nachlasses oder eines Teils des Nachlasses
3.	Die Befugnis zur Testamentsvollstreckung oder Nachlassverwaltung erstreckt sich auf (*)
3.1.	☐ den gesamten Nachlass
3.2.	☐ den gesamten Nachlass mit Ausnahme folgender Nachlassteile oder Vermögensgegenstände (bitte angeben): ....
3.3.	☐ die folgenden Teile oder Gegenstände des Nachlasses (bitte angeben): ....
4.	Die unter 1. genannte Person verfügt über folgende Befugnisse (*) ([12]):
4.1.	☐ Erlangung aller Auskünfte über das Nachlassvermögen und die Nachlassverbindlichkeiten
4.2.	☐ Kenntnisnahme von allen mit dem Nachlass zusammenhängenden Testamenten und sonstigen Schriftstücken
4.3.	☐ Veranlassung oder Beantragung von Sicherungsmaßnahmen
4.4.	☐ Veranlassung von Sofortmaßnahmen
4.5.	☐ Entgegennahme der Vermögenswerte
4.6.	☐ Einziehung der Nachlassforderungen und Erteilung einer gültigen Quittung
4.7.	☐ Erfüllung und Auflösung von Verträgen
4.8.	☐ Eröffnung, Unterhaltung und Schließung eines Bankkontos
4.9.	☐ Aufnahme eines Darlehens
4.10.	☐ Vermögensbelastungen übertragen oder begründen
4.11.	☐ Begründung von dinglichen Rechten an den Vermögenswerten oder hypothekarische Belastung der Vermögenswerte
4.12.	☐ Veräußerung von ☐ unbeweglichem Vermögen ☐ sonstigem Vermögen
4.13.	☐ Vergabe eines Darlehens
4.14.	☐ Fortführung des Unternehmens
4.15.	☐ Ausübung der Rechte eines Anteileigners
4.16.	☐ Auftreten als Kläger oder Beklagter
4.17.	☐ Begleichung von Verbindlichkeiten

4.18. ☐ Verteilung der Vermächtnisse

4.19. ☐ Aufteilung des Nachlasses

4.20. ☐ Verteilung des Restnachlasses

4.21. ☐ Beantragung der Eintragung von Rechten an unbeweglichem oder beweglichem Vermögen in ein Register

4.22. ☐ Vergabe von Spenden/Schenkungen

4.23. ☐ Sonstiges (bitte ausführen): ....
....
....

Falls die Befugnisse des Testamentsvollstreckers/Nachlassverwalters aus den vorstehenden Feldern nicht genau hervorgehen, fügen Sie bitte hier weitere Erläuterungen ein ([17]):

....
....
....
....
....
....

Geben Sie bitte an, ob und gegebenenfalls welche der unter 4. genannten Befugnisse gemäß Artikel 29 Absatz 2 Unterabsatz 2 oder Artikel 29 Absatz 3 Unterabsatz 1 der Verordnung (EU) Nr. 650/2012 als ergänzende Befugnisse ausgeübt werden (*): ....
....
....
....
....

5. Die Bestellung des Testamentsvollstreckers/Nachlassverwalters ergibt sich aus ([12]):

5.1. ☐ einer Verfügung von Todes wegen (siehe 7.2 des Zeugnisformblatts)

5.2. ☐ einer gerichtlichen Entscheidung

5.3. ☐ einer Vereinbarung zwischen den Erben

5.4. ☐ dem Gesetz

6. Die Befugnisse ergeben sich aus ([12]):

6.1. ☐ einer Verfügung von Todes wegen (siehe 7.2 des Zeugnisformblatts)

6.2. ☐ einer gerichtlichen Entscheidung

6.3. ☐ einer Vereinbarung zwischen den Erben

6.4. ☐ dem Gesetz

7.	Die Pflichten ergeben sich aus ([12]):
7.1.	☐ einer Verfügung von Todes wegen (siehe 7.2 des Zeugnisformblatts)
7.2.	☐ einer gerichtlichen Entscheidung
7.3.	☐ einer Vereinbarung zwischen den Erben
7.4.	☐ dem Gesetz
8.	Bedingungen oder Beschränkungen in Bezug auf die unter 4. genannten Befugnisse ([18]) (*): ....
	....
	....
	....
	....
	....

(*) Obligatorische Angabe.
([1]) ABl. L 201 vom 27.7.2012, S. 107.
([2]) Hierzu zählen unter anderem der letzte gewöhnliche Aufenthalt des Erblassers oder eine Gerichtsstandsvereinbarung.
([3]) Bei juristischen Personen ist Anlage I ausgefüllt beizufügen.
Bei mehreren Antragstellern fügen Sie bitte ein weiteres Blatt bei.
Bei Vertretern fügen Sie bitte Anlage II ausgefüllt bei.
([4]) Geben Sie bitte gegebenenfalls die relevanteste Nummer an.
([5]) Der Begriff des De-facto-Partners schließt die in einigen Mitgliedstaaten für Lebensgemeinschaften bestehenden Rechtsinstitute ein wie „sambo" (Schweden) oder „avopuoliso" (Finnland).
([6]) Bei mehreren Verfügungen von Todes wegen fügen Sie bitte ein weiteres Blatt bei.
([7]) Wenn der Antrag von mehr als einer juristischen Person gestellt wird, fügen Sie bitte ein weiteres Blatt bei.
([8]) Wenn es mehr als einen Vertreter gibt, fügen Sie bitte ein weiteres Blatt bei.
([9]) Bei mehr als einem Güterstand fügen Sie bitte ein weiteres Blatt bei.
([10]) Weitere Informationen zu den Auswirkungen nationaler Güterstandsregelungen auf die Ehe und die eingetragene Partnerschaft enthält das Europäische E-Justizportal (https://e-justice.europa.eu).
([11]) Bei mehr als einem Erben fügen Sie bitte ein weiteres Blatt bei.
([12]) Bitte kreuzen Sie gegebenenfalls mehr als ein Kästchen an.
([13]) Geben Sie an, ob der Erbe das Eigentum oder andere Rechte an den Vermögensgegenständen erworben hat (geben Sie bei letzteren die Art dieser Rechte und die Personen an, die ebenfalls Rechte an diesen Vermögensgegenständen besitzen). Im Falle eines eingetragenen Vermögensgegenstands teilen Sie bitte die Angaben mit, die nach dem Recht des Mitgliedstaats, in dem das Register geführt wird, zur Identifizierung des betreffenden Gegenstands erforderlich sind (z. B. bei Immobilien die genaue Anschrift der Immobilie, das Grundbuchamt, die Flurstücks- oder Katasternummer, eine Beschreibung der Immobilie (fügen Sie nötigenfalls die relevanten Dokumente bei).
([14]) Bei mehr als einem Vermächtnisnehmer fügen Sie bitte ein weiteres Blatt bei.
([15]) Geben Sie an, ob der Vermächtnisnehmer das Eigentum oder andere Rechte an den Vermögensgegenständen erworben hat (geben Sie bei letzteren die Art dieser Rechte und die Personen an, die ebenfalls Rechte an diesen Vermögensgegenständen besitzen). Im Falle eines eingetragenen Vermögensgegenstands machen Sie bitte die Angaben, die nach dem Recht des Mitgliedstaats, in dem das Register geführt wird, zur Identifizierung des betreffenden Gegenstands erforderlich sind (z. B. bei Immobilien die genaue Anschrift der Immobilie, das Grundbuchamt, die Flurstücks- oder Katasternummer, eine Beschreibung der Immobilie (fügen Sie nötigenfalls die relevanten Dokumente bei).
([16]) Bei mehr als einer Person fügen Sie bitte ein weiteres Blatt bei.
([17]) Geben Sie z. B. an, ob der Testamentsvollstrecker/Nachlassverwalter die vorgenannten Befugnisse in eigenem Namen ausüben kann.
([18]) Geben Sie z. B. an, ob der Testamentsvollstrecker/Nachlassverwalter die vorgenannten Befugnisse in eigenem Namen ausüben kann.

Für eine detaillierte Erläuterung des Formblatts V wird auf Gierl/Köhler/Kroiß/Wilsch, Internationales Erbrecht, 3. Auflage 2020, Teil 3 § 6 verwiesen.

Artikel 68 EuErbVO Inhalt des Nachlasszeugnisses

Das Zeugnis enthält folgende Angaben, soweit dies für die Zwecke, zu denen es ausgestellt wird, erforderlich ist:

a) die Bezeichnung und die Anschrift der Ausstellungsbehörde;
b) das Aktenzeichen;
c) die Umstände, aus denen die Ausstellungsbehörde ihre Zuständigkeit für die Ausstellung des Zeugnisses herleitet;
d) das Ausstellungsdatum;
e) Angaben zum Antragsteller: Name (gegebenenfalls Geburtsname), Vorname(n), Geschlecht, Geburtsdatum und -ort, Personenstand, Staatsangehörigkeit, Identifikationsnummer (sofern vorhanden), Anschrift und etwaiges Verwandtschafts- oder Schwägerschaftsverhältnis zum Erblasser;
f) Angaben zum Erblasser: Name (gegebenenfalls Geburtsname), Vorname(n), Geschlecht, Geburtsdatum und -ort, Personenstand, Staatsangehörigkeit, Identifikationsnummer (sofern vorhanden), Anschrift im Zeitpunkt seines Todes, Todesdatum und -ort;
g) Angaben zu den Berechtigten: Name (gegebenenfalls Geburtsname), Vorname(n) und Identifikationsnummer (sofern vorhanden);
h) Angaben zu einem vom Erblasser geschlossenen Ehevertrag oder, sofern zutreffend, einem vom Erblasser geschlossenen Vertrag im Zusammenhang mit einem Verhältnis, das nach dem auf dieses Verhältnis anwendbaren Recht mit der Ehe vergleichbare Wirkungen entfaltet, und Angaben zum ehelichen Güterstand oder einem vergleichbaren Güterstand;
i) das auf die Rechtsnachfolge von Todes wegen anzuwendende Recht sowie die Umstände, auf deren Grundlage das anzuwendende Recht bestimmt wurde;
j) Angaben darüber, ob für die Rechtsnachfolge von Todes wegen die gewillkürte oder die gesetzliche Erbfolge gilt, einschließlich Angaben zu den Umständen, aus denen sich die Rechte und/oder Befugnisse der Erben, Vermächtnisnehmer, Testamentsvollstrecker oder Nachlassverwalter herleiten;
k) sofern zutreffend, in Bezug auf jeden Berechtigten Angaben über die Art der Annahme oder der Ausschlagung der Erbschaft;
l) den Erbteil jedes Erben und gegebenenfalls das Verzeichnis der Rechte und/oder Vermögenswerte, die einem bestimmten Erben zustehen;
m) das Verzeichnis der Rechte und/oder Vermögenswerte, die einem bestimmten Vermächtnisnehmer zustehen;
n) die Beschränkungen ihrer Rechte, denen die Erben und gegebenenfalls die Vermächtnisnehmer nach dem auf die Rechtsnachfolge von Todes wegen anzuwendenden Recht und/oder nach Maßgabe der Verfügung von Todes wegen unterliegen;
o) die Befugnisse des Testamentsvollstreckers und/oder des Nachlassverwalters und die Beschränkungen dieser Befugnisse nach dem auf die Rechtsnachfolge von Todes wegen anzuwendenden Recht und/oder nach Maßgabe der Verfügung von Todes wegen.

1 Art. 68 EuErbVO bestimmt detailliert, mit welchem (möglichen) Inhalt das ENZ auszustellen ist. Insoweit ist anzumerken:

2 In das ENZ aufzunehmen sind ua gem. **Art. 68 lit. l EuErbVO** der Erbteil eines jeden Erben. Soweit dieser aufgrund von § 1371 Abs. 1 BGB oder einer vergleichbaren Vorschrift erhöht worden ist (→ EuErbVO Art. 23 Rn. 18–20), muss die insoweit **erhöhte Erbquote** in das ENZ als

Erbteil iSv Art. 68 lit. l EuErbVO **aufgenommen werden**.[1] Diese Konsequenz folgt unmittelbar aus einer erbrechtlichen Qualifikation von § 1371 Abs. 1 BGB, für welche sich der EuGH[2] nunmehr – zweifelhaft, → EuErbVO Art. 23 Rn. 18–20 – ausgesprochen hat. Zu demselben Ergebnis müsste man – entgegen teilweise vertretener Auffassung[3] – indes ebenfalls gelangen, wenn man die Vorschrift güterrechtlich qualifiziert, auch wenn das güterrechtliche Kollisionsrecht zum jetzigen Zeitpunkt noch nicht europaweit vereinheitlicht ist (zu den ab dem 29.1.2019 geltenden GüterVOen → EuErbVO Art. 1 Rn. 10) und die Bestimmung der Erbquote in den einzelnen Mitgliedstaaten daher ggf. unterschiedlich ausfallen kann.[4] Denn die Ausstellungsbehörde hat den von ihr festgestellten Sachverhalt – ebenso wie jedes andere in Erbsachen berufene Gericht – rechtlich *vollständig* – auch auf Grundlage noch nicht vereinheitlichten Kollisionsrechts – zu würdigen (→ EuErbVO Vor Art. 4–19 Rn. 3), so dass der hiernach bestimmte Erbteil gem. Art. 68 lit. l EuErbVO einzutragen ist (vgl. insoweit auch Erwägungsgrund 12 S. 2); dieser hat im Falle einer güterrechtlichen Erhöhung daher **keineswegs nur „informatorischen Charakter"**,[5] sondern **partizipiert vollständig an der Vermutungswirkung des Art. 69 EuErbVO**.[6] Korrekturbedürftige Friktionen – etwa in Form inhaltlich divergierender Erbscheine – gehen hiermit bereits deswegen nicht einher, weil Art. 4 ff. EuErbVO regelmäßig nur einen Mitgliedstaat hinsichtlich der Ausstellung eines ENZ (oder auch eines nationalen Erbscheins) für international zuständig erklären.[7]

Zudem gem. **Art. 68 lit. l EuErbVO** aufzunehmen sind „gegebenenfalls das Verzeichnis der Rechte und/oder **Vermögenswerte**, die einem bestimmten Erben zustehen". Eine derartige Aufnahme bedarf es indes nur, wenn das anzuwendende Erbrecht dies erfordert, also nur dann, wenn ein **konkretes, materiellrechtlich impliziertes Aufnahmeerfordernis** besteht. Dies ist der Fall bei – dem deutschen Recht unbekannten, jedoch als solche anzuerkennenden (→ EuErbVO Art. 31 Rn. 10) – **dinglich wirkenden Teilungsanordnungen** des romanischen Rechtskreises,[8] mittels derer einzelne Nachlassgegenstände bzw. -rechte unmittelbar mit dinglicher Wirkung einem bestimmten Erben zufallen; insoweit bedarf es einer – aufgrund der materiellen Rechtslage erforderlichen – Eintragung in das ENZ, da dieses die nach dem materiellen Erbrecht bestehende Rechtsposition auszuweisen bezweckt. Fehlt ein solches – materiellrechtlich impliziertes – Erfordernis, kommt eine Aufnahme einzelner Nachlassgegenstände bzw. -rechte nicht in Betracht, eine **unverbindliche informatorische Aufnahme einzelner Nachlasspositionen ist** bereits im Hinblick auf die mit dem ENZ einhergehenden Vermutungswirkung (vgl. hierzu Art. 69 Eu-

---

1 Zum EuErbVO-Entwurf 2009 bereits Schurig FS Spellenberg 2010, 343, 352; im Ergebnis auch Süß ZEuP 2013, 725 (742 f.).
2 Vgl. EuGH ZEV 2018, 205 (Mahnkopf) mAnm Bandel.
3 So insbesondere Dörner ZEV 2012, 505 (508) (der das „güterrechtliche Viertel" des § 1371 Abs. 1 BGB gem. Art. 68 lit. h EuErbVO – und daher nur „mit informatorischem Charakter" – ausweisen will).
4 Dies problematisierend Dutta FamRZ 2013, 4 (14 f.) – Auch unter Geltung der GüterVOen besteht dieses Problem – wenngleich in verminderter Form – weiterhin, da nicht alle Mitgliedstaaten, in denen die EuErbVO gilt, an den GüterVOen teilnehmen; vgl. insoweit den Beschluss (EU) 2016/954 des Rates vom 9.6.2016 zur Ermächtigung zu einer Verstärkten Zusammenarbeit im Bereich der Zuständigkeit, des anzuwendenden Rechts und der Anerkennung und Vollstreckung von Entscheidungen in Fragen der Güterstände internationaler Paare (eheliche Güterstände und vermögensrechtliche Folgen eingetragener Partnerschaften).

5 So aber Dörner ZEV 2012, 505 (508); dem folgend Mankowski ZEV 2014, 121 (126). – Dieser Auffassung hat sich auch der Generalanwalt im Rahmen des Vorlageverfahrens EuGH C-558/16 (Mahnkopf) in seinem Schlussantrag v. 13.12.2017 angeschlossen, vgl. dort Rn. 121 ff.
6 Ebenso BeckOGK/Schmidt EuErbVO Art. 69 Rn. 14; MüKoBGB/Dutta EuErbVO Art. 63 Rn. 8. – Ausführlich hierzu Dutta/Weber/Fornasier EuErbVO Art. 63 Rn. 23 ff.
7 Vgl. insoweit Volmer Rpfleger 2013, 421 (427) („Es gibt aus Verfahrensgründen keine sich widersprechenden Erbnachweise aus anderen Rechtsordnungen"). Zwar sind – entgegen Volmer aaO – in seltenen Fällen auch konkurrierende Zuständigkeiten im Rahmen der EuErbVO denkbar (etwa bei einem mehrfachen gewöhnlichen Aufenthalt, vgl. EuErbVO Art. 21 Rn. 11), inhaltlich widersprüchliche Entscheidungen dürften insoweit jedoch mit einer Anwendung von Art. 17 EuErbVO zu vermeiden sein.
8 Vgl. auch Dutta/Weber/Fornasier EuErbVO Art. 68 Rn. 12; ebenso MüKoBGB/Dutta EuErbVO Art. 68 Rn. 9.

ErbVO) **abzulehnen**. Eine Aufnahme einzelner Nachlassgegenstände bzw. -rechte scheidet daher stets aus, wenn diese im Wege der Universalsukzession auf die Erben übergegangen sind.[9]

4 Ebenfalls in das ENZ aufzunehmen sind gem. **Art. 68 lit. m EuErbVO** das Verzeichnis der Rechte bzw. Vermögenswerte, die einem bestimmten Vermächtnisnehmer zustehen. Dies betrifft auch eine etwaige dingliche Wirkung von Vermächtnissen, so dass **Vindikationslegate** als solche einzutragen sind (zu grundbuchrechtlichen Fragen → EuErbVO Art. 69 Rn. 8 f.); auch insoweit besteht ein konkretes, materiellrechtlich impliziertes Aufnahmeerfordernis (→ Rn. 2).

5 Gem. **Art. 68 lit. o EuErbVO** sind darüber hinaus auch die Befugnisse (sowie etwaige Beschränkungen) eines Testamentsvollstreckers bzw. eines Nachlassverwalters aufzunehmen, die sich aus dem Erbstatut, dem nach Art. 29 EuErbVO anzuwendenden Recht oder nach Maßgabe der Verfügung von Todes wegen ergeben.

Artikel 69 EuErbVO Wirkungen des Zeugnisses

(1) Das Zeugnis entfaltet seine Wirkungen in allen Mitgliedstaaten, ohne dass es eines besonderen Verfahrens bedarf.

(2) [1]Es wird vermutet, dass das Zeugnis die Sachverhalte, die nach dem auf die Rechtsnachfolge von Todes wegen anzuwendenden Recht oder einem anderen auf spezifische Sachverhalte anzuwendenden Recht festgestellt wurden, zutreffend ausweist. [2]Es wird vermutet, dass die Person, die im Zeugnis als Erbe, Vermächtnisnehmer, Testamentsvollstrecker oder Nachlassverwalter genannt ist, die in dem Zeugnis genannte Rechtsstellung und/oder die in dem Zeugnis aufgeführten Rechte oder Befugnisse hat und dass diese Rechte oder Befugnisse keinen anderen als den im Zeugnis aufgeführten Bedingungen und/oder Beschränkungen unterliegen.

(3) Wer auf der Grundlage der in dem Zeugnis enthaltenen Angaben einer Person Zahlungen leistet oder Vermögenswerte übergibt, die in dem Zeugnis als zur Entgegennahme derselben berechtigt bezeichnet wird, gilt als Person, die an einen zur Entgegennahme der Zahlungen oder Vermögenswerte Berechtigten geleistet hat, es sei denn, er wusste, dass das Zeugnis inhaltlich unrichtig ist, oder ihm war dies infolge grober Fahrlässigkeit nicht bekannt.

(4) Verfügt eine Person, die in dem Zeugnis als zur Verfügung über Nachlassvermögen berechtigt bezeichnet wird, über Nachlassvermögen zugunsten eines anderen, so gilt dieser andere, falls er auf der Grundlage der in dem Zeugnis enthaltenen Angaben handelt, als Person, die von einem zur Verfügung über das betreffende Vermögen Berechtigten erworben hat, es sei denn, er wusste, dass das Zeugnis inhaltlich unrichtig ist, oder ihm war dies infolge grober Fahrlässigkeit nicht bekannt.

(5) Das Zeugnis stellt ein wirksames Schriftstück für die Eintragung des Nachlassvermögens in das einschlägige Register eines Mitgliedstaats dar, unbeschadet des Artikels 1 Absatz 2 Buchstaben k und l.

A. Allgemeines

1 Art. 69 EuErbVO regelt die konkreten Wirkungen, die das ENZ in allen Mitgliedstaaten (einschließlich des Ursprungsmitgliedstaats, vgl. Art. 62 Abs. 3 S. 2 EuErbVO) entfaltet. Diese Wirkungen treten, wie Art. 69 Abs. 1 EuErbVO explizit feststellt, ohne ein besonderes Verfahren, also ipso iure, ein.

---

9 Vgl. auch OLG Nürnberg ZEV 2017, 579; OLG München ZEV 2017, 580; OLG Düsseldorf NJW-RR 2021, 263.

B. Regelungsgehalt

I. Vermutung der Richtigkeit (Abs. 2)

Ebenso wie bei einem Erbschein nach deutschem Recht (§ 2365 BGB) wird die Richtigkeit des Inhalts eines ENZ (sowohl zugunsten als auch zulasten des Antragstellers) gem. Art. 69 Abs. 2 EuErbVO vermutet. Diese Vermutung bezieht sich gem. Art. 69 Abs. 2 S. 1 EuErbVO zunächst auf den festgestellten (und rechtlich gewürdigten) Sachverhalt, der im Nachlasszeugnis auszuweisen ist; insbesondere wird gem. Art. 69 Abs. 2 S. 2 EuErbVO vermutet, dass die im ENZ als Erbe, Vermächtnisnehmer, Testamentsvollstrecker oder Nachlassverwalter ausgewiesene Person die in dem Zeugnis genannte Rechtsstellung bzw. die in dem Zeugnis aufgeführten Rechte oder Befugnisse hat (*positive* Vermutung) und dass diese Rechte oder Befugnisse keinen anderen als den im Zeugnis genannten Bedingungen bzw. Beschränkungen unterliegen (*negative* Vermutung). Die Vermutungswirkungen des ENZ gehen damit über den deutschen Erbschein hinaus, dessen Vermutung sich – jedenfalls nach hM – weder auf das positive Bestehen der ausgewiesenen Beschränkungen[1] noch auf den Berufungsgrund[2] (der im ENZ gem. Art. 68 lit. j EuErbVO anzugeben ist) erstrecken.

Die Vermutungswirkung des Art. 69 Abs. 2 EuErbVO tritt mit Ausstellung des ENZ (Art. 67 EuErbVO) in allen Mitgliedstaaten automatisch ein (vgl. Art. 69 Abs. 1, Art. 62 Abs. 3 S. 2 EuErbVO). Sie endigt jedenfalls mit Ablauf der Gültigkeitsfrist des Art. 70 Abs. 3 EuErbVO (grundsätzlich 6 Monate, in Ausnahmefällen auch länger; → EuErbVO Art. 70 Rn. 2), sie kann jedoch auch zu einem vorherigen Zeitpunkt entfallen, wenn die Wirkungen des ENZ gem. Art. 73 EuErbVO ausgesetzt wurden oder eine Berichtigung, Änderung oder ein Widerruf des ENZ gem. den Verfahren nach Art. 71 und Art. 72 EuErbVO erfolgte[3] (vgl. insoweit auch Erwägungsgrund 71 S. 6). Wurden **sich widersprechende Erbscheine** erteilt, dürfte ebenfalls – wie im Rahmen des deutschen Rechts[4] – die Vermutungswirkung des Art. 69 Abs. 2 EuErbVO im Hinblick auf den *konkreten* Widerspruch entfallen.[5] Auch wenn der Wortlaut des Art. 69 Abs. 2 EuErbVO diesbezüglich keinerlei Hinweise enthält, ist die Vermutung des Art. 69 Abs. 2 EuErbVO – ebenso wie im Rahmen von § 2365 BGB – **widerlegbar**.[6]

II. Öffentlicher Glaube des ENZ (Abs. 3, 4)

Dem ENZ kommt – ebenso wie dem Erbschein nach deutschem Recht (§§ 2366, 2367 BGB) – öffentlicher Glaube zu.[7] Leistet ein Nachlassschuldner an einen im ENZ als zur Entgegennahme der Leistung ausgewiesenen Scheinberechtigten, gilt dieser gem. Art. 69 Abs. 3 EuErbVO (entsprechend § 2367 BGB) als zur Entgegennahme der Leistung berechtigt; positive Kenntnis des leistenden Nachlassgläubigers von Unrichtigkeit des ENZ schadet jedoch, ebenso wie (anders als im Rahmen von §§ 2366, 2367 BGB) grob fahrlässige Unkenntnis. Sind die Voraussetzungen von Art. 69 Abs. 3 EuErbVO erfüllt, kann der Nachlassgläubiger demnach mit befreiender Wirkung an den Scheinberechtigten leisten.

Verfügt hingegen der im ENZ als Berechtigter ausgewiesene Scheinberechtigte selbst über Nachlassvermögen, gilt dieser gem. Art. 69 Abs. 4 EuErbVO als zur Verfügung berechtigt; auch

---

1 NK-BGB/Kroiß BGB § 2365 Rn. 4; Grüneberg/Weidlich BGB § 2365 Rn. 1.
2 Grüneberg/Weidlich BGB § 2365 Rn. 1.
3 So auch Volmer Rpfleger 2013, 421 (432); aA Süß ZEuP 2013, 725 (746 f.) (Wirkungen des Art. 69 EuErbVO bleiben auch in den Fällen eines Widerrufs bzw. einer Änderung erhalten); wohl auch Buschbaum ZEV 2012, 525 (526), 527.
4 Vgl. hierzu NK-BGB/Kroiß BGB § 2365 Rn. 5; Grüneberg/Weidlich BGB § 2366 Rn. 3.
5 AA Buschbaum ZEV 2012, 525 (528) (vollständiges Entfallen der Vermutungswirkung).
6 Dutta/Weber/Fornasier EuErbVO Art. 69 Rn. 7; vgl. auch Janzen DNotZ 2012, 484 (493); Dutta FamRZ 2013, 4 (15); Kleinschmidt RabelsZ 77 (2013), 723 (726).
7 Im Unterschied zum deutschen Recht besteht der Gutglaubensschutz des ENZ auch hinsichtlich des Amtes und der Befugnisse eines Testamentsvollstreckers; hierauf hinweisend Dutta/Herrler/Lange EuErbVO,161, 170.

hier schaden jedoch wiederum positive Kenntnis und grob fahrlässige Unkenntnis von der Unrichtigkeit des ENZ.

6 Entsprechend dem deutschen Recht richtet sich der öffentliche Glaube des Art. 69 Abs. 4 EuErbVO ausschließlich nach dem Umfang der von Art. 69 Abs. 1 aufgestellten Vermutung, hilft also nur über eine nicht bestehende *erbrechtliche Berechtigung* hinweg.[8]

Beispiel: Der im ENZ zu Unrecht als Erbe des X ausgewiesene Scheinberechtigte S verfügt in Deutschland über einen sich im Nachlass des X befindlichen, jedoch vor kurzem einem Dritten gestohlenen Gegenstand.

Der sachenrechtliche Erwerbsvorgang unterliegt gem. Art. 43 Abs. 1 EGBGB deutschem Recht. Im Rahmen der Prüfung von § 929 BGB fingiert Art. 69 Abs. 4 EuErbVO indes alleine das tatsächlich nicht bestehende Erbrecht des S, er gewährt jedoch keine darüber hinausgehende Rechtsmacht, so dass ein gutgläubiger Erwerb gem. § 932 BGB an § 935 Abs. 1 S. 1 BGB scheitert.

7 Fraglich ist, ob die von Art. 69 Abs. 3, 4 EuErbVO vorgesehenen Wirkungen voraussetzen, dass dem leistenden Nachlassschuldner bzw. dem Erwerber des Nachlassgegenstandes das ENZ **vorgelegt** wird. Der Wortlaut von Art. 69 Abs. 3, 4 legt eine solche Deutung nahe, da dieser eine Leistung bzw. Veräußerung „auf Grundlage der in dem Zeugnis enthaltenen Angaben"[9] vorauszusetzen scheint.[10] Für eine solche Auslegung spricht zudem Erwägungsgrund 71 S. 6, nach welchem der Schutz des Art. 69 Abs. 3, 4 EuErbVO gewährleistet werden soll, wenn noch gültige beglaubigte Abschriften (bei Entgegennahme der Leistung oder Veräußerung) *vorgelegt* werden. Art. 69 Abs. 3, 4 EuErbVO schützt daher – anders als §§ 2366, 2367 BGB[11] – alleine das konkret durch die Vorlage eines (gültigen) ENZ geschaffene Vertrauen,[12] so dass seine Wirkungen nur dann eintreten, wenn dem Geschäftsgegner das ENZ zur sinnlichen Wahrnehmung unmittelbar zugänglich gemacht wird.[13]

III. Vorlage des ENZ bei registerführenden Behörden (Abs. 5)

8 Das ENZ stellt gem. Art. 69 Abs. 5 EuErbVO ein „wirksames Schriftstück" dar, das zur Eintragung von Nachlassvermögen in einschlägige mitgliedstaatliche Register verwendet werden kann. Nimmt man den Verweis auf Art. 1 Abs. 2 lit. k, l EuErbVO ernst, wäre Art. 69 Abs. 5 EuErbVO rein deklaratorisch, im Hinblick auf den Auslegungsgrundsatz des effet utile (vgl. hierzu Einleitung EuErbVO Rn. 6) ist es jedoch geboten, dieser Bestimmung einen Regelungsgehalt dahin gehend zu entnehmen, dass das ENZ entsprechenden nationalen Zeugnissen (kraft vorrangigen Unionsrechts) gleichsteht[14] und daher – bereits ohne entsprechende Anpassung des nationalen Registerrechts – als hinreichender Nachweis zu akzeptieren ist, dies auch bei weitergehenden Angabeerfordernissen des jeweiligen Registerrechts (etwa weitergehende Angaben zur Identifizierung der unbeweglichen Sache).[15] Für das deutsche Registerrecht ist das ENZ somit gleich einem nationalen Erbschein zu behandeln, und dies unabhängig davon, ob der deutsche

---

8 Vgl. auch Buschbaum ZEV 2012, 525 (528).
9 Vgl. hierzu auch die englische („acting on the basis of the information certified in a Certificate") und französische („agissant sur la base des informations certifiées dans un certificat") Sprachfassung der EuErbVO.
10 AA Buschbaum ZEV 2012, 525 (528).
11 Vgl. nur Grüneberg/Weidlich BGB § 2366 Rn. 1.
12 Ebenso Dutta/Weber/Fornasier EuErbVO Art. 69 Rn. 20; Volmer Rpfleger 2013, 421 (431). – Demgegenüber eine Kenntnis von dem ENZ ausreichen lassend MüKoBGB/Dutta EuErbVO Art. 69 Rn. 25.
13 In Anlehnung an die – für die Zwecke der EuErbVO übertragbare – Bedeutung des Vorlegens im Rahmen von § 172 BGB, vgl. Grüneberg/Ellenberger BGB § 172 Rn. 3.
14 Ebenso Süß ZEuP 2013, 725 (748); Kleinschmidt RabelsZ 77 (2013), 723 (775) Fn. 269; aA Buschbaum ZEV 2012, 525 (528 f.).
15 Vgl. hierzu den Schlussantrag des Generalanwalts beim EuGH BeckRS 2022, 17973 (Szpunar).

Gesetzgeber eine ausdrücklich einfachgesetzliche Gleichstellung beider Zeugnisse angeordnet hat (etwa § 35 GBO, § 41 SchRegO) oder nicht (§ 12 Abs. 1 S. 5 HGB).[16]

Anzumerken ist, dass dem gem. Art. 21 bzw. Art. 22 EuErbVO zu bestimmenden Erbstatut nach nunmehr herrschender, auch von der Rspr. geteilter Auffassung die vollständige erbrechtliche Vermögenszuordnung einschließlich ihrer – dinglichen oder relativen – Wirkungen unterliegt (ausführlich → EuErbVO Art. 1 Rn. 19–22), so dass sich auch die Beweiswirkung des ENZ – etwa im Hinblick auf ein in das ENZ aufzunehmendes **Vindikationslegat** (→ EuErbVO Art. 68 Rn. 3) – auf diese bezieht. Wird dem Grundbuchamt daher ein ENZ vorgelegt, aus welchem sich ein Vindikationslegat im Hinblick auf ein bestimmtes, in Deutschland belegenes Grundstück ergibt, ist die dingliche Rechtsänderung daher ohne Weiteres in das Grundbuch einzutragen;[17] einer **Auflassung bedarf es daher nicht**[18] (bereits → EuErbVO Art. 1 Rn. 22). Gleiches gilt im Übrigen auch für andere kraft Erbstatuts entstandene, der lex fori jedoch unbekannte dingliche Rechte (wie Trusts, joint tenancy, kraft Gesetzes entstandene Nießbrauchrechte,[19] dinglich wirkende Teilungsanordnungen), jedoch in ihrer ggf. aufgrund Art. 31 EuErbVO transponierten Ausgestaltung (→ EuErbVO Art. 31 Rn. 7–10).

9

Artikel 70 EuErbVO   Beglaubigte Abschriften des Zeugnisses

(1) Die Ausstellungsbehörde bewahrt die Urschrift des Zeugnisses auf und stellt dem Antragsteller und jeder anderen Person, die ein berechtigtes Interesse nachweist, eine oder mehrere beglaubigte Abschriften aus.

(2) Die Ausstellungsbehörde führt für die Zwecke des Artikels 71 Absatz 3 und des Artikels 73 Absatz 2 ein Verzeichnis der Personen, denen beglaubigte Abschriften nach Absatz 1 ausgestellt wurden.

(3) ¹Die beglaubigten Abschriften sind für einen begrenzten Zeitraum von sechs Monaten gültig, der in der beglaubigten Abschrift jeweils durch ein Ablaufdatum angegeben wird. ²In ordnungsgemäß begründeten Ausnahmefällen kann die Ausstellungsbehörde abweichend davon eine längere Gültigkeitsfrist beschließen. ³Nach Ablauf dieses Zeitraums muss jede Person, die sich im Besitz einer beglaubigten Abschrift befindet, bei der Ausstellungsbehörde eine Verlängerung der Gültigkeitsfrist der beglaubigten Abschrift oder eine neue beglaubigte Abschrift beantragen, um das Zeugnis zu den in Artikel 63 angegebenen Zwecken verwenden zu können.

Anders als bei Erteilung eines Erbscheins nach deutschem Recht hat die Ausstellungsbehörde gem. Art. 70 Abs. 1 EuErbVO dem Antragsteller bzw. anderen Personen, die ein berechtigtes Interesse an dem ENZ nachweisen, alleine eine **beglaubigte Abschrift des ENZ** auszustellen; die Urschrift verbleibt bei der Ausstellungsbehörde und ist von dieser aufzubewahren. Die Ausstellungsbehörde hat gem. Art. 70 Abs. 2 EuErbVO darüber hinaus ein Verzeichnis über die von ihr ausgestellten beglaubigten Abschriften zu führen, damit alle Personen, die eine solche Abschrift erhalten haben, im Hinblick auf eine etwaige Berichtigung, Änderung oder einen Widerruf des ENZ im Rahmen des Verfahrens nach Art. 71 oder Art. 72 EuErbVO unverzüglich unterrichtet werden können; dies soll eine missbräuchliche Verwendung der Abschriften vermeiden (vgl. Erwägungsgrund 72 S. 5).

1

---

16 Vgl. auch Kleinschmidt RabelsZ 77 (2013), 723 (775). – Zu § 12 Abs. 1 S. 5 HGB vgl. etwa auch MüKoHGB/Krafka HGB § 12 Rn. 53.

17 OLG Saarbrücken ErbR 2019, 645; OLG Köln ZEV 2020, 218; OLG München FGPrax 2020, 265 (266); KG FGPrax 2022, 196.

18 Ebenso Dutta/Weber/Fornasier EuErbVO Art. 69 Rn. 44; vgl. auch MüKoBGB/Dutta EuErbVO Art. 1 Rn. 32.

19 Ebenso Dutta/Weber/Fornasier EuErbVO Art. 69 Rn. 44.

2 Eine wichtige, etwas versteckte Bestimmung enthält Art. 70 Abs. 3 EuErbVO; hiernach sind die dem Antragsteller und anderen Personen mit berechtigtem Interesse ausgestellten beglaubigten Abschriften des ENZ nur für einen **begrenzten Zeitraum** (regelmäßig sechs Monate, in begründeten Ausnahmefällen auch länger) gültig, der in der beglaubigten Abschrift durch ein Ablaufdatum anzugeben ist.[1] Nach Ablauf dieser Frist entfallen die mit dem ENZ einhergehenden Wirkungen (Art. 69 EuErbVO), so dass eine *neue* beglaubigte Abschrift beantragt werden muss, sofern das ENZ weiterhin verwendet werden soll. Zur Berechnung der Gültigkeitsfrist vgl. § 42 IntErbRVG.

Artikel 71 EuErbVO Berichtigung, Änderung oder Widerruf des Zeugnisses

(1) Die Ausstellungsbehörde berichtigt das Zeugnis im Falle eines Schreibfehlers auf Verlangen jedweder Person, die ein berechtigtes Interesse nachweist, oder von Amts wegen.

(2) Die Ausstellungsbehörde ändert oder widerruft das Zeugnis auf Verlangen jedweder Person, die ein berechtigtes Interesse nachweist, oder, soweit dies nach innerstaatlichem Recht möglich ist, von Amts wegen, wenn feststeht, dass das Zeugnis oder einzelne Teile des Zeugnisses inhaltlich unrichtig sind.

(3) Die Ausstellungsbehörde unterrichtet unverzüglich alle Personen, denen beglaubigte Abschriften des Zeugnisses gemäß Artikel 70 Absatz 1 ausgestellt wurden, über eine Berichtigung, eine Änderung oder einen Widerruf des Zeugnisses.

A. Allgemeines

1 Im Hinblick auf die mit einem ENZ einhergehenden Wirkungen (Art. 69 EuErbVO) stellen unrichtige Nachlasszeugnisse eine erhebliche Gefahr für den wahren Erben dar. Art. 71 EuErbVO ermöglicht es daher der Ausstellungsbehörde, auf Verlangen jedweder Person mit berechtigtem Interesse oder auch von Amts wegen ein ENZ nicht nur bei Schreibfehlern zu berichtigen (Art. 71 EuErbVO), sondern dieses auch bei inhaltlicher Unrichtigkeit zu ändern oder zu widerrufen. Der Sache nach entspricht Art. 71 EuErbVO dem Einziehungs- bzw. Kraftloserklärungsverfahren des § 353 Abs. 1 FamFG (§ 2361 Abs. 1 BGB aF), die Regelung des Art. 71 EuErbVO trägt jedoch dem Umstand Rechnung, dass gem. Art. 70 EuErbVO ausschließlich beglaubigte Abschriften des ENZ an berechtigte Personen ausgestellt werden und die Urschrift des Zeugnisses seitens der Ausstellungsbehörde verwahrt wird; an die Stelle der Einziehung tritt daher gem. Art. 71 Abs. 3 EuErbVO die Unterrichtung all jener Personen, denen beglaubigte Abschriften gem. Art. 71 Abs. 1 EuErbVO ausgestellt wurden.[1]

2 Eine Entscheidung nach Art. 71 EuErbVO kann mit dem Rechtsbehelf des Art. 72 EuErbVO angefochten werden.

B. Regelungsgehalt

I. Schreibfehler

3 Weist das ENZ einen schlichten Schreibfehler auf – also einen Fehler, der alleine in der Willensäußerung, nicht in der Willensbildung selbst liegt –, kann dieser seitens der Ausstellungsbehörde gem. Art. 71 Abs. 1 EuErbVO auf Verlangen einer Person mit berechtigtem Interesse oder auch von Amts wegen berichtigt werden; von der Berichtigung sind alle Personen, denen be-

---

1 Wurde die Abschrift des Europäischen Nachlasszeugnisses (unzulässigerweise) mit dem Vermerk „unbefristet" versehen, entfaltet dieser Vermerk keine Wirkung; vgl. hierzu EuGH NJW 2021, 2421.

1 Buschbaum ZEV 2012, 525 (526); vgl. auch NK-BGB/Nordmeier EuErbVO Art. 71 Rn. 6.

glaubigte Abschriften des Zeugnisses gemäß Art. 70 Abs. 1 EuErbVO ausgestellt wurden, unverzüglich zu unterrichten (Art. 71 Abs. 3 EuErbVO).

II. Inhaltliche Unrichtigkeit

Hat die Ausgangsbehörde ihre Erklärung richtig wiedergegeben, entspricht der Inhalt des ENZ jedoch nicht der wahren Rechtslage, ist das ENZ unrichtig. In diesen Fällen muss das unrichtige ENZ seitens der Ausstellungsbehörde gem. Art. 71 Abs. 2 EuErbVO entweder teilweise geändert oder vollständig widerrufen werden – dies auf Verlangen einer Person mit berechtigtem Interesse oder von Amts wegen nach Maßgabe der lex fori (§ 38 S. 2 IntErbRVG). Von der Änderung oder dem Widerruf des ENZ sind gem. Art. 71 Abs. 3 EuErbVO ebenfalls alle Personen, denen beglaubigte Abschriften des Zeugnisses nach Art. 70 Abs. 1 EuErbVO ausgestellt wurden, unverzüglich zu unterrichten.

4

III. Herausgabe des ENZ

Wie bereits sub → Rn. 1 erwähnt, sieht Art. 71 Abs. 3 EuErbVO bei einer Berichtigung, Änderung oder einem Widerruf alleine die **Unterrichtung** aller Personen, denen eine beglaubigte Abschrift des ENZ ausgestellt wurde, vor. Eine Einziehung entsprechend § 353 Abs. 1 S. 1 FamFG (§ 2361 Abs. 1 S. 1 BGB aF) ist demgegenüber nicht vorgesehen, eine Herausgabe der beglaubigten Abschrift des ENZ lässt sich jedoch möglicherweise rechtsfortbildend auf Grundlage von Art. 71 Abs. 3 EuErbVO entwickeln[2] oder – bei Anwendung deutschen Erbstatuts – über § 2362 Abs. 1 BGB begründen.[3] Ob insoweit jedoch überhaupt ein Bedürfnis besteht, erscheint fraglich, da nicht nur mit Aussetzung der Wirkungen des ENZ gem. Art. 73 EuErbVO, sondern auch mit Berichtigung, Änderung oder Widerruf des ENZ die Wirkungen gem. Art. 69 EuErbVO enden (→ EuErbVO Art. 69 Rn. 3); eine aus Art. 69 EuErbVO resultierende Gefahr für den wahren Berechtigten besteht damit in einem solchen Falle nicht.

5

Artikel 72 EuErbVO Rechtsbehelfe

(1) Entscheidungen, die die Ausstellungsbehörde nach Artikel 67 getroffen hat, können von einer Person, die berechtigt ist, ein Zeugnis zu beantragen, angefochten werden.

Entscheidungen, die die Ausstellungsbehörde nach Artikel 71 und Artikel 73 Absatz 1 Buchstabe a getroffen hat, können von einer Person, die ein berechtigtes Interesse nachweist, angefochten werden.

Der Rechtsbehelf ist bei einem Gericht des Mitgliedstaats der Ausstellungsbehörde nach dem Recht dieses Staates einzulegen.

(2) Führt eine Anfechtungsklage nach Absatz 1 zu der Feststellung, dass das ausgestellte Zeugnis nicht den Tatsachen entspricht, so ändert die zuständige Behörde das Zeugnis oder widerruft es oder sorgt dafür, dass die Ausstellungsbehörde das Zeugnis berichtigt, ändert oder widerruft.

Führt eine Anfechtungsklage nach Absatz 1 zu der Feststellung, dass die Versagung der Ausstellung nicht gerechtfertigt war, so stellen die zuständigen Justizbehörden das Zeugnis aus oder stellen sicher, dass die Ausstellungsbehörde den Fall erneut prüft und eine neue Entscheidung trifft.

---

2 So Volmer Rpfleger 2013, 421 (432).

3 So Buschbaum ZEV 2012, 525 (526). – Ablehnend jedoch Dutta/Weber/Fornasier EuErbVO Art. 71 Rn. 13; auch Steiner ZEV 2016, 487 (489).

1 Entscheidungen der Ausstellungsbehörde gem. Art. 67 EuErbVO (Ausstellung des ENZ), gem. Art. 71 EuErbVO (Berichtung, Änderung und Widerruf des ENZ) sowie gem. Art. 73 Abs. 1 lit. a EuErbVO (Aussetzung der Wirkungen des ENZ) können gem. Art. 72 Abs. 1 EuErbVO vor einem Gericht des Ursprungsmitgliedstaats nach Maßgabe des jeweiligen nationalen Rechts angefochten werden. **Anfechtungsberechtigt** hinsichtlich einer Entscheidung gem. Art. 67 EuErbVO ist jede Person, die selbst ein ENZ beantragen kann, hinsichtlich einer Entscheidung gem. Art. 71 EuErbVO sowie gem. Art. 73 Abs. 1 lit. a EuErbVO jede Person, die ein berechtigtes Interesse nachweist. Weitere Vorgaben für die Einlegung des Rechtsbehelfs sind Art. 72 EuErbVO nicht zu entnehmen, so dass sich diese aus dem jeweiligen nationalen Recht ergeben müssen.

2 Für das deutsche Recht nimmt die notwendige Konkretisierung des Art. 72 EuErbVO § 43 IntErbRVG vor. Statthafter Rechtsbehelf gegen Entscheidungen der Ausstellungsbehörde (gem. § 34 Abs. 4 IntErbRVG das Amtsgericht als Nachlassgericht) ist hiernach die **Beschwerde zum Oberlandesgericht** (§ 43 Abs. 1 S. 1 IntErbRVG). Die Beschwerde ist beim Ausgangsgericht (§ 43 Abs. 1 S. 3 IntErbRVG) innerhalb der Frist des § 43 Abs. 3 IntErbRVG einzulegen, die Anfechtungs- bzw. Beschwerdeberechtigung iSv Art. 72 Abs. 1 EuErbVO wird von § 43 Abs. 2 IntErbRVG näher konkretisiert.

3 Stellt sich im Rahmen des Rechtsbehelfsverfahrens heraus, dass das ausgestellte **ENZ seinem Inhalt nach unrichtig**[1] ist (vgl. hierzu → EuErbVO Art. 70 Rn. 4), kann die zuständige Behörde (gem. § 43 Abs. 5 S. 1 IntErbRVG das Beschwerdegericht) nach Art. 72 Abs. 2 Unterabs. 1 EuErbVO das Zeugnis ändern bzw. widerrufen oder die Ausstellungsbehörde (gem. § 34 Abs. 4 IntErbRVG das Nachlassgericht) anweisen, die Berichtigung, Änderung oder den Widerruf des ENZ vorzunehmen (vgl. auch § 43 Abs. 5 S. 1 IntErbRVG). Soweit dem Anfechtenden die Ausstellung eines ENZ zu Unrecht versagt wurde, hat die zuständige Justizbehörde (gem. § 43 Abs. 5 S. 2 IntErbRVG das Beschwerdegericht) das ENZ nach Art. 72 Abs. 2 Unterabs. 2 EuErbVO selbst auszustellen oder sicherzustellen, dass die Ausstellungsbehörde (gem. § 34 Abs. 4 IntErbRVG das Amtsgericht) den Fall erneut prüft und eine neue Entscheidung trifft (vgl. insoweit § 43 Abs. 5 S. 2 IntErbRVG).

4 Einen weiteren Rechtsbehelf gegen Entscheidungen des Rechtsmittelgerichts sieht die EuErbVO selbst nicht vor. Nach deutschem Recht ist jedoch gegen die Entscheidung des Beschwerdegerichts gem. § 44 IntErbRVG die **Rechtsbeschwerde zum BGH** möglich, damit ein weitgehender Gleichlauf mit dem deutschen nachlassgerichtlichen Verfahren erreicht werden kann.[2]

Artikel 73 EuErbVO Aussetzung der Wirkungen des Zeugnisses

(1) Die Wirkungen des Zeugnisses können ausgesetzt werden

a) von der Ausstellungsbehörde auf Verlangen einer Person, die ein berechtigtes Interesse nachweist, bis zur Änderung oder zum Widerruf des Zeugnisses nach Artikel 71 oder

b) von dem Rechtsmittelgericht auf Antrag einer Person, die berechtigt ist, eine von der Ausstellungsbehörde nach Artikel 72 getroffene Entscheidung anzufechten, während der Anhängigkeit des Rechtsbehelfs.

---

[1] Gegen eine derartige Beschränkung des Prüfungsumfangs indes Dutta/Weber/Fornasier EuErbVO Art. 72 Rn. 8. Folgt man dieser Auffassung, ließe sich im Rechtsmittelverfahren insbesondere auch das etwaige Fehlen der internationalen Zuständigkeit der Ausstellungsbehörde rügen, so Dutta/Weber/Fornasier EuErbVO Art. 72 Rn. 8.

[2] So die Begründung zu § 44 IntErbRVG-Entwurf, vgl. Referentenentwurf des Bundesministeriums der Justiz und für Verbraucherschutz, 55; vollständig abrufbar unter http://www.bmjv.de/SharedDocs/Downloads/DE/pdfs/RefE_ErbVO.pdf?__blob=publicationFile.

(2) Die Ausstellungsbehörde oder gegebenenfalls das Rechtsmittelgericht unterrichtet unverzüglich alle Personen, denen beglaubigte Abschriften des Zeugnisses nach Artikel 70 Absatz 1 ausgestellt worden sind, über eine Aussetzung der Wirkungen des Zeugnisses.

Während der Aussetzung der Wirkungen des Zeugnisses dürfen keine weiteren beglaubigten Abschriften des Zeugnisses ausgestellt werden.

Gem. Art. 73 EuErbVO können die Wirkungen des ENZ (Art. 69 EuErbVO) bereits während eines anhängigen Verfahrens gem. Art. 71 oder Art. 72 EuErbVO vorläufig ausgesetzt werden, so dass weiterhin im Umlauf befindliche beglaubigte Abschriften des Nachlasszeugnisses so lange keine Wirkungen mehr entfalten,[1] bis eine endgültige Entscheidung in den jeweiligen Verfahren ergangen ist. 1

Für die Aussetzung der mit dem ENZ einhergehenden Wirkungen zuständig ist die mit der Sache befasste Stelle, also im Rahmen eines Verfahrens gem. Art. 71 EuErbVO die **Ausstellungsbehörde** (Art. 73 Abs. 1 lit. a EuErbVO), im Rahmen eines Verfahrens gem. Art. 72 EuErbVO das **Rechtsmittelgericht** (Art. 73 Abs. 1 lit. b EuErbVO). Die Aussetzungen der Wirkungen erfolgt nicht von Amts wegen, sondern *kann* auf Verlangen bzw. auf Antrag des Beschwerdeführers erfolgen; sie steht damit im Ermessen der Ausstellungsbehörde bzw. des Rechtsmittelgerichts. 2

Werden die Wirkungen des ENZ gem. Art. 73 EuErbVO ausgesetzt, sind gem. Art. 73 Abs. 2 Unterabs. 1 EuErbVO alle Personen, denen beglaubigte Abschriften des Zeugnisses gem. Art. 70 Abs. 1 EuErbVO ausgestellt worden sind, unverzüglich über die Aussetzung zu unterrichten; solange die Aussetzung andauert, dürfen gem. Art. 73 Abs. 2 Unterabs. 2 EuErbVO keine weiteren beglaubigten Abschriften des Zeugnisses ausgestellt werden. 3

Entscheidungen der Ausstellungsbehörde gem. Art. 73 Abs. 1 lit. a EuErbVO können mit dem Rechtsbehelf des Art. 72 EuErbVO angefochten werden. 4

Kapitel VII
Allgemeine und Schlussbestimmungen

Artikel 74 EuErbVO Legalisation oder ähnliche Förmlichkeiten

Im Rahmen dieser Verordnung bedarf es hinsichtlich Urkunden, die in einem Mitgliedstaat ausgestellt werden, weder der Legalisation noch einer ähnlichen Förmlichkeit.

Grundsätzlich muss ein deutsches Gericht über die Echtheit einer ausländischen öffentlichen Urkunde gem. § 438 Abs. 1 ZPO nach freiem Ermessen entscheiden, die diesbezügliche Vermutung des § 437 Abs. 1 ZPO greift alleine für inländische Urkunden. Zum Beweis der Echtheit einer ausländischen Urkunde genügt die Legalisation (also die Amtsbescheinigung über die Echtheit der Urkunde) durch einen Konsul oder Gesandten des Bundes (vgl. § 438 Abs. 2 ZPO), die Art. 74 EuErbVO wiederum für entbehrlich erklärt. Urkunden, die in einem Mitgliedstaat ausgestellt werden, stehen daher inländischen Urkunden gleich, so dass sie ebenfalls die Vermutung der Echtheit für sich haben. Zur Annahme mitgliedstaatlicher Urkunden vgl. Art. 59 EuErbVO. 1

---

1 So auch Volmer Rpfleger 2013, 421 (432); aA wohl Buschbaum ZEV 2012, 525 (526 f.).

Artikel 75 EuErbVO Verhältnis zu bestehenden internationalen Übereinkommen

(1) Diese Verordnung lässt die Anwendung internationaler Übereinkommen unberührt, denen ein oder mehrere Mitgliedstaaten zum Zeitpunkt der Annahme dieser Verordnung angehören und die Bereiche betreffen, die in dieser Verordnung geregelt sind.

Insbesondere wenden die Mitgliedstaaten, die Vertragsparteien des Haager Übereinkommens vom 5. Oktober 1961 über das auf die Form letztwilliger Verfügungen anzuwendende Recht sind, in Bezug auf die Formgültigkeit von Testamenten und gemeinschaftlichen Testamenten anstelle des Artikels 27 dieser Verordnung weiterhin die Bestimmungen dieses Übereinkommens an.

(2) Ungeachtet des Absatzes 1 hat diese Verordnung jedoch im Verhältnis zwischen den Mitgliedstaaten Vorrang vor ausschließlich zwischen zwei oder mehreren von ihnen geschlossenen Übereinkünften, soweit diese Bereiche betreffen, die in dieser Verordnung geregelt sind.

(3) Diese Verordnung steht der Anwendung des Übereinkommens vom 19. November 1934 zwischen Dänemark, Finnland, Island, Norwegen und Schweden mit Bestimmungen des Internationalen Privatrechts über Rechtsnachfolge von Todes wegen, Testamente und Nachlassverwaltung in der geänderten Fassung der zwischenstaatlichen Vereinbarung zwischen diesen Staaten vom 1. Juni 2012 durch die ihm angehörenden Mitgliedstaaten nicht entgegen, soweit dieses Übereinkommen Folgendes vorsieht:

a) Vorschriften über die verfahrensrechtlichen Aspekte der Nachlassverwaltung im Sinne der in dem Übereinkommen enthaltenen Begriffsbestimmung und die diesbezügliche Unterstützung durch die Behörden der dem Übereinkommen angehörenden Staaten und

b) vereinfachte und beschleunigte Verfahren für die Anerkennung und Vollstreckung von Entscheidungen in Erbsachen.

A. Allgemeines

1   Art. 75 EuErbVO ermöglicht es den einzelnen Mitgliedstaaten – trotz des grundsätzlichen Anwendungsvorrangs der europäischen Verordnung (→ EuErbVO Vor Art. 20–38 Rn. 13) –, bestehende, also *vor Inkrafttreten der EuErbVO* abgeschlossene Staatsverträge weiterhin anzuwenden, damit diese ihre völkerrechtlichen Verpflichtungen wahren können (vgl. Erwägungsgrund 73 S. 1). Methodisch stellt Art. 75 EuErbVO eine **Öffnungsklausel** zugunsten solcher Staatsverträge dar, die jedenfalls im Hinblick auf die von ihr erfassten Staatsverträge der Prüfungskompetenz des EuGH unterliegt – dieser kann somit, sollte dies einmal zweifelhaft sein, darüber entscheiden, *welche* konkreten staatsvertraglichen Regelungen die Öffnungsklausel „passieren" dürfen.

B. Regelungsgehalt

2   Art. 75 Abs. 1 EuErbVO bestimmt, welche Staatsverträge auch unter Geltung der grundsätzlich vorrangigen EuErbVO weiterhin zur Anwendung gebracht werden können. Voraussetzung hierfür ist, dass die Staatsverträge vor Inkrafttreten der EuErbVO abgeschlossen wurden und Bereiche betreffen, die in der EuErbVO geregelt sind – für außerhalb des sachlichen Anwendungsbereichs (Art. 1 EuErbVO) liegende Staatsverträge kann Art. 75 EuErbVO a priori *keinerlei* Vorgaben enthalten.

3   Hinsichtlich der **Bestimmung des Erbstatuts** vorrangig zu beachten sind für Deutschland:
- das Niederlassungsabkommen zwischen dem Deutschen Reich und dem Kaiserreich Persien vom 17.2.1929 (→ EuErbVO Vor Art. 20–38 Rn. 43–48)

- der **deutsch-türkische Konsularvertrag vom 28.5.1929**
  (→ EuErbVO Vor Art. 20–38 Rn. 49–54) und
- der **deutsch-sowjetische Konsularvertrag vom 25.4.1958**
  (→ EuErbVO Vor Art. 20–38 Rn. 55–60).

Weitere Staatsverträge, welche **Auswirkungen auf die erbrechtliche Anknüpfung** haben, stellen zudem

- das **New Yorker UN-Übereinkommen über die Rechtsstellung der Staatenlosen vom 28.9.1954** (→ EuErbVO Vor Art. 20–38 Rn. 62) und
- das **Genfer UN-Abkommen über die Rechtsstellung der Flüchtlinge vom 28.7.1951** (→ EuErbVO Vor Art. 20–38 Rn. 63) dar.

Hinsichtlich der **Form testamentarischer Verfügungen** gilt für Deutschland gem. Art. 75 Abs. 1 Unterabs. 2 EuErbVO weiterhin

- das **Haager Übereinkommen über das auf die Form letztwilliger Verfügungen anzuwendende Recht vom 5.10.1961** (→ EuErbVO Art. 27 Rn. 1 f.; Gesetzestext abgedruckt im Anhang zu Art. 27 EuErbVO).

Im Bereich des **Verfahrensrechts** sind, wenngleich – da nur Entscheidungen von Drittstaaten betreffend (→ EuErbVO Vor Art. 39–58 Rn. 5) – außerhalb des Regelungsbereiches von Art. 75 EuErbVO, weiterhin zu beachten:

- der **deutsch-türkische Konsularvertrag vom 28.5.1929** (→ EuErbVO Vor Art. 20–38 Rn. 54),
- das **deutsch-britische Abkommen über die gegenseitige Anerkennung und Vollstreckung von gerichtlichen Entscheidungen in Zivil- und Handelssachen vom 14.7.1960** (→ EuErbVO Vor Art. 39–58 Rn. 5) und
- das **deutsch-schweizerische Abkommen über die gegenseitige Anerkennung und Vollstreckung von gerichtlichen Entscheidungen und Schiedssprüchen vom 2.11.1929** (→ EuErbVO Vor Art. 39–58 Rn. 5).

Art. 75 Abs. 2 EuErbVO stellt darüber hinaus klar, dass (in den sachlichen Anwendungsbereich der EuErbVO fallende) Staatsverträge, die *ausschließlich* zwischen Mitgliedstaaten geschlossen wurden, also keine Drittstaaten betreffen, gegenüber denen staatsvertragliche Pflichten verletzt werden können, von der Öffnungsklausel des Art. 75 Abs. 1 EuErbVO *nicht* erfasst werden, so dass insoweit die EuErbVO vorrangig anzuwenden ist. Aufgrund dieser Regelung können die vor Art. 39–58 EuErbVO (→ EuErbVO Vor Art. 39–58 Rn. 6) genannten bilateralen Staatsverträge ab dem Geltungszeitpunkt der EuErbVO nicht mehr angewandt werden.

Art. 75 Abs. 3 EuErbVO hat für Deutschland keine Bedeutung; er enthält eine spezielle Regelung für das zwischen Dänemark, Finnland, Island, Norwegen und Schweden abgeschlossene sog. „Nordische Übereinkommen" vom 19.11.1934,[1] welches der EuErbVO nur im Hinblick auf die von Art. 75 Abs. 3 Nr. 1, 2 genannten Aspekte vorgeht und im Übrigen durch diese verdrängt wird.

Artikel 76 EuErbVO Verhältnis zur Verordnung (EG) Nr. 1346/2000 des Rates

Diese Verordnung lässt die Anwendung der Verordnung (EG) Nr. 1346/2000 des Rates vom 29. Mai 2000 über Insolvenzverfahren[1] unberührt.

---

1 Vgl. hierzu Jänterä-Jareborg Liber amicorum Pintens 2012, 733–752.
1 **Amtl. Anm.:** ABl. L 160 vom 30.6.2000, S. 1.

1   Art. 76 EuErbVO sieht eine – rein deklaratorische – Regelung hinsichtlich des Verhältnisses der EuErbVO zur EuInsVO vor: Letztere wird durch die EuErbVO in ihrem Regelungsgehalt nicht beeinträchtigt, geht also bei inhaltlichen Überschneidungen der EuErbVO als lex specialis vor.

Artikel 77 EuErbVO   Informationen für die Öffentlichkeit

Die Mitgliedstaaten übermitteln der Kommission eine kurze Zusammenfassung ihrer innerstaatlichen erbrechtlichen Vorschriften und Verfahren, einschließlich Informationen zu der Art von Behörde, die für Erbsachen zuständig ist, sowie zu der Art von Behörde, die für die Entgegennahme von Erklärungen über die Annahme oder die Ausschlagung der Erbschaft, eines Vermächtnisses oder eines Pflichtteils zuständig ist, damit die betreffenden Informationen der Öffentlichkeit im Rahmen des Europäischen Justiziellen Netzes für Zivil- und Handelssachen zur Verfügung gestellt werden können.

Die Mitgliedstaaten stellen auch Merkblätter bereit, in denen alle Urkunden und/oder Angaben aufgeführt sind, die für die Eintragung einer in ihrem Hoheitsgebiet belegenen unbeweglichen Sache im Regelfall erforderlich sind.

Die Mitgliedstaaten halten die Informationen stets auf dem neuesten Stand.

1   Art. 77 EuErbVO verpflichtet die einzelnen Mitgliedstaaten, der Europäischen Kommission eine kurze Zusammenstellung ihrer innerstaatlichen materiellen und verfahrensrechtlichen Bestimmung auf dem Gebiet des Erbrechts zu übermitteln sowie die hinsichtlich der Registereintragung unbeweglicher Sachen erforderlichen Unterlagen bzw. Angaben mitzuteilen, damit diese Informationen der Öffentlichkeit zugänglich gemacht werden können. Ursprünglich sollte dies – wie noch im Normtext zum Ausdruck kommt – auf der Webseite des Europäischen Justiziellen Netzes für Zivil- und Handelssachen erfolgen, die Informationen finden sich jedoch nunmehr auf der Website des europäischen Justizportals,[1] welche als zentrale elektronische Anlaufstelle für den Justizbereich gedacht ist.

Artikel 78 EuErbVO   Informationen zu Kontaktdaten und Verfahren

(1) Die Mitgliedstaaten teilen der Kommission bis zum 16. November 2014 mit:
a) die Namen und Kontaktdaten der für Anträge auf Vollstreckbarerklärung gemäß Artikel 45 Absatz 1 und für Rechtsbehelfe gegen Entscheidungen über derartige Anträge gemäß Artikel 50 Absatz 2 zuständigen Gerichte oder Behörden;
b) die in Artikel 51 genannten Rechtsbehelfe gegen die Entscheidung über den Rechtsbehelf;
c) die einschlägigen Informationen zu den Behörden, die für die Ausstellung des Zeugnisses nach Artikel 64 zuständig sind, und
d) die in Artikel 72 genannten Rechtsbehelfe.

Die Mitgliedstaaten unterrichten die Kommission über spätere Änderungen dieser Informationen.

(2) Die Kommission veröffentlicht die nach Absatz 1 übermittelten Informationen im *Amtsblatt der Europäischen Union*, mit Ausnahme der Anschriften und sonstigen Kontaktdaten der unter Absatz 1 Buchstabe a genannten Gerichte und Behörden.

---

1   https://e-justice.europa.eu/content_succession-538-de.do, letzter Abruf am 6.11.2022.

(3) Die Kommission stellt der Öffentlichkeit alle nach Absatz 1 übermittelten Informationen auf andere geeignete Weise, insbesondere über das Europäische Justizielle Netz für Zivil- und Handelssachen, zur Verfügung.

Art. 78 Abs. 1 EuErbVO verpflichtet die einzelnen Mitgliedstaaten, der Kommission die von dieser Vorschrift erwähnten Informationen bis zum 16.1.2014 mitzuteilen; mit Ausnahme der Anschriften und sonstigen Kontaktdaten der unter Abs. 1 lit. a genannten Gerichte und Behörden werden diese Informationen gem. Art. 78 Abs. 2 EuErbVO im Amtsblatt der Europäischen Union veröffentlicht. Alle der Kommission gem. Art. 78 Abs. 1 EuErbVO übermittelten Informationen sollen darüber hinaus der Öffentlichkeit zugänglich gemacht werden, insbesondere über die Website des – weiterhin im Aufbau befindlichen – europäischen Justizportals[1] (→ EuErbVO Art. 77 Rn. 1).

Artikel 79 EuErbVO Erstellung und spätere Änderung der Liste der in Artikel 3 Absatz 2 vorgesehenen Informationen

(1) Die Kommission erstellt anhand der Mitteilungen der Mitgliedstaaten die Liste der in Artikel 3 Absatz 2 genannten sonstigen Behörden und Angehörigen von Rechtsberufen.

(2) [1]Die Mitgliedstaaten teilen der Kommission spätere Änderungen der in dieser Liste enthaltenen Angaben mit. [2]Die Kommission ändert die Liste entsprechend.

(3) Die Kommission veröffentlicht die Liste und etwaige spätere Änderungen im *Amtsblatt der Europäischen Union*.

(4) Die Kommission stellt der Öffentlichkeit alle nach den Absätzen 1 und 2 mitgeteilten Informationen auf andere geeignete Weise, insbesondere über das Europäische Justizielle Netz für Zivil- und Handelssachen, zur Verfügung.

Gem. Art. 79 EuErbVO müssen die einzelnen Mitgliedstaaten der Kommission die neben herkömmlichen Gerichten in Erbsachen zuständigen sonstigen Behörden und Angehörigen von Rechtsberufen (Art. 3 Abs. 2 EuErbVO) mitteilen; diese Informationen werden gem. Art. 79 Abs. 2 EuErbVO im Amtsblatt der Europäischen Union veröffentlicht und sollen darüber hinaus ebenfalls der Öffentlichkeit – insbesondere über die Website des europäischen Justizportals[1] (→ EuErbVO Art. 77 Rn. 1) – zugänglich gemacht werden.

Artikel 80 EuErbVO Erstellung und spätere Änderung der Bescheinigungen und der Formblätter nach den Artikeln 46, 59, 60, 61, 65 und 67

[1]Die Kommission erlässt Durchführungsrechtsakte zur Erstellung und späteren Änderung der Bescheinigungen und der Formblätter nach den Artikeln 46, 59, 60, 61, 65 und 67. [2]Diese Durchführungsrechtsakte werden nach dem in Artikel 81 Absatz 2 genannten Beratungsverfahren angenommen.

Art. 80 EuErbVO richtet einen Rechtssetzungsauftrag an die Kommission, welche Durchführungsakte zur Erstellung und späteren Änderung der Bescheinigungen und der Formblätter nach den Art. 46, Art. 59, Art. 60, Art. 61, Art. 65 und Art. 67 EuErbVO zu erlassen hat.

---

[1] https://e-justice.europa.eu/home.do?plang=de&action=home, letzter Abruf am 6.11.2022.

[1] https://e-justice.europa.eu/home.do?plang=de&action=home, letzter Abruf am 6.11.2022.

2 Mit der **Durchführungsverordnung (EU) Nr. 1329/2014 vom 9.12.2014**[1] ist die Kommission diesem Rechtsetzungsauftrag nachgekommen; die VO trat zeitgleich mit der EuErbVO am 17.8.2015 (vgl. Art. 2 Durchführungsverordnung) in Kraft. Sie dient ausweislich ihres Erwägungsgrunds 1 der „ordnungsgemäßen Anwendung" der EuErbVO und enthält die für die Durchführung der EuErbVO erforderlichen Bescheinigungen und Formblätter nach Art. 46, 59, 60, 61, 65 und 67 EuErbVO.

Anhang zu Art. 80 EuErbVO: Durchführungsverordnung (EU) Nr. 1329/2014[1]

Durchführungsverordnung (EU) Nr. 1329/2014 der Kommission vom 9. Dezember 2014 zur Festlegung der Formblätter nach Maßgabe der Verordnung (EU) Nr. 650/2012 des Europäischen Parlaments und des Rates über die Zuständigkeit, das anzuwendende Recht, die Anerkennung und Vollstreckung von Entscheidungen und die Annahme und Vollstreckung öffentlicher Urkunden in Erbsachen sowie zur Einführung eines Europäischen Nachlasszeugnisses

(ABl. L 359 vom 16.12.2014, S. 30)

DIE EUROPÄISCHE KOMMISSION —
gestützt auf den Vertrag über die Arbeitsweise der Europäischen Union,
gestützt auf die Verordnung (EU) Nr. 650/2012 des Europäischen Parlaments und des Rates vom 4. Juli 2012 über die Zuständigkeit, das anzuwendende Recht, die Anerkennung und Vollstreckung von Entscheidungen und die Annahme und Vollstreckung öffentlicher Urkunden in Erbsachen sowie zur Einführung eines Europäischen Nachlasszeugnisses (1), insbesondere auf Artikel 46 Absatz 3 Buchstabe b, Artikel 59 Absatz 1, Artikel 60 Absatz 2, Artikel 61 Absatz 2, Artikel 65 Absatz 2 und Artikel 67 Absatz 1,
in Erwägung nachstehender Gründe:
(1) Zur ordnungsgemäßen Anwendung der Verordnung (EU) Nr. 650/2012 sollen mehrere Formblätter erstellt werden.
(2) Das Vereinigte Königreich und Irland haben sich entsprechend dem Protokoll Nr. 21 über die Position des Vereinigten Königreichs und Irlands hinsichtlich des Raums der Freiheit, der Sicherheit und des Rechts im Anhang zum Vertrag über die Europäische Union und zum Vertrag über die Arbeitsweise der Europäischen Union nicht an der Annahme der Verordnung (EU) Nr. 650/2012 beteiligt. Das Vereinigte Königreich und Irland beteiligen sich deshalb nicht an der Annahme dieser Verordnung.
(3) Nach den Artikeln 1 und 2 des dem Vertrag über die Europäische Union und dem Vertrag über die Arbeitsweise der Europäischen Union beigefügten Protokolls Nr. 22 über die Position Dänemarks beteiligt sich Dänemark nicht an der Annahme dieser Verordnung, die daher für Dänemark weder bindend noch Dänemark gegenüber anwendbar ist.
(4) Die in dieser Verordnung vorgesehenen Maßnahmen stehen im Einklang mit der Stellungnahme des Ausschusses für Erbsachen —
HAT FOLGENDE VERORDNUNG ERLASSEN:

Artikel 1

(1) Für die Bescheinigung betreffend eine Entscheidung in einer Erbsache gemäß Artikel 46 Absatz 3 Buchstabe b der Verordnung (EU) Nr. 650/2012 ist das Formblatt I in Anhang 1 zu verwenden.
(2) Für die Bescheinigung betreffend eine öffentliche Urkunde in einer Erbsache gemäß Artikel 59 Absatz 1 und Artikel 60 Absatz 2 der Verordnung (EU) Nr. 650/2012 ist das Formblatt II in Anhang 2 zu verwenden.

---

1 Durchführungsverordnung (EU) Nr. 1329/2014 der Kommission vom 9.12.2014 zur Festlegung der Formblätter nach Maßgabe der Verordnung (EU) Nr. 650/2012 des Europäischen Parlaments und des Rates über die Zuständigkeit, das anzuwendende Recht, die Anerkennung und Vollstreckung von Entscheidungen und die Annahme und Vollstreckung öffentlicher Urkunden in Erbsachen sowie zur Einführung eines Europäischen Nachlasszeugnisses (ABl. EU L 359, 30).

1 Durchführungsverordnung (EU) Nr. 1329/2014 der Kommission vom 9.12.2014 zur Festlegung der Formblätter nach Maßgabe der Verordnung (EU) Nr. 650/2012 des Europäischen Parlaments und des Rates über die Zuständigkeit, das anzuwendende Recht, die Anerkennung und Vollstreckung von Entscheidungen und die Annahme und Vollstreckung öffentlicher Urkunden in Erbsachen sowie zur Einführung eines Europäischen Nachlasszeugnisses (ABl. EU L 359, 30).

(3) Für die Bescheinigung betreffend einen gerichtlichen Vergleich in einer Erbsache gemäß Artikel 61 Absatz 2 der Verordnung (EU) Nr. 650/2012 ist das Formblatt III in Anhang 3 zu verwenden.
(4) Für den Antrag auf Ausstellung eines Europäischen Nachlasszeugnisses gemäß Artikel 65 Absatz 2 der Verordnung (EU) Nr. 650/2012 ist das Formblatt IV in Anhang 4 zu verwenden.
(5) Für das Europäische Nachlasszeugnis gemäß Artikel 67 Absatz 1 der Verordnung (EU) Nr. 650/2012 ist das Formblatt V in Anhang 5 zu verwenden.

Artikel 2

Diese Verordnung tritt am 17. August 2015 in Kraft.
Diese Verordnung ist in allen ihren Teilen verbindlich und gilt gemäß den Verträgen unmittelbar in den Mitgliedstaaten.

Literatur:
Gierl/Köhler/Kroiß/Wilsch, Internationales Erbrecht, 2. Aufl. 2017, Teil 4.

Ein Abdruck der einzelnen Formblätter findet sich im Anhang der jeweiligen Artikel. 1

- Formblatt I: Anhang zu Art. 46 EuErbVO
- Formblatt II: Anhang zu Art. 59 EuErbVO
- Formblatt III: Anhang zu Art. 61 EuErbVO
- Formblatt IV: Anhang zu Art. 65 EuErbVO
- Formblatt V: Anhang zu Art. 67 EuErbVO

Artikel 81 EuErbVO   Ausschussverfahren

(1) ¹Die Kommission wird von einem Ausschuss unterstützt. ²Dieser Ausschuss ist ein Ausschuss im Sinne der Verordnung (EU) Nr. 182/2011.

(2) Wird auf diesen Absatz Bezug genommen, so gilt Artikel 4 der Verordnung (EU) Nr. 182/2011.

Im Hinblick auf die gem. Art. 80 EuErbVO zu erlassenden Durchführungsrechtsakte wird die Kommission von einem Ausschuss unterstützt. Für das diesbezügliche Verfahren verweist Art. 81 EuErbVO auf Art. 4 der Komitologie-VO.[1] 1

Artikel 82 EuErbVO   Überprüfung

¹Die Kommission legt dem Europäischen Parlament, dem Rat und dem Europäischen Wirtschafts- und Sozialausschuss bis 18. August 2025 einen Bericht über die Anwendung dieser Verordnung vor, der auch eine Evaluierung der etwaigen praktischen Probleme enthält, die in Bezug auf die parallele außergerichtliche Beilegung von Erbstreitigkeiten in verschiedenen Mitgliedstaaten oder eine außergerichtliche Beilegung in einem Mitgliedstaat parallel zu einem gerichtlichen Vergleich in einem anderen Mitgliedstaat aufgetreten sind. ²Dem Bericht werden gegebenenfalls Änderungsvorschläge beigefügt.

Art. 82 EuErbVO erteilt der Europäischen Kommission einen Evaluierungsauftrag im Hinblick auf die praktische Anwendung der EuErbVO in einem Zeitraum von zehn Jahren; dieser Bericht kann ggf. zu einer späteren Revision der EuErbVO führen. 1

---

[1] Verordnung (EU) Nr. 182/2011 des Europäischen Parlaments und des Rates vom 16.2.2011 zur Festlegung der allgemeinen Regeln und Grundsätze, nach denen die Mitgliedstaaten die Wahrnehmung der Durchführungsbefugnisse durch die Kommission kontrollieren (ABl. EU L 55, 13).

Artikel 83 EuErbVO Übergangsbestimmungen

(1) Diese Verordnung findet auf die Rechtsnachfolge von Personen Anwendung, die am 17. August 2015 oder danach verstorben sind.

(2) Hatte der Erblasser das auf seine Rechtsnachfolge von Todes wegen anzuwendende Recht vor dem 17. August 2015 gewählt, so ist diese Rechtswahl wirksam, wenn sie die Voraussetzungen des Kapitels III erfüllt oder wenn sie nach den zum Zeitpunkt der Rechtswahl geltenden Vorschriften des Internationalen Privatrechts in dem Staat, in dem der Erblasser seinen gewöhnlichen Aufenthalt hatte, oder in einem Staat, dessen Staatsangehörigkeit er besaß, wirksam ist.

(3) Eine vor dem 17. August 2015 errichtete Verfügung von Todes wegen ist zulässig sowie materiell und formell wirksam, wenn sie die Voraussetzungen des Kapitels III erfüllt oder wenn sie nach den zum Zeitpunkt der Errichtung der Verfügung geltenden Vorschriften des Internationalen Privatrechts in dem Staat, in dem der Erblasser seinen gewöhnlichen Aufenthalt hatte, oder in einem Staat, dessen Staatsangehörigkeit er besaß, oder in dem Mitgliedstaat, dessen Behörde mit der Erbsache befasst ist, zulässig sowie materiell und formell wirksam ist.

(4) Wurde eine Verfügung von Todes wegen vor dem 17. August 2015 nach dem Recht errichtet, welches der Erblasser gemäß dieser Verordnung hätte wählen können, so gilt dieses Recht als das auf die Rechtsfolge von Todes wegen anzuwendende gewählte Recht.

A. Allgemeines

1   Art. 83 EuErbVO regelt den **zeitlichen Anwendungsbereich** der EuErbVO. Diese ist gem. Art. 83 Abs. 1 EuErbVO auf die Rechtsnachfolge von Personen anzuwenden, die am 17.8.2015 oder danach verstorben sind; vor diesem Zeitpunkt ist grundsätzlich das jeweils geltende nationale Kollisionsrecht maßgeblich (→ EuErbVO Vor Art. 20–38 Rn. 67–79). Art. 83 Abs. 2–4 EuErbVO sieht jedoch spezielle Regelungen hinsichtlich einer *vor* dem 17.8.2015 getroffenen Rechtswahl sowie einer vor diesem Datum errichteten Verfügung von Todes wegen vor, welche deren Wirksamkeit begünstigen; diese Bestimmungen dienen in besonderem Maße dem Vertrauensschutz[1] und bezwecken, die mit der Neuregelung des internationalen Erbrechts einhergehenden Risiken im Hinblick auf eine bereits abgeschlossene Nachlassplanung zu minimieren.[2]

B. Regelungsgehalt
I. Rechtswahl (Abs. 2)

2   Eine **vor dem 17.8.2015** seitens des Erblassers getroffene Rechtswahl ist gem. Art. 83 Abs. 2 EuErbVO wirksam, wenn sie zunächst den insoweit maßgeblichen Voraussetzungen der EuErbVO (Art. 22, 24 Abs. 2, 25 Abs. 3 EuErbVO; Alt. 1) entspricht (im Einzelnen → EuErbVO Art. 22 Rn. 4–13). Sie ist darüber hinaus jedoch auch dann wirksam, wenn sie den zum Zeitpunkt ihrer Errichtung geltenden Wirksamkeitsvoraussetzungen des nationalen IPR desjenigen Staates entspricht, in dem der Erblasser seinen letzten gewöhnlichen Aufenthalt hatte (Alt. 2) oder dessen Staatsangehörigkeit er besaß (Alt. 3). Die Wirksamkeit einer vor dem 17.8.2015 getroffenen Rechtswahl ist daher ggf. anhand von drei Kollisionsrechtsordnungen zu beurteilen, wobei aufgrund der von Art. 83 Abs. 2 EuErbVO bezweckten Begünstigung letztendlich dasjenige Regelungsregime maßgeblich ist, nach welchem die getroffene Rechtswahl am weitestgehenden verwirklicht werden kann (alternative Anknüpfung im intertemporalen Kollisionsrecht).

---

[1] Schoppe IPRax 2014, 27 (28 f.); Grüneberg/Thorn EuErbVO Art. 83 Rn. 1.
[2] Grüneberg/Thorn EuErbVO Art. 83 Rn. 1.

Beispiel: Ein italienischer Erblasser mit gewöhnlichem Aufenthalt in Deutschland trifft vor dem 17.8.2015 eine umfassende, also sowohl bewegliche als auch unbewegliche Vermögensgüter erfassende Rechtswahl zugunsten deutschen Rechts. Soweit ihre jeweiligen formellen und materiellen Wirksamkeitsvoraussetzungen erfüllt sind, führt diese Rechtswahl – entweder nach Art. 22 EuErbVO (Art. 83 Abs. 2 Alt. 1 EuErbVO) oder nach Art. 46 Abs. 2 des italienischen IPR-Gesetzes (Art. 83 Abs. 2 Alt. 3 EuErbVO) – zu einer umfassenden Wahl des Erbstatuts; sie ist also gerade *nicht* als (ebenfalls wirksame, → EuErbVO Art. 22 Rn. 16) Teilrechtswahl iSv Art. 25 Abs. 2 EGBGB (Art. 83 Abs. 2 Alt. 2 EuErbVO) zu verstehen, da insoweit „günstigere" Alternativen zur Verfügung stehen.

Zu weiteren Einzelheiten einer vor dem 17.8.2015 getroffenen Rechtswahl → EuErbVO Art. 22 Rn. 14–17. **3**

II. Verfügung von Todes wegen (Abs. 3)

Eine **vor dem 17.8.2015** errichtete Verfügung von Todes wegen – also ein Testament, ein gemeinschaftliches Testament oder ein Erbvertrag, vgl. Art. 3 Abs. 1 lit. d EuErbVO – ist gem. Art. 83 Abs. 3 EuErbVO zulässig sowie materiell und formell wirksam, wenn sich dies aus demjenigen Recht ergibt, das die Kollisionsnormen der EuErbVO (in materieller Hinsicht Art. 24, 25 EuErbVO, in formeller Hinsicht Art. 27 EuErbVO bzw. die entsprechenden Bestimmungen des HTestformÜ) für anwendbar erklären (Alt. 1). Alternativ ist darüber hinaus auch auf diejenigen – zum Errichtungszeitpunkt der letztwilligen Verfügung geltenden – nationalen Kollisionsnormen desjenigen Staates abzustellen, in dem der Erblasser seinen letzten gewöhnlichen Aufenthalt hatte (Alt. 2), dessen Staatsangehörigkeit er besaß (Alt. 3) oder dessen Gerichte bzw. Behörden mit der Erbsache befasst sind.[3] Zulässigkeit und Wirksamkeit einer vor dem 17.8.2015 errichteten Verfügung von Todes wegen sind daher dann zu bejahen, wenn sich diese aus *einer* der insoweit anzuwendenden Rechtsordnungen ergibt. **4**

III. Fiktion der Rechtswahl (Abs. 4)

Hat der Erblasser **vor dem 17.8.2015** eine Verfügung von Todes wegen nach einem Recht errichtet, welches er nach der EuErbVO hätte wählen können – also das Recht seiner Staatsangehörigkeit, Art. 22 Art. 1 EuErbVO –, *gilt* dieses Recht gem. Art. 83 Abs. 4 EuErbVO als das für die Rechtsnachfolge von Todes wegen *gewählte* Recht. Da eine nach der EuErbVO wirksame Rechtswahl – ausdrücklich oder konkludent – bereits vor dem 17.8.2015 getroffen werden kann (→ Rn. 2), erfasst Art. 83 Abs. 4 EuErbVO ausschließlich solche Fälle, in denen eine Rechtswahl *unterblieben* ist, ein entsprechendes Rechtswahlbewusstsein also zum Errichtungszeitpunkt nicht vorhanden war.[4] Dem Erblasser eine von ihm gerade nicht getroffene Rechtswahl zu unterstellen, macht vor dem Hintergrund des von Art. 84 EuErbVO bezweckten Vertrauensschutzes (→ Rn. 1) allerdings nur Sinn, wenn dieser zum Errichtungszeitpunkt von der Maßgeblichkeit seiner Heimatrechtsordnung für seine Rechtsnachfolge von Todes wegen ausgehen durfte, was wiederum nur der Fall ist, wenn die zu diesem Zeitpunkt maßgeblichen nationalen Kollisionsnormen objektiv an die Staatsangehörigkeit anknüpfen.[5] Voraussetzung für eine nach Art. 83 Abs. 4 EuErbVO fingierte Rechtswahl ist daher eine entsprechende Ausgestaltung der vor dem 17.8.2015 maßgeblichen nationalen Kollisionsnormen. Offen ist, ob die nach dem **5**

---

3 In der ursprünglichen deutschen Fassung der EuErbVO wurde diese Alternative zunächst nicht berücksichtigt, vgl. etwa Dutta FamRZ 2013, 4 (15). Dies wurde zwischenzeitlich korrigiert, vgl. ABl. EU 2013 L 41, 16.

4 So auch Nordmeier GPR 2013, 148 (155); Lehmann DStR 2012, 2085 (2088); Grüneberg/Thorn EuErbVO Art. 83 Rn. 7; Schoppe IPRax 2014, 27 (32).

5 Vgl. auch Seibl, Objektive und subjektive Anknüpfungen im Internationalen Erbrecht: ein Vergleich der bisherigen Rechtslage und der ErbVO, in: Spickhoff, Symposium Parteiautonomie im Europäischen Internationalen Privatrecht, 2013, 123, 140.

Heimatrecht errichtete letztwillige Verfügung für das Eingreifen der Rechtswahlfiktion darüber hinaus auch (materiell und formell) *wirksam* sein muss.[6] Hierfür spricht die englische und französische Sprachfassung, nach welcher die Verfügung in *Übereinstimmung* mit der Heimatrechtsordnung getroffen sein muss („in accordance with", „conformément à"), die deutsche Sprachfassung (Errichtung *nach* dem Heimatrecht) lässt jedoch auch ein anderweitiges Verständnis zu.[7] Da ein Vertrauen hinsichtlich der Anwendbarkeit der Heimatrechtsordnung auch bei einer unwirksamen Verfügung von Todes wegen entstehen kann, erscheint ein Verzicht auf diese Voraussetzung vorzugswürdig.

Artikel 84 EuErbVO Inkrafttreten

Diese Verordnung tritt am zwanzigsten Tag nach ihrer Veröffentlichung[1] im *Amtsblatt der Europäischen Union* in Kraft.

Sie gilt ab dem 17. August 2015, mit Ausnahme der Artikel 77 und 78, die ab dem 16. November 2014 gelten, und der Artikel 79, 80 und 81, die ab dem 5. Juli 2012 gelten.

Diese Verordnung ist in allen ihren Teilen verbindlich und gilt gemäß den Verträgen unmittelbar in den Mitgliedstaaten.

1 Die EuErbVO wurde am 27.7.2012 im Amtsblatt der EU veröffentlicht[2] und trat damit gem. Art. 85 Unterabs. 1 EuErbVO am 16.8.2012 in Kraft. Sie gilt in ihren wesentlichen Teilen seit dem 17.8.2015 unmittelbar in jedem teilnehmenden Mitgliedstaat (→ EuErbVO Art. 3 Rn. 2).

---

6 Dies annehmend Nordmeier GPR 2013, 148 (155); in diese Richtung tendierend auch Dutta/Herrler/Solomon EuErbVO, 19, 43 f.

7 Vgl. Dutta/Herrler/Solomon EuErbVO, 19, 43 f.; Nordmeier GPR 2013, 148 (155).
1 Veröffentlicht am 27.7.2012.
2 ABl. EU L 201, 107.

31a. Internationales Erbrechtsverfahrensgesetz (IntErbRVG)

vom 29.6.2015 (BGBl. I S. 1042)
(FNA 319-116)

Literatur:

Kommentierungen und Handbücher: *Dutta*, in: Dutta/Weber, Internationales Erbrecht, 2. Aufl. 2021; *Gierl/Köhler/Kroiß/Wilsch*, Internationales Erbrecht, 3. Aufl. 2020.

Sonstige Literatur:

Döbereiner, Das Gesetz zum Internationalen Erbrecht und zur Änderung von Vorschriften zum Erbschein, NJW 2015, 2449; *Dutta*, Das neue Internationale Erbrechtsverfahrensgesetz, ZEV 2015, 493; *Peter*, Die Anwendung der ErbVO und ihrer Durchführungsvorschriften ab 17.8.2015, MDR 2015, 309; *Wagner/Fenner*, Anwendung der EU-Erbrechtsverordnung in Deutschland, FamRZ 2015, 1668; *Zimmermann*, Das neue Internationale Erbrechtsverfahrensgesetz, FGPrax 2015, 145.

Einführung

A. Allgemeines

Für die Durchführung der EuErbVO bedurfte es weiterer nationaler Regelungen insbesondere im Bereich des nationalen Zuständigkeits- und Verfahrensrechts, welche der deutsche Gesetzgeber mit dem **Gesetz zum Internationalen Erbrecht und zur Änderung von Vorschriften zum Erbschein sowie zur Änderung sonstiger Vorschriften**[1] erlassen hat. Dieses Gesetz, das im Wesentlichen auf dem Referentenentwurf des Bundesministeriums der Justiz und für Verbraucherschutz[2] basiert, enthält – neben zahlreichen Anpassungsregelungen für den gesamten Bereich des Erbrechts – als „Herzstück" ein eigenständiges **Internationales Erbrechtsverfahrensgesetz (IntErbRVG)**, in welchem alle zur Durchführung der EuErbVO erforderlichen Bestimmungen kodifiziert wurden. 1

B. Überblick über die Regelungen des IntErbRVG

Die **ersten beiden Abschnitte** des IntErbRVG regeln zunächst den Anwendungsbereich (§ 1 IntErbRVG) sowie die örtliche Zuständigkeit (§ 2 IntErbRVG). Letztere Regelung gilt – ausweislich ihrer systematischen Stellung im 2. Abschnitt des Gesetzes – originär jedoch nur für bürgerliche Streitigkeiten; Sonderregelungen sehen § 34 IntErbRVG (Verfahren über die Ausstellung eines Europäischen Nachlasszeugnisses) sowie § 47 IntErbRVG (Zuständigkeit in sonstigen Angelegenheiten der freiwilligen Gerichtsbarkeit) vor. **Abschnitt 3** (§§ 3–30 IntErbRVG) enthält umfangreiche, Art. 39–61 EuErbVO konkretisierende Regelungen hinsichtlich der Anerkennung und der Vollstreckung ausländischer Titel, **Abschnitt 4** sieht spezielle Bestimmungen hinsichtlich der Entgegennahme von Erklärungen der Annahme und Ausschlagung der Erbschaft (§ 31 IntErbRVG) sowie hinsichtlich eines – erstmalig vorgesehenen – staatlichen Aneignungsrechts bei erbenlosen Nachlässen (§ 32 IntErbRVG) vor. Die unionsrechtlichen Vorschriften bezüglich des Europäischen Nachlasszeugnisses (Art. 62–73 EuErbVO) konkretisierenden Durchführungsbestimmungen enthält **Abschnitt 5** (§§ 33–44 IntErbRVG), Art. 59 EuErbVO ergänzende Vorschriften hinsichtlich der Authentizität von Urkunden sind in **Abschnitt 6** (§§ 45 f. IntErbRVG) geregelt. **Abschnitt 6** sieht mit § 47 IntErbRVG zuletzt eine – § 2 IntErbRVG ergänzende – Regelung für die freiwillige Gerichtsbarkeit vor. 2

---

1 BGBl. 2015 I 1042.
2 Entwurf eines Gesetzes zum Internationalen Erbrecht und zur Änderung von Vorschriften zum Erbschein, vollständig abrufbar unter http://dipbt.bundestag.de/extrakt/ba/WP18/643/64397.html, letzter Abruf am 19.7.2018.

Abschnitt 1
Anwendungsbereich

§ 1 Anwendungsbereich

(1) Dieses Gesetz regelt die Durchführung der Verordnung (EU) Nr. 650/2012 des Europäischen Parlaments und des Rates vom 4. Juli 2012 über die Zuständigkeit, das anzuwendende Recht, die Anerkennung und Vollstreckung von Entscheidungen und die Annahme und Vollstreckung öffentlicher Urkunden in Erbsachen sowie zur Einführung eines Europäischen Nachlasszeugnisses.

(2) Mitgliedstaaten im Sinne dieses Gesetzes sind die Mitgliedstaaten der Europäischen Union mit Ausnahme Dänemarks, Irlands und des Vereinigten Königreichs.

1 Zweck des IntErbRVG ist gem. dessen § 1 Abs. 1 die **Durchführung der EuErbVO**, so dass das IntErbRVG trotz nationaler Provenienz im Lichte des europäischen Rechts auszulegen ist. Der Anwendungsbereich des IntErbRVG folgt damit mittelbar dem Anwendungsbereich der EuErbVO, ist also deckungsgleich.[1] Soweit das IntErbRVG auf rechtliche Begriffe der EuErbVO rekurriert (etwa der gewöhnliche Aufenthalt), sind diese der EuErbVO entsprechend auszulegen.

2 Im Hinblick auf den Zweck des IntErbRVG deklaratorisch, definiert § 1 Abs. 2 IntErbRVG den Begriff Mitgliedstaaten – entsprechend der EuErbVO (→ EuErbVO Art. 3 Rn. 2) – als Mitgliedstaaten der Europäischen Union mit Ausnahme Dänemarks, Irlands und des Vereinigten Königreichs.

Abschnitt 2
Bürgerliche Streitigkeiten

§ 2 Örtliche Zuständigkeit

(1) Das Gericht, das die Verfahrensparteien in der Gerichtsstandsvereinbarung bezeichnet haben, ist örtlich ausschließlich zuständig, sofern sich die internationale Zuständigkeit der deutschen Gerichte aus den folgenden Vorschriften der Verordnung (EU) Nr. 650/2012 ergibt:
1. Artikel 7 Buchstabe a in Verbindung mit Artikel 6 Buchstabe b Alternative 1 und mit Artikel 5 Absatz 1 Alternative 1 der Verordnung (EU) Nr. 650/2012 oder
2. Artikel 7 Buchstabe b Alternative 1 in Verbindung mit Artikel 5 Absatz 1 Alternative 1 der Verordnung (EU) Nr. 650/2012.

(2) Ergibt sich die internationale Zuständigkeit der deutschen Gerichte aus Artikel 7 Buchstabe c der Verordnung (EU) Nr. 650/2012, ist das Gericht örtlich ausschließlich zuständig, dessen Zuständigkeit die Verfahrensparteien ausdrücklich anerkannt haben.

(3) Ergibt sich die internationale Zuständigkeit der deutschen Gerichte aus Artikel 9 Absatz 1 der Verordnung (EU) Nr. 650/2012 in Verbindung mit den in den vorstehenden Absätzen aufgeführten Vorschriften der Verordnung (EU) Nr. 650/2012, ist das Gericht, das seine Zuständigkeit nach den Absätzen 1 oder 2 ausübt, weiterhin örtlich ausschließlich zuständig.

(4) ¹Ergibt sich die internationale Zuständigkeit der deutschen Gerichte aus anderen Vorschriften des Kapitels II der Verordnung (EU) Nr. 650/2012, ist das Gericht örtlich zuständig, in dessen Bezirk der Erblasser im Zeitpunkt seines Todes seinen gewöhnlichen Aufenthalt hatte. ²Hatte der Erblasser im Zeitpunkt seines Todes seinen gewöhnlichen Aufenthalt nicht im Inland, ist das Gericht örtlich zuständig, in dessen Bezirk der Erblasser seinen letzten gewöhnli-

---

1 Gierl/Köhler/Kroiß/Wilsch/Gierl IntErbR Teil 2 § 1 Rn. 1.

chen Aufenthalt im Inland hatte. ³Hatte der Erblasser keinen gewöhnlichen Aufenthalt im Inland, ist das Amtsgericht Schöneberg in Berlin örtlich zuständig.

(5) Mit Ausnahme der §§ 27 und 28 der Zivilprozessordnung gelten neben Absatz 4 auch die Vorschriften in den Titeln 2 und 3 des Ersten Abschnitts des Ersten Buches der Zivilprozessordnung.

A. Allgemeines

Die **örtliche Zuständigkeit** wird von § 2 IntErbRVG geregelt. Ausweislich seiner systematischen Stellung im 2. Abschnitt des Gesetzes gilt die Regelung **nur für bürgerliche Streitigkeiten** und damit für solche Streitigkeiten, die nach der ZPO zu entscheiden sind. Im Hinblick auf den Zweck des IntErbRVG, die Durchführung der EuErbVO sicherzustellen, wird man weitergehend konkretisieren können, dass § 2 IntErbRVG solche bürgerlichen Streitigkeiten erfasst, die zugleich Erbsachen iSd EuErbVO (→ EuErbVO Vor Art. 4–19 Rn. 3) sind.[1] Sonderregelungen sehen § 34 IntErbRVG für Verfahren über die Ausstellung eines Europäischen Nachlasszeugnisses sowie § 47 IntErbRVG für sonstige Angelegenheiten der freiwilligen Gerichtsbarkeit vor. Die – von § 2 IntErbRVG nicht erfasste – **sachliche Zuständigkeit** bestimmt sich nach den allgemeinen Vorschriften.

§ 2 IntErbRVG kommt allein dann zur Anwendung, wenn deutsche Gerichte international zuständig sind (Art. 4 ff. EuErbVO).

B. Regelungsgehalt

I. Gerichtsstandsvereinbarungen (Abs. 1)

Haben die Verfahrensparteien im Rahmen einer Gerichtsstandsvereinbarung iSv Art. 5 EuErbVO ein **bestimmtes Gericht** bezeichnet, ist dieses gem. § 2 Abs. 1 IntErbRVG **örtlich ausschließlich zuständig**. Dies gilt nicht nur, wenn das deutsche Gericht unmittelbar von den Verfahrensparteien angerufen worden ist (Art. 7 lit. b EuErbVO iVm Art. 5 Abs. 1 Alt. 1 EuErbVO), sondern auch im Falle einer – das deutsche Gericht bindenden – Unzuständigkeitserklärung (Art. 7 lit. a EuErbVO iVm Art. 6 lit. b Alt. 1 und Art. 5 Abs. 1 Alt. 1 EuErbVO).

II. Gerichtsstandsanerkennung (Abs. 2)

Ergibt sich die internationale Zuständigkeit deutscher Gerichte aus einer **Gerichtsstandsanerkennung** iSv Art. 7 lit. c EuErbVO, ist gem. § 2 Abs. 2 IntErbRVG das Gericht **örtlich ausschließlich zuständig**, dessen Zuständigkeit die Verfahrensparteien ausdrücklich anerkannt haben.

III. Rügelose Einlassung (Abs. 3)

Folgt die internationale Zuständigkeit deutscher Gerichte aus einer **rügelosen Einlassung** iSv Art. 9 EuErbVO, folgt die örtliche Zuständigkeit des deutschen Gerichtes aus § 2 Abs. 3 IntErbRVG. Hiernach bleibt das Gericht, das seine örtliche Zuständigkeit gem. § 2 Abs. 1 oder Abs. 2 ausübt, weiterhin **örtlich ausschließlich zuständig**.

IV. Sonstige örtliche Zuständigkeiten (Abs. 4, 5)

Für sonstige, nicht von § 2 Abs. 1–3 IntErbRVG erfassten Fälle, sieht § 2 **Abs. 4 IntErbRVG** eine **Auffangregelung** vor. Sie greift etwa ein, wenn sich die internationale Zuständigkeit deut-

---

1 Vgl. auch Dutta/Weber/Dutta IntErbRVG § 2 Rn. 6.

scher Gerichte aus Art. 10 EuErbVO (subsidiäre Zuständigkeit) oder Art. 11 EuErbVO (Notzuständigkeit) ergibt.

7 § 2 Abs. 4 IntErbRVG sieht eine **Zuständigkeitsleiter** vor. Hatte der Erblasser im Zeitpunkt seines Todes seinen **gewöhnlichen Aufenthalt in Deutschland**, ist das Gericht örtlich zuständig, in dessen Bezirk der Erblasser diesen begründet hatte (S. 1). Lebte der Erblasser zum Zeitpunkt seines Todes **im Ausland**, ist vorrangig das Gericht örtlich zuständig, in dessen Bezirk der Erblasser seinen letzten gewöhnlichen Aufenthalt im Inland hatte (S. 2), mangels eines solchen das Amtsgericht Schöneberg in Berlin (S. 3).

8 Anders als § 2 Abs. 1–3 IntErbRVG begründet § 2 Abs. 4 IntErbRVG einen **besonderen Gerichtsstand**, wie § 2 Abs. 5 IntErbRVG verdeutlicht; allein §§ 27, 28 ZPO werden verdrängt, im Übrigen gelten die §§ 12 ff. ZPO als Wahlgerichtsstände iSv § 35 ZPO.[2]

Abschnitt 3
Zulassung der Zwangsvollstreckung aus ausländischen Titeln; Anerkennungsfeststellung

Vorbemerkung

1 **Abschnitt 3** des IntErbRVG sieht umfangreiche, Art. 39–61 EuErbVO konkretisierende Regelungen hinsichtlich der Anerkennung und der Vollstreckung ausländischer Titel vor, die sich inhaltlich im Wesentlichen an den entsprechenden Vorschriften des AUG[1] als jüngstem Durchführungsgesetz der justiziellen Zusammenarbeit in Zivilsachen, teilweise aber auch an entsprechenden Vorschriften des AVAG[2] orientieren.[3] Der insoweit möglichen Regelungsalternative, eine entsprechende Anpassung des AVAG vorzunehmen, erteilt der Gesetzgeber – durchaus begrüßenswert – eine Absage, da die Beschreitung eines solchen Weges zu einer Rechtszersplitterung führen[4] und die ohnehin schon unübersichtliche Rechtslage weiter verkomplizieren würde.

2 Für Einzelheiten des Anerkennungs- und Vollstreckungsverfahrens wird auf die Kommentierung zur EuErbVO verwiesen.

Unterabschnitt 1
Vollstreckbarkeit ausländischer Titel

§ 3 Zuständigkeit

(1) Sachlich zuständig für die Vollstreckbarerklärung von Titeln aus einem anderen Mitgliedstaat ist ausschließlich das Landgericht.

(2) ¹Örtlich zuständig ist ausschließlich das Gericht, in dessen Bezirk der Schuldner seinen Wohnsitz hat oder in dessen Bezirk die Zwangsvollstreckung durchgeführt werden soll. ²Der Sitz von Gesellschaften und juristischen Personen steht dem Wohnsitz gleich.

(3) Über den Antrag auf Erteilung der Vollstreckungsklausel entscheidet der Vorsitzende einer Zivilkammer.

---

2 Gierl/Köhler/Kroiß/Wilsch/Gierl IntErbR Teil 2 § 2 Rn. 21.
1 Auslandsunterhaltsgesetz (BGBl. 2011 I 898).
2 Gesetz zur Ausführung zwischenstaatlicher Verträge und zur Durchführung von Verordnungen und Abkommen der Europäischen Gemeinschaft auf dem Gebiet der Anerkennung und Vollstreckung in Zivil- und Handelssachen (BGBl. 2009 I 3881).

3 Referentenentwurf des Bundesministeriums der Justiz und für Verbraucherschutz, 1, 44; vgl. im Einzelnen aaO 44–47.
4 So ausdrücklich der Referentenentwurf des Bundesministeriums der Justiz und für Verbraucherschutz, 2, 38.

(4) ¹In einem Verfahren, das die Vollstreckbarerklärung einer notariellen Urkunde zum Gegenstand hat, kann diese Urkunde auch von einem Notar für vollstreckbar erklärt werden. ²Die Vorschriften für das Verfahren der Vollstreckbarerklärung durch ein Gericht gelten sinngemäß.

§ 4 Antragstellung

(1) Der in einem anderen Mitgliedstaat vollstreckbare Titel wird dadurch zur Zwangsvollstreckung zugelassen, dass er auf Antrag mit der Vollstreckungsklausel versehen wird.

(2) Der Antrag auf Erteilung der Vollstreckungsklausel kann bei dem zuständigen Gericht schriftlich eingereicht oder mündlich zu Protokoll der Geschäftsstelle erklärt werden.

(3) Ist der Antrag entgegen § 184 Satz 1 des Gerichtsverfassungsgesetzes nicht in deutscher Sprache abgefasst, so kann das Gericht von dem Antragsteller eine Übersetzung verlangen, deren Richtigkeit von einer in einem Mitgliedstaat der Europäischen Union oder in einem anderen Vertragsstaat des Abkommens über den Europäischen Wirtschaftsraum hierzu befugten Person bestätigt worden ist.

(4) Der Ausfertigung des Titels, der mit der Vollstreckungsklausel versehen werden soll, und seiner Übersetzung, sofern eine solche vorgelegt wird, sollen je zwei Abschriften beigefügt werden.

§ 5 Verfahren

(1) ¹Die Entscheidung über den Antrag ergeht ohne mündliche Verhandlung. ²Jedoch kann eine mündliche Erörterung mit dem Antragsteller oder seinem Bevollmächtigten stattfinden, wenn der Antragsteller oder der Bevollmächtigte hiermit einverstanden ist und die Erörterung der Beschleunigung dient.

(2) Im ersten Rechtszug ist die Vertretung durch einen Rechtsanwalt nicht erforderlich.

§ 6 Vollstreckbarkeit ausländischer Titel in Sonderfällen

Hängt die Zwangsvollstreckung nach dem Inhalt des Titels von einer dem Gläubiger obliegenden Sicherheitsleistung, dem Ablauf einer Frist oder dem Eintritt einer anderen Tatsache ab oder wird die Vollstreckungsklausel zugunsten eines anderen als des in dem Titel bezeichneten Gläubigers oder gegen einen anderen als den darin bezeichneten Schuldner beantragt, so ist die Frage, inwieweit die Zulassung der Zwangsvollstreckung von dem Nachweis besonderer Voraussetzungen abhängig oder ob der Titel für oder gegen den anderen vollstreckbar ist, nach dem Recht des Staates zu entscheiden, in dem der Titel errichtet ist.

§ 7 Entscheidung

(1) ¹Ist die Zwangsvollstreckung aus dem Titel zuzulassen, so beschließt das Gericht, dass der Titel mit der Vollstreckungsklausel zu versehen ist. ²In dem Beschluss ist die zu vollstreckende Verpflichtung in deutscher Sprache wiederzugeben. ³Zur Begründung des Beschlusses genügt in der Regel die Bezugnahme auf die Verordnung (EU) Nr. 650/2012 sowie auf die von dem Antragsteller vorgelegten Urkunden. ⁴Auf die Kosten des Verfahrens ist § 788 der Zivilprozessordnung entsprechend anzuwenden.

(2) ¹Ist der Antrag nicht zulässig oder nicht begründet, so lehnt ihn das Gericht durch Beschluss ab. ²Der Beschluss ist zu begründen. ³Die Kosten sind dem Antragsteller aufzuerlegen.

§ 8 Vollstreckungsklausel

(1) ¹Auf Grund des Beschlusses nach § 7 Absatz 1 erteilt der Urkundsbeamte der Geschäftsstelle die Vollstreckungsklausel in folgender Form:

„Vollstreckungsklausel nach § 4 des Internationalen Erbrechtsverfahrensgesetzes vom 29. Juni 2015 (BGBl. I S. 1042). Gemäß dem Beschluss des ... (Bezeichnung des Gerichts und des Beschlusses) ist die Zwangsvollstreckung aus ... (Bezeichnung des Titels) zugunsten ... (Bezeichnung des Gläubigers) gegen ... (Bezeichnung des Schuldners) zulässig.

Die zu vollstreckende Verpflichtung lautet:

... (Angabe der dem Schuldner aus dem ausländischen Titel obliegenden Verpflichtung in deutscher Sprache; aus dem Beschluss nach § 7 Absatz 1 zu übernehmen).

Die Zwangsvollstreckung darf über Maßregeln zur Sicherung nicht hinausgehen, bis der Gläubiger eine gerichtliche Anordnung oder ein Zeugnis vorlegt, dass die Zwangsvollstreckung unbeschränkt stattfinden darf."

²Lautet der Titel auf Leistung von Geld, so ist der Vollstreckungsklausel folgender Zusatz anzufügen:

„Solange die Zwangsvollstreckung über Maßregeln zur Sicherung nicht hinausgehen darf, kann der Schuldner die Zwangsvollstreckung durch Leistung einer Sicherheit in Höhe von ... (Angabe des Betrages, wegen dessen der Gläubiger vollstrecken darf) abwenden."

(2) Wird die Zwangsvollstreckung nicht für alle der in dem ausländischen Titel niedergelegten Ansprüche oder nur für einen Teil des Gegenstands der Verpflichtung zugelassen, so ist die Vollstreckungsklausel als „Teil-Vollstreckungsklausel nach § 4 des Internationalen Erbrechtsverfahrensgesetzes vom 29. Juni 2015 (BGBl. I S. 1042)" zu bezeichnen.

(3) ¹Die Vollstreckungsklausel ist von dem Urkundsbeamten der Geschäftsstelle zu unterschreiben und mit dem Gerichtssiegel zu versehen. ²Sie ist entweder auf die Ausfertigung des Titels oder auf ein damit zu verbindendes Blatt zu setzen. ³Falls eine Übersetzung des Titels vorliegt, ist sie mit der Ausfertigung zu verbinden.

§ 9 Bekanntgabe der Entscheidung

(1) ¹Lässt das Gericht die Zwangsvollstreckung zu (§ 7 Absatz 1), sind dem Antragsgegner beglaubigte Abschriften des Beschlusses, des mit der Vollstreckungsklausel versehenen Titels und gegebenenfalls seiner Übersetzung sowie der gemäß § 7 Absatz 1 Satz 3 in Bezug genommenen Urkunden von Amts wegen zuzustellen. ²Dem Antragsteller sind eine beglaubigte Abschrift des Beschlusses, die mit der Vollstreckungsklausel versehene Ausfertigung des Titels sowie eine Bescheinigung über die bewirkte Zustellung zu übersenden.

(2) Lehnt das Gericht den Antrag auf Erteilung der Vollstreckungsklausel ab (§ 7 Absatz 2), ist der Beschluss dem Antragsteller zuzustellen.

Unterabschnitt 2
Beschwerde; Rechtsbeschwerde

§ 10 Beschwerdegericht; Einlegung der Beschwerde

(1) Beschwerdegericht ist das Oberlandesgericht.

(2) ¹Die Beschwerde gegen die im ersten Rechtszug ergangene Entscheidung über den Antrag auf Erteilung der Vollstreckungsklausel wird bei dem Gericht, dessen Beschluss angefochten wird, durch Einreichen einer Beschwerdeschrift oder durch Erklärung zu Protokoll der Geschäftsstelle eingelegt. ²Der Beschwerdeschrift soll die für ihre Zustellung erforderliche Zahl von Abschriften beigefügt werden.

(3) Die Beschwerde ist dem Beschwerdegegner von Amts wegen zuzustellen.

§ 11 Beschwerdeverfahren und Entscheidung über die Beschwerde

(1) ¹Das Beschwerdegericht entscheidet durch Beschluss, der mit Gründen zu versehen ist und ohne mündliche Verhandlung ergehen kann. ²Der Beschwerdegegner ist vor der Entscheidung zu hören.

(2) ¹Solange eine mündliche Verhandlung nicht angeordnet ist, können zu Protokoll der Geschäftsstelle Anträge gestellt und Erklärungen abgegeben werden. ²Wird die mündliche Verhandlung angeordnet, so gilt für die Ladung § 215 der Zivilprozessordnung.

(3) Eine vollständige Ausfertigung des Beschlusses ist dem Antragsteller und dem Antragsgegner auch dann von Amts wegen zuzustellen, wenn der Beschluss verkündet worden ist.

(4) ¹Soweit auf Grund des Beschlusses die Zwangsvollstreckung aus dem Titel erstmals zuzulassen ist, erteilt der Urkundsbeamte der Geschäftsstelle des Beschwerdegerichts die Vollstreckungsklausel. ²§ 7 Absatz 1 Satz 2 und 4 sowie die §§ 8 und 9 Absatz 1 sind entsprechend anzuwenden. ³Ein Zusatz, dass die Zwangsvollstreckung über Maßregeln zur Sicherung nicht hinausgehen darf (§ 8 Absatz 1), ist nur aufzunehmen, wenn das Beschwerdegericht eine Anordnung nach § 18 Absatz 2 erlassen hat. ⁴Der Inhalt des Zusatzes bestimmt sich nach dem Inhalt der Anordnung.

§ 12 Statthaftigkeit und Frist der Rechtsbeschwerde

(1) Gegen den Beschluss des Beschwerdegerichts findet die Rechtsbeschwerde nach Maßgabe des § 574 Absatz 1 Satz 1 Nummer 1 und Absatz 2 der Zivilprozessordnung statt.

(2) Die Rechtsbeschwerde ist innerhalb eines Monats einzulegen.

(3) Die Rechtsbeschwerdefrist ist eine Notfrist und beginnt mit der Zustellung des Beschlusses (§ 11 Absatz 3).

§ 13 Einlegung und Begründung der Rechtsbeschwerde

(1) Die Rechtsbeschwerde wird durch Einreichen der Beschwerdeschrift beim Bundesgerichtshof eingelegt.

(2) ¹Die Rechtsbeschwerde ist zu begründen. ²§ 575 Absatz 2 bis 4 der Zivilprozessordnung ist entsprechend anzuwenden. ³Soweit die Rechtsbeschwerde darauf gestützt wird, dass das Beschwerdegericht von einer Entscheidung des Gerichtshofs der Europäischen Union abgewichen sei, muss die Entscheidung, von der der angefochtene Beschluss abweicht, bezeichnet werden.

(3) Mit der Beschwerdeschrift soll eine Ausfertigung oder beglaubigte Abschrift des Beschlusses, gegen den sich die Rechtsbeschwerde richtet, vorgelegt werden.

§ 14 Verfahren und Entscheidung über die Rechtsbeschwerde

(1) ¹Der Bundesgerichtshof kann über die Rechtsbeschwerde ohne mündliche Verhandlung entscheiden. ²Auf das Verfahren über die Rechtsbeschwerde sind § 574 Absatz 4, § 576 Absatz 3 und § 577 der Zivilprozessordnung entsprechend anzuwenden.

(2) ¹Soweit die Zwangsvollstreckung aus dem Titel erstmals durch den Bundesgerichtshof zugelassen wird, erteilt der Urkundsbeamte der Geschäftsstelle dieses Gerichts die Vollstreckungsklausel. ²§ 7 Absatz 1 Satz 2 und 4 sowie die §§ 8 und 9 Absatz 1 gelten entsprechend. ³Ein Zusatz über die Beschränkung der Zwangsvollstreckung entfällt.

Unterabschnitt 3
Beschränkung der Zwangsvollstreckung auf Sicherungsmaßregeln und unbeschränkte Fortsetzung der Zwangsvollstreckung

§ 15 Prüfung der Beschränkung

Einwendungen des Schuldners, dass bei der Zwangsvollstreckung die Beschränkung auf Sicherungsmaßregeln nach der Verordnung (EU) Nr. 650/2012 oder auf Grund einer Anordnung gemäß § 18 Absatz 2 nicht eingehalten werde, oder Einwendungen des Gläubigers, dass eine bestimmte Maßnahme der Zwangsvollstreckung mit dieser Beschränkung vereinbar sei, sind im Wege der Erinnerung nach § 766 der Zivilprozessordnung bei dem Vollstreckungsgericht (§ 764 der Zivilprozessordnung) geltend zu machen.

§ 16 Sicherheitsleistung durch den Schuldner

(1) Solange die Zwangsvollstreckung aus einem Titel, der auf Leistung von Geld lautet, nicht über Maßregeln zur Sicherung hinausgehen darf, ist der Schuldner befugt, die Zwangsvollstreckung durch Leistung einer Sicherheit in Höhe des Betrages abzuwenden, wegen dessen der Gläubiger vollstrecken darf.

(2) Die Zwangsvollstreckung ist einzustellen und bereits getroffene Vollstreckungsmaßregeln sind aufzuheben, wenn der Schuldner durch eine öffentliche Urkunde die zur Abwendung der Zwangsvollstreckung erforderliche Sicherheitsleistung nachweist.

§ 17 Versteigerung beweglicher Sachen

Ist eine bewegliche Sache gepfändet und darf die Zwangsvollstreckung nicht über Maßregeln zur Sicherung hinausgehen, so kann das Vollstreckungsgericht auf Antrag des Gläubigers oder des Schuldners anordnen, dass die Sache versteigert und der Erlös hinterlegt werde, wenn sie der Gefahr einer beträchtlichen Wertminderung ausgesetzt ist oder wenn ihre Aufbewahrung unverhältnismäßige Kosten verursachen würde.

§ 18 Unbeschränkte Fortsetzung der Zwangsvollstreckung; besondere gerichtliche Anordnungen

(1) Weist das Beschwerdegericht die Beschwerde des Schuldners gegen die Zulassung der Zwangsvollstreckung zurück oder lässt es auf die Beschwerde des Gläubigers die Zwangsvollstreckung aus dem Titel zu, so kann die Zwangsvollstreckung über Maßregeln zur Sicherung hinaus fortgesetzt werden.

(2) ¹Auf Antrag des Schuldners kann das Beschwerdegericht anordnen, dass bis zum Ablauf der Frist zur Einlegung der Rechtsbeschwerde oder bis zur Entscheidung über die Rechtsbeschwerde die Zwangsvollstreckung nicht oder nur gegen Sicherheitsleistung über Maßregeln zur Sicherung hinausgehen darf. ²Die Anordnung darf nur erlassen werden, wenn glaubhaft gemacht wird, dass die weiter gehende Vollstreckung dem Schuldner einen nicht zu ersetzenden Nachteil bringen würde. ³§ 713 der Zivilprozessordnung ist entsprechend anzuwenden.

(3) ¹Wird Rechtsbeschwerde eingelegt, so kann der Bundesgerichtshof auf Antrag des Schuldners eine Anordnung nach Absatz 2 erlassen. ²Der Bundesgerichtshof kann auf Antrag des Gläubigers eine nach Absatz 2 erlassene Anordnung des Beschwerdegerichts abändern oder aufheben.

§ 19 Unbeschränkte Fortsetzung der durch das Gericht des ersten Rechtszuges zugelassenen Zwangsvollstreckung

(1) Die Zwangsvollstreckung aus dem Titel, den der Urkundsbeamte der Geschäftsstelle des Gerichts des ersten Rechtszuges mit der Vollstreckungsklausel versehen hat, ist auf Antrag des Gläubigers über Maßregeln zur Sicherung hinaus fortzusetzen, wenn das Zeugnis des Urkundsbeamten der Geschäftsstelle dieses Gerichts vorgelegt wird, dass die Zwangsvollstreckung unbeschränkt stattfinden darf.

(2) Das Zeugnis ist dem Gläubiger auf seinen Antrag zu erteilen,
1. wenn der Schuldner bis zum Ablauf der Beschwerdefrist keine Beschwerdeschrift eingereicht hat,
2. wenn das Beschwerdegericht die Beschwerde des Schuldners zurückgewiesen und keine Anordnung nach § 18 Absatz 2 erlassen hat,
3. wenn der Bundesgerichtshof die Anordnung des Beschwerdegerichts aufgehoben hat (§ 18 Absatz 3 Satz 2) oder
4. wenn der Bundesgerichtshof den Titel zur Zwangsvollstreckung zugelassen hat.

(3) Aus dem Titel darf die Zwangsvollstreckung, selbst wenn sie auf Maßregeln zur Sicherung beschränkt ist, nicht mehr stattfinden, sobald ein Beschluss des Beschwerdegerichts, dass der Titel zur Zwangsvollstreckung nicht zugelassen werde, verkündet oder zugestellt ist.

§ 20 Unbeschränkte Fortsetzung der durch das Beschwerdegericht zugelassenen Zwangsvollstreckung

(1) Die Zwangsvollstreckung aus dem Titel, zu dem der Urkundsbeamte der Geschäftsstelle des Beschwerdegerichts die Vollstreckungsklausel mit dem Zusatz erteilt hat, dass die Zwangsvollstreckung auf Grund der Anordnung des Gerichts nicht über Maßregeln zur Sicherung hinausgehen darf (§ 11 Absatz 4 Satz 3), ist auf Antrag des Gläubigers über Maßregeln zur Sicherung hinaus fortzusetzen, wenn das Zeugnis des Urkundsbeamten der Geschäftsstelle dieses Gerichts vorgelegt wird, dass die Zwangsvollstreckung unbeschränkt stattfinden darf.

(2) Das Zeugnis ist dem Gläubiger auf seinen Antrag zu erteilen,
1. wenn der Schuldner bis zum Ablauf der Frist zur Einlegung der Rechtsbeschwerde (§ 12 Absatz 2) keine Beschwerdeschrift eingereicht hat,
2. wenn der Bundesgerichtshof die Anordnung des Beschwerdegerichts aufgehoben hat (§ 18 Absatz 3 Satz 2) oder
3. wenn der Bundesgerichtshof die Rechtsbeschwerde des Schuldners zurückgewiesen hat.

Unterabschnitt 4
Feststellung der Anerkennung einer ausländischen Entscheidung

§ 21 Verfahren

(1) Auf das Verfahren, das die Feststellung zum Gegenstand hat, ob eine Entscheidung aus einem anderen Mitgliedstaat anzuerkennen ist, sind die §§ 3 bis 5, § 7 Absatz 2, die §§ 9 bis 11 Absatz 1 bis 3, die §§ 12, 13 sowie 14 Absatz 1 entsprechend anzuwenden.

(2) Ist der Antrag auf Feststellung begründet, so beschließt das Gericht, die Entscheidung anzuerkennen.

§ 22 Kostenentscheidung

¹In den Fällen des § 21 Absatz 2 sind die Kosten dem Antragsgegner aufzuerlegen. ²Dieser kann die Beschwerde (§ 10) auf die Entscheidung über den Kostenpunkt beschränken. ³In diesem Fall sind die Kosten dem Antragsteller aufzuerlegen, wenn der Antragsgegner durch sein Verhalten keine Veranlassung zu dem Antrag auf Feststellung gegeben hat.

Unterabschnitt 5
Vollstreckungsabwehrklage; besonderes Verfahren; Schadensersatz

§ 23 Vollstreckungsabwehrklage

(1) ¹Ist die Zwangsvollstreckung aus einem Titel zugelassen, so kann der Schuldner Einwendungen gegen den Anspruch selbst in einem Verfahren nach § 767 der Zivilprozessordnung geltend machen. ²Handelt es sich bei dem Titel um eine gerichtliche Entscheidung, so gilt dies nur, soweit die Gründe, auf denen die Einwendungen beruhen, erst nach dem Erlass der Entscheidung entstanden sind.

(2) Die Klage nach § 767 der Zivilprozessordnung ist bei dem Gericht zu erheben, das über den Antrag auf Erteilung der Vollstreckungsklausel entschieden hat.

§ 24 Verfahren nach Aufhebung oder Änderung eines für vollstreckbar erklärten ausländischen Titels im Ursprungsmitgliedstaat

(1) Wird der Titel in dem Mitgliedstaat, in dem er errichtet worden ist, aufgehoben oder geändert und kann der Schuldner diese Tatsache in dem Verfahren zur Zulassung der Zwangsvollstreckung nicht mehr geltend machen, so kann er die Aufhebung oder Änderung der Zulassung in einem besonderen Verfahren beantragen.

(2) Für die Entscheidung über den Antrag ist das Gericht ausschließlich zuständig, das im ersten Rechtszug über den Antrag auf Erteilung der Vollstreckungsklausel entschieden hat.

(3) ¹Der Antrag kann bei dem Gericht schriftlich oder zu Protokoll der Geschäftsstelle gestellt werden. ²Über den Antrag kann ohne mündliche Verhandlung entschieden werden. ³Vor der

Entscheidung, die durch Beschluss ergeht, ist der Gläubiger zu hören. ⁴§ 11 Absatz 2 und 3 gilt entsprechend.

(4) ¹Der Beschluss unterliegt der Beschwerde nach den §§ 567 bis 577 der Zivilprozessordnung. ²Die Notfrist für die Einlegung der sofortigen Beschwerde beträgt einen Monat.

(5) ¹Für die Einstellung der Zwangsvollstreckung und die Aufhebung bereits getroffener Vollstreckungsmaßregeln sind die §§ 769 und 770 der Zivilprozessordnung entsprechend anzuwenden. ²Die Aufhebung einer Vollstreckungsmaßregel ist auch ohne Sicherheitsleistung zulässig.

§ 25 Aufhebung oder Änderung einer ausländischen Entscheidung, deren Anerkennung festgestellt ist

Wird die Entscheidung in dem Mitgliedstaat, in dem sie ergangen ist, aufgehoben oder abgeändert und kann die davon begünstigte Partei diese Tatsache nicht mehr in dem Verfahren über den Antrag auf Feststellung der Anerkennung geltend machen, so ist § 24 Absatz 1 bis 4 entsprechend anzuwenden.

§ 26 Schadensersatz wegen ungerechtfertigter Vollstreckung

(1) ¹Wird die Zulassung der Zwangsvollstreckung auf die Beschwerde (§ 10) oder die Rechtsbeschwerde (§ 12) aufgehoben oder abgeändert, so ist der Gläubiger zum Ersatz des Schadens verpflichtet, der dem Schuldner durch die Vollstreckung oder durch eine Leistung zur Abwendung der Vollstreckung entstanden ist. ²Das Gleiche gilt, wenn die Zulassung der Zwangsvollstreckung nach § 24 aufgehoben oder abgeändert wird, soweit die zur Zwangsvollstreckung zugelassene Entscheidung zum Zeitpunkt der Zulassung nach dem Recht des Mitgliedstaates, in dem sie ergangen ist, noch mit einem ordentlichen Rechtsmittel angefochten werden konnte.

(2) Für die Geltendmachung des Anspruchs ist das Gericht ausschließlich zuständig, das im ersten Rechtszug über den Antrag auf Erteilung der Vollstreckungsklausel entschieden hat.

Unterabschnitt 6
Entscheidungen deutscher Gerichte; Mahnverfahren

§ 27 Bescheinigungen zu inländischen Titeln

(1) Für die Ausstellung der Bescheinigungen nach Artikel 46 Absatz 3 Buchstabe b, Artikel 60 Absatz 2 und Artikel 61 Absatz 2 der Verordnung (EU) Nr. 650/2012 sind die Gerichte oder Notare zuständig, denen die Erteilung einer vollstreckbaren Ausfertigung des Titels obliegt.

(2) ¹Soweit nach Absatz 1 die Gerichte für die Ausstellung der Bescheinigung zuständig sind, wird diese von dem Gericht des ersten Rechtszuges ausgestellt oder, wenn das Verfahren bei einem höheren Gericht anhängig ist, von diesem. ²Funktionell zuständig ist die Stelle, der die Erteilung einer vollstreckbaren Ausfertigung obliegt. ³Für die Anfechtbarkeit der Entscheidung über die Ausstellung der Bescheinigung gelten die Vorschriften über die Anfechtbarkeit der Entscheidung über die Erteilung der Vollstreckungsklausel entsprechend.

(3) Die Ausstellung einer Bescheinigung nach Absatz 1 schließt das Recht auf Erteilung einer Vollstreckungsklausel nach § 724 der Zivilprozessordnung nicht aus.

§ 28 Vervollständigung inländischer Entscheidungen zur Verwendung im Ausland

(1) ¹Will eine Partei ein Versäumnis- oder Anerkenntnisurteil, das nach § 313b der Zivilprozessordnung in verkürzter Form abgefasst worden ist, in einem anderen Mitgliedstaat geltend machen, so ist das Urteil auf ihren Antrag zu vervollständigen. ²Der Antrag kann bei dem Gericht, das das Urteil erlassen hat, schriftlich oder durch Erklärung zu Protokoll der Geschäftsstelle gestellt werden. ³Über den Antrag wird ohne mündliche Verhandlung entschieden.

(2) Zur Vervollständigung des Urteils sind der Tatbestand und die Entscheidungsgründe nachträglich abzufassen, von den Richtern gesondert zu unterschreiben und der Geschäftsstelle zu übergeben; der Tatbestand und die Entscheidungsgründe können auch von Richtern unterschrieben werden, die bei dem Urteil nicht mitgewirkt haben.

(3) ¹Für die Berichtigung des nachträglich abgefassten Tatbestandes gilt § 320 der Zivilprozessordnung. ²Jedoch können bei der Entscheidung über einen Antrag auf Berichtigung auch solche Richter mitwirken, die bei dem Urteil oder der nachträglichen Anfertigung des Tatbestandes nicht mitgewirkt haben.

(4) Die vorstehenden Absätze gelten entsprechend für die Vervollständigung von Arrestbefehlen, einstweiligen Anordnungen und einstweiligen Verfügungen, die in einem anderen Mitgliedstaat geltend gemacht werden sollen und nicht mit einer Begründung versehen sind.

§ 29 Vollstreckungsklausel zur Verwendung im Ausland

Vollstreckungsbescheide, Arrestbefehle und einstweilige Verfügungen oder einstweilige Anordnungen, deren Zwangsvollstreckung in einem anderen Mitgliedstaat betrieben werden soll, sind auch dann mit der Vollstreckungsklausel zu versehen, wenn dies für eine Zwangsvollstreckung im Inland nach § 796 Absatz 1, § 929 Absatz 1 oder § 936 der Zivilprozessordnung nicht erforderlich wäre.

§ 30 Mahnverfahren mit Zustellung im Ausland

(1) ¹Das Mahnverfahren findet auch statt, wenn die Zustellung des Mahnbescheids in einem anderen Mitgliedstaat erfolgen muss. ²In diesem Fall kann der Anspruch auch die Zahlung einer bestimmten Geldsumme in ausländischer Währung zum Gegenstand haben.

(2) Macht der Antragsteller geltend, dass das angerufene Gericht auf Grund einer Gerichtsstandsvereinbarung zuständig sei, so hat er dem Mahnantrag die erforderlichen Schriftstücke über die Vereinbarung beizufügen.

(3) Die Widerspruchsfrist (§ 692 Absatz 1 Nummer 3 der Zivilprozessordnung) beträgt einen Monat.

Abschnitt 4
Entgegennahme von Erklärungen; Aneignungsrecht

§ 31 Entgegennahme von Erklärungen

¹Für die Entgegennahme einer Erklärung, mit der nach dem anzuwendenden Erbrecht eine Erbschaft ausgeschlagen oder angenommen wird, ist in den Fällen des Artikels 13 der Verordnung (EU) Nr. 650/2012 das Nachlassgericht örtlich zuständig, in dessen Bezirk die erklärende Person ihren gewöhnlichen Aufenthalt hat. ²Die Erklärung ist zur Niederschrift des Nachlassge-

richts oder in öffentlich beglaubigter Form abzugeben. ³Dem Erklärenden ist die Urschrift der Niederschrift oder die Urschrift der Erklärung in öffentlich beglaubigter Form auszuhändigen; auf letzterer hat das Nachlassgericht den Ort und das Datum der Entgegennahme zu vermerken.

§ 31 IntErbRVG komplementiert Art. 13 EuErbVO, der einen besonderen Gerichtsstand hinsichtlich der Erklärung der Annahme oder Ausschlagung der Erbschaft, eines Vermächtnisses oder eines Pflichtteils vorsieht. Für die Entgegennahme derartiger Erklärungen ist gem. § 31 S. 1 IntErbRVG dasjenige **Nachlassgericht örtlich zuständig**, in dessen Bezirk die erklärende Person ihren gewöhnlichen Aufenthalt hat.

Weitere **verfahrensrechtliche Konkretisierungen** ergeben sich aus S. 2 und S. 3: Hiernach hat der Erklärende seine Erklärung zur Niederschrift des Nachlassgerichts oder in öffentlich beglaubigter Form abzugeben (S. 2), im Anschluss daran ist die Urschrift der Niederschrift oder die Urschrift der Erklärung in öffentlich beglaubigter Form seitens des Nachlassgerichts auszuhändigen; auf Letzterer hat das Nachlassgericht den Ort und das Datum der Entgegennahme zu vermerken (S. 3).

§ 32 Aneignungsrecht

(1) Stellt das Nachlassgericht fest, dass nach dem anzuwendenden Erbrecht weder ein durch Verfügung von Todes wegen eingesetzter Erbe noch eine natürliche Person als gesetzlicher Erbe vorhanden ist, so teilt es seine Feststellung unverzüglich der für die Ausübung des Aneignungsrechts zuständigen Stelle mit; eine Amtsermittlungspflicht des Nachlassgerichts wird hierdurch nicht begründet.

(2) ¹Für die Feststellung nach Absatz 1 ist das Nachlassgericht örtlich zuständig, in dessen Bezirk der Erblasser im Zeitpunkt seines Todes seinen gewöhnlichen Aufenthalt hatte. ²Hatte der Erblasser im Zeitpunkt seines Todes keinen gewöhnlichen Aufenthalt im Inland, ist das Amtsgericht Schöneberg in Berlin zuständig.

(3) ¹Die für die Ausübung des Aneignungsrechts zuständige Stelle übt das Aneignungsrecht durch Erklärung gegenüber dem nach Absatz 2 örtlich zuständigen Nachlassgericht aus. ²Durch die Erklärung legt sie fest, ob und in welchem Umfang sie in Bezug auf das in Deutschland belegene Vermögen von dem Aneignungsrecht Gebrauch macht. ³Die Erklärung ist zu unterschreiben und mit Siegel oder Stempel zu versehen. ⁴Zuständig für die Erklärung ist die Stelle, die das Land bestimmt, in dem der Erblasser zur Zeit des Erbfalls seinen gewöhnlichen Aufenthalt hatte, im Übrigen die Bundesanstalt für Immobilienaufgaben.

(4) ¹Mit dem Eingang der Erklärung über die Ausübung des Aneignungsrechts nach Absatz 3 bei dem örtlich zuständigen Nachlassgericht geht das betroffene Nachlassvermögen auf das Land über, dessen Stelle nach Absatz 3 Satz 4 das Aneignungsrecht ausübt. ²Übt die Bundesanstalt für Immobilienaufgaben das Aneignungsrecht aus, geht das Vermögen auf den Bund über.

(5) ¹Das Nachlassgericht bescheinigt der zuständigen Stelle, zu welchem Zeitpunkt und in welchem Umfang sie das Aneignungsrecht ausgeübt hat. ²Soweit sich die Ausübung des Aneignungsrechts auf Nachlassvermögen bezieht, das in einem Register verzeichnet ist, soll die nach Absatz 3 Satz 4 zuständige Stelle eine Berichtigung des Registers veranlassen.

(6) Vermächtnisnehmer, die nach dem anzuwendenden Erbrecht eine unmittelbare Berechtigung an einem Nachlassgegenstand hätten, können den ihnen hieraus nach deutschem Recht erwachsenen Anspruch auf Erfüllung des Vermächtnisses an die Stelle richten, die insoweit das Aneignungsrecht ausgeübt hat.

(7) Das Recht der Gläubiger, Befriedigung aus dem gesamten Nachlass zu verlangen, bleibt unberührt.

A. Allgemeines

1 Neuland betritt das IntErbRVG mit der Kodifikation eines besonderen staatlichen **Aneignungsrechts im Falle erbenloser Nachlässe**. Dieses schließt bestehende Regelungslücken im deutschen Sachrecht, die bei der rechtlichen Beurteilung von erbenlosen Nachlässen aufgrund divergierender Ausgestaltung des staatlichen Erwerbs solcher Nachlässe in den einzelnen Rechtsordnungen auftreten können (→ EuErbVO Art. 33 Rn. 5). § 32 IntErbRVG dient damit der „Durchführung" von Art. 33 EuErbVO und ist in diesem Sinne zu konkretisieren.

B. Verfahren

2 § 32 IntErbRVG konstituiert ein „Ping-Pong-Verfahren" zwischen Nachlassgericht und Ausübungsstelle.[1] Im Einzelnen:

3 Stellt sich im Rahmen eines Nachlassverfahrens heraus, dass nach dem auf die Rechtsnachfolge von Todes wegen anzuwendende Recht weder ein durch Verfügung von Todes wegen eingesetzter Erbe noch eine natürliche Person als gesetzlicher Erbe vorhanden ist (**erbenloser Nachlass iSv Art. 33 EuErbVO**), kann gem. § 32 Abs. 1 IntErbRVG das nach § 32 Abs. 2 IntErbRVG zuständige Nachlassgericht dies feststellen und dies unverzüglich der für die Ausübung des Aneignungsrechts zuständigen Stelle mitzuteilen; eine **Amtsermittlungspflicht besteht insoweit nicht** (vgl. § 32 Abs. 1 aE IntErbRVG).

Anmerkung:
Die für die Ausübung des Aneignungsrechts zuständigen Stelle wird durch das jeweilige Landesrecht bestimmt; maßgeblich ist insoweit das Bundesland, in welchem der Erblasser seinen gewöhnlichen Aufenthalt hatte, im Übrigen die Bundesanstalt für Immobilienaufgaben (§ 32 Abs. 4 IntErbRVG).

4 Die **Ausübung des Aneignungsrechts** erfolgt gem. § 32 Abs. 3 S. 1 IntErbRVG durch Erklärung gegenüber dem örtlich zuständigen Nachlassgericht; durch die Erklärung legt die für die Ausübung zuständigen Stelle zugleich fest, ob und in welchem Umfang sie in Bezug auf das in Deutschland belegene Vermögen von dem Aneignungsrecht Gebrauch macht (S. 2). Sobald die Erklärung über die Ausübung des Aneignungsrechts nach Absatz 3 bei dem örtlich zuständigen Nachlassgericht eingeht, vollzieht sich gem. § 32 Abs. 4 IntErbRVG der **Rechtserwerb** an dem betroffenen Nachlassvermögen unmittelbar, Rechtsinhaber wird das betreffende Bundesland bzw. – im Falle einer Zuständigkeit der Bundesanstalt für Immobilienaufgaben – der Bund. Im Anschluss hieran hat das Nachlassgericht der zuständigen Stelle gem. § 32 Abs. 5 IntErbRVG zu **bescheinigen**, zu welchem Zeitpunkt und in welchem Umfang sie das Aneignungsrecht ausgeübt hat; im Falle von in ein Register einzutragender Rechte soll die das Aneignungsrecht ausübende Stelle eine Berichtigung des Registers veranlassen.

5 **Rechte Dritter** werden durch die Aneignung nicht berührt. Sind Vermächtnisnehmer vorhanden, die nach dem anzuwendenden Erbrecht eine unmittelbare Berechtigung an einem Nachlassgegenstand hätten, können diese gegenüber der Aneignungsstelle geltend gemacht werden (§ 32 Abs. 6 IntErbRVG), das Recht der Gläubiger, Befriedigung aus dem gesamten Nachlass zu verlangen, bleibt unberührt (§ 32 Abs. 7 IntErbRVG; vgl. auch Art. 33 EuErbVO).

---

[1] So anschaulich Gierl/Köhler/Kroiß/Wilsch/Wilsch IntErbR Teil 2 § 3 Rn. 15.

Abschnitt 5
Europäisches Nachlasszeugnis

Vorbemerkung

Abschnitt 5 (§§ 33–44 IntErbRVG) konkretisiert die unionsrechtlichen Vorschriften bezüglich des Europäischen Nachlasszeugnisses (Art. 62–73 EuErbVO) und enthält Durchführungsbestimmungen bzgl. 1

- der Ausstellung, Berichtigung, Änderung oder des Widerrufs eines Europäischen Nachlasszeugnisses,
- der Erteilung einer beglaubigten Abschrift eines Europäischen Nachlasszeugnisses oder der Verlängerung der Gültigkeitsfrist einer beglaubigten Abschrift sowie
- der Aussetzung der Wirkungen eines Europäischen Nachlasszeugnisses,

vgl. § 33 IntErbRVG. Im Einzelnen wird auf die Kommentierung zur EuErbVO verwiesen.

§ 33 Anwendungsbereich

Dieser Abschnitt gilt für Verfahren über
1. die Ausstellung, Berichtigung, Änderung oder den Widerruf eines Europäischen Nachlasszeugnisses,
2. die Erteilung einer beglaubigten Abschrift eines Europäischen Nachlasszeugnisses oder die Verlängerung der Gültigkeitsfrist einer beglaubigten Abschrift und
3. die Aussetzung der Wirkungen eines Europäischen Nachlasszeugnisses.

§ 34 Örtliche und sachliche Zuständigkeit

(1) Das Gericht, das die Verfahrensparteien in der Gerichtsstandsvereinbarung bezeichnet haben, ist örtlich ausschließlich zuständig, sofern sich die internationale Zuständigkeit der deutschen Gerichte aus den folgenden Vorschriften der Verordnung (EU) Nr. 650/2012 ergibt:
1. Artikel 64 Satz 1 in Verbindung mit Artikel 7 Buchstabe a in Verbindung mit Artikel 6 Buchstabe b Alternative 1 und mit Artikel 5 Absatz 1 Alternative 1 der Verordnung (EU) Nr. 650/2012 oder
2. Artikel 64 Satz 1 in Verbindung mit Artikel 7 Buchstabe b Alternative 1 in Verbindung mit Artikel 5 Absatz 1 Alternative 1 der Verordnung (EU) Nr. 650/2012.

(2) Ergibt sich die internationale Zuständigkeit der deutschen Gerichte aus Artikel 64 Satz 1 in Verbindung mit Artikel 7 Buchstabe c der Verordnung (EU) Nr. 650/2012, ist das Gericht örtlich ausschließlich zuständig, dessen Zuständigkeit die Verfahrensparteien ausdrücklich anerkannt haben.

(3) ¹Ergibt sich die internationale Zuständigkeit der deutschen Gerichte aus anderen, in Artikel 64 Satz 1 der Verordnung (EU) Nr. 650/2012 genannten Vorschriften dieser Verordnung, ist das Gericht örtlich ausschließlich zuständig, in dessen Bezirk der Erblasser im Zeitpunkt seines Todes seinen gewöhnlichen Aufenthalt hatte. ²Hatte der Erblasser im Zeitpunkt seines Todes seinen gewöhnlichen Aufenthalt nicht im Inland, ist das Gericht örtlich ausschließlich zuständig, in dessen Bezirk der Erblasser seinen letzten gewöhnlichen Aufenthalt im Inland hatte. ³Hatte der Erblasser keinen gewöhnlichen Aufenthalt im Inland, ist das Amtsgericht Schöneberg in Berlin örtlich ausschließlich zuständig. ⁴Das Amtsgericht Schöneberg in Berlin kann die Sache aus wichtigem Grund an ein anderes Nachlassgericht verweisen.

(4) ¹Sachlich zuständig ist ausschließlich das Amtsgericht. ²Das Amtsgericht entscheidet als Nachlassgericht. ³Sind nach landesgesetzlichen Vorschriften für die Aufgaben des Nachlassgerichts andere Stellen als Gerichte zuständig, so sind diese sachlich ausschließlich zuständig.

§ 35 Allgemeine Verfahrensvorschriften

(1) Soweit sich aus der Verordnung (EU) Nr. 650/2012 und den Vorschriften dieses Abschnitts nichts anderes ergibt, ist das Gesetz über das Verfahren in Familiensachen und in den Angelegenheiten der freiwilligen Gerichtsbarkeit anzuwenden.

(2) Ist ein Antrag entgegen § 184 Satz 1 des Gerichtsverfassungsgesetzes nicht in deutscher Sprache abgefasst, so kann das Gericht der antragstellenden Person aufgeben, eine Übersetzung des Antrags beizubringen, deren Richtigkeit von einer in einem Mitgliedstaat der Europäischen Union oder in einem anderen Vertragsstaat des Abkommens über den Europäischen Wirtschaftsraum hierzu befugten Person bestätigt worden ist.

(3) Für die Unterrichtung der Berechtigten durch öffentliche Bekanntmachung nach Artikel 66 Absatz 4 der Verordnung (EU) Nr. 650/2012 gelten die §§ 435 bis 437 des Gesetzes über das Verfahren in Familiensachen und in den Angelegenheiten der freiwilligen Gerichtsbarkeit entsprechend.

§ 36 Ausstellung eines Europäischen Nachlasszeugnisses

(1) Der Antrag auf Ausstellung des Europäischen Nachlasszeugnisses richtet sich nach Artikel 65 der Verordnung (EU) Nr. 650/2012.

(2) ¹Der Antragsteller hat vor Gericht oder vor einem Notar an Eides statt zu versichern, dass ihm nichts bekannt sei, was der Richtigkeit seiner Angaben zur Ausstellung des Europäischen Nachlasszeugnisses (Artikel 66 Absatz 3 der Verordnung (EU) Nr. 650/2012) entgegensteht. ²Das Nachlassgericht kann dem Antragsteller die Versicherung erlassen, wenn es sie für nicht erforderlich hält.

§ 37 Beteiligte

(1) ¹In Verfahren über die Ausstellung eines Europäischen Nachlasszeugnisses ist der Antragsteller Beteiligter. ²Als weitere Beteiligte können hinzugezogen werden
1. die gesetzlichen Erben,
2. diejenigen, die nach dem Inhalt einer vorliegenden Verfügung von Todes wegen als Erben in Betracht kommen,
3. diejenigen, die im Fall der Unwirksamkeit der Verfügung von Todes wegen Erben sein würden,
4. die Vermächtnisnehmer mit unmittelbarer Berechtigung am Nachlass,
5. der Testamentsvollstrecker oder der Nachlassverwalter,
6. sonstige Personen mit einem berechtigten Interesse.

³Auf ihren Antrag sind sie zu beteiligen.

(2) ¹In Verfahren über die Berichtigung, die Änderung, den Widerruf und die Aussetzung der Wirkungen eines Europäischen Nachlasszeugnisses ist der Antragsteller Beteiligter. ²Sonstige Personen mit einem berechtigten Interesse können als weitere Beteiligte hinzugezogen werden. ³Auf ihren Antrag sind sie zu beteiligen.

(3) In Verfahren über die Erteilung einer beglaubigten Abschrift eines Europäischen Nachlasszeugnisses oder die Verlängerung der Gültigkeitsfrist einer beglaubigten Abschrift ist der Antragsteller Beteiligter.

§ 38 Änderung oder Widerruf eines Europäischen Nachlasszeugnisses

[1]Das Gericht hat ein unrichtiges Europäisches Nachlasszeugnis auf Antrag zu ändern oder zu widerrufen. [2]Der Widerruf hat auch von Amts wegen zu erfolgen. [3]Das Gericht hat über die Kosten des Verfahrens zu entscheiden.

§ 39 Art der Entscheidung

(1) [1]Liegen die Voraussetzungen für die Ausstellung eines Europäischen Nachlasszeugnisses vor, entscheidet das Gericht durch Ausstellung der Urschrift eines Europäischen Nachlasszeugnisses. [2]Liegen die Voraussetzungen für die Erteilung einer beglaubigten Abschrift oder für die Verlängerung der Gültigkeitsfrist einer beglaubigten Abschrift vor, entscheidet das Gericht durch Erteilung einer beglaubigten Abschrift oder durch Verlängerung der Gültigkeitsfrist einer beglaubigten Abschrift. [3]Im Übrigen entscheidet das Gericht durch Beschluss.

(2) Für die Ausstellung eines Europäischen Nachlasszeugnisses und die Erteilung einer beglaubigten Abschrift ist das Formblatt nach Artikel 67 Absatz 1 Satz 2 in Verbindung mit Artikel 81 Absatz 2 der Verordnung (EU) Nr. 650/2012 zu verwenden.

§ 40 Bekanntgabe der Entscheidung

[1]Entscheidungen nach § 39 Absatz 1 Satz 1 und 2 werden dem Antragsteller durch Übersendung einer beglaubigten Abschrift bekannt gegeben. [2]Weiteren Beteiligten wird die Entscheidung nach § 39 Absatz 1 Satz 1 durch Übersendung einer einfachen Abschrift des ausgestellten Europäischen Nachlasszeugnisses bekannt gegeben.

§ 41 Wirksamwerden

[1]Die Entscheidung wird wirksam, wenn sie der Geschäftsstelle zum Zweck der Bekanntgabe übergeben wird. [2]Der Zeitpunkt ihrer Wirksamkeit ist auf der Entscheidung zu vermerken.

§ 42 Gültigkeitsfrist der beglaubigten Abschrift eines Europäischen Nachlasszeugnisses

[1]Die Gültigkeitsfrist einer beglaubigten Abschrift eines Europäischen Nachlasszeugnisses beginnt mit ihrer Erteilung. [2]Für die Berechnung der Gültigkeitsfrist gelten die Vorschriften des Bürgerlichen Gesetzbuchs, soweit sich nicht aus der Verordnung (EWG, EURATOM) Nr. 1182/71 des Rates vom 3. Juni 1971 zur Festlegung der Regeln für die Fristen, Daten und Termine etwas anderes ergibt.

§ 43 Beschwerde

(1) ¹Gegen die Entscheidung in Verfahren nach § 33 Nummer 1 und 3 findet die Beschwerde zum Oberlandesgericht statt. ²§ 61 des Gesetzes über das Verfahren in Familiensachen und in den Angelegenheiten der freiwilligen Gerichtsbarkeit ist nicht anzuwenden. ³Die Beschwerde ist bei dem Gericht einzulegen, dessen Entscheidung angefochten wird.

(2) Beschwerdeberechtigt sind

1. in den Verfahren nach § 33 Nummer 1, sofern das Verfahren die Ausstellung eines Europäischen Nachlasszeugnisses betrifft, die Erben, die Vermächtnisnehmer mit unmittelbarer Berechtigung am Nachlass und die Testamentsvollstrecker oder die Nachlassverwalter;
2. in den übrigen Verfahren nach § 33 Nummer 1 sowie in den Verfahren nach § 33 Nummer 3 diejenigen Personen, die ein berechtigtes Interesse nachweisen.

(3) ¹Die Beschwerde ist einzulegen

1. innerhalb eines Monats, wenn der Beschwerdeführer seinen gewöhnlichen Aufenthalt im Inland hat;
2. innerhalb von zwei Monaten, wenn der Beschwerdeführer seinen gewöhnlichen Aufenthalt im Ausland hat.

²Die Frist beginnt jeweils mit dem Tag der Bekanntgabe der Entscheidung.

(4) Die Beschwerde ist den anderen Beteiligten bekannt zu geben.

(5) ¹Hält das Beschwerdegericht die Beschwerde gegen die Ausstellung des Europäischen Nachlasszeugnisses für begründet, so ändert oder widerruft es das Zeugnis oder weist das Ausgangsgericht an, das Zeugnis zu berichtigen, zu ändern oder zu widerrufen. ²Hält das Beschwerdegericht die Beschwerde gegen die Ablehnung der Ausstellung des Europäischen Nachlasszeugnisses für begründet, so stellt es das Nachlasszeugnis aus oder verweist die Sache unter Aufhebung des angefochtenen Beschlusses zur erneuten Prüfung und Entscheidung an das Ausgangsgericht zurück. ³Stellt das Beschwerdegericht das Nachlasszeugnis aus und lässt es die Rechtsbeschwerde nicht zu, gilt § 39 Absatz 1 Satz 1 entsprechend. ⁴Bei allen sonstigen Beschwerdeentscheidungen nach diesem Absatz sowie nach Absatz 1 Satz 1 gilt im Übrigen § 69 des Gesetzes über das Verfahren in Familiensachen und in den Angelegenheiten der freiwilligen Gerichtsbarkeit.

§ 44 Rechtsbeschwerde

¹Die Rechtsbeschwerde zum Bundesgerichtshof ist statthaft, wenn sie das Beschwerdegericht zugelassen hat. ²Die Zulassungsgründe bestimmen sich nach § 70 Absatz 2 des Gesetzes über das Verfahren in Familiensachen und in den Angelegenheiten der freiwilligen Gerichtsbarkeit. ³§ 43 Absatz 3 gilt entsprechend.

Abschnitt 6
Authentizität von Urkunden

Vorbemerkung

1 Die Vorschriften der EuErbVO betreffend öffentliche Urkunden und Vergleiche (Kapitel V EuErbVO) werden mittels **Abschnitt 6** des IntErbRVG näher konkretisiert. Gem. Art. 59 EuErbVO sind mitgliedstaatliche Urkunden anzunehmen, deren formelle Beweiskraft also auf das Inland zu erstrecken (→ EuErbVO Art. 59 Rn. 2 f.). Bestehen **Einwände in Bezug auf die Authentizität einer öffentlichen Urkunde,** greifen §§ 45, 46 IntErbRVG.

Für weitere Einzelheiten bezüglich der Annahme öffentlicher Urkunden und Vergleiche wird auf die Kommentierung zur EuErbVO verwiesen.

§ 45 Aussetzung des inländischen Verfahrens

Kommt es in einem anderen Mitgliedstaat zur Eröffnung eines Verfahrens über Einwände in Bezug auf die Authentizität einer öffentlichen Urkunde, die in diesem Mitgliedstaat errichtet worden ist, kann das inländische Verfahren bis zur Erledigung des ausländischen Verfahrens ausgesetzt werden, wenn es für die Entscheidung auf die ausländische Entscheidung zur Authentizität der Urkunde ankommt.

Gem. Art. 59 Abs. 2 EuErbVO sind Einwände mit Bezug auf die Authentizität einer öffentlichen Urkunde bei den Gerichten des Ursprungsmitgliedstaats zu erheben. Ist ein derartiges Verfahren anhängig, kann das inländische Verfahren gem. § 45 IntErbRVG bis zur Erledigung des ausländischen Verfahrens ausgesetzt werden, wenn es für die Entscheidung auf die ausländische Entscheidung zur Authentizität der Urkunde ankommt.

§ 45 IntErbRVG greift nicht bei Einwänden mit Bezug auf die in einer öffentlichen Urkunde beurkundeten Rechtsgeschäfte oder Rechtsverhältnisse iSv Art. 59 Abs. 3 EuErbVO; eine Aussetzung kann hier aber auf die allgemeinen Regelungen gestützt werden.[1]

§ 46 Authentizität einer deutschen öffentlichen Urkunde

(1) ¹Über Einwände in Bezug auf die Authentizität einer deutschen öffentlichen Urkunde nach Artikel 59 Absatz 2 der Verordnung (EU) Nr. 650/2012 entscheidet bei gerichtlichen Urkunden das Gericht, das die Urkunde errichtet hat. ²Bei notariellen Urkunden entscheidet das für den Amtssitz des Notars zuständige Gericht. ³Bei einer von einem Konsularbeamten im Ausland errichteten Urkunde entscheidet das Amtsgericht Schöneberg in Berlin. ⁴Im Übrigen entscheidet das Amtsgericht, in dessen Bezirk die Urkunde errichtet worden ist.

(2) Das Verfahren richtet sich nach den Vorschriften des Gesetzes über das Verfahren in Familiensachen und in den Angelegenheiten der freiwilligen Gerichtsbarkeit.

(3) ¹Die Endentscheidung wird mit Rechtskraft wirksam. ²Eine Abänderung ist ausgeschlossen. ³Der Beschluss wirkt für und gegen alle.

Anders als § 45 IntErbRVG betrifft § 46 IntErbRVG den Fall, dass eine in Deutschland errichtete Urkunde Gegenstand eines Verfahrens gem. Art. 59 Abs. 2 EuErbVO ist, welches in einem anderen Mitgliedstaat anhängig ist. Zuständig ist insoweit stets

- bei **gerichtlichen Urkunden** das Gericht, das die Urkunde errichtet hat
  (§ 46 Abs. 1 S. 1 IntErbRVG),
- bei **notariellen Urkunden** das für den Amtssitz des Notars zuständige Gericht
  (§ 46 Abs. 1 S. 2 IntErbRVG),
- bei einer von einem Konsularbeamten **im Ausland errichteten Urkunde** das Amtsgericht Schöneberg in Berlin (§ 46 Abs. 1 S. 3 IntErbRVG),
- im Übrigen das Amtsgericht, in dessen Bezirk die Urkunde errichtet worden ist
  (§ 46 Abs. 1 S. 4 IntErbRVG).

Funktionell ist der Richter zuständig; § 3 Abs. 1 lit. f RPflG greift insoweit nicht.[1]

---

1 Vgl. Dutta/Weber/Dutta IntErbRVG § 45 Rn. 4; Gierl/Köhler/Kroiß/Wilsch/Wilsch IntErbR Teil 2 § 7 Rn. 9.

1 Dutta/Weber/Dutta IntErbRVG § 46 Rn. 9.

2   Das Verfahren richtet sich gem. § 46 Abs. 2 IntErbRVG nach den Vorschriften des FamFG.

Abschnitt 7
Zuständigkeit in sonstigen Angelegenheiten der freiwilligen Gerichtsbarkeit

§ 47 Sonstige örtliche Zuständigkeit

Ergibt sich in Angelegenheiten der freiwilligen Gerichtsbarkeit die internationale Zuständigkeit der deutschen Gerichte aus der Verordnung (EU) Nr. 650/2012 und ist die örtliche Zuständigkeit nicht schon in anderen Vorschriften dieses Gesetzes geregelt, bestimmt sich die örtliche Zuständigkeit wie folgt:

1. bei einer internationalen Zuständigkeit, die sich aus den in § 2 Absatz 1 bis 3 genannten Vorschriften der Verordnung (EU) Nr. 650/2012 ergibt, entsprechend § 2 Absatz 1 bis 3;
2. bei einer internationalen Zuständigkeit, die sich aus anderen Vorschriften der Verordnung (EU) Nr. 650/2012 als den in § 2 Absatz 1 bis 3 genannten ergibt, entsprechend den Vorschriften über die örtliche Zuständigkeit im Gesetz über das Verfahren in Familiensachen und in den Angelegenheiten der freiwilligen Gerichtsbarkeit.

A. Allgemeines

1   § 47 IntErbRVG regelt die örtliche Zuständigkeit in Angelegenheiten der freiwilligen Gerichtsbarkeit. Die Regelung ergänzt § 2 IntErbRVG, der ausweislich seiner systematischen Stellung im 2. Abschnitt des IntErbRVG allein für bürgerliche Streitigkeiten gilt. Der Begriff der „Angelegenheiten der freiwilligen Gerichtsbarkeit" ist weit zu verstehen; er erfasst **sämtliche Verfahren, die keine bürgerlichen Streitigkeiten iSv § 2 IntErbRVG darstellen**.[1] Im Hinblick auf den Anwendungsbereich des IntErbRVG kommt eine auf § 47 IntErbRVG gestützte Zuständigkeit wiederum nur in Betracht, wenn es sich um eine **Erbsache iSd EuErbVO** handelt.[2]

2   Wie bereits der Wortlaut von § 47 IntErbRVG klarstellt, handelt es sich bei dieser Norm um eine **Auffangvorschrift**; soweit speziellere Regelungen bestehen (insbesondere die Zuständigkeitsregeln des 3. Abschnitts, § 34 IntErbRVG etc), sind diese vorrangig anzuwenden. Von § 47 IntErbRVG nicht geregelt wird die sachliche und funktionelle Zuständigkeit, die sich somit aus den allgemeinen Regelungen ergibt.

B. Regelungsgehalt

I. Internationale Zuständigkeit nach Art. 7 EuErbVO (Abs. 1)

3   Folgt die internationale Zuständigkeit deutscher Gerichte aus Art. 7 lit. a bis lit. c EuErbVO, verweist § 47 Nr. 1 IntErbRVG auf die Regelungen des § 2 Abs. 1–3 IntErbRVG; diese gelten entsprechend (vgl. insoweit die Kommentierung zu § 2 IntErbRVG).

II. Sonstige Fälle

4   In denjenigen Fällen, in denen sich die internationale Zuständigkeit deutscher Gerichte **nicht aus Art. 7 lit. a bis lit. c EuErbVO** ergibt, gilt § 47 Nr. 2 IntErbRVG; hiernach sind in solchen Fällen die Vorschriften des FamFG, mithin §§ 343, 344 FamFG, entsprechend heranzuziehen.

---

[1] Zutreffend Dutta/Weber/Dutta IntErbRVG § 47 Rn. 3.
[2] Dutta/Weber/Dutta IntErbRVG § 47 Rn. 4.

Auszug aus dem Gesetz über das Verfahren in Familiensachen und in den Angelegenheiten der freiwilligen Gerichtsbarkeit (FamFG)

§ 343 FamFG   Örtliche Zuständigkeit

(1) Örtlich zuständig ist das Gericht, in dessen Bezirk der Erblasser im Zeitpunkt seines Todes seinen gewöhnlichen Aufenthalt hatte.
(2) Hatte der Erblasser im Zeitpunkt seines Todes keinen gewöhnlichen Aufenthalt im Inland, ist das Gericht zuständig, in dessen Bezirk der Erblasser seinen letzten gewöhnlichen Aufenthalt im Inland hatte.
(3) [1]Ist eine Zuständigkeit nach den Absätzen 1 und 2 nicht gegeben, ist das Amtsgericht Schöneberg in Berlin zuständig, wenn der Erblasser Deutscher ist oder sich Nachlassgegenstände im Inland befinden. [2]Das Amtsgericht Schöneberg in Berlin kann die Sache aus wichtigem Grund an ein anderes Nachlassgericht verweisen.

§ 344 FamFG   Besondere örtliche Zuständigkeit

(1) [1]Für die besondere amtliche Verwahrung von Testamenten ist zuständig,
1. wenn das Testament vor einem Notar errichtet ist, das Gericht, in dessen Bezirk der Notar seinen Amtssitz hat;
2. wenn das Testament vor dem Bürgermeister einer Gemeinde errichtet ist, das Gericht, zu dessen Bezirk die Gemeinde gehört;
3. wenn das Testament nach § 2247 des Bürgerlichen Gesetzbuchs errichtet ist, jedes Gericht.

[2]Der Erblasser kann jederzeit die Verwahrung bei einem nach Satz 1 örtlich nicht zuständigen Gericht verlangen.
(2) Die erneute besondere amtliche Verwahrung eines gemeinschaftlichen Testaments nach § 349 Abs. 2 Satz 2 erfolgt bei dem für den Nachlass des Erstverstorbenen zuständigen Gericht, es sei denn, dass der überlebende Ehegatte oder Lebenspartner die Verwahrung bei einem anderen Amtsgericht verlangt.
(3) Die Absätze 1 und 2 gelten entsprechend für die besondere amtliche Verwahrung von Erbverträgen.
(4) Für die Sicherung des Nachlasses ist jedes Gericht zuständig, in dessen Bezirk das Bedürfnis für die Sicherung besteht.
(4a) [1]Für die Auseinandersetzung eines Nachlasses ist jeder Notar zuständig, der seinen Amtssitz im Bezirk des Amtsgerichts hat, in dem der Erblasser seinen letzten gewöhnlichen Aufenthalt hatte. [2]Hatte der Erblasser keinen gewöhnlichen Aufenthalt im Inland, ist jeder Notar zuständig, der seinen Amtssitz im Bezirk eines Amtsgerichts hat, in dem sich Nachlassgegenstände befinden. [3]Von mehreren örtlich zuständigen Notaren ist derjenige zur Vermittlung berufen, bei dem zuerst ein auf Auseinandersetzung gerichteter Antrag eingeht. [4]Vereinbarungen der an der Auseinandersetzung Beteiligten bleiben unberührt.
(5) [1]Für die Auseinandersetzung des Gesamtguts einer Gütergemeinschaft ist, falls ein Anteil an dem Gesamtgut zu einem Nachlass gehört, der Notar zuständig, der für die Auseinandersetzung über den Nachlass zuständig ist. [2]Im Übrigen ist jeder Notar zuständig, der seinen Amtssitz im Bezirk des nach § 122 Nummer 1 bis 5 zuständigen Gerichts hat. [3]Ist danach keine Zuständigkeit gegeben, ist jeder Notar zuständig, der seinen Amtssitz im Bezirk eines Amtsgerichts hat, in dem sich Gegenstände befinden, die zum Gesamtgut gehören. [4]Absatz 4a Satz 3 und 4 gilt entsprechend.
(6) Hat ein anderes Gericht als das nach § 343 zuständige Gericht eine Verfügung von Todes wegen in amtlicher Verwahrung, ist dieses Gericht für die Eröffnung der Verfügung zuständig.
(7) [1]Für die Entgegennahme einer Erklärung, mit der eine Erbschaft ausgeschlagen oder mit der die Versäumung der Ausschlagungsfrist, die Annahme oder Ausschlagung einer Erbschaft oder eine Anfechtungserklärung ihrerseits angefochten wird, ist auch das Nachlassgericht zuständig, in dessen Bezirk die erklärende Person ihren gewöhnlichen Aufenthalt hat. [2]Die Urschrift der Niederschrift oder die Urschrift der Erklärung in öffentlich beglaubigter Form ist von diesem Gericht an das zuständige Nachlassgericht zu übersenden.

Teil 4
Strafrecht

32. Strafrecht (StGB und AO)

Einführung

Literatur:

Ambos, Gewahrsamslose „Zueignung" als Unterschlagung, 2007; *Arzt/Weber/Heinrich/Hilgendorf*, Strafrecht Besonderer Teil, 3. Aufl. 2015; *Barton*, Das Tatobjekt der Geldwäsche: Wann rührt ein Gegenstand aus einer in dem Katalog des § 261 I Nr. 1–3 StGB bezeichneten Straftaten her?, StV 1993, 160; *Basak*, Die Tathandlung der Unterschlagung – Die Diskussion um den Zueignungsbegriff, GA 2003, 109; *Bülte*, Zu den Gefahren der Geldwäschebekämpfung für Unternehmen, die Rechtsstaatlichkeit und die Effektivität der Strafverfolgung, NZWiSt 2017, 276; *Bung*, Von der fehlenden zur Fehlvorstellung beim Betrug, GA, 2012, 354; *Dencker*, Zueignungsabsicht und Vorsatz der Zueignung, in: Rudolphi-Festschrift, 2004, 425; *Dillberger/Fest*, Einkommensteuer und Abgabenordnung, 3. Aufl. 2016; *Dörn*, Nochmals: Strafverfolgung der Nichtabgabe von Steuererklärungen, wistra 1991, 10; *Duttge/Fahnenschmidt*, Zueignung durch Gewahrsamsbegründung: ein Fall der Unterschlagung oder die kleine zu berichtigende Auslegung, Jura 1997, 281; *Ferschl*, Die Abgrenzung versuchter von vollendeter Steuerhinterziehung im Fall des § 370 Abs. 1 Nr. 2 AO bei Ergehen des Schätzungsbescheides, wistra 1990, 177; Festschrift für Theodor Lenckner zum 70. Geburtstag, 1998; *Fischer*, Strafgesetzbuch mit Nebengesetzen, Kommentar, 69. Aufl. 2022; *Freund*, Urkundenfälschung bei Kopien, StV 2001, 233; *Freund*, Die Definitionen von Vorsatz und Fahrlässigkeit – Zur Funktion gesetzlicher Begriffe und ihrer Definition bei der Rechtskonkretisierung, in: Küper-Festschrift, 2007, S. 63; *Frisch*, Grundfragen der Täuschung und des Irrtums beim Betrug, in: Herzberg-Festschrift, 2008, 729; *Graf/Jäger/Wittig*, Wirtschafts- und Steuerstrafrecht, 2. Aufl. 2017; *Gribbohm/Utech*, Probleme des allgemeinen Steuerstrafrechts, NStZ 1990, 210; *Hartung*, Strafverteidiger als Geldwäscher?, AnwBl. 1994, 440; *Hefendehl*, Vermögensgefährdung und Expektanzen, 1994; *Henseler*, Die Geringwertigkeit im Sinne der §§ 243 Abs. 2 und 248 a StGB, StV 2007, 323; *Herzberg*, Zur Strafbarkeit des untauglichen Versuchs, GA 2001, 257; *Herzberg/Hardtung*, Grundfälle zur Abgrenzung von Tatumstandsirrtum und Verbotsirrtum, JuS 1999, 1073; *Hettinger*, Der sogenannte dolus generalis: Sonderfall eines „Irrtums über den Kausalverlauf", in: Spendel-Festschrift, 1992, 237; *Hilgendorf*, Fallsammlung Strafrecht, Allgemeiner und Besonderer Teil, 5. Aufl. 2007; *Hilgendorf*, Tatsachenaussagen und Werturteile im Strafrecht 1998; *Hirsch*, Die subjektive Versuchstheorie, ein Wegbereiter der NS-Strafrechtsdoktrin, 2007, 494; *Horn/Schabel*, Auskunft- und Rückforderungsansprüche nach möglichem Vollmachtsmissbrauch, NJW 2012, 3473; *Hunsmann*, Das Absehen von Strafverfolgung nach § 398a AO in der Verfahrenspraxis, BB 2011, 2519; *Hunsmann*, PStR 2013, 91; *Jäger*, Unterschlagung nach dem 6. Strafrechtsreformgesetz-Ein Leitfaden für Studium und Praxis, JuS 2000, 1167; *Jescheck/Weigend*, Lehrbuch des Strafrechts, Allgemeiner Teil, 5. Aufl. 1996; *Joecks*, Studienkommentar Strafgesetzbuch, 10. Aufl. 2012; *Joecks/Jäger/Randt*, Steuerstrafrecht mit Zoll- und Verbrauchsteuerstrafrecht, 8. Aufl. 2015; *Kargl*, Die Bedeutung der Entsprechungsklausel beim Betrug durch Schweigen, ZStW 119 [2007], 250 ff; *Kaufmann*, Die Parallelwertung in der Laiensphäre, 1982; *Kindhäuser*, Strafgesetzbuch, Lehr- und Praxiskommentar, 7. Aufl. 2017; *Kindhäuser*, Zum Tatbestand der Unterschlagung, in: Gössel-Festschrift, 2002, 451; *Klein*, Abgabenordnung, 13. Aufl. 2016; *Kudlich*, Mit Tesafilm zum Reichtum, Missbrauch eines Geldwechselautomaten, OLG Düsseldorf NJW 2000, 158; *Lackner/Kühl*, Strafgesetzbuch mit Erläuterungen, 28. Aufl. 2014; *Küper/Zopfs*, Strafrecht Besonderer Teil, Definitionen mit Erläuterungen. 10. Aufl. 2018; Leipziger Kommentar zum Strafgesetzbuch, Großkommentar, 12. Aufl. ab 2010; 13. Aufl. ab 2019; *Lampe*, Der neue Tatbestand der Geldwäsche (§ 261 StGB), JZ 1994,123; *Linnemann*, Zum Näheverhältnis beim Dreiecksbetrug, wistra 1994, 197; *Löwe-Kohl*, Die Strafbarkeit von Bankangestellten wegen Geldwäsche nach § 261 StGB, wistra 1993, 125; *Maaß*, Betrug verübt durch Schweigen, 1982; *Mayer*, Die Entdeckung der Tat bei § 261 Abs. 9 S. 1 Nr. 1 StGB, ZWH 2019, 208; *Mitsch*, Strafrecht, Besonderer Teil 2, Teilband 1 (Vermögensdelikte, Kernbereich), 3. Aufl. 2015; *Maurach*, Strafrecht, Besonderer Teil, Teilband 1: Straftaten gegen Persönlichkeits- und Vermögenswerte, 10. Aufl. 2009; *Münchner Kommentar zum Strafgesetzbuch*, hrsg. von Joecks/Miebach, Bd. 1, 3. Aufl. 2017, Bd. 6, 2. Aufl. 2010; *Murrmann*, Zur grundsätzlichen Kritik der Subsidiaritätsklausel, 1999; *Mückenberger/Iannone*, Steuerliche Selbstanzeige trotz Berichterstattung über den Ankauf von Steuer-CDs, NJW 2012, 3481; *Nomos-Kommentar zum Strafgesetzbuch*, hrsg. von Kindhäuser/Neumann/Paeffgen, 5. Aufl. 2017; *Otto*, Grundkurs Strafrecht, Besonderer Teil: Die einzelnen Delikte, 7. Aufl. 2005; *Riemann*, Vermögensgefährdung und Vermögensschaden, Dissertation, Heidelberg 1989; *Reichling*, Selbstanzeige und Verbandsgeldbuße im Steuerstrafrecht, NJW 2013, 2233 ff; *Rönnau*, Moderne Probleme der Steuerhehlerei (§ 374 AO) NStZ 2000, 513; *Roxin*, Über Tatbestands- und Verbotsirrtum, in: Tiedemann-Festschrift, 2008, 375; *Roxin*, Allgemeiner Teil: Grundlagen der Aufbau- und Verbrechenslehre, 2006;

32. Strafrecht (StGB und AO)

Roxin, Täterschaft und Tatherrschaft, 2006; *Rübenstahl*, Beteiligung an Steuerhinterziehung durch Unterlassen, NJW 2013, 2449; *Rudolphi*, Unrechtsbewusstsein, Verbotsirrtum und Vermeidbarkeit des Verbotsirrtums, Göttinger Rechtswissenschaftliche Studien 1969, 76; *Rudolphi/Wolter* ua, Systematischer Kommentar zum Strafgesetzbuch, Loseblattausgabe, Band 1 Allgemeiner Teil, Band 2–4, Besonderer Teil; *Sander/Hohmann*, Sechstes Gesetz zur Reform des Strafrechts (6. StREG): Harmonisiertes Strafrecht?, NStZ 1998, 273; *Schilling*, Der Verbrechensversuch des Mittäters und des mittelbaren Täters, 1975; *Schenkewitz*, Die Tatsituation der drittzueignenden Unterschlagung, NStZ 2003, 17; *Schlüchter*, Irrtum über normative Tatbestandsmerkmale im Strafrecht, 1983; *Schönke/Schröder*, Strafgesetzbuch, Kommentar, 30. Aufl. 2019; *Satzger/Schluckebier/Widmaier*, Strafgesetzbuch, Kommentar, 5. Aufl. 2020; *Sieg*, Zur Strafbarkeit der Änderung von Betriebsratsprotokollen, in: Weber-Festschrift, 2004, 347; *Stauder*, Das neue Geldwäschegesetz – Ein Überblick zu den neuen Regelungen und zum Transparenzregister, StraFo 2018, 239 ff.; *Voß*, Tatobjekte der Geldwäsche, 2007; *Wessels/Hillenkamp*, Strafrecht Besonderer Teil, Straftaten gegen Vermögenswerte, 40. Aufl. 2017; *Witte*, „Card counting" im Blackjack aus strafrechtlicher Sicht, JR 2012, 97.

A. Einführung 1	IV. Versuch und Vollendung 21
I. Allgemeine Grundsätze der Strafbarkeit ... 1	1. Allgemeine Voraussetzungen 21
1. Persönliche Strafbarkeit 1	2. Subjektive Voraussetzungen der Versuchsstrafbarkeit 24
2. Bestimmtheitsgrundsatz 2	B. Typische Mandatssituationen 26
3. Zeitlicher Geltungsbereich 3	I. Verstöße gegen die Abgabenordnung 26
4. Persönlicher Geltungsbereich 4	1. Sachverhalt 26
II. Vorsatz und Fahrlässigkeit 5	2. Praktische Hinweise 27
1. Allgemeine Voraussetzungen 5	II. Das gefälschte Testament 28
2. Vorsatzvarianten 7	1. Sachverhalt 28
3. Fahrlässigkeit 10	2. Praktische Hinweise 29
III. Täterschaft und Teilnahme 14	III. Erklärung gegenüber dem Nachlassgericht 31
1. Allgemeine Unterscheidung 14	1. Sachverhalt 31
2. Mittelbare und unmittelbare Täterschaft 17	2. Praktische Hinweise 32
3. Anstiftung 20	

A. Einführung

I. Allgemeine Grundsätze der Strafbarkeit

1. Persönliche Strafbarkeit. Strafrechtlich relevantes Verhalten kann in allen Lebenssituationen vorkommen und findet sich daher auch in erbrechtlichen Fallgestaltungen. Insoweit kann ein solches Verhalten sowohl durch den Erblasser als auch die Erben oder Dritte in Betracht kommen. Hierbei ist zu berücksichtigen, dass eine strafrechtliche Sanktion nur dann eintritt, wenn die Verwirklichung von **Tatbestand, Rechtswidrigkeit** und **Schuld** bei einer lebenden, natürlichen Person festgestellt werden kann. Eine strafrechtliche Verantwortlichkeit geht daher nicht automatisch auf die Erben über, wenn diese nicht selbst in ihrem Verhalten einen strafrechtlich relevanten Tatbestand verwirklichen.

2. Bestimmtheitsgrundsatz. Aufgrund des im Strafrecht herrschenden **Analogieverbotes**,[1] welches sich aus § 1 ergibt, ist die Strafbarkeit eines bestimmten Handelns stets an eine zum Zeitpunkt der Tat bestehende Strafrechtsnorm geknüpft. Eine Strafbarkeit kann sich hierbei nicht nur aus dem Strafgesetzbuch, sondern auch aus strafrechtlichen Nebengebieten, wie etwa der Abgabenordnung, ergeben. Dieser Grundsatz ist Ausfluss des verfassungsrechtlichen Gebotes der **Bestimmtheit von Straftatbeständen** (Art. 103 Abs. 2 GG; Art. 7 MRK). Die Bestimmbarkeit bezieht sich auf die materiellrechtlichen Gesetze, die den strafrechtlich relevanten Bereich für ein bestimmtes Tun abgrenzen.[2] Soweit ein Mensch gehandelt hat, wodurch ein Subjekt betroffen wurde und durch die Art und Weise der Begehung ein durch eine strafrechtliche Norm nicht erwünschter Erfolg eingetreten ist, wird diesem Grundsatz genügt. Aufgrund dieser Definition ist es dem Einzelnen möglich, sein Verhalten im Hinblick auf die Verwirklichung einer strafrechtlichen Norm einzurichten. Ihm wird aber gleichzeitig die Möglichkeit gegeben, ein sankti-

---

[1] Jescheck/Weigend AT 15 III, IV; Roxin AT I 5/7.
[2] BVerfGE 14, 185; BVerfGE 22, 25.

onsfreies Leben im Sinne seiner eigenen Freiheitsrechte zu verwirklichen.[3] Nur wenn die sanktionierte Tathandlung exakt beschrieben ist, kann der Einzelne sich rechtstreu verhalten.[4]

3. Zeitlicher Geltungsbereich. Entsprechend ist strafrechtlich relevantes Verhalten nur dann anzunehmen, wenn zum Zeitpunkt der Tat eine entsprechende Strafnorm existiert, dh bis zum Abschluss der letzten Tathandlung bestand hatte (§ 2 Abs. 1 und 2). Wird eine Strafnorm bis zur abschließenden Entscheidung eines Revisionsgerichtes dahin gehend geändert, dass die Strafe wenigstens milder ausfällt,[5] ist auch das mildere Gesetz anzuwenden, § 2 Abs. 3 (**Meistbegünstigungsprinzip**).[6]

4. Persönlicher Geltungsbereich. In persönlicher Hinsicht ist zu beachten, dass eine Strafbarkeit erst mit **Vollendung des 14. Lebensjahres** beginnt (§ 19). Für Jugendliche im Alter von 14 bis einschl. Erreichen des 18. Lebensjahres gilt das Jugendstrafrecht (§ 10),[7] welches eine geringere Strafandrohung als das Erwachsenenstrafrecht begründet. Ansonsten gilt für Heranwachsende im Alter zwischen Erreichen des 18. bis zur Vollendung des 21. Lebensjahres grundsätzlich eine identische Strafbarkeit wie bei Volljährigen. Bei mangelnder Reife des Heranwachsenden kann der Richter jedoch abweichend Jugendstrafrecht zur Anwendung bringen. In seinen Urteilsgründen muss sich das Gericht daher stets bei Heranwachsenden mit dieser Frage beschäftigen, wenn kein Aufhebungsgrund des Urteils begründet werden soll. Dies ist auch dann der Fall, wenn die Tat erst lange nach dem Erreichen des 21. Lebensjahres des Täters entdeckt und abgeurteilt wird.

II. Vorsatz und Fahrlässigkeit

1. Allgemeine Voraussetzungen. Besonders relevant für die Beurteilung eines Handelns als strafbar ist, ob die strafbewehrte Norm **vorsätzliches** oder **fahrlässiges Handeln** mit Strafe bedroht. Vorsätzliche Vollendung eines Straftatbestandes ist stets strafbar, fahrlässiges Handeln nur dann, wenn dieses ausdrücklich durch den Straftatbestand unter Strafe gestellt worden ist (§ 15). Unter Vorsatz versteht man hierbei, dass der Täter die Umstände und Folgen seiner Tat mit **Wissen** und **Wollen** verwirklicht.[8] Das kognitive Element erfordert nicht, dass der Täter tatsächlich positive Kenntnis über die Verwirklichung eines einschlägigen Tatbestandes durch sein Tun besitzt.

Zwar gilt grundsätzlich, dass nur der strafbar ist, der die objektiven Tatbestandsmerkmale kennt und in seinen Willen aufgenommen hat. Erkennt der Täter diese Umstände nicht, kann ein **Irrtum**[9] (§ 16) vorliegen.[10] Die Rechtsprechung hat es jedoch für ausreichend erachtet, wenn der Täter im Sinne eines **sachgedanklichen Mitbewusstseins**[11] in Form einer „Parallelwertung in der Laiensphäre"[12] aufgrund der allgemeinen gesellschaftlichen Normen das Unrecht seiner Tat und die durch seine Tat eintretenden Folgen für das geschützte Rechtsgut erkennen konnte. Soweit der Täter selbst die verwirklichten Tatbestandsmerkmale nicht in sein Wissen und Wollen aufgenommen haben sollte, wird dieser Mangel im subjektiven Tatbestand durch ein allgemeines kognitiv vorhandenes Wissen in der Gesellschaft ersetzt.

---

3   BVerfGE NJW 2001, 1848 (1849).
4   BVerfGE 14, 174; 245; 25, 269; 32, 346; 47, 120; 55, 152; 71, 108 (114); 73, 206, 234; 75, 329 (340 f.); 78, 374 (381 f.); 87, 254; 105, 135 (153); BVerfGE NJW 2001, 1848 (1849); 2005, 2140 (2141).
5   BGHSt 5, 208; 26, 94 mAnm Küper NJW 1975, 1329.
6   Fischer StGB § 2 Rn. 4.
7   BayObLG NStZ 1991, 584.
8   Fischer StGB § 15 Rn. 3.
9   Fischer StGB § 16 Rn. 2.
10 Zur Unterscheidung zwischen Tatbestandsbestandsirrtum und Verbotsirrtum sowie die damit zusammenhängende Umfangreiche Problematik, vgl. Roxin FS Tiedemann 2008, 375; Rudolphi Unrechtsbewusstsein, Verbotsirrtum und Vermeidbarkeit des Verbotsirrtums, 1969; Herzberg/Hardtung JuS 1999, 1073; Hettinger FS Spendel, 1992, 237.
11 BayObLG NJW 1977, 1974.
12 Kaufmann Parallelwertung, 30; Schlüchter Irrtum über normative Tatbestandsmerkmale, 27.

7 **2. Vorsatzvarianten.** Darüber hinaus sind verschiedene Arten des Vorsatzes zu unterscheiden. Dies ist besonders deshalb wichtig, da bestimmte Straftatbestände bestimmte Formen des Vorsatzes als Merkmale der Strafbarkeit voraussetzen. Grundsätzlich wird unterschieden zwischen dem **bedingten Vorsatz** *(dolus eventualis)* und dem **direkten Vorsatz** *(dolus directus)*. Soweit eine Strafrechtsnorm vorsätzliches Handeln unter Strafe stellt, reicht zur subjektiven Tatbestandsverwirklichung das Vorliegen einer der beiden Vorsatzformen aus.[13]

8 Beim **direkten Vorsatz** stuft der Täter den Taterfolg als ausdrücklich gewünscht ein. Bestimmte Straftatbestände, bspw. im Bereich der Betrugsstrafbarkeit, § 263, verlangen die Verwirklichung einer besonderen **Absicht** im Hinblick auf die Verwirklichung des objektiven Tatbestandes. Diese **Absicht** als ein unbedingtes Willenselement manifestiert sich als **Wille zum Erfolg**.[14] Dieser auch als *dolus directus* 1. Grades bezeichnete Vorsatz ist erst dann erfüllt, wenn der Täter solche Tathandlungen vorgenommen hat oder in unmittelbarem Angriff nimmt, die nach seiner Überzeugung den Tatbestand in objektiver Hinsicht zur Vollendung bringen.[15] Es steht somit der Erfolg in objektiver Hinsicht im Mittelpunkt. Die Abgrenzung ist wichtig, wenn es dem Täter, wie etwa beim Betrug, nicht auf die Bereicherung ankommt, sondern diese lediglich als Nebeneffekt eintreten könnte.

9 Beim **bedingten Vorsatz** handelt der Täter hingegen nicht mit dem ausdrücklichen Ziel der Verwirklichung des objektiven Tatbestandes, sondern nimmt diesen billigend in Kauf. Für die Mehrzahl der vorsätzlich begehbaren Straftatbestände reicht die Verwirklichung bereits durch bedingten Vorsatz aus.

10 **3. Fahrlässigkeit.** Eine fahrlässige Tatbestandsverwirklichung setzt voraus, dass eine entsprechende fahrlässige Begehungsweise nach der betroffenen Norm möglich ist. Demnach ist von einer Strafbarkeit auszugehen, wenn der „Täter einen Tatbestand rechtswidrig verwirklicht, indem er objektiv gegen eine **Sorgfaltspflicht** verstößt, die gerade dem Schutz des beeinträchtigten Rechtsgutes dient. Dieser Pflichtverstoß muss unmittelbar oder mittelbar eine Rechtsgutsverletzung oder -gefährdung zur Folge haben, die der Täter nach seinen **subjektiven Kenntnissen** und **Fähigkeiten vorhersehen und vermeiden** konnte".[16] Hieraus folgt zugleich, dass eine Verwirklichung derselben Tathandlung mit Verletzung desselben Rechtsgutes nicht zugleich vorsätzlich und fahrlässig erfolgen kann.[17] Im Rahmen der Fahrlässigkeit erkennt der Täter, dass zwar der tatbestandsmäßige Erfolg eintreten kann (**kognitives Element**), er wünscht jedoch den Eintritt des Erfolges nicht, sondern nimmt ihn lediglich billigend in Kauf.[18]

11 Das kognitive Element kann in bewusster als auch unbewusster Fahrlässigkeit bestehen.[19] Bei der bewussten Fahrlässigkeit sieht der Täter zumindest die Möglichkeit der Tatbestandsverwirklichung. Fehlt eine entsprechende Einsicht völlig, spricht man von **unbewusster Fahrlässigkeit**.[20] Außerdem wird man bei der Fahrlässigkeit die Verletzung einer besonderen **Sorgfaltspflicht**[21] als Grundlage der Strafbarkeit für erforderlich halten.

12 Bei allen Tatbestandsverwirklichungen im Rahmen der Fahrlässigkeit bedarf es nämlich der Verletzung einer solchen Pflicht. Der Täter muss den später eintretenden Erfolg aufgrund einer Garantenstellung gerade abwenden müssen. Die **Garantenpflicht** kann sich sowohl aus Gesetz als auch aus vorangegangenem gefahrgeneigten Tun ergeben.[22]

---

13 OLG Oldenburg StV 2009, 133 L.
14 BGHSt 9, 147; 29, 73.
15 BGHSt 35, 328; BGHSt 16, 1.
16 BGHSt 49, 1 (5); 166, 174; 53, 55 = NJW 2009, 1155.
17 BGH NStZ 1997, 493; NJW 2011, 2067 f.
18 Fischer StGB 15 Rn. 12, 14.
19 Fischer StGB § 15 Rn. 12; LK-StGB/Vogel StGB § 15 Rn. 148.
20 BGHSt 10, 369; 41, 218.
21 BGHSt 3, 203; NJW 2000, 2754 (2758); NStZ 03, 657; OLG Bamberg NStZ-RS 2008, 10 (11); MüKoStGB/Duttge StGB § 15 Rn. 87 ff., 94, 104; Freund FS Küper 2007, 63 (70 ff.).
22 BGHSt 30, 391; 37, 106 (119); BGH NStZ 2012, 319 f.; Schünemann FS Amelung 303 (309 ff.); Satzger/Schmitt/Widmaier/Kudlich StGB § 13 Rn. 16 ff.; MüKoStGB/Freund StGB § 13 Rn. 105 ff., Fischer StGB § 13 Rn. 10.

Die Strafbarkeit wegen Fahrlässigkeit setzt des Weiteren voraus, dass der Verstoß gegen den 13
Schutzzweck der Norm den deliktspezifischen Erfolg herbeigeführt hat und für den Täter
vorhersehbar und **vermeidbar** gewesen sein muss.[23]

III. Täterschaft und Teilnahme

1. Allgemeine Unterscheidung. Eine wichtige Abgrenzung bei der Frage der Schuld eines Täters 14
ist, ob dieser Täter im Sinne des § 25 oder Teilnehmer gemäß §§ 26, 27 Abs. 1 ist. Die Strafdrohung für den Täter unterscheidet sich teilweise erheblich von der des Teilnehmers, wie etwa die Strafbarkeit des Täters gegenüber der Strafbarkeit des Gehilfen (§ 27 Abs. 2). Die Abgrenzung ist in der tatsächlichen Rechtswirklichkeit oftmals schwierig.

Vorherrschend ist die Abgrenzung nach der sog. **Tatherrschaftslehre**,[24] der sich der BGH angeschlossen hat, ohne seine Abkehr zu der früheren Rechtsprechung[25] ausdrücklich zu äußern. 15
Es wird lediglich darauf hingewiesen, dass eine „umfassende Gesamtabwägung"[26] durch den Tatrichter zu erfolgen hat. Die Literatur folgert hieraus, dass eine „tatrichterlich normative Bewertung"[27] nunmehr anerkannt ist. Letztlich kann diese Unsicherheit in der Rechtsprechung auf die allgemeine Formel zurückgeführt werden, dass Täter derjenige ist, der die Tat als eigene will. Die hierfür angeführten Kriterien sind eigener **Tatherrschaftswille**, eigene **Einflussnahme auf den Tatablauf** und/oder **Partizipation** am **Taterfolg** in nicht völlig vernachlässigbarem Umfang.

Diese Kriterien können nicht nur kumulativ, sondern auch alternativ durch den Tatrichter 16
festgestellt werden, um eine entsprechende Täterschaft zu begründen.

2. Mittelbare und unmittelbare Täterschaft. Im Rahmen einer erbrechtlichen Kommentierung 17
ist der Fokus zusätzlich auf die Unterscheidung zwischen **unmittelbaren Täter** (§ 25 Abs. 1 1. Alt.) und dem **mittelbaren Täter** (§ 25 Abs. 1 2. Alt.) zu legen. Während der unmittelbare Täter die Tat als eigene begeht und somit alle Tatbestandsmerkmale bei sich selbst verwirklicht,[28] begeht der mittelbare Täter seine Tat durch einen anderen. Der mittelbare Täter muss hierbei nicht einmal selbst bei der Tat in Erscheinung treten. Es reicht aus, wenn er durch sein **überlegenes Wissen** und seine Fähigkeit aufgrund dieses Wissens **steuernd** auf den unmittelbaren Täter **einwirkt** und damit die tatsächliche Tatherrschaft in Händen hält.[29] Es ist nicht unmittelbar erforderlich,[30] dass der mittelbare Täter sich eines Werkzeuges bedient, welches Defizite oder vermeintliche Defizite bezüglich der Fähigkeit zur objektiven oder insbesondere subjektiven Tatbestandsverwirklichung aufweist.[31]

Ist der **Täter** ein **Erblasser**, stellt sich die Frage, inwieweit der Erbe strafrechtlich für die 18
Verfehlungen des Erblassers einzustehen hat oder nicht. Zu beachten ist, dass mittelbare Täterschaft nicht in Betracht kommt, wenn eigenhändige Delikte oder Sonderdelikte des Erblassers oder des Erben im Raume stehen.[32] In Betracht kommen hier Delikte aus dem Bereich des Steuerstrafrechtes. Im Rahmen der Steuerstrafbarkeit muss eine Verpflichtung des Erben für steuerliche Belange bestehen. Soweit der Erbe von sich aus keinerlei Angaben gegenüber den Ermittlungsbehörden macht, wird ihm eine Beteiligung an einer Steuerstraftat weder in objektiver noch subjektiver Hinsicht nachzuweisen sein. Seine Strafbarkeit beginnt erst dann, wenn

---

23 Fischer StGB § 15 Rn. 20.
24 Roxin Täterschaft und Tatherrschaft, 60 ff.; LK-StGB/Schünemann StGB § 25 Rn. 7 ff.
25 BGHSt 18, 87.
26 BGHSt 6, 249; 8, 396; 37, 291; 40, 301; 44, 34; NJW 1985, 1035; 1997, 3385 (3387); 2004, 3051 (3053 f.); StV 1998, 540; NStZ 1984, 413 f.; NStZ 1996, 228; NStZ 2006, 44 f.; NStZ 2006, 94; NStZ-RR 2005, 71; NStZ-RR 2009, 199; NStZ 2012, 241 ff. (243).
27 Fischer StGB § 25 Rn. 4.
28 BGHSt 38, 316; BGH NStZ 1987, 224; 1993, 138.
29 Fischer StGB § 25 Rn. 5 ff.
30 Fischer StGB § 25 Rn. 9 ff.
31 BGHSt 3, 6; 10, 307.
32 Fischer StGB § 25 Rn. 10.

ihn eine Pflicht zur Offenbarung trifft. Dies kann etwa der Fall sein, wenn ihm bekannt wird, dass der Erblasser Schwarzgeldkonten unterhalten hat.

19 Für den Erben kommen daher erst strafbare Handlungen in Betracht, wenn er die Steuerstraftaten des Erblassers als eigene und somit als Alleintäter weiterführt. Anderes kommt nur dann in Betracht, wenn der Erbe bereits zu Lebzeiten des Erblassers, insbesondere bei gewerbsmäßigen Steuerstraftaten, in die Machenschaften des Erblassers verwickelt war und dessen Tun im Rahmen einer Beihilfehandlung unterstützt hat.[33]

20 **3. Anstiftung.** Gemäß § 26 Abs. 1 wird der Anstifter gleich dem Täter bestraft. Nach der Rechtsprechung liegt Anstiftung stets dann vor, wenn der Anstifter den Täter zur Tat „bestimmt" hat, dh er hat beim Täter die erforderlichen objektiven und subjektiven Merkmale der Tat hervorgerufen mit dem Erfolg, dass diese umgesetzt worden sind oder umgesetzt werden sollten.[34] Hierbei genügt es, wenn der Anstifter zumindest die Tat mit verursacht hat.[35] Der im Erbrecht tätige Anwalt muss bei der Beratung besonders darauf achten in wie weit er durch den Hinweis auf erbrechtliche Gestaltungsmöglichkeiten auch ursächlich für späteres strafbares Verhalten des Erben haftbar sein kann.

IV. Versuch und Vollendung

21 **1. Allgemeine Voraussetzungen.** Der Unterschied zwischen Versuch und Vollendung einer Straftat besteht darin, dass die zum Taterfolg führende Handlung bereits durch den Täter begonnen wurde, die Tat aber bezüglich des **objektiven Tatbestandes** nicht vollständig verwirklicht worden ist.[36] Strafbar ist hierbei die Betätigung des verbrecherischen Willens (**subjektive Versuchstheorie**).[37] Die Umsetzung der kriminellen Energie in ein Tun zeigt die Erfüllung des subjektiven Tatbestandes. Der Täter muss nur wenigstens zur Tatausführung unmittelbar angesetzt haben.[38] Somit ist praktisch jede Handlung, die mit subjektivem Willen zum Taterfolg führen kann, Grundlage der Versuchsstrafbarkeit. Dies gilt selbst, wenn tatsächlich und/oder objektiv die Tathandlung, zu der angesetzt wurde, den Erfolg nicht herbeiführen konnte.[39]

22 Die Unterscheidung hat insbesondere deswegen erhebliche praktische Bedeutung, da damit die Schwelle zur Strafbarkeit durch unmittelbares Ansetzen bereits früh überschritten wird. Die Tat ist dann **vollendet**, wenn sämtliche Tatbestandsmerkmale erfüllt sind.[40] Hierbei ist im Hinblick auf den jeweils konkreten Straftatbestand dann zu prüfen, ob besondere Qualifikationen vorliegen müssen oder der schlichte Beginn der Tathandlung möglicherweise ausreicht. Bei den Unternehmensdelikten (§ 11 Abs. 1 Nr. 6) sind stets noch besondere tatbestandliche Merkmale zu erfüllen.[41]

23 Sind nach Vollendung der Tat aus der subjektiven Sicht des Täters keine weiteren Handlungen mehr erforderlich, hierzu gehört auch eine Beutesicherung, so spricht man von der **Beendigung der Tat**.[42] Nach Beendigung der Tat ist stets der Beginn der **Verjährung** zu prüfen, § 78 a.[43] Auch eine Beteiligungshandlung ist dann nicht mehr möglich.[44]

24 **2. Subjektive Voraussetzungen der Versuchsstrafbarkeit.** Versuchsstrafbarkeit setzt voraus, dass der Täter subjektiv eine Vorstellung von dem konkreten Tatablauf entwickelt hat. Zu dessen Verwirklichung muss er deshalb nach seiner Vorstellung bereits unmittelbar angesetzt haben.

---

33 Hierzu BGH NJW 2013, 2449 ff. mAnm Rübenstahl.
34 BGHSt 9, 379; 43, 373 ff.; 45, 373 (374); BGH NStZ 2008, 42.
35 Fischer StGB § 26 Rn. 4.
36 BGH NStZ 85, 509 = StV 1986, 201 (202) mAnm Ulsenheimer.
37 BGHSt 2, 74 (76); 4, 254; 11, 268 (271); 11, 324; 41, 94 (96).
38 BGH NStZ 1985, 501.
39 Sehr kritisch Hirsch JZ 2007, 494 ff., 500 f.; Hirsch GS Vogler 2004, 31 ff.; aA Herzberg GA 2001, 257 ff.
40 BGHSt 24, 178; NJW 1973, 814; NStZ 2008, 215.
41 Fischer StGB § 11 Rn. 28 ff.
42 BGHSt 4, 133; 8, 391; 20, 196.
43 Fischer StGB § 78 a Rn. 3 ff.
44 Fischer StGB § 78 a Rn. 3 f.; Lackner/Kühl StGB § 78 a Rn. 10.

Für die Abgrenzung zwischen strafbarem Versuchsbeginn und strafloser Vorbereitungshandlung stellt die Rechtsprechung insoweit auf den **konkreten Tatplan** ab.[45][46]

Ausgehend von diesem Tatplan ist zu prüfen, welche Tatbestandsmerkmale der Täter im Rahmen seines Tatplanes bereits verwirklicht hat oder noch nicht (**unmittelbares Ansetzen**).[47] Hat der Täter eine Tätigkeit entfaltet, die zwar nicht unmittelbar das Tatbestandsmerkmal verwirklicht, diesem aber so direkt vorgelagert ist, dass es „im Falle des ungestörten Fortganges ohne Zwischenakte in die Tatbestandshandlung unmittelbar einmünden wird",[48] so liegt Versuch vor. Insoweit hat sich der durch die Rechtsprechung geprägte Begriff des „jetzt geht's los"[49] als gute Faustformel bewährt, um nach dem Tatplan den Beginn der Versuchsstrafbarkeit gegenüber der straflosen Vorbereitungshandlung für die Praxis handhabbar abzugrenzen.[50] Handeln mehrere **Mittäter**, liegt Versuchsstrafbarkeit bereits dann vor, wenn einer von ihnen zur Verwirklichung des Tatbestandes unmittelbar angesetzt hat (**Gesamtlösung des Bundesgerichtshofes**).[51] Der möglicherweise abweichende subjektive Wille eines anderen Mittäters bleibt für die Frage seiner eigenen Strafbarkeit unbeachtlich.[52]

B. Typische Mandatssituationen

I. Verstöße gegen die Abgabenordnung

1. Sachverhalt. Strafrechtlich relevantes Verhalten eines Erblassers vor seinem Ableben kann in der Folgezeit bei den Erben durch eigenes Tun strafrechtlich relevanten Charakter annehmen, wenn etwa ein sog. Schwarzgeldkonto in die Erbschaft fällt. Der Erbe stellt bei Sichtung des Nachlasses fest, dass der Erblasser in der Schweiz ein nur nach Nummern erfasstes Konto unterhalten hat, auf welchem zahlreiche Zinseinkünfte über Jahre zu verzeichnen sind. In der dem Erben ebenfalls vorliegenden Steuererklärungen des Erblassers der letzten Jahre fehlen Angaben zu Zinseinkünften vollständig. Der Erbe wird nunmehr, will er sich nicht selbst durch die Nichtangabe von Zinseinkünften strafbar machen, eine Erklärung gegenüber dem zuständigen Finanzamt bezüglich dieser steuerlich relevanten Erträge[53] abzugeben haben. Hierbei ist für den Erben die Frage relevant, ob das strafbare Handeln des Erblassers in seiner Person fortwirkt und auf welchem Wege eine durch eigenes Handeln begründete Strafbarkeit vermieden werden kann.

2. Praktische Hinweise. Im Rahmen eines Erbfalles treffen den Erben zunächst Verpflichtungen im Zusammenhang mit der steuerlichen Behandlung der Erbschaft. Dies bedeutet, dass der Erbe zunächst die erforderlichen Angaben zur Erbschaft beim Finanzamt für Erbschaftsteuersachen abzugeben hat. Im Zuge dieser Erklärungen hat er auch die Angaben zu in die Erbschaft fallenden Zinseinkünfte oder Vermögenswerte zu machen, die in der Vergangenheit durch den Erblasser selbst nicht erklärt worden sind. Er hat sich gegebenenfalls auch gegenüber Dritten darüber pflichtgemäß zu informieren, welche Vermögenswerte in die Erbschaft fallen. Ergeben sich für den Erben Hinweise darauf, dass der Erblasser in der Vergangenheit gegenüber dem zuständigen Finanzamt für Einkommensteuer unrichtige Erklärungen abgegeben hat, so dürfte

---

45 Fischer StGB § 22 Rn. 8.
46 BGHSt 28, 162; 31, 10; 35, 6; 40, 257; 43, 177; NStZ 1989, 473; 1997, 83; 2008, 209.
47 BGHSt 33, 374; Küper JZ 86, 523; Fischer StGB § 22 Rn. 10.
48 BGHSt 26, 203; 30, 363 (364 f.); 31, 12; 31, 182; 36, 250; 37, 297; 48, 34 (35 f.); NStZ 1981, 99; 1983, 364; 1987, 20; 1997, 1983; 2002, 309 f.; 4, 38; 2008, 209; 2010, 209; 2011, 517; NJW 1980, 1759; 1991, 1963; 1993, 2125; OLG Karlsruhe NJW 1982, 49; OLG Hamm NJW 1989, 3233; OLG Hamm StV 1997, 242; OLG Frankfurt NStZ-RR 2003, 2038.
49 BGHSt 28, 163; NStZ 1989, 473; 1993, 77; 1993, 133; 1996, 38; StV 1994, 240.
50 Fischer StGB § 22 Rn. 10 u. Rn. 10a.
51 BGHSt 11, 271; 36, 249; 39, 237; 40, 301; NStZ 2000, 589; StV 2007, 187; aA sog. Einzellösung eines Mittäters, die Strafbarkeit nur annehmen will, wenn dieser konkrete Mittäter zu unmittelbaren Tatbestandsverwirklichung ansetzt: Schilling Der Verbrechensversuch des Mittäters und des mittelbaren Täters, 1975; Schlüchter Irrtum über normative Tatbestandsmerkmale, 1983; BGH NStZ 2004, 110; NStZ 1981, 99; MDR/H 86, 974.
52 BGHSt 39, 236.
53 BGH NJW 2013, 2449 (2451 f. mwN).

ihn eine **Nachforschungspflicht** treffen, inwieweit diese Hinweise zutreffen oder nicht. Stellt sich heraus, dass der Erblasser in der Vergangenheit unrichtige Steuererklärungen abgegeben hat, empfiehlt es sich mit einem steuerlichen Berater korrigierte Einkommensteuererklärungen für die Vergangenheit abzugeben. Die Grundsätze für die Abgabe einer Selbstanzeige gelten entsprechend, auch wenn der Erbe selbst kein strafrechtlich relevantes Tun verwirklicht hat. Unterlässt er die Abgabe einer korrigierten Steuererklärung für die vergangenen Veranlagungszeiträume, besteht zumindest der Verdacht eines Unterlassungsdeliktes.

II. Das gefälschte Testament

28 **1. Sachverhalt.** Die Kinder eines Erblassers gehen davon aus, dass der Erblasser zu seinen Lebzeiten kein Testament errichtet hat. Während der Beantragung des Erbscheines durch die Kinder meldet sich dessen Lebensgefährtin bei Gericht und legt ein Testament vor, aus welchem sich ergibt, dass der Erblasser diese unter Berücksichtigung etwaiger Pflichtteilansprüche zu seiner Alleinerbin eingesetzt hat. Zu Lebzeiten hatte der Erblasser stets betont, niemals eine letztwillige Verfügung zugunsten seiner Lebensgefährtin errichten zu wollen.

29 **2. Praktische Hinweise.** Tauchen im Zuge der Abwicklung einer Erbschaft unerwartet letztwillige Verfügungen eines Erblassers auf, so ist stets erhöhte Vorsicht geboten. Dies gilt besonders dann, wenn es sich um eigenhändige letztwillige Verfügungen des Erblassers handelt, die weder vor einem Notar errichtet wurden noch durch den Erblasser selbst beim Nachlassgericht hinterlegt worden sind. Zu denken ist hier stets an eine mögliche Fälschung einer letztwilligen Verfügung durch einen Dritten. Der Erbe sollte hier frühzeitig die Einschaltung eines Schriftsachverständigen erwägen.

30 Schwieriger ist der Sachverhalt, wenn zwar die Authentizität der letztwilligen Verfügung vom Erblasser nicht in Zweifel zu ziehen ist, jedoch möglicherweise beim Erblasser eine Drucksituation aufgebaut wurde, die zur Errichtung des Testamentes geführt hat. Hier empfiehlt es sich in Erfahrung zu bringen, zu welchem Zeitpunkt und unter welchen Umständen der Erblasser die letztwillige Verfügung errichtet hat, um möglicherweise eine Strafanzeige gegenüber der Staatsanwaltschaft auf den Weg zu bringen.

III. Erklärung gegenüber dem Nachlassgericht

31 **1. Sachverhalt.** Der Erblasser ist in zweiter Ehe verheiratet gewesen. Seine Witwe wird aufgefordert, gegenüber dem Nachlassgericht zur Errichtung eines Erbscheines eine eidesstattliche Versicherung abzugeben, dass Sie alleinige Erbin geworden ist und keine weiteren gesetzlichen Erben vorhanden sind. Tatsächlich ist der Ehefrau aber bekannt, dass der Erblasser aus erster Ehe ein Kind besitzt.

32 **2. Praktische Hinweise.** Ein strafrechtlich relevantes Verhalten kann auch durch das Verhalten der Erben selbst begründet sein. Im Rahmen der Errichtung des Erbscheins wird der potenzielle Erbe aufgefordert, eine eidesstattliche Versicherung beim Nachlassgericht abzugeben, die den Inhalt und Umfang des eigenen Erbanspruches umfasst. Hier kommt, wenn der Erbe falsche Angaben macht, § 263 Abs. 1 in Betracht.

33 Bei einem positiven Wissen der Ehefrau aus zweiter Ehe macht diese sich vorliegend strafbar, wenn sie bewusst das Kind aus erster Ehe als Erben verschweigt. Für den im Erbrecht tätigen Rechtsanwalt bedeutet dies, im Interesse des Mandanten, diesem die Folgen vor Augen zu führen hat, wenn unrichtige Angaben gegenüber dem Nachlassgericht getätigt werden.

Strafgesetzbuch (StGB)

In der Fassung der Bekanntmachung vom 13. November 1998 (BGBl. I S. 3322)
(FNA 450-2)
zuletzt geändert durch Art. 4 G zur Änd. des BundeszentralregisterG und des Strafgesetzbuches vom 4. Dezember 2022 (BGBl. I S. 2146)
– Auszug –

§ 156 StGB   Falsche Versicherung an Eides Statt

Wer vor einer zur Abnahme einer Versicherung an Eides Statt zuständigen Behörde eine solche Versicherung falsch abgibt oder unter Berufung auf eine solche Versicherung falsch aussagt, wird mit Freiheitsstrafe bis zu drei Jahren oder mit Geldstrafe bestraft.

A. Allgemeines 1	2. Vollendung und Beendung 12
B. Regelungsgehalt 5	IV. Subjektiver Tatbestand 17
I. Geschütztes Rechtsgut der Aussagedelikte 5	C. Weitere praktische Hinweise 20
II. Täterschaft und Teilnahme 6	
III. Objektiver Tatbestand 8	
1. Adressat der Erklärung 8	

A.   Allgemeines

Im Rahmen der Abwicklung einer Erbschaftsangelegenheit werden der oder die Erben sich in der Regel um die Erlangung eines Erbscheins bemühen müssen. Ein solcher Erbschein ist immer dann zwingend erforderlich, wenn in die Erbschaft Grundstücke fallen, da zur Umschreibung eines Grundstückes auf den oder die Erben die Vorlage eines Erbscheins gegenüber dem Grundbuchamt erforderlich ist. Soweit mehrere Erben vorhanden sind, muss der konkrete Erbschaftsanteil durch die Vorlage eines Erbscheins attestiert werden. 1

Für die Erlangung eines Erbscheines ist es erforderlich, dass sich der oder die Erben zum Nachlassgericht begeben und dort gegenüber dem zuständigen Rechtspfleger des Nachlassgerichtes eine eidesstattliche Versicherung abgeben. Diese Erklärung umfasst die **eigene Erbenstellung**, die **Erbschaftsquote** und die **Bezeichnung der gegebenenfalls bestehenden Miterben**. Den tatsächlichen Umfang der Erbschaft hat der erklärende Erbe gegenüber dem Rechtspfleger jedoch zunächst nicht anzugeben. Der **Gesamtumfang der Erbschaft** ist erst Grundlage der Berechnung der Gebühren des Nachlassgerichtes zur Ausfertigung des Erbscheines. Sie ist in der Regel nicht zu belegen. 2

Die erforderlichen Angaben zur Erlangung eines Erbscheines können auch vor einem **Notar** abgegeben werden. Die vorstehenden Ausführungen zu Erklärungen beim Nachlassgericht gelten entsprechend. 3

Soweit der Erbe im Rahmen der vor dem Rechtspfleger oder dem Notar abzugebenden Erklärungen zur Erbenstellung und Erbschaftsquote entweder vorsätzlich oder bewusst fahrlässig falsche Angaben macht, läuft er Gefahr sich einer falschen eidesstattlichen Versicherung strafbar zu machen. In diesem Zusammenhang ist darauf hinzuweisen, dass das Bundesland **Hessen** vom **Ortsgericht**[1] bereits eine Aufstellung über die Erbschaft verlangt,[2] die dem Nachlassgericht 4

---

1 Am Wohnort des Erblassers.
2 § 19 Hessisches Ortsgerichtsgesetz vom 2.4.1980, GVBl. I, 113; in Hessen gibt es in jeder Stadt bzw. Gemeinde ein Ortsgericht. Das Standesamt meldet dem Ortsgericht einen Todesfall, welche wiederum den Sterbefall an das zuständige Nachlassgericht weitermeldet. Beim Ortsgericht wird diesbezüglich eine sog. Sterbefallanzeige aufgenommen, die dem Besitzer des Nachlassgegenstandes ausgehändigt wird. Die Erklärungen in der Sterbefallanzeige sind allerdings freiwillig. Das Original der Sterbefallanzeige wird durch das Ortsgericht beurkundet.

durch das Ortsgericht zugeleitet wird. Soweit Besitzer des Nachlassgegenstandes und Erbe nicht identisch sind, empfiehlt es sich daher, beim Besitzer des Nachlassgegenstandes vor Abgabe der eidesstattlichen Versicherung vor dem Nachlassgericht gezielte Erkundigungen einzuholen, welche Angaben der Besitzer des Nachlassgegenstandes hinsichtlich der Erbschaft gegenüber dem Ortsgericht getätigt hat. Ansonsten läuft der Erbe Gefahr, dass gegen ihn ein Ermittlungsverfahren wegen der Abgabe einer falschen eidesstattlichen Versicherung eingeleitet wird.[3]

B. Regelungsgehalt

I. Geschütztes Rechtsgut der Aussagedelikte

5 Geschützes Rechtsgut der Aussagedelikte ist die staatliche **Rechtspflege**.[4] Hierbei soll dem Umstand Rechnung getragen werden, dass aufgrund der Angaben des Erben eine öffentliche Urkunde errichtet wird, die ohne weitere materiellrechtliche Prüfung öffentlichen Glaubens über die Erbenstellung und Erbschaftsquote nach außen verbindlich durch das Nachlassgericht feststellt. Werden mithin durch Erben falsche Angaben im Rahmen der Errichtung des Erbscheines gegenüber dem Nachlassgericht getätigt, so ist die **Legitimität und Autorität** staatlicher Entscheidungen insgesamt berührt und damit strafwürdig.[5]

II. Täterschaft und Teilnahme

6 Die falsche eidesstattliche Versicherung ist als Aussagedelikt stets ein **eigenhändiges Delikt** ist. Das heißt, grundsätzlich ist nur der Erbe strafbar, der die falsche eidesstattliche Versicherung gegenüber dem Nachlassgericht abgibt. **Mittäterschaft** kommt in Betracht, soweit der Erbe, welcher nicht selbst die eidesstattliche Versicherung abgeben hat, in Art und Umfang in die Abgabe der unrichtigen eidesstattlichen Versicherung eingeweiht ist und diese als eigene Erklärung billigt. Er hat damit mit **Wissen** und **Wollen** die Tat des Erklärenden als Mittäter verwirklicht. Letztlich kommt es hier jedoch auf den Einzelfall an.[6]

7 Insbesondere **Beihilfedelikte** können auch für den anwaltlichen Berater in Betracht kommen, wenn er den Erben nicht ausreichend über die Bedeutung der vor dem Nachlassgericht abzugebenden Erklärungen hinweist.

III. Objektiver Tatbestand

8 **1. Adressat der Erklärung.** Bei der Abgabe einer falschen Versicherung an Eides statt durch den Erben, kommt die erste Variante des § 156 als tatbestandliches Handeln in Betracht. Insoweit steht § 156 dem § 154 gleich, wo es um die **inhaltliche Unrichtigkeit** der gemachten Erklärung geht. **Abgabe** ist die vollständige mündliche Erklärung[7] oder der Eingang der schriftlichen Erklärung bei der zuständigen Stelle.[8]

9 Die falsche Versicherung an Eides statt muss gegenüber einer **Behörde**, welche zur Abnahme von Versicherungen allgemein zuständig[9] ist, erfolgen. Außerdem muss es sich um **die Behörde** handeln, die für die Abnahme der entsprechenden eidesstattlichen Versicherung auch zunächst zuständig ist.[10] Im Erbrecht ist das das Nachlassgericht. Nur durch dieses wird der Erbschein

---

[3] Fischer StGB § 156 Rn. 14.
[4] GrSen BGHSt 8, 309; BGHSt 10, 143; LK-StGB/Ruß 2 ff.
[5] NK-StGB/Vormbaum StGB § 156 Rn. 1 ff.; Schönke/Schröder/Lenckner/Bosch StGB § 156 Rn. 2.
[6] Fischer StGB, § 153 Rn. 15; § 156 Rn. 17.
[7] OLG Stuttgart NStZ-RR 1996, 265.
[8] Fischer StGB § 156 Rn. 15.
[9] Fischer StGB § 156 Rn. 4; OLG Stuttgart NStZ-RR 1996, 263; OLG Frankfurt a. M. NStZ-RR 1996, 294.
[10] OLG Stuttgart NStZ-RR 1996, 265; OLG Frankfurt a. M. NStZ-RR 1996, 294.

ausgefertigt, dem bei Abgabe der falschen eidesstattlichen Versicherung eine **falsche rechtliche Wirkung**[11] zukommt.

Demgegenüber reicht für die Verwirklichung des objektiven Tatbestandes die Abgabe einer entsprechenden Erklärung gegenüber einem Notar[12] noch nicht aus. Dieser ist insoweit nicht Behörde im Sinne der Vorschrift. Tathandlung ist daher hier erst die Einreichung des notariellen Erbscheinantrags vom Antragsteller gegenüber dem Nachlassgericht, wo diese rechtliche Wirkung entfalten kann.

Dem erklärenden Erben obliegt eine **Erklärungs- und Wahrheitspflicht**.[13] Die gegenüber dem Nachlassgericht abzugebenden Erklärungen müssen vollständig und wahrheitsgemäß sein.[14] Das auch nur vorsätzliche oder bewusst fahrlässige **Verschweigen wesentlicher Umstände** kann den Tatbestand des § 156 verwirklichen.[15]

2. Vollendung und Beendung. Der Tatbestand der Abgabe einer falschen eidesstattlichen Versicherung ist dann **vollendet**, wenn die Erklärung gegenüber der Behörde vollständig abgegeben wurde.[16] Jedenfalls aber spätestens bei Eingang der notariellen Urkunde oder bei Eingang der Urschrift, auch in Telefax-Form[17] bei dem zuständigen Nachlassgericht. Für die Deliktsverwirklichung ist es hierbei unbeachtlich, ob die zuständige Behörde nach Eingang der eidesstattlichen Erklärung diese verwendet oder nicht.[18] Das Delikt ist bereits mit Abgabe der Erklärung **beendet**.

§ 156 wird in Erbrechtsfällen dann verwirklicht, soweit ein Pflichtteilsberechtigter den Erben auffordert, die Vollständigkeit und Richtigkeit eines von ihm abgegebenen Nachlassverzeichnisses gemäß **§ 2314 Abs. 1 BGB** an Eides statt zu versichern.[19]

Hingegen reicht eine unzutreffende oder zweifelhafte Bezeichnung für die Tatbestandsverwirklichung allein nicht aus, wenn die Gefährdung von Gläubigerinteressen auszuschließen ist.[20] Wann eine derartige Gefährdung von Gläubigerinteressen, hier also des Erben, anzunehmen ist, muss einer sorgfältigen Einzelfallprüfung vorbehalten bleiben.[21] Gegenüber seinen **Miterben** hat der Erbe ebenfalls vollständig und wahrheitsgemäß aufgrund § 2057 BGB[22] Auskunft zu erteilen.

Wegen § 260 BGB ist auch der Besitzer der Nachlassgegenstände nach § 227 BGB zu einer wahrheitsgemäßen Aussage verpflichtet.

Bei einem **Bevollmächtigten** im Sinne des § 666 BGB ist sowohl eine unrichtige Erstellung eines Verzeichnisses als auch eine unrichtige Rechnungslegung (§ 259 BGB) strafbar.

IV. Subjektiver Tatbestand

§ 156 ist ein Vorsatzdelikt, so dass die allgemeinen Grundsätze zum Vorsatz, insbesondere auch dem bedingten Vorsatz, Anwendung finden. Hierbei ist es erforderlich, dass der Täter auch die **Zuständigkeit der Behörde** kennt.[23] Weiterhin muss er die **Unrichtigkeit** oder **Unvollständigkeit** der versicherten Tatsachen[24] in seinen subjektiven Willen aufgenommen haben.

Soweit Dritte einen berechtigten Anspruch auf Auskunftserteilung hinsichtlich des Inhaltes der Erbschaft besitzen, muss der Täter zudem die Tatsachen in seinen Vorsatz aufgenommen haben, die seine Erklärungspflicht und deren Umfang begründen.[25]

---

11 BGHSt 5, 72; 13, 154; 17, 303; StV 1985, 55 L; BayObLG wistra 1990, 70; StV 1999, 319 f.
12 § 22 Abs. 2 BNotO.
13 Fischer StGB § 156 Rn. 11.
14 Fischer StGB § 156 Rn. 13 c f.
15 Fischer StGB § 156 Rn. 11.
16 OLG Stuttgart NStZ-RR 1996, 265.
17 BayObLG NJW 1996, 407.
18 MDR/D 72, 923.
19 Rpfleger 80, 339; BayObLG NStZ 99, 563; OLG Saarbrücken NStZ-RR 2008, 173.
20 BayObLG NStZ 2003, 665.
21 Fischer StGB § 156 Rn. 13–13c.
22 Fischer StGB § 156 Rn. 14.
23 BGHSt 1, 15; 3, 254; 24, 38.
24 OLG Düsseldorf wistra 1992, 74.
25 KG JR 1985, 162.

19 Da es sich bei § 156 um ein **eigenhändiges Delikt** handelt, kann Täter nur sein, wer auch Urheber der unrichtigen Erklärung ist.[26]

C. Weitere praktische Hinweise

20 Erben ist vor Abgabe von Erklärungen gegenüber insbesondere dem Nachlassgericht dringend zu raten, diese Erklärungen vollständig und richtig zu erteilen. Besonders da der § 156 wegen der Verweisung von § 161 auch die fahrlässige Abgabe einer falschen eidesstattlichen Versicherung unter Strafe stellt, ist eine sorgfältige Prüfung der Angaben notwendig. Etwaige eigene Erklärungen des Erben oder Dritter bei anderen Behörden sind auf Kompatibilität mit den Angaben beim Nachlassgericht abzugleichen. Soweit Unsicherheiten beim Erben über die Richtigkeit des Erklärungsinhaltes bestehen, müssen diese gegenüber dem Nachlassgericht geäußert werden. In der Regel ist der Termin zur Abgabe der eidesstattlichen Versicherung beim Rechtspfleger kurz ausgestaltet. Dies sollte jedoch nicht zu einer nicht sorgfältig formulierten Erklärung Anlass geben. Soweit Formulare auszufüllen sind und der Erbe unsicher ist, welcher Erklärungsinhalt gefordert wird, sollte er einen rechtlichen oder steuerlichen Berater beiziehen. Auch die zuständige Behörde trifft diesbezüglich eine Pflicht zur Beratung.

§ 158 StGB Berichtigung einer falschen Angabe

(1) Das Gericht kann die Strafe wegen Meineids, falscher Versicherung an Eides Statt oder falscher uneidlicher Aussage nach seinem Ermessen mildern (§ 49 Abs. 2) oder von Strafe absehen, wenn der Täter die falsche Angabe rechtzeitig berichtigt.

(2) Die Berichtigung ist verspätet, wenn sie bei der Entscheidung nicht mehr verwertet werden kann oder aus der Tat ein Nachteil für einen anderen entstanden ist oder wenn schon gegen den Täter eine Anzeige erstattet oder eine Untersuchung eingeleitet worden ist.

(3) Die Berichtigung kann bei der Stelle, der die falsche Angabe gemacht worden ist oder die sie im Verfahren zu prüfen hat, sowie bei einem Gericht, einem Staatsanwalt oder einer Polizeibehörde erfolgen.

A. Allgemeines

1 § 158 sieht die Möglichkeit vor, dass das Gericht von Strafe gemäß § 49 Abs. 2 absieht oder die Strafe mildern kann (§ 49 Abs. 2), wenn der Täter die falsche Angabe rechtzeitig berichtigt. Diese Vorschrift ist Ausfluss des Prinzips der **tätigen Reue**, die auch bei den Aussagedelikten Anwendung finden soll.

B. Regelungsgehalt

I. Berichtigung

2 Anders als bei § 24 muss der Täter die Berichtigung **nicht freiwillig** vornehmen.[1] Es ist unschädlich, wenn die Berichtigung auch auf den Druck zB Dritter erfolgt oder die Gefahr einer Entdeckung für den Täter wahrscheinlich ist.[2]

---

26 Fischer StGB § 156 Rn. 17.
1 BGHSt 4, 175; NK-StGB/Vormbaum StGB § 158 Rn. 14.
2 Fischer StGB § 158 Rn. 3.

II. Inhalt der Berichtigung

Allerdings genügt der **Widerruf** der Erklärung durch den Täter alleine nicht. Für den Täter reicht es nicht aus, wenn er lediglich mitteilt, die bisherige Auskunft sei unrichtig und er zugleich weitere Aufklärung über die Unrichtigkeit der früheren Aussage verweigert.[3] Der Täter muss vielmehr die **Unwahrheit** seiner früheren Aussagen mitteilen[4] und die Kernaussagen seiner bisherigen falschen Auskunft mit wahrheitsgemäßen Angaben berichtigen.[5]

Jedoch muss er die Unrichtigkeit seiner bisherigen Aussage nicht explizit **eingestehen**.[6] Der Täter muss aber klar zum Ausdruck bringen, dass seine bisherige Erklärung unrichtig war. Soweit der Täter keine weiteren Erklärungen abgibt, ist *in dubio pro reo*[7] davon auszugehen, dass er entweder nicht tatbestandlich oder nicht vorsätzlich gehandelt hat.

Die Berichtigung ist an die **Stelle** zu richten, welche die Falschaussage abgenommen oder gegenüber der der Täter die Falschaussage getätigt hat. Dies kann auch noch gegenüber den Ermittlungsbehörden erfolgen,[8] wobei allerdings der Täter die Verantwortung dafür trägt, ob die Berichtigung noch rechtzeitig erfolgte.[9]

III. Rechtzeitigkeit

Erforderlich für die Berichtigung der Tat ist, dass die Richtigstellung **rechtzeitig** erfolgt. Der Zeitpunkt der Rechtzeitigkeit ergibt sich aus § 158 Abs. 2. Die Berichtigung ist deshalb dann **verspätet**, wenn sie bei der Entscheidung über die Errichtung der Urkunde nicht mehr verwertet werden kann oder aus der Tat ein Nachteil für einen anderen bereits entstanden ist. Außerdem, wenn gegen den Täter eine Anzeige erstattet oder eine Untersuchung eingeleitet worden ist. Letztlich bedeutet dies für den Täter, dass die Berichtigung dann bereits abgegeben sein muss, **bevor** die entsprechende erbrechtliche Bescheinigung erteilt ist. Spätestens dann, wenn die durch die falsche eidesstattliche Versicherung tangierten Berechtigten nicht mehr die Möglichkeit haben, den Nachteil für sich abzuwenden. Die Erklärung ist dann auf jeden Fall verspätet, wenn ein Ermittlungsverfahren gegen den Erklärenden wegen eines eingetretenen Nachteils[10] eingeleitet wurde.

IV. Rechtsfolgen

Soweit der Täter die falsche eidesstattliche Versicherung rechtzeitig berichtigt hat, hat das erkennende **Gericht** Strafmilderung oder Absehen von Strafe nach pflichtgemäßem Ermessen zu prüfen.

C. Weitere praktische Hinweise

Gibt der Erbe eine falsche eidesstattliche Versicherung beim Nachlassgericht ab, so ist diese so früh wie irgend möglich dort wieder zu berichtigen. Wurde erst ein Ermittlungsverfahren eingeleitet, besteht kaum Aussicht auf Erfolg für eine spätere Milderung oder ein Absehen von Strafe.

---

[3] BGHSt 18, 348; NK-StGB/Vormbaum StGB § 158 Rn. 11.
[4] BGHSt 18, 348; 21, 115.
[5] BGHSt 9, 99 (100); LK-StGB/Rus, 4.
[6] OLG Hamburg NJW 81, 237.
[7] BayObLG NJW 76, 860.
[8] Fischer StGB § 158 Rn. 6.
[9] Fischer StGB § 158 Rn. 6.
[10] BayObLG StV 1989, 251.

§ 161 StGB Fahrlässiger Falscheid; fahrlässige falsche Versicherung an Eides Statt

(1) Wenn eine der in den §§ 154 bis 156 bezeichneten Handlungen aus Fahrlässigkeit begangen worden ist, so tritt Freiheitsstrafe bis zu einem Jahr oder Geldstrafe ein.

(2) ¹Straflosigkeit tritt ein, wenn der Täter die falsche Angabe rechtzeitig berichtigt. ²Die Vorschriften des § 158 Abs. 2 und 3 gelten entsprechend.

A. Allgemeines

1   Seit dem 31.10.2008[1] ist auch die fahrlässige falsche Versicherung an Eides statt strafbar.

2   Der objektive Tatbestand entspricht dem des § 156 und setzt voraus, dass die eidesstattliche Versicherung **objektiv unwahr** ist.

B. Regelungsgehalt

I. Objektiver Tatbestand

3   Hinsichtlich des objektiven Tatbestandes kann auf die bereits im Rahmen des § 156 gemachten Ausführungen verwiesen werden.

II. Subjektiver Tatbestand

4   Täter einer falschen Versicherung an Eides statt kann auch derjenige sein, der gemäß § 161 Abs. 1 die Angaben nur **fahrlässig** falsch abgibt.

5   Hierbei muss der Täter die falsche eidesstattliche Versicherung in **Unkenntnis** der tatsächlichen Gegebenheiten äußern.[2] Die Unkenntnis kann sich hierbei auf die eigentliche **Tathandlung** beziehen, dh auf die Unterzeichnung einer Eidesstattlichen Versicherung in Unkenntnis der Bedeutung gegenüber der Behörde oder die irrige Annahme, die Stelle sei für die Abnahme der Eidesstattlichen Versicherung gar nicht zuständig.[3]

6   Fallgestaltung ist auch, wenn der Täter seine eigenen Angaben für **wahr** und **vollständig** hält, oder annimmt, die Pflicht zur Wahrheit betreffe nur Antworten auf ausdrückliche Fragen.[4] Der subjektive Tatbestand ist auch verwirklicht, wenn der Täter der Auffassung ist, dass die falsche Versicherung an Eides statt nur solche Tatsachen betreffe, welche er nicht ausdrücklich verschweige.[5] Es ist sowohl bewusste als auch unbewusste Fahrlässigkeit denkbar.[6]

7   Das heißt, Täter ist, wer unüberlegt Angaben macht, ohne seine persönliche Erinnerung sorgfältig zu prüfen. Gegebenenfalls muss der Täter aufgrund seiner persönlichen Fähigkeiten den Wahrheitsgehalt seiner Aussage sorgfältig prüfen.[7] Dies zeigt aber zugleich, dass § 161 nur für den unmittelbaren Täter wirkt, mittelbare Täterschaft ist hier ausgeschlossen.[8]

C. Weitere Praktische Hinweise

8   Auch hier gilt, dass § 161 Abs. 2 vorsieht, dass bei einer rechtzeitigen Berichtigung der falschen Angabe der Täter straflos bleibt. Allerdings ist der fahrlässige Falscheid gemäß § 161 als Konkurrenz[9] in tateinheitlicher Begehung nach wie vor möglich.

---

1   BGBl. I 2149.
2   Fischer StGB § 161 Rn. 4.
3   Fischer StGB § 161 Rn. 4.
4   BGHSt 2, 90.
5   BGHSt 3, 235; 4, 214.
6   Fischer StGB § 161 Rn. 5.
7   Fischer StGB § 161 Rn. 5.
8   Fischer StGB § 161 Rn. 11 mit Hinweis auf Strafbarkeit nach § 160 StGB.
9   BGHSt 4, 214.

§ 246 StGB Unterschlagung

(1) Wer eine fremde bewegliche Sache sich oder einem Dritten rechtswidrig zueignet, wird mit Freiheitsstrafe bis zu drei Jahren oder mit Geldstrafe bestraft, wenn die Tat nicht in anderen Vorschriften mit schwererer Strafe bedroht ist.

(2) Ist in den Fällen des Absatzes 1 die Sache dem Täter anvertraut, so ist die Strafe Freiheitsstrafe bis zu fünf Jahren oder Geldstrafe.

(3) Der Versuch ist strafbar.

A. Allgemeines 1	2. Veruntreuende Unterschlagung gemäß § 246 Abs. 2 15
B. Regelungsgehalt 2	III. Subjektiver Tatbestand 16
I. Objektiver Tatbestand 2	IV. Versuchsstrafbarkeit 17
1. Tatobjekt und Tathandlung 2	V. Subsidiaritätsklausel 18
2. Erbrechtliche Unterschlagungshandlungen 9	C. Weitere Praktische Hinweise 19
II. Sonderfälle 13	
1. Zueignung an einen Dritten 13	

A. Allgemeines

Hat ein Besitzer des Nachlassgegenstandes Zugriff auf Nachlassgegenstände, ist der Fall denkbar, dass er diese gegenüber dem Erben nicht als zum Nachlass gehörig bezeichnet oder verschweigt. § 246 Abs. 1 regelt die Strafbarkeit des Vergehens, eine im unmittelbaren Besitz des Täters befindliche Sache, die im Eigentum eines anderen steht, in sein Eigentum oder in das Eigentum eines Dritten zu überführen. Der Versuch ist gemäß § 246 Abs. 3 ebenfalls strafbar. Gemäß Abs. 2 sieht das Gesetz eine höhere Strafandrohung für den Fall vor, dass die fremde bewegliche Sache dem Täter anvertraut wurde (**veruntreuende Unterschlagung**). Das Treueverhältnis kann dabei sowohl zum Erben als auch dem Erblasser bestehen oder bestanden haben.[1] 1

B. Regelungsgehalt

I. Objektiver Tatbestand

1. Tatobjekt und Tathandlung. Im Rahmen der Eigentums- und Vermögensdelikte schützt § 246 ausschließlich das **Eigentum**. Es kommt daher darauf an, dass der Täter dem Eigentümer dessen Eigentümerstellung durch die Tat entzieht. Eine eigene Bereicherungsabsicht mit dem Willen der Mehrung eigenen Vermögens muss der Täter hierbei nicht aufweisen.[2] 2

Tatobjekt ist im Rahmen von § 246 die **fremde bewegliche Sache**. Fremd ist eine Sache dann, wenn sie nicht im Alleineigentum des Täters steht.[3] Miteigentum[4] oder auch Gesamthandeigentum im Rahmen einer Erbengemeinschaft bezüglich des fremden Eigentums reichen aus.[5] So ist etwa an die Konstellation zu denken, dass ein Bevollmächtigter Zugriff auf ein Bankkonto nimmt und sich Geld auszahlen lässt, um es dann für sich zu behalten. Da er gegenüber der Bank als Stellvertreter des Berechtigten handelt (§ 167 Abs. 1 Alt. 2 BGB)[6] bedarf es einer willensgetragenen Unterschlagungshandlung, das Geld dann nicht an den Berechtigten auszuzahlen, sondern für sich zu behalten. Soweit die Fremdheit einer beweglichen Sache im Erbrecht fraglich ist, hat daher eine zunächst **zivilrechtliche Prüfung** bezüglich der Eigentumsverhältnisse 3

---

1 Fischer StGB § 246 Rn. 16.
2 Fischer StGB § 246 Rn. 2; anders Kindhäuser FS Gössel 451, 455 ff.
3 OLG Düsseldorf NJW 1992, 60.
4 OLG Düsseldorf NJW 1992, 60, OLG Koblenz NStZ-RR 1998, 364.
5 OLG Düsseldorf NJW 1992, 61.
6 Horn/Schabel NJW 2012, 3473 (3477).

der Erbschaftssache stattzufinden. Umstritten ist, ob § 246 auch dann zur Anwendung gelangt, wenn der Täter **weder Besitz noch Gewahrsam** an der beweglichen Sache innehat.[7]

4 Eine erweiterte Anwendung des § 246 auf solche Fälle, in welchen der Täter jedoch weder Besitz oder Gewahrsam an der beweglichen Sache innehat, erscheint im Hinblick auf das Erfordernis der Abgrenzung zu anderen Vermögensdelikten[8] nicht angezeigt.[9]

5 Gegenstand der Unterschlagung kann nur eine **bewegliche Sache** sein. Hieraus folgt, dass Forderungen nicht Tatobjekt sein können.[10] Allerdings ist in einem solchen Fall stets der Tatbestand des Betruges zu prüfen.[11]

6 **Tathandlung** bei § 246 ist die **Zueignungshandlung** der fremden beweglichen Sache, die diese in das Eigentum des Täters[12] oder in das Eigentum eines Dritten überführt.[13] Der bisherige Eigentümer darf nicht mehr die Möglichkeit haben auf sein Eigentum zuzugreifen.

7 Lässt man mit der herrschenden Meinung die Anwendung des § 246 nur in den Fällen zu, in welchen der **Täter bereits Besitz oder Gewahrsam** an der fremden beweglichen Sache zum Zeitpunkt der Tathandlung besessen hat, so bedarf es hierzu konkreter Anhaltspunkte, wann die im Rahmen des § 246 erforderliche Zueignungshandlung durch den Täter angenommen werden kann. Da das deutsche Recht kein Gesinnungsstrafrecht kennt, fordert die Rechtsprechung, dass **eine nach außen erkennbare Handlung** für die Annahme der Verwirklichung des § 246 erforderlich ist.[14] Bei dieser „**Manifestationstheorie**"[15] hat sich der für die Tathandlung erforderliche **Zueignungswille** des Täters in einer **objektiven Tathandlung** abzubilden. Eine Zueignungshandlung soll dann zu bejahen sein, wenn ein objektiver Beobachter bei Kenntnis der Täterabsicht die Handlung als Bestätigung des Zueignungswillens ansieht.[16] Aufgrund der Unschärfe der Manifestationstheorie, welche Handlungen des Täters letztlich als Betätigung des Zueignungswillens ausreichen, verbleibt dem Tatrichter ein erheblicher Ermessensspielraum. Bei einer Zueignung an einen Dritten ist dabei noch nicht einmal die Feststellung erforderlich, inwieweit der Täter selbst durch die Tat bereichert wurde.

8 Nicht genügen soll jedoch, wenn der Täter etwa die Sache vernichtet. Ein entsprechender Zueignungswille soll nicht erkennbar geworden sein. Das hat in der Literatur Anlass zu erheblicher Kritik geboten,[17] da § 246 gerade keine Bereicherungsabsicht erfordert. Entsprechend hat die Rechtsprechung eine Anwendung von § 246 bejaht, wenn **Verfügungen** des Täters über das Eigentum an der fremden Sache vorliegen,[18] Verpfändungen[19] oder Sicherungsübereignungen sowie fehlende Mitteilung über die Fremdheit.[20]

9 **2. Erbrechtliche Unterschlagungshandlungen.** Im Rahmen des **Auskunftsanspruches** der Erben hinsichtlich eines Erbschaftsgegenstandes kommt die Nichtbenennung oder Verneinung des Besitzes durch den Täter in Betracht.[21] Auch das Verschweigen von Einnahmen und Buchungen[22] gegenüber dem tatsächlichen Eigentümer sollen hierzu zählen. Täterschaftliches Handeln ist zu-

---

7 Duttge/Fahnenschmidt Jura 1997, 281; Küper BT 491; Wessels/Hillenkamp/Hillenkamp, 277; AWHH StrafR BT/Heinrich § 246, Kap. 15 Rn. 1; Otto/Bosch BT 42/25; Ambos GA 2007, 127 (134 ff.).
8 BT-Drs. 13/8587, 43 f.
9 Rengier FS Lenckner, 809 f.; Mitsch BT II/1, 2/19 ff.; Otto BT 42/8; Otto Jura 1998, 552; Wessels/Hillenkamp/Hillenkamp 246, 293; Jäger JuS 2000, 1167 (1169); Kudlich JuS 2001, 765 (771 f.); Dencker FS Rudolphi 2004, 425 (427 f.); Schönke/Schröder/Eser/Bosch StGB, § 246 Rn. 10; Kindhäuser LPK 12; Kindhäuser FS Gössel, 451 (455 ff.); Lackner/Kühl § 246, Rn. 4; Joecks 20 ff.; Ambos GA 2007, 127 (134 ff.); Schenkewitz NStZ 2003, 17 (19); Fischer StGB 246 Rn. 4a.
10 MDR/D 75, 22.
11 BGHSt, 39, 392; 46, 196.
12 BGH 1, 264; 4, 236; 5, 205; 16, 192; 34, 309, 312.
13 Wistra 2007, 18 (20).
14 BGHSt 1, 264; 14, 39; 34, 309; BGH NStZ-RR 2006, 377 (378); Basak GA 2003, 109 ff.
15 BGHSt 1, 264; 14, 39; 34, 309; BGH NStZ-RR 2006, 377.
16 Fischer StGB § 246 Rn. 6a.
17 Fischer StGB § 246 Rn. 6, 10.
18 BGHSt 1, 246.
19 BGHSt 12, 299 (302).
20 OLG Koblenz StV 1988, 287 f.
21 BayObLG JR 1955, 271; OLG Celle NJW 1974, 2326 f.
22 BGHSt 9, 348; 24, 115.

dem in einem Angebot einer in die Erbschaft fallenden Sache zum Verkauf,[23] soweit dies ohne Berechtigung der Erben geschieht, zu sehen. Verschweigt der unmittelbare Besitzer gegenüber dem Erben den Besitz an der Erbschaftssache[24] liegt daher ein Fall des § 246 vor.

Bei einer **Erbengemeinschaft** kann tatbestandliches Handeln angenommen werden, wenn ein Miterbe einen Nachlassgegenstand außerhalb der Auseinandersetzung der Erbengemeinschaft an sich nimmt und sodann nur noch ausschließlich für sich selber besitzen will. Auch hier entzieht der Miterbe der Erbengemeinschaft den Zugriff auf den Erbschaftsgegenstand. Es ist nicht erforderlich, dass der Miterbe im Sinne der Manifestationstheorie noch weitere Handlungen, etwa den Verkauf der Sache, betreibt, um diese unwiederbringlich der Erbengemeinschaft zu entziehen.[25]

Für einen **Miterben** ist der Erbschaftsgegenstand fremd und taugliches Objekt einer Unterschlagung, solange er ihn nicht im Rahmen der Erbauseinandersetzung zum Alleineigentum übertragen erhalten hat oder er durch die Miterben beauftragt wurde, den Gegenstand für die Erbengemeinschaft zu verwerten.

Ein Fall der Unterschlagung kann auch vorliegen bei **Vermengung** oder **Vermischung** in Zueignungsabsicht.[26]

II. Sonderfälle

1. Zueignung an einen Dritten. Da § 246 auch Zueignung an einen Dritten umfasst, kommt als Tatbestandsverwirklichung auch in Betracht, dass der Täter dem Eigentümer die Sache ohne Selbstzueignungsabsicht entzieht und hierbei die Möglichkeit dem Dritten einräumt, sich diese Sache selber anzueignen.[27]

Darüber hinaus muss für die Wirkung des § 246 die **Rechtswidrigkeit der Zueignung** feststehen. Hatten der frühere oder jetzige Eigentümer (Erblasser oder Erbe) in die Eigentumsübertragung eingewilligt,[28] so entfällt die Rechtswidrigkeit der Zueignung. Rechtswidrigkeit liegt auch dann vor, wenn der Täter einen **Übereignungsanspruch** besitzt oder sich über das Vorhandensein eines Übereignungsanspruches irrt.[29]

2. Veruntreuende Unterschlagung gemäß § 246 Abs. 2. Ein besonders schwerer Fall der Unterschlagung liegt dann vor, wenn die Sache dem Täter **anvertraut** ist. Ein Anvertrauen liegt immer dann vor, wenn der Eigentümer dem Besitzer die Sache mit der Maßgabe überlassen hat, dieser werde mit der Sache so verfahren, wie sie der tatsächlichen Intention des Anvertrauenden entspricht.[30] Ein spezielles Treueverhältnis ist nicht erforderlich.[31] Vielmehr ist ein Anvertrauen der Sache anzunehmen worden bei Auftrag, Leihvertrag,[32] Mietvertrag,[33] Leasing,[34] Eigentumsvorbehalt,[35] Sicherungsübereignung.[36] Nach zutreffender Ansicht ist es hierbei nicht einmal erforderlich, dass der Täter **Gewahrsam** an der Sache besitzt.[37] Für den Qualifikationstatbestand bedarf es jedoch beim Täter die entsprechende Kenntnis und den Vorsatz, dass ein solches Anvertraut Sein auch vorliegt.[38]

---

23 MüKoStGB/Hohmann StGB § 246 Rn. 19.
24 BayObLG 55, 72.
25 OLG Düsseldorf NJW 1992, 61.
26 OLG Celle NJW 1974, 1833.
27 Murmann NStZ 1999, 15; Sander/Hohmann NStZ 1998, 276; Duttge/Fahnenschmidt ZStW 110, 884 (894 ff.); Basak GA 2003, 10; Rengier FS Lenckner 1998, 801; Rönnau GA 2000, 410 (415 ff.).
28 NStZ-RR 2005, 311.
29 BGHSt 17, 87 (91); NJW 1990, 2832; wistra 1987, 98; StV 2000, 78.
30 Fischer StGB § 246 Rn. 16.
31 BGHSt 9, 90.
32 MüKoStGB/Hohmann StGB § 246 Rn. 52.
33 BGHSt 9, 90.
34 NStZ-RR 2009, 177.
35 BGHSt 16, 280.
36 BGH NStZ-RR 2006, 377 (378).
37 Fischer StGB § 246 Rn. 18; § 246 Rn. 4 mwN.
38 LK-StGB/Vogel StGB § 246 Rn. 66; aA MüKoStGB/Hohmann StGB § 246 Rn. 55.

III. Subjektiver Tatbestand

16 Bei § 246 reicht bedingter Vorsatz aus. Dieser muss zum Zeitpunkt der Zueignungshandlung vorliegen.[39] Der Vorsatz muss die Rechtswidrigkeit umfassen, nicht jedoch eine spezielle Zueignungsabsicht.[40]

IV. Versuchsstrafbarkeit

17 Der Versuch ist strafbar. Die Schwelle zum Versuch gegenüber der straflosen Vorbereitungshandlung ist hierbei überschritten, wenn sich durch die Handlung des Täters aus objektiver Sicht die Eigentümerstellung verschlechtert.

V. Subsidiaritätsklausel[41]

18 Soweit die Unterschlagung einen Angehörigen, einen Vormund oder Betreuer verletzt, oder der Verletzte sowie der Täter in einer Hausgemeinschaft lebt (§ 247) ist die Unterschlagung nur **auf Antrag** verfolgbar. Dies gilt auch für den Fall, dass es sich bei einer Unterschlagung um **geringwertige Sachen** handelt (§ 248a). Die Grenze der Geringwertigkeit einer Sache zieht die Rechtsprechung derzeit bei 25 EUR.[42]

C. Weitere Praktische Hinweise

19 § 246 besitzt im Rahmen einer erbrechtlichen Auseinandersetzung insbesondere dann Relevanz, wenn **Erbe** und **Besitzer eines in die Erbschaft fallenden Gegenstandes** auseinanderfallen. Hat der Erbe den Besitzer zur **Auskunft** aufgefordert und liegen **begründete Zweifel** an der erteilten Auskunft vor, so ist die Erstattung einer entsprechenden Strafanzeige gegenüber den Ermittlungsbehörden veranlasst. Wendet der Besitzer des Nachlassgegenstandes gegenüber dem Erben ein, die bewegliche Sache sei ihm durch den Erblasser **schenkweise** überlassen worden, und wird diese Aussage durch Urkunden oder tatsächliche Herrschaftsgewalt des Besitzers des Nachlassgegenstandes bestätigt, wird zivilrechtlich diese Einlassung durch den Erben nicht zu widerlegen sein. Erstattet der Erbe dennoch Strafanzeige, setzt sich der Erbe eines eigenen Vorwurfes der falschen Verdächtigung aus. Nur für den Fall, in dem der Besitzer des Nachlassgegenstandes weder eine rechtmäßige Eigentumsübertragung durch den Erben auf ihn behauptet und gleichzeitig nachweist, ist die Erstattung einer entsprechenden Strafanzeige opportun. Hierbei ist das Augenmerk darauf zu richten, ob etwa im Falle einer letztwilligen Verfügung der Erblasser dieser einen beweglichen Erbschaftsgegenstand dem Erben zugewendet hat, obwohl der Besitzer des Nachlassgegenstandes behauptet, gerade diese Sache bereits vor der Verfügung des Erblassers übereignet bekommen zu haben. Dies kann ein Anhaltspunkt dafür sein, dass die Aussage des Besitzers des Nachlassgegenstandes hinsichtlich der Zueignung durch den Erblasser nichtzutreffend ist. Weiteres Indiz wäre, wenn der Besitzer des Nachlassgegenstandes auf das Auskunftsersuchen des Erben nicht in erforderlichem Umfang antwortet oder den Übereignungsvorgang nicht in ausreichender Weise umschreibt. In diesem Fall sollte auch zumindest die Erstattung einer Strafanzeige erwogen werden. **Antwortet der Besitzer des Nachlassgegenstandes** auf das Auskunftsersuchen des Erben **nicht**, sollte Strafanzeige erstattet werden. Eine etwaige positive Feststellung einer Unterschlagungshandlung des Besitzers des Nachlassgegenstandes kann dann im Rahmen eines zivilrechtlichen Herausgabeanspruches durch den Erben zu seinen Gunsten geltend gemacht werden. Im Hinblick auf die durch die Rechtsprechung favorisierte Manifestationstheorie ist ein besonderes Augenmerk darauf zu richten, ob der Täter

---

39 Fischer StGB § 246 Rn. 20.
40 Fischer StGB § 246 Rn. 20.
41 Fischer StGB § 246 Rn. 23, StGB § 246 Rn. 23c.
42 2 StR 176/04; KG StraFO 2010, 212; Schönke/Schröder/Eser/Bosch § 246, Rn. 10. aA: 50 EUR; OLG Saarbrücken NStZ 2000, 536; OLG Hamm StV 2003, 672; wistra 2004, 34; Lackner/Kühl § 248a StGB, Rn. 3; MüKoStGB/Hohmann § 248a Rn. 6; Henseler StV 2007, 323 (326).

Handlungen vorgenommen hat, die nach dem Ableben des Erblassers den Zueignungswillen nach der Maßgabe eines objektiven Betrachters bejahen lassen. Fällt diese Prüfung negativ aus, ist ebenfalls von der Erhebung einer Strafanzeige Abstand zu nehmen.

§ 261 StGB   Geldwäsche

(1) ¹Wer einen Gegenstand, der aus einer rechtswidrigen Tat herrührt,
1. verbirgt,
2. in der Absicht, dessen Auffinden, dessen Einziehung oder die Ermittlung von dessen Herkunft zu vereiteln, umtauscht, überträgt oder verbringt,
3. sich oder einem Dritten verschafft oder
4. verwahrt oder für sich oder einen Dritten verwendet, wenn er dessen Herkunft zu dem Zeitpunkt gekannt hat, zu dem er ihn erlangt hat,

wird mit Freiheitsstrafe bis zu fünf Jahren oder mit Geldstrafe bestraft. ²In den Fällen des Satzes 1 Nummer 3 und 4 gilt dies nicht in Bezug auf einen Gegenstand, den ein Dritter zuvor erlangt hat, ohne hierdurch eine rechtswidrige Tat zu begehen. ³Wer als Strafverteidiger ein Honorar für seine Tätigkeit annimmt, handelt in den Fällen des Satzes 1 Nummer 3 und 4 nur dann vorsätzlich, wenn er zu dem Zeitpunkt der Annahme des Honorars sichere Kenntnis von dessen Herkunft hatte.

(2) Ebenso wird bestraft, wer Tatsachen, die für das Auffinden, die Einziehung oder die Ermittlung der Herkunft eines Gegenstands nach Absatz 1 von Bedeutung sein können, verheimlicht oder verschleiert.

(3) Der Versuch ist strafbar.

(4) Wer eine Tat nach Absatz 1 oder Absatz 2 als Verpflichteter nach § 2 des Geldwäschegesetzes begeht, wird mit Freiheitsstrafe von drei Monaten bis zu fünf Jahren bestraft.

(5) ¹In besonders schweren Fällen ist die Strafe Freiheitsstrafe von sechs Monaten bis zu zehn Jahren. ²Ein besonders schwerer Fall liegt in der Regel vor, wenn der Täter gewerbsmäßig handelt oder als Mitglied einer Bande, die sich zur fortgesetzten Begehung von Geldwäsche verbunden hat.

(6) ¹Wer in den Fällen des Absatzes 1 oder 2 leichtfertig nicht erkennt, dass es sich um einen Gegenstand nach Absatz 1 handelt, wird mit Freiheitsstrafe bis zu zwei Jahren oder mit Geldstrafe bestraft. ²Satz 1 gilt in den Fällen des Absatzes 1 Satz 1 Nummer 3 und 4 nicht für einen Strafverteidiger, der ein Honorar für seine Tätigkeit annimmt.

(7) Wer wegen Beteiligung an der Vortat strafbar ist, wird nach den Absätzen 1 bis 6 nur dann bestraft, wenn er den Gegenstand in den Verkehr bringt und dabei dessen rechtswidrige Herkunft verschleiert.

(8) Nach den Absätzen 1 bis 6 wird nicht bestraft,
1. wer die Tat freiwillig bei der zuständigen Behörde anzeigt oder freiwillig eine solche Anzeige veranlasst, wenn nicht die Tat zu diesem Zeitpunkt bereits ganz oder zum Teil entdeckt war und der Täter dies wusste oder bei verständiger Würdigung der Sachlage damit rechnen musste, und
2. in den Fällen des Absatzes 1 oder des Absatzes 2 unter den in Nummer 1 genannten Voraussetzungen die Sicherstellung des Gegenstandes bewirkt.

(9) Einem Gegenstand im Sinne des Absatzes 1 stehen Gegenstände, die aus einer im Ausland begangenen Tat herrühren, gleich, wenn die Tat nach deutschem Strafrecht eine rechtswidrige Tat wäre und

1. am Tatort mit Strafe bedroht ist oder
2. nach einer der folgenden Vorschriften und Übereinkommen der Europäischen Union mit Strafe zu bedrohen ist:
   a) Artikel 2 oder Artikel 3 des Übereinkommens vom 26. Mai 1997 aufgrund von Artikel K.3 Absatz 2 Buchstabe c des Vertrags über die Europäische Union über die Bekämpfung der Bestechung, an der Beamte der Europäischen Gemeinschaften oder der Mitgliedstaaten der Europäischen Union beteiligt sind (BGBl. 2002 II S. 2727, 2729),
   b) Artikel 1 des Rahmenbeschlusses 2002/946/JI des Rates vom 28. November 2002 betreffend die Verstärkung des strafrechtlichen Rahmens für die Bekämpfung der Beihilfe zur unerlaubten Ein- und Durchreise und zum unerlaubten Aufenthalt (ABl. L 328 vom 5.12.2002, S. 1),
   c) Artikel 2 oder Artikel 3 des Rahmenbeschlusses 2003/568/JI des Rates vom 22. Juli 2003 zur Bekämpfung der Bestechung im privaten Sektor (ABl. L 192 vom 31.7.2003, S. 54),
   d) Artikel 2 oder Artikel 3 des Rahmenbeschlusses 2004/757/JI des Rates vom 25. Oktober 2004 zur Festlegung von Mindestvorschriften über die Tatbestandsmerkmale strafbarer Handlungen und die Strafen im Bereich des illegalen Drogenhandels (ABl. L 335 vom 11.11.2004, S. 8), der zuletzt durch die Delegierte Richtlinie (EU) 2019/369 (ABl. L 66 vom 7.3.2019, S. 3) geändert worden ist,
   e) Artikel 2 Buchstabe a des Rahmenbeschlusses 2008/841/JI des Rates vom 24. Oktober 2008 zur Bekämpfung der organisierten Kriminalität (ABl. L 300 vom 11.11.2008, S. 42),
   f) Artikel 2 oder Artikel 3 der Richtlinie 2011/36/EU des Europäischen Parlaments und des Rates vom 5. April 2011 zur Verhütung und Bekämpfung des Menschenhandels und zum Schutz seiner Opfer sowie zur Ersetzung des Rahmenbeschlusses 2002/629/JI des Rates (ABl. L 101 vom 15.4.2011, S. 1),
   g) den Artikeln 3 bis 8 der Richtlinie 2011/93/EU des Europäischen Parlaments und des Rates vom 13. Dezember 2011 zur Bekämpfung des sexuellen Missbrauchs und der sexuellen Ausbeutung von Kindern sowie der Kinderpornografie sowie zur Ersetzung des Rahmenbeschlusses 2004/68/JI des Rates (ABl. L 335 vom 17.12.2011, S. 1; L 18 vom 21.1.2012, S. 7) oder
   h) den Artikeln 4 bis 9 Absatz 1 und 2 Buchstabe b oder den Artikeln 10 bis 14 der Richtlinie (EU) 2017/541 des Europäischen Parlaments und des Rates vom 15. März 2017 zur Terrorismusbekämpfung und zur Ersetzung des Rahmenbeschlusses 2002/475/JI des Rates und zur Änderung des Beschlusses 2005/671/JI des Rates (ABl. L 88 vom 31.3.2017, S. 6).

(10) ¹Gegenstände, auf die sich die Straftat bezieht, können eingezogen werden. ²§ 74a ist anzuwenden. ³Die §§ 73 bis 73e bleiben unberührt und gehen einer Einziehung nach § 74 Absatz 2, auch in Verbindung mit den §§ 74a und 74c, vor.

A. Allgemeines ... 1	3. Grunddelikt und Vortat ... 5
B. Regelungsgehalt ... 2	4. Tathandlungen ... 6
I. Geschütztes Rechtsgut ... 2	5. Subjektiver Tatbestand ... 7
II. Tatbestand ... 3	6. Privilegierungen beim Tatbestand ... 8
1. Gegenstandsbegriff ... 3	III. Versuch und tätige Reue ... 9
2. Herrühren aus einer rechtswidrigen Tat ... 4	IV. Qualifikation und besonders schwerer Fall ... 10
	C. Weitere praktische Hinweise ... 11

A. Allgemeines

Aufgrund der 5. EU-Geldwäsche-Richtlinie[1] und des den § 261 ergänzenden Geldwäschegesetzes vom 13.8.2008[2] gibt es in allen Lebensbereichen, mit Ausnahme von Geschäften des täglichen Bedarfs,[3] umfassende Erfassungs-, Prüfungs- und Dokumentationspflichten zur Bekämpfung der Geldwäsche. Im Bankensektor war diese Praxis bereits seit Jahren etabliert, da Banken aus der Natur ihres Geschäftsbetriebes heraus als besonders anfällig für das Vorliegen von Geldwäschetaten beurteilt werden. Durch die jetzige Neufassung des Geldwäscheparagrafen werden nunmehr auch der Anwaltschaft praktisch uneingeschränkt Verpflichtungen zur Geldwäscheprävention auferlegt. Insoweit ist der Rechtsanwalt zur genauen Analyse des Mandates im Hinblick auf die Relevanz für einen Geldwäschevorgang sowie zur genauen Identifizierung seines Geschäftspartners verpflichtet. Bei einem angenommen Geldwäscherisiko hat der Rechtsanwalt sodann eine genaue Dokumentation des Mandates vorzunehmen und im Falle eines Geldwäscheverdachts eine Meldung an die zuständige Aufsichtsbehörde abzugeben.[4] Der anwaltlichen Verschwiegenheitsverpflichtung und dem Schutz des Mandanteninteresses sollen zwar durch § 43 Abs. 2 GWG Rechnung getragen werden. Angesichts der Einstufung von Rechtsanwälten als Verpflichtete iSd § 2 Abs. 1 Nr. 10 GWG dürfte dies jedoch kaum in der Rechtswirklichkeit umsetzbar sein.

B. Regelungsgehalt

I. Geschütztes Rechtsgut

Was im Rahmen von § 261 als geschütztes Rechtsgut zu betrachten ist, wird in Literatur und Rechtsprechung unterschiedlich beantwortet.[5] Der Gesetzgeber selbst[6] hat insoweit die **staatliche Rechtspflege** und das **Ermittlungsinteresse**[7] von Geldwäschedelikten benannt. Letztlich geht es wohl um die Herbeiführung einer **mangelnden Verkehrsfähigkeit**[8] von aus nicht legalen Vortaten stammenden Vermögenswerten.

II. Tatbestand

1. Gegenstandsbegriff. Gegenstand im Sinne der Geldwäsche meint **alle Vermögensgegenstände**[9] wie bewegliches und unbewegliches Vermögen, Forderungen und Beteiligungen usw Der Gegenstandsbegriff des § 73 kann insoweit direkt herangezogen werden. In neuerer Zeit gehören hierzu auch digitale Währungen.[10]

2. Herrühren aus einer rechtswidrigen Tat. Der Grundtatbestand der Geldwäsche setzt stets zunächst einen Gegenstand voraus, welcher aus einer **rechtswidrigen Vortat** stammt. Was insoweit Vortat sein kann, ist inzwischen[11] zugunsten des „**All-crime-Prinzips**"[12] auf alle rechtswidrigen Taten[13] ausgeweitet worden. Damit kommen als Vortat auch solche aus dem Bereich des Nebenstrafrechts in Betracht. Über seinen Abs. 9 werden als Vortat zudem im **Ausland** nach dem dortigen Recht straflose Taten einbezogen, welche bei einer Begehung im Inland bzw. nach der EU-Rechtsakte mit Strafe bedroht wären.[14]

---

1 RL 2018/843; BR-Drs. 116/117, 352/19; Bülte NZWiSt 2017, 276.
2 BGBl. 2008 I 1690; mit Änderungen vom 15.1.2021 BGBl. I 530; 12.5.2021 BGBl. I 990; 3.6.2021 BGBl. I 1534; 25.6.2021 BGBl. I 2083 und BGBl. I 2154; 10.8.2021 BGBl. I 3436; Stauder StrafFo 2018, 239.
3 Fischer StGB § 261 Rn. 40.
4 Aufsichtsbehörde ist derzeit die örtliche Rechtsanwaltskammer, die berufsrechtlich zuständig wäre.
5 Fischer StGB § 261 Rn. 2 ff. mit einem umfassenden Überblick über den Streitstand.
6 BT-Drs. 12/989, 27.
7 Fischer StGB § 261 Rn. 2.
8 Fischer StGB § 261 Rn. 5.
9 Voß Tatobjekte der Geldwäsche, 2007.
10 Fischer StGB § 261 Rn. 10.
11 Bis zum 17.3.2021 waren in Abs. 1 S. 2 aF noch Katalogtaten aufgeführt.
12 Fischer StGB § 261 Rn. 11.
13 Fischer StGB § 261 Rn. 11 und Rn. 21.
14 Fischer StGB § 261 Rn. 14.

Der Gegenstand muss zudem aus dieser rechtswidrigen Tat „herrühren". Damit werden neben den unmittelbaren Früchten solcher Taten auch solche Gegenstände erfasst, die als **Surrogat** an die Stelle derjenigen unmittelbar aus der rechtswidrigen Tat getreten sind[15] (sog. **wirtschaftliche Betrachtungsweise mit Kausalzusammenhang**[16]). Ihre Grenze findet diese weite Betrachtung erst, wenn der dem Gegenstand innewohnende Wert durch die selbstständige **Leistung eines Dritten**[17] geschaffen wurde. Ersetzt das Surrogat hingegen nur einen Teil des bemakelten Gegenstandes, soll ein Herrühren dann zu bejahen sein, wenn aus wirtschaftlicher Sicht der bemakelte Anteil nicht völlig unerheblich ist.[18] Wann ein solcher nicht völlig unerheblicher Anteil anzunehmen sein soll, ist freilich stark umstritten und letztlich eine Einzelfallbetrachtung.[19]

5 **3. Grunddelikt und Vortat.** In seinem **Abs. 7** schreibt § 261 StGB zudem fest, dass sich ein **Beteiligter der Vortat** grundsätzlich wegen anschließender Geldwäsche **nicht mehr strafbar** machen kann. Eine Ausnahme soll nur gelten, wenn dieser den Gegenstand in Verkehr bringt oder dessen rechtswidrige Herkunft verschleiert.[20] Hierbei kommt es aber darauf an, dass der Beteiligte der Vortat wegen dieser auch strafbar ist, also nicht etwa wegen Schuldunfähigkeit oder Tatbestandsirrtums nicht oder milder bestraft werden kann.[21]

6 **4. Tathandlungen.** Der Geldwäschetatbestand führt in seinen Absätzen 1 und 2 eine ganze Fülle von tatbestandlichen Begehungsweisen auf, die eine Strafbarkeit begründen. Bei **§ 261 Abs. 1 S. 1 Nr. 1** („**verbergen**") ist schon vom Wortsinn eindeutig ein Verbergen vor dem Zugriff von Dritten gemeint. § 261 Abs. 1 S. 1 Nr. 2 („**umtauschen, übertragen, verbringen**") stellt ebenso eindeutig auf die Surrogate in Bezug auf den ursprünglich inkriminierten Gegenstand ab. In subjektiver Hinsicht ist bei Nr. 2 aber Absicht im Hinblick auf die Tathandlung erforderlich.[22] Bei § 261 Abs. 1 S. 1 Nr. 3 („**sich oder einem Dritten verschaffen**") ist Tathandlung die Erlangung eigener Verfügungsgewalt („sich") oder auf abgeleitetem Weg[23] über einen Dritten zu verstehen. Praktisch bedeutet das, der Täter der Geldwäsche muss den Gegenstand der Geldwäsche selbst vom Vortäter willentlich[24] zur weiteren Verfügung übertragen erhalten. Im Rahmen von § 261 Abs. 1 S. 1 Nr. 4 („**verwahren, für sich oder einen anderen verwenden**") stellt darauf ab, ob bei Erlangung oder Ausübung des Gewahrsams an dem Gegenstand dessen Herkunft aus einer rechtswidrigen Vortat bekannt ist.[25] Bedingter Vorsatz soll beim Täter der Geldwäsche aber ausreichen.[26] Welcher Maßstab hinsichtlich der Umstände anzuwenden ist, die diesen bedingten Vorsatz beim Täter begründen, dürfte sich hierbei inzwischen aus der Geldwäscherichtlinie und den danach vorzuhaltenden Risikomanagement ergeben. In **Abs. 2** wird zudem das **Verheimlichen oder Verschleiern von Tatsachen** unter Strafe gestellt, soweit diese für das Auffinden, die Einziehung (§ 261 Abs. 10) oder die Verfolgung der Herkunft des Gegenstandes nach Abs. 1 bedeutsam sind.[27] Schwierig dürfte die Abgrenzung in der Praxis ausfallen, wann derartige Tathandlungen anzunehmen sind, so dass eine **restriktive Auslegung**[28] unbedingt erforderlich ist.

7 **5. Subjektiver Tatbestand.** Bezüglich des **subjektiven Tatbestandes** reicht **bedingter Vorsatz grundsätzlich** aus. Hierbei muss sich der Vorsatz auf die Herkunft des Gegenstandes aus einer geldwäschetauglichen Vortat[29] beziehen. Die Parallelwertung in der Laiensphäre reicht aus.[30] Anderes gilt hingegen beim **Strafverteidiger** bezüglich dessen Honoraranspruchs. Eine Strafbarkeit nach Abs. 1 S. 3 u. 4 kommt nur bei Vorliegen eines **direkten Vorsatzes** bei Annahme des

---

15 Fischer StGB § 261 Rn. 15.
16 BGHSt 53, 205 (209).
17 Fischer StGB § 261 Rn. 15.
18 OLG Karlsruhe NJW 2005, 767 (769); LK-StGB/Walter StGB § 261 Rn. 12.
19 Eine Übersicht bietet Fischer StGB § 261 Rn. 20.
20 BGHSt 63, 268 (269 f.).
21 Fischer StGB § 261 Rn. 21.
22 Fischer StGB § 261 Rn. 27.
23 BGHSt 55, 36 (53).
24 BVerfG NJW 2004, 1305 (1306): Wegnahme beim Vortäter ist kein „sich verschaffen".
25 BGH NStZ 2012, 321 (322).
26 Fischer StGB § 261 Rn. 31.
27 Fischer StGB § 261 Rn. 36 f.
28 Barton StV 1993, 160; Lampe JZ 1994, 123 (128); Löwe-Kohl wistra 1993, 125; Hartung AnwBl. 1994, 440.
29 Fischer StGB § 261 Rn. 51.
30 BGHSt 43, 158 (165).

Honorars als **sichere Kenntnis** von dessen Herkunft im Sinne der Geldwäsche in Betracht. Durch das Bundesverfassungsgericht[31] war schon bezüglich der Vorgängervorschrift im Hinblick auf die Berufsausübungsfreiheit aus Art. 12 GG und dem Schutz der Wahlverteidigung eine Privilegierung des Strafverteidigers bei der Geldwäsche festgeschrieben worden. Der Gesetzgeber hat diese Privilegierung umgesetzt. Hieraus folgt, dass der Verteidiger seinen Kenntnisstand über die Herkunft des Honorars zum Zeitpunkt der Honorarannahme belegfähig dokumentieren sollte, um sich nicht erpressbar zu machen.[32] § 261 Abs. 6 enthält zudem den Begriff der „**Leichtfertigkeit**", welcher sich auf das Verkennen des Ursprungs eines Gegenstandes aus einer Katalogtat nach den Abs. 1 und 2 bezieht. Der praktische Anwendungsbereich beschränkt sich aber wohl derzeit auf die Tathandlung nach § 261 Abs. 1 S. 1 Nr. 3[33] und unterliegt nach der Rechtsprechung strenge Anforderungen.[34] Insoweit hat eine **vorsatznahe Auslegung**[35] zu erfolgen, um ein Ausufern der Strafbarkeit nach § 261 Abs. 6 zu vermeiden. Insoweit ist der Begriff der Leichtfertigkeit als **besondere Gleichgültigkeit** oder **grobe Unachtsamkeit**[36] zu definieren. Insbesondere die Entgegennahme von Bargeld in größerem Umfang mag hier ein praktisches Kriterium der Feststellung von Leichtfertigkeit sein.

6. Privilegierungen beim Tatbestand. Die Vorschriften zur Geldwäsche benennen ausdrücklich Ausnahmen, die nicht als tatbestandliches Handeln zu werten sind. Hierzu gehört der **straflose Vorerwerb** nach Abs. 1 S. 2. Tathandlungen des Abs. 1 S. 1 Nrn. 3 und 4 sind nicht verwirklicht, wenn ein **Dritter** zuvor den **Gegenstand ohne eine rechtswidrige Tat** erlangt hat. Was hierunter zu verstehen ist, war schon bezüglich der vorherigen Fassung des Geldwäscheparagraphen (§ 261 Abs. 4 aF) umstritten.[37] Eine befriedigende Lösung ist auch derzeit nicht in Sicht, selbst wenn in der Literatur teilweise auf das Institut des gutgläubigen Erwerbs abgestellt wird.[38] Zu Recht wird kritisiert,[39] dass nach diesem Ansatz etwa bei Banküberweisungen/Bankeinzahlungen Gewahrsam der gutgläubigen Bank eine Unterbrechung der Kausalkette herbeiführen könnte, die einen bösgläubigen Zahlungsempfänger im Anschluss ungerechtfertigt privilegiert. Nicht strafbar bleibt zudem aus dem Bereich der Anwaltschaft nur explizit der **Strafverteidiger** (§ 261 Abs. 1 S. 3) bezüglich seines Honoraranspruchs, wie bereits ausgeführt wurde. Abzulehnen dabei ist die Auffassung,[40] dass die Privilegierung des Verteidigerhonorars bei Zahlung durch einen Dritten entfallen soll. Eine solche Einschränkung findet weder eine Stütze im Wortlaut der Vorschrift, noch entspricht sie der verfassungsrechtlich gebotenen Auslegung. Dem nicht auf freiem Fuß befindlichen Mandanten dürfte nämlich nach dieser Auffassung die Möglichkeit einer Wahlverteidigung genommen werden.

III. Versuch und tätige Reue

Nach **Abs. 3** ist der **Versuch** ausdrücklich unter Strafe gestellt. Dabei soll für die Vollendung des Versuchs bereits die **konkrete Gefährdung des Rechtsguts** ausreichen.[41] Der Täter eines Geldwäschedelikts muss eine konkretisierte Vorstellung der Vortat[42] entwickelt haben, allgemeine Überlegungen zur einem nicht legalen Geschäft reichen für die Annahme des Versuchs nicht aus. Neben den grundsätzlichen Möglichkeiten des Rücktritts vom Versuch nach § 24 sieht § 261 Abs. 8 auch die **Möglichkeit tätiger Reue** vor. Ähnlich § 371 Abs. 2 Nr. 2 AO kann der Täter durch freiwillige Offenbarung der Tat bei der zuständigen Behörde[43] oder durch Veranlassung ihrer Anzeige straffrei bleiben. Wie auch bei der Abgabenordnung setzte dies voraus, dass die **Tat** noch **nicht entdeckt** wurde[44] und der Täter auch hiervon **subjektiv** ausgeht. Bei

---

31 BVerfGE 110, 226 (265 ff.).
32 So aber Fischer StGB § 261 Rn. 46.
33 Fischer StGB § 261 Rn. 55.
34 BGH NJW 2008, 2516 (2517) mAnm Ransiek JR 2008, 480.
35 Fischer StGB § 261 Rn. 57.
36 Fischer StGB § 261 Rn. 57.
37 Fischer StGB § 261 Rn. 33.
38 Lackner/Kühl § 261 Rn. 5; Rengier StrafR BT 1 23/14.
39 Fischer StGB § 261 Rn. 35.
40 Fischer StGB § 261 Rn. 48.
41 Fischer StGB § 261 Rn. 59.
42 Fischer StGB § 261 Rn. 59.
43 § 158 Abs. 1 S. 1 StPO.
44 Mayer ZWH 2019, 208.

vorsätzlichem Handeln ist nach § 261 Abs. 1 S. 1 Nr. 2 zusätzlich für die begehrte Straflosigkeit erforderlich, dass durch die Anzeige auch die Sicherstellung des betroffenen Gegenstandes bewirkt wird.[45] Wird durch die **tätige Reue** ein **Berufsgeheimnis** iSd § 203 Abs. 1 offenbart, ist zu beachten, dass die Strafbarkeit wegen Offenbarung des Berufsgeheimnisses Bestand hat und nicht etwa einen Rechtfertigungsgrund darstellt.[46]

IV. Qualifikation und besonders schwerer Fall

10   Verpflichtete nach § 2 Geldwäschegesetz müssen nach § 261 Abs. 4 mit einer höheren Mindeststrafdrohung von drei Monaten (gegenüber sonstiger Mindeststrafdrohung Geldstrafe, § 261 Abs. 1 S. 1 3. Hs.) rechnen. Hierdurch wird der besonderen Bedeutung der Verpflichteten im Rahmen der Geldwäschebekämpfung Rechnung getragen. **Besonders schwere Fälle nach Abs. 5** betreffen hingegen eine gewerbsmäßige Begehung oder die Begehung als Bande, wobei sich § 261 an die Regelbeispiele aus den Vermögensdelikten anlehnt. Wie auch dort bedarf es für die Annahme einer bandenmäßigen Begehung nicht des Umstands, dass das jeweilige Bandenmitglied an der Ausführung der konkreten Tat beteiligt ist.[47]

C. Weitere praktische Hinweise

11   Geldwäsche kann im Rahmen der erbrechtlichen Beratungspraxis dann Bedeutung erlangen, wenn in das **Erbe Gegenstände** fallen, die aus einer rechtswidrigen Tat im Sinne einer Vortat nach § 261 herrühren. Als **Begehungsweisen** kommen dabei praktisch alle in Abs. 1 genannten in Betracht, wobei auch die Annahme des Honorars für den betroffenen Rechtsanwalt bereits die Strafbarkeit bedingen kann. Der bedingte **Vorsatz** dürfte dabei durch die Strafverfolgungsbehörden unterstellt werden, wenn der Rechtsanwalt bei einem derartigen Mandat keine Verdachtsmeldung an die zuständige Rechtsanwaltskammer abgibt. Zudem dürfte er nach § 261 Abs. 4 der verschärften Strafdrohung als Verpflichteter nach § 2 Nr. 10 GWG unterfallen, da er etwa bei der **Testamentsgestaltung** auch steuerliche Fragen berücksichtigen muss. Auch Kenntnisse über nicht unerhebliche Bargeldbeträge, Depots o. ä. dürften die Gefahr einer Geldwäschestrafbarkeit begründen. Notare sehen sich dieser verschärften Aufsicht bereits seit längerem gegenüber und erstellen daher grundsätzlich ein Risikomanagement, inzwischen in automatisierter Form.

Ein solches **Risikomanagement** sollte daher auch in der erbrechtlichen Anwaltspraxis Standard sein. Dabei ist streng darauf zu achten, dass die Unterlagen der Risikoanalyse des jeweiligen Mandates streng getrennt von der sonstigen **Handakte** aufzubewahren sind. Die Handakte selbst unterliegt nämlich aus dem Gesichtspunkt des Berufsgeheimnisses der Beschlagnahmefreiheit. Diese kann nur dann durchbrochen werden, wenn die Ermittlungsbehörden gegen den Rechtsanwalt wegen des Verdachts einer Straftat des Rechtsanwalts zum Nachteil des eigenen Mandanten ermitteln. Auch bei der zulässigen ansatzlosen Überprüfung der Unterlagen durch die Rechtsanwaltskammer nach dem Geldwäschegesetz ist nur eine Einsichtnahme in die Risikoanalyse zulässig.

§ 263 StGB   Betrug

(1) Wer in der Absicht, sich oder einem Dritten einen rechtswidrigen Vermögensvorteil zu verschaffen, das Vermögen eines anderen dadurch beschädigt, daß er durch Vorspiegelung falscher oder durch Entstellung oder Unterdrückung wahrer Tatsachen einen Irrtum erregt oder unterhält, wird mit Freiheitsstrafe bis zu fünf Jahren oder mit Geldstrafe bestraft.

---

45   Fischer StGB § 261 Rn. 66.
46   Fischer StGB § 261 Rn. 67.
47   Fischer StGB § 261 Rn. 63.

(2) Der Versuch ist strafbar.

(3) ¹In besonders schweren Fällen ist die Strafe Freiheitsstrafe von sechs Monaten bis zu zehn Jahren. ²Ein besonders schwerer Fall liegt in der Regel vor, wenn der Täter
1. gewerbsmäßig oder als Mitglied einer Bande handelt, die sich zur fortgesetzten Begehung von Urkundenfälschung oder Betrug verbunden hat,
2. einen Vermögensverlust großen Ausmaßes herbeiführt oder in der Absicht handelt, durch die fortgesetzte Begehung von Betrug eine große Zahl von Menschen in die Gefahr des Verlustes von Vermögenswerten zu bringen,
3. eine andere Person in wirtschaftliche Not bringt,
4. seine Befugnisse oder seine Stellung als Amtsträger oder Europäischer Amtsträger mißbraucht oder
5. einen Versicherungsfall vortäuscht, nachdem er oder ein anderer zu diesem Zweck eine Sache von bedeutendem Wert in Brand gesetzt oder durch eine Brandlegung ganz oder teilweise zerstört oder ein Schiff zum Sinken oder Stranden gebracht hat.

(4) § 243 Abs. 2 sowie die §§ 247 und 248a gelten entsprechend.

(5) Mit Freiheitsstrafe von einem Jahr bis zu zehn Jahren, in minder schweren Fällen mit Freiheitsstrafe von sechs Monaten bis zu fünf Jahren wird bestraft, wer den Betrug als Mitglied einer Bande, die sich zur fortgesetzten Begehung von Straftaten nach den §§ 263 bis 264 oder 267 bis 269 verbunden hat, gewerbsmäßig begeht.

(6) Das Gericht kann Führungsaufsicht anordnen (§ 68 Abs. 1).

A. Allgemeines 1	3. Irrtumserregung 10
B. Regelungsgehalt 3	4. Vermögensverfügung 11
I. Objektiver Tatbestand 3	II. Subjektiver Tatbestand 15
1. Aufbau des Grundtatbestandes 3	C. Weitere Praktische Hinweise 18
2. Tatbegehung durch Unterlassen 9	

A. Allgemeines

Schutzgut des Betruges ist **das Vermögen**, somit alle Vermögensgegenstände, die einer Person zugeordnet worden sind.¹ Im Erbrecht sind dies die Gegenstände, die in die Erbschaft fallen. Eine Verfügung eines Dritten, der nicht Erblasser oder Erbe ist, kann strafbares Handeln beinhalten. Verfügt hingegen der Erblasser in ungewöhnlicher Weise, kann eine Selbstschädigung vorliegen.² Von Selbstschädigungsdelikten spricht man, wenn der Erblasser aus Sicht eines objektiven Dritten unangemessene oder nicht veranlasste Vermögensverfügungen zu Lebzeiten getätigt hat, die das Vermögen des Erblassers bereits zu dieser Zeit benachteiligt haben. Zu denken ist etwa an einen nicht befreiten Vorerben. 1

Betrugstaten kommen zudem in Betracht, wenn **Sozialhilfeträger** Leistungen an den Erben oder den Erblasser erbringen. Hier haben die Beteiligten stets darauf zu achten, dass alle im Zusammenhang mit der Erbschaft relevanten Vermögensänderungen dem Sozialhilfeträger bekannt gegeben werden. 2

B. Regelungsgehalt

I. Objektiver Tatbestand

1. Aufbau des Grundtatbestandes. Der Aufbau des Betrugstatbestandes gliedert sich in Abs. 1 als Grundfall des Betruges und ist in Abs. 3 als besonders **schwerer Fall** mit Regelbeispielen aus- 3

---
1 BGHSt 16, 231; 34, 199.
2 BGHSt 14, 171; 17, 209; 31, 179; 41, 198; Fischer StGB § 263 Rn. 70.

gestaltet. In seinem Abs. 4 wir der Betrug mit den Fällen im Rahmen der häuslichen Gemeinschaft und bei geringwertigen Sachen geregelt.

4 Der Grundtatbestand ist **mehrgliedrig** aufgebaut. Voraussetzung ist die Täuschung einer natürlichen Person über **Tatsachen**, dh über objektiv bestehende Umstände in der Wirklichkeit. Der Täter erzeugt hierdurch einen **Irrtum**, der zu einer **Vermögensverfügung** führt und schließlich in einen **Vermögensschaden** mündet.[3] Diesbezüglich muss **Kausalität** zwischen den einzelnen Merkmalen des Tatbestandes bestehen.[4]

5 Unter Tatsachen versteht man äußere Geschehnisse, Zustände und Verhältnisse, die Gegenstand sinnlicher Wahrnehmung sein können aber auch innere Sachverhalte umfassen.[5] In der Regel wird die **objektive Nachprüfbarkeit** derartiger Tatsachen unproblematisch sein.[6]

6 Tathandlung ist das **Täuschen** einer Person, so dass sich die getäuschte Person eine falsche Vorstellung von den Tatsachen im Hinblick auf die Wirklichkeit macht. Hieraus folgt, dass Täuschen und **Irrtumserregung**, als weiteres Tatbestandsmerkmal, aufeinander bezogen sind.[7] Jedenfalls erfordert die Täuschungshandlung eine „objektive Eignung", um bei dem Getäuschten ein Irrtum zu erregen.[8]

7 Der Getäuschte muss dann aufgrund der **Unrichtigkeit der Behauptung** handeln.[9]

8 Für die Täuschung können sowohl falsche Tatsachen vorgespiegelt, wahre Tatsachen entstellt oder auch unterdrückt werden. Allerdings erfordert dies stets ein **Tun** des Täters in Form einer Erklärung, so dass bloßem Schweigen grundsätzlich kein entsprechender Erklärungswert zukommt.[10] Es kommt jedoch auf den Einzelfall an, so dass Schweigen bei einer Pflicht zur Mitteilung von Wissen[11] Täuschungshandlung sein[12] kann.

9 **2. Tatbegehung durch Unterlassen. Unterlassen** kann Täuschungshandlung sein,[13] wenn hierdurch ein Irrtum erregt wird. Eine Täuschung durch Unterlassen kommt insbesondere dann in Betracht, wenn eine **Garantenpflicht** zur Aufklärung besteht, um einen Irrtum bei den Getäuschten nicht entstehen zu lassen.[14] Allerdings muss die Aufklärung auch beim Garanten möglich und zumutbar sein.[15] Hieraus folgt eine besondere Offenbarungspflicht aufgrund der Garantenstellung,[16] die sich nicht auf das Vermögen des Geschädigten im Allgemeinen[17]

---

3 Fischer StGB § 263 Rn. 5.
4 Fischer StGB § 263 Rn. 5.
5 Fischer StGB § 186 Rn. 3.
6 BVerfGE 90, 241 (247); 94, 1, 8; BVerfG NJW 2008, 358 (359); BGHZ 3, 273; 45, 304; LK-StGB/Tiedemann, 10; Schönke/Schröder/Cramer/Perron StGB § 263, 8; Satzger/Schmitt/Widmaier/Satzger StGB § 263, 12; AWHH StrafR BT/Arzt 20/32; Hilgendorf, Tatsachenaussagen und Werturteile im Strafrecht 1998, 126; Fischer StGB § 263 Rn. 6.
7 Kargl ZStW 119 [2007] 250, 259; Fischer StGB § 263 Rn. 14.
8 OLG Koblenz NJW 2001, 1364; BGHSt 46, 196 (199); Fischer StGB § 263 Rn. 14.
9 BGHSt 18, 237; Lackner/Kühl § 263 Rn. 6; LK-StGB/Tiedemann, 23; Küper BT 280; Wessels/Hillenkamp, 493; Otto BT 51/14; Bung GA 2012, 354 (357).
10 BGHSt 16,120; Fischer StGB § 263 Rn. 39 f.; Witte JR 2012, 97 (100).
11 Kargl ZStW 119 [2007] 250, 264 ff.; Kargl wistra 2008, 121 ff. zu „Offenbarungspflichten".
12 KG JR 1984, 292; LK-StGB/Tiedemann, 51; Maurach/Schroeder/Maiwald StrafR BT 41/49; Fischer StGB § 263 Rn. 39.
13 BGHSt 39, 392 (398); BayObLG NJW 1987, 1654 mAnm Hillenkamp JR 1988, 301; LK-StGB/Tiedemann, 51 ff.; Schönke/Schröder/Cramer/Perron § 263 Rn. 18; AWHH StrafR BT/Arzt 20/41; Wessels/Hillenkamp/Hillenkamp, 503; Maurach/Schroeder/Maiwald StrafR BT 41/49; Mitsch BT II/1, 7/27; Joecks, 8. Aufl. 2009, 35 ff.; Maaß Betrug verübt durch Schweigen, 1982; Fischer StGB § 263 Rn. 16.
14 Fischer StGB § 263 Rn. 39 f.; BGHSt 39, 392 (398); OLG Saarbrücken NJW 2007, 2868; OLG Bamberg wistra 2012, 279; Kargl ZStW 119 (207, 250 ff.).
15 BGHSt 6, 198; 39, 392, 398; BayObLG NJW 1987, 1654; LK-StGB/Tiedemann, 51 ff.; Schönke/Schröder/Cramer/Perron StGB § 263, 18 ff.; NK-StGB/Kindhäuser StGB 154 ff.; MüKoStGB/Hefendehl § 263, Rn. 35 ff.; Fischer StGB § 263 Rn. 38.
16 Fischer StGB § 263 Rn. 39.
17 AWHH StrafR BT/Arzt 20/44; Schönke/Schröder/Cramer/Perron StGB § 263 Rn. 19; LK-StGB/Tiedemann, 51; SK-StGB/Hoyer, 56; Fischer StGB § 263 Rn. 39.

sondern auf die **konkrete Rechtsbeziehung**[18] bezieht. Insoweit ist bei Vorliegen **überlegenen Wissens** nicht grundsätzlich das Nicht-Erklären als konkludente Erklärung zu werten.[19]

3. Irrtumserregung. Durch die Täuschungshandlung muss ein **Irrtum** bei einer Person erregt oder unterhalten werden.[20] Richtigerweise wird für das Vorliegen eines Irrtums ein Widerspruch erforderlich sein. Bei der getäuschten Person muss zwischen entstandener und weiterhin bestehender subjektiver Vorstellung und Wirklichkeit eine Diskrepanz bestehen.[21] Dies gilt selbst dann, wenn derjenige, bei welchem der Irrtum erregt wurde, den **Wahrheitsgehalt der Tatsache** anzweifelt.[22]

4. Vermögensverfügung. Die **Vermögensverfügung** erfolgt sodann dergestalt, dass der Getäuschte aufgrund des bei ihm bestehenden Irrtums eine entsprechende Disposition vornimmt.[23] Diese muss sich unmittelbar **vermögensmindernd** auswirken.[24] Der **Vermögensschaden** als unmittelbarer Erfolg der Vermögensverfügung muss mit dieser dabei nicht zwingend identisch sein.[25] Die Rechtsprechung vertritt hierbei einen rein **wirtschaftlichen Vermögensbegriff**,[26] welche nach Auffassung der Literatur[27] allerdings zunehmend eingeschränkt worden ist.[28]

Jedenfalls gehören **Eigentum** und beschränkt **dingliche Rechte** sowie **Besitz und Gewahrsam**[29] hierzu. Verfügender und Geschädigter brauchen nicht identisch zu sein,[30] es reicht aus, wenn ein Dritter die entsprechende Verfügung nach Täuschung und Irrtumserregung vornimmt. Dies gilt auch zB bei behördlichen Akten, wie der Erteilung eines Erbscheines o. ä.[31] Da Eigentum und Besitz bei § 263 geschützt werden, gehört hierzu auch die **illegal oder sittenwidrig** erworbenen Gegenstände.[32] Gegenstand des Betruges kann also auch etwa illegal erworbenes Vermögen des Erblassers oder Schwarzgeld sein.

Der Verfügende muss lediglich **unmittelbar und freiwillig** über den Vermögensgegenstand verfügen.[33] Weiterer Handlungen des Täters oder Dritter, die nicht in den **Risikobereich** des Opfers gehören, dürfen nicht zusätzlich erforderlich sein.[34]

Die Rechtsprechung vertritt die sogenannte „Lagertheorie".[35] Hiernach muss der Verfügende zumindest im Lager des **Vermögensinhabers** stehen und diesbezüglich ein **besonderes Näheverhältnis** zum geschädigten Drittvermögen haben, wenn Geschädigter und Verfügender nicht

---

18 KG JR 1984, 292; LK-StGB/Tiedemann, 51; Maurach/Schroeder/Maiwald StrafR BT41/49; Fischer StGB § 263 Rn. 39.
19 BGHSt 16, 120.
20 Fischer StGB § 263 Rn. 54.
21 Schönke/Schröder/Cramer/Perron StGB § 263 Rn. 23; Fischer StGB § 263 Rn. 55.
22 BGHSt 24, 257 (260); 34, 199; JR 1987, 427; wistra 1990, 305; NStZ 03, 213; OLG Karlsruhe wistra 2004, 276; AWHH StrafR BT/Arzt 20/265; LK-StGB/Tiedemann, 84 f., Schönke/Schröder/Cramer/Perron StGB § 263 Rn. 38 ff.; Fischer StGB § 263 Rn. 55.
23 BGH NStZ 2006, 687; Fischer StGB § 263 Rn. 70 f.
24 BGHSt 14, 170 f.; Lackner/Kühl StGB § 263 Rn. 22; StGB/Tiedemann § 263 Rn. 97; SK-StGB/Hoyer § 263 Rn. 158 ff.; Fischer StGB § 263 Rn. 70.
25 Fischer StGB § 263 Rn. 88 ff.
26 BGHSt 2, 364; 3, 99; 4, 373; 8, 254; 15, 83; 16, 220; 26, 346 f.; 31, 178; NStZ 1987, 407; wistra 1989, 142; NJW 1995, 1910 mAnm Küper JZ 1995, 1158.
27 Fischer StGB § 263 Rn. 89.
28 Kretschmer StraFo 2009, 189 ff.
29 BGHSt 8, 256; 14, 389; 16, 281; BGHR § 253 I VermWert 1; BayObLG NJW 87, 1656; OLG Düsseldorf NJW 1988, 922; OLG Celle StV 1996, 154; Fischer StGB § 263 Rn. 91.
30 Fischer StGB § 263 Rn. 79.
31 BGHSt 14, 170; 24, 257; Fischer StGB § 263 Rn. 71.
32 RGSt 44, 232; 65, 3; BGHSt 2, 364; JZ 1987, 684 = StV 1987, 485 mAnm Barton; BGHSt 16, 220; 34, 199; NStZ 1986, 455; NStZ-RR 1999, 184 (185 f.); Fischer StGB § 263 Rn. 104; Kretschmer StraFo 1909, 189 ff.; Fischer StGB § 263 Rn. 101 zur angeblich zu pauschalen Aussage, der BGH vertrete einen rein wirtschaftlichen Vermögensbegriff.
33 LK-StGB/Tiedemann § 263 Rn. 98; Fischer StGB § 263 Rn. 76.
34 BGHSt 14, 171; 17, 205 (209); 50, 174, zugl. wistra 2005, 427; Fischer StGB § 263 Rn. 76.
35 BGHSt 18, 221; NStZ 1997, 32 f.; BayObLG wistra 98, 157 = JA 8, 926 mAnm Satzger; OLG Düsseldorf NJW 1994, 3366; OLG Celle NJW 1994, 142 f.= JuS 1995, 17 mAnm Krack/Radtke; Linnemann wistra 1994, 196; Fischer StGB § 263 Rn. 82.

identisch sind.[36] Der dann eintretende Vermögensschaden ist das **negative Saldo** zwischen dem Wert des Vermögens und der irrtumsbedingten Vermögensverfügung des Getäuschten.[37] Auch eine **schadengleiche Vermögensgefährdung** als konkrete Möglichkeit eines Vermögensschadenseintrittes reicht aus.[38]

II. Subjektiver Tatbestand

15 Der subjektive Tatbestand des § 263 setzt zumindest **bedingten Vorsatz**,[39] als auch **Bereicherungsabsicht** voraus. Der Vorsatz muss sich sowohl auf die Täuschungshandlung als auch auf die Irrtumserregung beziehen. Für das voluntative Element bei der Gefährdung im Rahmen der Strafbarkeit genügt bedingter Vorsatz.[40]

16 Der beim Täter eintretende Vermögensvorteil muss als Kehrseite des Schadens „stoffgleich" mit diesem sein. Dies ist dann der Fall, wenn er unmittelbare Folge der täuschungsbedingten Verfügung ist.[41]

17 Es darf **kein Rechtsanspruch** auf den durch den Täter erlangten Vermögensvorteil bestehen, da sonst die Rechtswidrigkeit entfällt.[42]

C. Weitere Praktische Hinweise

18 Im Rahmen erbschaftsrechtlicher Fragestellungen sind eine ganze Reihe von **Konstellationen** denkbar, in welchem Betrugshandlungen zum Nachteil von Miterben erfolgen. So ist etwa eine Fallgestaltung denkbar, bei welcher die Miterben einen Erbauseinandersetzungsvertrag schließen, in dem ausdrücklich alle Beteiligten versichern, dass sie keine Kenntnis über weitere wesentliche Nachlassgegenstände haben. Nach Abschluss des Erbauseinandersetzungsvertrages stellt sich heraus, dass ein Miterbe ein Konto im Ausland verschwiegen hat, welches nachlasszugehörig ist.

19 Unzweifelhaft stellt das nachlasszugehörige Konto im Ausland einen Vermögensgegenstand dar, der tauglicher Objekt einer Betrugshandlung sein kann. Der bei den Miterben entstandene Irrtum ist nicht aufgrund einer unrichtigen Erklärung des Täters erfolgt, sondern durch sein **Schweigen**.

20 Alternativ wäre auch eine Auflistung der bekannten Vermögengegenstände des Nachlasses seitens des Notars denkbar, den der Miterbe nicht auf die Unrichtig der Liste hinweist. Eine **Täuschung durch Unterlassen** ist dann möglich, soweit das Unterlassen einer Täuschungshandlung durch aktives Tun entspricht.[43] Voraussetzung ist stets, dass den Täter insoweit eine **Garantenpflicht**[44] trifft, eine entsprechende Aufklärung herbeizuführen und diese auch **möglich** und

---

36 BGHSt 18, 221; NStZ 1997, 32 f.; BayObLG wistra 1998, 157 = JA 1998, 926 mAnm Satzger; OLG Düsseldorf NJW 1994, 3366; OLG Celle NJW 1994, 142 f. = JuS 1995, 17 mAnm Krack/Radtke; Linnemann wistra 1994, 196; Fischer StGB § 263 Rn. 82.

37 BVerfG NStZ 1998, 506; BGHSt 16, 221; 30, 388; BGH NStZ 1997, 232; wistra 1985, 23 = StV 1985, 187 mAnm Naucke; 88, 188; BayObLG NJW 1994, 208 = JuS 1994, 466 mAnm Hilgendorf; StV 2011, 726 (727).

38 BGHSt 33, 244 (246); 47, 160; 167, 48, 354, 355; 51, 100, 113 ff.; 52, 323, 328, zugl. NJW 2009, 89; Riemann Vermögensgefährdung und Vermögensschaden 32 ff.; Hefendehl Vermögensgefährdung und Expektanzen, 49 ff., 150 ff. § 266; Fischer StGB § 263 Rn. 156.

39 BGHSt 16, 1; 18, 235 (237); 48, 231 (346).

40 BGHSt 46, 30 (35); 47, 148 (156 f.) = zugl. NJW 2002, 1211; 48, 231 (346 f.); wistra 1996, 261; StV 2008, 526 (527); Knauer NStZ 2002, 399 (402); LK-StGB/Tiedemann, 246.

41 BGHSt 6, 116; 21, 384; 34, 379 (391); NJW 1989, 918; NStZ 1998, 85; BayObLG NStZ 1994, 491 = NZV 1995, 34 mAnm Seier; BayObLG 2003, 264.

42 BGHSt 3, 162; 19, 206 (216); NStZ-RR 2009, 17; StV 2009, 357 (358); NStZ 2010, 391; Fischer StGB § 263 Rn. 191.

43 BGHSt 39, 392 (398); OLG Saarbrücken NJW 2007, 2868 = wistra 2008, 121 mAnm Kargl; OLG Bamberg wistra 2011, 279.

44 Fischer StGB § 263 Rn. 38.

zumutbar erscheint.⁴⁵ Wann eine derartige **Offenbarungspflicht** begründet wird, ist streitig.⁴⁶ Jedenfalls ist nicht jedes Schweigen mit einer konkludenten Erklärung gleich zu setzen, keine Kenntnis über das Verschwiegene zu besitzen.⁴⁷ Eine Pflicht zur Offenbarung gegenüber dem Verfügenden hat der Täter dann, wenn er eine aktive Aufklärungspflicht verletzten würde.⁴⁸ Aufgrund des Charakters als unechtes Unterlassungsdelikt bedarf es daher einer **Garantenstellung** des Täters.⁴⁹ Die bloße Stellung als Miterbe begründet eine derartige Garantenstellung zunächst nicht.⁵⁰ Dennoch wird sich aus dem Grundsatz von **Treu und Glauben** für den schweigenden Miterben eine Offenbarungspflicht ergeben. Das nach der Rechtsprechung erforderliche, **besondere Vertrauensverhältnis**⁵¹ zwischen Täter, Irrenden und Verfügenden wird man aus der Beziehung der Miterben im Rahmen der Erbengemeinschaft zueinander begründen. Unter dem Gesichtspunkt der Sozialadäquanz folgt, dass Miterben untereinander Offenbarungspflichten hinsichtlich der Erbschaft treffen.

21 Eine entsprechende Garantenstellung kann sich durch Gesetz begründen, wie dies etwa die entsprechenden Vorschriften des Erbrechtes sind. Für den im Erbrecht tätigen Rechtsanwalt ist zu prüfen, ob er auf Seiten des Erben oder eines Dritten steht. Soweit er den Erben vertritt, hat er zu prüfen, ob dieser unrichtige Angaben gegenüber dem Nachlassgericht oder Dritten, etwa Miterben, getätigt hat, die gegebenenfalls Ansprüche auf das Erbe erheben. Hier ist es erforderlich, dass der Rechtsanwalt durch seinen Mandanten eine umfassende Aufklärung und eigene Dokumentation im Hinblick auf seine Handakten hinwirkt. Nur so kann der Verdacht einer eigenen Beihilfehandlung vermieden werden. Auch auf die Vorschrift des **§ 138 Abs. 1 ZPO** ist in diesem Zusammenhang ausdrücklich hinzuweisen. Die Verpflichtung, Erklärungen über tatsächliche Umstände wahrheitsgemäß und vollständig abzugeben, kann die fehlende Sachaufklärung zulasten des beratenden Rechtsanwaltes gehen.⁵² Soweit Erklärungen eines Dritten ebenfalls mit vorgelegt werden müssen, hat auch hier auf eine besondere Aufklärung des Dritten statt zu finden.

22 Typisches Beispiel einer Tathandlung ist das Erschleichen einer Unterschrift.⁵³

23 Wann im Falle der bloßen **Vermögensgefährdung** iS einer konkreten Gefährdung bereits von einer Deliktsverwirklichung auszugehen ist, muss unbedingt anhand der in der Rechtsprechung entwickelten Fallbeispiele⁵⁴ geprüft werden.

24 Erhalten Erblasser oder Erben Zuwendungen der Sozialhilfeträger, ist genau zu prüfen, ob Auskunftpflichten bestehen, welche regelmäßig schriftlich zu Beginn einer Hilfeleistung vereinbart werden. Eine Erbschaft ist einem Sozialhilfeträger stets unaufgefordert mitzuteilen. Sozialhilfebetrug gehört zu den Delikten, die auch bei Ersttätern bereits erheblich sanktioniert werden.⁵⁵

25 Im Rahmen von **Sozialhilfe** ist der Empfänger von Leistungen nach SGB II (sogenannte Hartz IV-Leistung) oder Leistungen von Sozialhilfe nach SGB XII verpflichtet, dem Sozialhilfeträger anzuzeigen, dass er Erbe geworden ist oder ihm ein Pflichtteilsanspruch zur Seite steht. Die **Miterben** eines solchen Hilfempfängers oder andere Pflichtteilsberechtigte trifft jedoch eine derartige Pflicht zur Offenbarung bezüglich des Hilfempfängers nicht. Die durch Gesetz begründete Garantenstellung des Hilfeberechtigten zur Auskunft erstreckt sich nicht auf die

---

45 BGHSt 6,198; 39, 392 (398); BayObLG NJW 1987, 1654 = JR 1988, 301 mAnm Hillenkamp; Hilgendorf Tatsachenaussagen und Werturteile im Strafrecht, 1998, 68 ff.; Fischer StGB § 263 Rn. 38; LK-StGB/Tiedemann § 263, 51 ff.; Schönke/Schröder/Cramer/Perron StGB § 265 Rn. 18 ff.; NK-StGB/Kindhäuser StGB § 165, 144 ff.; MüKoStGB/Hefendehl StGB § 265, 135 ff.
46 Fischer StGB § 263 Rn. 38a.
47 BGHSt 16, 120; Witte JR 2012, 97 (100).
48 Fischer StGB § 263 Rn. 39.
49 Fischer StGB § 263 Rn. 39.
50 Fischer StGB § 13 Rn. 36 ff.
51 BGHSt 39, 398 = JZ 1994, 522 mAnm Joerden; Naucke NJW 1994, 2809; Achenbach NStZ 1995, 431; BGHStV 1988, 386.
52 Fischer StGB § 263 Rn. 44.
53 BGHSt 22, 88; AWHH StrafR BT/Arzt 20/54; SK-StGB/Hoyer § 263, 64 f.
54 Überblick bei Fischer StGB § 263 Rn. 163 ff.
55 Fischer StGB § 263 Rn. 40b.

Miterben oder anderen Pflichtteilsberechtigten,[56] da es keine rechtlichen Verpflichtungen zwischen diesen und dem Sozialhilfeträger gibt.[57]

26 Im Rahmen des **Rentenbezuges** gibt es ebenfalls keine Verpflichtung der Erben dem Rententräger aktiv mitzuteilen, dass ein unberechtigter Rentenbezug wegen Ablebens des Rentners vorliegt. Es reicht vielmehr völlig aus, wenn die Erben dem Rententräger einen entsprechenden Nachweis des Todes des Rentenempfängers übersandt haben.[58] Entsprechend kommt weder eine Strafbarkeit nach § 246 noch eine solche nach § 266 in Betracht.[59]

27 Im Rahmen von § 263 kommen unterschiedliche **aktive Täuschungshandlungen**, genauso wie **Verschweigen** wesentlicher Umstände der Erbschaft in Betracht. Denkbar ist hier etwa der Fall eines Pflichtteilsberechtigten, der von den Erben gemäß § 2314 Abs. 1 S. 1 BGB die Abgabe eines privatschriftlichen Verzeichnisses über die Nachlasszusammensetzung per Todestag verlangt.

28 Verschweigen die Erben in diesem Verzeichnis einen Nachlassgegenstand, etwa ein Konto, so wird auch in diesem Fall eine Täuschung durch Unterlassen anzunehmen sein. Das **besondere Vertrauensverhältnis** begründet sich hier aus der Beziehung zwischen Erben und Pflichtteilsberechtigten, auch wenn dieser selbst nicht Erbe geworden ist. Es ist kein sachlicher Grund erkennbar, warum nicht auch zwischen Erben und Pflichtteilsberechtigten das durch die Rechtsprechung geforderte besondere Vertrauensverhältnis als Grundlage einer Garantenstellung besteht.

29 Befindet sich im Verzeichnis hingegen fälschlich eine **nachlassfremde Verbindlichkeit**, etwa eine Darlehensverpflichtung bei einer Bank, so wird durch die Reduzierung des positiven Saldos des Nachlasses aufgrund der Hinzurechnung des Darlehens ein Betrug durch aktive Täuschung seitens der Erben verwirklicht. Dies gilt allerdings nicht, wenn diese **Verbindlichkeit** etwa einer **nachlasszugehörigen Firma** zuzuordnen wäre, aber als unmittelbare Verbindlichkeit des Nachlasses bezeichnet worden ist. Diesbezüglich fehlt es dann am negativen Saldo des Gesamtnachlasses. Ob im letzteren Fall möglicherweise eine Strafbarkeit wegen versuchten Betruges in Betracht kommt, ist Tatfrage.

30 Beim Betrug wird **Versuch** angenommen, soweit die zu täuschende Person unmittelbar zur irrtumsbedingten Vermögensverfügung veranlasst wird.[60] Ist im Nachlassverzeichnis die nachlasszugehörige Firma nicht aufgeführt, könnte bereits ein unmittelbares Ansetzen zur Verwirklichung des Betrugstatbestandes je nach Meinungsbildung beim Pflichtteilsberechtigten anzunehmen sein. Ist hingegen die Firma im Nachlassverzeichnis enthalten, kann man nicht von einem unmittelbaren Ansetzten, ohne weitere Kenntnisse über das Vorstellungsbild des Täters, ausgehen.

§ 266 StGB Untreue

(1) Wer die ihm durch Gesetz, behördlichen Auftrag oder Rechtsgeschäft eingeräumte Befugnis, über fremdes Vermögen zu verfügen oder einen anderen zu verpflichten, mißbraucht oder die ihm kraft Gesetzes, behördlichen Auftrags, Rechtsgeschäfts oder eines Treueverhältnisses obliegende Pflicht, fremde Vermögensinteressen wahrzunehmen, verletzt und dadurch dem, dessen Vermögensinteressen er zu betreuen hat, Nachteil zufügt, wird mit Freiheitsstrafe bis zu fünf Jahren oder mit Geldstrafe bestraft.

(2) § 243 Abs. 2 und die §§ 247, 248a und 263 Abs. 3 gelten entsprechend.

---

[56] OLG Köln NJW 1979, 278.
[57] BGH wistra 1992, 141 betreffend „Meldepflichten".
[58] OLG Düsseldorf NJW 1987, 853.
[59] OLG Düsseldorf NJW 1987, 853.
[60] BGH NStZ 2012, 400; OLG Hamm StV 2012, 155.

A. Allgemeines	1	II. Treuebruchtatbestand	5
B. Objektiver Tatbestand	2	C. Weitere Praktische Hinweise	11
I. Missbrauchstatbestand	3		

A. Allgemeines

Durch § 266 wird das individuelle **Vermögen des Treuegebers**[1] geschützt. Zu unterscheiden ist zwischen dem Missbrauchs- und Treuebruchtatbestand, wobei bei beiden Alternativen eine **Pflicht** zur **fremdnützigen Vermögensbetreuung** angenommen wird.[2]

B. Objektiver Tatbestand

Die Tathandlung muss sich auf die Schädigung **fremden Vermögens** beziehen, wobei das Tatbestandsmerkmal der **Fremdheit** nach rein zivilrechtlichen Aspekten zu beurteilen ist.[3] Es kommt daher auf den Einzelfall an. In erbschaftsrechtlichen Konstellationen ist eine Täterschaft des Alleinerben nicht denkbar.

I. Missbrauchstatbestand

Im Rahmen des **Missbrauchstatbestandes** besteht für den Täter im Innenverhältnis gegenüber dem Vermögensinhaber eine Beschränkung seines rechtlichen Dürfens,[4] während er im Außenverhältnis gegenüber Dritten einer solchen nicht unterliegt. Die Befugnis über fremdes Vermögen zu verfügen kann sich aus Gesetz, behördlichen Auftrag oder Rechtsgeschäft ergeben. Im Rahmen des Erbrechtes sind hierbei an Bevollmächtigte[5] auf Seiten des Erblassers,[6] aber auch an Nachlasspfleger (§ 1960 Abs. 2 BGB),[7] Testamentsvollstrecker (§§ 2205, 2216 BGB) oder auch Nachlassverwalter gemäß § 1985 BGB zu denken. Die **Vermögensbetreuungspflicht** muss im **Interesse des Berechtigten** eingeräumt worden sein und gerade den Schutz des betreuten Vermögens des Geschäftsherrn zum Gegenstand haben.[8]

Tathandlung beim **Missbrauch** ist die Überschreitung der im Innenverhältnis eingeräumten Rechtsmacht[9] mit der eine entsprechende Pflicht korrespondiert, im Außenverhältnis die Beschränkung der Rechtsmacht einzuhalten.[10] Die im Außenverhältnis vorgenommene rechtsgeschäftliche Verfügung unter Missachtung der Beschränkungen muss dabei stets **wirksam** sein.[11] **Fehlt** eine entsprechend eingeräumte Befugnis im Innenverhältnis, liegt objektiv bereits kein missbräuchliches Tathandeln vor.[12] Der Täter darf das Rechtsgeschäft aber nicht von Anfang an mit Schädigungsabsicht vorgenommen haben.[13]

II. Treuebruchtatbestand

Beim **Treuebruchtatbestand** kommt dem Täter eine besondere **Vermögensbetreuungspflicht** aufgrund einer besonders qualifizierten Pflichtenstellung zu dem von ihm zu betreuenden Vermö-

---

1 BGHSt 8, 254 ff.; 14, 38, 47; 43, 297.
2 BGHSt 24, 386 ff.; 33, 244 (255); 35, 244 = JZ 88, 338 mAnm Otto); BGHSt 46, 30 = NStZ 2000, 656 mAnm Dierlamm); BGH NJW 2000, 2364 = BGHSt 46, 30 = BeckRS 2000, 04832; 47, 187; 50, 331 (342); BGH NJW 1975, 1234; NJW 1977, 443 f.; NJW 1984, 2539 f.; BGH NStZ 1997, 124; BGH wistra 1992, 66; wistra 2000, 384; 2006, 306 f.; MDR 1988, 594.
3 Schönke/Schröder/Perron StGB § 266 Rn. 6; LK-StGB/Kühl § 255 Rn. 3, LK-StGB/Schünemann § 266 Rn. 47; Fischer StGB § 266 Rn. 11.
4 BGHSt 5, 61 (63); MDR 84, 953; wistra 1988, 191; NJW 1995, 1535.
5 Im Rahmen des Handelns in fremdem Namen oder als Ermächtigung im eigenen Namen über fremde Rechte zu verfügen, §§ 166 Abs. 2, 185 BGB.
6 S. BGH wistra 2012, 22 zum Missbrauch einer Bankvollmacht.
7 BGHSt 35, 227 = JZ 1988, 883 mAnm Otto).
8 BGHSt 55, 288 = NJW 2011, 88 (91) = NStZ 2011, 37.
9 Fischer StGB § 266 Rn. 24.
10 Fischer StGB § 266 Rn. 24.
11 BGH NStZ 2007, 579 (580) mAnm Dierlamm.
12 BGHSt 8, 149; wistra 1996, 42.
13 Fischer StGB § 266 Rn. 27.

gen zu.[14] Die formale Stellung des Täters ist insoweit unbeachtlich, sondern es kommt auf seine **tatsächliche Einwirkungsmöglichkeit** im Rahmen des schützenswerten Vertrauens und der Wahrnehmung fremder Vermögensinteressen an.[15]

6 Beim Treuebruchtatbestand muss die Vermögensbetreuung **Hauptpflicht** sein.[16] Dies bedeutet, Täter kann nur sein, wem eine herausragende Pflicht zur Betreuung der Vermögensinteressen eines Dritten trifft und er diesen zugleich vor drohenden Vermögensnachteilen zu bewahren hat.[17] Zugleich muss ein gewisser **Ermessenspielraum** für die Erfüllung dieser Hauptpflicht gegeben sein, um ein Untreuedelikt annehmen zu können.[18] Es ist aus diesem Grunde bezüglich der **Pflichtenstellung** auf eine Gesamtbetrachtung anzustellen.[19]

7 Durch die veruntreuende Handlung muss es zu einem Nachteil für das zu betreuende Vermögen gekommen sein, wobei Nachteil mit dem Vermögensschaden im Sinne von § 263 gleichzusetzen ist.[20] Insoweit reicht auch die sogenannte **schadensgleiche Vermögensgefährdung**[21] aus.[22]

8 Auch das Unterlassen von Handlungen die zu einer **Vermögensvermehrung** geführt hätten[23] liegt ein derartiger Nachteil vor. Bezüglich des Vorsatzes muss der Täter den Vermögensnachteil in seinen Willen aufgenommen haben.[24] Für die Feststellung des subjektiven Tatbestandes sind strenge Anforderungen zu stellen.[25]

9 Die in Abs. 2 geregelten **besonders schweren Fälle** entsprechenden Regelbeispielen des Abs. 3 des Betrugstatbestandes.

10 Bei geringem Schaden besteht ein Antragserfordernis im Sinne der §§ 243 Abs. 2, 247, 248a.

C. Weitere Praktische Hinweise

11 Bereits die Erteilung einer **Bankvollmacht** durch den **Erblasser** begründet die Treueverpflichtung.[26] Überschreitet der Bevollmächtigte die Weisungen des Vollmachtgebers, also des Erblassers, indem er Beträge vom Konto des Erblassers für sich vereinnahmt und damit dem Nachlass entzieht, liegt ein Fall des Missbrauchs vor.[27] Ob ein strafbares Überschreiten der Vollmacht seitens des Bevollmächtigten anzunehmen ist, bleibt Tatfrage. Hat erkennbar der Bevollmächtigte allein bei der Bank gehandelt, bestehen jedoch Indizien für eine strafrechtlich relevante Überschreitung der Vollmacht im Innenverhältnis. Wendet der Bevollmächtigte eine Schenkung seitens des Erblassers ein, ist die zivilrechtliche Beweislastverteilung auch für die strafrechtliche Beurteilung ausschlaggebend.[28]

---

14 BGH 1, 186 (188); 33, 244 (251); BGH NStZ 1986, 361; 94, 35; NJW 1991, 1069; 94, 251; wistra 1986, 256; 1991, 266; 1998, 61.
15 BGH NStZ 1996, 540; 1999, 558; vgl. auch BVerfG NStZ 2009, 560 = StV 2010, 95 ff. mAnm Fischer.
16 BGHSt 1, 188; 4, 170; 13, 315; 33, 244 (250); 41, 229; BGH NJW 1995, 1535; NStZ 2006, 221 (222).
17 Fischer StGB § 266 Rn. 35.
18 BGH 13, 315; 18, 313; 41, 229; BGH wistra 1989, 60.
19 Schönke/Schröder/Perron StGB § 266 Rn. 24; LK-StGB/Schünemann StGB § 266 Rn. 88; Fischer StGB § 266 Rn. 37.
20 BGHSt 40, 285 (294); 43, 297; 44, 377 (384); wistra 1988, 26; 1999, 350 (354); LK-StGB/Schünemann StGB § 266 Rn. 132; Fischer StGB § 266 Rn. 115.
21 Fischer StGB § 266 Rn. 150.
22 Zum Erfordernis der eigenständigen Feststellungen zum Vorliegen eines Nachteiles bei Gefährdungsschaden nunmehr BVerfG NJW 2010, 3209, NJW 2010, 3195 mAnm Saliger = wistra 2010, 475 mAnm Leplow.
23 BGH NJW 1983, 1807; OLG Bremen NStZ 1989, 229; OLG Stuttgart NJW 1999, 1566 = NStZ 1999, 620 mAnm Thomas.
24 BGHSt 51, 100 (199 ff.); BGH NStZ 1999, 353; 2002, 262 (265).
25 BGHSt 3, 25; 46, 30 (34 f.); 47, 148 (156 ff.); 47, 295 (302); 48, 331 (348); BGH NJW 1975, 1236; 1990, 3219 f.; 1991, 991; NStZ 1986, 456; wistra 2000, 60 f.; 2003, 463.
26 Fischer StGB § 266 Rn. 39.
27 Horn/Schabel NJW 2012, 3473 (3477). Zur Abgrenzung zwischen Missbrauchstatbestand oder Treubruchtatbestand weiterführend OLG Hamm NStZ-RR 2004, 111.
28 OLG Bremen ZEV 2010, 480 (482); Horn/Schabel NJW 2012, 3473 (3477).

So wirkt etwa auch die Vermögensbetreuungspflicht eines Betreuers nach dem Tod des Betreuten für die Rechtsnachfolger, also die Erben, bezüglich der Abwicklungsverpflichtung weiter.[29]

§ 267 StGB Urkundenfälschung

(1) Wer zur Täuschung im Rechtsverkehr eine unechte Urkunde herstellt, eine echte Urkunde verfälscht oder eine unechte oder verfälschte Urkunde gebraucht, wird mit Freiheitsstrafe bis zu fünf Jahren oder mit Geldstrafe bestraft.

(2) Der Versuch ist strafbar.

(3) [1]In besonders schweren Fällen ist die Strafe Freiheitsstrafe von sechs Monaten bis zu zehn Jahren. [2]Ein besonders schwerer Fall liegt in der Regel vor, wenn der Täter

1. gewerbsmäßig oder als Mitglied einer Bande handelt, die sich zur fortgesetzten Begehung von Betrug oder Urkundenfälschung verbunden hat,
2. einen Vermögensverlust großen Ausmaßes herbeiführt,
3. durch eine große Zahl von unechten oder verfälschten Urkunden die Sicherheit des Rechtsverkehrs erheblich gefährdet oder
4. seine Befugnisse oder seine Stellung als Amtsträger oder Europäischer Amtsträger mißbraucht.

(4) Mit Freiheitsstrafe von einem Jahr bis zu zehn Jahren, in minder schweren Fällen mit Freiheitsstrafe von sechs Monaten bis zu fünf Jahren wird bestraft, wer die Urkundenfälschung als Mitglied einer Bande, die sich zur fortgesetzten Begehung von Straftaten nach den §§ 263 bis 264 oder 267 bis 269 verbunden hat, gewerbsmäßig begeht.

A. Allgemeines	1	II. Tathandlungen	4
B. Regelungsgehalt	2	III. Beweisfähigkeit der Urkunde	6
I. Letztwillige Verfügung als Urkunde	2	C. Weitere Praktische Hinweise	9

A. Allgemeines

Bei § 267 handelt es sich um ein **abstraktes Gefährdungsdelikt**. Im Rahmen von letztwilligen Verfügungen kommen hierbei alle Handlungsformen der Urkundenfälschung gemäß § 267 Abs. 1 in Betracht. Der Versuch ist gemäß § 267 Abs. 2 strafbar. Außerdem sind besonders schwere Fälle in Abs. 3 abschließend geregelt. Eine Verbrechensstrafbarkeit ist vorgesehen, wenn gemäß § 267 Abs. 4 eine **bandenmäßige Begehung** in Betracht kommt.

B. Regelungsgehalt

I. Letztwillige Verfügung als Urkunde

Unter einer Urkunde ist die Verkörperung einer allgemein oder für Eingeweihte verständliche **Gedankenerklärung** zu verstehen, die den Aussteller erkennen lässt sowie geeignet und bestimmt ist, im **Rechtsverkehr** Beweis zu erbringen.[1] Von einer Gedankenerklärung ist dann auszugehen, wenn diese eine Willenserklärung des Ausstellers enthält und insoweit auch verständlich ist. Es muss also überhaupt ein **gedanklicher Inhalt**[2] enthalten sein. Im Rahmen einer letztwilligen Verfügung bedeutet dies, dass die Gedankenerklärung zudem der für erbschaftsrechtli-

---

29 OLG Stuttgart NJW 1999, 246 (248) = NStZ 1999, 620 mAnm Thomas.

1 BGHSt 3, 85; 4, 285; 13, 239; 16, 96; 18, 66; Schönke/Schröder/Cramer/Heine StGB § 267 Rn. 2 B; Wessels/Hillenkamp/Hettinger, 790.
2 Fischer StGB § 267 Rn. 3.

che Verfügungen erforderlichen Form bedarf. Die Rechtsprechung zu § 267 ist daher im Rahmen des Erbrechtes nur bedingt heranzuziehen.[3]

3 Tatbestandliches Handeln kommt in Betracht, wenn eine letztwillige Verfügung nicht vom tatsächlichen Erblasser stammt. Der vermeintliche Erblasser muss als **Aussteller** erkennbar sein.[4] Keine Rolle spielt es, ob der Erblasser als Person existent ist. Hier kommt allerdings eine Versuchsstrafbarkeit ausschließlich in Betracht.

II. Tathandlungen

4 Tathandlung im Rahmen der Urkundenfälschung ist das **Herstellen** und/oder **Gebrauchen** einer unechten Urkunde sowie das Verfälschen und/oder Gebrauchen einer echten Urkunde. Wird eine unechte Urkunde hergestellt, so täuscht der Täter hinsichtlich der **Identität** des Herstellers der Urkunde.[5]

5 Verfälschen einer **echten Urkunde** liegt hingegen vor, wenn die dort verkörperte Gedankenerklärung inhaltlich verändert wird und somit nicht mehr vom Austeller herrührt. Erforderlich ist, dass die **Beweisrichtung**[6] verändert wird. Jegliche Formen der Veränderung sind denkbar.[7] Dennoch wird man von einem Verfälschen einer echten Urkunde auszugehen haben, wenn etwa der potenzielle Erbe auf einem ansonsten wirksam errichteten Testament selbst das Wort „Testament" darüber schreibt. Der gesamte Inhalt eines Testamentes muss ausschließlich vom Erblasser stammen. Durch den, durch den Erben klarstellend hinzugefügten Hinweis „Testament", wird der Urkundeninhalt verändert. Tatbestandliches Handeln liegt selbst dann vor, wenn eine Urkunde durch die Veränderung des Inhaltes wahr wird.[8] Das Gebrauchen einer unechten oder verfälschten Urkunde ist hingegen abzulehnen, wenn diese der sinnlichen Wahrnehmung nicht zugänglich gemacht wird.[9] Notwendig ist somit, dass der Täter die Urkunde einem anderen gegenüber so einsetzt, dass dieser von deren Gedankeninhalt Kenntnis nehmen kann.[10] Soweit Letzteres nicht der Fall ist, soll noch nicht einmal **Versuchsstrafbarkeit** anzunehmen sein, weil der Täter die Urkunde lediglich bei sich trägt.[11] Hingegen ist das Gebrauchen von **Kopien** jeglicher Art Gebrauchmachen im Sinne der Vorschrift, wenn es dem Täter darauf ankommt, dass die Kopie als solche erkennbar ist.[12] Insoweit täuscht der Täter hier über die Existenz des angeblichen Originals, dessen Inhalt durch die Kopie vollumfänglich wiedergegeben werden soll. Die falsche Urkunde muss der Täter selbst gebrauchen.[13]

III. Beweisfähigkeit der Urkunde

6 Zum Urkundenbegriff gehört, dass die vorgelegte unechte Urkunde **objektive Beweisfähigkeit**[14] besitzt. Sie muss also den erbrechtlichen Vorschriften genügen. Entwürfe einer letztwilligen Verfügung unterfallen nicht der Strafbarkeit nach § 267.[15]

7 In Fällen, bei denen die letztwillige Verfügung nicht durch den Erblasser persönlich, sondern durch einen **Notar** oder eine andere berechtigte Person gefertigt worden ist, kann ebenfalls Urkundenfälschung in Betracht kommen. Maßgeblicher Zeitpunkt ist, wann die **verantwortliche Person** die entsprechende Urkunde unterschreibt und damit die **Beweisbestimmung** erlangt wird.[16] Der Täter täuscht dann den Dritten über Willen und in der Regel auch über Identität der testierenden Person. Kennt der Dritte den Mangel, kann **Beihilfe** in Betracht kommen. Ist

---

3 ZB BGHSt 2, 370; 17, 297; NStZ 1997, 376.
4 LK-StGB/Zieschang, 44.
5 BGHSt 33, 160; StraFO 03, 253 f.; LK-StGB/Zieschang StGB § 267 Rn. 266 ff.; Fischer StGB § 267 Rn. 31.
6 Fischer StGB § 267 Rn. 33.
7 Fischer StGB § 267 Rn. 33.
8 Fischer StGB § 267 Rn. 33.
9 BGHSt 36, 65; KG wistra 1984, 235; OLG Frankfurt wistra 1990, 271.
10 BGHSt 1, 120; 2, 52.
11 Fischer StGB § 267 Rn. 36.
12 Fischer StGB § 267 Rn. 37.
13 BGH GA 1963, 16.
14 Schönke/Schöder/Cramer/Heine, 9; Wessels/Hillenkamp/Hettinger, 759.
15 BGHSt 3, 85; LK-StGB/Zieschang, 71.
16 Sieg FS Weber 2004, 347 ff., 359.

der Dritte hingegen arglos, so scheidet eine Beteiligung des Dritten mangels Vorliegens des subjektiven Tatbestandes in der Person des Dritten aus. Es kommt hierbei darüber hinaus nicht darauf an, ob der Erbfall bereits eingetreten ist oder nicht, da ein Urkundsdelikt auch nach Versterben des Erblassers noch möglich bleibt.

Fotokopien sind in diesem Zusammenhang niemals geeignet, eine Urkundsqualität zu entwickeln, wenn der Charakter der **Reproduktion** erkennbar ist.[17]   8

C. Weitere Praktische Hinweise

Soweit Anhaltspunkte dafür bestehen, dass der **eigene Mandant** Täter oder Gehilfe einer Tathandlung des Herstellens, Verwendens oder Gebrauchens einer unechten Urkunde ist, muss das Mandat unverzüglich niedergelegt werden. Ansonsten läuft der im Erbrecht beratende Rechtsanwalt Gefahr, sich sowohl wegen möglicher Anstiftung als auch Beihilfe selbst strafbar zu machen.   9

Vertritt der Rechtsanwalt hingegen den oder die **Erben**, sollte bei Anhaltspunkten für gefälschte letztwillige Verfügungen die Möglichkeit auf Hinzuziehung eines Schriftsachverständigen erwogen werden. Hierzu ist die Vorlage des Originals des Schriftstücks bei eigenhändigen Testamenten erforderlich. Außerdem muss vergleichsmaterial des Erblassers im Original vorliegen. Problematisch kann für die Begutachtung sein, wenn die letztwillige Verfügung zu einem Zeitpunkt verfasst wurde, in welchem der Erblasser körperlich nicht mehr im Vollbesitz seiner Kräfte war. Oftmals ergeben sich dann Abweichungen im Schriftbild.   10

Hilfreich ist zudem, die **Rahmenbedingungen der Errichtung** der letztwilligen Verfügung abzuklären. Hier können sich ebenfalls Anhaltspunkte für den Fälschungscharakter der Urkunde ergeben.   11

Unproblematisch ist als Urkundenfälschung zu qualifizieren, was nicht vom Erblasser hergestellt/angefertigt wurde.   12

Besteht keine Personenidentität zwischen Fälschendem und demjenigen, welcher das Testament später etwa beim Nachlassgericht einreicht und einen entsprechenden Erbscheinsantrag stellt, so wird eine etwaige vorherige Anstifterhandlung durch das Gebrauchmachen seitens des Täters in der Strafwirkung vollständig aufgebraucht. Dieser Täter ist dann nur wegen des Gebrauchmachens strafbar.[18]   13

Zu beachten ist in diesem Zusammenhang, dass gemäß **§ 2339 Abs. 1 Nr. 4 BGB** die Verwirklichung eines Urkundendeliktes **Erbunwürdigkeit** begründet. Hierzu gehört nicht nur das Verfälschen einer bereits bestehenden letztwilligen Verfügung, sondern auch das Herstellen sowie das Gebrauchen einer unechten Urkunde. Das Merkmal des § 2339 Abs. 1 Nr. 4 BGB, „in Ansehung einer Verfügung des Erblassers", soll hierfür nicht erforderlich sein.[19] Die alleinige Verwirklichung des strafbewehrten Tatbestandes reicht aus, ohne dass es auf ein Motiv des Täters ankommt. Selbst dann, wenn ein wirklicher oder mutmaßlicher Erblasserwille bestehen würde.[20]   14

Allerdings ist zudem **§ 2339 Abs. 2 BGB** zu beachten, soweit die betroffene Verfügung vor dem Erbfall unwirksam wird. Diese zivilrechtliche Folge hat jedoch keine Auswirkungen auf eine bereits eingetretene Strafbarkeit des Täters. Allenfalls ist zu prüfen, ob die Tat im Versuchsstadium stecken geblieben ist, was pauschal nicht beantwortet werden kann.   15

---

17 BGHSt 5, 291 (29); 24, 14; wistra 1993, 225; 2010, 236; StV 1994, 18; OLG Stuttgart NStZ 2007, 158 f.; OLG Köln StV 1987, 297; BayObLG NJW 1992, 3311; NStZ 1994, 88; OLG Düsseldorf NJW 2001, 367 f.; Puppe NStZ 2001, 482; Freund StV 2001, 234; SK-StGB/Hoyer StGB § 267 Rn. 22; Puppe JZ 1991, 484.
18 Fischer StGB § 267 Rn. 47.
19 OLG Stuttgart Rpfleger 1956, 160; OLG Düsseldorf OLGR 2001, 95.
20 BGH NJW 1970, 197; ZEV 2008, 193.

§ 271 StGB Mittelbare Falschbeurkundung

(1) Wer bewirkt, daß Erklärungen, Verhandlungen oder Tatsachen, welche für Rechte oder Rechtsverhältnisse von Erheblichkeit sind, in öffentlichen Urkunden, Büchern, Dateien oder Registern als abgegeben oder geschehen beurkundet oder gespeichert werden, während sie überhaupt nicht oder in anderer Weise oder von einer Person in einer ihr nicht zustehenden Eigenschaft oder von einer anderen Person abgegeben oder geschehen sind, wird mit Freiheitsstrafe bis zu drei Jahren oder mit Geldstrafe bestraft.

(2) Ebenso wird bestraft, wer eine falsche Beurkundung oder Datenspeicherung der in Absatz 1 bezeichneten Art zur Täuschung im Rechtsverkehr gebraucht.

(3) Handelt der Täter gegen Entgelt oder in der Absicht, sich oder einen Dritten zu bereichern oder eine andere Person zu schädigen, so ist die Strafe Freiheitsstrafe von drei Monaten bis zu fünf Jahren.

(4) Der Versuch ist strafbar.

§ 273 StGB Verändern von amtlichen Ausweisen

(1) Wer zur Täuschung im Rechtsverkehr
1. eine Eintragung in einem amtlichen Ausweis entfernt, unkenntlich macht, überdeckt oder unterdrückt oder eine einzelne Seite aus einem amtlichen Ausweis entfernt oder
2. einen derart veränderten amtlichen Ausweis gebraucht,

wird mit Freiheitsstrafe bis zu drei Jahren oder mit Geldstrafe bestraft, wenn die Tat nicht in § 267 oder § 274 mit Strafe bedroht ist.

(2) Der Versuch ist strafbar.

§ 274 StGB Urkundenunterdrückung; Veränderung einer Grenzbezeichnung

(1) Mit Freiheitsstrafe bis zu fünf Jahren oder mit Geldstrafe wird bestraft, wer
1. eine Urkunde oder eine technische Aufzeichnung, welche ihm entweder überhaupt nicht oder nicht ausschließlich gehört, in der Absicht, einem anderen Nachteil zuzufügen, vernichtet, beschädigt oder unterdrückt,
2. beweiserhebliche Daten (§ 202a Abs. 2), über die er nicht oder nicht ausschließlich verfügen darf, in der Absicht, einem anderen Nachteil zuzufügen, löscht, unterdrückt, unbrauchbar macht oder verändert oder
3. einen Grenzstein oder ein anderes zur Bezeichnung einer Grenze oder eines Wasserstandes bestimmtes Merkmal in der Absicht, einem anderen Nachteil zuzufügen, wegnimmt, vernichtet, unkenntlich macht, verrückt oder fälschlich setzt.

(2) Der Versuch ist strafbar.

A. Allgemeines	1	II. Beurkundende Stelle	6
B. Regelungsgehalt	2	III. Subjektiver Tatbestand	11
I. Öffentliche Urkunden	2	C. Weitere Praktische Hinweise	14

A. Allgemeines

1 Neben § 267 verweist die Vorschrift des § 2339 Abs. 1 Nr. 4 BGB darüber hinaus auch auf die weiteren Urkundsdelikte der **mittelbaren Falschbeurkundung** des § 271, der Veränderung von

amtlichen Ausweisen des § 273 sowie der **Urkundenunterdrückung** des § 274.[1] Schutzweck der Norm ist, entgegen § 267, die **Wahrheit** des Inhaltes der Urkunde.[2] Dabei ist im Rahmen von § 271 Schutzgut die eigentliche Beurkundung, während § 273 die Veränderung und § 274 die Unterdrückung dieser öffentlichen Urkunde unter Strafe stellen.

B. Regelungsgehalt

I. Öffentliche Urkunden

Gegenstand der mittelbaren Falschbeurkundung sind öffentliche Urkunden, die Beweiskraft für und gegen Jedermann[3] erbringen, wobei die Rechtsprechung sich auch auf die §§ 415, 417, 418 ZPO bezieht.[4] Erfasst sind alle Urkunden soweit **deutsche Rechtsgüter**[5] betroffen sind. 2

Zudem muss der Urkunde eine **öffentliche Beweiswirkung**, nicht nur im Hinblick auf die Person des Ausstellers, sondern gegen jeden Dritten über die in ihr konstatierte Tatsache, zukommen.[6] Der Gedanke des Schutzzweckes aus § 348 ist heranzuziehen.[7] Im Bereich des Erbrechtes kommt hier vor allem ein **Erbschein** in Betracht, der aufgrund unrichtiger Angaben durch den oder die Antragsteller erlangt worden ist. 3

Da durch § 271 aber auch **öffentliche Bücher** erfasst werden, worunter etwa auch Ehe-, Geburten- und Sterberegister gemäß § 3 Abs. 1 PStG fallen, sind hier Delikte der mittelbaren Falschbeurkundung, die für ein späteres Erbrecht relevant werden könnten, ebenfalls erfasst.[8] 4

Die Beweiskraft ist im Einzelfall bezüglich ihres Umfanges festzustellen.[9] 5

II. Beurkundende Stelle

Die mittelbare Falschbeurkundung kann sowohl durch den Täter bei einer **öffentlichen Behörde** als auch einer mit **öffentlichem Glauben** versehenen Person, wie einem Notar,[10] verwirklicht werden. 6

Tatbestandliches Handeln setzt ein **Bewirken** einer dem Inhalt nach nichtzutreffenden Beurkundung voraus, wobei jede Art der Verursachung genügen soll.[11] Der Amtsträger muss hierbei gutgläubig sein,[12] da ansonsten die Fälle des § 267 oder der Falschbeurkundung im Amt (§ 348 Abs. 1) verwirklicht sind. Insoweit kommt eine Strafbarkeit des anderen als Teilnehmer in Betracht.[13] 7

Auch der **Gebrauch** der falschen Beurkundung ist gemäß Abs. 2 der Vorschrift strafbar. Das Gebrauchen entspricht hier den Tathandlungen im Rahmen des § 267. 8

Soweit die **Veränderung** (§ 273) unter Strafe gestellt ist, ist Tathandlung das Löschen von Eintragungen durch Entfernen, unkenntlich Machen, Überdecken oder ähnlichen Tathandlungen.[14] Außerdem kann auch das alleinige Gebrauch machen einer derart veränderten Urkunde, wie bei den anderen Urkundsdelikten strafbar nach § 273 Abs. 1 Nr. 2 sein,[15] wobei strittig ist, ob das Gebrauch machen gegenüber Behörden oder anderen amtlichen Stellen erfolgen muss.[16] 9

---

1 § 272 aufgehoben durch Art. 1 Nr. 67 des VI. StrRG.
2 Fischer StGB § 271 Rn. 2.
3 LK-StGB/Zieschang StGB § 271 Rn. 22; Fischer StGB § 271 Rn. 4.
4 BGHSt 19, 21; BGH NStZ 1986, 550 = JZ 1987, 523 mAnm Schumann.
5 KG JR 1980, 516; OLG Düsseldorf NStZ 1983, 221; Wessels/Hillenkamp/Hettinger § 271 Rn. 906; Fischer StGB § 271 Rn. 4.
6 BayObLG wistra 1989, 315; Fischer StGB § 271 Rn. 5.
7 BGHSt (GrSen) 22, 203; 26, 11; BayObLG wistra 1989, 314; NStZ-RR 1996, 137; OLG Rostock NStZ-RR 2004, 172 (173).
8 Fischer StGB § 271 Rn. 7.
9 BGHSt 20, 187; 22, 203.
10 BGHSt 8, 289.
11 BGHSt 8, 294; Lackner/Kühl StGB § 271 Rn. 6, Schönke/Schröder/Cramer/Heine StGB § 271 Rn. 25; SK-StGB/Hoyer § 271 Rn. 22; Fischer StGB § 271 Rn. 15.
12 BGHSt 12, 110.
13 Fischer StGB § 271 Rn. 16.
14 Fischer StGB § 273 Rn. 3.
15 Fischer StGB § 273 Rn. 4.
16 Fischer StGB § 273 Rn. 4.

10 Bei § 274 ist die Beseitigung der **Gebrauchsfähigkeit** der gesamten Urkunde unter Strafe gestellt. Soweit ihr Inhalt nicht mehr zu Beweiszwecken verwendet werden kann, liegt Urkundenvernichtung vor.[17] Bei bloßer **Beschädigung** muss der Wert als Beweismittel beeinträchtigt worden sein.[18] Schließlich liegt der Tatbestand der **Urkundenunterdrückung** vor, wenn sie dem Berechtigten entzogen wird, so dass dieser sie nicht mehr als Beweismittel verwenden kann.[19] Auf die Dauer kommt es hierbei im letzten Fall nicht an.[20]

III. Subjektiver Tatbestand

11 Der Täter, der die falsche Beurkundung bewirkt hat, muss **vorsätzlich** gehandelt haben. Der Vorsatz muss sich hierbei nicht nur auf die Unrichtigkeit der Tatsachen in der öffentlichen Urkunde erstecken, sondern sich auch auf deren **öffentlichen Glauben** und **Rechtserheblichkeit**[21] beziehen.

12 Bei § 273 muss sich der Vorsatz auf den unrichtigen Inhalt beziehen.[22] Bei § 274 ist auch die Eigenschaft als Beweismittel ausdrücklich in den Willen aufzunehmen. Zudem erfordert § 274 eine **Absicht** durch die Unterdrückung der Urkunde einen Nachteil zuzufügen, also insbesondere die Beweissituation zu verschlechtern.[23]

13 Die Täuschung mit der öffentlichen Urkunde muss im Rechtsverkehr erfolgen. Kommt bei dem Täter noch Entgelt- oder Schädigungsabsicht hinzu, kann der Qualifikationstatbestand des Abs. 3 verwirklicht sein.[24]

C. Weitere Praktische Hinweise

14 Im Bereich der mittelbaren Falschbeurkundung kommt im Erbrecht vor allem die Errichtung solcher Urkunden in Betracht, die im Zusammenhang mit einem Erbschein stehen. Denkbar sind aber auch Fallkonstellationen, wo erbrechtliche Verfügungen seitens eines Notars aufgenommen werden.

15 Im Einzelfall sind Tathandlungen im Zusammenhang mit den §§ 273 ff. abzugrenzen von § 263, aber auch § 267 sowie den einzelnen Tathandlungen innerhalb dieser Deliktsgruppe voneinander.

---

17 Fischer StGB § 274 Rn. 4.
18 OLG Düsseldorf JR 1983, 428.
19 OLG Düsseldorf NJW 1989, 115 f.
20 Schönke/Schröder/Cramer/Heine StGB § 274 Rn. 9; SK-StGB/Hoyer § 274 Rn. 13; Fischer StGB § 274 Rn. 6.
21 OLG Naumburg StV 2007, 134 (135) mAnm Lam; OLG Oldenburg StraFo 2010, 213.
22 Fischer StGB § 273 Rn. 5.
23 BGHR Nacht. 1.
24 Fischer StGB § 271 Rn. 21 ff.

Abgabenordnung (AO)

In der Fassung der Bekanntmachung vom 1. Oktober 2002 (BGBl. I S. 3866, ber. 2003 S. 61)
(FNA 610-1-3)
zuletzt geändert durch Art. 3 und 4 Gesetz zur Umsetzung der Richtlinie (EU) 2021/514 des Rates vom 22. März 2021 zur Änderung der Richtlinie 2011/16/EU über die Zusammenarbeit der Verwaltungsbehörden im Bereich der Besteuerung und zur Modernisierung des Steuerverfahrensrechts vom 20. Dezember 2022 (BGBl. I S. 2730)
– Auszug –

§ 370 AO   Steuerhinterziehung

(1) Mit Freiheitsstrafe bis zu fünf Jahren oder mit Geldstrafe wird bestraft, wer
1. den Finanzbehörden oder anderen Behörden über steuerlich erhebliche Tatsachen unrichtige oder unvollständige Angaben macht,
2. die Finanzbehörden pflichtwidrig über steuerlich erhebliche Tatsachen in Unkenntnis lässt oder
3. pflichtwidrig die Verwendung von Steuerzeichen oder Steuerstemplern unterlässt

und dadurch Steuern verkürzt oder für sich oder einen anderen nicht gerechtfertigte Steuervorteile erlangt.

(2) Der Versuch ist strafbar.

(3) ¹In besonders schweren Fällen ist die Strafe Freiheitsstrafe von sechs Monaten bis zu zehn Jahren. ²Ein besonders schwerer Fall liegt in der Regel vor, wenn der Täter
1. in großem Ausmaß Steuern verkürzt oder nicht gerechtfertigte Steuervorteile erlangt,
2. seine Befugnisse oder seine Stellung als Amtsträger oder Europäischer Amtsträger (§ 11 Absatz 1 Nummer 2a des Strafgesetzbuchs) missbraucht,
3. die Mithilfe eines Amtsträgers oder Europäischen Amtsträgers (§ 11 Absatz 1 Nummer 2a des Strafgesetzbuchs) ausnutzt, der seine Befugnisse oder seine Stellung missbraucht,
4. unter Verwendung nachgemachter oder verfälschter Belege fortgesetzt Steuern verkürzt oder nicht gerechtfertigte Steuervorteile erlangt,
5. als Mitglied einer Bande, die sich zur fortgesetzten Begehung von Taten nach Absatz 1 verbunden hat, Umsatz- oder Verbrauchssteuern verkürzt oder nicht gerechtfertigte Umsatz- oder Verbrauchssteuervorteile erlangt oder
6. eine Drittstaat-Gesellschaft im Sinne des § 138 Absatz 3, auf die er alleine oder zusammen mit nahestehenden Personen im Sinne des § 1 Absatz 2 des Außensteuergesetzes unmittelbar oder mittelbar einen beherrschenden oder bestimmenden Einfluss ausüben kann, zur Verschleierung steuerlich erheblicher Tatsachen nutzt und auf diese Weise fortgesetzt Steuern verkürzt oder nicht gerechtfertigte Steuervorteile erlangt.

(4) ¹Steuern sind namentlich dann verkürzt, wenn sie nicht, nicht in voller Höhe oder nicht rechtzeitig festgesetzt werden; dies gilt auch dann, wenn die Steuer vorläufig oder unter Vorbehalt der Nachprüfung festgesetzt wird oder eine Steueranmeldung einer Steuerfestsetzung unter Vorbehalt der Nachprüfung gleichsteht. ²Steuervorteile sind auch Steuervergütungen; nicht gerechtfertigte Steuervorteile sind erlangt, soweit sie zu Unrecht gewährt oder belassen werden. ³Die Voraussetzungen der Sätze 1 und 2 sind auch dann erfüllt, wenn die Steuer, auf die sich die Tat bezieht, aus anderen Gründen hätte ermäßigt oder der Steuervorteil aus anderen Gründen hätte beansprucht werden können.

(5) Die Tat kann auch hinsichtlich solcher Waren begangen werden, deren Einfuhr, Ausfuhr oder Durchfuhr verboten ist.

(6) ¹Die Absätze 1 bis 5 gelten auch dann, wenn sich die Tat auf Einfuhr- oder Ausfuhrabgaben bezieht, die von einem anderen Mitgliedstaat der Europäischen Union verwaltet werden oder die einem Mitgliedstaat der Europäischen Freihandelsassoziation oder einem mit dieser assoziierten Staat zustehen. ²Das Gleiche gilt, wenn sich die Tat auf Umsatzsteuern oder auf die in Artikel 1 Absatz 1 der Richtlinie 2008/118/EG des Rates vom 16. Dezember 2008 über das allgemeine Verbrauchsteuersystem und zur Aufhebung der Richtlinie 92/12/EWG (ABl. L 9 vom 14.1.2009, S. 12) genannten harmonisierten Verbrauchsteuern bezieht, die von einem anderen Mitgliedstaat der Europäischen Union verwaltet werden.

(7) Die Absätze 1 bis 6 gelten unabhängig von dem Recht des Tatortes auch für Taten, die außerhalb des Geltungsbereiches dieses Gesetzes begangen werden.

A. Allgemeines	1	2. Strafbares Verhalten des Erblassers	9
B. Regelungsgehalt	3	C. Weitere Praktische Hinweise	11
I. Materiellrechtliche Fragen	3	I. Vorgehen gegen Steuerbescheide allgemein	11
1. Täterschaft durch aktives Tun	3	II. Selbstanzeige nach § 371 Abs. 1	14
2. Täterschaft durch Unterlassen	6	III. Selbstanzeige gemäß § 378 Abs. 1	25
II. Erbrechtliche Fragestellungen	7		
1. Verpflichtungen des Erben	7		

A. Allgemeines

1 Bei einer Steuerstraftat, insbesondere einer Steuerhinterziehung gemäß § 370, wird der steuerstrafrechtlich relevante Sachverhalt durch die **Finanzbehörde** ermittelt, (§ 386 Abs. 1 S. 1). § 386 Abs. 1 S. 2 definiert den Begriff der Finanzbehörde als **Finanzamt**, welches nach § 386 Abs. 4 S. 1 das Verfahren an die **Staatsanwaltschaft** abgeben kann.

2 Natürliche Personen mit Wohnsitz im Inland, § 8, sind nach § 1 Abs. 1 S. 1 EStG unbeschränkt einkommensteuerpflichtig. Aus § 149 Abs. 1 S. 1 ergibt sich die Verpflichtung zur Abgabe einer Steuererklärung aus dem materiellen Recht. § 370 schützt insoweit das „öffentliche Interesse des Staates am vollständigen und rechtzeitigen Aufkommen jeder einzelnen Steuerart".[1]

B. Regelungsgehalt

I. Materiellrechtliche Fragen

3 **1. Täterschaft durch aktives Tun.** Nach § 25 Abs. 3 S. 1 EStG muss eine steuerpflichtige Person grundsätzlich für einen abgelaufenen Veranlagungszeitraum eine **Einkommensteuererklärung** abgeben. **Täter** einer Steuerhinterziehung gemäß § 370 Abs. 1 Nr. 1 kann dabei jedermann sein, nicht nur der Steuerpflichtige. Die Verwirklichung des gesetzlichen Tatbestandes reicht aus, Mittäterschaft ist möglich.[2] Ob letzteres vorliegt ist in einer wertenden Betrachtung[3] zu ermitteln. Jedenfalls muss aber ein eigener Tatbeitrag feststellbar sein, etwa ein „eigenes Interesse am Tatererfolg", ein nicht völlig vernachlässigbarer „Umfang der Tatbeteiligung" und ein „Wille zur Tatherrschaft".[4] Mit **Abgabe einer Steuererklärung** im Rahmen einer **Veranlagungssteuer** tritt Vollendung der Tat ein. Im Rahmen von **Fälligkeitssteuern** ist hingegen Vollendung schon bei nicht fristgemäßer Voranmeldung[5] anzunehmen, da die Steuer zu einem bestimmten Termin auch ohne Erklärung des Steuerpflichtigen fällig ist. Für die **Beendigung** kommt es entsprechend bei den Veranlagungssteuern auf die Festsetzung im Steuerbescheid und dessen Bekannt-

---

1 BGHSt 41, 1 = NJW 1995, 1764 = NStZ 1995, 405; NJW 2013, 1750.
2 BGHR StGB § 25 Abs. 2 Mittäter 1; NStZ 1986, 463; NStZ 1990, 80 = BGHR AO § 370 Abs. 1 Nr. 1 Mittäter 3; NJW 2003, 2924 = NStZ 2004, 578 = BGHR AO § 370 Abs. 1 Nr. Täter 4; NStZ-RR 2007, 345 = wistra 2007, 112; NJW 2013, 2449 (2451).
3 BGH NJW 2013, 2449 ff.
4 BGH NStZ 2006, 44; BGHSt 37, 289 (291) = NJW 1991, 1068 = NStZ 1991, 280; NJW 2013, 2449 ff.
5 BGH NStZ 1998, 584.

machung an, bei Fälligkeitssteuern (zB Lohnsteuer) hingegen auf die Fälligkeit selbst.[6] Werden in einer Jahressteuererklärung Falschangaben der monatlichen Voranmeldungen wiederholt werden, ist die Tat mit dem Eingang der Jahressteuererklärung beim Finanzamt beendet.[7]

Die Verpflichtung zur Abgabe von Steuererklärungen geht auf die **Erben des steuerpflichtigen Erblassers** mit dem Anfall der Erbschaft über. Bei **Verspätung** oder **Unterlassung** der Abgabe einer Steuererklärung besteht die Möglichkeit einer **Schätzung** durch die Finanzbehörde. Soweit ein Fall der **Pflichtveranlagung** nach § 46 Abs. 2 Nr. 1 bis 6 oder Nr. 7 b EStG vorliegt, können Säumnis- und Verspätungszuschläge (§ 118 S. 1) festgesetzt werden. Hat der **Erblasser** jedoch eine falsche Steuererklärung abgegeben, etwa weil Zinseinkünfte im In- oder Ausland verschwiegen worden sind, begründet dies zunächst keine eigene Strafbarkeit des Erben aus den allgemeinen Grundsätzen von Täterschaft und Teilnahme.

Nur wenn der **Erbe** bereits zu Lebzeiten des Erblassers ebenfalls eine **eigene Verpflichtung**[8] zur Unterzeichnung der Steuererklärung des Erblassers trifft, kommt auch insoweit eine eigene Strafbarkeit des Erben in Betracht.[9]

2. Täterschaft durch Unterlassen. Gemäß § 370 Abs. 1 Nr. 2 ist tatbestandliches Handeln durch **Unterlassen** möglich, wobei der Täter „selbst zur Aufklärung steuerlich erheblicher Tatsachen besonders verpflichtet" sein muss.[10] Täter kann insoweit nicht nur der Steuerpflichtige sein („Jedermann").[11] Das bloße Verstreichenlassen der **Fristen** zur Abgabe von Steuererklärungen ist dabei noch kein Versuch im Rahmen des § 370.[12] Bei Nichtabgabe einer erforderlichen Erklärung für eine Veranlagungssteuer[13] kommt eine Strafbarkeit nach Eingang eines dann durch die Finanzbehörde ergangenen Schätzungssteuerbescheids in Betracht.[14] Den Pflichtigen trifft dann eine **Anzeige-** und **Berichtigungspflicht** gemäß §§ 153 Abs. 1, 370 Abs. 1 Nr. 2, wenn er Kenntnis der Unrichtigkeit der Schätzung hat.[15] Andernfalls wird zu diesem Zeitpunkt eine **versuchte Steuerhinterziehung** zu prüfen sein. Vollendet ist die Tat nach § 370 in dem Zeitpunkt, in dem die Veranlagung des Täters beendet ist.[16]

II. Erbrechtliche Fragestellungen

1. Verpflichtungen des Erben. Sobald der Erbe Kenntnis von seiner Erbenstellung und den Inhalt des Erbes hat, ist er verpflichtet, die **für den Erblasser** erforderlichen Steuererklärungen im eigenen Namen abzugeben. Insoweit trifft den Erben eine eigene steuerliche Erklärungspflicht aus Erbenstellung.[17] In Betracht kommen alle Steuerarten der Veranlagungs- und Fälligkeitssteuern.

Ist der Erbe aufgrund der Höhe der Erbschaft **erbschaftsteuerpflichtig**, begründen unzutreffende Angaben ebenfalls eine Strafbarkeit. Bei **Erbengemeinschaften**, wird man in solch einem Fall von **Mittäterschaft** ausgehen müssen, da der Taterfolg in der Person jedes Miterben erstrebt wird. Allerdings muss wenigstens bei jedem Miterben der Wille zur Tatherrschaft feststellbar sein.

---

6 BGH wistra 1983, 70.
7 BGH NJW 1989, 2140.
8 BGHSt 28, 371 (375 ff.) = NJW 1980, 406; BGHR StGB § 25 Abs. 2 Mittäter 1 = BeckRS 1986, 31101012; BGH AO § 370 Abs. 1 Nr. 2 Mittäter 2 = BeckRS 1990, 31089375; BGH AO § 370 Abs. 1 Nr. 2 Mittäter 2 = BeckRS 1990, 31083379; BH-GSt 48, 52, 58 = NJW 2003, 446 = NStZ 2003, 211; BGH NJW 2003, 2924 = NStZ 2004, 578 = BGHR AO § 370 Abs. 1 Nr. 1 Täter 4 = wistra 2003, 344; BGH NJW 2004, 2990 = NStZ 2005, 105 = wistra 2004, 393; NStZ-RR 2007, 345 = wistra 2007, 112; Beschl. v. 14.4.2010 – 1 StR 105/10, BeckRS 2010, 10699; NJW 2013, 2449 (2451).
9 Franzen/Gast/Joecks § 370 Rn. 161 ff.
10 BGH NJW 2013, 2449 (2452).
11 BGH NJW 2013, 2449 (2452).
12 5 StR 394/80.
13 OLG Düsseldorf wistra 1987, 354.
14 Ferschl wistra 1990, 177; krit. Dörn wistra 1991, 10.
15 Vgl. BGHSt 53, 210 = NStZ 2009, 512.
16 BGHSt 30, 123; 36, 111; 37, 344; Gribbohm/Utech NStZ 1990, 210.
17 Franzen/Gast/Joecks SteuerstrafR, 7. Aufl., § 370 Rn. 161 ff.

9 **2. Strafbares Verhalten des Erblassers.** Hat der Erblasser zu Lebzeiten eine Steuerstraftat verwirklicht (**Schwarzgeldkonto mit Zinseinkünften**), ist der Erbe grundsätzlich nicht verpflichtet, eine **korrigierte Steuererklärung** abzugeben.

10 Für bereits abgelaufene Veranlagungszeiträume, in welchen der Erblasser selbst Steuererklärungen abgegeben hat, bleibt der Erblasser selbst steuerstrafrechtlich verantwortlich. Der Erbe ist jedoch verpflichtet, für noch nicht erklärte Veranlagungszeiträume sowie für den Zeitraum ab **Annahme der Erbschaft** entsprechende Erklärungen ordnungsgemäß abzugeben.[18] Stichtag für die durch den Erben selbst vorzunehmenden Erklärungen bezüglich von **Einkünften im Ausland**, ist ebenfalls der Zeitpunkt der Annahme der Erbschaft. Bestehen für den Erben Hinweise, etwa in Form von Mitteilungen entsprechender Kreditinstitute, Bankbelege etc, dass Schwarzgeldkonten vorliegen, wird er sich aktiv um die Aufklärung etwaiger Vermögenswerte und Zinseinkünfte bemühen müssen. Es reicht in diesem Fall nicht mehr, wenn sich in den früheren Erklärungen des Erblassers keine entsprechenden Hinweise auf Zinseinkünfte oder Schwarzgeldkonten finden. Letztendlich ist es jedoch die Frage des Nachweises der subjektiven Kenntnis des Erben, ob eine Strafbarkeit anzunehmen ist.

C. Weitere Praktische Hinweise

I. Vorgehen gegen Steuerbescheide allgemein

11 Gegen Steuerbescheide ist statthaftes Rechtsmittel der **Einspruch**, § 47 Abs. 1 S. 1 Nr. 1. Die Form und Frist des Einspruches richten sich nach § 355 Abs. 1 S. 1 und § 357 Abs. 1 S. 1. Der Steuerpflichtige hat ein Anrecht auf **gesetzmäßige Besteuerung**, § 85, soweit er beschwert ist. Im Bereich des Steuerstrafrechtes ist darauf zu achten, dass die steuerlichen Fristen auf Festsetzung und Festsetzungsverjährung anders zu beurteilen sind als die Verjährung der etwaigen Steuerstraftat. In der Regel ist eine Verjährung von Steuerstraftaten innerhalb einer Frist von fünf Jahren anzunehmen. Die Fristen der Verjährung der Steuerstraftat sind somit deutlich kürzer als die Festsetzungsverjährung.

12 Soweit der Erbe feststellt, dass der steuerpflichtige **Erblasser** in der Vergangenheit unrichtige Steuererklärungen abgegeben hat, ist er zunächst nicht steuerstrafrechtlich verantwortlich. Allerdings ist dem Erben zu empfehlen sein, im Hinblick auf etwaige durch das Finanzamt noch festsetzbare Säumnis- und Verspätungszuschläge, auf eine entsprechende steuerliche Berichtigung möglichst zeitnah hinzuwirken.

13 Etwas anderes kann sich ergeben, wenn der **Erbe in seiner eigenen Person** steuerstrafrechtlich relevantes Tun verwirklicht hat. Dies kommt in den Fällen in Betracht, in denen der Erbe selbst eine **falsche Erklärung** als **Rechtsnachfolger** des steuerpflichtigen Erblassers abgibt oder er selbst Steuerpflichtiger ist, etwa im Rahmen der Erbschaftsteuer. Ergibt sich in der Beratung ein Hinweis, dass eine unrichtige Erklärung abgegeben worden ist, empfiehlt sich die Prüfung der Möglichkeit einer **Selbstanzeige**.[19]

II. Selbstanzeige nach § 371 Abs. 1

§ 371   Selbstanzeige bei Steuerhinterziehung

(1) ¹Wer gegenüber der Finanzbehörde zu allen Steuerstraftaten einer Steuerart in vollem Umfang die unrichtigen Angaben berichtigt, die unvollständigen Angaben ergänzt oder die unterlassenen Angaben nachholt, wird wegen dieser Steuerstraftaten nicht nach § 370 bestraft. ²Die Angaben müssen zu allen unverjährten Steuerstraftaten einer Steuerart, mindestens aber zu allen Steuerstraftaten einer Steuerart innerhalb der letzten zehn Kalenderjahre erfolgen.

---

18 Dillenburger/Fest ESt und AO, 31 ff., 47 ff.
19 Hierzu Reichling NJW 2013, 2233 (2234).

...

Unter einer Selbstanzeige versteht man eine **korrigierte Steuererklärung**, die sämtliche erforderlichen Angaben zum steuerbaren Sachverhalt **vollständig** und **abschließend** aufführt. Diese gesetzliche Regelung existiert bereits seit dem Jahre 1919. Der Gesetzgeber hat trotz oftmals erheblicher Kritik an dem Institut der strafbefreienden Selbstanzeige bis heute an dieser festgehalten. Durch die Möglichkeit der strafbefreienden Selbstanzeige wird zudem das Problem gelöst, dass der Steuerpflichtige zum einen im Besteuerungsverfahren zur Mitwirkung verpflichtet ist, zum anderen aber der strafrechtliche Grundsatz besteht, dass niemand zur Selbstbelastung gezwungen werden kann. Eine strafbefreiende Teilselbstanzeige ist nicht möglich.[20]

Die Selbstanzeige muss beim **zuständigen Finanzamt** eingehen, bevor der für den Steuerpflichtigen **zuständige Sachbearbeiter** des Finanzamtes Kenntnis von der Steuerstraftat erhält. Nur eine entsprechend rechtzeitige und abschließende Erklärung lässt tatsächlich die Strafbarkeit entfallen. Spätere **ergänzende Angaben** sind nicht mehr möglich bzw. lassen die Pönalisierung des vorherigen Tuns nicht entfallen. Die Rechtzeitigkeit des Zuganges der Selbstanzeige ist häufig schwer abzuschätzen. Der Berater eines Steuerpflichtigen hat keine Kenntnis, welche Informationen über die Steuerstraftat dem Finanzamt bereits vorliegen. Hierdurch besteht die Gefahr durch eine Selbstanzeige dem Finanzamt weitere Erkenntnisse über den Umfang der Tat zu vermitteln, ohne die Strafbarkeit zu beseitigen. Darüber hinaus muss dem Mandanten die Bedeutung der Vollständigkeit der nachzureichenden Angaben klar vor Augen geführt werden.

Im letzteren Falle dürfte selbst die **fahrlässige Unkenntnis des Erben** hinsichtlich etwaiger weiterer steuerbarer Vorgänge des Erbes,[21] die dann aus diesem Grund nicht erklärt werden, die Strafbarkeit des Erben nicht entfallen lassen.

Die Selbstanzeige ist mit entsprechenden **Belegen**, etwa Kontoauszügen, zu versehen. Dies kann besonders bei Vermögenswerten im Ausland für den erklärenden Erben mit erheblichen Schwierigkeiten der Beibringung verbunden sein und muss bei der Beratung in zeitlicher Hinsicht unbedingt berücksichtigt werden.

Nach § 371 Abs. 1[22] bleibt straffrei, wer bei einer unverjährten Steuerstraftat die unzutreffenden Angaben vollständig gegenüber der Finanzbehörde richtigstellt, ergänzt oder nachholt. Allerdings ist insbesondere nach § 371 Abs. 2 Nr. 3 nicht stets Straffreiheit zu erlangen. Eine Selbstanzeige kann nicht strafbefreiend wirken, wenn die Steuerverkürzung oder der erlangte Steuervorteil je Tat nunmehr **25.000 EUR** übersteigt. § 371 Abs. 1 AO stellt außerdem nunmehr klar, dass die Selbstanzeige Angaben zu allen unverjährten Steuerstraftaten einer Steuerart, jedenfalls innerhalb der vergangenen zehn Jahre, umfassen muss. Dies stellt zum 1.1.2015 eine deutliche Verschärfung gegenüber der bisherigen Rechtslage dar, da bis zum 31.12.2014 noch ein Steuervorteil von 50.000 EUR eine strafbefreiende Selbstanzeige ermöglichte. Darüber hinaus ist zu berücksichtigen, dass der **Berichtigungszeitraum** nunmehr **10 Kalenderjahre** umfasst. Gemäß § 398 a AO hat der Steuerpflichtige darüber hinaus einen nach der Höhe der hinterzogenen Steuer zu bemessenden Geldbetrag nebst Zinsen zu zahlen.

Soweit dem Steuerpflichtigen eine Prüfungsanordnung zu einer **Außenprüfung** bekannt gegeben wird, ist die Möglichkeit einer Selbstanzeige für die betroffenen Beteiligten ausgeschlossen. Aufgrund des geänderten § 371 Abs. 2 wurde somit der Zeitpunkt, in dem eine Steuerhinterziehung bereits als entdeckt gilt, erheblich nach vorne verlagert. Bisher reichte nämlich die bloße Bekanntgabe der Prüfungsanordnung nicht. Die praktischen Folgen sind erheblich, da oftmals der Eingang der Prüfungsanordnung Anlass war, nunmehr eine Selbstanzeige zu fertigen. Der Prüfungsanordnung steht insoweit gleich, wenn dem Täter einer Steuerstraftat bzw. seinem Bevoll-

---

20 Vgl. Schwarzgeldbekämpfungsgesetz vom 28.4.2011; BGBl. I 2011, 676; BGH DStR 2010, 1133; BGHSt 55, 180.
21 MüKoStGB/Kohler AO § 371 Rn. 9.
22 Änderung aufgrund des Schwarzgeldbekämpfungsgesetzes 2011, BGBl. I 2011, 676.

mächtigten die Existenz eines Straf- oder Bußgeldverfahrens bekannt gegeben worden ist, selbstverständlich auch wie früher, wenn ein Mitglied der Steuerverwaltung mit der Intention einer Prüfung erscheint. Keine Selbstanzeige ist zudem möglich, wenn eine **Umsatzsteuer- oder Lohnsteuernachschau** erfolgt. Unter einer solchen Nachschau versteht man ein besonderes Verfahren zur zeitnahen Aufklärung steuererheblicher Sachverhalte.

20 Eine Selbstanzeige ist schließlich nicht mehr möglich, wenn ein **Regelbeispiel** des § 370 Abs. 3 Satz 2 Nr. 2–5 AO vorliegt. Besonders schwere Fälle der Steuerhinterziehung sind damit aus der Möglichkeit der Selbstanzeige ausdrücklich herausgenommen worden.

21 Das Gesetz sieht als Verantwortliche nunmehr die „an der Tat Beteiligten" vor. Die Sperrwirkung der Bekanntgabe einer Prüfungsanordnung nach § 196 trifft damit Täter und Beteiligte gleichermaßen. § 371 Abs. 3 knüpft darüber hinaus nunmehr ausdrücklich die Straffreiheit an die Zahlung von Hinterziehungszinsen.

22 Scheitert die Selbstanzeige an der 25.000 EUR-Grenze kann der Täter lediglich noch nach § 398a ein **Strafverfolgungshindernis**[23] zu seinen Gunsten erlangen, wenn er die hinterzogenen Steuern nachzahlt und außerdem einen weiteren Betrag zahlt.

23 Seit dem 1.1.2015 ist dieser Zuschlag, jeweils in Relation zu der Höhe der hinterzogenen Steuern, gestaffelt. So sind 10 % der hinterzogenen Steuer zu zahlen, wenn der Hinterziehungsbetrag 100.000 EUR nicht übersteigt. 15 % der hinterzogenen Steuer sind zu zahlen, wenn der Hinterziehungsbetrag zwischen 100.000 EUR und 1.000.000 EUR liegt. Wurden mehr als 1.000.000 EUR hinterzogen, sind 20 % der hinterzogenen Steuer zu zahlen.

24 Soweit bei einem **Miterben** eine Beteiligung einer Steuerhinterziehung nicht auszuschließen ist, empfiehlt es sich stets bei der Erstellung der Selbstanzeige diese für alle Erben zu prüfen. Bei einer Selbstanzeige handelt es sich nämlich um einen **persönlichen Strafaufhebungsgrund**,[24] der sich nur bei der Person verwirklicht, die die Selbstanzeige auch abgegeben hat.

III. Selbstanzeige gemäß § 378 Abs. 1

§ 378   Leichtfertige Steuerverkürzung

(1) ¹Ordnungswidrig handelt, wer als Steuerpflichtiger oder bei Wahrnehmung der Angelegenheiten eines Steuerpflichtigen eine der in § 370 Abs. 1 bezeichneten Taten leichtfertig begeht. ²§ 370 Abs. 4 bis 7 gilt entsprechend.

...

(3) ¹Eine Geldbuße wird nicht festgesetzt, soweit der Täter gegenüber der Finanzbehörde die unrichtigen Angaben berichtigt, die unvollständigen Angaben ergänzt oder die unterlassenen Angaben nachholt, bevor ihm oder seinem Vertreter die Einleitung eines Straf- oder Bußgeldverfahrens wegen der Tat bekannt gegeben worden ist. ²Sind Steuerverkürzungen bereits eingetreten oder Steuervorteile erlangt, so wird eine Geldbuße nicht festgesetzt, wenn der Täter die aus der Tat zu seinen Gunsten verkürzten Steuern innerhalb der ihm bestimmten angemessenen Frist entrichtet. ³§ 371 Absatz 4 gilt entsprechend.

25 Soweit lediglich eine Ordnungswidrigkeit der Steuerverkürzung gemäß § 378 Abs. 1 vorliegt, lässt eine Selbstanzeige nach § 378 Abs. 3 die Strafbarkeit entfallen. Allerdings muss diese beim zuständigen Finanzamt in dessen Herrschaftsbereich gelangt sein, bevor ein Bußgeldverfahren eingeleitet wurde. Die noch wirksame Selbstanzeige hindert daher nicht, wenn ein Außenprüfer

---

23 Hunsmann BB 2011, 2519 (2524).
24 Reichling NJW 2013, 2233 (2235); Hunsmann PStR 2013, 91 (93); Graf/Jäger/Wittig/Rolletschke Wirtschafts- und Steuerstrafrecht, 2011, FKVO § 398a Rn. 15.

der Finanzbehörde die Tat entdeckt hat.[25] Auch lässt mangelnde Vollständigkeit nicht automatisch die Wirksamkeit der Selbstanzeige entfallen,[26] solange nur nachgebessert. Auch **Sperrtatbestände** im Hinblick auf die Höhe der verkürzten Steuer fehlen.

---

[25] Mückenberger/Iannone NJW 2012, 3481.
[26] Reichling NJW 2013, 2233 (2234); Klein/Jäger AO § 378 Rn. 40.

Teil 5
Verwaltungsrecht

33. Verwaltungsrecht

Literatur:

Denniger/Lisken/Rachor, Handbuch des Polizeirechts, 7. Aufl. 2021; *Dietlein*, Rechtsnachfolge im öffentlichen Recht, 1999; *Engelhardt/App*, Verwaltungsvollstreckungsgesetz, Verwaltungszustellungsgesetz, Kommentar, 12. Aufl. 2021; *Erlenkämper/Rhein*, Verwaltungsvollstreckungsgesetz und Verwaltungszustellungsgesetz Nordrhein-Westfalen, Kommentar für die Praxis, 4. Aufl. 2010; *Grüneberg*, Bürgerliches Gesetzbuch Kommentar, 81. Aufl. 2022; *Guckelberger*, Rechtnachfolgeprobleme im Baurecht, VerwArch 1999, 499; *Gusy*, Polizei- und Ordnungsrecht, 10. Aufl. 2017; *Johlen/Oerder*, Münchner Anwalts Handbuch Verwaltungsrecht, 4. Aufl. 2017; *Hüttenhain*, Sachbezogene Regelungen und Rechtsnachfolge im Verwaltungsrecht, 1973; *Kloepfer*, Umweltrecht, 4. Aufl. 2016; *Knöpfel*, Die Nachfolge in verwaltungsrechtliche Rechts- und Pflichtstellungen, in: Spanner, Hans/Lerche, Peter u. a., Festgabe für Theodor Maunz zum 70. Geburtstag am 1. September 1971, 1971; *Lisken/Denninger*, Handbuch des Polizeirechts: Gefahrenabwehr, Strafverfolgung, Rechtsschutz, 5. Aufl. 2012; *Müller*, Notwendige Beiladung bei Rechtsnachfolge in die Streitsache, NJW 1985, 2244; *v. Mutius*, Verwaltungsvollstreckung gegen den Rechtsnachfolger, VerwArch, 1980, 93; *Ossenbühl*, Zur Haftung des Gesamtrechtsnachfolgers für Altlasten, 1995; *Ossenbühl*, Die Rechtsnachfolge des Erben in die Polizei- und Ordnungspflicht, NJW 1986, 1992; *Pieroth/Bernhard/Kniesel*, Polizei und Ordnungsrecht: mit Versammlungsrecht, 9. Aufl. 2016; *Posser/Wolff*, VwGO Beck´scher Online-Kommentar, München Stand: 1.4.2022 Edition 61; *Rau*, Rechtsnachfolge in Polizei- und Ordnungspflichten, Jura 2000, 37; *Stadie*, Rechtsnachfolge im Verwaltungsrecht, DVBl. 1990, 501; *Schenke*, Polizei- und Ordnungsrecht, 11. Aufl. 2021; *Schoch*, Grundfälle zum Polizei- und Ordnungsrecht, JuS 1994, 1026; *Schoch/Schneider/Bier*, Verwaltungsgerichtsordnung Kommentar, Stand Februar 2022, 42. Ergänzungslieferung; *Stein*, Fälle und Erläuterungen zum Polizei- und Ordnungsrecht, 2. Aufl. 2004; *Stelkens/Bonk*, Verwaltungsverfahrensgesetz Kommentar, 9. Aufl. 2018; *Spannowsky*, Probleme der Rechtsnachfolge im Verwaltungsverfahren und im Verwaltungsprozeß, NVwZ 1992, 436; *Vogel/Martens*, Gefahrenabwehr. Allgemeines Polizeirecht (Ordnungsrecht) des Bundes und der Länder, 9. Aufl. 1986; *Würtenberger/Heckmann/Riggert*, Polizeirecht in Baden-Württemberg, 6. Aufl. 2005.

A. Einführung	1	III. Öffentlich-rechtlicher Vertrag	21
B. Bestattungspflicht	4	D. Verfahrensrecht	24
C. Rechtsnachfolge im Verwaltungsrecht	12	I. Verwaltungsprozess	25
I. Pflichtennachfolge	13	II. Verwaltungsverfahren	28
II. Begünstigende Verwaltungsakte	17	III. Verwaltungsvollstreckung	36

A. Einführung

Regelmäßig zeigen aktuelle Entscheidungen und Veröffentlichungen, dass an der praktisch wichtigen Schnittstelle zwischen erbrechtlichen Regelungen und öffentlichem Recht Zweifelsfragen entstehen. Diese betreffen nicht nur die durch den Erbfall unmittelbar ausgelösten, öffentlich-rechtlichen Pflichten wie die Bestattungspflicht nach den jeweiligen Landesgesetzen. Auch die Frage, welche öffentlich-rechtlichen Pflichten und Rechte in welchem Umfange durch Gesamtrechtsnachfolge übergehen, gibt nach wie vor Anlass zu gerichtlichen Entscheidungen. In diesem Beitrag soll daher versucht werden, die in der Praxis häufigsten Konstellationen darzustellen. Hierbei werden zunächst die mit dem Erbfall entstehenden Ordnungspflichten nach den Bestattungsgesetzen der Länder untersucht. Diese Pflichten knüpfen grundsätzlich nicht an die Erbenstellung an. Dementsprechend erfolgt auch die Kostentragung abweichend von den erbrechtlichen Vorgaben. 1

Von zentraler Bedeutung ist die Frage, welche öffentlich-rechtlichen Rechtspositionen rechtsnachfolgefähig sind. Dieses betrifft nicht nur Pflichten, sondern auch Rechte, also insbesondere Genehmigungen, Konzessionen, Gestattungen, Erlaubnisse etc. 2

Schließlich soll versucht werden, anhand typischer Konstellationen aufzuzeigen, welche Besonderheiten in verfahrensrechtlicher Hinsicht zu beachten sind. Damit ist die praktisch wichtige Frage angesprochen, welche Auswirkungen der Erbfall auf das Verwaltungsverfahren, das Wi- 3 derspruchsverfahren und das verwaltungsgerichtliche Verfahren, insbesondere laufende Fristen, und nicht zuletzt Maßnahmen der Verwaltungsvollstreckung hat.

B. Bestattungspflicht

4 Wechselwirkungen zwischen dem öffentlichen Recht und dem Erbrecht ergeben sich nicht erst dann, wenn Rechte und Pflichten übergeleitet werden. Bereits der Erbfall begründet unmittelbar öffentlich-rechtliche Pflichten in Bezug auf den Leichnam. Die **Pflicht zur Leichenschau** und zur Bestattung sind Gegenstände des besonderen Ordnungsrechtes und damit der Gesetzgebung der Länder. Die Länder bestimmen in ihren jeweiligen Bestattungsgesetzen recht unterschiedlich, wer verpflichtet ist, Leichenschau und Bestattung zu veranlassen.

5 Lediglich das Bestattungsgesetz in Rheinland-Pfalz sieht vor, dass vorrangig der **Erbe zur Durchführung der Bestattung** verpflichtet ist.[1] Auch in Rheinland-Pfalz gilt allerdings, dass der Erbe nur dann herangezogen wird, wenn dieser bekannt ist. Lässt sich dieser nicht eindeutig ermitteln, so werden wie in den anderen Bundesländern in zT unterschiedlicher Reihenfolge Ehegatten, Kinder, Eltern, Geschwister, Großeltern und Enkelkinder herangezogen.[2] In sämtlichen Bundesländern sollen die jeweils aufgeführten Angehörigen in der Reihenfolge der Erwähnung zur Bestattung verpflichtet sein.

6 Eine ganze Reihe von Bundesländern beschränkt die Haftung der Kinder und Enkelkinder auf **volljährige Abkömmlinge**.[3] Während die Mehrzahl der Bundesländer auch den eingetragenen Lebenspartner für bestattungspflichtig erklärt,[4] enthält das bayerische Landesrecht einen Vorbehalt zugunsten der Gemeinden, die den Kreis der Bestattungspflichtigen selbstständig bestimmen können, sieht bei Fehlen solcher Regelungen allerdings auch eine Haftung von Neffen und Nichten sowie Verschwägerten vor.[5] Ähnlich weit ist der Kreis der Bestattungspflichtigen nur noch in Hamburg gewählt, wo sogar Stiefkinder, Stiefgeschwister und Verlobte herangezogen werden können.[6]

7 Regelmäßig neueren Datums sind Bestimmungen, die den Aspekt berücksichtigen, dass der Erblasser bereits zu Lebzeiten einen entsprechenden **Bestattungsvertrag** abgeschlossen haben kann. Um in solchen Fällen den Rückgriff auf die Angehörigen auszuschließen, werden in einigen Bundesländern vor diesem Hintergrund die zu Lebzeiten Beauftragten auch als vorrangig ordnungspflichtig angesehen.[7] In einigen Bundesländern wird zudem versucht, auch die nichtehelichen bzw. nicht eingetragenen Lebenspartner in die Haftung zu nehmen,[8] zum Teil unter Rückgriff auf die gesetzliche Definition der Bedarfsgemeinschaft in § 7 SGB II.[9]

8 Erfüllt keiner der nach dem Landesrecht Verpflichteten die Bestattungspflicht, so wird regelmäßig die örtliche **Ordnungsbehörde** tätig. Die für die Bestattung aufgewendeten Kosten lassen

---

1 § 9 Abs. 1 S. 1 BestG RLP.
2 § 9 Abs. 1 S. 2 BestG RLP; § 20 Abs. 1 BbgBestG; § 16 Abs. 2 iVm § 4 Abs. 1 S. 1 Nr. 1 LeichenWesG Brem; § 10 Abs. 1 S. 3 iVm § 22 Abs. 4 HambBestattG; § 9 iVm § 13 Abs. 2 FBG Hessen; § 9 Abs. 2 BestattG M-V; § 8 Abs. 3 BestattG Nds.; § 8 Abs. 1 BestG NRW; § 31 Abs. 1 iVm § 21 Abs. 1 Nr. 1 BestattG BW; § 16 Abs. 1 BestG Bln; § 26 Abs. 1 BestG Saarland; § 10 Abs. 1 S. 2 SächsBestG; § 14 Abs. 2 S. 1 iVm § 10 Abs. 2 S. 1 BestattG LSA; § 13 Abs. 2 iVm § 2 Nr. 12 BestattG SHL; § 18 Abs. 1 ThürBestG.
3 § 31 Abs. 1 iVm § 21 Abs. 1 BestattG BW; § 16 BestG Bln; § 16 Abs. 2 iVm § 4 Abs. 1 S. 1 Nr. 1 LeichenWesG Brem; § 8 Abs. 1 BestG NRW; § 14 iVm § 10 Abs. 2 S. 1 BestattG LSA.
4 § 31 Abs. 1 iVm § 21 Abs. 1 Nr. 1 BestattG BW; § 20 Abs. 1 BbgBestG; § 16 Abs. 2 LeichenWesG Brem; § 10 Abs. 1 S. 3 iVm § 22 Abs. 4 HambBestattG; § 9 iVm § 13 Abs. 2 FBG Hessen; § 9 Abs. 2 BestattG M-V; § 8 Abs. 1 BestG NRW; § 26 Abs. 1 BestG Saarland; § 10 SächsBestG; § 14 i. V. § 10 Abs. 2 S. 1 BestattG LSA; § 13 Abs. 2 iVm § 2 Nr. 12 lit. b BestattG SHL; § 18 Abs. 1 Nr. 2 ThürBestG.
5 § 15 Abs. 1 iVm § 1 Abs. 1 S. 2 Nr. 1 BestV Bayern; hierzu VGH München NJW 2017, 344 (345).
6 § 10 Abs. 1 S. 3 iVm § 22 Abs. 4 HambBestattG.
7 § 14 Abs. 2 S. 1 2. Hs. BestattG LSA; § 13 Abs. 2 S. 1 2. Hs. BestattG SHL; § 18 Abs. 1 ThürBestG.
8 § 20 Abs. 1 Nr. 7 BbgBestG; § 10 Abs. 1 S. 3 iVm § 22 Abs. 4 lit. q) HambBestattG; § 9 Abs. 2 Nr. 8 BestattG M-V; § 18 Abs. 1 Nr. 8 ThürBestG.
9 § 26 Abs. 1 Nr. 5 BestG Saarland; § 10 Nr. 5 SächsBestG.

sich dann als Kosten der Ersatzvornahme nach den jeweiligen landesrechtlichen Bestimmungen per Leistungsbescheid gegen den oder die Ordnungspflichtigen, ggfls. als Gesamtschuldner, festsetzen. Gegen eine solche Inanspruchnahme per Leistungsbescheid bestehen keine erbrechtlichen Einwendungen. Auf die Ausschlagung der Erbschaft kommt es daher ebenso wenig an wie auf die Verletzung der Unterhaltspflicht durch den Erblasser oder zerrüttete Familienverhältnisse insgesamt.[10]

Lediglich im Falle erkennbarer **wirtschaftlicher Leistungsunfähigkeit** besteht ein Anspruch des Ordnungspflichtigen gegen die Behörde auf Ausübung des Ermessens, insbesondere die ermessensfehlerfreie Prüfung, ob eine unbillige Härte im Sinne der allgemeinen Vorgaben des Verwaltungsvollstreckungs- und Abgabenrechts der Länder besteht.[11]

Wer die Bestattung als Pflichtiger im Sinne des Bestattungsrechtes der Länder durchgeführt hat oder als solcher nach Ersatzvornahme in Anspruch genommen wird, muss nicht notwendigerweise derjenige sein, der nach den erbrechtlichen Regelungen der §§ 1968, 1615, 1615m BGB auch materiell die Kosten der Bestattung zu tragen hat. Klarstellend weisen daher eine Vielzahl von landesrechtlichen Bestimmungen darauf hin, dass die Regelungen zur Kostentragung durch die ordnungsrechtlichen Bestimmungen unberührt bleiben.[12] Soweit der nach dem bürgerlichen Recht für die Bestattungskosten Verantwortliche greifbar und leistungsfähig ist, besteht somit der Rückgriff für die in Erfüllung der ordnungsbehördlichen Bestattungspflichten aufgewendeten oder behördlich auferlegten Kosten.

In praktischer Hinsicht ergibt sich somit stets die Notwendigkeit, die öffentlich-rechtlich bestehenden Pflichten zur Bestattung auch unabhängig von der Klärung erbrechtlicher Fragen entsprechend den landesrechtlich festgelegten Verantwortlichkeiten zu erfüllen. Soweit dieses erfolgt ist, kann der nach den Bestattungsgesetzen der Länder in Anspruch genommene Angehörige die Ansprüche gegen die nach dem Zivilrecht materiell Verpflichteten verfolgen. Werden die öffentlich-rechtlichen Verpflichtungen durch keinen der bestattungspflichten Angehörigen erfüllt, so erfolgt die verwaltungsrechtliche Ersatzvornahme, deren Kosten per Leistungsbescheid festgesetzt werden. Gegen diese Kostenforderung lassen sich erbrechtliche Einwendungen nicht erheben.

C. Rechtsnachfolge im Verwaltungsrecht

Viele Lebensbereiche sind von öffentlich-rechtlichen Genehmigungen, Gestattungen und Erlaubnissen ebenso geprägt wie von öffentlich-rechtlichen Pflichten. Häufig ist die berufliche Tätigkeit an öffentlich-rechtliche Zulassungstatbestände gebunden. Mit dem Begriff der Rechtsnachfolge im öffentlichen Recht ist damit nicht nur die Frage umfasst, in welche unmittelbaren Pflichten der Erbe als Gesamtrechtsnachfolger eintritt, sondern auch die Frage, **welche Erlaubnisse** sich als **rechtsnachfolgefähig** erweisen.

I. Pflichtennachfolge

Dass **öffentlich-rechtliche Pflichten** grundsätzlich nachfolgefähig sind, entspricht der ständigen Rechtsprechung des Bundesverwaltungsgerichts seit dem Jahre 1956.[13] Die Universalsukzession nach § 1922 BGB erstreckt sich grundsätzlich auch auf öffentlich-rechtlich bestehende Pflichten.[14] Gesetzliche Bestimmungen, die eine Nachfolgefähigkeit rechtlicher Positionen zumindest

---

10 OVG Schleswig v. 27.4.2015 – 2 LB 28/14; VG Chemnitz LKV 2011, 187, mwN.
11 Vgl. VG Düsseldorf 4.2.2013 – 23 K 7521/11; zitiert nach juris Rn. 97 mwN; VG Gelsenkirchen NWVBl. 2013, 303.
12 § 16 Abs. 4 BestG Bln; § 9 Abs. 3 S. 4 BestattG M-V; § 20 Abs. 4 BbgBestG; § 18 Abs. 3 Thür-BestG; § 26 Abs. 3 BestG Saarland.
13 BVerwG BVerwGE 3, 208 (210).
14 BVerwG BVerwGE 3, 208 (210); BVerwG BVerwGE 21, 302; BGH BGHZ 72, 56; Grüneberg/Weidlich BGB § 1922 Rn. 40 ff.

voraussetzen, finden sich in der Abgabenordnung,[15] dem Sozialrecht[16] oder dem Recht der Ordnungswidrigkeiten.[17] Im Verwaltungsrecht insgesamt soll der Übergang von öffentlich-rechtlichen Pflichten auf die Erben möglich sein, soweit keine Sonderregelungen bestehen oder »sich aus dem öffentlich-rechtlichen Rechtsverhältnis Abweichendes herleiten lässt.«[18] Diese wenig griffige Definition wurde in späteren Entscheidungen des Bundesverwaltungsgerichts dadurch ergänzt bzw. abgelöst, dass nach der **Vertretbarkeit der Handlung** unterschieden wurde.[19] Die auf eine vertretbare Handlung bezogene Pflicht soll stets nachfolgefähig sein, die in einer unvertretbaren Handlung bestehende Pflicht demgegenüber nicht. Diese Anlehnung an Begriffe, die aus den §§ 887, 888 ZPO hinlänglich bekannt sind, ließ sich dann allerdings nicht konsequent durchhalten. Das Zwangsgeld, das nun unzweifelhaft auch durch einen Dritten gezahlt werden kann und damit eine vertretbare Handlung im Sinne des § 887 ZPO darstellen würde, war nach der Rechtsprechung ebenso wie die zugrunde liegende Zwangsgeldandrohung nicht rechtsnachfolgefähig, da es sich um ein Zwangsmittel handeln soll, dass auf den Schuldner persönlich einwirken soll.[20]

14 Auch der Literatur ist es nicht recht gelungen, eine greifbare und allgemeingültige Abgrenzung zwischen öffentlich-rechtlichen Pflichten, die zumindest im Rahmen der Gesamtrechtsnachfolge übergehen, und solchen, die nicht übergangsfähig sind, zu finden. Man versucht ua danach zu differenzieren, ob die Pflicht auf der **Handlungs- oder Zustandsverantwortlichkeit** beruht. Bei der Zustandsverantwortlichkeit, einer eher sachbezogenen Verantwortlichkeit, liege die Übergangsfähigkeit nahe.[21] Andere sehen im Falle der sachbezogenen Zustandsverantwortlichkeit keinerlei Notwendigkeit, eine Rechtsnachfolge zu prüfen, da die Zustandsverantwortlichkeit in der Person des Rechtsnachfolgers unmittelbar neu entsteht.[22] Ebenso wird danach differenziert, ob die Verantwortlichkeit noch »unfertig«, also abstrakt, oder schon konkret festgestellt ist.[23] Weiterhin soll es darauf ankommen, ob es sich bei der zugrunde liegenden Entscheidung um eine Ermessensentscheidung handelt. Wo das zu bejahen ist, sei eine Rechtsnachfolge ausgeschlossen.[24] Durchgesetzt hat sich diese Auffassung erkennbar nicht: Die Mehrzahl der Eingriffsermächtigungen aus dem allgemeinen und besonderen Ordnungsrecht sehen das Ermessen der Ordnungsbehörden vor. An der Rechtsnachfolgefähigkeit der entsprechenden Pflichten lässt die Rechtsprechung keine Zweifel.[25]

15 Den Stand dieser Diskussionen kann man praxisnah wie folgt zusammenfassen: Grundsätzlich gehen öffentlich-rechtliche Pflichten auf den Gesamtrechtsnachfolger über. Das gilt unabhängig davon, ob es sich um noch abstrakte oder bereits konkretisierte Pflicht handelt. Wenn sich eine Verpflichtung auf eine unvertretbare Handlung bezieht, dann kann man davon ausgehen, dass diese Pflicht nicht rechtsnachfolgefähig ist. Der Umkehrschluss, dass jede in einer vertretbaren Handlung bestehende Pflicht auch gleichzeitig rechtsnachfolgefähig ist, ist nicht zulässig, wie die Konstellation der Androhung und Festsetzung von Zwangsgeldern zeigt.[26]

16 Rechtsnachfolgefähig sind damit insbesondere **sachbezogene Ordnungspflichten** wie die **Auflagen** zu einer Baugenehmigung, bauordnungsrechtliche **Verfügungen** wie die Stilllegungsan-

---

15 § 45 Abs. 1 S. 1 AO.
16 § 57 Abs. 2 S. 2 SGB I.
17 § 101 OWiG.
18 BVerwG BVerwGE 64, 105 mwN.
19 BVerwG NVwZ 2012, 888.
20 BVerwG NVwZ 2012, 889; VG Gelsenkirchen 3.9.2010 – 6 L 825/10.
21 Stein/Paintner, 204 ff.
22 Schenke Rn. 293; Pieroth/Schlink/Kniesel § 9 Rn. 58; Denninger/Lisken/Rachor/Denninger, Handbuch des Polizeirechts, 2012 D. Rn. 125; Schoch JuS 1994, 1026 (1030).

23 Stadie DVBl 1990, 501 (505 f.); BeckOK VwGO/Schmidt-Kötters § 42 Rn. 125; Dietlein, 98 ff.; Rau JURA 2000, 37; Schoch JuS 1994, 1026 (1029).
24 Stein/Paintner, 205; Schoch JuS 1994, 1026 (1031).
25 BVerwG 16.3.2006 – 7 C 3.05; OVG NRW 7.11.1995 – 11 A 5922/94; VGH BW NVwZ 1986, 942; Stadie DVBl 1990, 501.
26 BVerwG 10.1.2012 – 7 C 6.11, NVwZ 2012, 889; VG Gelsenkirchen 3.9.2010 – 6 L 825/10; Mutius VerwArch 1980, 93 (99).

ordnung und Abrissverfügung[27] und zwar unabhängig davon, ob der Landesgesetzgeber die Rechtsnachfolge gesondert geregelt hat.[28] Gleiches gilt für **Betreiberpflichten** und **Sanierungspflichten** im Umweltrecht.[29]

II. Begünstigende Verwaltungsakte

Spiegelbildlich zu den öffentlich-rechtlichen Pflichten verhält sich die Rechtsnachfolge bei **Genehmigungen, Gestattungen, Erlaubnissen** etc. Auch dort ist die von der Person des Erlaubnisinhabers nicht trennbare Genehmigung grundsätzlich nicht rechtsnachfolgefähig. Für sachbezogene Erlaubnisse kann man grundsätzlich von der Rechtsnachfolgefähigkeit ausgehen.

Rechtsnachfolgefähig ist damit jedenfalls die **Baugenehmigung** (mit allen Auflagen)[30] sowie Sachkonzessionen. Dieses betrifft anlagenbezogene Genehmigungen nach dem BImschG oder dem Wasserhaushaltsgesetz,[31] die für die Praxis der erbrechtlichen Rechtsnachfolge allerdings kaum eine Rolle spielen werden.

Höchstpersönliche öffentlich-rechtliche Positionen sind demgegenüber nicht rechtsnachfolgefähig.[32] Das leuchtet für die Fahrerlaubnis, die Approbation, die Zulassung zur Rechtsanwaltschaft, die Rechte aus dem Beamtenverhältnis etc unmittelbar ein.

Als personenbezogene Genehmigung erlischt auch die Erlaubnis zum selbstständigen **Betrieb** eines **Handwerks** gemäß § 1 HandwO. Allerdings bietet § 4 HandwO Erleichterungen für den überlebenden Ehegatten und den Erben in Bezug auf die **Fortführung des Betriebes**. Ähnliches ist für die **Gaststättenkonzession** nach § 2 GastG vorgesehen. Diese erlischt grundsätzlich mit dem Tod des Erlaubnisinhabers, auch wenn die Gaststättenerlaubnis sachbezogene Voraussetzungen hat. Die Nachfolge erleichtert § 10 GastG. In diese Reihe besonderer Übergangsbestimmungen gehört auch § 46 GewO, der Erleichterungen für die **Fortführung überwachungsbedürftiger Gewerbe** vorsieht. Ebenfalls gesondert gesetzlich geregelt ist die Rechtsnachfolge bei der **Taxikonzession** gemäß §§ 1,3 PBefG. Der Erbe hat unter den in § 19 PBefG geregelten Voraussetzungen die Möglichkeit, das Unternehmen vorläufig weitzuführen oder die Befugnis auf einen Dritten zu übertragen. Voraussetzung für diese Genehmigungen sind trotz des Sachbezuges **persönliche Qualifikationen** und Eigenschaften, die auch beim Übergang des Betriebs im Wege der Rechtsnachfolge **gewährleistet** sein müssen.[33]

III. Öffentlich-rechtlicher Vertrag

Nach den §§ 54 ff. der Verwaltungsverfahrensgesetze des Bundes und der Länder können Rechtsverhältnisse auf dem Gebiet des öffentlichen Rechtes auch durch Vertrag begründet, geändert oder aufgehoben werden. Der öffentlich-rechtliche Vertrag kann einen Verwaltungsakt ersetzen. Er tritt auch als materieller (Prozess-)Vergleichsvertrag iSd § 106 VwGO iVm § 55 VwVfG in Erscheinung. Er ist gemäß § 57 VwVfG schriftlich zu schließen. Gemäß § 61 VwVfG kann sich jede Seite der sofortigen Zwangsvollstreckung unterwerfen.

Die Frage, ob Rechte und Pflichten aus solchen öffentlich-rechtlichen Verträgen rechtsnachfolgefähig sind, hängt zunächst davon ab, ob der Vertrag entsprechende **Klauseln** enthält.[34] Für die praktisch wichtige Sonderform der öffentlich-rechtlichen Verträge, nämlich den städtebaulichen Vertrag im Sinne des § 11 BauGB, sind Rechtsnachfolgeklauseln Standard. Es gibt aller-

---

27 OVG Koblenz 26.7.1983 – 8 A 62/83; VG Ansbach 16.4.2003 – 4 L 526/03; OVG NRW 1.8.2003 – 7 B 968/03; VG Aachen 25.9.2008 – 5 K 1664/06; HessVGH 1.3.1976 – BRS 30 Nr. 166.
28 So in Hessen: § 53 Abs. 5 HBO.
29 Umfassend: Kloepfer § 13 Rn. 293 ff.
30 Guckelberger VerwArch 1999, 499 ff.
31 MAH VerwR/Kothe § 13 Rn. 85 f.
32 Knöpfel Festgabe Theodor Maunz, 1971, 229; BeckOK VwGO/Schmidt-Kötters § 42 Rn. 124.
33 Knöpfel spricht insoweit von »gemischten Verfügungen«, vgl. Knöpfel Festgabe Theodor Maunz, 1971, 238 f.
34 Zuletzt OVG Lüneburg 14.7.2022 – 1 ME 58/22, juris Rn. 29.

dings auch eine Vielzahl öffentlich-rechtlicher Verträge, die ohne Nachfolgeklauseln geschlossen wurden. Das hat nicht zur Folge, dass Rechte und Pflichten aus einem öffentlich-rechtlichen Vertrag mit dem Erbfall enden. Soweit durch den Erbfall keine Umstände eintreten, die eine Anpassung oder Aufhebung des Vertrages nach § 60 VwVfG rechtfertigen, sind auch die Rechte und Pflichten aus einem öffentlich-rechtlichen Vertrag nach den allgemeinen Regeln rechtsnachfolgefähig.

23 Nur in dem praktisch sehr ungewöhnlichen Fall, dass höchstpersönliche Rechte oder Pflichten Gegenstand eines öffentlich-rechtlichen Vertrages geworden sind, wird man die Rechtsnachfolgefähigkeit ablehnen müssen.[35] Dort, wo auch die Rechtsposition rechtsnachfolgefähig ist, tritt der Gesamtrechtsnachfolger auch in den öffentlich-rechtlichen Vertrag ein. Für rein schuldrechtliche Verpflichtungen wird die Nachfolgefähigkeit verneint, in den Fällen, in denen ein Prozessvergleich einen dinglichen Verwaltungsakt ergänzt oder ersetzt, bejaht.[36]

D. Verfahrensrecht

24 Gerade für die Praxis anwaltlicher Beratung spielen verfahrensrechtliche Fragen eine wesentliche Rolle. Daher ist zu untersuchen, welche Auswirkungen der Erbfall auf den Verwaltungsprozess, das laufende Verwaltungsverfahren sowie die Verwaltungsvollstreckung haben.

I. Verwaltungsprozess

25 Tritt der Erbfall im laufenden verwaltungsgerichtlichen Verfahren ein, so soll nach allgemeiner Auffassung gemäß § 173 VwGO iVm § 239 ZPO die Unterbrechung des Verfahrens eintreten.[37] Damit tritt die Unterbrechung auch in verwaltungsgerichtlichen Verfahren kraft Gesetzes ein. Im Falle der anwaltlichen Vertretung bedarf es gemäß § 173 VwGO iVm § 246 ZPO eines entsprechenden Antrages des Prozessbevollmächtigten.

26 Mit dieser rein prozessualen Regelung zur **Unterbrechung bzw. Fortsetzung des Verfahrens** im Falle des Todes eines Verfahrensbeteiligten ist noch keine Aussage dazu verbunden, ob die von dem Erblasser erhobene Klage nach dessen Tode zulässig und begründet bleibt. Sind höchstpersönliche, nicht nachfolgefähige Rechtspositionen Gegenstand des Verfahrens, so wird die Klage regelmäßig mangels Klagebefugnis im Sinne des § 42 Abs. 2 VwGO unzulässig, jedenfalls aber unbegründet. Anzuraten ist dann die Erledigung und Kostenentscheidung gemäß § 161 Abs. 2 VwGO.[38]

27 Sind Gegenstand des Verfahrens demgegenüber **rechtsnachfolgefähige Positionen**, so ist jedenfalls der Gesamtrechtsnachfolger gut beraten, das Verfahren zulässigerweise fortzusetzen, soweit entsprechende Erfolgsaussichten bestehen. Andernfalls wird er eine nachteilige, behördliche Entscheidung, die mit Rücknahme der Klage bestandskräftig wird, gegen sich gelten lassen müssen.

II. Verwaltungsverfahren

28 In den Verwaltungsverfahrensgesetzen des Bundes und der Länder finden sich keine Regelungen dazu, welche Konsequenzen der Eintritt des Erbfalls im laufenden Verwaltungsverfahren hat. Damit wird das Verwaltungsverfahren auch nicht kraft Gesetzes unterbrochen.[39]

---

35 Stelkens/Bonk/Sachs/Bonk/Neumann/Siegel VwFfG § 54 Rn. 90.
36 VGH München 21.1.2020 – 8 ZB 19.193, juris Rn. 12.
37 Schoch/Schneider/Bier/Wahl/Schütz VwGO § 42 Abs. 2 Rn. 108; Spannowsky NVwZ 1992, 426; BeckOK VwGO/ Schmidt-Kötters § 42 Rn. 127.
38 Vgl. Spannowsky NVwZ 1992, 426.
39 Vgl. Stelkens/Bonk/Sachs/Schmitz VwVfG § 13 Rn. 49 f., § 9 Rn. 205, 206.

Die Frage, ob ein Verwaltungsverfahren mit dem Wegfall der Beteiligtenfähigkeit in Folge des Todes eines Beteiligten beendet wird oder ob es mit dem Rechtsnachfolger fortgesetzt wird, kann allerdings weder offen bleiben noch steht diese Frage im Ermessen der Behörde.[40]

Grundsätzlich tritt der Gesamtrechtsnachfolger in die Rechtsstellung des Erblassers ein. Er übernimmt das Verfahren in dem Zustand, in dem es sich zum Zeitpunkt des Eintritts des Erbfalls befindet.[41]

Allerdings wird der Gesamtrechtsnachfolger nicht mit dem Erbfall Beteiligter des Verwaltungsverfahrens im Sinne der §§ 13, 11 VwVfG. **Beteiligter war der Erblasser als natürliche Person** (§ 11 Nr. 1 VwVfG). Auch im Verwaltungsverfahren endet die Beteiligtenfähigkeit mit dem Tode. Will die Behörde das Verwaltungsverfahren mit dem Gesamtrechtsnachfolger fortsetzen, so muss sie diesen als Beteiligten des Verwaltungsverfahrens führen. Dieser Aspekt hat hohe praktische Relevanz. Ein Verstorbener kann weder als Beteiligter im Sinne des § 28 VwVfG wirksam angehört werden noch kann diesem gegenüber ein Verwaltungsakt gemäß § 43 VwVfG bekannt gemacht werden. Verfahrenshandlungen, die nach dem Erbfall, allerdings noch gegenüber dem Erblasser vorgenommen werden, sind damit unwirksam. Dasselbe gilt für Verfahrenshandlungen, die gegenüber einem gemäß § 12 VwVfG nicht mehr handlungsfähigen Beteiligten vorgenommen wurden.

Wird also im Nachlass ein Anhörungsschreiben oder der Bescheid einer Behörde gefunden, die **nach Eintritt des Erbfalls** eingingen, so ist **keine wirksame Anhörung** erfolgt bzw. ist der Verwaltungsakt mangels Bekanntgabe unwirksam. Der umsichtige Erbe wird in einem solchen Falle den Erbfall gegenüber der Behörde anzeigen und um **Klarstellung** bitten, dass die entsprechende Verfahrenshandlung auch von Seiten der Behörde als unwirksam angesehen wird. Erfolgt eine solche Erklärung nicht, so lässt sich der durch den unwirksamen Verwaltungsakt begründete Rechtsschein im Wege der Feststellungsklage gemäß § 43 VwGO in einem verwaltungsgerichtlichen Verfahren beseitigen. Auch dieses setzt voraus, dass der fragliche Bescheid eine Rechtsposition betrifft, die grundsätzlich nachfolgefähig ist.

Erfolgt die **Bekanntgabe** eines Verwaltungsaktes **vor Eintritt des Erbfalls**, so kann ein Bescheid auch dann bestandskräftig werden, wenn der Erbfall vor Ablauf der Widerspruchs- bzw. Klagefrist eintritt. Um den Eintritt der Bestandskraft und die daraus resultierenden Folgen zu verhindern, hat der Gesamtrechtsnachfolger die Möglichkeit, Widerspruch bzw. Klage im eigenen Namen zu erheben, soweit der Gegenstand des Bescheides rechtsnachfolgefähig ist. Andernfalls fehlt es bereits an der Klagebefugnis bzw. dem Rechtsschutzbedürfnis.

Sollten durch Eintritt des Erbfalls die **Rechtsbehelfsfristen** von regelmäßig einem Monat versäumt worden sein, so ist an einen Antrag gem. § 60 VwGO auf Wiedereinsetzung in den vorigen Stand zu denken.

Das gilt auch für das **Widerspruchsverfahren**, das in einer Reihe von Bundesländern mittlerweile überwiegend entfällt. Eine Aussetzung des Verfahrens gemäß § 239 ZPO iVm § 173 VwGO bzw. § 79 VwVfG wird in Rechtsprechung und Literatur, soweit erkennbar, nicht vertreten. Sie würde auch dem Charakter des Widerspruchsverfahrens als Verwaltungsverfahren nicht entsprechen. Näher liegt die Anwendung der für das Verwaltungsverfahren insgesamt bestehenden Regelungen. So kann ein Widerspruchsbescheid gegenüber einem Verstorbenen nicht wirksam bekannt gemacht werden, somit in einem solchen Falle auch keine Klagefrist ausgelöst werden. Erfolgt die Zustellung des Widerspruchsbescheides vor Eintritt des Erbfalls und liegt dem Verwaltungsverfahren eine nachfolgefähige Rechtsposition zugrunde, so kann der Gesamtrechtsnachfolger das Verfahren regelmäßig fortführen.

---

40 So Spannowsky NVwZ 1992, 426 (427) unter Hinweis auf § 22 VwVfG.
41 Stadie DVBl. 1990, 506.

III. Verwaltungsvollstreckung

36 Ein Bescheid regelt nicht nur ein bestimmtes Rechtsverhältnis, sondern bildet auch die Grundlage für die Verwaltungsvollstreckung. Soweit ein Bescheid einen **vollstreckungsfähigen Inhalt** hat, was bei auf Zahlung gerichteten Leistungsbescheiden regelmäßig der Fall sein wird, stellt sich die Frage der Verwaltungsvollstreckung gegenüber den Erben bzw. in den Nachlass.

37 Das Recht der Verwaltungsvollstreckung regeln Bund und Länder ebenso wie das Verwaltungsverfahren eigenständig. Daraus resultieren deutliche Unterschiede in den gesetzlichen Vorgaben. Soweit die Verwaltungsvollstreckungsgesetze auf § 265 AO verweisen,[42] sind die Vorschriften der §§ 1958, 1960 Abs. 3, § 1961 BGB sowie der §§ 747, 748, 778, 779, 781 bis 784 ZPO entsprechend anzuwenden. Soweit das Landesrecht nicht auf § 265 AO verweist, ergeben sich ähnliche, wenn auch nicht identische Regelungen insbesondere zu § 779 Abs. 1 ZPO.[43]

38 Vor der **Einleitung der Zwangsvollstreckung** in den Nachlass bzw. gegenüber den Erben hat die Vollstreckungsbehörde zunächst zu prüfen, ob die durch Bescheid titulierte Forderung rechtsnachfolgefähig ist. Das ist wie vorstehend gezeigt regelmäßig dann problematisch, wenn es um höchstpersönliche Rechte geht. Dazu zählen auch regelmäßig Zwangsgelder und Geldbußen, die grundsätzlich nicht rechtsnachfolgefähig sind.[44]

39 Ist die **Nachfolgefähigkeit zu bejahen**, so ist die Rechtslage uneinheitlich. Im Bund und einer Reihe von Ländern finden sich keine eigenständigen Regelungen. Dort ist auf die Regelungen der §§ 256, 265 AO[45] zurückzugreifen. Unbeschadet der §§ 778, 779 ZPO, soweit diese nach dem jeweiligen Landesrecht bzw. über § 265 AO anwendbar sind, müssen somit die allgemeinen Vollstreckungsvoraussetzungen gegenüber den Erben vorliegen. Dazu gehört auch die Vollstreckungsanordnung.[46]

40 Eigenständige und umfassende Regelungen zur Rechtsnachfolge in der Verwaltungsvollstreckung sind in den Verwaltungsvollstreckungsgesetzen Sachsen-Anhalts, Saarlands, Hessens, Nordrhein-Westfalens, Schleswig-Holsteins und von Rheinland-Pfalz zu finden.[47]

41 Gemäß § 10 Abs. 1 S. 1 VwVG NRW[48] kann derjenige in Anspruch genommen werden, der nach dem bürgerlichen Recht kraft Gesetzes verpflichtet ist, für Verbindlichkeiten des Hauptschuldners zu haften oder die Verwaltungsvollstreckung in eigenes Vermögen oder in fremdes, seiner Verwaltung unterliegendem fremden Vermögen zu dulden hat.[49] Die Zahlungspflicht des Hauptschuldners bleibt öffentlich-rechtlich; allerdings hängt ihr Bestehen von einem bürgerlich-rechtlichen Haftungsverhältnis zwischen dem Hauptschuldner und dem Dritten ab.[50]

42 Einwendungen des Vollstreckungsschuldners nach § 10 Abs. 2 S. 1 VwVG NRW sind durch die Vollstreckungsbehörde zu prüfen.[51] Soweit sie die Einwendung nicht für erheblich hält und demzufolge einen Duldungs- bzw. Haftungsbescheid gegen den Dritten erlässt, ist konsequenterweise der Rechtsweg zu den ordentlichen Gerichten eröffnet. Gegenstand der gerichtlichen Überprüfung ist zunächst die bürgerlich-rechtliche Haftungs- oder Duldungspflicht.[52]

---

42 So zB § 5 VwVG Bund.
43 Vgl. § 3 S. 2 LVwVG BW; § 32 Abs. 1 Nr. 2 HambVwVG; § 23 Abs. 1 HessVwVG; § 18 Nds. VwVG; § 10 VwVG NRW; § 6 Abs. 5 VwVG RP; § 20 Abs. 4 S. 2 ThürVwZVG.
44 Engelhardt/App AO § 265 Rn. 1.
45 § 5 VwVG Bund; Art. 25 Abs. 2 BayVwZVG; § 35 HmbVwVG; § 15 Abs. 1 LVwVG BW.
46 Vgl. § 3 VwVG Bund.
47 § 10 VwVG NRW; § 6 Abs. 5 Nr. 4 iVm § 17 VwVG RP; §§ 32 Abs. 2, 4, 38 Abs. 1 SVwVG; §§ 2 Abs. 4 Nr. 3, 18 VwVG SA; §§ 264 Abs. 4, 267 VwVG SH; § 23 Abs. 2 HessVwVG.
48 Vgl. auch § 6 Abs. 2, 3, 5 iVm § 17 VwVG RP; § 32 Abs. 4 SVwVG; § 264 Abs. 4 VwVG SH; §§ 2 Abs. 4, 18, 19 Abs. 1 VwVG LSA.
49 OLG Düsseldorf 2.1.1980 – 18 W 57/79, juris; Erlenkämper/Rhein, 115.
50 Erlenkämper/Rhein, 115.
51 Ebenso Art. 21 BayVwZVG; § 17 Abs. 1 VwVG RP; § 32 Abs. 4 S. 2, 3 SVwVG; § 264 Abs. 4 S. 1 VwVG SH.
52 Erlenkämper/Rhein, 116.

D. Verfahrensrecht

Soweit jedoch ausschließlich Einwendungen gegen den Leistungsbescheid selbst durch den Rechtsnachfolger geltend gemacht werden, bleibt es bei der Zuständigkeit der Verwaltungsgerichte (vgl. § 7 VwVG NRW).[53]

43

Werden sowohl Einwendungen gegen die zivilrechtliche Haftungs- bzw. Duldungspflicht als auch den Leistungsbescheid selbst und damit die öffentlich-rechtliche Leistungspflicht geltend gemacht, so bleibt es zumindest in NRW bei der Zuständigkeit der ordentlichen Gerichte.[54] Nicht nur der effektive Rechtschutz,[55] sondern vorrangig § 17 Abs. 2 S. 1 GVG gebietet die Überprüfung unter allen rechtlichen Gesichtspunkten.

44

Die Frist des § 10 Abs. 3 S. 2 VwVG NRW zur gerichtlichen Geltendmachung beginnt mit der Zustellung der Entscheidung (in Form des Duldungsbescheids). Es handelt sich bei dieser Frist um eine Ausschlussfrist.[56]

45

Dort wo die **Rechtsschutzmöglichkeiten** des Erben auf Schuldnerseite nicht gesondert geregelt sind, bleibt es bei dem allgemeinen Rechtsschutzsystem der VwGO. § 18 VwVG Bund sowie die teilweise bestehenden, inhaltsgleichen landesrechtlichen Bestimmungen[57] begründen keine abweichende Regelung zur VwGO, sondern werden allgemein als Konkretisierung bzw. Klarstellung verstanden.[58]

46

Soweit das Gericht selbst zB bei der Vollstreckung eigener **Kostenfestsetzungsbeschlüsse** gem. §§ 169, 168 VwGO Vollstreckungsbehörde ist, lassen sich die Entscheidungen mit der Beschwerde gemäß § 146 VwGO angreifen. Im Übrigen ergeben sich gegenüber Widerspruch und Anfechtungsklage bei Maßnahmen der Verwaltungsvollstreckung keine Abweichungen zum allgemeinen verwaltungsgerichtlichen Rechtsschutz. Rechtsbehelfe gegen Maßnahmen der Verwaltungsvollstreckung haben nach den einschlägigen landesrechtlichen Vorgaben keine aufschiebende Wirkung,[59] so dass häufig ein Antrag im einstweiligen Rechtsschutz Mittel der Wahl sein wird.

47

---

53 Erlenkämper/Rhein, 121.
54 Erlenkämper/Rhein, 122.
55 Erlenkämper/Rhein, 122.
56 Erlenkämper/Rhein, 122; § 264 Abs. 4 S. 3 VwVG SH; § 17 Abs. 2, 3 VwVG RP; § 32 Abs. 4 S. 3 SVwVG.
57 § 29 HmbVwVG; § 46 Abs. 7 ThürVwZVG.
58 Engelhardt/App VwVG § 18 Rn. 1.
59 § 12 LVwVG BW; Art. 38, 39 BayVwZVG; § 16 VwVG Bbg; Art. 11 AGVwGO Brem; § 8 AGVwGO Hmb; § 99 SOG M-V; § 64 Nds SOG; § 20 AGVwGO Saarland; § 11 SächsVwVG; §§ 322, 248 LVwG SHL; § 30 ThürVwZVG.

34. Waffenrecht

Waffengesetz (WaffG)

Vom 11. Oktober 2002 (BGBl. I S. 3970, ber. S. 4592 und 2003 I S. 1957)
(FNA 7133-4)
zuletzt geändert durch Art. 228 Elfte ZuständigkeitsanpassungsVO vom 19. Juni 2020
(BGBl. I S. 1328)

– Auszug –

Einleitung

1 Nach den tragischen und verheerenden Amokläufen von Erfurt und Winnenden hat der Gesetzgeber das Waffengesetz überarbeitet und dabei erheblich verschärft. Dabei wurde in den Reformgesetzen von 2003 und 2009 auch das „Erbenprivileg" neu geregelt. Das Waffenrecht wurde zuletzt durch das Dritte Gesetz zur Änderung des Waffengesetzes (3. WaffenRÄndG) und weitere Vorschriften geändert. Der Großteil der Neuregelungen trat am 1.9.2020 in Kraft, einige bereits zum 20.2.2020. Damit wurde das deutsche Waffenrecht an die im Jahr 2017 geänderte EU-Feuerwaffenrichtlinie angepasst. Die Änderung der Richtlinie der EU-Feuerwaffenrichtlinie erfolgte als Reaktion auf die Terroranschläge von Paris im Jahre 2015.

2 Neun Jahre nach der ersten Verschärfung des Waffengesetzes im Jahre 2003 trat nach jahrelangen Verhandlungen und Ringen die Allgemeine Verwaltungsvorschrift zum Waffengesetz vom 5.3.2012 (WaffVwV) am 22.3.2012[1] in Kraft, zuletzt geändert durch Artikel 1 der Verordnung vom 1.9.2020.[2] Durch diese Verwaltungsvorschrift soll der einheitliche Vollzug des Waffengesetzes durch die Behörden der Bundesländer gewährleistet werden. Die Verwaltungsvorschrift findet ihre Ermächtigungsgrundlage in Art. 84 Abs. 2 GG. Die WaffVwV hat zunächst die Funktion einer Handlungsanweisung und Konkretisierung der vielfach sehr allgemeinen Regelungen des Waffengesetzes.

3 Sie soll die einheitliche Rechtsanwendung der Waffenbehörden sicherstellen, welche bis zum Inkrafttreten der WaffVwV durch deutlich divergierende Auslegung und Anwendung des Waffengesetzes zu erheblicher Rechtsunsicherheit bei den durch das Waffenrecht betroffenen Personenkreisen beigetragen hat. Diese Uneinheitlichkeit der Rechtsanwendung war und ist durchaus nachvollziehbar, wenn man sich vor Augen hält, dass das Waffengesetz eine Vielzahl von unbestimmten Rechtsbegriffen und technischen Begriffen ausweist und den Waffenbehörden zudem umfangreiches Ermessen bei einer Reihe von Entscheidungen einräumt.

4 Auch die WaffVwV begründet kein unmittelbar geltendes Außenrecht, sondern bindet zunächst nur die Adressaten der Verwaltungsvorschrift und damit die für den Vollzug des WaffG zuständigen Behörden. Damit begründet die WaffVwV auch keine unmittelbaren Rechte Dritter, wird allerdings für die Auslegung unbestimmter Rechtsbegriffe innerhalb der Bestimmungen des WaffG in der gerichtlichen Spruchpraxis wesentliche Bedeutung erlangen. Dies gilt uneingeschränkt auch für den Bereich der Ermessensausübung und die durch Verwaltungsvorschriften häufig eintretende Selbstbindung bei der Ausübung des Ermessens.

5 Diese systematischen Überlegungen vorangestellt, werden nachstehend die Vorschriften des Waffengesetzes mit erbrechtlichem Bezug unter Berücksichtigung der Vorgaben der WaffVwV erläutert.

6 Man stelle sich dabei folgenden Beispielfall vor: Der Erblasser, welcher selbst verwitwet war, verstirbt und seine Abkömmlinge, zu denen er seit Jahren keinen Kontakt mehr hatte, betreten

---

1 BAnz. Nr. 47a 22.3.2012.
2 BGBl. 2020 I 1977.

sein Haus und finden mehrere Waffen- und Munitionsschränke vor. Bei Sichtung der Unterlagen und der vorgefundenen Waffen- und Munitionsschränke stellt sich heraus, dass der Erblasser eine Sammlung von Ordonanzwaffen besaß und hierfür eine Sammler-WBK („Rote WBK") innehatte (siehe Ausführungen zu § 17 WaffG). Weiter finden sich Kurz- und Langwaffen, eingetragen in einer Waffenbesitzkarte („Grüne WBK") und einer Waffenbesitzkarte für Sportschützen („Gelbe WBK"), für die Kurzwaffen, ein dazugehöriges Magazin mit einer Kapazität von 25 Patronen und für eine Langwaffe für Zentralfeuermunition ein dazugehöriges Magazin mit einer Kapazität von 30 Patronen (siehe Ausführungen zu § 40 WaffG), welche er im Zusammenhang mit seiner Mitgliedschaft in einem anerkannten Schießsportverein zum sportlichen Schießen genutzt hat (siehe Ausführungen zu § 20 WaffG). Bei einer Begehung des Dachgeschosses wird ein Gehstock mit versteckt innenliegender Dolchklinge entdeckt (siehe Ausführungen zu § 40 WaffG). Es stellt sich nunmehr für die Erben die Frage, wie mit diesen Funden umzugehen ist. Wen müssen sie über den Fund informieren (siehe Ausführungen zu § 37c WaffG und § 20 WaffG)? Wie sollen sie sich verhalten, wenn sie beabsichtigen, die Sammlung des Erblassers fortzuführen (siehe Ausführungen zu § 17 WaffG) oder die übrigen Waffen zu behalten (siehe Ausführungen zu § 20 WaffG) und was wird mit der Munition geschehen (siehe Ausführungen zu § 20 WaffG)?

§ 17 WaffG Erwerb und Besitz von Schusswaffen oder Munition durch Waffen- oder Munitionssammler

(1) Ein Bedürfnis zum Erwerb und Besitz von Schusswaffen oder Munition wird bei Personen anerkannt, die glaubhaft machen, dass sie Schusswaffen oder Munition für eine kulturhistorisch bedeutsame Sammlung (Waffensammler, Munitionssammler) benötigen; kulturhistorisch bedeutsam ist auch eine wissenschaftlich-technische Sammlung.

(2) ¹Die Erlaubnis zum Erwerb von Schusswaffen oder Munition wird in der Regel unbefristet erteilt. ²Sie kann mit der Auflage verbunden werden, der Behörde in bestimmten Zeitabständen eine Aufstellung über den Bestand an Schusswaffen vorzulegen.

(3) Die Erlaubnis zum Erwerb und Besitz von Schusswaffen oder Munition wird auch einem Erben, Vermächtnisnehmer oder durch Auflage Begünstigten (Erwerber infolge eines Erbfalls) erteilt, der eine vorhandene Sammlung des Erblassers im Sinne des Absatzes 1 fortführt.

A. Allgemeines 1	III. Erbengemeinschaft 13
B. Regelungsgehalt 2	IV. Keine Sammlung gemäß § 17 Abs. 1
I. Sammlung 2	WaffG 14
II. Betroffener Personenkreis 5	V. Munition 16

A. Allgemeines

In § 17 Abs. 3 WaffG ist der Erwerb im Falle eines Erbfalls einer Waffen- oder Munitionssammlung geregelt. Der Anwendungsbereich dieser Bestimmung ist eröffnet, soweit es sich um eine Sammlung iSd § 17 Abs. 1 WaffG handelt.   1

B. Regelungsgehalt

I. Sammlung

Die Sammlung muss kulturhistorisch bedeutsam sein. Diese Voraussetzung ist schon dann nicht   2
erfüllt, wenn lediglich eine Anzahl von Schusswaffen vererbt wird, die als solche weder nach dem ursprünglich genehmigten Sammlerthema noch nach insoweit vorstellbaren Beschränkungen auf andere Sammelthemen bereits eine kulturhistorische Bedeutsamkeit entfaltet. Ausge-

schlossen sind damit auch unvollständige Sammlungen oder gar lediglich illegal zusammengetragene Ansammlungen und Ansammlungen von Waffen ohne kulturhistorische Bedeutung.[1]

3 Kulturhistorisch bedeutsam ist eine Sammlung nur dann, wenn sie einen nicht ganz unerheblichen Beitrag zur Dokumentation menschlichen Schaffens in einer historischen oder technischen Dimension zu leisten vermag. Zu diesem Zweck kann es auch erforderlich sein, Waffen oder Munition zu sammeln, die eine bestimmte Entwicklung beeinflusst oder fortgeführt haben oder diese dokumentieren. Die geschichtlich-kulturelle Aussagekraft ist nicht materiell, sondern nach der Bedeutung der Waffen und der Munition – zB aus entwicklungsgeschichtlicher Sicht oder unter geografisch-, personen- oder auch organisationsorientiertem Bezug – nach konstruktiven Merkmalen oder nach verwendungsspezifischen Gesichtspunkten zu bestimmen.

4 Eine Sammlung kann auch nach wissenschaftlich-technischen Gesichtspunkten angelegt werden (§ 17 Abs. 1 Hs. 2 WaffG).[2]

II. Betroffener Personenkreis

5 In der speziellen „Erbenregelung" für vererbte Waffen- und Munitionssammlungen (§ 17 Abs. 3 WaffG) wurden aus formalen Gründen die Erwerber unter der Gruppenbezeichnung „Erwerber infolge eines Erbfalls", wie auch in § 20 WaffG, zusammengefasst. Damit wird im Unterschied zur zivilrechtlichen Terminologie des „Erwerbs von Todes wegen" sowohl die gesetzliche Erbfolge als auch die schuldrechtliche Rechtsnachfolge des Vermächtnisnehmers und bei dem durch Auflage Begünstigten erfasst.

6 Die Regelung kombiniert das Erbenprivileg mit einem abgeschwächten Sammlerbedürfnis. Der Erwerber infolge eines Erbfalls einer Sammlung, der die Sammlung fortführt, ist in erster Linie ein passiver Sammler, der die ererbte Sammlung im Bestand erhält und nicht ergänzt und ausbaut.[3]

7 Die Erlaubnis zum Erwerb und Besitz von Schusswaffen oder Munition für die Erwerber infolge eines Erbfalls läuft daher primär auf das Behaltendürfen der jeweils ererbten Waffen- oder Munitionssammlung hinaus. Der Erwerb von Einzelstücken zur Komplettierung der Sammlung soll dem Erwerber infolge eines Erbfalls grundsätzlich auch möglich sein.[4]

8 Das Erhaltungsinteresse an der Sammlung stellt somit das abgeschwächte (passive) Sammlerbedürfnis des Erwerbes infolge des Erbfalls dar. Sollte der Erwerber infolge des Erbfalls jedoch durch ungezielte Verkäufe dokumentieren, dass er an dem Erhalt der Sammlung kein Interesse hat bzw. dieser Erhalt der Sammlung für ihn ohne Bedeutung ist, scheidet auch ein abgeschwächtes Sammlerbedürfnis des Erwerbers aus.[5]

9 Den Erwerbern einer Sammlung infolge eines Erbfalls wird bei Vorliegen der allgemeinen Erteilungsvoraussetzung des § 4 Abs. 1 Nr. 1–3 WaffG eine „Grüne WBK" ausgestellt. Das bedeutet, dass der Erwerber das 18. Lebensjahr vollendet haben muss (§ 2 Abs. 1 WaffG), die erforderliche Zuverlässigkeit (§ 5 WaffG) sowie die persönliche Eignung (§ 6 WaffG) aufweisen muss, die erforderliche Sachkunde (§ 7 WaffG) nachgewiesen und sein abgeschwächtes Sammlerbedürfnis dargestellt haben muss. In die „Grüne WBK" sind die infolge eines Erbfalls erworbenen Waffen und darüber hinaus im Feld „amtliche Eintragungen" ein Hinweis auf § 17 Abs. 3 WaffG und das dem Erblasser genehmigte Sammelthema einzutragen.[6]

10 Der Erwerber einer Sammlung infolge eines Erbfalls soll zusätzlich zu dem Erbenprivileg des § 20 WaffG auch die Sachkunde gemäß § 7 WaffG nachweisen (Nr. 17.8 WaffVwV). Damit muss er eine Prüfung vor der dafür bestimmten Stelle bestanden haben oder seine Sachkunde

---

1 WaffVwV Nr. 17.8.
2 WaffVwV Nr. 17.8.
3 WaffVwV Nr. 17.8.
4 WaffVwV Nr. 17.8.
5 Apel/Bushart WaffG § 17 Rn. 14 und Gade WaffG § 17 Rn. 13.
6 WaffVwV Nr. 17.8.

durch eine Tätigkeit oder Ausbildung nachweisen. Diese zusätzlichen Anforderungen sollen sich dadurch rechtfertigen, dass dem Erwerber einer Sammlung infolge eines Erbfalls die Möglichkeit des Erwerbs von einzelnen Sammlerstücken zur Komplettierung der Sammlung eingeräumt wird.[7]

Im Hinblick auf die weitere Regelung in der WaffVwV, wonach lediglich auf Antrag des Erwerbers infolge des Erbfalls der ausgestellten bzw. auszustellenden grünen „WBK" durch weiteren Eintrag ggf. die Möglichkeit zum Hinzuerwerb und Besitz von in der Sammlung noch fehlenden Einzelstücken eingeräumt werden soll, sofern der Erlaubnisinhaber deren Zugehörigkeit zum Sammelthema gegenüber der Waffenbehörde nachgewiesen hat,[8] sind diese Anforderungen wohl zu weit gegriffen. Der Erwerber infolge eines Erbfalls erfährt durch den geforderten Sachkundenachweis (§ 7 WaffG) einen sachlich nicht gerechtfertigten Nachteil gegenüber dem in § 20 WaffG genannten Personenkreis, sofern er keinen Zuerwerb beabsichtigt. Durch den Gesetzgeber war diese Ungleichbehandlung offenbar nicht gewollt, so dass ein gesetzeskonformes Verständnis der WaffVwV nahezulegen ist. 11

Die Sachkunde gemäß § 7 WaffG sollte daher nur der Erwerber infolge eines Erbfalls nachweisen müssen, der bei der Waffenbehörde beantragt, ihm die Möglichkeit des Hinzuerwerbs und Besitzes von in der Sammlung noch fehlenden Einzelstücken einzuräumen. Für den Regelfall, den passiven Sammler, kann ein Sachkundenachweis gemäß § 7 WaffG als Erteilungsvoraussetzung der „Grünen WBK" nicht verlangt werden. 12

III. Erbengemeinschaft

Auch der Erbengemeinschaft muss eine „WBK", sofern die Erteilungsvoraussetzungen gegeben sind, erteilt werden (§ 10 Abs. 2 WaffG). 13

IV. Keine Sammlung gemäß § 17 Abs. 1 WaffG

Können die vererbten Waffen noch nicht als vorhandene Sammlung im Sinne von § 17 Abs. 1 WaffG angesehen werden, kommt alternativ zur Erteilung einer „WBK" nach allgemeinen Vorschriften, wie etwa § 20 WaffG, lediglich die Erteilung einer „grundständigen Sammler-WBK" in Betracht, wenn der Erwerber infolge eines Erbfalls alle diesbezüglichen erforderlichen Voraussetzungen einschließlich des regulären Sammlerbedürfnisses (zB ausreichende Spezialkenntnisse; tatsächlichen Willen und auch ausreichende Möglichkeit zum Aufbau oder zur Vervollständigung der Sammlung; Sammelplan) erfüllt und gegenüber der Behörde nachgewiesen hat.[9] Weder das WaffG noch die WaffVwV definieren jedoch, was eine „grundständige Sammler-WBK" sein soll. 14

In Anbetracht der erforderlichen weiteren Voraussetzung einschließlich des regulären Sammlerbedürfnisses ist diese Formulierung dahin gehend zu verstehen, dass es sich dabei um eine Sammler-WBK („Rote WBK") handelt, bei der lediglich das Sammelthema durch den Erwerber infolge des Erbfalls nicht bestimmt wurde. 15

V. Munition

§ 17 Abs. 1 WaffG umfasst sowohl Waffensammler als auch Munitionssammler, so dass von der Regelung des § 17 Abs. 3 WaffG auch die Munitionen mit einbezogen sind. 16

---

7 Vgl. BR-Drs. 81/06 zu WaffVwV Nr. 17.8.
8 WaffVwV Nr. 17.8.
9 WaffG Nr. 17.8.

§ 20 WaffG Erwerb und Besitz von Schusswaffen durch Erwerber infolge Erbfalls

(1) Der Erbe hat binnen eines Monats nach der Annahme der Erbschaft oder dem Ablauf der für die Ausschlagung der Erbschaft vorgeschriebenen Frist die Ausstellung einer Waffenbesitzkarte für die zum Nachlass gehörenden erlaubnispflichtigen Schusswaffen oder ihre Eintragung in eine bereits ausgestellte Waffenbesitzkarte zu beantragen; für den Vermächtnisnehmer oder durch Auflage Begünstigten beginnt diese Frist mit dem Erwerb der Schusswaffen.

(2) Dem Erwerber infolge eines Erbfalls ist die gemäß Absatz 1 beantragte Erlaubnis abweichend von § 4 Abs. 1 zu erteilen, wenn der Erblasser berechtigter Besitzer war und der Antragsteller zuverlässig und persönlich geeignet ist.

(3) [1]Für erlaubnispflichtige Schusswaffen und erlaubnispflichtige Munition, für die der Erwerber infolge eines Erbfalles ein Bedürfnis nach § 8 oder §§ 13 ff. geltend machen kann, sind die Vorschriften des § 4 Abs. 1 Nr. 1 bis 3 und des § 8 und der §§ 13 bis 18 anzuwenden. [2]Kann kein Bedürfnis geltend gemacht werden, sind Schusswaffen durch ein dem Stand der Technik entsprechendes Blockiersystem zu sichern und ist erlaubnispflichtige Munition binnen angemessener Frist unbrauchbar zu machen oder einem Berechtigten zu überlassen. [3]Einer Sicherung durch ein Blockiersystem bedarf es nicht, wenn der Erwerber der Erbwaffe bereits auf Grund eines Bedürfnisses nach § 8 oder §§ 13 ff. berechtigter Besitzer einer erlaubnispflichtigen Schusswaffe ist. [4]Für den Transport der Schusswaffe im Zusammenhang mit dem Einbau des Blockiersystems gilt § 12 Abs. 3 Nr. 2 entsprechend.

(4) [1]Das Bundesministerium des Innern, für Bau und Heimat erstellt nach Anhörung eines Kreises von Vertretern der Wissenschaft, der betroffenen Personen, der beteiligten Wirtschaft und der für das Waffenrecht zuständigen obersten Landesbehörden dem Stand der Sicherheitstechnik entsprechende Regeln (Technische Richtlinie – Blockiersysteme für Erbwaffen) für ein Blockiersystem nach Absatz 3 Satz 2 sowie für dessen Zulassungsverfahren und veröffentlicht diese im Bundesanzeiger. [2]Die Prüfung der Konformität und die Zulassung neu entwickelter Blockiersysteme gemäß der Technischen Richtlinie erfolgt durch die Physikalisch-Technische Bundesanstalt.

(5) [1]Der Einbau und die Entsperrung von Blockiersystemen dürfen nur durch hierin eingewiesene Inhaber einer Waffenherstellungserlaubnis oder einer Waffenhandelserlaubnis nach § 21 Abs. 1 oder durch deren hierzu bevollmächtigten Mitarbeiter erfolgen. [2]Die vorübergehende Entsperrung aus besonderem Anlass ist möglich. [3]§ 39 Abs. 1 Satz 1 gilt entsprechend.

(6) [1]Die Waffenbehörde hat auf Antrag Ausnahmen von der Verpflichtung, alle Erbwaffen mit einem dem Stand der Sicherheitstechnik entsprechenden Blockiersystem zu sichern, zuzulassen, wenn oder so lange für eine oder mehrere Erbwaffen ein entsprechendes Blockiersystem noch nicht vorhanden ist. [2]Eine Ausnahme kann auch für Erbwaffen erteilt werden, die Bestandteil einer kulturhistorisch bedeutsamen Sammlung gemäß § 17 sind oder werden sollen.

A. Allgemeines 1	V. Erbengemeinschaft 13
B. Regelungsgehalt 3	VI. Minderjährige Erben 14
I. Betroffener Personenkreis 3	VII. Bedürfnis 15
II. Erbenprivileg 4	VIII. Munition 20
III. Anzeige 5	IX. Blockierungseinrichtungen 21
IV. Berechtigter Besitz des Erblassers ... 12	X. Eintragung in die „WBK" 27

A. Allgemeines

1 Maßgeblich für das Waffengesetz ist der waffenrechtliche Besitz, dh die tatsächliche Gewalt über die Waffe. Die Ausübung der tatsächlichen Gewalt setzt dabei einen Herrschaftswillen und damit Kenntnis vom Entstehen der Sachherrschaft voraus. Die tatsächliche Gewalt erfordert

nicht die Anwesenheit des Inhabers; so bleiben zB Waffen, die in einer Wohnung eingeschlossen sind, in der tatsächlichen Gewalt des abwesenden Inhabers.[1] Nicht entscheidend im waffenrechtlichen Sinne sind das zivilrechtliche Eigentum oder der lediglich zivilrechtliche Besitz an Schusswaffen. Daraus folgt, dass jeder, selbst minderjährige, vorbestrafte und keinerlei waffenrechtliche Voraussetzungen erfüllende Personen Schusswaffen infolge eines Erbfalls erwerben können und diese auf Dauer behalten dürfen.[2]

Damit erwerben und besitzen die Erwerber infolge eines Erbfalls die Waffen, die Schusswaffen und die Munition rechtmäßig, auch wenn ihnen die waffenrechtliche Erlaubnis noch nicht erteilt worden ist. Die Besitzberechtigung verlängert sich bis zur Erteilung der „WBK", vorausgesetzt, dass der Antrag nach § 20 Abs. 1 WaffG rechtzeitig gestellt worden ist. § 37c Abs. 1 WaffG bleibt unberührt.[3] 2

B. Regelungsgehalt

I. Betroffener Personenkreis

§ 20 WaffG gilt für die Erwerber infolge eines Erbfalls, somit für den Erben, den Vermächtnisnehmer und den von einer Auflage Begünstigten.[4] 3

II. Erbenprivileg

Gemäß § 20 WaffG ist der Erbe einer Waffe privilegiert. Man spricht dabei vom sogenannten „Erbenprivileg". Das bedeutet, dass der Erwerber infolge Erbfalls ohne eigenes Bedürfnis gemäß § 8 WaffG, ohne Sachkunde gemäß § 7 WaffG und unabhängig vom Alterserfordernis einen Rechtsanspruch auf das Erteilen einer waffenrechtlichen Erlaubnis („WBK") hat. Voraussetzung hierfür ist, dass der Erblasser legal im Besitz der Waffen war.[5] Eine illegale Waffe kann jedoch beim Vorliegen sämtlicher Voraussetzungen des § 4 Abs. 1 WaffG durch die Waffenbehörde legalisiert und einem Berechtigten übergeben werden, sofern nicht die zuständige Waffenbehörde eine Entscheidung nach § 54 WaffG, Einziehung und erweiterter Verfall, getroffen hat.[6] 4

III. Anzeige

Der Erwerber infolge eines Erbfalls hat bei der zuständigen Waffenbehörde die Ausstellung einer „WBK" – in der Regel wird es sich um eine „Grüne WBK" handeln, für die infolge des Erbfalls erworbene erlaubnispflichtige Schusswaffe oder die Eintragung in eine bereits ausgestellte WBK -binnen eines Monats zu beantragen.[7] Die Anzeigepflicht nach § 37c Abs. 1 WaffG bleibt hiervon jedoch unberührt. Dies bedeutet in praktischer Hinsicht, dass denjenigen, der die erlaubnispflichtige Waffe beim Tod eines Waffenbesitzers in seinen Besitz nimmt, unabhängig davon, ob er das Erbe annimmt oder ausschlägt, die Anzeigepflicht nach § 37c WaffG trifft.[8] Die Pflicht zur Anzeige entfällt auch nicht dadurch, dass nach § 44 WaffG die Meldebehörden die Waffenbehörden über den Tod eines Einwohners informieren.[9] 5

Die für die Anzeige sachliche Zuständigkeit der Behörde ergibt sich aus § 48 WaffG und den einschlägigen landesrechtlichen Vorschriften. Die örtliche Zuständigkeit der Waffenbehörde ergibt sich aus § 49 Abs. 1 WaffG. Dieser verweist in Abs. 1 auf das Verwaltungsverfahrensgesetz. Die für den Erblasser zuständige Waffenbehörde dürfte daher die gem. § 3 Abs. 1. 3a VwVfG örtlich zuständige Waffenbehörde sein.[10] 6

---

1 WaffVwV Anl. 1 Abschn. 2 Nr. 2.
2 Heller/Soschinka WaffG Kap. 22 Rn. 2500.
3 WaffVwV Nr. 20.1.4.
4 WaffVwV Nr. 20.1.1.
5 WaffVwV Nr. 20.1.1.
6 WaffVwV Nr. 20.1.1.
7 WaffVwV Nr. 20.1.2.
8 WaffVwV Nr. 20.1.1.
9 Heller/Soschinka Kap. 22 Rn. 2511.
10 Gade/ WaffG § 37 c Rn. 15.

7 Für den Erben beginnt die Frist mit Annahme der Erbschaft oder mit dem Ablauf der für die Ausschlagung der Erbschaft vorgeschriebenen Frist, je nachdem, welches Ereignis zuerst eintritt.[11] Die Ausschlagungsfrist beträgt gemäß § 1944 Abs. 1 BGB sechs Wochen und in Fällen mit Auslandsbezug nach § 1944 Abs. 3 BGB sechs Monate.[12] Für den Vermächtnisnehmer oder den durch eine Auflage Begünstigten beginnt die Frist mit dem Erwerb der Schusswaffen im waffenrechtlichen Sinne,[13] dh sobald der Vermächtnisnehmer oder der durch eine Auflage Begünstigte die tatsächliche Gewalt über die Waffe oder Munition erlangt.[14]

8 Der Erwerber infolge eines Erbfalls, welcher die Anmeldefrist nach § 20 Abs. 1 WaffG versäumt, begeht keine Straftat, sondern eine Ordnungswidrigkeit, § 53 Abs. 1 Nr. 5 WaffG.[15] Das Überschreiten der Antragsfrist gemäß § 20 Abs. 1 WaffG hat zur Folge, dass ein Erwerber infolge eines Erbfalls die Erteilung einer waffenrechtlichen Erlaubnis unter den erleichterten Voraussetzungen des § 20 Abs. 2 WaffG nicht mehr verlangen kann.[16]

9 Die Antragsfrist nach § 20 Abs. 1 S. 1 WaffG ist jedoch keine Ausschlussfrist. Bei nicht schuldhaftem Versäumnis ist die Wiedereinsetzung in den vorigen Stand nach § 32 VwVfG bzw. landesrechtlichen Vorschriften zu gewähren.[17]

10 Sofern die Wiedereinsetzung nicht greift, ist die Erteilung einer waffenrechtlichen Erlaubnis nur unter Erfüllung der in § 4 Abs. 1 Nr. 1–4 WaffG genannten Voraussetzungen möglich. Dh der Erwerber muss zuverlässig sein, § 5 WaffG, über die persönliche Eignung verfügen, § 6 WaffG, die Sachkunde gemäß § 7 WaffG nachweisen und das 18. Lebensjahr vollendet haben.

11 Diese Voraussetzungen entfallen, wenn dem Erwerber bereits aufgrund eines anerkannten Bedürfnisses eine waffenrechtliche Erlaubnis erteilt wurde (zB Sportschützen, Jägern und Waffensammlern).[18]

IV. Berechtigter Besitz des Erblassers

12 Grundsätzliche Voraussetzung für die Erteilung einer waffenrechtlichen Erlaubnis für den Erwerber infolge eines Erbfalls ist, dass der Erblasser berechtigter Besitzer (§ 20 Abs. 2 WaffG) nach den Bestimmungen der Deutschen Rechtsordnung war. Auf eine Berechtigung des Erblassers zum Besitz nach ausländischer Rechtsordnung kommt es nicht an. Fehlt es hieran, kann eine waffenrechtliche Erlaubnis unter Inanspruchnahme des „Erbenprivilegs" nicht erteilt werden.[19] Vielmehr kann die zuständige Waffenbehörde gemäß § 46 Abs. 3 iVm Abs. 5 WaffG den Erwerber infolge des Erbfalls auffordern, binnen angemessener Frist die Waffe oder Munition unbrauchbar zu machen oder einem Berechtigten zu überlassen und den Nachweis darüber gegenüber der Behörde zu führen bzw. im Falle der Sicherstellung einen Empfangsbereiten und -berechtigten zu benennen. Falls dies nach Aufforderung der Waffenbehörde nicht innerhalb eines Monats erfolgt, kann die Waffenbehörde Waffen und Munition einziehen und verwerten.

V. Erbengemeinschaft

13 Sind mehrere Personen Erwerber infolge eines Erbfalls, kann für diese Erbengemeinschaft eine „WBK" ausgestellt werden, § 10 Abs. 2 S. 1 WaffG.[20]

VI. Minderjährige Erben

14 Da minderjährigen Erwerbern infolge eines Erbfalls nach Lage des Einzelfalls nach § 6 Abs. 1 S. 1 Nr. 1 oder Nr. 3 WaffG die persönliche Eignung fehlt, ist aus Gründen der öffentlichen Si-

---

11 VG Darmstadt 26.9.2008 – 5 K 727/08.DA (3).
12 WaffVwV Nr. 20.1.2.
13 WaffVwV Nr. 20.1.2.
14 WaffG Anl. 1 Abschn. 2.
15 WaffVwV Nr. 20.1.5.
16 WaffVwV Nr. 20.1.5.
17 Vgl. BR-Drs. 81/06 zu Nr. 20.1.5.
18 WaffVwV Nr. 20.1.5.
19 WaffVwV Nr. 20.2.3.
20 WaffVwV Nr. 20.1.3.

cherheit dafür Sorge zu tragen, dass der Besitz einer ererbten Schusswaffe einem waffenrechtlich Berechtigten vorübergehend übertragen wird. Vollendet der Minderjährige das 18. Lebensjahr, so ist nach Feststellung seiner Zuverlässigkeit und seiner persönlichen Eignung auf Antrag die waffenrechtliche Erlaubnis zu erteilen. Voraussetzung hierfür ist, dass es sich ausschließlich um Schusswaffen nach § 14 Abs. 1 S. 2 WaffG handelt, dh es muss sich um Waffen zum Zweck des sportlichen Schießens handeln (bis zu einem Kaliber von 5.6 mm lfB (22 l. r.), für Munition mit Randfeuerzündung, wenn die Mündungsenergie der Geschosse höchstens 200 Joule beträgt, und Einzellader-Langwaffen mit glatten Läufen mit Kaliber 12 oder kleiner, sofern das sportliche Schießen mit solchen Waffen durch die genehmigte Sportordnung eines Schießverbandes zugelassen ist). Bei anderen Schusswaffen tritt an die Stelle des 18. Lebensjahres das 25. Lebensjahr, sofern der Betroffene kein positives Gutachten nach § 6 Abs. 3 WaffG beibringen kann.[21]

VII. Bedürfnis

Kann der Erwerber infolge eines Erbfalls ein Bedürfnis nach §§ 8, 13, 14, 16–19 WaffG nachweisen, kann bei diesem davon ausgegangen werden, dass er über die erforderliche Sachkunde zur Gefahreneinschätzung im Umgang mit Schusswaffen verfügt. Dies gilt zB auch dann, wenn der Erbe nur eine erlaubnispflichtige Signalwaffe aufgrund eines Bootsführerscheins besitzt und eine großkalibrige Schusswaffe infolge eines Erbfalls erwirbt.[22] Auch in diesem Fall sind die geerbten Schusswaffen nicht mit einem Blockierungssystem zu versehen. 15

Geerbte Schusswaffen werden auf die nach §§ 13, 14 WaffG bestehenden Waffenkontingente nicht angerechnet.[23] 16

Kann der Erwerber infolge eines Erbfalls kein Bedürfnis geltend machen, so sind die Schusswaffen durch ein dem Stand der Technik entsprechendes Blockierungssystem zu sichern (§ 20 Abs. 3 S. 2 WaffG). 17

Es ist zu berücksichtigen, dass die Pflicht, ererbte Schusswaffen durch ein Blockiersystem zu sichern, auch für solche Waffen gilt, welche der Erbe aufgrund eines Erbfalles vor Einführung der Blockierpflicht in das Waffengesetz vor dem 1.4.2018 erworben hat. Dies hat das BVerwG in seiner Entscheidung vom 16.3.2015 festgehalten.[24] 18

Das BVerwG hat dabei dem Gesetzgeber zugestanden, dass dieser in der Regel das Recht zum Umgang mit Waffen verschärfen kann, ohne hierbei durch den verfassungsrechtlichen Grundsatz des Vertrauensschutzes beschränkt zu werden. Umgekehrt kann derjenige, dem der Umgang mit Waffen erlaubt ist, in aller Regel nicht berechtigterweise darauf vertrauen, dass die hierfür geltenden Anforderungen für alle Zukunft unverändert bleiben. 19

VIII. Munition

Befindet sich zum Zeitpunkt der Anzeige nach § 37c Abs. 1 WaffG oder der Antragstellung nach § 20 Abs. 1 WaffG im Nachlass des Erblassers neben der erlaubnispflichtigen Schusswaffe noch die dazugehörige Munition, so hat die Behörde nach § 37c Abs. 2 WaffG zu verfahren. Dh, die zuständige Behörde kann die Munition sicherstellen oder anordnen, dass diese binnen angemessener Frist unbrauchbar gemacht oder einem Berechtigten überlassen wird und dies der zuständigen Behörde nachgewiesen wird.[25] Eine Erlaubnis nach § 10 Abs. 3 WaffG zum weiteren Besitz der geerbten Munition ist nur dann zu erteilen, wenn der Erwerber infolge eines Erbfalls selbst ein Bedürfnis, zB als Jäger oder als Sportschütze, geltend machen kann. 20

---

21 Vgl. BR-Drs. 81/06 zu Nr. 20.01.6.
22 WaffVwV Nr. 20.3.
23 WaffVwV Nr. 20.2.2.
24 BVerwG 16.3.2015 – 6 C 31.014.
25 WaffVwV Nr. 20.2.2.

IX. Blockierungseinrichtungen

21 Die Arbeitsgruppe Dynamische Druckmessung der PTB hält auf ihrer Homepage[26] unter der Fachabteilung Abt. 1 Mechanik und Akustik, dort 1.3 Geschwindigkeit, dort Unterpunkt 1.33 Dynamische Druckmessung, dort unter Bauartzulassung nach § 20 WaffG (Blockiersysteme), die Zulassungsliste der nach § 20 WaffG noch vom BMI herausgegebenen technischen Richtlinie (TR) Blockiersysteme für Erbwaffen bereit. Die veröffentlichte Zulassungsliste wird von der PTB laufend fortgeschrieben.

22 Die Zulassungsliste verfügt über Informationen zur Zulassungsnummer, zum Antragsteller/Auftraggeber, zur Modellbezeichnung, zum Zulassungsdatum und Informationen zu dem Kaliber und der Waffenart (Kurzwaffe oder Langwaffe), für welche das Blockiersystem zugelassen ist.

23 Gibt es für die vererbte Schusswaffe kein zertifiziertes Blockiersystem, ist entsprechend § 20 Abs. 7 WaffG zu verfahren, dh die Waffenbehörde hat dann auf Antrag des Erwerbers infolge eines Erbfalls eine Ausnahme von der Verpflichtung, alle Erbwaffen mit einem dem Stand der Sicherheitstechnik entsprechenden Blockiersystem zu sichern, zuzulassen. Zudem ist bei einer vererbten Waffensammlung gemäß § 17 Abs. 3 WaffG von einer Aufforderung zur Blockierung abzusehen.[27]

24 Für die Durchsetzung der Blockierpflicht ist eine schriftliche Aufforderung ausreichend. Einer gesonderten Auflage bedarf es hierfür nicht.[28] Den Erwerbern infolge eines Erbfalls ist für das Durchführen der Blockierung eine ausreichende Frist von mindestens 10 Wochen einzuräumen. Diese Frist kann wegen mangelnder Verfügbarkeit des Blockiersystems verlängert werden.[29] Seitens der Waffenbehörde kann ein Nachweis über den Einbau der Blockierung nach § 20 Abs. 3 iVm § 36 Abs. 3 S. 1 WaffG verlangt werden. Kommt der Erwerber infolge eines Erbfalls der Aufforderung zur Blockierung nach erfolgter Mahnung nicht nach, ist die waffenrechtliche Erlaubnis zu widerrufen (§§ 20 Abs. 3, 45 Abs. 2 Nr. 5 WaffG).

25 Der Transport der Schusswaffe im Zusammenhang mit dem Einbau des Blockierungssystems ist nach § 12 Abs. 3 Nr. 2 WaffG dem Erwerber infolge eines Erbfalls erlaubt. Die Schusswaffe darf beim Transport weder schuss- noch zugriffsbereit sein. Dh die Schusswaffe sollte in einem verschlossenen (mit Zahlen- oder Vorhängeschloss versehenen) Futteral oder Waffenkoffer transportiert werden, da die Waffe dann auf jeden Fall „nicht zugriffsbereit" im Sinne der Vorschrift ist.[30]

26 Die Hersteller der Blockiersysteme weisen die Erlaubnisinhaber nach § 21 WaffG, die gewerbsmäßigen Waffenhersteller und Waffenhändler, ein. Die Hersteller der Blockiersysteme informieren ua über die einschlägigen Berufsverbände, welche Erlaubnisinhaber iS der Vorschrift eingewiesen sind. Entsperrt ein Erlaubnisinhaber nach § 21 WaffG eine Erbwaffe, sofern der Erwerber infolge eines Erbfalls diese verkaufen möchte oder auch nur zum Zweck der Reinigung, darf die Schusswaffe im nicht blockierten Zustand nicht dem Erben überlassen werden, weil dieser dauerhaft nur berechtigt ist, eine blockierte Schusswaffe zu besitzen. Einem Kaufinteressenten, der eine waffenrechtliche Erlaubnis für eine nichtblockierte Schusswaffe besitzt, kann die Schusswaffe gegen Leihschein ausgehändigt werden.[31] Die Dokumentation über den Ein- bzw. Ausbau des Blockiersystems obliegt dem Erlaubnisinhaber nach § 21 WaffG. Er kennzeichnet die Schusswaffen bei Einbau des Blockiersystems entsprechend.

---

26 Siehe https://www.ptb.de/cms/ptb.html, dort unter „Struktur und Abteilungen".
27 WaffVwV Nr. 20.7.
28 WaffVwV Nr. 20.3.
29 WaffVwV Nr. 20.3.
30 WaffVwV Nr. 12.3.3.2.
31 WaffVwV Nr. 20.5.

X. Eintragung in die „WBK"

Die Waffenbehörde trägt in die „WBK" (§ 20 Abs. 6 WaffG) ein, dass die Schusswaffe mit einem Blockiersystem gesichert wurde. Die Eintragung selbst kann durch handschriftlichen Vermerk, Stempel oder automationstechnischen Eindruck vorgenommen werden.[32]

27

§ 36 WaffG Aufbewahrung von Waffen oder Munition

(1) Wer Waffen oder Munition besitzt, hat die erforderlichen Vorkehrungen zu treffen, um zu verhindern, dass diese Gegenstände abhanden kommen oder Dritte sie unbefugt an sich nehmen.

(2) *[aufgehoben]*

(3) ¹Wer erlaubnispflichtige Schusswaffen, Munition oder verbotene Waffen besitzt oder die Erteilung einer Erlaubnis zum Besitz beantragt hat, hat der zuständigen Behörde die zur sicheren Aufbewahrung getroffenen oder vorgesehenen Maßnahmen nachzuweisen. ²Besitzer von erlaubnispflichtigen Schusswaffen, Munition oder verbotenen Waffen haben außerdem der Behörde zur Überprüfung der Pflichten aus Absatz 1 in Verbindung mit einer Rechtsverordnung nach Absatz 5 Zutritt zu den Räumen zu gestatten, in denen die Waffen und die Munition aufbewahrt werden. ³Wohnräume dürfen gegen den Willen des Inhabers nur zur Verhütung dringender Gefahren für die öffentliche Sicherheit betreten werden; das Grundrecht der Unverletzlichkeit der Wohnung (Artikel 13 des Grundgesetzes) wird insoweit eingeschränkt.

(4) ¹Die in einer Rechtsverordnung nach Absatz 5 festgelegten Anforderungen an die Aufbewahrung von Schusswaffen und Munition gelten nicht bei Aufrechterhaltung der bis zum 6. Juli 2017 erfolgten Nutzung von Sicherheitsbehältnissen, die den Anforderungen des § 36 Absatz 2 Satz 1 zweiter Halbsatz und Satz 2 in der Fassung des Gesetzes vom 11. Oktober 2002 (BGBl. I S. 3970, 4592; 2003 I S. 1957), das zuletzt durch Artikel 6 Absatz 34 des Gesetzes vom 13. April 2017 (BGBl. I S. 872) geändert worden ist, entsprechen oder die von der zuständigen Behörde als gleichwertig anerkannt wurden. ²Diese Sicherheitsbehältnisse können nach Maßgabe des § 36 Absatz 1 und 2 in der Fassung des Gesetzes vom 11. Oktober 2002 (BGBl. I S. 3970, 4592; 2003 I S. 1957), das zuletzt durch Artikel 6 Absatz 34 des Gesetzes vom 13. April 2017 (BGBl. I S. 872) geändert worden ist, sowie des § 13 der Allgemeinen Waffengesetz-Verordnung vom 27. Oktober 2003 (BGBl. I S. 2123), die zuletzt durch Artikel 108 des Gesetzes vom 29. März 2017 (BGBl. I S. 626) geändert worden ist,

1. vom bisherigen Besitzer weitergenutzt werden sowie
2. für die Dauer der gemeinschaftlichen Aufbewahrung auch von berechtigten Personen mitgenutzt werden, die mit dem bisherigen Besitzer nach Nummer 1 in häuslicher Gemeinschaft leben.

³Die Berechtigung zur Nutzung nach Satz 2 Nummer 2 bleibt über den Tod des bisherigen Besitzers hinaus für eine berechtigte Person nach Satz 2 Nummer 2 bestehen, wenn sie infolge des Erbfalls Eigentümer des Sicherheitsbehältnisses wird; die berechtigte Person wird in diesem Fall nicht bisheriger Besitzer im Sinne des Satzes 2 Nummer 1. ⁴In den Fällen der Sätze 1 bis 3 finden den § 53 Absatz 1 Nummer 19 und § 52a in der Fassung des Gesetzes vom 11. Oktober 2002 (BGBl. I S. 3970, 4592; 2003 I S. 1957), das zuletzt durch Artikel 6 Absatz 34 des Gesetzes vom 13. April 2017 (BGBl. I S. 872) geändert worden ist, und § 34 Nummer 12 der Allgemeinen Waffengesetz-Verordnung vom 27. Oktober 2003 (BGBl. I S. 2123), die zuletzt durch Artikel 108 des Gesetzes vom 29. März 2017 (BGBl. I S. 626) geändert worden ist, weiterhin Anwendung.

---

32 WaffVwV Nr. 20.6.

(5) ¹Das Bundesministerium des Innern, für Bau und Heimat wird ermächtigt, nach Anhörung der beteiligten Kreise durch Rechtsverordnung mit Zustimmung des Bundesrates unter Berücksichtigung des Standes der Technik, der Art und Zahl der Waffen, der Munition oder der Örtlichkeit die Anforderungen an die Aufbewahrung oder an die Sicherung der Waffe festzulegen. ²Dabei können

1. Anforderungen an technische Sicherungssysteme zur Verhinderung einer unberechtigten Wegnahme oder Nutzung von Schusswaffen,
2. die Nachrüstung oder der Austausch vorhandener Sicherungssysteme,
3. die Ausstattung der Schusswaffe mit mechanischen, elektronischen oder biometrischen Sicherungssystemen

festgelegt werden.

(6) Ist im Einzelfall, insbesondere wegen der Art und Zahl der aufzubewahrenden Waffen oder Munition oder wegen des Ortes der Aufbewahrung, ein höherer Sicherheitsstandard erforderlich, hat die zuständige Behörde die notwendigen Ergänzungen anzuordnen und zu deren Umsetzung eine angemessene Frist zu setzen.

1   Mit den ab 6.7.2017 in Kraft getretenen Änderungen zum WaffG wurde auch die Aufbewahrung von Waffen neu geregelt. Die ehemals in § 36 WaffG enthaltenen konkreten Regelungen zu den Sicherheitsbehältnissen wurden aufgehoben und auf Basis einer Verordnungsermächtigung in § 13 AWaffV¹ verschoben, welche die Anforderungen an Sicherheitsbehältnisse im Detail regelt, in welchem Waffen und Munition aufzubewahren sind.

2   Zu berücksichtigen ist dabei, dass mit Inkrafttreten der Änderungen zum WaffG seit 6.7.2017 erlaubnisfreie Waffen oder Munition (Luftgewehre, Luftpistolen, Softairwaffen etc. und die hierfür verwendete Munition) in einem verschlossenen Behältnis verwahrt werden müssen. Das heißt, auch der Erbe eines Luftgewehrs hat dieses verschlossen, zum Beispiel in einem abschließbaren Kleiderschrank, zu verwahren.

3   Erlaubnispflichtige Munition ist weiterhin in einem Stahlblechbehältnis mit Schwenkriegelschloss aufzubewahren.

4   Erlaubnispflichtige Waffen müssen in einem Waffenschrank oder Tresor des Widerstandsgrades 0 oder 1 nach Norm DIN/EN 1143/1² aufbewahrt werden.

5   In § 36 Abs. 4 WaffG ist geregelt, in welchen Fallkonstellationen die Aufbewahrung in den bisher zugelassenen Sicherheitsbehältnissen der Sicherheitsstufe A bzw. B nach VDMA 24992,³ den Sicherheitsbehältnissen, welche den Anforderungen des § 36 Abs. 2 S. 1 2. Hs. und S. 2 WaffG in der Fassung des Gesetzes vom 11.8.2002 entsprechen oder die von den zuständigen Behörden als gleichwertig anerkannt wurden, weiterhin möglich ist.

6   Diese Sicherheitsbehältnisse können vom bisherigen Besitzer und von berechtigten Personen für die Dauer einer gemeinschaftlichen Aufbewahrung in häuslicher Gemeinschaft weiter genutzt werden. Für die berechtigte Person, die mit dem bisherigen Besitzer in häuslicher Gemeinschaft lebt, bleibt die Berechtigung zur Nutzung der Sicherheitsbehältnisse, die nicht den neuen Anforderungen entsprechen, weiterhin möglich, wenn sie infolge des Erbfalls Eigentümer des Sicherheitsbehältnisses werden.

7   Gemäß Nr. 36.2.14 WaffVwV soll der Begriff „berechtigte Personen" die Statthaftigkeit der gemeinschaftlichen Aufbewahrung und des damit eingeräumten gemeinschaftlichen Zugriffs auf solche Personen begrenzen, die grundsätzlich die Berechtigung zum Erwerb und Besitz der ge-

---

1   AWaffV § 13 Abs. 2.
2   Veröffentlicht bei Beuth-Verlag GmbH, Berlin und Köln.
3   Das Einheitsblatt VDMA (Verband Deutscher Maschinen und Anlagenbau e.V.) 24992 definierte bis 31.12.2003 verbindlich die zu erfüllenden Anforderungen, wurden dann aber vom VDMA ersatzlos zurückgezogen.

meinschaftlich aufbewahrten Waffen haben. Alle auf die jeweilige Waffe Zugriffsberechtigten sollen danach prinzipiell das gleiche Erlaubnisniveau aufweisen, wobei das Bedürfnis des Einzelnen sich nicht auf alle gemeinschaftlich aufbewahrten Waffen zu beziehen braucht.[4] Zulässig wäre demnach die gemeinschaftliche Aufbewahrung von Langwaffen in einem Sicherheitsbehältnis, wenn der eine Aufbewahrer die Langwaffe zur Jagd und der andere seine Langwaffen für sportliche Zwecke nutzt. Nicht zulässig ist demgemäß die gemeinschaftliche Aufbewahrung, wenn ein Aufbewahrer eine Schreckschusswaffe und ein anderer Aufbewahrer ein Sportgewehr in einem Sicherheitsbehältnis unterbringen, da dann der Eigentümer der Schreckschusswaffe ohne entsprechende Erlaubnis Zugriff auch auf das Sportgewehr hätte.

Der Gesetzgeber hat ausdrücklich ausgeschlossen, dass die berechtigte Person im Falle des Eigentumserwerbs des Sicherheitsbehältnisses bisheriger Besitzer gemäß § 36 Abs. 4 Nr. 1 WaffG wird. Es bleibt lediglich die Berechtigung zur Nutzung des Sicherheitsbehältnisses erhalten. 8

Daraus folgt, dass erbrechtlich entweder durch Vermächtnis oder Erbeinsetzung das Eigentum an den Sicherheitsbehältnissen, die nicht dem Widerstandsgrad 0 oder 1 nach Norm DIN/EN 1143/1 entsprechen, auf die berechtigte Person übertragen werden muss, um hier eine Berechtigung zur Nutzung der berechtigten Person über den Tod des bisherigen Besitzers hinaus zu gewährleisten. Ist dies nicht der Fall, bleibt dem Erben, sofern er die Waffen behalten will, keine andere Möglichkeit, als die Aufbewahrungsvorgaben des Gesetzgebers zu erfüllen und Sicherheitsbehältnisse des Widerstandsgrades 0 oder 1 nach Norm DIN/EN 1143/1 anzuschaffen. 9

Dies muss letztlich sogar vor Erteilung einer Erben-WBK erfolgen, weil der Erbe, sofern für ihn die Regelung nach § 36 Abs. 4 Nr. 2 WaffG nicht greift, der zuständigen Behörde die für die sichere Aufbewahrung getroffenen und vorgesehenen Maßnahmen nachzuweisen hat. 10

§ 37b WaffG Anzeige der Vernichtung, der Unbrauchbarmachung und des Abhandenkommens

(1) ¹Der Besitzer einer Schusswaffe, deren Erwerb oder Besitz einer Erlaubnis bedarf, hat der zuständigen Behörde nach Satz 2 oder Satz 3 anzuzeigen, wenn die Schusswaffe vernichtet wird. ²Inhaber einer Erlaubnis nach § 21 Absatz 1 Satz 1 haben die Anzeige unverzüglich vorzunehmen. ³Im Übrigen hat die Anzeige innerhalb von zwei Wochen zu erfolgen. ⁴Die zuständige Behörde kann einen Nachweis darüber verlangen, dass die Schusswaffe vernichtet wurde.

(2) ¹Der Besitzer einer Schusswaffe, deren Erwerb oder Besitz einer Erlaubnis bedarf, hat der zuständigen Behörde nach Satz 2 oder Satz 3 anzuzeigen, wenn die Schusswaffe unbrauchbar gemacht wird. ²Inhaber einer Erlaubnis nach § 21 Absatz 1 Satz 1 haben die Anzeige unverzüglich vorzunehmen. ³Im Übrigen hat die Anzeige innerhalb von zwei Wochen zu erfolgen. ⁴Die zuständige Behörde kann einen Nachweis darüber verlangen, dass die Schusswaffe unbrauchbar gemacht wurde.

(3) Sind einer Person Waffen oder Munition, deren Erwerb oder Besitz der Erlaubnis bedarf, oder Erlaubnisurkunden abhandengekommen, so hat sie dies der zuständigen Behörde unverzüglich nach Feststellung des Abhandenkommens anzuzeigen.

(4) ¹Hat der Besitzer einer Schusswaffe keine Waffenherstellungserlaubnis oder Waffenhandelserlaubnis nach § 21 Absatz 1 Satz 1, so hat die Anzeige nach den Absätzen 1 und 2 schriftlich oder elektronisch zu erfolgen. ²Hat der Besitzer eine Waffenherstellungserlaubnis oder Waffenhandelserlaubnis nach § 21 Absatz 1 Satz 1, so hat die Anzeige nach den Absätzen 1 bis 3 elektronisch zu erfolgen und es gilt hierfür § 9 des Waffenregistergesetzes.

---

4 WaffVwV Nr. 36.2.14.

(5) Ist bei der zuständigen Behörde eine Anzeige zum Abhandenkommen von Schusswaffen, von Munition oder Erlaubnisurkunden eingegangen, so unterrichtet sie die örtliche Polizeidienststelle über das Abhandenkommen.

I. Vernichtung/Unbrauchbarmachung

1 Diese Vorschrift, welche im Rahmen des 3. WaffRÄndG eingefügt wurde, bezieht sich auf ein Ereignis, die Vernichtung, die Unbrauchbarmachung bzw. das Abhandenkommen.

§ 37b Abs. 1 und Abs. 2 WaffG sind an den Besitzer einer Schusswaffe adressiert. Dies kann auch der Erbe sein. Es ist egal, ob es sich um eine erlaubnispflichtige der eine verbotene Waffe handelt. Anzeigeereignis ist hier die Vernichtung bzw. die Unbrauchbarmachung der Waffe. Was eine Vernichtung einer Waffe darstellt, ist im WaffG nicht definiert. Durch den Gesetzgeber wurde wohl die endgültige, vollständige und unwiederbringliche Zerstörung einer Schusswaffe gemeint. Ob dies willentlich oder durch ein plötzliches Naturereignis erfolgt, wie etwa die Zerstörung der Schusswaffe bei einem Brand, spielt dabei keine Rolle.

2 Auch bei der Unbrauchbarmachung wird an den gegenständlichen Besitz der Schusswaffe angeknüpft. In der amtlichen Begründung formuliert der Gesetzgeber hierzu wie folgt:[1] „Die Regelung wird in § 37b und nicht in § 37 oder § 37a verortet, um auch Besitzer von nach derzeitigem WaffG erlaubnisfreien Dekorationswaffen, die jedoch nicht nach den Bestimmungen der Durchführungsverordnung (EU) 2015/2403 unbrauchbar gemacht wurden, im Fall der Nachdeaktivierung zur Anzeige zu verpflichten."

3 Folglich ist die Nachdeaktivierung von bisher anerkannten Alt-Dekorationswaffen auch der Behörde gegenüber anzuzeigen.

4 Sowohl die Vernichtungsanzeige als auch die Unbrauchbarmachung sind in einem gewerbsmäßigen Zusammenhang unverzüglich durchzuführen, dh ohne schuldhaftes Zögern und im Übrigen innerhalb von zwei Wochen.

II. Abhandenkommen

5 Mit der Anzeigepflicht bei einem Abhandenkommen von Waffe und Munition nach § 37b Abs. 3 WaffG wird die Regelung aus dem bisherigen § 37 Abs. 2 WaffG fortgeführt. Wenn der Erbe feststellt, dass sich im Nachlass nicht alle Waffen befinden, welche sich aus der Waffenbesitzkarte des Erblassers ergeben und sich diese auch nicht auffinden lassen, ist der Erbe gegenüber der Behörde anzeigepflichtig.

6 Weiter wird nicht nur auf das Abhandenkommen von Waffen und Munition abgestellt, sondern auch auf das Abhandenkommen von Erlaubnisurkunden, welches auch anzeigepflichtig ist.

7 Die Anzeigepflicht stellt nicht auf den Zeitpunkt des Abhandenkommens ab, sondern auf die Feststellung des Abhandenkommens.

8 Die Anzeige hat schriftlich oder elektronisch zu erfolgen. Eine elektronische Anzeige ist insoweit missverständlich, da die amtliche Begründung hier lediglich auf die Textform, etwa der E-Mail verweist.[2] Die Anzeige hat unverzüglich zu erfolgen, siehe hierzu Ausführungen zu § 37c II WaffG.

§ 37c WaffG Anzeigepflichten bei Inbesitznahme

(1) Wer Waffen oder Munition, deren Erwerb der Erlaubnis bedarf, in Besitz nimmt

---

[1] BT-Drs. 19/13839, 81.
[2] BT-DRS 19/13839, 81.

1. beim Tod eines Waffenbesitzers, als Finder oder in ähnlicher Weise,
2. als Insolvenzverwalter, Zwangsverwalter, Gerichtsvollzieher oder in ähnlicher Weise,

hat dies der zuständigen Behörde unverzüglich anzuzeigen.

(2) Die zuständige Behörde kann
1. die Waffen oder Munition sicherstellen oder
2. anordnen, dass die Waffen oder Munition innerhalb angemessener Frist
   a) unbrauchbar gemacht werden oder
   b) einem Berechtigten überlassen werden,
   c) und dies der zuständigen Behörde nachgewiesen wird.

(3) ¹Nach fruchtlosem Ablauf der Frist kann die zuständige Behörde die Waffen oder Munition einziehen. ²Ein Erlös aus der Verwertung steht dem nach bürgerlichem Recht bisher Berechtigten zu.

I. Betroffener Personenkreis

Gemäß § 37c Abs. 1 WaffG hat jedermann, der Waffen oder Munition, deren Erwerb der Erlaubnis nach dem WaffG bedarf, beim Tod eines Waffenbesitzers als Finder oder in ähnlicher Weise in Besitz nimmt, dies der zuständigen Behörde unverzüglich anzuzeigen. Diese Pflicht trifft neben den Erwerbern in Folge eines Erbfalls gem. §§ 20, 17 Abs. 3 WaffG jedermann, der nach dem Tod eines Waffenbesitzers Waffen und Munition in Obhut nimmt.

II. Unverzügliche Anzeige

Die Anzeige nach § 37c Abs. 1 S. 1 WaffG, ehemals § 37 Abs. 1 WaffG, muss unverzüglich, somit ohne schuldhaftes Zögern erfolgen.[1] Insoweit kann sich an § 121 Abs. 1 BGB orientiert werden. Die Anzeige muss somit innerhalb einer nach Umständen des Einzelfalls zu bemessenden Prüfungs- und Überlegungsfrist erklärt werden.[2] Obergrenze dürfte in der Regel eine Frist von unter zwei Wochen sein.[3] Die Auffassung von Gade, wonach eine Anzeige binnen einer Woche ab Inbesitznahme häufig noch unverzüglich sei und für jede längere Frist, triftige Gründe vorzubringen seien,[4] dürfte im Hinblick auf den Wortlaut des Gesetzes und die Rechtsprechung zu § 121 Abs. 1 BGB wohl zu kurz greifen. Die Frist muss jedoch in Anbetracht der neuen differenzierenden Regelungen in § 37b WaffG kürzer als zwei Wochen sein.

Für die Anzeige selbst ist keine besondere Form vorgeschrieben. Sie kann also gegenüber der Behörde schriftlich, mündlich, per E-Mail, per Telefax oder telefonisch erfolgen.[5]

Nach § 37c Abs. 1 S. 2 WaffG hat die zuständige Behörde die Wahl, die Waffe/Munition sofort sicherzustellen oder durch Anordnung festzulegen, dass die Waffe/Munition unverzüglich unbrauchbar gemacht werden müssen bzw. an Berechtigte abzugeben sind. Die angemessene Frist ist bei Besitznehmern von Waffe/Munition im Wege des Erbfalls so zu bemessen, dass der Betroffene Gelegenheit zu einer wirtschaftlichen Verwertung hat.[6]

Zudem kann die Behörde auch anordnen, dass im Rahmen des § 37c Abs. 1 S. 2 WaffG die Waffe/Munition im Wege des Transportes der Waffenbehörde oder einem anderen Berechtigten, zB einem Waffenhändler zuzuleiten sind.

---

1 WaffVwV Nr. 37.1.
2 BGH NJW 2005, 1869.
3 Grüneberg/Ellenberger BGB § 121 Rn. 3.
4 Gade WaffG § 37c Rn. 14.
5 Gade WaffG § 37 c Rn. 17.
6 WaffVwV Nr. 37.1.

§ 37d WaffG   Anzeige von unbrauchbar gemachten Schusswaffen

(1) Wer eine nach Anlage 1 Abschnitt 1 Unterabschnitt 1 Nummer 1.4 unbrauchbar gemachte Schusswaffe

1. überlässt,
2. erwirbt oder
3. vernichtet,

hat dies der zuständigen Behörde anzuzeigen.

(2) Der Besitzer einer unbrauchbar gemachten Schusswaffe hat der zuständigen Behörde unverzüglich nach Feststellung des Abhandenkommens anzuzeigen, wenn die Waffe abhandengekommen ist.

(3) [1]Hat der Besitzer der unbrauchbar gemachten Schusswaffe keine Waffenherstellungserlaubnis oder Waffenhandelserlaubnis nach § 21 Absatz 1 Satz 1, hat die Anzeige nach Absatz 1 binnen zwei Wochen schriftlich oder elektronisch zu erfolgen. [2]Hat der Besitzer eine Waffenherstellungserlaubnis oder Waffenhandelserlaubnis nach § 21 Absatz 1 Satz 1, so hat die Anzeige nach Absatz 1 unverzüglich elektronisch zu erfolgen und es gilt hierfür § 9 des Waffenregistergesetzes.

(4) Hat der Besitzer eine Waffenherstellungserlaubnis oder Waffenhandelserlaubnis nach § 21 Absatz 1 Satz 1, so hat die Anzeige nach Absatz 2 elektronisch zu erfolgen und es gilt hierfür § 9 des Waffenregistergesetzes.

(5) Ist bei der zuständigen Behörde eine Anzeige zum Abhandenkommen von unbrauchbar gemachten Schusswaffen eingegangen, so unterrichtet sie die örtliche Polizeidienststelle über das Abhandenkommen.

I. Regelungsgehalt

1   Die Vorschrift regelt das Überlassen, Erwerben oder Vernichten einer unbrauchbar gemachten Schusswaffe nach Anl. 1 Abschnitt 1 und Abschnitt 1 Nr. 1.4 WaffenG. Demnach sind unbrauchbar gemachte Schusswaffen (Dekorationswaffen) solche, wenn die zuständige Behörde eines Mitgliedstaates der Europäischen Union für diese Schusswaffen eine Bescheinigung nach Art. 3 Abs. 4 der Durchführungsverordnung EU 2015/2403 der Kommission vom 15.12.2015 zur Festlegung gemeinsamer Leitlinien über Deaktivierungsstandards oder -techniken, ausgestellt hat und die zuständige Behörde die Schusswaffen gemäß Art. 5 der Durchführungsverordnung (EU) 2015/2403 gekennzeichnet hat.

II. Alt-Dekorationswaffen

2   Wenn der Erbe in den Besitz einer Alt-Dekorationswaffe gelangt, welche nicht gemäß der Durchführungsverordnung (EU) 2015/2403 deaktiviert und gekennzeichnet worden ist, ist deren Erwerb auch durch den Erben seit dem 1.9.2020 erlaubnispflichtig. Der Erbe muss eine Anzeige bei der Behörde ausbringen. Um die Waffe weiterhin besitzen zu dürfen, ist zudem eine Nachdeaktivierung nach dem EU-Deaktivierungsstandard nötig (§ 25 a Abs. 3 AWaffV). Ohne die entsprechende Bescheinigung wird diese Alt-Dekorationswaffe wie eine scharfe Waffe (§ 1 Abs. 2 Nr. 1 WaffG) behandelt. Es gilt eine WBK-Pflicht. Um eine Erlaubnis zum Erwerb und Besitz einer solchen Alt-Dekorationswaffe zu erhalten, ist kein Sachkunde- und kein Bedürfnisnachweis (§ 7 und § 8 WaffG) nötig.

III. Neu-Dekorationswaffen

3   Der Erwerb einer Neu-Dekorationswaffe, welche gemäß der Durchführungsverordnung (EU) 2015/2403 deaktiviert wurde, muss der Erbe bei der zuständigen Behörde innerhalb von zwei

Wochen anzeigen, § 37d Abs. 2 S. 1 WaffG. Die Behörde stellt für diese Neu-Dekorationswaffe eine Anzeigenbescheinigung aus, welche keine echte Erlaubnis im waffenrechtlichen Sinne darstellt, sondern lediglich eine Bescheinigung der Waffenbehörde dafür, dass die Anzeige gesetzeskonform erfolgt ist.

IV. Anzeige

Die Anzeige hat schriftlich oder elektronisch innerhalb von zwei Wochen gegenüber der zuständigen Behörde zu erfolgen, wenn der Besitzer der unbrauchbar gemachten Schusswaffe keine Waffenherstellungserlaubnis oder Waffenhandelserlaubnis nach § 21 Abs. 1 S. 1 WaffG besitzt. Von Inhabern einer Erlaubnis nach § 21 Abs. 1.S. 1 WaffG hat die Anzeige unverzüglich elektronisch zu erfolgen. 4

V. Abhandenkommen einer unbrauchbar gemachten Schusswaffe

Auch das Abhandenkommen einer unbrauchbar gemachten Schusswaffe hat der Erbe als Besitzer dieser zum Zeitpunkt der Feststellung des Abhandenkommens gegenüber der Behörde unverzüglich anzuzeigen. Im Hinblick auf die Unverzüglichkeit der Anzeige wird auf die Ausführungen in → § 37c Rn. 2 WaffG verwiesen. 5

§ 37f WaffG Inhalt der Anzeigen

(1) Für die Anzeige nach den §§ 37 bis 37d hat der Anzeigende folgende Daten anzugeben:
1. die Art des in den §§ 37 bis 37d bezeichneten Sachverhalts, der der Anzeigepflicht zugrunde liegt;
2. das Datum, an dem der Sachverhalt eingetreten ist, bei Abhandenkommen das Datum der Feststellung des Abhandenkommens;
3. die folgenden Daten des Anzeigenden:
    a) Familienname,
    b) früherer Name,
    c) Geburtsname,
    d) Vorname,
    e) Doktorgrad,
    f) Geburtstag,
    g) Geburtsort,
    h) Geschlecht,
    i) jede Staatsangehörigkeit sowie
    j) Straße, Hausnummer, Postleitzahl und Ort, bei einer ausländischen Adresse auch den betreffenden Staat (Anschrift);
4. die folgenden Daten zu einem Kaufmann, einer juristischen Person oder einer Personenvereinigung:
    a) Namen oder Firma,
    b) frühere Namen,
    c) Anschrift und
    d) bei Handelsgesellschaften und Vereinen den Gegenstand des Unternehmens oder des Vereins;
5. die folgenden Daten der Waffe, die Gegenstand der Anzeige ist:
    a) Hersteller,
    b) Modellbezeichnung,
    c) Kaliber- oder Munitionsbezeichnung,
    d) Seriennummer,

e) Jahr der Fertigstellung,
f) Verbringen in den Geltungsbereich dieses Gesetzes,
g) Kategorie nach Anlage 1 Abschnitt 3,
h) Art der Waffe;
6. die folgenden Daten des Magazins, das Gegenstand der Anzeige ist:
    a) Kapazität des Magazins,
    b) kleinste verwendbare Munition und
    c) dauerhafte Beschriftung des Magazins, sofern vorhanden;
7. Art und Gültigkeit der Erlaubnis, die zur Art des anzuzeigenden Sachverhalts berechtigt oder verpflichtet;
8. die Nummer der Erlaubnisurkunde und
9. die zuständige Behörde, die die Erlaubnisurkunde ausgestellt hat.

(2) Bei Überlassung und Erwerb sind zusätzlich anzuzeigen
1. folgende Daten des Erwerbers:
    a) Familienname,
    b) Vorname,
    c) Geburtsdatum,
    d) Geburtsort,
    e) Anschrift;
2. bei Nachweis der Erwerbs- und Besitzberechtigung durch eine Waffenbesitzkarte:
    a) die Nummer der Waffenbesitzkarte und
    b) die ausstellende Behörde;
3. folgende Daten des Überlassenden:
    a) Familienname,
    b) früherer Name,
    c) Geburtsname,
    d) Vorname,
    e) Doktorgrad,
    f) Geburtsdatum,
    g) Geburtsort,
    h) Geschlecht,
    i) jede Staatsangehörigkeit sowie
    j) Anschrift.

(3) Ist der Erwerber oder der Überlassende vom Anwendungsbereich dieses Gesetzes nicht erfasst, so sind ausschließlich sein Name und seine Anschrift anzuzeigen.

(4) Anzuzeigen sind Änderungen der Daten der Waffe, die sich auf Grund einer der in § 37 Absatz 1 bezeichneten Umgangshandlungen ergeben.

I. Grunddaten

1 § 37f WaffG normiert in Abs. 1 die erforderlichen Grunddaten jeder Anzeige nach dem WaffG. Aus der Vorschrift ist ersichtlich, dass es darum geht, die Daten so gründlich wie möglich zu erfassen, damit sie mit dem Waffenregister kompatibel sind und dieses somit seinen Zweck erfüllen kann.

II. Ergänzungsdaten

2 In § 37f Abs. 2 WaffG sind die Ergänzungsdaten bei einem Besitzwechsel aufgeführt. Regelungen hierzu fanden sich bisher in den §§ 10 Abs. 1a, 13 Abs. 3 S. 2 Nr. 1 und 34 Abs. 2 S. 3 WaffG. Hier geht es um das Prinzip der doppelten Absicherung, um alle notwendigen Daten von Überlasser und Erwerber zu erfassen.

III. Auslandsbezug

§ 37f Abs. 3 WaffG regelt die Fälle mit Auslandsbezug eines Beteiligten und stellt die Umsetzung der Vorgaben des EU-Rechts (Art. 4 Abs. 4 UA 1 S. 2 Buchst. c der Richtlinie 91/477/EWG-Waffenrichtlinie; jetzt Art. 4 Abs. 5 UA S. 2 Buchst. c WaffRL (EU) 2021/55) dar. In einem derartigen Fall reicht es aus, dass, wenn der Erwerber oder der Überlassende nicht im Anwendungsbereich des Gesetzes erfasst sind, ausschließlich eine Angabe des Namens und der Anschrift erfolgt.

IV. Änderungsanzeige

§ 37f. Abs. 4 WaffG enthält Ergänzungen zu § 37f Abs. 1 Nr. 5 WaffG, nach welchen Veränderungen von Waffen (Fertigstellung, Bearbeitung oder Einbau oder Entsperren eines Blockiersystems) durch Inhaber einer Erlaubnis nach § 21 Abs. 1 WaffG – anzuzeigen sind. Damit will der Gesetzgeber erreichen, dass die im Waffenregister gespeicherten Daten und die tatsächlichen Daten der Waffe und wesentlicher Teile jederzeit übereinstimmen, auch wenn Änderungen vorgenommen wurden.

§ 37g WaffG Eintragungen in die Waffenbesitzkarte

(1) Der Inhaber einer Erlaubnis zum Erwerb und Besitz von Waffen nach § 10 Absatz 1 Satz 1 oder einer gleichgestellten anderen Erlaubnis zum Erwerb und Besitz hat gleichzeitig mit der Anzeige nach § 37a oder § 37b Absatz 1 die Waffenbesitzkarte und, sofern die betreffende Waffe in den Europäischen Feuerwaffenpass des Erlaubnisinhabers eingetragen ist, auch diesen zur Eintragung oder Berichtigung bei der zuständigen Behörde vorzulegen.

(2) Bei Austausch eines wesentlichen Teils entfällt die Vorlagepflicht nach Absatz 1.

(3) Die zuständige Behörde trägt Anlass und Inhalt der Anzeige in die Waffenbesitzkarte oder den Europäischen Feuerwaffenpass ein.

§ 37h WaffG Ausstellung einer Anzeigebescheinigung

(1) ¹Über die Anzeige
1. der Unbrauchbarmachung nach § 37b Absatz 2 Satz 1,
2. des Umgangs mit einer unbrauchbar gemachten Schusswaffe nach § 37d Absatz 1 Nummer 1 und 2 sowie
3. des Besitzes eines Magazins oder Magazingehäuses nach § 58 Absatz 17 Satz 1

hat die zuständige Behörde dem Anzeigenden eine Anzeigebescheinigung auszustellen. ²Satz 1 gilt nicht, wenn der Anzeigende Inhaber einer Erlaubnis nach § 21 Absatz 1 Satz 1 ist.

(2) Die Anzeigebescheinigung enthält
1. vom Anzeigenden die Daten nach § 37f Absatz 1 Nummer 3,
2. den Anlass der Anzeige nach § 37b Absatz 2 Satz 1, § 37d Absatz 1 Nummer 1 oder 2 oder § 58 Absatz 17 Satz 1,
3. den Zeitpunkt, an dem der zuständigen Behörde die Anzeige zugegangen ist, sowie
4. die Angaben nach § 37f Absatz 1 Nummer 5 und 6.

§ 37i WaffG Mitteilungspflicht bei Umzug ins Ausland und bei Umzug im Ausland

¹Zieht der Inhaber einer waffenrechtlichen Erlaubnis oder Bescheinigung ins Ausland, so ist er verpflichtet, seine Anschrift im Ausland der Waffenbehörde mitzuteilen, die zuletzt für ihn zuständig gewesen ist. ²Zieht der im Ausland lebende Inhaber einer waffenrechtlichen Erlaubnis oder Bescheinigung im Ausland um, so ist er verpflichtet, dem Bundesverwaltungsamt seine neue Anschrift im Ausland mitzuteilen.

§ 40 WaffG Verbotene Waffen

(1) Das Verbot des Umgangs umfasst auch das Verbot, zur Herstellung der in Anlage 2 Abschnitt 1 Nr. 1.3.4 bezeichneten Gegenstände anzuleiten oder aufzufordern.

(2) Das Verbot des Umgangs mit Waffen oder Munition ist nicht anzuwenden, soweit jemand auf Grund eines gerichtlichen oder behördlichen Auftrags tätig wird.

(3) ¹Inhaber einer jagdrechtlichen Erlaubnis und Angehörige von Leder oder Pelz verarbeitenden Berufen dürfen abweichend von § 2 Abs. 3 Umgang mit Faustmessern nach Anlage 2 Abschnitt 1 Nr. 1.4.2 haben, sofern sie diese Messer zur Ausübung ihrer Tätigkeit benötigen. ²Inhaber sprengstoffrechtlicher Erlaubnisse (§§ 7 und 27 des Sprengstoffgesetzes) und Befähigungsscheine (§ 20 des Sprengstoffgesetzes) sowie Teilnehmer staatlicher oder staatlich anerkannter Lehrgänge dürfen abweichend von § 2 Absatz 3 Umgang mit explosionsgefährlichen Stoffen oder Gegenständen nach Anlage 2 Abschnitt 1 Nummer 1.3.4 haben, soweit die durch die Erlaubnis oder den Befähigungsschein gestattete Tätigkeit oder die Ausbildung hierfür dies erfordern. ³Dies gilt insbesondere für Sprengarbeiten sowie Tätigkeiten im Katastrophenschutz oder im Rahmen von Theatern, vergleichbaren Einrichtungen, Film- und Fernsehproduktionsstätten sowie die Ausbildung für derartige Tätigkeiten. ⁴Inhaber eines gültigen Jagdscheins im Sinne von § 15 Absatz 2 Satz 1 des Bundesjagdgesetzes dürfen abweichend von § 2 Absatz 3 für jagdliche Zwecke Umgang mit Nachtsichtvorsätzen und Nachtsichtaufsätzen nach Anlage 2 Abschnitt 1 Nummer 1.2.4.2 haben. ⁵Jagdrechtliche Verbote oder Beschränkungen der Nutzung von Nachtsichtvorsatzgeräten und Nachtsichtaufsätzen bleiben unberührt. ⁶Satz 4 gilt entsprechend für Inhaber einer gültigen Erlaubnis nach § 21 Absatz 1 und 2.

(4) ¹Das Bundeskriminalamt kann auf Antrag von den Verboten der Anlage 2 Abschnitt 1 allgemein oder für den Einzelfall Ausnahmen zulassen, wenn die Interessen des Antragstellers auf Grund besonderer Umstände das öffentliche Interesse an der Durchsetzung des Verbots überwiegen. ²Dies kann insbesondere angenommen werden, wenn die in der Anlage 2 Abschnitt 1 bezeichneten Waffen oder Munition zum Verbringen aus dem Geltungsbereich dieses Gesetzes, für wissenschaftliche oder Forschungszwecke oder zur Erweiterung einer kulturhistorisch bedeutsamen Sammlung bestimmt sind und eine erhebliche Gefahr für die öffentliche Sicherheit nicht zu befürchten ist.

(5) ¹Wer eine in Anlage 2 Abschnitt 1 bezeichnete Waffe als Erbe, Finder oder in ähnlicher Weise in Besitz nimmt, hat dies der zuständigen Behörde unverzüglich anzuzeigen. ²Die zuständige Behörde kann die Waffen oder Munition sicherstellen oder anordnen, dass innerhalb einer angemessenen Frist die Waffen oder Munition unbrauchbar gemacht, von Verbotsmerkmalen befreit oder einem nach diesem Gesetz Berechtigten überlassen werden, oder dass der Erwerber einen Antrag nach Absatz 4 stellt. ³Das Verbot des Umgangs mit Waffen oder Munition wird nicht wirksam, solange die Frist läuft oder eine ablehnende Entscheidung nach Absatz 4 dem Antragsteller noch nicht bekannt gegeben worden ist.

§ 2 Abs. 3 WaffG iVm Anlage 2 Abschn. 1 zum Waffengesetz enthält Verbote für Waffen, Zubehör, Munition und Geschosse, denen eine besondere Gefährlichkeit zugeschrieben wird.[1] Bestehen Zweifel, ob es sich um verbotene Waffen handelt, so ist eine Entscheidung des BKA einzuholen (§ 2 Abs. 5 iVm § 48 Abs. 3 WaffG). Das BKA veröffentlicht waffenrechtliche Entscheidungen in geeigneter Weise.[2]

Durch das 3. Waffenrechtsänderungsgesetz gelten auch seit dem 1.9.2020 Wechselmagazine für Kurzwaffen, die mehr als 20 Patronen (Zentralfeuermunition) des kleinsten nach Herstellerangaben bestimmungsgemäß verwendbaren Kalibers aufnehmen können, Wechselmagazine für Langwaffen, die mehr als 10 Patronen (Zentralfeuermunition) des nach Herstellerangaben kleinsten bestimmungsgemäß verwendbaren Kalibers aufnehmen können sowie Magazingehäuse für Wechselmagazine für vorbezeichnete Wechselmagazine für Kurzwaffen und Langwaffen als verbotene Waffen. Zu berücksichtigen ist, dass ein Wechselmagazin, das sowohl in Kurz- als auch in Langwaffen verwendbar ist, als Magazin für Kurzwaffen gilt, wenn der Besitzer nicht gleichzeitig über eine Erlaubnis zum Besitz einer Langwaffe verfügt, in der das Magazin verwendet werden kann. Wird zu einer Kurzwaffe mit einem Magazin für 20 Patronen eine Langwaffe gekauft, in der dieses Wechselmagazin verwendet werden kann, so wird das bisher erlaubnisfreie Wechselmagazin zu einer verbotenen Waffe und es ist eine Ausnahmegenehmigung nötig. Das Verbot von derartig verbotenen Magazinen oder Magazingehäusen, welche vor dem 13.6.2017 (Stichtag) erworben wurden, wurde nicht wirksam, wenn bis zum 1.9.2021 dieses an einen Berechtigten, die zuständige Behörde oder die Polizeidienstelle überlassen wurde oder der Besitz bei der zuständigen Behörde angezeigt wurde. Bei dem Erwerb eines derartigen verbotenen Magazins am oder nach dem 13.6.2017 wird das Verbot nicht wirksam, wenn bis zum 1.9.2021 ebenfalls eine Überlassung an Berechtigte, zuständige Behörden oder Polizeidienststellen erfolgt ist oder ein Antrag nach § 40 Abs. 4 WaffG beim BKA gestellt wurde.

Da die entsprechende Antrags- und Überlassungsfrist dieser verbotenen Magazine zum 1.9.2021 ausgelaufen ist, muss beim Auffinden solcher Magazine oder Magazingehäuse der Erbe feststellen, ob für derartige Magazine eine entsprechende Ausnahmegenehmigung oder eine entsprechende Anzeigebescheinigung gemäß § 37 h Abs. 1 Nr. 3.WaffG für ein vor dem 13.6.2017 erworbenes Magazin existiert.

Der Erwerber einer verbotenen Waffe infolge eines Erbfalls hat dies der zuständigen Behörde unverzüglich anzuzeigen. Auf die Ausführungen zur Unverzüglichkeit der Anzeige in § 37c WaffG (WaffG → § 37c Rn. 2) wird verwiesen. Die Behörde kann sodann anordnen, dass innerhalb einer angemessenen Frist die Waffen oder die Munition unbrauchbar gemacht werden, von Verbotsmerkmalen befreit werden, einem nach diesem Gesetz Berechtigten überlassen werden oder der Erwerber den Antrag nach § 40 Abs. 4 WaffG beim BKA stellt.

Das Verbot des Umgangs mit Waffen oder Munition wird nicht wirksam, solange die Frist zur unverzüglichen Anzeige der Besitznahme einer verbotenen Waffe läuft oder eine klärende Entscheidung des BKA nach § 40 Abs. 4 WaffG dem Antragsteller noch nicht bekannt gegeben worden ist.

---

[1] WaffVwV Nr. 40.1.1.
[2] WaffVwV Nr. 40.1.1.

Teil 6
Steuerrecht

Teil 2
Steuerrecht

35. Steuerfolgen des Erbfalls und Gestaltungsmöglichkeiten

A. Steuerrechtliche Stellung des Erben/Beschenkten 1
   I. Gesamtrechtsnachfolge 3
   II. Einzelrechtsnachfolge 12
B. Steuerfolgen des Erbfalls/einer Schenkung 15
   I. Steuerpflichtige Vorgänge/Charakter der Erbschaft- und Schenkungsteuer 15
   II. Steuerschuldner 20
   III. Unbeschränkte und beschränkte Steuerpflicht 22
     1. Unbeschränkte Steuerpflicht 22
     2. Beschränkte Steuerpflicht 25
   IV. Aufzählung einzelner Tatbestände des § 3 ErbStG (Erwerb von Todes wegen) 27
     1. Erwerb durch Erbanfall; § 3 Abs. 1 Nr. 1, 1. Alt. ErbStG 28
     2. Erwerb durch Vermächtnis; § 3 Abs. 1 Nr. 1, 2. Alt. ErbStG 35
     3. Pflichtteilsansprüche; § 3 Abs. 1 Nr. 1, 3. Alt. ErbStG 42
     4. Schenkung auf den Todesfall; § 3 Abs. 1 Nr. 2 ErbStG 48
       a) Grundtatbestand des § 3 Abs. 1 Nr. 2 S. 1 ErbStG 48
       b) Anteilsübergang im Gesellschaftsrecht; § 3 Abs. 1 Nr. 2 S. 2 und 3 ErbStG ... 51
     5. Vermächtnisgleicher Erwerb; § 3 Abs. 1 Nr. 3 ErbStG 57
     6. Vertrag zugunsten Dritter; § 3 Abs. 1 Nr. 4 ErbStG 59
     7. Weitere Tatbestände gem. § 3 Abs. 2 ErbStG 67
       a) Vermögensübergang auf eine Stiftung oder Vermögensmasse; § 3 Abs. 2 Nr. 1 ErbStG 67
       b) Vollziehung einer Auflage, Erfüllung einer Bedingung; § 3 Abs. 2 Nr. 2 ErbStG 69
       c) Abfindungen; § 3 Abs. 2 Nr. 4 ErbStG 71
       d) Abfindungen für Vermächtnisanwartschaften; § 3 Abs. 2 Nr. 5 ErbStG 77.1
       e) Entgelte für Übertragung einer Anwartschaft des Nacherben; § 3 Abs. 2 Nr. 6 ErbStG 77.2
       f) Herausgabeanspruch nach § 2287 BGB; § 3 Abs. 2 Nr. 7 ErbStG 77.3
   V. Zugewinngemeinschaft; § 5 ErbStG 78
   VI. Vor- und Nacherbschaft; § 6 ErbStG 83
   VII. Aufzählung einzelner Tatbestände des § 7 ErbStG 90
     1. Grundtatbestand des § 7 Abs. 1 Nr. 1 ErbStG 91
       a) Mittelbare Schenkung 93
       b) Unbenannte (ehebedingte) Zuwendungen 95
       c) Gemischte Schenkung/Schenkung unter einer Auflage 96
     2. Abfindungen für Erb-, Pflichtteils- und Vermächtnisverzicht vor dem Erbfall; § 7 Abs. 1 Nr. 5 ErbStG 100
     3. § 7 Abs. 7 ErbStG 102
     4. § 7 Abs. 8 ErbStG 104
   VIII. Steuerklasse; § 15 ErbStG 105
   IX. Persönliche Freibeträge; § 16 ErbStG 109
   X. Versorgungsfreibetrag; § 17 ErbStG 110
   XI. Steuertarif; § 19 ErbStG 111
   XII. Steuerbefreiungen/Steuervergünstigungen . 114
     1. (Sachliche) Steuerbefreiungen; § 13 ErbStG 114
       a) Hausrat und andere Gegenstände; § 13 Abs. 1 Nr. 1 ErbStG 116
       b) Familienheim; § 13 Abs. 1 Nr. 4a, b und c ErbStG 117
         aa) Familienheimerwerb unter Lebenden; § 13 Abs. 1 Nr. 4a ErbStG 118
         bb) Familienheimerwerb von Todes wegen; § 13 Abs. 1 Nr. 4b und c ErbStG 119
       c) Erwerbe im Zusammenhang mit Pflege oder Unterhaltsgewährung (§ 13 Abs. 1 Nr. 9 und 9a) 121
       d) Unterhalts- und oder Ausbildungszuwendungen 127
       e) Übliche Gelegenheitsgeschenke 128
       f) Zuwendungen an gemeinnützige Organisationen und an politische Parteien und Vereine 129
     2. Begünstigung von Betriebsvermögen, §§ 13a, 13b ErbStG 130
     3. Verschonungsregelungen der §§ 13a, und 13b, 13c und 28a ErbStG 131
     4. Grundfall: Erwerbe bis zu 26 Mio. EUR 132
     5. Erwerbe über 26 Mio. EUR 133
     6. Systematik der Begünstigung 134
       a) Begünstigungsfähiges Vermögen ... 135
         aa) Land- und forstwirtschaftliches Vermögen 136
         bb) Betriebsvermögen 137
         cc) Qualifizierte Anteile an Kapitalgesellschaften 138
       b) Begünstigtes Vermögen 139
         aa) Gemeiner Wert des begünstigungsfähigen Vermögens 140
         bb) Übermäßiges Verwaltungsvermögen 141
         cc) Ermittlung des Nettowerts des Verwaltungsvermögens 142
           (1) Gemeiner Wert des Verwaltungsvermögens 143
           (2) Vermögen zur Absicherung von Altersversorgungsverpflichtungen 144
           (3) Definition des Verwaltungsvermögens 145
           (4) Rückwirkende Umwandlung von Verwaltungsvermögen in begünstigtes Vermögen 147
           (5) Berechnung des Nettowertes des Verwaltungsvermögens .. 149
         dd) Unschädliches Vermögen ("Schmutzzuschlag") 150

	ee) Ausschluss der Schuldensaldierung 151		b) Vereinfachtes Ertragswertverfahren 233
	ff) Verbundvermögensaufstellung 152	6.	Bewertung von Wertpapieren und Anteilen 240
	gg) Zuständigkeit der Finanzämter 153	7.	Bewertung von Kapitalforderungen und Schulden 245
7.	Begünstigung bei unternehmerischem Vermögen bis 26 Mio. EUR 154	8.	Kapitalwert von wiederkehrenden Nutzungen und Leistungen 248
	a) Freigrenze von 26 Mio. EUR 155	9.	Bewertung von Sachleistungsansprüchen 259
	b) Regelmodell – Optionsmodell 156	D.	Steuerrechtliche Gestaltungen 261
	c) Gleitender Abzugsbetrag 157	I.	Steuerliche Gestaltungsüberlegungen vor dem Erbfall 262
	d) Lohnsummen 158	1.	Gestaltung einer letztwilligen Verfügung 263
	aa) Grundsatz 159		a) Regelungsinhalt 264
	bb) Ausnahmen 160		aa) Pflichtteilsrecht 265
	cc) Definition der Lohnsumme ... 161		bb) Vermächtnisse und Teilungsanordnung 266
	dd) Staffelung 162		cc) Arten von Vermächtnissen 267
	ee) Rechtsfolgen bei Verstoß gegen die Mindestlohnsumme 163		dd) Auflagen 275
	e) Begünstigungstransfer 164		ee) Vor- und Nacherbschaft 277
	f) Behaltensfristen 165		ff) Testamentsvollstreckung 279
	g) Anzeigepflichten, erhöhte Mitwirkungspflichten 166		gg) Vorsorgevollmacht und Patientenverfügung 283
	h) Vorababschlag für Familienunternehmen 167		b) Regelungsformen und -voraussetzungen 287
	aa) Entnahmebeschränkung 168		aa) Notarielles und eigenhändiges Testament 288
	bb) Verfügungsbeschränkung 169		bb) Arten von letztwilligen Verfügungen 294
	cc) Abfindungsbeschränkung 170		c) Berliner Testament 297
	dd) Weitere Voraussetzungen 171	2.	Steuerliche Gestaltungsmöglichkeiten beim Testament 299
	ee) Kein Wahlrecht 172		a) Berliner Testament 300
8.	Begünstigung bei unternehmerischem Vermögen von mehr als 26 Mio. EUR 173		b) Supervermächtnis 302
	a) Verschonungsabschlag bei Großvermögen 174	3.	Vorweggenommene Erbfolge 305
	b) Verschonungsbedarfsprüfung 175		a) Mehrfache Ausnutzung von Freibeträgen 306
	aa) Erwerb von mehr als 26 Mio. EUR 176		b) Kettenschenkungen 309
	bb) Unmöglichkeit der Zahlung der Erbschaftsteuer aus dem verfügbaren Vermögen 177		c) Übernahme der Schenkungsteuer durch den Zuwendenden 310
	cc) Auflösende Bedingungen 178		d) Übertragung Familienheim 312
	dd) Stundung der nicht erlassenen Steuer 179		e) Adoption 317
	ee) Doppelbelastung mit Erbschaft- und Ertragsteuer 180		f) Nießbrauchgestaltungen 322
	c) Stundungsregeln 181		g) Optimierung bei Lebensversicherungsverträgen 327
C.	Bewertung des Nachlasses/der Schenkung 183	4.	Vorziehen güterrechtlicher Ausgleichsansprüche 332
I.	Verfassungsgemäße Bewertung 184	5.	Schaffung von begünstigtem Vermögen 335
II.	Allgemeine Bewertungsgrundsätze 188		a) Familienheim 336
1.	Bewertung wirtschaftlicher Einheiten . 189		b) Unternehmerisches Vermögen 337
2.	Bewertung aufschiebend und auflösend bedingter Erwerbe 192		c) Zu Wohnzwecken vermietete Immobilien 338
3.	Allgemeiner Bewertungsgrundsatz: Gemeiner Wert 195	6.	Einbeziehung von Stiftungen 339
4.	Bewertung von Grundstücken 201	7.	Exkurs: Unternehmertestament 345
	a) Bewertung unbebauter Grundstücke 203		a) Kapitalgesellschaften 347
	b) Bewertung bebauter Grundstücke . 206		b) Personengesellschaften 350
	c) Vergleichswertverfahren 213		c) Fortsetzungsklausel 351
	d) Ertragswertverfahren 215		d) Nachfolgeklausel 352
	e) Sachwertverfahren 219		e) Qualifizierte Nachfolgeklausel 353
	f) Nachweis des niedrigeren gemeinen Wertes 222		f) Eintrittsklausel 355
	g) Sonderfälle 223		g) Ziele des Unternehmers 357
5.	Bewertung von Betriebsvermögen 228		h) Übertragung des Unternehmens zu Lebzeiten oder von Todes wegen? . 358
	a) Allgemeine Bewertungsgrundsätze . 229		

i)	Absicherung des überlebenden Ehegatten	367
j)	Gleichbehandlung der Kinder vs. Erhalt des Unternehmens	372
k)	Schutz vor Pflichtteilsansprüchen	374
l)	Erbschaftsteuerliche Aspekte der Unternehmensnachfolge	379
	aa) Regelverschonung – Optionsmodell	379
	bb) Nießbrauchsgestaltungen	380
II. Steuerliche Gestaltungsüberlegungen nach dem Erbfall		382
1. Die Ausschlagung		385
a) Zivilrechtliche Voraussetzungen		386
b) Erbschaftsteuerliche Folgen		396
	aa) Ausschlagung ohne Abfindung	397
	bb) Ausschlagung gegen Abfindung	398
	cc) Steuerliche Gestaltungsmöglichkeiten	402
	dd) Ausnutzen von Freibeträgen	403
	ee) Vermeidung des Anfalls doppelter Erbschaftsteuer	411
c) Ausschlagung bei gesellschaftsrechtlichen Nachfolgeklauseln		415
d) Beseitigung von Bindungswirkungen		420
e) Beachtung ertrag- und grunderwerbsteuerlicher Auswirkungen		423
2. Geltendmachung des Pflichtteils		434
a) Zivilrechtliche Voraussetzungen		435
b) Erbschaftsteuerliche Folgen		447
c) Geltendmachung des Pflichtteils		448
d) Verzicht auf die Geltendmachung des Pflichtteils gegen Abfindung		460
e) Steuerliche Gestaltungsmöglichkeiten		467
f) Beachtung von ertrag- und grunderwerbsteuerlichen Auswirkungen		474
3. Anfechtung von letztwilligen Verfügungen		481
a) Zivilrechtliche Voraussetzungen		482
b) Steuerliches Gestaltungspotenzial		484
4. Einvernehmliche Regelungen zwischen den Beteiligten		487
a) Zivilrechtliche Wirksamkeit		488
b) Erbschaftsteuerliche Folgen		491
c) Ertrag- und grunderwerbsteuerliche Folgen		502
5. Die unwirksame letztwillige Verfügung		508
a) Zivilrechtliche Folgen		509
b) Erbschaftsteuerliche Folgen		512
c) Ertrag- und grunderwerbsteuerliche Folgen		520
6. Sonstige Gestaltungsoptionen		524
E. Internationales Erbschaftsteuerrecht		529
I. Erbschaftsteuerpflicht in Deutschland		533
1. Doppelbesteuerungsabkommen		543
2. § 21 ErbStG: Anrechnung ausländischer Erbschaftsteuer		546
3. Unbeschränkte Erbschaftsteuerpflicht		547
4. Entsprechensklausel		548
5. Besteuerung desselben Vermögens		549
6. Auslandsvermögen		550
7. Anrechnungshöchstbetrag		557
8. Antrag		562
9. Zeitliche Komponente/Zahlung der Steuer/Nachweispflichten		563
10. Per-country-limitation		565
II. Erbschaftsbesteuerung und EU-Recht in der Rechtsprechung des EuGH		566
III. Künftiges EU-Recht		582

A. Steuerrechtliche Stellung des Erben/Beschenkten

Das Erbschaft- und Schenkungsteuergesetz unterscheidet bereits seinem Titel nach die Fälle der Gesamt- und der Einzelrechtsnachfolge. Bei einer Gesamtrechtsnachfolge erwirbt der Begünstigte das Vermögen des Erblassers als Ganzes und tritt in alle seine Rechtsbeziehungen ein, soweit diese nicht höchstpersönlicher Natur sind (§ 1922 BGB). Dieser bürgerlich-rechtliche Grundsatz ist, soweit steuerrechtlich nichts Abweichendes bestimmt ist, auch auf das Steuerrecht anzuwenden.[1] Im Gegensatz dazu kommt es bei einer Einzelrechtnachfolge nur zur Übertragung der Rechtsmacht über ein oder mehrere bestimmte Rechtsverhältnisse. Eine Beschränkung des Erbschaftsteuertatbestandes auf die Fälle der Gesamtrechtsnachfolge bzw. eine unterschiedliche steuerliche Behandlung von Gesamt- und Einzelrechtsnachfolge ist aus praktischer Sicht nicht denkbar. Die Besteuerung von Schenkungen soll in erster Linie verhindern, dass die Erbschaftsteuer nicht durch lebzeitige Verfügungen, insbesondere im Wege einer vorweggenommenen Erbfolge, umgangen werden kann. So betrachtet, ist die Schenkungsteuer eines der ersten Regelungswerke zur Bekämpfung missbräuchlicher Gestaltungen. In den Steuerfolgen sind daher die Erbschaft- und die Schenkungsteuer (nahezu) identisch, mit Ausnahme bestimmter besonderer Vergünstigungen für den Erbfall. Die steuerliche Stellung des Gesamt- oder Einzelrechtsnachfolgers unterscheiden sich dennoch erheblich.

1

---

1 BFH BStBl. 1969 II 520.

2 Der Erbschaftsteuer unterliegt nach § 1 Abs. 1 Nr. 1 ErbStG nur der Erwerb von Todes wegen mit der Folge, dass hier an den Tod einer natürlichen Person angeknüpft wird. Andere zivilrechtliche Konstellationen einer Gesamtrechtsnachfolge – etwa im Gesellschaftsrecht – sind von der Erbschaftsteuer nicht betroffen. Folglich löst zB die Beendigung oder Umwandlung einer juristischen Person – aus welchem Rechtsgrund auch immer – keine Erbschaftsteuer aus. Umgekehrt ist es allerdings möglich, dass eine Gesamtrechtsnachfolge Schenkungsteuer auslöst. So erfasst zB § 7 Abs. 1 Nr. 4 ErbStG die Bereicherung, die der Ehegatte bei der Vereinbarung einer Gütergemeinschaft erlangt (§ 1415 BGB, Gesamtrechtsnachfolge) als freigiebige Zuwendung. Auch der Fall der Anwachsung nach § 738 BGB führt gemäß § 7 Abs. 7 ErbStG zu einem schenkungsteuerpflichtigen Vorgang, wenn der Abfindungsbetrag für den ausscheidenden Gesellschafter unter dem Betrag liegt, der nach § 12 ErbStG für den Gesellschaftsanteil zu ermitteln ist. Bei der Schenkungsteuer (Einzelrechtsnachfolge) kann Auslöser der Steuer zudem auch das Handeln einer juristischen Person sein. Einen Sonderfall bildet die Besteuerung bestimmter Stiftungen in § 1 Abs. 1 Nr. 4 ErbStG. Hier kommt es zu einer Ersatzbesteuerung mit Erbschaftsteuer, obwohl die Stiftung weder beendet wird noch ein Vermögensübergang auf einen anderen Rechtsträger stattfindet.

I. Gesamtrechtsnachfolge

3 Die steuerliche Gesamtrechtsnachfolge wird für alle Steuerarten bindend in § 45 AO geregelt. Nach § 45 Abs. 1 AO gehen die Forderungen und Schulden aus dem Steuerschuldverhältnis auf den Rechtsnachfolger über. Ausgenommen hiervon sind **Zwangsgelder**, die gegenüber dem Erblasser festgesetzt wurden. Der Gesetzeswortlaut beschränkt trotz seiner Überschrift den Anwendungsbereich auf Forderungen und Schulden aus dem Steuerschuldverhältnis, er spricht also nicht vom Übergang der gesamten (steuerlichen) Rechtsposition als Ganzem auf den Rechtsnachfolger. Der BFH geht gleichwohl in einer erweiternden Auslegung in seiner ständigen Rechtsprechung davon aus, dass der Erbe als Gesamtrechtsnachfolger grundsätzlich in einem umfassenden Sinne sowohl in materieller als auch in verfahrensrechtlicher Hinsicht in die abgabenrechtliche Stellung des Erblassers eintritt.[2] Dies ist nur teilweise richtig. *Drüen* weist darauf hin, dass es einer solchen erweiternden Auslegung des § 45 AO nicht bedarf.[3] Denn sowohl der Rechtsvorgänger als auch der Rechtsnachfolger verwirklichen den Tatbestand einer Einkunftsart jeweils selbst. Verstirbt zB ein Gewerbetreibender während des Kalenderjahres und führt der Erbe den Gewerbebetrieb fort, so erzielt der Rechtsnachfolger nicht deswegen Einkünfte gemäß § 15 EStG, weil er die Eigenschaft als Gewerbetreibender vom Erblasser übernommen hat, sondern deswegen, weil er selbst als Gewerbetreibender tätig wird. Aus § 153 Abs. 1 S. 2 AO wird ebenfalls deutlich, dass eine umfassende steuerliche Nachfolge in § 45 AO nicht gemeint sein kann. Denn wäre dies der Fall, wäre die in § 153 Abs. 1 S. 2 AO getroffene Regelung, dass auch der Rechtsnachfolger zu einer Berichtigung der Erklärung verpflichtet ist, redundant. Gleichwohl ist auch die Auffassung des BFH nachvollziehbar, soweit es um Nebenrechte und -folgen geht, die den Ansprüchen aus dem Steuerschuldverhältnis anhaften, also insbesondere um Befreiungen, Ausübung von Wahlrechten, Ermäßigungen und Vergünstigungen. So steht außer Frage, dass der Rechtsnachfolger die Verjährungsfristen der AO vom Erblasser übernimmt. Eine aufgrund einer Steuerhinterziehung verlängerte Festsetzungsfrist (§ 169 Abs. 2 S. 2 AO) haftet der Steuer allerdings unmittelbar an und gilt auch für den nicht an der Tat beteiligten Rechtsnachfolger.[4] Stundungen, Zahlungsaufschub, Vollstreckungsaufschub und Aussetzung der Vollziehung (AdV), die dem Erblasser gewährt wurden, bleiben bestehen.[5] Der Erblasser führt ebenso **Haltefristen** in Einzelsteuergesetzen fort, zB die Fristen des § 23 EStG[6] oder den

---

2 Ua BFH DStR 2008, 545.
3 Tipke/Kruse/Drüen, 170. Erg. 06/2022, AO § 45 Rn. 2.
4 BFH DB 2018, S 295.
5 Tipke/Kruse/Drüen, 170. Erg. 02/2022, AO § 45 Rn. 9.
6 BFH BStBl. 1969 II 520.

Berichtigungszeitraum nach § 15a UStG.[7] Da die Fortführung dieser Fristen in den Einzelsteuergesetzen nicht ausdrücklich angeordnet sind, muss die Fortführung auf § 45 AO gestützt werden. Zu unterscheiden sind hiervon die steuerlichen **Mitwirkungspflichten** (zB Steuererklärungspflichten, Auskunftspflichten, Duldung einer Außenprüfung), die nicht vom Erblasser auf den Gesamtrechtsnachfolger übergehen, sondern in der Person des Gesamtrechtsnachfolgers neu entstehen.

Einigkeit besteht jedenfalls darüber, dass **höchstpersönliche Rechte** und unlösbar mit der Person des Rechtsvorgängers verknüpfte Umstände nicht auf den Gesamtrechtsnachfolger übergehen.[8] Wann die Voraussetzungen eins höchstpersönlichen Rechts erfüllt sind, ist jedoch nicht pauschal aus § 45 AO abzuleiten, sondern erfordert eine Würdigung und Auslegung der jeweiligen steuerlichen Einzelgesetze. Im Rahmen der Einkommensteuer geht zB die Qualifikation eines Erblassers als Arzt, Künstler o.ä., die bei ihm zu freiberuflichen Einkünften führt, nicht auf den Gesamtrechtsnachfolger über. Führt der Gesamtrechtsnachfolger diese Tätigkeit fort, obwohl er die entsprechende Qualifikation nicht hat, erzielt er gewerbliche Einkünfte. Nach § 24 Nr. 2 EStG gilt die persönliche Qualifikation allerdings fort, wenn die erzielten Einkünfte noch aus der Tätigkeit des Rechtsvorgängers herrühren. Der Verkauf eines Bestandes an Kunstwerken nach dem Tod des Künstlers führt daher zu nachträglichen freiberuflichen Einkünften iSd § 18 EStG und nicht zu Einkünften aus Gewerbebetrieb.[9] In seiner bereits mehrfach zitierten Entscheidung hat der Große Senat des BFH im Jahr 2007 entschieden, dass der **Verlustvortrag** nach § 10d EStG nicht auf den Gesamtrechtsnachfolger übergeht.[10] Er hat in diesem Beschluss seine jahrelange anderslautende Rechtsprechung aufgegeben.

Zusammenfassend kann festgehalten werden, dass § 45 AO den Übergang von Forderungen und Schulden aus dem Steuerschuldverhältnis inklusive der mit den Steueransprüchen zusammenhängenden Nebenrechte und -folgen regelt, aber exklusive der höchstpersönlichen Rechte und der steuerlichen Mitwirkungspflichten. Eine vollständige Gesamtrechtsnachfolge findet nicht statt.

Der Übergang von Forderungen und Schulden setzt – wie auch außerhalb des Steuerrechts allgemein üblich – grundsätzlich voraus, dass die Forderung bzw. Schuld entstanden ist.[11] Zu beachten ist dabei, dass die Einzelsteuergesetze für die Entstehung der Steuer im Erbfall einen vom Todestag abweichenden Zeitpunkt festlegen. So sieht insbesondere § 36 Abs. 1 EStG vor, dass die Einkommensteuer erst mit Ablauf eines Veranlagungszeitraums entsteht. Mangels abweichender Regelung gilt dies auch dann, wenn der Steuerpflichtige unterjährig verstirbt. Dies hat dazu geführt, dass die Einkommensteuerschulden des Todesjahres von der Finanzverwaltung lange Zeit nicht als Nachlassverbindlichkeiten gemäß § 10 Abs. 5 Nr. 1 ErbStG anerkannt wurden, weil die Steuerschuld im Todeszeitpunkt noch nicht entstanden war.[12] Der BFH hat demgegenüber mit Urteil vom 4.7.2012[13] unter Heranziehung zivilrechtlicher Grundsätze entschieden, dass auch noch nicht vollständig entstandene Steueransprüche vom Erblasser „herrühren". Mit den Erbschaftsteuerrichtlinien 2019 erfolgte eine Klarstellung seitens der Finanzverwaltung. Einkommensteuerschulden gelten seitdem als Nachlassverbindlichkeiten.[14] Für die Erbschaftsteuer ist dieses Problem nicht relevant, da zum einen die Steuer nach § 9 Abs. 1 Nr. 1 ErbStG mit dem Todesfall entsteht und zum anderen die zu tragende Erbschaftsteuer des Erben nach § 10 Abs. 8 ErbStG nicht als Nachlassverbindlichkeit abziehbar ist.

---

7 S. Bunjes/Heidner, 20. Aufl. 2020, UstG § 15a Rn. 50.
8 BFH DStR 2008, 545.
9 BFH BStBl. 1993 II 716.
10 BFH DStR 2008, 545; anders bei § 2 AuslInvG gem. BFH BStBl. 2011, 113, und für Verluste nach § 2a EStG, FG Düsseldorf EFG 2017, 281, (Rev. anhängig unter IX R 5/17); ausführlich: OFD Frankfurt Vfg. v. 1.3.2017, S 2225A 12 St 213.
11 hierzu: BFH BStBl. 2018, 203.
12 ErbStR 2019, R E 10.8 Abs. 3.
13 BFH BStBl. 2012, 790.
14 ErbStR 2019, R E 10.8 Abs. 3.

7 § 45 Abs. 1 S. 2 AO ordnet ausdrücklich an, dass die Verpflichtung zur Zahlung eines Zwangsgeldes (§§ 328 ff. AO) nicht auf den Erben übergeht. Dies schließt selbstverständlich eine erneute Zwangsgeldfestsetzung gegen den Erben nicht aus, wenn dieser selbst die Tatbestandsvoraussetzungen erfüllt. Da die Regelung ausdrücklich nur für Zwangsgelder gilt, haftet der Erbe im Umkehrschluss für die übrigen bereits festgesetzten steuerlichen Nebenleistungen iSd § 3 Abs. 4 AO.

8 § 45 Abs. 2 AO befasst sich explizit mit der Rechtstellung des Erben. Da es nicht nur im Rahmen eines Erbfalls zu einer Gesamtrechtsnachfolge kommen kann, musste der Gesetzgeber für den Erbfall explizit anordnen, dass die zivilrechtlichen Möglichkeiten, die Haftung für Schulden des Erblassers zu beschränken, auch für steuerliche Zwecke gelten. Da die Haftung des Erben bereits in § 45 Abs. 1 AO angeordnet wird, regelt § 45 Abs. 2 AO nur den Umfang der Haftung. Zivilrechtlich stehen dem Erben verschiedene Möglichkeiten einer solchen Haftungsbeschränkung zur Verfügung. Eine Beschränkung der Haftung auf den Nachlass tritt ein durch die Anordnung einer Nachlassverwaltung oder die Eröffnung eines Nachlassinsolvenzverfahrens (§ 1975 ff. BGB bzw. §§ 315 ff. InsO). Der Anspruch kann in diesen Fällen nur noch gegen den Nachlass- bzw. Insolvenzverwalter geltend gemacht werden (§ 1984 Abs. 1 S. 3 BGB). Kommt es mangels einer die Kosten des Verfahrens deckenden Masse nicht zur Eröffnung einer **Nachlassverwaltung**, steht dem Erben nach § 1990 BGB die Dürftigkeitseinrede zu. Er hat dann den Nachlass zum Zwecke der Zwangsvollstreckung herauszugeben. Seine Haftung ist aber auch in diesen Fällen auf den Nachlass beschränkt.

9 Als Nachlassverbindlichkeiten iSd § 45 Abs. 2 AO gelten nicht nur solche Schulden, die bereits beim Erblasser entstanden sind, sondern auch solche, die aus Anlass des Erbfalls beim Erben entstehen (sog. **Erbfallschulden**). Zivilrechtlich gehören hierzu insbesondere die Verbindlichkeiten aus Pflichtteilsrechten, Vermächtnissen und Auflagen (§ 1967 Abs. 2 BGB). Aus steuerlicher Sicht bedeutsam ist, dass die Erbschaftsteuer, die beim Erben entsteht, gemäß § 20 Abs. 3 ErbStG als Erbfallschuld anzusehen ist. § 45 Abs. 2 AO eröffnet im Falle eines überschuldeten Nachlasses die Möglichkeit, der Inanspruchnahme von Erbschaftsteuer zu entgehen. Dies dürfte jedoch nur wenig praktische Bedeutung haben, da im Falle eines überschuldeten Nachlasses nur selten Erbschaftsteuer entstehen wird. Verbindlichkeiten, die der Erbe bei der Verwaltung des Nachlasses selbst begründet, fallen nicht unter die beschränkbaren Nachlassverbindlichkeiten. Folglich ist die Haftung der aus diesem Grund verwirklichten Steuern nicht nach § 45 Abs. 2 AO beschränkbar.

10 Trotz der Beschränkung des § 45 Abs. 2 AO sind Steuerbescheide, die dem Erblasser bzw. nach dessen Ableben dem Erben wirksam bekannt gegeben wurden, wirksam. Die Beschränkung der Erbenhaftung bzw. die **Dürftigkeitseinrede** erfolgt durch formlose Erklärung erst im Vollstreckungsverfahren.[15] § 780 ZPO, der eine beschränkte Erbenhaftung davon abhängig macht, dass die Beschränkung im Urteil vorbehalten ist, ist auf Steuerbescheide und Leistungsgebote der Finanzverwaltung nicht anwendbar. Denn zum einen verweist § 265 AO nicht auf § 780 ZPO und zum anderen sprechen die besonderen Verhältnisse im Abgabenrecht – die Finanzbehörde erlässt Leistungsgebote, schafft selbst die Voraussetzungen der Vollstreckung, ist zugleich Vollstreckungsbehörde – gegen eine Anwendung des § 780 ZPO.[16]

Erbt ein Steuerpflichtiger, während er sich in einem Insolvenzverfahren befindet, stellt sich die Frage, ob die entstehende Erbschaftsteuer eine zur Tabelle anzumeldende Insolvenzforderung oder eine Masseforderung ist. Nach Auffassung des BFH handelt es sich um eine Forderung des Fiskus gegen die Masse, so dass die Erbschaftsteuer gegen den Insolvenzverwalter in voller Höhe geltend gemacht werden kann.[17]

---

15 BFH BStBl. 1998 II 705.
16 BFH BStBl. 1981 II 729.
17 BFH DStR 2017, 1703.

In § 45 Abs. 2 S. 2 AO wird klargestellt, dass eine Haftungsbeschränkung in steuerlicher Hinsicht nicht in Betracht kommt, wenn der Erbe aufgrund eigenen Handelns einen Haftungstatbestand (zB §§ 69 ff. AO) auslöst. Unterstützt zB der Erbe den Erblasser bei einer Steuerhinterziehung, haftet er als Haftungsschuldner nach § 71 AO mit seinem eigenen Vermögen auch dann für den nachgeforderten Steuerbetrag, wenn er sich als Erbe zivilrechtlich durch Anordnung der Nachlassverwaltung der gegen den Erblasser festgesetzten Steuernachforderung entziehen kann.

II. Einzelrechtsnachfolge

Im völligen Gegensatz zur Gesamtrechtsnachfolge gehen bei einer Einzelrechtsnachfolge keine Ansprüche aus dem Steuerschuldverhältnis auf den Erwerber über.

Bei einer solchen Einzelrechtsnachfolge ist jedoch in steuerlicher Hinsicht zu unterscheiden zwischen einer entgeltlichen und einer unentgeltlichen Nachfolge. Während bei einem entgeltlichen Rechtsgeschäft grundsätzlich keine steuerliche Verknüpfung zwischen Veräußerer und Erwerber hinsichtlich des veräußerten Wirtschaftsguts bestehen bleibt, ist dies bei einem unentgeltlichen Rechtsgeschäft anders. Insbesondere im Einkommensteuergesetz führt der Beschenkte regelmäßig die Wertansätze und Haltefristen des Rechtsvorgängers fort.[18] Anders ist dies bei der Gewerbesteuer. Hier gilt das Prinzip der Unternehmer- und Unternehmensidentität (§ 10a GewStG), so dass der unentgeltliche Betriebsübernehmer die gewerbesteuerlichen Verlustvorträge nicht fortführen kann. Insbesondere bei der Planung einer vorweggenommenen Erbfolge muss daher darauf geachtet werden, ob und welche ertragsteuerlichen Folgen mit der unentgeltlichen Übertragung verbunden sind.

Im Falle der entgeltlichen Veräußerung hat der Gesetzgeber zT andere Mechanismen entwickelt, um den Steueranspruch abzusichern. So haftet zB der **Betriebsübernehmer** nach § 75 AO für bestimmte Steuerschulden des Veräußerers (zivilrechtlich gilt im Falle der Firmenfortführung erweiternd § 25 HGB). Für bestimmte Fälle ist der Übergang einer Steuerschuld explizit angeordnet (zB § 50 Abs. 2 AO).

B. Steuerfolgen des Erbfalls/einer Schenkung

I. Steuerpflichtige Vorgänge/Charakter der Erbschaft- und Schenkungsteuer

§ 1 ErbStG zählt abschließend auf, welche Erwerbsvorgänge der Erbschaft- und Schenkungsteuer unterliegen.

Gem. § 1 Abs. 1 ErbStG unterliegen **Erwerbe von Todes wegen (§ 3 ErbStG)** sowie **Schenkungen unter Lebenden (§ 7 ErbStG)** der Erbschaft- bzw. Schenkungsteuer. Darüber hinaus werden auch Zweckzuwendungen (§ 8 ErbStG) und alle 30 Jahre das Vermögen bestimmter (Familien-)Stiftungen und Vereine (§ 1 Abs. 1 Nr. 4 ErbStG) besteuert. Auf die einzelnen steuerbaren Vermögensanfälle wird in der Darstellung zu §§ 3 und 7 ErbStG näher eingegangen.

Erbschaft- und Schenkungsteuer sind in einem einheitlichen Gesetz geregelt. Wenngleich in der Gesetzesüberschrift zwischen Erbschaftsteuer und Schenkungsteuer getrennt wird, kommt dieser Trennung keine praktische Bedeutung zu. Dies wird bereits durch den Klammerzusatz in der Gesetzesüberschrift gezeigt, da dieser für beide Steuern die Abkürzung „ErbStG" vorsieht.[19] Die meisten Regelungen im ErbStG sind sowohl auf die Erbschaft- als auch auf die Schenkungsteuer anwendbar. Die begriffliche Trennung von Erbschaftsteuer einerseits und Schenkungsteuer andererseits ist allein deshalb von Relevanz, weil Erbschaft- und Schenkungsteuer an unterschiedliche Erwerbsvorgänge anknüpfen (Erwerb von Todes wegen bzw. Erwerb unter Lebenden). Wenn jedoch feststeht, dass für einen Erwerb von Todes wegen oder unter

---

18 ZB § 6 Abs. 3, § 23 Abs. 1 S. 3 EStG.
19 Meincke Hannes Holtz ErbStG § 1 Rn. 2.

Lebenden eine Steuer verwirklicht ist, kann dahinstehen, ob die hieraus resultierende Steuer den Namen der Erbschaft- oder der Schenkungsteuer verdient.[20]

18 Die Erbschaftsteuer folgt in Deutschland dem Modell der **Erbanfallsteuer**, welches von dem Modell der Nachlasssteuer, das insbesondere im anglo-amerikanischen Raum Anwendung findet, zu trennen ist.[21] Die Besonderheit der Erbanfallsteuer liegt darin, dass sie sich nach dem Bereicherungsprinzip richtet.[22] Besteuerungsgrundlage ist nicht die Höhe des Nachlasses, sondern die Bereicherung des einzelnen Erwerbers, soweit sie nicht steuerfrei ist (vgl. § 10 Abs. 1 ErbStG). Nach Auffassung des Finanzgerichts Münster ist allerdings hinsichtlich der Bereicherung auf jeden einzelnen Erwerbsvorgang des § 3 Abs. 1 Nr. 1 ErbStG abzustellen.[23] Erwirbt hiernach ein Erbe sowohl durch Erbanfall als auch durch (Voraus-)Vermächtnis, so findet zwischen diesen beiden Erwerben keine Verrechnung statt, wenn der Wert des Erbes negativ ist. Der BFH konnte aufgrund der Unzulässigkeit der Revision hierzu nicht Stellung nehmen.[24]

19 Bei der Erbschaft- und Schenkungsteuer handelt es sich um eine **Stichtagssteuer**. Dies bedeutet, dass alle Tatbestandsvoraussetzungen nach den Verhältnissen zum Zeitpunkt der Steuerentstehung zu beurteilen sind. Bei Erwerben von Todes wegen entsteht die Steuer grundsätzlich mit dem Tode des Erblassers, bei Schenkungen unter Lebenden mit dem Zeitpunkt der Ausführung der Zuwendung, also im Zeitpunkt des Erfüllungsgeschäftes (§ 9 ErbStG). Bedeutung hat der Stichtag ua für die Merkmale der persönlichen Steuerpflicht (§ 2 ErbStG), der Wertermittlung (§ 11 ErbStG) und der Steuerklasse (§ 15 ErbStG).[25]

II. Steuerschuldner

20 Nach § 20 ErbStG trifft die Steuerpflicht in jedem Fall den Erwerber. Bei einer Schenkung ist daneben auch der Schenker Steuerschuldner, so dass hier Erwerber und Schenker **Gesamtschuldner** gem. § 44 AO sind. Bei einer Zweckzuwendung ist auch der mit der Zweckzuwendung Beschwerte Steuerschuldner, vgl. § 20 Abs. 1 S. 1 ErbStG. Überdies sind in § 20 ErbStG (Abs. 1–7) noch zahlreiche Sonderfälle normiert.

21 Als Zuwendende oder Erwerber kommen nicht nur natürliche Personen, sondern auch juristische Personen, insbesondere Kapitalgesellschaften, in Betracht.[26] Nach mehrfach geänderter Rechtsprechung des BFH sind hingegen nicht voll rechtsfähige Personengesellschaften als **Gesamthandsgemeinschaften nicht Steuerschuldner** der Erbschaft- und Schenkungsteuer; vielmehr ist stattdessen auf die **einzelnen Gesamthänder**, die Gesellschafter, abzustellen.[27] Konsequenz dieser Rechtsprechung für die Praxis ist, dass strikt zwischen der zivilrechtlichen und der erbschaftsteuerrechtlichen Beurteilung einer Schenkung bzw. einem Erwerb von Todes wegen zu trennen ist. Fällt beispielsweise einer Gesamthandsgemeinschaft durch Schenkungen unter Lebenden Vermögen zu, so sind unabhängig davon, wer zivilrechtlich als Erwerber einzuordnen sein soll (Gesamthandsgemeinschaft selbst oder einzelne Gesellschafter), für die Erbschaftsteuer stets nur die Einzelnen an der Gesamthand beteiligten Gesellschafter anteilig als Erwerber einzustufen. Denn unter Zugrundelegung der Rechtsprechung des BFH kann die Gesamthand als solche erbschaftsteuerlich nicht Schenker oder Erwerber sein. Diese Rechtsprechungslinie ist aus steuerlichen Gründen sicherlich zu begrüßen; wird hier doch dem Umstand Rechnung getragen, dass die Freibeträge und Steuersätze nach dem ErbStG nicht auf Gesamthandsgemeinschaften ausgerichtet sind. In der Praxis führt dies zu Vereinfachungen der Steueranwendung.[28]

---

20 Meincke Hannes Holtz ErbStG § 1 Rn. 2.
21 Meincke Hannes Holtz ErbStG § 1 Rn. 9.
22 BFH BStBl. 1981, 411; BStBl. 1983, 179.
23 FG Münster ErbStB 2017, 232.
24 Revision anhängig unter Az. II R 29/17.
25 Meincke Hannes Holtz ErbStG § 9 Rn. 5.
26 BFH BStBl. 1996, 160; Urt. BStBl. 1996, 454.

27 BFH BStBl. 1995, 81; anders noch: BFH BStBl. 1989, 237; kritisch zur aktuellen BFH-Auffassung ua Meincke Hannes Holtz ErbStG § 1 Rn. 7; Hollatz DStR 1995, 589.
28 Vgl. hierzu auch: Meincke Hannes Holtz ErbStG § 1 Rn. 7.

III. Unbeschränkte und beschränkte Steuerpflicht

1. Unbeschränkte Steuerpflicht. Hat der Erblasser bzw. Schenker oder der Erwerber zum Zeitpunkt des Todes bzw. der Ausführung der Zuwendung seinen Wohnsitz iSd § 8 AO oder seinen gewöhnlichen Aufenthalt iSd § 9 AO im Inland, führt dies zur Begründung einer **unbeschränkten Steuerpflicht**. § 2 Abs. 1 Nr. 1 ErbStG knüpft nicht an die deutsche Staatsangehörigkeit an. Für die Begründung der unbeschränkten Steuerpflicht kommt es daher allein darauf an, ob irgendeine an einem Erbfall bzw. an einer Schenkung beteiligte Person, sei es der Erblasser bzw. Schenker oder der Erwerber, ihren Wohnsitz bzw. ihren gewöhnlichen Aufenthaltsort im Inland hat. Körperschaften unterfallen der unbeschränkten Steuerpflicht, wenn diese ihre Geschäftsleitung (§ 10 AO) oder ihren Sitz (§ 11 AO) im Inland haben. Konsequenz einer unbeschränkten Steuerpflicht ist, dass der **gesamte weltweite Vermögensanfall** erfasst wird, vgl. § 2 Abs. 1 Nr. 1 ErbStG.

22

Die Anforderungen, die die Finanzverwaltung und die Rechtsprechung an das Vorliegen eines inländischen Wohnsitzes iSd § 8 AO stellen, sind nicht sehr hoch. Ausreichend für einen Wohnsitz soll bereits eine im Eigentum des Steuerpflichtigen stehende, mit wertvollen Antiquitäten ausgestattete Doppelhaushälfte sein, die er regelmäßig mehrere Wochen im Jahr zur Jagd nutzt.[29] Nach Auffassung des BFH soll auch das bloße Übernachten schon Wohnen sein; jedenfalls dann, wenn die Wohnung über das bloße Übernachten hinaus ein Verweilen in den Räumen als eine zumindest bescheidene Bleibe gestattet.[30] Ein Wohnsitz nach § 8 AO und ein gewöhnlicher Aufenthaltsort nach § 9 AO schließen sich gegenseitig aus. Ein **gewöhnlicher Aufenthaltsort** kann demnach nur dann vorliegen, wenn sich eine Person im Bundesgebiet aufhält, ohne einen festen Wohnsitz zu haben. Weil für einen gewöhnlichen Aufenthalt eine zeitlich intensivere Verweildauer im Bundesgebiet notwendig ist (gem. § 9 Abs. 2 AO ist stets und von Beginn an ein zeitlich zusammenhängender Aufenthalt von mehr als 6 Monaten als gewöhnlicher Aufenthalt anzusehen), um den fehlenden Wohnsitz zu ersetzen, wird es kaum Fälle geben können, in denen eine regelmäßige kurzfristige Aufenthaltsdauer die unbeschränkte Steuerpflicht begründen kann.[31]

23

Wenn deutsche Staatsangehörige ihren inländischen Wohnsitz aufgeben, besteht die Erbschaftsteuerpflicht in Deutschland im Hinblick auf das gesamte Vermögen noch fünf Jahre nach dem Wegzug, § 2 Abs. 1 Nr. 1b ErbStG, sog. **erweiterte unbeschränkte Steuerpflicht**. Durch diese Norm soll verhindert werden, dass deutsche Steuerpflichtige durch vorübergehenden Wohnsitzwechsel in das Ausland in der Lage sind, die unbeschränkte Steuerpflicht zu vermeiden. Durch Zustimmungsgesetz vom 15.9.2000[32] zum Ergänzungsprotokoll vom 14.12.1998 zum Doppelbesteuerungsabkommen mit den USA[33] wurde die Fünfjahresfrist für Wegzügler in die USA mit nur deutscher Staatsangehörigkeit auf zehn Jahre verlängert. Die erweiterte unbeschränkte Steuerpflicht ist europarechtskonform. Der EuGH hatte in der Sache „*van Hilten*" am 23.2.2006[34] entschieden, dass die im Erbfall auf zehn Jahre nach dem Wegzug befristete, erweiterte unbeschränkte Steuerpflicht der Niederlande nicht gegen die **Niederlassungsfreiheit** verstößt. Grundlage für diese Entscheidung war jedoch, dass eine Doppelbesteuerung durch ein System von Steuergutschriften verhindert werden konnte. Demnach stellte sich vorübergehend die Frage, ob auch die deutsche erweiterte unbeschränkte Steuerpflicht in ihrer gegenwärtigen Form europarechtlich haltbar ist, wenn kein DBA mit dem neuen Ansässigkeitsstaat des Zuzüglers besteht.[35] Schließlich ist eine Anrechnung nach Wegzug gem. § 21 Abs. 2 Nr. 1 ErbStG we-

24

---

29 BFH BStBl.1989, 182.
30 Sog. „Standby-Zimmer" eines Piloten, BFH BFH/NV 2013, 1909.
31 Troll/Gebel/Jülicher ErbStG § 2 Rn. 20, der jedoch auch auf eine Entscheidung des BFH (BFH/NV 2011, 2001) verweist, nach der kurzfristige Unterbrechungen bei der Berechnung der 6-Monats-Frist mitgerechnet werden.

32 BStBl. 2001, 110.
33 BStBl.2001, 114.
34 EuGH IStR 2006, 309 = ZEV 2006, 463 mAnm Jochum.
35 Vgl. hierzu: Troll/Gebel/Jülicher/Gottschalk/Jülicher ErbStG § 2 Rn. 25.

gen des engen Auslandsvermögensbegriff des § 21 Abs. 2 Nr. 1 ErbStG nicht immer gewährleistet, beispielsweise nicht für Konten. Nachdem der EuGH am 12.2.2009 die Sache „*Block*"[36] entschieden hatte, dürfte diese Frage dahin gehend beantwortet sein, dass die deutsche erweiterte unbeschränkte Steuerpflicht in ihrer gegenwärtigen Form europarechtlich unbedenklich ist. Der EuGH hatte in der Entscheidung „*Block*" nämlich herausgestellt, dass eine Doppelbesteuerung zwischen den Staaten der EU nicht zwingend verhindert werden muss.

25 **2. Beschränkte Steuerpflicht.** Sind weder Erblasser bzw. Schenker noch Erwerber als Steuerinländer zu qualifizieren und liegt Inlandsvermögen iSd § 121 BewG vor, so unterliegt der Vermögensübergang lediglich der **beschränkten Steuerpflicht** nach § 2 Abs. 1 Nr. 3 ErbStG. Konsequenz einer beschränkten Steuerpflicht ist, dass im Inland belegenes Vermögen, das unter einen Katalogfall des § 121 BewG fällt, von der deutschen Steuer erfasst wird. Weitere Konsequenz ist zudem, dass dem beschränkt Steuerpflichtigem – im Gegensatz zu dem unbeschränkt Steuerpflichtigen – lediglich ein beschränkter Schuldenabzug zusteht[37] und ihm zudem eine Kürzung des Freibetrages stattfindet (vgl. § 16 Abs. 2 ErbStG). Die ursprüngliche Benachteiligung beim persönlichen Freibetrag (Begrenzung auf 2.000 EUR ist vom EuGH in der Entscheidung „*Mattner*"[38] am 22.4.2010 für **europarechtswidrig** erklärt worden. Der EuGH war der Auffassung, dass der dem beschränkt Steuerpflichtigen zustehende verminderte Freibetrag eine Beschränkung der **Kapitalverkehrsfreiheit** bewirke, für die eine Rechtfertigung nicht möglich sei. Auf diese Entscheidung reagierte der nationale Gesetzgeber durch Erlass des Betreibungsrichtlinie-Umsetzungsgesetzes,[39] indem er bei Ansässigkeit eines Beteiligten in der EU/im EWR mit Wirkung für Erwerbe ab dem 14.12.2011 dem Steuerpflichtigen eine **Option zur unbeschränkten Steuerpflicht** einräumte. Die Option zur unbeschränkten Steuerpflicht war in § 2 Abs. 3 ErbStG geregelt. Entschied sich ein Steuerpflichtiger für die Ausübung dieser Option, sollte sich diese auf alle Erwerbe erstrecken, die zehn Jahre vor und nach dem Erwerb vorgekommen sind und damit der **Zusammenrechnung des § 14 ErbStG** unterliegen, § 2 Abs. 3 S. 2 ErbStG. Mit dieser Regelung sollte sichergestellt werden, dass die für die unbeschränkt steuerpflichtigen Erwerbe geltenden Vorschriften nicht durch Aufteilung einer zugedachten Zuwendung in mehrere Erwerbe umgangen werden können. Die obersten Finanzbehörden der Länder hatten zu § 2 Abs. 3 ErbStG einen gleichlautenden Erlass am 15.3.2012 herausgegeben, in dem weitere Einzelheiten aus Sicht der Finanzverwaltung auch mit Beispielen geregelt wurden.[40] Auch gegen diese Neuregelung werden Zweifel hinsichtlich der Europarechtskonformität erhoben,[41] die der EuGH in seiner Entscheidung vom 8.6.2016 bestätigt hat.[42] Demnach verstößt auch die Optionsregelung gegen Unionsrecht, wenn der Erwerber zwar die Möglichkeit hat, die Option auszuüben, den Antrag aber tatsächlich nicht stellt. Das FG Düsseldorf hat folglich die Klage einer Britin, die in Deutschland belegene Immobilien auf ihre ebenfalls in Großbritannien lebenden Töchter übertragen hat und dafür den Freibetrag von jeweils 400.000 EUR in Anspruch nehmen wollte, nach Vorlage zum EuGH in voller Höhe stattgegeben.[43] Inzwischen hat der EuGH auch in einem Vertragsverletzungsverfahren geurteilt, dass § 16 ErbStG europarechtswidrig ist. Auch die Europäische Kommission hatte Deutschland aufgefordert, seine Erbschaftsteuervorschriften über besondere Versorgungsfreibeträge mit dem EU-Recht in Einklang zu bringen. Die Kommission rügte insbesondere, dass überlebenden Ehepartnern oder Lebenspartnern ein besonderer Versorgungsfreibetrag nicht zusteht, wenn sie in Deutschland befindliche Vermögenswerte oder Investitionen erben, der Erblasser und der Erbe jedoch in einem anderen Mitgliedstaat steuerpflichtig sind. Auf den massiven Druck der EU hat der deutsche Gesetzgeber mit

---

36 EuGH DStR 2009, 373.
37 Vgl. § 10 Abs. 6 ErbStG.
38 EuGH DStR 2010, 861.
39 BGBl. 2011 I 2592.
40 Gleichlautender Ländererlass vom 15.3.2012, ZEV 2012, 631.
41 Vgl. Vorlagebeschluss des FG Düsseldorf EFG 2014, 2384 mAnm Fumi EFG 2014, 2154; vgl. auch Wachter DB 2014, 2146 mit Bezug auf EuGH DStR 2014, 1818.
42 EuGH DStR 2016, 1360.
43 FG EFG 2016, 1368.

dem Steuerumgehungsbekämpfungsgesetz[44] reagiert. § 2 Abs. 3 ErbStG wurde komplett gestrichen und § 16 Abs. 2 ErbStG in der Weise neu formuliert, dass grundsätzlich zwar der volle Freibetrag gewährt wird. Soweit allerdings zum Erwerbszeitpunkt oder in den zehn Jahren davor Vermögen übertragen wurde, das nicht der deutschen Erbschaftsteuer unterliegt, kommt es zu einer anteiligen Kürzung des Freibetrags. Mit Urteil vom 10.5.2017 hat der BFH klargestellt, dass für Steuerfälle vor dem 24.6.2017 eine anteilige Kürzung des Freibetrags nicht in Betracht kommt.[45]

§ 4 Außensteuergesetz (AStG) erweitert die sich aus § 2 Abs. 1 Nr. 3 ErbStG ergebende beschränkte Steuerpflicht über das Inlandsvermögen des § 121 BewG hinaus auf **weitere Vermögensposten**. Im Einzelnen sind diese Vermögensposten im Anwendungserlass des Bundesfinanzministerium (BMF) zum AStG vom 14.5.2004 genannt.[46] Hierzu gehören beispielsweise Kapitalforderungen gegen Schuldner im Inland oder Aktien und Anteile an Kapitalgesellschaften, Investmentfonds und offene Immobilienfonds sowie Geschäftsguthaben bei Genossenschaften im Inland. Voraussetzung für die Anwendbarkeit des § 4 AStG ist, dass der Erblasser bzw. Schenker seinen Wohnsitz oder dauernden Aufenthalt vor mindestens 5 Jahren und höchstens vor 10 Jahren in ein Niedrigsteuerland verlegt hat, in dem weniger als 30 % der deutschen Erbschaftsteuer erhoben werden. Ziel dieser Fluchtsteuer ist es, dem deutschen Fiskus für die Dauer von zehn Jahren einen erweiterten Zugriff auf das inländische Vermögen des Erblassers zu ermöglichen. Hinsichtlich der Einzelheiten zu § 4 AStG wird auf die Kommentare zum AStG verwiesen. 26

IV. Aufzählung einzelner Tatbestände des § 3 ErbStG (Erwerb von Todes wegen)

§ 3 ErbStG zählt die Vorgänge auf, die als Erwerb von Todes wegen der Erbschaftsteuer unterliegen. Bei dieser Aufzählung handelt es sich um einen **abschließenden Katalog**.[47] Der Erwerb von Todes wegen setzt denknotwendig den Tod des Erblassers voraus. Als Erwerb von Todes wegen gelten nach § 3 Abs. 1 ErbStG insbesondere Erwerbe durch Erbanfall oder Vermächtnis, Pflichtteilsansprüche, Schenkungen auf den Todesfall und Vermögensvorteile, die aufgrund eines vom Erblasser geschlossenen Vertrages bei dessen Tod von einem Dritten unmittelbar erworben werde. In § 3 Abs. 2 ErbStG werden über den Tatbestand des Abs. 1 hinaus einige Tatbestände fingiert, die vom Erblasser als zugewendet gelten. 27

1. Erwerb durch Erbanfall; § 3 Abs. 1 Nr. 1, 1. Alt. ErbStG. Die Steuer entsteht gem. § 9 Abs. 1 Nr. 1 ErbStG mit dem Tod des Erblassers. Wer Erbe wird und in welchem Umfang der Erbe erwirbt, wird allein nach den zivilrechtlichen Vorschriften bestimmt. Dies richtet sich vorrangig danach, ob der Erblasser eine Verfügung von Todes wegen, ein Testament (§§ 1937, 2064 ff. BGB) oder einen Erbvertrag (§§ 1941, 2274 ff. BGB), erstellt hat. Sollte dies nicht der Fall sein, greift nach allgemeinen zivilrechtlichen Grundsätzen subsidiär die gesetzliche Erbfolge ein. Hat ein Nachlassgericht einen Erbschein ausgestellt, ergibt sich hieraus die **Vermutung**, dass die in dem Erbschein ausgewiesene Erbfolge richtig ist (§ 2365 BGB). In aller Regel **bindet** diese – zivilrechtliche – Vermutungswirkung die Steuerbehörden zwecks Festsetzung der Erbschaftsteuer.[48] Eine solche Bindungswirkung soll nach dem BFH ausnahmsweise dann nicht bestehen, wenn **gewichtige Gründe** gegen die Richtigkeit des Erbscheins erkennbar werden.[49] Liegen solche gewichtigen Gründe vor, müssen die Finanzbehörden und Finanzgerichte das Erbrecht und ggf. die Erbquoten selbstständig ermitteln. Der Steuerpflichtige kann eine für ihn nachteilige Vermutung nur durch den Beweis entgegenstehender Tatsachen und nicht bereits durch abweichende Auslegung des die Erbfolge bestimmenden Testaments entkräften.[50] Schlägt ein Erbe die 28

---

44 Art. 4 StUmgBG BGBl. 2017, 1682.
45 BFH BStBl. 2017, 1200.
46 BStBl 2004 I 3.
47 BFH BStBl. 1991, 412.
48 Hessisches FG EFG 1990, 368; FG München EFG 1991, 5.
49 BFH BStBl. 1996, 242.
50 BFH BStBl. 1962, 444; FG Baden-Württemberg EFG 1976, 138.

Erbschaft aus, so gilt der Anfall an den Ausschlagenden als nicht erfolgt, § 1953 Abs. 1 BGB. Das ErbStG folgt diesem zivilrechtlichen Grundsatz, so dass der Ausschlagende keiner Erbschaftsteuer unterliegt.

29 Eine wegen Formmangels unwirksame letztwillige Verfügung des Erblassers wird unter steuerlichen Gesichtspunkten als wirksam fingiert, wenn die Beteiligten das wirtschaftliche Ergebnis des Rechtsgeschäfts eintreten oder bestehen lassen. Dies ergibt sich aus § 41 Abs. 1 AO, wonach die Nichtigkeit eines Rechtsgeschäfts (zB wegen Formmangels) für die Besteuerung unerheblich ist, soweit und solange die Beteiligten das wirtschaftliche Ergebnis dieses Rechtsgeschäfts umsetzen.[51] Soweit also die Erben die unwirksame letztwillige Verfügung des Erblassers vollziehen, wird diese für steuerliche Zwecke abweichend von der zivilrechtlichen Behandlung als wirksam angesehen. Dies gilt auch im Fall eines nur teilweise vollzogenen un-wirksamen Testaments in Bezug auf den vollzogenen Teil.[52]

30 Sind mehrere Erben vorhanden (Miterben), erwerben sie zivilrechtlich einen Anteil am Nachlass als gemeinschaftlichen Vermögens zur gesamten Hand (§§ 2032 ff. BGB). Steuerrechtlich werden die Miterben gem. § 39 Abs. 2 Nr. 2 AO jedoch wie eine Bruchteilsgemeinschaft behandelt. Dies bedeutet, dass bei der Steuerberechnung nicht der Wert des Nachlassanteils, sondern der anteilige Wert der zum Nachlass gehörenden Wirtschaftsgüter berücksichtigt wird. Hierbei sind Nachlassverbindlichkeiten gem. § 10 Abs. 5 ErbStG abzuziehen. Irrelevant für die Besteuerung ist, wenn sich die Miterben bei der Erbauseinandersetzung in Abweichung von der Erbquote, die dem einzelnen Erben nach Verfügung von Todes wegen oder Gesetz zusteht, auseinandersetzen.[53] Die Besteuerung findet daher auch nicht erst nach der Auseinandersetzung und entsprechend deren Ergebnis statt, sondern es wird für jeden einzelnen Miterben der Wert entsprechend seines Anteils am Nachlassvermögen ermittelt, so als ob die Erbengemeinschaft am Stichtag aufgelöst worden wäre. Von Bedeutung ist die Aufteilung allerdings, wenn sich im Nachlass begünstigtes Vermögen (bspw. ein Gewerbebetrieb, ein Familienheim oder vermietete Wohnimmobilien) befindet. Hier wird – im Gegensatz zu dem bis zum 31.12.2008 geltenden Recht – grundsätzlich die Begünstigung demjenigen gewährt, der das begünstigte Vermögen letztlich erhält. Dies ist zB der Fall, wenn der Erblasser eine **Teilungsanordnung** getroffen hat und sich die Erben daran halten. Weniger eindeutig sind die Fälle, in denen eine Erbengemeinschaft ohne Teilungsanordnung besteht und sich die Erben auf eine bestimmte Auseinandersetzung dergestalt einigen, dass einer oder mehrere Erben begünstigtes Vermögen erhalten und andere nicht. Hier vertritt die Finanzverwaltung die Auffassung, dass die Steuerbegünstigung dem Miterben, der es im Zusammenhang mit der Auseinandersetzung der Erbengemeinschaft erwirbt, nur dann gewährt wird, wenn die Auseinandersetzung **zeitnah** erfolgt.[54] Der BFH hat für diesen „Begünstigungstransfer" entschieden, dass zwar regelmäßig ein Zeitraum von **sechs Monaten** nach dem Erbfall angemessen ist. Wird der Vermögensgegenstand aber erst später zugewiesen, kann ebenfalls eine unverzügliche Bestimmung zur Selbstnutzung vorliegen. Allerdings muss der Erwerber in diesem Fall darlegen und glaubhaft machen, zu welchem Zeitpunkt er sich zur – im entschiedenen Fall – Selbstnutzung der Wohnung für eigene Wohnzwecke entschlossen hat, aus welchen Gründen ein tatsächlicher Einzug in die Wohnung nicht früher möglich war und warum er diese Gründe nicht zu vertreten hat.[55] Solche Gründe können zB vorliegen, wenn sich der Einzug wegen einer Erbauseinandersetzung zwischen Miterben oder wegen der Klärung von Fragen zum Erbanfall und zu den begünstigten Erwerbern über den Sechsmonatszeitraum hin-aus um einige weitere Monate verzögert. Je größer der zeitliche Abstand zwischen dem Erbfall und dem tatsächlichen Einzug des Erwerbers in die Wohnung ist, umso höhe-

---

51 BFH BStBl. 1982, 28; 6.4.2000, IV R 38/99, BFH/NV 2000, 1165.
52 BFH BFH/NV 2011, 261.
53 BFH BStBl. 1960, 348; BFH/NV 1993, 100.
54 R.E. 13.4. ErbStR 2019.
55 BFH BStBl. 2016, 225.

re Anforderungen sind an die Darlegung des Erwerbers und seine Gründe für die verzögerte Nutzung der Wohnung für eigene Wohnzwecke zu stellen.

Teilungsanordnungen des Erblassers (§ 2048 BGB) und die Sonderfälle einer dinglich wirkenden Teilungsanordnung (wie zB eine qualifizierte Nachfolgeklausel im Gesellschaftsvertrag einer Personengesellschaft) werden gleich behandelt wie die Erbauseinandersetzung und sind daher für die Besteuerung des Erwerbs durch Erbanfall ohne Bedeutung (sofern nicht die Zuweisung begünstigten Vermögens vorliegt). Der nach den steuerlichen Bewertungsvorschriften ermittelte Reinwert des Nachlasses ist den Erben folglich auch bei Teilungsanordnungen nach Maßgabe der Erbanteile zuzurechnen.[56] Der BFH lehnt die sog. quotenverschiebende Teilungsanordnung im Anschluss an die Sichtweise durch den BGH auch für die Erbschaftsteuer ab.[57] Danach liegt bei einer Teilungsanordnung, durch die der Erblasser unter ausdrücklichem Ausschluss einer Ausgleichspflicht einem von zwei Miterben Gegenstände zuweist, die wertvoller sind als dies dem Erbteil des bedachten Miterben entspricht, eine reine Teilungsanordnung in dem Umfang vor, wie eine Anrechnung auf den Erbteil des (höher als durch die Erbquote bedachten) Miterben möglich ist. In Höhe des Mehrwerts liegt ein Vorausvermächtnis vor. 31

Die Fragen der Auseinandersetzung der Erbengemeinschaft und der Behandlung von Teilungsanordnungen ist zu unterscheiden von derjenigen des **Erbvergleichs**. Erbschaftsteuerlich ist das Ergebnis eines ernsthaft gemeinten Vergleichs, der die gültige Regelung streitiger Erbverhältnisse zum Inhalt hat, der Besteuerung zugrunde zu legen.[58] Ein Erbvergleich in diesem Sinn ist auch die einvernehmliche Beseitigung etwa bestehender Ungewissheiten über einzelne Erbteile oder über die den Erben zufallenden Beträge. Voraussetzung der steuerlichen Anerkennung eines Erbvergleichs ist aber, dass er „seinen letzten Rechtsgrund noch im Erbrecht findet".[59] Es muss Streit oder Ungewissheit darüber bestehen, ob und in welchem Umfang ein Erwerb oder ein Erbfall vorliegt. Hiernach können auch **erbrechtliche Auslegungsverträge** erbschaftsteuerlich berücksichtigt werden.[60] Die durch den Erbvergleich begründete Leistungsverpflichtung stellt entsprechend keine freigiebige Zuwendung dar, sondern ist Gegenleistung für das Nachgeben der Partei iRd Vergleichs, zudem fehlt es an einer Bereicherungsabsicht der Beteiligten.[61] 32

Zu unterscheiden sind die Regelungen zum Erbvergleich von den Fällen, in denen einem weichenden **Erbprätendenten** eine Abfindung dafür gezahlt wird, dass er auf seine (angebliche) Erbenstellung verzichtet. Nach der Rechtsprechung des BFH fiel die erhaltene Abfindung des Erbprätendenten nicht unter den Tatbestand des § 3 Abs. 1 Nr. 1 ErbStG.[62] Die Abfindungszahlung werde vom Alleinerben ohne erbrechtlichen Rechtsgrund nur „aufgrund" eines Erbfalls iSd § 3 Abs. 1 Nr. 1 ErbStG geleistet und nicht „durch" einen Erbfall vom Erblasser. Aufgrund des Enumerativprinzips sei dieser Erwerb nicht von § 3 ErbStG erfasst. Auf der anderen Seite kann der Erbe die Zahlung an den Erbprätendenten als Nachlassverbindlichkeit nach § 10 Abs. 5 Nr. 3 S. 1 ErbStG abziehen, da es ein Korrespondenzprinzip nach Ansicht des BFH im Erbschaftsteuerrecht nicht gibt.[63] Die insoweit bestehende Besteuerungslücke hat der Gesetzgeber allerdings durch eine Neufassung des § 3 Abs. 2 Nr. 4 ErbStG für Erwerbe ab dem 24.6.2017 geschlossen.[64] 33

Nach einer aktuellen Entscheidung des BFH gehört auch ein **Pflichtteilsanspruch**, der zu Lebzeiten des Erblassers gegen einen Dritten entstanden, aber von ihm nicht geltend gemacht wurde, bei Tod des Erblassers zum Erwerb durch Erbanfall nach § 3 Abs. 1 Nr. 1, 1. Alt. ErbStG.[65] Dies ist auf den ersten Blick überraschend, denn in § 3 Abs. 1 Nr. 1, 3. Alt. ErbStG ist nur der geltend gemachte Pflichtteil erwähnt. Nach Auffassung des BFH handelt es sich aber auch bei 34

---

56 R E 3.1 ErbStR 2019.
57 BFH BFH/NV 2011, 603.
58 BFH ZEV 2011, 438.
59 BFH BStBl. 2008, 629.
60 Proff ZEV 2010, 348.
61 Troll/Gebel/Jülicher/Gottschalk/Gottschalk ErbStG § 3 Rn. 82.
62 BFH BStBl. 2011, 725.
63 BFH BStBl. 2017, 128; BStBl. 2013, 922.
64 StUmgBG BGBl. 2017 I 1682.
65 BFH BFH/NV 2017, 696.

dem nicht geltend gemachten Pflichtteilsanspruch um einen Vermögensgegenstand, der zu einer Bereicherung des Erben führt. Dies soll auch dann der Fall sein, wenn der Erbe den Pflichtteil nicht geltend macht. Die Entscheidung des BFH führt zu allerlei Folgeproblemen,[66] so dass abzuwarten bleibt, ob sich diese Rechtsprechung durchsetzt.

35 **2. Erwerb durch Vermächtnis; § 3 Abs. 1 Nr. 1, 2. Alt. ErbStG.** Zivilrechtlich steht dem durch ein **Vermächtnis** Begünstigten ein schuldrechtlicher Anspruch auf Leistung des vermachten Gegenstandes gegen den Beschwerten gem. § 2174 BGB zu. Dennoch entsteht die Erbschaftsteuer wie beim Erwerb durch Erbanfall gem. § 9 Abs. 1 Nr. 1 ErbStG bereits mit dem Tod des Erblassers. Vermächtnis iSd § 3 Abs. 1 Nr. 1 ErbStG ist das, was zivilrechtlich als Vermächtnis gilt.[67] Für die zivilrechtliche Wirksamkeit wird vorausgesetzt, dass das Vermächtnis im Testament oder Erbvertrag angeordnet ist. Nach der Rechtsprechung des BFH kann jedoch auch eine **zivilrechtlich unwirksame Vermächtnisanordnung** (formunwirksames Vermächtnis), sogar in mündlicher Form, erbschaftsteuerlich relevant sein.[68] Voraussetzung hierfür ist, dass der Beschwerte dem Begünstigten das diesem zugedachte Vermögen auch tatsächlich überträgt. Auch die teilweise Erfüllung eines zivilrechtlich unwirksamen Vermächtnisses wird unter diesen Voraussetzungen anerkannt.[69] Grundlage hierfür ist § 41 AO nach dem die Unwirksamkeit eines Rechtsgeschäftes keine Auswirkung auf die Besteuerung hat, wenn die Beteiligten das wirtschaftliche Ergebnis des unwirksamen Geschäfts gleichwohl eintreten und bestehen lassen.

36 In der Praxis wendet ein Erblasser dem Vermächtnisnehmer häufig einen bestimmten Gegenstand aus dem Nachlass zu. Erbschaftsteuerlich wirkt sich die Anordnung eines Vermächtnisses in dreierlei Hinsicht aus. Zunächst wird der durch Vermächtnis vermachte Gegenstand aus dem Nachlass von dem Erben als Teil seines Erwerbs durch Erbfolge erworben. Soweit das Vermächtnis von dem Bedachten nicht ausgeschlagen wird, sind die Vermächtnisse bei dem Erben (Beschwerten) im nächsten Schritt als Nachlassverbindlichkeit gem. § 10 Abs. 5 Nr. 2 ErbStG abzuziehen. Schließlich ist das Vermächtnis als steuerpflichtiger Erwerb bei dem Bedachten zu erfassen.

37 Das BGB regelt eine Vielzahl von Möglichkeiten der konkreten Ausgestaltung eines Vermächtnisses und nimmt auf verschiedene Vermächtnisarten Bezug. Diese verschiedenen Vermächtnisarten sind auch für das Erbschaftsteuerrecht, insbesondere im Hinblick auf die Wertermittlung von Relevanz. Wenngleich im Regelfall der Erbe als Schuldner des Vermächtnisses beschwert ist (§ 2147 S. 2 BGB), kann auch ein Vermächtnisnehmer in Gestalt eines **Untervermächtnisses** (§ 2186 BGB) oder **Nachvermächtnisses** (§ 2191 BGB) beschwert sein. Zudem kann der Erbe auch selbst Gläubiger des Vermächtnisses sein (**Vorausvermächtnis**, § 2150 BGB). Darüber hinaus besteht für den Erblasser die Möglichkeit, dem Erben aufzugeben, dem Vermächtnisnehmer einen nachlassfremden Gegenstand zu besorgen (**Verschaffungsvermächtnis**, § 2170 BGB). Ferner kann auch bestimmt werden, dass der Vermächtnisnehmer nur gegen Entgeltzahlung einen Anspruch gegen den Erben erhält (**Kaufrechtsvermächtnis**).

38 In der Praxis sind insbesondere die **verschiedenen Wertermittlungen** bei den unterschiedlichen Vermächtnisarten zu beachten, die jedoch durch die Erbschaftsteuerreform 2009[70] an Relevanz verloren haben dürften. Denn seit der Reform 2009 sind alle Vermögensgegenstände mit dem gemeinen Wert (Verkehrswert) oder zumindest mit einem Annäherungswert an den gemeinen Wert anzusetzen. Bei Vermächtnissen, die auf einen zum Nachlass gehörigen Vermögensgegenstand gerichtet sind (Sach- oder Stückvermächtnisse), sind nach der ständigen Rechtsprechung des BFH[71] sowie der Auffassung der Finanzverwaltung[72] sowohl der Vermächtnisanspruch als

---

[66] S. hierzu Schmidt/Holler ErbR 2017, 412; Wälzholz NZG 2017, 552.
[67] Meincke/Hannes/Holtz, 18. Aufl. 2021, ErbStG § 3 Rn. 44.
[68] BFH BStBl. 2000, 588; BStBl. 2009, 957; BStBl. 2007, 461; s. Meincke/Hannes/Holtz ErbStG § 3 Rn. 33 f.
[69] BFH BFH/NV 2011, 261.
[70] ErbStRG v. 24.12.2008, BGBl. I 3018.
[71] BFH BStBl. 1996, 97; BStBl. 2000, 588.
[72] R B 9.3 Abs. 2 ErbStR 2019.

Erwerbsgegenstand als auch die Vermächtnislast des beschwerten Erben jeweils mit dem Steuerwert des Vermächtnisgegenstandes (beispielsweise mit dem Grundbesitzwert eines vermachten Grundstücks) anzusetzen. Die Bereicherung des Vermächtnisnehmers (§ 3 Abs. 1 Nr. 1, 2. Alt. ErbStG) und die Nachlassverbindlichkeit des Erben (§ 10 Abs. 5 Nr. 2 ErbStG) entsprechen sich damit wertmäßig. Diese Rechtsprechung zu der Bewertung von Sachleistungsansprüchen und -verpflichtungen bei Sachvermächtnissen stellt eine Ausnahme von dem Grundsatz dar, dass derartige Ansprüche mit dem gemeinen Wert zu bewerten sind[73] und die Steuerwerte ausschließlich für die Gegenstände maßgeblich sind, auf die sich die Ansprüche richten und die Verpflichtungen beziehen.[74] Soweit der BFH[75] in einem obiter dictum zur Rechtslage vor 2009 offen gelassen hatte, ob bei einem Grundstücksvermächtnis an der Bewertung mit den Steuerwerten (Grundbesitzwert) festgehalten werden kann oder der Erwerber den Erwerb wie einen nicht mit dem Steuerwert des Grundstücks, sondern mit dem gemeinen Wert anzusetzenden Sachleistungsanspruch behandeln muss, ist dieser Rechtsprechung durch die Erbschaftsteuerreform 2009 keine Bedeutung mehr zuzumessen.[76]

Beim **Verschaffungsvermächtnis** gibt es wegen der fehlenden Zugehörigkeit des Gegenstandes zum Nachlass keine Wertekorrespondenz. Demnach wurde auch bis zur Änderung der Rechtslage 2009 von der Rechtsprechung sowohl für einen solchen Vermächtnisanspruch als auch für die Nachlassverbindlichkeit der gemeine Wert angesetzt.[77] Dies galt unabhängig davon, ob das Vermächtnis erfüllt werden kann oder ob sich der Vermächtnisanspruch bereits mit dem Erbfall aufgrund subjektiver Unmöglichkeit in einen Wertersatzanspruch verwandelt hat.

39

Bei einem **Kaufrechtsvermächtnis** erhält der Vermächtnisnehmer das Recht, einen Nachlassgegenstand zu einem unter dem Verkehrswert liegenden Preis zu erwerben. Nach der geänderten Rechtsprechung des BFH ist hier die Forderung iSd § 2174 BGB auf Übertragung des Grundstücks der zu bewertende Erwerbsgegenstand.[78] Diese Forderung ist als Sachleistungsanspruch mit dem anteiligen gemeinen Wert des erworbenen Gegenstandes anzusetzen, auf den sich das Forderungsrecht bezieht. Nach der Rechtslage ab 2009 führt diese Rechtsprechung zu keinem Nachteil für den Vermächtnisnehmer, wenn der gemeine Wert des Sachleistungsanspruchs dem gemeinen Wert des Grundstücks entspricht.

40

Die zivilrechtlich richtige Abgrenzung zwischen einem **Vorausvermächtnis** und einer **Teilungsanordnung** ist auch für das Erbschaftsteuerrecht von Relevanz. Während das Vorausvermächtnis steuerpflichtig ist (Erbe erwirbt dies neben seinem Erbteil), gilt dies nicht für die Teilungsanordnung. Denn § 3 ErbStG zählt den Forderungserwerb durch Teilungsanordnung nicht auf und ist somit für die Bemessung der Erbschaftsteuer bei dem einzelnen Erben unbeachtlich. Die Teilungsanordnung hat lediglich schuldrechtliche Wirkung; der Erbteil verändert sich grundsätzlich nicht.[79] Für die Abgrenzung zwischen einer Teilungsanordnung und einem Vorausvermächtnis kann im Steuerrecht auf die im Zivilrecht entwickelten Grundsätze zurückgegriffen werden.[80]

41

3. Pflichtteilsansprüche; § 3 Abs. 1 Nr. 1, 3. Alt. ErbStG. Zivilrechtlich entsteht der **Pflichtteilsanspruch** mit dem Erbfall (§ 2317 BGB). Für die Entstehung der Steuerschuld nach § 9 Abs. 1 Nr. 1b ErbStG ist hingegen erforderlich, dass der Pflichtteilsanspruch vom Berechtigten **geltend gemacht** wird. Das Steuerrecht folgt daher nicht – anders als das Zivilrecht – dem Anfallprinzip. Für die Entstehung der Steuer ist es hingegen nicht erforderlich, dass dem Pflichtteilsgläubiger der Erwerb aufgrund seines Anspruches tatsächlich zufließt;[81] die Geltendmachung des

42

---

73 § 12 Abs. 1 des ErbStG iVm BewG.
74 Zur Rechtslage vor 2009: BFH BStBl. 1997, 820.
75 BFH BStBl. 2004, 1039.
76 Vgl. auch BFH BStBl. 2008, 951; Scherer/Kögel § 40 Rn. 167.
77 BFH BStBl. 2007, 461; aA Meincke/Hannes/Holtz ErbStG § 3 Rn. 42; Wälzholz ZEV 2001, 392.
78 BFH BStBl. 2009, 983; aA noch: BFH BStBl. 2001, 605.
79 BFH BStBl 1983 II 329; BFH/NV 2005, 214.
80 Zum Ganzen Troll/Gebel/Jülicher/Gottschalk/Gottschalk, EL 52 2017, ErbStG § 3 Rn. 114 ff.
81 FG München EFG 2005, 1887.

Pflichtteilsanspruches ist insoweit ausreichend. Hinsichtlich des Abzugs des Pflichtteils als Nachlassverbindlichkeit gem. § 10 Abs. 5 S. 2 ErbStG wirkt dessen Geltendmachung hingegen auf den Zeitpunkt der Entstehung der Steuer gegenüber dem Erben, also auf den Zeitpunkt des Todes des Erblassers (§ 9 Abs. 1 Nr. 1 ErbStG) zurück, stellt also ein rückwirkendes Ereignis iSd § 175 Abs. 1 S. 1 Nr. 2 AO dar.[82] Die Anforderungen für die Geltendmachung eines Pflichtteilsanspruchs sind nach der Rechtsprechung nicht sehr hoch. Die Geltendmachung des Pflichtteilsanspruchs besteht bereits in dem **ernstlichen Verlangen** auf Erfüllung des Anspruchs gegenüber dem Erben.[83] Die zur Entstehung der Erbschaftsteuer führende Geltendmachung des Pflichtteilsanspruchs setzt auch nicht die Bezifferung des Anspruchs voraus.[84] Ausreichend für die Geltendmachung ist insoweit, dass der Berechtigte seinen Entschluss, die Erfüllung des Anspruchs zu verlangen, in geeigneter Weise bekundet.[85] Dies kann auch mündlich oder konkludent geschehen.[86]

43 Die bloße Geltendmachung des Auskunftsanspruches nach § 2314 BGB löst hingegen noch keine Erbschaftsteuer aus. Eine Geltendmachung des Pflichtteils liegt jedoch in der Erhebung einer Stufenklage mit (auch unbeziffertem) Leistungsantrag.[87] Wird der Pflichtteilsanspruch nur **teilweise geltend** gemacht, richtet sich die Steuer in diesen Fällen nach der Rechtsprechung nur nach dem geltend gemachten Anteil.[88] Behält sich der Steuerpflichtige hingegen ausdrücklich oder konkludent vor, auch den Restbetrag zu verlangen, entsteht die dem gesetzlichen Pflichtteilsanspruch entsprechende Steuer in voller Höhe mit der Geltendmachung des (ersten) Teilbetrags.[89] Verzichtet der Pflichtteilsberechtigte insgesamt auf die Geltendmachung des Pflichtteils, ist dies nach § 13 Abs. 1 Nr. 11 ErbStG jedenfalls dann steuerfrei, wenn der Verzicht vor der Geltendmachung erfolgt.[90] Wird der Pflichtteil geltend gemacht und später auf den Anspruch verzichtet, führt dies nicht zu einem rückwirkenden Entfall der Erbschaftsteuer, sondern kann zusätzlich eine freigiebige Zuwendung (§ 7 Abs. 1 Nr. 1 ErbStG) begründen.[91]

44 Der Pflichtteilsanspruch verjährt kenntnisabhängig in drei Jahren. Erbschaftsteuerlich stellt sich in diesem Zusammenhang die Frage, wie die Geltendmachung eines verjährten Anspruches zu bewerten ist. Das bloße Erfüllungsverlangen kann jedenfalls nicht für die Entstehung des Steueranspruches ausreichen. Denn der Verpflichtete ist berechtigt, die Erfüllung des Pflichtteilsanspruchs zu verweigern, indem er sich auf die Einrede der Verjährung beruft. Etwas anderes muss jedoch dann gelten, wenn der Verpflichtete auf die Einrede der Verjährung verzichtet und den Anspruch tatsächlich erfüllt. Hier muss berücksichtigt werden, dass der Verpflichtete durch die Erfüllung des Anspruches wirtschaftlich belastet wird. Somit ist es auch folgerichtig, dass auf der einen Seite bei dem Pflichtteilsberechtigten die Erbschaftsteuer entsteht, während auf der anderen Seite der Erbe die Pflichtteilslast nunmehr als Nachlassverbindlichkeit abziehen kann.[92]

45 Der Fall, dass der berechtigte Alleinerbe nach dem Tod des Verpflichteten seinen Pflichtteilsanspruch geltend macht, ist vom BFH am 19.2.2013 abweichend von seiner bisherigen Rechtsprechung dahin gehend entschieden worden, dass trotz des zivilrechtlichen Erlöschens des Pflichtteilsanspruchs erbschaftsteuerrechtlich das Recht des berechtigten Alleinerben zur Geltendmachung des Pflichtteils als Folge der Regelung in § 10 Abs. 3 ErbStG bestehen bleibt und erbschaftsteuerlich dazu führt, dass der Freibetrag nach dem ursprünglichen Erblasser genutzt werden und der (verstorbene) Verpflichtete den geltend gemachten Pflichtteil als Nachlassverbind-

---

82 BFH BStBl. 2020, 581.
83 BFH BFH/NV 2004, 341.
84 BFH BStBl. 2006, 718.
85 BFH BStBl. 2020, 581; BFH/N 2004, 341.
86 Troll/Gebel/Jülicher/Gottschalk/Gottschalk ErbStG § 3 Rn. 226.
87 Troll/Gebel/Jülicher/Gottschalk/Gottschalk, EL 52, ErbStG § 3 Rn. 226; vgl. BFH BStBl. 2006, 718.
88 BFH BStBl. 1973, 798; BFH DStZ 2015, 817; aA Seer/Krumm ZEV 2010, 57.
89 FG Hamburg EFG 1978, 555.
90 Vgl. Troll/Gebel/Jülicher/Gottschalk/Gottschalk, EL 52, ErbStG § 3 Rn. 237.
91 BFH BStBl. 2006, 718.
92 Troll/Gebel/Jülicher/Gottschalk/Gottschalk, EL 52, ErbStG § 3 Rn. 232; Meincke/Hannes/Holtz, 18. Aufl. 2021, ErbStG § 9 Rn. 32.

lichkeit abziehen kann.⁹³ Zuvor wurden diese Fälle unter Hinweis auf die fehlende wirtschaftliche Belastung des Verpflichteten anders beurteilt. Zivilrechtlich ist der Pflichtteilsanspruch mit dem Tode des Verpflichteten erloschen, weil er auf den Alleinerben übergeht und dann durch **Konfusion** untergeht (Anspruch und Schuld fallen in einer Person zusammen). Erbschaftsteuerlich gibt es hingegen kein Erlöschen durch Konfusion. Denn aufgrund der Vorschrift des § 10 Abs. 3 ErbStG wird fingiert, dass Anspruch und Schuld weiter bestehen. Folge hieraus ist, dass der Berechtigte den Pflichtteil, wenn er diesen gegenüber dem Finanzamt geltend macht, noch als Nachlassverbindlichkeit abziehen kann. Dies soll nach einer Entscheidung des BFH jedoch nicht gelten, wenn der Pflichtteilsanspruch im Zeitpunkt der (fiktiven) Geltendmachung zivilrechtlich verjährt war.⁹⁴ Vorsicht ist darüber hinaus bei einem derartigen Vorgehen geboten, wenn -wie häufig bei Berliner Testamenten, bei denen sich diese Vorgehensweise zur erbschaftsteuerlichen Optimierung anbietet- eine **Pflichtteilsstrafklausel** in dem Testament enthalten ist. In solchen Fällen besteht die Gefahr, dass zwar der Pflichtteil nach dem Tod des ursprünglichen Erblassers erbschaftsteuerlich geltend gemacht werden kann, der Pflichtteilsberechtigte aber seine Erbenstellung nach dem Verpflichteten verliert.

Die Höhe des Pflichtteilsanspruchs hängt von der Erbquote und der Höhe des Nachlasswertes ab. Hinsichtlich der Berechnung und des Bestandes des Nachlasses wird auf die bekannten zivilrechtlichen Berechnungs- und Bewertungsmethoden zurückgegriffen. 46

Der Pflichtteilserwerb ist ein Erwerb von Todes wegen gem. § 3 Abs. 1 S. 1. 3. Alt. ErbStG. Somit ist für die Besteuerung des Pflichtteilsberechtigten sein verwandtschaftliches Verhältnis zum Erblasser maßgebend. Da die Pflichtteilsforderung eine Geldforderung ist, wird der Besteuerung der **Nennwert der Forderung** zugrunde gelegt, und zwar auch dann, wenn der Pflichtteilsberechtigte zur Erfüllung seiner Pflichtteilsforderung einen Vermögensgegenstand erhält, der steuerlich geringer oder höher bewertet wird. Der BFH hat seine früher anderslautende Rechtsauffassung mit Urteil vom 7.10.1998 aufgegeben.⁹⁵ 47

4. Schenkung auf den Todesfall; § 3 Abs. 1 Nr. 2 ErbStG. a) Grundtatbestand des § 3 Abs. 1 Nr. 2 S. 1 ErbStG. Der Steuergesetzgeber hat **Schenkungen auf den Todesfall** wegen der vertraglichen Verknüpfung mit dem Tod des Zuwendenden in Anlehnung an die Regelung des § 2301 BGB den Erwerben von Todes wegen zugeordnet. Trotz der Zuordnung zu den Erwerben von Todes wegen erfordert die Schenkung auf den Todesfall nach der Rechtsprechung und Finanzverwaltung das Vorliegen der Tatbestandsmerkmale einer **freigebigen Zuwendung** iSd § 7 Abs. 1 S. 1 ErbStG.⁹⁶ Denn die Vermögensbewegung, die durch eine Schenkung auf den Todesfall ausgelöst wird, resultiert aus einem lebzeitigen Rechtsgeschäft.⁹⁷ Eine solche freigebige Zuwendung liegt dann vor, sofern sie unentgeltlich oder zumindest teilentgeltlich erfolgt und die Vertragsparteien sich über die Un- bzw. Teilentgeltlichkeit einig sind. Neben den Merkmalen der freigebigen Zuwendung müssen zudem die spezifischen Besonderheiten der Schenkung auf den Todesfall vorliegen. Diese liegen darin, dass die Schenkung aufgrund vertraglicher Abrede an eine Befristung und an eine **Überlebensbedingung** geknüpft wird. Die Vermögensbewegung soll erst mit dem Tode des Zuwendenden eintreten (Befristung) und auch nur dann, wenn der Bedachte den Schenker überlebt (Bedingung). 48

Die zivilrechtliche Unterscheidung zwischen einer bereits vollzogenen (vgl. § 2301 Abs. 2 BGB) und einer nicht vollzogenen Schenkung von Todes wegen (vgl. § 2301 Abs. 1 BGB) wurde im Tatbestand des § 3 Abs. 1 Nr. 2 S. 2 ErbStG nicht erwähnt. Hieraus lässt sich freilich nicht die Schlussfolgerung ziehen, dass diese im Zivilrecht vorgenommene Differenzierung für das Steuerrecht ohne Bedeutung ist.⁹⁸ Zunächst hat der BFH unter Aufgabe seiner bisherigen Recht- 49

---

93 BFH BStBl. 2013, 332.
94 BFH BStBl. 2020, 581.
95 BFH BStBl. 1999, 23, anders noch: BFH BStBl. 1989, 731.
96 BFH BStBl. 1991, 181; R E 3.3 S. 1 ErbStR 2019.

97 Troll/Gebel/Jülicher/Gottschalk/Gottschalk, EL 52, ErbStG § 3 Rn. 244.
98 Troll/Gebel/Jülicher/Gottschalk/Gottschalk, EL 52, ErbStG § 3 Rn. 250.

sprechung mit Urteil vom 5.12.1990[99] klargestellt, dass nicht nur das nicht vollzogene Schenkungsversprechen vom Tatbestand des § 3 Abs. 1 Nr. 2 S. 1 ErbStG erfasst werden kann. Eine Schenkung auf den Todesfall iSd § 3 Abs. 1 Nr. 2 S. 1 kann demnach dann gegeben sein, wenn sich der Erwerb des Bedachten mit dem Tode des Erblassers ipso iure vollzieht, der Erblasser also zu Lebzeiten alles Erforderliche getan hatte, um mit seinem Tode den Rechtsübergang auf den Bedachten eintreten zu lassen. Ist der Rechtsübergang dagegen bereits zu Lebzeiten des Erblassers bewirkt, aber unter die auflösende Bedingung des Vorversterbens des Bedachten gestellt worden, so hält der BFH eine freigebige Zuwendung gem. § 7 Abs. 1 Nr. 1 ErbStG für einschlägig.

50 Wird ein Schenkungsversprechen zu Lebzeiten noch nicht vollzogen, hat dies zur Folge, dass die Steuer mit dem Tode des Schenkers gem. § 9 Abs. 1 Nr. 1 ErbStG entsteht, obwohl der Bedachte zunächst nur einen Erfüllungsanspruch gegen den oder die Erben erlangt. Hinsichtlich der Bewertung dieses Erfüllungsanspruches können die Grundsätze, die beim Vermächtnis für die Wertermittlung maßgeblich sind, angewandt werden (siehe hierzu die Darstellung zu § 3 Abs. 1 Nr. 1, 2. Alt. ErbStG).

51 **b) Anteilsübergang im Gesellschaftsrecht; § 3 Abs. 1 Nr. 2 S. 2 und 3 ErbStG.** Der Steuergesetzgeber hat sich durch die Einfügung der § 3 Abs. 1 Nr. 2 S. 2 und 3 ErbStG dazu entschlossen, auch diejenigen zu besteuern, die dadurch begünstigt werden, dass eine **nicht vollwertige Abfindung an die Stelle des Gesellschaftsanteils** tritt. § 3 Abs. 1 Nr. 2 S. 2 und 3 ErbStG sind immer dann einschlägig, wenn der übergehende Anteil oder Teile des Anteils des verstorbenen Gesellschafters nicht auf seine Erben, sondern auf die bisherigen Gesellschafter oder die Gesellschaft übergeht. Eine Parallelregelung findet sich in § 7 Abs. 7 S. 1 ErbStG. Genau wie der Tatbestand des § 7 Abs. 7 S. 1 ErbStG fingiert § 3 Abs. 1 Nr. 2 S. 2 („gilt") die objektive Unentgeltlichkeit der Zuwendung. Nach der Rechtsprechung[100] muss das subjektive Merkmal des Bewusstseins der Unentgeltlichkeit (vgl. hierzu die Darstellung zu § 7 Abs. 1 Nr. 1 ErbStG) nicht vorliegen, um den Tatbestand des § 3 Abs. 1 Nr. 2 S. 2 ErbStG zu verwirklichen.[101]

52 Als Bereicherung haben die verbleibenden Gesellschafter einen etwaigen Differenzbetrag zwischen dem Steuerwert der Beteiligung gemäß § 12 ErbStG und der Höhe der Abfindung zu besteuern. Vor der Erbschaftsteuerreform 2009 konnte es zu einer Besteuerung nur dann kommen, wenn die Abfindungsansprüche nicht nur unter dem Verkehrswert, sondern auch noch unter dem Steuerwert des Anteils lagen. Da durch die Erbschaftsteuerreform 2009 die Steuerwerte an die Verkehrswerte angeglichen worden sind, hat dies in der Praxis eine Ausweitung der Besteuerung zur Konsequenz.

53 Ein häufig in der Praxis auftretender Fall ist die **Fortsetzung der Personengesellschaft** durch die verbleibenden Gesellschafter, wenn ein bisheriger Gesellschafter verstirbt und deshalb ausscheidet. Ein Anteilsübergang nach § 3 Abs. 1 Nr. 2 S. 2 ErbStG auf die Personengesellschaft selbst ist ausgeschlossen.[102] Ein Anteilsübergang ist demnach lediglich auf die einzelnen Gesellschafter der Personengesellschaft möglich. Bei Personengesellschaften hat § 3 Abs. 1 Nr. 2 S. 2 ErbStG in erster Linie die Fälle des **Anwachsungserwerbs** nach § 738 Abs. 1 BGB im Blick. Zwar handelt es sich hierbei nicht um einen echten Rechtsübergang, da durch die Anwachsung lediglich eine Ausdehnung der dem Anteil der verbleibenden Gesellschafter zugeordneten Vermögenssubstanz bewirkt wird. Die Steuerrechtsprechung sieht hierin gleichwohl einen Rechtsübergang.[103] Die Finanzverwaltung stellt zudem klar, dass neben dem Anwachsungserwerb auch der Übergang des Gesamthandeigentums in das Alleineigentum des übernehmenden Gesellschafters im Falle einer zweigliedrigen Personengesellschaft unter § 3 Abs. 1 Nr. 2 S. 2 ErbStG fällt.[104]

---

[99] BFH BStBl. 1991, 181.
[100] BFH BStBl. 1992, 912.
[101] Kritisch: Meincke/Hannes/Holtz ErbStG § 3 Rn. 80.
[102] Vgl. hierzu ausführlich: Meincke/Hannes/Holtz ErbStG § 3 Rn. 72.
[103] BFH BStBl. 1992, 912.
[104] R E 3.4 Abs. 2 ErbStR 2019.

Für den Fall, dass die verbleibenden Gesellschafter die Differenz zwischen der Abfindungszahlung und dem Steuerwert des Anteils versteuern müssen, ist dieser Erwerb steuerbegünstigt nach §§ 13a, 13b, 19a ErbStG.[105] 54

Beim **Erwerb begünstigter Anteile an einer Kapitalgesellschaft** aufgrund gesellschaftsvertraglicher Übertragungsverpflichtung in der Form einer **Abtretungsklausel** liegt ebenfalls ein als Schenkung auf den Todesfall fingierter Erwerb der Gesellschafter oder der Gesellschaft gem. § 3 Abs. 1 Nr. 2 S. 2 ErbStG vor.[106] Da der Geschäftsanteil des Gesellschafters bei dessen Tod notwendig zunächst auf die Erben übergeht, bedarf es einer gesellschaftsvertraglichen Vereinbarung dahin gehend, dass die Erben verpflichtet werden, den durch Erbanfall erworbenen Geschäftsanteil auf die Gesellschafter oder die Gesellschaft gegen Abfindung zu übertragen. Die Vergünstigungen des § 13a ErbStG stehen dann von vornherein nicht den Erben, sondern der Gesellschaft bzw. den Gesellschaftern der Kapitalgesellschaft zu.[107] 55

Wenn aufgrund einer Regelung im Gesellschaftsvertrag einer GmbH der Geschäftsanteil des Gesellschafters **eingezogen** wird und der sich nach § 12 ErbStG ergebende Wert seines Anteils zur Zeit seines Todes Abfindungsansprüche Dritter übersteigt, gilt die insoweit bewirkte Werterhöhung der Geschäftsanteile der verbleibenden Gesellschafter als Schenkung auf den Todesfall gem. § 3 Abs. 1 Nr. 2 S. 3 ErbStG. Folge der Einziehung des Anteils ist der Untergang dieses Geschäftsanteils. Bei einer GmbH ist die Einziehung jedoch nicht zwingend mit einer Kapitalherabsetzung verbunden. Folglich können die Summe des Nennwerts der Geschäftsanteile und das Stammkapital der Gesellschaft nach der Einziehung eines Anteils divergieren. Eine Folge der Einziehung ist, dass das Gesellschaftsvermögen in den nach der Einziehung verbleibenden Geschäftsanteilen verkörpert ist. Deren Wert erhöht sich daher, sofern die Abfindung nicht dem wirklichen Wert des auf den eingezogenen Anteil entfallenden Gesellschaftsvermögens entspricht. Dieser Umstand rechtfertigt den Gesetzgeber dazu, einen Erwerbstatbestand anzunehmen. Zu beachten ist jedoch, dass der Erwerb der Gesellschafter nicht nach §§ 13a, 13b, 19a ErbStG begünstigt ist, da die die Gesellschafter selbst keine Anteile erwerben.[108] 56

5. Vermächtnisgleicher Erwerb; § 3 Abs. 1 Nr. 3 ErbStG. Der Steuergesetzgeber hat gem. § 3 Abs. 1 Nr. 3 ErbStG „die sonstigen Erwerbe, auf die die für Vermächtnisse geltenden Vorschriften des bürgerlichen Rechts Anwendung finden", als Erwerb von Todes wegen erfasst. 57

Hierzu zählen die Vorschriften der §§ 1932, 1969 oder 1514 BGB.[109] 58

6. Vertrag zugunsten Dritter; § 3 Abs. 1 Nr. 4 ErbStG. Steuerbar nach § 3 Abs. 1 Nr. 4 ErbStG sind auch Erwerbe aufgrund **Verträgen zugunsten Dritter**. Hierbei handelt es sich um Vermögensvorteile, die der Begünstigte nicht unmittelbar vom Erblasser erhält, sondern die ihm ein Dritter kraft eines vom Erblasser geschlossenen Vertrages zuwendet. Hierunter fallen insbesondere Spar- und Darlehensverhältnisse, private Rentenversicherungen oder Lebensversicherungsverträge, in denen ein Dritter als Bezugsberechtigter ausdrücklich genannt ist. Der Anspruch des Begünstigten gegen den Dritten fällt **nicht in den Nachlass**. Denn der Begünstigte erwirbt im Fall des § 3 Abs. 1 Nr. 4 ErbStG den Anspruch nicht als Rechtsnachfolger des Erblassers, sondern aus eigenem Recht. Etwas anderes gilt jedoch dann, wenn in einem Lebensversicherungsvertrag ein Bezugsberechtigter nicht genannt wird. In einem solchen Fall ist die Versicherungssumme als Bestandteil des Nachlasses gem. § 3 Abs. 1 Nr. 1 ErbStG zu versteuern. Keine Verträge zugunsten Dritter stellen Stiftungsgeschäfte dar.[110] 59

Charakteristisch für den Tatbestand des § 3 Abs. 1 Nr. 4 ErbStG ist ein **Dreiecksverhältnis**, das aus dem Vertrag zwischen Erblasser und Leistungsverpflichtetem (Deckungsverhältnis), dem ei- 60

---

[105] R E 13b.1 Abs. 1 Nr. 3 ErbStR 2019.
[106] Vgl. hierzu: R E 3.4 Abs. 3 S. 3 ErbStR 2019.
[107] R E 13b.1 Abs. 2 S. 5 ErbStR 2019.
[108] R E 3.4 Abs. 3 S. 8 und 9 ErbStR 2019.
[109] Vgl. hierzu: Meincke/Hannes/Holtz ErbStG § 3 Rn. 81; Troll/Gebel/Jülicher/Gottschalk/Gottschalk, EL 63, ErbStG § 3 Rn. 273.
[110] FG Düsseldorf NZG 2014, 830; aA FG Bremen DStRE 2011, 361.

genen Anspruch des Begünstigten gegen den Verpflichteten und dem Valutaverhältnis zwischen Erblasser und Begünstigtem besteht. Ob eine nach § 3 Abs. 1 Nr. 4 ErbStG steuerpflichtige Zuwendung vorliegt, beurteilt sich nach dem Valutaverhältnis zwischen Versprechensempfänger und begünstigtem Dritten.

61 Das Valutaverhältnis wird durch Vertrag unter Lebenden begründet. Hieraus wird von Rechtsprechung[111] und Finanzverwaltung[112] konsequent gefolgert, dass die allgemeinen Voraussetzungen einer freigebigen Zuwendung (§ 7 Abs. 1 Nr. 1 ErbStG) vorliegen müssen. Der Begünstigte muss demnach objektiv bereichert sein und der Erblasser musste den Willen zur Freigebigkeit haben.

62 Von vornherein nicht tatbestandsmäßig sind **Versorgungsbezüge**, die aufgrund eines Gesetzes oder einer auf Gesetz beruhenden Zwangsmitgliedschaft gezahlt werden (beispielsweise Versorgungsbezüge der Hinterbliebenen von Beamten nach Beamtengesetzen oder Angestellten und Arbeitern nach dem Reichsknappschaftsgesetz).[113] Hinterbliebenenbezüge, die auf Tarifvertrag, Betriebsordnung, Betriebsvereinbarung, betrieblicher Übung oder dem Gleichbehandlungsgrundsatz beruhen, unterliegen ebenfalls nicht der Erbschaftsteuer.[114] Weitere Formen der Hinterbliebenenbezüge werden in R E 3.5 Abs. 3 ErbStR 2019 erläutert.

63 Gegenstand der Zuwendung ist aus erbschaftsteuerlicher Sicht bei Eintritt des Versicherungsfalles nicht die Summe der Prämienleistungen des Erblassers, sondern die Versicherungssumme. Denn sie stellt die Bereicherung des Bedachten dar.

64 Im Falle einer **Prämienerstattung** kommt es darauf an, wer die Prämien gezahlt hat.[115] Die Steuerpflicht des Begünstigten entfällt, soweit er die Prämien anstelle des Versicherungsnehmers ganz oder teilweise gezahlt hat.[116] Dies ist konsequent, da § 10 Abs. 1 S. 1 ErbStG die Bereicherung, aber nicht den selbst bewirkten Wertzuwachs erfasst. Bei einer teilweisen Zahlung der Prämien ist die Versicherungsleistung nach dem Verhältnis der vom Bezugsberechtigten gezahlten Versicherungsbeiträge zu den insgesamt gezahlten Beträgen aufzuteilen. Nur dieser Teil unterliegt der Erbschaftsteuer. Der Bezugsberechtigte trägt die Beweislast hinsichtlich der von ihm gezahlten Versicherungsbeiträge.[117]

65 Der BFH hat 2013 in Anlehnung der geänderten Auffassung der Finanzverwaltung klargestellt, dass die Unanwendbarkeit des § 3 Abs. 1 Nr. 4 ErbStG bei dem Erwerb eines Anspruchs aus einer Lebensversicherung **nicht** mehr **davon** abhängig ist, dass der Prämienzahler von vornherein sowohl für den Erlebens- als auch für den Todesfall **unwiderruflich** bezugsberechtigt ist. Vielmehr komme es lediglich darauf an, ob und gegebenenfalls in welchem Umfang die versicherte Person oder der Bezugsberechtigte die Versicherungsbeiträge gezahlt haben.[118]

66 Wenn zwei Versicherungsnehmer eine Lebensversicherung auf das Leben des Erstversterbenden (verbundene Lebensversicherung) abschließen, ist die Versicherungssumme nur insoweit steuerpflichtig, als sie der Überlebende nicht als Teilhaber der Gemeinschaft (§ 741 BGB) erwirbt, die zwischen den beiden Versicherungsnehmern bestand. Der Anteil der Gemeinschaft wird danach bestimmt, wer die Prämien getragen hat. Bei Ehegatten wird im Zweifel von einer hälftigen Zahlungspflicht ausgegangen.[119]

67 **7. Weitere Tatbestände gem. § 3 Abs. 2 ErbStG. a) Vermögensübergang auf eine Stiftung oder Vermögensmasse; § 3 Abs. 2 Nr. 1 ErbStG.** Bei der Regelung des § 3 Abs. 2 Nr. 1 ErbStG handelt es sich um eine Sondervorschrift, die alle Fälle des Vermögensübergangs auf eine vom Erb-

---

111 BFH BFH/NV 2002, 648; BFH/NV 2008, 572.
112 R E 3.7 Abs. 2 S. 1 ErbStR 2019.
113 Vgl. hierzu im Einzelnen: R E 3.5 ErbStR 2019.
114 BFH BStBl. 1981, 715.
115 BFH BStBl. 2014, 261.
116 Vgl. R E 3.7 Abs. 2 S. 2 ErbStR 2019.
117 R E 3.7 Abs. 2 S. 3 ErbStR 2019.
118 BFH BStBl. 2014, 261; ebenso: Troll/Gebel/Jülicher/Gottschalk/Gottschalk, EL 52, ErbStG § 3 Rn. 293.
119 R E 3.6 Abs. 3 S. 1 ErbStR 2019.

lasser angeordnete Stiftung umfasst.[120] Hierbei muss die Stiftung aufgrund einer letztwilligen Verfügung errichtet worden sein. § 3 Abs. 2 Nr. 1 ErbStG findet – ggf. iVm § 3 Abs. 2 Nr. 2 ErbStG – dann Anwendung, wenn der Erblasser entweder selbst die für das Stiftungsgeschäft erforderlichen Anordnungen getroffen hat oder wenn er dem Erben oder Vermächtnisnehmer die Auflage erteilt hat, mit den Mitteln des Erwerbs zu Lebzeiten eine Stiftung zu errichten.[121] Soweit der Erblasser aufgrund einer letztwilligen Verfügung Vermögen auf eine **bereits bestehende Stiftung** überträgt, ist nicht § 3 Abs. 2 Nr. 1 ErbStG, sondern § 3 Abs. 1 Nr. 1 ErbStG einschlägig. § 3 Abs. 2 Nr. 1 S. 1 ErbStG betrifft nur rechtsfähige Stiftungen.[122]

Nach § 3 Abs. 1 Nr. 1 S. 2 ErbStG wird bereits der Übergang von Vermögen auf einen ausländischen Trust (ein im anglo-amerikanischen Rechtskreis weit verbreitetes Instrument der Nachfolgeplanung) besteuert. Hierdurch soll verhindert werden, dass sich durch die Einfügung von Vermögen in einen Trust das Entstehen der Steuer auf einen Zeitpunkt nach dem Todesfall verschieben lässt.[123] 68

b) Vollziehung einer Auflage, Erfüllung einer Bedingung; § 3 Abs. 2 Nr. 2 ErbStG. Ein Erwerb von Todes wegen vom Erblasser liegt nach § 3 Abs. 2 Nr. 2 ErbStG auch dann vor, wenn jemand in Vollziehung einer vom Erblasser angeordneten **Auflage** oder in Erfüllung einer vom Erblasser gesetzten Bedingung etwas erwirbt, es sei denn, dass eine einheitliche Zweckzuwendung (§ 8 ErbStG) vorliegt. Der Erblasser hat die Möglichkeit, den Erben oder Vermächtnisnehmern eine Pflicht zur Leistung an einen Dritten aufzuerlegen, ohne dass der Dritte dadurch einen Anspruch gegen die Erben oder Vermächtnisnehmer erwirbt. Dabei handelt es sich um eine Auflage (§ 1940 BGB), die zB in einer Anordnung über die Verwendung des Vermögens zu gemeinnützigen Zwecken oder zu bestimmten Zielen, die dem Erben zugutekommen, oder in einer konkreten Zahlung an einen Dritten bestehen kann. Aufgrund der gesetzlichen Regelung des § 3 Abs. 2 Nr. 2 ErbStG gilt das durch eine Auflage Erworbene als vom Erblasser zugewendet. Im Gegensatz zum Vermächtnis, bei welchem die bedachte Person einen unmittelbaren Anspruch auf die Erfüllung des Vermächtnisses erwirbt, wird der Begünstigte erst bei **Vollziehung der Auflage** bereichert. Dementsprechend entsteht beim Erwerb aufgrund einer Auflage die Steuer nicht schon mit dem Tod des Erblassers, sondern erst mit der Vollziehung der Auflage (§ 9 Abs. 1 Nr. 1 lit. d ErbStG). Gleichwohl kann die Auflage sofort im Zeitpunkt des Erbfalls als Nachlassverbindlichkeit abgezogen werden (§ 10 Abs. 5 Nr. 2 ErbStG). Hierdurch ergibt sich Gestaltungsspielraum gegenüber dem Vermächtnis. Kommt die Auflage dem Beschwerten selbst zugute, ist sie nicht steuerpflichtig, führt aber auch nicht zu einer Verminderung des Nachlassvermögens als Nachlassverbindlichkeit (§ 10 Abs. 9 ErbStG). 69

Ein Erwerb aufgrund einer Bedingung iSd § 3 Abs. 2 Nr. 2 ErbStG liegt ausschließlich dann vor, wenn jemand einen Erwerb von Todes wegen nur erhält, falls er eine bestimmte Bedingung erfüllt und dies bei einem Dritten zu einem Vermögensvorteil führt. Der Erwerb des Dritten aufgrund der Erfüllung der dem Bedachten auferlegten Bedingung ist in diesem Fall nach § 3 Abs. 2 Nr. 2 ErbStG steuerpflichtig. Trotz der Tatsache, dass der Dritte zB einen bestimmten Geldbetrag nicht unmittelbar vom Erben erhält, gilt – wie bei der Auflage – der Erwerb als vom Erblasser zugewendet, da der Dritte den Erwerb des Geldbetrags mittelbar der Anordnung des Erblassers verdankt. Die Steuerschuld entsteht – wie bei der Auflage – **erst mit Erfüllung der Bedingung** (§ 9 Abs. 1 Nr. 1 lit. d ErbStG). Bei bedingt eingesetzten Erben stellt der zur Erfüllung der Bedingung aufgewendete Betrag eine abzugsfähige Nachlassverbindlichkeit gem. § 10 Abs. 5 Nr. 3 ErbStG dar. Dieser Zeitpunkt liegt nach dem Erbfall und damit jedenfalls später als bei der Auflagenerfüllung. 70

---

[120] BFH BStBl. 1996, 99.
[121] Troll/Gebel/Jülicher/Gottschalk/Gottschalk, EL 52, ErbStG § 3 Rn. 320.
[122] BFH BStBl. 2018, 199.
[123] Meincke/Hannes/Holtz ErbStG § 3 Rn. 108.

71 **c) Abfindungen; § 3 Abs. 2 Nr. 4 ErbStG.** Entschließt sich der Erbe oder der Vermächtnisnehmer den ihnen zugefallenen Erwerb nach dem Erbfall auszuschlagen, gilt der Anfall an den Ausschlagenden als nicht erfolgt (§§ 1953, 2180 BGB). Eine Steuerpflicht für den Ausschlagenden entsteht dann nicht. Der Gesetzgeber will jedoch dann nicht auf eine Steuerpflicht des Ausschlagenden verzichten, wenn er an Stelle des ausgeschlagenen Erwerbs eine **Abfindung** erhält. Bei dieser Abfindung handelt es sich um ein Surrogat des ausgeschlagenen Erwerbs, das nach § 3 Abs. 2 Nr. 4 ErbStG als Erwerb vom Erblasser besteuert wird.

72 § 3 Abs. 2 Nr. 4 ErbStG unterwirft auch den – in der Praxis relevanten – Fall des **Verzichts auf den entstandenen Pflichtteilsanspruch** der Steuer. Wenn der Pflichtteilsberechtigte nach Eintritt des Erbfalls auf seinen entstandenen, aber noch nicht geltend gemachten Pflichtteilsanspruch verzichtet und dafür vom Erben eine Abfindung erhält, stellt die Abfindung einen Erwerb von Todes wegen dar, der als Surrogat an die Stelle des Pflichtteilsanspruchs tritt. § 3 Abs. 2 Nr. 4 ErbStG findet auch in den Fällen Anwendung, bei denen der Pflichtteilsberechtigte die Abfindung nicht von dem Erben, sondern von einem Dritten erhält. Für die Bestimmung der Steuerklasse und der Freibeträge ist das Verhältnis des Pflichtteilsberechtigten zum Erblasser maßgebend.[124]

73 Bei einer Abfindung für einen Erb- oder Pflichtteilsverzicht, der noch zu Lebzeiten des Erblassers vereinbart wird, ist hingehen § 7 Abs. 1 Nr. 5 ErbStG bzw. § 7 Abs. 1 Nr. 1 ErbStG einschlägig. Zahlen die gesetzlichen Erben dem Verzichtenden eine Abfindung, ist zu beachten, dass nach geänderter Rechtsprechung des BFH für die Besteuerung das Verhältnis des gesetzlichen Erben zum Verzichtenden maßgeblich ist.[125] Nach der Neufassung des § 3 Abs. 2 Nr. 4 ErbStG durch das StUmgBG[126] unterliegt auch die Abfindung, die dafür gewährt wird, dass eine Rechtsstellung, oder ein Recht oder ein Anspruch, die zu einem Erwerb nach Absatz 1 führen würden, nicht mehr oder nur noch teilweise geltend gemacht werden, der Besteuerung.[127] Hierdurch soll für Erwerbe ab dem 24.6.2017 eine Besteuerungslücke geschlossen werden, die dadurch entstanden war, dass der BFH die Abfindung für den weichenden Erbprätendenten nicht unter § 3 Abs. 1 und Abs. 2 ErbStG subsumieren konnte.

74 Nach § 9 Abs. 1 Nr. 1f ErbStG entsteht die Erbschaftsteuer im Zeitpunkt des Verzichts. Für die Steuerentstehung kommt es nicht auf die Erfüllung der Abfindung an.[128]

75 Der Wert der Abfindung ist Bemessungsgrundlage für die Steuer. Sofern der Steuerpflichtige für seinen Verzicht auf den Pflichtteilsanspruch eine Geldabfindung erhält, ist der **Nennbetrag der Kapitalforderung** anzusetzen.[129] Erhält der Pflichtteilsberechtigte hingegen ein Grundstück als Abfindung, so ist der Grundbesitzwert des Grundstücks maßgeblich.[130] Zugunsten des Pflichtteilsberechtigten greifen hierbei die steuerlichen Vergünstigungen für Familienheime und Mietwohnimmobilen nach den §§ 13 Abs. 1 Nr. 4b und 4c sowie § 13c ErbStG ein. Sofern der Pflichtteilsberechtigte Betriebsvermögen erhält, gelten für ihn die steuerlichen Vergünstigungen nach §§ 13a, 13b und 19a ErbStG.

76 Die Abfindung, die der Erbe an den Pflichtteilsberechtigten zahlt, kann von dem Erben nach § 10 Abs. 5 Nr. 3 ErbStG mit dem Nennwert als **Nachlassverbindlichkeit** abgezogen werden.[131] Sollte die Zahlung der Abfindung aufschiebend bedingt oder befristet vereinbart worden sein, kommt ein bereicherungsmindernder Abzug erst beim Eintritt der Bedingung bzw. des Anfangstermins in Betracht.[132] Soll die Abfindung für einen Pflichtteilsverzicht hingegen erst mit dem Tod des Erben fällig werden, kann die Verpflichtung wegen **fehlender Beschwer** des Erben von

---

124 Löhr/Görges DStR 2011, 1939 (1941).
125 BFH BStBl. 2018, 201.
126 BGBl. 2017 I 1682.
127 BFH BFH/NV 2022, 330.
128 RStBl. 1934, 444.
129 BFH BStBl. 1982, 350.
130 Troll/Gebel/Jülicher/Gottschalk/Gottschalk, EL 53, ErbStG § § 3 Rn. 332.
131 BFH BStBl. 1981, 473.
132 Troll/Gebel/Jülicher/Gottschalk/Gottschalk, EL 53, ErbStG § 3 Rn. 332.

den Schlusserben nicht als Nachlassverbindlichkeit abgezogen werden.[133] Hiervon betroffen ist insbesondere die in der Praxis sehr relevante Fallkonstellation, bei der Eltern ihre Kinder aufgrund eines Berliner Testaments zu Schlusserben einsetzen und die Kinder mit dem überlebenden Elternteil vereinbaren, auf die Geltendmachung ihrer Pflichtteile nach dem erstversterbenden Ehegatten gegen Zahlung einer erst mit dem Tod des überlebenden Ehegatten fälligen Abfindung zu verzichten. Allerdings hat der BFH für den Fall, dass der Schlusserbe als Alleinerbe des überlebenden Ehegatten nach dessen Tod noch den Pflichtteil nach dem erstversterbenden Ehegatten geltend macht, entschieden, das Kriterium der wirtschaftlichen Belastung ausdrücklich aufzugeben, jedenfalls dann, wenn zivilrechtlich die Verjährung noch nicht abgelaufen ist.[134] Nichts anderes kann dann gelten, wenn eine Abfindung für den Verzicht auf die Geltendmachung gezahlt wird.

Zu beachten ist, dass es zu einer **doppelten Besteuerung** kommen kann, wenn der Pflichtteilsberechtigte bereits den Pflichtteil geltend gemacht hat und **nach Geltendmachung** auf den Pflichtteil verzichtet. Die durch die Geltendmachung entstandene Steuerschuld nach § 9 Abs. 1 Nr. 1b ErbStG bleibt bestehen, auch wenn nach dem Zeitpunkt der Geltendmachung auf den Pflichtteil verzichtet werden sollte. Durch den – nachträglichen – Verzicht auf den Pflichtteil erlässt der Pflichtteilsberechtigte dem belasteten Erben eine Forderung. Sollte diesem Erlass keine dem Pflichtteilsanspruch wertmäßig entsprechende Abfindung gegenüberstehen, so ist der Erlass seinerseits als freigebige Zuwendung unter Lebenden gem. § 7 Abs. 1 S. 1 ErbStG zu behandeln.[135]

77

d) **Abfindungen für Vermächtnisanwartschaften; § 3 Abs. 2 Nr. 5 ErbStG.** § 3 Abs. 2 Nr. 5 ErbStG ergänzt den vorgenannten Tatbestand der Nr. 4 für den Fall, dass ein aufschiebend bedingtes, betagtes oder befristetes Vermächtnis (§ 2177 BGB) bereits angenommen worden ist (also nicht mehr ausgeschlagen werden kann), jedoch mangels Bedingungs-, Termins- bzw. Ereigniseintritts noch nicht angefallen ist.[136] Verzichtet der Vermächtnisnehmer vor dem Anfall auf sein Anwartschaftsrecht, kann er auf diese Weise die Steuerentstehung nach § 9 Abs. 1 Nr. 1 a) ErbStG verhindern.[137] Bekommt er hierfür jedoch eine Abfindung, greift der Tatbestand des § 3 Abs. 2 Nr. 5 ErbStG, so dass statt des Vermächtnisses die Abfindung als Erwerb von Todes wegen gilt.

77.1

e) **Entgelte für Übertragung einer Anwartschaft des Nacherben; § 3 Abs. 2 Nr. 6 ErbStG.** Solange der Nacherbfall nicht eingetreten ist, hat der Nacherbe ein Anwartschaftsrecht, das vererblich und frei veräußerlich ist.[138] Die Erbschaftsteuer für den Erwerb des Nacherben entsteht grundsätzlich erst mit dem Zeitpunkt des **Eintritts der Nacherbfolge**, § 9 Abs. 1 Nr. 1 h) ErbStG. Überträgt der Nacherbe sein Anwartschaftsrecht vor dem Nacherbfall an einen Dritten, kann er seine Steuerpflicht insoweit abwenden – stattdessen hat der Dritte den Erwerb der Nacherbschaft gem. §§ 1 Abs. 1 Nr. 1, 3 Abs. 1 Nr. 1, 1. Alt. ErbStG zu versteuern.[139] Erhält der Nacherbe für die Übertragung dieses Anwartschaftsrechts jedoch ein Entgelt, so unterliegt gem. § 3 Abs. 2 Nr. 6 ErbStG dieses Entgelt als Erwerb vom Erblasser der Besteuerung. Die Steuer entsteht gem. § 9 Abs. 1 Nr. 1 i) ErbStG mit dem Zeitpunkt der Übertragung des Anwartschaftsrechtes.

77.2

f) **Herausgabeanspruch nach § 2287 BGB; § 3 Abs. 2 Nr. 7 ErbStG.** § 2287 BGB sieht einen Herausgabeanspruch des durch Erbvertrag eingesetzten Vertragserben vor. Macht der Erblasser in der Absicht, den Vertragserben (hierbei kann es sich auch um den Schlusserben eines gemeinschaftlichen Testaments handeln, vgl. § 3 Abs. 2 Nr. 7 ErbStG) zu beeinträchtigen eine Schen-

77.3

---

133 BFH BStBl. 2007, 651.
134 BFH BStBl. 2013, 332; s. hierzu o. Rn. 45.
135 Löhr/Görges DStR 2011, 1939; Troll/Gebel/Jülicher/Gottschalk/Gottschalk, EL 53, ErbStG § 3 Rn. 333.
136 Kapp/Ebeling/Geck/Geck ErbStG § 3 Rn. 309.
137 Meincke/Hannes/Holtz ErbStG § 3 Rn. 117; Troll/Gebel/Jülicher/Gottschalk/Gottschalk, EL 37, ErbStG § 3 Rn. 341.
138 Troll/Gebel/Jülicher/Gottschalk/Gottschalk, EL 37, ErbStG § 3 Rn. 343.
139 BFH BStBl. 1993, 158; Meincke/Hannes/Holtz ErbStG § 3 Rn. 118 mwN.

kung an einen Dritten, kann der Vertragserbe nach Erbanfall von dem Dritten die Herausgabe des Geschenks verlangen. § 2288 Abs. 2, 1 BGB sieht einen entsprechenden Anspruch des Vermächtnisnehmers bei schenkweiser Veräußerung oder Belastung des Vermächtnisgegenstandes vor. Gem. § 3 Abs. 2 Nr. 7 ErbStG sind diese Herausgabeansprüche als Erwerb vom Erblasser steuerpflichtig – und zwar entsteht die Steuer gem. § 9 Abs. 1 Nr. 1 j) ErbStG, sobald der Anspruch geltend gemacht ist.

V. Zugewinngemeinschaft; § 5 ErbStG

78 Nicht als Erwerb iSd § 3 ErbStG gilt nach § 5 ErbStG der Vermögenszuwachs, der einem Ehegatten oder Lebenspartner bei Beendigung des Güterstands der **Zugewinngemeinschaft** aufgrund des Zugewinnausgleichs (§§ 1371, 1372 BGB, § 6 LPartG) zusteht.

79 Im Zivilrecht wird beim Zugewinnausgleich nach der Art der Beendigung der Zugewinngemeinschaft differenziert. Je nachdem, wie die Zugewinngemeinschaft beendet wird, wird die Berechnung einerseits fiktiv (vgl. § 1371 BGB – erbrechtliche Lösung), andererseits aber auch tatsächlich, nach den gesetzlichen Regeln, vorgenommen (vgl. §§ 1373 ff. BGB – güterrechtliche Lösung). Erbschaftsteuerlich wird für alle Fälle der Beendigung der Zugewinngemeinschaft hingegen nur der **güterrechtliche Ausgleichsanspruch** (vgl. §§ 1373 ff. BGB) freigestellt. Es muss daher immer die **tatsächliche Ausgleichsforderung** ermittelt werden, obwohl dies zivilrechtlich nicht immer notwendig ist (vgl. § 1371 BGB). Der Steuergesetzgeber hält es nicht für angebracht, den pauschalierten Zugewinn freizustellen.

80 Die zivilrechtliche Differenzierung der unterschiedlichen Art der Beendigung der Zugewinngemeinschaft wurde vom Steuergesetzgeber insofern übernommen, als dass § 5 Abs. 1 und Abs. 2 ErbStG an diese Differenzierung anknüpfen. § 5 Abs. 1 ErbStG regelt die Beendigung der Zugewinngemeinschaft nach § 1371 Abs. 1 BGB. Die Anwendbarkeit des § 5 Abs. 1 ErbStG bzw. des § 1371 Abs. 1 BGB setzen voraus, dass der Erblasser verstorben ist und der Ehegatte bzw. Lebenspartner Erbe oder Vermächtnisnehmer wird. Ausweislich § 5 Abs. 1 ErbStG wird die Ausgleichsforderung freigestellt, die sich nach der güterrechtlichen Lösung (§ 1371 Abs. 2 BGB) ergäbe. Diese – zivilrechtliche – Ausgleichsforderung ist jedoch steuerrechtlich zu **modifizieren** (§ 5 Abs. 1 S. 2 ff. ErbStG). Nach § 5 Abs. 1 S. 2 ErbStG sind zivilrechtliche Vereinbarungen zur Ermittlung des Zugewinnausgleichsanspruchs für das Erbschaftsteuerrecht ohne jede Bedeutung. **Ehevertragliche Modifikationen** wie beispielsweise Vereinbarungen, wonach der Zugewinnausgleichsanspruch nur bei Tod und nicht bei Scheidung anfallen soll oder wonach der Zugewinnausgleich nicht nach der Hälfte, sondern nach anderen Beteiligungsquoten zu ermitteln ist oder wonach bestimmte Vermögenswerte vom Zugewinnausgleich ausgeschlossen werden (etwa Betriebsvermögen), sind erbschaftsteuerlich unbeachtlich. Die bei Fehlen eines Vermögensverzeichnisses geltende Vermutung, dass das Endvermögen dem Zugewinn entspricht, ist für die Bestimmung der Erbschaftsteuer ebenso unbeachtlich. Folglich muss das Anfangsvermögen in aller Regel tatsächlich berechnet werden. Wenn jedoch abzusehen ist, dass der Erwerb des überlebenden Ehegatten auch unter Berücksichtigung von Vorschenkungen die persönlichen Freibeträge nicht überschreiten wird, kann auf die Berechnung des fiktiven Zugewinnausgleichs verzichtet werden.[140]

81 Der Tag der Eheschließung[141] bzw. der Tag, an dem der Güterstand der Zugewinngemeinschaft vereinbart wurde, ist der für den Ansatz des Anfangsvermögens maßgebliche Tag. § 5 Abs. 1 S. 4 ErbStG stellt klar, dass etwaige mögliche zivilrechtliche Regelungen, wonach für die Berechnung des Anfangsvermögens nicht der Tag des Vertragsabschlusses, sondern ein früherer Zeitpunkt maßgeblich sein soll, erbschaftsteuerlich unbeachtlich sind. Das Anfangs- und das Endvermögen werden zu Verkehrswerten bewertet. Bei der Berechnung der fiktiven Ausgleichs-

---

140 R E 5.1 Abs. 1 S. 2 ErbStR 2019.
141 R E 5.1 Abs. 3 S. 2 ErbStR 2019.

forderung ist in Bezug auf das Anfangsvermögen beider Ehegatten der **Kaufkraftschwund** zu berücksichtigen.[142] Da nach § 5 Abs. 1 S. 5 ErbStG bei Abweichung der Verkehrswerte von den Steuerwerten nur der Betrag anzusetzen ist, der dem Steuerwert des Nachlasses entspricht, gehen Finanzverwaltung[143] und Rechtsprechung[144] davon aus, dass die nach Verkehrswerten ermittelte Ausgleichsforderung nur in dem Umfang steuerfrei ist, in dem der Verkehrswert des Nachlasses zu seinem Steuerwert steht. Ob diese Norm nach der Reform 2009 noch Bedeutung hat, ist fraglich. Denn Bewertungsziel ist steuerlich nunmehr der gemeine Wert. Eine Differenzierung zwischen Steuer- und Verkehrswert ist nicht mehr vorgesehen. So wurde auch in den Erbschaftsteuerrichtlinien in dem einschlägigen Berechnungsbeispiel[145] der Steuerwert dem Verkehrswert gleichgesetzt. Folge hiervon ist, dass die Kappung auf den Steuerwert bedeutungslos wird.

§ 5 Abs. 2 ErbStG knüpft an § 1371 Abs. 2 BGB an. Hiervon werden die Fälle erfasst, bei denen die Zugewinngemeinschaft durch Tod eines Ehegatten und in der Weise beendet wird, dass der überlebende Ehegatte nicht Erbe oder Vermächtnisnehmer wird. Zusätzlich nimmt § 5 Abs. 2 ErbStG auch auf die Zugewinngemeinschaften Bezug, die nicht durch Tod eines Ehegatten beendet werden (jede Beendigung zu Lebzeiten). Steuerbefreit ist dann die güterrechtliche Ausgleichsforderung, wobei im Rahmen des § 5 Abs. 2 ErbStG die Besonderheit gilt, dass bei § 5 Abs. 2 ErbStG die oben angeführten Modifikationen des zivilrechtlichen Anspruchs, die § 5 Abs. 1 ErbStG für steuerliche Zwecke enthält, nicht vorgesehen sind. 82

VI. Vor- und Nacherbschaft; § 6 ErbStG

Der Steuergesetzgeber hat die Entscheidung getroffen, sowohl den **Vorerben** als auch den **Nacherben** als **Vollerben** zu besteuern.[146] Aus § 6 Abs. 1 ErbStG lässt sich nicht ableiten, dass der Gesetzgeber lediglich den Vorerben als Erben besteuern will. Diese Vorschrift bringt vielmehr zum Ausdruck, dass neben dem Nacherben auch der Vorerbe als Erbe gilt. Die Erbenstellung des Nacherben hält der Gesetzgeber für selbstverständlich.[147] 83

Wenngleich der Vorerbe ausweislich § 6 Abs. 1 ErbStG als steuerpflichtiger Erwerber durch Erbanfall iSd § 3 Abs. 1 Nr. 1 ErbStG gilt, wird er **wirtschaftlich** im Ergebnis **nicht belastet**. Denn für den Vorerben besteht die Möglichkeit, die anfallende Steuer aus den Mitteln der Vorerbschaft zu entrichten (vgl. § 20 Abs. 4 ErbStG iVm § 2126 BGB). Die auf den Nacherben übergehende Erbschaft wird folglich entsprechend gekürzt, so dass im Ergebnis wirtschaftlich nicht der Vorerbe, sondern der **Nacherbe Träger der Steuerlast** ist.[148] 84

Mit Eintritt des Nacherbfalls (in aller Regel der Tod des Vorerben, wenn nichts anderes vom Erblasser bestimmt wurde, vgl. § 2106 BGB) fällt die Erbschaft dem Nacherben zu. Der Vermögensübergang ist steuerpflichtig gem. § 3 Abs. 1 Nr. 1 ErbStG. 85

Von Gesetzes wegen ist vorgesehen, dass der Nacherbe den Erwerb als vom Vorerben stammend versteuert (vgl. § 6 Abs. 2 S. 1 ErbStG). S. 2 räumt dem Nacherben indes das **Recht** ein, eine **Besteuerung nach dem Verhältnis des Nacherben** zum Erblasser zu verlangen. Wenngleich der Wortlaut von § 6 Abs. 2 S. 2 ErbStG vermuten lässt, dass dem Nacherben ein uneingeschränktes Wahlrecht dahin gehend zusteht, die Nacherbschaft als vom Vorerben oder vom Erblasser stammend zu behandeln, hat die Rechtsprechung schon früh klargestellt, dass ein Antrag nur zulässig ist, wenn der Nacherbe zum Erblasser in einem engeren Angehörigkeitsverhältnis steht als zum Vorerben.[149] 86

---

142 R E 5.1 Abs. 2 S. 5 ErbStR 2019.
143 R E 5.1 Abs. 5 S. 4 ErbStR 2019.
144 BFH BStBl. 1993, 510; BStBl. 2005, 873.
145 H E 5.1 Abs. 5 „Berechnung der fiktiven Ausgleichforderung" ErbStR 2019.
146 Holler ErbR 2016, 615.
147 Meincke/Hannes/Holtz ErbStG § 6 Rn. 11.
148 Holler ErbR 2016, 615.
149 RFH RStBl. 29, 145, RFHE 24, 246.

87 Der Antrag nach § 6 Abs. 2 S. 2 hat insoweit Auswirkungen, als dass die für den Erwerb des Nacherben maßgebliche Steuerklasse (§ 15 ErbStG) nach dem Verhältnis des Nacherben zum Erblasser statt nach dem **Verhältnis des Nacherben zum Vorerben** bestimmt wird. Die Steuerklasse hat wiederum Auswirkungen auf den Umfang sachlicher Steuerbefreiungen (§ 13 Abs. 1 Nr. 1 ErbStG), den persönlichen Freibetrag (§ 16 ErbStG), auf den Steuersatz (§ 19 ErbStG) und auf die Steuerermäßigung bei mehrfachem Erwerb desselben Vermögens (§ 27 ErbStG).[150]

88 Sofern mit der Nacherbschaft zugleich eigenes Vermögen des Vorerben auf den Nacherben übergeht, liegt nach Auffassung des BFH ein einheitlicher Erwerb vor.[151] Der Antrag nach § 6 Abs. 2 S. 2 ErbStG kann jedoch nur für den Teil geltend gemacht werden, den die Nacherbschaft betrifft.[152] Den Nacherben trifft für den Umfang und die Zusammensetzung des Vermögens, für das der Antrag nach § 6 Abs. S. 2 ErbStG gestellt werden soll, die Beweislast.[153] Der Nacherbe haftet im Regelfall für die beim Vorerben entstandene Erbschaftsteuer.[154]

89 In den Fällen des § 6 Abs. 3 ErbStG (Nacherbschaft tritt nicht mit dem Tode des Vorerben, sondern noch zu dessen Lebzeiten ein) wird der Vorerbe steuerlich auch hier als Vollerbe behandelt. Hier gilt jedoch die Besonderheit, dass – abweichend von § 6 Abs. 2 ErbStG – für die Steuerklasse des Nacherben ausschließlich dessen Verwandtschaftsverhältnis zum Vorerben maßgebend ist.[155] Dem Nacherben steht also insoweit kein Wahlrecht zu. Er hat allerdings nach § 6 Abs. 3 S. 2 ErbStG einen Anspruch auf Anrechnung der vom Vorerben geleisteten Steuer.

VII. Aufzählung einzelner Tatbestände des § 7 ErbStG

90 § 7 ErbStG regelt abschließend, wann eine **Schenkung unter Lebenden** gegeben ist.

91 **1. Grundtatbestand des § 7 Abs. 1 Nr. 1 ErbStG.** Grundtatbestand ist § 7 Abs. 1 Nr. 1 ErbStG. Hiernach ist unter einer Schenkung jede **freigebige Zuwendung** unter Lebenden zu verstehen, soweit der Bedachte durch sie auf **Kosten des Zuwendenden** bereichert wird. Objektiv muss es bei dem Zuwendenden zu einer Minderung seines Vermögens (Entreicherung) und zu einer Vermögensmehrung (Bereicherung) beim Zuwendungsempfänger kommen.[156] Subjektiv muss beim Zuwendenden ein Wille zur unentgeltlichen Bereicherung des Empfängers vorhanden sein. Die Anforderungen an die subjektive Seite der freigebigen Zuwendung nach § 7 Abs. 1 Nr. 1 ErbStG sind gegenüber dem Schenkungsrecht des BGB vermindert.[157] Im Gegensatz zum zivilrechtlichen Schenkungsbegriff kommt es nach der Finanzverwaltung beim erbschaftsteuerlichen Schenkungsbegriff nicht auf eine rechtsgeschäftliche Einigung über die Unentgeltlichkeit der Zuwendung an.[158] Entscheidend soll daher allein der **einseitige Bereicherungswille** des Zuwendenden sein. Auch die Rechtsprechung hat die Anforderungen der subjektiven Seite der freigebigen Zuwendung gegenüber dem Schenkungsrecht des BGB deutlich vermindert.[159] Der Wille zur Unentgeltlichkeit ist nach der Rechtsprechung bereits dann gegeben, wenn der Zuwendende in dem Bewusstsein handelt, zu der Vermögenshingabe weder rechtlich verpflichtet zu sein noch dafür eine mit seiner Leistung in einem synallagmatischen, konditionalen oder kausalen Zusammenhang stehende (gleichwertige) Gegenleistung zu erhalten.[160] Der subjektive Tatbestand der Schenkung wird auch dann bejaht, wenn zwischen Leistung und Gegenleistung ein grobes Missverhältnis besteht.[161] Eine genaue Abgrenzung für die Verhältnismäßigkeit besteht aber nicht.

---

150 Meincke/Hannes/Holtz ErbStG § 6 Rn. 19 ff.
151 BFH BStBl. 1999, 235, Holler ErbR 2016, 615.
152 Meincke/Hannes/Holtz ErbStG § 6 Rn. 15.
153 BFH ZEV 2007, 284.
154 BFH BStBl. 2016, 746.
155 BFH BStBl. 1972, 765.
156 Troll/Gebel/Jülicher/Gottschalk/Gebel ErbStG § 7 Rn. 17.
157 Meincke/Hannes/Holtz ErbStG § 7 Rn. 12.
158 R E 7.1 I ErbStR 2019.
159 BFH BStBl. 1994, 366, insoweit kritisch: Meincke/Hannes/Holtz ErbStG § 7 Rn. 12.
160 BFH BStBl. 1997, 832.
161 BFH BStBl. 1987, 80.

Nach der Rechtsprechung des BFH[162] beurteilt sich die Frage, was Gegenstand der freigebigen Zuwendung ist, nicht nur – wie im Zivilrecht – nach der Schenkungsabrede der Parteien, sondern vordergründig nach der **tatsächlichen Bereicherung**. Es kommt im Schenkungsteuerrecht also darauf an, was tatsächlich und letztlich endgültig im Vermögen des Bedachten vorhanden ist. Zahlt eine GmbH an eine dem Gesellschafter nahestehende Person eine überhöhte Vergütung, liegt nach aktueller Rechtsprechung des BFH keine Schenkung der GmbH an die nahestehende Person vor.[163] Unter Abänderung seiner bisherigen Rechtsprechung[164] sieht sich der BFH in der oben genannten Entscheidung jedoch zu dem Hinweis veranlasst, dass in solchen Fällen eine Schenkung von dem Gesellschafter an die nahestehende Person vorliegen könnte. Es ist damit zu rechnen, dass die Finanzverwaltung diese Fälle aufgreifen wird.[165]

a) Mittelbare Schenkung. Die Frage, was Gegenstand der Zuwendung sein soll, ist auch in den Fällen der sog. **mittelbaren Schenkung** von Bedeutung. Eine solche liegt vor, wenn ein Gegenstand, der zur Entreicherung des Zuwendenden führt, mit der Bestimmung zugewandt wird, ihn zum Erwerb eines anderen Gegenstandes zu verwenden. Die mittelbare Schenkung gilt erst in dem Zeitpunkt als ausgeführt, in dem der endgültige Bereicherungsgegenstand auf den Beschenkten übergeht.[166] Steuerrechtlich zulässig und in der Praxis sehr relevant ist insbesondere die **mittelbare Grundstücksschenkung**.[167] Hierbei wird dem Bedachten ein Geldbetrag zugewendet, den dieser nur für den Erwerb oder die bereits konkretisierte Bebauung eines genau bestimmten Grundstücks verwenden darf. Da das Grundstück als Erwerb anzusehen ist, unterliegt der Besteuerung der unter Umständen im Vergleich zum Geldbetrag niedrigere Wert des Grundstücks. Abzugrenzen ist die mittelbare Grundstücksschenkung von einer **Geldschenkung unter einer Auflage**.[168] Eine solche ist anzunehmen, wenn der Schenker dem Beschenkten gegenüber lediglich zum Ausdruck bringt, dass dieser nur irgendein noch nicht näher bestimmtes Grundstück erwerben soll. Die Schenkung gilt hier mit der Geldabgabe als ausgeführt und ist mit dem Nominalwert des zugewendeten Geldbetrages zu bewerten.

Unter dem Begriff **Kettenschenkung** werden die kurz hintereinander erfolgenden Schenkungen vom Schenker auf den Beschenkten und danach vom Beschenkten auf einen Dritten behandelt. In diesen Fällen stellt sich im Rahmen der Grundsätze des **Missbrauchs von Gestaltungsmöglichkeiten (§ 42 AO)** die Frage, ob für die zweite Schenkung nicht die Verhältnisse zwischen dem zuerst Schenkenden und dem zuletzt Beschenkten maßgeblich sind. Denn vielfach wird eine solche Kettenschenkung nur deswegen über den Umweg einer dritten Person vollzogen, um einen steuerlichen Freibetrag und/oder eine günstigere Steuerklasse zu erhalten. Zu nennen sind hier vor allem die Fälle der Schenkungen an Schwiegerkinder über den Umweg der eigenen Kinder. Nach gefestigter Rechtsprechung liegt in solchen Fällen ein Gestaltungsmissbrauch nur dann vor, wenn der Erstbeschenkte in seiner Entscheidung, die Schenkung weiterzugeben, nicht frei ist.[169]

b) Unbenannte (ehebedingte) Zuwendungen. Nach der Rechtsprechung[170] und Finanzverwaltung[171] sind sog. **unbenannte (ehebedingte) Zuwendungen** nicht deswegen von der Schenkungsteuer ausgenommen, weil sie wegen – ihres spezifisch ehebezogenen Charakters – nach zivilrechtlicher Auffassung keine Schenkungen iS der §§ 516 ff. BGB darstellen. Folglich beurteilt sich die Schenkungsteuerpflicht bei unbenannten Zuwendungen nach den allgemeinen Voraussetzungen des § 7 Abs. 1 Nr. 1 ErbStG.

c) Gemischte Schenkung/Schenkung unter einer Auflage. Von einer **gemischten Schenkung** wird gesprochen, wenn ein Gegenstand teils entgeltlich und teils unentgeltlich hingegeben wird.

---

162 BFH BStBl. 1991, 32; BFH/NV 2001, 908.
163 BFH BStBl. 2018, 292.
164 BFH BStBl. 2008, 258.
165 gleichlautender Ländererlass vom 20.4.2018, BStBl. 2018 I 632.
166 BFH BStBl. 2006, 786.
167 R E 7.3 ErbStR 2019 und H E 7.3 ErbStR 2019.
168 R E 7.3 Abs. 2 ErbStR 2019.
169 Zuletzt BFHBFH/NV 2015, 1412.
170 BFH BStBl. 1994, 366.
171 R E 7.2 ErbStR 2019.

Eine Bereicherung tritt beim Erwerber nur insoweit ein, als der Wert der ihm zugewendeten Gegenstände den Wert seiner Gegenleistung übersteigt.

97 Eine **Schenkung unter einer Auflage** liegt vor, wenn es sich um eine unentgeltliche Zuwendung mit einer Nebenbestimmung handelt, dass der Beschenkte eine Verpflichtung erfüllen soll.

98 Nach bisheriger Auffassung der Rechtsprechung[172] und Finanzverwaltung[173] stellte § 10 Abs. 1 ErbStG lediglich für Erwerbe von Todes wegen klar, wie die Bereicherung zu ermitteln ist. Für die Ermittlung der Bereicherung aus einer Schenkung unter Lebenden bestand nach Auffassung von Rechtsprechung und Finanzverwaltung keine besondere Regelung. Demnach sollte die Bereicherung aus einer freigebigen Zuwendung unmittelbar aus dem Besteuerungstatbestand des § 7 Abs. 1 Nr. 1 ErbStG hergeleitet werden. Für die gemischte Schenkung und diesen gleichgestellten **Schenkungen unter einer Leistungsauflage** (Beschenkter wird über eine bloße Duldung hinsichtlich der Nutzung des zugewendeten Gegenstandes hinaus mit der Verpflichtung zu Geld- oder Sachleistungen verpflichtet) bedeutete dies, dass nur der Teil schenkungsteuerlich relevant war, für den keine Gegenleistung zu erbringen war. Nur insoweit sollte eine unentgeltliche Bereicherung erfolgen. Da vor der Erbschaftsteuerreform 2009 die Steuerwerte von den Verkehrswerten zum Teil erheblich abwichen, wurde der Steuerwert der Leistung in dem Verhältnis aufgeteilt, in dem der Verkehrswert der zivilrechtlichen Bereicherung des Beschenkten zu dem Verkehrswert des geschenkten Vermögens stand.[174] Anders wurde dies seinerzeit bereits bei **Schenkungen unter Nutzungs- oder Duldungsauflagen** beurteilt. Hier fand § 10 Abs. 1 ErbStG bereits Anwendung. Es wurde vom Steuerwert der Zuwendung die vollziehende Auflage als Last mit ihrem Kapitalwert nach §§ 13 bis 16 BewG abgezogen. Hierbei war vor 2009 noch der mit der Erbschaftsteuerreform 2009 aufgehobene § 25 ErbStG zu beachten.

99 Die Finanzverwaltung hat ihre bisherigen Grundsätze zur gemischten Schenkung und Schenkungen unter einer Auflage nunmehr **aufgegeben** und hiermit auch die Unterscheidung zwischen der gemischten Schenkung und der Schenkung einer Leistungsauflage einerseits sowie der Schenkung unter einer Nutzungs- oder Duldungsauflage anderseits hinfällig werden lassen.[175] Es findet nunmehr auch bei der gemischten Schenkung und der Schenkung einer Leistungsauflage § 10 Abs. 1 S. 1 und 2 ErbStG Anwendung. Dies hat zur Folge, dass die Bereicherung gem. § 10 Abs. 1 S. 2 ErbStG ermittelt wird, indem von dem nach § 12 ErbStG zu ermittelnden Steuerwert der Leistung des Schenkers die Gegenleistungen des Beschenkten und die von ihm übernommenen Leistungs- Nutzungs- und Duldungsauflagen mit ihrem nach § 12 ErbStG ermittelten Wert abgezogen werden. Hierbei sind insbesondere auch § 10 Abs. 6 S. 4–6 ErbStG zu berücksichtigen.

100 **2. Abfindungen für Erb-, Pflichtteils- und Vermächtnisverzicht vor dem Erbfall; § 7 Abs. 1 Nr. 5 ErbStG.** Während § 3 Abs. 2 Nr. 4 und 5 ErbStG Abfindungen für den Erb-, Pflichtteils- und Vermächtnisverzicht nach dem Erbfall normieren und der Besteuerung unterwerfen, regelt § 7 Abs. 1 Nr. 5 ErbStG **die Abfindungen für den Erb-, Pflichtteils- und Vermächtnisverzicht vor dem Erbfall**. Die Abfindung kann von dem Erblasser selbst oder von einem Dritten gewährt werden, dem im Erbfall der Verzicht zugutekommt.[176] Für die Bestimmung der Steuerklasse und der Freibeträge ist wie bei § 3 Abs. 2 Nr. 4 und 5 ErbStG ist nach geänderter Rechtsprechung das Verhältnis des Pflichtteilsberechtigten zum Zahlenden maßgebend.[177]

101 **Nicht** von § 7 Abs. 1 Nr. 5 ErbStG wird die Abfindung erfasst, die für einen Verzicht auf einen künftigen Herausgabeanspruch nach § 2287 BGB gezahlt wird.[178] Dasselbe gilt für die Abfin-

---

172 BFH BFH/NV 1993, 298.
173 R 17 ErbStR 2003.
174 R 17 Abs. 2 ErbStR 2003.
175 R E 7. 4 ErbStR 2019.
176 Meincke/Hannes/Holtz ErbStG § 7 Rn. 117.
177 BFH BFHE 258, 81; anders noch BFH BStBl. 1977, 733.
178 Troll/Gebel/Jülicher/Gottschalk/Gebel ErbStG § 7 Rn. 316.

dung, die auf der Grundlage eines Verzichtsvertrag gezahlt wird, den der künftige Erbe oder Pflichtteilsberechtigte mit einem anderen künftigen Erben oder Pflichtteilsberechtigten gemäß § 311b Abs. 5 BGB abschließt. In diesem Fall soll nach der gefestigten Rechtsprechung des BFH[179] eine Besteuerung jedoch nach § 7 Abs. 1 Nr. 1 ErbStG erfolgen. Nach dem Urteil des BFH vom 10.5.2017[180] richtet sich die Steuerklasse auch in diesen Fällen nach dem Verhältnis des Erwerbers zum Zahlenden.

3. § 7 Abs. 7 ErbStG. Zu nennen ist noch die praxisrelevante Vorschrift des § 7 Abs. 7 ErbStG. Diese Vorschrift ist die Parallelregelung zu § 3 Abs. 1 Nr. 2 S. 2 ErbStG. Insoweit ist auf die Darstellung zu § 3 Abs. 1 Nr. 2 S. 2 ErbStG zu verweisen. Während § 3 Abs. 1 Nr. 2 S. 2 ErbStG eine Regelung für den Übergang des Anteils eines Gesellschafters bei dessen Tod enthält, trifft § 7 Abs. 7 ErbStG eine Regelung zu den Steuerfolgen des Übergangs des Anteils eines Gesellschafters bei dessen Ausscheiden aus anderen Gründen als durch Tod. In der Praxis fällt hierunter insbesondere das Ausscheiden eines Gesellschafters durch Kündigung oder aus Altersgründen.

§ 7 Abs. 7 ErbStG ist nur dann einschlägig, wenn der **Anteilsübergang auf Gesetz** oder auf dem **Gesellschaftsvertrag** beruht. Eine **rechtsgeschäftliche Übertragung** des Anteils auf einen Dritten oder einen Mitgesellschafter fällt auch nach der Neufassung durch das StEntlG 1999/2000/2002 nicht unter § 7 Abs. 7 ErbStG.[181] Zu beachten ist jedoch, dass nach der Rechtsprechung[182] in einem solchen Fall der Grundtatbestand der freigebigen Zuwendung gem. § 7 Abs. 1 Nr. 1 ErbStG unter Umständen verwirklicht sein kann. Denn wenn ein Anteil beispielsweise auf einen Mitgesellschafter übertragen wird und dieser nur ein unter dem Verkehrswert des Anteils liegendes Entgelt bezahlt, so kann es sich um eine gemischte Schenkung handeln, die als freigebige Zuwendung nach § 7 Abs. 1 Nr. 1 ErbStG entsprechend dem Verhältnis der Buchwertabfindung zum Verkehrswert des Gesellschaftsanteils in einen entgeltlichen und einen unentgeltlichen Geschäftsteil zerlegt werden muss. Die Einziehung eines Geschäftsanteils gegen eine verminderte Abfindung stellt eine Schenkung nach § 7 Abs. 7 S. 2 ErbStG dar.[183]

4. § 7 Abs. 8 ErbStG. Die Regelung des § 7 Abs. 8 ErbStG ist durch das BeitrRLUmsG v. 7.12.2011 geschaffen worden.[184] Sie ist eine Reaktion des Gesetzgebers auf die Rechtsprechung des BFH zur **disquotalen Einlage** in Kapitalgesellschaften. Mit Urteil vom 25.10.1995 hatte der BFH entschieden, dass die einseitige Zuwendung eines Vermögensvorteils durch einen Gesellschafter einer GmbH keine Schenkung dieses Gesellschafters an die Mitgesellschafter darstellt. Zuwendungsempfänger des Vorteils sei – anders als bei Personengesellschaften – die GmbH und nicht der Mitgesellschafter.[185] Die eintretende Werterhöhung des Geschäftsanteils bei den anderen Gesellschaftern sei lediglich ein Reflex der Vermögensübertragung an die GmbH. Schenkungsteuerrelevant seien aber lediglich nach Zivilrecht zu beurteilende Vermögensverschiebungen.[186] Nur in einem Ausnahmefall hatte der BFH vor Inkrafttreten des § 7 Abs. 8 ErbStG eine Schenkung im Rahmen einer Sachkapitalerhöhung zu Buchwerten angenommen.[187] Die Entscheidung betraf eine Sachkapitalerhöhung zum Nennwert durch Einbringung eines deutlich werthaltigeren Einzelunternehmens im unmittelbaren Anschluss an die Neugründung einer GmbH.

Die Finanzverwaltung vertrat ursprünglich in R 18 Abs. 3 ErbStR 2003 eine andere Auffassung, wenn festzustellen war, dass der Gesellschafter mit seiner Leistung nicht nur die Förderung des Gesellschaftszwecks, sondern zumindest auch eine freigebige Zuwendung an Mitgesellschafter beabsichtigte. Handelte es sich bei den Mitgesellschaftern um nahe Angehörige,

---

179 BFH. 2001, 456; BStBl. 2013, 922.
180 BFH DStR 2017, 1530.
181 BFH DStR 2016, 743; aA Finanzverwaltung, Koordinierter Ländererlass v. 14.3.2012, BStBl. 2012, 331 Rn. 2.4.1.
182 BFH BStBl. 1987, 80.
183 BFH NZG 2022, 819.
184 BeitrRLUmsG v. 7.12.2001, BGBl. 2011 I 2592.
185 BFH BStBl. 1996, 160.
186 BFH BStBl. 2008, 258; BStBl. 2010, 566.
187 BFH BStBl. 2005, 845.

sollte eine Absicht zur Werterhöhung unterstellt werden, soweit der Zuwendende nicht andere Umstände nachweisen kann. Im koordinierten Ländererlass vom 20.10.2010 hat die Finanzverwaltung ihren Widerstand gegen die mehrfach bestätigte BFH-Rechtsprechung aufgegeben.[188]

104.2 Der Gesetzgeber hat als Reaktion auf diese Entwicklung mit § 7 Abs. 8 ErbStG zum 14.12.2011 einen neuen Besteuerungstatbestand eingeführt. Als Schenkung wird hiernach gem. § 7 Abs. 8 S. 1 ErbStG auch die **Werterhöhung von Anteilen** an einer Kapitalgesellschaft fingiert, die Gesellschafter durch Leistung eines anderen an die Gesellschaft erlangen, da die eintretende Werterhöhung der übrigen Geschäftsanteile der Einlage nicht zuzurechnen ist. § 7 Abs. 8 S. 2 ErbStG enthält die gleiche Fiktion für Zuwendungen unter Schwestergesellschaften, wenn sie in der Absicht erfolgen, einen Gesellschafter zu bereichern. Nicht geklärt ist bislang, ob auch für die Schenkungsfiktion im Rahmen des § 7 Abs. 8 S. 1 ErbStG eine subjektive Komponente erforderlich ist.[189] Der Wortlaut der Norm sieht dies – anders als § 7 Abs. 8 S. 2 ErbStG – nicht vor. Die Finanzverwaltung hatte einen **Bereicherungswillen** in R 18 Abs. 3 ErbStR 2003 zur alten Rechtslage noch für erforderlich gehalten. In den Erbschaftsteuerrichtlinien 2019 wird klargestellt, dass die Regelung in § 7 Abs. 8 S. 2 ErbStG keine gesonderte, über den § 7 Abs. 8 S. 1 ErbStG hinausgehende Steuerbarkeit begründe, so dass auch in Satz 1 eine Wille zur Unentgeltlichkeit gefordert werde.[190] Ein vollständiger Verzicht auf jegliche subjektive Komponenten erscheint allerdings mit dem Sinn und Zweck der Regelung (Schließen einer Besteuerungslücke) in bestimmten Fällen nicht vereinbar, so zB im Falle einer Sanierung, bei der nur einer der Gesellschafter das notwendige Kapital zur Verfügung stellen kann.[191] Hier wird der finanzkräftige Gesellschafter im Regelfall nicht die Bereicherung seines Mitgesellschafters, sondern die finanzielle Rettung „seiner" Gesellschaft im Blick haben.

104.3 Nach R E 7.5 Abs. 13 ErbStR 2019 ist die Werterhöhung der Anteile nicht nach §§ 13a, 13b, 13c oder § 28a ErbStG begünstigungsfähig. Zu beachten ist jedoch die gleichzeitig mit § 7 Abs. 8 ErbStG neu eingeführte Vorschrift des § 15 Abs. 4 ErbStG, nach der in Fällen des § 7 Abs. 8 ErbStG die persönlichen Verhältnisse zwischen Zuwendendem und Begünstigtem zugrunde zu legen sind. Dies gilt für die Steuerklasse, den Freibetrag und die Zusammenrechnung mit früheren Erwerben nach § 14 ErbStG. Im Familienverbund werden die Folgen des § 7 Abs. 8 ErbStG daher im Vergleich zur Steuerklasse III abgemildert.

VIII. Steuerklasse; § 15 ErbStG

105 Der Steuergesetzgeber hat sich dazu entschieden, die Gruppe von Erwerbern in **drei unterschiedliche Steuerklassen** einzuteilen. In den Steuerklassen werden Gruppen von Erwerbern nach dem Kriterium der **Nähe zum Erblasser oder Schenker** erfasst.[192] Erwerber, die der Steuerklasse I zugeordnet werden können, stehen dem Erblasser besonders nahe (enge Familienangehörige).

106 Der Ehegatte fällt so lange in Steuerklasse I Nr. 1, wie die Ehe rechtlich besteht. Nachdem eingetragene Lebenspartner bislang in Steuerklasse III geführt wurden, fallen sie nunmehr auch in die Steuerklasse I. Dies gilt selbstverständlich ab dem 1.10.2017 auch für alle **gleichgeschlechtlichen Ehepaare**.[193] Zu den Kindern der Steuerklasse I Nr. 2 zählen alle ehelichen und nichtehelichen Kinder und Adoptivkinder. Stiefkinder sind die Kinder des anderen Ehepartners, unabhängig davon, ob es sich um innerhalb oder außerhalb der Ehe geborene Kinder handelt. Pflegekinder gehören nicht zu den Kindern der Steuerklasse I Nr. 2. Zu den Abkömmlingen der in Steuerklasse I Nr. 2 genannten Kinder gehören Enkel, Urenkel und Ur-Urenkel des Erblassers.

---

188 R E 7.5 Abs. 14 ErbStR 2019.
189 Meinungsstand dargestellt bei Troll/Gebel/Jülicher/Gottschalk/Gebel ErbStG § 7 Rn. 416.
190 R E 7.5 Abs. 14 S. 1–3 ErbStR 2019.
191 Kapp/Ebeling/Geck/Geck ErbStG § 7 Rn. 233.
192 Meincke/Hannes/Holtz ErbStG § 15 Rn. 2.
193 BGBl. 2017 I 2787.

Zu den Eltern iS der Steuerklasse II Nr. 1 gehören die leiblichen Eltern und die Adoptiveltern. Zu den Geschwistern der Steuerklasse II Nr. 2 zählen die voll- und halbbürtigen Geschwister.

Unter Steuerklasse III werden neben den natürlichen Personen, die nicht die Voraussetzungen der Steuerklasse I–II erfüllen, auch juristische Personen (Verein, Stiftung, AG, GmbH), eingeordnet. Sonderregelungen gelten gem. Abs. 2 für den Erwerb bei Errichtung und Aufhebung einer Familienstiftung, bei der Auflösung eines Familienvereins und bei der Periodenbesteuerung der Familienstiftungen und Vereine.

IX. Persönliche Freibeträge; § 16 ErbStG

Während die §§ 13, 13a, 13b, 13c und 13d ErbStG bei der Gewährung von teilweisen bzw. vollständigen Steuerbefreiungen allein an sachliche Kriterien (Gegenstand, Zweck des Erwerbs) anknüpfen, gewährt § 16 ErbStG persönliche Freibeträge, die jedem Erwerber ohne Rücksicht auf Gegenstand oder Zweck seines Erwerbs zustehen. Die Höhe der einzelnen Freibeträge richtet sich nach der Nähe des Erwerbers zum Erblasser bzw. zum Schenker. Während unbeschränkt steuerpflichtigen Ehegatten oder Lebenspartnern ein Freibetrag in Höhe von 500.000 EUR gewährt wird (§ 16 Abs. 1 Nr. 1 ErbStG), erhalten alle übrigen Personen der Steuerklasse III in den Fällen der unbeschränkten Steuerpflicht lediglich einen Freibetrag von 20.000 EUR (§ 16 Abs. 1 Nr. 7 ErbStG). In den Fällen der **beschränkten Steuerpflicht** wird zukünftig der „normale" Freibetrag gewährt, allerdings nur im Verhältnis des Wertes des beschränkt steuerpflichtigen Vermögens zum Gesamterwerb unter Berücksichtigung der letzten 10 Jahre.

X. Versorgungsfreibetrag; § 17 ErbStG

Für Erwerbe von Todes wegen wird Ehegatten bzw. Lebenspartnern (§ 17 Abs. 1 ErbStG) und Kindern (§ 17 Abs. 2 ErbStG) zusätzlich zu dem persönlichen Freibetrag des § 16 ErbStG ein weiterer Freibetrag gewährt. Dieser wird jedoch um den Kapitalwert der nicht nach dem ErbStG steuerbaren Versorgungsbezüge gekürzt. Hierunter fallen gesetzliche Versorgungsbezüge, die – anders als vertraglich begründete Renten – nicht nach § 3 Abs. 1 Nr. 4 ErbStG (siehe hierzu die Darstellung zu § 3 Abs. 1 Nr. 4 ErbStG → Rn. 59) steuerbar sind. Mit dieser Regelung will der Gesetzgeber auch die – an sich – steuerfreien gesetzlichen Versorgungsbezüge indirekt besteuern und somit eine Gleichbehandlung von vertraglich und gesetzlich begründeten Versorgungsrenten erreichen. Eine solche Gleichbehandlung gelingt dem Gesetzgeber jedoch nicht, da eine indirekte Besteuerung durch Kürzung des Freibetrages nicht vollends mit einer direkten Besteuerung vergleichbar ist. Denn der Freibetrag ist in seiner Höhe begrenzt. Die Anrechnung kann den Freibetrag höchstens auf Null reduzieren, nicht jedoch über den Umfang des Freibetrags (256.000 EUR) hinausreichen.[194] Auch in Fällen der beschränkten Steuerpflicht wird der Freibetrag gewährt, wenn durch die Staaten, in denen der Erblasser ansässig war oder der Erwerber ansässig ist, Amtshilfe geleistet wird.

XI. Steuertarif; § 19 ErbStG

Die in § 19 Abs. 1 ErbStG normierten Steuersätze richten sich zum einen – in Anlehnung an die Regelungen zur Steuerklasse nach § 15 ErbStG – nach dem persönlichen **Näheverhältnis** zwischen Erwerber und Zuwender und zum anderen nach der **Höhe des Erwerbs**. Die nach Steuerklassen abgestuften Steuersätze kommen auch bei beschränkt Steuerpflichtigen zur Anwendung.[195]

---

194 Meincke/Hannes/Holtz ErbStG § 17 Rn. 2.
195 Meincke/Hannes/Holtz ErbStG § 19 Rn. 1.

Die Steuersätze sehen wie folgt aus:

Wert bis EUR	Steuerklasse I	Steuerklasse II	Steuerklasse III
75.000	7 %	15 %	30 %
300.000	11 %	20 %	30 %
600.000	15 %	25 %	30 %
6.000.000	19 %	30 %	30 %
13.000.000	23 %	35 %	50 %
26.000.000	27 %	40 %	50 %
und darüber	30 %	43 %	50 %

112 Durch den in Abs. 2 normierten **Progressionsvorbehalt** soll verhindert werden, dass der Steuerpflichtige dadurch in eine günstigere Steuerstufe gelangt, weil Regelungen in Doppelbesteuerungsabkommen zu Freistellungen oder Steueranrechnungen führen und damit ein Teil des Erwerbs der unbeschränkt inländischen Besteuerung entzogen wird. Demnach soll der steuerpflichtige Resterwerb nach Abs. 2 fiktiv nach dem Steuersatz besteuert werden, der für den gesamten Erwerb gelten würde.

113 Der in Abs. 3 normierte Härteausgleich soll die Ungerechtigkeit beseitigen, die dadurch entsteht, dass beim Übergang von einer zur nächsten Steuerstufe der ganze Erwerb von dem höheren Steuersatz der nächsten Stufe unterfällt.

XII. Steuerbefreiungen/Steuervergünstigungen

114 **1. (Sachliche) Steuerbefreiungen; § 13 ErbStG.** Die Vorschrift des § 13 ErbStG gewährt eine Reihe von **teilweisen und vollständigen Steuerbefreiungen**. § 13 ErbStG knüpft an sachliche Voraussetzungen an; persönliche Voraussetzungen spielen für die Befreiung Im Rahmen des § 13 ErbStG hingegen keine Rolle.[196] Die Steuerbefreiungen gelten sowohl für Schenkungen als auch für Erwerbe von Todes wegen. Zudem werden sie neben den persönlichen Freibeträgen der §§ 16 und 17 ErbStG[197] gewährt. Irrelevant ist zudem, ob der Erwerb der unbeschränkten oder der beschränkten Steuerpflicht unterliegt. Zu beachten ist, dass § 10 Abs. 6 ErbStG ein Abzugsverbot für Schulden und Lasten vorsieht, die mit einem steuerfreien Erwerb in wirtschaftlichem Zusammenhang stehen. Im Einzelfall kann dies dazu führen, dass sich eine Steuerbefreiung ungünstig auswirkt. Dies kann dann der Fall sein, wenn der Wert der Schulden und Lasten höher ist als der Wert des steuerfreien Erwerbs.[198]

115 Nachfolgend sollen einige für die Praxis besonders relevante Steuerbefreiungstatbestände herausgestellt werden.

116 **a) Hausrat und andere Gegenstände; § 13 Abs. 1 Nr. 1 ErbStG.** Erwerber der Steuerklasse I können **Hausrat und andere bewegliche körperliche Gegenstände** in Höhe der in Abs. 1 Nr. 1 a und b genannten Beträge steuerfrei erwerben (insgesamt 53.000 EUR). Für Erwerber der Steuerklasse II und III wird nach Abs. 1 Nr. 1c sowohl für Hausrat als auch für andere bewegliche körperliche Gegenstände lediglich ein Höchstbetrag von 12.000 EUR gewährt. Hausrat wird als die Summe der Haushaltsgegenstände bezeichnet (§ 1361a BGB, § 206 FamFG), unter denen die Gegenstände des privaten Wohnumfelds verstanden werden.[199] Hierzu zählen die Wohnungseinrichtung einschließlich der Reinigungs- und Pflegegeräte für Wohnung und Garten,

---

[196] Troll/Gebel/Jülicher/Gottschalk/Jülicher ErbStG § 13 Rn. 1.
[197] Siehe hierzu die Darstellung zu §§ 16 und 17 ErbStG.
[198] Troll/Gebel/Jülicher/Gottschalk/Jülicher ErbStG § 13 Rn. 2.
[199] Meincke/Hannes/Holtz ErbStG § 13 Rn. 3.

Gegenstände der Unterhaltung und Bildung wie Fernseher und Computer, Spiele, Bilder, Bücher, Musikinstrumente. Ebenso fallen hierunter Tiere und der nicht vorwiegend beruflich genutzte Pkw.[200] Zu den sonstigen beweglichen körperlichen Gegenständen, die gemäß § 13 Abs. 1 Nr. 1b steuerfrei sind, gehören auch Einrichtungsgegenstände eines früheren Betriebs, der nach einer Betriebsaufgabe verpachtet wurde.[201]

b) Familienheim; § 13 Abs. 1 Nr. 4a, b und c ErbStG. Beim Familienheimerwerb gilt es zwischen dem **Erwerb unter Lebenden** (§ 13 Abs. 1 Nr. 4a ErbStG) und dem **Erwerb von Todes** (§ 13 Abs. 1 Nr. 4b und c ErbStG) wegen zu differenzieren. Schon an dieser Stelle ist darauf hinzuweisen, dass der BFH bereits im Jahr 2013[202] Zweifel daran geäußert hat, dass insbesondere die Steuerbefreiung für die Übertragung des Familienheims zu Lebzeiten zwischen Ehegatten verfassungsgemäß ist, da sie bei Eheleuten zu einer Begünstigung von Immobilienvermögen führt, für die ein hinreichender sachlicher Grund fehlt. Diese Bedenken setzen sich bis zu der Entscheidung des BFH vom 5.10.2016 fort.[203] Nachdem der Gesetzgeber auch nach der Neufassung des ErbStG im Jahr 2016 nicht auf diese Kritik reagiert hat, bleibt abzuwarten, ob der BFH einen geeigneten Fall für eine weitere Vorlage an das Bundesverfassungsgericht nutzt.

aa) Familienheimerwerb unter Lebenden; § 13 Abs. 1 Nr. 4a ErbStG. § 13 Abs. 1 Nr. 4a ErbStG stellt **Zuwendungen unter Lebenden** mit Bezug auf das Familienheim steuerfrei. Seit der Erbschaftsteuerreform 2009 gehören – neben **Ehegatten** – auch **eingetragene Lebenspartner** zum begünstigten Personenkreis. Die Schenkung des Familienheims an Kinder fällt hingegen nicht unter Abs. 1 Nr. 4a, ist mithin nicht von der Steuer befreit. Begünstigtes Familienheim ist jedes bebaute Grundstück iSd § 181 Abs. 1 Nr. 1–5 BewG. Hierunter fallen Ein- oder Zweifamilienhäuser, Eigentumswohnungen, Mietwohngrundstücke, Geschäftsgrundstücke sowie gemischt genutzte Grundstücke.[204] Die Begünstigung greift ausweichlich des Wortlauts des Abs. 1 Nr. 4a dann ein, **soweit** die übertragenen Grundstücke zu **eigenen Wohnzwecken** der Ehegatten und ihrer Familie genutzt werden.[205] Begünstigt ist daher auch der Erwerb von Grundstücken, die nur teilweise zu Wohnzwecken genutzt werden. Aufgeteilt wird nach dem Verhältnis der Wohn- und Nutzflächen und nicht nach den wirtschaftlichen Werten.[206] Voraussetzung für die Steuerbefreiung ist, dass sich in der Wohnung der **Mittelpunkt des familiären Lebens** befindet. Zweitwohnungen oder Ferienwohnungen stellen kein Familienheim dar.[207] Das Wort „Familienheim" in Abs. 1 Nr. 4a impliziert, dass die Eheleute zusammenleben und auf dem bebauten Grundstück allein oder zusammen mit ihren Kindern wohnen müssen, um in den Genuss der Steuerbefreiung zu gelangen.[208] Allerdings ist es nach einer Entscheidung des BFH[209] ausreichend, wenn der Empfänger der Zuwendung im Familienheim wohnt. Unschädlich ist, dass die Ehegatten getrennt leben. Neben der Übertragung von Eigentum oder Miteigentum fallen Aufwendungen für Finanzierungen unter die Befreiung. Nicht ausreichend ist hingegen die Zuwendung eines Wohn- oder Nießbrauchrechts, auch wenn dieses dinglich eingeräumt wird.[210] Die Rechtsprechung stellt formal auf das zivilrechtliche Eigentum ab, so dass auch ein in den Nachlass fallendes Anwartschaftsrecht auf die Übertragung von Eigentum nicht begünstigt ist.[211] Die Befreiung wird unabhängig vom Güterstand und vom Wert des zugewendeten Objektes gewährt. Zudem ist beim Erwerb unter Lebenden **keine Behaltenspflicht oder Behaltensfrist** zu beachten. Außerdem gibt es keine Objektbeschränkung, so dass grundsätzlich auch mehrere Fa-

---

200 Meincke/Hannes/Holtz ErbStG § 13 Rn. 3.
201 FG Düsseldorf EFG 2017, 679.
202 BFH BStBl. 2013, 1051.
203 BFH BStBl. 2017, 130.
204 Meincke/Hannes/Holtz ErbStG § 13 Rn. 20.
205 Nach altem Recht galt nach Auffassung der Finanzverwaltung noch ein „Alles oder Nichts-Prinzip", R 43 Abs. 1 S. 5 ff. ErbStR 2003.
206 R E 3.14 Abs. 3 iVm R E 3.13 Abs. 2 S. 14 ErbStR 2011.
207 BFH BStBl. 2013, 1051.
208 Meincke/Hannes/Holtz ErbStG § 13 Rn. 20a.
209 BFH BStBl. 2009, 480.
210 BFH BStBl. 2014, 806.
211 BFH BStBl. 2018, 362.

milienheime nacheinander übertragen werden können, solange der bedachte Ehegatte nicht gleichzeitig Eigentümer oder Miteigentümer mehrerer Familienheime wird.[212]

119 **bb) Familienheimerwerb von Todes wegen; § 13 Abs. 1 Nr. 4b und c ErbStG.** Seit der Erbschaftsteuerreform 2009 ist auch der **Erwerb eines Familienheims von Todes wegen** begünstigt. § 13 Abs. 1 Nr. 4b ErbStG normiert die Begünstigung für Erwerbe durch **Ehegatten** oder **eingetragene Lebenspartner**. Die Befreiung wird für alle Erwerbe von Todes wegen gewährt. Neben dem Erwerb durch Erbanfall fallen daher beispielsweise auch Erwerbe durch Vermächtnis, durch Auflage oder als Abfindung für einen Pflichtteilsverzicht unter die Befreiung. Genau wie bei Abs. 1 Nr. 4a sind bei Abs. 1 Nr. 4b Objekte iSd 181 Abs. 1 Nr. 1–5 BewG begünstigt. Dennoch wird das Familienheim bei Abs. 1 Nr. 4b anders als bei Abs. 1 Nr. 4a definiert. Eine Steuerbefreiung wird nach Abs. 1 Nr. 4b nur dann gewährt, wenn der **Erblasser** die Wohnung bis zum Erbfall **genutzt** hat und der **Erwerber** die Wohnung unverzüglich zur **Selbstnutzung** zu eigenen Wohnzwecken bestimmt hat, was erfordert, dass er sie nach dem Erwerb auch tatsächlich nutzt. Der Selbstnutzung durch den Erblasser steht es gleich, wenn er aus zwingenden Gründen an einer Selbstnutzung zu eigenen Wohnzwecken gehindert war. Verstirbt der Erblasser vor dem Einzug in das als Familienheim gedachte Haus, greift die Steuerbefreiung nicht.[213] Solch zwingende Gründe sollen nach der Finanzverwaltung[214] im Falle der **Pflegebedürftigkeit** vorliegen, wenn die Führung eines eigenen Haushalts nicht mehr möglich ist.[215] Eine berufliche Versetzung soll hingegen nicht ausreichend sein. Für den erwerbenden Ehegatten oder eingetragenen Lebenspartner ist ausweislich Abs. 1 Nr. 4b S. 5 ab dem Erwerb eine **10-jährige Behaltensfrist** zu beachten. Der Erwerber muss die Wohnung innerhalb dieser Frist als Eigentümer nutzen.[216] Gibt der Erwerber innerhalb von 10 Jahren die Selbstnutzung auf, führt dies dazu, dass die Befreiung rückwirkend in vollem Umfang wegfällt („Fallbeileffekt").[217] Schädlich sind nach der Finanzverwaltung hierbei neben einem längeren Leerstand auch die Vermietung und die unentgeltliche Überlassung der Wohnung.[218] Ebenso führt nach der Finanzverwaltung ein Verkauf des Objektes zum **rückwirkenden Wegfall** der Begünstigung. Die unentgeltliche Übertragung durch den überlebenden Ehegatten ist selbst dann schädlich, wenn er sich ein dingliches oder obligatorisches Nutzungsrecht zurückbehält und das Familienheim weiterhin bewohnt.[219] Unschädlich ist es hingegen, wenn der erwerbende Ehegatte aus **zwingenden Gründen** an einer Fortsetzung der Selbstnutzung verhindert ist. Solche Gründe nimmt die Finanzverwaltung dann an, wenn der Erwerber verstirbt oder in einer Weise pflegebedürftig wird, die die Führung eines eigenen Haushalts nicht mehr zulässt.[220] Die Einzelheiten hierzu sind noch nicht geklärt. Liegen solche Gründe vor, soll nach der Finanzverwaltung eine anschließende unentgeltliche Überlassung, eine Vermietung oder auch ein Verkauf unschädlich sein.[221] In diesem Zusammenhang stellt sich die Frage, ob auch andere (wirtschaftliche) Gründe, wie beispielsweise eine berufliche Versetzung unschädlich sind.[222] Die Befreiungen nach § 13 Abs. 1 Nr. 4b ErbStG soll nur denjenigen zugutekommen, die das Familienwohnheim nach Vollzug der Verfügungen des Erblassers und nach der Erbauseinandersetzung letztendlich erhalten.[223] Die Finanzverwaltung vertritt die Auffassung, dass hierzu eine Erbauseinandersetzung innerhalb von 6 Monaten erfolgen muss.[224] Diese strenge Frist wird vom BFH abgelehnt.[225]

---

212 Troll/Gebel/Jülicher/Gottschalk/Jülicher ErbStG § 13 Rn. 64; R E 13.3 Abs. 5 S. 4 ErbStR 2019.
213 FG Köln EFG 2016, 584.
214 R E 13.4 Abs. 2 S. 3 ErbStR 2011.
215 Hierzu auch Hessisches FG UVR 2016, 269.
216 R E 13.4 Abs. 6 S. 2 ErbStR 2011.
217 Troll/Gebel/Jülicher/Gottschalk/Jülicher ErbStG § 13 Rn. 73.
218 FG Münster EFG 2016, 2077, Rev. anhängig unter BFH, II R 38/16; R E 13.4 Abs. 6 S. 4 ErbStR 2011.
219 R E 13.4 Abs. 6 S. 2 ErbStR 2019, kritisch hierzu: Troll/Gebel/Jülicher/Gottschalk/Jülicher ErbStG § 13 Rn. 72.
220 R E 13.4 Abs. 6 S. 9 ErbStR 2019.
221 R E 13.4 Abs. 6 S. 9 ErbStR 2019.
222 Offen gelassen für Berufswechsel: BFH BStBl. 2016, 223; dafür: Troll/Gebel/Jülicher/Gottschalk/Jülicher ErbStG § 13 Rn. 71.
223 Vgl. § 13 Abs. 1 Nr. 4b S. 3 ff. ErbStG.
224 R E 13.4. Abs. 5 S. 4, Abs. 7 S. 6 ErbStR 2019, H E 13.4. Freie Erbauseinandersetzung ErbStH und RE 13c Abs. 4 S. 10 ErbStR, H E 13c Freie Erbauseinandersetzung ErbStH.
225 BFH BStBl. 2016, 225.

Begünstigt ist nach § 13 Abs. 1 Nr. 4c ErbStG auch der Erwerb eines Familienheims von Todes 120
wegen durch **Kinder und Kinder vorverstorbener Kinder (Enkel)**. Die Voraussetzungen für die
Befreiung sind überwiegend die gleichen wie die des § 13 Abs. 1 Nr. 4b ErbStG. Die Begünstigung wird hingegen nur gewährt, **soweit** die Wohnfläche der Wohnung 200 qm nicht übersteigt. Bei Überschreiten dieser Grenze entfällt die Begünstigung damit anteilig in Höhe der
übersteigenden Fläche. Ebenso wie für die erwerbenden Ehegatten besteht für die Kinder eine
Behaltensfrist von 10 Jahren. Als objektiv zwingende Gründe, der der Selbstnutzung entgegenstehen, nimmt die Finanzverwaltung[226] im Rahmen des Abs. 1 Nr. 4c auch die rechtliche Hinderung an, einen selbstständigen Haushalt zu führen (Minderjährigkeit). Da Abs. 1 Nr. 4c im Wesentlichen an Abs. 1 Nr. 4b anknüpft, sind nach der Finanzverwaltung ebenso die Gründe, die
einer Selbstnutzung entgegenstehen, deckungsgleich. Folglich soll es auch schädlich sein, wenn
Kinder aus beruflichen Gründen versetzt werden.[227] Dies wird in der Praxis dazu führen, dass
die Befreiung des Abs. 1 Nr. 4c nur für die Kinder eingreifen wird, die am Wohnort der Eltern
eine berufliche Perspektive haben.[228]

c) Erwerbe im Zusammenhang mit Pflege oder Unterhaltsgewährung 121
(§ 13 Abs. 1 Nr. 9 und 9a). Durch § 13 Abs. 1 Nr. 9 und 9a ErbStG werden Steuerbefreiungen
erfasst, die im Zusammenhang mit **Pflege oder Unterhaltsgewährungen** stehen.

§ 13 Abs. 1 Nr. 9 ErbStG ist sowohl bei Erwerben von Todes wegen als auch bei Zuwendungen 122
unter Lebenden anwendbar.[229] Nicht erforderlich ist, dass der Erblasser/Schenker pflegebedürftig iSd § 14 Abs. 1 SGB XI und einer Pflegestufe nach § 15 Abs. 1 S. 1 SGB XI zugeordnet
war.[230] Eine aufgrund des Verwandtschaftsverhältnisses bestehende **gesetzliche Unterhaltspflicht** schließt die Gewährung des Pflegefreibetrages nicht aus.[231]

Unterhalt ist die Leistung von Mitteln für Beköstigung einschließlich Unterkunft, Kleidung etc, 123
wobei die Unterhaltsgewährung in natura oder durch Hergabe entsprechender Geldbeträge
erfolgen kann.[232]

Im zitierten Urteil vom 11.9.2013 hat der BFH[233] konkretisiert, was unter Pflege iSd § 13 124
Abs. 1 Nr. 9 ErbStG zu verstehen ist und welche Voraussetzungen in diesem Zusammenhang
vorliegen müssen, damit die Steuerbefreiung gewährt wird. Hiernach soll Pflege iSd § 13 Abs. 1
Nr. 9 ErbStG die regelmäßige und dauerhafte Fürsorge für das körperliche, geistige oder seelische Wohlbefinden einer wegen Krankheit, Behinderung, Alters oder eines sonstigen Grundes
hilfsbedürftigen Person sein. Die Gewährung eines Pflegebeitrages setze voraus, dass Pflegeleistungen regelmäßig und über eine längere Dauer erbracht worden sind, über ein übliches Maß
der zwischenmenschlichen Hilfen hinausgehe und im allgemeinen Verkehr einen Geldwert habe. Die Voraussetzungen für die Steuerbefreiung wurden daher **weit gefasst**;[234] zumal der BFH
herausgestellt hat, dass an die Darlegung und Glaubhaftmachung der Art, der Dauer, des Umfangs und den Wert der erbrachten Pflegeleistungen keine übersteigerten Anforderungen zu stellen sind. Klar gestellt hat der BFH in diesem Urteil zudem, dass der Freibetrag des § 13 Abs. 1
Nr. 9 ErbStG von **20.000 EUR** kein Pauschbetrag, sondern **ein Höchstbetrag ist**.[235]

Im Gegensatz zu § 13 Abs. 1 Nr. 9 ErbStG erfasst die Vorschrift des § 13 Abs. 1 Nr. 9a ErbStG 125
lediglich – pflegebezogene – Erwerbe unter Lebenden. Von vornherein unproblematisch ist die
Steuerfreiheit dann, wenn die Zuwendung **ein Entgelt** darstellt.[236] Ein steuerpflichtiger Vorgang

---

226 R E 13.4 Abs. 6 S. 4 ff. ErbStR 2019.
227 R E 13.4 Abs. 7 S. 5 ErbStR 2019, kritisch hierzu: Troll/Gebel/Jülicher/Gottschalk/Jülicher ErbStG § 13 Rn. 71.
228 Vgl. auch: Troll/Gebel/Jülicher/Gottschalk/Jülicher ErbStG § 13 Rn. 74.
229 Troll/Gebel/Jülicher/Gottschalk/Jülicher ErbStG § 13 Rn. 99; R E 13.5 Abs. 1 S. 1 ErbStR 2019.
230 BFH BStBl. 2014, 114.
231 BFH DStR 2017, 1530.
232 Meincke/Hannes/Holtz ErbStG § 13 Rn. 40.
233 BFH BStBl. II 2014, 114.
234 Knoll SteuK 2014, 40.
235 Vgl. auch Meincke/Hannes/Holtz ErbStG § 13 Rn. 39.
236 Meincke/Hannes/Holtz ErbStG § 13 Rn. 41.

nach dem ErbStG kann hier deshalb nicht vorliegen, da das Tatbestandsmerkmal der freigebigen Zuwendung gem. § 7 Abs. 1 S. 1 ErbStG nicht erfüllt ist.

126 Aus diesem Grund ist dem Steuerpflichtigen in der Praxis zu empfehlen, bereits zu Lebzeiten ein **Gegenleistungsverhältnis** zu vereinbaren, bei dem die Pflege- oder Unterhaltsleistungen zu Lebzeiten angemessen auszugleichen sind.[237] Jedoch ist zu beachten, dass der Vorgang dann uU Einkommensteuer- oder Grunderwerbsteuerfolgen haben kann.[238]

127 d) **Unterhalts- und oder Ausbildungszuwendungen.** Vollständig von der Steuer befreit sind nach § 13 Abs. 1 Nr. 12 ErbStG freiwillige Zuwendungen unter Lebenden für **den angemessenen Unterhalt und/oder die Ausbildung des Bedachten**. Wird der Unterhalt hingegen aufgrund einer gesetzlichen Unterhaltspflicht (§§ 1360 ff., 1601 ff. BGB) geleistet, bedarf es einer gesonderten Befreiung hingegen nicht, da die hier erbrachte Leistung nicht freigebig erfolgt ist und somit mangels Schenkungscharakter nicht steuerbar ist.[239]

128 e) **Übliche Gelegenheitsgeschenke.** Übliche Gelegenheitsgeschenke sind ebenfalls nicht zu besteuern, § 13 Abs. 1 Nr. 14 ErbStG. Ob Gelegenheitsgeschenke als üblich eingestuft werden, wird von der Verkehrsanschauung beurteilt. Hierbei ist das Gesamtbild des Falles, insbesondere auch das Verhältnis des Geldwertes zur Leistungsfähigkeit des Schenkers zu beurteilen (sog. relative Betrachtungsweise).[240]

129 f) **Zuwendungen an gemeinnützige Organisationen und an politische Parteien und Vereine.** Komplett von der Steuer befreit sind zudem Zuwendungen an Religionsgemeinschaften, bestimmte steuerbegünstigte Einrichtungen oder politische Parteien und politisch aktive Vereine ohne Parteicharakter; außerdem Zuwendungen, die kirchlichen, gemeinnützigen, mildtätigen Zwecken dienen, vgl. § 13 Abs. 1 Nr. 15–18 ErbStG.

130 **2. Begünstigung von Betriebsvermögen, §§ 13a, 13b ErbStG.** Mit Beschluss vom 7.11.2006[241] hatte das Bundesverfassungsgericht § 19 Abs. 1 des seinerzeit geltenden Erbschaftsteuergesetzes in der Fassung vom 27.2.1997 für verfassungswidrig erklärt, da die durch diese Norm angeordnete Erhebung der Erbschaftsteuer mit einheitlichen Steuersätzen an Steuerwerte anknüpfte, deren Ermittlung bei wesentlichen Gruppen von Vermögensgegenständen, wozu insbesondere das Betriebsvermögen und Anteile an Kapitalgesellschaften gehören, den Anforderungen des Gleichheitssatzes des Art. 3 Abs. 1 GG nicht genügte. Der Gesetzgeber erließ daraufhin am 24.12.2008 das „Gesetz zur Reform der Erbschaftsteuer",[242] welches seit dem 1.1.2009 in Kraft war. Die Regelungen für das Betriebsvermögen wurden hier grundlegend geändert. Es soll nunmehr durch verschiedene Bewertungsverfahren gewährleistet werden, dass alle Arten von Betriebsvermögen in einem Annäherungswert an den gemeinen Wert erfasst werden.

130.1 Der Gesetzgeber hat sich bei der Neuregelung des Erbschaftsteuergesetzes dazu entschlossen, Betriebsvermögen auch weiterhin weitestgehend von Erbschaft- und Schenkungsteuer freizustellen. Dem wurde insbesondere dadurch Rechnung getragen, dass die Verschonungsabschläge für Betriebsvermögen im Vergleich zum Erbschaftsteuergesetz aF deutlich höher angesetzt wurden (nunmehr 85 % bzw. 100 %; der frühere Bewertungsabschlag betrug 35 %). Der BFH äußerte bereits in seinem Beschluss vom 5.10.2011[243] (Aufforderung an das Bundesministerium der Finanzen (nachfolgend auch „BMF") zum Beitritt des Verfahrens) ernsthafte Bedenken an der Verfassungsmäßigkeit des ab dem 1.1.2009 geltenden ErbStG. Es blieb nicht bei Bedenken, vielmehr legte der BFH mit Vorlagebeschluss vom 27.9.2012[244] das Erbschaftsteuergesetz dem Bundesverfassungsgericht vor, weil er das Gesetz für verfassungswidrig hielt.

---

237 Vgl. hierzu: Troll/Gebel/Jülicher/Gottschalk/Jülicher ErbStG § 13 Rn. 97.
238 R E 13.5 Abs. 5 ErbStR 2019.
239 RStBl. 33, 796.
240 Meincke/Hannes/Holtz ErbStG § 13 Rn. 54.
241 BStBl. 2007 II 192.
242 BGBl. 2008 I 3018.
243 BFH BStBl. 2012 II 29.
244 BFH BStBl. 2012 II 899.

Mit Beschluss vom 17.12.2014 hat das Bundesverfassungsgericht – zum inzwischen 3. Mal seit 1995 – das Erbschaftsteuergesetz für verfassungswidrig erklärt. Hintergrund ist die nach Ansicht des Bundesverfassungsgerichts verfassungswidrige Begünstigung des Übergangs betrieblichen Vermögens in §§ 13a und 13b ErbStG. Diese sei angesichts ihres Ausmaßes und der eröffneten Gestaltungsmöglichkeiten mit Art. 3 Abs. 1 GG unvereinbar. Kleine und mittelständische Unternehmen, die in personaler Verantwortung geführt werden, dürften zwar zur Sicherung ihres Bestands und damit auch zur Erhaltung der Arbeitsplätze von der Erbschaftsteuer weitgehend oder vollständig freigestellt werden; bei größeren Unternehmen sei die Privilegierung unverhältnismäßig, soweit die Verschonung über den Bereich kleiner und mittlerer Unternehmen hinausgreift, ohne eine Bedürfnisprüfung vorzusehen. 130.2

Im Einzelnen wurden insbesondere folgende Regelungen nicht als verfassungsgemäß eingestuft: 130.3
- Die Lohnsummenregelung sei zwar grundsätzlich verfassungsgemäß, nicht aber, soweit die Freistellung von der Mindestlohnsumme den Erwerb von Betrieben mit bis zu 20 Beschäftigten begünstigt.
- Die Regelungen zum Verwaltungsvermögen seien verfassungswidrig, weil sie den Erwerb von begünstigtem Vermögen selbst dann uneingeschränkt verschonen, wenn es bis zu 50 % aus Verwaltungsvermögen besteht, ohne dass hierfür ein tragfähiger Rechtfertigungsgrund vorliegt.

Die festgestellten Gründe seien so schwerwiegend, dass die Verfassungswidrigkeit über die Tarifvorschrift des § 19 ErbStG das gesamte Gesetz erfasst. Das Bundesverfassungsgericht hat daher das gesamte Gesetz für mit dem Grundgesetz unvereinbar erklärt, allerdings auch ausgesprochen, dass es bis zu einer Neuregelung weiterhin anwendbar sei. Der Gesetzgeber wurde verpflichtet, eine Neuregelung spätestens bis zum 30.6.2016 neu zu schaffen.

Nach langen politischen Debatten hat sich schließlich die Politik auf einen Kompromiss geeinigt, der am 29.9.2016 im Bundestag und am 14.10.2016 im Bundesrat verabschiedet wurde. Das geänderte Erbschaftsteuergesetz ist schließlich am 4.11.2016 im Bundesgesetzblatt veröffentlicht und rückwirkend zum 1.7.2016 in Kraft getreten. Obschon der Gesetzgeber die Umsetzungsfrist nicht einhält, kommt es zwischen dem 1.07.2016 und dem 4.11.2016 **nicht zu einer „Steuerpause"**.[245] Der Schwerpunkt der Reform liegt auf der Neugestaltung der Begünstigungsregelungen der §§ 13a und 13b ErbStG. Neu hinzugekommen sind § 13c ErbStG, in dem ein Verschonungsabschlag bei Großerwerben von begünstigtem Vermögen eingeführt wurde sowie § 28a ErbStG, der besondere Erlassregelungen für Erwerber begünstigen Vermögens vorsieht. Auch wurde die Stundungsvorschrift des § 28 ErbStG nach langer Diskussion geändert. Schließlich kam es zu einer Änderung des Bewertungsgesetzes, das nunmehr – rückwirkend zum 1.1.2016 – zu einer anderen Bewertung von unternehmerischem Vermögen im Rahmen des vereinfachten Ertragswertverfahrens führt. Am 22.6.2017 haben die Finanzverwaltungen der Länder einen 89-seitigen „Koordinierten Ländererlass" herausgegeben.[246] Es handelt sich nicht um einen – wie in solchen Fällen üblichen – „gleichlautenden Ländererlass", weil sich Bayern geweigert hat, den Erlass mitzutragen. Der Ländererlass wurde durch die Erbschaftsteuerrichtlinien vom 16.12.2019 abgelöst.[247] 130.4

3. Verschonungsregelungen der §§ 13a, und 13b, 13c und 28a ErbStG. Ganz grundlegend hat sich geändert, dass zukünftig nicht mehr das gesamte Betriebsvermögen (im Gesetz als „begünstigungsfähiges Vermögen" beschrieben) unter die Begünstigungen fällt, sondern das daraus entwickelte sog. „begünstigte Vermögen". Das Verwaltungsvermögen, genauer gesagt das (nach 131

---

245 BFH BStBl. 2022 II 77.
246 BStBl. 2017 I 902 ff., siehe dazu Koretzkij DStR 2017, 1729; Wälzholz NWB-EV 8/2017, 275.
247 BStBl. I 2019, Sondernummer 1 S. 2; zur Anwendung der durch das JStG 2020 geänderten Vorschriften des ErbStG für Erwerbe mit einer Steuerentstehung nach dem 28.12.2020 siehe gleichlautenden Ländererlass v. 13.9.2021, BStBl. 2021 I 1837.

dem gegebenenfalls anteiligen Schuldenabzug) Nettoverwaltungsvermögen, unterfällt nicht mehr den Verschonungsregelungen. Dafür werden auch Betriebe begünstigt, deren Verwaltungsvermögensanteil höher als 50 % ist. Weiterhin ist bei der Art der Begünstigung danach zu unterscheiden, ob das begünstigte Vermögen (das zuvor aus dem begünstigungsfähigen Vermögen heraus zu ermitteln ist) einen Steuerwert von bis zu 26 Mio. EUR hat oder ob der Wert höher ist. Schließlich kam es zu einer Änderung des Bewertungsgesetzes, das nunmehr – rückwirkend zum 1.1.2016 – zu einer anderen Bewertung von unternehmerischem Vermögen im Rahmen des vereinfachten Ertragswertverfahrens führt.

132 **4. Grundfall: Erwerbe bis zu 26 Mio. EUR.** Zukünftig ist bei der Art der Begünstigung danach zu unterscheiden, ob das begünstigte Vermögen (das zuvor aus dem begünstigungsfähigen Vermögen heraus zu ermitteln ist, s. dazu → Rn. 139 ff.) einen Steuerwert von bis zu 26 Mio. EUR hat oder ob der Wert höher ist. Der Grundfall ist in § 13a Abs. 1 ErbStG 2016 beschrieben. Danach ist begünstigtes Vermögen zu **85 % oder zu 100 % steuerfrei** (Verschonungsabschlag), wenn dessen Erwerb insgesamt 26 Mio. EUR nicht übersteigt. Bei Erwerben von mehr als 26 Mio. EUR gelten grundsätzlich andere Regelungen. Es ist demnach nicht so, dass bei Vermögen von über 26 Mio. EUR das Vermögen bis zu 26 Mio. EUR einer Verschonungsregelung und das darüber hinaus gehende Vermögen einer anderen Verschonungsregelung unterfällt. Vielmehr wird bei Vermögen von über 26 Mio. EUR für das gesamte Vermögen eine andere Art der Verschonung gewährt. Die Erwerbsschwelle von 26 Mio. EUR wirkt daher wie eine Freigrenze. Werden mehrere wirtschaftliche Einheiten zusammen übertragen, sind deren Werte, wie bislang auch, zusammenzurechnen.[248] Wenn innerhalb von 10 Jahren die Erwerbsschwelle von 26 Mio. EUR überschritten wird, gelten auch für die früheren Erwerbe grundsätzlich andere Verschonungsregeln; bereits ergangene Steuerbescheide werden geändert. Erwerbe, deren Steuerentstehungszeitpunkt vor dem 1.7.2016 lag und somit nach altem Recht zu besteuern sind, fallen nach Auffassung der Finanzverwaltung auch unter die Zusammenrechnung.[249]

133 **5. Erwerbe über 26 Mio. EUR.** Überschreitet der Erwerb den Betrag von 26 Mio. EUR, hat der Erwerber zwei Wahlmöglichkeiten. Er kann entweder die Anwendbarkeit des §§ 13c ErbStG oder die sogenannte **Verschonungsbedarfsprüfung** nach § 28a ErbStG wählen. Nach der Regelung des § 13c ErbStG reduziert sich der Verschonungsabschlag um einen Prozentpunkt je volle 750.000 EUR, den der Erwerb die Erwerbsschwelle von 26 Mio. EUR übersteigt. Beträgt beispielsweise der Erwerb 27 Mio. EUR, beträgt beim Regelmodell (85 % Abschlag, § 13a Abs. 1 ErbStG) der Abschlag noch 84 %, beim Optionsmodell gem. § 13a Abs. 10 ErbStG 99 %. Daraus ergibt sich, dass beim Regelmodell keine Verschonung mehr gewährt wird, wenn der Erwerb 89,75 Mio EUR. übersteigt. Beim Optionsmodell beträgt die Grenze 90 Mio. EUR; dies ist ausdrücklich im Gesetz angeordnet, § 13c Abs. 1 S. 2 ErbStG. Bei Erwerben über 90 Mio. EUR endet daher die Begünstigung des § 13c Abs. 1 S. 2 ErbStG,[250] was angesichts des bei Erwerben von mehr als 26 Mio. EUR geltenden Steuersatzes von mindestens 30 % eine erhebliche Erbschaftsteuer auslöst. Alternativ hierzu kann der Erwerber die Verschonungsbedarfsprüfung des § 28a ErbStG wählen. Diese besagt – in Kurzform – dass grundsätzlich gar keine Begünstigung gewährt wird, der Erwerber allerdings die Hälfte seines nicht unternehmerischen Vermögens (zu dem auch das nichtbegünstigte Verwaltungsvermögen des erworbenen Betriebs gehört), das er im Zeitpunkt des Erwerbs bereits innehat oder zugleich mit dem begünstigten Vermögen erwirbt, zur Zahlung der Erbschaftsteuer einsetzen muss. Tut er dies, wird ihm der Restbetrag der Erbschaftsteuer erlassen. Erwirbt der Erwerber innerhalb von 10 Jahren weiteres nichtunternehmerisches Vermögen hinzu, endet der Erlass; der Erwerber kann dann erneut

---

[248] R E 13a.2 Abs. 2 ErbStR 2019; Geck ZEV 2017, 481.
[249] R E 13a.2 Abs. 3 ErbStR 2019, s. dazu auch Höne NWB-EV 2016, 411, Wachter GmbHR 2017, 1;
Wachter FR 2017, 841; Landsittel ZErb 2016, 383; Riedel ZErb 2016, 371; Geck ZEV 2017, 481.
[250] Riedel ZErb 2016, 371.

einen Erlass beantragen, muss allerdings das weiter hinzu erworbene nicht begünstigte Vermögen hälftig zur Zahlung der Erbschaftsteuer einsetzen.

6. Systematik der Begünstigung. Zu unterscheiden ist zukünftig das „**begünstigungsfähige**" Vermögen, das in § 13b Abs. 1 ErbStG beschrieben ist, und das tatsächlich „**begünstigte**" Vermögen, das sich ergibt, wenn das im begünstigungsfähigen Vermögen enthaltene schädliche (Verwaltungs-)Vermögen ermittelt und abgezogen wurde.[251] Im Gegensatz zum alten Recht wird nur noch für das begünstigte Vermögen eine Begünstigung gewährt, während zuvor auch das begünstigungsfähige, aber nach neuem Recht nicht begünstigte Verwaltungsvermögen ebenfalls verschont werden konnte – wenn es bestimmte Grenzen nicht überstieg. Dies ist eine erhebliche Verschärfung gegenüber dem alten Recht.[252] Nunmehr ist das Verwaltungsvermögen (zu den Ausnahmen → Rn. 142 ff.) grundsätzlich vollständig zu versteuern. Eine genaue Steuerplanung ist nahezu unmöglich, da jetzt eine „messerscharfe" Abgrenzung auf den Stichtag erfolgen muss.[253]

134

a) Begünstigungsfähiges Vermögen. Das begünstigungsfähige Vermögen wird, wie bislang auch, in § 13b ErbStG beschrieben.[254] Noch im Gesetzgebungsverfahren war darüber nachgedacht worden, die gewerblich geprägten Gesellschaften sowie vermögensverwaltende Kapitalgesellschaften von der Begünstigung auszunehmen. Dies hat keinen Eingang in das Gesetz gefunden.[255] Nach § 13b Abs. 1 ErbStG gehören zum begünstigungsfähigen Vermögen:

135

aa) Land- und forstwirtschaftliches Vermögen. Zum begünstigungsfähigen Vermögen gehören der inländische Wirtschaftsteil des land- und forstwirtschaftlichen Vermögens (§ 168 Abs. 1 Nr. 1 BewG) mit Ausnahme der Stückländereien (§ 160 Abs. 7 BewG) und selbst bewirtschaftete Grundstücke im Sinne des § 159 BewG sowie entsprechendes land- und forstwirtschaftliches Vermögen, das einer Betriebsstätte in einem Mitgliedstaat der Europäischen Union oder in einem Staat des Europäischen Wirtschaftsraums dient. An der Begünstigung für das land- und forstwirtschaftliche Vermögen hat sich mithin nichts geändert.

136

bb) Betriebsvermögen. Zum begünstigungsfähigen Vermögen gehören

137

- inländisches Betriebsvermögen (§§ 95 bis 97 Abs. 1 S. 1 BewG) beim Erwerb eines ganzen Gewerbebetriebs oder Teilbetriebs. Damit fällt das Betriebsvermögen der Einzelkaufleute und Freiberufler, wie auch schon nach altem Recht, grundsätzlich unter die Begünstigung;
- die Beteiligung an einer Gesellschaft im Sinne des § 15 Abs. 1 S. 1 Nr. 2 EStG (Offene Handelsgesellschaft, Kommanditgesellschaft und andere Gesellschaften, bei der der Gesellschafter als Mitunternehmer des Betriebs anzusehen ist) und § 15 Abs. 3 EStG (gewerblich geprägte Personengesellschaften) oder § 18 Abs. 4 S. 2 EStG (freiberuflich tätige Personengesellschaften). Ursprünglich war geplant, das Betriebsvermögen der gewerblich geprägten Personengesellschaften nicht mehr in den Kreis des grundsätzlich begünstigungsfähigen Vermögens aufzunehmen.[256] Dies hat sich im Verlauf des Gesetzgebungsverfahrens allerdings geändert. Somit orientiert sich die Definition des begünstigungsfähigen Vermögens erneut an den ertragsteuerlichen Begriffen;
- ein Anteil eines persönlich haftenden Gesellschafters einer Kommanditgesellschaft auf Aktien oder Anteils daran. Auch dies ist unverändert geblieben.

Nach wie vor zählt auch entsprechendes Betriebsvermögen, das einer Betriebsstätte in einem Mitgliedstaat der Europäischen Union oder in einem Staat des Europäischen Wirtschaftsraums dient, zum begünstigungsfähigen Vermögen.

---

[251] Geck ZEV 2016, 546, zur zwischenzeitlichen Entwicklung Koretzkij DStR 2021, 145.
[252] Hannes ZEV 2016, 554.
[253] Koretzkij DStR 2016, 2434, Geck ZEV 2016, 546.
[254] Geck ZEV 2016, 546.
[255] Stalleiken/Holtz ErbR 2016, 560; Höne NWB-EV 9/2016.
[256] Crezelius ZEV 2016, 541.

138 **cc) Qualifizierte Anteile an Kapitalgesellschaften.** Ebenfalls unverändert ist, dass **Anteile an einer Kapitalgesellschaft** begünstigungsfähig sind, wenn die Kapitalgesellschaft im Zeitpunkt der Entstehung der Steuer (§ 9) Sitz oder Geschäftsleitung im Inland, in einem Mitgliedstaat der Europäischen Union oder in einem Staat des Europäischen Wirtschaftsraums hat und der Erblasser oder Schenker am Nennkapital dieser Gesellschaft unmittelbar zu **mehr als 25 Prozent** beteiligt war (Mindestbeteiligung).[257] Der Bundesfinanzhof hat zwar in seinen beiden letzten Vorlagebeschlüssen aus den Jahren 2002 und 2011 jeweils die Auffassung vertreten hat, die unterschiedliche Behandlung von Personengesellschaften (bei denen es keine Mindestbeteiligungsregelung gibt) und Kapitalgesellschaften, bei denen die Mindestbeteiligung von mehr als 25 % gilt, sei verfassungswidrig. Das Bundesverfassungsgericht hat sich dem allerdings jeweils nicht angeschlossen.[258] Auch bleibt es dabei, dass bei einem Erwerb von Kapitalgesellschaftsanteilen deren gesamtes Vermögen – also auch die Beteiligungen an Kapitalgesellschaften außerhalb des EU/EWR-Raums – grundsätzlich begünstigungsfähig ist, unabhängig davon, wo es belegen ist, während das Betriebsstättenvermögen von Personengesellschaften außerhalb des EU/EWR-Raums nicht begünstigt ist.[259] Unverändert haben **Gesellschafter einer Kapitalgesellschaft**, die nicht zu mehr als 25 % an einer Kapitalgesellschaft beteiligt sind, die Möglichkeit, durch Abschluss eines **Poolvertrages** dafür Sorge zu tragen, dass ihre Beteiligung ebenfalls zum begünstigungsfähigen Vermögen gehört. Die Regelungen zum Poolvertrag in § 13b Abs. 1 Nr. 3 S. 2 ErbStG (die Poolmitglieder müssen untereinander verpflichtet sein, über die Anteile nur einheitlich zu verfügen oder ausschließlich auf andere derselben Verpflichtung unterliegende Anteilseigner zu übertragen und das Stimmrecht gegenüber nichtgebundenen Gesellschaftern einheitlich ausüben) sind unverändert geblieben.

139 **b) Begünstigtes Vermögen.** Da zunächst grundsätzlich sämtliches Betriebsvermögen begünstigungsfähig ist, ist es notwendig, in einem nächsten Schritt das **tatsächlich begünstigte Vermögen** hieraus zu entwickeln. § 13b Abs. 2 ErbStG bestimmt, dass der Wert des begünstigten Vermögens wie folgt ermittelt wird:

Gemeiner Wert des begünstigungsfähigen Vermögens

- Nettowert des Verwaltungsvermögens (§ 13b Abs. 3–9 ErbStG)
+ unschädliches Verwaltungsvermögen (§ 13b Abs. 7 ErbStG)
= Wert des begünstigten Vermögens

140 **aa) Gemeiner Wert des begünstigungsfähigen Vermögens.** Der gemeine Wert des unternehmerischen Vermögens ermittelt sich nach der Grundregel des § 9 BewG iVm § 11 BewG. Für nicht börsennotierte Anteile an Kapitalgesellschaften kann der gemeine Wert aus Verkäufen, die innerhalb von einem Jahr vor dem Stichtag erfolgten, abgeleitet werden, § 11 Abs. 2 S. 2 BewG. Dies ist in der Praxis selten der Fall, so dass das Gesetz eine anerkannte Ertragswertmethode zur Ermittlung eines Erwerber-Kaufpreises als Alternative anbietet. Hierzu kann das **vereinfachte Ertragswertverfahren** (§§ 199–203 BewG) angewendet werden, auf das § 11 Abs. 2 S. 4 BewG verweist. Das vereinfachte Ertragswertverfahren ist nicht nur bei der Bewertung von nicht notierten Anteilen an Kapitalgesellschaften anwendbar, sondern über § 97 BewG auch bei der Bewertung von Betriebsvermögen. Voraussetzung ist stets, dass dieses Verfahren nicht zu offensichtlich unzutreffenden Ergebnissen führt, § 199 Abs. 2 BewG. Allerdings steht es dem Steuerpflichtigen frei, den Wert seines Unternehmens nach einer anderen anerkannten, auch im gewöhnlichen Geschäftsverkehr für nichtsteuerliche Zwecke üblichen Methode zu ermitteln, § 11 Abs. 2 BewG. Die **Wertermittlung nach dem vereinfachten Ertragswertverfahren** ist die am häufigsten verwendete Methode. Hierbei handelt es sich um ein Verfahren, das auf der Basis der letzten drei Jahre den nachhaltig erzielbaren Jahresertrag der Zukunft ableitet und diesen kapitalisiert. An diesem Verfahren wurde im Rahmen der Erbschaftsteuerreform eine Änderung

---

[257] R E 13b.6 ErbStR 2019.
[258] BVerfG DStR 2015, 31; Höne NWB-EV 9/2016.
[259] S. dazu die Übersichten in R E 13b.5 und 13b.6 ErbStR 2019.

vorgenommen, die erhebliche Auswirkungen für die Bewertung der Unternehmen hat. Statt der sehr hohen Kapitalisierungsfaktoren, die in den letzten Jahren aufgrund der äußerst niedrigen Zinsen galten, hat der Gesetzgeber nunmehr einen festen **Kapitalisierungsfaktor von 13,75** vorgeschrieben. Zuvor lagen die Kapitalisierungsfaktoren teilweise bei über 18. Durch die Absenkung des Kapitalisierungsfaktors werden sich – verglichen mit den Jahren 2009–2015 – erheblich niedrigere Unternehmenswerte ergeben, so dass auch mehr Unternehmen bzw. Beteiligungen unter die Freigrenze von 26 Mio. EUR fallen werden. Zu den Einzelheiten der Änderungen des Bewertungsgesetzes unter → Rn. 228 ff.

bb) **Übermäßiges Verwaltungsvermögen.** § 13b Abs. 2 S. 2 EStG sieht vor, dass der Wert des begünstigungsfähigen Vermögens vollständig nicht begünstigt ist, wenn das Verwaltungsvermögen **mindestens 90 % des gemeinen Werts des begünstigungsfähigen Vermögens** beträgt (= sog. übermäßiges Verwaltungsvermögen).[260] Dies wiederum gilt nicht, soweit das Verwaltungsvermögen ausschließlich und dauerhaft der Erfüllung von Schulden aus Altersversorgungsverpflichtungen dient und dem Zugriff aller übrigen nicht aus den Altersversorgungsverpflichtungen unmittelbar berechtigten Gläubiger entzogen ist. Hingegen werden weder die Schulden noch der sich aus dem Finanzmitteltest ergebende Sockelbetrag von 15 % berücksichtigt.[261] Diese Regelung kann dazu führen, dass unternehmerisches Vermögen bei einer starken Fremdfinanzierung nicht begünstigt ist, auch wenn das Verwaltungsvermögen nur einen Bruchteil der Bilanzsumme ausmacht.[262]

141

Beispiel:[263] Die Bilanz eines Unternehmens, das einen Unternehmenswert von 100 haben soll, sieht wie folgt aus:

Anlagevermögen	200,00	EK = Unternehmenswert	100,00
Vorräte	300,00	Verbindlichkeiten	600,00
Forderungen	200,00		
	700,00		700,00

Lösung:

Dieses Unternehmen wäre vollständig nicht begünstigt, da das Verwaltungsvermögen (die Forderungen) doppelt so hoch wären wie der Unternehmenswert. Gleiches gilt bei einem Handelsunternehmen, das einen hohen Forderungsbestand hat, der fremdfinanziert ist.[264]

Die Regelung zum 90 %-Test sind in der Praxis sehr umstritten, da viele, vor allem ertragsschwache Unternehmen an der 90 %-Hürde scheitern, obwohl sie grundsätzlich keinem Verdacht der missbräuchlichen Ausnutzung einer Steuerbefreiung ausgesetzt sind. Bereits mit Beschluss vom 3.6.2019[265] entschied das FG Münster in einem AdV-Verfahren, dass an der Verfassungsmäßigkeit des 90 %-Tests erhebliche Zweifel bestehen. In der Entscheidung vom 24.11.2021[266] nimmt das FG Münster eine teleologische Reduktion § 13b Abs. 2 S. 2 ErbStG vor, in dem es die Vorschrift dann nicht anwendet, wenn das Unternehmen (hier: eine Kapitalgesellschaft) im Hauptzweck einer Tätigkeit nach § 13 Abs. 1, § 15 Abs. 1 S. 1 Nr. 1 oder § 18 Abs. 1 Nr. 1 und 2 EStG dient. Die Revision zum BFH wurde zugelassen und eingelegt.[267]

cc) **Ermittlung des Nettowerts des Verwaltungsvermögens.** Einer der Kernpunkte der Neuregelung des Erbschaftsteuergesetzes ist die Ermittlung des Nettowertes des Verwaltungsvermögens. Hintergrund ist die Rechtsprechung des Bundesverfassungsgerichts, nach der das alte Recht unter anderem deshalb verfassungswidrig war, weil grundsätzlich nicht begünstigungswürdiges

142

---

260 R E 13b.10 ErbStR 2019; Wachter FR 2017, 841.
261 Stalleicken/Holtz ErbR 2016, 560, Thonemann-Micker DB 2016, 2312; Reich DStR 2017, 1858.
262 Hannes ZEV 2016, 554.
263 Beispiel nach Koretzkij DStR 2016, 2434.
264 Stalleicken/Holtz ErbR 2016, 560; Geck ZEV 2017, 481.
265 FG Münster ZEV 2019, 551.
266 FG Münster ZEV 2022, 110.
267 BFH II R 49/21 (bei Redaktionsschluss anhängig).

Verwaltungsvermögen begünstigt (mit-)übertragen werden konnte. So wurde der Verschonungsabschlag von 85 % auch gewährt, wenn das Verwaltungsvermögen bis zu 50 % des Unternehmenswertes ausmachte. Umgekehrt waren Unternehmen, deren Verwaltungsvermögensquote 51 % betrug, gar nicht begünstigt, obwohl immerhin 49 % begünstigungsfähiges Vermögen vorhanden war.[268] Das Bundesverfassungsgericht hat daher verlangt, dass eine genaue Abgrenzung erfolgen und sichergestellt sein muss, dass nur das „echte" Betriebsvermögen begünstigt wird. Dies soll wie folgt sichergestellt werden: Nach § 13b Abs. 6 ErbStG ergibt sich der **Nettowert des Verwaltungsvermögens** durch Kürzung des gemeinen Wertes des Verwaltungsvermögens um die anteilig auf das Verwaltungsvermögen entfallenden Schulden, die nach Berücksichtigung von Altersversorgungsverpflichtungen im Sinne von § 13b Abs. 3 und der verbleibenden Schulden nach Durchführung des sog. Finanzmitteltests im Sinne von Abs. 4 verbleiben. Dahinter steht die Überlegung, dass in einem ersten Schritt die bestehenden Altersversorgungsverpflichtungen ermittelt werden sollen und das Verwaltungsvermögen, das deren Absicherung dient, begünstigt sein soll. Anschließend wird der Finanzmitteltest durchgeführt. Sollten danach noch Schulden verbleiben, werden diese anteilig auf das Verwaltungsvermögen und das begünstigte Vermögen verteilt.[269]

143 **(1) Gemeiner Wert des Verwaltungsvermögens.** Der gemeine Wert des Verwaltungsvermögens bestimmt sich, wie schon im alten Recht, nach der Summe der gemeinen Werte der Einzelwirtschaftsgüter des Verwaltungsvermögens nach § 13b Abs. 3 und 4 ErbStG. Demnach ist eine Einzelbewertung der Wirtschaftsgüter, die abstrakt zum Verwaltungsvermögen gehören, vorzunehmen.

144 **(2) Vermögen zur Absicherung von Altersversorgungsverpflichtungen**[270] § 13b Abs. 3 ErbStG regelt, dass die Teile des begünstigungsfähigen Vermögens, die ausschließlich und dauerhaft der Erfüllung von Schulden aus Altersversorgungsverpflichtungen dienen und dem Zugriff aller übrigen nicht aus den Altersversorgungsverpflichtungen unmittelbar berechtigten Gläubiger entzogen sind, bis zur Höhe des gemeinen Werts der Schulden aus Altersversorgungsverpflichtungen nicht zum Verwaltungsvermögen im Sinne des Absatzes 4 Nr. 1 bis 5 gehören. Die Regelung lehnt sich an § 246 Abs. 2 S. 2 HGB an.[271] Danach sind Vermögensgegenstände, die dem Zugriff aller übrigen Gläubiger entzogen sind und ausschließlich der Erfüllung von Schulden aus Altersversorgungsverpflichtungen oder vergleichbaren langfristig fälligen Verpflichtungen dienen, mit diesen Schulden zu verrechnen. Dies wird jetzt erbschaftsteuerlich übernommen. Damit sollen sog. CTA-Strukturen (= Contractual Trust Arrangements) von der Besteuerung ausgenommen werden.[272] Zu diesen zählen auch beispielsweise Verpflichtungen aus **Altersteilzeit- oder Lebensarbeitszeitmodellen**. In Betracht kommen auch andere Regelungen, mit denen ein nachhaltiger Insolvenzschutz zugunsten der Anspruchsberechtigten auf Altersversorgung erreicht wird. Eine Rückdeckungsversicherung für die Altersversorgungsverpflichtungen fällt für sich allein nicht hierunter.[273] Auf die **Arbeitnehmerstellung** der aus diesen Versorgungsverpflichtungen **Berechtigten** kommt es jedenfalls nach dem Wortlaut nicht an, so dass auch Verpflichtungen gegenüber Gesellschaftergeschäftsführer oder freien Mitarbeitern in den Anwendungsbereich fallen.[274] Durch diese Regelung werden daher Wertpapiere oder liquide Mittel, die ansonsten zum Verwaltungsvermögen gehören würden, bis zur Höhe der am Stichtag geltenden Altersversorgungverpflichtungen hiervon ausdrücklich ausgenommen. Ferner wurde geregelt, dass, soweit Finanzmittel als Altersversorgungsverpflichtungen berücksichtigt wurden, sie bei der Durchführung des sog. Finanzmitteltests außer Betracht bleiben.[275]

---

268 BVerfG BStBl. II 2015, 50.
269 Zum Berechnungsschema s. R E 13b.9 ErbStR 2019 Koordinierter Ländererlass.
270 R E 13b.11 Abs. 2 ErbStR 2019.
271 Riedel ZErb 2016, 371; Geck ZEV 2016, 546.
272 Höne NWB/EV 8/2016; Riedel ZErb 2016, 371; v. Wolfersdorff DB 2017, 935.
273 R E 13b. 11 Abs. 2 S. 6 ErbStR 2019.
274 Riedel ZErb 2016, 371; Wachter FR 2017, 841.
275 S. a. Landsittel ZErb 2016, 383 mw Beispielen und Hinweisen.

(3) **Definition des Verwaltungsvermögens.** Die Vermögenswerte, die zum Verwaltungsvermögen gehören, sind wie folgt definiert Danach gehören zum Verwaltungsvermögen 145

- Dritten zur Nutzung überlassene Grundstücke, es sei denn,
    - es liegt eine Betriebsaufspaltung vor oder
    - der Betrieb wird im Ganzen verpachtet, sofern bestimmte andere Voraussetzungen erfüllt sind oder
    - es liegt eine Überlassung im Konzern vor oder
    - es handelt sich um ein Wohnungsunternehmen[276] oder
    - die Grundstücke werden vorrangig überlassen, um im Rahmen von Lieferungsverträgen dem Absatz von eigenen Erzeugnissen und Produkten zu dienen, oder
    - es liegt eine Grundstücksüberlassung für land- und forstwirtschaftliche Nutzung vor.

  Diese Regelung entspricht im Wesentlichen der zuvor geltenden Regelung. Neu hinzugekommen ist die Rückausnahme, dass Grundstücke dann kein Verwaltungsvermögen darstellen, wenn sie im Rahmen von Lieferungsverträgen dem Absatz von eigenen Erzeugnissen und Produkten dienen.[277]

- Beteiligungen an Kapitalgesellschaften von 25 % oder weniger, wenn sie nicht dem Hauptzweck eines Kreditinstituts, Finanzdienstleistungsinstituts oder Versicherungsunternehmens dienen.

- Diese Regelung entspricht der zuvor geltenden Regelung.

- Kunstgegenstände, Kunstsammlungen, wissenschaftliche Sammlungen, Bibliotheken und Archive, Münzen, Edelmetalle und Edelsteine, Briefmarkensammlungen, Oldtimer, Yachten, Segelflugzeuge sowie sonstige typischerweise der privaten Lebensführung dienende Gegenstände, wenn der Handel mit diesen Gegenständen, deren Herstellung oder Verarbeitung oder die entgeltliche Nutzungsüberlassung an Dritte nicht der Hauptzweck des Betriebs ist.
  Die Regelung des §§ 13b Abs. 4 Nr. 3 ErbStG wurde im Vermittlungsausschuss um die sogenannten **Luxusgüter** (gemeint ist die Aufzählung ab „Briefmarkensammlung") ergänzt, um zu verhindern, dass solche Wirtschaftsgüter in ein Betriebsvermögen gekleidet und dann begünstigt übertragen werden konnten. Ob, wie teilweise in der Literatur vertreten wird,[278] die „Nutzungsüberlassung an Dritte" eine Steuergestaltungsoption ist (Vermietung von Oldtimern oder Yachten), muss abgewartet werden. Jedenfalls soll nach Auffassung der Finanzverwaltung – aus dem Gesetz ergibt sich dies nicht – kein Verwaltungsvermögen vorliegen, wenn sich die Gegenstände in einem Museum zur Unternehmensgeschichte befinden und dieses Museum allgemein zugänglich ist.[279]

- **Wertpapiere sowie vergleichbare Forderungen**, wenn es sich nicht um ein Finanz- oder Versicherungsunternehmen handelt.

- Diese Regelung blieb ebenfalls unverändert. Allerdings gehören solche Wertpapiere, die der Erfüllung von Schulden aus Altersversorgungsverpflichtungen dienen, von vornherein nicht zum Verwaltungsvermögen, § 13b Abs. 3 ErbStG.

- Verwaltungsvermögen ist nach § 13b Abs. 4 Nr. 5 ErbStG ferner
    - der gemeine Wert des nach Abzug des gemeinen Werts der Schulden verbleibenden Bestands an Zahlungsmitteln, Geschäftsguthaben, Geldforderungen und anderen Forderungen (**Finanzmittel**), soweit er 15 % des anzusetzenden Werts des Betriebsvermögens des Betriebs oder der Gesellschaft übersteigt.
      Hierbei handelt es sich um den schon aus dem alten Recht bekannten „Finanzmitteltest", nach dem pauschal ermittelt wird, in welchem Umfang die sogenannten ZGGF (Zahlungsmittel, Geschäftsguthaben, Geldforderungen und andere Forderungen) zum

---

[276] S. hierzu: BFH BStBl. 2018, 358 und den Nichtanwendungserlass vom 23.4.2018, DStR 2018, 1024.
[277] Riedel ZErb 2016, 371; Landsittel ZErb 2016, 383.
[278] Riedel ZErb 2016, 371.
[279] R E 13b.21 Abs. 2 ErbStR 2019; Wachter FR 2017, 841.

schädlichen Verwaltungsvermögen gehören.[280] Im Rahmen der Neufassung ist der als unschädlich behandelte Sockelbetrag von 20 % auf 15 % gesenkt worden.[281] Wieso diese Grenze abgesenkt wurde, ergibt sich aus der Gesetzesbegründung nicht. Es handelt sich um eine Verschärfung gegenüber dem zuvor geltenden Recht.[282]

Die Berechnungsgröße, anhand derer der Sockelbetrag ermittelt wird, ist der gemeine Wert des unternehmerischen Vermögens, also einschließlich des im unternehmerischen Vermögen vorhandenen Verwaltungsvermögens. Eine Reduzierung auf das begünstigte Vermögen findet aus nicht im Einzelnen nachvollziehbaren Gründen nicht statt. Damit erhöht das im Unternehmen enthaltene Verwaltungsvermögen mittelbar das begünstigte Vermögen, weil sich dadurch der Sockelbetrag erhöht. Dieses wird, obwohl verfassungsrechtlich bedenklich, hingenommen und nur in Extremfällen sanktioniert.[283]

– Der gemeine Wert der Finanzmittel ist um den positiven Saldo der eingelegten und der entnommenen Finanzmittel zu verringern, welche dem Betrieb im Zeitpunkt der Entstehung der Steuer weniger als zwei Jahre zuzurechnen waren (**junge Finanzmittel**); junge Finanzmittel sind immer Verwaltungsvermögen, wenn sie nicht gerade dem Hauptzweck des Gewerbebetriebs eines Kreditinstitutes oder eines Finanzdienstleistungsinstitutes oder eines Versicherungsunternehmens dienen.

Somit werden die jungen Finanzmittel grundsätzlich von vornherein zum Verwaltungsvermögen gerechnet. Es soll somit verhindert werden, dass kurzfristig die Finanzmittel aufgestockt werden, um den Sockelbetrag möglichst auszunutzen. Problematisch an dieser Regelung ist, dass junges Verwaltungsvermögen auch durch **Umschichtung** in einem Wertpapierdepot oder durch Erwerb innerhalb eines Konzerns entstehen kann. Denn auf die Herkunft der Vermögensgegenstände oder der zu seiner Finanzierung verwendeten Mittel kommt es nicht an.[284]

– Weiter ist – zur Vermeidung einer „Cash-GmbH light" – geregelt worden, dass der Finanzmitteltest und die damit verbundene Umwidmung von schädlichem Verwaltungsvermögen in begünstigtes Vermögen nur zur Anwendung kommt, wenn die von dem Unternehmen ausgeübte Tätigkeit originär land- und forstwirtschaftlich, gewerblich oder freiberuflich ist; **gewerblich geprägte oder vermögensverwaltende Gesellschaften sollen also ausgenommen werden**.[285] Nur eine in geringem Umfang ausgeübte land- und forstwirtschaftliche, gewerbliche oder freiberufliche Tätigkeit soll nicht ausreichen. Es ist wohl davon auszugehen, dass die ausgeübte begünstigte Tätigkeit mehr als 50 % ausmachen muss. Damit sollen missbräuchliche Gestaltung vermieden werden, die darauf abzielen, Finanzmittel begünstigt zu übertragen, indem das Unternehmen eine geringfügige gewerbliche Tätigkeit ausübt, aber hohes liquides Vermögen und möglicherweise hohe Schulden hat. In einem solchen Fall wäre es möglich gewesen, zum einen durch die Schuldenverrechnung, zum anderen aber auch durch die 15 %-Regelung diese Finanzmittel begünstigt zu übertragen.

146 Die Systematik des Finanzmitteltests lässt sich an folgendem Beispiel verdeutlichen:

Beispiel: Ein Einzelunternehmen hat einen Unternehmenswert von 4 Mio. EUR. Die Finanzmittel sollen 2 Mio. EUR betragen. Innerhalb der letzten beiden Jahre vor dem Stichtag hat der Unternehmer 300.000 EUR eingelegt und 150.000 EUR entnommen. Verrechenbare Schulden existieren in Höhe von 1 Mio. EUR. Hieraus ergibt sich folgende Berechnung:

---

280 R E 13b.23 ErbStR 2019 mit Beispielen.
281 Landsittel ZErb 2016, 383; Geck ZEV 2016, 546.
282 Geck ZEV 2016, 546.
283 Viskorf/Löcherbach/Jehle DStR 2016, 2425.
284 BGH BStBl. 2020 II 1152.
285 Riedel ZErb 2016, 371, Wachter FR 2017, 841.

		Verwaltungsvermögen
Finanzmittel	2.000.000,00 EUR	
Einlagen innerhalb der letzten 2 Jahre	300.000,00 EUR	
Entnahmen innerhalb der letzten 2 Jahre	150.000,00 EUR	
positiver Saldo		150.000,00 EUR
Rest Finanzmittel	1.850.000,00 EUR	
Schulden	1.000.000,00 EUR	
positiver Saldo	850.000,00 EUR	
Unternehmenswert	4.000.000,00 EUR	
davon 15 % = begünstigt	600.000,00 EUR	
Rest = Verwaltungsvermögen		250.000,00 EUR
Summe Verwaltungsvermögen		**400.000,00 EUR**

Somit sind 400.000 EUR der Finanzmittel schädliches Verwaltungsvermögen, immerhin aber noch 1,6 Mio. EUR begünstigt. Dies gilt allerdings nur, wenn die von dem Unternehmen ausgeübte Tätigkeit originär land- und forstwirtschaftlich, gewerblich oder freiberuflich ist.

Hätten die Schulden 2.200.000 EUR betragen, hätten diese normalerweise die Finanzmittel überstiegen, so dass kein schädliches Verwaltungsvermögen vorgelegen hätte. Durch die Berücksichtigung der jungen Finanzmittel ergibt sich hingegen folgendes Bild:

		Verwaltungsvermögen
Finanzmittel	2.000.000,00 EUR	
Einlagen innerhalb der letzten 2 Jahre	300.000,00 EUR	
Entnahmen innerhalb der letzten 2 Jahre	150.000,00 EUR	
positiver Saldo		150.000,00 EUR
Rest Finanzmittel	1.850.000,00 EUR	
Schulden	2.200.000,00 EUR	
positiver Saldo	– EUR	
Unternehmenswert	4.000.000,00 EUR	
davon 15 % = begünstigt	600.000,00 EUR	
Rest = Verwaltungsvermögen		– EUR
Summe Verwaltungsvermögen		**150.000,00 EUR**

Allerdings werden in diesem Fall die die Finanzmittel übersteigenden Schulden in Höhe von 200.000 EUR bei der Schuldenverrechnung berücksichtigt. Dies gilt aber auch hier nur, wenn es sich um ein überwiegend land- und forstwirtschaftlich, gewerblich oder freiberuflich tätiges Unternehmen handelt.

(4) Rückwirkende Umwandlung von Verwaltungsvermögen in begünstigtes Vermögen. Die in § 13b Abs. 5 ErbStG geregelte **Reinvestitionsklausel** sieht – nur für Erwerbe von Todes wegen – vor, dass die Zurechnung von Vermögensgegenständen zum *Verwaltungsvermögen* rückwirkend zum Steuerentstehungszeitpunkt entfällt, wenn der Erwerber dieses innerhalb von zwei Jahren in begünstigtes Betriebsvermögen umwandelt, sofern dieses einer originär land- und forstwirtschaftlichen, gewerblichen oder freiberuflichen Tätigkeit dient. Diese Regelung gilt für sämtliches Verwaltungsvermögen, also auch für Finanzmittel, die nicht unschädlich sind.[286] Mit ihr ist es auch möglich, nachträglich die 90 %-Hürde des § 13b Abs. 2 ErbStG zu meistern.[287]

Das Ziel der Regelung ist es, in Fällen hohen Verwaltungsvermögens die Besteuerung zu vermeiden, wenn dieses Vermögen innerhalb von zwei Jahren nach dem Stichtag der Entstehung der Steuer zu den vom Gesetz als förderungswürdig angesehenen investen Zwecken verwen-

---

[286] Riedel ZErb 2016, 371.
[287] Reich DStR 2017, 1858.

det wird. Die Investition muss dabei in solche Vermögensgegenstände erfolgen, die unmittelbar einer originär gewerblichen Tätigkeit dienen und ihrerseits kein Verwaltungsvermögen sind.[288] Die bloße Einlage von Verwaltungsvermögen in eine gewerblich geprägte Personengesellschaft ist also nicht geeignet, die Einordnung als Verwaltungsvermögen zu vermeiden.[289] Ferner ist nicht definiert, wann diese „Investition" erfolgt ist, was für die zweijährige Frist von Bedeutung ist.[290]

147.2 Diese grundsätzlich zu begrüßende Regelung wird dadurch erheblich eingeschränkt, dass Voraussetzung für die Reinvestition ist, dass im Steuerentstehungszeitpunkt (also bei Erwerben von Todes wegen regelmäßig der Tod des Erblassers) die Investition bereits vom Erblasser geplant war.[291] Wie der Erwerber dies beweisen soll (und das muss er aufgrund der Regelung des § 13b Abs. 5 S. 5 ErbStG), bleibt unklar. Die Erbschaftsteuerrichtlinien 2019 führen hierzu aus, dass der Plan des Erblassers so konkret sein muss, dass dieser und die entsprechend vom Erwerber umgesetzte Investition nachvollzogen werden können. Der Plan muss die zu erwerbenden oder herzustellenden Gegenstände beinhalten. Das am Besteuerungszeitpunkt vorhandene Verwaltungsvermögen ist für die Investition zu verwenden, ohne dass der Erblasser vorgegeben haben muss, welche konkreten Gegenstände des Verwaltungsvermögens zur Finanzierung zu verwenden sind. Hatte der Erblasser, zB als ein Minderheitsgesellschafter, keinen Einfluss auf die Geschäftsleitung (Geschäftsführung, Vorstand) des Betriebs, reicht es aus, wenn die Geschäftsleitung zum Zeitpunkt des Todes des Erblassers einen konkreten Investitionsplan gefasst hatte und diesen innerhalb der Frist von zwei Jahren verwirklicht.[292]

148 Als Gestaltungsempfehlung wird man jedem Unternehmer raten müssen, einen Investitionsplan zu erstellen und gleichzeitig festzulegen, dass hierfür Verwaltungsvermögen eingesetzt werden soll, da nur dann davon ausgegangen werden kann, dass das schädliche Verwaltungsvermögen „platzerhaltend" (so die Gesetzesbegründung) war. Ob mündlich oder konkludent geäußerte Pläne ausreichen,[293] hängt letztlich davon ab, welche Beweismittel zur Verfügung stehen. Weitere Voraussetzung für eine derartige steuerlich wirksame Reinvestition ist, dass keine Ersatzbeschaffung von Verwaltungsvermögen vorgenommen wird oder wurde. Ferner ist eine nur mittelbare Verwendung von zum Steuerentstehungszeitpunkt vorhandenem Verwaltungsvermögen schädlich.

Eine weitere Umwandlung von Verwaltungsvermögen ist für *Finanzmittel* gegeben, wenn diese innerhalb von zwei Jahren ab dem Steuerentstehungszeitpunkt verwendet werden, um **saisonale Liquiditätsschwankungen** bei der Zahlung von Löhnen und Gehältern auszugleichen. Allerdings ist auch hier erneut ein vorgefasster Plan des Erblassers notwendig, so dass sich die gleichen Fragen wie oben stellen.

Wird eine Reinvestition erfolgreich durchgeführt, hat dies die Konsequenz, dass eine grundsätzlich neue Erbschaftsteuerberechnung notwendig wird.[294]

149 **(5) Berechnung des Nettowerts des Verwaltungsvermögens.** Nachdem das Verwaltungsvermögen ermittelt wurde, ist dessen „Nettowert" zu bestimmen. Nach § 13b Abs. 6 EStG ergibt sich der Nettowert des Verwaltungsvermögens durch Kürzung des gemeinen Wertes des Verwaltungsvermögens um die Schulden, die nach der Berücksichtigung von Altersversorgungsverpflichtungen und nach Durchführung des Finanzmitteltests anteilig verbleiben. Hierdurch soll eine quotale Aufteilung der restlichen Schulden auf begünstigtes und nicht begünstigtes Vermögen erfolgen. Der **anteilige Wert der Schulden** ergibt sich aus dem Verhältnis des gemeinen

---

[288] Wachter FR 2017, 841.
[289] Geck ZEV 2016, 546.
[290] Geck ZEV 2016, 546.
[291] Geck ZEV 2017, 481.
[292] R E 13b.24 Abs. 3 ErbStR 2019.
[293] Geck ZEV 2016, 546, siehe auch Koretzkij. DStR 2016, 2434 unter Hinweis auf Wachter FR 2016, 690.
[294] Höne NWB-EV 2016, 411.

Werts des Verwaltungsvermögens zum Wert des begünstigungsfähigen Vermögens zuzüglich der verbleibenden Schulden.[295]

Beispiel:[296] Der Wert des Betriebsvermögens nach vereinfachtem Ertragswertverfahren beträgt 10 Mio. EUR, der gemeine Wert des Verwaltungsvermögens 2 Mio. EUR, Finanzmittel sind im Umfang von 1 Mio. EUR, Schulden im Umfang von 1.500.000 EUR vorhanden, woraus sich ein Schuldenüberhang von 500.000 EUR ergibt. Junges Verwaltungs- oder Finanzvermögen ist nicht vorhanden.

Lösung:

Der Finanzmitteltest ergibt einen Schuldenüberhang von 500.000 EUR. Dies führt zu folgender Berechnung:
- Wert des Verwaltungsvermögens = 2 Mio. EUR.
- Wert des begünstigungsfähigen Vermögens zzgl. des Schuldenüberhangs: 10,5 Mio. EUR.
- Verhältnis: 2/10,5 = 19,04 %
  – Beim Verwaltungsvermögen abzuziehende Schulden: 19,04 % von 500.000 EUR = 95.200 EUR
  – Wert des Verwaltungsvermögens = 1.904.800 EUR

Diese Regelung findet naturgemäß nur dann Anwendung, wenn überhaupt noch Schulden verbleiben.

dd) **Unschädliches Vermögen („Schmutzzuschlag")**. In einem nächsten Schritt regelt § 13b Abs. 7 ErbStG, dass von dem dann noch verbleibenden Verwaltungsvermögen bis zu 10 % des Wertes des begünstigten Vermögens abgezogen und dem begünstigten Vermögen zugeschlagen werden können (sog. **„Schmutzzuschlag"**, teilweise auch als **„Kulanzzuschlag"** bezeichnet).[297] In dem vorgenannten Beispiel beträgt der Wert des begünstigten Vermögens nach Schuldenverrechnung (10 Mio. EUR abzgl. 1.904.800 EUR =) 8.095.200 EUR. 10 % davon, also 809.520 EUR, können vom Verwaltungsvermögen abgezogen werden, so dass Verwaltungsvermögen in Höhe von 1.095.280 EUR verbleibt, das begünstigte Vermögen beträgt dementsprechend 8.904.720 EUR. Wichtig bei der Berücksichtigung des „Schmutzzuschlags" ist, dass junges Verwaltungsvermögen und junge Finanzmittel kein unschädliches Verwaltungsvermögen sein können, § 13b Abs. 7 S. 2 ErbStG. Sie dürfen daher bei der Berechnung des „Schmutzabschlags" **nicht mit einbezogen** werden. Ob der Schmutzzuschlag den Vorgaben des Bundesverfassungsgerichts zur genauen Abgrenzung von begünstigtem und nicht begünstigtem Vermögen entspricht, darf bezweifelt werden, wie auch das vorgenannte Beispiel zeigt, in dem ein hoher sechsstelliger Betrag eigentlich nicht begünstigten Vermögens doch unter die Begünstigung fällt.

ee) **Ausschluss der Schuldensaldierung.** Um nach Auffassung des Gesetzgebers unerwünschten Gestaltungen entgegenzuwirken, sieht § 13b Abs. 8 ErbStG vor, dass bei der Schuldensaldierung nach § 13b Abs. 6 ErbStG junges Finanzvermögen und junges Verwaltungsvermögen nicht berücksichtigt werden.[298] Hierdurch soll vermieden werden, dass Einlagen von Finanzmitteln oder sonstigem Privatvermögen kurz vor einer Übertragung erfolgen, um dadurch eine Schuldenverrechnung zu ermöglichen. Gleiches soll für „wirtschaftlich nicht belastende Schulden" gelten. Nach der Gesetzesbegründung sollen hiermit Verbindlichkeiten gemeint sein, für die der Gläubiger zur Vermeidung einer Insolvenz einen Rangrücktritt erklärt hat.[299] Weiterhin ist die **Schuldensaldierung ausgeschlossen**, soweit die Summe der Schulden den durchschnittlichen Schuldenstand der letzten drei Jahre vor dem Zeitpunkt der Entstehung der Steuer übersteigt. Der Steuerpflichtige kann dies allerdings dadurch vermeiden, dass er nachweist, dass die Erhöhung des Schuldenstands durch die Betriebstätigkeit veranlasst ist. Nach den Erbschaftsteuer-

---

295 R E 13b.25 Abs. 1 S. 3 ErbStR 2019.
296 Thonemann-Micker DB 2016, 2312.
297 R E 13b.26 ErbStR 2019; Landsittel ZErb 2016, 383.
298 Hannes ZEV 2016, 554.
299 R E 13b.28 Abs. 2 S. 2 ErbStR 2019.

richtlinien 2019 bestehen aus Vereinfachungsgründen grundsätzlich keine Bedenken, den durchschnittlichen Schuldenstand aus den Schuldenständen am Ende der letzten drei vor dem Zeitpunkt der Entstehung der Steuer abgelaufenen Wirtschaftsjahre abzuleiten. Dabei ist der Betrag des durchschnittlichen Schuldenstands zu mindern um den Wert der Altersversorgungsverpflichtungen, der auf den Stichtag der Steuerentstehung nach § 13b Abs. 3 ErbStG mit dem Verwaltungsvermögen verrechnet wurde.[300]

152 **ff) Verbundvermögensaufstellung**[301] Nach altem Recht war es möglich, durch entsprechende Gestaltungen bei mehrstufigen Gesellschaftsstrukturen eine Begünstigung der Muttergesellschaft zu erreichen, obwohl das Vermögen über alle Gesellschaften gesehen nicht oder nicht in diesem Umfang begünstigungsfähig war (sogenannter **Kaskadeneffekt**). Dem soll im neuen Recht § 13b Abs. 9 ErbStG entgegenwirken.[302] Diese Vorschrift gilt, wenn zum begünstigungsfähigen Vermögen unmittelbar oder mittelbar Beteiligungen an in- oder ausländischen Personen- oder Kapitalgesellschaften gehören. Beteiligungen an Kapitalgesellschaften werden aber nur dann einbezogen, wenn die Beteiligungshöhe 25 % übersteigt; sonst handelt es sich um Verwaltungsvermögen. Bei der Verbundvermögensaufstellung soll nicht mehr der Wert der Beteiligung oder der Anteile angesetzt werden, sondern die gemeinen Werte der den Beteiligungsgesellschaften zuzurechnenden Vermögensgegenstände des Verwaltungsvermögens, des jungen Verwaltungsvermögens, der Finanzmittel, der jungen Finanzmittel und der Schulden. Diese sind mit dem Anteil einzubeziehen, zu dem die unmittelbare oder mittelbare Beteiligung besteht.[303] Forderungen und Verbindlichkeiten zwischen den Gesellschaften sind nicht anzusetzen,[304] sondern zu eliminieren.

152.1 Auch die jungen Finanzmittel und das junge Verwaltungsvermögen sind gesondert aufzuführen, allerdings fehlt hier eine konsolidierte Betrachtung.[305] Wenn daher eine Konzerntochter innerhalb der letzten beiden Jahre vor dem Stichtag von der Muttergesellschaft ein fremdvermietetes Grundstück (Verwaltungsvermögen) erworben hat, führt dies bei der Tochter zu jungem Verwaltungsvermögen, während der bezahlte Kaufpreis bei der Mutter zu (möglicherweise nicht begünstigten) Finanzmitteln führt. Ist der Kaufpreis hingegen noch nicht bezahlt, sind Forderung und Verbindlichkeit innerhalb der Gruppe zu eliminieren; bei dem Tochterunternehmen liegt junges Verwaltungsvermögen vor.[306] Hier hätte es sich angeboten, Transaktionen zwischen den Gesellschaften auszunehmen und damit nur die jungen Finanzmittel bzw. nur das junge Verwaltungsvermögen zu erfassen, das nicht aus der Gruppe stammt.

152.2 Auf die Verbundvermögensaufstellung ist der Finanzmitteltest sowie die Ermittlung des Nettowerts des Verwaltungsvermögens im Sinne von § 13b Abs. 6–8 ErbStG anzuwenden. Auch hier findet sich die Regelung, dass wirtschaftlich nicht belastende Schulden nicht in die Saldierung einzubeziehen sind. Hiermit sollen konzerninterne Verbindlichkeiten, für die beispielsweise eine Rangrücktrittserklärung abgegeben wurde, eliminiert werden.

153 **gg) Zuständigkeit der Finanzämter.** Der Vollständigkeit halber soll erwähnt werden, dass die Summe der gemeinen Werte der (auch jungen) Finanzmittel, des (auch jungen) Verwaltungsvermögens und der Schulden vom für die Bewertung der wirtschaftlichen Einheit zuständigen Finanzamt gesondert festgestellt wird, wenn diese Werte für die Erbschaftsteuer von Bedeutung sind, § 13b Abs. 10 ErbStG. Hierüber wiederum entscheidet das für die Festsetzung der Erbschaftsteuer zuständige Finanzamt.[307]

154 **7. Begünstigung bei unternehmerischem Vermögen bis 26 Mio. EUR.** Nachdem aus dem begünstigungsfähigen Vermögen das begünstigte Vermögen entwickelt wurde, stellt sich die Frage, welche Begünstigungsform der Erwerber in Anspruch nehmen kann. Aus § 13a ErbStG ergibt

---

300 R E 13b.28 Abs. 2 S. 3 ff. ErbStR.
301 R E 13b.29 ErbSR 2019.
302 Riedel ZErb 2016, 371; R E 13b.29 ErbStR 2019.
303 R E 13b.29 Abs. 2 S. 2 ErbStR 2019.

304 Riedel ZErb 2016, 371.
305 Reich DStR 2017, 1858.
306 Geck ZEV 2017, 481.
307 R E 13b.30 Abs. 1 S. 3 ErbStR 2019.

sich der Umfang der Begünstigung des unternehmerischen Vermögens. Dabei gelten die Regelungen des §§ 13 a ErbStG zunächst nur für die Übertragung von Vermögen, dessen Wert – je Erwerber – 26 Mio. EUR nicht übersteigt. Hier ist es grundsätzlich bei der „alten" Systematik geblieben, dass es eine Regelbefreiung (85 % Verschonungsabschlag) und eine Optionsbefreiung (100 % Verschonungsabschlag) gibt. Weiterhin wird darauf abgestellt, ob bestimmte Voraussetzungen (Lohnsummen, keine Veräußerungen, keine Überentnahmen etc) während der Behaltensfristen erfüllt werden. Außerdem gibt es noch Sonderregelungen für Gesellschaften, die besondere Voraussetzungen erfüllen, die nach Auffassung des Gesetzgebers typisch für Familiengesellschaften sein sollen. Von entscheidender Bedeutung ist in diesem Zusammenhang allerdings, dass sich die **Begünstigungen** nur noch **auf das begünstigte Vermögen beziehen**. Nach altem Recht bezog sie sich auf das gesamte begünstigungsfähige Vermögen, insbesondere auch auf das mitübertragene, aber eigentlich nicht begünstigungswürdige Verwaltungsvermögen. Die Folge dieser Änderung ist daher nicht nur, dass das nicht begünstigte Nettoverwaltungsvermögen gar nicht mehr begünstigt ist, sondern dass auch das begünstigte Betriebsvermögen bei der Regelverschonung zu 15 % der Besteuerung unterworfen wird.

Im Einzelnen:

a) **Freigrenze von 26 Mio. EUR.** In § 13a Abs. 1 ErbStG wird geregelt, dass begünstigtes Vermögen grundsätzlich zu 85 % steuerfrei gestellt wird (Verschonungsabschlag, Regelmodell). Dies gilt aber, wie erwähnt, nur, wenn der Erwerb begünstigten Vermögens die Grenze von 26 Mio. EUR nicht übersteigt, wobei Erwerbe, die innerhalb eines Zehn-Jahres-Zeitraums erfolgen, zusammengerechnet werden.[308] Maßgeblich ist der jeweilige Wert, den das Vermögen nach der Bewertung im Zeitpunkt des früheren Erwerbs hatte. Ändern sich beispielsweise im Zehn-Jahres-Zeitraum die Bewertungskriterien, führt dies also nicht zu einer Neubewertung des früher erworbenen Vermögens. Von erheblicher Bedeutung ist, dass es sich hierbei um eine **Freigrenze** – nicht um einen Freibetrag – handelt. § 13a Abs. 1 S. 3 ErbStG sieht dementsprechend vor, dass in den Fällen, in denen die Grenze von 26 Mio. EUR durch mehrere innerhalb von zehn Jahren von derselben Person anfallende Erwerbe überschritten wird, die Steuerbefreiung für die als steuerfrei behandelten früheren Erwerbe mit Wirkung für die Vergangenheit entfällt. Damit für die Steuer der früheren Erwerbe nicht die Festsetzungsfrist abgelaufen ist, sieht § 13a Abs. 1 S. 4 ErbStG vor, dass die Festsetzungsfrist nicht vor dem Ablauf des vierten Jahres, nachdem das für die Erbschaftsteuer zuständige Finanzamt von dem letzten Erwerb Kenntnis erlangt, endet. Erwerbe nach altem Recht sollen zwar nicht angetastet, allerdings mit Erwerben nach neuem Recht zusammengerechnet werden.[309] Dies ist höchst streitig[310] und hat erhebliche Auswirkung insbesondere in den Fällen, in denen vor der Erbschaftsteuerreform vorsorglich unternehmerisches Vermögen übertragen wurde.

155

b) **Regelmodell – Optionsmodell.** Geblieben ist, dass es ein Regelmodell (85 % Verschonungsabschlag) und ein Optionsmodell (100 % Verschonungsabschlag) für die Höhe der Verschonung gibt. Nach § 13a Abs. 10 ErbStG kann das Optionsmodell nur gewählt werden, wenn das begünstigungsfähige Vermögen zu nicht mehr als 20 % aus Verwaltungsvermögen im Sinne des § 13b Abs. 3 und 4 ErbStG besteht. Dabei soll der Anteil des Verwaltungsvermögens am gemeinen Wert des Betriebs nach dem Verhältnis der Summe der gemeinen Werte der einzelnen Wirtschaftsgüter des Verwaltungsvermögens zum gemeinen Wert des Betriebs ermittelt werden. Hier wird aufgrund der ausdrücklichen Verweisung nur auf § 13b Abs. 3 und 4 ErbStG wohl nicht auf den Nettowert des Verwaltungsvermögens abgestellt – was nahegelegen hätte –, sondern

156

---

308 R E 13a.2 Abs. 1 ErbStR 2019.
309 R E 13a.2 Abs. 3 ErbStR 2019.

310 Höne NWB-EV 2016, 411; Wachter GmbHR 2017, 1; Landsittel ZErb 2016, 383; Riedel ZErb 2016, 371; Troll/Gebel/Jülicher/Gottschalk/Jülicher, EL 59 05/2020, ErbStG § 37 Rn. 67.

auf den Wert des Verwaltungsvermögens abzüglich der in den betreffenden Absätzen zugelassenen Schuldenkürzungen.[311]

Beispiel:

Unternehmenswert	10.000.000,00 EUR
Verwaltungsvermögen:	
Wertpapiere	500.000,00 EUR
Altersvorsorgeverpflichtungen	- 350.000,00 EUR
An Dritte vermietete Immobilien	800.000,00 EUR
Beteiligungen an KapG < 25 %	180.000,00 EUR
Finanzmittel iSv § 13b Abs. 4 Nr. 5 ErbStG	400.000,00 EUR
Oldtimersammlung	650.000,00 EUR
Summe Verwaltungsvermögen	2.180.000,00 EUR
Quote	21,80 %

Lösung:

Im Beispielsfall könnte der Erwerber nur die Regelverschonung in Anspruch nehmen, weil die Quote des zu berücksichtigenden Verwaltungsvermögens größer als 20 % ist. Vom begünstigten Vermögen in Höhe von 7.820.000 EUR wären 15 % = 1.173.000 EUR zu versteuern.

157 **c) Gleitender Abzugsbetrag.** Unverändert geblieben ist die Regelung zum gleitenden Abzugsbetrag in § 13a Abs. 2 ErbStG. Danach wird ein gleitender Abzugsbetrag in Höhe von 150.000 EUR gewährt, der sich, soweit der Wert des begünstigten Vermögens unter Berücksichtigung des Verschonungsabschlags von 85 % die Wertgrenze von 150 000 EUR übersteigt, um 50 % des diese Wertgrenze übersteigenden Betrags verringert.

Beispiel: Der Wert des begünstigten Vermögens beträgt 1,6 Mio EUR. Erbschaftsteuerlich ist der Wert bei Anwendung des Regelmodells wie folgt zu ermitteln:

Unternehmenswert		1.600.000,00 EUR
abzgl. Verschonungsabschlag	85 %	1.360.000,00 EUR
Unternehmenswert nach Verschonungsabschlag		240.000,00 EUR
Gleitender Abzugsbetrag	150.000,00 EUR	
Übersteigender Betrag	90.000,00 EUR	
Davon	50 %	
	45.000,00 EUR	
Abzugsbetrag		105.000,00 EUR
Vermögensanfall		135.000,00 EUR

Somit bleibt ein Erwerb begünstigten Vermögens auch bei Inanspruchnahme des Regelmodells vollständig steuerfrei, wenn sein Wert 1 Mio. EUR nicht übersteigt. Die Wirkung des Abzugsbetrags endet bei einem Unternehmenswert von 3 Mio. EUR. Der Abzugsbetrag kann innerhalb von zehn Jahren für von derselben Person anfallende Erwerbe begünstigten Vermögens nur einmal berücksichtigt werden. Der BFH vertritt hier eine sehr strenge Auslegung, nach welcher der Abzugsbetrag auch dann „berücksichtigt" wurde, wenn er aufgrund der Höhe des Erwerbs auf 0 EUR abgeschmolzen ist.[312]

158 **d) Lohnsummen.** Geändert wurden die Regelungen zur **Lohnsumme**. Das Bundesverfassungsgericht hatte die alte Regelung für verfassungswidrig erklärt, weil Voraussetzung für das Eingreifen des Lohnsummenkriteriums war, dass der Betrieb mehr als 20 Beschäftigte hatte. Dies

---

311 Stalleicken/Holtz ErbR 2016, 560; Geck ZEV 2016, 546, aA Riedel ZErb 2016, 371; Troll/ Gebel/Jülicher/Gottschalk/Jülicher, EL 61 01/2021, ErbStG § 13a Rn. 505.
312 BFH BStBl. 2021 II 619.

war nach Auffassung des Bundesverfassungsgerichts verfassungswidrig, weil bei zu vielen Unternehmen (90 % der Unternehmen haben weniger als 20 Beschäftigte) die Lohnsummenregelung nicht zu beachten war. Hierin sah das Bundesverfassungsgericht eine Überprivilegierung.[313] Aus diesem Grunde musste diese Grenze herabgesetzt werden.

aa) Grundsatz. Vom Grundsatz her bleibt es dabei, dass der Verschonungsabschlag nur dann erhalten bleibt, wenn die Summe der maßgebenden jährlichen Lohnsummen des unternehmerischen Vermögens **innerhalb von 5 Jahren** nach dem Erwerb (Lohnsummenfrist) insgesamt 400 % der Ausgangslohnsumme nicht unterschreitet (Mindestlohnsumme). Beim Optionsmodell beträgt die Lohnsummenfrist 7 Jahre, die Mindestlohnsumme 700 %. Die Ausgangslohnsumme ist, wie schon nach altem Recht, die durchschnittliche Lohnsumme der letzten fünf vor dem Zeitpunkt der Entstehung der Steuer endenden Wirtschaftsjahre.[314]

159

bb) Ausnahmen. Geändert hat sich, wie erwähnt, die für die Anwendung der Lohnsummenregelungen notwendige Anzahl der Arbeitnehmer. Nunmehr sind nur noch folgende Unternehmen von der Einhaltung der Lohnsummenkriterien befreit:

160

- Unternehmen, deren Ausgangslohnsumme 0 EUR beträgt, also in der Regel Einzelunternehmer
- Unternehmen, die – unter Berücksichtigung der gegebenenfalls anteilig zu berücksichtigenden Beschäftigten von Beteiligungsgesellschaften – nicht mehr als fünf Beschäftigte haben.

cc) Definition der Lohnsumme. Die Lohnsumme wird in § 13 Abs. 4 ErbStG etwas umfassender als im alten Recht definiert. Danach umfasst die Lohnsumme alle Vergütungen (Löhne und Gehälter und andere Bezüge und Vorteile), die im maßgebenden Wirtschaftsjahr an die auf den Lohn- und Gehaltslisten erfassten Beschäftigten gezahlt werden. Auch geringfügig Beschäftigte zählen dazu.[315] Außer Ansatz bleiben Vergütungen an solche Beschäftigte,

161

- die sich im Mutterschutz befinden oder
- die sich in einem Ausbildungsverhältnis befinden oder
- die Krankengeld oder Elterngeld beziehen oder
- die nicht ausschließlich oder überwiegend in dem Betrieb tätig sind (Saisonarbeiter) oder
- Leiharbeiter sind.

Die Mitarbeiter, auf die die oben genannten Kriterien zutreffen, werden bei der Anzahl der Mitarbeiter nicht mitgezählt. Die Anzahl der Beschäftigten wird nach Köpfen ermittelt. Eine Umrechnung von Teilzeit- in Vollzeitbeschäftigte erfolgt unverändert nicht. Betriebe mit einer hohen Anzahl von Teilzeitbeschäftigten sind daher nach wie vor benachteiligt. Beschäftigte in nachgelagerten Gesellschaften sind wie bislang anteilig zu berücksichtigen. Wenn kurz vor der Übertragung eine Reduzierung der Anzahl der Beschäftigten erfolgt ist, soll dies nach Ansicht der Finanzverwaltung einen Missbrauch im Sinne von § 42 AO darstellen.[316]

161.1

Der angestellte Gesellschafter-Geschäftsführer einer Kapitalgesellschaft zählt zu den beschäftigten Arbeitnehmern, selbst wenn er sozialversicherungsrechtlich nicht als Arbeitnehmer behandelt wird. Ist er bei mehreren Arbeitgebern (zB mehreren Kapitalgesellschaften) beschäftigt, zählt er bei jedem der Arbeitgeber zu den beschäftigten Arbeitnehmern. Der angestellte Gesellschafter-Geschäftsführer einer Personengesellschaft zählt nicht zu den beschäftigten Arbeitnehmern, auch wenn er sozialversicherungsrechtlich als Arbeitnehmer behandelt wird. Ist der angestellte Geschäftsführer einer Komplementär-GmbH zugleich Mitunternehmer der KG, zählt dieser nicht zu den Arbeitnehmern, sofern die Vergütung vollständig als Sondervergütung nach § 15 Abs. 1 S. 1 Nr. 2 EStG erfasst wird.[317]

161.2

---

313 BVerfG BStBl. 2015 II 50, Rn. 219 ff.
314 Höne NWB-EV 2016, 411.
315 R E 13a.4 Abs. 2 S. 7 ErbStR 2019.
316 R E 13a.4 Abs. 2 S. 4 ErbStR 2019.
317 H E 13a.4 ErbStR 2019; Geck ZEV 2017, 481.

Zu den Vergütungen zählen alle Geld- oder Sachleistungen für die von den Beschäftigten erbrachte Arbeit, unabhängig davon, wie diese Leistungen bezeichnet werden und ob es sich um regelmäßige oder unregelmäßige Zahlungen handelt. Zu den Löhnen und Gehältern gehören alle von den Beschäftigten zu entrichtenden Sozialbeiträge, Einkommensteuern und Zuschlagsteuern auch dann, wenn sie vom Arbeitgeber einbehalten und von ihm im Namen des Beschäftigten direkt an den Sozialversicherungsträger und die Steuerbehörde abgeführt werden, ebenso Sondervergütungen, Prämien, Gratifikationen, Abfindungen, Zuschüsse zu Lebenshaltungskosten, Familienzulagen, Provisionen, Teilnehmergebühren und vergleichbare Vergütungen.

161.3 Auch die Mitarbeiter von Beteiligungsgesellschaften, die ihren Sitz in der EU oder dem Europäischen Wirtschaftsraum haben, werden, wie bisher auch schon, bei der Ermittlung der Beschäftigtenzahl mitgerechnet. Bei einer Beteiligung an einer Kapitalgesellschaft wird allerdings vorausgesetzt, dass die Beteiligungshöhe mehr als 25 % beträgt.

161.4 In Betriebsaufspaltungsfällen werden die Beschäftigten dem Besitzunternehmen zugerechnet (§ 13b Abs. 3 S. 13 ErbStG).[318] Eine Definition der Betriebsaufspaltung, wie sie in einem früheren Entwurf enthalten war, findet sich jetzt nicht mehr im Gesetz. Unklar ist, welche Anforderungen an eine Betriebsaufspaltung zu stellen sind, insbesondere ob es auf die Definition der Betriebsaufspaltung durch die Rechtsprechung im Rahmen des § 15 Abs. 1 Nr. 2 EStG ankommt.[319] Hiervon ist wohl auszugehen.

162 **dd) Staffelung.** Im Übrigen findet beim Regelmodell folgende Staffelung bei der Lohnsumme Anwendung (§ 13a Abs. 3 ErbStG): An die Stelle der Mindestlohnsumme von 400 % tritt bei
1. mehr als fünf, aber nicht mehr als zehn Beschäftigten eine Mindestlohnsumme von 250 %,
2. mehr als zehn, aber nicht mehr als 15 Beschäftigten eine Mindestlohnsumme von 300 %.

Beim Optionsmodell tritt an die Stelle der Mindestlohnsumme von 700 % bei
1. mehr als fünf, aber nicht mehr als zehn Beschäftigten eine Mindestlohnsumme von 500 %,
2. mehr als zehn, aber nicht mehr als 15 Beschäftigten eine Mindestlohnsumme von 565 %.

Dies fasst folgendes Schaubild zusammen:

Beschäftigte	Mindestlohnsumme Regelverschonung	Mindestlohnsumme Optionsverschonung
≤ 5	0 %	0 %
6–10	250 %	500 %
11–15	300 %	565 %
> 15	400 %	700 %

163 **ee) Rechtsfolgen bei Verstoß gegen die Mindestlohnsumme.** Wird die Mindestlohnsummen innerhalb der Behaltensfrist nicht erreicht, vermindert sich der zu gewährende Verschonungsabschlag mit Wirkung für die Vergangenheit in demselben prozentualen Umfang, wie die Mindestlohnsumme unterschritten wird.

Beispiel (Regelmodell): Bei einem Betrieb mit 8 Beschäftigten wird innerhalb des Fünf-Jahres-Zeitraums nur eine Lohnsumme von 200 % (= 80 % der Mindestlohnsumme von 250 %) erreicht.

Lösung:
Der zu gewährende Verschonungsabschlag beträgt daher beim Regelmodell (80 % von 85 % =) 68 %. Der ursprüngliche Erbschaftsteuerbescheid wird angepasst. Der Erwerber ist verpflichtet,

---

318 Geck ZEV 2016, 546.
319 Geck ZEV 2016, 546.

dem zuständigen Finanzamt ein Unterschreiten der Lohnsummenfrist innerhalb einer Frist von 6 Monaten nach Ablauf der Lohnsummenfrist schriftlich anzuzeigen, § 13a Abs. 7 ErbStG. Hierbei handelt es sich um eine Steuererklärung, so dass ein Verstoß gegen diese Anzeigepflicht auch strafbewehrt ist. Schließlich ist darauf hinzuweisen, dass die Festsetzungsfrist für den Erbschaftsteuerbescheid nicht vor Ablauf des vierten Jahres, nachdem das für die Erbschaftsteuer zuständige Finanzamt von dem Unterschreiten der Mindestlohnsumme Kenntnis erlangt hat, endet.

e) **Begünstigungstransfer.** Die Möglichkeit, begünstigtes Vermögen im Rahmen beispielsweise einer Erbauseinandersetzung einem Miterben zuzuweisen, der dann die Begünstigung in Anspruch nehmen kann, sofern der Dritte seinerseits vom Erblasser erworbenes Vermögen hingibt, ist unverändert geblieben (sogenannter Begünstigungstransfer). Der (Letzt-)Erwerber kann dann die Begünstigung in Anspruch nehmen, der (Erst-)Erwerber nicht, § 13a Abs. 5 ErbStG.[320]

f) **Behaltensfristen.** Ebenfalls im Wesentlichen unverändert sind die Regelungen zur Behaltensfrist, die jetzt in § 13a Abs. 6 ErbStG geregelt sind. Danach entfallen der Verschonungsabschlag und der Abzugsbetrag rückwirkend, wenn innerhalb der Behaltensfrist bestimmte Ereignisse eintreten, die begünstigungsschädlich sind. Die Behaltensfrist beträgt beim Regelmodell fünf, beim Optionsmodell sieben Jahre. Die wesentlichen Verstöße sind:

1. **Veräußerung oder Aufgabe** eines Betriebs (auch die Insolvenz stellt eine Form der Betriebsaufgabe dar) oder Entnahme wesentliche Betriebsgrundlagen;
2. Veräußerung oder Aufgabe eines land- und forstwirtschaftlichen Betriebs;
3. **Überentnahmen** von mehr als 150.000 EUR innerhalb der Behaltensfrist; die Überentnahmen beziehen sich auf die Gewinne innerhalb der Behaltensfrist; sie wird zum Ende des letzten in die Behaltensfrist fallenden Wirtschaftsjahres berechnet;
4. Veräußerung von Anteilen an Kapitalgesellschaften;
5. Beendigung eines Poolvertrages

Bei einem Verstoß gegen die § 13a Abs. 6 Nr. 1 – 5 ErbStG ermittelt sich der rückwirkende Wegfall des Verschonungsabschlags danach, wie lange nach dem Besteuerungszeitraum das schädigende Ereignis eintritt.

Beispiel: Ein Unternehmen mit einem Unternehmenswert von 3,5 Mio. EUR wurde unter Inanspruchnahme des Optionsmodells im Juli 2016 übertragen. Im Oktober 2021 verkauft der Erwerber das Unternehmen.

Lösung:

Da der Erwerber das Unternehmen länger als 5 Jahre fortgeführt hat, verbleibt ihm eine Begünstigung von 5/7 von 3,5 Mio. EUR, somit 2,5 Mio. EUR. Der Verschonungsabschlag reduziert sich somit um 1 Mio. EUR.

Liegt ein Verstoß gegen die Behaltensfristen aufgrund der Nr. 1, 2 oder 4 vor, besteht auch im neuen Recht die Möglichkeit, durch eine Reinvestition innerhalb von 6 Monaten die rückwirkende Besteuerung zu vermeiden. Voraussetzung ist, dass der Veräußerungserlös innerhalb der jeweils nach § 13b Abs. 1 ErbStG begünstigungsfähigen Vermögensart verbleibt (dies bedeutet, dass der Erlös aus dem Verkauf einer Kapitalgesellschaftsbeteiligung auch wieder in eine andere begünstigte Beteiligung an einer Kapitalgesellschaft reinvestiert werden muss) und dass es sich nicht um Verwaltungsvermögen handelt. Bei der Beteiligung an einer Kapitalgesellschaft muss diese mithin größer als 25 % sein oder, wenn diese Beteiligungshöhe nicht erreicht wird, muss es eine Poolregelung geben.

---

[320] Berechnungsbeispiele s. Höne NWB-EV 5/2017, 163.

165.1 Werden Überentnahmen getätigt, sind diese vollständig der steuerlichen Bemessungsgrundlage hinzuzurechnen. Vom begünstigten Vermögen sind die Überentnahmen abzuziehen und mit dem reduzierten Wert ist eine Neuberechnung des Verschonungsabschlags und des Abzugsbetrags vorzunehmen.[321]

165.2 Hinzuweisen ist darauf, dass es für den Zeitpunkt der Ermittlung der Überentnahmen auf den Ablauf des letzten, vor dem Ablauf der Behaltensfrist liegenden Wirtschaftsjahres ankommt. Wenn demnach am 30.10.2016 ein Unternehmen unter Inanspruchnahme des Regelmodells übergegangen ist und daher die Behaltensfrist am 29.10.2021 abläuft, werden, wenn das Wirtschaftsjahr dem Kalenderjahr entspricht, die Überentnahmen auf den 31.12.2020 ermittelt. Allerdings besteht die Möglichkeit, vor Ablauf dieses Wirtschaftsjahres eventuell getätigte Überentnahmen durch entsprechende Einlagen auszugleichen.[322]

166 **g) Anzeigepflichten, erhöhte Mitwirkungspflichten.** Nach § 13a Abs. 7 ErbStG bestehen Anzeigepflichten bei einer Unterschreitung der Mindestlohnsumme (§ 13a Abs. 7 ErbStG) sowie erhöhte Mitwirkungspflichten bei Auslandssachverhalten (§ 13a Abs. 8 ErbStG).

167 **h) Vorababschlag für Familienunternehmen.** In § 13a Abs. 9 ErbStG hat der Gesetzgeber einen besonderen Abschlag für Familienunternehmen aufgenommen, wenn bestimmte Kriterien eingehalten werden (auch „Gesellschaftsvertragstest" genannt).[323] Ist dies der Fall, entspricht die Höhe des Abschlags dem Abschlag, der gesellschaftsvertraglich für eine Abfindung vereinbart ist, höchstens jedoch 30 %, und wird vor dem Verschonungsabschlag (85 % oder 100 %) gewährt. Hier ist ausschließlich das begünstigte Vermögen gemeint, nicht das begünstigungsfähige, obwohl es den gleichen Beschränkungen unterliegt.[324] Ist also beispielsweise gesellschaftsvertraglich eine Abfindung iHv 80 % des Verkehrswerts vorgesehen, beträgt der erbschaftsteuerliche Abschlag 20 %. Ist der gesellschaftsvertraglich vereinbarte Abschlag 40 %, beträgt der erbschaftsteuerliche Abschlag 30 %. Dieser Wertabschlag gilt ausschließlich auf der Ebene der Gesellschaft, die übertragen wird. Entsprechende Regelungen auf unteren Gesellschaftsebenen sind irrelevant.[325] Gegen diese Regelung könnte eingewendet werden, dass es sich eigentlich um eine Frage der Bewertung handelt und dass eine Änderung von § 9 Abs. 3 BewG die bessere Lösung gewesen wäre. Gleichwohl dürfte die dogmatisch ungenaue Verortung des Bewertungsabschlags in § 13a Abs. 9 ErbStG verfassungsrechtlich unbedenklich sein.[326]

167.1 Der **Vorwegabschlag kommt nicht in Betracht**

1. bei einem Einzelunternehmen,
2. bei Anteilen an einer Aktiengesellschaft, weil das Aktiengesetz keine entsprechenden Einschränkungen in der Satzung zulässt,
3. in den Fällen der Einziehung eines Kapitalgesellschaftsanteils gem. § 3 Abs. 1 Nr. 2 S. 3 und § 7 Abs. 7 S. 2 ErbStG, weil es sich nicht um einen Erwerb begünstigten Vermögens handelt.[327]

167.2 Dieser erbschaftsteuerliche Abschlag wird nach dem Wortlaut von § 13a Abs. 9 ErbStG „vor Anwendung des Abs. 1", also vor dem 85-prozentigen oder auch 100-prozentigen Abschlag gewährt.[328] Bemerkenswerter Weise wird auch nur auf das begünstigte Vermögen nach § 13b Abs. 2 ErbStG abgestellt, nicht auf dessen Höhe. Dies bedeutet, dass der Abschlag auch vorgenommen wird, wenn unternehmerisches Vermögen von mehr als 26 Mio. EUR übertragen wird, sofern die Voraussetzungen hierfür vorliegen. Dies formuliert die Gesetzesbegründung wie folgt: „Die Steuerbefreiung ist stets vor der Anwendung des zur Wahl stehenden Verschonungsregimes in Ansatz zu bringen."[329]

---

321 H E 13a.15 ErbStR 2019.
322 R E 13a.15 Abs. 4 ErbStR 2019.
323 Landsittel ZErb 2016, 383.
324 Landsittel ZErb 2016, 383.
325 Riedel ZErb 2016, 371.
326 Landsittel ZErb 2016, 383.
327 R E 13a.20 Abs. 1 S. 4 Nr. 3 ErbStR 2019.
328 Riedel ZErb 2016, 371; Eisele NWB 36/2017.
329 S. auch Landsittel ZErb 2016, 383.

Durch diesen Vorababschlag soll sichergestellt werden, dass Familienunternehmen eine besondere Begünstigung erhalten. Allerdings sind die Kriterien äußerst eng und in der Praxis kaum zu erfüllen. Zu Recht wird kritisiert, dass Einzelunternehmen von vornherein von dieser Regelung ausgenommen sind, weil sie naturgemäß weder eine Satzung noch einen Gesellschaftsvertrag haben.[330] Eine Lösung könnte hier die Umwandlung in eine GmbH oder GmbH & Co. KG sein.[331]

aa) Entnahmebeschränkung. Voraussetzung für die Gewährung des Vorababschlags ist, dass der Gesellschaftsvertrag oder die Satzung – Gesellschaftervereinbarungen oder Poolverträge reichen nicht[332] – Bestimmungen enthält, die die Entnahme oder Ausschüttung auf höchstens 37,5 % des um die auf den Gewinnanteil oder die Ausschüttungen aus der Gesellschaft entfallenden Steuern vom Einkommen gekürzten Betrages des steuerrechtlichen Gewinns beschränken; Entnahmen zur Begleichung der auf den Gewinnanteil oder die Ausschüttungen aus der Gesellschaft entfallenden Steuern vom Einkommen bleiben von der Beschränkung der Entnahme oder Ausschüttung unberücksichtigt. Nach den ErbStR 2019 bezieht sich diese Regelung auf die Gewinne aus dem Gesamthandsvermögen, nicht aus Sonderbetriebsvermögen.[333]

Nicht eindeutig geregelt ist die Frage, ob bei der Berechnung der Einkommensteuern auf den einzelnen Gesellschafter abgestellt wird oder auf alle Gesellschafter. Hier wird davon auszugehen sein, dass es auf die individuelle Einkommensteuerbelastung ankommt.[334] Allerdings ist unklar, wie dies in der Praxis gehandhabt werden kann. Es stellt sich schon die Frage, wie § 13a Abs. 9 ErbStG in Bezug auf die verschiedenen Gesellschaftsformen zu verstehen ist, denn einerseits wird von Entnahmen gesprochen, andererseits von Ausschüttungen. Problematisch hieran ist, dass die Gesellschafter von Kapitalgesellschaften einen festen (Abgeltungs-)Steuersatz haben, während bei Personengesellschaften auf die individuelle Einkommensteuer des Gesellschafters abgestellt wird, die sich jährlich ändern kann.[335] Daraus ergibt sich die Schwierigkeit, dass eine zulässige Entnahme während des laufenden Jahres kaum berechnet werden kann. Die Finanzverwaltung lässt es aus Vereinfachungsgründen zu, dass die auf den Gewinnanteil entfallende Steuer oder bei einer Kapitalgesellschaft die auf die Ausschüttung entfallende Steuer mit einem Steuersatz von 30 % angenommen werden.[336]

Besonders betroffen von dieser Regelung dürften Gesellschafter sein, die eine Tätigkeitsvergütung als Vorabgewinn erhalten. Hierbei handelt es sich einkommensteuerlich um einen Gewinnanteil, der demnach auch nur zu einem Teil entnommen werden darf. Bei einer Kapitalgesellschaft ist die Geschäftsführervergütung gewinnmindernd abgezogen worden ohne Entnahmebeschränkung. Da in der Regel die Tätigkeitsvergütung eine Entlohnung für die erbrachte Arbeitsleistung ist, ist der Anreiz, für die „eigene" Personengesellschaft tätig zu werden, bei einer höchstmöglichen Entnahme von (37,5 % von 70 % =) 26,5 % vermutlich eher gering. Die hierzu vorgeschlagene teleologische Reduktion des § 13a Abs. 9 ErbStG[337] hat sich in den Erbschaftsteuerrichtlinien 2019 nicht wiedergefunden.

bb) Verfügungsbeschränkung. Weitere Voraussetzung für das Vorliegen eines Familienunternehmens ist, dass im Gesellschaftsvertrag oder der Satzung die Verfügung über die Beteiligung an der Personengesellschaft oder den Anteil an der Kapitalgesellschaft auf Mitgesellschafter, auf Angehörige im Sinne des § 15 AO oder auf eine Familienstiftung (§ 1 Abs. 1 Nr. 4 ErbStG) beschränkt wird. Der Begriff der Verfügung wird weit zu verstehen sein; umfasst sein dürften

---

330 Thonemann-Micker DB 2016, 2312.
331 Landsittel ZErb 2016, 383.
332 Geck ZEV 2017, 481.
333 R E 13a.20, Abs. 2 ErbStR 2019; Geck ZEV 2017, 481; Wachter FR 2017, 841.
334 Riedel ZErb 2016, 371.
335 Hierzu: Troll/Gebel/Jülicher/Gottschalk/Jülicher, EL 60 09/2020, ErbStG § 13a Rn. 480.
336 R E 13a.20 Abs. 3 S. 3 ErbStR 2019.
337 Troll/Gebel/Jülicher/Gottschalk/Jülicher, EL 60 09/2020, ErbStG § 13a Rn. 481.

auch die Begründung von Treuhandverhältnissen, Unterbeteiligungen oder dinglichen Nutzungsrechten wie beispielsweise dem Nießbrauch.[338]

169.1 Angehörige im Sinne des § 15 AO sind Verlobte, Ehegatten oder Lebenspartner (auch wenn die Ehe oder Lebenspartnerschaft nicht mehr besteht), Verwandte und Verschwägerte gerader Linie, Geschwister und deren Ehegatten bzw. Lebenspartner sowie deren Geschwister, Nichten und Neffen, Geschwister der Eltern sowie Pflegeeltern und Pflegekinder. Hier war die Aufnahme der Mitgesellschafter sehr umstritten, weil befürchtet wurde, dass es dadurch ermöglicht wird, Dritte mit einem Zwerganteil in die Gesellschaft aufzunehmen, um anschließend auf sie zu übertragen. Der Bundesrat hat sich an diesem Punkt allerdings nicht durchsetzen können, die Mitgesellschafter sind nicht gestrichen worden. Dafür ist die Übertragung auf eine Familienstiftung erst im Rahmen des Vermittlungsverfahrens ins Gesetz aufgenommen worden.

169.2 Im Übrigen ist der Wortlaut sehr restriktiv. Er lässt weder Übertragungen auf Angehörige von Mitgesellschaftern noch auf Familien-Holdinggesellschaften zu, auch wenn daran ausschließlich Angehörige im Sinne von § 15 AO beteiligt sind.[339] Nicht begünstigt ist auch der Erwerb von Anteilen durch vermögensverwaltende Gesellschaften, selbst wenn sich deren Gesellschafterkreis aus privilegierten Personen, nämlich Angehörigen im Sinne des § 15 AO zusammensetzt. Zivilrechtlich handelt es sich bei diesen Gesellschaften um einen eigenen Rechtsträger, der wiederum nicht in den privilegierten Personenkreis des § 13a Abs. 9 ErbStG fällt.[340]

169.3 Fraglich ist in diesem Zusammenhang, ob es für die Qualifikation als begünstigtes Familienunternehmen schädlich ist, wenn Anteile mit Zustimmung der Gesellschafterversammlung auf familienfremde Personen übertragen werden können und auch werden. Dies kann beispielsweise der Fall sein, wenn ein finanzstarker, aber nicht familienangehöriger Gesellschafter aufgenommen werden soll oder muss, um den Kapitalbedarf der Gesellschaft zu decken. Dann stellt sich die Frage, ob die gesellschaftsvertraglichen (Verfügungs-)Beschränkungen auch den tatsächlichen Verhältnissen entsprechen. Nach Auffassung der Finanzverwaltung sind die Voraussetzung nach dem Wortlaut nicht erfüllt, wenn eine Verfügung auf andere Personen nach Zustimmung der übrigen Gesellschafter möglich ist oder eine Verfügung auf eine vermögensverwaltende Familiengesellschaft, an der Angehörige des Gesellschafters beteiligt sind, vorgesehen ist.[341]

169.4 Eine davon zu trennende Frage ist die, ob zusätzlich in einem Gesellschaftsvertrag nicht nur Regelungen für Verfügungen unter Lebenden enthalten sein müssen, sondern auch solche von Todes wegen, wie beispielsweise qualifizierte Nachfolgeklauseln. Sicherheitshalber wird man hiervon ausgehen müssen,[342] da der Gesetzgeber hier nicht nur die Verfügungen unter Lebenden beschränken wollte. Da GmbH-Anteile frei vererblich sind, ist es daher notwendig, Regelungen zur Zwangseinziehung und ähnliches auch in GmbH-Satzungen zu regeln.[343]

170 cc) **Abfindungsbeschränkung.** Schließlich ist Voraussetzung für den Vorababschlag, dass in der Satzung bzw. dem Gesellschaftsvertrag für den Fall des Ausscheidens aus der Gesellschaft eine Abfindung vorgesehen ist, die unter dem gemeinen Wert der Beteiligung an der Personengesellschaft oder des Anteils an der Kapitalgesellschaft liegt.[344] Hier stellt sich das Problem, wie „alte" Abfindungsklauseln zu bewerten sind. Wenn etwa, was heute immer noch der Fall ist, auf das Stuttgarter Verfahren abgestellt wird, das regelmäßig zu unter dem Verkehrswert liegenden Bewertungen führt, erfüllt dies nicht automatisch die Voraussetzungen des § 13a Abs. 9 ErbStG. Vielmehr trifft nach der Gesetzesbegründung den Erwerber die objektive Feststellungslast für dessen Vorliegen. Er muss daher im Zweifel nicht nur nachweisen, dass die Abfindung nach dem Gesellschaftsvertrag unterhalb des gemeinen Werts liegt, sondern auch, in welchem Umfang. Denn dies ist Voraussetzung für die Ermittlung der Höhe des Vorababschlags.

---

338 Riedel ZErb 2016, 371.
339 Riedel ZErb 2016, 371.
340 Geck ZEV 2016, 546.
341 R E 13a.20 Abs. 2 Nr. 2 ErbStR 2019; aA Riedel ZErb 2016, 371.
342 Landsittel ZErb 2016, 383.
343 Landsittel ZErb 2016, 383.
344 Riedel ZErb 2016, 371.

dd) Weitere Voraussetzungen. Die vorgenannten Voraussetzungen müssen gesellschaftsvertraglich bzw. in der Satzung verankert sein. Sie müssen kumulativ vorliegen.[345] Hier ist, um Streit mit der Finanzverwaltung zu vermeiden, sinnvoll, den Gesetzeswortlaut wörtlich in den Gesellschaftsvertrag zu übernehmen, sofern dies gesellschaftsrechtlich möglich ist, sich also die hierfür notwendige Mehrheit der Gesellschafter für eine Vertragsänderung findet. Aufgrund des eindeutigen Gesetzeswortlauts dürfte es wohl auch nicht möglich sein, diese Regelungen in eine Gesellschaftervereinbarung oder einen Poolvertrag zu treffen; sie gehören in den Gesellschaftsvertrag/die Satzung.[346]

Darüber hinaus müssen diese Bestimmungen den tatsächlichen Verhältnissen entsprechen. Dies ist dann nicht der Fall, wenn beispielsweise höhere Entnahmen bzw. Ausschüttungen erfolgen oder Abfindungen gezahlt werden, die höher sind als die gesellschaftsvertraglich vereinbarten. Dies könnte insbesondere dann problematisch sein, wenn die Gesellschaft, um sich von einem lästigen Gesellschafter zu trennen, bereit ist, eine höhere als die gesellschaftsvertraglich vereinbarte Abfindung zu zahlen.

Sind die Voraussetzungen nur für einen Teil des begünstigten Vermögens gegeben, ist der Abschlag nur für diesen Teil des begünstigten Vermögens zu gewähren (§ 13a Abs. 9 S. 2 ErbStG). Bei einer Beteiligung an einer Personengesellschaft trifft dies auf das Gesamthandsvermögen zu, nicht aber auf das Sonderbetriebsvermögen eines Gesellschafters. Für die Anwendung des Vorwegabschlags ist in diesen Fällen zusätzlich das begünstigte Vermögen nur bezogen auf das Gesamthandsvermögen der Gesellschaft zu ermitteln.[347]

Weitere Voraussetzung ist, dass die vorgenannten gesellschaftsvertraglichen Voraussetzungen und die diesen entsprechenden tatsächlichen Verhältnisse zwei Jahre vor dem Übertragungszeitpunkt und 20 Jahre danach eingehalten werden. Andernfalls fällt die ursprüngliche Begünstigung mit Wirkung für die Vergangenheit weg. Dies kann für eine Übertragung im Jahr 2016 bedeuten – unterstellt, die vertraglichen Voraussetzungen liegen seit zwei Jahren vor – dass eine schädliche Änderung des Gesellschaftsvertrages oder sogar nur eine geringe Überentnahme im Jahr 2035 dazu führen können, dass der Vorabschlag rückwirkend versagt wird.

Dementsprechend konstituiert § 13a Abs. 9 ErbStG eine Verpflichtung des Erwerbers, eine Änderung der Bestimmungen oder der tatsächlichen Verhältnisse innerhalb einer Frist von einem Monat anzuzeigen; wie dies in der Praxis erfüllt werden soll, ist offen. Möglicherweise wurde die Beteiligung innerhalb der 20 Jahre weiterverschenkt/-vererbt oder die Beteiligung ist im Wege der Sondererbfolge auf verschiedene Erwerber übergegangen. Insbesondere wenn der ursprüngliche Erwerber verstorben ist, stellt sich die Frage, ob die Anzeigepflicht auf den Erben übergeht. Es ist jedenfalls leicht denkbar, dass nach vielen Jahren diese Anzeigepflicht in Vergessenheit gerät. Hier stellt sich dann die Frage, ob diese Regelung auch vollzugsfähig ist oder ob nicht von vornherein ein Vollzugsdefizit vorliegt.[348] Darüber hinaus birgt die Anzeigepflicht das Risiko, dass ein Verstoß dagegen gegebenenfalls sogar als Steuerverkürzung oder Steuerhinterziehung gewertet werden kann. Der steuerliche Berater tut daher gut daran, den Mandanten darauf hinzuweisen und auch eine Überwachung vorzunehmen.[349]

Diskutiert wird die Frage, ob diese Regelung so zu verstehen ist, dass schon ein einzelner Verstoß, also beispielsweise eine einzige erhöhte Entnahme zur Begleichung der Erbschaftsteuerschuld oder eine an einen lästigen Gesellschafter gezahlte höhere als gesellschaftsvertraglich zulässige Abfindung den Verlust des Vorababschlags zur Folge hat. Hier wird teilweise vertreten, dass sei jedenfalls dann unschädlich, wenn „im Großen und Ganzen" die Voraussetzungen eingehalten werden. Dies ist allerdings zweifelhaft,[350] da der Wortlaut der Norm dies nicht

---

345 Riedel ZErb 2016, 371.
346 R E 13a.20 Abs. 2 S. 1 ErbStR 2019; Riedel ZErb 2016, 371.
347 R E 13a.20 Abs. 4 S. 2 ErbStR 2019.
348 Thonemann-Micker DB 2016, 2312.
349 Thonemann-Micker DB 2016, 2312.
350 Thonemann-Micker DB 2016, 2312.

hergibt und im Übrigen gesetzliche Ausnahmen in der Regel restriktiv von der Rechtsprechung ausgelegt werden.

171.6 Schließlich stellt sich die Frage, ob der Wegfall des Vorababschlags auch gelten soll, wenn der Gesellschafter, der eine Beteiligung erworben hat, diese veräußert.[351] Hier ist zu bedenken, dass, wenn er die Beteiligung innerhalb der fünf- oder siebenjährigen Behaltensfrist des § 13a Abs. 6 ErbStG verkauft sowieso ein Nachversteuerungstatbestand verwirklicht wird, der zu einer Erbschaftsteuerbelastung führt. Der Vorwegabschlag wird jedenfalls dann entfallen, wenn die Beteiligung an eine Person verkauft wird, die nicht zu dem privilegierten Personenkreis des § 13a Abs. 9 ErbStG gehört. Wird an eine Person verkauft, die zu diesem Personenkreis gehört, dürfte der Vorwegabschlag nicht entfallen. Was aber passiert, wenn innerhalb des 20-Jahres-Zeitraums bei dem Käufer ein Verstoß gegen die Vorschrift des § 13a Abs. 9 ErbStG erfolgt? Auch hier lässt der Wortlaut nur den Schluss zu, dass in einem solchen Fall der Vorwegabschlag für den seinerzeitigen Erwerb desjenigen, der später verkauft hat, entfällt. Hierfür spricht auch, dass ansonsten der Steuervorteil gesichert werden könnte, indem die Beteiligung veräußert wird.

172 **ee) Kein Wahlrecht.** Nach dem Gesetzeswortlaut „wird" der Vorababschlag bei Familienunternehmen gewährt; ein Wahlrecht gibt es nicht. In den meisten Fällen wird dieser Effekt wohl auch gewünscht sein, es kann aber durchaus Fälle geben, in denen der Erwerber an einem höheren Unternehmenswert Interesse hat. Dies gilt insbesondere dann, wenn der Erwerber über wenig Privatvermögen verfügt, so dass es für ihn interessant ist, die Verschonungsbedarfsprüfung nach § 28a ErbStG wählen zu können. Hier gilt eine Wertgrenze von 26 Mio. EUR Wird einem solchen Erwerber beispielsweise begünstigtes Vermögen im Wert von 37 Mio. EUR übertragen (die exakte Wertgrenze ist 37.142.857 EUR), führt dies durch den Vorababschlag dazu, dass erbschaftsteuerlich ein Erwerb von 25.900.000 EUR angenommen wird, wodurch der Erwerber nicht mehr in den Anwendungsbereich von § 28a ErbStG fällt.[352] Hier, wie auch in den Fällen, in denen sich der Erwerber von den strengen Restriktionen entziehen will, ist zu überlegen, zeitnah und gezielt einen Verstoß gegen die Regelungen herbeizuführen.[353]

173 **8. Begünstigung bei unternehmerischem Vermögen von mehr als 26 Mio. EUR.** Überschreitet der Erwerb von begünstigtem Vermögen die Grenze von 26 Mio. EUR, hat der Erwerber grundsätzlich zwei Möglichkeiten. Er kann zum einen den sog. Verschonungsabschlag bei Großerwerben im Sinne von § 13c ErbStG wählen[354] oder alternativ die sog. Verschonungsbedarfsprüfung iSv § 28a ErbStG.[355]

174 **a) Verschonungsabschlag bei Großvermögen.** Beantragt der Erwerber den Verschonungsabschlag nach § 13c ErbStG, verringert sich der Verschonungsabschlag sowohl bei der Regelverschonung als auch bei der Vollverschonung für jede vollen 750.000 EUR, die der Wert des begünstigten Vermögens den Betrag von 26 Mio. EUR übersteigt, um einen Prozentpunkt. Der Antrag kann nur einheitlich für alle Arten des erworbenen begünstigten Vermögens gestellt werden.[356] Das **stufenweise Absinken des Verschonungsabschlags** endet bei der **Regelverschonung** bei 89.750.000 EUR. Bei der Optionsverschonung ordnet § 13c Abs. 1 ErbStG ausdrücklich an, dass sie nur bis zu einem Wert des begünstigten Vermögens von weniger als 90 Mio. EUR möglich ist. Die Begünstigung sieht dann (beispielhaft) wie folgt aus:

---

351 Riedel ZErb 2016, 371.
352 Siehe auch Landsittel ZErb 2016, 383.
353 Geck ZEV 2017, 481.
354 R E 13c.1 ff. ErbStR 2019.
355 R E 28a.1 ff. ErbStR 2019.
356 R E 13c.1 Abs. 3 ErbStR 2019; Eisele NWB 36/2017.

Unternehmenswert	Regelverschonung	steuerlicher Wert	Optionsverschonung	steuerlicher Wert
30.000.000,00 EUR	80 %	6.000.000,00 EUR	95 %	1.500.000,00 EUR
40.000.000,00 EUR	68 %	12.800.000,00 EUR	83 %	6.800.000,00 EUR
50.000.000,00 EUR	54 %	23.000.000,00 EUR	69 %	15.500.000,00 EUR
60.000.000,00 EUR	40 %	36.000.000,00 EUR	55 %	27.000.000,00 EUR
70.000.000,00 EUR	27 %	51.100.000,00 EUR	42 %	40.600.000,00 EUR
80.000.000,00 EUR	14 %	68.800.000,00 EUR	29 %	56.800.000,00 EUR
89.999.999,00 EUR	0 %	89.999.999,00 EUR	15 %	76.499.999,15 EUR

Diese Rechtslage kann dazu führen, dass bei einem Erwerb von 26,5 Mio. EUR (und damit keine vollen 750.000 EUR oberhalb der Freigrenze) ebenfalls noch ein Verschonungsabschlag von 85 % bei der Regelverschonung und 100 % bei der Vollverschonung gewährt wird. Parallel dazu hat der Erwerber aber auch die Möglichkeit, die Verschonungsbedarfsprüfung zu wählen, was er nicht hätte, wenn er 25,9 Mio. EUR erworben hätte. In der Bandbreite des Erwerbs von 26 Mio. EUR und 26,75 Mio. EUR stehen dem Erwerber also alle Möglichkeiten offen. Ob dies mit dem Gleichheitsgrundsatz in Übereinstimmung zu bringen ist, wird sicherlich Gegenstand von gerichtlichen Auseinandersetzungen sein.

In § 13c Abs. 2 ErbStG ist geregelt, dass § 13a Abs. 3 bis 9 ErbStG entsprechende Anwendung finden, also die Regelungen zu den Lohnsummen und Behaltensfristen bei Inanspruchnahme des Verschonungsabschlags für Großvermögen gleichsam gelten. Daher muss in solchen Fällen eine Nachversteuerung erfolgen, wenn Lohnsummen oder Behaltensfristen nicht eingehalten werden. Sollte ein Erwerber innerhalb von zehn Jahren mehrfach von derselben Person begünstigtes Vermögen erhalten, gilt zunächst, dass die Erwerbe zusammengerechnet werden, § 13a Abs. 1 S. 3 ErbStG. Übersteigt die Summe der Erwerbe innerhalb der zehn Jahre den Betrag von 26 Mio. EUR, entfällt die zuvor gewährte Steuerbegünstigung, der Erwerber kann dann zwischen § 13c ErbStG und § 28a ErbStG wählen. Wählt der Erwerber den Verschonungsabschlag für Großerwerbe nach § 13c ErbStG, regelt § 13c Abs. 2 S. 1 ErbStG, dass für die Bestimmung des Verschonungsabschlags für den letzten Erwerb die früheren Erwerbe nach ihrem früheren Wert dem letzten Erwerb hinzugerechnet werden. Die Lohnsummen- und sonstigen Behaltenskriterien gelten nur für die jeweils erworbenen Vermögen unabhängig voneinander. 174.1

Fraglich ist, ob durch die Anwendungsvorschrift des § 37 Abs. 12 ErbStG sichergestellt ist, dass Erwerbe, für die die Steuer vor dem 1.7.2016 entstanden ist, nicht in die Zusammenrechnung miteinbezogen werden.[357] Die Finanzverwaltung steht auf dem Standpunkt, dass eine Zusammenrechnung zu erfolgen hat.[358] Dies soll auch für Erwerbe gelten, die vor der letzten Erbschaftsteuerreform, also vor dem 31.12.2008, erfolgten. Anzusetzen sind in solchen Fällen die früher festgestellten Werte, ohne dass weitere Ermittlungen angestellt werden sollen. Ob dies vom Gesetzestext tatsächlich gedeckt ist, ist höchst fraglich und wird sicherlich Gegenstand von finanzgerichtlichen Verfahren sein. 174.2

Wenn aufgrund der Zusammenrechnung der Schwellenwert von 87,5 Mio. (bei der Regelverschonung) bzw. 90 Mio. (bei der Optionsverschonung) überschritten wird, fällt die bisher gewährte Verschonung vollständig weg, der Erwerber hat dann nur noch die Möglichkeit, die Verschonungsbedarfsprüfung zu wählen. Problematisch hieran ist allerdings, dass der Antrag 174.3

---

357 Dagegen Höne NWB-EV 2016, 411, Wachter GmbHR 2017, 1, aA Landsittel ZErb 2016, 383; Riedel ZErb 2016, 371.

358 R E 13a.2 Abs. 2 ErbStR 2019.

auf den abschmelzenden Verschonungsabschlag eigentlich unwiderruflich ist. Hier wird abzuwarten sein, wie die Finanzverwaltung mit dieser Problematik umgeht.[359]

175 **b) Verschonungsbedarfsprüfung.** Mit der neu eingeführten Verschonungsbedarfsprüfung[360] in § 28a ErbStG hat der Gesetzgeber Neuland betreten. Er leitet diese Prüfung aus der Vorgabe des Bundesverfassungsgerichts ab, bei Großerwerben keine Verschonung mehr zu gewähren, sondern darauf abzustellen, ob der Erwerber leistungsfähig ist. Die Regelung besagt im Grundsatz, dass der Erwerber auf Antrag 50 % seines nichtunternehmerischen sonstigen Vermögens (dazu zählt auch der Nettowert des Verwaltungsvermögens des übertragenen Betriebs) zur Zahlung der Steuer einsetzen muss;[361] hinsichtlich des verbleibenden Betrages hat er einen Anspruch auf Erlass. Im Einzelnen:

176 **aa) Erwerb von mehr als 26 Mio. EUR.** Die Möglichkeit, die Verschonungsbedarfsprüfung in Anspruch zu nehmen, besteht nur, wenn die Wertgrenze von 26 Mio. EUR überschritten ist, § 28a Abs. 1 S. 1 ErbStG. Hinzuweisen ist an dieser Stelle darauf, dass bei der Ermittlung der Wertgrenze bei den sog. Familienunternehmen der Vorababschlag zu berücksichtigen ist. Wird also beispielsweise ein Wert des begünstigten Vermögens von 37 Mio. EUR ermittelt, kann der Erwerber den Verschonungsabschlag für Großvermögen (§ 13c ErbStG) oder die Verschonungsbedarfsprüfung (§ 28a ErbStG) wählen. Handelt es sich hingegen um ein Familienunternehmen, ist der 30 %ige Vorababschlag zu berücksichtigen, so dass der Wert des Erwerbs unter der Grenze von 26 Mio. EUR liegt.

177 **bb) Unmöglichkeit der Zahlung der Erbschaftsteuer aus dem verfügbaren Vermögen.** Weitere Voraussetzung – neben einem entsprechenden Antrag - ist, dass der Erwerber nachweist, dass er persönlich nicht in der Lage ist, die Steuer aus seinem verfügbaren Vermögen zu begleichen. Das verfügbare Vermögen ist in § 28a Abs. 2 ErbStG geregelt. Danach gehören zu dem verfügbaren Vermögen 50 % der Summe der gemeinen Werte des

- mit der Erbschaft oder Schenkung **zugleich** übergegangenen Vermögens, das nicht zum begünstigten Vermögen gehört und
- dem Erwerber im Zeitpunkt der Steuerentstehung gehörenden Vermögens, das nicht begünstigt ist.[362]

Zu dem zugleich mit der Erbschaft oder Schenkung übergegangenen Vermögen zählt somit, neben den klassischen Privatvermögen auch das begünstigungsfähige, aber nicht begünstigte unternehmerische Vermögen.[363] Dies hat der Erwerber für die Zahlung der Steuer einzusetzen, und zwar **ohne Berücksichtigung der darauf entfallenden Erbschaftsteuer**.[364] Verfügbar ist auch ansonsten steuerbefreites Vermögen wie das Familienheim oder der Hausrat.[365] Hingegen reduzieren vorhandene Schulden das verfügbare Vermögen.

Zur möglichen Doppelbelastung von Erbschaft- und Einkommensteuer → Rn. 180.

178 **cc) Auflösende Bedingungen.** Der gewährte Erlass der Steuer steht unter verschiedenen auflösenden Bedingungen. Zunächst ist der gewährte Erlass an das Fortführen des Betriebsvermögens durch den Erwerber sowie an das Einhalten der Lohnsumme geknüpft. Hierbei gelten die (an die Anzahl der Beschäftigten gekoppelte) Lohnsummen der Optionsverschonung. Unterschreitet die Summe der maßgebenden jährlichen Lohnsummen die Mindestlohnsumme, vermindert sich der zu gewährende Erlass der Steuer mit Wirkung für die Vergangenheit in demselben prozentualen Umfang, wie die Mindestlohnsumme unterschritten wird.

---

359 Riedel ZErb 2016, 371.
360 R E 28a.1 ff. ErbStR 2019; Stalleicken/Holtz ErbR 2016, 560.
361 Riedel ZErb 2016, 371.
362 Kritisch hierzu Crezelius ZEV 2016, 541.

363 Landsittel ZErb 2016, 383.
364 Landsittel ZErb 2016, 383; R E 28a.2 Abs. 2 S. 6 ErbStG; Geck ZEV 2017, 481; Wachter FR 2017, 841.
365 Hannes ZEV 2016, 554; Geck ZEV 2017, 481.

Bei den weiteren einzusetzenden Erwerben durch Erbschaft oder Schenkung gibt es keinerlei Einschränkung, auch nicht im Hinblick auf die Person des Erblassers oder Schenkers. Insbesondere ist es keine Voraussetzung, dass der weitere Erwerb durch den gleichen Erblasser oder Schenker erfolgt.[366] Weiterhin spielt die Höhe des weiteren Erwerbs keine Rolle. Daher tritt nach dem Gesetzeswortlaut die aufschiebende Bedingung selbst bei noch so geringwertigen Geburtstags- oder Weihnachtsgeschenken ein und führt zum Wegfall des Erlasses. Die Erbschaftsteuerrichtlinien sehen hingegen vor, dass übliche Gelegenheitsgeschenke im Sinne des § 13 Abs. 1 Nr. 14 ErbStG unbeachtlich sind.[367] In solchen Fällen kann allerdings ein neuer Erlassantrag gestellt werden, so dass der Erwerber dann zusätzlich 50 % des neu erworbenen Vermögens zur Steuerzahlung einsetzen muss, § 28a Abs. 4 Nr. 3 ErbStG. In diesem Zusammenhang spielt es keine Rolle, ob das seinerzeit nach der Steuerzahlung verbliebene Vermögen – beispielsweise durch Kursschwankungen – werthaltiger oder weniger wert geworden ist, obwohl dies erheblichen Einfluss auf die Leistungsfähigkeit des Erwerbers hat.

178.1

Im Hinblick auf nacheinander erfolgende Erwerbe ist daher zu beachten, dass sich das verfügbare Vermögen nicht dadurch „verbraucht", dass es bei einem Erwerb das Erlassvolumen mindert. Vielmehr ist es auch bei Folgeerwerben wiederum als verfügbares Vermögen zu berücksichtigen.[368] Diese Konsequenz kann auch die Nachfolgeplanung Dritter erheblich beeinflussen. Wenn ein potenzieller Erblasser oder Schenker weiß, dass der Erwerber „erlassbelastet" ist, sinkt seine Motivation, diesem Erwerber etwas zukommen zu lassen, da er weiß, dass dieser umgehend 50 % des Geschenks an das Finanzamt zahlen muss.[369]

178.2

Die Regelung des § 28a ErbStG führt bereits jetzt zu Überlegungen, unternehmerisches Vermögen auf vermögenslose Kleinkinder oder Stiftungen zu übertragen.[370] Ob auch – nur mit dem Stammkapital ausgestattete – Kapitalgesellschaften geeignet sind oder ob hier nicht die Regelung des § 7 Abs. 8 ErbStG greift, ist zweifelhaft.[371] Jedenfalls in Erbfällen könnte dies eine Option sein, da hier § 7 Abs. 8 ErbStG nicht greift. Bei Unternehmen, die als Familienunternehmen einen Abschlag bekommen, ist allerdings darauf zu achten, dass, wenn der Gesellschaftsvertrag hierfür geändert werden muss, erst zwei Jahre abgewartet werden muss, bevor Übertragungen stattfinden.

178.3

dd) Stundung der nicht erlassenen Steuer. § 28a Abs. 3 ErbStG sieht eine besondere Stundungsregelung für die verbleibende Steuer für das unternehmerische Vermögen vor.[372] Diese kann ganz oder teilweise bis zu sechs Monate gestundet werden, wenn die Einziehung bei Fälligkeit eine erhebliche Härte für den Erwerber bedeuten würde und der Anspruch nicht gefährdet erscheint. Eine erhebliche Härte soll insbesondere dann vorliegen, wenn der Erwerber einen Kredit aufnehmen oder verfügbares Vermögen veräußern muss, um die Steuer entrichten zu können. In diesem Fall ist die gestundete Steuer „normal" zu verzinsen. Wichtig ist, dass die Stundung nur für die Steuer auf das begünstigte Betriebsvermögen gewährt wird, nicht für die Steuer von anderen Vermögensgegenständen, die gleichzeitig übergegangen sind.

179

ee) Doppelbelastung mit Erbschaft- und Ertragsteuer. Muss der Erwerber zur Zahlung der Erbschaftsteuer sein verfügbares Vermögen veräußern, können zusätzlich ertragsteuerliche Konsequenzen drohen.[373] So gehört das Nettoverwaltungsvermögen nicht zum begünstigten Erwerb, ist also der Verschonungsbedarfsprüfung nicht zugänglich. Demnach ist die darauf entfallende Erbschaftsteuer zu entrichten – eine Stundungsmöglichkeit nach § 28a Abs. 3 ErbStG besteht hierfür nicht –, aber es ist auch 50 % seines (Brutto-)Werts für die Zahlung der nicht erlassenen Erbschaftsteuer auf begünstigtes Vermögen zu verwenden. Wenn kein sonstiges liquides Vermö-

180

---

366 Landsittel ZErb 2016, 383.
367 R E 28a.4 Abs. 2 S. 3 ErbStR 2019; Wachter FR 2017, 841; Geck ZEV 2017, 481.
368 Hannes ZEV 2016, 554.
369 Hannes ZEV 2016, 554.

370 Thonemann-Micker DB 2016, 2312; Geck ZEV 2017, 481; Wachter FR 2017, 69.
371 Fischer/Pahlke/Wachter, 7.3.6 zu § 28a ErbStG; Wachter FR 2017, 841.
372 R E 28a.3 ErbStR 2019.
373 Geck ZEV 2017, 481.

gen vorhanden ist, bleibt dem Erwerber nur, das Verwaltungsvermögen zu verkaufen. Da es sich ggf. um steuerverstricktes Vermögen handelt, fällt auf den Veräußerungsgewinn Einkommensteuer an. Die gleichen Konsequenzen ergeben sich, wenn steuerverstricktes Privatvermögen verwendet werden muss.

180.1 Neben dem zugleich mit der Erbschaft oder Schenkung übergegangenen nicht begünstigten Vermögen muss der Erwerber auch das ihm bereits gehörende Privatvermögen einsetzen, das nicht zum begünstigten Vermögen gehört. Auch dies kann erhebliche steuerliche Konsequenzen haben, beispielsweise, dass der Erwerber, dessen Privatvermögen ausschließlich aus seinem Wohnhaus oder seiner Eigentumswohnung besteht, diese(s) verkaufen muss, um die Hälfte des Wertes für die Zahlung der Erbschaftsteuer einzusetzen.

181 c) **Stundungsregeln.** Als **allgemeine Stundungsregel** sieht § 28 Abs. 1 ErbStG vor, dass beim Erwerb begünstigten Vermögens die Steuer auf Antrag bis zu sieben Jahre zu stunden ist. Davon soll, so der gesetzgeberische Wille, das erste Jahr zinslos sein; danach fallen die normalen Stundungszinsen an. Allerdings ist die Formulierung in § 28 Abs. 1 ErbStG „Der erste Jahresbetrag ist ein Jahr nach der Festsetzung der Steuer fällig und bis dahin zinslos zu stunden" wohl so zu verstehen, dass der gestundete Betrag nicht nach 7 Jahren zurückbezahlt werden muss, sondern dass die gestundete Steuer **in sieben Jahresraten** zu zahlen ist.[374] Ebenfalls ist von „Jahresbeträgen" die Rede, was im Ergebnis einer Ratenzahlung gleichkommt. In der Abgabenordnung (§ 222 AO), in der die Stundung von Steuern grundsätzlich geregelt ist, findet sich eine solche Ratenzahlungsvorgabe nicht. Die Finanzverwaltung vertritt in den Erbschaftsteuerrichtlinien aber eindeutig die jahresweise Tilgung in sieben gleichen Jahresraten.[375]

181.1 Der **Anwendungsbereich** umfasst alle Fälle, in denen begünstigtes Vermögen im Sinne des § 13b Abs. 2 ErbStG erworben wird. Dies sind insbesondere die Fälle, in denen Regelverschonung gewährt wurde. Der Anspruch auf Stundung bezieht sich nur auf die Erbschaftsteuer, die auf das begünstigte Vermögen entfällt.

182 Die Stundung endet, wenn der Erwerber gegen die **Lohnsummenregelungen** verstößt (wobei die Auswirkungen zumindest beim Optionsmodell gering sein dürften, weil erst nach Ablauf der Sieben-Jahres-Frist ein Verstoß dagegen feststeht, die Stundung dann aber schon beendet ist),[376] er gegen die Behaltensfristen verstößt, den Betrieb aufgibt oder überträgt. Hierzu gehört auch die unentgeltliche Weitergabe[377]. Hierunter wird hingegen nicht der Fall zu fassen sein, dass der Erwerber seinerseits verstirbt und der Betrieb auf dessen Erben übergeht, da der Erbe genauso wie der Erwerber schutzwürdig ist.

C. Bewertung des Nachlasses/der Schenkung

183 Die Bewertung des Nachlasses bzw. einer Schenkung hat ganz entscheidenden Einfluss auf die steuerlichen Auswirkungen des Erbfalls/der Schenkung bzw. auf eine geplante steuerliche Gestaltung. Maßgeblich für die Bewertung sind die Vorschriften des Bewertungsgesetzes, auf die § 12 ErbStG explizit verweist. Die Anwendung des Bewertungsgesetzes ist allerdings nicht auf die Bewertungen im Rahmen der Erbschaft- und Schenkungsteuer beschränkt, sondern gilt – soweit nicht ausdrücklich anderes angeordnet ist – auch für die übrigen Steuerarten. Für Zwecke der Erbschaftsteuer verweist § 12 Abs. 1 ErbStG auf die allgemeinen Regelungen des Bewertungsgesetzes (§§ 1–16 BewG), soweit nicht in § 12 Abs. 2–7 ErbStG etwas anderes bestimmt ist. Mit Ausnahme des § 12 Abs. 4 ErbStG verweisen jedoch auch alle anderen Absätze des § 12 ErbStG auf Regelungen des Bewertungsgesetzes.

---

[374] Riedel ZErb 2016, 371; Hannes ZEV 2016, 554; Holler ErbR 2016, 686.
[375] R E 28 Abs. 2 ErbStR.
[376] Riedel ZErb 2016, 371.
[377] R E 28 Abs. 3 Nr. 1 ErbStR 2019.

I. Verfassungsgemäße Bewertung

Während sich Steuerklassen, Freibeträge etc für Zwecke der Erbschaftsteuer einfach ermitteln lassen, ist die speziell steuerliche Bewertung von Wirtschaftsgütern mit erheblichen Schwierigkeiten verbunden. Nicht zuletzt aufgrund dieser Schwierigkeiten wurde das Erbschaftsteuergesetz in der Vergangenheit zwei Mal für unvereinbar mit dem Grundgesetz erklärt, allerdings mit unterschiedlichen Begründungsansätzen. In seiner Entscheidung vom 22.6.1995[378] urteilte das Bundesverfassungsgericht, dass § 12 ErbStG aF gegen Art. 3 GG verstoße, weil er eine unterschiedliche Bewertung von Immobilien und Kapitalvermögen vorsehe. Immobilien wurden nach der Rechtslage vor dem 1.1.1997 mit dem Einheitswert bewertet, der die Wertmaßstäbe des Jahres 1964 zugrunde legte. Kapitalvermögen wurde (und wird noch heute) mit dem Nennbetrag, also dem aktuellen Verkehrswert, bewertet. Diese Ungleichbehandlung war sachlich nicht gerechtfertigt.

184

Im Jahr 2006 wurde das Erbschaftsteuergesetz erneut für unvereinbar mit dem Grundgesetz erklärt.[379] Bemängelt wurde an der damaligen Neufassung, dass die Anwendung eines einheitlichen Steuertarifs nach § 19 ErbStG gegen Art. 3 GG verstößt, weil die Besteuerung an Werte anknüpft, deren Ermittlung bei wesentlichen Gruppen von Wirtschaftsgütern unterschiedlich erfolgt. Zwar billigte das Bundesverfassungsgericht ausdrücklich, dass mit der Erbschaft- und Schenkungsteuer auch außerfiskalische Förder- und Lenkungsziele verfolgt werden können. Diese Ziele dürften aber nicht bereits bei der Bewertung, sondern erst in einem zweiten Schritt zB durch Anordnung von Steuerbefreiungen oder Vergünstigungen Berücksichtigung finden.

185

Die beiden Entscheidungen des Bundesverfassungsgerichts zeigen, wie schwierig, aber gleichzeitig auch wichtig eine einheitliche Bewertung von Wirtschaftsgütern ist. Nach der Entscheidung des Bundesverfassungsgerichts aus 2006 ist es ausgeschlossen, dass steuerpolitisch wünschenswerte Lenkungsziele bereits bei der Bewertung berücksichtigt werden. Das nach diesen Vorgaben geänderte und ab dem 1.1.2009 geltende Erbschaftsteuergesetz ist daher von der Systematik dahin gehend gestaltet worden, dass als **einheitliche Bewertungsgrundlage** aller Wirtschaftsgüter der Verkehrswert zu ermitteln ist. Freilich sind hierfür wiederum unterschiedliche Bewertungssysteme für einzelne Gruppen von Wirtschaftsgütern geschaffen worden. Diese Bewertungsverfahren haben allerdings das einheitliche und von Verfassungs wegen geforderte Ziel, jedenfalls bei der Bewertung der Wirtschaftsgüter den Verkehrswert zu „treffen".

186

Auch das zum 1.1.2009 in Kraft getretene Erbschaftsteuergesetz ist vom Bundesverfassungsgericht für verfassungswidrig erklärt worden.[380] Auf Vorlage des BFH[381] musste sich das Bundesverfassungsgericht mit der Frage befassen, ob zum einen die einheitliche Anwendung eines Steuertarifs (§ 19 ErbStG) gegen Art. 3 GG verstößt, wenn die auf der zweiten Stufe gewährten steuerpolitischen Vergünstigungen nach Zahl und wirtschaftlicher Bedeutung wesentlich sind. Zum anderen war der BFH der Auffassung, dass die Begünstigungen der §§ 13a, 13b ErbStG zu einer gleichheitswidrigen Fehlbesteuerung führen, weil eine weitgehende/vollständige Privilegierung für Betriebsvermögen nicht gerechtfertigt sei und Gestaltungen möglich sind, nach denen nicht betriebsnotwendiges Vermögen ohne oder mit nur geringer Steuerbelastung übertragen werden kann. Das Bundesverfassungsgericht hat sich der Meinung des BFH angeschlossen. Die Begründung zeigt, dass sich die verfassungsgerichtlich zu entscheidenden Fragen inzwischen vom Bewertungsgesetz gelöst haben. Nicht mehr die Bewertung selbst führt (indirekt über die Steuersätze) zu einer Ungleichbehandlung, sondern die Ungleichbehandlung wurde nun ua aus den gewährten Begünstigungen für Betriebsvermögen gefolgert.

187

---

378 BVerfG BStBl. 1995, 671.
379 BVerfG BStBl. 2007, 192.
380 BVerfG BStBl. 2015, 50.
381 BFH DStR 2012, 2063.

II. Allgemeine Bewertungsgrundsätze

188 In den §§ 1–16 BewG sind die allgemeinen Bewertungsgrundsätze niedergelegt. Für Zwecke der Erbschaft- und Schenkungsteuer verweist § 12 Abs. 1 ErbStG damit insbesondere auf den allgemeinen Bewertungsgrundsatz des § 9 BewG, nach dem grundsätzlich der **gemeine Wert** eines Wirtschaftsguts zu ermitteln ist. Die allgemeinen Vorschriften der §§ 1–16 BewG regeln für alle Bewertungsvorgänge verbindlich einen allgemeinen Maßstab, wobei die Regelung zT selbst Bewertungsregelungen enthalten, zT aber auch nur auf ein anzuwendendes Bewertungsverfahren des Besonderen Teils des Bewertungsgesetzes verweisen.

189 **1. Bewertung wirtschaftlicher Einheiten.** § 2 BewG sieht als Bewertungsgegenstand „wirtschaftliche Einheiten" vor. Die Regelung verhindert, dass bei einer Sachgesamtheit jeder einzelnen Gegenstand gesondert zu bewerten ist. Ohne die Zusammenfassung der Bewertung auf wirtschaftliche Einheiten wäre in der Praxis eine Wertbestimmung zu aufwändig und damit nicht beherrschbar.

190 Der Begriff der wirtschaftlichen Einheit ist als Typusbegriff nicht definierbar, er kann lediglich umschrieben werden. § 2 Abs. 1 S. 3 BewG sieht als Maßstab für die Frage, welche Gegenstände zu einer wirtschaftlichen Einheit gehören, die Verkehrsanschauung an. Einfach darstellen lässt sich der Begriff der wirtschaftlichen Einheit bei Grundstücken. Diese sind als Gesamtheit zu bewerten. Mit dem Gesamtwert sind alle einzelnen Wirtschaftsgüter, die nach der Verkehrsanschauung zu der wirtschaftlichen Einheit des Grundstücks gehören abgegolten. Eine wirtschaftliche Einheit können mehrere Wirtschaftsgüter allerdings nur dann bilden, wenn sie wirtschaftlich zusammengehören, demselben Eigentümer zuzurechnen sind (§ 2 Abs. 2 BewG) und derselben Vermögensart angehören.[382]

191 Steht ein Wirtschaftsgut daher im Eigentum mehrerer Personen, ist dieses Wirtschaftsgut zwar einheitlich zu bewerten und der Wert auf die Miteigentümer aufzuteilen (§ 3 BewG). Die einzelnen Miteigentumsanteile bilden in ihrer Gesamtheit jedoch keine wirtschaftliche Einheit iSd § 2 BewG. Ebenfalls keine wirtschaftliche Einheit bilden zB landwirtschaftliche Betriebe mit dort aufstehenden Gebäuden für Feriengäste. Zwar können nach der Verkehrsanschauung die Gebäude für Feriengäste durchaus mit dem landwirtschaftlichen Betrieb als zusammengehörig angesehen werden. Die in dieser Weise genutzten Gebäude gehören allerdings nicht zum land- und forstwirtschaftlichen Vermögen iSd § 158 BewG, sondern zum Grundvermögen. Es liegen mithin unterschiedliche Vermögensarten vor, so dass keine wirtschaftliche Bewertungseinheit zu bilden ist.

192 **2. Bewertung aufschiebend und auflösend bedingter Erwerbe.** Die §§ 4–8 BewG enthalten wichtige Regelung für die Fälle des Erwerbs eines Wirtschaftsguts unter einer aufschiebenden oder auflösenden Bedingung. § 4 BewG ordnet an, dass Wirtschaftsgüter, die unter einer aufschiebenden Bedingung erworben werden, erst dann zu berücksichtigen sind, wenn die Bedingung eingetreten ist. Wird daher ein Wirtschaftsgut unter einer aufschiebenden Bedingung verschenkt, ist der Wert der Schenkung für Zwecke der Schenkungsteuer so lange nicht zu berücksichtigen, bis die aufschiebende Bedingung eingetreten ist. Es kommt daher in derartigen Fällen nicht zu einer steuerlichen Bewertung von Anwartschaftsrechten o.ä.

193 Umgekehrt wird der Erwerb unter einer auflösenden Bedingung so bewertet, als sei unbedingt erworben worden (§ 5 Abs. 1 BewG). Die auflösende Bedingung findet damit bei der Bewertung keine wertmindernde Berücksichtigung. Allerdings besteht für den Erwerber die Möglichkeit, bei nicht laufend veranlagten Steuern (also v.a. bei der Erbschaft- und Schenkungsteuer) die Wertfeststellung nach den tatsächlichen Werten zu berichtigen. Wurde zB ein Grundstück unter einer auflösenden Bedingung verschenkt und tritt diese Bedingung nach Ablauf eines bestimmten Zeitraums ein, kann der Erwerber auf Antrag eine Korrektur der Wertfeststellung erreichen.

---

[382] BFH BFH/NV 1995, 583.

Es würde dann der Schenkungsteuer nicht mehr der Grundstückswert zugrunde gelegt, sondern lediglich das Nutzungsrecht für den abgelaufenen Zeitraum. Die Änderung erfolgt mit steuerlicher Wirkung für die Vergangenheit, die Festsetzungsfrist beginnt erst mit Ablauf des Jahres des Bedingungseintritts zu laufen (§ 175 Abs. 1 S. 2 AO).

Spiegelbildlich erfolgt die Berücksichtigung von aufschiebend und auflösend bedingten Lasten nach den §§ 6 und 7 BewG. Ist der Eintritt der Bedingung sicher, der konkrete Zeitpunkt des Bedingungseintritts aber ungewiss, finden die §§ 4–7 BewG gleichwohl Anwendung (§ 8 BewG). Zu beachten ist hier allerdings die in der Praxis wichtige Sonderregelung des § 14 BewG. Bei lebenslänglichen Nutzungen und Leistungen erfolgt eine Bewertung unter Berücksichtigung der Sterbetafel des Statistischen Bundesamtes. 194

3. Allgemeiner Bewertungsgrundsatz: Gemeiner Wert. § 9 BewG enthält den für das Bewertungsgesetz geltenden allgemeinen Grundsatz, dass der **gemeine Wert** eines Wirtschaftsguts/einer wirtschaftlichen Einheit maßgeblich sein soll. Der gemeine Wert ist dabei nichts anderes als eine veraltete Umschreibung des Verkehrswertes, beide Begriffe sind inhaltsgleich.[383] Obwohl es sich bei § 9 BewG um die Grundnorm der Bewertung handelt, ist sein unmittelbarer Anwendungsbereich für die Erbschaftsteuer eher gering. Die Bewertung erfolgt nur dann unmittelbar nach § 9 BewG, wenn nicht im Bewertungsgesetz selbst oder im Erbschaftsteuergesetz andere, also speziellere, Bewertungsverfahren vorgeschrieben sind. Zwar ist es das verfassungsrechtlich vorgegebene Ziel der verschiedenen Bewertungsverfahren, den gemeinen Wert zu ermitteln. Aufgrund der unterschiedlichen und zur Pauschalierung neigenden Wertermittlungsverfahren gelingt dies allerdings in den meisten Fällen nicht. Der gemeine Wert eines Wirtschaftsgutes ergibt sich daher in den meisten Fällen aus typisiert festgelegten Bewertungsverfahren und folgt nicht aus einer Wertbestimmung nach § 9 BewG. 195

Ein wesentlicher Anwendungsbereich des § 9 BewG für Zwecke der Erbschaftsteuer verbleibt allerdings für das Auslandsvermögen (§ 12 Abs. 7 BewG). Für dieses gelten die besonderen, insbesondere die für die Erbschaft- und Schenkungsteuer anzuwendenden Bewertungsverfahren nicht. 196

Nach § 9 Abs. 2 BewG wird der gemeine Wert durch den Preis bestimmt, der im gewöhnlichen Geschäftsverkehr nach der Beschaffenheit des Wirtschaftsgutes bei einer Veräußerung zu erzielen wäre. Dabei sind alle Umstände, die den Preis beeinflussen, zu berücksichtigen. Ungewöhnliche oder persönliche Verhältnisse sind nicht zu berücksichtigen. Die einfachste Methode zur Ermittlung dieses gemeinen Wertes ist nach dieser gesetzlichen Umschreibung die Ableitung aus **zeitnahen Verkäufen** vor dem Bewertungsstichtag.[384] Sind solche Verkäufe in einer nicht unerheblichen Anzahl vorhanden, garantiert der so ermittelbare Vergleichspreis eine sehr genaue Annäherung an den gemeinen Wert des Wirtschaftsguts. Da derartige Verkäufe jedoch nicht immer vorliegen, stellt § 9 BewG allgemeine Maßstäbe für die Ermittlung eines fiktiven Kaufpreises auf. 197

Als gewöhnlicher Geschäftsverkehr gilt dabei ein Verkauf unter fremden Dritten, der sich nach den Grundsätzen von Angebot und Nachfrage stichtagsnah abspielt und ohne Zwang und Not, sondern freiwillig erfolgt.[385] Veräußerungen im Zwangsversteigerungsverfahren scheiden daher für eine Wertbestimmung aus. 198

Die Beschaffenheit eines Wirtschaftsguts betrifft nur solche Eigenschaften, die dem Wirtschaftsgut arteigen, also nur wirtschaftliche, tatsächliche oder rechtliche Verhältnisse, die unmittelbar mit ihm verbunden sind. Hierunter fällt zB nicht eine schuldrechtliche Überlassungsverpflichtung bzgl. eines Gebäudes auf fremden Grund und Boden nach Ablauf des Nutzungsvertrages.[386] Denn eine solche Verpflichtung begründet weder ein Recht eines Dritten an diesem 199

---

383 BFH BStBl. 1990, 497.
384 BFH BStBl. 1987, 769.

385 Ua BFH BStBl. 1981, 353.
386 BFH BStBl. 1975, 377.

Gebäude noch wirkt sie sich auf die Lebensdauer des Gebäudes aus. Zu berücksichtigen sind **nur objektive, wertbeeinflussende Faktoren**, bei Grundstücken also insbesondere die Lage, der Zuschnitt oder äußere Einflüsse wie vorhandene Geruchs- oder Lärmbelästigungen. Daneben können auch rechtliche Faktoren den Wert eines Gegenstandes beeinflussen, etwa dingliche Belastungen Dritter oder Verfügungsbeschränkungen.

200 Nicht zu berücksichtigen bei der Wertfindung sind ungewöhnliche oder persönliche Verhältnisse. Als ungewöhnliche Umstände gelten zB nicht Schwarzmarktpreise, auch wenn sie bei bestimmten Wirtschaftsgütern häufiger vereinbart werden.[387] Ebenfalls nicht ungewöhnlich ist ein höherer Preis bei einem Anteilserwerb durch einen Konkurrenten oder dem Erwerb von Anteilen zur Erreichung eines wesentlichen Einflusses. Hierbei handelt es sich um typische Erscheinungen des Geschäftsverkehrs.[388] Als besondere persönliche Verhältnisse sind insbesondere wirtschaftliche Zwangslagen anzusehen, aus denen sich regelmäßig niedrigere Kaufpreise ergeben. Kaufverträge unter nahen Verwandten, bei denen aus Rücksicht auf das Verwandtschaftsverhältnis ein anderer als der übliche Kaufpreis vereinbart wird, können zur Bestimmung des gemeinen Wertes ebenfalls nicht herangezogen werden. Verfügungsbeschränkungen, die aus persönlichen Gründen vereinbart sind, haben nach § 9 Abs. 3 S. 1 BewG für die Ermittlung des gemeinen Wertes keine Bedeutung.[389] Bei offenen Immobilienfonds, bei denen die Rücknahme der Anteile ausgesetzt ist, kommt nach dem FG Hessen keine Bewertung mit dem Rücknahmepreis nach § 11 Abs. 4 BewG in Betracht, sondern ein Ansatz des zum Bewertungsstichtag im Rahmen des Freiverkehrs festgestellten niedrigeren Börsenkurs.[390]

201 **4. Bewertung von Grundstücken.** Nach § 12 Abs. 3 ErbStG, der über § 151 Abs. 1 Nr. 1 BewG auf § 157 BewG verweist, wird die Bewertung von Grundvermögen mit dem nach den Vorschriften der §§ 159 und 176 ff. BewG zu ermittelnden Grundbesitzwert vorgenommen. Diese Bewertungsvorschriften gelten für alle Erbschaften/Schenkungen, die ab dem 1.1.2009 erfolgten. Für Altfälle ab dem 1.1.1996 gelten die Bewertungsvorschriften der §§ 138 ff. BewG. Letztgenannte Vorschriften haben aktuell lediglich noch Bedeutung für die Wertermittlung bei der Grunderwerbsteuer.

202 Die Vorschriften über die Bewertung von Grundvermögen befinden sich in Teil C des Bewertungsgesetzes. Gleichwohl werden über § 99 Abs. 3 BewG auch Grundstücke, die einem Betriebsvermögen gehören (sog. Betriebsgrundstücke), wie Grundvermögen bewertet. Dies hat zur Folge, dass es im Rahmen der Erbschaft- und Schenkungsteuer bei der Bewertung eines Betriebsvermögens neben der Wertfeststellung für die wirtschaftliche Einheit des Betriebs auch immer zu einer gesonderten Bewertung für das Betriebsgrundstück kommt. Das Bewertungsgesetz unterscheidet für die Bewertung unbebaute und bebaute Grundstücke. Bei den bebauten Grundstücken erfolgt wiederum eine Unterteilung in sechs verschiedene Gebäudearten (§ 181 Abs. 1 Nr. 1–6 BewG).

203 **a) Bewertung unbebauter Grundstücke.** Nach § 178 Abs. 1 BewG handelt es sich um ein unbebautes Grundstück, wenn sich zum Bewertungszeitpunkt keine benutzbaren Gebäude auf dem Grundstück befinden. Ein Gebäude ist mit seiner Bezugsfertigkeit benutzbar, wobei die Bezugsfertigkeit nicht an die öffentlich-rechtliche Abnahme anknüpft. § 178 Abs. 1 S. 3 BewG legt als Maßstab für die Bezugsfertigkeit die Zumutbarkeit der Benutzung fest. Diese kann folglich auch vor der förmlichen Abnahme gegeben sein. Die Unterscheidung über den Zeitpunkt der Bezugsfertigkeit ist von Bedeutung für die Art des Bewertungsverfahrens. Ist ein Gebäude noch nicht bezugsfertig, handelt es sich um ein Grundstück **im Zustand der Bebauung**. Hierfür gilt nach 196 BewG ein gesondertes Bewertungsverfahren. Befinden sich auf dem Grundstück Ge-

---

[387] Rössler/Troll/Halaczinsky BewG § 9 Rn. 12 mit Verweis auf BFH vom 3.4.1964 – III 293/61, BeckRS 1964, 21007077.
[388] BFH BStBl. 1979, 618.
[389] S. hierzu Rössler/Troll/Halaczinsky BewG § 9 Rn. 13.
[390] FG Hessen EFG 2016, 790.

bäude, die auf Dauer keiner Nutzung zugeführt werden können, gilt das Grundstück als unbebaut. Abzugrenzen ist die dauerhafte von der nur vorübergehenden Unbenutzbarkeit, etwa infolge von Umbaumaßnahmen.[391] Die Unbenutzbarkeit muss vom Gebäude selbst herrühren, so dass zB eine mangelnde Vermietungsaussicht keine Unbenutzbarkeit begründet. Eindeutiger sind die in § 178 Abs. 2 S. 2 BewG genannten Gründe der Unbenutzbarkeit (Verfall oder Zerstörung). Die beiden Alternativen Verfall oder Zerstörung implizieren allerdings eine gewisse Erheblichkeit. Nicht ausreichend sind daher zB ein längerer Reparaturstau oder die Zerstörung nicht wesentlicher Gebäudeteile (zB Fenster), wenn diese Schäden behebbar sind.

Die Bewertung unbebauter Grundstücke erfolgt nach § 179 BewG. Hierzu ist die Grundstücksfläche mit dem jeweils letzten, vor dem Bewertungsstichtag ermittelten Bodenrichtwert zu multiplizieren. Die Außenanlagen sind mit diesem Wert abgegolten.[392] Der Bodenrichtwert wird von den bei Städten und Gemeinden eingerichteten selbstständigen und unabhängigen Gutachterausschüssen (§ 192 BauGB) ermittelt. Die Gutachterausschüsse haben die **Bodenrichtwerte** zu veröffentlichen und dem zuständigen Finanzamt mitzuteilen (§ 196 Abs. 3 BauGB). Die Veröffentlichung wird teilweise kostenfrei im Internet angeboten (zB für NRW unter www.boris-nrw.de), zT sind die Auskünfte der Gutachterausschüsse kostenpflichtig.

Der Bodenrichtwert wird grundsätzlich für eine bestimmte Richtwertzone ermittelt, die Gebiete umfassen, die nach Art und baulicher Nutzung weitgehend übereinstimmen. Gleichwohl kann es vorkommen, dass das zu bewertende Grundstück ein besonderes wertbeeinflussendes Merkmal aufweist, das eine abweichende Grundstücksbewertung rechtfertigt. Wertbeeinflussende Faktoren können (nebeneinander) sein die Art und das Maß der baulichen Nutzung, die Geschossflächenzahl, die Anzahl der möglichen Geschosse, die Grundstückstiefe und die Grundstücksgröße. Weicht das zu bewertende Grundstück von der für die Richtwertzone zugrunde gelegten Norm ab, ist anhand von Umrechnungsfaktoren der tatsächliche Bodenwert zu ermitteln. Die Umrechnungsfaktoren sind ebenfalls vom Gutachterausschuss mitzuteilen.[393] Liegen keine Umrechnungsfaktoren vor, ist auf die Umrechnungskoeffizienten in H B 179.2 ErbStR 2011 zurückzugreifen. Weitere wertbeeinflussende Grundstücksmerkmale, wie zB Ecklage, Zuschnitt, Oberflächenbeschaffenheit und Beschaffenheit des Baugrundes, Lärm-, Staub- oder Geruchsbelästigungen, Altlasten sowie Außenanlagen bleiben außer Ansatz.[394]

b) **Bewertung bebauter Grundstücke.** Im Gegensatz zu unbebauten Grundstücken handelt es sich um bebaute Grundstücke, wenn sich auf ihnen benutzbare Gebäude befinden (§ 180 Abs. 1 BewG). Als bebautes Grundstück sind auch das Erbbaurecht und ein Gebäude auf fremdem Grund und Boden zu bewerten (§ 180 Abs. 2 BewG). Abgesehen von diesen beiden Sonderfällen ist bei der Bewertung bebauter Grundstücke zunächst die richtige von sechs Grundstücksarten zu bestimmen, da sich hieraus das anzuwendende Bewertungsverfahren ableitet. Nach § 181 Abs. 1 BewG sind die folgenden Grundstücksarten zu unterscheiden:

1. Ein- und Zweifamilienhäuser,
2. Mietwohngrundstücke,
3. Wohnungs- und Teileigentum,
4. Geschäftsgrundstücke,
5. gemischt genutzte Grundstücke und
6. sonstige bebaute Grundstücke.

Nach § 181 Abs. 2 BewG sind Ein- und Zweifamilienhäuser Wohngrundstücke, die bis zu zwei Wohnungen enthalten und kein Wohnungseigentum sind. Ein Grundstück gilt auch dann als Ein- oder Zweifamilienhaus, wenn es zu weniger als 50 %, berechnet nach der Wohn- oder Nutzfläche, zu anderen als Wohnzwecken mitbenutzt wird, wenn dadurch die Eigenart als Ein-

---

391 Rössler/Troll/ Halaczinsky, 34. Erg.Lfg., BewG § 178 Rn. 3.
392 R B 179.1 Abs. 1 S. 1 ErbStR 2019.
393 R B 179 Abs. 2–7 ErbStR 2019.
394 R B 179 Abs. 8 ErbStR 2019.

oder Zweifamilienhaus nicht wesentlich beeinträchtigt wird. Die Bewertung der Ein- und Zweifamilienhäuser erfolgt grundsätzlich im **Vergleichswertverfahren** (§ 182 Abs. 2 Nr. 3 BewG), hilfsweise im Sachwertverfahren (§ 182 Abs. 4 BewG).

208 Mietwohngrundstücke sind nach § 181 Abs. 3 BewG solche Grundstücke, die zu mehr als 80 %, berechnet nach der Wohn- oder Nutzfläche, Wohnzwecken dienen, und nicht Ein- und Zweifamilienhäuser oder Wohnungseigentum sind. Die Bewertung von Mietwohngrundstücken erfolgt im **Ertragswertverfahren** (§ 182 Abs. 3 Nr. 1 BewG).

209 Wohnungseigentum ist das Sondereigentum an einer Wohnung in Verbindung mit dem Miteigentumsanteil an dem gemeinschaftlichen Eigentum, zu dem es gehört (§ 181 Abs. 4 BewG). Teileigentum ist das Sondereigentum an nicht zu Wohnzwecken dienenden Räumen eines Gebäudes in Verbindung mit dem Miteigentum an dem gemeinschaftlichen Eigentum, zu dem es gehört (§ 181 Abs. 5 BewG). Die Bewertung des Wohnungs- und Teileigentums erfolgt grundsätzlich im Vergleichswertverfahren (§ 182 Abs. 2 Nr. 1 und 2 BewG), hilfsweise im Sachwertverfahren (§ 182 Abs. 4 BewG).

210 Geschäftsgrundstücke sind nach § 181 Abs. 6 BewG Grundstücke, die zu mehr als 80 %, berechnet nach der Wohn- und Nutzfläche, eigenen oder fremden betrieblichen oder öffentlichen Zwecken dienen und nicht Teileigentum sind. Lässt sich für ein Geschäftsgrundstück eine übliche Miete erzielen, erfolgt die Bewertung im Ertragswertverfahren, anderenfalls im Sachwertverfahren (§ 182 Abs. 3 Nr. 2, Abs. 4 Nr. 2 BewG).

211 § 181 Abs. 7 BewG definiert als gemischt genutzte Grundstücke solche Grundstücke, die teils Wohnzwecken, teils eigenen oder fremden betrieblichen oder öffentlichen Zwecken dienen und nicht Ein- und Zweifamilienhäuser, Mietwohngrundstücke, Wohnungseigentum, Teileigentum oder Geschäftsgrundstücke sind. Auch hier hängt das Bewertungsverfahren von der Ermittelbarkeit einer üblichen Miete ab (§ 182 Abs. 3 Nr. 2, Abs. 4 Nr. 2 BewG).

212 Schließlich handelt es sich um ein sonstiges bebautes Grundstück, wenn keines der vorgenannten Kriterien auf ein Grundstück zutrifft. Die Bewertung derartiger Grundstücke erfolgt stets im Sachwertverfahren (§ 182 Abs. 4 Nr. 3 BewG).

213 **c) Vergleichswertverfahren.** Das Vergleichswertverfahren soll auf möglichst einfache Art den zum Bewertungsstichtag aktuellen Verkehrswert bestimmen. Ist anhand einer ausreichenden Zahl von Verkäufen vergleichbarer Grundstücke ein Vergleichswert abzuleiten, ist dieser für das zu bewertende Grundstück heranzuziehen. Eine hinreichende Übereinstimmung der Grundstücksmerkmale der Vergleichsgrundstücke liegt vor, wenn sie insbesondere hinsichtlich ihrer Lage, Art und Maß der baulichen Nutzung, Größe, Erschließungszustand, Gebäudeart und Alter des Gebäudes mit dem zu bewertenden Grundstück weitgehend übereinstimmen bzw. die Abweichungen in sachgerechter Weise berücksichtigt werden können.[395] Maßgeblich für die Vergleichswerte sind grundsätzlich die **Kaufpreissammlungen der Gutachterausschüsse** (§ 195 BauGB). Liegen dem Gutachterausschuss keine Vergleichspreise vor, kann das Finanzamt allerdings auch andere Kaufpreissammlungen berücksichtigen. Wurde das zu bewertende Grundstück innerhalb von einem Jahr vor dem Bewertungszeitpunkt unter fremden Dritten veräußert, kann der Veräußerungspreis als Vergleichswert herangezogen werden, soweit in der Zwischenzeit keine Änderung der Wertverhältnisse eingetreten ist.[396]

214 Lässt sich kein Vergleichswert ermitteln, können die Gutachterausschüsse für geeignete Bezugseinheiten (zB Wohnfläche), **Vergleichsfaktoren** festlegen. Der Grundstückswert ergibt sich dann aus der Multiplikation des Vergleichsfaktors mit der Bezugseinheit. Weichen die Grundstücksmerkmale der den Vergleichsfaktoren zugrunde liegenden Grundstücke von den Grundstücksmerkmalen des zu bewertenden Grundstücks ab, so sind diese Abweichungen durch Zu-

---

395 R B 183 Abs. 2 S. 3 ErbStR 2019.
396 H B 183 Abs. 2 ErbStR 2019.

oder Abschläge nach Vorgabe des Gutachterausschusses für Grundstückswerte zu berücksichtigen.[397] Die Vergleichsfaktoren lassen sich – meist kostenpflichtig – von den Gutachterausschüssen anfordern.

d) Ertragswertverfahren. Der Ertragswert eines Grundstücks setzt sich gemäß § 184 BewG zusammen aus einem Gebäudeertragswert (§ 185 BewG) und dem Bodenwert, wobei letzterer nach Maßgabe des § 179 BewG zu ermitteln ist. Die Summe aus Gebäudeertragswert und Bodenwert ist der Gebäudeertragswert, mindestens aber ist der Bodenwert anzusetzen, § 184 Abs. 3 S. 2 BewG. Für die Ermittlung des Gebäudeertragswertes sind nach § 185 BewG mehrere Stufen zu beachten. **215**

Auszugehen ist vom Reinertrag des Grundstücks, der sich aus dem Rohertrag (§ 186 BewG) abzüglich der Bewirtschaftungskosten (§ 187 BewG) ergibt. Beim Rohertrag handelt es sich um die Mieterträge, die nach den am Bewertungsstichtag maßgeblichen Verhältnissen für einen Zeitraum von zwölf Monaten erzielt werden, allerdings ohne Nebenkosten (**Jahresnettokaltmiete**). Ist eine Wohnung/ein Gebäudeteil nicht vermietet, eigengenutzt oder zu einem um mehr als 20 % von der **ortsüblichen Miete** abweichenden Mietzins vermietet, ist die ortsübliche Miete anzusetzen. Bewirtschaftungskosten sind nach § 187 BewG die bei gewöhnlicher Bewirtschaftung nachhaltig entstehenden Verwaltungskosten, Betriebskosten, Instandhaltungskosten und das Mietausfallwagnis. Regelmäßig stehen für die **Bewirtschaftungskosten** Erfahrungssätze der Gutachterausschüsse zur Verfügung. Ist dies nicht der Fall, ist von pauschalierten Bewirtschaftungskosten nach Anlage 23 zum Bewertungsgesetz auszugehen. **216**

Der so ermittelte Reinertrag des Grundstücks ist nach § 185 Abs. 2 BewG um die angemessene Verzinsung des Bodenwertes gemäß § 188 BewG zu mindern. Dieser sog. Liegenschaftszins entspricht den von den Gutachterausschüssen ermittelten ortsüblichen Liegenschaftszinssätzen. Ist ein solcher Liegenschaftszins nicht ermittelt, gelten die in § 188 Abs. 2 BewG festgelegten Zinssätze. Nach Abzug des Liegenschaftszinses vom Reinertrag des Grundstücks ergibt sich der Gebäudereinertrag. **217**

Dieser Gebäudereinertrag ist mit dem sich aus Anlage 21 zum BewG ergebenden Vervielfältiger zu kapitalisieren (§ 185 Abs. 3 BewG). Maßgebende Faktoren für die Ermittlung des richtigen Vervielfältigers sind der Liegenschaftszins und die Restnutzungsdauer des Gebäudes. Für diese Restnutzungsdauer enthält Anlage 22 zum Bewertungsgesetz eine pauschale Festlegung der wirtschaftlichen Gesamtnutzungsdauer verschiedener Gebäudearten. Die Restnutzungsdauer ergibt sich, wenn von der Gesamtnutzungsdauer die Dauer der bisherigen tatsächlichen Nutzung in Abzug gebracht wird. Ist ein Gebäude noch nutzbar, beträgt die Restnutzungsdauer mindestens 30 % der wirtschaftlichen Gesamtnutzungsdauer (§ 185 Abs. 3 S. 5 BewG). **218**

e) Sachwertverfahren. Der Sachwert eines Grundstücks setzt sich gemäß § 189 BewG zusammen aus dem Bodenwert nach § 179 BewG und dem Gebäudesachwert nach § 190 BewG. Die Summe dieser beiden Werte sind zur Anpassung an den gemeinen Wert mit einer Wertzahl nach § 191 BewG zu multiplizieren (§ 189 Abs. 3 S. 2 BewG). Diese Wertzahl ergibt sich entweder aus den von den Gutachterausschüssen mitgeteilten Sachwertfaktoren oder – wenn diese nicht vorhanden sind – aus den in der Anlage 25 zum Bewertungsgesetz bestimmten Wertzahlen. **219**

Zur Ermittlung des Gebäudesachwertes ist der Gebäuderegelherstellungswert zu ermitteln, der sich aus den Regelherstellungskosten aus der Anlage 24 zum Bewertungsgesetz multipliziert mit der **Bruttogrundfläche** des Gebäudes ergibt. Die Bruttogrundfläche ist die Summe der Grundflächen aller Grundrissebenen eines Bauwerks, dh jedes nutzbare Geschoss inklusive Keller und (ausgebaute) Dachgeschoss sind zu berücksichtigen. Für die Ermittlung der Brutto-Grundfläche sind die äußeren Maße der Bauteile einschließlich Bekleidung, zB Putz etc **220**

---

[397] R B 183 Abs. 4 ErbStR 2019.

in Höhe der Boden- bzw. Deckenbelagsoberkanten anzusetzen.[398] Die Bruttogrundfläche von Tiefgaragenstellplätzen im Wohn- oder Teileigentum kann aus Vereinfachungsgründen aus der tatsächlichen Stellplatzfläche und dem Faktor 1,55 ermittelt werden.[399]

221 Von dem so ermittelten Gebäuderegelherstellungswert ist eine **Alterswertminderung** vorzunehmen, die sich nach dem Verhältnis des Alters des Gebäudes am Bewertungsstichtag zur wirtschaftlichen Gesamtnutzungsdauer nach Anlage 22 ermittelt. Der hiernach verbleibende Gebäudewert ist mindestens mit 30 % des Gebäuderegelherstellungswerts anzusetzen (§ 190 Abs. 4 S. 5 BewG).

222 f) **Nachweis des niedrigeren gemeinen Wertes.** Führt die Bewertung nach den oben genannten Bewertungsverfahren zu einem Grundstückswert, der den gemeinen Wert des Grundstücks übersteigt, kann der Steuerpflichtige den niedrigeren gemeinen Wert nachweisen (§ 198 BewG). Den Steuerpflichtigen trifft allerdings die vollständige Feststellungslast für den tatsächlich geringeren Wert.[400] Grundsätzlich hat der Nachweis durch Vorlage des Gutachtens eines öffentlich bestellten und vereidigten Sachverständigen zu erfolgen, der den Grundstückswert unter Anwendung der ImmobilienwertermittlungsVO[401] und der BodenrichtwertRL[402] ermittelt hat. Die Kosten des Gutachters sind als Nachlassverbindlichkeiten abzugsfähig, wenn sie in engem zeitlichen und sachlichen Zusammenhang mit dem Erwerb von Todes wegen anfallen.[403] Denkbar ist allerdings auch der Nachweis durch einen zeitnah vor oder nach dem Besteuerungszeitpunkt zustande gekommenen Kaufpreis unter fremden Dritten. Als Zeitspanne ist hierfür ein maximaler Zeitraum von einem Jahr anzusehen.[404] Erfolgt die Veräußerung erst nach Bestandskraft des Grundbesitzfeststellungsbescheides, so kann eine nachträgliche Änderung mangels verfahrensrechtlicher Änderungsvorschrift nicht mehr erfolgen.[405]

223 g) **Sonderfälle.** In Erbbaurechtsfällen sind die Werte für das **Erbbaurecht** und für das belastete Grundstück gesondert zu ermitteln (§ 192 BewG). Die Verpflichtung zur Zahlung des Erbbauzinses bzw. die Forderung auf den Erbbauzins sind mit dieser Bewertung abgegolten. Auch für das Erbbaurecht ist grundsätzlich das Vergleichswertverfahren anzuwenden, soweit Vergleichspreise oder Vergleichswertfaktoren zur Verfügung stehen (§ 193 Abs. 1 BewG). Ist dies nicht der Fall, sind ein Bodenwertanteil und ein Gebäudewertanteil zu ermitteln. Für den Bodenwertanteil ist der Unterschiedsbetrag zwischen einer angemessenen Bodenwertverzinsung nach § 193 Abs. 4 BewG und dem vertraglich vereinbarten Erbbauzins zu ermitteln. Dieser Unterschiedsbetrag ist mit dem Vervielfältiger aus Anlage 21 zu kapitalisieren. Der Gebäudewertanteil ist bei einer Bewertung des Grundstücks im Ertragswertverfahren nach § 185 BewG, bei einer Bewertung im Sachwertverfahren nach § 190 BewG zu ermitteln (§ 193 Abs. 5 BewG). Bei fehlender oder nur teilweiser Entschädigung des Gebäudewertes nach Ablauf des Erbbaurechts ist der Gebäudewertanteil des Erbbaurechts um den Gebäudewertanteil des Erbbaugrundstücks (§ 194 Abs. 4 BewG) zu mindern.

224 Für die Bewertung des Erbbaugrundstücks gilt ebenfalls grundsätzlich das Vergleichswertverfahren. Kann ein solcher nicht ermittelt werden, ist der Bodenwertanteil nach § 194 Abs. 3 BewG der maßgebliche Wert, wobei dieser um den Gebäudewertanteil nach § 194 Abs. 4 BewG zu erhöhen ist, wenn der Wert des Gebäudes nicht oder nur teilweise am Ende der Laufzeit zu entschädigen ist. Für die Ermittlung des Bodenwertanteils ist der Bodenwert nach § 179 BewG mit dem sich aus Anlage 26 zum Bewertungsgesetz ergebenden Faktor abzuzinsen. Hinzuzurechnen sind die am Bewertungsstichtag vereinbarten jährlichen Erbbauzinsen, kapitalisiert mit dem sich aus Anlage 21 zum Bewertungsgesetz für die Restlaufzeit ergebenden Faktor.

---

398 R B 190.6 Abs. 5 ErbStR 2019.
399 H B 190.6 ErbStR 2019.
400 BFH, BStBl. 2005, 259.
401 Vom 14.7.2021, BGBl. 2021 I 2805.
402 Vom 11.1.2011, BAnz. 2011 Nr. 24, 597.
403 BFH BStBl. 2013, 738.
404 R B 198 Abs. 4 ErbStR 2019.
405 BFH BFH/NV 2017, 1299.

Anders als im Zivilrecht können im Steuerrecht der Grund und Boden sowie das aufstehende 225
Gebäude getrennt zugerechnet werden, selbst wenn das Gebäude wesentlicher Bestandteil des
Grundstücks iSd § 94 BGB ist. Folglich behandelt § 195 BewG die getrennte Bewertung von
Grundstück und Gebäude, wenn diese nicht demselben wirtschaftlichen Eigentümer zuzurechnen sind. Das Gebäude wird nach § 195 Abs. 2 BewG grundsätzlich in der üblichen Art und
Weise bewertet, also entweder im Ertragswert- oder im Sachwertverfahren. Eine Besonderheit
ergibt sich dann, wenn der Nutzer nach Ablauf der Nutzungsdauer verpflichtet ist, das Gebäude zu entfernen. In diesem Fall ist beim Ertragswertverfahren der Vervielfältiger nach Anlage 21
nach der tatsächlich noch verbleibenden Nutzungsdauer zu bestimmen, beim Sachwertverfahren wir die Alterswertminderung nach dem tatsächlichen Alter des Gebäudes und der noch verbleibenden Gesamtnutzungsdauer bemessen. In beiden Fällen kommt es nach § 195 Abs. 2
BewG nicht zur Berücksichtigung eines Mindestwertes nach den §§ 185 Abs. 3 S. 5 bzw. 190
Abs. 4 S. 5 BewG.

Der Wert des belasteten Grundstücks ergibt sich nach § 195 Abs. 3 BewG aus dem Bodenwert 226
nach § 179 BewG vermindert um die in § 193 Abs. 4 BewG aufgeführte Abzinsung. Der Abzinsungsfaktor ist der Anlage 26 zum Bewertungsgesetz zu entnehmen. Zu diesem abgezinsten Bodenwert ist das über die Restnutzungsdauer des Nutzungsrechts kapitalisierte Nutzungsentgelt
hinzuzurechnen. Dieses ist zu ermitteln aus dem jährlichen Nutzungsentgelt multipliziert mit
dem sich aus Anlage 21 zum Bewertungsgesetz ergebenden Faktor.

Wurde mit dem Bau eines Gebäudes begonnen und ist das Gebäude zum Bewertungsstichtag 227
noch nicht bezugsfertig, handelt es sich um ein Grundstück im Zustand der Bebauung nach
§ 196 BewG. Die Bewertung erfolgt durch Hinzurechnung der bis zum Bewertungsstichtag bereits entstandenen Herstellungskosten zum Wert des unbebauten Grundstücks nach § 179
BewG.

5. Bewertung von Betriebsvermögen. § 12 Abs. 4 BewG verweist für die Bewertung inländi- 228
schen Betriebsvermögens über § 151 Abs. 1 Nr. 2 BewG auf die Betriebsvermögensbeschreibung
in den §§ 95–97 BewG. § 95 BewG definiert als Betriebsvermögen alle Teile eines Gewerbebetriebs iSd § 15 Abs. 1 und Abs. 2 EStG, die bei der steuerlichen Gewinnermittlung zum Betriebsvermögen gehören. § 96 BewG dehnt diese Begriffsbestimmung auf die Wirtschaftsgüter
der freien Berufe gemäß § 18 EStG aus. Klarstellend sieht § 97 BewG vor, dass einen Gewerbebetrieb insbesondere alle Wirtschaftsgüter bilden, die folgenden inländischen Rechtsträgern zuzuordnen sind: Kapitalgesellschaften, Erwerbs- und Wirtschaftsgenossenschaften, Versicherungsvereine auf Gegenseitigkeit, Kreditanstalten des öffentlichen Rechts und Gesellschaften
iSd § 15 Abs. 1 Nr. 2 und Abs. 3 oder § 18 Abs. 4 EStG. Ausdrücklich einbezogen sind letzteren
Falls auch die Wirtschaftsgüter des Sonderbetriebsvermögens.

a) Allgemeine Bewertungsgrundsätze. Nach § 109 Abs. 1 BewG gilt für die Ermittlung des ge- 229
meinen Wertes von Betriebsvermögen § 11 Abs. 2 BewG entsprechend. Nach dieser Vorschrift
ist der Wert des Betriebsvermögens vorrangig aus Verkäufen abzuleiten, die innerhalb von
einem Jahr vor dem Bewertungsstichtag stattgefunden haben. Eine Ermittlung aus Kaufpreisen
nach dem Bewertungsstichtag kommt hier nur in Ausnahmefällen in Betracht.[406] In der Praxis
wird eine Wertbestimmung aus Verkaufspreisen eher selten möglich sein, da das über § 11
Abs. 2 BewG zu bewertende Betriebsvermögen nicht – wie etwa Wertpapiere – fungibel ist. Es
muss daher schon eher zufällig der Erblasser oder Schenker das Betriebsvermögen nicht länger
als ein Jahr zuvor erworben oder Anteile an dem Betriebsvermögen müssten in diesem Zeitraum den Inhaber gewechselt haben.

Regelmäßig kommt es daher zu einer Bewertung des Betriebsvermögens nach den **Ertragsaus-** 230
sichten des Gewerbebetriebs oder nach einer anderen anerkannten, auch im gewöhnlichen

---

[406] BFH BStBl. 2010, 843.

Geschäftsverkehr für nichtsteuerliche Zwecke üblichen, Methode. Das Gesetz stellt dabei auf die Erwerbersicht ab, dh welche Methode ein Erwerber für die Ermittlung des Kaufpreises zugrunde legen würde.[407] Der Abzug einer latenten Steuerbelastung für den Verkaufsfall ist nicht zu berücksichtigen.[408] Welche Methode anzuwenden ist, schreibt das Gesetz nicht vor, je nach Branche haben sich allerdings verschiedene Bewertungsverfahren als geeignet erwiesen. Am Gebräuchlichsten ist eine Bewertung nach den Ertragsaussichten anhand des vom Institut der Wirtschaftsprüfer entwickelten **Standards IDW S 1**. Hiernach erfolgt eine Prognose zukünftiger finanzieller Überschüsse des Unternehmens, die unter Berücksichtigung allgemeiner und unternehmensbezogener Risiken kapitalisiert werden.[409] Für die freien Berufe haben die Berufskammern entsprechende Empfehlung für die Bewertung eines freiberuflichen Betriebs veröffentlicht.[410] Bei allen vorgenannten Methoden handelt es sich allerdings nur um allgemeine Empfehlungen. Da in der Praxis eine Bewertung anhand dieser Kriterien regelmäßig vorgenommen wird, wird eine solche Bewertung von der Finanzbehörde grundsätzlich akzeptiert.[411]

231 Die Bewertung nach einer der oben genannten Methoden setzt – zumindest bei der Ermittlung nach IDW S 1 – regelmäßig die Einschaltung eines Wirtschaftsprüfers voraus. Solche Gutachten sind aufwendig und kostspielig. Es ist daher durchaus denkbar, dass die zu zahlenden Erbschaft- oder Schenkungsteuer geringer ist als die Kosten, die durch das Erstellen eines Wirtschaftsprüfergutachtens entstehen. Der Gesetzgeber hat sich daher dazu entschlossen, ein einheitliches Bewertungsverfahren nach einer Ertragswertmethode gesetzlich zu normieren. § 11 Abs. 2 S. 4 BewG verweist hierzu ausdrücklich auf die §§ 199 ff. BewG. Wenn der nach den §§ 199 ff. ermittelte Ertragswert nicht zu offensichtlich unzutreffenden Ergebnissen führt, kann dieses **vereinfachte Ertragswertverfahren** angewendet werden (§ 199 Abs. 2 BewG).

232 Ein offensichtlich unzutreffendes Ergebnis kann sowohl vom Steuerpflichtigen als auch von der Finanzverwaltung angenommen werden.[412] Bestimmte Anlässe, die aus Sicht der Finanzbehörden ein offensichtlich unzutreffendes Ergebnis nahelegen, sind in den Erbschaftsteuerrichtlinien genannt.[413] So können zB ein Verkauf innerhalb von einem Jahr vor dem Bewertungsstichtag oder eine bestimmte wertmäßige Verteilung im Rahmen einer Erbauseinandersetzung Erkenntnisse über das unzutreffende Bewertungsergebnis liefern. Nicht genannt ist jedoch der Fall, dass das vereinfachte Ertragswertverfahren aufgrund des gesetzlich anzuwendenden Kapitalisierungsfaktors aus § 203 BewG in vielen Fällen zu offensichtlich unzutreffenden Ergebnissen führt. Nach der Neuregelung des ErbStG beträgt der Faktor ab dem 1.1.2016 einheitlich 13,75.

233 **b) Vereinfachtes Ertragswertverfahren.** § 200 Abs. 1 BewG ordnet an, dass zur Ermittlung des Ertragswertes der zukünftig nachhaltig erzielbare Jahresertrag nach den §§ 201, 202 BewG mit dem Kapitalisierungsfaktor aus § 203 BewG zu multiplizieren ist. Der durchschnittliche Jahresertrag ist aus dem Betriebsergebnis der letzten drei abgelaufenen Wirtschaftsjahre herzuleiten (§ 201 Abs. 2 S. 1 BewG). Anstelle des letzten abgelaufenen kann auch das letzte noch nicht abgelaufenen Wirtschaftsjahr herangezogen werden, wenn dies für die Herleitung der zukünftigen Ergebnisse von Bedeutung ist (§ 201 Abs. 2 S. 2 BewG). Über diese Regelung besteht die Möglichkeit, flexibel auf die zeitlich letzten Betriebsergebnisse einzugehen, wenn diese für die zukünftige Prognose Relevanz haben. Ein kürzerer Zeitraum als drei Jahre ist dann zugrunde zu legen, wenn das Unternehmen neu gegründet oder sich der Charakter des Unternehmens geändert hat (§ 201 Abs. 3 S. 1 BewG).

---

407 Rössler/Troll/Eisele, 35. EL, BewG § 11 Rn. 32.
408 BFH BStBl. 2018, 281.
409 Im Einzelnen: IDW S 1 vom 2.4.2008, FN-IDW 7/2008, 271 ff.
410 Für Steuerberater s. Fischer/Wanagas DStR 2010, 1853; für Anwaltskanzleien s. BRAK-Mitt. 6/2009 S. 268; für medizinische Praxen s. Hinweise von Bundesärztekammer und Kassenärztlicher Vereinigung vom 9.9.2008, Deutsches Ärzteblatt 2008, 2778, hierzu Leuner NJW 2011, 191.
411 Überblick über verschiedene Bewertungsverfahren auch in Bayerisches Staatsministerium der Finanzen v. 4.1.2013, 34/31-S 3102–0006–333/13, FMNR011100013.
412 Rössler/Troll/Eisele BewG § 199 Rn. 9.
413 R B 199.1 Abs. 5 und 6 ErbStR 2019.

Als Betriebsergebnis gilt nach § 202 Abs. 1 BewG der Gewinn des Unternehmens nach § 4 **234**
Abs. 1 EStG, bei einer Einnahmen-/Überschussrechnung der Gewinn nach § 4 Abs. 3 EStG
(§ 202 Abs. 2 BewG). Von diesem Gewinn sind nach § 202 Abs. 1 S. 2 Nr. 1 und 2 BewG bestimmte Korrekturen vorzunehmen, insbesondere für **außergewöhnliche Geschäftsvorfälle**, steuerfrei gebliebene Investitionszuschüsse und Sonderabschreibungen. Ebenfalls zu korrigieren sind als Aufwand bzw. Ertrag erfasste Steuern, da diese nach § 202 Abs. 3 BewG mit einem Pauschalbetrag von 30 % des korrigierten Betriebsergebnisses abzuziehen sind. Zu egalisieren sind zudem Erträge und Verlustübernahmen aus Beteiligungen, da nach § 200 Abs. 3 BewG grundsätzlich jedes Unternehmen separat zu bewerten ist. Hat sich im Betriebsergebnis keine gewinnmindernde Position für einen Unternehmerlohn niedergeschlagen, ist das Betriebsergebnis um einen angemessenen Unternehmerlohn zu mindern. Als allgemeine Auffangvorschrift sieht § 202 Abs. 1 S. 2 Nr. 3 BewG vor, dass auch alle nicht ausdrücklich in den vorgenannten Nummern aufgelisteten Vermögensminderungen oder -erhöhungen zu egalisieren sind, wenn sie sich nicht auf den nachhaltig erzielbaren Jahreserlös auswirken.

Der so ermittelte nahhaltig erzielbare Jahresertrag ist ab dem 1.1.2016 mit dem einheitlichen **235**
Kapitalisierungsfaktor von 13,75 nach § 203 Abs. 1 BewG zu multiplizieren.

Die Bewertung mit dem vereinfachten Ertragswertverfahren soll nur den reinen Wert des für die **236**
Betriebsführung erforderlichen Betriebsvermögens abbilden. Soweit im Betriebsvermögen Wirtschaftsgüter vorhanden sind, die aus dem Unternehmen herausgelöst werden können, ohne die eigentliche Unternehmenstätigkeit zu beeinflussen (sog. **nicht betriebsnotwendiges Vermögen**), sind die Werte dieser Wirtschaftsgüter gesondert zu ermitteln und dem vereinfachten Ertragswert hinzuzurechnen (§ 200 Abs. 3 BewG). Die Regelung soll nach der Gesetzesbegründung zB Grundstücke im Betriebsvermögen erfassen, die von einem Unternehmen nicht für das operative Geschäft genutzt, sondern fremdvermietet werden (BT-Drs. 16/11075). Erträge und Aufwendung, die mit diesem nicht betriebsnotwendigen Vermögen im Zusammenhang stehen, sind folgerichtig aus dem nachhaltig zu erzielenden Betriebsergebnis zu egalisieren (§ 202 Abs. 1 Nr. 1 f.) und Nr. 2 f.) BewG).

Ebenfalls aus dem Unternehmen herauszulösen und selbstständig zu bewerten sind Wirtschafts- **237**
güter (und damit im Zusammenhang stehende Verbindlichkeiten), die innerhalb von zwei Jahren vor dem Bewertungsstichtag in das Betriebsvermögen eingelegt wurden (§ 200 Abs. 4 BewG). Die entsprechende Egalisierung mit diesen Wirtschaftsgütern zusammenhängender Erträge und Aufwände ergibt sich ebenfalls aus § 202 Abs. 1 Nr. 1 f.) und Nr. 2 f.) BewG.

§ 200 Abs. 3 BewG sieht für die Bewertung von Betriebsvermögen eine Einzelbewertung jedes **238**
Betriebs vor. Für Konzernstrukturen bedeutet dies, dass für die Bewertung nicht auf das Konzernergebnis zurückgegriffen werden kann, sondern dass **jede einzelne Konzerngesellschaft separat bewertet werden muss**. Dies hat zur Konsequenz, dass der Beteiligungsaufwand und -ertrag bei der Konzernmutter aus dem Betriebsergebnis zu egalisieren ist, eine gesonderte Bewertung der Beteiligungsgesellschaft zu erfolgen hat und dieser gesonderte Beteiligungswert dem Ertragswert der Konzernmutter hinzuzurechnen ist. Erreicht die Konzernmutter nur deswegen ein positives durchschnittliches Jahresergebnis, weil sie Beteiligungserträge erzielt hat, kommt es dabei regelmäßig zu unzutreffenden Ergebnissen. Denn einen negativen Ertragswert kennt das vereinfachte Ertragswertverfahren nicht, der Wert der Muttergesellschaft würde also mit 0 EUR angesetzt. Hinzu kämen die Einzelertragswerte der einzelnen Töchter, so dass sich insgesamt ein zu hoher Wert der Konzernmutter ergäbe. In diesen Fällen wird das vereinfachte Ertragswertverfahren daher zu unzutreffenden Ergebnissen führen, so dass eine Bewertung mit einem anderen Bewertungsverfahren vorzunehmen ist.

Als **Mindestwert** eines Unternehmens ist jedenfalls der Substanzwert zu berücksichtigen (§ 11 **239**
Abs. 2 S. 3 BewG). Nach der Legaldefinition handelt es sich bei dem Substanzwert um die Summe der gemeinen Werte der zum Betriebsvermögen gehörenden Wirtschaftsgüter und sonstigen

aktiven Ansätze abzüglich der zum Betriebsvermögen gehörenden Schulden und sonstigen Abzüge. Im Rahmen des Substanzwertes sind Betriebsgrundstücke mit dem Grundstückswert nach den §§ 176 ff. BewG zu bewerten, alle übrigen Wirtschaftsgüter sind mit dem gemeinen Wert anzusetzen (§ 109 Abs. 1 BewG). Die für Bewertungsstichtage bis zum 31.12.2008 mögliche Berücksichtigung der Steuerbilanzwerte kommt nach aktueller Rechtslage nicht mehr in Betracht.

240 **6. Bewertung von Wertpapieren und Anteilen.** § 11 BewG regelt die Bewertung von Wertpapieren und Anteilen. § 11 Abs. 1 BewG betrifft Wertpapiere und Schuldbuchforderungen, die am Bewertungsstichtag an einer deutschen Börse zum Handel zugelassen sind. In diesen Fällen erfolgt die Bewertung zu dem niedrigsten, am Stichtag notierten Kurs. Liegt am Stichtag keine Notierung vor, ist der letzte innerhalb von 30 Tagen vor dem Stichtag notierte Kurs anzusetzen. Entsprechendes gilt für Wertpapiere, die in den Freiverkehr einbezogen sind (§ 11 Abs. 1 S. 3 BewG).

241 Für Anteile, die nicht unter § 11 Abs. 1 fallen, sieht § 11 Abs. 2 S. 1 BewG eine Bewertung zum gemeinen Wert vor. Hier gilt wiederum die bereits für das Betriebsvermögen beschriebene Reihenfolge der Bewertungsmethoden. Lässt sich ein Verkehrswert nicht durch zeitnahe Verkäufe unter fremden Dritten herleiten, ist er unter Berücksichtigung der Ertragsaussichten oder einer anderen anerkannten, auch im gewöhnlichen Geschäftsverkehr für nichtsteuerliche Zwecke üblichen Methode zu ermitteln. Hier gelten die Ausführungen zur Bewertung von Betriebsvermögen (s. o.) entsprechend. Das vereinfachte Ertragswertverfahren kann auch hier zur Anwendung kommen, wenn es nicht zu unzutreffenden Ergebnissen führt. Ebenfalls zu beachten ist der Substanzwert des Betriebsvermögens als Mindestwert.

242 § 11 Abs. 3 BewG enthält für Anteile an Kapitalgesellschaften eine Sonderregelung hinsichtlich der Berücksichtigung eines **Paketzuschlages**. Hiervon spricht man, wenn der Wert einer Anzahl von Anteilen höher ist als die Summe der Einzelanteile, weil die Gesamtbeteiligung eine Beherrschung oder wesentliche Einflussnahme begründet. Eine Unterscheidung zwischen einer Aktiengesellschaft und einer GmbH-Beteiligung sieht der Gesetzestext nicht vor. Auch wenn der Wortlaut von einer Anzahl von Anteilen spricht, kann sich ein Paketzuschlag auch dann ergeben, wenn ein Anteil eine Beherrschung oder wesentliche Einflussnahme begründet.[414] Eine Beherrschung wird regelmäßig erst ab einer Beteiligungshöhe von mehr als 50 % der Stimmrechte in Betracht kommen. Ein wesentlicher Einfluss liegt jedoch regelmäßig bereits bei einer Beteiligung von mehr als 25 % der Stimmrechte vor. Nach Auffassung der Finanzverwaltung ist im vereinfachten Ertragswertverfahren (§§ 199 bis 203 BewG) in der Regel kein Paketzuschlag vorzunehmen, ebenfalls nicht bei der Bewertung mit dem Substanzwert.[415]

243 Die Höhe des Paketzuschlages richtet sich nach dem Maß des Einflusses. Bei einer beherrschenden Stellung ist im Allgemeinen ein Paketzuschlag von maximal 25 % vorzunehmen. Die Finanzverwaltung behält sich in Einzelfällen aber auch einen höheren Zuschlag vor.[416] Ein Zuschlag von 5 % bis 10 % soll bei Beteiligungen zwischen 25 % und 50 %, ein Zuschlag von 15 % bis 20 % bei Beteiligungen zwischen 50 % und 74 % angemessen sein.[417]

244 In § 11 Abs. 4 BewG ist eine Sonderregelung für Investmentzertifikate enthalten. Hierbei handelt es sich um Anteilsscheine, die Rechte des Anlegers an einem Wertpapier- oder sonstigem Fonds verbriefen. Anzusetzen ist hier der Rücknahmepreis. Dies ist der Betrag, den die Kapitalanlagegesellschaft bei Rückgabe des Anteils zahlt und mit dem sich der Anteilinhaber beim Erwerb der Investmentzertifikate aufgrund der Vertragsbedingungen einverstanden erklärt hat.[418] Die Rücknahmepreise sind für Publikumsinvestmentvermögen nach § 170 KAGB in der Tages-

---

[414] v. Oertzen/Zens DStR 2005, 1040.
[415] R B 11.6 Abs. 2 ErbStR 2019.
[416] R B 11.6 Abs. 9 ErbStR 2019.
[417] Rössler/Troll/Eisele BewG § 11 Rn. 58 mit Verweis auf Krause NWB-EV 2011, 416 (419), dieser unter Hinweis auf BFH BStBl. 1979, 618.
[418] Rössler/Troll/Eisele BewG 11 Rn. 59.

presse bekannt zu machen, so dass hier eine Transparenz für die Bewertung geschaffen wird. Streitig ist, ob bei ausgesetzter Rücknahme der Anteile bei offenen Immobilienfonds gleichwohl der vereinbarte Rücknahmepreis nach § 11 Abs. 4 BewG zu berücksichtigen ist.[419] Überzeugender ist es in diesen Fällen, den niedrigeren tatsächlichen Kurswert zu berücksichtigen.[420]

7. Bewertung von Kapitalforderungen und Schulden. Für die Bewertung von Kapitalforderungen und Schulden, die nicht in § 11 BewG genannt sind, bedarf es keines gesonderten Bewertungsverfahrens, maßgeblich ist alleine § 12 BewG. Die Bewertung erfolgt grundsätzlich mit dem **Nennwert**. Dies ist der Wert, der nach dem Inhalt des Schuldverhältnisses vom Schuldner bei Fälligkeit der Forderung zu entrichten ist.[421] Eine Bewertung mit dem Nennwert kommt nicht in Betracht, wenn besondere Umstände einen höheren oder einen niedrigeren Wert begründen. Ist die Forderung uneinbringlich, bleibt sie außer Ansatz (§ 12 Abs. 2 BewG). Uneinbringlichkeit liegt vor, wenn der Schuldner zahlungsunfähig ist oder die Forderung rechtlich nicht (mehr) durchsetzbar ist, etwa wegen eingetretener Verjährung oder der begründeten Geltendmachung einer Einrede. Ein weiterer besonderer Umstand, der eine vom Nennwert abweichende Bewertung begründet, ist die Zweifelhaftigkeit der Forderung, solange deren Uneinbringlichkeit noch nicht feststeht.

245

Der Gesetzgeber unterstellt bei der Bewertung zum Nennwert, dass die Kapitalforderung angemessen verzinst ist. Nach § 12 Abs. 1 S. 2 BewG liegt in einer hohen, niedrigen oder fehlenden Verzinsung ein besonderer Umstand, der bei der Bewertung zu beachten ist. Die Erbschaftsteuerrichtlinien konkretisieren in R B 12.1 Abs. 1 ErbStR 2011 den besonderen Umstand dahin gehend, dass eine Bewertung unter dem Nennwert vorzunehmen ist, wenn die Verzinsung unter 3 % liegt und die Kündbarkeit am Bewertungsstichtag für mindestens vier Jahre ausgeschlossen ist. Eine hochverzinsliche Kapitalforderung ist mit einem über dem Nennwert anzusetzenden Betrag zu berücksichtigen, wenn die Verzinsung über 9 % liegt und ein Kündigungsausschluss für vier Jahre vorliegt. Die Konkretisierung der Verwaltung führt in der Praxis dazu, dass alle Kapitalforderungen, deren Verzinsung zwischen 3 % und 9 % liegt, mit dem Nennwert zu bewerten sind. Ist eine Kapitalforderung unverzinslich, beträgt die Laufzeit mehr als ein Jahr und besteht ein bestimmter Fälligkeitstermin, ist der Nennbetrag der Forderung nach § 12 Abs. 3 BewG unter Berücksichtigung von Zwischenzinsen und Zinseszinsen mit einem Zinssatz von **5,5 %** abzuzinsen. Die Finanzverwaltung hat im Jahr 2010 zur Bewertung von Kapitalforderungen und -schulden einen umfangreichen Erlass herausgegeben.[422] Dieser Erlass hat auch nach Einführung der Erbschaftsteuerrichtlinien 2019 aufgrund der ausdrücklichen Verweisung in H B 12.1 ErbStR 2019 Gültigkeit.

246

§ 12 Abs. 4 BewG enthält eine Sonderregelung für noch nicht fällige Ansprüche aus Lebens-, Kapital- oder Rentenversicherungen. Die Bewertung erfolgt hier nach dem Betrag, den das Versicherungsunternehmen dem Versicherten bei vorzeitiger Aufhebung des Vertragsverhältnisses zu erstatten hat (Rückkaufswert).

247

8. Kapitalwert von wiederkehrenden Nutzungen und Leistungen. § 13 BewG regelt die Bewertung von Renten oder anderen wiederkehrenden Nutzungen und Leistungen, die auf eine bestimmte Zeit beschränkt sind (zB Zeitrenten oder Nießbrauchrechte). Nicht erfasst werden Kapitalzinsen, Miet- und Pachtzinsen und sonstige Erträge aus Vermögensgegenständen, die dem Steuerpflichtigen gehörenden. Der Vermögensstamm wird in diesen Fällen bereits dem Steuerpflichtigen wertmäßig zugerechnet, daneben kann die Ertragskraft nicht nochmals mit ihrem Kapitalwert erfasst werden.[423]

248

---

419 So FG Münster EFG 2015, 793.
420 FG Hessen EFG 2016, 790; Holler/Schmidt ErbR 2016, 446.
421 Rössler/Troll/Eisele BewG § 12 Rn. 3.
422 Gleichlautender Ländererlass vom 10.10.2010, BStBl. 2010 I 810.
423 Rössler/Troll/Eisele BewG § 13 Rn. 6.

249 Der zu ermittelnde Kapitalwert richtet sich nach der am Besteuerungsstichtag noch laufenden Bezugsberechtigung.[424] Anhand dieser Bezugsberechtigung ist der Jahreswert der Nutzung oder Leistung mit dem Vervielfältiger aus der Anlage 9a zu § 13 BewG zu multiplizieren. Der Jahreswert ist nach § 17 BewG zu ermitteln. Ist neben der Restlaufzeit noch eine weitere Beschränkung durch das Leben einer oder mehrerer Personen vorhanden, darf der aus § 13 BewG ermittelte Kapitalwert nicht höher sein als der sich aus § 14 BewG ergebene Kapitalwert.

250 Handelt es sich um eine immerwährende Nutzung oder Leistung, ist diese nach § 13 Abs. 2 mit dem 18,6-fachen des Jahreswertes zu bewerten. Eine Leistung ist allerdings nicht schon dann immerwährend, wenn sie vererblich ist. Ist zB ein Nießbrauchrecht oder eine Rente nach dem Tod des Berechtigten an den Rechtsnachfolger weiter zu zahlen, ist die Rente beim Berechtigten nach § 14 BewG, also unter Berücksichtigung seiner Lebenserwartung zu bewerten. Ein Beispiel für eine immerwährende Nutzung ist die Eintragung einer zeitlich unbeschränkten Grunddienstbarkeit auf einem Grundstück.

251 Nutzungen und Leistungen von unbestimmter Dauer werden nach § 13 Abs. 2 BewG mit dem 9,3-fachen des Jahreswertes bewertet, wenn keine Bewertung nach § 14 BewG erfolgt. Erfasst werden solche Nutzungen und Leistungen, deren Laufzeit sicher endet, deren genauer Beendigungszeitpunkt zum Bewertungsstichtag jedoch ungewiss ist.

252 Ist die Dauer einer Nutzung oder Leistung auf die Lebenszeit des Berechtigten beschränkt, erfolgt nach § 14 BewG eine besondere Bewertung des Kapitalwertes unter Berücksichtigung der amtlichen Sterbetafeln. Anhand dieser Sterbetafeln wird die voraussichtliche Lebenserwartung geschätzt und aus dieser Restlebenserwartung ist dann der Vervielfältiger abzuleiten, mit dem der Jahreswert der Nutzung oder Leistung zu multiplizieren ist. Die amtlichen Sterbetafeln sind jährlich im Bundessteuerblatt zu veröffentlichen. Für Erwerbe ab dem 1.1.2012 gilt die am 9.7.2021 veröffentlichte Sterbetafel 2018/2020 des Statistischen Bundesamts.[425]

253 § 14 Abs. 2 BewG ordnet eine Korrektur der Wertermittlung nach der allgemeinen Sterbetafel an, wenn der tatsächliche Sachverhalt wesentlich von der Prognose der Lebenserwartung abweicht. Beträgt daher zB bei einem Steuerpflichtigen bis zum 30. Lebensjahr die Nutzung bzw. Leistung tatsächlich nicht mehr als 10 Jahre, weil der Steuerpflichtige vorher verstirbt, ist der Wert der Nutzung oder Leistung nach der tatsächlichen Laufzeit zu bestimmen. Die Zugrundelegung der tatsächlichen Verhältnisse ist gestaffelt nach der Anzahl der erreichten Lebensjahre. Voraussetzung für die Wertberichtigung ist allerdings, dass diese innerhalb eines Jahres nach Eintritt des Ereignisses beantragt wird (§ 14 Abs. 2 S. 2 BewG). Ist die Wertbereichtigung für den Steuerpflichtigen nachteilhaft, erfolgt die Anpassung von Amts wegen.

254 Hängt die Dauer der Nutzung oder Leistung vom Versterben mehrerer Personen ab, kommt es darauf an, ob auf den Tod des zuletzt oder des zuerst Versterbenden abgestellt wird. Endet die Nutzung oder Leistung mit dem Tod des Letztversterbenden, ist das Lebensalter und das Geschlecht derjenigen Person mit dem höchsten Vervielfältiger maßgebend. Wird auf den zuerst Versterbenden abgestellt, ist die Person maßgebend, die den niedrigsten Vervielfältiger generiert (§ 14 Abs. 3 BewG).

255 § 14 Abs. 4 BewG eröffnet die Möglichkeit, einen tatsächlich höheren oder niedrigeren gemeinen Wert der Nutzung oder Leistung nachzuweisen. Allerdings kann der Nachweis nicht damit begründet werden, dass mit einer anderen Lebenserwartung, einem anderen Zinssatz als 5,5 % oder einer anderen als mittelschüssigen Zahlungsweise gerechnet wurde.

256 Der Jahreswert der Nutzungen und Leistungen ist nach § 15 BewG zu bemessen. Der einjährige Betrag der Nutzung einer Geldsumme ist, wenn keine andere Verzinsung oder sonstige Gegenleistung vereinbart ist, mit 5,5 % anzunehmen (§ 15 Abs. 1 BewG). Nutzungen oder Leistun-

---

424 R B 13 S. 1 ErbStR 2019.
425 BMF-Schreiben v. 4.10.2021, BStBl. 2021 I 1821.

gen, die nicht in Geld bestehen (Wohnung, Kost, Waren und sonstige Sachbezüge), sind mit den üblichen Mittelpreisen des Verbrauchsorts anzusetzen, § 15 Abs. 2 BewG. Es ist also zu ermitteln, welchen Betrag ein fremder Dritter am Verbrauchsort zum Bewertungsstichtag hätte aufwenden müssen, um die Leistung zu erhalten. Da es sich um eine objektive Wertbestimmung handelt, kommen auch hier – ebenso wie in § 9 Abs. 2 S. 3 BewG angeordnet – besondere persönliche Verhältnisse nicht zum Tragen.

Handelt es sich nicht um gleichbleibende Sachbezüge, sondern sind die Leistungen ihrem Betrag nach ungewiss oder schwanken sie jährlich, ist als Jahreswert der Betrag zugrunde zu legen, der in Zukunft im Durchschnitt der Jahre voraussichtlich erzielt werden wird, § 15 Abs. 3 BewG. Hauptanwendungsfall dieser Vorschrift sind Gewinnbezugs- oder Nießbrauchrechte, die sich auf den Ertrag eines Unternehmens erstrecken. Die Ermittlung des durchschnittlichen künftigen Jahresertrages erfolgt regelmäßig durch Würdigung der letzten drei Wirtschaftsjahre vor dem Bewertungsstichtag. Umstände, die nach dem Bewertungsstichtag eintreten, sind grundsätzlich nicht zu berücksichtigen, es sei denn, diese Umstände waren am Bewertungsstichtag schon vorhersehbar. Bei einem Nießbrauch an GmbH-Anteilen ist auf das Ausschüttungsverhalten der Gesellschaft in der Vergangenheit abzustellen, wobei sich allerdings jedes schematische Abstellen auf die drei Vorjahre verbietet. Zu berücksichtigen ist, dass der Nießbraucher nur einen Anspruch auf den nach dem Gewinnverwendungsbeschluss ausschüttungsfähigen (Anteil am) Gewinn hat. Dieser Anspruch ist regelmäßig geringer als der Gesamtertrag der Gesellschaft. Daher ist anhand des vergangenen Ausschüttungsverhaltens (ggf. Einstellung in Rücklagen o.ä.) eine Prognose über zukünftige Ausschüttungen vorzunehmen.[426]

257

Nach § 16 BewG kann bei der Ermittlung des Kapitalwerts der Nutzungen eines Wirtschaftsguts der Jahreswert dieser Nutzungen höchstens den Wert betragen, der sich ergibt, wenn der für das genutzte Wirtschaftsgut nach den Vorschriften des Bewertungsgesetzes anzusetzende Wert durch 18,6 geteilt wird. Die Vorschrift steht in Zusammenhang mit der Bewertung immerwährender Nutzungen nach § 13 BewG, deren Jahreswert mit 18,6 zu multiplizieren ist. Denn es ist einleuchtend, dass der Wert eines Wirtschaftsguts nicht geringer sein kann als der Wert, den eine immerwährende Nutzung des Wirtschaftsguts hat. § 16 BewG ist für Zwecke der Erbschaft- und Schenkungsteuer auch nach dem 1.1.2009 anzuwenden. Das FG Niedersachsen war zwar der Auffassung, dass die Verweisung in § 16 BewG auf den „nach den Vorschriften des Bewertungsgesetzes" anzusetzenden Wert nur Fälle vor dem 1.1.2009 betreffen kann.[427] Denn nur in diesen Fällen bestand das Problem einer möglichen Unterbewertung von Wirtschaftsgütern, so dass auch nur in diesen Fällen eine Begrenzung des Jahreswertes erforderlich sei. Der BFH hat die weitere Anwendbarkeit des § 16 BewG auch für das neue Recht in der Revisionsentscheidung vom 9.4.2014 bestätigt.[428]

258

9. Bewertung von Sachleistungsansprüchen. Die Bewertung von **Sachleistungsansprüchen** hängt davon ab, ob es sich um einseitige Ansprüche oder einen Anspruch aus einem gegenseitigen Schuldverhältnis handelt. Bei gegenseitigen Verträgen ist der Sachleistungsanspruch mit dem gemeinen Wert des Gegenstandes zu bewerten, auf dessen Leistung sie gerichtet sind.[429] Ein Anspruch auf Übertragung eines Grundstücks wird daher nicht mit dem Grundstückswert, sondern mit dem Wert der Gegenleistung bewertet.[430] Dieser Grundsatz führt für Zwecke der Erbschaftsteuer regelmäßig dazu, dass sich der Anspruch auf die Sachleistung und die Verbindlichkeit, die diesem Anspruch zugrunde liegt, ausgleichen. Vor der Neufassung des Erbschaftsteuergesetzes zum 1.1.2009 hatte diese Rechtslage erhebliche Auswirkungen. Verstarb der Erblasser, nachdem er die Auflassung erklärt, aber bevor die Eigentumsumschreibung erfolgt war, befand sich ein Sachleistungsanspruch im Nachlass, der mit dem gemeinen Wert zu bewerten war und

259

---

426 FG Düsseldorf EFG 2007, 1968.
427 FG Niedersachsen EFG 2012, 2305.
428 BFH BStBl. 2014, 554.

429 R B 9.1 Abs. 1 ErbStR 2019.
430 Ua BFH BFH/NV 2007, 1663.

nicht mit dem regelmäßig deutlich niedrigeren Bedarfswert nach den §§ 138 ff. BewG aF Nach der Neufassung hat die Unterscheidung an Brisanz verloren, weil die Grundstückswerte nach der Neukonzeption des Gesetzgebers ebenfalls den gemeinen Wert des Grundstücks abbilden sollen.

260 Eine andere Behandlung ergibt sich für einseitige Sachleistungsansprüche, etwa den Anspruch auf Erfüllung eines Sachvermächtnisses in Form eines Grundstücks. In diesen Fällen ist der Wert des Sachleistungsanspruchs mit dem Wert des zu liefernden Gegenstandes anzusetzen.[431]

D. Steuerrechtliche Gestaltungen

261 In der Beratungspraxis von erheblicher Bedeutung sind die Gestaltungsmöglichkeiten vor und nach dem Erbfall, die der Praktiker in diesem Beratungsumfeld parat haben muss, um den Mandanten umfassend und bestmöglich zu beraten. Dabei stehen gerade die Gestaltungsoptionen nach dem Erbfall häufig nicht im Fokus, da nach dem Erbfall entweder kein Berater eingeschaltet wird oder aber die Möglichkeiten auf Seiten des Beraters nicht abschließend erfasst werden. Die Beratung vor dem Erbfall, ua unter dem Schlagwort vorweggenommene Erbfolge, steht deutlich stärker im Fokus der Beraterschaft. Auch hier stellt die Symbiose zwischen der zivilrechtlichen Zielvorstellung und der Optimierung vor allen Dingen hinsichtlich der Vermeidung der Belastung mit Erbschaft- und Schenkungsteuer eine komplexe Gestaltungsaufgabe dar.

I. Steuerliche Gestaltungsüberlegungen vor dem Erbfall

262 Die Beratung vor dem Erbfall kann im Wege einer umfassenden Nachfolgeplanung durch Gestaltung der letztwilligen Verfügung, durch Ausnutzung von Freibeträgen im Rahmen der vorweggenommenen Erbfolge, durch güterrechtliche Gestaltungen, durch die Schaffung von begünstigtem Vermögen sowie durch die Einbeziehung von Stiftungslösungen – neben der zivilrechtlich angestrebten Zielsetzung – zur Realisierung von zum Teil erheblichen steuerlichen Optimierungspotenzial führen.

263 **1. Gestaltung einer letztwilligen Verfügung.** Die optimale Gestaltung der letztwilligen Verfügung, auch unter Berücksichtigung steuerlicher Aspekte, stellt die Grundlage der Regelung der Vermögensnachfolge dar. Es ist davon auszugehen, dass die Mehrzahl der Bevölkerung in Deutschland keine letztwillige Verfügung errichtet hat, sei es in Form eines Testaments oder eines Erbvertrages. Bevor auf die steuerlichen Gestaltungsmöglichkeiten eingegangen wird, soll ein kurzer Überblick den zivilrechtlichen Rahmen im Zusammenhang mit der Errichtung von letztwilligen Verfügungen gegeben werden.

264 **a) Regelungsinhalt.** Der Regelungsinhalt einer letztwilligen Verfügung richtet sich zunächst danach, wer als Erbe eingesetzt werden soll. Die Erbeinsetzung hat im Rahmen der **Universalsukzession** nach § 1922 Abs. 1 BGB zur Folge, dass das Vermögen als Ganzes auf einen oder mehrere Erben übergeht. Soweit mehrere Erben eingesetzt werden, bilden diese mit dem Erbfall eine Erbengemeinschaft. Im Rahmen der Gestaltungsüberlegungen sollte bedacht werden, dass die Verwaltung des Nachlasses durch eine Erbengemeinschaft mitunter streitanfällig sein kann, so dass die Einsetzung mehrerer Erben nebeneinander gegebenenfalls vermieden werden könnte.

265 **aa) Pflichtteilsrecht.** Die Testierfreiheit des Erblassers findet seine Einschränkung im Pflichtteilsrecht nach §§ 2303 ff. BGB. Danach können Pflichtteilsberechtigte einen Mindestanteil am Nachlass in Höhe der Hälfte des Wertes des gesetzlichen Erbteils fordern, wenn diese von der Erbfolge ausgeschlossen werden. Pflichtteilsberechtigt sind nach § 2303 Abs. 1 BGB die Abkömmlinge des Erblassers sowie die Eltern und der Ehegatte des Erblassers nach § 2303 Abs. 2

---

431 R B 9.1 Abs. 2 ErbStR 2019.

BGB. Weitere Personen, insbesondere Geschwister des Erblassers sind nicht pflichtteilsberechtigt. Damit der Pflichtteilsanspruch nicht ohne Weiteres unterwandert werden kann, ist nach § 2325 BGB ein Pflichtteilsergänzungsanspruch vorgesehen, wonach Schenkungen des Erblassers an Dritte dem Nachlass hinzugerechnet werden und der Pflichtteilsanspruch sich auch auf diese bezieht. Dabei sind Schenkungen grundsätzlich ergänzungspflichtig, wenn zur Zeit des Erbfalls noch keine 10 Jahre seit der Leistung des verschenkten Gegenstandes verstrichen sind, § 2325 Abs. 3 BGB. Innerhalb der Zehnjahresfrist liegende Schenkungen werden **pro rata** in Ansatz gebracht und schmelzen jedes Jahr in Höhe von 1/10 ab. Eine Schenkung im ersten Jahr vor dem Erbfall wird demnach voll in Ansatz gebracht, im zweiten Jahr nur noch zu 9/10, im dritten Jahr zu 8/10 etc Diese Regelung ersetzt das bis dahin geltende Alles-oder-nichts-Prinzip und gilt für alle Erbfälle seit dem 1.1.2010.

bb) Vermächtnisse und Teilungsanordnung. Neben der Erbeinsetzung können Vermächtnisse angeordnet werden. Im Rahmen eines Vermächtnisses nach § 1939 BGB erhält der Vermächtnisnehmer einen Vermögensvorteil zugewendet, der insoweit nur einen schuldrechtlichen Anspruch gegenüber dem Beschwerten umfasst, vgl. § 2174 BGB. Weiterhin ist das Vermächtnis dazu geeignet, einzelne Nachlassgegenstände einem bestimmten Vermächtnisnehmer zuzuwenden. Die Zuordnung von einzelnen Nachlassgegenständen kann auch im Rahmen der Erbeinsetzung über eine Teilungsanordnung nach § 2048 BGB erfolgen. Hierbei werden ebenfalls Nachlassgegenstände auf die Erben verteilt. Die Verteilung erfolgt in Abgrenzung zum Vermächtnis wertneutral, da insoweit die zugewendeten Vermögensgegenstände auf den Erbteil angerechnet werden.

266

cc) Arten von Vermächtnissen. Die Ausgestaltung von Vermächtnissen kann in unterschiedlicher Weise erfolgen. Zunächst können einzelne Vermögensgegenstände (Sachen oder Rechte) einem Bedachten zugewandt werden. Derartige Zuwendungen werden auch als **Stückvermächtnis** bezeichnet und entfallen gemäß § 2169 BGB ersatzlos, wenn der zugewendete Gegenstand nicht mehr im Nachlassvermögen vorhanden ist. Das **Verschaffungsvermächtnis** nach § 2170 BGB als besonderer Fall des Stückvermächtnisses hat zum Inhalt, dass eine Sache oder Forderung, die nicht zum Nachlass gehört, dem Bedachten noch verschafft werden muss. Soweit dies nicht möglich ist, hat der Beschwerte über § 2170 Abs. 2 grundsätzlich Wertersatz zu leisten.

267

Eine besondere Art des Stückvermächtnisses ist das **Nießbrauchvermächtnis**. Hierbei vermacht der Erblasser dem Vermächtnisnehmer den Nießbrauch (§§ 1030 ff. BGB) an einem Gegenstand in Form eines bei natürlichen Personen unübertragbaren dinglichen Nutzungsrechts. Das Nutzungsrecht ist umfassend und ermöglicht, den Gegenstand selbst zu nutzen oder einem Dritten entgeltlich oder unentgeltlich zur Nutzung zu überlassen und insoweit die Früchte der Sache zu ziehen. Gegenstand des Nießbrauchs können bewegliche oder unbewegliche Sachen sein. Weiterhin kann der Nießbrauch unter bestimmten Voraussetzungen auch an Gesellschaftsanteilen zugewandt werden, so dass beispielsweise der Gewinnanspruch als Ertragsnießbrauch auf den Bedachten übergeht.

268

Ein Vermächtnis kann auch ein Wohnungsrecht im Sinne von § 1093 BGB zum Inhalt haben (**Wohnungsrechtsvermächtnis**), wonach der Bedachte ein Gebäude oder Gebäudeteil unter Ausschluss des Eigentümers zu eigenen Wohnzwecken nutzen kann.

269

Das Gattungsvermächtnis wendet dem Bedachten einen nur der Gattung nach bestimmten Gegenstand zu. Häufigster Anwendungsfall ist das Geldvermächtnis. Dies kann in Form eines fixen Gelbetrages oder aber als Quotenvermächtnis ausgestaltet werden. Es kommt darauf an, ob sich die Gattungsschuld auf das im Nachlass vorhandene Geldvermögen, dann wäre ein darauf abstellendes Quotenvermächtnis angezeigt, oder darüber hinausgehend auf andere Gattungen erstrecken soll.

270

271 Soweit einem Pflichtteilsberechtigten ein Geldvermächtnis in Höhe des Pflichtteilsanspruchs zugewandt werden soll, um dem Fall vorzubeugen, dass dieser seinen Pflichtteilsanspruch gegen die Erben durchsetzt, spricht man von einem **Pflichtteilsvermächtnis**.

272 Das Rentenvermächtnis hat eine periodisch wiederkehrende und gleichbleibende Leistung an den Bedachten zum Inhalt, die ua in Form einer Geldzahlung erfolgen kann. Dabei wird zwischen Zeit- und Leibrente unterschieden. Die Zeitrente wird für einen kalendarisch festgelegten Zeitraum geleistet, wogegen die Leibrente für die Lebenszeit des Bedachten geschuldet ist. Abänderungsmöglichkeiten, abgesehen von der Wertsicherung, bezogen auf den Zahlbetrag qualifizieren die Rente als Dauernde Last.[432] In erbschaftsteuerlicher Hinsicht ist der Kapitalwert der wiederkehrenden Leistungen zu versteuern.

273 Ein Wahlvermächtnis im Sinne von § 2154 Abs. 1 S. 1 BGB kann in der Weise erfolgen, dass der Erblasser dem Bedachten einen von mehreren zur Auswahl stehenden Gegenstände zuwendet. Als auswahlberechtigte Personen kommen der Beschwerte, der Bedachte oder auch ein außenstehender Dritter in Betracht.

274 Eine weitere Möglichkeit besteht in der Anordnung eines **Zweckvermächtnisses** iSd 2156 BGB. Dabei kann der Erblasser den mit der Zuwendung verfolgten Zweck angeben und das Bestimmungsrecht, welche konkrete Leistung erbracht werden soll, dem Beschwerten oder einem Dritten überlassen.

275 dd) **Auflagen.** Nach § 1940 BGB kann der Erblasser durch Testament den Erben oder einen Vermächtnisnehmer zu einer Leistung verpflichten, ohne einem anderen ein Recht auf die Leistung zuzuwenden (**Auflage**). Inhalt einer Auflage kann jegliches Tun oder Unterlassen sein. Es handelt sich um eine rechtliche Verpflichtung, auch wenn der Bedachte keinen Anspruch auf die Leistung hat.

Auflagen können sein:

276 Geld- oder Sachleistungen zugunsten bestimmter natürlicher oder juristischer Personen; laufende Zahlungen aus dem Nachlass oder Geldleistungen für bestimmte Zwecke; Verpflichtung zu Grabpflege, Errichtung eines Grabsteins, Veranstaltung religiöser Handlungen, Durchführung von Veranstaltungen zur Erinnerung an den Erblasser, Aufstellen einer Büste oder Hängenlassen eines Bildes in einem bestimmten Raum; Instandhaltung von Gebäuden oder Parkanlagen, Öffnung von Gebäuden für die Allgemeinheit; Leihgaben für Ausstellungen und Museen; Veröffentlichung oder Nichtveröffentlichung von Briefen oder Manuskripten des Erblassers; Pflege von Tieren; Abschluss eines Gesellschaftsvertrages zur Fortführung des Unternehmens; Verpflichtung, bestimmte Verfügungen über Nachlassgegenstände (zB die Veräußerung oder die Veräußerung an bestimmte Personen) zu unterlassen oder hierzu die Zustimmung Dritter einzuholen oder eine Vollmacht zu erteilen; Verpflichtung, wie mit dem Leichnam des Erblassers zu verfahren ist (zB Durchführung der Bestattung, Ermöglichung von Organentnahmen, Übergabe an die Anatomie); Anordnung der Errichtung einer unselbstständigen Stiftung.

277 ee) **Vor- und Nacherbschaft.** Der Erblasser kann einen Erben in der Weise einsetzen, dass dieser erst Erbe (Nacherbe) wird, nachdem zunächst ein anderer Erbe (Vorerbe) geworden ist. Vor- und Nacherbe sind, wenn auch zeitlich nacheinander, beide Erben des Erblassers. Mit dem Nacherbfall geht die Erbschaft, die sich bis dahin in der Hand des Vorerben als von seinem Eigenvermögen getrennte Vermögensmasse befunden hat, auf den Nacherben über, § 2139 BGB. Der Nacherbe hat insoweit eine echte Anwartschaft, die veräußerlich, übertragbar und vererblich ist. Wenn die Nacherbfolge in der Regel mit dem Tod des Vorerben eintritt, ist die Folge, dass das Eigenvermögen des Vorerben an dessen Erben fällt und das der Vorerbschaft unterliegende Vermögen an den Nacherben fällt. Soweit ein Ehegatte somit den anderen Ehegatten zum

---

[432] Zur Unterscheidung zwischen Rente und dauernder Last s. Geck ZEV 2022, 128 ff.

Vorerben einsetzt und das gemeinsame Kind zum Nacherben, beerbt dieses die Mutter im Umfang ihres Eigenvermögens und den Vater im Umfang des der Vorerbschaft unterliegenden Vermögens.

Weil die Vor- und Nacherbschaft in erbschaftsteuerlicher Hinsicht zwei Erwerbsvorgänge auslöst, da nach § 6 Abs. 1 ErbStG das Vermögen zunächst beim Vorerben in voller Höhe und dann beim Nacherben versteuert wird, ist die alternative Gestaltung in Form einer Vermächtnisanordnung regelmäßig vorzugswürdig. Bei der Vermächtnislösung werden lediglich die Nutzungen und Erträge an den Begünstigten zugewandt, die Substanz bleibt aber grundsätzlich unangetastet. Allerdings können durch Anordnung einer Vor- und Nacherbschaft Gestaltungen zur Reduzierung von Pflichtteilsansprüchen in Betracht kommen, da die Vorerbschaft die Erhöhung des Eigenvermögens des Vorerben verhindert. 278

ff) **Testamentsvollstreckung.** Auch die **Testamentsvollstreckung** wird häufig im Rahmen von Nachfolgegestaltungen eingesetzt. Die Testamentsvollstreckung wird insbesondere dann verwendet, wenn minderjährige Kinder vorhanden sind, in der Regel zeitlich beschränkt bis zum Erreichen eines bestimmten Alters. 279

Nach § 2197 BGB kann der Erblasser durch Testament einen oder mehrere Testamentsvollstrecker ernennen. Die Einsetzung eines Testamentsvollstreckers bietet sich – neben den vorgenannten Beispielen – auch bei komplizierten Nachlässen und erwartetem Streit zwischen den Miterben an. Die Aufgabe des Testamentsvollstreckers ist es, die letztwilligen Verfügungen des Erblassers zur Ausführung zu bringen. Insbesondere hat er, wenn mehrere Erben vorhanden sind, die Auseinandersetzung unter ihnen zu bewirken. 280

Der Testamentsvollstrecker ist berechtigt und verpflichtet, den Nachlass zu verwalten. Er darf Verbindlichkeiten für den Nachlass eingehen, soweit dies für eine ordnungsgemäße Verwaltung erforderlich ist. § 2211 BGB sieht vor, dass ausschließlich der Testamentsvollstrecker über den Nachlass verfügen darf,; der Erbe ist von der Verwaltung ausgeschlossen. Der Testamentsvollstrecker haftet für Pflichtverletzungen auf Schadensersatz. 281

Ein großer Vorteil der Testamentsvollstreckung liegt darin, dass die Eigengläubiger des Erben keinen direkten Zugriff auf den Nachlass haben. Der Nachlass wird also geschützt. 282

gg) **Vorsorgevollmacht und Patientenverfügung.** Als ergänzende Regelungsbereiche der letztwilligen Verfügung sind auch die Themen Vorsorgevollmacht, Betreuungsverfügung und Patientenverfügung in den Blick zu nehmen. 283

Gemäß § 1814 Abs. 3 Nr. 1 BGB ist die Anordnung einer Betreuung nicht erforderlich, soweit die Angelegenheiten eines Volljährigen durch einen Bevollmächtigten ebenso gut wie durch einen Betreuer besorgt werden können. Falls eine ausdrückliche und wirksame Bevollmächtigung vorliegt, ist daher die Anordnung einer Betreuung nicht zulässig. Um Missbräuchen vorzubeugen, regelt § 1815 Abs. 3 BGB die Möglichkeit der Bestellung eines Betreuers mit der alleinigen Aufgabe der Überwachung des Bevollmächtigten. 284

Weiterhin sieht § 1821 Abs. 2 S. 2 BGB vor, dass der künftige Betreute die Möglichkeit hat, in einer Betreuungsverfügung seine Vorstellungen und Wünsche hinsichtlich seiner Lebensführung nach Eintritt des Betreuungsfalles zu äußern und festzulegen. Der Betreuer hat diesen Wünschen des Betreuten zu entsprechen, soweit die Befolgung dessen Wohl nicht zuwiderläuft und dem Betreuer zuzumuten ist. 285

Bei den in § 1827 ff. BGB vorhandenen Regelungen zur Patientenverfügung handelt es sich um eine schriftliche Behandlungsanweisung des potenziellen Patienten an seinen Arzt für den Fall künftiger Entscheidungsunfähigkeit. Meist wird ihm darin untersagt, unter bestimmten Umständen künstliche lebensverlängernde Maßnahmen trotz Aussichtslosigkeit seiner Lage durchzuführen. 286

287 **b) Regelungsformen und -voraussetzungen.** Die Errichtung einer letztwilligen Verfügung setzt zunächst die **Testierfähigkeit** des Erblassers voraus. Dabei ist diese gesetzlich nicht explizit geregelt, ist aber als besondere Art der Geschäftsfähigkeit zu verstehen, nicht aber mit dieser gleichzusetzen. Vielmehr muss der Erblasser in der Lage sein, den Inhalt der im Testament angeordneten Verfügungen zu verstehen und sich ein Urteil bilden können, welche Bedeutung seine Anordnungen für die Betroffenen haben, und zwar sowohl in persönlicher als auch in wirtschaftlicher Hinsicht.[433] Durch die Regelung der Testierunfähigkeit in § 2229 Abs. 4 BGB ist die Testierfähigkeit auch negativ abgegrenzt. Ein Minderjähriger kann nach §§ 2229 Abs. 1, 2247 Abs. 4 BGB ab dem 16. Lebensjahr im Rahmen eines öffentlichen Testaments testierfähig sein. Ein Erbvertrag setzt nach § 2275 Abs. 1 BGB in der Regel unbeschränkte Geschäftsfähigkeit voraus; Abweichendes gilt für minderjährige Eheleute.

288 **aa) Notarielles und eigenhändiges Testament.** Ordentliche Testamente können nach § 2231 zur Niederschrift eines Notars oder durch eine vom Erblasser nach § 2247 abgegebene Erklärung errichtet werden.

289 Das **eigenhändige Testament** erfordert eine eigenhändig geschriebene und unterschriebene Erklärung des Erblassers gemäß § 2247 Abs. 1 BGB. Die Unterschrift soll am Ende des Textes erfolgen. Es ist wichtig, dass der Erblasser grundsätzlich den gesamten Inhalt der Verfügung mit seiner eigenen Handschrift niederlegt. Eine Unterstützung dabei durch Dritte – etwa durch Führen der Hand – ist nur insofern zulässig, als dass die Schrift von seinem eigenen Willen getragen wird. Nach § 2247 Abs. 2 BGB soll der Testierende angeben, zu welcher Zeit (Tag, Monat und Jahr) und an welchem Ort er sie niedergeschrieben hat. Die Orts- und Zeitangabe ist grundsätzlich keine Wirksamkeitsvoraussetzung, kann aber nach § 2247 Abs. 5 BGB zur Ungültigkeit führen, wenn sich die notwendigen Feststellungen zu Zeit und Ort nicht anderweitig treffen lassen.

290 Das öffentliche ordentliche oder auch **notarielle Testament** wird zur Niederschrift eines Notars erklärt. Der in der Urkunde aufzunehmende Vermerk des Notars über seine Wahrnehmung bezüglich der erforderlichen Testierfähigkeit des Erblassers nach § 28 BeurkG kann ein wichtiges Indiz bei Zweifeln oder Streit über das Vorliegen der Testierfähigkeit im Zeitpunkt der Errichtung sein. Weiterer Vorteil des öffentlichen Testaments ist, dass eine beglaubigte Abschrift in Verbindung mit einer beglaubigten Abschrift des Testamentseröffnungsprotokolls vielfach zum Nachweis der Erbfolge oder eines Testamentsvollstreckers dient. So ist über die Regelung nach Ziffer 5 der AGB der Banken und Sparkassen gerade dies als Legitimationsnachweis ausreichend. Die Vorlage der beglaubigten Abschrift des notariellen Testaments ist auch hinreichend für die Legitimation bei Grundbuchamt und Handelsregister. Die Notwendigkeit der Beantragung und Vorlage eines Erbscheins erübrigt sich daher in vielen Fällen, so dass im Rahmen der Überlegungen zur Form der Testamentserrichtung die Kosten der Errichtung des notariellen Testaments der Kostenersparnis des entbehrlichen Erbscheins im Erbfall gegenübergestellt werden sollten. Auch die Zeitersparnis, bezogen auf die nicht erforderliche Durchführung eines Erbscheinerteilungsverfahrens, sollte in Betracht gezogen werden. Voraussetzung dafür, dass der Erbschein entbehrlich wird, ist allerdings stets, dass sich die Erbfolge ohne Weiteres aus dem notariellen Testament ergibt. Enthält das notarielle Testament Bedingungen oder etwa eine Pflichtteilsstrafklausel, fordern Grundbuchämter in der Regel weitere Nachweise zum Nichteintritt der Bedingung.

291 Das öffentliche Testament muss nach § 34 Abs. 1 S. 4 BeurkG vom Notar in besondere amtliche Verwahrung gebracht werden. Dieses dient der Rechtssicherheit mit Blick auf die Auffindbarkeit des Testaments, so dass Schutz vor Unterdrückung, Verfälschung und Vernichtung besteht.

---

433 BayObLG FamRZ 2005, 658 (659).

Ebenso kann aber auch das eigenhändig geschriebene Testament in die besondere amtliche Verwahrung gegeben werden (§ 2248 BGB).

Soweit die Beratungsleistung des Notars als Vorteil des öffentlichen Testaments gesehen wird, könnte diese im Vorfeld der Errichtung eines eigenhändigen Testamentes in gleicher Weise auch durch einen Rechtsanwalt eingeholt werden. Erforderlich wird anwaltlicher Rat im Regelfall, wenn neben der zivilrechtlichen Gestaltung mit dem Testament auch steuerliche Vorteile bezweckt werden, über die der Notar nicht berät. Mit Blick auf die Komplexität und den Umfang von steuerlichen und zivilrechtlichen Fragestellungen birgt ein eigenhändiges Testament eines Laien, der gänzlich auf Beratung verzichtet, erhebliche Risiken in Form von im Ergebnis nicht gewollten oder nachteiligen Rechts- und Steuerfolgen. Ein öffentliches Testament kann durch ein eigenhändiges Testament aufgehoben werden kann und umgekehrt (§§ 2254, 2258 BGB). 292

Neben den hier dargestellten Formen des ordentlichen Testaments existieren weitere Sonderformen von außerordentlichen Testamenten, wozu ua das Nottestament vor dem Bürgermeister nach §§ 2249, 2250 Abs. 1 BGB (Bürgermeistertestament), das Nottestament vor drei Zeugen nach § 2250 BGB (Drei-Zeugen-Testament) und das Nottestament auf See nach §§ 2251, 2250 Abs. 3 BGB zählen. 293

bb) Arten von letztwilligen Verfügungen. Die letztwillige Verfügung des Erblassers kann in Form eines **Einzeltestamentes**, eines **gemeinschaftlichen Testamentes** oder eines **Erbvertrages** erfolgen. Welche Art der Verfügung den Interessen des Erblassers entspricht, ist im Einzelfall zu ermitteln. Einzeltestamente können beispielsweise unabhängig von Verfügungen des Ehepartners errichtet und auch wieder verändert werden, wobei gerade daraus Risiken vor dem Hintergrund bestehender wirtschaftlicher Abhängigkeiten und der nicht in Einklang gebrachten Regelungen erwachsen können. 294

Die besondere Form des gemeinschaftlichen Testaments nach §§ 2265 ff. BGB steht nur Ehegatten und Lebenspartnern gemäß § 10 Abs. 4 LPartG offen. Die Regelungen gewähren ein Formprivileg, wonach es zur Errichtung eines gemeinschaftlichen eigenhändigen Testaments genügt, wenn einer der Ehegatten das Testament in der dort vorgeschriebenen Form errichtet und der andere Ehegatte die gemeinschaftliche Erklärung eigenhändig mitunterzeichnet. Weiterhin entfalten die Verfügungen des gemeinschaftlichen Testaments, die im Bezug aufeinander abgegeben worden sind, Bindungswirkung nach §§ 2270, 2271 BGB, so dass diese zu Lebzeiten beider Ehegatten ohne Wissen des anderen nicht geändert und nach dem Tode des anderen grundsätzlich nicht mehr aufgehoben werden können. Dabei ist zu beachten, dass die Scheidung der Ehe nach § 2268 Abs. 2 BGB nicht in jedem Fall zur Unwirksamkeit der wechselbezüglichen Verfügungen des Ehegattentestaments führt,[434] so dass – aus Gründen der Rechtssicherheit – ein Widerruf der Verfügungen erforderlich werden kann. Der einseitige Widerruf wechselbezüglicher Verfügungen bedarf dabei der für den Rücktritt vom Erbvertrag vorgesehenen notariellen Beurkundung (§§ 2271 Abs. 1 S. 1, 2296) und muss dem anderen Ehegatten zugestellt werden. 295

Erbvertrag und gemeinschaftliches Testament weisen hinsichtlich der wechselbezüglichen Bindungswirkung Ähnlichkeiten auf. Während wechselbezüglichen Verfügungen des gemeinschaftlichen Testaments, zumindest wenn beide Ehegatten noch leben, nach § 2271 Abs. 1 BGB widerruflich sind, entfaltet der Erbvertrag eine vertragliche Verpflichtung der Vertragsparteien, die über die Bindungswirkung des gemeinschaftlichen Testaments hinausgeht. Daneben steht der Erbvertrag jedem Erblasser, soweit dieser geschäftsfähig ist, und nicht nur Ehegatten und Lebenspartnern als Instrument zur Verfügung. Zu beachten ist, dass das vormalige Kostenprivileg des § 46 Abs. 3 KostO für die gleichzeitige Errichtung von Ehe- und Erbvertrag mit der Einführung des Gerichts- und Notarkostengesetzes (GNotKG) mit Wirkung vom 1.8.2013 weggefallen ist. 296

---

434 BGH BGHZ 160, 33.

297 **c) Berliner Testament.** Das **Berliner Testament** stellt eine besondere und in der Praxis sehr häufig anzutreffende Gestaltung im Rahmen eines gemeinschaftlichen Testaments dar. Es handelt sich dabei um die gegenseitige Erbeinsetzung der Ehegatten mit der weiteren Bestimmung, dass nach dem Tod des Längerlebenden der beiden Ehegatten der Nachlass regelmäßig an die gemeinsamen Kinder fallen soll. Diese so bezeichnete Einheitslösung führt dazu, dass das Vermögen des Erstversterbenden nach dessen Tod mit dem des überlebenden Ehegatten zu einer Einheit verschmilzt. Dies entspricht der gesetzlichen Auslegungsregel des § 2269 Abs. 1 BGB.

298 Das Berliner Testament stimmt dabei mit der in der Regel angestrebten Zielvorstellung von testierenden Eheleuten überein, indem zunächst der überlebende Ehegatte als Alleinerbe die entsprechende (maximale) wirtschaftliche Absicherung erhält und erst im zweiten Erbfall die Kinder bedacht werden. Gegebenenfalls wird der überlebende Ehegatte ergänzend vor der Inanspruchnahme durch die Kinder, die aufgrund ihrer Nichtberücksichtigung im ersten Erbfall Pflichtteilsansprüche geltend machen könnten, durch sog. **Pflichtteilsstrafklauseln** geschützt.

299 **2. Steuerliche Gestaltungsmöglichkeiten beim Testament.** Die steuerlichen Gestaltungsmöglichkeiten im Rahmen von letztwilligen Verfügungen ergeben sich ua mit Blick auf die optimierte Ausnutzung von Steuerfreibeträgen sowie die Verteilung des Nachlasses auf mehrere Erben und Vermächtnisnehmer. Die Verteilung des Nachlasses auf eine höhere Anzahl von Erben und Vermächtnisnehmern führt jeweils dazu, dass – zumindest sofern die hohen persönlichen Freibeträge von nahen Verwandten zur Anwendung kommen – durch die mehrfache Ausnutzung von Freibeträgen die steuerliche Gesamtbelastung gesenkt werden kann, indem beispielsweise nicht nur die Kinder des Erblassers, sondern auch etwaige vorhandene oder zu erwartende Enkel bedacht werden.

300 **a) Berliner Testament.** Die Gestaltung des Berliner Testaments bietet gerade in erbschaftsteuerlicher Hinsicht Optimierungspotenzial, da die Kinder im ersten Erbfall wirtschaftlich nicht bedacht werden und daher die persönlichen Freibeträge in Höhe von jeweils 400.000 EUR je Kind (§ 16 Abs. 1 Nr. 2 ErbStG) verloren gehen, wenn die Kinder von einer Geltendmachung des Pflichtteilsanspruchs absehen. Aus steuerlicher Sicht kann sich daher anbieten, Barvermächtnisse in Höhe des steuerlichen Freibetrages zugunsten der Kinder auszusprechen. Weiterhin könnten Vermächtnisse zugunsten von Enkelkindern angeordnet werden, die jeweils über einen persönlichen Freibetrag in Höhe von 200.000 EUR (§ 16 Abs. 1 Nr. 3 ErbStG) verfügen. Soweit weitere Personen, die entfernt oder gar nicht mit dem Erblasser verwandt sind, bedacht werden sollen, könnten jeweils Freibeträge in Höhe von je 20.000 EUR genutzt werden.

301 Soweit im Zeitpunkt der Errichtung unklar ist, ob die Vermächtnisse mit Blick auf die Werthaltigkeit des Nachlasses erfüllt werden können, kann dem ua im Wege eines nur quotenmäßig bestimmten Vermächtnisses, welches sich beispielsweise auf den im Zeitpunkt des Erbfalls vorhandenen Bestand an Barvermögen bezieht, begegnet werden.

302 **b) Supervermächtnis.** Weiterhin kann das Vermächtnis durch die Kombination von **Zweck- und Bestimmungsvermächtnis** flexibilisiert werden. Dies wird in der Literatur dergestalt vorgeschlagen,[435] dass den Abkömmlingen Vermächtnisse zugewandt werden, mit welcher der länger lebende Ehegatte zwar beschwert, ihm aber zugleich eine möglichst große Freiheit zur Ausgestaltung eingeräumt wird. Allein zum Zwecke der Abfindung und Ausnutzung der steuerlichen Freibeträge erhält der mit dem Zweckvermächtnis im Sinne von § 2156 BGB belastete überlebende Ehegatte die Befugnisse zur Bestimmung von Gegenstand, Höhe, Bedingungen und (zumindest eingeschränkt) Leistungszeitpunkt sowie Auswahl der Vermächtnisnehmer aus dem Kreis der Abkömmlinge, §§ 2152, 2153 Abs. 1 BGB. Zur Vermeidung der nachteiligen Folgen

---

[435] Vgl. ua Langenfeld Testamentsgestaltung, Rn. 359; JuS 2002, 351; Ebeling ZEV 2000, 87; von Oertzen/Lindermann ZEV 2020, 144 ff.

des § 6 Abs. 4 ErbStG, der bei betagten Vermächtnissen deren Abziehbarkeit im ersten Erbfall verhindert, muss der Längerlebende das Vermächtnis noch zu seinen Lebzeiten erfüllen.

Zur Vermeidung nachteiliger Folgen wegen einer zeitlich unbestimmten Fälligkeit des Vermächtnisanspruchs[436] ist zu empfehlen, die zeitliche Erfüllung längstens bis zu einem Jahr nach dem Tod des Erblassers vorzusehen. Weiterhin dürfte auch die Möglichkeit bestehen, das Vermächtnis auf etwaige Enkelkinder auszudehnen und damit das steuerliche Optimierungspotenzial noch zu steigern.

Das OLG Hamm hat als erstes Obergericht die Wirkungen eines Supervermächtnisses anerkannt.[437] In der Gestaltungspraxis sollten aber gewissenhafte Formulierungen gewählt werden, um unerwünschte Nebeneffekte zu vermeiden.[438] Im Ergebnis kann durch das weitreichende Bestimmungsrecht des überlebenden Ehegatten ein erheblicher Flexibilisierungsgrad erreicht werden, der oftmals im Interesse der testierenden Eheleute liegen dürfte und das Ausnutzen von steuerlichen Freibeträgen ermöglicht.

3. Vorweggenommene Erbfolge. Im Rahmen der **vorweggenommenen Erbfolge** werden insbesondere solche Maßmahnen zusammengefasst, die lebzeitige Übertragungen von Vermögensgegenständen auf potenzielle Erben vorsehen, um auf diesem Wege – ua aus erbschaftsteuerlichen Gesichtspunkten – eine Planung der Vermögensnachfolge zu optimieren.

a) Mehrfache Ausnutzung von Freibeträgen. Da die persönlichen steuerlichen Freibeträge **alle zehn Jahre** erneut zur Verfügung stehen, insoweit also keine Zusammenrechnung nach § 14 ErbStG erfolgt, kann bei frühzeitiger Planung dafür Sorge getragen werden, dass das mehrfache Ausnutzen der Freibeträge gelingt. Da den Abkömmlingen die Freibeträge im Verhältnis zu jedem Elternteil zustehen, ergeben sich nicht unerhebliche Effekte.

Beispiel: Bei Eheleuten mit zwei Kindern und einem angenommenen Nachlasswert von 10 Mio. EUR, der den Eheleuten hälftig zugeordnet werden kann, wird bereits 11 Jahre vor dem ersten Erbfall begonnen, Vermögensübertragungen in Höhe der Steuerfreibeträge von insgesamt 1,6 Mio. EUR auf die Kinder vorzunehmen. Mehr als 10 Jahre später versterben beide Elternteile. Im Rahmen des jeweiligen Erbfalls können – soweit nicht andere testamentarische Verfügungen vorliegen – erneut 400.000 EUR pro Kind und Elternteil und damit weitere 1,6 Mio. EUR steuerfrei übergehen.

Das vorgenannte Beispiel lässt sich in der Wirkweise potenzieren, indem der Zeitraum um weitere zehn Jahre verlängert wird oder aber Enkelkinder, denen ein Freibetrag von 200.000 EUR zusteht, in die Übertragungen einbezogen werden.

b) Kettenschenkungen. Mehrfache Schenkungen desselben Gegenstandes in Form von **Kettenschenkungen** können dazu genutzt werden, niedrige Freibeträge und einen hohen Steuersatz zu vermeiden, die im direkten Verhältnis zwischen zwei Personen nicht gelten. Übertragungen können beispielsweise von einem Elternteil auf den anderen und erst dann vom anderen Ehegatten auf die Kinder erfolgen, um so noch nicht ausgeschöpfte Freibeträge des anderen Ehegatten auszunutzen. Denkbar ist auch die Übertragung zunächst auf das leibliche Kind und dann von diesem auf dessen Ehegatten. Im letzteren Fall würde für eine direkte Schenkung der Schwiegereltern an das Schwiegerkind nur ein Freibetrag von 20.000 EUR in Ansatz gebracht werden können. Über den „Umweg" des leiblichen Kindes können bis zu 400.000 EUR steuerfrei übergehen, wobei allerdings zu beachten ist, dass dann der Freibetrag für das eigene Kind verbraucht ist. Diese Gestaltungen werden von der Rechtsprechung unter Einhaltung bestimmter Voraussetzungen akzeptiert.[439] Es kommt darauf an, dass der zunächst Bedachte nicht zur Weiterschenkung an den zuletzt Bedachten verpflichtet ist und der zuerst Schenkende die Wei-

---

436 Vgl. Mayer DStR 2004, 1409 (1413).
437 OLG Hamm ErR 2019, 650.
438 Ausführlich hierzu: Streppel DNotZ 2021, 259 ff.
439 BFH BFH/NV 2012, 580; BStBl. 2013, 934; BFH/NV 2015, 1412.

terübertragung auch nicht selbst veranlasst hat. Es ist daher zu empfehlen, die Übertragung beispielsweise bei Grundstücken durch zwei separate notarielle Übertragungsverträge vorzunehmen und jede inhaltliche Bezugnahme zu vermeiden.[440]

310 c) **Übernahme der Schenkungsteuer durch den Zuwendenden.** Wenn die Schenkungsteuer statt durch den Erwerber durch den Zuwendenden übernommen wird, bieten sich steuerliche Gestaltungsmöglichkeiten mit Vorteilen, die aus der Regelung des § 10 Abs. 2 ErbStG resultieren. Im Rahmen der Übernahme der Steuer für den Empfänger des Vermögensgegenstandes stellt die übernommene Steuer eine weitere Schenkung dar. Insgesamt ist daher vom Erwerber die Summe aus dem Wert des übertragenen Vermögens und der daraus resultierenden Steuer zu versteuern.

311 **Beispiel:** Der Vater will seiner Tochter einen Geldbetrag in Höhe von netto 967.000 EUR zuwenden. Dies führt zu folgender Besteuerung, wenn die Tochter die Schenkungsteuer trägt:

Steuerwert	1.100.000 EUR
./. Freibetrag (§ 16 ErbStG)	400.000 EUR
Steuerwert	700.000 EUR
Steuersatz 19 %	133.000 EUR
Nettoerwerb	967.000 EUR

Hier liegt die Steuerbelastung für die Tochter bei 133.000 EUR.

Bei Übernahme der Steuer durch den Vater ergibt sich folgende Berechnung, wenn der angestrebte Nettoerwerb in Höhe von 967.000 EUR zugrunde gelegt wird:

Steuerwert	967.000 EUR
./. Freibetrag (§ 16 ErbStG)	400.000 EUR
Steuerwert	567.000 EUR
Steuersatz 15 %[441]	85.050 EUR

Die vom Vater übernommene Steuer von 85.050 EUR ist der Schenkung hinzuzurechnen, so dass als Bemessungsgrundlage 652.050 EUR der Schenkungsteuer unterliegen. Bei einem Steuersatz von 19 % führt dies zu einer Schenkungsteuer in Höhe von rund 123.900 EUR. Die Steuerersparnis bei gleichem Nettoerwerb beträgt 9.100 EUR.

312 d) **Übertragung Familienheim.** Grundsätzlich kann ein **Familienheim**, also die selbstgenutzte Wohnung, das selbstgenutzte Haus, welches im Zeitpunkt der Zuwendung den Mittelpunkt des familiären Lebens darstellt, zu Lebzeiten ohne besondere weitere Voraussetzungen an den jeweiligen Ehegatten/Lebenspartner steuerfrei übertragen werden, § 13 Abs. 1 Nr. 4 a ErbStG. Im Todesfall wird die Steuerbefreiung allerdings nur unter weiteren Voraussetzungen gewährt. Insbesondere gilt eine 10-jährige Behaltens- und Nutzungsfrist, die bei Nichteinhaltung zu einer (vollständigen!) rückwirkenden Besteuerung führt, § 13 Abs. 1 Nr. 4 b S. 5 ErbStG.

313 Die Begünstigung wird nicht gewährt, wenn es sich nicht um das gemeinsam bewohnte Familienheim darstellt, zB wenn es sich um eine als Zweit- oder Ferienwohnung genutzte Immobilie handelt.[442] Generell sind die Befreiungen beim Familienheim streng zu handhaben. Raum für ergänzende Auslegungen des Gesetzestextes sieht der BFH nicht.[443] Für den Fall einer lebzeitigen Schenkung empfiehlt es sich, Rückforderungsrechte im Übertragungsvertrag aufzunehmen, um im Fall einer eventuellen Rückübertragung (zB bei Scheidung) Steuern zu vermeiden. Die

---

440 Ausführlich: Kamps ErbR 2020, 23 ff.
441 Hier wirkt sich auch die Unterschreitung der Progressionsstufe (600.000 EUR) aus.
442 BFH BStBl. 2013, 1051.
443 Zuletzt: BFH DStR 2022, 1372.

Rückforderungsrechte können bei schenkweiser Übertragung auf den Ehegatten ua für den Fall des Vorversterbens des Beschenkten und für den Fall der Trennung vereinbart werden.

Da der Gesetzgeber die steuerbegünstigte lebzeitige Übertragung des Familienheims nicht beschränkt hat, ist auch eine **mehrfache Übertragung** verschiedener Familienwohnheime denkbar. Hierbei sollte allerdings berücksichtigt werden, dass die Rechtsprechung entschieden hat, dass es nicht mehrere Familienheime nebeneinander geben kann.[444] Außerdem sollten die Regelungen zum Gestaltungsmissbrauch nach § 42 AO im Blick gehalten werden. 314

Beispiel: Der Ehemann möchte der Ehefrau 1,5 Mio. EUR an Barvermögen und das gemeinsam bewohnte Familienheim im Wert von ebenfalls ca. 1,5 Mio. EUR, dessen Alleineigentümer er ist, übertragen. 315

Zunächst überträgt er das Familienheim steuerbefreit auf die Ehefrau. Einige Zeit später kauft er der Ehefrau das Familienheim für 1,5 Mio. EUR ab. Wiederum einige Zeit später überträgt er das Familienheim erneut steuerbefreit auf die Ehefrau. Diese ist nun Eigentümerin des Bargeldes in Höhe von 1,5 Mio. EUR und der Immobilie in Höhe von 1,5 Mio. EUR, ohne dass ein Schenkungsteuertatbestand ausgelöst worden ist. Bei einer gleichzeitigen Schenkung von Familienwohnheim und Bargeld wäre eine Schenkungsteuer von 190.000 EUR angefallen (Bargeld abzgl. Freibetrag x 19 %). Der Immobilienerwerb unter Eheleuten ist auch von der Grunderwerbsteuer befreit, § 3 Nr. 4 GrEStG.

Es ist zu berücksichtigen, dass die lebzeitige Übertragung des Familienheims auf Kinder der Schenker nicht steuerlich begünstigt ist. Auch der Übergang des Eigentums auf die Kinder von Todes wegen unterliegt nach § 13 Abs. 1 Nr. 4 c ErbStG weitergehenden Einschränkungen als bei Eheleuten. Die Steuerbefreiung gilt in diesen Fällen nur bis zu einer **Flächenbegrenzung von 200 qm Wohnfläche**, die darüberhinausgehende Fläche wird anteilig besteuert. Auch hier gilt die 10-jährige Behaltensfrist. 316

e) **Adoption.** Da die günstigen Steuersätze und hohen persönlichen Freibeträge für leibliche Abkömmlinge in der Steuerklasse I erhebliches steuerliches Optimierungspotenzial bieten, können seitens des Erblassers Überlegungen angestellt werden, den nicht mit ihm verwandten, potenziellen Begünstigten zu adoptieren. Es ist zwischen der Adoption Minderjähriger und Volljähriger – der sog. Erwachsenenadoption – zu unterscheiden. 317

Dabei gelten für die Annahme eines Volljährigen grundsätzlich die gleichen Voraussetzungen wie für die Minderjährigenadoption, §§ 1767 Abs. 2, 1741 Abs. 1 BGB. Bei der Minderjährigenadoption ist das tatbestandliche Hauptwesensmerkmal zur Rechtfertigung der Adoption das Entstehen eines Eltern-Kind-Verhältnisses zwischen Adoptiveltern und Adoptiertem. Für die Erwachsenenadoption stellt § 1767 BGB zusätzlich auf das Erfordernis einer sittlichen Rechtfertigung ab. Besteht bereits ein Eltern-Kind-Verhältnis, ist die Erwachsenenadoption sittlich gerechtfertigt. Besteht eine solches Verhältnis noch nicht, muss eine so starke innere Verbundenheit vorhanden sein, dass eine dem Eltern-Kind-Verhältnis ähnliche Beziehung vorliegt, welche die Verfestigung zu einer rechtlichen Wahlverwandtschaft rechtfertigt.[445] 318

Im Zusammenhang mit erbschaftsteuergünstigen Gestaltungen ist insbesondere relevant, dass das Vorhaben der Parteien, den Angenommenen als Alleinerben einzusetzen, um Erbschaftsteuer zu sparen, der Zulässigkeit der Adoption nicht entgegensteht, solange als Hauptzweck das Entstehen des Eltern-Kind-Verhältnisses gewollt ist und eben nicht die Steuerersparnis.[446] 319

Die Erwachsenenadoption hat in erbrechtlicher Hinsicht nach § 1770 BGB andere Wirkungen als die Minderjährigenadoption, indem diese sich nur auf die adoptierenden Eltern und nicht auf deren Verwandten erstreckt. Das wechselseitige Erbrecht mit den biologischen Eltern er- 320

---

444 BFH DStR 2013, 2389.
445 Ausführlich: MüKoBGB/Maurer, 8. Aufl. 2020, BGB § 1767 Rn. 37 ff.
446 BGH NJW 1961, 1461.

lischt nicht. Der Adoptierte hat aber zusätzlich gegenüber den Adoptiveltern ein gesetzliches Erbrecht.

321 Soweit unter den genannten Voraussetzungen eine Adoption in Betracht kommt, führt diese in erbschaftsteuerlicher Hinsicht dazu, dass dem Adoptierten die Steuersätze und Freibeträge der Steuerklasse I in gleicher Weise wie einem leiblichen Abkömmling zugutekommen. Damit kommt das adoptierte Kind in sämtlichen Fragen der steuerlichen Optimierung durch testamentarische Erbeinsetzung oder aber durch Übertragungen zu Lebzeiten im Wege der vorweggenommenen Erbfolge in Betracht.

322 **f) Nießbrauchgestaltungen.** Eine vorteilhafte Gestaltungsvariante kann auch die Übertragung von Vermögen unter **Vorbehalt oder die Zuwendung des Nießbrauchrechts** (§§ 1030 ff. BGB) darstellen, sei es durch lebzeitige Übertragungen oder Verfügungen von Todes wegen. Gerade bei der vorweggenommenen Erbfolge kann im Wege der Übertragung der Substanz unter Vorbehalt der Nutzungen für den Schenker eine interessengerechte Gestaltung liegen. Die Nießbrauchgestaltung hat auch aus steuerlichen Gründen an Attraktivität hinzugewonnen, da das Abzugsverbot des § 25 ErbStG aF durch das ErbStRG im Jahr 2009 entfallen ist. Weiterhin ist die alternative Gestaltung in Form der Vermögensübertragung gegen Versorgungsleistung durch das Jahressteuergesetz 2008 erheblich eingeschränkt worden.

323 Nießbrauchgestaltungen kommen dabei in unterschiedlichen Konstellationen in Betracht:
- Der bisherige Eigentümer will die Vermögenssubstanz übertragen, sich aus den Erträgen aber lebzeitig selbst versorgt wissen. Er überträgt schenkweise Vermögen auf einen Dritten und behält sich den Nießbrauch an diesem Vermögen vor (**Vorbehaltsnießbrauch**).
- Der Eigentümer eines Vermögensgegenstands beabsichtigt, die Versorgung eines anderen sicherzustellen. Der Eigentümer bestellt daher zu dessen Gunsten den Nießbrauch an dem Gegenstand, wobei er entweder das Eigentum behält oder dieses zugleich einem Dritten überträgt (**Zuwendungsnießbrauch**).
- Der Erblasser will im Falle seines Todes eine bestimmte Person versorgt wissen. Er weist daher durch letztwillige Verfügung das Vermögen bestimmten Personen zu, verpflichtet diese jedoch dazu, der zu versorgenden Person den Nießbrauch an dem Vermögen oder Teilen davon einzuräumen (**Vermächtnisnießbrauch**).

324 Bei Übertragung eines Gegenstands/Grundstücks unter Vorbehaltsnießbrauch wird der nießbrauchbelastete Vermögensgegenstand der Schenkungsteuer unterworfen. Der Vorbehaltsnießbrauch ist keine Gegenleistung des Begünstigten, sondern ist als bereicherungsmindernder Faktor mit seinem nach §§ 13 bis 16 BewG zu ermittelnden Kapitalwert von dem Steuerwert des Vermögensgegenstandes in voller Höhe abziehbar.

325 Zu beachten ist, dass die Übertragung gegen Nießbrauchvorbehalt den Lauf der 10-Jahresfrist nach § 2325 Abs. 3 BGB in Zusammenhang mit Pflichtteilsergänzungsansprüchen nicht in Gang setzt.[447] Es wird unterstellt, dass der Schenker sein wirtschaftliches Eigentum durch Anordnung des Nießbrauchvorbehalts nicht aus den Händen gegeben hat. Soweit die Pflichtteilsthematik relevant ist, kann alternativ statt eines Nießbrauchs eher eine dauernde Last oder Leibrente vereinbart werden.

326 Der unentgeltliche Verzicht auf einen bereits eingeräumten Nießbrauch unterliegt wiederum der Schenkungsteuer, wogegen das Erlöschen des Nießbrauchs im Todesfall des Verpflichteten in der Regel (Ausnahmen s. § 14 BewG) keine Erbschaftsteuer auslöst. Ein lebzeitiger Verzicht sollte daher nach Möglichkeit vermieden werden. Wenn zu Lebzeiten beispielsweise die Immobilie, die unter Nießbrauchvorbehalt übertragen wurde, verkauft werden soll, kann zur Vermeidung von Schenkungsteuern entweder der Nießbrauch entgeltlich abgelöst oder vereinbart wer-

---

447 S. hierzu BGH BGHZ 211, 38.

den, dass sich der Nießbrauch an dem Vermögensgegenstand, der stattdessen angeschafft wird – oder auch an dem Kaufpreis – fortsetzen soll. Hierzu kann der Nießbrauchberechtigte im Übertragungsvertrag verpflichtet werden, einen Nießbrauch am Surrogat zu bestellen. Da der Nießbrauch weder übertragbar noch verpfändbar ist, kommt eine dingliche Surrogation des Nießbrauchs in Bezug auf den neu angeschafften Gegenstand nicht in Betracht.[448]

g) Optimierung bei Lebensversicherungsverträgen. Bei Auszahlung einer Lebensversicherung an den Bezugsberechtigten liegt ein steuerbarer Tatbestand immer dann vor, wenn Versicherungsnehmer und Begünstigter auseinanderfallen. Diese Konstellation liegt regelmäßig vor, wenn der wirtschaftlich stärkere Ehepartner eine Versicherung abschließt, bei der er Versicherungsnehmer, versicherte Person und Beitragszahler ist und der andere Ehepartner als Bezugsberechtigter abgesichert werden soll.

Beispiel:

Kapitalwert Lebensversicherung	500.000 EUR
Versicherungsnehmer	Ehemann
Versicherte Person	Ehemann
Beitragszahler	Ehemann
Bezugsberechtigter	Ehefrau

Hier wird im Todesfall des Ehemanns der Kapitalwert der Lebensversicherung der Erbschaftsteuer unterworfen, da der Erwerb als Vertrag zugunsten Dritter auf den Todesfall wegen § 3 Abs. 1 Nr. 4 ErbStG steuerbar ist.

Als Gestaltungsvariante bietet sich bei Ehegatten der Abschluss einer Versicherung an, bei der ein Ehegatte eine Lebensversicherung auf das Leben des anderen Ehegatten abschließt, selbst bezugsberechtigt ist und die Prämien selbst zahlt. Bei Tod des anderen Ehegatten ist die Versicherungsleistung nicht steuerpflichtig.

Beispiel:

Kapitalwert Lebensversicherung	500.000 EUR
Versicherungsnehmer	Ehefrau
Versicherte Person	Ehemann
Beitragszahler	Ehefrau
Bezugsberechtigter	Ehefrau

Verstirbt der Ehemann, wird keine Erbschaftsteuer fällig, da die Ehefrau eigenes Vermögen aufgrund des ihr zuzuordnenden Versicherungsvertrages erwirbt. Schließen die Eheleute jeweils eine Lebensversicherung ab, bei der sie den anderen Ehegatten als versicherte Person benennen, spricht man von einer Überkreuzversicherung.

Da es sich im vorgenannten Beispiel um den eigenen Vermögensaufbau eines Ehegatten handelt, den dieser mit eigenen Mitteln finanziert, ist mangels Bereicherung eines anderen die erbschaftsteuerliche Folge konsequent. Als Gestaltungsmittel zur Reduzierung von Erbschaftsteuer eignet sich daher zB die Übertragung einer (voll eingezahlten) Versicherung.[449] Zum Zeitpunkt der Übertragung des Versicherungsvertrages liegt in diesem Fall eine Schenkung vor, die mit dem Rückkaufwert der Versicherung bemessen wird. Sämtliche künftigen Erträge aus der Versicherung entstehen allerdings dann direkt beim Beschenkten und unterliegen im Todesfall nicht mehr der Erbschaftsteuer. Will sich der Schenker den Einfluss auf den Lebensversicherungsvertrag erhalten, kann er den Vertrag auch nur teilweise (zB zu 99 %) übertragen und sich mit dem verbleibenden 1 % die Einflussmöglichkeiten sichern. Anders ist die steuerliche Folge, wenn ein

---

448 Zu möglichen ertragsteuerlichen Folge s. FG Münster EFG 2014, 270.
449 Hierzu Tölle SteuK 2015, 295.

Dritter die Prämien für eine Lebensversicherung zahlt, bei welcher der Versicherungsnehmer gleichzeitig Bezugsberechtigter ist. In diesem Fall ist steuerliche Bemessungsgrundlage der Schenkung nicht der Rückkaufwert der Versicherung, sondern die laufenden Beitragszahlungen.[450] Hinzuweisen ist in diesem Zusammenhang auf die ertragsteuerlichen Folgen. Zwar ist seit dem 1.1.2005 das Steuerprivileg für Lebensversicherungen stark eingeschränkt worden. Erhalten geblieben ist aber nach wie vor das Privileg der einkommensteuerfreien Auszahlung im Todesfall.[451] Insofern kann es auch aus ertragsteuerlicher Sicht in bestimmten Konstellationen vorteilhaft sein, einen Lebensversicherungsvertrag (ggf. unter Zurückbehaltung von 1 % wegen Erhaltung der Einflussmöglichkeiten) zu verschenken anstatt Bargeld.

332 **4. Vorziehen güterrechtlicher Ausgleichsansprüche.** Da nach § 5 ErbStG die Zugewinnausgleichsforderung erbschaft- und schenkungsteuerfrei gestellt und der Höhe nach nicht begrenzt ist, ergibt sich daraus erhebliches Gestaltungspotenzial. Vielfach werden die mit einer Gütertrennung beabsichtigten Ziele (zB Vermeidung des Zugewinnausgleichs bei Unternehmensbeteiligungen) auch durch eine **modifizierte Zugewinngemeinschaft** erreicht werden können, bei welcher der Zugewinn nur für den Fall der Scheidung ausgeschlossen wird. Je größer der Unterschied des erwirtschafteten Zugewinns während der Ehe ist, desto größer ist das Steueroptimierungspotenzial der modifizierten Zugewinngemeinschaft im Vergleich zur Gütertrennung.

333 Gestaltungsmöglichkeiten können im Rahmen der sog. **Güterstandsschaukel** genutzt werden, um Vermögen steuerneutral und ohne Reduzierung der Freibeträge auf den anderen Ehegatten zu übertragen. Der Güterstandsschaukel liegt die Fallkonstellation zugrunde, dass sich die Eheleute zunächst im gesetzlichen Güterstand der Zugewinngemeinschaft befinden. Durch notarielle Vereinbarung findet ein Wechsel in den Güterstand der Gütertrennung statt, um anschließend erneut in den Güterstand der Zugewinngemeinschaft zu wechseln. Der Wechsel aus dem Güterstand der Gütertrennung zurück in den gesetzlichen Güterstand ist, wenn zumindest auch außersteuerliche Gründe hierfür vorliegen, grundsätzlich ohne Abwarten einer besonderen Schamfrist möglich.[452] Sogar die Neubegründung des gesetzlichen Güterstands in derselben Urkunde im unmittelbaren Anschluss an dessen Aufhebung wurde im Rahmen des BFH-Urteils akzeptiert, ohne dass ein Gestaltungsmissbrauch im Sinne von § 42 AO angenommen worden ist. Die wirksame Umsetzung setzt allerdings voraus, dass der Güterstand vollständig beendet worden ist, die güterrechtliche Abwicklung tatsächlich durchgeführt wird und der Rahmen einer güterrechtlichen Vereinbarung nicht überschritten wird, indem beispielsweise ein über den Zugewinnausgleichsanspruch hinausgehender Ausgleichsbetrag vereinbart wird.

334 Es ist zu bedenken, dass der Güterstand der Zugewinngemeinschaft rückwirkend bis zum Beginn der Ehe durch Ehevertrag vereinbart werden kann, so dass in Fällen, in denen bis dahin der Güterstand der Gütertrennung vereinbart war, die steuerlichen Vorteile unter bestimmten Voraussetzungen genutzt werden können. Steuerlich wird dies dann anerkannt, wenn die Ehe nach § 5 Abs. 2 ErbStG nicht durch Tod aufgelöst, sondern der Zugewinn nach § 1371 Abs. 2 BGB tatsächlich zu Lebzeiten ausgeglichen wird.

335 **5. Schaffung von begünstigtem Vermögen.** Die Möglichkeit der Schaffung von begünstigtem Vermögen, welches gegenüber anderen Vermögensklassen im Rahmen der Erbschaftsteuer privilegiert behandelt wird, ist im Rahmen der Erbschaftsteuerreform im Jahr 2009 in weiten Teilen abgeschafft worden, indem grundsätzliche alle Vermögensarten bei der Besteuerung mit dem Verkehrswert angesetzt werden. Die Angleichung an den Verkehrswert und damit die Erhöhung der Besteuerungsgrundlage gilt ua für Kapitallebensversicherungen und insbesondere für Grundvermögen. Gleichwohl bleiben im Wesentlichen drei Begünstigungen: Familienheim, unternehmerisches Vermögen und zu Wohnzwecken vermietete Immobilien.

---

450 BFH BStBl. 2015, 239.
451 Schmidt/Weber-Grellet EStG § 20 Rn. 92.
452 BFH BStBl. 2005, 843.

a) **Familienheim.** Eine Besserstellung in Zusammenhang mit Grundvermögen hat ausschließlich die – zumindest zwischen Eheleuten – der Höhe nach unbegrenzte Steuerbefreiung des Familienheims zur Folge, § 13 Abs. 1 Nr. 4 a, b ErbStG. Hier könnten sich zB Geldinvestitionen anbieten, die zu einer Werterhöhung des Familienheims führen und die dann steuerfrei auf den anderen Ehegatten (oder ggf. ein Kind) übergehen.

b) **Unternehmerisches Vermögen.** Die Möglichkeiten zur Schaffung von begünstigtem Betriebsvermögen ist seit der Neufassung des Erbschaftsteuergesetzes im Jahr 2016 regelmäßig ausgeschlossen. Nachdem bereits durch das Amtshilferichtlinie-Umsetzungsgesetz (AmtshilfeRL-UmsG) vom 26.6.2013 rückwirkend zum 7.6.2013 Gestaltungsformen wie die „Cash-GmbH" beseitigt oder zumindest ganz erheblich eingeschränkt wurden, verfolgt die Neufassung der §§ 13a, 13b ErbStG im Jahr 2016 einen deutlich weitergehenden Ansatz. Zwar wird auch nach der Neufassung zwischen begünstigtem Vermögen und Verwaltungsvermögen unterschieden. Auf die Einhaltung einer bestimmten Verwaltungsvermögensquote kommt es allerdings nicht mehr an. Vielmehr ist das vorhandene Verwaltungsvermögen nach der Neufassung, abgesehen von einem „Schmutzabschlag" von 10 % nach § 13b Abs. 7 S. 1 ErbStG, vollständig steuerpflichtig. Insofern kann begünstigungsfähiges Betriebsvermögen nur in Höhe eines etwa vorhandenen Schmutzabschlages geschaffen werden. Zu beachten ist hier allerdings, dass vom Schmutzabschlag solches Verwaltungsvermögen nicht umfasst ist, das zum Besteuerungszeitpunkt weniger als zwei Jahre dem Betrieb zuzuordnen war. Im Ergebnis dürfte daher die Umwidmung von Privatvermögen in Betriebsvermögen nur noch ausnahmsweise eine Gestaltungsvariante sein (zB bei Wohnungsunternehmen iSd § 13b Abs. 4 Nr. 1 d ErbStG).

c) **Zu Wohnzwecken vermietete Immobilien.** Der Vollständigkeit halber ist darauf hinzuweisen, dass für zu Wohnzwecken vermietete Grundstücke ein Bewertungsabschlag von 10 % gewährt wird, § 13d Abs. 1 ErbStG.

6. Einbeziehung von Stiftungen. Eine Gestaltung vor und selbst nach dem Erbfall kann durch Einbeziehung einer gemeinnützigen Stiftung angedacht werden, die – neben den vordergründigen Erwägungen einer angestrebten gemeinnützigen Stiftungsarbeit – begleitende steuerliche Optimierungsmöglichkeiten eröffnet.

Zunächst bietet sich die Stiftung – unabhängig von steuerlichen Erwägungen – in den Fällen als Erbe an, in denen kein geeigneter Erbe vorhanden ist, insbesondere wenn der Erblasser kinderlos geblieben ist. Damit die Stiftung bereits zu Lebzeiten begleitet und auf den richtigen Weg gebracht werden kann, ist selbst dann, wenn die Stiftung grundsätzlich erst im Erbfall bedacht werden soll, eine lebzeitige Errichtung mit einer kleineren Vermögensausstattung (empfohlen werden mindestens 50.000 EUR) als sog. Anstiftung sinnvoll.

Die Stiftung kann aber auch neben weiteren Erben, auch neben den eigenen Kindern des Erblassers, genutzt werden, um Progressionsstufen durch gezielte Zuwendungen an die Stiftung sowie die Gesamterbschaftsteuerlast zu steuern, da lebzeitige sowie letztwillige Zuwendungen an gemeinnützige Stiftungen nach § 13 Abs. 1 Nr. 16 b ErbStG von der Erbschaft- bzw. Schenkungsteuer befreit sind.

Die Errichtung der Stiftung zu Lebzeiten bietet im Rahmen des Sonderausgabenabzugs auch in Bezug auf die Einkommensteuer Entlastungsmöglichkeiten, da nach § 10 b Abs. 1 a EStG auf Antrag des Steuerpflichtigen im Zuwendungsjahr und in den zehn folgenden Veranlagungszeiträumen eine erweiterter Spendenabzugsbetrag in Höhe von EUR 1 Mio. geltend gemacht werden kann. Bei Eheleuten ist der Abzugsbetrag doppelt so hoch und beträgt demnach pauschal 2 Mio. EUR, wobei es durch die Änderung im Wege des Ehrenamtsstärkungsgesetzes nicht mehr darauf ankommt, welchem Ehegatten das Vermögen wirtschaftlich zuzuordnen ist. Der Abzug kann zusätzlich zu den allgemeinen Spendenabzugsmöglichkeiten nach § 10 b Abs. 1 EStG geltend gemacht werden. Zu beachten ist, dass der erweiterte Spendenabzug nicht bei Verbrauchsstiftungen in Anspruch genommen werden kann, § 10 b Abs. 1 a S. 2 EStG.

343 Insoweit Vermögenszuwendungen in unbegrenzter Höhe an gemeinnützige Stiftungen erfolgen können, ohne dass Schenkung- oder Erbschaftsteuer anfällt, kann auch eine Gestaltungsmöglichkeit angedacht werden, im Rahmen derer – nach Übertragung des Vermögens an die Stiftung – der Stifter sowie dessen nächsten Familienangehörige aus den Erträgen der Stiftung Zuwendungen erhalten können, ohne dass die Steuerbegünstigung entfiele. Nach § 58 Nr. 6 AO sind derartige Zuwendung auf höchstens ein Drittel des Einkommens der Stiftung begrenzt. Weiterhin ist zu beachten, dass die Zuwendungen unter einer Angemessenheitsprüfung hinsichtlich des Versorgungsbedarfs der Empfänger stehen,[453] so dass hier im Einzelfall Rechtsunsicherheiten bestehen, ob die Finanzverwaltung die Zuwendungen als angemessen einstufen wird. Weiterhin sind hier vom Begriff des Angehörigen nur Ehegatten, Eltern, Großeltern, Kinder, Enkel (auch falls durch Adoption verbunden), Geschwister, Pflegeeltern, Pflegekinder erfasst, so dass nach dem Wortlaut die Versorgungsmöglichkeit höchstens für drei Generationen in Anspruch genommen werden könnten. Soweit die Stiftung auf Dauer angelegt ist, kann dieser Zeitraum jedoch nicht ausreichend sein, um Verwandten in gerader Linie eine Versorgung zu ermöglichen. Der in der Literatur vertretenen Auffassung, dass in den Personenkreis alle Verwandten gerader Linie mit einzubeziehen sind, ist daher zuzustimmen.[454] Die alternative Gestaltung, die Stiftung mit einer Versorgungsauflage oder einem Nießbrauchvorbehalt zugunsten der Stifterfamilie zu versehen, ist nicht weniger unsicher. In jedem Fall kann in Höhe des Nießbrauchrechts keine Steuerbefreiung erreicht werden, da Begünstigte unmittelbar die Familienangehörigen sind. Streitig ist ebenfalls, ob die vorbehaltenen Erträge in die Mittelverwendungsgrenze nach § 58 Nr. 6 AO einzubeziehen sind.[455]

344 Weiterhin ist auch eine Kombination aus privatnütziger Familienstiftung und gemeinnütziger Stiftung in Form eines „**Doppelstiftungsmodells**" möglich. Diese Gestaltung bietet ua im Rahmen von Unternehmensnachfolgen Möglichkeiten, die Unternehmensanteile in der Stiftung zu binden und zugleich steuerliches Optimierungspotenzial zu nutzen, gerade wenn keine Steuerbefreiung oder -begünstigung über §§ 13 a, 13 b ErbStG möglich ist. Es wird eine privatnützige Familienstiftung sowie eine gemeinnützige Stiftung gegründet, wobei auf die gemeinnützige Stiftung der überwiegende Teil der Gesellschaftsanteile des Unternehmens unter Nutzung der Steuerbefreiung übertragen wird. Die nicht steuerbegünstigte Familienstiftung erhält nur einen kleinen Teil der Gesellschaftsanteile, dafür aber disproportional die überwiegenden Stimm- und bedarfsorientiert auch die Gewinnbezugsrechte. Die disproportionale Verteilung ist grundsätzlich möglich, ohne dass Gestaltungsmissbrauch im Sinne des § 42 AO angenommen werden muss. Bei der rechtlichen Ausgestaltung der Satzungen und des Gesellschaftsvertrages ist aber auf Details zu achten, insbesondere zur Vermeidung von Problemen bei der Anerkennung der gemeinnützigen Stiftung.[456] Die Attraktivität des Doppelstiftungsmodells liegt darin, dass Versorgungsaspekte der Familie mit steuerlichen Gestaltungsmöglichkeiten kombiniert werden können und dabei auch gemeinnützige Zweckverfolgung aus den Unternehmenserträgen verankert wird. Darüber hinaus gewährleisten die beiden Stiftungen als Gesellschafter des Unternehmens dauerhafte Kontinuität in der Unternehmensnachfolge und sichern auf diese Weise dessen Bestand. Von besonderer Wichtigkeit ist in diesen Fällen die Besetzung der Stiftungsorgane. Hier sollte genau bedacht werden, ob die Organe als reine Fachgremien besetzt oder ob auch Familienmitglieder beteiligt werden sollen.

345 **7. Exkurs: Unternehmertestament.** Für die Unternehmensnachfolge sind vom Grundsatz her die gleichen Überlegungen anzustellen wie bei Nachfolgeplanungen, bei denen sich kein Unternehmen im Nachlass befindet. Gleichwohl gibt es einige Besonderheiten, die berücksichtigt werden müssen.

---

453 Vgl. AEAO Nr. 8 zu § 58 Nr. 6 AO.
454 Tipke/Kruse/Seer AO § 58 Rn. 14.
455 Ablehnend: BFH BStBl. 1998, 758; hierzu: Nichtanwendungserlass des BMF v. 6.11.1998, BStBl. 1998 I 1446.
456 Vgl. Werner ZEV 2012, 244 ff.; Reich DStR 2020, 265 ff.; Theuffel-Werhahn ZStV 2015, 169.

Die Analyse des Unternehmens ist ein wesentlicher Schwerpunkt der Sachverhaltserforschung. Hierzu zählt die Rechtsform (Kapitalgesellschaft, Personengesellschaft, Einzelunternehmen), die Unternehmensstruktur (Tochtergesellschaften, Organstruktur etc), die Analyse der Gesellschaftsverträge und -beschlüsse, die gesellschaftsrechtlichen Nachfolgeregelungen und nicht zuletzt die Belegenheit des unternehmerischen Vermögens, da diese für die erbschaftsteuerliche Beurteilung maßgeblich ist.

a) Kapitalgesellschaften. Bei Kapitalgesellschaften stellen sich im Hinblick auf die Vererbbarkeit grundsätzlich keine Probleme. Aktien sind nach hM frei vererblich. Eine Vererblichkeit kann auch grundsätzlich nicht ausgeschlossen werden. Gleiches gilt für Geschäftsanteile an einer GmbH, diese sind ebenfalls frei vererblich (§ 15 Abs. 1 GmbHG). Mehrere Erben erben GmbH-Anteile in gesamthänderischer Bindung. Nach überwiegender Meinung kann auch die Vererblichkeit von GmbH-Anteilen nicht ausgeschlossen werden.

Zulässig ist jedoch die Aufnahme einer sog. Einziehungs- bzw. Abtretungsklausel in der Satzung, die vorsieht, dass im Falle des Todes eines Gesellschafters dessen Anteil von den übrigen Gesellschaftern eingezogen werden kann oder von den Erben auf einen Dritten zu übertragen ist.

Bei der vorweggenommenen Erbfolge ist darauf zu achten, ob und gegebenenfalls welche Restriktionen in der Satzung oder in Gesellschaftervereinbarungen vorhanden sind. Zu denken ist hier insbesondere an Zustimmungserfordernisse oder Vorerwerbsklauseln der anderen Gesellschafter, die teilweise auch gelten, wenn Anteile unentgeltlich übertragen werden. Auch Einziehungsklauseln sind hier zu beachten, die insbesondere dann greifen können, wenn der Gesellschaftsanteil beispielsweise auf familienfremde Personen übertragen werden soll.

b) Personengesellschaften. Bei Personengesellschaften wird bei testamentarischen Regelungen, aber auch bei vorweggenommenen Erbfolgen zu prüfen sein, ob der Gesellschaftsvertrag qualifizierte Nachfolgeregelungen enthält, beispielsweise in der Form, dass nur Abkömmlinge nachfolgeberechtigt sind. Bei Übertragungen unter Lebenden ist ebenfalls zu prüfen, ob Besonderheiten zu beachten sind, beispielsweise Vorkaufsrechte anderer Gesellschafter oder Zustimmungserfordernisse. Folgende Nachfolgeregelungen kommen in Betracht:

c) Fortsetzungsklausel. Enthält der Gesellschaftsvertrag einer BGB-Gesellschaft eine sog. **Fortsetzungsklausel**, dann kommt es mit dem Tod eines Gesellschafters nicht zur Auflösung der Gesellschaft, sondern die übrigen Gesellschafter führen die BGB-Gesellschaft allein fort. Für die oHG und KG wird aufgrund von § 131 Abs. 3 Nr. 1 HGB keine ausdrückliche Fortsetzungsklausel benötigt, da bei Tod des Gesellschafters mangels anderweitiger Anordnung die Gesellschaft nicht beendet wird, sondern lediglich der verstorbene Gesellschafter ausscheidet. Nach dem MoPeG[457] wird dies ab dem 1.1.2024 auch für die rechtsfähige GbR gelten. Der Anteil des verstorbenen Gesellschafters wächst den übrigen Gesellschaftern an. Auf die Erben geht lediglich der Abfindungsanspruch des Erblassers über, und zwar gem. der im Gesellschaftsvertrag vereinbarten Höhe. Ist nichts Ausdrückliches vereinbart, gilt grundsätzlich, dass der ausscheidende Gesellschafter einen Abfindungsanspruch auf Verkehrswertbasis hat.

d) Nachfolgeklausel. Neben der Vereinbarung einer Fortsetzungsklausel kann der Gesellschaftsvertrag auch die Vererblichkeit der Anteile an der Gesellschaft vorsehen. Dies kann durch eine sog. Nachfolgeklausel oder aber durch eine Eintrittsklausel geschehen. Bei der Nachfolgeklausel geht der Gesellschaftsanteil grundsätzlich auf die Erben über und die Gesellschaft wird mit den Erben fortgeführt. Es liegt hier ein rein erbrechtlicher Übergang vor. Der Erblasser hat auch die Möglichkeit, letztwillig denjenigen als Erben zu bestimmen, der die Nachfolge in der Gesellschaft antreten soll. Nach hM findet bei mehreren Erben der Übergang

---

[457] Gesetz zur Modernisierung des Personengesellschaftsrechts BGBl. 2021 I S. 3436.

der Gesellschafterstellung aber ausnahmsweise nicht mit gesamthänderischer Bindung, sondern im Wege der Singularsukzession (**Sondererbfolge**) iHd jeweiligen Erbquote eines jeden Gesellschafters statt. Die hM will so die Vereinbarkeit von Erbrecht und Gesellschaftsrecht herstellen. Jeder Erbe rückt danach in Höhe seiner Erbquote in die Gesellschafterstellung ein.

353 e) **Qualifizierte Nachfolgeklausel.** Sieht der Gesellschaftsvertrag eine sog. **qualifizierte Nachfolgeklausel** vor, bei der der Anteil nur auf einzelne oder einen bestimmten Erben übergeht, erfolgt der Übergang des Gesellschaftsanteils unmittelbar auf den bevorzugten Erben bzw. Miterben. Die Folge ist, dass nur der aufgrund des Gesellschaftsvertrags zugelassene Miterbe im Wege der unmittelbaren Vollnachfolge in die gesellschaftsrechtliche Position des Erblassers einrückt. Insoweit hat die qualifizierte Nachfolgeklausel lediglich die Wirkung einer Teilungsanordnung mit der Folge, dass der qualifizierte Nachfolger den übrigen Miterben einen Wertausgleich schuldet, da davon ausgegangen wird, dass der Wert des Gesellschaftsanteils grundsätzlich zum Nachlass gehört.

354 Entspricht die Erbquote des in die Gesellschaft eintretenden Miterben dem Wert des Gesellschaftsanteils im Verhältnis zum gesamten Nachlass oder wurde dem in die Gesellschaft eintretenden Miterben zusätzlich der Anteil durch Vorausvermächtnis zugewandt, so scheidet ein Wertausgleich aus.

355 f) **Eintrittsklausel.** Erhalten einzelne Miterben oder nur ein bestimmter Erbe im Gesellschaftsvertrag das Recht, bei Tod eines Gesellschafters in die Gesellschaft einzutreten, so liegt eine sog. **Eintrittsklausel** vor. In einem solchen Fall wird die Gesellschaft grundsätzlich unter den übrigen Gesellschaftern fortgesetzt. Der Erbe hat aber das Recht, in die Gesellschaft einzutreten und zwar durch Rechtsgeschäft unter Lebenden und nicht Kraft Erbrechts. Handelt es sich um den Alleinerben, so steht ihm in der Regel der Abfindungsanspruch (§ 738 BGB) zu. Bei der sog. Eintrittsklausel ist darauf zu achten, dass, wenn der Abfindungsanspruch nicht ausgeschlossen ist, dieser sich im Nachlass befindet und bei Vorhandensein mehrerer Erben der Abfindungsanspruch dem Eintrittsberechtigten grundsätzlich nur in Höhe seiner Erbquote zusteht, falls der Erblasser ihm diesen nicht durch Vorausvermächtnis zugewandt hat.

356 Geht die Beteiligung an einer Personengesellschaft auf einen Erben über, der von einer Eintrittsklausel Gebrauch macht, liegt ein begünstigter Erwerb von Todes wegen vor. Bestimmt eine Eintrittsklausel, dass ein Nichterbe gegen eine Einlage in Höhe des Abfindungsanspruchs des verstorbenen Gesellschafters rückbezüglich auf dessen Tod eintrittsberechtigt ist und ist ihm dieser Abfindungsanspruch vom Erblasser vermächtnisweise zugewendet worden, führt die Ausübung des Eintrittsrechts beim Nichterben zu einem begünstigten Erwerb von Todes wegen nach § 3 Abs. 1 Nr. 4 ErbStG.[458]

357 g) **Ziele des Unternehmers.** Die Ziele des Unternehmers hängen naturgemäß von der individuellen Lebenssituation ab. In den allermeisten Fällen ähneln sie sich aber. So tritt neben die Ziele, den überlebenden Partner abzusichern und die Kinder möglichst gleich zu behandeln oft der Wunsch, das Lebenswerk – das Unternehmen – zu erhalten. Hierbei wiederum ist die Art der Fortführung ganz entscheidend davon abhängig, ob ein Nachfolger aus der Familie zur Verfügung steht oder nicht. Auf die Bedeutung von eventuell abweichenden gesellschaftsvertraglichen Regelungen wurde bereits hingewiesen.

358 h) **Übertragung des Unternehmens zu Lebzeiten oder von Todes wegen?** Die Empfehlung, ob ein Unternehmen zu Lebzeiten oder von Todes wegen übergehen soll, ist eindeutig: Eine Unternehmensübertragung zu Lebzeiten stellt die weit bessere Alternative dar als die Übertragung von Todes wegen. Steht ein Nachfolger aus der Familie bereit, der das Unternehmen unentgeltlich erhalten soll, wird der Erwerber ein großes Interesse daran haben, dass der Übergeber bei der Übergabe mitwirkt, ihn bei den Kunden und Mitarbeitern einführt und so ein gleitender

---

[458] R E 13b.1 Abs. 2 S. 3 ErbStR 2019.

Übergangsprozess gestaltet wird. Zu Lebzeiten ist es auch wesentlich leichter möglich, ein schrittweises Heranführen des Nachfolgers zu gestalten, beispielsweise durch Aufnahme als Minderheitsgesellschafter, dessen Beteiligung nach und nach anwächst, oder durch die Berufung zum (Mit-)Geschäftsführer.

Weiterhin spricht für die Übertragung des Unternehmens zu Lebzeiten, dass alle sonstigen Erbansprüche geregelt werden können. Es können Pflichtteilsverzichte vereinbart und entsprechende Abfindungen gezahlt werden, es können Betriebsaufspaltungen oder deren Auflösungen herbeigeführt oder verhindert werden, es können die finanziellen Bedürfnisse des Unternehmers und seines Ehepartners genau berücksichtigt werden etc. 359

Darüber hinaus besteht auch die Möglichkeit, dass sich der Unternehmer dagegen absichert, dass der Nachfolger entgegen den Erwartungen mit der Führung des Unternehmens nicht zurechtkommt und unternehmerische Fehler macht. Für eine derartige Überwachung kommt in erster Linie in Betracht, dass der Übergeber sich einen Sitz in einem Aufsichts- oder Beratungsgremium (Beirat o.ä.) vorbehält, durch den er sicherstellen kann, zumindest die wesentlichen Informationen über die Unternehmensentwicklung zu erhalten. Daneben ist es ihm möglich, sich entsprechende Rückforderungsrechte vorzubehalten, um im Zweifel die Notbremse ziehen zu können. 360

Die wesentlichen gesetzlichen Rückforderungsrechte sind: 361

- § 527 BGB – Nichtvollziehung einer Auflage
- § 528 BGB – Verarmung des Schenkers
- § 530 BGB – Grober Undank

Häufiger sind vertragliche Rückforderungsrechte oder Widerrufsvorbehalte. Typische vertragliche Rücktritts- bzw. Widerrufsvorbehaltsrechte oder Bedingungen sind: 362

- Veräußerung oder Belastung des Geschenks ohne Zustimmung des Schenkers;
- Beginn von Vollstreckungsmaßnahmen von Gläubigern des Erwerbers in das Geschenk;
- Eröffnung eines Insolvenzverfahrens über das Vermögen des Erwerbers bzw. Ablehnung eines derartigen Antrags mangels Masse;
- Vorversterben eines Erwerbers;
- Scheidung einer von einem Erwerber eingegangen Ehe, es sei denn, dass kein Zugewinnausgleich im Hinblick auf das Geschenk stattzufinden hat;
- die Berechtigung des Schenkers, gemäß § 2333 BGB einem Erwerber den Pflichtteil zu entziehen;
- die Nichtanerkennung der Schenkung als begünstigte Schenkung durch die Finanzverwaltung, beispielsweise im Rahmen einer Unternehmensübertragung die Versagung der Vergünstigungen nach den §§ 13a, 13b ErbStG.

Je nach individueller Situation können weitere Rückforderungsrechte aufgenommen werden. So könnte ein Rückforderungsrecht beispielsweise für den Fall vereinbart werden, dass sich der Erwerber als ungeeignet zur Führung des Unternehmens herausstellt. In diesem Fall sollte versucht werden, entweder objektive Kriterien zu benennen, bei deren Vorliegen das Recht ausgeübt werden kann (Umsatz- oder Gewinnmindestgrößen, Anzahl der Arbeitsplätze o.ä.), oder es sollte ein objektiver Dritter als Schiedsgutachter bestimmt werden, der diese Entscheidung treffen kann. Wenn die Entscheidung ausschließlich dem Schenker überlassen wird, besteht das Risiko, dass der Erwerber seine unternehmerischen Entscheidungen nicht zuletzt davon abhängig macht, ob sie dem Schenker gefallen, um nicht Gefahr zu laufen, dass dieser sein Rückforderungsrecht ausübt. 363

Die Vereinbarung von Rückforderungsrechten ist auch unter erbschaft- bzw. schenkungsteuerlichen Gesichtspunkten ein wesentlicher Bestandteil der Gestaltungspraxis. Sind Rückforderungsrechte vereinbart, liegt in ihrer Ausübung keine (erneute) freigiebige Zuwendung, sondern 364 die Rückübertragung erfolgt aufgrund eines Rechtsanspruchs. Darüber hinaus wird, wenn die Voraussetzungen vorliegen, die ursprüngliche Steuer erstattet. Hintergrund ist die Regelung des § 29 Abs. 1 Nr. 1 ErbStG, der vorsieht, dass die ursprünglich festgesetzte Steuer mit Wirkung für die Vergangenheit erlischt, soweit ein Geschenk wegen eines Rückforderungsrechts herausgegeben werden muss. Dies gilt nach der Rechtsprechung auch für Schenkungen unter Vorbehalt eines freien Widerrufsrechtes, denn auch hierbei handelt es sich um vollwertig vollzogene Schenkungen.[459]

365 Ertragsteuerlich, aber auch erbschaftsteuerlich ist allerdings besondere Vorsicht walten zu lassen, wenn es um einen **Mitunternehmeranteil** geht. Bei einem freien Widerrufsvorbehalt geht nach der Rechtsprechung die Mitunternehmerstellung grundsätzlich nicht über.[460] Für den Fall, dass vereinbart werden soll, dass sich der Erwerber als ungeeignet zur Führung des Unternehmens herausstellt, sollte daher auch aus steuerlichen Gründen versucht werden, objektive Kriterien oder einen objektiven Dritten zu benennen, der diese Entscheidung treffen kann. Wenn die Entscheidung ausschließlich dem Schenker überlassen wird, besteht die Gefahr, dass sich die Finanzverwaltung auf den Standpunkt stellt, dass es sich um ein mit einem freien Widerrufsrecht vergleichbares Widerrufsrecht handelt, da es ausschließlich im Ermessen des Schenkers steht, ob und wann der Widerruf erfolgt.

366 Zu beachten ist, dass die über die gesetzlichen Rechte hinausgehenden vertraglichen Rückforderungsrechte von Anfang an im Schenkungsvertrag vereinbart worden sein müssen. Eine spätere Vereinbarung ist nicht nur nicht ausreichend, sie kann sogar zu einer – steuerpflichtigen – Rückschenkung führen, wenn das Rückforderungsrecht später ausgeübt wird.

367 **i) Absicherung des überlebenden Ehegatten.** Die Absicherung des überlebenden Ehegatten ist eines der wichtigsten Motive des Unternehmers. Diese kann auf verschiedene Arten erreicht werden.

368 Die „sicherste" ist diejenige, dass beide Ehegatten bereits zu Lebzeiten über ausreichendes eigenes Vermögen verfügen. Dies sollte den Unternehmer frühestmöglich damit beginnen lassen, Vermögen auf den Ehepartner zu übertragen, insbesondere wenn der Ehepartner nicht selbst Einkommen erzielt und Vermögen aufbauen kann, sondern sich beispielsweise um die Kindererziehung kümmert.

369 Schenkungsteuerlich bietet es sich zunächst an, die 10-Jahreszeiträume so oft wie möglich auszunutzen, um Vermögen zu übertragen. Darüber hinaus sollten die Möglichkeiten, die sich aus dem aktuellen Erbschaftsteuerrecht ergeben, genutzt werden. So ist immer noch eine der interessantesten Gestaltungsmöglichkeiten die der Übertragung des selbstgenutzten Familienheims, eine Regelung, die der Bundesfinanzhof allerdings für verfassungswidrig hält.[461] Häufig ist schon aus Haftungsgründen nicht der Unternehmer selbst Eigentümer, sondern der Ehepartner. In diesem Fall könnte der Unternehmer das Haus aus eigenen Mitteln dem Ehepartner abkaufen, um es ihm später zurück zu schenken. Unproblematisch ist es auch, wenn beim Kauf des Hauses unmittelbar der Ehepartner im Notarvertrag als Erwerber genannt, der Kaufpreis aber vom Unternehmer gezahlt wird.

370 Auch die Übertragung begünstigten Vermögens könnte sich anbieten. Hier kommt beispielsweise eine Beteiligung an dem Unternehmen selbst in Betracht (soweit dies gesellschaftsrechtlich zulässig ist), die gegebenenfalls steuerfrei möglich ist. Ebenso ist die Übertragung von zu Wohnzwecken vermieteter Immobilien zumindest zu 10 % begünstigt.

371 Bei einer Absicherung von Todes wegen sind ebenfalls verschiedenste Gestaltungen denkbar. Die zunächst naheliegende Möglichkeit ist, den Ehegatten erbrechtlich zu bedenken, sei es

---

459 BFH BStBl. 1989, 1034.
460 BFH BStBl. 1989, 877; Ausnahme: Erwerber war schon Mitunternehmer: BFH BFH/NV 2009, 32.
461 BFH BStBl. 2013, 1051.

als Erben oder als Vermächtnisnehmer. Welches die beste Gestaltung ist, ergibt sich aus der Lebens-, Vermögens-, Rechts- und Steuersituation des Unternehmers, auf deren Analyse es maßgeblich ankommt.

j) Gleichbehandlung der Kinder vs. Erhalt des Unternehmens. Eine ebenfalls ganz maßgebliche Frage ist die, ob die Kinder gleichbehandelt werden sollen oder nicht. Diese Frage stellt sich schon deshalb, weil es in Vermögensstrukturen, in denen das Unternehmen den wesentlichen Vermögenswert darstellt, nicht möglich sein wird, zum einen das Unternehmen als Ganzes auf ein Kind als Nachfolger zu übertragen und gleichzeitig die anderen Kinder wirtschaftlich gleich zu behandeln. Aus diesem Grunde sollte sich der Unternehmer die Frage stellen, ob er in einer solchen Situation die Kinder tatsächlich gleich behandeln möchte oder ob es im Interesse des Unternehmens ist, dass ein Kind bevorzugt wird. Kommt er zu dem Ergebnis, dass ihm die Gleichbehandlung seiner Kinder wichtiger als das Unternehmen ist, wäre es die „einfachste" Lösung, wenn alle Kinder auch zu gleichen Teilen am Unternehmen beteiligt werden und der Unternehmer beispielsweise festlegt, wer die Geschäftsführung übernehmen soll. Er muss sich aber darüber im Klaren sein, dass er dies nicht für alle Zeit festlegen kann und auch nicht sollte.

Soll oder muss es, weil der Gesellschaftsvertrag dies so vorsieht, nur einen Nachfolger geben, muss sich der Unternehmer Gedanken zu der Frage machen, wie er den Unternehmensnachfolger vor den Pflichtteilsansprüchen der Pflichtteilsberechtigten schützt.

k) Schutz vor Pflichtteilsansprüchen. Wenn nur der Ehepartner oder nur eines der Kinder Unternehmensnachfolger werden soll, muss sich der Unternehmer mit der Frage befassen, wie er den Nachfolger und das Unternehmen vor Pflichtteilsansprüchen schützt. Dies gilt umso mehr, wenn sogar ein Familienfremder in die Nachfolge eintreten soll. In diesem Fall lässt sich einfach ausrechnen, dass die Pflichtteilsansprüche die Hälfte des Nachlasses erreichen, da der Pflichtteilsanspruch die Hälfte des gesetzlichen Erbteils ausmacht.

Hier ist in erster Linie an einen entgeltlichen Pflichtteilsverzicht mit den Berechtigten zu denken. Voraussetzung hierfür ist der Abschluss eines entsprechenden Pflichtteilsverzichtsvertrages gem. § 2346 Abs. 2 BGB, der notariell beurkundet werden muss. Hierfür wird regelmäßig eine Abfindung zu zahlen sein, die dann wiederum der Schenkungsteuer unterliegt. In geeigneten Fällen könnte daran gedacht werden, dass der Verzichtende eine Rente oder eine Einmalzahlung für den Verzicht erhält.

Falls die sonstigen Vermögenswerte nicht ausreichen, um einen Pflichtteilsverzicht bezahlen zu können, könnte überlegt werden, dem abzufindenden Kind eine atypisch stille Beteiligung oder eine atypische Unterbeteiligung an dem Unternehmen einzuräumen. Nach Auffassung der Finanzverwaltung[462] erfüllen eine atypisch stille Beteiligung und eine atypische Unterbeteiligung die Voraussetzungen des § 13b Abs. 1 Nr. 2 ErbStG. Insofern stellt die – auch testamentarisch eingeräumte atypische Beteiligung – ein Instrument dar, um den anderen Pflichtteilsberechtigten einen Ausgleich zu verschaffen.

In diesem Zusammenhang ist darauf hinzuweisen, dass eine letztendliche Sicherheit, dass Pflichtteilsansprüche nicht geltend gemacht werden, nur durch den notariellen Pflichtteilsverzichtsvertrag erreicht werden kann. Selbst wenn eine adäquate Teilungsanordnung ergeht oder ein Vermächtnis in entsprechender Höhe ausgebracht wird, hat der Pflichtteilsberechtigte immer die Möglichkeit, den Erbteil oder das Vermächtnis auszuschlagen und den Pflichtteil zu verlangen.

Wird ein Pflichtteilsverzichtsvertrag nicht geschlossen, wird es häufig – schon aus ertragsteuerlichen Gründen – so sein, dass der Unternehmensnachfolger als Alleinerbe eingesetzt wird

---

[462] LfSt ZEV 2013, 228.

und die weichenden Kinder Vermächtnisse erhalten. Dies hat die Konsequenz, dass der Unternehmensnachfolger Gesamtrechtsnachfolger des Erblassers wird und daher auch beispielsweise Sonderbetriebsvermögen seine Qualifikation behält. Die Alternative – Erbengemeinschaft mit Teilungsanordnung – würde im Ergebnis zivilrechtlich zum gleichen Ergebnis führen – im Rahmen der Auseinandersetzung der Erbengemeinschaft erhält der Unternehmensnachfolger das Unternehmen –, aber Sonderbetriebsvermögen würde in dem Umfang, in dem der Unternehmensnachfolger nicht Erbe wird, entnommen (mit den entsprechenden ertragsteuerlichen Konsequenzen).

379 **l) Erbschaftsteuerliche Aspekte der Unternehmensnachfolge. aa) Regelverschonung – Optionsmodell.** Die Begünstigung bei der Besteuerung unternehmerischen Vermögens wurde nach dem Urteil des Bundesverfassungsgerichts vom 17.12.2014[463] durch den Gesetzgeber mit Wirkung vom 1.7.2016 neu geregelt.[464] Zwar findet auch nach der Neufassung eine Unterscheidung zwischen begünstigtem Vermögen und Verwaltungsvermögen statt und auch die Differenzierung zwischen Regelverschonung (85 %) und Optionsverschonung (100 %) gilt weiterhin. Verwaltungsvermögen ist allerdings nunmehr (mit Ausnahme eines Schmutzabschlags von 10 %) nicht mehr begünstigt. Für Großerwerbe ab 26 Mio. EUR werden die Begünstigungen der §§ 13a, 13b ErbStG schrittweise reduziert. Der Erwerber hat dann die Wahl zwischen der Gewährung eines abgeschmolzenen Verschonungsbetrags oder einer Begünstigungsbedarfsprüfung nach § 28a ErbStG. Erleichterungen sind für Familiengesellschaften vorgesehen, wobei die Voraussetzungen für die Gewährung dieser Vergünstigungen so hoch sind, dass es in der Praxis vermutlich wenig Anwendungsfälle geben wird. Wegen der Einzelheiten der Neuregelung wird auf → Rn. 130 ff. verwiesen.

380 **bb) Nießbrauchsgestaltungen.** Eine häufige Gestaltung im Rahmen der Unternehmensnachfolge ist die Übertragung von Unternehmen oder Unternehmensbeteiligungen unter Nießbrauchvorbehalt. Eine solche Übertragung ist dann sinnvoll, wenn sich der Übergeber zur eigenen Absicherung und der seines Ehepartners die Erträge aus dem Unternehmen ganz oder zum Teil vorbehalten möchte.

381 Bei Nießbrauchgestaltungen ist allerdings Vorsicht geboten, vor allem, wenn sich der Übergeber nicht nur die Erträge, sondern auch noch möglichst die Stimmrechte vorbehalten möchte. Zu diesem Zweck finden sich dann oft umfangreiche Regelungen im Übertragungsvertrag. Bei der Übertragung von Anteilen an Personengesellschaften ist es, damit die Begünstigungen der §§ 13a, b ErbStG zur Anwendung kommen, notwendig, dass in der Hand des Übergebers ein Mitunternehmeranteil im einkommensteuerlichen Sinne vorliegt und auch der Erwerber Mitunternehmer der Personengesellschaft wird. Ein Gesellschafter ist einkommensteuerlicher Mitunternehmer, wenn er Mitunternehmerrisiko trägt (dies bezieht sich in der Regel auf ein Vermögensrisiko) und Mitunternehmerinitiative entfalten kann.[465] Behält sich der Übergeber dagegen so viele Mitverwaltungsrechte, insbesondere Stimmrechte vor, dass der Übernehmer nicht zumindest die Rechte hat, die ein Kommanditist von Gesetzes wegen hat, werden die erbschaftsteuerlichen Begünstigungen nicht gewährt.[466] Zu beachten sind daneben etwaige ertragsteuerliche Folgen. So hat der X. Senat des BFH entschieden, dass die Übergabe eines Einzelunternehmens gegen Nießbrauchvorbehalt ertragsteuerlich nicht nach § 6 Abs. 3 EStG begünstigt ist, weil der Übergeber seine Tätigkeit nicht einstellt.[467] Auf die Übertragung von Anteilen an Personengesellschaften ist diese Rechtsprechung nicht anwendbar.[468]

---

463 BVerfG BStBl. 2015, 50.
464 Gesetz zur Anpassung des Erbschaft- und Schenkungsteuergesetzes an die Rechtsprechung des Bundesverfassungsgerichts vom 4.11.2016, BGBl. 2016 I 2464.
465 Brandis/Heuermann/Bode, EL 161, EStG § 15 Rn. 349 ff.
466 BFH NV 2015, 1412.
467 BFH DStR 2017, 1308.
468 BMF DStR 2019, 2482.

II. Steuerliche Gestaltungsüberlegungen nach dem Erbfall

Zu einer gelungenen Nachfolgeplanung gehört neben dem Erreichen der zivilrechtlich gewollten Vermögenszuweisung auch eine erbschaftsteuerliche Optimierung des Vermögenserwerbes. In den meisten Fällen lässt sich das gewünschte zivilrechtliche Ergebnis im Vorfeld des Erbfalls in steuerlicher Hinsicht vertretbar gestalten. Doch nicht selten haben die Beteiligten zivilrechtliche Entscheidungen zB im Rahmen eines Testamentes oder Erbvertrages in Unkenntnis der steuerlichen Rahmenbedingungen geschlossen. Vielfach liegt die Errichtung der letztwilligen Verfügung mehrere Jahre zurück und ist nicht mehr aktuell. Oder eine letztwillige Verfügung wurde nicht errichtet, so dass eine erbschaftsteuerrechtlich ungünstige gesetzliche Erbfolge eintritt.

Auch nach Eintritt des Erbfalls besteht eine Vielzahl von Gestaltungsmöglichkeiten mit zT erheblichen erbschaftsteuerlichen Auswirkungen. Dabei gilt es allerdings, sowohl die zivilrechtlichen Voraussetzungen zu beachten als auch den Fokus nicht nur auf eine Erbschaftsteuerersparnis zu richten. Denn es drohen auch ertrag- und grunderwerbsteuerliche Fallen. In keinem Fall sollten die steuerlichen Vorteile bei den zu überlegenden Maßnahmen der allein ausschlaggebende Grund für eine Gestaltung sein, sondern die am Erbfall Beteiligten sollten insbesondere die zivilrechtlichen Folgen beachten. Vor allem ältere Menschen neigen dazu, aus steuerlichen Gründen eigene Sicherheiten zugunsten der Nachfolgegeneration aufzugeben, damit diese jetzt oder später weniger Erbschaft- oder Schenkungsteuer zahlen müssen. So verständlich dieses Motiv ist, darf nicht außer Betracht gelassen werden, dass die eigene Absicherung – auch im Hinblick auf eine eventuelle spätere Pflegebedürftigkeit, die erhebliche Kosten verursachen kann – im Vordergrund stehen sollte.

Die nachfolgenden Ausführungen sollen einen Überblick über Gestaltungsmöglichkeiten geben, die nach dem Erbfall genutzt werden könnten, um ein steuerlich günstigeres Ergebnis zu erzielen. Die Darstellung ist nach der Art der zivilrechtlichen Handlungsmöglichkeiten nach dem Erbfall geordnet.

1. Die Ausschlagung. Die Ausschlagung bietet besondere steuerliche Gestaltungsmöglichkeiten. Insbesondere in Kombination mit Abfindungsregelungen zugunsten des Ausschlagenden lassen sich unglückliche Erbeinsetzungen oder auch unliebsame Folgen einer gesetzlichen Erbfolge korrigieren.

a) Zivilrechtliche Voraussetzungen. Um die Ausschlagung als erbschaftsteuerliches Gestaltungselement einsetzen zu können, muss die Ausschlagung zivilrechtlich wirksam sein, §§ 1942 ff. BGB. Die Erklärung der Ausschlagung hat nach § 1945 Abs. 1 BGB gegenüber dem Nachlassgericht zu erfolgen, die Erklärung ist zur Niederschrift des Nachlassgerichts oder in notarieller Form erforderlich. Ein Bevollmächtigter kann die Ausschlagung nur mit öffentlich beglaubigter Vollmacht erklären.

Die Ausschlagungsfrist ist dabei kurz bemessen, sie beträgt sechs Wochen und stellt damit ein großes Problem bei der Gestaltung dar. Denn nach Ablauf der Frist gilt die Erbschaft nach § 1943 BGB als angenommen. Die Frist beginnt, sobald der Erbe vom Tod des Erblassers, seiner Erbenstellung und dem Grund der Berufung Kenntnis erlangt, § 1944 Abs. 2 BGB. Kenntnis der Erbenstellung hat der Erbe bereits dann, wenn ihm die verwandtschaftlichen Verhältnisse des Erblassers bekannt sind und er insbesondere auch Kenntnis vom Wegfall vorrangiger Erben hat. Zudem muss der Erbe den Berufungsgrund kennen, also ob er gesetzlicher oder testamentarischer Erbe ist. Im letzteren Fall beginnt die Frist nach § 1944 Abs. 2 S. 2 BGB erst mit Bekanntgabe der testamentarischen Verfügung durch das Nachlassgericht. Ein Irrtum des Erben über die tatsächlichen Umstände seiner Erbeinsetzung kann das Fehlen der Kenntnis begründen.⁴⁶⁹ Irrt der Erbe über den Berufungsgrund, gilt die Annahme der Erbschaft als nicht erfolgt (§ 1949 Abs. 1 BGB), ohne dass es einer Anfechtung bedarf. Die Ausschlagungsfrist beginnt daher erst mit Kenntnis des Berufungsgrundes.

388 In Ausnahmefällen beträgt die Ausschlagungsfrist sechs Monate. Dies ist dann der Fall, wenn der Erblasser seinen letzten Wohnsitz ausschließlich im Ausland hatte oder sich der Erbe zu Beginn der Ausschlagungsfrist im Ausland aufhält.

389 Die Ausschlagung ist nicht mehr möglich, wenn der Erbe zuvor die Erbschaft angenommen hat, § 1943 BGB. Die Annahmeerklärung ist erst nach dem Erbfall möglich, an keine Formvorschrift gebunden und kann gegenüber jedem Beteiligten (Nachlassgläubiger, Nachlassschuldner) erklärt werden. Sie kann auch durch schlüssiges Verhalten erfolgen, wenn sich der Erbe gegenüber einem Dritten erkennbar dahin gehend äußert, dass er von einer Erbeinsetzung ausgeht und die Erbschaft daher behalten wird. Beispielsweise kann die Verfügung über Nachlassgegenstände einen objektiven Anlass dafür geben, dass die Erbschaft angenommen wird. Abzugrenzen ist die schlüssige Annahme der Erbschaft von solchen Handlungen, die der Verwaltung oder Sicherung des Nachlasses dienen. Will der Erbschaftsbesitzer daher die Ausschlagungsfrist von sechs Wochen nutzen und ist er in dieser Zeit für die Verwaltung/Sicherung des Nachlasses zuständig, sollte er gegenüber Dritten stets darauf hinweisen, dass er nicht als Erbe handelt.

390 Annahme und Ausschlagung der Erbschaft können angefochten werden, wenn die betreffende Person einem relevanten Irrtum nach § 119 BGB unterlegen ist. Ein Motivirrtum reicht allerdings nicht aus. Hierunter fallen insbesondere die Fälle, bei denen der ausschlagende Erbe darüber irrt, wer an seiner Stelle die Erbschaft erhalten wird. Im Einzelfall können sich Abgrenzungsprobleme zwischen einem erheblichen Irrtum über die Rechtsfolgen und einem Motivirrtum ergeben.⁴⁷⁰ Die Anfechtung ist innerhalb einer Frist von sechs Wochen zu erklären. Eine Anfechtung der Annahme ist auch dann steuerlich wirksam, wenn der Erbe die Erbschaft nur privatschriftlich ausschlägt und sich später darauf beruft, nicht gewusst zu haben, dass die Ausschlagung der og Form entsprechen muss.⁴⁷¹ Ob die Höhe der Erbschaftsteuer eine Anfechtung der Annahme rechtfertigt, wird in der Literatur verneint.⁴⁷²

391 Die Ausschlagung bietet bereits zivilrechtlich einige Gestaltungsmöglichkeiten. Nach § 1948 Abs. 1 BGB kann der testamentarische Erbe beispielsweise die testamentarische Erbeinsetzung ausschlagen, aber gleichzeitig die Einsetzung als gesetzlicher Erbe annehmen. Ist der Erbe sowohl durch Testament als auch durch Erbvertrag berufen, kann er nach § 1948 Abs. 2 BGB ebenfalls die eine Einsetzung ausschlagen und die andere Einsetzung annehmen. Sind mehrere Erbteile vorhanden, kann der Erbe nach § 1951 Abs. 1 BGB nur einen Anteil annehmen und den oder die anderen Erbteil(e) ausschlagen, wenn die Berufung auf verschiedenen Gründen beruht.

392 Bei Ehegatten im gesetzlichen Güterstand der Zugewinngemeinschaft kann die Ausschlagung der Erbschaft nach der erbrechtlichen Lösung (§§ 1371, 1931 BGB) vor allem dann vorteilhaft sein, wenn ein hoher Zugewinn vorliegt.

393 **Beispiel:** A und E leben im gesetzlichen Güterstand und haben zwei Kinder. Das Gesamtvermögen der Eheleute beläuft sich auf 5 Mio. EUR, wobei dieses Vermögen allein auf A entfällt. Zu Beginn der Ehe hatten beide Eheleute kein Vermögen.

- Nach der erbrechtlichen Lösung erhielte E nach dem Tod des A neben den beiden Kindern 1/2 des Erbes, somit 2,5 Mio EUR.

---

469 Grüneberg/Weidlich, 81. Aufl. 2022, BGB § 1944 Rn. 5.
470 Grüneberg/Weidlich, 81. Aufl. 2022, BGB § 1954 Rn. 4.
471 FG München EFG 1999, 1239.
472 Dagegen Staudinger/Otte BGB § 1954 Rn. 13, Kraiß BWNotZ 1992, 31, Grüneberg/Weidlich BGB § 1954 Rn. 3; Gothe MittRhNotK1998, 194.

- Schlägt E die Erbschaft aus und verlangt den Zugewinn nach den §§ 1373 ff. BGB, erhält sie 1/2 des Erbes als Zugewinn (= 2,5 Mio. EUR) und kann daneben den kleinen Pflichtteil von 1/8 (= 312.500 EUR) geltend machen.

E zahlt in keiner der Varianten Erbschaftsteuer, da der Zugewinnausgleich in beiden Fällen erbschaftsteuerfrei ist, § 5 ErbStG. Der Betrag in Höhe von 312.500 EUR, den sie bei der güterrechtlichen Lösung über den Zugewinnausgleich hinaus erhält, liegt innerhalb des persönlichen Freibetrags von 500.000 EUR.

In derartigen Fällen kommt es häufig zu einem Vergleich zwischen den Erben und dem pflichtteilsberechtigten Ehegatten. Dabei wird der pflichtteilsberechtigte Ehegatte das Interesse haben, einen möglichst hohen Zugewinnausgleichsanspruch zu erhalten, da dieser in der Regel vollständig steuerfrei ist, § 5 Abs. 2 ErbStG. Der Pflichtteilsanspruch hingegen ist, wenn er die Freibeträge der §§ 16, 17 ErbStG übersteigt, steuerpflichtig. Eine entsprechende Gesamtzahlung sollte in dem Vergleich ausdrücklich aufgeteilt werden, da andernfalls nach der Rechtsprechung bei Zahlung eines Gesamtbetrages eine quotale Aufteilung vorzunehmen ist.[473] Hierbei ist auch zu berücksichtigen, dass der bereits geltend gemachte Pflichtteil – und dies ist schon ein Anwaltsschreiben, in dem den Erben mitgeteilt wird, dass der Anwalt beauftragt ist, den Pflichtteil geltend zu machen[474] – in voller Höhe steuerpflichtig ist (§ 3 Abs. 1 Nr. 1 ErbStG). Wird im Rahmen eines Vergleichs dann teilweise auf den Pflichtteil verzichtet, ändert dies nichts an der Höhe des entstandenen Pflichtteilsanspruchs. Hierin liegt gegebenenfalls eine Zuwendung des Pflichtteilsberechtigten an den Erben.[475] Es empfiehlt sich in solchen Fällen daher, zunächst nur den Auskunftsanspruch geltend zu machen, so dass später eine Abfindung für den Verzicht auf die Geltendmachung des Pflichtteils vereinbart werden kann, die nur in Höhe der vereinbarten Leistung steuerpflichtig ist, § 3 Abs. 2 Nr. 4 ErbStG.

Das Recht zur Ausschlagung ist vererblich (§ 1952 BGB). Versterben daher zB Ehegatten innerhalb von sechs Wochen nacheinander, können die Erben des Letztversterbenden die Erbschaft für den ersten Erbfall ausschlagen, um eine doppelte Besteuerung zu verhindern. Kommt eine Ausschlagung nicht in Betracht, kann sich aus § 27 ErbStG eine Steuerentlastung ergeben. Allerdings ist bei jeder Form der Ausschlagung nicht nur zu bedenken, dass dadurch die Erbenstellung des Ausschlagenden beseitigt wird, sondern auch, wer statt des Ausschlagenden Erbe wird. Bei Ausschlagung einer testamentarischen Erbeneinsetzung muss daher geprüft werden, ob es eine Ersatzerbeneinsetzung gibt. Bei der gesetzlichen Erbfolge bestimmt § 1953 BGB, dass die Erbschaft demjenigen anfällt, welcher berufen sein würde, wenn der Ausschlagende zur Zeit des Erbfalls nicht gelebt hätte; der Anfall gilt als mit dem Erbfall erfolgt. Schlägt also beispielsweise der überlebende Ehegatte die Erbschaft aus und sind Kinder des Erblassers vorhanden, treten diese an seine Stelle.

b) Erbschaftsteuerliche Folgen. Die erbschaftsteuerlichen Folgen der Ausschlagung hängen ganz wesentlich davon ab, ob sich der Erbe für die Ausschlagung eine Abfindung zahlen lässt.

aa) Ausschlagung ohne Abfindung. Die Ausschlagung einer Erbschaft hat für den Ausschlagenden keine nachteiligen erbschaftsteuerlichen Folgen. Das Erbe gilt als nicht angefallen und die Ausschlagung stellt keine freigiebige Zuwendung des Ausschlagenden an die an seine Stelle tretenden Erben dar. Die Erben versteuern das Erbe nach ihrem verwandtschaftlichen Verhältnis zum Erblasser. Besonderheiten ergeben sich hier nicht.

bb) Ausschlagung gegen Abfindung. Gestaltungsmöglichkeiten bietet die Ausschlagung gegen Abfindung. Zu unterscheiden ist die Behandlung des Ausschlagenden und des Verpflichteten bzgl. der Abfindungsleistung. Der Ausschlagende und Empfänger der Abfindungsleistung verwirklicht einen erbschaftsteuerlichen Tatbestand nach § 3 Abs. 2 Nr. 4 ErbStG. Er wird so be-

---

473 BFH BFH/NV 2013, 938.
474 BFH BStBl. 2006, 718.
475 FG München EFG 2005, 1887.

steuert, als habe er die Abfindungsleistung direkt vom Erben erhalten, so dass der Besteuerung insbesondere das Verwandtschaftsverhältnis zum Erben zugrunde gelegt wird. Das Verhältnis zum nachrückenden Erben ist mithin irrelevant. Der Ausschlagende hat die Abfindung mit deren Steuerwert zu versteuern. Nach dem seit dem 1.1.2009 geltenden Erbschaftsteuergesetz sollen die Steuerwerte zwar den Verkehrswerten entsprechen, Abweichungen sind gleichwohl noch denkbar.

399 Nach Auffassung der Finanzverwaltung in R E 13b.1 Abs. 1 S. 4 Nr. 7 ErbStR sind Erwerbe infolge Abfindung für den Verzicht auf den entstandenen Pflichtteilsanspruch oder die Ausschlagung einer Erbschaft nach den §§ 13a, 13b ErbStG begünstigt. Die Finanzverwaltung verneinte für die alte Rechtslage die Möglichkeit, begünstigtes Vermögen an den Ausschlagenden zu übertragen, da nicht der Erblasser selbst die Vermögenszuweisung getroffen habe.[476] Von den Abfindungserwerben zu unterscheiden sind solche Gestaltungen, bei denen begünstigtes Vermögen an Erfüllungs statt für einen Geldanspruch hingegeben wird. In derartigen Fällen verneint die Finanzverwaltung eine Begünstigung, da es sich nicht mehr um eine Vermögenszuweisung des Erblassers handelt (R E 13 b.1 Abs. 4 ErbStR 2019).[477]

400 Wird bei Ehegatten der Güterstand der Zugewinngemeinschaft durch Tod beendet, sieht § 5 Abs. 1 ErbStG vor, dass die Zugewinnausgleichsforderung steuerfrei bleibt, die der Ehegatte nach § 1371 Abs. 2 BGB verlangen könnte, wenn er nicht Erbe oder Vermächtnisnehmer geworden wäre. Obwohl der Ehegatte bei § 5 Abs. 1 ErbStG somit Erbe wird und auch wenn er die erbrechtliche Lösung nach § 1371 Abs. 1 BGB wählt, richtet sich die steuerfreie Zugewinnausgleichsforderung nach § 1371 Abs. 2 BGB.

401 Soll durch die Ausschlagung der Zugewinn nach der güterrechtlichen Lösung (§ 1371 Abs. 2 BGB) erlangt werden, so ist für erbschaftsteuerliche Zwecke § 5 Abs. 2 ErbStG maßgeblich. Hiernach ist die zivilrechtliche Ausgleichsforderung steuerfrei, wenn die Zugewinngemeinschaft durch Tod beendet wurde und der Zugewinn nach § 1371 Abs. 2 BGB ausgeglichen wurde.

402 **cc) Steuerliche Gestaltungsmöglichkeiten.** In erbschaftsteuerlicher Hinsicht ergeben sich insbesondere in folgenden Fallgruppen Gestaltungsmöglichkeiten.

403 **dd) Ausnutzen von Freibeträgen.** Eine Ausschlagung (ohne Abfindung) bietet sich an, wenn die Freibeträge in einer Erwerberkette bereits aufgebraucht sind oder mehrere Ersatzerben insgesamt einen höheren Freibetrag haben, als der Ausschlagende.

404 **Beispiel:** Der Erblasser und seine vorverstorbene Ehefrau haben ihr einziges Kind K zum Erben bestimmt. Durch lebzeitige Schenkungen sind die Freibeträge des Kindes bereits aufgebraucht. K hat selbst drei Kinder (E1–E3). Das Vermögen besteht aus Barmitteln in Höhe von 500.000 EUR.

Da die Freibeträge aufgebraucht sind, müsste K 500.000 EUR./. 10.300 EUR = 489.700 EUR mit 15 % versteuern, es fällt Erbschaftsteuer von 73.455 EUR an. Schlägt K die Erbschaft aus, fällt der Nachlass E1–E3 zu je 1/3 an (§ 2069 BGB). Da jeder Enkel einen Freibetrag von 200.000 EUR hat (§ 16 Abs. 1 Nr. 3 ErbStG), bleibt der Erbfall insgesamt steuerfrei.

405 Gerade in solchen Fällen ist es allerdings von besonderer Wichtigkeit, dass sich der Ausschlagende sicher ist, dass die von ihm beabsichtigte Person auch tatsächlich Ersatzerbe wird. Haben die Eltern als Ersatzerben zB den Tierschutzverein angegeben, weil sie zum Zeitpunkt der Errichtung des gemeinschaftlichen Testamentes nicht mehr mit Enkeln gerechnet haben, wäre die Ausschlagung verheerend. Der Nachlass wäre verloren; eine Anfechtung einer solchen Ausschlagung ist regelmäßig nicht mehr möglich, da es sich bei dem Irrtum über den Ersatzerben um einen unbeachtlichen Motivirrtum handelt.[478] Nur bei einem Irrtum über das Vorhanden-

---

476 R 55 Abs. 4 S. 4 ErbStR 2003.
477 Zu den Abfindungserwerben Troll/Gebel/Jülicher/ Gottschalk/Jülicher ErbStG § 13a Rn. 149 ff.
478 BGH NJW 2006, 3353.

D. Steuerrechtliche Gestaltungen

sein weiterer Erben wäre eine Anfechtung möglich.[479] Die Ausschlagung ist daher stets nur aufgrund einer gesicherten Tatsachenlage zu empfehlen.

Darüber hinaus sollte eine solche Ausschlagung voraussetzen, dass der ursprüngliche Erbe selbst ausreichend mit Vermögen abgesichert ist. Die Ausschlagung der Erbschaft ist endgültig, sie ist insbesondere keine Schenkung, so dass zB im Falle einer Verarmung des Schenkers keinerlei Rückforderungsrechte (§ 528 BGB) gegenüber den Ersatzerben bestehen. 406

Erfolgt die Ausschlagung gegen Abfindung, lassen sich hiermit die bestehenden Freibeträge optimieren. 407

Beispiel: A hat zwei Kinder K1 und K2 sowie zwei Enkel. Sein Vermögen beträgt 1 Mio. EUR Verstirbt A, müssten K1 und K2 Erbschaftsteuer zahlen, weil ihre Freibeträge von je 400.000 EUR nicht ausreichen. Schlagen K1 und K2 allerdings die Erbschaft gegen Abfindungszahlung von 400.000 EUR aus und werden die Enkel Erben, so bleibt der gesamte Erwerb steuerfrei. 408

Auch wenn die Ausschlagung der Erbschaft allein aus steuerlichen Gründen erfolgt, handelt es sich nicht um einen Missbrauch von Gestaltungsmöglichkeiten nach § 42 AO. Denn der Ausschlagende macht von einem ihm nach dem Zivilrecht zustehenden Gestaltungsrecht Gebrauch (mit allen zivilrechtlichen Konsequenzen). 409

Die gleichen steuerlichen Vorteile können auch bei der Ausschlagung eines Vermächtnisses genutzt werden. Da diese Ausschlagung nicht an Fristen gebunden ist und auch nicht gegenüber dem Nachlassgericht erklärt werden muss, ergeben sich hier sogar vereinfachte Gestaltungsvoraussetzungen. Ist ein Erbe gleichzeitig auch als Vermächtnisnehmer eingesetzt, so bietet die ausnahmsweise mögliche Teilausschlagung des Erbes oder des Vermächtnisses hier weitere Gestaltungsmöglichkeiten. 410

ee) **Vermeidung des Anfalls doppelter Erbschaftsteuer.** Die Vermeidung doppelt anfallender Erbschaftsteuer ist insbesondere in der Fallgruppe des Berliner Testamentes möglich. 411

Beispiel: E setzt seine Ehefrau A (Gütertrennung) zur Alleinerbin ein (Berliner Testament mit Schlusserbeneinsetzung der Kinder), sein Vermögen besteht aus 1,25 Mio. EUR in Geldmitteln/Aktien. E und A haben zwei gemeinsame Kinder. Stirbt E, fiele Erbschaftsteuer in Höhe von 72.555 EUR an (1,25 Mio. EUR ./. 10.300 EUR ./. 500.000 EUR ./. 256.000 EUR = 483.700 EUR x 15 %). 412

Schlägt A die Erbschaft gegen eine Abfindungszahlung von 500.000 EUR aus, werden die gemeinsamen Kinder Erben zu je 1/2 (§ 2069 BGB). A muss die Abfindung nach § 3 Abs. 2 Nr. 4 ErbStG mit dem Nennwert versteuern, erhält allerdings den Freibetrag von 500.000 EUR, so dass keine Erbschaftsteuer anfällt. Beide Kinder können ihren Freibetrag von jeweils 400.000 EUR ausnutzen, so dass der gesamte Erwerb steuerfrei bleibt. Verstirbt später die A, die außer der Abfindung kein eigenes Vermögen hatte, bleibt auch der zweite Erwerb der Kinder steuerfrei, da jedem Kind erneut ein Freibetrag von 400.000 EUR zusteht.

Der erbschaftsteuerliche Effekt der Ausschlagung kann gerade beim Berliner Testament enorm sein. Das gleiche Einsparpotential ist jedoch auch bei der erbschaftsteuerlich ebenfalls ungünstigen Vor- und Nacherbschaft (§§ 2100 ff. BGB) gegeben. 413

Beispiel: Erblasser E setzt seinen Vater V zum Vorerben und seinen Sohn S zum Nacherben ein. Sein Vermögen beträgt 600.000 EUR. § 6 ErbStG bestimmt, dass die Vor- und Nacherbschaft zwei getrennte Steuertatbestände sind. Zwar kann S auf Antrag das Verhältnis zum Erblasser für Steuerzwecke zugrunde legen, was ihm im zweiten Erbfall einen höheren Freibetrag sichert, 414

---

[479] OLG Düsseldorf ErbR 2018, 52.

gleichwohl ist der Erwerb zweimal zu versteuern. Im ersten Erbfall fällt ErbSt in Höhe von 73.455 EUR an (600.000 EUR ./. 10.300 EUR ./. 100.000 EUR = 489.700 EUR x 15 %). Im zweiten Erbfall fällt ErbSt. von 12.782 EUR (600.000 EUR ./. 73.455 EUR ./. 10.300 EUR./. 400.000 EUR = 116.200 EUR (abger.) x 11 %) an.

Würde V die Vorerbschaft gegen eine Abfindungsleistung von 100.000 EUR ausschlagen, fiele bei V keine Erbschaftsteuer an, S hätte eine Erbschaftsteuer von lediglich 9.867 EUR zu tragen (600.000 EUR ./. 100.000 EUR ./. 10.300 EUR ./. 400.000 EUR = 89.700 EUR x 11 %).

415 **c) Ausschlagung bei gesellschaftsrechtlichen Nachfolgeklauseln.** Steuerliche Gestaltungen können auch dann erforderlich werden, wenn die testamentarischen Regelungen nicht mit den Bestimmungen eines Gesellschaftsvertrages übereinstimmen. Zivilrechtlich betrachtet besteht stets ein Vorrang für die gesellschaftsvertraglichen Regelungen.

416 Besonders augenfällig wird die fehlende Übereinstimmung von Gesellschafts- und Erbrecht bei einer qualifizierten Nachfolgeklausel, wenn die im Gesellschaftsvertrag vorgesehenen qualifizierten Nachfolger in der letztwilligen Verfügung des Erblassers nicht zu Erben bestimmt werden. In diesen Fällen besteht die Gefahr, dass die Gewährung der Begünstigungen für Betriebsvermögen nach den §§ 13a, 13b ErbStG verloren gehen.

417 **Beispiel:** Die X-OHG besteht aus den Gesellschaftern E, B und C. Der Gesellschaftsvertrag bestimmt, dass die Gesellschaft im Falle des Todes eines Gesellschafters fortgesetzt wird mit den Erben des Gesellschafters, wenn es sich um eheliche Abkömmlinge handelt. Gesellschafter E ist verheiratet und hat einen Sohn. Mit seiner Ehefrau A hat er ein Berliner Testament vereinbart, der Sohn ist Schlusserbe.

Stirbt E, läuft die qualifizierte Nachfolgeklausel ins Leere. Die Ehefrau ist nicht leiblicher Abkömmling, der Sohn ist nicht Erbe. Die Ehefrau scheidet somit gegen Abfindung aus der Gesellschaft aus. Der Abfindungsanspruch der Ehefrau gegen die X-OHG ist nicht erbschaftsteuerlich begünstigt, da es sich nicht um Betriebsvermögen handelt.

Schlägt hingegen die Ehefrau die Erbschaft aus, kann die Gesellschaft mit dem Sohn (vorausgesetzt er wird Erbe) fortgesetzt werden. Für den OHG-Anteil können die erbschaftsteuerlichen Vergünstigungen der §§ 13a, 13b ErbStG gewährt werden.

418 Das oben geschilderte Problem verschärft sich noch weiter, wenn die vorgesehenen Abfindungsregelungen im Gesellschaftsvertrag eine möglichst geringe Abfindung vorsehen. In diesen Fällen fingiert § 7 Abs. 7 S. 3 iVm § 10 Abs. 10 ErbStG eine zusätzliche Schenkung des verstorbenen Gesellschafters an die übrigen Gesellschafter.

419 **Beispiel:** Der Gesellschaftsvertrag der X-OHG (s. oben) sieht vor, dass im Falle eines Ausscheidens eines Gesellschafters egal aus welchem Grund der Buchwert der Beteiligung zu zahlen ist. Der Buchwert des Anteils des verstorbenen E beträgt 800.000 EUR, der Verkehrswert beträgt 1,2 Mio. EUR.

Würde die Ehefrau des E nicht ausschlagen, müsste sie zum einen den Abfindungswert von 800.000 EUR ohne Vergünstigungen versteuern. Darüber hinaus wird von § 7 Abs. 7 S. 3 iVm § 10 Abs. 10 ErbStG fingiert, dass ihr verstorbener Ehemann den verbliebenen Gesellschaftern B und C je 200.000 EUR schenkweise hat zukommen lassen (die allerdings gem. §§ 13a, 13b ErbStG begünstigt sind). Auch B und C werden daher uU ein Interesse daran habe, dass die Ehefrau die Erbschaft ausschlägt und die Gesellschaft mit dem Sohn fortgesetzt werden kann.

420 **d) Beseitigung von Bindungswirkungen.** Häufig kommt es erst nach dem Tod eines Ehegatten zu einer vertieften Auseinandersetzung mit möglichen Erbschaftsteuerplanungen. Haben die Ehegatten in einem gemeinschaftlichen Testament oder Erbvertrag wechselbezügliche Verfügungen vorgenommen, so erlischt mit dem Tod des Erstversterbenden das Recht, diese wechselbe-

züglichen Verfügungen abzuändern (§ 2271 Abs. 2, § 2298 Abs. 2 S. 2 BGB). Diese Bindungswirkung kann eine sinnvolle weitere Vermögensnachfolge verhindern.

Das BGB sieht die Möglichkeit vor, dass der Letztversterbende durch Ausschlagung des ihm Zugewandten von der Bindungswirkung seiner Erklärung loskommt (§ 2271 Abs. 2, 2. Hs., § 2298 Abs. 2 S. 3 BGB). Zur Rückerlangung der (auch steuerlichen) Dispositionsbefugnis über das eigene Vermögen kann mithin die Ausschlagung ebenfalls genutzt werden. 421

Hinweis: Zivilrechtliche Ausschlagungsgründe 422

Neben den rein steuerlichen Gründen einer Ausschlagung bestehen weitere zivilrechtliche Gründe, die nicht Gegenstand der Erörterungen sein sollen. Hinzuweisen ist lediglich auf die Möglichkeit der Ausschlagung bei einem insolventen Erben oder die Ausschlagung, um sich von zivilrechtlichen Beschränkungen (zB Auflagen) zu befreien.

e) **Beachtung ertrag- und grunderwerbsteuerlicher Auswirkungen.** Bei der Ausschlagung dürfen nicht allein zivilrechtliche und erbschaftsteuerliche Gesichtspunkte Berücksichtigung finden. Auch ertrag- und (meist wenig beachtet) grunderwerbsteuerliche Implikationen sind in die Gestaltung einzubeziehen. Keine Probleme bereitet dabei die Ausschlagung ohne Abfindung, die sowohl ertrag- als auch grunderwerbsteuerlich ohne Auswirkungen bleibt. 423

Anders ist dies bei der Ausschlagung gegen Abfindung. Obwohl die Vereinnahmung der Abfindung erbschaftsteuerlich als Zuwendung des Erblassers an den Abfindungsempfänger anzusehen ist, gehen Rechtsprechung, Finanzverwaltung und die hM in der Fachliteratur davon aus, dass die Ausschlagung eines Erbteils gegen Abfindung der entgeltlichen Veräußerung des Erbteils gleichsteht.[480] 424

Relevant wird der Erhalt der Abfindung dann, wenn der Ausschlagende steuerverstricktes Privatvermögen oder Betriebsvermögen des Erblassers an den Zahlungsverpflichtenden überträgt. Dieser Vorgang wird ertragsteuerlich als Veräußerungsgeschäft qualifiziert. Der Veräußerungsgewinn ist vom Ausschlagenden zu versteuern. Im Gegenzug hat der Zahlende der Abfindung Anschaffungskosten auf den Vermögensgegenstand. 425

Beispiel: A schlägt die Erbschaft nach E aus und erhält dafür als Abfindung von X einen Betrag von 500.000 EUR. Der Nachlass besteht aus einer 100 %-igen Beteiligung an einer Kapitalgesellschaft, die E vor einigen Jahren zum Nennwert von 25.000 EUR erworben hatte. 426

Ertragsteuerlich wird dieser Vorgang so behandelt, als habe A die Beteiligung an der Kapitalgesellschaft an X zu einem Kaufpreis von 500.000 EUR veräußert. Der Gewinn aus der Veräußerung einer wesentlichen Beteiligung unterliegt nach § 17 EStG der Einkommensteuer. A hat somit einen Gewinn von 475.000 EUR der Besteuerung zu unterwerfen (Hinweis: 60 % steuerpflichtig nach Teileinkünfteverfahren). X hat im Gegenzug Anschaffungskosten auf die Beteiligung, die er im Verkaufsfall dem Veräußerungserlös gegenrechnen kann. 427

Beispiel: Im obigen Beispiel besteht der Nachlass aus einem vermieteten Grundstück, dass der Erblasser vor fünf Jahren zu Anschaffungskosten von 300.000 EUR erworben hat. Da die Veräußerung eines Grundstücks innerhalb von zehn Jahren nach der Anschaffung nach § 23 EStG ein steuerpflichtiger Vorgang ist, muss der Ausschlagende den Veräußerungsgewinn von 200.000 EUR der Einkommensteuer unterwerfen. Demgegenüber hat X Anschaffungskosten, die er im Rahmen der Einkünfte aus Vermietung und Verpachtung als Abschreibung steuermindernd geltend machen kann. 428

---

[480] BMF BStBl. 2006 I 253, Rn. 37 mit Verweis auf BFH BStBl. 2004, 987.

429 Erhält der Ausschlagende kein Barvermögen als Abfindung, sondern zB ein Grundstück, liegt ebenfalls ein entgeltliches Rechtsgeschäft vor (Tausch). Als Veräußerungspreis für die Hingabe seines Erbteils gilt dabei der Verkehrswert des erhaltenen Grundstücks.

430 Komplizierter wird die steuerliche Behandlung der Abfindungszahlung bei einem **Mischnachlass**, wenn also sowohl (nicht steuerverstricktes) Privatvermögen als auch Betriebsvermögen vorhanden ist. In diesen Fällen liegt für den Zahlenden der Abfindung ein teilentgeltlicher Erwerb vor.

431 **Beispiel**: Erben sind A und B zu je 1/2. Zum Nachlass gehören ein Gewerbebetrieb (Wert 500.000 EUR, Buchwert 200.000 EUR) und ein nicht steuerverstricktes Privatgrundstück (Wert 500.000 EUR). B schlägt die Erbschaft aus und erhält als Abfindung von A 500.000 EUR.

Die Abfindung stellt bei A zur Hälfte Anschaffungskosten, bei B zur Hälfte Veräußerungserlös in Bezug auf den Mitunternehmeranteils dar. Von der Abfindung entfallen 50 % auf den Mitunternehmeranteil, so dass B in Bezug auf die Veräußerung dieses Mitunternehmeranteils einen Veräußerungsgewinn von 150.000 EUR erzielt (250.000 EUR./. 100.000 EUR Buchwert). A erwirbt 1/2 des Betriebs unentgeltlich und führt insoweit die Buchwerte (= 100.000 EUR) fort. Im Übrigen hat er in Höhe von 250.000 EUR Anschaffungskosten auf den Mitunternehmeranteil und stockt insoweit die Buchwerte um diesen Betrag auf. Bezüglich des Grundstücks wird kein steuerpflichtiger Vorgang verwirklicht, so dass weder B einen Veräußerungsgewinn erzielt, noch A Anschaffungskosten hat.

432 Einen Sonderfall stellt dabei die Ausschlagung eines Vermächtnisses dar. Nach § 2174 BGB begründet das Vermächtnis nur den schuldrechtlichen Anspruch zur Übertragung des vermachten Vermögensgegenstandes. Der Vermächtnisnehmer ist damit bis zur Erfüllung des Vermächtnisses noch nicht Eigentümer des Vermögenswertes, so dass zivilrechtlich die Veräußerung des Vermögensgegenstandes gegen Abfindungsleistung nicht möglich ist. Veräußert wird daher allenfalls ein Sachleistungsanspruch, wobei diese Veräußerung keinen ertragsteuerpflichtigen Tatbestand erfüllt. Auch das BMF-Schreiben vom 14.3.2006 erfasst diesen Fall nicht. Es kann daher mit guten Gründen vertreten werden, dass bei der Ausschlagung eines Vermächtnisses gegen Abfindung kein steuerpflichtiger Veräußerungsvorgang entstehen kann.[481]

433 Bei der Ausschlagung gegen Abfindung kommt es regelmäßig nicht zu einer Verwirklichung von Grunderwerbsteuer. § 3 Nr. 2 GrEStG sieht eine Steuerbefreiung für Erwerbe von Todes wegen im Sinne des Erbschaftsteuergesetzes vor. Da die Ausschlagung gegen Abfindung mit einem Grundstück den Tatbestand des § 3 Abs. 2 Nr. 4 ErbStG verwirklicht, ist die Grundstücksübertragung steuerfrei. Anders ist dies allerdings, wenn als Abfindung ein Geldbetrag vereinbart wird und später die Erfüllung der Abfindungsleistung durch ein Grundstück erfolgt. In diesem Fall wird das Grundstück nur an Erfüllungs statt und nicht aufgrund eines Erwerbs von Todes wegen übertragen.

434 **2. Geltendmachung des Pflichtteils.** Mit der Geltendmachung des Pflichtteils können vorwiegend letztwillige Verfügungen korrigiert werden, bei denen steuerliche Freibeträge nicht oder nur unzureichende ausgeschöpft wurden. Klassischer Fall ist die Erbeinsetzung mittels Berliner Testament, bei welchem die gemeinsamen Kinder im ersten Erbfall enterbt sind und der Nachlass des erstverstorbenen Ehegatten zweimal der Besteuerung unterliegt. Gleichzeitig sind die Gestaltungsmöglichkeiten allerdings auch beschränkt, da sie nur für den kleinen Kreis der pflichtteilsberechtigten Erben in Betracht kommen.

435 **a) Zivilrechtliche Voraussetzungen.** Für einen ausgewählten Kreis von Personen sieht § 2303 BGB die Möglichkeit der Geltendmachung eines Pflichtteils vor. Hierzu berechtigt sind Ab-

---

[481] Jülicher StAM 2010, 89 ff.

kömmlinge, Eltern und der Ehegatte, wenn sie durch Verfügung von Todes wegen von der Erbfolge ausgeschlossen sind. Entferntere Abkömmlinge und Eltern sind nicht mehr pflichtteilsberechtigt, wenn ein näherer Abkömmling den Pflichtteil geltend machen kann (§ 2309 BGB). Ist der Erbteil für diesen Personenkreis geringer als die Hälfte des gesetzlichen Erbteils, so besteht nach § 2305 BGB das Recht auf den Zusatzpflichtteil. Ist der Pflichtteilsberechtigte mit einem Vermächtnis bedacht, kann er nach § 2307 BGB das Vermächtnis ausschlagen und den Pflichtteil verlangen. Alternativ kann er das Vermächtnis annehmen und in der Differenz zum hälftigen gesetzlichen Erbanspruch den Pflichtteil geltend machen.

Der Anspruch auf den Pflichtteil entsteht mit dem Erbfall, § 2317 Abs. 1 BGB. Der Anspruch besteht gegenüber den Erben, er ist vererblich und übertragbar. Nach der Neufassung des § 2332 BGB zum 1.1.2010 ist die Verjährung nicht mehr dort, sondern in § 195 BGB geregelt. Da zeitgleich auch die Sondervorschrift des § 197 Abs. 1 Nr. 2 BGB (30-jährige Verjährung erbrechtlicher Ansprüche) aufgehoben wurde, ändert sich im Ergebnis an der dreijährigen Verjährungsfrist des § 2332 BGB aF nichts. Die Frist beginnt mit Entstehung des Anspruchs, also mit Eintritt des Erbfalls, und Kenntnis des Pflichtteilsberechtigten von den anspruchsbegründenden Umständen. Hierzu gehört mindestens die Kenntnis vom Erbfall und der letztwilligen Verfügung, aufgrund derer der Pflichtteilsberechtigte von der Erbfolge ausgeschlossen wurde. Unabhängig von der Kenntnis der anspruchsbegründenden Umstände verjährt der Pflichtteilsanspruch spätestens 30 Jahre nach dem Erbfall (§ 197 Abs. 3a BGB). Bei minderjährigen Kindern ist zu beachten, dass die Verjährung des Pflichtteilsanspruchs gegen die Eltern nach § 207 Abs. 1 Nr. 2 BGB bis zur Vollendung des 21. Lebensjahres gehemmt ist. Es können sich daher uU nach mehreren Jahren noch Gestaltungsmöglichkeiten ergeben. 436

Zu beachten ist, dass selbst bei einem verjährten Pflichtteilsanspruch steuerliche Gestaltungsmöglichkeiten bleiben, wenn Erben und Pflichtteilsberechtigte einvernehmlich handeln. Die Verjährung ist eine Einrede, die vom Schuldner geltend gemacht werden muss. Der Schuldner kann jedoch auch einen verjährten Anspruch wirksam erfüllen. Für steuerliche Zwecke wäre die Erfüllung eines verjährten Pflichtteilsanspruchs anzuerkennen. Als Berater des Pflichtteilsberechtigten bietet es sich aber nur in äußerst seltenen Fällen an, den Pflichtteilsanspruch des Mandanten „sehenden Auges" verjähren zu lassen. Der sicherste Weg in einem solchen Fall ist jedenfalls eine Verjährungsverzichtserklärung des Erben. 437

Der Pflichtteilsanspruch besteht in der Hälfte des Wertes des gesetzlichen Erbteils, § 2303 Abs. 1 S. 2 BGB zum Zeitpunkt des Todes. Maßgebend sind die Verkehrswerte, was insbesondere bei Abfindungsklauseln in Gesellschaftsverträgen relevant ist. Trotz vereinbarter Buchwertabfindung ist für Zwecke der Berechnung des Pflichtteils der Verkehrswert zugrunde zu legen.[482] Die Höhe des Pflichtteils wird anhand einer abstrakten Betrachtung der erbrechtlichen Lage im Falle einer gesetzlichen Erbfolge berechnet (§ 2311 BGB). 438

Beispiel: A verstirbt, er hat vier Kinder. K1 wird zum Alleinerben bestimmt, K2 ist enterbt, K3 ist erbunwürdig und K4 hat einen Erbverzicht erklärt. Wie hoch ist der Pflichtteilsanspruch des K2? 439

Nach § 2311 BGB wird die gesetzlich Erbquote ermittelt, in dem die fiktive gesetzliche Erbfolge berücksichtigt wird. Hierbei werden auch diejenigen berücksichtigt, die enterbt oder erbunwürdig sind bzw. ausgeschlagen haben. Lediglich der Verzichtende wird bei der Berechnung der Erbquote nicht berücksichtigt. K2 wäre daher zu 1/3 gesetzlicher Erbe nach A geworden, sein Pflichtteil beträgt damit 1/6.

Hat der Erblasser versucht, durch lebzeitige Schenkungen seinen Nachlass zulasten des Pflichtteilsberechtigten zu schmälern, steht Letzterem ein Pflichtteilsergänzungsanspruch nach § 2325 440

---

482 Kapp/Ebeling/Geck/Geck, EL. 85 2020, ErbStG
§ 3 Rn. 194.

BGB zu. Durch die Reform des Pflichtteilsrechts (Gesetz vom 24.9.2009, BGBl. I S. 3142) schmälert sich ab dem 1.1.2010 der Pflichtteilsergänzungsanspruch allerdings für jedes volle Jahr vor dem Erbfall um 10 %, so dass Schenkungen, die mehr als zehn Jahre zurückliegen nicht mehr ausgeglichen werden müssen.

441 Der Pflichtteil ist nach § 2315 BGB dann gemindert oder ausgeschlossen, wenn sich der Pflichtteilsberechtigte lebzeitige Schenkungen des Erblassers auf den Pflichtteil anrechnen lassen muss. Bei lebzeitigen Schenkungen ist daher stets darauf zu achten, eine Bestimmung über die Anrechnung zu treffen, falls dies gewünscht ist. Denn die Anrechnungsbestimmung muss bei der Schenkung erklärt werden und ist später nicht mehr nachholbar. Möglich ist auch ein Pflichtteilsverzicht (§ 2346 Abs. 2 BGB).

442 Eine große zivilrechtliche Gefahr bei der steuerlichen Optimierung mithilfe von Pflichtteilsansprüchen stellen Pflichtteilsstrafklauseln dar.

443 **Beispiel:** Die Eheleute A und B (Zugewinngemeinschaft) setzen sich gegenseitig zu Erben ein. Schlusserben sollen die gemeinsamen Kinder K1 und K2 sein. A und B legen testamentarisch fest, dass K1 und K2 auch für den zweiten Erbfall enterbt sind, wenn sie im ersten Erbfall den Pflichtteil geltend machen. Zum Ersatzerben ernennen sie für diesen Fall den Tierschutzverein X-Stadt. A stirbt, sein Vermögen beträgt 1 Mio EUR.

Erbschaftsteuerlich wäre es vorteilhaft, wenn K1 und K2 den Pflichtteil gegenüber B geltend machen würden. So könnten zumindest zum Teil die Freibeträge der Kinder nach A genutzt werden. B ist aus diesem Grund mit dem Vorgehen einverstanden.

444 Zivilrechtlich kann vor einer solchen Gestaltung nur dringend gewarnt werden! Das OLG Frankfurt[483] hat entschieden, dass selbst im Falle einer einvernehmlichen Geltendmachung des Pflichtteils die Pflichtteilsstrafklausel verwirkt ist. K1 und K2 sind daher auch im zweiten Erbfall enterbt, so dass das gesamte Vermögen (mit Ausnahme der Pflichtteile) an den Tierschutzverein geht. Das OLG Frankfurt begründet seine Ansicht ua mit der Schutzwürdigkeit des Längerlebenden, obwohl gerade dieser bei einer einvernehmlichen Geltendmachung des Pflichtteils auf seine Schutzbedürftigkeit verzichten kann.[484]

445 Noch einen Schritt weiter geht das OLG Düsseldorf.[485] Dieses sieht die Pflichtteilsstrafklausel selbst dann als verwirklicht an, wenn der Pflichtteil nicht geltend gemacht wird, sondern der Pflichtteilsberechtigte eine Abfindung erhält.

446 Sind somit Pflichtteilsstrafklauseln vereinbart worden, sind diese vor dem Hintergrund der Rechtsprechung zwingend zu beachten. Die richtige Gestaltung im oben beschriebenen Fall wäre die Ausschlagung der B gegen Abfindung gewesen. Hierzu ist aber zwingend die Mitwirkung der B erforderlich. Um von vorneherein jede Unklarheit bei der Auslegung von Pflichtteilsstrafklauseln zu vermeiden, sollte der anwaltliche Berater bei der Gestaltung der letztwilligen Verfügung jedenfalls klarstellen, dass die Pflichtteilsstrafklausel nur dann eingreifen soll, wenn der Pflichtteil gegen den Willen des Erben geltend gemacht wird.[486]

447 **b) Erbschaftsteuerliche Folgen.** Im Pflichtteilsrecht ist für erbschaftsteuerliche Zwecke zu unterscheiden zwischen der Besteuerung des geltend gemachten Pflichtteils und der Besteuerung der Abfindung für den Verzicht auf die Geltendmachung des Pflichtteils.

448 **c) Geltendmachung des Pflichtteils.** Nach § 3 Abs. 1 Nr. 1 ErbStG gilt der Erwerb aufgrund eines geltend gemachten Pflichtteils als Erwerb von Todes wegen. Maßgebend für die Besteuerung des Pflichtteilsberechtigten ist mithin sein verwandtschaftliches Verhältnis zum Erblasser. Da die Pflichtteilsforderung eine Geldforderung ist, wird der Besteuerung der Nennwert der

---

483 OLG Frankfurt aM FamRZ 2011, 592.
484 Kritisch insbes. Litzenburger FD-ErbR 2010, 308338.
485 OLG Düsseldorf FamRZ 2011, 1175.
486 Wälzholz ZEV 2007, 162 ff.

Forderung zugrunde gelegt, und zwar auch dann, wenn der Pflichtteilsberechtigte zur Erfüllung seiner Pflichtteilsforderung einen Vermögensgegenstand erhält, der steuerlich geringer oder höher bewertet wird. Der BFH hat seine früher anderslautende Rechtsauffassung mit Urteil vom 7.10.1998[487] aufgegeben.

Nach den Vorgaben des BVerfG[488] sollen sich die unterschiedlichen Vermögensarten bei der Bewertung nicht mehr widerspiegeln. In der Praxis kann es aber nach wie vor zu Abweichungen zwischen Verkehrs- und Steuerwert kommen. Mit dem Ansatz als Kapitalforderung sind auch Gestaltungen hinfällig, einem Pflichtteilsberechtigten an Erfüllungs statt (§ 364 BGB) begünstigtes Vermögen zuzuwenden. Zu versteuern ist stets der Nennwert der Kapitalforderung. 449

Von erheblicher Bedeutung ist, dass die Erbschaftsteuer bereits mit der Geltendmachung des Pflichtteilsanspruchs entsteht (§ 9 Abs. 1 Nr. 1 b ErbStG). Als Geltendmachung gilt dabei jedes ernsthafte Verlangen, das auf die Erfüllung des Pflichtteils gerichtet ist.[489] Dies kann auch konkludent erfolgen. Gerade bei der Vertretung eines Pflichtteilsberechtigten ist in den ersten Anschreiben an die Erben für den anwaltlichen Vertreter daher äußerste Vorsicht geboten, um den Mandanten nicht vor Liquiditätsschwierigkeiten zu stellen. 450

Beispiel: B ist von A enterbt worden und möchte seinen Pflichtteil gegen den Erben S geltend machen. In seinem ersten Anschreiben an den Erben macht der Anwalt des B gegenüber S „… *sämtliche Ansprüche meines Mandanten geltend …*". 451

Der Anwalt bringt seinen Mandanten durch ein solches Anschreiben gleich doppelt in Zugzwang. Zum einen löst bereits das Anschreiben nach § 9 Abs. 1 Nr. 1 b ErbStG Erbschaftsteuer aus (soweit ein steuerpflichtiger Erwerb vorliegt) und zum anderen besteht für den Mandanten nach § 30 ErbStG eine Verpflichtung, den Erwerb von Todes wegen innerhalb von drei Monaten gegenüber dem Finanzamt anzuzeigen. Ein Verstoß gegen diese Anzeigepflicht kann ggf. steuerstrafrechtliche Konsequenzen haben.[490] Setzt das Finanzamt die Steuer vor Erlangung der Pflichtteilsforderung fest, muss B eine Steuerzahlung leisten, obwohl er seinen Anspruch noch nicht gegenüber dem Erben realisiert hat.

Das richtige Vorgehen wäre gewesen, dem Erben gegenüber zunächst nur die Interessenvertretung anzuzeigen und lediglich den Auskunftsanspruch nach § 2314 Abs. 1 BGB geltend zu machen. Die Geltendmachung des bloßen Auskunftsanspruchs löst noch keine Erbschaftsteuer aus.[491] Klarstellend sollte gleichwohl erwähnt werden, dass mit der Geltendmachung des Auskunftsanspruchs der Pflichtteil noch nicht geltend gemacht wird, sondern dies einer späteren Erklärung vorbehalten bleibt. Ebenfalls liegt keine Geltendmachung eines Pflichtteils vor, wenn lediglich Verhandlungen über mögliche Ansprüche geführt und von Seiten der Erben eine Sachwertabfindung angeboten wird. Der Mandant ist in einem solchen Fall aber darauf hinzuweisen, dass ohne entsprechende Geltendmachung der Erbe nicht in Verzug kommt und insofern keine Verzinsung greift. Der Nachteil einer fehlenden Verzinsung ist gegen den Vorteil, erbschaftsteuerlich mehr Spielraum zu haben, abzuwägen. 452

Eine Geltendmachung des Pflichtteils liegt jedoch in der Erhebung einer Stufenklage mit (auch unbeziffertem) Leistungsantrag.[492] Nach Eintritt der Verjährung des Pflichtteilsanspruchs führt eine Geltendmachung nur dann zur Steuerpflicht, wenn die Erfüllung des verjährten Anspruchs wahrscheinlich ist. 453

Von der Rechtsprechung des BFH ist anerkannt, dass ein Pflichtteilsanspruch auch nur teilweise geltend gemacht werden kann und sich die Steuer in diesen Fällen nur nach dem geltend 454

---

487 BFH BStBl. 1999, 23.
488 BVerfG NJW 2007, 573.
489 BFH BFH/NV 2004, 341; BStBl. 2006, 718.
490 Str., siehe Kapp/Ebeling/Eisele, EL 88 2021, ErbStG § 30 Rn. 17.
491 BFH BStBl. 2006, 718.
492 Troll/Gebel/Jülicher/Gottschalk/Gottschalk, EL 46, ErbStG § 3 Rn. 226.

gemachten Anteil richtet.⁴⁹³ In einem solchen Fall ist jedoch jedenfalls sicher zu stellen, dass nicht zusätzlich die Geltendmachung eines übersteigenden Anteils angekündigt wird. Ob für die Geltendmachung eines Teils des Pflichtteils darüber hinaus die Erklärung erforderlich ist, dass auf den übersteigenden Teil verzichtet wird, ist umstritten. Nach der Rechtsprechung scheint ein solcher ausdrücklicher Verzicht nicht erforderlich zu sein.

455 Verzichtet der Pflichtteilsberechtigte insgesamt auf die Geltendmachung des Pflichtteils, ist dies nach § 13 Abs. 1 Nr. 11 ErbStG jedenfalls dann steuerfrei, wenn der Verzicht vor der Geltendmachung erfolgt. Wird der Pflichtteil geltend gemacht und später auf den Anspruch verzichtet, führt dies nicht zu einem rückwirkenden Entfall der Erbschaftsteuer,⁴⁹⁴ sondern kann zusätzlich eine freigiebige Zuwendung (§ 7 Abs. 1 Nr. 1 ErbStG) darstellen.

456 **Beispiel:** A ist enterbt, ihm steht gegen B ein Pflichtteilsanspruch von 500.000 EUR zu, den er fristgerecht geltend macht. A und B einigen sich schließlich darauf, dass A auf den Pflichtteil verzichtet und dafür von B 200.000 EUR erhält.

A muss auf den vollen Betrag von 500.000 EUR Erbschaftsteuer zahlen. Ist der Verzicht unentgeltlich, muss darüber hinaus B eine Schenkung von 300.000 EUR versteuern.

457 Dieses Beispiel macht noch einmal deutlich, dass aus erbschaftsteuerlicher Sicht vor einer vorschnellen Geltendmachung des Pflichtteils dringend abzuraten ist, auch wenn dadurch Zinsen verloren gehen können.

458 Bei den Erben, die den Pflichtteil auszuzahlen haben, mindert sich der steuerpflichtige Erwerb in Höhe des Nennbetrages der Kapitalforderung (§ 10 Abs. 5 Nr. 2 ErbStG). Dies gilt auch dann, wenn sie an Erfüllungs statt Vermögensgegenstände hingeben, deren Steuerwert vom Nennwert des Pflichtteilsanspruchs abweicht. Wichtig ist, dass grundsätzlich auch die Stundung des Pflichtteilsanspruchs die Abziehbarkeit als Nachlassforderung nicht beeinträchtigt. Aus der Rechtsprechung des BFH ergeben sich allerdings gestalterische Grenzen. So lag der BFH-Entscheidung vom 27.6.2007⁴⁹⁵ eine Gestaltung zugrunde, nach welcher ein Anspruch für den Verzicht auf einen Pflichtteil gestundet war bis zum Tode des pflichtteilsbelasteten Ehegatten. In dieser Konstellation hat der BFH entschieden, dass der pflichtteilsbelastete Erbe mit der Forderung nicht wirtschaftlich belastet sei, weil sich diese Belastung erst nach seinem Tode realisiere. Im zugrunde liegenden Fall ging es auch darum, dass zur Vermeidung des Eingreifens einer Strafklausel der Pflichtteil gerade nicht geltend gemacht wurde, sondern eine Abfindung für den Verzicht auf die Geltendmachung des Pflichtteils vereinbart wurde (zu den zivilrechtlichen Gefahren s. o., der BFH hat – abweichend von den OLG Frankfurt und Düsseldorf – die Vereinbarung einer Abfindung für den Verzicht auf die Geltendmachung des Pflichtteils nicht als schädlich für die spätere Erbenstellung der Kinder behandelt). Der BFH erkannte die Ansprüche der Kinder gleichwohl mangels einer wirtschaftlichen Belastung nicht als Nachlassverbindlichkeiten an. Diese Rechtsprechung hat der BFH auch für den Fall der Geltendmachung eines Pflichtteils fortgeführt, wenn der Pflichtteilsverpflichtete nicht ernsthaft damit rechnen muss, die Verpflichtung selbst erfüllen zu müssen.⁴⁹⁶

459 Allerdings ist der BFH von dieser Rechtsprechung inzwischen wieder abgewichen. Mit Urteil vom 19.2.2013⁴⁹⁷ hat er entschieden, dass bei einem Berliner Testament die Schlusserben – also regelmäßig die Kinder – den Pflichtteil auch noch nach dem Tod des erstversterbenden Ehegatten geltend machen können mit der Folge, dass eine entsprechende Nachlassverbindlichkeit abzuziehen ist. Auf die mangelnde wirtschaftliche Belastung des – zuvor verstorbenen – Ehegatten kommt es nach dieser Entscheidung jedenfalls dann nicht an, wenn der Pflichtteil gewissermaßen gegen sich selbst innerhalb der Verjährungsfrist geltend gemacht wird. So vorteilhaft diese

---

493 BFH BStBl. 1973, 798; Wälzholz ZEV 2007, 162.
494 FG München Zerb 2005, 430.
495 BFH BStBl. 2007, 651.
496 BFH BFH/NV 2009, 1441.
497 BFH BStBl. 2013, 332.

Entscheidung auch – steuerlich – ist, muss noch einmal darauf hingewiesen werden, dass bei einem derartigen Vorgehen zivilrechtlichen Risiken, insbesondere bei Pflichtteilsstrafklauseln, bestehen. Ebenfalls ist die aktuelle Rechtsprechung des BFH zu berücksichtigen, dass ein im Nachlass befindlicher Pflichtteilsanspruch mit seinem Nominalwert als Erwerb durch Erbanfall nach § 3 Abs. 1 Nr. 1, 1. Alt. ErbStG angesehen wird, auch wenn dieser Pflichtteilsanspruch noch nicht geltend gemacht wurde.[498]

d) Verzicht auf die Geltendmachung des Pflichtteils gegen Abfindung. Verzichtet der Pflichtteilsberechtigte auf die Geltendmachung des entstanden Pflichtteils und erhält er hierfür von den Erben eine Abfindung, so handelt es sich nach § 3 Abs. 2 Nr. 4 ErbStG um einen erbschaftsteuerlich relevanten Vorgang. Wie bei der Geltendmachung des Pflichtteils ist für Zwecke der Besteuerung auch hier das Verhältnis des Pflichtteilsberechtigten zum Erblasser maßgebend. Zu versteuern ist nur die Höhe der tatsächlich vereinbarten Abfindungsleistung, also die Bereicherung. 460

Beispiel: A ist enterbt, ihm steht gegen den Erben B ein Pflichtteilsanspruch in Höhe von 300.000 EUR zu. A macht den Pflichtteil nicht geltend, sondern verzichtet gegen eine Zahlung von 200.000 EUR auf die Geltendmachung. 461

A muss lediglich die erhaltene Bereicherung von 200.000 EUR versteuern. Dass sein Pflichtteilsanspruch 300.000 EUR betragen hätte, ist irrelevant.

Ist der Abfindungsanspruch höher als der Pflichtteilsanspruch, auf den verzichtet wird, so liegt in dem übersteigenden Betrag kein Erwerb vom Erblasser mehr vor, sondern eine freigiebige Zuwendung des Erben an den Verzichtenden. 462

Im Unterschied zur Geltendmachung des Pflichtteils entsteht der Steueranspruch nach § 9 Abs. 1 Nr. 1 f. ErbStG erst mit dem Verzicht. Allerdings entsteht die Steuer in Höhe der vollen Abfindung, auch wenn die Verzichtsvereinbarung die Leistung von Teilzahlungen zulässt.[499] 463

Ein wesentlicher Unterschied zur Besteuerung von geltend gemachten Pflichtteilsansprüchen besteht darin, dass die Abfindungsleistung stets mit dem Steuerwert zu versteuern ist. Die Rechtsprechungsänderung des BFH[500] bei den geltend gemachten Pflichtteilsansprüchen erfolgte in ausdrücklicher Abgrenzung von der Fallgruppe des Verzichts gegen Abfindung. Der BFH unterscheidet eindeutig zwischen der Erfüllung eines Pflichtteilsanspruchs gegen Hingabe eines Sachwertes, die er nur als Leistung an Erfüllungs statt (§ 364 Abs. 1 BGB) ansieht und die damit keinen eigenen erbschaftsteuerlichen Tatbestand begründet, und der Abfindung für den Verzicht auf die Geltendmachung des Pflichtteils. Letztere erfülle den Tatbestand des § 3 Abs. 2 Nr. 4 ErbStG, so dass für diese Tatbestandsverwirklichung die Steuerwerte des § 12 ErbStG zu berücksichtigen sind. 464

Die Unterscheidung sollte sich freilich nicht mehr wesentlich auswirken, da nach dem Ziel des Gesetzgebers der Erbschaftsteuerreform zum 1.1.2009 keine wesentlichen Wertabweichungen in den verschiedenen Vermögensarten mehr zu erwarten sind. In Einzelfällen kann dies aber nach wie vor eine Gestaltungsmöglichkeit sein. Relevant wird die Unterscheidung zwischen der Abfindung für den Verzicht auf den entstandenen (noch nicht geltend gemachten) Pflichtteilsanspruch und der Hingabe von Vermögenswerten an Erfüllungs statt für den geltend gemachten Pflichtteil. Im ersten Fall hat der Empfänger von begünstigtem Vermögen (zB nach §§ 13a, 13b ErbStG) nach Auffassung der Finanzverwaltung die Möglichkeit, diese Vergünstigungen zu nutzen (R E 13b.1 Abs. 1 S. 4 Nr. 7 ErbStR), im letzteren Fall nicht (R E 13b.1 Abs. 4 ErbStR). Inkonsequenter Weise beurteilt die Finanzverwaltung dann aber die Hingabe des begünstigten 465

---

498 BFH DStR 2017, 724, kritisch: Schmidt/Holler ErbR 2017, 412.

499 RFH RStBl. 1934, 444.
500 BFH BStBl. 1999, 23.

Vermögens durch den Ersterwerber als Verstoß gegen die Behaltensfrist nach § 13a Abs. 5 ErbStG (R E 13a.12 Abs. 3 ErbStR).[501]

466 Der Zahlende der Abfindungsleistung kann die Verbindlichkeit nach § 10 Abs. 5 Nr. 2 ErbStG als Nachlassverbindlichkeit abziehen. Besteht die Abfindungsleistung in einem Sachwert, ist der Steuerwert des hingegebenen Vermögensgegenstandes maßgeblich. Die Abzugsfähigkeit ist allerdings begrenzt auf die Höhe des Pflichtteilsanspruchs, auf den verzichtet wurde. Zur Stundung der Abfindungsleistung gelten die Ausführungen zu den geltend gemachten Pflichtteilsansprüchen entsprechend.

467 **e) Steuerliche Gestaltungsmöglichkeiten.** Aus den obigen erbschaftsteuerlichen Erwägungen lassen sich auch im Rahmen des Pflichtteilsrechts steuerliche Gestaltung verwirklichen. Zunächst besteht die Möglichkeit, durch die Geltendmachung von Pflichtteilen die steuerlichen Freibeträge zu nutzen. Besteht keine Pflichtteilsstrafklausel, so wäre eine solche Gestaltung uU auch ohne einvernehmliches Vorgehen möglich.

468 **Beispiel**: A und B sind verheiratet (Zugewinngemeinschaft) und haben ein Berliner Testament ohne Pflichtteilsstrafklausel errichtet. Sie haben zwei gemeinsame Kinder K1 und K2. A verstirbt und hinterlässt der B ein Vermögen von 4 Mio. EUR. B möchte von einer erbschaftsteuerlichen Optimierung „nichts wissen."

K1 und K2 können ihren Pflichtteil von jeweils 1/8 (= 500.000 EUR) gegenüber B geltend machen und somit die steuerlichen Freibeträge von je 400.000 EUR nach A nutzen. Möchten K1 und K2 (noch) keine Erbschaftsteuer zahlen, wäre es möglich, mit B eine Abfindung für den Verzicht auf die Geltendmachung des Pflichtteils von je 400.000 EUR zu vereinbaren. Ist B hierzu nicht bereit, kann K1 und K2 geraten werden, den Pflichtteil nur beschränkt in Höhe von je 400.000 EUR geltend zu machen. B kann den Pflichtteil bzw. den Abfindungsbetrag steuermindernd geltend machen.

469 Sollten die Steuerwerte der Nachlassgegenstände von den Verkehrswerten abweichen, kann statt der Geltendmachung des Pflichtteils der Verzicht gegen Abfindung ein Gestaltungsmittel sein.

470 **Beispiel**: A ist von seinem Vater V enterbt worden, ihm steht gegen den Erben S ein Pflichtteilsanspruch von 500.000 EUR zu. Im Nachlass befindet sich ua ein Grundstück (Steuerwert 400.000 EUR, Verkehrswert 500.000 EUR). Macht A den Pflichtteil geltend, muss er 500.000 EUR als Kapitalforderung versteuern. Vereinbart er mit S als Abfindung für den Verzicht auf die Geltendmachung des Pflichtteils die Übertragung des Grundstücks, bleibt der Erwerb steuerfrei.

471 Bei diesem Beispiel ist allerdings zu beachten, dass S nur 400.000 EUR als Nachlassverbindlichkeit abziehen kann. S wird mit der Abfindung also nur dann einverstanden sein, wenn sich die Minderung seiner Nachlassschulden für ihn nicht auswirkt. Dies kann zB dann der Fall sein, wenn sich im Nachlass überwiegend steuerfreies Vermögen befindet.

472 Eine weitere Gestaltungsmöglichkeit bietet die Geltendmachung von Pflichtteilen, wenn die Ausschlagungsfristen bereits abgelaufen sind.

473 **Beispiel**: A und B sind verheiratet (Zugewinngemeinschaft) und haben ein Berliner Testament ohne Pflichtteilsstrafklausel errichtet. Sie haben zwei gemeinsame Kinder K1 und K2. A verstirbt und hinterlässt ein Vermögen von 2 Mio. EUR, B ist ausreichend abgesichert und möchte alle steuerlichen Möglichkeiten ausschöpfen, zwei Monate nach dem Tod des A sucht B einen Anwalt auf.

---

[501] Kritisch hierzu: Troll/Gebel/Jülicher/Gottschalk/Jülicher, 53. EL 62, ErbStG § 13a Rn. 151.

Optimal wäre die Gestaltung mittels einer Ausschlagung der B gegen Abfindung von 1,2 Mio. EUR. In diesem Fall wären die Freibeträge voll ausgeschöpft gewesen. Da die Ausschlagungsfrist abgelaufen ist, können K1 und K2 ihre Pflichtteile von je 1/8 geltend machen. Sie können somit immerhin noch je 250.000 EUR ihres Freibetrages nach A nutzen.

f) Beachtung von ertrag- und grunderwerbsteuerlichen Auswirkungen. Die Geltendmachung eines Pflichtteilsanspruchs und dessen Auszahlung an den Pflichtteilsberechtigten bleiben bei beiden Beteiligten einkommensteuerlich neutral. Finanzierungskosten für ein Darlehen zum Ausgleich des Pflichtteilsanspruchs sind steuerlich nicht berücksichtigungsfähig.[502]

474

Zu einer Belastung mit Einkommensteuer kann es allerdings kommen, wenn der Erbe einen steuerverstrickten Gegenstand als Ausgleich für den Pflichtteil oder den Verzicht auf die Geltendmachung des Pflichtteils auf den Pflichtteilsberechtigten überträgt. In diesem Fällen liegt in der Übertragung des Vermögensgegenstandes ein entgeltlicher Vorgang vor, der zu einem Veräußerungsgewinn auf Seiten des Verpflichteten und zu Anschaffungskosten auf Seiten des Berechtigten führt.[503] Begründet wird dies damit, dass sich in Bezug auf die stillen Reserven das Steuersubjekt ändert, so dass die Aufdeckung der stillen Reserven beim Zahlungsverpflichteten gerechtfertigt erscheint. Aus ertragsteuerlicher Sicht macht es dabei keinen Unterschied, ob der Vermögensgegenstand zum Ausgleich der Pflichtteilsforderung oder als Abfindung für den Verzicht auf die Geltendmachung des Pflichtteils übertragen wird.[504]

475

Beispiel: A überträgt dem B zum Ausgleich einer Pflichtteilsforderung ein Grundstück aus einem Betriebsvermögen (Buchwert 100.000 EUR, Verkehrswert 250.000 EUR). A muss die stillen Reserven von 150.000 EUR der Einkommensteuer unterwerfen. B hat in Höhe von 250.000 EUR Anschaffungskosten, die er abschreiben kann, wenn er das Grundstück zur Einkünfteerzielung verwendet. An dieser ertragsteuerlichen Konsequenz ändert sich auch dann nichts, wenn das Grundstück als Abfindung für den Verzicht auf die Geltendmachung des Pflichtteils übertragen worden wäre.

476

Eine erhebliche Abweichung der beiden Gestaltungsvarianten besteht allerdings bei der Grunderwerbsteuer. Nach § 3 Nr. 2 GrEStG ist der Erwerb eines Grundstücks von Todes wegen im Sinne des Erbschaftsteuergesetzes von der Grunderwerbsteuer befreit. Nach der Rechtsprechungsänderung des BFH[505] in Bezug auf die Maßgeblichkeit des Nennwertes der Pflichtteilsforderung bei der Abgeltung mit Sachwerten gilt als gesichert, dass die Erfüllung der Pflichtteilsforderung mit Sachwerten eine Leistung an Erfüllungs statt ist (§ 364 Abs. 1 BGB). Dies bedeutet gleichzeitig, dass die Erfüllung nicht mehr aufgrund des Erbrechts erfolgt, sondern aufgrund einer eigenständigen Erfüllungsvereinbarung. In der Konsequenz bedeutet dies für die Grunderwerbsteuer, dass die Übertragung eines Grundstücks zur Erfüllung einer Pflichtteilsforderung kein Grundstückserwerb von Todes wegen iSd Erbschaftsteuergesetzes mehr ist. Die **Steuerbefreiung** des § 3 Nr. 2 GrEStG **greift** daher für diesen Fall **nicht** ein.

477

Anders ist dies, wenn ein Grundstück als Abfindung für den Verzicht auf die Geltendmachung des Pflichtteils übertragen wird. Wie bei der Ausschlagung gegen Abfindung beruht dieser Grundstückserwerb direkt auf § 3 Abs. 2 Nr. 4 ErbStG. Der Erwerb ist daher als Erwerb von Todes wegen nach § 3 Nr. 2 GrEStG steuerfrei.

478

Beispiel: A überträgt dem B zum Ausgleich einer Pflichtteilsforderung ein Grundstück mit einem Wert von 250.000 EUR. Auf diese Übertragung fällt Grunderwerbsteuer an. Hätten A und B vereinbart, dass B auf seinen Pflichtteilsanspruch verzichtet gegen Übertragung des Grundstücks, hätte die Grunderwerbsteuer vermieden werden können.

479

---

502 BFH BStBl. 1994, 625.
503 BFH BStBl. 2005, 554.
504 Berresheim DNotZ 2007, 501 ff.
505 BFH BStBl. 1999, 23.

480 Selbst wenn erbschafsteuerlich die Geltendmachung von Pflichtteilen vorteilhaft ist, muss immer dann, wenn als Ausgleich Sachwerte hingegeben werden, äußerste Vorsicht gelten. Einkommen- und grunderwerbsteuerliche Haftungsrisiken müssen ausgeschlossen werden.

481 **3. Anfechtung von letztwilligen Verfügungen.** Die Anfechtung letztwilliger Verfügungen kommt als Gestaltungsmittel in Betracht, wenn sich die (erbschaftsteuerliche) Rechtslage verbessert, wenn die angefochtene Verfügung entfällt.

482 **a) Zivilrechtliche Voraussetzungen.** Nach § 2078 Abs. 1 BGB kann ein Testament angefochten werden, soweit der Erblasser über den Inhalt seiner Erklärung im Irrtum war. Ausnahmsweise ist nach § 2078 Abs. 2 BGB auch ein Motivirrtum relevant, denn es soll der wahre Wille des Erblassers berücksichtigt werden. Anfechtungsberechtigt ist jeder, dem die Aufhebung der letztwilligen Verfügung unmittelbar zustattenkommen würde (§ 2080 Abs. 1 BGB). Die Anfechtungserklärung erfolgt gegenüber dem Nachlassgericht. Die Frist zur Anfechtung beträgt ein Jahr und beginnt mit dem Zeitpunkt, in welchem der Anfechtungsberechtigte vom Anfechtungsgrund Kenntnis erlangt (§ 2082 BGB). Einem Pflichtteilsberechtigten steht nach § 2079 BGB ein Anfechtungsrecht zu, wenn er vom Erblasser übergangen wurde, ohne dass dieser dessen Vorhandensein kannte.

483 Besonderheiten bestehen für die Anfechtung von gemeinschaftlichen Testamenten. Zu Lebzeiten beider Ehegatten ist die Anfechtung ausgeschlossen, da jeder Ehegatte das gemeinschaftliche Testament widerrufen kann (§ 2271 BGB). Nach dem Tod des Erstversterbenden steht dem überlebenden Ehegatten das Anfechtungsrecht nach § 2078 BGB zu.[506]

484 **b) Steuerliches Gestaltungspotenzial.** Erlangt der Anfechtungsberechtigte durch die Anfechtung einen unmittelbaren Vorteil, so wird er oft allein aus diesem Grund das Testament/den Erbvertrag anfechten. Die Belastung mit Erbschaftsteuer wird er als notwendiges Übel hinnehmen. Die Beteiligten können sich jedoch auch ohne formale Anfechtungserklärung darauf einigen, den Nachlass so zu verteilen, wie es bei einer Anfechtung der Fall gewesen wäre. Erbschaftsteuerlich wird dies so behandelt, als habe eine Anfechtung stattgefunden.[507] Dies gilt allerdings nur solange und so weit, wie das Anfechtungsrecht noch nicht erloschen ist.

485 Die steuerliche Gestaltungsmöglichkeit, dass ein Erbprätendent gegen Zahlung einer Abfindung auf sein Anfechtungsrecht verzichtet und die Abfindung steuerfrei erhält,[508] während der die Abfindung Zahlende sie als Erwerbsaufwand abziehen kann,[509] besteht seit der Neufassung des ErbStG zum 24.6.2017 nicht mehr. Die vormals steuerfreie Abfindungszahlung ist nun unter § 3 Abs. 2 Nr. 4 ErbStG als Erwerb von Todes wegen erfasst.

486 Eine Möglichkeit, sich durch eine Anfechtung einen steuerlichen Gestaltungsspielraum zu eröffnen, liegt darin, eine Anfechtungsberechtigung nach dem Erbfall zu schaffen. Dies ist zB möglich durch Heirat oder Adoption. Ist die erbrechtliche Verfügungsbefugnis aufgrund eines Erbvertrages nach dem Tod eines Ehegatten eingeschränkt, bietet die Anfechtung im Falle der erneuten Heirat oder einer Adoption die Möglichkeit, die Bindungswirkungen des Erbvertrages/des gemeinschaftlichen Testaments zu beseitigen.

487 **4. Einvernehmliche Regelungen zwischen den Beteiligten.** Eine einvernehmliche Regelung zwischen den Parteien kommt insbesondere dann in Betracht, wenn mehrere verschiedene steuerbelastete Vermögensgegenstände zu verteilen sind oder die erbrechtliche Lage insgesamt unklar ist.

---

506 Grüneberg/Weidlich, 81. Aufl. 2022, BGB § 2271 Rn. 28.
507 Berresheim DNotZ 2007, 501 ff.; RFH RStBl. 1939, 935.
508 BFH NJW 2011, 2607.
509 BFH DStR 2016, 2095.

a) **Zivilrechtliche Wirksamkeit.** Zu unterscheiden sind zunächst die Fälle, in denen nur die Auseinandersetzung des Nachlasses geregelt wird, von den Fällen, in denen sich die potenziellen Erben auf die Erbrechtslage einigen. 488

Die bloße Auseinandersetzung einer Erbengemeinschaft erfolgt durch einen Auseinandersetzungsvertrag, der nur dann der notariellen Beurkundung bedarf, wenn zB ein Grundstück auf einen Erben übergehen soll. Ein Erbe kann die Auseinandersetzung jederzeit verlangen (§ 2042 BGB). Steuerliches Gestaltungspotenzial haben allerdings nur die Fälle, in den sich die Erben untereinander einigen, wie der Nachlass aufzuteilen ist. Wenn sich Erben und Dritte abweichend von der tatsächlichen Erbrechtslage über die gesetzlichen Anordnungen und die letztwilligen Verfügungen des Erblassers hinwegsetzen, hat dies erbschaftsteuerlich keine Bedeutung. Zwar kann ein unwirksames Testament für die Erbschaftsteuer beachtlich sein, allerdings nur dann, wenn der abweichende Wille des Erblassers feststeht. Wo dies nicht der Fall ist, können die Erben/Dritte die erbschaftsteuerliche Rechtslage nicht durch abweichende Vereinbarungen beeinflussen. Steuerliches Gestaltungspotenzial besteht in diesen Fällen also nicht. 489

Weiter zu differenzieren sind die Fälle eines **Erbvergleiches**. Hier ist zwischen den Beteiligten die erbrechtliche Lage streitig. Voraussetzung für den Vergleichsschluss ist, dass Erben und Dritten durch gegenseitiges Nachgeben eine erbrechtliche Ungewissheit beseitigen (§ 779 BGB).. Zivilrechtlich ist der Erbvergleich an keine Formvorschriften gebunden. Allerdings muss die zivilrechtliche Rechtslage nach dem Vergleichsschluss noch wirksam hergestellt werden, was ggf. zur Einhaltung von Formvorschriften verpflichtet. 490

b) **Erbschaftsteuerliche Folgen.** Nach der Neufassung des Erbschaftsteuergesetzes zum 1.1.2009 sollen die steuerlichen Begünstigungen den Vorgaben des BVerfG folgend zielgenau umgesetzt werden. Ein Hauptunterschied zum alten Recht besteht darin, dass die Vergünstigungen nunmehr personenbezogen gewährt werden. Diese Grundsätze sind auch nach der Neufassung im Jahr 2016 noch gültig. 491

Beispiel: A und B sind Erben nach E. Im Nachlass befindet sich ein Gewerbebetrieb (500.000 EUR) und ein Grundstück (500.000 EUR). Einigen sich A und B dahin gehend, dass A den Gewerbebetrieb und B das Grundstück erhält, so werden die erbschaftsteuerlichen Begünstigungen der §§ 13a, 13b ErbStG allein dem A gewährt. A ist gleichsam allein verantwortlich für die Einhaltung der Begünstigungsvoraussetzungen während der Haltefrist. Nach dem alten ErbStG vor dem 1.1.2009 würde die Betriebsvermögensbegünstigung des § 13a ErbStG aF für beide Erben gewährt unabhängig davon, wer den Betrieb fortführte. Kam es zu einem Verstoß gegen die Haltefristen, mussten beide Erben Erbschaftsteuer nachentrichten. 492

Es ist daher bei der einvernehmlichen Auseinandersetzung des Nachlasses darauf zu achten, dass die Vermögenswerte auch unter Berücksichtigung der Erbschaftsteuerbegünstigungen fair verteilt werden. 493

Beispiel: Im vorgenannten Fall erhält A den Gewerbebetrieb und B das Grundstück. Wenn A die erbschaftsteuerlichen Begünstigungen der §§ 13a, 13b ErbStG nutzen kann, muss er (unterstellt, es ist kein schädliches Verwaltungsvermögen vorhanden) entweder keine Erbschaftsteuer zahlen (Optionsmodell) oder nur auf 15 % des Wertes des Gewerbebetriebes. B hingegen muss das ihm zugewiesenen Grundstück in voller Höhe der Besteuerung unterwerfen. 494

Bei einer derartigen Auseinandersetzung des Nachlasses wird B dann benachteiligt, wenn A die Haltefristen und die Lohnsummenregelung einhält. Es könnte daher überlegt werden, in die Auseinandersetzungsvereinbarung eine Regelung aufzunehmen, die diese „Ungleichbehandlung" beseitigt. Kommt es zu einer Kompensationszahlung des A an B stellt sich die Frage, ob dann ein teilentgeltlicher Erwerb des Betriebes und auf der anderen Seite eine Teilveräußerung des Grundstücks des B vorliegt. Außerdem ist zu beachten, dass A durch die Übernahme des 495

Betriebs das Risiko der Nachversteuerung allein trägt, so dass, wenn ein Ausgleich erfolgen soll, auch geregelt werden sollte, was passiert, wenn ein Nachversteuerungstatbestand eintritt.

496 Darüber hinaus bestehen weitere Gestaltungsmöglichkeiten insbesondere in den Fällen, bei denen eine Steuerbegünstigung nur demjenigen zugutekommen soll, der das begünstigte Vermögen erhält. Diese Fälle sind im Wesentlichen bei

- unternehmerischem Vermögen,
- dem Familienwohnheim und
- zu Wohnzwecken vermieteten Immobilien

gegeben. Bei einer geschickten Aufteilung des Nachlasses lassen sich so erhebliche erbschaftsteuerliche Effekte erzielen.

497 **Beispiel:** Der Ehemann verstirbt und hinterlässt ein begünstigtes Unternehmen mit einem Verkehrswert von EUR 2,0 Mio., Wertpapiervermögen iHv 1,0 Mio. EUR und das Familienheim im Wert von 1 Mio. EUR. Erben werden seine Frau F und sein Sohn S. F beabsichtigt, in dem Haus wohnen zu bleiben.

Wird die Erbengemeinschaft nicht auseinandergesetzt, sieht die Versteuerung wie folgt aus:

	F	S
Unternehmen	1.000.000,00 EUR	1.000.000,00 EUR
§ 13a ErbStG	-1.000.000,00 EUR	-1.000.000,00 EUR
Wertpapiere	500.000,00 EUR	500.000,00 EUR
Familienwohnheim	500.000,00 EUR	500.000,00 EUR
§ 13 Abs. 1 Nr. 4b ErbStG	-500.000,00 EUR	
Summe	500.000,00 EUR	1.000.000,00 EUR
abzgl. pauschale Bestattungskosten, § 10 Abs. 5 Nr. 3 ErbStG	5.150,00 EUR	5.150,00 EUR
abzgl. § 16 ErbStG	500.000,00 EUR	400.000,00 EUR
abzgl. § 17 ErbStG	256.000,00 EUR	–
Summe		594.850,00 EUR
Steuersatz	0 %	15 %
Steuer	–	89.220,00 EUR

Vereinbaren F und S, dass S das Unternehmen und F die Wertpapiere und das Familienheim erhält, ergibt sich folgende Besteuerung:

	F	S
Unternehmen		2.000.000,00 EUR
§ 13a ErbStG	–	-2.000.000,00 EUR
Wertpapiere	1.000.000,00 EUR	–
Familienwohnheim	1.000.000,00 EUR	–
§ 13 Abs. 1 Nr. 4b ErbStG	-1.000.000,00 EUR	
Summe	1.000.000,00 EUR	–
abzgl. pauschale Bestattungskosten, § 10 Abs. 5 Nr. 3 ErbStG	5.150,00 EUR	5.150,00 EUR
abzgl. § 16 ErbStG	500.000,00 EUR	400.000,00 EUR

abzgl. § 17 ErbStG	256.000,00 EUR	–
Summe	238.850,00 EUR	–
Steuersatz	11 %	0 %
Steuer	26.268,00 EUR	–

Somit ergibt sich allein aus der Auseinandersetzung der Erbengemeinschaft eine Erbschaftsteuerersparnis von knapp 63.000 EUR.

Ähnliche Konstellationen sind bei zu Wohnzwecken vermieteten Gebäuden (§ 13d ErbStG) denkbar. Hinzuweisen ist aber darauf, dass die Befreiungen nach § 13 Abs. 1 Nr. 4b ErbStG nur denjenigen zugutekommen sollen, die das begünstigte Vermögen nach Vollzug der Verfügungen des Erblassers und nach der Erbauseinandersetzung letztendlich erhalten. Die Erbauseinandersetzung sollte hierzu zeitnah erfolgen. Eine starre Frist von sechs Monaten, wie sie die Finanzverwaltung vertreten hatte, ist nach Auffassung des BFH jedoch nicht vorhanden.[510] 498

Nach der Rechtsprechung des BFH ist ein Erbvergleich unter bestimmten Voraussetzungen bei der Erbschaftsteuer zu berücksichtigen, nämlich wenn der Erbvergleich seinen Rechtsgrund noch im Erbrecht hat.[511] Diese Voraussetzung ist nur dann erfüllt, wenn es sich um eine nachvollziehbare Ungewissheit bezüglich der erbrechtlichen Lage handelt. Brechen die Beteiligten „pro forma" einen Streit los, um sich hinterher auf eine erbschaftsteuerlich günstigere Erbrechtslage zu einigen, handelt es sich um eine für Erbschaftsteuerzwecke unbeachtliche Disposition der Nachlassbeteiligten. 499

In Betracht kommen Erbvergleiche insbesondere bei privatschriftlichen letztwilligen Verfügungen, da der tatsächliche Wille des Erblassers bei unjuristischer Formulierung eines Laien häufig in verschiedener Art und Weise zu interpretieren ist. 500

Allerdings ist zu beachten, dass der Bundesfinanzhof mit Urteil vom 4.5.2011[512] entschieden hat, dass eine Vereinbarung über eine Abfindung, die einem Erbprätendenten dafür gezahlt wird, dass er auf sein vermeintliches Erbrecht verzichtet, keine Vereinbarung darstellt, die ihren Rechtsgrund im Erbrecht hat. Insofern ist in Fällen des Erbvergleichs stets zu prüfen, ob der Streit, der durch den Vergleich geregelt werden soll, tatsächlich seinen Grund im Erbrecht hat. Die durch das Urteil entstandene Besteuerungslücke hat der Gesetzgeber durch die Neufassung des § 3 Abs. 2 Nr. 4 ErbStG mit Wirkung für Erwerbe ab dem 24.6.2017 geschlossen. 501

c) **Ertrag- und grunderwerbsteuerliche Folgen.** Die einvernehmliche Auseinandersetzung des Nachlasses hat keine ertragsteuerlichen Auswirkungen, wenn jeder Erbe einen seinem Erbteil entsprechenden Anteil am Nachlass erhält. Seit der Entscheidung des Großen Senats des BFH vom 5.7.1990[513] ist Allgemeingut, dass der **Erbanfall** und die **Erbauseinandersetzung** ertragsteuerlich zwei **unterschiedlich** zu betrachtende Vorgänge sind. Solange bei der Erbauseinandersetzung die Nachlassgegenstände real geteilt auf die Erben nach ihrer Erbquote verteilt werden, liegt weder eine steuerschädliche Veräußerung noch liegen Anschaffungskosten vor. Dies gilt selbst dann, wenn ein Erbe steuerverhaftetes Betriebsvermögen und der andere Erbe in gleicher Höhe Privatvermögen erhält. 502

Ertragsteuerliche Auswirkungen bestehen aber dann, wenn ein Erbe mehr als die ihm zustehende Erbquote erhält. Zahlt er für diesen Mehrwert einen Ausgleich an die übrigen Erben, so handelt es sich um einen teilentgeltlichen Erwerb. 503

Beispiel: A und B sind Erben des E. Im Nachlass befinden sich ein privates Grundstück (Wert 200.000 EUR) und ein Gewerbebetrieb (Wert 400.000 EUR). A erhält den Gewerbebetrieb und 504

---

510 BFH BStBl. 2016, 225.
511 BFH BStBl. 1972, 886; BStBl. 2008, 629.
512 BFH BStBl. 2011, 725.
513 BFH BStBl. 1990, 837.

zahlt an B 100.000 EUR. Ertragsteuerlich erwirbt A den Gewerbebetrieb zu 1/4 entgeltlich und zu 3/4 unentgeltlich, so dass er entsprechenden Anschaffungskosten hat. B veräußert 1/4 seines geerbten Anteils und muss den Veräußerungsgewinn versteuern.

505 Wird die Teilung des Nachlasses abweichend von den Erbquoten vorgenommen und werden keine Ausgleichszahlungen geleistet, ist darauf zu achten, dass die Erben untereinander schenkungsteuerpflichtige Vorgänge auslösen können.

506 **Beispiel:** Sind A und B im vorstehenden Fall Geschwister und wird keine Ausgleichzahlung geleistet, so liegt eine Schenkung von B an A in Höhe von 100.000 EUR vor. Aufgrund des geringen Freibetrages von 20.000 EUR fällt Schenkungsteuer an.

507 Großzügiger ist die gesetzliche Regelung bei der **Grunderwerbsteuer**. Nach § 3 Nr. 3 GrEStG ist die Übertragung eines Grundstücks an einen Miterben zur Teilung des Nachlasses steuerfrei. Dies gilt selbst dann, wenn ein Erbe einen Ausgleich an die übrigen Erben zahlt, weil das an ihn übertragenen Grundstück seinen Erbanteil übersteigt.[514] Voraussetzung ist allerdings die Übertragung an einen Miterben. Hat ein Erbe die Erbschaft ausgeschlagen, kommt für die als Ausgleich geleistete Abfindung mittels eines Grundstücks die Grunderwerbsteuerbefreiung des § 3 Nr. 3 GrEStG nicht in Betracht (aber ggf. § 3 Nr. 2 GrEStG). Gleiches gilt nach der Neufassung des § 3 Abs. 2 Nr. 4 ErbStG auch für Übertragungen eines Grundstücks als Abfindung an einen Erbprätendenten, da dieser Erbprätendent gerade kein Miterbe im Sinne des § 3 Nr. 3 GrEStG ist.[515] Nachdem auch die (Grundstücks-)Abfindungen für den weichenden Erbprätendenten in der Fassung des § 3 Abs. 2 Nr. 4 ErbStG ab dem 24.6.2017 der Erbschaftsteuer unterliegen, greift hier allerdings regelmäßig die Steuerbefreiung des § 3 Nr. 2 GrEStG.

508 **5. Die unwirksame letztwillige Verfügung.** Oft kommt es vor, dass Erblasser ihren letzten Willen zwar klar formulieren, ihn aber zivilrechtlich nicht wirksam festhalten. Die zivilrechtliche Unwirksamkeit ist für erbschaftsteuerliche Zwecke aber nicht in jedem Falle relevant. Im Gegenteil lassen sich auch durch unwirksame Verfügungen erbschaftsteuerliche Gestaltungen verwirklichen.

509 **a) Zivilrechtliche Folgen.** Grundsätzlich ist das Testament nach § 2231 BGB entweder zur Niederschrift eines Notars zu errichten oder nach § 2247 Abs. 1 BGB vom Erblasser handschriftlich zu erstellen und zu unterzeichnen. Wird diese Form nicht beachtet, ist das Testament – mit der Ausnahme von Nottestamenten – nichtig, es entfaltet zivilrechtlich also keinerlei Rechtswirkungen. Gleiches gilt, wenn der Testierende die nach § 2229 BGB erforderliche Testierfähigkeit nicht besitzt.

510 Aus der zivilrechtlichen Betrachtung heraus gilt bei einem unwirksamen Testament die gesetzliche Erbfolge. Zivilrechtlich können sich die Erben – bei eindeutiger Willensäußerung des Erblassers – also nicht über die Unwirksamkeit des Testamentes hinwegsetzen, sondern müssen, um zivilrechtlich die Anordnungen des unwirksamen Testaments umzusetzen, eine entsprechende einvernehmliche Erbauseinandersetzung treffen. Als zivilrechtliches Mittel in solchen Fällen kommt der sog. **Erbvergleich** in Betracht.[516] Der Begriff des Erbvergleichs erfasst schuldrechtliche Verträge zwischen allen oder auch nur mehreren Nachlassbeteiligten, durch welche diese im Wege gegenseitigen Nachgebens zwischen ihnen bestehende Streitigkeiten oder Ungewissheiten über ein erbrechtliches Rechtsverhältnis beseitigen; er ist also Vergleich iSd § 779 BGB. Daneben findet sich der **Auslegungsvertrag**, durch den die Nachlassbeteiligten sich schuldrechtlich darüber einigen, dass einer letztwilligen Verfügung des Erblassers ein bestimmter Inhalt zukommt. Entspricht die im Erbvergleich getroffene Abrede nicht der objektiven Erbrechtslage, sind zum dinglichen Vollzug dieser Verpflichtung unter Umständen Erbteile zu übertragen oder

---

514 Viskorf/Meßbacher-Hönsch, 20. Aufl. 2021, GrEStG § 3 Rn. 348.
515 Viskorf/Meßbacher-Hönsch, 20. Aufl. 2021, GrEStG § 3 Rn. 300.
516 Berresheim DNotZ 2007, 501 ff.

Nachlassgegenstände zu übereignen. Für eine auch erbschaftsteuerliche Wirkung eines Erbvergleichs kommt es allein darauf an, dass eine objektiv nachvollziehbare Ungewissheit über ein Erbrechtsverhältnis existiert.

Gerade bei von juristischen Laien handschriftlich verfassten Testamenten dürfte die Ungewissheit über das tatsächlich vom Erblasser rechtlich Gewollte häufig vorkommen. Der Anwendungsbereich für Auslegungsverträge ist dementsprechend groß, wenn auch der Schwerpunkt in der Praxis regelmäßig auf der Streitvermeidung zwischen den Nachlassbeteiligten liegen wird. Dennoch kann eine steueroptimierte Feinabstimmung auch durch einen Erbvergleich erfolgen. Gleiches gilt in Fällen, in denen kein wirksames Testament errichtet wurde, aber der Erblasser seinen letzten Willen -sei es mündlich, sei es maschinenschriftlich- geäußert hat. 511

b) **Erbschaftsteuerliche Folgen.** Aus der Sicht des Erbschaftsteuerrechts besteht bei unwirksamen Testamenten ein erweiterter Gestaltungsspielraum. Der Sinn und Zweck einer Erbschaftsbesteuerung besteht darin, den wirtschaftlichen Vorgang der Bereicherung zu erfassen. § 41 AO ordnet allgemein an, dass die Unwirksamkeit eines Rechtsgeschäftes für Zwecke der Besteuerung unmaßgeblich ist, wenn die Beteiligten das wirtschaftliche Ergebnis des Rechtsgeschäftes eintreten und bestehen lassen. Diesen Grundsätzen folgend ist nach ständiger Rechtsprechung des BFH[517] der Wille des Verstorbenen auch dann für erbschaftsteuerliche Zwecke maßgebend, wenn die letztwillige Verfügung unwirksam ist, die Erben jedoch entsprechend dieser Verfügung verfahren. Bereits 1969 urteilte der BFH hierzu: 512

„Erfüllt der Erbe ein wegen Formmangels der Verfügung von Todes wegen unwirksames Vermächtnis, so ist die Steuer so zu erheben, wie sie bei Gültigkeit der Verfügung zu erheben gewesen wäre."

Auch zur Unwirksamkeit einer gesamten letztwilligen Verfügung hat sich der BFH eindeutig positioniert. Im Leitsatz des Urteils vom 22.9.2010[518] heißt es: 513

„Wird eine Verfügung von Todes wegen ausgeführt, obwohl sie unwirksam ist, und beruht die Ausführung der Verfügung auf der Beachtung des erblasserischen Willens, den Begünstigter und Belasteter anerkennen, ist das wirtschaftliche Ergebnis dieses Vollzugs auch dann erbschaftsteuerrechtlich zu beachten, wenn die Verfügung nicht in vollem Umfang befolgt wird."

Der Grund für die Unwirksamkeit der letztwilligen Verfügung ist ohne Belang. Es kann sich um maschinengeschriebene Testamente, mündliche Erbeinsetzungen, ein gemeinschaftliches Testament zwischen Lebensgefährten etc handeln. Unbeachtlich ist auch, ob der ernsthaft geäußerte Wille im Widerspruch zu einem gültigen Testament oder Erbvertrag steht.[519] Selbst wenn der Erblasser weiß, dass seine letztwillige Verfügung formunwirksam ist, hindert dies die Erben nicht, sich für Steuerzwecke hierauf zu berufen.[520] 514

Zu beachten ist stets, dass der tatsächliche Wille des Erblassers für eine letztwillige Verfügung vorhanden war und sich nachvollziehbar darlegen lässt. Es ist nicht ausreichend, dass die Erben sich untereinander einig sind, was der Erblasser vermutlich gewollt haben würde, wenn sich dieser Wille nicht anhand objektiver Anhaltspunkte bestätigen lässt. 515

Aber nicht nur die grundsätzliche Anerkennung des formunwirksamen letzten Willens eröffnet Gestaltungsspielraum. Nach der Rechtsprechung ist nicht erforderlich, dass die Anordnungen des Erblassers vollständig umgesetzt werden.[521] Sollten daher die unwirksamen Verfügungen des Erblassers aus erbschaftsteuerlichen Gründen nachteilhaft sein, so kann dem durch eine nur teilweise Befolgung des unwirksamen Testamentes abgeholfen werden.[522] Der BFH hat in dieser Entscheidung erneut die Auffassung vertreten, dass, wenn eine Verfügung von Todes wegen 516

---

517 BFH BStBl. 1970, 119; BFH/NV 2011, 261.
518 BFH BFH/NV 2011, 261.
519 Tipke/Kruse/Drüen, EL 135 2014, AO/FGO § 41 Rn. 27 mwN.
520 BFH BStBl. 1970, 119.
521 BFH BStBl. 1982, 28.
522 BFH/NV 2011, 261.

ausgeführt wird, obwohl sie unwirksam ist, und wenn die Ausführung der Verfügung auf der Beachtung des erblasserischen Willens beruht, den Begünstigter und Belasteter anerkennen, das wirtschaftliche Ergebnis dieses Vollzugs erbschaftsteuerrechtlich zu beachten ist. Es ist dabei nicht erforderlich, dass die unwirksame Verfügung von Todes wegen in vollem Umfang befolgt wird.

517 Weiter ist zu beachten, dass zwischen dem unwirksamen Erblasserwillen und der Ausführung durch die Erben ein kausaler Zusammenhang bestehen muss. Die Ausführung muss gerade der Umsetzung des Erblasserwillens dienen.[523] Voraussetzung hierfür ist jedenfalls, dass ein entsprechender Erblasserwille im Zeitpunkt der Ausführungshandlung bekannt ist.

518 Die steuerliche Anerkennung von unwirksamen letztwilligen Verfügungen kann schließlich auch als aktives Gestaltungsmittel verwendet werden, wenn sich der Erblasser zB durch einen Erbvertrag gebunden hat und die Regelungen des Erbvertrages in steuerlicher Hinsicht beim zweiten Erbfall ungünstig wären. Verfügt der Erblasser dann trotzdem, ist die Verfügung zwar zivilrechtlich unwirksam, wenn sich die Beteiligten aber einig sind und die unwirksame Verfügung anerkennen, folgt dem das Erbschaftsteuerrecht.

519 Es bleibt festzuhalten, dass auch im Falle einer zivilrechtlich unwirksamen letztwilligen Verfügung aus steuerlicher Betrachtung ein erheblicher Gestaltungsspielraum besteht. Neben den formalen Voraussetzungen ist jedoch stets ein einvernehmliches Handeln der Erben erforderlich. Bei zerstrittenen Erben dürften die vorgenannten Gestaltungsoptionen wahrscheinlich nicht greifen, da stets zivilrechtlich ein Verzicht auf eine bestimmte Rechtsposition erforderlich wird.

520 **c) Ertrag- und grunderwerbsteuerliche Folgen.** Aus einkommensteuerlicher Betrachtung handelt es sich beim Erbfall und bei der Erbauseinandersetzung um **zwei verschiedene Vorgänge**, die selbstständig zu betrachten sind.[524] Die Erbengemeinschaft erzielt nur dann einkommensteuerpflichtige Einkünfte, wenn sie selbst (bzw. die Miterben in ihrer gesamthänderischen Bindung) einen steuerpflichtigen Tatbestand des § 2 EStG verwirklichen. Setzt sich die Erbengemeinschaft derart auseinander, dass die Wirtschaftsgüter ohne gegenseitige Ausgleichszahlungen real geteilt werden, liegen keine steuerlich relevanten Anschaffungs- oder Veräußerungsgeschäfte vor.

521 Im Falle der Befolgung unwirksamer letztwilliger Verfügungen von Todes wegen kommt es zu einer Abweichung der steuerrechtlichen von der zivilrechtlichen Rechtslage. Für Zwecke der Erbschaftsteuer wird unter Berufung auf § 41 AO die unwirksame letztwillige Verfügung anerkannt, wenn sie tatsächlich befolgt wird, s. o. Nichts anderes kann für die einkommensteuerliche Anerkennung der letztwilligen Verfügung gelten. Der Grundsatz der **wirtschaftlichen Betrachtungsweise** gilt erst recht bei der Einkommensteuer. Obwohl daher – soweit ersichtlich – noch keine höchstrichterliche Rechtsprechung zu dieser Frage vorliegt, ist davon auszugehen, dass die Umsetzung des letzten Willens des Erblassers einkommensteuerlich neutral bleibt, auch wenn die letztwillige Verfügung unwirksam ist. Nur wenn es im Rahmen der Auseinandersetzung zu Abfindungszahlungen kommt, ist ertragsteuerlich Vorsicht geboten. So hat der BFH mit Urteil vom 16.5.2013[525] entschieden, dass weichende Erbprätendenten, die eine Abfindung dafür erhalten, ihr vermeintliches Erbrecht nicht weiter zu verfolgen, diese Abfindung der Einkommensteuer zu unterwerfen haben, wenn sich im Nachlass eine Beteiligung an einer Personengesellschaft befand. In einem solchen Fall ist die Abfindung wie ein Veräußerungsgewinn zu besteuern.

522 Ist die letztwillige Verfügung unwirksam und wird sie von den Erben gleichwohl beachtetet, ist dies auch für grunderwerbsteuerliche Zwecke maßgebend. Kommt es aufgrund der Befolgung der unwirksamen letztwilligen Verfügung von Todes wegen zu einem der Erbschaftsteuer unter-

---

523 BFH BStBl. 2000, 588.
524 BFH BStBl. 1990, 837.
525 BFH BStBl. 2013, 858.

liegenden Vorgang, so ist der Grundstückserwerb nach § 3 Nr. 2 GrEStG von der Grunderwerbsteuer befreit.

Vorsicht ist aus grunderwerbsteuerlicher Sicht aber immer dann geboten, wenn ein Grundstück an Erfüllungs statt übertragen wird.[526]

6. Sonstige Gestaltungsoptionen. Schließlich kann zur erbschaftsteuerlichen Optimierung bei größeren Nachlässen darüber nachgedacht werden, Teile des Vermögens in eine steuerbegünstigte Stiftung zu überführen. Nach § 29 Abs. 1 Nr. 4 ErbStG erlischt die Steuer mit Wirkung für die Vergangenheit, soweit Vermögensgegenstände, die der Erbschaftsteuer oder der Schenkungsteuer unterlegen haben, innerhalb von 24 Monaten nach dem Zeitpunkt der Entstehung der Steuer dem Bund, einem Land, einer inländischen Gemeinde oder einer inländischen Stiftung zugewendet werden, die als gemeinnützig anerkannt sind.

Beispiel: A verstirbt und hinterlässt ein Vermögen iHv 2 Mio. EUR. Erben sind seine beiden Brüder B und C. Die Brüder sind vermögensmäßig abgesichert. Jeder Bruder versteuert einen Betrag iHv 1,0 Mio. EUR, was zu einer Erbschaftsteuer iHv jeweils 298.440 EUR führt.

Bringen die Brüder das Vermögen innerhalb von 24 Monaten in eine gemeinnützige Stiftung ein, bleibt der Erwerb gemäß § 29 Abs. 1 Nr. 4 ErbStG erbschaftsteuerfrei.

Hinzuweisen ist darauf, dass bei derartigen Konstellationen die einkommensteuerlichen Begünstigungen von Stiftern und Zustiftern nach § 10b EStG **nicht gewährt werden**. Auch ist es aufgrund ausdrücklicher gesetzlicher Anordnung nicht möglich, die sog. Drittel-Lösung zu wählen, also in der Satzung vorzusehen, dass bis zu einem Drittel der Erträge für die Versorgung des Stifters und seiner Familie verwandt werden darf.

Beim Erwerb unternehmerischen Vermögens besteht die Möglichkeit, den Zeitpunkt für die Einbringung in eine (Familien-)Stiftung und damit die Anwendung des Optionsmodells zeitlich zu beeinflussen. Nach dem Regelmodell ist der Erwerb zu 85 % steuerbefreit, wenn das Unternehmen fünf Jahre fortgeführt wird und – bei vorliegenden entsprechenden Voraussetzungen – die Lohnsumme 400 % der Ausgangslohnsumme übersteigt. Nach dem sog. Optionsmodell ist der Erwerb komplett steuerfrei, wenn das Unternehmen sieben Jahre fortgeführt wird, die Lohnsumme 700 % der Ausgangslohnsumme erreicht und der Vermögensverwaltungsanteil 10 % nicht übersteigt. Nach der Neuregelung des ErbStG im Jahr 2016 ist allerdings darauf zu achten, dass Verwaltungsvermögen (mit Ausnahme eines Schmutzabschlags) nicht mehr steuerbegünstigt übertragen werden kann.

Oft ist es schwierig, im Rahmen der Erbschaftsteuererklärung endgültig beurteilen zu können, wie die Finanzverwaltung das unternehmerische Vermögen bewertet und wie hoch der Anteil des Verwaltungsvermögens ist. Da der Antrag zur Anwendung der Optionsverschonung bis zur Rechtskraft des Erbschaftsteuerbescheides gestellt werden kann, bietet es sich bei Zweifeln über das Erreichen der Kriterien an, den Erbschaftsteuerbescheid so lange wie möglich offen zu halten. Dies gelingt durch das Einlegen entsprechender Rechtsmittel (Einspruch, Klage). Hierdurch ist es gegebenenfalls möglich, zumindest genauer einschätzen zu können, ob die Voraussetzungen der Optionsverschonung eingehalten werden können.

E. Internationales Erbschaftsteuerrecht

Die Zahl der internationalen Erbfälle nimmt zu, dadurch auch die Fälle, bei denen das internationale Erbschaftsteuerrecht zur Anwendung kommt. Das internationale Erbschaftsteuerrecht sollte daher insbesondere bei der vorweggenommenen Erbfolge (hier kommt es häufig zu uner-

---

526 BFH BStBl. 2002, 775.

wünschten Schenkungsteuerfolgen) berücksichtigt werden, da es hier noch möglich ist, durch entsprechende Gestaltungen unerwünschte Erbschaftsteuerfolgen zu vermeiden.

530 Allerdings gestaltet sich auch eine vorweggenommene Erbfolge bei international verteiltem Vermögen als teilweise sehr aufwändig. Grund hierfür ist, dass die Erbschaftsteuergesetze der einzelnen Staaten nicht miteinander harmonisiert sind. Zwar gibt es eine Initiative der EU hierzu, ob und wann diese umgesetzt wird, ist allerdings bis heute offen.[527]

531 Zweck des internationalen Erbschaftsteuerrechts ist die Feststellung der persönlichen und sachlichen Steuerpflicht in den verschiedenen beteiligten Staaten. So erheben viele Staaten Erbschaftsteuern, teilweise, wie Deutschland, als persönliche Steuer (**Erbanfallsteuer**), teilweise, wie insbesondere im angloamerikanischen Raum, als **Nachlasssteuer**.

532 Die Rechtsquellen des internationalen Erbschaftsteuerrechts sind aus deutscher Sicht das Erbschaftsteuergesetz (ErbStG), das Außensteuergesetz (AStG) sowie einige wenige Doppelbesteuerungsabkommen, die auf dem Gebiet der Erbschaftsteuer geschlossen wurden. Eine zunehmend wichtigere Rolle spielen auch die Vorschriften des Vertrages über die Arbeitsweise der EU (AEUV), da der EuGH zwar eine Zuständigkeit der EU für die Erbschaftsteuer als direkte Steuer ablehnt, allerdings die Vorschriften über die Niederlassungsfreiheit und die Kapitalverkehrsfreiheit auch auf nationale Regelungen der jeweiligen Erbschaftsteuergesetze anwendet. Dies hat unter anderem dazu geführt, dass im nationalen Erbschaftsteuerrechts bestimmte Begünstigungen wie beispielsweise solche für unternehmerisches Vermögen (§§ 13a, 13b ErbStG), für vermietete Wohnimmobilien (§ 13 d ErbStG) und auch die steuerfreie oder steuerbegünstigte Übertragung des Familienheims in § 13 Nr. 4 a-c ErbStG nicht nur für rein nationale Sachverhalte gelten, sondern auch für Sachverhalte in der EU. Gleiches gilt auch für den neu eingeführten § 28a ErbStG, wonach für die Verschonungsbedarfsprüfung das gesamte Privatvermögen des Steuerpflichtigen zu berücksichtigen ist. Bei § 28a ErbStG ist sogar nicht nur ein EU-Sachverhalt, sondern auch ein Drittland – wie nun aufgrund des Brexits auch Großbritannien eines ist – einzubeziehen, so dass Vermögen in Großbritannien zu 50 % für die Erbschaftsteuerzahlung auf große Betriebsvermögen herangezogen wird.

I. Erbschaftsteuerpflicht in Deutschland

533 § 2 Abs. 1 Nr. 1 ErbStG bestimmt, in welchen Fällen Deutschland einen Erwerb **unbeschränkt** besteuert, also wann der weltweite Erwerb – unabhängig der Belegenheit des Vermögens – der Erbschaftsteuer unterfällt. Dies ist der Fall, wenn entweder der Erblasser bzw. der Schenker oder der Erwerber im Zeitpunkt des Todes bzw. der Ausführung der Zuwendung seinen **Wohnsitz** (§ 8 AO) oder **gewöhnlichen Aufenthalt** (§ 9 AO) im Inland hat. Dabei reicht es für die Begründung eines Wohnsitzes aus, wenn ein Steuerpflichtiger Eigentümer eine Doppelhaushälfte ist, die er regelmäßig mehrere Wochen im Jahr zur Jagd nutzt.[528] Bei intakter Ehe reicht es zumeist für die unbeschränkte Steuerpflicht beider Ehegatten aus, wenn einer von ihnen über einen inländischen Wohnsitz verfügt.[529] Ein gewöhnlicher Aufenthalt ist nach § 9 S. 2 AO von Beginn an bei einem zeitlich zusammenhängenden Aufenthalt von mehr als 6 Monate Dauer gegeben. Bei Körperschaften kommt es darauf an, ob diese ihre **Geschäftsleitung** (§ 10 AO) oder ihren **Sitz** (§ 11 AO) im Inland haben. Auf die Staatsangehörigkeit oder ähnliches kommt es in den Fällen der unbeschränkten Erbschaftsteuerpflicht nach § 2 Abs. 1 Nr. 1 ErbStG nicht an.

534 Häufig unterliegen Erwerbe im Ausland anderen rechtlichen Gegebenheiten als im Inland. Die §§ 3 und 7 ErbStG beziehen sich hingegen auf Erwerbe aufgrund von Rechtsinstituten des deutschen Rechts. Andere Rechtsordnungen haben andere Begrifflichkeiten oder rechtliche Gestal-

---

527 2011/856/EU, Amtsblatt der EU L 336/81, siehe dazu im Einzelnen: https://taxation-customs.ec.europa.eu/system/files/2016-09/com_2011_864_de.pdf.

528 BFH BStBl. 1989, 182.
529 BFH BStBl. 1996, 2.

tungsformen, die sich nicht immer mit den deutschen Rechtsinstituten in Übereinklang bringen lassen. Die Rechtsprechung hat aber seit jeher darauf abgestellt, ob der Erwerb aufgrund ausländischen Rechts wirtschaftlich einem Rechtsinstitut nach deutschem Recht vergleichbar ist.[530]

Hinzuweisen ist an dieser Stelle noch einmal darauf, dass es ausreicht, wenn einer der Beteiligten (Erblassers/Schenker **oder** der Erwerber) die Voraussetzungen der unbeschränkten Steuerpflicht erfüllen. Also unterliegt auch der Erwerb durch einen inländischen Erwerber, der von einem im Ausland lebenden Schenker etwas erhält, der unbeschränkten Erbschaftsteuerpflicht. Umgekehrt unterliegt der Erwerb eines im Ausland lebenden Erwerbers von einem Inländer der unbeschränkten Erbschaftsteuerpflicht. Insofern muss bei einer Nachfolgeplanung, wenn aus erbschaftsteuerlichen Gründen ein Wegzug angedacht ist, sichergestellt sein, dass auch die potenziellen Erwerber von Vermögen keinen Wohnsitz oder gewöhnlichen Aufenthalt mehr in Deutschland haben. 535

In derartigen Wegzugsfällen ist darüber hinaus zu beachten, dass § 2 Abs. 1 Nr. 1 b) ErbStG die unbeschränkte Erbschaftsteuerpflicht auf deutsche Staatsangehörige erweitert (sog. **erweiterte unbeschränkte Steuerpflicht**), die ihren inländischen Wohnsitz zwar aufgegeben haben, der Wegzug aber noch keine 5 Jahre her ist. Bei einem Zusammentreffen der erweiterten unbeschränkten Steuerpflicht mit § 4 AStG ist die erweiterte beschränkte Erbschaftsteuerpflicht im Sinne § 4 AStG nachrangig.[531] Dies gilt unabhängig von einem korrespondierenden Zugriff des ausländischen Wohnsitzstaates im Erb- oder Schenkungsfall. Diese Regelung hat der EuGH für den Fall der in den Niederlanden geltenden Zehnjahresfrist für europarechtskonform gehalten.[532] In einem solchen Fall müsste daher, um die erweiterte unbeschränkte Erbschaftsteuerpflicht zu vermeiden, die deutsche Staatsangehörigkeit aufgegeben werden. 536

§ 2 Abs. 1 Nr. 3 ErbStG regelt die beschränkte Erbschaftsteuerpflicht. Danach ist Deutschland berechtigt, bestimmtes, im Inland belegenes Vermögen im Erb- oder Schenkungsteuerfall zu besteuern, wenn weder der Erblasser bzw. der Schenker noch der Erwerber als Steuerinländer zu qualifizieren sind. Voraussetzung ist das Vorliegen von Inlandsvermögen im Sinne des § 121 BewG. Danach gehören zum **Inlandsvermögen** insbesondere Grundvermögen und Betriebsvermögen sowie Beteiligungen an Kapitalgesellschaften, die ihren Sitz oder ihre Geschäftsleitung im Inland haben und an denen der Erblasser in Höhe von mindestens 10 % unmittelbar oder mittelbar beteiligt ist. Weiteres Inlandsvermögen ist dem Katalog des § 121 BewG zu entnehmen. Wird also derartiges Vermögen verschenkt oder vererbt, greift die deutsche Erbschaftsbesteuerung auch, wenn weder der Erblasser/Schenker noch der Erwerber in Deutschland ihren Wohnsitz oder gewöhnlichen Aufenthalt haben. Ist dann kein DBA mit dem ausländischen Staat abgeschlossen, wird keine Anrechnung der ausländischen Erbschafteuer bzw. Schenkungsteuer gewährt. 537

Neben der unbeschränkten, der erweiterten unbeschränkten und der beschränkten Erbschaftsteuerpflicht gibt es noch die erweiterte beschränkte Erbschaftsteuerpflicht des § 4 AStG.[533] Hierin wird die beschränkte Steuerpflicht für Fälle, in denen der Steuerpflichtige innerhalb von 10 Jahren vor dem Erwerb seinen Wohnsitz oder dauernden Aufenthalt in einen – einkommensteuerrechtlich niedrig besteuernden – Staat verlegt hat, in dem weniger als 30 % der deutschen Erbschaftsteuer erhoben werden, auf weitere Vermögenswerte wie beispielsweise Spareinlagen und Bankguthaben bei Geldinstituten im Inland erweitert. Bei der erweiterten beschränkten 538

---

530 S. BFH BStBl. 2012, 782, zum Erwerb eines Ehegatten aufgrund einer Anwachsungsklausel nach französischem Recht.
531 Brandis/Heuermann/Lampert AStG § 4 Rn. 2: Aus diesem Zusammenspiel beider Regelungen folgt, dass § 4 AStG für Deutsche erst nach Ablauf von fünf Jahren nach dem Wegzugszeitpunkt (und nicht etwa nach dem Ende des Wegzugsjahres, § 2 Abs. 1 Nr. 1 lit. b ErbStG) zum Tragen kommen könne und von hier an nach der eigenen Rechtsfolgeanordnung bis zum Ende des zehnten Jahres nach dem Wegzugsjahr.
532 EuGH DstRE 2006, 851.
533 S. dazu im Einzelnen BMF BStBl. 2004 I 3.

Steuerpflicht nach § 4 AStG wird ohne ein vorrangig anzuwendendes DBA keine Anrechnung der ausländischen Erbschaft- oder Schenkungsteuer gewährt.

539 Unterschiede zwischen der unbeschränkten und beschränkten Steuerpflicht ergaben sich früher auch im Hinblick auf die Freibeträge. § 16 Abs. 1 ErbStG gewährt in Fällen der unbeschränkten Erbschaftsteuerpflicht unterschiedlich hohe Freibeträge für Ehegatten und Lebenspartner, Kinder, sonstige Personen der Steuerklasse I sowie Personen der Steuerklasse II und III. In Fällen der beschränkten Steuerpflicht sah § 16 Abs. 2 ErbStG aF lediglich einen Freibetrag in Höhe von EUR 2.000 vor.

540 Diese Regelung hat der EuGH in der Sache Mattner[534] wegen Verstoßes gegen die Kapitalverkehrsfreiheit für europarechtswidrig erklärt,. Im entschiedenen Fall Mattner schenkte eine in den Niederlanden ansässige Mutter ihrer ebenfalls in den Niederlanden ansässigen Tochter ein in Deutschland belegenes Grundstück. Das Finanzamt wandte den geringen Freibetrag des § 16 Abs. 2 ErbStG aF an, weil es sich um einen Fall der beschränkten Steuerpflicht handelte. Hätte ein Fall der unbeschränkten Steuerpflicht vorgelegen, wäre der Erwerb mit Anwendung des höheren Freibetrags steuerfrei gewesen, so dass keine Schenkungsteuer angefallen wäre.

541 Der EuGH hat in dieser Mattner-Entscheidung seine ständige Rechtsprechung, dass Erbschaften unter den Begriff der Kapitalverkehrsfreiheit fallen, bestätigt und auf Schenkungen erweitert. Er hat im Ergebnis die Regelung des § 16 Abs. 2 ErbStG aF als mit den Vorschriften über die Kapitalverkehrsfreiheit unvereinbar erklärt. Der EuGH hat es auch nicht als Rechtfertigung ausreichen lassen, dass beide Beteiligte im Ausland ansässig sind und dort der unbeschränkten Erbschaftsteuerpflicht unterliegen. Gleiches gilt selbst dann, wenn die im Ausland ansässigen Beteiligten nicht in der Europäischen Union, sondern in Drittstaaten ansässig sind, weil der Grundsatz der Kapitalverkehrsfreiheit auch für den Kapitalverkehr zwischen der EU und Drittstaaten gilt.[535]

542 Nachdem die Reaktion des Gesetzgebers durch Ergänzung eines § 2 Abs. 3 ErbStG erneut als europarechtswidrig eingestuft wurde,[536] erfolgte mit Wirkung zum 24.6.2017 eine Neufassung des § 16 ErbStG. Hiernach wird zwar grundsätzlich der volle Freibetrag gewährt, allerdings erfolgt eine Aufteilung nach dem Verhältnis der Vermögen, die der beschränkten und der unbeschränkten Steuerpflicht unterliegen. Gemäß dem neuesten Urteil des EuGH vom 21.12.2021 ist diese geänderte Vorschrift des § 16 Abs. 2 ErbStG nunmehr als europarechtskonform bewertet worden.[537]

543 **1. Doppelbesteuerungsabkommen.** Doppelbesteuerungsabkommen sollen verhindern, dass Vermögenswerte, für die zwei Staaten das Besteuerungsrecht beanspruchen, doppelt besteuert werden. Hierbei geht es häufig um Grundvermögen und Betriebsvermögen, dass in einem anderen Staat belegen ist als dem Wohnsitzstaates des Erblassers. Ebenso wie Deutschland beanspruchen andere Staaten ebenfalls das Besteuerungsrecht für in ihrem Hoheitsgebiet belegenes Vermögen, das im Schenkungswege oder von Todes wegen übergeht.

544 Im Gegensatz zum Einkommensteuerrecht bestehen auf dem Gebiet der Erbschaftsteuer nur wenige **Doppelbesteuerungsabkommen**. Deutschland hat mit Griechenland, der Schweiz, den USA, Frankreich, Schweden und Dänemark Doppelbesteuerungsabkommen geschlossen[538]. Das früher bestehende Doppelbesteuerungsabkommen mit Österreich ist nach der Abschaffung der Erbschaftsteuer in Österreich zum 31.12.2007 von Deutschland gekündigt worden.

545 Während in den alten Doppelbesteuerungsabkommen (Griechenland, Schweiz) häufig noch die sog. **Freistellungsmethode** zur Anwendung kam (Vermögen, für das das Besteuerungsrecht aus-

---

534 EuGH DStR 2010, 861.
535 EuGH DStR 2013, 2269 für in der Schweiz ansässige Erblasserin und Erben.
536 Siehe hierzu ausführlich Rn. 25.
537 EuGH ZEV 2022, 234.
538 BMF-Schreiben v. 19.1.2022, IV B 2 – S-1301/21/10048:001.

schließlich einem Abkommenstaat zugewiesen wurde, musste vom anderen vollständig von der Erbschaftsteuer befreit werden), sehen die neueren Doppelbesteuerungsabkommen in der Regel die sog. **Anrechnungsmethode** vor (die ausländische Erbschaftsteuer wird auf die deutsche Erbschaftsteuer angerechnet oder umgekehrt). Damit führen diese Doppelbesteuerungsabkommen im Wesentlichen zu den gleichen Ergebnissen wie § 21 ErbStG.

2. § 21 ErbStG: Anrechnung ausländischer Erbschaftsteuer. Wenn, wie so häufig, kein Doppelbesteuerungsabkommen greift, ist § 21 ErbStG anwendbar. Danach kann bei Erwerbern, die in einem ausländischen Staat mit ihrem Auslandsvermögen zu einer der deutschen Erbschaftsteuer entsprechenden Steuer herangezogen werden, in Fällen der unbeschränkten Erbschaftsteuerpflicht nach § 2 Abs. 1 Nr. 1 ErbStG auf Antrag die festgesetzte, auf den Erwerber entfallende, gezahlte und keinem Ermäßigungsanspruch unterliegende ausländische Steuer insoweit auf die deutsche Erbschaftsteuer anzurechnen, als das Auslandsvermögen auch der deutschen Erbschaftsteuer unterliegt. Sinn und Zweck des § 21 ErbStG ist die Vermeidung der Doppelbesteuerung für die dort im Einzelnen aufgezählten Fälle. § 21 ErbStG gilt über § 1 Abs. 2 ErbStG auch für die Schenkungsteuer.[539]

3. Unbeschränkte Erbschaftsteuerpflicht. Voraussetzung ist zunächst, dass ein Fall der **unbeschränkten deutschen Erbschaftsteuerpflicht** nach § 2 Abs. 1 Nr. 1 (unbeschränkte Erbschaftsteuerpflicht aufgrund des Wohnsitzes oder gewöhnlichen Aufenthalts des Erblassers bzw. Schenkers und/oder des Erwerbers) vorliegt. Folgende weitere Voraussetzungen müssen für eine – anteilige – Anrechnung der im Ausland erhobenen Steuern vorliegen:

4. Entsprechensklausel. Zur Anrechnung wird nur eine der deutschen Erbschaftsteuer entsprechende Steuer zugelassen, also eine Steuer, die unmittelbar durch den Tod einer Person ausgelöst wird und den Nachlass dieser Person beim Übergang erfasst. Anrechenbar sind damit sowohl die in den meisten kontinentaleuropäischen Ländern erhobenen **Erbanfallsteuern** als auch die vorwiegend im anglo-amerikanischen Rechtskreis (USA, Großbritannien, Südafrika) vom ungeteilten Nachlass erhobenen **Nachlasssteuern**.[540] Es ist nicht zwingend notwendig, dass es sich um eine Steuer des ausländischen Staates handelt, sondern es genügt, dass die Steuer in dem Staat von Untergliederungen des Staates (Länder, Kantone, Gemeinden) erhoben wird.[541] Nicht anrechenbar sind hingegen Steuern, die zwar mit dem Tod des Erblassers anfallen, aber in der Sache keine Nachlasssteuern oder Erbanfallsteuern sind, sondern als Einkommensteuer beim Erblasser nach dessen persönlichen Verhältnissen erhoben wird. Dies hat der BFH für die kanadische **capital-gains-tax** entschieden.[542] Hingegen ist die in Spanien erhobene Wertzuwachssteuer (Plus Valia) anrechenbar. Es muss daher jede Steuer (oder auch Registergebühren, die erhoben werden) separat daraufhin geprüft werden, ob eine Vergleichbarkeit vorliegt.[543]

5. Besteuerung desselben Vermögens. Weitere Voraussetzung ist, dass dasselbe (aus deutscher Sicht Auslands-)Vermögen der Besteuerung unterliegt. Dies kann problematisch sein, wenn beispielsweise das ausländische Recht den Übergang von Vermögen auf einen Trust besteuert, nicht aber die späteren Auszahlungen an den Begünstigten, während das deutsche Recht den Vermögensübergang auf einen Trust nicht besteuert, wohl aber die Auszahlung. Hierbei ist aber zu beachten, dass seit 1999 Deutschland auch den Übergang von Todes wegen auf eine ausländische Vermögensmasse besteuert, § 3 Abs. 2 Nr. 1 S. 2 ErbStG. Bei der Errichtung eines Trusts unter Lebenden liegt eine Schenkung gemäß § 7 Abs. 1 Nr. 8 S. 2 ErbStG vor.

6. Auslandsvermögen. § 21 Abs. 2 ErbStG bestimmt, was als Auslandsvermögen gilt. Hierbei werden zwei Fälle unterschieden. Der sog. enge Auslandsvermögensbegriff des § 21 Abs. 2 Nr. 1 ErbStG wird immer dann herangezogen, wenn der Erblasser oder Schenker Steuerinländer

---

539 Meincke/Hannes/Holtz ErbStG § 21 Rn. 1.
540 Troll/Gebel/Jülicher/Gottschalk/Jülicher ErbStG § 21 Rn. 18.
541 Meincke/Hannes/Holtz ErbStG § 21 Rn. 11.
542 BFH BStBl. 1995, 540.
543 Sog. „Stufenleiterprüfung", s. dazu Troll/Gebel/ Jülicher/Gottschalk/Jülicher ErbStG § 21 Rn. 23 ff.

ist. In diesem Fall ist das Auslandsvermögen beschränkt auf alle Vermögensarten, die in § 121 BewG aufgezählt sind und im Ausland belegen sind, also insbesondere ausländische (Betriebs-)Grundstücke, ausländisches Betriebsvermögen und Beteiligungen an Kapitalgesellschaften von mindestens 10 %. In diesem Fall ist somit nur die ausländische Steuer auf solche Vermögenswerte anrechnungsfähig, die sachlich ihrer Art nach Inlandsvermögen iSd § 121 BewG wären, wenn sie geografisch im Inland – fiktiv betrachtet – liegen würden. Der Gesetzgeber spiegelt hier unabhängig von der geografischen Belegenheit *die* beschränkte Steuerpflicht.[544] Grund hierfür ist, dass Deutschland unterstellt, dass die meisten Staaten akzeptieren, dass der Wohnsitzstaat des Erblassers/Schenkers den Erwerb der unbeschränkten Erbschaftsteuer unterwirft (im Fall des § 21 Abs. 2 Nr. 1 ErbStG also Deutschland als Wohnsitzstaat) und insofern die anderen Staaten auch nur das in ihrem Hoheitsgebiet belegene Vermögen besteuern.

551 Der sogenannte weite Auslandsvermögensbegriff des § 21 Abs. 2 Nr. 2 ErbStG findet Anwendung, wenn der Erwerber Steuerinländer ist und der Erblasser/Schenker Steuerausländer. In einem solchen Fall unterstellt das ErbStG, dass der Wohnsitzstaat des Erblassers/Schenkers den Erwerb dort der unbeschränkten Steuerpflicht unterwirft. In diesem Falle gilt daher als Auslandsvermögen alles übrige Vermögen mit Ausnahme des in § 121 BewG genannten Inlandsvermögens. In diesem Fall wird der deutsche Besteuerungszugriff in Erwartung der unbeschränkten Steuerpflicht im Ausland aufgrund des Erblasser-/Schenkerstatus also exakt auf den Inlandsvermögenskatalog des § 121 BewG beschränkt; nur insoweit ist die Anrechnung ausländischer Steuer ausgeschlossen.[545]

552 Diese Unterscheidung kann zu erheblichen Problemen bis hin zu einer echten Doppelbesteuerung führen. Dies zeigt sich exemplarisch in der sog. „Block"-Entscheidung des EuGH.[546] In diesem Fall erbte die in Deutschland ansässige Frau Block von einem ebenfalls in Deutschland ansässigen Erblasser ein Kontoguthaben in Spanien. Aufgrund des spanischen Erbschaftsteuerrechts unterlag der Vermögensübergang des Kontoguthabens von Todes wegen der dortigen Erbschaftsteuer. Da der Erblasser aus deutscher Sicht Steuerinländer war, fand § 21 Abs. 2 Nr. 1 ErbStG Anwendung, es galt der enge Auslandsvermögensbegriff. Daher durfte nur die spanische Erbschaftsteuer angerechnet werden, die auf Vermögen entfiel, das unter § 121 BewG fiel und in Spanien belegen war. Ein Kontoguthaben bzw. eine Forderung (in diesem Fall gegen ein spanisches Kreditinstitut) zählt aber nicht zum „Inlandsvermögen" des § 121 BewG. Insofern besteuerte Spanien den Übergang dieses Kontoguthabens, das deutsche Finanzamt aufgrund der unbeschränkten Erbschaftsteuerpflicht ebenfalls. Deutschland ließ die Anrechnung der spanischen Erbschaftsteuer nicht zu.

553 Der EuGH hat hierzu entschieden, dass vorliegend keine Beschränkung der Kapitalverkehrsfreiheit vorliegt, da die doppelte Besteuerung darauf zurückzuführen ist, dass sich Deutschland dafür entschieden hat, Kontoguthaben zu besteuern, wenn der Gläubiger der Forderung Steuerinländer ist, während sich Spanien dazu entschieden hat, sein Besteuerungsrecht für den Fall auszuüben, dass der Schuldner der Kapitalforderung in seinem Hoheitsgebiet ansässig ist. Da nach dem zum Zeitpunkt der Entscheidung geltenden Gemeinschaftsrecht eine Verpflichtung der Nationalstaaten zur Vermeidung der Doppelbesteuerung auf dem Gebiet der Erbschaftsteuer nicht bestehe, läge keine europarechtswidrige Doppelbesteuerung vor.

554 Ähnlich haben das FG Düsseldorf in seinem Urteil vom 13.5.2009[547] zu Kontoguthaben in Großbritannien und der Bundesfinanzhof zu Kontoguthaben in Frankreich entschieden.[548] In letztgenannter Entscheidung hat der Bundesfinanzhof als weiteres Argument angeführt, dass die Regelung nach dem deutschen Recht derjenigen des OECD-Musterabkommens entspricht.

---

544 Troll/Gebel/Jülicher/Gottschalk/Jülicher ErbStG § 21 Rn. 75.
545 Troll/Gebel/Jülicher/Gottschalk/Jülicher ErbStG § 21 Rn. 75.
546 EuGH DStR 2009, 373.
547 FG Düsseldorf EFG 2009, 1310.
548 BFH BStBl. 2013, 746.

Auch hat er in Fällen der überobligatorischen konfiskatorischen Besteuerung eine Billigkeitsmaßnahme für möglich gehalten.

Die Bedeutung der letzten Entscheidung zu Kapitalvermögen in Frankreich hat sich inzwischen relativiert, da eine doppelte Besteuerung dieses Sachverhalts nach dem im Jahr 2009 in Kraft getretenen Doppelbesteuerungsabkommen beseitigt wurde. Allerdings hat der BFH in dieser Entscheidung auch noch einmal klargestellt, dass nicht nur die ausländische Erbschaftsteuer nicht anrechenbar ist und es zu einer echten Doppelbesteuerung kommt, sondern dass darüber hinaus die ausländische Erbschaftsteuer – ebenso wenig wie die inländische Erbschaftsteuer – **nicht als Nachlassverbindlichkeit abziehbar** ist.

Daher ist im Rahmen der Nachfolgeplanung darauf zu achten, ob es Kapitalvermögen (gleiches gilt auch für anderes bewegliches Vermögen, das nicht in den Katalog des § 121 BewG fällt, also beispielsweise bewegliches Privatvermögen wie Edelmetalle, Autos, Antiquitäten, Ansprüche gegen Versicherungen etc) in Ländern gibt, die derartiges Vermögen besteuern. In solchen Fällen sollte dieses Vermögen möglichst aus diesen Ländern abgezogen werden.

7. Anrechnungshöchstbetrag. § 21 Abs. 1 S. 2 ErbStG beschränkt die Anrechnung der ausländischen Steuer auf den Teil der inländischen Steuer, der auf das Auslandsvermögen entfällt. Wenn die auf den jeweiligen Vermögensgegenstand entfallende ausländische Erbschaftsteuer höher ist als die inländische Erbschaftsteuer kommt es zu einem sog. **Anrechnungsüberhang**. Der Teil der ausländischen Steuer, der die anteilige inländische Steuer übersteigt, ist nicht anrechenbar. Dies lässt sich an folgendem Beispiel verdeutlichen.

Beispiel: Erblasser E mit Wohnsitz in Deutschland verstirbt und wird von seinem ebenfalls in Deutschland ansässigen Enkel S beerbt. E verfügte über Immobilien und Kapitalvermögen in Deutschland sowie über eine Finca auf Mallorca. Das steuerpflichtige Gesamtvermögen beläuft sich auf 500.000 EUR. Darauf entfällt inländische ErbSt iHv 33.000 EUR (11 % von (500.000 EUR − 200.000 EUR) = 300.000 EUR). Das stpfl. Auslandsvermögen beläuft sich auf 150.000 EUR. Auf dieses Auslandsvermögen entfällt ausländische Erbschaftsteuer in Höhe von 25.000 EUR.

Der Höchstbetrag der anrechenbaren Steuern ermittelt sich wie folgt:

$$\frac{\text{Deutsche Erbschaftsteuer (33.000 EUR)} \times \text{steuerpflichtiges Auslandsvermögen (150.000 EUR)}}{\text{Gesamterwerb (= 500.000 EUR)}}$$

Hieraus ergibt sich, dass der Anrechnungshöchstbetrag 9.900 EUR beträgt. Der darüber hinausgehende Betrag von (25.000 EUR − 9.900 EUR =) 15.100 EUR wird nicht angerechnet und ist daher im Ergebnis zusätzlich vom Erwerber zu tragen.

Dies bedeutet aber für die Nachfolgeplanung, dass derartige Anrechnungsüberhänge frühzeitig erkannt und möglichst vermieden werden müssen. Hierzu gibt es verschiedene Möglichkeiten, die jedoch ganz maßgeblich davon abhängen, in welchem Land Vermögen belegen ist und wie das jeweilige Erbschaftsteuerrecht dort ausgestaltet ist. So ist es in einigen Ländern möglich, durch Einbringung von Immobilienvermögen in eine Kapitalgesellschaft mit Sitz in Deutschland eine Besteuerung der Immobilien im Belegenheitsstaat zu vermeiden, stattdessen wird der Übergang der Gesellschaftsanteile in Deutschland besteuert. Aber bei derartigen Gestaltungen ist Vorsicht geboten. So besteuert beispielsweise Frankreich auch den Übergang von ausländischen Gesellschaftsanteilen, wenn deren Vermögen zu 50 % oder mehr aus in Frankreich belegenem Grundvermögen besteht.[549] Auch besteht ertragsteuerlich bei Halten einer Ferienimmobilie in

---

[549] Milatz/Bockhoff ZEV 2012, 187.

einer Kapitalgesellschaft das Problem, dass die Finanzverwaltung in der unentgeltlichen Nutzung durch die Eigentümer eine verdeckte Gewinnausschüttung sieht.[550]

560 Länder wie Frankreich und Spanien erkennen den Abzug von Verbindlichkeiten an, teilweise sogar dann, wenn die Verbindlichkeiten keinen unmittelbaren Zusammenhang mit der Immobilie aufweisen, dort aber grundpfandrechtlich abgesichert sind und bei beschränkter Erbschaftsteuerpflicht gegenüber spanischen Gläubigern bestehen.[551]

561 Eine andere Gestaltungsmöglichkeit ist beispielsweise der Verkauf des ausländischen Vermögens an die potenziellen Nachfolger, wobei der Kaufpreis gestundet und später erlassen werden kann (was dann eine in Deutschland steuerpflichtige Schenkung bedeutet). Dies ist aber nur in Ländern möglich, die nicht – wie beispielsweise Spanien – verlangen, dass der Kaufpreis auch in Geld fließt. In einem solchen Fall sollte vorher eine – in Deutschland steuerpflichtige – Geldschenkung erfolgen, so dass mit dem geschenkten Gelbetrag der Kaufpreis gezahlt werden kann.

562 **8. Antrag.** Weitere Voraussetzung für die Anrechnung ist ein entsprechender **Antrag**, § 21 Abs. 1 S. 1 EStG. Ob auch ein Abzug der ausländischen Steuer als Nachlassverbindlichkeit möglich ist, war streitig.[552] Der BFH hat in der Entscheidung vom 19.6.2013[553] der Auffassung, dass auch ein Abzug als Nachlassverbindlichkeit in Betracht kommt, eine klare Absage erteilt.

563 **9. Zeitliche Komponente/Zahlung der Steuer/Nachweispflichten.** Die ausländische Steuer ist nach § 21 Abs. 1 S. 4 ErbStG nur anrechenbar, wenn die deutsche Erbschaftsteuer für das Auslandsvermögen **innerhalb von 5 Jahren** seit dem Zeitpunkt der Entstehung der ausländischen Erbschaftsteuer entstanden ist. Der BFH hat hierzu in seinem Urteil vom 22.9.2010[554] entschieden, dass diese Vorschrift so auszulegen ist, dass die Zahlung der ausländischen Steuer ein rückwirkendes Ereignis darstellt. Wenn daher die ausländische Steuer innerhalb des 5-Jahres-Zeitraums rechtlich entstanden ist, kann sie auch noch angerechnet werden, wenn sie erst nach Ablauf der 5-Jahresfrist gezahlt wird. Rechtsgrundlage für die verfahrenstechnische Änderung ist § 175 Abs. 1 Nr. 1 AO. Das FG Köln hat darüber hinaus entschieden, dass es unschädlich ist, wenn die ausländische Steuer erst nach der deutschen Steuer entsteht.[555]

564 Nach § 21 Abs. 3 ErbStG hat der Erwerber den Nachweis über die Höhe des Auslandsvermögens und über die Festsetzung und Zahlung der ausländischen Steuer durch Vorlage entsprechender Urkunden zu führen. Zum Nachweis der Steuerzahlung eignen sich in erster Linie der Steuerbescheid und der Überweisungsträger. Der ausländische Steuerbescheid wird regelmäßig als sachlich richtig unterstellt.

565 **10. Per-country-limitation.** Für den Fall, dass Auslandsvermögen in mehreren ausländischen Staaten belegen ist, sieht § 21 Abs. 1 S. 3 ErbStG vor, dass für jeden ausländischen Stars separat der dafür geltende Höchstbetrag zu ermitteln ist (**per-country-limitation**). Dies bedeutet, dass selbst dann, wenn die – gegebenenfalls anteilige – ausländische Erbschaftsteuer in einem Staat geringer ist als die deutsche, somit kein Anrechnungsüberhang besteht, die Erbschaftsteuer in einem anderen Staat aber höher ist als die deutsche, für die Ermittlung des Anrechnungsbetrages **keine Zusammenrechnung** der ausländischen Erbschaftsteuern erfolgt, sondern jeder Staat einzeln betrachtet wird. Diese Regelung wird, da sie ausschließlich inländischen fiskalischen Interessen dient, kritisiert.[556]

---

550 BFH BStBl. 2013, 1024.
551 Troll/Gebel/Jülicher/Gottschalk Anh. ErbStG § 21 (Länderteil Spanien).
552 Siehe Meincke/Hannes/Holtz ErbStG § 21 Rn. 2.
553 BFH BStBl. 2013, 746.
554 BFH BStBl. 2011, 247.
555 FG Köln EFG 2012, 152.
556 Siehe Meincke/Hannes/Holtz ErbStG § 21 Rn. 24 mit Beispielen, Troll/Gebel/Jülicher/Gottschalk/Jülicher ErbStG § 21 Rn. 64 mHa eine mögliche EU-Rechtswidrigkeit.

II. Erbschaftsbesteuerung und EU-Recht in der Rechtsprechung des EuGH

Das Europarecht bekommt immer mehr Bedeutung auch im Erbschaftsteuerrecht. Der deutsche Gesetzgeber hat auf die Entwicklung ua bei der Neufassung des Erbschaftsteuergesetzes zum 1.1.2009 reagiert. So wurde die Begünstigung für den Erwerb von Familienheimen (§ 13 Abs. 1 Nr. 4 a)-c) ErbStG), von Betriebsvermögen und Anteilen an Kapitalgesellschaften von mehr als 25 % (§§ 13a, 13b ErbStG) und für zu Wohnzwecken vermietete Immobilien (§ 13d ErbStG) auch auf Erwerbe erweitert, bei denen das begünstigte Vermögen innerhalb der Europäischen Union oder des Europäischen Wirtschaftsraumes (EU-Staaten, Norwegen, Island und Liechtenstein) belegen ist.

566

Darüber hinaus hatte er die Regelung des § 2 Abs. 3 ErbStG eingeführt, nach der in der EU oder dem EWR ansässige Erwerber zur unbeschränkten Erbschaftsteuerpflicht optieren können. Inzwischen ist diese Regelung wegen erneuter EU-Rechtswidrigkeit abgeschafft und durch eine Neufassung des § 16 ErbStG ersetzt worden.

567

Der EuGH hat sich schon häufiger mit Regelungen des deutschen Erbschaftsteuerrechts, aber auch mit den Regelungen anderer Staaten beschäftigt. Anknüpfungspunkte in der Rechtsprechung des EuGH für Verstöße gegen europarechtliche Vorschriften sind die Vorschriften über die Niederlassungsfreiheit (Art. 43, 48 EGV, jetzt Art. 49, 54 AEUV) und die Kapitalverkehrsfreiheit (Art. 56 EGV, jetzt Art. 63 AEUV). Diese Rechtsprechung lässt sich chronologisch wie folgt darstellen:

568

In der Barbier-Entscheidung[557] hat der EuGH erstmals entschieden, dass bei grenzüberschreitenden Erbfällen auch europarechtliche Grundfreiheiten tangiert sein können. In dem entschiedenen Fall ging es darum, dass das Erbschaftsteuerrecht der Niederlande den Abzug von Verbindlichkeiten beim Erwerb von in den Niederlanden belegenem Grundvermögen nicht zuließ, wenn der Erblasser nicht in den Niederlanden ansässig war. Der EuGH hat die entsprechenden Regelungen des niederländischen Rechts als Verstoß gegen die europarechtliche gesicherte Grundfreiheit des freien Kapitalverkehrs behandelt.

569

In der Entscheidung van Hilten[558] hatte der EuGH erneut über einen Fall des niederländischen Erbschaftsteuerrechts zu befinden. Nach niederländischem Recht galt ein niederländischer Staatsangehöriger innerhalb von 10 Jahren nach seinem Wegzug aus den Niederlanden als zum Zeitpunkt seines Todes oder der Schenkung in den Niederlanden wohnhaft. Eine ähnliche Regelung findet sich im deutschen Erbschaftsteuerrechts in § 2 Abs. 1 Nr. 1 b) ErbStG für deutsche Staatsangehörige, hier beträgt die Frist 5 Jahre. Hierzu hat der EuGH entschieden, dass keine Beschränkung des freien Kapitalverkehrs vorliegt. Zwar handele es sich beim Erwerb von Todes wegen um Kapitalverkehr im Sinne der europarechtlichen Verträge, allerdings sei die Besteuerung eines aus den Niederlanden weggezogenen Staatsangehörigen nicht anders ist als diejenige eines dort verbliebenen. Auch dass die niederländische Regelung auf die Staatsangehörigkeit abstelle, sei kein Verstoß gegen die Kapitalverkehrsfreiheit, da in Ermangelung gemeinschaftsrechtlicher Vereinheitlichungs- und Harmonisierungsmaßnahmen die Mitgliedstaaten berechtigt seien, die Kriterien für die Aufteilung ihrer Steuerhoheit festzulegen. Darüber hinaus entspräche die niederländische Regelung dem Vorschlag des OECD-Musterabkommens, um der Steuerflucht entgegenzuwirken.

570

In der Entscheidung Geurts[559] ging es um eine Regelung des belgischen Rechts, nach der eine Steuerbefreiung beim Übergang von Familienunternehmen voraussetzte, dass diese in Belgien eine bestimmte Anzahl von Arbeitnehmern beschäftigten. Im Urteilsfall war der Erblasser mit seiner Ehefrau an Unternehmen in den Niederlanden beteiligt, die die Voraussetzungen für die Steuerbefreiung erfüllten. Hierin hat der EuGH eine unzulässige Beschränkung der Niederlas-

571

---

557 EuGH DStRE 2004, 93.
558 EuGH DStRE 2006, 851.
559 EuGH BFH/NV 2008, Beilage 2, 116.

sungsfreiheit gesehen. Ob darüber hinaus auch eine Beschränkung der Kapitalverkehrsfreiheit vorlag, brauchte der EuGH nicht mehr zu prüfen.

572 Dem Urteil Jäger[560] lag ein deutsch-französischer Sachverhalt zugrunde. Der in Frankreich lebende Sohn hatte seine in Deutschland ansässige Mutter beerbt. Zum Nachlass gehörte unter anderem land- und forstwirtschaftlich genutzter Grundbesitz in Frankreich. Dieser Grundbesitz machte den mit Abstand größten wertmäßigen Anteil am Nachlass aus. Inhaltlich ging es darum, dass das seinerzeit geltende deutsche Bewertungsrecht inländisches Grundvermögen deutlich niedriger bewertete als ausländisches Grundvermögen.

573 Der EuGH hat die entsprechenden Vorschriften des deutschen Rechts für nicht mit dem EU-Recht vereinbar erklärt. Zumindest für das deutsche Recht dürfte sich diese Problematik derzeit erledigt haben, da nach der Neufassung des Bewertungsgesetzes in- und ausländisches Grundvermögen jeweils mit dem Verkehrswert bewertet wird. Allerdings lässt das Bewertungsgesetz für die Bewertung inländischen Grundvermögens in den § 157 ff. BewG pauschalierende Regelungen zu, die auch zu niedrigeren Werten führen können, insbesondere beim land- und forstwirtschaftlichen Vermögen. Daher kann auch nicht ausgeschlossen werden, dass erneut eine europarechtlich nicht zulässige Differenzierung vorliegt.

574 In der Entscheidung Eckelkamp[561] hatte der EuGH über eine Regelung des belgischen Rechts zu entscheiden. Eine in Deutschland ansässige Erblasserin hatte ein ihr in Belgien gehörendes Grundstück mit einer Hypothek belastet. Belgien wollte bei der Besteuerung diese Verbindlichkeit nicht zum Abzug zulassen, da die Erblasserin zum Zeitpunkt ihres Todes nicht in Belgien gewohnt hat. Der EuGH hat die entsprechenden Regelungen des belgischen Rechts für europarechtswidrig gehalten. Er hat einen Verstoß gegen die Kapitalverkehrsfreiheit festgestellt, der auch nicht dadurch gerechtfertigt sei, dass die Schulden auch bei der Besteuerung in Deutschland abgezogen werden dürfen.

575 Mit Urteil ebenfalls vom 11.9.2008[562] hat der EuGH eine Regelung des niederländischen Rechts, nach der es nicht zulässig war, testamentarisch festgelegte Zahlungen an enterbte Kinder als Verbindlichkeiten für den Erwerb einer in den Niederlande belegenen Immobilie abzuziehen, wenn der Erblasser zum Zeitpunkt seines Todes nicht in den Niederlanden ansässig war, ebenfalls für europarechtswidrig erklärt, da dann, wenn der Erblasser seinen Wohnsitz in den Niederlanden gehabt hätte, der Abzug möglich gewesen wären.

576 Dem EuGH-Urteil von 2.10.2008[563] lag eine Regelung des deutschen Bewertungsgesetzes zugrunde, nach der Beteiligungen einer Kapitalgesellschaft an inländischen und ausländischen Personengesellschaften unterschiedlich bewertet wurden. Auch diese Regelung hielt der EuGH für wegen eines Verstoßes gegen das Verbot der Beschränkung der Niederlassungsfreiheit für europarechtswidrig. Die Vorschriften über die Niederlassungsfreiheit seien betroffen, weil die Beteiligung der Holding-Kapitalgesellschaft an der ausländischen Personengesellschaft eine Höhe erreichte, die der Kapitalgesellschaft einen sicheren Einfluss auf die Entscheidungen der Beteiligungsgesellschaft ermöglichte und deren Tätigkeit bestimmen konnte. Da die unterschiedliche Bewertung von in- und ausländischen Gesellschaften zum 1.1.2009 aufgegeben wurde, dürften solche Fälle zumindest im deutschen Recht derzeit nicht mehr vorkommen.

577 In der Entscheidung Mattner[564] ging es um die Europarechtmäßigkeit des deutschen ErbStG, dort insbesondere um den deutlich geringeren Freibetrag bei beschränkter Erbschaftsteuerpflicht. Eine in den Niederlanden ansässige Mutter schenkte 2007 ihrer ebenfalls in den Niederlanden ansässigen Tochter (beides deutsche Staatsangehörige) ein in Düsseldorf belegenes Grundstück mit einem Steuerwert von 255.000 EUR. Da ein Fall der beschränkten Erbschaft-

---

560 EuGH DStRE 2008, 174.
561 EuGH DStRE 2009, 560.
562 EuGH DStRE 2009, 731.
563 EuGH DStRE 2009, 1501.
564 EuGH DStR 2010, 861.

steuerpflicht vorlag, gewährte das Finanzamt nur den seinerzeit geltenden Freibetrag von EUR 1.100. Hierin sah der EuGH einen Verstoß gegen das Verbot der Beschränkung der Kapitalverkehrsfreiheit, da die Regelung danach differenziere, wo die an dem Vorgang Beteiligten ihren Wohnsitz haben. In diesem Zusammenhang hat der EuGH auch darauf hingewiesen, dass es nach deutschem ErbStG für die unbeschränkte Erbschaftsteuerpflicht schon ausreicht, wenn nur einer der Beteiligten in Deutschland gebietsansässig ist. Für eine andere Behandlung, wenn beide an dem Erwerbsvorgang Beteiligten nicht gebietsansässig sind, gäbe es keine europarechtliche Rechtfertigung. Zu den Folgen des Urteils wird verweisen auf die Ausführungen zu Rn. 25 f.

Mit Urteil vom 10.2.2011[565] hat der EuGH entschieden, dass eine Regelung des belgischen Rechts, nach der eine Steuerermäßigung für Vermächtnisse nur zugunsten nationaler gemeinnütziger Organisationen gewährt wird, ebenfalls wegen eines Verstoßes gegen das Verbot der Beschränkung der Kapitalverkehrsfreiheit europarechtswidrig ist. 578

Im EuGH-Urteil vom 19.7.2012[566] ging es um die Frage, ob die im deutschen Erbschaftsteuerrecht vorgesehenen Begünstigungen für den Erwerb von Betriebsvermögen bzw. von Anteilen an Kapitalgesellschaften auch auf Beteiligungen an einer kanadischen Kapitalgesellschaft Anwendung finden müssen. Nach dem Sachverhalt hatte die in Deutschland wohnhafte Erbin von ihrem ebenfalls in Deutschland wohnhaften Vater eine Beteiligung als Alleingesellschafterin an einer Kapitalgesellschaft mit Sitz in Kanada erworben. Die Begünstigungen des § 13a ErbStG in der bis zum 31.12.2008 anwendbaren Fassung wurden nicht gewährt. Der Bundesfinanzhof hatte mit dem Hinweis darauf, dass auch die Beschränkung des Kapitalverkehrs mit Drittländern verboten sei, den Fall dem EuGH vorgelegt. Der EuGH hat in diesem Fall aber nicht die Vorschriften über die Kapitalverkehrsfreiheit für anwendbar erklärt, sondern diejenigen über die Niederlassungsfreiheit (Art. 49 AEUV). Die Niederlassungsfreiheit sei tangiert, wenn nationale Regelungen darauf abstellten, ob durch die Beteiligung ein sicherer Einfluss auf Unternehmensentscheidungen möglich ist. Dies war bei § 13a ErbStG aF (und ist auch bei § 13a ErbStG nF) der Fall, weil die Begünstigung von Anteilen an Kapitalgesellschaften davon abhängig ist, dass der Erblasser zu mehr als 25 % an der Kapitalgesellschaft beteiligt ist. Hingegen seien bei reinen Vermögensanlagen die Vorschriften über die Kapitalverkehrsfreiheit anwendbar. Da aber § 13a ErbStG eine Mehrheit von mehr als 25 % fordere und damit zumindest eine Sperrminorität voraussetze, seien die Vorschriften über die Niederlassungsfreiheit tangiert, die aber ein entsprechendes Verbot gegenüber Drittländern nicht enthielten. 579

Mit Urteil vom 14.4.2016[567] befasste sich der EuGH mit einer Frage des zwischenstaatlichen Informationsaustausches. Nach diesem Urteil ist es mit Art. 49 AEUV vereinbar, wenn ein innerstaatliches Kreditinstitut Auskünfte über das Vermögen des Erblassers zu erteilen hat, das dieser in einer ausländischen, unselbständigen Niederlassung des Kreditinstituts angelegt hat. 580

Mit Urteil vom 30.6.2016[568] befasste sich der EuGH mit der Frage, ob die Regelung des § 27 ErbStG, nach der ein mehrfacher Erwerb innerhalb von 10 Jahren zu einer Steuerbegünstigung führt, gegen die Kapitalverkehrsfreiheit verstößt, wenn Voraussetzung für die Begünstigung ist, dass der Vorerwerb der deutschen Erbschaftbesteuerung unterlag. Im Ergebnis verneinte der EuGH einen solchen Verstoß, da die Beschränkung des freien Kapitalverkehrs durch die Kohärenz des deutschen Erbschaftsteuersystems gerechtfertigt ist. 581

---

565 EuGH DStRE 2012, 175.
566 EuGH DStR 2012, 1508.
567 EuGH BStBl. 2017, 421.
568 EuGH BStBl. 2017, 424.

III. Künftiges EU-Recht

582 Zwischenzeitlich gibt es auf europäischer Ebene Überlegungen zur Harmonisierung der Erbschaftsteuern. So hat die Kommission in ihrer Empfehlung von 15.12.2011[569] die Mitgliedstaaten gebeten, die Lösungsvorschläge für bestehende Doppelbesteuerungen entweder in Rechtsakten oder in Verwaltungsvorschriften einzuführen, die zu einer flexibleren Auslegung geltender Bestimmungen führen können. Letztlich soll erreicht werden, dass die Gesamtsteuerbelastung bei einem grenzübergreifenden Erbschaftsfall in der Europäischen Union nicht höher ist als bei einem inländischen. Da Erbschaftsteuern nur einen geringen Anteil der Gesamteinnahmen der Mitgliedstaaten ausmachen, dürften sich diese Lösungen kaum auf das Gesamtsteueraufkommen in den Mitgliedstaaten auswirken. Für die einzelnen Steuerpflichtigen könnten die positiven Auswirkungen jedoch erheblich sein.

583 Nach Ziffer 4 dieser Empfehlung sollen die Mitgliedstaaten folgende Steuerentlastungen in ihrem nationalen Recht für folgende Vermögenswerte gewähren:
- Bei in einem anderen Mitgliedstaat belegenen unbeweglichen Vermögen und Betriebsvermögen soll der Wohnsitzstaat Entlastungen im Hinblick auf die Besteuerung im Belegenheitsstaat gewähren.
- Bei beweglichem Vermögen, das nicht zu einem Betriebsvermögen gehört, sollte ein Mitgliedstaat, zu dem weder von Seiten des Erblassers noch des Erben eine persönliche Verbindung besteht, auf die Erhebung von Erbschaftsteuer verzichten, wenn sie in einem anderen Mitgliedstaat aufgrund der persönlichen Verbindung des Erblassers und/oder des Erben erhoben wird.
- In Fällen, in denen der Erblasser eine persönliche Verbindung zu einem anderen Mitgliedstaat hatte als der Erbe, sollte der Mitgliedstaat des Erben Entlastungen in Bezug auf die erhobene Erbschaftsteuer des Mitgliedstaats des Erblassers gewähren.
- Es sollten Verständigungsverfahren für Fälle eingeführt werden, in denen mehrere Mitgliedstaaten eine persönliche Verbindung zu einer an einen Erbfall beteiligten Person für sich in Anspruch nehmen
- Bei wohltätigen Organisationen sollte unterstellt werden, dass diese eine enge persönliche Verbindung zu dem Mitgliedstaat haben, in dem sich der Ort der tatsächlichen Geschäftsleitung befindet

584 Hier wird die weitere Entwicklung abzuwarten sein, da es sich lediglich um Empfehlungen der EU-Kommission handelt. Durch die im August 2015 in Kraft getretene EU-Erbrechtsverordnung, bei der zivilrechtlich insbesondere das Staatsangehörigkeitsprinzip durch das Wohnsitzprinzip ersetzt wird – ein Grundsatz, der im Erbschaftsteuerrecht, bis auf wenige Ausnahmen, schon immer galt –, werden die internationalen Aspekte des Erbrechts und der Nachfolgeplanung verstärkt in den Mittelpunkt des Interesses rücken.

---

[569] 2011/856/EU, Amtsblatt der EU L 336/81, s. dazu im Einzelnen: https://eur-lex.europa.eu/legal-content/DE/ALL/?uri=CELEX%3A32011H0856.

Teil 7
Sozialrecht

36. Sozialrecht (SGB I, SGB II, SGB XII)

Literatur:
Kommentare und Monografien zum Sozialrecht:

Becker/Franke/Moltenkin, Gesetzliche Unfallversicherung – SGB VII, 5. Auflage 2018 (zitiert: Becker/Franke/Moltenkin/Bearbeiter); Beck'scher Online-Kommentar Sozialrecht (hrsg. *Rolfs/Giesen/Kreikebohm/ Meßling/Udsching)*; (zitiert: BeckOK/Bearbeiter); *Bieritz-Harder/Conradis/Thie*, Sozialgesetzbuch XII – Sozialhilfe – Lehr- und Praxiskommentar, 12. Auflage 2020 (zitiert: LPK-SGB XII/Bearbeiter); Bundesministerium der Justiz, Handbuch der Rechtsförmlichkeit, 3. Auflage 2008; *Eicher/Luik/Harich*, Sozialgesetzbuch II – Grundsicherung für Arbeitsuchende, 5. Auflage 2021 (zitiert: Eicher/Luik/Harich/Bearbeiter); *Gagel*, SGB II und SGB III – Grundsicherung und Arbeitsförderung, Loseblatt (zitiert: Gagel/Bearbeiter); Gemeinschaftskommentar zum Sozialgesetzbuch (GK-SGB I), bearb. v. *Kretschmer/v. Maydell/Schellhorn*, 3. Auflage 1996 (zitiert: GK-SGB I/Bearbeiter); *Grube/Wahrendorf/Flint*, SGB XII – Sozialhilfe mit Eingliederungshilfe (SGB IX Teil 2) und Asylbewerberleistungsgesetz, 7. Auflage 2020 (zitiert: Grube/Wahrendorf/Flint/ Bearbeiter); *Hauck/Haines*, SGB VI, Gesetzliche Rentenversicherung, Loseblatt (zitiert: Hauck/Haines/*Bearbeiter*); *Hauck/Noftz*, SGB I, Allgemeiner Teil, Loseblatt (zitiert: Hauck/Noftz/Bearbeiter); *Hauck/Noftz*, SGB II, Grundsicherung für Arbeitsuchende, Loseblatt (zitiert: Hauck/Noftz/Bearbeiter); *Hauck/Noftz*, SGB XII, Sozialhilfe, Loseblatt (zitiert: Hauck/Noftz/Bearbeiter); *Heinz/Schmidt-De Caluwe/Scholz*, Sozialgesetzbuch III - Arbeitsförderung, 7. Auflage 2021 (zitiert: NK-SGB III/Bearbeiter); *Herold-Tews/Merkel*, Der Sozialgerichtsprozess, 7. Auflage 2017 (zitiert: Herold-Tews/Merkel Sozialgerichtsprozess/Bearbeiter); *Jahn/Klose*, Sozialgesetzbuch (SGB) für die Praxis Erstes Buch (I) Allgemeiner Teil, Loseblatt (zitiert: Jahn/ Klose/SGB I/Bearbeiter); Kasseler Kommentar zum Sozialversicherungsrecht, Loseblatt (zitiert: KassKomm/ Bearbeiter); *Krahmer/Trenk-Hinterberger*, Sozialgesetzbuch I – Allgemeiner Teil, 4. Auflage 2020 (zitiert: HK-SGB I/Bearbeiter); *Krauskopf*, Soziale Krankenversicherung, Pflegeversicherung, Loseblatt (zitiert: Krauskopf/Bearbeiter); *Kreikebohm/Roßbach*, Gesetzliche Rentenversicherung – SGB VI, 6. Auflage 2021 (zitiert: Kreikebohm/Roßbach SGB VI/Bearbeiter); *Lilge/Gutzler*, Sozialgesetzbuch Allgemeiner Teil, 5. Auflage 2019 (zitiert: Lilge/Gutzler/Bearbeiter); *Meyer-Ladewig/Keller/Leitherer/Schmidt*, Kommentar zum Sozialgerichtsgesetz, 13. Auflage 2020 (zitiert: Meyer-Ladewig/Keller/Leitherer/Schmidt/Bearbeiter); *Mrozynski*, Sozialgesetzbuch – Allgemeiner Teil – (SGB I), 6. Auflage 2019 (zitiert: *Mrozynski* SGB I); *Münder/Geiger*, Sozialgesetzbuch II, Grundsicherung für Arbeitsuchende, 7. Auflage 2021 (zitiert: Münder/ Geiger LPK-SGB II/Bearbeiter); *Nieder/Kössinger*, Handbuch der Testamentsgestaltung, 6. Auflage 2020 (zitiert: Nieder/Kössinger Testamentsgestaltung-HdB/Bearbeiter); *Schellhorn/Schellhorn/Hohm*, SGB XII – Sozialhilfe, 19. Auflage 2015 (zitiert: Schellhorn/Schellhorn/Hohm SGB XII/Bearbeiter); *Schlegel/Voelzke*, juris Praxiskommentar, online (zitiert: jurisPK-SGB/Bearbeiter); *Schütze*, Sozialverwaltungsverfahren und Sozialdatenschutz – SGB X, 9. Auflage 2020 (zitiert: Schütze/Bearbeiter SGB X); *Tanck/Krug/Süß*, Anwaltformulare Testamente, 6. Auflage 2019 (zitiert: Tanck/Krug/Süß AnwForm Testamente/Bearbeiter)

Aufsätze:

Angermaier, Hartz IV und Erbe, Soziale Sicherheit 2010, 194; *Conradis*, Sozialhilferegress: Kostenersatz durch den Erben, § 102 SGB XII, § 35 SGB II, ZEV 2005, 379; *Doering-Striening/Horn*, Der Übergang von Pflichtteilsansprüchen von Sozialhilfebeziehern, NJW 2013, 1276; *Dreher/Görner*, Das Behindertentestament und § 138 BGB, NJW, 1761; *Grosse/Gunkel*, Die Erbenhaftung nach § 35 SGB II, info also 2013, 3; *Klühs*, Das sog. „Bedürftigentestament" und seine Alternativen – Eine Bestandsaufnahme, ZEV 2011, 15; *Litzenburger*, Das Bedürftigentestament – Erbfolgegestaltung zu Gunsten von Langzeitarbeitslosen (Hartz-IV-Empfängern), ZEV 2009, 278; *Litzenburger*, Urteilsanmerkung zu SG Dortmund, Beschluss vom 25. September 2009 – S 29 AS 309–09 ER, FD-ErbR 2009, 291784; *Manthey/Trilsch*, Das „Bedürftigentestament": die hohe Schule der Testamentsgestaltung, ZEV 2015, 618; *Milzer*, Das Behindertentestament – ist die Messe gelesen?, NZFam 2019, 1046; *Padé*, Einsatz von Erbe als einmaliges Einkommen, jurisPR-SozR 24/2015 Anm. 2; *Palsherm*, Erbe / Bereites Mittel, Urteilsanmerkung zu BSG B 14 KG 1/14 R, SGb 2016, 295; *Ruland*, Die Rückforderung von für Zeiten nach dem Tode des Versicherten gezahlten Renten (§ 118 Abs. 3 bis 4 a SGB VI), NZS 2022, 201; *Schneider*, Überleitung des Pflichtteilsanspruchs auf den Sozialhilfeträger und ihre zivilrechtlichen Folgen, ZEV 2018, 68; *Schneider*, Auswirkungen des Bundesteilhabegesetzes auf das Behindertentestament, ZEV 2019, 453; *Spall*, Das Behindertentestament und die Niedrigzinsphase, ZEV 2017, 26; *Tersteegen*, Sozialhilferechtliche Verwertbarkeit von Vermögen bei Anordnung von Verwaltungstestamentsvollstreckung, ZEV 2008, 121; *Tersteegen*, Behindertentestament – aktuelle Entwicklungen aus sozialrechtlicher Sicht, ZErb 2013, 141; *Tersteegen*, Anmerkung zum Urteil des LSG Niedersachsen-Bremen vom 13.11.2014 (L 15 AS 457/12) – Zur Berücksichtigung des Einkommens aus einem Behindertentestament, ZEV 2015, 294; *Tersteegen*, Anmerkung zum Urteil des BSG vom 17.2.2015 (B 14 KG 1/14 R) – Zur Frage der Anforderungen an die Berücksichtigung von unter Dauertestamentsvollstreckung stehendem Nachlassvermögen bei Bezug sozialrechtlicher Leistungen, ZEV 2015, 487; *Weidlich*, Neuere Entwicklungen beim Behindertentestament, ZEV 2020, 136; *Wettlauer*, Die Erbschaft – Regelmäßig Einkommen, nur ausnahmsweise Vermögen, VSSR 2013, 1.

Einführung

A. Begriff des Sozialrechts	1	2. Anfechtungsfälle	13	
B. Überschneidungspunkte von Erbrecht und Sozialrecht – ein Überblick	3	a) Erstattungspflicht des Erben bei zu Recht bezogenen Grundsicherungsleistungen des Erblassers	13	
I. Allgemeines	3			
II. Fallkonstellationen – ein Überblick	4	b) Erstattungspflicht des Erben bei zu Unrecht bezogenen Grundsicherungsleistungen des Erblassers	16	
1. Leistungsfälle	5			
a) Rechtsnachfolgefall	5	III. Die Erbschaft als Einkommen oder Vermögen	18	
b) Eigener Anspruch – Bestattungskosten	10			

A. Begriff des Sozialrechts

1 Der Begriff „Sozialrecht" soll im Rahmen der nachfolgenden Kommentierung **nicht** im sogenannten **materiellen Sinne** verstanden und verwendet werden.[1] Ein solches Verständnis, das ausgehend von Zweck und Ziel solches Recht als Sozialrecht ansieht, das sozialer Gerechtigkeit und sozialer Sicherung dient, kann zwar zu interessanten Gedanken und einer rechtsübergreifenden Betrachtungsweise anregen, birgt aber die Gefahr einer Ausuferung und dürfte in der Praxis wenig weiterführen. Nachfolgend soll es demnach um das **Sozialrecht im formellen Sinn** gehen. Hierunter fallen diejenigen Regelungen, die vom Gesetzgeber als Teile eines als Rechtsgebiet verstandenen Sozialrechts bezeichnet werden.[2] Diese Regelungen sind in erster Linie im Sozialgesetzbuch zusammengefasst, welches mittlerweile aus den **Sozialgesetzbüchern I bis XII** besteht.[3] Die Sozialgesetzbücher können anhand der abgesicherten Risiken wie folgt umschrieben werden:

- SGB II (Grundsicherung für Arbeitsuchende – „Hartz IV"): Arbeitslosigkeit und Armut,
- SGB III (Arbeitsförderung): Arbeitslosigkeit,
- SGB V (Gesetzliche Krankenversicherung): Krankheit,
- SGB VI (Gesetzliche Rentenversicherung): Krankheit und Alter,
- SGB VII (Gesetzliche Unfallversicherung): Krankheit, die – im weitesten Sinne – berufsbedingt ist,
- SGB IX (Rehabilitation und Teilhabe behinderter Menschen): Behinderung,
- SGB XI (Soziale Pflegeversicherung): Pflegebedürftigkeit,
- SGB XII (Sozialhilfe): Armut.

2 Es „fehlen" bei dieser Aufstellung die SGB I, IV, VIII und X. Das SGB I (Allgemeiner Teil) enthält allgemeine, also für alle SGB geltende Regelungen. Für den **Erbrechtler von überragender Bedeutung sind die §§ 56 bis 59 SGB I**, die nachfolgend eingehend kommentiert werden. Das SGB IV (Gemeinsame Vorschriften für die Sozialversicherung) enthält insbesondere wichtige Regelungen zu Grundbegriffen des Sozialversicherungsrechts, namentlich zu den Begriffen Beschäftigung, selbstständige Tätigkeit und Arbeitsentgelt. Das SGB VIII (Kinder- und Jugendhilfe), das im Übrigen in den Zuständigkeitsbereich der Verwaltungsgerichtsbarkeit fällt, soll hier nur der Vollständigkeit halber erwähnt werden. Das SGB X (Sozialverwaltungsverfahren und

---

[1] Vgl. dazu nur KassKomm/Seewald Vorb. Rn. 2–13.
[2] KassKomm/Seewald Vorb. Rn. 14.
[3] Das auch sprachlich etwa seltsame Zusammenspiel von einem „Buch", das wiederum aus „Büchern" besteht, löst sich im Zitat wie folgt auf: „Das Erste [Zweite, Dritte ...] Buch Sozialgesetzbuch". Idealerweise mag man den jeweiligen „Titel" dranhängen, so dass das korrekte Vollzitat beispielsweise lautet: „Das Erste Buch Sozialgesetzbuch – Allgemeiner Teil – (Artikel I des Gesetzes vom 11.12.1975, BGBl. 1975 I 3015), das zuletzt durch ... geändert worden ist, ..."; vgl. Handbuch der Rechtsförmlichkeit (hrsg. vom Bundesministerium der Justiz) Rn. 203.

Sozialdatenschutz) spielt im Sozialrecht wiederum eine überaus wichtige Rolle, regelt es doch – gleichsam als Pendant zum Verwaltungsverfahrensgesetz (VwVfG) im Verwaltungsrecht – das (Sozial-)Verwaltungsverfahren. § 68 SGB I bezieht einige weitere Gesetze in das SGB mit ein, so beispielsweise das Bundesversorgungsgesetz, das Bundeskindergeldgesetz oder auch das Bundeselterngeld- und Elternzeitgesetz.

B. Überschneidungspunkte von Erbrecht und Sozialrecht – ein Überblick

I. Allgemeines

Erbrecht und Sozialrecht im hier verstandenen formellen Sinn haben nur scheinbar wenige Überschneidungspunkte. Die dem Sozialrecht zuzuordnenden Rechte und Pflichten sind aber derart zahlreich, dass sich die Frage aufdrängt, was mit ihnen im Todes- und Erbfall zu geschehen hat. Dazu kommt, dass weite Teile der Bevölkerung mehr oder weniger intensiv mit dem Sozialrecht in Berührung kommen. Dies liegt einerseits an der Vielzahl der durch das Sozialrecht versicherten Risiken des Lebens, von denen die meisten Menschen teilweise und zumindest irgendwann einmal in ihrem Leben betroffen sind – sei es Arbeitslosigkeit, Krankheit, Alter oder Armut. Andererseits ist **Sozialrecht** im hier verstandenen Sinn **öffentliches Recht** und sind die jeweiligen Rechtspositionen nicht etwa vom Abschluss etwa privater Verträge abhängig, sondern häufig – nur – vom Vorliegen der jeweiligen gesetzlichen Voraussetzungen, die für weite Teile der Bevölkerung oft vorliegen.

II. Fallkonstellationen – ein Überblick

Ein „Gefühl" für die denkbaren Fallkonstellationen, in denen sich Erb- und Sozialrecht überschneiden, soll der nachfolgende Überblick vermitteln, der gegliedert ist in **Leistungs- und Anfechtungsfälle**.

1. Leistungsfälle. a) Rechtsnachfolgefall. Nach dem Tod des Erblassers sucht die Tochter, die mit dem Erblasser bis zu dessen Tod in einem Haushalt gelebt hat, einen Rechtsanwalt auf. Hintergrund ist neben den sich anbahnenden Erbstreitigkeiten mit ihrem in einer anderen Stadt lebenden Bruder ein laufendes Widerspruchsverfahren gegen die Deutsche Rentenversicherung, die einen von dem Erblasser vor zwei Jahren gestellten Antrag auf Gewährung einer Rente wegen voller Erwerbsminderung abgelehnt hat, weil die medizinischen Voraussetzungen hierfür nicht vorlägen, wogegen dieser Widerspruch eingelegt hat. Die Mandantin möchte auch wissen, ob sie den Rentenanspruch ihres verstorbenen Vaters weiterverfolgen kann.

Schon dieser einfache Fall wirft Fragen auf, die sich in aller Kürze wie folgt skizzieren lassen
- Geht der Rentenanspruch mit dem Tod des Erblassers unter?
- Kann die Tochter den Rentenanspruch allein weiterverfolgen oder muss sie Leistung an die Erbengemeinschaft verlangen?
- Wie geht es verfahrensrechtlich weiter, falls die die Tochter in das Widerspruchsverfahren eintreten sollte?

Die Antworten auf diese Fragen lassen sich wie folgt knapp skizzieren: Das Schicksal von Sozialleistungsansprüchen im Falle des Todes des Berechtigten ist in § 59 SGB I geregelt (vgl. die Kommentierung zu § 59 SGB I). Nur Ansprüche auf Dienst- und Sachleistungen erlöschen mit dem Tod des Berechtigten (S. 1). Ansprüche auf Geldleistungen erlöschen dagegen nur, wenn sie im Zeitpunkt des Todes des Berechtigten weder festgestellt sind, noch ein Verwaltungsverfahren über sie anhängig ist (S. 2). Da es im Beispielsfall um Geldleistungen geht und der Verstorbene selbst noch Widerspruch eingelegt hatte, ist auch ein Verwaltungsverfahren anhängig, der Rentenanspruch ist also nicht untergegangen.

Die Tochter des Erblassers dürfte Sonderrechtsnachfolgerin des Erblassers geworden sein. Die Sonderrechtsnachfolge ist in § 56 SGB I geregelt (vgl. jeweils die ausführliche Kommentierung zu § 56 SGB I). Fällige Ansprüche auf laufende Geldleistungen stehen beim Tod des Berechtigten gemäß § 56 Abs. 1 S. 1 Nr. 2 SGB I den Kindern zu, wenn diese mit dem Berechtigten zur Zeit seines Todes in einem gemeinsamen Haushalt gelebt haben oder von ihm wesentlich unterhalten worden sind. Als Sonderrechtsnachfolgerin kann die Tochter Leistung nur an sich verlangen (→ SGB I § 56 Rn. 62 ff.). Erbrechtliche Ansprüche des Bruders werden von der Sonderrechtsnachfolge der Tochter verdrängt und bestehen nicht mehr (vgl. die Kommentierung zu § 56 SGB I).

9 Die Tochter des Erblassers tritt in das laufende Widerspruchsverfahren ein (→ SGB I § 59 Rn. 25). Ob dieses analog § 239 ZPO unterbrochen wird, hängt davon ab, ob sich der Erblasser bereits im Widerspruchsverfahren von einem Bevollmächtigten hatte vertreten lassen (dann keine Unterbrechung analog § 246 Abs. 1 ZPO; → SGB I § 59 Rn. 25). Für das Verfahren bei den Behörden werden gemäß § 64 Abs. 1 Satz 1 SGB X keine Gebühren und Auslagen erhoben. Bei Zurückweisung des Widerspruchs, besteht die Möglichkeit der Klageerhebung. Das gerichtliche Verfahren ist für die Tochter als Sonderrechtsnachfolgerin **in allen Instanzen gerichtskostenfrei** (zum Kostenrecht → SGB I § 56 Rn. 66 ff.).

10 **b) Eigener Anspruch – Bestattungskosten.** Die Tochter im oben geschilderten Fall hat die Kosten für die Bestattung ihres Vaters übernommen und allein getragen. Sie selbst bezieht Grundsicherungsleistungen nach dem SGB II („Hartz IV"). Im Nachlass des Vaters befinden sich außer dem oben umschriebenen (unsicheren) Rentenanspruch keine Vermögenswerte. Kann die Tochter die Bestattungskosten sozialrechtlich mit Erfolg geltend machen? Wie gestaltet sich das Verfahren?

11 **Lösung:** Der Tochter des Erblassers steht möglicherweise ein Anspruch gegen den Sozialhilfeträger nach § 74 SGB XII zu. Die erforderlichen Kosten einer Bestattung werden danach übernommen, soweit den hierzu Verpflichteten nicht zugemutet werden kann, die Kosten zu tragen. Eine Verpflichtung zur Tragung der Bestattungskosten dürfte sich für die Tochter des Verstorbenen vorliegend aus § 1968 BGB ergeben (→ SGB XII § 74 Rn. 6 ff.). Wenn die Bestattungskosten angemessen und erforderlich waren (→ SGB XII § 74 Rn. 15 ff.), kommt der Anspruch der Tochter nach § 74 SGB XII demnach in Betracht, soweit ihr die Kostentragung nicht zugemutet werden kann. Angesichts ihrer wirtschaftlichen Situation spricht Vieles dafür, dass dies der Fall ist (→ SGB XII § 74 Rn. 21 ff.). Möglicherweise ist sie aber zusammen mit ihrem Bruder Gesamtschuldner und darauf zu verweisen, einen etwaigen Ausgleichsanspruch gegen ihren Bruder nach § 426 BGB zu verfolgen (→ SGB XII § 74 Rn. 29). In Abgrenzung zur oben beschriebenen Geltendmachung eines Rentenanspruchs ihres Vaters verfolgt die Tochter im „Bestattungskostenfall" keinen abgeleiteten, sondern einen eigenen Anspruch.

12 Verfahrensrechtlich ist Folgendes anzumerken: Sozialleistungsansprüche sind stets zunächst bei der zuständigen Behörde geltend zu machen. Nach Ablehnung ist gegen den ablehnenden Verwaltungsakt Widerspruch nach den §§ 78 ff. SGG einzulegen, dies im Regelfall binnen eines Monats nach Bekanntgabe des ablehnenden Verwaltungsaktes (§ 84 Abs. 1 S. 1 SGG). Da nach der Grundregel des § 38 SGB I auf **Sozialleistungen im Regelfall ein Anspruch** besteht, die Behörde in der Regel also kein Ermessen auszuüben hat, ist häufigste Klageart die auch im hier erörterten Fall statthafte und in § 54 Abs. 4 SGG geregelte **kombinierte Anfechtungs- und Leistungsklage**.[4] Auch hier fallen im oben geschilderten Fall im Widerspruchsverfahren keine Gebühren und Auslagen und im gerichtlichen Verfahren keine Gerichtskosten an.

13 **2. Anfechtungsfälle. a) Erstattungspflicht des Erben bei zu Recht bezogenen Grundsicherungsleistungen des Erblassers.** Die Tochter ihres 1947 geborenen und kurz vor Vollendung des 65. Lebensjahrs im Jahre 2012 verstorbenen Vaters, der nach dem SGB II Grundsicherungsleistun-

---

4 Vgl. Herold-Tews/Merkel/Herold-Tews/Merkel Sozialgerichtsprozess Rn. 94; auch „unechte Leistungsklage" genannt; vgl. Meyer-Ladewig/Keller/Leitherer/Schmidt/Keller SGG § 54 Rn. 38.

gen bezogen hatte, ist Alleinerbin eines Geldvermögens von rund 25.000 EUR. Sie erhält wenige Wochen nach dem Tod ihres Vaters ein Schreiben des Jobcenters, das dem Verstorbenen die Leistungen gewährt hatte. Darin heißt es, der Verstorbene habe bis zu seinem Ableben Leistungen nach dem SGB II in Höhe von 20.000 EUR bezogen. Es werde beabsichtigt, die Erstattung von 18.300 EUR von der Tochter zu verlangen. Es folgen nähere rechtliche Ausführungen und der Hinweis, dass die Tochter Gelegenheit habe, sich binnen eines Monats nach Erhalt des Schreibens zu äußern. Wie ist die Rechtslage, wie gestaltet sich das Verfahren?

Lösung: Nunmehr geht es nicht darum, dass die Erbin einen auf sie übergegangenen oder einen eigenen Anspruch verfolgt. Vielmehr soll sie in Anspruch genommen werden. Das Schreiben des Jobcenters dient der Vorbereitung eines Verwaltungsaktes, mit dem die Erstattungspflicht der Erbin verfügt werden soll. Die Anhörung des Betroffenen vor einer behördlichen Belastung ist in § 24 SGB X geregelt. Grundlage für die ins Auge gefasste behördliche Entscheidung war bis zum 31.7.2016 § 35 SGB II. Nach dessen Abs. 1 S. 1 war der Erbe einer Person, die Leistungen nach diesem Buch erhalten hatte, zum Ersatz der Leistungen verpflichtet, soweit diese innerhalb der letzten zehn Jahre vor dem Erbfall erbracht worden waren und 1.700 EUR – diesen Betrag hat das Jobcenter im Beispielsfall bereits abgezogen – überstiegen. Die Besonderheit der Vorschrift bestand darin, dass es um die Rückforderung solcher **Leistungen** ging, die der **Verstorbene rechtmäßig erhalten hatte** (vgl. die Kommentierung in der Voraufl. zu SGB II § 35 Rn. 13). Dass Letzteres im hier gebildeten Beispielsfall trotz des relativ großzügigen Vermögens des Verstorbenen der Fall gewesen sein dürfte, ist einer Übergangsregelung in § 65 Abs. 5 SGB II zu verdanken, nach der – knapp gesagt – Personen, die vor dem 1.1.1948 geboren sind, ein Vermögensgrundfreibetrag je Lebensjahr in Höhe von 520 EUR statt 150 EUR zusteht. 14

Die Erbin musste im Beispielsfall also grundsätzlich die erbrachten Leistungen – 20.000 EUR – abzüglich des genannten Grundfreibetrages – 1.700 EUR –, also 18.300 EUR erstatten. Zu prüfen und von der Erbin gegebenenfalls vorzutragen waren Tatsachen, nach denen gemäß § 35 Abs. 2 SGB II der Ersatzanspruch nicht geltend zu machen war. Vorzutragen waren etwa Umstände, die iSd § 35 Abs. 2 Nr. 2 SGB II eine besondere Härte begründen. Sollte die Tochter ihren Vater bis zu dessen Tod gepflegt haben, kam auch § 35 Abs. 2 Nr. 1 SGB II in Betracht, der allerdings nicht ein vollständiges Freiwerden von der Ersatzpflicht regelte, sondern dem Erben „nur" einen besonderen Freibetrag in Höhe von 15.499,99 EUR einräumte. Sollte die Behörde die Erbin des Verstorbenen durch einen Verwaltungsakt in Anspruch nehmen, so konnte diese hiergegen Widerspruch einlegen und gegen einen zurückweisenden Widerspruchsbescheid Klage erheben. Statthafte Klageart war hier die reine Anfechtungsklage nach § 54 Abs. 1 S. 1 1. Alt. SGG, die nach § 86a Abs. 1 S. 1 SGG im Regelfall aufschiebende Wirkung hat.[5] Bemerkenswert ist, dass zwar für das Widerspruchsverfahren keine Gebühren und Auslagen erhoben werden, für das gerichtliche Verfahren aber Gerichtskosten anfallen (vgl. die Kommentierung in der Voraufl. zu SGB II § 35 Rn. 42). 15

b) Erstattungspflicht des Erben bei zu Unrecht bezogenen Grundsicherungsleistungen des Erblassers. Eine vollkommen andere rechtliche Wendung nimmt der unter a) beschriebene Fall, wenn die **Leistungsbewilligung** an den verstorbenen Grundsicherungsempfänger und Erblasser **rechtswidrig** war, weil sich etwa herausstellt, dass er über Vermögen in Höhe von insgesamt über 30.000 EUR verfügt hat. 16

Da die Leistungsbewilligung rechtswidrig war, kommt eine Haftung der erbenden Tochter nach § 35 SGB II nicht in Betracht. § 34 Abs. 1 und 2 SGB II ist nicht einschlägig, weil es auch insoweit um rechtmäßig erbrachte Leistungen geht (vgl. die Kommentierung in der Voraufl. zu SGB II § 35 Rn. 22). § 34a SGB II könnte möglicherweise einschlägig sein (vgl. die Kommentierung in der Voraufl. zu SGB II § 35 Rn. 24 ff.), wenn die Tochter die Erbringung rechtswidriger 17

---

[5] Eicher/Link, 3. Aufl., SGB II § 35 Rn. 44.

Leistungen an ihren Vater durch vorsätzliches oder grob fahrlässiges Verhalten herbeigeführt haben sollte, wofür hier indes wenig bis keine Anhaltspunkte bestehen. Am ehesten könnte ein Fall vorliegen, in dem der Vater seinerseits – etwa durch Verschweigen rechtlich erheblicher Vermögenswerte – die rechtswidrige Leistungserbringung verursacht hat. Würde er noch leben, könnte und müsste der Grundsicherungsträger versuchen, die der Leistungserbringung zugrunde liegenden Bewilligungsbescheide nach den §§ 45 oder 48 SGB X[6] aufzuheben, um dann nach § 50 Abs. 1 S. 1 SGB X entsprechende Erstattung zu verlangen. Diese Verbindlichkeit des Erblassers – hier des verstorbenen Vaters – kann als Nachlassverbindlichkeit auf den oder die Erben übergehen (→ SGB I § 58 Rn. 15). Der Erbe wird demnach nach Anhörung gemäß § 24 SGB X Adressat eines Aufhebungs- und Erstattungsbescheides. Das Widerspruchsverfahren hiergegen ist kostenfrei. Ob auch ein etwaiges gerichtliches Verfahren gerichtskostenfrei ist, ist unklar (→ SGB I § 58 Rn. 20).

III. Die Erbschaft als Einkommen oder Vermögen

18 Die Frage, ob eine Erbschaft Einkommen oder Vermögen darstellt, stellt sich sozialrechtlich insbesondere im Falle des Bezugs solcher Sozialleistungen, die unter anderem die Bedürftigkeit als Anspruchsvoraussetzung erfordern (vgl. die Darstellung zur Erbschaft als Einkommen oder Vermögen im SGB II und SGB XII). Zu denken ist in erster Linie an die im SGB II geregelte Grundsicherung für Arbeitsuchende („Hartz IV") und die im SGB XII geregelte Sozialhilfe.

19 Die entsprechenden Fragen treten in Leistungs- wie Anfechtungskonstellationen auf, je nachdem, ob es um die Auswirkungen einer Erbschaft auf bereits bewilligte Leistungen geht oder um die Auswirkungen einer Erbschaft auf eine Anspruchsentstehung. Nur exemplarisch für die Vielzahl denkbarer Fallkonstellationen sei der nachfolgende Beispielsfall gebildet:

20 Tochter T bezieht laufende Leistungen der Grundsicherung für Arbeitsuchende. Ihr Vater war bereits vor dem ersten Leistungsbezug der T verstorben. Infolge eines sogenannten Berliner Testaments war lediglich dessen Ehefrau und Mutter der T Alleinerbin geworden. Im Wesentlichen bestand der von der Mutter der T geerbte Nachlass in Anteil des von den Eltern der T bewohnten Hauseigentums. Der zuständige Grundsicherungsträger erfährt nunmehr von dem Erbfall. Er kündigt an, Leistungen der T rückwirkend aufzuheben und lehnt einen Neuantrag der T auf Leistungsbewilligung ab. Jeweils führt er zur Begründung aus, die T verfüge über den Leistungsanspruch nach dem SGB II ausschließendes Vermögen. Denn sie habe gegen ihre Mutter einen Pflichtteilsanspruch. T hält es für unzumutbar, diesen gegen ihre Mutter durchzusetzen, zumal sie, die T, als Folge der Geltendmachung des Pflichtteilsanspruchs nach dem gemeinschaftlichen Testament der Eltern auch im Fall des Todes ihrer Mutter von der gesetzlichen Erbfolge ausgeschlossen wird und nur den Pflichtteil erhält.

21 Schon dieser relativ einfach gebildete und wohl auch nicht ganz praxisfremde Fall wirft eine Vielzahl rechtlicher, aber auch tatsächlicher Probleme auf. In tatsächlicher Hinsicht werden viele (wenn nicht die meisten) Anspruchsteller von Grundsicherungsleistungen ihren Pflichtteilsanspruch gegen den verbliebenen Elternteil entweder gar nicht kennen oder ihn jedenfalls nicht als verwertbaren Vermögenswert ansehen, so dass entsprechende Angaben bei Antragstellung häufig nicht gemacht werden dürften. Diese Wertung ist in rechtlicher Hinsicht unzutreffend. Nach der vom BSG aufgestellten Abgrenzung von Einkommen und Vermögen dürfte T vorliegend in der Tat über Vermögen verfügt haben, das – je nach der konkreten Höhe – Einfluss auf die Anspruchsentstehung nach dem SGB II gehabt haben kann (→ SGB II §§ 11 ff. Rn. 7 ff.). Es stellen sich weiter folgende rechtliche Fragen:

- Ist der Pflichtteilsanspruch als Vermögen verwertbar? Hier stellen sich Fragen der Verwertungsart (Geltendmachung der Forderung gegenüber der Mutter, Verkauf der Forderung usw)

---

[6] Sie gelten nach § 40 Abs. 1 S. 1 SGB II.

und binnen welcher Zeit der Pflichtteilsanspruch verwertet werden kann. Verwertbar ist Vermögen nach der Rechtsprechung des BSG nämlich nur, wenn der Vermögenswert zeitnah zum Zweck des Lebensunterhaltes „versilbert" werden kann (→ SGB II §§ 11 ff. Rn. 24 ff.).

- Ist der Pflichtteilsanspruch nach § 12 Abs. 3 SGB II nicht zu berücksichtigen? Hier kommt insbesondere § 12 Abs. 3 S. 1 Nr. 6 SGB II in Betracht. Zu prüfen ist, ob die Verwertung des Pflichtteilsanspruchs offensichtlich unwirtschaftlich ist. Zu prüfen ist weiter, ob die Verwertung eine besondere Härte darstellt. Dies kann etwa der Fall sein, wenn die Befriedigung des Pflichtteilanspruchs für die Mutter eine besondere wirtschaftliche Härte bedeutet, was wiederum die Aufklärung auch der Vermögens- und Einkommensverhältnisse der Mutter voraussetzt.

Für die Rückforderung bereits erbrachter Leistungen stellen sich gegebenenfalls noch weitere Fragen. Sollte der Pflichtteilanspruch in anspruchsausschließender Weise Vermögen darstellen, wären die Leistungsbewilligungen von Anfang an iSd § 45 SGB X rechtswidrig. Eine rückwirkende Leistungsaufhebung würde voraussetzen, dass T nach § 45 Abs. 2 S. 3 Nr. 2 SGB X mindestens grob fahrlässig falsche Angaben über ihr Vermögen im Antragsformular gemacht oder sie die Rechtswidrigkeit der Bewilligungen mindestens grob fahrlässig nicht erkannt hat (§ 45 Abs. 2 S. 3 Nr. 3 SGB X). Die erforderliche Sorgfalt in besonders schwerem Maße verletzt, wer schon einfachste, ganz naheliegende Überlegungen nicht anstellt und daher nicht beachtet, was im gegebenen Fall jedem einleuchten muss; dabei ist das Maß der Fahrlässigkeit insbesondere nach der persönlichen Urteils- und Kritikfähigkeit, dem Einsichtsvermögen des Beteiligten sowie der besonderen Umstände des Falles zu beurteilen (**subjektiver Fahrlässigkeitsbegriff**).[7] Die bereits angedeutete und möglicherweise bei T bestehende Laienwertung, wonach es sich bei dem Pflichtteilsanspruch um kein „richtiges", jedenfalls kein verwertbares Vermögen handelt, mag einer rückwirkenden Leistungsaufhebung und damit auch -erstattung entgegenstehen.

Sozialgesetzbuch (SGB) Erstes Buch (I)
– Allgemeiner Teil –

Vom 11. Dezember 1975 (BGBl. I S. 3015)
(FNA 860-1)
zuletzt geändert durch Art. 3, Art. 4 8. SGB IV-ÄnderungsG vom 20. Dezember 2022
(BGBl. I S. 2759)
– Auszug –

Vorbemerkung zu §§ 56–59 SGB I

Das **SGB I**, in dem die nachfolgend zu kommentierenden Vorschriften geregelt sind, ist in **vier Abschnitte** gegliedert, die wie folgt überschrieben sind: Aufgaben des Sozialgesetzbuches und soziale Rechte (Erster Abschnitt), Einweisungsvorschriften (Zweiter Abschnitt), Gemeinsame Vorschriften für alle Sozialleistungsbereiche dieses Gesetzbuchs (Dritter Abschnitt), Übergangs- und Schlussvorschriften (Vierter Abschnitt). Überschriften, Aufbau und Gliederung des SGB I sind missglückt.[1]

Die §§ 56 bis 59 SGB I sind systematisch im Dritten Abschnitt des SGB I zu finden, der seinerseits in drei Titel gegliedert ist: Im Ersten Titel sind laut Überschrift „Allgemeine Grundsätze" geregelt, im Zweiten Titel „Grundsätze des Leistungsrechts", im Dritten Titel die „Mitwirkung des Leistungsberechtigten". Man könnte erwägen, den Zweiten Titel seinerseits zu untergliedern in die §§ 30 bis 47 SGB I und §§ 48 bis 59 SGB I, wobei teilweise eine weitere gedankliche

---

7 Vgl. nur BSG SozR 3-1300 § 45 Nr. 45.
1 HK-SGB I/Krahmer/Trenk-Hinterberger Einführung Rn. 12.

Untergliederung in „Rechtsnachfolge unter Lebenden" – §§ 48 bis 54 SGB I – und „Rechtsnachfolge unter Toten" – §§ 56 bis 59 SGB I – vorgenommen wird.[2] Dies würde indes voraussetzen, dass man den jeweiligen Vorschriften ohne Weiteres Regelungsgehalte entnehmen könnte, die sich unter einem Titel zusammenfassen lassen, was nicht der Fall sein dürfte. Gliederung und Überschriften sind nämlich auch im Dritten Abschnitt so missglückt wie im ganzen SGB I. Dass es sich beispielsweise bei den Regelungen zu Aufrechnung (§ 51 SGB I) oder Verrechnung (§ 52 SGB I) um „Grundsätze des Leistungsrechts" handeln soll, ist nur schwer nachzuvollziehen. Die Überschrift des Dritten Titels „Mitwirkung des Leistungsberechtigten" ist schon deshalb unpräzise, weil die in diesem Titel geregelten Mitwirkungspflichten oftmals erst der Feststellung dienen, ob eine Leistungsberechtigung überhaupt besteht. Es ließen sich noch zahlreiche Beispiele dieser Art nennen, worauf an dieser Stelle verzichtet werden soll. Insgesamt ist das SGB I aus hiesiger Sicht ein wenig strukturierter Flickenteppich aus Programmsätzen, Definitionen und angedeuteten Ansprüchen. Dieser Befund schließt indes nicht aus, dass einige Vorschriften des SGB I – nicht zuletzt auch die §§ 56 bis 59 SGB I – für das gesamte Sozialrecht von ausgesprochen großer Bedeutung sind.

3 Schon die systematische Stellung der §§ 56 bis 59 SGB I erhellt, dass es hierbei um **Rechtsnachfolge im Zusammenhang mit Sozialleistungen – Ansprüche – geht.** § 56 SGB I regelt den Fall der Sonderrechtsnachfolge. § 57 SGB I regelt den Verzicht und die Haftung des Sonderrechtsnachfolgers und schließt sich somit an § 56 SGB I an. § 58 SGB I regelt den Fall, in dem eine Sonderrechtsnachfolge nach den §§ 56 und 57 SGB I nicht vorliegt. § 59 SGB I regelt das Erlöschen von Ansprüchen im Falle des Todes des Berechtigten. Nach dem obigen Befund ist es wenig überraschend, dass auch die Systematik innerhalb der §§ 56 bis 59 SGB I missglückt ist. Denn § 59 SGB I hätte systematisch vor die §§ 56 bis 58 SGB I gehört.[3] Während die §§ 56 bis 58 SGB I – nicht nur – vorrangig auf die Person des Sonderrechtsnachfolgers/Erben abstellen, nimmt § 59 SGB I in erster Linie den Anspruch, der im Wege der Sonderrechtsnachfolge oder der Erbfolge übergeht, in den Blick. Denklogisch bietet es sich daher an, vor der gegebenenfalls komplizierten Klärung, ob ein Fall der Sonderrechtsnachfolge oder Erbfolge vorliegt, zu prüfen, ob der in Rede stehende Anspruch überhaupt geltend gemacht werden kann.[4]

4 Die §§ 56 bis 59 SGB I sind am 1.1.1976 in Kraft getreten.[5] Nach Art. II § 19 des Sozialgesetzbuches – Allgemeiner Teil – galten die §§ 56 bis 59 SGB I nur, wenn der Sozialleistungsberechtigte nach dem Inkrafttreten dieses Gesetzes, also nach dem 1.1.1976, gestorben war; im Übrigen galten insoweit die bisherigen Regelungen weiter. Bei den „bisherigen Regelungen" handelte es sich beispielsweise um die §§ 630, 1288 der Reichsversicherungsordnung, § 65 des Angestelltenversicherungsgesetzes oder auch § 88 des Reichsknappschaftsgesetzes.[6] Der Gesetzgeber hat auch diese Übergangsregelung zu Recht für entbehrlich erachtet und sie mit Wirkung zum 1.1.2001 aufgehoben.[7] Zu Änderungen der §§ 56 bis 59 SGB I siehe die Kommentierungen der jeweiligen Vorschriften.

---

2 Vgl. etwa Kass-Komm/Seewald Vorb. §§ 48 bis 59 SGB I Rn. 1 bis 3; es sei darauf hingewiesen, dass § 55 SGB I durch das Gesetz zur Änderung des Kontopfändungsschutzes vom 7.7.2009 (BGBl. I 1707) mit Wirkung zum 1.1.2012 aufgehoben worden ist.
3 BeckOK SozR/Gutzler SGB I § 59 Rn. 1.
4 Vgl. BSG SozR 4-1200 § 56 Nr. 3: „Die Prüfung der Rechtsnachfolge hinsichtlich eines Sozialleistungsanspruchs beim Tode des Berechtigten ist daher zwingend in der Weise vorzunehmen, dass zunächst die tatbestandlichen Voraussetzungen des § 59 SGB I, bei deren Vorliegen die des § 56 SGB I und erst bei deren Nichtvorliegen die Voraussetzungen des § 58 Abs. 1 SGB I iVm §§ 1922 bzw. 1937, 1941 BGB zu untersuchen sind."; LPK-SGB I/Reinhardt § 56 Rn. 6.
5 Art. II § 23 Abs. 1 S. 1 des Sozialgesetzbuches – Allgemeiner Teil – vom 11.12.1975, BGBl. I 3015.
6 Vgl. auch den Überblick bei GK-SGB I/von Maydell SGB I §§ 56–59 Rn. 3.
7 Durch Art. 67 Nr. 1 des Gesetzes zur Einführung des Euro im Sozial- und Arbeitsrecht sowie zur Änderung anderer Vorschriften vom 21.12.2000, BGBl. I 1983; s. a. BT-Drs. 14/4375, 68.

§ 56 SGB I Sonderrechtsnachfolge

(1) ¹Fällige Ansprüche auf laufende Geldleistungen stehen beim Tode des Berechtigten nacheinander

1. dem Ehegatten,
1a. dem Lebenspartner,
2. den Kindern,
3. den Eltern,
4. dem Haushaltsführer

zu, wenn diese mit dem Berechtigten zur Zeit seines Todes in einem gemeinsamen Haushalt gelebt haben oder von ihm wesentlich unterhalten worden sind. ²Mehreren Personen einer Gruppe stehen die Ansprüche zu gleichen Teilen zu.

(2) Als Kinder im Sinne des Absatzes 1 Satz 1 Nr. 2 gelten auch

1. Stiefkinder und Enkel, die in den Haushalt des Berechtigten aufgenommen sind,
2. Pflegekinder (Personen, die mit dem Berechtigten durch ein auf längere Dauer angelegtes Pflegeverhältnis mit häuslicher Gemeinschaft wie Kinder mit Eltern verbunden sind),
3. Geschwister des Berechtigten, die in seinen Haushalt aufgenommen worden sind.

(3) Als Eltern im Sinne des Absatzes 1 Satz 1 Nr. 3 gelten auch

1. sonstige Verwandte der geraden aufsteigenden Linie,
2. Stiefeltern,
3. Pflegeeltern (Personen, die den Berechtigten als Pflegekind aufgenommen haben).

(4) Haushaltsführer im Sinne des Absatzes 1 Satz 1 Nr. 4 ist derjenige Verwandte oder Verschwägerte, der an Stelle des verstorbenen oder geschiedenen oder an der Führung des Haushalts aus gesundheitlichen Gründen dauernd gehinderten Ehegatten oder Lebenspartners den Haushalt des Berechtigten mindestens ein Jahr lang vor dessen Tod geführt hat und von diesem überwiegend unterhalten worden ist.

A. Allgemeines 1	(3) Aufgenommen in den Haushalt des Berechtigten 36
I. Entstehung und Gesetzesentwicklung 1	(4) Pflegekinder 39
II. Normzweck 2	d) Eltern 45
III. Überblick 3	e) Haushaltsführer 47
B. Regelungsgehalt 4	C. Rechtsfolgen und praktische Hinweise 53
I. Verhältnis zum Erbrecht 4	I. Unmittelbare Folgen der Sonderrechtsnachfolge 54
II. Tatbestandsvoraussetzungen 6	1. Allgemeines 54
1. Fällige Ansprüche auf laufende Geldleistungen 6	2. Rangfolge 56
a) Geldleistungen 6	3. Sonderfall: Der verstorbene Sonderrechtsnachfolger 58
b) Fällige Ansprüche auf Geldleistungen 10	II. Prozessuale und kostenrechtliche Folgen der Sonderrechtsnachfolge 62
c) Laufende Geldleistungen 15	1. Klagebefugnis/Prozessführungsbefugnis/Aktivlegitimation 62
2. In einem gemeinsamen Haushalt gelebt oder wesentlich unterhalten worden ... 17	2. Kosten 66
a) Leben im gemeinsamen Haushalt . 18	a) Allgemeines zum Kostenrecht im sozialgerichtlichen Verfahren 66
b) Wesentlich unterhalten worden 23	b) Kostenregelungen im Falle der Rechtsnachfolge 69
3. Personenkreis 27	c) „Gemischte" Kostenentscheidung . 71
a) Ehegatten 28	d) Einheitliche Kostenentscheidung bei mehreren Klägern 75
b) Lebenspartner 30	
c) Kinder 31	
aa) Kinder iSd Abs. 1 S. 1 Nr. 2 ... 31	
bb) Kinder iSd Abs. 2 32	
(1) Stiefkinder und Enkel 33	
(2) Geschwister 35	

A. Allgemeines

I. Entstehung und Gesetzesentwicklung

1 § 56 SGB I regelt seit dem Inkrafttreten des SGB I zum 1.1.1976 die Sonderrechtsnachfolge. Die Vorschrift ist vier Mal geändert worden. Durch Art. 18 Nr. 2 lit. a und b des Gesetzes zur Anpassung rechtlicher Vorschriften an das Adoptionsgesetz vom 24.6.1985[1] wurden mit Wirkung zum 28.6.1985 die Abs. 2 und 3 neu gefasst.[2] Durch Art. 1 Nr. 6 des Gesetzes zur Einführung des Euro im Sozial- und Arbeitsrecht sowie zur Änderung anderer Vorschriften vom 21.12.2000[3] wurden mit Wirkung zum 1.1.2001 lediglich redaktionelle Ungenauigkeiten beseitigt.[4] Durch Art. 3 § 48 des Gesetzes zur Beendigung der Diskriminierung gleichgeschlechtlicher Gemeinschaften: Lebenspartnerschaften vom 16.2.2001[5] wurden mit Wirkung zum 1.8.2001 in den Abs. 1 und 4 die Lebenspartner als mögliche Sonderrechtsnachfolger berücksichtigt. Durch Art. 47 des Gesetzes zur Gleichstellung behinderter Menschen und zur Änderung anderer Gesetze vom 27.4.2002[6] wurde Abs. 4 mit Wirkung zum 1.5.2002 geringfügig geändert.[7] Seitdem wurde § 56 SGB I nicht mehr geändert.

II. Normzweck

2 Wörtlich hat der Gesetzgeber den **Zweck der Sonderrechtsnachfolge** wie folgt umrissen: „Werden Ansprüche auf laufende Geldleistungen nicht rechtzeitig erfüllt, beschränkt das in aller Regel die Lebensführung nicht nur des Leistungsberechtigten, sondern aller Familienangehörigen, die mit ihm in einem gemeinsamen Haushalt leben. Um die dadurch entstandene Benachteiligung auszugleichen, sieht § 56 SGB I in Abweichung vom Erbrecht, aber in Übereinstimmung mit Vorschriften des geltenden Rechts und mit der Funktion solcher Leistungen eine Sonderrechtsnachfolge vor. Berechtigt zur Geltendmachung der Leistungen sind nacheinander der Ehegatte, die Kinder und die Eltern des Verstorbenen, wenn sie mit ihm zur Zeit seines Todes in einem gemeinsamen Haushalt gelebt haben oder von ihm wesentlich unterhalten worden sind."[8] Es geht also um den **Ausgleich von Nachteilen in der Lebensführung, die durch nicht rechtzeitige Erfüllung von Ansprüchen eingetreten sind**.[9]

III. Überblick

3 § 56 SGB I besteht aus vier Absätzen. Tatbestandsvoraussetzungen und Rechtsfolge sind in Abs. 1 geregelt. Die Abs. 2 und 3 enthalten Erweiterungen zu den Begriffen „Kinder" in Abs. 1 S. 1 Nr. 2 und „Eltern" in Abs. 1 S. 1 Nr. 3. Abs. 4 enthält eine Legaldefinition des Begriffs „Haushaltsführer" in Abs. 1 S. 1 Nr. 4.

B. Regelungsgehalt

I. Verhältnis zum Erbrecht

4 **§ 56 SGB I geht dem allgemeinen Erbrecht vor**, das heißt, die darin geregelte Sonderrechtsnachfolge ist sowohl gegenüber der gesetzlichen als auch gegenüber der gewillkürten Erbfolge vorrangig.[10] Da § 56 SGB I das Erbrecht des BGB zugunsten der in der Vorschrift aufgeführten Sonderrechtsnachfolger uneingeschränkt beseitigt, werden durch diese nicht nur die gesetzli-

---

1 BGBl. I 1144.
2 Definition der Begriffe „Kinder" und „Eltern".
3 BGBl. I 1983.
4 Verweis auf Abs. 1 S. 1 statt nur auf Abs. 1.
5 BGBl. I 266.
6 BGBl. I 1467.
7 Die Wörter „Krankheit, Gebrechen oder Schwäche" wurden zu „gesundheitlichen Gründen" zusammengefasst.
8 BT-Drs. 7/868, 33.
9 Vgl. KassKomm/Siefert SGB I § 56 Rn. 2.
10 BSG BSGE 28, 102 zur ähnlich gestalteten Vorschrift des § 1288 Abs. 2 RVO; Krauskopf/Baier SGB I § 56 Rn. 4; Jahn/Klose SGB I/Klose SGB I § 56 Rn. 2.

chen, sondern auch die rechtsgeschäftlich eingesetzten Erben iSd BGB ausgeschlossen.[11] Die vom Gesetz gewollte Privilegierung bestimmter Personen verbietet davon abweichende Verfügungen von Todes wegen im Sinne der §§ 1937 ff. BGB. Dies stellt keinen Verstoß gegen Verfassungsrecht, insbesondere gegen Art. 14 GG dar.[12] Schlägt der Sonderrechtsnachfolger, der zugleich Erbe ist, das Erbe aus, ist damit nicht zwingend zugleich der Verzicht auf die Rechte aus der Sonderrechtsnachfolge verbunden.[13] Denn § 1951 Abs. 1 BGB erlaubt es bereits dem Erben, der zu mehreren Erbteilen berufen ist, den einen Erbteil zu behalten und den anderen auszuschlagen, wenn die Berufung auf verschiedenen Gründen beruht. Erst recht muss daher der Sonderrechtsnachfolger, der zugleich Erbe nach bürgerlichem Recht ist, befugt sein, nur die gesetzliche oder testamentarische Erbfolge auszuschlagen und die Sonderrechtsnachfolge zu behalten, die ein öffentlich-rechtliches Rechtsinstitut ist, das neben der allgemeinen Erbfolge besteht. Der erbberechtigte Sonderrechtsnachfolger muss demnach gegebenenfalls einen Verzicht auf die Sonderrechtsnachfolge gemäß § 57 SGB I erklären.

Es mag vordergründig angemessen erscheinen, die Regelung über die **Erbunwürdigkeit** (§ 2339 Abs. 1 Nr. 1 BGB) entsprechend auf die Sonderrechtsnachfolge anzuwenden.[14] Gleichwohl ist eine entsprechende Anwendung abzulehnen. Denn bei den Erbunwürdigkeitsgründen des § 2339 Abs. 1 BGB wird ein mutmaßlicher Wille des Erblassers unterstellt, dass der die Erbunwürdigkeitsgründe Verwirklichende vom Erbe ausgeschlossen sein soll.[15] Schon dieser Gedanke passt aber nicht für § 56 SGB I, weil die darin geregelte Sonderrechtsnachfolge vom Willen des (Sozialleistungs-)Berechtigten unabhängig ist. Zudem ist die Feststellung der Erbunwürdigkeit nur im Rechtsstreit auf Anfechtungsklage gemäß § 2342 BGB möglich.[16] Eine derartige Anfechtungsklage ist dem Sozialrecht aber fremd. Wollte man den Ausgang einer zivilrechtlich erhobenen Anfechtungsklage auf die Sonderrechtsnachfolge übertragen, müsste man berücksichtigen, dass der Kreis der Anfechtungsberechtigten nach dem BGB regelmäßig wesentlich größer ist als der Kreis der möglichen Sonderrechtsnachfolger nach § 56 SGB I. Denn gemäß § 2341 BGB ist anfechtungsberechtigt jeder, dem der Wegfall des Erbunwürdigen, sei es auch nur bei dem Wegfall eines anderen, zustattenkommt, während Voraussetzung für die Sonderrechtsnachfolge gemäß § 56 Abs. 1 S. 1 SGB I ist, dass die dort genannten Personen mit dem Berechtigten zur Zeit seines Todes in einem gemeinsamen Haushalt gelebt haben oder von ihm wesentlich unterhalten worden sind. Daraus folgt aber, dass nicht jeder, der mit Erfolg eine Anfechtungsklage nach § 2342 BGB erhoben hat, für eine Sonderrechtsnachfolge gemäß § 56 SGB I in Betracht kommt.

II. Tatbestandsvoraussetzungen

1. Fällige Ansprüche auf laufende Geldleistungen. a) Geldleistungen. Der Begriff „Geldleistungen" wird in den §§ 56 bis 59 SGB I an mehreren Stellen erwähnt. Gemeint sind nach hM jeweils, also auch in § 56 SGB I, nur **Sozialleistungen** iSd § 11 S. 1 SGB I.[17] Dem ist schon aufgrund der systematischen Stellung der §§ 56 bis SGB I zuzustimmen, die im Zweiten Titel des Dritten Abschnitts „Grundsätze des Leistungsrechts" geregelt sind. Soweit der 2. Senat des BSG indes ausgeführt hatte, ein Begehren gegen die Unfallkasse auf Verpflichtung zur Anerkennung einer Erkrankung als gesundheitliche Folge einer Berufskrankheit ohne weitergehende Verpflichtungs- oder Leistungsklage habe auch dann keine fälligen Ansprüche auf laufende Geldleistungen zum Streitgegenstand, wenn damit die eigenen Ansprüche als Hinterbliebene vorbereitet würden,[18] hat er diese Rechtsprechung nunmehr aufgegeben.[19] Die Klagebefugnis sowie das berechtigte Interesse an der Feststellung eines Versicherungsfalls entfallen für einen Sonder-

---

11 Lilge/Gutzler/Lilge SGB I § 56 Rn. 7a.
12 BSG BSGE 37, 199 zu § 65 Abs. 2 AVG, der § 1288 Abs. 2 RVO entsprach.
13 BSG BSGE 31, 267 zu § 65 AVG; Krauskopf/Baier SGB I § 56 Rn. 5.
14 So BeckOK SozR/Gutzler SGB I § 56 Rn. 12.
15 NK-BGB/Kroiß § 2339 Rn. 1.
16 NK-BGB/Kroiß § 2339 Rn. 14.
17 Lilge/Gutzler/Lilge SGB I § 56 Rn. 8; Hauck/Noftz/von Koppenfels-Spies K SGB I § 56 Rn. 8; Jahn/Klose SGB I/Klose SGB I § 56 Rn. 7.
18 BSG SozR 4-1500 § 183 Nr. 13.
19 BSG BeckRS 2021, 21379.

rechtsnachfolger danach nicht deshalb, weil das ursprüngliche Klageverfahren des Verstorbenen lediglich eine kombinierte Anfechtungs- und Feststellungsklage gemäß § 54 Abs. 1 iVm § 55 SGG zum Gegenstand hatte. Dies gilt jedenfalls dann, wenn es möglich erscheint, dass fällige laufende Geldleistungsansprüche des Verstorbenen, die bei Vorliegen einer Berufskrankheit zu dessen Lebzeiten entstanden sind, auf den Sonderrechtsnachfolger übergegangen sein könnten. Ein Sonderrechtsnachfolger iSd § 56 SGB I kann deshalb eine von dem Verstorbenen zulässig erhobene kombinierte Anfechtungs- und auf die Feststellung des Versicherungsfalles beschränkte Verpflichtungs- bzw. Feststellungsklage fortführen, wenn er ein berechtigtes Interesse an der Feststellung des Versicherungsfalls hat, weil er auf der Grundlage der begehrten Feststellung Ansprüche auf Geldleistungen geltend machen könnte.

7 Für **Beitragserstattungsansprüche** – vor allem solche nach § 26 Abs. 2 SGB IV – des Versicherten gegen den jeweiligen Versicherungsträger ist zu unterscheiden, ob es um die **Erstattung rechtmäßig oder unrechtmäßig entrichteter Beiträge** geht. Ansprüche auf Erstattung zu Unrecht entrichteter Beiträge sind keine Geldleistungen iSd § 11 S. 1 SGB I.[20] Das in diesem Zusammenhang häufig zitierte Urteil des BSG vom 30.10.1990[21] ist indes zu § 27a des Gesetzes über eine Altershilfe für Landwirte ergangen, der § 210 SGB VI entspricht, und die Erstattung zu Recht geleisteter Beiträge zum Gegenstand hat. Bei diesen Erstattungsansprüchen geht es um Geldleistungen iS von § 11 S. 1 SGB I. Es handelt sich aber um keine laufenden, sondern um einmalige Geldleistungen, so dass § 56 SGB I aus diesem Grunde nicht anzuwenden ist.[22] Hiervon streng zu unterscheiden sind **beitragsrechtliche Ansprüche des Versicherten** gegen den Arbeitgeber. Dies sind keine Geldleistungsansprüche iSd § 56 SGB I. § 56 SGB I regelt nur die Rechtsnachfolge in Leistungsansprüche; eine entsprechende Regelung für das Beitragsrecht fehlt.[23]

7.1 Die Frage, ob ein Recht, Beiträge zur freiwilligen Rentenversicherung zu zahlen, auf einen Sonderrechtsnachfolger oder Erben übergehen kann, hat das BSG in einem Urteil vom 30.4.2013 als nicht entscheidungserheblich offen gelassen.[24] Hier von einem fälligen Geldleistungsanspruch auszugehen, dürfte indes den Wortlaut der §§ 56 und 58 SGB I sprengen.[25] Allerdings hat der 13. Senat des BSG einen Sonderrechtsnachfolger als berechtigt angesehen, ein dem Versicherten im Zeitpunkt seines Todes zustehendes Nachentrichtungsrecht auszuüben. Denn er sei als dessen Sonderrechtsnachfolger befugt, alle zur Verwirklichung des Leistungsanspruchs erforderlichen Rechtshandlungen vorzunehmen.[26]

8 Die Sonderrechtsnachfolge erstreckt sich auch auf die mit dem jeweiligen Geldleistungsanspruch verknüpften **Zinsansprüche**.[27] Dem steht nach der Rechtsprechung des BSG nicht entgegen, dass § 56 SGB I, der ausdrücklich nur die Sonderrechtsnachfolge in fällige Ansprüche auf laufende Geldleistungen regelt, nur für wiederkehrende Sozialleistungen im Sinne von § 11 SGB I gilt. Denn Zinsen sind zwar keine selbstständigen Sozialleistungen, sondern aufgrund ihrer Abhängigkeit von einem Hauptanspruch (Akzessorietät) unselbstständige und einmalige Nebenleistungen, doch findet auch insoweit wegen der Akzessorietät dieser Leistungen eine Rechtsnachfolge statt. Diese umfasst nach den Ausführungen des BSG nicht nur die bereits zu Lebzeiten des Versicherten entstandenen Zinsansprüche, sondern in vollem Umfang auch alle später fällig gewordenen. Dem ist zuzustimmen, wenn man auch konstatieren muss, dass insoweit – also in Bezug auf die nach dem Tod des Berechtigten entstandenen Zinsansprüche – im

---

20 Lilge/Gutzler/Lilge SGB I § 58 Rn. 3; Hauck/Noftz/von Koppenfels-Spies K SGB I § 58 Rn. 3; BSG BSGE 24, 126, wonach der Rückzahlungsanspruch zu Unrecht erbrachter Beiträge keine Leistung aus der Versicherung sei; die zum Entscheidungszeitpunkt vom Gesetzgeber noch verwendete terminologische Unterscheidung von Erstattung (bei zu Recht erbrachten Beiträgen) und Rückzahlung (bei zu Unrecht erbrachten Beiträgen) hat der Gesetzgeber in § 26 Abs. 2 SGB IV nicht durchgehalten.
21 SozR 3-5850 § 27a Nr. 1.
22 BSG Urt. v. 24.4.2003 – B 10 LW 15/02 R, juris.
23 BSG SozR 1500 § 75 Rn. 44.
24 SozR 4-5075 § 3 Nr. 3.
25 Vgl. auch KassKomm/Siefert SGB I § 56 Rn. 9.
26 BSG BSGE 86, 153.
27 Vgl. BSG SozR 3-1200 § 44 Nr. 8; Krauskopf/Baier SGB I § 56 Rn. 6a.

eigentlichen Sinne keine Rechtsnachfolge in eine vom verstorbenen Berechtigten zu dessen Lebzeiten erworbene Rechtsposition stattfindet. Die Verzinsung richtet sich nach § 44 SGB I.[28]

Ob die Regelungen für Geldleistungen auch auf Sozialhilfeleistungen und auf Leistungen der Grundsicherung für Arbeitsuchende („Hartz IV") anzuwenden sind, ist umstritten, → SGB I § 59 Rn. 6 ff. Das BayLSG lehnt eine Anwendung des § 56 SGB I auf das bayerische Landespflegegeld wegen dessen höchstpersönlichen Charakters ab.[29]   9

b) Fällige Ansprüche auf Geldleistungen. Geldleistungsansprüche müssen fällig sein.[30] Hierin verbergen sich zwei Voraussetzungen. Zum einen müssen Ansprüche **entstanden** sein. Die Entstehung von Ansprüchen ist in § 40 SGB I geregelt. Nach § 40 Abs. 1 SGB I entstehen Ansprüche auf Sozialleistungen, sobald ihre im Gesetz oder aufgrund eines Gesetzes bestimmten Voraussetzungen vorliegen. Bei Ermessensleistungen ist gemäß § 40 Abs. 2 SGB I der Zeitpunkt maßgebend, in dem die Entscheidung über die Leistung bekanntgegeben wird, es sei denn, dass in der Entscheidung ein anderer Zeitpunkt bestimmt ist. **Abs. 1 gilt mithin für die im Sozialrecht häufigeren Pflichtleistungen, Abs. 2 für Ermessensleistungen.** Zu dem Verhältnis von Pflicht- und Ermessensleistungen ist auch auf die §§ 38 und 39 SGB I zu verweisen. Nach § 38 SGB I besteht auf Sozialleistungen ein Anspruch, soweit nicht nach den besonderen Teilen dieses Gesetzbuchs die Leistungsträger ermächtigt sind, bei der Entscheidung über die Leistung nach ihrem Ermessen zu handeln. Hierbei handelt es sich auch um eine Auslegungsregel, nach der auf Sozialleistungen im Zweifel ein Anspruch besteht und Ermessensleistungen vom Gesetz als solche gekennzeichnet werden müssen.[31]   10

Zum anderen müssen die Geldleistungsansprüche auch **fällig** sein. Die Fälligkeit von Sozialleistungsansprüchen ist in § 41 SGB I geregelt. Soweit die besonderen Teile dieses Gesetzbuchs keine Regelung enthalten, werden danach Ansprüche auf Sozialleistungen mit ihrem Entstehen fällig.   11

Für den Fall einer **„gemischten" Anspruchs- und Ermessensleistung** hatte das BSG in einem lesenswerten Urteil vom 5.2.2008[32] einige „Hindernisse" zu beseitigen, um eine Sonderrechtsnachfolge bejahen zu können. In Streit stand hier ein Anspruch des verstorbenen Berechtigten nach § 3 Abs. 2 der Berufskrankheiten-Verordnung (BKV). Als Übergangsleistung wird danach ein einmaliger Betrag bis zur Höhe der Vollrente oder eine monatlich wiederkehrende Zahlung bis zur Höhe eines Zwölftels der Vollrente längstens für die Dauer von fünf Jahren gezahlt. Auf die Übergangsleistung besteht dem Grunde nach ein Anspruch des Versicherten, wenn die Voraussetzungen des § 3 Abs. 2 S. 1 BKV gegeben sind. Dagegen steht die Entscheidung über Art, Dauer und Höhe der Leistung im pflichtgemäßen Ermessen des Unfallversicherungsträgers.   12

Nach Auffassung des BSG handelte es sich bei dem streitigen Anspruch um einen fälligen Anspruch auf laufende Geldleistungen. Ansprüche auf Sozialleistungen würden gemäß § 41 SGB I mit ihrem Entstehen fällig, falls die besonderen Teile des SGB insoweit keine Regelung enthielten. Zwar sei für das Entstehen von Ermessensleistungen iSd § 39 Abs. 1 SGB I der Zeitpunkt maßgebend, in dem die Entscheidung über die Leistung (Verwaltungsakt) bekannt gegeben wird, es sei denn, dass in der Entscheidung ein anderer Zeitpunkt bestimmt ist (§ 40 Abs. 2 SGB I). Vorliegend sei dem Berechtigten auch kein entsprechender Verwaltungsakt über die Gewährung von konkreten Übergangsleistungen bekannt gegeben worden, so dass ein solcher Anspruch noch nicht entstanden sei. Allerdings habe der Anspruch auf Gewährung von Übergangsleistungen eine für die Beurteilung des Zeitpunktes seiner Entstehung und damit seiner Fälligkeit relevante besondere Struktur, die ihn von den reinen Ermessensleistungen erheblich unterscheide. Es handele sich um einen dem Grunde nach bestehenden Rechtsanspruch und erst hinsichtlich der Einzelleistungen um eine Ermessensleistung, die einen Anspruch auf ermessens-   13

---

28 Vgl. vor allem § 44 Abs. 1 SGB I, wonach sich die Zinsen auf 4 Prozent belaufen.
29 Urt. v. 28.7.2022 – L 4 P 31/22 LP, juris.
30 Vgl. nur Hauck/Noftz/von Koppenfels-Spies K SGB I § 56 Rn. 9; KassKomm/Siefert SGB I § 56 Rn. 6.
31 KassKomm/Spellbrink SGB I § 38 Rn. 11.
32 SozR 4-1200 § 56 Nr. 3.

fehlerfreie Entscheidung bedinge. Es entspreche dem Sinn und Zweck der Rechtsnachfolgeregelung des § 56 SGB I, im Rahmen dieser Vorschrift diesen Begriff jedenfalls bei einem so strukturierten Anspruch wie dem vorliegenden in der Weise zu handhaben, dass bereits das Entstehen des Rechtsanspruchs dem Grunde nach für die Erfüllung des Tatbestandmerkmals der Fälligkeit ausreiche, die Bekanntgabe der Auswahlermessensentscheidung hinsichtlich der Einzelleistung hierfür also nicht erforderlich sei. Die Rechtsnachfolgevorschriften für Sozialleistungsansprüche im SGB I sollten im Wesentlichen dazu dienen, Nachteile auszugleichen, die den mit dem Berechtigten in einem gemeinsamen Haushalt lebenden Familienangehörigen dadurch erwachsen, dass sie durch die nicht rechtzeitige Erfüllung fälliger Ansprüche auf laufende Geldleistungen in aller Regel neben dem Berechtigten in ihrer Lebensführung beeinträchtigt werden. Der Ausgleich von wirtschaftlichen Nachteilen, die den Familienangehörigen durch den infolge der Einstellung der gesundheitsgefährdenden versicherten Tätigkeit geminderten Verdienst des Versicherten entstehen, sei gerade Sinn und Zweck der Übergangsleistung gemäß § 3 Abs. 2 BKV, die bei Vorliegen dieser Voraussetzungen als Anspruch dem Grunde nach bestehe und nur noch der Konkretisierung bedürfe. Aus diesem Grundanspruch folge der Anspruch auf pflichtgemäße Ausübung des Auswahlermessens, die beide Gegenstand der Sonderrechtsnachfolge seien.

14 Im Ergebnis hat das BSG demnach jeweils bejaht
- das Vorliegen einer **Geldleistung**, obwohl partiell nur ein Anspruch auf eine fehlerfreie Ermessensentscheidung übergegangen war,
- die **Entstehung** des Geldleistungsanspruchs, obwohl es entgegen § 40 Abs. 2 SGB I an der Bekanntgabe einer Entscheidung über die Leistung fehlte,
- die **Fälligkeit** gemäß § 41 SGB I, obwohl – wie das BSG selbst feststellt – eine solche hinsichtlich des Grundanspruchs nicht eintreten konnte, da der daraus Berechtigte die Leistung hier nicht sofort verlangen konnte und der Unfallversicherungsträger sie auch nicht sofort bewirken musste,
- das Vorliegen einer **laufenden** Geldleistung, obwohl § 3 Abs. 2 BKV gerade auch die Ausübung des Auswahlermessens auf Zahlung einer einmaligen Geldleistung vorsieht.

15 c) **Laufende Geldleistungen.** Den Begriff der laufenden Geldleistungen, dem der Begriff der „einmaligen" Geldleistung gegenübersteht, definiert das Gesetz nicht. Es handelt sich dabei um Leistungen, die regelmäßig wiederkehrend für bestimmte Zeitabschnitte gezahlt werden; sie verlieren ihren Charakter nicht dadurch, dass sie verspätet oder als zusammenfassende Zahlung für mehrere Zeitabschnitte geleistet werden.[33]

16 Umstritten war, ob es sich bei Ansprüchen nach der praxisrelevanten Vorschrift des **§ 13 Abs. 3 SGB V** um laufende Geldleistungsansprüche handelt. § 13 Abs. 3 SGB V regelt unter anderem den Fall, in dem eine gesetzliche Krankenkasse eine Leistung ablehnt und der Versicherte sie sich daraufhin gleichwohl selbst beschafft. Dem liegt zugrunde, dass im Krankenversicherungsrecht grundsätzlich das Sachleistungsprinzip vorherrscht, die gesetzliche Krankenkasse also im Regelfall die jeweilige Leistung (ärztliche Leistung, das Medikament, die Krankenhausbehandlung etc) unmittelbar mit dem Leistungserbringer abrechnet. Abweichungen kommen dann vor, wenn Versicherte, die in der Praxis in den hier zu besprechenden Fällen regelmäßig schwer erkrankt sind, auf Leistungen zurückgreifen wollen, die nicht vom Leistungsangebot der gesetzlichen Krankenversicherung umfasst sind. Beantragen sie bei ihrer gesetzlichen Krankenkasse die Kostenübernahme und lehnt sie diese ab,[34] kann der Versicherte die dann anfallenden Kosten

---

[33] BSG SozR 4-1200 § 56 Nr. 3; BSG SozR 4-2500 § 60 Nr. 7; Jahn/Klose SGB I/Klose SGB I § 56 Rn. 8.

[34] Die Ablehnung des Antrags ist regelmäßig zwingende Voraussetzung für den Kostenerstattungsanspruch. Der oft gehörte Hinweis, die Krankenkasse hätte sowieso abgelehnt, ist rechtlich unerheblich, vgl. BSG SozR 4-2500 § 13 Nr. 1. Die alternative Möglichkeit der Kostenerstattung nach § 13 Abs. 3 SGB V – unaufschiebbare Leistung – greift in der Praxis häufig nicht durch.

im Wege des Kostenerstattungsanspruchs bei seiner Krankenkasse geltend machen.[35] In Fall des BSG war die Versicherte während des Klageverfahrens verstorben und wurden die verauslagten Aufwendungen vom Ehemann als Rechtsnachfolger geltend gemacht.[36] Kernproblem war, ob der Kostenerstattungsanspruch auf eine laufende Geldleistung gerichtet war. Der 1. Senat des BSG meint, dies sei im Rechtssinne der Fall. Er hält eine weite Auslegung im Hinblick auf den Schutzzweck der Sonderrechtsnachfolge sowie der Funktion des betroffenen Kostenerstattungsanspruchs als Naturalleistungsersatz für geboten. Da er insoweit von der sich am Wortlaut orientierenden Auslegung des 3. Senats des BSG abwich,[37] hatte er gemäß § 41 Abs. 3 S. 1 SGG die Frage an den 3. Senat gerichtet, ob dieser an seiner abweichenden Auffassung festhalte.[38] Der 3. Senat hat hierauf mit Beschluss vom 15.3.2012[39] erklärt, an seiner gegenteiligen Rechtsauffassung nicht mehr festzuhalten, so dass der 1. Senat in dem Verfahren B 1 KR 6/11 R durch Urteil vom 3.7.2012 auf der Grundlage seiner Rechtsauffassung entscheiden konnte.[40] Das LSG Baden-Württemberg erstreckt die skizzierte Rechtsprechung ausdrücklich nicht auf den Erstattungsanspruch nach § 13 Abs. 2 SGB V. Bei diesem handele es sich nicht um eine laufende Geldleistung iSd § 56 Abs. 1 S. 1 SGB I. Der Kostenerstattungsanspruch nach § 13 Abs. 2 SGB V gehe aber nach dem Tod des Versicherten gemäß § 1922 Abs. 1 BGB auf den Rechtsnachfolger über.[41]

2. In einem gemeinsamen Haushalt gelebt oder wesentlich unterhalten worden. Entsprechend dem Gesetzeszweck – Ausgleich von Nachteilen in der Lebensführung – kann Sonderrechtsnachfolger nur sein, wer möglicherweise durch die Nichtleistung der Sozialleistung in seiner Lebensführung betroffen war. Der Gesetzgeber unterstellt dies für diejenigen, die mit dem Berechtigten zur Zeit seines Todes in einem gemeinsamen Haushalt gelebt haben oder von ihm wesentlich unterhalten worden sind. Liegt keiner dieser Voraussetzungen vor, vermag also eine noch so enge verwandtschaftliche Beziehung allein die Sonderrechtsnachfolge nicht zu begründen. 17

a) Leben im gemeinsamen Haushalt. In § 56 SGB I finden sich **verschiedene Formulierungen** im Zusammenhang mit einem Zusammenleben mit dem Berechtigten. In Abs. 1 ist die Rede von Personen, die mit dem Berechtigten „in einem gemeinsamen Haushalt gelebt haben". Nach Abs. 2 der Vorschrift müssen in Nr. 1 Stiefkinder und Enkel sowie in Nr. 3 Geschwister des Berechtigten „in den Haushalt des Berechtigten" oder „in seinen Haushalt" aufgenommen worden sein. Pflegekinder iSd Abs. 2 Nr. 2 müssen mit dem Berechtigten durch ein „Pflegeverhältnis mit häuslicher Gemeinschaft" verbunden sein. Nach der Rechtsprechung des BSG lassen diese unterschiedlichen Formulierungen in § 56 Abs. 1 und 2 SGB I nur den Schluss zu, dass es sich auch um **unterschiedliche gesetzliche Voraussetzungen** handelt.[42] Dem ist zuzustimmen. Gemeinsam ist allen Formulierungen, dass die betreffenden Personen in einem gemeinsamen Haushalt zusammenleben. Nach Abs. 2 Nr. 1 und 3 muss es sich allerdings gerade um den Haushalt des Berechtigten handeln, der diesem Haushalt auch vorsteht. Das bedeutet, dass die in Abs. 2 aufgestellten Voraussetzungen über die in Abs. 1 hinausgehen. Mit anderen Worten: Wer die Voraussetzungen des Abs. 2 erfüllt, hat stets auch iSd Abs. 1 S. 1 mit dem Berechtigten in einem Haushalt zusammengelebt.[43] Zu erwähnen ist schließlich noch § 56 Abs. 4 SGB I, der die Führung des Haushaltes des Berechtigten für mindestens ein Jahr voraussetzt. 18

---

35 Entweder direkt als Erstattungsanspruch auf bereits getätigte Ausgaben oder als Freistellungsanspruch, der also darauf gerichtet ist, ihn von den gegen ihn geltend gemachten Forderungen der Leistungserbringer freizustellen.
36 BSG R NZS 2012, 340. Es ging hier um gut 77.000 EUR, die die Versicherte ua für eine in der Krebstherapie eingesetzte Laserinduzierte Interstitielle Thermotherapie (LITT) aufgewendet hatte.
37 Vgl. BSG SozR 4-2500 § 37 Nr. 10.
38 Diese Anfrage ist regelmäßig Zulässigkeitsvoraussetzung für eine Vorlage an den Großen Senat.
39 B 3 KR 2/11 S, nv.
40 BSG SozR 4-2500 § 13 Nr. 25; bestätigt im Urt. v. 8.9.2015, BSG KHE 2015, 64.
41 Urt. v. 8.11.2022 – L 11 KR 1645/20, juris; Revision hiergegen anhängig unter B 1 KR 39/22 R.
42 BSG BSGE 67, 211.
43 Lilge/Gutzler/Lilge SGB I § 56 Rn. 13; GK-SGB I/von Maydell SGB I § 56 Rn. 21.

19 Zu erörtern ist nach obigen Ausführungen zunächst die allgemeine Voraussetzung des Lebens in einem **gemeinsamen Haushalt**. Eine gesetzliche Definition hierfür gibt es nicht.[44] Gemeinhin werden zum einen **räumliche und zeitliche Anforderungen** an die Art des Zusammenlebens gestellt. Räumlich ist das Zusammenleben „unter einem Dach" zu fordern.[45] Zeitlich muss das Zusammenleben auf Dauer angelegt sein, eine nur vorübergehende Anwesenheit im Haushalt des Berechtigten reicht also nicht.[46] Vorübergehende Abwesenheit – etwa ein Krankenhausaufenthalt oder Urlaub, aber auch Abwesenheit eines Kindes zur Schul- oder Berufsausbildung – steht dem Zusammenleben in einem gemeinsamen Haushalt nicht entgegen.[47] Von einer nur vorübergehenden Abwesenheit kann indes nur dann ausgegangen werden, wenn eine gesicherte Grundlage für die Annahme vorliegt, die räumliche Trennung sei nur vorübergehender Natur.[48] Ob eine nur vorübergehende Abwesenheit im Fall einer Inhaftierung des Sonderrechtsnachfolgers vorlag, richtet sich nach den Umständen des Einzelfalles, insbesondere der Dauer der Freiheitsstrafe.[49] Jedenfalls bei einer nur sehr kurzfristigen Inhaftierung wird man häufig von einer nur vorübergehenden Abwesenheit ausgehen können.[50]

20 Das bloße Zusammenleben unter einem Dach reicht aber nicht aus, um von einem Zusammenleben in einem gemeinsamen Haushalt auszugehen, auch wenn das Zusammenleben auf Dauer angelegt sein sollte. Es muss ein weiteres – gleichsam qualitatives – Element dazukommen, das allerdings im Einzelfall besonders schwer zu bestimmen ist. Die ganz hM nimmt hierzu an, zwischen dem Berechtigten und dem Sonderrechtsnachfolger müsse eine **Lebens- und Wirtschaftsgemeinschaft** bestanden haben.[51] Damit stellt sich aber die Frage, was unter einer Lebens- und Wirtschaftsgemeinschaft zu verstehen ist. Hierzu ist nach hier vertretener Ansicht auf die Rechtsprechung des BSG zu dem Begriff „Zusammenleben in einem gemeinsamen Haushalt" iSd § 7 Abs. 3 Nr. 3c SGB II hinzuweisen.[52] Das BSG geht von dem Erfordernis einer „Wohn- und Wirtschaftsgemeinschaft" aus. § 7 Abs. 3 Nr. 3c SGB II stelle auf zwei Elemente ab, nämlich das Zusammenleben und kumulativ das **Wirtschaften aus einem Topf**. Unter „Zusammenleben" in einer Wohnung sei mehr als nur ein bloßes „Zusammenwohnen", wie es bei Wohngemeinschaften der Regelfall ist, zu verstehen. Andererseits sei das Zusammenleben in „einer Wohnung" zwingend. Zusätzlich bedürfe es des **gemeinsamen Wirtschaftens**. Die Anforderungen an das gemeinsame Wirtschaften gingen dabei über die gemeinsame Nutzung von Bad, Küche und gegebenenfalls Gemeinschaftsräumen hinaus. Auch der in Wohngemeinschaften häufig anzutreffende gemeinsame Einkauf von Grundnahrungsmitteln, Reinigungs- und Sanitärartikeln aus einer von allen Mitbewohnern zu gleichen Teilen gespeisten Gemeinschaftskasse begründe noch keine Wirtschaftsgemeinschaft. Entscheidend insoweit sei, dass der Haushalt von beiden Partnern geführt werde, wobei die Beteiligung an der Haushaltsführung von der jeweiligen wirtschaftlichen und körperlichen Leistungsfähigkeit der Partner abhängig sei. Die Haushaltsführung an sich und das Bestreiten der Kosten des Haushalts müssten gemeinschaftlich durch beide Partner erfolgen, was allerdings nicht bedeute, dass der finanzielle Anteil der Beteiligung am Haushalt oder der Wert der Haushaltsführung selbst gleichwertig sein müssen. Ausreichend sei eine Absprache zwischen den Partnern, wie sie die Haushaltsführung zum Wohle des partnerschaftlichen Zusammenlebens untereinander aufteilen.

---

44 Hauck/Noftz/von Koppenfels-Spies K SGB I § 56 Rn. 12.
45 Hauck/Noftz/von Koppenfels-Spies K SGB I § 56 Rn. 12.
46 KassKomm/Siefert SGB I § 56 Rn. 18.
47 Jahn/Klose SGB I/Klose SGB I § 56 Rn. 20.
48 BSG SozR 5870 § 3 Nr. 6.
49 GK-SGB I/von Maydell SGB I § 56 Rn. 20: kürzere Freiheitsstrafe.
50 Vgl. Finanzgericht Rheinland-Pfalz, Urt. v. 5.3.2013 – 6 K 2488/11, juris; dauerhafte Trennung dort bejaht bei einer zweieinhalbjährigen Freiheitsstrafe.
51 Lilge/Gutzler/Lilge SGB I § 56 Rn. 13; Hauck/Noftz/von Koppenfels-Spies K SGB I § 56 Rn. 12; KassKomm/Siefert SGB I § 56 Rn. 18, BeckOK SozR/Gutzler SGB I § 56 Rn. 9; vgl. auch Jahn/Klose SGB I/Klose SGB I § 56 Rn. 20: „familienhafte Wohn- und Wirtschaftsgemeinschaft".
52 BSG SozR 4-4200 § 7 Nr. 32.

Die zitierte Rechtsprechung des BSG zum Zusammenleben in einem Haushalt gemäß § 7 Abs. 3   21
Nr. 3c SGB II kann für die Auslegung des entsprechenden Begriffs in § 56 Abs. 1 S. 1 SGB I herangezogen werden. Dabei ist einzuräumen, dass diese im Wesentlichen den Partnerbegriff in den Blick nehmenden Ausführungen am besten für die Bewertung des Zusammenlebens eines Ehegatten oder (eingetragenen) Lebenspartners mit dem Berechtigten iSd Abs. 1 S. 1 Nr. 1 und 1a „passen". Sie sind aber auch für die mit dem Berechtigten zusammenlebenden Kinder (Nr. 2) und Eltern (Nr. 3) fruchtbar zu machen, wenn man die Umstände des Einzelfalles richtig gewichtet. So mag der Anteil etwa von Kleinkindern oder pflegebedürftigen Eltern an der Haushaltsführung regelmäßig gering oder gar nicht vorhanden sein, was aber dem Zusammenleben in einem gemeinsamen Haushalt nicht entgegensteht.[53]

Für Haushaltsführer spielt die Beantwortung der aufgeworfenen Frage keine Rolle. Denn Haushaltsführer kann nach der Legaldefinition in Abs. 4 nur sein, wer unter anderem vom Berechtigten überwiegend unterhalten worden ist. Dies stellt ein „Mehr" im Verhältnis zur wesentlichen Unterhaltung in Abs. 1 S. 1 dar (→ Rn. 52), so dass es auf die Frage des Zusammenlebens in einem Haushalt nicht ankommt.   22

b) **Wesentlich unterhalten worden.** Alternativ zum Zusammenleben in einem gemeinsamen   23
Haushalt reicht es aus, dass der Sonderrechtsnachfolger vom Berechtigten zur Zeit seines Todes wesentlich unterhalten worden ist. Da der Gesetzgeber insoweit keine Einschränkungen formuliert hat, kann die **Unterhaltsleistung in jeglicher Form** erfolgen, sei es als Barunterhalt, als Naturalunterhalt in Form der Gewährung von Unterkunft und Verpflegung[54] oder auch als Betreuungsunterhalt durch Betreuung, Beaufsichtigung und Erziehung.[55] Auch für Volljährige kann nicht nur auf den Barunterhalt abgestellt werden.[56] Das Abstellen auf den letzten wirtschaftlichen Dauerzustand[57] passt nicht, weil § 56 Abs. 1 S. 1 ausdrücklich auf die Unterhaltung durch den Berechtigten „zur Zeit seines Todes" abstellt.[58]

Problematisch ist, wann die Unterhaltsleistung „wesentlich" im Rechtssinne ist. Unter Bezugnahme auf eine Entscheidung des BSG vom 25.6.1964[59] wird **überwiegend angenommen**, es reiche aus, wenn **ein Viertel des Unterhalts** getragen werde.[60] Das ist zweifelhaft. Denn in dem genannten Urteil ging es um die Auslegung von § 1262 Abs. 2 Nr. 7 RVO, der auf § 2 Abs. 1 S. 3 des Kindergeldgesetzes (KGG) in der Fassung des Gesetzes zur Änderung und Ergänzung von Vorschriften der Kindergeldgesetze vom 27.7.1957[61] verwies, wonach die Eigenschaft als Pflegekind unter anderem davon abhing, dass eine andere Person zu dessen Unterhalt nicht unerheblich beitrug. Weiter führte das BSG in dem Urteil vom 25.6.1964 aus, was Inhalt des Rechtsbegriffs „zum Unterhalt ... nicht unerheblich beitragen" iSd KGG sei, bestimme sich nicht nach den Verhältnissen des Gebenden, sondern nach denen des Nehmenden, also des Kindes. Bei einem Unterhaltsbeitrag, der „nicht unerheblich" sein soll, müsse es sich um einen solchen handeln, der nach der allgemeinen Auffassung in diesem Personenkreis schon dem Betrag nach – nominell – ins Gewicht fällt. Weiter müsse der Betrag, den der Pflegevater für das Kind zuschießt, auch im Hinblick auf den Gesamtaufwand für das Kind erheblich sein. Ein im Verhältnis des Gesamtaufwands zum eigenen Einkommen des Kindes unwichtiger Betrag genüge   24

---

53 Im Einzelfall mag sich die Frage des Zusammenlebens in einem Haushalt nicht stellen, wenn etwa ein Kleinkind vom Berechtigten wesentlich unterhalten worden ist.
54 Hauck/Noftz/von Koppenfels-Spies K SGB I § 56 Rn. 13.
55 BSG SozR 3-2500 § 10 Nr. 6 zu § 10 Abs. 4 S. 1 SGB V, in dem das Erfordernis der überwiegenden Unterhaltung aufgestellt ist.
56 So aber Mrozynski SGB I § 56 Rn. 24; der von ihm zitierten Entscheidung des BSG SozR 2200 § 1266 Nr. 9 – lässt sich ein Abstellen bei Volljährigen nur auf den Barunterhalt jedenfalls nicht entnehmen.
57 So Mrozynski SGB I § 56 Rn. 24.
58 BSG SozR 2200 § 1266 Nr. 9 – für das Tatbestandsmerkmal der überwiegenden Unterhaltung in § 43 Abs. 1 AVG, der nach den Ausführungen des BSG gerade nichts darüber besage, in welchem Zeitpunkt die Verstorbene den Unterhalt ihrer Familie überwiegend bestritten haben muss.
59 BSGE 21, 155.
60 Hauck/Noftz/von Koppenfels-Spies K SGB I § 56 Rn. 13; Lilge/Gutzler/Lilge SGB I § 56 Rn. 14; BeckOK SozR/Gutzler SGB I § 56 Rn. 10.
61 BGBl. I 1061.

nicht. Wenn nun, wie hier, der Kläger von dem Gesamtaufwand von 180 DM 40 bis 50 DM monatlich trage, also rund 25 Prozent, so sei dies auch prozentual ein wesentlicher Beitrag. Die Ausführungen des BSG beziehen sich also trotz Verwendung des Begriffs „wesentlich" in den Entscheidungsgründen auf einen anderen Rechtsbegriff.

25 Im Sinne einer einheitlichen Rechtsordnung ist es im Gegensatz zur hM angezeigt, die Auslegungsergebnisse zu solchen Normen heranzuziehen, die denselben Rechtsbegriff verwenden wie § 56 Abs. 1 S. 1 SGB I. Dabei fällt vor allem **§ 69 Abs. 1 SGB VII** ins Auge, nach dem Verwandte der aufsteigenden Linie unter bestimmten weiteren Voraussetzungen eine Rente erhalten, wenn sie von dem Verstorbenen zur Zeit des Todes aus dessen Arbeitsentgelt oder Arbeitseinkommen wesentlich unterhalten worden sind oder ohne den Versicherungsfall wesentlich unterhalten worden wären. Hierzu wird ausgeführt, um von Wesentlichkeit auszugehen, sei kein überwiegender Unterhalt (= mehr als die Hälfte) erforderlich, **es genüge, dass ohne die Unterhaltsleistungen die auskömmliche Lebenshaltung gefährdet wäre oder dass sie die Unterhaltssituation entscheidend verbessert haben**.[62] Nach der Rechtsprechung des BSG kann ein nomineller Betrag nicht als geeigneter Maßstab dienen.[63] Vielmehr ist „wesentlich" im Verhältnis zu dem Unterhaltsbedarf und den zur Verfügung stehenden aber nicht ausreichenden Unterhaltsmitteln zu sehen. Dabei bestimmt sich die Höhe des Unterhaltsanspruchs nach der Lebensstellung des Bedürftigen (§ 1610 Abs. 1 BGB). Der angemessene Unterhalt umfasst den gesamten Lebensbedarf (§ 1610 Abs. 2 BGB). Sozialhilferechtliche Regelsätze decken nur den notwendigen Lebensunterhalt ab, sind also mit dem angemessenen Unterhalt nicht identisch. Der notwendige Unterhalt entspricht dem Betrag, der bei bescheidenen Lebensverhältnissen zur Bestreitung des unbedingt notwendigen Bedarfs erforderlich erscheint. Zwischen dem notwendigen und dem angemessenen Unterhalt liegt eine nicht unerhebliche Spannbreite. Wird diese Spannbreite durch den Unterhalt abgedeckt, wird die Unterhaltssituation entscheidend verbessert; er ist dann wesentlich. Welcher Betrag für eine auskömmliche Lebensführung erforderlich ist und daher als angemessener Unterhalt anzusehen ist, bestimmt sich nach den Umständen des Einzelfalls. Im Regelfall wird dieser angemessene Unterhalt mithilfe von Bedarfstabellen und Unterhaltsrichtlinien bestimmt, wobei insoweit insbesondere die Düsseldorfer Tabelle herangezogen wird.[64] Aus dem Gesagten ergibt sich aber auch, dass in dem Fall, in dem der angemessene Unterhalt bereits sichergestellt ist, darüber hinausgehende Zuwendungen des (verstorbenen) Berechtigten unbeachtlich sind. Zuwendungen, die über die den gesamten Lebensbedarf deckenden Leistungen hinausgehen, stellen nämlich keinen Unterhalt, sondern Vergünstigungen anderer Art dar.[65]

26 Der zitierten Rechtsprechung lassen sich immerhin Anhaltspunkte für die Auslegung des Begriffs des wesentlichen Unterhalts entnehmen, wenn auch nicht zu verkennen ist, dass letztlich eine **wertende Betrachtung in jedem Einzelfall** erforderlich ist, was bei Unterhaltsleistungen, die nicht in Geld geleistet werden, besonders deutlich wird. **Ist der angemessene Unterhalt bereits ohne die Leistungen des verstorbenen Berechtigten sichergestellt gewesen, stellen darüber hinausgehende Zuwendungen keinen wesentlichen Unterhalt dar.** Wird durch die Unterhaltsleistung der Spannbetrag zwischen dem notwendigen und dem angemessenen Unterhalt überbrückt, wird der Unterhalt häufig wesentlich sein. Er ist es nur dann nicht, wenn für die Überbrückung nur ein Bagatellbetrag zur Verfügung gestellt wird. Andererseits kann eine Zahlung auch dann wesentlich sein, wenn trotz ihrer Leistung der angemessene Unterhalt nicht sichergestellt ist, gleichwohl aber die wirtschaftliche Situation wesentlich verbessert wird.

27 **3. Personenkreis.** § 56 Abs. 1 S. 1 SGB I enthält eine **abschließende Aufzählung** der als Sonderrechtsnachfolger in Betracht kommenden Personen.[66]

---

62 KassKomm/Ricke SGB VII § 69 Rn. 7.
63 Vgl. hierzu und zum Folgenden eingehend BSG BSGE 57, 77.
64 LPK-SGB VII/Ziegler SGB VII § 69 Rn. 10.
65 BSG BSGE 74, 131.
66 KassKomm/Siefert SGB I § 56 Rn. 21; Lilge/Gutzler/Lilge SGB I § 56 Rn. 19.

a) **Ehegatten.** Ehegatte ist, wer zum Zeitpunkt des Todes des Berechtigten mit diesem in rechtsgültiger Ehe verheiratet war.[67] Maßgeblich dafür sind grundsätzlich die §§ 1303 ff. BGB. Bei Ehen mit Auslandsbezug ist das Internationale Privatrecht maßgeblich, wobei allerdings § 34 Abs. 1 SGB I zu beachten ist, nach dem, soweit Rechte und Pflichten nach diesem Gesetzbuch ein familienrechtliches Rechtsverhältnis voraussetzen, ein Rechtsverhältnis, das gemäß Internationalem Privatrecht dem Recht eines anderen Staats unterliegt und nach diesem Recht besteht, nur ausreicht, wenn es dem Rechtsverhältnis im Geltungsbereich dieses Gesetzbuchs entspricht. 28

Eine rechtskräftig geschlossene Ehe bleibt bis zur Rechtskraft eines Aufhebungs- (§ 1313 S. 2 BGB) oder Scheidungsurteils (§ 1564 S. 2 BGB) voll gültig. Mit Eintritt der Aufhebung oder Scheidung ist eine Sonderrechtsnachfolge des früheren Ehegatten ausgeschlossen. Entsprechende Bestrebungen, den sonderrechtsnachfolgefähigen Personenkreis zu erweitern, sind ausdrücklich verworfen worden, um die Durchbrechung des Erbrechts auf eng begrenzte Fälle zu beschränken. **Hieraus kann indes nicht geschlossen werden, § 1933 BGB sei entsprechend anwendbar.**[68] Nach § 1933 S. 1 BGB ist das Erbrecht des überlebenden Ehegatten sowie das Recht auf den Voraus ausgeschlossen, wenn zur Zeit des Todes des Erblassers die Voraussetzungen für die Scheidung der Ehe gegeben waren und der Erblasser die Scheidung beantragt oder ihr zugestimmt hatte. Das Gleiche gilt nach § 1933 S. 2 BGB, wenn der Erblasser berechtigt war, die Aufhebung der Ehe zu beantragen, und den Antrag gestellt hatte. Eine entsprechende Anwendung des § 1933 BGB wird teilweise befürwortet, weil sich die Unterhaltssituation eines Haushaltes im Falle eines Scheidungsantrages nicht wesentlich von derjenigen nach Rechtskraft des Scheidungsurteils unterscheide; die Ehegatten lebten jeweils getrennt, wobei einer den anderen unter Umständen wesentlich unterhalte. Diese Unterhaltsbeziehung habe der Gesetzgeber für eine Sonderrechtsnachfolge aber nicht ausreichen lassen. Dem ist nicht zuzustimmen, weil in den Fällen einer bestehenden Ehe trotz Getrenntlebens der Ehepartner nach dem Wortlaut des § 56 Abs. 1 S. 1 SGB I die Unterhaltsbeziehung für eine Sonderrechtsnachfolge unstreitig ohne Weiteres eben doch ausreicht. Außerdem wäre eine entsprechende Anwendung des § 1933 BGB im Anwendungsbereich des § 56 SGB I nur möglich, indem man den Anwendungsbereich des § 56 SGB I teleologisch reduziert. Die Voraussetzungen für eine solche teleologische Reduktion liegen aber nicht vor, zumal sie nur unter Missachtung des wesentlichen Grundsatzes der Sonderrechtsnachfolge iSd § 56 SGB I möglich wäre, wonach Ausschlüsse des Erbrechts auf den Eintritt der Sonderrechtsnachfolge keinen Einfluss haben, da sich die Sonderrechtsnachfolge außerhalb der Gesamtrechtsnachfolge des BGB vollzieht. Schließlich liegt dem § 1933 BGB jedenfalls auch der Gedanke zugrunde, dass das gesetzliche Erbrecht in der dort geregelten Situation nicht mehr dem mutmaßlichen Willen des Erblassers entspricht.[69] Der Wille des Erblassers ist aber für die Sonderrechtsnachfolge unmaßgeblich. 29

b) **Lebenspartner.** Mit der Ergänzung des Abs. 1 S. 1 um Nr. 1a sind auch die Lebenspartner grundsätzlich sonderrechtsnachfolgeberechtigt. Gemeint sind nach § 33b SGB I Lebenspartnerschaften nach dem Lebenspartnerschaftsgesetz (LPartG). Im Übrigen gelten die Kommentierungen zum Ehegattenbegriff entsprechend. Die Lebenspartnerschaft besteht demnach bis zur Aufhebung durch richterliche Entscheidung gemäß § 15 LPartG.[70] Der dem § 1933 BGB entsprechende Erbrechtsausschluss in § 10 Abs. 3 LPartG ist für die Sonderrechtsnachfolge unmaßgeblich. 30

---

67 Lilge/Gutzler/Lilge SGB I § 56 Rn. 20.
68 So noch Hauck/Noftz/Häusler (geb. Lebich) K SGB I § 56 Rn. 10; in der aktuellen Auflage ist diese Ansicht aufgegeben worden, vgl. Hauck/Noftz/von Koppenfels-Spies K SGB I § 56 Rn. 16; wie hier auch Lilge/Gutzler/Lilge SGB I § 56 Rn. 21; BeckOK SGB/Gutzler SGB I § 56 Rn. 4;

GK-SGB I/von Maydell SGB I § 56 Rn. 7; Jahn/Klose SGB I/Klose SGB I § 56 Rn. 22.
69 MüKoBGB/Leipold BGB § 1933 Rn. 2; NK-BGB/Kroiß § 1933 Rn. 1.
70 Auch hier ist die Rechtskraft der Entscheidung maßgeblich, vgl. Staudinger/Voppel LPartG § 15 Rn. 18.

31 **c) Kinder. aa) Kinder iSd Abs. 1 S. 1 Nr. 2.** Kinder im iSd Abs. 1 S. 1 Nr. 2 sind die leiblichen Kinder, also diejenigen, die **gemäß den §§ 1591, 1592 BGB vom Berechtigten abstammen**.[71] Die gelegentlich vorgenommene weitere Unterscheidung zwischen ehelichen und nicht-ehelichen Kindern sowie der Verweis auf die §§ 1600a ff. BGB sind nicht zielführend.[72] § 1600a BGB hat ohnehin nur in seiner bis zum 30.6.1998 geltenden Fassung die Feststellung der Vaterschaft bei nicht-ehelichen Kindern geregelt. Auch die gelegentlich in Bezug genommenen §§ 1719 BGB ff.[73] sind mit Wirkung zum 1.7.1998 durch das Gesetz zur Reform des Kindschaftsrechts vom 16.12.1997 (BGBl. I 2942) aufgehoben worden. Kinder iSd Abs. 1 S. 1 Nr. 2 sind weiter **Adoptivkinder**, die durch Annahmevertrag gemäß den §§ 1741 ff. BGB und insbesondere § 1754 BGB leiblichen Kindern gleichgestellt sind.[74]

32 **bb) Kinder iSd Abs. 2.** § 56 Abs. 2 SGB I definiert nicht den **Kinderbegriff** des Abs. 1 S. 1 Nr. 2, sondern **erweitert ihn im Sinne einer gesetzlichen Fiktion** („gelten auch"), was besonders deutlich in Abs. 2 Nr. 3 wird, wonach unter bestimmten Voraussetzungen auch Geschwister des Berechtigten als Kinder gelten. Nr. 1 und 3 setzen jeweils voraus, dass die darin genannten Personen in den Haushalt des Berechtigten aufgenommen sind (Nr. 1) oder aufgenommen worden sind (Nr. 3). Aus dieser – vermeidbaren – geringfügigen sprachlichen Abweichung ergeben sich keine unterschiedlichen Rechtsfolgen. Namentlich erhellt der systematische Zusammenhang ohne Weiteres, dass auch die Stiefkinder und Enkel solche „des" Berechtigten sein müssen, obwohl dies nach dem Wortlaut des Abs. 2 Nr. 1 nicht zwingend ist. Zum Begriff der Haushaltsaufnahme → Rn. 36.

33 **(1) Stiefkinder und Enkel. Stiefkinder** iSd Abs. 1 S. 1 Nr. 1 sind die leiblichen Kinder und die Adoptivkinder jeweils nur des Ehegatten des Berechtigten.[75] **Die Ehe zwischen Berechtigtem und Partner ist zwingende Voraussetzungen dafür, dass Kinder des Partners Stiefkinder des Berechtigten sein können.** Das im Haushalt einer nichtehelichen Lebensgemeinschaft lebende Kind des Partners ist somit nicht Stiefkind des Berechtigten.[76] Die gegenteilige Auffassung des SG Kassel ist abzulehnen.[77] Danach seien die gesellschaftlichen Veränderungen zu berücksichtigen. Es reiche die Begründung einer nichtehelichen Lebensgemeinschaft, die auf Dauer angelegt ist und einen gegenseitigen Einstehenswillen der Partner füreinander begründet, für die Anerkennung einer Stiefelterneigenschaft im Sinne von § 56 Abs. 3 Nr. 2 SGB I aus, soweit die übrigen Voraussetzungen erfüllt sind.[78] Eine solche Auffassung erscheint zwar modern. Auch ist zuzugeben, dass der Begriff des Stiefkindes nicht gesetzlich definiert ist.[79] Gesetze sind aber auch in dem Kontext ihrer Entstehung auszulegen. Hier ist der Begriff des Stiefkindes schon in der ersten Fassung des § 56 SGB I zum 1.1.1976 verwendet worden. Zu dieser Zeit wurde ganz selbstverständlich davon ausgegangen, dass zwischen dem leiblichen Elternteil und dem mit ihm in einem Haushalt zusammen lebenden Partner eine Ehe bestehen muss.[80] Das Abstellen auf vermeintlich veränderte Anschauungen ist nicht zuletzt deshalb problematisch, weil neben dem „Ob" – also, ob sich die Anschauungen tatsächlich im behaupteten Sinne verändert haben – ge-

---

[71] Hauck/Noftz/von Koppenfels-Spies K SGB I § 56 Rn. 18.
[72] Vgl. die entsprechende Unterscheidung und Verweisung bei KassKomm/Siefert SGB I § 56 Rn. 24.
[73] KassKomm/Siefert SGB I § 56 Rn. 24.
[74] Hauck/Noftz/von Koppenfels-Spies K SGB I § 56 Rn. 18; Lilge/Gutzler/Lilge SGB I § 56 Rn. 23; Krauskopf/Baier SGB I § 56 Rn. 10.
[75] Vgl. umfassend zum Begriff des „Stiefkindes" BSG BSGE 44, 147. In dieser Entscheidung ging es vor allem um die Frage, ob auch nichteheliche Kinder des Ehegatten Stiefkinder des Versicherten sind; das BSG bejahte dies.
[76] So auch KassKomm/Siefert SGB I § 56 Rn. 24; wie hier auch BSG BSGE 99, 15: „Stiefeltern sind Ehegatten im Bezug auf nicht zu ihnen in einem Kindschaftsverhältnis stehende leibliche oder angenommene Kinder des anderen Ehegatten."
[77] Wie hier nunmehr auch BSG SozR 4-3300 § 55 Nr. 5; LSG Bln-Bbg. Urt. v. 23.1.2008 – L 16 R 1055/07, juris.
[78] SG Kassel Urt. v. 26.3.2008 – S 7 R 578/05; dem hat sich das SG Mainz angeschlossen, vgl. Urt. v. 21.4.2015 – S 14 P 39/14, juris. Letztgenannte Entscheidung ist von der nächsten Instanz aufgehoben worden, vgl. LSG RhPf Urt. v. 10.12.2015 – L 5 P 39/15, NZS 2016, 188; das BSG hat die Entscheidung des LSG RhPf bestätigt, vgl. BSG SozR 4-3300 § 55 Nr. 5.
[79] BSG BSGE 44, 147.
[80] Vgl. zum Sprachgebrauch BSG BSGE 44, 147.

gebenenfalls auch das „Wann" – also seit wann die Veränderung der allgemeinen Anschauung eingetreten ist – zu klären ist, was die Handhabung des § 56 Abs. 2 Nr. 1 SGB I mindestens erschwert. Zudem droht ein Wertungswiderspruch: Denn der Partner des Berechtigten innerhalb der nichtehelichen Lebensgemeinschaft ist kein Ehegatte und kein Lebenspartner iSd Abs. 1 S. 1 Nr. 1 und 1a. Wollte man nun dessen Kinder innerhalb der nichtehelichen Lebensgemeinschaft als „Stiefkinder" ansehen, würde daraus folgen, dass das Kind des nichtehelichen Lebenspartners sonderrechtsnachfolgeberechtigt wäre, nicht aber der nichteheliche Lebenspartner selbst.[81] Das im Haushalt einer nichtehelichen Lebensgemeinschaft lebende Kind des Partners ist im Übrigen auch nicht Pflegekind des Berechtigten iSd Abs. 2 Nr. 2 (→ Rn. 43).

Kinder eines eingetragenen Lebenspartners sind Stiefkinder des Berechtigten.[82] Mit der Einbeziehung der eingetragenen Lebenspartner in § 56 SGB I zum 1.8.2001 ist von einer geänderten Anschauung mit der Folge eines erweiterten Stiefkindbegriffs insoweit auszugehen, zumal Kinder des eingetragenen Lebenspartners mit dessen Lebenspartner gemäß § 11 Abs. 2 S. 1 LPartG verschwägert sind, woran in der Rechtsordnung eine Vielzahl an Rechten geknüpft sind. Enkelkinder sind die Abkömmlinge der eigenen leiblichen oder adoptierten Kinder.[83]   34

(2) Geschwister. Besonders weit geht die gesetzliche Fiktion des Abs. 2, soweit sie in Nr. 3 auch Geschwister in den Kinderbegriff mit einbezieht. Sprachlich hätte es sicher näher gelegen, Geschwister als eigene sonderrechtsnachfolgefähige Gruppe in Abs. 1 aufzuführen.[84] Da der Gesetzgeber im Übrigen den Begriff „Geschwister" ohne jede Einschränkung verwendet, ist mit der hM davon auszugehen, dass unter ihn **auch Halb- und Stiefgeschwister fallen**.[85] Eine restriktive Auslegung dahin gehend, dass die Geschwister untereinander eine Eltern-Kind-ähnliche Beziehung gehabt haben müssen,[86] gibt der Wortlaut nicht her und eröffnet mit der Frage, wann eine Eltern-Kind-ähnliche Beziehung vorliegt, nur neue Problemfelder. Im Übrigen ist zu beachten, dass Geschwister ohnehin in den Haushalt des Berechtigten aufgenommen worden sein müssen. Liegt diese Voraussetzung vor, besteht kein Bedürfnis für eine noch weitere und im Gesetz nicht vorgesehene Einschränkung.   35

(3) Aufgenommen in den Haushalt des Berechtigten. Stiefkinder, Enkel und Geschwister müssen in den Haushalt des Berechtigten aufgenommen worden sein. Diese Regelung verlangt also mehr als das bloße „Zusammenleben" in einem Haushalt. Der **Zweck** dieser qualifizierten Voraussetzung dürfte in dem fehlenden oder entfernteren Verwandtschaftsverhältnis liegen, weil nur bei den Kindern im Sinne von § 56 Abs. 1 S. 1 Nr. 2 SGB I unterstellt wird, dass diese persönlich betreut werden, bei Stiefkindern, Enkeln und Geschwistern dagegen nicht.[87]   36

Jeweils muss der Berechtigte Haushaltsvorstand (gewesen) sein.[88] Durch das Erfordernis der **Haushaltsaufnahme** wird nach der Rechtsprechung des BSG ein **Betreuungs- und Erziehungsverhältnis** sichtbar gemacht.[89] Zum Begriff der Haushaltsaufnahme kann auf die Rechtsprechung des BSG zu § 2 Abs. 1 des Bundeskindergeldgesetzes (BKGG) zurückgegriffen werden,[90] zumal § 2 Abs. 1 BKGG und § 56 Abs. 2 SGB I recht ähnlich gestaltet sind. Zu § 2 Abs. 1 BKGG hat das BSG ausgeführt, unter Haushaltsaufnahme sei vor allem ein örtlich gebundenes Zusammenleben zwischen Stiefeltern und Stiefkindern zu verstehen. Zu diesem **örtlichen Merkmal (Familienwohnung)** müssten jedoch weitere Voraussetzungen materieller Art (Vorsorge,   37

---

81 Vgl. zum Problem auch sehr instruktiv BVerfG 2005, 1417. In dem vom BVerfG entschiedenen Fall ging es um einen Anspruch auf Waisenversorgung eines Kindes innerhalb einer nichtehelichen Lebensgemeinschaft. Der vom BVerfG verwendete Begriff eines „faktischen Stiefkindes" sollte indes vermieden werden.
82 Wie hier KassKomm/Siefert SGB I § 56 Rn. 25; Krauskopf/Baier SGB I § 56 Rn. 11.
83 Lilge/Gutzler/Lilge SGB I § 56 Rn. 23a; Krauskopf/Baier SGB I § 56 Rn. 11.
84 GK-SGB I/von Maydell SGB I § 56 Rn. 14.
85 Vgl. nur Lilge/Gutzler/Lilge SGB I § 56 Rn. 23a; Hauck/Noftz/von Koppenfels-Spies K SGB I § 56 Rn. 22; Krauskopf/Baier SGB I § 56 Rn. 15.
86 JurisPK SGB I/Groth SGB I § 56 Rn. 39.
87 So BSG Urt. v. 23.10.1984 – 10 RKg 12/83, juris, zu § 2 Abs. 1 des Bundeskindergeldgesetzes.
88 Hauck/Noftz/von Koppenfels-Spies K SGB I § 56 Rn. 20; BSG BSGE 67, 211.
89 BSG BSGE 67, 211.
90 BSG SozR 5870 § 3 Nr. 6.

Unterhalt)⁹¹ und immaterieller Art (Zuwendungen von Fürsorge, Begründung eines familienähnlichen Bandes) hinzukommen. Fehle oder entfalle auch nur eines dieser drei, die „Familiengemeinschaft" bildenden Merkmale, so liege eine Aufnahme in den Haushalt nicht vor. Der Unterhalt besteht nicht allein in dem rein finanziellen Aufwand für den Lebensunterhalt, sondern umfasst daneben auch die notwendigen Betreuungs- und Erziehungsleistungen.⁹²

38 Es sind zahlreiche Konstellationen denkbar, in denen **mehr als zwei der in § 56 SGB I genannten Personen zusammenleben** und die Bestimmung des Sonderrechtsnachfolgers dementsprechend fraglich ist. Nach hier vertretener Auffassung sind damit aber keine besonderen Probleme verbunden. Leben beispielsweise Eltern und Kinder gemeinsam im Haushalt der Großeltern des Kindes, ist es denkbar, dass die Kinder Sonderrechtsnachfolger sowohl der Eltern als auch der Großeltern sein können, wenn die tatbestandlichen Voraussetzungen erfüllt sind. Es bestehen keine grundsätzlichen Bedenken dagegen, dass die Eltern das Kind etwa überwiegend unterhalten haben, das Kind aber gleichzeitig in den Haushalt der Großeltern aufgenommen worden ist. Das Erziehungsverhältnis des Kindes zu seinen Eltern „sperrt" jedenfalls nicht die Möglichkeit, dass der Enkel in den Haushalt der Großeltern aufgenommen worden ist. Soweit sich die Gegenauffassung⁹³ auf eine Entscheidung des BSG vom 12.9.1990⁹⁴ beruft, ist anzumerken, dass diese Entscheidung in mehrerlei Hinsicht nicht einschlägig ist. Zum einen ging es um eine Fallkonstellation, in der gleichsam umgekehrt die Großmutter in den Haushalt ihrer Tochter gezogen war, um ihr Enkelkind zu betreuen. Zum anderen ging es um die Frage, ob ein Pflegekindverhältnis zwischen Großmutter und Enkel iSd § 56 Abs. 2 Nr. 2 SGB I bestanden hatte.

39 **(4) Pflegekinder.** Pflegekinder sind nach der **Legaldefinition**⁹⁵ in Abs. 2 Nr. 2 Personen, die mit dem Berechtigten durch ein auf längere Dauer angelegtes Pflegeverhältnis mit häuslicher Gemeinschaft wie Kinder mit Eltern verbunden sind. Häusliche Gemeinschaft bedeutet nicht, dass die Pflegeeltern Haushaltsvorstand sind.⁹⁶ Sie müssen nicht einmal einen eigenen Haushalt haben.⁹⁷ Im Übrigen wird vorausgesetzt, dass der Berechtigte das Kind wie ein eigenes betreut, wobei das BSG von einem Aufsichts-, Betreuungs- und Erziehungsverhältnis spricht.⁹⁸ An anderer Stelle führt es aus, das genannte Verhältnis müsse auf der Grundlage einer ideellen Dauerbindung gekennzeichnet sein.⁹⁹

40 **Nicht ausreichend ist es, dass das Pflegekind nur „Kostgänger" ist.**¹⁰⁰ Es muss wie „zur Familie gehörig" behandelt und angesehen werden. Entscheidend ist die familienähnliche Dauerbindung wie zwischen Eltern und Kindern. Dazu gehört im Regelfall, dass zwischen Pflegeeltern und Pflegekind ein **Altersunterschied** wie zwischen Eltern und Kindern besteht, aus dem sich ein natürliches Aufsichts-, Erziehungs- und Betreuungsverhältnis ergibt.¹⁰¹

41 Die Entstehung eines so gekennzeichneten „Pflegekindschaftsverhältnisses" ist allerdings nicht allein durch die Volljährigkeit des Pflegekindes ausgeschlossen.¹⁰² Entsprechend dem gewöhnlichen Verhältnis von Eltern zu ihren leiblichen Kindern werden bei volljährigen Pflegekindern die Elemente der Aufsicht, Erziehung und Betreuung – je nach Fallgestaltung – ebenfalls zurücktreten, ohne dass die ideelle Dauerbindung entfällt. Indizwirkung dafür, dass das Pflegekind wie zur Familie zugehörig angesehen und behandelt wird, kann emotionalen Bindungen und der psychischen Verfassung des Pflegekindes – insbesondere seiner Unfähigkeit zur eigenen Lebensgestaltung – zukommen. Der Annahme des für die Begründung eines Pflegekindschafts-

---

91 KassKomm/Siefert SGB I § 56 Rn. 27; aA wohl Krauskopf/Baier SGB I § 56 Rn. 11: Unterhalt nur ein gewichtiges Indiz.
92 BSG Urt. v. 23.10.1984 – 10 RKg 12/83, juris.
93 So noch Hauck/Noftz/Häusler (geb. Lebich) K SGB I § 56 Rn. 13.
94 BSG SozR 3-1200 § 56 Nr. 1.
95 BSG SozR 4-2700 § 70 Nr. 1.
96 Hauck/Noftz/von Koppenfels-Spies K SGB I § 56 Rn. 21.
97 BSG SozR 3-1200 § 56 Nr. 1.
98 BSG SozR 3-1200 § 56 Nr. 1; vgl. auch Jahn/Klose SGB I/Klose SGB I § 56 Rn. 25.
99 BSG BSGE 69, 191.
100 BSG BSGE 69, 191.
101 BSG SozR 5870 § 2 Nr. 27.
102 Vgl. hierzu und zum Folgenden BSG BSGE 69, 191.

verhältnisses erforderlichen „familienähnlichen Bandes" steht es nicht entgegen, dass das Pflegeverhältnis erst im Erwachsenenalter des Pfleglings begründet wurde und dieser erheblich älter als der Betreuende ist. Dies gilt jedenfalls dann, wenn der Pflegling in seiner geistigen Entwicklung auf dem Stand eines Kindes stehengeblieben ist. Soweit das BSG in seinem Urteil vom 7.8.1991 darauf abstellt, dass die Behinderung vor der Vollendung des 27. Lebensjahres eingetreten ist, hängt dies mit der speziellen Regelung des § 2 BKGG zusammen und kann daher nicht zwingend auf die Auslegung von § 56 Abs. 2 Nr. 2 SGB I übertragen werden.[103]

Das Pflegeverhältnis muss auf **längere Dauer** angelegt sein. Dies ist der Fall, wenn es für einen **mehrjährigen Zeitraum** gedacht und in der Regel unbefristet ist.[104] Für die Annahme einer längeren Dauer des Pflegeverhältnisses ist es nicht erforderlich, dass es auf unabsehbare Zeit oder gar bis zur Volljährigkeit begründet sein muss. Ausreichend ist es insoweit, wenn es für einen Zeitraum begründet wird, der einen für die körperliche und geistige Entwicklung des Pflegekindes erheblichen Zeitraum umfasst. Bei der **Begründung eines Pflegeverhältnisses im Säuglingsalter ist dafür ein Zeitraum von etwa drei Jahren ausreichend.** Denn innerhalb der ersten drei Lebensjahre entwickelt sich ein Kind typischerweise so weit, dass es aus der ständigen häuslichen Betreuung entlassen werden und zB in den Kindergarten gehen kann.[105] 42

Das Bestehen eines Pflegeverhältnisses setzt voraus, dass die **Beziehungen des Kindes zu den leiblichen Eltern gelöst** sind.[106] Nach dem bereits in anderem Zusammenhang genannten Urteil des BSG vom 12.9.1990 können also etwa Mutter und Großmutter nicht nebeneinander ein zweifaches Familienband mit dem Kind gleichzeitig unterhalten. Auch das Kind in einer nichtehelichen Lebensgemeinschaft, in der ein leiblicher Elternteil Partner dieser Gemeinschaft ist, ist daher kein Pflegekind.[107] 43

Besteht zwischen Pflegeeltern und Pflegekind nach Maßgabe der skizzierten Voraussetzungen ein auf Dauer angelegtes Pflegeverhältnis mit häuslicher Gemeinschaft, besteht andererseits aber keine Rechtfertigung und Notwendigkeit, ein Obhuts- und Pflegeverhältnis zwischen (leiblichen) Eltern und ihrem Kind nur dann zu verneinen, wenn die Verbindung zwischen Eltern und Kind völlig gelöst ist, also keinerlei Kontakt mehr zwischen beiden besteht. Eine Lösung der Beziehungen zwischen Eltern und Kind ist vielmehr auch dann zu bejahen, wenn die Beziehung zwischen Eltern und Kind so geringfügig ist, dass nach dem äußeren Erscheinungsbild das eigene Kind wie ein fremdes Kind behandelt wird und für das eigene Kind keine wesentlichen Aufwendungen materieller Art erbracht werden. Dies trifft zu, wenn Eltern und Kind räumlich getrennt leben, so dass ein Besuch des Kindes objektiv nur gelegentlich am Wochenende möglich ist und auch nur gelegentlich erfolgt, und auch die materiellen Aufwendungen für das Kind im Wesentlichen nicht von den Eltern erbracht werden. Bei einem derartigen Sachverhalt besteht zwischen Eltern und Kind kein Obhuts- und Pflegeverhältnis mehr, so dass ein Pflegekindschaftsverhältnis zu demjenigen bestehen kann, der das Kind tatsächlich betreut.[108] 44

d) **Eltern.** Abs. 1 Nr. 3 bezieht auch die Eltern in den Kreis der möglichen Sonderrechtsnachfolger ein. Eltern in diesem Sinne sind die **leiblichen Eltern und die Adoptiveltern.**[109] Mutter ist die Frau, die das Kind geboren hat, vgl. § 1591 BGB. Zur Vaterschaft ist auf § 1592 BGB zu verweisen. 45

---

103 Vgl. Lilge/Gutzler/Lilge SGB I § 56 Rn. 33.
104 Vgl. HessLSG Urt. v. 2.7.2013 – L 2 R 90/13, juris.
105 BSG SozR 3-1200 § 56 Nr. 5.
106 BSG SozR 3-1200 § 56 Nr. 1.
107 Vgl. LSG Bln-Bbg, Urt. v. 23.1.2008 – L 16 R 1055/07, juris.
108 Vgl. nur BSG Urt. v. 8.10.1992 – 13 RJ 47/91, juris.
109 Jahn/Klose SGB I/Klose SGB I § 56 Rn. 27; Lilge/Gutzler/Lilge SGB I § 56 Rn. 35.

46 Abs. 3 erweitert im Wege der gesetzlichen Fiktion („gilt") den Elternbegriff. Nr. 1 bezieht die Großeltern, Urgroßeltern usw mit ein,[110] Nr. 2 die Stiefeltern (zum Begriff des Stiefkindes → Rn. 33 f.) und Nr. 3 die Pflegeeltern (zum Begriff des Pflegekindes → Rn. 39 ff.).

47 **e) Haushaltsführer.** Abs. 1 Nr. 4 bezieht den Haushaltsführer in den Kreis der möglichen Sonderrechtsnachfolger ein. Der Begriff des Haushaltsführers ist in Abs. 4 legaldefiniert.[111]

48 Haushaltsführer können nur **Verwandte** (§ 1589 BGB) oder **Verschwägerte** (§ 1590 BGB) des Berechtigten sein (für eingetragene Lebenspartner vgl. § 11 LPartG); der Grad der Verwandtschaft oder Schwägerschaft ist ohne Bedeutung.[112] Der nicht verwandte oder verschwägerte Lebensgefährte des Berechtigten kann also nicht Sonderrechtsnachfolger sein.[113]

49 Eine **abhängig beschäftigte oder selbstständige Haushaltshilfe**, die zugleich mit dem Berechtigten verwandt oder verschwägert ist, kann im Einzelfall Haushaltsführerin sein. Allerdings dürfte die Abgrenzung danach, ob bei der Haushaltshilfe die familiäre Beziehung oder die vertragliche Bindung überwiegt,[114] in der Praxis kaum zu handhaben sein. Vielmehr wird der Haushaltsführer in aller Regel in diesen Fällen nicht „überwiegend unterhalten", sondern für seine Arbeit entlohnt.

50 Der Haushaltsführer muss anstelle des Ehegatten oder des (eingetragenen) Lebenspartners des Berechtigten im Haushalt tätig geworden sein. Der verstorbene Berechtigte muss also verheiratet gewesen oder noch verheiratet sein oder in einer Lebenspartnerschaft nach LPartG leben oder gelebt haben. **Der Kreis der Ehegatten oder Lebenspartner, an deren Stelle der Haushaltsführer tritt, ist in Abs. 4 abschließend geregelt.** Der Ehegatte oder Lebenspartner muss entweder verstorben, geschieden oder aus gesundheitlichen Gründen an der Haushaltsführung gehindert sein. Nicht ausreichend ist es also, wenn der Ehegatte oder Lebenspartner nur dauernd getrennt vom Berechtigten lebt oder wenn er etwa aus beruflichen Gründen an der Haushaltsführung gehindert ist.[115]

51 Um Haushaltsführer iSd Abs. 4 zu sein, muss die entsprechende Person **den Haushalt des Berechtigten mindestens ein Jahr lang vor dessen Tod geführt haben**. Haushaltsführung ist die Erledigung der Arbeiten, die im Wesentlichen vom haushaltsführenden Ehegatten (oder Lebenspartner) wahrgenommen würden; dies setzt aber nicht die Erledigung aller im Haushalt anfallenden Arbeiten voraus.[116] Die Mindestdauer der Haushaltsführung von einem Jahr berechnet sich unmittelbar ab dem Todeszeitpunkt des Berechtigten. Die Haushaltsführung muss grundsätzlich zusammenhängend verlaufen sein, kurzfristige Unterbrechungen (etwa kürzere Erkrankung) sind aber unschädlich.[117]

52 Schließlich muss der Haushaltsführer vom verstorbenen Berechtigten **überwiegend unterhalten** worden sein. „Überwiegend" meint mehr als „wesentlich" iSd Abs. 1 S. 1. Der Begriff der wesentlichen Unterhaltsgewährung taucht in verschiedenen Gesetzen auf, so in § 10 Abs. 4 S. 1 SGB V oder auch in § 46 Abs. 2 S. 2 Nr. 2 SGB VI. In § 1266 Abs. 1 RVO wurde vorausgesetzt, dass der überwiegende Unterhalt bestritten wurde. Betrachtet man die zu den genannten Vorschriften ergangene Rechtsprechung des BSG[118] und wendet sie auf § 56 Abs. 4 SGB I an, ergeben sich folgende Maßstäbe: Bei der Ermittlung des überwiegenden Unterhalts ist zunächst im konkreten Einzelfall der gesamte Unterhaltsbedarf des Haushaltsführers festzustellen und an-

---

110 Vor der Änderung des Abs. 3 durch das Gesetz zur Anpassung rechtlicher Vorschriften an das Adoptionsgesetz vom 24.6.1985 lautete die Formulierung „und sonstige Verwandte der aufsteigenden Linie"; streitig war, ob hiervon auch Geschwister erfasst waren.
111 Für eine ersatzlose Streichung des Haushaltsführers jurisPK-SGB/Groth SGB I § 56 Rn. 42.
112 Vgl. nur KassKomm/Siefert SGB I § 56 Rn. 30.
113 Krauskopf/Baier SGB I § 56 Rn. 20.
114 So Lilge/Gutzler/Lilge SGB I § 56 Rn. 38.
115 Krauskopf/Baier SGB I § 56 Rn. 20; KassKomm/Siefert SGB I § 56 Rn. 31.
116 KassKomm/Siefert SGB I § 56 Rn. 32; Jahn/Klose SGB I/Klose SGB § 56 Rn. 32: „dem Zweck der Vorschrift entsprechende, übliche Wahrnehmung hauswirtschaftlicher Aufgaben".
117 Krauskopf/Baier SGB I § 56 Rn. 21.
118 Vgl. nur zu § 10 Abs. 4 S. 1 SGB V BSG SozR 3-2500 § 10 Nr. 6.

schließend, welche von dritter Seite erbrachten Geld- und Sachleistungen zum Lebensbedarf des Haushaltsführers gehören, und was als eigene Einnahmen des Haushaltsführers zu werten ist. Steht danach der gesamte Unterhaltsbedarf des Haushaltsführers fest, ist zu prüfen, in welchem Verhältnis die vom Sozialleistungsberechtigten erbrachte Geld- oder Sachleistung zu dem gesamten Unterhaltsbedarf steht. Der vom Berechtigten erbrachte Unterhalt überwiegt nur dann, **wenn er höher liegt als die Hälfte des gesamten Lebensbedarfs des Haushaltsführers**.[119] Geldzahlungen des Berechtigten, die aufgrund vertraglicher Verpflichtung für die erbrachte Haushaltsführung geleistet werden, sind nicht als Unterhaltsgewährung anzusehen. Im Übrigen ist auf die tatsächliche Unterhaltsleistung im letzten wirtschaftlichen Dauerzustand vor dem Tod des Leistungsberechtigten abzustellen. Die in Abs. 4 genannte Jahresfrist bezieht sich schon rein sprachlich nur auf die Haushaltsführung und ist für den Unterhalt nicht maßgebend.[120]

C. Rechtsfolgen und praktische Hinweise

Liegen die Voraussetzungen für die Sonderrechtsnachfolge vor, ergeben sich daraus erhebliche erbrechtliche, prozessuale und kostenrechtliche Konsequenzen, die nachfolgend erläutert werden sollen. 53

I. Unmittelbare Folgen der Sonderrechtsnachfolge

1. Allgemeines. Das Gesetz ordnet schlicht an, dass die fälligen Ansprüche auf laufende Geldleistungen den einzeln aufgelisteten Personen zustehen. Dass § 56 SGB I das Erbrecht des BGB zugunsten der in der Vorschrift aufgeführten Sonderrechtsnachfolger uneingeschränkt beseitigt und durch diese nicht nur die gesetzlichen, sondern auch die rechtsgeschäftlich eingesetzten Erben iSd BGB ausgeschlossen werden, ist bereits an anderer Stelle erörtert worden (→ Rn. 4). Zustehen meint, dass die Sonderrechtsnachfolger selbst Anspruchsberechtigte werden. Der Anspruch geht auf den Sonderrechtsnachfolger in dem Zustand über, in dem er dem Berechtigten zustand, so dass der Sonderrechtsnachfolger gegen sich alle Einwendungen und Einreden gelten lassen muss.[121] Da der **Anspruch durch den Übergang seine Rechtsnatur als Sozialleistung nicht ändert**,[122] gelten die Übertragungs-, Verpfändungs- und Pfändungsbeschränkungen gemäß den §§ 53 bis 55 SGB I auch für den übergegangenen Anspruch.[123] 54

Der im Wege der Sonderrechtsnachfolge übergehende Anspruch wird **nicht Teil der Erbmasse, so dass er auch nicht auf den Erb- oder Pflichtteil anzurechnen ist**.[124] Dies gilt auch dann, wenn der Sonderrechtsnachfolger zugleich Erbe ist.[125] 55

2. Rangfolge. Mit dem Wort „nacheinander" in § 56 Abs. 1 S. 1 SGB I hat der Gesetzgeber deutlich gemacht, dass dann, wenn nach § 56 Abs. 1 S. 1 SGB I mehrere Bezugsberechtigte vorhanden sind, die dort geregelte Rangfolge maßgeblich ist. Ein Rechtsnachfolger mit schlechterem Rang wird daher nur berechtigt, wenn ihm vorgehende Sonderrechtsnachfolger gemäß § 57 SGB I verzichten[126] oder ihrerseits vor Erfüllung an sich sterben (→ Rn. 58 ff.). **Innerhalb einer Gruppe ist keine weitere Reihenfolge vorgesehen.** Beispielsweise sind daher Kinder iSd Abs. 1 S. 1 Nr. 2 und Geschwister iSd Abs. 2 Nr. 2 vollständig gleichgestellt. 56

§ 56 Abs. 1 S. 2 SGB I regelt, dass mehreren Personen einer Gruppe die Ansprüche zu gleichen Teilen zustehen. Sie bilden keine Gesamthandsgemeinschaft in Form der Erbengemeinschaft 57

---

119 Hauck/Noftz/von Koppenfels-Spies K SGB I § 56 Rn. 24; Krauskopf/Baier SGB I § 56 Rn. 21; Jahn/Klose SGB I/Klose SGB I § 56 Rn. 33.
120 KassKomm/Siefert SGB I § 56 Rn. 33.
121 KassKomm/Siefert SGB I § 56 Rn. 34; GK-SGB I/von Maydell SGB I § 56 Rn. 26.
122 Hauck/Noftz/von Koppenfels-Spies K SGB I § 56 Rn. 26; aA GK-SGB I/von Maydell SGB I § 56 Rn. 30; Krauskopf/Baier SGB I § 56 Rn. 5.
123 Jahn/Klose SGB I/Klose SGB I § 56 Rn. 14; GK-SGB I/von Maydell SGB I § 56 Rn. 27.
124 GK-SGB I/von Maydell SGB I § 56 Rn. 28 f.
125 Lilge/Gutzler/Lilge SGB I § 56 Rn. 7a.
126 KassKomm/Siefert SGB I § 56 Rn. 37.

entsprechend § 2032 Abs. 1 BGB, sondern eine **Bruchteilsgemeinschaft** gemäß den §§ 741 ff. BGB.[127]

58 **3. Sonderfall: Der verstorbene Sonderrechtsnachfolger.** Fraglich ist, was geschieht, wenn der Sonderrechtsnachfolger seinerseits verstirbt. Dabei ist vorab klarzustellen, dass dies **nicht problematisch ist, wenn der Anspruch auf die laufende Geldleistung dem Sonderrechtsnachfolger gegenüber bereits erfüllt worden ist**. Denn entsprechend § 362 Abs. 1 BGB erlischt das Schuldverhältnis mit der Bewirkung der geschuldeten Leistung an den Sonderrechtsnachfolger. Stirbt er, stellt sich die Frage des Übergangs des demnach erloschenen Anspruchs nicht.

59 Anders liegt der Fall, wenn der Sonderrechtsnachfolger vor Erfüllung des Sozialleistungsanspruchs verstirbt. Hierzu und mit einem umfassenden Überblick zum Meinungsstand hat sich das BSG in seinem Urteil vom 11.5.2000 geäußert.[128] Nach der überwiegenden Meinung, so das BSG, falle der Anspruch in den Nachlass des verstorbenen Sonderrechtsnachfolgers. Diese als „**Erbfolgetheorie**" zu bezeichnende Ansicht werde im Wesentlichen damit begründet, dass § 56 SGB I als Ausnahmeregelung eng auszulegen sei, für diese Fallgestaltung eine ausdrückliche Regelung fehle und die betreffende Forderung mit dem Tode des Sonderrechtsnachfolgers ihren Charakter als Sozialleistungsanspruch verliere.[129] Die Gegenauffassung, so das BSG in seiner Darstellung des Meinungsstandes, folgere aus dem Sinn und Zweck des § 56 SGB I, dass der Anspruch entsprechend § 57 Abs. 1 S. 3 SGB I den Personen zuwachse, die bei Fehlen des verstorbenen Sonderrechtsnachfolgers berechtigt gewesen wären („**Zuwachsungstheorie**").[130]

60 Nach Darstellung von zwei weiteren Meinungen und eingehender Würdigung aller Argumente legt das BSG schließlich dar, dass **die Zuwachsungstheorie zumindest dann, wenn der (erste) Sonderrechtsnachfolger – wie im vom BSG zu entscheidenden Fall – kurz nach dem ursprünglich Berechtigten sterbe,**[131] **dem Sinn und Zweck des § 56 SGB I am besten gerecht werde.** Zwar enthalte § 56 SGB I für den Fall des Todes des Sonderrechtsnachfolgers – anders als § 57 Abs. 1 S. 3 SGB I für den Fall seines Verzichtes – keine ausdrückliche Zuwachsungsregelung. Wenn jedoch fällige Ansprüche auf laufende Geldleistungen nach § 56 Abs. 1 S. 1 SGB I beim Tode des Berechtigten „nacheinander" den dort aufgeführten Personen – und zwar mehreren Personen einer Gruppe zu gleichen Teilen – zustünden, könne darin nicht nur die Festlegung einer Rangfolge bezogen auf den Zeitpunkt des Todes des ursprünglich Berechtigten, sondern auch eine Zuwachsungs- und Nachrückbestimmung für die unmittelbare Zeit danach (längstens bis zur Auszahlung der Leistung an den/die dann berechtigten Sonderrechtsnachfolger) gesehen werden. Die Bedarfssituation der als Sonderrechtsnachfolger in Betracht kommenden Personen sei dann regelmäßig noch dieselbe wie bei dem Tode des ursprünglich Berechtigten. Da hier nur wenige Tage bis zum Tode des ersten Sonderrechtsnachfolgers vergangen seien, könne offenbleiben, ob insoweit etwa die diesem nach § 57 Abs. 1 S. 1 SGB I für einen Verzicht gelassene Zeitspanne von sechs Wochen eine sachgerechte Grenze für eine Anwendung der Zuwachsungstheorie bieten würde.

61 **Der Zuwachsungstheorie gebührt der Vorzug.** Die für die Erbfolgetheorie angeführten Argumente vermögen nicht zu überzeugen. Denn dass § 56 SGB I eng auszulegen ist, stellt lediglich eine nicht zu belegende Behauptung dar. Der Hinweis, dass der jeweilige Anspruch seinen Charakter als Sozialleistungsanspruch nach dem erstmaligen Übergang im Wege der Sonderrechts-

---

127 KassKomm/Siefert SGB I § 56 Rn. 37; Hauck/Noftz/von Koppenfels-Spies K SGB I § 56 Rn. 28; BeckOK SozR/Gutzler SGB I § 56 Rn. 13; GK-SGB I/von Maydell SGB I § 56 Rn. 25.
128 BSGE 86, 153; vgl. auch die Übersicht bei Lilge/Gutzler/Lilge SGB I § 56 Rn. 15 ff.
129 So immer noch vertreten von Krauskopf/Baier SGB I § 56 Rn. 5; in die Richtung auch KassKomm/Siefert SGB I § 56 Rn. 37, wonach den Erben des Nachverstorbenen das Recht zum Verzicht nach § 57 zuzusprechen sei mit der Folge, dass dann der Rangnächste iSd § 56 eintrete.
130 Lilge/Gutzler/Lilge SGB I § 56 Rn. 17.
131 Im vom BSG entschiedenen Fall lagen zwischen den Tod des ursprünglich Leistungsberechtigten und der ersten Sonderrechtsnachfolgerin gerade einmal fünf Tage.

nachfolge verliert,[132] ist unzutreffend (→ Rn. 54). Ist dies aber so, ist eine Differenzierung danach, ob zwischen den beiden Todesfällen des originär Leistungsberechtigten und seines (ersten) Sonderrechtsnachfolgers mehr oder weniger als sechs Wochen liegen, wenig sinnvoll. Der insoweit in Bezug genommene § 57 Abs. 1 S. 1 SGB I regelt den Verzicht; wird dieser rechtzeitig erklärt, tritt nach § 57 Abs. 1 S. 3 SGB I der danach berechtigte Sonderrechtsnachfolger an die Stelle des erstberechtigten Sonderrechtsnachfolgers. Im Rahmen einer analogen Betrachtungsweise – entsprechend zur rechtzeitigen Erklärung des Verzichts – auf einen „rechtzeitigen" Tod abzustellen, ist problematisch, zumal die Interessenlage eine ganz andere ist. Denn die dem § 1944 Abs. 1 BGB nachempfundene Sechswochenfrist des § 57 Abs. 1 S. 1 SGB I dient der Rechtsklarheit und dem Interesse der übrigen Nachlassbeteiligten.[133] Diese Zwecke spielen beim „doppelten" Tod – dem des unmittelbar Berechtigten und dem des (ersten) Sonderrechtsnachfolgers – aber ersichtlich keine Rolle.[134]

II. Prozessuale und kostenrechtliche Folgen der Sonderrechtsnachfolge

1. Klagebefugnis/Prozessführungsbefugnis/Aktivlegitimation. Bedeutung hat die Sonderrechtsnachfolge wahlweise für die Beurteilung von Klagebefugnis, Prozessführungsbefugnis oder Aktivlegitimation. Prozessführungsbefugnis meint die prozessuale Berechtigung, den Anspruch in eigenem Namen geltend zu machen. Sie ist zu unterscheiden von der Aktivlegitimation, die nicht Prozessvoraussetzung ist, sondern im Rahmen der Begründetheit zu prüfen ist.[135] Die Klagebefugnis bei der besonders praxisrelevanten unechten Leistungsklage liegt vor, wenn der Kläger behauptet, dass er einen Rechtsanspruch auf die Leistung habe und deswegen durch den entgegenstehenden Verwaltungsakt beschwert sei.[136] Das BSG erörtert Fragen der Sonderrechtsnachfolge mal im Rahmen der Prozessführungsbefugnis,[137] mal bei der Klagebefugnis,[138] mal bei der Aktivlegitimation.[139] Dogmatisch am korrektesten dürfte die Erörterung im Rahmen der **Prozessführungsbefugnis** sein. 62

Ungeachtet der konkreten dogmatischen Zuordnung geht es stets um die Frage, ob der jeweilige Hinterbliebene berechtigt ist, den Leistungsanspruch des verstorbenen Berechtigten zum einen überhaupt geltend zu machen und wenn ja, ob er darüber hinaus berechtigt ist, die Leistung nur an sich zu verlangen. **Sonderrechtsnachfolger wie Erben sind jeweils prozessual berechtigt, den Leistungsanspruch des verstorbenen Berechtigten geltend zu machen.** Insoweit besteht kein Unterschied. 63

Gibt es aber mehrere Erben eines Sozialleistungsberechtigten, kann jeder Miterbe die Leistung nur an alle Miterben verlangen (§ 2039 S. 1 BGB). Ist einer der Miterben aber zugleich Sonderrechtsnachfolger, so ist er als einziger berechtigt, die Leistung nur an sich zu verlangen. Das Erbrecht der übrigen „Miterben", die ja infolge der Sonderrechtsnachfolge keine Erben sind, ist ausgeschlossen. 64

Möglich ist es, **die Leistung einerseits nur an sich selbst als Sonderrechtsnachfolger geltend zu machen und hilfsweise die Leistung an die Erbengemeinschaft zu verlangen.** Diese objektive Eventualklagehäufung[140] mag sinnvoll sein, wenn Zweifel am Vorliegen der tatbestandlichen Voraussetzungen des § 56 SGB I bestehen, während die Erbenstellung unproblematisch ist. Zu den kostenrechtlichen Konsequenzen insoweit → Rn. 71 ff. 65

---

132 So aber GK-SGB I/von Maydell SGB I § 56 Rn. 30; Krauskopf/Baier § 56 Rn. 5.
133 NK-BGB/Ivo BGB § 1944 Rn. 1.
134 Gegen eine Befristung auch Lilge/Gutzler/Lilge SGB I § 56 Rn. 18, nunmehr auch LSG BW Beschl. v. 17.2.2021 – L 4 P 4299/19, juris.
135 Meyer-Ladewig/Keller/Leitherer/Schmidt/Keller SGG Vorb. vor § 51 Rn. 15.
136 Meyer-Ladewig/Keller/Leitherer/Schmidt/Keller SGG § 54 Rn. 39.
137 BSG BSGE 111, 137; BSG NZS 2015, 220.
138 BSG NZS 2012, 340; jüngst auch BSG Urt. v. 16.3.2021 – B 2 U 17/19 R, juris.
139 BSG SozR 4-2500 § 13 Nr. 10.
140 BSG BSGE 97, 112.

66 **2. Kosten. a) Allgemeines zum Kostenrecht im sozialgerichtlichen Verfahren.** Das Kostenrecht für das sozialgerichtliche Verfahren ist **in den §§ 183 ff. SGG** geregelt. Nach § 183 S. 1 SGG ist das **Verfahren vor den Gerichten der Sozialgerichtsbarkeit** für Versicherte, Leistungsempfänger einschließlich Hinterbliebenenleistungsempfänger, behinderte Menschen oder deren Sonderrechtsnachfolger nach § 56 des Ersten Buches Sozialgesetzbuch **kostenfrei**, soweit sie in dieser jeweiligen Eigenschaft als Kläger oder Beklagte beteiligt sind. Das Verfahren vor den Gerichten der Sozialgerichtsbarkeit ist also in der Regel gerichtskostenfrei, **so dass es auch keiner Streitwertfestsetzung bedarf**. Der Kostenbegünstigung für Versicherte, Leistungsempfänger einschließlich Hinterbliebenenleistungsempfänger und Behinderte liegt die Vorstellung des Gesetzgebers zu Grunde, dass diese Personen grundsätzlich nicht mit Gerichtskosten belastet werden sollen.

67 Im gerichtskostenfreien Verfahren hat der klagende Sonderrechtsnachfolger gegebenenfalls seinen **Rechtsanwalt** zu vergüten. Auch diese Vergütung ist streitwertunabhängig. Es fallen nach den §§ 3, 14 RVG **Betragsrahmengebühren** an. Beispielsweise beträgt der Rahmen für die Verfahrensgebühr vor dem Sozialgericht nach Ziffer 3102 der Anlage 1 zu § 2 Abs. 2 RVG 60 bis 660 EUR.

68 **Greift die Kostenprivilegierung nicht ein**, gilt § 197a Abs. 1 S. 1 SGG. Gehört in einem Rechtszug weder der Kläger noch der Beklagte zu den in § 183 SGG genannten Personen oder handelt es sich um ein Verfahren wegen eines überlangen Gerichtsverfahrens (§ 202 S. 2 SGG), werden danach Kosten nach den Vorschriften des Gerichtskostengesetzes erhoben; die §§ 184 bis 195 SGG finden keine Anwendung; die §§ 154 bis 162 der Verwaltungsgerichtsordnung sind entsprechend anzuwenden. In diesem Fall sind Gerichts- und Rechtsanwaltsgebühren streitwertabhängig.

69 **b) Kostenregelungen im Falle der Rechtsnachfolge.** Stirbt der Anspruchsberechtigte, sind in § 183 SGG zwei Regelungen vorgesehen. Für **Sonderrechtsnachfolger** gilt nach dem bereits wiedergegebenen S. 1, dass das gerichtliche Verfahren für sie kostenfrei ist. Die Kostenprivilegierung soll auch nach dem Tode des ursprünglich Berechtigten erhalten bleiben, weil das Schutzbedürfnis des in § 56 SGB I beschriebenen Personenkreises – insbesondere Ehegatten, Lebenspartner, Kinder und Eltern – mit dem des ursprünglichen Klägers vergleichbar ist.[141]

70 § 183 S. 2 SGG bestimmt, dass dann, wenn ein **sonstiger Rechtsnachfolger** – etwa also ein Erbe – das Verfahren aufnimmt, das Verfahren in dem Rechtszug kostenfrei bleibt. Die Vorschrift sieht demnach eine **eingeschränkte Privilegierung** dergestalt vor, als sie nur im jeweiligen Rechtszug gilt.[142]

70.1 Den in § 183 S. 1 und 2 genannten Personen steht gemäß § 183 S. 3 SGG gleich, wer im Falle des Obsiegens zu diesen Personen gehören würde. § 183 S. 3 SGG ist erkennbar auf den Fall zugeschnitten, in dem der Kläger etwa geltend macht, Versicherter zu sein, mit diesem Begehren aber unterliegt.[143] Problematisch ist der Anwendungsbereich für den Fall der Sonderrechtsnachfolge oder Erbschaft. Stehen etwa die persönlichen Tatbestandsvoraussetzungen für die Sonderrechtsnachfolge in Streit, wird man § 183 S. 3 SGG regelmäßig anzuwenden haben. Fraglich ist aber, ob dies auch gilt, wenn nicht sonderrechtsnachfolgefähige Rechte geltend gemacht werden. Der 2. Senat des BSG verneint in diesem Fall die Kostenprivilegierung, ohne indes auf § 183 S. 3 SGG einzugehen. Da § 183 S. 1 SGG § 56 SGB I ausdrücklich in Bezug nehme, müssten für die Kostenprivilegierung alle Voraussetzungen für eine Sonderrechtsnachfolge auch vorliegen.[144] In eine andere Richtung geht eine Kostenentscheidung des 9. Senats des BSG in einem Beschluss vom 18.4.2016.[145] Dort hatten die Eltern für ihr im Klageverfahren verstorbenes

---

141 So BSG SozR 4-3300 § 23 Nr. 5.
142 Vgl. dazu BSG SozR 4-1500 § 183 Nr. 11.
143 Meyer-Ladewig/Keller/Leitherer/Schmidt/Schmidt SGG § 183 Rn. 9.
144 Vgl. BSG SozR 4-1500 § 183 Nr. 13.
145 B 9 SB 93/15 B, juris.

Kind einen höheren Grad der Behinderung geltend gemacht. Während die Vorinstanz von einem gerichtskostenpflichtigen Verfahren ausgegangen war, weil die Eltern keine Sonderrechtsnachfolger seien und als Erben ein Kostenprivileg nur für die erste Instanz genießen könnten, hat das BSG seine Kostenentscheidung für das erfolglose Beschwerdeverfahren über die Nichtzulassung der Revision auf § 193 Abs. 1 SGG iVm § 183 S. 1 und 3 SGG gestützt und diese Vorschriften „entsprechend" angewendet.

c) „Gemischte" Kostenentscheidung. Kostenrechtlich instruktiv – wenn auch im Ergebnis wohl nicht richtig – ist die Entscheidung des BSG vom 26.9.2006.[146] Hier waren die Kläger zu 1. und 2. Ehemann und Tochter der verstorbenen Berechtigten, die vor dem Sozialgericht von der beklagten Krankenkasse die Erstattung von Aufwendungen für Medikamente über 13.000 EUR begehrt hatte und während des erstinstanzlichen Verfahrens verstorben war. Nur der Ehemann lebte mit der Berechtigten in einem gemeinsamen Haushalt und konnte daher Sonderrechtsnachfolger gemäß § 56 Abs. 1 S. 1 Nr. 1 SGB I sein. Klage und Berufung blieben erfolglos. Der Ehemann, der Kläger zu 1., machte den **Kostenerstattungsanspruch (nur) für sich als Sonderrechtsnachfolger und hilfsweise für sich und seine Tochter als Miterben geltend**, die Tochter, die Klägerin zu 2., machte – da nicht Sonderrechtsnachfolgerin – den Anspruch nur für die Miterbengemeinschaft geltend. 71

In der Sache blieb die Revision ohne Erfolg. Interessanter war hier die Kostenentscheidung. Diese lautete: „Die Kläger tragen die Kosten des Revisionsverfahrens als Gesamtschuldner, soweit sie Zahlung an sich als Miterben begehrt haben. Im Übrigen sind Kosten des Revisionsverfahrens nicht zu erstatten." Der zweite Satz spiegelt die „gängige" Kostenentscheidung eines sozialgerichtlichen Urteils wieder. Der erste Satz stützt sich auf § 197a Abs. 1 S. 1 SGG in Verbindung mit § 154 Abs. 2, § 159 S. 2 VwGO. Das BSG hat zur Begründung ausgeführt, dass für die **Kostenentscheidung abweichend vom Grundsatz der einheitlichen Kostenentscheidung zwischen dem Hauptbegehren des Klägers zu 1. (= Zahlung an sich als Sonderrechtsnachfolger) und seinem Hilfsbegehren (= Zahlung an die Erbengemeinschaft, bestehend aus ihm und der Klägerin zu 2.) zu trennen sei.** Das folge aus dem Regelungssystem der Kostenentscheidungen nach § 193 SGG und § 197a SGG. Sei bei einem Streit mit einheitlichem Streitgegenstand in einer Instanz ein kostenrechtlich Privilegierter Hauptbeteiligter (Kläger oder Beklagter), greife – auch bei subjektiver Klagehäufung mit einem nicht Kostenprivilegierten – die Regelung für Kostenprivilegierte ein. Seien dagegen in Fällen objektiver Klagehäufung (§ 56 SGG) die Hauptbeteiligten hinsichtlich des einen Streitgegenstands nicht kostenprivilegiert, wohl aber zumindest einer der Hauptbeteiligten hinsichtlich des anderen, bestehe kein Grund, zu einer Kostenprivilegierung für beide Streitgegenstände zu gelangen, obwohl eine Trennung möglich sei. Vielmehr sei bei der Kostenentscheidung zwischen den Streitgegenständen zu differenzieren. Dabei sei es ohne Belang, ob die objektive Klagehäufung kumulativ sei oder im Rahmen einer Eventualklage erfolge, über die zu entscheiden sei. 72

Vorliegend gehe es um eine **objektive Eventualklagehäufung**. Bezüglich seines Haupt- und ersten Hilfsbegehrens sei der Kläger zu 1. als Sonderrechtsnachfolger nach § 183 S. 1 SGG kostenfrei. Insoweit beruhe die Kostenentscheidung auf § 193 SGG. Hinsichtlich seiner weiteren Hilfsbegehren sei der Kläger zu 1. dagegen – ebenso wie die Klägerin zu 2. bezüglich ihrer Begehren – als Miterbe, der im ersten Rechtszug in das Verfahren eingetreten sei, im Revisionsverfahren nicht kostenprivilegiert (§ 183 S. 2 SGG). Für diesen Streitgegenstand würden Kosten nach den Vorschriften des GKG erhoben und die §§ 154 bis 162 VwGO seien entsprechend anzuwenden. Insoweit stütze sich die Kostenentscheidung auf die entsprechende Anwendung von § 154 Abs. 2 und § 159 S. 2 VwGO. Nach letzterer Norm könnten die Kosten mehreren Personen als Gesamtschuldnern auferlegt werden, wenn das streitige Rechtsverhältnis diesen Perso- 73

---

[146] BSG BSGE 97, 112; vgl. in Abgrenzung hierzu den Beschl. des BSG 6.10.2014 – B 9 BL 1/14 B, juris.

nen – dem kostenpflichtigen Teil – gegenüber nur einheitlich entschieden werden könne. So liege es hier. Über die kombinierte Anfechtungs- und Leistungsklage der Kläger zu 1. und 2. könne ihnen gegenüber mit Blick auf die darin enthaltene Gestaltungsklage nur einheitlich entschieden werden. Bei der im Rahmen von § 159 S. 2 VwGO zu treffenden Ermessensentscheidung sei zu berücksichtigen, dass beide Kläger hinsichtlich des hier maßgeblichen Streitgegenstands vergleichbar aktiv gewesen seien.

74 Ob das BSG – ausgehend von seinem sehr differenzierten Ansatz – über die Kosten wirklich richtig entschieden hat, ist fraglich. Das LSG hatte nämlich fälschlich – trotz der Annahme, eine Sonderrechtsnachfolge nach § 56 SGB I liege nicht vor – seine Kostenentscheidung ausschließlich auf § 193 SGG gestützt und dementsprechend insoweit tenoriert, dass außergerichtliche Kosten auch für das Berufungsverfahren nicht zu erstatten seien. Da auf Rechtsmittel in der Hauptsache auch die Kostenentscheidung überprüft wird und letztere auch dann geändert werden kann, wenn es bei der Entscheidung in der Hauptsache bleibt, wobei das Verbot der reformatio in peius insoweit nicht gilt,[147] hätte das BSG nicht nur über die Kosten des Revisionsverfahrens entscheiden dürfen und die Kostenentscheidung jedenfalls des LSG zulasten der Kläger ändern müssen. Denn für die Klägerin zu 2. war wegen § 183 S. 2 SGG nur das erstinstanzliche Verfahren kostenfrei. Für den Kläger zu 1. war ebenfalls das erstinstanzliche Verfahren ganz kostenfrei, das zweitinstanzliche Verfahren aber nur insoweit, als er als Sonderrechtsnachfolger iSd § 56 SGB I aufgetreten war.[148]

75 **d) Einheitliche Kostenentscheidung bei mehreren Klägern.** Abzugrenzen ist die zuvor besprochene Konstellation von der folgenden, in der die Kläger teilweise kostenprivilegiert, teilweise nicht kostenprivilegiert sind. In diesem Fall der subjektiven Klagehäufung greift bei einem Streit mit einheitlichem Streitgegenstand die Regelung für Kostenprivilegierte ein.[149] Auch wenn also im Wege der subjektiven Klagehäufung nicht gemäß § 183 SGG kostenprivilegierte Erben das Verfahren neben einem kostenprivilegierten Kläger als Kläger betreiben, ist die Kostenentscheidung einheitlich nach § 193 SGG zu treffen.[150] Voraussetzung ist aber, dass die Kläger einen in ihrer Vorstellung einheitlichen Streitgegenstand betreiben. Dies hat der 9. Senat des BSG klargestellt.[151] Dort machten die Kläger einen Anspruch (auf Blindengeld) geltend, der ihnen nach ihrer Vorstellung als Sonderrechtsnachfolger gemeinsam zustand und den sie deshalb auch als Sonderrechtsnachfolgegemeinschaft nach Bruchteilen und nicht als Miterbengesamthandsgemeinschaft eingeklagt hatten. Dies – so der 9. Senat – schließe es aus, zwei separate Streitgegenstände anzunehmen, dh einen hinsichtlich eines Anspruchs aus Sonderrechtsnachfolge nach § 56 SGB I nur der Klägerin zu 1. und einen weiteren, kostenrechtlich nicht privilegierten Anspruch etwa nach den Vorschriften der §§ 1922 ff., 2032 BGB. Im Rahmen des einheitlichen Streitgegenstands erstrecke sich die zugunsten der Klägerin zu 1. bestehende Kostenfreiheit auch auf den nicht privilegierten Kläger. Dasselbe Ergebnis folge im Übrigen – so das BSG – aus § 183 S. 3 SGG. Danach stehe im Rahmen der Kostenentscheidung den kostenprivilegierten Beteiligten nach § 183 S. 1 und 2 SGG gleich, wer im Fall des Obsiegens zu diesen Personen gehören würde. Dies treffe auf den Kläger zu 2. zu. Denn er berühme sich der gleichrangigen Sonderrechtsnachfolge neben der Klägerin zu 1.; hätte er mit dieser Behauptung obsiegt, so wäre das Verfahren für ihn nach § 183 S. 1 SGG kostenfrei gewesen.

---

147 Meyer-Ladewig/Keller/Leitherer/Schmidt/Leitherer SGG § 193 Rn. 16; BSG SozR 4-2400 § 7 Nr. 6.
148 Von seinem Ansatz ausgehend – keine Sonderrechtsnachfolge – hätte das LSG von einem uneingeschränkt kostenpflichtigen Berufungsverfahren ausgehen müssen.
149 BSG Beschl. v. 10.5.2017 – B 1 KR 8/17 B, juris.
150 BSG Urt. v. 16.3.2021 – B 2 U 17/19 R, juris.
151 BSG Beschl. v. 6.10.2014 – B 9 BL 1/14 B, juris.

§ 57 SGB I Verzicht und Haftung des Sonderrechtsnachfolgers

(1) ¹Der nach § 56 Berechtigte kann auf die Sonderrechtsnachfolge innerhalb von sechs Wochen nach ihrer Kenntnis durch schriftliche Erklärung gegenüber dem Leistungsträger verzichten. ²Verzichtet er innerhalb dieser Frist, gelten die Ansprüche als auf ihn nicht übergegangen. ³Sie stehen den Personen zu, die ohne den Verzichtenden nach § 56 berechtigt wären.

(2) ¹Soweit Ansprüche auf den Sonderrechtsnachfolger übergegangen sind, haftet er für die nach diesem Gesetzbuch bestehenden Verbindlichkeiten des Verstorbenen gegenüber dem für die Ansprüche zuständigen Leistungsträger. ²Insoweit entfällt eine Haftung des Erben. ³Eine Aufrechnung und Verrechnung nach den §§ 51 und 52 ist ohne die dort genannten Beschränkungen der Höhe zulässig.

A. Entstehung und Normzweck 1	II. Abs. 2 18
B. Regelungsgehalt 4	1. Haftung des Sonderrechtsnachfolgers –
I. Abs. 1 4	S. 1 19
1. Verzicht 4	2. Freiwerden der Erben von ihrer Haftung – S. 2 23
2. Wirkung des Verzichts 12	3. Aufrechnung und Verrechnung – S. 3 .. 24

A. Entstehung und Normzweck

§ 57 SGB I ist zum 1.1.1976 in Kraft getreten und seitdem nicht geändert worden. Er regelt in Abs. 1 den Verzicht und in Abs. 2 die Haftung des Sonderrechtsnachfolgers. Die Verzichtsmöglichkeit ist der Ausschlagung der Erbschaft entsprechend den §§ 1942 ff. BGB gestaltet worden.[1] In diesem Bereich kommen **Analogien zu den Erbausschlagungsregeln des BGB** in Betracht. 1

Die **Haftungsregelung** in Abs. 2 entspricht – allerdings nur im weitesten Sinne – der Erbenhaftung gemäß den §§ 1967 ff. BGB. Da die Regelung teilweise bewusst erheblich von diesen abweicht, besteht für eine **entsprechende Anwendung der Vorschriften des BGB in aller Regel kein Raum**.[2] 2

§ 57 Abs. 1 SGB I stellt eine **Sonderregelung zu § 46 SGB I** dar, der allgemein den Verzicht auf Ansprüche auf Sozialleistungen regelt.[3] Bedeutend ist dies insoweit, als für den Verzicht „auf die Sonderrechtsnachfolge" § 46 Abs. 2 SGB I, nach dem der Verzicht unwirksam ist, soweit durch ihn andere Personen oder Leistungsträger belastet oder Rechtsvorschriften umgangen werden, nicht gilt.[4] 3

B. Regelungsgehalt

I. Abs. 1

1. Verzicht. § 57 SGB I knüpft unmittelbar an § 56 SGB I an und regelt mithin ausschließlich den Verzicht auf die Sonderrechtsnachfolge. „Berechtigter" iSd Abs. 1 S. 1 ist in Abweichung zur Terminologie des § 56 SGB I also der Sonderrechtsnachfolger. 4

Gegenstand des Verzichts ist nach dem Wortlaut des Abs. 1 S. 1 die Sonderrechtsnachfolge. Gemeint ist der Verzicht auf den im Wege der Sonderrechtsnachfolge übergegangenen Anspruch auf eine fällige Geldleistung. Der weitgefasste Wortlaut („die Sonderrechtsnachfolge") bewirkt 5

---

1 Lilge/Gutzler/Lilge SGB I § 57 Rn. 1; Hauck/Noftz/von Koppenfels-Spies K SGB I § 57 Rn. 2; aA Jahn/Klose SGB I/Klose SGB I § 57 Rn. 1b.

2 BeckOK SozR/Gutzler SGB I § 57 Rn. 1.

3 Lilge/Gutzler/Lilge SGB I § 57 Rn. 2.

4 BeckOK SozR/Gutzler SGB I § 57 Rn. 1; idR auch keine entsprechende Anwendung von § 46 Abs. 2 SGB I.

aber, dass sich **der Verzicht auf alle Geldleistungsansprüche gegenüber dem jeweiligen Leistungsträger erstrecken muss**; ein teilweiser Verzicht hat keine Rechtswirkungen.[5]

6 Der **Verzicht ist ein höchstpersönliches und nicht übertragbares Gestaltungsrecht**.[6] Die Verzichtserklärung ist eine einseitige, empfangsbedürftige öffentlich-rechtliche Willenserklärung.[7] Der beschränkt geschäftsfähige Minderjährige bedarf auch nach Vollendung des 15. Lebensjahres der Zustimmung seines gesetzlichen Vertreters und zwar entweder nach den §§ 107 (Einwilligung), 108 (Genehmigung) BGB oder nach § 36 Abs. 2 S. 2 SGB I.[8] Der gesetzliche Vertreter wiederum bedarf zur Erteilung der Zustimmung keiner Genehmigung durch das Vormundschaftsgericht, vgl. § 1643 Abs. 1, § 1822 Nr. 2 BGB.[9] Im Übrigen kann sich der Sonderrechtsnachfolger nach den Regeln des SGB X, vgl. insbesondere § 13 SGB X, vertreten lassen.

7 Der Verzicht ist innerhalb von sechs Wochen nach Kenntnis von der Sonderrechtsnachfolge schriftlich gegenüber dem Leistungsträger zu erklären. Für die Schriftform gelten die §§ 126, 126a BGB. **Kenntnis ist die positive Kenntnis aller für die Sonderrechtsnachfolge maßgeblichen Umstände.** Kennenmüssen oder Zweifel an der Sonderrechtsnachfolge genügen nicht.[10] Im Übrigen kann auf die einschlägigen Kommentierungen zu § 1944 Abs. 2 S. 1 BGB verwiesen werden.[11] Dementsprechend wird man auch annehmen können, dass – wie bei § 1944 Abs. 2 S. 1 BGB – auch im Bereich des § 57 Abs. 1 S. 1 ein Irrtum im Bereich der Tatsachen Kenntnis in diesem Sinne ebenso verhindern kann wie eine irrige rechtliche Beurteilung, wenn deren Gründe nicht von vornherein von der Hand zu weisen sind.[12] Aufgrund der etwas eigenwilligen rechtlichen Konstruktion der Sonderrechtsnachfolge und der dem rechtlichen Laien wohl kaum geläufigen Trennung von Erbschaft und sonderrechtsnachfolgefähigen Geldleistungsansprüchen mag ein Rechtsirrtum nicht selten sein. Eine großzügige Betrachtungsweise zugunsten des rechtsirrigen Sonderrechtsnachfolgers erscheint hier häufig angezeigt.[13]

8 Die Frist, die im Übrigen nach § 26 Abs. 1 SGB X iVm den §§ 187 ff. BGB berechnet wird,[14] ist § 1944 BGB nachgebildet.[15] Auch sie ist eine Ausschlussfrist, die der zügigen Klärung der Rechtsnachfolge dient. Damit ist gemäß § 27 Abs. 5 SGB X auch **keine Wiedereinsetzung in den vorigen Stand** möglich.[16] Entsprechend § 1956 BGB ist die Anfechtung der Versäumung der Verzichtsfrist zwar denkbar.[17] In der Praxis dürften Anfechtungsgründe aber kaum anzunehmen sein, zumal die Frist für den Verzicht bei der oben skizzierten großzügigen Betrachtungsweise ohnehin erst relativ spät zu laufen beginnt.[18]

9 Der Verzicht ist gegenüber „dem Leistungsträger" zu erklären. Gemeint ist der für den jeweiligen Geldleistungsanspruch zuständige Leistungsträger. Eine gegenüber einem unzuständigen Leistungsträger abgegebene Erklärung bewirkt keinen Verzicht.[19] § 16 Abs. 2 SGB I, nach dem Anträge, die bei einem unzuständigen Leistungsträger, bei einer für die Sozialleistung nicht zu-

---

5 Rechtsgedanke des § 1950 BGB; aA Jahn/Klose SGB I/Klose SGB I § 57 Rn. 6.
6 HM, vgl. nur KassKomm/Siefert SGB I § 57 Rn. 3; Hauck/Noftz/von Koppenfels-Spies K SGB I § 57 Rn. 5.
7 Krauskopf/Baier SGB I § 57 Rn. 4; Jahn/Klose SGB I/Klose SGB I § 57 Rn. 7; GK-SGB I/von Maydell SGB I § 57 Rn. 2.
8 Für § 36 Abs. 2 S. 2 SGB I Lilge/Gutzler/Lilge SGB I § 57 Rn. 4; Krauskopf/Baier SGB I § 57 Rn. 4; wohl auch GK-SGB I/von Maydell SGB I § 57 Rn. 5; im Ergebnis für § 107 BGB Hauck/Noftz/von Koppenfels-Spies K SGB I § 57 Rn. 5; aA Jahn/Klose SGB I/Klose SGB I § 57 Rn. 9, der die Abgabe der Verzichtserklärung (nur) durch den gesetzlichen Vertreter verlangt.
9 Wie hier GK-SGB I/von Maydell SGB I § 57 Rn. 5; Jahn/Klose SGB I/Klose SGB I § 57 Rn. 9.
10 KassKomm/Siefert SGB I § 57 Rn. 4.
11 Etwa bei NK-BGB/Ivo BGB § 1944 Rn. 3 ff.
12 BGH NJW-RR 2000, 1530.
13 Vgl. auch Jahn/Klose SGB I/Klose SGB I § 57 Rn. 3, der von einer Kenntnis erst bei entsprechenden Mitteilung des Sozialleistungsträgers über die Sonderrechtsnachfolge ausgeht.
14 Entsprechend anzuwenden sind jedenfalls auch die §§ 206 und 210 BGB; dies kann mit einer Analogie zu § 1944 Abs. 2 S. 3 BGB begründet werden; auch ohne diese erbrechtliche Verweisungsnorm wendet das BSG § 206 BGB analog an, vgl. BSG BSGE 36, 267.
15 Vgl. statt vieler nur Hauck/Noftz/von Koppenfels-Spies K SGB I § 57 Rn. 8.
16 Lilge/Gutzler/Lilge SGB I § 57 Rn. 8; Jahn/Klose SGB I/Klose SGB I § 57 Rn. 5.
17 KassKomm/Siefert SGB I § 57 Rn. 4.
18 Vgl. auch Jahn/Klose SGB I/Klose SGB I § 57 Rn. 5.
19 Lilge/Gutzler/Lilge SGB I § 57 Rn. 6.

ständigen Gemeinde oder bei einer amtlichen Vertretung der Bundesrepublik Deutschland im Ausland gestellt werden, unverzüglich an den zuständigen Leistungsträger weiterzuleiten sind (S. 1) und dann, wenn die Sozialleistung von einem Antrag abhängig ist, der Antrag als zu dem Zeitpunkt gestellt gilt, in dem er bei einer der in S. 1 genannten Stellen eingegangen ist (S. 2), ist nicht entsprechend anwendbar.[20] In diesem Fall wird die Verzichtserklärung erst mit dem tatsächlichen und zudem fristgerechten Zugang beim zuständigen Leistungsträger wirksam.[21] Leitet der unzuständige Leistungsträger die Verzichtserklärung nicht oder zu spät weiter, fällt dies in die Risikosphäre des Sonderrechtsnachfolgers. Stehen im Übrigen mehrere Geldleistungsansprüche gegenüber verschiedenen Leistungsträgern in Rede, bewirkt eine Erklärung, die nur gegenüber einem Leistungsträger abgegeben worden ist, einen Verzicht auch nur gegenüber diesem Leistungsträger. Daraus folgt aber auch, dass ein **Sonderrechtsnachfolger** trotz des insoweit missverständlichen Wortlautes des § 57 Abs. 1 S. 1 („die Sonderrechtsnachfolge") **den Verzicht nicht in Bezug auf sämtliche Geldleistungsansprüche gegenüber allen Leistungsträgern erklären muss**. Er kann auch auf Geldleistungsansprüche gegenüber dem einen Leistungsträger verzichten, gegenüber einem anderen nicht.

Da eine § 46 Abs. 1 letzter Teilsatz SGB I entsprechende Regelung fehlt, kann ein einmal erklärter Verzicht nicht widerrufen werden.[22] **Möglich ist aber eine Anfechtung der Verzichtserklärung entsprechend den §§ 1954 ff. BGB.**[23] Soweit dagegen eingewendet wird, im Hinblick auf den regelmäßig gegenüber einer Erbschaft begrenzten materiellen Vorteil erscheine eine entsprechende Anwendung entbehrlich,[24] überzeugt dies nicht. Denn im Einzelfall können die aus der Sonderrechtsnachfolge fließenden Geldleistungsansprüche, denen zudem nur die sehr beschränkte Haftung nach § 57 Abs. 2 SGB I entgegen steht, materiell die Vorteile einer Erbschaft – mit der Haftungsfolge gemäß § 1967 BGB – überwiegen. Im Übrigen erscheint es unbillig, dem Sonderrechtsnachfolger, der etwa durch Drohung zum Verzicht bewegt worden ist, die Anfechtungsmöglichkeit zu versagen. 10

Bedenken dagegen, dass der Sonderrechtsnachfolger entsprechend § 1943 BGB die aus der Sonderrechtsnachfolge fließenden Rechte annimmt, gleichsam also auf den Verzicht verzichtet, bestehen aus hiesiger Sicht nicht, wenn man auch insoweit verlangen muss, dass die entsprechende Erklärung den Formerfordernissen der Verzichtserklärung zu entsprechen hat. Gegen die Möglichkeit einer Annahmeerklärung spricht auch nicht, dass der Schwebezustand anders als regelmäßig bei der Erbschaft auf einen viel überschaubareren Rechte- und Pflichtenkreis beschränkt ist.[25] 11

2. Wirkung des Verzichts. Verzichtet der Sonderrechtsnachfolger fristgerecht, gelten die Ansprüche gemäß § 57 Abs. 1 S. 2 SGB I als auf ihn nicht übergegangen. Die Rechtswirkung entspricht damit der in **§ 1953 Abs. 1 BGB**, so dass die Sonderrechtsnachfolge als von Anfang an nicht eingetreten gilt.[26] Nach § 57 Abs. 1 S. 3 SGB I stehen die Geldleistungsansprüche den Personen zu, die ohne den Verzichtenden nach § 56 SGB I berechtigt wären. An die Stelle des Verzichtenden treten mithin die Personen der gleichen Gruppe – besser, deren Anteil erhöht sich – oder – soweit nicht vorhanden – der nächsten Gruppe, wobei die Reihenfolge des § 56 Abs. 1 S. 1 SGB I maßgeblich ist. Gibt es außer dem Verzichtenden keinen Sonderrechtsnachfolger, gilt § 58 SGB I.[27] 12

---

20 Mrozynski SGB I § 57 Rn. 1; Jahn/Klose SGB I/Klose SGB I § 57 Rn. 7.
21 Lilge/Gutzler/Lilge SGB I § 57 Rn. 6.
22 Hauck/Noftz/von Koppenfels-Spies K SGB I § 57 Rn. 7; Lilge/Gutzler/Lilge SGB I § 57 Rn. 10; Jahn/Klose SGB I/Klose SGB I § 57 Rn. 8; Krauskopf/Baier, SGB I § 57 Rn. 7.
23 So auch Lilge/Gutzler/Lilge SGB I § 57 Rn. 10; Mrozynski SGB I § 57 Rn. 4; Krauskopf/Baier SGB I § 57 Rn. 7; aA Hauck/Noftz/von Koppenfels-Spies K SGB I § 57 Rn. 7.
24 BeckOK SozR/Gutzler SGB I § 57 Rn. 3.
25 So aber BeckOK SozR/Gutzler SGB I § 57 Rn. 3.
26 GK-SGB I/von Maydell SGB I § 57 Rn. 6; Jahn/Klose SGB I/Klose SGB I § 57 Rn. 10.
27 Hauck/Noftz/von Koppenfels-Spies K SGB I § 57 Rn. 11.

13 Der Sonderrechtsnachfolger, der zugleich Erbe ist, kann nach § 57 SGB I verzichten, ohne zugleich sein Erbteil auszuschlagen, und umgekehrt seinen Erbteil ausschlagen, ohne auf den im Wege der Sonderrechtsnachfolge übergegangenen Anspruch zu verzichten (→ § 56 Rn. 4). Eine Erklärung unu actu ist schon wegen der verschiedenen Erklärungsempfänger (jeweiliger Sozialleistungsträger einerseits, Nachlassgericht andererseits) nicht möglich.[28]

14 Für zwischenzeitliche Verfügungen des Sonderrechtsnachfolgers zwischen Eintritt der Sonderrechtsnachfolge und Verzichtserklärung enthält § 57 SGB I keine Regelung, so dass **§ 1959 BGB entsprechend** anzuwenden ist.[29]

15 Hat der Sozialleistungsträger an den vorläufigen Sonderrechtsnachfolger geleistet, der anschließend wirksam verzichtet, ist im Grundsatz auf die bereicherungsrechtlichen Vorschriften der **§§ 812 ff. BGB zurückzugreifen. Die Aufhebung eines etwaigen Bewilligungsbescheides, den der Sozialleistungsträger gegenüber dem verstorbenen Berechtigten noch zu dessen Lebzeiten erlassen hatte, ist nicht statthaft,** weil dieser Bescheid Grundlage für die Rechtsposition des „neuen" Sonderrechtsnachfolgers oder – bei Fehlen eines weiteren Sonderrechtsnachfolgers – Erben ist. Zudem nützt die Aufhebung eines solchen Bewilligungsbescheides auch nichts, weil durch die Rückwirkung der Verzichtserklärung etwaige durch den Bewilligungsbescheid vermittelte Rechtspositionen ohnehin rückwirkend beseitigt sind.

16 **Das Rückabwicklungsverhältnis besteht ausschließlich zwischen dem Sozialleistungsträger und dem vorläufigen Sonderrechtsnachfolger.** Das bedeutet zweierlei: Zum einen wird der Sozialleistungsträger unter keinen Umständen durch die Leistung an den vorläufigen Sonderrechtsnachfolger frei von seiner Verpflichtung gegenüber dem tatsächlichen Berechtigten. Soweit angenommen wird, der Sozialleistungsträger müsse kein zweites Mal leisten, wenn ihm kein Verschulden zur Last gelegt werden könne, weil der Berechtigte nicht habe zu erkennen geben, dass er verzichten wolle,[30] fehlt es für diese Rechtsansicht wegen der Rückwirkung der Verzichtserklärung an einer rechtlichen Grundlage. Das Ergebnis ist zudem auch unbillig. Der Sozialleistungsträger muss um die Möglichkeit eines Verzichts wissen. Wenn er ungeachtet des Schwebezustandes an den später verzichtenden Sonderrechtsnachfolger leistet, trägt er das Risiko. Etwas anderes mag im Einzelfall gelten, wenn der später verzichtende Sonderrechtsnachfolger die Forderung gegenüber dem Sozialleistungsträger schriftlich geltend gemacht hat. Denn in einer solchen Erklärung dürfte entsprechend § 1943 BGB die Annahme der Ansprüche aus der Sonderrechtsnachfolge liegen, die einer späteren Verzichtserklärung regelmäßig entgegensteht,[31] so dass sich das hier skizzierte Problem nicht stellt. Aus dem Gesagten folgt auch, dass der tatsächliche Berechtigte nicht auf etwaige Bereicherungsansprüche gegenüber dem vorläufigen Sonderrechtsnachfolger zu verweisen ist; er behält also mit dem zuständigen Sozialleistungsträger den „sicheren" Schuldner.[32]

17 Ist der **Sozialleistungsträger** demnach auf bereicherungsrechtliche Ansprüche gegenüber dem vorläufigen Sonderrechtsnachfolger zu verweisen, so ist jedenfalls dann, wenn er leistet, ohne einen den Anspruch feststellenden Verwaltungsakt gegenüber dem vorläufigen Sonderrechtsnachfolger erlassen zu haben,[33] zu beachten, dass er **den Anspruch nach den §§ 812 ff. BGB nicht durch Verwaltungsakt geltend machen kann.** Denn wegen der ex-tunc-Wirkung der Verzichtserklärung fehlt es insoweit an einem sozialrechtlichen Leistungsverhältnis zwischen Sozialleistungsträger und vorläufigem Sonderrechtsnachfolger und damit auch an der Befugnis des

---

28 Vgl. auch BSG BSGE 31, 267.
29 Hauck/Noftz/von Koppenfels-Spies K SGB I § 57 Rn. 12; BeckOK SozR/Gutzler SGB I § 57 Rn. 6.
30 So Lilge/Gutzler/Lilge SGB I § 57 Rn. 9.
31 Vgl. für die Annahme nach § 1943 BGB NK-BGB/Ivo BGB § 1943 Rn. 14.
32 AA Lilge/Gutzler/Lilge SGB I § 57 Rn. 9; der von ihm in Bezug genommene KassKomm/Seewald SGB I § 57 Rn. 12, dürfte im Übrigen den Rückforderungsanspruch des Sozialleistungsträgers gegen den vorläufigen Sonderrechtsnachfolger meinen, nicht vermeintliche Bereicherungsansprüche des tatsächlich Berechtigten.
33 Wichtig: Dieser Verwaltungsakt ist zu unterscheiden von einem etwaigen Bewilligungsbescheid, der noch an den verstorbenen Berechtigten gerichtet war.

erstgenannten, die Forderung durch Verwaltungsakt geltend zu machen.³⁴ Macht er die Forderung im Wege einer Klage geltend, sind die Gerichte der Sozialgerichtsbarkeit zuständig; richtige **Klageart ist die (echte) Leistungsklage nach § 54 Abs. 5 SGG**. Die Annahme, der Sozialleistungsträger müsse den Rückforderungsanspruch nach § 50 SGB X durch Verwaltungsakt geltend machen, wobei Vertrauensschutzgesichtspunkte nicht zu beachten seien,³⁵ überzeugt in mehrerer Hinsicht nicht. Zum einen bleibt unklar, ob Grundlage § 50 Abs. 1 oder Abs. 2 SGB X sein soll. § 50 Abs. 1 SGB X wäre indes nur anwendbar, wenn es einen Verwaltungsakt über die Bewilligung der in Rede stehenden Leistungen gäbe. § 50 Abs. 2 SGB X wäre zutreffende Grundlage für eine Erstattungsforderung über Leistungen, die ohne Verwaltungsakt erbracht worden sind. Über § 50 Abs. 2 S. 2 SGB X ist aber auch Vertrauensschutz zu beachten. Außerdem fußt die Ansicht, § 50 SGB X sei anzuwenden, auf der unzutreffenden Annahme, es handele sich bei den zurückzufordernden Leistungen um Sozialleistungsansprüche. Das ist wegen der Rückwirkung der Verzichtserklärung aber gerade nicht der Fall.

II. Abs. 2

S. 1 regelt eine **eingeschränkte Haftung** des Sonderrechtsnachfolgers. Hieran schließt sich S. 2 an, der den Erben entsprechend dem Haftungsumfang des Sonderrechtsnachfolgers aus seiner (Erben)Haftung entlässt. S. 3 nimmt inhaltlich ebenfalls nur S. 1 in Bezug und ermöglicht dem Sozialleistungsträger in diesem Rahmen eine erleichterte Aufrechnung und Verrechnung. 18

1. Haftung des Sonderrechtsnachfolgers – S. 1. Die Haftung in S. 1 enthält gleich **mehrere Einschränkungen**. Der Sonderrechtsnachfolger haftet nur für die nach diesem Gesetzbuch – also dem SGB – bestehenden Verbindlichkeiten (**Haftungsgrundlage**). Er haftet nur, soweit Ansprüche auf ihn übergegangen sind (**Haftungsumfang**). Schließlich haftet er auch nur gegenüber dem für die Ansprüche, die Gegenstand der Sonderrechtsnachfolge sind, zuständigen Leistungsträger (**Gläubiger**). 19

Haftung nach diesem Gesetzbuch meint alle Ansprüche des zuständigen Leistungsträgers nach dem SGB. Insoweit besteht also keine Einschränkung auf bestimmte Rechtsverhältnisse. Umfasst sind danach alle aus dem SGB herrührenden Verbindlichkeiten des Verstorbenen wie Beitragsrückstände oder auch Erstattungsansprüche (vor allem nach § 50 SGB X).³⁶ Der Sonderrechtsnachfolger haftet aber nur für Haftungsansprüche des Leistungsträgers, der für die im Wege der Sonderrechtsnachfolge übergegangenen Sozialleistungsansprüche zuständig ist. 20

Die Haftung ist beschränkt auf die Höhe der übergegangenen Sozialleistungsansprüche („soweit"). Der Sonderrechtsnachfolger haftet demnach unter keinen Umständen mit seinem Privatvermögen und zwar auch dann nicht, wenn die Verbindlichkeiten höher sind also die übergegangenen Ansprüche. 21

Uneinheitlich wird die Frage danach beantwortet, ob **mehrere Sonderrechtsnachfolger** als Gesamtschuldner³⁷ haften oder jeweils **nur mit ihrem Anteil**.³⁸ Letztgenannter Auffassung gebührt der Vorzug, da mehrere Sonderrechtsnachfolger im Hinblick auf die auf sie im Wege der Sonderrechtsnachfolge übergegangenen Ansprüche keine Gesamthands-, sondern eine **Bruchteilsgemeinschaft** bilden (→ § 56 Rn. 57). 22

2. Freiwerden der Erben von ihrer Haftung – S. 2. S. 2 regelt ein teilweises Freiwerden der Erben von ihrer Haftung gemäß § 1967 BGB. Nur soweit der Sonderrechtsnachfolger nach S. 1 haftet, werden Erben von ihrer Haftung frei. Das bedeutet aber auch, dass der **Erbe auch dann und insoweit haftet, als die Haftung des Sonderrechtsnachfolgers nicht ausreicht**, um die Ver- 23

---

34 Vgl. BSG SozR 3-2600 § 118 Nr. 2.
35 Jahn/Klose SGB I/Klose SGB I § 57 Rn. 10.
36 Vgl. nur Hauck/Noftz/von Koppenfels-Spies K SGB I § 57 Rn. 14; Mrozynski SGB I § 57 Rn. 5.

37 So KassKomm/Siefert SGB I § 57 Rn. 13; vgl. zum Meinungsstand Hauck/Noftz/von Koppenfels-Spies K SGB I § 57 Rn. 14.
38 Lilge/Gutzler/Lilge SGB I § 57 Rn. 13b; Mrozynski SGB I § 57 Rn. 5.

bindlichkeiten des Verstorbenen gegenüber dem zuständigen Leistungsträger nach dem SGB auszugleichen.[39]

24 **3. Aufrechnung und Verrechnung – S. 3.** S. 3 regelt zugunsten des Sozialleistungsträgers eine erleichterte Auf- und Verrechnung, was der zügigen Abwicklung aller noch vorhandenen Rechtsbeziehungen des Verstorbenen dienen soll.[40] Aufrechnung und Verrechnung sollen kurz erläutert werden.

25 Gemäß § 51 Abs. 1 SGB I kann der zuständige Leistungsträger gegen Ansprüche auf Geldleistungen mit Ansprüchen gegen den Berechtigten aufrechnen, soweit die Ansprüche auf Geldleistungen nach § 54 Abs. 2 und 4 SGB I pfändbar sind. Mit Ansprüchen auf Erstattung zu Unrecht erbrachter Sozialleistungen und mit Beitragsansprüchen nach diesem Gesetzbuch kann der zuständige Leistungsträger gemäß § 51 Abs. 2 SGB I gegen Ansprüche auf laufende Geldleistungen bis zu deren Hälfte aufrechnen, wenn der Leistungsberechtigte nicht nachweist, dass er dadurch hilfebedürftig im Sinne der Vorschriften des Zwölften Buches über die Hilfe zum Lebensunterhalt oder der Grundsicherung für Arbeitsuchende nach dem Zweiten Buch wird. Die **Aufrechnung** hat demnach **eigene Ansprüche des für die Geldleistung zuständigen Sozialleistungsträgers gegen den Leistungsberechtigten** im Blick.

26 S. 3 knüpft jedenfalls in Bezug auf die Aufrechnung an S. 1 an, weswegen die Beschränkungen aus S. 1 auch im Rahmen der Aufrechnung gelten.[41] Aufrechnen kann also nur der für die im Wege der Sonderrechtsnachfolge übergegangenen Geldleistungsansprüche zuständige Leistungsträger. Er kann nur mit Ansprüchen aus dem SGB aufrechnen, die aus Verbindlichkeiten des verstorbenen Berechtigten herrühren, was sich aus der engen Verzahnung von § 57 Abs. 2 S. 1 und S. 3 SGB I ergibt.[42] Schließlich kann nur gegen die im Wege der Sonderrechtsnachfolge übergegangenen Geldleistungsansprüche aufgerechnet werden.[43] Die Haftungsgrenze ergibt sich nicht aus § 51 SGB I,[44] sondern aus § 57 Abs. 2 S. 1 SGB I – eine Aufrechnung ist also bis zur Höhe des übergegangenen Anspruchs möglich.

27 Gemäß § 52 SGB I kann der für eine Geldleistung zuständige Leistungsträger mit Ermächtigung eines anderen Leistungsträgers dessen Ansprüche gegen den Berechtigten mit der ihm obliegenden Geldleistung verrechnen, soweit nach § 51 SGB I die Aufrechnung zulässig ist. Die **Verrechnung** hat demnach nicht eigene Ansprüche des für die Geldleistung zuständigen Sozialleistungsträgers gegen den Leistungsberechtigten, sondern **Ansprüche anderer Sozialleistungsträger** im Blick. Die Verrechnungsmöglichkeit steht scheinbar im Widerspruch zu der eingeschränkten Haftung nach § 57 Abs. 2 S. 1 SGB I,[45] weil danach eine Haftung des Sonderrechtsnachfolgers nur gegenüber dem für die Ansprüche zuständigen Leistungsträger besteht. Aus diesem Umstand wird teilweise hergeleitet, eine Verrechnungsmöglichkeit bestehe ungeachtet des § 57 Abs. 2 S. 3 SGB I nicht[46] oder nur in dem engen Ausnahmefall, dass mehrere Leistungsansprüche gegen unterschiedliche Sozialleistungsträger im Wege der Sonderrechtsnachfolge übergegangen sind.[47]

28 **Das BSG sieht gegen die Verrechnungsmöglichkeit keine Bedenken.**[48] Der Sonderrechtsnachfolger hafte gemäß § 57 Abs. 2 S. 1 SGB I grundsätzlich für Verbindlichkeiten des Versicherten nach dem SGB gegenüber dem für die Ansprüche zuständigen Leistungsträger. § 57 Abs. 2 S. 1

---

39 Hauck/Noftz/von Koppenfels-Spies K SGB I § 57 Rn. 15; Mrozynski SGB I § 57 Rn. 6; eingehend GK-SGB I/von Maydell SGB I § 57 Rn. 12.
40 Hauck/Noftz/von Koppenfels-Spies K SGB I § 57 Rn. 16.
41 Lilge/Gutzler/Lilge SGB I § 57 Rn. 14.
42 Vgl. aber Jahn/Klose SGB I/Klose SGB I § 57 Rn. 28; wie hier wohl Krauskopf/Baier SGB I § 57 Rn. 12.
43 GK-SGB I/von Maydell SGB I § 57 Rn. 10.
44 Vor allem § 51 Abs. 2 SGB I; Aufrechnung gegen Ansprüche auf laufende Geldleistungen nur bis zu deren Hälfte.
45 Krauskopf/Baier SGB I § 57 Rn. 13, bezeichnet die Nennung der Verrechnung in § 57 Abs. 2 S. 3 SGB I als „Versehen".
46 So noch HK-SGB I/Richter/Schiffer-Werneburg. 3. Aufl., § 57 Rn. 14.
47 Krauskopf/Siefert SGB I § 57 Rn. 16.
48 BSG SozR 4-1200 § 52 Nr. 1.

SGB I sei mithin lediglich eine Haftungsnorm, vergleichbar mit derjenigen des § 1967 BGB hinsichtlich des Erben. Sie ermögliche den Sozialleistungsträgern des SGB, Ansprüche gegen den verstorbenen Versicherten gegenüber dem Sonderrechtsnachfolger geltend zu machen. Bestätigt werde dies durch § 57 Abs. 2 S. 3 SGB I, wonach Ansprüche des und gegen den verstorbenen Versicherten in dem Umfang und gegebenenfalls mit den Mängeln behaftet auf den Sonderrechtsnachfolger übergingen, wie sie zum Zeitpunkt seines Todes bestanden haben. Bedenken hiergegen bestünden auch im Hinblick auf die funktionale Einheit der Sozialleistungsträger bei der Leistungsgewährung nicht.

Die Begründung des BSG ist nicht sonderlich überzeugend. Dass der Sonderrechtsnachfolger für Verbindlichkeiten des verstorbenen Berechtigten haftet, mag sein. Auch mag sich in der Verrechnungsmöglichkeit nach § 52 SGB I die Vorstellung des Gesetzgebers von der funktionalen Einheit der Leistungsträger niederschlagen.[49] Die Frage ist aber doch, ob dies ungeachtet der Wendung „gegenüber dem für die Ansprüche zuständigen Leistungsträger" in § 57 Abs. 2 S. 1 SGB I gelten kann. Auf dieses Problem geht das BSG aber nicht ein. 29

Nach hier vertretener Ansicht sind § 57 Abs. 2 S. 1 und S. 3 SGB I miteinander im bestmöglichen Maße in Einklang zu bringen. Das bedeutet aber, dass man die Verrechnungsmöglichkeit nicht vollständig verneinen kann, weil man andernfalls den Wortlaut des § 57 Abs. 2 S. 3 SGB I vollständig vernachlässigen würde. Die demnach dem Grunde nach bestehende Verrechnungsmöglichkeit muss sich aber an § 57 Abs. 2 S. 1 SGB I und den darin enthaltenen Einschränkungen orientieren. Das bedeutet zum einen, dass **nur der Leistungsträger verrechnen kann, der für die im Wege der Sonderrechtsnachfolge übergegangenen Ansprüche zuständig ist. Eine Verrechnung ist nur bis zur Höhe der im Wege der Sonderrechtsnachfolge übergegangenen Ansprüche möglich. Schließlich und ganz entscheidend ist, dass nur solche Ansprüche der erleichterten Verrechnung unterfallen, die der andere Leistungsträger gegenüber dem verstorbenen Berechtigten nach dem SGB hatte.** Eine Verrechnung von Ansprüchen, die der andere Leistungsträger gegen den Sonderrechtsnachfolger selbst hat, scheidet im Anwendungsbereich des § 57 Abs. 2 S. 3 SGB I aus, weil – wie schon bei der Aufrechnung zu beachten – § 57 Abs. 2 SGB I unter besonderer Berücksichtigung von dessen S. 1 nur die Haftung des Sonderrechtsnachfolgers für die nach dem SGB bestehenden Verbindlichkeiten des verstorbenen Berechtigten im Blick hat. Nur insoweit lässt sich schließlich auch annehmen, dass die Geldleistungsansprüche belastet mit Auf- oder Verrechnungsmöglichkeiten auf den Sonderrechtsnachfolger übergegangen sind.[50] Schränkt man die Verrechnungsmöglichkeit derart ein und berücksichtigt man weiter die engen Voraussetzungen, unter denen eine Verrechnung überhaupt nur möglich ist – insbesondere muss die Forderung des „dritten" Sozialleistungsträgers gegenüber dem verstorbenen Berechtigten bestands- oder rechtskräftig festgestellt worden sein[51] –, ist diese Modifikation[52] des § 57 Abs. 2 S. 1 SGB I zu rechtfertigen. Dass der Sonderrechtsnachfolger wegen des Wegfalls der im Rahmen des § 52 SGB I normalerweise geltenden Verrechnungsbeschränkungen insoweit schlechter steht als der Erbe, ist angesichts des Gesetzeswortlautes und des Umstandes seiner nur sehr eingeschränkten Haftung nach § 57 Abs. 2 S. 1 SGB I hinzunehmen. 30

Einzugehen ist noch auf die – soweit ersichtlich – in der Literatur unerörterte Frage, ob eine Aufrechnung oder Verrechnung nach den §§ 51, 52 SGB I gegen im Wege der Sonderrechtsnachfolge übergegangene Geldleistungsansprüche mit Ansprüchen, die **gegen den Sonderrechtsnachfolger selbst entstanden sind** und fortbestehen (also nicht Ansprüche des jeweiligen Leistungsträgers gegen den verstorbenen Berechtigten), in Betracht kommt. Dagegen ließe sich einwenden, § 57 Abs. 2 S. 3 SGB I enthalte eine abschließende Sonderregelung zur Aufrechnung und Verrechnung, soweit es um im Wege der Sonderrechtsnachfolge übergegangene Geldleis- 31

---

49 Vgl. zu dieser auch BSG BSGE 67, 143.
50 Zu diesem Gesichtspunkt Lilge/Gutzler/Lilge SGB I § 57 Rn. 17.
51 BSG SozR 4-1200 § 52 Nr. 1.
52 Vgl. den Begriff bei GK-SGB I/von Maydell SGB I § 57 Rn. 11.

tungsansprüche geht. So ist § 57 Abs. 2 S. 3 SGB I indes nicht formuliert. Die Vorschrift soll in ihrem – wie beschrieben – engen Anwendungsbereich eine Aufrechnung oder Verrechnung unter erleichterten Voraussetzungen ermöglichen. Den Schluss, dass jenseits dieses engen Anwendungsbereiches eine Aufrechnung oder Verrechnung überhaupt nicht möglich sein soll, wird man daher nicht ziehen können. Insoweit ist bei Ansprüchen des zuständigen Leistungsträgers (Aufrechnung) oder eines dritten Leistungsträgers (Verrechnung), die jeweils gegenüber dem Sonderrechtsnachfolger selbst entstanden sind und fortbestehen, die Möglichkeit zur Aufrechnung oder Verrechnung gegen im Wege der Sonderrechtsnachfolge übergegangene Geldleistungsansprüche unter den in den §§ 51, 52 SGB I genannten Einschränkungen eröffnet.

§ 58 SGB I Vererbung

¹Soweit fällige Ansprüche auf Geldleistungen nicht nach den §§ 56 und 57 einem Sonderrechtsnachfolger zustehen, werden sie nach den Vorschriften des Bürgerlichen Gesetzbuchs vererbt. ²Der Fiskus als gesetzlicher Erbe kann die Ansprüche nicht geltend machen.

A. Entstehung und Normzweck 1	d) S. 4 – Keine Befriedigung eigener Forderungen durch das Geldinstitut 32
B. Regelungsgehalt 2	
I. Übergang von Ansprüchen 2	
1. Allgemeines 2	e) Prozessuales und Kosten 34
2. Sonderregelung: § 165 Abs. 4 SGB III . 8	3. § 118 Abs. 4 SGB VI 35
II. S. 2 – Fiskus als Erbe 13	a) Überblick 35
C. Haftung des Erben für sozialrechtliche Verbindlichkeiten 15	b) S. 1 – Empfänger und Verfügender 36
I. Allgemeines 15	c) S. 2 – Festsetzung durch Verwaltungsakt 41
II. Sonderregelung: § 118 Abs. 4 SGB VI 23	
1. § 118 Abs. 1 bis 2a SGB VI 24	d) S. 3 – Auskunftspflicht des Geldinstituts 43
2. § 118 Abs. 3 SGB VI 25	4. Erbenhaftung 45
a) S. 1 – Zahlung unter Vorbehalt 25	a) Allgemeines 45
b) S. 2 – Rücküberweisungsanspruch gegen Geldinstitut 26	b) Verweisung auf § 50 SGB X 49
c) S. 3 – Entreicherungseinwand des Geldinstituts 28	c) Verhältnis zu den Vorschriften des BGB 62
	d) Verfahrensrechtliches und Kosten . 64

A. Entstehung und Normzweck

1 § 58 SGB I ist zum 1.1.1976 in Kraft getreten und seitdem nicht geändert worden. Er stellt klar,[1] dass fällige Geldleistungsansprüche, die nicht im Wege der Sonderrechtsnachfolge übergehen, nach dem BGB vererbt werden und knüpft damit an die bisherige Rechtspraxis an, nach der jedenfalls vom Berechtigten angemeldete Ansprüche für vererbbar gehalten wurden.[2] Der Fiskus kann als gesetzlicher Erbe[3] die Geldleistungsansprüche nicht geltend machen. Damit soll vermieden werden, dass Zahlungen zwischen verschiedenen öffentlichen Haushalten zu erfolgen haben.[4]

B. Regelungsgehalt

I. Übergang von Ansprüchen

2 **1. Allgemeines.** Vererblich sind nur **Geldleistungen**, nicht also Sach- und Dienstleistungen, was sich im Übrigen bereits aus § 59 S. 1 SGB I ergibt. Gemeint sind auch in § 58 S. 1 SGB I nur **Sozialleistungen** iSd § 11 SGB I.[5] Zur Vererblichkeit von Sozialhilfeansprüchen (→ SGB I § 59

---

1 KassKomm/Siefert SGB I § 58 Rn. 2; Jahn/Klose SGB I/Klose SGB I § 58 Rn. 1a.
2 Vgl. BSG BSGE 28, 102; GK-SGB I/von Maydell SGB I § 58 Rn. 1.
3 Vgl. § 1936 BGB.
4 BT-Drs. 7/868, 33.
5 Hauck/Noftz/von Koppenfels-Spies K SGB I § 58 Rn. 3.

Rn. 6 ff.). Ansprüche auf Geldleistungen gegen Sozialleistungsträger, die keine Sozialleistung sind, beispielsweise Ansprüche auf Erstattung zu Unrecht entrichteter Beiträge (→ SGB I § 56 Rn. 7), fiskalische Ansprüche oder auch Amtshaftungsansprüche, werden unmittelbar – also ohne Anwendung von § 58 S. 1 SGB I – nach den Vorschriften des BGB vererbt.[6] Soweit das BSG in einem Urteil vom 25.11.1965[7] von der Vererblichkeit des Anspruchs des verstorbenen Versicherten auf Rückzahlung zu Unrecht entrichteter freiwilliger Beiträge zur Arbeiterrentenversicherung auch dann ausgegangen ist, wenn der Versicherte ihn zu Lebzeiten nicht geltend gemacht hat, steht dem der zum 1.1.1976 in Kraft getretene § 59 S. 2 SGB I nicht entgegen, weil § 59 SGB I seinerseits nur für Sozialleistungen gilt.

Ob es sich um Ansprüche auf laufende oder einmalige Geldleistungen handelt, ist im Anwendungsbereich des § 58 S. 1 SGB I unmaßgeblich.[8] Nur bei Ansprüchen auf laufende Geldleistungen kommt allerdings das Vorliegen einer Sonderrechtsnachfolge gemäß § 56 SGB I in Betracht. 3

Die Geldleistungsansprüche müssen wie bei der Sonderrechtsnachfolge **fällig** sein. Insoweit kann auf die Kommentierung zu § 56 SGB I (→ SGB I § 56 Rn. 10 f.) verwiesen werden. Für nicht fällige Ansprüche auf Geldleistungen gilt § 58 S. 1 SGB I seinem Wortlaut nach nicht. Diese Ansprüche werden unmittelbar nach den Vorschriften des BGB vererbt (→ SGB I § 59 Rn. 21 f.). 4

Ansprüche auf **Ermessensleistungen** entstehen nach § 40 Abs. 2 SGB I erst mit der **Bekanntgabe der Entscheidung über die Leistung**. Die Notwendigkeit der Bekanntgabe der Entscheidung für das Entstehen des Ermessensanspruchs entfällt auch dann nicht, wenn bei der Entscheidung eine Ermessensreduzierung auf Null eingetreten ist. Auch in einem solchen Falle hat nämlich der Versicherte nur einen Anspruch auf pflichtgemäße Ausübung des Ermessens.[9] 5

§ 58 S. 1 SGB I betont den Vorrang der Sonderrechtsnachfolge vor der allgemeinen Erbfolge nach dem BGB, was sich auch in der Formulierung („soweit") niederschlägt. Entscheidend ist also nur, dass die Sonderrechtsnachfolge ausgeschlossen ist, nicht warum. In Betracht kommen Fälle, in denen die Geldleistungsansprüche nicht im Wege der Sonderrechtsnachfolge übergehen, weil es sich nicht um laufende, sondern um einmalige Geldleistungen handelt, die persönlichen Voraussetzungen des § 56 SGB I nicht vorliegen oder der Sonderrechtsnachfolger gemäß § 57 Abs. 1 S. 1 SGB I auf die Sonderrechtsnachfolge verzichtet hat.[10] 6

Die fälligen Ansprüche auf Geldleistungen werden nach § 58 S. 1 SGB I nach den Vorschriften des BGB vererbt, soweit nicht ein spezialgesetzlicher Ausschluss vorliegt.[11] Es gelten demnach – mit der Einschränkung des § 58 S. 2 SGB I – die **§§ 1922 ff. BGB**. Möglich ist die Vererbung nach der gesetzlichen Erbfolge (§§ 1924 ff. BGB) und der gewillkürten Erbfolge durch Testament (§ 1937 BGB) oder Erbvertrag (§ 1941 BGB).[12] Mehrere Erben bilden eine **Erbengemeinschaft** nach den §§ 2032 ff. BGB. Hierbei handelt es sich – anders als bei der Mehrheit von Sonderrechtsnachfolgern gemäß § 56 Abs. 1 S. 2 SGB I (Bruchteilsgemeinschaft, → SGB I § 56 Rn. 57) – um eine **Gesamthandsgemeinschaft**. Die Unterscheidung von Bruchteils- und Gesamthandsgemeinschaft ist im sozialgerichtlichen Verfahren von ausgesprochen großer Bedeutung: Nur der Sonderrechtsnachfolger kann die im Wege der Sonderrechtsnachfolge übergegangene Leistung nur an sich verlangen, während der Miterbe die Leistung nur an die Erbengemeinschaft verlangen kann, vgl. § 2039 S. 1 BGB (→ SGB I § 56 Rn. 62 ff.). Nur der Sonderrechtsnachfolger ist uneingeschränkt und für jede Instanz kostenprivilegiert, vgl. § 183 S. 1 SGG (→ SGB I § 56 Rn. 66 ff.), während für den Erben nach § 183 S. 2 SGG Kostenfreiheit nur im jeweiligen Rechtszug besteht. 7

---

6 Lilge/Gutzler/Lilge SGB I § 58 Rn. 3.
7 BSG BSGE 24, 126.
8 GK-SGB I/von Maydell SGB I § 58 Rn. 4; Lilge/Gutzler/Lilge SGB I § 58 Rn. 4; Jahn/Klose SGB I/Klose SGB I § 58 Rn. 3.

9 BSG SozR 1200 § 40 Nr. 3.
10 GK-SGB I/von Maydell SGB I § 58 Rn. 5.
11 Vgl. für das bayerische Landespflegegeld etwa Art. 2 Abs. 4 S. 3 BayLPflGG.
12 Vgl. nur Lilge/Gutzler/Lilge SGB I § 58 Rn. 6.

8 **2. Sonderregelung: § 165 Abs. 4 SGB III.** Erwähnenswert ist die Sonderregelung des § 165 Abs. 4 SGB III, die innerhalb des häufig geänderten SGB III bis zum 31.3.2012 in § 183 Abs. 3 SGB III zu finden war und die auf § 141b Abs. 1 S. 2 AFG zurückgeht.

9 Thematisch geht es um den Anspruch auf **Insolvenzgeld**. Dieser steht gemäß § 165 Abs. 1 S. 1 SGB III Arbeitnehmerinnen und Arbeitnehmer zu, wenn sie im Inland beschäftigt waren und bei einem Insolvenzereignis für die vorausgegangenen drei Monate des Arbeitsverhältnisses noch Ansprüche auf Arbeitsentgelt haben. § 165 Abs. 1 S. 2 SGB III definiert die möglichen Insolvenzereignisse. Als Insolvenzereignis gilt danach

1. die Eröffnung des Insolvenzverfahrens über das Vermögen des Arbeitgebers,
2. die Abweisung des Antrags auf Eröffnung des Insolvenzverfahrens mangels Masse oder
3. die vollständige Beendigung der Betriebstätigkeit im Inland, wenn ein Antrag auf Eröffnung des Insolvenzverfahrens nicht gestellt worden ist und ein Insolvenzverfahren offensichtlich mangels Masse nicht in Betracht kommt.

10 Problematisch war der Fall, in dem der Arbeitnehmer vor Eintritt des Insolvenzereignisses verstorben war. Konkret hatte das BSG über einen Fall zu entscheiden, in dem der Arbeitnehmer am 25.1.1984 verstorben und bis zu seinem Tod bei einem Arbeitgeber beschäftigt war, über dessen Vermögen am 3.2.1984 das Konkursverfahren eröffnet wurde.[13] Der Leistungsträger lehnte den am 13.2.1984 gestellten Antrag der Ehefrau und Erbin des Arbeitnehmers ab, ihr wegen des für die Zeit vom 1.11.1983 bis zum 25.1.1984 ausgefallenen Arbeitsentgeltanspruchs ihres verstorbenen Ehemannes Konkursausfallgeld – heute Insolvenzgeld – zu gewähren. Das BSG verneinte den Anspruch der Erbin des Arbeitnehmers. Die §§ 141a, 141b AFG hätten den Anspruch auf Konkursausfallgeld bewusst auf den Arbeitnehmer beschränkt und nicht anderen Inhabern der Arbeitsentgeltforderung eingeräumt. Ein Anspruchsübergang nach Maßgabe der §§ 56, 58 SGB I kam nicht in Betracht, weil das Insolvenzereignis erst nach dem Tode des Ehemannes der Erbin eingetreten war und dieser daher zu seinen Lebzeiten noch keinen Anspruch auf Konkursausfallgeld hatte, sondern lediglich einen Anspruch auf Arbeitsentgelt. Die Ehefrau des verstorbenen Arbeitnehmers war also auf den – freilich wirtschaftlich wertlosen – ererbten Arbeitsentgeltanspruch zu verweisen.

11 In Reaktion auf das genannte Urteil des BSG hat der Gesetzgeber die – von ihm als solche empfundene – Regelungslücke[14] durch das Gesetz zur Änderung von Fördervoraussetzungen im Arbeitsförderungsgesetz und in anderen Gesetzen vom 18.12.1992[15] geschlossen und § 141b Abs. 1 AFG durch S. 2 ergänzt, der lautete:

Der Anspruch auf Konkursausfallgeld ist nicht dadurch ausgeschlossen, daß der Arbeitnehmer vor der Eröffnung des Konkursverfahrens gestorben ist.

Nunmehr lautet § 165 Abs. 4 SGB III – wie schon vorher § 183 Abs. 3 SGB III: Anspruch auf Insolvenzgeld hat auch der Erbe der Arbeitnehmerin oder des Arbeitnehmers.

12 Zweck der Vorschrift ist es demnach, dem Erben des Arbeitnehmers einen eigenen Anspruch auf Insolvenzgeld für vom verstorbenen Arbeitnehmer erarbeitete Arbeitsentgeltansprüche einzuräumen. Der Anspruch auf Insolvenzgeld darf indes noch nicht zu Lebzeiten des Arbeitnehmers entstanden sein. Ist er dies, ist also insbesondere das Insolvenzereignis zu Lebzeiten des Arbeitnehmers eingetreten, gilt § 58 S. 1 SGB I, da es sich bei dem Insolvenzgeldanspruch um keinen Anspruch auf laufende Geldleistungen handelt.[16] Lagen die Anspruchsvoraussetzungen des § 165 SGB III zu Lebzeiten des Arbeitnehmers dagegen noch nicht vor, war namentlich also noch kein Insolvenzereignis nach § 165 Abs. 1 S. 2 SGB III eingetreten, ist der Anwendungsfall

---

13 BSG SozR 4100 § 141 Nr. 1.
14 BT-Drs. 12/3211, 27.
15 BGBl. 2019 I 2044.

16 Heinz/Schmidt-De Caluwe/Scholz/SGB III/Scholz SGB III § 165 Rn. 94; Gagel/Peters-Lange SGB III § 165 Rn. 131; Hauck/Noftz/Voelzke K SGB III § 165 Rn. 189.

des § 58 S. 1 SGB I auch dann nicht eröffnet, wenn der Arbeitnehmer in der Annahme, ein Insolvenzereignis sei eingetreten, noch vor Eintritt eines Insolvenzereignisses den Antrag auf Insolvenzgeld gemäß § 324 Abs. 3 SGB III gestellt hat.[17] Auch hier greift § 165 Abs. 4 SGB III.

II. S. 2 – Fiskus als Erbe

Ist zum Zeitpunkt des Erbfalls weder ein testamentarischer noch ein sonstiger Erbe vorhanden, wird nach § 1936 BGB der Fiskus gesetzlicher Erbe. Nach § 58 S. 2 SGB I kann der Fiskus als gesetzlicher Erbe die Ansprüche nicht geltend machen. Bezug nimmt die Vorschrift auf § 58 S. 1 SGB I, also auf die Ansprüche auf Geldleistungen, die nicht einem Sonderrechtsnachfolger zustehen. **§ 58 S. 2 SGB I schließt indes den Fiskus als gesetzlichen Erben nicht aus**, denn er kann alle anderen Nachlassforderungen geltend machen und auch die in § 58 S. 2 SGB I angesprochene Forderung bleibt in dem auf den Fiskus übergegangenen Nachlass. Sie wird vielmehr lediglich zur **Naturalobligation**, so dass der Fiskus trotz des Bestehens der Forderung ihre Erfüllung nicht verlangen kann.[18]

Solange der Fiskus als Erbe in Betracht kommt, besteht die Möglichkeit, dass der Erbe nach § 58 S. 2 SGB I die Erfüllung der Forderung nicht verlangen könnte. In diesem Fall kann der **Nachlasspfleger** (§ 1960 BGB) die Erfüllung der fälligen Sozialleistungsansprüche nicht verlangen, wenn und solange der Fiskus als möglicher Erbe in Betracht kommt.[19] Entsprechendes gilt für den Inhaber einer über den Tod des Versicherten hinaus geltenden (transmortalen) schriftlichen Vorsorgevollmacht.[20]

C. Haftung des Erben für sozialrechtliche Verbindlichkeiten

I. Allgemeines

Die Haftung richtet sich auch in Bezug auf sozialrechtliche Verbindlichkeiten nach den **§§ 1967 ff. BGB**.[21] Auf vermögensrechtliche Ansprüche und Verbindlichkeiten öffentlich-rechtlicher Art ist der Rechtsgedanke der §§ 1922, 1967 BGB zumindest entsprechend anzuwenden, soweit Vorschriften des öffentlichen Rechts über eine Vererblichkeit fehlen.[22] Die Haftung ist nicht davon abhängig, dass auch Sozialleistungsansprüche vererbt worden sind. Die Haftungseinschränkung nach § 57 Abs. 2 SGB I gilt nicht.[23]

Unproblematisch ist die Rechtslage, wenn der Sozialleistungsträger gegen den Erblasser noch zu dessen Lebzeiten eine **bestandskräftige Forderung** erworben, also etwa einen Aufhebungs- und Erstattungsbescheid nach den §§ 45, 50 SGB X erlassen hatte. Hierbei handelt es sich um **Nachlassverbindlichkeiten**, für die der Erbe haftet. Mehrere Erben haften für die **gemeinschaftlichen Nachlassverbindlichkeiten als Gesamtschuldner**, vgl. § 2058 BGB. Der Sozialleistungsträger kann als Gläubiger eine Nachlassforderung bis zur Teilung des Nachlasses sowohl jeweils gegen den einzelnen Miterben als Gesamtschuldner als auch gegen die Erbengemeinschaft geltend machen (vgl. §§ 1967, 2058, 2059 Abs. 2 BGB).[24] Obwohl also an sich ein bestandskräftiger Bescheid gegen den Erblasser vorliegt, wird die Behörde einen weiteren Bescheid gegen den/die Erben erlassen müssen. Denn soll die Vollstreckung, wie im Regelfall, nach dem Verwaltungs-Vollstreckungsgesetz erfolgen, ist ein gesonderter Bescheid erforderlich, in dem die Leistungspflicht des Erben als Vollstreckungsschuldner konkretisiert wird. Gibt es nun mehrere Miterben, gilt nach der jüngsten Rechtsprechung des BSG Folgendes[25]: Grundsätzlich kann die

---

17 Ein solcher – „zu früher" – Antrag ist möglich, vgl. Heinz/Schmidt-De Caluwe/Scholz SGB III/Scholz SGB II § 324 Rn. 14; § 324 Abs. 3 SGB III spielt in der Praxis eine große Rolle.
18 BSG BSGE 54, 186.
19 BSG BSGE 54, 186; bestätigt in BSG Urt. v. 13.9.1994 – 5 RJ 44/93, juris.
20 LSG BW Urt. v. 1.12.2021 – L 8 R 1212/21, juris.
21 Vgl. BSG SozR 4-2600 § 118 Nr. 11.
22 BSG BSGE 36, 137.
23 Vgl. Jahn/Klose SGB I/Klose SGB I § 58 Rn. 11.
24 BSG FamRZ 2011, 1943.
25 Urt. v. 8.2.2023 – B 5 R 2/22 R, Terminbericht des BSG Nr. 2/23.

Behörde jeden Miterben für die gesamte Erstattungsforderung in Anspruch nehmen. Fordert sie von einem Miterben die gesamte Summe oder einen Teilbetrag, hat sie ihre Auswahl nach pflichtgemäßem Ermessen zu treffen. Maßstab für die Überprüfung der Ermessensentscheidung ist das Willkürverbot und die Vermeidung einer offenbaren Unbilligkeit. Es muss erkennbar sein, dass die Behörde sich ihres Ermessensspielraums bewusst war. Zudem muss aus dem Bescheid deutlich werden, dass die vom Bescheidadressaten geltend gemachten und rechtlich relevanten Gesichtspunkte zur Kenntnis genommen und in die Erwägungen einbezogen wurden. Gemessen an diesen Kriterien muss sich dem Bescheid entnehmen lassen, dass die Behörde sich bewusst war, dass sie Ermessen auszuüben hatte. Eine nähere Begründung ihrer Entscheidung erübrigt sich auch nicht dann, wenn die Behörde die Forderung nach den tatsächlichen Erbquoten aufteilt.

17 Hat der Sozialleistungsträger gegen den Erblasser einen Forderungsbescheid erlassen, der beim Tod des Erblassers **noch nicht bestandskräftig ist, tritt der Erbe auch in die Verfahrensposition des Erblassers ein.** Er kann also gegen den jeweiligen Bescheid Widerspruch einlegen. Verstirbt der Erblasser nach Einlegung des Widerspruchs, wird das Vorverfahren entsprechend der Regelung des § 239 ZPO bis zur Aufnahme durch den Rechtsnachfolger unterbrochen. Eine Unterbrechung findet nach § 246 Abs. 1 ZPO analog nicht statt, wenn der Erblasser einem Dritten eine Vollmacht zur Durchführung des Widerspruchsverfahrens erteilt hatte, denn diese endet durch den Tod des Erblassers nicht (§ 13 Abs. 2 SGB X).[26] Entsprechendes gilt für den Fall, in dem der durch Forderungsbescheid in Anspruch genommene Erblasser während des gerichtlichen Verfahrens verstirbt. Der Erbe – auch jeder Miterbe – ist – im Fall mehrerer Miterben auch allein – berechtigt, ein unterbrochenes Verfahren fortzusetzen, in dem es um die Aufhebung eines Verwaltungsaktes geht, der beispielsweise einen Rückforderungsanspruch des Versicherungsträgers gegen den Versicherten feststellt.[27] Zu beachten ist aber, dass die für den Erblasser geltende **Kostenprivilegierung** des § 183 S. 1 SGG wegen § 183 S. 2 SGG für den Erben **nur in der jeweiligen Instanz** gilt. Verstirbt also etwa der Erblasser während des erstinstanzlichen Verfahrens vor dem Sozialgericht und nimmt der Erbe das Verfahren auf, ist nur das erstinstanzliche Verfahren für ihn gerichtskostenfrei, nicht ein etwaiges Berufungs- oder Revisionsverfahren. Auch in dieser Fallkonstellation muss im Übrigen die Behörde einen gesonderten Erstattungsbescheid gegen die Erben erlassen, um sich die Grundlage für eine Vollstreckung zu verschaffen. Erlässt sie diesen Bescheid während des laufenden Gerichtsverfahrens, kommt in Betracht, ihn über § 96 Abs. 1 SGG unmittelbar in das Verfahren einzubeziehen. Auch hier muss im Fall mehrerer Erben die Behörde ihre Auswahl nach pflichtgemäßem Ermessen treffen (→ Rn. 16).

18 Zu erörtern ist schließlich die Fallkonstellation, in der die zu Lebzeiten des Erblassers **entstandene Forderung gegen ihn nicht** zu dessen Lebzeiten durch den Sozialleistungsträger **geltend gemacht** worden ist. Für eine **Beitragsschuld** des verstorbenen Erblassers haftet nach der Rechtsprechung des BSG[28] der Erbe nach § **1967 Abs. 1 BGB**, wobei die Schuld durch den Erbfall ihre öffentlich-rechtliche Natur nicht verliert. Da der Erbe mit dem Tod des Erblassers in dessen Rechtsstellung eintritt (§§ 1922, 1967 BGB), können außerdem Verwaltungsakte, durch die der Verstorbene zu Unrecht begünstigt worden ist, gegenüber einem Alleinerben oder gegenüber allen Miterben einer Erbengemeinschaft zurückgenommen werden.[29] Allein aus der Zugehörigkeit einer Forderung zum öffentlichen Recht leitet sich nach dem Urteil des BSG vom 13.12.2005 freilich noch nicht die Befugnis ab, diese gegenüber dem Schuldner durch Leistungsbescheid, also in der Handlungsform hoheitlicher Verwaltung, geltend zu machen. Die Befugnis, Rechtsbeziehungen hoheitlich zu gestalten, muss dem Versicherungsträger vom Gesetz eingeräumt sein; sie muss sich aus dem materiellen Recht ergeben, das den betreffenden Rechts-

---

26 BSG Urt. v. 13.7.2010 – B 8 SO 11/09 R, juris.
27 BSG SozR Nr. 12 zu § 1288 RVO.
28 BSG SozR 4-2700 § 150 Nr. 2.
29 BSG Breith 2021, 804.

beziehungen zugrunde liegt. Soweit der Versicherungsträger nicht ausdrücklich zur Regelung durch Verwaltungsakt ermächtigt wird, muss jedenfalls aus der Systematik des Gesetzes und der Eigenart des zwischen den Beteiligten bestehenden Rechtsverhältnisses zu ersehen sein, dass er berechtigt sein soll, in dieser Form tätig zu werden. In dem konkreten Fall hatte das BSG die **Verwaltungsakt-Befugnis** bejaht und zur Begründung insoweit auf Vorschriften der RVO verwiesen. Die Berechtigung – hier der Berufsgenossenschaft –, Beitragsforderungen durch Verwaltungsakt geltend zu machen, besteht nach Auffassung des BSG auch im Verhältnis zu einem Rechtsnachfolger, der für die Beitragsschulden des Erblassers haftet. Es bedarf dazu keiner gesonderten gesetzlichen Ermächtigung, weil es sich lediglich um die Abwicklung der zwischen dem Versicherungsträger und dem Unternehmer bestehenden hoheitlich geprägten Rechtsbeziehungen handelt, die in dem für diesen Zweck erforderlichen Umfang mit dem Erben fortgesetzt werden. Der Erbe tritt – so das BSG – in Bezug auf die nachwirkenden Rechte und Pflichten aus dem beendeten Versicherungsverhältnis sowohl in materiellrechtlicher als auch in verfahrensrechtlicher Hinsicht uneingeschränkt in die Rechtsstellung des Erblassers ein. Daraus folgt, dass er der hoheitlichen Regelungsgewalt des Versicherungsträgers auch insoweit unterliegt, als eine zu Lebzeiten des Unternehmers entstandene Beitragsforderung erst nach dessen Tod ihm gegenüber erstmals geltend gemacht werden soll.

Mit dieser Rechtsprechung des BSG, die überzeugt, und die übertragen werden kann auf den Fall, in dem der öffentlich-rechtliche Erstattungsanspruch erst durch den Tod des Erblassers – also nicht schon zu dessen Lebzeiten – entstanden ist,[30] ist im Grundsatz klargestellt, dass dem **Sozialrecht zuzuordnende Verbindlichkeiten des Erblassers als Nachlassverbindlichkeit auf den Erben übergehen**. Die Befugnis des Sozialleistungsträgers, diese Forderung durch Verwaltungsakt – gegenüber dem Erben – geltend zu machen, kann im Einzelfall problematisch sein. Sie wird aber regelmäßig zu bejahen sein. Sie ist jedenfalls bejahen, wenn der Sozialleistungsträger Sozialleistungen dem Erblasser zu dessen Lebzeiten auf der Grundlage eines Verwaltungsakts bewilligt hat. Hat etwa der Erblasser Sozialhilfe bezogen und stellt sich nach seinem Tod heraus, dass die Sozialhilfebewilligung aufgrund seiner Vermögensverhältnisse zu Unrecht[31] erfolgt war, **muss der Sozialhilfeträger sogar einen Verwaltungsakt in Form eines Aufhebungsbescheides nach § 45 SGB X erlassen**.[32] Denn ein Bewilligungsbescheid mag sich im Einzelfall gemäß § 39 Abs. 2 SGB X mit dem Tod des Sozialhilfebeziehers erledigen – diese Rechtswirkung tritt aber erst für Zeiten nach dem Tod des Sozialhilfebeziehers ein. **Für Zeiträume zu Lebzeiten des Sozialhilfebeziehers wirkt ein Bewilligungsbescheid fort und bildet die Grundlage für ein Behaltendürfen auch des Erben**. Auch das BSG geht davon aus, dass die Rückforderung auch durch Verwaltungsakt geltend gemacht werden kann, weil der Erbe in vollem Umfange in die Rechtsstellung des Erblassers einrückt.[33] Liegt den Leistungen ein bindender Bescheid zugrunde, so muss zunächst dieser aufgehoben werden, bevor die Rückzahlung der zu Unrecht gewährten Leistungen verlangt werden kann. Gibt es mehrere Miterben, bestehen keine Bedenken, soweit die Behörde die Leistungsbewilligung (nach den §§ 45 oder 48 SGB X) gegenüber jedem Miterben ganz aufhebt. Interessanter ist die daran anknüpfende Erstattungsforderung (§ 50 SGB X). Hier muss im Fall mehrerer Erben die Behörde ihre Auswahl nach pflichtgemäßem Ermessen treffen (→ Rn. 16). Die bloße Inanspruchnahme nach Maßgabe der jeweiligen Erbquote reicht nicht aus, auch hierzu muss die Behörde Ermessenserwägungen anstellen.[34]

Fraglich ist, ob das **gerichtliche Verfahren, in dem sich der Erbe gegen einen gegen ihn selbst erlassenen Aufhebungs- und Erstattungsbescheid richtet, gerichtskostenfrei ist oder nicht** (zu den Kosten → SGB I § 56 Rn. 66 ff.). § 183 S. 2 SGG gilt nicht, weil diese Vorschrift den Fall der Rechtsnachfolge regelt, die erst während des gerichtlichen Verfahrens eintritt. Teilweise

---

30 Urt. v. 27.4.1972 – 2 RU 214/68, juris.
31 Damit kein Fall des § 102 SGB XII, vgl. die Kommentierung zu dieser Vorschrift.
32 Vgl. dazu SG München Urt. v. 9.6.2022 – S 46 SO 186/20, FamRZ 2022, 1817.
33 BSG SozR 1300 § 45 Nr. 40.
34 AA SG München Urt. v. 9.6.2022 – S 46 SO 186/20, FamRZ 2022, 1817.

wird § 193 SGG angewendet, das Verfahren wäre demnach gerichtskostenfrei.[35] Vorzugswürdig ist es jedoch, § 197a Abs. 1 SGG anzuwenden und von einem gerichtskostenpflichtigen Verfahren auszugehen. Denn die Erben werden nicht gemäß § 183 S. 1 SGG in ihrer Eigenschaft als Versicherter, Leistungsempfänger etc in Anspruch genommen, sondern nur in ihrer Eigenschaft als Erbe.[36]

21 Werden mehrere Miterben einer Miterbengemeinschaft in Anspruch genommen, so ist diese im Übrigen zwar nicht rechtsfähig, wohl aber **als nichtrechtsfähige Personenvereinigung im Sinne von § 70 Nr. 2 SGG** fähig, am sozialgerichtlichen Verfahren beteiligt zu sein.[37]

22 Örtlich zuständig ist im Regelfall das Sozialgericht des Wohnortes des Klägers, vgl. § 57 Abs. 1 S. 1 SGG. Bei mehreren **Miterben** kann die örtliche Zuständigkeit fraglich sein. Werden die Miterben als **Gesamtschuldner** in Anspruch genommen – dies ist der Regelfall[38] – ist jeweils das Sozialgericht des Wohnortes zuständig, so dass bei verschiedenen Wohnorten verschiedene Sozialgerichte zuständig sind.[39] Bei **gesamthänderischer Inanspruchnahme** ist das Auseinanderfallen der örtlichen Zuständigkeit nicht hinzunehmen und wird nach § 58 Abs. 1 Nr. 5, Abs. 2 SGG das zuständige Gericht innerhalb der Sozialgerichtsbarkeit durch das gemeinsam nächsthöhere Gericht bestimmt. Das kann im Einzelfall auch das BSG sein.[40]

II. Sonderregelung: § 118 Abs. 4 SGB VI

23 Einen ganz besonderen Fall auch der Erbenhaftung regelt § 118 Abs. 4 SGB VI und hier insbesondere dessen S. 4.[41] Diese Vorschrift ist im Gesamtkontext des § 118 SGB VI zu erläutern.[42] Für Geldleistungen nach dem SGB XII, die für Zeiträume nach dem Todesmonat der leistungsberechtigten Person überwiesen wurden, ist § 118 Abs. 3 bis 4a SGB VI entsprechend anzuwenden, vgl. § 102a SGB XII.

24 1. **§ 118 Abs. 1 bis 2a SGB VI.** Laufende Geldleistungen mit Ausnahme des Übergangsgeldes werden gemäß § 118 Abs. 1 S. 1 SGB VI **am Ende des Monats fällig, zu dessen Beginn die Anspruchsvoraussetzungen erfüllt sind** und am letzten Bankarbeitstag dieses Monats ausgezahlt.[43] § 118 Abs. 1 S. 2 und 3 SGB VI regeln die Rentenleistung durch Überweisung. § 118 Abs. 2 SGB VI regelt die Auszahlung von Rentenleistungen im Voraus, § 118 Abs. 2a SGB VI enthält eine Sonderregelung zur Rentennachzahlung von Bagatellbeträgen.

25 2. **§ 118 Abs. 3 SGB VI.** a) S. 1 – Zahlung unter Vorbehalt. § 118 Abs. 3 SGB VI regelt den Fall von **Rentenzahlungen für die Zeit nach dem Tod des Berechtigten**. Nach dessen S. 1 gelten Geldleistungen, die für die Zeit nach dem Tod des Berechtigten auf ein in der Vorschrift näher umschriebenes Konto überwiesen wurden, als unter **Vorbehalt** erbracht. § 118 Abs. 3 SGB VI ist im Zusammenhang mit § 102 Abs. 5 SGB VI zu sehen, wonach Renten bis zum Ende des Kalendermonats geleistet werden, in dem die Berechtigten gestorben sind. Stirbt also der Rentenbezieher an einem 10.6., stellt sich die Frage einer Rückforderung von Rentenzahlungen erst für die Zeit ab dem 1.7.[44] Der regelmäßig existierende Bescheid über die **Rentenbewilligung** spielt

---

35 SG Aachen, Urt. v. 2.11.2012 – S 19 SO 84/12, juris; SächsLSG FamRZ 2013, 735.
36 So jetzt auch BSG Breith 2021, 804; ähnlich auch HessLSG Urt. v. 8.10.2013 – L 2 R 241/12, juris; das Verfahren soll danach aber dann kostenfrei sein, wenn ein Beteiligter nur für einen Teil eines einheitlichen Streitgegenstands zum Personenkreis des § 183 SGG gehört, vgl. auch → SGB I § 56 Rn. 75.
37 BSG NJW 1958, 1560; bestätigt im Urt. v. 25.2.2010, BSG SozR 4-5868 § 1 Nr. 8.
38 BSG SozR 3-1500 § 58 Nr. 1.
39 BSG FamRZ 2011, 1943; vgl. auch BSG SozR 4-1500 § 58 Nr. 2.
40 BSG Beschl. v. 22.11.2021 – B 11 SF 18/21 S, juris.
41 Eine entsprechende Regelung findet sich für das Recht der gesetzlichen Unfallversicherung in § 96 SGB VII; nachfolgend soll aber nur § 118 SGB VI erörtert werden; vgl. im Übrigen auch die Kommentierung bei Mrozynski SGB I § 57 Rn. 11 ff.
42 Vgl. auch den Aufsatz von Ruland NZS 2022, 201.
43 Vgl. zur alten Rechtslage; Fälligkeit ein Monat früher, KassKomm/Körner SGB VI § 118 Rn. 3.
44 Vgl. zur Erfüllungswirkung gegenüber Erben § 118 Abs. 5 SGB VI.

für die Frage der Rückforderung von Rentenzahlungen für Zeiten **nach dem Tod des Rentenberechtigten** keine Rolle und muss nicht – etwa nach § 48 SGB X – aufgehoben werden. Denn der diesbezügliche Verwaltungsakt hat sich gemäß § 39 Abs. 2 SGB X mit dem Tod des Rentenberechtigten auch **ohne Aufhebungsbescheid erledigt**.[45] Der öffentlich-rechtliche Vorbehalt des § 118 Abs. 3 S. 1 SGB VI ist rechtstechnisch als auflösende Bedingung ausgestaltet. Er bewirkt kraft Gesetzes, dass eine ggf. noch vor dem Todeszeitpunkt des Rentners für den Folgemonat vorgenommene Rentengutschrift ihre materiellrechtliche Wirksamkeit wieder verliert oder eine erst nach dem Tod erfolgte Gutschrift von vornherein nicht wirksam wird. Sie ist somit rechtsgrundlos und fehlgeschlagen. Der in § 118 Abs. 3 S. 1 SGB VI geregelte Vorbehalt wirkt gegenüber der Bank, den Erben als neuen Kontoinhabern und auch gegenüber Dritten. Er entsteht unabhängig davon, ob diese von ihm Kenntnis haben, und schließt zugunsten des Rentenversicherungsträgers aus, dass ein rechtlich schutzwürdiges Vertrauen auf die Wirksamkeit von Verfügungen und Rechtshandlungen des Geldinstituts über den Betrag der fehlgeschlagenen Rentengutschrift entstehen kann, soweit das Überweisungskonto kein zur Erstattung ausreichendes Guthaben (mehr) aufweist.[46] Die Durchsetzung des Rücküberweisungsanspruchs ist durch den in § 118 Abs. 3 S. 1 SGB VI normierten Vorbehalt also besonders geschützt. Dieser bewirkt, dass alle **zivilrechtlichen Verfügungen**, die auf dem Rentenüberweisungskonto nach dem Tode des Versicherten zulasten der rechtsgrundlos erfolgten Rentenleistung getroffen worden sind, **gegenüber dem Rentenversicherungsträger unwirksam** sind, sofern zum Zeitpunkt der Rückforderung des Rentenversicherungsträgers keine Rücküberweisung aus einem dortigen Guthaben erfolgen kann.[47]

b) S. 2 – Rücküberweisungsanspruch gegen Geldinstitut. Das Geldinstitut hat die Geldleistungen gemäß § 118 Abs. 3 S. 2 SGB VI der überweisenden Stelle oder dem Träger der Rentenversicherung zurückzuüberweisen, wenn diese sie als zu Unrecht erbracht zurückfordern. Adressat der Rückforderung ist also das Geldinstitut, während in § 118 Abs. 4 SGB VI als Rückforderungsadressaten nacheinander Empfänger, Verfügender und Erbe genannt werden. Von großer Bedeutung ist, dass der Rentenversicherungsträger gegen Dritte nach § 118 Abs. 4 S. 1 SGB VI – als Empfänger und Verfügende – erst und nur dann vorgehen darf, wenn die Geldleistung – berechtigt – nicht nach § 118 Abs. 3 SGB VI von dem Geldinstitut zurücküberwiesen wird. Insoweit besteht ein **prozessuales und materielles Vorrangverhältnis des Rücküberweisungsanspruchs des § 118 Abs. 3 SGB VI gegenüber den in § 118 Abs. 4 S. 1 SGB VI genannten Empfängern und Verfügenden**.[48] Die Nachrangigkeit des Erstattungsanspruchs gegen die in § 118 Abs. 4 S. 1 SGB VI genannten Personenkreise ergibt sich nach der Rechtsprechung des BSG aus der in § 118 Abs. 4 SGB VI enthaltenen Formulierung „… verfügt haben, so dass dieser nicht nach Abs. 3 von dem Geldinstitut zurücküberwiesen wird, …".[49] **Ob auch der Anspruch gegen die Erben nach § 118 Abs. 4 S. 4 SGB VI nachrangig ist, hat das BSG offengelassen.**[50] Da die in § 118 Abs. 4 S. 1 SGB VI enthaltene Formulierung in dem spärlichen S. 4 des § 118 Abs. 4 SGB VI fehlt, ist dies zweifelhaft.[51] Das Vorrangverhältnis soll nach einer Entscheidung des HessLSG aber nicht gelten, wenn das Geldinstitut gegenüber einer Forderung nach § 118 Abs. 3 S. 2 SGB VI mit Erfolg die Einrede der Verjährung gem. § 118 Abs. 4a SGB VI erhebt; dann bleibt also der Weg frei für eine Forderung nach § 118 Abs. 4 S. 1 SGB VI.[52]

Nach § 118 Abs. 3 S. 1 SGB VI in seiner bis zum 8.4.2013 geltenden Fassung galten nur Geldleistungen, die für die Zeit nach dem Tod des Berechtigten auf ein Konto bei einem **Geldinstitut**

---

45 Vgl. nur BSG BSGE 103, 206.
46 BSG SozR 4-2600 § 118 Nr. 14.
47 BSG SozR 4-2600 § 118 Nr. 7.
48 BSG SozR 4-2600 § 118 Nr. 11; BSG SozR 4-2600 § 118 Nr. 12; BSG SozR 4-2600 § 118 Nr. 18.
49 BSG SozR 3-2600 § 118 Nr. 9.
50 BSG SozR 4-2600 § 118 Nr. 11; offengelassen auch im Urt. v. 3.4.2014, BSG SozR 4-2600 § 118 Nr. 13.
51 Es ist also missverständlich, unter Bezugnahme auf das Urteil des BSG vom 10.7.2012 auszuführen, Abs. 3 sei gegenüber – dem gesamten – Abs. 4 vorrangig; so aber KassKomm/Körner SGB VI § 118 Rn. 25; geklärt ist das Vorrangverhältnis nicht für Abs. 4 S. 4.
52 Urt. v. 25.8.2020 – L 3 U 73/19, juris.

im Inland überwiesen wurden, als unter Vorbehalt erbracht. Hieraus ergab sich nach der Rechtsprechung des BSG, dass die **Regelung des vereinfachten Rücküberweisungsverfahrens lediglich auf inländische Geldinstitute Anwendung fand, Kreditinstitute im Ausland hingegen nicht erfasst wurden**.[53] Ob dies auch unter der seit dem 9.4.2013 geltenden Rechtslage so ist, erscheint zweifelhaft. Denn § 118 Abs. 3 S. 1 SGB VI ist durch das SEPA-Begleitgesetz vom 3.4.2013[54] dahin gehend geändert worden, als Geldleistungen, die für die Zeit nach dem Tod des Berechtigten auf ein Konto bei einem Geldinstitut, für das die Verordnung (EU) Nr. 260/2012 des Europäischen Parlaments und des Rates vom 14.3.2012 zur Festlegung der technischen Vorschriften und der Geschäftsanforderungen für Überweisungen und Lastschriften in Euro und zur Änderung der Verordnung (EG) Nr. 924/2009[55] gilt, überwiesen wurden, als unter Vorbehalt erbracht gelten. Ob nunmehr wirklich auch Geldleistungen auf Konten ausländischer Geldinstitute als unter Vorbehalt erbracht gelten, ob das Vorrangverhältnis gegenüber dem in § 118 Abs. 4 S. 1 SGB VI genannten Personenkreis tatsächlich auch insoweit gelten soll, **bleibt aber unklar**.[56] Denn gemessen an dem mit der Gesetzesänderung verfolgten Gesetzeszweck[57] dürfte die Gesetzesänderung unsinnig sein. Danach soll die Änderung aufgrund Art. 9 der Verordnung (EG) Nr. 260/2012 (Zugänglichkeit von Zahlungen) erforderlich sein, wonach sicherzustellen ist, dass ein Zahler, der eine Überweisung an einen Zahlungsempfänger vornimmt, der Inhaber eines Zahlungskontos innerhalb der Union ist, nicht vorgibt, in welchem Mitgliedstaat dieses Zahlungskonto zu führen ist, und Gleiches für den Zahlungsempfänger hinsichtlich der Annahme von Überweisungen und Verwendung von Lastschriften gilt. **Im Klartext und übertragen auf die hier zu besprechende Fallkonstellation soll der Rentenversicherungsträger also nicht vorgeben, im welchem Mitgliedsland das Konto des Rentenempfängers zu führen ist.** Gemessen an diesem Zweck ist die Änderung in § 118 Abs. 3 S. 1 SGB VI aber schlicht unverständlich. Denn bereits die bisherige Gesetzeslage stand der Zahlung von Sozialleistungen auf Auslandskonten nicht entgegen.[58] Im Übrigen sind die Zahlungsmodalitäten für die Rentenzahlung in § 118 Abs. 1 SGB VI geregelt, so dass eine etwaige Änderung dort hätte erfolgen müssen und nicht in § 118 Abs. 3 SGB VI, der ja gerade nicht die Zahlung, sondern die Rückzahlung zu Unrecht erbrachter Geldleistungen regelt.[59]

28 **c) S. 3 – Entreicherungseinwand des Geldinstituts.** Nach § 118 Abs. 3 S. 3 SGB VI kann das Geldinstitut dem Rücküberweisungsbegehren des Rentenversicherungsträgers den **Einwand der Entreicherung**[60] entgegenhalten: Eine Verpflichtung zur Rücküberweisung besteht nicht, soweit über den entsprechenden Betrag bei Eingang der Rückforderung bereits anderweitig verfügt wurde, es sei denn, dass die Rücküberweisung aus einem Guthaben erfolgen kann. Zuerst ist also zu prüfen, ob die **Rücküberweisung aus einem Guthaben erfolgen kann**.

28.1 Hoch umstritten ist die Frage, welche Konten für die Prüfung, inwieweit eine Rücküberweisung aus einem Guthaben erfolgen kann, in den Blick zu nehmen sind. Nach einer Auffassung ist hierfür nur das „Rentenkonto" von Belang; Guthaben auf anderen Konten sind danach irrelevant.[61] Die Gegenauffassung stellt auf alle Konten des Rentenberechtigten bei dem Geldinstitut ab.[62] Die skizzierte Streitfrage steht in engem Zusammenhang mit der Frage, ob ein Geldinstitut einwenden kann, dass das „Rentenkonto" vor Eingang des Rücküberweisungsbegehrens aufgelöst worden sei. In dieser Frage bestand zwischen den beiden Rentensenaten des BSG ein offener Dissens. Der 5. Senat ging davon aus, dass sich die Rücküberweisungspflicht des Geld-

---

53 BSG Urt. v. 10.7.2012 – B 13 R 105/11 R, SozR 4-2600 § 118 Nr. 11.
54 BGBl. 2013 I 610.
55 ABl. L 94 vom 30.3.2012, 22.
56 Offengelassen in BSG SozR 4-2600 § 118 Nr. 14.
57 Vgl. den Gesetzentwurf der Bundesregierung, BT-Drs. 17/10038, 18.
58 Vgl. § 47 SGB I; HK-SGB I/Krahmer/Markovic SGB I § 47 Rn. 5 ff.
59 Vgl. auch BSG SozR 4-2600 § 118 Nr. 14.
60 Das BSG spricht wegen fehlender Berührung mit dem Vermögen des Kreditinstituts dogmatisch – vermeintlich – korrekter vom „Auszahlungseinwand", BSG BSGE 103, 206.
61 Vgl. BSG BSGE 103, 206.
62 Kreikebohm/Roßbach/Westphal SGB VI § 118 Rn. 45.

instituts nur auf das „Rentenkonto" bezieht. Ist dieses nicht mehr existent, erlischt mithin auch die Rücküberweisungspflicht.[63] Der 13. Senat hatte nach diesbezüglicher Anfrage des 5. Senats nach erneuter Prüfung an seiner Rechtsauffassung festgehalten, dass das weitere Bestehen des Kontos, auf das Geldleistungen für Zeiträume nach dem Tod des Berechtigten überwiesen wurden, nicht Voraussetzung dafür ist, dass dem Rentenversicherungsträger ein Anspruch gegen das Geldinstitut auf Rücküberweisung nach § 118 Abs. 3 S. 2 SGB VI zusteht.[64] Damit war eine Divergenzvorlage des 5. Senats an den Großen Senat des BSG möglich (§ 41 Abs. 2 und 3 SGG).[65] Der Große Senat hat die skizzierte Rechtsfrage wie folgt beantwortet: „Der Anspruch eines Trägers der gesetzlichen Rentenversicherung gegen das Geldinstitut nach § 118 Abs. 3 S. 2 SGB VI auf Rücküberweisung von Geldleistungen, die für die Zeit nach dem Tod des Berechtigten überwiesen worden sind, erlischt nicht durch die Auflösung des Kontos des Rentenempfängers."[66]

Kann die Rücküberweisung nicht aus einem Guthaben erfolgen, steht dem Geldinstitut möglicherweise der Entreicherungseinwand zur Seite. Maßgeblicher Zeitraum, in dem die anderweitigen Verfügungen stattgefunden haben müssen, ist der zwischen dem **Zeitpunkt der Gutschrift der überzahlten Geldleistung und dem Zeitpunkt des Eingangs des Rücküberweisungsverlangens bei dem Geldinstitut**.[67]   29

Anderweitige Verfügung ist „jedes abgeschlossene bankübliche Zahlungsgeschäft zulasten des Überweisungskontos (zB Barauszahlung, Ausführung von Daueraufträgen oder Einzugsermächtigungen, Einlösung von Schecks) [...], durch das sich eine kontoverfügungsberechtigte Person des Kontos zur Bewirkung einer Zahlung oder Auszahlung bedient; kontoverfügungsberechtigt sind in der Regel der verstorbene Rentenberechtigte und Kontoinhaber selbst, sein (gesetzlicher oder bevollmächtigter) Vertreter (auch für die Zeit nach dem Tode) oder seine Erben".[68] In Fällen, in denen die Bank den „Schutzbetrag" (also den Betrag der zu Unrecht auf das Konto des verstorbenen Versicherten überwiesenen Rentengutschrift) trotz Kenntnis von dessen Tod an einen Erben oder einen Dritten auszahlt, liegt kein bankübliches Zahlungsgeschäft und damit schon begrifflich keine anderweitige Verfügung im Sinne des § 118 Abs. 3 S. 3 SGB VI vor.[69] Das Verfahren eines Lastschrifteinzugs ist bei Eingang des Rückforderungsverlangens nicht „abgeschlossen", wenn die Belastung auf dem Konto des Versicherten aufgrund der späteren Rückabwicklung der Lastschrift keinen Bestand hatte. Die Rückabwicklung führt dann vielmehr zu einer Gutschrift mit Wertstellungsdatum des Geschäftstags der ursprünglichen Belastung.[70]   30

„Anderweitige Verfügungen" sind auch **Barabhebungen am Geldautomaten** und zwar auch dann, wenn diese von einem **Unbekannten** vorgenommen wurden, so dass das Geldinstitut Name und Anschrift des Verfügenden nicht benennen und der Rentenversicherungsträger deshalb (auch) keinen Erstattungsanspruch nach Abs. 4 geltend machen kann.[71] Entsprechendes gilt bei Überweisung einer Rente auf ein Sparkonto, wenn über den Rentenzahlbetrag durch **Vorlage des Sparbuchs** verfügt wurde.[72] Mit der Wendung „anderweitig verfügt" verlangt das Gesetz also keine materielle Verfügungsberechtigung. Es kommt nicht auf die materielle Rechtmäßigkeit der Verfügung an, sondern es genügt, wenn die dem Geldinstitut bekannten Umstände auf eine Kontoführungsbefugnis schließen lassen.[73] Daraus folgt aber weiter, dass dem Kontoführungsvertrag entsprechende Verfügungen nur zu berücksichtigen sind, solange das Geldinstitut vom Ableben des Kontoinhabers nichts weiß. Die Berücksichtigung anderweitiger Verfügungen setzt   31

---

63 BSG WM 2016, 2256.
64 BSG Beschl. v. 14.12.2016 – B 13 R 20/16 S, juris; BSG SozR 4-2600 § 118 Nr. 14.
65 BSG Beschl. v. 17.8.2017 – B 5 R 26/14 R, juris.
66 BSG GS SozR 4-2600 § 118 Nr. 16.
67 KassKomm/Körner SGB VI § 118 Rn. 22.

68 BSG SozR 4-2600 § 118 Nr. 9.
69 BSG SozR 4-2600 § 118 Nr. 14.
70 BSG NZS 2021, 348 mAnm Mushoff.
71 BSG SozR 4-2600 § 118 Nr. 7.
72 BSG SozR 4-2600 § 118 Nr. 8.
73 BSG SozR 4-2600 § 118 Nr. 6.

also die Gutgläubigkeit des Geldinstituts voraus.[74] Beim BSG ist unter dem Aktenzeichen B 5 R 25/21 R die von der Vorinstanz[75] bejahte Rechtsfrage anhängig, ob über einen der überzahlten Rente entsprechenden Betrag im Sinne von § 118 Abs. 3 S. 3 SGB VI auch dann anderweitig verfügt wird, wenn Bargeld an einem institutsfremden Geldautomaten abgehoben wird, dessen Betreiberin selbst kein Geldinstitut ist.

32 **d) S. 4 – Keine Befriedigung eigener Forderungen durch das Geldinstitut.** Der Rücküberweisungsanspruch gegen das Geldinstitut nach Abs. 3 S. 2 besteht auch dann, wenn dieses den Betrag zur Befriedigung eigener Forderungen verwandt hat. Aus welchem Rechtsgrund die Forderung des Geldinstituts besteht, ist dabei unbeachtlich. Das **Befriedigungsverbot iSd § 118 Abs. 3 S. 4 SGB VI** umfasst auch Abbuchungen aus dem Überweisungskonto zugunsten eines bei demselben Geldinstitut geführten (gesonderten) **Darlehenskontos**. Unerheblich ist, dass diese Abbuchungen noch von dem verstorbenen Versicherten veranlasst worden sind, um Darlehensforderungen des Geldinstituts zu begleichen.[76]

33 Das Befriedigungsverbot spielt eine besondere Rolle in Fällen, in denen sich das **Rentenkonto** bereits bei Eingang der Rentenzahlung und auch danach **im Soll** befunden hat. War dies der Fall und gab es zwischen Renteneingang und Rücküberweisungsverlangen keine weiteren Verfügungen, erging die das „Kontominus" lediglich reduzierende Gutschrift zugunsten des Geldinstituts. Hier greift demnach das Befriedigungsverbot, das Kreditinstitut muss die Rentenzahlung nach Abs. 3 S. 2 in vollem Umfang erstatten.[77] Zwischenzeitlich – also zwischen Renteneingang und Rücküberweisungsverlangen – ergangene Verfügungen sind dagegen auch bei im Soll befindlichem Rentenkonto zugunsten des Geldinstituts zu berücksichtigen. Wird also auf ein Konto mit einem Soll von 2.000 EUR eine Rente von 1.000 EUR eingezahlt, muss das Kreditinstitut den vollen Betrag von 1.000 EUR erstatten. Sind vor Eingang des Rücküberweisungsverlangens beispielsweise 300 EUR durch einen Dritten abgehoben worden, reduziert sich der Rückforderungsbetrag aber auf 700 EUR. Ist nun wiederum nach Renteneingang und Barabhebung vor dem Rücküberweisungsverlangen beispielsweise eine Gutschrift in Höhe von 300 EUR erfolgt, soll diese den Erstattungsbetrag nicht wieder auf 1.000 EUR erhöhen. Anderes gilt, wenn etwa die Gutschrift 3.000 EUR beträgt. Denn nun befindet sich ein Guthaben auf dem Konto (1.700 EUR), aus dem die Erstattungsforderung voll befriedigt werden kann, und es greift § 118 Abs. 3 S. 3 letzter Teilsatz SGB VI. Zu diesen Rechtsfragen sind zahlreiche Entscheidungen des BSG ergangen.[78]

34 **e) Prozessuales und Kosten.** Der Rentenversicherungsträger ist **nicht berechtigt**, den Rücküberweisungsanspruch gegenüber dem Geldinstitut **durch Verwaltungsakt** geltend zu machen, weil sich die Beteiligen insoweit in einem Gleichordnungsverhältnis gegenüber stehen.[79] Der Rentenversicherungsträger ist demnach gehalten, die Forderung zunächst – wie ein „normaler" Gläubiger – gegenüber dem Geldinstitut geltend zu machen, um dann gegebenenfalls eine **echte Leistungsklage nach § 54 Abs. 5 SGG** zu erheben.[80] **Das Klageverfahren ist gerichtskostenpflichtig, vgl. § 197a SGG.**

35 **3. § 118 Abs. 4 SGB VI. a) Überblick.** Abs. 4 enthält vier Sätze. S. 1 und 4 regeln jeweils mögliche Erstattungsschuldner. In S. 1 sind insoweit Empfänger und Verfügender genannt, in **S. 4 die Erben**. Für eine gesetzliche Rangfolge in der „Stufung der Verantwortlichkeit" innerhalb von § 118 Abs. 4 SGB VI, wonach vorrangig Empfänger oder Verfügende fehlüberwiesener Rentenleistungen nach S. 1 in Anspruch zu nehmen sind, bevor der Anspruch gegenüber den Erben nach § 118 Abs. 4 S. 4 SGB VI geltend zu machen ist, ergeben sich nach der Rechtspre-

---

74 Ausführlich BSG SozR 4-2600 § 118 Nr. 14; Kass-Komm/Körner SGB VI § 118 Rn. 22; auch BSG NZS 2020, 353 (Kurzwiedergabe mAnm Schmidt).
75 LSG BlnBrdbg NZS 2021, 34 (Kurzwiedergabe mAnm Löns).
76 BSG SozR 4-2600 § 118 Nr. 9.
77 KassKomm/Körner SGB VI § 118 Rn. 22c.
78 Vgl. nur den Überblick bei Hauck/Haines/Fichte K SGB VI § 118 Rn. 15 ff.
79 KassKomm/Körner SGB VI § 118 Rn. 21a.
80 BSG Urt. v. 24.2.2016 – B 13 R 25/15 R, juris.

chung des BSG keine tragfähigen rechtlichen Anknüpfungspunkte. **Die Erben können also neben Empfängern oder Verfügenden gleichrangig in Anspruch genommen werden.**[81]

b) S. 1 – Empfänger und Verfüger. Abs. 4 S. 1 bestimmt einen eigenständigen **öffentlich-rechtlichen Erstattungsanspruch**[82] gegenüber den darin genannten Empfängern oder Verfügenden. In einer lesenswerten Entscheidung vom 10.7.2012[83] hat das BSG zahlreiche Grundsätze zu § 118 Abs. 3 und 4 SGB VI aufgestellt oder präzisiert. Die Ausführungen des BSG zu den Begriffen des Empfängers und des Verfügenden sind wie folgt zusammenzufassen: 36

Empfänger von Geldleistungen sind zum einen die Personen, die für die Zeit nach dem Tod des Berechtigten Geldleistungen **unmittelbar in Empfang genommen** haben. Dies sind die Empfänger von Barleistungen, die die fehlgeschlagenen Geldleistungen des Rentenversicherungsträgers von diesem ohne Einschaltung des bargeldlosen Zahlungsverkehrs erhalten haben. Daneben zählen zu den Geldleistungsempfängern auch Personen, die das **Geld mittelbar in Empfang genommen haben**, also jene, an die der entsprechende Betrag durch Dauerauftrag, Lastschrifteinzug oder sonstiges banküblichs Zahlungsgeschäft auf ein Konto weitergeleitet wurde. Dies sind diejenigen, die die fehlgeschlagenen Geldleistungen durch eine das Geldinstitut nach § 118 Abs. 3 SGB VI wirksam entreichernde Verfügung erlangt haben, wie etwa wenn der verstorbene Rentner zu Lebzeiten noch selbst über sein Konto durch Dauerauftrag, Lastschrifteinzug oder sonstiges banküblichs Zahlungsgeschäft über sein Konto verfügt hat und der der überzahlten Rentenleistung entsprechende Betrag auf ein anderes Konto (zum Beispiel Vermieter) weitergeleitet wurde. 37

Die **neue Kontoinhaberschaft allein macht den Erben noch nicht zum Empfänger**, da § 118 Abs. 4 S. 1 SGB VI die Erstattungspflicht von Empfängern (und Verfügenden) mit der die Rücküberweisungspflicht des Geldinstituts einschränkenden anderweitigen Verfügung iSd § 118 Abs. 3 SGB VI verknüpft. Für Geldleistungsempfänger nach § 118 Abs. 4 S. 1 SGB VI soll aber nur dann die „verschärfte bereicherungsrechtliche Haftung" gelten, wenn sie an den Vermögensverschiebungen auf dem Konto des Versicherten zumindest mittelbar beteiligt gewesen sind. Die ererbte Kontoinhaberschaft allein reicht hierfür nicht aus. Anders beurteilt hat das HessLSG folgende Konstellation: Vom Girokonto, auf das auch die Rente gezahlt worden war, waren aufgrund eines Dauerauftrages des Verstorbenen monatlich rund 100 EUR auf ein Sparkonto überwiesen worden. Die in Anspruch genommene Klägerin hatte das Guthaben von diesem Sparkonto fast vollständig abgehoben. Das HessLSG hat es wegen dieser Abhebung als gerechtfertigt angesehen, die Klägerin wie eine Geldleistungsempfängerin zu behandeln, die an dem Geldtransfer zumindest mittelbar beteiligt war. Mithin haftete sie für die per Dauerauftrag auf das Sparkonto weitergeleiteten 100 EUR als Empfängerin gemäß § 118 Abs. 4 S. 1 Hs. 1 Alt. 2 SGB VI.[84] 38

Verfügende sind die Personen, die **als Verfügungsberechtigte über den entsprechenden Betrag ein banküblichs Zahlungsgeschäft zulasten des Kontos vorgenommen oder zugelassen haben.** Dies setzt mehr als nur die Verfügungsberechtigung über das Konto voraus. Denn der Verfügende muss dem Geldinstitut gegenüber wirksam zulasten des Kontos verfügt, also Rechtsgeschäfte vorgenommen haben, die unmittelbar darauf gerichtet waren, auf ein bestehendes Recht einzuwirken, es zu verändern, zu übertragen oder aufzuheben. In Betracht kommt insofern jeder berechtigte Dritte, jedoch auch der Rentner vor seinem Ableben und der Kontoinhaber, der den Kontostand unter einen der überzahlten Rentenleistung entsprechenden Betrag gesenkt hat, so dass im Zeitpunkt der Rückforderung des Rentenversicherungsträgers kein ausreichendes 39

---

81 BSG SozR 4-2600 § 118 Nr. 11; aA noch die Vorinstanz, vgl. HessLSG Urt. v. 23.8.2011 – L 2 R 79/10, juris; BSG SozR 4-2600 § 118 Nr. 18.
82 Hauck/Haines/Fichte K SGB VI § 118 Rn. 26.
83 BSG SozR 4-2600 § 118 Nr. 11.
84 HessLSG Urt. v. 18.11.2020 – L 6 R 283/17, juris; Revision hiergegen anhängig unter B 5 R 30/21 R.

Guthaben vorhanden war. Als Verfügender kommt etwa in Betracht, wer die überzahlte Rente am Geldautomaten unter Verwendung der PIN abgehoben hat.

40 **Die ererbte Kontoinhaberschaft allein reicht auch nicht aus, um von der Vornahme eines Rechtsgeschäfts im dargelegten Sinne auszugehen.** Ebenso wenig genügt allein die (Mit-)Erbenstellung, um den Erben als Verfügungsberechtigten in Anspruch zu nehmen, der über den entsprechenden Betrag ein bankübliches Geschäft zugelassen hat. Denn auch diese Alternative setzt mehr als die bloße Verfügungsberechtigung über das Konto voraus. **Das Zulassen eines banküblichen Geschäfts erfordert ein pflichtwidriges Unterlassen** (durch vorwerfbar unterlassene Handlungen, wie zum Beispiel die Kontosperrung oder andere gebotene Handlungen, durch die Verfügungen Dritter über das Konto verhindert werden können). Das setzt natürlich voraus, dass die betreffende Person die entsprechenden Handlungen auch hätte vornehmen dürfen. Insoweit reicht eine Kontovollmacht nicht unbedingt aus.[85] Auch setzt die Annahme einer Pflichtwidrigkeit gleichsam einen gewissen zeitlichen Vorlauf voraus. Die Stornierung eines Dauerauftrages binnen zwei Tagen nach Kenntnis vom Tod des Rentenbeziehers kann man wohl nicht verlangen.[86]

40.1 In einer jüngeren Entscheidung hatte sich das BSG mit einem Fall zu befassen, in dem die Betreuerin des verstorbenen Rentenbeziehers nach dessen Tod, aber vor Kenntnis von diesem eine Verfügung zulasten des Rentenkontos vorgenommen hatte.[87] Ihre Inanspruchnahme als Verfügende lehnte das BSG ab. Die von ihr vorgenommenen Verfügungen seien ihr nicht persönlich zurechenbar, weil sie gemäß § 1908i Abs. 1 S. 1, § 1893 Abs. 1 iVm § 1698a Abs. 1 S. 1 BGB über den Tod des Rentenbeziehers hinaus gesetzlich berechtigt tätig werden durfte mit der Folge einer „Haftungsfreistellung". Ihre Verfügungen seien auch nicht den Erben zuzurechnen. Denn durch die Fiktion des Fortbestehens ihrer Vertretungsbefugnis für den Betreuten im Fall ihrer Unkenntnis von der Beendigung der Betreuung werde für die Betreuerin nach § 1908i Abs. 1 S. 1, § 1893 Abs. 1 iVm § 1698a Abs. 1 S. 1 BGB keine neue gesetzliche Vertretungsmacht für die Erben begründet. Das BSG hat den Fall vom Fall der Nachlasspflegschaft und einem in diesem Zusammenhang ergangenen Beschluss des 4. Senats des BSG[88] abgegrenzt. In dem Beschluss vom 12.12.2002 hatte das BSG ausgeführt, dass Verfügungen im Sinne des § 118 Abs. 4 S. 1 SGB VI, die eine Person in Ausübung eines ihr anvertrauten öffentlichen Amtes oder eines ihr hoheitlich übertragenen privatrechtlichen Amtes getätigt habe, durch das sie zum gesetzlichen Vertreter eines anderen bestellt worden sei, nicht ihr, sondern dem „Vertretenen" als eigene zuzurechnen seien. Daher seien entsprechende Verfügungen eines Nachlasspflegers, falls er in Ausübung dieses Amtes handele, nicht ihm, sondern allein den Erben zuzurechnen, die er vertrete. Gleichwohl sei die Forderung ihm gegenüber als gesetzlichem Vertreter der Erben geltend zu machen. Zu beachten ist aber, dass die Entscheidung des BSG vom 14.12.2016 die Variante „Verfügung" betraf. Erhält der Betreuer nach dem Tod des Rentenempfängers eine Vergütung für seine Betreuertätigkeit auf sein Konto zulasten des Kontos des Rentenempfängers, kommt seine Inanspruchnahme als Empfänger in Betracht.[89]

41 **c) S. 2 – Festsetzung durch Verwaltungsakt.** Der Rentenversicherungsträger muss die Erstattungsansprüche nach Abs. 4 S. 2 durch Verwaltungsakt geltend machen. Diese Regelung wurde mit Wirkung zum 29.6.2002[90] eingeführt.[91] Bis zum Inkrafttreten dieser Neuregelung war umstritten, ob die Rentenversicherungsträger die Forderung nach Abs. 4 S. 1 durch Verwaltungsakt geltend machen konnten. Der 4. Senat des BSG hatte dies verneint.[92]

---

85 LSG Bln-Brdbg Urt. v. 15.11.2018 – L 3 R 716/17, juris.
86 HessLSG Urt. v. 18.11.2020 – L 6 R 283/17, juris.
87 BSG NJW 2017, 1134.
88 Beschl. v. 12.12.2002 – B 4 RA 44/02 R, juris.
89 LSG Bln-Brdbg Urt v. 17.3.2021 – L 2 R 246/20, juris.

90 Durch das Hüttenknappschaftliche Zusatzversicherungs-Neuregelungs-Gesetz vom 21.6.2002, BGBl. 2002 I 2167.
91 Vgl. zu den Motiven des Gesetzgebers BR-Drs. 214/02, 80.
92 BSG SozR 3-2600 § 118 Nr. 9.

Nach der jetzigen Rechtslage wandeln sich also Klageart und Beteiligtenrollen je nachdem, ob der Rentenversicherungsträger ein Geldinstitut oder einen Empfänger oder Verfügenden in Anspruch nimmt. Bei der Inanspruchnahme eines Kreditinstituts ist statthaft die echte Leistungsklage nach § 54 Abs. 5 SGG, Kläger ist der Rentenversicherungsträger. Bei der Inanspruchnahme von Empfängern oder Verfügenden ist statthaft die reine Anfechtungsklage nach § 54 Abs. 1 S. 1 1. Alt. SGG, Kläger ist der durch den (belastenden) Verwaltungsakt des Rentenversicherungsträgers in Anspruch Genommene. 42

d) S. 3 – **Auskunftspflicht des Geldinstituts.** Abs. 4 S. 3 knüpft an die Rücküberweisungspflicht des Geldinstituts sowie dessen Entreicherungseinwand nach Abs. 3 S. 2 und 3 an. Beruft sich das Geldinstitut auf Entreicherung nach Abs. 3 S. 3 und lehnt es eine Rücküberweisung ab, hat es dem Rentenversicherungsträger auf Verlangen Name und Anschrift des Empfängers oder Verfügenden und etwaigen neuen Kontoinhabers zu benennen. Die in § 118 Abs. 4 S. 3 SGB VI normierte **Auskunftspflicht** dient der Vorbereitung des (gegenüber dem Rücküberweisungsanspruch gegen das Geldinstitut nachrangigen) Erstattungsanspruchs nach § 118 Abs. 4 S. 1 SGB VI gegen den neuen Kontoinhaber und alle Personen, die über den fehlüberwiesenen Rentenbetrag verfügt haben (Verfügende) oder denen auf andere Weise zumindest ein Teil des Rentenbetrags zugutegekommen ist (Empfänger).[93] Sie soll die Feststellung der nach § 118 Abs. 4 S. 1 SGB VI Erstattungsverpflichteten ermöglichen.[94] 43

Der Regelungszweck des Abs. 4 S. 3 beschränkt sich auf die Durchsetzung eines bestehenden Anspruchs gegen den in Abs. 4 S. 1 genannten Personenkreis. Die Regelung dient nicht der Sicherstellung oder Begründung eines zusätzlichen Anspruchs gegen das Geldinstitut etwa für den Fall, dass das Geldinstitut Namen und Anschrift des materiell unberechtigt mittels einer ec-Karte Verfügenden nicht benennen kann. Für diesen Fall trifft das Gesetz keine Regelung.[95] Allerdings hat das LSG Nordrhein-Westfalen in diesem Fall einer Klage des Rentenversicherungsträgers gegen ein Geldinstitut stattgegeben, die auf Erteilung einer Auskunft gerichtet war, ob eine Person verfügungsberechtigt über das Konto des verstorbenen Versicherten war und, wenn eine Person verfügungsberechtigt war, darauf, den Namen und die Anschrift dieser Person anzugeben.[96] Hintergrund war die Ermittlung solcher Personen, die möglicherweise ein bankübliches Zahlungsgeschäft zulasten des Kontos zugelassen haben, wobei das „Zulassen" eines banküblichen Zahlungsgeschäfts ein pflichtwidriges Unterlassen durch vorwerfbare unterlassene Handlungen voraussetzt. Die Auskunftsklage sollte also nicht der Vorbereitung von Ansprüchen gegen den Geldabhebenden dienen, was objektiv auch kaum Erfolgsaussichten hätte, sondern Ansprüchen gegen den Verfügungsberechtigten, der etwa durch Kontosperrung die unbefugten Geldabhebungen hätte verhindern können. Der recht weitgehenden Ansicht des LSG Nordrhein-Westfalen ist das LSG Bln-Brdbg ausdrücklich entgegen getreten und hat einen Auskunftsanspruch mit Blick auf etwaige „Kontobevollmächtigte" verneint.[97] 44

4. Erbenhaftung. a) Allgemeines. Ein Anspruch gegen die Erben nach § 50 SGB X bleibt nach § 118 Abs. 4 S. 4 SGB VI unberührt. So knapp die Regelung gefasst ist, so **unklar und schwierig** ist doch ihre Handhabung. 45

Die Formulierung „bleibt unberührt" legt nahe, dass **Abs. 4 S. 4 keine eigenständige Regelung zu treffen scheint, sondern auf eine bereits bestehende anderweitige Regelung verweist.** Dem entspricht die Gesetzesbegründung, nach der die Regelung klarstelle, dass Rückforderungsansprüche gegen die Erben, die nicht über die Rentenzahlung verfügt haben und deshalb nicht nach S. 1 haften, nach den allgemeinen Regelungen des Zehnten Buches Sozialgesetzbuch geltend gemacht werden können. Auch insoweit sei damit der Rechtsweg zu den Sozialgerichten 46

---

93 BSG SozR 4-2600 § 118 Nr. 7.
94 BT-Drs. 13/2590, 25.
95 BSG SozR 4-2600 § 118 Nr. 7.
96 LSG NRW Urt. v. 8.8.2016 – L 3 R 659/13, juris; die vom LSG zugelassene Revision ist nicht eingelegt worden.
97 LSG Bln-Brdbg NZS 2021, 34 (Kurzwiedergabe mAnm Löns).

gegeben, wobei aber nicht die verschärfte Haftung nach S. 1 greife, sondern die Vertrauensschutzregelungen des Zehnten Buches Sozialgesetzbuch Anwendung fänden.[98] Nach Einschätzung des BSG deutet die Formulierung „unberührt" darauf hin, dass der Erstattungsanspruch nach § 50 SGB X „unbeschadet", also unabhängig von den in den vorhergehenden Sätzen getroffenen Regelungen besteht.[99]

47 **Die Erstattungsansprüche nach § 118 Abs. 4 S. 1 und Abs. 4 S. 4 SGB VI sind gleichrangig und eigenständig.** Ist also dem Rentenversicherungsträger ein Empfänger oder Verfügender bekannt, der nicht zugleich Erbe ist, ist er nicht daran gehindert, den Erstattungsanspruch nach § 118 Abs. 4 S. 4 SGB VI gegen den Erben zu verfolgen.[100]

48 **Ist ein Empfänger und/oder Verfügender zugleich Erbe, ist die Erbenhaftung allerdings der allgemeinere Tatbestand,** weil Abs. 4 S. 1 zusätzliche spezielle Merkmale (Empfänger/Verfügende) aufweist, die zur Erbenstellung hinzutreten können.[101] In der Regel wird dann die vorrangige Inanspruchnahme nach § 118 Abs. 4 S. 1 SGB VI für den Rentenversicherungsträger zweckmäßig sein, weil der Vertrauensschutz über die §§ 45 ff. SGB X keine Anwendung findet, sondern die „verschärfte bereicherungsrechtliche Haftung" greift.

49 **b) Verweisung auf § 50 SGB X.** § 118 Abs. 4 S. 4 SGB VI nimmt § 50 SGB X in Bezug. § 50 SGB X normiert einen **öffentlich-rechtlichen Erstattungsanspruch bei zu Unrecht erbrachten Sozialleistungen.** Dies ist kein öffentlich-rechtlicher Bereicherungsanspruch und beruht auch nicht auf einer Analogie zu den §§ 812 ff. BGB.[102] Ist etwa der Anwendungsbereich des § 50 Abs. 2 SGB X eröffnet, ist ein Rückgriff auf einen fraglichen allgemeinen öffentlich-rechtlichen Ersatz- oder Erstattungsanspruch ebenso ausgeschlossen wie die (entsprechende) Anwendung des zivilrechtlichen Bereicherungsrechts nach den §§ 812 ff. BGB.[103]

50 Die Verweisung auf „§ 50 SGB X" kann nur § 50 Abs. 2 SGB X meinen. § 50 **Abs. 1 SGB X** passt nicht, weil dieser den Fall regelt, dass die – aufgrund Bewilligungsbescheides – erbrachten Leistungen zu erstatten sind, wenn der Bewilligungsbescheid nach den §§ 45 oder 48 SGB X aufgehoben worden ist. Für die für Zeiten nach dem Tod des Rentenbeziehers erbrachten Rentenleistungen gibt es aber keinen Bewilligungsbescheid (mehr); denn der Rentenbescheid hat sich mit dem Tod des Rentenbeziehers gemäß § 39 Abs. 2 SGB X erledigt.

51 Nach § 50 **Abs. 2 S. 1 SGB X** sind Leistungen, die ohne Verwaltungsakt zu Unrecht erbracht worden sind, zu erstatten. Nach § 50 Abs. 2 S. 2 SGB X gelten die §§ 45 und 48 SGB X gelten entsprechend.

52 § 50 Abs. 2 SGB X stellt also auf „erbrachte" Leistungen ab. Zu § 50 Abs. 1 S. 1 SGB X, in dem es ebenfalls um „erbrachte" Leistungen geht, hat das BSG ausgeführt, das Erbringen umfasse die Erfüllungshandlung der Behörde und den Erfolg.[104] Dabei trete der Leistungserfolg nicht nur ein, wenn die Leistung dem aus dem Verwaltungsakt Berechtigten tatsächlich zugeflossen ist. Nur wenn die Leistung an einen weder zum Leistenden noch zum Berechtigten in einer Rechtsbeziehung stehenden – unbeteiligten – Dritten fließe, fehle es am Leistungserfolg und damit am Erbringen iSd § 50 SGB X. Werde also an einen Dritten geleistet, so sei zunächst zu prüfen, ob die Leistung einem beteiligten oder unbeteiligten Dritten zugeflossen ist. Dabei genüge für eine Beteiligung, dass der Leistungsträger eine solche Rechtsbeziehung des Dritten zum Leistungsberechtigten annehme. **Legt man diese Rechtsprechung zugrunde, kann man die Leistungserbringung an die Erben durchaus bezweifeln.** Denn die Rentenzahlung erfolgt regelmäßig in der Annahme, der leistungsberechtigte Rentenbezieher lebe noch. Daher wird man eine Annahme des Rentenversicherungsträgers, zwischen dem Erben und dem verstorbenen Rentenbe-

---

98 BT-Drs. 13/3150, 42.
99 BSG SozR 4-2600 § 118 Nr. 11.
100 BSG SozR 4-2600 § 118 Nr. 11; BSG SozR 4-2600 § 118 Nr. 18.
101 BSG SozR 4-2600 § 118 Nr. 11.
102 BSG SozR 3-1300 § 50 Nr. 10.
103 BSG BSGE 84, 16.
104 BSG SozR 3-1300 § 50 Nr. 10.

zieher bestehe eine Rechtsbeziehung, kaum unterstellen können. In einem obiter dictum **hat das BSG an anderer Stelle indes die Leistungserbringung an den Erben bejaht**.[105] Mit Blick darauf, dass das BSG etwa in dem Urteil vom 10.7.2012[106] die hier erörterte Frage nicht einmal gestellt hat, ist wohl anzunehmen, dass es von einer grundsätzlichen Anwendbarkeit des § 50 Abs. 2 SGB X gegenüber Erben ausgeht.

Zurückgefordert werden können Leistungen nach § 50 SGB X nur von demjenigen, der sie zu Unrecht erhalten hat. Dies ist an sich selbstverständlich, kann aber leicht in den Hintergrund geraten. Das BSG verneinte diese Tatbestandsvoraussetzung in einem Fall, in dem der Ehemann der in Anspruch genommenen Klägerin als alleiniger Verfügungsberechtigter über das Rentenkonto verfügt hatte. Die Klägerin habe, so das BSG, von den Rentenzahlungen nichts erhalten.[107]   52.1

Bejaht man also das Vorliegen der Voraussetzungen des § 50 Abs. 2 S. 1 SGB X, stellt sich die Frage, ob auch die Voraussetzungen des § 50 Abs. 2 S. 2 SGB X vorliegen, wonach die §§ 45 und 48 SGB X entsprechend gelten. Unmittelbar können die letztgenannten Vorschriften nicht gelten. Denn sie regeln die Aufhebung des **von Anfang an rechtswidrigen (§ 45 SGB X)** oder **anfänglich rechtmäßigen, später aber rechtswidrig gewordenen Verwaltungsaktes (§ 48 SGB X)**, wobei es regelmäßig um Bewilligungsbescheide geht. Den nach dem Tod des Rentenbeziehers erbrachten Rentenleistungen liegt aber kein Bewilligungsbescheid zugrunde, der aufzuheben wäre.   53

Die Verweisung auf § 48 SGB X geht ins Leere.[108] Denn zwar tritt mit dem Tod des Rentenbeziehers natürlich in gewisser Weise eine wesentliche Änderung iSd § 48 Abs. 1 S. 1 SGB X ein. Die nach dem Tode des Rentenbeziehers erbrachten Rentenzahlungen können aber gedanklich nicht erst rechtmäßig gewesen sein. Sie sind stets von Anfang an rechtswidrig – rechtsgrundlos – erbracht worden, so **dass nur § 45 SGB X entsprechend anzuwenden** ist.   54

Nach § 45 Abs. 1 SGB X darf, soweit ein Verwaltungsakt, der ein Recht oder einen rechtlich erheblichen Vorteil begründet oder bestätigt hat (begünstigender Verwaltungsakt), rechtswidrig ist, er, auch nachdem er unanfechtbar geworden ist, nur unter den Einschränkungen der Abs. 2 bis 4 ganz oder teilweise mit Wirkung für die Zukunft oder für die Vergangenheit zurückgenommen werden. **Um „Aufhebung" der Rentenzahlung für die Zukunft kann es naturgemäß nicht gehen.** Einen Bewilligungsbescheid gibt es nicht; der Rentenversicherungsträger stellt die Rentenzahlungen also einfach ein.   55

Ein rechtswidriger begünstigender Verwaltungsakt darf gemäß **§ 45 Abs. 2 S. 1 SGB X** nicht zurückgenommen werden, soweit der Begünstigte auf den Bestand des Verwaltungsaktes vertraut hat und sein Vertrauen unter Abwägung mit dem öffentlichen Interesse an einer Rücknahme schutzwürdig ist. Das Vertrauen ist nach § 45 Abs. 2 S. 2 SGB X in der Regel schutzwürdig, wenn der Begünstigte erbrachte Leistungen verbraucht oder eine Vermögensdisposition getroffen hat, die er nicht mehr oder nur unter unzumutbaren Nachteilen rückgängig machen kann. Auf Vertrauen kann sich der Begünstigte gemäß § 45 Abs. 2 S. 3 SGB X nicht berufen, soweit   56

1. er den Verwaltungsakt durch arglistige Täuschung, Drohung oder Bestechung erwirkt hat,
2. der Verwaltungsakt auf Angaben beruht, die der Begünstigte vorsätzlich oder grob fahrlässig in wesentlicher Beziehung unrichtig oder unvollständig gemacht hat, oder
3. er die Rechtswidrigkeit des Verwaltungsaktes kannte oder infolge grober Fahrlässigkeit nicht kannte; grobe Fahrlässigkeit liegt vor, wenn der Begünstigte die erforderliche Sorgfalt in besonders schwerem Maße verletzt hat.

---

105 BSG BSGE 55, 250.
106 BSG SozR 4-2600 § 118 Nr. 11.
107 BSG SozR 4-2600 § 118 Nr. 13; vgl. auch LSG Ba-Wü Urt. v. 5.10.2017 – L 10 R 2599/17, juris.
108 Schütze/Schütze SGB X § 50 Rn. 26; KassKomm/Steinwedel SGB X § 50 Rn. 32; aA aber offenbar BSG BSGE 84, 16.

57 Eine Erstattung kommt im Wesentlichen nur dann in Betracht, wenn die Voraussetzungen des § 45 Abs. 2 S. 3 SGB X vorliegen.[109] Dabei dürfte in der Praxis der Fall, dass der Erbe den Rentenversicherungsträger – womöglich auf dessen Anfrage – über den Tod des Rentenbeziehers täuscht, seltener vorkommen, jedenfalls aber keine durchgreifenden rechtlichen Probleme aufwerfen. **Praxisrelevant und problematischer ist der Fall, in dem die Rente schlicht weitergezahlt wird. Problematisch ist, wann ein Fall des § 45 Abs. 2 S. 3 Nr. 3 SGB X vorliegt.**

58 Fraglich bei der entsprechenden Anwendbarkeit des § 45 Abs. 2 S. 3 Nr. 3 SGB X ist, **zu welchem Zeitpunkt der Erbe bösgläubig gewesen sein muss.** Dieses Problem ist wie folgt zu skizzieren. Bei der unmittelbaren Anwendung des § 45 Abs. 2 S. 3 Nr. 3 SGB X ist für die Kenntnis oder grobfahrlässige Unkenntnis der Rechtswidrigkeit des Verwaltungsaktes der Zeitpunkt der Bekanntgabe des – rechtswidrig begünstigenden – Verwaltungsakts maßgebend.[110] Hier gibt es demnach einen – relativ – einfach zu bestimmenden Zeitpunkt.

59 In Ermangelung eines solchen Verwaltungsaktes in der hier zu besprechenden Fallkonstellation ist ein entsprechender Zeitpunkt schwer zu bestimmen. Teilweise wird insoweit angenommen, bösgläubig im Sinne der §§ 45 Abs. 2 S. 3 Nr. 3 SGB X sei der Erbe in dem Zeitpunkt, in dem er vom Tod des Berechtigten erfährt, von der Erbschaft Kenntnis erhält und davon weiß, dass zu den Nachlassverbindlichkeiten die Rückzahlungsverpflichtung gegenüber dem Rentenversicherungsträger gehört.[111] Das ist wenig überzeugend. Denn trotz der Verwendung des Singulars „Zeitpunkt" werden bei dieser Formulierung mehrere Ereignisse benannt, von denen der Erbe Kenntnis erlangen kann, so dass regelmäßig mehrere unterschiedliche Zeitpunkte in Rede stehen dürften. Außerdem ist schon fraglich, ob die Rückzahlungsverpflichtung überhaupt eine Nachlassverbindlichkeit ist (→ Rn. 62). Schließlich setzt das Wissen des Erben um die Rückzahlungsverpflichtung eine rechtliche Wertung voraus, die man dem Erben – gerade wenn dieser rechtlicher Laie ist – kaum unterstellen kann.

60 Geht man demgegenüber von der **erstmaligen Kenntnis von den Zahlungseingängen der jeweiligen Rente** aus, die häufig bei erstmaliger Inaugenscheinnahme der entsprechenden Kontoauszüge eintreten dürfte, besteht für den **Erben eine große Gefahr** dann, wenn das Konto zum Zeitpunkt seiner erstmaligen Kenntnisnahme bereits wieder „leergeräumt" worden, über die Rente also von anderer Seite bereits verfügt worden ist. Da der Erbe bei der Anwendung des § 50 Abs. 2 SGB X in Verbindung mit § 45 Abs. 2 S. 3 Nr. 3 SGB X den Einwand der Entreicherung nicht erheben kann, haftet er möglicherweise für Rentenzahlungen, von denen er wirtschaftlich zu keinem Zeitpunkt „etwas haben" konnte.[112]

61 Es ist daher in Anlehnung an die Rechtsprechung des BSG zu § 50 Abs. 2 SGB X von folgendem auszugehen: **Rückforderungen gegen den Erben sind nur zulässig, wenn dieser bei Zahlung der Rente die Rechtsgrundlosigkeit (Rechtswidrigkeit) der Leistung kannte oder infolge grober Fahrlässigkeit nicht kannte.**[113] Abzustellen ist in diesem Zusammenhang auf jede einzelne Rentenzahlung. Dies setzt etwa voraus, dass **der Erbe um seine Erbenstellung und um die Existenz des Rentenkontos weiß.** Erst wenn der Erbe Kenntnis hiervon hat, ist es ihm überhaupt möglich, dann eingehende Rentenzahlungen als zu Unrecht an ihn erbracht zu erkennen. Diese Lösung ist sachgerecht. Der Erbe wird nicht der Gefahr ausgesetzt, **uferlos für solche Rentenzahlungen zu haften**, zu denen er – in Unkenntnis von seiner Erbenstellung und vom Rentenkonto – keinerlei Bezug hatte. Der Rentenversicherungsträger ist durch die anderweitigen Möglichkeiten, die Rentenzahlungen zurück zu verlangen, hinreichend geschützt. Ist auf dem Rentenkonto ein ausreichendes Guthaben vorhanden, ist das jeweilige Geldinstitut zur Zahlung verpflichtet.

---

109 KassKomm/Steinwedel SGB X § 50 Rn. 33.
110 KassKomm/Steinwedel SGB X § 45 Rn. 41.
111 SächsLSG FamRZ 2013, 735.
112 Allerdings hat er dann die Rentenzahlungen möglicherweise nicht „erhalten", vgl. → Rn. 52a.
113 BSG BSGE 60, 239; BSG NZS 1995, 428; vgl. auch LSG NRW Urt. v. 9.12.2015 – L 8 R 935/11, juris.

Ist ein Guthaben nicht mehr vorhanden, kommen Empfänger oder Verfügender nach § 118 Abs. 4 S. 1 SGB VI als Zahlungspflichtige in Betracht.

Grobe Fahrlässigkeit liegt nach § 45 Abs. 2 S. 3 Nr. 3 2. Halbsatz SGB X vor, wenn der Begünstigte die erforderliche Sorgfalt in besonders schwerem Maße verletzt hat. Maßgebend dafür ist ein subjektiver Maßstab, dh es ist auf die persönliche Einsichtsfähigkeit des Klägers abzustellen. Die erforderliche Sorgfalt in besonders schwerem Maße verletzt danach, wer schon einfachste, ganz naheliegende Überlegungen nicht anstellt und daher nicht beachtet, was im gegebenen Fall jedem einleuchten muss.[114] 61.1

Aus der angeordneten „entsprechenden" Geltung des § 45 SGB X in § 50 Abs. 2 S. 2 SGB X folgt auch die Übertragung der bei einer Rücknahme nach § 45 SGB X grundsätzlich notwendigen Ermessensausübung seitens der Behörde auf deren Erstattungsbegehren.[115] Dieser Gesichtspunkt gewinnt dann entscheidende Bedeutung, wenn man bei einer Erbenmehrheit annimmt, die Behörde treffe ein Auswahlermessen dahin gehend, welchen Erben sie in welchem Umfang in Anspruch nimmt. Davon geht etwa das LSG Nordrhein-Westfalen[116] aus und beruft sich insoweit auf eine Entscheidung des BSG.[117] Das LSG Rheinland-Pfalz geht ebenfalls von einem entsprechenden Auswahlermessen aus, erachtet es aber als ermessensfehlerfrei, wenn die Behörde jeden Erben entsprechend seinem Erbteil in Anspruch nimmt.[118] 61.2

c) Verhältnis zu den Vorschriften des BGB. Ob es überhaupt ein „Verhältnis" zu den Vorschriften des BGB gibt, hängt maßgeblich davon ab, ob diese – namentlich die Haftungsregelung des § 1967 BGB – in der hier vorliegenden Fallkonstellation eingreifen. Schon das ist sehr fraglich. Das BSG scheint dies anzunehmen.[119] Mit dem LSG Saarland ist dies aber abzulehnen.[120] Das LSG Saarland führt aus, **Nachlassverbindlichkeiten** seien Erblasserschulden und Erbfallschulden. **Erblasserschulden** seien derartige Ansprüche aber nicht, da sich nicht zu Lebzeiten des Rentenbeziehers entstanden seien, also nicht von ihm herrühren. Sie seien aber auch nicht als **Erbfallschulden** zu betrachten, da sie nicht aus Anlass des Erbfalls entstanden seien wie etwa Pflichtteilsansprüche, Vermächtnisse und Kosten der Beerdigung. Die Rentenüberzahlungen seien nicht wegen des Todes des Rentenbeziehers, sondern trotz des Todes erfolgt. Dem ist zuzustimmen.[121] **Sollte aber entgegen hier vertretener Ansicht eine Nachlassverbindlichkeit vorliegen, würden die zivilrechtlichen Vorschriften durch die Sonderregelung des § 118 Abs. 4 S. 4 SGB VI verdrängt.**[122] 62

Nach der Rechtsprechung des BSG ist auch für die Haftung des **Erbeserben** § 118 Abs. 4 S. 4 SGB VI einschlägig, der die Haftung nach § 118 Abs. 4 S. 1 SGB VI in Verbindung mit den §§ 1922, 1967 BGB verdränge.[123] Hier hatte der Stiefsohn der Rentenbezieherin nach deren Tod die Rentenzahlungen jahrzehntelang in Empfang genommen und darüber auch verfügt. Da mittlerweile auch der Stiefsohn verstorben war, machte der Rentenversicherungsträger den Erstattungsanspruch gegen dessen Ehefrau, die auch seine Erbin war, geltend. Nach Auffassung des BSG gilt die günstigere Regelung § 118 Abs. 4 S. 4 SGB VI auch für den Erbeserben, und zwar insbesondere deshalb, weil es nicht sein könne, dass der noch weiter von der unrechtmä- 63

---

114 Vgl. nur KassKomm/Steinwedel SGB X § 45 Rn. 39 ff. mwN.
115 Vgl. nur BSG SozR 4-1300 § 50 Nr. 3.
116 Urt. v. 9.12.2015 – L 8 R 935/11, juris.
117 BSG FamRZ 2014, 660.
118 BSG FamRZ 2015, 2003.
119 BSG SozR 4-2600 § 118 Nr. 11; welchen Sinn die Ausführungen des BSG machen sollen, bleibt aber unklar. Es wirkt so, als nehme das BSG an, die Haftung des Erben nach § 118 Abs. 4 S. 4 SGB VI setze die zivilrechtliche Erbenhaftung voraus. Das wäre unzutreffend. Zivilrechtlich wird nur vorausgesetzt, dass der in Anspruch Genommene auch Erbe ist. Dies richtet sich nach den Vorschriften des BGB. Die Haftung richtet sich dagegen allein nach § 118 Abs. 4 S. 4 SGB VI in Verbindung mit § 50 Abs. 2 SGB X.
120 Urt. v. 25.4.2006 – L 5 V 3/05, juris.
121 AA wohl MüKoBGB/Küpper BGB § 1967 Rn. 14; vgl. auch BGH BGHZ 71, 180; diese Entscheidung dürfte aber in mehrerlei Hinsicht überholt sein.
122 Vgl. SächsLSG FamRZ 2013, 735 und nachgehend das Urt. des BSG SozR 4-2600 § 118 Nr. 13.
123 BSG SozR 4-2600 § 118 Nr. 13.

64 d) **Verfahrensrechtliches und Kosten.** Da § 118 Abs. 4 S. 4 SGB VI auch auf § 50 Abs. 3 SGB X verweist, ist die zu erstattende Leistung nach dessen S. 1 durch **schriftlichen Verwaltungsakt** festzusetzen. Vor Inanspruchnahme durch Verwaltungsakt ist der Erbe nach § 24 SGB X anzuhören.

65 Ansprüche nach Abs. 3 und 4 **verjähren** gemäß § 118 Abs. 4a S. 1 SGB VI in vier Jahren nach Ablauf des Kalenderjahres, in dem der Rentenversicherungsträger Kenntnis von der Überzahlung (Abs. 3) und[124] von der Person des Erstattungspflichtigen (Abs. 4) erlangt hat. Die Frist beginnt also am 1.1. des der Kenntniserlangung folgenden Kalenderjahres zu laufen. Der Rentenservice tritt im Rechtsverkehr als die Zahlstelle der Rentenversicherung auf. Daher reicht dessen Kenntnis für den Beginn der Verjährungsfrist aus.[125] Die Jahresfrist nach § 45 Abs. 4 S. 2 SGB X gilt nicht,[126] weil § 118 Abs. 4a SGB VI insoweit eine Sonderregelung enthält.[127] Für die Hemmung, Ablaufhemmung, Neubeginn und Wirkung der Verjährung gelten gemäß § 118 Abs. 4a S. 2 SGB VI die Vorschriften des BGB sinngemäß.

66 Für das gerichtliche Verfahren des Erben gegen den Erstattungsbescheid fallen **Gerichtskosten** an, da § 197a Abs. 1 SGG anzuwenden ist.[128]

§ 59 SGB I Ausschluß der Rechtsnachfolge

¹Ansprüche auf Dienst- und Sachleistungen erlöschen mit dem Tode des Berechtigten. ²Ansprüche auf Geldleistungen erlöschen nur, wenn sie im Zeitpunkt des Todes des Berechtigten weder festgestellt sind noch ein Verwaltungsverfahren über sie anhängig ist.

A. Allgemeines 1	III. S. 2 19
I. Entstehung und Normzweck 1	1. Ansprüche auf Geldleistungen 20
II. Bedeutung und Systematik 2	2. Festgestellte Ansprüche 23
B. Regelungsgehalt 3	3. Verwaltungsverfahren ist anhängig 24
I. Ansprüche 3	a) Allgemeines 24
II. S. 1 4	b) Überprüfungsverfahren nach
1. Sozialhilfeansprüche und Ansprüche	§ 44 SGB X 28
auf Grundsicherungsleistungen 6	
2. Feststellung eines Grades der Behinderung 12	

A. Allgemeines

I. Entstehung und Normzweck

1 § 59 SGB I ist seit seinem Inkrafttreten zum 1.1.1976 nicht geändert worden. Er regelt, was mit sozialrechtlichen Ansprüchen im Falle des Todes des Anspruchsberechtigten geschieht. Die in S. 1 genannten **Ansprüche erlöschen**. Die in S. 2 genannten Ansprüche erlöschen auch, es sei denn, der darin geregelte (Ausnahme-)Fall liegt vor. Die Vorschrift hat im Grundsatz nur **materiellrechtliche Wirkung**. Da Ansprüche, die erloschen sind, aber nicht übergehen können, wirkt

---

124 Nicht „oder"; so aber KassKomm/Körner SGB VI § 118 Rn. 33.
125 HessLSG NZS 2021, 814 (Kurzwiedergabe mAnm Julga).
126 AA KassKomm/Körner SGB VI § 118 Rn. 31.
127 Wenn § 50 Abs. 2 SGB X unmittelbar anzuwenden ist, gilt § 45 Abs. 4 S. 2 SGB X dagegen schon, vgl.

BSG BSGE 60, 239; soweit das LSG Saarl § 45 Abs. 4 S. 2 SGB X im Rahmen des § 118 Abs. 4 SGB VI für anwendbar hält, liegt dies daran, dass es § 118 Abs. 4a SGB VI in der vom LSG Saarl herangezogenen Fassung des § 118 SGB VI noch nicht gab, vgl. Urt. v. 25.4.2006 – L 5 V 3/05, juris.
128 Vgl. nur BSG SozR 4-2600 § 118 Nr. 11.

sich die Regelung mittelbar auch auf die Übertragbarkeit und Vererbbarkeit von Ansprüchen aus.[1]

II. Bedeutung und Systematik

Diese Vorschrift, die **systematisch vor die §§ 56 bis 58 SGB I gehört hätte** (→ SGB I Vor §§ 56 bis 59 Rn. 3), ist für die Beurteilung der Schnittstelle von Sozial- und Erbrecht von höchster Bedeutung. Während die §§ 56 bis 58 SGB I – nicht nur – vorrangig auf die Person des Sonderrechtsnachfolgers/Erben abstellen, nimmt § 59 SGB I in erster Linie den Anspruch, der im Wege der Sonderrechtsnachfolge oder der Erbfolge übergeht, in den Blick. Denklogisch ist daher vor der gegebenenfalls komplizierten Klärung, ob eine Sonderrechtsnachfolge oder sonstige Rechtsnachfolge vorliegt, zu prüfen, ob der in Rede stehende Anspruch nicht schon mit dem Tod des Berechtigten erloschen ist (→ SGB I Vor §§ 56 bis 59 Rn. 3).

B. Regelungsgehalt

I. Ansprüche

§ 59 SGB I gilt für **Ansprüche auf Sozialleistungen** im Sinne von § 11 S. 1 SGB I. Zur Entstehung und zur Fälligkeit der Ansprüche → SGB I § 56 Rn. 10 ff.

II. S. 1

Nach S. 1 erlöschen **Ansprüche auf Dienst- und Sachleistungen** mit dem Tod des Berechtigten. Sachleistung meint die Bereitstellung von Sachen oder Sachgesamtheiten (zB Arzneimittel, Heil- und Hilfsmittel). Dienstleistungen sind solche Leistungen, die eine Tätigkeit beinhalten, ohne dass es sich um die Zahlung von Geld oder die Bereitstellung von Sachen handelt, also alle Formen persönlicher Betreuung und Hilfe. Die Unterscheidung zwischen Sach- und Dienstleistung ist rechtlich unmaßgeblich, weil für beide Leistungsarten die gleichen Regeln gelten. Jeweils muss es um Dienst- oder Sachleistungen iSd § 11 SGB I, also um Sozialleistungen gehen.[2]

Hintergrund des S. 1 ist die **Höchstpersönlichkeit** der Rechte, die einer wie immer gearteten Rechtsnachfolge entgegensteht. Haben sich die Ansprüche auf Dienst- und Sachleistungen indes – etwa nach § 13 Abs. 3 SGB V – in einen **Kostenerstattungsanspruch** umgewandelt, handelt es sich um **Ansprüche auf Geldleistungen** (→ SGB I § 56 Rn. 16).

1. Sozialhilfeansprüche und Ansprüche auf Grundsicherungsleistungen. Problematisch ist, ob auch **Sozialhilfeansprüche** und solche der **Grundsicherung für Arbeitsuchende nach dem SGB II** („Hartz IV"), die als Geldleistung gewährt werden, mit dem Tod des Berechtigten entsprechend S. 1 erlöschen.[3] Für die Sozialhilfe nach dem Bundessozialhilfegesetz hat das BVerwG dies im Grundsatz angenommen.[4] Eine Sonderrechtsnachfolge oder Vererbung sei nicht möglich, weil dies dem Prinzip der Bedarfsdeckung widerspreche.[5] Wegen des **Bedarfsdeckungsprinzips** mit seinem Bezug zum einzelnen Hilfesuchenden könne Sozialhilfe grundsätzlich nicht für die Vergangenheit begehrt werden, weil sich eine Notlage in der Vergangenheit (grundsätzlich) nicht durch eine Leistung in der Gegenwart überwinden lasse. Dem entspreche es, dass die Sonderrechtsnachfolge in einen Anspruch auf Sozialhilfe ausgeschlossen sei. Eine **Ausnahme ließ das BVerwG für Schulden** zu, die dadurch entstanden waren, dass der Bedarf nicht rechtzeitig mit

---

1 KassKomm/Siefert SGB I § 59 Rn. 2; Krauskopf/Baier SGB I § 59 Rn. 2.
2 Jahn/Klose SGB I/Klose SGB I § 59 Rn. 1.
3 Vgl. Lilge/Gutzler/Lilge SGB I § 59 Rn. 8; BeckOK/Gutzler SGB I § 59 Rn. 7; Hauck/Noftz/von Koppenfels-Spies K SGB I § 59 Rn. 13; vgl. Stotz SGb 2014, 127; vgl. auch BayLSG Urt. v. 8.10.2013 – L 15 BL 2/09, juris; kein Erlöschen eines Blindengeldanspruchs.
4 Vgl. BVerwG BVerwGE 58, 68 – und BVerwG BVerwGE 96, 18.
5 Zu den sogenannten „Strukturprinzipien" des Sozialhilferechts vgl. Eicher/Luik/Harich/Kemper SGB II § 3 Rn. 5 f.

Mitteln der Sozialhilfe gedeckt worden, die Behörde also in diesem Sinne säumig geblieben ist. Das BSG hat sich dieser Rechtsauffassung für das SGB XII unter ausdrücklicher Bezugnahme auf das BVerwG angeschlossen.[6] Auch die hM in der Literatur nimmt an, Ansprüche auf Leistungen der Sozialhilfe würden grundsätzlich wie Ansprüche auf Sach- und Dienstleistungen mit dem Tod des Berechtigten erlöschen.[7] Das SG Berlin hat diese Auffassung auf Leistungsansprüche nach dem SGB II übertragen.[8] Das BSG hat sich dem für das SGB II jüngst im Grundsatz angeschlossen, aber offen gelassen, ob dies auch im Falle der Sonderrechtsnachfolge in der Konstellation einer Bedarfsgemeinschaft gilt.[9]

7 Zusammengefasst gilt nach hM für die Sozialhilfe demnach Folgendes:
- **Ansprüche – auch Geldleistungsansprüche – auf Sozialhilfe sind nicht vererblich** und zwar auch dann nicht, wenn der Anspruchsberechtigte die Notlage mit seinem Schonvermögen überbrückt und damit den Nachlass vermindert hat.
- Der sogenannte **Sekundäranspruch auf Kostenerstattung ist vererblich**. Er soll den Leistungsberechtigten von Aufwendungen entlasten, die er eingehen musste, weil die Hilfe zu Unrecht ausgeblieben ist. Der Sekundäranspruch ist also davon abhängig, dass Schulden bestehen und zwar entweder gegenüber einem Dritten oder gegenüber einem Leistungserbringer.[10]

8 Für die hM spricht im Bereich der Sozialhilfe § 17 Abs. 1 S. 2 SGB XII. Danach kann der Anspruch nicht übertragen, verpfändet oder gepfändet werden. Diese Regelung betont den höchstpersönlichen Charakter der Sozialhilfe und rückt auch deren Geldleistungsansprüche in die Nähe von Ansprüchen und Sach- und Dienstleistungen, die nach § 53 Abs. 1 SGB I ebenfalls nicht verpfändet und übertragen werden können. Anzunehmen, dass Ansprüche, die nicht übertragen werden können, auch nicht vererbbar oder sonst rechtsnachfolgefähig sind, scheint folgerichtig.

9 Der hM ist auch bei ihrer kritischen Bewertung zu folgen. Allerdings muss man sich vor Augen halten, dass innerhalb des Rechts der Sozialhilfe eine unterschiedliche Behandlung von Geldleistungsansprüchen – nicht vererblich – und sogenannten Sekundäransprüchen – vererblich – letztlich nur mit Billigkeitserwägungen zu begründen ist. Denn jeweils kann der Zweck der Sozialhilfe, der in der Abwendung einer gegenwärtigen Notlage besteht, nicht mehr erreicht werden. Das BVerwG geht in seinem Urteil vom 5.5.1994 auf diesen Einwand zwar ein und führt aus, die Zahlung der Sozialhilfe nach dem Tod des Anspruchsinhabers sei die Vertrauensgrundlage für die Hilfe des Dritten zu Lebzeiten des Anspruchsinhabers. In dieser Vorwirkung zeige sich die rechtliche Effektivität des Anspruchs auf Sozialhilfe. Seine Erfüllung nach dem Tod des Berechtigten komme daher nicht zu spät. Sie rechtfertige sich daraus, dass ein Dritter dem Berechtigten zu Lebzeiten in seiner Not das habe zukommen lassen, worauf er Anspruch gehabt habe. Dass hierbei Billigkeitserwägungen angestellt werden, liegt offen zutage. Warum sich Erben des Sozialhilfeberechtigten auf die rechtliche Effektivität des Sozialhilfeanspruchs dann nicht berufen können, wenn der Berechtigte seine Notlage aus seinem eigenen Schonvermögen gedeckt hat, ist aus diesen Ausführungen jedenfalls nicht erkennbar. Auch der Hinweis des BVerwG in dem Urteil vom 5.5.1994, im Falle der – an sich sozialhilferechtlich nicht geschuldeten – Selbsthilfe werde die Effektivität der Rechtsgewährung nicht durch das Hinzutreten vorleistender Dritter aktiviert, wirkt konstruiert.

---

6 BSG BSGE 116, 210; bestätigt durch Urt. v. 21.9.2017 – B 8 SO 4/16 R, juris; vgl. auch LSG Baden-Württemberg Urt. v. 22.6.2022 – L 2 SO 571/21, juris.
7 Lilge/Gutzler/Lilge SGB I § 59 Rn. 8; Hauck/Noftz/von Koppenfels-Spies K SGB I § 59 Rn. 13; BeckOK/Gutzler SGB I § 59 Rn. 7; KassKomm/Siefert SGB I § 59 Rn. 6; GK-SGB I/von Maydell SGB I § 59 Rn. 12; jedenfalls differenzierend Mrozynski SGB I § 59 Rn. 8 ff.
8 SG Berlin Urt. v. 6.2.2008 – S 125 AS 6462/07, S 95 AS 6462/07 –; aA aber LSG LSA Urt. v. 25.7.2013 – L 2 AS 470/11, beide bei juris; vgl. auch Hauck/Noftz/Hengelhaupt K SGB II § 42 Rn. 203 f.; unklar BSG Urt. v. 13.7.2017 – B 4 AS 17/16 R, juris.
9 Urt. v. 27.9.2022 – B 7/14 AS 59/21 R, SGb 2022, 678.
10 BSG Urt. v. 21.9.2017 – B 8 SO 4/16 R, juris.

Gleichwohl ist der hM zu folgen und sind deren Erwägungen auch auf Leistungen zur Sicherung des Lebensunterhalts nach dem SGB II zu übertragen, obgleich einzuräumen ist, dass – ohne ersichtlichen Grund – im Recht des SGB II keine dem § 17 Abs. 1 S. 2 SGB XII entsprechende Regelung existiert. Neben den genannten **Strukturprinzipien** sprach für die hM die **Wertung des Gesetzgebers in § 35 Abs. 1 SGB II und § 102 SGB XII**, worauf das SG Berlin zu Recht hinweist.[11] Mit diesen Regelungen (vgl. die Kommentierungen zu § 35 SGB II in der 1. Auflage und zu § 102 SGB XII) wurde – vereinfacht gesagt – vor dem Tod des Leistungsempfängers geschütztes Vermögen nachträglich zur Bedarfsdeckung herangezogen, weil das zur Alters- und Zukunftsvorsorge belassene Vermögen nach dem Tod nicht mehr für diesen Zweck erforderlich war. Hatte also der Erblasser Leistungen nach dem SGB II oder dem SGB XII bezogen, weil sein Vermögen unter den jeweiligen Vermögensfreibeträgen lag, wurde der Erbe unter den gesetzlich näher bestimmten Voraussetzungen zum Ersatz der erbrachten Leistungen aus dem geerbten Schonvermögen verpflichtet. Wäre man von der Vererblichkeit der Grundsicherungs- und Sozialhilfeleistungen ausgegangen, hätten Erben neben diesen Ansprüchen auch noch das Schonvermögen des Erblassers erben können, ohne § 35 SGB II oder § 102 SGB XII ausgesetzt zu sein, die jeweils vorausgesetzten, dass die (verstorbene) Person Leistungen erhalten hatte, die innerhalb der letzten zehn Jahre vor dem Erbfall erbracht worden waren, was in der hier besprochenen Fallkonstellation gerade nicht der Fall war. Erben hätten also besser gestanden, wenn der Erblasser Leistungen zu Unrecht nicht erhalten hätte, als wenn er Leistungen zu Recht erhalten hätte. Dies konnte nicht richtig sein. Allerdings konnte es zur Besserstellung des Erben auch dann kommen, wenn man mit der hM von einer Vererblichkeit des sogenannten Sekundäranspruchs ausging. Denn auch in diesem Fall konnte es sein, dass der Erbe neben dem Sekundäranspruch, mit dem er die Rückzahlungsansprüche des Dritten befriedigen konnte, das Schonvermögen des Verstorbenen erbte, ohne Forderungen nach § 35 Abs. 1 SGB II und § 102 SGB XII ausgesetzt zu sein. Hinzuweisen ist aber darauf, dass § 35 SGB II zum 1.8.2016 aufgehoben worden ist. Ob dies für das Recht des SGB II Folgen für die Vererblichkeit von Leistungen hat, bleibt abzuwarten.[12]

Hinzuweisen ist an dieser Stelle auf **§ 19 Abs. 6 SGB XII**. Der Anspruch der Berechtigten auf Leistungen für Einrichtungen oder auf Pflegegeld steht, soweit die Leistung den Berechtigten erbracht worden wäre, nach ihrem Tode demjenigen zu, der die Leistung erbracht oder die Pflege geleistet hat. Um Vererbung geht es hier indes nicht, vielmehr wird insoweit ein **eigenständiger Erstattungsanspruch** begründet.[13] „Pflegegeld" im Sinne des § 19 Abs. 6 SGB XII ist nur das Pflegegeld nach § 64a Abs. 1 S. 2 SGB XII.[14]

2. Feststellung eines Grades der Behinderung. Problematisch ist, ob Ansprüche auf Feststellung eines Grades der Behinderung (GdB) vererblich sind. Der GdB wird zwischen 20 und 100 festgestellt. **Schwerbehindert** ist ein Mensch ab einem GdB von 50. Im Normalfall tritt erst ab diesem GdB gemäß § 33b Abs. 2 Nr. 1 des Einkommensteuergesetzes auch eine **Steuererleichterung** ein. Neben besserem Kündigungsschutz[15] sind damit auch **fünf zusätzliche Urlaubstage im Jahr** verbunden.[16] Daneben sehen etwa die §§ 37, 236a SGB VI für schwerbehinderte Menschen die Möglichkeit vor, **vorzeitig oder auch abschlagsfrei in Rente** zu gehen.

Für den Rechtsnachfolger kann sich folgendes Problem stellen: Der Berechtigte stellt mit Vollendung seines 65. Lebensjahres einen Antrag auf Gewährung einer Altersrente für schwerbehinderte Menschen gemäß § 37 SGB VI. Voraussetzung hierfür ist nach § 37 S. 1 Nr. 2 SGB VI ua, dass er bei Beginn der Altersrente als schwerbehinderter Mensch (§ 2 Abs. 2 SGB IX) anerkannt

---

11 Urt. v. 6.2.2008 – S 125 AS 6462/07, S 95 AS 6462/07, juris.
12 Hauck/Noftz/von Koppenfels-Spies K SGB I § 59 Rn. 13.
13 Jahn/Klose SGB I/Klose SGB I § 58 Rn. 8; vgl. zu § 19 Abs. 6 SGB XII auch BSG Urt. v. 8.3.2017 – B 8 SO 20/15 R, juris.
14 Vgl. BSG Urt. v. 11.9.2020 – B 8 SO 8/19 R SGb 2021, 520.
15 §§ 168 ff. SGB IX.
16 § 208 SGB IX.

ist. Zur Anerkennung bedarf es regelmäßig eines feststellenden Bescheides (§ 152 SGB IX).[17] Ist die Schwerbehinderteneigenschaft nicht anerkannt, wird der Rentenversicherungsträger den Rentenantrag ablehnen. Läuft ein Verfahren zur Feststellung des GdB, werden Rentenantragsteller und Rentenversicherungsträger das Verfahren sinnvollerweise bis zum Abschluss des GdB-Feststellungsverfahrens zum Ruhen bringen.

14 Stirbt der Rentenantragsteller während des Renten- und GdB-Feststellungsverfahrens, stellt sich die Frage, ob Rechtsnachfolger den Rentenanspruch weiterverfolgen können. Da es sich bei diesem um eine laufende Geldleistung handelt, ist er ohne Weiteres sogar sonderrechtsnachfolgefähig. Problem ist, dass ohne Feststellung eines GdB von 50 bei dem mittlerweile verstorbenen Rentenantragsteller das Rentenverfahren kaum einen günstigen Ausgang haben wird. Können also die Rechtsnachfolger auch die rückwirkende Feststellung eines GdB von 50 bei dem verstorbenen Rentenantragsteller geltend machen?

15 Bei dem **Anspruch auf Feststellung eines GdB geht es nicht um Sozialleistungen iSd § 11 SGB I**.[18] Da die §§ 56 bis 59 SGB I nur für Sozialleistungen gelten, sind diesen Vorschriften also unmittelbar keine Regelungen zur (Sonder-)Rechtsnachfolgefähigkeit eines Anspruchs auf Feststellung eines GdB zu entnehmen. Namentlich ist § 59 S. 1 SGB I nicht anwendbar, weil es sich bei dem Anspruch auf Feststellung eines GdB nicht um einen Anspruch auf eine Dienst- oder Sachleistung handelt.

16 Ungeachtet der demnach fehlenden ausdrücklichen gesetzlichen Regelungen ist mit der hM davon auszugehen, dass ein **Anspruch auf Feststellung eines GdB nicht auf Erben oder sonstige Rechtsnachfolger übergehen** kann.[19] Der Anspruch auf Feststellung eines GdB ist nicht, insbesondere **nicht nach § 1922 BGB vererblich**. Denn nach § 1922 BGB geht das „Vermögen" auf die Erben über. Der Anspruch auf Feststellung eines GdB gehört aber nicht zum Vermögen. Die Feststellung betrifft einen Status des Behinderten, der mit seiner persönlichen Existenz verbunden ist und mit seinem Tod endet. Der auch den Regelungen der §§ 56 f. SGB I zugrunde liegende Grundsatz der Unvererblichkeit höchstpersönlicher Rechte gilt gleichermaßen für das Privatrecht wie für das öffentliche Recht. Während regelmäßig vermögensbezogene Rechte und Rechtslagen als vererblich anzusehen sind, sind nichtvermögenswerte Rechte jedenfalls dann unvererblich, wenn sie eng und ausschließlich mit der individuellen Person des Erblassers verknüpft sind. Ob ein Anspruch höchstpersönlich ist, bestimmt sich nach Inhalt und Zweck des zugrunde liegenden Gesetzes. Der Anspruch auf Feststellung eines GdB gleich welcher Höhe ist aber ein **höchstpersönliches Recht** in diesem Sinne.

17 Daneben spricht gegen die Fortsetzung des Feststellungsverfahrens nach dem SchwbG wie auch nach dem SGB IX, dass dieses Recht im Gegensatz zu anderen Sozialleistungsbereichen „final" ausgerichtet ist. Das SchwbG bezweckt, wie schon die Gesetzesüberschrift verdeutlicht, die „Sicherung der Eingliederung Schwerbehinderter in Arbeit, Beruf und Gesellschaft". Das SGB IX bezweckt nach seinem § 1 S. 1 zugunsten der behinderten Menschen die Förderung der Selbstbestimmung und gleichberechtigten Teilhabe am Leben in der Gesellschaft sowie die Vermeidung oder dem Entgegenwirken von Benachteiligungen. Der Zweck dieser Gesetze ist mit dem Tode des Behinderten entweder erfüllt oder er lässt sich nicht mehr erreichen. Einzelne finanzielle Auswirkungen der Schwerbehinderteneigenschaft können nur noch Dritten zugutekommen. Inwieweit das rechtlich möglich ist, hängt von der jeweiligen Vergünstigung im Einzelfall ab.

---

17 Kreikebohm/Roßbach/Dankelmann SGB VI § 37 Rn. 5.

18 So ausdrücklich, wenn auch in anderem Zusammenhang, BSG Urt. v. 7.4.2011 – B 9 SB 3/10 R, SozR 4-3250 § 69 Nr. 13; nunmehr auch ausdrücklich für die Feststellung der Schwerbehinderteneigenschaft BSG Beschl. v. 18.4.2016 – B 9 SB 93/15 B, juris.

19 Vgl. LSG Nds-Brem Urt. v. 19.11.2015 – L 10 SB 1/13; nachfolgend BSG Beschl. v. 18.4.2016 – B 9 SB 93/15 B; LSG Bln-Bbg Urt. v. 17.1.2013 – L 11 SB 99/11 ZVW, alle bei juris; LSG BW Breith 2009, 1027; GK-SGB I/von Maydell SGB I § 59 Rn. 5; für das Merkzeichen „H" (Hilflosigkeit) auch BSG BSGE 66, 120; aA SG Speyer Urt. v. 16.1.2012 – S 5 SB 563/08, juris.

Die Folge der hier vertretenen Rechtsansicht ist, **dass zusammen mit dem Anspruch auf Feststellung eines GdB von 50 letztlich auch der Rentenanspruch nach § 37 SGB VI „untergeht"**. Anders kann der Fall im Übrigen liegen, wenn das Gesetz – wie etwa in § 236a Abs. 4 1. Teilsatz SGB VI nicht auf die (förmliche) Anerkennung der Schwerbehinderteneigenschaft abstellt, sondern darauf, ob der Rentenantragsteller schwerbehindert „war". Hierzu weist das LSG Berlin-Brandenburg darauf hin, dass es der förmlichen Feststellung der Schwerbehinderteneigenschaft nicht bedarf, der Nachweis derselben also durch den Rechtsnachfolger gegenüber dem Rentenversicherungsträger auch ohne Feststellungsbescheid geführt werden kann.[20] In der Praxis wird dies aber ausgesprochen schwierig sein.

III. S. 2

Nach § 59 S. 2 SGB I erlöschen Ansprüche auf Geldleistungen, wenn sie im Zeitpunkt des Todes des Berechtigten weder festgestellt sind noch ein Verwaltungsverfahren über sie anhängig ist.

1. Ansprüche auf Geldleistungen. S. 2 gilt für Geldleistungen und unterscheidet dabei – anders als die §§ 56 und 58 SGB I – nicht zwischen laufenden und einmaligen Geldleistungen. Geldleistungen können auch „mutierte" Sachleistungen sein (zum Kostenerstattungsanspruch nach § 13 Abs. 3 SGB V → SGB I § 56 Rn. 16). Beispielsweise handelt es sich bei der Heimpflege nach § 35 Abs. 6 BVG um eine „generalisierte Sachleistung". Wegen rechtswidriger Ablehnung von Heimpflege verauslagte Aufwendungen sind aber – entsprechend § 18 Abs. 3 und 4 BVG – zu erstatten. Derartige Erstattungsansprüche sind auf Geldleistungen gerichtet, für die § 59 S. 2 SGB I und nicht S. 1 gilt.[21]

Nicht übermäßig praxisrelevant, aber doch streitig ist, was mit Geldleistungsansprüchen geschieht, die – weil sie im Zeitpunkt des Todes des Berechtigten festgestellt sind oder ein Verwaltungsverfahren über sie anhängig ist – dem Wortlaut nach § 59 S. 2 SGB I nicht erlöschen, aber **nicht fällig** sind, so dass eine Rechtsnachfolge nach den §§ 56 und 58 SGB I, die beide auf die Fälligkeit abstellen, nicht in Betracht kommt. Allerdings sind Rentenansprüche, über die (nur) ein Verwaltungsverfahren anhängig ist,[22] kein passendes Beispiel. Denn die allermeisten Rentenansprüche sind Pflichtleistungen, so dass sie gemäß § 40 Abs. 1, § 41 SGB I entstehen und fällig sind, sobald ihre im Gesetz oder aufgrund eines Gesetzes bestimmten Voraussetzungen vorliegen. Ist ein Rentenantrag also gestellt worden und liegen die Voraussetzungen für die Rentenbewilligung vor, bedarf es nicht etwa einer Bewilligungsentscheidung des Rentenversicherungsträgers, um Fälligkeit bejahen zu können.

Denkbare Fälle sind dagegen solche, in denen ein Geldleistungsanspruch etwa wegen Bedingung, Auflage oder Stundung erst nach dem Tod des Leistungsberechtigten fällig wird.[23] Liegt ausnahmsweise ein solcher Fall vor, in dem ein **entstandener Anspruch nach dem Tod des Leistungsberechtigten fällig wird**, ist unklar, was mit ihm zu geschehen hat. Dabei stellen sich genau genommen zwei Fragen: Erstens, ob ein solcher Anspruch nach dem Tod des Berechtigten fortbesteht und – nur wenn dies der Fall ist – zweitens, ob ein solcher Anspruch auf einen Rechtsnachfolger übergehen kann. Die erste Frage ist zu bejahen, wenn der Anspruch nicht nach § 59 S. 2 SGB I erloschen ist. Die zweite Frage ist wie folgt zu beantworten: Da die §§ 56 und 58 SGB I jeweils eindeutig Fälligkeit für die Sonderrechtsnachfolge und die Vererbung voraussetzen, sind sie nach hiesiger Einschätzung jeweils nicht anzuwenden.[24] Allerdings tritt eine **Rechtsnachfolge unmittelbar nach den erbrechtlichen Vorschriften des BGB** ein.[25] Würde man dagegen annehmen, eine Rechtsnachfolge trete nicht ein, würde der nicht fällige Geldleistungs-

---

20 Urt. v. 17.1.2013 – L 11 SB 99/11 ZVW, juris.
21 BSG BSGE 92, 42.
22 Vgl. Mrozynski SGB I § 59 Rn. 7.
23 Vgl. Lilge/Gutzler/Lilge SGB I § 59 Rn. 4 f.

24 AA Hauck/Noftz/Lebich K SGB I § 59 Rn. 6, der eine entsprechende Anwendung von § 58 vorschlägt.
25 Lilge/Gutzler/Lilge SGB I § 59 Rn. 5.

anspruch fortbestehen, ohne dass zugleich eine Rechtsnachfolge eintritt.[26] Der Sinn würde allein darin bestehen, dass an dem Anspruch Rechte Dritter iSd §§ 53 ff. SGB I bestehen können.[27]

23 **2. Festgestellte Ansprüche.** Festgestellt sind Ansprüche dann, wenn über sie durch **Verwaltungsakt** (§ 31 SGB X) positiv entschieden worden ist, wobei es insoweit ausreicht, dass eine Bewilligung dem Grunde nach vorliegt.[28] Entsprechendes gilt für Ansprüche, die durch **öffentlichrechtlichen Vertrag** (§§ 53 ff. SGB X) dem Grunde nach zuerkannt worden sind. Von Bewilligungsentscheidungen dem Grunde nach sind im Übrigen Bewilligungen in einer bestimmten Höhe zu unterscheiden. In diesen Fällen sind Ansprüche nur im Umfang der Bewilligungsentscheidung festgestellt. Ob Ansprüche in höherem Umfang mit dem Tod des Berechtigten erlöschen, hängt davon ab, ob über sie ein Verwaltungsverfahren anhängig ist. Die gebräuchlichen Formulierungen, das Verwaltungsverfahren müsse durch Verwaltungsakt „abgeschlossen"[29] oder über den Anspruch müsse „wirksam entschieden"[30] worden sein, sind im Übrigen schief, weil sie ihrem Wortlaut nach auch Ablehnungsentscheidungen umfassen. Ein Anspruch, der (nur) iSd § 34 SGB X **zugesichert** worden ist, ist **nicht festgestellt**. In diesen Fällen wird aber meistens ein Verwaltungsverfahren anhängig sein.[31] Zum Begriff des Verwaltungsverfahrens vgl. **§ 8 SGB X**, nach dessen Legaldefinition das Verwaltungsverfahren im Sinne dieses Gesetzbuches die nach außen wirkende Tätigkeit der Behörden ist, die auf die Prüfung der Voraussetzungen, die Vorbereitung und den Erlass eines Verwaltungsaktes oder auf den Abschluss eines öffentlich-rechtlichen Vertrages gerichtet ist; es schließt den Erlass des Verwaltungsaktes oder den Abschluss des öffentlich-rechtlichen Vertrages ein.

24 **3. Verwaltungsverfahren ist anhängig. a) Allgemeines.** Liegt keine Feststellung vor, erlischt der Anspruch auf Geldleistungen nicht, falls ein Verwaltungsverfahren über ihn anhängig ist. Wann dies der Fall ist, ist anhand des § 18 SGB X zu beantworten, wonach ein Verwaltungsverfahren beginnt, wenn der erforderliche **Antrag zu Lebzeiten gestellt wurde oder der Leistungsträger zu Lebzeiten das Verfahren zur Feststellung des Anspruchs von Amts wegen eingeleitet hat.**[32] Ein Antrag muss entsprechend § 130 BGB dem zuständigen Leistungsträger oder einer der in § 16 Abs. 1 S. 2 SGB I genannten Stellen[33] zugegangen sein. Verstirbt der Berechtigte zwischen Antragsaufgabe und Zugang, ist § 130 Abs. 2 BGB entsprechend anzuwenden, nach dem es auf die Wirksamkeit der Willenserklärung ohne Einfluss ist, wenn der Erklärende nach der Abgabe stirbt oder geschäftsunfähig wird.[34]

25 Ist der Antrag des Berechtigten noch von diesem gestellt, das Verfahren aber noch nicht abgeschlossen worden, tritt der Rechtsnachfolger in dessen Rechtsposition ein. Das Verwaltungsverfahren wird entsprechend § 239 ZPO bis zur Aufnahme durch den Rechtsnachfolger unterbrochen, es sei denn der Berechtigte hat sich schon bei Stellung des Antrags nach § 13 SGB X vertreten lassen. In diesem Fall findet eine Unterbrechung nach § 246 Abs. 1 ZPO analog nicht statt, weil die Vollmacht durch den Tod des Erblassers nicht erlischt (§ 13 Abs. 2 SGB X). Entsprechendes gilt in den weiteren Verfahrensstadien – also nach Erlass des Bescheides, nach Erlass des Widerspruchsbescheides, nach Erlass des sozialgerichtlichen Urteils usw. Jeweils tritt der Rechtsnachfolger in die Verfahrensposition des Berechtigten ein. **Nicht mehr anhängig ist das Verwaltungsverfahren** grundsätzlich erst dann, wenn der jeweilige Bescheid bestands- oder

---

26 Mrozynski SGB I § 59 Rn. 7; noch weitergehend Jahn/Klose SGB I/Klose SGB I § 59 Rn. 22b, nach dem die nicht fälligen Ansprüche erlöschen.
27 Lilge/Gutzler/Lilge SGB I § 59 Rn. 6.
28 KassKomm/Siefert SGB I § 59 Rn. 8; Lilge/Gutzler/Lilge SGB I § 59 Rn. 10.
29 Lilge/Gutzler/Lilge SGB I § 59 Rn. 10.
30 KassKomm/Siefert SGB I § 59 Rn. 8.
31 KassKomm/Siefert SGB I § 59 Rn. 8; Hauck/Noftz/von Koppenfels-Spies K SGB I § 59 Rn. 11;
Lilge/Gutzler/Lilge SGB I § 59 Rn. 11; Krauskopf/Baier SGB I § 59 Rn. 7; aA Jahn/Klose SGB I/Klose SGB I § 59 Rn. 18a.
32 Lilge/Gutzler/Lilge SGB I § 59 Rn. 12.
33 GK-SGB I/von Maydell SGB I § 59 Rn. 8.
34 BeckOK/Gutzler SGB I § 59 Rn. 6; aA GK-SGB I/von Maydell SGB I § 59 Rn. 8; Jahn/Klose SGB I/Klose SGB I § 59 Rn. 14.

die diesen bestätigende gerichtliche Entscheidung rechtskräftig geworden ist (zur Ausnahme im Zugunstenverfahren → Rn. 29 ff.).[35]

Im Fall der Alternative der Verfahrenseinleitung **von Amts wegen** genügt es, wenn der Anspruch nur **intern bearbeitet** worden ist.[36] In der gesetzlichen Unfallversicherung, in der Leistungen grundsätzlich von Amts wegen erbracht werden (§ 19 Satz 2 SGB IV), wird ein Verwaltungsverfahren bereits „anhängig", sobald dem Unfallversicherungsträger durch Versicherte und Hinterbliebene, Unternehmer (§ 193 SGB VII), Ärzte oder auf andere Weise potentiell leistungsrelevante Umstände bekannt werden.[37] Ist iSd § 59 S. 2 SGB I im Zeitpunkt des Todes des Versicherten kein Verwaltungsverfahren über die ihm zustehenden Geldleistungen anhängig gewesen, kann der Rechtsnachfolger nach Auffassung des 8. Senats des BSG einen Anspruch darauf haben, so gestellt zu werden, als sei ein solches anhängig gewesen.[38] Dieser Anspruch soll sich aus dem Gesichtspunkt des sogenannten **sozialrechtlichen Herstellungsanspruchs** ergeben. Dieser setzt voraus, dass der Sozialleistungsträger eine gesetzliche oder aus einem bestehenden Sozialrechtsverhältnis resultierende Verpflichtung objektiv rechtswidrig verletzt hat, die ihm gerade gegenüber dem Betroffenen – hier gegenüber dem Rechtsnachfolger – oblag. Die Pflichtverletzung muss als nicht hinwegdenkbare Bedingung – zumindest gleichwertig neben anderen Bedingungen – ursächlich einen Nachteil des Betroffenen bewirkt haben. Die verletzte Pflicht muss darauf gerichtet sein, den Betroffenen gerade vor den eingetretenen Nachteilen zu bewahren. Die Nachteile müssen durch eine zulässige Amtshandlung beseitigt werden können. Im Einzelnen ist die so konstruierte Anhängigkeit eines Verwaltungsverfahrens **problematisch**. Namentlich ist die Feststellung schwierig, dass die aus dem Sozialrechtsverhältnis resultierende Verpflichtung tatsächlich gerade auch gegenüber dem Rechtsnachfolger (und nicht – näherliegend – gegenüber dem Verstorbenen) bestand. Demgemäß sind die LSG Nordrhein-Westfalen[39] und Baden-Württemberg[40] der Fiktion des tatsächlich nicht anhängigen Verwaltungsverfahrens zum Zeitpunkt des Todes des Versicherten durch sozialrechtlichen Herstellungsanspruch mit überzeugenden Gründen und unter Bezugnahme auf eine Entscheidung des BSG vom 25.10.1984[41] entgegen getreten. Auch das LSG Niedersachsen-Bremen äußert Bedenken gegen die genannte Rechtsprechung des 8. Senats.[42] In einer jüngeren Entscheidung ist der 2. Senat des BSG wohl von der Möglichkeit ausgegangen, dass der Betroffene im Wege des sozialrechtlichen Herstellungsanspruchs so zu stellen sein kann, als ob ein Verwaltungsverfahren über die Ansprüche des Versicherten im Zeitpunkt seines Todes anhängig gewesen wäre.[43] Das BSG hat dies im Ergebnis aufgrund der besonderen Umstände des Einzelfalles verneint, weil nicht die Pflichtverletzungen der Behörde kausal für das fehlende anhängige Verwaltungsverfahren waren, sondern das Verhalten des verstorbenen Versicherten selbst.

Ist **kein Antrag zu Lebzeiten gestellt** worden oder der **Leistungsträger zu Lebzeiten nicht von Amts wegen tätig** geworden, **erlischt der Anspruch**. Namentlich kann der Antrag vom Rechtsnachfolger nicht mehr nachgeholt werden. Hierin liegt kein Verstoß gegen Art. 3 Abs. 1 und 14 GG.[44] Allerdings soll nach dem LSG Baden-Württemberg § 59 S. 2 SGB I dann nicht gelten, wenn ein Kostenerstattungsanspruch nach § 13 Abs. 2 SGB V in Rede steht.[45] Das LSG gelangt zu diesem Ergebnis im Wege der teleologischen Reduktion des § 59 S. 2 SGB I. Eine andere Betrachtungsweise hätte zur Konsequenz, dass im Erbfall zwar die Zahlungsverpflichtungen des Erblassers aus den von ihm geschlossenen Behandlungsverträgen im Wege der Gesamtrechts-

---

35 Lilge/Gutzler/Lilge SGB I § 59 Rn. 13.
36 KassKomm/Siefert SGB I § 59 Rn. 9; Lilge/Gutzler/Lilge SGB I § 59 Rn. 12.
37 BSG Urt. v. 28.6.2022 – B 2 U 16/20 R, juris.
38 Eingehend BSG BSGE 83, 30.
39 Urt. v. 3.12.2008 – L 17 U 46/08, juris.
40 Urt. v. 19.3.2013 – L 9 R 4622/11, juris; wie schon das LSG NRW in der genannten Entscheidung vom 3.12.2008 hat auch das LSG BW die Revision zugelassen, die indes jeweils nicht eingelegt worden ist.
41 11 RA 18/84 – BSGE 57, 215.
42 Urt. v. 26.2.2016 – L 14 R 779/15, juris.
43 BSG NZS 2021, 391 mAnm Lau.
44 BVerfG BVerfGE 19, 202 – für einen nicht zu Lebzeiten des Versicherten geltend gemachten Rentenanspruch; jetzt auch BSG NZS 2021, 391 mAnm Lau.
45 Urt. v. 8.11.2022 – L 11 KR 1645/20, juris.

nachfolge auf die Erben übergehen, dagegen die Erstattungsansprüche des Erblassers und (vormaligen) Versicherten nach § 13 Abs. 2 SGB V gegen seine Krankenkasse mit dem Erbfall erlöschen.[46]

28 **b) Überprüfungsverfahren nach § 44 SGB X.** Ein Verwaltungsverfahren bleibt grundsätzlich **so lange anhängig, bis eine bestandskräftige Entscheidung über den Leistungsanspruch ergangen ist**.[47] Eine bedeutende **Ausnahme** von diesem Grundsatz liegt im Verwaltungsverfahrensrecht begründet und soll nachfolgend erläutert werden.

29 Ist über einen Leistungsanspruch ganz oder teilweise abschlägig entschieden worden, besteht für den Anspruchsberechtigten auch nach Eintritt der Bestandskraft der maßgeblichen Entscheidung die Möglichkeit, im sogenannten „Zugunstenverfahren" eine Überprüfung der bestandskräftigen Entscheidung zu erwirken. Geregelt ist diese Möglichkeit in § 44 SGB X. Nach § 44 Abs. 1 S. 1 SGB X ist, soweit sich im Einzelfall ergibt, dass bei Erlass eines Verwaltungsaktes das Recht unrichtig angewandt oder von einem Sachverhalt ausgegangen worden ist, der sich als unrichtig erweist, und soweit deshalb Sozialleistungen zu Unrecht nicht erbracht oder Beiträge zu Unrecht erhoben worden sind, der Verwaltungsakt, auch nachdem er unanfechtbar geworden ist, mit Wirkung für die Vergangenheit zurückzunehmen. Da der Anspruchsberechtigte mit der (reinen) Rücknahme der rechtswidrigen Entscheidung in Leistungsfällen nichts gewonnen hat, trifft § 44 Abs. 4 SGB X ergänzend folgende Regelung: Ist ein Verwaltungsakt mit Wirkung für die Vergangenheit zurückgenommen worden, werden Sozialleistungen nach den Vorschriften der besonderen Teile dieses Gesetzbuches längstens für einen Zeitraum bis zu vier Jahren vor der Rücknahme erbracht (S. 1). Dabei wird der Zeitpunkt der Rücknahme von Beginn des Jahres an gerechnet, in dem der Verwaltungsakt zurückgenommen wird (S. 2). Erfolgt die Rücknahme auf Antrag, tritt bei der Berechnung des Zeitraumes, für den rückwirkend Leistungen zu erbringen sind, anstelle der Rücknahme der Antrag (S. 3).

30 Beispiel: R wird durch den zuständigen Rentenversicherungsträger mit bestandskräftigem Bescheid vom 1.6.2004 eine Rente gewährt. Stellt er nun am 1.6.2012 einen Überprüfungsantrag mit dem Ziel, eine höhere Rente zu erhalten, wird ihm – bei Erfolg seines Antrags – die höhere Rente rückwirkend für die Zeit ab dem 1.1.2008 erbracht. Im Bereich der **Grundsicherung für Arbeitsuchende** ist im Übrigen die Sonderregelung des § 40 Abs. 1 S. 2 SGB II zu beachten, der die Aufhebung rechtswidriger nicht begünstigender Verwaltungsakte auf vier Jahre nach Ablauf des Jahres, in dem der Verwaltungsakt erlassen worden ist (Nr. 1) und die rückwirkende Leistungserbringung auf ein Jahr (Nr. 2) begrenzt. Im entsprechend abgewandelten Beispielsfall würden die höheren Grundsicherungsleistungen (erst) ab dem 1.1.2011 gewährt. Hat R im Beispielsfall keinen Überprüfungsantrag gestellt, müsste der Anspruch auf die höhere Rentenleistung nach § 59 S. 2 SGB I normalerweise erlöschen, wenn R verstirbt. Denn der höhere Rentenanspruch ist nicht festgestellt; es ist, da der Rentenbescheid bestandskräftig ist, aber auch kein Verwaltungsverfahren über den höheren Rentenanspruch anhängig.

31 Das BSG erweitert die Möglichkeiten **zumindest des Sonderrechtsnachfolgers**, eine negative Entscheidung gegenüber dem verstorbenen Berechtigten nachträglich und trotz Bestandskraft zu korrigieren. Nach der Rechtsprechung des BSG ist ein Verwaltungsverfahren iS von § 59 S. 2 SGB I „im Zeitpunkt des Todes des Berechtigten" nämlich auch dann „anhängig", wenn es zwar erst später eingeleitet wird, aber die daraufhin – gegebenenfalls nach Anrufung der Gerichte – ergehende nicht (mehr) anfechtbare Verwaltungsentscheidung ihre verfahrensrechtlichen Wirkungen kraft Gesetzes auf den Zeitpunkt des Todes des Berechtigten zurückbezieht.[48] Ergebe die Prüfung im Verfahren nach § 44 Abs. 1 S. 1 SGB X, dass der nicht (voll) begünstigende Verwaltungsakt tatsächlich unrichtig gewesen ist und Leistungen deshalb zu Unrecht

---

46 Revision hiergegen anhängig unter B 1 KR 39/22 R.
47 Lilge/Gutzler/Lilge SGB I § 59 Rn. 13.
48 BSG BSGE 55, 220.

nicht erbracht worden sind, so sei dieser Verwaltungsakt, nach der ausdrücklichen Bestimmung in S. 1, „mit Wirkung für die Vergangenheit zurückzunehmen". Diese gesetzliche Rückwirkung des Verwaltungsverfahrens nach § 44 Abs. 1 S. 1 SGB X sei iSd § 59 S. 2 SGB I der „Anhängigkeit" eines Verwaltungsverfahrens gleich zu erachten. Sie bedeute nämlich, dass der Versicherungsträger trotz formeller Unanfechtbarkeit des dem Versicherten erteilten Bescheids das ursprüngliche Leistungsfeststellungsverfahren mit dem Ziel und zu dem Zweck „wiederaufnehmen" und „fortsetzen" müsse, die Leistung nunmehr entsprechend dem überragenden Prinzip der Gesetzmäßigkeit und der materiellen Gerechtigkeit allen Verwaltungshandelns in gesetzlich zustehender Höhe festzustellen.[49]

Beispiel: R wird durch den zuständigen Rentenversicherungsträger mit bestandskräftigem Bescheid vom 1.6.2004 eine Rente gewährt. Er stirbt im April 2012. Stellt der Sonderrechtsnachfolger noch im Kalenderjahr 2012 einen Überprüfungsantrag mit dem Ziel, eine höhere Rente zu erhalten, wird ihm – bei Erfolg seines Antrags – die höhere Rente rückwirkend für die Zeit ab dem 1.1.2008 bis zum Ablauf des Sterbemonats des R erbracht. **32**

Zu beachten ist, dass das BSG in der zitierten Entscheidung offengelassen hat, ob anderes dann angenommen werden könnte, wenn in Bezug auf die (angeblich) zu Unrecht nicht oder zu gering festgestellte Sozialleistung eine ausschließlich vermögens- und erbrechtlich zu beurteilende Rechtsnachfolge (vgl. § 58 SGB I) in Frage käme. Für den Familienangehörigen des verstorbenen Sozialleistungsberechtigten iS von § 56 Abs. 1 SGB I jedenfalls, der mit diesem zur Zeit seines Todes in einem gemeinsamen Haushalt gelebt hat oder von ihm wesentlich unterhalten worden ist, könne dies nicht gelten. Als schon zu Lebzeiten des Versicherten vom rechtswidrigen Leistungsbescheid „mitbetroffen" seien diese Sonderrechtsnachfolger im Übrigen auch legitimiert, das „Wiederaufnahme- und Fortsetzungsverfahren" nach § 44 Abs. 1 S. 1 SGB X zu beantragen; ihr Antrag müsse daher die gleichen verfahrensrechtlichen Wirkungen haben, wie sie ein entsprechender Antrag des Berechtigten selbst hätte.[50] Der 2. Senat des BSG geht zwar mittlerweile davon aus, dass auch Erben, die nicht Sonderrechtsnachfolger sind, einen Antrag nach § 44 Abs. 1 S. 1 SGB X stellen und so erreichen können, dass im Sinne des § 59 S. 2 SGB I ein Verwaltungsverfahren anhängig war.[51] Diese Rechtsprechung ist aber umstritten.[52] Zu der freilich besonderen Frage, ob der Erbe eines Rechtsnachfolgers (Erbeserbe) legitimiert ist, ein Überprüfungsverfahren nach § 44 Abs. 1 S. 1 SGB X zu initiieren, hat das SG Lübeck die Sprungrevision zugelassen.[53] **33**

Jedenfalls der Sonderrechtsnachfolger kann also auch nach dem Tod des Leistungsberechtigten einen Überprüfungsantrag nach § 44 Abs. 1 S. 1 SGB X stellen und damit erreichen, dass zu Lebzeiten des Leistungsberechtigten ein Verwaltungsverfahren iSd § 59 S. 2 SGB I anhängig war. Die Verwaltung hat aber schon eine Rücknahmeentscheidung nach § 44 Abs. 1 SGB X nicht mehr zu treffen, wenn die rechtsverbindliche, grundsätzlich zurückzunehmende Entscheidung ausschließlich Leistungen für Zeiten betrifft, die außerhalb der durch den Rücknahmeantrag bestimmten Verfallsfrist von regelmäßig vier Jahren liegen.[54] **34**

---

49 Vgl. aber auch BSG Urt. v. 25.10.1984 – 11 RA 18/84, BSGE 57, 215 für eine Rentenumwandlung nach § 31 Abs. 2 AVG; zur sehr speziellen Regelung des § 307a Abs. 8 SGB VI ThürLSG Breith 2005, 651; gegen letztgenannte Entscheidung LSG Bln-Bbg Urt. v. 27.2.2009 – L 4 R 346/06.
50 AA Jahn/Klose SGB I/Klose SGB I § 59 Rn. 21a; vgl. auch GK-SGB I/von Maydell SGB I § 59 Rn. 11.
51 BSG NZS 2017, 625 mAnm Kainz.
52 Gegen BSG etwa LSG S-H Urt. v. 10.11.2021 – L 5 KR 56/20, juris.
53 Urt. v. 14.7.2021 – S 18 R 367/18, juris; Revisionsverfahren anhängig unter B 5 R 48/21 R.
54 BSG Urt. v. 12.10.2016 – B 4 AS 37/15 R info also 2017, 137 (Kurzwiedergabe).

Sozialgesetzbuch (SGB)
Zweites Buch (II)
– Bürgergeld, Grundsicherung für Arbeitsuchende –

In der Fassung der Bekanntmachung vom 13. Mai 2011 (BGBl. I S. 850, ber. S. 2094)
(FNA 860-2)
zuletzt geändert durch Art. 1 Bürgergeld-G vom 16. Dezember 2022 (BGBl. I S. 2328)
– Auszug –

§ 11 SGB II   Zu berücksichtigendes Einkommen

(1) ¹Als Einkommen zu berücksichtigen sind Einnahmen in Geld abzüglich der nach § 11b abzusetzenden Beträge mit Ausnahme der in § 11a genannten Einnahmen sowie Einnahmen, die nach anderen Vorschriften des Bundesrechts nicht als Einkommen im Sinne dieses Buches zu berücksichtigen sind. ²Dies gilt auch für Einnahmen in Geldeswert, die im Rahmen einer Erwerbstätigkeit, des Bundesfreiwilligendienstes oder eines Jugendfreiwilligendienstes zufließen. ³Als Einkommen zu berücksichtigen sind auch Zuflüsse aus darlehensweise gewährten Sozialleistungen, soweit sie dem Lebensunterhalt dienen. ⁴Der Kinderzuschlag nach § 6a des Bundeskindergeldgesetzes ist als Einkommen dem jeweiligen Kind zuzurechnen. ⁵Dies gilt auch für das Kindergeld für zur Bedarfsgemeinschaft gehörende Kinder, soweit es bei dem jeweiligen Kind zur Sicherung des Lebensunterhalts, mit Ausnahme der Bedarfe nach § 28, benötigt wird.

(2) ¹Einnahmen sind für den Monat zu berücksichtigen, in dem sie zufließen. ²Dies gilt auch für Einnahmen, die an einzelnen Tagen eines Monats aufgrund von kurzzeitigen Beschäftigungsverhältnissen erzielt werden.

(3) Würde der Leistungsanspruch durch die Berücksichtigung einer als Nachzahlung zufließenden Einnahme, die nicht für den Monat des Zuflusses erbracht wird, in diesem Monat entfallen, so ist diese Einnahme auf einen Zeitraum von sechs Monaten gleichmäßig aufzuteilen und monatlich ab dem Monat des Zuflusses mit einem entsprechenden monatlichen Teilbetrag zu berücksichtigen.

§ 11a SGB II   Nicht zu berücksichtigendes Einkommen

(1) Nicht als Einkommen zu berücksichtigen sind
1. Leistungen nach diesem Buch,
2. die Grundrente nach dem Bundesversorgungsgesetz und nach den Gesetzen, die eine entsprechende Anwendung des Bundesversorgungsgesetzes vorsehen,
3. die Renten oder Beihilfen, die nach dem Bundesentschädigungsgesetz für Schaden an Leben sowie an Körper oder Gesundheit erbracht werden, bis zur Höhe der vergleichbaren Grundrente nach dem Bundesversorgungsgesetz,
4. Aufwandspauschalen nach § 1878 des Bürgerlichen Gesetzbuchs kalenderjährlich bis zu dem in § 3 Nummer 26 Satz 1 des Einkommensteuergesetzes genannten Betrag,
5. Aufwandsentschädigungen oder Einnahmen aus nebenberuflichen Tätigkeiten, die nach § 3 Nummer 12, Nummer 26 oder Nummer 26a des Einkommensteuergesetzes steuerfrei sind, soweit diese Einnahmen einen Betrag in Höhe von 3000 Euro im Kalenderjahr nicht überschreiten,
6. Mutterschaftsgeld nach § 19 des Mutterschutzgesetzes,
7. Erbschaften.

(2) Entschädigungen, die wegen eines Schadens, der kein Vermögensschaden ist, nach § 253 Absatz 2 des Bürgerlichen Gesetzbuchs geleistet werden, sind nicht als Einkommen zu berücksichtigen.

(3) ¹Leistungen, die aufgrund öffentlich-rechtlicher Vorschriften zu einem ausdrücklich genannten Zweck erbracht werden, sind nur so weit als Einkommen zu berücksichtigen, als die Leistungen nach diesem Buch im Einzelfall demselben Zweck dienen. ²Abweichend von Satz 1 sind als Einkommen zu berücksichtigen
1. die Leistungen nach § 39 des Achten Buches, die für den erzieherischen Einsatz erbracht werden,
   a) für das dritte Pflegekind zu 75 Prozent,
   b) für das vierte und jedes weitere Pflegekind vollständig,
2. die Leistungen nach § 23 des Achten Buches,
3. die Leistungen der Ausbildungsförderung nach dem Bundesausbildungsförderungsgesetz sowie vergleichbare Leistungen der Begabtenförderungswerke; § 14b Absatz 2 Satz 1 des Bundesausbildungsförderungsgesetzes bleibt unberührt,
4. die Berufsausbildungsbeihilfe nach dem Dritten Buch mit Ausnahme der Bedarfe nach § 64 Absatz 3 Satz 1 des Dritten Buches sowie
5. Reisekosten zur Teilhabe am Arbeitsleben nach § 127 Absatz 1 Satz 1 des Dritten Buches in Verbindung mit § 73 des Neunten Buches.

(4) Zuwendungen der freien Wohlfahrtspflege sind nicht als Einkommen zu berücksichtigen, soweit sie die Lage der Empfängerinnen und Empfänger nicht so günstig beeinflussen, dass daneben Leistungen nach diesem Buch nicht gerechtfertigt wären.

(5) Zuwendungen, die ein anderer erbringt, ohne hierzu eine rechtliche oder sittliche Pflicht zu haben, sind nicht als Einkommen zu berücksichtigen, soweit
1. ihre Berücksichtigung für die Leistungsberechtigten grob unbillig wäre oder
2. sie die Lage der Leistungsberechtigten nicht so günstig beeinflussen, dass daneben Leistungen nach diesem Buch nicht gerechtfertigt wären.

(6) Überbrückungsgeld nach § 51 des Strafvollzugsgesetzes oder vergleichbare Leistungen nach landesrechtlichen Regelungen sind nicht als Einkommen zu berücksichtigen.

§ 11b SGB II Absetzbeträge

(1) ¹Vom Einkommen abzusetzen sind
1. auf das Einkommen entrichtete Steuern,
2. Pflichtbeiträge zur Sozialversicherung einschließlich der Beiträge zur Arbeitsförderung,
3. Beiträge zu öffentlichen oder privaten Versicherungen oder ähnlichen Einrichtungen, soweit diese Beiträge gesetzlich vorgeschrieben oder nach Grund und Höhe angemessen sind; hierzu gehören Beiträge
   a) zur Vorsorge für den Fall der Krankheit und der Pflegebedürftigkeit für Personen, die in der gesetzlichen Krankenversicherung nicht versicherungspflichtig sind,
   b) zur Altersvorsorge von Personen, die von der Versicherungspflicht in der gesetzlichen Rentenversicherung befreit sind,
   soweit die Beiträge nicht nach § 26 bezuschusst werden,
4. geförderte Altersvorsorgebeiträge nach § 82 des Einkommensteuergesetzes, soweit sie den Mindesteigenbeitrag nach § 86 des Einkommensteuergesetzes nicht überschreiten,
5. die mit der Erzielung des Einkommens verbundenen notwendigen Ausgaben,
6. für Erwerbstätige ferner ein Betrag nach Absatz 3,

7. Aufwendungen zur Erfüllung gesetzlicher Unterhaltsverpflichtungen bis zu dem in einem Unterhaltstitel oder in einer notariell beurkundeten Unterhaltsvereinbarung festgelegten Betrag,
8. bei erwerbsfähigen Leistungsberechtigten, deren Einkommen nach dem Vierten Abschnitt des Bundesausbildungsförderungsgesetzes oder nach § 67 oder § 126 des Dritten Buches bei der Berechnung der Leistungen der Ausbildungsförderung für mindestens ein Kind berücksichtigt wird, der nach den Vorschriften der Ausbildungsförderung berücksichtigte Betrag.

²Bei der Verteilung einer einmaligen Einnahme nach § 11 Absatz 3 Satz 4 sind die auf die einmalige Einnahme im Zuflussmonat entfallenden Beträge nach den Nummern 1, 2, 5 und 6 vorweg abzusetzen.

(2) ¹Bei erwerbsfähigen Leistungsberechtigten, die erwerbstätig sind, ist anstelle der Beträge nach Absatz 1 Satz 1 Nummer 3 bis 5 ein Betrag von insgesamt 100 Euro monatlich von dem Einkommen aus Erwerbstätigkeit abzusetzen. ²Beträgt das monatliche Einkommen aus Erwerbstätigkeit mehr als 400 Euro, gilt Satz 1 nicht, wenn die oder der erwerbsfähige Leistungsberechtigte nachweist, dass die Summe der Beträge nach Absatz 1 Satz 1 Nummer 3 bis 5 den Betrag von 100 Euro übersteigt.

(2a) § 82a des Zwölften Buches gilt entsprechend.

(2b) ¹Abweichend von Absatz 2 Satz 1 ist anstelle der Beträge nach Absatz 1 Satz 1 Nummer 3 bis 5 der Betrag nach § 8 Absatz 1a des Vierten Buches von dem Einkommen aus Erwerbstätigkeit abzusetzen bei erwerbsfähigen Leistungsberechtigten, die das 25. Lebensjahr noch nicht vollendet haben und die

1. eine nach dem Bundesausbildungsförderungsgesetz dem Grunde nach förderungsfähige Ausbildung durchführen,
2. eine nach § 57 Absatz 1 des Dritten Buches dem Grunde nach förderungsfähige Ausbildung, eine nach § 51 des Dritten Buches dem Grunde nach förderungsfähige berufsvorbereitende Bildungsmaßnahme oder eine nach § 54a des Dritten Buches geförderte Einstiegsqualifizierung durchführen,
3. einem Freiwilligendienst nach dem Bundesfreiwilligendienstgesetz oder dem Jugendfreiwilligendienstegesetz nachgehen oder
4. als Schülerinnen und Schüler allgemein- oder berufsbildender Schulen außerhalb der in § 11a Absatz 7 genannten Zeiten erwerbstätig sind; dies gilt nach dem Besuch allgemeinbildender Schulen auch bis zum Ablauf des dritten auf das Ende der Schulausbildung folgenden Monats.

²Sofern die unter Satz 1 Nummer 1 bis 4 genannten Personen die in § 11a Absatz 3 Satz 2 Nummer 3 bis 5 genannten Leistungen, Ausbildungsgeld nach dem Dritten Buch oder einen Unterhaltsbeitrag nach § 10 Absatz 2 des Aufstiegsfortbildungsförderungsgesetzes erhalten, ist von diesen Leistungen für die Absetzbeträge nach Absatz 1 Satz 1 Nummer 3 bis 5 ein Betrag in Höhe von mindestens 100 Euro abzusetzen, wenn die Absetzung nicht bereits nach Satz 1 oder nach Absatz 2 Satz 1 erfolgt ist. ³Satz 2 gilt auch für Leistungsberechtigte, die das 25. Lebensjahr vollendet haben.

(3) ¹Bei erwerbsfähigen Leistungsberechtigten, die erwerbstätig sind, ist von dem monatlichen Einkommen aus Erwerbstätigkeit ein weiterer Betrag abzusetzen. ²Dieser beläuft sich

1. für den Teil des monatlichen Erwerbseinkommens, der 100 Euro übersteigt und nicht mehr als 520 Euro beträgt, auf 20 Prozent,
2. für den Teil des monatlichen Erwerbseinkommens, der 520 Euro übersteigt und nicht mehr als 1 000 Euro beträgt, auf 30 Prozent und
3. für den Teil des monatlichen Erwerbseinkommens, der 1000 Euro übersteigt und nicht mehr als 1200 Euro beträgt, auf 10 Prozent.

³Anstelle des Betrages von 1200 Euro tritt für erwerbsfähige Leistungsberechtigte, die entweder mit mindestens einem minderjährigen Kind in Bedarfsgemeinschaft leben oder die mindestens ein minderjähriges Kind haben, ein Betrag von 1500 Euro. ⁴In den Fällen des Absatzes 2b ist Satz 2 Nummer 1 nicht anzuwenden.

§ 12 SGB II   Zu berücksichtigendes Vermögen

(1) ¹Alle verwertbaren Vermögensgegenstände sind vorbehaltlich des Satzes 2 als Vermögen zu berücksichtigen. ²Nicht zu berücksichtigen sind

1. angemessener Hausrat; für die Beurteilung der Angemessenheit sind die Lebensumstände während des Bezugs von Bürgergeld maßgebend,
2. ein angemessenes Kraftfahrzeug für jede in der Bedarfsgemeinschaft lebende erwerbsfähige Person; die Angemessenheit wird vermutet, wenn die Antragstellerin oder der Antragsteller dies im Antrag erklärt,
3. für die Altersvorsorge bestimmte Versicherungsverträge; zudem andere Formen der Altersvorsorge, wenn sie nach Bundesrecht ausdrücklich als Altersvorsorge gefördert werden,
4. weitere Vermögensgegenstände, die unabhängig von der Anlageform als für die Altersvorsorge bestimmt bezeichnet werden; hierbei ist für jedes angefangene Jahr einer hauptberuflich selbständigen Tätigkeit, in dem keine Beiträge an die gesetzliche Rentenversicherung, an eine öffentlich-rechtliche Versicherungseinrichtung oder an eine Versorgungseinrichtung einer Berufsgruppe entrichtet wurden, höchstens der Betrag nicht zu berücksichtigen, der sich ergibt, wenn der zum Zeitpunkt der Antragstellung geltende Beitragssatz zur allgemeinen Rentenversicherung nach § 158 des Sechsten Buches mit dem zuletzt festgestellten endgültigen Durchschnittsentgelt gemäß Anlage 1 des Sechsten Buches multipliziert und anschließend auf den nächsten durch 500 teilbaren Betrag aufgerundet wird,
5. ein selbst genutztes Hausgrundstück mit einer Wohnfläche von bis zu 140 Quadratmetern oder eine selbst genutzte Eigentumswohnung von bis zu 130 Quadratmetern; bewohnen mehr als vier Personen das Hausgrundstück beziehungsweise die Eigentumswohnung, erhöht sich die maßgebende Wohnfläche um jeweils 20 Quadratmeter für jede weitere Person; höhere Wohnflächen sind anzuerkennen, sofern die Berücksichtigung als Vermögen eine besondere Härte bedeuten würde,
6. Vermögen, solange es nachweislich zur baldigen Beschaffung oder Erhaltung eines Hausgrundstücks oder einer Eigentumswohnung von angemessener Größe bestimmt ist, und das Hausgrundstück oder die Eigentumswohnung Menschen mit Behinderungen oder pflegebedürftigen Menschen zu Wohnzwecken dient oder dienen soll und dieser Zweck durch den Einsatz oder die Verwertung des Vermögens gefährdet würde sowie
7. Sachen und Rechte, soweit ihre Verwertung für die betroffene Person eine besondere Härte bedeuten würde.

(2) ¹Von dem zu berücksichtigenden Vermögen ist für jede Person in der Bedarfsgemeinschaft ein Betrag in Höhe von 15 000 Euro abzusetzen. ²Übersteigt das Vermögen einer Person in der Bedarfsgemeinschaft den Betrag nach Satz 1, sind nicht ausgeschöpfte Freibeträge der anderen Personen in der Bedarfsgemeinschaft auf diese Person zu übertragen.

(3) ¹Für die Berücksichtigung von Vermögen gilt eine Karenzzeit von einem Jahr ab Beginn des Monats, für den erstmals Leistungen nach diesem Buch bezogen werden. ²Innerhalb dieser Karenzzeit wird Vermögen nur berücksichtigt, wenn es erheblich ist. ³Wird der Leistungsbezug in der Karenzzeit für mindestens einen Monat unterbrochen, verlängert sich die Karenzzeit um volle Monate ohne Leistungsbezug. ⁴Eine neue Karenzzeit beginnt, wenn zuvor mindestens drei Jahre keine Leistungen nach diesem oder dem Zwölften Buch bezogen worden sind.

(4) ¹Vermögen ist im Sinne von Absatz 3 Satz 2 erheblich, wenn es in der Summe 40 000 Euro für die leistungsberechtigte Person sowie 15 000 Euro für jede weitere mit dieser in Bedarfsgemeinschaft lebende Person übersteigt; Absatz 2 Satz 2 gilt entsprechend. ²Bei der Berechnung des erheblichen Vermögens ist ein selbst genutztes Hausgrundstück oder eine selbst genutzte Eigentumswohnung abweichend von Absatz 1 Satz 2 Nummer 5 nicht zu berücksichtigen. ³Es wird vermutet, dass kein erhebliches Vermögen vorhanden ist, wenn die Antragstellerin oder der Antragsteller dies im Antrag erklärt. ⁴Liegt erhebliches Vermögen vor, sind während der Karenzzeit Beträge nach Satz 1 an Stelle der Freibeträge nach Absatz 2 abzusetzen. ⁵Der Erklärung ist eine Selbstauskunft beizufügen; Nachweise zum vorhandenen Vermögen sind nur auf Aufforderung des Jobcenters vorzulegen.

(5) ¹Das Vermögen ist mit seinem Verkehrswert zu berücksichtigen. ²Für die Bewertung ist der Zeitpunkt maßgebend, in dem der Antrag auf Bewilligung oder erneute Bewilligung der Leistungen der Grundsicherung für Arbeitsuchende gestellt wird, bei späterem Erwerb von Vermögen der Zeitpunkt des Erwerbs.

(6) ¹Ist Bürgergeld unter Berücksichtigung des Einkommens nur für einen Monat zu erbringen, gilt keine Karenzzeit. ²Es wird vermutet, dass kein zu berücksichtigendes Vermögen vorhanden ist, wenn die Antragstellerin oder der Antragsteller dies im Antrag erklärt. ³Absatz 4 Satz 4 gilt entsprechend.

**Sozialgesetzbuch (SGB)
Zwölftes Buch (XII)
– Sozialhilfe –**

Vom 27. Dezember 2003 (BGBl. I S. 3022)
(FNA 860-12)
zuletzt geändert durch Art. 5 Bürgergeld-G vom 16. Dezember 2022 (BGBl. I S. 2328)
– Auszug –

§ 82 SGB XII Begriff des Einkommens

(1) ¹Zum Einkommen gehören alle Einkünfte in Geld oder Geldeswert. ²Nicht zum Einkommen gehören
1. Leistungen nach diesem Buch,
2. die Grundrente nach dem Bundesversorgungsgesetz und nach den Gesetzen, die eine entsprechende Anwendung des Bundesversorgungsgesetzes vorsehen,
3. Renten oder Beihilfen nach dem Bundesentschädigungsgesetz für Schaden an Leben sowie an Körper oder Gesundheit bis zur Höhe der vergleichbaren Grundrente nach dem Bundesversorgungsgesetz,
4. Aufwandsentschädigungen nach § 1835a des Bürgerlichen Gesetzbuchs kalenderjährlich bis zu dem in § 3 Nummer 26 Satz 1 des Einkommensteuergesetzes genannten Betrag,
5. Mutterschaftsgeld nach § 19 des Mutterschutzgesetzes,
6. Einnahmen von Schülerinnen und Schülern allgemein- oder berufsbildender Schulen, die das 25. Lebensjahr noch nicht vollendet haben, aus Erwerbstätigkeiten, die in den Schulferien ausgeübt werden; dies gilt nicht für Schülerinnen und Schüler, die einen Anspruch auf Ausbildungsvergütung haben,
7. ein Betrag von insgesamt 520 Euro monatlich bei Leistungsberechtigten, die das 25. Lebensjahr noch nicht vollendet haben, und die
   a) eine nach dem Bundesausbildungsförderungsgesetz dem Grunde nach förderungsfähige Ausbildung durchführen,

b) eine nach § 57 Absatz 1 des Dritten Buches dem Grunde nach förderungsfähige Ausbildung, eine nach § 51 des Dritten Buches dem Grunde nach förderungsfähige berufsvorbereitenden Bildungsmaßnahme oder eine nach § 54a des Dritten Buches geförderte Einstiegsqualifizierung durchführen oder
c) als Schülerinnen und Schüler allgemein- oder berufsbildender Schulen während der Schulzeit erwerbstätig sind,
8. Aufwandsentschädigungen oder Einnahmen aus nebenberuflichen Tätigkeiten, die nach § 3 Nummer 12, Nummer 26 oder Nummer 26a des Einkommensteuergesetzes steuerfrei sind, soweit diese einen Betrag in Höhe von 3000 Euro kalenderjährlich nicht überschreiten und
9. Erbschaften.

³Einkünfte aus Rückerstattungen, die auf Vorauszahlungen beruhen, die Leistungsberechtigte aus dem Regelsatz erbracht haben, sind kein Einkommen. ⁴Bei Minderjährigen ist das Kindergeld dem jeweiligen Kind als Einkommen zuzurechnen, soweit es bei diesem zur Deckung des notwendigen Lebensunterhaltes, mit Ausnahme der Bedarfe nach § 34, benötigt wird.

(2) ¹Von dem Einkommen sind abzusetzen
1. auf das Einkommen entrichtete Steuern,
2. Pflichtbeiträge zur Sozialversicherung einschließlich der Beiträge zur Arbeitsförderung,
3. Beiträge zu öffentlichen oder privaten Versicherungen oder ähnlichen Einrichtungen, soweit diese Beiträge gesetzlich vorgeschrieben oder nach Grund und Höhe angemessen sind, sowie geförderte Altersvorsorgebeiträge nach § 82 des Einkommensteuergesetzes, soweit sie den Mindesteigenbeitrag nach § 86 des Einkommensteuergesetzes nicht überschreiten, und
4. die mit der Erzielung des Einkommens verbundenen notwendigen Ausgaben.

²Erhält eine leistungsberechtigte Person aus einer Tätigkeit Bezüge oder Einnahmen, die als Taschengeld nach § 2 Nummer 4 des Bundesfreiwilligendienstgesetzes oder nach § 2 Absatz 1 Nummer 4 des Jugendfreiwilligendienstgesetzes gezahlt werden, ist abweichend von Satz 1 Nummer 2 bis 4 und den Absätzen 3 und 6 ein Betrag von bis zu 250 Euro monatlich nicht als Einkommen zu berücksichtigen. ³Soweit ein Betrag nach Satz 2 in Anspruch genommen wird, gelten die Beträge nach Absatz 3 Satz 1 zweiter Halbsatz und nach Absatz 6 Satz 1 zweiter Halbsatz insoweit als ausgeschöpft.

(3) ¹Bei der Hilfe zum Lebensunterhalt und Grundsicherung im Alter und bei Erwerbsminderung ist ferner ein Betrag in Höhe von 30 vom Hundert des Einkommens aus selbständiger und nichtselbständiger Tätigkeit der Leistungsberechtigten abzusetzen, höchstens jedoch 50 vom Hundert der Regelbedarfsstufe 1 nach der Anlage zu § 28. ²Abweichend von Satz 1 ist bei einer Beschäftigung in einer Werkstatt für behinderte Menschen oder bei einem anderen Leistungsanbieter nach § 60 des Neunten Buches von dem Entgelt ein Achtel der Regelbedarfsstufe 1 nach der Anlage zu § 28 zuzüglich 50 vom Hundert des diesen Betrag übersteigenden Entgelts abzusetzen. ³Im Übrigen kann in begründeten Fällen ein anderer als in Satz 1 festgelegter Betrag vom Einkommen abgesetzt werden.

(4) Bei der Hilfe zum Lebensunterhalt und Grundsicherung im Alter und bei Erwerbsminderung ist ferner ein Betrag von 100 Euro monatlich aus einer zusätzlichen Altersvorsorge der Leistungsberechtigten zuzüglich 30 vom Hundert des diesen Betrag übersteigenden Einkommens aus einer zusätzlichen Altersvorsorge der Leistungsberechtigten abzusetzen, höchstens jedoch 50 vom Hundert der Regelbedarfsstufe 1 nach der Anlage zu § 28.

(5) ¹Einkommen aus einer zusätzlichen Altersvorsorge im Sinne des Absatzes 4 ist jedes monatlich bis zum Lebensende ausgezahlte Einkommen, auf das der Leistungsberechtigte vor Erreichen der Regelaltersgrenze auf freiwilliger Grundlage Ansprüche erworben hat und das dazu bestimmt und geeignet ist, die Einkommenssituation des Leistungsberechtigten gegenüber möglichen Ansprüchen aus Zeiten einer Versicherungspflicht in der gesetzlichen Rentenversicherung nach den §§ 1 bis 4 des Sechsten Buches, nach § 1 des Gesetzes über die Alterssicherung der

Landwirte, aus beamtenrechtlichen Versorgungsansprüchen und aus Ansprüchen aus Zeiten einer Versicherungspflicht in einer Versicherungs- und Versorgungseinrichtung, die für Angehörige bestimmter Berufe errichtet ist, zu verbessern. ²Als Einkommen aus einer zusätzlichen Altersvorsorge gelten auch laufende Zahlungen aus

1. einer betrieblichen Altersversorgung im Sinne des Betriebsrentengesetzes,
2. einem nach § 5 des Altersvorsorgeverträge-Zertifizierungsgesetzes zertifizierten Altersvorsorgevertrag und
3. einem nach § 5a des Altersvorsorgeverträge-Zertifizierungsgesetzes zertifizierten Basisrentenvertrag.

³Werden bis zu zwölf Monatsleistungen aus einer zusätzlichen Altersvorsorge, insbesondere gemäß einer Vereinbarung nach § 10 Absatz 1 Nummer 2 Satz 3 erster Halbsatz des Einkommensteuergesetzes, zusammengefasst, so ist das Einkommen gleichmäßig auf den Zeitraum aufzuteilen, für den die Auszahlung erfolgte.

(6) Für Personen, die Leistungen der Hilfe zur Pflege, der Blindenhilfe oder Leistungen der Eingliederungshilfe nach dem Neunten Buch erhalten, ist ein Betrag in Höhe von 40 Prozent des Einkommens aus selbständiger und nichtselbständiger Tätigkeit der Leistungsberechtigten abzusetzen, höchstens jedoch 65 Prozent der Regelbedarfsstufe 1 nach der Anlage zu § 28.

(7) ¹Einmalige Einnahmen, bei denen für den Monat des Zuflusses bereits Leistungen ohne Berücksichtigung der Einnahme erbracht worden sind, werden im Folgemonat berücksichtigt. ²Entfiele der Leistungsanspruch durch die Berücksichtigung in einem Monat, ist die einmalige Einnahme auf einen Zeitraum von sechs Monaten gleichmäßig zu verteilen und mit einem entsprechenden Teilbetrag zu berücksichtigen. ³In begründeten Einzelfällen ist der Anrechnungszeitraum nach Satz 2 angemessen zu verkürzen. ⁴Die Sätze 1 und 2 sind auch anzuwenden, soweit während des Leistungsbezugs eine Auszahlung zur Abfindung einer Kleinbetragsrente im Sinne des § 93 Absatz 3 Satz 2 des Einkommensteuergesetzes oder nach § 3 Absatz 2 des Betriebsrentengesetzes erfolgt und durch den ausgezahlten Betrag das Vermögen überschritten wird, welches nach § 90 Absatz 2 Nummer 9 und Absatz 3 nicht einzusetzen ist.

§ 90 SGB XII Einzusetzendes Vermögen

(1) Einzusetzen ist das gesamte verwertbare Vermögen.

(2) Die Sozialhilfe darf nicht abhängig gemacht werden vom Einsatz oder von der Verwertung

1. eines Vermögens, das aus öffentlichen Mitteln zum Aufbau oder zur Sicherung einer Lebensgrundlage oder zur Gründung eines Hausstandes erbracht wird,
2. eines nach § 10a oder Abschnitt XI des Einkommensteuergesetzes geförderten Altersvorsorgevermögens im Sinne des § 92 des Einkommensteuergesetzes; dies gilt auch für das in der Auszahlungsphase insgesamt zur Verfügung stehende Kapital, soweit die Auszahlung als monatliche oder als sonstige regelmäßige Leistung im Sinne von § 82 Absatz 5 Satz 3 erfolgt; für diese Auszahlungen ist § 82 Absatz 4 und 5 anzuwenden,
3. eines sonstigen Vermögens, solange es nachweislich zur baldigen Beschaffung oder Erhaltung eines Hausgrundstücks im Sinne der Nummer 8 bestimmt ist, soweit dieses Wohnzwecken von Menschen mit einer wesentlichen Behinderung oder einer drohenden wesentlichen Behinderung (§ 99 Absatz 1 und 2 des Neunten Buches) oder von blinden Menschen (§ 72) oder pflegebedürftigen Menschen (§ 61) dient oder dienen soll und dieser Zweck durch den Einsatz oder die Verwertung des Vermögens gefährdet würde,
4. eines angemessenen Hausrats; dabei sind die bisherigen Lebensverhältnisse der nachfragenden Person zu berücksichtigen,

5. von Gegenständen, die zur Aufnahme oder Fortsetzung der Berufsausbildung oder der Erwerbstätigkeit unentbehrlich sind,
6. von Familien- und Erbstücken, deren Veräußerung für die nachfragende Person oder ihre Familie eine besondere Härte bedeuten würde,
7. von Gegenständen, die zur Befriedigung geistiger, insbesondere wissenschaftlicher oder künstlerischer Bedürfnisse dienen und deren Besitz nicht Luxus ist,
8. eines angemessenen Hausgrundstücks, das von der nachfragenden Person oder einer anderen in den § 19 Abs. 1 bis 3 genannten Person allein oder zusammen mit Angehörigen ganz oder teilweise bewohnt wird und nach ihrem Tod von ihren Angehörigen bewohnt werden soll. Die Angemessenheit bestimmt sich nach der Zahl der Bewohner, dem Wohnbedarf (zum Beispiel behinderter, blinder oder pflegebedürftiger Menschen), der Grundstücksgröße, der Hausgröße, dem Zuschnitt und der Ausstattung des Wohngebäudes sowie dem Wert des Grundstücks einschließlich des Wohngebäudes,
9. kleinerer Barbeträge oder sonstiger Geldwerte; dabei ist eine besondere Notlage der nachfragenden Person zu berücksichtigen,
10. eines angemessenen Kraftfahrzeuges.

(3) ¹Die Sozialhilfe darf ferner nicht vom Einsatz oder von der Verwertung eines Vermögens abhängig gemacht werden, soweit dies für den, der das Vermögen einzusetzen hat, und für seine unterhaltsberechtigten Angehörigen eine Härte bedeuten würde. ²Dies ist bei der Leistung nach dem Fünften bis Neunten Kapitel insbesondere der Fall, soweit eine angemessene Lebensführung oder die Aufrechterhaltung einer angemessenen Alterssicherung wesentlich erschwert würde.

A. Allgemeine rechtliche Grundlagen	1	II. Anrechnungsmodalitäten	16
I. SGB II – Grundsicherung für Arbeitsuchende	2	III. Der Verteilzeitraum	20
		D. Die Erbschaft als verwertbares Vermögen	23
II. SGB XII – Sozialhilfe	5	I. Allgemeines	23
B. Die Erbschaft: Einkommen oder Vermögen?	7	1. Vermögen	23
I. Allgemeines	7	2. Verwertbarkeit	24
II. Die Erbschaft als Einkommen oder Vermögen	9	II. Einzelfragen im Erbfall	29
C. Die Erbschaft als Einkommen	13	E. Praktische Hinweise zum Behinderten- und Bedürftigentestament	34
I. Die Erbschaft als „bereites Mittel"	14		

A. Allgemeine rechtliche Grundlagen

Einkommen und Vermögen haben Einfluss auf Ansprüche nach dem SGB II und dem SGB XII. Insoweit sind zunächst kurz die rechtlichen Grundlagen darzustellen. An dieser Stelle sei der wesentliche Unterschied zwischen den Leistungen nach dem SGB II und denen nach dem SGB XII erläutert. Das SGB II regelt – wie die Überschrift erhellt – die Grundsicherung für Arbeitsuchende. Umfasst sind davon also im Prinzip Arbeitslose, die keinen Anspruch auf Arbeitslosengeld I haben oder deren Anspruch hierauf erschöpft ist.[1] Sozialhilfe erhalten im Grundsatz Personen, die wegen Alters oder Krankheit/Behinderung dem allgemeinen Arbeitsmarkt nicht (mehr) zur Verfügung stehen. Aus erbrechtlicher Sicht mag man daher vereinfacht annehmen, dass das sogenannte Behindertentestament das SGB XII und das Bedürftigentestament das SGB II betrifft, vgl. dazu → Rn. 34 ff.

I. SGB II – Grundsicherung für Arbeitsuchende

Die Voraussetzungen für einen Anspruch nach dem SGB II sind insbesondere in § 7 SGB II geregelt. Eine Anspruchsvoraussetzung nach § 7 Abs. 1 S. 1 Nr. 3 SGB II ist die **Hilfebedürftigkeit**

---

[1] Vgl. den Überblick bei TKS AnwForm Testamente/Horn/Bienert § 21 Rn. 3.

des Anspruchstellers. Die Hilfebedürftigkeit ist in § 9 SGB II geregelt. Hilfebedürftig ist nach dessen Abs. 1, wer seinen Lebensunterhalt nicht oder nicht ausreichend aus dem zu berücksichtigenden Einkommen oder Vermögen sichern kann und die erforderliche Hilfe nicht von anderen, insbesondere von Angehörigen oder von Trägern anderer Sozialleistungen, erhält. In § 9 Abs. 2 SGB II ist geregelt, unter welchen Voraussetzungen Einkommen oder Vermögen von anderen Mitgliedern der Bedarfsgemeinschaft zu berücksichtigen ist. Gemäß § 9 Abs. 4 SGB II ist hilfebedürftig auch derjenige, dem der sofortige Verbrauch oder die sofortige Verwertung von zu berücksichtigendem Vermögen nicht möglich ist oder für den dies eine besondere Härte bedeuten würde.

3 Die **Anrechnung von Einkommen und Vermögen** ist in den §§ 11, 11a, 11b und 12 SGB II geregelt. § 11 SGB II bestimmt das zu berücksichtigende, § 11a SGB II das nicht zu berücksichtigende Einkommen. § 11b SGB II regelt, welche Beträge vom Einkommen abgesetzt werden können. § 12 SGB II regelt die Berücksichtigung von Vermögen. Da hier die Regelungen in einer Vorschrift zusammengefasst sind, entfällt – anders als für die Einkommensregelung – eine Verteilung auf mehrere „Buchstabenparagrafen".

3.1 Als Einkommen zu berücksichtigen waren nach § 11 Abs. 1 S. 1 SGB II in der bis zum 31.7.2016 geltenden Fassung **Einnahmen in Geld oder Geldeswert** abzüglich der nach § 11b abzusetzenden Beträge mit Ausnahme der in § 11a genannten Einnahmen. Zum 1.8.2016 sind die Wörter „oder Geldeswert" gestrichen worden. Nach § 11 Abs. 1 S. 2 SGB II sind seit dem 1.8.2016 Einnahmen in Geldeswert nur noch Einkommen, die im Rahmen einer Erwerbstätigkeit, des Bundesfreiwilligendienstes oder eines Jugendfreiwilligendienstes zufließen. Die Gesetzesänderung ist gerade für Fälle, in denen nicht Geld, sondern etwa **Sachwerte**, Grundbesitz etc. vererbt worden sind, erheblich.

4 Die auf der Grundlage des § 13 SGB II erlassene **Verordnung zur Berechnung von Einkommen sowie zur Nichtberücksichtigung von Einkommen und Vermögen beim Arbeitslosengeld II/Sozialgeld** regelt nähere Einzelheiten zur Einkommens- und Vermögensanrechnung.

4.1 Das SGB II ist durch das Bürgergeld-Gesetz vom 16.12.2022[2] umfassend geändert worden. Die ursprünglich noch weitergehenden Vorhaben der Bundesregierung[3] sind auf politischen Druck „entschärft" worden. Für Erbrechtler von besonderer Bedeutung ist insbesondere die Neuregelung der Anrechnung einmaliger Einnahmen in § 11 SGB II. Zudem sind nach § 11a Abs. 1 Nr. 7 SGB II Erbschaften kein Einkommen mehr.

II. SGB XII – Sozialhilfe

5 Die Voraussetzungen für einen Anspruch nach dem SGB XII sind im Prinzip ähnlich ausgestaltet wie im SGB II. Die Leistungsberechtigung ist in § 19 SGB XII unterschiedlich ausgestaltet je nach dem Anspruch, um den es geht. **Hilfe zum Lebensunterhalt** nach dem Dritten Kapitel ist etwa gemäß § 19 Abs. 1 SGB XII Personen zu leisten, die ihren notwendigen Lebensunterhalt nicht oder nicht ausreichend aus eigenen Kräften und Mitteln, insbesondere aus ihrem Einkommen und Vermögen, bestreiten können. Hilfen zur Gesundheit, Hilfe zur Pflege, Hilfe zur Überwindung besonderer sozialer Schwierigkeiten und Hilfen in anderen Lebenslagen werden gem. § 19 Abs. 3 SGB XII nach dem Fünften bis Neunten Kapitel dieses Buches geleistet, soweit den Leistungsberechtigten, ihren nicht getrennt lebenden Ehegatten oder Lebenspartnern und, wenn sie minderjährig und unverheiratet sind, auch ihren Eltern oder einem Elternteil die Aufbringung der Mittel aus dem Einkommen und Vermögen nach den Vorschriften des Elften Kapitels dieses Buches nicht zuzumuten ist. Damit bleibt seit dem 1.1.2020 Einkommen der Ehegatten, Lebenspartner und ehe- bzw. lebenspartnerschaftsähnlichen Partner bei der Eingliederungshilfe

---

[2] BGBl. 2022 I 2328.
[3] Vgl. den ursprünglichen Gesetzentwurf, BT-Drs. 20/3873.

unberücksichtigt.⁴ Nach § 27 Abs. 1 SGB XII ist Hilfe zum Lebensunterhalt Personen zu leisten, die ihren notwendigen Lebensunterhalt nicht oder nicht ausreichend aus eigenen Kräften und Mitteln bestreiten können. Nach § 27 Abs. 2 Satz 1 SGB XII sind eigene Mittel insbesondere das eigene Einkommen und Vermögen.

Im Elften Kapitel des SGB XII ist der Einsatz von Einkommen und Vermögen geregelt. Zu beachten sind insbesondere die §§ 82 und 90 SGB XII. Auf der Grundlage des § 96 SGB XII regelt die Verordnung zur Durchführung des § 82 des Zwölften Buches Sozialgesetzbuch Näheres zur Einkommensanrechnung. Die Berücksichtigung kleinerer Barbeträge oder sonstiger Geldwerte iSd § 90 Abs. 2 Nr. 9 SGB XII ist in der Verordnung zur Durchführung des § 90 Abs. 2 Nr. 9 des Zwölften Buches Sozialgesetzbuch geregelt. Nach § 82 Abs. 1 S. 1 SGB XII sind Einnahmen in Geldeswert auch weiterhin Einkommen. Die im SGB II vorgenommene Gesetzesänderung zum 1.8.2016 ist also auf das SGB XII nicht übertragen worden. Seit dem 1.1.2023 sind gem. § 82 Abs. 1 S. 2 Nr. 9 SGB XII Erbschaften kein Einkommen im Sinne der Sozialhilfe mehr. Sie können also nur noch als Vermögen berücksichtigt werden. 6

Bei der Vermögensanrechnung sind die verschiedenen Freibeträge zu beachten. Ausgangspunkt ist § 90 Abs. 2 SGB XII, nach dem die Sozialhilfe nicht abhängig gemacht wird vom Einsatz oder von der Verwertung bestimmter aufgezählter Vermögensgegenstände. In § 90 Abs. 2 Nr. 9 SGB XII ist der sogenannte „kleinere Barbetrag" genannt, dessen Höhe in der Verordnung zur Durchführung des § 90 Abs. 2 Nr. 9 des Zwölften Buches Sozialgesetzbuch geregelt ist. Im Grundsatz beträgt der Freibetrag seit dem 1.1.2023 immerhin 10.000 EUR. Der genannte Freibetrag ist insbesondere beim Bezug von Leistungen nach dem Dritten (Hilfe zum Lebensunterhalt) und Vierten Kapitel des SGB XII (Grundsicherung im Alter und bei Erwerbsminderung) anzuwenden. Eine Sonderregelung bei Bezug von Leistungen der Hilfe zur Pflege (Siebtes Kapitel des SGB XII) enthält § 66a SGB XII, der bis zu 25.000 EUR schützt, sofern dieser Betrag ganz oder überwiegend als Einkommen aus selbstständiger und nichtselbstständiger Tätigkeit der Leistungsberechtigten während des Leistungsbezugs erworben wird. Von großer Bedeutung sind die §§ 139, 140 SGB IX. Das Eingliederungshilferecht ist seit dem 1.1.2020 aus dem SGB XII „herausgelöst" und in das SGB IX überführt worden. Damit verbunden ist ein erheblich größerer Freibetrag, und zwar gemäß § 139 S. 2 SGB IX bis zu einem Betrag von 150 Prozent der jährlichen Bezugsgröße nach § 18 Abs. 1 SGB IV. Der Freibetrag ist dynamisch und steigt mit der Bezugsgröße; im Jahr 2023 beträgt er bei der jährlichen Bezugsgröße von 40.740 EUR (West) somit 61.110 EUR. 6.1

Erbschaften sind im Sinne der Sozialhilfe seit dem 1.1.2023 gem. § 82 Abs. 1 S. 2 Nr. 9 SGB XII kein Einkommen mehr. Diese bedeutende Gesetzesänderung hat sich im Gesetzgebungsverfahren über eine Ausschussempfehlung gleichsam in das Gesetz „hineingeschlichen". Anders als sonstige einmalige Einkünfte sollen Erbschaften im Zuflussmonat nicht als Einkommen qualifiziert, sondern direkt im Folgemonat dem Vermögen zugeschlagen werden. Erbschaften verbleiben damit im Rahmen der Vermögensfreibeträge bei den Leistungsberechtigten und müssen im Zuflussmonat nicht zur Lebensunterhaltssicherung eingesetzt werden. Auf diese Weise bleiben nach der Vorstellung des Gesetzgebers auch finanziell geringfügige Erbschaften dem Leistungsberechtigten erhalten.⁵ Die knappen gesetzgeberischen Erwägungen lassen offen, ob § 82 Abs. 1 S. 2 Nr. 9 SGB XII nur gilt, wenn der Leistungsberechtigte auch Erbe ist. Stellt man im Sinne von § 1922 Abs. 1 BGB nur auf die Erbschaft als Vermögen ab, mag jedweder hieraus abgeleitete Ertrag – also etwa ein Vermächtnis oder ein Pflichtteilsanspruch – von der Anrechnung als Einkommen ausgenommen sein. Lehnt man dies als zu weitgehend ab, mag man verlangen, dass der Leistungsberechtigte auch Erbe ist. Von § 82 Abs. 1 S. 2 Nr. 9 SGB XII nicht erfasst 6.2

---

4 Schneider ZEV 2019, 453 (455).
5 BT-Drs. 20/4360, 39.

sein dürften Nutzungen aus einer Erbschaft, sie können also auch weiterhin als Einkommen berücksichtigt werden.

B. Die Erbschaft: Einkommen oder Vermögen?
I. Allgemeines

7 In zwei für die Bewertung einer Erbschaft als Einkommen oder Vermögen[6] innerhalb des SGB II äußerst bedeutsamen Entscheidungen hat das BSG seine in anderem Zusammenhang aufgestellten Grundsätze zur Abgrenzung von Einkommen und Vermögen bestätigt.[7] **Einkommen ist dabei grundsätzlich alles, was jemand nach Antragstellung wertmäßig dazuerhält, und Vermögen das, was er vor Antragstellung bereits hatte.** Auszugehen ist vom tatsächlichen Zufluss, es sei denn, rechtlich wird ein anderer Zufluss als maßgeblich bestimmt. Hintergrund für die Bedeutung der Antragstellung ist § 37 SGB II, der ein konstitutives Antragserfordernis aufstellt.[8] Allerdings ist zu beachten, dass innerhalb des Rahmens des § 37 SGB II insbesondere maßgeblich ist, ab welchem Zeitpunkt der Antrag wirken soll. Soll etwa ein am 20.5. gestellter Antrag erst ab dem 1.6. gelten, ist der 1.6. maßgeblich.[9] Umgekehrt ist zu beachten, dass seit dem 1.1.2011 gemäß § 37 Abs. 2 S. 2 SGB II Anträge auf Leistungen zur Sicherung des Lebensunterhalts auf den Ersten des Monats zurückwirken. Ein am 20.5. gestellter Antrag wirkt also auf den 1.5. zurück, wenn nicht bei der Antragstellung ausdrücklich etwas anderes erklärt wird. Maßgeblich für die Abgrenzung von Einkommen und Vermögen ist dann der 1.5.[10]

7.1 Die **Abgrenzung des BSG** wird aufgrund der skizzierten Änderung des § 11 Abs. 1 S. 1 SGB II für Einnahmen in Geldeswert nicht mehr gelten können. Nach der Vorstellung des Gesetzgebers sind Einnahmen in Geldeswert im Zuflussmonat anrechnungsfrei und erst ab dem 1. des Folgemonats als Vermögen anzurechnen.[11] Eine Anrechnung als Einkommen kommt nicht mehr in Betracht[12] und zwar innerhalb des SGB II auch dann nicht, wenn etwa im Rahmen eines Bedürftigentestaments der Testamentsvollstrecker einzelne Zuwendungen aus der Erbschaft – auch in Geld – leistet.[13] Denn wenn es stimmt, dass der Anspruch auf Freigabe von Nachlasswerten als geldwerte Einnahme Vermögen ist,[14] kann sich dieser „Aggregatszustand" nicht mehr ändern.

7.2 Durch das Bürgergeld-Gesetz hat zum 1.7.2023 die Abgrenzung von Einkommen und Vermögen für Erbschaften noch weiter an Bedeutung verloren. Denn erstens sind Erbschaften gem. § 11a Abs. 1 Nr. 7 SGB II kein Einkommen mehr, vielmehr sind sie im Folgemonat nach dem Zufluss Vermögen.[15] Ist im Einzelfall zweifelhaft, ob § 11a Abs. 1 Nr. 7 SGB II einschlägig ist (vgl. → Rn. 6b), ist zweitens zu beachten, dass auch Einnahmen in Geldeswert – etwa ein Pflichtteilsanspruch – nur Vermögen sein können (vgl. → Rn. 12). Drittens ist die Unterscheidung von laufenden und einmaligen Einnahmen weitgehend entfallen. Nach § 11 Abs. 2 S. 1 SGB II sind nunmehr alle Einnahmen (nur) für den Monat zu berücksichtigen, in dem sie zufließen. Bedarfsübersteigende Beträge im Monat des Zuflusses sollen nach der Vorstellung des Ge-

---

6 Vgl. auch Münder/Geiger/Geiger SGB II § 11 Rn. 39 ff.
7 BSG SozR 4-4200 § 11 Nr. 36 – und BSG SozR 4-4200 § 11 Nr. 47; vgl. den sehr eingehenden Beitrag von Wettlaufer VSSR 2013, 1 ff.; bestätigt nun auch im Urt. v. 29.4.2015, BSG SozR 4-4200 § 11 Nr. 70 und im Urt. v. 8.5.2019, BSG NJW 2019, 3542.
8 BSG Urt. v. 30.7.2008 – B 14/11b AS 17/07 R, juris.
9 Vgl. Angermaier SozSich 2010, 194 (195); soll der Antrag erst ab einem späteren Zeitpunkt gelten, ist dieser Zeitpunkt maßgeblich; vgl. für das SGB XII LSG Baden-Württemberg Urt. v. 25.9.2019 – L 7 SO 4349/16, juris.
10 BeckOK SGB II/Neumann SGB II § 11 Rn. 3.
11 BT-Drs. 18/8041, 31; vgl. auch jurisPK SGB II/Söhngen, SGB II § 11 Rn. 45; BSG SozR 4-4200 § 11 Nr. 90; LSG Berlin-Brandenburg Urt. v. 6.10.2020 – L 31 AS 962/18, juris.
12 LSG Hessen Urt. v. 30.4.2021 – L 9 AS 361/17, juris, in einem obiter dictum.
13 AA LPK-SGB II/Geiger SGB II § 11 Rn. 43.
14 LPK-SGB II/Geiger SGB II § 11 Rn. 43.
15 BT-Drs. 20/4360, 29.

setzgebers nicht mehr als Einkommen berücksichtigt werden, sondern sie werden im Folgemonat dem Vermögen zugeschlagen.[16]

Für das SGB XII stellt das BSG auf den sogenannten **Bedarfszeitraum** ab[17] und knüpft damit an die Rechtsprechung des BVerwG zum BSHG[18] an. Einkommen in diesem Sinne ist alles, was jemand in dem Bedarfszeitraum wertmäßig dazuerhält, während Vermögen das ist, was er in der Bedarfszeit bereits hat. Festzuhalten ist, dass bei allen Unterschieden in der Formulierung die Abgrenzung von Einkommen und Vermögen im SGB II wie im SGB XII zwar nach ähnlichen Kriterien erfolgt. Legt man aber als Bedarfszeitraum nur einen Monat zugrunde, wurde nach der bis zum 31.12.2022 geltenden Rechtslage im Recht des SGB XII Einkommen „schneller" zu Vermögen als im Recht des SGB II.[19] Seit dem 1.1.2023 sind Erbschaften gem. § 82 Abs. 1 S. 2 Nr. 9 SGB XII kein Einkommen im Sinne der Sozialhilfe mehr, so dass insoweit die Abgrenzung von Einkommen und Vermögen keine Rolle spielt. Geht es aber etwa um die Herausgabe von Früchten, wird man auch zukünftig von Einkommen auszugehen haben.

II. Die Erbschaft als Einkommen oder Vermögen

In seinem bereits zitierten Urteil vom 25.1.2012 hat das BSG seine zur Abgrenzung von Einkommen und Vermögen entwickelten Grundsätze auf die Erbschaft angewendet. Hier ergebe sich ein solcher **rechtlich maßgeblicher anderer Zufluss** bei einem Erbfall aus § 1922 Abs. 1 BGB, nach dem **mit dem Tode einer Person** deren Vermögen als Ganzes auf den oder die Erben übergehe (Gesamtrechtsnachfolge). Bereits ab diesem Zeitpunkt könne ein Erbe aufgrund seiner durch den Erbfall erlangten rechtlichen Position über seinen Anteil am Nachlass verfügen. Diese **Besonderheiten der Gesamtrechtsnachfolge** im BGB seien auch für die Abgrenzung von Einkommen und Vermögen nach dem SGB II entscheidend. Ob der Erbe schon zum Zeitpunkt des Erbfalls tatsächlich – zumindest bedarfsmindernde – Vorteile aus seiner Erbenstellung ziehen könne, sei dabei zunächst ohne Belang. § 11 Abs. 1 S. 1 SGB II setze nicht voraus, dass der Einnahme bereits ein „Marktwert" zukomme. Entscheidend für die Abgrenzung von Einkommen und Vermögen sei daher, ob der Erbfall jedenfalls vor der (ersten) Antragstellung eingetreten ist. **Liege der Erbfall vor der ersten Antragstellung, handele es sich um Vermögen.** Endet aber aufgrund Beendigung der Hilfebedürftigkeit für mindestens einen Kalendermonat der Leistungsfall zwischen Erbfall und Zufluss bereiter Mittel aus der Erbschaft, ist der Zufluss Vermögen, nicht Einkommen.[20] Beispiel: Der E erbt während des laufenden Arbeitslosengeld II-Bezuges am 1.5. (Erbfall) einen Anteil an einem Konto. Am 1.10. wird ihm das Geld vom Konto ausgezahlt. Hier konnte nach der Rechtslage bis zum 30.6.2023 das Erbe nur als Einkommen angerechnet werden und zwar ab dem 1.10., weil erst dann bereite Mittel vorliegen. Abwandlung: Fall wie dargestellt, E hat aber zum 1.8. eine Beschäftigung aufgenommen, aus der er im September Lohn[21] erzielt, weswegen er im September aus dem Arbeitslosengeld II-Bezug ausscheidet. E verliert seine Arbeit zum 31.8. und beantragt Arbeitslosengeld II ab dem 1.10.; wegen der Beendigung der Hilfebedürftigkeit für einen Kalendermonat kann das ererbte Guthaben nur als Vermögen bewertet werden. Die skizzierte Abgrenzung gilt auch für die seit dem 1.8.2016 geltende Rechtslage, soweit unmittelbar Geld vererbt wird. Hat der Nachlass „Geldeswert" kann er dagegen nach dem Recht des SGB II kein Einkommen mehr sein, sondern frühestens ab dem 1. des Monats, der auf den Monat des Erbfalls folgt, Vermögen. Seit dem 1.7.2023 kann die Erbschaft ohnehin wegen § 11a Abs. 1 Nr. 7 SGB II nur Vermögen sein.

In seinem Urteil vom 24.2.2011 hat das BSG die oben skizzierte Abgrenzung auch auf den Fall erstreckt, in dem die betreffende Person (nur) **Miterbe** geworden ist. Im Fall der Gesamtrechts-

---

16 BT-Drs. 20/3873, 75.
17 BSG SozR 4-3500 § 82 Nr. 5.
18 BVerwG BVerwGE 108, 296.
19 JurisPR-SozR 24/2015/Padé Anm. 2.
20 BSG NJW 2019, 3542.
21 Nach BSG muss es sich nicht um Arbeitslohn handeln, es ist also ohne Belang, welche Einkommensart die Hilfebedürftigkeit beseitigt.

nachfolge gehe die Erbschaft unmittelbar kraft Gesetzes auf die Erben über, unbeschadet der Tatsache, dass wegen des Ausschlagungsrechts ein Erbe erst mit Annahme erworben werde. Bereits mit dem Erbfall könne der Erbe über seinen Anteil am Nachlass verfügen (§ 2033 Abs. 1 Satz 1 BGB), ohne dass es auf die Durchsetzung von Ansprüchen etwa gegen die Miterben ankomme. Bereits diese Verfügungsmöglichkeit bedeute einen Zufluss im Sinne der dargestellten Rechtsprechung. Übertragen auf den konkreten Fall hat das BSG dargelegt, dass maßgebend im Falle der Gesamtrechtsnachfolge sei, dass der Erbfall mit dem Tod der Erblasserin bereits vor der (ersten) Antragstellung eingetreten sei. Der Zufluss eines Geldbetrages aus diesem Erbe stelle sich in diesem Fall als „Versilbern" bereits vorhandenen Vermögens dar und sei somit weiterhin als Vermögen zu qualifizieren. Bezogen auf die seit dem 1.8.2016 geltende Rechtslage dürfte davon auszugehen sein, dass der Anteil am Nachlass „nur" Geldeswert hat. Er kann also ungeachtet des Zuflusszeitpunktes nach dem Recht des SGB II nur Vermögen sein.

11 Abzugrenzen ist der Fall der Gesamtrechtsnachfolge im Übrigen von dem Fall, in dem die zugeflossene Summe als **Einzelzuwendung im Wege eines Vermächtnisses** und damit als Forderung gegen den Nachlass erlangt wurde (§ 1939 BGB). Mit einem Vermächtnis wird der Empfänger kein Erbe. Erworben wird ein Anspruch gegen die Erben oder weitere Vermächtnisnehmer, der noch erfüllt werden muss. Soweit aber angenommen wird, maßgeblich sei in diesem Fall der **tatsächliche Zufluss in Erfüllung des Vermächtnisses**,[22] so dass auch eine Bewertung als Einkommen in Betracht kommt, dürfte das für die seit dem 1.8.2016 geltende Rechtslage im SGB II im Regelfall nicht mehr zutreffen. Denn der Vermächtnisanspruch entsteht grundsätzlich mit dem Erbfall (§ 2176 BGB).[23] Auch bei Anspruchsentstehung während des laufenden Leistungsbezuges dürfte es sich um eine Einnahme in Geldeswert handeln, so dass es sich ungeachtet des konkreten Zuflusses aus der Erfüllung des Vermächtnisses nur um Vermögen handeln kann.

12 Der **Pflichtteilsanspruch** ist nach § 2317 Abs. 1 BGB bereits mit dem Erbfall als Vollrecht begründet. Tritt der Erbfall also etwa vor der ersten Antragstellung ein, ist auch der Pflichtteilsanspruch aus § 2303 Abs. 1 BGB Vermögen. Bezogen auf die seit dem 1.8.2016 geltende Rechtslage im SGB II kann der Pflichtteilsanspruch als solcher mit Geldeswert auch dann nur Vermögen sein, wenn er während des laufenden Leistungsbezuges entsteht.

C. Die Erbschaft als Einkommen

13 Tritt der Erbfall gemäß § 1922 Abs. 1 BGB nach Antragstellung ein, war die Erbschaft demnach bis zum 30.6.2023 als Einkommen iSd § 11 SGB II (soweit unmittelbar Geld geerbt worden ist) und der §§ 82 ff. SGB XII zu behandeln. Die Frage, ab wann die Anrechnung zu erfolgen hat, auf welche Weise und für wie lange, betrifft daher eher „altes Recht". Mit Blick darauf, dass die bis zum 30.6.2023 geltende Rechtslage für „Altfälle" noch einige Zeit relevant sein wird, soll sie nachfolgend dargestellt werden. An dieser Stelle sei angemerkt, dass die Frage nach dem anzuwendenden Recht ohnehin im Einzelfall nicht leicht zu beantworten ist.[24] Ist dem Berechtigten etwa ab dem 1.1.2023 Bürgergeld für ein Jahr bewilligt worden, tritt der Erbfall am 1.5.2023 ein und erfolgt der Zufluss hieraus am 1.10.2023, kann man sich schon die Frage nach dem anzuwendenden Recht stellen.

---

22 Eicher/Luik/Harich/Schmidt SGB II § 11 Rn. 17; so für die „alte" Rechtslage auch BSG SozR 4-4200 § 11 Nr. 36.
23 NK-BGB/Horn § 2174 Rn. 3.

24 Im SGB II gilt das sog. Geltungszeitraumprinzip, vgl. BSG Urt. v. 19.10.2016 – B 14 AS 53/15 R, juris.

I. Die Erbschaft als „bereites Mittel"

Für den Beginn der Einkommensanrechnung ist auf die Rechtsprechung des BSG zum Einkommen als „bereites Mittel" zurückzugreifen.[25] Danach mindert der wertmäßige Zuwachs erst dann den Bedarf, wenn die Einnahme dem Hilfebedürftigen **tatsächlich zur Deckung seines Bedarfs zur Verfügung steht**. Dies ist bei der Gesamtrechtsnachfolge im Rahmen einer Erbschaft regelmäßig erst mit der **Auskehrung des Auseinandersetzungsguthabens** der Fall.[26] Der Hilfesuchende darf wegen seines gegenwärtigen Bedarfs nicht auf Mittel verwiesen werden, die ihm erst in der Zukunft tatsächlich zur Verfügung stehen. Auch im SGB II ist das Erfordernis der aktuellen Verfügbarkeit von Mitteln zur Bedarfsdeckung gesetzlich verankert. § 9 Abs. 1 SGB II bringt zum Ausdruck, dass Leistungen der Grundsicherung für Arbeitsuchende nicht für denjenigen erbracht werden sollen, der sich nach seiner tatsächlichen Lage selbst helfen kann. Entscheidend ist daher der tatsächliche Zufluss „bereiter Mittel". Steht der als Einkommen erlangte Wertzuwachs im Zeitpunkt des Zuflusses aus Rechtsgründen noch nicht als „bereites Mittel" bedarfsdeckend zur Verfügung, ist die Berücksichtigung als Einkommen zu diesem Zeitpunkt auch dann ausgeschlossen, wenn der Leistungsberechtigte auf die Realisierung des Wertes hinwirken kann, und zwar auch dann, wenn eine Freigabe der fraglichen Mittel „ohne Weiteres" zu erreichen war.[27] Eine Einkommensanrechnung scheidet daher auch dann aus, wenn etwa ein Miterbe eine Erbauseinandersetzung nicht betreibt.[28] Die Berücksichtigung von Vermögen dürfte demgegenüber nach der Rechtsprechung des BSG leichter möglich sein → Rn. 31a. 14

Also: Für die Abgrenzung von Einkommen und Vermögen kommt es im Fall der Gesamtrechtsnachfolge darauf an, ob der Erbfall vor (Vermögen) oder nach (Einkommen) der (ersten) Antragstellung eingetreten ist.[29] Ist die Erbschaft als Einkommen anzurechnen, ist damit aber nicht gesagt, dass diese Einkommensanrechnung mit Eintritt des Erbfalls zu erfolgen hat. Maßgeblich insoweit ist der Zeitpunkt, ab dem das Einkommen als „bereites Mittel" zur Verfügung steht. Gut nachvollziehen lässt sich diese Unterscheidung in dem bereits genannten Urteil des BSG vom 29.4.2015. Dort war der Erbfall während des Leistungsbezugs bereits am 15.2.2011 eingetreten, so dass das Erbe ohne Weiteres Einkommen darstellte. Ein Geldbetrag in Höhe von 8.000 EUR floss indes erst am 27.6.2011 auf das Konto des Erben und Leistungsbeziehers. Erst ab diesem Tag stand es als „bereites Mittel" zur Verfügung. Dieser Betrag minderte sich nach Einschätzung des BSG im Übrigen auch nicht deshalb, weil das Konto mit einem Dispositionskredit in Höhe von rund 3.000 EUR belastet war. Vielmehr war der ausgezahlte Erbteil trotz der Verrechnung eines Teilbetrages der Erbschaft mit den Schulden durch die Bank in voller Höhe ab dem Folgemonat des Zuflusses als Einkommen zu berücksichtigen. Insgesamt ist zu beachten, dass es in dem nicht ganz leicht lesbaren Urteil des BSG um eine Aufhebungs- und Erstattungsverfügung wegen Bezugs der Erbschaft ging. Daraus resultieren Besonderheiten bei der Falllösung, weil es bei der reinen Anfechtungsklage für die Rechtmäßigkeitsprüfung regelmäßig auf den Zeitpunkt der letzten Verwaltungsentscheidung ankommt.[30] 15

---

25 Vgl. auch zum Folgenden BSG Urt. v. 25.1.2012 – B 14 AS 101/11 R, SozR 4-4200 § 11 Nr. 47; BSG Urt. v. 29.4.2015 – B 14 AS 10/14 R, SozR 4-4200 § 11 Nr. 70; für das SGB XII BSG Urt. v. 11.12.2007 – B 8/9b SO 23/06 R BSGE 99, 262; Grube/Wahrendorf/Flint/Giere, SGB XII, § 82 Rn. 34 ff.
26 Vgl. auch LSG Berlin-Brandenburg Urt. v. 3.6.2021 – L 25 AS 1720/18, juris.
27 BSG NJW 2016, 2287.
28 LSG Berlin-Brandenburg Urt. v. 3.6.2021 – L 25 AS 1720/18, juris.
29 Vgl. instruktiv auch LSG BW Beschl. v. 12.8.2016 – L 3 AS 2476/16 ER-B, juris.
30 Deswegen war es für die Rechtmäßigkeit des angefochtenen Aufhebungs- und Erstattungsbescheides nicht maßgeblich, dass das nach Erlass des Widerspruchsbescheides vom 16.9.2011 zur Verfügung stehende Bankguthaben für den Aufhebungsmonat Oktober 2011 nicht mehr ausreiche, um die Kranken- und Pflegeversicherungsbeiträge zu begleichen. Nach Ansicht des BSG hätte insoweit nur ein neuer Leistungsantrag für Oktober 2011 die Unterdeckung verhindern können.

II. Anrechnungsmodalitäten

16 Ist die Erbschaft nach obiger Abgrenzung Einkommen und steht sie als „bereites Mittel" auch zur Verfügung, stellt sich die Frage nach den Anrechnungsmodalitäten. Im Grundsatz gilt im SGB II wie auch im SGB XII für die Leistungsberechnung das **Kalendermonatsprinzip**.[31] Fließt also Einkommen am 20. eines Monats zu, wird dieses dem Bedarf des ganzen Kalendermonats gegenübergestellt. Nicht etwa ist der Zeitraum vom 1. bis 19. anrechnungsfrei.

17 Die Erbschaft war nach der bis zum 30.6.2023 geltenden Rechtslage eine einmalige Einnahme.[32] Insoweit war für das **SGB II** nach der ab dem 1.4.2011 geltenden Rechtslage auf **§ 11 Abs. 3 SGB II aF** zurückzugreifen. Einmalige Einnahmen waren nach dessen S. 1 in dem Monat, in dem sie zufließen, zu berücksichtigen. Sofern für den Monat des Zuflusses bereits Leistungen ohne Berücksichtigung der einmaligen Einnahme erbracht worden waren, wurden sie im Folgemonat berücksichtigt (S. 3). Entfiel der Leistungsanspruch durch die Berücksichtigung in einem Monat, war die einmalige Einnahme auf einen Zeitraum von **sechs Monaten gleichmäßig aufzuteilen** und monatlich mit einem entsprechenden Teilbetrag zu berücksichtigen (S. 4).

18 Im Recht des SGB XII sind Erbschaften nach § 82 Abs. 1 S. 2 Nr. 9 SGB XII keine Erbschaften mehr. Mit Blick auf den nicht ganz eindeutigen Begriff der Erbschaft (→ Rn. 6b) sind aber auch zukünftig Zuwendungen aus einer Erbschaft als Einkommen anzurechnen. Hiervon ausgehend sind im Recht des SGB XII weiterhin Einnahmen in Geldeswert als Einkommen zu berücksichtigen. Für das **SGB XII** fehlte es außerdem schon immer an einer § 11 Abs. 3 SGB II aF entsprechenden Regelung. Hier ist auf § 8 der Verordnung zur Durchführung des § 82 SGB XII zurückzugreifen, nach dessen Abs. 1 S. 1 andere als die in §§ 3, 4, 6 und 7 der Verordnung zur Durchführung des § 82 SGB XII genannten Einkünfte, wenn sie nicht monatlich erzielt werden, als Jahreseinkünfte zu berechnen sind.[33] Für Einmalzahlungen sah § 8 Abs. 1 S. 3 der Verordnung zur Durchführung des § 82 SGB XII bis zum 31.12.2015 davon abweichend eine entsprechende Anwendung des § 3 Abs. 3 S. 2 und 3 der Verordnung zur Durchführung des § 82 SGB XII vor. Nach § 3 Abs. 3 S. 2 der Verordnung zur Durchführung des § 82 SGB XII waren einmalige Einnahmen von dem Monat an zu berücksichtigen, in dem sie anfielen. Sie waren, soweit nicht im Einzelfall eine andere Regelung angezeigt war, auf einen angemessenen Zeitraum aufzuteilen und monatlich mit einem entsprechenden Teilbetrag anzusetzen. § 3 Abs. 3 S. 2 ist zum 1.1.2016 gestrichen worden, weswegen auch die Verweisung insoweit ins Leere gegangen wäre. Nunmehr ist § 82 Abs. 7 SGB XII zu beachten. Einmalige Einnahmen, bei denen für den Monat des Zuflusses bereits Leistungen ohne Berücksichtigung der Einnahme erbracht worden sind, werden danach im Folgemonat berücksichtigt (S. 1). Entfiele der Leistungsanspruch durch die Berücksichtigung in einem Monat, ist die einmalige Einnahme auf einen Zeitraum von sechs Monaten gleichmäßig zu verteilen und mit einem entsprechenden Teilbetrag zu berücksichtigen (S. 2). In begründeten Einzelfällen ist der Anrechnungszeitraum angemessen zu verkürzen (S. 3). Die S. 1 und 2 sind auch anzuwenden, soweit während des Leistungsbezugs eine Auszahlung zur Abfindung einer Kleinbetragsrente im Sinne des § 93 Abs. 3 S. 2 des Einkommensteuergesetzes oder nach § 3 Abs. 2 des Betriebsrentengesetzes erfolgt und durch den ausgezahlten Betrag das Vermögen überschritten wird, welches nach § 90 Abs. 2 Nr. 9 und Abs. 3 nicht einzusetzen ist.

19 Entfällt durch die Berücksichtigung der einmaligen Einnahme die Hilfebedürftigkeit des Leistungsberechtigten und die Leistungspflicht des Sozialhilfeträgers nicht in vollem Umfang, liegt

---

31 Eicher/Luik/Harich/Schmidt SGB II § 11 Rn. 52; für Leistungen der Grundsicherung im Alter und bei Erwerbsminderung nach dem SGB XII BSG SozR 4-3500 § 44 Nr. 2; das Monatsprinzip dürfte aber auch im Übrigen gelten.

32 Eicher/Luik/Harich/Schmidt SGB II § 11 Rn. 38; anders für den Fall, in dem ein Testamentsvollstrecker verpflichtet ist, laufende Geldmittel auszukehren, SG Düsseldorf Urt. v. 27.5.2020 – S 15 AS 602/19, juris; die Entscheidung ist aber in mehrfacher Hinsicht zweifelhaft.

33 BSG SozR 4-3500 § 82 Nr. 5.

nach der Rechtsprechung des BSG und nach der seit dem 1.1.2016 im SGB XII geltenden Rechtslage kein Regelfall vor, der eine Aufteilung der einmaligen Einnahme über mehrere Monate rechtfertigen könnte. Bei Einmalzahlungen, deren Höhe den Bedarf im Bedarfszeitraum übersteigt, war schon nach der bis zum 31.12.2015 geltenden Rechtslage eine anteilige Berücksichtigung des Einkommens in der Regel schon deshalb erforderlich, um gegebenenfalls die „Quasiversicherung" in der gesetzlichen Krankenversicherung aufrechtzuerhalten. Um diesen Schutz aufrechtzuerhalten, galt zum Schutz des SGB-XII-Leistungsempfängers deshalb der Grundsatz, dass ein Regelfall iSd § 3 Abs. 3 S. 2 der Verordnung zur Durchführung des § 82 SGB XII, der eine Aufteilung der einmaligen Einnahmen über mehrere Monate rechtfertigt, immer dann vorlag, wenn der über § 264 SGB V gewährte Krankenversicherungsschutz bei voller Berücksichtigung der Einnahmen entfiel. Nach § 82 Abs. 7 S. 2 SGB XII ist die Verteilung einmaliger Einnahmen seit dem 1.1.2016 zwingend, wenn durch Berücksichtigung nur im Zufluss- oder Folgemonat der Leistungsanspruch insoweit entfiele. Die skizzierten Grundsätze entsprechen im Übrigen der Rechtslage im SGB II bis zu ihrer Änderung zum 1.4.2011.[34]

III. Der Verteilzeitraum

Die Erbschaft war – wie schon dargelegt – nach alter Rechtslage eine einmalige Einnahme, weshalb sie nach § 11 Abs. 3 SGB II aF entweder im Zuflussmonat oder in dem dem Zuflussmonat folgenden Monat zu berücksichtigen war, wenn es sich um eine Einnahme in Geld handelte. Entfiel der Leistungsanspruch durch die Berücksichtigung des Erbes in einem Monat, war das Erbe nach dem SGB II für einen **festen Zeitraum von sechs Monaten gleichmäßig aufzuteilen** und anzurechnen.[35] Beispiel: Der Grundsicherungsbezieher G hat einen monatlichen Leistungsanspruch von 750 EUR. Ihm sind Leistungen für den Bewilligungszeitraum Mai bis Oktober 2013 bewilligt worden. Im Juni 2013 tritt der Erbfall ein und G erbt Geld. Der Einfachheit halber fließt ihm das Erbe Ende Juni 2013 in Höhe von 6.000 EUR zu. Hier war das Erbe, da es den Leistungsanspruch für einen Monat ausschließt und Leistungen für Juni 2013 bereits erbracht worden sind,[36] ab Juli 2013 bis Dezember 2013 für sechs Monate gleichmäßig in Höhe von monatlich 1.000 EUR anzurechnen.[37] Dieser **Verteilzeitraum war im SGB II zwingend**; dass der Bewilligungszeitraum im Beispielsfall bereits am 31.10.2013 endete, war demnach unmaßgeblich. Den Charakter als Einkommen verlor eine einmalige Einnahme auch nach erneuter Antragstellung im nachfolgenden Bewilligungszeitraum nicht. Die rechtliche Wirkung des „Zuflussprinzips" endete nicht mit dem Monat des Zuflusses, sondern erstreckte sich über den gesamten Zeitraum, auf den das Einkommen aufgeteilt wurde, den sogenannten „Verteilzeitraum".[38] Nach dem seit dem 1.7.2023 geltenden Recht ist die Erbschaft wegen § 11a Abs. 1 Nr. 7 SGB II nicht als Einkommen anzurechnen. Sie ist im Monat nach dem Zufluss Vermögen. Übersteigt sie zusammen mit den übrigen Vermögenswerten nicht den maßgeblichen Vermögensfreibetrag, besteht der Leistungsanspruch fort.

Zweifel werden teilweise daran geäußert, ob nach der Rechtsprechung des 4. Senats des BSG Einkommen **nach Ablauf des Verteilzeitraums** zu Vermögen werden kann, insoweit eine Änderung des „Aggregatzustandes" eintritt.[39] Diese Zweifel sind aus hiesiger Sicht nicht begründet. In dem insoweit angeführten Urteil vom 30.9.2008 führt das BSG zwar aus, dass eine nach Antragstellung zugeflossene einmalige Einnahme rechtlich auch über den Zuflussmonat und den Bewilligungszeitraum hinaus zu berücksichtigendes Einkommen bleibe. An anderer Stelle

---

34 Vgl. BSG SozR 4-4200 § 11 Nr. 40.
35 Vgl. zur alten Rechtslage BSG SozR 4-4200 § 11 Nr. 40; nach § 2 Abs. 4 S. 3 Alg II-V stand die Dauer des Verteilzeitraums im behördlichen Ermessen und konnte im Einzelfall auch zwölf Monate betragen.
36 Nach § 41 Abs. 1 S. 4 SGB II sollen die Leistungen monatlich im Voraus erbracht werden.
37 Vgl. die Sonderregelung zur Absetzung in § 11b Abs. 1 S. 2 SGB II.
38 BSG BSGE 112, 229.
39 So Doering-Striening/Horn NJW 2013, 1276 (1277) unter Bezugnahme auf BSG BSGE 101, 291 zu einer Einkommensteuererstattung.

stellt es aber auch klar, dass sich die rechtliche Wirkung des Zuflussprinzips über den sogenannten „Verteilzeitraum" erstrecke. Damit ist das Ende der Einkommensanrechnung an das Ende des Verteilzeitraums geknüpft.[40] Ist die Erbschaft ganz oder teilweise nach Ablauf des Verteilzeitraums noch vorhanden, ist sie als Vermögen anzurechnen.

22 Die Berücksichtigung von Einkommen kann ungeachtet der oben dargestellten Grundsätze auch **vor Ablauf des Verteilzeitraums** enden, wenn die einmalige Einnahme tatsächlich nicht mehr (oder nur noch teilweise) zur Verfügung steht. Es kommt nämlich bei Berücksichtigung einer Einnahme als Einkommen auch insoweit darauf an, ob zugeflossenes Einkommen als „bereites Mittel" geeignet ist, den konkreten Bedarf im jeweiligen Monat zu decken.[41] Wenn G im oben gebildeten Beispielsfall das Erbe etwa zur Tilgung von Schulden im Oktober 2013 aufgebraucht hat und für die Zeit ab November 2013 Leistungen beantragt, kann ihm die Erbschaft als Einkommen nicht mehr vorgehalten werden. Verwenden Leistungsberechtigte einmalige Einnahmen nicht zur Sicherung des Lebensunterhalts im Verteilzeitraum und führen sie so Hilfebedürftigkeit herbei, kann solches Verhalten einen Ersatzanspruch nach § 34 SGB II auslösen.

D. Die Erbschaft als verwertbares Vermögen

I. Allgemeines

23 **1. Vermögen.** Der Begriff des Vermögens ist für das SGB II in § 12 Abs. 1 SGB II definiert. Danach sind als Vermögen alle verwertbaren Vermögensgegenstände zu berücksichtigen. Nach § 90 Abs. 1 SGB XII ist das gesamte verwertbare Vermögen einzusetzen. Ungeachtet der Formulierungsunterschiede ist der Vermögensbegriff in SGB II wie SGB XII gleich zu bestimmen. **Vermögen** sind alle **beweglichen und unbeweglichen Güter und Rechte in Geld oder Geldeswert**; umfasst werden auch Forderungen und Ansprüche gegen Dritte.[42] Danach sind beispielsweise denkbare Vermögensgegenstände, die in die Prüfung der Hilfebedürftigkeit einzubeziehen sind, im Fall der **Miterbenschaft** der Anteil an dem Nachlass, über den der Anspruchsteller nach § 2033 Abs. 1 S. 1 BGB verfügen kann, der Miteigentumsanteil an einem Grundstück in ungeteilter Erbengemeinschaft oder auch der Anspruch auf Auseinandersetzung der Erbengemeinschaft (§§ 2042 ff. BGB).[43]

23.1 Die bereits skizzierten Gesetzesänderungen in den § 11, 11a SGB II werden dazu führen, dass Erbschaften im engeren Sinne stets und Erträge hieraus deutlich häufiger als bislang **als Vermögen und nicht als Einkommen zu berücksichtigen sind**.

24 **2. Verwertbarkeit.** Fraglich ist häufig die Verwertbarkeit. Denn nach § 12 Abs. 1 SGB II und nach § 90 Abs. 1 SGB XII sind als Vermögen nur alle **verwertbaren** Vermögensgegenstände zu berücksichtigen.[44]

25 Vermögen ist **verwertbar**, wenn seine Gegenstände verbraucht, übertragen und belastet werden können.[45] Ist der Inhaber dagegen in der Verfügung über den Gegenstand beschränkt und kann er die Aufhebung der Beschränkung nicht erreichen, ist von der Unverwertbarkeit des Vermögens auszugehen. Es muss die **Möglichkeit des „Versilberns"** von Vermögen bestehen. Darüber hinaus enthält der Begriff der Verwertbarkeit aber auch eine **tatsächliche Komponente**. Die Verwertung muss für den Betroffenen einen Ertrag bringen, durch den er, wenn auch nur kurzzeitig, seinen Lebensunterhalt bestreiten kann. Tatsächlich nicht verwertbar sind Ver-

---

[40] Eicher/Luik/Harich/Schmidt SGB II § 11 Rn. 42; SächsLSG Urt. v. 17.10.2013 – L 2 AS 1082/11, juris.
[41] Vgl. BSG BSGE 112, 229; BSG NZS 2014, 114 mAnm Rhein; Urt. v. 12.12.2013 – B 14 AS 76/12 R, juris; für das SGB XII s. LSG NRW Beschl. v. 11.12.2012 – L 9 SO 420/12 B ER.
[42] BSG BSGE 100, 131.
[43] BSG SozR 4-4200 § 12 Nr. 12.
[44] Wenn man so will, ist die Verwertbarkeit von Vermögen das Pendant zu den „bereiten Mitteln" beim Einkommen, vgl. aber zu Unterschieden → Rn. 31a.
[45] Hierzu und zum Folgenden eingehend BSG SozR 4-4200 § 12 Nr. 12.

mögensgegenstände, für die in absehbarer Zeit kein Käufer zu finden sein wird, etwa weil Gegenstände dieser Art nicht (mehr) marktgängig sind oder weil sie, wie Grundstücke infolge sinkender Immobilienpreise, über den Marktwert hinaus belastet sind. Ist etwa ein Grundstück nur marktgängig, wenn eine denkmalgeschützte Bebauung abgerissen wird, ist es als Vermögensgegenstand nicht verwertbar, wenn die Veräußerung nur bei vorheriger Erteilung einer Abbruchgenehmigung in Betracht kommt, diese vom potenziellen Käufer eingeholt werden muss und zudem ungewiss ist, ob die denkmalschutzrechtlich erforderliche Zustimmung zum Abbruch erteilt wird.[46]

Maßgebend für die **Prognose, dass ein rechtliches oder tatsächliches Verwertungshindernis wegfällt**, ist im Regelfall der Zeitraum, für den die Leistungen bewilligt werden. Dies war im **SGB II regelmäßig der sechsmonatige Bewilligungszeitraum** des § 41 Abs. 1 S. 4 SGB II aF.[47] Zum 1.8.2016 ist der Regelbewilligungszeitraum nach § 41 Abs. 3 S. 1 SGB II auf ein Jahr verlängert worden. Es bleibt abzuwarten, ob sich – für den Antragsteller regelmäßig ungünstiger – nach der Rechtsprechung damit auch der Zeitraum verlängert, innerhalb dessen die Verwertbarkeit zu erwarten ist.[48] 26

Für das **SGB XII** ist jedenfalls für Leistungen der Grundsicherung im Alter und bei Erwerbsminderung der **zwölfmonatige Bewilligungszeitraum** des § 44 Abs. 1 S. 1 SGB XII maßgeblich[49] und zwar auch dann, wenn ausnahmsweise Leistungen für 24 Monate bewilligt worden sind.[50] Dieser Zeitraum bildet auch bei der Hilfe zum Lebensunterhalt den Maßstab, etwa wenn wegen eines Leistungsausschlusses nach § 41 Abs. 4 SGB XII nur diese Leistung in Betracht kommt. Darüber hinaus greift das Zeitmoment nicht nur in den Fällen, in denen völlig ungewiss ist, wann eine für die Verwertbarkeit notwendige Bedingung eintritt, sondern auch dann, wenn zwar konkret feststeht, wann über den Vermögenswert verfügt werden kann (Fälligkeit, Kündigung ...), der Zeitpunkt aber außerhalb eines angemessenen Zeitrahmens liegt, in welchem noch der Einsatz bereiter Mittel angenommen werden kann. Das BSG neigt in seinem Urteil vom 25.8.2011 der Auffassung zu, dass in diesen Fällen abhängig vom Einzelfall ein in der Regel deutlich längerer Zeitabschnitt zugrunde zu legen ist. 27

Für den jeweiligen Zeitraum muss also im Vorhinein eine **Prognose** getroffen werden, ob und welche **Verwertungsmöglichkeiten** bestehen, die geeignet sind, Hilfebedürftigkeit abzuwenden. Nach Ablauf des jeweiligen Bewilligungszeitraumes ist bei fortlaufendem Leistungsbezug erneut und ohne Bindung an die vorangegangene Einschätzung zu überprüfen, wie für einen weiteren Bewilligungszeitraum die Verwertungsmöglichkeiten zu beurteilen sind. Soweit der Hilfebedürftige nach Bewilligung von Leistungen als Zuschuss von sich aus weitere zumutbare Schritte zur Beseitigung eines Verwertungshindernisses nicht unternimmt, ist im Recht des SGB II nach entsprechender Belehrung durch den Träger der Grundsicherung die mögliche Rechtsfolge bei fortgesetzt unwirtschaftlichem Verhalten die Absenkung des Arbeitslosengeldes II bis hin zu seinem Wegfall nach §§ 31 Abs. 2 Nr. 2, 31a SGB II. Ist zwar eine Verwertung innerhalb des skizzierten Prognosezeitraums, nicht aber sofort möglich, helfen im SGB II § 24 Abs. 5 SGB II und im SGB XII § 91 SGB XII. Beide Vorschriften ermöglichen für den Fall einer nicht möglichen sofortigen Vermögensverwertung die Erbringung von Leistungen als Darlehen. Allerdings besteht kein Anspruch auf darlehensweise Leistungen bei fehlenden und nicht beabsichtigten Verwertungsbemühungen für verwertbares, bedarfsdeckendes, zu berücksichtigendes Vermögen, wenn das Jobcenter auf das Verwertungserfordernis hingewiesen, konkrete Verwertungsmöglichkeiten beispielhaft aufgezeigt, für eine nicht mögliche sofortige Verwertung Zeit eingeräumt und in dieser darlehensweise Leistungen erbracht und darauf hingewiesen hat, dass ohne den Nach- 28

---

46 LSG Hessen ZEV 2021, 543 (amtl. Ls.).
47 BSG SozR 4-4200 § 12 Nr. 12.
48 Tendenziell für eine Verlängerung des Prognosezeitraums auf ein Jahr LSG Baden-Württemberg Urt. v. 24.3.2021 – L 2 AS 491/20, juris.

49 Vgl. hierzu und zum Folgenden BSG Urt. v. 25.8.2011 – B 8 SO 19/10 R; auch BSG Urt. v. 9.12.2016 – B 8 SO 15/15 R FEVS 68, 543.
50 So SG Darmstadt Urt. v. 23.11.2017 – S 17 SO 90/16, juris.

weis von Verwertungsbemühungen und deren Scheitern weitere darlehensweise Leistungen nicht in Betracht kommen.[51] Die darlehensweise Bewilligung kann ermessensfehlerfrei mit einer Sicherung des Darlehensrückzahlungsanspruchs durch Erbteilsverpfändung im Rahmen einer Nebenbestimmung (Auflage) verknüpft werden.[52]

28.1 Für Erstbezieher von Bürgergeld sind die seit dem 1.1.2023 geltenden überaus großzügigen Vermögensfreibeträge zu beachten. Gemäß § 12 Abs. 3 S. 1 SGB II gilt für die Berücksichtigung von Vermögen eine Karenzzeit von einem Jahr ab Beginn des Monats, für den erstmals Leistungen nach diesem Buch bezogen werden. Innerhalb dieser Karenzzeit wird Vermögen nur berücksichtigt, wenn es erheblich ist (§ 12 Abs. 3 S. 2 SGB II), was nach § 12 Abs. 4 S. 1 SGB II nicht der Fall ist bei Vermögen bis 40.000 EUR für den Leistungsberechtigten und ggf. 15.000 EUR je weiteres Mitglied der Bedarfsgemeinschaft. Für eine vierköpfige Familie gilt also ein befristeter Freibetrag von 85.000 EUR[53], nach Ablauf der Karenzzeit gilt dann der Freibetrag nach § 12 Abs. 2 SGB II in Höhe von 15.000 EUR je Mitglied der Bedarfsgemeinschaft. Zu beachten ist, dass Leistungsbezieher in den Genuss dieses „Erstfreibetrages" auch mehrmals kommen können. Wird der Leistungsbezug in der Karenzzeit für mindestens einen Monat unterbrochen, verlängert sich die Karenzzeit nämlich gemäß § 12 Abs. 3 S. 3 SGB II um volle Monate ohne Leistungsbezug. Eine neue Karenzzeit beginnt gemäß § 12 Abs. 3 S. 4 SGB II, wenn zuvor mindestens drei Jahre keine Leistungen nach diesem oder dem Zwölften Buch bezogen worden sind. Für Sozialhilfebezieher gelten diese neuen Regelungen nicht, § 90 SGB XII ist kaum geändert worden.

II. Einzelfragen im Erbfall

29 Ist ein Leistungsbezieher **Alleinerbe** geworden, hängt es von dem ererbten Vermögensgegenstand ab, ob eine Verwertungsmöglichkeit besteht. Tatsächlich nicht verwertbar sind Vermögensbestandteile, für die in absehbarer Zeit kein Käufer zu finden sein wird, sei es, dass Gegenstände dieser Art nicht (mehr) marktgängig sind oder dass ein Grundstück infolge sinkender Immobilienpreise über den Marktwert hinaus belastet ist.[54] Wird eine im Alleineigentum stehende Immobilie deshalb nicht verkauft, weil der Eigentümer die Veräußerung verhindert, steht dies der Verwertbarkeit nicht entgegen.[55]

30 Ist ein Leistungsbezieher nach dem SGB II Miterbe geworden, ist zu beachten, dass **Miterben** nach § 2033 Abs. 1 S. 1 BGB zwar über ihren **Anteil an dem Nachlass verfügen** können, nach § 2033 Abs. 2 BGB aber **nicht über ihren Anteil an den einzelnen Nachlassgegenständen**.[56] Miterben können gemäß § 2040 Abs. 1 BGB über einen Nachlassgegenstand nur gemeinschaftlich verfügen. Ist der Grundsicherungsempfänger Miterbe über einen aus mehreren Nachlassgegenständen bestehenden Nachlass geworden, von denen ein Nachlassgegenstand nach § 12 Abs. 1 S. 2 SGB II nicht zu berücksichtigen ist, und verweigert der andere Miterbe die Verfügung über die anderen Nachlassgegenstände, deren Berücksichtigung nicht nach § 12 Abs. 1 S. 2 SGB II ausgeschlossen ist, ist der Anteil an den anderen Nachlassgegenständen nicht verwertbar.[57]

31 Im Übrigen bestehen **rechtliche Hindernisse** für eine Verwertbarkeit durch **Übertragung des Erbteils im Wege des Erbschaftsverkaufs** oder auch durch eine **Verpfändung des Miterbenanteils** entsprechend §§ 1273 Abs. 2, 1258 BGB nicht.[58] Nach dem Grundsatz der Gesamtrechtsnachfolge (§ 1922 Abs. 1 BGB) ist das Vermögen des Erblassers mit dem Erbfall auf die Miterben als

---

51 BSG NZS 2017, 754 (Kurzwiedergabe mAnm Becker).
52 LSG Nordrhein-Westfalen Urt. v. 14.6.2021 – L 9 SO 253/18, Ls. in ZEV 2022, 56.
53 Der ursprüngliche Gesetzentwurf sah sogar 60.000 EUR zzgl. 30.000 EUR vor, im Beispielsfall wären das 150.000 EUR gewesen.
54 BSG BSGE 98, 243.
55 LSG Nordrhein-Westfalen Urt. v. 23.6.2020 – L 2 AS 1936/19, juris.
56 LSG Berlin-Brandenburg Urt. v. 3.6.2021 – L 25 AS 1720/18, juris.
57 LSG Nds-Brem FamRZ 2012, 1011.
58 BSG SozR 4-4200 § 12 Nr. 12.

Ganzes übergegangen; der Nachlass steht den Miterben gemeinschaftlich zur gesamten Hand zu (§ 2032 BGB). Solange die Erbengemeinschaft ungeteilt fortbesteht, kann der einzelne Miterbe zwar nicht über einzelne Nachlassgegenstände, jedoch über seinen Anteil an dem Nachlass als solchen verfügen (§ 2033 Abs. 1 S. 1 BGB). Allerdings müssen stets auch die tatsächlichen Verwertungsmöglichkeiten festgestellt werden. Dies gilt für den Erbschaftsverkauf wie auch eine Verpfändung des Miterbenanteils. Jeweils ist zu prüfen, ob eine solche Verwertung am Markt tatsächlich realisierbar ist und welcher Wert hierfür im streitigen Zeitraum erlangt werden kann. Teilweise wird insoweit angenommen, dass vom Vermögenswert ein Abschlag anhand der konkreten Bedingungen des Einzelfalls vorzunehmen ist.[59] Für die Bestimmung des Vermögenswertes ist im SGB II § 12 Abs. 5 SGB II zu beachten; die Erbschaftssteuerschuld ist nicht vermögensmindernd zu berücksichtigen.[60] Ist die Verwertbarkeit dem Grunde nach zu bejahen, sind immer noch die **Tatbestände des § 12 Abs. 1 S. 2 SGB II**,[61] nach denen verwertbares Vermögen nicht zu berücksichtigen ist, in den Blick zu nehmen. Insbesondere kann im Einzelfall eine besondere Härte nach § 12 Abs. 1 S. 2 Nr. 7 SGB II vorliegen.[62]

Ist ein Miterbenanteil nicht verwertbar, steht dies der Anrechnung eines Gegenstandes als Vermögen dann nicht entgegen, wenn der Betroffene seinerseits an der Auseinandersetzung der Erbengemeinschaft nicht interessiert war und den Auseinandersetzungsanspruch nicht ernstlich geltend gemacht hat; es besteht dann kein tatsächliches Verwertungshindernis im Sinne des § 12 Abs. 1 SGB II. Erst wenn feststeht, dass eine einvernehmliche Auseinandersetzung der Erbengemeinschaft durch frei vereinbarten Vertrag (als Regelfall der Verwertung) trotz der dann drohenden Auseinandersetzung nach den gesetzlichen Regelungen am Widerstand des Miterben gescheitert ist, bestehen hinsichtlich des Anspruchs auf Auseinandersetzung der Erbengemeinschaft tatsächliche Verwertungshindernisse im Sinne des § 12 Abs. 1 SGB II. Ist der Betroffene im Ergebnis gezwungen, den Anspruch auf Auseinandersetzung klageweise geltend zu machen, führt dies dazu, dass für den Prognosezeitraum nicht absehbar ist, wann er einen wirtschaftlichen Nutzen aus dem Auseinandersetzungsanspruch hätte ziehen können. Denn eine Klage auf umfassende Auseinandersetzung eines Nachlasses unter Beachtung der Regeln der §§ 2046–2048 BGB und § 2042 Abs. 2 BGB kann in der Praxis der Instanzgerichte erhebliche Schwierigkeiten bereiten und langwierig sein.[63] Für die Geltendmachung eines Auseinandersetzungsanspruchs ist der Miterbe beweispflichtig.[64] Dass ein Miterbe überhaupt auf die Möglichkeit einer Erbauseinandersetzung verwiesen und so eine Anrechnung von fiktivem Vermögen erreicht werden kann, steht in gewisser Weise in Widerspruch zu der Anrechnung von Einkommen, → Rn. 14. Sinnvoll ist diese unterschiedliche Behandlung[65] nicht, weil es nach der Rechtsprechung des BSG im Wesentlichen Zufall ist, ob eine Erbschaft als Einkommen oder Vermögen zu behandeln ist.

31.1

---

59 SG Osnabrück Urt. v. 28.7.2020 – S 16 AS 508/17, juris.
60 LSG Nordrhein-Westfalen Urt. v. 23.3.2021 – L 6 AS 66/18, juris.
61 Für das SGB XII siehe § 90 Abs. 2 und 3 SGB XII; ausdrücklich in § 90 Abs. 2 Nr. 6 SGB XII ist die Unverwertbarkeit von Erbstücken geregelt; hier spielt auch der ideelle Wert eine Rolle.
62 Vgl. SG Stade Urt. v. 2.12.2011 – S 17 AS 521/10; besondere Härte der Verwertung eines Miterbenanteils, wenn das Erbe im Wesentlichen aus einem Haus besteht, in dem die andere Miterbin – die Mutter – wohnt, die eine einvernehmliche Auseinandersetzung der Erbengemeinschaft verweigert.
63 BSG SozR 4-4200 § 12 Nr. 12; kritisch dazu juris-PK-SGB II/Formann SGB II § 12 Rn. 97; wie BSG auch LSG Baden-Württemberg FEVS 72, 12; auch LSG Berlin-Brandenburg Beschl. v. 17.12.2019 – L 18 AS 2213/19 B ER, juris; für die Sozialhilfe LSG Nordrhein-Westfalen Urt. v. 14.6.2021 – L 9 SO 253/18, juris.
64 Hauck/Noftz/Hengelhaupt K SGB II § 11 Rn. 260.
65 Dass eine unterschiedliche Behandlung vorliegt, ergibt sich auch aus Hauck/Noftz/Hengelhaupt K SGB II § 11 Rn. 234.

32   Die obigen Ausführungen zur Verwertbarkeit eines Erbteils gelten entsprechend für die **Verwertbarkeit eines Pflichtteilsanspruchs**.[66] Dass der Anspruchsteller den Pflichtteilsanspruch wegen **familiärer Rücksichtnahme** gegenüber dem Erben nicht geltend machen will, führt nach Auffassung des BSG im Übrigen nicht zu seiner Unverwertbarkeit. Ein solcher Gesichtspunkt kann nur im Rahmen der Prüfung der besonderen Härte iSd § 12 Abs. 1 S. 2 Nr. 7 SGB II eine Rolle spielen. Der **Pflichtteilsverzicht** eines behinderten Sozialleistungsbeziehers ist grundsätzlich **nicht sittenwidrig**.[67] Entsprechend besteht für den Grundsicherungsträger auch keine Möglichkeit der Sanktionierung nach den §§ 31, 31a SGB II, wenn der Hilfebedürftige eine nicht oder nur eingeschränkt verwertbare Erbschaft antritt und auf die Möglichkeit verzichtet, das Erbe auszuschlagen und den möglicherweise leichter verwertbaren Pflichtteilsanspruch geltend zu machen.[68]

33   Unverwertbar ist regelmäßig Vermögen, das im Wege der Vorerbschaft in Verbindung mit Testamentsvollstreckung – Fall des sogenannten **Behindertentestaments** (dazu eingehend → Rn. 34 ff.) – erlangt worden ist.

E. Praktische Hinweise zum Behinderten- und Bedürftigentestament

34   Erbt der Grundsicherungs- oder Sozialhilfebezieher während des Leistungsbezuges, kann dies Einfluss auf den Leistungsanspruch haben, sei es, weil Einkommen anzurechnen ist, sei es, weil – etwa nach Ablauf eines Verteilzeitraums – Vermögen zu berücksichtigen ist. Eltern bedürftiger Kinder, die ihr Kind bedenken wollen, stehen daher bei der **Testamentsgestaltung** vor dem Problem, dass die Erbschaft als Einkommen oder Vermögen dem jeweiligen Sozialleistungsanspruch ganz oder teilweise entgegensteht. Ist das Kind behindert, hat sich in der Praxis das bereits angesprochene **Behindertentestament** als probates Mittel erwiesen, den Nachlass vor der vorrangigen Verwertung zu schützen.[69]

35   Der Sozialleistungsempfänger wird im Falle des Behindertentestaments zum **nicht befreiten Vorerben** eingesetzt.[70] Der nicht befreite[71] Vorerbe kann den Nachlass rechtlich nicht verwerten, so dass der Nachlass für den Grundsicherungs- und Sozialhilfeanspruch ohne Bedeutung ist. Das Recht des mit der Nacherbschaft belasteten Vorerben gemäß § 2306 Abs. 1 BGB, die (nicht) **befreite Vorerbschaft auszuschlagen** und stattdessen den Pflichtteil zu verlangen, kann der jeweils zuständige Sozialleistungsträger nicht nach § 93 SGB XII auf sich überleiten und es geht auch nicht kraft Gesetzes nach § 33 Abs. 1 SGB II auf den Sozialleistungsträger über, weil das Ausschlagungsrecht ein Gestaltungsrecht und kein Anspruch ist.[72]

---

[66] BSG SozR 4-4200 § 12 Nr. 15; hat im Übrigen ein Pflichtteilsberechtigter Sozialhilfeleistungen für Zeiträume bezogen, in denen ihm der Pflichtteilsanspruch bereits zugestanden hat, kommt in Betracht, dass der Träger der Sozialhilfe gemäß § 93 Abs. 1 S. 1 SGB XII durch schriftliche Anzeige an den anderen – hier den Erben – bewirkt, dass dieser Anspruch bis zur Höhe seiner Aufwendungen auf ihn übergeht. Der Erbe sieht sich in diesem Fällen einem neuen Gläubiger ausgesetzt, der auch entsprechende Nebenrechte wie Auskunfts- und Wertermittlungsrechte nach § 2314 BGB gegen ihn hat. Im SGB II gilt § 33 SGB II; hier geht der Anspruch im Wege der Legalzession auf den Grundsicherungsträger über; vgl. zum Ganzen Doering-Striening/Horn NJW 2013, 1276; Schneider ZEV 2018, 68.

[67] BGH BGHZ 188, 96; SG Stuttgart Beschl. v. 8.3.2012 – S 15 AS 925/12 ER; Dreher/Görner NJW 2011, 1761 (1766).

[68] Manthey/Trilsch ZEV 2015, 618 (619).

[69] Angermaier SozSich 2010, 194 (197); Milzer NZ-Fam 2019, 1046 (1050); Nieder/Kössinger Testamentsgestaltung-HdB/R.Kössinger § 21 Rn. 63 ff.; Jugl notar 2022, 135 (139); vgl. Tank/Krug/Süß/Horn/Bienert § 21.

[70] Vgl. zu den denkbaren Gestaltungsmodellen Nieder/Kössinger Testamentsgestaltung-HdB/R.Kössinger § 21 Rn. 71 ff.; TKS AnwForm Testamente/Horn/Bienert § 21 Rn. 24 ff.; hier soll nur die gängigste Gestaltungsmöglichkeit vorgestellt werden.

[71] Zum Vorteil der nicht befreiten gegenüber der befreiten Vorerbschaft vgl. Nieder/Kössinger Testamentgestaltung-HdB/R. Kössinger § 21 Rn. 90; vgl. auch TKS AnwForm Testamente/Horn/Bienert § 21 Rn. 31.

[72] Litzenburger ZEV 2009, 278 (279); Angermaier SozSich 2010, 194 (198); Nieder/Kössinger Testamentgestaltung-HdB/R. Kössinger § 21 Rn. 66; TKS AnwForm Testamente/Horn/Bienert § 21 Rn. 11.

Die Anordnung der nicht befreiten Vorerbschaft wird mit der Anordnung einer **Verwaltungs(testaments)vollstreckung** verbunden, die als Dauertestamentsvollstreckung (§ 2209) ausgestaltet ist. Die Anordnung der Verwaltungsvollstreckung führt dazu, dass der Erbe über die der Vollstreckung unterliegenden Gegenstände nicht verfügen kann (§ 2211 Abs. 1 BGB). Daneben können die Gläubiger des Erben gemäß § 2214 BGB auf derartige Gegenstände nicht zugreifen.[73] Über einen der Verwaltung des Testamentsvollstreckers unterliegenden Nachlassgegenstand kann der Vorerbe gemäß § 2211 Abs. 1 BGB nicht verfügen, so dass er – iSd Einkommensbegriffs – über keine „bereiten Mittel" und – iSd Vermögensbegriffs – über kein verwertbares Vermögen verfügt. Als letztes Teilelement für das Behindertentestament bedarf es schließlich einer die Besserstellung des Behinderten bezweckenden bindenden Verwaltungsanordnung für den Testamentsvollstrecker gemäß § 2216 Abs. 2 S. 1 BGB.[74]

36

Weiter wird dem Testamentsvollstrecker auferlegt, die **Nutzungen** dem Vorerben zukommen zu lassen, § 2216 BGB. Hier ist Vorsicht geboten, weil im Grundsatz der Sozialhilfeträger den Anspruch des Sozialhilfeempfängers auf den Ertrag gemäß § 93 SGB XII auf sich überleiten kann bzw. dieser Anspruch gemäß § 33 SGB II auf den Grundsicherungsträger übergeht. Der Anspruch am Ertrag ist daher auf solche Verwendungen zu beschränken, die der Versorgung des Sozialleistungsempfängers dienen, jedoch dessen Anspruch auf Sozialleistungen weder ausschließen noch verringern.[75] Zu beachten ist, dass der Zugriff des Sozialleistungsempfängers auf den Ertrag durch die Anordnung der Verwaltungsvollstreckung eingeschränkt (§ 2216 Abs. 2 Satz 1 BGB), wohl aber nicht vollständig ausgeschlossen werden kann (§ 2220 BGB).[76] Zulässig ist es jedenfalls, den Anspruch des mit der Testamentsvollstreckung belasteten Erben auf Naturalleistungen zu beschränken und dem Testamentsvollstrecker die Befugnis einzuräumen, darüber zu entscheiden, in welcher Form diese konkret erfolgen.[77] Unklare Verwaltungsanweisungen und solche, die dem Testamentsvollstrecker einen zu weiten Ermessensspielraum einräumen, sind problematisch, weil sie die Gefahr eines Zugriffs auf den Nachlass durch den Sozialleistungsträger ermöglichen.[78] Hält sich der Testamentsvollstrecker nicht an die Verwaltungsanweisung nach § 2216 BGB und kehrt etwa einen zu hohen Geldbetrag an den behinderten Vorerben aus, steht dies der Berücksichtigung des Betrages als Einkommen oder Vermögen aber nicht entgegen.[79]

37

Große Vorsicht war jedenfalls bislang geboten, wenn dem Testamentsvollstrecker die Befugnis eingeräumt werden soll, auch auf die **Substanz des Nachlasses** zuzugreifen.[80] Hier bedurfte es einer eindeutigen Verwaltungsanweisung, die eine Anrechnung auf Sozialleistungen des Vorerben ausdrücklich verhindert.[81] Ob sich durch § 11a Abs. 1 Nr. 7 SGB II in der seit dem 1.7.2023 geltenden Fassung und § 82 Abs. 1 S. 2 Nr. 9 SGB XII in der seit dem 1.1.2023 geltenden Fassung etwas ändert, bleibt abzuwarten. Jedenfalls sind Erbschaften nach diesen Regelungen kein Einkommen, sondern Vermögen. Auch mit Blick auf die Anhebung des kleineren Barbetrages gemäß § 90 Abs. 2 Nr. 9 SGB XII auf 10.000 EUR dürften Zuwendungen aus der Erb-

38

---

73 Nieder/Kössinger Testamentgestaltung-HdB/R. Kössinger § 21 Rn. 69; TKS AnwForm Testamente/Horn/Bienert § 21 Rn. 38.
74 Nieder/Kössinger Testamentgestaltung-HdB/R. Kössinger § 21 Rn. 70; TKS AnwForm Testamente/Horn/Bienert § 21 Rn. 38.
75 Tersteegen ZEV 2008, (123); Nieder/Kössinger Testamentgestaltung-HdB/R. Kössinger § 21 Rn. 97.
76 Vgl. zum Problem Weidlich ZEV 2020, 136 (137).
77 Litzenburger ZEV 2009, 278 (279); vgl. auch die Formulierungsvorschläge bei Nieder/Kössinger Testamentgestaltung-HdB/R. Kössinger § 21 Rn. 97 und bei TKS AnwForm Testamente/Horn/Bienert § 21 Rn. 52.
78 Weidlich ZEV 2020, 136 (137).

79 Hess. LSG Urt. v. 26.6.2013 – L 6 SO 165/10; dort hatte der Testamentsvollstrecker dem behinderten Vorerben fast 7.000 EUR Taschengeld und „Erbschaft" zukommen lassen.
80 Vgl. Nieder/Kössinger Testamentgestaltung-HdB/R. Kössinger § 21 Rn. 97: „Zugriffsmöglichkeit auf die Substanz nur in konkreten, sachlich begründeten Ausnahmefällen"; TKS AnwForm Testamente/Horn/Bienert § 21 Rn. 31 und Rn. 52.
81 Tersteegen ZEV 2008, 121 (123); schlecht daher die Formulierung in vom SG Osnabrück Urt. v. 18.9.2012 – S 16 AS 191/11 entschiedenen Fall; im dortigen Testament hieß es, dass der Testamentsvollstrecker auf die Substanz des Vermögens zurückgreifen dürfe, sofern dies notwendig sei.

schaft regelmäßig unschädlich sein. Und soweit die Erbschaft die Vermögensfreibeträge übersteigt, dürfte das Vermögen bei gut formulierten Verwaltungsanweisungen nicht verwertbar sein. Zu beachten ist aber eine Formulierung, nach der dem Vorerben eine Befreiung dergestalt eingeräumt wird, dass er befugt ist, einen Erbschaftsgegenstand für sich zu verwenden, ohne gemäß § 2134 BGB zum Wertersatz verpflichtet zu sein.[82]

39 Um die Einschränkungen der nicht befreiten Vorerbschaft und der Testamentsvollstreckung auf die **Zeit des Sozialleistungsbezuges zu beschränken**, werden verschiedene Möglichkeiten erwogen, von denen wohl nur die Möglichkeit der Anordnung einer aufschiebend bedingten Vollerbschaft verbleibt, die indes das Risiko der Überleitung des daraus erwachsenden Anwartschaftsrechts des Vorerben birgt.[83]

40 Das **Behindertentestament** in der skizzierten Ausgestaltung ist unter besonderer Berücksichtigung des Grundsatzes der **Testierfreiheit** grundsätzlich **nicht als sittenwidrig** anzusehen.[84] Es ist vielmehr Ausdruck der sittlich anzuerkennenden Sorge für das Wohl des Kindes über den Tod der Eltern hinaus.[85] Allerdings sollte sich diese Sorge auch in der Formulierung des Behindertentestaments niederschlagen. Ist die Formulierung einseitig darauf gerichtet, dass es nur darum geht, Vermögenswerte vor dem Zugriff des Sozialleistungsträgers zu schützen, mag im Einzelfall Sittenwidrigkeit bejaht werden.[86]

41 Der im Wege des Behindertentestaments als Vorerbe eingesetzte Anspruchsteller ist auch nicht darauf zu verweisen, gemäß § 2306 Abs. 1 S. 2 BGB das Erbe als **Vorerbe auszuschlagen** und stattdessen einen Pflichtteilsanspruch geltend zu machen.[87] Denn wenn selbst der Pflichtteilsverzicht eines behinderten Sozialhilfeempfängers grundsätzlich nicht sittenwidrig ist,[88] kann einem Sozialleistungsempfänger nicht vorgeworfen werden, er habe einen möglichen Anspruch auf einen nicht im Wege der Vorerbenstellung eingeschränkten Pflichtteil nicht realisiert.[89]

42 Problematisch war jedenfalls bislang, ob auch das „**Bedürftigentestament**",[90] in dem also der Vorerbe nicht behindert ist, als grundsätzlich nicht sittenwidrig anzusehen war. Zweifel insoweit sind vor allem vom SG Dortmund geäußert worden, das – ohne sich abschließend festzulegen – die Auffassung geäußert hat, es spreche einiges für die Sittenwidrigkeit eines solchen Bedürftigentestaments.[91] Sehr prägnant hat das SG Dortmund ausgeführt, die Testierfreiheit könne nicht so weit gehen, dass dem Erben sämtliche Annehmlichkeiten (Hobbys, Reisen usw) aus dem Nachlass finanziert würden, während für den Lebensunterhalt der Steuerzahler aufkommen müsse. Auch das LSG Baden-Württemberg hat bei seiner Beurteilung der Sittenwidrigkeit eines beschränkten Vermächtnisses stark darauf abgestellt, dass die dortige Erblasserin die berechtigte Sorge hatte, ihr alkoholkranker Sohn werde nicht in der Lage sein, mit einer Zuwendung im Todesfall sachgerecht und verantwortungsbewusst umzugehen.[92] Rückt man die jeweilige Erkrankung/Behinderung des Erben in den Vordergrund, wird man bei dem nicht erkrankten, nicht behinderten, aber „nur armen" Erben bei vordergründiger Betrachtung häufig die Sittenwidrigkeit bejahen müssen.

43 Mit Blick auf den grundgesetzlichen Schutz der Testierfreiheit durch Art. 14 Abs. 1 GG und mit Blick darauf, dass dem Erblasser keine besondere Vorsorge dafür abverlangt werden kann, dass

---

82 Weidlich ZEV 2020, 136 (138).
83 Litzenburger ZEV 2009, 278 (280).
84 BGH BGHZ 123, 368; BGH ZEV 2020, 41; vgl. eingehend Dreher/Görner NJW 2011, 1761; Nieder/Kössinger Testamentgestaltung-HdB/ R. Kössinger § 21 Rn. 103 ff.; TKS AnwForm Testamente/Horn/Bienert § 21 Rn. 17 ff.; LSG Baden-Württemberg Urt. v. 4.11.2020 – L 2 AS 1268/19, juris; Weidlich ZEV 2020, 136.
85 BGH BGHZ 188, 96.
86 BeckOK BGB/Lange BGB § 2216 Rn. 31.
87 LSG Hmb FamRZ 2013, 1428; vgl. dazu Tersteegen ZErb 2013, 141.
88 BGH BGHZ 188, 96.
89 Manthey/Trilsch ZEV 2015, 618 (619).
90 Nieder/Kössinger Testamentgestaltung-HdB/ R. Kössinger § 21 Rn. 116 ff.; TKS AnwForm Testamente/Horn/Bienert § 21 Rn. 20 ff.
91 SG Dortmund ZEV 2010, 54; kritisch Litzenburger FD-ErbR 2009, 291784.
92 LSG Baden-Württemberg ZEV 2008, 147.

der Erbe oder Vermächtnisnehmer nicht einem Sozialleistungsträger zur Last fällt,[93] wurde schon in der Vorauflage vertreten, dass Vieles dafür spreche, **auch im Fall des Bedürftigentestaments Sittenwidrigkeit regelmäßig zu verneinen**.[94] Allerdings wurde die Rechtslage hier als so **unsicher empfunden**, dass empfohlen wurde, darauf zu achten, dass das Testament oder der Erbvertrag für den Fall der Unwirksamkeit der Vorerbeneinsetzung und/oder der Testamentsvollstreckung Auffangregelungen enthält.[95]

Nunmehr hat sich das BSG grundlegend zum Bedürftigentestament geäußert.[96] Streitig war ein Anspruch auf Kinderzuschlag. Die Klägerin war während des Bezuges von Kinderzuschlag Miterbin geworden. Der Erblasser, mit dem die Klägerin in keiner verwandtschaftlichen Beziehung stand, verfügte in seinem Testament: „Der Testamentsvollstrecker soll A, G und ihrem Kind nach Möglichkeit aus den Früchten des Vermögens dauerhafte Zuwendungen sichern. Er soll versuchen, den Stamm des ererbten Vermögens zu erhalten. Ist dies nach seinem freien Ermessen untunlich, soll er das ererbte Vermögen in angemessenen, seiner freien Ermessensentscheidung unterliegenden Raten an die Erbin auszahlen." Das BSG hat seine grundlegende Rechtsprechung zur Abgrenzung von Einkommen und Vermögen sowie zur Berücksichtigung als bereites Mittel bestätigt. Unbeschadet der Einordnung des Erbes als Einkommen oder als Vermögen setze die Berücksichtigung jeweils voraus, dass das Erbe als bereites Mittel zur Verfügung stehe. 44

Der Verwertbarkeit des Erbes der Klägerin als bereites Mittel könne die vom Erblasser angeordnete Dauertestamentsvollstreckung entgegenstehen, die aus der Anweisung im Testament gegenüber dem Testamentsvollstrecker folge. Zur Rechtsstellung des Erben und des Testamentsvollstreckers bestimme das BGB, dass der Testamentsvollstrecker den Nachlass zu verwalten habe (§ 2205 S. 1 BGB), der Erbe insofern nicht verfügen könne (§ 2211 Abs. 1 BGB) und Gläubiger des Erben, die nicht zu den Nachlassgläubigern gehörten, sich nicht an die der Verwaltung des Testamentsvollstreckers unterliegenden Nachlassgegenstände halten könnten (§ 2214 Abs. 1 BGB). Anordnungen, die der Erblasser für die Verwaltung durch letztwillige Verfügung getroffen habe, seien von dem Testamentsvollstrecker zu befolgen; sie könnten jedoch auf Antrag des Testamentsvollstreckers oder eines anderen Beteiligten von dem Nachlassgericht außer Kraft gesetzt werden, wenn ihre Befolgung den Nachlass erheblich gefährden würde (§ 2216 Abs. 2 S. 1, 2 BGB). Bei einer schuldhaften Pflichtverletzung hafte der Testamentsvollstrecker dem Erben für den daraus entstehenden Schaden (§ 2219 BGB). Nach diesen gesetzlichen Vorgaben dürfe der Testamentsvollstrecker von einer im Testament enthaltenen Anordnung nicht ohne Weiteres abweichen und der Erbe könne ein bestimmtes Verhalten des Testamentsvollstreckers letztlich nur mittels einer Klage erzwingen, zB wenn der Testamentsvollstrecker sein ihm eingeräumtes Ermessen anders ausübe, als der Erbe meine, dass es ausgeübt werden sollte. 45

Übertragen auf das vorliegende Verfahren und die Anordnung des Erblassers, den Stamm des Vermögens zu erhalten und der Klägerin aus den Früchten des Vermögens eine dauerhafte Zuwendung zu sichern, bedeute dies: Wenn der Testamentsvollstrecker dem folge, stünden der Klägerin nur die genannten Früchte des Vermögens als bereite Mittel zur Verfügung, nicht aber das gesamte Vermögen. Nur wenn dies „nach seinem (des Testamentsvollstreckers) freien Ermessen untunlich (ist), soll er das ererbte Vermögen in angemessenen, seiner freien Ermessensentscheidung unterliegenden Raten an die Erbin auszahlen". Auch diese Anordnung bewirke seitens der Klägerin keinen gesicherten Anspruch gegenüber dem Testamentsvollstrecker auf einen bestimmten monatlichen Betrag aus dem Erbe und erst recht nicht eine Verfügbarkeit 46

---

93 Litzenburger FD-ErbR 2009, 291784.
94 Dreher/Görner NJW 2011, 1761 (1765 f.).
95 Litzenburger FD-ErbR 2009, 291784; vgl. zu Gestaltungsalternativen auch Klühs ZEV 2011, 15 ff.; vgl. auch Nieder/Kössinger Testamentgestaltung-HdB/R. Kössinger § 21 Rn. 122.

96 BSG ZEV 2015, 484; vgl. dazu nur die Anm. von Tersteegen ZEV 2015, 487; Palsherm SGb 2016, 295 ff.; Aufsatz von Manthey/Trilsch ZEV 2015, 618.

über das gesamte Erbe durch sie. Aus der Rechtsprechung zum sogenannten „Behindertentestament" folge nichts Abweichendes, vielmehr werde die vorliegende Entscheidung dadurch bestätigt, denn die Vorinstanz habe nicht festgestellt, dass die Klägerin in einer besonderen Beziehung zum Erblasser gestanden habe, sondern ihr das Erbe (wohl) nur im Rahmen einer freien Entscheidung des Erblassers zugedacht worden sei. Angesichts dieser rein gewillkürten Erbeinsetzung der Klägerin durch den Erblasser sei nicht zu erkennen, wieso die Dauertestamentsvollstreckung wegen eines Verstoßes gegen die guten Sitten zulasten der öffentlichen Hand nach § 138 BGB anfechtbar sein soll. Aber selbst wenn eine Sittenwidrigkeit der Anordnung der Dauertestamentsvollstreckung angenommen würde, folge daraus nicht, dass die Klägerin zum Zeitpunkt des Zuflusses des Erbes über dieses verfügen konnte, weil zu diesem Zeitpunkt die Dauertestamentsvollstreckung noch bestanden habe. Die Klägerin müsste erst die Anordnung der Dauertestamentsvollstreckung durch den Erblasser erfolgreich anfechten. Insofern sei jedoch darauf hinzuweisen, dass die Beklagte gegenüber der Klägerin Beratungspflichten aus dem zwischen ihnen bestehenden Sozialrechtsverhältnis habe (§ 14 SGB I) und, wenn sie ein Vorgehen der Klägerin gegen den Testamentsvollstrecker für angezeigt halte, diese dabei zu unterstützen habe.

47 Das wiedergegebene Urteil des BSG sorgt für mehr Rechtsklarheit. So dürfte die Anordnung der Dauertestamentsvollstreckung im Regelfall nicht sittenwidrig sein, wenn auch das insoweit vom BSG vorgebrachte Argument, die Klägerin habe nicht in einer besonderen Beziehung zum Erblasser gestanden, sondern ihr sei das Erbe (wohl) nur im Rahmen einer freien Entscheidung des Erblassers zugedacht worden, auch den gegenteiligen Schluss ermöglicht hätte.[97] Selbst das sehr weitgehende Ermessen des Testamentsvollstreckers, auch den Vermögensstamm auszuzahlen, führt nach Einschätzung des BSG nicht zur Unbeachtlichkeit der Dauertestamentsvollstreckung, weil sich auch daraus kein gesicherter Anspruch der Klägerin auf einen bestimmten monatlichen Betrag und erst recht nicht eine Verfügbarkeit über das gesamte Erbe ergebe.[98] In diesem Zusammenhang ist auch auf die Rechtsprechung des BGH hinzuweisen, wonach der Erbe einen durchsetzbaren Anspruch darauf hat, dass der Testamentsvollstrecker die vom Erblasser getroffenen Verwaltungsanordnungen iSd § 2216 Abs. 2 BGB umsetzt.[99]

48 Obwohl das BSG für die Verneinung des Erbes als bereites Mittel nur auf die Dauertestamentsvollstreckung abgestellt hat, bietet es sich auch bei der Gestaltung des Bedürftigentestaments an, den bedürftigen Begünstigten als nicht befreiten Vorerben einzusetzen.[100] Bei sorgfältiger Formulierung der Verwaltungsanweisungen an den Testamentsvollstrecker[101] kann insbesondere „sozialleistungsunschädlich" vererbt werden. In der Praxis werden sich aber in sozialrechtlicher Sicht zahlreiche Anwendungsfragen stellen, die nicht zuletzt auch auf die häufigen Gesetzesänderungen im SGB II und im SGB XII zurückzuführen sind. Im vom BSG entschiedenen Fall bestand der Nachlass offenbar auch, wenn nicht weitgehend, aus einer Wohnung, die – da nur Geldeswert besitzend – schon nach der bis zum 30.6.2023 geltenden Gesetzeslage nach dem SGB II von vornherein nur Vermögen darstellen konnte. Seit dem 1.7.2023 können Erbschaften wegen § 11a Abs. 1 Nr. 7 SGB II ohnehin nur Vermögen sein. War aber das Erbe Vermögen, so kann auch für einzelne durch den Testamentsvollstrecker vorgenommene Zuwendungen nichts anderes folgen, wenn diese aus dem Vermögensstamm[102] erfolgen, während die Früchte stets Einkommen darstellen dürften. Im Ergebnis würde das Vermögen als Ganzes wegen der Dauertestamentsvollstreckung (ggf. in Verbindung mit nicht befreiter Vorerbschaft) dem Anspruch nach dem SGB II nicht entgegenstehen. Die einzelnen Zuwendungen dürften regelmäßig unter

---

97 Palsherm SGb 2016, 295 (299).
98 Tersteegen ZEV 2015, 487 (488).
99 BGH ZEV 2013, 337 – Anspruch auf Freigabe einer zu entrichtenden Betreuervergütung.
100 Manthey/Trilsch ZEV 2015, 618 (623); Nieder/Kössinger Testamentsgestaltung-HdB/R. Kössinger § 21 Rn. 121.
101 Vgl. nur den Formulierungsvorschlag bei Manthey/Trilsch ZEV 2015, 618 (624).
102 Der Zugriff auf den Vermögensstamm/die Nachlasssubstanz ist in Zeiten niedriger Zinsen und dementsprechend geringer „Früchte" oft nicht zu vermeiden, vgl. dazu Spall ZEV 2017, 26.

den Vermögensfreibeträgen liegen. Wird darauf geachtet, dass der Bedürftige insgesamt kein Vermögen „anhäuft", welches die Freibeträge übersteigt, dürfte eine grundsicherungsrechtlich unschädliche Auszahlung des Erbes etwa in Raten gut möglich sein.

Das Einkommen aus einem Erbfall ist im Falle einer aus einer angeordneten Testamentsvollstreckung resultierenden Verfügungsbeschränkung des Hilfebedürftigen insoweit zu berücksichtigen, als diesem aufgrund einer Freigabe durch den Testamentsvollstrecker tatsächlich bereite Mittel aus der Erbschaft zufließen und zur Deckung des Bedarfs verwendet werden können.[103] 49

Eine nach zivilrechtlichen Maßstäben gelungene Testamentsgestaltung kann dazu führen, dass das Erbe weder bereites Mittel (als Einkommen) noch verwertbares Vermögen darstellt. Das heißt aber nicht, dass eine weniger gelungene Testamentsgestaltung automatisch dazu führt, dass nunmehr anzurechnendes Einkommen oder Vermögen vorliegt. Der Rechtsprechung des BSG zu bereiten Mitteln und Verwertbarkeit wohnt in gewisser Weise ein tatsächliches Element inne, das sinngemäß besagt: „Von rechtlichen Gestaltungsmöglichkeiten kann man sich kein Brot kaufen." Das wird besonders deutlich, wenn das BSG in seiner Entscheidung vom 17.2.2015 selbst bei unterstellter Sittenwidrigkeit der Dauertestamentsvollstreckung darauf hinweist, diese müsse erst erfolgreich angefochten werden. In diesem Zusammenhang stellt das BSG eine den Sozialleistungsträger fordernde – wohl häufig überfordernde – Verpflichtung zur Unterstützung des Sozialleistungsempfängers bei Ausübung seiner zivilrechtlichen Gestaltungsmöglichkeiten auf. 50

Endet die Testamentsvollstreckung etwa durch Tod des Testamentsvollstreckers und lehnt das Nachlassgericht rechtskräftig die Einsetzung eines neuen Testamentsvollstreckers ab, ist der noch vorhandene Nachlass als Vermögen verwertbar. Dabei ist die rechtskräftige Ernennung ebenso wie die Ablehnung als rechtsgestaltende Verfügung der freiwilligen Gerichtsbarkeit für andere Gerichte oder Behörden bindend.[104] 51

Ungeachtet der skizzierten Rechtsprechung des BSG ist in der Rechtsprechung der Instanzgerichte ein gewisses Unbehagen gegenüber Bedürftigentestamenten durchaus zu verspüren. So hat das SG Düsseldorf eine Verwaltungsanweisung, wonach der Erbin und Klägerin Beträge in angemessenem Umfang zukommen zu lassen waren, die insbesondere für eine sachgerechte Berufsausbildung notwendig sind, nicht ausreichen lassen, um eine Anrechnung als Einkommen auszuschließen.[105] Die Entscheidung ist auch insoweit kritisch zu hinterfragen, als das SG Düsseldorf von laufendem Einkommen, also nicht einer einmaligen Einnahme ausgegangen ist, was bei dem damals anzuwendenden Recht noch relevant war. Zudem hat es fiktives Einkommen angerechnet, indem es den Anspruch gegen den Testamentsvollstrecker ungeachtet der Erfüllung hat ausreichen lassen. Nach der seit dem 1.7.2023 geltenden Rechtslage wären übrigens Zuwendungen unmittelbar aus der Erbschaft wegen § 11a Abs. 1 Nr. 7 SGB II ohnehin Vermögen. 52

Die in diesem Kapitel skizzierten Gesetzesänderungen werfen die Frage auf, ob das Behindertentestament auch zukünftig noch eine Rolle spielen wird. Man wird diese Frage recht eindeutig bejahen können. Geht es nämlich um die Anrechnung von Früchten, haben die Neuregelungen keine Änderung der Rechtslage herbeigeführt, es dürfte weiterhin regelmäßig eine Anrechnung als Einkommen möglich sein. Geht es um Zuwendungen unmittelbar aus der Substanz der Erbschaft, ist die Berücksichtigung einer Erbschaft als Vermögen auch weiterhin möglich. Das Bedürfnis, „sozialhilfe-" bzw. „bürgergeldunschädlich" zu vererben, besteht also fort. 53

---

103 LSG Nds-Brem ZEV 2015, 291 mAnm Tersteegen.
104 Vgl. LSG Baden-Württemberg Urt. v. 2.12.2020 – L 2 SO 219/19, juris.
105 SG Düsseldorf Urt. v. 27.5.2020 – S 15 AS 602/19, juris.

54 Die Privilegierung von Erbschaften in § 11a Abs. 1 Nr. 7 SGB II und in § 82 Abs. 1 S. 2 Nr. 9 SGB XII passt nicht recht in die übrigen Tatbestände, die eher Entschädigungszahlungen oder auch Aufwandsentschädigungen betreffen. Warum also gerade Erbschaften kein Einkommen sein sollen, dafür aber etwa Lottogewinne oder Schenkungen, ist kaum zu erklären. Der Hinweis auf die damit verbundene Verwaltungsvereinfachung, der vom Gesetzgeber im Übrigen auch im Zusammenhang mit der Privilegierung des Mutterschaftsgeldes vorgebracht worden ist[106], ist wenig ergiebig. Denn Aufhebungs- und Erstattungsfälle sind aufgrund der nicht einfachen Systematik der §§ 45 SGB X ff. regelmäßig schwierig zu handhaben, mit der vom Gesetzgeber genannten Begründung kann man also den Verzicht auf jedwede Rückforderung von wegen Einkommens zu Unrecht erbrachten Leistungen rechtfertigen.

§ 33 SGB II Übergang von Ansprüchen

(1) ¹Haben Personen, die Leistungen zur Sicherung des Lebensunterhalts beziehen, für die Zeit, für die Leistungen erbracht werden, einen Anspruch gegen einen Anderen, der nicht Leistungsträger ist, geht der Anspruch bis zur Höhe der geleisteten Aufwendungen auf die Träger der Leistungen nach diesem Buch über, wenn bei rechtzeitiger Leistung des Anderen Leistungen zur Sicherung des Lebensunterhalts nicht erbracht worden wären. ²Satz 1 gilt auch, soweit Kinder unter Berücksichtigung von Kindergeld nach § 11 Absatz 1 Satz 4 keine Leistungen empfangen haben und bei rechtzeitiger Leistung des Anderen keine oder geringere Leistungen an die Mitglieder der Haushaltsgemeinschaft erbracht worden wären. ³Der Übergang wird nicht dadurch ausgeschlossen, dass der Anspruch nicht übertragen, verpfändet oder gepfändet werden kann. ⁴Unterhaltsansprüche nach bürgerlichem Recht gehen zusammen mit dem unterhaltsrechtlichen Auskunftsanspruch auf die Träger der Leistungen nach diesem Buch über.

(2) ¹Ein Unterhaltsanspruch nach bürgerlichem Recht geht nicht über, wenn die unterhaltsberechtigte Person
1. mit der oder dem Verpflichteten in einer Bedarfsgemeinschaft lebt,
2. mit der oder dem Verpflichteten verwandt ist und den Unterhaltsanspruch nicht geltend macht; dies gilt nicht für Unterhaltsansprüche
    a) minderjähriger Leistungsberechtigter,
    b) Leistungsberechtigter, die das 25. Lebensjahr noch nicht vollendet und die Erstausbildung noch nicht abgeschlossen haben,
    gegen ihre Eltern,
3. in einem Kindschaftsverhältnis zur oder zum Verpflichteten steht und
    a) schwanger ist oder
    b) ihr leibliches Kind bis zur Vollendung seines sechsten Lebensjahres betreut.

²Der Übergang ist auch ausgeschlossen, soweit der Unterhaltsanspruch durch laufende Zahlung erfüllt wird. ³Der Anspruch geht nur über, soweit das Einkommen und Vermögen der unterhaltsverpflichteten Person das nach den §§ 11 bis 12 zu berücksichtigende Einkommen und Vermögen übersteigt.

(3) ¹Für die Vergangenheit können die Träger der Leistungen nach diesem Buch außer unter den Voraussetzungen des bürgerlichen Rechts nur von der Zeit an den Anspruch geltend machen, zu welcher sie der oder dem Verpflichteten die Erbringung der Leistung schriftlich mitgeteilt haben. ²Wenn die Leistung voraussichtlich auf längere Zeit erbracht werden muss, können die Träger der Leistungen nach diesem Buch bis zur Höhe der bisherigen monatlichen Aufwendungen auch auf künftige Leistungen klagen.

---

106 BT-Drs. 20/3873, 76.

(4) ¹Die Träger der Leistungen nach diesem Buch können den auf sie übergegangenen Anspruch im Einvernehmen mit der Empfängerin oder dem Empfänger der Leistungen auf diese oder diesen zur gerichtlichen Geltendmachung rückübertragen und sich den geltend gemachten Anspruch abtreten lassen. ²Kosten, mit denen die Leistungsempfängerin oder der Leistungsempfänger dadurch selbst belastet wird, sind zu übernehmen. ³Über die Ansprüche nach Absatz 1 Satz 4 ist im Zivilrechtsweg zu entscheiden.

(5) Die §§ 115 und 116 des Zehnten Buches gehen der Regelung des Absatzes 1 vor.

Literatur:

Atzler, Berücksichtigung sozialrechtlicher Leistungsfähigkeit beim Übergang des Unterhaltsanspruchs auf den Sozialhilfeträger, NJW 1999, 700; *Auktor*, Sozialhilferegress beim Wohnungsrecht – zugleich Anmerkung zum Urteil des BGH vom 19.1.2007, V ZR 163/06 – MittBayNot 2008, 14; *Brähler-Boyan/Mann*, Die Überleitung des Schenkungsrückforderungsanspruchs des verarmten Schenkers nach dessen Tod, NJW 1995, 1866; *Brudermüller*, Aktuelle Anwendungsprobleme des § 91 BSHG im Unterhaltsrecht, FuR 1995, 17; *Bülow*, Befugnisse der Jobcenter beim unterhaltsrechtlichen Auskunftsverlangen, NZFam 2016, 49; *Conradis*, Einkommen und Vermögen im SGB II – Probleme der Abgrenzung info also 2007 Heft 01, 10; *Derleder/Bartels*, Die Neuordnung des Unterhaltsprozesses bei Sozialhilfebezug, FamRZ 1995, 1111; Deutscher Verein, Empfehlungen für die Heranziehung Unterhaltspflichtiger in der Sozialhilfe, FamRZ 2002, 931; *Doering-Striening/Horn*, Der Übergang von Pflichtteilsansprüchen von Sozialhilfebeziehern, NJW 2013, 1276; *Dreher/Görner*, Das Behindertentestament und § 138 BGB, NJW 2011, 1761; *Finger*, Prozesskostenhilfe und § 91 BSHG – Eine Umfrage bei den Oberlandesgerichten –, FuR 1997, 287; *Flieser-Hartl*, Sozialhilferechtliche Bedeutung der Unterhaltsverteilung im Mangelfall, FamRZ 2000, 335; *Fröhlich*, Zur Höhe des nach § 91 BSHG übergegangenen Unterhaltsanspruchs, FamRZ 1995, 772; *Fröhlich*, Zum Verhältnis der Zivilrichter zum BSHG, FamRZ 1999, 758; *Glatzel*, Überleitungs- und Kostenerstattungsansprüche im Sozialrecht NZS 2014, 571; *Günther*, Unterhaltsrecht versus Sozialrecht: Probleme von Kinderbonus, Wohngeld, Kindergeld und Übergang von Unterhaltsansprüchen nach § 33 SGB II FamFR 2012, 77; *Hampel*, Unterhalt und Sozialhilfe – Zur Problematik des § 91 II S. 1 BSHG – FamRZ 1996, 513; *Hess*, Nachehelicher Unterhalt zwischen Vertragsfreiheit und sozialrechtlichem Allgemeinvorbehalt, FamRZ 1996, 981; *Hußmann*, Die sozialhilferechtliche Vergleichsberechnung bei der Hilfe in besonderen Lebenslagen, FPR 2003, 635; *Hußmann*, Auswirkungen der neuen Sozialgesetzgebung auf das Unterhaltsrecht FPR 2004, 534; *Hußmann*, Der gesetzliche Forderungsübergang nach § 33 SGB II FPR 2007, 354; *Klinkhammer*, Die bedarfsorientierte Grundsicherung nach dem GSiG und ihre Auswirkungen auf den Unterhalt, FamRZ 2002, 997; *Klinkhammer*, Änderungen im Unterhaltsrecht nach „Hartz IV"; *Krekeler*, Anspruchsübergang auf den Leistungsträger, FuR 2016, 269; Kuntze, Unterhaltsrückgriff nach dem SGB II mit Auslandsbezug durch die Jobcenter und Optionskommunen, FPR 2011, 166; *Litzenburger*, Das Bedürftigentestament – Erbfolgegestaltung zu Gunsten von Langzeitarbeitslosen (Hartz-IV-Empfängern), ZEV 2009, 278; *Ludyga*, Schenkungsrückforderungsansprüche gemäß § 528 BGB bei Pflege durch den Zuwendungsempfänger und § 93 SGB XII, NZS 2012, 121; *Maul-Sartori* Übergang von Arbeitsentgeltansprüchen infolge Arbeitslosengeld II-Zahlungen BB 2010, 3021; *Menzel*, Die negative Erbfreiheit, MittBayNot 2013, 289; *Ruby*, „Sozialhilferegress": Der Anspruch auf Herausgabe der Schenkung bei Verarmung des Schenkers als sozialrechtlicher Überleitungsgegenstand, ZEV 2005, 102; *Münder*, Zum Übergang von Unterhaltsansprüchen im Sozialhilferecht, NJW 1994, 494; *Münder*, Der Übergang von Unterhaltsansprüchen nach § 91 BSHG – Teil 1 –, FuR 1997, 281; – Teil 2 –, FuR 1997, 330; *Ott*, Die prozessuale Durchsetzung der Unteransprüche von Sozialhilfeempfängern, FamRZ 1995, 456; *Schellhorn, W.*, Der Auskunftsanspruch des Sozialhilfeträgers bei Übergang von Unterhaltsansprüchen, FuR 1997, 9; *Schellhorn, W.*, Der Übergang von Unterhaltsansprüchen nach § 91 BSHG, FuR 1994, 4; *Schellhorn, W.*, BSHG, 16. Auflage, *Schoch*, Das Auskunftsverlangen nach § 116 BSHG, ZfF 1994, 49; Seetzen, Sozialhilfeleistung und Unterhaltsprozess, NJW 1994, 2505; *Treptow*, Zum Anwendungsbereich der Überleitung von Unterhaltsansprüchen „dem Grunde nach" gem. §§ 90, 91 BSHG, ZfF 1987, 102; *Urbach/Zeranski*, Zur Aussetzung des Zivilrechtstreites aus übergeleitetem Recht bei der Anfechtung der Überleitungsanzeige, FamRZ 1999, 824; *van de Loo*, Möglichkeiten und Grenzen eines Übergangs des Rechts zur Erbausschlagung durch Abtretung bzw. Überleitung ZEV 2006, 473; *Vaupel*, Der Sozialhilferegress in der notariellen Praxis RNotZ 2009, 497; *Wähner*, Anrechnung von Einkommen im Sozialhilferecht und im Unterhaltsrecht, NDV 1994, 466; *Wahrendorf*, Sozialhilferechtliche Prämissen bei der Anwendung der §§ 90, 91 BSHG durch den Zivilrichter, ZfSH/SGB 1994, 449; *Wohlgemuth*, Geltendmachung von Unterhalt und § 91 BSHG n. F., FamRZ 1995, 333; *Zeranski*, Zum rechtlichen Schicksal eines auf fiktiven Einkünften beruhenden Unterhaltsanspruchs nach Gewährung von Sozialhilfe an den Unterhaltsberechtigten, FamRZ 2000, 1057.

36. Sozialrecht (SGB I, SGB II, SGB XII)

A. Allgemeines	1	9. Kausalität	60
I. Normzweck	1	10. Begrenzung auf die Aufwendungen	61
II. Gesetzesentwicklung	5	III. Ausschluss des Anspruchsübergangs bei Unterhaltsansprüchen, § 33 Abs. 2 SGB II	64
III. Typische Mandatssituationen	9	1. Ansprüche innerhalb der Bedarfsgemeinschaft mit dem Unterhaltspflichtigen	64
1. Unterhaltsansprüche	9		
a) Unterhaltsanspruch der geschiedenen Ehefrau nach § 1586b BGB	10	2. Ansprüche gegen Verwandte mit Ausnahme der Ansprüche minderjähriger Hilfebedürftiger und Hilfebedürftiger unter 25 Jahren in Erstausbildung gegen ihre Eltern, § 33 Abs. 2 Satz 1 Nr. 2 SGB II	66
b) Anspruch der Mutter des nichtehelichen Kindes gem. § 1615l BGB	14		
2. Sonstige Ansprüche	17		
a) Rückforderungsansprüche wegen Verarmung des Schenkers gem. § 528 BGB	18	3. Ansprüche von Kindern, die schwanger sind, oder ihr leibliches Kind bis zur Vollendung seines sechsten Lebensjahres betreuen, § 33 Abs. 2 Satz 1 Nr. 3 SGB II	70
b) Dingliche Rechte	19		
aa) Leibrenten	21		
bb) Nießbrauchsrechte	22	4. Ansprüche bei laufender Zahlung, § 33 Abs. 2 Satz 2 SGB II	73
cc) Wohnrechte	23		
dd) Pflege- und Versorgungsversprechen	25	5. Ansprüche bei Unterschreitung der Einkommens- und Vermögensgrenzen des SGB II, § 33 Abs. 2 Satz 3 SGB II	77
c) Erb-, Pflichtteils- und Pflichtteilsergänzungsansprüche	27		
B. Regelungsgehalt	29	a) Personenkreis	77
I. Personenkreis der Leistungsempfänger	29	b) Berechnung	80
II. Voraussetzungen des Anspruchsübergangs	32	c) Existenzminimum/notwendiger Selbstbehalt	81
1. Tatsächliche Leistungserbringung	32	d) Fiktives Einkommen	84
2. Anspruchsübergang bei Gewährung einzelner Leistungen nach dem SGB II	33	6. Weitere Ausschlusstatbestände	85
a) Bürgergeld (Regelleistung § 20, Mehrbedarf § 21, Kosten der Unterkunft und Heizung § 22)	36	a) Ausschluss bei unbilliger Härte analog § 94 Abs. 3 Satz 1 Nr. 2 SGB XII	88
b) Sonderbedarf nach 24 SGB II (Darlehen, Wohnungsersteinrichtung, Schwangerschaftsbekleidung)	37	b) Ausschluss des Anspruchsübergangs bei „Ein-Euro-Jobs"	89
c) Versicherungsleistungen nach § 26 SGB II (Kranken- und Rentenversicherungsbeiträge)	39	IV. Die Geltendmachung des Anspruchs durch den Leistungsträger	90
d) Leistungen für Bildung und Teilhabe nach § 28 SGB II	40	1. Rechtswahrungsanzeige, § 33 Abs. 3 Satz 1 SGB II	90
e) Leistungen zur Eingliederung nach § 16d SGB II (Mehraufwandsentschädigung)	41	2. Auskunftsersuchen	98
		a) Auskunftsanspruch nach dem BGB	99
f) Einstiegsgeld nach § 16b SGB II (Leistungen neben Erwerbseinkommen)	43	b) Auskunftsanspruch nach § 60 SGB II	101
3. Unterschiedlicher Einkommensbegriff	45	3. Klagebefugnis, § 33 Abs. 2 Satz 2 SGB II	106
4. Unterschiedliche Erwerbsobliegenheit	48	V. Die Geltendmachung des Unterhaltsanspruchs durch die leistungsberechtigte Person	108
5. Unterschiedlicher Vermögensbegriff	49		
6. Unterhaltsverzicht	52	1. Verweis auf Selbsthilfe, § 9 SGB II	108
7. Rechtmäßigkeit der Hilfe	56	2. Rücküberleitung, § 33 Abs. 4 Satz 1 SGB II	111
8. Gleichzeitigkeit der Hilfe	58		
a) Zeitgleichheit von Leistung und Unterhaltsanspruch	58	3. Kostenübernahmeanspruch, § 33 Abs. 4 Satz 2 SGB II	113
b) Zeitgleichheit von Leistung und sonstigen Ansprüchen	59		

A. Allgemeines

I. Normzweck

1 Das Sozialrecht ist geprägt durch den **Nachranggrundsatz**. Nach § 9 Abs. 1 SGB II ist hilfebedürftig nur, wer seinen Lebensunterhalt nicht oder nicht ausreichend aus dem zu berücksichtigenden Einkommen oder Vermögen sichern kann und die erforderliche Hilfe nicht von anderen, insbesondere von Angehörigen oder von Trägern anderer Sozialleistungen erhält. Über die Vorschrift des § 33 SGB II wird dieser Nachranggrundsatz realisiert. Dabei hat der Gesetzgeber

dem Leistungsträger keinen eigenständigen öffentlich-rechtlichen Ersatzanspruch zugestanden, wie beispielsweise beim Kostenersatz bei sozialwidrigem Verhalten nach § 34 SGB II. Vielmehr findet durch den gesetzlichen Anspruchsübergang nach § 33 SGB II lediglich ein **Gläubigerwechsel** statt, der den übergegangenen Anspruch in seinem Wesen nicht berührt.[1]

Die strikte **Trennung zwischen Zivilrecht und Sozialrecht** wird in der Praxis nicht immer beachtet. Von der Systematik her erfolgt die Prüfung des übergegangenen zivilrechtlichen Anspruchs des Sozialleistungsträgers zweistufig. Zunächst einmal muss überhaupt ein zivilrechtlicher Anspruch bestehen. Es findet also eine Anspruchsprüfung statt, ohne Beachtung sozialrechtlicher Vorschriften, so als ob der unterhaltsberechtigte Leistungsempfänger seinen Anspruch selbst geltend machen würde. Erst in einem zweiten Schritt, wenn zuvor festgestellt wurde, dass überhaupt ein zivilrechtlicher Anspruch besteht, wird geprüft, ob dieser Anspruch auf den Sozialleistungsträger übergegangen ist. Hier finden dann bei Unterhaltsansprüchen die Schutzvorschriften des § 33 Abs. 2 SGB XII Anwendung.

Mit dem Unterhaltsanspruch geht auch der unterhaltsrechtliche **Auskunftsanspruch** über. Dies bedeutet jedoch nicht, dass die leistungsberechtigte Person damit ihren Auskunftsanspruch verliert.[2] Wegen der Begrenzung des Anspruchsübergangs auf die Höhe der Aufwendungen, behält auch die leistungsberechtigte Person weiterhin ihren Auskunftsanspruch, um über die Sozialleistungen hinausgehende Ansprüche prüfen zu können oder aber zukünftige Unterhaltsansprüche selbst geltend zu machen.

Dabei trifft § 33 SGB II keine Differenzierung zwischen Unterhaltsansprüchen und sonstigen Ansprüchen. Beide Anspruchsarten sind von der cessio legis erfasst. Hier besteht ein wesentlicher Unterschied zu den Parallelvorschriften des SGB XII. Nach § 94 SGB XII gehen nur Unterhaltsansprüche kraft Gesetzes über, während bei sonstigen Ansprüche nach § 93 SGB XII der Übergang auf den Sozialhilfeträger durch Überleitungsanzeige erfolgt.

II. Gesetzesentwicklung

Das SGB II hatte zunächst bei Inkrafttreten am 1.5.2005 eine stark **differierende Regelung** zur Inanspruchnahme von Unterhaltspflichtigen gegenüber dem SGB XII getroffen. Im SGB II wurde anders als im SGB XII bei der Geltendmachung von Ansprüchen gegen Dritte nicht differenziert zwischen Unterhaltsansprüchen und sonstigen Ansprüchen. Auch Unterhaltsansprüche mussten erst übergeleitet werden und gingen nicht kraft Gesetzes über. Darüber hinaus deckten sich teilweise die in der Gesetzesbegründung zum SGB II gemachten Ausführungen nicht mit dem Gesetzeswortlaut. So sollte etwa gleichzeitig mit dem Unterhaltsanspruch der unterhaltsrechtliche Auskunftsanspruch übergehen. Es sollte der Anspruchsübergang ausgeschlossen sein bei laufender Zahlung. Ebenso sollte ein Ausschluss bei unbilliger Härte vorliegen.[3] All dies fand jedoch bereits im Gesetzesentwurf keine Erwähnung.[4]

Die Regelung des § 33 SGB II wurde demnach zu Recht als eine bedauerliche Fehlleistung des Gesetzgebers bezeichnet, die die Praxis an der Schnittstelle von Unterhalts- und Sozialrecht um mehr als ein Jahrzehnt zurückwarf.[5] Die gesamte Entwicklung des gesetzlichen Anspruchsübergangs, die seit der Änderung des § 91 BSHG im Jahre 1993 gemacht wurde, blieb unberücksichtigt. Aufgrund der erheblichen Kritik an der Regelung des § 33 SGB II und der Praxis einiger Oberlandesgerichte, die wegen der nur zögerlichen Überleitungspraxis der Sozialleistungsträger, die Leistungen nach dem SGB II entgegen dem Subsidiaritätsgrundsatz als bedarfsdeckend ansahen,[6] bzw. eine Geltendmachung von Unterhalt neben dem Bezug von Arbeitslosen-

---

1 Vgl. BGH FamRZ 1992, 797.
2 KG FamRZ 1997, 405; OLG München FamRZ 2002, 1213.
3 BT-Drs. 15/1516, 62.
4 BT-Drs. 15/1516, 17.
5 Klinkhammer FamRZ 2004, 1909.
6 OLG Koblenz 2.2 FamRZ 2005, 1352.

geld II als treuwidrig werteten,[7] wurde im Rahmen des **Fortentwicklungsgesetzes zum 1.8.2006** der § 33 SGB II erheblich an die bewährte Vorschrift des § 94 SGB XII angepasst.[8] Seitdem findet auch im Rahmen des § 33 SGB II ein gesetzlicher Anspruchsübergang der Ansprüche und der **Auskunftsansprüche** statt.

7   Dieser geht sogar noch weiter als die vergleichbaren Vorschriften der §§ 93 und 94 SGB XII. Denn nunmehr sind auch sonstige Ansprüche, die nicht Unterhaltsansprüche sind, vom gesetzlichen Anspruchsübergang erfasst, während sie nach § 93 SGB II im Sozialhilferecht weiterhin durch Verwaltungsakt übergeleitet werden müssen. Zu diesen sonstigen Ansprüchen zählen insbesondere Rückforderungsansprüche nach § 528 BGB wegen Verarmung des Schenkers, Ansprüche aus Altenteilsverträgen, Nießbrauchsrechten etc sowie Erb- und Pflichtteilsansprüche.

Der ausgeweitete gesetzliche Anspruchsübergang birgt Probleme, denn es ist zum Teil nur schwer zu bestimmen, welche Ansprüche erfasst sind. So greift nach dem Wortlaut des § 33 I S. 1 SGB II der Anspruchsübergang bei allen Ansprüchen, die bei rechtzeitiger Leistung zu einer Nichtgewährung der Hilfe geführt hätten. Damit können auch Schadensersatzansprüche, Mietkautionsansprüche, ggf. Steuererstattungsansprüche[9] etc. auf den Sozialleistungsträger übergehen, so dass die **Aktivlegitimation** eines Leistungsempfängers für zahlreiche Prozesse fraglich wird. Es können etwa bei einem simplen Verkehrsunfall Sachschäden vom Anspruchsübergang erfasst sein, wobei bereits wieder fraglich ist, ob diese wenn es sich um Schäden an einem nach § 12 III Nr. 2 SGB II geschützten Pkw handelt, nicht doch vom Anspruchsübergang ausgeschlossen sind, Schmerzensgeldansprüche werden nach § 11 IV Nr. 2 SGB II ausgeschlossen sein, Ansprüche auf Nutzungsausfallentschädigung wiederum dürften vom Anspruchsübergang erfasst sein. Das Beispiel zeigt, dass im Rahmen eines Zivilprozesses möglicherweise **fachfremde sozialrechtliche Fragen** mit zu klären sein werden. Eine weitere Schwierigkeit besteht dann bei der Bestimmung der Höhe des Anspruchsübergangs.[10]

8   Die übrigen Voraussetzungen des Anspruchsübergangs sind gegenüber der Rechtslage vor dem 1.8.2006 im Wesentlichen unverändert geblieben, etwa die Notwendigkeit der **Zeitgleichheit** von Leistung und Unterhaltsanspruch, die **Begrenzung des Anspruchsübergangs** auf die gewährte Hilfe oder die umstrittene Frage der **Rechtmäßigkeit der Hilfegewährung**.[11] Auch die Hilfeleistungen des SGB II, die überhaupt nur vom Anspruchsübergang erfasst werden, sind geblieben.[12] Allerdings fehlt es immer noch an einer **Härtefallregelung** entsprechend § 94 Abs. 3 Nr. 2 SGB XII und an einer **Kompensationsvorschrift** bezüglich des Wegfalls der **Wohngeldberechtigung** entsprechend § 94 Abs. 1 Satz 6 SGB XII. Zudem wurde auch keine Regelung getroffen für den Anspruchsübergang bei den „**Ein-Euro-Jobs**", so wie nach dem BSHG ein Anspruch generell bei den vergleichbaren Hilfen zur Arbeit ausgeschlossen war.

III. Typische Mandatssituationen

9   **1. Unterhaltsansprüche.** Der im Erbrecht tätige Rechtsanwalt hat mit **Unterhaltsforderungen** eines Sozialhilfeträgers im Wesentlichen dann zu tun, wenn die geschiedene Ehefrau oder die Mutter eines nichtehelichen Kindes eines Erblassers im Sozialhilfebezug stehen.

10   **a) Unterhaltsanspruch der geschiedenen Ehefrau nach § 1586b BGB.** Während beim Verwandtenunterhalt (§ 1615 BGB) sowie bei nicht getrennt lebenden Ehegatten (§ 1360a Abs. 3 BGB) der Unterhaltsanspruch mit dem Tod des Verpflichteten erlischt, geht bei geschiedenen Ehegatten die Unterhaltsverpflichtung gemäß § 1586b Abs. 1 Satz 1 BGB auf die Erben (und auch die

---

7   KG 2.2 FamRZ 2005, 1346.
8   Vgl. Gesetzesbegründung BT-Drs. 16/1410, 26.
9   Vgl. Scholz FamRZ 2006, 1417/1421.
10 Vgl. Hußmann FPR 2007, 354.

11 Vgl. Hußmann FPR 2004, 534, Heiß/Born/ Hußmann UnterhaltsR-HdB Kap.16 Rn. 52 ff.
12 Vgl. ausführlich Heiß/Born/Hußmann UnterhaltsR-HdB Kap.16 Rn. 55–61; Klinkhammer FamRZ 2006, 1171.

Erbeserben)¹³ über. Bei getrennt lebenden Ehegatten gilt § 1586b BGB entsprechend, wenn die getrennt lebende Ehefrau nach § 1933 BGB nicht mehr erbberechtigt ist, § 1933 Satz 3 BGB.

Nach § 1586b Abs. 1 Satz 2 BGB entfallen die Beschränkungen des § 1581 BGB. Dies bedeutet, dass eine Prüfung der Leistungsfähigkeit des Erblassers nicht stattfindet, sondern es nur auf den Bedarf und die Bedürftigkeit des geschiedenen Ehegatten ankommt. Der **Bedarf** richtet sich nach den ehelichen Lebensverhältnissen, § 1578 Abs. 1 BGB. Im Rahmen der **Bedürftigkeit** sind Leistungen die der unterhaltsberechtigte Ehegatte ggf. nach dem Tod des Erblassers erhält, wie die Witwen- und Witwerrente an vor dem 1.7.1977 geschiedene Ehegatten nach § 243 SGB VI bedarfsmindernd beim Eigeneinkommen oder aber Leistungen aus einer Lebensversicherung¹⁴ zu berücksichtigen. Der Erbe kann sich auch auf **Verwirkungstatbestände** nach § 1579 BGB berufen, wenn nicht der Erblasser zuvor darauf verzichtet hat.¹⁵ Auch nach dem Tode eintretende Verwirkungstatbestände, insbesondere das Vorliegen einer neuen verfestigten Lebensgemeinschaft des unterhaltsbegehrenden geschiedenen Ehegatten sind beachtlich. Da § 1586b BGB einen „echten" Unterhaltsanspruch begründet, können vom Erben auch die weitergehenden Begrenzungen des Unterhaltsanspruchs in Form der Herabsetzung oder Befristung nach § 1578b BGB geltend gemacht werden. Ebenso gelten die gesetzlichen Beendigungstatbestände, wie etwa die Wiederheirat, die Begründung einer Lebenspartnerschaft oder der Tod des geschiedenen Ehegatten nach § 1586 Abs. 1 BGB. 11

Anstelle der Prüfung der **Leistungsfähigkeit** des Erblassers tritt nach § 1586b Abs. 1 Satz 3 BGB die **Begrenzung der Erbenhaftung auf den Pflichtteil**, der dem Berechtigten zustehen würde, wenn die Ehe nicht geschieden worden wäre. Maßgebend ist immer der kleine Pflichtteil bei gesetzlichem Erbrecht nach § 1931 Abs. 1 und 2 BGB. Da güterrechtliche Besonderheiten keine Rolle spielen, ist § 1371 Abs. 1 BGB nicht anwendbar. In die Berechnung der Haftungsgrenze des § 1586b BGB Abs. 1 Satz 3 BGB sind (fiktive) Pflichtteilsergänzungsansprüche des Unterhaltsberechtigten gegen den Erben einzubeziehen.¹⁶ Bei der Berechnung sind die anderen Pflichtteilsberechtigten zu berücksichtigen, auch nach der Scheidung geborene Kinder aus weiteren Ehen.¹⁷ Bei der Ermittlung der Pflichtteilsquote jedes berechtigten Ehegatten bleiben frühere und spätere Ehegatten des Unterhaltsverpflichteten unberücksichtigt.¹⁸ 12

Der geschiedene Ehegatte kann einen bestehenden Unterhaltstitel nach § 727 ZPO gegen den Erben umschreiben lassen.¹⁹ Er hat gegenüber den Erben ein Auskunftsrecht über den Bestand des Nachlasses zur Berechnung der Haftungsbegrenzung gem. § 2314 BGB.²⁰ Der Erbe seinerseits hat zur Feststellung der fortbestehenden Bedürftigkeit des geschiedenen Ehegatten des Erblassers den Auskunftsanspruch gemäß § 1580 BGB, der auf ihn übergeht.²¹ 13

b) Anspruch der Mutter des nichtehelichen Kindes gem. § 1615l BGB. Der Unterhaltsanspruch der **Mutter des nichtehelichen Kindes** geht nach § 1615l Abs. 3 Satz 4 BGB mit dem Tod des Unterhaltsverpflichteten nicht unter. Er ist also ebenfalls als Nachlassverbindlichkeit von den Erben zu erfüllen, wobei der Anspruch nach § 1615n BGB auch besteht, wenn der Vater bereits vor der Geburt des Kindes verstirbt. 14

Für die Dauer von sechs Wochen vor und acht Wochen nach der Geburt hat der Kindesvater der Mutter **Unterhalt einschließlich der Entbindungskosten** zu gewähren, § 1615 l Abs. 1 BGB. Nach § 1615 l Abs. 2 BGB besteht darüber hinaus ein Anspruch der Mutter für die Dauer von vier Monaten vor der Geburt, bis drei Jahre nach der Geburt, soweit sie infolge der Schwangerschaft oder wegen einer durch die Schwangerschaft oder Entbindung mitverursachten Krankheit zu einer Erwerbstätigkeit außerstande ist bzw. soweit von der Mutter wegen der Pflege 15

---

13 BGH FamRZ 1985, 164.
14 Klingelhöffer ZEV 1999, 13.
15 BGH FamRZ 2004, 614.
16 BGH NJW 2001, 828.
17 Johannsen/Henrich/Büttner BGB § 1586b Rn. 7.
18 Staudinger/Baumann BGB § 1586b Rn. 50.
19 BGH FUR 2004, 591; KG FamRZ 2005, 1759; aA Johannsen/Henrich/Büttner BGB § 1586b Rn. 14.
20 Johannsen/Henrich/Büttner BGB § 1586b Rn. 1.
21 Schindler FamRZ 2004, 1527.

oder Erziehung des Kindes eine Erwerbstätigkeit nicht erwartet werden kann. Geht die Mutter dennoch einer Erwerbstätigkeit nach, ist diese überobligatorisch und führt dazu, dass das erzielte Einkommen nur teilweise bedarfsmindernd berücksichtigt wird.

16 Der Betreuungsunterhaltsanspruch kann über den Zeitraum von drei Jahren hinausgehen, soweit dies der Billigkeit entspricht, wobei insbesondere die **Belange des Kindes** und die bestehenden **Möglichkeiten der Kinderbetreuung** zu berücksichtigen sind, § 1615 l Abs. 2 Satz 4 und 5. Gründe des Kindeswohls sind besondere eine **erhöhte Betreuungsbedürftigkeit**, beispielsweise infolge einer **Behinderung oder Entwicklungsstörung** und **fehlende Betreuungsmöglichkeiten**. Auch **elternbezogene Gründe** können eine Verlängerung des Unterhaltszeitraums rechtfertigen, etwa wenn ein **besonderer Vertrauenstatbestand** geschaffen wurde, beispielsweise bei **gemeinsamem Kinderwunsch**.[22]

17 **2. Sonstige Ansprüche.** Sonstige Ansprüche eines Sozialleistungsträgers, die keine Unterhaltsansprüche sind, bestehen dann, wenn zunächst vom Sozialleistungsträger Leistungen nach dem SGB II für einen Erblasser erbracht wurden, der wiederum noch Ansprüche gegen Dritte hatte und diese Ansprüche zu Lebzeiten des Erblassers vom Sozialleistungsträger nicht mehr realisiert werden konnten. Die in der Praxis häufigsten Fälle der Geltendmachung von Ansprüchen gegen die Erben sind **Rückforderungsansprüche wegen Verarmung des Schenkers** gemäß § 528 ff. BGB sowie **Ansprüche aus Übergabeverträgen**, insbesondere aus im Gegenzug vereinbarten **Wohnrechten, Nießbrauchsrechten** und **Leibrenten**. Darüber hinaus kommen Ansprüche aus **Erb- und Pflichtteilsrechten** von Sozialhilfeempfängern in Betracht.

18 **a) Rückforderungsanprüche wegen Verarmung des Schenkers gem. § 528 BGB.** Gemäß §§ 528 ff. BGB in Verbindung mit den Vorschriften über die Herausgabe einer ungerechtfertigten Bereicherung nach §§ 812 ff. BGB besteht für Schenkungen, die nicht länger als 10 Jahre zurückliegen, ein Anspruch auf Herausgabe des Geschenkten, wenn der Schenker nicht mehr in der Lage ist, seinen angemessenen Unterhalt zu bestreiten. Der Anspruch auf Rückübertragung gemäß § 528 BGB zielt grundsätzlich auf die Herausgabe des Erlangten im Sinne der §§ 812 ff. BGB und damit auf Naturalrückgabe. Ein Rückforderungsanspruch, der auf eine Unterhaltssicherung durch Herausgabe eines unteilbaren Gegenstandes wie ein Grundstück zielt, wandelt sich nach § 818 Abs. 2 BGB in einen Anspruch auf **Wertersatz** um, mithin in einen Anspruch auf Zahlung des entsprechenden **Geldwertes**[23] und zwar so lange, bis der Wert des Schenkungsgegenstandes erschöpft ist.[24] Unter mehreren Beschenkten haftet der **früher Beschenkte** nur insoweit, als der später Beschenkte nicht verpflichtet ist, § 528 Abs. 2 BGB. Mehrere gleichzeitig Beschenkte haften dem verarmten Schenker (im Außenverhältnis) nicht nur anteilig, sondern im Rahmen des Bereicherungsrechts bis zur Obergrenze des angemessenen Unterhaltsbedarfs des § 528 Abs. 1 BGB oder – im Fall des § 528 Abs. 2 BGB – bis zu der Obergrenze des Restbedarfs, der sich ergibt, wenn man den vollen Bedarf um die Herausgabepflichten aller später Beschenkten vermindert.[25] Zwischen mehreren gleichzeitig Beschenkten besteht hinsichtlich des Rückgewähranspruchs nach § 528 Abs. 1 BGB eine **gesamtschuldnerartige Beziehung**, die bei der Inanspruchnahme eines Beschenkten einen internen Ausgleichsanspruch entsprechend § 426 Abs. 1 BGB auslöst.[26] Der Schenker bzw. das Sozialamt kann also bei mehreren gleichzeitig Beschenkten sich auf die Inanspruchnahme eines Beschenkten beschränken und dieser hat wiederum Ausgleichsansprüche gegen die übrigen Beschenkten. Allerdings haftet jeder Beschenkte nur in den Grenzen der von ihm erhaltenen Zuwendung, im Streitfall also nur bis zur Höhe seiner Bereicherung durch das erhaltene Geschenk.[27] In der Praxis werden seitens des Beschenkten regelmäßig die **Einreden/Einwendungen des § 529 BGB** geltend gemacht.[28] Der Anspruch auf

---

22 BGH NJW 2006, 2687; 2008, 1739.
23 BGH FamRZ 1985, 2419.
24 BGH NJW-RR 2003, 53; NJW 1996, 987; NJW 1994, 1655.
25 BGH NJW 1991, 1824.
26 BGH NJW 1998, 875.
27 OLG Karlsruhe NJOZ 2022, 334.
28 Zum Rechtscharakter vgl. Staudinger/Wimmer-Leonhardt BGB § 529 Rn. 13.

Herausgabe des Geschenkes ist gem. § 529 Abs. 1 BGB ausgeschlossen, wenn der Schenker seine Bedürftigkeit vorsätzlich oder durch grobe Fahrlässigkeit herbeigeführt hat oder wenn zur Zeit des Eintritts seiner Bedürftigkeit seit der Leistung des geschenkten Gegenstandes zehn Jahre verstrichen sind. Die Bedürftigkeit muss innerhalb der **10-Jahresfrist des § 529 Abs. 1 BGB** tatsächlich eingetreten sein. Nicht ausreichend ist, wenn die Bedürftigkeit innerhalb dieser Frist lediglich absehbar ist.[29] Bei **Grundstücken** soll die Frist mit Eingang des Umschreibungsantrags beim Grundbuchamt beginnen. Weder sei hier auf den notariellen Vertragsabschluss noch auf die Eigentumsumschreibung im Grundbuch abzustellen.[30] Bei Ansprüchen nach § 528 BGB gelten die **Regelverjährungsvorschriften**, so dass bereits nach drei Jahren seit Entstehung des Anspruchs. § 195 BGB Verjährung eintreten kann. Bei Grundstücken und grundstücksgleichen Rechten gilt die 10-jährige Verjährungsfrist des § 196 BGB.[31] Die in der Praxis bedeutsamste Einwendung ist die Dürftigkeitseinrede des Beschenkten gem. § 529 Abs. 2 BGB. Hier gelten als Maßstab die Vorschriften des Verwandtenunterhalts und zwar nach den großzügigen Selbstbehalten des Elternunterhalts.[32] Ein Beschenkter kann die Einrede aus § 529 Abs. 2 BGB nicht erheben, wenn er rechtsmissbräuchlich, in Kenntnis des Rückforderungsanspruchs seine eigene Bedürftigkeit mutwillig herbeiführt.[33] Die Einrede ist zudem nur zeitlich befristet und richtet sich nicht gegen den Rückgewähranspruch an sich, sondern steht nur seiner gegenwärtigen Durchsetzung entgegen, so dass kein abweisendes endgültiges Urteil ergehen darf.[34] Eine weitere häufig streitige Frage ist, ob überhaupt tatsächlich eine Schenkung iSd § 516 BGB vorliegt, im Hinblick darauf, dass eine Zuwendung durch Gegenleistungen, wie beispielsweise häusliche Pflege und Versorgung motiviert war und auch konkrete Gegenleistungen erfolgten, etwa die Einräumung dinglicher Rechte, wie Wohnrechte oder Nießbrauchsrechte. Diese stellen grundsätzlich keine Gegenleistung dar, die einer Unentgeltlichkeit entgegenstehen würden, sondern mindern lediglich den Wert des Geschenks.[35] Mit dem Tode des Schenkers geht der Anspruch nach § 528 BGB nicht unter, sondern der Sozialhilfeträger kann diesen weiter nach Überleitung gem. § 93 SGB XII geltend machen.[36] Gleiches gilt dementsprechend bei einem Anspruchsübergang nach § 33 SGB II.

b) Dingliche Rechte. Im Rahmen von Übertragungsverträgen werden häufig Gegenleistungen vereinbart, bei denen zum Teil streitig ist, wie diese Gegenleistungen im Falle einer Heimunterbringung und der damit verbundenen Hilfe zur Pflege in Einrichtungen zu bewerten sind, wenn sie nicht mehr in Anspruch genommen werden können.

19

Regelungen für den Fall eines **subjektiven Ausübungshindernisses**, wie es die **Heimunterbringung** darstellt, treffen zum Teil die landesrechtlichen Bestimmungen bei **Altenteilsverträgen** gem. Art. 96 EGBGB. Die landesrechtlichen Regelungen berücksichtigen auch den Fall, dass der Berechtigte weder sein Wohnrecht noch die sonstigen Naturalleistungen mehr in Anspruch nehmen kann, die Parteien dafür aber keine ausdrücklichen Vereinbarungen getroffen haben. In der Praxis wird häufig zu Unrecht selbst in den notariellen Verträgen und den entsprechenden Eintragungen im Grundbuch von einem Altenteilsvertrag gesprochen. Ein Altenteilsvertrag liegt jedoch nur vor, wenn mit dem Grundstück auch die bisherige Existenzgrundlage des Übergebers übertragen wird, also als klassischer Fall, beispielsweise im ländlichen Bereich, die Hofübergabe. Das Wesen eines Altenteils liegt in einem Nachrücken der folgenden Generation in eine die Existenz – wenigstens teilweise – begründende Wirtschaftseinheit unter Abwägung der Interessen des abziehenden Altenteilers und des nachrückenden Angehörigen der nächsten Generation. Tritt in einer schuldrechtlichen Vereinbarung demgegenüber der Charakter eines gegenseitigen Vertrages mit beiderseits gleichwertigen Leistungen in den Vordergrund, so kann im

20

---

29 BGH NJW 2000, 728.
30 OLG Köln FamRZ 1986, 988; Staudinger/Wimmer-Leonhardt BGB § 529 Rn. 13.
31 BGH NJW 2011, 218.
32 BGH NJW 2000, 3488; LG Düsseldorf vom 28.3.2013 – 14c O 205/11 U, BeckRS 2013, 05892.

33 BGH NJW 2001, 1208; NJW 2003, 2251.
34 BGH NJW 2005, 3638.
35 BGH NJW 1985, 2419; Ludyga NZS 2012, 121.
36 BGH NJW 1995, 2287; NJW 1994, 256.

Allgemeinen nicht angenommen werden, es handele sich um eine Altenteilsvereinbarung. Eine Grundstücksübertragung wird daher noch nicht allein durch eine Wohnrechtsgewährung mit Pflege- und Versorgungsverpflichtung zum Altenteilsvertrag iSv Art. 96 EGBGB.[37] Dementsprechend fehlt es meist an einer gesetzlichen Regelung, wenn vertraglich geschuldete Wohnrechte und Naturalleistungen wegen Heimunterbringung nicht mehr in Anspruch genommen werden können. Hier ist zum Teil sehr umstritten und auch noch nicht höchstrichterlich entschieden, ob dem Berechtigten hier Rechte erwachsen.

21 **aa) Leibrenten.** Unproblematisch sind Leibrenten, die als Einkommen des Pflegebedürftigen auch nach Heimunterbringung weiterhin unabhängig vom konkreten Aufenthalt des Gläubigers geschuldet werden. Hier wird lediglich eine Abgrenzung gegenüber Unterhaltsansprüchen vorzunehmen sein, die nicht der Überleitung nach § 93 SGB XII unterliegen sondern die kraft Gesetzes gemäß § 94 SGB XII auf den Sozialhilfeträger übergehen. Auch vertraglich vereinbarte Unterhaltsansprüche sind „echte" Unterhaltsansprüche und unterliegen dem gesetzlichen Anspruchsübergang nach § 94 SGB XII. Abgrenzungskriterium bei Verträgen ist die „Einseitigkeit", die die gesetzliche Unterhaltspflicht zwischen Verwandten prägt und Ausdruck sittlicher Bindung und Familienzugehörigkeit ist. Resultiert hingegen die monatliche Zahlungsverpflichtung aus einem wirtschaftlichen Austauschvertrag, wie etwa einem Altenteilsvertrag, dann handelt es sich nicht um einen Unterhaltsanspruch, so dass der Anwendungsbereich des § 93 SGB XII eröffnet ist.[38]

22 **bb) Nießbrauchsrechte.** Auch die Früchte aus einem Nießbrauchsrecht werden im Regelfall unproblematisch realisierbar sein. Hier stehen dem Nießbrauchsberechtigten beispielsweise Mieteinkünfte zu und er kann ohne Zustimmung des Eigentümers Dritten entgeltlich die Nutzung überlassen. Die Streitpunkte mit den Sozialhilfeträgern liegen hier eher im praktischen Bereich, wenn nämlich erst nach geraumer Zeit der Heimunterbringung festgestellt wird, dass eine tatsächliche Vermietung nicht stattgefunden hat. Hier obliegt es ausschließlich dem Nießbrauchsrechtsinhaber und nicht dem Eigentümer die Vermietung vorzunehmen und entsprechende Mietverträge in eigenem Namen abzuschließen.

23 **cc) Wohnrechte.** Äußerst problematisch hingegen sind Ansprüche aus Wohnrechten. Hier kann als geklärt angesehen werden, dass ein Wohnrecht mit der **Heimunterbringung** des Wohnrechtsinhabers nicht erlischt.[39] Die hieraus folgenden Konsequenzen sind jedoch offen. So ist streitig, ob dies nach den Grundsätzen über den **Wegfall der Geschäftsgrundlage** zu einer Anpassung des Vertrages durch Umwandlung in einen **Geldrentenanspruch** führen kann.[40] Eine Anpassung des Vertrags nach den Regeln über den Wegfall der Geschäftsgrundlage ist jedoch bedenklich. Der BGH hat diese Frage zunächst nicht abschließend entschieden und lediglich erhebliche Bedenken gegen eine solche Anpassung geäußert.[41] Bei der Vereinbarung eines lebenslangen Wohnungsrechts müsse jeder Vertragsteil damit rechnen, dass der Berechtigte sein Recht wegen Krankheit und Pflegebedürftigkeit nicht bis zu seinem Tod ausüben könne. Dann fehle es an der unvorhergesehenen Änderung der Umstände, die Voraussetzung für eine gerichtliche Vertragsanpassung nach den Grundsätzen über den Wegfall der Geschäftsgrundlage sei.[42] In einer Folgeentscheidung hat der BGH dann den Wegfall der Geschäftsgrundlage explizit ausgeschlossen.[43] Der dauerhafte Umzug ins Pflegeheim führt danach regelmäßig nicht zur Anpassung der Wohnungsrechtsbestellung wegen Wegfalls der Geschäftsgrundlage.

24 Streitig ist auch die weitergehende Frage, ob zumindest eine Verpflichtung des Eigentümers auf **Zustimmung zur Vermietung** besteht. Grundsätzlich ist ein Wohnrecht höchstpersönlich. In § 1093 Abs. 2 BGB ist bestimmt, welche Personen neben dem Berechtigten befugt sind, sich in

---

37 BGH NJW-RR 1989, 451.
38 BVerwG NJW 1994, 64.
39 BGH NJW 2007, 1884.
40 So OLG Köln NJW-RR 1995, 1358; OLG Celle NJW-RR 1999, 10.
41 BGH NJW 2007, 1884.
42 BGH NJW 2007, 1884; instruktiv auch OLG Oldenburg NJW-RR 2008, 399.
43 BGH NJW 2009, 1348.

der Wohnung aufzuhalten, nämlich seine Familie sowie die zur standesmäßigen Bedienung und zur Pflege erforderlichen Personen. Die Ausübung des Wohnrechts kann einem anderen nur überlassen werden, wenn die Überlassung gem. § 1092 Abs. 1 Satz 1 BGB durch den Eigentümer gestattet ist. Eine entsprechende Zustimmungspflicht wurde zum Teil gesehen.[44] Gestützt wurde dies auf die Wortwahl des § 1093 Abs. 2 BGB, wonach der Berechtigte befugt ist, seine Familie sowie die zur standesgemäßen Bedienung und zur Pflege erforderlichen Personen in die Wohnung aufzunehmen. Dies spiegele die sozialen Verhältnisse beim Inkrafttreten des BGB im Jahre 1900 wieder und den Willen des Gesetzgebers, dem Wohnungsberechtigten die Nutzung auch im Pflegefall zu ermöglichen. Da die in § 1093 BGB vorgesehene Aufnahme von Pflegepersonal in die Wohnung heute wegen der veränderten wirtschaftlichen und sozialen Verhältnisse so gut wie ausgeschlossen ist, kann es dem Verpflichteten bei unvorhergesehener persönlicher Verhinderung zugemutet werden, die Nutzung dem Wohnungsberechtigten zukommen zu lassen, anstatt die Wohnung leer stehen zu lassen. Eine solche Pflicht bestehe jedenfalls dann, wenn nach Lage und Art der Räume eine Nutzung durch andere Personen, ohne Beeinträchtigung der Verpflichteten möglich ist und der Berechtigte sich in einer Existenz bedrohenden Notlage befindet, ohne dass es in diesem Zusammenhang auf die Frage ankäme, ob Sozialhilfeleistungen gewährt werden.[45] Auch hier hat der BGH jedoch zugunsten der Eigentümer entschieden.[46] Danach enthält die schuldrechtliche Vereinbarung über die Bestellung eines Wohnungsrechts keine Regelung, wie die Wohnung genutzt werden soll, wenn der Wohnungsberechtigte sein Recht wegen Umzugs in ein Pflegeheim nicht mehr ausüben kann. Eine **ergänzende Vertragsauslegung** kommt zwar in Betracht. Eine Verpflichtung des Eigentümers, die Wohnung zu vermieten oder deren Vermietung durch den Wohnungsberechtigten zu gestatten, wird dem hypothetischen Parteiwillen im Zweifel allerdings nicht entsprechen.[47] Der BGH hat dabei auch den Anspruch eines Wohnrechtsinhabers auf Auskehrung von Mieteinkünften des Eigentümers verneint, wenn der Eigentümer trotz bestehenden Wohnrechts die Räumlichkeiten an Dritte vermietet und die Mieteinkünfte für sich selbst vereinnahmt.[48]

dd) **Pflege- und Versorgungsversprechen.** Problematisch sind auch die Auswirkungen von Pflege- und Versorgungsversprechen. Der BGH vertrat zunächst die Auffassung, dass der Übernehmer, der die in einem Übergabevertrag vereinbarte Verpflichtung zur umfassenden Pflege des Übergebers wegen dessen medizinisch notwendiger Unterbringung in einem Pflegeheim nicht mehr erfüllen kann, nicht ohne entsprechende Abrede die Kosten der Heimunterbringung tragen müsse. Er sei allerdings verpflichtet sich an ihnen in Höhe seiner **ersparten Aufwendungen** zu beteiligen.[49] In einer Folgeentscheidung hat der BGH auch dies eingeschränkt.[50] Danach wird sich dem im Rahmen einer **ergänzenden Vertragsauslegung** zu ermittelnden **hypothetischen Parteiwillen** im Zweifel nicht entnehmen lassen, dass an die Stelle des ersparten Zeitaufwands ein Zahlungsanspruch des Übergebers treten soll.

Akzeptiert hat der BGH zudem die in Übertragungsverträgen häufig vorgesehenen Begrenzungen von Rechten wie Pflege- und Versorgungsversprechen auf die Zeit des Verbleibens im übertragenen Objekt. Dass in einem Vertrag als Gegenleistung für die Übertragung eines Hausgrundstücks vereinbarte Versorgungsleistungen nur so lange geschuldet sein sollen, wie sie von dem Verpflichteten in dem übernommenen Haus erbracht werden können, führe nicht ohne Weiteres zur Sittenwidrigkeit der vereinbarten Regelung.[51]

c) **Erb-, Pflichtteils- und Pflichtteilsergänzungsansprüche.** Der Sozialleistungsträger kann weder das Recht zur Ausschlagung noch zur Annahme einer Erbschaft auf sich überleiten.[52] Dementsprechend unterliegt es auch nicht dem gesetzlichen Anspruchsübergang nach § 33 SGB II.

---

44 OLG Köln NJW-RR 1995, 1358.
45 OLG Köln NJW-RR 1995, 1358.
46 BGH NJW 2009, 1348.
47 BGH NJW 2009, 1348.
48 BGH NJW 2009, 1346.

49 BGH NJW 2002, 440.
50 BGH NJW 2010, 2649.
51 BGH NJW 2009, 1346.
52 BGH NJW 2011, 1586; NK-BGB/Ivo BGB § 1942 Rn. 20.

Auch ein Pflichtteilsverzicht ist **nicht sittenwidrig** gemäß § 138 BGB, wenn die leistungsberechtigte Person im Sozialleistungsbezug steht, so dass auch insofern kein übergangsfähiger Anspruch hieraus erwächst.[53] Gleiches gilt für Verfügungen von Todes wegen, mit der Eltern ihr **behindertes, auf Kosten der Sozialhilfe untergebrachtes Kind** nur als Vorerben auf einen den Pflichtteil kaum übersteigenden Erbteil einsetzen, bei seinem Tod ein anderes Kind als Nacherben berufen und dieses zum Vollerben auch des übrigen Nachlasses bestimmen, auch soweit dadurch der Sozialleistungsträger Kostenersatz nicht erlangt.[54]

28 Leistungsberechtigten Personen zustehende Erbansprüche bzw. Pflichtteils- sowie Pflichtteilsergänzungsansprüche sind hingegen überleitungsfähig. So kommt es bei der Geltendmachung von Pflichtteilsansprüchen nicht auf die Entscheidung des Pflichtteilsberechtigten selbst an.[55] Auch eine Pflichtteilssanktionsklausel steht einer Überleitungsfähigkeit eines Pflichtteilsanspruchs nicht entgegen.[56] Sofern kein „Behindertentestament" vorliegt, greift eine Pflichtteilssanktionsklausel auch bei Geltendmachung der Pflichtteilsansprüche durch den Sozialhilfeträger.[57]

B. Regelungsgehalt

I. Personenkreis der Leistungsempfänger

29 Nach § 7 Abs. 1 SGB II sind leistungsberechtigt (für das Bürgergeld) Personen, die das 15. Lebensjahr vollendet und die Altersgrenze nach § 7a SGB II noch nicht erreicht haben, erwerbsfähig sind, hilfebedürftig sind und ihren gewöhnlichen Aufenthalt in der Bundesrepublik Deutschland haben. Nach § 7 Abs. 2 SGB II erhalten auch Personen Leistungen, die mit erwerbsfähigen Hilfebedürftigen in einer Bedarfsgemeinschaft leben, wobei die Bedarfsgemeinschaft in § 7 Abs. 3 SGB II definiert ist. Dabei umfasst im SGB II die Bedarfsgemeinschaft nunmehr auch die im Haushalt lebenden volljährigen Kinder bis zur Vollendung des 25. Lebensjahres.

30 Die leistungsberechtigte Person selbst muss einen Anspruch gegen einen Dritten haben.[58] Anders als bei der Parallelvorschrift des 93 Abs. 1 Satz 2 SGB XII, sieht § 33 SGB II eine Ausnahme von diesem Grundsatz der **Personenidentität** für Aufwendungen, die an weitere **Mitglieder der Bedarfsgemeinschaft** erbracht werden grundsätzlich nicht vor. Da andere Vorschriften, die der Wiederherstellung des Nachranggrundsatzes im Rahmen des SGB II dienen, eine Ausweitung von Ersatzansprüchen auch auf die übrigen Mitglieder der Bedarfsgemeinschaft bestimmen, vgl. § 34b SGB II, kann auch nicht von einem Versehen des Gesetzgebers ausgegangen werden. Eine analoge Anwendung scheidet somit aus. Im Ergebnis erhält dementsprechend der Sozialleistungsträger Aufwendungen beispielsweise an den Ehegatten der leistungsberechtigten Person, die einen vorrangigen Anspruch gegen einen Dritten hat, nicht erstattet, obwohl bei rechtzeitiger Erfüllung des Anspruchs durch den Dritten, wegen der Verpflichtung des Hilfesuchenden sein Einkommen und Vermögen auch für den zusammenlebenden Ehegatten mit einzusetzen, Leistungen auch an den Ehegatten nicht erbracht worden wären.

31 Eine Ausnahme vom Grundsatz der Personenidentität ist jedoch auch in § 33 SGB II normiert. Durch die Begrenzung des Anspruchsübergangs auf die tatsächliche Höhe der Aufwendungen war zum Teil eine Wiederherstellung des Nachranggrundsatzes nicht möglich, wenn das **Kindergeld** als Einkommen des Kindes berücksichtigt wurde. Hierdurch wurde seine Bedürftigkeit gemindert oder gar insgesamt ausgeschlossen, obwohl bei rechtzeitiger Unterhaltszahlung das Kind ggf. sein Kindergeld nicht zur Bedarfsdeckung hätte einsetzen müssen und es somit als Einkommen des betreuenden Elternteils für die Bedarfsgemeinschaft zur Verfügung gestanden hätte. Durch die Regelung in § 33 Abs. 1 Satz 2 SGB II wurde eine ausdrückliche Ermächti-

---

53 BGH NJW 2011, 1586.
54 BGH NJW 1994, 248.
55 BGH NJW-RR 2005, 369.
56 BGH NJW-RR 2006, 223.
57 OLG Hamm NJW-RR 2013, 779.
58 Kreikebohm/Knickrehm SGB II § 33 Rn. 3.

gungsgrundlage zur Wiederherstellung des Nachranggrundsatzes hierfür geschaffen. Der Anspruch zugunsten eines Kindes geht dementsprechend auch über die an das Kind tatsächlich gewährte Hilfe hinaus auf den Sozialleistungsträger über, wenn bei rechtzeitiger Leistung des Unterhaltspflichtigen keine oder geringere Grundsicherungsleistungen an die übrigen Mitglieder der Bedarfsgemeinschaft erbracht worden wären. Dies gilt auch dann, wenn das Kind selbst kein Empfänger von Leistungen zur Sicherung des Lebensunterhaltes war, weil es aufgrund der Anrechnung von Kindergeld nach § 11 Abs. 1 Satz 3 SGB II selbst nicht hilfebedürftig war. Die Vorschrift gilt jedoch nicht für Leistungen nach dem SGB II, die vor Inkrafttreten der Neuregelung bis zum 31.12.2008 erbracht worden sind.[59]

II. Voraussetzungen des Anspruchsübergangs

1. Tatsächliche Leistungserbringung. Voraussetzungen für den gesetzlichen Anspruchsübergang ist, dass auch tatsächlich Sozialhilfeleistungen gewährt wurden. Hier reicht die bloße Bewilligung nicht aus, sondern die Leistung muss ausbezahlt worden sein.[60]

2. Anspruchsübergang bei Gewährung einzelner Leistungen nach dem SGB II. Der Anspruch geht nur auf den Sozialleistungsträger über, wenn bei rechtzeitiger Leistung des Anderen Leistungen zur Sicherung des Lebensunterhalts nicht erbracht worden wären. Voraussetzung ist dementsprechend, dass die Gewährung der Leistung nach dem SGB II von einer entsprechenden Bedürftigkeit abhängt.

Bei einigen Leistungen ist insbesondere die unterhaltsrechtliche Behandlung umstritten. ME muss hier differenziert werden. Zunächst ist auf den Gesetzeszweck des § 33 SGB II abzustellen, der den Nachranggrundsatz wiederherstellen soll. Es muss also die Frage gestellt werden, ob bei rechtzeitiger Zahlung die Hilfe überhaupt bzw. in diesem Umfang gewährt worden wäre. Wäre keine Hilfe gewährt worden, gebietet es der Nachranggrundsatz, dass der Anspruch im Regelfall auch auf den Sozialleistungsträger übergeht. Dementsprechend sehen die Arbeitshinweise der BA zu § 33 auch eine uneingeschränkte Geltendmachung der Leistungen des 3. Kapitels, Abschnitt 2, Unterabschnitte 1 und 2 des SGB II vor.[61] Die Arbeitshinweise sind abgedruckt im Internet unter www.arbeitsagentur.de.

Ausnahmen hiervon sind insbesondere gerechtfertigt, wenn die Leistung im Unterhaltsprozess berücksichtigt wird oder aber ihr kein entsprechender Unterhaltsbedarf gegenübersteht. Im Einzelnen:

a) **Bürgergeld (Regelleistung § 20, Mehrbedarf § 21, Kosten der Unterkunft und Heizung § 22).** Das Bürgergeld ist unterhaltsrechtlich auf Seiten des Berechtigten kein Einkommen.[62]

Beim Unterhaltspflichtigen stellt sich im Erkenntnisverfahren die Frage des Bürgergeldes als Einkommen kaum, da sich ein Unterhaltsanspruch im Regelfall nur bei Anrechnung fiktiven Einkommens ergibt. In der Zwangsvollstreckung ist das Bürgergeld praktisch nicht pfändbar, da es unter den Freigrenzen der Pfändbarkeit von Arbeitseinkommen liegt, §§ 53, 54 SGB I. Auch die Unterkunftskosten gehören zum Lebensunterhalt, so dass auch diese Leistungen subsidiär sind.

b) **Sonderbedarf nach 24 SGB II (Darlehen, Wohnungsersteinrichtung, Schwangerschaftsbekleidung).** Beim Unterhaltsberechtigten stellt sich die Frage, ob dies regulärer Elementarunterhaltsbedarf ist, oder aber Sonderbedarf nach § 1613 BGB. Bei Elementarunterhaltsbedarf ist eine Umlegung auf mehrere Monate zulässig. Jedenfalls sind die Leistungen subsidiär und vom Anspruchsübergang des § 33 SGB II umfasst.

---

59 BGH NZS 2012, 589, zur Berechnung vgl. Kuller FamRZ 2011, 255.
60 Rolfs/Giesen/Kreikebohm/Udsching/Merten SGB II § 33 Rn. 2.
61 Arbeitshinweise der BA zu § 33 SGB II, Ziff. 33.5.
62 Gesetzesbegründung zu § 33 BT-Drs. 16/1410, 27; BGH FamRZ 2009, 310; OLG München FamRZ 2006, 1125; OLG Celle FamRZ 2006, 1203.

38 Streitig ist, ob bei **darlehensweiser Hilfegewährung** ein Anspruchsübergang erfolgt. Meines Erachtens steht die darlehensweise Hilfegewährung und der mit ihr verbundene Rückforderungsanspruch einem Anspruchsübergang im Regelfall nicht entgegen.[63] Es handelt sich jeweils um eigenständige Regelungen, dem Nachrangprinzip Geltung zu verschaffen, die sich gegenseitig nicht ausschließen. Insofern ist der Rechtsgedanke, dass es unbillig wäre, wenn ein Drittverpflichteter wegen anderweitiger Rückforderungsansprüche von einem Anspruchsübergang und einer etwaigen zivilgerichtlichen Durchsetzung verschont bliebe, auch auf die darlehensweise Hilfegewährung übertragbar.[64] So wäre es nicht vertretbar, wenn der Sozialleistungsträger auf die Realisierung derzeit nicht verwertbaren Vermögens warten müsste, obwohl fällige Unterhaltsansprüche bestehen. Der Sozialleistungsträger hat demnach ein **Wahlrecht**, von welcher Möglichkeit er Gebrauch macht. Zum Teil wird bei darlehensweiser Hilfegewährung sogar eine Verpflichtung des Sozialleistungsträgers gesehen, zunächst den Unterhaltsschuldner heranzuziehen, bevor das Darlehen vom Hilfeempfänger zurückgefordert werden kann.[65] Die BA hingegen vertritt die Auffassung, dass ein Anspruchsübergang bei darlehensweiser Hilfegewährung nicht erfolgt, da der Nachrang des SGB II über die Rückzahlung des Darlehens hergestellt werde.[66] Auch die neuere Rechtsprechung verneint einen Anspruchsübergang bei darlehensweiser Hilfegewährung.[67] Dies hat erhebliche Auswirkungen. Wenn kein Anspruchsübergang erfolgt, verbleibt der Unterhaltsanspruch beim Hilfeempfänger und dieser muss ihn selbst geltend machen. Der Anwalt kann sich hier leicht regresspflichtig machen, wenn versäumt wird, Unterhaltsansprüche zu realisieren, die regelmäßig bestehen werden und später der Sozialleistungsträger die gewährte Hilfe – meist nach einer Vermögensauseinandersetzung des Hilfeempfängers und seines Ehegatten im Rahmen der güterrechtlichen Auseinandersetzung – zurückfordert.

39 **c) Versicherungsleistungen nach § 26 SGB II (Kranken- und Rentenversicherungsbeiträge).** Die vom Sozialleistungsträger übernommenen Kranken- und Rentenversicherungsbeiträge gehen auf den Sozialleistungsträger über, sofern ein entsprechender Vorsorgeunterhaltsanspruch besteht. Die Alters- und Krankenvorsorgeleistungen, gehören im Regelfall zum Unterhaltsbedarf. Auch im SGB II gehört § 26 zu den Leistungen zur Sicherstellung des Lebensunterhalts nach Abschnitt 2, so dass diese Leistungen vom Anspruchsübergang nach § 33 SGB II umfasst sind.

Sozialversicherungsbeiträgen, die aufgrund des SGB II-Bezuges gezahlt werden, weil der Bezug von Leistungen nach dem SGB II eine Versicherungspflicht auslöst, steht kein entsprechender Unterhaltsbedarf gegenüber, so dass ein Anspruchsübergang ausscheidet. Anders verhält es sich jedoch bei den Zuschüssen zu den Versicherungsleistungen gem. § 26 Abs. 2 SGB II. Diese entsprechen dem unterhaltsrechtlichen Krankenvorsorgeanspruch und stellen somit auch einen unterhaltsrechtlichen Bedarf dar.

40 **d) Leistungen für Bildung und Teilhabe nach § 28 SGB II.** Die seit dem 1.1.2011 zusätzlich für Kinder, Jugendliche und junge Erwachsene normierten Leistungen für Bildung und Teilhabe stellen auch einen unterhaltsrechtlichen Bedarf dar, so dass sie vom Anspruchsübergang nach § 33 SGB II erfasst sind. Dabei wird unterhaltsrechtlich lediglich zwischen Sonderbedarf, Mehrbedarf und Elementarbedarf zu unterscheiden sein, was jedoch für die Qualifizierung als Unterhaltsbedarf unbeachtlich ist.

41 **e) Leistungen zur Eingliederung nach § 16d SGB II (Mehraufwandsentschädigung).** Die Mehraufwandsentschädigung für Arbeitsgelegenheiten nach § 16d Abs. 7 SGB II (teilweise bezeichnet als „Ein-Euro-Jobs") stellt ebenfalls unterhaltsrechtliches Einkommen dar, zumal es auf die Grundsicherung für Arbeitsuchende nicht anzurechnen ist. Es könnte sich in der Summe mit

---

63 AA Arbeitshinweise der BA zu § 33 SGB II, Ziff. 33.9.
64 OLG Hamm FamRZ 2001, 1237; OLG Celle FamRZ 2008, 928.
65 Schellhorn SGB XII § 38 Rn. 15.
66 Arbeitshinweise der BA zu § 33 SGB II, Ziff. 33.9.
67 OLG Düsseldorf NJW 2016, 3251; OLG Frankfurt NJW 2019, 3314.

dem Bürgergeld sogar ein höheres Einkommen ergeben als dies einem vollschichtig erwerbstätigen Arbeitnehmer der unteren Einkommensgruppen verbleibt. Ein Anspruchsübergang nach § 33 SGB II ist bereits ausgeschlossen, da es sich bei den Hilfen nach § 16d SGB II nicht um Hilfen zur Sicherung des Lebensunterhalts handelt.

Die Vorschrift wird allerdings mE gänzlich falsch behandelt, mit erheblichen Auswirkungen. 42
Denn es handelt sich vorliegend ja nicht um Beschäftigungsverhältnisse, für die nur ein Mehraufwand je Stunde Entgelt bezahlt wird, sondern es handelt sich um eine **zusätzliche Vergütung** neben dem gewährten Bürgergeld. Nach dem früher geltenden § 91 Abs. 1 Satz 4 BSHG der auf den bisherigen § 90 Abs. 4 BSHG verwies, schied ein Anspruchsübergang aus, wenn der Hilfeempfänger Leistungen im Rahmen von gemeinnütziger oder zusätzlicher Arbeit (§ 19 Abs. 2 BSHG) bzw. im Rahmen einer Maßnahme zur Gewöhnung an Arbeit (§ 20 Abs. 2 BSHG) erhielt. Der Ausschluss bezog sich nicht nur auf die angemessene Entschädigung für Mehraufwendungen, sondern auch auf die daneben gewährte Hilfe zum Lebensunterhalt. Ein Anspruchsübergang war zudem ausgeschlossen, wenn dem Unterhaltsberechtigten im Rahmen der Hilfe zur Arbeit ein Zuschuss bei Aufnahme einer Tätigkeit auf dem allgemeinen Arbeitsmarkt nach § 18 Abs. 5 BSHG gewährt wurde. Die Ein-Euro-Jobs entsprechen weitgehend der früheren Hilfe zur Arbeit nach § 19 II BSHG, so dass mE die Regelung des früheren § 91 Abs. 1 Satz 4 BSHG schlichtweg übersehen wurde. Es ist auch unterhaltsrechtlich nicht hinnehmbar, wenn der Unterhaltsberechtigte einer – wenn auch staatlich geförderten – Erwerbstätigkeit nachgeht, ohne dass dies Auswirkungen auf den Unterhaltsprozess haben soll.

Meines Erachtens ist dementsprechend nicht nur die Leistung nach § 16d Abs. 7 SGB II sondern auch das Bürgergeld insgesamt **vom Anspruchsübergang nach § 33 SGB II ausgeschlossen**, so wie es der Rechtslage nach dem BSHG entsprach.[68] Denn nicht nur im Umfang der zusätzlichen Erstattung sondern im Gesamtumfang der Hilfe, also auch des Bürgergeldes handelt es sich damit um eine Hilfe zur Eingliederung. Es wäre mit dem Gesetzeszweck nicht vereinbar, wenn der Sozialleistungsträger einen Hilfeempfänger zu einer Arbeit verpflichten und sich dies vom Unterhaltspflichtigen noch refinanzieren lassen würde. Im Unterhaltsprozess würde die gewährte Hilfe faktisch wie Einkommen des Berechtigten zu berücksichtigen sein, wobei sich die Anrechnung dogmatisch nach Treu und Glauben bestimmt, da subsidiäre Leistungen kein unterhaltsrelevantes Einkommen darstellen.

f) **Einstiegsgeld nach § 16b SGB II (Leistungen neben Erwerbseinkommen).** Beim Unterhaltsbe- 43
rechtigten ist das Einstiegsgeld, das (im Ermessen des Sozialleistungsträgers) erwerbsfähigen Hilfebedürftigen bei Aufnahme einer Erwerbstätigkeit nach § 16b SGB II (vorher § 29 SGB II) zur Überwindung von Hilfebedürftigkeit für höchstens 24 Monate bewilligt werden kann, als Einkommen bedarfsmindernd zu berücksichtigen, da es als Lohnsubvention ausschließlich Anreizfunktion hat[69] und seiner Zweckbestimmung nach nicht der Deckung des Lebensunterhalts dient. Es steht der Leistung also **kein unterhaltsrechtlicher Bedarf** gegenüber, so dass eine Refinanzierung über § 33 SGB II ausscheidet.[70]

Auch beim Unterhaltspflichtigen stellt das Einstiegsgeld unterhaltsrechtliches Einkommen dar. 44
Obwohl es einen zusätzlichen Anreiz bieten soll, wäre eine Nichtberücksichtigung ähnlich wie bei anderen Eingliederungsleistungen (etwa nach dem SGB III) nur dann angezeigt, wenn das Gesetz dies ausdrücklich vorschreiben würde.[71] Es ist deshalb keine an einen konkreten Zweck gebundene Leistung und somit pfändbar.

3. Unterschiedlicher Einkommensbegriff. Das Einkommen bemisst sich nach §§ 11, 11a 45
und 11b SGB II sowie der Durchführungsverordnung zu § 13 SGB II. In der Verordnung nach § 13 SGB II sind weitere Einkünfte unter § 1 aufgeführt, die nicht zu berücksichtigen sind.

---

68 So auch Schürmann FuR 2006, 349 (351.).
69 Vgl. Münder SGB II § 29 Rn. 1; OLG Celle FamRZ 2006, 1203.
70 So auch Ziff. 33.4 der Arbeitshinweise der BA.
71 Klinkhammer FamRZ 2004, 1910.

46 Die unterschiedliche Bewertung von Einkommen im Unterhalts- und Sozialrecht beschränkt sich auf Ausnahmen. Im Wesentlichen ist der Einkommensbegriff vergleichbar. Auch unterhaltsrechtlich haben eine Reihe der sozialrechtlich nicht zu berücksichtigenden Einkünfte außer Betracht zu bleiben. So sind zwar Sozialleistungen, die infolge eines Körper- oder Gesundheitsschadens gewährt werden, grundsätzlich unterhaltsrechtliches Einkommen. Sofern aber nicht der Nachweis gelingt, dass die tatsächlichen Aufwendungen infolge eines Körper- oder Gesundheitsschadens geringer sind als die Höhe der Sozialleistungen, bleiben diese nach § 1610a BGB ebenfalls unberücksichtigt. Auch die unterhaltsrechtliche Behandlung freiwilliger Zuwendungen Dritter entspricht weitgehend der Regelung des § 11a Abs. 5 SGB II.

47 Die wichtigsten Unterschiede zwischen dem sozialhilferechtlichen und dem zivilrechtlichen Einkommensbegriff liegen in der Nichtberücksichtigung des fiktiven Einkommens und des Wohnvorteils im Sozialrecht. Das Leistungsrecht des SGB II sieht bei der Ermittlung des dem sozialrechtlichen Bedarfs gegenüber zu stellenden Einkommens nicht die Anrechnung **fiktiver Einkünfte** vor, da eine bestehende Notlage verschuldensunabhängig durch Leistungsgewährung zu beseitigen ist. Der Regress wird dann über etwaige Erstattungsansprüche wie beispielsweise § 34 SGB II (sozialwidriges Verhalten) realisiert. Im Unterhaltsrecht hingegen hat sich ein Unterhaltsschuldner, ebenso wie ein Unterhaltsgläubiger schuldhaft nicht erzieltes Einkommen fiktiv anrechnen zu lassen. Der **Vorteil freien Wohnens** in einer eigenen Immobilie wird im Sozialhilferecht berücksichtigt, indem keine Unterkunftskosten in Form einer Miete als Leistung des SGB II gewährt werden. Im Unterhaltsrecht wird der diesbezügliche geldwerte Vorteil dem unterhaltsrechtlichen Einkommen hinzugerechnet. Des Weiteren unterscheiden sich Unterhaltsrecht und Sozialrecht in der teilweise unterschiedlichen Anrechnung der Leistungen nach dem **BVG bzw. dem BEG** sowie in der Anrechnung von **Kindergeld** und Einnahmen auch aus **überobligatorischer Tätigkeit** bei der Sozialhilfegewährung. Darüber hinaus stellt das Unterhaltsrecht bei der Beurteilung der Einkünfte mehr auf das **Unterhaltsverhältnis** ab. So werden bei nicht gesteigerter Unterhaltspflicht eine Reihe von Einkünften nicht angerechnet, die bei gesteigerter Unterhaltspflicht für ein minderjähriges Kind anzurechnen sind, etwa das **Elterngeld** (§ 11 BEEG) oder das **Pflegegeld**, das an die Pflegeperson weitergeleitet wird (§ 13 Abs. 6 SGB XI). Im Sozialhilferecht gilt dagegen vielfach ein **generelles Anrechnungsverbot**.

48 **4. Unterschiedliche Erwerbsobliegenheit.** Ein zivilrechtlicher Bedarf kann auch dadurch ausgeschlossen sein, dass Hilfe gewährt wird, obwohl den Hilfeempfänger zivilrechtlich eine Erwerbsobliegenheit trifft. Die sozialrechtliche Erwerbsobliegenheit nach dem SGB II und die unterhaltsrechtliche Erwerbsobliegenheit sind nicht immer identisch. § 10 Abs. 1 SGB II bestimmt zur Konkretisierung des allgemeinen Grundsatzes des Forderns, dass dem erwerbsfähigen Hilfebedürftigen jede Arbeit zumutbar ist, wobei dann die Ausnahmen folgen.

So bestimmt beispielsweise § 10 Abs. 1 Nr. 3 SGB II dass durch die Ausübung der Arbeit die Erziehung eines Kindes nicht gefährdet werden darf, wobei eine Konkretisierung vorgenommen wird, wann in der Regel nicht von einer Gefährdung auszugehen ist. Bei Kindern unter drei Jahren scheidet demnach eine Erwerbsobliegenheit aus und bei Kindern über drei Jahren ist Voraussetzung, dass die Betreuung des Kindes sichergestellt ist.

Durch Inkrafttreten der Unterhaltsrechtsreform zum 1.1.2008 mit der deutlich **erhöhten Erwerbsobliegenheit** beim nachehelichen Unterhalt im Rahmen des § 1570 BGB, hat sich die Erwerbsobliegenheit im Unterhalts- und im Sozialleistungsrecht derart angenähert, dass sie im Regelfall identisch ist.

49 **5. Unterschiedlicher Vermögensbegriff.** Auch die Behandlung von Vermögen erfolgt in beiden Rechtsgebieten unterschiedlich. So kann Vermögen des Hilfeempfängers nach § 12 SGB II geschützt sein, das zivilrechtlich zur Bedarfsdeckung eingesetzt werden muss. Hier hat ein Vergleich mit den zivilrechtlichen Vorschriften stattzufinden. So sind beispielsweise auch nach § 1602 BGB dem Unterhaltsberechtigten kleinere Beträge als Kapitalreserve zu belassen. Dieser

„Notgroschen" soll nach überwiegender Meinung den kleinen Barbeträgen nach § 90 Abs. 2 Nr. 9 SGB XII weitgehend entsprechen.[72] Bis zum 31.3.2017 betrug die Höhe der kleinen Barbeträge gem. § 1 der VO zu § 90 Abs. 2 Nr. 9 SGB XII 2.600 EUR zzgl. 614 EUR für den Ehegatten zzgl. 256 EUR für jede weitere Person, die von dem Unterhaltspflichtigen überwiegend unterhalten wird. Zum 1.4.2017 wurden diese Beträge bereits drastisch erhöht, auf 5.000 EUR zzgl. weiterer 5.000 EUR für den Ehegatten zzgl. 500 EUR für jede weitere Person, die von dem Unterhaltspflichtigen überwiegend unterhalten wird. Zum 1.1.2023 wurden die Beträge nochmals verdoppelt auf 10.000 EUR je Person. Hinzu kommt, dass nach der Rechtsprechung des Bundessozialgerichts zusätzlich als geschütztes Vermögen neben den kleinen Barbeträgen noch der Abschluss von Bestattungsvorsorgeverträgen akzeptiert wird.[73] Diese Freibeträge liegen bei ca. 7.000 EUR.[74] Ob insofern bei einem Vermögen von 17.000 EUR je Person tatsächlich bereits eine unterhaltsrechtliche Bedürftigkeit vorliegt, halte ich für problematisch, zumal die grundsätzliche Argumentation, dass die Freibeträge auch zur späteren Bestattung dienen, obsolet wird, wenn Bestattungsvorsorgeverträge zusätzlich abgeschlossen wurden.

Dies umso mehr, als nach der Einführung des Bürgergeldes noch deutlich höhere Freibeträge nach § 12 SGB II gelten. Allerdings ist hier der **eingeschränkte Personenkreis** des § 33 SGB II zu berücksichtigen, der überhaupt nur zum Unterhalt herangezogen wird. Dies sind Ehegatten untereinander und Eltern für ihre minderjährigen Kinder, bzw. Kinder unter 25 Jahren, die eine Erstausbildung noch nicht abgeschlossen haben. Hier sieht auch das Unterhaltsrecht beim Ehegattenunterhalt nur eine eingeschränkte Verpflichtung zur Verwertung des Vermögensstammes nach § 1577 Abs. 3 BGB vor. Beim Kindesunterhalt für Minderjährige ist der Einsatz des Vermögens nach § 1603 Abs. 2 BGB gänzlich ausgeschlossen. Hauptanwendungsfall wird insofern der Personenkreis der volljährigen Kinder in Erstausbildung sein.

Problematisch ist die Verfahrensweise wenn doch sozialrechtlich geschütztes Vermögen vorhanden ist, welches zivilrechtlich einzusetzen wäre. Zum Teil wird vertreten, dass eine Heranziehung des Unterhaltspflichtigen nur so lange ausscheidet, bis ein **fiktiver Vermögensverbrauch** eingetreten ist. Danach kann eine Inanspruchnahme erfolgen, auch wenn das Vermögen noch vorhanden ist.[75] Im Ergebnis wird also Bedürftigkeit angenommen, obwohl tatsächlich bereite Mittel zur Verfügung stehen. Weitgehend wird diese Verfahrensweise mit der Begründung abgelehnt, das Unterhaltsrecht kenne keine fiktive Bedürftigkeit.[76] Dennoch ist anders kaum ein interessengerechtes Ergebnis zu erzielen. Ansonsten würde nämlich der Unterhaltsschuldner auf Dauer zulasten der Sozialhilfe von seiner Unterhaltsverpflichtung freigestellt werden bzw. könnte dieses Ziel sogar durch eine Einmalzahlung in entsprechender Höhe an den Unterhaltsberechtigten erreichen.[77]

Es wird in der Praxis wesentlich häufiger ein unterhaltsrechtlicher, aber kein sozialhilferechtlicher Bedarf bestehen, weil der Einsatz vorhandenen Vermögens nach dem BGB **unwirtschaftlich oder unbillig** wäre.

So wird beim klassischen Fall des nach der Trennung verkauften Eigenheims, dessen Erlös zwischen den Ehegatten aufgeteilt wird, ein einseitiger Vermögenseinsatz des Unterhaltsberechtigten nach § 1577 Abs. 3 BGB unbillig sein.[78] Ein unterhaltsrechtlicher Bedarf besteht also trotz Vermögens des Berechtigten. Diesen Bedarf hat der Unterhaltspflichtige durch laufende Leistungen zu decken. Sozialhilferechtlich hat die leistungsberechtigte Person jedoch, bevor er einen Anspruch auf Hilfe hat, sein Vermögen bis zu den Schongrenzen der kleinen Barbeträge einzusetzen. Er kann nicht geltend machen, ein Vermögenseinsatz sei zivilrechtlich unbillig, da dieser

---

72 BGH FamRZ 1998, 367/369; OLG Düsseldorf FamRZ 1990, 1137; Hußmann FPR 2003, 635; aA OLG Köln FamRZ 2001, 437.
73 BSG FamRZ 2008, 1616.
74 OVG NRW BeckRS 2009, 42197.
75 Empfehlungen des Deutschen Vereins FamRZ 2002, 931, Rn. 79.
76 Münder FuR 1997, 330.
77 Heiß/Born/Hußmann UnterhaltsR-HdB Kap. 16 Rn. 7.
78 Grüneberg/v. Pückler BGB § 1577 Rn. 35.

Einwand nur gegenüber dem unterhaltspflichtigen Ehegatten greift. Weiter hat der Hilfesuchende, bevor er sozialrechtlich bedürftig ist, grundsätzlich auch wirtschaftlich ungünstige Vermögensveräußerungen vorzunehmen etwa Veräußerung von Wertpapieren zu niedrigem Kurs, von Grundstücken zu Preisen unter dem Marktwert, Auflösung kapitalbildender Lebensversicherungen etc[79] In diesen Fällen soll der Sozialleistungsträger aber vorübergehend von einer Verwertung absehen, wenn der sofortige Verbrauch oder die sofortige Verwertung des Vermögens nicht möglich ist oder für den, der es einzusetzen hat, eine Härte bedeuten würde. Die Hilfe wird dann nach § 24 Abs. 5 SGB II darlehensweise gewährt.

52 **6. Unterhaltsverzicht.** Die Möglichkeit eines wirksamen Unterhaltsverzichts für die Zukunft ist weitgehend gesetzlich ausgeschlossen (vgl. §§ 1614 Abs. 1, 1360a Abs. 3, 1361 Abs. 4 Satz 4, 1615e Abs. 1 BGB). Ein Unterhaltsverzicht ist jedoch vor allem im Bereich des nachehelichen Unterhalts möglich (§§ 1585c BGB, 72 EheG). Auch der Sozialleistungsträger muss einen wirksamen Unterhaltsverzicht gegen sich gelten lassen.

53 Ein Unterhaltsverzicht kann aber nach § 138 Abs. 1 BGB wegen Verstoßes gegen die guten Sitten nichtig sein, wenn er unmittelbar zulasten des Sozialleistungsträgers geschlossen wird. Dazu muss die Verzichtsabrede nicht notwendigerweise mit einer subjektiven Schädigungsabsicht für den Sozialleistungsträger erklärt werden, sondern es reicht aus, wenn der Verzicht nach objektiven Gesichtspunkten zwangsläufig eine Inanspruchnahme von Sozialleistungen nach sich zieht. Dies kommt insbesondere in Betracht, wenn der Unterhaltsberechtigte zum Zeitpunkt des Verzichts bereits im Sozialleistungsbezug steht oder der Verzicht im Hinblick auf eine unmittelbar bevorstehende Trennung geschlossen wird und der Unterhaltsberechtigte erwerbs- und vermögenslos ist. Auf Ansprüche, die bereits auf den Sozialleistungsträger übergegangen sind, kann ein Hilfeempfänger ohnehin nicht wirksam verzichten, da er nicht mehr Anspruchsinhaber ist.

54 Häufig werden Unterhaltsverzichte aber bereits vor Eheschließung oder während intakter Ehe vereinbart. Ein solcher Verzicht führt nicht unmittelbar eine Unterstützungsbedürftigkeit durch die Sozialhilfe herbei. Er ist nicht nach § 138 Abs. 1 BGB sittenwidrig, selbst wenn später Sozialhilfebedürftigkeit eintritt. Allerdings kann ein solcher Verzicht – trotz seiner Wirksamkeit – zeitlich begrenzt ausgeschlossen sein, wenn ein Berufen auf den Verzicht aufgrund einer späteren Entwicklung mit Treu und Glauben (§ 242 BGB) unvereinbar ist. Ein solcher Verstoß gegen Treu und Glauben liegt nicht in einer bei Verzichtserklärung noch nicht absehbaren, später eintretenden Sozialleistungsbedürftigkeit.

55 Zu beachten ist die geänderte Rechtsprechung des BGH zur Wirksamkeit von Eheverträgen nach den Grundsatzentscheidungen des BVerfG vom 6.2.2001 und 29.3.2001. Danach kommt insbesondere wenn der Kernbereich der Scheidungsfolgen betroffen ist, vor allem beim Verzicht auf Betreuungsunterhalt, eine Sittenwidrigkeit von Eheverträgen in Betracht.

56 **7. Rechtmäßigkeit der Hilfe.** Sehr umstritten ist, ob die Rechtmäßigkeit der Sozialhilfegewährung Voraussetzung für den gesetzlichen Anspruchsübergang ist. Nach hM der Rechtsprechung wird ein ungeschriebenes Tatbestandsmerkmal der Rechtmäßigkeit der Hilfegewährung abgelehnt.[80] Schon nach der Rechtsprechung des BVerwG zur Überleitungsanzeige war eine Überprüfung der Rechtmäßigkeit nicht notwendig, wenn die Voraussetzungen für die Hilfegewährung wesensmäßig mit denen übereinstimmten, von denen das Bestehen des bürgerlich-rechtlichen Unterhaltsanspruchs abhing.[81] Eine Überprüfung der Rechtmäßigkeit kam nur ausnahmsweise in Betracht, wenn andernfalls die Belange des Drittverpflichteten in unzulässiger Weise verkürzt wurden.[82] Diese Überlegungen sind auf den gesetzlichen Anspruchsübergang übertragbar. Aufgrund der Rechtswegzuweisung des § 33 Abs. 4 Satz 3 SGB II müssten die Zi-

---

79 Vgl. Grube/Wahrendorf/Wahrendorf SGB XII § 90 Rn. 27; BVerwG FamRZ 1998, 547.
80 BayLSG 11.10.2013 – L 8 SO 105/13, BeckRS 2013, 74078; BVerwG NDV 1993, 25; LSG NRW, FEVS 58, 448; Heiß/Born/Hußmann UnterhaltsR-HdB Kap.16 Rn. 11.
81 BVerwG NJW 1987, 915.
82 BVerwG NDV 1993, 25.

vilgerichte die Rechtmäßigkeit der Hilfegewährung prüfen, wenn ansonsten für den Unterhaltsverpflichteten kein ausreichender Rechtsschutz gewährleistet wäre. Die Belange des Anspruchsschuldners werden durch einen bloßen Gläubigerwechsel jedoch nicht verkürzt. Er kann seine Einwendungen gegen die Rechtmäßigkeit der Hilfegewährung in den Unterhaltsprozess einbringen. So muss er überhaupt nur leisten, wenn der gewährten Hilfe ein entsprechender Unterhaltsbedarf gegenübersteht. Wird die Hilfe zur Deckung des notwendigen Lebensunterhalts rechtswidrig erbracht, so kann der Unterhaltspflichtige erfolgreich geltend machen, es bestehe keine unterhaltsrechtliche Bedürftigkeit. Es besteht auch keine Gefahr, dass der Sozialleistungsträger die Ansprüche doppelt fordert – einmal als Unterhalt beim Verpflichteten und dann als Rückforderung zu Unrecht gewährter Sozialhilfe nach §§ 45, 50 SGB X beim Hilfeempfänger – denn die Ansprüche bestehen zwar nebeneinander, können aber nicht kumulativ durchgesetzt werden.[83] Die insbesondere in der Literatur vertretene Gegenmeinung hält die Rechtmäßigkeit der Hilfegewährung für erforderlich, da § 45 SGB X eine abschließende Regelung der Rückforderungsmöglichkeiten für den Fall rechtswidrig erbrachter Leistungen gegenüber dem Leistungsberechtigten enthalte und dieses abgeschlossene System anderenfalls durch die Überleitung von Ansprüchen unterlaufen werden könnte. Ein Sozialleistungsträger sei nur von Rechts wegen zur Hilfe verpflichtet, so dass er auch nur unter diesen Voraussetzungen das vom Gesetz gewollte Nachrangverhältnis herstellen darf.[84] Im Hinblick auf die Grundintention des § 33 SGB II steht meines Erachtens hier die Verwirklichung des Nachranggrundsatzes jedoch im Vordergrund, so dass es auf die Rechtmäßigkeit der Hilfegewährung nicht ankommen kann. Der Anspruchsschuldner erleidet diesbezüglich auch keine Nachteile denn § 33 SGB II führt lediglich einen Gläubigerwechsel herbei, so dass sich an der grundsätzlichen Zahlungsverpflichtung des Anspruchsgläubigers, sei es gegenüber dem Sozialleistungsträger oder aber gegenüber der leistungsberechtigten Person nichts ändert. Die Rechtsfolge bei einer rechtswidrigen Leistungsgewährung einen Anspruchsübergang zu verneinen wäre, dass damit die leistungsberechtigte Person doppelt Forderungen geltend machen könnte, nämlich zum einen zunächst die Sozialhilfe beziehen und zum anderen dann zusätzlich nochmals den Anspruch selbst vom Anspruchsgläubiger erhalten würde. Dies ist mit dem Normzweck des § 33 SGB II nicht vereinbar.

Obwohl nach herrschender Meinung der Rechtsprechung die Rechtmäßigkeit der Hilfegewährung keine Voraussetzung für den gesetzlichen Anspruchsübergang ist, sehen die Arbeitshinweise der BA im SGB II dies vor.[85] 57

8. Gleichzeitigkeit der Hilfe. a) Zeitgleichheit von Leistung und Unterhaltsanspruch. Ein Unterhaltsanspruch geht nach § 33 Abs. 1 Satz 1 SGB II über „für die Zeit, für die Leistungen erbracht werden". Bei laufenden Geldleistungen ist dies regelmäßig der Monat des jeweiligen Bewilligungszeitraums, für den die Hilfe gewährt wird. Im Falle einer Nachzahlung durch den Sozialhilfeträger muss der Unterhaltsanspruch im Zeitraum bestanden haben, für den die Nachzahlung erfolgte und nicht zum Zeitpunkt ihrer Bewilligung oder ihrer Auszahlung. 58

b) Zeitgleichheit von Leistung und sonstigen Ansprüchen. Der Anspruch und die Hilfegewährung müssen zeitlich aufeinander bezogen sein. Dies bedeutet allerdings nicht, dass der Anspruch erst in der Zeit der Hilfegewährung entstanden sein muss. Es reicht aus, dass der Anspruch während der Zeit der Hilfegewährung noch fällig und nicht erfüllt ist.[86] Auch diese weite Auslegung rechtfertigt sich aus der Grundintention des § 33 SGB XII den Nachranggrundsatz wiederherzustellen. Hätte nämlich der Anspruchsschuldner rechtzeitig gezahlt, dann wäre eine Hilfeleistung nicht erforderlich geworden.[87] 59

---

83 BVerwG NDV 1993, 25.
84 LPK-SGB XII/Münder SGB XII § 93 Rn. 14; Oestreicher/Decker SGB XII § 93 Rn. 41; Ludyga NZS 2012, 124.
85 Arbeitshinweise der BA zu § 33 SGB II, Ziff. 33.7.
86 BVerwG NJW 2000, 601; LSG BW Urt. v. 12.12.2013 – L 7 SO 4209/09, BeckRS 2014, 65380.
87 Grube/Wahrendorf/Wahrendorf SGB XII § 93 Rn. 20.

60 **9. Kausalität.** Nach § 33 Abs. 1 Satz 1 SGB II geht der Anspruch nur insoweit über, als bei rechtzeitiger Leistung des anderen entweder die Leistung nicht erbracht worden wäre. Dies bedeutet, dass eine **hypothetische Prüfung** vorzunehmen ist, ob bzw. in welchem Umfang Hilfe gewährt worden wäre, wenn rechtzeitig der Anspruchsschuldner geleistet hätte.

Hier ist insbesondere bei Ansprüchen, die keine Unterhaltsansprüche sind, problematisch, ob die Ansprüche gegen den Dritten zum geschützten **Einkommen oder Vermögen** gehören. Die **Abgrenzung** zwischen Einkommen und Vermögen nimmt das SGB II selbst nicht vor. **Einkommen** im sozialrechtlichen Sinne ist grundsätzlich alles das, was jemand nach Antragstellung wertmäßig dazu erhält, und **Vermögen** das, was er vor Antragstellung bereits hatte. Auszugehen ist dabei vom tatsächlichen Zufluss, es sei denn, rechtlich wird ein anderer Zufluss als maßgeblich bestimmt.[88] Dabei tendiert die Rechtsprechung allerdings dazu, Ansprüche gegen Dritte nicht dem Vermögen sondern dem Einkommen zuzurechnen, weshalb die Vermögensfreigrenzen des § 12 SGB II nicht greifen. So soll eine einmalige Einnahme, die nach der Antragstellung zufließt, grundsätzlich bis zu ihrem Verbrauch als Einkommen bei der Berechnung der Bürgergeld-Leistung zu berücksichtigen, es sei denn, die bisher bestehende Hilfebedürftigkeit wird im Verteilzeitraum durch Einkommen – ohne Berücksichtigung der einmaligen Einnahme – für mindestens einen Monat unterbrochen.[89] Auch der Erbe eines **Bausparvertrages** soll sich nicht darauf berufen können, dass der Anspruch auf Rückzahlung des Bausparguthabens sozialrechtlich zwingend als Vermögen einzustufen ist, da die Ansparung nicht durch den Erben sondern durch den Erblasser erfolgt ist.[90] Selbst Rückforderungsansprüche wegen **Verarmung des Schenkers** nach § 528 BGB sollen dem Einkommen zuzurechnen sein und deshalb uneingeschränkt übergehen.[91] Dies hat zur Folge, dass jeweils das gesamte Geschenk rückforderbar ist und nicht etwa ein Abzug in Höhe des Absetzungsbetrages gemäß § 12 Abs. 2 Nr. 1 SGB II vorgenommen wird.[92] Auch bei Rückforderungsansprüchen infolge **Haus- und Wohnungsübertragungen** steht der Schutz des selbst bewohnten Haus- und Wohnungseigentums gemäß § 12 Abs. 3 Nr. 4 SGB XII dem Anspruchsübergang nicht entgegen, da der Anspruch auf eine monatliche Geldzahlung gerichtet ist.[93]

61 **10. Begrenzung auf die Aufwendungen.** Der Umfang der Anspruchsüberleitung ist auf die **tatsächlichen Aufwendungen**, die der Sozialhilfeträger für die leistungsberechtigte Person erbringt, begrenzt, § 33 Abs. 1 Satz 1 SGB II. Die diesbezügliche Einschränkung ergibt sich bereits aus Sinn und Zweck der Vorschrift. § 33 SGB II dient dazu den Nachranggrundsatz wiederherzustellen. Der Sozialhilfeträger kann demnach nicht mehr realisieren, als er selbst aufgewendet hat.

62 Eine Ausnahme bestimmt § 33 Abs. 1 Satz 2 SGB II. Der Anspruch zugunsten eines Kindes geht danach auch über die an das Kind tatsächlich gewährte Hilfe hinaus auf den Sozialleistungsträger über, wenn bei rechtzeitiger Leistung des Unterhaltspflichtigen keine oder geringere Grundsicherungsleistungen an die übrigen Mitglieder der Bedarfsgemeinschaft erbracht worden wären. Dies gilt auch dann, wenn das Kind selbst kein Empfänger von Leistungen zur Sicherung des Lebensunterhaltes war, weil es aufgrund der Anrechnung von **Kindergeld** nach § 11 Abs. 1 Satz 3 selbst nicht hilfebedürftig war. Die Vorschrift gilt jedoch nicht für Leistungen nach dem SGB II, die vor Inkrafttreten der Neuregelung bis zum 31.12.2008 erbracht worden sind.[94]

63 Auswirkungen auf die Begrenzung des Anspruchsübergangs auf die Aufwendungen des Sozialleistungsträgers hat die unterschiedliche Behandlung von **Unterkunftskosten** im Sozialrecht ge-

---

[88] BSG Urt. v. 28.10.2009 – B 14 AS 62/08 R, BeckRS 2010, 66939.
[89] BSG NJW 2009, 2155; vergleiche für Erb- und Pflichtteilsansprüche Doering-Striening/Horn NJW 2013, 1276.
[90] LSG NRW FEVS 58, 448.
[91] BVerwG NJW 1992, 3312; aA LPK-SGB XII/Münder SGB XII § 93 Rn. 33.
[92] BGH NJW-Spezial 2005, 110.
[93] BVerwG NJW 1992, 3313.
[94] BGH NZS 2012, 589, zur Berechnung vgl. Kuller FamRZ 2011, 255.

genüber dem Unterhaltsrecht. Die Sozialämter teilen die Unterkunftskosten bei der Bestimmung des sozialhilferechtlichen Bedarfs in der Regel nach Kopfteilen auf die Mitbewohner auf. Diese Praxis entspricht der auch in anderen Sozialleistungsbereichen üblichen Verfahrensweise.[95] Das BVerwG hielt die Aufteilung nach Kopfteilen grundsätzlich auch im Bereich des BSHG (was für das SGB II nicht anders gelten wird) für geboten, weil eine konkrete Ermittlung des tatsächlichen Unterhaltsbedarf praktisch nicht möglich sei.[96]

Im Gegensatz zur individuellen Bedarfsbestimmung im Sozialrecht, wird der Bedarf im Unterhaltsrecht weitgehend pauschal nach den Tabellen der einzelnen Oberlandesgerichte bestimmt. Dabei wird der Großteil der Unterkunftskosten dem Ehegattenbedarf zugerechnet. Der Wohnkostenanteil der Kinder in den Unterhaltssätzen der Düsseldorfer Tabelle beträgt nur ca. 20 %.[97]

Die unterschiedliche Aufteilung der Unterkunftskosten kann insbesondere beim Kindesunterhalt dazu führen, dass der unterhaltsrechtliche Bedarf nach Düsseldorfer Tabelle hinter den Sozialhilfeaufwendungen zurückbleibt, obwohl eine entsprechende Leistungsfähigkeit vorliegt.[98]

Jedes Mitglied der Bedarfsgemeinschaft hat einen individuellen Leistungsanspruch. Aus Praktikabilitätsgründen erhält jedoch zum Teil nur der Haushaltsvorstand einen Leistungsbescheid für alle Mitglieder der Bedarfsgemeinschaft. In diesem Leistungsbescheid werden die Unterkunftskosten dann zum Teil nur als Gesamtsumme ausgewiesen und nicht auf die einzelnen Mitglieder der Bedarfsgemeinschaft verteilt. Die dann notwendige Verteilung auf die einzelnen Personen führt je nach Methode zu unterschiedlichen Bedarfsfeststellungen.

Meines Erachtens sind die Sozialämter, wenn im Leistungsbescheid **keine individuelle Aufteilung** der Unterkunftskosten auf die Einzelpersonen vorgenommen wurde, hier nicht an eine der vorgenannten Aufteilungsvarianten gebunden.[99] Da Leistungen nach dem SGB II nachrangig sind, ist darauf abzustellen, in welchem Umfang Leistungen gewährt worden wären, wenn der Unterhaltspflichtige rechtzeitig geleistet hätte. Aufgrund des Einkommenseinsatzes im Rahmen einer Bedarfsgemeinschaft nach § 7 SGB II scheidet regelmäßig eine Hilfebedürftigkeit aus, wenn ein Elternteil über ausreichendes Einkommen verfügt, da der Elternteil das seinen eigenen Bedarf übersteigende Einkommen voll für die minderjährigen Kinder einzusetzen hat, § 9 SGB II. Weil unterhaltsrechtlich die wesentlich höheren Unterhaltsbeiträge an den betreuenden Elternteil gezahlt werden, scheidet somit meist eine Sozialhilfebedürftigkeit aus, wenn der Gesamtunterhalt den Sozialhilfebedarf übersteigt. Die Begrenzung des Anspruchsübergangs auf die erbrachten Sozialleistungen hat nicht den Zweck einzelnen Mitgliedern der Bedarfsgemeinschaft einen finanziellen Vorteil zulasten des Sozialleistungsträgers zu verschaffen, indem sie neben erfolgter Bedarfsdeckung durch die Sozialleistungen Unterhaltsbeiträge vereinnahmen, nur weil Reibungspunkte zwischen den beiden Rechtsgebieten Unterhalts- und Sozialhilferecht bestehen. Insofern liegt in einer variablen Auswahl des Aufteilungsmodus kein Verstoß gegen den Gleichbehandlungsgrundsatz oder das Willkürverbot, denn die unterschiedlichen Fallsituationen bedürfen gerade einer individuellen und keiner pauschalen Lösung, wenn das vorrangige Gesetzesziel des § 33 SGB II in der Wiederherstellung des Nachrangprinzips zu sehen ist. Anders sind die Fälle zu beurteilen, in denen der Unterkunftsbedarf bereits durch **bestandskräftigen Sozialhilfebescheid** den einzelnen Mitgliedern der Bedarfsgemeinschaft zugeordnet wurde. Dieser bestimmt auch die Höhe der Sozialhilfeaufwendungen jedes einzelnen Mitglieds der Bedarfsgemeinschaft, auf die ein Anspruchsübergang begrenzt ist.

---

95 Vgl. §§ 7a Abs. 3 USG, 7 Abs. 3 WoGG.
96 BVerwG NJW 1989, 313; BSG BeckRS 2007, 41020.
97 Wendl/Dose UnterhaltsR/Klinkhammer § 2 Rn. 326.

98 Vgl. ausführlich Heiß/Born/Hußmann UnterhaltsR-HdB Kap.16 Rn. 16.
99 Ebenso Künkel FamRZ 1994, 540; aA MAH FamR/Günther § 13 Rn. 44.

III. Ausschluss des Anspruchsübergangs bei Unterhaltsansprüchen, § 33 Abs. 2 SGB II

64 **1. Ansprüche innerhalb der Bedarfsgemeinschaft mit dem Unterhaltspflichtigen.** § 33 Abs. 2 Satz 1 Nr. 1 SGB II schließt den Übergang von Unterhaltsansprüchen bei bestehender Bedarfsgemeinschaft nach § 7 Abs. 3 SGB II aus.

Zur Bedarfsgemeinschaft gehören die

- erwerbsfähigen Leistungsberechtigten,
- die im Haushalt lebenden Eltern oder der im Haushalt lebende Elternteil eines unverheirateten erwerbsfähigen Kindes, welches das 25. Lebensjahr noch nicht vollendet hat, und die im Haushalt lebende Partnerin oder der im Haushalt lebende Partner dieses Elternteils
- als Partnerin oder Partner der erwerbsfähigen Leistungsberechtigten
  – die nicht dauernd getrennt lebende Ehegattin oder der nicht dauernd getrennt lebende Ehegatte,
  – die nicht dauernd getrennt lebende Lebenspartnerin oder der nicht dauernd getrennt lebende Lebenspartner
  – eine Person, die mit der erwerbsfähigen leistungsberechtigten Person in einem gemeinsamen Haushalt so zusammenlebt, dass nach verständiger Würdigung der wechselseitige Wille anzunehmen ist, Verantwortung füreinander zu tragen und füreinander einzustehen
- die dem Haushalt angehörenden unverheirateten Kinder der vorstehend genannten Personen, wenn sie das 25. Lebensjahr noch nicht vollendet haben, soweit sie die Leistungen zur Sicherung ihres Lebensunterhalts nicht aus eigenem Einkommen oder Vermögen beschaffen können.

65 Bei nicht getrennt lebenden Ehegatten bzw. Lebenspartnern kann also nicht etwa neben den Bestimmungen des Sozialrechts ein Unterhaltsanspruch nach § 1360 BGB im Rahmen des Familienunterhalts auf den Sozialhilfeträger übergehen. Auch hier sind wie in § 94 SGB XII die öffentlich-rechtlichen Vorschriften über den Einkommens- und Vermögenseinsatz nach den §§ 11 und 12 SGB II innerhalb einer Bedarfsgemeinschaft abschließend.

66 **2. Ansprüche gegen Verwandte mit Ausnahme der Ansprüche minderjähriger Hilfebedürftiger und Hilfebedürftiger unter 25 Jahren in Erstausbildung gegen ihre Eltern, § 33 Abs. 2 Satz 1 Nr. 2 SGB II.** Die Regelung stellt eine deutliche Einschränkung des Personenkreises der gesetzlich Unterhaltspflichtigen dar, auch gegenüber der Unterhaltsheranziehung nach § 94 SGB XII.

67 Zunächst wird durch die Formulierung „mit dem Unterhaltspflichtigen verwandt ist und den Unterhaltsanspruch nicht geltend macht" herausgestellt, dass bei eigener Geltendmachung von Ansprüchen durch den Unterhaltsberechtigten, die Unterhaltsleistungen sehr wohl zukünftig als bedarfsdeckendes Einkommen anzurechnen sind und für die Vergangenheit auf den Sozialleistungsträger übergehen. Eine Möglichkeit des Unterhaltspflichtigen den Unterhaltsberechtigten auf die Inanspruchnahme von Leistungen nach dem SGB II zu verweisen, besteht aufgrund des Nachrangs der Leistungen ohnehin nicht. Allerdings wird der Sozialleistungsträger nicht berechtigt sein, den Hilfebedürftigen auf Selbsthilfe zu verweisen und ihn aufzufordern Unterhaltsansprüche gegen Personen geltend zu machen, gegen die er einen Anspruchsübergang nicht bewirken darf.

68 Sinn und Zweck der insofern unterschiedlich ausgestalteten Regelung gegenüber § 94 SGB XII ist es mE die bisherige unbefriedigende Rechtslage zu korrigieren, dass bei einem Ausschluss des Anspruchsübergangs der Unterhaltsanspruch beim Berechtigten verblieb und wenn der Berechtigte diesen geltend machte, entweder er doppelt befriedigt wurde, also Unterhalt neben Sozialhilfe erhielt oder aber unter Hinweis auf den Bezug von Sozialhilfe ihm der Unterhaltsanspruch verwehrt wurde, so dass der säumige Unterhaltspflichtige noch dafür „belohnt" wurde, dass er seiner Unterhaltsverpflichtung nicht nachgekommen ist.

Die Begrenzung des Personenkreises kommt einem praktischen Bedürfnis nach **Verwaltungsvereinfachung** nach. Beim Personenkreis der minderjährigen Kinder und der unter 25-jährigen in Erstausbildung stehenden Kinder liegt in der Regel Bedürftigkeit vor. In den übrigen Fällen hingegen ist diese fraglich. Leistungen nach dem SGB II werden Personen gewährt, die eine Erwerbsobliegenheit trifft oder die mit solchen Personen in einer Bedarfsgemeinschaft leben. Insofern werden wegen der strengen Anforderungen an die eigene Erwerbsobliegenheit der Berechtigten, Unterhaltsansprüche gegen Verwandte meist bereits mangels Bedürftigkeit ausscheiden. Die Vorschrift trägt dem Rechnung und zwingt die Sozialleistungsträger nicht zu einer Vielzahl von vorneherein wenig aussichtsreichen Unterhaltsüberprüfungen. Unterhaltsansprüche gegen den geschiedenen und getrennt lebenden Ehegatten bleiben unberührt, da dieser kein Verwandter ist.

69

3. Ansprüche von Kindern, die schwanger sind, oder ihr leibliches Kind bis zur Vollendung seines sechsten Lebensjahres betreuen, § 33 Abs. 2 Satz 1 Nr. 3 SGB II. Unterhaltsansprüche gegenüber Verwandten ersten Grades sind ausgeschlossen, wenn eine Person schwanger ist oder ihr leibliches Kind bis zur Vollendung des sechsten Lebensjahres betreut. Die Regelung wurde 1992 im Rahmen des Schwangeren- und Familienhilfegesetzes in die Vorgängervorschrift des § 91 BSHG aufgenommen und steht im Zusammenhang mit der Neuregelung der strafrechtlichen Vorschriften zum Schwangerschaftsabbruch. Ziel der Regelung ist es, die Atmosphäre zwischen der Frau und deren Eltern nicht durch mögliche Regressansprüche des Sozialhilfeträgers zu belasten.[100] Die Entscheidung der Frau, das Kind auszutragen oder aber einen Schwangerschaftsabbruch vornehmen zu lassen, soll nicht durch eine drohende Inanspruchnahme der nächsten Angehörigen beeinflusst werden. Dennoch gilt der Ausschluss nach dem eindeutigen Wortlaut der Vorschrift unbedingt. Eine konkrete Schwangerschaftskonfliktlage ist insofern nicht notwendig.[101]

70

Eine wesentliche Änderung gegenüber der Vorgängervorschrift des § 91 BSHG ergibt sich dadurch, dass nunmehr geschlechtsneutral auch bei einem betreuenden Vater der Ausschluss gilt, während er nach § 91 Abs. 1 Satz 3 BSHG nur gegenüber den Verwandten der leiblichen Mutter galt. Die Regelung ist nicht anwendbar bei der Betreuung von Adoptivkindern, Pflegekindern oder Stiefkindern.

71

Betreuung bedeutet nicht notwendig, dass die Betreuung ausschließlich durch die leistungsberechtigte Person erfolgt. Die Vorschrift ist auch dann anwendbar, wenn das Kind tagsüber anderweitig untergebracht ist und die Person einer Erwerbstätigkeit nachgeht. Die betreuende Person muss auch nicht allein für die Pflege und Erziehung des Kindes sorgen, sondern kann die Betreuung mit dem anderen Elternteil gemeinsam ausüben.[102]

72

4. Ansprüche bei laufender Zahlung, § 33 Abs. 2 Satz 2 SGB II. Die Vorschrift ist zum 1.8.2006 neu eingefügt worden und entspricht § 94 Abs. 1 Satz 2 SGB XII. Nach § 33 Abs. 2 Satz 2 SGB II ist der Übergang des Anspruchs ausgeschlossen, soweit der Unterhaltsanspruch durch laufende Zahlung erfüllt wird.

73

Bereits der Sinn der Vorschrift wird unterschiedlich beurteilt. Da sich die Rechtsfolgen des § 33 Abs. 1 Satz 2 SGB II bereits aufgrund zivilrechtlicher Vorschriften ergeben, wird die Regelung teilweise für überflüssig gehalten.[103] So kann ein Anspruchsübergang bei rechtzeitiger Leistungserbringung durch den Unterhaltspflichtigen nicht erfolgen, da der Anspruch nach § 362 Abs. 1 BGB erlischt. Erbringt der Unterhaltsschuldner Leistungen, ohne dass er von dem Anspruchsübergang Kenntnis hat, muss das Sozialamt diese Zahlungen nach §§ 412, 407 Abs. 1 BGB gegen sich gelten lassen. Hier liegt zudem rechtlich kein Ausschluss des Übergangs vor, sondern Erfüllung des übergegangenen Anspruchs. Auch für künftige Unterhaltsansprüche be-

---

100 BT-Drs. 12/2875, 97.
101 Schellhorn/Schellhorn FuR 1993, 261.
102 Schellhorn BSHG § 91 Rn. 65.

103 Schellhorn/Schellhorn FuR 1993, 261 (263); Münder NJW 1994, 494.

darf es der Regelung des § 33 Abs. 2 Satz 2 SGB II nicht, da diese Ansprüche ohnehin noch nicht auf den Sozialleistungsträger übergegangen sind, so dass ohne Weiteres durch rechtzeitige Zahlung an den Unterhaltsberechtigten erfüllt werden kann.

74 Die Vorschrift dient jedoch mE der Klarstellung, dass auch bei bereits rechtshängiger Klage oder bei bestehendem Titel des Sozialhilfeträgers auf künftige Leistungen, der Unterhaltspflichtige durch rechtzeitige Zahlung direkt an den Hilfeempfänger noch mit befreiender Wirkung leisten kann.[104] Die aus dem bisherigen § 91 BSHG resultierende Regelung steht in engem Zusammenhang mit der ebenfalls zum 27.6.1993 durch das FKPG ausdrücklich eingeführten Berechtigung des Sozialhilfeträger, auch auf künftige Leistungen klagen zu können (§ 33 Abs. 4 Satz 2 SGB II, bisher § 91 Abs. 3 Satz 2 BSHG). Durch die Möglichkeit der Erfüllung durch laufende Leistungen direkt an den Hilfeempfänger wird zum Ausdruck gebracht, dass § 33 Abs. 3 Satz 2 SGB II nicht den im Sozialrecht geltenden Grundsatz des Vorrangs der Selbsthilfe verdrängen soll. Zahlt der Unterhaltspflichtige trotz entsprechenden eigenen Titels des Sozialleistungsträgers nunmehr laufend an den Hilfeempfänger, ist eine Vollstreckung aus dem Titel unzulässig und kann vom Unterhaltspflichtigen erfolgreich mit der Vollstreckungsgegenklage nach § 767 ZPO abgewehrt werden. Der Sozialleistungsträger kann aber vom Hilfeempfänger die zu Unrecht gewährten Hilfeleistungen nach §§ 45, 50 SGB X zurückfordern.

75 Die Vorschrift wird zum Teil wegen des ansonsten fehlenden Regelungsgehalts weitergehender verstanden. Sie soll dem Unterhaltsschuldner für einen gewissen Zeitraum nach Anspruchsübergang noch ermöglichen direkt an den Hilfeempfänger mit befreiender Wirkung zu leisten, obwohl der Unterhaltsschuldner von dem bereits erfolgten Anspruchsübergang auf das Sozialamt weiß.[105] Damit wird in der Vorschrift quasi eine Ausweitung des § 407 Abs. 1 BGB auch für den Fall der Bösgläubigkeit gesehen. Als Begründung wird angeführt, dass der Unterhaltsschuldner hierdurch mit laufenden Zahlungen an den Gläubiger beginnen kann, ohne dem Risiko einer zusätzlichen Inanspruchnahme durch den Sozialhilfeträger ausgesetzt zu sein.[106]

Einer derartigen Auslegung steht aber der Wortlaut des § 33 Abs. 2 Satz 2 SGB II entgegen, da Zahlungen nach Fälligkeit verspätet sind und demnach keine „laufenden Zahlungen" sein können, zumal ein „Ausschluss" des Anspruchsübergangs voraussetzt, dass noch kein Anspruchsübergang stattgefunden hat. Nach § 33 Abs. 2 Satz 2 SGB II muss es sich um „laufende Zahlungen" handeln. Hier kommt es auf die Rechtzeitigkeit der Leistung an.[107] Zahlungen nach Fälligkeit sind Zahlungen auf Unterhaltsrückstände. Nach §§ 1585 Abs. 1 Satz 2, 1612 Abs. 3 Satz 1 BGB ist Unterhalt mtl. im Voraus zu zahlen. Damit ist nach hM der Monatserste gemeint.[108] Die Ansicht eine laufende Zahlung iSd § 33 Abs. 2 Satz 2 SGB II liege noch bis zu zwei Monaten nach Fälligkeit vor,[109] überzeugt daher nicht. Zahlungszeitpunkt ist das Absenden des Geldbetrags und nicht der Eingang auf dem Konto des Empfängers.[110] Hat der Unterhaltspflichtige demnach nicht bis zum Monatsersten die Zahlung angewiesen, leistet er verspätet und erbringt keine „laufende Zahlung", so dass der Anwendungsbereich des § 33 Abs. 2 Satz 2 SGB II gar nicht eröffnet ist. Ebenso ergibt sich aus dem Wortlaut „der Übergang des Anspruchs ist ausgeschlossen", dass die laufende Zahlung vor dem Anspruchsübergang erfolgen muss. „Ausgeschlossen" bedeutet nicht, dass zunächst ein Anspruchsübergang stattfindet, dieser aber unter der auflösenden Bedingung steht, dass nicht bis zum Monatsende Zahlungen direkt an den Hilfeempfänger erfolgen.[111] Die Annahme eines aufschiebend bedingten Forderungsübergangs findet im Gesetz keine Stütze.[112] Selbst Zahlungen des Unterhaltpflichtigen di-

---

104 So auch Günther in MAH FamR § 13 Rn. 47; Günther FamFR 2012, 457; ähnlich Münder FuR 1997, 281.
105 Scholz FamRZ 1994, 1; Künkel FamRZ 1994, 540; Derleder/Bartels FamRZ 1995, 1111.
106 Künkel FamRZ 1994, 540.
107 Schellhorn/Schellhorn FuR 1993, 261.
108 BGH FamRZ 1988, 604.
109 Derleder/Bartels FamRZ 1995, 1111.
110 OLG Köln FamRZ 1985, 1031; FamRZ 1990, 1243.
111 So Künkel FamRZ 1994, 540.
112 Derleder/Bartels FamRZ 1995, 1111.

rekt an den Hilfeempfänger noch innerhalb des Monats für den die Hilfe gewährt wurde, sind demnach keine laufenden Zahlungen iSd § 33 Abs. 2 Satz 2 SGB II.

Zusammenfassend kann der Unterhaltsschuldner also durch laufende Zahlungen direkt an die leistungsberechtigte Person den Anspruch erfüllen. Die Kenntnis vom Sozialleistungsbezug steht dem nicht entgegen. Leistet der Sozialleistungsträger in Unkenntnis der Unterhaltszahlung, ist er darauf beschränkt, die zu Unrecht gewährte Hilfe vom Leistungsempfänger zurück zu fordern. 76

5. Ansprüche bei Unterschreitung der Einkommens- und Vermögensgrenzen des SGB II, § 33 Abs. 2 Satz 3 SGB II. a) Personenkreis. Die Regelung stellt eine sozialrechtliche Vergleichsberechnung dar. Es soll verhindert werden, dass der Unterhaltspflichtige selbst unter die Einkommens- und Vermögensgrenzen des SGB II fällt. 77

Streitig ist dabei, ob eine Hilfebedürftigkeit nur beim Unterhaltspflichtigen selbst oder auch bei seinen mit ihm in Bedarfsgemeinschaft lebenden Angehörigen nicht eintreten darf. Der BGH geht zutreffend davon aus, dass aufgrund der Regelung des § 9 Abs. 2 Satz 3 SGB II – anders als nach § 94 Abs. 3 Satz 1 Nr. 1 SGB XII – im Rahmen der Vergleichsberechnung alle Mitglieder der Bedarfsgemeinschaft mit einzubeziehen sind.[113] Obwohl die Regelung dem § 94 Abs. 3 Satz 1 Nr. 1 SGB XII angeglichen ist, ist dies wegen der Vorschrift des § 9 Abs. 2 Satz 3 SGB II anders als im SGB XII nicht vertretbar.[114] Im Gegensatz zur Bedarfsgemeinschaft nach § 19 SGB XII, bei welcher derjenige, der über ausreichendes Einkommen verfügt, nicht selbst sozialhilfebedürftig wird, bestimmt § 9 Abs. 2 Satz 3 SGB II, dass in einer Bedarfsgemeinschaft, in der nicht der gesamte Bedarf aus eigenen Kräften und Mitteln gedeckt ist, jede Person der Bedarfsgemeinschaft im Verhältnis des eigenen Bedarfs zum Gesamtbedarf als hilfebedürftig gilt. Dies heißt, dass sich der Unterhaltspflichtige anders als nach § 94 Abs. 3 Satz 1 Nr. 1 SGB XII nach § 33 Abs. 2 Satz 3 SGB II darauf berufen kann, dass zunächst der Unterhaltsbedarf auch seiner mit ihm in Haushaltsgemeinschaft lebenden Kinder und des Partners gedeckt wird, denn solange auch nur ein Mitglied der Bedarfsgemeinschaft bedürftig bleiben würde, würde die gesamte Bedarfsgemeinschaft zum Leistungsempfänger einschließlich des über genügend Einkommen für seinen eigenen Bedarf verfügenden Unterhaltspflichtigen. 78

Die Regelung des § 9 Abs. 2 Satz 3 SGB II ist höchst bedenklich im Hinblick darauf, dass damit die bislang in der Sozialhilfe unbestrittene Einkommenszurechnung auf den Individualbedarf aufgegeben wird. So soll die Vorschrift nach *Münder* wie folgt zu verstehen sein: „Ist bei Personen einer Einsatzgemeinschaft der individuelle Bedarf nicht aus eigenen Mitteln und Kräften zu decken, so gilt jede hilfebedürftige Person im Verhältnis ihres eigenen (ungedeckten) Bedarfs zum ungedeckten Gesamtbedarf als hilfebedürftig; in diesem Maß (also im Verhältnis der Restleistungsansprüche) sind ihr überschießende Mittel der zum Einsatz heranzuziehenden Personen der Bedarfsgemeinschaft zuzuordnen."[115] Danach soll § 9 Abs. 2 Satz 3 SGB II also lediglich einen Verteilungsschlüssel bestimmen, wie übersteigendes Einkommen eines Elternteils, der seinen eigenen Bedarf decken kann auf die übrigen Personen der Bedarfsgemeinschaft zu verteilen ist. Diese sicherlich sinnvolle und wünschenswerte Bestimmung ist jedoch mit dem eindeutigen Wortlaut der Vorschrift, die eine Auslegung nicht erlaubt, nicht zu vereinbaren. Dies hat erhebliche Auswirkungen auf den Anspruchsübergang, denn damit wird die unterhaltsrechtliche Rangfolge nach § 1609 BGB aufgehoben und faktisch erfolgt ein genereller Vorrang der Haushaltsangehörigen des Unterhaltspflichtigen.[116] 79

b) Berechnung. Das sozialrechtliche Einkommen und Vermögen bestimmen §§ 11 und 12 SGB II sowie die aufgrund der Ermächtigung in § 13 SGB II erlassene Verordnung zur Berech- 80

---

113 BGH FamRZ 2013, 1962.
114 Heiß/Born/Hußmann UnterhaltsR-HdB Kap.16 Rn. 73, Scholz FamRZ 2006, 1417.
115 Münder SGB II § 9 Rn. 32–34.
116 Vgl. Beispielsberechnung bei Heiß/Born/Hußmann UnterhaltsR-HdB Kap. 16, Rn. 74.

nung von Einkommen sowie zur Nichtberücksichtigung von Einkommen und Vermögen beim Arbeitslosengeld II/Sozialgeld nach dem SGB II.

Die Einkommensbereinigung nach dem SGB II weist wesentliche Unterschiede zum Unterhaltsrecht auf. Insbesondere § 11b Abs. 3 SGB II, der erhebliche Freibeträge bei Erwerbstätigkeit vorsieht führt dazu, dass eine Leistungsberechtigung auf Bürgergeld bereits bei Vollzeitbeschäftigten in niedrigen Lohngruppen entstehen kann, wobei sich durch die Einführung des Mindestlohns diese Problematik entschärft hat. Der Freibetrag beläuft sich für den Teil des monatlichen Einkommens, das 100 EUR übersteigt und nicht mehr als 1.000 EUR beträgt, auf 20 vom Hundert und für den Teil des monatlichen Einkommens, das 1.000 EUR übersteigt und nicht mehr als 1.200 EUR beträgt auf 10 vom Hundert. Anstelle des Betrages von 1.200 EUR tritt für erwerbsfähige Hilfebedürftige, die entweder mit mindestens einem minderjährigen Kind in Bedarfsgemeinschaft leben oder die mindestens ein minderjähriges Kind haben, ein Betrag von 1.500 EUR. Es kann also ein Freibetrag von 200 EUR bzw. 230 EUR erreicht werden.

Dem Einkommen gegenübergestellt wird der **sozialrechtliche Bedarf** der Hilfe zum Lebensunterhalt, der sich zusammensetzt aus den Regelleistungen nach § 20, dem Mehrbedarf nach §§ 21, 23 und den Kosten der Unterkunft und Heizung nach § 22. Hinzu kommen ggf. ein Sonderbedarf nach § 24, Versicherungsleistungen nach § 26 und bei Schülern Leistungen für Bildung und Teilhabe nach § 28.

Wird dieser Bedarf trotz Erfüllung der Unterhaltspflichten noch durch das verbleibende Einkommen gedeckt, geht der Unterhaltsanspruch vollumfänglich auf den Sozialhilfeträger über. Anderenfalls ist der Anspruchsübergang auf Beträge beschränkt, die dem Unterhaltspflichtigen ein verbleibendes Einkommen in Höhe des Sozialhilfebedarfs gewährleisten.

81 c) **Existenzminimum/notwendiger Selbstbehalt.** Doch selbst wenn keine Haushaltsangehörigen zu berücksichtigen sind, ist zu prüfen, ob der Unterhaltspflichtige durch die Unterhaltsleistungen selbst hilfebedürftig würde.

Dies kann die Leistungsfähigkeit und damit den Unterhaltsanspruch direkt begrenzen. Seit dem 1.1.2005 wird das Existenzminimum durch das Arbeitslosengeld II/seit 1.1.2023 durch das Bürgergeld in Form der Leistungen zur Sicherung des Lebensunterhalts einschließlich der angemessenen Kosten der Unterkunft und Heizung bestimmt, § 19 Nr. 1 SGB II. Nach *Schürmann* soll danach das Existenzminimum bei Erwerbstätigen in den alten Bundesländern schon im Jahre 2005 bei ca. 885 EUR liegen.[117] Dabei hatte *Schürmann* nur eine Warmmiete von 317 EUR angesetzt, wobei er selbst darauf verweist, dass dieser Satz sehr niedrig ist. In der Praxis wird eine vergleichbare Warmmiete wie beim notwendigen Selbstbehalt der Düsseldorfer Tabelle von derzeit 520 EUR anzusetzen sein. Aufgrund der ggf. höheren Absetzungsbeträge bei der Bestimmung des Einkommens nach dem SGB II hatten die Selbstbehaltssätze der Düsseldorfer Tabelle für Erwerbstätige von 1080 EUR bis zum 31.12.2022 zum Teil nicht ausgereicht, um das Existenzminimum zu gewährleisten. Es ist jedoch anerkannt, dass dem Unterhaltspflichtigen das Existenzminimum zu verbleiben hat. Anderenfalls liegt ein Verstoß gegen die Menschenwürde des Unterhaltspflichtigen (Art. 1 GG) und des Sozialstaatsgebots (Art. 20 Abs. 1 GG) vor.[118] Die Opfergrenze eines Unterhaltspflichtigen ist sogar allgemein etwas über dem Sozialhilfebedarf anzusetzen.[119] Bei Nachweis der SGB II-Grenze im Unterhaltsprozess ist deshalb mE der Selbstbehalt auf diese Grenze zu erhöhen. Auch hier wird sich durch die deutliche Anhebung der Selbstbehaltssätze der Düsseldorfer Tabelle auf 1.120 EUR bei Nichterwerbstätigen und 1.370 EUR bei Erwerbstätigen allerdings die Problematik entspannen.

82 Nach den Empfehlungen des 16. DFGT soll der unterhaltsrechtliche notwendige Selbstbehalt nicht auf einen höheren Bedarf heraufgesetzt werden, wenn die Differenz allein auf dem Freibe-

---

117 FamRZ 2005, 148.
118 BSG FamRZ 1985, 379; BGH FamRZ 1996, 1272, FamRZ 1990, 849.
119 BGH FamRZ 1990, 849.

trag bei Erwerbstätigkeit nach § 30 SGB II aF beruht. Auch *Klinkhammer* lehnt eine Erhöhung des notwendigen unterhaltsrechtlichen Selbstbehalts ab, da der Erwerbsanreiz gem. § 30 SGB II aF kein Bestandteil des Existenzminimums sei.[120] Nachdem allerdings seit dem 1.4.2011 der frühere Erwerbsanreiz nunmehr als Absetzungsbetrag bei der Einkommensbereinigung nach § 11b Abs. 3 SGB II übernommen wurde, greift dieses Argument nicht mehr. Eine abweichende Definition des Begriffs des Existenzminimums führt in der Praxis auch zu kaum beabsichtigten Folgen. Dies hätte zur Konsequenz, dass faktisch der Unterhaltspflichtige selbst hilfebedürftig wird und demnach mittelbar der Sozialleistungsträger seine Unterhaltszahlungen an außerhalb des Haushalts lebende Berechtigte, die zu seiner eigenen Bedürftigkeit nach dem SGB II führen, übernimmt. Dieses Ergebnis widerspricht meines Erachtens den o. a. Grundsätzen des BGH und des BSG.

In der Praxis sollte der Anwalt den unterhaltspflichtigen Mandanten dahin gehend beraten, selbst umgehend einen Sozialleistungsantrag für sich und seine in Bedarfsgemeinschaft lebenden Angehörigen zu stellen. Wenn der Mandant nämlich zum Unterhalt für außerhalb des Haushalts lebende Angehörige verurteilt wird, werden diese Unterhaltsleistungen von seinem Einkommen abgesetzt und erhöhen seine eigene Bedürftigkeit. Zudem problematisieren die Sozialleistungsträger im Regelfall nicht den Ausschluss des Anspruchsübergangs bei bereits durch Bescheid nachgewiesener eigener Hilfebedürftigkeit. 83

d) Fiktives Einkommen. Ein in der Praxis sehr bedeutender Fall ist die Behandlung fiktiven Einkommens beim Anspruchsübergang auf den Sozialhilfeträger. Der BGH hat mit der überwiegenden Meinung insbesondere der Zivilgerichte den Anspruchsübergang nach der Vorgängervorschrift des § 91 BSHG eines auf fiktiven Einkünften beruhenden Unterhaltsanspruchs ausgeschlossen.[121] Zur Begründung verwies der BGH auf § 91 Abs. 2 Satz 1 BSHG. Fiktives Einkommen falle nicht unter den sozialhilferechtlichen Einkommensbegriff des § 76 BSHG, der nur von tatsächlichen Einkünften ausgehe und dementsprechend auch beim Unterhaltspflichtigen nicht berücksichtigt werden dürfe. Aus der Ahndung verschuldeter Bedürftigkeit bzw. Leistungsunfähigkeit auch im Sozialhilferecht folge nicht, dass Unterhalts- und Sozialhilferecht die vorwerfbar verweigerte Arbeitsaufnahme übereinstimmend sanktioniert. Die Entscheidung führt jedoch zu unbefriedigenden Ergebnissen und ist auch von der Argumentation her nicht zwingend. Zwar erfolgt die Sanktionierung vorwerfbar verweigerter Arbeitsaufnahme im Sozialhilferecht tatsächlich nach anderen Maßstäben, doch wäre zur Harmonisierung von Unterhalts- und Sozialhilferecht ein Übergang auch von Ansprüchen, die auf fiktivem Einkommen beruhen, geboten gewesen. Dem Gesetzeszweck des § 91 Abs. 2 Satz 1 BSHG, dem Unterhaltspflichtigen denselben Schutz wie dem Hilfeempfänger zuzugestehen, hätte dies nach hiesiger Auffassung nicht entgegengestanden. Sozialhilfe wird zur Abwendung einer gegenwärtigen Notlage gewährt. Dementsprechend kann zunächst auch nur tatsächliches Einkommen als „bereites Mittel" berücksichtigt werden. Doch auch nunmehr das SGB II akzeptiert nicht die schuldhafte Herbeiführung der Notlage. So entfiel nach § 31 Abs. 1 BSHG der Anspruch auf Sozialhilfe, wenn der Hilfebedürftige seiner Arbeitsverpflichtung nicht nachkam. Der BGH wies zur vorherigen Vorschrift des § 25 BSHG darauf hin, dass damit nicht zwangsläufig eine Einstellung der Sozialhilfe erfolgt, sondern lediglich der Rechtsanspruch auf Sozialhilfe entfällt. Der Sozialhilfeträger hat aber weiterhin Verantwortung für den Hilfeempfänger. Er ist nur bei der Gestaltung der Hilfe freier gestellt. Dementsprechend könne § 25 Abs. 1 BSHG nicht als allgemeine Sanktion für unsachgemäßes vorwerfbares Verhalten des Hilfeempfängers verstanden werden. Durch den vom BGH daraus gefolgerten generellen Ausschluss des Anspruchsübergangs bei fiktivem Einkommen, hat der Sozialleistungsträger diese Gestaltungsfreiheit gegenüber dem Unterhaltspflichtigen jedoch nicht. Vielmehr bleibt das vorwerfbare Verhalten des 84

---

120 Klinkhammer FamRZ 2007, 85.

121 BGH FamRZ 1998, 818 mwN; aA BVerwGE 51 61/64; OLG Karlsruhe FamRZ 1995, 615; Brudermüller FuR 1995, 20; Hampel FamRZ 1996, 513.

Unterhaltspflichtigen ohne Konsequenzen. Insofern entsteht für den Unterhaltspflichtigen eine vom Gesetzgeber wohl kaum beabsichtigte Besserstellung.[122] Überraschend ist die von den Zivilgerichten abgelehnte Anrechnung des fiktiven Einkommens beim Anspruchsübergang auch im Hinblick auf die Rechtsprechung zur Prozesskostenhilfe. Auch die Einkommensermittlung im Rahmen des § 115 ZPO erfolgt nach den sozialrechtlichen Regeln.[123] Dennoch ist hier die Anrechnung fiktiven Einkommens weitgehend anerkannt, da sonst die Rechtsprechung nicht in der Lage wäre, sich arbeitsunlustiger Antragsteller zu erwehren.[124]

Eine Rückgriffsmöglichkeit des Sozialleistungsträgers ergibt sich nach der Entscheidung des BGH nur noch unter den Voraussetzungen des § 92a BSHG, dem heute § 34 SGB II entspricht. Er gibt dem Sozialleistungsträger einen öffentlich-rechtlichen Kostenersatzanspruch gegen Personen, die das 18. Lebensjahr vollendet haben und die Voraussetzungen für die Gewährung der Sozialhilfe an sich oder an ihren unterhaltsberechtigten Angehörigen durch vorsätzliches oder grobfahrlässiges Verhalten herbeigeführt haben.

85 **6. Weitere Ausschlusstatbestände.** Fraglich ist, ob die Aufzählung der Verbotstatbestände in § 33 SGB II tatsächlich abschließend ist. So wurde in der Regelung vor dem 1.8.2006 beispielsweise ein Überleitungsverbot bei laufenden Zahlungen nicht aufgenommen. Ebenso fehlte eine **Härtefallregelung**. Dabei waren beide Regelungen nach der Gesetzesbegründung vorgesehen.[125] Insofern musste wohl von einem Versehen des Gesetzgebers ausgegangen werden. Auch war nicht ersichtlich, weshalb eine dem § 94 Abs. 1 Satz 6 SGB XII entsprechende Regelung zu den **Unterkunftskosten** und eine dem § 91 Abs. 1 Satz 4 BSHG entsprechende Regelung bei **gemeinnütziger oder zusätzlicher Arbeit** nicht getroffen wurde.

86 Die Neufassung des § 33 SGB II nahm lediglich den Ausschluss des Anspruchsübergangs bei laufenden Zahlungen auf. Ein sachlicher Grund, weshalb die übrigen Regelungen nicht übernommen wurden, ist nicht ersichtlich. Dies spricht für eine analoge Anwendung der entsprechenden Vorschriften des § 94 SGB XII zumal in der Gesetzesbegründung ausdrücklich ausgeführt wird, dass durch die Gesetzesänderung der Gleichklang mit § 94 SGB XII hergestellt wird.[126] Andererseits ist für eine **analoge Anwendung** eine planwidrige Gesetzeslücke erforderlich.

87 Der Umstand, dass in Kenntnis der Kritik an der bisherigen Vorschrift des § 33 SGB II, dennoch diese Regelungen erneut nicht bei der Neufassung berücksichtigt wurden, kann jedoch auch dahin verstanden werden, dass der Gesetzgeber dies bewusst unterlassen hat, womit eine analoge Anwendung der entsprechenden Vorschriften des § 94 SGB XII ausscheiden würde. Während der Sozialleistungsträger die fehlenden Regelungen bislang noch im Rahmen seines Ermessens bei der Überleitung beachten konnte, ist dies beim gesetzlichen Anspruchsübergang nur noch eingeschränkt möglich. Dementsprechend wird mit dem starken Argument, dem Gesetzgeber könne nicht erneut ein Redaktionsversehen bei der Änderung des § 33 SGB II unterstellt werden, vertreten, dass ein weitergehender Ausschluss des Anspruchsübergangs nicht in Betracht käme.[127]

Meines Erachtens jedoch ist eine **Schlechterstellung** der Unterhaltspflichtigen nach dem SGB II gegenüber denen nach dem SGB XII nicht zu rechtfertigen und steht dem ausdrücklich erklärten Gesetzeszweck des Gleichklangs beider Vorschriften entgegen, so dass nicht davon auszugehen ist, dass der Gesetzgeber die Sachverhalte bewusst nicht geregelt hat. Dies hätte zumindest einer Erklärung in der Gesetzesbegründung bedurft. Somit ist meines Erachtens ein Ausschluss des Anspruchsübergangs in den nachfolgenden Fällen gegeben.

---

122 Kritisch wegen des unbefriedigenden Ergebnisses auch Kalthoener/Büttner NJW 1998, 2012 (2017), die eine gesetzliche Regelung forderten.
123 Zöller/Philippi § 115 Rn. 3.
124 Zöller/Philippi § 115 Rn. 7 mwN; OLG Bremen FamRZ 1998, 1180.
125 BT-Drs. 15/1516, 62.
126 BT-Drs. 16/1410, 26.
127 Scholz FamRZ 2006, 1471.

a) **Ausschluss bei unbilliger Härte analog § 94 Abs. 3 Satz 1 Nr. 2 SGB XII.** Aus dem Umstand, dass eine Härtefallregelung nicht explizit aufgenommen wurde, kann mE nicht gefolgert werden, dass Härtegründe einem Anspruchsübergang nicht mehr entgegenstehen können.[128] Soziale Belange, die eine unbillige Härte begründen können, sind im gesamten Sozialleistungsrecht zu berücksichtigen, demnach auch im SGB II. Die BA selbst berücksichtigte unbillige Härten bislang im Rahmen der Ermessensentscheidung bei der Überleitung. Die Berücksichtigung unbilliger Härten, kann mE auch weiterhin, jetzt analog § 94 Abs. 3 Nr. 2 SGB XII erfolgen.

88

b) **Ausschluss des Anspruchsübergangs bei „Ein-Euro-Jobs".** Ein Ausschluss des Anspruchsübergangs ist mE auch bei der Förderung zusätzlicher Arbeit gegeben und zwar nicht nur bezüglich der Entschädigung für Mehraufwendungen gem. § 16d Abs. 7 SGB II, sondern auch bezüglich des gewährten Bürgergeldes.

89

IV. Die Geltendmachung des Anspruchs durch den Leistungsträger

1. Rechtswahrungsanzeige, § 33 Abs. 3 Satz 1 SGB II. Nach § 33 Abs. 2 Satz 3 SGB II aF konnte der Sozialleistungsträger den Übergang eines Unterhaltsanspruchs für die Vergangenheit nur unter den Voraussetzungen des § 1613 BGB bewirken. Damit hatte der Sozialleistungsträger nicht die Möglichkeit wie in § 94 Abs. 4 Satz 1 SGB XII durch schriftliche Mitteilung der Hilfegewährung die Ansprüche zu sichern. Dies erfolgte ohne erkennbaren Grund, zumal die Geltendmachung des Anspruchsübergangs durch anfechtbare Überleitungsanzeige die Unterhaltsheranziehung ohnehin bereits erschwere. Übersehen wurde auch, dass sich Unterhaltsansprüche geschiedener Ehegatten für die Vergangenheit nicht nach § 1613 BGB sondern nach § 1585 b Abs. 2 BGB richten und dem Wortlaut der Vorschrift nach gar nicht geltend gemacht werden konnten. Es war allerdings kein Grund ersichtlich, weshalb gewollt sein sollte, rückständige Ehegattenunterhaltsansprüche auszuschließen, so dass wohl von einer **planwidrigen Gesetzeslücke** auszugehen war. Dabei bestand ein dringendes Regelungsbedürfnis. Insofern war die Vorschrift dahin gehend zu erweitern, dass zumindest auch unter den Voraussetzungen des § 1585 b Abs. 2 BGB eine Unterhaltsheranziehung für die Vergangenheit bewirkt werden kann, wenn nicht sogar eine analoge Anwendung des § 94 Abs. 4 Satz 1 SGB XII in Frage käme.[129]

90

Allerdings war ohnehin nicht absehbar, wie die Voraussetzungen des § 1585 b Abs. 2 BGB vom Sozialleistungsträger überhaupt geschaffen werden sollten. Entgegen der Gesetzesbegründung[130] wurde nicht bestimmt, dass der Auskunftsanspruch durch eine Überleitung mit übergeht. Einer derartigen gesetzlichen Regelung bedurfte es jedoch, da es sich bei dem Auskunftsanspruch nicht um ein unselbstständiges Nebenrecht handelt, das dem Leistungsanspruch nach § 412 iVm mit § 401 BGB folgt.[131] Insofern war der Leistungsträger auf den öffentlich-rechtlichen Auskunftsanspruch nach § 60 SGB II beschränkt. Ob dieser geeignet ist, eine Stufenmahnung zu begründen ist zweifelhaft. Nach *Klinkhammer* sollte zudem sowohl die verzugsbegründende Mahnung als auch die Aufforderung zur Auskunft nach § 1613 BGB nur vom Berechtigten ausgesprochen werden können.[132] Es musste hiernach also entweder der Leistungsträger den Unterhaltsberechtigten zu einer Aufforderung veranlassen oder diese – nach Anspruchsüberleitung – selbst aussprechen. Nicht ausreichend waren jedenfalls noch vor Inkrafttreten des SGB II vom Sozialhilfeträger nach dem BSHG ausgesprochene Mahnungen oder Rechtswahrungsanzeigen. Auch dieser Missstand wurde mit der Gesetzesänderung zum 1.8.2006 korrigiert und es wurde die bewährte Vorschrift des § 94 Abs. 4 SGB II übernommen.

91

Nach § 33 Abs. 3 Satz 1 SGB II kann der Träger der Sozialhilfe nunmehr den übergegangenen Unterhalt außer unter den Voraussetzungen des bürgerlichen Rechts nur von der Zeit an for-

92

---

128 AA Scholz FamRZ 2006, 1471.
129 Hußmann FPR 2004, 534 (542); ähnlich Klinkhammer FamRZ 2004, 1909.
130 BT-Drs. 15/1516, 62.
131 BGH FamRZ 1986, 568; FamRZ 1991, 542.
132 Klinkhammer FamRZ 1909.

dern, zu welcher er dem Unterhaltspflichtigen die Gewährung der Hilfe schriftlich mitgeteilt hat. Durch die Formulierung „außer unter den Voraussetzungen des bürgerlichen Rechts" wird deutlich, dass auch für den Sozialhilfeträger die Bestimmungen des BGB über die rückwirkende Inanspruchnahme Unterhaltspflichtiger gelten (§§ 1585b, 1613 BGB). Nach der seinerzeitigen Gesetzesbegründung gehen sie sogar vor.[133]

Durch die Änderung des § 1613 BGB zum 1.7.1998 wurden die Möglichkeiten einer Inanspruchnahme des Unterhaltspflichtigen für die Vergangenheit erweitert. Nunmehr kann nach § 1613 Abs. 1 BGB beim Verwandten- und Trennungsunterhalt (§§ 1361 Abs. 4 Satz 4, 1360 a Abs. 3 BGB) nicht erst ab Verzug oder Rechtshängigkeit einer Klage Unterhalt für die Vergangenheit geltend gemacht werden, sondern bereits ab Aufforderung an den Pflichtigen, über sein Einkommen und Vermögen Auskunft zu erteilen. Dies war zwar bisher durch eine sogenannte Stufenmahnung ebenfalls möglich,[134] doch ist die Inanspruchnahme jetzt nach § 1613 Abs. 1 Satz 2 BGB bereits ab dem 1. des Monats eröffnet. Zudem wurden in § 1613 Abs. 2 BGB auch die Möglichkeiten erweitert, Unterhalt für die Vergangenheit zu fordern, ohne dass die Voraussetzungen des § 1613 Abs. 1 BGB vorliegen. Es werden demnach häufiger die zivilrechtlichen Voraussetzungen einer Inanspruchnahme bereits vorliegen, wenn der Sozialleistungsträger mit der Hilfegewährung beginnt. Selbst wenn dies nicht der Fall sein sollte, besteht nunmehr auch für den Sozialleistungsträger die Möglichkeit, durch ein sofortiges Auskunftsersuchen über die Einkommens- und Vermögensverhältnisse vom Beginn des Monats an, seine Aufwendungen erstattet zu bekommen.

93 Ist eine Unterhaltsheranziehung für die Vergangenheit nach den bürgerlich-rechtlichen Vorschriften nicht möglich, reicht die schriftliche Mitteilung der Sozialhilfegewährung aus, um den Unterhaltspflichtigen ab dem Zeitpunkt ihres Zugangs in Anspruch zu nehmen. Damit wird aber keine uneingeschränkte Inanspruchnahme eröffnet, sondern lediglich eine über die Mahnung hinausgehende Möglichkeit, Verzug zu begründen. So gilt etwa die Begrenzung des § 1585b Abs. 3 BGB, rückwirkenden Unterhalt zwischen Ehegatten nur für ein Jahr vor Rechtshängigkeit verlangen zu können, wenn sich der Verpflichtete nicht absichtlich der Leistung entzogen hat, auch gegenüber dem Sozialhilfeträger.[135]

94 Die Vorschrift des § 33 Abs. 3 S. 1 SGB II bezweckt eine erweiterte Möglichkeit der Inanspruchnahme durch den Sozialleistungsträger bei **Unterhaltsansprüchen** gegenüber dem bürgerlichen Recht, insbesondere gegenüber § 1613 BGB. Diese war erforderlich, da § 1613 BGB seinerzeit noch strengere Voraussetzungen an die Geltendmachung rückständigen Unterhalts stellte.

§ 33 Abs. 3 S. 1 SGB II führt dementsprechend nicht zum Gegenteil, nämlich zu einer Begrenzung des Anspruchsübergangs bei **sonstigen Ansprüchen** auf den Leistungszeitraum ab Zugang der Rechtswahrungsanzeige. Der gesetzliche Anspruchsübergang von sonstigen Ansprüchen, beispielsweise **Erb- und Pflichtteilsansprüchen** oder **Rückforderungsansprüchen wegen Verarmung des Schenkers** erfolgt auch für Zeiträume vor dem Zugang der Rechtswahrungsanzeige, in denen die Hilfegewährung dem Anspruchsschuldner noch nicht mitgeteilt wurde. Dies ergibt sich bereits aus der Formulierung „außer unter den Voraussetzungen des bürgerlichen Rechts". Hierdurch wurde bereits bei Unterhaltsansprüchen klargestellt, dass wenn die Voraussetzungen des bürgerlichen Rechts gegeben sind, auch eine Unterhaltsheranziehung für die Zeit vor der Mitteilung der Hilfegewährung erfolgen kann. Dies ist beispielsweise der Fall, wenn erst im laufenden Monat die Hilfegewährung mitgeteilt wurde. Dann kann dennoch aufgrund der Regelung des § 1613 Abs. 1 Satz 2 BGB eine Inanspruchnahme auf Unterhalt bereits zum Monatsersten erfolgen. Erforderlich ist bei sonstigen Ansprüchen, die keine Unterhaltsansprüche sind, insofern lediglich, wie bei der Überleitung nach § 93 SGB XII, dass der Anspruch während der

---

133 BT-Drs. 12/4401, 83.
134 Vgl. BGH FamRZ 1990, 283.
135 BGH FamRZ 1987, 1014.

Zeit der Hilfegewährung noch **fällig und nicht erfüllt** ist.[136] Dies folgt bereits daraus, dass wenn der Anspruchsschuldner rechtzeitig gezahlt hätte, auch keine Hilfeleistung erforderlich geworden wäre. Der Anspruchsschuldner kann sich lediglich im Falle einer Zahlung an den Anspruchsgläubiger vor Bekanntwerden der Hilfegewährung aber bereits nach Hilfegewährung und damit erfolgtem Anspruchsübergang darauf berufen, mit befreiender Wirkung geleistet zu haben, da er vom Anspruchsübergang keine Kenntnis hatte.

Die jetzige Fassung der Vorschrift gebraucht sinngemäß wieder die bereits vor Inkrafttreten des FKPG verwendete Formulierung, wonach nicht der „Bedarf" mitgeteilt wird, sondern die „Erbringung der Leistung" (der Terminus entspricht inhaltlich der bisherigen Formulierung „Gewährung der Hilfe"). Als Gewährung der Hilfe hat der BGH zur alten Rechtslage den Zeitpunkt der Bewilligung der Hilfe durch schriftlichen Leistungsbescheid angesehen.[137] Probleme können deshalb auftreten, wenn Vorausleistung erbracht werden. Hier wäre nach der o. a. Rechtsprechung eine wirksame Rechtswahrungsanzeige erst nach Erlass des Sozialhilfebescheides möglich. Begründet hat der BGH seine Entscheidung damit, dass aus Schuldnerschutzgesichtspunkten eine zu weitreichende rückwirkende Inanspruchnahme des Unterhaltspflichtigen verhindert werden soll. Nach der jetzigen Gesetzeslage ist jedoch eine rückwirkende Inanspruchnahme überhaupt nicht mehr möglich, so dass der Unterhaltspflichtige immer erst ab Zugang der Rechtswahrungsanzeige in Anspruch genommen werden kann. Insofern bedarf es einer Beschränkung auf den Zeitpunkt der Gewährung der Hilfe nicht mehr.[138] Der Unterhaltspflichtige ist bei ihm bekannten **Vorausleistungen** an den Berechtigten nicht schutzwürdiger als bei ihm bekannter Hilfegewährung.

Die Rechtswahrungsanzeige ist kein Verwaltungsakt.[139] Obwohl sie die Rechtsfolgen einer Mahnung herbeiführt und eine vergleichbare Warnfunktion hat, unterliegt sie nicht den Bestimmtheitsanforderungen einer zivilrechtlichen Mahnung.[140] So reicht es aus, dass dem Unterhaltspflichtigen die Gewährung der Hilfe schriftlich mitgeteilt wird, ohne Angaben, ob und in welcher Höhe er tatsächlich in Anspruch genommen wird.[141] Nicht einmal die Höhe der Aufwendungen muss beziffert werden.[142] Die schriftliche Mitteilung muss auch nicht als Rechtswahrungsanzeige deklariert werden. Die Mitteilung über die Hilfegewährung und die sich daraus ergebende mögliche Inanspruchnahme allein reichen aus, das Vertrauen des Unterhaltspflichtigen, dass die Dispositionen über seine Lebensführung durch Unterhaltspflichten nicht berührt werden, zu zerstören.[143]

Die Rechtswahrungsanzeige enthält in der Praxis regelmäßig den Hinweis an den Unterhaltspflichtigen, dass Unterhaltsansprüche für die Zeit, für die Hilfe gewährt wird, bis zur Höhe der Aufwendungen auf den Sozialleistungsträger übergehen. Damit wird dem Unterhaltspflichtigen nach § 407 Abs. 1 BGB die Möglichkeit genommen, für bereits übergegangene Ansprüche mit befreiender Wirkung an den unterhaltsberechtigten Hilfeempfänger zu leisten. Die Möglichkeit der Erfüllung durch laufende Unterhaltszahlungen bleibt davon unberührt. Auch dem Hilfeempfänger ist Mitteilung über den gesetzlichen Anspruchsübergang zu machen.[144]

2. Auskunftsersuchen. Der Sozialleistungsträger hat sowohl den zivilrechtlichen Auskunftsanspruch des unterhaltsberechtigten Hilfeempfängers nach den Vorschriften des BGB (§§ 1360 Abs. 4 Satz 3, 1580, 1605 BGB) als auch einen öffentlich-rechtlichen Auskunftsanspruch nach § 60 SGB II.

---

136 BVerwG NJW 2000, 601; LSG BW, Urt. v. 12.12.2013 – L 7 SO 4209/09, BeckRS 2014, 65380.
137 BGH FamRZ 1985, 793.
138 So auch Wendl/Scholz, 7. Aufl., § 6 Rn. 515.
139 BGH FamRZ 1983, 895.
140 BGH FamRZ 1983, 895.
141 BGH FamRZ 1983, 895.
142 BGH FamRZ 1985, 586.
143 BGH FamRZ 1983, 895.
144 BT-Drs. 12/4401, 82.

99 **a) Auskunftsanspruch nach dem BGB.** Da es der Gesetzgeber bei der Einführung des § 33 SGB II zum 1.1.2005 versäumt hatte, auch den Übergang des Auskunftsanspruchs zu regeln, bestand bis zum 1.8.2006 ein solcher für den Sozialleistungsträger nicht.[145] Damit hatte er auch keine Möglichkeit Stufenklage nach § 254 ZPO zu erheben. Dieser Mangel wurde durch die Neuregelung in § 33 Abs. 1 Satz 3 SGB II behoben, wonach ausdrücklich der Auskunftsanspruch mit dem Unterhaltsanspruch auf den Sozialleistungsträger übergeht.

100 Um die Berechtigung seiner ihm verbliebenen Ansprüche überprüfen zu können, hat auch der Hilfeempfänger weiterhin einen Auskunftsanspruch gegen den Unterhaltsgläubiger.[146]

101 **b) Auskunftsanspruch nach § 60 SGB II.** Der Auskunftsanspruch des Sozialleistungsträgers gegen Unterhaltspflichtige richtet sich nach § 60 Abs. 2 Satz 3 SGB II. Das Auskunftsersuchen ist ein Verwaltungsakt nach § 31 Satz 1 SGB X, gegen den der Sozialrechtsweg eröffnet ist. Aufgrund von § 60 Abs. 4 Nr. 1 SGB II besteht anders als im Unterhaltsrecht auch gegen den nicht unterhaltspflichtigen Ehegatten ein Auskunftsanspruch.

102 Zur Auskunft verpflichtet sind neben dem Unterhaltspflichtigen selbst alle Personen, die einem Leistungsempfänger Leistungen erbringen bzw. erbracht haben oder zu Leistungen verpflichtet sind bzw. waren oder die für ihn Guthaben führen bzw. Vermögensgegenstände verwahren, § 60 Abs. 2 SGB II. Die Auskunftspflicht bezieht sich in diesen Fällen auf die Angaben zu diesen Leistungen, bzw. zum Vermögen und den hieraus erzielten Einkünften.

103 Die Pflicht zur Auskunft besteht nur, soweit dies zur Durchführung des SGB II erforderlich ist. Dabei setzt die Auskunftspflicht nicht einen tatsächlich später bestehenden Unterhaltsanspruch voraus. Zur Auskunft verpflichtet ist bereits, wer als Unterhaltspflichtiger für das Sozialamt in Frage kommt.[147] Ein Auskunftsanspruch scheidet jedoch aus, wenn das Nichtbestehen eines Unterhaltsanspruchs offensichtlich ist. Allerdings ist die Rechtsprechung der Sozialgerichte bei der Annahme einer **Negativevidenz** äußerst restriktiv, da sich hier die Auffassung durchgesetzt hat, dass es allein Aufgabe der Familiengerichte sei, sich mit unterhaltsrechtlichen Fragen auseinanderzusetzen.[148] Im Verfahren LSG Nordrhein-Westfalen Urt. v. 1.9.2010 – L 12 SO 61/09 wurden Auskunftsansprüche zur Bemessung eines vermeintlichen Unterhaltsanspruchs des psychisch erkrankten Mannes Jahre nach Ehescheidung geltend gemacht. Dabei wurde eine Auskunftsverpflichtung der geschiedenen Ehefrau noch im Jahre 2012 bejaht über deren Einkünfte aus dem Jahre 2007/2008 obwohl etwaige Unterhaltsansprüche nach § 1585b Abs. 3 BGB längst verwirkt waren, weil eine reine Auskunftsklage – zumal auch noch rechtswegfremd – keine Rechtshängigkeit iSd Vorschrift begründet. Die hiergegen eingelegte Nichtzulassungsbeschwerde nach § 160 SGG hat das BSG zurückgewiesen und die Auffassung vertreten, dass eine Negativevidenz trotz der Vorschrift des § 1585b Abs. 3 BGB noch nicht gegeben sei.[149]

104 Das Auskunftsersuchen kann durch **Zwangsmaßnamen** nach den entsprechenden Verwaltungsvollstreckungsgesetzen der Länder durchgesetzt werden. Geeignetes Zwangsmittel ist das Zwangsgeld.

105 Neben dem Auskunftsanspruch gegen die auskunftspflichtigen Personen hat der Sozialleistungsträger nach § 60 Abs. 3 SGB II auch einen Auskunftsanspruch gegen den **Arbeitgeber** der Auskunftspflichtigen sowie nach § 21 Abs. 4 SGB X gegen die zuständigen **Finanzbehörden**.

106 **3. Klagebefugnis, § 33 Abs. 2 Satz 2 SGB II.** Liegt noch kein vollstreckbarer Titel vor und zahlt der Unterhaltspflichtige nicht aufgrund außergerichtlicher Zahlungsaufforderung, muss der Sozialleistungsträger selbst den Unterhaltsanspruch einklagen. Die **Klagebefugnis** für bereits über-

---

[145] Zur seinerzeit identischen Rechtslage BGH FamRZ 1986, 586.
[146] KG FamRZ 1997, 1405.
[147] BVerwG NJW 1993, 2762.
[148] LSG NRW 7.5.2012 – L 20 SO 32/12, BeckRS 2012, 70542; aA LSG NRW 1.9.2010 – L 12 SO 61/09, BeckRS 2010, 74364.
[149] BSG 20.12.2012 – B 8 SO 75/12 B, BeckRS 2013, 66096.

gegangene Ansprüche ergibt sich aus § 33 Abs. 1 SGB II. Auch für die Zukunft ist der Sozialhilfeträger in Höhe seiner bisherigen Aufwendungen klagebefugt, § 33 Abs. 3 Satz 2 SGB II. Voraussetzung ist, dass die Hilfe voraussichtlich auf längere Zeit gewährt werden muss.

Macht der Sozialleistungsträger Unterhaltsansprüche geltend und liegt bereits ein vollstreckbarer Titel vor, so erfolgt die **Titelumschreibung** nach § 727 ZPO. Auch dabei sind die Schutzvorschriften des § 94 SGB XII zu beachten. 107

V. Die Geltendmachung des Unterhaltsanspruchs durch die leistungsberechtigte Person

1. Verweis auf Selbsthilfe, § 9 SGB II. Nach § 9 Abs. 1 SGB II erhält Sozialhilfe nicht, wer die erforderliche Hilfe von anderen, insbesondere von Angehörigen erhält. Der Sozialleistungsträger prüft deshalb in Fällen, in denen ein Hilfesuchender Ansprüche gegen Dritte hat, ob er ihn auffordert, diese Ansprüche zu realisieren oder aber, ob er ihm Hilfe gewährt und die Ansprüche selbst geltend macht. Bei dieser Entscheidung hat der Sozialleistungsträger die **sozialpolitischen Zielsetzungen** zu beachten[150] 108

Ein Verweis auf Selbsthilfe wird dann geboten sein, wenn der zu erwartende Anspruch den Sozialleistungsanspruch übersteigt und die leistungsberechtigte Person nach erfolgreichem Abschluss eines zivilgerichtlichen Verfahrens **unabhängig von Hilfe leben** kann. Diese Wertung entspricht der Vorschrift des § 33 Abs. 3 Satz 2 SGB II, die eine Klagebefugnis des Sozialleistungsträgers auf künftige Leistungen nur vorsieht, wenn die Hilfe voraussichtlich auf längere Zeit gewährt werden muss. Das ist nicht der Fall, wenn der Hilfeempfänger die Möglichkeit hat, die Ansprüche kurzfristig zu realisieren. Zudem würde sich der Sozialleistungsträger der Gefahr aussetzen, seine Aufwendungen, trotz Leistungsfähigkeit des Unterhaltspflichtigen, nicht in voller Höhe zu erhalten, da er nur in Höhe der bisherigen monatlichen Aufwendungen klagebefugt ist. Bei einer Erhöhung der Hilfe beispielsweise durch Anhebung der Regelsätze oder der Miete wäre sein Titel nicht mehr ausreichend. 109

Hingegen kann ein Verweis auf Selbsthilfe gegen **soziale Erwägungen** verstoßen, beispielsweise gegen den **Grundsatz der familiengerechten Hilfe**. In Fällen, in denen Hilfeempfänger nahe Angehörige in Anspruch nehmen müssten, kann eine gerichtliche Auseinandersetzung ggf. nicht zuzumuten sein. Es wären familiäre Spannungen zu befürchten, die so weit gehen könnten, dass die Angehörigen den Kontakt abbrechen. Aber auch bei gesteigert Unterhaltspflichtigen sollte der Sozialleistungsträger den Unterhalt geltend machen, wenn der zu erwartende Unterhaltsbeitrag unterhalb seiner Aufwendungen liegt. So hat der Sozialleistungsträger direkten Zugriff auf den Unterhaltspflichtigen. Der unterhaltsberechtigte Hilfeempfänger hingegen hat erfahrungsgemäß wenig Interesse, die Inanspruchnahme konsequent zu betreiben, da im Endeffekt für ihn durch ein erfolgreiches Verfahren kein finanzieller Vorteil erwächst. 110

Schließlich ist ein Verweis auf Selbsthilfe ausgeschlossen, wenn für den Sozialleistungsträger ein gesetzlicher Ausschluss des Anspruchsübergangs vorliegt. Es wäre mit dem Sinn und Zweck des § 33 Abs. 2 SGB II nicht vereinbar, wenn der Sozialleistungsträger die Vorschriften, die der Gesetzgeber auch mit dem Ziel den Unterhaltspflichtigen zu schützen eingefügt hat, durch den Verweis auf Selbsthilfe unterlaufen würde.[151]

2. Rückübertragung, § 33 Abs. 4 Satz 1 SGB II. Auch wenn der Sozialleistungsträger die leistungsberechtigte Person darauf verweist, die Unterhaltsansprüche selbst geltend zu machen, wird er ihm bis zur zeitgerechten Realisierung Hilfe gewähren. Sobald er aber Hilfe gewährt, geht der Unterhaltsanspruch nach § 33 Abs. 1 Satz 1 SGB II auf ihn über. 111

---

150 Empfehlungen des Deutschen Vereins FamRZ
   2005, 1387 Rn. 168–171.
151 Schellhorn FuR 1990, 20.

Will der Sozialleistungsträger ein eigenes Verfahren zur Geltendmachung dieser übergegangenen Ansprüche vermeiden, stellt sich die Frage, inwieweit der Hilfeempfänger **aktivlegitimiert** ist, die Ansprüche für den Sozialleistungsträger mit geltend zu machen. Für die Geltendmachung in Höhe der laufenden Aufwendungen ist der Hilfeempfänger auch weiterhin aktivlegitimiert, da noch keine Leistungen gewährt wurden und somit auch noch kein Anspruchsübergang erfolgt ist. Für Ansprüche, die nach Rechtshängigkeit einer Unterhaltsklage des Hilfeempfängers auf den Sozialleistungsträger übergehen, ist der Hilfeempfänger nicht mehr aktivlegitimiert. Dennoch kann der Hilfeempfänger diese Ansprüche nach § 265 Abs. 2 ZPO im Rahmen der dort angeordneten gesetzlichen **Prozessstandschaft** mit geltend machen. Er ist also auch für diese Ansprüche prozessführungsbefugt. Allerdings muss der Hilfeempfänger seinen Klageantrag der materiellen Rechtslage anpassen, indem er in Höhe der übergegangenen Ansprüche Zahlung an den Sozialleistungsträger verlangt. Diesbezüglich legt der Sozialleistungsträger eine nach Personen aufgeschlüsselte Kostenaufstellung der Aufwendungen zur letzten mündlichen Verhandlung vor. In der Regel übersendet der Sozialleistungsträger dem Anwalt der leistungsberechtigten Person rechtzeitig diese Kostenaufstellung, damit er den Klageantrag umstellen kann.

112 Die Rückübertragung ist nur im Einvernehmen mit dem Hilfeempfänger möglich. Dementsprechend ist der Hilfeempfänger nicht verpflichtet, die Ansprüche für den Sozialleistungsträger geltend zu machen. Etwaige Konsequenzen wegen fehlender Mitwirkung bei einer Weigerung scheiden somit aus. Zudem ist nach der Rechtsprechung des BGH beim Unterhalt für ein minderjähriges Kind gegen den barunterhaltspflichtigen Elternteil der betreuende Elternteil nicht vertretungsberechtigt, nach § 1629 Abs. 2 S. 2 BGB eine Rückabtretung für das Kind zu vereinbaren.[152]

113 **3. Kostenübernahmeanspruch, § 33 Abs. 4 Satz 2 SGB II.** Nach § 33 Abs. 4 Satz 2 SGB II hat der Sozialleistungsträger die Kosten zu übernehmen, mit denen der Hilfeempfänger durch die Geltendmachung selbst belastet wird. Umstritten ist, ob hierdurch der Anspruch auf Verfahrenskostenhilfe ausgeschlossen wird.

114 Nach einer mE zutreffenden Ansicht, ist dies nicht der Fall.[153] Danach würde lediglich ein Kostenübernahmeanspruch für die Kosten bestehen, die beim Unterhaltsberechtigten ggf. verbleiben, also Anwaltskosten der Gegenseite bei überwiegendem Unterliegen oder die Kosten des eigenen Anwalts im Verfahrenskostenhilfeprüfungsverfahren, wenn letztendlich Verfahrenskostenhilfe nicht bewilligt wird.

115 Der BGH hingegen wertet die Vorschrift als **Prozesskostenvorschussanspruch**, der einer Verfahrenskostenhilfebewilligung entgegenstehe.[154] Für die gerichtliche Geltendmachung der von einem Sozialleistungsträger rückübertragenen Unterhaltsansprüche sei der Leistungsberechtigte grundsätzlich nicht bedürftig iSv § 114 ZPO, da ihm ein Anspruch auf Prozesskostenvorschuss gegen den Sozialleistungsträger zustehe. Der Gesichtspunkt der Prozessökonomie begründe regelmäßig kein im Bewilligungsverfahren zu berücksichtigendes Interesse des Sozialleistungsberechtigten an einer einheitlichen Geltendmachung bei ihm verbliebener und vom Sozialleistungsträger rückübertragener Unterhaltsansprüche. Lediglich dann, wenn der Leistungsberechtigte durch den Verweis auf den Vorschussanspruch eigene Nachteile erleiden würde oder wenn sich die Geltendmachung rückübertragener Ansprüche neben den beim Unterhaltsgläubiger verbliebenen Unterhaltsansprüchen kostenrechtlich nicht auswirke, sei der Einsatz des Vorschusses nicht zumutbar.[155]

---

152 BGH NJW 2020, 1881.
153 So auch OLG Schleswig NJOZ 2008, 3207; OLG Zweibrücken FamRZ 2001, 629; OLG Braunschweig FamRZ 2000, 1023; OLG Nürnberg FamRZ 1999, 1284; OLG Koblenz FamRZ 1998, 246; OLG Saarbrücken FamRZ 1997, 617; OLG Köln FamRZ 1997, 297).
154 BGH FamRZ 2008, 1159.
155 BGH FamRZ 2008, 1159.

Damit aber verkennt der BGH mE die Intention des Kostenübernahmeanspruchs, der nach dem Willen des Gesetzgebers eben keinen Prozesskostenvorschussanspruch gegen den Sozialleistungsträger eröffnet. Nachdem die vorbezeichnete Kontroverse nach der erstmaligen Einführung der Vorschrift zum alten § 91 Abs. 4 Satz 1 BSHG auftrat, stellte der Gesetzgeber in Kenntnis der Problematik bei der Einführung dieser Vorschrift auch im Rahmen des § 7 Abs. 4 Satz 3 UVG klar, dass die Formulierung „dadurch selbst belastet wird" sicherstellt, dass sich Dritte, also auch andere vorrangige Leistungsbereiche wie zB die Prozesskostenhilfe, nicht darauf berufen können, dass die Behörde nachrangig die Kosten übernehmen kann.[156] Die hiergegen vorgebrachte Argumentation des BGH, dass die Mittel für den Kostenübernahmeanspruch nicht aus dem Sozialhilfeetat sondern aus dem allgemeinen Verwaltungshaushalt gezahlt würden und sich deshalb die Frage nach einem Rangverhältnis zwischen Sozialhilfe und PKH, die als eine spezialgesetzlich geregelte Art von Sozialhilfe angesehen wird, entgegen der Begründung des Gesetzgebers zu § 7 UVG nicht stelle, ist bedenklich. Der Gesetzgeber ist mE berechtigt, eine Kostenübernahmeregelung zu normieren und den Rechtscharakter dieser Leistung zu bestimmen.

Für die Geltendmachung **laufenden Unterhalts** ab Rechtshängigkeit der Klage ist dem Leistungsberechtigten jedoch auch nach der vorbezeichneten BGH-Rechtsprechung stets Verfahrenskostenhilfe zu bewilligen, soweit die sonstigen Voraussetzungen vorliegen. Der Leistungsberechtigte hat ein begründetes und anerkennenswertes Interesse, den Unterhalt künftig vom Pflichtigen und nicht vom Sozialamt zu erhalten.[157] Dies soll auch für den Zeitraum zwischen Anhängigkeit und Rechtshängigkeit einer Klage gelten.[158]

116

§ 35 SGB II Erbenhaftung (aufgehoben)

(1) ¹Der Erbe einer Person, die Leistungen nach diesem Buch erhalten hat, ist zum Ersatz der Leistungen verpflichtet, soweit diese innerhalb der letzten zehn Jahre vor dem Erbfall erbracht worden sind und 1 700 Euro übersteigen. ²Der Ersatzanspruch umfasst auch die geleisteten Beiträge zur Kranken-, Renten- und Pflegeversicherung. ³Die Ersatzpflicht ist auf den Nachlasswert zum Zeitpunkt des Erbfalls begrenzt.

(2) Der Ersatzanspruch ist nicht geltend zu machen,

1. *soweit der Wert des Nachlasses unter 15 500 Euro liegt, wenn der Erbe der Partner der Person, die die Leistungen empfangen hat, war oder mit diesem verwandt war und nicht nur vorübergehend bis zum Tode der Person, die die Leistungen empfangen hat, mit dieser in häuslicher Gemeinschaft gelebt und sie gepflegt hat,*
2. *soweit die Inanspruchnahme des Erben nach der Besonderheit des Einzelfalles eine besondere Härte bedeuten würde.*

(3) Der Ersatzanspruch erlischt drei Jahre nach dem Tod der Person, die die Leistungen empfangen hat. § 34 Absatz 3 Satz 2 gilt sinngemäß.

§ 35 SGB II wurde durch das Neunte Gesetz zur Änderung des Zweiten Buches Sozialgesetzbuch – Rechtsvereinfachung – sowie zur vorübergehenden Aussetzung der Insolvenzantragspflicht vom 26.7.2016 zum 1.8.2016 aufgehoben (BGBl. 2016 I 1824). Begründet hat der Gesetzgeber dies wie folgt (BR-Drs. 66/16, 50):

1

„*Die Aufhebung des § 35 führt zu einer Verwaltungsvereinfachung. Die Vorschrift hat sich als durch die Jobcenter aufgrund erheblicher praktischer Probleme nur schwer umsetzbar erwiesen. Anders als die Sozialhilfeträger, bei denen Leistungsberechtigte im Regelfall bis zu ihrem Able-*

---

156 BT-Drs. 13/7338, 46.
157 BGH FamRZ 2008, 1159.
158 OLG Köln FamRZ 2009, 135.

ben im Leistungsbezug verbleiben, erhielten die Jobcenter nur selten Kenntnis vom Ableben zuletzt nicht mehr leistungsberechtigter Personen. Die Anwendung des § 35 war somit im Hinblick auf den Gleichheitsgrundsatz problematisch, da dieser Ersatzanspruch nicht regelmäßig und systematisch, sondern nur in Einzelfällen geltend gemacht wurde. Wurde das Ableben einer vormals leistungsberechtigten Person im Einzelfall bekannt, war der im Zusammenhang mit der Geltendmachung verbundene Verwaltungsaufwand für die Jobcenter sehr hoch. Diesem hohen Verwaltungsaufwand standen nur geringe Mehreinnahmen gegenüber."*

2 Wegen etwaiger Altfälle wird auf die Kommentierung der 1. Auflage verwiesen. Im Übrigen wird auf die Kommentierung der Parallelvorschrift des § 102 SGB XII verwiesen.

Sozialgesetzbuch (SGB) Zwölftes Buch (XII)
– Sozialhilfe –

Vom 27. Dezember 2003 (BGBl. I S. 3022)
(FNA 860-12)
zuletzt geändert durch Art. 5 Bürgergeld-G vom 16. Dezember 2022 (BGBl. I S. 2328)
– Auszug –

§ 74 SGB XII Bestattungskosten

Die erforderlichen Kosten einer Bestattung werden übernommen, soweit den hierzu Verpflichteten nicht zugemutet werden kann, die Kosten zu tragen.

A. Entstehung, Systematik, Normzweck 1	II. Erforderliche und angemessene Kosten einer Bestattung 15
B. Tatbestandliche Voraussetzungen 5	III. Zumutbarkeit 21
I. Anspruchsinhaber: Der „hierzu" Verpflichtete 5	C. Zuständigkeit und Verfahren 30

A. Entstehung, Systematik, Normzweck

1 Seit dem 1.1.2005 ist das Recht der Sozialhilfe, das bis zum 31.12.2004 im Bundessozialhilfegesetz (BSHG) geregelt war, als 12. Buch in das SGB eingegliedert.[1] Die Übernahme von Bestattungskosten ist in § 74 SGB XII geregelt, der seitdem nicht geändert worden ist.

2 § 74 SGB XII entspricht inhaltsgleich § 15 BSHG,[2] der in seiner letzten Fassung lautete:

> Die erforderlichen Kosten einer Bestattung sind zu übernehmen, soweit dem hierzu Verpflichteten nicht zugemutet werden kann, die Kosten zu tragen.

3 § 74 SGB XII ist im Neunten Kapitel des SGB XII als **„Hilfe in anderen Lebenslagen"** geregelt, während die Bestattungskosten innerhalb des BSHG noch der Hilfe zum Lebensunterhalt zugeordnet waren.[3] Diese geänderte systematische Stellung ist konsequent, war doch schon für den Kostenübernahmeanspruch nach § 15 BSHG anerkannt, dass es sich hierbei um einen eigenständigen sozialhilferechtlichen Anspruch handelte, dessen Bedarfsstruktur sich wesentlich von derjenigen sonstiger Leistungen zum Lebensunterhalt und insbesondere der einmaligen Leistungen unterschied.[4] Zu beachten ist § 19 Abs. 3 SGB XII, nach dem unter anderem Hilfen in anderen Lebenslagen geleistet werden, soweit den Leistungsberechtigten, ihren nicht getrennt lebenden Ehegatten oder Lebenspartnern und, wenn sie minderjährig und unverheiratet sind,

---

1 Durch Art. 1 des Gesetzes zur Einordnung des Sozialhilferechts in das Sozialgesetzbuch vom 27.12.2003, BGBl. 2003 I 3022.
2 BT-Drs. 15/1514, 64.
3 Schellhorn/Schellhorn/Hohm/Schellhorn SGB XII § 74 Rn. 2.
4 BVerwG BVerwGE 105, 51.

auch ihren Eltern oder einem Elternteil die Aufbringung der Mittel aus dem Einkommen und Vermögen nach den Vorschriften des Elften Kapitels dieses Buches nicht zuzumuten ist.[5]

Zweck der Regelung ist es, eine der **Würde des Verstorbenen** entsprechende Bestattung auch bei mittellosen Personen sicherzustellen.[6] Der sozialhilferechtliche Bedarf der Sozialleistung nach § 74 SGB XII ist dabei nicht die Bestattung, sondern die Entlastung des Verpflichteten von den Kosten.[7]

B. Tatbestandliche Voraussetzungen

I. Anspruchsinhaber: Der „hierzu" Verpflichtete

Anspruchsinhaber ist derjenige, der zur Tragung der Bestattungskosten verpflichtet ist. Für die Annahme einer solchen Pflicht genügt nicht die Vereinbarung mit dem Bestattungsunternehmen.[8] Das BSG verlangt insoweit einen **besonderen zivil- oder öffentlich-rechtlichen Status**, der sich vom Totensorgerecht, einer in familienrechtlichen Beziehungen begründeten, näheren Verwandten zustehenden Rechts-, nicht verpflichtenden Position, unterscheide.[9] Das BVerwG hat in diesem Zusammenhang formuliert, Verpflichteter sei, wer der Kostenlast von vornherein nicht ausweichen könne, weil sie ihn rechtlich notwendig treffe; dies schließe es aus, die aus sittlicher Verpflichtung freiwillig übernommene Durchführung einer Bestattung als Verpflichtung im Sinne einer – sozialhilferechtlich notwendigen – Kostenverpflichtung zu bewerten.[10] Dies wird man auf § 74 SGB XII übertragen können, so dass auch insoweit eine **sittliche Bestattungspflicht nicht ausreicht**.[11]

Die Verpflichtung, die Kosten einer Bestattung zu tragen, kann insbesondere **erbrechtlich** (§ 1968 BGB) oder **unterhaltsrechtlich** begründet sein, aber auch aus **landesrechtlichen Bestattungspflichten** hergeleitet werden.[12] Daneben sind die Fälle erwähnenswert, in denen sich Personen gegenüber dem Verstorbenen zur Übernahme der Bestattungskosten **vertraglich verpflichtet** haben.[13] Insoweit ist aber stets eine sorgfältige Prüfung des Einzelfalls angezeigt. So hat das BVerwG eine in einem **Heimvertrag** allein vorgesehene Bestattungsberechtigung nicht ausreichen lassen, um die Aktivlegitimation als „Verpflichteten" im Sinne des § 15 BSHG zu begründen.[14] Verpflichteter im Sinne dieser Bestimmung sei nämlich nicht schon, wer als Bestattungsberechtigter oder -verpflichteter in Durchführung einer Bestattung Kostenverpflichtungen eingehe, sondern nur, wer der Kostenlast von vornherein nicht ausweichen könne, weil sie ihn rechtlich notwendig treffe. Dies schließe es aus, eine bloße Bestattungsberechtigung oder eine nicht von vornherein mit einer Kostenverpflichtung verbundene Bestattungsverpflichtung mit Blick auf den Kostenübernahmeanspruch aus § 15 BSHG als „Verpflichtung" im Sinne einer – sozialhilferechtlich notwendigen – Kostenverpflichtung zu bewerten.[15]

Anspruchsberechtigt gemäß § 74 SGB XII ist nicht derjenige, der im Rahmen der ihm zustehenden **Totenfürsorge** berechtigt ist, die Bestattung des Verstorbenen durchzuführen, weil daraus keine rechtliche Verpflichtung herrührt, die Kosten der Bestattung zu tragen.[16] Ob eine Bestattungspflicht der Eltern bei Fehl- oder Totgeburten existiert, hängt von der Ausgestaltung der

---

5 BeckOK SGB XII/Kaiser SGB XII § 74 Rn. 1.
6 LPK-SGB XII/Berlit SGB XII § 74 Rn. 1; Hauck/Noftz/Schlette K SGB XII § 74 Rn. 1a.
7 BSG BSGE 104, 219.
8 BSG BSGE 109, 61.
9 BSG BSGE 109, 61.
10 BVerwG NJW 2003, 3146.
11 LPK-SGB XII/Berlit SGB XII § 74 Rn. 3; BeckOK SGB XII/Kaiser SGB XII § 74 Rn. 7; LSG Baden-Württemberg ZErb 2016, 242.
12 BSG BSGE 104, 219.
13 Hauck/Noftz/Schlette K SGB XII § 74 Rn. 4.
14 BVerwG BVerwGE 116, 287.
15 BVerwG BVerwGE 116, 287.
16 Zu § 15 BSHG OVG Nordrhein-Westfalen NJW 1998, 2154; aA Hauck/Noftz/Schlette K SGB XII § 74 Rn. 5a.

Bestattungsvorschriften der Länder ab. Bei Fehlgeburten gibt es eine solche nicht, bei Totgeburten teilweise schon.[17]

8 Nach § 1968 BGB trägt der **Erbe** die Kosten der Beerdigung des Erblassers, wobei bei einer Mehrheit von Erben gegebenenfalls jeder Miterbe Verpflichteter sein kann, wenn die Voraussetzungen des § 1968 BGB in seiner Person vorliegen.[18] Diese vorrangige Haftung entfällt, wenn die Erbschaft ausgeschlagen wird, weil dann nach § 1953 Abs. 1 BGB der Anfall an den Ausschlagenden als nicht erfolgt gilt, die Ausschlagung also auf den Erbfall zurückwirkt und den Ausschlagenden die Regelung des § 1968 BGB daher nicht belasten kann.[19] In Fällen der Erbschaftsausschlagung ist aber immer noch eine Verpflichtung zu prüfen, die auf landesrechtlichen Friedhofs- und Bestattungsvorschriften fußt.[20] Ist der **Fiskus** nach § 1936 BGB gesetzlicher Erbe, ist er gleichwohl nicht Verpflichteter nach § 74 SGB XII.[21] Zumindest missverständlich ist es, wenn in diesem Zusammenhang ausgeführt wird, das BSG diskutiere die Erbenhaftung des Fiskus für die Fälle, in denen der Nachlass nicht überschuldet oder wertlos ist.[22] Das BSG hat nicht etwa einen Anspruch des Fiskus nach § 74 SGB XII diskutiert. Vielmehr ging es in der Entscheidung vom 29.9.2009 um die Frage, ob der dortigen Klägerin unter Hinweis auf § 2 Abs. 1 SGB XII (sogenannter Nachranggrundsatz) entgegengehalten werden konnte, sie müsse sich vorrangig um die Realisierung von Ausgleichsansprüchen gegen Dritte bemühen. Nur in diesem Zusammenhang hat das BSG die Frage diskutiert, ob der Fiskus als Erbe für die Beerdigungskosten haftet.[23]

9 In Bezug auf die Haftung nach **unterhaltsrechtlichen Vorschriften** ist insbesondere § 1615 Abs. 2 BGB zu beachten, wonach im Falle des Todes des Berechtigten der Unterhaltspflichtige die Kosten der Beerdigung zu tragen hat, soweit ihre Bezahlung nicht von dem Erben zu erlangen ist. Für den Familien- und Ehegatten-Trennungsunterhalt gilt § 1615 Abs. 2 BGB über § 1360a Abs. 3 BGB sowie § 1361 Abs. 4 S. 4 BGB.[24] Zu nennen ist auch § 1615m BGB, nach dem dann, wenn die Mutter infolge der Schwangerschaft oder der Entbindung stirbt, der Vater die Kosten der Beerdigung zu tragen hat, soweit ihre Bezahlung nicht von dem Erben der Mutter zu erlangen ist. **Die Haftung nach den genannten unterhaltsrechtlichen Vorschriften ist gegenüber der Erbenhaftung subsidiär.**[25]

10 Im Falle der Tötung hat gemäß **§ 844 Abs. 1 BGB** der Ersatzpflichtige die Kosten der Beerdigung demjenigen zu ersetzen, welchem die Verpflichtung obliegt, diese Kosten zu tragen. Selbstverständlich wird aber dadurch der Verursacher einer Tötung nach § 844 BGB kein Verpflichteter im Sinne des § 74 SGB XII, da er nicht verpflichtet ist, die Kosten der Bestattung zu tragen, sondern diese Kosten demjenigen zu ersetzen, dem die Verpflichtung obliegt, sie zu tragen.[26]

11 Von großer Bedeutung ist schließlich die Verpflichtung nach öffentlich-rechtlichen Vorschriften. Die Bestattungspflicht richtet sich nach den **landesrechtlichen Bestattungs- und Friedhofsvorschriften**. In der Entscheidung des BSG vom 29.9.2009 war beispielsweise § 8 des Gesetzes über das Friedhofs- und Bestattungswesen in Nordrhein-Westfalen einschlägig. Hierzu hat das BSG ausgeführt, dass die hieraus resultierende Bestattungspflicht der Klägerin zwar nicht die Verpflichtung regele, die Kosten der Beerdigung zu tragen; werde aber – wie hier – die öffentlich-rechtliche Bestattungspflicht erfüllt, resultierten hieraus Kosten wie Entgeltansprüche des Be-

---

17 Vgl. LSG Nordrhein-Westfalen NZS 2020, 156 mAnm Ziegelmeier; die gegen das Urteil eingelegte Revision wurde zurückgenommen; vgl. auch SG Speyer Urt. v. 19.12.2018 – S 18 SO 96/18, juris.
18 Hauck/Noftz/Schlette K SGB XII § 74 Rn. 4.
19 BSG BSGE 104, 219.
20 Vgl. SG Karlsruhe FamRZ 2016, 1108.
21 Grube/Wahrendorf/Deckers SGB XII, § 74 Rn. 23; BeckOK SGB XII/Kaiser SGB XII § 74 Rn. 5; LPK-SGB XII/Berlit SGB XII § 74 Rn. 7.
22 So etwa BeckOK SGB XII/Kaiser SGB XII § 74 Rn. 5, unter Hinweis auf BSG BSGE 104, 219.
23 JurisPK-SGB XII/Siefert SGB XII § 74 Rn. 45.
24 Vgl. auch NK-BGB/Krug BGB § 1968 Rn. 2.
25 Grube/Wahrendorf/Flint/Deckers SGB XII § 74 Rn. 13.
26 BeckOK SGB XII/Kaiser SGB XII § 74 Rn. 5.

stattungsunternehmers, die Gegenstand der übernahmefähigen Kostenverpflichtung im Sinne des § 74 SGB XII seien.[27]

Keine Voraussetzung für den Anspruch nach § 74 SGB XII ist eine ordnungsbehördliche Verfügung im Sinne eines Verwaltungsaktes mit dem Inhalt, die Bestattung vorzunehmen.[28] Denn die **Bestattungspflicht als gesetzliche Verpflichtung bedarf zu ihrer Entstehung nicht der Regelung durch Verwaltungsakt.** Verpflichteter nach landesrechtlichen Bestattungs- und Friedhofsvorschriften kann auch eine juristische Person sein. Diese kann auch Anspruchsinhaber nach § 74 SGB XII sein.[29]

Bestand eine Bestattungspflicht nach Maßgabe öffentlich-rechtlicher Vorschriften und hat die zuständige Behörde etwa im Wege der **Ersatzvornahme** anstelle des Bestattungspflichtigen gehandelt, den sie nunmehr auf Kostenersatz in Anspruch nimmt, ist nur der eigentlich Bestattungspflichtige möglicher Anspruchsinhaber nach § 74 SGB XII. Die Ordnungsbehörde selbst kann niemals Anspruchsinhaber nach § 74 SGB XII sein.[30] Dies gilt auch und erst recht, wenn kein Fall der Ersatzvornahme vorliegt, weil ein Bestattungspflichtiger nicht vorhanden ist.[31] Für einen Fall, in dem es um die Beitreibung der im Wege der Ersatzvornahme entstandenen Beerdigungskosten von dem Sohn, der sein Erbe ausgeschlagen hat, ging, vgl. OVG Nordrhein-Westfalen.[32]

Wer nicht nach Maßgabe der genannten erb-, unterhalts- oder landesrechtlichen Vorschrift zur Vornahme der Bestattung oder zur Übernahme der Bestattungskosten verpflichtet ist, kann keinen Anspruch nach § 74 SGB XII geltend machen. Fraglich ist dann, ob gegen den Sozialhilfeträger ein Anspruch auf Ersatz der geltend gemachten Aufwendungen für die Bestattung auf der Grundlage einer **öffentlich-rechtlichen Geschäftsführung ohne Auftrag** (analog §§ § 677, § 683 BGB in Verbindung mit § 670 BGB) in Betracht kommt.[33] **Dies ist zu verneinen.** § 74 SGB XII regelt den Anspruch gegen den Sozialhilfeträger auf Übernahme der Bestattungskosten abschließend und detailliert die Voraussetzungen des Anspruchs sowie seine Höhe. Der Versuch des VG Hannover in der zitierten Entscheidung, dem Rechnung zu tragen, in dem es unter Berücksichtigung der Besonderheiten des Sozialhilferechts den Umfang der erstattungsfähigen Aufwendungen – dann doch – nach den zu § 15 BSHG entwickelten Grundsätzen der erforderlichen Kosten der Bestattung bestimmt, dürfte wenig überzeugend sein.[34] Unberührt hiervon bleiben etwaige Ansprüche gegen den eigentlich Bestattungspflichtigen nach den zivilrechtlichen Vorschriften der Geschäftsführung ohne Auftrag.[35] Der so in Anspruch genommene „eigentlich" Bestattungspflichtige kann dann wiederum einen Anspruch nach § 74 SGB XII haben.[36]

II. Erforderliche und angemessene Kosten einer Bestattung

Erfasst werden nach der Rechtsprechung des BSG nur die Bestattungskosten selbst.[37] Zu übernehmen sind danach nur die Kosten, die **unmittelbar der Bestattung** (unter Einschluss der ersten Grabherrichtung) dienen und mit der Durchführung der Bestattung untrennbar verbunden sind, **nicht jedoch solche für Maßnahmen, die nur anlässlich des Todes entstehen**, also nicht final auf die Bestattung selbst ausgerichtet sind (etwa Todesanzeigen, Danksagungen, übliche

---

27 BSG BSGE 104, 219; in diesem Sinne auch schon BVerwG BVerwGE 114, 57.
28 BVerwG BVerwGE 114, 57.
29 BVerwG BVerwGE 120,111 für einen Krankenhausträger; SG Gießen aktuell 2017, 114; zweifelnd BSG Beschl. v. 24.2.2016 – B 8 SO 103/15 B, juris.
30 Grube/Wahrendorf/Flint/Deckers SGB XII § 74 Rn. 26.
31 BeckOK SGB XII/Kaiser SGB XII § 74 Rn. 6.
32 Urt. v. 25.6.2015 – 19 A 488/13, juris.
33 So VG Hannover NVwZ 2002, 1014; wohl auch BeckOK SGB XII/Kaiser SGB XII § 74 Rn. 7; Hauck/Noftz/Schlette K SGB XII § 74 Rn. 7.
34 Eher wie hier, wenn auch im Ergebnis offen gelassen LSG Baden-Württemberg ZErb 2010, 153; vgl. auch LSG Nordrhein-Westfalen Urt. v. 26.6.2017 – L 20 SO 46/16, juris.
35 Vgl. BGH BGHZ 191, 325.
36 LSG Nordrhein-Westfalen Beschl. v. 6.5.2020 – L 9 SO 435/19 B, juris.
37 BSG BSGE 109, 61.

kirchliche und bürgerliche Feierlichkeiten, Leichenschmaus, Anreisekosten, Bekleidung).[38] Bestattungskosten sind von vornherein all die Kosten, die aus öffentlich-rechtlichen Vorschriften resultierend notwendigerweise entstehen, damit die Bestattung überhaupt durchgeführt werden kann oder darf, sowie die, die aus religiösen Gründen unerlässlicher Bestandteil der Bestattung sind. Die Kosten müssen aus Maßnahmen oder Handlungen vor oder bis zum Ende des Bestattungsvorgangs erwachsen (damit etwa auch der nach der Bestattung gesetzte Grabstein). Der Gesetzgeber hat bewusst nicht auf die gesamten sich aus dem Sterbefall ergebenden Kosten abgestellt, um die sozialhilferechtliche Verpflichtung der Solidargemeinschaft der Steuerzahler zu begrenzen.[39] Als zweifelhaft erachtet hat das BSG in dem genannten Urteil vom 25.8.2011 die Eigenschaft als Bestattungskosten etwa für die Beurkundung des Sterbefalls vom Standesamt, die Abmeldung bei der Krankenkasse und die Beratung im Trauerhaus. **Keine Bestattungskosten**, da nicht unmittelbar der Bestattung dienend, sind **Grabpflegekosten**[40] und die **Verlängerung des Grabrechts**.[41] Keine Bestattungskosten sind auch jegliche Aufwendungen der Angehörigen wie Kleidung, Reisekosten etc[42] Erforderlich werdende Umbettungen sind nach Auffassung des BSG ein neuer Leistungsfall, also denkbarer Gegenstand eines Anspruchs nach § 74 SGB XII.[43] Hat die Ordnungsbehörde die Bestattung anstelle des Verpflichteten im Wege der Ersatzvornahme durchgeführt, ändert sich der Charakter der Kosten als Bestattungskosten dadurch nicht. Daher kann der Verpflichtete den Anspruch nach § 74 SGB XII geltend machen und ggf. Zahlung an die Gemeinde verlangen, die im Wege der Ersatzvornahme tätig geworden ist.[44]

16 Die Bestattungskosten müssen **angemessen** sein. Unklar ist, unter welche Tatbestandsvoraussetzung die in § 74 SGB XII nicht ausdrücklich genannte Angemessenheit der Bestattungskosten zu fassen ist. Denkbar ist, die Angemessenheit als **Bestandteil der Erforderlichkeit** zu prüfen. Das BSG neigt in seiner Entscheidung vom 25.8.2011 dagegen eher der Auffassung zu, dass die Angemessenheit **teleologisch-immanenter Bestandteil** dessen ist, was die Norm überhaupt unter Bestattungskosten meint.[45] Im Ergebnis kann die exakte dogmatische Zuordnung offenbleiben, zumal Angemessenheit und Erforderlichkeit als unbestimmte Rechtsbegriffe einer gerichtlichen Auslegung jeweils uneingeschränkt zugänglich sind,[46] und eine Abgrenzung, ob die Erforderlichkeit oder die Angemessenheit betroffen ist, im Einzelfall nicht immer möglich ist. Nachfolgende Ausführungen sollen sich möglichst an der Rechtsprechung des BSG orientieren.[47]

17 **Angemessen** ist nur eine würdige Bestattung, wobei Maßstab insoweit nicht der frühere Lebensstandard des Verstorbenen ist, sondern das, was **ortsüblicherweise zu den Bestattungskosten gehört**. Ortsüblichkeit darf sich insoweit jedoch nicht an der Situation aller Verstorbenen orientieren, sondern es können nur die **Bezieher unterer und mittlerer Einkommen** anhand eines regelmäßig objektiven Maßstabs herangezogen werden.[48] Die angemessenen Bestattungskosten sind zwar geringer als die einer standesgemäßen Beerdigung nach § 1968 BGB.[49] Andererseits darf der Sozialhilfeträger nicht generell auf eine kostengünstigere Feuerbestattung oder eine anonyme Bestattung verweisen, da der Eindruck eines Armenbegräbnisses zu vermeiden

---

38 Grube/Wahrendorf/Flint/Deckers SGB XII, § 74 Rn. 34; aA LPK-SGB XII/Berlit SGB XII § 74 Rn. 18; erstattungsfähig auch Aufwendungen für eine bescheidene Todesanzeige, Danksagungen und – soweit regional üblich – die angezeigten kirchlichen oder bürgerlichen Feierlichkeiten.
39 BSG BSGE 109, 61.
40 BSG Beschl. v. 24.2.2016 – B 8 SO 103/15 B, juris; LSG Nordrhein-Westfalen Breith 2007, 327.
41 SG Nürnberg, Urt. v. 17.12.2010 – S 20 SO 153/10, juris.
42 LPK-SGB XII/Berlit SGB XII § 74 Rn. 20.
43 BSG BSGE 109, 61.
44 LSG Schleswig-Holstein Urt. v. 12.6.2015 – L 9 SO 46/12, juris; bei dem Antrag auf Zahlung an die Gemeinde soll es sich danach nicht um eine Abtretung, sondern nur eine Zahlungsbestimmung handeln.
45 BSG BSGE 109, 61.
46 Für die Erforderlichkeit Grube/Wahrendorf/Flint/Deckers SGB XII § 74 Rn. 31.
47 Die Terminologie geht in Kommentierungen mitunter durcheinander; Kosten für bürgerliche und kirchliche Feierlichkeiten werden beispielsweise bei Grube/Wahrendorf/Flint/Deckers SGB XII § 74 Rn. 34, bei der Erforderlichkeit erörtert, obwohl sich bereits die Frage stellt, ob es sich überhaupt um Bestattungskosten handelt.
48 BSG BSGE 109, 61.
49 BeckOK SGB XII/Kaiser SGB XII § 74 Rn. 9.

ist.[50] Angemessen sind jedenfalls im Grundsatz alle öffentlich-rechtlichen Gebühren, das Waschen, Kleiden und Einsargen des Leichnams, der Sarg, Kosten für Sargträger und das erstmalige Herrichten des Grabes sowie einfacher Grabschmuck.[51] Liegen dem Grunde nach angemessene Aufwendungen vor, ist in einem nächsten Schritt die Angemessenheit im konkreten Einzelfall zu bestimmen. Sind etwa Friedhofsgebühren für ein Reihengrab regelmäßig angemessen, mag etwas Anderes für die – höheren – Friedhofsgebühren für eine Wahlgrabstätte gelten.[52] Überführungskosten, etwa an einen anderen Ort im Inland und in das Herkunftsland, sind regelmäßig nicht und jedenfalls dann nicht erforderlich, wenn eine dem religiösen Bekenntnis entsprechende Bestattung im Bundesgebiet möglich und nicht unüblich ist.[53] Kosten für eine Hausaufbahrung sind nicht übernahmefähig.[54] Kosten für eine Überführung in das Ausland an den dort vorgesehenen Bestattungsort sind nur dann erforderlich im Sinne von § 74 SGB XII, wenn diese Überführung nach den Besonderheiten des Einzelfalles notwendig ist. Dies ist z.B. dann der Fall, wenn die Umstände eine Bestattung nach dem religiösen Bekenntnis des Verstorbenen im Inland nicht ermöglichen.[55]

Eine **pauschale Begrenzung der übernahmefähigen Bestattungskosten ist nicht statthaft**.[56] Vielmehr ist die Erforderlichkeit der Kosten im Einzelnen zu ermitteln und zu beurteilen. Es ist eine den Individualitätsgrundsatz berücksichtigende Entscheidung zu treffen (§ 9 Abs. 1 SGB XII), wobei grundsätzlich auch angemessenen Wünschen des Bestattungspflichtigen (§ 9 Abs. 2 SGB XII) und gegebenenfalls des Verstorbenen (§ 9 Abs. 1 SGB XII) sowie religiösen Bekenntnissen mit Rücksicht auf die auch nach dem Tod zu beachtende Menschenwürde Rechnung zu tragen ist.[57]

Für die Bestimmung der **Erforderlichkeit sind die ortsüblichen Preise** zu ermitteln.[58] Zu berücksichtigen ist indes, dass dem Bestattungspflichtigen im Hinblick auf die ihm üblicherweise zur Verfügung stehende kurze Zeit und die besondere (Belastungs-)Situation keine umfassende Prüfungspflicht abverlangt werden kann, welches der vor Ort oder im erweiterten Umkreis ansässigen Bestattungsunternehmen die günstigsten Bedingungen bieten kann.[59] Vielmehr müssen alle Kostenansätze akzeptiert werden, die sich nicht außerhalb der Bandbreite eines wettbewerbsrechtlich orientierten Marktpreises bewegen.

Großzügiger kann die Erforderlichkeit im Einzelfall dann zu beurteilen sein, wenn sich der Bestattungspflichtige vor der Eingehung von Verpflichtungen beim zuständigen Sozialhilfeträger darüber beraten lässt, was einer würdigen Bestattung entspricht und welche dafür anfallenden Kosten gegebenenfalls als erforderlich anerkannt werden können. Ist der Sozialhilfeträger seinen **Beratungsverpflichtungen** nicht oder nicht ausreichend nachgekommen, hat er die tatsächlichen Bestattungskosten selbst dann zu übernehmen, wenn und soweit sie zu den objektiv erforderlichen Kosten nicht in einem derart auffälligen Missverhältnis stehen, dass dies dem Anspruchsteller als der Bestattungspflichtigen ohne Weiteres hätte auffallen müssen. Ausnahmsweise kann dann ein subjektiver Maßstab genügen.[60]

---

50 LPK-SGB XII/Berlit SGB XII § 74 Rn. 16.
51 Grube/Wahrendorf/Flint/Deckers SGB XII § 74 Rn. 32.
52 Grube/Wahrendorf/Flint/Deckers SGB XII § 74 Rn. 32.
53 SG Duisburg Urt. v. 27.3.2014 – S 52 SO 64/13, juris.
54 LSG Baden-Württemberg Urt. v. 26.2.2019 – L 2 SO 2529/18, juris; Kosten für eine Hausaufbahrung sind wohl bereits keine Bestattungskosten.
55 LSG Sachsen Urt. v. 30.11.2022 – L 8 SO 107/19, juris.
56 BSG BSGE 109, 61.
57 BSG FamRZ 2020, 63.
58 BSG BSGE 109, 61.
59 BSG FamRZ 2020, 63.
60 BSG BSGE 109, 61.

III. Zumutbarkeit

21 Der gerichtlich **voll überprüfbare unbestimmte Rechtsbegriff**[61] der Zumutbarkeit bestimmt sich insbesondere aus den allgemeinen Grundsätzen des Sozialhilferechts.[62] Der Anspruch nach § 74 SGB XII[63] hängt zwar weder davon ab, dass der Verstorbene zu Lebzeiten Sozialhilfe bezogen hat, noch davon, dass der Verpflichtete selbst Sozialhilfebezieher ist.[64] Gleichwohl sind die wirtschaftlichen Verhältnisse des Verpflichteten zu berücksichtigen. Das BSG bringt es prägnant wie folgt auf den Punkt: Ist der Bestattungspflichtige bedürftig, kann ihm die Übernahme der Bestattungskosten nicht zugemutet werden; nur bei fehlender Bedürftigkeit kommen sonstige Zumutbarkeitsgesichtspunkte zum Tragen.[65]

21.1 Die Bedürftigkeitsprüfung des § 19 Abs. 3 SGB XII ist allerdings überlagert von der in § 74 SGB XII vorgesehenen **(besonderen) Zumutbarkeitsprüfung**.[66] Die üblichen Bedürftigkeitskriterien der §§ 85 bis 91 SGB XII – oder bei Grundsicherungsempfängern der §§ 11, 12 SGB II – dienen als Orientierungspunkte für die Beurteilung der Zumutbarkeit. Liegen also bei dem Verpflichteten die gesetzlichen Voraussetzungen für die Gewährung von Arbeitslosengeld II oder Leistungen für den Lebensunterhalt nach dem SGB XII vor, ist regelmäßig von Unzumutbarkeit auszugehen, **wobei vom Bewilligungsbescheid über die Gewährung von derartigen Leistungen keine Bindungswirkungen ausgehen**.[67] Liegt dagegen keine Bedürftigkeit im Sinne des SGB II oder des Dritten oder Vierten Kapitels des SGB XII vor, dienen die Bedürftigkeitskriterien der §§ 85 bis 91 SGB XII als Orientierungspunkte für die Beurteilung der Zumutbarkeit. Dabei kann zu berücksichtigen sein, dass unter den Voraussetzungen des § 88 SGB XII auch der Einsatz von Einkommen unter der Einkommensgrenze verlangt werden kann, etwa wenn mit dem Nachlass bereits der größte Teil der Bestattungskosten gedeckt werden kann und zur Deckung des verbleibenden Bedarfs nur noch geringfügige Mittel erforderlich sind (§ 88 Abs. 1 S. 1 Nr. 2 SGB XII). Nur bei (auch danach) fehlender Bedürftigkeit kommen sonstige Zumutbarkeitsgesichtspunkte zum Tragen, die es rechtfertigen können, auch unter Berücksichtigung der Einkommensgrenze des § 85 Abs. 1 SGB XII einsetzbares Einkommen zu schonen. Zumutbarkeit im Sinne von § 74 SGB XII ist so zu verstehen, dass alles das zumutbar ist, was „typischerweise" von einem „Durchschnittsbürger" in einer vergleichbaren Situation erwartet werden kann. Dazu gehört auch, dass in den Fällen, in denen die Bestattungskosten nicht schon aus vorhandenem Vermögen oder dem im maßgebenden Monat zugeflossenen Monatseinkommen aufgebracht werden können, deren Bezahlung – soweit sie das nach §§ 85, 87 SGB XII einzusetzende Einkommen übersteigen – durch Aufnahme eines Darlehens oder durch eine Stundungs- oder Ratenzahlungsvereinbarung etwa mit dem Bestattungsunternehmer ermöglicht wird.[68]

22 Streitig ist, ob auch **Einkommen und Vermögen des Ehepartners oder Lebenspartners** einer nach § 74 SGB XII verpflichteten Person heranzuziehen ist.[69] Dagegen könnte zwar sprechen, dass die Pflicht zur Tragung der Bestattungskosten nur bestimmte Personen trifft und deren Angehörige nicht mit ihrem Einkommen oder Vermögen einstehen sollen.[70] Andererseits ist in § 74 SGB XII eine Hilfe in anderen Lebenslagen geregelt, für die in § 19 Abs. 3 SGB XII ausdrücklich die Berücksichtigung von Einkommen und Vermögen von nicht getrennt lebenden Ehegatten oder Lebenspartnern des Leistungsberechtigten und, wenn dieser minderjährig und unverheiratet ist, auch seinen Eltern oder einem Elternteil vorgesehen ist.[71] Dass jedenfalls die Vermögens-

---

[61] LPK-SGB XII/Berlit SGB XII § 74 Rn. 9; Hauck/Noftz/Schlette K SGB XII § 74 Rn. 9.
[62] BSG BSGE 104, 219.
[63] Vgl. für den Anspruch eines Krankenhausträgers und dessen Unzumutbarkeit, die Bestattungskosten für ihre Patienten zu übernehmen, BVerwG BVerwGE 120, 111.
[64] Hauck/Noftz/Schlette K SGB XII § 74 Rn. 1b.
[65] BSG BSGE 104, 219.
[66] BSG BSGE 109, 61.
[67] BSG BSGE 109, 61.
[68] BSG FamRZ 2020, 63.
[69] LPK-SGB XII/Berlit SGB XII § 74 Rn. 13; Hauck/Noftz/Schlette K SGB XII § 74 Rn. 12a; Grube/Wahrendorf/Flint/Deckers SGB XII § 74 Rn. 38; offen gelassen bei BSG BSGE 109, 61.
[70] So Hauck/Noftz/Schlette K § 74 Rn. 12a.
[71] So richtig BeckOK SGB XII/Kaiser SGB XII § 74 Rn. 8.

verhältnisse des Ehegatten des nach § 74 SGB XII Verpflichteten in die Prüfung eines Anspruchs nach § 74 SGB XII einzubeziehen sind, ist in einem Terminbericht des BSG ausdrücklich mitgeteilt worden.[72] Nunmehr hat das BSG ausdrücklich klargestellt, dass jedenfalls das Einkommen des nicht getrennt lebenden Ehegatten zu berücksichtigen ist.[73]

Fraglich ist, inwieweit die Hinterbliebenenleistungen im sogenannten Sterbequartal zu berücksichtigen sind. § 67 Nr. 5 und 6 SGB VI sehen jeweils im Sterbequartal – also bis zum Ende des dritten Kalendermonats nach Ablauf des Monats, in dem der Ehegatte verstorben ist – die Zahlung der Rente an den Hinterbliebenen mit dem vollen Rentenartfaktor 1,0 vor, so dass die Hinterbliebenenrente in der Höhe gezahlt wird, wie sie der Verstorbene bezogen hat. Diese Leistung wird nach § 7 der Renten-Service-Verordnung auf Antrag als Vorschuss gezahlt. Man wird anzunehmen haben, dass der Vorschuss im Grundsatz für die Bestattungskosten zu verwenden ist. Zu diskutieren ist indes ein Abschlag bezüglich der Differenz zwischen der Rente im Sterbequartal und der sich anschließenden Hinterbliebenenrente. Denn der Zuschlag im Sterbequartal bezweckt, dem hinterbliebenen Ehegatten die mit der letzten Krankheit des Verstorbenen und dem Todesfall verbundenen Aufwendungen zu einem Teil abzunehmen und ihm die Umstellung auf die neuen Lebensverhältnisse zu erleichtern.[74] In Anlehnung an § 88 Abs. 1 S. 1 Nr. 1 SGB XII und § 11a Abs. 1 S. 1 SGB II ist insoweit von zweckgebundenen Einnahmen auszugehen, die jedenfalls teilweise einem anderen Zweck als der Deckung der Bestattungskosten dienen. Wie hoch der nicht zu berücksichtigende Teil des Sterbequartalvorschusses ist, dürfte sich nach den Umständen des Einzelfalls richten.[75]

Zumutbar ist die Tragung der Kosten allerdings unabhängig von der Bedürftigkeit, wenn der Verpflichtete über Einkommen oder Vermögen verfügte (Sterbegeld, Bestattungsvorsorge, Erbschaft), das für die Bestattung vorgesehen oder nach Sinn und Zweck des § 74 SGB XII dafür zu verwenden ist.[76] In diesem Zusammenhang hat das BSG in seinem Urteil vom 25.8.2011 ausgeführt, eine Erbschaft falle jedenfalls nicht unter § 90 Abs. 2 Nr. 9 SGB XII, sei somit als solche nicht unter diesem Gesichtspunkt privilegiertes Vermögen. Etwas anderes könne für einzelne Gegenstände der Erbschaft gelten (etwa ein nach § 90 Abs. 2 Nr. 8 SGB XII privilegiertes Hausgrundstück). In einer aktuellen Entscheidung hat das BSG für den Fall der Nachzahlung von Pflegegeld an den Verstorbenen differenziert, ob dieses zum Todeszeitpunkt schon überwiesen worden war – dann ist es in den Nachlass gefallen und grundsätzlich in vollem Umfang für die Beerdigung einzusetzen –, oder ob es erst nach dem Todesfall überwiesen wurde. In letzterem Fall wäre die Ehefrau Sonderrechtsnachfolgerin in den Anspruch auf Pflegegeld geworden. Bei dem aus seiner Erfüllung resultierenden Guthaben würde es sich dann jedenfalls um Vermögen der Klägerin im Sinne des § 90 SGB XII handeln, es gilt der Schonbetrag nach § 90 Abs. 2 Nr. 9 SGB XII und ggf. sogar die Härtefallregelung des § 90 Abs. 3 S. 1 SGB XII.[77] Dass der Fall je nach Zeitpunkt der Überweisung des Pflegegeldes völlig unterschiedlich zu lösen ist, erscheint kritikwürdig.[78] Zur Deckung der Bestattungskosten ist es stets zumutbar, den Nachlass mit seinem vollen, also nicht um Schonbeträge geminderten, Wert einzusetzen.[79] Das **Nachlassvermögen des Verstorbenen kann im Rahmen der Einsatzpflicht bei § 74 SGB XII nicht mit vorhandenen Nachlassschulden verrechnet** werden, weil dies im Ergebnis dazu führen würde, dass der

---

72 Terminbericht Nr. 7/13 zum Termin vom 28.2.2013 zum Verfahren B 8 SO 19/11 R; vgl. nunmehr auch LSG Baden-Württemberg Urt. v. 25.2.2016 – L 7 SO 2468/13, juris.
73 BSG FamRZ 2020, 63.
74 Vgl. BSG BSGE 66, 134.
75 Vgl. zum Problem jurisPK-SGB XII/Siefert SGB XII § 74 Rn. 60 f.
76 BSG BSGE 109, 61; vgl. auch LSG Nordrhein-Westfalen Breith 2013, 440, wonach auch diejenigen Geldzuflüsse als für die Bestattungskosten einzusetzende Eigenmittel zu berücksichtigen sind, die dem Verpflichteten unmittelbar mit Rücksicht auf den Todesfall zufließen.
77 BSG SGb 2021, 520.
78 So auch Rosenow in seiner Urteilsanmerkung SGb 2021, 527.
79 LSG Nordrhein-Westfalen Breith 2013, 440 LPK-SGB XII/Berlit SGB XII § 74 Rn. 11; Grube/Wahrendorf/Flint/Deckers SGB XII § 74 Rn. 41.

Sozialhilfeträger Schulden des Verpflichteten übernehmen müsste.[80] Beruht die Bestattungspflicht nach Ausschlagung einer Erbschaft allein auf landesrechtlichen Friedhofs- und Bestattungsvorschriften, prüft das SG Karlsruhe unter Bezugnahme auf § 138 BGB, ob unter sittlichen Aspekten erwartet werden muss, dass der Verpflichtete vor der Inanspruchnahme von Sozialhilfe einen ihm angetragenen oder angefallenen Vermögenserwerb wahrnimmt.[81] Im Klartext: Es wird erwogen, ob die Erbschaftsausschlagung als sittenwidrig unbeachtlich und der Verpflichtete also auf ein tatsächlich nicht angetretenes Erbe verwiesen werden kann. Mit der Maßgabe, dass Sittenwidrigkeit nur in extrem Ausnahmefällen in Betracht zu ziehen ist, kann man dem zustimmen.

25 Im Rahmen der sonstigen Zumutbarkeitsgesichtspunkte – also denen jenseits der Bedürftigkeit – können auch Umstände eine Rolle spielen, die als solche im Allgemeinen sozialhilferechtlich unbeachtlich sind, denen aber vor dem Hintergrund des Zwecks des § 74 SGB XII Rechnung getragen werden muss, so dass, selbst wenn die Kostentragung nicht zur Überschuldung oder gar zur Sozialhilfebedürftigkeit des Kostenverpflichteten führt, der Gesichtspunkt der wirtschaftlichen Auswirkungen einer Kostenbelastung beachtlich sein kann. Je enger etwa das Verwandtschaftsverhältnis oder die rechtliche Beziehung war, desto geringer sind in der Regel die Anforderungen an die Zumutbarkeit des Einkommens- und Vermögenseinsatzes.[82] Umgekehrt können etwa zerrüttete Verwandtschaftsverhältnisse höhere Anforderungen an die Zumutbarkeit begründen.[83] Hat der Verstorbene gegenüber dem nach § 74 SGB XII Verpflichteten schwere Verfehlungen (zB Körperverletzungen, sexueller Missbrauch, grobe Verletzung von Unterhaltspflichten) begangen, kann trotz eines engen Näheverhältnisses die Kostentragung im Einzelfall unzumutbar sein.[84] Entscheidend sind jeweils die **Verhältnisse des Einzelfalls**.

26 Im Rahmen der Zumutbarkeit kann auch der sogenannte **Nachranggrundsatz** eine Rolle spielen. Der Nachrang der Sozialhilfe ist in § 2 Abs. 1 SGB XII geregelt, wonach Sozialhilfe nicht erhält, wer sich vor allem durch Einsatz seiner Arbeitskraft, seines Einkommens und seines Vermögens selbst helfen kann oder wer die erforderliche Leistung von anderen, insbesondere von Angehörigen oder von Trägern anderer Sozialleistungen, erhält.

27 Sind die Einkommens- und Vermögensgrenzen ohne die denkbaren Ausgleichsansprüche unterschritten, kann dem Leistungsberechtigten aber nicht unter Hinweis auf § 2 Abs. 1 SGB XII entgegengehalten werden, er müsse sich vorrangig um die Realisierung von **Ausgleichsansprüchen gegen Dritte** bemühen.[85] Denn bei § 2 Abs. 1 SGB XII handelt es sich nicht um eine isolierte Ausschlussnorm; sie stellt nicht auf bestehende andere Leistungsansprüche, sondern auf den Erhalt anderer Leistungen ab. Eine Ausschlusswirkung ohne Rückgriff auf andere Normen des SGB XII ist allenfalls denkbar in extremen Ausnahmefällen, etwa wenn sich der Bedürftige generell eigenen Bemühungen verschließt und Ansprüche ohne Weiteres realisierbar sind.[86] Ist dagegen ein etwaiger Ausgleichsanspruch derart zweifelhaft und ist sogar dessen gerichtliche Durchsetzung erforderlich, weil der Anspruchsgegner die Übernahme der Kosten bereits abgelehnt hat, oder mit sonstigen Unwägbarkeiten verbunden, dass ein Erfolg unsicher ist, kann es dem Anspruchsteller nach § 74 SGB XII nicht zugemutet werden, sich auf einen langwierigen Prozess mit ungewissem Ausgang einzulassen.[87] Der Sozialhilfeträger erleidet hierdurch keinen

---

80 LSG Nordrhein-Westfalen Breith 2013, 440; SG Karlsruhe SAR 2010, 53; Hauck/Noftz/Schlette K SGB XII § 74 Rn. 11.
81 SG Karlsruhe FamRZ 2016, 1108.
82 Grube/Wahrendorf/Flint/Deckers SGB XII § 74 Rn. 37.
83 BSG FamRZ 2020, 63.
84 SG Gotha Gerichtsbesch. v. 12.11.2012 – S 14 SO 1019/11, juris.
85 BSG BSGE 104, 219.
86 BSG BSGE 104, 219; LSG Baden-Württemberg Urt. v. 14.4.2016 – L 7 SO 81/15, juris.
87 Vgl. auch LSG Saarland FamRZ 2021, 553; möglicher Ausgleichsanspruch gegen eine im Ausland lebende Erbin, die die Erbschaft wegen Überschuldung innerhalb der verlängerten Frist des § 1944 Abs. 3 BGB ohnehin ausschlagen dürfte, reicht nicht; vgl. auch LSG Schleswig-Holstein Urt. v. 25.9.2019 – L 9 SO 8/16, juris; in dem Zeitpunkt, in dem der Bedarf eintritt, muss die Existenz und die Identität eines vorrangig Verpflichteten bereits endgültig und unwiderruflich feststehen.

unverhältnismäßigen Nachteil, denn er hat regelmäßig die Möglichkeit, den behaupteten Ausgleichsanspruch auf sich nach § 93 SGB XII überzuleiten.[88] Nach dem Urteil des BSG vom 29.9.2009 dürfte auch kein Raum für eine Differenzierung danach sein, ob die Bestattung bereits vollzogen worden ist – dann leichtere Verweisbarkeit auf Ausgleichsansprüche – oder nicht – dann größere Eile und daher eher zu bejahende Einstandspflicht des Sozialhilfeträgers.[89]

Bedürftigkeit oder Unzumutbarkeit aus anderen Gründen muss nach Sinn und Zweck der Regelung des § 74 SGB XII zum Zeitpunkt der Fälligkeit der Forderung des Bestattungsunternehmens vorliegen.[90] Resultiert die Unzumutbarkeit allein aus der Bedürftigkeit des Verpflichteten, muss diese auch noch zum Zeitpunkt der Behördenentscheidung vorliegen, es sei denn, es wäre dem Hilfesuchenden nicht zuzumuten, diese Entscheidung abzuwarten.[91] Entfällt die Bedürftigkeit erst nach der ablehnenden Entscheidung des Sozialhilfeträgers, ist hingegen der Garantie effektiven Rechtsschutzes Vorrang zu geben. Das Entfallen der Bedürftigkeit schadet dann nicht. Behördliche Entscheidung ist der Widerspruchsbescheid.[92] 28

Abschließend ist darauf hinzuweisen, dass auch eine teilweise Unzumutbarkeit mit der Möglichkeit einer (nur) **teilweisen Kostenübernahme** durch den Sozialhilfeträger in Betracht kommt, was schon aus dem Wortlaut des § 74 SGB XII folgt („soweit").[93] Haften mehrere Verpflichtete für die Bestattungskosten als Gesamtschuldner, ist die Zumutbarkeit für jeden gesondert zu prüfen, wobei entsprechend dem Nachranggrundsatz jedenfalls ohne Weiteres realisierbare Ausgleichsansprüche nach § 426 BGB zu berücksichtigen sind.[94] 29

C. Zuständigkeit und Verfahren

Nach § 98 Abs. 3 SGB XII ist in den Fällen des § 74 SGB XII der Träger der Sozialhilfe **örtlich zuständig**, der bis zum Tod der leistungsberechtigten Person Sozialhilfe leistete, in anderen Fällen der Träger der Sozialhilfe, in dessen Bereich der Sterbeort liegt.[95] Abzustellen ist danach grundsätzlich auf die **Person des Verstorbenen**, nicht auf die des Verpflichteten. 30

Dass das Abstellen auf die Person des Verstorbenen wenig verständlich ist, liegt auf der Hand.[96] Denn es geht nicht um Leistungen an den Verstorbenen, sondern um solche des Bestattungsverpflichteten, auf dessen persönliche Verhältnisse es ja auch im Übrigen ankommt. Streitfragen können durch die eigenwillige Gesetzeskonstruktion entstehen, wenn der Verstorbene keine SGB XII-, sondern etwa SGB II-Leistungen bezogen hat und der **Sterbeort im Ausland** liegt. Dass § 98 Abs. 3 SGB XII nicht auf SGB II-Leistungsbezieher zu erstrecken ist, hat das SG Darmstadt überzeugend begründet.[97] Fraglich ist, ob in diesem Fall ausnahmsweise auf die allgemeine Zuständigkeitsregelung des § 98 Abs. 1 S. 1 SGB XII abzustellen ist, die auf den **tatsächlichen Aufenthaltsort des Leistungsberechtigten** abstellt. Entgegen SG Darmstadt in dem genannten Urteil wird man dies jedenfalls dann annehmen müssen, wenn der Verstorbene seinen gewöhnlichen Aufenthalt in Deutschland hatte, er also nur bei einem vorübergehenden 30.1

---

88 Insoweit zu weitgehend Hauck/Noftz/Schlette K SGB XII § 74 Rn. 11a, wonach es dem Verpflichteten zuzumuten sei, Ansprüche durchzusetzen, wenn nicht von vorneherein feststehe, dass sie wirtschaftlich wertlos oder sonst nicht durchzusetzen sind.
89 Für eine Differenzierung Grube/Wahrendorf/Flint/Deckers SGB XII § 74 Rn. 28; auch Hauck/Noftz/Schlette K SGB XII § 74 Rn. 11b.
90 BSG BSGE 104, 219; BSG FamRZ 2020, 63.
91 BSG BSGE 104, 219; BSG Beschl. v. 8.3.2021 – B 8 SO 71/20 B, juris.
92 Grundsätzlich auf den Zeitpunkt des Erlasses des Widerspruchsbescheides abstellend Hauck/Noftz/Schlette K SGB XII § 74 Rn. 10a.
93 Hauck/Noftz/Schlette K SGB XII § 74 Rn. 12e; LPK-SGB XII/Berlit SGB XII § 74 Rn. 13; BSG FamRZ 2020, 63.
94 Vgl. LPK-SGB XII/Berlit SGB XII § 74 Rn. 12; LSG Hessen FEVS 63, 521.
95 Vgl. eingehend zu Zuständigkeitsfragen auch bei Fällen mit Auslandsbezug Grube/Wahrendorf/Flint/Deckers SGB XII § 74 Rn. 44 ff.
96 So auch Grube/Wahrendorf/Flint/Deckers SGB XII § 74 Rn. 44; jurisPK-SGB SGB XII/Söhngen SGB XII § 98 Rn. 60.
97 Urt. v. 2.2.2017 – S 17 SO 45/15, juris; aA Grube/Wahrendorf/Flint/Deckers SGB XII § 74 Rn. 48.

Auslandsaufenthalt verstorben ist.[98] Hatte der Verstorbene seinen gewöhnlichen Aufenthalt im Ausland, kommt hingegen ein Anspruch auch in Ansehung von § 24 SGB XII, der Sozialhilfe für Deutsche im Ausland grundsätzlich ausschließt, regelmäßig nicht in Betracht.[99]

31 Nach § 97 Abs. 1 SGB XII ist für die Sozialhilfe **sachlich zuständig** der örtliche Träger der Sozialhilfe, soweit nicht der überörtliche Träger sachlich zuständig ist. Die sachliche Zuständigkeit des überörtlichen Trägers der Sozialhilfe wird nach Landesrecht bestimmt, § 97 Abs. 2 S. 1 SGB XII. Die sachliche Zuständigkeit für eine stationäre Leistung umfasst gemäß § 97 Abs. 4 SGB XII auch die sachliche Zuständigkeit für eine Leistung nach § 74 SGB XII.[100] Entschieden wird – natürlich – durch Verwaltungsakt. Ist ein Bewilligungsbescheid nach § 77 SGG bestandskräftig geworden, sperrt diese Entscheidung weitere Ansprüche, die später geltend gemacht werden.[101] Der Betroffene muss dann ggf. über § 44 SGB X die Rechtswidrigkeit des Bewilligungsbescheides geltend machen.

32 Nach erfolgloser – nicht fristgebundener[102] – Antragstellung und erfolglosem Widerspruchsverfahren ist statthaft die **kombinierte Anfechtungs- und Leistungsklage**.[103] Der Anspruch auf „Übernahme" der Bestattungskosten im Sinne von § 74 SGB XII richtet sich auf Zahlung der erforderlichen Bestattungskosten an den Leistungsempfänger, gleich, ob die Forderung des Bestattungsunternehmens bereits beglichen oder aber nur fällig sein sollte.[104] Der Begriff der Übernahme des § 74 SGB XII ist nicht im Sinne eines Schuldbeitritts zur Zahlungsverpflichtung gegenüber dem Bestattungsunternehmen zu verstehen. Selbst wenn also der Anspruchsteller die Schuld gegenüber dem Bestattungsunternehmer noch nicht beglichen haben sollte, wäre der maßgebliche Betrag an ihn zu zahlen, damit er die Rechnung des Bestattungsunternehmers begleichen kann. Ungeachtet dessen dürfte der Leistungsantrag mit einer Zahlungsbestimmung dahin gehend versehen werden können, dass der Betrag auf ein Konto des Bestattungsunternehmens zu zahlen ist.[105] Das **Bestattungsunternehmen ist nicht nach § 75 Abs. 2 SGG notwendig beizuladen**.[106]

33 Hat der Verpflichtete nach § 74 SGB XII seinen Anspruch an das Bestattungsunternehmen abgetreten, kann er eigentlich den Anspruch nach § 74 SGB XII selbst nicht mehr geltend machen. Allerdings kann sich aus § 17 Abs. 1 S. 2 SGB XII die Unwirksamkeit der Abtretung ergeben.[107]

34 Das gerichtliche Verfahren ist in allen Instanzen **gerichtskostenfrei**, weil der Verpflichtete im Sinne des § 74 SGB XII im Sinne des § 183 S. 1 SGG Leistungsempfänger ist. Das gilt auch dann, wenn das gerichtliche Verfahren letztlich ohne Erfolg bleibt.

§ 93 SGB XII Übergang von Ansprüchen

(1) ¹Hat eine leistungsberechtigte Person oder haben bei Gewährung von Hilfen nach dem Fünften bis Neunten Kapitel auch ihre Eltern, ihr nicht getrennt lebender Ehegatte oder ihr Lebenspartner für die Zeit, für die Leistungen erbracht werden, einen Anspruch gegen einen anderen, der kein Leistungsträger im Sinne des § 12 des Ersten Buches ist, kann der Träger der Sozialhilfe durch schriftliche Anzeige an den anderen bewirken, dass dieser Anspruch bis zur Höhe seiner Aufwendungen auf ihn übergeht. ²Er kann den Übergang dieses Anspruchs auch wegen

---

[98] So auch Grube/Wahrendorf/Flint/Deckers SGB XII § 74 Rn. 50; jurisPK-SGB XII/Söhngen SGB XII § 98 Rn. 62; Hauck/Noftz/Schlette K SGB XII § 98 Rn. 87.
[99] Vgl. LSG Baden-Württemberg FEVS 65, 518.
[100] Vgl. näher dazu BSG BSGE 104, 219.
[101] So jedenfalls LSG Rheinland-Pfalz Urt. v. 30.10.2019 – L 4 SO 94/18, juris; das anschließende Revisionsverfahren endete durch Vergleich.
[102] Vgl. nur LPK-SGB XII/Berlit SGB XII § 74 Rn. 8; LSG Hamburg Urt. v. 18.6.2020 – L 4 SO 7/19, juris; vgl. aber die vierjährige Verjährungsfrist nach § 45 SGB I.
[103] Vgl. BSG SGb 2021, 520.
[104] BSG BSGE 104, 219.
[105] LSG Schleswig-Holstein Urt. v. 12.6.2015 – L 9 SO 46/12, juris.
[106] BSG BSGE 109, 61.
[107] Ausdrücklich offengelassen in BSG BSGE 109, 61.

seiner Aufwendungen für diejenigen Leistungen des Dritten und Vierten Kapitels bewirken, die er gleichzeitig mit den Leistungen für die in Satz 1 genannte leistungsberechtigte Person, deren nicht getrennt lebenden Ehegatten oder Lebenspartner und deren minderjährigen unverheirateten Kindern erbringt. ³Der Übergang des Anspruchs darf nur insoweit bewirkt werden, als bei rechtzeitiger Leistung des anderen entweder die Leistung nicht erbracht worden wäre oder in den Fällen des § 19 Abs. 5 Aufwendungsersatz oder ein Kostenbeitrag zu leisten wäre. ⁴Der Übergang ist nicht dadurch ausgeschlossen, dass der Anspruch nicht übertragen, verpfändet oder gepfändet werden kann.

(2) ¹Die schriftliche Anzeige bewirkt den Übergang des Anspruchs für die Zeit, für die der leistungsberechtigten Person die Leistung ohne Unterbrechung erbracht wird. ²Als Unterbrechung gilt ein Zeitraum von mehr als zwei Monaten.

(3) Widerspruch und Anfechtungsklage gegen den Verwaltungsakt, der den Übergang des Anspruchs bewirkt, haben keine aufschiebende Wirkung.

(4) Die §§ 115 und 116 des Zehnten Buches gehen der Regelung des Absatzes 1 vor.

Literatur:

Auktor, Sozialhilferegress beim Wohnungsrecht – zugleich Anmerkung zum Urteil des BGH vom 19.1.2007, V ZR 163/06 – MittBayNot 2008, 14; *Brähler-Boyan/Mann*, Die Überleitung des Schenkungsrückforderungsanspruchs des verarmten Schenkers nach dessen Tod, NJW 1995, 1866; *Brückner*, Wohnungsrecht und subjektives Ausübungshindernis, NJW 2008, 1111; *Derleder*, Vermögensdispositionen nach Heimunterbringung, NJW 2012, 2689; *Doering-Striening/Horn*, Der Übergang von Pflichtteilsansprüchen von Sozialhilfebeziehern, NJW 2013, 1276; *Dreher/Görner*, Das Behindertentestament und § 138 BGB, NJW 2011, 1761; *Frings*, Überleitungsfähigkeit des Wohnungsrechts auf Sozialhilfeträger?, SRa 2009, 201; *Herrler*, Das Wohnungsrecht im Überlassungsvertrag – Anmerkungen zu den Urteilen des BGH v. 9.1.2009 – V ZR 168/07 und v. 6.2.2009 – V ZR 130/08 – DNotZ 2009, 408; *Holzer*, Die Überleitung höchstpersönlicher Ansprüche auf den Sozialleistungsträger NJW 2017, 1271; *Litzenburger*, Das Bedürftigentestament – Erbfolgegestaltung zu Gunsten von Langzeitarbeitslosen (Hartz-IV-Empfängern), ZEV 2009, 278; *Ludyga*, Schenkungsrückforderungsansprüche gemäß § 528 BGB bei Pflege durch den Zuwendungsempfänger und § 93 SGB XII, NZS 2012, 121; *Mayer*, Wohnungsrecht und Sozialhilferegress, DNotZ 2008, 672; *Mehr*, Die Überleitungsanzeige nach § 90 BSHG – ein belastender Verwaltungsakt für den Drittschuldner, ZFSH/SGB 1986, 26; *Menzel*, Die negative Erbfreiheit, MittBayNot 2013, 289; *Ruby*, „Sozialhilferegress": Der Anspruch auf Herausgabe der Schenkung bei Verarmung des Schenkers als sozialrechtlicher Überleitungsgegenstand, ZEV 2005, 102; *Schneider*, Überleitung des Pflichtteilsanspruchs auf den Sozialhilfeträger und ihre zivilrechtlichen Folgen, ZEV 2018, 68; *Schneider*, Nutzungsrecht für Wohnräume im behindertengerechten Testament, ZEV 2017, 617; *Treptow*, Zum Anwendungsbereich der Überleitung von Unterhaltsansprüchen „dem Grunde nach" gem. §§ 90, 91 BSHG, ZfF 1987, 102; *Urbach/Zeranski*, Zur Aussetzung des Zivilrechtsstreites aus übergeleitetem Recht bei der Anfechtung der Überleitungsanzeige, FamRZ 1999, 824; *van de Loo*, Möglichkeiten und Grenzen eines Übergangs des Rechts zur Erbausschlagung durch Abtretung bzw. Überleitung ZEV 2006, 473; *Viefhues*, Auswirkungen des Unterhaltsentlastungsgesetzes auf die unterhaltsrechtliche Haftung für Angehörige im Pflegeheim, FuR 220, 190.

A. Allgemeines 1	
I. Normzweck 1	
II. Gesetzesentwicklung 4	
III. Typische Mandatssituationen 5	
B. Regelungsgehalt 6	
I. Personenkreis der Leistungsempfänger 6	
II. Hilfegewährung 8	
1. Tatsächliche Leistungserbringung 8	
2. Rechtmäßigkeit der Hilfegewährung .. 10	
III. Anspruch gegen einen Anderen 11	
1. Anspruchsschuldner 11	
2. Überleitungsfähiger Anspruch 12	
a) Art des Anspruchs 12	
b) Negativevidenz 13	
c) Hauptanwendungsfälle 14	
aa) Rückforderunganprüche wegen Verarmung des Schenkers gem. § 528 BGB 15	
bb) Dingliche Rechte 16	
(1) Leibrenten 18	
(2) Nießbrauchsrechte 19	
(3) Wohnrechte 20	
(4) Pflege- und Versorgungsversprechen 22	
cc) Erb-, Pflichtteils- und Pflichtteilsergänzungsansprüche 24	
3. Gleichzeitigkeit der Hilfe 26	
4. Kausalität 27	
5. Begrenzung auf die Höhe der Sozialhilfeaufwendungen 29	

IV. Schriftliche Anzeige	30	3. Rechtsbehelfe/Rechtsmittel	36
1. Formelle Voraussetzungen	31	4. Wirkungsdauer	38
2. Ermessen	34	5. Tod der leistungsberechtigten Person	39

A. Allgemeines

I. Normzweck

1 Das Sozialhilferecht ist geprägt durch den **Nachranggrundsatz**. Nach § 2 Abs. 1 SGB XII erhält Sozialhilfe nicht, wer sich selbst helfen kann oder wer die erforderliche Hilfe von anderen, insbesondere von Angehörigen oder von Trägern anderer Sozialleistungen erhält. Über die Vorschrift des § 93 SGB XII wird dieser Nachranggrundsatz realisiert. Dabei hat der Gesetzgeber dem Sozialhilfeträger keinen eigenständigen öffentlich-rechtlichen Ersatzanspruch zugestanden, wie beispielsweise beim Kostenersatz bei schuldhaftem Verhalten nach § 103 SGB XII oder beim Aufwendungsersatz nach § 19 Abs. 5 SGB XII. Vielmehr ermöglicht § 93 SGB XII dem Sozialhilfeträger, Ansprüche gegen Dritte durch Verwaltungsakt auf sich überzuleiten. Es findet lediglich ein **Gläubigerwechsel** statt, der den übergeleiteten Anspruch in seinem Wesen nicht berührt.[1]

2 Hieraus folgt eine **Rechtswegteilung**. Über die Rechtmäßigkeit der Überleitungsanzeige wird im Sozialrechtsweg entschieden. Der übergeleitete Anspruch hingegen muss vor dem hierfür zuständigen Gericht seitens des Sozialhilfeträgers eingeklagt werden, vor dem auch die leistungsberechtigte Person selbst als ursprünglicher Gläubiger des Anspruchs den Anspruch hätte geltend machen müssen.

3 Dabei trifft das SGB XII eine Differenzierung zwischen Unterhaltsansprüchen, die gemäß § 94 SGB XII kraft Gesetzes übergehen und sonstigen Ansprüchen, deren Übergang auf den Sozialhilfeträger nach § 93 SGB XII in Form einer Überleitungsanzeige erfolgt. Hier besteht ein wesentlicher Unterschied zur Parallelvorschrift des §§ 33 SGB II, der generell für sämtliche Ansprüche die cessio legis vorsieht.

II. Gesetzesentwicklung

4 § 93 SGB XII übernimmt nach der Reform des Sozialhilferechts zum 1.1.2005 im Wesentlichen inhaltsgleich den bisherigen § 90 BSHG ins SGB XII, so dass auch die von Rechtsprechung und Literatur entwickelten Rechtsgrundsätze zu § 90 BSHG auf § 93 SGB XII übertragen werden können.[2] Eine wesentliche Änderung erfolgte lediglich zum 7.12.2006 dahin gehend, dass in § 93 Abs. 1 S. 2 SGB XII klargestellt wurde, dass auch bei Leistungen nach dem Vierten Kapitel (Leistungen der Grundsicherung im Alter und bei Erwerbsminderung) die den übrigen Mitgliedern der Einsatzgemeinschaft nach § 27 Abs. 2 SGB XII gewährten Leistungen erstattungsfähig sind. Das Angehörigenentlastungsgesetz mit der Begrenzung des Anspruchsübergangs bei Unterhaltsansprüchen auf Unterhaltspflichtige mit einem Gesamtjahreseinkommen von über 100.000 EUR nach § 94 Abs. 1a SGB XII hat auf den Übergang sonstiger Ansprüche nach § 93 SGB XII keine Auswirkungen.

III. Typische Mandatssituationen

5 Der im Erbrecht tätige Rechtsanwalt hat mit Forderungen eines Sozialhilfeträgers in den meisten Fällen dann zu tun, wenn zunächst vom Sozialhilfeträger Leistungen nach dem SGB XII für einen Erblasser erbracht wurden, der wiederum noch Ansprüche gegen Dritte hatte und diese Ansprüche zu Lebzeiten des Erblassers vom Sozialhilfeträger nicht mehr realisiert werden konnten. Die in der Praxis häufigsten Fälle der Geltendmachung von Ansprüchen gegen die Erben

---

1 Vgl. BGH FamRZ 1992, 797.
2 Oestreicher/Decker SGB XII § 90 Rn. 3.

sind **Rückforderungsansprüche wegen Verarmung des Schenkers** gemäß § 528 ff. BGB sowie Ansprüche aus **Übergabeverträgen**, insbesondere aus im Gegenzug vereinbarten **Wohnrechten**, **Nießbrauchsrechten** und **Leibrenten**. Darüber hinaus kommen Ansprüche aus Erb- und Pflichtteilsrechten von Sozialhilfeempfängern in Betracht.

B. Regelungsgehalt

I. Personenkreis der Leistungsempfänger

Nachdem im Wege der Sozialrechtsreform seit dem 1.1.2005 die erwerbsfähigen 15–64-jährigen Leistungsberechtigten mit ihren Haushaltsangehörigen dem SGB II unterliegen, verbleiben als Leistungsberechtigte nach dem SGB XII im Wesentlichen Personen, die das 65. Lebensjahr vollendet haben und erwerbsunfähige Personen unter 65 Jahren. Dieser Personenkreis wiederum ist im Regelfall leistungsberechtigt nach dem Vierten Kapitel des SGB XII (Grundsicherung im Alter und bei Erwerbsminderung). Daneben findet § 93 SGB XII bei Hilfegewährung nach dem Dritten Kapitel SGB XII (Hilfe zum Lebensunterhalt) Anwendung bei Personen, die dauerhaft erwerbsunfähig sind und deshalb nicht dem leistungsberechtigten Personenkreis des SGB II angehören, bei denen aber nicht festgestellt ist, dass die Erwerbsminderung nicht mehr behoben werden kann, etwa bei zeitlich befristeter Rente wegen teilweiser Erwerbsminderung, weshalb Leistungen der Grundsicherung nach §§ 41 ff. SGB XII ausscheiden.

6

Die leistungsberechtigte Person selbst muss einen Anspruch gegen einen Dritten haben.[3] Bei der Hilfe nach dem Fünften bis Neunten Kapitel können als Ausnahme von diesem Grundsatz der **Personenidentität** auch Ansprüche der Eltern oder des mit der leistungsberechtigten Person zusammenlebenden Ehegatten oder Lebenspartners gegen andere überleitungsfähig sein. Der Gläubiger des Anspruchs muss demnach nicht zugleich selbst leistungsberechtigte Person sein. So können auch Ansprüche des nicht getrennt lebenden Ehegatten, der noch im eigenen Haushalt lebt und keine Leistungen nach dem SGB XII erhält, für seinen im Pflegeheim lebenden Ehegatten, der Hilfe zur Pflege nach § 61 SGB XII erhält, übergeleitet werden. Bei Leistungen nach dem Dritten und Vierten Kapitel kann der Sozialhilfeträger den Übergang des Anspruchs auch wegen seiner Aufwendungen für Leistungen an den nicht getrennt lebenden Ehegatten oder Lebenspartner oder an seine minderjährigen Kinder bewirken, die er gleichzeitig mit den Leistungen an den Anspruchsgläubiger erbringt.

7

II. Hilfegewährung

1. Tatsächliche Leistungserbringung. Voraussetzungen für eine Überleitung ist, dass auch tatsächlich Sozialhilfeleistungen gewährt wurden. Eine vorsorgliche Überleitung auf noch zu erbringende Leistungen wäre unwirksam.[4] Dabei lässt die wohl hM genügen, dass die Hilfe noch nicht ausgezahlt sein muss, aber durch Bescheid bereits bewilligt wurde.[5] Dies wird für die Rechtmäßigkeit einer Überleitung tatsächlich genügen, so dass die Überleitungsanzeige direkt zeitlich mit der Bewilligung der Sozialhilfe erfolgen kann. Sollte es allerdings dann zu einer Aufhebung des Bewilligungsbescheides nach §§ 44 ff. SGB X kommen, ohne dass es zu einer Auszahlung von Sozialhilfeleistung gekommen ist, ist auch die Überleitungsanzeige rechtswidrig und ebenfalls nach §§ 44 ff. SGB X aufzuheben.[6] Ebenso muss die Hilfe der leistungsberechtigten Person endgültig verbleiben.[7]

8

Streitig ist, ob auch bei einer **darlehensweisen Sozialhilfegewährung** eine Überleitung ausgeschlossen ist, da durch die Rückgewähr des Darlehens der Nachrang der Sozialhilfe wiederher-

9

---

3 LPK-SGB XII/Münder SGB XII § 93 Rn. 25.
4 Grube/Wahrendorf/Wahrendorf SGB XII § 93 Rn. 9.
5 Oestreicher/Decker SGB XII § 93 Rn. 35; LPK-SGB XII/Münder SGB XII § 93 Rn. 12.
6 Oestreicher/Decker SGB XII § 93 Rn. 36.
7 Schellhorn/Schellhorn/Hohm SGB XII/ H. Schellhorn SGB XII § 93 Rn. 28; Fichtner/Wenzel/Wolf SGB, SGB XII § 93 Rn. 8.

gestellt wird und anderenfalls eine Übersicherung des Sozialhilfeträgers eintreten würde.[8] Zum Teil wird danach differenziert, ob die Rückzahlung des Darlehens hinreichend wahrscheinlich ist.[9] Zumindest wenn bereits ein bestandskräftiger Rückforderungsbescheid gegen den Hilfeempfänger ergangen ist, gemäß §§ 45, 50 SGB X, soll daneben eine Überleitung von Ansprüchen gegen Dritte gemäß § 93 SGB XII nicht mehr in Betracht kommen.[10] Die Situation ist vergleichbar mit der Frage eines Anspruchsübergangs nach § 33 SGB II bzw. eines Übergangs von Unterhaltsansprüchen nach § 94 SGB XII. Die darlehensweise Hilfegewährung und der mit ihr verbundene Rückforderungsanspruch steht mE einem Anspruchsübergang im Regelfall nicht entgegen. Es handelt sich jeweils um eigenständige Regelungen, um dem Nachrangprinzip Geltung zu verschaffen, die sich gegenseitig nicht ausschließen. Insofern ist der Rechtsgedanke, dass es unbillig wäre, wenn ein Drittverpflichteter wegen anderweitiger Rückforderungsansprüche von einem Anspruchsübergang und einer etwaigen zivilgerichtlichen Durchsetzung verschont bliebe, auch auf die darlehensweise Hilfegewährung übertragbar.[11] So wäre es nicht vertretbar, wenn der Sozialhilfeträger auf die Realisierung derzeit nicht verwertbaren Vermögens warten müsste, obwohl fällige Ansprüche bestehen. Der Sozialhilfeträger hat demnach ein Wahlrecht, von welcher Möglichkeit er Gebrauch macht. Die Bundesagentur für Arbeit hingegen vertritt im vergleichbaren Fall des § 33 SGB II die Auffassung, dass ein Anspruchsübergang bei darlehensweiser Hilfegewährung nicht erfolgt, da der Nachrang des SGBII über die Rückzahlung des Darlehens hergestellt werde.[12] Auch die aktuelle Rechtsprechung verneint einen Anspruchsübergang bei darlehensweiser Hilfegewährung.[13]

10 **2. Rechtmäßigkeit der Hilfegewährung.** Sehr umstritten ist, ob die Rechtmäßigkeit der Sozialhilfegewährung Voraussetzung für die Rechtmäßigkeit einer Überleitungsanzeige ist. Nach hM der Rechtsprechung wird ein ungeschriebenes Tatbestandsmerkmal der Rechtmäßigkeit der Hilfegewährung abgelehnt.[14] Schon nach der Rechtsprechung des BVerwG war eine Überprüfung der Rechtmäßigkeit nicht notwendig, wenn die Voraussetzungen für die Hilfegewährung wesensmäßig mit denen übereinstimmten, von denen das Bestehen des bürgerlich-rechtlichen Unterhaltsanspruchs abhing.[15] Eine Überprüfung der Rechtmäßigkeit kam nur ausnahmsweise in Betracht, wenn andernfalls die Belange des Drittverpflichteten in unzulässiger Weise verkürzt wurden.[16] Die Belange des Anspruchsschuldners werden durch einen bloßen Gläubigerwechsel jedoch grundsätzlich nicht verkürzt. Es besteht auch keine Gefahr, dass der Sozialhilfeträger die Ansprüche doppelt fordert – einmal als Unterhalt beim Verpflichteten und dann als Rückforderung zu Unrecht gewährter Sozialhilfe nach §§ 45, 50 SGB X beim Hilfeempfänger – denn die Ansprüche bestehen zwar nebeneinander, können aber nicht kumulativ durchgesetzt werden.[17] Die insbesondere in der Literatur vertretene Gegenmeinung hält die Rechtmäßigkeit der Hilfegewährung für erforderlich, da § 45 SGB X eine abschließende Regelung der Rückforderungsmöglichkeiten für den Fall rechtswidrig erbrachter Leistungen gegenüber dem Leistungsberechtigten enthalte und dieses abgeschlossene System anderenfalls durch die Überleitung von Ansprüchen unterlaufen werden könnte. Ein Sozialleistungsträger sei nur von Rechts wegen zur Hilfe verpflichtet, so dass er auch nur unter diesen Voraussetzungen das vom Gesetz gewollte Nachrangverhältnis herstellen darf.[18] Im Hinblick auf die Grundintention des § 93 SGB XII

---

8 So Grube/Wahrendorf/Wahrendorf SGB XII § 93 Rn. 9; Mergler/Zink/Gerenkamp SGB XII § 93 Rn. 13.
9 Oestreicher/Decker SGB XII § 93 Rn. 36a; LPK-SGB XII/Münder SGB XII § 93 Rn. 16; LSG Bln-Bbg v. 16.8.2007 – L 23 B 150/07 SO ER, BeckRS 2009, 65562.
10 LSG BW v. 22.7.2010 – L 7 SO 853/09, BeckRS 2010, 71816.
11 OLG Hamm FamRZ 2001, 1237; OLG Celle FamRZ 2008, 928.
12 Arbeitshinweise der BA zu § 33 SGB II, Ziff. 33.9.
13 OLG Düsseldorf NJW 2016, 3251; OLG Frankfurt NJW 2019, 3314.
14 BayLSG 11.10.2013 – L 8 SO 105/13, BeckRS 2013, 74078; BVerwG NDV 1993, 25; LSG NRW FEVS 58, 448; Heiß/Born UnterhaltsR-HdB/Hußmann Kap. 16 Rn. 11.
15 BVerwG NJW 1987, 915.
16 BVerwG NDV 1993, 25.
17 BVerwG NDV 1993, 25.
18 LPK-SGB XII/Münder SGB XII § 93 Rn. 14; Oestreicher/Decker SGB XII § 93 Rn. 41; Ludyga NZS 2012, 124.

steht meines Erachtens hier die Verwirklichung des Nachranggrundsatzes jedoch im Vordergrund, so dass es auf die Rechtmäßigkeit der Hilfegewährung nicht ankommen kann. Der Anspruchsschuldner erleidet diesbezüglich auch keine Nachteile denn § 93 SGB XII führt lediglich einen Gläubigerwechsel herbei, so dass sich an der grundsätzlichen Zahlungsverpflichtung des Anspruchsgläubigers, sei es gegenüber dem Sozialhilfeträger oder aber gegenüber der leistungsberechtigten Person nichts ändert. Die Rechtsfolge bei einer rechtswidrigen Leistungsgewährung eine Überleitung auszuschließen wäre, dass damit die leistungsberechtigte Person doppelt Forderungen geltend machen könnte, nämlich zum einen zunächst die Sozialhilfe beziehen und zum anderen dann zusätzlich nochmals den Anspruch selbst vom Anspruchsgläubiger erhalten würde. Dies ist mit dem Normzweck des §§ 93 SGB XII nicht vereinbar.

III. Anspruch gegen einen Anderen

1. Anspruchsschuldner. Als „andere" im Sinne des § 93 Abs. 1 S. 1 SGB XII kommen grundsätzlich alle juristischen und natürlichen Personen des öffentlichen und privaten Rechts in Betracht, sofern sich der Anspruch nicht gegen einen Leistungsträger nach § 12 SGB I richtet, bzw. sonstige Sondervorschriften zur Anwendung kommen. Die Ansprüche von Leistungsträgern nach § 12 SGB I untereinander richten sich grundsätzlich nach §§ 102 ff. SGB I. Ebenfalls ausgeschlossen ist die Überleitung von Ansprüchen sofern diese bereits gemäß §§ 115 und 116 SGB X kraft Gesetzes übergehen, § 93 Abs. 4 SGB XII. Des Weiteren ist auch § 94 SGB XII als Sondervorschrift für den Übergang von Unterhaltsansprüchen gegen Dritte lex specialis gegenüber § 93 SGB XII.

2. Überleitungsfähiger Anspruch. a) Art des Anspruchs. Nach überwiegender Auffassung in Rechtsprechung und Literatur ist nahezu **jeder Anspruch** überleitungsfähig.[19] Dies folgt bereits aus § 93 Abs. 1 S. 4 SGB XII wonach der Übergang des Anspruchs nicht dadurch ausgeschlossen ist, dass der Anspruch nicht übertragen, verpfändet oder gepfändet werden kann. Eine Einschränkung ist mE dahin gehend vorzunehmen, dass **höchstpersönliche Rechte** nicht überleitungsfähig sind, beispielsweise ein **Wohnrecht** oder ein **Pflegeversprechen**, was bereits aus der Formulierung in § 93 Abs. 1 Satz 1 SGBXII folgt, dass eine Überleitung „nur bis zur Höhe" der Aufwendungen des Sozialhilfeträgers infrage kommt.[20] Dies bedeutet nicht, dass keine überleitbaren Ansprüche aus Wohnrechten oder Pflegeversprechen erwachsen können, denn unter gewissen Voraussetzungen, beispielsweise im Rahmen echter **Altenteilsverträge** können sich diese in einen Rentenzahlungsanspruch umwandeln. Derartige Ansprüche sind ohne Weiteres überleitbar. Ebenso umfasst § 93 SGB XII auch sonstige Ansprüche wie Herausgabeansprüche von Vermögenswerten, denn auch deren Realisierung führt im Ergebnis dazu, dass dann gegebenenfalls verwertbares Vermögen im Sinne des §§ 90 SGB XII gegeben ist, das einer Hilfegewährung entgegensteht und so der Nachranggrundsatz realisiert wird. Nicht über Leiter ist zudem der Anspruch auf Ausschlagung einer Erbschaft gemäß § 1942 BGB sowie der Annahme der Erbschaft gemäß § 1943 BGB[21]

b) Negativevidenz. Keine Rechtmäßigkeitsvoraussetzung für die Überleitung ist das tatsächliche Bestehen des mutmaßlichen Anspruchs gegen den Dritten.[22] Ob ein derartiger Anspruch tatsächlich gegeben ist, wird vor den jeweiligen Fachgerichten geklärt. Lediglich in Fällen der sog. **Negativevidenz**, dass also der übergeleitete Anspruch offensichtlich nicht besteht, ist die Überleitung rechtswidrig. Die Rechtsprechung stellt dabei häufig nur geringe Anforderungen an die Verneinung einer Negativevidenz.[23] Im vergleichbaren Fall der Negativevidenz bei Unter-

---

19 BayVGH FamRZ 2008, 310 mwN; instruktiv Aufstellung bei Oestreicher/Decker SGB XII § 93 Rn. 50 ff.; Grube/Wahrendorf/Wahrendorf SGB XII § 93 Rn. 14.
20 So auch OLG Braunschweig RZ 1997, 27; Oestreicher/Decker SGB XII § 93 Rn. 50.
21 BGH NJW 2011, 1586.
22 BVerwGE 58, 209; 92, 281; LSG NRW FEVS 57, 529.
23 OVG Münster FEVS 52, 128; BayVGH FamRZ 2008, 310.

haltsansprüchen herrscht weitgehend die Auffassung, dass es allein Aufgabe der Familiengerichte sei, sich mit unterhaltsrechtlichen Fragen auseinanderzusetzen.[24]

14 **c) Hauptanwendungsfälle.** Nachfolgend wird eine Auswahl der wichtigsten Anwendungsfälle überleitbarer Ansprüche gegen Dritte zusammengestellt. Wegen der vorbezeichneten Negativevidenz → Rn. 13, die von den Sozialgerichten regelmäßig verneint wird, wird die Feststellung des tatsächlichen Bestehens eines solchen Anspruchs im Regelfall erst bei der Geltendmachung des Anspruchs durch den Sozialhilfeträger vor den Fachgerichten erfolgen.

15 **aa) Rückforderungsansprüche wegen Verarmung des Schenkers gem. § 528 BGB.** Gemäß §§ 528 ff. BGB in Verbindung mit den Vorschriften über die Herausgabe einer ungerechtfertigten Bereicherung nach §§ 812 ff. BGB besteht für Schenkungen, die nicht länger als 10 Jahre zurückliegen, ein Anspruch auf Herausgabe des Geschenkten, wenn der Schenker nicht mehr in der Lage ist, seinen angemessenen Unterhalt zu bestreiten. Der Anspruch auf Rückübertragung gemäß § 528 BGB zielt grundsätzlich auf die Herausgabe des Erlangten im Sinne der §§ 812 ff. BGB und damit auf Naturalrückgabe. Ein Rückforderungsanspruch, der auf eine Unterhaltssicherung durch Herausgabe eines unteilbaren Gegenstandes wie ein Grundstück zielt, wandelt sich nach § 818 Abs. 2 BGB in einen Anspruch auf **Wertersatz** um, mithin in einen Anspruch auf Zahlung des entsprechenden **Geldwertes**[25] und zwar so lange, bis der Wert des Schenkungsgegenstandes erschöpft ist.[26] Unter mehreren Beschenkten haftet der **früher** Beschenkte nur insoweit, als der spätere Beschenkte nicht verpflichtet ist, § 528 Abs. 2 BGB. Mehrere gleichzeitig Beschenkte haften dem verarmten Schenker (im Außenverhältnis) nicht nur anteilig, sondern im Rahmen des Bereicherungsrechts bis zur Obergrenze des angemessenen Unterhaltsbedarfs des § 528 Abs. 1 BGB oder – im Fall des § 528 Abs. 2 BGB – bis zu der Obergrenze des Restbedarfs, der sich ergibt, wenn man den vollen Bedarf um die Herausgabepflichten aller später Beschenkten vermindert.[27] Zwischen mehreren gleichzeitig Beschenkten besteht hinsichtlich des Rückgewähranspruchs nach § 528 Abs. 1 BGB eine **gesamtschuldnerartige Beziehung**, die bei der Inanspruchnahme eines Beschenkten einen internen Ausgleichsanspruch entsprechend § 426 Abs. 1 BGB auslöst.[28] Der Schenker bzw. das Sozialamt kann also bei mehreren gleichzeitig Beschenkten sich auf die Inanspruchnahme eines Beschenkten beschränken und dieser hat wiederum Ausgleichsansprüche gegen die übrigen Beschenkten. Allerdings haftet jeder Beschenkte nur in den Grenzen der von ihm erhaltenen Zuwendung, im Streitfall also nur bis zur Höhe seiner Bereicherung durch das erhaltene Geschenk.[29] In der Praxis werden seitens des Beschenkten regelmäßig die **Einreden/Einwendungen** des **§ 529 BGB** geltend gemacht.[30] Der Anspruch auf Herausgabe des Geschenkes ist gem. § 529 Abs. 1 BGB ausgeschlossen, wenn der Schenker seine Bedürftigkeit vorsätzlich oder durch grobe Fahrlässigkeit herbeigeführt hat oder wenn zur Zeit des Eintritts seiner Bedürftigkeit seit der Leistung des geschenkten Gegenstandes zehn Jahre verstrichen sind. Die Bedürftigkeit muss innerhalb der **10-Jahresfrist** des **§ 529 Abs. 1 BGB** tatsächlich eingetreten sein. Nicht ausreichend ist, wenn die Bedürftigkeit innerhalb dieser Frist lediglich absehbar ist.[31] Bei Grundstücken soll die Frist mit Eingang des Umschreibungsantrags beim Grundbuchamt beginnen. Weder sei hier auf den notariellen Vertragsabschluss noch auf die Eigentumsumschreibung im Grundbuch abzustellen.[32] Bei Ansprüchen nach § 528 BGB gelten die **Regelverjährungsvorschriften**, so dass bereits nach drei Jahren seit Entstehung des Anspruchs gem. § 195 BGB Verjährung eintreten kann. Bei Grundstücken und grundstücksgleichen Rechten gilt die 10-jährige Verjährungsfrist des § 196 BGB.[33] Die in der Praxis bedeut-

---

24 LSG NRW 7.5.2012 – L 20 SO 32/12, BeckRS 2012, 70542 bestätigt durch BSG 20.12.2012 – B 8 SO 75/12 B, BeckRS 2013, 66096.
25 BGH FamRZ 1985, 2419.
26 BGH NJW-RR 2003, 53; NJW 1996, 987; NJW 1994, 1655.
27 BGH NJW 1991, 1824.
28 BGH NJW 1998, 875.
29 OLG Karlsruhe NJOZ 2022, 334.
30 Zum Rechtscharakter vgl. Staudinger/Wimmer-Leonhardt, § 529 Rn. 13.
31 BGH NJW 2000, 728.
32 OLG Köln FamRZ 1986, 988; Staudinger/Wimmer-Leonhardt, § 529 Rn. 13.
33 BGH NJW 2011, 218.

samste Einwendung ist die Dürftigkeitseinrede des Beschenkten gem. § 529 Abs. 2 BGB. Hier gelten als Maßstab die Vorschriften des Verwandtenunterhalts und zwar nach den großzügigen Selbstbehalten des Elternunterhalts.[34] Ein Beschenkter kann die Einrede aus § 529 Abs. 2 BGB nicht erheben, wenn er rechtsmissbräuchlich, in Kenntnis des Rückforderungsanspruchs seine eigene Bedürftigkeit mutwillig herbeiführt.[35] Die Einrede ist zudem nur zeitlich befristet und richtet sich nicht gegen den Rückgewähranspruch an sich, sondern steht nur seiner gegenwärtigen Durchsetzung entgegen, so dass kein abweisendes endgültiges Urteil ergehen darf.[36] Eine weitere häufig streitige Frage ist, ob überhaupt tatsächlich eine Schenkung iSd § 516 BGB vorliegt, im Hinblick darauf, dass eine Zuwendung durch Gegenleistungen, wie beispielsweise häusliche Pflege und Versorgung motiviert war und auch konkrete Gegenleistungen erfolgten, etwa die Einräumung dinglicher Rechte, wie Wohnrechte oder Nießbrauchsrechte. Diese stellen grundsätzlich keine Gegenleistung dar, die einer Unentgeltlichkeit entgegenstehen würden, sondern mindern lediglich den Wert des Geschenks.[37] Mit dem Tode des Schenkers geht der Anspruch nach § 528 BGB nicht unter, sondern der Sozialhilfeträger kann diesen weiter nach Überleitung gem. § 93 SGB XII geltend machen.[38]

bb) Dingliche Rechte. Im Rahmen von Übertragungsverträgen werden häufig Gegenleistungen vereinbart, bei denen zum Teil streitig ist, wie diese Gegenleistungen im Falle einer Heimunterbringung und der damit verbundenen Hilfe zur Pflege in Einrichtungen zu bewerten sind, wenn sie nicht mehr in Anspruch genommen werden können. 16

Regelungen für den Fall eines **subjektiven Ausübungshindernisses**, wie es die **Heimunterbringung** darstellt, treffen zum Teil die landesrechtlichen Bestimmungen bei **Altenteilsverträgen** gem. Art. 96 EGBGB. Die landesrechtlichen Regelungen berücksichtigen auch den Fall, dass der Berechtigte weder sein Wohnrecht noch die sonstigen Naturalleistungen mehr in Anspruch nehmen kann, die Parteien dafür aber keine ausdrücklichen Vereinbarungen getroffen haben. In der Praxis wird häufig zu Unrecht selbst in den notariellen Verträgen und den entsprechenden Eintragungen im Grundbuch von einem Altenteilsvertrag gesprochen. Ein Altenteilsvertrag liegt jedoch nur vor, wenn mit dem Grundstück auch die bisherige Existenzgrundlage des Übergebers übertragen wird, also als klassischer Fall, beispielsweise im ländlichen Bereich, die Hofübergabe. Das Wesen eines Altenteils liegt in einem Nachrücken der folgenden Generation in eine die Existenz – wenigstens teilweise – begründende Wirtschaftseinheit unter Abwägung der Interessen des abziehenden Altenteilers und des nachrückenden Angehörigen der nächsten Generation. Tritt in einer schuldrechtlichen Vereinbarung demgegenüber der Charakter eines gegenseitigen Vertrages mit beiderseits gleichwertigen Leistungen in den Vordergrund, so kann im allgemeinen nicht angenommen werden, es handele sich um eine Altenteilsvereinbarung. Eine Grundstücksübertragung wird daher noch nicht allein durch eine Wohnrechtsgewährung mit Pflege- und Versorgungsverpflichtung zum Altenteilsvertrag iSv Art. 96 EGBGB.[39] Dementsprechend fehlt es meist an einer gesetzlichen Regelung, wenn vertraglich geschuldete Wohnrechte und Naturalleistungen wegen Heimunterbringung nicht mehr in Anspruch genommen werden können. Hier ist zum Teil sehr umstritten und auch noch nicht höchstrichterlich entschieden, ob dem Berechtigten hier Rechte erwachsen. 17

(1) Leibrenten. Unproblematisch sind Leibrenten, die als Einkommen des Pflegebedürftigen auch nach Heimunterbringung weiterhin unabhängig vom konkreten Aufenthalt des Gläubigers geschuldet werden. Hier wird lediglich eine Abgrenzung gegenüber Unterhaltsansprüchen vorzunehmen sein, die nicht der Überleitung nach § 93 SGB XII unterliegen sondern die kraft Gesetzes gemäß § 94 SGB XII auf den Sozialhilfeträger übergehen. Auch vertraglich vereinbarte Unterhaltsansprüche sind „echte" Unterhaltsansprüche und unterliegen dem gesetzlichen An- 18

---

34 BGH NJW 2000, 3488; LG Düsseldorf 28.3.2013 – 14c O 205/11 U, BeckRS 2013, 05892.
35 BGH NJW 2001, 1208; NJW 2003, 2251.
36 BGH NJW 2005, 3638.
37 BGH NJW 1985, 2419; Ludyga NZS 2012, 121.
38 BGH NJW 1995, 2287; NJW 1994, 256.
39 BGH NJW-RR 1989, 451.

spruchsübergang nach § 94 SGB XII. Abgrenzungskriterium bei Verträgen ist die „Einseitigkeit", die die gesetzliche Unterhaltspflicht zwischen Verwandten prägt und Ausdruck sittlicher Bindung und Familienzugehörigkeit ist. Resultiert hingegen die monatliche Zahlungsverpflichtung aus einem wirtschaftlichen Austauschvertrag, wie etwa einem Altenteilsvertrag, dann handelt es sich nicht um einen Unterhaltsanspruch, so dass der Anwendungsbereich des § 93 SGB XII eröffnet ist.[40]

19 **(2) Nießbrauchsrechte.** Auch die Früchte aus einem Nießbrauchsrecht werden im Regelfall unproblematisch realisierbar sein. Hier stehen dem Nießbrauchsberechtigten beispielsweise Mieteinkünfte zu und er kann ohne Zustimmung des Eigentümers Dritten entgeltlich die Nutzung überlassen. Die Streitpunkte mit den Sozialhilfeträgern liegen hier eher im praktischen Bereich, wenn nämlich erst nach geraumer Zeit der Heimunterbringung festgestellt wird, dass eine tatsächliche Vermietung nicht stattgefunden hat. Hier obliegt es ausschließlich dem Nießbrauchsrechtsinhaber und nicht dem Eigentümer die Vermietung vorzunehmen und entsprechende Mietverträge in eigenem Namen abzuschließen.

20 **(3) Wohnrechte.** Äußerst problematisch hingegen sind Ansprüche aus Wohnrechten. Hier kann als geklärt angesehen werden, dass ein Wohnrecht mit der **Heimunterbringung** des Wohnrechtsinhabers nicht erlischt.[41] Die hieraus folgenden Konsequenzen sind jedoch offen. So ist streitig, ob dies nach den Grundsätzen über den **Wegfall der Geschäftsgrundlage** zu einer Anpassung des Vertrages durch Umwandlung in einen **Geldrentenanspruch** führen kann.[42] Eine Anpassung des Vertrags nach den Regeln über den Wegfall der Geschäftsgrundlage ist jedoch bedenklich. Der BGH hat diese Frage zunächst nicht abschließend entschieden und lediglich erhebliche Bedenken gegen eine solche Anpassung geäußert.[43] Bei der Vereinbarung eines lebenslangen Wohnungsrechts müsse jeder Vertragsteil damit rechnen, dass der Berechtigte sein Recht wegen Krankheit und Pflegebedürftigkeit nicht bis zu seinem Tod ausüben könne. Dann fehle es an der unvorhergesehenen Änderung der Umstände, die Voraussetzung für eine gerichtliche Vertragsanpassung nach den Grundsätzen über den Wegfall der Geschäftsgrundlage sei.[44] In einer Folgeentscheidung hat der BGH dann den Wegfall der Geschäftsgrundlage explizit ausgeschlossen.[45] Der dauerhafte Umzug ins Pflegeheim führt danach regelmäßig nicht zur Anpassung der Wohnungsrechtsbestellung wegen Wegfalls der Geschäftsgrundlage.

21 Streitig ist auch die weitergehende Frage, ob zumindest eine Verpflichtung des Eigentümers auf **Zustimmung zur Vermietung** besteht. Grundsätzlich ist ein Wohnrecht höchstpersönlich. In § 1093 Abs. 2 BGB ist bestimmt, welche Personen neben dem Berechtigten befugt sind, sich in der Wohnung aufzuhalten, nämlich seine Familie sowie die zur standesmäßigen Bedienung und zur Pflege erforderlichen Personen. Die Ausübung des Wohnrechts kann einem anderen nur überlassen werden, wenn die Überlassung gem. § 1092 Abs. 1 S. 1 BGB durch den Eigentümer gestattet ist. Eine entsprechende Zustimmungspflicht wurde zum Teil gesehen.[46] Gestützt wurde dies auf die Wortwahl des § 1093 Abs. 2 BGB, wonach der Berechtigte befugt ist, seine Familie sowie die zur standesgemäßen Bedienung und zur Pflege erforderlichen Personen in die Wohnung aufzunehmen. Dies spiegele die sozialen Verhältnisse beim Inkrafttreten des BGB im Jahre 1900 wieder und den Willen des Gesetzgebers, dem Wohnungsberechtigten die Nutzung auch im Pflegefall zu ermöglichen. Da die in § 1093 BGB vorgesehene Aufnahme von Pflegepersonal in die Wohnung heute wegen der veränderten wirtschaftlichen und sozialen Verhältnisse so gut wie ausgeschlossen ist, kann es dem Verpflichteten bei unvorhergesehener persönlicher Verhinderung zugemutet werden, die Nutzung dem Wohnungsberechtigten zukommen zu lassen, anstatt die Wohnung leerstehen zu lassen. Eine solche Pflicht bestehe jedenfalls dann, wenn nach

---

40 BVerwG NJW 1994, 64.
41 BGH NJW 2007, 1884.
42 So OLG Köln NJW-RR 1995, 1358; OLG Celle NJW-RR 1999, 10.
43 BGH NJW 2007, 1884.
44 BGH NJW 2007, 1884; instruktiv auch OLG Oldenburg NJW-RR 2008, 399.
45 BGH NJW 2009, 1348.
46 OLG Köln NJW-RR 1995, 1358.

Lage und Art der Räume eine Nutzung durch andere Personen, ohne Beeinträchtigung der Verpflichteten möglich ist und der Berechtigte sich in einer Existenz bedrohenden Notlage befindet, ohne dass es in diesem Zusammenhang auf die Frage ankäme, ob Sozialhilfeleistungen gewährt werden.[47] Auch hier hat der BGH jedoch zugunsten der Eigentümer entschieden.[48] Danach enthält die schuldrechtliche Vereinbarung über die Bestellung eines Wohnungsrechts keine Regelung, wie die Wohnung genutzt werden soll, wenn der Wohnungsberechtigte sein Recht wegen Umzugs in ein Pflegeheim nicht mehr ausüben kann. Eine **ergänzende Vertragsauslegung** kommt zwar in Betracht. Eine Verpflichtung des Eigentümers, die Wohnung zu vermieten oder deren Vermietung durch den Wohnungsberechtigten zu gestatten, wird dem hypothetischen Parteiwillen im Zweifel allerdings nicht entsprechen.[49] Der BGH hat dabei auch den Anspruch eines Wohnrechtsinhabers auf Auskehrung von Mieteinkünften des Eigentümers verneint, wenn der Eigentümer trotz bestehenden Wohnrechts die Räumlichkeiten an Dritte vermietet und die Mieteinkünfte für sich selbst vereinnahmt.[50]

(4) Pflege- und Versorgungsversprechen. Problematisch sind auch die Auswirkungen von Pflege- und Versorgungsversprechen. Der BGH vertrat zunächst die Auffassung, dass der Übernehmer, der die in einem Übergabevertrag vereinbarte Verpflichtung zur umfassenden Pflege des Übergebers wegen dessen medizinisch notwendiger Unterbringung in einem Pflegeheim nicht mehr erfüllen kann, nicht ohne entsprechende Abrede die Kosten der Heimunterbringung tragen müsse. Er sei allerdings verpflichtet sich an ihnen in Höhe seiner **ersparten Aufwendungen** zu beteiligen.[51] In einer Folgeentscheidung hat der BGH auch dies eingeschränkt.[52] Danach wird sich dem im Rahmen einer **ergänzenden Vertragsauslegung** zu ermittelnden **hypothetischen Parteiwillen** im Zweifel nicht entnehmen lassen, dass an die Stelle des ersparten Zeitaufwands ein Zahlungsanspruch des Übergebers treten soll. 22

Akzeptiert hat der BGH zudem die in Übertragungsverträgen häufig vorgesehenen Begrenzungen von Rechten wie Pflege- und Versorgungsversprechen auf die **Zeit des Verbleibens** im übertragenen Objekt. Dass in einem Vertrag als Gegenleistung für die Übertragung eines Hausgrundstücks vereinbarte Versorgungsleistungen nur so lange geschuldet sein sollen, wie sie von dem Verpflichteten in dem übernommenen Haus erbracht werden können, führe nicht ohne Weiteres zur Sittenwidrigkeit der vereinbarten Regelung[53] 23

cc) **Erb-, Pflichtteils- und Pflichtteilsergänzungsansprüche.** Der Sozialhilfeträger kann weder das Recht zur **Ausschlagung**, noch zur **Annahme** einer Erbschaft auf sich überleiten.[54] Auch ein Pflichtteilsverzicht ist nicht sittenwidrig gemäß § 138 BGB, wenn die leistungsberechtigte Person im Sozialhilfebezug steht, so dass auch insofern kein überleitungsfähiger Anspruch hieraus erwächst.[55] Gleiches gilt für Verfügungen von Todes wegen, mit denen Eltern ihr behindertes, auf Kosten der Sozialhilfe untergebrachtes Kind nur als Vorerben auf einen den Pflichtteil kaum übersteigenden Erbteil einsetzen, bei seinem Tod ein anderes Kind als Nacherben berufen und dieses zum Vollerben auch des übrigen Nachlasses bestimmen, auch soweit dadurch der Träger der Sozialhilfe Kostenersatz nicht erlangt.[56] 24

Leistungsberechtigten Personen zustehende **Erbansprüche bzw. Pflichtteils- sowie Pflichtteilsergänzungsansprüche** sind hingegen überleitungsfähig. So kommt es bei der Geltendmachung von Pflichtteilsansprüchen nicht auf die Entscheidung des Pflichtteilsberechtigten selbst an.[57] Auch eine Pflichtteilssanktionsklausel steht einer Überleitungsfähigkeit eines Pflichtteilsanspruchs 25

---

47 OLG Köln NJW-RR 1995, 1358.
48 BGH NJW 2009, 1348.
49 BGH NJW 2009, 1348.
50 BGH NJW 2009, 1346.
51 BGH NJW 2002, 440.
52 BGH NJW 2010, 2649.

53 BGH NJW 2009, 1346.
54 BGH NJW 2011, 1586; NK-BGB/Ivo § 1942 Rn. 20.
55 BGH NJW 2011, 1586.
56 BGH NJW 1994, 248.
57 BGH NJW-RR 2005, 369.

nicht entgegen.[58] Sofern kein „Behindertentestament" vorliegt, greift eine Pflichtteilsanktionsklausel auch bei Geltendmachung der Pflichtteilsansprüche durch den Sozialhilfeträger.[59]

26   **3. Gleichzeitigkeit der Hilfe.** Der überzuleitende Anspruch und die Hilfegewährung müssen zeitlich aufeinander bezogen sein. Dies bedeutet allerdings nicht, dass der Anspruch erst in der Zeit der Hilfegewährung entstanden sein muss. Es reicht aus, dass der Anspruch während der Zeit der Hilfegewährung noch **fällig** und **nicht erfüllt** ist.[60] Auch diese weite Auslegung rechtfertigt sich aus der Grundintention des § 93 SGB XII den Nachranggrundsatz wiederherzustellen. Hätte nämlich der Anspruchsschuldner rechtzeitig gezahlt, dann wäre eine Hilfeleistung nicht erforderlich geworden.[61]

27   **4. Kausalität.** Nach § 93 Abs. 1 S. 3 SGB XII darf der Übergang des Anspruchs nur insoweit bewirkt werden, als bei rechtzeitiger Leistung des anderen entweder die Leistung nicht erbracht worden wäre oder in den Fällen des §§ 19 Abs. 5 und des § 92 Abs. 1 SGB XII Aufwendungsersatz oder ein Kostenbeitrag zu leisten wäre. Dies bedeutet, dass eine **hypothetischen Prüfung** vorzunehmen ist, ob bzw. in welchem Umfang Sozialhilfe gewährt worden wäre, wenn rechtzeitig der Anspruchsschuldner geleistet hätte. Hier ist problematisch, ob die Ansprüche gegen den Dritten zum **geschützten Einkommen oder Vermögen** gehören. Gehört ein Anspruch zum Vermögen, widerspräche es der sozialhilferechtlichen Wertung der §§ 82 und 90 SGB XII, diese Ansprüche überzuleiten.[62] Die Abgrenzung zwischen Einkommen und Vermögen nimmt das SGB XII selbst nicht vor. Einkommen im sozialhilferechtlichen Sinne ist grundsätzlich alles das, was jemand nach Antragstellung wertmäßig dazu erhält, und Vermögen das, was er vor Antragstellung bereits hatte. Auszugehen ist dabei vom tatsächlichen Zufluss, es sei denn, rechtlich wird ein anderer Zufluss als maßgeblich bestimmt.[63] Dabei tendiert die Rechtsprechung allerdings dazu, Ansprüche gegen Dritte nicht dem Vermögen sondern dem Einkommen zuzurechnen, weshalb die Vermögensfreigrenzen des § 90 SGB XII nicht greifen. So soll eine einmalige Einnahme, die nach der Antragstellung zufließt, grundsätzlich bis zu ihrem Verbrauch als Einkommen bei der Berechnung der Arbeitslosengeld II-Leistung zu berücksichtigen, es sei denn, die bisher bestehende Hilfebedürftigkeit wird im Verteilzeitraum durch Einkommen – ohne Berücksichtigung der einmaligen Einnahme – für mindestens einen Monat unterbrochen.[64] Die Rechtsprechung wird auf das SGB XII übertragbar sein.

28   So soll der Erbe eines **Bausparvertrages** sich nicht darauf berufen können, dass der Anspruch auf Rückzahlung des Bausparguthabens sozialhilferechtlich zwingend als Vermögen einzustufen ist, da die Ansparung nicht durch den Erben sondern durch den Erblasser erfolgt ist.[65] Selbst **Rückforderungsansprüche wegen Verarmung des Schenkers** nach § 528 BGB sollen dem Einkommen zuzurechnen sein und deshalb uneingeschränkt überleitbar sein.[66] Dies hat zur Folge, dass jeweils das **gesamte Geschenk** rückforderbar ist und nicht etwa ein Abzug in Höhe des Schonvermögens gemäß § 90 Abs. 2 Nr. 9 SGB XII vorgenommen wird.[67] Auch bei Rückforderungsansprüchen infolge Haus- und Wohnungsübertragungen steht der Schutz des selbst bewohnten **Haus- und Wohnungseigentums** gemäß § 90 Abs. 2 Nr. 8 SGB XII der Überleitung nicht entgegen, da der Anspruch auf eine monatliche Geldzahlung gerichtet ist.[68]

29   **5. Begrenzung auf die Höhe der Sozialhilfeaufwendungen.** Der Umfang der Anspruchsüberleitung ist auf die tatsächlichen Aufwendungen, die der Sozialhilfeträger für die leistungsberech-

---

58 BGH NJW-RR 2006, 223.
59 OLG Hamm NJW-RR 2013,779.
60 BVerwG NJW 2000, 601; LSG BW v. 12.12.2013 – L 7 SO 4209/09, BeckRS 2014, 65380.
61 Grube/Wahrendorf/Wahrendorf SGB XII § 93 Rn. 20.
62 Grube/Wahrendorf/Wahrendorf SGB XII § 93 Rn. 16 mwN.
63 BSG 28.10.2009 – B 14 AS 62/08 R, BeckRS 2010, 66939.
64 BSG NJW 2009, 2155; vgl. für Erb- und Pflichtteilsansprüche Doering-Striening/Horn NJW 2013, 1276.
65 LSG NRW FEVS 58, 448.
66 BVerwG NJW 1992, 3312; aA LPK-SGB XII/Münder SGB XII § 93 Rn. 33.
67 BGH NJW-Spezial 2005, 110.
68 BVerwG NJW 1992, 3313.

tigte Person erbringt, begrenzt, § 93 Abs. 1 S. 1 SGB XII. Die diesbezügliche Einschränkung ergibt sich bereits aus Sinn und Zweck der Vorschrift. § 93 SGB XII dient dazu den Nachranggrundsatz wiederherzustellen. Der Sozialhilfeträger kann demnach nicht mehr realisieren, als er selbst aufgewendet hat.

IV. Schriftliche Anzeige

Die Geltendmachung von Ansprüchen gegenüber Dritten wird durch schriftliche Anzeige an den Dritten bewirkt, dass der Anspruch bis zur Höhe der erbrachten Leistungen auf den Sozialhilfeträger übergeht, § 93 Abs. 1 S. 1 SGB XII. 30

1. Formelle Voraussetzungen. Die Überleitungsanzeige ist ein Verwaltungsakt, so dass die allgemeinen verfahrensrechtlichen Bestimmungen der §§ 31 ff. SGB X gelten. Die Überleitungsanzeige muss also den Bestimmtheits- und Formvorschriften des § 33 SGB X genügen, sie muss nach § 35 SGB X begründet werden und da es sich um einen belastenden Verwaltungsakt handelt, hat vor der Überleitung eine Anhörung nach § 24 SGB X zu erfolgen und zwar sowohl des Anspruchsschuldners als auch der der leistungsberechtigten Person.[69] Verfahrens- und Formfehler sind allerdings nach § 41 SGB X heilbar. 31

Die Überleitungsanzeige muss, um dem Bestimmtheitsgebot zu genügen, als Mindestanforderungen enthalten, wer der Hilfeempfänger ist, welche Hilfeleistungen erfolgt sind und zu welchem Zeitpunkt die Aufnahme der Hilfe erfolgte.[70] Darüber hinaus muss auch der überzuleitende Anspruch selbst sowie Gläubiger und Schuldner des Anspruchs hinreichend bezeichnet werden.[71] 32

In der Überleitungsanzeige muss noch nicht die Bezifferung des Anspruchs erfolgen sondern es ist eine Überleitung dem Grunde nach zulässig. Dann muss jedoch nach Bezifferung des Unterhaltsanspruchs eine zweite Überleitungsanzeige vorgenommen werden, die wiederum eigenständig anfechtbar ist.[72] Nur so kann überhaupt die Einhaltung der sozialrechtlichen Schutzvorschriften, beispielsweise der fehlerfreien Ermessensausübung überprüft werden. 33

2. Ermessen. Es handelt sich bei der Überleitung um eine Ermessensentscheidung, die ermessensfehlerfrei auszuüben ist, wobei allerdings dem Nachranggrundsatz des § 2 SGB XII erhebliches Gewicht beizumessen ist. Im Ergebnis kann es dementsprechend kaum ermessensfehlerhaft sein, wenn der Sozialhilfeträger Ansprüche der leistungsberechtigten Person gegen Dritte zur entsprechenden Realisierung auf sich überleitet. Die Rechtsprechung geht demnach von einem **intendierten Ermessen** aus, dh die Behörde muss regelmäßig lediglich darlegen, dass sie den Nachranggrundsatz durchsetzen will und damit nicht privaten Interessen den Vorrang einräumt.[73] 34

Da § 93 SGB XII, anders als § 94 SGB XII, keine Härtefallregelung enthält, werden zudem im Rahmen des auszuübenden Ermessens Sachverhalte, die nach § 94 Abs. 3 S. 1 Nr. 2 SGB XII zu einer unbilligen Härte führen könnten, *Kommentierung zu → SGB XII → § 94 Rn. 69*, berücksichtigt. So ist konkret die Situation des zur Leistung verpflichteten Dritten, der ebenso wie die leistungsberechtigte Person ein Recht auf fehlerfreie Ausübung des Überleitungsermessens durch den Sozialhilfeträger hat, zu berücksichtigen.[74] 35

3. Rechtsbehelfe/Rechtsmittel. Einwendungen gegen die Rechtmäßigkeit der Überleitungsanzeige sind durch die entsprechenden Rechtsbehelfe, also zunächst das Widerspruchsverfahren gemäß § 62 SGB X iVm § 78 ff. SGG und anschließend das Klageverfahren gemäß §§ 87 ff. SGG 36

---

69 Oestreicher/Decker SGB XII § 93 Rn. 19.
70 Grube/Wahrendorf SGB XII § 93 Rn. 25.
71 LSG LSA v. 11.10.2010 – L 8 SO 5/10 B, BeckRS 2010, 75647.
72 Grube/Wahrendorf/Wahrendorf SGB XII § 93 Rn. 25.
73 LSG NRW 23.2.2007 – L 20 B 142/06, BeckRS 2007, 41981.
74 BVerwG NJW 1994, 64; Heiß/Born UnterhaltsR-HdB/Hußmann Kap. 16 Rn. 34 ff.

geltend zu machen. Dabei ist die leistungsberechtigte Person, also der bisherige Anspruchsgläubiger beizuladen, da er in eigenen Rechten betroffen ist.[75] Widerspruch und Anfechtungsklage haben gemäß § 93 Abs. 3 SGB XII keine aufschiebende Wirkung. Der mit der Überleitungsanzeige verbundene Gläubigerwechsel auf den Sozialhilfeträger tritt also sofort ein. Der Anspruchsgläubiger muss dementsprechend – ggf. im Wege sozialgerichtlichen Eilrechtsschutzes – die Anordnung der aufschiebenden Wirkung verfolgen.

37 Im sozialgerichtlichen Verfahren wird jedoch nicht über das Bestehen des geltend gemachten Anspruchs entschieden. Hier hat der Sozialhilfeträger den Anspruch vor dem zuständigen Prozessgericht, im Regelfall dem Amts- oder Landgericht geltend zu machen.

38 **4. Wirkungsdauer.** Die Überleitung ist für den Zeitraum der zusammenhängenden Hilfegewährung wirksam, so dass diese also nicht regelmäßig wiederholt werden muss. Tritt allerdings eine Unterbrechung der Hilfegewährung von mehr als zwei Monaten ein, § 93 Abs. 3 S. 2 SGB XII, sind bei einer späteren Wiederaufnahme der Sozialhilfegewährung die dann geleisteten Aufwendungen nicht von der ursprünglichen Überleitung umfasst. Hier muss eine erneute Überleitung erfolgen.

39 **5. Tod der leistungsberechtigten Person.** Zwar sollte die Überleitung grundsätzlich zu Lebzeiten der leistungsberechtigten Person erfolgen.[76] Die Überleitung ist jedoch auch nach dem Tod der Leistungsberechtigten Person noch möglich.[77] Wegen dieser über den Tod hinaus fortbestehenden Erstattungspflicht gegenüber dem Träger der Sozialhilfe kommt auch ein Erlöschen im Wege einer Konfusion nicht in Betracht, wenn der Beschenkte zugleich Erbe des Schenkers wird.[78]

§ 94 SGB XII Übergang von Ansprüchen gegen einen nach bürgerlichem Recht Unterhaltspflichtigen

(1) ¹Hat die leistungsberechtigte Person für die Zeit, für die Leistungen erbracht werden, nach bürgerlichem Recht einen Unterhaltsanspruch, geht dieser bis zur Höhe der geleisteten Aufwendungen zusammen mit dem unterhaltsrechtlichen Auskunftsanspruch auf den Träger der Sozialhilfe über. ²Der Übergang des Anspruchs ist ausgeschlossen, soweit der Unterhaltsanspruch durch laufende Zahlung erfüllt wird. ³Der Übergang des Anspruchs ist auch ausgeschlossen, wenn die unterhaltspflichtige Person zum Personenkreis des § 19 gehört oder die unterhaltspflichtige Person mit der leistungsberechtigten Person vom zweiten Grad an verwandt ist. ⁴Gleiches gilt für Unterhaltsansprüche gegen Verwandte ersten Grades einer Person, die schwanger ist oder ihr leibliches Kind bis zur Vollendung seines sechsten Lebensjahres betreut. ⁵§ 93 Abs. 4 gilt entsprechend.

(1a) ¹Unterhaltsansprüche der Leistungsberechtigten gegenüber ihren Kindern und Eltern sind nicht zu berücksichtigen, es sei denn, deren jährliches Gesamteinkommen im Sinne des § 16 des Vierten Buches beträgt jeweils mehr als 100 000 Euro (Jahreseinkommensgrenze). ²Der Übergang von Ansprüchen der Leistungsberechtigten ist ausgeschlossen, sofern Unterhaltsansprüche nach Satz 1 nicht zu berücksichtigen sind. ³Es wird vermutet, dass das Einkommen der unterhaltsverpflichteten Personen nach Satz 1 die Jahreseinkommensgrenze nicht überschreitet. ⁴Zur Widerlegung der Vermutung nach Satz 3 kann der jeweils für die Ausführung des Gesetzes zuständige Träger von den Leistungsberechtigten Angaben verlangen, die Rückschlüsse auf die Einkommensverhältnisse der Unterhaltspflichtigen nach Satz 1 zulassen. ⁵Liegen im Einzelfall hinreichende Anhaltspunkte für ein Überschreiten der Jahreseinkommensgrenze vor, so ist

---

75 BSG 2.2.2010 – B 8 SO 17/08 R, BeckRS 2010, 67577.
76 Oestreicher/Decker SGB XII § 93 Rn. 57.
77 BVerwG NJW 1990, 3288.
78 BGH NJW 1995, 2287.

§ 117 anzuwenden. ⁶Die Sätze 1 bis 5 gelten nicht bei Leistungen nach dem Dritten Kapitel an minderjährige Kinder.

(2) ¹Der Anspruch einer volljährigen unterhaltsberechtigten Person, die in der Eingliederungshilfe leistungsberechtigt im Sinne des § 99 Absatz 1 bis 3 des Neunten Buches oder pflegebedürftig im Sinne von § 61a ist, gegenüber ihren Eltern wegen Leistungen nach dem Siebten Kapitel geht nur in Höhe von bis zu 26 Euro, wegen Leistungen nach dem Dritten und Vierten Kapitel nur in Höhe von bis zu 20 Euro monatlich über. ²Es wird vermutet, dass der Anspruch in Höhe der genannten Beträge übergeht und mehrere Unterhaltspflichtige zu gleichen Teilen haften; die Vermutung kann widerlegt werden. ³Die in Satz 1 genannten Beträge verändern sich zum gleichen Zeitpunkt und um denselben Vomhundertsatz, um den sich das Kindergeld verändert.

(3) ¹Ansprüche nach Absatz 1 und 2 gehen nicht über, soweit
1. die unterhaltspflichtige Person Leistungsberechtigte nach dem Dritten und Vierten Kapitel ist oder bei Erfüllung des Anspruchs würde oder
2. der Übergang des Anspruchs eine unbillige Härte bedeuten würde.

²Der Träger der Sozialhilfe hat die Einschränkung des Übergangs nach Satz 1 zu berücksichtigen, wenn er von ihren Voraussetzungen durch vorgelegte Nachweise oder auf andere Weise Kenntnis hat.

(4) ¹Für die Vergangenheit kann der Träger der Sozialhilfe den übergegangenen Unterhalt außer unter den Voraussetzungen des bürgerlichen Rechts nur von der Zeit an fordern, zu welcher er dem Unterhaltspflichtigen die Erbringung der Leistung schriftlich mitgeteilt hat. ²Wenn die Leistung voraussichtlich auf längere Zeit erbracht werden muss, kann der Träger der Sozialhilfe bis zur Höhe der bisherigen monatlichen Aufwendungen auch auf künftige Leistungen klagen.

(5) ¹Der Träger der Sozialhilfe kann den auf ihn übergegangenen Unterhaltsanspruch im Einvernehmen mit der leistungsberechtigten Person auf diesen zur gerichtlichen Geltendmachung rückübertragen und sich den geltend gemachten Unterhaltsanspruch abtreten lassen. ²Kosten, mit denen die leistungsberechtigte Person dadurch selbst belastet wird, sind zu übernehmen. ³Über die Ansprüche nach den Absätzen 1, 2 bis 4 ist im Zivilrechtsweg zu entscheiden.

Literatur:
Atzler, Berücksichtigung sozialrechtlicher Leistungsfähigkeit beim Übergang des Unterhaltsanspruchs auf den Sozialhilfeträger, NJW 1999, 700; *Brudermüller*, Aktuelle Anwendungsprobleme des § 91 BSHG im Unterhaltsrecht, FuR 1995, 17; *Derleder/Bartels*, Die Neuordnung des Unterhaltsprozesses bei Sozialhilfebezug, FamRZ 1995, 1111; *Deutscher Verein*, Empfehlungen für die Heranziehung Unterhaltspflichtiger in der Sozialhilfe, FamRZ 2005, 1387; *Finger*, Prozesskostenhilfe und § 91 BSHG – Eine Umfrage bei den Oberlandesgerichten –, FuR 1997, 287; *Finke*, Auswirkungen des Bezugs von nachrangigen Sozialleistungen auf Kindergeld und -freibetrag beim volljährigen behinderten Kind, DStR 2016, 2593; *Flieser-Hartl*, Sozialhilferechtliche Bedeutung der Unterhaltsverteilung im Mangelfall, FamRZ 2000, 335; *Fröhlich*, Zur Höhe des nach § 91 BSHG übergegangenen Unterhaltsanspruchs, FamRZ 1995, 772; *Fröhlich*, Zum Verhältnis des Zivilrichters zum BSHG, FamRZ 1999, 758; *Günther*, Grenzen des Anspruchsübergangs nach § 94 SGB XII, FamFR 2012, 457; *Hampel*, Unterhalt und Sozialhilfe – Zur Problematik des § 91 II S. 1 BSHG – FamRZ 1996, 513; *Hess*, Nachehelicher Unterhalt zwischen Vertragsfreiheit und sozialrechtlichem Allgemeinvorbehalt, FamRZ 1996, 981; *Hußmann*, Die sozialhilferechtliche Vergleichsberechnung bei der Hilfe in besonderen Lebenslagen, FPR 2003, 635; *ders.*, Auswirkungen der neuen Sozialgesetzgebung auf das Unterhaltsrecht FPR 2004, 534; *Klinkhammer*, Die bedarfsorientierte Grundsicherung nach dem GSiG und ihre Auswirkungen auf den Unterhalt, FamRZ 2002, 997; *Klinkhammer*, Existenzminimum, Erwerbsanreiz und Düsseldorfer Tabelle, FamRZ 2007, 85; *Kuller*, § 33 Abs. 1 S. 2 SGB II – cessio legis exzessiv, FamRZ 2011, 255; *Münder*, Zum Übergang von Unterhaltsansprüchen im Sozialhilferecht, NJW 1994, 494; *Münder*, Der Übergang von Unterhaltsansprüchen nach § 91 BSHG – Teil 1 –, FuR 1997, 281; – Teil 2 –, FuR 1997, 330; *Ott*, Die prozessuale Durchsetzung der Unteransprüche von Sozialhilfeempfängern, FamRZ 1995, 456; *Schellhorn, W.*, Der Auskunftsanspruch des Sozialhilfeträgers bei Übergang von Unterhaltsansprüchen, FuR 1997, 9; *Schellhorn, W.*, Der Übergang von Unterhaltsansprüchen nach § 91

BSHG, FuR 1994, 4; *Schellhorn/Schellhorn*, BSHG, 16. Auflage 2002; *Schoch*, Das Auskunftsverlangen nach § 116 BSHG, ZfF 1994, 49; *Schramm*, Elternunterhalt im Lichte des Angehörigenentlastungsgesetzes, NJW Spezial 2020, 452; *Seetzen*, Sozialhilfeleistung und Unterhaltsprozess, NJW 1994, 2505; *Vaupel*, Der Sozialhilferegress in der notariellen Praxis, RNotZ 2009, 497; *Viefhues*, Auswirkungen des Angehörigenentlastungsgesetzes auf die unterhaltsrechtliche Haftung für Angehörige im Pflegeheim, FuR 2020, 190; *Wähner*, Anrechnung von Einkommen im Sozialhilferecht und im Unterhaltsrecht, NDV 1994, 466; *Wahrendorf*, Sozialhilferechtliche Prämissen bei der Anwendung der §§ 90, 91 BSHG durch den Zivilrichter, ZfSH/SGB 1994, 449; *Wohlgemuth*, Geltendmachung von Unterhalt und § 91 BSHG n. F., FamRZ 1995, 333; *Zeitler*, Die Heranziehung der behinderten Menschen und ihrer Eltern zu den Kosten der Eingliederungshilfe für behinderte Menschen, NDV 2001, 318; *Zeranski*, Zum rechtlichen Schicksal eines auf fiktiven Einkünften beruhenden Unterhaltsanspruchs nach Gewährung von Sozialhilfe an den Unterhaltsberechtigten, FamRZ 2000, 1057.

A. Allgemeines	1
I. Normzweck	1
II. Gesetzesentwicklung	5
III. Typische Mandatssituationen	6
1. Unterhaltsanspruch der geschiedenen Ehefrau nach § 1586b BGB	7
2. Anspruch der Mutter des nichtehelichen Kindes gem. § 1615l BGB	11
B. Regelungsgehalt	14
I. Personenkreis der Leistungsempfänger	14
II. Voraussetzungen des Anspruchsübergangs	15
1. Bestehen eines zivilrechtlichen Unterhaltsanspruchs	15
a) Begriff	15
b) Bedarf	16
aa) Unterschiedlicher Bedarfsbegriff	16
bb) Unterschiedlicher Einkommensbegriff	18
cc) Unterschiedlicher Vermögenseinsatz	21
c) Unterhaltsverzicht	25
2. Rechtmäßigkeit der Hilfegewährung	29
3. Zeitgleichheit von Sozialhilfeleistung und Unterhaltsanspruch	30
4. Begrenzung auf die Sozialhilfeaufwendungen	31
a) Bedarfszeitraum	31
b) Aufteilung einmaliger Beihilfen	33
c) Aufteilung der Unterkunftskosten	34
III. Ausschluss des Anspruchsübergangs	39
1. Ausschluss bei laufenden Zahlungen § 94 Abs. 1 Satz 2 SGB XII	39
2. Ausschluss bei Leistungsberechtigten nach § 19 SGB XII, § 94 Abs. 1 Satz 3 1. Hs. 1. Alt. SGB XII	44
3. Ausschluss bei Verwandten ab dem 2. Grade, § 94 Abs. 1 Satz 3 1. Hs. 2. Alt. SGB XII	47
4. Ausschluss bei Gewährung von Leistungen der Grundsicherung im Alter und bei Erwerbsminderung, § 94 Abs. 1 Satz 3 2. Hs. SGB XII	52
5. Ausschluss bei Schwangerschaft und Kinderbetreuung, § 94 Abs. 1 Satz 4 SGB XII	54
6. Ausschluss bei Ansprüchen nach §§ 115, 116 SGB X, § 94 Abs. 1 Satz 5 SGB XII	57
7. Ausschluss anteiliger Unterkunftskosten bei Empfängern der Hilfe zum Lebensunterhalt, § 94 Abs. 1 Satz 6 SGB XII (bis 31.12.2015)	58
8. Ausschluss des Anspruchs bei Eltern und Kindern, deren jährliches Gesamteinkommen nicht mehr als 100 000 EUR beträgt, § 94 Abs. 1a SGB XII	59
a) Gesamteinkommen	59
b) Auskunftsansprüche	60
c) Personenkreis	61
d) Auswirkungen	62
9. Beschränkung des Anspruchs einer volljährigen unterhaltsberechtigten Person bei der Eingliederungshilfe für Behinderte nach dem SGB IX und der Hilfe zur Pflege nach dem SGB XII, § 94 Abs. 2 SGB XII	63
10. Ausschluss des Anspruchsübergangs bei Unterhaltspflichtigen, die selbst Empfänger von laufender Hilfe zum Lebensunterhalt sind oder durch die Inanspruchnahme würden, § 94 Abs. 3 Satz 1 Nr. 1 SGB XII	67
a) Personenkreis	67
b) Darlegungs- und Beweislast	68
c) Berechnung	69
11. Ausschluss bei unbilliger Härte, § 94 Abs. 3 Satz 1 Nr. 2 SGB XII	70
a) Gesetzesentwicklung	70
b) Abgrenzung zu Verwirkungstatbeständen	71
c) Fallgruppen	73
d) Auswirkungen einer unbilligen Härte	76
12. Auswirkungen eines Ausschlusses des Anspruchsübergangs für den Unterhaltsschuldner und für die leistungsberechtigte Person	79
IV. Die Geltendmachung des Unterhaltsanspruchs durch den Sozialhilfeträger	80
1. Rechtswahrende Mitteilung, § 94 Abs. 4 Satz 1 SGB XII	80
2. Auskunftsansprüche	86
a) Auskunftsanspruch nach dem BGB	87
b) Auskunftsanspruch nach § 117 SGB XII	88

3. Klagebefugnis,
§ 94 Abs. 4 Satz 2 SGB XII 93
4. Rechtswegzuweisung,
§ 94 Abs. 5 Satz 3 SGB XII 94
V. Die Geltendmachung des Unterhaltsanspruchs durch die leistungsberechtigte Person 95
1. Verweis auf Selbsthilfe, § 2 SGB XII ... 95

2. Rückübertragung,
§ 94 Abs. 5 Satz 1 SGB XII 99
3. Kostenübernahmeanspruch,
§ 94 Abs. 5 Satz 2 SGB XII 103

A. Allgemeines

I. Normzweck

Das Sozialhilferecht ist geprägt durch den **Nachranggrundsatz**. Nach § 2 Abs. 1 SGB XII erhält Sozialhilfe nicht, wer sich selbst helfen kann oder wer die erforderliche Hilfe von anderen, insbesondere von Angehörigen oder von Trägern anderer Sozialleistungen erhält. Über die Vorschrift des § 94 SGB XII wird dieser Nachranggrundsatz als lex specialis zu § 93 SGB XII für Unterhaltsansprüche realisiert. Dabei hat der Gesetzgeber dem Sozialhilfeträger keinen eigenständigen öffentlich-rechtlichen Ersatzanspruch zugestanden, wie beispielsweise beim Kostenersatz bei schuldhaften Verhalten nach § 103 SGB XII oder beim Aufwendungsersatz nach § 19 Abs. 5 SGB XII. Es findet lediglich ein **Gläubigerwechsel** statt, der den übergeleiteten Anspruch in seinem Wesen nicht berührt.[1] Da der Anspruchsübergang kraft Gesetzes erfolgt, werden anders als bei der Überleitung nach § 93 SGB XII auch die sozialrechtlichen Einschränkungen des Anspruchsübergangs im Rahmen des § 94 SGB XII, etwa die **sozialhilferechtliche Vergleichsberechnung** oder aber die **Härtefallprüfung** im Unterhaltsprozess vom Familienrichter geprüft. 1

Die strikte **Trennung zwischen Unterhaltsrecht und Sozialhilferecht** wird in der Praxis häufig nicht beachtet. Von der Systematik her erfolgt die Prüfung eines Unterhaltsanspruchs des Sozialhilfeträgers zweistufig. Zunächst einmal muss überhaupt ein Unterhaltsanspruch bestehen. Es findet also eine unterhaltsrechtliche Anspruchsprüfung statt, ohne Beachtung sozialhilferechtlicher Vorschriften, so als ob der unterhaltsberechtigte Sozialhilfeempfänger seinen Anspruch selbst geltend machen würde. Erst in einem zweiten Schritt, wenn zuvor festgestellt wurde, dass überhaupt ein Unterhaltsanspruch besteht, wird geprüft, ob dieser Unterhaltsanspruch auf den Sozialhilfeträger übergegangen ist. Hier finden dann die sozialhilferechtlichen Schutzvorschriften des § 94 SGB XII Anwendung. Da der eigentliche Unterhaltsanspruch unberührt bleibt, hat dies im Falle einer Begrenzung des Anspruchsübergangs erhebliche Auswirkungen. Sind etwa mehrere Geschwister zum Elternunterhalt verpflichtet und nur ein Kind hat ein Jahreseinkommen von über 100.000 EUR, so dass nach § 94 Abs. 1a SGB XII ein Anspruchsübergang von Unterhaltsansprüchen gegen die Geschwister auf den Sozialhilfeträger ausgeschlossen ist, haftet nunmehr das Kind mit dem Einkommen von über 100.000 EUR nicht allein für die gesamten Sozialhilfeaufwendungen, sondern nur in dem Umfang, in dem überhaupt ein Unterhaltsanspruch besteht. Es hat also bei der Berechnung des Unterhaltsanspruchs die übliche Quotierung mit den Geschwistern stattzufinden, jedoch geht nur der so errechnete Unterhaltsanspruch gegen das eine Kind mit dem Einkommen von über 100.000 EUR auf den Sozialhilfeträger über. 2

Mit dem Unterhaltsanspruch geht auch der unterhaltsrechtliche **Auskunftsanspruch** über. Dies bedeutet jedoch nicht, dass die leistungsberechtigte Person damit ihren Auskunftsanspruch verliert.[2] Wegen der Begrenzung des Anspruchsübergangs auf die Höhe der Sozialhilfeaufwendungen, behält auch die leistungsberechtigte Person weiterhin ihren Auskunftsanspruch, um über die Sozialhilfeleistungen hinausgehende Ansprüche prüfen zu können oder aber zukünftige Unterhaltsansprüche selbst geltend zu machen. 3

---

1 BGH FamRZ 1992, 797 (800).
2 KG FamRZ 1997, 405; OLG München FamRZ 2002, 1213.

4 Das SGB XII trifft eine Differenzierung zwischen Unterhaltsansprüchen, die gemäß § 94 SGB XII kraft Gesetzes übergehen und sonstigen Ansprüchen, deren Übergang auf den Sozialhilfeträger nach § 93 SGB XII in Form einer **Überleitungsanzeige** erfolgt. Hier besteht ein wesentlicher Unterschied zur Parallelvorschrift des § 33 SGB II, der generell für sämtliche Ansprüche die cessio legis vorsieht.

II. Gesetzesentwicklung

5 § 94 SGB XII ist nach der Reform des Sozialhilferechts zum 1.1.2005 die Nachfolgevorschrift des bisherigen § 91 BSHG. Inhaltliche Änderungen gegenüber § 91 BSHG erfolgten insbesondere bei der sozialhilferechtlichen Vergleichsberechnung und der Härtefallregelung. Darüber hinaus wurden Neuregelungen vorgenommen aufgrund der Änderung anderer sozialrechtlicher Vorschriften, etwa § 94 Abs. 1 Satz 6 SGB XII, wegen des Entfalls der Anspruchsberechtigung von Empfängern laufender Hilfe zum Lebensunterhalt auf Leistungen nach dem Wohngeldgesetz.[3] Diese Vorschrift wurde mit Wirkung vom 1.1.2016 ersatzlos aufgehoben. Ansonsten können die von Rechtsprechung und Literatur entwickelten Rechtsgrundsätze zu § 91 BSHG auf § 94 SGB XII übertragen werden können. Durch das Angehörigen-Entlastungsgesetz vom 10.12.2019 (BGBl. I 2135) wurde der Übergang des Unterhaltsanspruchs bei Eltern für ihre Kinder und Kinder für ihre Eltern mit Wirkung ab 1.1.2020 auf die entsprechenden Sozialleistungsträger jedoch erheblich eingeschränkt. Ein Anspruchsübergang erfolgt nur noch, wenn der Unterhaltspflichtige über ein Gesamtjahreseinkommen nach § 16 SGB IV von mehr als 100.000 EUR verfügt. Damit hat sich der Gesetzgeber also dafür entschieden, das Unterhaltsrecht selbst nicht zu ändern, jedoch die Rückgriffsmöglichkeiten der Sozialleistungsträger ganz erheblich einzuschränken. Im Ergebnis bedeutet dies, dass bei mehreren unterhaltsrechtlich leistungsfähigen Kindern, die ihren Eltern gegenüber zum Unterhalt verpflichtet sind, auch weiterhin eine Quotierung der Unterhaltsansprüche vorzunehmen ist. Die Ansprüche gegen die Kinder deren Jahreseinkommen unter 100.000 EUR liegt, gehen zwar nicht auf den Sozialhilfeträger über. Dennoch muss der Sozialhilfeträger zur schlüssigen Darlegung des Anspruchs gegen das Kind, das über 100.000 EUR verdient, auch die Unterhaltsansprüche gegen die Geschwister überprüfen. Nur der so ermittelte Unterhaltsanspruch gegen das Kind mit dem Einkommen von über 100.000 EUR geht auf den Sozialhilfeträger über.

III. Typische Mandatssituationen

6 Der im Erbrecht tätige Rechtsanwalt hat mit Unterhaltsforderungen eines Sozialhilfeträgers im Wesentlichen dann zu tun, wenn die geschiedene Ehefrau oder die Mutter eines nichtehelichen Kindes eines Erblassers im Sozialhilfebezug stehen.

7 **1. Unterhaltsanspruch der geschiedenen Ehefrau nach § 1586b BGB.** Während beim Verwandtenunterhalt (§ 1615 BGB) sowie bei nicht getrennt lebenden Ehegatten (§ 1360a Abs. 3 BGB) der Unterhaltsanspruch mit dem Tod des Verpflichteten erlischt, geht bei geschiedenen Ehegatten die Unterhaltsverpflichtung gemäß § 1586b Abs. 1 Satz 1 BGB auf die Erben (und auch die Erbeserben)[4] über. Bei getrennt lebenden Ehegatten gilt § 1586b BGB entsprechend, wenn die getrennt lebende Ehefrau nach § 1933 BGB nicht mehr erbberechtigt ist, § 1933 S. 3 BGB.

8 Nach § 1586b Abs. 1 S. 2 BGB entfallen die Beschränkungen des § 1581 BGB. Dies bedeutet, dass eine Prüfung der Leistungsfähigkeit des Erblassers nicht stattfindet, sondern es nur auf den Bedarf und die Bedürftigkeit des geschiedenen Ehegatten ankommt. Der **Bedarf** richtet sich nach den ehelichen Lebensverhältnissen, § 1578 Abs. 1 BGB. Im Rahmen der **Bedürftigkeit** sind Leistungen die der unterhaltsberechtigte Ehegatte ggf. nach dem Tod des Erblassers erhält, wie

---

[3] Ausführliche Darstellung der Entstehungsgeschichte bei Oestreicher/Decker/SGB XII § 94 Rn. 1 ff.
[4] BGH FamRZ 1985, 164.

die Witwen- und Witwerrente an vor dem 1.7.1977 geschiedene Ehegatten nach § 243 SGB VI oder aber Leistungen aus einer Lebensversicherung[5] bedarfsmindernd beim Eigeneinkommen zu berücksichtigen. Der Erbe kann sich auch auf **Verwirkungstatbestände** nach § 1579 BGB berufen, wenn nicht der Erblasser zuvor darauf verzichtet hat.[6] Auch nach dem Tode eintretende Verwirkungstatbestände, insbesondere das Vorliegen einer neuen verfestigten Lebensgemeinschaft des unterhaltsbegehrenden geschiedenen Ehegatten sind beachtlich. Da § 1586b BGB einen „echten" Unterhaltsanspruch begründet, können vom Erben auch die weitergehenden Begrenzungen des Unterhaltsanspruchs in Form der **Herabsetzung oder Befristung** nach § 1578b BGB geltend gemacht werden. Ebenso gelten die gesetzlichen **Beendigungstatbestände**, wie etwa die Wiederheirat, die Begründung einer Lebenspartnerschaft oder der Tod des geschiedenen Ehegatten nach § 1586 Abs. 1 BGB.

An Stelle der Prüfung der **Leistungsfähigkeit** des Erblassers tritt nach § 1586b Abs. 1 S. 3 BGB die Begrenzung der Erbenhaftung auf den Pflichtteil, der dem Berechtigten zustehen würde, wenn die Ehe nicht geschieden worden wäre. Maßgebend ist immer der kleine Pflichtteil bei gesetzlichem Erbrecht nach § 1931 Abs. 1 und 2 BGB. Da güterrechtliche Besonderheiten keine Rolle spielen, ist § 1371 Abs. 1 BGB nicht anwendbar. In die Berechnung der Haftungsgrenze des § 1586b BGB Abs. 1 Satz 3 BGB sind (fiktive) Pflichtteilsergänzungsansprüche des Unterhaltsberechtigten gegen den Erben einzubeziehen.[7] Bei der Berechnung sind die anderen Pflichtteilsberechtigten zu berücksichtigen, auch nach der Scheidung geborene Kinder aus weiteren Ehen.[8] Bei der Ermittlung der Pflichtteilsquote jedes berechtigten Ehegatten bleiben frühere und spätere Ehegatten des Unterhaltsverpflichteten unberücksichtigt.[9]

Der geschiedene Ehegatte kann einen bestehenden Unterhaltstitel nach § 727 ZPO gegen den Erben umschreiben lassen.[10] Er hat gegenüber dem Erben ein Auskunftsrecht über den Bestand des Nachlasses zur Berechnung der Haftungsbegrenzung gem. § 2314 BGB.[11] Der Erbe seinerseits hat zur Feststellung der fortbestehenden Bedürftigkeit des geschiedenen Ehegatten des Erblassers den Auskunftsanspruch gemäß § 1580 BGB, der auf ihn übergeht.[12]

2. Anspruch der Mutter des nichtehelichen Kindes gem. § 1615l BGB. Der Unterhaltsanspruch der **Mutter des nichtehelichen Kindes** geht nach § 1615l Abs. 3 S. 4 BGB mit dem Tod des Unterhaltsverpflichteten nicht unter. Er ist also ebenfalls als **Nachlassverbindlichkeit** von den Erben zu erfüllen, wobei der Anspruch nach § 1615n BGB auch besteht, wenn der Vater bereits vor der Geburt des Kindes verstirbt.

Für die Dauer von sechs Wochen vor und acht Wochen nach der Geburt hat der Kindesvater der Mutter **Unterhalt einschließlich der Entbindungskosten** zu gewähren, § 1615l Abs. 1 BGB. Nach § 1615l Abs. 2 BGB besteht darüber hinaus ein Anspruch der Mutter für die Dauer von vier Monaten vor der Geburt, bis drei Jahre nach der Geburt, soweit sie infolge der Schwangerschaft oder wegen einer durch die Schwangerschaft oder Entbindung mitverursachten Krankheit zu einer Erwerbstätigkeit außerstande ist bzw. soweit von der Mutter wegen der Pflege oder Erziehung des Kindes eine Erwerbstätigkeit nicht erwartet werden kann. Geht die Mutter dennoch einer Erwerbstätigkeit nach, ist diese überobligatorisch und führt dazu, dass das erzielte Einkommen nur teilweise bedarfsmindernd berücksichtigt wird.

Der Betreuungsunterhaltsanspruch kann über den Zeitraum von drei Jahren hinausgehen, soweit dies der Billigkeit entspricht, wobei insbesondere die **Belange des Kindes** und die bestehenden **Möglichkeiten der Kinderbetreuung** zu berücksichtigen sind, § 1615 l Abs. 2 S 4 und 5. Gründe des **Kindeswohls** sind besondere eine **erhöhte Betreuungsbedürftigkeit**, beispielsweise

---

5 Klingelhöffer ZEV 1999, 13.
6 BGH FamRZ 2004, 614.
7 BGH NJW 2001, 828.
8 Johannsen/Henrich/Büttner BGB § 1586b Rn. 7.
9 Staudinger/Baumann BGB § 1586b Rn. 50.
10 BGH FPR 2004, 591; KG FamRZ 2005, 1759; aA Johannsen/Henrich/Büttner BGB § 1586b Rn. 14.
11 Johannsen/Henrich/Büttner BGB § 1586b Rn. 1.
12 Schindler FamRZ 2004, 1527.

infolge einer Behinderung oder Entwicklungsstörung und **fehlende Betreuungsmöglichkeiten**. Auch **elternbezogene Gründe** können eine Verlängerung des Unterhaltszeitraums rechtfertigen, etwa wenn ein **besonderer Vertrauenstatbestand** geschaffen wurde, beispielsweise bei gemeinsamem Kinderwunsch.[13]

B. Regelungsgehalt

I. Personenkreis der Leistungsempfänger

14 Nachdem im Wege der Sozialrechtsreform seit dem 1.1.2005 der Personenkreis der erwerbsfähigen Personen ab Vollendung des 15. Lebensjahres bis zum Erreichen der Altersgrenze nach § 7a SGB II der erwerbsfähigen Personen mit ihren Haushaltsangehörigen dem SGB II unterliegen, verbleiben als Leistungsberechtigte nach dem SGB XII im Wesentlichen Personen, die die Regelaltersgrenze erreicht haben und erwerbsunfähige Personen unter der Regelaltersgrenze. Dieser Personenkreis wiederum ist im Regelfall leistungsberechtigt nach dem Vierten Kapitel des SGB XII (**Grundsicherung im Alter und bei Erwerbsminderung**). Daneben findet § 94 SGB XII bei Hilfegewährung nach dem Dritten Kapitel SGB XII (**Hilfe zum Lebensunterhalt**) Anwendung bei Personen, die dauerhaft erwerbsunfähig sind und deshalb nicht dem leistungsberechtigten Personenkreis des SGB II angehören, bei denen aber nicht festgestellt ist, dass die Erwerbsminderung nicht mehr behoben werden kann, etwa bei zeitlich befristeter Rente wegen teilweiser Erwerbsminderung, weshalb Leistungen der Grundsicherung nach §§ 41 ff. SGB XII ausscheiden.

II. Voraussetzungen des Anspruchsübergangs

15 **1. Bestehen eines zivilrechtlichen Unterhaltsanspruchs. a) Begriff.** Der Übergang nach § 94 SGB XII erstreckt sich nur auf „echte" Unterhaltsansprüche. Dazu zählen zunächst die **gesetzlichen Unterhaltsansprüche**, auch wenn sie vertraglich vereinbart wurden und über das gesetzlich geschuldete Maß hinausgehen oder dahinter zurückbleiben. Hingegen sind vertraglich vereinbarte laufende Zahlungsverpflichtungen, die aus einem wirtschaftlichen Austauschvertrag resultieren, wie etwa Altenteilsverträge, keine Unterhaltsansprüche iSd § 94 SGB XII.[14] Ihren Übergang bewirkt der Sozialhilfeträger durch Überleitungsanzeige nach § 93 SGB XII. **Abgrenzungskriterium** bei Verträgen ist die „**Einseitigkeit**", die die gesetzliche Unterhaltspflicht zwischen Verwandten prägt und Ausdruck sittlicher Bindung und Familienzugehörigkeit ist.[15] Ob eine vertragliche Unterhaltspflicht in den Anwendungsbereich des § 94 SGB XII fällt, ist von erheblicher Bedeutung, etwa wenn die Vertragspartner nicht Verwandte ersten Grades sind. Dann wäre ein Anspruchsübergang bei einer „echten" Unterhaltspflicht nach § 94 Abs. 1 Satz 3 SGB XII ausgeschlossen, während der Sozialhilfeträger einen Anspruch aus Leibrenten, Übergabeverträgen oder Altenteilsverträgen nach § 93 SGB XII, der keine so weitreichenden Schutzvorschriften kennt, auf sich überleiten könnte. Dies ist auch im Hinblick darauf, dass die übernommene Unterhaltspflicht eine **Gegenleistung** für übertragenes Vermögen darstellt und der Verpflichtete überwiegend wirtschaftliche Vorteile zieht, gerechtfertigt.[16] Ebenfalls nicht unter § 94 SGB XII fällt der Rückforderungsanspruch wegen Verarmung des Schenkers nach § 528 BGB[17] sowie der Unterhaltsersatzanspruch nach § 844 Abs. 2 BGB.[18]

16 **b) Bedarf. aa) Unterschiedlicher Bedarfsbegriff.** Voraussetzung für einen Anspruchsübergang ist, dass die gewährten Sozialhilfeleistungen auch einen tatsächlichen unterhaltsrechtlichen Bedarf begründen. Einige Hilfeleistungen nach dem SGB XII können über den bürgerlich-rechtlichen Unterhaltsbedarf hinausgehen oder ihrer Natur nach keinen Unterhaltsbedarf darstellen.

---

13 BGH NJW 2006, 2687; 2008, 1739.
14 BVerwG NJW 1994, 64.
15 BVerwG NJW 1994, 64.
16 Vgl. Kleinere Schriften des Deutschen Vereins, Heft 17, 148.
17 BGH NJW 1991, 1824.
18 BGH NJW 1992, 115.

So wird beispielsweise bei Hilfen, die auf die Übernahme von Schulden gerichtet sind nach § 36 SGB XII, vorbeugender Gesundheitshilfe nach § 47 SGB XII und Hilfe zur Familienplanung nach § 49 SGB XII; Hilfe bei Schwangerschaft und Mutterschaft nach § 50 SGB XII, Hilfe bei Sterilisation nach § 51 SGB XII, persönlichen Hilfen im Rahmen der Hilfe zur Überwindung besonderer sozialer Schwierigkeiten nach §§ 67, 68 SGB XII oder im Rahmen der Altenhilfe nach § 71 SGB XII meist ein entsprechender Unterhaltsbedarf nicht bestehen. Ebenso wird ein Unterhaltsbedarf zu verneinen sein, wenn die Sozialhilfeleistungen ohne Rücksicht auf einen tatsächlichen Bedarf gewährt werden, wie etwa beim Pflegegeld nach § 64a SGB XII. Wenn die Pflege hier durch nahe Angehörige gewährt wird, scheidet ein weitergehender Unterhaltsanspruch nicht nur gegen die pflegende Person aus, sondern wegen Bedarfsdeckung auch gegenüber anderen Unterhaltspflichtigen. Eine umfassende Aufstellung der Hilfen nach dem früheren BSHG, in denen der zivilrechtliche Bedarf zweifelhaft ist, geben die Empfehlungen des Deutschen Vereins zur Heranziehung Unterhaltspflichtiger in der Sozialhilfe.[19] Bei einer Prüfung des Unterhaltsbedarfs ist deshalb auf die Hilfeart des Sozialhilfeträgers zu achten, die von diesem mitzuteilen ist.

Das SGB XII hat jedoch nicht alle Hilfearten des BSHG inhaltsgleich übernommen. So entfällt beispielsweise nach § 35 Abs. 2 SGB XII der bisherige **zusätzliche Barbetrag** nach § 21 Abs. 3 Satz 4 BSHG, der grundsätzlich Hilfeempfängern gewährt wurde, die Hilfe zum Lebensunterhalt oder Hilfe zur Pflege in einer Anstalt, einem Heim oder einer gleichartigen Einrichtung erhielten und einen Teil der Kosten des Aufenthalts selbst trugen. Dessen unterhaltsrechtliche Beachtung war umstritten. Die Problematik ist immer noch aktuell, da die bisherigen Empfänger des zusätzlichen Barbetrages diesen auch weiter erhalten (§ 133 a SGB XII). Der BGH zählt auch den zusätzlichen Barbetrag zum unterhaltsrechtlichen Bedarf, der vom Anspruchsübergang mit umfasst ist.[20] An der sachlichen Kongruenz fehlt es auch, wenn der Anspruch zwar Unterhaltsbedarf abdeckt, für diesen Bedarf jedoch keine Hilfe bezogen wird. So ist etwa der Altersvorsorgeunterhalt nicht auf die Hilfe zum Lebensunterhalt anrechenbar, sofern nicht Beiträge zur Vorsorge nach § 33 SGB XII gewährt werden.[21]

bb) Unterschiedlicher Einkommensbegriff. Einem zivilrechtlichen Bedarf kann darüber hinaus die im Vergleich zum Unterhaltsrecht unterschiedliche Einkommensermittlung nach § 82 SGB XII entgegenstehen. Zudem bleiben einige Einkommensarten nach §§ 82 Abs. 1, 83, 84 SGB XII unberücksichtigt, die der Unterhaltsberechtigte nach BGB zur Deckung seines Bedarfs ggf. einzusetzen hätte. So kann im Ergebnis das sozialhilferechtliche Einkommen so niedrig liegen, dass ein Hilfeanspruch besteht, während die zivilrechtliche Einkommensberechnung zu einem ausreichenden Einkommen führt, um den unterhaltsrechtlichen Bedarf des Hilfeempfängers zumindest teilweise zu decken, etwa bei Bezug einer **Grundrente nach dem Bundesversorgungsgesetz**, die gem. § 82 Abs. 1 Satz 1 SGB XII sozialhilferechtlich anrechnungsfrei bleibt oder der Berücksichtigung des Freibetrages nach § 82a SGB XII für Personen mit Grundrentenzeiten oder entsprechenden Zeiten aus anderweitigen Alterssicherungssystemen. Ebenso bei **Kindererziehungsleistungen** der „Trümmerfrauen" gem. § 294 SGB VI an Mütter, die vor dem 1.1.1921 geboren sind. Diese erhalten für jedes Kind, das sie im Gebiet der Bundesrepublik Deutschland lebend geboren haben, eine Leistung für Kindererziehung. Diese Kindererziehungsleistungen sind nur unterhaltsrechtlich als Einkommen anrechenbar, sozialhilferechtlich verbleiben sie dem Hilfeempfänger. Die in § 299 SGB VI bestimmte Anrechnungsfreiheit betrifft lediglich zu gewährende Sozialleistungen und gilt nicht für die Unterhaltspflicht nach bürgerlichem Recht.[22] Allerdings wird altersbedingt dieser Fall weitgehend obsolet sein.

---

19 FamRZ 2005, 1387 in Rn. 23–27, 30–37.
20 BGH NJW 2010, 3161; aA Deutscher Verein für öffentliche und private Fürsorge FamRZ 2002, 931.
21 Günther Anwaltshandbuch Familienrecht § 13 Rn. 24.
22 BGH FamRZ 2013, 203; Dose FamRZ 2013, 993.

19 Die unterschiedliche Bewertung von Einkommen im Unterhalts- und Sozialhilferecht beschränkt sich jedoch auf Ausnahmen. Im Wesentlichen ist der **Einkommensbegriff vergleichbar**. Auch unterhaltsrechtlich haben eine Reihe der sozialhilferechtlich nicht zu berücksichtigenden Einkünfte außer Betracht zu bleiben. So sind zwar **Sozialleistungen**, die infolge eines Körper- oder Gesundheitsschadens gewährt werden grundsätzlich unterhaltsrechtliches Einkommen. Sofern aber nicht der Nachweis gelingt, dass die tatsächlichen Aufwendungen infolge eines Körper- oder Gesundheitsschadens geringer sind als die Höhe der Sozialleistungen, bleiben diese nach § 1610a BGB ebenfalls unberücksichtigt. Auch die unterhaltsrechtliche Behandlung **freiwilliger Zuwendungen Dritter** entspricht weitgehend der Regelung des § 84 SGB XII.

20 Die wichtigsten **Unterschiede** zwischen dem sozialhilferechtlichen und dem zivilrechtlichen Einkommensbegriff liegen einerseits in der Nichtberücksichtigung des **fiktiven Einkommens** und des **Wohnvorteils** im Sozialhilferecht und der teilweise unterschiedlichen Anrechnung der Leistungen nach dem **BVG bzw. dem BEG**, anderseits in der Anrechnung von **Kindergeld** und Einnahmen auch aus **überobligatorischer Tätigkeit** bei der Sozialhilfegewährung. Darüber hinaus stellt das Unterhaltsrecht bei der Beurteilung der Einkünfte mehr auf das **Unterhaltsverhältnis** ab. So werden bei nicht gesteigerter Unterhaltspflicht eine Reihe von Einkünften nicht angerechnet, die bei gesteigerter Unterhaltspflicht für ein minderjähriges Kind anzurechnen sind, etwa das **Elterngeld** (§ 11 BEEG) oder das **Pflegegeld**, das an die Pflegeperson weitergeleitet wird (§ 13 Abs. 6 SGB XI). Im Sozialhilferecht gilt dagegen vielfach ein **generelles Anrechnungsverbot**.

21 cc) **Unterschiedlicher Vermögenseinsatz.** Auch die Behandlung von Vermögen erfolgt in beiden Rechtsgebieten unterschiedlich. So kann Vermögen des Hilfempfängers nach § 90 SGB XII geschützt sein, das zivilrechtlich zur Bedarfsdeckung eingesetzt werden muss. Hier hat ein Vergleich mit den zivilrechtlichen Vorschriften stattzufinden. So sind beispielsweise auch nach § 1602 BGB dem Unterhaltsberechtigten kleinere Beträge als Kapitalreserve zu belassen. Dieser „Notgroschen" soll nach überwiegender Meinung den kleinen Barbeträgen nach § 90 Abs. 2 Nr. 9 SGB XII weitgehend entsprechen.[23] Bis zum 31.3.2017 betrug die Höhe der kleinen Barbeträge gem. § 1 der VO zu § 90 Abs. 2 Nr. 9 SGB XII 2.600 EUR zzgl. 614 EUR für den Ehegatten zzgl. 256 EUR für jede weitere Person, die von dem Unterhaltspflichtigen überwiegend unterhalten wird. Zum 1.4.2017 wurden diese Beträge bereits drastisch erhöht, auf 5.000 EUR zzgl. weiterer 5.000 EUR für den Ehegatten zzgl. 500 EUR für jede weitere Person, die von dem Unterhaltspflichtigen überwiegend unterhalten wird. Zum 1.1.2023 wurden die Beträge nochmals verdoppelt auf 10.000 EUR je Person. Hinzu kommt, dass nach der Rechtsprechung des Bundessozialgerichts zusätzlich als geschütztes Vermögen neben den kleinen Barbeträgen noch der Abschluss von Bestattungsvorsorgeverträgen akzeptiert wird.[24] Diese Freibeträge liegen bei ca. 7.000 EUR.[25] Ob insofern bei einem Vermögen von 17.000 EUR je Person tatsächlich bereits eine unterhaltsrechtliche Bedürftigkeit vorliegt, halte ich für problematisch, zumal die grundsätzliche Argumentation, dass die Freibeträge auch zur späteren Bestattung dienen, obsolet wird, wenn Bestattungsvorsorgeverträge zusätzlich abgeschlossen wurden.

22 Die Konsequenzen einer unterschiedlichen Bemessung der Freigrenzen im Sozial- und Unterhaltsrecht sind erheblich. Zum Teil wird insofern vertreten, dass eine Heranziehung des Unterhaltspflichtigen nur so lange ausscheidet, bis ein **fiktiver Vermögensverbrauch** eingetreten ist.[26] Danach könnte eine Inanspruchnahme erfolgen, auch wenn das Vermögen noch vorhanden ist.[27] Im Ergebnis würde also Bedürftigkeit angenommen, obwohl tatsächlich bereite Mittel zur Verfügung stehen. Die Gegenansicht lehnt diese Verfahrensweise mit der Begründung ab, das

---

23 BGH FamRZ 1998, 367/369; OLG Düsseldorf FamRZ 1990, 1137; Hußmann FPR 2003, 635; aA OLG Köln FamRZ 2001, 437.
24 BSG FamRZ 2008, 1616.
25 OVG NRW BeckRS 2009, 42197.
26 Empfehlungen des Deutschen Vereins FamRZ 2002, 931, Rn. 79.
27 Empfehlungen des Deutschen Vereins FamRZ 2002, 931, Rn. 79.

Unterhaltsrecht kenne keine fiktive Bedürftigkeit.[28] Dennoch ist anders kaum ein interessengerechtes Ergebnis zu erzielen. Ansonsten würde nämlich der Unterhaltsschuldner auf Dauer zulasten der Sozialhilfe von seiner Unterhaltsverpflichtung freigestellt werden bzw. könnte dieses Ziel sogar durch eine Einmalzahlung in entsprechender Höhe an den Unterhaltsberechtigten erreichen.[29] Es bleibt insofern abzuwarten, ob die Rechtsprechung bei ihrer bisherigen Praxis bleibt, sich bei der Frage der unterhaltsrechtlichen Bedürftigkeit nach § 1602 BGB weiterhin an den Maßstäben des § 90 Abs. 2 Nr. 9 SGB XII zu orientieren.

Auch bei der Frage des Vermögenseinsatzes stehen beide Rechtsgebiete selbstständig nebeneinander. Es wird wesentlich häufiger ein unterhaltsrechtlicher, aber kein sozialhilferechtlicher Bedarf bestehen, weil der Einsatz vorhandenen Vermögens nach dem BGB unwirtschaftlich oder unbillig wäre.

So wird beim klassischen Fall des nach der Trennung verkauften Eigenheims, dessen Erlös zwischen den Ehegatten aufgeteilt wird, ein **einseitiger Vermögenseinsatz** des Unterhaltsberechtigten nach § 1577 Abs. 3 BGB unbillig sein.[30] Ein unterhaltsrechtlicher Bedarf besteht also trotz Vermögens des Berechtigten. Diesen Bedarf hat der Unterhaltspflichtige durch laufende Leistungen zu decken. Sozialhilferechtlich hat die leistungsberechtigte Person jedoch, bevor sie einen Anspruch auf Hilfe hat, sein Vermögen bis zu den Schongrenzen der kleinen Barbeträge einzusetzen. Die leistungsberechtigte Person kann nicht geltend machen, ein Vermögenseinsatz sei zivilrechtlich unbillig, da dieser Einwand nur gegenüber dem unterhaltspflichtigen Ehegatten greift. Weiter hat der Hilfesuchende, bevor er sozialhilferechtlich bedürftig ist, grundsätzlich auch wirtschaftlich ungünstige Vermögensveräußerungen vorzunehmen etwa Veräußerung von Wertpapieren zu niedrigem Kurs, von Grundstücken zu Preisen unter dem Marktwert, Auflösung kapitalbildender Lebensversicherungen etc[31] In diesen Fällen soll der Sozialhilfeträger aber vorübergehend von einer Verwertung absehen, wenn der sofortige Verbrauch oder die sofortige Verwertung des Vermögens nicht möglich ist oder für den, der es einzusetzen hat, eine Härte bedeuten würde. Die Hilfe wird dann nach § 91 SGB XII **darlehensweise** gewährt. Die darlehensweise Hilfegewährung und der mit ihr verbundene Rückforderungsanspruch steht einer Geltendmachung des Unterhaltsanspruchs gegen den Unterhaltspflichtigen nach § 94 SGB XII nicht entgegen. Es handelt sich jeweils um eigenständige Regelungen, dem Nachrangprinzip Geltung zu verschaffen, die sich gegenseitig nicht ausschließen. Insofern ist der Rechtsgedanke, dass es unbillig wäre, wenn ein Drittverpflichteter wegen anderweitiger Rückforderungsansprüche von einem Anspruchsübergang und einer etwaigen zivilgerichtlichen Durchsetzung verschont bliebe,[32] auch auf die darlehensweise Hilfegewährung übertragbar.[33] So wäre es nicht vertretbar, wenn der Sozialhilfeträger auf die Realisierung derzeit nicht verwertbaren Vermögens warten müsste, obwohl fällige Unterhaltsansprüche bestehen. Der Sozialhilfeträger hat demnach ein Wahlrecht, von welcher Möglichkeit er Gebrauch macht. Zum Teil wird bei darlehensweiser Hilfegewährung sogar eine Verpflichtung des Sozialhilfeträgers gesehen, zunächst den Unterhaltsschuldner heranzuziehen, bevor das Darlehen vom Hilfeempfänger zurückgefordert werden kann[34]

c) Unterhaltsverzicht. Die Möglichkeit eines wirksamen Unterhaltsverzichts für die Zukunft ist weitgehend gesetzlich ausgeschlossen (vgl. §§ 1614 Abs. 1, 1360a Abs. 3, 1361 Abs. 4 Satz 4, 1615e Abs. 1 BGB). Ein Unterhaltsverzicht ist jedoch vor allem im Bereich des nachehelichen Unterhalts möglich (§§ 1585c BGB, 72 EheG). Auch der Sozialhilfeträger muss einen wirksamen Unterhaltsverzicht gegen sich gelten lassen.

---

28 Münder FuR 1997, 330.
29 Heiß/Born UnterhaltsR-HdB/Hußmann Kap. 16 Rn. 7.
30 Grüneberg/v. Pückler BGB § 1577 Rn. 35.
31 Vgl. Grube/Wahrendorf/Wahrendorf SGB XII § 90 Rn. 27; BVerwG FamRZ 1998, 547.
32 BVerwG NDV 1993, 25.
33 OLG Hamm FamRZ 2001, 1237; OLG Celle FamRZ 2008, 928.
34 Schellhorn SGB XII § 38 Rn. 15.

26 Ein Unterhaltsverzicht kann aber nach § 138 Abs. 1 BGB wegen **Verstoßes gegen die guten Sitten** nichtig sein, wenn er unmittelbar zulasten des Sozialhilfeträgers geschlossen wird. Dazu muss die Verzichtsabrede nicht notwendigerweise mit einer subjektiven Schädigungsabsicht für den Sozialhilfeträger erklärt werden, sondern es reicht aus, wenn der Verzicht nach objektiven Gesichtspunkten zwangsläufig eine Inanspruchnahme von Sozialleistungen nach sich zieht.[35] Dies kommt insbesondere in Betracht, wenn der Unterhaltsberechtigte zum Zeitpunkt des Verzichts bereits im Sozialhilfebezug steht oder der Verzicht im Hinblick auf eine unmittelbar bevorstehende Trennung geschlossen wird und der Unterhaltsberechtigte erwerbs- und vermögenslos ist. Auf Ansprüche, die bereits auf den Sozialhilfeträger übergegangen sind, kann ein Hilfeempfänger ohnehin nicht wirksam verzichten, da er nicht mehr Anspruchsinhaber ist.

27 Häufig werden Unterhaltsverzichte aber bereits vor Eheschließung oder während intakter Ehe vereinbart. Ein solcher Verzicht führt nicht unmittelbar eine Unterstützungsbedürftigkeit durch die Sozialhilfe herbei. Er ist nicht nach § 138 Abs. 1 BGB sittenwidrig, selbst wenn später Sozialhilfebedürftigkeit eintritt. Allerdings kann ein solcher Verzicht – trotz seiner Wirksamkeit – zeitlich begrenzt ausgeschlossen sein, wenn ein Berufen auf den Verzicht aufgrund einer späteren Entwicklung mit **Treu und Glauben** (§ 242 BGB) unvereinbar ist.[36] Ein solcher Verstoß gegen Treu und Glauben liegt nicht in einer bei Verzichtserklärung noch nicht absehbaren, später eintretenden Sozialhilfebedürftigkeit.[37]

28 Zu beachten ist die geänderte Rechtsprechung des BGH[38] zur **Wirksamkeit von Eheverträgen** nach den Grundsatzentscheidungen des BVerfG vom 6.2.2001[39] und 29.3.2001.[40] Danach kommt insbesondere wenn der Kernbereich der Scheidungsfolgen betroffen ist, vor allem beim Verzicht auf Betreuungsunterhalt, eine Sittenwidrigkeit von Eheverträgen in Betracht.

29 **2. Rechtmäßigkeit der Hilfegewährung.** Sehr umstritten ist, ob die Rechtmäßigkeit der Sozialhilfegewährung Voraussetzung für den gesetzlichen Anspruchsübergang ist. Nach **hM der Rechtsprechung** wird ein ungeschriebenes Tatbestandsmerkmal der Rechtmäßigkeit der Hilfegewährung abgelehnt.[41] Schon nach der Rechtsprechung des BVerwG zur Überleitungsanzeige war eine Überprüfung der Rechtmäßigkeit nicht notwendig, wenn die Voraussetzungen für die Hilfegewährung wesensmäßig mit denen übereinstimmten, von denen das Bestehen des bürgerlich-rechtlichen Unterhaltsanspruchs abhing.[42] Eine Überprüfung der Rechtmäßigkeit kam nur ausnahmsweise in Betracht, wenn andernfalls die Belange des Drittverpflichteten in unzulässiger Weise verkürzt wurden.[43] Diese Überlegungen sind auf den gesetzlichen Anspruchsübergang übertragbar. Aufgrund der Rechtswegzuweisung des § 94 Abs. 5 Satz 3 SGB XII müssten die Zivilgerichte die Rechtmäßigkeit der Hilfegewährung prüfen, wenn ansonsten für den Unterhaltsverpflichteten kein ausreichender Rechtsschutz gewährleistet wäre. Die Belange des Anspruchsschuldners werden durch einen bloßen Gläubigerwechsel jedoch nicht verkürzt. Er kann seine Einwendungen gegen die Rechtmäßigkeit der Hilfegewährung in den Unterhaltsprozess einbringen. So muss er überhaupt nur leisten, wenn der gewährten Hilfe ein entsprechender Unterhaltsbedarf gegenübersteht. Wird die Hilfe zur Deckung des notwendigen Lebensunterhalts rechtswidrig erbracht, so kann der Unterhaltspflichtige erfolgreich geltend machen, es bestehe keine unterhaltsrechtliche Bedürftigkeit. Es besteht auch keine Gefahr, dass der Sozialhilfeträger die Ansprüche doppelt fordert – einmal als Unterhalt beim Verpflichteten und dann als Rückforderung zu Unrecht gewährter Sozialhilfe nach §§ 45, 50 SGB X beim Hilfeempfänger – denn die Ansprüche bestehen zwar nebeneinander, können aber nicht kumulativ durchgesetzt wer-

---

35 BGH FamRZ 1983, 137; FamRZ 1987, 40.
36 BGH FamRZ 1991, 306; 1992.
37 BGH FamRZ 1992, 1403 (1405) unter Aufgabe von BGH FamRZ 1991, 306.
38 BGH FPR 2004, 209.
39 FamRZ 2001, 343.
40 FamRZ 2001, 985.
41 BayLSG 11.10.2013 – L 8 SO 105/13, BeckRS 2013, 74078; BVerwG NDV 1993, 25; LSG NRW FEVS 58, 448; Heiß/Born UnterhaltsR-HdB/Hußmann Kap. 16 Rn. 11.
42 BVerwG NJW 1987, 915.
43 BVerwG NDV 1993, 25.

den.⁴⁴ Die insbesondere in der **Literatur vertretene Gegenmeinung** hält die Rechtmäßigkeit der Hilfegewährung für erforderlich, da § 45 SGB X eine abschließende Regelung der Rückforderungsmöglichkeiten für den Fall rechtswidrig erbrachter Leistungen gegenüber dem Leistungsberechtigten enthalte und dieses abgeschlossene System anderenfalls durch die Überleitung von Ansprüchen unterlaufen werden könnte. Ein Sozialleistungsträger sei nur von Rechts wegen zur Hilfe verpflichtet, so dass er auch nur unter diesen Voraussetzungen das vom Gesetz gewollte Nachrangverhältnis herstellen darf.⁴⁵ Im Hinblick auf die Grundintention des § 94 SGB XII steht meines Erachtens hier die Verwirklichung des Nachranggrundsatzes jedoch im Vordergrund, so dass es auf die Rechtmäßigkeit der Hilfegewährung nicht ankommen kann. Der Anspruchsschuldner erleidet diesbezüglich auch keine Nachteile denn § 94 SGB XII führt lediglich einen Gläubigerwechsel herbei, so dass sich an der grundsätzlichen Zahlungsverpflichtung des Anspruchsgläubigers, sei es gegenüber dem Sozialhilfeträger oder aber gegenüber der leistungsberechtigten Person nichts ändert. Die Rechtsfolge bei einer rechtswidrigen Leistungsgewährung einen Anspruchsübergang zu verneinen wäre, dass damit die leistungsberechtigte Person doppelt Forderungen geltend machen könnte, nämlich zum einen zunächst die Sozialhilfe beziehen und zum anderen dann zusätzlich nochmals den Anspruch selbst gegen den Anspruchsgläubiger. Dies ist mit dem Normzweck des § 94 SGB XII nicht vereinbar.

3. Zeitgleichheit von Sozialhilfeleistung und Unterhaltsanspruch. Ein Unterhaltsanspruch geht nach § 94 Abs. 1 S. 1 SGB XII über „für die Zeit, für die Leistungen erbracht werden". Bei laufenden Geldleistungen ist dies regelmäßig der Monat für den die Hilfe gewährt wird. Im Falle einer Nachzahlung durch den Sozialhilfeträger muss der Unterhaltsanspruch im Zeitraum bestanden haben, für den die Nachzahlung erfolgte und nicht zum Zeitpunkt ihrer Bewilligung oder ihrer Auszahlung. Die Bewilligung der Nachzahlung ist aber die Erbringung der Leistung iSd § 94 Abs. 1 Satz 1 SGB XII, so dass der Anspruchsübergang erst zu diesem Zeitpunkt erfolgt. Bei der Gewährung einmaliger Leitungen beschränkt sich der Zeitraum der Leistungserbringung iSd § 94 SGB XII hingegen nicht auf den Monat der Leistung, sondern erstreckt sich ggf. auch auf die Folgemonate. 30

4. Begrenzung auf die Sozialhilfeaufwendungen. a) Bedarfszeitraum. Der Anspruchsübergang ist begrenzt auf die Höhe der Sozialhilfeaufwendungen. Dabei bestehen Diskrepanzen zwischen Unterhaltsrecht und Sozialhilferecht durch die vom Ansatz her unterschiedliche Bestimmung des Bedarfs. Das Unterhaltsrecht geht von einem durchschnittlichen monatlichen Unterhaltsbedarf aus, sofern kein Sonderbedarf nach § 1613 Abs. 2 BGB vorliegt. Demgegenüber ist die Sozialhilfe keine rentengleiche Dauerleistung mit Versorgungscharakter, sondern ihre Bewilligung erfolgt jeweils nur für einen bestimmten Bewilligungsabschnitt zur Deckung eines konkreten Bedarfs. In der Regel ist dieser Bewilligungsabschnitt ein Monat. 31

Aufgrund des Gesetzeszwecks des § 94 SGB XII, der den Nachrang der Sozialhilfe wiederherstellen soll, ist grundsätzlich auch bei der Feststellung der Höhe der geleisteten Aufwendungen nach § 94 Abs. 1 Satz 1 SGB XII auf den Bewilligungszeitraum der Sozialhilfe von einem Monat abzustellen (Ausnahme: einmalige Beihilfen, → Rn. 33). Ansonsten würde der Sozialhilfeträger Aufwendungen zurückerhalten, die er auch bei rechtzeitiger Leistung des Unterhaltspflichtigen hätte gewähren müssen.⁴⁶ Aus der Begrenzung auf den monatlichen Bewilligungszeitraum folgt, dass auch Unterhaltsansprüche, die während einer kurzfristigen Unterbrechung der Hilfegewährung entstehen, nicht von § 94 SGB XII erfasst werden. Damit scheidet eine Verrechnung mit ungedeckten Sozialhilfeaufwendungen aus Vormonaten aus. Erst mit der Wiederaufnahme der Hilfe findet ein neuer Anspruchsübergang statt.⁴⁷ 32

---

44 BVerwG NDV 1993, 25.
45 LPK-SGB XII/Münder SGB XII § 93 Rn. 14; Oestreicher/Decker SGB XII § 93 Rn. 41; Ludyga NZS 2012, 124.
46 Vgl. Beispielsfälle Heiß/Born UnterhaltsR-HdB/Hußmann Kap. 16 Rn. 13.
47 Scholz FamRZ 1994, 1.

33 **b) Aufteilung einmaliger Beihilfen.** Eine Ausnahme vom **Monatsprinzip** ist jedoch bei der Gewährung einmaliger Beihilfen geboten. Einmalige Beihilfen erhält die leistungsberechtigte Person vom Sozialamt im Monat des konkreten Bedarfs. In diesem Monat wird der zivilrechtlich ermittelte Unterhaltsbedarf deshalb häufig überschritten, auch wenn die Sozialhilfeaufwendungen ansonsten hinter dem Bedarf zurückbleiben. Unproblematisch ist dies, wenn die einmaligen Beihilfen unterhaltsrechtlich einen Sonderbedarf nach § 1613 Abs. 2 BGB darstellen. Dann kann der **Sonderbedarf** neben der laufenden Unterhaltsleistung beansprucht werden. In den übrigen Fällen ist die Verteilung der einmaligen Beihilfen auf einen längeren Zeitraum zur Harmonisierung mit dem Unterhaltsrecht weitgehend anerkannt.[48]

34 **c) Aufteilung der Unterkunftskosten.** Auch bei der Gewährung von Unterkunftskosten nach § 29 SGB XII an eine Bedarfsgemeinschaft nach § 19 SGB XII (früher § 11 Abs. 1 Satz 2 BSHG bzw. § 28 BSHG) wird die für die Geltendmachung des Unterhaltsanspruchs notwendige Aufteilung auf die einzelnen Personen unterschiedlich gegenüber dem Unterhaltsrecht vorgenommen. Die Sozialämter teilen die Unterkunftskosten bei der Bestimmung des sozialhilferechtlichen Bedarfs in der Regel nach **Kopfteilen** auf die Mitbewohner auf. Diese Praxis entspricht der auch in anderen Sozialleistungsbereichen üblichen Verfahrensweise (vgl. §§ 7 a Abs. 3 USG, 7 Abs. 3 WoGG). Das BVerwG hielt die Aufteilung nach Kopfteilen grundsätzlich auch im Bereich des BSHG (was für das SGB XII nicht anders gelten wird) für geboten, weil eine konkrete Ermittlung des tatsächlichen Unterhaltsbedarfs praktisch nicht möglich sei.[49]

35 Im Gegensatz zur individuellen Bedarfsbestimmung im Sozialhilferecht, wird der Bedarf im Unterhaltsrecht weitgehend pauschal nach den Tabellen der einzelnen Oberlandesgerichte bestimmt. Dabei wird der **Großteil** der Unterkunftskosten dem **Ehegattenbedarf** zugerechnet. Der **Wohnkostenanteil der Kinder** in den Unterhaltssätzen der Düsseldorfer Tabelle beträgt nur ca. 20 %.[50]

36 Die unterschiedliche Aufteilung der Unterkunftskosten kann insbesondere beim Kindesunterhalt dazu führen, dass der unterhaltsrechtliche Bedarf nach Düsseldorfer Tabelle hinter den Sozialhilfeaufwendungen zurückbleibt, obwohl eine entsprechende Leistungsfähigkeit vorliegt.[51]

37 Jedes Mitglied der Bedarfsgemeinschaft hat einen individuellen Anspruch auf Sozialhilfe. Aus Praktikabilitätsgründen erhält jedoch zum Teil nur der Haushaltsvorstand einen Leistungsbescheid für alle Mitglieder der Bedarfsgemeinschaft. In diesem Leistungsbescheid werden die Unterkunftskosten dann zum Teil nur als Gesamtsumme ausgewiesen und nicht auf die einzelnen Mitglieder der Bedarfsgemeinschaft verteilt. Die dann notwendige Verteilung auf die einzelnen Personen führt je nach Methode zu unterschiedlichen Bedarfsfeststellungen.

38 Meines Erachtens sind die Sozialämter, wenn im Sozialhilfebescheid **keine individuelle Aufteilung** der Unterkunftskosten auf die Einzelpersonen vorgenommen wurde, hier nicht an eine der vorgenannten Aufteilungsvarianten gebunden.[52] Da Sozialhilfeleistungen nachrangig sind, ist darauf abzustellen, in welchem Umfang Sozialhilfe gewährt worden wäre, wenn der Unterhaltspflichtige rechtzeitig geleistet hätte. Aufgrund des Einkommenseinsatzes im Rahmen einer Bedarfsgemeinschaft nach § 19 SGB XII scheidet regelmäßig eine Sozialhilfebedürftigkeit aus, wenn ein Elternteil über ausreichendes Einkommen verfügt, da der Elternteil das seinen eigenen Bedarf übersteigende Einkommen voll für die minderjährigen Kinder einzusetzen hat. Weil unterhaltsrechtlich die wesentlich höheren Unterhaltsbeiträge an den betreuenden Elternteil gezahlt werden, scheidet somit meist eine Sozialhilfebedürftigkeit aus, wenn der Gesamtunterhalt den Sozialhilfebedarf übersteigt. Die Begrenzung des Anspruchsübergangs nach § 94 Abs. 1

---

48 Vgl. ausführlich Heiß/Born UnterhaltsR-HdB/ Hußmann Kap. 16 Rn. 15.
49 BVerwG NJW 1989, 313; BSG BeckRS 2007, 41020.
50 Wendl/Dose UnterhaltsR/Klinkhammer § 2 Rn. 326.
51 Vgl. ausführlich Heiß/Born UnterhaltsR-HdB/ Hußmann Kap. 16 Rn. 16.
52 Ebenso Künkel FamRZ 1994, 540;.

Satz 1 SGB XII auf die Sozialhilfeaufwendungen hat nicht den Zweck einzelnen Mitgliedern der Bedarfsgemeinschaft einen finanziellen Vorteil zulasten des Sozialhilfeträgers zu verschaffen, indem sie neben erfolgter Bedarfsdeckung durch die Sozialhilfe Unterhaltsbeiträge vereinnahmen, nur weil Reibungspunkte zwischen den beiden Rechtsgebieten Unterhalts- und Sozialhilferecht bestehen. Insofern liegt in einer variablen Auswahl des Aufteilungsmodus kein Verstoß gegen den Gleichbehandlungsgrundsatz oder das Willkürverbot, denn die unterschiedlichen Fallsituationen bedürfen gerade einer individuellen und keiner pauschalen Lösung, wenn das vorrangige Gesetzesziel des § 94 SGB XII in der Wiederherstellung des Nachrangprinzips zu sehen ist. Anders sind die Fälle zu beurteilen, in denen der Unterkunftsbedarf bereits durch **bestandskräftigen Sozialhilfebescheid** den einzelnen Mitgliedern der Bedarfsgemeinschaft zugeordnet wurde. Dieser bestimmt auch die Höhe der Sozialhilfeaufwendungen, auf die ein Anspruchsübergang begrenzt ist.

III. Ausschluss des Anspruchsübergangs

1. Ausschluss bei laufenden Zahlungen § 94 Abs. 1 Satz 2 SGB XII. Nach § 94 Abs. 1 Satz 2 SGB XII ist der Übergang des Anspruchs ausgeschlossen, soweit der Unterhaltsanspruch durch laufende Zahlung erfüllt wird. Bereits der Sinn der Vorschrift wird unterschiedlich beurteilt. Da sich die Rechtsfolgen des § 94 Abs. 1 Satz 2 SGB XII bereits aufgrund zivilrechtlicher Vorschriften ergeben, wird die Regelung teilweise für **überflüssig** gehalten.[53] So kann ein Anspruchsübergang bei rechtzeitiger Leistungserbringung durch den Unterhaltspflichtigen nicht erfolgen, da der Anspruch nach § 362 Abs. 1 BGB erlischt. Erbringt der Unterhaltsschuldner Leistungen, ohne dass er von dem Anspruchsübergang Kenntnis hat, muss das Sozialamt diese Zahlungen nach §§ 412, 407 Abs. 1 BGB gegen sich gelten lassen. Hier liegt zudem rechtlich kein Ausschluss des Übergangs vor, sondern Erfüllung des übergegangenen Anspruchs. Auch für künftige Unterhaltsansprüche bedarf es der Regelung des § 94 Abs. 1 Satz 2 SGB XII nicht, da diese Ansprüche ohnehin noch nicht auf den Sozialhilfeträger übergegangen sind, so dass ohne Weiteres durch rechtzeitige Zahlung an den Unterhaltsberechtigten erfüllt werden kann. 39

Die Vorschrift dient jedoch mE der **Klarstellung**, dass auch bei bereits rechtshängiger Klage oder bei bestehendem Titel des Sozialhilfeträgers auf künftige Leistungen, der Unterhaltspflichtige durch rechtzeitige Zahlung direkt an den Hilfeempfänger noch mit befreiender Wirkung leisten kann.[54] § 94 Abs. 1 Satz 2 SGB XII steht insofern in engem Zusammenhang mit der ebenfalls zum 27.6.1993 durch das FKPG ausdrücklich eingeführten Berechtigung des Sozialhilfeträger, auch auf künftige Leistungen klagen zu können (§ 94 Abs. 4 Satz 2 SGB XII, bisher § 91 Abs. 3 Satz 2 BSHG). Durch die Möglichkeit der Erfüllung durch laufende Leistungen direkt an den Hilfeempfänger wird zum Ausdruck gebracht, dass § 94 Abs. 4 Satz 2 SGB XII nicht den im Sozialhilferecht geltenden Grundsatz des Vorrangs der Selbsthilfe verdrängen soll. Zahlt der Unterhaltspflichtige trotz entsprechenden eigenen Titels des Sozialhilfeträgers nunmehr laufend an den Hilfeempfänger, ist eine Vollstreckung aus dem Titel unzulässig und kann vom Unterhaltspflichtigen erfolgreich mit der **Vollstreckungsgegenklage** nach § 767 ZPO abgewehrt werden. Der Sozialhilfeträger kann aber vom Hilfeempfänger die zu Unrecht gewährten Hilfeleistungen nach §§ 45, 50 SGB X zurückfordern. 40

Die Vorschrift wird zum Teil wegen des ansonsten fehlenden Regelungsgehalts weitergehender verstanden. Sie soll dem Unterhaltsschuldner für einen gewissen Zeitraum nach Anspruchsübergang noch ermöglichen direkt an den Hilfeempfänger mit befreiender Wirkung zu leisten, obwohl der Unterhaltsschuldner von dem bereits erfolgten Anspruchsübergang auf das Sozialamt 41

---

53 Schellhorn/Schellhorn FuR 1993, 261 (263); Münder NJW 1994, 494.

54 So auch MAH FamR-Günther § 12 Rn 76; Günther FamFR 2012, 457; ähnlich Münder FuR 1997, 281.

weiß.⁵⁵ Damit wird in der Vorschrift quasi eine Ausweitung des § 407 Abs. 1 BGB auch für den Fall der Bösgläubigkeit gesehen. Als Begründung wird angeführt, dass der Unterhaltsschuldner hierdurch mit laufenden Zahlungen an den Gläubiger beginnen kann, ohne dem Risiko einer zusätzlichen Inanspruchnahme durch den Sozialhilfeträger ausgesetzt zu sein.⁵⁶

42 Einer derartigen Auslegung steht aber der Wortlaut des § 94 Abs. 1 Satz 2 SGB XII entgegen, da Zahlungen nach Fälligkeit verspätet sind und demnach keine „laufenden Zahlungen" sein können, zumal ein „Ausschluss" des Anspruchsübergangs voraussetzt, dass noch kein Anspruchsübergang stattgefunden hat. Nach § 94 Abs. 1 Satz 2 SGB XII muss es sich um „laufende Zahlungen" handeln. Hier kommt es auf die Rechtzeitigkeit der Leistung an.⁵⁷ Zahlungen nach Fälligkeit sind Zahlungen auf Unterhaltsrückstände. Nach §§ 1585 Abs. 1 Satz 2, 1612 Abs. 3 Satz 1 BGB ist Unterhalt monatlich im Voraus zu zahlen. Damit ist nach hM der Monatserste gemeint.⁵⁸ Die Ansicht eine laufende Zahlung im Sinne des § 94 Abs. 1 Satz 2 SGB XII liege noch bis zu zwei Monaten nach Fälligkeit vor,⁵⁹ überzeugt daher nicht. Zahlungszeitpunkt ist das Absenden des Geldbetrags und nicht der Eingang auf dem Konto des Empfängers.⁶⁰ Hat der Unterhaltspflichtige demnach nicht bis zum Monatsersten die Zahlung angewiesen, leistet er verspätet und erbringt keine „laufende Zahlung", so dass der Anwendungsbereich des § 94 Abs. 1 Satz 2 SGB XII gar nicht eröffnet ist. Ebenso ergibt sich aus dem Wortlaut „der Übergang des Anspruchs ist ausgeschlossen", dass die laufende Zahlung vor dem Anspruchsübergang erfolgen muss. „Ausgeschlossen" bedeutet nicht, dass zunächst ein Anspruchsübergang stattfindet, dieser aber unter der auflösenden Bedingung steht, dass nicht bis zum Monatsende Zahlungen direkt an den Hilfeempfänger erfolgen.⁶¹ Die Annahme eines aufschiebend bedingten Forderungsübergangs findet im Gesetz keine Stütze.⁶² Selbst Zahlungen des Unterhaltspflichtigen direkt an den Hilfeempfänger noch innerhalb des Monats für den die Hilfe gewährt wurde, sind demnach keine laufenden Zahlungen iSd § 94 Abs. 1 Satz 2 SGB XII.

43 Zusammenfassend kann der Unterhaltsschuldner also durch laufende Zahlungen direkt an die leistungsberechtigte Person erfüllen. Die Kenntnis vom Sozialhilfebezug steht dem nicht entgegen. Leistet der Sozialhilfeträger in Unkenntnis der Unterhaltszahlung, ist er darauf beschränkt, die zu Unrecht gewährte Sozialhilfe vom Leistungsempfänger zurück zu fordern.

44 **2. Ausschluss bei Leistungsberechtigten nach § 19 SGB XII, § 94 Abs. 1 Satz 3 1. Hs. 1. Alt. SGB XII.** § 94 Abs. 1 Satz 3 1. Hs. 1. Alt. SGB XII bestimmt, dass die sozialhilferechtlichen Regelungen über den Einkommens- und Vermögenseinsatz bei dem in § 19 BSHG genannten Personenkreis abschließend sind. Die Verpflichtung zum Einsatz des Einkommens und Vermögens der Personen einer Bedarfsgemeinschaft nach § 19 SGB XII bestimmt sich also ausschließlich nach Sozialhilferecht. Neben § 19 BSHG scheidet eine Geltendmachung von Unterhaltsansprüchen aus.

45 Zur Bedarfsgemeinschaft im Rahmen der Hilfe zum Lebensunterhalt nach § 19 Abs. 1 Satz 2 SGB XII zählen die nicht getrennt lebenden Ehegatten und ihre im gemeinsamen Haushalt lebenden unverheirateten minderjährigen Kinder, die ihren Lebensunterhalt nicht selbst sicherstellen können. Die Bedarfsgemeinschaft bei der Hilfe zur Gesundheit, Eingliederungshilfe für behinderte Menschen, Hilfe zur Pflege, Hilfe zur Überwindung besonderer sozialer Schwierigkeiten und Hilfe in anderen Lebenslagen nach § 19 Abs. 3 SGB XII (bisher als Hilfe in besonderen Lebenslagen zusammengefasst in § 28 BSHG) bezieht darüber hinaus auch die außerhalb des Haushalts lebenden minderjährigen unverheirateten Kinder mit ein.

---

55 Scholz FamRZ 1994, 1; Künkel FamRZ 1994, 540; Derleder/Bartels FamRZ 1995, 1111.
56 Künkel FamRZ 1994, 540.
57 Schellhorn/Schellhorn FuR 1993, 261.
58 BGH FamRZ 1988, 604.
59 Derleder/Bartels FamRZ 1995, 1111.
60 OLG Köln FamRZ 1985, 1031; FamRZ 1990, 1243.
61 So Künkel FamRZ 1994, 540.
62 Derleder/Bartels FamRZ 1995, 1111.

Bei nicht getrennt lebenden Ehegatten bzw. Lebenspartnern kann also nicht etwa neben den Bestimmungen des Sozialhilferechts ein Unterhaltsanspruch nach § 1360 BGB im Rahmen des Familienunterhalts auf den Sozialhilfeträger übergehen.

3. Ausschluss bei Verwandten ab dem 2. Grade, § 94 Abs. 1 Satz 3 1. Hs. 2. Alt. SGB XII. § 94 Abs. 1 Satz 3 Hs. 1, 2. Alt. SGB XII beschränkt den Anspruchsübergang auf Verwandte ersten Grades. Damit ist der Übergang von Unterhaltsansprüchen **gegen Großeltern und Urgroßeltern** sowie **Enkel und Urenkel** ausgeschlossen. Umstritten sind die Auswirkungen dieser Regelung auf den zivilrechtlichen Unterhaltsanspruch. Dabei sind zwei Konstellationen zu unterscheiden:

Die erste Konstellation betrifft die Geltendmachung von Unterhaltsansprüchen, **ohne dass Sozialhilfe gewährt wurde.** Dazu zählen die Fälle, in denen der Unterhaltsberechtigte, ohne Sozialhilfe in Anspruch zu nehmen, direkt an den Unterhaltspflichtigen herangetreten ist, aber auch Fälle, in denen der Unterhaltsberechtigte, der bereits Sozialhilfe erhält, Unterhalt für die Zukunft geltend macht. Teilweise wird vertreten, der zivilrechtliche Unterhaltsanspruch sei durch die Ausschlussregelung des SGB XII begrenzt worden. So könne etwa der in Anspruch genommene Großvater gegenüber seinem Enkel einwenden, der Enkel sei nicht unterhaltsbedürftig, da ihm Sozialhilfeleistungen zustehen. Der Nachranggrundsatz der Sozialhilfe wandle sich hier in einen Vorrang um.[63] Die Gegenansicht hält am Nachranggrundsatz fest. Der Gesetzgeber verfolge mit der Ausschlussregelung des § 94 SGB XII andere Ziele.[64]

Diese Auffassung überzeugt. Die Bundesregierung begründete ihren Gesetzentwurf damit, dass die Heranziehung entfernterer Verwandter nicht mehr den gewandelten gesellschaftlichen Anschauungen entspreche. Nach Auflösung der in Wohngemeinschaft lebenden Großfamilie sei das Verständnis für eine Heranziehung zum Ausgleich gewährter Sozialhilfeleistungen schon zwischen Großeltern und Enkeln nicht mehr vorhanden. In der Praxis käme es immer wieder vor, dass ältere Menschen auf Sozialhilfe verzichten, weil sie befürchten, dass ihre Kinder oder Enkel zum Ausgleich in Anspruch genommen werden. Zudem sei eine fühlbare Verwaltungsvereinfachung zu erwarten, da dem Ausfall der ohnehin nur geringen Einnahmen aus Unterhaltsleistungen entfernter Verwandter eine beträchtliche Minderung des Verwaltungsaufwandes gegenüberstehe.[65] Dass aber § 94 SGB XII darüber hinaus den Subsidiaritätsgrundsatz aufheben wollte oder sogar direkt die bürgerlich-rechtlichen Unterhaltsvorschriften abändern wollte, ist nicht erkennbar. Dann hätte der Gesetzgeber, dem die Diskrepanzen zwischen dem bürgerlichen Unterhaltsrecht und den sozialhilferechtlichen Regelungen bekannt sind, die §§ 1601 ff. BGB unmittelbar abgeändert,[66] zumal in der Gesetzesbegründung ausdrücklich bestimmt wurde, dass einer Neuregelung des bürgerlichen Unterhaltsrechts nicht vorgegriffen wird.[67] Deshalb kann der Großvater den Enkel nicht auf Sozialhilfe verweisen. Andererseits darf der Sozialhilfeträger die Hilfegewährung nicht davon abhängig machen, dass der Hilfesuchende einen Unterhaltsanspruch an ihn abtritt. Ebenso unzulässig ist es, den Hilfesuchenden auf den Weg der Selbsthilfe zu verweisen, um die Vorschrift des § 94 SGB XII zu umgehen. Beides stünde dem Gesetzeszweck der Ausschlussregelung entgegen. Tatsächlich eingehende Unterhaltsleistungen dürfen vom Sozialamt deshalb auch nur als Einkommen zugerechnet werden, wenn sie ohne Zutun des Sozialamtes erbracht worden sind. Faktisch hat demnach der Enkel ein Wahlrecht, Sozialhilfe zu beantragen oder die Großeltern auf Unterhalt in Anspruch zu nehmen.[68]

Die zweite Konstellation betrifft den Fall, dass Unterhalt für einen Zeitraum gefordert wird, in dem **bereits Sozialhilfeleistungen erbracht wurden.** Hier wird vielfach gefordert, die gewährte Sozialhilfe auf den unterhaltsrechtlichen Bedarf anzurechnen, damit der Unterhaltsberechtigte

---

63 Schellhorn FuR 1990, 20 mwN.
64 BGH NJW 1992, 115; Giese FamRZ 1982, 11; LG Offenburg FamRZ 1984, 307.
65 BT-Drs. 7/308, 19.
66 BGH NJW 1992, 115.
67 BT-Drs. 7/308, 19.
68 Vgl. Heiß/Born UnterhaltsR-HdB/Hußmann Kap. 16 Rn. 21.

keine Doppelleistungen erhält.⁶⁹ Zu Recht hält der BGH hingegen an dem Grundsatz fest, dass Sozialhilfeleistungen subsidiär sind und die Unterhaltsbedürftigkeit nicht mindern.⁷⁰ Häufig wird jedoch einer Geltendmachung trotz Bezugs von Sozialhilfeleistungen der Grundsatz von Treu und Glauben entgegenstehen.⁷¹

51 Die Möglichkeit den Einwand **unzulässiger Rechtsausübung** im Rahmen des § 242 BGB zuzubilligen, anstatt generell eine Bedürftigkeit abzulehnen, ist vorzuziehen. Sie ermöglicht es von Fall zu Fall eine angemessene und interessengerechte Lösung zu finden. Würde die Hilfe immer als bedarfsmindernd berücksichtigt, könnte sich der Unterhaltspflichtige seiner Zahlungspflicht entziehen, indem er den Unterhaltsberechtigten durch konsequente Zahlungsverweigerung und Beschreiten des Instanzenwegs zunächst in die Hilfebedürftigkeit treiben würde, um dann letztendlich – zumindest für die Zeit, für die bereits Sozialhilfe gewährt wurde – wegen fehlender Bedürftigkeit des Berechtigten zu obsiegen.

52 **4. Ausschluss bei Gewährung von Leistungen der Grundsicherung im Alter und bei Erwerbsminderung, § 94 Abs. 1 Satz 3 2. Hs. SGB XII.** Die Vorschrift ist im Rahmen der Reform des Sozialrechts zum 1.5.2005 eingefügt worden. Sie wurde erforderlich, da die Leistungen zur Grundsicherung im Alter und bei Erwerbsminderung, die bislang im GSiG geregelt waren, ebenfalls als Sozialhilfeleistungen ins SGB XII (§§ 41–46) aufgenommen wurden. Da § 43 SGB XII Sondervorschriften zur Berücksichtigung von Unterhaltsansprüchen enthält, war deren Vorrang zu bestimmen.

53 Allerdings ist vom Wortlaut her nur der Anspruchsübergang bei Kindern und bei Eltern ausgeschlossen, nicht hingegen beim getrennt lebenden oder geschiedenen Ehegatten. Bislang sah das GSiG keine Heranziehungsvorschrift vor, so dass über die Leistungen nach dem GSiG überhaupt erst nach abschließender Geltendmachung der Unterhaltsansprüche entschieden wurde. Ob nunmehr ein gesetzlicher Anspruchsübergang beim Ehegattenunterhalt erfolgen soll, ist der Gesetzesbegründung nicht zu entnehmen. Vom Wortlaut her ermöglicht § 94 Abs. 1 Satz 3 2. Hs. SGB XII dies jedenfalls. Damit würde auch einem praktischen Bedürfnis Rechnung getragen, nicht die Entscheidung über die Grundsicherungsleistung bis zur Entscheidung über den Ehegattenunterhalt aufzuschieben, sondern wie bei der sonstigen Sozialhilfegewährung über § 94 SGB XII Regress nehmen zu können. Mit dem Angehörigenentlastungsgesetz wurde zum 1.1.2020 durch § 94 Abs. 1a SGB XII eine einheitliche Einkommensgrenze von 100.000 EUR eingeführt.

54 **5. Ausschluss bei Schwangerschaft und Kinderbetreuung, § 94 Abs. 1 Satz 4 SGB XII.** Unterhaltsansprüche gegenüber Verwandten ersten Grades sind ausgeschlossen, wenn eine Person schwanger ist oder ihr leibliches Kind bis zur Vollendung des sechsten Lebensjahres betreut. Die Regelung wurde 1992 im Rahmen des Schwangeren- und Familienhilfegesetzes aufgenommen und steht im Zusammenhang mit der Neuregelung der strafrechtlichen Vorschriften zum Schwangerschaftsabbruch. Ziel der Regelung ist es, die Atmosphäre zwischen der Frau und deren Eltern nicht durch mögliche Regressansprüche des Sozialhilfeträgers zu belasten.⁷² Die Entscheidung der Frau, das Kind auszutragen oder aber einen Schwangerschaftsabbruch vornehmen zu lassen, soll nicht durch eine drohende Inanspruchnahme der nächsten Angehörigen beeinflusst werden. Dennoch gilt der Ausschluss nach dem eindeutigen Wortlaut der Vorschrift unbedingt. Eine konkrete **Schwangerschaftskonfliktlage** ist insofern nicht notwendig.⁷³ Der Ausschluss des Anspruchsübergangs gilt sogar, wenn die Hilfeempfängerin selbst ihre Verwandten in Anspruch nimmt. In diesem Fall entsprechen die Auswirkungen auf den zivilrechtlichen

---

69 Knopp/Fichtner BSHG, 7. Aufl. 1992, BSGH § 91 Rn. 1 b mwN.
70 BGH FamRZ 1999, 843; FamRZ 1993, 417; FamRZ 1992, 41.
71 BGH FamRZ 1993, 417; FamRZ 1999, 843.
72 BT-Drs. 12/2875, 97.
73 Schellhorn/Schellhorn FuR 1993, 261.

Unterhaltsanspruch den Folgen des Ausschlusses von Unterhaltsansprüchen gegen Verwandte zweiten Grades.

Eine wesentliche Änderung gegenüber der Vorgängervorschrift des § 91 BSHG ergibt sich dadurch, dass nunmehr **geschlechtsneutral** auch bei einem betreuenden Vater der Ausschluss gilt, während er nach § 91 Abs. 1 Satz 3 BSHG nur gegenüber den Verwandten der leiblichen Mutter galt. Die Regelung ist nicht anwendbar bei der Betreuung von Adoptivkindern, Pflegekindern oder Stiefkindern. In erster Linie betrifft der Ausschluss Unterhaltsansprüche gegen die Eltern des betreuenden Hilfeempfängers, doch auch Ansprüche gegen bereits leistungsfähige Kinder des Hilfeempfängers sind erfasst. Von der Regelung nicht berührt werden Ansprüche der Mutter gegen den Vater des Kindes, da dieser kein Verwandter ist. Ansprüche des Kindes fallen ohnehin nicht in den Anwendungsbereich der Vorschrift. 55

Betreuung bedeutet nicht notwendig, dass die Betreuung ausschließlich durch die leistungsberechtigte Person erfolgt. Die Vorschrift ist auch dann anwendbar, wenn das Kind tagsüber anderweitig untergebracht ist und die Person einer Erwerbstätigkeit nachgeht. Anders als beim Mehrbedarfszuschlag nach § 30 Abs. 3 SGB XII muss die betreuende Person auch nicht allein für die Pflege und Erziehung des Kindes sorgen, sondern kann die Betreuung mit dem anderen Elternteil gemeinsam ausüben.[74] 56

6. Ausschluss bei Ansprüchen nach §§ 115, 116 SGB X, § 94 Abs. 1 Satz 5 SGB XII. Der Anspruchsübergang von Ansprüchen des Leistungsberechtigten gegen seinen Arbeitgeber (§ 115 SGB X) oder von Schadensersatzansprüchen gegen Dritte (§ 116 SGB X) ist vorrangig. Ein Anspruchsübergang gegen Unterhaltspflichtige ist insofern ausgeschlossen. Die Regelung dürfte eher deklaratorischen Charakter haben, da im Umfang derartiger Ansprüche auch eine unterhaltsrechtliche Bedürftigkeit ausgeschlossen sein wird. 57

7. Ausschluss anteiliger Unterkunftskosten bei Empfängern der Hilfe zum Lebensunterhalt, § 94 Abs. 1 Satz 6 SGB XII (bis 31.12.2015). Die Vorschrift erklärte § 105 Abs. 2 SGB XII beim Übergang von Unterhaltsansprüchen von Leistungsberechtigten der Hilfe zum Lebensunterhalt für entsprechend anwendbar. § 105 SGB XII regelte die Kostenersatzpflicht von Leistungsempfängern, die Doppelleistungen mehrerer Sozialleistungsträger erhielten. Nach § 105 Abs. 2 Satz 1 SGB XII unterlagen 56 % der Kosten der Unterkunft, mit Ausnahme der Kosten für Heizungs- und Warmwasserversorgung, nicht der Rückforderung unterliegen. Dies soll lediglich nicht gelten für den Fall des § 45 Abs. 2 Satz 3 SGB X (Entfall des Vertrauensschutzes wegen besonders schwerer Sorgfaltspflichtverletzung, Täuschung etc) oder aber wenn neben der Hilfe zum Lebensunterhalt gleichzeitig Wohngeld nach dem Wohngeldgesetz gewährt worden ist. Die Verweisung in § 94 Absatz 1 Satz 6 SGB XII auf § 105 Absatz 2 SGB XII schloss auch die Kosten für die Unterkunft im Rahmen einer stationären Einrichtung ein. Deshalb gingen 56 % der Wohnkosten (mit Ausnahme für Warmwasser und Heizung) auch dann nicht auf den Sozialhilfeträger über, wenn der Hilfeempfänger in einem Heim lebte.[75] 58

Zum 1.1.2016 wurde die Vorschrift ersatzlos gestrichen. Zur Begründung wurde seinerzeit ausgeführt, dass die Verweisung in § 94 systematisch fehl gehe, da die Vorschrift auf die Erstattung von Sozialleistungen durch einen Dritten und nicht durch die leistungsberechtigte Person selbst abziele. Zudem bestünde aufgrund des Nachranggrundsatzes eine Verpflichtung, den nicht „übergeleiteten" Anspruch (Anmerkung: Es wird sogar verkannt, dass ein gesetzlicher Anspruchsübergang erfolgt) durch die leistungsberechtigte Person selbst geltend zu machen und bedarfsdeckend einzusetzen. Somit müssten zwei Verfahren geführt werden, für die kein Bedürfnis bestehe.[76] Die diesbezügliche Begründung steht im krassen Gegensatz zur seinerzeitigen Gesetzesbegründung. § 105 Abs. 2 SGB XII war bedingt durch die Änderung des Wohngeldge-

---

74 Schellhorn BSHG § 91 Rn. 65.
75 Wendl/Dose UnterhaltsR/Klinkhammer § 8 Rn. 70; wohl ebenso VGH München Urt. v. 27.4.2010 – BeckRS 2011, 46398.
76 BT-Drs. 18/6284, 32.

setzes zum 1.1.2005. Seit dem 1.1.2005 sind gem. § 1 Abs. 2 WoGG ua Empfänger von Leistungen des Arbeitslosengeldes II und des Sozialgeldes nach dem SGB II, von Leistungen der bedarfsorientierten Grundsicherung im Alter und bei Erwerbsminderung nach den §§ 41–43 SGB XII und von laufenden Leistungen der Hilfe zum Lebensunterhalt nach dem SGB XII von Wohngeld nach dem WoGG ausgeschlossen. Zuvor erhielten Sozialhilfeempfänger Wohngeld nach dem WoGG. Da das Wohngeldgesetz keine Regressmöglichkeit gegen Unterhaltspflichtige vorsah, reduzierte sich deren Inanspruchnahme auf die insofern niedrigeren Sozialhilfeaufwendungen. Ein übersteigender Unterhaltsanspruch verblieb bei der leistungsberechtigten Person. Seit dem 1.1.2005 steigen die Sozialhilfeaufwendungen um den bis dahin durch die Inanspruchnahme von Wohngeld gedeckten Bedarf an, mit der Konsequenz, dass ein Anspruchsübergang in voller Höhe stattfände. Dies hätte eine deutliche Verschlechterung für die leistungsberechtigte Person bedeutet. Der Unterhaltsanspruch wäre in erheblich größerem Umfang auf den Sozialhilfeträger übergegangen und bei übersteigenden Unterhaltsansprüchen wäre für die leistungsberechtigte Person entsprechend weniger verblieben. Durch § 94 Abs. 1 Satz 6 SGB XII wurde im Ergebnis die bis zum 31.12.2004 geltende Rechtslage, wonach der Anteil des Wohngeldes an den Unterkunftskosten nicht erstattungsfähig war, beibehalten. Faktisch spart nunmehr der Sozialleistungsträger das frühere Wohngeld ein, das der leistungsberechtigten Person gerade verbleiben sollte. Für Unterhaltsrückstände bis zum 31.12.2015 verbleibt es beim Ausschluss des Anspruchsübergangs.

59 **8. Ausschluss des Anspruchs bei Eltern und Kindern, deren jährliches Gesamteinkommen nicht mehr als 100 000 EUR beträgt, § 94 Abs. 1a SGB XII. a) Gesamteinkommen.** Durch das Angehörigen-Entlastungsgesetz wird der Übergang des Unterhaltsanspruchs bei Eltern für ihre Kinder und Kinder für ihre Eltern mit Wirkung zum 1.1.2020 erheblich eingeschränkt. Ein Anspruchsübergang erfolgt nur noch, wenn der Unterhaltspflichtige über ein Gesamtjahreseinkommen nach § 16 SGB IV von mehr als 100.000 EUR verfügt.

Gesamteinkommen ist die Summe der Einkünfte im Sinne des Einkommensteuerrechts; es umfasst insbesondere das Arbeitsentgelt und das Arbeitseinkommen. Einkünfte im Sinne des Einkommensteuerrechts sind nach § 2 Abs. 1 EStG:

- Einkünfte aus nichtselbstständiger Arbeit (§ 19 EStG)
- Einkünfte aus Land- und Forstwirtschaft (§ 13 EStG, § 14 EStG)
- Einkünfte aus Gewerbebetrieb (§§ 15–17 EStG)
- Einkünfte aus selbstständiger Arbeit (§ 18 EStG)
- Einkünfte aus Kapitalvermögen (§ 20 EStG)
- Einkünfte aus Vermietung und Verpachtung (§ 21 EStG)
- sonstige Einkünfte (§ 22 EStG)

Arbeitsentgelt (Einkünfte aus nichtselbständiger Arbeit) sind alle laufenden oder einmaligen Einnahmen aus einer Beschäftigung, gleichgültig, ob ein Rechtsanspruch auf die Einnahmen besteht, unter welcher Bezeichnung oder in welcher Form sie geleistet werden und ob sie unmittelbar aus der Beschäftigung oder im Zusammenhang mit ihr erzielt werden, § 14 SGB IV. Absetzbar sind die Werbungskosten.[77] Bei Arbeitseinkommen (Einkünften aus Land- und Forstwirtschaft, Gewerbebetriebe und selbstständiger Arbeit) wird der steuerliche Gewinn zugrunde gelegt, § 15 SGB IV. Allerdings sind Verlustvorträge bzw. Verlustrückträge nach § 10d EStG bei der Ermittlung des Gesamteinkommens nach § 16 SGB IV nicht zu berücksichtigen. Bei Einkünften aus Kapitalvermögen ist der Sparer-Freibetrag in Abzug zu bringen.[78] Bei Einkünften aus Vermietung und Verpachtung sind abweichend vom Steuerrecht Absetzungen für Abnutzung und Substanzverringerung weder gem. § 7 EStG noch gem. §§ 7a und 7b EStG abzuset-

---

77 BSG BeckRS 1981, 30708073.
78 BSG NJW 2003, 2853.

zen.⁷⁹ Sonstige Einkünfte § 22 EStG sind beispielsweise Renten aus der gesetzlichen Rentenversicherung. Diese sind jedoch nur mit ihrem Ertragsanteil bei dem Gesamteinkommen zu berücksichtigen.⁸⁰ Auch eine in Monatsraten gezahlte Abfindung gehört zum Gesamteinkommen nach § 16 SGB IV,⁸¹ ebenso wie eine private Altersrente.⁸²

Nicht abzuziehen sind die einkommenssteuerrechtlichen individuellen Absetzungen, beispielsweise die Entlastungsbeträge nach § 24a EStG und § 24b EStG, der Abzug nach § 13 Abs. 3 EStG, Sonderausgaben (§§ 10 bis 10c EStG), außergewöhnliche Belastungen (§§ 33 bis 33c EStG), Freibeträge nach § 32 Abs. 6 EStG (für Kinder) und sonstige vom Einkommen abzuziehende Beträge zB § 46 Abs. 3 EStG.⁸³

Einzelne Einkunftsarten sind zusammenzurechnen. Bei der Ermittlung der Summe der Einkünfte sind auch der horizontale Verlustausgleich (innerhalb einer Einkunftsart) und – eingeschränkt – der vertikale Verlustausgleich (zwischen verschiedenen Einkunftsarten) zu berücksichtigen.⁸⁴

b) Auskunftsansprüche. Nach § 94 Abs. 1a Satz 2 SGB XII wird vermutet, dass das Einkommen der unterhaltsverpflichteten Personen nach S. 1 die Jahreseinkommensgrenze nicht überschreitet. Hieraus ergibt sich, dass keine Überprüfungspflicht des Sozialhilfeträgers besteht. Allerdings ist diese Vermutung widerlegbar. Dementsprechend gewährt § 94 Abs. 1 Buchst. a S. 3 SGB XII dem Sozialhilfeträger zunächst die Möglichkeit, von den Leistungsberechtigten Angaben zu verlangen, die Rückschlüsse auf die Einkommensverhältnisse der Unterhaltspflichtigen nach Satz 1 zulassen. Hierzu wird im Regelfall die Vorlage des aktuellsten Einkommensteuerbescheides, bzw. einer aktuellen Aufstellung der Gesamteinkünfte ausreichen. Erst wenn dann im Einzelfall hinreichende Anhaltspunkte für ein Überschreiten der Jahreseinkommensgrenze vorliegen, ist nach § 94 Abs. 1a SGB XII der Auskunftsanspruch nach § 117 SGB XII gegeben. Hieraus folgt, dass zunächst einmal noch nicht die umfassende Auskunftspflicht nach § 117 SGB XII besteht sondern faktisch der Auskunftsanspruch des Sozialhilfeträgers gestaffelt ist. Der Anspruch beschränkt sich zunächst auf die Einholung der Grundinformation durch Steuerbescheid bzw. aktuelles Jahreseinkommen.⁸⁵ Liegen dann Anhaltspunkte vor, dass ein Anspruchsübergang erfolgt, weil das Jahreseinkommen über 100.000 EUR liegt, besteht der umfassende Auskunftsanspruch nach § 117 SGB XII und auch der weitergehende unterhaltsrechtliche Auskunftsanspruch nach § 1605 BGB, der nach § 94 Abs. 1 Satz 1 SGB XII mit übergeht.

c) Personenkreis. Vom Ausschluss des Anspruchsübergangs erfasst sind Unterhaltsansprüche von Kindern gegenüber ihren Eltern und umgekehrt von Eltern gegenüber ihren Kindern. Ausgenommen sind Ansprüche minderjähriger Kinder, die Leistungen der Hilfe zum Lebensunterhalt nach dem 3. Kapitel des SGB XII erhalten.

d) Auswirkungen. Da die Vorschrift nur den Übergang des zivilrechtlichen Unterhaltsanspruchs auf den Sozialhilfeträger betrifft, bleiben die gesetzlichen Unterhaltsansprüche von Eltern gegen ihre Kinder bzw. von volljährigen Kindern gegen ihre Eltern hiervon unberührt. Dies bedeutet, dass beispielsweise bei mehreren unterhaltsrechtlich leistungsfähigen Kindern, die ihren Eltern gegenüber zum Unterhalt verpflichtet sind, auch weiterhin eine Quotierung der Unterhaltsansprüche vorzunehmen ist. Die Ansprüche gegen die Kinder deren Jahreseinkommen unter 100.000 EUR liegt, gehen zwar nicht auf den Sozialhilfeträger über. Dennoch muss der Sozialhilfeträger zur schlüssigen Darlegung des Anspruchs gegen das Kind, das über 100.000 EUR verdient, auch die Unterhaltsansprüche gegen die Geschwister überprüfen. Nur der so ermittelte Unterhaltsanspruch gegen das Kind mit dem Einkommen von über 100.000 EUR geht auf den Sozialhilfeträger über, so dass dieser trotz gegebenenfalls vollumfänglicher Leistungsfähig-

---

79 BSG BeckRS 1981, 30708073; BeckRS 1981, 30708421.
80 BSG BeckRS 1979, 700.
81 BSG NJOZ 2006, 1269.
82 BSG BeckRS 2006, 41080.
83 Zieglmeier in KassKomm SGB IV § 16 Rn. 7.
84 Zieglmeier in KassKomm SGB IV § 16 Rn. 14.
85 Schramm NJW-Spezial, 2020, 452.

keit zur Deckung der gesamten Sozialhilfeaufwendungen nur Teilbeträge erstattet erhält. Das Kind mit dem Einkommen von über 100.000 EUR haftet nicht für die auf seine Geschwister entfallenden Unterhaltsansprüche, für die ein Ausschluss des Anspruchsübergangs gegeben ist.

63 **9. Beschränkung des Anspruchs einer volljährigen unterhaltsberechtigten Person bei der Eingliederungshilfe für Behinderte nach dem SGB IX und der Hilfe zur Pflege nach dem SGB XII, § 94 Abs. 2 SGB XII.** Durch die Änderung der Vorschrift zum 1.1.2005 wurde die Gleichbehandlung bei stationärer und ambulanter Unterbringung erreicht, d h der Wegfall der Schlechterstellung von Unterhaltspflichtigen der ambulant lebenden behinderten oder pflegebedürftigen Menschen.[86]

64 § 94 Abs. 2 Satz 1 SGB XII stellt eine gravierende **Begrenzung des Anspruchsübergangs** für die Eltern dar. Bei der **Eingliederungshilfe für Behinderte** (§ 99 SGB IX) und der **Hilfe zur Pflege** (Siebtes Kapitel SGB XII) ist der Betrag auf 26 EUR und bei der Hilfe zum Lebensunterhalt auf weitere 20 EUR begrenzt. Die Dynamisierung der Beträge ist an die Höhe des Kindergeldes gebunden, § 94 Abs. 2 Satz 3 SGB XII. Derzeit liegen die Beträge bei 42,21 EUR bzw. 32,47 EUR (Stand 1.1.2023). Damit ergibt sich eine Begrenzung des Anspruchsübergangs auf einen Gesamtbetrag von 74,68 EUR. Der Anspruchsübergang ist nicht davon abhängig, dass die unterhaltspflichtigen Eltern für das behinderte pflegebedürftige Kind Kindergeld erhalten.[87]

65 Nach § 94 Abs. 2 Satz 2 SGB XII wird widerlegbar vermutet, dass der Anspruch in Höhe der genannten Beträge übergeht und mehrere Unterhaltspflichtige zu gleichen Teilen haften. Allerdings ist die Regelung insofern problematisch, als sie dem Wortlaut nach eine **Beweislastumkehr** bestimmt. Der unterhaltspflichtige Elternteil soll die Vermutung der Leistungsfähigkeit widerlegen. Der Anspruchsübergang auf den Sozialhilfeträger lässt jedoch den Unterhaltsanspruch in seinem Wesen unverändert. Dies bedeutet, dass im Unterhaltsverfahren das volljährige Kind **darlegungs- und beweispflichtig** für das Bestehen des Unterhaltsanspruchs ist.[88]

66 Es obliegt nach § 94 Abs. 2 Satz 2 SGB XII dem Elternteil, der mit der Heranziehung des auf ihn entfallenden Unterhaltsbeitrags nicht einverstanden ist, darzulegen, dass er nicht im geforderten Umfang leistungsfähig ist. Hieran ändert meines Erachtens auch § 94 Abs. 2 Satz 2 SGB XII nichts, denn Abs. 2 soll die grundsätzliche Systematik des § 94 SGB XII nicht in Frage stellen, wonach Voraussetzung für einen Anspruchsübergang zunächst einmal ein bestehender Unterhaltsanspruch ist, der sich ausschließlich nach den zivilrechtlichen Vorschriften bestimmt. Insofern wird bereits ausreichen, dass ein unterhaltspflichtiger Elternteil behauptet, er sei im geforderten Umfang nicht leistungsfähig. Der Sozialhilfeträger wird dann den Haftungsanteil dieses Elternteils konkret ermitteln müssen. Dabei wird allerdings die **Vermutung,** dass beide Elternteile zu gleichen Teilen haften, nicht bereits widerlegt, wenn sich ergibt, dass die Haftungsquote eines Elternteils geringer ist als die des anderen Elternteils, sondern nur, wenn der zivilrechtliche Unterhaltsanspruch unter 37,34 EUR liegt.

Unklar ist das Verhältnis der Vorschrift zu § 94 Abs. 1a SGB XII. Im Hinblick auf die neue Regelung des § 94 Abs. 1a SGB XII zum 1.1.2020 wäre zu erwarten gewesen, dass die Vorschrift entfällt bzw. durch § 94 Abs. 1a SGB XII ersetzt wird. Da eine Bezugnahme fehlt, dürfte dem reinen Wortlaut nach § 94 Abs. 1a SGB XII vorrangig sein, wonach bereits generell ein Übergang von Unterhaltsansprüchen volljähriger Kinder nur erfolgt, wenn das Jahreseinkommen des Unterhaltspflichtigen über 100.000 EUR liegt. Von der Regelung des § 94 Abs. 2 SGB XII würden dann nochmals die unterhaltspflichtigen Eltern mit einem Jahreseinkommen über 100.000 EUR profitieren, da der Anspruchsübergang dann auch noch auf die Minimalbeträge der Vorschrift begrenzt ist.

---

86 BT-Drs. 15/1514, 66.
87 BGH FamRZ 2010, 1418.
88 So auch OLG Brandenburg FuR 2009, 625.

10. Ausschluss des Anspruchsübergangs bei Unterhaltspflichtigen, die selbst Empfänger von laufender Hilfe zum Lebensunterhalt sind oder dies durch die Inanspruchnahme würden, § 94 Abs. 3 Satz 1 Nr. 1 SGB XII. a) Personenkreis. Ein Anspruchsübergang ist ausgeschlossen, wenn der Unterhaltspflichtige selbst bereits Leistungsberechtigter nach dem Dritten Kapitel ist oder dies bei Erfüllung des Anspruchs würde. Dabei ist meines Erachtens nur auf den **Unterhaltspflichtigen selbst** abzustellen und nicht auf die mit ihm ggf. **in Haushaltsgemeinschaft lebenden weiteren Unterhaltsberechtigten**.[89] Dies war bereits zur bisherigen Regelung des § 91 Abs. 2 Satz 1 BSHG höchst umstritten.[90] Der BGH hat zu § 33 SGB II entschieden, dass dort die Mitglieder der Bedarfsgemeinschaft mit in die Vergleichsberechnung einzubeziehen sind, da gemäß § 9 Abs. 2 Satz 3 SGB II jede Person innerhalb der Bedarfsgemeinschaft als hilfebedürftig, und zwar im Verhältnis des eigenen Bedarfs zum Gesamtbedarf, gilt. Ist der Unterhaltspflichtige individuell nicht hilfebedürftig, weil sein Einkommen den eigenen sozialrechtlichen Bedarf vollständig abdeckt, fingiert § 9 Abs. 2 Satz 3 SGB II somit seine Hilfebedürftigkeit,[91] wenn sein Einkommen nicht ausreicht, um den Bedarf der anderen Mitglieder seiner Bedarfsgemeinschaft zu decken.[92] Dabei stellt der BGH jedoch ausdrücklich klar, dass sich hier das Recht der Grundsicherung für Arbeitssuchende nach dem SGB II grundlegend vom Recht der Sozialhilfe unterscheidet, welches zwar die gemeinsame Berücksichtigung von Einkommen und Vermögen im Rahmen der Einstandsgemeinschaft (§ 27 Abs. 2 Satz 2 SGB XII) kennt, demgegenüber aber aus systemimmanenten Gründen keine dem § 9 Abs. 2 Satz 3 SGB II vergleichbare Regelung enthält. Daher kann nach dem SGB XII derjenige, dessen Einkommen und Vermögen zur Deckung seines individuellen Bedarfs ausreicht, niemals selbst sozialhilfebedürftig werden, und zwar auch dann nicht, wenn mit seinem Einkommen der zusätzliche Bedarf der weiteren Mitglieder seiner Einstandsgemeinschaft nicht gedeckt wird.[93] Hieraus folgt mE, dass auch der BGH im Rahmen des § 94 Abs. 3 Satz 1 Nr. 1 SGB XII nur einen Ausschluss der Hilfebedürftigkeit für den Unterhaltspflichtigen gewährleistet, nicht aber für die mit ihm in Bedarfsgemeinschaft lebenden Personen.

b) Darlegungs- und Beweislast. § 94 Abs. 3 Satz 2 SGB XII regelt zudem, dass der Sozialhilfeträger die Beschränkung des Anspruchsübergangs nur zu berücksichtigen hat, wenn er von ihren Voraussetzungen durch vorgelegte Nachweise oder auf andere Weise Kenntnis hat. Damit **entfällt** die Verpflichtung zur Überprüfung **von Amts wegen**. In der Gesetzesbegründung wird ausgeführt, dass durch dieses vereinfachte Verfahren die Unterhaltspflichtigen und die Sozialhilfeträger gleichermaßen entlastet werden und dies eine deutliche Verwaltungsvereinfachung darstelle. In der Rechtsprechung wurde zum Teil die Auffassung vertreten, die sozialhilferechtliche Vergleichsberechnung nach der Vorgängervorschrift § 91 Abs. 2 Satz 1 BSHG sei Voraussetzung für die schlüssige Geltendmachung des Unterhaltsanspruchs und müsse vom Sozialhilfeträger im Prozess vorgetragen werden.[94] Dies entfällt nunmehr. Die Beschränkung wird jedoch den Ausnahmefall bilden, da zum einen die Selbstbehalte im Regelfall oberhalb des Existenzminimums liegen und Voraussetzung für den Anspruchsübergang das Bestehen eines Unterhaltsanspruchs ist. Dieser wird jedoch bei eintretender Sozialhilfebedürftigkeit häufig bereits ausscheiden, da unterhaltsrechtlich keine Leistungsfähigkeit vorliegt.[95]

c) Berechnung. Die Berechnung erfolgt zunächst durch die Feststellung des **sozialhilferechtlichen Einkommens** des Unterhaltspflichtigen. Dieses bestimmt sich nach § 82 SGB XII. Dem

---

[89] So nunmehr auch Empfehlungen des Deutschen Vereins FamRZ 2005, 1387 Rn. 188; ausführlich Heiß/Born UnterhaltsR-HdB/Hußmann Kap. 16 Rn. 30; aA SKM FamR-HdB Kap. J Rn. 77.

[90] Dafür, dass nur der Unterhaltspflichtige selbst nicht sozialhilfebedürftig werden durfte: Hampel FamRZ 1996, 513/518; Empfehlungen des 12. Deutschen Familiengerichtstages FamRZ 1998, 473; für eine Einbeziehung auch der weiteren Unterhaltsberechtigten: Schellhorn/Schellhorn FuR 1993, 261/265; Empfehlungen des Deutschen Vereins FamRZ 2002, 931/942; Günther Anwaltshandbuch Familienrecht § 12 Rn. 67.

[91] Vgl. dazu BSG FamRZ 2007, 724.
[92] BGH FamRZ 2013, 1962.
[93] BGH FamRZ 2013, 1962.
[94] OLG Saarbrücken FamRZ 1999, 1024 mwN.
[95] Vgl. BGH FamRZ 1990, 849.

Einkommen gegenübergestellt wird der **sozialhilferechtliche Bedarf** der Hilfe zum Lebensunterhalt, der sich zusammensetzt aus den Regelsätzen nach § 28, den Kosten der Unterkunft und der Heizung nach §§ 35, 42a, einem etwaigen Mehrbedarf nach § 30, einem etwaigen einmaligen Bedarf nach § 31 und sofern diese nicht bereits bei der Einkommensermittlung in Abzug gebracht wurden den Beiträgen für die Kranken- und Pflegeversicherung nach § 32 sowie der Beiträge für Vorsorge nach § 33 SGB II. Bei Schülern kommen zudem Bedarfe für Bildung und Teilhabe nach § 34 SGB XII hinzu. Wird dieser Bedarf trotz Erfüllung der Unterhaltspflichten noch durch das verbleibende Einkommen gedeckt, geht der Unterhaltsanspruch vollumfänglich auf den Sozialhilfeträger über. Anderenfalls ist der Anspruchsübergang auf Beträge beschränkt, die dem Unterhaltspflichtigen ein verbleibendes Einkommen in Höhe des Sozialhilfebedarfs gewährleisten.

70 **11. Ausschluss bei unbilliger Härte, § 94 Abs. 3 Satz 1 Nr. 2 SGB XII. a) Gesetzesentwicklung.** Bereits seit Inkrafttreten des BSHG ist die Heranziehung Unterhaltspflichtiger durch den Sozialhilfeträger ausgeschlossen, soweit dies eine Härte bedeuten würde. § 94 Abs. 3 Satz 1 Nr. 2 SGB XII übernimmt inhaltsgleich die frühere Regelung des § 91 Abs. 2 Satz 2 BSHG, so dass die bisherige Rechtsprechung weitergilt. Eine Ergänzung erfolgt wie bei der Vergleichsberechnung bezüglich der unbilligen Härte, durch die Regelung des § 94 Abs. 3 Satz 2 SGB XII, wonach der Sozialhilfeträger nicht von Amts wegen nach Härtegründen suchen muss, sondern ihm diese durch vorgelegte Nachweise oder auf andere Weise bekannt werden müssen.

71 **b) Abgrenzung zu Verwirkungstatbeständen.** Die sozialhilferechtlichen Härtevorschriften sind nicht identisch mit den zivilrechtlichen Verwirkungstatbeständen. Eine Härte nach § 94 Abs. 3 Satz 1 Nr. 2 SGB XII liegt vor, wenn aus der Sicht des Sozialhilferechts **soziale Belange** berührt werden.[96] Soziale Belange können sich beispielsweise aus dem Grundsatz der **familiengerechten Hilfe** (§ 16 SGB XII), dem Grundsatz der **Nachhaltigkeit der Hilfe**[97] oder dem **Vorrang der offenen Hilfe** (§ 13 SGB XII) ergeben.

72 Die den Verwirkungstatbeständen zugrunde liegenden Billigkeitserwägungen werden hingegen aus anderer Perspektive beurteilt, beispielsweise aus einem allgemeinen Gerechtigkeitsempfinden heraus. Liegt ein Verwirkungstatbestand vor, der zum Wegfall des Unterhaltsanspruchs führt, so besteht bereits kein übergangsfähiger Anspruch. Die Härtefallprüfung setzt aber einen bestehenden Unterhaltsanspruch voraus. Die Prüfung der Verwirkungstatbestände erfolgt deshalb vor der Härtefallprüfung.

73 **c) Fallgruppen.** Die „unbillige Härte" nach § 94 Abs. 3 Nr. 2 SGB XII ist als unbestimmter Rechtsbegriff gerichtlich voll überprüfbar. Literatur und Rechtsprechung haben einige typische Fallkonstellationen zur Härte gebildet.[98] Der Grundsatz der **Nachhaltigkeit der Hilfe** und der **Vorrang der offenen Hilfe** können Anhaltspunkt für eine Härte sein. So kann eine Härte vorliegen, wenn der Unterhaltspflichtige den Hilfeempfänger pflegt und abzusehen ist, dass durch die Geltendmachung des Anspruchs die Pflegebereitschaft des Unterhaltsschuldners beeinträchtigt wird und deshalb der Hilfeempfänger demnächst auf öffentliche Hilfe angewiesen sein wird.[99] Der Grundsatz der **familiengerechten Hilfe** kann einer Inanspruchnahme entgegenstehen. Dies ist beispielsweise der Fall, wenn die Geltendmachung eines nur geringfügigen Anspruchs eine nachhaltige Störung des Familienfriedens befürchten lässt[100] oder wenn dadurch das weitere Verbleiben des Hilfeempfängers im Familienverband gefährdet würde.[101] Eine Härte wird zudem vorliegen, wenn der Unterhaltspflichtige vor dem Eintritt der Sozialhilfe den Hilfeempfänger weit **über das Maß seiner Unterhaltspflicht hinaus betreut und gepflegt** hat oder wenn eine ständige Heranziehung wegen eines durch Schwere und Dauer gekennzeichneten Bedarfs zu

---

96 BVerwGE 29, 229; BGH FamRZ 2010, 1418.
97 BVerwGE 34, 219.
98 Vgl. Empfehlungen des Deutschen Vereins FamRZ 2005, 1387 Rn. 17–21; Kleinere Schriften des Deutschen Vereins, Heft 17, 66 ff.
99 BVerwGE 34, 219.
100 BVerwGE 34, 219; 58, 209.
101 BVerwGE 58, 209.

einer **unzumutbaren Belastung** der übrigen Familienmitglieder des Unterhaltspflichtigen führen würde.[102]

Keine Härte liegt dagegen in dem **psychischen Druck**, den jede Inanspruchnahme für den Unterhaltsberechtigten mit sich bringt.[103] Ebenso wird eine Härte verneint, wenn der geschiedene Ehegatte, der die Kinder allein großgezogen hat, für den anderen Ehegatten Unterhalt zahlen soll.[104] Auch die insbesondere im Verwandtenunterhalt des Öfteren vom Unterhaltspflichtigen als Härtegrund geltend gemachte **Drohung mit Scheidung** durch den nicht unterhaltspflichtigen Ehegatten im Falle von Unterhaltsleistungen an nachrangige Verwandte, stellt in der Regel keinen Härtegrund dar.[105] Gleiches gilt, wenn der Hilfeempfänger, bevor er bedürftig geworden ist, Vermögenszuwendungen einseitig erbracht hat. So ist die Unterhaltsheranziehung des Sohnes für die Eltern nicht ausgeschlossen, wenn dessen Schwester wesentlich höhere Zuwendungen erhalten hat.[106] Schließlich liegt keine Härte vor, wenn Kinder für ihre Eltern, die Eingliederungshilfe oder Hilfe zur Pflege erhalten, in Anspruch genommen werden.[107] Hier hatte das BVerwG in einer früheren Entscheidung die Möglichkeit der Beeinträchtigung sozialer Belange gesehen.[108]

74

Vielfach wird auch als unbillige Härte angesehen, wenn der Hilfeempfänger seine **sittlichen Pflichten** gegenüber dem Unterhaltspflichtigen verletzt hat oder die **Familienbande** zwischen dem Unterhaltspflichtigen und dem Hilfeempfänger **stark gelockert** sind.[109] Die Berücksichtigung der **Verletzung einer sittlichen Pflicht** würde aber bedeuten, dass dieselbe Betrachtung vorgenommen wird, die auch bei der Beurteilung der zivilrechtlichen Verwirkungstatbestände erfolgt. Ein Verwirkungstatbestand schließt dabei eine Härte aus. Insofern würde die unbillige Härte iSd § 94 Abs. 3 Satz 1 Nr. 2 SGB XII im Grunde die Vorstufe der Billigkeitserwägungen etwa des § 1611 BGB darstellen. Wenn ein Verhalten des Hilfeempfängers noch nicht die Intensität einer schweren Verfehlung iSd § 1611 Abs. 1 BGB erreicht hat, müsste dann geprüft werden, ob es aber schon eine unbillige Härte nach § 94 SGB XII darstellt. Die Härteregelung nach § 94 SGB XII verfolgt jedoch eine andere Zielrichtung als § 1611 BGB. Während § 1611 BGB den Anspruch dem Grunde und der Höhe nach bestimmt, regelte § 91 BSHG den Ausschluss wegen **sozialer Belange**. Deshalb ist ein vergleichendes in Beziehung setzen der unbestimmten Rechtsbegriffe „billig" und „grob unbillig" in § 1611 Abs. 1 BGB mit der „unbilligen Härte" in § 94 SGB XII fehl am Platze.[110] Die Härte nach § 94 SGB XII kann nicht davon abhängen, ob sich der Unterhaltsberechtigte gegenüber dem Unterhaltsverpflichteten „nur" schwerer moralisch-sittlicher Verfehlungen schuldig gemacht hat oder ob er die zwischenmenschlichen Beziehungen zum Verpflichteten in besonders verwerflicher Weise belastet hat.[111] Die Verletzung sittlicher Pflichten wird deshalb allein nach den zivilrechtlichen Verwirkungstatbeständen zu beurteilen sein. Auch der früher anerkannte Härtegrund der **Lockerung der Familienbande** dürfte nach der Einführung des § 1611 BGB zum 1.7.1970 und der Änderung des § 91 BSHG zum 1.4.1974, die die Inanspruchnahme Unterhaltspflichtiger zweiten oder entfernteren Grades ausschloss, nicht mehr einschlägig sein. Nach Einschätzung des BVerwG sollte die Lockerung der Familienbande in erster Linie bei Weitläufigkeit der Verwandtschaft ein Härteaspekt sein.[112] Dagegen wurde der Härtegrund teilweise auch bei Verwandten ersten Grades angewandt.[113] Das BVerwG selbst hatte in einer vorangegangenen Entscheidung den Beispielfall einer Härte bei Verwandten ersten Grades gebildet, wenn der Sohn für den Vater zahlen soll, der ihn jahrelang vernachlässigt hatte.[114] Bezugnehmend auf diesen Beispielsfall wies das BVerwG später da-

75

---

102 BVerwGE 58, 209.
103 OVG Münster FEVS 23, 290.
104 OVG Bln FEVS 41, 373.
105 OVG Münster FamRZ 1994, 594.
106 OVG Münster aaO.
107 BVerwG FamRZ 1995, 803.
108 BVerwGE 58, 209.

109 Schellhorn/Schellhorn FuR 1993, 261.
110 BVerwGE 58, 209.
111 BVerwGE 58, 209.
112 BVerwGE 58, 209.
113 OVG Bln FEVS 18, 462.
114 BVerwGE 29, 229.

rauf hin, dass sich die Wertung des Begriffs „Härte" geändert habe.[115] Eine Störung zwischenmenschlicher Beziehungen, die vor Inkrafttreten des § 1611 BGB noch eine Härte iSd § 91 BSHG begründen konnte, sei seit Inkrafttreten des § 1611 BGB nicht mehr unter den Begriff Härte zu subsumieren.[116] Sofern die Zivilgerichte dieser Auffassung folgen werden, wird die Lockerung der Familienbande nur im Hinblick auf die Billigkeitserwägungen innerhalb des § 1611 BGB Berücksichtigung finden. Die Tendenz eine unbillige Härte anzunehmen, wenn die Voraussetzungen eines Verwirkungstatbestandes nicht erreicht werden, setzt sich jedoch auch in der neueren Rechtsprechung fort. So hat das OLG Frankfurt eine unbillige Härte angenommen in einem Fall, in dem der unterhaltsbegehrende Elternteil durch Kriegsfolgen nicht in der Lage war, das unterhaltsverpflichtete Kind in seiner Kindheit angemessen zu versorgen.[117] Der BGH hat die Entscheidung des OLG Frankfurt bestätigt.[118] Das OLG Hamm hingegen sieht in Fällen der Entfremdung grundsätzlich nur den Anwendungsbereich des § 1611 BGB eröffnet, der insbesondere immer ein Verschulden des Unterhaltspflichtigen voraussetzt.[119]

76 **d) Auswirkungen einer unbilligen Härte.** Wie bei den zivilrechtlichen Billigkeitsklauseln, wirkt sich das Vorliegen einer Härte nicht zwangsläufig auf den Übergang des gesamten Unterhaltsanspruchs aus. Die Regelung ist dahin gehend auszulegen, dass der Anspruchsübergang nur im Rahmen der unbilligen Härte ausgeschlossen ist. Die Härte kann sich also auch nur auf einen Teil des Unterhaltsanspruchs beziehen.[120]

77 Der Ausschluss des Anspruchsübergangs wegen einer unbilligen Härte darf **nicht zulasten anderer Unterhaltspflichtiger** gehen. Nach § 1606 Abs. 3 Satz 1 BGB haften gleichrangig Unterhaltsverpflichtete anteilig nach ihren Einkommens- und Vermögensverhältnissen. Erhält etwa die Mutter von drei erwachsenen, leistungsfähigen Kindern Hilfe zur Pflege in einer Einrichtung und hat eines der Kinder die Mutter vor der Heimaufnahme jahrelang aufopferungsvoll gepflegt, so dass eine Heranziehung dieses Kindes zum Unterhalt eine unbillige Härte darstellen würde, darf dies nicht die Haftungsquote der anderen beiden Kinder beeinflussen. Auch wenn diese beiden Kinder ihrer Leistungsfähigkeit entsprechend den gesamten Sozialhilfebedarf decken könnten, muss bei der Feststellung ihres Unterhaltsbeitrags der (fiktive) zivilrechtliche Unterhaltsbeitrag des dritten Kindes berücksichtigt werden. In Höhe dieses fiktiven Unterhaltsbeitrags erhält der Sozialhilfeträger seine Aufwendungen nicht erstattet.

78 Ist der Anspruchsübergang wegen einer unbilligen Härte ausgeschlossen, verbleibt der Anspruch beim Unterhaltsberechtigten. Dass die unbillige Härte im Sinne des § 94 Abs. 3 Satz 1 Nr. 2 SGB XII keine Auswirkungen auf den zivilrechtlichen Unterhaltsanspruch haben kann, ergibt sich bereits zwingend daraus, dass die Härte einen bestehenden Unterhaltsanspruch voraussetzt. Soziale Belange, die einer Heranziehung durch den Sozialhilfeträger entgegenstehen, können nicht zulasten des Unterhaltsberechtigten gehen. Allerdings kann der Unterhaltsberechtigte einen Unterhaltsanspruch grundsätzlich nicht mehr für einen Zeitraum geltend machen, in dem er gleichzeitig Sozialhilfeleistungen bezogen hat. Dies würde im Regelfall gegen Treu und Glauben verstoßen.[121]

79 **12. Auswirkungen eines Ausschlusses des Anspruchsübergangs für den Unterhaltsschuldner und für die leistungsberechtigte Person.** Soweit der Anspruchsübergang auf den Sozialhilfeträger ausgeschlossen ist, verbleibt der Unterhaltsanspruch der leistungsberechtigten Person. Ob er diese Anspruch gegen den Unterhaltsschuldner realisieren kann und damit doppelt Leistungen bezieht – zunächst Sozialhilfe und danach zusätzlich Unterhalt –, beurteilt sich im Einzelfall

---

[115] BVerwGE 58, 209.
[116] BVerwGE 58, 209.
[117] OLG Frankfurt FamRZ 2002, 982.
[118] BGH FamRZ 2004, 109 = FamRZ 2004, 1283 mAnm Klinkhammer.
[119] OLG Hamm FamRZ 2010, 303; vgl. auch BGH NJW 2010, 3714, Hußmann NJW 2010, 3695.
[120] Instruktiv OVG Lüneburg FamRZ 1994, 1430.
[121] BGH FamRZ 2000, 1358; FamRZ 1999, 843; FamRZ 1992, 41; 1993, 417.

nach **Treu und Glauben**.[122] Damit bestätigt der BGH seine bisherige Rechtsprechung,[123] dass Sozialhilfeleistungen unterhaltsrechtlich keine bedarfsdeckende Wirkung entfalten, sondern dass der Nachrang der Sozialhilfe bestehen bleibt. Die Gegenansicht sieht den **Bedarf als gedeckt** an, womit der Unterhaltsanspruch erfüllt sein soll.[124] Das mit den Schuldnerschutzvorschriften im Sozialhilferecht verfolgte Ziel könne nur erreicht werden, wenn der Schuldner bei Ausschluss des Anspruchsübergangs auch tatsächlich von seiner Unterhaltslast befreit werde.[125] Damit wird jedoch das Nachrangprinzip der Sozialhilfe unzulässigerweise aufgegeben. Die Möglichkeit den Einwand der unzulässigen Rechtsausübung im Rahmen des § 242 BGB zuzubilligen, anstatt generell eine Bedürftigkeit abzulehnen, ermöglich es von Fall zu Fall eine angemessene und interessengerechte Lösung zu finden. So kann verhindert werden, dass ein unterhaltsschädliches Verhalten privilegiert anstatt sanktioniert wird.[126]

IV. Die Geltendmachung des Unterhaltsanspruchs durch den Sozialhilfeträger

1. Rechtswahrende Mitteilung, § 94 Abs. 4 Satz 1 SGB XII. Nach § 94 Abs. 4 Satz 1 SGB X kann der Träger der Sozialhilfe den übergegangenen Unterhalt außer unter den Voraussetzungen des bürgerlichen Rechts nur von der Zeit an fordern, zu welcher er dem Unterhaltspflichtigen die Gewährung der Hilfe **schriftlich** mitgeteilt hat. Durch die Formulierung „außer unter den Voraussetzungen des bürgerlichen Rechts" wird deutlich, dass auch für den Sozialhilfeträger die Bestimmungen des BGB über die rückwirkende Inanspruchnahme Unterhaltspflichtiger gelten (§§ 1585b, 1613 BGB). Nach der seinerzeitigen Gesetzesbegründung gehen sie sogar vor.[127]

Durch die Änderung des § 1613 BGB zum 1.7.1998 wurden die Möglichkeiten einer Inanspruchnahme des Unterhaltspflichtigen für die Vergangenheit erweitert. Nunmehr kann nach § 1613 Abs. 1 BGB beim Verwandten- und Trennungsunterhalt (§§ 1361 Abs. 4 Satz 4, 1360 a Abs. 3 BGB) nicht erst ab Verzug oder Rechtshängigkeit einer Klage Unterhalt für die Vergangenheit geltend gemacht werden, sondern **bereits ab Aufforderung** an den Pflichtigen, über sein Einkommen und Vermögen Auskunft zu erteilen. Dies war zwar bisher durch eine sogenannte **Stufenmahnung** ebenfalls möglich,[128] doch ist die Inanspruchnahme jetzt nach § 1613 Abs. 1 Satz 2 BGB bereits ab dem 1. des Monats eröffnet. Zudem wurden in § 1613 Abs. 2 BGB auch die Möglichkeiten erweitert, Unterhalt für die Vergangenheit zu fordern, ohne dass die Voraussetzungen des § 1613 Abs. 1 BGB vorliegen. Es werden demnach häufiger die zivilrechtlichen Voraussetzungen einer Inanspruchnahme bereits vorliegen, wenn der Sozialhilfeträger mit der Hilfegewährung beginnt. Selbst wenn dies nicht der Fall sein sollte, besteht nunmehr auch für den Sozialhilfeträger die Möglichkeit, durch ein sofortiges Auskunftsersuchen über die Einkommens- und Vermögensverhältnisse vom Beginn des Monats an, seine Aufwendungen erstattet zu bekommen.

Ist eine Unterhaltsheranziehung für die Vergangenheit nach den bürgerlich-rechtlichen Vorschriften nicht möglich, reicht die schriftliche Mitteilung der Sozialhilfegewährung aus, um den Unterhaltspflichtigen ab dem Zeitpunkt ihres Zugangs in Anspruch zu nehmen. Damit wird aber keine uneingeschränkte Inanspruchnahme eröffnet, sondern lediglich eine über die Mahnung hinausgehende Möglichkeit, Verzug zu begründen. So gilt etwa die Begrenzung des § 1585b Abs. 3 BGB, rückwirkenden Unterhalt zwischen Ehegatten nur für ein Jahr vor Rechtshängigkeit verlangen zu können, wenn sich der Verpflichtete nicht absichtlich der Leistung entzogen hat, auch gegenüber dem Sozialhilfeträger.[129]

---

122 BGH FamRZ 1999, 843; FamRZ 2000, 1358.
123 BGH FamRZ 1992, 41; FamRZ 1993, 417.
124 Fröhlich FamRZ 1999, 758 mwN.
125 Hampel FamRZ 1996, 513.
126 OLG München FamRZ 1998, 553.
127 BT-Drs. 12/4401, 83.
128 Vgl. BGH FamRZ 1990, 283.
129 BGH FamRZ 1987, 1014.

83 Die jetzige Fassung der Vorschrift gebraucht sinngemäß wieder die bereits vor Inkrafttreten des FKPG verwendete Formulierung, wonach nicht der „Bedarf" mitgeteilt wird, sondern die „Erbringung der Leistung" (der Terminus entspricht inhaltlich der bisherigen Formulierung „Gewährung der Hilfe"). Als **Gewährung der Hilfe** hat der BGH zur alten Rechtslage den Zeitpunkt der Bewilligung der Hilfe durch schriftlichen Leistungsbescheid angesehen.[130] Probleme können deshalb auftreten, wenn Vorausleistungen erbracht werden. Hier wäre nach der o. a. Rechtsprechung eine wirksame Rechtswahrungsanzeige erst nach Erlass des Sozialhilfebescheides möglich. Begründet hat der BGH seine Entscheidung damit, dass aus Schuldnerschutzgesichtspunkten eine zu weitreichende rückwirkende Inanspruchnahme des Unterhaltspflichtigen verhindert werden soll. Nach der jetzigen Gesetzeslage ist jedoch eine rückwirkende Inanspruchnahme überhaupt nicht mehr möglich, so dass der Unterhaltspflichtige immer erst ab Zugang der Rechtswahrungsanzeige in Anspruch genommen werden kann. Insofern bedarf es einer Beschränkung auf den Zeitpunkt der Gewährung der Hilfe nicht mehr.[131] Der Unterhaltspflichtige ist bei ihm bekannten Vorausleistungen an den Berechtigten nicht schutzwürdiger als bei ihm bekannter Hilfegewährung.

84 Die Rechtswahrungsanzeige ist **kein Verwaltungsakt**.[132] Obwohl sie die Rechtsfolgen einer Mahnung herbeiführt und eine vergleichbare Warnfunktion hat, unterliegt sie nicht den Bestimmtheitsanforderungen einer zivilrechtlichen Mahnung.[133] So reicht es aus, dass dem Unterhaltspflichtigen die Gewährung der Hilfe schriftlich mitgeteilt wird, ohne Angaben, ob und in welcher Höhe er tatsächlich in Anspruch genommen wird.[134] Nicht einmal die Höhe der Sozialhilfeaufwendungen muss beziffert werden.[135] Die schriftliche Mitteilung muss auch nicht als Rechtswahrungsanzeige deklariert werden. Die Mitteilung über die Hilfegewährung und die sich daraus ergebende mögliche Inanspruchnahme allein reichen aus, das Vertrauen des Unterhaltspflichtigen, dass die Dispositionen über seine Lebensführung durch Unterhaltspflichten nicht berührt werden, zu zerstören.[136] Obwohl Sozialhilfe ihrer Rechtsnatur nach jeden Monat neu bewilligt wird, muss die Rechtswahrungsanzeige nicht monatlich wiederholt werden. Ihre Wirkung dauert fort.[137]

85 Die Rechtswahrungsanzeige enthält in der Praxis regelmäßig den Hinweis an den Unterhaltspflichtigen, dass Unterhaltsansprüche für die Zeit, für die Hilfe gewährt wird, bis zur Höhe der Sozialhilfeaufwendungen auf den Sozialhilfeträger übergehen. Damit wird dem Unterhaltspflichtigen nach § 407 Abs. 1 BGB die Möglichkeit genommen, für bereits übergegangene Ansprüche mit befreiender Wirkung an den unterhaltsberechtigten Hilfeempfänger zu leisten. Die Möglichkeit der Erfüllung durch laufende Unterhaltszahlungen bleibt davon unberührt. Auch dem Hilfeempfänger ist Mitteilung über den gesetzlichen Anspruchsübergang zu machen.[138]

86 **2. Auskunftsansprüche.** Der Sozialhilfeträger hat sowohl den zivilrechtlichen Auskunftsanspruch des unterhaltsberechtigten Hilfeempfängers nach den Vorschriften des BGB (§§ 1360 Abs. 4 Satz 3, 1580, 1605 BGB) als auch einen öffentlich-rechtlichen Auskunftsanspruch nach § 117 SGB XII.

87 a) **Auskunftsanspruch nach dem BGB.** Bis zum 31.7.1996 ging nach der Rechtsprechung des BGH mit dem Unterhaltsanspruch nicht auch der Auskunftsanspruch der leistungsberechtigten Person auf den Sozialhilfeträger über, da es sich bei dem Auskunftsanspruch nicht um ein unselbstständiges Nebenrecht handelt, das dem Leistungsanspruch nach § 412 iVm § 401 BGB folgt.[139] Dies galt auch nach Inkrafttreten des FKPG zum 27.6.1993 mit der Einführung des gesetzlichen Anspruchsübergangs fort.[140] Der Sozialhilfeträger hatte lediglich den öffentlich-

---

130 BGH FamRZ 1985, 793.
131 So auch Wendl/Dose/Scholz, 7. Aufl., § 6 Rn. 515.
132 BGH FamRZ 1983, 895.
133 BGH FamRZ 1983, 895.
134 BGH FamRZ 1983, 895.
135 BGH FamRZ 1985, 586.
136 BGH FamRZ 1983, 895.
137 BGH FamRZ 1989, 1054.
138 BT-Drs. 12/4401, 82.
139 BGH FamRZ 1991, 542; FamRZ 1986, 568.
140 OLG Frankfurt aM FamRZ 1994, 1427.

rechtlichen Auskunftsanspruch nach § 116 BSHG. Mit der Änderung des § 91 Abs. 1 Satz 1 BSHG durch das Gesetz zur Reform des Sozialhilferechts, der insofern inhaltsgleich ins SGB XII übernommen wurde, geht seit dem 1.8.1996 auch der Auskunftsanspruch des unterhaltsberechtigten Hilfeempfängers auf den Sozialhilfeträger über. Damit steht ihm die Möglichkeit der Stufenklage nach § 254 ZPO offen. Um die Berechtigung seiner ihm verbliebenen Ansprüche überprüfen zu können, hat auch der Hilfeempfänger weiterhin einen Auskunftsanspruch gegen den Unterhaltsgläubiger.[141]

b) Auskunftsanspruch nach § 117 SGB XII. Daneben bleibt für den Sozialhilfeträger die Möglichkeit bestehen, von seinem Auskunftsrecht nach § 117 SGB XII Gebrauch zu machen. Die Vorschrift überträgt im Wesentlichen inhaltsgleich den bisherigen § 116 BSHG. Ergänzt wurde die Regelung dahin gehend, dass nunmehr auch Lebenspartner im Sinne des Lebenspartnerschaftsgesetzes in die Regelung einbezogen werden. Neu eingefügt wurden die Absätze 2 und 3. Hierdurch wird der Personenkreis der Auskunftspflichtigen erweitert. Zur Auskunft verpflichtet sind nunmehr auch alle Personen, die einem Leistungsempfänger Leistungen erbringen bzw. erbracht haben oder zu Leistungen verpflichtet sind bzw. waren oder die für ihn Guthaben führen bzw. Vermögensgegenstände verwahren. Die Auskunftspflicht bezieht sich in diesen Fällen auf die Angaben zu diesen Leistungen, bzw. zum Vermögen und den hieraus erzielten Einkünften. 88

Die Pflicht zur Auskunft besteht nur, soweit dies zur Durchführung des SGB XII erforderlich ist. Dabei setzt die Auskunftspflicht nicht einen tatsächlich später bestehenden Unterhaltsanspruch voraus. Zur Auskunft verpflichtet ist bereits, wer als Unterhaltspflichtiger für das Sozialamt in Frage kommt.[142] Ein Auskunftsanspruch scheidet lediglich aus, wenn das Nichtbestehen eines Unterhaltsanspruchs offensichtlich ist. Allerdings ist die Rechtsprechung der Sozialgerichte bei der Annahme einer **Negativevidenz** äußerst restriktiv, da sich hier die Auffassung durchgesetzt hat, dass es allein Aufgabe der Familiengerichte sei, sich mit unterhaltsrechtlichen Fragen auseinander zu setzen.[143] Im Verfahren des LSG Nordrhein-Westfalen vom 1.9.2010[144] wurden Auskunftsansprüche zur Bemessung eines vermeintlichen Unterhaltsanspruchs des psychisch erkrankten Mannes Jahre nach Ehescheidung geltend gemacht. Dabei wurde eine Auskunftsverpflichtung der geschiedenen Ehefrau noch im Jahre 2012 bejaht über deren Einkünfte aus dem Jahre 2007/2008 obwohl etwaige Unterhaltsansprüche nach § 1585b Abs. 3 BGB längst verwirkt waren, weil eine reine Auskunftsklage – zumal auch noch rechtswegfremd – keine Rechtshängigkeit iSd Vorschrift begründet. Die hiergegen eingelegte Nichtzulassungsbeschwerde nach § 160 SGG hat das BSG zurückgewiesen und die Auffassung vertreten, dass eine Negativevidenz trotz der Vorschrift des § 1585 b Abs. 3 BGB noch nicht gegeben sei.[145] 89

Der Auskunftsanspruch umfasst nicht nur die Angaben über die Einkommens- und Vermögensverhältnisse des Unterhaltspflichtigen, sondern alle zur Prüfung des Anspruchsübergangs nach § 94 SGB XII erforderlichen Auskünfte, zB Beiträge zu öffentlichen und privaten Versicherungen, Ausgaben, die mit der Erzielung des Einkommens verbunden sind (Fahrtkosten, Arbeitsmittel etc), besondere Belastungen etc[146] Der Auskunftspflichtige hat seine Angaben auf Verlangen durch entsprechende Beweisurkunden zu belegen oder ihrer Vorlage zuzustimmen, § 117 Abs. 1 Satz 2 SGB XII. 90

Das Auskunftsersuchen ist ein Verwaltungsakt nach § 31 Satz 1 SGB X. Es kann durch **Zwangsmaßnahmen** nach den entsprechenden Verwaltungsvollstreckungsgesetzen der Länder durchgesetzt werden. Geeignetes Zwangsmittel ist das Zwangsgeld. 91

---

141 KG FamRZ 1997, 1405.
142 BVerwG NJW 1993, 2762.
143 LSG NRW 7.5.2012 – L 20 SO 32/12, BeckRS 2012, 70542; aA LSG NRW 1.9.2010 – L 12 SO 61/09, BeckRS 2010, 74364.
144 LSG NRW 1.9.2010 – L 12 SO 61/09, BeckRS 2010, 74364.
145 BSG 20.12.2012 – B 8 SO 75/12 B BeckRS 2013, 66096.
146 BVerwG NJW 1993, 2762.

92 Neben dem Auskunftsanspruch gegen die auskunftspflichtigen Personen hat der Sozialhilfeträger nach § 117 Abs. 4 SGB XII auch einen Auskunftsanspruch gegen den **Arbeitgeber** der Auskunftspflichtigen sowie nach § 21 Abs. 4 SGB X gegen die zuständigen **Finanzbehörden**.

93 **3. Klagebefugnis, § 94 Abs. 4 Satz 2 SGB XII.** Liegt noch kein vollstreckbarer Titel vor und zahlt der Unterhaltspflichtige nicht aufgrund außergerichtlicher Zahlungsaufforderung, muss der Sozialhilfeträger selbst den Unterhaltsanspruch einklagen. Die **Klagebefugnis** für bereits übergegangene Ansprüche ergibt sich aus § 94 Abs. 1 Satz 1 SGB XII. Auch für die Zukunft ist der Sozialhilfeträger in Höhe seiner bisherigen Aufwendungen klagebefugt, § 94 Abs. 4 Satz 2 SGB XII. Voraussetzung ist, dass die Hilfe voraussichtlich auf längere Zeit gewährt werden muss. Macht der Sozialhilfeträger Unterhaltsansprüche geltend und liegt bereits ein vollstreckbarer Titel vor, so erfolgt die **Titelumschreibung** nach § 727 ZPO. Auch dabei sind die Schutzvorschriften des § 94 SGB XII zu beachten.

94 **4. Rechtswegzuweisung, § 94 Abs. 5 Satz 3 SGB XII.** Nach § 94 Abs. 5 Satz 3 SGB XII ist über die Ansprüche nach § 94 SGB XII im Zivilrechtsweg zu entscheiden, so dass das FamFG in vollem Umfang Anwendung findet. Das Familiengericht hat dabei auch über den Anspruchsübergang und die Einhaltung der sozialhilferechtlichen Schutzvorschriften des § 94 SGB XII zu erkennen.

V. Die Geltendmachung des Unterhaltsanspruchs durch die leistungsberechtigte Person

95 **1. Verweis auf Selbsthilfe, § 2 SGB XII.** Nach § 2 Abs. 1 2. Alt. SGB XII erhält Sozialhilfe nicht, wer die erforderliche Hilfe von anderen, insbesondere von Angehörigen erhält. Der Sozialhilfeträger prüft deshalb in Fällen, in denen ein Hilfesuchender Anspruch auf Unterhalt hat, ob er ihn auffordert, diese Unterhaltsansprüche zu realisieren oder aber, ob er ihm Sozialhilfe gewährt und die Unterhaltsansprüche nach § 94 SGB XII selbst geltend macht. Bei dieser Entscheidung hat der Sozialhilfeträger die **sozialpolitischen Zielsetzungen** des SGB XII zu beachten[147].

96 Ein Verweis auf Selbsthilfe wird dann geboten sein, wenn der zu erwartende Unterhaltsanspruch den **Sozialhilfeanspruch übersteigt** und die leistungsberechtigte Person nach erfolgreichem Abschluss eines Unterhaltsverfahrens **unabhängig von Sozialhilfe leben** kann. Diese Wertung entspricht der Vorschrift des § 94 Abs. 4 Satz 2 SGB XII, die eine Klagebefugnis des Sozialamtes auf künftige Leistungen nur vorsieht, wenn die Hilfe voraussichtlich auf längere Zeit gewährt werden muss. Das ist nicht der Fall, wenn der Hilfeempfänger die Möglichkeit hat, die Ansprüche kurzfristig zu realisieren. Zudem würde sich der Sozialhilfeträger der Gefahr aussetzen, seine Aufwendungen, trotz Leistungsfähigkeit des Unterhaltspflichtigen, nicht in voller Höhe zu erhalten, da er nur in Höhe der bisherigen monatlichen Aufwendungen klagebefugt ist. Bei einer Erhöhung der Hilfe beispielsweise durch Anhebung der Regelsätze oder der Miete wäre sein Titel nicht mehr ausreichend.

97 Hingegen kann ein Verweis auf Selbsthilfe gegen **soziale Erwägungen** verstoßen, beispielsweise gegen den **Grundsatz der familiengerechten Hilfe**. Dies kann bei alten Menschen der Fall sein, deren Kinder auf Unterhalt in Anspruch genommen werden. Hier wird den alten Menschen eine möglicherweise gerichtliche Auseinandersetzung mit ihren Kindern nicht zuzumuten sein, insbesondere, wenn sie in einer Einrichtung untergebracht sind. Es wären familiäre Spannungen zu befürchten, die so weit gehen könnten, dass die Kinder den Kontakt zu ihren Eltern abbrechen. Dabei ist es gerade ein sozialpolitisches Ziel, den Bewohnern einer Einrichtung, den weiteren Kontakt zur Außenwelt zu ermöglichen. Aber auch bei gesteigert Unterhaltspflichtigen

---

147 Empfehlungen des Deutschen Vereins FamRZ 2005, 1387 Rn. 168–171.

sollte das Sozialamt den Unterhalt geltend machen, wenn der zu erwartende Unterhaltsbeitrag unterhalb der Sozialhilfeaufwendungen liegt. So hat das Sozialamt direkten Zugriff auf den Unterhaltspflichtigen. Der unterhaltsberechtigte Hilfeempfänger hingegen hat erfahrungsgemäß wenig Interesse, die Inanspruchnahme konsequent zu betreiben, da im Endeffekt für ihn durch ein erfolgreiches Verfahren kein finanzieller Vorteil erwächst.

Schließlich ist ein Verweis auf Selbsthilfe ausgeschlossen, wenn für den Sozialhilfeträger ein gesetzlicher Ausschluss des Anspruchsübergangs vorliegt. Es wäre mit dem Sinn und Zweck des § 94 SGB XII nicht vereinbar, wenn der Sozialhilfeträger die Vorschriften, die der Gesetzgeber auch mit dem Ziel den Unterhaltspflichtigen zu schützen eingefügt hat, durch den Verweis auf Selbsthilfe unterlaufen würde.[148] 98

2. Rückübertragung, § 94 Abs. 5 Satz 1 SGB XII. Auch wenn der Sozialhilfeträger die leistungsberechtigte Person darauf verweist, die Unterhaltsansprüche selbst geltend zu machen, wird er ihm bis zur zeitgerechten Realisierung Hilfe gewähren. Sobald er aber Hilfe gewährt, geht der Unterhaltsanspruch nach § 94 Abs. 1 Satz 1 SGB XII auf ihn über. 99

Will der Sozialhilfeträger ein eigenes Verfahren zur Geltendmachung dieser übergegangenen Ansprüche vermeiden, stellt sich die Frage, inwieweit der Hilfeempfänger **aktivlegitimiert** ist, die Ansprüche für den Sozialhilfeträger mit geltend zu machen. Für die Geltendmachung der laufenden Unterhaltsansprüche ist der Hilfeempfänger unstreitig auch weiterhin aktivlegitimiert, da noch keine Sozialhilfe gewährt wurde und somit auch noch kein Anspruchsübergang erfolgt ist. Für Unterhaltsansprüche, die nach Rechtshängigkeit einer Unterhaltsklage des Hilfeempfängers auf den Sozialhilfeträger übergehen, ist der Hilfeempfänger nicht mehr aktivlegitimiert. Dennoch kann der Hilfeempfänger diese Ansprüche nach § 265 Abs. 2 ZPO im Rahmen der dort angeordneten gesetzlichen **Prozessstandschaft** mit geltend machen. Er ist also auch für diese Ansprüche prozessführungsbefugt. Allerdings muss der Hilfeempfänger seinen Klageantrag der materiellen Rechtslage anpassen, indem er in Höhe der übergegangenen Ansprüche Zahlung an den Sozialhilfeträger verlangt. Diesbezüglich legt das Sozialamt eine nach Personen aufgeschlüsselte Kostenaufstellung der Sozialhilfeaufwendungen zur letzten mündlichen Verhandlung vor. In der Regel übersendet das Sozialamt dem Anwalt der leistungsberechtigten Person rechtzeitig diese Kostenaufstellung, damit er den Klageantrag stellen kann. 100

Äußerst umstritten war die Möglichkeit der Geltendmachung von Ansprüchen vor Rechtshängigkeit der Klage. Hier wurde zum Teil versucht, eine Prozessführungsbefugnis des Hilfeempfängers durch eine **treuhänderische Rückübertragung** oder durch eine **Einziehungsermächtigung** oder im Rahmen einer **gewillkürten Prozessstandschaft** zu begründen. Der BGH hat sowohl die treuhänderische Rückübertragung und die Einziehungsermächtigung[149] als auch die Möglichkeit, die Ansprüche in gewillkürter Prozessstandschaft geltend zu machen,[150] für unzulässig erklärt. Im Wesentlichen wird die Unzulässigkeit damit begründet, dass es sich um privatrechtliche Vereinbarungen handelt, die zum Nachteil des Sozialleistungsberechtigten von den Vorschriften des Sozialgesetzbuches abweichen und damit nach § 32 SGB I nichtig sind. So wird der Hilfeempfänger ua mit dem Prozessrisiko belastet. Für eine wirksame Einziehungsermächtigung und eine Geltendmachung des Anspruchs in gewillkürter Prozessstandschaft fehlt es zudem an einem eigenen berechtigten Interesse des Ermächtigten. 101

Durch das Gesetz zur Reform des Sozialhilferechts zum 1.8.1996 hatte der Gesetzgeber deshalb in § 91 Abs. 4 Satz 1 BSHG ausdrücklich die treuhänderische Rückübertragung vorgesehen. Dies wurde mit der spürbaren Verwaltungsmehrbelastung durch die bisherige Regelung begründet.[151] Auch diese Regelung wurde inhaltsgleich in § 94 Abs. 5 Satz 1 SGB XII übernommen. Die Rückübertragung ist aber nur im Einvernehmen mit dem Hilfeempfänger möglich. Dement- 102

---

148 Schellhorn FuR 1990, 20.
149 BGH FamRZ 1996, 1203.
150 BGH FamRZ 1996, 1207.
151 BT-Drs. 13/3904, 46.

sprechend ist der Hilfeempfänger nicht verpflichtet, die Ansprüche für den Sozialhilfeträger geltend zu machen. Etwaige Konsequenzen wegen fehlender Mitwirkung bei einer Weigerung scheiden somit aus.

Zudem ist nach der Rechtsprechung des BGH beim Unterhalt für ein minderjähriges Kind gegen den baruntererhaltspflichtigen Elternteil der betreuende Elternteil nicht vertretungsberechtigt, nach § 1629 Abs. 2 S. 2 BGB eine Rückabtretung für das Kind zu vereinbaren.[152]

103 **3. Kostenübernahmeanspruch, § 94 Abs. 5 Satz 2 SGB XII.** Nach § 94 Abs. 5 Satz 2 SGB XII hat der Sozialhilfeträger die Kosten zu übernehmen, mit denen der Hilfeempfänger durch die Geltendmachung selbst belastet wird. Umstritten ist, ob hierdurch der Anspruch auf Verfahrenskostenhilfe ausgeschlossen wird.

104 Nach einer mE zutreffenden Ansicht, ist dies nicht der Fall.[153] Danach würde lediglich ein Kostenübernahmeanspruch für die Kosten bestehen, die beim Unterhaltsberechtigten ggf. verbleiben, also Anwaltskosten der Gegenseite bei überwiegendem Unterliegen oder die Kosten des eigenen Anwalts im Verfahrenskostenhilfeprüfungsverfahren, wenn letztendlich Verfahrenskostenhilfe nicht bewilligt wird.

105 Der BGH hingegen wertet die Vorschrift als **Prozesskostenvorschussanspruch**, der einer Verfahrenskostenhilfebewilligung entgegenstehe.[154] Für die gerichtliche Geltendmachung der von einem Sozialhilfeträger rückübertragenen Unterhaltsansprüche sei der Leistungsberechtigte grundsätzlich nicht bedürftig im Sinne von § 114 ZPO, da ihm ein Anspruch auf Prozesskostenvorschuss gegen den Sozialhilfeträger zustehe. Der Gesichtspunkt der Prozessökonomie begründe regelmäßig kein im Bewilligungsverfahren zu berücksichtigendes Interesse des Sozialleistungsberechtigten an einer einheitlichen Geltendmachung bei ihm verbliebener und vom Sozialleistungsträger rückübertragener Unterhaltsansprüche. Lediglich dann, wenn der Leistungsberechtigte durch den Verweis auf den Vorschussanspruch eigene Nachteile erleiden würde oder wenn sich die Geltendmachung rückübertragener Ansprüche neben den beim Unterhaltsgläubiger verbliebenen Unterhaltsansprüchen kostenrechtlich nicht auswirke, sei der Einsatz des Vorschusses nicht zumutbar.[155]

106 Damit aber verkennt der BGH mE die Intention des Kostenübernahmeanspruchs, der nach dem Willen des Gesetzgebers eben keinen Prozesskostenvorschussanspruch gegen den Sozialleistungsträger eröffnet. Nachdem die vorbezeichnete Kontroverse nach der erstmaligen Einführung der Vorschrift zum alten § 91 Abs. 4 Satz 1 BSHG auftrat, stellte der Gesetzgeber in Kenntnis der Problematik bei der Einführung dieser Vorschrift auch im Rahmen des § 7 Abs. 4 Satz 3 UVG klar, dass die Formulierung „dadurch selbst belastet wird" sicherstellt, dass sich Dritte, also auch andere vorrangige Leistungsbereiche wie zB die Prozesskostenhilfe, nicht darauf berufen können, dass die Behörde nachrangig die Kosten übernehmen kann.[156] Die hiergegen vorgebrachte Argumentation des BGH, dass die Mittel für den Kostenübernahmeanspruch nicht aus dem Sozialhilfeetat sondern aus dem allgemeinen Verwaltungshaushalt gezahlt würden und sich deshalb die Frage nach einem Rangverhältnis zwischen Sozialhilfe und PKH, die als eine spezialgesetzlich geregelte Art von Sozialhilfe angesehen wird, entgegen der Begründung des Gesetzgebers zu § 7 UVG nicht stelle, ist bedenklich. Der Gesetzgeber ist mE berechtigt, eine Kostenübernahmeregelung zu normieren und den Rechtscharakter dieser Leistung zu bestimmen.

---

152 BGH NJW 2020, 1881.
153 So auch OLG Schleswig NJOZ 2008, 3207; OLG Zweibrücken FamRZ 2001, 629; OLG Braunschweig FamRZ 2000, 1023; OLG Nürnberg FamRZ 1999, 1284; OLG Koblenz FamRZ 1998, 246; OLG Saarbrücken FamRZ 1997, 617; OLG Köln FamRZ 1997, 297.
154 BGH FamRZ 2008, 1159.
155 BGH FamRZ 2008, 1159.
156 BT-Drs. 13/7338, 46.

Für die Geltendmachung **laufenden Unterhalts** ab Rechtshängigkeit der Klage ist dem Leistungsberechtigten jedoch auch nach der vorbezeichneten BGH-Rechtsprechung stets Verfahrenskostenhilfe zu bewilligen, soweit die sonstigen Voraussetzungen vorliegen. Der Leistungsberechtigte hat ein begründetes und anerkennenswertes Interesse, den Unterhalt künftig vom Pflichtigen und nicht vom Sozialamt zu erhalten.[157] Dies soll auch für den Zeitraum zwischen Anhängigkeit und Rechtshängigkeit einer Klage gelten.[158]

107

§ 102 SGB XII Kostenersatz durch Erben

(1) ¹Der Erbe der leistungsberechtigten Person oder ihres Ehegatten oder ihres Lebenspartners, falls diese vor der leistungsberechtigten Person sterben, ist vorbehaltlich des Absatzes 5 zum Ersatz der Kosten der Sozialhilfe verpflichtet. ²Die Ersatzpflicht besteht nur für die Kosten der Sozialhilfe, die innerhalb eines Zeitraumes von zehn Jahren vor dem Erbfall aufgewendet worden sind und die das Dreifache des Grundbetrages nach § 85 Abs. 1 übersteigen. ³Die Ersatzpflicht des Erben des Ehegatten oder Lebenspartners besteht nicht für die Kosten der Sozialhilfe, die während des Getrenntlebens der Ehegatten oder Lebenspartner geleistet worden sind. ⁴Ist die leistungsberechtigte Person der Erbe ihres Ehegatten oder Lebenspartners, ist sie zum Ersatz der Kosten nach Satz 1 nicht verpflichtet.

(2) ¹Die Ersatzpflicht des Erben gehört zu den Nachlassverbindlichkeiten. ²Der Erbe haftet mit dem Wert des im Zeitpunkt des Erbfalles vorhandenen Nachlasses.

(3) Der Anspruch auf Kostenersatz ist nicht geltend zu machen,
1. soweit der Wert des Nachlasses unter dem Dreifachen des Grundbetrages nach § 85 Abs. 1 liegt,
2. soweit der Wert des Nachlasses unter dem Betrag von 15 340 Euro liegt, wenn der Erbe der Ehegatte oder Lebenspartner der leistungsberechtigten Person oder mit dieser verwandt ist und nicht nur vorübergehend bis zum Tod der leistungsberechtigten Person mit dieser in häuslicher Gemeinschaft gelebt und sie gepflegt hat,
3. soweit die Inanspruchnahme des Erben nach der Besonderheit des Einzelfalles eine besondere Härte bedeuten würde.

(4) ¹Der Anspruch auf Kostenersatz erlischt in drei Jahren nach dem Tod der leistungsberechtigten Person, ihres Ehegatten oder ihres Lebenspartners. ²§ 103 Abs. 3 Satz 2 und 3 gilt entsprechend.

(5) Der Ersatz der Kosten durch die Erben gilt nicht für Leistungen nach dem Vierten Kapitel und für die vor dem 1. Januar 1987 entstandenen Kosten der Tuberkulosehilfe.

A. Allgemeines 1	b) § 104 SGB XII; § 34a SGB II 32
I. Entstehung und Gesetzesentwicklung 1	II. Abs. 2 36
II. Normzweck 3	III. Abs. 3 39
III. Unterschiede zu § 35 SGB II – Überblick .. 4	1. Allgemeines 39
B. Regelungsgehalt 6	2. § 102 Abs. 3 Nr. 1 SGB XII 42
I. Abs. 1 7	3. § 102 Abs. 3 Nr. 2 SGB XII 47
1. Ersatzpflichtiger Personenkreis 7	4. § 102 Abs. 3 Nr. 3 SGB XII 52
2. Zu ersetzende Leistungen 18	IV. Abs. 4 57
3. Abgrenzung zu den §§ 103 Abs. 2, 104 SGB XII 26	V. Verfahrensrechtliches 59
a) § 103 Abs. 2 SGB XII; § 34 Abs. 2 SGB II 27	

---

[157] BGH FamRZ 2008, 1159.
[158] OLG Köln FamRZ 2009, 135.

A. Allgemeines

I. Entstehung und Gesetzesentwicklung

1 § 102 SGB XII stellt das Gegenstück zu § 35 SGB II dar und regelt die **originäre Erbenhaftung im Recht der Sozialhilfe**. § 35 SGB II ist zum 1.8.2016 aufgehoben worden. Dass § 102 SGB XII demgegenüber beibehalten worden ist, ist vom Gesetzgeber damit begründet worden, dass die Leistungsberechtigten nach dem SGB XII im Regelfall bis zu ihrem Ableben im Leistungsbezug verbleiben, während dies bei den SGB II-Leistungsbeziehern nicht der Fall ist.[1] Somit erhalten zwar die Sozialhilfeträger regelmäßig Kenntnis vom Ableben des Sozialhilfebeziehers, nicht aber die Jobcenter vom Ableben des zumeist ehemaligen Leistungsbeziehers nach dem SGB II.

2 Das SGB XII wurde durch das Gesetz zur Einordnung des Sozialhilferechts in das Sozialgesetzbuch vom 27.12.2003[2] mit Wirkung zum **1.1.2005** eingeführt und löste das Bundessozialhilfegesetz (BSHG) ab. Damit trat auch die Regelung des § 102 SGB XII in Kraft, die damit die entsprechende Regelung des **§ 92c BSHG** ablöste. Abs. 1 S. 1 wurde durch das Gesetz zur Vereinfachung der Verwaltungsverfahren im Sozialrecht vom 21.3.2005[3] mit Wirkung zum 30.3.2005 geringfügig sprachlich angepasst. Durch das Gesetz zur Änderung des Zwölften Buches Sozialgesetzbuch und anderer Gesetze vom 2.12.2006[4] wurde Abs. 4 S. 2 mit Wirkung zum 7.12.2006 neu gefasst, der seitdem nicht mehr nur auf § 103 Abs. 3 S. 2, sondern auch auf dessen S. 3 verweist.

II. Normzweck

3 Hintergrund der Kostenersatzpflicht ist, dass sich die Bestimmungen über den Schutz des Vermögens nicht nur zugunsten des Hilfempfängers, sondern darüber hinaus auch zugunsten seiner Erben auswirkten, was insbesondere bei einem fehlenden Näheverhältnis zwischen Erben und Hilfeempfänger als nicht gerechtfertigt empfunden wurde.[5] Der Sozialhilfeträger soll eine nachträgliche Deckung der angefallenen Aufwendungen durch Kostenersatz möglichst umfassend, einfach und effektiv gegen die jeweils kostenersatzpflichtigen Erben durchsetzen können. Der zu Lebzeiten bestehende **Vermögensverwertungsschutz zugunsten des Hilfeempfängers** endet mit dessen Tod.[6] Abzugrenzen ist die Vorschrift von dem seit dem 10.6.2021 geltenden § 102a SGB XII.[7] § 102a SGB XII regelt anders als § 102 SGB XII den Fall, in dem Leistungen nach dem Tod des Leistungsberechtigten erbracht wurden. Das Gesetz verweist insoweit auf § 118 Abs. 3 bis 4a SGB VI. Hierdurch soll die Rückführung der von Todes wegen zu Unrecht erbrachten Geldleistungen der Sozialhilfe für die Träger vereinfacht werden.[8] Hierzu sei auf die entsprechende Kommentierung zu § 118 Abs. 3 und 4 SGB VI verwiesen (→ SGB I § 58 Rn. 23 ff.).

III. Unterschiede zu § 35 SGB II – Überblick

4 Die Unterschiede zum mittlerweile aufgehobenen § 35 SGB II waren marginal und teilweise wohl auch nicht durchdacht.[9] Der **Hauptunterschied** zu § 35 SGB II bestand im **erstattungspflichtigen Personenkreis**, weil nach § 102 Abs. 1 S. 1 SGB XII neben dem Erben der leistungsberechtigten Person auch der Erbe des Ehegatten oder des Lebenspartners[10] der leistungsberechtigten Person, falls diese vor der leistungsberechtigten Person sterben, ersatzpflichtig ist.[11]

---

1 BR-Drs. 66/16, 50.
2 BGBl. 2003 I 3022.
3 BGBl. 2005 I 818.
4 BGBl. 2006 I 2670.
5 BSG 4–5910 § 92c Nr. 1; BSG Urt. v. 27.9.2019 – B 8 SO 15/17 R, juris.
6 BVerwG BVerwGE 118, 313, siehe zur Parallelvorschrift des § 35 SGB II auch Grosse/Gunkel info also 2013, 3 ff.
7 Eingefügt durch das Teilhabestärkungsgesetz vom 2.6.2021, BGBl. 2021 I 1387.
8 BT-Drs. 19/28834, 54.
9 Grosse/Gunkel info also 2013, 3 (10 f.).
10 Lebenspartner ist im Sinne des LPartG zu verstehen, vgl. Hauck/Noftz/Klinge K SGB XII § 102 Rn. 5.
11 Hauck/Noftz/Fügemann K SGB II § 35 Rn. 16.

Mit der Erweiterung des erstattungspflichtigen Personenkreises sind Folgeänderungen in § 102 Abs. 1 S. 3 und 4 SGB XII verbunden. Der **Grundfreibetrag** in § 102 Abs. 2 S. 2 SGB XII ist dynamisch und höher als der in § 35 SGB II geregelte Betrag von 1.700 EUR. In § 102 Abs. 3 Nr. 1 SGB XII ist ein zusätzlicher **nachlassbezogener Freibetrag** geregelt, der in § 35 SGB II fehlte. Der „**Pflegefreibetrag**", in § 35 Abs. 2 Nr. 1 SGB II geregelt, ist in § 102 Abs. 3 Nr. 2 SGB XII 160 EUR niedriger. Außerdem ist der Personenkreis, der diesen Freibetrag geltend machen kann, enger gefasst. § 102 Abs. 5 SGB XII regelt, dass bestimmte Leistungen nicht erstattungspflichtig sind.

Soweit § 102 Abs. 2 S. 1 SGB XII bestimmt, dass die Ersatzpflicht des Erben zu den **Nachlassverbindlichkeiten** gehört, wich die Rechtslage nicht von der des § 35 SGB II ab, obwohl dort eine solche ausdrückliche Regelung fehlte. 5

B. Regelungsgehalt

§ 102 SGB XII hat fünf Absätze. Dessen erster Absatz umschreibt Erstattungspflicht, -umfang und -grenzen. In Abs. 2 S. 1 ist – deklaratorisch – normiert, dass die Ersatzpflicht des Erben zu den Nachlassverbindlichkeiten gehört. Die Begrenzung auf den Nachlasswert ist in § 102 Abs. 2 S. 2 SGB XII geregelt. Abs. 3 regelt Fälle, in denen der Ersatzanspruch nicht geltend zu machen ist. Abs. 4 regelt die Verjährung des Erstattungsanspruchs. Abs. 5 nimmt bestimmte Leistungen von der Ersatzpflicht aus. 6

I. Abs. 1

1. Ersatzpflichtiger Personenkreis. Nach § 102 Abs. 1 S. 1 SGB XII haftet zum einen der Erbe der **leistungsberechtigten Person**. Leistungsberechtigte Person meint im Ergebnis nichts anderes als die in § 35 Abs. 1 S. 1 SGB II gewählte Formulierung von einer Person, die Leistungen nach dem SGB II erhalten hat. Das ist angesichts des Wortlautes nicht selbstverständlich, weil Leistungsberechtigung und Leistungsbezug nicht deckungsgleich sein müssen. Ungeachtet dessen ergibt sich jedenfalls aus § 102 Abs. 1 S. 2 SGB XII, der auf aufgewendete Kosten der Sozialhilfe abstellt, dass der Verstorbene Leistungen der Sozialhilfe auch tatsächlich bezogen haben muss. 7

Der Erbe der leistungsberechtigten Person oder ihres Ehegatten oder ihres Lebenspartners, falls diese vor der leistungsberechtigten Person sterben, ist zum Ersatz der Kosten der Sozialhilfe verpflichtet. Wer **Erbe** ist, richtet sich nach den Vorschriften des BGB. Es besteht kein Anhalt dafür, dass diesem Begriff in § 102 SGB XII eine andere, spezifisch sozialhilferechtliche Bedeutung beigelegt worden ist.[12] Auch der **Vorerbe** – sei er „befreit" (vgl. § 2136 BGB) oder nicht – ist Erbe. Als Erbe hat der Vorerbe die Nachlassverbindlichkeiten zu erfüllen (vgl. § 1967 Abs. 1 BGB). Gegebenenfalls muss der Nacherbe seine Einwilligung zu einer Verfügung erteilen, die der Erbe wegen der sich aus seiner Stellung als Vorerbe ergebenden Verfügungsbeschränkung nicht ohne Weiteres vornehmen darf, wenn die Verfügung zur Berichtigung einer Nachlassverbindlichkeit erforderlich ist (§ 2120 S. 1 BGB).[13] Kein Erbe sind der **Vermächtnisnehmer**[14] und – solange der Nacherbfall nicht eingetreten ist – der **Nacherbe**. 8

Mit der Aushändigung des **Erbscheins** ist die positive Vermutung verbunden, dass demjenigen, der in dem Erbschein als Erbe bezeichnet ist, das in dem Erbschein angegebene Erbrecht zusteht (§ 2365 BGB). Der Erbschein bindet die Gerichte zwar nicht. Sie dürfen aber von dieser Berechtigung ausgehen, solange der Erbschein nicht eingezogen ist; weiterer Feststellungen zur Erbenstellung bedarf es nicht.[15] In diesem Zusammenhang ist darauf hinzuweisen, dass der Grundsi- 9

---

12 In Anlehnung an BVerwG BVerwGE 66, 161.
13 BVerwG BVerwGE 66, 161.
14 Grube/Wahrendorf/Flint/Bieback SGB XII § 102 Rn. 8.
15 BSG SozR 4-5910 § 92c Nr. 1.

cherungsträger einen Anspruch auf eine Ausfertigung des Erbscheins durch das **Nachlassgericht** hat (§ 357 Abs. 2 FamFG).

10 **Miterben haften als Gesamtschuldner** (vgl. § 2058 BGB), da die Ersatzpflicht als Erbfallschuld eine Nachlassverbindlichkeit nach § 1967 Abs. 2 BGB darstellt.[16] Dass eine Nachlassverbindlichkeit vorliegt, ist im Übrigen im Sozialhilferecht in § 102 Abs. 2 S. 1 SGB XII geregelt. Somit ist der Sozialhilfeträger zwar berechtigt, bei einer Erbengemeinschaft von jedem Miterben als Gesamtschuldner im Wege der Erbenhaftung den gesamten Forderungsbetrag geltend zu machen. Jedoch hat er regelmäßig **Ermessen** auszuüben, **von welchem Gesamtschuldner und in welcher Höhe** er von diesem Kostenersatz verlangt.[17] Nach der Rechtsprechung des BSG spielen bei der Ermessensentscheidung eine Rolle insbesondere eine bereits erfolgte Verteilung des Erbes, wenn sie vor Kenntnis von dem Kostenersatzanspruch durchgeführt worden ist, ein eventueller Verbrauch des ererbten Vermögens, die Anzahl der Erben, der Wert des Nachlasses und die Höhe des Kostenersatzanspruchs sowie die Relation der beiden Werte zueinander und auch die Erbquote. Die Ermessensbetätigung ist zudem fehlerhaft, wenn der Sozialhilfeträger aufgrund einer fehlerhaften Einschätzung der Rechtslage unberücksichtigt lässt, dass sich einer der Miterben auf einen Privilegierungstatbestand berufen kann.[18] Der Sozialhilfeträger hat also eine Ermessensentscheidung zu treffen und auf die dafür relevanten Verhältnisse des Einzelfalls einzugehen, um eine ungerechtfertigte Mehrbelastung der anderen Erben und einen Rückgriff durch diese gegenüber dem privilegierten Erben zu verhindern.[19]

11 Erfüllt ein Miterbe den gesamten Ersatzanspruch, wirkt dies befreiend für die übrigen Miterben (§ 422 Abs. 1 BGB). Insoweit geht die ursprüngliche Forderung des Grundsicherungsträgers auf diesen Miterben kraft Gesetzes über. Er kann nun im Innenverhältnis gegenüber den anderen Miterben den Ausgleich der Leistung entsprechend dem jeweiligen Erbteil verlangen. Sind einzelne Miterben von der Ersatzpflicht gemäß Abs. 3 ausgenommen, tritt der Fall eines **gestörten Gesamtschuldverhältnisses** ein. Denn an der gesamtschuldnerischen Haftung ändert sich auch nichts, wenn in der Person eines oder mehrerer Erben eine Privilegierung nach § 102 Abs. 3 SGB XII vorliegt, insbesondere die Inanspruchnahme eines von mehreren Erben nach der Besonderheit des Einzelfalls eine besondere Härte bedeuten würde. Die Privilegierung gilt bei einer Mehrheit von Erben nur in der Person des Erben, der die Voraussetzungen hierfür erfüllt. Die Privilegierung hat also nicht zur Folge, dass die Voraussetzungen für einen Kostenersatzanspruch nicht gegeben sind, sondern nur, dass dieser nicht geltend gemacht, also durchgesetzt werden kann, soweit der privilegierte Miterbe betroffen ist.[20] In diesem Fall ist daher im Rahmen der Ermessensentscheidung dafür Sorge zu tragen, dass nicht durch den Gesamtschuldnerausgleich nach § 426 Abs. 1 BGB die Regelung des § 102 Abs. 3 SGB XII unterlaufen wird.[21] Dieses Ergebnis erzielt man, in dem man von vornherein den nicht privilegierten Erben nur zu dem seinem Erbteil entsprechenden Anteil des Ersatzanspruchs heranzieht.[22] Umstritten ist, ob diese Grundsätze auch dann gelten, wenn der Anspruch gegen einen Miterben nach § 102 Abs. 4 S. 1 SGB II erloschen ist.[23]

---

16 Grube/Wahrendorf/Flint/Bieback SGB XII § 102 Rn. 35; jetzt auch ausdrücklich BSG SozR 4-5910 § 92c Nr. 2; jeweils offengelassen von BVerwG BVerwGE 57, 26, und von BSG SozR 4-5910 § 92c Nr. 1.
17 Zu § 92c BSHG BSG SozR 4-5910 § 92c Nr. 2.
18 LSG Nordrhein-Westfalen NZS 2021, 988 (Kurzwiedergabe mAnm Hosten).
19 AA SG Karlsruhe Urt. v. 27.8.2009 – S 1 SO 1039/09, juris, das generell davon ausgeht, dass mehrere Miterben hinsichtlich des streitigen Erstattungsanspruchs zwar als Gesamtschuldner, aber nur in Höhe des ihrem Erbteil entsprechenden Anteils haften; vgl. auch LSG RhPf FamRZ 2015, 2003: kein Ermessensfehler, wenn alle Erben in gleicher Höhe entsprechend ihrem Erbteil in Anspruch genommen werden.
20 Vgl. BSG SozR 4-5910 § 92c Nr. 2.
21 Grube/Wahrendorf/Flint/Bieback SGB XII § 102 Rn. 33.
22 LPK-SGB XII/Conradis SGB XII § 102 Rn. 8; differenzierend jurisPK SGB XII/Simon SGB XII § 102 Rn. 23 ff.
23 Verneinend BeckOK SGB XII/Adams SGB XII § 102 Rn. 2; LPK-SGB XII/Conradis SGB XII § 102 Rn. 8; vgl. zu § 35 SGB II LSG Bln-Bbg Urt. v. 27.9.2012 – L 14 AS 1348/11, juris; aA Eicher/Link SGB II § 35 Rn. 10 (3. Auflage); Hauck/Noftz/Fügemann K SGB II § 35 Rn. 48.

Der Erbe kann die Erbschaft nach § 1953 BGB ausschlagen, so dass eine Haftung nach § 102 SGB XII nicht eintritt.[24] Die **Ausschlagung ist nicht sittenwidrig gemäß § 138 BGB.**[25]

12

Daneben **haften Erben von Ehegatten und Lebenspartnern der leistungsberechtigten Person**, wenn diese **vor der leistungsberechtigten Person verstorben** sind. Der Zweck der Einbeziehung dieser Erben besteht in Folgendem: Nicht vom Leistungsberechtigten getrennt lebende Ehegatten und Lebenspartner bilden mit dem Leistungsberechtigten eine Bedarfs- und Einsatzgemeinschaft, so dass auch deren Einkommen und Vermögen bei der Bestimmung des Leistungsanspruchs des Leistungsberechtigten zu berücksichtigen sind (vgl. § 19 Abs. 3 SGB XII, § 27 Abs. 2 SGB XII). Handelt es sich nun etwa bei dem Vermögen des Ehegatten um Schonvermögen, bleibt der Leistungsanspruch des Leistungsberechtigten davon unberührt. Davon sollen aber die Erben des Ehegatten nicht profitieren.

13

Dem skizzierten Zweck entsprechend regelt § 102 Abs. 1 S. 3 SGB XII, dass die **Ersatzpflicht** des Erben des Ehegatten oder Lebenspartners **nicht** für die Kosten der Sozialhilfe besteht, die **während des Getrenntlebens der Ehegatten oder Lebenspartner** geleistet worden sind. Denn während des Getrenntlebens besteht keine Bedarfs- und Einsatzgemeinschaft, so dass es sich etwa bei Vermögen des Ehegatten in diesem Sinne nicht um „Schonvermögen" handeln kann.[26]

14

Ebenfalls einigermaßen konsequent ist die Regelung des § 102 Abs. 1 S. 4 SGB XII, nach der die leistungsberechtigte Person, die der Erbe ihres Ehegatten oder Lebenspartners ist, zum Ersatz der Kosten nach Satz 1 nicht verpflichtet ist. Hintergrund hierfür ist, dass das Vermögen nicht aus der Einsatzgemeinschaft „herausvererbt" wird.[27]

15

Auf die teilweise wenig schlüssigen Ergebnisse,[28] die sich aus der Regelung über den ersatzpflichtigen Personenkreis ergeben, wird teilweise zu Recht hingewiesen.[29] Diese Ungereimtheiten waren auch vor dem Hintergrund besonders augenscheinlich, als § 35 SGB II für das Recht der Grundsicherung keine Ersatzpflicht des Erben von Ehegatten und Lebenspartnern vorsah, obwohl – soweit vom Leistungsempfänger nicht getrennt lebend – auch sie mit dem Leistungsempfänger eine Bedarfsgemeinschaft bilden und in diesem Rahmen auch ihr Einkommen und Vermögen berücksichtigt wird (§ 7 Abs. 3 Nr. 3 lit. a und b SGB II und § 9 Abs. 2 S. 1 SGB II).

16

Die Ersatzpflichten des Erben des Leistungsberechtigten selbst wie auch des Erben des Ehegatten oder Lebenspartners des Leistungsberechtigten sind voneinander unabhängig und können nebeneinanderbestehen. Die Ersatzpflicht des Erben des vorverstorbenen Ehegatten oder Lebenspartners bleibt vom späteren Ableben des Leistungsberechtigten selbst mit der Folge einer Kostenersatzpflicht von dessen Erben unberührt.[30]

17

2. Zu ersetzende Leistungen. Der Erbe ist zum Ersatz der vom Sozialhilfeträger aufgewendeten Kosten der Sozialhilfe verpflichtet. Kosten der Sozialhilfe in diesem Sinne sind die Aufwendungen des Sozialhilfeträgers für die in § 8 Nr. 1 und Nr. 3 bis 7 SGB XII aufgeführten Leistungen. Vom Sozialhilfeträger nach § 74 SGB XII übernommene Bestattungskosten anlässlich des Todes des Erblassers gehören nicht zu den Kosten der Sozialhilfe, die innerhalb der letzten zehn Jahre vor dem Erbfall aufgewendet worden sind; sie können erst mit dem Tod des Erblassers und damit nach dem Erbfall entstehen. Die Kosten der Bestattung sind vielmehr vom Wert des Nachlasses abzusetzen.[31] Soweit Sozialhilfeleistungen als Darlehen (vgl. § 91 Satz 1 SGB XII) erbracht worden sind, mindert der Darlehensrückgewähranspruch als vom Erblasser herrührende Schuld den Wert des Nachlasses im Zeitpunkt des Erbfalls (sog. Erblasserschuld; vgl. § 1967 Abs. 2 BGB). Insoweit gelten bei der Bestimmung des Werts des Nachlasses die allgemeinen zi-

18

---

24 BVerwG Buchholz 436.0 § 92c BSHG Nr. 5.
25 BVerwG Buchholz 436.0 § 92c BSHG Nr. 5; vgl. auch BGH BGHZ 188, 96.
26 LPK-SGB XII/Conradis SGB XII § 102 Rn. 7.
27 Hauck/Noftz/Klinge K SGB XII § 102 Rn. 7; Grube/Wahrendorf/Flint/Bieback SGB XII § 102 Rn. 9.
28 Vgl. auch die Kommentierung in der 1. Auflage.
29 LPK-SGB XII/Conradis SGB XII § 102 Rn. 9.
30 BVerwG BVerwGE 118, 313.
31 BSG FEVS 72, 507.

vilrechtlichen Regelungen. Der „Wert des Nachlasses" wird damit in Anwendung von § 1934b BGB und § 2311 BGB bestimmt, und es ist der Aktivbestand dem Passivbestand im Zeitpunkt des Todes gegenüberzustellen. Die Erblasserschulden gehören im Grundsatz zum Passivbestand. Zu solchen Erblasserschulden zählt auch die vom Erblasser herrührende Restschuld der Hauptforderung aus einem Darlehen (vgl. § 488 Abs. 1 S. 2 BGB). Der Rückgewähranspruch aus dem gewährten Darlehen, der Grundlage der Erblasserschuld ist, schließt einen auf denselben Gegenstand gerichteten Kostenersatzanspruch (als Erbfallschuld) aber aus. Die darlehensweise erbrachte Sozialleistung kann vom Sozialhilfeträger nicht nochmals (oder wahlweise) im Wege des Kostenersatzes durch Verwaltungsakt geltend gemacht werden.[32] Ausgenommen sind nach § 102 Abs. 5 SGB XII die Leistungen nach dem Vierten Kapitel (genannt auch in § 8 Nr. 2 SGB XII) und die vor dem 1.1.1987 entstandenen Kosten der **Tuberkulosehilfe**. Im Vierten Kapitel des SGB XII (§§ 41–46b SGB XII) sind die **Leistungen der Grundsicherung im Alter und bei Erwerbsminderung** geregelt, die demnach von der Ersatzpflicht des § 102 SGB XII ausgenommen sind. Die Regelung zu Kosten der **Tuberkulosehilfe** ist wegen Zeitablaufs **überflüssig** und geht nunmehr ins Leere.[33]

18.1 Bis zum 31.12.2019 waren im 6. Kapitel des SGB XII Leistungen der Eingliederungshilfe für behinderte Menschen geregelt. Zum 1.1.2020 wurde die Eingliederungshilfe aus dem SGB XII herausgelöst und wird seitdem als Teil 2 des SGB IX als „Besondere Leistungen zur selbstbestimmten Lebensführung für Menschen mit Behinderungen" geregelt.[34] Dies hat zur Folge, dass Leistungen der Eingliederungshilfe seit dem 1.1.2020 nicht mehr vom Anwendungsbereich des § 102 SGB XII umfasst sind.[35] Übergangsregelungen gibt es nicht. Man wird aber annehmen müssen, dass für bis zum 31.12.2019 nach dem SGB XII erbrachte Leistungen der Eingliederungshilfe § 102 SGB XII gilt.[36]

19 Auch im Rahmen des § 102 SGB XII ist Voraussetzung für die Ersatzpflicht, dass die **Leistungen materiell rechtmäßig gewährt** wurden.[37] Hierbei handelt es sich um ein **ungeschriebenes Tatbestandsmerkmal**. Für die Beurteilung der Rechtmäßigkeit der Leistung ist allerdings nur maßgeblich, ob die dem Erblasser gewährten Leistungen diesem nach den materiellrechtlichen Vorschriften des SGB XII zugestanden haben, während Formverstöße bedeutungslos sind.[38]

20 Für **rechtswidrig gewährte Leistungen** ist § 102 SGB XII unanwendbar; insoweit muss der Leistungsträger gegen den Erben nach den §§ 45 ff. SGB X vorgehen (zur Haftung → SGB I § 58 Rn. 15 ff.). Eine **Umdeutung** einer auf § 102 SGB XII gestützten Entscheidung in eine solche nach den §§ 45 ff. SGB X und umgekehrt ist gemäß § 43 SGB X **nicht möglich**.[39]

21 Der **Hauptanwendungsfall des § 102 SGB XII** lässt sich wie folgt umschreiben: Der Erblasser hat Leistungen nach dem SGB XII bezogen, obwohl er über Vermögen verfügt hat. Der Leistungsbezug war aber rechtmäßig, weil das Vermögen unverwertbar war (§ 90 Abs. 2 und 3 SGB XII). § 102 SGB XII ist aber nicht auf die Fälle des § 90 Abs. 2 und 3 SGB XII beschränkt. Er erfasst auch die Fälle, in denen aufgrund **gesetzlicher Schutzvorschriften außerhalb des SGB XII** zu Lebzeiten des Hilfeempfängers keine Verwertung des Vermögens zur Deckung des Bedarfs verlangt werden konnte.[40]

22 Erfasst werden die Leistungen innerhalb der letzten zehn Jahre vor dem Erbfall; maßgeblich ist insoweit der Tod des Leistungsempfängers (§ 1922 Abs. 1 BGB). Die Frist wird analog § 188 **Abs. 2 BGB** berechnet.[41]

---

32 BSG FEVS 72, 507.
33 LPK-SGB XII/Conradis SGB XII § 102 Rn. 19; Hauck/Noftz/Klinge K SGB XII § 102 Rn. 34.
34 Vgl. Heinz/Schmidt-De Caluwe/Scholz/Bienert SGB III Vorb. §§ 112–129 Rn. 3.
35 Hosten NZS 2021, 988.
36 JurisPK-SGB XII/Simon SGB XII § 102 Rn. 78.
37 Vgl. zu § 92c BSHG schon BVerwG BVerwGE 78, 165.
38 BSG SozR 4-5910 § 92c Nr. 1 zu § 92c BSHG.
39 Zu § 92c BSHG schon BVerwG BVerwGE 78, 165.
40 BSG SozR 4-5910 § 92c Nr. 1 zu § 92c BSHG; dort zum Vermögensschutz nach § 21 Abs. 2 des Gesetzes über die Errichtung einer Stiftung „Hilfswerk für behinderte Kinder".
41 Hauck/Noftz/Klinge K SGB XII § 102 Rn. 11.

Zu ersetzen sind gemäß § 102 Abs. 1 S. 2 SGB XII die innerhalb des 10-Jahres-Zeitraums entstandenen Kosten der Sozialhilfe, die das Dreifache des Grundbetrages nach § 85 Abs. 1 SGB XII übersteigen. Da dieser Grundbetrag gemäß § 85 Abs. 1 Nr. 1 SGB XII seinerseits das Doppelte des Regelbedarfs beträgt, ist der jeweilige Regelbedarf der Regelbedarfsstufe 1 mal 6 zu nehmen. Er ist also dynamisch und beträgt etwa im Jahr 2022 2.694 EUR. Maßgeblicher **Zeitpunkt** für die Berechnung des Grundbetrages ist der **Erbfall**.[42] In der Praxis kommt es mitunter vor, dass der Sozialhilfeträger insoweit auf den Zeitpunkt seiner Entscheidung abstellt. Da dieser nach dem Erbfall liegen muss und andererseits der Grundbetrag nach § 85 Abs. 1 Nr. 1 SGB XII steigt und nicht sinkt, wirken sich etwaige Verwaltungsfehler insoweit stets zugunsten des in Anspruch Genommenen aus.[43] Im Übrigen ist der Betrag nach § 102 Abs. 1 S. 2 SGB XII **auch bei einer Mehrheit von Erben nur einmal und nicht für jeden einzelnen Erben zu berücksichtigen**.[44] 23

§ 105 Abs. 2 S. 1 SGB XII, wonach **Unterkunftskosten in Höhe eines Betrages von 56 % nicht der Ersatzpflicht unterliegen, ist nicht anzuwenden**.[45] Die Streitfrage hat aber nunmehr ihre Bedeutung verloren, da § 105 Abs. 2 SGB XII durch das Neunte Gesetz zur Änderung des Zweiten Buches Sozialgesetzbuch – Rechtsvereinfachung – sowie zur vorübergehenden Aussetzung der Insolvenzantragspflicht vom 26.7.2016 (BGBl. 2016 I 1824) mit Wirkung ab dem 1.1.2017 aufgehoben worden ist. 24

Liegen die gesetzlichen Voraussetzungen eines Ersatzanspruchs gegen den Erben vor, ist der Anspruch geltend zu machen. **Ermessen** insoweit hat der Grundsicherungsträger **nicht**.[46] 25

3. Abgrenzung zu den §§ 103 Abs. 2, 104 SGB XII. Die §§ 103, 104 SGB XII entsprechen den §§ 34, 34a SGB II, die an dieser Stelle jeweils kurz mitbehandelt werden sollen. Die jeweiligen Abweichungen in Terminologie und Systematik sind allerdings kaum zu erklären. 26

a) **§ 103 Abs. 2 SGB XII; § 34 Abs. 2 SGB II.** § 103 Abs. 2 SGB XII knüpft an § 103 Abs. 1 SGB XII an und regelt in erster Linie die **unselbstständige Haftung** des Erben desjenigen, der nach Vollendung des 18. Lebensjahres für sich oder andere durch vorsätzliches oder grob fahrlässiges Verhalten die Voraussetzungen für die Leistungen der Sozialhilfe herbeigeführt hat. Die Heranziehung zum Kostenersatz nach § 103 Abs. 1 S. 1 SGB XII setzt voraus, dass das Verhalten, durch das die Voraussetzungen für die Leistungen der Sozialhilfe herbeigeführt worden sind, „sozialwidrig" ist.[47] Insoweit gilt nichts anderes als bei § 34 SGB II, in dem die Voraussetzung der Sozialwidrigkeit in die amtliche Überschrift aufgenommen worden ist. Für die Annahme eines sozialwidrigen Verhaltens ist erforderlich, dass die Existenzgrundlage, deren Erhalt das SGB II und das SGB XII jeweils vor allem auch mit aktiven Leistungen schützen, durch das maßgebliche Verhalten selbst unmittelbar beeinträchtigt wird oder wegfällt. Nicht jedes strafbare Verhalten, das absehbar zu einer Inhaftierung und also regelmäßig zum Wegfall von Erwerbsmöglichkeiten führt, ist damit sozialwidrig. Der Vorwurf der Sozialwidrigkeit ist daher nicht in der Strafbarkeit einer Handlung, sondern darin begründet, dass der Betreffende – im Hinblick auf die von der Solidargemeinschaft aufzubringenden Mittel der Grundsicherung für Arbeitsuchende – in zu missbilligender Weise sich selbst oder seine mit ihm in Bedarfsgemeinschaft lebenden Personen in die Lage gebracht hat, Leistungen nach dem SGB II oder dem SGB XII in Anspruch nehmen zu müssen. Verwendet der Leistungsberechtigte etwa erzielte Einnahmen nicht zur Sicherung des Lebensunterhalts und wird dadurch die (teilweise) Hilfebedürftigkeit herbeigeführt, kann dies einen Ersatzanspruch auslösen, wenn ein anderes Ausgabever- 27

---

[42] Hauck/Noftz/Klinge K SGB XII § 102 Rn. 13.
[43] BSG SozR 4-5910 § 92c Nr. 1 zu § 92c BSHG.
[44] Grube/Wahrendorf/Flint/Bieback SGB XII § 102 Rn. 15.
[45] Vgl. SächsLSG NZS 2016, 111.
[46] LPK-SGB XII/Conradis SGB XII § 102 Rn. 20.
[47] Grube/Wahrendorf/Flint/Bieback SGB XII § 103 Rn. 9; so nun auch BSG NZS 2021, 296 mAnm Kellner.

halten grundsicherungs- oder sozialhilferechtlich abverlangt war, obwohl ein solches Verhalten regelmäßig keinen Straftatbestand erfüllt.[48]

28 Der ersatzpflichtige Personenkreis in § 103 Abs. 1 S. 1 SGB XII ist weiter gefasst als in § 34 Abs. 1 S. 1 SGB II, der eine Kostenersatzpflicht nur vorsieht, wenn der Verursacher **Leistungen an sich oder an Personen, die mit ihm in Bedarfsgemeinschaft leben, herbeigeführt** hat. Es reicht, wenn jemand für sich oder andere durch vorsätzliches oder grob fahrlässiges Verhalten die Voraussetzungen für die Leistungen der Sozialhilfe herbeigeführt hat. Dritter in diesem Sinne kann etwa ein Betreuer sein. Eine „Garantenstellung" des Dritten gegenüber den Vermögensinteressen des Sozialhilfeträgers ist nicht erforderlich, auch dann nicht, wenn dem Dritten ein Unterlassen vorgeworfen wird.[49] Zum 1.8.2016 wurde nur in § 34 Abs. 1 SGB II ein Satz 2 eingefügt, nach dem als Herbeiführung im Sinne des Satzes 1 auch gilt, wenn die **Hilfebedürftigkeit erhöht, aufrechterhalten oder nicht verringert** wurde. Der Gesetzgeber meint, es handele sich um eine Klarstellung.[50] Das BSG teilt diese Einschätzung nicht und geht von einer echten Rechtsänderung aus.[51] Das hat erhebliche Auswirkungen auch für die Auslegung des Begriffs „herbeigeführt" in § 103 Abs. 1 S. 1 SGB XII. Die Voraussetzungen für die Gewährung von Leistungen nach dem SGB XII hat danach nur der herbeigeführt, der diese Voraussetzungen geschaffen oder sie bewirkt hat. Wer diese Leistungsvoraussetzungen bereits erfüllt und deren Vorliegen nicht beseitigt, führt die Voraussetzungen nicht erst herbei, sondern erhält sie aufrecht. Das entspricht der Rechtsprechung des BVerwG, das unter „Herbeiführen" im Sinne des § 92a Abs. 1 S. 1 BSHG verstanden hat, dass der Ersatzpflichtige sich selbst oder seine unterhaltsberechtigten Angehörigen „in die Lage gebracht hat, Sozialhilfe in Anspruch nehmen zu müssen".[52] Im Ergebnis hat sich damit die Rechtslage zum 1.8.2016 im SGB II erheblich verschärft.

29 Die Ersatzpflicht nach § 103 Abs. 1 S. 1 SGB XII (und damit auch die des Erben) besteht entsprechend § 34 Abs. 1 SGB II nur für rechtmäßig erbrachte Leistungen. Ohne erkennbaren Grund verlässt § 103 Abs. 1 S. 2 SGB XII diese Systematik, wonach zum Kostenersatz auch verpflichtet ist, wer als leistungsberechtigte Person oder als deren Vertreter die Rechtswidrigkeit des der Leistung zugrunde liegenden Verwaltungsaktes kannte oder in Folge grober Fahrlässigkeit nicht kannte. § 103 Abs. 1 S. 2 SGB XII hätte systematisch zu § 104 SGB XII gehört.[53]

30 Von der Heranziehung zum Kostenersatz kann gemäß § 103 Abs. 1 S. 3 SGB XII abgesehen werden, soweit sie eine **Härte** bedeuten würde. Ob diese Regelung auch zugunsten des nach § 103 Abs. 2 SGB XII in Anspruch genommenen Erben gilt, ist unklar,[54] aber eher abzulehnen. Denn die Pflicht zum Kostenersatz bleibt von der Frage, ob nach § 103 Abs. 1 S. 3 SGB XII wegen einer Härte auf die Heranziehung zum Kostenersatz verzichtet wird, unberührt. Selbst wenn also in der Person des Erblassers eine Härte vorlag, geht die Pflicht zum Kostenersatz auf den Erben über. Eine Härteregelung unmittelbar für den Erben enthält § 103 Abs. 2 SGB XII nicht.

31 Der Anspruch auf Kostenersatz erlischt gemäß § 103 Abs. 3 S. 1 SGB XII in drei Jahren vom Ablauf des Jahres an, in dem die Leistung erbracht worden ist. Für die Hemmung, die Ablaufhemmung, den Neubeginn und die Wirkung der Verjährung gelten gemäß § 103 Abs. 3 S. 2 SGB XII die Vorschriften des Bürgerlichen Gesetzbuchs sinngemäß. Der Erhebung der Klage steht nach § 103 Abs. 3 S. 3 SGB XII der Erlass eines Leistungsbescheides gleich. § 34 Abs. 3 SGB II regelt insoweit das Entsprechende mit der Maßgabe, dass nach § 34 Abs. 3 S. 1 SGB II

---

48 BSG SozR 4-4200 § 34 Nr. 2.
49 BSG NZS 2021, 296 mAnm Kellner.
50 BT-Drs. 18/8041, 43.
51 NZS 2017, 473.
52 BVerwG BVerwGE 118, 109.
53 Grube/Wahrendorf/Flint/Bieback SGB XII § 103 Rn. 31; LPK-SGB XII/Conradis SGB XII § 103 Rn. 8.
54 Dafür LPK-SGB XII/Conradis SGB XII § 103 Rn. 22; vgl. auch jurisPK SGB XII/Simon SGB XII § 103 Rn. 57.

der Ersatzanspruch drei Jahre nach Ablauf des Jahres erlischt, für das die Leistung erbracht worden ist.[55]

b) § 104 SGB XII; § 34a SGB II. Nach § 104 S. 1 SGB XII ist zum Ersatz der Kosten für zu Unrecht erbrachte Leistungen der Sozialhilfe in entsprechender Anwendung des § 103 verpflichtet, wer die Leistungen durch vorsätzliches oder grob fahrlässiges Verhalten herbeigeführt hat. § 104 SGB XII entspricht § 34a SGB II. 32

Hier geht es um **rechtswidrige Leistungen** und um die Ersatzpflicht eines Dritten, **der die rechtswidrige Leistungserbringung verursacht hat**. § 104 S. 1 SGB XII und § 34a Abs. 1 SGB II regelt die Ersatzpflicht desjenigen, der die Erbringung rechtswidriger Leistungen durch vorsätzliches oder grob fahrlässiges Verhalten an Dritte herbeigeführt hat. In Abgrenzung zu § 103 SGB XII und § 34 SGB II geht es also um rechtswidrige Leistungen. Zudem ist ersatzpflichtig nicht der Leistungsempfänger, sondern derjenige, der die rechtswidrige Leistungserbringung verursacht hat. Beispiel hierfür mag ein (vermeintlicher) Vermieter sein, der durch Vorlage eines Mietvertrages die Erbringung von Leistungen für Unterkunft und Heizung herbeigeführt hat, obwohl der Leistungsempfänger tatsächlich keine Miete zahlen musste. Die Ersatzpflicht nach § 104 SGB XII und § 34a Abs. 1 SGB II tritt neben die Möglichkeit des Leistungsträgers, die rechtswidrige Leistungsbewilligung über die §§ 45 ff. SGB X aufzuheben und entsprechende Erstattung nach § 50 Abs. 1 SGB X vom Leistungsempfänger zu verlangen. Richtigerweise ist anzunehmen, dass der Leistungsträger die Leistungsbewilligung sogar aufheben *muss*, um (auch) nach § 104 SGB XII und § 34a SGB II vorgehen zu können. Denn solange die Leistungsbewilligung existiert, hat der Leistungsempfänger einen Rechtsgrund zum Behaltendürfen und eine rechtswidrige Leistung liegt nicht vor.[56] 33

Gemeinhin wird angenommen, die **Erbenhaftung** des § 103 Abs. 2 SGB XII gelte auch im Rahmen des § 104 SGB XII.[57] Der Wortlaut rechtfertigt diese Annahme nicht. Denn § 104 S. 1 SGB XII regelt ausschließlich die Ersatzpflicht desjenigen, der die Erbringung rechtswidriger Leistungen herbeigeführt hat. (Nur) insoweit ist § 103 SGB XII entsprechend anzuwenden. Da allerdings § 104 SGB XII nach der Vorstellung des Gesetzgebers inhaltsgleich § 92a Abs. 4 BSHG überträgt,[58] andererseits der Gesetzgeber für § 92a Abs. 4 BSHG von der Anwendbarkeit auch des § 92a Abs. 2 BSHG und damit auch von der Erbenhaftung ausgegangen ist,[59] ist ungeachtet der missglückten Formulierung davon auszugehen, dass auch der Erbe desjenigen, der die rechtswidrige Erbringung von Leistungen durch vorsätzliches oder grob fahrlässiges Verhalten herbeigeführt hat, haftet. Über die Kettenverweisung von § 104 SGB XII auf § 103 Abs. 2 S. 2 SGB XII auf § 102 Abs. 2 S. 2 SGB XII ist die **Haftung beschränkt** auf den Wert des im Zeitpunkt des Erbfalles vorhandenen Nachlasses.[60] In § 34a SGB II ist die Rechtslage insoweit klarer, als § 34a Abs. 3 S. 1 SGB II ausdrücklich auf § 34a Abs. 2 SGB II und damit die Erbenhaftung verweist. 34

Für das **Erlöschen des Ersatzanspruchs** gilt § 103 Abs. 3 SGB XII entsprechend, dh insbesondere, dass der Anspruch auf Kostenersatz in drei Jahren vom Ablauf des Jahres an erlischt, in dem die Leistung erbracht worden ist. Gemäß § 34a Abs. 3 S. 2 SGB II erlischt der Ersatzanspruch drei Jahre nach dem Tod der Person, die gemäß Abs. 1 zum Ersatz verpflichtet war. Auch insoweit weichen die Regelungen voneinander ab. 35

---

55 Vgl. dazu BT-Drs. 18/8041, 44.
56 LPK-SGB XII/Conradis SGB XII § 104 Rn. 5; vgl. zum Problem auch jurisPK SGB XII/Simon SGB XII § 104 Rn. 13 ff.
57 Grube/Wahrendorf/Bieback SGB XII § 104 Rn. 8; jurisPK SGB XII/Simon SGB XII § 104 Rn. 35 ff.
58 BT-Drs. 15/1514, 68 (zu § 99).
59 BT-Drs. 12/5930, 4.
60 JurisPK SGB XII/Simon SGB XII § 104 Rn. 35.

II. Abs. 2

36 § 102 Abs. 2 S. 1 SGB XII bestimmt ausdrücklich und deklaratorisch, dass es sich bei der Ersatzpflicht des Erben um eine Nachlassverbindlichkeit handelt.

37 Gemäß § 102 Abs. 2 S. 2 SGB XII ist die Ersatzpflicht auf den **Nachlasswert** zum Zeitpunkt des Erbfalls **begrenzt**. Die Bestimmung des **Nachlasswertes richtet sich nach dem BGB**.[61] Maßgeblich ist also das Aktivvermögen abzüglich Erblasser- und Erbfallschulden sowie bestimmter Nachlassverbindlichkeiten. Nicht sämtliche Nachlassverbindlichkeiten sind zu berücksichtigen; als berücksichtigungsfähig kommen Kosten einer standesgemäßen Beerdigung oder Kosten einer Nachlasspflegschaft oder -verwaltung und -sicherung in Betracht.[62] Die Ersatzforderung nach § 102 SGB XII ist, obwohl Nachlassverbindlichkeit, für die Berechnung des Nachlasswertes unmaßgeblich.[63] § 102 Abs. 2 S. 2 SGB XII stellt eine abschließende Sonderregelung dar, die einen Rückgriff auf die §§ 1975 ff. BGB verbietet.

38 Maßgeblich ist der **Wert des Nachlasses im Zeitpunkt des Erbfalls**. Wertminderungen und Wertsteigerungen nach diesem Zeitpunkt sind irrelevant.[64] Die Ersatzpflicht besteht im Übrigen auch dann, wenn die Sozialhilfeleistungen vor dem Erwerb des Nachlassvermögens durch den Sozialhilfeempfänger gewährt worden sind.[65]

III. Abs. 3

39 **1. Allgemeines.** Abs. 3 regelt Fälle, in denen der Erstattungsanspruch gegen die Erben (ganz oder teilweise) nicht geltend zu machen ist. Auch insoweit hat der Sozialhilfeträger kein Ermessen.

40 Abs. 3 Nr. 1 und Abs. 3 Nr. 2 und 3 unterscheiden sich voneinander. § 102 Abs. 3 Nr. 2 und 3 SGB XII regeln **personen-(oder auch erben-)bezogene** Voraussetzungen. Bei einer Erbenmehrheit sind die Voraussetzungen des § 102 Abs. 3 Nr. 2 und 3 SGB XII demnach **für jeden Miterben gesondert zu prüfen**. Liegen die Voraussetzungen bei einer Erbengemeinschaft bei einigen Miterben vor, bei anderen nicht, liegt ein Fall der **gestörten Gesamtschuld** vor (→ Rn. 10). Dies muss der Sozialhilfeträger bei seiner Ermessensentscheidung berücksichtigen, dh er darf regelmäßig den nicht privilegierten Erben nur mit dem seinem Erbteil entsprechenden Teil des Nachlasses heranziehen.[66]

41 **Abs. 3 Nr. 1 ist demgegenüber nachlassbezogen.** Er ist bei einer Erbenmehrheit nur einmal abzusetzen.[67] Da er aber nicht personenbezogen ist, ist der Fall einer gestörten Gesamtschuld insoweit nicht denkbar.

42 **2. § 102 Abs. 3 Nr. 1 SGB XII.** Das Dreifache des Grundbetrages nach § 85 Abs. 1 SGB XII wird wie in § 102 Abs. 1 S. 2 SGB XII auch in § 102 Abs. 3 Nr. 1 SGB XII in Bezug genommen. Während § 102 Abs. 1 S. 2 SGB XII aber auf die geleisteten Sozialhilfeleistungen Bezug nimmt, ist der **Anknüpfungspunkt in § 102 Abs. 3 Nr. 1 SGB XII der Nachlasswert**.[68] Die Bedeutung dieses zweiten (Grund-)Freibetrages ist nicht ganz klar. Teilweise wird eine grundlose Besserstellung gegenüber § 35 SGB II aF, nach dem es keinen nachlassbezogenen Grundfreibetrag gab, angenommen.[69] Zu einer solchen Besserstellung kann es, muss es aber nicht kommen, wie nachfolgende Beispiele zeigen:[70]

---

61 Hauck/Noftz/Klinge K SGB XII § 102 Rn. 16.
62 LPK-SGB XII/Conradis SGB XII § 102 Rn. 15.
63 BVerwG BVerwGE 66, 161.
64 Hauck/Noftz/Klinge K SGB XII § 102 Rn. 17.
65 ThürLSG Urt. v. 6.7.2011 – L 8 SO 1027/08, juris; nachfolgend bestätigt von BSG SozR 4-5910 § 92c Nr. 2; jurisPK SGB XII/Simon SGB XII § 102 Rn. 39; aA aber LPK-SGB XII/Conradis SGB XII § 102 Rn. 14.
66 Grube/Wahrendorf/Flint/Bieback SGB XII § 102 Rn. 33.
67 Grube/Wahrendorf/Flint/Bieback SGB XII § 102 Rn. 32.
68 Grube/Wahrendorf/Flint/Bieback SGB XII § 102 Rn. 18.
69 Grosse/Gunkel info also 2013, 3 (10); vgl. das Rechenbeispiel bei Conradis ZEV 2005, 379 (382).
70 S. a. BVerwG BVerwGE 57, 26.

Beispiel 1: Der Erblasser hat in den zehn Jahren vor Eintritt des Erbfalles 5.000 EUR Sozialhilfe bezogen. Der Wert des Nachlasses beträgt ebenfalls 5.000 EUR. Von dem Erstattungsbetrag sind – Stand: 2022 – 2.694 EUR als Grundfreibetrag nach § 102 Abs. 1 S. 2 SGB XII abzuziehen. Es verbleiben 2.306 EUR, die zu erstatten sind. Nun ist zu prüfen, ob der Nachlassfreibetrag den Erstattungsbetrag „deckelt". Das ist hier nicht der Fall, weil der Wert des Nachlasses abzüglich des Freibetrages nach § 102 Abs. 3 Nr. 1 SGB XII ebenfalls 2.306 EUR beträgt.

43

Beispiel 2: Wie oben, der Wert des Nachlasses beträgt aber nur 3.000 EUR. Hier „deckelt" der Nachlassfreibetrag den Erstattungsbetrag. Denn der Wert des Nachlasses beträgt abzüglich des Nachlassfreibetrages nur 306 EUR, so dass auch nur dieser Betrag als Erstattungsbetrag verlangt werden kann.

44

Es bleibt also festzuhalten, dass Erben von Sozialhilfebeziehern gegenüber solchen von Grundsicherungsbeziehern unter der Geltung des § 35 SGB II – also bis zum 31.7.2016 – ohne erkennbaren Grund dann bessergestellt wurden, wenn der **Nachlasswert geringer war als die Sozialhilfeleistungen**, die der Erblasser in den zehn Jahren vor Eintritt des Erbfalles bezogen hat.

45

Maßgebender Zeitpunkt für die Höhe des zugrunde zu legenden Nachlassfreibetrages nach § 102 Abs. 3 Nr. 1 SGB XII ist der **Erbfall**.[71] Er wird **stets nur einmal** und nicht angesichts einer etwaigen Mehrheit von Erben für jeden einzelnen Erben berücksichtigt.[72]

46

3. § 102 Abs. 3 Nr. 2 SGB XII. Wenn der Erbe der Ehegatte oder Lebenspartner der leistungsberechtigten Person oder mit dieser verwandt ist und nicht nur vorübergehend bis zum Tod der leistungsberechtigten Person mit dieser in häuslicher Gemeinschaft gelebt und sie gepflegt hat, erhöht sich der **Freibetrag** dieses Erben auf 15.340 EUR. Derjenige Miterbe, der sich zu Lebzeiten des Leistungsempfängers der Mühe unterzogen hat, diesen bei sich aufzunehmen und zu pflegen, soll hierfür „belohnt" werden; zudem soll die Pflegebereitschaft nahestehender Personen gefördert werden.[73]

47

Privilegiert sein kann nur der Ehegatte oder Lebenspartner oder ein Verwandter der leistungsberechtigten Person. Die Verwandtschaft von Personen richtet sich nach § 1589 BGB.

48

Der Ehegatte oder Lebenspartner oder Verwandte muss zudem nicht nur vorübergehend bis zum Tode des Leistungsempfängers mit diesem in häuslicher Gemeinschaft gelebt und – kumulativ – ihn gepflegt haben. „**Nicht nur vorübergehend bis zum Tode**" bezieht sich sowohl auf das Zusammenleben in häuslicher Gemeinschaft als auch die Pflege.[74] Für die Frage, ob für die Tatbestandsvoraussetzungen „nicht nur vorübergehend" ein Mindestzeitraum zu verlangen ist, ist zu unterscheiden: **Zusammenleben in häuslicher Gemeinschaft und Pflege müssen jedenfalls für einen Mindestzeitraum „gewollt"** sein. Nach der Rechtslage bis zum 31.12.2016 konnte man sich an § 61 Abs. 1 SGB XII orientieren und bezogen auf diese Absicht im Regelfall einen **Mindestzeitraum von sechs Monaten** verlangen. Zum 1.1.2017 ist mit dem Dritten Pflegestärkungsgesetz vom 23.12.2016 die Sechsmonatsgrenze ausdrücklich entfallen.[75] Mit Blick auf den gesetzgeberischen Willen, die Pflegebereitschaft nahestehender Personen zu fördern, sollte man aber weiter von einem Mindestzeitraum von sechs Monaten ausgehen.[76] Wenn ein entsprechender Wille festgestellt werden kann, Zusammenleben und Pflege aber tatsächlich – etwa wegen des Todes des Leistungsempfängers – nur kurze Zeit gedauert haben, ist dies unschädlich, dh die Tatbestandsvoraussetzung „nicht nur vorübergehend" ist erfüllt.[77] Die häusliche

49

---

71 BSG NJW 2019, 3173.
72 BSG SozR 4-5910 § 92c Nr. 1 zu § 92c BSHG.
73 Vgl. BVerwG BVerwGE 57, 26.
74 JurisPK SGB XII/Simon SGB XII § 102 Rn. 59.
75 BGBl. 2017 I 3191; vgl. auch BT-Drs. 18/9518, 84.
76 AA; mindestens ein Jahr: jurisPK SGB XII/Simon SGB XII § 102 Rn. 59.
77 Wie hier LPK-SGB XII/Conradis SGB XII § 102 Rn. 12; aA Grube/Wahrendorf/Flint/Bieback SGB XII § 102 Rn. 22.

Gemeinschaft und Pflege muss grundsätzlich bis zum Tod des Erblassers bestanden haben, wobei eine stationäre Aufnahme des Erblassers kurz vor dessen Ableben unschädlich ist.[78]

50 Eine **häusliche Gemeinschaft** zwischen Erblasser und Erbe liegt schon dann vor, wenn diese Personen unter einem Dach lebten, eine Haushalts- und Wirtschaftsgemeinschaft ist nicht erforderlich.[79] Soweit vertreten wird, eine Wohngemeinschaft reiche nicht aus, dürfte dies in der Praxis keine Rolle spielen, weil im Fall einer tatsächlichen Pflege nie von einer bloßen Wohngemeinschaft auszugehen sein dürfte.[80]

51 Der Erbe muss den Leistungsempfänger bis zu dessen Tod gepflegt haben, was wiederum voraussetzt, dass der **Leistungsempfänger** auch **pflegebedürftig** war. Pflegebedürftig sind gemäß § 61a Abs. 1 S. 1 SGB XII Personen, die gesundheitlich bedingte Beeinträchtigungen der Selbstständigkeit oder der Fähigkeiten aufweisen und deshalb der Hilfe durch andere bedürfen. Pflegebedürftige Personen im Sinne des S. 1 können nach § 61a Abs. 1 S. 2 SGB XII körperliche, kognitive oder psychische Beeinträchtigungen oder gesundheitlich bedingte Belastungen oder Anforderungen nicht selbstständig kompensieren oder bewältigen. Die **förmliche Feststellung einer Pflegestufe** nach dem SGB XI ist **nicht erforderlich**. Entsprechendes gilt für die Ermittlung des Pflegegrades nach § 62 SGB XII. Nicht erforderlich ist zudem, dass die Pflegeleistung ausschließlich von dem Erben ausgeübt wurde; die Beteiligung Dritter ist unbedenklich, soweit die Pflegeleistungen des Erben hierdurch nicht unerheblich geworden sind.[81]

52 **4. § 102 Abs. 3 Nr. 3 SGB XII.** Von der Geltendmachung des Ersatzanspruchs ist gemäß § 102 Abs. 3 Nr. 3 SGB XII auch abzusehen, soweit die Inanspruchnahme des Erben nach der Besonderheit des Einzelfalls eine besondere Härte bedeuten würde. Eine solche Härte ist bei einer **auffallenden Atypik** des zu beurteilenden Sachverhalts anzunehmen, die es unter Berücksichtigung aller Umstände des Einzelfalls als unbillig erscheinen lässt, den Erben für den Ersatz der Kosten der Grundsicherung in Anspruch zu nehmen.[82] Die Härte muss besonders gewichtig sein, also objektiv besonders schwer wiegen.[83] **Eine besondere Härte kann etwa vorliegen, wenn ein dem § 102 Abs. 3 Nr. 2 SGB XII ähnlicher Fall vorliegt.**[84] Allerdings darf diese Vorgehensweise nicht dazu führen, dass der gesetzgeberische Wille gänzlich unterlaufen wird, was etwa der Fall sein könnte, würde man jedwede Pflege eines Nichtverwandten und Nicht-Partners ausreichen lassen.[85] Zudem ist bei Vergleichbarkeit mit einem Fall des § 102 Abs. 3 Nr. 2 SGB XII zu beachten, dass auch die Rechtsfolge entsprechend „angepasst" wird. Die besondere Härte dürfte dann regelmäßig nur bis zu einem Freibetrag von maximal 15.340 EUR bestehen.

53 Das BSG nennt als mögliches Beispiel den Fall, in dem der Hilfebedürftige von dem mit ihm verwandten Erben bis zu seinem Tode gepflegt wurde, ohne dass eine häusliche Gemeinschaft bestand – daher kein Fall des § 102 Abs. 3 Nr. 2 SGB XII –, aber der Hilfebedürftige und der Verwandte in naher Nachbarschaft lebten und die Pflege aufgrund dieser Nähe gesichert war.[86] Allerdings setze – so das BSG – die Pflege eines Schwerstbehinderten dann einen erheblichen zeitlichen Umfang voraus, weil die in häuslicher Gemeinschaft erbrachte Pflege eines Verwandten ebenfalls „rund um die Uhr erfolgt".

---

78 Jedenfalls in ein Krankenhaus; bei Verbringen in eine Pflegeeinrichtung dürfte anderes gelten, vgl. jurisPK SGB XII/Simon SGB XII § 102 Rn. 60.
79 Grube/Wahrendorf/Flint/Bieback SGB XII § 102 Rn. 20.
80 Vgl. zum Problem jurisPK SGB XII/Simon SGB XII § 102 Rn. 57.
81 JurisPK SGB XII/Simon SGB XII § 102 Rn. 58; Grube/Wahrendorf/Flint/Bieback SGB XII § 102 Rn. 21.
82 Vgl. hierzu BSG SozR 4-5910 § 92c Nr. 1 zu § 92c BSHG.
83 BSG NJW 2019, 3173.
84 LPK-SGB XII/Conradis SGB XII § 102 Rn. 13; Grube/Wahrendorf/Flint/Bieback SGB XII § 102 Rn. 23.
85 Vgl. VGH Mannheim FEVS 41, 205; dort war die besondere Härte nachvollziehbar begründet, weil die in Anspruch genommene Erbin Pflegekind der Hilfebezieherin war.
86 BSG, SozR 4-5910 § 92c Nr. 1 zu § 92c BSHG.

Eine besondere Härte kann auch vorliegen, wenn der Nachlass für den Erben **Schonvermögen** 54
wäre.[87] Keine Härte begründet dagegen der Umstand, dass der Vermögensgegenstand für den
Erblasser Schonvermögen gewesen ist; denn der Erstattungsanspruch hat diesen Fall im Blick,
soll also gerade verhindern, dass der Erbe vom Schonvermögen des Erblassers profitiert.[88] Der
Umstand, dass der in Anspruch genommene Erbe nur über ein **geringes Einkommen** verfügt,
stellt dagegen keine besondere Härte dar, da keine selbsterworbenen Mittel des Erben zurückgefordert werden, sondern die Rückforderung auf den Wert des Nachlasses beschränkt ist.[89]
Keine besondere Härte liegt vor, wenn der Erbe das ererbte Vermögen bereits verbraucht hat.[90]
Allerdings kann es eine Rolle spielen, ob der Erbe im Falle der Erfüllung des Ersatzanspruchs
selbst sozialhilfebedürftig geworden wäre oder ob Sozialhilfebedürftigkeit gedroht hätte.[91]

Lesenswert, wenn auch streng ist eine Entscheidung des LSG Baden-Württemberg.[92] Eine be- 55
sondere Härte ergibt sich für den erbenden Ehegatten danach nicht daraus, dass es sich bei
dem ererbten Grundbesitz um Miteigentum an dem Haus handelt, das ein Erbe mit seinem
Ehegatten bewohnt hat und nach seinem Tod weiterhin bewohnt, selbst wenn dies zum Verlust
eines früheren Familienheimes führen kann. Zwar kann nach dieser Entscheidung eine die
Ersatzpflicht ausschließende Härte dann vorliegen, wenn der Vermögensgegenstand vor dem
Erbfall im Miteigentum des Leistungsberechtigten und des Erben stand und daher auch für
beide gleichermaßen als Schonvermögen geschützt war. Ein solcher Fall lag aber nicht vor,
weil die Klägerin nicht im Sozialhilfebezug stand und aufgrund ihrer Pensionsbezüge und Einnahmen aus der privaten Rente nicht hilfebedürftig war. Auch durch die familiären Umstände
aufgrund der frühen Erkrankung des Erblassers im Zusammenhang mit der Finanzierung des
gemeinsamen Hauses war nach Einschätzung des LSG eine besondere Härte nicht begründet.
Insbesondere konnte angesichts der Einkommensverhältnisse im Kostenersatzzeitraum nicht
davon gesprochen werden, dass die Klägerin das Hausgrundstück allein finanziert hat und
deshalb das Immobilienvermögen nur durch einen besonderen Einsatz der Klägerin gebildet
worden wäre, so dass ihre Inanspruchnahme eine besondere Härte bedeuten würde.

Eine besondere Härte kann auch **nur für einen bestimmten Teil des Nachlasswertes** vorliegen 56
(„soweit"). Der Anspruch ist dann nur insoweit nicht geltend zu machen, als gerade die Geltendmachung einer höheren Forderung eine besondere Härte begründen würde.[93] Des Weiteren
kann eine besondere Härte auch nur **für einen begrenzten Zeitraum** vorliegen. Nach Ablauf dieses Zeitraums kann – innerhalb der Frist des § 102 Abs. 4 S. 1 SGB XII – der Ersatzanspruch
nachträglich geltend gemacht werden.

IV. Abs. 4

§ 102 Abs. 4 SGB XII regelt das Erlöschen des Erstattungsanspruchs. Der Sozialhilfeträger muss 57
dies **von Amts wegen** beachten. Da Erlöschen den Untergang des Anspruchs meint, muss eine
Einrede der Verjährung nicht erhoben werden.[94] Der Anspruch auf Kostenersatz erlischt nach
§ 102 Abs. 4 S. 1 SGB XII in drei Jahren nach dem Tod der leistungsberechtigten Person, ihres
Ehegatten oder ihres Lebenspartners. Der Anspruch auf Kostenersatz des Sozialhilfeträgers gegen den Erben eines Sozialhilfeempfängers erlischt auch dann drei Jahre nach dem Tod des
Leistungsbeziehers, wenn innerhalb dieser Frist für den Erben nur ein unfertiger Nachlassanspruch entstanden ist.[95]

---

87 BSG SozR 4-5910 § 92c Nr. 1 zu § 92c BSHG; BSG NJW 2019, 3173.
88 SG Aachen ErbR 2014, 245; Grube/Wahrendorf/Flint/Bieback SGB XII § 102 Rn. 26.
89 SG Berlin Urt. v. 24.5.2011 – S 149 AS 21300/08, juris.
90 JurisPK SGB XII/Simon SGB XII § 102 Rn. 69.
91 BSG NJW 2019, 3173.

92 Urt. v. 19.10.2016 – L 2 SO 4914/14, juris; Nichtzulassungsbeschwerde der Klägerin dagegen als unzulässig verworfen durch Beschl. des BSG 7.3.2017 – B 8 SO 81/16 B.
93 BSG NJW 2019, 3173.
94 JurisPK SGB XII/Simon SGB XII § 102 Rn. 71.
95 Vgl. SG Augsburg Urt. v. 8.5.2014 – S 15 SO 74/13, juris.

58 Nach § 102 Abs. 4 S. 2 SGB XII gilt § 103 Abs. 3 S. 2 und 3 entsprechend. Die Bestimmungen des BGB über die Hemmung, die Ablaufhemmung, den Neubeginn und die Wirkung der Verjährung gelten demnach sinngemäß; der Erhebung der Klage steht der Erlass eines Leistungsbescheides gleich. Der Erlass eines Leistungsbescheides hat also die gleichen Wirkungen wie die Klageerhebung, auf die § 204 Abs. 1 Nr. 1 BGB abstellt. Da der Leistungsträger den Erstattungsanspruch mittels Verwaltungsakt durchsetzen muss, wäre dessen (echte) **Leistungsklage unzulässig**.[96] Ist ein solcher Leistungsbescheid erlassen und unanfechtbar geworden, gilt nach § 52 Abs. 2 SGB X, § 197 BGB eine 30-jährige Verjährungsfrist.[97]

V. Verfahrensrechtliches

59 Der Sozialhilfeträger muss die **Ersatzpflicht durch Bescheid** geltend machen. Auch insoweit gelten die **Regelungen des Sozialverwaltungsverfahrensrechts**, dh der Erbe ist vor der Inanspruchnahme gemäß § 24 SGB X anzuhören, der Bescheid muss inhaltlich hinreichend bestimmt (§ 33 Abs. 1 SGB X) und begründet sein (§ 35 SGB X). Zur Ermittlung des Ersatzanspruchs haben nach § 117 Abs. 1 S. 1 und 2 SGB XII die Kostenersatzpflichtigen dem Träger der Sozialhilfe über ihre Einkommens- und Vermögensverhältnisse Auskunft zu geben, soweit die Durchführung dieses Buches es erfordert (Satz 1). Dabei haben sie die Verpflichtung, auf Verlangen des Trägers der Sozialhilfe Beweisurkunden vorzulegen oder ihrer Vorlage zuzustimmen (Satz 2). Nur angedeutet werden soll hier, dass die Vorschrift wenig glücklich formuliert ist, weil die Einholung der Auskünfte häufig gerade der Feststellung dienen soll, ob eine Kostenersatzpflicht überhaupt besteht.

60 Gegen den Bescheid kann der Erbe Widerspruch einlegen und anschließend Anfechtungsklage erheben. Beides hat gemäß § 86a Abs. 1 S. 1 SGG grundsätzlich **aufschiebende Wirkung**. Das gerichtliche Verfahren ist **gerichtskostenpflichtig** (§ 197a SGG), da der nach § 102 SGB XII Ersatzpflichtige als Erbe und nicht in seiner Eigenschaft als Person nach § 183 S. 1 SGG in Anspruch genommen wird.[98]

---

96 JurisPK SGB XII/Simon SGB XII § 102 Rn. 85.
97 JurisPK SGB XII/Simon SGB XII § 102 Rn. 77; Grube/Wahrendorf/Flint/Bieback SGB XII § 102 Rn. 42.

98 Vgl. die Kostenentscheidungen bei BSG SozR 4-5910 § 92c Nr. 1; BSG FEVS 72, 507.

Stichwortverzeichnis

Kursive Zahlen bezeichnen die Kapitelnummern, fette die Paragraphen, magere die Randnummern.

Abbaurecht *24* **20 GBO** 8
Abdruck des Insolvenzplans
 14 Nachlassinsolvenz 107
Abfindung *35* **SteuerR** 33, 52 f., 71 ff., 75, 485
– Erb-, Pflichtteils- und Vermächtnisverzicht vor dem Erbfall *35* **SteuerR** 100
– Tod des Arbeitnehmers *3* **ArbR** 63 ff.
– Verzicht auf den entstandenen Pflichtteilsanspruch *35* **SteuerR** 72
Abfindungsklausel *35* **SteuerR** 170
Abgabe *19* **20 RVG** 1 f.
Abgesonderte Befriedigung
 14 Nachlassinsolvenz 55
Abhilfeentscheidung
– Begründung *23* **68 FamFG** 5
Abhilfeverfahren
– Beschwerdeverfahren *23* **68 FamFG** 2 ff.
Ablehnung Verfahrenseröffnung
 14 Nachlassinsolvenz 58
Ablehnungsantrag
 29 Teilungsversteigerung 79
Ablieferungspflicht
– Verfügung von Todes wegen
 23 **358 FamFG** 2 ff.
Abschichtung *24* **20 GBO** 6;
 25 **GNotKG** 321 ff.
– Grundbuchunrichtigkeit *24* **22 GBO** 14
– Voreintragung *24* **40 GBO** 9
Abschmelzung *35* **SteuerR** 265
Abschriften
– aus dem Grundbuch *24* **12 GBO** 17
Abstammungsfeststellung *5* Bestattung 85
Abstimmung *14* Nachlassinsolvenz 108
Abstimmung über Insolvenzplan
 14 Nachlassinsolvenz 111
Abstimmungstermin
 14 Nachlassinsolvenz 106
Abstimmungsverfahren
 14 Nachlassinsolvenz 105
Abstimmungsvertagung
 14 Nachlassinsolvenz 113
Abtretungserklärung
– Form *24* **29 GBO** 9
Abweisung mangels Masse
 14 Nachlassinsolvenz 41, 58

Abzinsung *35* **SteuerR** 246
Abzugsbetrag *35* **SteuerR** 157
Adoption *35* **SteuerR** 317 ff.
– Adoptionshindernisse *10* **1741** 17
– Altersabstand *10* **1741** 9
– Aufhebung *10* **1742** 4, **1764** 1 ff., **1771** 9
– Auskunftsersuchen *10* **1741** 41
– DDR *10* **1760** 18
– Eltern-Kind-Verhältnis *10* **1741** 1
– erbrechtliche Wirkungen *10* **1754** 9
– Erbschaftsteuer *10* **1741** 43
– Erlöschen der Vormundschaft
 10 **1754** 11
– Erwachsenenadoption *35* **SteuerR** 317
– familienrechtliche Wirkungen *10* **1754** 8
– Grundsatz der Alleinadoption
 10 **1741** 4
– kollisionsrechtliche Behandlung
 31 **1 EuErbVO** 7, **23 EuErbVO** 21
– Minderjährigenadoption
 35 **SteuerR** 318
– Mindestalter *10* **1741** 8
– Namensänderung *18* **1–10 PStG** 13, **11–17a PStG** 10 f., **18–33 PStG** 18
– Nichtigkeit *10* **1742** 4
– Readoption *10* **1741** 23, **1742** 4
– reproduktionsmedizinische Maßnahmen
 10 **1741** 11 f.
– Staatsangehörigkeit *10* **1754** 10
– Sukzessivadoption *10* **1741** 5
– Volladoption *10* **1754** 1 ff.
– Volljährigenadoption *10* **1754** 4
– Vormundschaft *10* **1754** 11
– Wirkung der Aufhebung *10* **1771** 9
Adoption des eigenen Enkelkindes
 10 **1741** 22
Adoption durch Annehmenden *10* **1754** 6
Adoptionsstatut *31* **1 EuErbVO** 7, **23 EuErbVO** 21
Adoptionsvertrag
– Hinweispflicht des Notars *10* **1772** 18
Adoptivkinder *35* **SteuerR** 106
AGB-Banken *1* **AGB-Banken** 1 ff.
– Regelungsgehalt *1* **AGB-Banken** 2
Aktie *11* **67 AktG** 3 ff., **68 AktG** 1 ff.
– Erbengemeinschaft *11* **69 AktG** 3 ff.
– Übertragung *11* **68 AktG** 1 ff.

2399

– Vinkulierung *11* 68 AktG 3 ff.
Aktiengesellschaft
11 Einf. Handels-/Gesellschaftsrecht 51 ff.
– Nachweise *24* 32 GBO 1 ff.
– Tod eines Gesellschafters
11 Einf. Handels-/Gesellschaftsrecht 52 ff.
Aktienregister *11* 67 AktG 3 ff., 8
– Erbengemeinschaft *11* 67 AktG 3
– gemeinschaftlichen Vertreters
11 67 AktG 3
– Löschung falscher Eintragungen
11 67 AktG 16 ff.
– Testamentsvollstreckers *11* 67 AktG 4
– Vorerbe *11* 67 AktG 4
– Widerspruch *11* 67 AktG 16 ff.
– Wirkungen der Eintragung
11 67 AktG 5
Alkalische Hydrolyse *5* Bestattung 161
Alleinige Annahme als Kind
– Adoptionshindernisse *10* 1741 17
Allgemeines Verfügungsverbot
14 Nachlassinsolvenz 29, 31
Alt-Dekorationswaffen
– Dekorationswaffen *34* 37d WaffG 2
Altenheim
– Anzeige des Sterbefalls
18 18–33 PStG 10
Altenteil
– Beschränkung auf Lebenszeit
24 23 GBO 10
– Rückstände *24* 23 GBO 27
Altenteilsrecht *13* 17 HöfeO 30
– Inhalt *13* 14 HöfeO 9 ff.
– Leistungsstörungen *13* 17 HöfeO 37 ff.
– Übertragungsvertrag
13 17 HöfeO 30 ff.
– Wart und Pflege *13* 17 HöfeO 30
– Wohnrecht *13* 17 HöfeO 30
Altersangabe
– Falschangabe *21* VersR 94 ff.
Altersversorgungsverpflichtungen
35 SteuerR 144
Ältesten- und Jüngstenrecht
13 6 HöfeO 17
Altverfahren *25* GNotKG 225
Amtsannahmebescheinigung
25 GNotKG 252
Amtsberichtigung *25* GNotKG 305 ff.
– Berichtigungszwangsverfahren
25 GNotKG 305
Amtshilfeersuchen *15* 13 KonsG 23

Amtsverfahren *25* GNotKG 170
An Erfüllungs statt *35* SteuerR 523
Anatomische Institute *5* Bestattung 44 f.
Anatomische Präparate *5* Bestattung 32
Änderung *25* GNotKG 106
Anerkenntnisurteil
– Feststellungklage *27* 256 ZPO 39
Anerkennung
– ausländisches Urteil *15* 13 KonsG 21
Anerkennung (IZVR)
31 Vor 39–58 EuErbVO 1 ff.
Anerkennung mitgliedstaatlicher Entscheidung *31* 39 EuErbVO 1 ff.
– Aussetzung des Anerkennungsverfahrens
31 42 EuErbVO 1
– Gründe für die Nichtanerkennung
31 40 EuErbVO 1 ff.
– ordre public *31* 40 EuErbVO 2 f.
– révision au fond *31* 41 EuErbVO 1
– Unvereinbarkeit mit einer Entscheidung aus dem Anerkennungsstaat
31 40 EuErbVO 8 f.
– Unvereinbarkeit mit einer früheren ausländischen Entscheidung
31 40 EuErbVO 10
– Wahrung der Verteidigungsrechte
31 40 EuErbVO 4 ff.
Anfechtbare Rechtshandlungen
14 Nachlassinsolvenz 56
Anfechtbare Zwischen- und Nebenentscheidungen *23* 58 FamFG 16
Anfechtung *14* Nachlassinsolvenz 120 f., 123 ff.; *25* GNotKG 356; *35* SteuerR 390
– Antrag *24* 13 GBO 2
Anfechtung der Annahme
25 GNotKG 209
Anfechtung der Ausschlagung
25 GNotKG 209
– Betreuter *6* Betreuung 10
Anfechtung der Erbschaftsannahme
– Betreuung *6* Betreuung 73
Anfechtung letztwilliger Verfügungen
35 SteuerR 481
– Heirat und Adoption *35* SteuerR 486
– steuerliche Gestaltungsmöglichkeiten
35 SteuerR 484
– zivilrechtliche Voraussetzungen
35 SteuerR 482
Anfechtung Zuschlagsentscheidung
29 Teilungsversteigerung 91
Anfechtungs- und Leistungsklage
– kombinierte *36* Einf. SozialR 12

Anfechtungserklärung
 23 344 FamFG 16 ff.
– EuErbVO *23* 344 FamFG 19 ff.
Anfechtungserlös
 14 Nachlassinsolvenz 126 f.
Anfechtungsfälle
– Erstattungspflicht
 36 Einf. SozialR 13 ff.
Anfechtungsrecht
 14 Nachlassinsolvenz 123
Anforderung Personenstandsurkunde
 25 GNotKG 354
Angehörige
– Benachrichtigung *15* 9 KonsG 7 ff.
– Treuhänder *9* DigNachl 55
Angehörigen-Entlastungsgesetz
 36 94 SGB XII 5
– Ausschluss des Anspruchsübergangs
 36 94 SGB XII 59
Anhörung *29* Teilungsversteigerung 26, 60; *33* VerwR 32
– durch Konsularbeamte *15* 10 KonsG 13
Anmeldepflichtige Rechte
 29 Teilungsversteigerung 71
Anmeldung *29* Teilungsversteigerung 63, 68
Annahme als Kind
– Adoption durch ein Ehepaar
 10 1741 15
– Adoption und Kindeswohl *10* 1741 6
– adoptionsberechtigte Personen
 10 1741 13 ff.
– Adoptionsbeschluss *10* 1741 24
– Altadoption *10* 1741 26
– Altersabstand *10* 1741 9
– Annahme als gemeinschaftliches Kind
 10 1742 1 ff.
– Aufhebbarkeit *10* 1745 4
– Aufhebung der Annahme *10* 1759 2 ff.
– Aufhebung der Annahme auf Antrag
 10 1760 2 ff., 1761 1
– Aufhebungshindernisse *10* 1761 2
– Beschränkung weiterer Adoption
 10 1742 2
– Bestehenbleiben von Verwandtschaftsverhältnissen *10* 1756 3 ff.
– bestehenbleibende Rechte *10* 1755 5 f.
– durch einen Ehegatten *10* 1741 16
– durch Einzelperson *10* 1741 14
– durch Lebenspartner *10* 1741 18 18
– Einwilligung der Kindeseltern
 10 1747 3 ff.
– Eltern-Kind-Verhältnis *10* 1741 7

– erbrechtliche Folgen *10* 1756 12
– erbrechtliche Wirkungen *10* 1741 25
– Erbteilsquote *10* 1745 3
– Erlöschen der Rechte *10* 1755 2
– Erlöschen des Verwandtschaftsverhältnisses *10* 1747 1, 1755 2 f.
– Ersetzung *10* 1748 1 ff.
– finanzielle Interessen *10* 1745 3
– Interesse der Kinder *10* 1745 1 ff.
– Interesse der Kinder des Annehmenden/Anzunehmenden *10* 1745 2 f.
– internationale Zuständigkeit
 10 1741 28
– Kindeswohl *10* 1741 2, 11
– Minderjährige *10* 1741 1 ff., 1755 1 f.
– Mindestalter *10* 1741 8
– Nichtigkeit *10* 1745 4, 1759 1 ff.
– Pflichtteilsquote *10* 1745 3
– Pflichtteilsrecht *10* 1741 37 f.
– reproduktionsmedizinische Maßnahmen
 10 1741 11 f.
– Sozialleistungen *10* 1741 44
– Steuern *10* 1741 42 f.
– Stiefkindadoption *10* 1755 4, 1756 1 ff.
– Sukzessivadoption *10* 1747 4
– unverheiratete Eltern *10* 1747 2
– Verbot der Annahme *10* 1745 2 f.
– Verfahren *10* 1741 29 ff.
– verwandtschaftsrechtliche Wirkungen
 10 1741 25
– Wirkungen der Annahme auf Abkömmlinge *10* 1755 2 ff.
– Zuständigkeit *10* 1741 27 f.
Annahme des eigenen Kindes
– Annahme als Kind durch ehelichen Elternteil *10* 1741 22
Annahme des Kinds durch Ehepaar
– Rechtsstellung *10* 1754 5 ff.
Annahme nach dem Tode *10* 1753 1 ff.
Annahme nach Tod des Annehmenden
– Rechtsfolgen für Minderjährige
 10 1753 4
– Tod des Annehmenden nach wirksamer Antragstellung *10* 1753 3
Annahme nach Tod des Kindes
– Tod vor Annahmebeschluss *10* 1753 2
Annahmebeschluss *10* 1742 5
Annahmeentscheidung
– Motiv *10* 1767 10 ff.
– Motiv steuerrechtliche Erwägungen
 10 1767 11
Anonyme Bestattung *5* Bestattung 157

Anordnung Teilungsversteigerung
  29 Teilungsversteigerung 21, 30
Anordnungsbeschluss
  29 Teilungsversteigerung 31, 42
Anordnungsgebühr
  29 Teilungsversteigerung 99
Anpassung *31* Vor 20–38 EuErbVO 27 ff.
Anpassung dinglicher Rechte
  31 **31 EuErbVO** 1 ff.
– dinglich wirkende Teilungsanordnungen
  31 **31 EuErbVO** 10
– durch das Erbstatut selbst geschaffene unbekannte Rechte *31* **31 EuErbVO** 7 ff.
– joint tenancy *31* **31 EuErbVO** 8
– Nießbrauchrechte (ex lege)
  31 **31 EuErbVO** 9
– Trust *31* **31 EuErbVO** 8
– Vindikationslegate *31* **31 EuErbVO** 10
– zum Nachlass gehörende unbekannte Rechte *31* **31 EuErbVO** 6
Anrechnung *25* **GNotKG** 105
Anrechnung ausländischer Erbschaftsteuer
  35 **SteuerR** 537
Anrechnungshöchstbetrag *35* **SteuerR** 557
Anrechnungsmethode *35* **SteuerR** 545
Anschlussbeschwerde *23* **66 FamFG** 2 ff.
– Verzicht *23* **67 FamFG** 5
Anschlussrechtsbeschwerde *24* **78 GBO** 16
Anschlussverfahren *25* **GNotKG** 105
Anspruch gegen einen anderen
  36 **93 SGB XII** 11 ff.
– Anspruchsschuldner *36* **93 SGB XII** 11
– Art des Anspruchs *36* **93 SGB XII** 12
– dringliche Rechte *36* **93 SGB XII** 16 ff.
– Erbansprüche *36* **93 SGB XII** 25
– Gleichzeitigkeit *36* **93 SGB XII** 23
– Kausalität *36* **93 SGB XII** 27
– Leibrente *36* **93 SGB XII** 18
– Negativevidenz *36* **93 SGB XII** 13
– Nießbrauchrechte *36* **93 SGB XII** 19
– Pflege- und Versorgungsversprechen
  36 **93 SGB XII** 22
– Pflichtteilsansprüche *36* **93 SGB XII** 25
– Rückforderung wegen Verarmung des Schenkers *36* **93 SGB XII** 15
– überleitungsfähiger Anspruch
  36 **93 SGB XII** 12
– Wohnrechte *36* **93 SGB XII** 20 f.
Ansprüche der Nachlassgläubiger
– Streitwert *27* **3 ZPO** 10

Anspruchsübergang *36* **33 SGB II** 19, **94 SGB XII** 15 ff.
– Aktivlegitimation *36* **33 SGB II** 7
– Altenteilsverträge *36* **33 SGB II** 20
– Aufteilung von Unterkunftskosten
  36 **33 SGB II** 63
– Bedarfsäquivalenz *36* **94 SGB XII** 16 ff.
– Begrenzung auf die Aufwendungen
  36 **33 SGB II** 61 f.
– Bürgergeld *36* **33 SGB II** 35 f.
– Darlehen *36* **33 SGB II** 38, 51
– darlehensweise Hilfe *36* **94 SGB XII** 24
– darlehensweise Hilfegewährung
  36 **33 SGB II** 51
– Einstiegsgeld *36* **33 SGB II** 43 f.
– Erbansprüche *36* **33 SGB II** 27 f.
– fiktiver Vermögensverbrauch
  36 **33 SGB II** 50
– gerichtliche Zuständigkeit
  36 **33 SGB II** 8
– Gleichzeitigkeit *36* **33 SGB II** 58 f.
– Kausalität *36* **33 SGB II** 60
– Kindergeld *36* **33 SGB II** 62
– Klagebefugnis *36* **33 SGB II** 106
– kleine Barbeträge *36* **33 SGB II** 49
– Leibrente *36* **33 SGB II** 21
– Leistung für Bildung und Teilhabe
  36 **33 SGB II** 40
– Leistungsempfänger *36* **33 SGB II** 29 ff.
– Leistungsfälle *36* **Einf. SozialR** 5 ff.
– Mehraufwandsentschädigung
  36 **33 SGB II** 41 f.
– Nießbrauchsrecht *36* **33 SGB II** 22
– Notgroschen *36* **33 SGB II** 49
– Pflege- und Versorgungsversprechen
  36 **33 SGB II** 25
– Pflichtteilsansprüche *36* **33 SGB II** 27 f.
– Pflichtteilsergänzungsansprüche
  36 **33 SGB II** 27 ff.
– Rechtmäßigkeit *36* **33 SGB II** 56 f.
– Rechtmäßigkeit der Hilfegewährung
  36 **94 SGB XII** 29
– Sonderbedarf *36* **33 SGB II** 37 f.
– tatsächliche Leistungserbringung
  36 **33 SGB II** 32 ff.
– Unterhaltsanspruch *36* **94 SGB XII** 15
– Unterhaltsanspruch bei Tod des Unterhaltspflichtigen *36* **33 SGB II** 10 ff.
– Unterhaltsanspruch der Mutter des nichtehelichen Kindes *36* **33 SGB II** 14 ff.
– Unterhaltsverzicht *36* **33 SGB II** 52 ff., **94 SGB XII** 25 f.
– unterschiedliche Erwerbsobliegenheit
  36 **33 SGB II** 48

- unterschiedlicher Bedarfsbegriff
  36 **94 SGB XII** 16 f.
- unterschiedlicher Einkommensbegriff
  36 **33 SGB II** 45 ff., **94 SGB XII** 18 ff.
- unterschiedlicher Vermögensbegriff
  36 **33 SGB II** 49
- unterschiedlicher Vermögenseinsatz
  36 **94 SGB XII** 21 ff.
- Verarmung des Schenkers
  36 **33 SGB II** 18 f.
- Versicherungsleistung *36* **33 SGB II** 39
- Wohnrechte *36* **33 SGB II** 23 f.
- Zeitgleichheit *36* **94 SGB XII** 30

Anspruchsübergang, Ausschluss
36 **94 SGB XII** 39 ff.
- Ansprüche gegen Arbeitgeber
  36 **94 SGB XII** 57
- Auswirkungen *36* **94 SGB XII** 79
- Bedarfsgemeinschaft *36* **33 SGB II** 64 f.,
  94 SGB XII 44 ff.
- Ein-Euro-Job *36* **33 SGB II** 89
- Eingliederungshilfe für Behinderte
  36 **94 SGB XII** 63 ff.
- Existenzminimum *36* **33 SGB II** 81 ff.
- fiktives Einkommen *36* **33 SGB II** 84 ff.
- Hilfe zur Pflege *36* **94 SGB XII** 63 ff.
- Kinderbetreuung *36* **33 SGB II** 70 ff.,
  94 SGB XII 54
- laufende Zahlungen *36* **33 SGB II** 73 ff.,
  94 SGB XII 39 ff.
- Leistungen der Grundsicherung
  36 **94 SGB XII** 52 f.
- Schadensersatzansprüche gegen Dritte
  36 **94 SGB XII** 57
- Schwangere *36* **33 SGB II** 70 ff.,
  94 SGB XII 54
- sozialhilferechtliche Vergleichsberechnung
  36 **94 SGB XII** 67 ff.
- sozialrechtliche Vergleichsberechnung
  36 **33 SGB II** 77 ff.
- unbillige Härte *36* **33 SGB II** 88,
  94 SGB XII 70 ff.
- Unterkunftskosten *36* **94 SGB XII** 58 ff.
- Verwandte *36* **33 SGB II** 66 ff.
- Verwandte 2. Grades
  36 **94 SGB XII** 47 ff.

Anstifter *32* **Einf. StrafR** 20
Anteilsübergang *35* **SteuerR** 53
Antrag *24* **13 GBO** 1 ff.
- Anfechtung *24* **13 GBO** 2
- bedingter *24* **16 GBO** 1 ff.
- befristeter *24* **16 GBO** 1 ff.
- Berechtigung *24* **13 GBO** 5 ff.
- durch Notar *24* **15 GBO** 4

- Erblasser *24* **13 GBO** 9
- Erledigung *24* **17 GBO** 4
- Form *24* **30 GBO** 1 ff.
- Grundbucheinsicht *24* **12 GBO** 13
- hilfsweise *24* **16 GBO** 8
- Inhalt *24* **13 GBO** 18
- Kosten *24* **13 GBO** 24
- Rechtsnatur *24* **13 GBO** 3
- Rücknahme *24* **13 GBO** 22 ff.,
  31 GBO 1 ff.
- unter Vorbehalt *24* **16 GBO** 1 ff.
- Verjährung *10* **1762** 4
- Verknüpfung mehrerer
  24 **16 GBO** 10 ff.
- Vertretung *24* **13 GBO** 20
- Vollzugsreihenfolge mehrerer
  24 **17 GBO** 1 ff.
- Wirksamkeit *24* **13 GBO** 21
- Wirkungen *24* **13 GBO** 4
- Zeitpunkt der Antragstellung
  24 **17 GBO** 6
- Zulässigkeit eines einseitigen Antrags
  10 **1771** 8

Antrag auf Beurkundung
- Geburt im Ausland *15* **8 KonsG** 11
- Sterbefall im Ausland *15* **8 KonsG** 11 f.

Antrag Teilungsversteigerung
29 **Teilungsversteigerung** 18

Antragsbefugnis *24* **13 GBO** 13 ff.
- bei Testamentsvollstreckung
  24 **13 GBO** 14
- Erbanteilspfändung *24* **13 GBO** 14
- Gütergemeinschaft *24* **13 GBO** 16
- Insolvenzverfahren *24* **13 GBO** 15
- Nachweis *24* **13 GBO** 17

Antragsbegründung Teilungsversteigerung
29 **Teilungsversteigerung** 20

Antragsberechtigte
14 **Nachlassinsolvenz** 12

Antragsberechtigung
14 **Nachlassinsolvenz** 12; *24* **13 GBO** 5 ff.
- Ausübung *24* **13 GBO** 9
- Erbfolge *24* **13 GBO** 12
- mehrere Berechtigte *24* **13 GBO** 10
- Nachweis *24* **13 GBO** 17, **30 GBO** 5
- unmittelbar Begünstigte *24* **13 GBO** 12
- unmittelbar Betroffene *24* **13 GBO** 11
- Verwirkung *24* **13 GBO** 7
- Verzicht *24* **13 GBO** 8
- Zeitpunkt *24* **13 GBO** 9

Antragsberechtigung des Vollstreckungsgläubigers *24* **14 GBO** 1 ff.
- Beschaffung der Eintragungsunterlagen
  24 **14 GBO** 11

- Eintragungsunterlagen   *24* **14 GBO** 10
- Grundbuchunrichtigkeit   *24* **14 GBO** 2
- Notwendigkeit der Voreintragung
  24 **14 GBO** 9
- titulierter Anspruch   *24* **14 GBO** 5 ff.
- Vollstreckungsklausel   *24* **14 GBO** 4
- Vollstreckungstitel   *24* **14 GBO** 3

Antragsberechtigung Teilungsversteigerung
  29 **Teilungsversteigerung** 16

Antragserfordernis Teilungsversteigerung
  29 **Teilungsversteigerung** 14

Antragsfrist   *14* **Nachlassinsolvenz** 19

Antragsgegner   *29* **Teilungsversteigerung** 41

Antragsgrundsatz   *24* **Einf. GBO** 24,
  13 **GBO** 1

Antragspflicht des Erben
  14 **Nachlassinsolvenz** 16

Antragspflicht des Nachlasspflegers
  14 **Nachlassinsolvenz** 18

Antragspflicht des Nachlassverwalters
  14 **Nachlassinsolvenz** 17

Antragspflicht des Testamentsvollstreckers
  14 **Nachlassinsolvenz** 18

Antragsrücknahme   *24* **31 GBO** 1 ff.
- Anfechtbarkeit   *24* **31 GBO** 3
- Begriff   *24* **31 GBO** 2
- Berechtigte   *24* **31 GBO** 6 ff.
- Berichtigungsantrag   *24* **31 GBO** 4
- durch Erben   *24* **31 GBO** 7
- durch Erbengemeinschaft   *24* **31 GBO** 7
- Form   *24* **31 GBO** 11 ff.
- Kosten   *24* **18 GBO** 18, **31 GBO** 21
- Nachlassverfahren   *23* **83 FamFG** 11 f.
- Rückgabe der Eintragungsunterlagen
  24 **31 GBO** 16
- teilweise   *24* **31 GBO** 3
- Vollmacht   *24* **31 GBO** 13
- Wirkung   *24* **31 GBO** 14 ff.
- Zulässigkeit   *24* **31 GBO** 5

Antragstellung
  29 **Teilungsversteigerung** 25

Antragsverfahren   *14* **Nachlassinsolvenz** 2

Antragsvollmacht
- Form   *24* **30 GBO** 8 ff.
- Widerruf   *24* **31 GBO** 17 ff.

Anwachsung   *35* **SteuerR** 2, 53
- Grundbuchberichtigungszwang
  24 **82 GBO** 5

Anwalt
- Aufklärungspflicht   *2* **AnwHaft** 26
- Informationspflichten   *2* **AnwHaft** 18 ff.

- Pflicht zur Rechtsprüfung
  2 **AnwHaft** 44 ff.
- Pflichten   *2* **AnwHaft** 11

Anwaltliche Tätigkeit
- Gegenstand   *19* **2 RVG** 3

Anwaltsgebühren
- Beschwerderücknahme
  23 **67 FamFG** 10
- Ermessensentscheidung
  23 **81 FamFG** 11

Anwaltshaftung
- alternative Vorgehensweisen
  2 **AnwHaft** 76
- Ausschlagung   *2* **AnwHaft** 169
- Beispiele   *2* **AnwHaft** 166 ff.
- Belehrung über Kosten
  2 **AnwHaft** 80 ff.
- Belehrungsintensität   *2* **AnwHaft** 68 f.
- Beratungsbedürftigkeit des Mandanten
  2 **AnwHaft** 67
- Beschränkung auf einzelne Sozien
  2 **AnwHaft** 184
- Beweis negativer Tatsachen
  2 **AnwHaft** 155 ff.
- Beweislast   *2* **AnwHaft** 153 ff.
- Differenzhypothese   *2* **AnwHaft** 128
- einfache Fahrlässigkeit
  2 **AnwHaft** 182 f.
- Entstehung des Schadensersatzanspruchs
  2 **AnwHaft** 142
- Erbenvorbehalt   *2* **AnwHaft** 171
- Erbschaftsteuer   *2* **AnwHaft** 170
- erforderliches Wissen   *2* **AnwHaft** 46 ff.
- erkennbar aussichtslose Prozesse
  2 **AnwHaft** 79
- Gegenstand der Belehrung
  2 **AnwHaft** 70 ff.
- Gesamtvermögensausgleich
  2 **AnwHaft** 129
- gesellschaftsrechtliche Nachfolgeklauseln
  2 **AnwHaft** 168
- Grenzen der Beratung   *2* **AnwHaft** 66
- grobe Fahrlässigkeit   *2* **AnwHaft** 180 f.
- Grundlagen   *2* **AnwHaft** 4 ff.
- Haftungsbeschränkung   *2* **AnwHaft** 178
- Kausalität   *2* **AnwHaft** 114 ff.
- Kenntnis des Schadeneintritts
  2 **AnwHaft** 139
- Pflicht zur Rechtsprüfung
  2 **AnwHaft** 44 ff.
- Pflichtteil   *2* **AnwHaft** 169
- Pflichtteilsanspruch   *2* **AnwHaft** 170
- Pflichtverletzung   *2* **AnwHaft** 110,
  166 ff.

- rechtmäßiges Alternativverhalten 2 **AnwHaft** 25
- Rechtswidrigkeit 2 **AnwHaft** 108 ff.
- Reserveursache 2 **AnwHaft** 124
- Sachverhaltsaufklärung 2 **AnwHaft** 23 ff.
- Schaden 2 **AnwHaft** 30 ff.
- sicherster Weg 2 **AnwHaft** 84 ff.
- Testamentserrichtung 2 **AnwHaft** 166 f.
- Umfang des Mandats 2 **AnwHaft** 13 ff.
- Vereinbarung des Mandatsumfangs 2 **AnwHaft** 174
- Verjährung 2 **AnwHaft** 136 ff., 169
- Verjährungserleichterungen 2 **AnwHaft** 184
- Verjährungsfrist 2 **AnwHaft** 68
- Vertrag mit Schutzwirkung zugunsten Dritter 2 **AnwHaft** 166
- Verwirkungsklausel 2 **AnwHaft** 172
- zeitliche Verzögerung 2 **AnwHaft** 93
- Zeitpunkt des Schadeneintritts 2 **AnwHaft** 144
- Zurechenbarkeit anwaltlicher Pflichtverletzungen 2 **AnwHaft** 105 ff.

Anwaltsvertrag
- Rechtsnatur 2 **AnwHaft** 10 ff.

Anwaltszwang
- Grundbuchverfahren 24 **Einf. GBO** 39

Anwartschaft 35 **SteuerR** 77.2, 277

Anwartschaftsrecht 35 **SteuerR** 77.1

Anzeige 34 **37d WaffG** 4
- Entgegennahme 25 **GNotKG** 245 ff.
- Form 34 **37c WaffG** 3
- unverzüglich 34 **37c WaffG** 2 ff.

Anzeigeobliegenheit 21 **VersR** 6, 28
- Versicherungsnehmer 21 **VersR** 25 ff.

Anzeigepflicht 18 **18–33 PStG** 9; 21 **VersR** 1, 19 f., 26, 32, 34, 97, 114, 141; 35 **SteuerR** 166, 171.4

Anzeigepflicht des Insolvenzverwalters 14 **Nachlassinsolvenz** 98

Anzeigepflichtverletzung 21 **VersR** 31, 86, 141

Apostille 15 **Einf. KonsG** 9, 10 **KonsG** 12, 13 **KonsG** 4 ff., 11
- Ausstellungsbehörde 15 **13 KonsG** 7

Arbeitgeber
- Versterben 3 **ArbR** 6 ff.

Arbeitnehmer
- Versterben 3 **ArbR** 45 ff.

Arbeitnehmerüberlassung 3 **ArbR** 108 ff.
- Tod des Arbeitgebers 3 **ArbR** 109 ff.
- Tod des Arbeitnehmers 3 **ArbR** 112 ff.

Arbeitsentgeltansprüche
- Vererbung 36 **58 SGB I** 12

Arbeitsverhältnis
- Befristung 3 **ArbR** 9

Arbeitszeitkonto
- Tod des Arbeitnehmers 3 **ArbR** 68 ff.

Archiv 18 **68a PStG** 12

Arrestanspruch
- Vollmacht 22 **Vollmacht** 105

Arrestgrund
- Vollmacht 22 **Vollmacht** 106 f.

Arzt
- Schweigepflicht 9 **DigNachl** 50

Ärztliche Untersuchung 21 **VersR** 76 f.

Ärztliche Zwangsmaßnahme 22 **Vollmacht** 31

Asche 5 **Bestattung** 37
- Verstreuen 5 **Bestattung** 147, 156

Aufbahrung
- private 5 **Bestattung** 11

Aufenthalt
- gewöhnlicher 15 **Einf. KonsG** 7

Aufforderung 29 **Teilungsversteigerung** 64

Aufgabe 35 **SteuerR** 165

Aufgebotsverfahren 14 **Nachlassinsolvenz** 54, 128

Aufhebung
- Adoption 10 **1764** 2 ff.
- Antrag 10 **1760** 17
- Antragsform 10 **1762** 3
- Antragsfrist 10 **1762** 3
- Aufhebungsgründe 10 **1772** 15
- DDR 10 **1762** 11
- Form 10 **1762** 1 ff.
- Verfahren 10 **1760** 17, **1762** 7

Aufhebung bei Kind
- Aufhebung auf Antrag 10 **1762** 2 ff.

Aufhebung Bruchteilsgemeinschaft 29 **Teilungsversteigerung** 7

Aufhebung der Adoption
- Wirkung 10 **1764** 1 ff.

Aufhebung der Annahme
- Verfahren 10 **1759** 3 ff.

Aufhebung der Annahme auf Antrag
- Aufhebbarkeit 10 **1760** 4
- Aufhebungsgründe gem. § 1760 Abs. 1 BGB 10 **1760** 3 ff.
- fehlende Einwilligung 10 **1760** 5 ff.
- Maßgeblicher Beurteilungszeitpunkt 10 **1760** 7

Aufhebung des Annahmeverhältnisses
– Rückwirkung *10* **1764** 3
Aufhebung Erbvertrag *25* **GNotKG** 341
Aufhebung Insolvenzverfahren
 14 **Nachlassinsolvenz** 116
Aufhebung Nachlassinsolvenz
 14 **Nachlassinsolvenz** 145
Aufhebungs- und Erstattungsbescheid
 36 **Einf. SozialR** 17
Aufhebungsausschluss
 29 **Teilungsversteigerung** 27
Aufhebungsbeschluss
– Erlöschen der verwandtschaftlichen Beziehungen *10* **1764** 4
Aufhebungsvertrag *3* **ArbR** 23
Aufklärungsverfügung *24* **18 GBO** 14
Auflage *35* **SteuerR** 9, 69; *5* **Bestattung** 1
– bzgl. Bestattung *5* **Bestattung** 65
– Grabpflege *5* **Bestattung** 163
– und bedingte Begünstigung
 5 **Bestattung** 164
Auflassung *14* **Nachlassinsolvenz** 89; *24* **Einf. GBO** 59 ff.
– Anwendungsbereich *24* **20 GBO** 3 ff.
– Auslegung *24* **20 GBO** 9
– Bedingung *24* **20 GBO** 15
– Befristung *24* **20 GBO** 15
– Bestimmtheitsgrundsatz *24* **20 GBO** 10
– Beurkundung *24* **20 GBO** 32
– Bindung *24* **20 GBO** 35
– Entbehrlichkeit *24* **20 GBO** 6
– Entgegennahme *15* **12 KonsG** 2
– Erbauseinandersetzung *24* **20 GBO** 5
– Form *24* **20 GBO** 20 ff.
– Gemeinschaftsverhältnis *24* **20 GBO** 14
– Gerichtskosten *24* **20 GBO** 59
– Grundstücksbezeichnung
 24 **20 GBO** 12
– Identitätserklärung *24* **20 GBO** 13
– in gerichtlichem Vergleich
 24 **20 GBO** 27
– Inhalt *24* **20 GBO** 9 ff.
– Insolvenzplan *24* **20 GBO** 29
– mehrere Erwerber *24* **20 GBO** 14
– Messungsanerkennung *24* **20 GBO** 13
– Notarkosten *24* **20 GBO** 60
– Schiedsspruch *24* **20 GBO** 28
– Verfügungsbefugnis *24* **20 GBO** 40
– Verfügungsberechtigung
 24 **20 GBO** 40 ff.
– Vermächtniserfüllung *24* **20 GBO** 5
– Widerruf *24* **20 GBO** 35

– zusätzliche Bewilligung *24* **19 GBO** 30, **20 GBO** 2
– zuständige Stelle *24* **20 GBO** 25 ff.
Auflassungsvormerkung
– Löschung *25* **GNotKG** 309
Aufnahme Nachlassinventar
 25 **GNotKG** 251
Aufschrift
– Grundbuchblatt *24* **Einf. GBO** 9
Auftrag
– Abgrenzung zum Gefälligkeitsverhältnis
 22 **Vollmacht** 57 ff.
– Ansprüche aus Auftragsverhältnis
 22 **Vollmacht** 78 ff.
– Ansprüche aus Bereicherungsrecht
 22 **Vollmacht** 91 ff.
– auftragsgemäße Verwendung
 22 **Vollmacht** 83 ff.
– deliktische Ansprüche
 22 **Vollmacht** 86 ff.
– konkludenter Verzicht von Auskunftsansprüchen *22* **Vollmacht** 71
– Verjährung *22* **Vollmacht** 100 ff.
– Widerruf *22* **Vollmacht** 69
Auftraggeber in derselben Angelegenheit
– mehrere, Nr. 1008 VV RVG
 19 **VV RVG** 11 ff.
Aufwendungen *14* **Nachlassinsolvenz** 47
Aufwendungen des Erben
 14 **Nachlassinsolvenz** 57
Aufwendungen des Vorerben
 14 **Nachlassinsolvenz** 131
Aufwendungsersatz
 14 **Nachlassinsolvenz** 63
Ausbildungsanspruch
– Geltendmachung *10* **1371** 55
Ausbildungskosten
– Ausbildungsbedürfnis *10* **1371** 46 ff.
– Ausschluss *10* **1371** 46 ff.
– berechtigte *10* **1371** 47
– Stiefabkömmlinge *10* **1371** 46 ff., 51 f.
– Umfang *10* **1371** 46 ff.
– Verpflichteter *10* **1371** 48
– Verzicht *10* **1371** 46 ff.
Auseinandersetzung
 29 **Teilungsversteigerung** 5
Auseinandersetzungsplan
– Teilungssache *23* **368 FamFG** 1 ff.; *25* **GNotKG** 261
Ausfertigung
– Erbschein *23* **357 FamFG** 24 ff.
Ausgleich für Mehrerwerb *35* **SteuerR** 503

Ausgleichsanspruch nach § 2050 BGB
- Gegenstandswert *19* 23 RVG 17

Ausgleichsforderung
- fiktive *10* 1371 73

Auskunft
- Erfüllung *22* Vollmacht 76
- Umfang der Auskunftspflicht *22* Vollmacht 64
- Unmöglichkeit *22* Vollmacht 75
- Vollstreckung *27* 254 ZPO 8

Auskunftsanspruch *36* 33 SGB II 98, 94 SGB XII 86 ff.
- bei Nachabfindung *13* 13 HöfeO 35
- gegen Arbeitgeber *36* 33 SGB II 105, 94 SGB XII 92
- gegen Finanzbehörden *36* 33 SGB II 105, 94 SGB XII 92
- konkludenter Verzicht *22* Vollmacht 71
- nach dem BGB *36* 94 SGB XII 87
- öffentlich-rechtlicher *36* 33 SGB II 101 ff., 94 SGB XII 88 ff.
- Verjährung *22* Vollmacht 67 ff.
- Verstoß gegen Treu und Glauben *22* Vollmacht 72 f.

Auskunftsanspruch nach § 2057 BGB
- Gegenstandswert *19* 23 RVG 18

Auskunftspflicht *18* 18–33 PStG 9

Auskunftsverpflichtung
- Klauseln *22* Vollmacht 39

Auslagen *19* VV RVG 78 ff.
- Beteiligte *23* 80 FamFG 10

Auslandbezug
- Beurkundung *18* 45b PStG 3 ff.

Ausländische öffentliche Urkunde
- Echtheit *15* 13 KonsG 1, 13

Auslandsgeburt *18* 18–33 PStG 26

Auslandsvermögen *35* SteuerR 550 ff.
- enger Auslandsvermögensbegriff *35* SteuerR 550
- weiter Auslandsvermögensbegriff *35* SteuerR 551

Auslegung
- Auslegungskompetenz EuGH *31* Einf. EuErbVO 8 ff.
- effet utile *31* Einf. EuErbVO 6
- europarechtlich-autonome *31* Einf. EuErbVO 6 ff.

Auslegungskompetenz EuGH *31* Einf. EuErbVO 8 ff.
- Vorabentscheidungsverfahren *31* Einf. EuErbVO 8
- Vorlageberechtigung *31* Einf. EuErbVO 9
- Vorlagepflicht *31* Einf. EuErbVO 10

Auslegungsvertrag *25* GNotKG 359; *35* SteuerR 510

Ausmärkergrundstück *13* 1 HöfeO 13, 2 HöfeO 4

Ausscheiden *35* SteuerR 103

Ausscheiden eines Gesellschafters
- Abfindung *11* 740 BGB 9 ff.
- Befreiung von Gesellschaftsschulden *11* 740 BGB 6 ff.
- Geschäftsbeteiligung *11* 740 BGB 28 ff.
- Haftung für Fehlbetrag *11* 740 BGB 21 ff.
- Rückgabe von Gegenständen *11* 740 BGB 5

Ausschlagung *10* 1371 32; *14* Nachlassinsolvenz 53; *25* GNotKG 356; *35* SteuerR 28, 71, 386
- Interessenkonflikte *6* Betreuung 71 f.
- Vermächtnis *10* 1371 41

Ausschlagung der Erbschaft *35* SteuerR 385 ff.; *36* 102 SGB XII 12
- Berliner Testament *35* SteuerR 411
- Betriebsvermögen *35* SteuerR 399, 425
- erbschaftsteuerliche Folgen *35* SteuerR 396
- Ertrag- und grunderwerbsteuerliche Auswirkungen *35* SteuerR 423
- gegen Abfindung *35* SteuerR 398
- gesellschaftsrechtliche Nachfolgeklauseln *35* SteuerR 415
- Grunderwerbsteuer *35* SteuerR 433
- Mischnachlass *35* SteuerR 430
- Missbrauch von Gestaltungsmöglichkeiten *35* SteuerR 409
- steuerliche Gestaltungsmöglichkeiten *35* SteuerR 402
- steuerverstricktes Privatvermögen *35* SteuerR 425
- Vermächtnis *35* SteuerR 410

Ausschlagungserklärung *23* 344 FamFG 16 ff.; *25* GNotKG 13, 215
- Betreuter *6* Betreuung 11
- betreuungsgerichtliche Genehmigung *6* Betreuung 69
- EuErbVO *23* 344 FamFG 19 ff.

Ausschlagungsfrist *14* Nachlassinsolvenz 8; *35* SteuerR 387

Ausschluss
- Erbrecht *10* 1741 38 f.
- Erbverzichtsvereinbarung *10* 1741 39
- Pflichtteilsrecht *10* 1741 38

Ausschluss Auseinandersetzung
 29 Teilungsversteigerung 28
Ausschluss der Aufhebbarkeit
– bei Gefährdung des Kindeswohls
 10 1761 3 f.
– Interessenabwägung 10 1761 4
Ausschlussfristen 3 ArbR 30 ff.
– Tod des Arbeitnehmers 3 ArbR 71 ff.
Außensteuer 35 SteuerR 26
Außenverhältnis
– Vollmacht 22 Vollmacht 11
Aussetzung
– Teilungssachen 23 370 FamFG 1 ff.
Aussetzung der Wirkungen eines Europäischen Nachlasszeugnisses
 25 GNotKG 114
Aussetzung des Verfahrens
 23 58 FamFG 16
Aussichtsloser Insolvenzplan
 14 Nachlassinsolvenz 100
Aussonderungsberechtigte Gläubiger
 14 Nachlassinsolvenz 84

Bankbürgschaft 5 Bestattung 182
Bankkonten
– Sperrung 15 9 KonsG 17
Bar zu zahlender Teil
 29 Teilungsversteigerung 48
Barwert 21 VersR 160, 164
Bauland 13 2 HöfeO 7
Beamtenversorgungsgesetz
– Genehmigung 24 19 GBO 75
Bedarfsdeckungsprinzip 36 59 SGB I 6
Bedeutung der Angelegenheit
– Rahmengebühr iSv § 14 RVG
 19 14 RVG 12
Bedingung 14 Nachlassinsolvenz 85;
 35 SteuerR 70
– Auflassung 24 20 GBO 15
– einzutragende Rechte 24 16 GBO 6
– Erbbaurecht 24 20 GBO 17
– im Antrag 24 16 GBO 1 ff.
– in Bewilligung 24 19 GBO 12
Bedürftigentestament
 36 90 SGB XII 34 ff., 42
– Sittenwidrigkeit 36 90 SGB XII 43
Bedürftigkeit
– Anspruchsvoraussetzung
 36 Einf. SozialR 18
Beeinträchtigende Schenkungen
– Feststellungsklage 27 256 ZPO 24 ff.

Beendigung Nachlassinsolvenz
 14 Nachlassinsolvenz 142
Beerdigung
– standesgemäße 36 74 SGB XII 17;
 5 Bestattung 123 f.
Beerdigungskosten
 14 Nachlassinsolvenz 64; 21 VersR 68
– Zuschuss des Arbeitgebers 3 ArbR 74
Befriedigungsquote
 14 Nachlassinsolvenz 81
Befristung
– Antrag 24 16 GBO 1
– Auflassung 24 20 GBO 15
– einzutragende Rechte 24 16 GBO 6
– Erbbaurecht 24 20 GBO 17
– in Bewilligung 24 19 GBO 12
Befugnisstreit
– Gegenstandswert 19 23 RVG 34
Beglaubigung 15 10 KonsG 8 ff.;
 24 29 GBO 69 ff.
– Deutscher 15 10 KonsG 6
– durch Konsularbeamte
 15 10 KonsG 2 ff.
– Unionsbürger 15 10 KonsG 6
Begleitname 18 11–17a PStG 10
Begräbnis
– einfaches 5 Bestattung 137
Begrenztes Realsplitting 10 1586b 30
Begründungsfrist
– Beschwerde 23 65 FamFG 7
Begünstigter 21 VersR 57
Begünstigung 21 VersR 57, 126
Begünstigungstransfer 35 SteuerR 164
Behaltensfrist 35 SteuerR 119, 163
Behindertentestament
 36 90 SGB XII 34 ff.
Behinderungsgrad
– Feststellung 36 59 SGB I 12 ff.
– Weiterverfolgung der Ansprüche
 36 59 SGB I 12 ff.
Behörden
– Beurkundungsbefugnis
 24 29 GBO 59 ff.
Behördenerklärungen 24 29 GBO 73 ff.
Behördenersuchen 24 29 GBO 73 ff.
Behördenurkunden 24 29 GBO 73 ff.
Beibringungsgrundsatz 24 29 GBO 1
Beitragsschuld
– Erbenhaftung 36 58 SGB I 18
Beitritt 29 Teilungsversteigerung 35, 37
Beitrittsantrag 29 Teilungsversteigerung 35

Stichwortverzeichnis

Beitrittsbeschluss
  29 Teilungsversteigerung 36, 39
Beitrittsgebühr
  29 Teilungsversteigerung 99
Bekanntmachung
  29 Teilungsversteigerung 66, 75
Bekanntmachungskosten
  14 Nachlassinsolvenz 149
Belastung
  – Briefgrundpfandrecht 24 26 GBO 1
Belastungserklärung
  – Form 24 29 GBO 9
Benachrichtigung
  – Angehörige 15 9 KonsG 7
Beratungsgebühr 19 Einf. RVG 8 ff.
Beratungspflicht 10 1747 12
Berechtigte Personen 34 36 WaffG 7
Berechtigter
  – Bezeichnung in der Bewilligung
    24 19 GBO 10
  – Tod nach Bewilligung 24 19 GBO 10
Berechtigung
  – zur Bewilligung 24 19 GBO 20 ff.
Berechtigungsverhältnis 24 47 GBO 1 ff.
Bereicherung 35 SteuerR 91
Bereicherungsabsicht 32 263 StGB 15
Bereicherungsprinzip 35 SteuerR 18
Bereicherungswille 35 SteuerR 91
Bergwerkseigentum 24 20 GBO 8
  – Genehmigung zur Veräußerung
    24 19 GBO 74
Berichtigung 25 GNotKG 106
  – falsche Angabe 32 156 StGB 1 ff.
  – Zeitpunkt 32 156 StGB 6
Berichtigungsbewilligung
  24 22 GBO 23 ff.
  – Bewilligungsberechtigung
    24 22 GBO 29
  – Erbfall 24 22 GBO 25
  – Inhalt 24 22 GBO 27 ff.
  – oder Unrichtigkeitsnachweis
    24 22 GBO 24
  – Testamentsvollstreckervermerk
    24 22 GBO 26
Berliner Testament 35 SteuerR 297 f.,
  300 f.; 36 Einf. SozialR 20
Berufsausübungsgemeinschaft
  – widerstreitende Interessen
    4 Berufsrecht 18, 42 ff.
Berufskonsularbeamte 15 8 KonsG 8,
  10 KonsG 5

Berufsunfähigkeitsversicherung
  21 VersR 1, 62, 99
Berufungsgrund 25 GNotKG 91
Berufungsverfahren
  – eingeschränkte Tätigkeit des Anwalts
    (Verfahrensgebühr Nr. 3200 VV RVG)
    19 VV RVG 65 f.
  – Verfahrensgebühr Nr. 3200 VV RVG
    19 VV RVG 63 f.
  – vorzeitige Beendigung des Auftrags
    (Verfahrensgebühr Nr. 3200 VV RVG)
    19 VV RVG 65 f.
Bescheinigung 25 GNotKG 180
Beschlagnahme
  29 Teilungsversteigerung 42, 44
Beschlussberichtigung 23 Einf. FamFG 5
Beschlussergänzung 23 Einf. FamFG 5
  – Kosten 23 81 FamFG 5
Beschränkt persönliche Dienstbarkeit
  – Beschränkung auf Lebenszeit
    24 23 GBO 5
  – Rückstände 24 23 GBO 23
Beschränkte Erbschaftsteuerpflicht
  35 SteuerR 537
Beschränkte Rechte 24 23 GBO 2 ff.
  – Altenteil 24 23 GBO 10
  – beschränkt persönliche Dienstbarkeit
    24 23 GBO 5
  – Dauernutzungsrecht 24 23 GBO 14
  – Dauerwohnrecht 24 23 GBO 14
  – Erbbaurecht 24 23 GBO 15
  – Grunddienstbarkeit 24 23 GBO 4
  – Grundpfandrecht 24 23 GBO 6
  – juristische Person als Berechtigte
    24 23 GBO 16
  – Leibgeding 24 23 GBO 10
  – mehrere Berechtigte 24 23 GBO 17
  – Nießbrauch 24 23 GBO 3
  – Pfandrecht 24 23 GBO 7
  – Reallast 24 23 GBO 8 ff.
  – Rückstände 24 23 GBO 18 ff.
  – Vorkaufsrecht 24 23 GBO 11
  – Vormerkung 24 23 GBO 12
  – Widerspruch 24 23 GBO 13
Beschwerde 24 71 GBO 1 ff.
  – Abhilfebeschluss 23 68 FamFG 4
  – Abhilfeverfahren 23 68 FamFG 2 ff.
  – Adressat 24 73 GBO 2
  – allgemeine Zulässigkeitsvoraussetzungen
    23 62 FamFG 2
  – Anschlussbeschwerde
    23 66 FamFG 2 ff.

- Antrag 23 **64 FamFG** 11 ff.;
  24 **74 GBO** 3
- Aufbau und Inhalt der Entscheidung
  23 **69 FamFG** 13 f.
- Aufgebot 23 **59 FamFG** 18.1
- Auswirkung auf Rang 24 **74 GBO** 7 ff.
- Bedingung und Befristung 24 **71 GBO** 9
- Befugnis des Insolvenzverwalters
  24 **71 GBO** 19
- Befugnis des Testamentsvollstreckers
  24 **71 GBO** 19
- Begründetheitsprüfung
  23 **68 FamFG** 11 ff.
- Begründung 23 **65 FamFG** 2;
  24 **74 GBO** 4
- Begründungsfrist 23 **65 FamFG** 7
- Bekanntgabe und Wirksamwerden der
  Entscheidung 23 **69 FamFG** 15
- Berechtigung 23 **352e FamFG** 44 ff.
- Berechtigung und Befugnis
  24 **71 GBO** 17
- Beschwerdeanschlussschrift
  23 **66 FamFG** 3 ff.
- Beschwerdeberechtigte
  23 **59 FamFG** 2 ff.
- beschwerdefähige Entscheidungen
  24 **71 GBO** 2 ff.
- Beschwerdeführungsbefugnis
  23 **59 FamFG** 1 f.
- Beschwerdeschrift 24 **73 GBO** 3 ff.
- besondere amtliche Verwahrung
  23 **346 FamFG** 19 ff.
- Betreuungsverfahren 23 **59 FamFG** 18.2
- Beweisanordnung 23 **58 FamFG** 13
- Einlegung 23 **64 FamFG** 1 ff.
- Einlegung zwecks Fristwahrung
  23 **63 FamFG** 16 ff.
- einstweilige Anordnungen
  23 **64 FamFG** 15 f.
- Einzelrichter 23 **68 FamFG** 16 f.
- Entscheidung durch Beschwerdegericht
  23 **69 FamFG** 7
- Erbengemeinschaft 24 **71 GBO** 19
- Erbeserbe 23 **59 FamFG** 8
- Erbscheinseinziehungsverfahren
  23 **58 FamFG** 6
- Erbscheinsverfahren 23 **58 FamFG** 3 ff.,
  352e FamFG 41 ff.
- Erledigung 23 **62 FamFG** 1 ff.
- Eröffnung Verfügung von Todes wegen
  23 **348 FamFG** 33
- Form 24 **73 GBO** 1 ff.
- Form der Einlegung 23 **64 FamFG** 4 ff.
- formelle Beschwer 23 **59 FamFG** 19
- Frist 23 **63 FamFG** 1 ff.; 24 **71 GBO** 11
- Fristbeginn 23 **63 FamFG** 5 ff.
- Fristbeginn bei unterbliebener Bekanntgabe 23 **63 FamFG** 12
- Fristberechnung 23 **63 FamFG** 14
- gegen Anordnung Kostenvorschuss
  24 **71 GBO** 25
- gegen Antragszurückweisung
  24 **71 GBO** 13
- gegen Eintragungen 24 **71 GBO** 12
- gegen Geschäftswertfestsetzung
  24 **71 GBO** 26
- gegen Kostenentscheidung
  23 **61 FamFG** 4
- gegen Zwischenverfügung
  24 **71 GBO** 14 ff.
- Geschäftswert 23 **Einf. FamFG** 5,
  80 FamFG 22
- Grundbuch 23 **Einf. FamFG** 5
- Inhalt 23 **64 FamFG** 9 f.
- Inhalt Beschwerdeschrift
  24 **74 GBO** 1 ff.
- Kosten 24 **71 GBO** 28
- Kostengrundentscheidung
  23 **58 FamFG** 7 ff., **80 FamFG** 22
- Mehrheit von Beteiligten
  23 **59 FamFG** 6
- Mindestbeschwer 23 **61 FamFG** 7
- Monatsfrist 23 **63 FamFG** 2
- nach Erbscheinserteilung
  23 **58 FamFG** 4
- nach Rechtsmittelverzicht
  24 **71 GBO** 10
- Nachlasspflegschaft 23 **59 FamFG** 16
- Nachlassverwaltung 23 **59 FamFG** 17
- Nachweis der Berechtigung
  24 **71 GBO** 22
- Nebenentscheidungen 23 **58 FamFG** 15
- neue Tatsachen und Beweismittel
  23 **65 FamFG** 3 ff.
- neues Vorbringen 24 **74 GBO** 5 ff.
- nicht anfechtbare Endentscheidungen
  23 **58 FamFG** 12 ff.
- Nichtabhilfebeschluss 23 **68 FamFG** 6
- Nichtabhilfeentscheidung
  23 **69 FamFG** 10
- Nichtanhörungsrüge 23 **69 FamFG** 17
- Nichtzulassung der Rechtsbeschwerde
  23 **69 FamFG** 16
- Niederschrift der Geschäftsstelle
  23 **64 FamFG** 7 f.
- Rechtsbeschwerde
  23 §§ **70 ff. FamFG** 1 ff.;
  24 **78 GBO** 1 ff.
- Rechtsmittelkosten 23 **84 FamFG** 1 ff.
- Rechtspfleger 23 **58 FamFG** 17

- reformatio in peius 23 69 FamFG 8 f.
- Rücknahme 23 67 FamFG 6 f.;
  24 73 GBO 7 ff.
- Sachentscheidung des Beschwerdegerichtes 23 69 FamFG 4 ff.
- Sachverständigengutachten
  23 68 FamFG 13
- subjektive Rechtsbeeinträchtigung
  23 59 FamFG 2 ff.
- Telefax 23 63 FamFG 17
- Testamentseröffnung 23 58 FamFG 11, 59 FamFG 18
- Testamentsvollstreckerzeugnis
  23 354 FamFG 54 ff.
- Verfahren 23 352e FamFG 48 ff.
- Verfahrensfähigkeit 24 71 GBO 20
- Verfahrensgang 23 68 FamFG 6
- Verfahrensgebühr Nr. 3500 VV RVG
  19 VV RVG 72 ff.
- vermögensrechtliche Angelegenheit
  23 61 FamFG 2 ff.
- versehentlich keine Zulassung
  23 61 FamFG 14
- Vertretung 23 64 FamFG 14
- Verwerfung bei Unzulässigkeit
  23 69 FamFG 5
- Verzicht 23 67 FamFG 2 f.
- Verzicht auf Anschlussbeschwerde
  23 67 FamFG 5
- vorläufiger Rechtsschutz
  23 58 FamFG 10
- Wert 23 61 FamFG 5,
  352e FamFG 47 ff.
- Wiederaufnahme 23 68 FamFG 7
- Zeitpunkt der Berechtigung
  24 71 GBO 21
- Zentrales Testamentsregister
  23 Einf. FamFG 5
- Zentrales Vorsorgeregister
  23 Einf. FamFG 5
- Zulässigkeit 24 71 GBO 2 ff.
- Zulässigkeitsprüfung 23 68 FamFG 8 ff.
- Zulassungsbeschwerde
  23 61 FamFG 11 ff.
- Zurückweisung an das Nachlassgericht
  23 69 FamFG 10
- Zurückweisung bei Unbegründetheit
  23 69 FamFG 6
- zuständiges Gericht 23 63 FamFG 18, 64 FamFG 2
- Zuständigkeit 24 72 GBO 1 ff.
- Zuständigkeitsrüge 23 65 FamFG 8

Beschwerdeanschlussschrift
  23 66 FamFG 3 ff.
Beschwerdebegründung 23 65 FamFG 2 ff.

Beschwerdeberechtigung 24 71 GBO 17 ff.
- Erbe 24 71 GBO 18
- Erbscheinsverfahren 23 59 FamFG 7 ff.
- Erbteilsübertragung 23 59 FamFG 9
- formelle Beschwer 23 59 FamFG 19
- Nacherbe 23 59 FamFG 8
- Nachlasspflegschaft 23 59 FamFG 16
- Nachlassverwaltung 23 59 FamFG 17
- Nachweis 24 71 GBO 22
- Nichtberechtigung 23 59 FamFG 10
- Teilungssache 23 59 FamFG 12
- Testamentseröffnung 23 59 FamFG 18
- Testamentsvollstrecker 23 59 FamFG 8
- Testamentsvollstreckung
  23 59 FamFG 13 ff.
- Vorerbe 23 59 FamFG 8
- Zeitpunkt 24 71 GBO 21
Beschwerdefrist 23 63 FamFG 1 ff.
- 2-Wochen-Frist 23 63 FamFG 3
- Notfrist 23 63 FamFG 4
- Wiedereinsetzung in den vorigen Stand
  23 63 FamFG 19
Beschwerdeführer
  29 Teilungsversteigerung 104
Beschwerdeführung
- Befugnis 23 59 FamFG 22 f.
- im fremden Namen 23 59 FamFG 23
Beschwerdegebühren
  29 Teilungsversteigerung 104
Beschwerdegericht 23 64 FamFG 2
Beschwerdekosten
  14 Nachlassinsolvenz 150
Beschwerderecht
- Minderjähriger 23 60 FamFG 1
Beschwerdeschrift
  14 Nachlassinsolvenz 46;
  23 64 FamFG 5 ff.
- Form 24 73 GBO 3
- Inhalt 24 73 GBO 6
Beschwerdeverfahren 25 GNotKG 147 ff.
- vorzeitige Beendigung 25 GNotKG 150
Beschwerdewert 23 61 FamFG 5
- Einzelfälle 23 61 FamFG 9
Besichtigungstermin
  29 Teilungsversteigerung 58
Besondere amtliche Verwahrung
- Annahme Verfügung von Todes wegen
  23 346 FamFG 2 ff.
- Annahmeanordnung
  23 346 FamFG 13 ff.
- Begriff 23 346 FamFG 7 ff.
- Beschwerde 23 346 FamFG 19 ff.
- Durchführung 23 346 FamFG 16 ff.

- Einsichtnahme 23 346 **FamFG** 23 ff.
- Herausgabe Verfügung von Todes wegen 23 346 **FamFG** 26 ff.
- Hinterlegungsschein 23 346 **FamFG** 22
- Mitteilung 23 347 **FamFG** 1 ff.
- Verfahren 23 346 **FamFG** 1 ff.
- Zuständigkeit 23 346 **FamFG** 10 ff.

Bestandsverzeichnis
- Grundbuch 24 **Einf. GBO** 10 ff.

Bestätigter Insolvenzplan
14 **Nachlassinsolvenz** 119

Bestattung
- Fristen 5 **Bestattung** 15
- Kostentragungspflicht 5 **Bestattung** 112 ff.
- öffentlich-rechtliche Geschäftsführung ohne Auftrag 36 74 **SGB XII** 14
- Pflicht 33 **VerwR** 4
- würdige 36 74 **SGB XII** 17

Bestattungs-/Beisetzungszwang
5 **Bestattung** 145 ff.

Bestattungsberechtigung
- Heimvertrag 36 74 **SGB XII** 6

Bestattungsgesetz 33 **VerwR** 1, 4

Bestattungskosten 33 **VerwR** 10; 36 **Einf. SozialR** 10 ff., 74 **SGB XII** 1 ff.
- Angemessenheit 36 74 **SGB XII** 16 ff.
- Ausgleichsansprüche gegen Dritte 36 74 **SGB XII** 27
- Bedürftigkeit des Bestattungspflichtigen 36 74 **SGB XII** 21 f.
- erforderliche 36 74 **SGB XII** 19 f.
- gestörte Familienverhältnisse 5 **Bestattung** 140 ff.
- Kostentragung durch die öffentliche Hand 5 **Bestattung** 138
- örtliche Zuständigkeit 36 74 **SGB XII** 30
- sachliche Zuständigkeit 36 74 **SGB XII** 31
- Tragungspflicht 36 74 **SGB XII** 5 ff.
- Unterhaltspflichtige Verwandte als Kostenträger 5 **Bestattung** 127 ff.
- Zumutbarkeit der Übernahme 36 74 **SGB XII** 21 ff.

Bestattungspflicht 33 **VerwR** 1, 4 ff.; 5 **Bestattung** 46 ff.
- Bedarfsgemeinschaft 33 **VerwR** 7
- Bestattungsvertrag 33 **VerwR** 7
- Bestimmung des Pflichtigen 5 **Bestattung** 47
- Ehegatte 33 **VerwR** 5
- Enkelkinder 33 **VerwR** 5
- erbrechtliche 36 74 **SGB XII** 6

- Ersatzvornahme 33 **VerwR** 8, 11; 36 74 **SGB XII** 13; 5 **Bestattung** 49
- Gemeinde 33 **VerwR** 6
- Geschwister 33 **VerwR** 5
- gestörte Familienverhältnisse 5 **Bestattung** 50
- Großeltern 33 **VerwR** 5
- Haftung 33 **VerwR** 5
- Kinder 33 **VerwR** 5
- Kostentragung 33 **VerwR** 10
- landesrechtliche 36 74 **SGB XII** 6
- Lebenspartner, eingetragener 33 **VerwR** 6
- Leistungsunfähigkeit, wirtschaftliche 33 **VerwR** 9
- Neffen, Nichte 33 **VerwR** 6
- Ordnungsbehörde 33 **VerwR** 8
- pflichtiger Personenkreis 33 **VerwR** 6
- sittliche 36 74 **SGB XII** 5
- Stiefkinder/-geschwister 33 **VerwR** 6
- unbillige Härte 33 **VerwR** 9
- unterhaltsrechtliche 36 74 **SGB XII** 6

Bestattungsunternehmen
- Anzeige des Sterbefalls 18 18–33 **PStG** 10
- Beiladung 36 74 **SGB XII** 32

Bestattungsunternehmer
- als Totenfürsorgeberechtigter 5 **Bestattung** 66
- Lohn 5 **Bestattung** 114, 171

Bestattungsvertrag 33 **VerwR** 7; 5 **Bestattung** 168 ff.
- Kündigung 5 **Bestattung** 170
- Vergütung 5 **Bestattung** 171

Bestattungsvorschriften
- landesrechtliche 36 74 **SGB XII** 11

Bestattungsvorsorgevertrag
5 **Bestattung** 177 ff.
- Kündigungsrecht 5 **Bestattung** 178 f.
- Vergütung 5 **Bestattung** 182 f.

Bestehenbleiben von Verwandtschaftsverhältnissen
- Stiefkindadoption 10 1756 1 ff.

Bestehenbleibende Rechte
29 **Teilungsversteigerung** 45, 47

Bestimmtheitsgrundsatz 24 **Einf. GBO** 30
- Auflassung 24 20 **GBO** 10
- Grundstücksbezeichnung 24 28 **GBO** 1 ff.

Beteiligte 14 **Nachlassinsolvenz** 84; 23 345 **FamFG** 1 ff.
- Grundbuchverfahren 24 **Einf. GBO** 36

Beteiligte Nachlassinsolvenz
14 Nachlassinsolvenz 50
Beteiligte Teilungsversteigerung
29 Teilungsversteigerung 41
Beteiligtenfähigkeit
- Grundbuchverfahren *24* Einf. GBO 37
Betragsrahmengebühren *36 56* SGB I 67
Betreiberpflichten *33* VerwR 16
Betreuer
- Aufgabenkreis *6* Betreuung 2, 8
- Ausweis in Ausfertigung *24 29* GBO 81
- Geldanlagen *6* Betreuung 20 ff.
- Genehmigungserfordernisse bei Vermögensverwaltung *6* Betreuung 24 ff.
- Interessenkonflikte *6* Betreuung 52
- Nachweis der Bestellung *24 29* GBO 35
- Rechnungslegung *6* Betreuung 16
- Schenkungsverbot *6* Betreuung 17
- Trennungspflicht *6* Betreuung 18
- Verfügungen über Forderungen und Wertpapiere *6* Betreuung 25 ff.
- Vertretungsverbot *6* Betreuung 9
- Verwendungsverbot *6* Betreuung 18
Betreuter
- Anfechtung der Ausschlagung *6* Betreuung 10 ff.
- Geschäftsfähigkeit *6* Betreuung 1, 6
- geschäftsunfähig *6* Betreuung 7
- Testamentserrichtung *6* Betreuung 1
- testierfähig *6* Betreuung 1
Betreuung *35* SteuerR 284
- Anfall der Erbschaft *6* Betreuung 4
- Ausschlagung der Erbschaft *6* Betreuung 59
- Ausschlagungsfrist *6* Betreuung 68
- bei Nichtvorliegen einer Vollmacht *22* Vollmacht 3
- Besonderheiten bei Erbengemeinschaften *6* Betreuung 46 ff.
- Geldanlage *6* Betreuung 20 ff.
- Genehmigung der ärztlichen Maßnahme *22* Vollmacht 35
- Genehmigungserfordernisse bei Vermögensverwaltung *6* Betreuung 24 ff.
- gerichtliche Genehmigung von Bewilligungen *24 19* GBO 45
- Interessenkonflikte bei Ausschlagung *6* Betreuung 71 ff.
- Nachlassinsolvenz *6* Betreuung 79
- Schenkungsverbot *6* Betreuung 17
- taktische Ausschlagung *6* Betreuung 64
- Testamentsvollstreckung *6* Betreuung 53 ff.
- Verfahren bei Genehmigungen *6* Betreuung 42 ff.
- Vermögensverzeichnis *6* Betreuung 13 ff.
- Voraussetzungen *6* Betreuung 1
Betreuungsgericht
- Andere Anlage *6* Betreuung 22
Betreuungsgerichtliche Genehmigung
- Ausschlagung *6* Betreuung 63, 69
Betreuungsverfügung *15 10* KonsG 9, 11 KonsG 5; *22* Vollmacht 25; *35* SteuerR 283 ff.
Betriebliche Altersversorgung
- Anpassung *3* ArbR 103
- Anrechnung *3* ArbR 98 ff.
- Durchführungswege *3* ArbR 90
- Insolvenzschutz *3* ArbR 105 f.
- Tod des Arbeitnehmers *3* ArbR 84 ff.
Betriebliche Mischformen
13 1 HöfeO 28 ff.
Betriebliche Übung *3* ArbR 36
Betriebsaufspaltung *35* SteuerR 145, 161.4
Betriebsfortführung
14 Nachlassinsolvenz 39
- leibliches Kind *10* 1769 7
Betriebsübergang *3* ArbR 8
- Tod des Arbeitgebers *3* ArbR 43 f.
Betriebsübernehmer *35* SteuerR 14
Betriebsvermögen *35* SteuerR 137
Betriebsverpachtung *35* SteuerR 145
Betroffener
- Bewilligungsberechtigter *24 19* GBO 22 ff.
- Voreintragung *24 39* GBO 2 ff.
Betrug *32* 263 StGB 1 ff.
Beurkundende Stelle
- Behörde *32* 274 StGB 6
- Notar *32* 274 StGB 6
Beurkundung *15 10* KonsG 8 ff.; *25* GNotKG 96
- Anordnungen *18* 11–17a PStG 6
- Antragsrecht *15 8* KonsG 10
- Anzeigen *18* 11–17a PStG 6
- Auflassung *24 20* GBO 32
- Auslandbezug *18* 45b PStG 3 ff.
- Deutscher *15 10* KonsG 6
- durch Konsularbeamte *15 10* KonsG 2 ff.
- Eheschließung *18* 11–17a PStG 1
- Einträge *18* 11–17a PStG 6
- Erklärungen *18* 11–17a PStG 6
- Ermittlungen *18* 11–17a PStG 6

- Geburt *15* **8 KonsG** 1;
  18 **11–17a PStG** 18
- Geburt im Ausland *15* **8 KonsG** 10, 12
- Lebenspartnerschaft *18* **11–17a PStG** 1
- Mitteilungen *18* **11–17a PStG** 6
- Personenstandsfall *15* **8 KonsG** 1
- Personenstandsregister
  18 **1–10 PStG** 4 ff.
- Staatsangehörigkeit *18* **11–17a PStG** 18
- Sterbefall im Ausland *15* **8 KonsG** 10
- Todesfall *15* **8 KonsG** 1
- Unionsbürger *15* **10 KonsG** 6

Beurkundungsbefugnis
- Behörden *24* **29 GBO** 59 ff.
- Gerichtsvollzieher *24* **29 GBO** 52
- Notar *24* **29 GBO** 48, 50
- Ratschreiber *24* **29 GBO** 54
- Vermessungsingenieure *24* **29 GBO** 53

Beurkundungspflicht
- durch Konsularbeamte *15* **10 KonsG** 7

Beurkundungsverfahren
- Ablauf *7* **Vor 27–35 BeurkG** 4 f.
- Erbvertrag *7* **33 BeurkG** 1 ff.
- Kosten *7* **Vor 27–35 BeurkG** 5
- Mitwirkungsverbot *7* **27beurkg** 3 ff.
- Vorteile *7* **Vor 27–35 BeurkG** 3
- Zeuge *7* **27beurkg** 6, **29 BeurkG** 1 ff.

Beurkundungswesen
- durch Konsularbeamte *15* **10 KonsG** 1

Bevollmächtigte *14* **Nachlassinsolvenz** 109

Beweinkaufung *5* **Bestattung** 99

Beweisaufnahme
- durch Konsularbeamte *15* **10 KonsG** 13
- im Ausland *15* **Einf. KonsG** 2
- Zusatzgebühr Nr. 1010 VV RVG
  19 **VV RVG** 20 f.

Beweisgrundsatz *24* **Einf. GBO** 27

Beweislast *10* **1586b** 27
- Feststellungsklage *27* **256 ZPO** 38
- negative Feststellungsklage
  27 **256 ZPO** 22

Bewertung *14* **Nachlassinsolvenz** 103;
  35 **SteuerR** 75, 183 ff.
- allgemeine Bewertungsgrundsätze
  35 **SteuerR** 188 ff.
- Alterswertminderung *35* **SteuerR** 221
- auflösende Bedingung *35* **SteuerR** 193
- aufschiebende/auflösende Bedingung
  35 **SteuerR** 192
- Basiszins *35* **SteuerR** 235
- bebaute Grundstücke *35* **SteuerR** 206 ff.
- Betriebsgrundstück *35* **SteuerR** 202
- Betriebsvermögen *35* **SteuerR** 228 ff.
- Bewirtschaftungskosten *35* **SteuerR** 216
- Bruttogrundfläche *35* **SteuerR** 220
- Ein- und Zweifamilienhäuser
  35 **SteuerR** 206
- Erbbaurecht *35* **SteuerR** 223
- Ertragsaussicht *35* **SteuerR** 230
- Ertragswertverfahren *35* **SteuerR** 208
- Förder- und Lenkungsziele
  35 **SteuerR** 185
- Gebäuderegelherstellungswert
  35 **SteuerR** 220
- gemeiner Wert *35* **SteuerR** 195 ff.
- gemischt genutzte Grundstücke
  35 **SteuerR** 206
- Geschäftsgrundstücke *35* **SteuerR** 206
- gleichheitswidrig *35* **SteuerR** 187
- Grundstücke *35* **SteuerR** 201 ff.
- Gutachterausschuss *35* **SteuerR** 204
- Jahresnettokaltmiete *35* **SteuerR** 216
- Jahreswert von Nutzungen und Leistungen *35* **SteuerR** 256
- Kapitalforderungen und Schulden
  35 **SteuerR** 245
- Kapitalisierungsfaktor *35* **SteuerR** 232 f.
- Kapitalisierungszins *35* **SteuerR** 235
- Liegenschaftszins *35* **SteuerR** 217
- Mietwohngrundstücke *35* **SteuerR** 206
- Nennwert *35* **SteuerR** 245
- nicht betriebsnotwendiges Vermögen
  35 **SteuerR** 236
- Paketzuschlag *35* **SteuerR** 242
- persönliche Verhältnisse *35* **SteuerR** 200
- Restnutzungsdauer *35* **SteuerR** 218
- Richtwertzone *35* **SteuerR** 205
- Rücknahmepreis *35* **SteuerR** 244
- Sachleistungsansprüche *35* **SteuerR** 259
- Sachwertverfahren *35* **SteuerR** 207
- Substanzwert *35* **SteuerR** 239
- unbebaute Grundstücke *35* **SteuerR** 203
- Unbenutzbarkeit *35* **SteuerR** 203
- Uneinbringlichkeit *35* **SteuerR** 245
- Unternehmerlohn *35* **SteuerR** 234
- vereinfachtes Ertragswertverfahren
  35 **SteuerR** 233
- Vergleichspreis *35* **SteuerR** 197
- Vergleichswertverfahren *35* **SteuerR** 207
- Verkehrswert *35* **SteuerR** 186, 195
- Wertpapiere *35* **SteuerR** 240 ff.
- wiederkehrende Nutzungen und Leistungen *35* **SteuerR** 248 ff.
- wirtschaftliche Einheit
  35 **SteuerR** 189 ff.
- Wohnungs- und Teileigentum
  35 **SteuerR** 206
- Zwangslagen *35* **SteuerR** 200

Bewertungseinheit 35 SteuerR 191
Bewilligung 24 19 GBO 1 ff.
- Adressat 24 19 GBO 14 ff.
- Angabe des Gemeinschaftsverhältnisses 24 47 GBO 8
- Bedingung 24 19 GBO 12 ff.
- Befristung 24 19 GBO 12 ff.
- Begründung dinglicher Rechte 24 19 GBO 28 ff.
- behördliche Genehmigungen 24 19 GBO 64 ff.
- bei Amtsverfahren 24 19 GBO 4
- bei Löschung und Änderung subjektiv-dinglicher Rechte 24 19 GBO 4
- bei Nacherbschaft 24 19 GBO 35 ff.
- Berechtigung 24 19 GBO 20 ff.
- Bewilligungsbefugnis 24 19 GBO 38 ff.
- Bezeichnung des Berechtigten 24 19 GBO 10
- durch Nichtberechtigten 24 19 GBO 27
- Eigentumsübertragung 24 19 GBO 30
- Entbehrlichkeit 24 19 GBO 4
- Ersetzung 24 19 GBO 5
- Form 24 19 GBO 62, 29 GBO 6
- gerichtliche Genehmigung 24 19 GBO 45
- Geschäftsunfähigkeit nach Abgabe 24 19 GBO 18 ff.
- im Fall des § 20 24 19 GBO 3
- in Erbvertrag 24 19 GBO 62
- in notariellem Testament 24 19 GBO 62
- Inhalt 24 19 GBO 7 ff.
- Inhaltsänderung bei dinglichen Rechten 24 19 GBO 32
- Insolvenzverwalter 24 19 GBO 38 ff.
- Löschung 24 19 GBO 34
- Minderjährige 24 19 GBO 44
- mittelbar Betroffener 24 19 GBO 26, 21 GBO 1 ff.
- Nachlassverwalter 24 19 GBO 38 ff.
- Rangänderung 24 19 GBO 33
- Rechtsnatur 24 19 GBO 6
- Selbstkontrahieren 24 19 GBO 60
- Testamentsvollstrecker 24 19 GBO 38 ff.
- Tod nach Abgabe 24 19 GBO 18 ff.
- unter Vorbehalt 24 16 GBO 5
- Verfahrenserklärung 24 19 GBO 6
- Vertretung 24 19 GBO 53 ff.
- Vollmacht 24 19 GBO 55 ff.
- Vorbehalt 24 19 GBO 12 ff.
- Widerruf 24 19 GBO 63
- Wirksamkeit 24 19 GBO 16 ff.
- Zugang 24 19 GBO 16 ff.

Bewilligungsbefugnis
- Nachweis 24 29 GBO 31
Bewilligungsberechtigung
- Berichtigungsbewilligung 24 22 GBO 29
Bewilligungsgrundsatz 24 Einf. GBO 25
- Ausnahme 24 22 GBO 1
Bewirken
- Falschbeurkundung im Amt 32 274 StGB 7
- Verursachung 32 274 StGB 7
- vorsätzliches 32 274 StGB 7
Bezeichnung
- Grundstück 24 28 GBO 5 ff.
Bezugsberechtigung 21 VersR 56 ff., 117 ff., 131 ff.; 35 SteuerR 59
- Versicherungssumme 21 VersR 117
BGB-Gesellschaft
- und Testamentsvollstreckung 24 52 GBO 15
BGB-Gesellschafter
- Eintragung von Erben 25 GNotKG 289
- Eintrittsklausel 25 GNotKG 292
- Fortsetzungsklausel 25 GNotKG 293
- Nachfolgeklausel 25 GNotKG 290 f.
Bieter 29 Teilungsversteigerung 83
Bietervollmacht
  29 Teilungsversteigerung 78
Bietzeit 29 Teilungsversteigerung 74, 76
Billigkeitsmaßnahme 35 SteuerR 554
Bindung an rechtskräftigen Eröffnungsbeschluss 14 Nachlassinsolvenz 48
Binnenfischerei 13 1 HöfeO 10
Biogasanlage 13 13 HöfeO 18
Bonus
- nach Todesfall 3 ArbR 52 ff.
Börsennotierte Aktiengesellschaft
- Transparenz 11 Anh AktG Transparenzpflichten 2 ff.
Bösgläubigkeit 21 VersR 92
Botschaft 15 Einf. KonsG 1
Briefgrundpfandrecht
- Belastung 24 26 GBO 1
- Übertragung 24 26 GBO 1
Briefvorlage 24 41 GBO 1 ff.
- Ausnahmen 24 41 GBO 4 ff.
- Beschaffung des Briefs 24 41 GBO 8
- Ersatz 24 41 GBO 7

Bruchteilsgemeinschaft *24* 47 GBO 4;
29 Teilungsversteigerung 7, 45
– mehrere Sonderrechtsnachfolger
36 56 SGB I 56
Bündelungsmodell
31 Vor 20–38 EuErbVO 11 ff.
Bundesdatenschutzverordnung aF
9 DigNachl 71
Bundesgebührengesetz *15* Einf. KonsG 9
Bundeskonsul *15* Einf. KonsG 6
Bundeskonsulat *15* Einf. KonsG 6
Bundesnotarkammer *8* 78c 4 ff.
Bundeszentralamt für Steuern
– Bekanntmachung von Sterbefällen
15 9 KonsG 22, 11 KonsG 9
Bürge *14* Nachlassinsolvenz 90
Bürgschaft *29* Teilungsversteigerung 82
CIEC *15* 13 KonsG 12
Darlegung Antragsberechtigung
14 Nachlassinsolvenz 13
Darlehen
– darlehensweise Hilfe *36* 93 SGB XII 9
Darstellender Teil des Insolvenzplans
14 Nachlassinsolvenz 79 f., 82
Datenschutz
– digitaler Nachlass *9* DigNachl 69
– postmortaler *9* DigNachl 70
Datenschutzgrundverordnung
9 DigNachl 71
Dauerbetreuung *25* GNotKG 391
Dauergrabpflegevertrag *5* Bestattung 166
Dauernde Last *35* SteuerR 272
Dauernutzungsrecht
– Beschränkung auf Lebenszeit
24 23 GBO 14
– Rückstände *24* 23 GBO 31
Dauerwohnrecht
– Beschränkung auf Lebenszeit
24 23 GBO 14
– Rückstände *24* 23 GBO 31
Deckelung *25* GNotKG 240
Deckungsgrundsatz
29 Teilungsversteigerung 46
Deckungsverhältnis *21* VersR 56;
35 SteuerR 60
Dekorationswaffe
– Alt-Dekorationswaffen *34* 37d WaffG 2
– Nachdeaktivierung *34* 37b WaffG 2
– Nachdeaktivierung Alt-Dekowaffen
34 37b WaffG 3 ff.

– Neu-Dekorationswaffen
34 37d WaffG 3
– Unbrauchbar gemachte Schusswaffe
34 37d WaffG 1
Deliktische Ansprüche
– Verjährung *22* Vollmacht 103
Deutsch-belgisches Abkommen über die
gegenseitige Anerkennung und Vollstreckung von gerichtlichen Entscheidungen, Schiedssprüchen und öffentlichen
Urkunden in Zivil- und Handelssachen
31 Vor 39–58 EuErbVO 6
Deutsch-britisches Abkommen über die
gegenseitige Anerkennung und Vollstreckung von gerichtlichen Entscheidungen in Zivil- und Handelssachen
31 Vor 39–58 EuErbVO 5
Deutsche öffentliche Urkunde
– Echtheit *15* 13 KonsG 3
Deutsche Staatsangehörigkeit
15 8 KonsG 9
Deutscher *15* 8 KonsG 9, 9 KonsG 4, 15,
11 KonsG 4
Deutsches Notarinstitut *15* 13 KonsG 11
Deutsch-italienisches Abkommen über die
Anerkennung und Vollstreckung gerichtlicher Entscheidungen in Zivil- und Handelssachen *31* Vor 39–58 EuErbVO 6
Deutsch-niederländischer Vertrag über gegenseitige Anerkennung und Vollstreckung gerichtlicher Entscheidungen und
anderer Schuldtitel in Zivil- und Handelssachen *31* Vor 39–58 EuErbVO 6
Deutsch-österreichischer Vertrag über die
gegenseitige Anerkennung und Vollstreckung von gerichtlichen Entscheidungen, Vergleichen und öffentlichen Urkunden in Zivil- und Handelssachen
31 Vor 39–58 EuErbVO 6
Deutsch-schweizerisches Abkommen über
die gegenseitige Anerkennung und
Vollstreckung von gerichtlichen
Entscheidungen und Schiedssprüchen
31 Vor 39–58 EuErbVO 5
Deutsch-sowjetischer Konsularvertrag
31 Vor 20–38 EuErbVO 55 ff.
Deutsch-spanischer Vertrag über die Anerkennung und Vollstreckung von gerichtlichen Entscheidungen und Vergleichen sowie vollstreckbaren öffentlichen
Urkunden in Zivil- und Handelssachen
31 Vor 39–58 EuErbVO 6

Deutsch-türkischer Konsularvertrag
 31 Vor 20–38 EuErbVO 49 ff.
Diamantbestattung *5* Bestattung 159
Dienstaufsichtsbeschwerde
 23 Einf. FamFG 5; *24* 71 GBO 27
Dienstleistungen *36* 59 SGB I 4
– Höchstpersönlichkeit *36* 59 SGB I 5
Dieselbe Angelegenheit
– nach RVG *19* 16 RVG 1 f.
Differenzhypothese
– Anwaltshaftung *2* AnwHaft 128
Digitaler Entrümpler *9* DigNachl 4
Digitaler Nachlass
– Angehörige *9* DigNachl 19, 54, 65
– anwendbares Recht *9* DigNachl 114
– Auslandsberührung *9* DigNachl 113
– Cloud *9* DigNachl 26
– Datenschutz *9* DigNachl 69
– Definition *9* DigNachl 2
– digitale Tagebücher *9* DigNachl 45
– Domain *9* DigNachl 34
– eBay *9* DigNachl 37
– Feststellungsklage *9* DigNachl 99
– Gerichtsstand *9* DigNachl 116
– Gestaltung *9* DigNachl 100
– Gleichlauf mit der Offline-Welt
 9 DigNachl 21
– höchstpersönliche Inhalte
 9 DigNachl 18
– Kryptowährungen *9* DigNachl 41
– Legitimation *9* DigNachl 96
– lokale Speichermedien *9* DigNachl 24
– Nachweis der Zugehörigkeit zum Nachlass *9* DigNachl 97
– Netzfriedhöfe *9* DigNachl 55
– Smartphone *9* DigNachl 25
– soziale Netzwerke *9* DigNachl 35
– Strafrecht *9* DigNachl 87 ff.
– Telekommunikation-Telemedien-Datenschutz-Gesetz *9* DigNachl 80, 82
– Vererblichkeit *9* DigNachl 16
– vermögensrechtliche und höchstpersönliche Positionen *9* DigNachl 43
– virtuelles Kondolenzbuch
 9 DigNachl 56
– Vorsorgevollmachten *9* DigNachl 102
Dingliche Rechte
– Anpassung *31* 31 EuErbVO 1 ff.
– Bewilligung der Abtretung
 24 19 GBO 31
– Eintragung *24* Einf. GBO 68
– Löschung *24* Einf. GBO 65 ff.
– Löschung höchstpersönlicher
 25 GNotKG 308
– Übertragung *24* Einf. GBO 69
Dinglicher Arrest
– Nacherbe *27* 916, 917 ZPO 3
– Pflichttteilsansprüche
 27 916, 917 ZPO 3
– Regelungsgehalt *27* 916, 917 ZPO 2 ff.
Diplomatische Vertretung
 15 Einf. KonsG 1
Disquotale Einlage *35* SteuerR 104
Dokumentenpauschale *19* VV RVG 81 ff.
Doppelbesteuerung *35* SteuerR 24
Doppelbesteuerungsabkommen
 15 Einf. KonsG 11; *35* SteuerR 543 f.
Doppelbetrieb *13* 1 HöfeO 32
Doppelinsolvenz
 14 Nachlassinsolvenz 140 f.
Doppelnachweis *25* GNotKG 186
Doppelvollmacht
– Nachweis *24* 29 GBO 40
Dritte *9* DigNachl 71
Drittelhofeswert *13* 12 HöfeO 23
Drohende Zahlungsunfähigkeit
 14 Nachlassinsolvenz 25
Durchsetzungssperre *11* 730 BGB 5
– Auseinandersetzungsguthaben
 11 730 BGB 14
Durchsuchung *14* Nachlassinsolvenz 37
Dürftigkeitseinrede *35* SteuerR 8, 10
Echtheitsbestätigung *15* Einf. KonsG 2, *13* KonsG 4 ff.
Ehe
– Beurkundung *15* 8 KonsG 13
– Eheaufhebung *10* 1371 29
– Ehescheidung *10* 1371 29
– Namensänderung *18* 11–17a PStG 7
Ehegatte *10* 1371 15; *36* 56 SGB I 28 f.
– Altenteil *13* 14 HöfeO 9
– Hoferbenbestimmungsrecht
 13 14 HöfeO 20 ff.
– Nutzverwaltung *13* 14 HöfeO 3 ff.
– überlebender *13* 14 HöfeO 1 ff.
– widerstreitende Interessen
 4 Berufsrecht 38
– Wirtschaftsfähigkeit *13* 6 HöfeO 32
Ehegatten im Höferecht *13* 6 HöfeO 19 ff., *8* HöfeO 7
– Ausschluss Ehegattenerbrecht
 13 6 HöfeO 20 ff.
– Wirtschaftsfähigkeit *13* 6 HöfeO 32
Ehegattenerbrecht
– Ehegattenerbquote *10* 1371 1 ff.

- erbrechtliche Lösung *10* 1371 4
- güterrechtliches Anliegen *10* 1371 2
- Zugewinn *10* 1371 5
- Zugewinnausgleich *10* 1371 7

Ehegattenhof
- Beerbung bei lebendigem Leibe *13* 8 **HöfeO** 3
- Entstehung *13* 1 **HöfeO** 24
- Erbeinsetzung *13* 8 **HöfeO** 3 ff.
- Erbfolge *13* 8 **HöfeO** 2 ff.
- Gütergemeinschaft *13* 8 **HöfeO** 9 ff.
- Hoferbenbestimmung *13* 8 **HöfeO** 5
- Rückfall an Eltern *13* 6 **HöfeO** 20 ff.
- Wegfall der Hofeigenschaft *13* 1 **HöfeO** 51

Ehegattentestament
- Betreuter 6 **Betreuung** 81 ff.
- kollisionsrechtliche Behandlung *31* 25 **EuErbVO** 5
- Widerruf 6 **Betreuung** 81 ff.

Ehegüterrecht *10* 1371 1 ff., 18

Ehename *18* 11–17a **PStG** 10, 18

Eheregister *18* 11–17a **PStG** 3, 14 ff.
- Antrag auf Eintragung durch Konsulat *15* 8 **KonsG** 13
- Folgebeurkundungen *18* 11–17a **PStG** 9, 16
- Haupteintrag *18* 11–17a **PStG** 9, 14
- Hinweise *18* 11–17a **PStG** 9, 18
- Sammelakte *18* 11–17a **PStG** 9

Eheschließung *18* 11–17a **PStG** 7
- Beurkundung *18* 11–17a **PStG** 1
- Eintragung *18* 11–17a **PStG** 7
- im Ausland *15* **Einf. KonsG** 7; *18* 11–17a **PStG** 4, 7, 15, 45b **PStG** 3
- Konsular *18* 11–17a **PStG** 5
- Konsulate *18* 11–17a **PStG** 7
- Nachweis *24* 29 **GBO** 25
- von Ausländern *18* 11–17a **PStG** 7

Ehewohnung *29* **Teilungsversteigerung** 19

Ehezeugnis *18* 1–10 **PStG** 8

Eidesabnahme
- Staatsangehörigkeit *15* 12 **KonsG** 2

Eidesstattliche Versicherung *23* 361 **FamFG** 1 ff.; *25* **GNotKG** 96, 98
- Beteiligte *23* 361 **FamFG** 6 ff.
- Beurkundung *25* **GNotKG** 94, 97
- Erbrecht eines Miterben *25* **GNotKG** 116
- Kosten *23* 361 **FamFG** 23 ff.
- Niederschrift *23* 361 **FamFG** 14 ff.
- Rechtsmittel *23* 361 **FamFG** 21 ff.
- Stufenklage *27* 254 **ZPO** 9 ff.

- Terminsbestimmung *23* 361 **FamFG** 7 ff.
- Terminsladung *23* 361 **FamFG** 13 ff.
- Zuständigkeit *23* 361 **FamFG** 5 ff.

Eigenkapital *25* **GNotKG** 122

Eigentümergrundschuld
- Voreintragung *24* 39 **GBO** 15

Eigentümerzustimmung
- bei Löschung von Grundpfandrechten *24* 27 **GBO** 1 ff.
- bei Teillöschung von Grundpfandrechten *24* 27 **GBO** 5
- bei Verzicht auf Grundpfandrecht *24* 27 **GBO** 6
- Berechtigung *24* 27 **GBO** 12
- Ersetzung durch Ersuchen *24* 27 **GBO** 10
- Form *24* 27 **GBO** 9, 29 **GBO** 10
- gerichtliche Genehmigung *24* 27 **GBO** 11
- Inhalt *24* 27 **GBO** 8

Eigentumswechsel *29* **Teilungsversteigerung** 87

Einäscherungsbestätigung *15* 9 **KonsG** 12

Einbenennung *18* 1–10 **PStG** 13, 11–17a **PStG** 10, 18–33 **PStG** 18

Einfachstbestattung 5 **Bestattung** 144

Eingriffsnormen *31* 1 **EuErbVO** 5, 23 **EuErbVO** 25, 30 **EuErbVO** 1 ff.
- allgemeine Anwendungsvoraussetzungen *31* 30 **EuErbVO** 7 f.
- besondere Bestimmungen iSv Art. 30 EuErbVO *31* 30 **EuErbVO** 5
- drittstaatliche Eingriffsnormen *31* 30 **EuErbVO** 9 ff.
- Grundlagen der Eingriffsnormenproblematik *31* 30 **EuErbVO** 2
- kollisionsrechtliche Interessenprüfung *31* 30 **EuErbVO** 6 ff.
- Sperrwirkung von Art. 30 EuErbVO *31* 30 **EuErbVO** 14

Einheitslösung *35* **SteuerR** 297

Einheitswert im Höferecht
- als Bemessungsgrundlage der Hofabfindung *13* 12 **HöfeO** 17 ff.

Einigung
- Form *24* 29 **GBO** 8

Einigungsgebühr
- Nr. 1000 VV RVG *19* **VV RVG** 1 ff.

Einkommen
- Abgrenzung zu Vermögen *36* 90 **SGB XII** 7 f.
- Erbschaft *36* **Einf. SozialR** 18 ff.

Einkommens- und Vermögensverhältnisse des Auftraggebers
– Rahmengebühr iSv § 14 RVG *19* **14 RVG** 13
Einkommensteuerschuld *35* **SteuerR** 6
Einsichtnahme
– Verfügung von Todes wegen *23* **357 FamFG** 3 ff.
Einstellung *14* **Nachlassinsolvenz** 35, 142; *29* **Teilungsversteigerung** 36
Einstellung Nachlassinsolvenz *14* **Nachlassinsolvenz** 144
Einstellung von Zwangsvollstreckungsmaßnahmen *14* **Nachlassinsolvenz** 33
Einstellungsbewilligung *29* **Teilungsversteigerung** 53
Einstweilige Anordnung *25* **GNotKG** 280
– Beschwerdegericht *23* **64 FamFG** 15 f.
– Erbschein *23* **353 FamFG** 26 ff.
Einstweilige Einstellung *29* **Teilungsversteigerung** 53 f.
Einstweilige Verfügung
– Abgrenzung zum Arrest *27* **Vor 916 ZPO** 2 ff.
– Entscheidung *27* **Vor 916 ZPO** 7
– Rechtsbehelfe *27* **Vor 916 ZPO** 8
– Zuständigkeit *27* **Vor 916 ZPO** 6
Einstweiliger Rechtsschutz
– Vollmacht *22* **Vollmacht** 104
Einstweiliges Anordnungsverfahren
– Beschwerde *23* **58 FamFG** 10
Eintragungsfähigkeit
– Nachweis *24* **29 GBO** 29
– Zurückweisung bei fehlender *24* **18 GBO** 6
Eintragungsgrundsatz *24* **Einf. GBO** 23
Eintragungshindernis *24* **18 GBO** 2 ff.
Eintragungskosten *29* **Teilungsversteigerung** 97
Eintragungsunterlagen
– Form *24* **29 GBO** 1 ff.
– Nachweis *24* **29 GBO** 1 ff.
– Rückgabe bei Antragsrücknahme *24* **31 GBO** 16
Eintragungsvoraussetzungen
– Vorlage der Urkunden *24* **29 GBO** 77 ff.
Eintrittsalter *21* **VersR** 65, 94 ff.
Eintrittsrecht *21* **VersR** 9, 121, 149, 166 ff.
– Ablehnung *17* **563 BGB** 10 ff., **563b BGB** 3, 6
– abweichende Regelung *17* **563 BGB** 21 ff.

– Alleinmieter *17* **563 BGB** 1 ff.
– Auflage *17* **563 BGB** 24 f.
– Beschränkung *17* **563 BGB** 22 f.
– Ehegatte *17* **Einf. MietR** 8, **563 BGB** 1, 4
– Familien-Haushaltsangehörige *17* **Einf. MietR** 8
– Form/Frist *17* **563 BGB** 11, 18 ff.
– Haftung des Eintretenden *17* **563 BGB** 2 ff.
– Haftung des Erben *17* **563 BGB** 2
– Kinder *17* **Einf. MietR** 8, **563 BGB** 1, 6
– Kündigung *17* **563 BGB** 11 ff.
– Lebenspartner *17* **Einf. MietR** 8, **563 BGB** 1, 5
– mehrere Eintretende *17* **563 BGB** 17
– Mietvertrag auf Lebenszeit *17* **563 BGB** 21
– Mietvorauszahlungen *17* **563b BGB** 10 ff.
– Patchwork-Familie *17* **563 BGB** 26
– Pflegekinder *17* **563 BGB** 7
– Rangfolge *17* **Einf. MietR** 4 ff.
– Sicherheitsleistungen *17* **563b BGB** 14 f.
– Sonderkündigungsrecht des Vermieters *17* **563 BGB** 13 ff.
– Verfügung von Todes wegen *17* **563 BGB** 24 f.
– Verlobte *17* **563 BGB** 7
Einvernehmliche Regelung zwischen den Beteiligten *35* **SteuerR** 487 ff.
– erbschaftsteuerliche Folgen *35* **SteuerR** 491
– Erbvergleich *35* **SteuerR** 499
– ertrag- und grunderwerbsteuerliche Folgen *35* **SteuerR** 502
– Familienwohnheim *35* **SteuerR** 496
– unternehmerisches Vermögen *35* **SteuerR** 496
– vermietete Wohnimmobilien *35* **SteuerR** 496
– zivilrechtliche Wirksamkeit *35* **SteuerR** 488
Einwendung gegen Gutachten *29* **Teilungsversteigerung** 59
Einwilligung *21* **VersR** 68 f., 87, 104
– Annahme als Kind *10* **1747** 3
– Ersetzung *10* **1748** 2 f.
– Ersetzung bei unverheiratetem Vater *10* **1748** 3
Einwilligungserfordernis
– Fehlen der Einwilligung *10* **1747** 14
– internationales Privatrecht *10* **1747** 13
– Wegfall *10* **1747** 10 f.

Einwilligungserklärung *10* **1747** 8
- Form *10* **1747** 5
- Zeitpunkt *10* **1747** 6 ff.

Einzeladoption *10* **1756** 16

Einzelausgebot
29 **Teilungsversteigerung** 13

Einzelbetreuung *25* **GNotKG** 392

Einzelgrabstätte *5* **Bestattung** 98

Einzelkaufmännisches Unternehmen
- Erwerb von Todes wegen
 11 **Einf. Handels-/Gesellschaftsrecht** 5 ff.

Einzelrechtsnachfolge *35* **SteuerR** 1, 12

Einzeltestament *25* **GNotKG** 331

Einziehung *25* **GNotKG** 129;
35 **SteuerR** 56, 103

Einziehung Überweisungszeugnis
25 **GNotKG** 188

Einziehungsverbot
14 **Nachlassinsolvenz** 39

Elektronische Akte *19* **12b RVG** 1

Elektronisches Dokument *19* **12b RVG** 1

Elterliche Sorge
- bei Todeserklärung *10* **1677** 1 ff.

Eltern *35* **SteuerR** 107; *36* **56 SGB I** 45 f.
- Nachweis der Vertretungsmacht
 24 **29 GBO** 33

Elternschaft
- Anerkennung *18* **45b PStG** 1, 9

Elternteil
- Tod *10* **1680** 1 ff.
- Todeserklärung *10* **1681** 1 ff.

Emittent
- Mitteilungspflicht
 11 **Anh AktG Transparenzpflichten** 4 ff.

Empfangsstaat *15* **Einf. KonsG** 5

Endbeglaubigung *15* **13 KonsG** 20

Enteignungsverfahren
- Genehmigung *24* **19 GBO** 69

Entgegennahme Anzeigen
25 **GNotKG** 246

Entgegennahme Erklärung
25 **GNotKG** 246

Entgeltlichkeit
- Begriff *24* **52 GBO** 27
- der Verfügung des befreiten Vorerben
 24 **51 GBO** 51 ff.
- Nachweis *24* **51 GBO** 54, **52 GBO** 38
- Zeitpunkt *24* **51 GBO** 53, **52 GBO** 28

Entlassung Testamentsvollstrecker
25 **GNotKG** 177

Entnahmebeschränkung *35* **SteuerR** 168

Entrümpler
- digitaler *9* **DigNachl** 4

Entscheidung
- Grundbuchverfahren *24* **18 GBO** 1 ff.

Entschuldungsvermerk
- Genehmigung *24* **19 GBO** 76

Entsendestaat *15* **Einf. KonsG** 5

Entsprechungsklausel *35* **SteuerR** 548

Entwurf Testament *25* **GNotKG** 329

Erbanfall
- Erbanfall vor Aufhebungsentscheidung
 10 **1764** 5

Erbanfallsteuer *35* **SteuerR** 18

Erbanfechtung *25* **GNotKG** 208 ff.
- Entgegennahme *25* **GNotKG** 214

Erbanteil *14* **Nachlassinsolvenz** 11

Erbanteilserwerber
- Voreintragung *24* **40 GBO** 5

Erbanteilspfändung
- Antragsbefugnis *24* **13 GBO** 14

Erbanteilsübertragung *24* **20 GBO** 6;
25 **GNotKG** 297 ff., 318 ff.
- Anwachsung *25* **GNotKG** 298
- Eintragung von Verfügungsbeschränkungen *25* **GNotKG** 300
- Grundbuchberichtigungszwang
 24 **82 GBO** 5
- Widerspruch *25* **GNotKG** 301

Erbauseinandersetzung *25* **GNotKG** 294,
296; *35* **SteuerR** 30, 489, 502
- Auflassung *24* **20 GBO** 5
- Auseinandersetzungsvertrag
 25 **GNotKG** 313
- Kostenregelung *25* **GNotKG** 268 ff.
- Streitwert *27* **3 ZPO** 6
- Vollmacht *22* **Vollmacht** 54 f.
- Voreintragung *24* **40 GBO** 6
- zwischen Vor- und Nacherbe
 24 **51 GBO** 62

Erbausschlagung *25* **GNotKG** 208 ff.
- Entgegennahme *25* **GNotKG** 213

Erbausschlagungsregeln *36* **57 SGB I** 1

Erbbaurecht *24* **Einf. GBO** 46 ff.
- Bedingung *24* **Einf. GBO** 49,
 20 GBO 17
- Befristung *24* **20 GBO** 17
- bei Vor- und Nacherbfolge
 24 **51 GBO** 20
- Belastungsgegenstand
 24 **Einf. GBO** 51 ff.
- Beschränkung auf Lebenszeit
 24 **23 GBO** 15

- Bestellung durch Vorerben
  24 **Einf. GBO** 49
- Einigung *24* **20 GBO** 7
- Eintragung *24* **Einf. GBO** 53
- Erbbauzins *24* **Einf. GBO** 54
- Form *24* **20 GBO** 33 ff.
- Heimfallanspruch *24* **Einf. GBO** 47
- Inhalt *24* **Einf. GBO** 47 ff.
- Rang *24* **Einf. GBO** 50
- Rechtsnatur *24* **Einf. GBO** 46
- Rückstände *24* **23 GBO** 32
- Übertragung *24* **Einf. GBO** 59 ff.
- Untererbbaurecht *24* **Einf. GBO** 52
- Verfügungsbeschränkung
  24 **Einf. GBO** 48

Erbbauzins *24* **Einf. GBO** 54
Erbe *29* **Teilungsversteigerung** 23
- Auskunftsanspruch *35* **SteuerR** 394, 452
- des in Bewilligung genannten Berechtigten
  24 **19 GBO** 10
- Grundbucheinsicht *24* **12 GBO** 4
- Voreintragung *24* **40 GBO** 1 ff.

Erbeinsetzung *35* **SteuerR** 264
Erbenermittlung
- amtliche *25* **GNotKG** 8

Erbenfeststellung
- Gegenstandswert *19* **23 RVG** 23

Erbengemeinschaft *10* **1764** 12; *21* **VersR** 46; *29* **Teilungsversteigerung** 6, 28; *35* **SteuerR** 30, 32; *36* **56 SGB I** 65
- Auseinandersetzung/Gegenstandswert
  19 **23 RVG** 16
- Betreuung *6* **Betreuung** 46 ff.
- Bewilligungsberechtigung
  24 **19 GBO** 23
- einvernehmliche Regelungen zwischen den Beteiligten *35* **SteuerR** 1
- gemeinschaftlicher Vertreter
  11 **69 AktG** 3 ff.; *s.a.* dort
- Gesamthandsgemeinschaft
  36 **58 SGB I** 7
- Grundstückserwerb *24* **20 GBO** 19
- Mitgliedsausschluss/Gegenstandswert
  19 **23 RVG** 31
- schuldrechtliche Verfügung
  17 **542 BGB** 5 ff.
- Surrogationserwerb *24* **20 GBO** 19
- und Testamentsvollstreckung
  24 **52 GBO** 13
- Verfahrensfähigkeit *36* **58 SGB I** 21
- Verfügung *17* **542 BGB** 4 ff.
- Vertretung des Betreuten
  6 **Betreuung** 50 ff.

- widerstreitende Interessen
  4 **Berufsrecht** 31
- Zwangsvollstreckung *28* **727 ZPO** 14, 20, **747 ZPO** 1 ff.

Erbenhaftung *36* **58 SGB I** 15 ff., 45 ff.
- Anwaltshaftung *2* **AnwHaft** 171
- Beitragsschuld *36* **58 SGB I** 18
- beschränkte *28* **781 ZPO** 2
- originäre *36* **102 SGB XII** 1
- unselbstständige *36* **102 SGB XII** 27
- Vorbehalt der beschränkten
  28 **780 ZPO** 1 ff.

Erbenmehrheit *36* **102 SGB XII** 40
Erbenprivileg
- Sammlerbedürfnis *34* **17 WaffG** 6

Erbenstellung *33* **VerwR** 1
Erbenvorbehalt
- Anwaltshaftung *2* **AnwHaft** 171

Erbeserbe *36* **58 SGB I** 63
Erbfall *33* **VerwR** 1, 3 f., 32 ff.
- Berichtigungsbewilligung
  24 **22 GBO** 25
- grenzüberschreitender
  23 **344 FamFG** 19 ff.
- innerdeutscher *23* **344 FamFG** 16 ff.
- Krankenversicherung *21* **VersR** 190 ff.
- Rechtsschein *33* **VerwR** 32
- Rechtsschutzversicherung
  21 **VersR** 40 ff.
- Unfallversicherung *21* **VersR** 180
- Vertragsfragen *21* **VersR** 12 ff.
- Verwaltungsprozess *33* **VerwR** 25

Erbfallschuld *25* **GNotKG** 115; *35* **SteuerR** 9; *36* **58 SGB I** 62, **102 SGB XII** 10

Erbfolge *15* **9 KonsG** 14
- Begriff *24* **35 GBO** 6 ff.
- Eintragung *24* **Einf. GBO** 57 ff.
- Grundbuchberichtigungszwang
  24 **82 GBO** 1 ff.
- Grundbuchunrichtigkeit *24* **22 GBO** 12
- vorweggenommene *35* **SteuerR** 1

Erbfolgenachweis *24* **35 GBO** 2 ff.
- Ausländer *24* **35 GBO** 3
- ausländische Verfügung von Todes wegen
  24 **35 GBO** 44
- ausländischer Erbschein *24* **35 GBO** 25
- Bezugnahme auf Nachlassakten
  24 **35 GBO** 62
- ehemalige DDR *24* **35 GBO** 4 ff.
- Erbschein *24* **35 GBO** 18 ff.
- Eröffnungsniederschrift *24* **35 GBO** 45

- Form von Testament, Erbvertrag, Eröffnungsniederschrift 24 35 GBO 46
- geringwertiges Grundstück 24 35 GBO 63 ff.
- Heimstättenfolgezeugnis 24 35 GBO 10 ff.
- Hoferbenfeststellungsbeschluss 24 35 GBO 15
- Hoffolgezeugnis 24 35 GBO 13 ff.
- Inhaltsprüfung Verfügung von Todes wegen durch Grundbuchamt 24 35 GBO 47 ff.
- Löschung umgestellter Grundpfandrechte 24 35 GBO 68
- Nacherbfolge 24 35 GBO 7
- Nottestament 24 35 GBO 43
- Reichsheimstättengesetz 24 35 GBO 10 ff.
- Staatenlose 24 35 GBO 3
- Überweisungszeugnis 24 35 GBO 69
- Verfügung von Todes wegen 24 35 GBO 42 ff.
- Vollmacht über den Tod hinaus 24 35 GBO 70

Erbfolgerelevante Urkunden 8 78d 12 ff.

Erbfolgetheorie 36 56 SGB I 59 ff.

Erblasser
- Anordnungen 10 1639 1 ff.
- behinderter 7 Vor 27–35 BeurkG 14 ff.
- minderjähriger 7 Vor 27–35 BeurkG 13

Erblasserschulden 25 GNotKG 97, 115; 36 58 SGB I 62

Erblasserwille 35 SteuerR 515

Erbloser Nachlass
- kollisionsrechtliche Behandlung 31 33 EuErbVO 1 ff.

Erbpachtrecht 24 20 GBO 8

Erbprätendent 35 SteuerR 33, 485

Erbquote 10 1371 26 ff.

Erbquotenerhöhung
- Verbrauch 10 1371 52

Erbrechtlich beschränkte Haftung 27 305 ZPO 1 ff.
- Berufung 27 305 ZPO 3
- Kosten 27 305 ZPO 7 ff.
- Kostenhaftung 27 305 ZPO 9
- Revision 27 305 ZPO 3
- sofortiges Anerkenntnis 27 305 ZPO 8
- Urteilsberichtigung 27 305 ZPO 5
- Verfahren 1. Instanz 27 305 ZPO 3 ff.
- Versäumnisurteil 27 305 ZPO 7
- Zwangsvollstreckung 27 305 ZPO 4

Erbrechtliche Lösung 10 1371 22, 24 ff.
- Wahlrecht 10 1371 21 ff.

Erbschaft
- Annahme bei Betreuung 6 Betreuung 5 ff.
- Ausschlagung 35 SteuerR 1
- Einkommen 36 Einf. SozialR 18 ff.
- einmalige Einnahme 36 90 SGB XII 17
- Gerichtsstand 27 27 ZPO 1 ff., 28 ZPO 1 ff.
- Verkauf 36 90 SGB XII 31
- Vermögen 36 Einf. SozialR 18 ff.
- Verteilzeitraum 36 90 SGB XII 20 ff.
- Zurechnung zum Einkommen 36 90 SGB XII 14 f.

Erbschaftsanfechtung
- Betreuung 6 Betreuung 73

Erbschaftsannahme 14 Nachlassinsolvenz 8; 23 352 FamFG 21

Erbschaftsausschlagung 10 1371 39 ff., 67 f.; 6 Betreuung 59 ff.
- Betreuung 6 Betreuung 59
- betreuungsgerichtliche Genehmigung 6 Betreuung 62 ff.
- Frist 6 Betreuung 68
- Gegenstandswert 19 23 RVG 19
- Sittenwidrigkeit 6 Betreuung 65
- Sozialhilfebedürftigenbetreuer 6 Betreuung 65
- taktische 10 1371 68
- Überschuldung 6 Betreuung 64
- Zugewinngemeinschaft 6 Betreuung 66

Erbschaftsausschluss 10 1371 38

Erbschaftsbesitzer
- Stufenklage 27 254 ZPO 29 ff.

Erbschaftskauf 14 Nachlassinsolvenz 136; 21 VersR 46

Erbschaftskäufer 14 Nachlassinsolvenz 136 ff.
- Voreintragung 24 40 GBO 5

Erbschaftsteuer 10 1764 14 14; 21 VersR 1, 197
- Anrechnung ausländischer 35 SteuerR 546
- Anrechnungshöchstbetrag 35 SteuerR 557

Erbschaftsteuerpflicht
- beschränkte 35 SteuerR 537
- erweiterte beschränkte 35 SteuerR 538
- erweiterte unbeschränkte 35 SteuerR 536

Erbschein *15* **13 KonsG** 1;
18 **Einf. PStG** 2; *23* **352e FamFG** 1 ff.,
12 ff.; *24* **35 GBO** 18 ff.;
36 **102 SGB XII** 9
- Annahme der Erbschaft
  23 **352 FamFG** 21
- Antrag *23* **352 FamFG** 5 ff.
- Antragsberechtigte *23* **352 FamFG** 14 ff.
- Antragsrücknahme
  23 **352 FamFG** 12 ff.
- Antragswiederholung
  23 **352 FamFG** 13 ff.
- Arten *23* **352e FamFG** 17 ff.
- Ausfertigung *23* **357 FamFG** 24 ff.
- ausländischer *24* **35 GBO** 25
- Auslegung durch Grundbuchamt
  24 **35 GBO** 31
- Beglaubigung durch Berufskonsularbeamte *15* **10 KonsG** 8
- bei Vertretung mehrerer Erben/Gegenstandswert *19* **23 RVG** 26
- Beweisaufnahme *23* **352 FamFG** 25 ff.
- Beweiskraft im Grundbuchverfahren
  24 **35 GBO** 39 ff.
- Bindung des Gerichts
  23 **352e FamFG** 6 ff.
- Bindung des Grundbuchamts
  24 **35 GBO** 33
- einstweilige Anordnung
  23 **353 FamFG** 26 ff.
- Einziehung *23* **353 FamFG** 2 ff.;
  25 **GNotKG** 128 ff.
- Einziehung, Kosten
  23 **353 FamFG** 22 ff.
- Einziehung, Rechtsmittel
  23 **353 FamFG** 19 ff.
- Einziehungsbeschluss
  23 **353 FamFG** 11 ff.
- Einziehungsverfahren
  23 **353 FamFG** 9 ff.
- Einziehungsvoraussetzungen
  23 **353 FamFG** 4 ff.
- Einziehungswirkung
  23 **353 FamFG** 17 ff.
- Eröffnung Verfügungen von Todes wegen
  23 **352 FamFG** 22 ff.
- Erteilung *25* **GNotKG** 103
- Feststellungsbeschluss
  23 **352e FamFG** 2 ff.
- Feststellungslast *23* **352e FamFG** 5
- Form *24* **35 GBO** 19
- für Fiskus *25* **GNotKG** 140
- für Grundbuchzwecke
  25 **GNotKG** 136 f.
- für Miterben *25* **GNotKG** 139
- für Nachlassgläubiger *25* **GNotKG** 138
- gegenständlich beschränkter
  23 **352c FamFG** 1 ff.; *25* **GNotKG** 117
- Gegenstandswert *19* **23 RVG** 24
- Herausgabe/Gegenstandswert
  19 **23 RVG** 27
- Hoffolgezeugnis *13* **18 HöfeO** 12 ff.
- Inhalt *23* **352e FamFG** 15 ff.;
  24 **35 GBO** 27 ff.
- iSv § 64 SGB X *25* **GNotKG** 141
- Kraftloserklärung *23* **353 FamFG** 28 ff.;
  25 **GNotKG** 128 ff.
- rechtliches Gehör *23* **352 FamFG** 26 ff.
- Rechtspfleger *23* **58 FamFG** 17
- Sachverhaltsermittlung
  23 **352 FamFG** 24
- Testamentsvollstrecker
  23 **352b FamFG** 1 ff.
- Testamentsvollstreckung
  23 **352b FamFG** 9 ff.
- unrichtiger im Grundbuchverfahren
  24 **35 GBO** 37
- Vergleich *23* **352e FamFG** 6 ff.
- Vorerbe *23* **352b FamFG** 1 ff.
- Vorlage der Ausfertigung
  24 **29 GBO** 82
- Zurückweisung des Erbscheinsantrags
  23 **352e FamFG** 18 ff.
- Zuständigkeit *24* **35 GBO** 20 ff.
- Zuständigkeitsverstoß *24* **35 GBO** 23

Erbschein, gemeinschaftlicher
  23 **352a FamFG** 1 ff.
- Annahme der Erbschaft
  23 **352a FamFG** 2
- Antrag *23* **352a FamFG** 3 ff.

Erbscheinsantrag *25* **GNotKG** 353
- Antragsberechtigung *23* **352a FamFG** 5

Erbscheinsantrag, gemeinschaftlicher
- Versicherung an Eides statt
  23 **352a FamFG** 7

Erbscheinseinziehungsverfahren
- Beschwerde *23* **58 FamFG** 6

Erbscheinsverfahren *15* **8 KonsG** 2,
  13 **KonsG** 18; *23* **352 FamFG** 1 ff.,
  352a FamFG 1 ff., **352e FamFG** 1 ff.;
  25 **GNotKG** 91 ff.
- Abhilfe *23* **352e FamFG** 53 ff.
- Annahme der Erbschaft
  23 **352 FamFG** 21
- Antrag *23* **352 FamFG** 5 ff.
- Antragsberechtigte *23* **352 FamFG** 14 ff.
- Antragsrücknahme *23* **83 FamFG** 11
- Antragswiederholung
  23 **352 FamFG** 13 ff.

- Anwaltsgebühren 23 58 **FamFG** 24, 80 **FamFG** 2
- Auslagen 23 80 **FamFG** 5
- Aussetzung der sofortigen Wirksamkeit 23 352e **FamFG** 26 ff.
- Beendigung 25 **GNotKG** 125 ff.
- Bekanntgabe 23 352e **FamFG** 25 ff.
- Beschwerde 23 58 **FamFG** 3 ff., 352e **FamFG** 41 ff.
- Beschwerdeberechtigung 23 352e **FamFG** 44 ff.
- Beschwerdegericht 23 352e **FamFG** 54 ff.
- Beschwerdeinhalt 23 352e **FamFG** 51 ff.
- Beschwerdeverfahren 23 352e **FamFG** 48 ff.
- Beschwerdewert 23 352e **FamFG** 47 ff.
- Beteiligte 23 345 **FamFG** 3 ff.
- Beweisaufnahme 23 352 **FamFG** 25 ff.
- Bindung des Gerichts 23 352e **FamFG** 6 ff.
- Einziehung 23 353 **FamFG** 2 ff.
- Einziehung, Kosten 23 353 **FamFG** 22 ff.
- Einziehung, Rechtsmittel 23 353 **FamFG** 19 ff.
- Einziehungsbeschluss 23 353 **FamFG** 11 ff.
- Einziehungsverfahren 23 353 **FamFG** 9 ff.
- Einziehungsvoraussetzungen 23 353 **FamFG** 4 ff.
- Einziehungswirkung 23 353 **FamFG** 17 ff.
- Erbscheinsgebühr 23 81 **FamFG** 6
- Erledigung auf sonstige Weise 23 83 **FamFG** 8 ff.
- Eröffnung Verfügungen von Todes wegen 23 352 **FamFG** 22
- Feststellungsbeschluss 23 352e **FamFG** 2 ff.
- Feststellungslast 23 352e **FamFG** 5 ff.
- Gerichtsgebühren 23 80 **FamFG** 3 f.
- Gerichtsgebühren I. Instanz 23 58 **FamFG** 20
- Gerichtsgebühren II. Instanz 23 58 **FamFG** 21 ff.
- Geschäftswert einer Beschwerde 23 58 **FamFG** 21.1
- Hilfsantrag 23 68 **FamFG** 15
- internationale Zuständigkeit 23 352 **FamFG** 30
- Kosten 23 352e **FamFG** 62 ff.
- Kosten des Privatgutachtens 23 80 **FamFG** 13

- Kostenentscheidung 23 81 **FamFG** 4
- Kraftloserklärung 23 353 **FamFG** 28 ff.
- rechtliches Gehör 23 352 **FamFG** 26 ff.
- Rechtsanwaltskosten 23 80 **FamFG** 17
- Rechtsbeschwerde 23 352e **FamFG** 61
- Rechtsmittel 23 352e **FamFG** 30 ff.
- Sachverhaltsermittlung 23 352 **FamFG** 24 ff.
- streitiges Verfahren 23 352e **FamFG** 20 ff.
- unrichtige Sachentscheidung 23 81 **FamFG** 19
- Vergleich 23 83 **FamFG** 2 ff., 352e **FamFG** 6 ff.
- Zurückweisung des Erbscheinsantrags 23 352e **FamFG** 18 ff.
- Zuständigkeit 23 352 **FamFG** 2 ff.
- Zwischenverfügung 23 352e **FamFG** 28 ff.

Erbstatut 10 1371 20
- Abgrenzung zu Eingriffsnormen 31 23 **EuErbVO** 25
- Abgrenzung zum Adoptionsstatut 31 23 **EuErbVO** 21
- Abgrenzung zum Errichtungsstatut/Formstatut 31 23 **EuErbVO** 10
- Abgrenzung zum Gesellschaftsstatut 31 23 **EuErbVO** 22 ff.
- Abgrenzung zum Güterstatut 31 23 **EuErbVO** 18 ff.
- Abgrenzung zum Sachenstatut 31 23 **EuErbVO** 16 f.
- Abgrenzung zum Vertragsstatut 31 23 **EuErbVO** 11 ff.
- Reichweite 31 23 **EuErbVO** 1 ff.

Erbteil
- Feststellung/Gegenstandswert 19 23 **RVG** 29
- Pfändung 24 **Einf. GBO** 72, 26 **GBO** 5 ff.
- Übertragung 24 **Einf. GBO** 70
- Verpfändung 24 **Einf. GBO** 71, 26 **GBO** 3 ff.

Erbteilstestamentsvollstreckung 25 **GNotKG** 163

Erbteilsvollstreckung 25 **GNotKG** 178

Erbunwürdigkeit 10 1371 34, 37
- Feststellung/Gegenstandswert 19 23 **RVG** 30

Erbunwürdigkeitsklage
- Streitwert 27 3 **ZPO** 4

Erbvergleich 35 **SteuerR** 32, 490

Erbvertrag *15* **11 KonsG** 5 f.;
   25 **GNotKG** 336; *35* **SteuerR** 28, 294;
   36 **58 SGB I** 7
– Ablieferung im Todesfall
   7 **34a BeurkG** 19 ff.
– Begriff (EuErbVO) *31* **25 EuErbVO** 4
– besondere amtliche Verwahrung
   23 **344 FamFG** 7
– Beurkundungsverfahren
   7 **33 BeurkG** 1 ff.
– Eröffnung *25* **GNotKG** 85 ff.
– Errichtungsstatut *31* **25 EuErbVO** 6 ff.
– Formstatut *31* **27 EuErbVO** 1 ff.
– Gegenstandswert *19* **23 RVG** 28
– kollisionsrechtliche Behandlung
   31 **25 EuErbVO** 1 ff.
– Verwahrung *7* **34 BeurkG** 13 ff.
– Weiterverwahrung *25* **GNotKG** 85
Erbverträge *15* **10 KonsG** 9
Erbverzicht *10* **1371** 42; *25* **GNotKG** 348;
   35 **SteuerR** 73
Erdbestattung *5* **Bestattung** 153
Erfolgshonorar *19* **4a RVG** 1 ff.
– Formalanforderungen *19* **4a RVG** 2
– Voraussetzungen *19* **4a RVG** 2
Erfolgsunabhängige Vergütung
   19 **4 RVG** 1
Erfüllungsgehilfe *21* **VersR** 92
Ergänzungspfleger *21* **VersR** 69
Erinnerung
– gegen Kostenansatz *24* **71 GBO** 23
– Kostenfestsetzungsbeschluss
   23 **80 FamFG** 22
– Kostenfestsetzungsverfahren
   23 **85 FamFG** 18
– Verfahrensgebühr Nr. 3500 VV RVG
   19 **VV RVG** 72 ff.
Erklärung
– Entgegennahme *25* **GNotKG** 242 ff.
– Fristsetzung zur Abgabe
   23 **355 FamFG** 2 ff.
Erlaubnisfreie Waffe
– Aufbewahrung *34* **36 WaffG** 2
Erledigung
– berechtigtes Interesse *23* **62 FamFG** 5 ff.
– Beschwerde *23* **62 FamFG** 1 ff.
– schwerwiegender Grundrechtseingriff
   23 **62 FamFG** 6
– Wiederholungsgefahr *23* **62 FamFG** 7 f.
Erlöschen von Verwandtschaftsverhältnissen
– Annahme als Kind *10* **1755** 2
– Stiefkindadoption *10* **1755** 4

Erlösverteilung
   29 **Teilungsversteigerung** 92
Ermächtigung des Insolvenzverwalters
   14 **Nachlassinsolvenz** 96
Ermessensentscheidung
– Anwaltskosten *23* **81 FamFG** 11
Ermittlung ausländischen Rechts
   31 **Vor 20–38 EuErbVO** 37 ff.
– Ermittlungspflicht
   31 **Vor 20–38 EuErbVO** 37
– Hilfsmittel *31* **Vor 20–38 EuErbVO** 38
– Regelungslücken im ausländischen Recht, offene Rechtsfragen
   31 **Vor 20–38 EuErbVO** 39
Ermittlungen
– Grundbuchamt *24* **18 GBO** 3
Ernennung mehrerer Testamentsvollstrecker
   25 **GNotKG** 175
Ernennung Testamentsvollstrecker
   25 **GNotKG** 177
Eröffnung *14* **Nachlassinsolvenz** 40, 135
Eröffnung letztwilliger Verfügungen
– Zuständigkeit *23* **344 FamFG** 13 ff.
Eröffnung Verfügung von Todes wegen
   23 **348 FamFG** 1 ff.
– Auslandsbezug *23* **348 FamFG** 31 ff.
– Bekanntgabe *23* **348 FamFG** 26 ff.
– Beschwerde *23* **348 FamFG** 33 ff.
– Feststellung der Unversehrtheit
   23 **348 FamFG** 23 ff.
– Frist *23* **351 FamFG** 1 ff.
– gemeinschaftliches Testament
   23 **349 FamFG** 3 ff.
– Kosten *23* **348 FamFG** 34
– Niederschrift *23* **348 FamFG** 19 ff.
– Rechtsnatur *23* **348 FamFG** 11 ff.
– Trennbarkeit *23* **349 FamFG** 6 ff.
– Überprüfungsfrist *23* **351 FamFG** 6 ff.
– Umfang *23* **348 FamFG** 18 ff.
– Verfahren *23* **348 FamFG** 12 ff.
– Wirkung *23* **348 FamFG** 25 ff.
– Zeitpunkt *23* **348 FamFG** 17 ff.
– Zuständigkeit *23* **350 FamFG** 2 ff.
Eröffnungsbeschluss
   14 **Nachlassinsolvenz** 42 f., 48
Eröffnungsgrund
   14 **Nachlassinsolvenz** 24 ff., 40
Eröffnungskosten
   14 **Nachlassinsolvenz** 146
Eröffnungswirkungen
   14 **Nachlassinsolvenz** 47

Eröffnungszeitpunkt
  14 **Nachlassinsolvenz** 49
Erörterung *14* **Nachlassinsolvenz** 105, 111
Erörterungstermin
  14 **Nachlassinsolvenz** 77, 108, 110
Errichtungsstatut *31* **24 EuErbVO** 3 ff.
Erstattungsanspruch
- bestattender Dritter *5* **Bestattung** 113
- Bestattungspflichtiger *5* **Bestattung** 112
- Fürsorgeberechtigter *5* **Bestattung** 112
- öffentlich-rechtlicher *36* **58 SGB I** 36, 49
Erstattungsanspruch des Vorerben
  14 **Nachlassinsolvenz** 132
Erstattungspflicht
- Anfechtungsfälle *36* **Einf. SozialR** 13 ff.
- Anhörung *36* **Einf. SozialR** 14
- Nachlassverbindlichkeit
  36 **Einf. SozialR** 17
Ersteher *29* **Teilungsversteigerung** 96 f.
Ersuchen *29* **Teilungsversteigerung** 94
Ersuchen Insolvenzgericht
  14 **Nachlassinsolvenz** 151
Erteilung einer beglaubigten Abschrift des Europäischen Nachlasszeugnisses *25* **GNotKG** 107
Ertragsnießbrauch *35* **SteuerR** 268
Ertragswertverfahren *35* **SteuerR** 215
Erwachsenenadoption
- Absehen von Anhörung
  10a **ErwAdopt** 57
- Adoption mit schwachen Wirkungen
  10a **ErwAdopt** 6
- Adoption mit starker Wirkung
  10a **ErwAdopt** 7
- Adoption und Nachfolgeklausel
  10a **ErwAdopt** 36
- Adoptionsantrag *10a* **ErwAdopt** 49
- Adoptionsbeschluss *10a* **ErwAdopt** 58
- Adoptionsverbot aus § 1772 BGB
  10a **ErwAdopt** 10
- Adoptionsverbot nach § 1769 BGB
  10a **ErwAdopt** 35
- Adoptionsverbote *10a* **ErwAdopt** 48
- Adoptionsverfahren *10a* **ErwAdopt** 50
- Anhörung minderjähriger Kinder
  10a **ErwAdopt** 56
- Anhörungen *10a* **ErwAdopt** 54
- Annahme Minderjähriger
  10a **ErwAdopt** 4
- Annahme Volljähriger *10a* **ErwAdopt** 4
- Anzahl der Adoptionen
  10a **ErwAdopt** 2
- Arten *10a* **ErwAdopt** 5
- Auswirkungen auf die Verwandtschaft
  10a **ErwAdopt** 8
- Beteiligte des Verfahrens
  10a **ErwAdopt** 52
- Bindungswirkungen *10a* **ErwAdopt** 39
- Eltern-Kind-Verhältnis
  10a **ErwAdopt** 43
- Entstehungsgeschichte *10a* **ErwAdopt** 1
- Erbrecht bei stark wirkender Adoption
  10a **ErwAdopt** 24
- Erbrecht bei Stiefkindadoption
  10a **ErwAdopt** 25
- Erbrecht bei Verwandtenadoption
  10a **ErwAdopt** 27
- Erbrecht des Angenommenen
  10a **ErwAdopt** 18
- Erbrechte bei Erwachsenenadoption
  10a **ErwAdopt** 17
- Erlöschen der Verwandtschaft bei Stiefkindadoption *10a* **ErwAdopt** 11 f.
- familienbezogener Zweck
  10a **ErwAdopt** 3
- Freibeträge *10a* **ErwAdopt** 32
- Gesellschaftsrecht *10a* **ErwAdopt** 36
- Gleichstellungsadoption
  10a **ErwAdopt** 40
- Kindeswohl *10a* **ErwAdopt** 42
- Namensführung *10a* **ErwAdopt** 14
- Namensrecht Verfassungskonform
  10a **ErwAdopt** 16
- notarielle Beurkundung
  10a **ErwAdopt** 49
- Pflichtteilsminimierung
  10a **ErwAdopt** 34
- Rechtsbehelfe *10a* **ErwAdopt** 61
- Rechtsfolgen *10a* **ErwAdopt** 13
- Rechtsmittel *10a* **ErwAdopt** 59
- Reform des Namensrechts
  10a **ErwAdopt** 16
- sittliche Rechtfertigung
  10a **ErwAdopt** 3, 47
- Steuerersparnis *10a* **ErwAdopt** 32
- Steuern *10a* **ErwAdopt** 32
- Stiefkindadoption *10a* **ErwAdopt** 11
- Testamente *10a* **ErwAdopt** 38
- Unterhalt *10a* **ErwAdopt** 28
- Verbreitung *10a* **ErwAdopt** 2
- Voraussetzungen *10a* **ErwAdopt** 41
- zuständiges Gericht *10a* **ErwAdopt** 51
Erwerbsfähigkeit *24* **20 GBO** 18 ff.
EU-Erbrechtsverordnung *35* **SteuerR** 584
EuErbVO
- Allgemein *31* **Einf. EuErbVO** 1 ff.

- allgemeine Kollisionsnorm
  (Art. 21 Abs. 1 EuErbVO)
  31 **21 EuErbVO** 1 ff.
- Anerkennung
  31 **Vor 39–58 EuErbVO** 1 ff.,
  39 EuErbVO 1 ff.
- Anknüpfung Mehrrechtsstaat
  31 **Vor 20–38 EuErbVO** 19,
  36 EuErbVO 1 ff., **37 EuErbVO** 1
- Annahme öffentlicher Urkunden
  31 **59 EuErbVO** 1 ff.
- Anpassung
  31 **Vor 20–38 EuErbVO** 27 ff.,
  31 EuErbVO 1 ff., **32 EuErbVO** 1 ff.
- Anpassung dinglicher Rechte
  31 **31 EuErbVO** 1 ff.
- Auslegung, europarechtlich autonome
  31 **Einf. EuErbVO** 6 ff.
- Ausweichklausel (Art. 21 Abs. 2 EuErbVO) *31* **21 EuErbVO** 12 f.
- Begriffsbestimmungen
  31 **3 EuErbVO** 1 ff.
- Bereichsausnahmen *31* **1 EuErbVO** 6 ff.
- besondere Regelungen für die Bestellung und die Befugnisse eines Nachlassverwalters *31* **29 EuErbVO** 1 ff.
- besondere Regelungen iSv 30 EuErbVO
  31 **30 EuErbVO** 1 ff.
- Bündelungsmodell
  31 **Vor 20–38 EuErbVO** 11 ff.
- Eingriffsnormen *31* **1 EuErbVO** 5,
  23 EuErbVO 25, **30 EuErbVO** 1 ff.
- erbenloser Nachlass
  31 **33 EuErbVO** 1 ff.
- Erbvertrag *31* **25 EuErbVO** 1 ff.
- Ermittlung ausländischen Rechts
  31 **Vor 20–38 EuErbVO** 37 ff.
- europäisches Nachlasszeugnis
  31 **Vor 62–73 EuErbVO** 1 ff.
- Exequaturverfahren
  31 **Vor 39–58 EuErbVO** 1 ff.,
  46 EuErbVO 1
- Formgültigkeit einer Annahme- oder Ausschlagungserklärung
  31 **28 EuErbVO** 1 f.
- Gerichtsbegriff *31* **3 EuErbVO** 10
- Gesamtverweisung *31* **34 EuErbVO** 4 ff.
- gesetzliches Erbrecht
  des eingetragenen Lebenspartners
  31 **Vor 20–38 EuErbVO** 72,
  35 EuErbVO 8
- gewöhnlicher Aufenthalt
  31 **21 EuErbVO** 4 ff.
- Grundlagen IPR
  31 **Vor 20–38 EuErbVO** 1 ff.
- Handeln unter falschem Recht
  31 **Vor 20–38 EuErbVO** 35,
  22 EuErbVO 10
- Informationen für die Öffentlichkeit
  31 **77 EuErbVO** 1
- Inkrafttreten *31* **84 EuErbVO** 1
- innerstaatliche Zuständigkeit
  31 **2 EuErbVO** 1
- interlokale Rechtsspaltung
  31 **36 EuErbVO** 1 ff.
- internationalprivatrechtliche Gerechtigkeit *31* **Vor 20–38 EuErbVO** 4 ff.
- interpersonale Rechtsspaltung
  31 **37 EuErbVO** 1
- kollisionsrechtliche Nachlassspaltung
  31 **34 EuErbVO** 12
- Kommorientenvermutung
  31 **32 EuErbVO** 1 ff.
- Legalisation oder ähnliche Förmlichkeiten
  31 **74 EuErbVO** 1
- loi uniforme *31* **20 EuErbVO** 1
- Mitgliedstaaten *31* **3 EuErbVO** 2
- ordre public
  31 **Vor 20–38 EuErbVO** 27,
  35 EuErbVO 1 ff.
- Prüfungsschema IPR
  31 **Vor 20–38 EuErbVO** 80
- Prüfungsschema IZVR
  31 **Vor 4–19 EuErbVO** 8
- räumlicher Anwendungsbereich
  31 **Einf. EuErbVO** 2
- Rechtsfortbildung *31* **Einf. EuErbVO** 7
- Rechtswahl (Art. 22 EuErbVO)
  31 **22 EuErbVO** 1 ff.
- Renvoi *31* **Vor 20–38 EuErbVO** 16 ff.,
  34 EuErbVO 1 ff.
- Rück- und Weiterverweisung, Renvoi
  31 **34 EuErbVO** 1 ff.
- sachlicher Anwendungsbereich
  31 **1 EuErbVO** 1 ff.
- Sachnormverweisung
  31 **34 EuErbVO** 11
- Substitution *31* **Vor 20–38 EuErbVO** 36
- Überblick Anerkennung und Vollstreckung *31* **Vor 39–58 EuErbVO** 1 ff.
- Überblick EuErbVO
  31 **Einf. EuErbVO** 4 f.
- Überblick Europäisches Nachlasszeugnis
  31 **Vor 62–73 EuErbVO** 1 ff.
- Überblick internationale Zuständigkeit
  31 **Vor 4–19 EuErbVO** 1 ff.
- Überblick Kollisionsrecht
  31 **Vor 20–38 EuErbVO** 64 ff.
- Überblick öffentliche Urkunden und Vergleiche *31* **Vor 59–61 EuErbVO** 1

- Übergangsbestimmungen
  31 **83 EuErbVO** 1 ff.
- Verfügungen von Todes wegen
  31 **24 EuErbVO** 1 ff.
- Verhältnis zu bestehenden internationalen Übereinkommen *31* **75 EuErbVO** 1 ff.
- Verhältnis zur EuInsVO
  31 **76 EuErbVO** 1
- Vollstreckbarkeit gerichtlicher Entscheidungen *31* **Vor 39–58 EuErbVO** 1 ff., **43 EuErbVO** 1
- Vollstreckbarkeit gerichtlicher Vergleiche
  31 **61 EuErbVO** 1
- Vollstreckbarkeit öffentlicher Urkunden
  31 **60 EuErbVO** 1 ff.
- Vorfrage *31* **Vor 20–38 EuErbVO** 20 ff.
- vorrangige Staatsverträge
  31 **75 EuErbVO** 2 ff.
- Weiterverweisung *31* **34 EuErbVO** 9 ff.
- zeitlicher Anwendungsbereich
  31 **83 EuErbVO** 1 ff.
- Zuständigkeit
  31 **Vor 4–19 EuErbVO** 4 ff.

EuErbVO, Bereichsausnahmen
- dingliche Rechte *31* **1 EuErbVO** 19 ff.
- familienrechtliche und ähnliche Rechtsverhältnisse *31* **1 EuErbVO** 7
- Formgültigkeit mündlicher Verfügungen von Todes wegen *31* **1 EuErbVO** 13
- Gesellschaftsrecht *31* **1 EuErbVO** 16
- Güterrecht *31* **1 EuErbVO** 10 f.
- juristische Personen *31* **1 EuErbVO** 16
- Personenstand *31* **1 EuErbVO** 7
- Rechts-, Geschäfts- und Handlungsfähigkeit von natürlichen Personen
  31 **1 EuErbVO** 8
- Rechtsgeschäfte unter Lebenden
  31 **1 EuErbVO** 14 f.
- Registerrechte *31* **1 EuErbVO** 22
- Todesvermutung *31* **1 EuErbVO** 9
- Trusts *31* **1 EuErbVO** 17 f.
- Unterhaltspflichten *31* **1 EuErbVO** 12
- Vereinsrecht *31* **1 EuErbVO** 16
- Verschollenheit *31* **1 EuErbVO** 9

EuGH-Rechtsprechung *35* **SteuerR** 566

Europäisches Nachlasszeugnis
  15 **Einf. KonsG** 8; *23* **352 FamFG** 28 ff., **352a FamFG** 9, **352b FamFG** 12, **352c FamFG** 8; *25* **GNotKG** 92, 103 ff., 155 ff.; *31* **Vor 62–73 EuErbVO** 1 ff.
- Änderung *23* **352e FamFG** 75
- Antrag auf Ausstellung
  31 **65 EuErbVO** 1
- Aussetzung *23* **352e FamFG** 76 ff.
- Aussetzung der Wirkungen des Zeugnisses *31* **73 EuErbVO** 1 ff.
- Ausstellung des Zeugnisses
  31 **67 EuErbVO** 1 ff.
- Ausstellungsvoraussetzungen
  31 **62 EuErbVO** 2
- Befristung *24* **35 GBO** 19
- beglaubigte Abschrift des Zeugnisses
  31 **70 EuErbVO** 1 f.
- Berichtigung, Änderung und Widerruf
  31 **71 EuErbVO** 1 ff.
- Beweiswirkungen *31* **69 EuErbVO** 2 f.
- Eintragung einer güterrechtlichen Erhöhung der Erbquote *31* **68 EuErbVO** 2
- Eintragung von Vindikationslegate
  31 **68 EuErbVO** 4
- Erteilung *23* **352e FamFG** 69 ff.
- Form *24* **35 GBO** 19
- Inhalt *24* **35 GBO** 27
- Inhalt des Nachlasszeugnisses
  31 **68 EuErbVO** 1 ff.
- Kosten *23* **352e FamFG** 85 ff.
- öffentlicher Glaube
  31 **69 EuErbVO** 4 ff.
- Prüfung des Ausstellungsantrags
  31 **66 EuErbVO** 1 ff.
- Rechtsbehelfe *31* **72 EuErbVO** 1 ff.
- Rechtsmittel *23* **352e FamFG** 79 ff.
- Überblick über den Regelungsgehalt
  31 **Vor 62–73 EuErbVO** 1 ff.
- Verhältnis zu vergleichbaren nationalen Zeugnissen, Erbschein
  31 **62 EuErbVO** 3 f.
- Vermutung der Richtigkeit
  31 **69 EuErbVO** 2 f.
- Vindikationslegat *31* **69 EuErbVO** 9
- Vorlage bei einer registerführenden Behörde *31* **69 EuErbVO** 8 f.
- Widerruf *23* **352e FamFG** 75
- Wirkungen des ENZ
  31 **69 EuErbVO** 1 ff.
- Zuständigkeit *31* **64 EuErbVO** 1
- Zweck des Zeugnisses
  31 **63 EuErbVO** 1 f.

Europäisches Testamentsvollstreckerzeugnis
  25 **GNotKG** 161

Eventualklagehäufung
- objektive *36* **56 SGB I** 65

Evidenzbasierte Prognose
  14 **Nachlassinsolvenz** 100

Exequatur *15* **10 KonsG** 12

Exequaturverfahren *15* **13 KonsG** 5

Fahrlässige falsche Versicherung an Eides Statt 32 161 StGB 1 ff.
Fahrlässiger Falscheid
– Unkenntnis der tatsächlichen Gegebenheiten 32 161 StGB 1 ff.
Fahrlässigkeit
– fahrlässige Begehungsweise 32 Einf. StrafR 10
– Sorgfaltspflicht 32 Einf. StrafR 10
Fahrlässigkeitsbegriff
– subjektiver 36 Einf. SozialR 22
Fälligkeit 25 GNotKG 231
Falschangabe
– Altersangabe 21 VersR 94 ff.
Falschbeurkundung 32 274 StGB 1 ff.
Falschbezeichnung
– Auflassungsgegenstand 24 20 GBO 11
– Gemeinschaftsverhältnis 24 20 GBO 11
Falsche Angabe
– Berichtigung 32 156 StGB 1 ff.
Falscheid
– fahrlässiger 32 161 StGB 1 ff.
Familienbuch 18 1–10 PStG 19, 68a PStG 4
Familienfideikomiss 24 35 GBO 17
Familienheim 35 SteuerR 117
– Übertragung 35 SteuerR 312 ff.
Familienname 18 11–17a PStG 10, 14, 18–33 PStG 18
– Sterberegister 18 18–33 PStG 31
Familienstand
– Sterberegister 18 18–33 PStG 31
Fehlgeburt 5 Bestattung 145
Ferienwohnung 35 SteuerR 118
Fernmeldegeheimnis
– Absender 9 DigNachl 76
– Einwilligung 9 DigNachl 76
– mittelbare Grundrechtsbindung 9 DigNachl 73
– ruhender Verkehr 9 DigNachl 74
Festsetzungsbeschluss 29 Teilungsversteigerung 61
Feststellungsbeschluss 25 GNotKG 91
Feststellungsklage
– Abgrenzung zum Erbscheinsverfahren 27 256 ZPO 33 ff.
– Aussetzung 27 256 ZPO 31
– beeinträchtigende Schenkungen 27 256 ZPO 24 ff.
– Beweislast 27 256 ZPO 38

– Bindungswirkung 27 256 ZPO 35, 39 ff.
– Erbenstellung 27 256 ZPO 2
– Ergänzungsansprüche 27 256 ZPO 30 f.
– Erschöpfung des Rechtsweges 27 256 ZPO 36
– Feststellungsinteresse 27 256 ZPO 31 ff.
– gegenwärtiges Rechtsverhältnis 27 256 ZPO 10 ff.
– Kosten 27 256 ZPO 40
– Pflichtteilsrecht 27 256 ZPO 17 ff.
– Prozessführungsbefugnis 27 256 ZPO 7
– Rechtskraft 27 256 ZPO 39
– Regelungsgehalt 27 256 ZPO 6 ff.
– Streitgegenstand 27 256 ZPO 1 ff.
– Streitwert 27 3 ZPO 3, 256 ZPO 7
– Versäumnisurteil 27 256 ZPO 39
– zu Lebzeiten des künftigen Erblassers 27 256 ZPO 12 ff.
Feuerbestattung 5 Bestattung 155 f.
– bei behördlicher Einfachstbestattung 5 Bestattung 144
– weitere Leichenschau 5 Bestattung 156
Finanzmittel 35 SteuerR 145
Finanzmitteltest 35 SteuerR 146
Findelkind 18 18–33 PStG 9
Firmenbewertung 25 GNotKG 119
Fischereirecht 24 20 GBO 8
Fischzucht 13 1 HöfeO 10
Fiskus
– als Erbe 36 58 SGB I 13 f.
– Erbschein 25 GNotKG 140
Flüchtling 15 8 KonsG 9, 9 KonsG 4; 18 68a PStG 18
Folgebeurkundung 18 1–10 PStG 12
Forderungsübergang 14 Nachlassinsolvenz 133
Form
– Abtretungserklärung 24 29 GBO 9
– Antrag 24 30 GBO 1 ff.
– Antragsvollmacht 24 30 GBO 8 ff.
– Auflassung 24 20 GBO 20 ff.
– Behördenurkunden 24 29 GBO 65 ff.
– Belastungserklärung 24 29 GBO 9
– Bewilligung 24 29 GBO 6
– Eigentümerzustimmung 24 29 GBO 10
– Einigung 24 29 GBO 8
– Eintragungsunterlagen 24 29 GBO 1 ff.
– Erbbaurecht 24 20 GBO 33 ff.
– gerichtlicher Vergleich 24 29 GBO 67
– löschungsfähige Quittung 24 29 GBO 7
– öffentliche Beglaubigung 24 29 GBO 71
– öffentliche Urkunde 24 29 GBO 55 ff.

- Prozessvollmacht *24* **29 GBO 12**
- Unrichtigkeitsnachweis *24* **22 GBO 22**
- Vollmacht *24* **29 GBO 11 ff.**
- zur Eintragung erforderlicher Erklärungen *24* **29 GBO 4 ff.**

Form Anmeldung
29 **Teilungsversteigerung 72**

Form des Antrags *14* **Nachlassinsolvenz 20**

Form des Antrags Teilungsversteigerung
29 **Teilungsversteigerung 15**

Formbindung *21* **VersR 57**

Formelles Konsensprinzip *24* **19 GBO 1**

Formfehler des Insolvenzplans
14 **Nachlassinsolvenz 96**

Formmangel *35* **SteuerR 29**
- Versicherungsvertrag *21* **VersR 57 f.**

Formularzwang *14* **Nachlassinsolvenz 2**

Forstwirtschaftliche Grundstücke
- Genehmigung zur Veräußerung
24 **19 GBO 72**

Fortbildungspflicht
- Rechtsanwalt *4* **Berufsrecht 62 ff.**

Fortgesetzte Gütergemeinschaft
- Nachweis *24* **35 GBO 72 ff.**
- Zeugnis *23* **354 FamFG 3 ff.**

Fortsetzungsrecht
- abweichende Regelungen
17 **563a BGB 11 ff.**
- Erbe *17* **563a BGB 1, 6, 564 BGB 1 ff.**
- Haftung des Erben *17* **563b BGB 2 ff., 14, 564 BGB 9**
- Haftung des Fortsetzenden
17 **563b BGB 2 ff.**
- Kündigung des Mieters
17 **563a BGB 8 ff.**
- Kündigungsrecht des Vermieters
17 **563a BGB 10**
- mehrere Mieter *17* **563a BGB 7**
- Mietvorauszahlungen
17 **563b BGB 10 ff.**
- Patchwork-Familien *17* **563a BGB 13**
- Sicherheitsleistung *17* **563b BGB 14 ff.**
- Tod des Mitmieters *17* **563a BGB 1 ff.**
- Verfügung von Todes wegen
17 **563a BGB 12**
- Verhältnis zu § 563 BGB
17 **563a BGB 7**
- Voraussetzungen *17* **563a BGB 4 f.**

Fortsetzungszeugnis *25* **GNotKG 196**
- Einziehung oder Kraftloserklärung
25 **GNotKG 206**
- Gütergemeinschaft *25* **GNotKG 195 ff.**

Freibetrag *35* **SteuerR 25, 86, 306 ff.**
- Pflege *36* **102 SGB XII 47 ff.**

Freibetragsregelung *10* **1371 73**

Freie Beweiswürdigung *24* **29 GBO 85 ff.**

Freigebige Zuwendung *35* **SteuerR 91**

Freigebigkeit *35* **SteuerR 61**

Freistellungsmethode *35* **SteuerR 545**

Fremdgeld
- Umgang mit *4* **Berufsrecht 66**

Fremdgeschäftsführungswille
5 **Bestattung 121**

Fremdrechtserbschein *23* **352c FamFG 7;**
25 **GNotKG 117**

Friedhof
- Begriff *5* **Bestattung 91**
- Gestaltungsbestimmungen
5 **Bestattung 105 ff.**
- Satzung *5* **Bestattung 92**
- Verkehrssicherungspflicht
5 **Bestattung 94**

Friedhofsinsel *5* **Bestattung 147**

Friedhofsträger *5* **Bestattung 91.1**

Friedhofsvorschriften
- landesrechtliche *36* **74 SGB XII 11**

Friedhofszwang *5* **Bestattung 145 ff.**
- Verfassungsmäßigkeit *5* **Bestattung 148**

Frist Beitritt *29* **Teilungsversteigerung 38**

Fristbeginn
- Beschwerde *23* **63 FamFG 5 ff.**
- unterbliebene Bekanntgabe
23 **63 FamFG 12**

Fristberechnung
- Beschwerde *23* **63 FamFG 14 f.**

Fristbestimmung *25* **GNotKG 249 ff.**

Fristen *33* **VerwR 3**

Fristwahrung
- Zuständiges Gericht *23* **63 FamFG 18**

Funktionelle Zuständigkeit
14 **Nachlassinsolvenz 6;**
29 **Teilungsversteigerung 4**

Gartenbaubetrieb *13* **1 HöfeO 10**

GbR *11* **727 BGB 1 ff., 736 BGB 2, Einf. Handels-/Gesellschaftsrecht 11 ff.**
- Abfindung *11* **740 BGB 9 ff.**
- Anwachsung *11* **740 BGB 3**
- Anwachsung der Anteile *24* **22 GBO 13**
- Anzeigepflicht des Gesellschaftertods
11 **727 BGB 31**
- Auflösung *11* **727 BGB 3**
- Auseinandersetzung *11* **730 BGB 1, 731–735 BGB 2 ff.**

- Ausscheiden eines Gesellschafters *11* 740 BGB 2 ff.; *24* 22 GBO 13; s.a. dort
- Eintrittsklauseln *11* 727 BGB 20 ff.
- Fortsetzungsklausel *11* 727 BGB 18, 736 BGB 2 ff.
- Grundbuchunrichtigkeit *24* 22 GBO 13
- Nacherbschaft *11* 727 BGB 27 ff.
- Nachhaftung *11* 736 BGB 9 ff.
- Notgeschäftsführung *11* 727 BGB 34
- Stellung des Erben *11* 727 BGB 31
- Tod eines Gesellschafters *11* 727 BGB 3 ff., 23, **Einf. Handels-/Gesellschaftsrecht** 13 ff.; *24* 22 GBO 21
- zweigliedrige Gesellschaft *11* 736 BGB 4 f.

GbR-Anteil
- Testamentsvollstreckung *11* 727 BGB 8

Gebote *29* Teilungsversteigerung 77

Gebrauchsname *18* 11–17a PStG 10

Gebühren
- Abgeltungsbereich *19* 15 RVG 1 f.
- Anwaltsgebühren *10* 1371 56 ff.
- außergerichtliche Tätigkeit *10* 1371 57
- Beurkundungsgebühr *10* 1371 62
- Ehevertrag *10* 1371 59
- Erbvertrag mit Verzichtsvereinbarung *10* 1371 63
- gerichtliche Tätigkeit *10* 1371 58
- Notariatsgebühren *10* 1371 59 ff.
- Testament *10* 1371 60
- Vermächtnis *10* 1371 61

Gebührenanrechnung *19* 15a RVG 1 f.

Gebührenbetrag
- Vergütung Rechtsanwalt *19* 2 RVG 1

Gebührenbetragsrahmen
- Vergütung Rechtsanwalt *19* 2 RVG 1

Gebührendualismus *25* GNotKG 160

Gebührengutachten Rechtsanwaltskammer *19* 14 RVG 17 ff.

Gebührensatz
- Vergütung Rechtsanwalt *19* 2 RVG 1

Gebührensatzrahmen
- Vergütung Rechtsanwalt *19* 2 RVG 1

Geburt
- Anzeigepflicht *18* 18–33 PStG 9
- auf Seeschiff *15* 8 KonsG 7
- Beurkundung *15* 8 KonsG 1; *18* 11–17a PStG 18
- im Ausland *18* 18–33 PStG 6, 14, 45b PStG 6
- Nachweis *24* 29 GBO 25
- vertrauliche *18* 1–10 PStG 6, 18–33 PStG 25

Geburtenbuch *18* 1–10 PStG 19

Geburtenregister *18* 18–33 PStG 1 ff., 21
- divers *18* 18–33 PStG 21
- Folgebeurkundungen *18* 18–33 PStG 16
- Haupteintrag *18* 18–33 PStG 21
- Hinweisteil *18* 18–33 PStG 29
- inter *18* 18–33 PStG 21
- Intersexualität *18* 18–33 PStG 21
- männlich *18* 18–33 PStG 21
- Name *18* 18–33 PStG 21
- Staatsangehörigkeit *18* 18–33 PStG 29
- Totgeburt *18* 18–33 PStG 24
- transsexuelle Mutter *18* 18–33 PStG 21
- vertrauliche Geburt *18* 18–33 PStG 25
- weiblich *18* 18–33 PStG 21
- Zeitangabe *18* 18–33 PStG 21

Geburtsanzeige *18* 18–33 PStG 25

Geburtsbeurkundung *18* 18–33 PStG 22

Geburtseintrag *18* 18–33 PStG 22, 29
- Folgebeurkundungen *18* 18–33 PStG 28

Geburtshaus *18* 18–33 PStG 9

Geburtsname *18* 11–17a PStG 10, 14, 18–33 PStG 18, 21

Geburtsregister
- Nachweis *18* 18–33 PStG 22

Gefahrerhöhung *21* VersR 105 ff., 141

Gefahrsperson *21* VersR 162
- Anzeigepflichtverletzung *21* VersR 85 ff.

Gefälligkeitsverhältnis
- Abgrenzung zum Auftrag *22* Vollmacht 57 ff.

Gegenstand Teilungsversteigerung *29* Teilungsversteigerung 13

Gegenständlich beschränkter Erbschein *23* 352c FamFG 1 ff.

Gegenständlich beschränkter Pflichtteilsverzicht *25* GNotKG 349

Gegenstandswert
- Auseinandersetzung Erbengemeinschaft *19* 23 RVG 16
- Ausgleichsanspruch nach § 2050 BGB *19* 23 RVG 17
- Auskunftsanspruch nach § 2057 BGB *19* 23 RVG 18
- Ausschlagung der Erbschaft *19* 23 RVG 19
- Ausschluss eines Mitglieds der Erbengemeinschaft wegen Erbunwürdigkeit *19* 23 RVG 31
- Erbenfeststellung *19* 23 RVG 23

- Erbschein *19* **23 RVG** 24
- Erbschein bei Vertretung mehrerer Erben *19* **23 RVG** 26
- Erbscheinsherausgabe *19* **23 RVG** 27
- Erbvertrag *19* **23 RVG** 28
- Feststellung der Erbunwürdigkeit *19* **23 RVG** 30
- Feststellung eines Erbteils *19* **23 RVG** 29
- Katalog *19* **23 RVG** 16 ff.
- Klage auf Feststellung der Nichtigkeit des Testaments *19* **23 RVG** 35
- Klage gegen den Testamentsvollstrecker („Befugnisstreit") *19* **23 RVG** 34
- Klage und Widerklage auf Feststellung des Erbrechts/-teils *19* **23 RVG** 32 f.
- Nachlassverzeichnis *19* **23 RVG** 36
- negative Feststellung *19* **23 RVG** 33
- Pflichtteilsergänzungsanspruch und Pflichtteilsrestansprüche *19* **23 RVG** 38
- Stufenklage *19* **23 RVG** 39
- Teilungsverfahren *19* **23 RVG** 40
- Testamentsgestaltung *19* **23 RVG** 14 ff.
- Testamentsvollstreckerzeugnis *19* **23 RVG** 41
- Vermächtnis *19* **23 RVG** 42
- Vorerbschaft *19* **23 RVG** 43 f.

Gegenvorstellung *23* **Einf. FamFG** 5
Geistestätigkeit *21* **VersR** 127
Geldanlage
- Anzeigepflicht *6* **Betreuung** 20
- Genehmigung des Betreuungsgerichts *6* **Betreuung** 22
- Kreditinstitut *6* **Betreuung** 21
- Sperrvermerk *6* **Betreuung** 23
- Wertpapiere *6* **Betreuung** 20

Geldautomat
- Barabhebung *36* **58 SGB I** 31

Geldbeträge
- Grundbuchverfahren *24* **28 GBO** 8

Geldinstitut
- Auskunftspflicht *36* **58 SGB I** 43 f.
- Befriedigungsverbot *36* **58 SGB I** 32 f.
- Entreicherungseinwand *36* **58 SGB I** 28 ff.
- Rücküberweisungsanspruch gegen *36* **58 SGB I** 26 f.

Geldleistung
- anhängiges Verwaltungsverfahren *36* **59 SGB I** 24 f.
- Anspruch auf *36* **59 SGB I** 20 ff.
- Beitragserstattungsansprüche *36* **56 SGB I** 7
- Beitragsnachzahlung *36* **56 SGB I** 7
- Empfänger *36* **58 SGB I** 37
- Entstehung *36* **56 SGB I** 10
- Ermessensleistung *36* **58 SGB I** 5
- Fälligkeit *36* **56 SGB I** 11, **58 SGB I** 4, **59 SGB I** 21 f.
- Kostenerstattungsanspruch *36* **59 SGB I** 5
- laufende und einmalige *36* **56 SGB I** 15 f., **58 SGB I** 3
- Sonderrechtsnachfolge *36* **56 SGB I** 6 ff.
- Sozialleistungen *36* **56 SGB I** 6, **58 SGB I** 2
- Vererbung *36* **58 SGB I** 1 ff.
- Verfügender *36* **58 SGB I** 39
- Zinsansprüche *36* **56 SGB I** 8

Geldleistungsanspruch
- anhängiges Verwaltungsverfahren *36* **59 SGB I** 24 ff.

Geltendmachung *14* **Nachlassinsolvenz** 134

Geltendmachung des Pflichtteils
- Alternative *35* **SteuerR** 460
- Entstehung der Steuer *35* **SteuerR** 450
- erbschaftsteuerliche Folgen *35* **SteuerR** 447 ff.
- Ertrag- und grunderwerbsteuerliche Auswirkungen *35* **SteuerR** 474
- Gestaltungsmöglichkeiten *35* **SteuerR** 434 ff.
- Pflichtteilsstrafklauseln *35* **SteuerR** 442
- steuerliche Gestaltungsmöglichkeiten *35* **SteuerR** 467 ff.
- Stufenklage *35* **SteuerR** 453
- teilweise Geltendmachung *35* **SteuerR** 454
- wirtschaftliche Belastung *35* **SteuerR** 459
- zivilrechtliche Voraussetzungen *35* **SteuerR** 435

Gemeiner Wert *35* **SteuerR** 140, 188
Gemeinschaft ausländischen Rechts *29* **Teilungsversteigerung** 9
Gemeinschaften *29* **Teilungsversteigerung** 5
Gemeinschaftlicher Erbschein *23* **352a FamFG** 1 ff.
- Annahme der Erbschaft *23* **352a FamFG** 2
- Antrag *23* **352a FamFG** 3 ff.

Gemeinschaftlicher Erbscheinsantrag
- Versicherung an Eides statt *23* **352a FamFG** 7

Gemeinschaftlicher Vertreter
- Beschränkung der Erbenhaftung
  11 69 AktG 9
- Bestellung *11 69 AktG 5*

Gemeinschaftliches Testament
25 GNotKG 333
- Begriff (EuErbVO) *31 3 EuErbVO 7*
- besondere amtliche Verwahrung
  23 344 FamFG 5 ff.
- Eröffnung *25 GNotKG 85 ff.*
- Eröffnung Verfügung von Todes wegen
  23 349 FamFG 3 ff.
- kollisionsrechtliche Behandlung
  31 25 EuErbVO 5
- Weiterverwahrung *25 GNotKG 85*

Gemeinschaftsverhältnis *24 20 GBO 14,
47 GBO 1 ff.;
29 Teilungsversteigerung 77*
- Angabe in Bewilligung *24 47 GBO 8*
- Bruchteilsgemeinschaft *24 47 GBO 4*
- Gesamtberechtigung *24 47 GBO 6 ff.*
- Gesamthandsgemeinschaft
  24 47 GBO 5

Genehmigung
- Ausschlagung *6 Betreuung 43*
- behördliche *24 20 GBO 44*
- gerichtliche *24 20 GBO 43*
- Überblick *6 Betreuung 24*
- Vertreter ohne Vertretungsmacht
  24 29 GBO 21

Genehmigung des Nachlass-, Familien- oder Betreuungsgerichts
- Nachweis *24 29 GBO 36 ff.*

Genehmigungsbeschluss *25 GNotKG 391*

Genfer UN-Abkommen über
die Rechtsstellung der Flüchtlinge
31 Vor 20–38 EuErbVO 63

Genossenschaft
- Nachweise *24 32 GBO 1 ff.*

Gerichtliche Auslagen
14 Nachlassinsolvenz 149

Gerichtliche Bestätigungsversagung
14 Nachlassinsolvenz 118

Gerichtliche Beurkundung
25 GNotKG 215

Gerichtliche Genehmigung
29 Teilungsversteigerung 25

Gerichtliche Insolvenzplanbestätigung
14 Nachlassinsolvenz 116

Gerichtliche Schlusskostenrechnung
14 Nachlassinsolvenz 87

Gerichtliche Vorprüfung
14 Nachlassinsolvenz 99

Gerichtlicher Vergleich
- Vollstreckbarkeit *31 61 EuErbVO 1*

Gerichtsgebühren
*14 Nachlassinsolvenz 60;
23 58 FamFG 20, 80 FamFG 2*
- Beschwerdegericht *23 58 FamFG 21 ff.*
- Beschwerderücknahme *23 67 FamFG 9*
- Nachlassgericht *23 58 FamFG 20*
- Rechtsbeschwerde
  23 §§ 70 ff. FamFG 26
- Regelbeispiel *23 81 FamFG 10*

Gerichtskosten
*14 Nachlassinsolvenz 146 ff., 150;
25 GNotKG 1;
29 Teilungsversteigerung 98*
- Auflassung *24 20 GBO 59*
- Nachforderung *25 GNotKG 27*
- Nichterhebung *25 GNotKG 29*

Gerichtsstand
- Erbschaft *27 27 ZPO 1 ff.*
- Erbschaftsbesitzer *27 27 ZPO 7 f.*
- Feststellung des Erbrechts
  27 27 ZPO 4 ff.
- Pflichtteilsansprüche *27 27 ZPO 11*
- Vermächtnis *27 27 ZPO 9 f.*
- Zuständigkeitsbestimmung
  27 27 ZPO 14

Gerichtsstandsvereinbarung
31 5 EuErbVO 1 ff.
- formelle Anforderungen
  31 5 EuErbVO 3
- materielle Anforderungen
  31 5 EuErbVO 4 ff.

Gerichtsvollzieher
- Beurkundungsbefugnis *24 29 GBO 52*

Geringstes Gebot
29 Teilungsversteigerung 46, 48

Gesamtberechtigung *24 47 GBO 6 ff.*

Gesamtgut *14 Nachlassinsolvenz 14, 141;
25 GNotKG 203*

Gesamtgutauseinandersetzung
23 373 FamFG 1 ff.
- Kosten *23 373 FamFG 12 ff.*
- Verfahren *23 373 FamFG 9 ff.*
- Zeugnis *23 373 FamFG 13 ff.*
- Zuständigkeit *23 373 FamFG 6 ff.*

Gesamtgutsverbindlichkeiten
25 GNotKG 203

Gesamthand *35 SteuerR 21*

Gesamthandsgemeinschaft *24 47 GBO 5*

Gesamtrechtsnachfolge *33* **VerwR** 23;
35 **SteuerR** 1 ff., 11
- Rechtsnachfolge *33* **VerwR** 1
- Zustandsverantwortlichkeit
  33 **VerwR** 14 f.

Gesamtschulder *35* **SteuerR** 20

Geschäftsanteil *11* **34 GmbHG** 1 ff.
- Abfindung *11* **34 GmbHG** 20
- Abfindungsbeschränkungen
  11 **34 GmbHG** 29
- Einziehung *11* **34 GmbHG** 1 ff.
- Erbengemeinschaft *11* **18 GmbHG** 2
- erbrechtliche Haftungsbeschränkung
  11 **18 GmbHG** 16 f.
- Fehler bei der Willensbildung
  11 **18 GmbHG** 8.1
- gemeinsamer Vertreter
  11 **18 GmbHG** 10
- GmbH *11* **18 GmbHG** 1 ff.
- Haftung *11* **18 GmbHG** 14 ff.
- Testamentsvollstrecker
  11 **18 GmbHG** 13

Geschäftsbesorgungsvertrag
- Anwaltsvertrag *2* **AnwHaft** 10 ff.

Geschäftsfähigkeit
- Feststellung in Niederschrift
  7 **28 BeurkG** 1 ff.
- Nachweis *24* **29 GBO** 28
- Wegfall nach Auflassung *24* **20 GBO** 37

Geschäftsführer *35* **SteuerR** 161.2

Geschäftsführung *14* **Nachlassinsolvenz** 68

Geschäftsführung ohne Auftrag
  5 **Bestattung** 116

Geschäftsgebühr
- Nr. 2300 VV RVG *19* **Einf. RVG** 8 ff.,
  VV RVG 24 ff.
- Rahmengebühr *19* **VV RVG** 42 ff.
- Sonderfall Testamentserrichtung
  19 **VV RVG** 30 ff.

Geschäftsreisekosten
- Vergütung Rechtsanwalt
  19 **VV RVG** 78 ff.

Geschäftsverbindlichkeiten *11* **27 HGB** 8
- Erbengemeinschaft *11* **27 HGB** 15 f.
- Firmenfortführung *11* **27 HGB** 16 f.
- Fortführung *11* **27 HGB** 10 ff.
- Haftung *11* **27 HGB** 18 ff.
- Haftungsausschluss *11* **27 HGB** 21 ff.
- minderjähriger Erben *11* **27 HGB** 14,
  15.1
- Testamentsvollstreckung *11* **27 HGB** 12
- Vermächtnis *11* **27 HGB** 13

Geschäftswert
- Änderung *23* **85 FamFG** 15
- Beschluss *23* **80 FamFG** 22
- Beschwerde *23* **80 FamFG** 22;
  24 **71 GBO** 26
- Rechtsbeschwerde
  23 **§§ 70 ff. FamFG** 27

Geschäftswert Beschwerde
  25 **GNotKG** 149

Geschäftswert Erbschein *25* **GNotKG** 112

Geschäftswertbeschwerde
  23 **Einf. FamFG** 5; *25* **GNotKG** 386

Geschlechtsangabe
- Intersexualität *18* **45b PStG** 12

Geschlechtseintrag
- Verfassungswidrigkeit *18* **18–33 PStG** 2

Geschwister *35* **SteuerR** 107;
  36 **56 SGB I** 35

Gesellschaft bürgerlichen Rechts
  29 **Teilungsversteigerung** 10

Gesellschaften
- Nachweise *24* **32 GBO** 1 ff.

Gesellschafter
- Ausscheiden *35* **SteuerR** 102

Gesellschafterliste *11* **16 GmbHG** 1 ff.
- Erbauseinandersetzung
  11 **16 GmbHG** 6
- Erbengemeinschaft *11* **16 GmbHG** 7
- Erbfall *11* **16 GmbHG** 9
- Erbgang *11* **16 GmbHG** 6
- gutgläubiger Erwerb
  11 **16 GmbHG** 23 ff.
- Scheinerben *11* **16 GmbHG** 27
- Unrichtigkeit *11* **16 GmbHG** 31
- Vermächtnis *11* **16 GmbHG** 6

Gesellschafterschulden
- Berichtigung *11* **731–735 BGB** 7 ff.
- Einlagenrückerstattung
  11 **731–735 BGB** 14 ff.
- Nachschusspflicht
  11 **731–735 BGB** 28 ff.
- Überschussverteilung
  11 **731–735 BGB** 22 ff.

Gesellschaftsrecht
- Anteilsübergang *35* **SteuerR** 51

Gesellschaftsrechtliche Nachfolgeklauseln
- Anwaltshaftung *2* **AnwHaft** 168
- Testamentserrichtung *2* **AnwHaft** 168

Gesellschaftsstatut *31* **1 EuErbVO** 16,
  23 **EuErbVO** 22 ff.

Gesellschaftsverbindlichkeiten
  11 **727 BGB** 6

Gesetzesumgehung
  31 Vor 20–38 EuErbVO 31 ff.
Gesetzgeber *9* DigNachl 9
Gesetzliche Erbfolge *35* SteuerR 510
Gesetzliche Vertretung
– Nachweis *24* 29 GBO 32 ff.
Gesetzlicher Güterstand
– Beweislast *10* 1371 71
– Vermutung *10* 1371 71
– Zugewinngemeinschaft *10* 1371 8 f.
Gesetzliches Erbrecht
– Diskriminierung *31* 35 EuErbVO 8
– eingetragener Lebenspartner
  31 Vor 20–38 EuErbVO 72
– keines bei Religionsverschiedenheiten und nichtehelichen Kindern
  31 35 EuErbVO 8
– keines des Lebenspartners
  31 35 EuErbVO 8
Gestaltender Teil des Insolvenzplans
  14 Nachlassinsolvenz 79, 83, 86, 88, 97 f., 119
Gestaltung *10* 1769 5
Gestaltungsbestimmungen
– Friedhof *5* Bestattung 105 ff.
Gestaltungshinweis
– Enterbung *10* 1771 12
– Entziehung des Pflichtteils *10* 1771 12
– Widerruf von Schenkungen *10* 1771 12
Gestaltungsrechte *21* VersR 122, 153, 159
Geständniserklärung *24* 29 GBO 22
Gestörte Familienverhältnisse
– Bestattungspflicht *5* Bestattung 50
– Kostentragung *5* Bestattung 140 ff.
Gesundheitszustand *21* VersR 18, 65, 94
Gewerbesteuer *35* SteuerR 13
– Unternehmensidentität *35* SteuerR 13
– Unternehmeridentität *35* SteuerR 13
Gewinnerwartungen *21* VersR 83
Gewöhnlicher Aufenthalt
  18 11–17a PStG 3; *23* 343 FamFG 15 ff.;
  31 21 EuErbVO 4 ff.; *35* SteuerR 22
– Auslandsstudium *31* 21 EuErbVO 10
– beruflich bedingte Aufenthalte
  31 21 EuErbVO 10
– Bestimmung *31* 21 EuErbVO 7 ff.
– einheitliche Begriffsbildung
  31 21 EuErbVO 5 f.
– konstitutive Kriterien *31* 21 EuErbVO 8
– mehrfacher gewöhnlicher Aufenthalt
  31 21 EuErbVO 11

– mehrjährige Auslandsaufenthalte
  31 21 EuErbVO 10
– Personen in ausländischen Pflegeheimen
  31 21 EuErbVO 10
– Umzug *31* 21 EuErbVO 10
– Zuständigkeit EuErbVO
  31 4 EuErbVO 1 f.
Glaubhaftmachung Anmeldung
  29 Teilungsversteigerung 72
Glaubhaftmachung Eröffnungsgrund
  14 Nachlassinsolvenz 23
Gläubiger *14* Nachlassinsolvenz 51, 76
Gläubigerausschuss
  14 Nachlassinsolvenz 61
Gläubigerbenachteiligung
  14 Nachlassinsolvenz 122
Gläubigerbenachteiligungsvorsatz
  14 Nachlassinsolvenz 122
Gläubigergleichbehandlung
  14 Nachlassinsolvenz 93
Gläubigergruppenverzeichnis
  14 Nachlassinsolvenz 94
Gläubigerversammlung
  14 Nachlassinsolvenz 76
Gläubigerzustimmung
  14 Nachlassinsolvenz 144
Gleichzeitige Anwesenheit
  24 20 GBO 21 ff.
– Verstoß *24* 20 GBO 21
GmbH *11* Einf. Handels-/Gesellschaftsrecht 44
– Geschäftsanteil *11* 18 GmbHG 1 ff.; s.a. dort
– Gesellschafterliste *11* 16 GmbHG 1 ff.; s.a. dort
– Tod eines Gesellschafters
  11 Einf. Handels-/Gesellschaftsrecht 45 ff.
GmbH-Geschäftsanteil
  11 15 GmbHG 1 ff.
– Abtretung *11* 15 GmbHG 30 ff.
– Auseinandersetzung der Erbengemeinschaft *11* 15 GmbHG 33
– erbrechtliche Haftungsbeschränkung
  11 16 GmbHG 20
– gutgläubiger Erwerb
  11 16 GmbHG 33 f.
– Haftung *11* 16 GmbHG 16 ff.
– Miterbengemeinschaft
  11 15 GmbHG 56
– mitgliedschaftlichen Verpflichtungen
  11 15 GmbHG 14
– Nachfolgeklausel *11* 15 GmbHG 28

- Testamentsvollstreckung
 11 **15 GmbHG** 23 ff.
- Übertragung *11* **15 GmbHG** 1 ff.
- Vererblichkeit *11* **15 GmbHG** 2 ff., 8 ff., 59
- Vermächtnis *11* **15 GmbHG** 17 f., 32, 54
- Verpflichtungsgeschäfte
 11 **15 GmbHG** 42 ff.
- Vinkulierung *11* **15 GmbHG** 49 ff.
- Vor- und Nacherbschaft
 11 **15 GmbHG** 18 ff.

Grabgestaltung *5* **Bestattung** 56, 103 ff.

Grabmal
- Haftung für *5* **Bestattung** 90 ff.
- Pfändung *5* **Bestattung** 109
- Rechtsverhältnisse am
 5 **Bestattung** 108 ff.
- Verkehrssicherungspflicht
 5 **Bestattung** 95

Grabnutzungsrecht *5* **Bestattung** 86 ff.
- Nachfolge *5* **Bestattung** 88
- Pflichten des Grabnutzungsberechtigten
 5 **Bestattung** 87

Grabpflege *5* **Bestattung** 103 ff.
- Kosten *5* **Bestattung** 167
- Sicherstellung *5* **Bestattung** 162 ff.

Grabstätte *5* **Bestattung** 97 ff.
- Abräumung *5* **Bestattung** 100
- virtuelle *5* **Bestattung** 85

Großes Antragsrecht Teilungsversteigerung
 29 **Teilungsversteigerung** 17

Gruft *5* **Bestattung** 154

Grundakte *29* **Teilungsversteigerung** 51

Grundbesitzwert *35* **SteuerR** 201

Grundbuch *29* **Teilungsversteigerung** 38, 49, 96
- Abschriften *24* **12 GBO** 17
- Abteilung I *24* **Einf. GBO** 12 ff.
- Abteilung II *24* **Einf. GBO** 17 ff.
- Abteilung III *24* **Einf. GBO** 19 ff.
- Bedeutung *24* **Einf. GBO** 6
- Berichtigung *25* **GNotKG** 281 ff.
- EDV-System *24* **Einf. GBO** 21
- Einsicht *24* **12 GBO** 1 ff.
- Eintragung *25* **GNotKG** 281 ff.
- öffentlicher Glaube *24* **Einf. GBO** 7
- Rechtsgeschichte *24* **Einf. GBO** 3 ff.

Grundbuchamtliche Mitteilung
 29 **Teilungsversteigerung** 62

Grundbuchberichtigung
 25 **GNotKG** 281 ff.
- Berichtigungsantrag *25* **GNotKG** 286

- Eintragung von Erben des BGB-Gesellschafters *25* **GNotKG** 289
- Kosten *24* **22 GBO** 33
- Rechtshängigkeitsvermerk *24* **22 GBO** 8
- Rechtsmittel *24* **22 GBO** 32
- von Amts wegen *24* **82 GBO** 24
- Vormerkung *24* **22 GBO** 7
- Widerspruch *24* **22 GBO** 7
- Zustimmung des Eigentümers
 24 **22 GBO** 3, 30

Grundbuchberichtigungsantrag
 25 **GNotKG** 354

Grundbuchberichtigungszwang
 24 **82 GBO** 1 ff.
- Inhalt der Verpflichtung *24* **82 GBO** 10
- Kosten *24* **82 GBO** 23
- Rechtsmittel *24* **82 GBO** 22
- Rechtsnachfolge außerhalb des Grundbuchs *24* **82 GBO** 5
- unrichtiger Eigentümer *24* **82 GBO** 2
- unrichtiger Erbbauberechtigter
 24 **82 GBO** 2
- Verfahren *24* **82 GBO** 14 ff.
- verpflichtete Personen *24* **82 GBO** 6 ff.
- Zeitpunkt der Durchführung
 24 **82 GBO** 15
- Zurückstellungsgründe
 24 **82 GBO** 11 ff.
- Zwangsgeld *24* **82 GBO** 18 ff.

Grundbuchblatt
- Abteilung I *24* **Einf. GBO** 12 ff.
- Abteilung II *24* **Einf. GBO** 17 ff.
- Abteilung III *24* **Einf. GBO** 19
- Aufschrift *24* **Einf. GBO** 9
- Aufteilung *24* **Einf. GBO** 8
- Bestandsverzeichnis *24* **Einf. GBO** 10 ff.

Grundbucheinsicht *24* **12 GBO** 1 ff.
- Antrag *24* **12 GBO** 13
- berechtigtes Interesse *24* **12 GBO** 2 ff.
- Darlegung des berechtigten Interesses
 24 **12 GBO** 10
- Erben *24* **12 GBO** 4
- Kosten *24* **12 GBO** 19
- Nacherbe *24* **12 GBO** 5
- Ort und Zeit *24* **12 GBO** 15
- Pflichtteilsberechtigte *24* **12 GBO** 6 ff.
- rechtliches Gehör *24* **12 GBO** 18
- Rechtsmittel *24* **12 GBO** 20 ff.
- Umfang *24* **12 GBO** 12
- Vermächtnisnehmer *24* **12 GBO** 8
- Vertretung *24* **12 GBO** 14
- Zuständigkeit *24* **12 GBO** 16

Grundbucheintragung
 14 **Nachlassinsolvenz** 89, 151;

25 GNotKG 281 ff.;
29 Teilungsversteigerung 94
– Gebührenfreiheit   25 GNotKG 285
Grundbucherbschein   25 GNotKG 12, 137
Grundbuchersichtliche Rechte
29 Teilungsversteigerung 69
Grundbuchunrichtigkeit   24 22 GBO 4 ff.
– Abschichtung   24 22 GBO 14
– Begriff   24 22 GBO 4
– entstandene Rechte   24 22 GBO 11
– Erbfolge   24 22 GBO 12
– erloschene Rechte   24 22 GBO 15
– nachträgliche   24 22 GBO 10 ff.
– übergegangene Rechte   24 22 GBO 12
– umfasste Rechte   24 22 GBO 5
– ursprüngliche   24 22 GBO 9
– Verfügungsbeschränkung   24 22 GBO 6, 16
Grundbuchverfahren   15 13 KonsG 1
– Anwendung FamFG   24 Einf. GBO 35
– Beteiligte   24 Einf. GBO 36
– Beteiligtenfähigkeit   24 Einf. GBO 37
– Kosten   24 Einf. GBO 55
– Verfahrensfähigkeit   24 Einf. GBO 38
– Vertretung   24 Einf. GBO 39
– Zuständigkeit   24 Einf. GBO 32 ff.
Grunddienstbarkeit
– Beschränkung auf Lebenszeit
24 23 GBO 4
– Rückstände   24 23 GBO 22
Grunderwerbsteuer   35 SteuerR 477, 507
Grundfreibetrag   36 102 SGB XII 4
Grundpfandrecht
– Beschränkung auf Lebenszeit
24 23 GBO 6
– Eigentümerzustimmung bei Löschung
24 27 GBO 1 ff.
– Rückstände   24 23 GBO 24
– Überweisungszeugnis   24 37 GBO 1 ff.
– Zugehörigkeit zum Gesamtgut
24 37 GBO 5
– Zugehörigkeit zum Nachlass
24 37 GBO 4
Grundrechtsträger   5 Bestattung 25
Grundschuld
– Briefvorlage bei Inhaberrecht
24 42 GBO 3
Grundschuldbrief   24 42 GBO 1 ff.
Grundsicherung für Arbeitsuchende
– Vererblichkeit von Ansprüchen
36 59 SGB I 6 ff.

Grundstück
– Bezeichnung im Grundbuchverfahren
24 28 GBO 1 ff.
– Zugehörigkeit zum Gesamtgut
24 36 GBO 6
– Zugehörigkeit zum Nachlass
24 36 GBO 4 ff.
Grundstücksbelastung
– Höferecht   13 16 HöfeO 11
Grundstücksbezeichnung   24 20 GBO 12
Grundstücksgeschäfte
– Vollmacht   22 Vollmacht 8
Grundstücksvermächtnis
– Höferecht   13 16 HöfeO 9
Gruppenbildung   14 Nachlassinsolvenz 93
Gutachten   29 Teilungsversteigerung 57
– Vergütung Rechtsanwalt
19 34 RVG 12 f.
Gütergemeinschaft
14 Nachlassinsolvenz 14;
29 Teilungsversteigerung 8; 35 SteuerR 2
– Antragsbefugnis   24 13 GBO 16
– Auseinandersetzung   23 373 FamFG 1 ff.
– Grundbuchberichtigungszwang
24 82 GBO 5
– Nachweis durch Berufskonsularbeamte
15 10 KonsG 8
– und Testamentsvollstreckung
24 52 GBO 14
– Zeugnis über Fortsetzung
15 13 KonsG 1; 25 GNotKG 195 ff.
Güterrechtliche Lösung   10 1371 23, 30 ff.
– Wahlrecht   10 1371 21 ff.
Güterrechtsregister
– Zeugnis   24 33 GBO 3 ff.
Güterrechtstatut   10 1371 18
Güterstand
– Nachweis im Grundbuchverfahren
24 33 GBO 1 ff.
Güterstandsschaukel   10 1371 76;
35 SteuerR 333
Güterstatut   31 1 EuErbVO 10 f.,
23 EuErbVO 18 ff.

Haager Apostille   15 13 KonsG 6
Haager Übereinkommen   15 13 KonsG 7
– Einspruch   15 13 KonsG 8
Haager Übereinkommen über das auf die Form letztwilliger Verfügungen anzuwendende Recht vom 5.10.1961
31 27 EuErbVO 1 ff.,
Anh. 27 EuErbVO 15
Haft   14 Nachlassinsolvenz 38

Haftung
- Freiwerden der Erben von
  36 57 SGB I 23
- mehrere Sonderrechtsnachfolger
  36 57 SGB I 22
- Sonderrechtsnachfolger
  36 57 SGB I 18 ff.

Haftungsausfüllende Kausalität
- Anwaltshaftung 2 AnwHaft 115

Haftungsbeschränkung 10 1586b 3, 13;
  14 Nachlassinsolvenz 1, 15; 35 SteuerR 8
- Mandatsumfang 2 AnwHaft 174
- Vereinbarungen 2 AnwHaft 178

Haftungsrisiko
- Rahmengebühr iSv § 14 RVG
  19 14 RVG 14 ff.

Haltefristen 35 SteuerR 3

Handeln unter falschem Recht
  31 Vor 20–38 EuErbVO 35,
  22 EuErbVO 10

Handelsgeschäft
- Fortführung 11 27 HGB 7, 10 ff.
- Haftung des Erben 11 27 HGB 2 ff.
- Haftung des Erwerbers 11 27 HGB 1 ff.

Handlung des Insolvenzverwalters
  14 Nachlassinsolvenz 62

Handzeichen
- Beglaubigung durch Berufskonsularbeamte 15 10 KonsG 8 f.

Härteausgleich 35 SteuerR 113

Hartz IV
- Vererblichkeit von Ansprüchen
  36 59 SGB I 6

Haushalt
- Aufnahme in den 36 56 SGB I 36 ff.
- gemeinsamer 36 56 SGB I 18 ff.

Haushaltsführer
- Sonderrechtsnachfolge
  36 56 SGB I 47 ff.

Haushaltshilfe 36 56 SGB I 49

Häusliche Gemeinschaft
  36 102 SGB XII 50

Hebegebühr
- Nr. 1009 VV RVG 19 VV RVG 17 ff.

Heilbehandlung 21 VersR 1, 184

Heim 12 14 HeimG 1 ff.
- Ausnahme vom Leistungsverbot
  12 14 HeimG 7
- Begriff 12 14 HeimG 3
- Beschränkungen durch HeimG
  12 14 HeimG 5
- Betreiber 12 14 HeimG 4
- Hinweispflichten des Notars
  12 14 HeimG 9
- Kenntnis des Trägers von letztwilliger Verfügung 12 14 HeimG 6
- Leistungen an Träger und Beschäftigte
  12 14 HeimG 1 ff.

Heimfallanspruch 24 Einf. GBO 47

Heiratsbuch 18 1–10 PStG 19

Heiratseintrag 18 68a PStG 4

Herausgabe 14 Nachlassinsolvenz 45

Herausgabe des Erbscheins
- Streitwert 27 3 ZPO 16

Herausgabeansprüche 35 SteuerR 77.3

Herkunftsnachweis
- vertrauliche Geburt 18 18–33 PStG 25

Herrschaftsrechte an Körpern
  5 Bestattung 19 ff.

Herrschvermerk 24 Einf. GBO 11

Herstellungsanspruch
- sozialrechtlicher 36 59 SGB I 26

Hilfegewährung 36 93 SGB XII 8 ff.
- Rechtmäßigkeit der Hilfe
  36 93 SGB XII 10
- tatsächliche Leistungserbringung
  36 93 SGB XII 8 f.

Hinterbliebenenbezüge 35 SteuerR 62

Hinterbliebenenschutz 21 VersR 124

Hinterlegungsschein 23 346 FamFG 22

Hof 13 1 HöfeO 10 ff.
- Beschäftigung auf dem 13 6 HöfeO 14
- verwaister 13 10 HöfeO 1 ff.

Hofabfindung
- Abzugsbeträge 13 12 HöfeO 23
- Anrechnung auf 13 12 HöfeO 26 ff.
- Anrechnungsbeträge 13 12 HöfeO 26
- Anspruchsberechtigte
  13 12 HöfeO 10 ff.
- Auskunftsanspruch 13 12 HöfeO 40
- bei Übergabevertrag 13 17 HöfeO 24
- Bemessungsgrundlage 13 12 HöfeO 16
- Lebenspartner 13 12 HöfeO 15
- Nachabfindung 13 13 HöfeO 1 ff.
- Pflichtteil 13 12 HöfeO 14, 35
- Stundung 13 12 HöfeO 29
- Verjährung 13 12 HöfeO 41
- Vor- und Nacherbschaft
  13 12 HöfeO 12 ff.
- Vorempfänge 13 12 HöfeO 26
- Zu- und Abschläge 13 12 HöfeO 20

Hofaufgabeerklärung 13 1 HöfeO 36 ff.

Hofbestandteile
- Anteile 13 2 HöfeO 8

- Grundstücke *13* 2 HöfeO 3 ff.
- Mitgliedschaftsanteile *13* 2 HöfeO 9

Höfeerbrecht
- Europäisches Nachlasszeugnis *13* 18 HöfeO 17

Hofeigenschaft
- Eigentumsformen *13* 1 HöfeO 20 ff.
- Entstehung *13* 1 HöfeO 33
- Verlust *13* 1 HöfeO 36 ff.
- Wegfall außerhalb des Grundbuchs *13* 1 HöfeO 45 ff.
- Wegfall beim Ehegattenhof *13* 1 HöfeO 51

Höfeordnung *24* 35 GBO 13 ff.

Hoferbe *13* 6 HöfeO 5 ff., 7 HöfeO 1
- Abfindungspflicht *13* 12 HöfeO 1
- Ehegatten *13* 5 HöfeO 4
- Eltern *13* 5 HöfeO 5
- gesetzlicher *13* 5 HöfeO 2 ff.
- gewillkürter *13* 7 HöfeO 2 ff.
- Haftung *13* 15 HöfeO 2 ff.
- Nachabfindungspflicht *13* 13 HöfeO 6
- Übertragung der Bewirtschaftung *13* 6 HöfeO 5 ff.
- Wirtschaftsfähigkeit *13* 6 HöfeO 30 ff.

Hoferbenbestimmung *13* 7 HöfeO 15, 17 HöfeO 11 ff.
- Bindung *13* 7 HöfeO 10 ff.
- durch Ausbildung *13* 6 HöfeO 10 ff.
- durch Beschäftigung auf dem Hof *13* 6 HöfeO 14
- durch Dritte *13* 7 HöfeO 8
- durch Übergabevertrag *13* 7 HöfeO 4
- durch Übertragung der Bewirtschaftung *13* 6 HöfeO 7
- Einschränkung *13* 7 HöfeO 10 ff.
- formlos-bindende *13* 6 HöfeO 5 ff.
- gewillkürte *13* 7 HöfeO 2 ff.
- überlebender Ehegatten *13* 14 HöfeO 20
- Vor- und Nacherbschaft *13* 7 HöfeO 7

Hoferbenfeststellungsbeschluss *24* 35 GBO 15

Hoferbenordnung *13* 5 HöfeO 1 ff., 6 HöfeO 1 ff.
- gesetzliche *13* 5 HöfeO 1 ff.

Hoferbfolge *13* 4 HöfeO 2 ff., 5 HöfeO 1 ff., 6 HöfeO 1 ff., 9 HöfeO 1 ff.
- Ältesten- und Jüngstenrecht *13* 6 HöfeO 17
- Ausschlagung *13* 11 HöfeO 1 ff.
- Beschränkung *13* 7 HöfeO 10 ff., 16 HöfeO 5 ff.
- geschlossene *13* 4 HöfeO 4, 17 HöfeO 21

Hoferbschaft
- Ausschlagung *13* 11 HöfeO 1 ff.

Höferecht
- Ausgleichung *13* 12 HöfeO 33 f.
- Einheitswert *13* 1 HöfeO 15
- fakultatives *13* 1 HöfeO 7 ff.
- fortgesetzte Gütergemeinschaft *13* 1 HöfeO 26
- Grundstücksbelastung *13* 16 HöfeO 11
- Grundstücksvermächtnis *13* 16 HöfeO 9
- Hofabfindung *13* 12 HöfeO 1 ff.
- kollisionsrechtliche Behandlung *31* 30 EuErbVO 5 ff.
- Lebenspartner *13* 19 HöfeO 1 ff.
- Mischbetrieb *13* 1 HöfeO 29
- Nachlassspaltung *13* 4 HöfeO 1
- Nachlassverbindlichkeiten *13* 15 HöfeO 2 ff.
- Pflichtteilsbeschränkung *13* 16 HöfeO 15
- Pflichtteilsübergabevertrag *13* 17 HöfeO 3
- Testamentsvollstreckung *13* 16 HöfeO 10
- Vermächtnis *13* 16 HöfeO 8 ff.
- Vor- und Nacherbschaft *13* 1 HöfeO 23, 4 HöfeO 5, 7 HöfeO 7, 16 HöfeO 6

Hoferklärung *13* 1 HöfeO 34
- negative *13* 1 HöfeO 36 ff.

Hofeswert *13* 12 HöfeO 17 f.

Hofeszubehör *13* 3 HöfeO 3 ff.

Hoffolgezeugnis *13* 18 HöfeO 12 ff.

Hofgrundstück *13* 2 HöfeO 3 ff.
- Nachabfindung bei Veräußerung *13* 13 HöfeO 8 ff.

Hofstelle *13* 1 HöfeO 14

Hofübergabe *13* 17 HöfeO 24 ff.
- Fiktion des Erbfalls *13* 17 HöfeO 11 ff.
- Hofübergabevertrag *13* 17 HöfeO 4 ff.
- Inhalt *13* 17 HöfeO 30 ff.
- Rheinische *13* 17 HöfeO 36

Hofvermerk
- Eintragung *13* 1 HöfeO 34
- Löschung *13* 1 HöfeO 36

Hofvorerbschaft *13* 7 HöfeO 7, 16 HöfeO 6

Höhe Sicherheitsleistung *29* Teilungsversteigerung 81

Honorarkonsularbeamte *15* 8 KonsG 8

Honorarschuldner *21* **VersR** 190
Hypothekenbrief
– Beschaffung *24* **41 GBO** 8
– Vorlage *24* **41 GBO** 1 ff.

Identitätserklärung *24* **20 GBO** 13
Implantate *5* **Bestattung** 35 ff.
Impressum
– Pflicht zur Anpassung *9* **DigNachl** 10
Informationelle Selbstbestimmung
21 **VersR** 76
– Recht auf *9* **DigNachl** 69
Informationsmöglichkeiten *15* **8 KonsG** 15
Informationsobliegenheit
– Versicherungsnehmer *21* **VersR** 25 ff.
Informationspflicht
– notwendige Angaben
11 **Anh AktG Transparenzpflichten** 26 ff.
Informationspflichtiger
11 **Anh AktG Transparenzpflichten** 21
– Anteilsinhaber
11 **Anh AktG Transparenzpflichten** 22
Informationsrechte *22* **Vollmacht** 63
Inhabergrundschuld
– Briefvorlage *24* **42 GBO** 3 ff.
Inhaberrentenschuld
– Briefvorlage *24* **42 GBO** 3 ff.
Inhalt Terminsbestimmung
29 **Teilungsversteigerung** 64
Initiativrecht *14* **Nachlassinsolvenz** 73 f.
Inkongruente Deckung
14 **Nachlassinsolvenz** 125
Inländische öffentliche Urkunden
– Beglaubigung *15* **10 KonsG** 12
Inländische Privaturkunden
– Legalisierung *15* **13 KonsG** 15
Inlandsvermögen *35* **SteuerR** 537
Innenverhältnis
– Vollmacht *22* **Vollmacht** 11
Insichgeschäft
– Nachweis der Wirksamkeit bei Testamentsvollstrecker *24* **52 GBO** 40 ff.
– Testamentsvollstrecker
24 **52 GBO** 35 ff.
Insolvenzanfechtung
14 **Nachlassinsolvenz** 127
Insolvenzereignis *36* **58 SGB I** 10
Insolvenzgeld *36* **58 SGB I** 8 ff.
Insolvenzgericht *14* **Nachlassinsolvenz** 78
Insolvenzplan *14* **Nachlassinsolvenz** 72
– Auflassung *24* **20 GBO** 29

Insolvenzplanverfahren
14 **Nachlassinsolvenz** 71
Insolvenzstraftat *14* **Nachlassinsolvenz** 82
Insolvenztabelle *14* **Nachlassinsolvenz** 91
Insolvenzverfahren
– Antragsbefugnis *24* **13 GBO** 15
Insolvenzverwalter
14 **Nachlassinsolvenz** 74;
21 **VersR** 167, 170
– Bewilligung *24* **19 GBO** 38 ff.
– Nachweis der Bestellung *24* **29 GBO** 31
– Nachweis des Bestehens des Amtes
24 **29 GBO** 81

Internationale Staatsverträge
– deutsch-belgisches Abkommen über die gegenseitige Anerkennung und Vollstreckung von gerichtlichen Entscheidungen, Schiedssprüchen und öffentlichen Urkunden in Zivil- und Handelssachen
31 **Vor 39–58 EuErbVO** 6
– deutsch-britisches Abkommen über die gegenseitige Anerkennung und Vollstreckung von gerichtlichen Entscheidungen in Zivil- und Handelssachen
31 **Vor 39–58 EuErbVO** 5
– deutsch-italienisches Abkommen über die Anerkennung und Vollstreckung gerichtlicher Entscheidungen in Zivil- und Handelssachen *31* **Vor 39–58 EuErbVO** 6
– deutsch-niederländischer Vertrag über gegenseitige Anerkennung und Vollstreckung gerichtlicher Entscheidungen und anderer Schuldtitel in Zivil- und Handelssachen *31* **Vor 39–58 EuErbVO** 6
– deutsch-österreichischer Vertrag über die gegenseitige Anerkennung und Vollstreckung von gerichtlichen Entscheidungen, Vergleichen und öffentlichen Urkunden in Zivil- und Handelssachen
31 **Vor 39–58 EuErbVO** 6
– deutsch-schweizerisches Abkommen über die gegenseitige Anerkennung und Vollstreckung von gerichtlichen Entscheidungen und Schiedssprüchen vom 2.11.1929
31 **Vor 39–58 EuErbVO** 5
– deutsch-sowjetischer Konsularvertrag
31 **Vor 20–38 EuErbVO** 55 f.
– deutsch-spanischer Vertrag über die Anerkennung und Vollstreckung von gerichtlichen Entscheidungen und Vergleichen sowie vollstreckbaren öffentlichen Urkunden in Zivil- und Handelssachen
31 **Vor 39–58 EuErbVO** 6

– deutsch-türkischer Konsularvertrag
 31 Vor 20–38 EuErbVO 49 ff.
– Genfer UN-Abkommen über
 die Rechtsstellung der Flüchtlinge
 31 Vor 20–38 EuErbVO 63
– Haager Übereinkommen über das auf die
 Form letztwilliger Verfügungen anzuwen-
 dende Recht vom 5.10.1961
 31 27 EuErbVO 1 ff.,
 Anh. 27 EuErbVO 15
– New Yorker UN-Übereinkommen über
 die Rechtsstellung der Staatenlosen
 31 Vor 20–38 EuErbVO 62
– Niederlassungsabkommen zwischen dem
 Deutschen Reich und dem Kaiserreich
 Persien *31 Vor 20–38 EuErbVO* 43 ff.
– Vertrag zwischen der Bundesrepublik
 Deutschland und dem Königreich Grie-
 chenland über die gegenseitige Anerken-
 nung und Vollstreckung von gerichtlichen
 Entscheidungen, Vergleichen und öffentlichen Urkunden in Zivil- und Handelssa-
 chen *31 Vor 39–58 EuErbVO* 6

Internationale Zuständigkeit
– Beendigung des Verfahrens bei Rechts-
 wahl *31 8 EuErbVO* 1 f.
– Erbsache *31 Vor 4–19 EuErbVO* 3
– Gerichtsstandsvereinbarung
 31 5 EuErbVO 1 ff.
– Kognitionsbefugnis
 31 Vor 4–19 EuErbVO 3
– Nachlassverfahren *23 343 FamFG* 6 ff.
– rügelose Einlassung *31 9 EuErbVO* 1 f.
– Unzuständigkeitserklärung bei Rechts-
 wahl *31 6 EuErbVO* 1 ff.

Internationale Zuständigkeit (EuErbVO)
– allgemeine Zuständigkeit
 31 4 EuErbVO 1 f.
– Annahme, Ausschlagung
 31 13 EuErbVO 1
– Beschränkung des Verfahrens
 31 12 EuErbVO 1 ff.
– einstweilige Maßnahmen, Sicherungsmaßnahmen *31 19 EuErbVO* 1 ff.
– Notzuständigkeit *31 11 EuErbVO* 1 ff.
– subsidiäre Zuständigkeit
 31 10 EuErbVO 1 ff.
– Zuständigkeit bei Rechtswahl
 31 7 EuErbVO 1 ff.

Internationales Erbrecht
– besondere Bestimmungen iSv
 Art. 3 a Abs. 2 EGBGB
 31 Vor 20–38 EuErbVO 75 ff.

– Grundanknüpfung (Art. 25 EGBGB)
 31 Vor 20–38 EuErbVO 69 ff.
– Kollisionsnormen EGBGB
 31 Vor 20–38 EuErbVO 67.7 ff.
– Kollisionsnormen EuErbVO
 31 Vor 20–38 EuErbVO 64 ff.
– kollisionsrechtliche Staatsverträge
 31 Vor 20–38 EuErbVO 41 ff.
– Rechtswahl (Art. 25 Abs. 2 EGBGB)
 31 Vor 20–38 EuErbVO 73 f.
– Überblick über die kollisionsrechtlichen
 Bestimmungen
 31 Vor 20–38 EuErbVO 41 ff.
– Verfügungen von Todes wegen Art. 26
 EGBGB *31 Vor 20–38 EuErbVO* 78 f.

Internationales Erbschaftsteuerrecht
 35 SteuerR 529 ff.
– AEUV *35 SteuerR* 532
– AStG *35 SteuerR* 532
– Doppelbesteuerungsabkommen
 35 SteuerR 532
– Erbanfallsteuer *35 SteuerR* 531
– künftiges EU-Recht *35 SteuerR* 582
– Nachlasssteuer *35 SteuerR* 531
– persönliche und sachliche Steuerpflicht
 35 SteuerR 531
– Schenkungsteuerfolgen *35 SteuerR* 529
– Wegzug *35 SteuerR* 536
– Wohnsitz oder gewöhnlicher Aufenthalt
 35 SteuerR 533

Internationales Stammbuch
 18 1–10 PStG 19

Inventarfrist *23 360 FamFG* 1 ff.;
 25 GNotKG 249
– Beschwerde *23 360 FamFG* 10 ff.
– Beteiligte *23 360 FamFG* 6 ff.
– Entscheidung *23 360 FamFG* 7 ff.
– Fristbeginn *23 360 FamFG* 12 ff.
– Kosten *23 360 FamFG* 15 ff.
– Zuständigkeit *23 360 FamFG* 5

Investitionsplan *35 SteuerR* 147.2

Investmentzertifikate *35 SteuerR* 244

IPR *10 1371* 20
– Anknüpfung Mehrrechtsstaat
 31 Vor 20–38 EuErbVO 19
– Anknüpfungsgegenstand
 31 Vor 20–38 EuErbVO 10
– Anknüpfungsmoment
 31 Vor 20–38 EuErbVO 10
– Anpassung
 31 Vor 20–38 EuErbVO 27 ff.
– Aufbau, Struktur, Reichweite einer allseitigen Kollisionsnorm
 31 Vor 20–38 EuErbVO 10 ff.

- Auslandssachverhalt
  31 **Vor 20–38 EuErbVO** 34 ff.
- Begriff *31* **Vor 20–38 EuErbVO** 1
- Bestimmung des anwendbaren Rechts
  31 **Vor 20–38 EuErbVO** 13 ff.
- Bündelungsmodell
  31 **Vor 20–38 EuErbVO** 11 ff.
- Ergebniskorrektur
  31 **Vor 20–38 EuErbVO** 26 ff.
- Ermittlung ausländischen Rechts
  31 **Vor 20–38 EuErbVO** 37 ff.
- Erstfrage *31* **Vor 20–38 EuErbVO** 24
- Gesamtverweisung
  31 **Vor 20–38 EuErbVO** 16 ff.
- Gesetzesumgehung
  31 **Vor 20–38 EuErbVO** 31 ff.
- Grundlagen
  31 **Vor 20–38 EuErbVO** 1 ff.
- Handeln unter falschem Recht
  31 **Vor 20–38 EuErbVO** 35,
  22 EuErbVO 10
- internationalprivatrechtliche Gerechtigkeit *31* **Vor 20–38 EuErbVO** 4 ff.
- kollisionsrechtliche Interessenanalyse
  31 **Vor 20–38 EuErbVO** 6 ff.
- notwendige Existenz des IPR
  31 **Vor 20–38 EuErbVO** 2
- ordre public
  31 **Vor 20–38 EuErbVO** 27,
  35 EuErbVO 1 ff.
- Prüfungsschema
  31 **Vor 20–38 EuErbVO** 80
- räumliche Relativität
  31 **Vor 20–38 EuErbVO** 3
- Rechtsanwendungsinteressen
  31 **Vor 20–38 EuErbVO** 6 ff.
- Rechtsquellen
  31 **Vor 20–38 EuErbVO** 13 f.
- Renvoi *31* **Vor 20–38 EuErbVO** 16 ff.,
  34 EuErbVO 1 ff.
- Sachnormverweisung
  31 **Vor 20–38 EuErbVO** 16 ff.
- Substitution *31* **Vor 20–38 EuErbVO** 36
- Teilfrage *31* **Vor 20–38 EuErbVO** 24 f.
- theoretische Grundlagen
  31 **Vor 20–38 EuErbVO** 2
- Vorfrage *31* **Vor 20–38 EuErbVO** 20 ff.

Islamische Bestattungsriten
5 **Bestattung** 10

Isolierte Anträge *25* **GNotKG** 353

IZVR
- Anerkennung *31* **39 EuErbVO** 1 ff.
- Anhängigkeit *31* **14 EuErbVO** 1 f.
- Aussetzung des Verfahrens
  31 **16 EuErbVO** 1 ff.
- im Zusammenhang stehende Verfahren
  31 **18 EuErbVO** 1 ff.
- Rechtshängigkeit *31* **17 EuErbVO** 1 ff.
- Revisibilität ausländischen Rechts
  31 **Vor 20–38 EuErbVO** 40

Jahresertrag *35* **SteuerR** 257
Jahressteuergesetz *21* **VersR** 206 f.
joint tenancy
- kollisionsrechtliche Behandlung
  31 **1 EuErbVO** 14, **31 EuErbVO** 8

Juristische Person
- als Berechtigte beschränkter Rechte
  24 23 GBO 16
- Umwandlung *35* **SteuerR** 2

Justizverwaltung *25* **GNotKG** 104
JVEG *25* **GNotKG** 142

Kapitalgesellschaft *11* **Einf. Handels-/Gesellschaftsrecht** 42 ff.; *25* **GNotKG** 121
- Anteilsübergang *35* **SteuerR** 55

Kapitalisierungsfaktor *35* **SteuerR** 140
Kapitalleistungen *21* **VersR** 201
Kapitalverkehrsfreiheit *35* **SteuerR** 25, 541
Kapitalversicherungen *21* **VersR** 64
Kapitalwahlrecht *21* **VersR** 204
Kaskadeneffekt *35* **SteuerR** 152

Kauffahrteischiff
- verstorbenes Besatzungsmitglied
  15 **9 KonsG** 18

Kaufpreiszahlung
- Sicherung **24 20 GBO** 55 ff.

Kernhof *13* **4 HöfeO** 7

Kettenauflassung
- Verfügungsberechtigung **24 20 GBO** 42
- Voreintragung **24 39 GBO** 16

Kettenschenkung *35* **SteuerR** 94
KG *29* **Teilungsversteigerung** 11
KGaA *11* **278 AktG** 1 ff.,
  Einf. Handels-/Gesellschaftsrecht 55 f.
- persönlich haftende Gesellschafter
  11 **278 AktG** 2 ff.
- Tod des Komplementärs *11* **278 AktG** 3
- Tod eines Gesellschafters
  11 **Einf. Handels-/Gesellschaftsrecht** 56 ff.

Kind
- Sonderrechtsnachfolge
  36 **56 SGB I** 31 ff.

Kinderschutzklausel
  29 Teilungsversteigerung 55
Kindeswohl 29 Teilungsversteigerung 55
– Adoption 10 1741 6
Klagebefugnis 36 33 SGB II 106
– Anspruchsübergang 36 94 SGB XII 93
Kleines Antragsrecht Teilungsversteigerung
  29 Teilungsversteigerung 17
Kollisionsrechtliche Nachlassspaltung
  31 34 EuErbVO 12
Kommanditaktionäre 11 278 AktG 4
– Tod 11 278 AktG 4
Kommanditanteil 25 GNotKG 121
– Haftung 11 173 HGB 1 ff.
Kommanditgesellschaft 11 177 HGB 1 ff.,
  Einf. Handels-/Gesellschaftsrecht 23 ff.
– Nachweise 24 32 GBO 1
– Tod eines Gesellschafters
  11 Einf. Handels-/
  Gesellschaftsrecht 26 ff.
– Todes eines Komplementärs
  11 177 HGB 2 ff.
Kommanditist
– Haftung 11 139 HGB 45 f.,
  173 HGB 1 ff.
– Testamentsvollstreckung
  11 177 HGB 14
– Tod 11 177 HGB 6 ff.
– Vermächtnis 11 177 HGB 13
– Vor- und Nacherbfolge 11 177 HGB 12
Kommorientenvermutung
– kollisionsrechtliche Behandlung
  31 32 EuErbVO 1 ff.
Konfusion 35 SteuerR 45
Kongruente Deckung
  14 Nachlassinsolvenz 124
Konkursordnung 14 Nachlassinsolvenz 21
Konsensprinzip
– materielles 24 20 GBO 1
Konsularabteilungen 15 Einf. KonsG 1
Konsularbeamter 24 20 GBO 30
– Anerkennung der Mutterschaft
  15 10 KonsG 10
– Anerkennung der Vaterschaft
  15 10 KonsG 10
– Anerkennung eines ausländischen Urteils
  15 13 KonsG 21
– Anhörungen 15 10 KonsG 5
– Befangenheit 15 10 KonsG 5
– Beglaubigung 15 10 KonsG 2
– Beurkundung 15 10 KonsG 2
– Beurkundungsbefugnis 24 29 GBO 51

– Beurkundungswesen 15 10 KonsG 1
– Eheschließung 15 Einf. KonsG 7
– freies pflichtgemäßes Ermessen
  15 10 KonsG 7
– Niederschrift 15 10 KonsG 2
– örtliche Zuständigkeit 15 11 KonsG 3
– Protokoll 15 10 KonsG 13
– Stellungnahme 15 13 KonsG 20
– Vernehmungen 15 10 KonsG 5
– Verwandte 15 10 KonsG 5
Konsularbezirk 15 10 KonsG 4,
  13 KonsG 16
– Zulassung 15 9 KonsG 6
Konsularvertrag 15 Einf. KonsG 10 f.,
  9 KonsG 2
Konsulat 15 Einf. KonsG 1;
  18 1–10 PStG 8
– Als Nachlassgericht 15 11 KonsG 8
– Auslagen 15 Einf. KonsG 9
– Ermessen 15 Einf. KonsG 5
– Ermessensfreiraum 15 Einf. KonsG 5
– finanzielle Unterstützung
  15 9 KonsG 13
– Gebühren 15 Einf. KonsG 9
– Zustellung im Ausland
  15 Einf. KonsG 3
Kontensperre 14 Nachlassinsolvenz 37
Kontoinhaberschaft 36 58 SGB I 38
Kontrollbetreuer 35 SteuerR 284
Kontrollbetreuung 22 Vollmacht 25.2
Konzentrationslager 18 18–33 PStG 10,
  45b PStG 1
– Anzeigepflicht für Sterbefälle im
  18 18–33 PStG 11
– Zuständigkeit für Sterbefälle im
  18 45b PStG 4
Kopfmehrheit 14 Nachlassinsolvenz 95,
  112
Körper
– Eigentum am 5 Bestattung 20
– Herrschaftsrechte an 5 Bestattung 19 ff.
Korrespondenzprinzip 35 SteuerR 33
Kosten
– Abschriften aus Grundakten
  24 12 GBO 19
– Absehen von Kostenerhebung
  23 81 FamFG 18 f.
– Änderung der Geschäftswertfestsetzung
  23 85 FamFG 15
– Antrag im Kostenfestsetzungsverfahren
  23 85 FamFG 3
– Antragsrücknahme 24 18 GBO 18
– Auflassung 24 20 GBO 59 ff.

- Auslagen 23 **80 FamFG** 5
- Auslagen der Beteiligten
  23 **80 FamFG** 10 ff.
- Beschlussergänzung 23 **81 FamFG** 5
- Beschwerde 24 **71 GBO** 28
- Differenzierung nach Art
  23 **81 FamFG** 8
- Entscheidung 23 **85 FamFG** 7
- Erbscheinsverfahren
  23 **352e FamFG** 62 ff.
- erfolgloses Rechtsmittel
  23 **84 FamFG** 3 ff.
- erfolgreiches Rechtsmittel
  23 **84 FamFG** 10 f.
- Erinnerung gegen Kostenansatz
  24 **71 GBO** 23
- Ermessensentscheidung
  23 **81 FamFG** 10 ff.
- Ermessensfehlentscheidung
  23 **81 FamFG** 10
- gerichtlicher Vergleich 23 **83 FamFG** 3
- Gerichtskosten 23 **80 FamFG** 3 f.
- Gesamtgutauseinandersetzung
  23 **373 FamFG** 12
- Geschäftswert 23 **80 FamFG** 22
- Grundbuchberichtigung 24 **22 GBO** 33
- Grundbuchblattabschriften
  24 **12 GBO** 19
- Grundbucheinsicht 24 **12 GBO** 19
- Grundbuchverfahren 24 **Einf. GBO** 55
- Inhalt der Kostenentscheidung
  23 **81 FamFG** 6 ff., **82 FamFG** 6
- Kostenauferlegung eines Dritten
  23 **81 FamFG** 21
- Kostenentscheidung 23 **81 FamFG** 4,
  82 FamFG 5
- Kostenfestsetzung 23 **85 FamFG** 1 ff.
- Kostengrundentscheidung
  23 **80 FamFG** 2, 22
- Kostenschuldner 23 **80 FamFG** 7 ff.
- Kostenverteilung 23 **81 FamFG** 6
- Nachmeldung im Kostenfestsetzungsverfahren 23 **85 FamFG** 13
- Notarantrag 24 **15 GBO** 6
- notwendige Auslagen 23 **80 FamFG** 10
- Obsiegen 23 **81 FamFG** 12 ff.
- potenzielle Kostenträger
  23 **81 FamFG** 9
- Privatgutachten 23 **80 FamFG** 13
- Quotelung nach Köpfen 23 **81 FamFG** 9
- Rechtsanwaltskosten
  23 **80 FamFG** 17 f.
- Rechtsbeschwerde 24 **78 GBO** 19
- Rechtsmittel 23 **85 FamFG** 16 f.
- Rechtsmittelkosten 23 **84 FamFG** 1 ff.
- Rechtsmittelrücknahme
  23 **84 FamFG** 7 ff.
- Regelbeispiel 23 **81 FamFG** 10 f., 16
- Reisekosten 23 **80 FamFG** 15
- Rücknahme der Beschwerde
  23 **67 FamFG** 9
- Sanktionsgedanke 23 **81 FamFG** 10 f.
- Systematik 23 **Einf. FamFG** 7 ff.
- Teilungssache 23 **363 FamFG** 27 ff.,
  366 FamFG 34, **368 FamFG** 22 ff.
- Vergleich 23 **83 FamFG** 2
- Vollstreckung 23 **85 FamFG** 14
- Zeitpunkt der Kostenentscheidung
  23 **82 FamFG** 1 ff.
- Zurückweisung 24 **18 GBO** 18
- Zwischenverfügung 24 **18 GBO** 18

Kosten des Verfahrens
29 **Teilungsversteigerung** 70

Kostenbeschwerde 25 **GNotKG** 373 ff.
- Abhilfe 25 **GNotKG** 375

Kostenentscheidung 25 **GNotKG** 109,
134, 170
- Beschwerde 23 **61 FamFG** 4
- Erbscheinsverfahren 23 **81 FamFG** 4
- Inhalt 23 **81 FamFG** 6, **82 FamFG** 6
- offenbare Unrichtigkeit
  23 **82 FamFG** 10
- Rechtsbeschwerde 23 **82 FamFG** 11
- Schreibfehler 23 **82 FamFG** 10

Kostenerinnerung 25 **GNotKG** 362 ff.
- Erinnerungsberechtigung
  25 **GNotKG** 364
- gegen den Geschäftswert
  25 **GNotKG** 366

Kostenersatzpflicht
- aufschiebende Wirkung
  36 **102 SGB XII** 60
- Auskunftspflicht 36 **102 SGB XII** 59
- besondere Härte 36 **102 SGB XII** 52 ff.
- Erbengemeinschaft 36 **102 SGB XII** 40
- Ermessen 36 **102 SGB XII** 10
- ersatzpflichtiger Personenkreis
  36 **102 SGB XII** 7 ff.
- Gerichtskostenpflicht
  36 **102 SGB XII** 60
- gestörte Gesamtschuld
  36 **102 SGB XII** 11
- Nachlassfreibetrag
  36 **102 SGB XII** 42 ff.
- Nachlassverbindlichkeit
  36 **102 SGB XII** 5
- rechtmäßige Leistungen
  36 **102 SGB XII** 19

– sozialwidrige Handlung
   36 102 SGB XII 27
– Unterkunftskosten *36* 102 SGB XII 24
Kostenerstattung *21* VersR 184, 190
– Vererblichkeit des Sekundäranspruchs
   36 59 SGB I 7
Kostenerstattungsanspruch
– Stufenklage *27* 254 ZPO 17
Kostenfestsetzung *23* 85 FamFG 1 ff.
– Anfechtung *23* 61 FamFG 16
Kostenfestsetzungsantrag
– Entscheidung *23* 85 FamFG 7
Kostenfestsetzungsbeschluss
   23 80 FamFG 22; *33* VerwR 47
– Rechtsmittel *23* 85 FamFG 16 f.
– Vollstreckung *23* 85 FamFG 14
Kostenfestsetzungsverfahren
– Antrag *23* 85 FamFG 3
– Erinnerung *23* 85 FamFG 18
– Kosten *23* 85 FamFG 18
Kostenfreiheit *25* GNotKG 36 ff.
Kostengrundentscheidung
   23 Einf. FamFG 8,
   80 FamFG 2, 85 FamFG 8
– Anfechtung *23* 61 FamFG 16
– Beschwerde *23* 58 FamFG 7 ff.,
   80 FamFG 22
– Kostenfestsetzung *23* 85 FamFG 2
– Kostenfestsetzungsverfahren
   23 85 FamFG 9
– Systematik *23* 58 FamFG 19
– vergessene *23* 58 FamFG 9
Kostenhaftung *25* GNotKG 30 ff.;
   29 Teilungsversteigerung 102
Kostenordnung *25* GNotKG 1
Kostenprivilegierung *36* 58 SGB I 7
Kostenrecht
– altes *25* GNotKG 7
– sozialgerichtliches Verfahren
   36 56 SGB I 66 ff.
Kostenschuldner *25* GNotKG 30 ff., 101
– Erbscheinsverfahren *23* 80 FamFG 7 ff.
– im Rechtsmittelverfahren
   25 GNotKG 34
Kostentragungspflicht
– gestörte Familienverhältnisse
   5 Bestattung 140 ff.
Kostenübernahmeanspruch
   36 33 SGB II 113 ff., 94 SGB XII 103 ff.
Kostenverteilung *25* GNotKG 109
Kostenverzeichnis *25* GNotKG 16 ff.
– Vorbemerkungen *25* GNotKG 18

Kostenvorschuss
– Beschwerde gegen Anordnung
   24 71 GBO 25
KostRMoG *25* GNotKG 5
Krankenhaus
– Anzeigepflicht *18* 18–33 PStG 9 f.
Krankenversicherung *21* VersR 5 f., 24,
   182 ff.
– Erbfall *21* VersR 190 ff.
Krankheitskostenversicherung
   21 VersR 184, 188
Krematorium *15* 9 KonsG 12
Kulanzzuschlag *35* SteuerR 150
Kündigung
– außerordentliche *3* ArbR 11 ff.
– befristeter Mietvertrag *17* 580 BGB 2
– Form *3* ArbR 20 ff.
– Kleinbetrieb *3* ArbR 15
– Leasingvertrag *17* 580 BGB 1 ff.
– Mietverhältnis mit juristischer Person
   17 580 BGB 3
– Mietverhältnis mit Personenhandelsgewerbe *17* 580 BGB 3
– ordentliche *3* ArbR 14 ff.
– Sozialauswhl *3* ArbR 16
– Tod des Arbeitgebers *3* ArbR 10 ff.
– Tod des Mieters *17* 580 BGB 1 ff.
– Zugang *3* ArbR 20 ff.
Kündigungsschutz *3* ArbR 17 ff.
Kurzzeitnachlasspflegschaft
   25 GNotKG 226 f., 229, 232
Ladung *14* Nachlassinsolvenz 107
Landwirtschaft *13* 1 HöfeO 10
– erneuerbare Energien *13* 1 HöfeO 11
Landwirtschaftliche Besitzung
   13 1 HöfeO 10 ff.
Landwirtschaftliche Grundstücke
– Genehmigung zur Veräußerung
   24 19 GBO 72
Landwirtschaftsgericht *13* 18 HöfeO 2 ff.
Laufende Beträge
   29 Teilungsversteigerung 43
Leasingvertrag
– Kündigung *17* 580 BGB 1 ff.
Lebens- und Wirtschaftsgemeinschaft
   36 56 SGB I 20
Lebensalter
– Nachweis *24* 29 GBO 25
Lebensbescheinigungen *15* 10 KonsG 10
Lebenserwartung *35* SteuerR 252

Lebensgemeinschaft, nichteheliche
5 **Bestattung 51**
Lebenspartner
- gesetzliches Erbrecht des eingetragenen
31 **Vor 20–38 EuErbVO 72**
- Hofabfindung   *13* **12 HöfeO 15**
- Sonderrechtsnachfolge   *36* **56 SGB I 30**
- Verlobung   *16* **Einf. LPartG 2**
Lebenspartnerschaft   *10* **1371 16**;
18 **11–17a PStG 14**
- Beurkundung   *15* **8 KonsG 13**;
18 **11–17a PStG 1**
- Eintragung   *18* **11–17a PStG 7**
- im Ausland   *18* **11–17a PStG 7, 15**
- Konsulate   *18* **11–17a PStG 7**
- Umwandlung in Ehe   *18* **11–17a PStG 1**
- von Ausländern   *18* **11–17a PStG 7**
Lebenspartnerschaft, eingetragene
- Adoption   *16* **Einf. LPartG 22**
- Dreißigster   *16* **10 LPartG 10**
- Erbquote   *16* **10 LPartG 11 ff.**
- Erbrecht   *16* **10 LPartG 4 ff.**
- Erbrechtsausschluss   *16* **10 LPartG 16 ff.**
- Erbschaft- und Schenkungsteuer
16 **Einf. LPartG 12 f.**
- Erbvertrag   *16* **10 LPartG 32 f.**
- Erbverzicht   *16* **10 LPartG 31**
- Hinterbliebenenversorgung
16 **Einf. LPartG 14 f.**
- Namensrecht   *16* **Einf. LPartG 10 f.**
- Pflichtteilsrecht   *16* **10 LPartG 26 ff.**
- Standesamt   *16* **Einf. LPartG 20**
- Totenfürsorge   *16* **10 LPartG 35 f.**
- Verlobung, Tod vor Eingehung der LPart
16 **10 LPartG 25**
- Voraus   *16* **10 LPartG 9**
- Wirkung   *16* **Einf. LPartG 5 ff.**
Lebenspartnerschaftsbuch
18 **1–10 PStG 19**
Lebenspartnerschaftsgesetz
- gerichtliches Verfahren
16 **Einf. LPartG 1, 10 LPartG 34**
- gleichgeschlechtliche Partnerschaft
16 **Einf. LPartG 1**
Lebenspartnerschaftsregister
18 **11–17a PStG 3, 14 ff.**
- Antrag auf Eintragung durch Konsulat
15 **8 KonsG 13**
- Folgebeurkundungen
18 **11–17a PStG 9, 16**
- Haupteintrag   *18* **11–17a PStG 9, 14**
- Hinweise   *18* **11–17a PStG 9, 18**
- Sammelakte   *18* **11–17a PStG 9**

Lebensversicherung   *21* **VersR 5 f., 18, 22, 26 f., 44, 50 ff., 106 f., 110, 115, 118, 122, 126, 200**; *35* **SteuerR 66, 328**
- Bezugsberechtigung   *35* **SteuerR 327**
- Kündigung   *21* **VersR 136 ff., 154 ff.**
- Verfügungsberechtigung   *21* **VersR 117**
- Vertrag zugunsten Dritter   *21* **VersR 56, 64**
- vorweggenommene Erbfolge
35 **SteuerR 328**
Lebenszeit
- auf L. beschränkte Rechte
24 **23 GBO 2 ff.**
Legalisation   *15* **Einf. KonsG 2**
- ausländische öffentliche Urkunden
18 **18–33 PStG 14**
- Einstellung   *15* **13 KonsG 23**
- im engeren Sinn   *15* **13 KonsG 6, 20**
- im weiteren Sinn   *15* **13 KonsG 6, 20**
- Urkunde   *15* **13 KonsG 1 ff.**
- Zweck   *15* **13 KonsG 18**
Legalisationsverfahren   *15* **13 KonsG 4 ff.**
Legalisierung   *18* **1–10 PStG 8**
Legalitätsgrundsatz   *24* **Einf. GBO 31**
Legalitätsprinzip   *24* **29 GBO 1**
Legalnießbrauch   *24* **35 GBO 28.1**
Legislative   *9* **DigNachl 9**
Lehen   *24* **35 GBO 17**
Leibgeding
- Beschränkung auf Lebenszeit
24 **23 GBO 10**
- Rückstände   *24* **23 GBO 27**
Leibrenten   *21* **VersR 201, 204**
Leiche   *5* **Bestattung 1**
- Ausstellung   *5* **Bestattung 12**
- Beförderung ins Ausland
5 **Bestattung 13**
- Begriff   *5* **Bestattung 16**
- öffentliche Ausstellung   *5* **Bestattung 151**
- Transport   *5* **Bestattung 13**
Leichenbeförderung   *15* **9 KonsG 2, 10**
Leichenbesorgung   *5* **Bestattung 8**
Leichenblutentnahme   *5* **Bestattung 85**
Leichenhalle   *5* **Bestattung 11**
Leichenpass   *15* **9 KonsG 12, 10 KonsG 10**
Leichenschau   *5* **Bestattung 3**
- Kosten   *5* **Bestattung 5**
- Pflicht   *33* **VerwR 4**
Leichenteile   *5* **Bestattung 39 ff.**
Leichnam
- Eigentum am   *5* **Bestattung 33**

– eingeäscherter *15* 9 KonsG 12
– pietätvolle Behandlung *5* Bestattung 30
– Überführung *15* 9 KonsG 11
Leiharbeit *3* ArbR 108 ff.
– Tod des Arbeitgebers *3* ArbR 109 ff.
– Tod des Arbeitnehmers *3* ArbR 112 ff.
Leihmutterschaft *18* 18–33 PStG 26
Leistungen
– rechtswidrige *36* 102 SGB XII 20
Leistungsausschluss *21* VersR 126
Leistungsbewilligung
– rechtswidrige *36* Einf. SozialR 16
Leistungsempfänger *36* 93 SGB XII 6 ff., 94 SGB XII 14
Leistungsfälle
– Anspruchsübergang
36 Einf. SozialR 5 ff.
Leistungsfreiheit
– Versicherer *21* VersR 16, 31, 33, 105, 112, 114, 124 f.
Letztwillige Verfügung *15* 11 KonsG 5; *35* SteuerR 263
Liegenschaftskataster *24* Einf. GBO 22
Lohnsumme *35* SteuerR 158
Lohnsummenfrist *35* SteuerR 159
Löschbar bei Todesnachweis
24 23 GBO 36 ff.
Löschung
– auf Lebenszeit beschränkte Rechte
24 23 GBO 1 ff.
– bei Todesnachweis *24* 23 GBO 33, 36 ff.
– Bewilligung *24* 19 GBO 34
– Eigentümerzustimmung bei Grundpfandrechten *24* 27 GBO 1 ff.
– Rechte auf Lebenszeit *24* Einf. GBO 66
– Rechte im Grundbuch
24 Einf. GBO 65 ff.
– von Vormerkung oder Widerspruch Löschung bei Aufhebung der einstweiligen Verfügung oder des vollstreckbaren Titels
24 25 GBO 1 ff.
– wegen Unrichtigkeit *24* Einf. GBO 67
– zeitlich beschränkte Rechte
24 Einf. GBO 66, *24* GBO 1 ff.
Löschungserleichterung *24* 23 GBO 36 ff.
Löschungsfähige Quittung
– Form *24* 29 GBO 7
Mandant
– Beratungsbedürftigkeit *2* AnwHaft 67
– Information des Rechtsanwalts
2 AnwHaft 18 ff.

Massearmut *14* Nachlassinsolvenz 143
Masseersatz *14* Nachlassinsolvenz 128
Massesicherung *14* Nachlassinsolvenz 28
Masseunzulänglichkeit
14 Nachlassinsolvenz 69, 143
Masseverbindlichkeit
14 Nachlassinsolvenz 59 ff., 63 ff., 132
Mediation *26* 1066 ZPO 9 ff.
– Vergütung Rechtsanwalt *19* 34 RVG 14
Mediationsverfahren
– Abschlussvereinbarung
30 Einf. MediationsG 8, 18, 2 MediationsG 4, 4 MediationsG 5
– Anfechtung *30* 3 MediationsG 9
– Aufbau *30* Einf. MediationsG 3 ff., 1 MediationsG 3 ff., 2 MediationsG 1 ff.
– Güterichter *30* Einf. MediationsG 8, 1 MediationsG 2
– Kommunikationsregel
30 Einf. MediationsG 4, 2 MediationsG 3
– Mediationsvereinbarung
30 Einf. MediationsG 14 ff., 1 MediationsG 9
– Mediatorenvertrag
30 Einf. MediationsG 17, 1 MediationsG 9, 3 MediationsG 10
– Nichtöffentlichkeit *30* 1 MediationsG 2, 2 MediationsG 6
– Verjährung *30* Einf. MediationsG 16
– Vollstreckung *30* Einf. MediationsG 8, 2 MediationsG 8
– Zeugnisverweigerungsrecht
30 4 MediationsG 1 ff.
– Zulässigkeitsvoraussetzung
30 Einf. MediationsG 14
Mediator
– Anfechtung *30* 3 MediationsG 6 ff.
– Anforderungen *30* 1 MediationsG 6 ff., 2 MediationsG 1, 3 MediationsG 5, 10
– Aufgabe *30* 1 MediationsG 7 ff., 2 MediationsG 1 ff.
– Ausbildung *30* 5 MediationsG 1 ff.
– Einigungsprämie *30* 3 MediationsG 10
– Haftung *30* 2 MediationsG 5, 3 MediationsG 8
– Tätigkeitsverbot *30* 3 MediationsG 3 f.
– Vertrag *30* Einf. MediationsG 17, 1 MediationsG 9, 3 MediationsG 9
Mehrere Auftraggeber *19* Einf. RVG 6, 7 RVG 1 ff.
– dieselbe Angelegenheit *19* 7 RVG 1 ff.
Mehrere Erbfälle *25* GNotKG 98
Meineid *32* 156 StGB 1 ff.

Meldepflicht
11 Anh AktG Transparenzpflichten 4 ff.;
s.a. Mitteilungspflicht
- Ortsrecht *5* Bestattung 7
- Todesfall *5* Bestattung 7

Melderegister *18* 68a PStG 4

Menschenwürde *5* Bestattung 24, 26
- fortwirkende *5* Bestattung 17
- institutioneller Schutz *5* Bestattung 29, 33
- und Naturrecht *5* Bestattung 28

Mephisto-Entscheidung *5* Bestattung 29

Messungsanerkennung *24* 20 GBO 13

Mietverhältnis
- Kündigung der Erbengemeinschaft *17* Einf. MietR 4 ff.
- Kündigung durch Alleinerbe *17* Einf. MietR 3, 542 BGB 2 ff., 580 BGB 1 ff.
- Kündigung durch Erbengemeinschaft *17* 542 BGB 2 ff.
- Kündigung durch Nachlasspfleger *17* 580 BGB 10
- Kündigung durch Vermieter *17* 563 BGB 13 ff., 563a BGB 10, 580 BGB 1 ff.
- Kündigung nach Tod des Alleinmieters *17* Einf. MietR 6 ff., 564 BGB 1 ff.
- Kündigung nach Tod des Mitmieters *17* Einf. MietR 6 ff., 563a BGB 8 ff., 564 BGB 6 ff., 580 BGB 1 ff.

Minderanmeldung
29 Teilungsversteigerung 73

Minderjährige
- Beschwerderecht *23* 60 FamFG 1
- Bewilligung *24* 19 GBO 44
- Rechtsgeschäft im Namen *25* GNotKG 394
- Wirtschaftsfähigkeit *13* 6 HöfeO 32

Minderjährigenadoption *10* 1741 40

Minderjähriges Kind
- Anordnungen für die Vermögensverwaltung *10* 1639 1 ff.
- Beschränkung der Vermögenssorge *10* 1638 1 ff.
- elterliche Sorge bei Todeserklärung *10* 1677 1 ff.
- genehmigungspflichtige Rechtsgeschäfte *10* 1643 1 ff.
- Inventarisierungspflicht *10* 1640 1 ff.
- Tod eines Elternteils *10* 1680 1 ff.
- Todeserklärung eines Elternteils *10* 1681 1 ff.

Mindestlohnsumme *35* SteuerR 159

Mindestwartezeit *5* Bestattung 15

Mindestwert *35* SteuerR 239

Mischbetrieb im Höferecht
13 1 HöfeO 29, 13 HöfeO 32 f.
- Abzugsbeträge *13* 13 HöfeO 26 ff.
- Anrechnung von Vorempfängen *13* 13 HöfeO 31
- Auskunftsanspruch *13* 13 HöfeO 35
- Berechnung *13* 13 HöfeO 24 ff.
- Degressionsabschlag *13* 13 HöfeO 30
- erneuerbare Energien *13* 13 HöfeO 18
- Ersatzerwerb *13* 13 HöfeO 11 ff.
- Hofübergabe *13* 17 HöfeO 24
- landwirtschaftsfremde Nutzungen *13* 13 HöfeO 18
- mehrfache Hoffolge *13* 13 HöfeO 22
- Nachabfindungszeitraum *13* 13 HöfeO 10
- Veräußerungsgeschäfte *13* 13 HöfeO 8 ff.
- Verjährung *13* 13 HöfeO 34

Miteigentümer
29 Teilungsversteigerung 23, 85

Miterbe *36* 56 SGB I 64
- Erbschein *25* GNotKG 139
- Gesamtschuldner *36* 102 SGB XII 10

Miterbenanteil
- Verpfändung *36* 90 SGB XII 31

Mitgliedstaatliche Rechtsordnungen mit vorrangig zu beachtenden Staatsverträgen
- Verweisungen auf *31* 34 EuErbVO 21 f.

Mitteilung
- Rechtwahrende *36* 94 SGB XII 80 ff.

Mitteilungspflicht *23* 356 FamFG 1 ff.;
29 Teilungsversteigerung 51
- Emittent
11 Anh AktG Transparenzpflichten 4 ff.
- Erbengemeinschaft
11 Anh AktG Transparenzpflichten 12
- Informationspflichtiger
11 Anh AktG Transparenzpflichten 19 ff.;
s.a. dort
- Instrumente
11 Anh AktG Transparenzpflichten 8
- Meldepflichtiger
11 Anh AktG Transparenzpflichten 3
- Ordnungswidrigkeit
11 Anh AktG Transparenzpflichten 17 ff.
- Rechtsfolgen von Verstößen
11 Anh AktG Transparenzpflichten 28
- Rechtsverlust bei Verstoß
11 Anh AktG Transparenzpflichten 16

– Schwellenberührung
   11 Anh AktG Transparenzpflichten 9
– Stimmrechtsanteil
   11 Anh AktG Transparenzpflichten 5 ff.
– Testamentsvollstreckung
   11 Anh AktG Transparenzpflichten 13
Mittelname   *18 18–33 PStG* 19
Mitunternehmeranteil   *35 SteuerR* 137
Mitunternehmerinitiative   *35 SteuerR* 381
Mitunternehmerrisiko   *35 SteuerR* 381
Mitwirkungspflicht
   14 Nachlassinsolvenz 44
Modellrechnung   *21 VersR* 82 f.
Mumien   *5 Bestattung* 32
Munition
– Abhandenkommen   *34 37b WaffG* 5
– Aufbewahrung   *34 36 WaffG* 3
– Schusswaffe   *34 20 WaffG* 20
Munitionssammlung   *34 17 WaffG* 16
Mutterschaft
– Anerkennung   *18 45b PStG* 10
– nachträgliche Anerkennung
   18 18–33 PStG 23
Mystische Person   *5 Bestattung* 21
Nachabfindung
– Anrechnung   *13 13 HöfeO* 1, 31
– Ehegatten   *13 13 HöfeO* 2
– Einkommensteuer   *13 13 HöfeO* 26
– Hoferbe   *13 13 HöfeO* 6
– Veräußerung von Hofgrundstücken
   13 13 HöfeO 8 ff.
Nachbeurkundung   *15 8 KonsG* 11
Nacherbe   *14 Nachlassinsolvenz* 129;
   35 SteuerR 77.2, 86; *36 102 SGB XII* 8
– dinglicher Arrest   *27 917 ZPO* 3
– Drittwiderspruchsklage
   28 773 ZPO 1 ff.
– Grundbucheinsicht   *24 12 GBO* 5
– Steuerklasse   *35 SteuerR* 87
Nacherbenrecht
– Auseinandersetzung Vor- und Nacherbe
   24 51 GBO 62
– in BGB-Gesellschaft   *24 51 GBO* 14
– in Erbengemeinschaft   *24 51 GBO* 12
– in Gesamthandsgemeinschaften
   24 51 GBO 12 ff.
– in Gütergemeinschaft   *24 51 GBO* 13
– Löschung von Nachlassrechten
   24 51 GBO 58 ff.
– Nachweis   *24 51 GBO* 4 ff.
– Surrogationserwerb   *24 51 GBO* 11
– Umfang   *24 51 GBO* 7 ff.

– Verfügung über   *24 51 GBO* 60 ff.
– Verfügungen des befreiten Vorerben
   24 51 GBO 51
– Verfügungen des Vorerben
   24 51 GBO 40 ff.
Nacherbenvermerk   *24 51 GBO* 1 ff.
– Eintragung und Löschung
   25 GNotKG 306 f.
– Eintritt des Nacherbfalls
   24 51 GBO 55 ff.
– Inhalt   *24 51 GBO* 18
– Löschung   *24 51 GBO* 31 ff.
– Löschung bei unbekannten Nacherben
   24 51 GBO 35
– Löschung durch Unrichtigkeitsnachweis
   24 51 GBO 36 ff.
– Löschungsbewilligung   *24 51 GBO* 32 ff.
– Ort im Grundbuch   *24 51 GBO* 17
– Rang   *24 51 GBO* 25
– Verzicht   *24 51 GBO* 26 ff.
– Wirksamkeitsvermerk   *24 51 GBO* 25
– Wirkung   *24 51 GBO* 19 ff.
– Zeitpunkt der Eintragung
   24 51 GBO 16
Nacherbfall   *14 Nachlassinsolvenz* 130,
   135; *23 352b FamFG* 8
Nacherbfolge
– Nachlassverbindlichkeiten
   27 326 ZPO 4
– Rechtskraft   *27 326 ZPO* 1 ff.
– vorläufiger Erbe   *27 326 ZPO* 5
Nacherbschaft
– Bewilligungsberechtigung
   24 19 GBO 35 ff.
Nachfolgeklausel   *11 727 BGB* 10, 15;
   35 SteuerR 169.4
Nachfolgeplanung   *35 SteuerR* 262
Nachlass
– Auseinandersetzung
   23 344 FamFG 12 ff.
– Bewertung   *35 SteuerR* 1
– digitaler   *9 DigNachl* 1
– Sicherung   *15 9 KonsG* 14
– Substanz   *36 90 SGB XII* 38
Nachlassakten
– Verweisung auf   *24 29 GBO* 84
Nachlassauseinandersetzung   *8 20* 7 ff.
Nachlasserhöhung   *10 1586b* 34
Nachlassforderung   *36 58 SGB I* 16
Nachlassfreibetrag   *36 102 SGB XII* 42 ff.
Nachlassfürsorge   *15 9 KonsG* 5, 14 ff.,
   11 KonsG 8
– minderjähriger Erbe   *15 9 KonsG* 14

- Reisender *15* **9 KonsG** 16
- Siegelung *15* **9 KonsG** 17
- Verwahrung *15* **9 KonsG** 17, 20
- Wertgegenstände *15* **9 KonsG** 17

Nachlassgegenstände
- Besitz oder Gewahrsam
  32 **246 StGB** 1 ff.
- Eigentum *32* **246 StGB** 1 ff.
- fremde bewegliche Sache
  32 **246 StGB** 1 ff.
- versuchter Zugriff *32* **246 StGB** 1 ff.
- vorsätzlicher Zugriff *32* **246 StGB** 1
- Zueignungshandlung *32* **246 StGB** 1

Nachlassgericht *15* **Einf. KonsG** 2
- Behörde *32* **Einf. StrafR** 31
- eidesstattliche Versicherung
  32 **Einf. StrafR** 31
- Entgegennahme von Anzeigen
  25 **GNotKG** 245 ff.
- Entgegennahme von Erklärungen
  25 **GNotKG** 242 ff.
- falsche Angaben *32* **Einf. StrafR** 31
- Fristbestimmungen *25* **GNotKG** 249 ff.
- Notar *32* **Einf. StrafR** 31

Nachlassgläubiger
14 **Nachlassinsolvenz** 19
- Erbschein *25* **GNotKG** 138

Nachlassinsolvenz
- Betreuung *6* **Betreuung** 79
- Voreintragung Erben *24* **39 GBO** 14

Nachlassinsolvenzmasse
14 **Nachlassinsolvenz** 49

Nachlassinsolvenzverfahren *35* **SteuerR** 8

Nachlassinsolvenzverwalter
14 **Nachlassinsolvenz** 52; *15* **9 KonsG** 14
- Voreintragung Erben bei Bewilligung
  24 **40 GBO** 18 ff.

Nachlassinventar *25* **GNotKG** 99
- Aufnahme *25* **GNotKG** 252 f.

Nachlasskonkurs *14* **Nachlassinsolvenz** 21

Nachlasspfleger *14* **Nachlassinsolvenz** 75;
15 **Einf. KonsG** 2, **9 KonsG** 14, 17;
36 **58 SGB I** 14
- Bestellungsurkunde in Ausfertigung
  24 **29 GBO** 81
- Nachweis der Bestellung *24* **29 GBO** 35
- Voreintragung Erben bei Bewilligung
  24 **40 GBO** 18 ff.

Nachlasspflegschaft *25* **GNotKG** 219 ff., 226
- Beschwerdeberechtigung
  23 **59 FamFG** 16

- für einzelne Rechtshandlungen
  25 **GNotKG** 240
- gerichtliche Genehmigung von Bewilligungen *24* **19 GBO** 45

Nachlassrekonstruktion
14 **Nachlassinsolvenz** 56

Nachlasssachen *15* **9 KonsG** 2
- besondere örtliche Zuständigkeit
  23 **344 FamFG** 1 ff.
- Beteiligte *23* **345 FamFG** 1 ff.

Nachlasssicherung
14 **Nachlassinsolvenz** 66; *15* **9 KonsG** 17;
23 **344 FamFG** 9 ff.; *25* **GNotKG** 218 ff.
- isolierte Sicherungsmaßnahmen
  25 **GNotKG** 235

Nachlassspaltung *13* **4 HöfeO** 1

Nachlassverbindlichkeit
14 **Nachlassinsolvenz** 51, 138; *15* **9 KonsG** 9, 14, 17; *35* **SteuerR** 6, 9, 36, 45, 76; *36* **Einf. SozialR** 17, 58 **SGB I** 62, **102 SGB XII** 5
- bestandskräftige Forderung
  36 **58 SGB I** 16
- Höferecht *13* **15 HöfeO** 2 ff.

Nachlassverfahren *23* **342 FamFG** 2 ff.
- Antrag auf Erteilung eines Erbscheins
  23 **352 FamFG** 1 ff.
- Antrag auf Erteilung eines gemeinschaftlichen Erbscheins *23* **352a FamFG** 1 ff.
- Beteiligte *23* **345 FamFG** 1 ff.
- Erbscheinsantrag *23* **352 FamFG** 1 ff.
- Erbscheinsverfahren
  23 **352 FamFG** 1 ff.
- EuErbVO *23* **343 FamFG** 9 ff.
- funktionelle Zuständigkeit
  23 **343 FamFG** 3 ff.
- gewöhnlicher Aufenthalt
  23 **343 FamFG** 15 ff.
- internationale Zuständigkeit
  23 **343 FamFG** 6 ff.
- örtliche Zuständigkeit
  23 **343 FamFG** 14 ff.
- sachliche Zuständigkeit
  23 **343 FamFG** 2

Nachlassverwalter
14 **Nachlassinsolvenz** 17;
15 **9 KonsG** 14, 17
- Bewilligung *24* **19 GBO** 38 ff.
- Voreintragung Erben bei Bewilligung
  24 **40 GBO** 18 ff.

Nachlassverwaltung
14 **Nachlassinsolvenz** 54, 140;
23 **359 FamFG** 1 ff.; *35* **SteuerR** 8
- Antrag des Erben *23* **359 FamFG** 3 ff.

– Antrag des Nachlassgläubigers
  23 359 FamFG 23 ff.
Nachlassverzeichnis *15* 9 KonsG 17, 20,
  10 KonsG 10; *25* GNotKG 360
– Erstellung durch Notar *8* 20 9 ff.
– Gegenstandswert *19* 23 RVG 36
Nachlasswert *36* 102 SGB XII 37
Nachname *18* 18–33 PStG 18
Nachranggrundsatz *36* 33 SGB II 1,
  93 SGB XII 1
– Sozialhilfe *36* 94 SGB XII 1
Nachweis
– Antragsbefugnis *24* 13 GBO 17
– Antragsberechtigung *24* 13 GBO 17,
  30 GBO 5
– Bewilligungsbefugnis *24* 29 GBO 31
– Doppelvollmacht *24* 29 GBO 40
– Eheschließung *24* 29 GBO 25
– Eintragungsfähigkeit *24* 29 GBO 29
– Entbehrlichkeit wegen Aktenkundigkeit
  24 29 GBO 84
– Entbehrlichkeit wegen Offenkundigkeit
  24 29 GBO 83
– Geburt *24* 29 GBO 25
– Genehmigung des Nachlass-, Familien-
  oder Betreuungsgerichts
  24 29 GBO 36 ff.
– gerichtlicher Vergleich *24* 29 GBO 67
– Geschäftsfähigkeit *24* 29 GBO 28
– gesetzliche Vertretung *24* 29 GBO 32 ff.
– gesetzliche Vertretungsmacht
  24 30 GBO 11
– Insolvenzverwalter *24* 29 GBO 31
– Lebensalter *24* 29 GBO 25
– Nacherbenrecht *24* 51 GBO 4 ff.
– Namensänderung *24* 29 GBO 26
– Nichtausübung gesetzlicher Vorkaufs-
  rechte *24* 29 GBO 44
– Personenstand *24* 29 GBO 25
– Prozessvollmacht *24* 29 GBO 12,
  30 GBO 9
– Rechtsfähigkeit *24* 29 GBO 27
– Rechtsinhaberschaft *24* 29 GBO 30
– Scheidung *24* 29 GBO 25
– Staatsangehörigkeit *24* 29 GBO 25
– Stellung als Betreuer *24* 29 GBO 35
– Stellung als Pfleger *24* 29 GBO 35
– Stellung als Vormund *24* 29 GBO 35
– Testamentsvollstrecker *24* 29 GBO 31
– Tod *24* 29 GBO 25
– Todeserklärung *24* 29 GBO 25
– Verfügungsbefugnis *24* 29 GBO 31
– Vertretungsmacht der Eltern
  24 29 GBO 33 ff.

– Vollstreckungsklausel *24* 29 GBO 45
– Vollstreckungstitel *24* 29 GBO 45
– Voraussetzungen der Zwangsvollstre-
  ckung *24* 29 GBO 45
– Wirksamkeit gerichtlicher Genehmigung
  24 29 GBO 40
– Zustellung *24* 29 GBO 45
Nachweis der Antragsberechtigung
  14 Nachlassinsolvenz 13
Nachweis der Steuerzahlung
  35 SteuerR 564
Nachweis Erbfolge
  29 Teilungsversteigerung 22
Nachweis Miteigentum
  29 Teilungsversteigerung 22
Name
– Registereintrag *18* 1–10 PStG 13,
  11–17a PStG 10, 18–33 PStG 17 ff.
Namensänderung *18* 11–17a PStG 16
– Adoption *18* 1–10 PStG 13,
  11–17a PStG 10 f., 18–33 PStG 18
– Ehe *18* 11–17a PStG 7
– Lebenspartnerschaft *18* 11–17a PStG 14
– Nachweis *24* 29 GBO 26
– Spätaussiedler *18* 11–17a PStG 14
– Vertriebene *18* 11–17a PStG 14
Namensangleichung *15* 10 KonsG 10;
  18 45b PStG 11
Namenserklärungen *15* 8 KonsG 2
Namenserstreckung *18* 1–10 PStG 13,
  11–17a PStG 10, 18–33 PStG 18
Namenserteilung *18* 1–10 PStG 13,
  11–17a PStG 10, 18–33 PStG 18
Namensführung *15* 10 KonsG 10;
  18 45b PStG 1, 9 f.
Namensregister
– Ort *18* 1–10 PStG 16
– Zeit *18* 1–10 PStG 16
Namenswahl *18* 11–17a PStG 14
Naturalobligation *36* 58 SGB I 13
Nebenbetrieb *13* 1 HöfeO 31
Nebenerwerbslandwirt
– Wirtschaftsfähigkeit *13* 6 HöfeO 35
Negativattest
– bei öffentlich-rechtlichen Genehmigungen
  24 19 GBO 65
– bzgl Genehmigungsbedürftigkeit
  24 19 GBO 52
Negativauskunft *25* GNotKG 104
Negative Feststellung
– Gegenstandswert *19* 23 RVG 33

Nettowert *35* SteuerR 142
Neu-Dekorationswaffen
– Dekorationswaffen *34* 37d WaffG 3
Neue Tatsachen und Beweismittel
– Beschwerdeverfahren *23* 65 FamFG 4
Neuer Erbschein *25* GNotKG 133
Neues Insolvenzverfahren
14 Nachlassinsolvenz 92
New Yorker UN-Übereinkommen über die Rechtsstellung der Staatenlosen *31* Vor 20–38 EuErbVO 62
Nicht anfechtbare Entscheidungen *23* 58 FamFG 12 ff.
Nichtabhilfeentscheidung
– schwerwiegender Mangel *23* 69 FamFG 10
Nichtanhörungsrüge *23* Einf. FamFG 5, 69 FamFG 17
– Frist *23* 69 FamFG 19
– Gründe *23* 69 FamFG 21
Nichtberechtigter
– Bewilligung *24* 19 GBO 27
Nichtigkeit
– Nichtigkeitsfeststellungsantrag *10* 1759 7
Nichtzahlung Bargebot
29 Teilungsversteigerung 93
Nichtzulassungsbeschwerde *24* 78 GBO 9
Niederlassungsabkommen zwischen dem Deutschen Reich und dem Kaiserreich Persien *31* Vor 20–38 EuErbVO 43 ff.
Niederlassungsfreiheit *35* SteuerR 24
Niederschrift *15* 10 KonsG 8
– durch Konsularbeamte *15* 10 KonsG 2 ff.
Niedrigstgebot
29 Teilungsversteigerung 47
Nießbrauch *13* 16 HöfeO 7; *35* SteuerR 322 ff.
– Beschränkung auf Lebenszeit *24* 23 GBO 3
– Rückstände *24* 23 GBO 21
– Verzicht *35* SteuerR 326
– Vorbehaltsnießbrauch *35* SteuerR 324
Notar *15* Einf. KonsG 2
– als Zeuge *7* 28 BeurkG 21
– ausländischer *24* 20 GBO 25
– Betreuungstätigkeiten *25* GNotKG 270, 316
– Beurkundungsbefugnis *24* 29 GBO 48, 50
– zuständige Stelle *24* 20 GBO 25 ff.

– Zuständigkeiten *8* 20 2 ff.
Notarantrag *24* 15 GBO 1 ff.
– Antragsberechtigte *24* 15 GBO 5
– Kostenhaftung *24* 15 GBO 6
– Vollmachtsvermutung *24* 15 GBO 4
Notarkosten *25* GNotKG 1
– Auflassung *24* 20 GBO 60
– Ermessen *10* 1741 35
– Nichterhebung *25* GNotKG 29
– Veranlassungsschuldner *25* GNotKG 35
– Verzinsung *25* GNotKG 26
Notvertretungsrecht *8* 78a 6.1, 8
Nutzverwaltungsrecht *13* 14 HöfeO 3 ff.

Obduktion *5* Bestattung 6
– Transportkosten *5* Bestattung 2
Offene Handelsgesellschaft
11 131 HGB 1 ff., 45, 139 HGB 1,
Einf. Handels-/Gesellschaftsrecht 17 ff.;
s.a. OHG-Anteil
– Abfindung *11* 131 HGB 14 ff.
– Anwachsung *11* 131 HGB 11
– Auflösungsklausel *11* 131 HGB 22 ff.
– Eintrittsklausel *11* 131 HGB 38 ff., 139 HGB 2
– Haftungsbeschränkung des Erben *11* 139 HGB 41 ff.
– Kommanditistenhaftung *11* 139 HGB 45 f.
– Nachfolgeklausel *11* 131 HGB 6, 25 ff., 31 ff., 42 ff., 139 HGB 1
– Nachlassinsolvenz *11* 131 HGB 8
– Nachweise *24* 32 GBO 1 ff.
– Tod eines Gesellschafters *11* 131 HGB 1 ff., Einf. Handels-/Gesellschaftsrecht 19 ff.
– Verlustausgleich *11* 131 HGB 19
– Zwei-Personen-Gesellschaft *11* 131 HGB 4
Öffentlich beglaubigte Urkunde *24* 29 GBO 69 ff.
Öffentliche Aufforderung *23* 352d FamFG 1 ff.
Öffentliche Beglaubigung
– Beweiskraft *24* 29 GBO 72
– Form *24* 29 GBO 71
– Zuständigkeit *24* 29 GBO 70
Öffentliche Urkunde *24* 29 GBO 46 ff.
– Annahme *31* 59 EuErbVO 2 f.
– ausländische *15* 13 KonsG 16
– Begriff *31* 59 EuErbVO 2
– Beweiskraft *24* 29 GBO 68; *31* 59 EuErbVO 2 f.

- Einwände gegen die öffentliche Urkunde
  31 **59 EuErbVO** 4 ff.
- Vollstreckbarkeit *31* **60 EuErbVO** 1 ff.
- widersprechende Urkunde
  31 **59 EuErbVO** 8
- Zuständigkeit hinsichtlich Vorfragen
  31 **59 EuErbVO** 7

Öffentlicher Glaube
- Grundbuch *24* **Einf. GBO** 7

Öffentlich-rechtliche Genehmigung
24 **19 GBO** 64 ff.
- Beamtenversorgungsgesetz
  24 **19 GBO** 75
- Begründung von Wohnungseigentum
  24 **19 GBO** 71
- Bergwerkseigentum *24* **19 GBO** 74
- ehemalige DDR *24* **19 GBO** 77 ff.
- Enteignungsverfahren *24* **19 GBO** 69
- Entschuldungsvermerk *24* **19 GBO** 76
- nach GVO *24* **19 GBO** 77
- nach VermG *24* **19 GBO** 79
- Sanierungsverfahren *24* **19 GBO** 70
- Umlegungsverfahren *24* **19 GBO** 69
- Veräußerung land- oder forstwirtschaftlicher Grundstücke *24* **19 GBO** 72

Öffentlich-rechtlicher Vertrag
- Zuerkennung von Ansprüchen
  36 **59 SGB I** 23

OHG *29* **Teilungsversteigerung** 11

OHG-Anteil
- Altverbindlichkeiten *11* **160 HGB** 4
- Haftung *11* **160 HGB** 1 ff.
- Nachlassverwaltung *11* **139 HGB** 21
- Scheinerben *11* **139 HGB** 9
- Testamentsvollstreckung
  11 **139 HGB** 12 ff.
- Vor- und Nacherbfolge
  11 **139 HGB** 3 ff.
- Wahlrecht des Erben *11* **139 HGB** 22 ff.

Optionsbefreiung *35* **SteuerR** 154
Optionsmodell *35* **SteuerR** 156
Ordnungsgeld
- durch Konsularbeamte *15* **10 KonsG** 13

Ordnungsmittel *23* **58 FamFG** 16
Ordnungspflichten *33* **VerwR** 1
- sachbezogene *33* **VerwR** 16

ordre public *15* **10 KonsG** 12,
13 **KonsG** 5; *31* **Vor 20–38 EuErbVO** 27,
35 EuErbVO 1 ff., **40 EuErbVO** 2 f.
- Einzelfälle *31* **35 EuErbVO** 8 ff.
- geringere Erbquoten für weibliche Erben
  31 **35 EuErbVO** 8
- Inlandsbezug *31* **35 EuErbVO** 5

- kein gesetzliches Erbrecht bei Religionsverschiedenheiten und nichtehelichen Kindern *31* **35 EuErbVO** 8
- kein gesetzliches Erbrecht des Lebenspartners *31* **35 EuErbVO** 8
- kein Pflichtteilsrecht *31* **35 EuErbVO** 8
- Methodik *31* **35 EuErbVO** 4 f.
- negative, positive Funktion
  31 **35 EuErbVO** 4
- Prüfungskompetenz des EuGH
  31 **35 EuErbVO** 13
- Prüfungsprogramm *31* **35 EuErbVO** 6
- Relativität *31* **35 EuErbVO** 5
- Verletzung wesentlicher Grundsätze
  31 **35 EuErbVO** 3
- Verortung des kollisionsrechtlichen Anwendungsbefehls *31* **35 EuErbVO** 11 ff.
- Zweck *31* **35 EuErbVO** 3

Organspende *5* **Bestattung** 39 ff.
Originärer Erwerb
29 **Teilungsversteigerung** 88

Örtliche Zuständigkeit
14 **Nachlassinsolvenz** 4;
29 **Teilungsversteigerung** 3
- Nachlassverfahren *23* **343 FamFG** 14 ff.

Parallele Pläne *14* **Nachlassinsolvenz** 77
PartG *11* **9 PartGG** 1
- Nachfolgeklauseln *11* **9 PartGG** 3

Partner *11* **9 PartGG** 2
- Tod *11* **9 PartGG** 2
- Wahlrecht *11* **9 PartGG** 4

Partnergesellschaft
11 **Einf. Handels-/Gesellschaftsrecht** 29 ff.
- Tod eines Gesellschafters
  11 **Einf. Handels-/Gesellschaftsrecht** 31 ff.

Partnerschaftsanteile *11* **9 PartGG** 3
- Vererblichkeit *11* **9 PartGG** 3

Partnerschaftsgesellschaft
- Nachweise *24* **32 GBO** 1 ff.

Passwort *9* **DigNachl** 112
Patientenverfügung *22* **Vollmacht** 26 ff.;
35 **SteuerR** 283; *5* **Bestattung** 41
- Anwendung *22* **Vollmacht** 33
- Anwendungsgebiete *22* **Vollmacht** 27
- dialogischer Prozess *22* **Vollmacht** 33
- Funktionsweise *22* **Vollmacht** 26 ff.
- Genehmigung der ärztlichen Maßnahme
  22 **Vollmacht** 35
- Handlungsanweisung *22* **Vollmacht** 28
- Maximaltherapie *22* **Vollmacht** 30
- mutmaßlicher Wille *22* **Vollmacht** 34

- Verfahren bei medizinischer Entscheidung
  22 **Vollmacht** 33
- Zentrales Vorsorgeregister
  22 **Vollmacht** 38
- Zwangsmaßnahmen 22 **Vollmacht** 31

Pauschaler Zugewinnausgleich
- Ausbildungskosten *10* 1371 3

Pauschalvergütung
- Vergütungsvereinbarung *19* 3a RVG 6

per-country-limitation *35* SteuerR 565

Personengesellschaft *25* GNotKG 124;
35 SteuerR 53
- Erwerb von Todes wegen
  11 Einf. Handels-/Gesellschaftsrecht 9 ff.

Personengesellschaftsanteile
- vorweggenommene Erbfolge
  35 SteuerR 350

Personenstand *18* Einf. PStG 1
- Nachweis *24* 29 GBO 25

Personenstandsbeurkundung
18 68a PStG 6 ff.

Personenstandsbuch
- Familienbücher *18* 1–10 PStG 19
- Geburtenbuch *18* 1–10 PStG 19
- Heiratsbuch *18* 1–10 PStG 19
- internationales Stammbuch
  18 1–10 PStG 19
- Lebenspartnerschaftsbuch
  18 1–10 PStG 19
- Sterbebuch *18* 1–10 PStG 19

Personenstandsfall
- Anzeige *18* 1–10 PStG 5
- Auskunftspflicht *18* 1–10 PStG 6
- Auslandsvertretung *18* 1–10 PStG 8
- Beurkundung *15* 8 KonsG 1
- im Ausland *18* 1–10 PStG 8

Personenstandsmerkmal
18 18–33 PStG 20

Personenstandsregister
18 11–17a PStG 9 ff.
- Archiv *18* 1–10 PStG 17 f.
- Aufbewahrung *18* 1–10 PStG 17
- Aufbewahrungsfristen *18* 1–10 PStG 17
- Auskunft *18* 68a PStG 13, 17, 20
- Benutzung *18* 68a PStG 6 ff.
- Berichtigungen *18* 1–10 PStG 10, 12
- Beurkundungen *18* 1–10 PStG 4 ff.
- Durchsicht *18* 68a PStG 13, 17
- Einsicht *18* 68a PStG 13, 17, 20
- Eintrag *18* 18–33 PStG 16 ff.
- Ergänzungen *18* 1–10 PStG 12
- Folgebeurkundungen *18* 1–10 PStG 12,
  18–33 PStG 16

- Fortführungsfristen *18* 1–10 PStG 17,
  68a PStG 12
- Haupteintrag *18* 1–10 PStG 12,
  68a PStG 2
- Hinweise *18* 18–33 PStG 16
- Hinweisteil *18* 1–10 PStG 12
- Nachweis *18* 1–10 PStG 7
- negative Tatsache *18* 1–10 PStG 7
- öffentliche Urkunden *18* 1–10 PStG 7
- Prüfungspflicht *18* 1–10 PStG 4
- Sammelakte *18* 1–10 PStG 12,
  18–33 PStG 16, 30, 35, 68a PStG 13
- Standesamt *18* 1–10 PStG 2
- urkundlicher Teil *18* 1–10 PStG 12
- Zuständigkeit *18* 1–10 PStG 1

Personenstandssache
- Beurkundungen *15* 8 KonsG 3

Personenstandsurkunde *15* 8 KonsG 2,
10 KonsG 11; *18* 68a PStG 2
- Beschaffung *15* 8 KonsG 2
- Folgebeurkundungen *18* 68a PStG 2
- Urkundspersonen *18* 1–10 PStG 2

Persönlichkeit
- Leiche als Rückstand der
  5 Bestattung 22

Persönlichkeitsrecht *21* VersR 76;
5 Bestattung 1
- allgemeines (und Rechte am Körper)
  5 Bestattung 20
- Fortwirkung *5* Bestattung 23
- postmortaler Schutz *5* Bestattung 17 ff.,
  24
- postmortales *5* Bestattung 28;
  9 DigNachl 62, 64
- und Grabgestaltung *5* Bestattung 104

Persönlichkeitsrecht der Angehörigen
5 Bestattung 60

Pfandrecht
- Beschränkung auf Lebenszeit
  24 23 GBO 7
- Rückstände *24* 23 GBO 25

Pfändung
- Erbteil *24* Einf. GBO 72, 26 GBO 5 ff.

Pfändungsfreie Gegenstände
14 Nachlassinsolvenz 53

Pfändungsgläubiger
29 Teilungsversteigerung 54

Pfändungspfandrecht
14 Nachlassinsolvenz 33

Pfändungsschutz *21* VersR 145

Pflege
- Freibetrag *36* 102 SGB XII 47 ff.

Pflegebedürftig *36* 102 SGB XII 51

Pflegefreibetrag *36* **102** SGB XII 4
Pflegeheim *12* **14** HeimG 1 ff.
– Sterbefall *18* **18–33** PStG 10
Pflegekind *35* SteuerR 106
– Sonderrechtsnachfolge
  36 **56** SGB I 39 ff.
Pfleger
– Nachweis der Bestellung *24* **29** GBO 35
Pflegestufe *35* SteuerR 122;
  36 **102** SGB XII 51
Pflichtennachfolge *33* VerwR 13
Pflichtgruppenbildung
  14 Nachlassinsolvenz 94
Pflichtteil *35* SteuerR 9, 45
– Anrechnung *35* SteuerR 441
– Auskunftsanspruch *35* SteuerR 43
– Berechnung *10* **1586b** 35 f.
– Bewertung *35* SteuerR 47
– Doppelbesteuerung *35* SteuerR 77
– Erb- und Pflichtteilsverzichtsvereinbarungen *10* **1586b** 17
– Erbschaftsteuer *2* AnwHaft 170
– fiktiver *10* **1586b** 14 ff.
– Geltendmachung *35* SteuerR 1, 434 ff.
– gerichtliche Stundung
  25 GNotKG 275 ff.
– großer *10* **1371** 13, 23, 36, 43 ff.
– Haftungsrahmen für den Erben des unterhaltspflichtigen Ehegatten
  10 **1586b** 14 ff.
– Hofabfindung *13* **12** HöfeO 14, 35
– keiner nach ausländischem Erbstatut
  31 **35** EuErbVO 8
– kleiner *10* **1371** 13, 36, 40, 43 ff.
– Pflichtteilsnachlass *10* **1586b** 16
– Pflichtteilsquote *10* **1586b** 15
– Stundung *35* SteuerR 458
– Verjährung *35* SteuerR 44
– Verzicht gegen Abfindung
  35 SteuerR 252 ff.
Pflichtteil im Höferecht
– Nachabfindung *13* **13** HöfeO 2
Pflichtteilsanspruch *10* **1371** 43 ff.;
  35 SteuerR 34, 265; *36* Einf. SozialR 20
– dinglicher Arrest *27* **917** ZPO 2
– Feststellungsklage *27* **256** ZPO 17 ff.
– Geltendmachung *35* SteuerR 42
– Gerichtsstand *27* **27** ZPO 11
– Streitwert *27* **3** ZPO 5
– Stundung *23* **362** FamFG 1 ff.
– Verwertbarkeit *36* **90** SGB XII 31
Pflichtteilsberechtigte
– Grundbucheinsicht *24* **12** GBO 6 ff.

– Voreintragung *24* **40** GBO 5
– widerstreitende Interessen
  4 Berufsrecht 37
Pflichtteilsbeschränkung
– Höferecht *13* **16** HöfeO 15
Pflichtteilsergänzung *35* SteuerR 265
Pflichtteilsergänzungsanspruch
– Gegenstandswert *19* **23** RVG 38
Pflichtteilsergänzungsrecht *21* VersR 162
Pflichtteilsrecht *35* SteuerR 265 ff.
Pflichtteilsstrafklausel *35* SteuerR 45
Pflichtteilsübergabevertrag
– Höferecht *13* **17** HöfeO 3
Pflichtteilsverzicht *15* **10** KonsG 9,
  11 KonsG 5; *25* GNotKG 348;
  35 SteuerR 43, 73, 375
– Sozialhilfeempfänger *36* **90** SGB XII 32
Photovoltaikanlage *13* **13** HöfeO 18
Pico della Mirandola *5* Bestattung 28
Planänderung *14* Nachlassinsolvenz 113
Planbestätigungsbeschluss
  14 Nachlassinsolvenz 117
Planinitiator *14* Nachlassinsolvenz 73
Plankonzept *14* Nachlassinsolvenz 80
Plansüberwachung
  14 Nachlassinsolvenz 97
Plastination *5* Bestattung 149 ff.
Poolvertrag *35* SteuerR 138
Postgesetz *9* DigNachl 77
Postmortales Persönlichkeitsrecht
  9 DigNachl 62
– Schutz vor Herabwürdigung und Verfälschung *9* DigNachl 64
Postsperre *14* Nachlassinsolvenz 36
Präklusionsklausel
  14 Nachlassinsolvenz 85
Prämiengestaltungsfaktoren *21* VersR 65
Preisanpassungsklauseln
  5 Bestattung 174 ff.
Preußisches Gerichtskostenrecht
  25 GNotKG 1
Prioritätsgrundsatz *24* Einf. GBO 28
Privatfriedhof *5* Bestattung 147
Privatrechtsgestaltender Verfahrensakt
  14 Nachlassinsolvenz 72
Privaturkunde
– ausländische *15* **13** KonsG 17
Privilegierung
– eingeschränkte *36* **56** SGB I 70
Progressionsvorbehalt *35* SteuerR 112

2455

Promession 5 **Bestattung** 160
Provider
- AGB   9 **DigNachl** 121
- Content-Anbieter   9 **DigNachl** 71
- Fernmeldegeheimnis   9 **DigNachl** 75
- Hauptpflichten   9 **DigNachl** 29
- Kündigung   9 **DigNachl** 32
- Löschen von Daten   9 **DigNachl** 33
- Nebenpflichten   9 **DigNachl** 31
- Treuhänder   9 **DigNachl** 53

Prozessfähigkeit   14 **Nachlassinsolvenz** 7
Prozessführungsbefugnis   36 56 **SGB I** 62
- Vorerbe   27 326 **ZPO** 5

Prozesskostenhilfe
  14 **Nachlassinsolvenz** 15;
  29 **Teilungsversteigerung** 24

Prozessvollmacht
- Nachweis   24 29 **GBO** 12, 30 **GBO** 9

Prüfungspflicht   14 **Nachlassinsolvenz** 99
Prüfungsrecht   14 **Nachlassinsolvenz** 104
Prüfungstermin   14 **Nachlassinsolvenz** 148
Pseudonym   9 **DigNachl** 6
Publizitätsgrundsatz   24 **Einf. GBO** 29

Qualifikation
  31 **Vor** 20–38 **EuErbVO** 10 ff.
- Ausgleichung und Anrechnung
  31 23 **EuErbVO** 9
- Auslegung einer Verfügung von Todes wegen   31 26 **EuErbVO** 2
- Eingriffsnormen   31 23 **EuErbVO** 25, 30 **EuErbVO** 1 ff.
- Enterbung   31 23 **EuErbVO** 4
- Erbfähigkeit   31 23 **EuErbVO** 4
- erbrechtliche Berechtigung
  31 23 **EuErbVO** 3
- erbrechtliche Berechtigung des Fiskus
  31 33 **EuErbVO** 1 ff.
- erbrechtlicher Berufungsgrund
  31 23 **EuErbVO** 2
- erbrechtlicher Übergang, Erwerbsmodalitäten   31 23 **EuErbVO** 5
- Erbstatut   31 23 **EuErbVO** 1 ff.
- Erbunwürdigkeit   31 23 **EuErbVO** 4
- Formstatut   31 27 **EuErbVO** 11
- Haftung für Nachlassverbindlichkeiten   31 23 **EuErbVO** 8
- Höferecht   31 30 **EuErbVO** 5 ff.
- Inventarerrichtung   31 23 **EuErbVO** 8, 28 **EuErbVO** 1
- materielle Wirksamkeit einer Verfügung von Todes wegen   31 26 **EuErbVO** 1 ff.
- pauschalisierter Zugewinnausgleich (§ 1371 BGB)   31 23 **EuErbVO** 18 ff.
- Pflichtteilsrecht   31 23 **EuErbVO** 9
- Rechte der Erben, Testamentsvollstrecker und anderer Nachlassverwalter
  31 23 **EuErbVO** 7
- Rechtsgeschäfte unter Lebenden
  31 1 **EuErbVO** 14, 23 **EuErbVO** 17
- Rechtsgeschäfte unter Lebenden auf den Todesfall   31 23 **EuErbVO** 11 ff.
- Schenkungen von Todes wegen
  31 23 **EuErbVO** 13 f.
- Sonderrechtsnachfolge in Personengesellschaften   31 23 **EuErbVO** 23
- Teilung des Nachlasses
  31 23 **EuErbVO** 9
- Testier- und Erbverbote
  31 26 **EuErbVO** 2
- Testierfähigkeit   31 26 **EuErbVO** 2
- Umfang des Nachlasses
  31 23 **EuErbVO** 9
- Verbot gemeinschaftlicher Testamente oder Erbverträge   31 26 **EuErbVO** 2, 27 **EuErbVO** 11
- Verträge zugunsten Dritter auf den Todesfall   31 23 **EuErbVO** 15
- Verweisung kraft abweichender
  31 34 **EuErbVO** 13
- Vorhandensein eines Testierwillens
  31 26 **EuErbVO** 2
- Willensmängel bei einer Verfügung von Todes wegen   31 26 **EuErbVO** 2
- Zeitpunkt des Erbfalls
  31 23 **EuErbVO** 2
- Zulässigkeit der Stellvertretung bei der Errichtung einer Verfügung von Todes wegen   31 26 **EuErbVO** 2

Qualifikationsverweisung
  31 34 **EuErbVO** 13

Quittung
- Form löschungsfähiger   24 29 **GBO** 7

Quotenloser Erbschein   25 **GNotKG** 139

Rahmengebühr iSv § 14 RVG
  19 14 **RVG** 1 ff.
- Bedeutung der Angelegenheit
  19 14 **RVG** 12
- Einholung eines Gutachtens der Rechtsanwaltskammer   19 14 **RVG** 17 ff.
- Einkommens- und Vermögensverhältnisse des Auftraggebers   19 14 **RVG** 13
- Haftungsrisiko   19 14 **RVG** 14 ff.
- Schwierigkeit der anwaltlichen Tätigkeit
  19 14 **RVG** 8 ff.
- Umfang der anwaltlichen Tätigkeit
  19 14 **RVG** 5 ff.

- verbindliche Bestimmung nach Ermessen *19* **14 RVG** 2 ff.
Rang
- Beschwerdeverfahren *24* **74 GBO** 7 ff.
- Erbbaurecht *24* **Einf. GBO** 50
- Nacherbenvermerk *24* **51 GBO** 25
- Testamentsvollstreckervermerk *24* **52 GBO** 44

Rangänderung *29* **Teilungsversteigerung** 71
- Bewilligung *24* **19 GBO** 33

Rangfolge Masseverbindlichkeiten *14* **Nachlassinsolvenz** 69

Ratschreiber *24* **20 GBO** 31
- Beurkundungsbefugnis *24* **29 GBO** 54

Reaktivierung
- beitragsfrei gestellte Versicherung *21* **VersR** 137, 163

Reallast
- Beschränkung auf Lebenszeit *24* **23 GBO** 8 ff.
- Rückstände *24* **23 GBO** 26

Realteilung *35* **SteuerR** 520

Rechenschaftsanspruch
- Verjährung *22* **Vollmacht** 67 ff.

Rechenschaftspflicht
- Umfang bei Vollmacht *22* **Vollmacht** 65

Rechnungslegung
- Betreuer *6* **Betreuung** 16
- Erfüllung *22* **Vollmacht** 76

Rechnungslegungspflicht *14* **Nachlassinsolvenz** 29

Rechnungslegungsverpflichtung
- Klauseln *22* **Vollmacht** 39

Rechtsanwalt
- Fortbildungspflicht *4* **Berufsrecht** 62 ff.
- Unabhängigkeit *4* **Berufsrecht** 1 ff.
- Verschwiegenheit *4* **Berufsrecht** 1 ff.; *s.a.* dort
- Werbung *4* **Berufsrecht** 43 ff.; *s.a.* dort

Rechtsanwaltsgebühren
- Erbscheinsverfahren *23* **58 FamFG** 24

Rechtsanwaltskosten
- Erbscheinsverfahren *23* **80 FamFG** 17

Rechtsanwaltsvergütung
- Auslagen *19* **VV RVG** 78 ff.
- beigeordneter oder bestellter Rechtsanwalt *19* **45 RVG** 1
- Beratung *19* **34 RVG** 4 ff.
- Berechnung *19* **10 RVG** 1 ff.
- erfolgsunabhängige *19* **4 RVG** 1
- Fälligkeit *19* **8 RVG** 1 ff.
- Form und Inhalt der Abrechnung *19* **10 RVG** 3 ff.
- Gebührenbetrag *19* **2 RVG** 1
- Gebührenbetragsrahmen *19* **2 RVG** 1
- Gebührensatz *19* **2 RVG** 1
- Gebührensatzrahmen *19* **2 RVG** 1
- Geschäftsreisekosten *19* **VV RVG** 78 ff.
- Gutachten *19* **34 RVG** 12 f.
- Hemmung der Verjährung *19* **8 RVG** 4 ff.
- Hilfeleistung in Steuersachen *19* **35 RVG** 1 ff.
- Mahnverfahren *19* **VV RVG** 68 ff.
- Mediation *19* **34 RVG** 14
- schiedsrichterliche Verfahren und Verfahren vor dem Schiedsgericht *19* **36 RVG** 1 ff.
- Umsatzsteuer *19* **VV RVG** 85
- Vorschuss *19* **9 RVG** 1

Rechtsanwaltsvertrag *2* **AnwHaft** 3

Rechtsanwendungsinteressen
- IPR *31* **Vor 20–38 EuErbVO** 6 ff.

Rechtsbedingung *24* **20 GBO** 16
- im Antrag *24* **16 GBO** 8

Rechtsbehelf gegen Beitritt *29* **Teilungsversteigerung** 40

Rechtsbehelf gegen Terminsbestimmung *29* **Teilungsversteigerung** 67

Rechtsbeschwerde *23* **Einf. FamFG** 4, 6, 69 **FamFG** 16; *24* **78 GBO** 1 ff.; *25* **GNotKG** 151 ff.; *29* **Teilungsversteigerung** 105
- absolute Revisionsgründe *23* **§§ 70 ff. FamFG** 18
- Adressat *24* **78 GBO** 10
- Anschlussrechtsbeschwerde *24* **78 GBO** 16
- Anwaltsgebühren *23* **§§ 70 ff. FamFG** 28
- Begründung *24* **78 GBO** 14 ff.
- Beschwerdeschrift *24* **78 GBO** 12 ff.
- BGH *23* **§§ 70 ff. FamFG** 1
- Bindung *24* **78 GBO** 8
- Einzelfälle *23* **§§ 70 ff. FamFG** 11 ff.
- elektronische Form *24* **78 GBO** 13
- Erbscheinsverfahren *23* **352e FamFG** 61
- Erstbeschwerde *24* **78 GBO** 3
- Fortbildung des Rechts *24* **78 GBO** 6
- Frist *24* **78 GBO** 11
- Geschäftswert *23* **§§ 70 ff. FamFG** 27
- Gründe *23* **§§ 70 ff. FamFG** 14 ff.
- Kosten *23* **§§ 70 ff. FamFG** 26 ff.; *24* **78 GBO** 19
- Kostenentscheidung *23* **82 FamFG** 11

- Nichtzulassungsbeschwerde
  24 78 GBO 9
- Prüfungskompetenz
  23 §§ 70 ff. **FamFG** 19 ff.
- Prüfungskompetenz des BGH
  23 §§ 70 ff. **FamFG** 14 ff.
- Rechtsmittelkosten *23* 84 **FamFG** 1 ff.
- Rechtssache mit grds. Bedeutung
  24 78 **GBO** 5
- Sicherung einheitlicher Rechtsprechung
  24 78 **GBO** 7
- Statthaftigkeit *24* 78 **GBO** 2 ff.
- Testamentsauslegung
  23 §§ 70 ff. **FamFG** 12
- Testamentsvollstreckerzeugnis
  23 354 **FamFG** 82
- Verfahrensablauf *24* 78 **GBO** 18
- Verzicht *24* 78 **GBO** 17
- weitere Beschwerde *24* 78 **GBO** 3
- Wiedereinsetzung in den vorigen Stand
  24 78 **GBO** 11
- Zulassung *24* 78 **GBO** 4 ff.
- Zulassungsgründe
  23 §§ 70 ff. **FamFG** 6 ff.
- Zurücknahme *24* 78 **GBO** 17
- Zuständigkeit *24* 78 **GBO** 1

Rechtsbindungswille
- Vollmacht *22* **Vollmacht** 57.2

Rechtsfähigkeit
- Nachweis *24* 29 **GBO** 27

Rechtsgeschäft *14* **Nachlassinsolvenz** 67

Rechtsgeschichte
- Grundbuch *24* **Einf. GBO** 3 ff.

Rechtshandlungen vor Insolvenzeröffnung
14 **Nachlassinsolvenz** 121

Rechtshängigkeitsvermerk
- Eintragung *25* **GNotKG** 310 ff.
- Grundbuchberichtigung *24* 22 **GBO** 8

Rechtshilfeersuchen *15* 13 **KonsG** 23

Rechtsinhaberschaft
- Nachweis *24* 29 **GBO** 30

Rechtskraft
- Testamentsvollstreckung
  27 327 **ZPO** 1 ff.
- vorläufiger Erbe *27* 326 **ZPO** 5

Rechtskräftig bestätigter Insolvenzplan
14 **Nachlassinsolvenz** 90

Rechtsmittel
- Beschwerde *24* 71 **GBO** 1 ff.
- Erbscheinsverfahren
  23 352e **FamFG** 30 ff.
- Gebühr für die Prüfung der Erfolgsaussicht *19* **VV RVG** 23

- gegen Zurückweisung *24* 18 **GBO** 17
- gegen Zwischenverfügung
  24 18 **GBO** 17
- Grundbuchberichtigung *24* 22 **GBO** 32
- Grundbucheinsicht *24* 12 **GBO** 20
- Rechtsbeschwerde *24* 78 **GBO** 1 ff.
- Streitgenossenschaft *27* 62 **ZPO** 22
- Teilungssachen *23* 363 **FamFG** 25 ff.,
  366 **FamFG** 31 ff., 372 **FamFG** 1 ff.
- Testamentsvollstreckerzeugnis
  23 354 **FamFG** 54 ff.

Rechtsmittelverzicht *24* 71 **GBO** 10

Rechtsnachfolge *33* **VerwR** 12 ff.
- Ausschluss *36* 59 **SGB I** 1 ff.
- Erlaubnis, rechtsnachfolgefähige
  33 **VerwR** 12
- Ermessensentscheidung *33* **VerwR** 14
- Gesamtrechtsnachfolge *33* **VerwR** 2
- Pflichtennachfolge *33* **VerwR** 13
- Sozialleistungen *36* **Vor 56–59 SGB I** 3

Rechtsnatur
- der Bewilligung *24* 19 **GBO** 6

Rechtsnatur Insolvenzplan
14 **Nachlassinsolvenz** 70

Rechtsprechung *9* **DigNachl** 9

Rechtsschein
- Feststellungsklage *33* **VerwR** 32

Rechtsschutz *33* **VerwR** 46
- im Ausland *15* **Einf. KonsG** 4

Rechtsschutzversicherung *21* **VersR** 1 f.,
  35 ff.
- Erbfall *21* **VersR** 40 ff.

Rechtsstreitigkeiten
14 **Nachlassinsolvenz** 86

Rechtswahl
- Änderung, Widerruf
  31 22 **EuErbVO** 11 ff.
- Art. 22 EuErbVO *31* 22 **EuErbVO** 1 ff.
- Art. 25 Abs. 2 EGBGB
  31 **Vor 20–38 EuErbVO** 73 f.
- fiktive *31* 22 **EuErbVO** 17,
  83 **EuErbVO** 5
- formelle Wirksamkeit *31* 22 **EuErbVO** 8
- Formulierungsvorschlag
  31 22 **EuErbVO** 21
- konkludente Rechtswahl
  31 22 **EuErbVO** 8
- materielle Wirksamkeit
  31 22 **EuErbVO** 9 f.
- Rechtswahl *31* 22 **EuErbVO** 10
- Übergangsrecht *31* 22 **EuErbVO** 14 ff.,
  83 **EuErbVO** 1 ff.
- Zuständigkeit *31* 7 **EuErbVO** 1

Rechtswegteilung *36* 93 SGB XII 2
Rechtswegzuweisung *36* 94 SGB XII 94
Rechtszug *19* 19 RVG 1 ff.
Rechtwahrungsanzeige *36* 33 SGB II 90 ff.
– Ansprüche vor Bekanntwerden der Hilfegewährung *36* 33 SGB II 94
– Rechtscharakter *36* 33 SGB II 96 f.
– Vorausleistung *36* 33 SGB II 95
Reformatio in peius *25* GNotKG 383
Regelverschonung *35* SteuerR 174
Registerausdruck *18* 68a PStG 7
– beglaubigter *18* 68a PStG 8
Registereinsicht
– Notar *18* 68a PStG 19
Registereintrag
– ägyptische Namensketten *18* 18–33 PStG 19
– Akademischer Grad *18* 1–10 PStG 13, 11–17a PStG 10
– ausländische Entscheidung *18* 1–10 PStG 9
– ausländische öffentliche Urkunden *18* 1–10 PStG 8
– Berichtigung *18* 11–17a PStG 11
– englischer Geburtsname *18* 18–33 PStG 19
– irakischer Name *18* 18–33 PStG 19
– Mittelname *18* 18–33 PStG 19
– Name *18* 1–10 PStG 13, 11–17a PStG 10
– polnische Adelsprädikate *18* 18–33 PStG 19
– Religionsgemeinschaft *18* 1–10 PStG 16, 11–17a PStG 13, 18–33 PStG 20
– russischer Namen *18* 18–33 PStG 19
– Scheidung *18* 11–17a PStG 16
– Staatsangehörigkeit *18* 1–10 PStG 9
– Todeserklärung *18* 11–17a PStG 16
– vertrauliche Geburt *18* 1–10 PStG 6
– Weltanschauungsgemeinschaft *18* 1–10 PStG 16
Registergericht *14* Nachlassinsolvenz 45
Reichsheimstättengesetz *24* 35 GBO 10 ff.
Reihengrabstätte *5* Bestattung 98
Reinvestition *35* SteuerR 147
Reisender
– Nachlassfürsorge *15* 9 KonsG 16
Religionsgemeinschaft *18* 18–33 PStG 20
– Islam *18* 11–17a PStG 13
– Registereintrag *18* 1–10 PStG 16, 11–17a PStG 13, 18–33 PStG 20

Religiöse Rechte *31* Vor 20–38 EuErbVO 1
Rente *35* SteuerR 272
Rentenschuld
– Briefvorlage bei Inhaberrecht *24* 42 GBO 3 ff.
Rentenschuldbrief *24* 42 GBO 1 ff.
Rentenzahlungen *36* 58 SGB I 25
Renvoi *31* Vor 20–38 EuErbVO 16 ff., 34 EuErbVO 1 ff.
– hypothetische Rückverweisung *31* 34 EuErbVO 15 ff.
– hypothetische Weiterverweisung *31* 34 EuErbVO 18 ff.
– kollisionsrechtliche Nachlassspaltung *31* 34 EuErbVO 12
– Nichtermittelbarkeit ausländischen Kollisionsrechts *31* 34 EuErbVO 19
– Qualifikationsverweisung *31* 34 EuErbVO 13
– „versteckte" Verweisung *31* 34 EuErbVO 15 ff.
– Verweisung kraft abweichender Qualifikation *31* 34 EuErbVO 13
– Verweisungen auf mitgliedstaatliche Rechtsordnungen mit vorrangig zu beachtenden Staatsverträgen *31* 34 EuErbVO 21 f.
res extra commercium, Leichnam als *5* Bestattung 22, 31
Resomation *5* Bestattung 161
Restschuldbefreiung *14* Nachlassinsolvenz 92
Revisibilität ausländischen Rechts *31* Vor 20–38 EuErbVO 40
Rheinische Hofübergabe *13* 17 HöfeO 36
Richtigstellung des Grundbuchs *24* 22 GBO 5
Risikoausschluss *21* VersR 19, 46 f.
Rückforderungsanspruch
– ohne Rechtsgrund *22* Vollmacht 95 ff.
– Verjährung *22* Vollmacht 100 ff.
– wegen Vollmachtsmissbrauch *22* Vollmacht 77 ff.
Rückgabe *25* GNotKG 345
Rückgewährsanspruch *14* Nachlassinsolvenz 120
Rückkaufswert *21* VersR 1, 117, 122, 153, 159 ff.; *35* SteuerR 247
Rücknahme
– Antrag *24* 31 GBO 1 ff.
– Eintragungsantrag *24* 13 GBO 22 ff.

Rückstände 29 Teilungsversteigerung 43
- Altenteil 24 **23 GBO** 27
- aus beschränkten Rechten
  24 **23 GBO** 18 ff.
- beschränkt persönliche Dienstbarkeit
  24 **23 GBO** 23
- Dauernutzungsrecht 24 **23 GBO** 31
- Dauerwohnrecht 24 **23 GBO** 31
- Erbbaurecht 24 **23 GBO** 32
- Grunddienstbarkeit 24 **23 GBO** 22
- Grundpfandrecht 24 **23 GBO** 24
- Leibgeding 24 **23 GBO** 27
- Nießbrauch 24 **23 GBO** 21
- Pfandrecht 24 **23 GBO** 25
- Reallast 24 **23 GBO** 26
- Vorkaufsrecht 24 **23 GBO** 28
- Vormerkung 24 **23 GBO** 29
- Widerspruch 24 **23 GBO** 30
- Wohnungsrecht 24 **23 GBO** 23

Rücktritt 21 **VersR** 18, 46, 97, 160;
  25 **GNotKG** 344

Rücktritt vom Erbvertrag 25 **GNotKG** 42

Rücktrittsrecht 21 **VersR** 19 f., 96

Rückübertragung 36 **33 SGB II** 111

Rücküberweisungsanspruch
- gegen Geldinstitut 36 **58 SGB I** 26 f.

Rücküberweisungsverlangen
  36 **58 SGB I** 29

Ruhezeit 5 **Bestattung** 101 f.

Sacheigenschaft von Leichen
  5 **Bestattung** 22

Sachenstatut 31 **1 EuErbVO** 19 ff.,
  23 EuErbVO 16 f.

Sachleistungen 36 **59 SGB I** 4
- Höchstpersönlichkeit 36 **59 SGB I** 5
- mutierte 36 **59 SGB I** 20

Sachleistungsanspruch 35 **SteuerR** 40, 260

Sachleistungsprinzip 36 **56 SGB I** 15

Sachliche Zuständigkeit
  14 **Nachlassinsolvenz** 3;
  29 **Teilungsversteigerung** 2

Sachverständigenhonorar 25 **GNotKG** 142

Sachverständiger 25 **GNotKG** 146;
  29 **Teilungsversteigerung** 58

Saisonale Liquiditätsschwankungen
  35 **SteuerR** 148

Sammelerbschein 25 **GNotKG** 103

Sanierungspflicht 33 **VerwR** 16

Sanierungsverfahren
- Genehmigung 24 **19 GBO** 70

Sargpflicht 5 **Bestattung** 9

Schadensersatz 3 **ArbR** 26 ff.
- bei Missachtung der Antragsreihenfolge
  24 **17 GBO** 7
- Tod des Arbeitnehmers 3 **ArbR** 78 ff.

Schadensersatzansprüche 5 **Bestattung** 132

Schadenversicherung 21 **VersR** 188

Scheidung
- Nachweis 24 **29 GBO** 25
- Registereintrag 18 **11–17a PStG** 16

Schenkung 21 **VersR** 57, 59, 196
- auf den Todesfall 35 **SteuerR** 48
- Bewertung 35 **SteuerR** 1
- gemischte 35 **SteuerR** 96
- heimliche 21 **VersR** 57
- Kettenschenkungen 35 **SteuerR** 309
- Mittelbare 35 **SteuerR** 93
- unter Auflage 35 **SteuerR** 96
- unter Lebenden 35 **SteuerR** 90
- Vollmacht 22 **Vollmacht** 8

Schenkungsteuer 21 **VersR** 196, 199 f.

Schenkungsverbot
- Betreuer 6 **Betreuung** 17

Schenkungsversprechen 35 **SteuerR** 49
- Vollziehung 35 **SteuerR** 50

Schenkungsvertrag 21 **VersR** 57

Schiedsanordnung 26 **1066 ZPO** 46 ff.
- Wirksamkeit 26 **1066 ZPO** 30

Schiedsfähigkeit 26 **1066 ZPO** 58 ff.
- Anfechtung letztwilliger Verfügung
  26 **1066 ZPO** 63
- Auslegung letztwilliger Verfügung
  26 **1066 ZPO** 64
- Nachlassteilung 26 **1066 ZPO** 65 ff.
- Pflichtteilansprüche 26 **1066 ZPO** 67 ff.
- Testamentsvollstreckung
  26 **1066 ZPO** 70 ff.

Schiedsgericht
- Bildung 26 **1066 ZPO** 82 ff.
- Einsetzung 26 **1066 ZPO** 45 ff.
- institutionelles 26 **1066 ZPO** 43 ff.

Schiedsgerichtsbarkeit 26 **1066 ZPO** 1 ff.

Schiedsgutachten 26 **1066 ZPO** 7 ff.

Schiedsklausel
- Anordnung 26 **1066 ZPO** 46 ff.

Schiedsrichter
- Ablehnung 26 **1066 ZPO** 33

Schiedsspruch 24 **20 GBO** 28;
  26 **1066 ZPO** 118 ff.
- Vergleich 26 **1066 ZPO** 120
- Vollstreckbarkeit 26 **1066 ZPO** 38
- Vollstreckung 26 **1066 ZPO** 125

Schiedsvereinbarung 26 **1066 ZPO** 51 ff.

Schiedsverfahren
- Ad-hoc-Verfahren 26 **1066 ZPO** 42
- Beendigung 26 **1066 ZPO** 117 ff.
- Beweisaufnahme 26 **1066 ZPO** 100 ff.
- Dauer 26 **1066 ZPO** 19 ff.
- Durchführung 26 **1066 ZPO** 73 ff.
- Friedensstiftung 26 **1066 ZPO** 20
- Fristen 26 **1066 ZPO** 111
- Gestaltung 26 **1066 ZPO** 17 ff.
- Grundsätze 26 **1066 ZPO** 74 ff.
- institutionalisiertes 26 **1066 ZPO** 43 f.
- Klageerhebung 26 **1066 ZPO** 80 ff.
- Kosten 26 **1066 ZPO** 21 ff., 77 f.
- mündliche Verhandlung 26 **1066 ZPO** 90
- Nichtöffentlichkeit 26 **1066 ZPO** 79
- Ort des Verfahrens 26 **1066 ZPO** 91
- Rechtsmittel 26 **1066 ZPO** 121 ff.
- Säumnis 26 **1066 ZPO** 114 ff.
- Schlichtungsversuch 26 **1066 ZPO** 93 ff.
- schriftliches Vorverfahren 26 **1066 ZPO** 89
- Verarmung einer Partei 26 **1066 ZPO** 34 f.
- Verfahrenshindernisse 26 **1066 ZPO** 29 ff.
- Verfahrenssprache 26 **1066 ZPO** 113
- Vertraulichkeit 26 **1066 ZPO** 12 ff.
- vorläufiger Rechtsschutz 26 **1066 ZPO** 112 ff.
- Widerklage 26 **1066 ZPO** 110 ff.
- Zustellung 26 **1066 ZPO** 81 ff.

Schiedsvergleich 26 **1066 ZPO** 93

Schlechterstellung 14 **Nachlassinsolvenz** 115

Schlussrechnung des Insolvenzverwalters 14 **Nachlassinsolvenz** 87

Schlussverteilung 14 **Nachlassinsolvenz** 145

Schmerzensgeld 5 **Bestattung** 60

Schmutzzuschlag 35 **SteuerR** 150

Schriftlicher Antrag 14 **Nachlassinsolvenz** 20

Schriftzeichen
- fremde 18 **18–33 PStG** 19

Schuldenabzug 25 **GNotKG** 122

Schuldenabzugsverbot 25 **GNotKG** 119 ff., 123 f.

Schuldensaldierung 35 **SteuerR** 151

Schuldner 14 **Nachlassinsolvenz** 50

Schusswaffe
- Blockierungssystem 34 **20 WaffG** 17 ff., 21 ff.
- gegenständlicher Besitz 34 **37b WaffG** 2 ff.
- Munition 34 **20 WaffG** 20
- Unbrauchbarmachung 34 **37b WaffG** 1 ff.
- Vernichtung 34 **37b WaffG** 1

Schusswaffe, unbrauchbar gemachte
- Dekorationswaffe 34 **37d WaffG** 1

Schusswaffe, unbrauchbare
- Abhandenkommen 34 **37d WaffG** 5

Schwangere
- Ausschluss des Anspruchsübergangs 36 **33 SGB II** 70 ff., **94 SGB XII** 54

Schwarzgeldkonto 32 **370 AO** 9

Schweigepflicht
- Arzt 9 **DigNachl** 50

Schwerbehinderung 36 **59 SGB I** 12 ff.

Schwierigkeit der anwaltlichen Tätigkeit
- Rahmengebühr iSv § 14 RVG 19 **14 RVG** 8 ff.

Seebestattung 5 **Bestattung** 158

Seemannsamt 15 **8 KonsG** 7; 18 **45b PStG** 7

Seeschiff
- Geburt auf 15 **8 KonsG** 7
- Geburt oder Tod auf 18 **18–33 PStG** 6 f., 15, 26, 32, **45b PStG** 1, 6 f.
- mit Bundesflagge 18 **18–33 PStG** 7
- ohne Bundesflagge 18 **18–33 PStG** 6, **45b PStG** 6
- Todesfall auf 15 **8 KonsG** 7

Selbstanzeige
- fahrlässige Unkenntnis 32 **370 AO** 14
- Strafverfolgungshindernis 32 **370 AO** 14

Selbsthilfe
- Verweis auf 36 **33 SGB II** 108 ff., **94 SGB XII** 95 ff.

Selbstkontrahieren
- Bewilligung 24 **19 GBO** 60 ff.

Selbstmord 21 **VersR** 180 f.

Selbstnutzung 35 **SteuerR** 120

Selbsttötung 21 **VersR** 180 f.

Sicherheitsleistung 29 **Teilungsversteigerung** 80, 82, 84

Sicherster Weg 2 **AnwHaft** 84 ff.

Sicherungsrecht 14 **Nachlassinsolvenz** 42

Siegel
- Beurkundung *15* 10 KonsG 10

Sofortige Beschwerde
  14 Nachlassinsolvenz 46,
  117; *23* Einf. FamFG 5;
  29 Teilungsversteigerung 61, 91

Sondergrabstätte *5* Bestattung 99

Sonderinsolvenz *14* Nachlassinsolvenz 1

Sondernutzungsrechte *24* Einf. GBO 43

Sonderrechtsnachfolge
- Aktivlegitimation *36* 56 SGB I 62
- Aufrechnung *36* 57 SGB I 25 f.
- Bruchteilsgemeinschaft *36* 56 SGB I 56
- Ehegatte *36* 56 SGB I 28 f.
- Eltern *36* 56 SGB I 45 f.
- Erbengemeinschaft *36* 56 SGB I 65
- Erbunwürdigkeit *36* 56 SGB I 5
- Geldleistungen *36* 56 SGB I 6 ff.
- Geschwister *36* 56 SGB I 35
- Haftung *36* 57 SGB I 18 ff.
- Haushaltsführer *36* 56 SGB I 47 ff.
- Kinder *36* 56 SGB I 31 ff.
- Klagebefugnis *36* 56 SGB I 62
- Kostenprivilegierung *36* 56 SGB I 68
- Lebenspartner *36* 56 SGB I 30
- Pflegekind *36* 56 SGB I 39 ff.
- Rückabwicklungsverhältnis *36* 57 SGB I 16
- Stiefkinder *36* 56 SGB I 33 f.
- Tod des Berechtigten *36* 56 SGB I 58 ff.
- Verhältnis zum Erbrecht *36* 56 SGB I 4 f.
- Verrechnung *36* 57 SGB I 27 ff.
- Verzicht *36* 57 SGB I 3 ff.
- Vorrang *36* 58 SGB I 6
- Zweck *36* 56 SGB I 2

Sonderrechtsnachfolger
  36 Einf. SozialR 8 f.

Sonderrechtsnachfolgeverzicht
- Erklärung *36* 57 SGB I 9
- Frist *36* 57 SGB I 7 f.
- Widerruf *36* 57 SGB I 10
- Wirkung *36* 57 SGB I 12 ff.

Sonstige Masseverbindlichkeiten
  14 Nachlassinsolvenz 62

Sozialgerichtliches Verfahren
- Gerichtskostenfreiheit *36* 58 SGB I 20
- Kostenrecht *36* 56 SGB I 66 ff.
- Streitwertfestsetzung *36* 56 SGB I 66

Sozialhilfe *5* Bestattung 133 ff.
- Auseinandersetzungsguthaben *36* 90 SGB XII 14
- Bedarfszeitraum *36* 90 SGB XII 8
- Bewilligungszeitraum *36* 90 SGB XII 27
- Hilfe zum Lebensunterhalt *36* 90 SGB XII 5
- Hilfebedürftigkeit *36* 90 SGB XII 2
- Kalendermonatsprinzip *36* 90 SGB XII 16
- Nachranggrundsatz *36* 74 SGB XII 26, 94 SGB XII 1
- Vermögen zum Zeitpunkt der Antragstellung *36* 90 SGB XII 7
- Zurechnungszeitpunkt *36* 90 SGB XII 11

Sozialhilfeanspruch
- Vererblichkeit *36* 59 SGB I 6 ff.

Sozialhilfeaufwendungen, Begrenzung auf *36* 94 SGB XII 31 ff.
- Aufteilung der Unterkunftskosten *36* 94 SGB XII 34 ff.
- Aufteilung einmaliger Beilhilfe *36* 94 SGB XII 33
- Bedarfszeitraum *36* 94 SGB XII 31 f.

Sozialhilfeempfänger
- Alleinerbe *36* 90 SGB XII 29 f.
- Kostenübernahmeanspruch *36* 94 SGB XII 103 ff.
- Miterbe *36* 90 SGB XII 10, 30 f.
- Nacherbschaft *36* 90 SGB XII 35
- Pflichtteilsverzicht *36* 90 SGB XII 32

Sozialleistung *25* GNotKG 141; *36* 59 SGB I 3
- Ermessensleistung *36* 56 SGB I 10
- Erstattungsanspruch bei zu Unrecht gewährter *36* 58 SGB I 47 ff.
- Pflichtleistung *36* 56 SGB I 10
- Rechtsnachfolge *36* Vor 56–59 SGB I 3
- Sonderrechtsnachfolge *36* 56 SGB I 1 ff.
- Vererblichkeit von Ansprüchen *36* 59 SGB I 6 ff.
- Vererbung *36* 58 SGB I 1 ff.

Sozialrecht
- als öffentliches Recht *36* Einf. SozialR 3
- im formellen Sinn *36* Einf. SozialR 1
- im materiellen Sinn *36* Einf. SozialR 1

Sozialrechtliche Verbindlichkeiten
- Aufhebungsbescheid *36* 58 SGB I 19
- Erbenhaftung *36* 58 SGB I 15 ff.

Sparbuch *36* 58 SGB I 31

Spätaussiedler
- Namensänderung *18* 11–17a PStG 14

Sprungrechtsbeschwerde *25* GNotKG 154

Staatenlose *15* 8 KonsG 9, 9 KonsG 4
- Geburtsbeurkundung *18* 18–33 PStG 26
- Sterbebeurkundung *18* 18–33 PStG 32

Staatliches Aneignungsrecht
– kollisionsrechtliche Behandlung
 31 **33 EuErbVO** 1 ff.

Staatliches Erbrecht
– kollisionsrechtliche Behandlung
 31 **33 EuErbVO** 1 ff.

Staatsangehörigkeit *15* **9 KonsG** 4, 15 f.,
 11 KonsG 4
– Beurkundung *18* **11–17a PStG** 18
– Geburtenregister *18* **18–33 PStG** 29
– mehrere *15* **8 KonsG** 9, **9 KonsG** 4
– Nachweis *24* **29 GBO** 25
– Registereintrag *18* **1–10 PStG** 9

Stammgüter *24* **35 GBO** 17

Standesamt
– Aufsichtsbehörde *18* **1–10 PStG** 3
– Auslandsbezug *18* **1–10 PStG** 3
– gerichtliche Weisung *18* **1–10 PStG** 11
– Mitteilungspflichten *8* **78e** 2 f.
– Personenstandsregister *18* **1–10 PStG** 2
– Testamentsverzeichnisüberführung
 8 **78d** 21 f.
– zuständiges *15* **8 KonsG** 14
– Zuständigkeit *18* **1–10 PStG** 3

Standesbeamter *18* **1–10 PStG** 2
– Prüfungspflicht *18* **1–10 PStG** 9

Sterbebuch *18* **1–10 PStG** 19

Sterbefall
– Anzeige *18* **18–33 PStG** 10
– im Ausland *18* **18–33 PStG** 32

Sterbefallmitteilung *15* **8 KonsG** 14

Sterbegeld
– Tod des Arbeitnehmers *3* **ArbR** 73

Sterberegister *18* **18–33 PStG** 1 ff., 31 ff.
– Familiennamen *18* **18–33 PStG** 31
– Familienstand *18* **18–33 PStG** 31
– Folgebeurkundungen *18* **18–33 PStG** 33
– Haupteintrag *18* **18–33 PStG** 31
– Hinweisteil *18* **18–33 PStG** 34
– Name *18* **18–33 PStG** 31
– Todeszeitpunkt *18* **18–33 PStG** 31

Sterbetafel *35* **SteuerR** 252

Sterbeurkunde *15* **9 KonsG** 12

Steuerbefreiung *35* **SteuerR** 114 ff.
– Familienheim *35* **SteuerR** 117
– Gelegenheitsgeschenke *35* **SteuerR** 128
– gemeinnützige Organisationen
 35 **SteuerR** 129
– Hausrat *35* **SteuerR** 116
– Pflege oder Unterhaltsgewährung
 35 **SteuerR** 121

Steuerbegünstigung
– Betriebsvermögen *35* **SteuerR** 130 ff.

Steuerentstehung *35* **SteuerR** 19

Steuererklärung
– Aufklärung *32* **370 AO** 3
– Erben des Steuerpflichtigen Erblassers
 32 **370 AO** 3
– Erklärungen *32* **370 AO** 3
– Zinseinkünfte *32* **370 AO** 3

Steuererklärung des Erblassers
– letztwillige Verfügungen
 32 **Einf. StrafR** 26
– Nachforschungspflicht
 32 **Einf. StrafR** 26
– steuerliche Behandlung der Erbschaft
 32 **Einf. StrafR** 26
– Zinseinkünfte *32* **Einf. StrafR** 26

Steuerhinterziehung *32* **370 AO** 1 ff.;
 35 **SteuerR** 3, 11
– Selbstanzeige *32* **370 AO** 14 ff.

Steuerklasse *35* **SteuerR** 105

Steuerpause *35* **SteuerR** 130.4

Steuerpflicht *35* **SteuerR** 22 ff.
– beschränkte *35* **SteuerR** 25
– erweiterte unbeschränkte *35* **SteuerR** 24
– Option zur unbeschränkten
 35 **SteuerR** 25
– steuerpflichtige Vorgänge *35* **SteuerR** 15
– unbeschränkte *35* **SteuerR** 22

Steuersachen
– Vergütung Rechtsanwalt
 19 **35 RVG** 1 ff.

Steuerschulden
– im Ausland *15* **9 KonsG** 17

Steuerschuldner *35* **SteuerR** 20

Steuertarif *35* **SteuerR** 111

Steuervergünstigung *35* **SteuerR** 114 ff.

Steuerverschonung *10* **1371** 77 ff.

Stichtagssteuer *35* **SteuerR** 19

Stiefkind *35* **SteuerR** 106
– Sonderrechtsnachfolge
 36 **56 SGB I** 33 f.

Stiefkindadoption *10* **1742** 3, **1756** 14 ff.
– Annahme durch unverheiratetes Paar
 10 **1766a** 1, 3 f.
– Annahme durch unverheiratetes Paar
 (Voraussetzungen) *10* **1766a** 3
– Ausschluss *10* **1766a** 6
– durch unverheiratetes Paar (Ausschluss)
 10 **1766a** 6
– eingetragene Lebenspartnerschaft
 10 **1741** 19

- internationales Privatrecht *10* **1766a** 10
- Rechtsstellung *10* **1754** 5
- Sukzessivadoption *10* **1756** 5
- unverheiratetes Paar *10* **1766a** 8 ff.
- Verwandtschaftsverhältnisse *10* **1756** 15

Stiefkindadoption durch unverheiratetes Paar
- Verfahren *10* **1766a** 8

Stiftung *35* **SteuerR** 16, 67, 339 ff.
- Doppelstiftungsmodell *35* **SteuerR** 344
- Erlöschen der Erbschaftsteuer *35* **SteuerR** 524
- Sonderausgabenabzug *35* **SteuerR** 342
- Steueroptimierung *35* **SteuerR** 341

Stille Gesellschaft *11* **234 HGB** 1 ff., **235 HGB** 1 ff., **Einf. Handels-/Gesellschaftsrecht** 33 ff.
- Auseinandersetzung *11* **235 HGB** 1 ff.
- Auseinandersetzungsguthaben *11* **235 HGB** 8
- Erbauseinandersetzung *11* **234 HGB** 10
- Fortsetzungsklausel *11* **234 HGB** 8
- Testamentsvollstreckung *11* **234 HGB** 12
- Tod des Geschäftsinhabers *11* **234 HGB** 4 ff.
- Tod des stillen Gesellschafters *11* **234 HGB** 14
- Tod eines Gesellschafters *11* **234 HGB** 5 ff., **Einf. Handels-/Gesellschaftsrecht** 38 ff.
- Übergang auf den stillen Gesellschafter *11* **234 HGB** 13

Stimmrechtsanteil
- Mitteilungspflicht *11* **Anh AktG Transparenzpflichten** 5 ff.

Stimmrechtserwerb
- Ausschlagung der Erbschaft *11* **Anh AktG Transparenzpflichten** 11
- Gesamtrechtsnachfolge *11* **Anh AktG Transparenzpflichten** 10

Stimmrechtsmitteilung
- Form *11* **Anh AktG Transparenzpflichten** 15

Stimmrechtszurechnung
- Acting in Concert *11* **Anh AktG Transparenzpflichten** 7
- Nießbrauch *11* **Anh AktG Transparenzpflichten** 6 f.
- Option *11* **Anh AktG Transparenzpflichten** 6 ff.
- Sicherheit *11* **Anh AktG Transparenzpflichten** 6 f.

- Tochterunternehmen *11* **Anh AktG Transparenzpflichten** 6 f.
- Überlassung *11* **Anh AktG Transparenzpflichten** 6
- Vollmacht *11* **Anh AktG Transparenzpflichten** 6

Störung
- krankhafte *21* **VersR** 127

Strafbarkeit *32* **Einf. StrafR** 1 ff.

Straftat
- objektiver Tatbestand *32* **Einf. StrafR** 21
- subjektiver Tatbestand *32* **Einf. StrafR** 21

Streitgenossenschaft
- Aktivprozess der Erbengemeinschaft *27* **62 ZPO** 7
- Anerkenntnis *27* **62 ZPO** 21
- Erbunwürdigkeitsklage *27* **62 ZPO** 12
- Feststellungsklage Erbrecht *27* **62 ZPO** 9 f.
- Fristversäumung *27* **62 ZPO** 16
- Geständnis *27* **62 ZPO** 21
- Klageänderung *27* **62 ZPO** 21
- Klagerücknahme *27* **62 ZPO** 18
- notwendige *27* **62 ZPO** 1 ff.
- Passivprozess *27* **62 ZPO** 8
- Pflichtteilsrecht *27* **62 ZPO** 11
- Rechtsmittel *27* **62 ZPO** 22
- Testamentsvollstrecker *27* **62 ZPO** 13
- Verjährung *27* **62 ZPO** 17
- Versäumnisurteil *27* **62 ZPO** 15
- Verzicht *27* **62 ZPO** 21
- Zuständigkeit *27* **62 ZPO** 20

Streitwert
- Ansprüche der Nachlassgläubiger *27* **3 ZPO** 10
- Erbauseinandersetzung *27* **3 ZPO** 6
- Erbschein *27* **3 ZPO** 16
- Leistungen an den Nachlass *27* **3 ZPO** 7 ff.
- Pflichtteil *27* **3 ZPO** 5
- Testamentsvollstreckung *27* **3 ZPO** 14 f.

Strukturprinzipien *36* **59 SGB I** 10

Stufenklage
- Auskunft *27* **254 ZPO** 7 ff.
- Belegvorlage *27* **254 ZPO** 8 f.
- eidesstattliche Versicherung *27* **254 ZPO** 9 ff.
- Erbschaftsbesitzer *27* **254 ZPO** 29 ff.
- Erledigung *27* **254 ZPO** 17
- Gang des Verfahrens *27* **254 ZPO** 14 ff.
- Gebühren der Anwälte *27* **254 ZPO** 31 ff.
- Gegenstandswert *19* **23 RVG** 39

- Kostenentscheidung 27 254 ZPO 15 ff.
- Kostenerstattungsanspruch
  27 254 ZPO 17
- Prozesskostenhilfe 27 254 ZPO 33
- Rechtsmittelstreitwert
  27 254 ZPO 20 ff.
- sofortiges Anerkenntnis 27 254 ZPO 17
- Streitwert 27 254 ZPO 13 ff.
- Teilurteil 27 254 ZPO 15
- Terminsgebühr 27 254 ZPO 32
- Unzulässigkeit/Unbegründetheit
  27 254 ZPO 14
- Verfahrensgebühr 27 254 ZPO 31
- Wertermittlung 27 254 ZPO 7, 10
- Zuständigkeit 27 254 ZPO 13 ff.
- Zwischenfeststellungsklage
  27 254 ZPO 34 ff.

Stundensätze 25 GNotKG 146
Stundung 35 SteuerR 179
- der Nachabfindung 13 13 HöfeO 14
- Pflichtteilsanspruch 23 362 FamFG 1 ff.

Stundungseinrede 10 1371 72
Subjektiv-dingliche Rechte
- Bewilligung 24 21 GBO 1 ff.

Subjektloses Recht 5 Bestattung 28
Substitution 31 Vor 20–38 EuErbVO 36
Suizid 21 VersR 180 f.
Sukzessivadoption
- eingetragene Lebenspartnerschaft
  10 1741 20 f.

Summen-Krankenversicherung
  21 VersR 188
Summenmehrheit
  14 Nachlassinsolvenz 95, 112
Summenversicherungen 21 VersR 188, 193
Surrogationserwerb 24 20 GBO 19,
  51 GBO 11

Täterschaft
- mittelbarer Täter 32 Einf. StrafR 17
- unmittelbarer Täter 32 Einf. StrafR 17

Tathandlungen
- Erblasser 32 267 StGB 4
- Gebrauchen 32 267 StGB 4
- Herstellen 32 267 StGB 4
- Notar 32 267 StGB 4

Tatherrschaftswille
- Tatererfolg 32 Einf. StrafR 15

Teilaufhebung
- Stiefkindadoption 10 1764 8

Teilaufhebungsbeschluss
- Erlöschen der verwandtschaftlichen Beziehungen 10 1764 7

Teileigentum 24 Einf. GBO 40 ff.;
  29 Teilungsversteigerung 12
Teilerbbaurecht 24 Einf. GBO 45
Teilerbschein 23 352a FamFG 6
Teilerbscheinsverfahren 25 GNotKG 103
Teillöschung
- Eigentümerzustimmung 24 27 GBO 5

Teilung des Nachlasses
  14 Nachlassinsolvenz 10
Teilungsanordnung 35 SteuerR 31, 41
- kollisionsrechtliche Behandlung dinglich wirkender 31 31 EuErbVO 10

Teilungserklärung
- Änderung bei Vor- und Nacherbfolge
  24 51 GBO 21

Teilungssache 23 342 FamFG 3 ff.;
  25 GNotKG 253 ff.
- Antrag 23 363 FamFG 1 ff., 11 ff.
- Antragsberechtigung
  23 363 FamFG 15 ff.
- Ausbleiben im Verhandlungstermin
  23 365 FamFG 15 ff.
- Auseinandersetzungsplan
  23 368 FamFG 1 ff.; 25 GNotKG 261
- außergerichtliche Vereinbarung
  23 366 FamFG 1 ff.
- Aussetzung 23 370 FamFG 1 ff.
- Bekanntgabe Beurkundung
  23 366 FamFG 24 ff.
- Bestätigung 23 366 FamFG 13 ff.,
  371 FamFG 3 ff.
- Bestätigungsbeschluss
  23 371 FamFG 4 ff.
- Beteiligte 23 363 FamFG 17 ff.
- Beurkundung 23 366 FamFG 8 ff.
- Beurkundung der Vereinbarung
  23 366 FamFG 3 ff.
- Einigung 23 366 FamFG 8 ff.
- Entscheidung 23 363 FamFG 19 ff.
- Kosten 23 363 FamFG 27 ff.,
  366 FamFG 34 ff., 368 FamFG 22 ff.
- Ladung 23 365 FamFG 1 ff.
- Ladungsfolgen 23 365 FamFG 15 ff.
- Ladungsform 23 365 FamFG 8 ff.
- Ladungsfrist 23 365 FamFG 3 ff.
- Ladungsinhalt 23 365 FamFG 11 ff.
- Los 23 369 FamFG 1 ff.
- Losverteilung 23 369 FamFG 1 ff.
- notarielles Verfahren
  23 363 FamFG 7 ff.
- Rechtsmittel 23 363 FamFG 25 ff.,
  366 FamFG 31 ff., 368 FamFG 19 ff.,
  372 FamFG 1 ff.
- Säumnis 23 366 FamFG 27 ff.

- Säumnisverfahren 23 366 **FamFG** 21 ff.
- Terminsanberaumung erneute
  23 366 **FamFG** 30 ff.
- Terminsbestimmung
  23 365 **FamFG** 3 ff.
- Verfahren 23 363 **FamFG** 8 ff.
- Verhandlungstermin
  23 366 **FamFG** 5 ff.
- Vermittlungsverfahrens
  25 **GNotKG** 257
- vorbereitende Vereinbarung
  23 366 **FamFG** 3 ff.
- Wiedereinsetzung 23 367 **FamFG** 1 ff.
- Zuständigkeit 23 363 **FamFG** 8 ff.
- Zwangsvollstreckung
  23 371 **FamFG** 12 ff.
- zweite Säumnis 23 366 **FamFG** 29 ff.

Teilungsverfahren
- Gegenstandswert 19 23 **RVG** 40

Teilungsversteigerungsvermerk
  29 **Teilungsversteigerung** 50

Teilurteil
- Stufenklage 27 254 **ZPO** 15

Telekommunikation-Telemedien-Datenschutz-Gesetz 9 **DigNachl** 77, 82
- Dritter 9 **DigNachl** 80
- mutmaßliche Einwilligung des Absenders
  9 **DigNachl** 83

Terminsbestimmung
  14 **Nachlassinsolvenz** 106;
  29 **Teilungsversteigerung** 63, 65

Terminsgebühr
  29 **Teilungsversteigerung** 101
- Nr. 3104 VV RVG 19 **VV RVG** 56 ff.
- Nr. 3202 VV RVG 19 **VV RVG** 67

Terminsunterbrechung
  29 **Teilungsversteigerung** 79

Testament 15 10 **KonsG** 9, 11 **KonsG** 5;
  25 **GNotKG** 1, 350; 35 **SteuerR** 1, 28,
  263 ff.; 36 58 **SGB I** 7
- amtliche Verwahrung 35 **SteuerR** 291
- Auflagen 35 **SteuerR** 275
- Behinderter 7 **Vor 27–35 BeurkG** 14
- Berliner 35 **SteuerR** 297 ff.
- besondere amtliche Verwahrung
  15 11 **KonsG** 6; 23 344 **FamFG** 3 ff.
- Beurkundung 7 **Vor 27–35 BeurkG** 2 ff.
- Beurkundung durch Konsularbeamte
  15 11 **KonsG** 1 ff.
- Beurkundung gemeinschaftlichen
  15 11 **KonsG** 6
- Beurkundung öffentlichen
  15 11 **KonsG** 6
- Bindungswirkung 35 **SteuerR** 295
- digitales 9 **DigNachl** 106
- eigenhändiges 35 **SteuerR** 289
- erneute besondere amtliche Verwahrung
  bei gemeinschaftlichen Testamenten
  23 344 **FamFG** 5 ff.
- Errichtung in fremder Sprache
  7 32 **BeurkG** 3
- gemeinschaftliches 35 **SteuerR** 294
- kollisionsrechtliche Behandlung
  31 24 **EuErbVO** 1 ff., 27 **EuErbVO** 1 ff.
- Minderjähriger 7 **Vor 27–35 BeurkG** 13
- Nichtigkeitsfeststellung/Gegenstandswert
  19 23 **RVG** 35
- notarielles 35 **SteuerR** 290
- Regelungsinhalt 35 **SteuerR** 264
- Registrierung 7 34a **BeurkG** 5; 8 78d 12
- sicherster Weg 2 **AnwHaft** 97
- steuerliche Gestaltungsmöglichkeiten
  35 **SteuerR** 299
- Supervermächtnis 35 **SteuerR** 302
- Testamentserbe 10 1371 31 31
- Testamentsformen 35 **SteuerR** 288
- Testamentsvollstreckung
  35 **SteuerR** 279
- Übergabe einer Schrift
  7 30 **BeurkG** 1 ff.
- Unternehmertestament 35 **SteuerR** 345
- Urkundenfälschung 32 267 **StGB** 1 ff.
- Vermächtnis 35 **SteuerR** 267 ff.
- Verwahrung 23 344 **FamFG** 2 ff.;
  7 34 **BeurkG** 7 ff.
- Vor- und Nacherbschaft 35 **SteuerR** 277
- Wechselbezüglichkeit 35 **SteuerR** 296
- Zwei-Zeugen-Testament 7 29 **BeurkG** 4

Testamentsauslegung
- Rechtsbeschwerde
  23 §§ 70 ff. **FamFG** 12

Testamentseröffnung 15 11 **KonsG** 8
- Beschwerde 23 58 **FamFG** 11,
  59 **FamFG** 18

Testamentserrichtung
- Anwaltsfehler 2 **AnwHaft** 166 f.
- Anwaltshaftung 2 **AnwHaft** 166
- gesellschaftsrechtliche Nachfolgeklauseln
  2 **AnwHaft** 168

Testamentsfälschung 23 **Einf. FamFG** 1

Testamentsgestaltung 36 90 **SGB XII** 34

Testamentsverzeichnis 18 18–33 **PStG** 27,
  68a **PStG** 8

Testamentsvollstrecker
  14 **Nachlassinsolvenz** 75;
  15 9 **KonsG** 14; 36 90 **SGB XII** 37
- Annahmezeugnis 25 **GNotKG** 180 ff.
- Antragsbefugnis 24 13 **GBO** 14

- Beschwerderecht selbstständiges
  23 355 FamFG 29 ff.
- Beteiligte 23 345 FamFG 10 ff.
- Bewilligung 24 19 GBO 38 ff.
- digitaler 9 DigNachl 3, 20, 110
- Erbschein 23 352b FamFG 1 ff.
- Ernennung in notarieller Urkunde
  7 27beurkg 10 ff.
- Fristsetzung zur Bestimmung des Testamentsvollstreckers 23 355 FamFG 4 ff.
- Fristsetzung zur Erklärung über die Annahme des Amtes 23 355 FamFG 10 ff.
- Handeln mit allen Erben und Vermächtnisnehmern 24 52 GBO 43
- Insichgeschäft 24 52 GBO 35 ff.
- Meinungsverschiedenheiten
  23 355 FamFG 18 ff.
- Nachweis der Amtsannahme
  24 52 GBO 4
- Nachweis der Stellung als
  24 29 GBO 31
- Nachweis der Verfügungsbefugnis
  24 35 GBO 80 ff., 52 GBO 37 ff.
- selbstständiges Beschwerderecht
  23 355 FamFG 29 ff.
- Streitgenossenschaft 27 62 ZPO 13
- unentgeltliche Verfügungen
  24 52 GBO 26 ff.
- Verfahren über Ernennung oder Entlassung 25 GNotKG 173 ff.
- Verfügungsberechtigung
  24 52 GBO 22 ff.
- Verfügungsbeschränkungen
  24 52 GBO 26 ff.
- Vergütung 19 1 RVG 1 f., 15 RVG 14 ff.
- Voreintragung Erben bei Bewilligung
  24 40 GBO 20

Testamentsvollstreckervermerk
  24 52 GBO 1 ff.
- Berichtigungsbewilligung
  24 22 GBO 26
- Eintragung und Löschung
  25 GNotKG 306 f.
- Grundbuchsperre 24 52 GBO 21
- Inhalt 24 52 GBO 20
- Löschung 24 52 GBO 46 ff.
- Ort im Grundbuch 24 52 GBO 19
- Rang 24 52 GBO 44
- Verzicht auf Eintragung 24 52 GBO 45
- Wirkung 24 52 GBO 21 ff.
- Zeitpunkt der Eintragung
  24 52 GBO 17 ff.

Testamentsvollstreckerzeugnis
  15 10 KonsG 8; 23 354 FamFG 7 ff.;
  24 52 GBO 3; 25 GNotKG 155 ff.
- Abhilfe 23 354 FamFG 75 ff.
- als Nachweis im Grundbuchverfahren
  24 35 GBO 82 ff.
- Amtsermittlung 23 354 FamFG 15 ff.
- Antrag 23 354 FamFG 9 ff.
- Aussetzung der sofortigen Wirksamkeit
  23 354 FamFG 47 ff.
- Beendigung 23 354 FamFG 50 ff.
- Bekanntgabe 23 354 FamFG 46 ff.
- Beschwerde 23 354 FamFG 54 ff.
- Beschwerdegericht 23 354 FamFG 76 ff.
- Beschwerdeinhalt 23 354 FamFG 73 ff.
- Beschwerdeverfahren
  23 354 FamFG 70 ff.
- Beteiligte 23 354 FamFG 13 ff.
- Beweisaufnahme 23 354 FamFG 15 ff.
- Bindung des Gerichts
  23 354 FamFG 23 ff.
- Einziehung 23 354 FamFG 49 ff.
- Einziehung oder Kraftloserklärung
  25 GNotKG 168
- Feststellungsbeschluss
  23 354 FamFG 19 ff., 26 ff.
- Feststellungslast 23 354 FamFG 22 ff.
- Form 24 35 GBO 83
- gegenständlich beschränktes
  25 GNotKG 164
- Gegenstandswert 19 23 RVG 41
- Inhalt 23 354 FamFG 31 ff.;
  24 35 GBO 84
- Kraftloserklärung 23 354 FamFG 49 ff.
- Rechtsbeschwerde 23 354 FamFG 82 ff.
- Rechtsmittel 23 354 FamFG 54 ff.
- streitiges Verfahren
  23 354 FamFG 42 ff.
- Verfahren 23 354 FamFG 9 ff.
- Vergleich 23 354 FamFG 23 ff.
- Vorlage der Ausfertigung
  24 29 GBO 82
- Wirkung 23 354 FamFG 38 ff.
- Zurückweisung 23 354 FamFG 40 ff.
- Zuständigkeit 23 354 FamFG 8 ff.
- zweites oder weiteres 25 GNotKG 165
- Zwischenverfügung
  23 354 FamFG 17 ff.

Testamentsvollstreckung 10 1586b 29;
  29 Teilungsversteigerung 29;
  5 Bestattung 165
- Aktivprozess 27 327 ZPO 2
- Beschwerdeberechtigung
  23 59 FamFG 13 ff.
- Betreuung 6 Betreuung 53 ff.

- Entlassung 23 **59 FamFG** 15
- Erbschein 23 **352b FamFG** 9 ff.
- Haftungsbeschränkung 6 **Betreuung** 58
- Haupt- und Nebenintervention
  27 **327 ZPO** 6
- Höferecht 13 **16 HöfeO** 10
- Informationspflichten 6 **Betreuung** 58
- Mitteilungspflicht
  11 **Anh AktG Transparenzpflichten** 13
- Nachweis 24 **52 GBO** 3 ff.
- Passivprozess 27 **327 ZPO** 2
- Patentnichtigkeitsklage 27 **327 ZPO** 6
- Prozessführung der Erben
  27 **327 ZPO** 3 ff.
- Rechtsbeschwerde
  23 **§§ 70 ff. FamFG** 12
- Schiedsfähigkeit 26 **1066 ZPO** 70 ff.
- Streitverkündung 27 **327 ZPO** 5
- Streitwert 27 **3 ZPO** 14 f.
- Surrogationserwerb 24 **52 GBO** 10 ff.
- Umfang 24 **52 GBO** 6 ff.
- und BGB-Gesellschaft 24 **52 GBO** 15
- und Erbengemeinschaft 24 **52 GBO** 13
- und Gesamthandsgemeinschaft
  24 **52 GBO** 13 ff.
- und Gütergemeinschaft 24 **52 GBO** 14

Testamentswiderruf
- Betreuung 6 **Betreuung** 80 ff.

Testierfähigkeit 35 **SteuerR** 287, 509;
7 **28 BeurkG** 5 ff.
- bei Statutenwechsel 31 **26 EuErbVO** 4
- Rechtsbeschwerde
  23 **§§ 70 ff. FamFG** 12

Testierfreiheit
- Behindertentestament 36 **90 SGB XII** 40

Testierunfähigkeit 23 **Einf. FamFG** 1
- Kosten 23 **80 FamFG** 14, **81 FamFG** 5
- Sachverständigengutachten
  23 **80 FamFG** 14

Testierverbote
- kollisionsrechtliche Behandlung
  31 **26 EuErbVO** 2, **30 EuErbVO** 14

Titulierter Anspruch
- Unterhaltsgläubiger 10 **1586b** 23
- Unterhaltsschuldner 10 **1586b** 24

Tod
- Erwerber nach Einigung 24 **20 GBO** 39
- Nachweis 24 **29 GBO** 25
- Veräußerer nach Einigung
  24 **20 GBO** 38

Tod des Arbeitgebers 3 **ArbR** 6 ff.
- Arbeitnehmerüberlassung
  3 **ArbR** 109 ff.

- Befristung des Arbeitsverhältnisses
  3 **ArbR** 9
- Kündigung 3 **ArbR** 10 ff.; *s.a.* dort
- Kündigungsschutz 3 **ArbR** 17 ff.
- Leiharbeit 3 **ArbR** 109 ff.
- offene Ansprüche 3 **ArbR** 24 ff.
- Verkauf des Betriebs 3 **ArbR** 42 ff.
- Zeugniserteilung 3 **ArbR** 40

Tod des Arbeitnehmers 3 **ArbR** 45 ff.
- Abfindung 3 **ArbR** 63 ff.
- Ansprüche 3 **ArbR** 49 ff.
- Arbeitnehmerüberlassung
  3 **ArbR** 112 ff.
- Arbeitszeitkonto 3 **ArbR** 68 ff.
- Ausschlussfristen 3 **ArbR** 71 ff.
- Beendigung des Arbeitsverhältnisses
  3 **ArbR** 46 ff.
- Beerdigungskosten 3 **ArbR** 74
- betriebliche Altersversorgung
  3 **ArbR** 84 ff.
- Leiharbeit 3 **ArbR** 112 ff.
- Schadensersatz 3 **ArbR** 78 ff.
- Sterbegeld 3 **ArbR** 73
- Urlaubsanspruch 3 **ArbR** 58 ff.
- Vergütungsanspruch 3 **ArbR** 50

Tod des Vermieters 17 **Einf. MietR** 2 ff.

Todesanzeige 18 **18–33 PStG** 35

Todeserklärung 14 **Nachlassinsolvenz** 65;
18 **11–17a PStG** 16, **18–33 PStG** 29, 34 f.
- Beurkundung 18 **68a PStG** 2, 8
- Nachweis 24 **29 GBO** 25
- Verschollenheit 20 **9 VerschG** 1 ff.

Todesfall
- auf Seeschiff 15 **8 KonsG** 7
- Benachrichtigung 15 **9 KonsG** 7
- Beurkundung 15 **8 KonsG** 1
- im Ausland 18 **18–33 PStG** 14
- Meldepflicht 5 **Bestattung** 7

Todesfallentschädigung 21 **VersR** 18, 91, 180

Todesfallversicherung 21 **VersR** 68

Todesnachweis 24 **23 GBO** 33

Todesvermutungen
- Anpassung sich widersprechender
  31 **32 EuErbVO** 1 ff.

Todeszeitpunkt 18 **18–33 PStG** 31

Totenfürsorge 15 **9 KonsG** 11;
36 **74 SGB XII** 7; 5 **Bestattung** 52 ff.
- Bestimmung des Inhabers bei Fehlen einer
  Anordnung 5 **Bestattung** 69 ff.
- Festlegung des Inhabers
  5 **Bestattung** 62 ff.

- gerichtliche Durchsetzung
  5 **Bestattung** 57 ff.
- Inhalt *5* **Bestattung** 52, 56
- Kontrollrecht *5* **Bestattung** 61
- letztwillige Verfügung mit Bezug zur
  5 **Bestattung** 63
- Maßgeblichkeit des Willens
  5 **Bestattung** 53 ff.
- Mehrheit von Berechtigten
  5 **Bestattung** 73 f.
- Pflichtcharakter *5* **Bestattung** 76
- Umbettung *5* **Bestattung** 77 ff.
- Wahrnehmungsberechtigte
  9 **DigNachl** 21
- Weigerung des Berechtigten
  5 **Bestattung** 33

Totengedenken
- als Schutzgut *5* **Bestattung** 30

Totenruhe
- Beweismaß *5* **Bestattung** 78
- Störung *5* **Bestattung** 36 ff.

Totenschein *5* **Bestattung** 4
Totenwürde *5* **Bestattung** 17 ff., 25
Totgeburt *5* **Bestattung** 145
- Geburtenregister *18* **18–33 PStG** 24

Tötung
- Schadensersatz bei *5* **Bestattung** 132

Transliteration *18* **18–33 PStG** 19

Transparenzregister
- elektronisches
  11 **Anh AktG Transparenzpflichten** 18 ff.
- Informationspflichtiger
  11 **Anh AktG Transparenzpflichten** 19

Transplantation *5* **Bestattung** 39 ff.
Transposition *31* **31 EuErbVO** 1 ff.

Transsexueller
- Personenstandsurkunde *18* **68a PStG** 21

Trennung Vermögensmassen
14 **Nachlassinsolvenz** 44

Trennungszeit *29* **Teilungsversteigerung** 19

Tresor
- Widerstandsgrad 1 *34* **36 WaffG** 4

Treuhandbeziehung (Trust)
5 **Bestattung** 31

Trust *35* **SteuerR** 68
- kollisionsrechtliche Behandlung
  31 **1 EuErbVO** 17 f., **31 EuErbVO** 8

Überbeglaubigung *15* **13 KonsG** 20

Übereignung
- Grundstück *24* **Einf. GBO** 59 ff.
- Wohnungseigentum *24* **Einf. GBO** 59 ff.

Überentnahme *35* **SteuerR** 165
- Ausgleich *35* **SteuerR** 165.2

Überführung
- Verstorbener *15* **9 KonsG** 10 ff.

Übergabevertrag
- Abfindung *13* **17 HöfeO** 24
- Altenteil *13* **17 HöfeO** 30 ff.
- Doppelnatur *13* **17 HöfeO** 12
- Fiktion des Hoferbfalls *13* **17 HöfeO** 11
- formlos-bindender *13* **17 HöfeO** 15 f.
- Genehmigung *13* **17 HöfeO** 41
- Hoferbenbestimmung
  13 **17 HöfeO** 11 ff.
- Pflichtteilsanspruch *13* **17 HöfeO** 3
- Rheinische Hofübergabe
  13 **17 HöfeO** 36
- Wirtschaftsfähigkeit des Übernehmers
  13 **17 HöfeO** 18

Übergangsvorschrift
- § 60 RVG *19* **Einf. RVG** 4 f.
- § 61 RVG *19* **Einf. RVG** 5

Überkreuzversicherung *35* **SteuerR** 330

Überleitungsanzeige *36* **93 SGB XII** 30 ff.
- Ermessen *36* **93 SGB XII** 34 f.
- formelle Voraussetzungen
  36 **93 SGB XII** 31 ff.
- Rechtsbehelfe/Rechtsmittel
  36 **93 SGB XII** 36 ff.
- Tod der leistungsberechtigten Person
  36 **93 SGB XII** 39
- Wirkungsdauer *36* **93 SGB XII** 38

Überprüfungsverfahren *36* **59 SGB I** 28 ff.

Überschuldung *14* **Nachlassinsolvenz** 26
Überschussbeteiligung *21* **VersR** 1, 52, 82, 174

Übersetzungen *15* **13 KonsG** 17

Übertragbare Krankheit
- Todesursache *5* **Bestattung** 14

Übertragung
- Briefgrundpfandrechte *24* **26 GBO** 1
- dingliche Rechte *24* **Einf. GBO** 69
- Erbteil *24* **Einf. GBO** 70

Übertragung von Rechten
14 **Nachlassinsolvenz** 88

Überweisungszeugnis
23 **354 FamFG** 51 ff.; *24* **36 GBO** 1 ff.;
25 **GNotKG** 183 ff., 189
- Anwendbarkeit *24* **36 GBO** 3 ff.
- Beweiskraft *24* **36 GBO** 22
- Bezugnahme auf Akten *24* **36 GBO** 21
- Einziehung oder Kraftloserklärung
  25 **GNotKG** 193
- Erbfolgenachweis *24* **35 GBO** 69

- Erteilung 25 **GNotKG** 185
- Form 24 **36 GBO** 20
- für Grundpfandrechte 24 **37 GBO** 1 ff.
- Inhalt 24 **36 GBO** 19
- Untererbengemeinschaft 24 **36 GBO** 2
- Voraussetzungen der Erteilung 24 **36 GBO** 13 ff.
- Zuständigkeit 24 **36 GBO** 13 ff.

Umbettung
- Abstammungsfeststellung 5 **Bestattung** 84
- Genehmigung des Friedhofsträgers 5 **Bestattung** 84
- Totenfürsorge 5 **Bestattung** 77 ff.

Umfang der anwaltlichen Tätigkeit
- Rahmengebühr iSv § 14 RVG 19 **14 RVG** 5 ff.

Umlegungsverfahren
- Genehmigung 24 **19 GBO** 69

Unabhängigkeit
- Rechtsanwalt 4 **Berufsrecht** 1 ff.

Unbedenklichkeitsbescheinigung 24 **20 GBO** 53 ff.; 29 **Teilungsversteigerung** 95

Unbeschränkte Erbenhaftung 14 **Nachlassinsolvenz** 9

Unbeschränkte Erbschaftsteuerpflicht 35 **SteuerR** 547

Unbeschränkte Steuerpflicht 35 **SteuerR** 533

Unentgeltliche Leistungen 10 **1764** 13

Unfallereignis 21 **VersR** 175 ff.

Unfallrentenversicherung 21 **VersR** 64

Unfalltod
- Unfreiwilligkeit 21 **VersR** 181

Unfallversicherung 21 **VersR** 5, 18, 64, 175 ff.
- Erbfall 21 **VersR** 180

Ungewisse Leistungen 35 **SteuerR** 257

Unionsbürger 15 **8 KonsG** 9, **9 KonsG** 4, **11 KonsG** 4

Universalsukzession 35 **SteuerR** 264; 5 **Bestattung** 21

Unmittelbares Ansetzen
- Beginn der Versuchsstrafbarkeit 32 **Einf. StrafR** 25
- Mittäter 32 **Einf. StrafR** 25
- Zwischenakte 32 **Einf. StrafR** 25

Unrichtigkeitsnachweis 24 **22 GBO** 17 ff.
- Anforderungen 24 **22 GBO** 18
- Ausnahmen 24 **22 GBO** 19
- durch Urteil 24 **22 GBO** 20
- Form 24 **22 GBO** 22
- oder Berichtigungsbewilligung 24 **22 GBO** 24
- Tod eines BGB-Gesellschafters 24 **22 GBO** 21
- zum Nachweis Verpflichteter 24 **22 GBO** 17

Untätigkeitsbeschwerde 23 **Einf. FamFG** 5

Unterbrechung Verwaltungsprozess
- Erbfall 33 **VerwR** 25

Untererbbaurecht 24 **Einf. GBO** 52

Unterhalt 35 **SteuerR** 123
- überwiegender 36 **56 SGB I** 52
- wesentlicher 36 **56 SGB I** 23 ff.

Unterhaltsanspruch
- bei Tod des Unterhaltspflichtigen 36 **94 SGB XII** 7 ff.
- Einkommensveränderungen 10 **1586b** 10 f.
- gesetzliche 10 **1586b** 5
- Gläubiger 10 **1586b** 7
- Mutter des nichtehelichen Kindes 36 **94 SGB XII** 11 ff.
- Rückübertragung 36 **94 SGB XII** 99 f.
- Schuldner 10 **1586b** 8
- Untitulierter Anspruch 10 **1586b** 20 ff.
- vertragliche 10 **1586b** 6

Unterhaltsgläubiger
- Darlegungslast des Gläubigers 10 **1586b** 20.2
- Kenntnis von der Höhe der Einkünfte 10 **1586b** 20.1

Unterhaltspflicht 35 **SteuerR** 127

Unterhaltspflicht des geschiedenen Ehegatten
- Bedarf/Bedürftigkeit 10 **1586b** 9 ff.
- Tod des Verpflichteten 10 **1586b** 1 ff.
- Unterhaltsansprüche 10 **1586b** 4 ff.
- Verfahren 10 **1586b** 19 ff.
- Vertragsgestaltung 10 **1586b** 31 ff.

Unterhaltsrechtsverhältnisse 10 **1586b** 2

Unterhaltsschuldner
- Abänderungsverfahren 10 **1586b** 24
- Dürftigkeitseinrede 10 **1586b** 26
- Vollstreckungsgegenklage 10 **1586b** 25

Unterhaltsstatut 31 **1 EuErbVO** 12

Unterkunftskosten 36 **102 SGB XII** 24

Unternehmensidentität
- Gewerbesteuer 35 **SteuerR** 13

Unternehmensinsolvenz 14 **Nachlassinsolvenz** 71

Unternehmensnachfolge *35* **SteuerR** 345 ff.
- Absicherung des Ehegatten
  35 **SteuerR** 367
- Eintrittsklausel *35* **SteuerR** 355 f.
- Einziehungsklausel *35* **SteuerR** 348
- Fortsetzungsklausel *35* **SteuerR** 351
- Nachfolgeklausel *35* **SteuerR** 352
- Nießbrauch *35* **SteuerR** 380 f.
- Pflichtteilsansprüche *35* **SteuerR** 374
- qualifizierte Nachfolgeklausel
  35 **SteuerR** 353 f.
- Regelverschonung und Optionsmodell
  35 **SteuerR** 379 f.
- steuerliche Aspekte *35* **SteuerR** 379 ff.
- Stimmrechte *35* **SteuerR** 381

Unternehmergesellschaft
- Nachweise *24* **32 GBO** 1 ff.

Unternehmeridentität
- Gewerbesteuer *35* **SteuerR** 13

Unterschlagung *32* **246 StGB** 1 ff.
- erbrechtliche *32* **246 StGB** 9 ff.
- veruntreuende *32* **246 StGB** 15
- Zueignung an Dritten
  32 **246 StGB** 13 f.

Unterschriften *15* **10 KonsG** 8
- Beurkundung *15* **10 KonsG** 10

Untervollmacht *22* **Vollmacht** 18
- Prüfung durch das GBA *24* **29 GBO** 16

Untitulierter Anspruch
- Unterhaltsgläubiger *10* **1586b** 20 ff.
- Unterhaltsschuldner *10* **1586b** 21

Untreue *32* **266 StGB** 1 ff.

Unvertretbare Handlung *33* **VerwR** 13 ff.

Unvollständige Planvorlage
  14 **Nachlassinsolvenz** 101

Unwirksame letztwillige Verfügung
  35 **SteuerR** 508 ff.
- Erbprätendent *35* **SteuerR** 521
- erbschaftsteuerliche Folgen
  35 **SteuerR** 512 ff.
- ertrag- und grunderwerbsteuerliche Folgen *35* **SteuerR** 520 ff.
- wirtschaftliche Betrachtungsweise
  35 **SteuerR** 521
- zivilrechtliche Folgen *35* **SteuerR** 509 ff.

Unwirksamkeit des Antrags *10* **1760** 8 f.

Urheberpersönlichkeitsrecht
  5 **Bestattung** 28

Urkunde
- ausländische öffentliche
  15 **13 KonsG** 1 ff.
- Echtheitsbestätigung *15* **13 KonsG** 20
- Echtheitsbeweis *15* **13 KonsG** 13
- Echtheitsvermutung *15* **13 KonsG** 15
- Falschbeurkundung *32* **274 StGB** 1 ff.
- Fälschung *32* **267 StGB** 1 ff.
- gerichtliche *15* **13 KonsG** 15
- Legalisation *15* **13 KonsG** 1 ff.
- öffentliche *15* **8 KonsG** 12;
  18 **Einf. PStG** 2
- Original *15* **13 KonsG** 19
- Sprachfassung *15* **8 KonsG** 12
- Übersetzung *15* **8 KonsG** 12,
  13 KonsG 22
- versehrte *15* **13 KonsG** 13
- von Behörden *24* **29 GBO** 59 ff.
- Vorbeglaubigung *15* **13 KonsG** 20
- Zwischenbeglaubigung *15* **13 KonsG** 20

Urkundenbeweis *24* **29 GBO** 1

Urkundenfälschung
- Testament *32* **267 StGB** 1 ff.

Urkundenüberprüfung
- gutachterliche *15* **13 KonsG** 23

Urlaub
- Abgeltung *3* **ArbR** 59 f.
- in natura *3* **ArbR** 58

Urne
- Überführung *15* **9 KonsG** 12

Urteil
- als Unrichtigkeitsnachweis
  24 **22 GBO** 20

Valutaverhältnis *21* **VersR** 57;
  35 **SteuerR** 60

Vaterschaft
- Anerkennung *18* **45b PStG** 10
- nachträgliche Anerkennung
  18 **18–33 PStG** 23

Veräußerung *35* **SteuerR** 165

Verbindung von Terminen
  14 **Nachlassinsolvenz** 110

Verbot der Annahme
- Interessenabwägung *10* **1769** 2 f.

Verbundsvermögensaufstellung
  35 **SteuerR** 152

Verein
- Nachweise *24* **32 GBO** 1 ff.

Vereinbarungen
- güterrechtliche *10* **1371** 69

Vereinfachtes Ertragswertverfahren
  35 **SteuerR** 140, 233 ff.

Vereinigung
- Informationspflicht
  11 **Anh AktG Transparenzpflichten** 20
- Kontrolle
  11 **Anh AktG Transparenzpflichten** 24 ff.

Vererblichkeit
- dingliche Positionen 9 **DigNachl** 23
- Hilfsansprüche 9 **DigNachl** 30
- Liebesbriefe 9 **DigNachl** 52
- mutmaßlicher Wille 9 **DigNachl** 51
- schuldrechtliche Beziehungen 9 **DigNachl** 25
- Wille des Erblassers 9 **DigNachl** 49

Verfahren 10 **1586b** 22
- Anhörungsverfahren 10 **1745** 5
- Antrag des Kindes 10 **1748** 4
- Anwaltskosten 10 **1741** 32 f.
- Eintritt der Volljährigkeit während des Verfahrens 10 **1768** 9
- Gerichtskosten 10 **1741** 30 f.
- leibliche Kinder 10 **1769** 4
- Notarkosten 10 **1741** 34 ff.
- örtliche Zuständigkeit 10 **1768** 7
- Pflegegeld 10 **1745** 6
- Rechtsmittel 10 **1768** 8
- Verfahrenskostenhilfe 10 **1741** 31
- Verfahrenswert 10 **1741** 33

Verfahrensabschließende Entscheidungen 23 **58 FamFG** 2

Verfahrensanordnung 29 **Teilungsversteigerung** 26, 49

Verfahrensdauer Teilungsversteigerung 29 **Teilungsversteigerung** 1

Verfahrensdurchführung 14 **Nachlassinsolvenz** 147

Verfahrensfähigkeit
- Grundbuchverfahren 24 **Einf. GBO** 38
- im Beschwerdeverfahren 24 **71 GBO** 20

Verfahrensgebühr 29 **Teilungsversteigerung** 100
- Nr. 3100 VV RVG 19 **VV RVG** 50 ff.

Verfahrenshindernis 29 **Teilungsversteigerung** 27

Verfahrenskosten 14 **Nachlassinsolvenz** 41; 29 **Teilungsversteigerung** 68, 81

Verfügender
- Betreuer/Nachlasspfleger 36 **58 SGB I** 40.1

Verfügung
- anderweitige 36 **58 SGB I** 30

Verfügung von Todes wegen
- Ablieferungsanordnung 23 **358 FamFG** 9 ff.
- Ablieferungspflicht 23 **358 FamFG** 2 ff.
- Annahme 25 **GNotKG** 42 ff.
- Begriff (EuErbVO) 31 **3 EuErbVO** 8
- besondere amtliche Verwahrung 25 **GNotKG** 42 ff.
- Beurkundung durch Konsularbeamte 15 **11 KonsG** 1 ff.
- Einsichtnahme 23 **357 FamFG** 3 ff.
- Eintragung im Zentralen Testamentsregister 25 **GNotKG** 61
- Eröffnung 25 **GNotKG** 10, 65 ff.
- Eröffnung mehrerer 25 **GNotKG** 81 ff.
- Eröffnungszuständigkeit des verwahrenden Gerichts 25 **GNotKG** 83
- Errichtungsstatut, hypothetisches Erbstatut 31 **24 EuErbVO** 3 ff.
- Formstatut 31 **27 EuErbVO** 1 ff.
- Herausgabe aus der besonderen amtlichen Verwahrung 25 **GNotKG** 53
- Hinterlegungsschein 25 **GNotKG** 43
- kollisionsrechtliche Behandlung 31 **23 EuErbVO** 1 ff., **24 EuErbVO** 1 ff., **25 EuErbVO** 1 ff.
- materielle Wirksamkeit 31 **26 EuErbVO** 1 ff.
- mehrere 25 **GNotKG** 55
- Rücknahme aus der amtlichen Verwahrung 25 **GNotKG** 44
- Weiterverwahrung 25 **GNotKG** 57
- Wiederverwahrung 25 **GNotKG** 56
- Zwangsmittel 23 **358 FamFG** 15 ff.

Verfügungsbefugnis
- Nachweis 24 **29 GBO** 31

Verfügungsberechtigung
- Testamentsvollstrecker 24 **52 GBO** 22 ff.

Verfügungsbeschränkung 14 **Nachlassinsolvenz** 27; 35 **SteuerR** 169
- Erbbaurecht 24 **Einf. GBO** 48
- Grundbuchunrichtigkeit 24 **22 GBO** 16
- Testamentsvollstrecker 24 **52 GBO** 26 ff.
- Wohnungseigentum 24 **Einf. GBO** 44

Verfügungsverbot 29 **Teilungsversteigerung** 32, 44

Vergleich
- Auflassung 24 **20 GBO** 15, 27
- Form 24 **29 GBO** 67
- Kosten 23 **83 FamFG** 2
- mit Widerrufsvorbehalt 24 **20 GBO** 15
- Nachweis 24 **29 GBO** 67
- Schiedsspruch 24 **20 GBO** 28

Vergleichsberechnung 14 **Nachlassinsolvenz** 81

Vergleichswertverfahren 35 **SteuerR** 213 f.

Vergütung 14 **Nachlassinsolvenz** 59
- fixe nach Todesfall 3 **ArbR** 50 f.
- Höhe 19 **2 RVG** 1 ff.
- Stichtagsklauseln 3 **ArbR** 54

– variable nach Todesfall *3* **ArbR** 52 ff.
Vergütung Rechtsanwalt
– Prämie Haftpflichtversicherung
  19 **VV RVG** 83 f.
Vergütungsfestsetzung *19* **11 RVG** 1 f.
Vergütungsherabsetzung
– Vergütungsvereinbarung
  19 **3a RVG** 9 ff.
Vergütungsvereinbarung *19* **3a RVG** 1 ff.
– Ausschluss Vergütungsfestsetzung nach § 11 RVG *19* **3a RVG** 15
– Beratungshilfemandat *19* **3a RVG** 7
– Form *19* **3a RVG** 2 ff.
– Herabsetzung der Vergütung
  19 **3a RVG** 9 ff.
– Inhalt *19* **3a RVG** 5 ff.
– Modifizierung gesetzlicher Vergütungstatbestände *19* **3a RVG** 6
– Pauschalvergütung *19* **3a RVG** 6
– Unangemessenheit der vereinbarten Vergütung *19* **3a RVG** 9 ff.
– Zeitvergütung *19* **3a RVG** 6
Vergütungsverzeichnis *19* **VV RVG** 1, 2 **RVG** 1
Verhandlung *14* **Nachlassinsolvenz** 109
Verjährung *10* **1586b** 28
– Streitgenossenschaft *27* **62 ZPO** 17
Verkehrsanschauung *35* **SteuerR** 190
Verkehrswert *29* **Teilungsversteigerung** 59
Verkehrswertfestsetzung
  29 **Teilungsversteigerung** 57, 60
Verlustvortrag *35* **SteuerR** 4, 13
Vermächtnis *10* **1371** 14, 32, 44 f.;
  35 **SteuerR** 9, 35 ff., 266 ff.
– Aktie *11* **68 AktG** 6 ff.
– Gattungsvermächtnis *35* **SteuerR** 270
– Gegenstandswert *19* **23 RVG** 42
– Geldvermächtnis *35* **SteuerR** 270
– Gerichtsstand *27* **27 ZPO** 9 f.
– Höferecht *13* **16 HöfeO** 8 ff.
– Kaufrechtsvermächtnis *35* **SteuerR** 40
– Nießbrauchvermächtnis *35* **SteuerR** 268
– Pflichtteilsvermächtnis *35* **SteuerR** 271
– Rentenvermächtnis *35* **SteuerR** 272
– Stückvermächtnis *35* **SteuerR** 267
– Supervermächtnis *35* **SteuerR** 302
– vermächtnisgleicher Erwerb
  35 **SteuerR** 57
– Verschaffungsvermächtnis
  35 **SteuerR** 39, 267
– Vorausvermächtnis *35* **SteuerR** 41
– Wahlvermächtnis *35* **SteuerR** 273
– Wertermittlung *35* **SteuerR** 38

– Wohnungsrechtsvermächtnis
  35 **SteuerR** 269
– Zurechnungszeitpunkt
  36 **90 SGB XII** 11
– Zweckvermächtnis *35* **SteuerR** 274
Vermächtnisanordnung *10* **1371** 65 f.;
  25 **GNotKG** 327
Vermächtniserfüllung *25* **GNotKG** 326 ff.
– Auflassung *24* **20 GBO** 5
Vermächtnisnehmer *36* **102 SGB XII** 8
– Grundbucheinsicht *24* **12 GBO** 8
– Voreintragung *24* **40 GBO** 5
Vermessungsingenieur
– Beurkundungsbefugnis *24* **29 GBO** 53
Vermieter
– Versterben *17* **Einf. MietR** 2 ff.
Vermietung *29* **Teilungsversteigerung** 52
Vermittlungsverfahren
– Teilungssache *25* **GNotKG** 257
Vermögen
– bedingter Vorsatz *32* **263 StGB** 1
– Befugnis *32* **266 StGB** 2
– Bereicherungsabsicht *32* **263 StGB** 1
– digitales *9* **DigNachl** 2, 6
– Erbschaft *36* **Einf. SozialR** 18 ff.
– Freibeträge *36* **90 SGB XII** 28.1
– Garantenstellung *32* **263 StGB** 1
– Irrtum *32* **263 StGB** 1
– Missbrauch *32* **266 StGB** 2
– Rechtsmacht *32* **263 StGB** 2
– Rechtsverkehr *32* **266 StGB** 2
– Verbrechensstrafbarkeit *32* **266 StGB** 2
– Vermögensgegenstände *32* **263 StGB** 1
– Vermögensverfügungen *32* **263 StGB** 1
– Verwertbarkeit *36* **Einf. SozialR** 21, **90 SGB XII** 24 ff.
– Wahrheitsgehalt *32* **263 StGB** 1
– wirtschaftlicher Vermögensbegriff
  32 **263 StGB** 1
– Zufluss *36* **90 SGB XII** 7
Vermögensbegriff
– Erbrecht *9* **DigNachl** 22
Vermögensfreibetrag *36* **94 SGB XII** 21
Vermögensgegenstände
– Verwertungshindernis
  36 **90 SGB XII** 26
Vermögensinteressen
– Erbrechtliche Interessen leiblicher Kinder
  10 **1769** 2
Vermögensnachfolge *35* **SteuerR** 263
Vermögenssorge
– Beschränkung *10* **1638** 1 ff.

Vermögensverwaltende Gesellschaft
  25 GNotKG 123
Vermögensverwaltung
– Betreuung   6 Betreuung 24 ff.
Vermögensverwertungsschutz
  36 102 SGB XII 3
Vermögensverzeichnis   10 1640 1 ff.
– Betreuung   6 Betreuung 13
Vermögensvorteil
– rechtswidriger   32 263 StGB 1 ff.
Vernehmung
– durch Konsularbeamte   15 10 KonsG 13
Veröffentlichung   14 Nachlassinsolvenz 43
Verpachtung   29 Teilungsversteigerung 52
Verpfändung
– Erbteil   24 Einf. GBO 71, 26 GBO 3 ff.
Versagungsgrund
  14 Nachlassinsolvenz 118
Versäumnisurteil
– Feststellungsklage   27 256 ZPO 39
– Stufenklage   27 254 ZPO 1
Verschaffungsvermächtnis   35 SteuerR 37
Verschollener   18 18–33 PStG 10
Verschollenheit
– 10-Jahres-Frist   20 3 VerschG 2
– hohes Lebensalter   20 3 VerschG 3 f.
– jugendlich Verschollene
  20 3 VerschG 5 f.
– Krieg   20 4 VerschG 1 ff.
– Lebensgefahr   20 7 VerschG 1 ff.
– Lebensvermutung bis zur Todeserklärung
  20 11 VerschG 1
– Lebensversicherung   20 9 VerschG 8
– Legaldefinition   20 1 VerschG 1 f.
– Luftverschollenheit   20 6 VerschG 1 ff.
– Nachrichtenlosigkeit   20 1 VerschG 5 ff.
– Seeverschollenheit   20 5 VerschG 1 ff.
– Steuerrecht   20 9 VerschG 4
– Todeserklärung   20 9 VerschG 1 ff.
– Todeszeitpunkt, Feststellung
  20 9 VerschG 2
Verschollenheitserklärung
– ausländische Todeserklärung
  20 Einf. VerschG 17
– Kommorientenvermutung
  20 11 VerschG 8
– mehrere Tote   20 11 VerschG 8
– unklare Versterbensreihenfolge
  20 11 VerschG 1 ff.
– Verfahren   20 2 VerschG 1
– Zuständigkeit   20 Einf. VerschG 13 ff.

Verschollenheitsfälle
– Statistik   20 Einf. VerschG 23 f.
Verschonung   35 SteuerR 130.1
Verschonungsabschlag   35 SteuerR 132,
  154, 173
Verschonungsbedarfsprüfung
  35 SteuerR 133, 173
Verschwiegenheit
– Grenzen   4 Berufsrecht 6
– Rechtsanwalt   4 Berufsrecht 1 ff.
– Schutzzweck   4 Berufsrecht 4
– Umfang   4 Berufsrecht 5
Verschwiegenheitsklausel
  30 Einf. MediationsG 4, 15,
  1 MediationsG 4, 9, 4 MediationsG 3,
  7 ff.
Versicherer
– Kündigung   21 VersR 97, 134 ff.
– Leistungsfreiheit   21 VersR 16, 31, 33,
  105, 112, 114, 124 f.
Versicherte Person   21 VersR 65 ff.
– ärztliche Untersuchung   21 VersR 75
– Gefahränderung   21 VersR 109 ff.
– Kenntnis und Verhalten   21 VersR 90
– Selbsttötung   21 VersR 124
– Tötung   21 VersR 133 f.
– unrichtige Altersangabe   21 VersR 93
Versicherung
– beitragsfreie   21 VersR 137, 142, 163
– Reaktivierung beitragsfrei gestellter
  21 VersR 137, 163
– Ruhen   21 VersR 137
Versicherung an Eides Statt
– Abnahme   15 12 KonsG 1 ff.
– Beurkundung   15 10 KonsG 8
– Erklärungen im Ausland
  15 Einf. KonsG 8
– fahrlässige falsche   32 161 StGB 1 ff.
Versicherungsfall   21 VersR 85
– Anzeigepflicht   21 VersR 25
– Lebensversicherung   21 VersR 79
– Selbsttötung   21 VersR 130
– Tötungsdelikt   21 VersR 133
– vorsätzliche Herbeiführung
  21 VersR 126
Versicherungsnehmer
– Anzeigeobliegenheit   21 VersR 25 ff.
– Informationsobliegenheit
  21 VersR 25 ff.
– Kündigung   21 VersR 150 ff.
– Widerruf   21 VersR 78 ff.
Versicherungsprämie   21 VersR 65, 94

Versicherungssumme
- beitragsfreie Versicherung
 21 VersR 137, 163
- Bezugsberechtigung *21* VersR 117
- Erbschaftsteuer *21* VersR 196
- reduzierte *21* VersR 137, 163

Versicherungsvertrag
- Einwilligung des Vormundschaftsgerichts
 21 VersR 70
- Formmangel *21* VersR 57 f.
- Kündigung *21* VersR 104 f., 117, 121 f.
- Rückabwicklung *21* VersR 73 f., 81
- Textform *21* VersR 18, 22, 82, 108, 177

Versorgungsbezüge *35* SteuerR 62, 110

Versteigerungserlös
 29 Teilungsversteigerung 70

Versteigerungstermin
 29 Teilungsversteigerung 39,
 62, 66, 74, 76, 86, 101

Versteigerungsvermerk
 29 Teilungsversteigerung 69

Versterben
- im Ausland *18* 18–33 PStG 6,
 45b PStG 6

Verstorbener
- Benachrichtigung der Verwandten
 15 9 KonsG 7 ff.
- Überführung *15* 9 KonsG 10 ff.
- Würde *36* 74 SGB XII 4

Verteilungstermin
 29 Teilungsversteigerung 92

Verteilungsverfahren
 29 Teilungsversteigerung 103

Vertrag zugunsten Dritter *21* VersR 118;
 35 SteuerR 59
- Lebensversicherung *21* VersR 56, 64
- Prämienerstattung *35* SteuerR 64
- unwiderrufliche Bezugsberechtigung
 35 SteuerR 65

Vertrag zwischen der Bundesrepublik Deutschland und dem Königreich Griechenland über die gegenseitige Anerkennung und Vollstreckung von gerichtlichen Entscheidungen, Vergleichen und öffentlichen Urkunden in Zivil- und Handelssachen *31* Vor 39–58 EuErbVO 6

Verträge
- bilaterale *15* 13 KonsG 9

Vertragsbeziehungen
- Online *9* DigNachl 7

Vertragsstatut *31* 1 EuErbVO 14 f.,
 23 EuErbVO 11 ff.

Vertrauliche Geburt *18* 18–33 PStG 9, 25

Vertretbare Handlung *33* VerwR 13 ff.

Vertreter ohne Vertretungsmacht
- Genehmigung *24* 29 GBO 21

Vertretung
- bei Antragstellung *24* 13 GBO 20
- bei Bewilligung *24* 19 GBO 53 ff.
- bei Grundbucheinsicht *24* 12 GBO 14
- Grundbuchverfahren *24* Einf. GBO 39,
 15 GBO 3

Vertretung bei Antragstellung
 29 Teilungsversteigerung 15

Vertretungsbefugnis
- Nachweis bei Gesellschaften
 24 32 GBO 1 ff.

Vertriebene *15* 8 KonsG 9
- Namensänderung *18* 11–17a PStG 14

Vertriebene deutscher Volkszugehörigkeit
 15 9 KonsG 4

Veruntreuung *32* 266 StGB 1 ff.

Verwahrung
- Annahme Verfügung von Todes wegen
 23 346 FamFG 2 ff.
- besondere amtliche *23* 346 FamFG 1
- Erbvertrag *23* 344 FamFG 7
- gemeinschaftliches Testament
 23 344 FamFG 5 f.
- Konsulat *23* 344 FamFG 8
- Testamente *23* 344 FamFG 2 ff.
- Verfahren bei besonderer amtlicher
 23 346 FamFG 1 ff.

Verwahrungsnachricht *18* 18–33 PStG 27

Verwalter Wohnungseigentumsgemeinschaft
- Nachweis *24* 29 GBO 42

Verwalterzustimmung
 29 Teilungsversteigerung 95

Verwaltungs- und Verfügungsrecht
 14 Nachlassinsolvenz 52

Verwaltungsanweisung
 36 90 SGB XII 37 f.

Verwaltungsgerichtliches Verfahren
 33 VerwR 3

Verwaltungsmaßnahmen bei Erbengemeinschaft
- betreuungsgerichtliche Genehmigung
 6 Betreuung 48

Verwaltungsrecht
- Pflichtennachfolge *33* VerwR 13
- Rechtsnachfolge *33* VerwR 12 ff.

Verwaltungsrecht, Rechtsnachfolge
 33 VerwR 12 ff.
- Anhörung *33* VerwR 32

- Auflage *33* **VerwR** 16
- Bekanntgabe *33* **VerwR** 33
- Beteiligter *33* **VerwR** 31
- Betreiberpflichten *33* **VerwR** 16
- Betriebsfortführung *33* **VerwR** 20
- Erlaubnis *33* **VerwR** 2, 17
- Gaststättenkonzession *33* **VerwR** 20
- Genehmigung *33* **VerwR** 2, 17 f.
- Gesamtrechtsnachfolger *33* **VerwR** 30 f.
- Gestattung *33* **VerwR** 2, 17
- Handlungs- und Zustandsverantwortung *33* **VerwR** 14
- Handwerkserlaubnis *33* **VerwR** 20
- höchstpersönliche Positionen *33* **VerwR** 19
- höchstpersönliche Rechte und Pflichten *33* **VerwR** 23
- Konzessionen *33* **VerwR** 2
- öffentlich-rechtlicher Vertrag *33* **VerwR** 21 ff.
- Ordnungspflichten, sachbezogene *33* **VerwR** 16
- persönliche Qualifikation *33* **VerwR** 20
- Rechtsbehelfsfrist *33* **VerwR** 34
- Rechtsnachfolgeklausel *33* **VerwR** 22
- Rechtsnachfolger *33* **VerwR** 29
- Sanierungspflichten *33* **VerwR** 16
- Taxikonzession *33* **VerwR** 20
- Verfahrensrecht *33* **VerwR** 24 ff.
- Verfahrensunterbrechung *33* **VerwR** 26
- Verfügungen *33* **VerwR** 16
- Verwaltungsakt (begünstigender) *33* **VerwR** 17
- Verwaltungsprozess *33* **VerwR** 24 f.
- Verwaltungsverfahren *33* **VerwR** 28
- Verwaltungsvollstreckung *33* **VerwR** 24, 36 ff.
- Vollstreckung *33* **VerwR** 24
- Widerspruchsverfahren *33* **VerwR** 35

Verwaltungstestamentsvollstreckung *36* **90 SGB XII** 36

Verwaltungsverfahren *33* **VerwR** 3, 28

Verwaltungsvermögensquote *35* **SteuerR** 142

Verwaltungsvermögenstest *35* **SteuerR** 141

Verwaltungsvollstreckung *33* **VerwR** 3, 36 ff.
- Kostenfestsetzungsbeschluss *33* **VerwR** 47
- Rechtsschutz *33* **VerwR** 46

Verwandte
- Ausschluss des Anspruchsübergangs *36* **33 SGB II** 66 ff., **94 SGB XII** 47 ff.

Verwandtenadoption *10* **1756** 6 ff.
- Annahme durch die Großeltern *10* **1756** 7 f.
- Annahme durch Onkel/Tante *10* **1756** 11 ff.

Verwandtschaftsverhältnisse
- Bestehenbleiben bei Adoption *10* **1756** 3 ff.

Verweisung *19* **20 RVG** 1 f.

Verwertungs- und Einziehungsverbot *14* **Nachlassinsolvenz** 36

Verwirkung
- Verwirkungseinwände des Erben *10* **1586b** 18

Verwirkungseinwand *10* **1586b** 21

Verzicht
- Eigentümerzustimmung *24* **27 GBO** 6

Verzichtsvereinbarung
- Erbverzichtsvereinbarung *10* **1586b** 33
- Pflichtteilsverzichtsvereinbarung *10* **1586b** 33

Verzinsung *35* **SteuerR** 246

Verzögerungsrüge *23* **Einf. FamFG** 5

Vindikationslegat *24* **35 GBO** 28.1
- kollisionsrechtliche Behandlung *31* **31 EuErbVO** 10

Virtuelle Grabstätte *5* **Bestattung** 85

Virtuelles Kondolenzbuch *9* **DigNachl** 56

Volkszugehörigkeit *15* **8 KonsG** 9

Volladoption *10* **1754** 7

Volljährigenadoption *10* **1741** 2, **1767** 1 ff., **1768** 1 ff., **1772** 2 ff.
- Adoptionsverfahren *10* **1772** 16
- Altersabstand *10* **1767** 12
- Annahme des bei Antragstellung noch nicht Volljährigen *10* **1772** 6
- Annahme des bereits als minderjähriger Angenommenen *10* **1772** 4
- Annahme des Kindes eines Ehegatten *10* **1772** 5
- Annahmeantrag *10* **1768** 2 ff.
- Annahmebeschluss *10* **1767** 15, **1772** 9
- Annahmebeschluss Anfechtbarkeit *10* **1767** 18
- Annahmeverfahren Kosten *10* **1767** 19 ff.
- Antrag *10* **1768** 5, **1771** 7, **1772** 9
- Antragsfrist *10* **1771** 7
- Anwaltsgebühren *10* **1767** 21
- Aufhebung *10* **1771** 1 ff., **1772** 15
- Aufhebung aus wichtigem Grund *10* **1771** 3 f.

- Aufhebung des Annahmeverhältnisses 10 1771 1 ff.
- Aufhebungsverfahren 10 1772 17
- Ausschluss der Volladoption 10 1772 7 f.
- Beistand für das angenommene Kind 10 1767 7
- Einwilligung 10 1767 14
- Eltern-Kind-Verhältnis 10 1767 6 ff.
- Erbrecht 10 1767 25
- Erbrechtliche Wirkungen 10 1772 14
- Erbschaftssteuerrecht 10 1767 24
- Erwartung einer Eltern-Kind-Beziehung 10 1767 8 f.
- Form 10 1768 5
- Geschäftsunfähigkeit des Anzunehmenden 10 1768 3 f.
- internationale Adoptionen 10 1767 26
- Kindeswohl 10 1767 4
- Kosten 10 1767 19
- mangelnde Formwirksamkeit des Antrags 10 1771 6
- Mehrfachadoption 10 1767 13
- Mindestalter 10 1767 12
- mit den Wirkungen der Minderjährigenannahme 10 1772 1 ff.
- Nichtigkeit 10 1771 10
- Notariell beurkundeter Adoptionsvertrag 10 1772 18
- Notarkosten 10 1767 22 f.
- Pflichtteilsrecht 10 1767 25
- schwache Wirkung 10 1767 2
- sittliche Rechtfertigung 10 1767 5
- starke Wirkung 10 1767 2
- Tod des Annehmenden 10 1768 4
- Unterhaltsansprüche 10 1772 13
- unwirksame Erklärung 10 1771 5
- Verbot der Annahme 10 1769 1 ff.
- Verfahren 10 1767 17 f., 1771 11
- Verfahrenswert 10 1767 20
- verwandtschaftsrechtliche Wirkungen 10 1772 10 ff.
- Volladoption 10 1772 2 ff.

Vollmacht
- Abgrenzung Auftrag zu Gefälligkeitsverhältnis 22 **Vollmacht** 57 ff.
- Ansprüche aus Auftragsverhältnis 22 **Vollmacht** 78 f.
- Ansprüche aus Bereicherungsrecht 22 **Vollmacht** 91 ff.
- Anwendung der Patientenverfügung 22 **Vollmacht** 33
- Arrest 22 **Vollmacht** 104 ff.
- Arrestanspruch 22 **Vollmacht** 105
- Arrestgrund 22 **Vollmacht** 106 f.
- Auftragsrecht 22 **Vollmacht** 22
- Auskunftspflicht 22 **Vollmacht** 64
- Auskunftsverpflichtung 22 **Vollmacht** 39 ff.
- Außenverhältnis 22 **Vollmacht** 11
- Bausteine für Konzeptionierung 22 **Vollmacht** 7 ff.
- bedingungslose 22 **Vollmacht** 11
- Beratungssituation 22 **Vollmacht** 1
- besonderes Vertrauensverhältnis 22 **Vollmacht** 60
- besonders regelungsbedürftige Punkte 22 **Vollmacht** 7 ff.
- Betreuung 22 **Vollmacht** 25.1
- Betreuungsverfügung 22 **Vollmacht** 25
- Beweislast bei Auftragsverhältnis 22 **Vollmacht** 80 ff.
- Beweislast für auftragsgemäße Verwendung 22 **Vollmacht** 83 ff.
- deliktische Ansprüche 22 **Vollmacht** 86 ff.
- Ehegatten 22 **Vollmacht** 60
- Einschränkung 22 **Vollmacht** 8
- Einschränkung bei Auskunfts- und Rechnungslegungsverpflichtung 22 **Vollmacht** 39 ff.
- einstweiliger Rechtsschutz 22 **Vollmacht** 104
- Einzelvertretungsberechtigung 22 **Vollmacht** 15
- Entreicherung 22 **Vollmacht** 99
- Erfüllung des Auskunftsanspruches 22 **Vollmacht** 76
- Form 24 29 GBO 11 ff.
- Formerfordernisse 22 **Vollmacht** 42 ff.
- Geschäftsbesorgungsvertrag 22 **Vollmacht** 23, 62
- Geschäftsfähigkeit 22 **Vollmacht** 6
- Informationsrechte 22 **Vollmacht** 63
- Inhalt 24 29 GBO 20
- Innenverhältnis 22 **Vollmacht** 11
- Insichgeschäfte 22 **Vollmacht** 20
- Kauf- und Schenkungsverträge 22 **Vollmacht** 52
- konkludenter Verzicht des Auskunftsanspruches 22 **Vollmacht** 1
- Kontrollbetreuung 22 **Vollmacht** 25.2
- Kraftloserklärung 22 **Vollmacht** 47
- Leistung ohne Rechtsgrund 22 **Vollmacht** 95 ff.
- maßgeblicher Zeitpunkt für Wirksamkeit 24 29 GBO 18
- mehrere Bevollmächtigte 22 **Vollmacht** 13
- Nachweis der Erteilung 24 29 GBO 14

- Nachweis des Fortbestands
  24 29 GBO 17 ff.
- Nachweis des Zugangs bei Vertreter
  24 29 GBO 15
- notarielle Beglaubigung
  22 **Vollmacht** 42
- Patientenverfügung 22 **Vollmacht** 26 ff.
- persönliche Beziehungen
  22 **Vollmacht** 60
- postmortale 22 **Vollmacht** 24
- Rechenschaftspflicht 22 **Vollmacht** 65
- Rechnungslegungsverpflichtung
  22 **Vollmacht** 39 ff.
- Rechtsbindungswille 22 **Vollmacht** 57.2, 58
- Rechtsgrundlage 22 **Vollmacht** 22 ff.
- Rückforderungsanspruch wegen Vollmachtsmissbrauch 22 **Vollmacht** 77 ff.
- Schenkung 22 **Vollmacht** 8
- transmortale 22 **Vollmacht** 24;
  24 19 GBO 56
- Übertragungen zur Erbauseinandersetzung 22 **Vollmacht** 54 f.
- Umfang 22 **Vollmacht** 7 ff.
- Untervollmacht 22 **Vollmacht** 18
- Verjährung des Auskunfts- und Rechenschaftsanspruches 22 **Vollmacht** 67 ff.
- Verjährung von Rückforderungsansprüchen 22 **Vollmacht** 100 ff.
- Vertretung 22 **Vollmacht** 49 f.
- Vertretung vor dem Grundbuchamt
  22 **Vollmacht** 51 ff.
- Vollmachtsmissbrauch
  22 **Vollmacht** 77 ff.
- Vorlage der Ausfertigung
  24 29 GBO 81
- Widerruf 22 **Vollmacht** 16, 44 ff.
- Wirksamkeit 22 **Vollmacht** 25.1
- Zentrales Vorsorgeregister
  22 **Vollmacht** 38
- zur Antragsrücknahme 24 31 GBO 13

Vollmacht für persönliche Angelegenheiten
  22 **Vollmacht** 31

Vollstreckbarkeit
- gerichtliche Vergleiche
  31 61 **EuErbVO** 1
- öffentliche Urkunde
  31 60 **EuErbVO** 1 ff.

Vollstreckbarkeit mitgliedstaatlicher Entscheidung 31 Vor 39–58 **EuErbVO** 1 ff., 43 **EuErbVO** 1
- Aussetzung des Verfahrens
  31 53 **EuErbVO** 1 f.

- Bestimmung des Wohnsitzes
  31 44 **EuErbVO** 1
- einstweilige Maßnahmen, Sicherungsmaßnahmen 31 54 **EuErbVO** 1 f.
- Mitteilung der Entscheidung über den Antrag auf Vollstreckbarerklärung
  31 49 **EuErbVO** 1
- Nichtvorlage der Bescheinigung
  31 45 **EuErbVO** 1 f.
- örtliche Zuständigkeit
  31 45 **EuErbVO** 1 f.
- Prozesskostenhilfe 31 56 **EuErbVO** 1
- Rechtsbehelf gegen die Entscheidung über den Rechtsbehelf 31 51 **EuErbVO** 1 f.
- Rechtsbehelf gegen die Vollstreckbarerklärung 31 50 **EuErbVO** 1 ff.
- Sicherheitsleistung, Hinterlegung
  31 57 **EuErbVO** 1
- Stempelabgaben, Gebühren
  31 58 **EuErbVO** 1
- Teilvollstreckbarkeit 31 55 **EuErbVO** 1
- Verfahren 31 Vor 39–58 **EuErbVO** 3, 46 **EuErbVO** 1 f.
- Versagung oder Aufhebung einer Vollstreckbarerklärung 31 52 **EuErbVO** 1
- Vollstreckbarerklärung
  31 48 **EuErbVO** 1

Vollstreckbarkeitserklärung
  15 13 **KonsG** 5

Vollstreckungsabwehrklage
- bei beschränkter Haftung
  28 786 **ZPO** 1 ff.
- Klageziele 28 785 **ZPO** 3 ff.

Vollstreckungserinnerung
  14 **Nachlassinsolvenz** 34;
  29 **Teilungsversteigerung** 34, 40, 67

Vollstreckungsfähiger Inhalt des Insolvenzplans 14 **Nachlassinsolvenz** 91

Vollstreckungsklausel
- Grundsatz 28 727 **ZPO** 1
- Rechtsnachfolge 28 727 **ZPO** 2 ff.

Vollstreckungsschutz
  29 **Teilungsversteigerung** 56

Vollstreckungstitel
  29 **Teilungsversteigerung** 21, 37, 89
- Vorlage der Ausfertigung
  24 29 GBO 81

Vor- und Nacherbfolge
- Zwangsvollstreckung 28 727 **ZPO** 14

Vor- und Nacherbschaft 35 **SteuerR** 83

Vorausvermächtnis 35 **SteuerR** 37
- für den Vorerben 24 51 GBO 9

Vorbefassungsverbot 4 **Berufsrecht** 20

Vorbeglaubigung
– Urkunde *15* **13 KonsG** 20
Vorbehalt
– im Antrag *24* **16 GBO** 1 ff.
– in Bewilligung *24* **19 GBO** 12 ff.
– in der Bewilligung *24* **16 GBO** 5
Voreintragung *24* **39 GBO** 1 ff.
– Abschichtung *24* **40 GBO** 9
– Antrag *24* **39 GBO** 11
– Ausnahmen *24* **40 GBO** 1 ff.
– berichtigende Eintragung *24* **39 GBO** 6
– Betroffener *24* **39 GBO** 2 ff.
– Briefrechte *24* **39 GBO** 13
– Eigentümergrundschuld *24* **39 GBO** 15
– Erbanteilserwerber *24* **40 GBO** 5
– Erbauseinandersetzung *24* **40 GBO** 6
– Erbe *24* **40 GBO** 1 ff.
– Erben bei Bewilligung des Erblassers *24* **40 GBO** 14 ff.
– Erben bei Bewilligung des Nachlasspflegers *24* **40 GBO** 18 ff.
– Erben bei transmortaler Vollmacht *24* **40 GBO** 15
– Erben bei vollstreckbaren Titeln *24* **40 GBO** 21 ff.
– Erbschaftskäufer *24* **40 GBO** 5
– Kettenauflassung *24* **39 GBO** 16
– mehrere Berechtigte *24* **39 GBO** 8
– Nachlassinsolvenz *24* **39 GBO** 14
– rechtsändernde Eintragung *24* **39 GBO** 3 ff.
– Veräußerung durch Erben *24* **39 GBO** 12
– Vermächtnisnehmer *24* **40 GBO** 5
– Zeitpunkt *24* **39 GBO** 10
Voreintragungsgrundsatz *24* **Einf. GBO** 26
Vorerbe *14* **Nachlassinsolvenz** 129 f., 133 f.; *36* **102 SGB XII** 8
– Bestellung des Erbbaurechts *24* **Einf. GBO** 49
– Erbschein *23* **352b FamFG** 1 ff.
– nicht befreiter *36* **90 SGB XII** 35
Vorerbschaft
– Gegenstandswert *19* **23 RVG** 43 f.
Vorfrage *31* **Vor 20–38 EuErbVO** 20 ff.
Vorkaufsrecht *24* **20 GBO** 45 ff.
– Beschränkung auf Lebenszeit *24* **23 GBO** 11
– Landesrecht *24* **20 GBO** 52
– nach BauGB *24* **20 GBO** 46 ff.
– Nachweis der Nichtausübung *24* **29 GBO** 44
– Negativzeugnis *24* **20 GBO** 50 ff.
– Rückstände *24* **23 GBO** 28

Vorläufige Insolvenzverwaltung *14* **Nachlassinsolvenz** 31
Vorläufige Sicherungsmaßnahme *14* **Nachlassinsolvenz** 27
Vorläufiger Gläubigerausschuss *14* **Nachlassinsolvenz** 30
Vorläufiger Insolvenzverwalter *14* **Nachlassinsolvenz** 28, 32, 35
Vormerkung
– bei Zwischenverfügung *24* **18 GBO** 16
– Beschränkung auf Lebenszeit *24* **23 GBO** 12
– Löschung bei Aufhebung der einstweiligen Verfügung oder des vollstreckbaren Titels *24* **25 GBO** 1 ff.
– Rückstände *24* **23 GBO** 29
– Voreintragung des Erben *24* **40 GBO** 10
Vormund
– Bestallungsurkunde in Ausfertigung *24* **29 GBO** 81
– Nachweis der Bestellung *24* **29 GBO** 35
Vormundschaftsgericht
– Einwilligung in Versicherungsvertrag *21* **VersR** 70
– Genehmigung *21* **VersR** 69 ff., 91
Vorname *18* **18–33 PStG** 18
Vorprüfungsentscheidung *14* **Nachlassinsolvenz** 102
Vorrangverhältnis
– prozessuales und materielles *36* **58 SGB I** 26
Vorsatz
– bedingter *32* **Einf. StrafR** 7
– direkter *32* **Einf. StrafR** 7
– Tatbestandsmerkmale *32* **Einf. StrafR** 5
– Wissen und Wollen *32* **Einf. StrafR** 5
Vorsatzdelikt
– eigenhändiges Delikt *32* **156 StGB** 17
Vorschuss *29* **Teilungsversteigerung** 100
– Vergütung Rechtsanwalt *19* **9 RVG** 1
Vorsorgevollmacht *15* **10 KonsG** 9, **11 KonsG** 5; *35* **SteuerR** 283 ff.
– digitales Vermögen *9* **DigNachl** 102
– Registrierung *8* **78a** 2 ff.
Vorverfahren
– Unterbrechung *36* **58 SGB I** 17
Vorvertragliche Anzeigepflicht
– Verletzung *21* **VersR** 18 ff.
Vorvertragliche Kenntnis *21* **VersR** 86
Vorwegabschlag *35* **SteuerR** 167.1

Vorweggenommene Erbfolge
  35 SteuerR 261, 305 ff.
- Absicherung des Ehegatten
  35 SteuerR 367 ff.
- begünstigtes Vermögen
  35 SteuerR 335 ff.
- Familienheim   35 SteuerR 336
- Freibeträge   35 SteuerR 306 ff.
- Gleichbehandlung der Kinder
  35 SteuerR 372 f.
- Güterstandsschaukel   35 SteuerR 332
- Kapitalgesellschaftsanteile
  35 SteuerR 347 f.
- Kettenschenkungen   35 SteuerR 309
- Lebensversicherung   35 SteuerR 328
- Personengesellschaftsanteile
  35 SteuerR 350
- Rückforderungsrechte   35 SteuerR 361
- Übernahme der Steuer   35 SteuerR 310
- Unternehmen   35 SteuerR 358
- unternehmerisches Vermögen
  35 SteuerR 337
- vermietete Wohnimmobilien
  35 SteuerR 338

Waffe
- Abhandenkommen   34 37b WaffG 5 ff.
- besonders gefährliche   34 40 WaffG 1
- verbotene   34 40 WaffG 1

Waffe, Abhandenkommen
- Zeitpunkt   34 37b WaffG 7 ff.

Waffenanmeldung, Antragsfrist
- Ausschlussfrist   34 20 WaffG 9
- Wiedereinsetzung   34 20 WaffG 9

Waffenbehörde
- einheitliche Rechtsanwendung
  34 Einl. 3 f.
- Ermessen   34 Einl. 4
- Information durch Meldebehörde
  34 20 WaffG 6

Waffenbesitz   34 20 WaffG 1 ff.
- Anzeige   34 20 WaffG 5 ff.
- Anzeigepflicht   34 37c WaffG 1 ff., 40 WaffG 4
- Bedürfnis   34 20 WaffG 15 ff.
- berechtigter des Erblassers
  34 20 WaffG 12
- Erbenprivileg   34 20 WaffG 4
- minderjähriger Erbe   34 20 WaffG 14
- WBK   34 20 WaffG 5

Waffenerwerb   34 20 WaffG 1 ff.

Waffenerwerb durch Erbfall
- Versäumung Anmeldefrist
  34 20 WaffG 8

Waffensammlung
- Erbenregelung   34 17 WaffG 5 ff.
- grundständigen Sammler-WBK
  34 17 WaffG 14
- grüne WBK   34 17 WaffG 9 ff.
- kulturhistorische Bedeutsamkeit
  34 17 WaffG 2 f.
- Munition   34 17 WaffG 16
- Sachkunde   34 17 WaffG 10 ff.
- wissenschaftlich-technische
  34 17 WaffG 4 f.

Waffenschrank
- Widerstandsgrad 0   34 36 WaffG 4

WaffVerV
- Auslegung unbestimmter Rechtsbegriffe
  34 Einl. 5

Wahlgrabstätte   5 Bestattung 99
Wahlgüterstand   10 1371 10 f.
Wahlrecht   35 SteuerR 86
Wechselbezügliche Verfügungen
- Widerruf bei unter Betreuung stehenden Ehegatten   6 Betreuung 81 ff.
- Widerruf gegenüber dem Betreuer
  6 Betreuung 81 ff.

Wegfall der Aufhebungsgründe
- Aufhebungshindernisse   10 1760 16
- Heilung   10 1760 14 ff.
- Heilung einer fehlenden, zu Unrecht als nicht erforderlich angesehenen Einwilligung   10 1760 15

Wehrmacht   18 18–33 PStG 10
- Anzeigepflicht für Sterbefälle der
  18 18–33 PStG 12
- Zuständigkeit für Sterbefälle
  18 45b PStG 5

Weiterverkauf   14 Nachlassinsolvenz 139
Weltanschauungsgemeinschaft
- Registereintrag   18 1–10 PStG 16

Werbung
- Berufsbezogenheit   4 Berufsrecht 46
- Briefbögen   4 Berufsrecht 60
- Einzelfallbezogenheit
  4 Berufsrecht 51 ff.
- gemeinschaftliche Berufsausübung
  4 Berufsrecht 58
- Kurzbezeichnungen   4 Berufsrecht 59
- Rechtsanwalt   4 Berufsrecht 43 ff.
- Sachlichkeit   4 Berufsrecht 47 ff.
- Teilbereiche der Berufstätigkeit
  4 Berufsrecht 57

Werkabnahme   5 Bestattung 172
Wertaddition   19 22 RVG 1 f.

Wertbeschränkungen 25 GNotKG 136
Wertbeschwerde 23 61 FamFG 5
Wertentwicklung 21 VersR 83
Werterhöhung 35 SteuerR 104.2
Wertersatz 14 Nachlassinsolvenz 34
Wertfestsetzung
– Festsetzungsbeschluss 25 GNotKG 384
– gerichtliche 25 GNotKG 380
– Geschäftswertbeschwerde
  25 GNotKG 386
– Verfahren 25 GNotKG 378 ff.
Wertfestsetzung – Gerichtsgebühren
  19 23a–32 RVG 1 ff.
Wertfestsetzung – Rechtsanwaltsgebühren
  19 33 RVG 1 ff.
Wertgebühren 19 13 RVG 1 f.;
  25 GNotKG 20 ff.
– Gebührentabellen 25 GNotKG 21 ff.
Wertgebühren aus der Staatskasse
  19 49 RVG 1
Wertgegenstände
– Nachlassfürsorge 15 9 KonsG 17
Wertgrenzen 29 Teilungsversteigerung 90
Wertveränderungen 25 GNotKG 113
Widerruf
– Auflassung 24 20 GBO 35
– Bewilligung 24 19 GBO 63
– durch Versicherungsnehmer
  21 VersR 78 ff.
– Vollmacht 22 Vollmacht 16
Widerruf einer Vollmacht
  22 Vollmacht 44 ff.
Widerspruch 14 Nachlassinsolvenz 114
– bei Zwischenverfügung 24 18 GBO 16
– Beschränkung auf Lebenszeit
  24 23 GBO 13
– Löschung bei Aufhebung der einstweiligen Verfügung oder des vollstreckbaren Titels 24 25 GBO 1 ff.
– Rechtsnachfolger 24 23 GBO 34 ff.
– Rückstände 24 23 GBO 30
– Voreintragung des Erben 24 40 GBO 10
Widerspruch des Schuldners
  14 Nachlassinsolvenz 115
Widerspruchsverfahren 33 VerwR 3;
  36 Einf. SozialR 9
Widerstreitende Interessen
  4 Berufsrecht 11 ff.
– Berufsausübungsgemeinschaft
  4 Berufsrecht 18, 42 ff.
– dieselbe Rechtssache 4 Berufsrecht 11
– Disponibilität 4 Berufsrecht 11

– Ehegatten 4 Berufsrecht 38
– Erbengemeinschaft 4 Berufsrecht 31
– Erblasser und Erbe 4 Berufsrecht 40
– gemeinschaftliche Berufsausübung
  4 Berufsrecht 19
– Pflichtteilsberechtigte 4 Berufsrecht 37
– Regelungszweck 4 Berufsrecht 11
Wiederaufleben
– Wiederaufleben der elterlichen Sorge
  10 1764 11
– Wiederaufleben der früheren Verwandtschaft 10 1764 9 f.
Wiedereinsetzung
– Teilungssachen 23 367 FamFG 1 ff.
Wiedereinsetzung in den vorigen Stand
– Beschwerde 23 63 FamFG 19
– Beschwerdefrist 23 63 FamFG 19
Wiederverheiratungsklausel 10 1371 70
Wiederversteigerung
  29 Teilungsversteigerung 93
Wiener Übereinkommen über konsularische Beziehungen 15 Einf. KonsG 10,
  8 KonsG 5
Willensbestimmung
– freie 21 VersR 127
Willenserklärungen
– Beurkundung 15 10 KonsG 8
Windkraftanlage 13 13 HöfeO 18
Wirksamkeit
– Einwilligung 10 1747 9
Wirksamkeitserfordernis 21 VersR 68
Wirksamkeitsvermerk
– bei Nacherbenvermerk 24 51 GBO 25
Wirkung Anordnungsbeschluss
  29 Teilungsversteigerung 32
Wirkungen der Aufhebung
– Annahme als Kind 10 1764 2 ff.
Wirkungsdauer Anmeldung
  29 Teilungsversteigerung 73
Wirtschaftlich Berechtigter
  11 Anh AktG Transparenzpflichten 23 ff.
Wirtschaftlichkeit der Teilungsversteigerung
  29 Teilungsversteigerung 1
Wirtschaftsfähigkeit
– Begriff 13 6 HöfeO 33
– Ehegatte 13 6 HöfeO 32
– Hoferbe 13 6 HöfeO 30
– Minderjährige 13 6 HöfeO 32
– Nebenerwerbslandwirt 13 6 HöfeO 35
– Zeitpunkt 13 6 HöfeO 37
Wirtschaftswert 13 1 HöfeO 15 ff.

Wohnfläche *35* **SteuerR** 120
Wohngeldgesetz *36* **94 SGB XII** 58
Wohnimmobilien
- vorweggenommene Erbfolge
35 **SteuerR** 338
Wohnraummietverhältnis
- Tod des Mieters *17* **Einf. MietR** 6 ff.
Wohnsitz *14* **Nachlassinsolvenz** 5;
35 **SteuerR** 22
Wohnungseigentum *24* **Einf. GBO** 40 ff.;
29 **Teilungsversteigerung** 12
- Begründung *24* **Einf. GBO** 42
- Belastbarkeit *24* **Einf. GBO** 41
- Rechtsnatur *24* **Einf. GBO** 40
- Sondernutzungsrechte *24* **Einf. GBO** 43
- Veräußerlichkeit *24* **Einf. GBO** 41
- Vererblichkeit *24* **Einf. GBO** 41
- Verfügungsbeschränkung
24 **Einf. GBO** 44
- Voreintragung des Erben *24* **40 GBO** 11
Wohnungseigentumsgemeinschaft
- Nachweis der Verwalterstellung
24 **29 GBO** 42
Wohnungserbbaurecht *24* **Einf. GBO** 45
Wohnungsrecht
- Rückstände *24* **23 GBO** 23
Wohnungsunternehmen *35* **SteuerR** 145
Wohnzwecke *35* **SteuerR** 118
Zahlungsansprüche
- Verjährung *25* **GNotKG** 25 ff.
Zahlungsanzeige
29 **Teilungsversteigerung** 83
Zahlungsunfähigkeit
14 **Nachlassinsolvenz** 24
Zahlungsverpflichtung
- Umfang *10* **1371** 50
Zahngold *5* **Bestattung** 36 ff.
Zeitlich beschränkte Rechte
- Löschung *24* **24 GBO** 1 ff.
Zeitpunkt der Verfahrenseröffnung
14 **Nachlassinsolvenz** 22
Zeitpunkt Erbfall *25* **GNotKG** 113
Zeitvergütung
- Vergütungsvereinbarung *19* **3a RVG** 6
Zentrales Testamentsregister
15 **11 KonsG** 7; *8* **78c** 1 ff.
- Auskunft *8* **78f** 3 ff.
- Gebühren *8* **78g** 3 ff.
- Inhalt *8* **78d** 5 ff.
- Mitteilungspflichten der Notare
7 **34a BeurkG** 5 ff.

- Sterbefallbenachrichtigung *8* **78e** 5 ff.
- Testamentsverzeichnisüberführung
8 **78d** 21 f.
Zentrales Vorsorgeregister
22 **Vollmacht** 38; *8* **78a** 2 ff.
- Auskunft *8* **78b** 2 ff.
- Gebühren *8* **78b** 5 ff., **78g** 3 ff.
- Rechtswirkungen *8* **78a** 8 ff.
Zeugenauslagen *25* **GNotKG** 142
Zeugnis
- Beurkundung *15* **10 KonsG** 8
- Tod des Arbeitgebers *3* **ArbR** 40
Zivilstandsregister *18* **1–10 PStG** 19
Zugangsdaten *9* **DigNachl** 112
Zugewinn
- Lebzeitige Beendigung *35* **SteuerR** 82
Zugewinnausgleich *35* **SteuerR** 79, 81
- Erbrechtsverstärkung *10* **1371** 66
- pauschal *10* **1371** 25
- Verfahren *10* **1371** 53 ff.
Zugewinnausgleich/Zugewinn
- Steuererstattungsansprüche *10* **1371** 74
- Steuerschulden *10* **1371** 74
Zugewinnausgleichsansprüche
- Verjährung *10* **1371** 64
Zugewinngemeinschaft *35* **SteuerR** 78
Zugewinngemeinschaft im Todesfall
- Erbausschlagung *10* **1371** 30
- Erbverzicht *10* **1371** 42 f.
- modifizierte *10* **1371** 75
- Wahlrecht *10* **1371** 10 ff.
- Zugewinn *10* **1371** 12 ff.
Zugriffsrecht *21* **VersR** 167
Zugunstenverfahren *36* **59 SGB I** 29
Zulassungsbeschwerde *23* **61 FamFG** 1 ff.
Zurückbehaltungsrecht
14 **Nachlassinsolvenz** 57
Zurückbehaltungsrecht des Vorerben
14 **Nachlassinsolvenz** 131
Zurückgewährte Gegenstände
14 **Nachlassinsolvenz** 126
Zurückweisung
- bei Ablauf der Zwischenverfügungsfrist
24 **18 GBO** 8
- bei fehlender Eintragungsfähigkeit
24 **18 GBO** 6
- bei fehlender Rückwirkung der Mängelbehebung *24* **18 GBO** 7
- Bekanntmachung *24* **18 GBO** 15
- Eintragungsantrag *24* **18 GBO** 5 ff.
- Kosten *24* **18 GBO** 18
- Rechtsmittel *24* **18 GBO** 17

Stichwortverzeichnis

– Verhältnis zur Zwischenverfügung
   24 **18 GBO** 4
– Wirkung   *24* **18 GBO** 10
Zurückweisungsgrund
   14 **Nachlassinsolvenz** 101
Zuschlag   *29* **Teilungsversteigerung** 86 f.
– Grundbuchberichtigungszwang
   24 **82 GBO** 5
Zuschlagsbeschluss
   29 **Teilungsversteigerung** 88 f.
Zuschlagsgebühr
   29 **Teilungsversteigerung** 102
Zuschlagsversagung
   29 **Teilungsversteigerung** 90
Zuständigkeit
– Beschwerde   *24* **72 GBO** 1 ff.
– besondere amtliche Verwahrung
   23 **346 FamFG** 10 ff.
– besondere örtliche   *23* **344 FamFG** 1 ff.
– Eröffnung Verfügung von Todes wegen
   23 **350 FamFG** 2 ff.
– funktionelle in Nachlasssachen
   23 **343 FamFG** 3 ff.
– Grundbuchverfahren
   24 **Einf. GBO** 32 ff.
– sachliche in Nachlasssachen
   23 **343 FamFG** 2 ff.
– zur Gewährung von Grundbucheinsicht
   24 **12 GBO** 16
Zuständigkeitssystem EuErbVO
   31 **Vor 4–19 EuErbVO** 4 ff.
Zustellung
– im Ausland   *15* **Einf. KonsG** 3
Zustellung Anordnungsbeschluss
   29 **Teilungsversteigerung** 33
Zustellungszeugnisse   *15* **10 KonsG** 10
Zustimmung
– des Eigentümers bei Löschung von
   Grundpfandrechten   *24* **27 GBO** 1 ff.
Zustimmung des Schuldners
   14 **Nachlassinsolvenz** 114
Zustimmung Ehegatte
   29 **Teilungsversteigerung** 24
Zustimmungsvorbehalt
   14 **Nachlassinsolvenz** 32
Zuwachsungstheorie   *36* **56 SGB I** 59 ff.
Zuwendungen
– unbenannte (ehebedingte)
   35 **SteuerR** 95
Zwangsgeld   *35* **SteuerR** 3, 7
– Grundbuchberichtigungszwang
   24 **82 GBO** 18 ff.

– Zwangsgeldandrohung   *33* **VerwR** 13
Zwangsmaßnahmen   *25* **GNotKG** 129
– Patientenverfügung   *22* **Vollmacht** 31
Zwangsmittel   *25* **GNotKG** 227, 230
– durch Konsularbeamte   *15* **10 KonsG** 13
– Verfügung von Todes wegen
   23 **358 FamFG** 15 ff.
Zwangsversteigerung   *35* **SteuerR** 198
Zwangsvollstreckung
   14 **Nachlassinsolvenz** 55;
   21 **VersR** 146, 166
– beschränkte Vollstreckungsmaßnahmen
   28 **782 ZPO** 7 ff.
– Bestellung eines Nachlasspflegers
   28 **779 ZPO** 19 ff.
– Drittwiderspruchsklage des Nacherben
   28 **773 ZPO** 1
– Duldungstitel gegen Testamentsvollstrecker   *28* **748 ZPO** 8
– Eigenverbindlichkeiten des Erben
   28 **778 ZPO** 12 ff.
– Eigenvermögen des Erben
   28 **784 ZPO** 2
– Einrede des Erben gegen Nachlassgläubiger   *28* **782 ZPO** 1 ff.
– einstweiliger besonderer Vertreter
   28 **779 ZPO** 9 ff.
– Erbengemeinschaft   *28* **727 ZPO** 14,
   747 ZPO 1 ff., **778 ZPO** 7
– Erbschaftsnießbrauch   *28* **737 ZPO** 5 ff.
– Erbschein   *28* **792 ZPO** 7
– Erteilung von Urkunden
   28 **792 ZPO** 1 ff.
– Erteilung von Urkunden an Gläubiger
   28 **896 ZPO** 1 ff.
– Geldbußen   *33* **VerwR** 38
– Gesamtgutsverbindlichkeiten
   28 **786 ZPO** 2 ff.
– Gesamthandstitel   *28* **747 ZPO** 12
– Gesamtschuld   *28* **747 ZPO** 13
– Hauptvermächtnisnehmer
   28 **786 ZPO** 8 ff.
– Immobiliarvollstreckung   *28* **737 ZPO** 9
– Leistungstitel gegen alle Miterben
   28 **747 ZPO** 11
– Leistungstitel gegen Testamentsvollstrecker   *28* **748 ZPO** 10
– Miterben   *28* **747 ZPO** 1 ff.
– Miterbenanteil   *28* **747 ZPO** 2, 16
– Mobiliarvollstreckung   *28* **737 ZPO** 3
– nach Erbschaftsannahme
   28 **778 ZPO** 11
– nacheheliche Unterhaltstitel
   28 **727 ZPO** 20

- Nacherbe 28 728 **ZPO** 2 ff.
- Nacherbfolge 28 728 **ZPO** 2
- Nachfolgefähigkeit 33 **VerwR** 39
- Nachlassinsolvenz 28 747 **ZPO** 10
- Nachlassinsolvenzverfahren 28 784 **ZPO** 1 ff.
- Nachlassinsolvenzverwalter 28 727 **ZPO** 14, 20
- Nachlasspfleger 28 727 **ZPO** 14, 20, 778 **ZPO** 8
- Nachlassverwalter 28 727 **ZPO** 14, 20, 747 **ZPO** 9
- Nachlassverwaltung 28 784 **ZPO** 1 ff.
- Nachweis der Voraussetzungen 24 29 **GBO** 45
- Nachweise 28 727 **ZPO** 28
- Nießbraucher 28 738 **ZPO** 1
- persönliche Gläubiger des Erben 28 783 **ZPO** 2
- Pflichtteilsansprüche 28 748 **ZPO** 13
- Rechtskrafterstreckung eines Urteils 28 728 **ZPO** 5 ff.
- Rechtsnachfolge auf Schuldnerseite 28 727 **ZPO** 15 ff.
- Rechtsnachfolger auf Gläubigerseite 28 727 **ZPO** 12 ff.
- Teilungssachen 23 371 **FamFG** 12 ff.
- Testamentsvollstrecker 28 728 **ZPO** 13 ff., 748 **ZPO** 1 ff.
- Testamentsvollstreckung 28 747 **ZPO** 9
- Tod des Schuldners 28 779 **ZPO** 1 ff.
- ungeteilter Nachlass 28 747 **ZPO** 1 f.
- Vermögensnießbrauch 28 737 **ZPO** 2 ff.
- vollstreckbare Ausfertigung bei Nacherbe od. Testamentsvollstrecker 28 728 **ZPO** 1 ff.
- vollstreckbare Ausfertigung für/gegen Rechtsnachfolger 28 727 **ZPO** 1 ff.
- vollstreckbare Ausfertigung für/gegen Testamentsvollstrecker 28 749 **ZPO** 1 ff.
- vollstreckbare Ausfertigung gegen Nießbraucher 28 738 **ZPO** 1 ff.
- Vollstreckungsabwehrklage 28 785 **ZPO** 1
- vor Erbschaftsannahme 28 778 **ZPO** 10
- Vor-/Nacherbschaft 28 728 **ZPO** 2, 773 **ZPO** 3
- Vorbehalt der beschränkten Erbenhaftung 28 780 **ZPO** 1 ff.
- Zwangsgelder 33 **VerwR** 38
- Zwangsversteigerung eines Grundstücks 28 737 **ZPO** 9

Zweckmäßigkeit 14 Nachlassinsolvenz 103
Zweckzuwendung 35 **SteuerR** 16
Zweite Abteilung
 29 Teilungsversteigerung 50
Zweitpolice 21 **VersR** 13, 143
Zwischenbeglaubigung
- Urkunde 15 13 **KonsG** 20

Zwischenfeststellungsklage
 27 254 **ZPO** 34 ff.
- Gebührenstreitwert 27 254 **ZPO** 36

Zwischenverfügung 24 18 **GBO** 11 ff.
- Bekanntmachung 24 18 **GBO** 15
- Eintragung einer Vormerkung 24 18 **GBO** 16
- Eintragung eines Widerspruchs 24 18 **GBO** 16
- Erbscheinsverfahren 23 352e **FamFG** 28 ff.
- Frist 24 18 **GBO** 12
- Kosten 24 18 **GBO** 18
- Rechtsmittel 24 18 **GBO** 17
- Verhältnis zur Zurückweisung 24 18 **GBO** 4
- Wirkung 24 18 **GBO** 13